Dorsch – Lexikon der Psychologie

Dorsch – Lexikon der Psychologie
Herausgegeben von Markus Antonius Wirtz

Wissenschaftlicher Beirat Programmbereich Psychologie:

Prof. Dr. Guy Bodenmann, Zürich; Prof. Dr. Lutz Jäncke, Zürich; Prof. Dr. Franz Petermann, Bremen; Prof. Dr. Astrid Schütz, Bamberg; Prof. Dr. Markus Wirtz, Freiburg i. Br.

Markus Antonius Wirtz (Hrsg.)

Dorsch –
Lexikon der Psychologie

18., überarbeitete Auflage
unter Mitarbeit von Janina Strohmer

Der Herausgeber:
Markus A. Wirtz, Prof. Dr.
Institut für Psychologie
Pädagogische Hochschule Freiburg
Kunzenweg 21
79117 Freiburg
Deutschland
markus.wirtz@ph-freiburg.de

Wichtiger Hinweis: Der Verlag hat gemeinsam mit den Autoren bzw. den Herausgebern große Mühe darauf verwandt, dass alle in diesem Buch enthaltenen Informationen (Programme, Verfahren, Mengen, Dosierungen, Applikationen, Internetlinks etc.) entsprechend dem Wissensstand bei Fertigstellung des Werkes abgedruckt oder in digitaler Form wiedergegeben wurden. Trotz sorgfältiger Manuskripterstellung und Korrektur des Satzes und der digitalen Produkte können Fehler nicht ganz ausgeschlossen werden. Autoren bzw. Herausgeber und Verlag übernehmen infolgedessen keine Verantwortung und keine daraus folgende oder sonstige Haftung, die auf irgendeine Art aus der Benutzung der in dem Werk enthaltenen Informationen oder Teilen davon entsteht. Geschützte Warennamen (Warenzeichen) werden nicht besonders kenntlich gemacht. Aus dem Fehlen eines solchen Hinweises kann also nicht geschlossen werden, dass es sich um einen freien Warennamen handelt.

> Bibliografische Information der Deutschen Nationalbibliothek
> Die Deutsche Nationalbibliothek verzeichnet diese Publikation in der Deutschen Nationalbibliografie; detaillierte bibliografische Daten sind im Internet über http://www.dnb.de abrufbar.

Dieses Werk einschließlich aller seiner Teile ist urheberrechtlich geschützt. Jede Verwertung außerhalb der engen Grenzen des Urheberrechtes ist ohne Zustimmung des Verlages unzulässig und strafbar. Das gilt insbesondere für Kopien und Vervielfältigungen zu Lehr- und Unterrichtszwecken, Übersetzungen, Mikroverfilmungen sowie die Einspeicherung und Verarbeitung in elektronischen Systemen.

Ehemalige Herausgeber des Dorsch
1.–3. Auflage: Dr. Fritz Giese (1921–1935)
4.–9. Auflage: Prof. Dr. Friedrich Karl Georg Dorsch (1950–1976)
10.–11. Auflage: Prof. Dr. Friedereich Karl Georg Dorsch und Prof. Dr. Rudolf Bergius (1976–1987)
12.–15. Auflage: Prof. Dr. Hartmut O. Häcker und Prof. Dr. Kurt Hermann Stapf (1987–2012); anschließend beratende Herausgeber der 16. Auflage

Anregungen und Zuschriften bitte an:
Hogrefe AG
Lektorat Psychologie
Länggass-Strasse 76
3000 Bern 9
Schweiz
Tel.: +41 31 300 45 00
E-Mail: verlag@hogrefe.ch
Internet: http://www.hogrefe.ch

Lektorat: Dr. Susanne Lauri
Korrektorat: Angelika Pfaller, Berchtesgaden
Herstellung: Daniel Berger
Druckvorstufe: Kösel Media GmbH, Krugzell
Umschlag: Claude Borer, Riehen
Druck und buchbinderische Verarbeitung: Hubert & Co, Göttingen
Printed in Germany

18., überarbeitete Auflage 2017
© 2017 Hogrefe Verlag, Bern
ISBN 978-3-456-85643-8

Inhalt

Vorwort 7
Darstellungshinweise 10
Abkürzungsverzeichnis 13

I. Einleitung 15
I.1 Geschichte der Psychologie [HIS] 25
I.2 Arbeits- und Organisationspsychologie [AO] 27
I.3 Biologische Psychologie und Neuropsychologie [BIO] 30
I.4 Emotions- und Motivationspsychologie [EM] 32
I.5 Entwicklungspsychologie [EW] 35
I.6 Forschungsmethoden, Statistik, Evaluation [FSE] 38
I.7 Gesundheitspsychologie und Medizinische Psychologie [GES] ... 42
I.8 Klinische Psychologie und Psychotherapie [KLI] 45
I.9 Kognitive Psychologie [KOG] 51
I.10 Medienpsychologie [MD] 54
I.11 Pädagogische Psychologie [PÄD] 57
I.12 Persönlichkeits- und Differentielle Psychologie [PER] 60
I.13 Philosophie und Wissenschaftstheorie [PHI] 63
I.14 Psychologische Diagnostik [DIA] 66
I.15 Psychopharmakologie [PHA] 70
I.16 Rechts- und Forensische Psychologie [RF] 75
I.17 Sozial- und Kommunikationspsychologie [SOZ] 77
I.18 Wahrnehmungspsychologie [WA] 81
I.19 Wirtschaftspsychologie [WIR] 84

II. Lexikalischer Teil 87

III. Anhang 1883
III.1 Klassifikationstabellen 1883
III.2 Verzeichnis diagnostischer Verfahren 1901
III.3 Liste der Stichwortautoren 1911
III.4 Literaturangaben 1945

Vorwort

Das *Lexikon der Psychologie* verfolgt seit 1921 den Anspruch, den Leserinnen und Lesern die gesamte Breite der Inhalte der Wissenschaftsdisziplin Psychologie aktuell und kompakt zu präsentieren. Ein modernes Lexikon, das die Kultur und die Identität einer sich immer komplexer und facettenreicher entwickelnden Wissenschaftsdisziplin widerspiegeln möchte und in gewisser Weise mit prägt, ist nur durch das Engagement vieler Expertinnen und Experten realisierbar, die sich der Qualitätskultur verpflichtet fühlen. Den 19 Gebietsexpertinnen und -experten sowie den über 500 im Autorenverzeichnis aufgeführten Gebietsautorinnen und -autoren ist die Entwicklung und Pflege eines solchen Werkes zu verdanken. Die Redaktion des Lexikons wurde durch deren ausnahmslos konstruktives und qualitätsorientiertes Engagement erst möglich. Allen Beitragenden sei hierfür an erster Stelle ganz herzlich gedankt!

Um die Inhalte strukturiert bearbeiten und in lexikalischer Form optimal präsentieren zu können, werden in diesem Lexikon 19 psychologische Teilgebiete unterschieden. Die Qualität der Gebietsbearbeitungen wird durch die aktive Mitarbeit hochrangiger Expertinnen und Experten sichergestellt, die als wissenschaftliche Berater des Lexikonprojekts mitwirken. Die folgende Liste zeigt einen Überblick über die identifizierten Gebiete, die jeweiligen Kürzel, mittels deren die entsprechenden Gebiete im Lexikon kenntlich gemacht werden, sowie den/die Namen der Gebietsexpertinnen bzw. -experten (siehe unten stehende Tabelle).

Gebiet	Kürzel	Experten/-innen
Geschichte der Psychologie	[HIS]	Prof. Dr. Helmut Lück
Arbeits- und Organisationspsychologie	[AO]	Prof. Dr. Karlheinz Sonntag
Biologische Psychologie und Neuropsychologie	[BIO]	Prof. Dr. Siegfried Gauggel
Emotions- und Motivationspsychologie	[EM]	Prof. Dr. Rosa Maria Puca
Entwicklungspsychologie	[EW]	Prof. Dr. Gudrun Schwarzer, Prof. Dr. Sabine Walper
Forschungsmethoden, Statistik, Evaluation	[FSE]	Prof. Dr. Nicola Döring
Gesundheitspsychologie und Medizinische Psychologie	[GES]	Prof. Dr. Dr. Jürgen Bengel
Klinische Psychologie und Psychotherapie	[KLI]	Prof. Dr. Franz Petermann
Kognitive Psychologie	[KOG]	Prof. Dr. Joachim Funke
Medienpsychologie	[MD]	Prof. Dr. Markus Huff
Pädagogische Psychologie	[PÄD]	Prof. Dr. Marcus Hasselhorn
Persönlichkeits- und Differentielle Psychologie	[PER]	Prof. Dr. Jens Asendorpf
Philosophie und Wissenschaftstheorie	[PHI]	Prof. Dr. Volker Gadenne
Psychologische Diagnostik	[DIA]	Prof. Dr. Franz Petermann
Psychopharmakologie	[PHA]	Prof. Dr. Gerhard Gründer
Rechts- und Forensische Psychologie	[RF]	Prof. Dr. Renate Volbert
Sozial- und Kommunikationspsychologie	[SOZ]	Prof. Dr. Hans-Werner Bierhoff
Wahrnehmungspsychologie	[WA]	Prof. Dr. Jochen Müsseler
Wirtschaftspsychologie	[WIR]	Prof. Dr. Klaus Moser

Die Gebietsexpertinnen und -experten haben die editorische Arbeit insbesondere durch die Strukturierung und Priorisierung der Gebietsinhalte begleitet. Die inhaltliche Darstellung der den Gebieten zugeordneten Einzelbeiträge oblag schließlich den jeweils unterzeichnenden Autorinnen und Autoren. Die Gebietsexpertinnen und -experten haben zudem in der folgenden *Einleitung* Gebietsüberblicke verfasst, in denen Kernmerkmale, Inhalte und Schwerpunktsetzungen des jeweiligen Gebiets dargestellt werden. Dort werden zudem zentrale Stichwörter der jeweiligen Gebiete aufgelistet. Hierdurch wird das Spektrum der Gebietsinhalte nochmals auf Einzelstichwortebene deutlich.

Bei jeder Stichwortdarstellung in *II. Lexikalischer Teil* ist zu Beginn des Eintrags die Zugehörigkeit zu einem oder verschiedenen Gebiet/-en durch Nennung der Gebietskürzel ersichtlich. Dies ermöglicht eine bessere Rezeption der Struktur der Inhalte und unterstützt die systematische Herstellung inhaltlicher Bezüge.

Die kompletten Inhalte des *Lexikons für Psychologie* sind auch in einer Online-Version verfügbar:

http://hogrefe.com/dorsch

Der diesem Buch beigefügte Code berechtigt zur Nutzung aller Funktionen des Online-Portals. Das Internet bietet insbesondere die Vorteile intelligenter Such- und Sortierfunktionen, die für die Nutzung eines modernen Nachschlagewerks benutzerfreundliche Verbesserungen darstellen. Das durchaus gewichtige Lexikon lässt sich somit nun auch ohne Zusatzgewicht per Smartphone im Rucksack oder der Hosentasche ‹transportieren›. Das *Lexikon der Psychologie* kann somit als steter Begleiter bei der Suche nach prägnanten und zuverlässigen psychologischen Informationen dienen.

Neuerungen in der 18. Auflage

2015 erschienen die klinischen Inhalte des *Lexikons für Psychologie* als zielgruppenspezifisch aufbereitetes *Lexikon der Psychotherapie und Psychopharmakotherapie*:

Petermann, F., Gründer, G., Wirtz, M. A. & Strohmer, J. (2015). *Lexikon der Psychotherapie und Psychopharmakotherapie*. Bern: Hogrefe.

In diesem Rahmen wurden die für das *Lexikon der Psychologie* bedeutsamen Inhalte der Gebiete *Klinische Psychologie und Psychotherapie* und *Psychopharmakologie* grundlegend überarbeitet und substanziell erweitert. U. a. wurden für 20 zentrale psychische Störungen ausführliche Darstellungen der Symptomatik, Ätiologie, Klassifikation, Diagnostik sowie psychotherapeutische und psychopharmakotherapeutische Behandlungsstandards integriert. Zudem wurden die klinisch bedeutsamen Inhalte der Gebiete *Psychologische Diagnostik* und *Forschungsmethoden, Statistik, Evaluation* deutlich erweitert. In der vorliegenden 18. Auflage erscheinen diese Gebiete in entsprechend grundlegend erweiterter und aktualisierter Form.

Prof. Jens Asendorpf hat das Gebiet *Persönlichkeitspsychologie und Differentielle Psychologie* komplett neu strukturiert und in Zusammenarbeit mit den Gebietsautorinnen und -autoren neu editiert. Insbesondere Persönlichkeitstheorien und -modelle konnten so an den aktuellen Forschungsstand angepasst werden. Die umfassende Aktua-

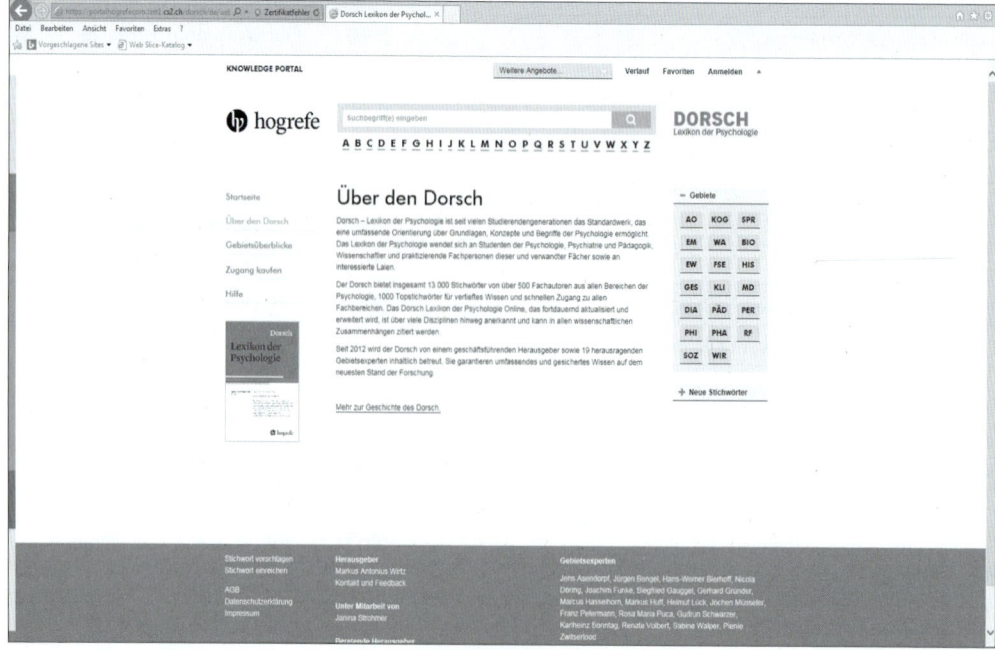

lisierung der in diesem Gebiet verorteten Thematik *Intelligenz* erfolgte durch Prof. Dr. André Beauducel.

Die *Sprachpsychologie* wurde in der 16. und 17. Auflage als eigenes Gebiet berücksichtigt (Gebietsexpertin: Prof. Dr. Pienie Zwitserlood). In der Neuauflage sind diese Inhalte in das Gebiet *Kognitive Psychologie* integriert worden.

Die Gebietsüberblicke in der Einleitung (Abschnitt I.1 bis I.19) wurden z. T. grundlegend überarbeitet und erweitert. Die dort aufgeführten zentralen Stichwörter erscheinen jetzt gruppiert geordnet, sodass deren Verknüpfung mit den Textinhalten der Gebietsüberblicke besser nachvollzogen werden kann.

Die Inhalte des Lexikons wurden um zwei Anhänge erweitert: Anhang 1 gibt einen Überblick über die Klassifikation psychischer Störungen. Anhang 2 dokumentiert die im Lexikon berücksichtigten Testverfahren, geordnet nach Inhaltsbereichen.

Da wir sehr großen Wert auf die Angabe von Literaturquellen legen, würde die bibliografische Auflistung der Literatur in Form eines Literaturverzeichnisses das ohnehin voluminöse Werk nochmals deutlich umfangreicher machen. In der 17. Auflage umfasste das Literaturverzeichnis bereits 177 Druckseiten. Da alle Käuferinnen und Käufer des Buches über einen kostenfreien Zugang zur Online-Version des Lexikons verfügen und dort bei jedem Stichworteintrag die Literaturreferenzen angegeben sind, haben wir für die 18. Auflage auf die Druckversion des Literaturverzeichnisses verzichtet und verweisen stattdessen auf die Nutzung der Angaben in der Onlinedarstellung (siehe Anhang 4).

Persönlicher Dank

Neben dem oben bereits ausgesprochenen Dank an alle Gebietsexpertinnen und -experten sowie Autorinnen und Autoren bin ich vielen Personen in vielfältiger Weise zu Dank verpflichtet. Die Editierung eines solch komplexen und editorisch aufwändigen Werks bedarf besonderer Rahmenbedingungen, um gelingen zu können. Der Hogrefe Verlag hat dem Lexikonprojekt einen besonderen Stellenwert eingeräumt und die Arbeit am Werk in außergewöhnlicher Weise unterstützt. Neben der Entwicklung eines projektspezifischen Content-Management-Systems und des Onlineauftritts war der persönliche Kontakt zur Verlags- und Programmleitung entscheidend dafür, die Organisation und inhaltliche Gestaltung seit der 16. Auflage kontinuierlich ausführen zu können. Das Vertrauen des Verlags in meine Arbeit und der Wille und die Begeisterung aller im Verlag an den Kommunikations- und Organisationsprozessen beteiligten Kontaktpersonen, dieses Projekt mit maximal möglichen Qualitätsansprüchen zu realisieren, hat das Projekt für mich zu einer reizvollen, interessanten und wertvollen Erfahrung werden lassen, die mich mit Dankbarkeit erfüllt.

Frau Prof. Dr. Janina Strohmer hat alle Arbeitsschritte seit der 16. Auflage durch ihre Kompetenz, ihre Sorgfalt und ihr Engagement maßgeblich mitgestaltet. Sie hat entscheidenden Anteil daran, dass die lexikalische Aufbereitung in diesem Umfang und in dieser Qualität umgesetzt werden konnte. Frau Carolin Dresch, die die aufwändigen editorischen Schritte bei der Neugestaltung der 18. Auflage mit großer Sorgfalt und hohem Engagement umgesetzt hat, bin ich ebenfalls zu Dank verpflichtet.

Ohne die Unterstützung von Frau Dipl.-Psych. Judit Kelbert, die die Arbeit in allen Phasen begleitet hat, wäre dieses Lexikonprojekt nicht realisierbar gewesen.

Abschließend sei darauf hingewiesen, dass – trotz aller Mühe und Sorgfalt – ggf. vereinzelte Mängel oder Fehler in den Texten nicht vollständig ausgeschlossen werden können. Wir möchten Sie bitten, uns diese, ebenso wie inhaltliche Verbesserungsvorschläge, zurückzumelden, um die Qualität des Lexikons im Sinne aller Leserinnen und Leser verbessern zu können.

Markus Antonius Wirtz
Juni 2016

Anmerkung: In diesem Vorwort wurden jeweils beide Genusformen verwendet, wenn sowohl Personen weiblichen als auch männlichen Geschlechts gemeint waren. Im Folgenden wird aus Gründen der Lesbarkeit und der lexikalischen Prägnanz der Texte auf diese Doppelbezeichnung verzichtet. Selbstverständlich ist bei Nennung des maskulinen Genus auch die weibliche Form mit gemeint, wenn die Genusformen nicht explizit differenziert werden.

Darstellungshinweise

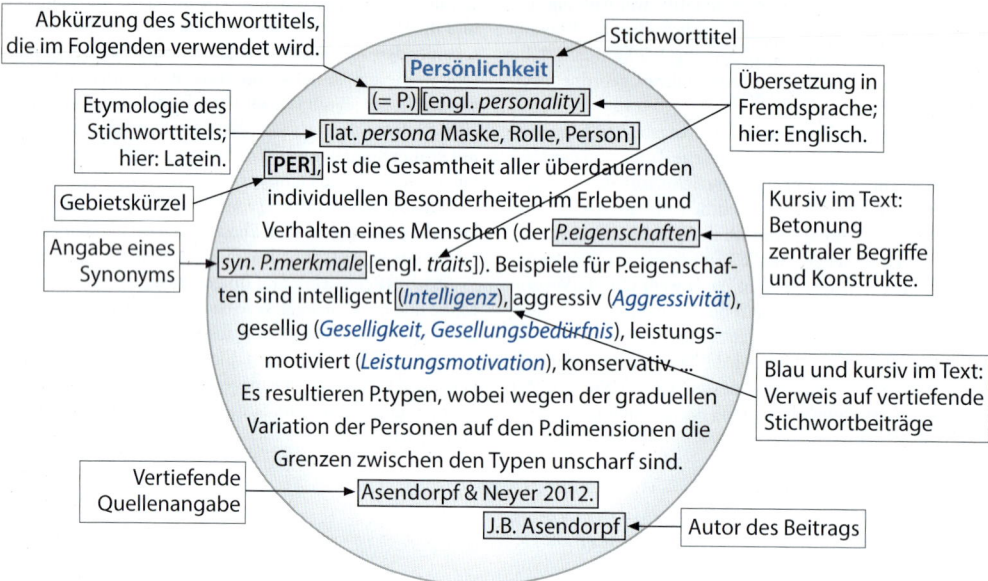

Angaben zur englischsprachigen Übersetzung, Etymologie und synonymen Bezeichnungen

Die Grundstruktur der Darstellung der Stichwörter beginnt mit der englischen Übersetzung des jeweiligen Stichworts, Angaben zur Etymologie sowie der Nennung synonymer Bezeichnungen und der Gebietszuordnung/-en.

Stichwort (Abkürzung) [*englischsprachige Übersetzung*; etymologische Angaben: Herkunftssprache *Originalwort* deutschsprachige Übersetzung], Synonyme, [**Gebietszuordnung(en)**], Haupttext.

Psychologie (= Ps.) [engl. *psychology*; gr. ψυχή *(psyche)* Seele, Hauch, λόγος *(logos)* Lehre, Vernunft, Wort], syn. (veraltet) *Seelenkunde*, …

Adoleszenz (= A.) [engl. *adolescence*; lat. *adolescere* heranwachsen], syn. *Jugendalter*, [**EW**], …

Emotionen (= E.) [engl. *emotions*; lat. *ex* (her)aus, *movere* bewegen], [**EM**], …

Kaufsucht (= K.) [engl. *compulsive buying*], syn. *Oniomanie* [gr. ὤνιος *(onios)* (zu) kaufen, μανία *(mania)* Wahn], [**KLI, WIR**], …

Kennzeichnungen und Symbole

Kursivschrift: (1) Begriffe, die Fremdsprachen entstammen, und (2) Begriffe mit synonymer Bedeutung sind kursiv formatiert.

[ ]: In eckigen Klammern werden angegeben: (1) Die Angaben zur englischsprachigen Übersetzung und der Etymologie. (2) Die Gebietszuordnungen.

( ): In runden Klammern werden angegeben: (1) optionale Wörter oder Wortteile, (2) ergänzende Informationen (z. B. «umgangssprachlich», «veraltet»), (3) Entsprechungen in lateinischen Schriftzeichen bei nicht lateinischen Schriftzeichen der Originalsprache (z. B.: «φόβος (phobos) Furcht»).

/ (Slash): Ein Slash trennt alternative Bezeichnungen (z. B. «… syn. *komplexe/selbstbezogene Emotionen* …» – Sowohl *komplexe Emotionen* als auch *selbstbezogene Emotionen* sind als Bezeichnung gebräuchlich.).

Fremdsprachliche Stichwortbezeichnungen

Für fremdsprachliche, insbesondere englischsprachige Fachbegriffe, die in der Originalsprache in das psychologische Fachvokabular übergegangen sind, wird zunächst in eckigen Klammern die Herkunftssprache und anschließend die deutschsprachige Übersetzung angegeben.

action research (= a. r.) [engl.] *Aktionsforschung, syn. Handlungsforschung*, [**FSE, KLI, SOZ**], …

attrition bias [engl.] *Fehler durch Schrumpfung*, [lat. *attritus* abgerieben, abgegriffen], [**FSE**], …

Die Übernahme fremdsprachlicher Begriffe ist in der Regel dadurch bedingt, dass keine adäquate deutschsprachige Übersetzung existiert. Ist eine wörtliche Übersetzung möglich, die die Bedeutung reflektiert, jedoch in dieser Form nicht in der Literatur verwendet wird, wird diese in Guillemets (« ») gesetzt.

augmented reality (= a. r.) [engl.] «erweiterte Realität», [lat. *augmentatio* Vergrößerung, Erweiterung], [**MD**], …

basking in reflected glory (= b.) [engl.] «sich aalen/sonnen in reflektiertem/r Ruhm/Herrlichkeit», [**PÄD, SOZ**], …

Personendarstellungen

Bei der Darstellung historisch bedeutsamer Persönlichkeiten der Psychologie werden Geburts- und Todesjahr und ggf. namensbezogene Zusatzinformationen vor der Nennung der Gebietszuordnungen genannt.

Münsterberg, Hugo (Pseudonym: Hugo Terberg) (1863–1916), [**AO, HIS, PHI, WIR**], …

Bedeutung der Gebietskürzel

Die Liste mit den Erläuterungen der Kürzel findet sich im Vorwort. Für das Beispielstichwort «Persönlichkeit» wird durch die Kennung [**PER**] die Zuordnung zum Gebiet «Persönlichkeits- und Differentielle Psychologie» dokumentiert. Bei den Stichwörtern werden nur die Gebiete angegeben, auf die sich die Darstellung primär bezieht, auch wenn der Begriff zudem in anderen Bereichen bedeutsam sein kann. Würde bspw. der Begriff «Altern» lediglich aus entwicklungspsychologischer Perspektive im Text behandelt, ohne dass gesundheitspsychologische Aspekte angesprochen werden, so würde der Bereich [**EW**] angegeben, ohne dass damit ausgeschlossen ist, dass eine gesundheitspsychologische Perspektive für die Beschäftigung mit dem Begriff «Altern» bedeutsam ist.

Diese Zuordnung zu den Teilgebieten kann unterschiedlich eindeutig ausfallen, da eine disziplinäre Zuordnung nicht in jedem Fall zweifelsfrei möglich ist. Wir bitten diese kategoriale Zuordnung also als Hilfestellung für die systematische Rezeption und Einordnung der Einzelbeiträge zu betrachten, die u. a. die Herstellung möglicher Bezüge unterstützt. Letztendlich ist es in der Regel sinnvoll, die Bedeutung der Begriffe auch unter übergreifender psychologischer Perspektive zu betrachten und deren Bedeutung außerhalb der Kategoriengrenzen mit zu bedenken. Im Rahmen der Editierung zeigte sich jedoch, dass die Vorteile einer orientierenden Zuordnung potenzielle Ambiguitäten und Probleme deutlich überwiegen.

Darstellungshinweise

Testdarstellung

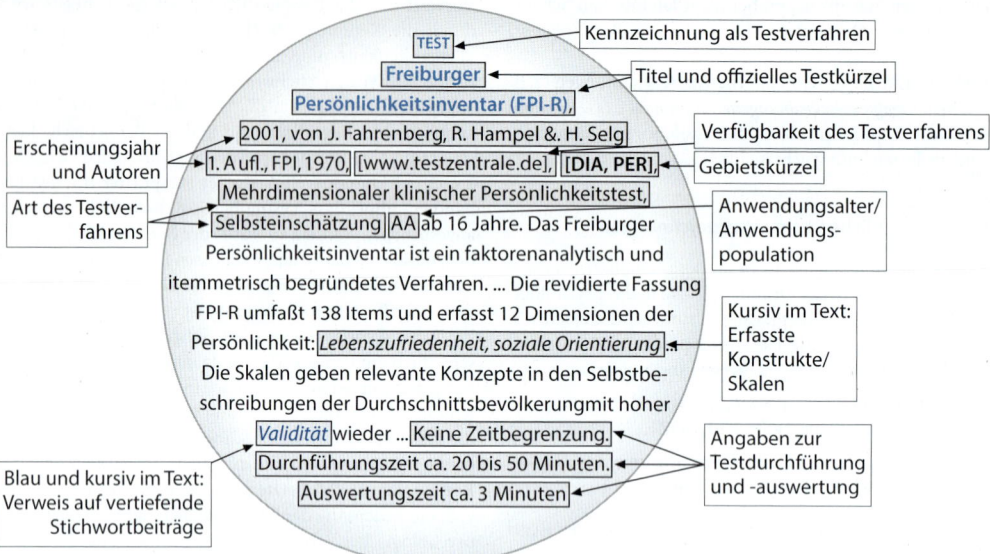

Abkürzungsverzeichnis

Abb.	Abbildung	korr.	korrigiert
Abk.	Abkürzung	kult.	kulturell
allg.	allgemein	lat.	lateinisch
amerik.	amerikanisch	math.	mathematisch
Aufl.	Auflage	max.	maximal
bes.	besonders/besonderer	med.	medizinisch
best.	bestimmt	Med.	Medizin
bez.	bezeichnen	meth.	methodisch
Bez.	Bezeichnung	min.	minimal
biol.	biologisch	Min.	Minute
Bsp.	Beispiel	mind.	mindestens
bspw.	beispielsweise	Mio.	Million
bzgl.	bezüglich	Mrd.	Milliarde
bzw.	beziehungsweise	neg.	negativ
ca.	circa	obj.	objektiv
d. h.	das heißt	päd.	pädagogisch
def.	definieren	Pat.	Patient
Def.	Definition	pharmakol.	pharmakologisch
diagn.	diagnostisch	phil.	philosophisch
Dt.	Deutschland	physikal.	physikalisch
dt.	deutsch	physiol.	physiologisch
engl.	englisch	pos.	positiv
entspr.	entsprechend	Pb, Pbn	Proband(en)
etc.	et cetera	Ps.	Psychologie
evtl.	eventuell	psych.	psychisch
exp.	experimentell	psychol.	psychologisch
folg.	folgend	psychoth.	psychotherapeutisch
frz.	französisch	Psychoth.	Psychotherapie
geb.	geboren	qual.	qualitativ
ggf.	gegebenenfalls	quant.	quantitativ
Ggs.	Gegensatz	resp.	respektive
gr.	griechisch	rev.	revidiert
Hrsg.	Herausgeber	s.	siehe
i. d. R.	in der Regel	s. a.	siehe auch
i. e. S.	im engeren Sinne	s. o.	siehe oben
i. R.	im Rahmen	s. u.	siehe unten
i. ü. S.	im übertragenen Sinne	Sek.	Sekunden
i. w. S.	im weite(re)n Sinne	sog.	so genannt
indiv.	individuell	spez.	speziell
inkl.	inklusive	spezif.	spezifisch
insbes.	insbesondere	stat.	statistisch
insges.	insgesamt	Std.	Stunde
internat.	international	subj.	subjektiv
ital.	italienisch	syn.	synonym
jew.	jeweils, jeweilig	Tab.	Tabelle
Jhd.	Jahrhundert	Tsd.	Tausend
klin.	klinisch	theoret.	theoretisch
kogn.	kognitiv	therap.	therapeutisch

Abkürzungsverzeichnis

u. a.	unter anderem	z. B.	zum Beispiel
u. ä.	und ähnlich	z. T.	zum Teil
u. U.	unter Umständen	zit.	zitiert
usw.	und so weiter	zus.	zusammen
versch.	verschieden	zw.	zwischen
vgl.	vergleiche	zzgl.	zuzüglich
Vl	Versuchsleiter		
vollst.	vollständig		
Vp, Vpn	Versuchsperson		
wiss.	wissenschaftlich		

In den Stichworttexten werden neben den aufgelisteten Abkürzungen vereinzelt weitere Abkürzungen verwendet, wenn diese selbsterklärend und eindeutig sind.

I. Einleitung

Mit dem Titel *Lexikon der Psychologie* wird der Anspruch formuliert, eine umfassende Sachinformation über ein komplexes und vielschichtiges Wissenschaftsgebiet bereitzustellen. Dabei gilt es, ein repräsentatives und hinreichend erschöpfendes Spektrum an Begriffen, Inhalten, Grundlagen- und Anwendungsaspekten sowie Forschungs- und Praxisthemen zu berücksichtigen. Neben aktuell bedeutsamen Inhalten werden zudem die historischen Entwicklungen und Wurzeln des Fachs dokumentiert, da diese die Psychologie geprägt haben und für das Verständnis der Disziplin bedeutsam sind. Dem Leser soll nicht nur für jeden ihn potentiell interessierenden Terminus eine Klärung und Erläuterung zur Verfügung gestellt werden, sondern es soll zudem verdeutlicht werden, was die Wissenschaftsdisziplin ‹Psychologie› in ihrer Tradition, ihrer Vielfalt und ihrem Selbstverständnis kennzeichnet. Folgende Fragen sollen in dieser Einleitung die Klärung der Bedeutung des Begriffs ‹Psychologie› leiten:

- Was sind die definierenden Kernmerkmale der Wissenschaftsdisziplin ‹Psychologie›?
- Was kennzeichnet und unterscheidet psychologische Teildisziplinen? Was verbindet diese als Facetten der Gesamtdisziplin ‹Psychologie›?
- Was bedeutet es, sich aus Perspektive der Psychologie Forschungsgegenständen und -fragestellungen zu nähern?
- Welche Themen sind für die Psychologie bedeutsam?
- Welche Theorien charakterisieren die Sichtweisen auf den Menschen?
- Wie gelangt die Psychologie zu Erkenntnis? Welche Methoden zur Gewinnung und Prüfung von Wissen sind für die Psychologie charakteristisch?
- Welche wissenschaftstheoretischen Grundlagen sind für die Psychologie bedeutsam?
- Welche intra- und interdisziplinären Besonderheiten und Potentiale bietet die psychologische Forschung?

Psychologie als ‹Seelenlehre›?

Versucht man, die Psychologie auf etymologischer Basis als ‹Seelenlehre› oder ‹Seelenkunde› zu definieren, so werden bereits Schwierigkeiten des Selbstverständnisses und der Identität in der historischen Entwicklung der wissenschaftlichen Disziplin ‹Psychologie› deutlich. Die Anfänge der modernen Psychologie als eigenständige Wissenschaftsdisziplin finden sich in der Zeit der Aufklärung. Bis dahin bestand weitestgehend gesellschaftlicher Konsens, dass Fragen des Menschseins in die Domäne der Religion fallen. In der Zeit vor der Aufklärung waren dem offenen und unvoreingenommenen Umgang mit Fragen menschlichen Seins in der Regel wesentliche gesellschaftlich-normative Grenzen gesetzt. Das Streben nach vernunftgeleiteter und wissenschaftlicher Klärung solcher Fragen seit der Epoche der Aufklärung emanzipierte eine spezifisch psychologische gegenüber einer philosophischen Betrachtungsweise (Lück, 2014). Als bahnende Vorläufer der Psychologie sind insbesondere die philosophischen Arbeiten von René Descartes (1596–1650) anzusehen, der eine dualistische Sichtweise von physikalischer Natur [gr. $\varphi\acute{\upsilon}\sigma\iota\varsigma$ physis] und Seele [gr. $\psi\upsilon\chi\acute{\eta}$ psyche] postulierte: Descartes nahm an, dass Seele und Körper in Verbindung stünden, in ihrem Wesen aber grundlegend verschieden seien. Er verhalf damit der wissenschaftlichen Beschäftigung mit den «nicht physischen Aspekten» des Menschseins zu wachsender Bedeutung.

Die Wortbedeutung ‹Seelenlehre› grenzt somit den Gegenstand der Psychologie in diesem dualistischen Sinne von einer biologischen oder physiologischen Betrachtungsweise ab. Die Domäne der Psychologie kann daher in ihrem ursprünglichen Sinne als der Wissenschaftsbereich bezeichnet werden, der sich mit geistigen Phänomenen des Menschseins beschäftigt, die durch die Biologie, Physiologie und Medizin einerseits und die Philosophie andererseits nicht oder nicht hinreichend erforscht werden können. Mit der Zeit wurde die Verwendung des Seelenbegriffs aber immer problematischer. Dies trug und trägt zu Missverständnissen hinsichtlich des Gegenstandsbereichs der Psychologie bei. Zum einen, weil der Begriff ‹Seele› eher mit religiös-metaphysischen Vorstellungen einer immateriellen Entität oder eines immateriellen Prinzips assoziiert ist. In der Psychologie entwickelten sich aber zunehmend alternative Konzepte wie z. B. Identität, Individualität, Selbst, Bewusstsein, die sich als wissenschaftlich angemessener sowie besser definier- und untersuchbar erwiesen haben. Die Seele als Namensgeber der Psychologie ist somit durch andere Konstrukte verdrängt worden, die mit dem ursprünglichen Seelenkonzept in Verbindung gesehen werden können, die inhaltlich und konzeptuell aber vom Seelenbegriff klar abgegrenzt werden. Zum anderen sind eine dualistische Sichtweise (Postulat der getrennten Existenz von Physischem und Psychischem, die aber in Interaktion stehen) auf den Menschen und die Annahmen des psychophysischen Parallelismus (Postulat der parallelen, aber unabhängigen Existenz von Physischem und Psychischem) seit der Entstehung der Disziplin zunehmend in den Hintergrund getreten. In der modernen Psychologie werden –

trotz ungeklärtem Leib-Seele-Problem – psychische Prozesse in der Regel als eindeutig mit (neuro-)physiologischen Prozessen korrespondierend angenommen (Identitätslehre, eliminativer Materialismus). Das Psychische wird als mentale Repräsentation (neuro-)physiologischer Prozesse aufgefasst (Epiphänomenalismus; Jäncke, 2013). Zwar verwenden verschiedene Wissenschaftsdisziplinen, die sich mit menschlichem Fühlen, Denken und Handeln beschäftigen, unterschiedliche Methoden und Modellierungen, wenn sie (neuro-)physiologische oder psychologische Prozesse untersuchen: die wesentliche Identität des Psychischen und Physischen findet sich jedoch in der Regel als Grundpostulat.

Entsprechend wird die Psychologie heute durch die eigentliche Wortbedeutung ‹Seelenlehre› nicht mehr adäquat beschrieben. Bereits Friedrich Albert Lange (1828–1875) hat als Basis für wissenschaftliche Psychologie die Notwendigkeit einer ‹Psychologie ohne Seele› im Sinne einer objektiven Wissenschaftsdisziplin gefordert: «Aber heißt denn Psychologie nicht *Lehre von der Seele*? Wie ist denn eine Wissenschaft denkbar, welche es zweifelhaft lässt, ob sie überhaupt ein Objekt hat? Nun, da haben wir wieder ein feines Pröbchen der Verwechslung von Namen und Sache! Wir haben einen überlieferten Namen für eine große, aber keineswegs genau abgrenzbare Gruppe von Erscheinungen. Dieser Name ist überliefert aus einer Zeit, in welcher man die gegenwärtigen Anforderungen strenger Wissenschaft noch nicht kannte. Soll man ihn verwerfen, weil das Objekt der Wissenschaft sich verändert hat? Das wäre unpraktische Pedanterei. Also nur ruhig eine *Psychologie ohne Seele* angenommen! Es ist doch der Name brauchbar, solange es hier irgendwas zu tun gibt, was nicht von einer anderen Wissenschaft vollständig mit besorgt wird.» (Lange, 1873, S. 823).

Dass der Begriff ‹Psychologie› bis heute beibehalten wurde, kann – neben der traditionellen Verankerung und Institutionalisierung – am besten dadurch erklärt werden, dass dieser die Wurzeln der Disziplin eindeutig kennzeichnet: Aus diesen Wurzeln hat sich ein enormes Spektrum an Wissenschaftsfacetten entwickelt. Tatsächlich wurden und werden von einigen Autoren Bezeichnungen wie z. B. Kognitionswissenschaft, Verhaltenswissenschaft oder im Englischen ‹mental psychology› als zeitgemäßere Alternativen oder die Aufteilung der Psychologie in valider benennbare Teildisziplinen diskutiert. Jedoch würde jede neue Bezeichnung dem breiten Inhaltsspektrum der Psychologie nicht gerecht und damit die Einheit der Disziplin in Frage stellen. Da sich eine spezifische psychologische Wissenschaftstradition als klar erkennbar und fruchtbar erwiesen hat, steht die Bezeichnung der Disziplin aber nicht wirklich in Frage.

Es kann somit festgehalten werden: Aus der Beschäftigung mit dem Seelenbegriff ging die Psychologie hervor. Die wissenschaftliche Psychologie hat sich aber von diesem historischen Ausgangspunkt emanzipiert. Obwohl der Begriff ‹Psychologie› semantisch inzwischen sehr kritisch zu bewerten ist, ist dieser identifizierende und identitätsstiftende sowie höchst nützliche ‹Integrationsbegriff› als Disziplinbezeichnung beibehalten worden.

Psychologie als Wissenschaft menschlichen Erlebens und Verhaltens

Gängige Definitionen der ‹Psychologie› verwenden zwei zentrale Begrifflichkeiten zur Kennzeichnung der Inhalte der Psychologie: Sie beschreiben Psychologie als die *Lehre vom Erleben und Verhalten des Menschen*. Die Erlebenskomponente umfasst dabei sowohl kognitive als auch emotionale Komponenten. Dabei werden sowohl allgemeine Gesetzmäßigkeiten menschlichen Erlebens und Verhaltens (Allgemeine Psychologie) als auch Unterschiede zwischen einzelnen Menschen (Differentielle Psychologie) sowie von der Norm abweichendes Erleben und Verhalten (insbesondere: Klinische Psychologie) mit eingeschlossen (Zimbardo & Gerrig, 2014).

Das subjektive *Erleben* des Individuums wird also als eines der beiden Kernmerkmale aufgefasst: *Erleben* beschreibt hierbei die rezeptive Seite des menschlichen Seins sowie der Interaktion des Menschen mit sich selbst und seiner Umwelt. *Erleben* ist ein wesentliches Merkmal der menschlichen Wahrnehmung und Informationsverarbeitung. Der Mensch steht über die Wahrnehmung in Kontakt mit der Umwelt: Über die sensorischen Systeme (insbesondere Sehsinn, Hörsinn, Geruchssinn, Tastsinn, Geschmackssinn) gelangen Informationen in unser Zentralnervensystem, insbesondere in unser Gehirn. Diese Informationen werden zu sinnhaften Objektrepräsentationen verarbeitet, identifiziert, mit Erfahrungen verglichen und mit Emotionen verknüpft. Das Ergebnis führt dazu, dass Verhalten motiviert und insbesondere vor dem Hintergrund antizipierter oder gelernter Verhaltenskonsequenzen umgesetzt wird. Diese Prozesse sind zunächst nur der erlebenden Person selbst zugänglich. Ohne eine psychologische Betrachtung ist das menschliche Informationsverarbeitungssystem von außen lediglich als eine ‹Black Box› zu verstehen, ohne zu wissen, was die dort ablaufenden Prozesse kennzeichnet.

Der Begriff *Erleben* bezieht sich somit darauf, wie eine Person ganz konkret Ereignisse, Situationen oder andere Personen für sich selbst empfindet und wahrnimmt bzw. diese intern repräsentiert. Dass schon bei sehr einfach erscheinenden Leistungen der menschlichen Informationsverarbeitung durch die Arbeit unseres Sinnes- und Wahrnehmungssystems spezifische Informationsaspekte und Erlebens- oder Wahrnehmungsqualitäten entstehen, kann an dem folgenden Beispiel anschaulich nachvollzogen werden: Die Abb. unten zeigt das von Gaetano Kanizsa (1979) entwickelte und nach ihm benannte Kanizsa-Dreieck. Beschreiben Personen ihre Wahrnehmungseindrücke, so werden bei genauer Betrachtung in der Regel vier Wahrnehmungsaspekte berichtet: (1) In der Mitte wird ein auf der Spitze stehendes weißes Dreieck (Täschungsobjekt) gesehen, das durch feine Konturen (Täuschungskonturen) begrenzt zu sein scheint. (2) Das Dreieck scheint im Vergleich zu der umgebenden weißen Fläche leicht aufgehellt (Weißer-als-weiß-Effekt). (3) Das Dreieck scheint *vor* den übrigen Objekten zu liegen (Tiefenstaffelung, Figur-Grund-Trennung). (4) Die schwarzen Elemente werden als unterbrochen oder partiell verdeckt wahrgenommen (amodale Vervollständigung). Die drei schwarzen Spitzen werden dabei als Teile eines durch das weiße Dreieck partiell verdeckten Dreiecks wahrgenommen. Die Linien scheinen ‹unterbrochen› oder ‹verdeckt›. Ebenso werden die ‹Pac-Man›-Formen als schwarze Scheiben beschrieben bzw. wahrgenommen, die durch die Spitzen des weißen Dreiecks partiell ‹verdeckt› scheinen.

Bei der Beschreibung des Wahrnehmungseindrucks verwenden wir Begriffe wie ‹unterbrochen›, ‹verdeckt›, ‹davor liegend›, denen keine direkten Merkmale der zweidimensionalen Reizvorlage entsprechen: Die physikalisch vorhandenen Reizelemente dienen nur der indirekten Entstehung dieser wahrgenommenen Aspekte. Unser Gehirn interpretiert die Reizsituation also im Prozess des Sehens selbst: Dabei ‹entsteht› eine innere Repräsentation, die aufgrund unserer Erfahrung mit der Umwelt für das Zustandekommen einer solchen Reizkonstellation als am plausibelsten erachtet wird. Wenn eine einfache Form existieren könnte (das gesehene weiße Dreieck), die die übrigen partiell ‹verdeckt› und sich hierdurch eine kongruente Bildinterpretation ergeben könnte, dann wird diese ‹vermutete› Form unter bestimmten Bedingungen wahrgenommen. Hierbei ist es wichtig, dass sich nach ‹Korrektur› der Unterbrechungen plausible Formen im ‹Hintergrund› (re-)konstruieren lassen: Das ‹vermutete› weiße Dreieck wird nur erkannt, wenn alle Bildinformationen darauf hindeuten, dass z. B. partiell verdeckte schwarze Scheiben existieren könnten, die ganz zu sehen wären, wenn das gedachte weiße Dreieck nicht vorhanden wäre. Die Elemente im Bild, die die ‹vermutete› Form indirekt andeuten, verändern sich ebenfalls in ihrer Wahrnehmungsqualität: Sie werden als ‹unterbrochen› oder ‹partiell verdeckt› interpretiert bzw. wahrgenommen.

Entscheidend ist bei dieser Demonstration, dass es sich um automatisierte Bildinterpretationen handelt, die zu direkten und stabilen Wahrnehmungseindrücken führen: Das ‹vermutete› Dreieck wird nicht nur als mögliche Form ‹gedacht›. Vielmehr führt die plausible Hypothese eines davorliegenden Dreiecks dazu, dass dieses eigentlich nicht existente Objekt durch Verarbeitungsprozesse tatsächlich stabil sichtbar gemacht wird: Wir sehen künstliche Konturen und die Oberfläche scheint leicht aufgehellt und somit zur Umgebung oder dem Hintergrund kontrastiert. Das vermutete Objekt wird mit sichtbaren Eigenschaften versehen, die ein ‹reales› Objekt ebenfalls kennzeichnen. Wahrnehmung ist damit vielmehr als Konstruktions-, denn als einfacher Abbildungsprozess zu verstehen. Was wir hier wahrnehmen und damit auch auf sehr grundlegender Ebene subjektiv erlebbar wird, ist als eine Kombination dessen anzusehen, (a) was als Reiz vorhanden ist, und (b) den Informationsverarbeitungsprozessen, die Information zu sinnhaften Gesamtrepräsentationen organisieren.

Das Phänomen des Kanizsa-Dreiecks zeigt eindrücklich, wie bereits bei grundlegenden Wahrnehmungsphänomenen die Grenze zu Denkprozessen verschwindet, da die Wahrnehmung durch unsere rezeptiven Strukturen – und damit unsere Erwartungen und Erfahrungen – mit geprägt wird. Diese ‹reizinterpretierenden› ‹Erwartungen› oder ‹Erfahrungen› sind in diesem Beispiel in unseren rezeptiven Strukturen als automatisierte Verarbeitungsroutinen fest verankert. Ein System, das seine Erfahrung nicht nutzt, um die Welt zu verstehen (Top-down-Verarbeitung), wäre letztendlich nicht oder lediglich sehr eingeschränkt in der Lage, Informationen zu strukturieren und ihnen Bedeutung beizumessen. ‹Erkennen› erfordert auch immer ‹Wiedererkennen›, also den Vergleich mit gespeicherter Information. Dieses ‹Wiedererkennen› kann durch die Anwendung bewährter Wahrnehmungsroutinen automatisiert und unbewusst erfolgen. Hierbei kann die in die Informationsverarbeitung eingehende Erfahrung sowohl durch die stammesgeschichtliche (phylogenetische) als auch die individuelle (ontogenetische) Entwicklung und Lernerfahrung geprägt sein: Der Mensch verfügt sowohl über eine allgemeine ‹Grundausstattung›, die für alle Menschen charakteristisch ist, als auch spezifische individuelle rezeptive, emotionale, kognitive und das Verhalten steuernde Eigenschaften, die durch spezifische individuelle genetische Prädispositionen und die individuellen Lernerfahrungen geprägt sind.

Das vergleichsweise einfache Beispiel des Kanizsa-Dreiecks aus dem Bereich der Wahrnehmung vermittelt einen grundlegenden Eindruck davon, welche Besonderheiten menschliches Erleben von einem einfachen Reiz-Reaktions-Mechanismus unterscheiden: Durch die interne Verarbeitung entsteht ein komplexes Abbild der Umwelt. Diese Repräsentation stellt letztendlich unsere Erlebensrealität dar (Metzger, 2001). Je komplexer der Wahrnehmungsgegenstand ist, desto deutlicher wird in der Regel die Bedeutsamkeit interner Verarbeitungsprozesse: Bei der Wahrnehmung und Interpretation des Verhaltens anderer Menschen

Abbildung: Das Kanizsa-Dreieck (Kanizsa 1979)

I. Einleitung

(Personenwahrnehmung) determinieren unter anderem Bewertungs- und Vergleichsprozesse (z. B. Sympathie, implizite Persönlichkeitstheorien, soziale Normen) das Produkt der Wahrnehmung. Für die Selbstwahrnehmung der eigenen Person haben beispielsweise Motive, Werte und Ansprüche an uns selbst (z. B. Soll-Selbst, Ideal-Selbst) einen zentralen Stellenwert. Kommuniziert ein Mensch mit anderen, so ist sein Verhalten unter anderem davon abhängig, welches ‹Bild› er sich vom Kommunikationspartner ‹macht›. Bei diesen Beispielen sind die Fragen, wie wir Informationen intern repräsentieren, wovon diese Repräsentationen abhängen und wie sich diese auf die mentalen Informationsverarbeitungsprozesse auswirken, von zentraler Bedeutung. Diese internen Repräsentationen stehen unter anderem in Zusammenhang mit Emotionen und resultierenden Motivationen. Sie stellen die Basis dafür dar, welche Verhaltensoptionen wir in Erwägung ziehen, welche letztendlich gezeigt werden und wie wir deren Konsequenzen bewerten.

Erleben kann somit als individueller, nur subjektiv zugänglicher bedeutungsgenerierender Abbildungs- und Informationsverarbeitungsprozess verstanden werden. ‹Bedeutung› umfasst dabei neben kognitiven insbesondere emotionale und motivationale Aspekte. Lernerfahrungen und soziale Bezüge kennzeichnen zudem die vielschichtige Erlebensrealität.

Verhalten bezieht sich weniger auf innere mentale Vorgänge als auf tatsächliche (wahrnehmbare) Äußerungen einer Person. Verhalten kann als Reaktion des Individuums auf die Erlebensrealität verstanden werden: Der Mensch versucht, seine eigene Situation oder seine Umwelt durch sein Verhalten gemäß bestimmten Bedürfnissen und Zielen zu beeinflussen. Die Schule des Behaviorismus vertrat dabei den Ansatz, dass ausschließlich objektiv beobachtbares Verhalten die Grundlage wissenschaftlicher Erforschung des psychischen Systems darstellen solle. Als wesentliche Determinanten von Lernprozessen, wurde beispielsweise die Bedeutung positiver vs. negativer Konsequenzen, die auf eine Verhaltensweise folgen, identifiziert (Operante Konditionierung). Diese Sichtweise wurde nachfolgend durch Ansätze ergänzt, die die Bedeutung kognitiver, emotionaler und motivationaler Einflüsse betonen (Kognitive Wende). Denn die Annahme, dass Verhalten vorwiegend durch erfahrene Konsequenzen bedingt ist, wird vielen Phänomenen nicht gerecht. Beispielsweise kann Lernen auch durch die kognitive Verarbeitung von Beobachtungen des Verhaltens anderer Menschen erfolgen (Beobachtungslernen). Die Wahl und Ausführung von Verhaltensweisen ist des Weiteren dadurch bedingt, welche Verhaltensweisen als kompetent ausführbar und hinsichtlich der Umweltgegebenheiten als angemessen erscheinen. Begriffe wie ‹Handlungsplanung› oder ‹Handlungskontrolle› stellen beispielsweise die kognitive Verarbeitung als zentrale Determinanten des Verhaltens in den Mittelpunkt. Begrifflichkeiten wie ‹Motiv›, ‹Intention›, ‹Ziel› oder auch ‹Selbstwirksamkeitserwartung› verdeutlichen zudem die motivational-emotionale Bedingtheit und Bedeutsamkeit menschlichen Verhaltens. Weiterhin müssen die funktionale Bedeutung von Verhalten sowie der Einfluss kontextueller Moderatorvariablen mit berücksichtigt werden. Die Notwendigkeit des Einbezugs kognitiver sowie motivational-emotionaler Aspekte des menschlichen Verhaltens kann beispielsweise anhand häufig genutzter Situationsschilderungen zur Erfassung des kindlichen Schuld- und Moralverständnisses verdeutlicht werden: Versucht eine Person, in einer Situation zu helfen (z. B. Tisch decken), und richtet sie dabei unabsichtlich Schaden an (indem sie z. B. ein Tablett mit mehreren Gläsern umstößt), so ist dies anders zu verstehen und zu werten, als wenn eine Person absichtlich (z. B. aus Wut) den gleichen Schaden anrichtet. Würde man ausschließlich das Verhalten betrachten, ohne zugrunde liegende mentale Prozesse (z. B. Absichten) in Rechnung zu stellen, wäre keine adäquate Einordnung möglich. Die kontextuelle Eingebundenheit von Verhalten wird auch exemplarisch deutlich, wenn die mangelnde Beteiligung eines Schülers am Unterricht verstanden werden soll: Diese könnte durch kognitive Über- oder Unterforderung, Misserfolgsvermeidung, soziale Ängstlichkeit, mangelndes Interesse oder einen Lehrer-Schüler-Konflikt (z. B. Nichtbeteiligung mit provokativer Absicht) bedingt sein. Diese Beispiele zeigen, dass ein bestimmtes Verhalten, auch wenn es nach außen objektiv identisch ist, i.d.R. nur unter differenzierter Berücksichtigung zugrunde liegender psychischer Prozesse zu verstehen bzw. wissenschaftlich angemessen modellierbar ist.

Erleben und *Verhalten* ist somit gemeinsam, dass sie sich auf Phänomene beziehen, die durch psychische Prozesse realisiert oder vermittelt werden. Weder das Erleben, noch das Verhalten eines Menschen lassen sich vollständig auf Basis von Umweltgegebenheiten oder zum Beispiel biologischen oder mathematischen Regeln oder Naturgesetzen erklären oder vorhersagen. Vielmehr müssen zusätzlich Prozesse (insbesondere Informationsverarbeitung, Konstruktion, Emotion, Motivation) innerhalb des verarbeitenden psychischen Systems mit berücksichtigt werden. Gleichzeitig sind Erleben und Verhalten unmittelbar miteinander verwoben: Das Erleben bedingt das Verhalten wesentlich und das Verhalten dient der Veränderung und Validierung der Welt, wie sie vom Individuum sinnhaft und bedeutungshaltig konstruiert bzw. erlebt wird.

Implikationen der Begriffsklärung für die lexikalische Aufbereitung

Als Besonderheit der Wissenschaftsdisziplin ‹Psychologie› kann somit festgehalten werden, dass vor allem solche Phänomene von Interesse sind, deren Ablauf und Ergebnis durch individuelle, bewusste oder unbewusste (Verarbeitungs-)Prozesse beeinflusst werden, die sich einem direkten objektiven Zugang von außen zumindest bis zu einem gewissen Grad entziehen. Diese Eingrenzung ist jedoch nicht hinreichend, um konkrete Inhalts- bzw. Anwendungsbereiche der Psychologie zu erfassen. Aber ist es überhaupt notwendig, solche konkreten Inhaltsbereiche zu benennen? Tatsächlich wird im Rahmen dieses Lexikons

I. Einleitung

Abstand davon genommen, die Psychologie als klar abgrenzbares, inhaltliches Gebiet aufzufassen. Stattdessen wird aufgezeigt, wie umfassend und vielgestaltig sich die Psychologie als empirische Wissenschaft darstellt und wie weit sie in verschiedene Natur-, Sozial- und Geisteswissenschaften hineinragt und durch die Verbindung mit Perspektiven und Methoden von Bezugswissenschaften diese bereichert und selbst bereichert wird. Das Lexikon soll dazu anregen, Psychologie nicht als eine Ansammlung verschiedener spezifischer Inhalte wahrzunehmen, sondern vielmehr als eine wissenschaftliche Perspektive, aus der verschiedene Inhaltsbereiche betrachtet werden können (Nolting & Paulus, 2012). Damit wird keineswegs die Bedeutung des Oberbegriffs ‹Psychologie› oder die der Disziplin ‹Psychologie› inhärente ‹Einheit der Psychologie› (Schönpflug, 2004) in Frage gestellt: Das spezifisch ‹Psychologische› der Gegenstände und Inhalte ergibt sich oft erst durch die psychologische – also erlebens- und verhaltensfokussierte – Betrachtungsweise, die die wissenschaftlichen Sichtweisen und Herangehensweisen im Innersten zusammenhalten. Diese Charakterisierung ist hoffentlich trotz ihrer tautologischen Grundstruktur hilfreich: Damit der Leser ein Konzept des Begriffs und der Disziplin ‹Psychologie› entwickeln kann, bedarf es vor allem einer aktiven Auseinandersetzung mit prototypischen Inhalten, die psychologisches Denken und Handeln prägen. Diese Erfahrungen und begleitende Strukturierung sowie deren Reflexion und Abgleich mit psychologischen Standards und ggf. Kontroversen erlauben aus unserer Sicht einen hilfreichen Zugang zum angemessenen Verständnis der Grundsäulen des Konzepts Psychologie.

Dies spiegelt sich auch im Aufbau des Lexikons wieder. Durch die Kenntlichmachung etablierter psychologischer Subdisziplinen wird hervorgehoben, dass sich der Psychologie mit ihrem Fokus auf individuelle Erlebens- und Verhaltensaspekte ein weiter Bereich eröffnet. Durch ihre besondere Betrachtungsweise ermöglicht sie einen speziellen Blick auf verschiedene Aspekte unterschiedlicher Wissenschaftsbereiche. Während sich z. B. die Medizin vor allem mit den somatischen und biologischen Grundlagen von Gesundheit befasst, beleuchtet die Psychologie das Thema ‹Gesundheit› aus einer Perspektive, die den oben angesprochenen Aspekten der Subjektivität und Konstruktion bei der Wahrnehmung und Informationsverarbeitung Rechnung trägt (z. B. in Bezug auf Gesundheitsstile oder -verhalten). Arbeitspsychologische Ansätze fokussieren u. a. die Bedeutung von Motiven, Zielen und Bedürfnissen von arbeitenden Menschen. Kognitionspsychologische Ansätze erweitern u. a. den Bereich der normativen Logik und des Problemlösens um eine Betrachtungsweise, welche sich mit den spezifischen Merkmalen menschlicher Informationsverarbeitung (z. B. Problemlösen, Meinungsbildung, Entscheidungsfindung) befassen und somit die subjektive Akzeptanz bestimmter Schlussprozesse oder Lösungsansätze zu verstehen und erklären versuchen. Als eines der Gebiete, anhand derer die Idee verschiedener perspektivischer Sichtweisen ebenfalls sehr gut verdeutlicht werden kann, können die Neurowissenschaften genannt werden: Es gilt als optimaler Weg zur Erforschung der ungeheuer komplexen Informationsverarbeitung im Gehirn, einen multiperspektivischen und multimethodalen Forschungsansatz zu wählen. Verschiedene Zugänge (wie z. B. die Neuroanatomie, -biologie, -chemie oder -psychologie) beleuchten hierbei Betrachtungsebenen (z. B. Zellaufbau, neuronale Signalübertragung, subjektive Empfindungen, funktionale Eingebundenheit) und erst aus deren Kombination ergeben sich ergänzende und wechselseitig befruchtende Modellierungs- und Forschungsansätze sowie Validierungsoptionen.

Die im Lexikon präsentierten 19 Gebiete beschreiben somit keine fixen Inhaltsbereiche, die immer ausschließlich der Psychologie zugeordnet werden können. Sie bedeuten vielmehr zentrale mögliche Anwendungsbereiche der psychologischen Perspektive. Die Definition der Teilgebiete in diesem Lexikon orientierte sich unter anderem an der Fachgruppenaufteilung der Deutschen Gesellschaft für Psychologie (DGPs). Die 19 Teilgebiete stellen einen Kompromiss zwischen den durch die DGPs [www.dgps.de] etablierten Teildisziplinen und den Anforderungen an eine optimale lexikalische Struktur (insbesondere inhaltliche Kohärenz und Umfang) dar. Dabei werden sowohl vorrangig grundlegende (z. B. Biologische Psychologie, Emotions- und Motivationspsychologie, Entwicklungspsychologie, Kognitive Psychologie, Persönlichkeitspsychologie, Sozialpsychologie) als auch eher anwendungsbezogene (z. B. Klinische Psychologie, Arbeits- und Organisationspsychologie, Medienpsychologie, Gesundheitspsychologie, Pädagogische Psychologie, Rechts- und Forensische Psychologie, Wirtschaftspsychologie) sowie methodisch orientierte Inhaltsbereiche (z. B. Forschungsmethoden, Diagnostik, Evaluation) mit eingeschlossen. Die Gebiete geben eine Orientierung, welche Aspekte des menschlichen Lebens aus psychologischer Perspektive von besonderer Bedeutung und somit eng mit dem Begriff der Psychologie, mit psychologischer Forschung sowie der psychologischen Praxis verbunden sind. Gleichzeitig soll durch eine möglichst umfassende inhaltliche Verknüpfung einzelner Beiträge und Gebiete verdeutlicht werden, wie eng verschiedene Inhalte, aber auch verschiedene Natur-, Sozial- und Geisteswissenschaften über die psychologische Betrachtungsweise miteinander verwoben sind. Als Leitgedanke der psychologischen Perspektive kann hierbei stets der Versuch verstanden werden, sich verschiedenen, dem erlebenden und handelnden Individuum selbst zugänglichen, jedoch nicht immer bewusstseinsfähigen oder objektiv erfassbaren psychischen Prozessen anzunähern, diese in Modellvorstellungen zu formulieren, hinsichtlich ihrer empirischen Gültigkeit zu prüfen und für die psychologische Handlungspraxis nutzbar zu machen. Dabei werden Fragen gestellt wie bspw.:

- Wie nimmt der Mensch seine Umwelt wahr? Wie wird die Umwelt mental repräsentiert?
- Welche Emotionen, Gedanken, Ziele und Absichten eines Menschen können als handlungsleitend verstanden werden?
- Warum trifft eine Person ganz bestimmte Entscheidungen?

- Welche Emotionen werden durch bestimmte Umweltreize ausgelöst?
- Wie können subjektiv erlebte Eindrücke begründet erfasst und modelliert werden?
- Wie können menschliche Erlebens- und Verhaltensweisen (insbesondere Intervention, Therapie, pädagogische Maßnahmen) verändert werden?
- Welche Modelle und Theorien sind geeignet, Erlebens- und Verhaltensprozesse valide abzubilden?

In den Abschnitten I.1 bis I.19 wird einführend dargestellt, wie eine psychologische Perspektive in den 19 Einzelgebieten konkret verankert ist. Zunächst sollen aber noch zwei weitere Aspekte geklärt werden, die das Selbstverständnis der wissenschaftlichen Psychologie prägen. Die maßgebende Bedeutung psychologischer Denk- oder Theorieschulen und die Verortung als geistes- vs. naturwissenschaftliche Disziplin spiegeln sich nicht direkt in der lexikalischen Strukturierung wider, sind aber für das Verständnis und die Einordnung der Inhalte stets mit zu denken.

Psychologische Schulen als paradigmatischer Rahmen

Für das Verständnis des vielfältigen Spektrums an psychologischen Begriffen, Konzepten, Modellen und Theorien ist es zentral zu wissen, dass psychologische Schulen die Psychologie und deren Geschichte prägen. Die Art und Weise, wie Psychologen über den Menschen denken, und welche Grundannahmen ihr Bild des Menschen charakterisieren, bestimmen wesentlich die Forschungsinhalte und -methoden sowie die Interpretation und theoretische Einbettung von Erfahrungen und empirischen Befunden. Psychologische Schulen können als eine Art strukturierende Brille verstanden werden, die wesentlich die wahrgenommenen oder wahrnehmbaren Aspekte menschlichen Erlebens und Verhaltens sowie deren als plausibel akzeptierbare Verursachung mitbestimmen. Der Begriff ‹Schule› impliziert, dass es sich hierbei um Lehrmeinungen handelt, deren ‹Angehörige› Grundannahmen und Grundüberzeugungen teilen. Diese Lehrmeinungen können vermittelt bzw. erlernt werden und sie bieten einen grundlegenden orientierenden Denk- und Handlungsrahmen. Solche Lehrmeinungen sind umfassend, indem sie zu allen wesentlichen Inhalten der Disziplin eine spezifische Sichtweise ermöglichen. Dabei sind sie in dem Sinne spezifisch, als dass sie in klarem Kontrast zu alternativen, ebenfalls in sich geschlossenen Lehrmeinungen stehen. Beispielhaft werden im Folgenden fünf zentrale psychologische Schulen skizziert.

Die *psychoanalytische Schule* (im Wesentlichen synonym: *tiefenpsychologische Schule*) wurde durch die klinischen Arbeiten Siegfried Freuds begründet. Wie keine andere Schule sieht sie sich in der Tradition ihres Gründervaters: Alle theoretischen Weiterentwicklungen und empirischen Anwendungen werden zumeist explizit mit dem originären Werk Freuds in Verbindung gebracht und – ggf. kontrastierend – begründet (Thomä & Kächele, 2006). Ausgehend von klinisch-analytischen Anwendungen an Patienten erweiterte sich die psychoanalytische Sichtweise zu einer umfassenden Persönlichkeitstheorie. Freud sieht die frühkindlichen Erfahrungen als essentielle Determinanten der Persönlichkeit(sentwicklung) an. Ausgehend vom Postulat unterschiedlicher Bewusstseinsstufen (Unbewusstes, Vorbewusstes, Bewusstes), Triebe (insbesondere Libido, Thanatostrieb), frühkindlich zu bewältigender Konflikte und Abwehrmechanismen entwickelte er ein Modell des ‹psychischen Apparats›, das in die Instanzen Es (Lustprinzip), Ich (Realitätsprinzip) und Über-Ich (Moralitätsprinzip) untergliedert angesehen wird. Das Erleben und Verhalten des Menschen werden demnach durch ein komplexes psychodynamisches, in wesentlichen Aspekten nicht bewusstes oder bewusstseinsfähiges konfliktäres Geschehen bestimmt. Die Sichtweise an den Menschen ist hier deutlich asymmetrisch: Der Psychoanalytiker verfügt über das Wissen bzgl. des psychodynamischen Geschehens, vor diesem Hintergrund analysiert und dechiffriert er Indikatoren (ggf. pathogener) intrapsychischer Prozesse. Der Patient wird dazu angeregt, ungelöste Konflikte bewusstseinsfähig zu machen und adäquater zu verarbeiten, um insbesondere pathogene Triebspannung zu lösen. Aus der Freud'schen Psychoanalyse entwickelten sich verschiedene Theorieerweiterungen und -abwandlungen. (Freuds Schüler C. G. Jung entwickelte z. B. die ‹Analytische Psychologie› und A. Adler die ‹Individualpsychologie›.) Allen gemeinsam ist insbesondere die Betonung psychodynamisch-konfliktärer Aspekte, die vor allem in der frühkindlichen Entwicklung begründet liegen, und der Bedeutsamkeit unterschiedlicher Bewusstseinsebenen.

Die *behavioristische Schule* konzentrierte sich auf das menschliche Verhalten und dessen erlernte Determiniertheit durch Umweltreize oder -konsequenzen (Hauptvertreter: I. Pavlov, E. L. Thorndike, B. F. Skinner, J. B. Watson; Watson, 1913). Da die Beschäftigung mit zugrunde liegenden geistigen oder psychischen Prozessen insbesondere aufgrund der Subjektivität von Daten und Interpretationen zu spekulativ erschien, galt das Interesse an objektivierbaren, systematischen Abhängigkeiten zwischen Reizen, Verhaltensreaktionen und -konsequenzen (Reiz-Reaktions-Ansätze). Ursprünglich neutrale Reize erhalten nach dieser Auffassung Bedeutung durch die kombinierte Präsentation mit anderen, als angenehm oder unangenehm empfundenen, Reizen (klassische Konditionierung). Ob ein Verhalten zukünftig häufiger oder seltener gezeigt wird, wird nach dem Ansatz des operanten Lernens dadurch determiniert, ob in der Lernphase positive oder negative Konsequenzen folgten. Durch die Fokussierung auf objektiv erfassbare Fakten und Phänomene zwischen Reiz und Reaktion wurden vermittelnde Verarbeitungsprozesse – und damit die Erlebenskomponente – als Gegenstand der wissenschaftlichen Analyse weitgehend ausgeblendet (Black-Box-Modell). Dass die subjektive Erlebensrealität ausgeblendet wurde und die zentralen Prinzipien des behavioristischen Ansatzes aus tierexperimentellen Studien hervorgingen und im Wesentlichen direkt auf das menschliche Verhalten übertragen wurden, verdeutlicht das zugrunde liegende mechanistisch-materialistisch, reduktionistisch geprägte Menschenbild.

Der *humanistische Ansatz* entwickelte sich u. a. als Reaktion auf diese reduktionistische Sichtweise des Menschen. Der humanistische Ansatz sieht den Menschen als selbstbestimmtes oder nach Selbstbestimmung strebendes Wesen. Der Mensch hat sowohl das Bedürfnis nach sozialer Eingebundenheit als auch das Bedürfnis nach Autonomie. Ihm wohnt die Motivation inne, sich selbst zu verwirklichen, Ziele zu erreichen und seine Existenz als sinnhaft zu erleben. Der Mensch möchte in Kongruenz mit seinem Selbst und seinen natürlichen Bedürfnissen existieren. Das humanistische Menschenbild ist grundlegend positiv. C. R. Rogers (1987) prägte beispielsweise mit seiner Gesprächspsychotherapie einen humanistischen Psychotherapieansatz: Indem der Therapeut dem Klienten mit Empathie und ‹unbedingter positiver Wertschätzung› begegnet, soll der Klient bei einer unbedingten Selbstakzeptanz unterstützt werden. ‹Abgespaltene› Persönlichkeitsanteile sollen akzeptiert und in ein spannungsfreies Selbstbild integriert werden. Die nicht urteilende, hierarchiefreie, symmetrische Beziehung kennzeichnet wesentlich die humanistische Sichtweise auf den Menschen. A. Maslow entwickelte eine zentrale humanistische Persönlichkeitstheorie: Die menschliche Persönlichkeitsentwicklung ist demnach durch das Streben nach Befriedigung sukzessive höherwertiger Bedürfnisstufen beschreibbar, an deren Spitze Selbstverwirklichungsbedürfnisse stehen. Auch dieser Ansatz betont die positiven Selbstentwicklungstendenzen des Menschen.

Die *kognitive oder kognitivistische Psychologie* setzt ebenfalls bei den Defiziten der behavioristischen Ansätze an: Die zwischen Reiz und Reaktion liegenden Informationsverarbeitungsprozesse im psychischen System des Menschen stehen hier im Mittelpunkt des Forschungsinteresses («Kognitive Wende»). In Anlehnung an die Computermetapher wird angenommen, dass Dateninformation gespeichert, verarbeitet, bewertet und handlungsorientiert genutzt wird. Beispielsweise werden Modelle der Aufmerksamkeitsfokussierung, des Gedächtnisses, kognitive Manifestation von Lernprozessen, Denkprozesse (mentale, ggf. reizunabhängige Verarbeitung), Problemlösen und Handlungsregulation (z. B. Handlungsergebniserwartung, Handlungsregulation) definiert und untersucht (Anderson, 2013). Zugrunde liegt ein rationalistisch geprägtes Menschenbild: Logisches Denken und vernunftgeleitete Informationsverarbeitung charakterisieren die psychischen Funktionen. Prozesse wie ‹Einsicht›, ‹Lernen am Modell› oder kognitive Umstrukturierung werden als wichtige Ansatzpunkte zur Beeinflussung psychischer Funktionen angesehen. Parallel zu diesem Fokus auf kognitive Aspekte wurden in der Emotions- und Motivationspsychologie Modelle zur emotionalen und motivationalen Informationsverarbeitung entwickelt.

Seit den 1990er-Jahren hat die Bedeutung *neurowissenschaftlicher Forschung* kontinuierlich an Bedeutung gewonnen und kann inzwischen als eigenständige Sichtweise auf psychologische Fragestellungen betrachtet werden (Jäncke, 2013). Es ist inzwischen für vielfältige psychologische Phänomene und Prozesse gelungen, neuropsychologische Verarbeitungsmodelle zu formulieren, die in Einklang mit neuropsychologischen Befunden stehen. Das Zentralnervensystem des Menschen wird dabei als evolutionär angepasstes Informationsverarbeitungssystem betrachtet: Neurone dienen der Codierung von Einzelinformation, synaptische Zellverbindungen ermöglichen die Informationsübertragung. Obwohl dies auch als Informationsverarbeitungsprozess zu verstehen ist, wäre eine klassische Computermetapher unangebracht. Denn die Beschäftigung mit der Funktionsweise des menschlichen Zentralnervensystems erfordert insbesondere die simultane Berücksichtigung (bewusster) kognitiver Verarbeitungsprozesse (lokalisiert vorwiegend im (präfrontalen) Kortex), automatisierter (in der Regel nicht bewusster) Verarbeitungsroutinen (realisiert oder vermittelt durch basalere Hirnregionen), emotionaler Kontrollmechanismen (vorwiegend lokalisiert im limbischen System), einfacher Reiz-Reaktions-Mechanismen (z. B. lokalisiert im Stammhirn) sowie die Einflüsse (neuro-)endokrinologischer Prozesse.

Interessant ist hierbei, dass Vertreter verschiedener psychologischer Traditionen neuere neuropsychologische Befunde im Sinne einer Validierung der jeweiligen Sichtweise diskutieren. Mit einer psychoanalytischen Denktradition können bspw. folgende Phänomene in Einklang gebracht werden (Roth & Strüber 2013): Emotionale Prozesse laufen vorwiegend in basaleren, phylogenetisch älteren Hirnregionen ab (insbes. limbisches System). Diese Verarbeitungsprozesse zeigen sich in ähnlicher Form bei anderen Säugetierformen. Unbewusste, automatisierte Verarbeitungsprozesse können eindeutig nachgewiesen werden und sind hochbedeutsam für die Funktionsfähigkeit des psychischen Gesamtsystems. Die Aktivität basaler neuropsychologischer Prozesse ist mit höheren Verarbeitungsregionen verknüpft und beeinflusst deren Arbeitsweise ggf. modulierend. An der emotionalen Informationsverarbeitung und Steuerung beteiligte neuronale Prozesse entwickeln sich maßgeblich in den ersten Lebensjahren und weisen eine wesentlich geringere Adaptivität und Plastizität auf als mit kognitiver Informationsverarbeitung beschäftigte Hirnregionen. Behavioristisch kompatible Verarbeitungsprozesse werden bereits auf einfacher Zellebene deutlich: Genutzte und damit funktionale synaptische Verbindungen werden automatisch gestärkt und damit langfristig beibehalten, nicht funktionale Verbindungen werden abgeschwächt und damit langfristig abgebaut. Neuronale Strukturen werden wesentlich durch Belohnungs- (Aktivierung des Nucleus accumbens) und Bestrafungsinformation (Aktivierung der Amygdala) moduliert. Zu originär kognitiven Aktivitäten wie Aufmerksamkeit, Lernen oder Gedächtnis können ebenfalls detaillierte neurophysiologische Korrelate identifiziert werden. Insgesamt ist bei der Interpretation der Befunde jedoch von der vorschnellen Schlussfolgerung zu warnen, dass diese neurowissenschaftlich als Validierung psychologischer Sichtweisen gelten können. Die Ähnlichkeit der nachgewiesenen Befunde unterschiedlicher Beschreibung und Analyse sind lediglich als Hinweise auf die Plausibilität von Teilaspekten der Theorien zu werten.

Psychologie als Geistes- oder Naturwissenschaft?

Die eingangs dargestellte Abkehr von einem dualistischen Menschenbild im historischen Verlauf der Etablierung der Psychologie ging mit einer zunehmend naturwissenschaftlichen Prägung der modernen Psychologie einher. Noch bis in die Mitte des 20. Jahrhunderts waren geisteswissenschaftliche Methoden ein wesentlicher Bestandteil der psychologischen Ausbildung. Bischof (2008) bezeichnet das Ziel der Ausbildung mit geisteswissenschaftlichem Schwerpunkt im Kontrast zum Begriff ‹Wissenschaft› mit ‹Kennerschaft›: Der geschulte psychologische Blick erkennt vorsichtig und reflektiert deutend und verstehend den wesentlichen Gehalt des Untersuchungsgegenstands. Die (introspektive) Hermeneutik als allgemeine Interpretationslehre stellt das methodologische Grundkonzept dar, mittels dessen Struktur und Sinnzusammenhänge deutend erschlossen werden. Aus der Formulierung von Dilthey (1970) «Das Verstehen ist ein Wiederfinden des Ich im Du» ist sowohl das geisteswissenschaftliche Erkenntnisinteresse als auch die Grundanlage eines geisteswissenschaftlichen Erforschungsprozesses erkennbar. Die öffentliche Wahrnehmung bzw. das gängige Stereotyp von Psychologie sieht diese geisteswissenschaftliche Grundprägung als wesentliches Charakteristikum der Disziplin an. Dies wurde nicht zuletzt auch durch die psychoanalytische Tradition befördert, die in der öffentlichen Wahrnehmung – insbesondere durch ihren enormen Einfluss in Kunst und Literatur – ein ungleich höheres Gewicht besitzt als in der wissenschaftlichen Psychologie.

Die moderne Psychologie hat sich in ihrer Fundierung von dieser geisteswissenschaftlichen Grundhaltung abgewandt. Forschung, Studium und Berufspraxis orientieren sich an naturwissenschaftlichen Standards. Diese naturwissenschaftliche Fundierung besitzt ebenfalls eine lange Tradition. In Deutschland gilt insbesondere Wilhelm Wundt (1832–1920) als prägende Person, obwohl er in seinen Arbeiten stets eine integrative paradigmatische Vielfalt anstrebte. Im angloamerikanischen Raum waren die funktionalistisch orientierten Arbeiten von William James (1842–1910) eine maßgebende Grundlage. Die naturwissenschaftliche Psychologie legt besonderen Wert auf eine Transparenz des Forschungsgeschehens, den Nachweis klar definierter Wissenschaftsstandards und Gütekriterien sowie explizite Theorie- und Modellformulierungen, die mittels experimenteller Untersuchungsstandards kritischen empirischen Prüfungen unterzogen werden. Inhaltliche Schlussfolgerungen werden möglichst eindeutig mit empirischen Befunden belegt. Diese stark empirisch-naturwissenschaftliche Orientierung ist wissenschaftstheoretisch insbesondere im Positivismus, Empirismus und dem Kritischen Rationalismus verankert.

In diesem Rahmen besteht die Aufgabe der psychologischen Grundlagenforschung darin, fundierte und empirisch bewährte Modelle zur Verfügung zu stellen, die durch die Anwendungsdisziplinen auf praktische Anwendungskontexte übertragen und adaptiert werden. Methodendisziplinen stellen das ‹Handwerkszeug› zur Verfügung und begründen dessen Erkenntnisnutzen. Der hohe Stellenwert von an Standards orientierter Forschungspraxis (z. B. validierte diagnostische Verfahren, statistische Analysemethoden, Publikationsstandards) in diesem Lexikon spiegelt dieses naturwissenschaftliche Selbstverständnis wider. Im Spektrum aller Wissenschaftsdisziplinen ergibt sich hierdurch eine wissenschaftstheoretische Nähe zu den klassischen (z. B. Physik) und angewandten (z. B. Medizin) Naturwissenschaften.

Zunehmend wird auch das Ziel einer integrierten Methodenpraxis formuliert, die den strikten Kontrast geistes- vs. naturwissenschaftliches Selbstverständnis der Psychologie zu überwinden sucht. Wissenschaftstheoretisch steht diese Forderung insbesondere in der Tradition des Pragmatismus, der die praktische Nützlichkeit als zentrales Erkenntniskriterium formuliert. Die Methodenwahl muss demnach problemspezifisch bzw. maßgeschneidert so begründet werden, dass der Nutzen für die Erkenntnisgewinnung maximal ist. Zudem wird die subjektive Realität, die sinnstiftend Bedeutungen (re-)konstruiert, als Kernmerkmal menschlichen Erlebens und Verhaltens betont (Sozialkonstruktivismus), sodass die naturwissenschaftliche durch geisteswissenschaftliche Perspektive sinnvoll ergänzt werden kann – und umgekehrt. Dieser «Dritte Weg» strebt somit Möglichkeiten zur Auflösung des paradigmatischen Kontrasts an. Die Potentiale dieser Sichtweise werden insbesondere im Zusammenhang mit der Anwendung qualitativer und quantitativer Forschungsmethoden diskutiert (z. B. Mixed-Methods-Ansatz).

Literatur:

Anderson, J. R. (2013). *Kognitive Psychologie*. Heidelberg: Springer.
Bischof, N. (2008). *Psychologie*. Stuttgart: Kohlhammer.
Dilthey (1970). *Der Aufbau der geschichtlichen Welt in den Geisteswissenschaften*. Frankfurt: Suhrkamp [Originalfassung: 1910].
Jäncke, L. (2013). *Kognitive Neurowissenschaften*. Bern: Huber.
Kanizsa, G. (1979). *Organization in vision: Essays on Gestalt Perception*. Praeger: New York.
Lück, H. E. (2014). *Geschichte der Psychologie: Strömungen, Schulen, Entwicklungen*. Stuttgart: Kohlhammer.
Metzger, W. (1954). *Psychologie. Die Entwicklung ihrer Grundannahmen seit der Einführung des Experiments*. Darmstadt: Steinkopf.
Nolting, H.-P. & Paulus, P. (2012). *Psychologie lernen*. Beltz: Weinheim.
Rogers, C. R. (1961). *On Becoming a Person. A Therapist's View on Psychotherapy*. Houghton Mifflin: Boston.

Roth, G. & Strüber, N. (2013). *Wie das Gehirn die Seele macht*. Stuttgart: Klett-Cotta.
Schönpflug, W. (2006). *Einführung in die Psychologie*. Weinheim: Beltz PVU.
Thomä, H. & Kächele, H. (Hrsg.). (2006). *Psychoanalytische Therapie. Grundlagen*. Heidelberg: Springer.
Watson, J. B. (1913). Psychology as the Behaviorist views it. *Psychological Review, 20*, 158–177.
Zimbardo, P. G. & Gerrig, R. J. (2014). *Psychologie*. München: Pearson.

I.1 Geschichte der Psychologie [HIS]

Helmut E. Lück

Mit der Geschichte der Psychologie sind der Gegenstand der sich ändernden Psychologie sowie die Darstellung dieser Veränderungen selbst gemeint. In der ersten Bedeutung geht es um das sich wandelnde Forschungsgebiet, die akademische Disziplin und das Berufs- und Tätigkeitsfeld. In der zweiten Bedeutung ist Psychologiegeschichte als Wissenschaftsgeschichte zu verstehen. Sie ist für das Verständnis der Psychologie von besonderer Bedeutung, denn die Fortschritte der Forschung, die Theorieentwicklung und der Wandel der Lehrmeinungen usw. drängen nach Erklärungen und dienen dem besseren Verständnis der gegenwärtigen Psychologie. Mit Werner Traxel (1985) ist hierbei zu fordern, dass Psychologiegeschichte nicht nur als kontemplative, sondern als aktive Geschichte betrieben wird, der sogar die Rolle der Mahnerin des Fachs zukommen kann. Es ist sinnvoll, zwischen der Disziplin Psychologie, die lange als Subdisziplin der Philosophie gelehrt wurde, und der Psychologie als Wissenschaft, die lange Zeit multidisziplinär orientiert war, zu unterscheiden.

«Die Psychologie hat eine lange Vergangenheit, doch nur eine kurze Geschichte.» Mit dieser häufig zitierten (und heute sachlich bestrittenen) Aussage meinte Hermann Ebbinghaus (1908) zum einen eine lange Zeit seit der Antike, zum anderen das Entstehen einer neuen Wissenschaft im 19. Jahrhundert, für das er Erfolge der Naturwissenschaften, aber auch die Begründung erster Fachzeitschriften Ende des 19. Jh. benannte. Als Beginn der akademischen Psychologie in Deutschland wird dementsprechend häufig das Jahr 1879 genannt, in dem Wilhelm Wundt (1832–1920) als ausgebildeter Physiologe, nunmehr Professor für Philosophie an der Universität Leipzig, ein kleines Psychologie-Laboratorium in der Philosophischen Fakultät einrichtete. Das Leipziger Institut war weltweit Vorbild für viele Psychologie-Institute, die Ende des 19. und Anfang des 20. Jahrhunderts begründet wurden; aber experimentelle psychologische Forschung gab es schon vor Wundt (z. B. Fechner, 1860). Selbst Psychologie als Disziplin mit Lehrangeboten, Lehrbüchern und Prüfungen setzte früher ein: Das früheste bekannte Datum zur rechtlich verbindlichen Ausbildung und Prüfung in Psychologie geht vermutlich auf das Jahr 1824 zurück (Gundlach, 2004). Schon lange davor war Psychologie etabliertes Teilgebiet der Philosophie (Scheerer, 1989). Christian Wolffs (1679–1754) Psychologia empirica (1732) und Psychologia rationalis (1734) gelten als frühe Versuche der Begründung einer eigenen Wissenschaft. Die Trennungsgeschichte (Schmidt, 1995) und die Begründung der Psychologie als Einzelwissenschaft erfolgten jedoch erst viel später.

Aufgabe der Psychologiegeschichte ist es, historische Veränderungen in Fragestellungen, Theoriebildung, Forschungs- und Anwendungsmethoden zu beschreiben, Fortschritte und auch Fehlentwicklungen zu skizzieren. Die Suche nach theoretisch begründeten Erklärungen für diese Veränderungen ist eine wesentliche Aufgabe. Darstellungen zur Geschichte der Psychologie gab es schon in früheren Jahrhunderten; Impulse zur Beschäftigung mit der Psychologiegeschichte gingen in den letzten Jahrzehnten in Deutschland u. a. von überraschenden Befunden zur Psychologie im Nationalsozialismus aus. Auch ließen wissenschaftsgeschichtliche Ansätze, wie der von Thomas Kuhn, die Frage nach Gesetzmäßigkeiten der Fachgeschichte aufkommen. Schließlich gibt es inzwischen ein gewachsenes Interesse der Kulturwissenschaften an der Psychologiegeschichte (Straub, 2004).

Ansätze

Gegenüber einer moralisierenden Geschichtsbetrachtung erhob der Historismus des 19. Jahrhunderts den Anspruch, historische Ereignisse und Entwicklungen so darzustellen, wie sie wirklich waren. Dieser zunächst fortschrittliche Anspruch musste bald aufgegeben werden, denn Geschichte ist immer Rekonstruktion. Eine umfassende Geschichte der Experimentalpsychologie ist *A history of experimental psychology* von Edwin Boring (1929). Dieses Buch war lange Zeit ein Standardwerk. Boring (1886–1968) stellte das Ziel, Leben und Werk einzelner Experimentalpsychologen in den Mittelpunkt. Heute sieht man diesen sogenannten Great-Men-Ansatz Borings kritisch: Zur Wissenschaftsgeschichte gehört es auch, die vielfältigen Umstände der Entwicklung herauszuarbeiten. In der zweiten Auflage seiner *History* (1950) versuchte Boring bereits, stärker auf ideengeschichtliche Strömungen Bezug zu nehmen und den psychologischen Forscher etwas weniger als «great man» und etwas mehr als Teil seiner Kultur darzustellen. Der deutsche Begriff «Zeitgeist» wurde nun zu Borings bevorzugtem Ausdruck. Während die «Ideengeschichte» nach dem Entfaltungskonzept meist chronologisch dargestellt wird, behandelt die «Problemgeschichte» einzelne Probleme, Themen, Konzepte – wie z. B. das Leib-Seele-Problem – jeweils neu «von Anfang an».

Heute bemüht man sich in der Psychologiegeschichte um eine genauere Analyse der Zusammenhänge von gesellschaftlichen, politischen und ökonomischen Faktoren mit der Psychologie. Diese kontextualistische Psychologiegeschichte (Danziger, 1990) schließt die Institutionengeschichte ebenso ein wie die erheblichen Wirkungen der Nachfrage nach psychologischem Wissen auf die Psychologie selbst. Auch die biografische Forschung in der Psychologiegeschichte hat sich in den letzten Jahrzehnten stärker auf eine sozialgeschichtliche Betrachtung verlagert.

Quellen und Methoden

Im Mittelpunkt der psychologiegeschichtlichen Forschungsmethoden steht das Quellenstudium. Als Quellen zur Geschichte der Psychologie dienen wissenschaftliche Veröffentlichungen, Manuskripte, Vorlesungen, Geräte, Untersuchungsprotokolle, dokumentierte Befragungen, Briefe, Lebenserinnerungen und vieles mehr. Die Schwierigkeiten der historischen Forschung liegen darin, dass historische Quellen durch Kriege, bewusste Vernichtung (z. B. nach dem Ende der NS-Zeit) usw. nur zum Teil verfügbar sind und dass sich Quellen in ihren Aussagen widersprechen können. Meist wird man den ereignisnahen Quellen größere Bedeutung beimessen als später entstandenen, wie z. B. den Lebenserinnerungen, die oft in hohem Lebensalter verfasst wurden. Sammlungen und Archive dienen der historischen Forschung: Das Adolf-Würth-Zentrum für Geschichte der Psychologie der Universität Würzburg, das Psychologiegeschichtliche Forschungsarchiv der Fernuniversität in Hagen, Sammlungen an den Universitäten Graz, das Wilhelm-Wundt-Gedenkzimmer und Dokumentationen von Tagebüchern, Briefen usw., besonders zu G. T. Fechner und W. Wundt, der Universität Leipzig, die psychologiegeschichtliche Sammlung der Humboldt-Universität und einige weitere Sammlungen, wie z. B. das Archiv des Instituts für Grenzgebiete der Psychologie und Psychohygiene e.V. Freiburg/Breisgau. Die weltweit größte Sammlung von Dokumenten zur Psychologiegeschichte sind die Archives of the History of American Psychology an der University of Akron, Ohio (USA). Zu den Methoden der Auswertung zählen die geisteswissenschaftlichen Methoden (Hermeneutik), quantitative Auswertungen, wie z. B. Werkstatistiken, Zitationsanalysen, usw. Relativ selten sind Sekundäranalysen von Untersuchungen in psychologiegeschichtlichem Interesse oder gar Rekonstruktionen weit zurückliegender experimenteller Anordnungen und Replikationen früher Untersuchungen (z. B. Wontorra, 2008).

Zum Stand von Wissenschaft und Disziplin

Zu der reichhaltigen Geschichte der Psychologie im deutschen Sprachbereich gibt es eine nennenswerte Anzahl von Lehrbüchern, Monografien, Tagungsberichten, Biografien, Biografie- und Autobiografiesammlungen sowie Forschungsvorhaben (Brauns, 2005). Zunehmend häufiger sind diese interdisziplinär und auch international angelegt. ‹Geschichte der Psychologie› ist in vielen Ländern ein eigenes Prüfungsfach in der Ausbildung von Psychologen.

Überblicksquellen

Eckardt, G. (2010). *Kernprobleme in der Geschichte der Psychologie*. Wiesbaden: Verlag für Sozialwissenschaften.

Galliker, M., Klein, M. & Rykart, S. (2007). *Meilensteine der Psychologie: Die Geschichte der Psychologie nach Personen, Werk und Wirkung*. Stuttgart: Kröner.

Lück, H. E. (2011). *Geschichte der Psychologie. Strömungen, Schulen, Entwicklungen* (5. Aufl.) Stuttgart: Kohlhammer.

Scheerer, E. (1989). Psychologie. In K. Gründer (Hrsg.), *Historisches Wörterbuch der Philosophie* (Bd. 7, S. 1599–1653). Basel: Schwabe.

Schönpflug, W. (2004). *Geschichte und Systematik der Psychologie. Ein Lehrbuch für das Grundstudium* (2. Aufl). Weinheim: Beltz PVU.

Zitierte Literatur

Boring, E. (1929, 1950). *A history of experimental psychology*. New York: Appleton.

Danziger, K. (1990). *Constructing the subject. Historical origin of psychological research*. Cambridge: Cambridge University Press.

Ebbinghaus, E. (1908). *Psychologie*. Leipzig: Veit & Comp.

Fechner, G. T. (1860). *Elemente der Psychophysik*. Leipzig: Breitkopf.

Gundlach, H. (2004). Die Lage der Psychologie um 1900. *Psychologische Rundschau, 55* (Suppl. 1), 2–11.

Scheerer, E. (1989). Psychologie. In J. Ritter, K. Gründer & G. Gabriel (Hrsg.), *Historisches Wörterbuch der Philosophie* (S. 1599–1653). Basel: Schwabe.

Schmidt, N. (1995). *Philosphie und Psychologie. Trennungsgeschichte, Dogmen und Perspektiven*. Reinbek: Rowohlt.

Traxel, W. (1985). *Geschichte für die Gegenwart. Vorträge und Aufsätze zur Psychologiegeschichte*. Passau: Passavia Universitätsverlag.

Straub, J. (2004). Kulturwissenschaftlcihe Psychologie. In F. Jäger (Hrsg.), *Handbuch der Kulturwissenschaften. Bd. 2: Paradigmen und Disziplinen* (S. 568–591). Stuttgart: Metzler.

Wontorra, H. M. (2008). *Fragestellungen und Versuchsaufbauten der frühen apparativen Psychologie – eine methoden- und apparateanalytische Untersuchung zum Forschungsprogramm an Wundts Leipziger Institut*. Unveröffentlichte Dissertation, Universität Leipzig.

I.2 Arbeits- und Organisationspsychologie [AO]

Karlheinz Sonntag

Die Arbeits- und Organisationspsychologie befasst sich mit dem arbeitsbezogenen Erleben und Verhalten von Personen in Organisationen sowie mit den Wechselbeziehungen zwischen Arbeits-, Organisations- und Marktbedingungen. Sie ist eine kontextbezogene Wissenschaft, die ihren Erkenntnisgewinn und gesellschaftlichen Nutzen durch die Erforschung komplexer Zusammenhänge und Wirkmechanismen in der realen Arbeitswelt erzielt. Laborstudien und Experimente dienen bestenfalls einer ersten Annäherung an alltägliche arbeitsbezogene und organisationale Gegebenheiten.

Die Aufgabenbereiche der heutigen Arbeits- und Organisationspsychologie reichen dabei deutlich über die Bereiche der früheren «klassischen» Betriebspsychologie (im Sinne einer Steigerung von Produktivität und Leistung) hinaus. Die Förderung der Arbeitszufriedenheit, der Persönlichkeit, des Wohlbefindens und die Erhaltung der Gesundheit am Arbeitsplatz können als eigenständige Kriterien formuliert werden. Zudem wird erkennbar, dass es sich bei der Arbeits- und Organisationspsychologie um ein vernetztes und in vielen Bezugsdisziplinen verankertes Fachgebiet handelt. Hierbei können sowohl verschiedene Grundlagendisziplinen der Psychologie wie z. B. die Allgemeine Psychologie, die Sozialpsychologie, die Differentielle Psychologie und Persönlichkeitsforschung sowie weitere anwendungsbezogene Disziplinen wie z. B. die Pädagogische Psychologie oder die Gesundheitspsychologie genannt werden. Des Weiteren lassen sich deutliche Beziehungen zu Nachbargebieten außerhalb der klassischen Psychologie wie z. B. den Ingenieurwissenschaften, den Wirtschaftswissenschaften und der Wirtschaftspädagogik, weiteren Sozialwissenschaften und auch ausgewählten Bereichen der Naturwissenschaften finden.

Begrifflichkeiten und Grundlagen der Arbeits- und Organisationspsychologie

Gegenstand dieses Inhaltsbereichs sind – neben geschichtlichen Hintergründen und Entwicklungen – grundlegende Theorien der Arbeitstätigkeit (behavioristische Ansätze, handlungs- und tätigkeitstheoretische Ansätze), aber auch der Rückgriff auf Inhalte und Theorien verschiedener weiterer Bezugsdisziplinen der Psychologie wie z. B. auf Lerntheorien, Motivationstheorien oder zentrale Ansätze der Entscheidungsfindung. Dazu zählen auch theoretische Ansätze der Management-Forschung oder der verhaltenswissenschaftlichen Organisationsforschung zur Entstehung und Wirkung verschiedener Organisationsformen und -strukturen.

Zentrale Stichwörter:

Arbeit
arbeits- und organisationspsychologische Forschung, ethische Fragen
Arbeitspsychologie
Berufspsychologie
Organisation
Organisationspsychologie

Analyse, Gestaltung und Optimierung von Arbeit und Organisationsstrukturen

Die Analyse von Arbeit befasst sich mit verschiedenen Methoden und Instrumenten zur Beschreibung und Erklärung von Arbeitstätigkeiten, deren Inhalten und Bedingungen. Ziel ist es dabei, zentrale Wechselwirkungen zwischen Arbeitsbedingungen und -prozessen einerseits und dem arbeitenden Menschen andererseits ermitteln zu können. Im Fokus steht des Weiteren die Frage nach der optimalen Gestaltung von Arbeitsplätzen, Arbeitsumgebungen und Büroräumen. Ebenso stehen Fragen der zeitlich-organisatorischen Gestaltung von Arbeitsprozessen sowie nach gelingender Mensch-Maschine- bzw. Mensch-Computer-Interaktion (z. B. Usability) im Fokus arbeits- und organisationspsychologischer Eingriffshandlung. Einen besonderen Interessenschwerpunkt bilden zunehmend neue Organisationsformen der Arbeit vor dem Hintergrund des dynamischen, technisch-organisatorischen und demografischen Wandels. Zu nennen sind hier insbesondere Formen der Projekt-, Team- und Netzwerkarbeit unter Alters- und Diversitätsaspekten sowie neue Formen der Kooperation, des Problemlösens und des Entscheidens. Neben der Analyse, Gestaltung und Optimierung von Arbeit liegt ein weiterer Schwerpunkt der Arbeits- und Organisationspsychologie auf den etwas weitergefassten Strukturen in Organisationen. Kernthemen sind Organisationstheorien einschließlich der Organisationsstrukturen und -prozesse, Organisationskulturen, Organisationsentwicklung, Veränderungsmanagement und lernende Organisationen, Führung und Arbeitsgruppe sowie Methoden der Organisationsanalyse und schließlich Analysen des Organisationsklimas.

Zentrale Stichwörter:

Arbeitsanalyse
Arbeitsgestaltung
Aufgabenanalyse
Balanced Scorecards (BSC)
Gesundheitsförderung in Organisationen
Innovationen in Organisationen
Innovationsbereitschaft
Innovationsverhalten
Lean Management
Lernende Organisationen
Mensch-Computer-Interaktion
Mensch-Technik-Organisationsanalyse (MTO)
organisationale Identifikation
Organisationsanalyse
Organisationsentwicklung
Organisationsumwelt
Organisationswahl
Qualitätskultur
Qualitätszirkel
Sicherheitskultur
Tätigkeitsanalyse
Telearbeit
Unternehmensstrategien
Veränderungsmanagement

Verhalten und Interaktion in Arbeitskontexten

Bezüglich des Verhaltens in Organisationen stehen persönliche Verhaltens- und Leistungsdispositionen der Mitarbeiter, verschiedene Formen des Selbst- und Zeitmanagements, als besonders produktiv bzw. kontraproduktiv bekannte Verhaltensweisen, Fehler und Fehlhandlungen sowie die Bereitschaft zu besonderem Engagement im Vordergrund. Ebenfalls eng mit diesem Inhaltsbereich verknüpft finden sich Fragen nach arbeitsbezogenen Emotionen, Arbeitszufriedenheit, Identifikation, Commitment und dem Vertrauen in Organisationen. Auch der Aspekt der Vereinbarkeit von Arbeit, Familie und Freizeit kann als zentral für diesen Bereich betrachtet werden. Zudem schließt der Bereich sämtliche Kommunikations- und Interaktionsprozesse der an einem Arbeitsprozess beteiligten Personen (z. B. Mitarbeiter, Führungskräfte, Kunden) ein,

sowohl innerhalb einer Hierarchieebene (z. B. zwischen Mitarbeitern) als auch hierarchieübergreifend (z. B. zwischen Mitarbeitern und Führungskräften). Als zentrale Aspekte dieses Bereichs können verschiedene Kooperationsformen, aber auch Konflikte (z. B. Mobbing) zwischen einzelnen oder mehreren Mitarbeitern, Fragen der Führung, der Macht, des Einflusses oder des Verhandelns genannt werden. Als klassisch psychologische Unterstützungsmöglichkeiten bei Interaktionsprozessen nehmen Coaching und Mentoring zentrale Positionen ein.

Zentrale Stichwörter:

Arbeitsgruppe
Arbeitsleistung
Arbeitsmotivation
Arbeitssicherheit
Arbeitszufriedenheit
Commitment
Diversität in Teams und Organisationen
Emotionsarbeit
Ergonomie
Führung
Führung, gesundheitsförderliche
Führung, innovationsförderliche
Gruppenarbeit
Konflikt, sozialer
kontraproduktives Verhalten
Kooperation
Organisationsklima
Organisationskultur
Projektmanagement
Rollenkonflikte
Selbstorganisation
Work-Life-Balance

Wirkung und Bedeutung von Arbeit

Im Kontext der Wirkung und Bedeutung von Arbeit stehen Fragen nach arbeitsbezogenem Kompetenz- und Sinnerleben, aber auch nach arbeitsbezogenen Belastungsfaktoren (potentiellen Stressoren), Beanspruchungen und Beanspruchungsfolgen wie etwa Stress, Burn-out, Ermüdung und psychosomatische Beschwerden im Fokus. Auch die Frage nach der Auswirkung von Unterforderung oder dem Fehlen von Arbeit gehört zu diesem Bereich.

Zentrale Stichwörter:

Arbeitslosenforschung
Beanspruchung
Belastung, psychische
Burn-out
Demand-Control-(Support-)Modell
Gefährdungsbeurteilung psychischer Belastung (GPB)
Job-Demands-Resources-Modell

Stress am Arbeitsplatz

Personalpsychologische Fragen

Fragen nach Berufseignung, einer soliden Basis für Berufsentscheidungen, möglichst gezielter und valider Auswahl von Mitarbeitern und Führungskräften auf der Basis verschiedener eignungsdiagnostischer Verfahren (Bewerbungsunterlagen, Arbeitsproben, Assessment-Center, Einstellungsinterviews) sowie nach dem Nutzen von Personalentscheidungen stehen im Bereich der Personalgewinnung und Personalauswahl im Vordergrund. Personalentwicklung umfasst u. a. Fragen der beruflichen Förderung, der Verhaltensmodifikation und der Wissenserweiterung von Mitarbeitern. Hierbei spielen – neben möglichen Formen und Funktionen arbeitsbezogener Leistungsbeurteilung – vor allem verschiedene Ansätze der Personalentwicklung und des Trainings (wissensorientierte, verhaltensorientierte Verfahren und arbeitsorientiertes Lernen) sowie die Evaluation und Transfersicherung der Interventionen eine zentrale Rolle.

Zentrale Stichwörter:

360-Grad-Feedback
Assessment-Center
berufliche Entwicklung
berufliche Handlungskompetenz
berufliche Kompetenzentwicklung
berufliche Sozialisation
Berufswahltheorien
Coaching
DIN 33430
Eignung
Einstellungsinterviews
human resource management
Interessen, hexagonales Strukturmodell (Holland)
interkulturelles Management
Interview, eignungsdiagnostisches
Kompetenzmodelle, arbeits- und organsationspsychologische
Kontextualisierung von Persönlichkeitstests
Lernpotential-Assessment-Center (LP-AC)
Management-Diagnostik
Mitarbeiterbefragungen
Mitarbeitergespräch
Personalauswahl
Personalbeurteilung
Personalentwicklung
Personalmarketing
Vorstellungsgespräche
workplace learning
Zielvereinbarungsgespräche

Weitere relevante Stichwörter des Bereichs:

Freiwilligenarbeit
Image
Kundenzufriedenheit

Überblicksquellen

Sonntag, K., Frieling, E. & Stegmaier, R. (2012). *Lehrbuch Arbeitspsychologie.* Bern: Huber.

Schuler, H. & Sonntag, K. (Hrsg.). (2007). *Handbuch Arbeits- und Organisationspsychologie.* Göttingen: Hogrefe.

Nerdinger, F. W., Blickle, G. & Schaper, N. (2011). *Arbeits- und Organisationspsychologie.* Heidelberg: Springer.

I.3 Biologische Psychologie und Neuropsychologie [BIO]

Siegfried Gauggel

Die Biologische und Neuropsychologie ist ein Teilgebiet der Psychologie, welches sich mit den Zusammenhängen zwischen körperlichen Prozessen einerseits und dem menschlichen Erleben und Verhalten andererseits beschäftigt. Insbesondere geht es um die Erforschung der Verbindung zwischen neuronalen und psychischen Prozessen, aber auch um die Frage, inwieweit psychische Zustände und Vorgänge auf biologische Strukturen und Prozesse rückwirken können.

Während die Biologische Psychologie dabei Prozesse auf verschiedenen Ebenen (z. B. kardiovaskuläre Aktivität, Elektrodermalaktivität) einschließt, konzentriert sich die Neuropsychologie vorrangig auf den Zusammenhang zwischen Gehirn (bzw. zentralem Nervensystem) und menschlichem Erleben, Denken und Verhalten. Somit stellt sich die Biologische und Neuropsychologie als umfassende Disziplin mit breiter Grundlagen- und Anwendungsperspektive dar. Deutliche Überschneidungen und Bezüge zeigen sich hierbei v. a. im Bereich der Allgemeinen Psychologie (in Bezug auf primär kognitive Inhalte wie z. B. Wahrnehmung, Aufmerksamkeit, Gedächtnis, Sprache, aber auch in Bezug auf Motivations- und Emotionsprozesse), der Klinischen Psychologie und Psychotherapie, der psychologischen Diagnostik, der medizinischen Psychologie und Gesundheitspsychologie (v. a. im Kontext von Rehabilitationsprozessen) sowie der Differentiellen und Persönlichkeitspsychologie.

Allgemeine Grundlagen und zentrale Systeme der Informationsverarbeitung

Die Biologische und Neuropsychologie beschäftigt sich mit den neurobiologischen Grundlagen wie z. B. dem Aufbau und der Funktionsweise des zentralen und vegetativen Nervensystems, der neuronalen Entwicklung, den strukturellen und funktionellen (Re-)Organisationsprozessen (z. B. Plastizität) sowie mit neurophilosophischen Überlegungen und Kontroversen zu Gehirn und Bewusstsein (Gehirn-Bewusstsein-Problem). Des Weiteren werden grundlegende Fragen zu Möglichkeiten der Modellierung und Simulation kognitiver Prozesse sowie neuroethische und neuroökonomische Aspekte diskutiert. Zudem wird die Frage untersucht, wie welche Systeme und Prozesse die Informationsverarbeitung bestimmen. Hierbei werden Systeme und Prozesse der Wahrnehmung (z. B. visuelle und auditive Verarbeitung von Informationen), der Aufmerksamkeit (Selektion und Intensität), des Lernens und des Gedächtnisses (im Sinne einer funktionalen Stärkung synaptischer Verbindungen), des willentlichen Handelns (z. B. Identifikation und Auswahl verschiedener Handlungsstrategien), der Emotionsverarbeitung, des Sprechens und der Sprache sowie der Motorik und des motorischen Lernens betrachtet. Die Biologische Psychologie und Neuropsychologie nutzt verschiedene Forschungsansätze (z. B. die vergleichende Kognitionsforschung oder die Verhaltensgenetik) und Methoden (z. B. psychophysiologische Methoden, neuropsychologische Tests sowie bildgebende Verfahren).

Zentrale Stichwörter:

Acetylcholin
Assoziationsfeld
Bewusstsein
Dopamin, dopaminerges System
endokrines System
Gehirn
Hebb'sches Prinzip
Hirnasymmetrie
Hormone
Hypothalamus-Hypophysen-Nebennieren-Achse
Immunsystem
kardiovaskuläre Aktivität
Konsolidierung
laterale Hemmung, laterale Inhibition
Lateralität
Lokalisation
motorische Areale
Nerv
Nervensystem
Neuroethik
Neuropsychiatrie
Neurotransmitter
Noradrenalin, noradrenerges System
Plastizität
psychogalvanische Reaktion (PGR)
Psychoneuroimmunologie
Psychophysiologie
Reflex
Schlaf

I.3 Biologische Psychologie und Neuropsychologie [BIO]

Schmerz
Serotonin, serotonerges System
Spiegelneurone
Stress
Synapse
Verhaltensgenetik

Hirnschädigung
Hirntumor
Neglect
neurodegenerative Erkrankungen
neuropsychologische Störungen
Parkinson'sche Erkrankung, Morbus Parkinson
Schädel-Hirn-Trauma
zerebrovaskuläre Erkrankungen

Erkrankungen des Zentralnervensystems und Formen neuropsychologischer Störungen

Zentralnervöse Erkrankungen und daraus resultierende neuropsychologische Störungen sind ein zentraler Inhaltsbereich der Biologischen und Neuropsychologie. Unter Erkrankungen des Zentralnervensystems fallen die neurodegenerativen Erkrankungen (z. B. Alzheimer-Demenz, Parkinson), zerebrovaskuläre Erkrankungen (Schlaganfälle in Folge von Arterienverschluss bzw. intrazerebraler Blutungen), infektiöse (z. B. Meningitis), nicht infektiöse (z. B. Multiple Sklerose) und entzündliche Erkrankungen, Epilepsie sowie Hirntumoren. Aber auch externe Einflüsse (z. B. Unfälle) können zu Schädigungen des Zentralnervensystems führen. Zu diesen erworbenen Hirnschädigungen zählen z. B. verschiedene Formen des Schädel-Hirn-Traumas (Prellungen, Quetschungen, Bruch, zusätzliche Einblutungen). Als Folge der Erkrankung oder Schädigung des Gehirns können Störungen kognitiver, emotionaler und motivationaler Prozesse auftreten. Diese Störungen werden unter dem Begriff «neuropsychologische oder neurokognitive Störungen» subsumiert. Dazu zählen Störungen der zentralen Informationsverarbeitung wie z. B. der visuellen oder auditiven Wahrnehmung, des Erkennens von Objekten und Personen, der Aufmerksamkeit oder verschiedener Gedächtnisfunktionen. Weiterhin können Störungen des Sprechens und der Sprache, Störungen zentraler umschriebener Funktionen wie des Lesens, Schreibens oder Rechnens, aber auch selbstbezogene Störungen im Kontext biografischer Informationsverarbeitung und Identität entstehen.

Zentrale Stichwörter:

Agnosie
Agrafie
Alexie
Amnesie
Anosognosie
Aphasie
Apraxie
Ataxie
Aufmerksamkeitsstörungen
Demenz, Dementia
Dyslexie
Epilepsie
exekutive Dysfunktion
Gedächtnisstörungen

Bio- und neuropsychologische Diagnostik, Therapie und Rehabilitation

Neuropsychologische Status- und Prozessdiagnostik (im Sinne einer Klassifikations- und Entscheidungshilfe u. a. in Bezug auf Prognose, Therapieplanung und Evaluation) erfolgt insbesondere mittels neuropsychologischer Testverfahren zur Erfassung von z. B. Intelligenz, Aufmerksamkeit, Konzentration, Gedächtnis, Sprache, exekutiven Funktionen sowie elektrophysiologischer (z. B. EEG, EKG) und bildgebender Verfahren (z. B. PET, MRT). Zum klinischen Anwendungsbereich der Biologischen und Neuropsychologie gehört aber auch die Therapie und Rehabilitation hirngeschädigter oder -verletzter Patienten. In diesem Bereich werden die Möglichkeiten der Restitution bzw. Kompensation psychischer Prozesse und die Effektivität neuropsychologischer Behandlungsprogramme untersucht.

Zentrale Stichwörter:

Amnesie und Gedächtnisstörungen, Therapie
bildgebende Verfahren
Demenzdiagnostik
elektrodermale Aktivität, Messung
Elektrodiagnostik
Elektrokardiogramm (EKG)
Enzephalografie
ereigniskorrelierte Hirnpotentiale, EKP
funktionelle Magnetresonanztomografie (fMRT)
Kompensation
Magnetenzephalografie (MEG)
Magnetresonanztomografie, MRT
Nahinfrarotspektroskopie (NIRS)
neuropsychologische Diagnostik
neuropsychologische Therapie
neuropsychologische Untersuchungsverfahren
Positronen-Emissions-Tomografie (PET)
psychophysiologische Methodik
transkranielle Magnetstimulation (TMS)

Überblicksquelle

Gauggel, S. & Herrmann, M. (2007). *Handbuch der Neuro- und Biopsychologie.* Göttingen: Hogrefe.

I.4 Emotions- und Motivationsspsychologie [EM]

Rosa Maria Puca

Emotion und Motivation sind Themen, die in praktisch allen Lebensbereichen eine Rolle spielen – sei es in der Arbeitswelt oder in der Schule, in der Freizeit, beim Sport oder in zwischenmenschlichen Beziehungen. Im deutschen Sprachraum werden die Emotions- und die Motivationspsychologie dabei der Allgemeinen Psychologie zugeordnet – und obwohl die beiden Themengebiete sich theoretisch und empirisch voneinander abgrenzen lassen, sind sie doch aufeinander bezogen. Emotionen begleiten einerseits motiviertes – d. h. zielgerichtetes – Verhalten. Andererseits sind sie auch selbst Ziel dieses Verhaltens. Motiviertes Verhalten ist letztlich auf das Erreichen positiver Emotionen und das Verhindern bzw. die Beendigung negativer Emotionen ausgerichtet. Die Bereiche der Emotions- und Motivationspsychologie stellen sich somit als zwei Bereiche dar, die sich aufgrund ihrer Inhalte aufeinander beziehen und – je nach Perspektive – auf Konstrukte und Befunde des jeweils anderen Bereichs zurückgreifen.

Sowohl die Emotions- als auch die Motivationspsychologie weisen dabei viele Bezüge zu anderen Grundlagendisziplinen auf. Im angloamerikanischen Sprachraum werden sie häufig der Sozialpsychologie zugeordnet. Eine besondere Beziehung besteht auch zur Differentiellen Psychologie: Motivation wird als eine Interaktion zwischen Personen- und Situationsvariablen verstanden. Sogenannte soziogene Motive wie das Leistungs-, Anschluss- oder Machtmotiv stellen dabei die Personenvariablen dar. Sie werden als stabile Persönlichkeitseigenschaften aufgefasst, die bestimmen, welche Art von Zielen Menschen besonders positiv bzw. negativ bewerten und durch welche Reize sie emotional angesprochen werden. Es zeigen sich zudem zahlreiche Anknüpfungspunkte der Emotions- und Motivationspsychologie zu verschiedenen weiteren Grundlagendisziplinen: So bietet z. B. die Frage, wie Gedächtnis Emotionen beeinflusst und welchen Einfluss Motivation und Emotionen auf das Gedächtnis haben, Anknüpfungspunkte zur Kognitionspsychologie Die Frage nach interindividuellen Motivations- und Emotionsunterschieden, Geschlechtsunterschieden oder kulturellen Unterschieden gehört in den Bereich der differentiellen Psychologie. Die Entwicklung des motivierten Handelns, des Emotionsausdrucks und der Fähigkeit zur Emotionsregulation ist auch Gegenstand der Entwicklungspsychologie.

Wegen ihrer großen Praxisrelevanz haben emotionspsychologische und motivationspsychologische Theorien und Befunde auch Eingang in die Anwendungsdisziplinen der Psychologie gefunden, da sie eine Verbindung grundlegender Theorien und Konzepte mit einer anwendungsorientierten Perspektive auf Fragestellungen der Praxis ermöglichen. So sind z. B. Arbeits- und Lernmotivation zentrale Themen in der Organisations- bzw. Pädagogischen Psychologie (z. B. theoretisch fundierte Programme zur Motivationsförderung, die für verschiedenste Lebensbereiche wie Schule, Sport, Gesundheit, Arbeitsplatz relevant werden können). Für die Klinische Psychologie sind die beiden Themen ebenfalls von Bedeutung, weil psychische Störungen häufig selbst Störungen der Motivation und des Emotionserlebens sind oder mindestens von solchen begleitet werden.

Emotionspsychologie: Begrifflichkeiten und theoretische Ansätze

Die Emotionspsychologie beschäftigt sich mit einem Konstrukt, über dessen Definition nur insofern weitgehend Einigkeit herrscht, als es sich aus einer subjektiven Erlebniskomponente, einer Verhaltenskomponente und einer physiologischen Komponente zusammensetzt. Gegenstand emotionspsychologischer Forschung und Theoriebildung sind die Entstehung, die Manifestation und Veränderung von Emotionen sowie deren Funktion und physiologische Grundlagen. Besondere Aufmerksamkeit haben in der Emotionspsychologie seit ihren Anfängen die Struktur und die Systematisierung von Emotionen erfahren (dimensionale vs. kategoriale Modelle der Klassifikation von Emotionen).

Zentrale Stichwörter:

Affekt
Emotionen
Emotionen, dimensionale Modelle
Emotionen, Funktionen
Emotionen, gruppenbasierte
Emotionen, kategoriale Modelle
Emotionsregulation
Emotionstheorien
Emotionstheorien, kognitive
Gefühl
Komponenten-Prozess-Modell der Emotion
Stimmung

I.4 Emotions- und Motivationspsychologie [EM]

Emotionspsychologie: Spezifische Emotionen

Neben dem Versuch, Emotionen auf Dimensionen wie «Lust – Unlust» und «Erregung – Beruhigung» anzuordnen und zu übergeordneten Klassen zusammenzufassen, steht aber auch das Bestreben, die Komponenten und Korrelate spezifischer Emotionen zu untersuchen. Ausgehend von kategorialen Ansätzen werden Emotionen dabei zu spezifischen Gruppen zusammengefasst, die sich ähnlich sind. Beispiele für spezifische Emotionen sind Überraschung, Freude, Liebe, Eifersucht, Ärger, Angst, Trauer, Ekel, Stolz oder Scham. Bei der Untersuchung dieser qualitativ zu unterscheidenden Emotionen geht es auch um die Frage, ob es spezifische physiologische Reaktionsmuster gibt, die sich den einzelnen Emotionen zuordnen lassen.

Zentrale Stichwörter:

Aggression
Angst
Ärger
Basisemotionen
Eifersucht
Emotionen, sekundäre
Empathie
Freude
Frustration
Furcht
Hilflosigkeit, gelernte/erlernte
Liebe, evolutionspsychologischer Ansatz
Liebe, Intensitätsindikatorenmodell der Partnerliebe
Scham
Trauer, Trauern
Wohlbefinden

Emotionspsychologie: Erfassung von Emotionen

Zur Untersuchung von Emotionen sind zahlreiche Methoden entwickelt worden, die darauf abzielen, die verschiedenen Komponenten der Emotionen zu erfassen. Während die subjektive Komponente von Emotionen nur durch Selbstauskunft erfasst werden kann, stehen für die Erfassung von Mimik und Gestik außer klassischen Beobachtungsmethoden inzwischen auch zahlreiche technische computerunterstützte Hilfsmittel zur Verfügung. Für die Erfassung der physiologischen Komponente werden ebenfalls technische Hilfsmittel eingesetzt, die ständig leistungsfähiger geworden sind. Will man Emotionen untersuchen, muss man diese in Untersuchungssituationen zunächst bei den Pbn hervorrufen bzw. induzieren. Dies geschieht z. B. durch die Präsentation von Filmen und Bildern mit positivem bzw. negativem Inhalt. Auch Musik und Töne werden zur Emotionsinduktion eingesetzt. Für Bilder und Töne existiert jeweils ein Satz international standardisierter Reize – das IAPS und das IADS. Eine weitere Möglichkeit besteht darin, Emotionen über autobiografische Erinnerungen zu induzieren.

Zentrale Stichwörter:

Emotionsinduktion
Facial Action Coding System (FACS)
International Affective Picture System (IAPS)
Mimikanalyse

Motivationspsychologie: Begrifflichkeiten und theoretische Ansätze

Die Motivationspsychologie befasst sich mit zielgerichtetem Verhalten sowie dessen Richtung, Dauer und Intensität. Neben der Frage, auf welche Ziele Verhalten gerichtet ist und wie es energetisiert wird, geht es auch um Handlungsregulation, d. h. darum, wie Verhalten auf Zielkurs gehalten und gegen konkurrierende Verhaltenstendenzen abgeschirmt werden kann. Während die erste Fragestellung den Kern der Motivationspsychologie bildet, ist die zweite Frage der Volitionspsychologie zuzuordnen. Die Modelle und Theorien der Motivationspsychologie haben mal überwiegend das eine und mal das andere Teilgebiet zum Gegenstand. So sind z. B. das Risikowahlmodell und die Zielsetzungstheorie eher klassische motivationspsychologische Theorien; das Rubikonmodell der Handlungsphasen oder die Handlungskontrolltheorie zählen hingegen eher zu den Volitionstheorien.

Zentrale Stichwörter:

Anreiz
Appraisal (Einschätzungs)-Theorien
Automotiv-Theorie
Bedürfnis
Erwartung
Erwartung-Wert-Theorien
Feldtheorien, psychologische
Handlungskontrolltheorie
Intention
Involvement
Konflikttheorie
Meta-Monitoring
Modell der automatischen und willentlichen Handlungskontrolle
Motivation
Motivationstheorien
Persistenz
Persönlichkeits-System-Interaktion, Theorie der Regulation

Regulationsfokustheorie
Risikowahl-Modell
Rubikonmodell der Handlungsphasen
Selbstbestimmungstheorie
Selbstregulationstheorie (Carver & Scheier, 1998)
Selbstwirksamkeitserwartung
Theorie des überlegten Handelns
Trieb
Volition
Wert
Ziel
Zielfokus, Prozessfokus und Ergebnisfokus
Zielorientierung
Zielsystemtheorie
Zieltheorien
Zweidimensionales Modell metatelischer Orientierungen

Motivationspsychologie: spezifische Motive

Wie in der Emotionspsychologie, stellt auch in der Motivationspsychologie die Klassifikation einen wichtigen Aspekt dar. Motive werden in diesem Kontext als latente Bewertungsdisposition für Ziele verstanden, die eine Zielerreichung oder Zielverfehlung erwarten lassen. Sie beziehen sich auf Inhaltsklassen von Zielen und werden als organismusseitiges Bestimmungsstück der Motivation und somit als innere Ursachen des Verhaltens angesehen. Sie haben konzeptuell Ähnlichkeit mit Instinkten, Bedürfnissen und Trieben. Sie bestimmen, auf welche Zielklassen und Anreize man emotional reagiert. Motive lassen sich nach unterschiedlichen Kriterien kategorisieren. Man kann Motive z. B. nach biologischen oder biogenen und psychologischen oder soziogenen Motiven unterscheiden. Traditionellerweise wird motiviertes Verhalten nach Inhaltsklassen wie beispielsweise Leistung, Macht, Anschluss, Intimität, Aggression oder Neugier klassifiziert. Seit einiger Zeit wird aber auch eine Unterscheidung nach impliziten, d.h. unbewussten und expliziten, d.h. bewussten und sprachlich repräsentierten Motiven vorgenommen.

Zentrale Stichwörter:

Annäherungs-Leistungsziel
Grundmotiv
Hoffnung auf Anschluss
Interessenkonstrukt, Merkmale
Intimitätsmotiv
Leistungsmotiv
Leistungszielorientierung
Machtmotiv
Motiv
Neugier
Thematischer Apperzeptionstest (TAT)
Zürcher Modell der sozialen Motivation

Weitere zentrale Stichwörter des Bereichs:

Entscheiden, Entscheidungstheorie
Entscheidungsheuristiken
Intelligenz, emotionale
Katharsis
Motivationsdiagnostik
Motivationsförderung
Motivationsforschung, experimentelle
Selbstwertkontingenz
Zaionc-Lazarus-Kontroverse

Überblicksquelle

Brandstätter, V. & Otto, J. H. (2008). *Handbuch der Allgemeinen Psychologie: Motivation und Emotion.* Göttingen: Hogrefe.

I.5 Entwicklungspsychologie [EW]

Gudrun Schwarzer & Sabine Walper

Die Entwicklungspsychologie befasst sich mit der Beschreibung und Erklärung intraindividueller Veränderungen im menschlichen Erleben und Verhalten über die gesamte Lebensspanne, von der vorgeburtlichen Entwicklung bis zum Tod. Allgemeines Ziel dabei ist eine umfassende Erfassung und kritische Betrachtung verschiedener Phänomene und Bereiche, um schließlich eine breite Basis an Befunden zum besseren Verständnis und ggf. zur Optimierung verschiedenster intraindividueller Veränderungen im menschlichen Erleben und Verhalten über die Lebensspanne bereitstellen zu können. Bezüglich der Verortung der Entwicklungspsychologie im Gesamtfeld der Psychologie besteht – je nach Fragestellung und fokussiertem Inhaltsbereich – ein enges Zusammenspiel mit verschiedenen Aspekten der Allgemeinen Psychologie (im Kontext von z. B. Wahrnehmung, Sprache, Kognition oder Emotion), der Sozialpsychologie (im Bereich der Gruppen, Freundschaften oder des Sozialverhaltens), der Pädagogischen Psychologie (z. B. bezüglich Gestaltung altersangemessener Bildungsangebote und Lernumgebungen), der Differentiellen Psychologie (z. B. in Bezug auf Intelligenz- und Kreativitätsprozesse) sowie der Entwicklungspsychopathologie (z. B. im Kontext verschiedener Entwicklungsbeeinträchtigungen bzw. -störungen).

Theorien der Entwicklungspsychologie und Mechanismen der Veränderung

Theorien, Entwicklungsmodelle und Veränderungsmechanismen beziehen sich auf zentrale Denkansätze der Entwicklungspsychologie. Hierbei steht die Frage im Vordergrund, welche Prozesse und Prinzipien – wie z. B. Reifung, Lernen und auch die Frage nach der Interaktion und Kovariation von Genom und Umwelt – als Grundlage für Veränderungen des menschlichen Erlebens und Verhaltens im Laufe der Ontogenese angenommen werden können. *Reifungstheoretische Ansätze* beruhen auf der Annahme, dass Veränderungen endogen und nach genetisch festgelegtem Muster erfolgen, welche schließlich über die Entfaltung der biologischen Strukturen auch die Entwicklung psychischer Funktionen eines Menschen bedingen. *Psychoanalytische (psychosexuelle und psychosoziale) Ansätze* nehmen an, dass der Mensch eine Reihe von Stadien (Entwicklungsphasen, -stufen) durchläuft, in denen er mit alters- bzw. entwicklungsgradierten psychosozialen bzw. psychosexuellen Konflikten (z. B. zwischen seinen biologischen Trieben und den gesellschaftlichen Erwartungen) konfrontiert ist, die als Schrittmacher für Entwicklung fungieren. *Lerntheoretische Ansätze* betrachten v. a. die Bedeutung der Umwelt und betonen die Bedeutung von Verstärkung als zentrales Element der Verhaltenssteuerung. Hierbei kann zwischen traditionellen behavioristischen Ansätzen und sozial-kognitiven Lerntheorien (z. B. Beobachtungslernen) unterschieden werden, die soziale, kognitive sowie motivationale Aspekte mit einbeziehen. *Konstruktivistische Ansätze* betonen, dass der Mensch seine Umwelt aktiv erschließt, diese auf eine bestimmte Art wahrnimmt und interpretiert, ggf. verändert und sich somit ein Bild oder Modell der Welt aktiv konstruiert. *Soziokulturelle und ökologische Ansätze* betonen vorrangig die Rolle der direkten und indirekten Entwicklungsumwelten und betrachten Entwicklung als Resultat von Erfahrungen in sozialen Rollen, Beziehungen und Interaktionen in unterschiedlichen Kontexten. *Handlungstheoretische Ansätze* gehen davon aus, dass die Entwicklung durch bestimmte Aufgaben oder Tätigkeiten gefördert wird und sich durch das Setzen von Zielen, durch absichtsvolle Handlungen und durch die damit verbundene Erfahrung vollzieht. *Informationsverarbeitungsansätze* nehmen die Prozesse des Wahrnehmens und Denkens und die einzelnen Verarbeitungsschritte als zentral für die menschliche Entwicklung an.

Zentrale Stichwörter:

Anlage-Umwelt
Entwicklung, handlungstheoretische Ansätze
Entwicklung, Informationsverarbeitungsansätze
Entwicklung, lerntheoretische Ansätze
Entwicklung, ökologischer Ansatz nach Bronfenbrenner
Entwicklung, psychosexueller Ansatz nach Freud
Entwicklung, psychosozialer Ansatz nach Erikson
Entwicklung, reifungstheoretischer Ansatz
Entwicklung, soziokultureller Ansatz nach Wygotski
Entwicklung, Stufentheorie nach Piaget
Entwicklung, Theorie dynamischer Systeme
Entwicklungsphasen, -stufen
Entwicklungspsychologie, personenorientierte
Lernmechanismen, angeborene

Ontogenetische Veränderungen zentraler Funktionsbereiche und Verhaltensmerkmale

Im Kontext ontogenetischer Veränderungen werden zentrale Entwicklungen in verschiedenen Funktionsbereichen beschrieben und unter Einbezug verschiedener Einflussfaktoren möglichst umfassend erklärt. *Sensorische Entwicklung* bezieht sich auf die alterskorrelierte Veränderung von Sinnessystemen (Sinne, Rezeptoren, Sinnesorgane, neuronale Korrelate). *Motorische Entwicklung* bezieht sich auf die alterskorrelierte Veränderung von Motorsystemen, mithin also aller Formen von Körperbewegungen, aber auch der Motilität (Beweglichkeit). *Kognitive Entwicklung* bezeichnet die alterskorrelierte Veränderung des Denkens als Ausdruck höherer geistiger Prozesse wie Schlussfolgern und Problemlösen. *Emotionale Entwicklung* bezieht sich auf die alterskorrelierte Veränderung des Erlebens, der Verarbeitung und des Ausdrucks eigener emotionaler Zustände sowie Veränderungen im Erkennen und Interpretieren Emotionen anderer. Die *Entwicklung der Motivation* umfasst altersassoziierte Veränderungen von Motiven wie dem Kompetenzmotiv, dem Autonomiemotiv und dem Motiv nach sozialer Einbindung sowie die Veränderung der Umsetzung solcher Motive. *Sprachentwicklung* bezieht sich auf die alterskorrelierte Veränderung des prosodischen, phonologischen, morphologischen, syntaktischen, lexikalisch-semantischen sowie des pragmatischen Systems. Die *Entwicklung von Identität und Selbstkonzept* bezieht sich auf die Veränderung der Wahrnehmungen, Überzeugungen bzw. kognitiven und affektiven Einstellungen zur eigenen Person. Die *Entwicklung von Bindung, Beziehung und Sozialverhalten* umfasst die alterskorrelierte Veränderung der Fähigkeit, im Kontext von Kommunikation und Kooperation mit anderen Menschen positive, relativ dauerhafte Beziehungen eingehen zu können sowie die Entwicklung pro- oder antisozialer Verhaltenstendenzen.

Zentrale Stichwörter:

Arbeitsgedächtnis im Kindesalter
Autonomieentwicklung
Bindung
Bindungsverhalten
deklarativ-metakognitives Wissen, Entwicklung
deklarativ-metakognitives Wissen, Vorläufer
Egozentrismus des Kindes
Entwicklung, emotionale
Entwicklung, kognitive
Entwicklung, moralische
Entwicklung, motivationale
Entwicklung, motorische
Entwicklung, romantische
Entwicklung, sensorische
Entwicklung, soziale
Entwicklungsaufgaben
Gedächtnisprozesse im Säuglingsalter
Identität, entwicklungspsychologische Perspektive
Identitätsentwicklung
Identitätsmodell von Marcia
phonologische Bewusstheit
Selbstkonzept, Entwicklung
soziale Kognition, Entwicklung
Sprachentwicklung
Theory of Mind

Altersspezifische Besonderheiten in den verschiedenen Phasen der Lebensspanne

Für die Entwicklungspsychologie ist zudem von Interesse, altersspezifische Besonderheiten des Erlebens und Verhaltens in den verschiedenen Phasen der Lebensspanne zu beschreiben und zu erklären. Dabei rücken u. a. in den Fokus: Die *Pränatalphase* (als Zeitspanne von der Befruchtung der Eizelle bis zur Geburt, umfasst die Germinal-, Embryonal- und Fötalphase). Hierbei wird betrachtet, welche physischen und psychischen Entwicklungen bereits vor der Geburt des Kindes stattfinden und inwieweit hierfür relevante Einflussfaktoren identifiziert werden können. Das *Säuglingsalter* (als Altersspanne von der Geburt bis zum Ende des ersten Lebensjahres). Hierbei ist von besonderem Interesse, wie sich die Regulationsfähigkeit des Kindes verändert, wie es sich durch Wahrnehmung und erste motorische und soziale Handlungen die Struktur der Welt erschließt und welche Grundsteine für die weitere Entwicklung in verschiedenen Funktionsbereichen gelegt werden. Die *Kindheit* (als Phase von der Geburt bis zur Adoleszenz – nach dem Säuglingsalter nochmals in das Kleinkindalter, die frühe Kindheit, die mittlere Kindheit und die späte Kindheit unterteilbar). In der Kindheit können vielfältige Entwicklungen in allen Funktionsbereichen beobachtet werden. Im Fokus stehen neben von den meisten Kindern gezeigten «Meilensteinen» der Entwicklung auch individuelle Entwicklungsverläufe. Einen weiteren wichtigen Aspekt bilden die ersten normativen Übergänge (= zentrale, für die meisten Personen einer bestimmten Kultur eintreffende Lebensereignisse, die in gewisser Weise den Übergang von einer bestimmten Lebensphase in eine nächste kennzeichnen). Zu den Übergängen in der Kindheit zählen – zumindest in westlichen Industrienationen – der Eintritt in ein frühpädagogisches Betreuungsangebot wie z. B. den Kindergarten sowie der Schuleintritt. *Adoleszenz* (als Lebensphase zwischen Kindheit und Erwachsenenalter). Hierbei steht im Fokus, wie sich die Adoleszenten aus ihren kindlichen Abhängigkeiten lösen und in erwachsene Verhaltensweisen und Rollen hineinwachsen. Neben der Bewältigung psychosexueller Veränderungen (Pubertätsentwicklung, Akzeptieren des sich verändernden Körpers) und psychosozialen Entwicklungen (Autonomiegewinnung in Beziehung zu den Eltern, Intensivierung von Freundschaften und Peerbeziehungen, romantische Entwicklung bzw. Aufnahme erster Partnerschaften) stellt die berufliche Orientierung eine zentrale Entwicklungsaufgabe des Jugendalters dar. Das *Erwachsenenalter* (als Altersabschnitt ab dem 18. oder 19. Lebensjahr – es kann nochmals unterteilt werden in das frühe, mittlere und hohe Erwachsenenalter). Hierbei stehen i. d. R. neben dem Auszug aus dem Elternhaus, dem Fußfassen in beruflichen Kontexten und der Ausdifferenzierung der eigenen beruflichen Rolle vor allem der Aufbau einer festen Partnerschaft sowie die Gründung einer Familie im Vordergrund. *Im Alter* (als Altersspanne ab ca. 65 Jahren – in der Gerontologie wird zudem zwischen einem dritten Lebensalter und einem vierten Lebensalter bzw. Hochaltrigkeit unterschieden) stehen v. a. der Eintritt in den Ruhestand, der Umgang mit den eigenen sich verändernden zeitlichen, körperlichen und psychischen Ressourcen sowie der Umgang mit dem Verlust von Angehörigen sowie mit dem eigenen Sterben im Fokus.

Zentrale Stichwörter:

Ablösung
Adoleszenz
Empty-Nest-Situation
Entwicklung, pränatale
kognitive Veränderungen im Alter, biologische
    Korrelate
Lebenslauftheorie der Kontrolle
Lebensspannenpsychologie
Lernpotentiale im Alter
Psychologie des Alterns
Pubertät
Säuglingsforschung
Selektion, Optimierung und Kompensation, Modell der
    (SOK-Modell)
sozio-emotionale Selektivitätstheorie
Sterben

Weitere zentrale Aspekte der Entwicklungspsychologie

Neben übergreifenden, altersspezifischen Besonderheiten und verallgemeinerbaren ontogenetischen Veränderungen zentraler Funktionsbereiche sind in verschiedenen Lebensphasen auch differentielle Entwicklungsaspekte von entwicklungspsychologischem Interesse. Zunehmend geraten auch differentielle Entwicklungsaspekte im Sinne interindividueller Unterschiede von Entwicklungsverläufen sowie die Frage nach der Stabilität bzw. Variabilität von Entwicklungsprozessen in den Fokus entwicklungspsychologischer Forschungsaktivitäten. Von besonderem Interesse sind hierbei die Fragen, welche unterschiedlichen Verläufe beobachtbar sind sowie welche individuellen und kontextuellen Bedingungsfaktoren (wie z. B. Geschlecht, soziale Herkunft, Beziehungserfahrungen) zu Unterschieden in Entwicklungsverläufen beitragen. Im Kontext entwicklungspsychologischer Stabilitäten und Veränderungen sind zudem Determinanten und Einflussfaktoren auf verschiedenen Ebenen von zentralem Interesse. Auf personaler Ebene zählen hierzu zum einen genetische und körperliche Merkmale wie beispielsweise gesundheitliche bzw. (hirn-)organische Besonderheiten. Zum anderen sind Individualmerkmale auf eher psychologischer Ebene – wie z. B. individuelles Temperament, kognitive Voraussetzungen oder auch Problemlöseverhalten – von zentraler Bedeutung. Die letzte Ebene bilden schließlich verschiedene, dem Bereich der Sozialisation und dem sozialen Umfeld zuzuordnende Faktoren, wie beispielsweise Bindungspersonen, Familie, Peers, institutionelle Umfelder oder kulturelle Gegebenheiten. Die Beantwortung von Fragestellungen der Entwicklungspsychologie ist auf geeignete Forschungsmethoden angewiesen (im Bereich der Fragestellungen, Datenerhebung, der Designs und Auswertungsmethoden), die beständig weiterentwickelt werden, um entwicklungspsychologische Forschungsfragestellungen möglichst umfassend und unter Berücksichtigung bereichsspezifischer Besonderheiten (Alter der Probanden, Abbildung von Verläufen) beantworten zu können.

Zentrale Stichwörter:

Akkommodation
Äquilibration, Equilibration
Assimilation
Eltern-Kind-Beziehung
Entwicklungsdiagnostik
Entwicklungsförderung
Entwicklungsscreening
Entwicklungstests
Epistemologie, genetische
Familienbildung
Familienentwicklungsaufgaben
Familiensystem, Interaktion
Fremdenreaktion
Zwillingsstudien

Überblicksquelle

Hasselhorn, M. & Schneider, W. (Hrsg.). (2007). *Handbuch der Entwicklungspsychologie*. Göttingen: Hogrefe.

I.6 Forschungsmethoden, Statistik, Evaluation [FSE]

Nicola Döring

Empirische Forschungsmethoden sind wissenschaftstheoretisch begründete Instrumente oder Verfahren, mit deren Hilfe empirische Daten erhoben und analysiert werden, die zur Bearbeitung des jeweiligen Forschungsproblems aussagekräftige Informationen über die soziale Erfahrungswirklichkeit liefern. Forschungsparadigmen liefern einen wissenschaftstheoretisch fundierten Rahmen, Forschungsdesigns definieren den adäquaten Methodeneinsatz zur Beantwortung spezifischer Fragestellungen. Obwohl Forschungsmethoden und Datenauswertungsverfahren auch als eher technische Werkzeuge zur empirischen Datenanalyse fungieren können, ergibt sich ihr hoher Stellenwert in der Psychologie daraus, dass Erkenntnisprozesse, Gütekriterien des Erkenntnisgewinns und deren methodische Umsetzung in empirischen Studien stets eng verzahnt sind: Empirisches Forschen dient in der Regel der Entwicklung, Verbesserung oder Prüfung von Theorien oder Modellen. Theorien und Modelle können als abstrahierte Repräsentationen der psychologischen oder sozialen Realität betrachtet werden, die insbesondere die Beziehungen zwischen zentralen Merkmalen bzw. Wirkprozesse von Inhaltsbereichen formal beschreiben. Vorwiegend induktiv orientierte, Theorie generierende Forschungsprozesse dienen der Identifikation und Systematisierung neuen Wissens und nutzen insbesondere Methoden der qualitativen Sozialforschung. Hierbei erfolgt in der Regel eine flexible Methodenanwendung, die schrittweise auf eine Anreicherung theoretischen Wissens abzielt. Vorwiegend deduktiv orientierte Forschungsprozesse prüfen für konsolidierte Theorien, ob daraus abgeleitete Hypothesen empirische Sachverhalte vorhersagen können (Bewährungsfrage) und damit die Gültigkeit oder Nützlichkeit einer Theorie untermauern (linearer Forschungsprozess). Dabei werden vor allem quantitative Designs und Analyseverfahren eingesetzt. Die empirische Umsetzung eines Forschungsinteresses und die empirischen Ergebnisse sind von zentraler Bedeutung dafür, ob psychologische Theorien, Konzepte oder Maßnahmen als gehaltvoll und nützlich angesehen werden. Im Rahmen des Forschungsprozesses müssen folgende Aspekte berücksichtigt werden: (1) Definition des Forschungsgegenstands, (2) Klärung der theoretischen Grundlagen, (3) Explikation der Fragestellung/Formulierung der Hypothesen, (3) Auswahl/Definition des Forschungsdesigns, (4) Festlegung der Datenerhebungsverfahren, (5) Bestimmung der Stichprobe, (6) Untersuchungsdurchführung, (7) Datenanalyse (in der Regel Hypothesenprüfung) und (8) Theorieorientierte Diskussion der Befunde. Für die psychologische Diagnostik als besonders wichtigem Anwendungsbereich empirischer Forschungsmethoden müssen besondere Standards berücksichtigt werden (siehe Gebietsüberblick Psychologische Diagnostik).

Zentrale Stichwörter:

Empirische Sozialforschung
Erkenntnistheorie
Evidenzbasierung
Forschungsprogramm
Forschungsprozess
Fortschritt, wissenschaftlicher
Kritischer Rationalismus
Mixed-Methods-Ansatz
Modell
Psychologie, sozialwissenschaftliche
Qualitative Forschungsmethoden
Qualitative Sozialforschung
Sozialkonstruktivismus
Statistik
Theorie
Wissenschaftstheorie

Untersuchungsstichproben

Das Ziel empirischer Studien besteht in der Regel darin, möglichst allgemeingültige Aussagen ableiten zu können (z. B. Therapie X ist bei Störungsform Y wirksam), die unabhängig von der konkreten Untersuchungssituation Geltung beanspruchen können. Elemente einer Untersuchungsstichprobe stehen somit stellvertretend für eine Grundgesamtheit oder Population von Fällen oder Objekten. Damit die Generalisierung von Stichproben- auf Populationsverhältnisse gerechtfertigt werden kann, müssen Stichproben fragestellungsadäquat und begründet gebildet werden. Abweichungen von Merkmalsverteilungen müssen bestmöglich vermieden, dokumentiert und ggf. korrigiert werden. Jede Stichprobe zeichnet sich durch zwei zentrale Merkmale aus: (1) die Stichprobenart, die bezeichnet, nach welchem Auswahlverfahren Fälle aus der Population in die Stichprobe gelangen (z. B. bewusst oder zufällig ausgewählt), und (2) den Stichprobenumfang, der durch die Anzahl der Fälle in der Stichprobe definiert ist.

I.6 Forschungsmethoden, Statistik, Evaluation [FSE]

Zentrale Stichwörter:

Konfundierung
Korrektur von Stichprobenverzerrungen
Propensity score
Qualitative Fallauswahl
Repräsentativität
Stichprobe
Stichprobenumfang, optimaler

Operationalisierung/ Datenerhebung

Als Operationalisierung bezeichnet man das (Mess-) Verfahren (oder dessen Ergebnis), das eine nicht direkt beobachtbare Variable (z.B. Intelligenz) manifest (z.B. Intelligenztestergebnis) erfassbar macht. Eine Operationalisierung ist notwendig, um aus einer zu prüfenden Hypothese oder Theorie Aussagen über beobachtbare Sachverhalte ableiten zu können. Die forschungsmethodischen Aspekte der Datenerhebung sind stark überlappend mit dem Anwendungsgebiet der Psychologischen Diagnostik. Damit psychologische Merkmale angemessen erhoben werden können, bedarf es einer messtheoretischen Begründung (ggf. Prüfung), einer kontrollierten Datenerhebung, der Sicherstellung von Datenqualität sowie der Analyse bzw. Sicherstellung messtheoretischer Gütekriterien (insbesondere Objektivität, Reliabilität, Validität). In der Psychologie werden vorzugsweise etablierte und umfangreich geprüfte Messverfahren eingesetzt.

Zentrale Stichwörter:

Beobachtung
Datenerhebungsverfahren
Datenqualität
Dokumentenanalyse
Fragebogen
Gütekriterien
internetbasierte Methoden
Interview
Item-Response-Theorie
Klassische Testtheorie
Messtheorie
Messung, reflektive vs. formative
Physiologische Messungen
Skalenniveaus

Untersuchungsdesigns

Untersuchungsdesigns bestimmen wesentlich, welche Schlussfolgerungen aus empirischen Befunden abgeleitet werden dürfen. Das Experiment (syn.: Randomisierte Kontrollierte Studie) gilt dabei als Königsweg, um kausale Wirkbeziehungen zu identifizieren. Da Forschende im Experimentalsetting potentiell verzerrende Störeinflüsse eliminieren oder kontrollieren und zudem durch eine gezielte Manipulation der vermuteten Einflussvariable(n) eine hohe interne Validität (Effekte in der abhängigen Variablen können nur durch die manipulierte unabhängige Variable erklärt werden.) sicherstellen, ist eine hohe Interpretationseindeutigkeit gewährleistet. Weiterhin ist insbesondere die externe Validität von zentraler Bedeutung, die dadurch gewährleistet oder unterstützt werden kann, dass repräsentative Studienanlagen verwendet werden oder Befunde in verschiedenen Populationen oder Kontexten repliziert werden. Je weniger kontrolliert Studien angelegt sind, desto vielfältiger und uneindeutiger sind potentielle Erklärungsmodelle. Beispielsweise liefern die in der Forschungspraxis häufig zu findenden Querschnitts- oder Korrelationsstudien lediglich Hinweise auf mögliche Wirkbeziehungen, können aber nicht als hinreichende Grundlage für Kausalinterpretationen akzeptiert werden. Die Analyse von Entwicklungen oder zeitabhängigen Veränderungen erfordert immer eine längsschnittliche Studienanlage.

Zentrale Stichwörter:

Action research
Cross-lagged-Panel-Design
Einzelfallstudien
Evidenzbasierung
Experiment
Feldstudie
Forschungsdesign
interne Validität, Bedrohungen der
Interventionsstudien
Kausalität
Kohorten-Sequenz-Modelle
Kontrolltechniken, Experiment
Korrelationsstudien
Längsschnittstudien
Multitrait-Multimethod-Analyse
Quasiexperiment
Querschnittsstudien
randomisiert kontrollierte Studien
Solomon-Vier-Gruppen-Plan
Validität, externe
Validität, interne

Datenanalyseverfahren

Typischerweise dienen Datenanalyseverfahren folgenden Zielen: (1) Stichprobendarstellung: Berechnung deskriptiver Kennwerte (z.B. Mittelwerte), die Datenverteilungen kompakt zusammenfassen; (2) Deskriptive Quantifizierung (z.B. Effektstärken) von Zusammenhängen zwischen Variablen oder von Gruppenunterschieden; (3) Multivariate Modellierung von Zusammenhängen zwischen Variablen (z.B. Regressionsanalyse, Strukturgleichungsmodelle); (4)

Datenstrukturierung: Identifikation von Variablengruppen, die z. B. eine gemeinsame latente Merkmalsdimension repräsentieren (z. B. Faktorenanalyse), oder Aggregation von Personengruppen zur Identifikation typischer Merkmalsprofile (z. B. Latent-Class-Analyse); (5) Abschätzung von Populationsverhältnissen auf Basis von Stichprobendaten (z. B. Konfidenzintervalle); (6) Hypothesenprüfung. Während im Bereich quantitativer Datenanalyse klar explizierte Datenauswertungs- und Dokumentationsstandards existieren, ist die Analyse qualitativer Daten in der Regel besonders durch fragestellungsadaptive und interpretative Prozesse gekennzeichnet.

Zentrale Stichwörter:

Datenanalysemethoden
Deskriptivstatistik
Effektgröße
Inferenzstatistik
Interventionseffekte bei dichotomen Zielgrößen
Konfidenzintervalle
Metaanalyse
Minimum-Effektgrößentest
Signifikanztest
Statistik
Teststärke
Wahrscheinlichkeit

Zentrale Stichwörter zu quantitativen Auswertungsmethoden:

Allgemeines lineares Modell
Clusteranalyse
Conjoint-Analyse
Faktorenanalyse, exploratorische
Faktorenanalyse, konfirmatorische
Korrelationsanalyse
Latente Klassenanalyse
Log-lineare Modelle
Mehrebenenanalyse
Multidimensionale Skalierung
Regressionsanalyse
Signalentdeckungstheorie
Strukturgleichungsmodelle
Varianzanalyse
Zeitreihenanalyse

Zentrale Stichwörter zu qualitativen Auswertungsmethoden:

Dokumentarische Methode
Ethnographie
Ethnomethodologie
Grounded Theory
Hermeneutik
Indexikalität
Interpretation

QDA-Software
Qualitative Inhaltsanalyse
Rekonstruktion narrativer Identität
Symbolischer Interaktionismus
Triangulation

Forschungsethik

Bezeichnet insbesondere die in der Wissenschaftsgemeinschaft geteilten Werte und Normen richtigen bzw. guten Handelns von Forschenden sowie Maßnahmen ihrer Sicherstellung. Bei der ethischen Bewertung von Handlungen werden einerseits die Motive und Intentionen der Handelnden betrachtet («Ist ihr Tun gut gemeint?» Gesinnungsethik bzw. deontologische Ehtik) und andererseits die Folgen der Handlungen («Haben die Handlungen ethisch positive Konsequenzen?» Verantwortungsethik bzw. teleologische Ethik). Zentrale Bereiche: (1) ethische Verantwortung der Wissenschaft in der Gesellschaft; (2) ethischer Umgang mit Untersuchungspersonen in empirischen Studien; (3) ethische Produktion, Veröffentlichung und Verwertung von Forschungsergebnissen.

Zentrale Stichwörter:

Ethische Richtlinien
Forschungsethik
Wissenschaftsethik

Evaluation und Qualitätsmanagement

Während Forschungsmethoden und Statistik den psychologischen Grundlagendisziplinen zugeordnet sind, sind Merkmale der Evaluation als Anwendungsdisziplin wesentlich durch den jeweiligen Anwendungskontext determiniert. Evaluation oder Evaluationsforschung bezeichnet die systematische Untersuchung von Evaluationsgegenständen mittels sozialwissenschaftlicher Methoden mit dem Ziel der Bewertung. In der Evaluation werden Maßnahmen oder soziale Interventionsprogramme hinsichtlich aller bedeutsamen Auswirkungen auf unterschiedliche Betroffenengruppen in natürlichen Settings empirisch untersucht. Dabei können unterschiedliche Ziele verfolgt werden: (1) Erkenntnisfunktion: Generierung von Wissen über Eigenschaften und Wirkungen von Maßnahmen; (2) Optimierungsfunktion: Verbesserung der Maßnahmenkonzeption; (3) Kontrollfunktion: Analyse der Effektivität und Effizienz; (4) Entscheidungsfunktion: Empfehlung für den Einsatz einer Maßnahme; (5) Legitimationsfunktion: Nachweis des verantwortungsvollen Umgangs mit Ressourcen. Die Evaluationsforschung verwendet im Wesentlichen die Ansätze und Verfahren der klassischen psychologischen Methodenlehre, jedoch beschäftigt diese sich in stärkerem Maße mit Fragen der Wirksamkeit von Maßnahmen oder Programmen in spezifizierten Anwendungsfeldern sowie der praxisgerechten Entwicklung, Adaptation und Implementation. Die zu evaluierenden Maßnahmen bedürfen auch hier einer theoretischen Fundierung (Programmtheorie), diese wird aber stets im Hinblick auf effektive Handlungsmöglichkeiten mit dem Ziel der optimalen Wirkung auf praktisch bedeutsame Zielgrößen (Outcomes; Kosten-Nutzen-Relation) betrachtet. Summative Evaluation bestimmt die Wirkung einer Maßnahme. Formative Evaluation zielt darauf ab, die Konzeption einer Maßnahme zur optimierten Zielerreichung im Verlauf zu adaptieren und zu verbessern.

Dabei besteht eine enge Verbindung zu den Konzepten des Qualitätsmanagements und der Qualitätssicherung. Diese können als begleitende planerische und evaluierende Aktivitäten charakterisiert werden, die eine kontinuierliche Orientierung an definierten Zielzuständen (Qualitätsindikatoren) unterstützen, indem mittels operationalisierter Indikatoren kontrolliert wird, (a) ob die definierten Soll-Zustände erreicht werden und (b) wie im Falle von Abweichung korrigierend gehandelt werden kann. Qualitätsmanagementmodelle (z. B. EFQM; DIN-ISO) bilden hierfür die umfassendsten Konzepte.

Zentrale Stichwörter:

EFQM-Excellence-Modell
Evaluation
Evaluation komplexer Interventionen
Evaluation, ökonomische
Evaluation, Standards der
Evaluationsmodelle
Kirkpatrick-Modell
Moderationstechniken
PDCA-Zyklus
Programmtheorie
Qualität
Qualitätskultur
Qualitätsmanagement
Qualitätssicherung
Qualitätszirkel
Trainingsevaluation
Wirksamkeitsprüfung

Überblicksquellen

Döring, N. & Bortz, J. (2016). *Forschungsmethoden und Evaluation*. Berlin: Springer.
Eid, M., Gollwitzer, M. & Schmitt, M. (2013). *Statistik und Forschungsmethoden*. Weinheim: Beltz.

I.7 Gesundheitspsychologie und Medizinische Psychologie [GES]

Jürgen Bengel & Renate Deinzer

Die *Gesundheitspsychologie* beschäftigt sich mit der Bedeutung psychischer Merkmale und Prozesse für die Gesundheit und Krankheit des Menschen. Informationsverarbeitungs-, Bewertungs- und Entscheidungsprozesse, die für gesundheitsbezogenes Erleben und Verhalten bedeutsam sind, werden untersucht und in Modellvorstellungen integriert. Als junge Disziplin innerhalb der Psychologie nutzt sie Erkenntnisse aus allen psychologischen Teildisziplinen zum grundlegenden Verständnis und zur zielgerichteten Beeinflussung des Gesundheits-, Risiko- und Krankheitsverhaltens. Dabei werden das Individuum, das soziale Umfeld, die Behandlungs- und Versorgungsstruktur sowie die gesellschaftlichen Rahmenbedingungen berücksichtigt. Auf der Basis des biopsychosozialen Modells werden biologische, psychische und soziale Faktoren und deren Interaktionen als bedeutsame Determinanten der Entstehung und Aufrechterhaltung von Gesundheitsbeeinträchtigungen und Krankheit betrachtet.

Die *Medizinische Psychologie* ist ein interdisziplinäres Fach, das psychologische Kenntnisse, die für die Krankenversorgung im weitesten Sinne von Bedeutung sind, in der Forschung erweitert und in der Lehre vermittelt. Im Zentrum ihres Interesses steht der körperlich erkrankte Mensch und im Rahmen der Gesundheitsförderung auch der körperlich Gesunde, der Gesundheitsrisiken unterliegt. Sie fokussiert die wechselseitigen Beziehungen zwischen körperlichen Erkrankungen und medizinischer Behandlung einerseits und dem psychischen Wohlergehen, dem Erleben und Verhalten der Patienten anderseits. Seit 1970 sieht die Approbationsordnung für Ärzte die Medizinische Psychologie als Ausbildungsfach im 1. Abschnitt der Ärztlichen Prüfung («Physikum») vor. Inhalte – zusammen mit der Medizinischen Soziologie – sind psychobiologische Grundlagen des Verhaltens und Erlebens; Wahrnehmung, Lernen, Emotionen, Motivationen, Psychomotorik; Persönlichkeit, Entwicklung, Sozialisation; soziales Verhalten, Einstellungen, Interaktion und Kommunikation, Rollenbeziehungen; soziale Schichtung, Bevölkerungsstruktur, Morbiditätsstruktur; Strukturen des Gesundheitswesens; Grundlagen psychologischer und soziologischer Methodik. Die Ausbildungsaktivitäten reichen in der Regel weit in die Klinik hinein, beispielsweise im Zuge der interdisziplinären Zusammenarbeit bei der Etablierung von longitudinalen Curricula zur Arzt-Patient-Kommunikation oder durch Beteiligung an Querschnittbereichen der klinischen Ausbildung, z. B. Prävention und Gesundheitsförderung, Medizin des Alterns und des alten Menschen, Palliativmedizin, Schmerzmedizin.

Neben einem engen Bezug zueinander weisen die Gesundheitspsychologie und die Medizinische Psychologie eine enge Verbindung zur Psychosomatik, zur Klinischen Psychologie und Rehabilitationspsychologie auf.

Gesundheit und Krankheit

Die Gesundheitspsychologie und die Medizinische Psychologie vertreten ein modernes Verständnis von Gesundheit, das Gesundheit nicht primär durch die Abwesenheit von Krankheit definiert, sondern eine umfassendere und positive Perspektive einnimmt, analog zur Definition der Weltgesundheitsorganisation (WHO), die Gesundheit als «Zustand vollkommenen körperlichen, geistigen und sozialen Wohlbefindens» versteht.

Hieraus ergibt sich ein breites Spektrum des Erkenntnisinteresses, das u. a. Themenbereiche wie Gesundheits- und Risikoverhaltensforschung, Prävention, Rehabilitation und Gesundheitsförderung einschließt, psychobiologische und psychosomatische Zusammenhänge umfasst und auch Fragen der Versorgungsforschung berührt. In der Medizinischen Psychologie von zusätzlichem Interesse ist die psychotherapeutische Unterstützung bei der Krankheitsverarbeitung (z. B. psychosoziale Belastungen bei onkologischen Patienten, chronische Schmerzen) oder umgekehrt die Behandlung psychischer Störungen, die auf die körperliche Gesundheit ausstrahlen (z. B. Angststörungen, Abhängigkeitsstörungen).

Zentrale Stichwörter:

Anforderungs-Ressourcen-Modell
Beschwerdenvalidierung
Evidenzbasierung
Gesundheit, berufliche Bedingungen
Gesundheit, Dimensionen der
Gesundheit, Laienkonzepte
Gesundheit, Modelle der
Gesundheitsbegriff, Geschichte
Gesundheitserwartungen
Gesundheitsüberzeugungen

health action process approach
health belief model
International Classification of Functioning, Disability and Health (ICF)
Interozeption
Komorbidität
Kontrollüberzeugungen, gesundheitsbezogene
Krankheitsbewältigung
Krankheitsfolgenmodell
Krankheitsgewinn, primärer, sekundärer bzw. tertiärer
Krankheitsmodelle
Leitlinie, Behandlungsleitlinie
Optimismus
Psychoonkologie
psychoonkologische Interventionen
Psychosomatik, psychosomatische Medizin
Public Health
Resilienz
Ressourcen, gesundheitsbezogene
Salutogenese
Selbstwirksamkeitserwartung
Stressmodell, transaktionales
Transplantation, psychosoziale Belastung
transtheoretisches Modell
Tumorerkrankung, psychosoziale Belastung
Versorgungsforschung
Ziele, gesundheitsbezogene

Förderung von Gesundheitsverhalten

Gesundheitspsychologie und Medizinische Psychologie befassen sich u. a. mit psychischen Faktoren, die zur Aufrechterhaltung der Gesundheit und der Entstehung von Krankheiten beitragen, und liefern somit Befunde und Modelle für Prävention und Gesundheitsförderung. Dabei werden gesundheitsfördernde Ressourcen wie z. B. soziale Unterstützung oder Selbstwirksamkeitserwartung besonders betont. Diese Schutzfaktoren können helfen zu erklären, wie Menschen trotz vorhandener Risikofaktoren gesund bleiben. Modelle von Einflussfaktoren und Veränderungsprozessen, wie z. B. die Theorie des geplanten Verhaltens oder das Transtheoretische Modell, dienen hierbei der Identifikation kritischer Erfolgsdeterminanten, die die Bedeutung der Problemsichtweise und der Verarbeitungsprozesse (z. B. Risikowahrnehmung, Krankheitseinsicht, Veränderungsmotivationsmotiv) des Adressaten konzeptuell zugänglich machen. Aus diesen Erkenntnissen leiten sich Interventionsmaßnahmen ab, die empirisch geprüft und abgesichert werden. Da sich Verhaltensgewohnheiten (z. B. Bewegungs- oder Ernährungsverhalten) als sehr stabil erweisen, ist die Fokussierung auf eine nachhaltige Verankerung von Veränderungen durch im Alltag verankerte Maßnahmen (z. B. betriebliches Gesundheitsmanagement im Bereich der Primärprävention) oder eine adäquate Nachsorge und die Einbindung des sozialen Umfelds im Bereich der Tertiärprävention besonders zu berücksichtigen. Die aktive, selbstverantwortliche Rolle des Einzelnen für seine Gesundheit wird z. B. durch Konzepte wie Empowerment, Selbstwirksamkeit oder Selbstbestimmtheit hervorgehoben. Hierdurch können Möglichkeiten zur Stärkung von Ressourcen (z. B. soziale Unterstützung) und günstiger Informationsverarbeitungsprozesse und Verhaltensweisen (z. B. Selbstregulationsmechanismen, Stressverarbeitung, Hilfesuchverhalten) erkannt und gezielt gefördert werden.

Zentrale Stichwörter:

Achtsamkeit
Aktivität, körperliche
chronische Erkrankungen
Empowerment
Ernährung, gesundheitsförderliche
Gesundheitsförderung, schulische
Gesundheitsverhaltensänderung, multiple
Gewichtskontrolle
Lebensstil
Life-Event-Forschung
Partizipative Entscheidungsfindung (PEF)
Patientenschulung
Prävention
Prävention bei Paaren
Psychoedukation
Psychologie des Alterns
Rehabilitation, berufliche
Schlafstörungen
Stressbewältigung
Stressbewältigungstrainings
Verhaltensprävention
Verhältnisprävention

Menschen im Medizinbetrieb

Neben den Patienten selbst interessieren sich die Medizinische Psychologie und die Gesundheitspsychologie auch für die weiteren Menschen im Medizinbetrieb. Beispielsweise wird die Belastung der Angehörigen durch Erkrankung aber auch ihre Rolle bei deren Krankheitsverarbeitung und der Genesung analysiert. Das Kommunikationsverhalten der Angehörigen der medizinischen Berufe und seine Bedeutung für die Patienten bildet einen wichtigen Schwerpunkt in der medizinpsychologischen Forschung und Lehre und interessiert mit seinen für das Gesundheitsverhalten relevanten Aspekten (z. B. Risikokommunikation) auch die Gesundheitspsychologie. Weitere Themen sind Aspekte der psychischen Gesundheit in helfenden Berufen und psychologische Rahmenbedingungen auf der Seite des Personals, die die Entwicklung einer erfolgreichen Arzt-Patient-Beziehung begünstigen.

I. Einleitung

Zentrale Stichwörter:

Behandlungsmotivation
Behindertendiagnostik
Behinderung
Belastung, psychische
Bewältigungsplanung
Burn-out
Coping
Diabetes mellitus, psychosoziale Einflussfaktoren
Emotionsregulation, gesundheitsbezogene
Erschöpfungssyndrom, chronisches
Gesundheitskommunikation
Gesundheitsrisiken, migrationsspezifische
Gesundheitswissenschaften, transkulturelle
Hilfesuchverhalten
humangenetische Beratung
Lebensqualität
Lebensqualität im Kindesalter
Operationsvorbereitung, psychologische
Organspendebereitschaft
Patientenzufriedenheit
Risikokommunikation, gesundheitsbezogene
Risikowahrnehmung
soziale Unterstützung
Sterben und Tod, Einstellungen zu
Stress, chronischer
Stressreaktivität

Überblicksquellen

Bengel, J. & Jerusalem, M. (Hrsg.). (2009). *Handbuch der Gesundheitspsychologie und Medizinischen Psychologie.* Göttingen: Hogrefe.

Berth, H., Balck, F. & Brähler, E. (Hrsg.). (2008). *Medizinische Psychologie und Medizinische Soziologie von A bis Z.* Göttingen: Hogrefe.

Brähler, E. & Strauß, B. (Hrsg.). (2012). *Grundlagen der Medizinischen Psychologie* (Enzyklopädie der Psychologie, Serie Medizinische Psychologie, Bd. 1). Göttingen: Hogrefe.

Faller, H. & Lang, H. (2010). *Medizinische Psychologie und Soziologie.* Berlin: Springer.

Koch, U. & Bengel, J. (Hrsg.). *Anwendungen der Medizinischen Psychologie* (Enzyklopädie der Psychologie, Serie Medizinische Psychologie, Bd. 2) Göttingen: Hogrefe.

Renneberg, B. & Hammelstein, P. (2006). *Gesundheitspsychologie.* Berlin: Springer.

I.8 Klinische Psychologie und Psychotherapie [KLI]

Franz Petermann

Klinische Psychologie umfasst die Erforschung, Diagnostik und Therapie der Gesamtheit aller psychischen Störungen bei Menschen. Sie stellt als Grundlagendisziplin den Rahmen für die Prävention, die Behandlung und Rehabilitation von Menschen mit einer psychischen Störung dar. Im Kontext der Bewältigung einer körperlichen Krankheit bietet die Klinische Psychologie Konzepte an, mit deren Grundlagen und Methoden man Patienten darin unterstützt, die psychosozialen Folgen einer (chronischen) körperlichen Krankheit bestmöglich zu bewältigen. Somit sind die Prävention, Psychotherapie und Rehabilitation Anwendungsbereiche der Klinischen Psychologie, wobei die «Psychotherapie» als Anwendungsbereich im Mittelpunkt steht. In den letzten zehn Jahren hat sich die Klinische Kinderpsychologie von der Klinischen Psychologie des Erwachsenenalters abgegrenzt und als eigene Fachdisziplin etabliert. Die Klinische Kinderpsychologie beschäftigt sich in ihren Grundlagen mit den Ursachen, der Entwicklung und dem Verlauf psychischer Störungen im Kindes- und Jugendalter, wobei früh wirksamen Risiko- und Schutzfaktoren eine besondere Bedeutung zukommt (Petermann, 2013).

Psychische Störungen

Essenzielles Merkmal der Definition des Faches Klinische Psychologie und Psychotherapie ist das Konzept «Psychische Störungen». Psychische Störungen sind nicht eindeutig definierte, feststehende Entitäten, sondern stellen nach dem aktuellen Stand der Forschung sinnvolle Konstrukte dar, auf die sich Forscher und Praktiker geeinigt haben. Dieser Konsens schließt die Möglichkeit ein, dass sich die Definition psychischer Störungen oder ganzer Teile eines Klassifikationssystems bei neuen wissenschaftlichen Erkenntnissen ändern können. 1980 erfolgte z. B. die Aufgabe der diagnostischen Bezeichnung *Angstneurose* zugunsten der Diagnosen *Panikstörungen* und *generalisierte Angststörung*. Entsprechende grundlegende Revisionen der ICD (ICD-10) und DSM (DSM-5) erfolgen in Abständen von ungefähr 20 Jahren. Unter psychischer Störung versteht man nicht nur die häufig in der Öffentlichkeit diskutierten diagnostischen Bezeichnungen, wie z. B. Depression, Schizophrenie und Alkoholabhängigkeit, sondern auch psychische Störungsphänomene bei körperlichen Erkrankungen, verschiedenartige Verhaltensstörungen des Kindesalters sowie Persönlichkeitsstörungen. Fundiertes Wissen um die Erscheinungsformen psychischer Störungen, ihre Klassifikation und die damit verbundenen diagnostischen Vorgehensweisen sind für alle psychologischen Anwendungsfelder unabdingbar. Im Hinblick auf die Themenbreite der Klinischen Psychologie ist es naheliegend, dass es keine umfassend gültige Gesamttheorie der psychischen Störungen gibt. Es liegen zwar viele Theorien und Modelle sowie Befunde vor, ihr Geltungsbereich ist aber zumeist auf Teilaspekte, ausgewählte Störungsgruppen oder Verfahren beschränkt. Mit der sich hieraus ergebenden Verpflichtung zur Weiterentwicklung von wissenschaftlichen Theorien, Modellen und ihrer Prüfung und Umsetzung ergibt sich als weiteres Charakteristikum der Klinischen Psychologie ihre Forschungsorientierung.

Zentrale Stichwörter zu psychischen Störungen, orientiert an der Struktur der ICD-10:

F0 Organische Störungen:
Alzheimer Krankheit
Demenz
Vaskuläre Demenz

F1 Störungen durch psychotrope Substanzen:
Alkoholismus
Drogenabhängigkeit
Sucht- und substanzbezogene Störungen

F2 Schizophrenie, schizotype u. wahnhafte Störungen:
Schizoaffektive Störungen
Schizophrenie
Wahnhafte Störung

F3 Affektive Störungen
Affektive Störungen
Bipolare Störung
Depression
Manie

F4 Neurotische Belastungs- und somatoforme Störungen:
Akute Belastungsreaktion
Angststörungen
Anpassungsstörungen

I. Einleitung

Panikstörung
Phobische Störungen
Posttraumatische Belastungsstörungen
Somatoforme Störungen
Zwangsstörungen

F5 Verhaltensauffälligkeiten mit körperlichen Störungen
Essstörungen (Anorexia nervosa, Bulimia nervosa, Binge-eating-Störung)
Schlafstörungen
Sexualstörungen

F6 Persönlichkeits- und Verhaltensstörungen
Artifizielle Störung
Impulskontrollstörungen
Persönlichkeitsstörungen
Transsexualität
Verhaltenssucht (Comuterspielsucht, Glücksspielsucht)

F7
Intelligenzminderung

F8 Entwicklungsstörungen
Entwicklungsstörungen, tiefgreifende (schulische Fertigkeiten, Sprache und Sprechen, motorische Funktionen)
Entwicklungsstörungen, umschriebene (Asperger-Störung, Autismus-Spektrum-Störungen, Gilles-de-la-tourette-Syndrom)

F9 Beginn in der Kindheit und Jugend
Aufmerksamkeitsdefizit-/Hyperaktivitätsstörung
Ausscheidungsstörungen
Bindungsdesorganisation
Störungen des Sozialverhaltens
Tic-Störungen

Organisationsprinzip

Das Organisationsprinzip der Klinischen Psychologie lässt sich nach der von Perrez und Baumann (2011) erstellten Matrix, die störungsbezogene und -übergreifende Aspekte

Störungsübergreifende Aspekte	Störungsbezogene Aspekte												
	Intrapersonell								Interpersonell				
	Gestörte Funktion				Gestörtes Funktionsmuster					Gestörtes System			
	Wahrnehmung	Gedächtnis	Lernen	...	Depressive Störung	Angststörung	...	Schmerz	Neurodermitis	Paar	Familie	Betrieb	Schule	...
Grundbegriffe (Definitionen, Gesundheit/Krankheit, Geschichte etc.)														
Wissenschaftstheorie														
Ethik														
Klassifikation														
Diagnostik														
Epidemiologie														
Ätiologie/Bedingungsanalyse – Methodische Gesichtspunkte – Allgemeine Determinanten (Genetik, Biologische Aspekte, Umwelteinflüsse: Sozialisation, Stress etc.)														
Intervention – Methodische Gesichtspunkte – Gesundheitsversorgung – Interventionen (Prävention, Psychotherapie, Rehabilitation)														

Abbildung 1: Struktur der Klinischen Psychologie (Perrez und Baumann, 2011)

einbeziehr, beschreiben. Auf der Ebene der störungsbezogenen Aspekte werden gestörte Funktionen bzw. gestörte Funktionsmuster betrachtet. Hierbei werden zudem eine intra- und interpersonelle Ebene unterschieden. Auf der intrapersonellen Ebene beziehen sich die gestörten Funktionen auf jene Funktionen, die auch in der Allgemeinen Psychologie sowie der Bio- und Neuropsychologie definiert sind (z. B. Wahrnehmung, Gedächtnis, Lernen). Die gestörten Funktionsmuster beziehen sich auf psychische Störungen im engeren Sinne, etwa depressive Störungen, Angststörungen, spezifische oder soziale Phobien, somatoforme Störungen oder psychische Beeinträchtigungen bei körperlichen Erkrankungen wie Schmerz oder Neurodermitis. In der Klinischen Psychologie werden diese Störungen, wie auch in den medizinischen Nachbardisziplinen, anhand diagnostischer Klassifikationssysteme definiert. Die im Kapitel V (F) der 10. Revision der Internationalen Klassifikation der Erkrankungen (ICD-10) kodifizierten diagnostischen Konventionen sind international für alle Gesundheitssysteme und -berufe verbindlich. Die Klinische Psychologie und Psychotherapie, wie auch die Psychiatrie bezieht sich daneben auf das Diagnostic and Statistical Manual of Mental Disorders (DSM-IV, 1994; seit 2013: DSM-5) als Standard in Forschung und Lehre. Das Spektrum klinisch-psychologischer Forschungs-, Interventions- und Einsatzbereiche geht jedoch über die in der ICD-10 und DSM-5 definierten psychischen Störungen hinaus. Zum Gegenstandsbereich des Faches gehören ebenfalls Störungen von Systemen, die auf der interpersonellen Ebene verortet sind. Hierzu zählen Störungen, wie sie im Kontext von Paarbeziehungen, Familie, Schule oder Betrieb auftreten können, etwa Beziehungsstörungen, sexuelle Störungen, Störungen des Sozialverhaltens.

Modelle psychischer Störungen und Psychotherapie

Eine integrative Definition, die für alle psychotherapeutischen Ansätze Gültigkeit beanspruchen kann, stammt von Strotzka (1975, S. 4): «Psychotherapie ist ein bewusster und geplanter interaktioneller Prozess zur Beeinflussung von Verhaltensstörungen und Leidenszuständen, die in einem Konsensus (möglichst zwischen Patient, Therapeut und Bezugsgruppe) für behandlungsbedürftig gehalten werden, mit psychologischen Mitteln (durch Kommunikation), meist verbal aber auch averbal, in Richtung auf ein definiertes, nach Möglichkeit gemeinsam erarbeitetes Ziel (Symptomminimalisierung und/oder Strukturänderung der Persönlichkeit) mittels lehrbarer Techniken auf der Basis einer Theorie des normalen und des pathologischen Verhaltens. In der Regel ist dazu eine tragfähige emotionale Bindung notwendig». Im Methodenpapier des Wissenschaftlichen Beirats Psychotherapie (2010; S. 4–5) nach §11 PsychThG werden die Begriffe *Psychotherapieverfahren*, *Psychotherapiemethode* und *psychotherapeutische Technik* unterschieden: «Ein zur Krankenbehandlung geeignetes *Psychotherapieverfahren* ist gekennzeichnet durch eine umfassende Theorie der Entstehung und Aufrechterhaltung von Krankheiten und ihrer Behandlung bzw. versch. Theorien der Entstehung und Aufrechterhaltung von Krankheiten und ihrer Behandlung auf der Basis gemeinsamer theoretischer Grundannahmen, und eine darauf bezogene psychotherapeutische Behandlungsstrategie für ein breites Spektrum von Anwendungsbereichen oder mehrere darauf bezogene psychotherapeutische Behandlungsmethoden für ein breites Spektrum von Anwendungsbereichen, und darauf bezogene Konzepte zur Indikationsstellung, zur individuellen Behandlungsplanung und zur Gestaltung der therapeutischen Beziehung. … Eine zur Behandlung einer oder mehrerer Störungen mit Krankheitswert geeignete *Psychotherapiemethode* ist gekennzeichnet durch eine Theorie der Entstehung und der Aufrechterhaltung dieser Störung bzw. Störungen und eine Theorie ihrer Behandlung, Indikationskriterien einschließlich deren diagnostischer Erfassung, die Beschreibung der Vorgehensweise und die Beschreibung der angestrebten Behandlungseffekte. Eine psychotherapeutische *Technik* ist eine konkrete Vorgehensweise, mit deren Hilfe die angestrebten Ziele im Rahmen der Anwendung von psychotherapeutischen Methoden und Verfahren erreicht werden sollen, z.B. im Bereich des psychodynamischen Verfahrens: die Übertragungsdeutung zur Bewusstmachung aktualisierter unbewusster Beziehungsmuster, oder in der Verhaltenstherapie: Reizkonfrontation in vivo.»

Innerhalb der *(neuro-)biologischen Perspektive* liegen die Ursachen psychischer Störungen in der Funktionsweise der Gene, der Beschaffenheit und des Stoffwechsels des Gehirns, des Nerven- und endokrinen Systems. Störungen werden durch strukturelle und biochemische Prozesse erklärt (siehe Gebietsüberblick Psychopharmakotherapie).

Die *psychodynamische Perspektive* sieht die Ursachen des Verhaltens und psychischer Störungen in intrapsychischen, zumeist unbewussten, Konflikten, Impulsen und Prozessen (Instinkte, biologische Triebe, Gedanken, Emotionen), die häufig auf frühkindliche Konflikte rückführbar sind. Methodische Zugänge umfassen das Gespräch und indirekte subjektive Maße (Träume, Widerstände).

Zentrale Stichwörter:

Analytische Psychologie
Individualpsychologie
Katathym-imaginative Psychotherapie
Psychoanalyse
Tiefenpsychologisch fundierte Psychotherapie

Humanistische Therapieverfahren stellen die Unterstützung des Klienten bei seinem Bestreben nach Selbstverwirklichung und psychischem Wachstum in den Mittelpunkt. Durch eine symmetrische Therapiebeziehung sowie verstehensorientiertes, empathisches und wertschätzendes Kommunikationsverhalten des Therapeuten werden insbesondere Problemeinsicht, Sinnverständnis und Selbstaktualisierungstendenzen des Klienten unterstützt.

Zentrale Stichwörter:

Bewegungs- und körperorientierte Therapieverfahren
Gesprächspsychotherapie
Gestalttherapie
Psychodrama
Systemische Therapie
Transaktionsanalyse

Kognitiv-behaviorale Ansätze beschreiben psychische Störung auf der Grundlage der von Vulnerabilitäten und Stress entstehenden, fehlangepassten und erlernten (z. B. operante, klassische Konditionierung, Modelllernen) Verhaltens- und Einstellungsmuster. In diesem Kontext kommt kognitiven Prozessen (Aufmerksamkeit, Erinnern, Denk- und Attributionsmuster, Problemlösen) eine besondere Rolle zu. Varianten sind die (kognitive) Verhaltenstherapie und andere kognitive Therapieverfahren. Die Evaluationsmethoden umfassen das Experiment, kontrollierte Studiendesigns, direkte objektive (labortechnische) und indirekte Maße.

Zentrale Stichwörter:

Interpersonelle Therapie
Kinderverhaltenstherapie
Kognitive Therapie nach Beck
Metakognitive Therapie
Plananalyse
Rational-emotive Therapie
Schematherapie
Selbstkontrolltherapien
Verhaltenstherapie

Im Rahmen einer *integrativen Perspektive* sind psychische Störungen das Ergebnis von komplexen Vulnerabilitäts-Stress-Interaktionen, bei denen biologische, kognitive-affektive, soziale und umweltbezogene sowie Verhaltensaspekte in Wechselwirkung stehen. Dabei wird auf alle verfügbaren wissenschaftlichen Erkenntniskomponenten unter Einschluss der vorgenannten Perspektiven zurückgegriffen.

Zentrale Stichwörter:

Konsistenztheorie des psychischen Geschehens
Krankheitsmodelle

Forschungs- und Qualitätsstandards der Psychotherapie

Psychotherapeuten sind gesetzlich verpflichtet, Qualitätssicherung zu betreiben. Diese Verpflichtung umfasst die Sicherstellung, dass ihre, von den Krankenkassen finanzierten, psychotherapeutischen Leistungen notwendig und angemessen sein müssen (angemessenes Kosten-Nutzen- bzw. Kosten-Wirksamkeits-Verhältnis). Die Qualitätssicherung ambulanter psychotherapeutischer Leistungen beinhaltet meist die Bereiche Struktur-, Prozess- und Ergebnisqualität. Maßnahmen zur Sicherstellung gleichbleibender Strukturqualität in der Psychotherapie umfassen: (1) die Approbation und den Fachkundenachweis des Behandlers, (2) die Verpflichtung zur Durchführung von Richtlinienverfahren (Psychoanalyse/Tiefenpsychologisch fundierte Psychotherapie, Verhaltenstherapie), (3) das Einholen eines ärztlichen Konsiliarberichts zur Abklärung somatischer Aspekte sowie (4) die Genehmigungspflicht durch das Gutachterverfahren. Die Qualitätssicherung bei der Anwendung psychotherapeutischer Verfahren (Prozessqualität) wird gesetzlich durch die Dokumentationspflicht abgedeckt. Darüber hinaus kann auch das Gutachterverfahren, insbesondere bei Langzeittherapien, prozesssteuernd wirken. Weitere Maßnahmen zur Qualitätssicherung, die den Therapieprozess betreffen, unterliegen der Eigenverantwortung der Therapeuten; vor allem zählen hierzu Supervision und Intervision, regelmäßige Weiterbildung und Anwendung moderner empirisch fundierter Techniken. Auch die Ermittlung der Ergebnisqualität der Therapie (z. B. durch standardisierte multimodale Vor- und Nachuntersuchungen) sind dem Therapeuten überlassen.

Weitere zentrale Stichwörter zu psychischen Störungen und Psychotherapie:

Artifizielle Störung
Ätiologie
Bedingungsanalyse
Behandlungsfehler
Burn-out
Compliance
Coping
Einzeltherapie
Entscheidungsfindung
Entspannungsverfahren
Evidenzbasierte Behandlung
Evidenzbasierung
Fallmanagement
Familientherapie
Genetische Syndrome
Gruppentherapie
Internet-Intervention
Komorbidität
Kontrollierte Praxis
Leitlinie

I.8 Klinische Psychologie und Psychotherapie [KLI]

Misserfolg, psychotherapeutischer
Opfererfahrung, kriminelle
Paartherapie
Patientenorientierung
Psychoedukation
Psychotherapeutengesetz
Psychotherapie, ökonomische Aspekte
Psychotherapieausbildung
Psychotherapieforschung
Resilienz
Ressourcenaktivierung
Selbstmanagement
Selbstregulation
Selbstverletzendes Verhalten
Sorkc-Modell
Suizidalität
Supervision
Therapeutische Veränderung
Therapeutischer Prozess
Therapieaufwand
Therapiebeziehung
Therapieerfolg
Transtheoretisches Modell
Verhaltensanalyse
Verlaufsforschung
VR-Behandlung

Bezugsdisziplinen und interdisziplinäre Aspekte

Die Klinische Psychologie weist enge Beziehungen insbesondere zur Psychiatrie, Soziologie, den neurobiologischen Fächern (einschließlich Genetik und Psychopharmakologie), der Neurologie und Verhaltensmedizin (vgl. Petermann & Reinecker, 2005) auf. Überschneidungen zu anderen Teilgebieten der Psychologie ergeben sich etwa im *familiären* Kontext, bei *schulischen* Problemen und *Teilleistungsstörungen*, bei Störungen im Arbeitsleben und der Berufswelt, im Bereich der *Prävention* und *gesundheitlichen Vorsorge* (siehe Gebietsüberblick Gesundheitspsychologie; betriebliche Gesundheitsförderung) sowie der Rehabilitation körperlicher Erkrankungen. Überlappungsbereiche mit *medizinischen Fachdisziplinen* ergeben sich z. B. bei der Therapie übergewichtiger Patienten, bei der Rezidivprophylaxe bei Patienten mit einer Schizophrenie, der Rehabilitation ausgefallener Wahrnehmungs- und motorischer Funktionen nach einem Schlaganfall (Neurologie), der Reduktion von gesundheitsschädlichem Verhalten (z. B. Nikotinabhängigkeit, Übergewicht bei koronaren Herzerkrankungen; Innere Medizin), der Schmerztherapie bei chronischen Erkrankungen (Orthopädie) oder in Palliativsituationen (Onkologie). Der Beitrag der Klinischen Psychologie reicht hier von der Grundlagenforschung im Bereich der diagnostischen Störungskonzeptionen über wissenschaftliche Modelle und Paradigmen zur Erklärung der Entstehung und Aufrechterhaltung von Störungen bis hin zu Grundlagen der Intervention und Evaluation. Ein wichtiges Charakteristikum der Klinischen Psychologie ist aufgrund der Breite und Vielschichtigkeit des Faches ihre *interdisziplinäre Grundorientierung*. Die enge interdisziplinäre Zusammenarbeit stellt die Grundlage für Spezialisierungen der Arbeitsfelder und Tätigkeitsbereiche mit dem Ziel der verfahrens- oder zielgruppenbezogenen Optimierung dar. Die *Verhaltensmedizin* orientiert sich als interdisziplinäres Forschungs- und Praxisfeld an einem umfassenden biopsychosozialen Modell für Gesundheits- und Krankheitsprobleme; diese integriert die Erkenntnisse der verhaltens- und biomedizinischen Wissenschaften zur Anwendung auf Gesundheits- und Krankheitsprobleme sowie Intervention und Rehabilitation. Die *Klinische Neuropsychologie* beschäftigt sich mit den Auswirkungen von Erkrankungen und Verletzungen des Gehirns auf das Erleben und Verhalten in Forschung und Praxis. Vor dem Hintergrund der wachsenden neurowissenschaftlichen Orientierung der Psychologie finden sich aber auch erhebliche Ausweitungen der Anwendungsfelder, die große Überlappung mit der Klinischen Psychologie im engeren Sinne aufweisen. Die *Neurologie* hingegen ist Teilgebiet und Lehrfach der Medizin und Lehre von den organischen Erkrankungen des zentralen, peripheren und vegetativen Nervensystems. Die *Psychopathologie* ist die psychiatrische Lehre von der Beschreibung abnormen Erlebens, Befindens und Verhaltens im Zusammenhang mit psychischen Störungen. Die *Psychopharmakologie* ist die Lehre von der Beeinflussung seelischer Vorgänge durch Psychopharmaka. *Sozialpsychiatrie* und *Forensische Psychiatrie* stellen Lehrfächer der Psychiatrie dar, indem insbes. epidemiologische und soziologische Aspekte psychischer Krankheiten bearbeitet werden bzw. Rechtsfragen, die psychisch Kranke betreffen. Als *Kinder- und Jugendpsychiatrie* wird das Teilgebiet der Psychiatrie benannt, das sich mit der Erforschung und Behandlung seelischer Störungen vom Säuglingsalter bis zur Adoleszenz beschäftigt. Die *Psychosomatik* schließlich ist ein Lehrfach der Medizin, in dem vor allem körperlich in *Erscheinung* tretende Krankheiten im Vordergrund stehen, die psychisch unterhalten werden.

Zentrale Stichwörter:

Beratung
Betriebliches Gesundheitsmanagement
Elterntrainings
Empowerment
Entwicklungsförderung
Erste Hilfe
Erziehungsberatung
Frühe Hilfen
Gemeindepsychologie
Gesundheit
Kinder- und Jugendpsychiatrie
Konsiliar- und Liaisonarbeit

Krankheit
Krisenintervention
Life-Event-Forschung
Pädiatrische Psychologie
Partizipative Pathopsychologie
Prävention
Psychoonkologie
Psychopathologie
Psychosomatik
Rehabilitation

Überblicksquellen

Baumann, U. & Perrez, M. (Hrsg.). (2005). *Lehrbuch Klinische Psychologie – Psychotherapie*. Bern: Huber.

Perrez, M. & Baumann, U. (Hrsg.). (2011). *Lehrbuch Klinische Psychologie – Psychotherapie* (4. Aufl.). Bern: Huber.

Petermann, F. & Reinecker, H. (Hrsg.). (2005). *Handbuch der Klinischen Psychologie und Psychotherapie*. Göttingen: Hogrefe.

Zitierte Literatur

Petermann, F. (Hrsg.). (2013). *Lehrbuch der Klinischen Kinderpsychologie* (7., veränderte u. erweiterte Aufl.). Göttingen: Hogrefe.

Strotzka, H. (1975). *Psychotherapie: Grundlagen, Verfahren, Indikationen*. München: Urban & Schwarzenberger.

Wissenschaftlicher Beirat Psychotherapie (2010). *Methodenpapier des Wissenschaftlichen Beirats Psychotherapie – Version 2.8*. Abgerufen am 11.05.2015 unter www.wbpsychotherapie.de/page.asp?his=0.87

I.9 Kognitive Psychologie [KOG]

Joachim Funke

Die Kognitive Psychologie [lat. *cognoscere* wissen, wahrnehmen] ist ein Teil der Allgemeinen Psychologie, die generelle, für alle Menschen gültige psychologische Gesetzmäßigkeiten untersucht. Traditionell wird in der Allgemeinen Psychologie eine Unterteilung psychischer Funktionen in die Bereiche Kognition, Emotion und Motivation vorgenommen, auch wenn es Ansätze gibt, die alle diese Prozesse der Kognitiven Psychologie zuschreiben. Kognitive Psychologie ist ein Sammelbegriff für alle Theorien und Befunde, die erklären sollen, was den Menschen zur Erkenntnis über seine Umwelt und zum vernünftigen Umgang damit befähigt. Hierzu gehören Funktionsanalysen der Bereiche Aufmerksamkeit, Lernen, Gedächtnis, Handeln, Denken, Problemlösen, Sprache, Wahrnehmung. Diesen kognitiven Funktionen ist gemeinsam, dass die jeweilige Informationsverarbeitung als intelligent bezeichnet werden kann in dem Sinne, dass sie zweckgebundenes Handeln, rationales Denken und effizientes Interagieren mit der Umwelt ermöglicht. Aufgrund der umfangreichen und gut abgrenzbaren Inhalte wird in diesem Lexikon die *Wahrnehmungspsychologie* als eigenständiges Teilgebiet behandelt.

Die Kognitive Psychologie betrachtet kognitive Prozesse unter dem Blickwinkel der Informationsverarbeitung. Diese besteht aus Prozessen, die auf bedeutungstragende Daten (Symbole) angewendet werden und diese manipulieren (z. B. Erzeugung einer neuen Einsicht durch einen Denkprozess). Analog zur Hardware eines Computers postulieren kognitive Architekturen die Existenz verschiedener Speicher- und Verarbeitungskomponenten (z. B. Arbeits- u. Langzeitgedächtnis mit deklarativen und prozeduralen Inhalten). Anstelle symbolischer Informationsverarbeitung (Computermetapher) nehmen konnektionistische Modelle (Gehirnmetapher) an, dass kognitive Prozesse durch Aktivierungen innerhalb eines Netzwerks erfolgen, in dem Information distribuiert gespeichert wird.

Die Kognitive Psychologie stellt zentrale Modelle und Befunde für alle psychologischen Anwendungsdisziplinen zur Verfügung, da grundlegendes Wissen über menschliche Informationsverarbeitung untersucht und konzeptualisiert wird. Beispielsweise bilden Modelle des Lernens und der gezielten Veränderung kognitiver Prozesse die Basis für Veränderungsmaßnahmen in allen psychologischen Disziplinen (z. B. Therapien, Lehr-Lern-Programme, Arbeitsgestaltung). Fundierte Modelle kognitiver Konstrukte (z. B. Wahrnehmung, Gedächtnis, Intelligenz) bilden die Grundlage diagnostischer Verfahren.

Grundlegende Begrifflichkeiten, Methoden und Datenquellen

Die Kognitive Psychologie verwendet eine Fülle an Methoden, von denen viele für spezielle Zwecke entwickelt wurden. Von Beginn der modernen Psychologie an hat sich die Kognitive Psychologie zahlreicher experimenteller und statistischer Methoden bedient. Reaktionszeitmessungen (Chronometrie), lautes Denken, Blickbewegungserfassung, Computersimulation und neuerdings Messungen der Hirnaktivität weisen auf das große Spektrum der Verfahren hin. Mit der Signalentdeckungstheorie liegt ein auch in anderen Disziplinen verwendetes Verfahren vor, das die Separierung der Sinnesqualität (Entdeckbarkeit eines Signals, Sensitivität eines Beobachters) von speziellen Reaktionsneigungen (Motivationslage) ermöglicht. Die Informationstheorie erlaubt die Quantifizierung von Nachrichten als dem «Grundstoff» der Kognition. Allerdings ist neben den formalen Eigenschaften auch die inhaltliche Bedeutung einer Nachricht wichtig, die sich einer einfachen Quantifizierung entzieht.

Zentrale Stichwörter:

Bewusstsein
Blickbewegungsmessung
Computermetapher
Embodiment
Intelligenz
Intelligenzfaktoren
Kognition
kognitive Modellierung
Künstliche Intelligenz
Metakognition
Prozessdissoziation
Reaktionszeit
Signalentdeckungstheorie
Spiegelneurone
Verarbeitungsbaummodelle, multinomiale
Wissensdiagnostik
Zeit

Aufmerksamkeit

Aufmerksamkeit dient der Selektion von Wahrnehmungsinhalten und der Fokussierung der Verarbeitungsressourcen, um gezielt und effizient handeln zu können. Aufmerksamkeit stellt nach klassischen Modellvorstellungen eine notwendige Voraussetzung für effiziente und bewusste Informationsverarbeitung dar. Neuere Ansätze unterscheiden verschiedene Stufen des Bewusstseins, wodurch eine klare hierarchische Abfolge von Bewusstseins- und Aufmerksamkeitsprozessen infrage gestellt wird.

Zentrale Stichwörter:

Aufgabenwechsel
Aufmerksamkeit
Hinweisreizparadigma, Cueing-Paradigma
Orientierungsreaktion
Priming
Priming-Paradigma

Gedächtnis

Das Gedächtnis ist für die Enkodierung, Speicherung, Transformation und den Abruf von Informationen zuständig. Gedächtnistheorien dienen der Erklärung von Behaltensleistungen, sodass eine gezielte Vorhersage von Gedächtnisleistungen erfolgen kann. Die Informationsspeicherung wird durch (1) primär seriell arbeitende Gedächtnissysteme (z. B. Ultrakurzzeitspeicher, Arbeitsgedächtnis, Langzeitgedächtnis; Mehrspeichermodell) oder durch (2) unterschiedliche Verarbeitungsprozesse (z. B. Kriterium der Verarbeitungstiefe; Informationsart) modelliert. Verschiedene Modalitäten und Symbolsysteme (Bilder, Wörter, Zahlen) sind dabei wichtig. Semantische Netzwerke, Schemata oder Skripts sind typische Konzepte, die die strukturelle Repräsentationsform langfristig gespeicherter Informationen beschreiben.

Zentrale Stichwörter:

cognitive load theory (CLT)
Elaborationsstrategien
Gedächtnis
Gedächtnisprüfung
Gedächtnisstörungen
Interferenz
internes (inneres) Modell
Kenntnisse
Netzwerk, semantisches
Netzwerkmodelle
Repräsentation
Schema, kognitives
Schematheorie
Vergessen
Wissenserwerb

Lernen

Lernen kann als kognitiver Prozess definiert werden, der auf Erfahrung, Übung und Beobachtung beruht und zu überdauernden Änderungen (1) des Verhaltens bzw. des Verhaltenspotentials (Lernen als Verhaltensänderung) bzw. (2) der kognitiven Strukturen (Lernen als Wissenserwerb; Aufbau und Gebrauch komplexer Wissensstrukturen) führt. Klassische Lernparadigmen (Behaviorismus) betonen direkt beobachtbare Verhaltensaspekte. Moderne Ansätze berücksichtigen implizite, strukturelle (z. B. Textlernen) und kontextabhängige Aspekte (z. B. soziales Lernen) und den aktiven Gebrauch (z. B. selbstgesteuertes Lernen, Transfer) des repräsentierten Wissens als Teil von Lernprozessen.

Zentrale Stichwörter:

bedingter Reflex, bedingte Reaktion
Behaviorismus
Beobachtungslernen
Fertigkeitserwerb
implizites Lernen
Konditionierung, klassische
Konditionierung, operante
Lernen, Lernforschung
Lernen, motorisches
Lernen, verbales
Lernkurve
Nachahmung, Imitation
Selbstverstärkung

Denken

Denken ist eine höhere kognitive Funktion, die auf Prozesse der Wahrnehmung, des Lernens und des Gedächtnisses zurückgreift und Handeln vorbereitet bzw. unterstützt. Denken kann als aktive innerliche Verarbeitung von sprachlichen Begriffen, bildlichen oder anderen mentalen Vorstellungen mit dem Ziel, neue Erkenntnisse zu gewinnen, verstanden werden. Denken kann in Form (1) logischen Schließens (z. B. konditionales Schließen in Form von Wenn-dann-Aussagen), (2) von Wahrscheinlichkeitsurteilen (z. B. auf Basis von Heuristiken), (3) problemlösenden oder (4) kreativen Denkens erfolgen.

Zentrale Stichwörter:

Denken
Entscheiden unter Unsicherheit
Entscheiden, Entscheidungstheorie
Entscheidungsheuristiken
kognitive Hemmung
Konzentration
Konzentration, Diagnostik
Kreativität

ökologische Rationalität
Planen
Probleme, einfache
Problemlösen
Problemraum
Rationalität
Risikokommunikation, kognitionspsychologische
Risikokompetenz
Schließen, analoges
Schließen, deduktives
Schließen, induktives
Textverarbeitung
Textverständlichkeit
Transfer
Urteilen
Zeitwahrnehmung

Handeln

Handlungen bezeichnen Verhaltensweisen, die der Erreichung definierter Ziele (antizipierte Handlungseffekte) dienen. Bei der Planung von Handeln werden (1) relevante Ziele bzw. Zielaspekte (intern repräsentierte mentale Sets bzw. Aufgabenkontexte) identifiziert und (2) Handlungsalternativen in Bezug auf deren Eignung zur Zielerreichung prospektiv evaluiert. Hierbei ist die Grenze zu Denk- und Problemlöseprozessen fließend. Zur Steuerung werden je nach Komplexität und Art der auszuführenden Handlungen unterschiedliche Modelle verwendet (z. B. Effekt-Kodes als Determinante einfacher motorischer Reaktionen; motorische Programme zur Ausführung von Handlungssequenzen; kognitive Systeme zentraler vs. verteilter Handlungskontrolle).

Zentrale Stichwörter:

Auslösemechanismus
Bewegungskontrolle
Handlungsfehler
Handlungskontrollmechanismen
Koordination
multiple Handlungen, Kapazitätsmodelle
Verhalten

Sprache

Sprache ist eine grundlegende kognitive Fähigkeit des Menschen, die der Kommunikation, dem Erwerb neuen Wissens und dem Denken dient. Die Sprachpsychologie befasst sich mit der Beschreibung und Erklärung der an Sprachverarbeitung beteiligten Prozesse und Wissensrepräsentationen. Die wichtigsten Teilbereiche sind die Repräsentation sprachlicher Informationen (Grammatik als Regelwissen über die Kombination sprachlicher Einheiten und Semantik als inhaltliche Informationen über Wörter), Sprachwahrnehmung (Hören, Lesen), Sprachproduktion (Sprechen, Schreiben, Gebärden), Spracherwerb sowie Sprachstörungen. Die Sprachpsychologie, meist synonym mit Psycholinguistik benutzt, unterscheidet sich somit von der allgemeinen Sprachwissenschaft (Linguistik), welche die formale Struktur und die Einheiten der Sprache beschreibt.

Zentrale Stichwörter:

Bilingualismus
Gebärdensprache
Grammatik, Grammatiktheorie
Indexikalität
Informationstheorie
Inhaltsanalyse
Lesen
mentales Lexikon
Metapher
Phonetik, Phonologie
Pragmatik, Pragmalinguistik
Psycholinguistik
Satzlernen
Schreiben
Schriftsprache
Schriftspracherwerb
Semantik (Semiologie)
Sprache
Sprachentwicklung
Sprachentwicklungsstörung
Sprachlateralisierung
Sprachlernen
sprachliche Verständigung
Sprachproduktion
Sprachstörungen
Sprachtheorie
Sprachwahrnehmung
Struktur, sprachliche
Syntax
Textlernen
Textstruktur
Textverarbeitung
Textverständlichkeit
Wortbildung

Überblicksquellen

Funke, J. & Frensch, P. (Hrsg.). (2006). *Handbuch der Allgemeinen Psychologie – Kognition*. Göttingen: Hogrefe.
Anderson, J. R. (2007). *How can the human mind occur in the physical universe?* New York: Oxford University Press.

I.10 Medienpsychologie [MD]

Markus Huff

Die Medienpsychologie beschäftigt sich mit dem Einfluss von Medien auf das Erleben und Verhalten von Menschen. Dabei wird unter einem Medium ein technisches System zur Übertragung von Informationen verstanden, das den Kommunikationsprozess in seiner Gesamtheit betrifft (Posner, 1986). Medien können nach den verwendeten Zeichensystemen unterschieden werden (z. B. Text-, Audio-, Bildmedien). Jedes Medium hat seine spezifischen Eigenschaften und Beschränkungen. Beispielsweise kann ein geschriebener Text keine bildhaften Inhalte vermitteln und eine Fotografie keine dynamischen Sachverhalte abbilden. Die Medienpsychologie beschäftigt sich sowohl mit Massenmedien (z. B. Fernsehen) als auch mit Individualmedien (z. B. E-Mail). Sie beschreibt sowohl die Prozesse der Medienrezeption als auch Auswirkungen der Mediennutzung auf Erleben und Verhalten. Sehr frühe Studien im Bereich der Medienpsychologie untersuchten die Nutzung und Wirkung von Medien – z. B. Film (Münsterberg, 1916), Printmedien (Moede, 1930) oder Radio (Cantril & Allport, 1935). Jedoch existierte die Medienpsychologie bis in die 1970er-Jahre nicht als eigenständige Disziplin. Eine Kontur als psychologische Teildisziplin gewann sie erst Ende der 1970er-Jahre mit der Entwicklung einer eigenen Programmatik. Der Hauptfokus lag zunächst auf der Film- und Fernsehforschung, ab Mitte der 1980er-Jahre auch auf Untersuchungen zu computergestützten Medien. Obwohl die Film- und Fernsehforschung nach wie vor eine wichtige Rolle spielt, dominieren seit Beginn des 21. Jahrhunderts Untersuchungen zu den Bereichen Computer und Internet. In neuerer Zeit werden auch Hybridformate wie Infotainment und Edutainment sowie soziale Medien (z. B. Twitter, Facebook) aufgegriffen. Grundsätzlich ist die Vorgehensweise der Medienpsychologie experimentell ausgerichtet. Dabei kommen sowohl labor- als auch quasi-experimentelle Versuchspläne zum Einsatz. In der Medienpsychologie wird eine große Vielfalt an Methoden verwendet. Bezüglich der Datenerhebung werden Methoden, die einen spezifischen Zustand (z. B. nach der Medienrezeption), und Methoden, die den Prozess der Medienrezeption (z. B. während des Fernsehschauens) untersuchen, unterschieden. Zur Untersuchung von spezifischen Zuständen kommen u. a. Fragebögen (z. B. Wissenstests) zum Einsatz; Prozesse werden mittels Methoden der Verhaltensbeobachtung, des lauten Denkens, Blickbewegungsmessungen (Eye-Tracking) und physiologischen Maßen untersucht. Inhaltsanalytische Methoden werden eingesetzt, um Medieninhalte nach spezifischen Kriterien zu klassifizieren und zu quantifizieren.

Medienrezeption

Die Forschung zur Medienrezeption beschäftigt sich mit der Nutzung von Medien sowie mit der Wahrnehmung und der emotionalen und kognitiven Verarbeitung und Wirkung von Medieninhalten. Modelle der Medienwahl fokussieren die Frage, weshalb Menschen bestimmte Medien(-inhalte) nutzen. Es wird angenommen, dass Rezipienten Medien u. a. auswählen, um Bedürfnisse zu befriedigen (Uses-and-Gratifications-Ansatz) oder um die eigene Stimmung zu beeinflussen (Mood-Management-Theory, Sad-Film-Paradoxon). Außerdem wird angenommen, dass Personen Kommunikationsmedien gezielt so auswählen, dass sie für die jeweils zu erfüllende Aufgabe besonders gut geeignet sind (Media Richness Theory, Media Synchronicity Theory). Modelle der Medienwirkung beschäftigen sich einerseits damit, wie Massenmedien die Bedeutsamkeit bestimmter Themen in der öffentlichen Wahrnehmung (Agenda-Setting) oder auch den Bildungsstand in einer Gesellschaft (Wissenskluft-Hypothese) beeinflussen. Andererseits befassen sich Medienwirkungstheorien mit der Frage, wie sich Massenmedien auf die Einstellungen und Wahrnehmungen von Medienrezipienten auswirken (Kultivierungshypothese).

Zentrale Stichwörter:

Affektive Disposition-Theorie
Agenda-Setting
augmented reality
Berechnungseffizienz
cognitive load theory (CLT)
dynamisch-transaktionaler Ansatz der Medienwirkung
Event Segmentation Theory
excitation transfer
Gewaltdarstellung, mediale
group awareness
Kultivierungshypothese
Massenmedien
Medienkompetenz
Mediennutzung als soziales Handeln
Mediennutzungsforschung
Mood-Management-Theorie
Multimedia-Effekt
Publikumsforschung
Schweigespirale
Stimulus-Response-Modelle
Uses-and-Gratifications-Theorie

Forschungsfeld medienbasierte Kommunikation

In der Forschung zur medienbasierten Kommunikation wird oftmals eine ausdrückliche Abgrenzung von der traditionellen Face-to-Face-Kommunikation vorgenommen. Auch in diesem Bereich gibt es Modelle, die sich mit der Auswahl der Medien befassen. Andere Theorien zielen auf die sozialen Auswirkungen der medienbasierten Kommunikation. Während frühe Theorien wie der Reduced-Social-Cues-Ansatz medial vermittelte Kommunikation aufgrund fehlender sozialer Hinweisreize als grundsätzlich defizitär betrachten, machen jüngere Ansätze hierzu differenziertere Aussagen: Dem SIDE-Modell zufolge hängen die sozialen Auswirkungen der medienbasierten Kommunikation von der bei einer Person jeweils vorherrschenden (sozialen oder personalen) Identität sowie vom Grad der Anonymität und Identifizierbarkeit in der Kommunikationssituation ab. Die Theorie der sozialen Informationsverarbeitung nimmt an, dass auch bei textbasierter Kommunikation zwischenmenschliche Informationen vermittelt werden können, wenn entsprechende Kommunikationsstrategien verwendet werden.

Zentrale Stichwörter:

computervermittelte Kommunikation
Cyberbullying
Internet
Media Richness Theory
Media Synchronicity Theory
Reduced-Social-Cues-Ansatz
SIDE-Modell
soziale Netzwerke im Internet
Theorie der sozialen Informationsverarbeitung
Zwei-Stufen-Fluss der Kommunikation

Forschungsfeld Wissenserwerb mit Medien

In diesem Forschungsfeld werden individuelle, kollaborative und kooperative Prozesse des Wissenserwerbs untersucht. Besondere Bedeutung hat in den letzten Jahren die Forschung zum computerunterstützten Wissenserwerb (E-Learning) erlangt. Im Bereich des individuellen Lernens mit Medien spielt die Forschung zur kognitiven Verarbeitung multimedialen Lernmaterials eine wichtige Rolle. Die in diesem Zusammenhang entwickelten Theorien beschreiben dabei nicht nur, wie extern dargebotene Repräsentationen (multiple externe Repräsentationen) im menschlichen Arbeitsgedächtnis verarbeitet werden, sondern machen auch Vorschläge hinsichtlich der lernförderlichen Gestaltung von Lernmaterial (Cognitive Load Theory, Cognitive Theory of Multimedia Learning, Multimedia). Weitere Bereiche des Lernens mit Medien befassen sich mit bestimmten Formen der Darstellung von Informationen mithilfe von Computern (Animation, Hypermedia, Visualisierung) oder auch mit den Möglichkeiten eines Lerners, mediale Darbietungen zu beeinflussen (Interaktivität). Eine Forschungsrichtung befasst sich mit Möglichkeiten der Wissensvermittlung mithilfe von Computerspielen (Game Based Learning, Serious Games). Als zentrale Voraussetzung für erfolgreichen Wissenserwerb mit Medien gilt die Bereitschaft eines Lernenden, mentale Anstrengung zu investieren, um medial dargebotene Informationen kognitiv zu verarbeiten (AIME). Im Bereich des computerunterstützten kooperativen Wissenserwerbs (CSCL) werden Möglichkeiten untersucht, das Lernen in Gruppen mithilfe von Computern zu unterstützen.

Zentrale Stichwörter:

Animationen
Blended Learning
cognitive theory of multimedia learning (CTML)
computer-supported collaborative learning (CSCL)
computer-supported cooperative work (CSCW)
Digitale Demenz
E-Learning
game based learning
hypermedia
Mediendidaktik
mobiles Lernen
Modalitätseffekt
Multimedia
multimediale Lehr-Lern-Systeme
VR-Behandlungen

Weitere zentrale Stichwörter des Bereichs:

Computerbasierte Diagnostik
internetbasierte Methoden
Mediengewalt
Mensch-Computer-Interaktion
Software-Ergonomie
Videospiele
virtuelle Realität

Überblicksquelle

Batinic, B. & Appel, M. (2008). *Medienpsychologie*. Heidelberg: Springer.

Zitierte Literatur

Cantril, H. & Allport, G. W. (1935). *Psychology of Radio*. New York: Harper & Brothers.

Moede, W. (1930). Zur praktischen Psychologie des Zeitunglesers. *Zeitungs-Verlag, 31*(21), 6–10.

Münsterberg, H. (1916): Das Lichtspiel. Eine psychologische Studie. Neu erschienen in J. Schweinitz (Hrsg.), *Das Lichtspiel. Eine psychologische Studie. Und andere Schriften zum Kino* (S. 29–103). Wien: Synema.

Posner, R. (1986). Zur Systematik der Beschreibung verbaler und nonverbaler Kommunikation. Semiotik als Propädeutik der Medienanalyse. In H.-G. Bosshardt (Hrsg.), *Perspektiven auf Sprache. Interdisziplinäre Beiträge zum Gedenken an Hans Hörmann* (S. 293–297). New York: DeGruyter.

I.11 Pädagogische Psychologie [PÄD]

Marcus Hasselhorn

Die Pädagogische Psychologie [gr. *pais* Kind, *agein* führen, lenken; *paidagogia* Erziehung, Unterweisung] ist ein Teilgebiet der Psychologie, das sich mit der Beschreibung, Erklärung und Optimierung verschiedener Erziehungs- und Bildungsprozesse befasst. Unter der Annahme eines andauernden und lebenslangen Lernens bezieht sich die P. dabei nicht ausschließlich auf den schulischen Kontext (z. B. im Sinne der Optimierung von z. B. Lehr- oder Unterrichtsprozessen), sondern schließt vielmehr auch außerschulische Erziehungs- und Bildungsprozesse z. B. im familiären Kontext, im Kontext früher Bildung sowie im Kontext der Erwachsenenbildung mit ein. Pädagogische Psychologie bezieht sich somit auf viele verschiedene Erziehungs-, Bildungs- und Sozialisationssysteme und weist zahlreiche Berührungspunkte mit weiteren Bereichen der Erziehungs- und Bildungswissenschaften auf. Als zentrale Bezugsdisziplinen können dabei u. a. die Allgemeine Psychologie (im Bereich der Kognition, Sprache, Motivation und Emotion), die Sozialpsychologie (z. B. im Bereich der Kooperation und des Sozialverhaltens), die Entwicklungspsychologie (im Sinne einer altersgemäßen Gestaltung von Bildungs- und Lernprozessen), die Differentielle Psychologie (z. B. im Kontext von kognitiven, motivationalen und volitionalen Voraussetzungen des Lernens) sowie die Psychologische Diagnostik genannt werden.

Lehren und Unterrichten

Auf Seiten der Lehrenden bilden gutes und nachhaltiges Fördern und Unterrichten sowie Lehrerprofessionalisierung und -expertise zentrale Aspekte der Pädagogischen Psychologie. Im Fokus steht dabei u. a. die Identifikation geeigneter Lehrstrategien wie z. B. (je nach Situation) das problemorientierte, das darstellende und/oder das kollaborative Vorgehen. Zudem spielen die diagnostische Kompetenz von Lehrkräften, die Nutzung angemessener Bezugsnormen (je nach Situation sozial, individuell, kriterial) bei der Beurteilung von Lernleistungen sowie die Lehrer-Schüler-Interaktion eine wesentliche Rolle. Des Weiteren sind Gründe für das Entstehen von und der Umgang mit Unterrichtsstörungen (z. B. im Kontext von Regeln und Klassenführung) von zentraler Bedeutung. Und auch die Frage nach Belastungen und Belastungsfolgen (z. B. Burn-out) im Lehrerberuf sowie Möglichkeiten der Einstellungs- und Verhaltensschulung von Lehrern (sog. Lehrertrainings) sind relevant. Zudem können verschiedene Bedingungen schulischen Lernens wie z. B. die Gestaltung von Lernumgebungen, das Sozialklima in der Klasse, der Schule und im Unterricht, aber auch strukturelle Bedingungen (z. B. die Klassengröße) als zentrale Größen betrachtet werden. Des Weiteren stehen bestimmte Verhaltensweisen gegenüber einzelnen oder mehreren Schülern oder Lehrern (z. B. Mobbing) sowie die Auswirkungen schulischen Lernens (im Sinne von Schuleffekten) und somit der Organisation Schule im Fokus. Ebenso von Bedeutung sind weitere außerschulische, jedoch in vielen Fällen mit schulischem Lernen assoziierte Lernsituationen wie z. B. das Lernen mit Medien oder Hausaufgabensituationen.

Zentrale Stichwörter:

anchored instruction
Angebots-Nutzungs-Modell der Wirkfaktoren akademischer Leistungen
Bezugsnorm
Bildung
Bildung, inklusive
Curriculum
E-Learning
Evidenzbasierte Methoden der Unterrichtsdiagnostik und -entwicklung (EMU)
Instruktionsmethoden
Instruktionsmodelle
Klassenführung, effiziente
Kokonstruktion
Lehren
Lehrerrolle
Lehrerziele
Lehr-Lern-Forschung
Lehr-Lern-Methoden
Lehr-Lern-Prozesse
Lehrstrategien
Lehrstrategien, darstellende
Lehrstrategien, kollaborative
Lehrstrategien, problemorientierte
Lernförderung, individuelle
Lernumgebung, konstruktivistische
Mobbing, schulisches
Montessori-Pädagogik
Professionalisierung von Lehrkräften
Unterrichtseffektivität
Unterrichtsqualität

I. Einleitung

Schulische Beurteilungs- und Bewertungsprozesse

Die Pädagogische Psychologie entwickelt und evaluiert zudem Verfahren zur Erfassung von Lernleistungen und beschäftigt sich mit den Modellen und Erhebungsverfahren zur angemessenen Beurteilung von Unterrichtsqualität. Hierzu zählen zunächst standardisierte diagnostische Verfahren, die in enger Beziehung zu curricularen Inhalten stehen und dazu dienen, Verläufe und Ergebnisse von Lehr-Lern-Prozessen möglichst differenziert zu erfassen und für das weitere pädagogische Handeln nutzbar zu machen (z. B. standardisierte Schulleistungstests). Ebenfalls zu diesem Bereich zählen weitere Möglichkeiten der Leistungsbeurteilung wie spezielle schriftliche und mündliche Prüfungen, Arbeitsproben, Lerntagebücher oder Portfolios. Des Weiteren können verschiedene Verfahren der Selbst- und Fremdbeurteilung (z. B. Fragebögen zur Erfassung des schulischen Selbstkonzepts, des Klassenklimas oder des Lehrerverhaltens bzw. Selbst- und Fremdeinschätzungsverfahren zu z. B. Zeit- und Mediennutzung) sowie verschiedene Aspekte der Lehrevaluation (zur Sicherung und Verbesserung der Lehrqualität) in diesem Bereich verortet werden. Auf Ebene der Bildungssysteme haben internationale Schulleistungsvergleiche (als Erfassung und Vergleich international als relevant erachteter schulischer Fähigkeiten, z. B. im Kontext von TIMSS, IGLU, PISA) in den vergangenen Jahren die Forschung in diesem Bereich wesentlich befördert.

Zentrale Stichwörter:

Bildungsberichterstattung
Bildungsevaluation
Bildungsforschung
Bildungspsychologie
Diagnostik, pädagogisch-psychologische
Kompetenzmodelle
Large Scale Assessment
Lehrevaluation
Lernerfolgsmessung
PISA-Studien
Schulleistungstests
Schulpsychologie
Unterrichtsdiagnostik
Unterrichtsforschung

Lernen, zentrale schulische Lernbereiche, Leistungsstörungen und Präventions- bzw. Interventionsansätze

Auf Seiten des Lernenden stehen v. a. kognitive, motivationale und volitionale Voraussetzungen des Lernens im Fokus der Pädagogischen Psychologie. Sie befasst sich mit den personalen Voraussetzungen verschiedener Lernprozesse und schließt dabei sowohl weitgehend kognitiv orientierte Merkmale wie z. B. Intelligenz oder Kreativität, aber auch verschiedene, die motivationalen und volitionalen Aspekte des Lernens stärker betonende Merkmale wie Lernmotivation, Interesse oder Handlungskontrolle mit ein. Des Weiteren befasst sich die Pädagogische Psychologie mit selbstbezogenen Voraussetzungen des Lernenden wie z. B. der Kausalattribution, dem Fähigkeitsselbstkonzept oder der Leistungsangst. Zudem werden soziodemografische (z. B. Alter, Geschlecht), soziale, kulturelle und genetische Determinanten der Lernfähigkeit und von Lernprozessen untersucht.

Einen weiteren Schwerpunkt der Pädagogischen Psychologie bilden zentrale schulische Leistungsbereiche wie z. B. der Schriftspracherwerb (Erwerb von Lese- und Rechtschreibfähigkeiten), der Erwerb mathematischer Kompetenzen sowie der Erwerb naturwissenschaftlicher und fremdsprachlicher Kompetenzen. Dabei interessiert zunächst der typische und störungsfreie Erwerb spezieller Fähigkeiten und Kernkompetenzen, gleichzeitig werden jedoch auch – in einem Überschneidungsbereich zur klinischen Psychologie – auf Teilleistungsbereiche bezogene Schwächen und Störungen wie z. B. Lese-Rechtschreib-Schwierigkeiten oder Rechenstörungen relevant. Des Weiteren können bereichsübergreifende Lern- und Verhaltensstörungen wie z. B. Lernbehinderungen, Aufmerksamkeitsproblematiken oder antisoziales Verhalten in diesem Bereich der Pädagogischen Psychologie verortet werden. Eng mit diesen Inhaltsbereichen verknüpft stehen Möglichkeiten pädagogisch-psychologischer Prävention und Intervention, die sich wiederum in bereichsübergreifende Ansätze (z. B. Prävention und Intervention bei Aufmerksamkeits- oder Motivationsproblemen) und bereichsspezifische Ansätze (z. B. Prävention und Intervention bei Teilleistungsschwächen und -störungen) unterteilen lassen.

Zentrale Stichwörter:

Begabung, Begabungsforschung
cognitive load theory (CLT)
Diskrepanzkriterium
Entwicklungsstörungen, umschriebene
Expertise-Erwerb
Fähigkeitsselbstkonzept
Kompetenz
Kreativität

Lebenslanges Lernen, Basiskompetenzen
Leistungsangst
Lernbehinderung
Lernen, aktives
Lernen, bedeutungshaltiges
Lernen, beispielbasiertes
Lernen, kooperatives
Lernen, problemorientiertes
Lernen, selbstgesteuertes
Lernmotivation, intrinsische und extrinsische
Lernstörungen
Lernstörungen, Diagnostik
Lernstrategien, affektive
Lernstrategien, kognitive
Lernstrategien, metakognitive
Lernvoraussetzungen
Lernzielorientierung
Lesekompetenz
Lesesozialisation
mathematische Kompetenzen, Entwicklungsmodell
Metakognition
Motivationsförderung
Prüfungsangst
Schulversagen
Transfer

Außerschulische Erziehungs- und Bildungsprozesse

Im Kontext außerschulischer Bildungs- und Erziehungsbereiche sind zunächst die Familie als zentrale Bildungsinstanz sowie die Eltern in ihrer Funktion als Erzieher (auch im Hinblick auf verschiedene Erziehungsstile und -ziele) zu nennen. Einen weiteren wichtigen Bereich decken vorschulische Angebote der frühen Bildung ab, die v. a. in den letzten Jahren einen deutlichen Wandel sowie eine Stärkung ihrer Bildungsfunktion erfahren haben. Darüber hinaus sind außerschulische Fort- und Weiterbildungsangebote sowie verschiedene Angebote der erziehungs- und bildungsbezogenen Beratung und Förderung (z. B. Erziehungs- und Familienberatung, Gesundheitsförderung) Gegenstand der pädagogisch-psychologischen Modellbildung und Forschung.

Zentrale Stichwörter:

Allgemeinbildung
Aus- und Fortbildung
Elterntrainings, präventive
Entwicklungsförderung, vorschulische
epistemologische Überzeugungen
Erzieher-Kind-Bindung
Erziehung
Erziehungsberatung
Erziehungsstile
Kinderbetreuung, Struktur-, Prozess-, und Orientierungsqualität
Lernen im hohen Erwachsenenalter
Vorschulerziehung
Wissenschaftskommunikation

Überblicksquelle

Schneider, W. & Hasselhorn, M. (Hrsg.). (2008). *Handbuch der Pädagogischen Psychologie*. Göttingen: Hogrefe.

I.12 Persönlichkeits- und Differentielle Psychologie [PER]

Jens B. Asendorpf

Der Bereich der Persönlichkeits- und Differentiellen Psychologie befasst sich mit der Beschreibung und Erklärung der individuellen, weitgehend zeitstabilen, nicht pathologischen Besonderheiten des Erlebens und Verhaltens von Menschen: ihrer Persönlichkeit. Damit ist die Persönlichkeits- und Differentielle Psychologie komplementär zur Allgemeinen Psychologie, die sich mit Grundlagen des Erlebens und Verhaltens beschäftigt, die allen Menschen gemeinsam sind, und unterscheidet sich von der Klinischen Psychologie, die sich mit pathologischen Merkmalen und deren Veränderung befasst. Die im deutschsprachigen Raum gemachte Unterteilung in die Einzelgebiete Persönlichkeitspsychologie (Fokus auf der Struktur der menschlichen Persönlichkeit und ihrer Einzigartigkeit) und Differentielle Psychologie (Fokus auf interindividuellen Unterschieden im Erleben und Verhalten) ist dabei wenig sinnvoll, weil die Einzigartigkeit der Persönlichkeit eines Menschen nur durch Vergleich mit anderen Menschen deutlich wird. Im Gegensatz zur Tradition im nordamerikanischen Raum werden dabei interindividuelle Unterschiede in kognitiven Merkmalen (z. B. Intelligenzunterschiede) mit eingeschlossen.

Insgesamt kann die Persönlichkeits- und Differentielle Psychologie als zentrale Grundlagenwissenschaft betrachtet werden, die weit in andere Grundlagen- und Anwendungsgebiete der Psychologie hineinreicht und z. T. eng mit diesen verzahnt ist. Deutliche Überlappungen finden sich bspw. mit der Kognitions-, Emotions-, Motivations-, Sozial- und Entwicklungspsychologie, wobei die Persönlichkeits- und Differentielle Psychologie nicht universelle Fragestellungen fokussiert (bspw. wie Angst ausgelöst wird, ob antisoziales Verhalten im Jugendalter zunimmt), sondern differentielle Fragestellungen (bspw. warum sich Menschen in ihrer Ängstlichkeit unterscheiden, warum viele Jugendliche antisoziales Verhalten zeigen, andere aber nicht). Weitere Überlappungen finden sich im Bereich der kulturvergleichenden Psychologie (interkulturelle Unterschiede in der Ausprägung von Persönlichkeitsmerkmalen) sowie im Bereich der Pädagogischen Psychologie (Einfluss von Persönlichkeitsunterschieden bei Lernenden und Lehrenden auf den Lernprozess). Eine besondere Position nehmen persönlichkeitspsychologische Fragestellungen im Kontext der Diagnostik ein (bspw. im Rahmen der Personalauswahl und Personalentwicklung).

Theoretische Ansätze

In der Persönlichkeits- und Differentiellen Psychologie lassen sich verschiedene theoretische Ansätze unterscheiden, wobei die *philosophischen, psychoanalytischen* und *humanistischen Ansätze* für die heutige Persönlichkeits- und Differentielle Psychologie eher von historischem Interesse sind. *Eigenschaftszentrierte Ansätze* beschäftigen sich mit einzelnen Persönlichkeitseigenschaften (*Dispositionen, Eigenschaften*; bspw. bei *motivationspsychologischen Ansätzen* Motive und Interessen), mit deren Klassifikation durch *faktorenanalytische Ansätze* (bspw. *Fünf-Faktoren-Modell*) und mit der Beschreibung der Persönlichkeit durch ein möglichst umfassendes Persönlichkeitsprofil aus vielen unterschiedlichen Persönlichkeitseigenschaften und der Klassifikation dieser Profile in Persönlichkeitstypen (*Typologie*). Dabei wird Erleben und Verhalten nicht als Funktion der Persönlichkeit verstanden, sondern als Funktion von Persönlichkeit und aktueller Situation (*Interaktionismus, Person-Situation-Debatte*). *Persönlichkeitsentwicklung* wurde lange Zeit auf Lernen zurückgeführt (*lerntheoretische Ansätze*), wird aber heute eher aufgefasst als dynamische Wechselwirkung zwischen Persönlichkeit und Umwelt, wobei die Persönlichkeit die Umwelt ebenso beeinflussen kann wie umgekehrt. *Neurowissenschaftliche Ansätze* untersuchen die dynamische Wechselwirkung zwischen biologischen Merkmalen (bspw. im Nervensystem, Herz-Kreislauf-System, hormonellen System) und Persönlichkeitsmerkmalen, bei der das Verhalten die biologische Ebene ebenso beeinflussen kann wie umgekehrt. Genetische Einflüsse auf die Persönlichkeit werden mit Methoden der *Verhaltensgenetik* und der Molekulargenetik untersucht (*Anlage-Umwelt*). Evolutionspsychologische Ansätze versuchen, manche Persönlichkeitsunterschiede und deren Umweltabhängigkeit durch Prozesse der Evolution und der typischen Umwelt unserer Vorfahren zu erklären (*Evolutionspsychologie*).

Zentrale Stichwörter:

Anlage-Umwelt
Disposition
Eigenschaften
Evolutionspsychologie
Fünf-Faktoren-Modell
Interaktionismus
Persönlichkeit

I.12 Persönlichkeits- und Differentielle Psychologie [PER]

Persönlichkeit, klassische faktorenanalytische Ansätze
Persönlichkeit, neuere faktorenanalytische Ansätze
Persönlichkeit, neurowissenschaftliche Ansätze
Persönlichkeitsentwicklung
Persönlichkeitstheorien, eigenschaftszentrierte
Persönlichkeitstheorien, humanistische
Persönlichkeitstheorien, lerntheoretische Ansätze
Persönlichkeitstheorien, motivationspsychologische Ansätze
Persönlichkeitstheorien, philosophisch orientierte
Persönlichkeitstheorien, psychoanalytische
Person-Situation Debatte
Typologie
Verhaltensgenetik

Motiv
Narzissmus
Neurotizismus
Offenheit für neue Erfahrungen
Selbstkonzept
Selbstwertgefühl
Selbstwirksamkeit
soziale Kompetenzen
Temperament
Verträglichkeit
Werthaltung

Grundlegende Dimensionen interindividueller Unterschiede

Diese Dimensionen sind entweder empirisch begründet (meist durch Faktorenanalysen von Eigenschaftsbeurteilungen) oder funktionsorientiert (sie betreffen bestimmte Funktionen des Verhaltens). Bei den empirisch begründeten haben sich die *Big Five* des Fünf-Faktoren-Modells durchgesetzt, die breit gefächerte Dimensionen mit spezifischeren Unterdimensionen darstellen und als Referenzpunkt für weitere Dimensionen dienen: *Extraversion*, *Neurotizismus*, *Gewissenhaftigkeit*, soziale *Verträglichkeit* und *Offenheit für neue Erfahrungen*. Zu den funktionsorientierten Dimensionen zählen vor allem Fähigkeiten und Kompetenzen (bspw. *Intelligenz*, *Kreativität*, soziale Kompetenzen*, *emotionale Kompetenzen*); *Temperament* (Persönlichkeitsmerkmale, die die «drei A der Persönlichkeit» betreffen: Affekt, Aktivierung und Aufmerksamkeit); handlungsbezogene Merkmale (bspw. *Motive*, *Interessen*, *Kontrollüberzeugungen*, *Selbstwirksamkeit*); *Einstellungen* (bspw. Vorurteile) und *Werthaltungen* (bspw. Konservativismus, Religiosität); selbstbezogene Merkmale (bspw. *Selbstkonzept*, *Selbstwertgefühl*, *Narzissmus*, *Lebenszufriedenheit*), aber auch Merkmale des Körperbaus (*Körperbautypen*) und physische *Attraktivität* als sozial relevante körperliche Merkmale.

Zentrale Stichwörter:

Attraktivität
Big Five
Einstellung
emotionale Kompetenz
Extraversion
Intelligenz
Interesse
Kontrollüberzeugung
Körperbautypen
Kreativität
Lebenszufriedenheit

Grundlegende Persönlichkeitstypen

Empirische Untersuchungen zeigen, dass Persönlichkeitsmerkmale graduell variieren, so dass sich keine klar abgrenzbaren Persönlichkeitstypen ergeben. Dennoch gibt es eine statistisch auffällige Tendenz, dass sich Persönlichkeitprofile (bspw. in den *Big Five*) drei grundlegenden Typen zuordnen lassen: *resilienter*, *überkontrollierter* und *unterkontrollierter Typ*. Der resiliente Typ ist der häufigste und zeigt in den Big Five ein sozial erwünschtes Profil (erhöhte Extraversion, Gewissenhaftigkeit, Verträglichkeit und Offenheit, niedriger Neurotizismus). Der überkontrollierte Typ ist durch erhöhte Werte in Neurotizismus und niedrige in Extraversion gekennzeichnet, der unterkontrollierte Typ durch niedrige Werte in Gewissenhaftigkeit und Verträglichkeit.

Zentrale Stichwörter:

resilienter Typ
Typologie
überkontrollierter Typ
unterkontrollierter Typ

Gruppenunterschiede und Persönlichkeit im Kulturvergleich

Neben den oben genannten Dimensionen und Typen betrachtet ein dritter Bereich der Persönlichkeits- und Differentiellen Psychologie spezielle, hinsichtlich ihres Erlebens und Verhaltens relativ homogene Subgruppen wie bspw. bzgl. *Geschlecht*, sexueller Orientierung (*Heterosexualität*, *Bisexualität*, *Homosexualität*), *Hochbegabung*, Migrationshintergrund (*Rasse* als problematisches Konzept). Ziel ist hierbei die Beschreibung und Erklärung von Unterschieden zwischen Gruppen. Ein vierter Bereich behandelt als Teilgebiet der *Kulturvergleichenden Psychologie* kulturübergreifende und kulturspezifische Bedeutungen und Korrelate verschiedener Persönlichkeitsmerkmale, die u. a. im *interkulturellen Training* genutzt werden.

I. Einleitung

Zentrale Stichwörter:

Bisexualität
Geschlechtsunterschiede
Heterosexualität
Hochbegabung
Homosexualität
interkulturelles Training
Kulturvergleichende Psychologie
Rasse

Methodologie und Methodik

Die Persönlichkeits- und Differentielle Psychologie verwendet methodologisch sowohl *nomothetische* Ansätze (empirische Gesetzmäßigkeiten, die sich auf ganze Populationen oder Subgruppen beziehen) als auch *idiografische* Ansätze (Beschreibung und Erklärung der Individualität einzelner Personen). Methodische Zugänge sind bspw. *Selbstberichte* (im Kontext von *Interviews* oder *Fragebögen*), *Leistungstests*, *Verhaltensbeobachtungen*, neurowissenschaftliche Messungen im Labor und im Feld (*Monitoring, ambulantes*), objektive diagnostische Verfahren (*Persönlichkeitstests, objektive; objektiver Test, klassische Verfahren*) und in der Verhaltensgenetik genetisch sensitive Designs wie bspw. *Zwillingsforschung* und molekulargenetische Methoden wie z. B. *genomweite Assoziationsstudien*.

Zentrale Stichwörter:

Fragebogen
genomweite Assoziationsstudie
idiografisch
Interview
Leistungstest
Monitoring, ambulantes
nomothetisch
objektiver Test, klassische Verfahren
Persönlichkeitstests, objektive
Selbstbericht
Verhaltensbeobachtung
Zwillingsforschung

Anwendungen

Die Persönlichkeits- und Differentielle Psychologie ist die Grundlage der meisten Verfahren in der psychologischen Diagnostik. Die Diagnosen werden in Beratung, Intervention und Prävention genutzt. In der Personalführung werden Bewerber bei der *Personalauswahl* aufgrund ihrer Fähigkeiten und meist auch weiterer Persönlichkeitsmerkmale ausgewählt (z. B. Extraversion bei Mitarbeitern mit viel direktem Kundenkontakt). Oft wird hierbei ein Persönlichkeitsprofil mit einem vorgegebenen Anforderungsprofil (*Anforderungsanalyse*) verglichen. Bei der *Personalentwicklung* basieren Entscheidungen über den Aufstieg oder die Entsendung zu Fortbildungsmaßnahmen zunehmend auf systematischen Bewertungen von Fähigkeiten und anderen Persönlichkeitsmerkmalen, und bei Umstrukturierungen wird zunehmend auf eine gute Passung zwischen Persönlichkeit und Arbeitsplatz geachtet (bspw. bei der Zusammenstellung von Teams). In anderen Anwendungsbereichen geht es um zielgruppenorientierte Maßnahmen, wobei die Zielgruppe durch eine bestimmte Persönlichkeitsstruktur definiert ist. Hierzu gehören die individualisierte *Prävention*, *Beratung* und *Psychotherapie*, das zielgruppenorientierte oder auch individualisierte *Marketing* (unter Nutzung von *Big data* wie bspw. Suchverhalten im Internet oder auf Amazon, Likes auf Facebook), der individualisierte *Unterricht* sowie das Profiling in der *Kriminalpsychologie*. Allgemein lässt sich angesichts der zunehmenden Individualisierung von Lebensstilen und einer zunehmend multikulturellen Umwelt eine zunehmende Bedeutung von Persönlichkeits- und Gruppenunterschieden feststellen, die alle Praxisfelder von Psychologen betreffen.

Zentrale Stichwörter:

Anforderungsanalyse
Beratung, psychologische
Big data
Kriminalpsychologie
Marketing
Personalauswahl
Personalentwicklung
Prävention
Psychotherapie
Unterricht

Überblicksquelle

Asendorpf, J. B. & Neyer, F. J. (2012). *Psychologie der Persönlichkeit*. Berlin: Springer.

I.13 Philosophie und Wissenschaftstheorie [PHI]

Volker Gadenne

Jede Wissenschaft beruht zum Teil auf Annahmen, die philosophischer Natur sind. In der Psychologie betreffen solche Annahmen z. B. die Grundlagen empirischer Forschung, die Eigenart psychologischer Gesetze, die Beziehung zwischen Geist und Gehirn, die Natur des Bewusstseins sowie die Willensfreiheit. Insbesondere die letztgenannten Themen genießen derzeit zunehmende Aufmerksamkeit, nicht zuletzt dadurch, dass sich außer der Philosophie und der Psychologie auch die Neurowissenschaften mit ihnen befassen. Dass die Psychologie entsprechende Voraussetzungen macht, wird unmittelbar deutlich, wenn man ihr heutiges Selbstverständnis betrachtet. Sie versteht sich als empirische Wissenschaft von den mentalen Vorgängen und dem Verhalten des Menschen. Sie setzt sich zum Ziel, Theorien zu entwickeln und empirisch zu prüfen, mit deren Hilfe mentale Prozesse bzw. Verhalten möglichst gut beschrieben, erklärt und vorhergesagt werden können. Eine solche Konzeption kann und muss in vielerlei Hinsicht näher bestimmt werden. Sobald man dies versucht, ist man mit philosophischen bzw. wissenschaftstheoretischen Problemen konfrontiert. Sie betreffen (1) die Struktur des Forschungsgegenstandes, (2) die Möglichkeiten, systematisch Wissen über den Forschungsgegenstand zu generieren bzw. zu prüfen (Methodologie), sowie (3) die Möglichkeiten, Strukturen und Prozesse in abstrahierter Form durch Modelle und Theorien darzustellen.

Ziel philosophischer und wissenschaftstheoretischer Reflexion ist es, ein vertieftes Verständnis dessen zu gewinnen, was in einer Wissenschaft wie der Psychologie geschieht. Die von der Philosophie und Wissenschaftstheorie zur Verfügung gestellten Konzeptionen und Analysemethoden können hierzu beitragen. Sicherlich kann man auch kompetent Forschung betreiben und deren Ergebnisse anwenden, ohne über philosophische Grundlagen nachzudenken. Es gibt allerdings ein beachtenswertes Argument zugunsten einer Reflexion von Grundlagen: Irgendwelche philosophischen und wissenschaftstheoretischen Annahmen beeinflussen in jedem Fall das wissenschaftliche Denken und Handeln, auch wenn man sich dessen nicht bewusst ist oder die Voraussetzungen als unreflektierte Konventionen akzeptiert. Möglicherweise sind es Annahmen, die nach dem aktuellen Diskussionsstand als problematisch und überholt einzustufen sind und die eventuell einen ungünstigen Einfluss auf die Psychologie ausüben. Indem man die Voraussetzungen psychologischer Forschung und Praxis reflektiert, gibt man sich die Chance, problematische Annahmen zu entdecken und durch überzeugendere zu ersetzen.

Disziplinen der Philosophie

Die Philosophie gliedert sich in mehrere Disziplinen bzw. Gebiete. Zu den herkömmlichen Disziplinen gehören u. a. Logik, Erkenntnistheorie, Ethik, Metaphysik, Ontologie und Ästhetik. Die Wissenschaftstheorie (auch Wissenschaftsphilosophie, engl. philosophy of science), die sich mit den Grundlagen der Erkenntnisgewinnung in den Wissenschaften befasst, wird meist auch als philosophische Disziplin aufgefasst. Sie wird hier gesondert angeführt, da ihr besondere Bedeutung für die Psychologie zukommt. Zwei andere Disziplinen bzw. Gebiete der Philosophie, die ebenfalls einen engen Bezug zur Psychologie aufweisen, sind die philosophische Anthropologie und die Philosophie des Geistes. Erstere befasst sich mit der Natur des Menschen und seiner Stellung in der Welt. Es geht ihr darum, Kants Frage «Was ist der Mensch?» zu beantworten. Eine besondere Rolle spielt in der philosophischen Anthropologie der phänomenologische Denkansatz, mit dem man den Ergebnissen der Humanbiologie zu verbinden sucht. Aber auch die sozialen und kulturellen Dimensionen des menschlichen Lebens werden mit einbezogen. Einen wichtigen Gegenstand anthropologischer Untersuchungen stellen die verschiedenen Menschenbilder dar.

Die Philosophie des Geistes (philosophy of mind) befasst sich mit der Natur von Seele, Geist und Bewusstsein, der Beziehung zwischen Körper und Geist, der Struktur des Handelns bis hin zum Problem der Willensfreiheit.

Zentrale Stichwörter:

Anthropologie, philosophische
Anthropologie, psychologische
Ästhetik
Bewusstsein
Erkenntnistheorie
Ethik
Geist
Handlungstheorie
Leib-Seele-Problem
Menschenbilder
Metaphysik

I. Einleitung

objektiver Geist
Ontologie
Phänomenologie
Quale
Seele
Willensfreiheit
Wissenschaftstheorie

Forschungsethik
Forschungsprogramm
Forschungsprozess
Fortschritt, wissenschaftlicher
Gesetz
Hermeneutik
Hypothese
Induktion
Kategorie
Kausalität
Komplementaritätsprinzip
Methode
Modell
Operationalisierung
Reduktion
Theorie
Verifikation, Verifizierung
Wahrheit, wahr

Wissenschaftstheorie und Methodenlehre

Zwischen Wissenschaftstheorie und Methodenlehre besteht eine enge Beziehung. Beiden geht es darum, für die einzelnen Aspekte des Forschungsprozesses Regeln und Kriterien zu erarbeiten, deren Anwendung dazu dienlich ist, Fehler bei der Beobachtung und Schlussfolgerung möglichst gering zu halten bzw. aufzudecken und zu korrigieren und dadurch zur Erkenntnisgewinnung beizutragen. Die Wissenschaftstheorie analysiert und empfiehlt solche Regeln mit Bezug auf alle Wissenschaften (oder eine größere Gruppe, z. B. die empirischen), die Methodenlehre einer einzelnen Disziplin tut Entsprechendes für diese Disziplin. Zwischen Wissenschaftstheorie und einzelwissenschaftlicher Methodenlehre gibt es aber einen fließenden Übergang, zumal die Wissenschaftstheorie immer stärker dazu tendiert, sich zu spezialisieren und jeweils ganz den Grundlagen einer bestimmten Disziplin wie etwa der Physik oder der Psychologie zu widmen. Zentral sind dabei stets die folgenden Aspekte: (1) Logik: Durch welche Regeln ist ein korrektes Schlussfolgern gekennzeichnet? Welche logischen Kriterien muss eine Theorie erfüllen (z. B. Widerspruchsfreiheit)? (2) Hypothesen und Gesetze: Welche Struktur müssen Hypothesen und Gesetze in einer empirischen Wissenschaft aufweisen? (3) Operationalisierung: Wie können nicht direkt beobachtbare psychische Eigenschaften in empirisch messbare Variablen übersetzt werden? (4) Kausalität: Unter welchen Bedingungen ist es gerechtfertigt, eine empirisch nachgewiesene Beziehung zwischen Variablen als Kausalzusammenhang zu interpretieren? (5) Bestätigung und Falsifikation: Unter welchen Bedingungen soll eine Theorie als bestätigt, unter welchen als falsifiziert gelten? (6) Forschungsprozess: Welche Forschungsstrategien (insbesondere induktive, Theorie generierende und deduktive, Theorie prüfende) sind geeignet, um einen optimalen Erkenntnisgewinn zu erzielen?

Zentrale Stichwörter:

Aussagen, wissenschaftliche
Begriff, wissenschaftlicher
Bestätigung
Erkenntnistheorie
Erklären, Erklärung
Falsifikation

Denkrichtungen der Philosophie und Wissenschaftstheorie

Die genannten Fragenkomplexe wurden von den einzelnen Denkrichtungen der Philosophie und Wissenschaftstheorie teils unterschiedlich beantwortet. Die dabei entstandenen Kontroversen haben zu Einsichten geführt, die auch für die Psychologie relevant sind. Die Kontroversen um die verschiedenen Formen des Materialismus trugen dazu bei, die Natur psychischer Prozesse und deren Beziehung zu den Gehirnvorgängen besser zu verstehen. Der Pragmatismus zeigte die Rolle des Handelns und der Erfahrung für die Erkenntnis auf. Die Auseinandersetzung mit dem logischen Empirismus (Positivismus) trug entscheidend dazu bei, die Probleme der operationalen Definition und der Induktion zu verstehen. Die Debatte über den Kritischen Rationalismus klärte viele Aspekte der Problematik der Theorienprüfung. Kuhns Lehre von den Paradigmen und Revolutionen hatte zur Folge, dass seitdem den psychologischen und soziologischen Aspekten der Wissenschaft stärkere Beachtung geschenkt wird. Der Non Statement View (Strukturalismus) schlug eine alternative Auffassung von Theorien vor und förderte die Einsicht in die Struktur von Theorien.

Zentrale Stichwörter:

Assoziationismus
Behaviorismus
Dualismus
Elementarismus
Empirismus
Funktionalismus
Idealismus
Konstruktivismus, radikaler
Kritischer Rationalismus

Materialismus, eliminativer
Materialismus, funktionaler
Operationalismus, Operationismus
Parallelismus, psychophysischer
Positivismus
Psychologie, sozialwissenschaftliche
Sozialkonstruktivismus
Strukturalismus, wissenschaftstheoretischer

Überblicksquellen

Gadenne, V. (2004). *Philosophie der Psychologie*. Bern: Huber.

Staley, K. W. (2014). *An introduction to the philosophy of science*. Cambridge: University Press.

Weiskopf, D. & Adams, F. (2015). *An introduction to the philosophy of psychology*. Cambridge: University Press.

I. 14 Psychologische Diagnostik [DIA]

Franz Petermann

Die Psychologische Diagnostik ist eine zentrale angewandte Querschnittsdisziplin der Psychologie, die die regelgeleitete Sammlung und Verarbeitung von gezielt erhobenen Informationen, die für die Beschreibung und Prognose menschlichen Erlebens und Verhaltens bedeutsam sind, beinhaltet. Die Diagnostik psychologischer Merkmale dient in der Regel der Beantwortung einer Fragestellung und ist in einen Entscheidungsfindungsprozess eingebunden. Psychologische Diagnostik zielt insbesondere auf die Feststellung relevanter Merkmalsausprägungen, die den Zustand, den Verlauf und die Veränderung von Merkmalsausprägungen empirisch zugänglich machen. Psychologische Diagnostik unterstützt dabei wesentlich wissenschaftliche Gütekriterien von Entscheidungsprozessen (u. a. Nachvollziehbarkeit, Transparenz).

Diagnostische Urteilsbildung und Entscheidungsfindung kann als mehrschrittiger Prozess aufgefasst werden, der der Entscheidungsfindung in einem bestimmten Anwendungsfeld dient. Ausgehend von einer diagnostischen Fragestellung, die ggf. im Prozessverlauf spezifiziert, angepasst und differenziert werden kann, werden Ressourcen (personale, zeitliche) genutzt, um diagnostische Informationen zu sammeln, die eine Beantwortung der Fragestellung erlauben (Jäger, 2006). Der Diagnostiker benötigt zu dessen kompetenter Ausgestaltung insbesondere allgemeine psychodiagnostische Kompetenzen, Kompetenzwissen (selbstkritische Reflexion der eigenen Kompetenzen), Bedingungswissen (bzgl. Determinanten menschlichen Erlebens und Verhaltens), Änderungswissen (bzgl. Methoden der Erlebens- und Verhaltensmodifikation), technologisches Wissen (bzgl. Erhebungs- und Auswertungsmethoden), Vergleichswissen (im Sinne der vergleichenden Einordnung von Erleben und Verhalten). Zudem muss der Diagnostiker rechtliche, (berufs)ethische, gesellschaftliche und methodische Randbedingungen berücksichtigen.

Der diagnostische Prozess gliedert sich grob in fünf Teilschritte: (1) *Präzisierung der Fragestellung*: Eine Fragestellung zur Behebung eines Informationsdefizits wird eindeutig präzise formuliert und im Hinblick auf ihre empirische Untersuchbarkeit bewertet. (2) *Hypothesenformulierung*: Einzelne oder konkurrierende Annahmen werden formuliert, die durch die Erhebung diagnostischer Informationen beantwortet werden können. (3) *Datenerhebung*: Die in der Hypothese festgelegten Merkmale müssen orientiert an psychometrischen Gütekriterien operationalisiert werden (Auswahl der Erhebungsverfahren). (4) *Diagnostische Urteilsbildung*: Integration der gewonnenen Informationen zum Zwecke der Entscheidung über die Gültigkeit der Hypothese(n). (5) *Urteil und Gutachten*: Festlegung einer Diagnose und/oder Prognose.

Zentrale Stichwörter:

Diagnose
Diagnostik, gesellschaftliche und rechtliche Rahmenbedingungen
Diagnostik, historische Bedingungen
Diagnostischer Prozess

Unterscheidungsmerkmale

(1) *Status- vs. Veränderungsdiagnostik*: Die *Statusdiagnostik* zielt darauf ab, den Ist-Zustand in Bezug auf die für die Problemstellung zentralen Merkmale zu beschreiben. Neben der deskriptiven Darstellung kann es u. a. das Ziel sein, (a) zukünftige Entwicklungen zu prognostizieren (z. B. Schuleignung, Berufseignung) oder (b) Ursachen oder zugrundeliegende Merkmalsausprägungen (z. B. Wahrnehmungseinschränkungen bei manifest diagnostizierten Einschränkungen der Leseleistung) erkennen zu können. Bei der *Veränderungsdiagnostik* werden Merkmale zu mehreren Messzeitpunkten erhoben, um z. B. natürliche Prozesse oder Effekte von Interventionen zu dokumentieren. (2) *Norm- vs. kriteriumsorientierte Diagnostik*: *Normorientierte Diagnostik* setzt individuelle Merkmalswerte in Referenz zu der Merkmalsverteilung in einer Referenzverteilung (z. B. prozentualer Anteil geringerer Ausprägungen in der entsprechenden Altersgruppe). *Kriteriumsorientierte Diagnostik* macht eine Aussage darüber, ob ein definiertes Kriterium erfüllt ist (z. B. Schulfähigkeit). (3) *Eigenschafts- vs. Verhaltensdiagnostik*: Während die *Eigenschaftsdiagnostik* Personenmerkmale in der Regel als eher stabil und überdauernd (z. B. Intelligenz) annimmt, betont die *Verhaltensdiagnostik* insbesondere die Situationsabhängigkeit und Veränderbarkeit der Merkmale und des Verhaltens (z. B. Verhaltensanalyse). (4) *Unimethodale vs. multimethodale Diagnostik*: Obwohl die Diagnostik häufig auf lediglich einem methodischen Zugang (z. B. Fragebogen, Beobachtung oder Interview) beruht (*unimethodale* Diagnostik) ist die *multimethodale* Diagnostik, die auf der Integration von Informationen auf Basis unterschiedlicher Methoden fußt (z. B. Multitrait-Multimethod-Ansatz), vorzuziehen, wenn Einzelmethoden keine

hinreichend valide Informationsbasis gewährleisten (z. B. Selbstauskünfte in Bewerbungsgesprächen). (5) *Dimensionale vs. klassifikatorische Diagnostik*: Psychologische Merkmale können als kontinuierlich ausgeprägt (z. B. Motivation, Intelligenz) oder als qualitativ bzw. kategorial angenommen werden (z. B. Störungstyp). *Dimensionale Diagnostik* zielt auf die Schätzung von Merkmalsausprägungen auf einer als kontinuierlich angenommenen Dimension ab, während die *kategoriale Diagnostik* die Identifikation der Zugehörigkeit von Personenmerkmalen zu sich ausschließenden Kategorien anstrebt.

Zentrale Stichwörter:

Diagnostik, dimensionale
Diagnostik, kategoriale
Diagnostik, multimethodale
Diagnostik, multimodale
Diagnostik, normorientierte
Diagnostik, operationalisierte
Diagnostik, Status-
Diagnostik, störungsspezifische
Diagnostik, störungsübergreifende
Diagnsotik, Verlaufs-
Verhaltensdiagnostik

Methoden und Datenquellen

Die Psychologische Diagnostik verwendet ein breites Spektrum an Methoden, deren psychometrische Begründung und Evaluation einen Schwerpunkt darstellen. Psychologische Diagnostik sollte auf einem Modell des zu diagnostizierenden Problembereichs begründet sein und davon ausgehend die zentralen Merkmale oder Merkmalsdimensionen (z. B. Indikatoren der psychischen Belastung, Motivation, Kompetenzen) erfassen. Als Datenquellen dienen z. B. psychometrische Tests (insbesondere Leistungs- und Einstellungstests), Beobachtungs- und Befragungsmethoden, aber auch biochemische und bildgebende Verfahren. Ambulatory Assessment sowie computer- und internetbasierte Erhebungsverfahren gewinnen als moderne Verfahren immer stärker an Bedeutung.

Zur Erfassung vielfältiger Konstrukte in allen Anwendungsbereichen stehen geprüfte und etablierte psychologische Testverfahren zur Verfügung, die die fundierte Erfassung relevanter Konstrukte oder typologischer Profile ermöglichen. Im Lexikon werden historisch bedeutsame oder für die Anwendungsgebiete besonders zentrale Instrumente vorgestellt. Die Darstellungen informieren knapp über konzeptuelle Grundlagen, Anwendungsaspekte und die erfassten Konstrukte. Diese Informationen ermöglichen einen Überblick über wichtige Merkmale der Instrumente, die jedoch in der Regel nicht hinreichend für eine letztendliche Entscheidung bzgl. der Auswahl optimaler Verfahren sind. Hierzu müssen weitergehende Informationen zu den Verfahren aus den angegebenen Quellen oder publizierter Testbeschreibungen berücksichtigt werden. In Anhang III-2 findet sich ein Überblick über die im Lexikon berücksichtigten Testverfahren.

Zentrale Stichwörter:

Adaptives Testen
Assessment Center
Assessment, ambulates
Beobachtung
Beobachtungsfehler
Beschwerdenvalidierungstests
Beurteilertraining
Bildgebende Verfahren
Computerbasierte Diagnostik
Computergestütztes Testen
Datenerhebungsverfahren
Datenquellen, diagnostische
Eignungsuntersuchung
Einstellungsinterviews
Einzel-Assessment
Elektrodiagnostik
Entwicklungstests
Felddiagnostik
Fragebogen
Fremdbericht
Glaubhaftigkeitsbegutachtung
Intelligenztests
Interpretation
Interview
Interview, biografisches
Interview, eignungsdiagnostisches
Kreativitätstests
Mitarbeiterbefragungen
Neuropsychologische
Nicht reaktive Messverfahren
objektiver Test, klassische Verfahren
Persönlichkeitsfragebogen
Projektive Tests
Psychodiagnostisches Gespräch
Psychophysiologische Methodik
Psychophysische Methoden
Ratingskala
Rechtschreibtests
Response Set
Schulleistungstests
Selbstbericht
Semantisches Differential
Soziometrie
Test
Untersuchungsverfahren
Verhaltensanalytisches Interview

Zielsetzungen und Anwendungsgebiete

(1) *Beschreibung und Klassifikation*: Die Feststellung der Ausprägung einzelner Merkmale oder multidimensionaler Profile setzt die Identifikation relevanter Merkmale und deren fundierte Messung voraus. Entscheidungsrelevante Informationen (z. B. Einstellung eines Mitarbeiters, Therapieindikation) gründen in der Regel auf der begründeten Integration mehrerer Merkmalsausprägungen. Weiterhin ist die Klassifikation durch Zuordnung zu definierten Merkmalsbereichen (z. B. Lernpotential: hoch vs. niedrig; therapiedürftig: ja vs. nein) häufig für die Nutzung der Befunde erforderlich. (2) *Erklärung*: Gezielte Identifikation (potentiell) verursachender Merkmalsausprägungen oder -konstellationen (z. B. Verhaltensdiagnostik). (3) *Prognose*: Identifikation prädiktiv valider Merkmalsausprägungen oder -konstellationen für zukünftige Merkmalsausprägungen oder Ereignisse. Es können interindividuelle (z. B. Identifikation geeigneter Bewerber) und intraindividuelle (z. B. Modifizierbarkeit des Verhaltens von Mitarbeitern) prognostische Zielsetzungen unterschieden werden. (4) *Evaluation*: Psychologische Diagnostik von Merkmalen, die bei einer Intervention den Erfolg (Summative Evaluation) oder den Verlauf bzw. Optimierungsmöglichkeiten anzeigen (Formative Evaluation).

Psychologische Diagnostik ist in allen psychologischen Anwendungsdisziplinen von Bedeutung und es haben sich z. T. disziplinspezifische Standards etabliert: Z. B. sind in der Lehr-Lernforschung Kompetenzstruktur- und Kompetenzniveaumodelle, in der Klinischen Psychologie Klassifikationssysteme, in der Arbeits- und Organisationspsychologie eignungsdiagnostische Verfahren und in der Neuro- und Biopsychologie biochemische und bildgebende Verfahren von besonderer Bedeutung. Dies impliziert zum einen, dass eine fundierte psychologische Diagnostik Kenntnisse zu den Standards der Anwendungsgebiete erfordert, und zum anderen, dass die Kenntnisse zur Psychologischen Diagnostik Teil des erforderlichen Kompetenzspektrums von Psychologen in allen angewandten psychologischen Disziplinen sind.

Zentrale Stichwörter:

Anamnese
Bedingungsanalyse
Behindertendiagnostik
Bezugsnorm
Demenzdiagnostik
Diagnostik bei alten Menschen
Diagnostik sozialer Kompetenzen
Diagnostik, pädagogisch-psychologische
Diagnostik, pränatale
Diagnostik, sozialpsychologische
Diagnostik, therapiebegleitende
Entwicklungsdiagnostik
Epidemiologie
Exploration
Intelligenzdiagnostik
Intelligenzfaktoren
Inzidenz
Klassifikation
Klassifikation psychischer Störungen
Kompetenzmodelle
Kompetenzmodelle, arbeits- und organisationspsychologische
Konzentration, Diagnostik
Large Scale Assessment
Lernerfolgsmessung
Lernstörungen, Diagnostik
Management-Diagnostik
Motivationsdiagnostik
Neuropsychologische Diagnostik
Personalauswahl
Personalbeurteilung
Persönlichkeit, Faktorentheorie
Prävalenz
Prognose
Psychologisches Gutachten
Risiko
Screening
Selektion
Typologie
Unterrichtsdiagnostik
Verhaltensanalyse
Wissensdiagnostik

Psychometrie, Gütekriterien und Teststandards

Diagnostische Erhebungsverfahren müssen testtheoretisch fundiert und hinsichtlich zentraler psychometrischer Gütekriterien geprüft werden. Testtheoretische Modelle (z. B. Klassische Testtheorie, Item-Response-Modelle) und Skalierungsverfahren werden eingesetzt, um begründet von Datenstrukturen (manifeste Merkmale) auf bedeutsame Konstrukte (latente Merkmale) schließen zu können. Dabei wird angenommen, dass dem beobachtbaren Antwortverhalten eine wahre, zu schätzende Merkmalsausprägung zugrunde liegt. Items, die ein Konstrukt erfassen und zu einem diagnostischen Kennwert zusammengefasst werden, müssen statistisch dem Kriterium der Eindimensionalität (Homogenität) genügen und bilden eine Skala. Je expliziter die dimensionale Struktur eines Verfahrens und die Homogenität der Skalen geprüft werden, desto psychometrisch fundierter kann eine Merkmalsdiagnostik erfolgen.

Erst wenn sichergestellt ist, dass Befunde einer diagnostischen Erhebung unabhängig von der konkreten Untersuchungssituation sind (Objektivität), Merkmalsausprägungen genau abbilden und Personen zuverlässig voneinander trennen (Reliabilität) und genau das Merkmal abbilden, dass sie vorgeben zu messen (Validität), kann diese als psychometrisch gesichert gelten. Zudem sollte eine Normierung des Verfahrens vorliegen, damit der Befund in Bezug zu einer relevanten Referenzgruppe eingeordnet und interpretiert werden kann. Im Falle der Fremdbeobachtung durch unabhängige Dritte stellt die Übereinstimmung der Beurteiler ein zentrales Kriterium der Verlässlichkeit der Befunde dar.

Inzwischen liegen mehrere Teststandards oder Leitlinien vor, deren Einhaltung Qualitätsstandards psychologischen Testens sicherstellen sollen (z. B. International Test Commission (ITC, 2000), DIN 33430, Moosbrugger & Höfling, 2010). Diese betreffen insbesondere (1) die *Testkonstruktion und -prüfung*, für die eine umfassende Orientierung an Gütekriterien verlangt wird, (2) die *Testadaptation und -übersetzung*, im Rahmen derer die psychometrische Äquivalenz von Testversionen sichergestellt werden muss, (3) die *Testanwendung*, die nach fachlichen und ethischen Standards erfolgen muss, sowie die *Qualitätsbeurteilung psychologischer Tests* nach definierten Standards.

Da die fachgerechte Anwendung und Interpretation eine fundierte Kenntnis der testtheoretischen Grundlagen erfordert, dürfen nur Personen mit einer einschlägigen wissenschaftlichen Ausbildung psychologische Tests anwenden.

Zentrale Stichwörter:

Beurteilerübereinstimmung
Computergestütztes Testen, ITC-Richtlinien
Diagnostik, Qualitätssicherung
Differential Item Functioning
Generalisierbarkeitstheorie
Gütekriterien
Inhaltsvalidität
Itemanalyse
Item-Response-Theorie
Klassische Testtheorie
Konstruktvalidität
Kriteriumsvalidität
Messtheorie
Multitrait-Multimethod-Analyse
Normierung
Normskalen
Objektivität
Rasch-Modell
Reliabilität
Reliabilitäts-Validitätsdilemma
ROC-Kurve
Signalentdeckungstheorie
Skala
Skalierung, Methoden der
Testfairness
Testkonstruktion
Testökonomie
Testschutz
Teststandards
Testtheorie
Validität

Überblicksquelle

Petermann, F. & Eid, M. (Hrsg.). (2006). *Handbuch der Psychologischen Diagnostik*. Göttingen: Hogrefe.

Zitierte Literatur

International Test Commision (2000). *Internationale Richtlinien für die Testanwendung*. Abgerufen am 10.8.2015 unter www.intestcom.org

Jäger, R. S. (2006). Diagnostischer Prozess. In F. Petermann & M. Eid (Hrsg.), *Handbuch der Psychologischen Diagnostik* (S. 89–96). Göttingen: Hogrefe.

Moosbrugger, H. & Höfling, V. (2010). Standards für psychologisches Testen. In H. Moosbrugger & A. Kelava (Hrsg.), *Testtheorie und Fragebogenkonstruktion* (S. 2004–222). Göttingen: Hogrefe.

I.15 Psychopharmakologie [PHA]

Gerhard Gründer

Die *Psychopharmakologie* ist als eigenständige wissenschaftliche Disziplin sehr jung. Ihre Ursprünge gehen zurück auf die Entdeckung der psychotropen Wirkungen von Chlorpromazin und Imipramin in den 50er Jahren des 20. Jahrhunderts. Während im Fokus der Psychopharmakologie ein Verständnis der Wirkungen von Arzneimitteln auf Denken, Stimmung und Handeln des Menschen steht, befasst sich die *Neuropharmakologie* mit den Effekten von Medikamenten auf Nervenzellen. Die Neuropharmakologie hatte sich bereits deutlich vor einer systematischen Psychopharmakologie entwickelt, nämlich bereits zu Beginn des 20. Jahrhunderts, als man langsam ein zunehmendes Verständnis für die Funktionsweise des Nervensystems, und hier im Speziellen auch von einzelnen Nervenzellen, zu entwickeln begann. In der *Neuropsychopharmakologie* wiederum werden die beiden Ansätze integriert: Hier ist ein Verständnis der Wirkungen von Arzneimitteln auf Nervenzellen und Systeme von Nervenzellen das Ziel, um deren gestörte Funktion im Rahmen von psychischen Erkrankungen zu beeinflussen. Hierin ist explizit auch ein biologisches Verständnis von psychischer Störung enthalten, gestörtes Denken und Verhalten werden medikamentös beeinflussbar. Von der Mitte bis zum Ende des 20. Jahrhunderts hat die Psychopharmakologie einen

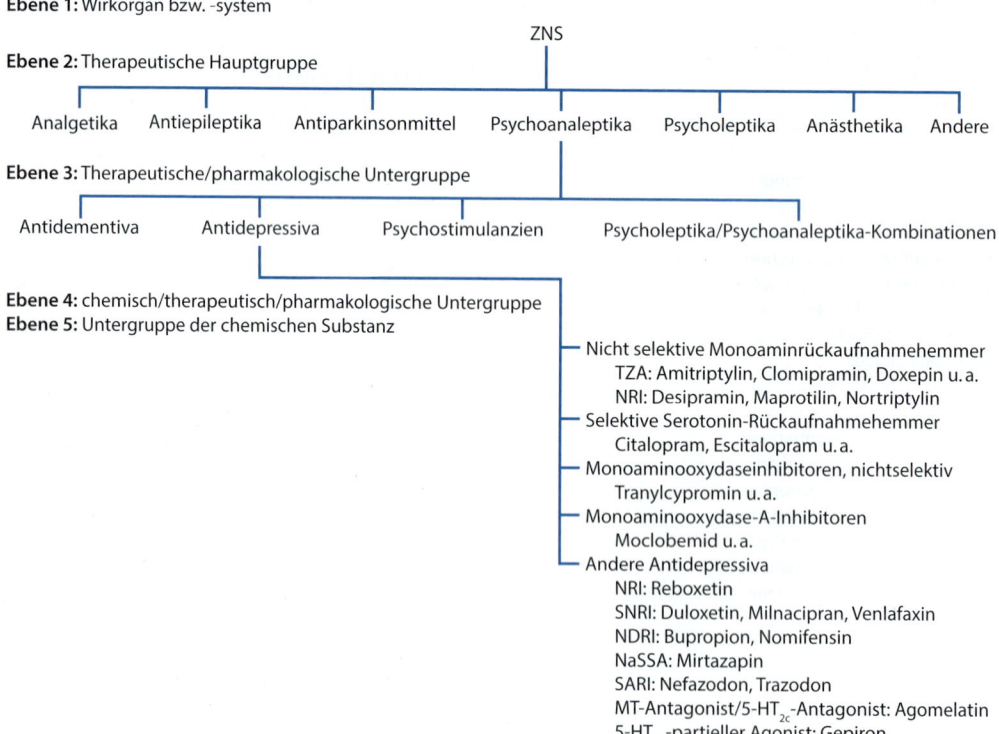

Abbildung 1: Klassifikation von Psychopharmaka im ATC-System der WHO am Beispiel der Antidepessiva (nach Zohar et al., 2014)

enormen Bedeutungszuwachs innerhalb der psychiatrischen Therapie erfahren. Sie stellt heute einen Eckpfeiler der Therapie psychischer Störungen dar, für bestimmte Störungen, z. B. Schizophrenien, stellt sie die Basis für jede andere Therapieform dar.

Zentrale Stichwörter:

Differentielle Pharmakopsychologie
Pharmakopsychologie
Psychopharmakotherapie
Psychopharmakotherapie, Operationalisierung

Im Lexikon sind die psychopharmakologischen Behandlungsstandards für die wichtigsten psychischen Störungen und Anwendungsfelder unter folgenden Stichwörtern zu finden:

Alkoholabhängigkeit, Psychopharmakotherapie
Alkoholismus, Psychopharmakotherapie
Angststörungen, Psychopharmakotherapie
Anpassungsstörungen, Psychopharmakotherapie
Aufmerksamkeitsdefizit-/Hyperaktivitätsstörung (ADHS), Psychopharmakotherapie
Bipolare Störung, Psychopharmakotherapie
Demenzen, Psychopharmakotherapie
Depression, Psychopharmakotherapie
Diabetes mellitus, Psychopharmakotherapie
Entwicklungsstörungen, tiefgreifende; Psychopharmakotherapie
Entwicklungsstörungen, umschriebene; Psychopharmakotherapie
Erregungszustände, Psychopharmakotherapie
Essstörungen, Psychopharmakotherapie
Impulskontrollstörungen, Psychopharmakotherapie
Intelligenzminderung, Psychopharmakotherapie
Kokainabhängigkeit, Psychopharmakotherapie
Nikotinabhängigkeit, Psychopharmakotherapie
Notfallsituationen, Psychopharmakotherapie
Opiatabhängigkeit, Psychopharmakotherapie
Persönlichkeitsstörungen, Psychopharmakotherapie
Phobische Störungen, Psychopharmakotherapie
Schizophrenie, Psychopharmakotherapie
Schlafstörungen, Psychopharmakotherapie
Schmerzsyndrome, Psychopharmakotherapie
Sexualstörungen, Psychopharmakotherapie
Somatoforme Störungen, Psychopharmakotherapie
Störungen des Sozialverhaltens, Psychopharmakotherapie
Sucht- und Substanzbezogene Störungen, Psychopharmakotherapie
Tic-Störungen, Psychopharmakotherapie
Zwangsstörungen, Psychopharmakotherapie

Nomenklatur und Einteilung von Psychopharmaka

Die *Einteilung von Psychopharmaka* in die über Jahrzehnte etablierten, klassischen Gruppen wie *Antidepressiva, Antipsychotika* oder *Anxiolytika* wird heute als sehr unbefriedigend erlebt, da die Substanzen dieser Gruppen längst nicht mehr nur gegen die Störungen eingesetzt werden, gegen die das in der Anfangszeit der Psychopharmakotherapie geschah. So werden Antidepressiva heute nicht nur bei depressiven Erkrankungen, sondern auch bei Angst- oder Zwangsstörungen gegeben. Antipsychotika werden nicht nur bei Psychosen, sondern auch bei bipolaren, zum Teil sogar unipolaren affektiven Störungen verabreicht. Dennoch werden – in Ermangelung einer besseren Klassifikation – Psychopharmaka bis heute in diese Klassen eingeteilt. Die Behandlung psychischer Störungen erfolgt heute polypragmatisch: Das bedeutet bspw., dass ein Patient mit einer schizophrenen Störung oft gleichzeitig mit einem Antipsychotikum und z. B. einem Antidepressivum, manchmal auch mit drei und mehr verschiedenen Substanzen, behandelt wird. Deswegen folgt die Systematik in Lehr- und Handbüchern der Psychopharmakologie heute wie vor 20 Jahren dem Ansatz, Psychopharmaka einmal nach den klassischen Substanzgruppen einzuteilen (z. B. Antidepressiva, Antipsychotika, «Stimmungsstabilisierer»), andererseits aber die pharmakologischen Behandlungsprinzipien spezifiziert für einzelne Störungen (z. B. Pharmakotherapie affektiver, schizophrener oder bipolarer Störungen) darzustellen. Das ist unbefriedigend, weil dieses System nicht nur erhebliche Redundanzen erzeugt, sondern leider auch keiner klaren Logik folgt. In den nächsten Jahren wird daran zu arbeiten sein, parallel zu der Neuorientierung der Klassifikationssysteme an neurobiologischen Befunden – wie dies in ersten Ansätzen in DSM-5 erfolgt – auch die Einteilung der Psychopharmaka entsprechend ihrer biologischen Wirkprinzipien durchzuführen.

Bei einem Symposium der WHO 1969 in Oslo kam man zu der übereinstimmenden Ansicht, dass Arzneimittel nach einem internationalen Standard zu klassifizieren seien. Mit der Schaffung eines solchen Klassifikationssystems wurde die Drug Utilisation Research Group (DURG) beauftragt. Sie veröffentlichte 1976 erstmals das WHO Anatomical Therapeutic Chemical (ATC) Klassifikationssystem. Für Deutschland gilt heute die Version 13 aus 2003, die als Anatomical Therapeutic Chemical with Defined Daily Doses (ATC/DDD) Klassifikation im Gebrauch ist. Sie gliedert Arzneimittel in fünf Ebenen (siehe Abb. 1).

Auf Ebene 1 wird das Wirkorgan bzw. -system bezeichnet, im Fall von Psychopharmaka das ZNS. Die Ebenen 2 und 3 ordnen Medikamente weiter in Therapiegruppen bzw. Untergruppen, die Ebenen 4 und 5 nach chemischen Strukturen. So werden Pharmaka mit Wirkung auf das ZNS auf Ebene 1 in die Gruppe ATC N (Nervensystem) eingruppiert. Auf Ebene 2 werden dann sieben Gruppen unterschieden (N01: Anästhetika; N02: Analgetika; N03: Antiepileptika; N04: Antiparkinsonmittel; N05: Psycholeptika; N06: Psychoanaleptika; N07: Andere). Psychopharmaka finden sich im Wesentlichen in den Gruppen N05 und N06 (siehe Abb. 1), wobei die Begriffe «Psycholeptikum» und «Psychoanaleptikum» in der Praxis völlig ungebräuchlich sind und nicht verstanden werden. Ein Psycholeptikum ist nach Definition der WHO ein Arzneimittel mit dämpfender Wirkung auf das ZNS, ein Psychoanaleptikum hat demgegenüber eine stimulierende Wirkung. In der Gruppe der Psycholeptika finden sich so heterogene Substanzen wie Antipsychotika, Lithiumsalze, Benzodiazepine oder Barbiturate. Psychoanaleptika umfassen Antidementiva, Antidepressiva, Psychostimulanzien (z. B. Methylphenidat) und (heute in Deutschland praktisch nicht mehr verfügbare) Kombinationspräparate aus Psycholeptika und Psychoanaleptika. Sieht man sich die nächste Klassifikationsebene für z. B. Antidepressiva an, so findet man folgende Substanzgruppen: nichtselektive Monoamin-Wiederaufnahmehemmer, selektive Serotonin-Wiederaufnahmehemmer, nichtselektive Monoaminoxydasehemmer, Monoaminoxydase-A-Hemmer, pflanzliche Antidepressiva und die große, völlig heterogene Gruppe der «anderen Antidepressiva», die viele der gerade in den letzten Jahren neu eingeführten Substanzen umfasst. Gerade der letzte Umstand verdeutlicht ganz besonders, dass modernere Entwicklungen sich im WHO-Klassifikationsschema nicht mehr abbilden.

Eine Arbeitsgruppe von vier internationalen Fachgesellschaften der Neuropsychopharmakologie (ACNP, ECNP, CINP, Asian CNP) hat 2014 einen ersten Entwurf einer Nomenklatur von Neuropsychopharmaka vorgelegt, der deren Klassifikation auf eine rationalere und dem aktuellen Wissenstand angepasste Basis stellen soll. Danach werden Psychopharmaka auf fünf Achsen klassifiziert (Zohar et al., 2014):

Achse 1   Klasse (primäres pharmakologisches Ziel) Relevanter Mechanismus
Achse 2   Familie (primärer Neurotransmitter und relevanter Mechanismus)
Achse 3   Neurobiologische Wirkungen (physiologische Effekte, Wirkungen auf Neurotransmitter und Hirnsysteme im Tier und beim Menschen)
Achse 4   Wirksamkeit und Haupt-Nebenwirkungen
Achse 5   Zugelassene Indikationen

Abbildung 2 illustriert, wie das neue «Antidepressivum» Vortioxetin in diesem System klassifiziert wird. Ob sich ein solches System für die klinische Routine eignet oder ob es als wissenschaftsgetriebene Entwicklung nicht zu «sperrig» für die tägliche Anwendung ist, wird die Zukunft zeigen. Klinisch behandelt wird auch heute, im Sinne einer *funktionalen Psychopharmakotherapie* (Gründer und Benkert, 2012), bereits orientiert an neurobiologischen und pharmakologischen Mechanismen, aber kommuniziert wird – zumindest im klinischen Alltag – in einer überholten Nomenklatur. In diesem Lexikon werden noch überwiegend traditionelle Begriffe gebraucht, weil sie im klinischen Sprachgebrauch üblich sind. Der Übergang zu einer neuen Nomenklatur wird daher sicher auch nicht kurzfristig erfolgen.

Die im Text und in der Abbildung genannten Wirkstoffe und Wirkstoffgruppen sind als Eintrag unter der jeweiligen Bezeichnung im Stichwortbestand enthalten.

Achse 1
Klasse: Serotonin
Relevanter Mechanismus: Rückaufnahmehemmer, Rezeptorantagonist und partielle Angst

Achse 2
Familie:
Multimodale Substanz: Serotonin-Rückaufnahmehemmer, 5-HT_3-, 5-HT_7-, 5-HT_{1D}-Rezeptorantagonist, 5-HT_{1A}- und 5-HT_{1B}-partieller Agonist

Achse 3
Neurobiologische Aktivität:

Neurotransmitter	Erhöht 5-HT; NA; DA und Ach im ventralen Hippocampus und präfrontalen Kortex; Histamin im medialen präfrontalen Kortex; 5-HT im Nucleus accumbens	Besetzt den SERT im Raphe-Kern (PET)
Hirnsysteme	Erhöht kortikale Neurotransmitter-Aktivität durch Enthemmung des Raphe-Kerns und peripherer 5-HT-Rezeptoren	
Physiologie		Unterdrückt REM-Schlaf

Achse 4
Wirksamkeit und Haupt-Nebenwirkungen:
Verbessert kognitive Störungen bei Depression

Achse 5
Zugelassene Indikationen:
Depressive Syndrome *(major depressive disorder)*

Abbildung 2: Klassifikation von Psychopharmaka nach dem Vorschlag von ACNP/ECNP/CINP/Asian CNP am Beispiel von Vortioxetin (nach Zohar et al., 2014)

Zentrale Stichwörter:

Amphetamine
Anticholinergika
Beta-Rezeptorenblocker
Cannabinoide
Muskelrelaxanzien
Narkotika
Neuroleptika
NMDA-Rezeptorantagonisten

Opioide
Parasympathikomimetika
Phasenprophylaktika
Psychopharmaka
Psychopharmaka im Kindes- und Jugendalter
Serotoninbeeinflussende Substanzen
Sympathikomimetika
Tranquilanzien, Tranquilzer
VNS-Pharmaka
Z-Substanzen

Zentrale Stichwörter zu Wirkungen und Nebenwirkungen von Psychopharmaka:

Absorption
Aktivierung
Amnesie unter Psychopharmakotherapie
Arzneimittelwechselwirkungen
Benzodiazepin-Abhängigkeit
Bioverfügbarkeit
Clearance
Distribution
Dosis-Wirkungs-Beziehung
Drug-Monitoring, therapeutisches
Dyskinesien
Early-Improvement-Theorie
Euphorisierung
Extrapyramidalmotorische Störungen (EPMS)
Fachinformation, pharmakologische
Gewichtszunahme unter Psychopharmakotherapie
Hyperhidrosis unter Psychopharmakotherapie
Knochenmarkschädigung unter Psychopharmaka
Leberfunktionsstörungen unter Psychopharmakotherapie
Libidostörungen unter Psychopharmakotherapie
Lyell-Syndrom
Metabolisierung
Myalgien unter Psychopharmakotherapie
Myoklonien unter Psychopharmakotherapie
Nebenwirkungen
Orthostatische Dysregulation unter Psychopharmakotherapie
Osteoporose unter Psychopharmakotherapie
Pharmakodynamik
Phase-I-Reaktion
Phase-II-Reaktion
Photosensibilisierung unter Psychopharmakotherapie
Prolaktinerhöhung unter Psychopharmakotherapie
Psychopharmaka, Fahrtüchtigkeit
QTc-Zeit-Verlängerung unter Psychopharmakotherapie
Retinitis pigmentosa unter Psychopharmakotherapie
Sedierung
Sexuelle Funktionsstörungen unter Psychopharmakotherapie
Stevens-Johnson-Syndrom
Suizidalität unter Psychopharmakotherapie
Thromboembolien unter Psychopharmakotherapie
Thrombozytenfunktion unter Psychopharmakotherapie

Toleranzentwicklung

Methoden der Psychopharmakologie

Die Neuropsychopharmakologie bedient sich eines breiten *Methodenspektrums* (Übersicht in Gründer und Benkert, 2012). Diese reichen in der präklinischen Forschung von einem heterogenen Arsenal an Methoden der Wirkstoffforschung über eine Vielzahl von Tiermodellen für die unterschiedlichsten Störungen bis zu Methoden der Verhaltenspharmakologie. In der Forschung am Menschen spielt die klassische klinische Arzneimittelprüfung – randomisiert, einfach- oder ideal doppel-blind, gegen Placebo oder eine etablierte Referenzsubstanz – die größte Rolle. Um ein Arzneimittel und seine biologischen Wirkungen (und Nebenwirkungen) jedoch möglichst vollständig zu verstehen, kommen neben elektrophysiologischen (z. B. Elektroenzephalographie, EEG) und neuroendokrinologischen sowie -immunologischen Methoden in den letzten Jahren insbesondere funktionell-bildgebende Verfahren (insbesondere Positronen-Emissions-Tomographie, PET, und funktionelle Magnetresonanztomographie, fMRT) zur Anwendung. Gerade die letzteren haben die Arzneimittelforschung enorm bereichert.

Zentrale Stichwörter:

Arzneimittelentwicklung
Arzneimittelzulassung und Nutzenbewertung
Drogenselbstverabreichung
Evidenzbasierung
Placebo-Effekt
Placebo-Forschung

Pharmakotherapie und Psychotherapie im Kontext eines Gesamtbehandlungsplans

Eine Psychopharmakotherapie als eine mit einer Psychotherapie konkurrierende Behandlungsmöglichkeit einer psychischen Störung aufzufassen, muss heute, angesichts der Kenntnisse über die multifaktorielle Bedingtheit aller psychischen Erkrankungen, als obsoletes Behandlungsmodell betrachtet werden. Gerade bei schwereren Ausprägungsgraden bestimmter Störungen wird man im Rahmen eines Gesamtbehandlungsplanes pharmakotherapeutische und psychotherapeutische Methoden miteinander kombinieren. Ob eine Pharmakotherapie zusätzlich zu einer Psychotherapie zur Anwendung kommt, richtet sich dabei nach Art und Schwere der Störung, der persönlichen Einstellung des Patienten gegenüber den verschiedenen Behandlungsoptionen und der Verfügbarkeit psychotherapeutischer Behandlungsmöglichkeiten. Bei bestimmten Störungen, z. B. Schizophrenien, gilt die Pharmakotherapie gerade in der Akutphase der Behandlung als obligat, bei anderen, z. B. der Anorexia nervosa, sind die medikamentösen Therapiemöglichkeiten gegenwärtig sehr beschränkt und haben meist nur stützenden Charakter oder dienen der Behandlung komorbider Störungen. Bei schweren Episoden vieler psychischer Störungen gilt eine Pharmakotherapie, auch gemäß der aktuellen *Leitlinien*, meist als unverzichtbar. Selbst wenn eine Pharmakotherapie den Grundpfeiler der Behandlung darstellt, wird eine begleitende Psychotherapie immer darauf abzielen, nahezu immer vorhandene Stressoren, die die Erkrankung oft mitbedingen oder aufrechterhalten, zu reduzieren oder zu beseitigen. Zu den Maßnahmen, die nahezu immer eine Pharmakotherapie begleiten werden, gehört die Vermittlung eines *Krankheitsmodells*, das dem Patienten die Möglichkeiten und Notwendigkeiten der verschiedenen Behandlungsoptionen, ggf. auch in Kombination, verständlich macht. In vielen Fällen wird die Vermittlung eines solchen Krankheitsmodells in eine systematische *Psychoedukation* übergehen. Gerade bei chronischen, eine langfristige Behandlung erfordernden Störungen, stellt die Psychoedukation einen unerlässlichen psychotherapeutischen Behandlungsarm dar, um den Behandlungserfolg dauerhaft zu verbessern und zu sichern.

Überblicksquellen

Benkert, O. & Hippius, H. (Hrsg.). (2014). *Kompendium der Psychopharmakotherapie* (10. Aufl.). Berlin, Heidelberg: Springer.

Gründer, G. & Benkert, O. (Hrsg.). (2012). *Handbuch der Psychopharmakotherapie* (2. Aufl.). Berlin, Heidelberg: Springer.

Zohar, J., Nutt, D. J., Kupfer, D. J., Moller, H. J., Yamawaki, S., Spedding, M. & Stahl, B. D. (2014). A proposal for an updated neuropsychopharmacological nomenclature. *European neuropsychopharmacology: The Journal of the European College of Neuropsychopharmacology, 24*, 1005–1014.

I.16 Rechts- und Forensische Psychologie [RF]

Renate Volbert

Die Rechtspsychologie kann eigentlich als das erste Anwendungsfach der Psychologie gelten. Bereits zu Beginn des letzten Jahrhunderts wurden umfangreiche Forschungsarbeiten zu verschiedenen rechtspsychologischen Fragestellungen durchgeführt, die die Grundlage für sachverständige Stellungnahmen in praktischen Einzelfällen lieferten. Aufgrund der Breite der Fragestellungen bestehen enge Verknüpfungen der Rechtspsychologie zu fast allen Grundlagen- und zu anderen angewandten Fächern (z. B. Allgemeine Psychologie bei der Beurteilung von Zeugenaussagen, Sozialpsychologie bei der Analyse von richterlichen Entscheidungsprozessen, Entwicklungspsychologie bei der Entstehung und Entwicklung kriminellen Verhaltens, Klinische Psychologie bei der Straftäterbehandlung, Psychologische Diagnostik bei allen Begutachtungsfragestellungen, Psychopharmakologie bei Schuldfähigkeit). Zudem ist die Rechtspsychologie ihrem Wesen nach interdisziplinär angelegt und nimmt Bezug auf Erkenntnisse der Kriminologie, forensischen Psychiatrie, Sexualmedizin und der Rechts- und Kriminalsoziologie. Es existiert eine Weiterbildung zum Fachpsychologen für Rechtspsychologie gemäß der Weiterbildungsordnung der Föderation der Deutschen Psychologenvereinigungen. Inhaltlich dient Rechtspsychologie als Bezeichnung für alle Gegenstandsbereiche, die eine Interaktion rechtlicher und psychologischer Problemstellungen beinhalten. Eine *Psychologie im Recht* zielt darauf ab, Fragen des Rechts an die Psychologie zu beantworten, ohne dass die rechtlichen Ziele selbst Gegenstand der Analyse sind. Eine *Psychologie des Rechts* unterzieht dagegen das Recht selbst einer kritischen Betrachtung unter psychologischer Perspektive. Rechtspsychologie ist also einerseits der Oberbegriff für Teilbereiche, die mit den Begriffen *Forensische Psychologie* (Begutachtungskunde) oder *Kriminalpsychologie* (Lehre von den Erscheinungsformen und der Entstehung von Verbrechen) bezeichnet werden. Die Übergänge zwischen den verschiedenen Bereichen sind dabei teilweise fließend.

bspw. die Beurteilung der Glaubhaftigkeit von Aussagen, die Voraussetzungen der Schuldfähigkeit eines Angeklagten, die prognostische Einschätzung der weiteren Gefährlichkeit eines Straftäters oder die Regelung der elterlichen Sorge.

Zentrale Stichwörter:

Affekttat
Aussagetüchtigkeit
Delikthaftung
Eingangsmerkmale
Emotionsschilderungen
Falschinformationseffekt
Familienrechtspsychologie
Forensische Psychologie
Geständnisse, falsche
Glaubhaftigkeitsbegutachtung
Lügendetektion
Lügenstereotype
Merkmalsorientierte Inhaltsanalyse
Opferzeugen mit Intelligenzminderung
parental alienation syndrome
Personenidentifizierung
Pseudoerinnerung
Realkennzeichen
Rechtspsychologie, indirekte Verfahren in der Schuldfähigkeit
Sorgerecht, Herausgabe eines Kindes
Sorgerecht, Regelung nach Trennung und Scheidung
Täuschungsindikatoren, nonverbale und paraverbale
Täuschungsstrategien
Verantwortungsreife, strafrechtliche
Verfahrensbeistand

Forensisch-psychologische Diagnostik

Forensisch-psychologische Diagnostik bezeichnet die Anwendung psychologischer Diagnostik zur Vorbereitung von rechtlichen Entscheidungen. Fragestellungen umfassen

Kriminalpsychologie

Kriminalpsychologie beschäftigt sich mit der Beschreibung, Erklärung, Vorhersage und der Prävention kriminellen Verhaltens von Individuen. Es geht dabei auch um die Wirkungen verschiedener Sanktionsformen und die besonderen Bedingungen der Behandlung von Straftätern. Auch die Beschäftigung mit den Opfern von Straftaten (Viktimisierungsrisiken, Bewältigung von Opfererfahrung; Kriminalitätsfurcht) wird i. d. R. dieser Teildisziplin zugeordnet.

Zentrale Stichwörter:

Adolescence-Limited Offenders
Beziehungstat
Delinquenz
desistance
early starter
Familien, Hochkonflikt-
Gewaltdelikt, sexuelles
Gewaltdelinquenz
Jugendkriminalität
Jugendkriminalität, Erklärungsansätze
Kriminalitätsfurcht
Kriminalprognose
Kriminalpsychologie
Kriminalstatistik
Kriminologie
life-course-persistant offenders
Opfererfahrung, kriminelle
Raub
Sexualdelinquenz
sexueller Missbrauch
Stalking
Suizid, erweiterter
Viktimisierung, sekundäre

Zentrale Stichwörter:

Gerechtigkeit, Gerechtigkeitsprinzip
Kindeswille
Kindeswohl
Menschenrechte

Überblicksquellen

Suhling, S. & Greve, W. (2010). *Kriminalpsychologie kompakt*. Weinheim: Beltz.

Volbert, R. & Dahle, K.-P. (2010). *Forensisch-psychologische Diagnostik im Strafverfahren*. Göttingen: Hogrefe.

Volbert, R. & Steller, M. (Hrsg.). (2008). *Handbuch der Rechtspsychologie* (Handbuch der Psychologie, Bd. 9). Göttingen: Hogrefe.

Psychologie der Rechtsanwendung

Des Weiteren integriert der Begriff *Rechtspsychologie* Themenbereiche, die weder der forensischen noch der Kriminalpsychologie mit ihren dem Recht «dienenden» Funktionen zugeordnet werden können. Dabei geht es um rechtliches Handeln, die Psychologie der Rechtsanwendung sowie des Rechtsempfindens und um die Analyse der rechtlichen Verwendung psychologischer Konzepte wie Wille, Vorsatz, Verantwortlichkeit oder Reife, um richterliche Urteilsbildung, um sozialpsychologische Prozesse in Hauptverhandlungen oder um Umstände, unter denen Verfahren als gerecht erlebt werden.

I.17 Sozial- und Kommunikationspsychologie [SOZ]

Hans-Werner Bierhoff

Sozialpsychologie kann definiert werden «als Versuch, zu verstehen und zu erklären, wie die Gedanken, Gefühle und das Verhalten von Individuen durch die wirkliche, vorgestellte oder implizierte Anwesenheit anderer beeinflusst wird». Diese klassische Definition ist weit gefasst, gleichzeitig hebt sie aber das Spezifische der Sozialpsychologie deutlich hervor: Es geht bei dieser sowohl um die wirkliche Anwesenheit anderer, aber auch um ihre vorgestellte Anwesenheit und ihre implizierte Anwesenheit. Die Anwesenheit anderer kann dabei auf drei verschiedenen Ebenen (kognitiv, emotional und konativ) Auswirkungen haben, wobei diese Ebenen natürlich mehr oder weniger eng miteinander verbunden sind. Bei allen Fragestellungen der Sozialpsychologie geht es um die soziale Natur der individuellen Person. Deren Formung schließt auch die Lernbedingungen ein, wie sie durch den Sozialisationsprozess im Allgemeinen und das Soziale Lernen an Modellen im Besonderen dargestellt werden. Des Weiteren können verschiedene Analyseebenen der Sozialpsychologie mit ihren Forschungsgegenständen unterschieden werden (Doise, 1986): (1) Auf der intraindividuellen Ebene wird berücksichtigt, wie kognitive Prozesse der Informationsverarbeitung das soziale Verhalten beeinflussen. (2) Auf der interpersonellen Ebene werden Merkmale der Interaktion zwischen zwei Personen unter Berücksichtigung der sozialen Situation betrachtet. (3) Auf der positionalen Ebene wird der Einfluss von Statusunterschieden und Gruppenpositionen des Individuums in der Gruppe untersucht. (4) Schließlich betrifft die Ideologie-Ebene die Kulturabhängigkeit sozialen Verhaltens, wie sie durch die Sozialisation vermittelt wird und wie sie in unterschiedlichen kulturellen Kommunikationsstilen greifbar wird.

Die Kommunikationspsychologie bezieht sich auf den Prozess, in dem ein Individuum (oder eine Gruppe von Individuen) Informationen über Ideen, Gefühle und Absichten einer anderen Person (oder einer Gruppe von Personen) übermittelt. Kommunikation ist dabei mehr als reine Übermittlung einer Botschaft. Sie stellt ein Mittel wechselseitigen Austauschs und wechselseitiger Steuerung dar. Die größte Überschneidung zwischen Sozialpsychologie und Kommunikationspsychologie findet sich im Bereich Einstellung und Einstellungsänderung, bei der der Sender in vielen Fällen das Ziel verfolgt, die Empfängereinstellungen in einer bestimmten Richtung zu beeinflussen.

Sozialpsychologie und Kommunikationspsychologie überscheiden sich insgesamt deutlich mit der Allgemeinen Psychologie. Das gilt vor allem für den Bereich der sozialen Kognition. Darüber hinaus gibt es große Gemeinsamkeiten mit der Persönlichkeitspsychologie und der Entwicklungspsychologie sowie im Anwendungsbereich v. a. mit der Klinischen und der Arbeits- und Organisationspsychologie. Auch besteht eine große Nähe zur Soziologie, wobei häufig festgestellt werden kann, dass soziologische Fragestellungen eine stärkere Makroorientierung aufweisen als Fragestellungen der Sozialpsychologie. Außerdem ist die Soziologie mehr an der Frage interessiert, wie «Sozialität» auf der Basis der «Personalität» konstituiert wird (Lüdtke & Matsuzaki, 2011), während Sozialpsychologie mehr betont, wie sich das individuelle Handeln verstehen und erklären lässt, sei es in Entscheidungssituationen, unter Stress, in einer Verhandlung oder in einer Gruppensituation. Der Forschungsgegenstand der Soziologie ist hingegen die Rolle des Menschen in der Gesellschaft (Bellebaum, 2001). Dabei werden Prinzipien der Entwicklung, Aufrechterhaltung und Veränderung sozialer Systeme und der damit verbundenen sozialen Strukturen und sozialen Prozesse thematisiert. Im Folgenden werden sechs Bereiche der Sozialpsychologie und Kommunikationspsychologie ausführlicher beschrieben: Selbst und Persönlichkeit, soziale Motive, soziale Wahrnehmung und soziale Kognition, soziale Einstellungen und Emotionen, soziale Gruppenprozesse sowie soziale Interaktion und Kommunikation.

Selbst und Persönlichkeit

Der Themenkomplex *Selbst und Persönlichkeit* befasst sich mit der Frage nach Laienvorstellungen von Persönlichkeit (impliziten Persönlichkeitstheorien), mit der Frage danach, wie Individuen sich selbst anhand verschiedener zur Verfügung stehender Hinweisreize wahrnehmen, mit der Selbstregulation (Zielfindung, Zielerreichung und Überwachung der Zielerreichung), dem Selbstkonzept und Selbstwertgefühl, mit Möglichkeiten der Selbstdarstellung und der Eindruckssteuerung sowie mit verschiedenen Persönlichkeitseigenschaften und Verhaltensweisen, die in sozialen Kontexten eine besondere Relevanz erfahren wie z. B. Narzissmus, autoritäre Persönlichkeitszüge, soziale Dominanz oder Autoritätsgehorsam.

I. Einleitung

Zentrale Stichwörter:

Identität und Selbst
implizite Persönlichkeitstheorie
impression management
Selbstwahrnehmungstheorie
Selbstwertregulation

Soziale Motive

Soziale Motive beziehen sich auf verschiedene treibende Kräfte, die einen Einfluss auf das soziale Verhalten bzw. die soziale Interaktion ausüben. Hierzu zählen Aspekte wie z. B. die Wahrnehmung von und das Streben nach Kontrolle, die Reaktion auf Einschränkung der persönlichen Freiheit (z. B. in Form von Reaktanzbildung), der soziale Vergleich und Reaktionen auf soziale Vergleichsprozesse (z. B. relative Deprivation), das Streben nach Bindung, Freundschaft, Gesellschaft sowie die Frage nach Attraktivität und Attraktion, nach Liebe, Eifersucht und Treue. Ebenfalls stellt sich die Frage nach den Gründen und dem Vorkommen von sozial schädlichen Absichten und Verhaltensweisen wie beispielsweise von Aggression und Gewalt, von Mobbing oder von sexueller Aggression – sowie von sozial förderlichen und erwünschten Absichten und Verhaltensweisen wie beispielsweise von prosozialem Verhalten, Empathie und Altruismus, sozialer Unterstützung und Verantwortungsübernahme, Zivilcourage, Fairness und Gerechtigkeit sowie Umweltschutz und Friedensaktivitäten.

Zentrale Stichwörter:

Aggression
Altruismus
Attraktivität
Deprivation, relative
Empathie-Altruismus-Hypothese
Fairness
Gerechtigkeit, Gerechtigkeitsprinzip
Gewalt
prosoziales Motivsystem
prosoziales Verhalten
Reaktanztheorie
Solidarität
soziale Beziehungen
soziale Kompetenzen
soziale Verantwortung
sozialer Austausch
sozialer Vergleich
Vertrauen
Zivilcourage

Soziale Wahrnehmung und soziale Kognition

Der Bereich der sozialen Wahrnehmung und sozialen Kognition bezieht sich auf Informationsaufnahme- und -verarbeitungsprozesse, welche die soziale Welt des Individuums und ihrer Beziehungen umfassen und somit im Schnittpunkt von Kognitionspsychologie und Sozialpsychologie stehen. Im Fokus stehen Personen sowie größere soziale Gebilde wie Gruppen, Gesellschaften und deren Gedanken, Gefühle und Handlungen. Von besonderer Relevanz sind dabei grundlegende Prozesse der Eindrucksbildung und der interpersonellen Wahrnehmung (Wie kommt man zu einem Bild von anderen Personen? Worauf fokussiert eine Person bei der Wahrnehmung anderer?), verschiedene Vorgänge und die Nutzung spezifischer Informationen bei Entscheidungsfindung, Beurteilungsprozessen und Erwartungsbildung (Aufmerksamkeit, Rationalität, Heuristiken, Priming, Verarbeitung von Hinweisreizen) sowie bei der Einschätzung von Kausalitäten.

Zentrale Stichwörter:

Akteur-Beobachter-Unterschied
Attribuierung, Attribution
Eindruck, erster
Fremdverstehen
Ironie
soziale Kognition, Entwicklung
soziales Verständnis
soziales Wissen
Theorie der sozialen Informationsverarbeitung

Soziale Einstellungen und Emotionen

Ein weiterer Bereich bezieht sich auf Überzeugungen, Emotionen und Verhaltensweisen, die einen Einfluss auf das soziale Verhalten bzw. die soziale Interaktion ausüben. Hierzu gehören neben grundlegenden Überlegungen zu Einstellungen auch Aspekte der Einstellungsbildung (Wie komme ich zu einer Einstellung? Welche Prozesse der sozialen Informationsverarbeitung werden hierbei wann durchlaufen?) und der Einstellungsänderung (z. B. Balancetheorien, Konsistenz- und Dissonanztheorien). Der Fokus liegt jedoch nicht ausschließlich auf kognitiven Aspekten, auch die Rolle von Emotionen und Stimmungen ist von zentralem Interesse. Als spezielle Formen von Einstellungen und sozialen Emotionen können Phänomene wie Stereotype und Vorurteile, Stigmatisierungsprozesse, Prozesse des Verzeihens, aber auch eher selbstbezogene Prozesse wie soziale Angst, Scham oder Schuld genannt werden. Auch die Einstellung gegenüber dem eigenen und dem fremden

Geschlecht sowie damit verbundene Geschlechtsstereotype können zu diesem Bereich der Sozialpsychologie gezählt werden.

Zentrale Stichwörter:

Einstellung
Einstellungsänderung
Elaborations-Wahrscheinlichkeit-Modell
Geschlechterrolle
Heuristisch-Systematisches Modell (HSM)
Normen, soziale
Urteilsbildung, Dimensionen
Werte

Soziale Gruppenprozesse

Ein weiterer Themenschwerpunkt fokussiert auf Gruppendynamiken. Die Bedeutung der Gruppendynamik wurde v. a. im Hinblick auf Leistung und Erfolg sowie im Hinblick auf gruppenbezogene Meinungen/Einstellungen und Verhaltensweisen untersucht. Im Wesentlichen geht es dabei um Prozesse der Gruppenbildung (Wann und wie formiert sich eine Gruppe? Wann kommt es zu Koalitionsbildung? Wie kommt es zu Crowding?), um die Struktur von Gruppen, Innergruppenprozesse und die Rollen der darin befindlichen Individuen (z. B. Führung, Macht, soziale Normen, sozialer Einfluss und Konformität, Entscheidungsprozesse, Solidarität), um die Leistung und Leistungsfähigkeit von Gruppen und einzelnen Gruppenmitgliedern sowie um die Beziehung zwischen Gruppen (z. B. Wettbewerb, Konflikte, Diskriminierung, Kooperation sowie Verhandlung und Mediation). Auch interkulturelle Aspekte spielen in diesem Bereich eine zentrale Rolle.

Zentrale Stichwörter:

Akkulturation
Autoritätsgehorsam
Deindividuation
Diffusion der Verantwortung
Einfluss, sozialer
Emotionen, gruppenbasierte
Friedenspsychologie
Führung
Gemeinschaft
Gruppe
Gruppendynamik
Gruppenentwicklung
Gruppennorm
Gruppenpolarisation
Gruppenrollen, Quasi-Rollen
Gruppensolidarität
Intergruppenbeziehungen
Interkulturelle Psychologie
Koalitionsbildung
Konflikt, sozialer
Konfliktmanagement
Konformität
Kooperation
Kulturdimensionen
Kulturpsychologie
Kulturstandards
kulturvergleichende Psychologie
Macht
Mediation
Minorität
Mobbing
politische Partizipation
Risikoschub-Effekt
soziale Dominanz
soziale Flexibilität
soziale Leistungsaktivierung
Stereotyp, stereotyp
stereotype threat
Verhandlungen
Vorurteile

Soziale Interaktion und Kommunikation

Bei der sozialen Interaktion und Kommunikation steht zum einen der Informationsaustausch zwischen zwei oder mehreren Personen im Vordergrund. Neben diesem Informationsaustausch sind zum anderen jedoch auch die damit verbundenen motivationalen, emotionalen und sozialen Aspekte von großer Bedeutung. Bei einem Interaktions- oder Kommunikationsprozess modifiziert zunächst mindestens eine Person die Umgebung mindestens einer anderen Person. Im Ergebnis konstruiert die andere Person Repräsentationen ähnlich zu den Repräsentationen, die die erste Person gespeichert hat. Wie diese Konstruktion abläuft, kann in unterschiedlichen Modellen dargestellt werden (Krauss & Fussell, 1996): (1) Das Kodierer-Dekodierer-Modell beispielsweise rückt die Bedeutung der Kodierung der Nachricht in den Vordergrund, da die Bedeutung in der Nachricht verankert wird; (2) das Intentionalitätsmodell hingegen fragt nach den Zielen des Senders und verlegt die Bedeutung in die Intention des Senders; (3) das Modell der Perspektivenübernahme, verschiebt wiederum den Schwerpunkt auf den Empfänger der Nachricht, sodass sich Bedeutung aus der Perspektive des Empfängers entwickelt; (4) Dialogmodelle betonen das Gespräch zwischen Sender und Empfänger und leiten die Entstehung der Bedeutung aus der gemeinsamen Aktivität ab. Als zentrale Aspekte von Kommunikationsprozessen können dabei soziale Repräsentationen, gemeinsame Wissenskonstruktion, sprachbezogene Aspekte sowie soziale Abhängigkeiten genannt werden. Des Weiteren spielen die emotionale Verfassung und gegenseitige emotionale Bezugnahme und moralische bzw. Wertvorstellungen eine zentrale Rolle. Im

I. Einleitung

Kontext der Massenkommunikation können zudem verschiedene Kommunikationsmedien (Printmedien, Rundfunk/Fernsehen, computervermittelte Kommunikation) und damit verbundene Kommunikationsformen (z. B. Gruppen und Beziehungen im Internet) betrachtet werden.

Zentrale Stichwörter:

Argumentative Fairness
Interdependenztheorie
interkulturelle Kommunikation
Kommunikation
Kommunikation, Globalisierung der
Kommunikationsbarrieren
Kommunikationsmodell von Watzlawick et al.
Kommunikationstraining
Metakommunikation
nicht verbale Kommunikation, nonverbale Kommunikation
sprachliche Verständigung
Vier-Seiten-Modell der Kommunikation von Schultz von Thun

Weitere zentrale Stichwörter des Bereichs:

Diagnostik, sozialpsychologische
Sozialethik
Sozialkonstruktivismus

Überblicksquellen

Allport G. W. (1968). The historical background of modern social psychology. In G. Lindzey & E. Aronson (Eds.), *Handbook of social psychology* (2nd ed., pp. 1–80). Reading, MA: Oxford University Press.

Bierhoff, H. W. & Frey, D. (Hrsg.). (2006). *Handbuch der Sozialpsychologie und Kommunikationspsychologie*. Göttingen: Hogrefe.

I.18 Wahrnehmungspsychologie [WA]

Jochen Müsseler

Der Prozess des Wahrnehmens gehört zu den grundlegenden kognitiven psychischen Funktionen. Die Wahrnehmungspsychologie beschäftigt sich damit, wie die Informationen unserer physikalischen Umwelt (distaler Reiz) von unseren Sinnesrezeptoren aufgenommen (proximaler Reiz) und kognitiv verarbeitet werden, wie also der Wahrnehmungseindruck entsteht, der unser Erleben und Verhalten maßgeblich kennzeichnet bzw. beeinflusst. Der Wahrnehmungsprozess zielt auf eine wirklichkeitsadäquate Repräsentation der Umwelt ab – auf eine Repräsentation, die die physikalischen Verhältnisse möglichst genau und eindeutig abbildet, um darin geordnet handeln zu können. Dabei ist der Ausschnitt der mit den Sinnen erfassbaren Umweltinformationen in jeder Sinnesmodalität naturgemäß begrenzt: Z.B. erstreckt sich das Spektrum des sichtbaren Lichts für den Menschen nur über den elektromagnetischen Frequenzbereich von 400 bis 700 Nanometern. Zudem werden die Frequenzen in unterschiedliche subjektive Empfindungen transformiert: Aus der Verarbeitung elektromagnetischer Lichtwellen resultiert Farbwahrnehmung, aus der Verarbeitung mechanischer Druckwellen im Medium Luft resultieren Geräusch- bzw. Tonwahrnehmung. Zwar ist der Gesichtssinn (visuelle Wahrnehmung: Sinnesrezeptoren auf der Netzhaut (Retina) mit ca. 100 Millionen Stäbchen und 6 Millionen Zapfen) unser bedeutendster Sinn, daneben verfügen wir aber auch noch über den Hörsinn (ca. 15000 Haarzellen), den Geruchssinn (olfaktorische Wahrnehmung, ca. 6 Millionen Geruchsrezeptoren), den Geschmackssinn (gustatorische Wahrnehmung, Tausende von Geschmacksrezeptoren) und den Sinn des Fühlens. Letzterer lässt sich u.a. weiter unterteilen in den Tastsinn (Haptik; mit Hunderten Tastzellen pro Quadratzentimeter), den Schmerzsinn, den Temperatursinn, die Propriozeption (also die Wahrnehmung der Stellungen und Bewegungen unserer Gliedmaßen) und die Viszerozeption (Empfindungen der eigenen Organtätigkeiten). Die Frage, über wie viele Sinne der Mensch letztlich verfügt, ist keineswegs eindeutig zu beantworten, da es eine Vielzahl spezialisierter Sinnesrezeptoren gibt. Sinneswahrnehmungen scheinen sich zunächst ohne unser Zutun – also weitgehend passiv – zu vollziehen. Oft wird z.B. die visuelle Wahrnehmung mechanistisch aufgefasst und mit den Vorgängen in einer Kamera verglichen. Nicht die Projektion der Umwelt auf die Netzhaut, sondern die sich daran anschließenden Prozesse kennzeichnen aber den Wahrnehmungsvorgang, der alles andere als eine passive Rezeption darstellt. Das Auge versorgt uns mit den sensorischen Rohmaterialien – Wahrnehmung heißt v.a., diese Rohmaterialien zu sinntragender und nützlicher Information zu verarbeiten. Entsprechend ist die Wahrnehmungspsychologie als Teil der Kognitiven Psychologie zu betrachten. Da der Gegenstandsbereich jedoch sehr umfangreich und bis zu einem gewissen Verarbeitungsgrad hinreichend abgrenzbar gegenüber höheren kognitiven Funktion des Denkens ist, wird der Bereich auch in diesem Lexikon als separate Teildisziplin aufbereitet. Die subjektive Empfindungsqualität (Qualia, z.B. die gesehene Farbe Rot) ist nicht geeignet um Umweltreize zu charakterisieren, da die Empfindungsqualität erst durch den Wahrnehmungsprozess in uns «entsteht» bzw. mental repräsentiert wird. Wie die physikalischen Reize und die zugehörigen subjektiven Empfindungen quantitativ zusammenhängen, ist Gegenstandsbereich der Psychophysik. Führen die Ergebnisse des Wahrnehmungsprozesses zu einer systematischen Abweichung von den realen und wahrgenommenen Reizmerkmalen, so spricht man von Wahrnehmungstäuschungen. Täuschungen sind Gegenstand der Wahrnehmungspsychologie, weil sie wertvolle Hinweise über die Funktionsweise der an der Wahrnehmung beteiligten Verarbeitungsprozesse liefern.

Funktion von Wahrnehmungsprozessen und kortikale Organisation der Verarbeitung

Die Reaktion eines Individuums auf einen wahrgenommenen Reiz mag man zunächst nicht dem Wahrnehmungsprozess zuordnen, man muss sich aber stets vor Augen führen, dass sich die Sinne lediglich als Hilfsmittel evolutionär entwickelt haben, um ein erfolgreiches Handeln des Individuums in der Umwelt zu ermöglichen. Außerdem zielen viele Reaktionen darauf ab, den Wahrnehmungsprozess in Gang zu halten, etwa durch das Ausrichten der Augen oder der Aufmerksamkeit auf ein Objekt. Sensumotorische Koordinationsprozesse beim Reichen oder Ergreifen eines Objektes sind weitere Beispiele. Im Gehirn sind daher z.B. zwei spezialisierte visuelle Pfade an der Reizverarbeitung beteiligt: der parietale Pfad (dorsaler Pfad), der der Steuerung von Handlungen und der Raumwahrnehmung dient, und der temporale Pfad (ventraler Pfad), der das Erkennen von Objekten und die Farb- und Formwahrnehmung

I. Einleitung

ermöglicht. Wahrnehmung ist also selten ein passives Aufnehmen von Information, sondern vollzieht sich aktiv. Dies mag man auch daran erkennen, dass ein Großteil der Verarbeitung in assoziativen Arealen realisiert wird, sodass über 60 % der Großhirnrinde zumindest indirekt an der Wahrnehmung, Interpretation und Reaktion auf visuelle Reize beteiligt ist. Unsere Sinneseindrücke werden des Weiteren meist nicht durch eine einzelne Modalität geformt, sondern sie sind entscheidend durch das Phänomen der intermodalen Integration (auch multisensorische Integration) geprägt. Die Forschungen auf diesem Gebiet beschäftigen sich mit der Frage, wie die Informationen der verschiedenen Sinnesmodalitäten sich gegenseitig beeinflussen und zu einer kohärenten Repräsentation eines Objekts zusammengeführt werden. So können auch identische Eigenschaften eines Objekts durch verschiedene Sinne bereitgestellt werden. Z. B. kann man die Größe eines Objekts sehen und erfühlen oder die Position eines Objektes sehen und hören. Erkennen kann entsprechend auch als die stabile Entstehung einer mentalen Repräsentation verstanden werden, für die unterschiedliche Verarbeitungskanäle hinreichende und bestenfalls eindeutige Evidenzen liefern.

Elementare Enkodierungsprozesse

Dieses Problemfeld der ersten frühen Verarbeitungsschritte befasst sich in der visuellen Modalität (*early vision*) mit der Enkodierung einfacher Merkmale, also Linien, Winkeln und Farben (vgl. *Merkmalstheorien*). In der auditiven Modalität ist die Frequenzanalyse mechanischer Schwingungen, die sich in der Schwingung der Cochlea widerspiegeln, elementar. In der elementaren Phase der Verarbeitung ist der Anteil an reizgetriebenen bzw. reiznahen Mechanismen relativ hoch. Unter reizgetriebener (Bottom-up- oder auch datengeleiteter) Verarbeitung versteht man die durch einen Reiz ausgelösten und dann weitgehend automatisch ablaufenden Prozesse, die von den mehr kognitiven Funktionen (z. B. Aufmerksamkeit, Gedächtnis) wenig beeinflussbar sind. Mit zunehmender Verarbeitungstiefe kann man allerdings davon ausgehen, dass deren Anteil am Wahrnehmungsprozess in Form einer konzeptgeleiteten Verarbeitung (Top-down-Verarbeitung) steigt. Ohne diese kognitiven Komponenten wären die eher interpretativen Leistungen des Wahrnehmungsprozesses nicht zu erbringen.

Zentrale Stichwörter:

Auge
Augenbewegung
Bottom-up-Verarbeitung
dorsaler Pfad
Farbwahrnehmung
Fechner'sches Gesetz
Fotorezeptoren
Geruch
Haptik
Hören, tonales Hören
Kontrast
laterale Hemmung, laterale Inhibition
Ohr
Okzipitalkortex
Psychophysik
psychophysische Methoden
Reiz
rezeptive Felder
Rezeptor
Sehbahn
Signalentdeckungstheorie
Sinne
Sinnesfunktionen
Sinnesphysiologie
Sinnespsychologie
Sinnestäuschung
Top-down-Verarbeitung
ventraler Pfad
Wahrnehmung, präattentive
Wahrnehmungsschwelle
Wanderwelle

Bewegungs- und Tiefenwahrnehmung

Objekte werden als bewegt wahrgenommen, wenn sie nacheinander auf verschiedene Netzhautstellen fallen. Wenn man aber mit fixiertem Blick z. B. an einen Baum vorbeifährt, werden durch ihn auch verschiedene Netzhautstellen gereizt, gleichwohl nimmt man den Baum als stationär und sich selbst als bewegt wahr. Bewegungswahrnehmung hat also immer mehrere Facetten. Auch an der Erfassung der Tiefe eines Objekts sind i. d. R. mehrere Tiefenkriterien gleichzeitig beteiligt. Das Ausmaß der Querdisparation, Hinweise aus der Perspektive oder die Verdeckung durch andere Objekte werden intramodal zu einem Tiefeneindruck integriert.

Zentrale Stichwörter:

Bewegungswahrnehmung
Größenkonstanz
Lokalisation
optischer Fluss
Querdisparation
räumliches Hören
räumliches Sehen
Zentralperspektive

Objektidentifizierung und -kategorisierung

Dies sind Probleme der Objekterkennung und der Organisation in der Wahrnehmung (vgl. das Kanizsa-Dreieck im Einleitungskapitel; Figur-Hintergrund-Problem, die Rubin-Vase; das Erkennen von Tönen oder Tonfolgen). Will man diese Frage beantworten, wird klar, dass Wahrnehmen ohne den Bezug zu Ordnungs- und Strukturierungsprozessen sowie den bestehenden Wissensbeständen des Wahrnehmenden nicht auskommen kann. Wahrnehmen ist also auch immer eine Interpretation der Rohmaterialien. Daneben gibt es Fragen, die – je nachdem, welchen Ausschnitt man fokussiert – sowohl eine «frühe» als auch eine «späte» Komponente aufweisen.

Zentrale Stichwörter:

Bindungsproblem
Figur-Grund-Verhältnis
geometrisch-optische Täuschung
Gesichtserkennung
Gestaltgesetze, Gestaltfaktoren
Konstanz
mentale Rotation
Merkmalsintegrationstheorie
Mustererkennung
Objektbildung, auditorische
Objekterkennung
visuelle Suche

Weitere zentrale Stichwörter des Bereichs:

Assoziationismus
Elementarismus
Maskierung
prädiktive Modellierung
Zeichenkonzeptionen der Wahrnehmung
Zeitwahrnehmung

Überblicksquelle

Goldstein, B. E. (2011). *Wahrnehmungspsychologie. Der Grundkurs* (7. Aufl.). Heidelberg: Spektrum.

I.19 Wirtschaftspsychologie [WIR]

Klaus Moser

Die Wirtschaftspsychologie umfasst jenen Bereich der Psychologie wirtschaftlicher Sachverhalte, die sich nicht mit der Produktionsseite (siehe Arbeits- und Organisationspsychologie), sondern mit der Konsumtionsseite befassen. Konsumtion meint dabei den Umgang mit (auch) ökonomisch bewertbaren »Ressourcen«. Ressourcen sind Güter, Dienstleistungen und Nutzungsrechte, die Individuen für wertvoll halten, und daher u. a. kaufen oder mieten, behalten und/oder verbrauchen wollen. Für Studierende der Psychologie ist die Wirtschaftspsychologie somit ein Anwendungsfach: Theorien, Erkenntnisse und Methoden der Psychologie werden auf ihre Anwendbarkeit auf den wirtschaftlichen Kontext hin betrachtet. Gleichzeitig kann sie aber auch als Grundlagenwissenschaft – beispielsweise in wirtschafts- und sozialwissenschaftlichen Zusammenhängen – betrachtet werden. Zu den wichtigen Grundlagen- und Bezugsdisziplinen der Wirtschaftspsychologie zählen die Sozialpsychologie, die Allgemeine Psychologie sowie die Differentielle Psychologie, wichtige Nachbargebiete sind neben dem Marketing und der Kommunikationswissenschaft auch die Wirtschaftssoziologie sowie die experimentelle Ökonomie.

Kundenbindung
Kundenkommunikation
Kundenorientierung
Kundenwert
Markenarchitektur
Markenidentität
Markenimage
Markenmanagement
Markennamen
Markenpersönlichkeit
Markenvertrauen
Marketing
Marktforschung, psychologische
Marktsegmentierung
Positionierung
Produktinnovationen
Public Relations
Rossiter-und-Percy-Modell
Verkaufstechniken
Werbepsychologie
Werbewirkung
Werbung und Kinder
Werbung, emotionale

Werbekommunikation

Für die Wirtschaftspsychologie sind die Werbegestaltung und -wirkung sowie die Bedeutung und Wirkung von Marken ein erstes Kerngebiet. Dabei lohnt zunächst eine Betrachtung der Wirkung verschiedener Werbebotschaften. Nicht jede Werbebotschaft erreicht ihr Ziel; genauer zu verstehen, wie Werbung eigentlich wirkt, ist somit ein zentrales Ziel der Wirtschaftspsychologie. Auch die Frage nach Markenwirkung und Markentreue sowie die psychologisch fundierte Analyse von Marketinginstrumenten sind von Interesse.

Zentrale Stichwörter:

emotionale Ansteckung
Erinnerung, werbepsychologisch
Furchtappell
Hierarchie-von-Effekten-Modelle
Image
Internet, neue Medien in der Marktforschung
Konditionierung, emotionale; wirtschaftspsychologisch

Konsumentenverhalten

Die Wirtschaftspsychologie beschäftigt sich weiterhin mit der Entstehung und Änderung von Einstellungen sowie verschiedenen Prozessen von Kaufentscheidungen (und hierbei die Spannweite von wenig reflektierten, fast automatisch ablaufenden Verhaltensweisen bis hin zu gründlich durchdachten Abwägungen zwischen einer größeren Zahl von Alternativen). Hierbei sind auch Modelle und Determinanten der Entstehung und Aufrechterhaltung von Kundenzufriedenheit zentral. Eine besondere Bedeutung kommt grundlegenden kognitiven, motivationalen und emotionalen Aspekten der Informationsverarbeitung zu. Für Konsumenten ist es nicht nur wichtig, möglichst «ökonomisch» zu entscheiden, sondern auch andere Ziele wie z. B. das Vermeiden von negativen Emotionen (z. B. Enttäuschungen) oder die Rechtfertigbarkeit von Entscheidungen vor anderen und sich selbst einzubeziehen.

I.19 Wirtschaftspsychologie [WIR]

Zentrale Stichwörter:

Dienstleistungsqualität
Glaubwürdigkeit, wirtschaftspsychologisch
Kaufentscheidungen, Modelle
Kaufentscheidungen, Rationalität von
Kaufmotiv
Kaufsucht
Kaufverhalten und Zahlungssysteme
Konsum, symbolischer
Konsumentensouveränität
Konsumentenverhalten und Selbstregulation
Konsumverhalten
Kundenloyalität
Kundenverhalten, abweichendes
Kundenzufriedenheit
lead user
Meliorationsprinzip
Neuroökonomik
Präferenzbildung
Präferenz-Umkehr-Phänomen
Preispolitik
Preis-Qualitäts-Relation
Preisschwelle
Preisveränderung, Wahrnehmung
Preisverankerung
Preiswahrnehmung
Psychologie der Dienstleistung
Reziprozität
soziale Repräsentationen
sunk-cost effect
Technologieakzeptanzmodell, Technology Acceptance Model
Verhaltensökonomik
Verlustaversion

Erhalten und Mehren von Ressourcen

Ein weiteres Teilgebiet der Wirtschaftspsychologie fokussiert das Erhalten und Mehren von Ressourcen, insbesondere von Geld, Gesundheit, der Balance von verschiedenen Lebensbereichen und der Erwerbsfähigkeit. Während sich zu ersterem Bereich die Finanzpsychologie ausdifferenziert hat – von Ökonomen auch als Behavioral Finance bezeichnet –, grenzen die anderen Bereiche an die Arbeits- und die Berufspsychologie. Letztere nähern sich vor allem dann dem Kern der Wirtschaftspsychologie, wenn es um die ökonomische Bewertung dieser Ressourcen geht (z. B. Zahlungsbereitschaft für Lebensqualität, die eigene Weiterbildung, häusliche Dienstleistungen) oder darum, welche monetären und nicht monetären Kosten aus dem Verlust der Ressourcen resultieren.

Dass Geld selbst eine zumindest vorübergehend erhaltenswerte Ressource ist, wird v. a. dann zu einem ökonomisch relevanten Thema, wenn Konsumentscheidungen aufgeschoben und Geld «gespart» wird. Volkswirtschaftlich bedeutsam wird dies, wenn sich eine kollektive Konsumzurückhaltung negativ auf die wirtschaftliche Entwicklung auswirkt.

Eine weitere besonders interessante Ressource, die sich im Übrigen der Vorstellung man könne sie «kaufen», weitgehend entzieht, ist die Gesundheit. Auch sie steht im Fokus der Wirtschaftspsychologie und ist dadurch gekennzeichnet, dass man ihrer erst oft dann gewahr wird, wenn sie verloren zu gehen droht. Doch auch wenn man Gesundheit nicht kaufen kann, so ist sie keineswegs eine unbedeutende ökonomische Größe. Die Frage nach einem in diesem Kontext angemessenen Gesundheitsbegriff und einem angemessenen Gesundheitsverhalten ist schließlich unmittelbar assoziiert mit zentralen Lebenszielen einer Person sowie mit dem Wert, der verschiedenen Lebensbereichen zugemessen wird («Work-Life-Balance»).

Zentrale Stichwörter:

Anlegerverhalten
Entscheiden, finanzbezogenes
Familienlebenszyklus
Finanzpsychologie
Geldwahrnehmung
Haushaltsentscheidungen
homo oeconomicus
Konsumklima
Ökonomische Psychologie
Sparverhalten
Verschuldung

Bürger sein und das Gestalten von Ressourcen

Mit der Idee des Bürgerseins und des Gestaltens von Ressourcen wird die Verantwortlichkeit wirtschaftlich handelnder Individuen jenseits des kurzfristigen Eigeninteresses fokussiert. Wirtschaftspsychologisch bedeutsam sind solche Fragestellungen, weil Verhalten erklärt werden soll, das für das Individuum kurzfristig eher ökonomisch riskant denn vorteilhaft ist. Vier zentrale Fragen werden dabei betrachtet: (1) Was bewegt Individuen (und Organisationen) zu nachhaltigem Agieren, also z. B. auch die Interessen unbekannter anderer Menschen oder zukünftiger Generationen zu berücksichtigen? (2) Was ist und warum entwickelt sich Bürgersinn (*Citizenship*), also z. B. Hilfsbereitschaft in Form von Spendenverhalten oder Freiwilligenarbeit? (3) Was erklärt kontraproduktives Verhalten wie Vandalismus und unter welchen Bedingungen werden öffentliche Güter in ihrer Wertigkeit anerkannt und unterstützt (z. B. durch das bereitwillige Bezahlen von Steuern)? (4) Was erklärt berufliche Selbstständigkeit, insbesondere solche, die dazu führt, dass auch andere Menschen eine Erwerbsmöglichkeit erhalten?

Zentrale Stichwörter:

Bürgersinn
Freiwilligenarbeit
nachhaltige Entwicklung, nachhaltiger Konsum
Persönlichkeit, unternehmerische
Rebound-Effekte
Schattenwirtschaft
Selbstständigkeit, berufliche
social entrepreneur
Steuerhinterziehung
Steuerpsychologie
umweltschädliches Verhalten, wirtschaftspsychologisch
Unternehmensgründung
Vandalismus
Wirtschaftskriminalität
Wirtschaftspsychologie, ethische Fragestellungen

Überblicksquellen

Kirchler, E. (2011). *Wirtschaftspsychologie* (4. Aufl.). Göttingen: Hogrefe.
Moser, K. (Hrsg.). (2015). *Wirtschaftspsychologie*. Heidelberg: Springer.

A. A., Abk. für *Anonyme Alkoholiker*.
^Test^Aachener Aphasietest (AAT), 1983, von W. Huber, K. Poeck, D. Weniger und K. Willmes, [www.testzentrale.de], **[BIO, DIA, KOG]**. Neuropsychol. Verfahren. AA von 21 bis 70 Jahren. Deutschsprachiges Verfahren zur Differenzialdiagnose von Aphasien (*Aphasie*). In vier Untertests werden *sprachliche Störungen* beim *Nachsprechen*, beim *Lesen und Schreiben*, beim *Benennen* und im *Sprachverständnis* durch jew. mehrere Aufgabengruppen von je zehn Items differenziert und obj. erfasst. Zudem werden ein ca. 10-minütiges halbstandardisiertes Interview und ein Token-Test durchgeführt. Das Verfahren eignet sich ebenfalls zur Klassifizierung von Aphasien sowie zur Bestimmung von deren Schweregrad. *Normierung* an $N = 376$ aphasischen Pbn sowie $N = 100$ nicht-aphasischen Kontrollpatienten. Untersuchungen zu versch. Aspekten der *Reliabilität* liegen vor, u. a. Konsistenzkoeffizienten (Hoyt) für die Untertests zw. $r = .93$ und $r = .99$ ($N = 120$ Aphasiker). Beurteilerübereinstimmungen für die sechs Beschreibungsebenen der Spontansprache zw. 66,2 % und 85,9 %, für das Nachsprechen, die Schriftsprache und das Benennen zw. 98,7 % und 99,6 %. Durchführungszeit 60 bis 90 Min. Auswertungsdauer 30 bis 60 Min.

AAS, Abk. für *alkoholbedingtes amnestisches Syndrom*, früher: *Korsakow-Syndrom*.

Abartigkeit, schwere andere seelische *Eingangsmerkmale*, *Schuldfähigkeit*.

abasement [engl.] Demütigung, Erniedrigung, **[EM]**, Bedürfnis nach Unterordnung (Murray). *need*, *need-press*.

Abasie, Astasie (gr. α- (a-) ohne, βάσις (basis) Fuß, Fundament, στάσις (stasis) Stillstand, Standpunkt), **[BIO, KLI]**, Unfähigkeit zu gehen und/oder zu stehen. *Dysbasie*, *Konversion*.

Abbau [engl. *deterioration*], *Altersforschung*, *Psychologie des Alterns*.

Abbau-Quotient (= A.) [engl. *deterioration quotient*, *deterioration index*], syn. *Abbau-Index*, **[DIA]**, nach Wechsler et al. ein Maß für den Abfall bzw. den Verlust der intellektuellen Fähigkeiten, der mit Faktoren der altersbedingten Beeinträchtigungen oder sonstiger neurodegenerativer Veränderungen (*Neurodegenerative Erkrankungen*) verbunden ist. Altersbeständige Subtests (z. B. allg. Wissen, allg. Verständnis) werden zu den altersbeeinträchtigten Subtests (z. B. Zahlennachsprechen) in Beziehung gesetzt. Da der A. nur ein grobes *Screeningmaß* darstellt und die für den A. angegebenen Normwerte (*Normierung*) veraltet sind, wird für die *Wechsler Adult Intelligence Scale (WAIS-IV)* ein validerer Altersindikator als zusätzl. Auswertungsmöglichkeit empfohlen: Beim Untertest *Zahlennachsprechen* wird die Differenz zw. dem Score beim Vorwärtssprechen und dem Testwert beim Rückwärtssprechen gebildet. *Intelligenz-Abbau*. Aster et al. 2009.   H. O. Häcker

Abberation, aberrant [engl. *aberrant*; lat. *aberrare* abirren, abweichen], **[KLI]**, Abweichung bzw. abweichend von einer Regel oder *Norm*. *abnormes Verhalten*, *Chromosomen-Aberration*.

Abbildung (= A.) [engl. *representation*], **[FSE, PHI]**, math. eine Regel R, die jedem $x \in X$ (lies: «x ist Element der Menge X») genau ein $y \in Y$ zuordnet. Man nennt diese Regel auch rechtseindeutige Relation. Ein Element x wird als Urbild oder Argument von R, ein durch R x zugeordnetes y als Bild oder Wert von R für x bez. Ist jedes $y \in Y$ Bild für wenigstens ein x, spricht man von einer surjektiven A. oder einer A. von X auf Y; gibt es wenigstens ein $y \in Y$, das nicht Bild für ein x ist, nennt man R nicht surjektiv oder A. von X in Y. Surjektive oder nicht surjektive A. heißen injektiv, wenn jedem Bild y max ein Urbild x zugeordnet ist. Eine zugleich surjektive und injektive A. wird bijektiv genannt. Nahezu alle A.begriffe der empir. Wiss. lassen sich als Spezialisierungen des math. A.begriffes interpretieren (z. B. die A. des Gesichtsfeldes durch Hornhaut, Linse und Glaskörper auf die Netzhaut des Auges). Die Kognitionsps. versteht Wahrnehmung und Verhalten als A.prozesse zw. Organismus und Umwelt (Klix 1971, 1976; Palmer & Kimchi 1986); die Interpretation des Verhältnisses von Theorie oder Modell und Realität als A. spielt eine erhebliche Rolle in der *Wissenschaftstheorie*.   W. Glaser

Abbrecher [engl. *dropout*], *Misserfolg, psychotherapeutischer*, *Dropout*.

ABC-Analyse *Problemanalyse*, *Rational-emotive Therapie*.

abdominal [engl. *abdominal*; lat. *abdomen* Bauch], **[BIO]**, im oder am Unterleib gelegen.

Abduktion [engl. *abduction*; lat. *abducere* wegführen], **[BIO, KOG]**, Wegführen von der Medianebene, z. B. Heben des Armes nach außen, Abspreizen eines Fingers, Ggs. *Adduktion*, *Motorik*.

[FSE, PHI], syn. *abduktives Schließen* (= a. S.); C. S. Peirce (1839–1914) führte das Prinzip des a. S. als drittes logisches Schlussprinzip neben der Induktion (*Schließen, induktives*) und der Deduktion (*Schließen, deduktives*) ein. Während das deduktive und induktive S. eher die statische Natur des Wissens oder von Theorien betonen, wird durch das a. S. der Theoriebildungsprozess und die Veränderung von Wissen betont (*Begründungszusammenhang*). A. S. wird durch die Beobachtung X ausgelöst, die vor dem Hintergrund der bestehenden Theorien und Modelle nicht erklärbar, überraschend ist. Anschließend wird eine oder werden mögliche Antezedenzbedingungen (C), deren Identifikation nicht auf bestehenden Theorien oder Modellen beruht, identifiziert, die die Beobachtung X plausibel erklären könnten. A. S. führt also zu Vermutungen, die bisher nicht bekannte Ursachen bzw. eine neue *Regel* benennen, die die Beobachtung X zur Folge haben könnten. *Forschungsprozess, Kausalität, Wissenschaftstheorie.* Peirce 1993, Peirce 1967/1970.

Abendtyp *Kognitive Leistungsfähigkeit, Tageszeitabhängigkeit.*

Aberglaube (= A.) [engl. *superstition*], der *Glaube* an Kräfte, Zusammenhänge, Übernatürliches, das den wiss. Erkenntnissen wie auch den religiösen Anschauungen nicht entspricht. Der Begriff wurde erst im 15. Jh. eingeführt. Der A. äußert sich in Einstellungen und Handlungen, meist verbunden mit der Vorstellung, damit ein Unheil abwehren oder das Heil herbeiholen zu können. *mythologische Theorien.* Bächtold-Stäubli 1927, 1941, Bandini & Bandini 2006.

abergläubisches Verhalten [engl. *superstitious behavior*], [**KOG**], nach Skinner (1948) ein Verhalten, das nach einem *Verstärkerplan* mit festen Intervallen gehäuft auftritt, weil es zufällig vor einer *Verstärkung* eingetreten ist, und das relativ lange ohne weitere Verstärkungen beibehalten wird. Es ist also ein operantes Verhalten i. S. des *operanten Konditionierens.* Der Ausdruck soll u. a. exzessiven Widerstand gegen die *Auslöschung* beschreiben. Kritiker (Frankel 1971) haben darauf hingewiesen, dass der Ausdruck im Bezugssystem des deskriptiven Behaviorismus inkonsequent ist, weil in ihm keine anderen Kriterien für Verstärkerwirkungen gelten als das Häufigerwerden von Verhaltenseinheiten. Man könne also nicht entscheiden, ob ein Verhalten instrumentell oder abergläubisch sei.

Abfuhr (= A.), [**KLI**], nach den von Freud entwickelten physikal.-ökonom. Modellvorstellungen des psych. Geschehens ist die A. (der Affekte) die notwendige Entladung von Energie, die dem psych. Apparat durch äußere oder innere Reize zugeführt worden ist. Die Spannung wird dadurch verringert und das psych. Gleichgewicht hergestellt. Dabei helfen Trägheitsprinzip und *Lustprinzip,* das ökonom. Funktionieren zu regeln. Störungen in der A. können nach Freud zu *Aktualneurosen* und zu Stauungen der *Libido* führen. Neuere Konzepte: Leuschner 2000.

abgeleitete Liste, [**KOG**], *Ebbinghaus, Hermann*; aus einer Original-Silbenreihe I1, I2, I3 … I15 gebildete neue Silbenreihe in anderer Reihenfolge (z. B. I1, I3, I5 … I15, I2, I4 …) zur Prüfung der *Assoziation*sstärke zw. Items, die in der Original-Reihe nicht benachbart waren.

abhängige Stichproben (= a.S.) [engl. *dependent samples*], [**FSE**], syn. mit Messwiederholung. *Stichprobe.* Zwei oder mehr Datenreihen werden als abhängig bez., wenn jedem Datenpunkt einer Reihe (z. B. Messzeitpunkt 1) ein Datenpunkt der übrigen Datenreihen (z. B. Messzeitpunkt 2) zugeordnet ist. A. S. können u. a. vorliegen, wenn (1) zu einem Messzeitpunkt mehrere Merkmale an denselben Personen, (2) dasselbe Merkmal zu mehreren Messzeitpunkten an denselben Personen oder (3) dasselbe Merkmal an eindeutig einander zuordenbaren Personen (z. B. Zwillingen, Ehepartner) erhoben werden. Verfahren zur Analyse abhängiger Daten (*t-Test* für abhängige Stichproben, *Varianzanalyse* mit Messwiederholung) haben i. d. R. einen höhere *Teststärke* als solche für *unabhän*-*gige Daten* (Vergleich versch. Gruppen). Die Teststärke ist umso höher, je höher die *Korrelation* der Datenreihen ist. Eid et al. 2013.

Abhängigkeit (= A.) [engl. *addiction*], [**KLI, PHA**], Bez. für das unausweichliche Angewiesensein eines Individuums, einer Sache, eines Zustandes auf andere Individuen usw., z. B. die A. des Kleinkindes, die A. bei der *Sucht.* Subj. erlebter Zwang oder subj. erlebte Notwendigkeit zu einer wiederholten (periodischen) oder dauernden Einnahme psychotroper Substanzen (auch Nikotin, Alkohol; *Alkoholismus, Substanzabhängigkeit*) oder Ausführung pathologischen Verhaltens (*Internetabhängigkeit, Verhaltenssucht*). Dieser Zwang entwickelt sich oft erst im Verlauf von Monaten oder Jahren der häufigen Einnahme. *Opiate* bewirken dagegen oft schon nach wenigen Tagen psych. Abhängigkeit. Psych. Abhängigkeit lässt sich schwer objektivieren oder erkennen. Vielfach sind die Übergänge zur physischen Abhängigkeit fließend. Beide können auch nebeneinander bestehen (*Drogenabhängigkeit*). Abhängigkeitsentwicklung tritt ein, wenn z. B. kurzfristig verordnete Medikamente mit möglichem Abhängigkeitspotenzial nach Abklingen der ursprünglichen Krankheitssymptome weiter eingenommen werden (weil der Pat. sie z. B. pos. erlebt). *psychotrope Substanzen, Psychopharmakologie.*

[**FSE**], [engl. *dependency*], bei der A. zw. Ereignissen oder Merkmalen (Variablen) das Bestehen eines Zusammenhangs zw. dem Eintreffen oder Auftreten dieser Ereignisse oder Merkmale. Es werden zwei Arten unterschieden: (1) *Funktionale A.*: Bei nur zwei Variablen ist eine von ihnen sog. «*unabhängige Variable*». Jedem ihrer Werte entspricht ein und nur ein Wert der anderen, sog. «abhängigen Variablen». Statt einer einzigen unabhängigen Variablen kann es auch mehrere geben. Die funktionale A. ist die vollkommenste Art von A. (2) *Korrelative A.*: Hier kann die *abhängige Variable* versch. Werte annehmen, die aber eine best., durch die unabhängige Variable bedingte, Verteilung haben. In der Ps. haben wir es meist mit dieser zweiten Art von A. zu tun. (3) *Faktorielle A.*: *Faktorenanalyse.* In der Mathematik (a) Eigenschaft von Vektoren (*Vektor*), (b) Eigenschaft von Zufallsvariablen. Berger 2004, Scheerer 1995. *C. Becker-Carus*

Abhärtung, [**GES**], Begriff stammt aus der Naturheilkunde, Bez. für Methoden, die durch Steigerung der psychophysischen Anpassungsfähigkeit die *Gesundheit* fördern sollen. *Habituation.*

ability (= a.) [engl.] Fähigkeit, [**PER**], syn. *Eignung, Fähigkeit,* Begabung im Sinne aller empirisch unterscheidbaren Begabungen, wie die sprachliche, math., motorische. Der Begriff a. hat in versch. Sprachen versch., wenn auch ähnliche Bedeutungen. Das frz. *aptitude* entspricht ihm semantisch am ehesten. Das engl. *aptitude* wird als anlagemäßige Begabung verstanden. Oberbegriff zu a. und *aptitude* ist *capacity* im Sinne der einem Menschen von Natur aus eigenen «Ausstattung». *Fertigkeit.*

ability test [engl.] Fähigkeitstest, Begabungstest, [**DIA, PER**], Fähigkeitstests, die sowohl zur Prüfung allgemeiner kogn. Fähigkeiten = *general ability* (z. B. Test zum Faktor g nach Spearman; *Intelligenzfaktoren*) als auch zur Feststel-

lung der Ausprägung von Spezialbegabungen (*specific cognitive abilities*, z. B. Abstraktionsvermögen, verbales oder numerisches Denken; *specific psychomotor/performance aptitudes*, z. B. Handgeschicklichkeit, Führungspotenzial; *Management-Diagnostik*) dienen.
Abklingen, [**WA**], die nach Reizung durch weißes Licht im *Nachbild* (bes. bei Dunkelbeobachtung) in best. Folge und Anordnung auftretenden bunten Farben. Berry 1927.
Ablation (= A.) [lat. *ablegere* entfernen], [**BIO**], Beseitigung, operative Entfernung eines Organs oder Körperteils z. B. A. der Netzhaut, *Exstirpation*.
[**KLI**], in der *Psychoanalyse* ist A. die Auflösung seelischer Bindungen. *Ablösung*.
Ablationshypnose [lat. *ablegere* entfernen, gr. ὕπνος (*hypnos*) Schlaf], syn. *Ablösungshypnose*, [**KLI**], die unabhängig vom Psychotherapeuten erfolgende Hypnotisierung über Medien. *Hypnose*.
Ablehnung, soziale (= s. A.) [engl. *social rejection*], [**EW, PER**], Ggs. von Akzeptierung [engl. *acceptance*], Annahme. In der Persönlichkeitsforschung wird s. A. durch wichtige Bezugspersonen als *Prädiktor* für spätere Unangepasstheit angesehen. Insbes. Rogers hat die Bedeutung des unbedingten Akzeptierens für die *Persönlichkeitsentwicklung* betont (vgl. auch Erikson). S. A. ist selten total, sie äußert sich in häufiger Kritik, feindlichen Akten oder im Ignorieren.
[**SOZ**], s. A. von *Überzeugungssystemen* (*belief systems*; z. B. von Nichtmitgliedern einer *Gruppe* durch ein Gruppenmitglied) kennzeichnet nach Rokeach (1960) das geschlossene Meinungssystem (*closed mind*); er nennt *opinionated rejection* die gleichzeitige Ablehnung von Personen, mit deren Überzeugungen man nicht übereinstimmt. Akzeptierung ist das Kennzeichnen des offenen Systems von Meinungen (*open mind, open mindedness*). *Vorurteile, Stereotyp*. R. Bergius
Ablehnung, Zone der [engl. *zone of rejection*], *soziale Urteilstheorie*.
Ablehnungsbereich *Soziale Urteilstheorie*.
Ablösung (= A.) [engl. *detachment*], [**EW**], gleichbedeutend mit der Lockerung oder Auflösung einer (seelischen) Verbundenheit bzw. Abhängigkeitsbeziehung zw. zwei oder mehreren Menschen. A. von der Familie ist die Verselbstständigung eines Kindes von der Herkunftsfamilie, die größerenteils im Jugendalter verortet wird, wobei je nach theoretischer Perspektive stärker die Gewinnung der emot. Unabhängigkeit von den Eltern oder der indiv. Autonomie in den Vordergrund gestellt wird (*Entwicklungsaufgaben*). Entsprechend wird die A. eher als Entwicklung des Individuums oder aber als familialer Prozess gesehen, an dem Eltern und Kind aktiv beteiligt sind. Während v. a. in älteren Ansätzen die erstere Sichtweise vorherrschte und intrapsychischen, teils auch intrafamilialen Konflikten eine zentrale Rolle im Prozess der A. auf dem Weg zur erwachsenen Selbstständigkeit zugeschrieben wird, konzeptualisieren neuere Formulierungen der *Individuationstheorie* A. als Aushandlung der wechselseitigen Wahrnehmungen und einer neuen Balance zw. Nähe und Individualität, dessen Gelingen gerade durch die emot. Verbundenheit von Eltern und Kind als Basis gefördert wird. Für diese Sichtweise spricht, dass sich die in dieser Phase an Bedeutung gewinnenden Freunde und *Peergroups* seltener als Gegengewicht zu den *Eltern-Kind-Beziehungen* darstellen denn als Vergrößerung des *sozialen Netzwerks* um weitere eigenständige Beziehungen, wie auch die im Mittel zu beobachtende Ähnlichkeit von Eltern und Kind in *Einstellungen* und *Werten*. Als Verhaltensaspekt der A. wird oft der Auszug aus dem Elternhaus angesprochen, der jedoch als punktuelles Ereignis eine erfolgte A. kaum angemessen anzeigen kann und von vielfältigen kult., ökonomischen und indiv. Bedingungen abhängt. Während das Auszugsalter v. a. in der soziologischen Forschung fokussiert wurde, haben daher der längerfristige Prozess der A., seine Bedingungen und die Einflüsse auf die indiv. Entwicklung der Familienmitglieder stärker das Interesse der psychol. Forschung auf sich gezogen.
[**KLI**], in der *Psychoanalyse* die Auflösung der seelischen Bindung des Analysanden an den Analytiker (metaphorisch: die «Abnabelung» des Analysanden). P. Noack
Ablösungshypnose *Ablationshypnose*.
abnorm [engl. *abnorm*; lat. *ab-* gegen, *norma* Maßstab, Regel], [**DIA, KLI**], nicht einem Standard bzw. einer *Norm* (stat. oder idealem) entspr., auch krankhaft. *abnormes Verhalten, Devianz*.
abnormes Verhalten *abweichendes Verhalten*.
A-B-Pläne [engl. *A-B-plans*], *Einzelfallexperiment*.
Abreaktion, abreagieren (= A., a.) [engl. *abreaction, to abreact*], [**KLI**], die Entladung von aufgestauten (auch unbewussten) *Affekten* im Ggs. zu deren allmählichem Abklingen mit bewusster Verarbeitung (Neuere Konzepte: Krause 2000.). Als therap. Maßnahme wurde der Begriff A. von Breuer und Freud um 1890 eingeführt. A. ist hierbei Teil der *kathartischen Methode*. Der Pat. wird durch die Erinnerung an das traumatische Ereignis und die damit eingeleitete psychol. Verarbeitung vom *Affekt* befreit. Die Ps. entwickelte weitere Wege der A., wie die Begriffe *Übertragung, Durcharbeiten*, Durcharbeitung und *Agieren* belegen. *Abwehrmechanismen des Ich*.
Abridged Big Five Dimensional Circumplex (AB5C) Modell *Persönlichkeit, neuere faktorenanalytische Ansätze*.
Abruf [engl. *retrieval*], [**KOG**], in der Gedächtnisforschung (*Gedächtnis*) angenommener Vorgang, durch den gespeicherte Informationen wieder in den Verarbeitungsprozess gerufen werden (nach der Spurentheorie werden die Gedächtnisspuren wieder aktiviert). Selbstproduzierte Abrufsignale sind z. B. Suchmodelle, die beim Suchen nach «vergessenen» Namen zuerst einfallen; spezif. signalisierter Abruf (*cued retrieval*) und unspezifisch signalisierter Abruf (*non-cued retrieval*) werden unterschieden, je nach Art der von außen gebotenen Abrufreize oder Hilfen (*promptings*). *Besinnen, Ekphorie*.
Abschwächung [engl. *attenuation*], [**KOG**], Verhaltenshäufigkeit reduzierend. *Auslöschung*.
Absence [frz. *Abwesenheit*, lat. *absentia* Abwesenheit, Mangel], auch *Absenz*, [**KLI**], kurzzeitiger (5–20 Sek) Bewusstseinsausfall bei *Epilepsie, petit mal* oder auch zerebralen Krampfleiden.

Absentismus [engl. *absenteeism*; lat. *absentia* Abwesenheit, Mangel], syn. *Arbeitsabwesenheit*.

Absicht [engl. *intension*], *Absichtskomponenten*, *Intention*.

Absichtskomponenten (= A.) [engl. *components of intention*; lat. *componere* zusammensetzen, vereinigen], [**EM, KOG**], A. erlauben eine genaue Spezifikation des Ziels, auf das sich eine best. Absicht bezieht, sowie der nötigen Maßnahmen zu dessen Erreichung. Die Verfügbarkeit der A. führt zu mehr *Handlungskontrolle*, wodurch gerade schwierige Absichten besser umgesetzt werden können. Zu den A. zählen der angestrebte zukünftige Zustand, der zu verändernde gegenwärtige Zustand, die zu überwindende Diskrepanz zw. Ist- und Soll-Zustand sowie die beabsichtigte Handlung, mit der diese Diskrepanz verringert werden soll. Das Vorhandensein bzw. die Zugänglichkeit aller Komponenten begünstigt absichtskongruentes Handeln, während das Fehlen einzelner Komponenten Handlungskontrolle und somit die Wahrscheinlichkeit der korrekten Ausführung verringert (*Lageorientierung*). *Handlungsorientierung*. Kuhl 1982.
M. R. Quirin/J. Kuhl/J. Lindemann

absolute Risiko-Reduktion (= ARR) [engl. *absolute risk reduction*], [**DIA, FSE**], Grundlage für die Bestimmung der ARR ist eine *randomisierte kontrollierte Studie*, in der die Ereignisrate in einer *Experimentalgruppe* ($Risiko_{exp}$) und der unbehandelten *Kontrollgruppe* ($Risiko_{kon}$) best. wurde. Die ARR gibt die Differenz der Ereignisraten der Experimentalgruppe in Referenz zu der in der Kontrollgruppe an:

$$ARR = |Risiko_{exp} - Risiko_{kon}|$$

Tritt ein Rückfall in einer geschulten Gruppe in 10 % der Fälle auf und in der Kontrollgruppe in 25 % der Fälle, so beträgt die ARR = |.1 – .25| = .15. Es kann also davon ausgegangen werden, dass durch eine Schulung von 100 Pbn ein Rückfall in 15 Fällen vermieden werden kann. *Epidemiologie*, *Interventionseffekt bei dichotomen Zielgrößen*, *Odds Ratio*, *Relatives Risiko*, *Relative Risiko-Reduktion*. Ressing et al. 2010.

absolute Schwelle, obere [engl. *terminal limen, terminal threshold*], [**WA**], der stärkste, höchste *Reiz*, auf den adäquat reagiert wird, z. B. bei der Tonhöhe etwa 20000 Schwingungen/s. Mit dem Alter absinkend. *Schmerzschwelle*, *Reizhöhe*.

absolutes Gehör, [**BIO, WA**], *Gehör, absolutes*.

absolutes Urteil [engl. *absolute decision*; lat. *absolutus* vollständig, unbedingt], [**FSE**], bei der *Skalierung* gefordertes *Kategorialurteil* mit der Vorgabe von Kategorien, wie z. B. «sehr klein», «klein», «groß», «sehr groß».

Absolutschwelle [engl. *absolute threshold*; lat. *absolutus* vollständig, unbedingt], [**WA**], *Reizschwelle*.

absolving [engl.], [**EW**], *Ablösung*, z. B. von Mutter, Familie, Berufsleben. Fragestellung der Entwicklungsps. im Zshg. mit *Erziehungsstil*, Erzieherverhalten (*Erziehung*) und der *Psychologie des Alterns*.

Absorption (= A.) [engl. *absorption*; lat. *absorbere* verschlingen, verschlucken], [**PHA**], bez. in der Psychopharmakologie allg. die Aufnahme einer Substanz von einem beliebigen Applikationsort in ein sog. zentrales Kompartiment, i. d. R. den Blutkreislauf. Bei intravenöser Gabe wird die A. umgangen. Voraussetzung für die A. ist, dass die Substanz in Lösung geht und in der Lage ist, biol. Membranen zu überwinden. Die meisten Arzneimittel werden oral eingenommen, dann ist mit A. die Aufnahme aus dem Verdauungstrakt gemeint. Weitere A. wege sind die Aufnahme über die Haut, Muskulatur, die Lungenalveolen, die Nasenschleimhaut. Die A. hängt ab von der Größe und den physikochem. Eigenschaften des aufgenommenen Moleküls, insbes. von Ionisierbarkeit und Fettlöslichkeit. Eine Substanz kann durch versch. Mechanismen absorbiert werden, durch Diffusion durch Lipidschichten oder Poren, durch erleichterte Diffusion, aktiven Transport unter Verbrauch von Energie, durch Endozytose, Diffusion oder Filtration über interzelluläre Spalten. Bei der A. passieren Arzneimittel die Magen-Darm-Wand und müssen dabei, ebenso wie bei der späteren Wanderung zum Erfolgsorgan, viele biol. Membranen überwinden. Zellmembranen bestehen aus einer Lipiddoppelschicht mit eingelagerten Proteinmolekülen. Brunton 2011.
C. Hiemke

Abstammungslehre *Evolutionstheorie*.

absteigendes Verhalten *psychophysische Methoden*.

Abstinenz [engl. *abstinence*; lat. *abstinere* sich enthalten, fernhalten], [**KLI**] Enthaltsamkeit. Sprachgebräuchl. bei der Enthaltung von u. a. sex. Betätigung, Konsum, Nahrungs- oder Suchtmitteln. Kann zu *Entzugserscheinungen* führen.

Abstinenzerscheinungen (= A.) [engl. *withdrawal symptoms*; lat. *abstinere* sich enthalten, fernhalten], [**KLI**], *Entzugserscheinungen*; der Begriff A. wird auch für die Folgen von Enthaltsamkeit (ohne Entzug) gebraucht.

Abstinenzgebot [lat. *abstinere* sich enthalten, fernhalten], [**KLI**], bez. die gesetzl. Regelung (§ 174 c StGB), nach der Psychotherapeuten die *Therapiebeziehung* nicht zur Befriedigung eigener Interessen, Wünsche oder Bedürfnisse nutzen dürfen. Francke 2006.

Abstinenzsyndrom [lat. *abstinere* sich enthalten, fernhalten; gr. σύνδρομος *(syndromos)* begleitend, zus.treffend], [**KLI**], *Entzugssyndrom*.

Abstract [engl. *abstract*], kurze, nicht wertende Zusammenfassung, z. B. einer Veröffentlichung.

abstract modeling *Beobachtungslernen*.

abstraktes und konkretes Verhalten [engl. *abstract and concrete behavior*], [**KOG**], Unterscheidung wurde von Goldstein und Gelb (Goldstein, Scheerer 1941) anlässlich der Untersuchung neuropathologischer Fälle eingeführt und auf das Verhalten von gesunden Menschen ausgedehnt. Konkret verhält sich z. B. ein Mensch, der bei der Darbietung einer einfachen geometrischen Figur in dieser unmittelbar einen konkreten Gegenstand sieht. Bei der Figur *Rechteck* würde die Reaktion etwa *Spiegel* sein. Dagegen löst sich das abstrakte Verhalten vom konkreten Gegenstand in einer best. Situation und fasst ihn als Repräsentanten eines Allgemeineren, seiner Gattung oder Kategorie auf. Der Gesunde ist in der Lage, je nach Anforderung von beiden Verhaltensweisen Gebrauch zu machen, während neurologisch beeinträchtigte Personen weitgehend auf die konkrete beschränkt sind.

Abstraktion (= A.) [lat. *abstrahere* abziehen], **[KOG]**, bez. den Prozess oder das Ergebnis der kogn. Verarbeitung von Reizen, bei der grundlegende strukturdefinierende Eigenschaften hervorgehoben werden, und Aspekte, die lediglich für die spezif., situative und indiv. Reizkonstellation gültig sind, unterdrückt oder ignoriert werden. A. entspricht der Identifikation oder Repräsentation generalisierbarer, stabiler und systematischer Merkmalsinformationen, die den Reiz als Element einer allgemeineren *Kategorie* oder Klasse auszeichnen. Bspw. stellen *Stereotype* oder *Modelle* Abstraktionen der Realität dar. A. ist dabei gegensätzlich zu konkretem Denken und Verhalten (*abstraktes und konkretes Verhalten*).
Generalisierende A. bez. die Identifikation/Repräsentation charakterisierender allg. Eigenschaften von Reizen, die diese als Element einer Kategorie auszeichnen (z. B. kritische Merkmale, die die Erkennung einer menschlichen Figur oder Mimik auslösen). Isolierende A. bez. die Identifikation/Repräsentation kritischer oder typischer Eigenschaften, die eine Identifikation eines spezif. Objekts ermöglichen (z. B. analoge Symbolisierung spezif. Gefahrenquellen auf Verkehrsschildern; Karrikatur eines spezif. Politikers). Idealisierende A. bez. die Identifikation eines idealen oder prototypischen Objekts einer Kategorie (z. B. der ideale Verlauf eines Therapieprozesses). Anderson 2013.

Abstraktionsvermögen [engl. *faculty of abstraction*], **[KOG, PER]**, die Fähigkeit (z. B. beim Problemlösen), abstrakte, d. h. nicht-gegenständliche Vorstellungen verwenden zu können. *Abstraktion*, *Denken*, *Intelligenzfaktoren*.

Abstumpfung [engl. *restricted/blunted affect*], **[KLI]**, das Absinken der (insbes. emot.) Reaktion (*Emotionen*). Ursachen können sein: Gewöhnung, Anpassung, *Erschöpfung*, psych. Übersättigung, alters- oder schicksalsbedingte seel. Veränderungen, Frontalläsionen des Gehirns.

A-B-Typologie [engl. *A-B-typology*], **[KOG]**, eine von Herb getroffene Unterscheidung zw. der *Intelligenz* A (die genetisch best. Fähigkeit des Gehirns) und der Intelligenz B (das derzeitige Intelligenzniveau, abhängig von der Stimulation).
[KLI], Gliederung der Therapeuten (*Psychotherapie*) nach problemlösungsorientierten (A-Typ) und praktisch interessierten (B-Typ).
[GES], *Typ-A-, Typ-B-Persönlichkeit*. Berzins 1971.

Abulie [engl. *abulia*; gr. ἀβουλία (*aboulia*) Ratlosigkeit], **[KLI]**, Willenlosigkeit z. B. bei Depressionen, schizophrenen Psychosen, Hirnschäden.
[KOG], Sprechunvermögen durch den Verlust phonischer Innervation (nervale Versorgung von Gewebe und Organen).

Abusus [engl. *abuse*; lat. *ab-* gegen, *usus* Gebrauch], **[KLI]**, *Missbrauch*, bes. von Genuss-, Arznei-, Betäubungsmitteln. *Substanzabhängigkeit*, *Sucht*, *Missbrauch, sexueller*.

Abwehr (= A.) [engl. *defense*], **[KLI]**, eine Form der Auseinandersetzung mit der Umwelt – hier der Bedrohung. Ob als Ausweichen (*Fluchtverhalten*, Verstecken, *Totstellverhalten*) oder aktiv als Angriff bzw. Kampf, stets liegen komplizierte Verhaltens- und Erregungsmuster zugrunde und steuern den spezif. Ablauf. *Furcht* und *Angst* integrieren mehr oder minder die A. (*Panikstörung*). Beim Menschen treten vielerlei erworbene Reaktionen hinzu (auch angenommene Praktiken, z. B. magische (*Magie, Ritualisierung*). *Abwehrmechanismen des Ich*.

Abwehrbewegung, **[BIO, KOG]**, meist reflektorische Bewegung zum Schutz des eigenen Körpers.

Abwehrmechanismen des Ich [engl. *defense mechanisms of the ego*], **[KLI, PER]**, der Begriff *Abwehr* (= A.) bez. in der *Psychoanalyse* eine psych. Operation, die das Bewusstsein, das *Ich* und dessen Arbeitsfähigkeit vor konflikthaften (*Konflikt*) inneren Reizen (Erinnerungen, Triebwünschen, Affekten) sowie äußeren überwältigenden Reizen (traumatischen Erfahrungen) schützen soll. Die A. setzt ein, wenn ein Reiz das innere Spannungsniveau im *psych. Apparat*, das möglichst niedrig bzw. konstant sein soll, stört. Nach der Einführung des psychoanalytischen Struktur- bzw. *Instanzenmodells* wurden die A.mechanismen als zentrale, zum größten Teil unbewusste Ich-Funktion betrachtet, mit deren Hilfe das Ich seine Konflikte zu bewältigen versucht. Die Hauptaufgabe der A.mechanismen ist «der Schutz des Ichs gegen Triebansprüche» (Freud 1923). Anna Freud hat das Konzept der A. weiterentwickelt. Sie ging davon aus, dass A.vorgänge nicht prinzipiell pathologisch sind. Vielmehr sei die Entwicklung des Ichs und seiner A.-funktion für die gesamte Entwicklung der Persönlichkeit und die Integration der Triebe entscheidend (*Persönlichkeitstheorien, psychoanalytische*). Anna Freud traf eine Unterscheidung zw. 13 A.mechanismen: *Verdrängung, Regression, Reaktionsbildung, Isolierung*, Ungeschehenmachen, *Projektion, Introjektion*, Wendung gegen die eigene Person, Verkehrung ins Gegenteil, *Sublimierung, Identifikation* mit dem Angreifer, altruistische Abtretung (*Altruismus*), Intellektualisierung. Die unterschiedl. A.methoden lassen sich in klin. wie entwicklungspsychol. Perspektive unterschiedlichen seelischen Funktionsniveaus bzw. Reifungsstufen zuordnen. Die Bedeutung des A.konzepts ist innerhalb wie außerhalb der Psychoanalyse unumstritten und bis heute Gegenstand klin. wie außerklin. wiss. Forschung. *Psychoneurose*. Hentschel et al. 2004. L. Bayer

Abwehrpsychoneurosen, syn. *Psychoneurosen*. Bez. von S. Freud.

Abwehrstoffe [engl. *antibodies*], **[BIO]**, vom *Organismus* gebildete Stoffe, die in der Lage sind, Fremdstoffe (Gifte, Krankheitserreger) unschädlich zu machen. *Antigen-Antikörper-Reaktion*.

abweichendes Verhalten (= a. V.) [engl. *deviant behavior*; lat. *deviare* abweichen, abirren], früher syn. *abnormes Verhalten* (wird heutzutage aufgrund stigmatisierender Konnotation abgelehnt), **[KLI]**, als a. V. werden in der Klin. Psychol., *Psychopathologie*, Psychiatrie und Sozialps. V.- und Erlebensweisen bez., die in ihrer Intensität, Qualität, Häufigkeit und spezif. Kontexten von dem abweichen, was erwartbar ist und der *Norm* entspricht. Ein a. V. bemisst sich anhand von kult., gesellschaftlichen, traditionellen, inter- und intraindiv., subj., funktionalen und empirischen Normen und Befunden. Subj. Bewertungsmaßstäbe umfassen Einschätzungen der Person darüber, wie wahrscheinlich ein best. V. oder Ergebnis ist, welche Bedingungen es ermöglichen oder wie erstrebenswert es ist. Obj. Bewertungsmaßstäbe basieren auf außerhalb der Person liegenden Kriterien, etwa stat. oder funktionale (kriteriumsorientierte) Normen (z. B. *cut-off point, cutting score*). In der psychol. Diagnostik kommen neben obj. Normen auch subj. Normen (z. B. *Motivation*, *Lebensqualität*) zum Tragen. Ein a. V. kann unter ungünstigen Risikokonstellationen zu einer dauerhaft ausgeprägten psych. Störung führen, wenn es die üblichen sozialen Aktivitäten oder Beziehungen beeinträchtigt, Leiden verursacht, die Lebensführung behindert oder die Person selbst oder andere schädigt. *U. de Vries/F. Petermann*

Abweichung, mittlere und durchschnittliche [engl. *mean deviation, average deviation*], [**FSE**], *AD*, *Streuungsmaße*.

Abweichung, soziale [engl. *social deviance*], [**RF, SOZ**], fast ausschließlich auf Verhalten bezogene Klassifikation, bei der die Abweichung von einer geltenden Norm (*Normen, soziale*) zur Kategorisierung eines best. Verhaltens als sozial abweichend bez. wird. Zudem wird – bei einer stärker «operationalisierten» Form der Def. – ein Verhalten dann als sozial abweichend bez., wenn es Sanktionen in Form von Strafen zur Folge hat bzw. haben würde, sofern es entdeckt würde. Diese Erweiterung berücksichtigt, dass für sehr viele abweichende Verhaltensweisen, die gegen geltende Rechtsvorschriften verstoßen, eine relativ hohe Dunkelziffer besteht. Amelang 1986, Lamnek 1979, Fischer & Wiswede 2002. *B. Six*

Abweichungs-IQ-Skala [engl. *deviance IQ-scale*], *Normskalen, Normenskalen.*

Abwertungshinweis [engl. *discounting cue*], [**SOZ**], als Erklärung für die Entstehung des Sleeper-Effekts (*Sleeper-Effekt*) verwendetes Konzept. Verbindet der Adressat oder Empfänger einer Botschaft neg. Assoziationen (*discounting cues*) mit dem Sender, der den Adressaten mithilfe seiner Botschaft überzeugen will oder dessen Einstellungen ändern will, dann sind die intendierten Überzeugungsversuche oder Einstellungsänderungen nicht zu erwarten. Derartige Hinweisreize führen i. d. R. dazu, dass der Wert der Botschaft deutlich abgemindert oder sogar unwirksam wird. Da beim Sleeper-Effekt dennoch Wirkungen der Botschaft nachweisbar sind, wird davon ausgegangen, dass es zu einer Dissoziation der Verknüpfung von Botschaft und Quelle kommt, d. h. zum Vergessen eben dieser Beziehung, sodass die Botschaft i. S. der intendierten Überzeugung und *Einstellungsänderung* wirksam werden kann. Cook & Flay 1978. *B. Six*

Abwertungsprinzip [engl. *discounting principle*], *Kovariationsmodell*, *Attribuierung, Attribution.*

^Test**Abzeichentest für Kinder (ATK)**, 2004, D. Heubrock, I. Eberl & F. Petermann, [www.testzentrale.de], [**DIA, KLI, PÄD**]. Klin.-päd. Verfahren. AA 7–12 Jahre. Der ATK ist zur Diagnostik raumanalytischer und räumlich-konstruktiver Fähigkeiten und zum Nachweis entspr. Funktionsstörungen geeignet. Er besteht – je nach Alter – aus 3 bis 9 standardisierten Vorlagen mit geometrischen Mustern unterschiedlicher Komplexität, die in der unteren Hälfte des Blattes abgezeichnet werden sollen. Als Orientierungshilfen sind Elemente der Vorlage bereits vorgegeben. Die Integration vorgegebener Hilfen fällt Kindern mit einer räumlich-konstruktiven Störung schwerer als das Abzeichnen ohne Hilfen. *Normierung:* An 350 gesunden Kindern im Alter von 7 bis 12 Jahren sowie an einer neurol. Stichprobe von Kindern mit gesicherter räumlich-konstruktiver Störung und an einer weiteren neurol. Stichprobe von Kindern ohne räumlich-konstruktive Störung kreuzvalidiert. Bearbeitungsdauer: Testdurchführung ca. 15 Min., Testauswertung ca. 5 Min.

Acamprosat [**PHA**], seit 1996 im Handel befindl. Substanz, die das Verlangen nach *Alkohol* unterdrücken soll und deshalb als *Anticravingsubstanz* bei der Therapie der Alkoholkrankheit verwendet wird. Die Substanz ist ein Modulator an den *Glutamat-*, *GABA-* und Serotoninrezeptoren (*Serotonin*), die neurochem. Effekte sind aber bei Gesunden kaum nachweisbar. *Alkoholabhängigkeit, Pharmakotherapie.* Soyka 1996. *W. Janke*

access [engl. *Zugang, Zugriff*], *Kognitive Hemmung.*
accessibility [engl. *Zugänglichkeit*], *availability.*
accessibility view [engl. *accessibility* Zugänglichkeit, *view* Sichtweise, Standpunkt], *Feeling-of-Knowing-Urteil.*
access panel *Internet, neue Medien in der Marktforschung.*
ACE-Hemmer (= A.) [engl. *ACE inhibitor*], [**PHA**] Medikamente, therap. bei mehreren Mio. Pat. mit *Hypertonie* und Herzinsuffizienz eingesetzt, so Captopril und Enalapril. Der Wirkungsmechanismus besteht in der Hemmung des *angiotensin converting enzyme* (ACE), das für die Umwandlung von Angiotensin I in Angiotensin II verantwortlich ist. A. vermindern u. a. vasokonstriktorische Wirkungen des Angiotensins II sowie dessen Einfluss auf *Catecholamine* und *Aldosteron* und andere neg. Effekte. A. werden aufgrund von leistungshemmenden Effekten in Tiermodellen im Hinblick auf die Behandlung von *Gedächtnisstörungen* diskutiert, jedoch aufgrund fehlender Spezifität sowie der *Nebenwirkungen* nicht als Therapeutika eingesetzt. Gesichert sind aber neurotrope Effekte. Ein weiterer Hinweis für zentralnervöse Beteiligung von ACE an psych. Prozessen ist, dass ACE bei *Schizophrenie* zentralnervös vermindert sein soll, welches auf eine veränderte *Metabolisierung* zentralnervöser Neuropeptide hinweist. Aktories et al. 2005. *W. Janke*

Acetaldehyd (= A.) [engl. *acetaldehyde*], [**PHA**], Stoff, der beim Abbau von *Alkohol* entsteht. Erhöhter Spiegel führt zu einem unangenehmen Zustand u. a. mit Erbrechen (A.-Syndrom). A. hat neurotoxische Effekte und ist mitverantwortl. für bei *Alkoholembryopathie* auftretende psych. Störungen. Collins 1988.

Acetylcholin (= A.) [engl. *acetylcholine*], [**BIO, PHA**], der *Neurotransmitter* A. wird aus aktivierter Essigsäure (Acetyl-Coenzym A) und dem im Nahrungsfett Lecithin (Phosphatidylcholin) enthaltenen Cholin synthetisiert. Der in den Spalt ausgeschüttete Botenstoff wird im Wesentlichen dort durch das Enzym Acetylcholinesterase (kurz: Cholinesterase) abgebaut. Für A. kennt man große Typen von Bindungsstellen, die nikotinergen und die muskarinergen (erstere mit zahlreichen, in ihrer Bedeutung noch unklaren Untertypen, letztere mit fünf Unterformen). A.agonistisch oder kürzer: cholinagonistisch (d. h. die Übertragung an cholinergen Synapsen verstärkend) wirken u. a. einige direkt die Rezeptoren anregenden Stoffe (so *Nikotin* und das im Fliegenpilz zu findende *Muskarin*, das in der Betelnuss enthaltene Arecolin sowie u. a. Carbachol und Pilocarpin) und Hemmstoffe der Acetylcholinesterase (*Acetylcholinesterasehemmer*). Psychopharmakol. relevante A.antagonisten (*Anticholinergika*) sind *Atropin* (in der Tollkirsche) sowie Scopolamin (u. a. in Bilsenkraut, Stechapfel und Engelstrompete), welche muskarinerge A.rezeptoren blockieren; auch viele Medikamente (bspw. die trizyklischen *Antidepressiva*) haben anticholinerge Effekte.

Als cholinerges System bez. man die Gesamtheit der A. übertragenden Nervenzellen. *Cholinerg* sind die präsynaptischen *Neurone* sowohl des *Sympathikus* sowie des *Parasympathikus* mit nikotinergen A.bindungsstellen an den postganglionären Rezeptoren); A. als Transmitter benutzen auch die postganglionären Neurone des Parasympathikus, wobei die Rezeptoren an den Endorganen muskarinerg sind. Etwas vereinfacht ausgedrückt, spielt A. eine «größere Rolle» im Parasympathikus als im Sympathikus. Cholinagonisten wie die psychopharmakol. sehr relevanten, bei kogn. Störungen (spez. der *Alzheimer-Krankheit*) eingesetzten Acetylcholinesterasehemmer wirken daher *parasympathomimetisch*, erniedrigen bspw. die Herzfrequenz. Cholinantagonisten wie die die muskarinergen Rezeptoren blockierenden Anticholinergika Atropin, Scopolamin sowie u. a. die trizyklischen Antidepressiva führen auf der anderen Seite zu einer Dämpfung des Parasympathikus (und so indirekt zu einer Sympathikusaktivierung mit Pulsbeschleunigung, Erweiterung der Pupillen, aber auch Reduktion der Verdauungsaktivität und Erschwerung der Blasenentleerung). Cholinerg sind weiter die Motoneurone, welche von motorischen Hirnnervenkernen und den Vorderhornzellen des Rückenmarks die Muskelfasern erreichen (mit nikotinergen Rezeptoren an den motor. Endplatten). Zentralnervöse cholinerge Neurone finden sich einerseits in den (für die Regulation der Motorik bedeutsamen) Basalganglien sowie dem im basalen Vorderhirn lokalisierten Nucleus basalis Meynert, deren Axone u. a. in den Hippocampus ziehen und wesentlich an Lern- und *Gedächtnis*vorgängen beteiligt sind (*Gehirn*, *Nervensystem*). Da bei der Alzheimer-Krankheit u. a. die präsynaptische A.ausschüttung gestört ist, werden – augenblicklich mit nur beschränktem Erfolg – Acetylcholinesterasehemmer verabreicht. Umgekehrt muss bei der Einnahme von Anticholinergika bzw. anticholinerg wirksamen Medikamenten mit Gedächtnisstörungen gerechnet werden. Zellkörper cholinerger Neurone befinden sich auch im Hirnstamm; sie werden – antagonistisch zu serotonergen und noradrenergen Neuronen – mit der Induktion des REM-*Schlafs* in Verbindung gebracht.

Generell ist davon auszugehen, dass A. in vieler Hinsicht ein Gegenspieler zu den Monoaminen ist. Biopsychol. ist dies bes. relevant bzgl. *Dopamin*: Anticholinergika verstärken in vielen Punkten die Dopaminwirkung, sind also euphorisierend und können psychotisch-delirante Symptomatik hervorrufen, sind auch gegen best. Formen der *Parkinson'schen Erkrankung*) wirksam. In noch sehr vager Weise geht man bei den *affektiven Störungen* von einem Ungleichgewicht zw. serotonerger und noradrenerger Aktivität einerseits, cholinerger andererseits aus, wobei sich in *depressiven Episoden* ein Überwiegen letzterer findet – während es in manischen Episoden (*Manie*) umgekehrt sein könnte. Köhler 2013a, Köhler 2005. *T. Köhler*

Acetylcholinesterasehemmer (= AChE-I) [engl. *acetylcholinesterase inhibitor*], [**PHA**], Medikamente, die das Enzym Acetylcholinesterase (AChE) hemmen, wodurch es zu einer verbesserten cholinergen Neurotransmission (*Neurotransmitter*) kommt. Da eine Verminderung der cholinergen Neurotransmission ein zentraler neurobiochemischer Befund bei der Alzheimer-*Demenz* ist, liegt dieser Mechanismus wahrscheinlich der Wirksamkeit von AChE-I bei Alzheimer-Demenz zugrunde. AChE-I sind in Dt. zugelassen für die Behandlung leichter bis mittelschwerer Formen der Alzheimer-Demenz. Verfügbar sind *Donepezil*, *Galantamin* und *Rivastigmin*. Diese unterscheiden sich in ihren pharmakol. und pharmakokinetischen Eigenschaften, ohne jedoch bedeutsame klin. Wirkunterschiede aufzuweisen. Klin. Studien deuten auf eine Wirksamkeit auch bei anderen Demenzformen (vaskuläre Demenz, *frontotemporale Demenz*, Demenz bei *Morbus Parkinson* u. a.) hin. *G. Gründer*

Acetylcholinrezeptor (= A.) [engl. *acetylcholine receptor*], [**BIO, PHA**], Rezeptoren für den *Neurotransmitter Acetylcholin* (ACh). Unterschieden werden – def. durch ihre jew. *Agonisten* – muskarinische und nikotinische A. Muskarinische A. sind G-Protein-gekoppelte Rezeptoren. Es sind fünf Subtypen (m1–m5) bekannt, Agonisten an allen Subtypen sind ACh und *Muskarin*, Antagonisten *Atropin* und *Scopolamin*. Nikotinische A. sind ligandengesteuerte Ionenkanäle, deren Aktivierung eine Depolarisation des postsynaptischen *Neurons* auslöst. Es handelt sich um pentamere Glykoproteine, die sich aus zwei versch. Polypeptidketten (α- und β-Untereinheiten) zus.setzen. Es sind 10 versch. α- und vier versch. β-Untereinheiten bekannt. *G. Gründer*

Acetylsalicylsäure (= A.) [engl. *acetylsalicyl acid*], [**PHA**], peripheres *Analgetikum*, keine ZNS-Wirkung (*Nervensystem*), oft mit Zusatzstoffen wie *Koffein* versehen, im Handel als Mischanalgetikum erhältlich. A. wirkt auch fiebersenkend und entzündungshemmend. Es hemmt die Synthese der *Prostaglandine*. Direkte psych. Wirkungen sind häufig diskutiert, aber nicht nachgewiesen. Ketterer et al. 1996. *W. Janke*

Ach, Narziss Kaspar (1871–1946), [**HIS, KOG**], Psychologe und Mediziner/Willens- und Begriffsforschung/ Promotion und Habilitation Universität Würzburg, studierte zus. mit G. E. Müller und O. Külpe. Assistent von Carl Stumpf, Mitglied der *Würzburger Schule*, entwickelte die

Methode der systematischen exp. Introspektion. Auch bekannt durch seine Überlegungen zur determinierenden Tendenz (*determinierende Tendenz*) und zum *Bewusstsein*.

achievement [engl.] Leistung, Erfolg, [**EM**], Konstrukt von Murray, das das Leistungsstreben beschreibt. *Leistung*.

achievement quotient (AQ) *Leistungsquotient*.

achievement-test (= A.) [**DIA**, **PÄD**], engl. Bez. für *Leistungstest*, dem ein Training vorausgeht (*Schulleistungstests*), Wissenstest (zu unterscheiden von Fähigkeitstest, *ability*). A.s können allg. wie spezif. Leistungen erheben, wie z. B. in der Diagnostik der Schulleistung i. S. von Wissen im schulischen Bereich. *Large Scale Assessment*, *PISA-Studien*, *Schuleffektivität*, *Unterrichtsqualität*.

Achromasie *Achromatopsie*.

Achromatopsie (= A.) [engl. *achromatopsia, achromatism*; gr. α- (a-) ohne, χρῶμα (chroma) Farbe, ὄψις (opsis) Sehen, Sehvermögen], [**BIO**], Verlust des Farbsehens (völlige Farbenblindheit) entweder durch Ausfall der Zapfen-Rezeptoren in der Netzhaut (Stäbchenmonochromasie; angeboren) oder einer Schädigung des occipito-temporalen (visuellen) Kortex beidseits (sog. zerebrale A.). *Hemiachromatopsie*, *Dyschromatopsie*. Karnath & Thier 2012. *J. Zihl*

Achse-I-Störungen (= A.) [engl. *axis I disorders*], [**KLI**], als A. werden psych. Störungen bez., die auf der ersten diagn. Achse des multiaxialen Klassifikationssystems nach *DSM*-IV kodiert werden. Hierunter fallen alle psych. Störungen, die im Katalog des DSM-IV aufgeführt sind. Ausgenommen hiervon sind nur die *Persönlichkeitsstörungen* und die *geistigen Behinderungen*, die auf der zweiten Achse (*Achse-II-Störungen*) zu klassifizieren sind. Da die konzeptuelle Unterscheidung psych. Störungen anhand von Diagnose-Achsen im DSM-5 aufgegeben wurde, ist der Begriff A. im DSM-5 nicht mehr zu finden. Im multiaxialen Klassifikationsschema für psych. Störungen des Kindes- und Jugendalters nach *ICD-10* werden unter A. alle psych. Störungen nach ICD-10 gefasst, inkl. der *Persönlichkeitsstörungen* und *tiefgreifenden Entwicklungsstörungen*. *Umschriebene Entwicklungsstörungen* und *Intelligenzminderungen* sind hingegen anderen Diagnose-Achsen zugeordnet, hier II bzw. III. *F. Petermann*

Achse-II-Störungen (=A.) [engl. *axis II disorders*], [**KLI**], A. umfassen *Persönlichkeitsstörungen* und *geistige Behinderungen*, die im Klassifikationssystem *DSM*-IV aufgeführt werden. Die A. wurden konzeptuell von den symptomatischen *Achse-I-Störungen* abgehoben, da ihnen ein chronischer und anhaltender Verlauf zugeschrieben wurde. Die Aufteilung in Achse-I- und A. ist mit der Aufgabe der multiaxialen Diagnosestruktur im DSM-5 überflüssig geworden. Im multiaxialen Klassifikationsschema für psych. Störungen des Kindes- und Jugendalters nach *ICD-10* wird die Bez. A. für *umschriebene Entwicklungsstörungen* verwendet. *D. Nitkowski*

Achtmonatsangst *Fremdenreaktion*.

Achtsamkeit (= A.) [engl. *mindfulness*], [**GES, KLI**], verwandte Begriffe: *Aufmerksamkeit*, Sorgfalt; A. stammt ursprünglich aus der buddhistischen Tradition und ist eine Übersetzung des Pali-Begriffes *sati*. Dieser bez. die Fähigkeit des Geistes, bei etwas zu verweilen, etwas im Gedächtnis zu behalten und mit der Aufmerksamkeit gegenwärtig zu sein. Die vier edlen Wahrheiten des Buddhismus besagen, dass das Leben aus Leiden besteht; dass das Leiden aus Gier, Hass und Verblendung entsteht; dass das Leiden beendet werden kann; und dass der Weg zur Aufhebung des Leidens der achtfache Pfad sei. Dieser besteht aus drei ethischen Pfeilern (rechtes Reden, rechtes Handeln, rechter Lebensunterhalt), aus drei Elementen der *Kultur des Bewusstseins*, und daraus folg. *Weisheit* und *Einsicht*. Ein zentrales Moment der Kultur des Bewusstseins ist *sati*, die A. Zur Kultur des Bewusstseins gehören außerdem die richtige Intention oder Vorbereitung und die rechte Sammlung oder Konzentration. Die rechte Sammlung oder Konzentration meint die Fähigkeit des Geistes, stetig bei einer Sache verweilen zu können und gesammelt zu sein. Dies gelingt, wenn man mit der rechten Intention und Absicht den Geist übt. Daraus ergibt sich dann die Fähigkeit zur A., zum Eingedenken, Erinnern und Gegenwärtigsein nicht nur in der formalen Übung der Meditation (*Achtsamkeitsmeditation*), sondern auch in allen Aspekten des Lebens, bei alltäglichen Verrichtungen oder bei Begegnungen mit Menschen. Die Form, A. zu üben und zu erlangen, ist eben genau die Kultur des Bewusstseins oder Schulung des Geistes, die Meditation.

In der jüngsten Zeit wurde der Begriff A. i. R. von Anwendungsprogrammen wie dem *Mindfulness Based Stress Reduction* (MBSR)-Programm, der *dialektischen Verhaltenstherapie für Borderline-Pat. (DBT)*, oder dem *Mindfulness Based Cognitive Therapy (MBCT)-Programm* popularisiert. In diesem Zusammenhang meint der Begriff A. daher das absichtsvolle Gegenwärtigsein unseres Geistes bei allem, was gerade im Moment geschieht, bei Empfindungen des Körpers, Bewegungen des Geistes, Wahrnehmungen und Gefühlen, ohne dass diese beurteilt werden. Empir. Untersuchungen zeigen, dass A. mind. eine Aufmerksamkeitskomponente und eine Akzeptanzkomponente enthält. Weitergehende *Operationalisierungen* schlagen auch noch vor, die Fähigkeit zu *beobachten*, die Fähigkeit zu *benennen* sowie die Fähigkeit *nicht zu reagieren* hinzuzunehmen. Die Messung von A. wird v. a. über *Selbstberichtsfragebögen* vorgenommen, von denen elf im Jahr 2013 vorlagen. Zu den weiter verbreiteten Instrumenten gehören der in Dt. entwickelte *Freiburger Fragebogen zur Achtsamkeit (FFA, FMI auf Engl.)*, die *Mindful Attention and Awareness Scale (MAAS, mittlerweile auch in dt. Fassung)*, die *Five Facet Mindfulness Scale (FFMS)*, die aus einer gemeinsamen psychometrischen Analyse des FFA, der MAAS und der Vorgängerskala *Kentucky Inventory of Mindfulness Skills (KIMS)* hervorgegangen ist und das derzeit umfassendste Instrument darstellt. Gegen die Messung von A. durch Selbstbericht wurden grundlegende Einwände geltend gemacht, weil ein solcher Bericht immer der *sozialen Erwünschtheit* unterliegt, weil die Ergebnisse durch *response shift* (*response bias*) verfälscht werden und weil Personen ohne Meditationserfahrung die Items von A.fragebögen grundsätzlich anders verstehen als solche mit Erfahrung. Andere Verfahren zur Messung von A., wie etwa obj. *Tests*, liegen allerdings noch nicht vor. Sauer et al. 2013, Zimmermann et al. 2012, Heidenreich & Michalak 2009. *H. Walach*

Achtsamkeitsmeditation (= A.) [engl. *mindfulness meditation*; lat. *meditatio* Nachsinnen, Einüben], syn. *Vipassana-Meditation*, **[GES, KLI]**, A. stammt aus der buddhistischen Tradition und ist eine spez. Meditationsform. Der weitere Begriff der Meditation bez. in der buddhistischen Tradition die Kultur des *Bewusstseins*, zu der neben der Schulung der *Achtsamkeit* auch die Übung der Sammlung oder Vertiefung (*samadhi*) und die Schulung der Intention gehört. Landläufig werden diese beiden Arten der *Meditation*, der Sammlung und der Achtsamkeit, häufig voneinander unterschieden, indem die Sammlung mit Konzentration und Einengung des Fokus gleichgesetzt wird, Achtsamkeit hingegen mit einem erweiterten Fokus. In der inneren Logik der Geistesschulung hingegen ist Konzentration und Sammlung eine Voraussetzung für Achtsamkeit, und eine achtsame Lebensführung auch im Alltag erleichtert die Sammlung. Von dieser allg. Bedeutung zu unterscheiden ist eine spez. Bedeutung der A. Sie meint eine spez. Art der Meditation, die *Einsichtsmeditation*, bei der mithilfe von versch. Übungen die Einsicht in die wahre Natur des Geistes und der Dinge erreicht werden soll. Eine typ. Form der A. ist die Atemachtsamkeit. Dabei achten die Meditierenden auf Körperempfindungen beim Atmen, z. B. die Berührung des Luftstroms an den Nasenlöchern, das Heben und Senken der Bauchdecke oder zählen den Atem von eins bis zehn. Körperachtsamkeit lenkt die Aufmerksamkeit auf alle möglichen Formen der Körperempfindungen, systematisch, indem man die versch. Körperteile im Geiste durchgeht oder indem man auf den Wechsel der Empfindungen achtet. Andere Meditationsformen können sich auf geistige Inhalte und ihren beständigen Wechsel richten, oder die geistigen Inhalte benennen und etikettieren. Sie werden i. d. R. von einem Lehrer dem Entwicklungsstand eines Schülers angepasst vorgelegt. Bes. Bedeutung hat die A. erhalten, indem moderne verhaltensmed. Programme wie das *Mindfulness Based Stress Reduction (MBSR)-*Programm Elemente von A. i. R. von strukturierten Gruppensitzungen unterrichten. In solchen Programmen wird A. ohne den Kontext der buddhist. Tradition vermittelt. Heidenreich & Michalak 2009. *H. Walach*

Ach-Vigotsky-Methode, syn. *Vigotsky-Test*, **[KOG]**, Bez. für den von Ach eingeführten und von Vigotsky modifizierten Versuch zur Begriffsbildung. Stereometrische Körper (versch. nach Gestalt, Farbe, Gewicht usw.) werden mit sinnlosen Silben belegt (z. B. GAZUN, CEV). Nach kurzem Umgang mit diesen Blöcken werden die Silben für die Vpn sinnvoll (z. B. GAZUN = großer, schwerer Körper). *Begriff*, *Psycholinguistik*, *Sapir-Whorf-Hypothese*. Ach 1921, Pauli & Arnold 1957.

Acrylamid (= A.) [engl. *achrylamide*], **[PHA]**, von einer einfachen Fettsäure durch Polymerisation entstandener Kunststoff, neurotoxische Substanz, als *Umweltschadstoff* von Bedeutung. A. hat unmittelbar schädigende Effekte auf *Neurone* und Axonleitungsgeschwindigkeit, die sich auf sensor. und motor. Prozesse beeinträchtigend auswirken. Hartman 1995. *W. Janke*

acting out (= a. o.) [engl.], **[EM, KLI, KOG]**, *(Gefühle) ausleben*; ein in der Ps. verwendeter, nichtVgl. mit dem üblichen Motivationssystem des Subjekts einen Bruch darstellen, im Laufe seiner Handlungen relativ isolierbar sind und oft eine auto- oder heteroaggressive Form annehmen. Das a. o. wird als Hervortreten von Verdrängtem gewertet. *kathartische Methode*, *Psychodrama*.

action research (= a. r.) [engl.] Aktionsforschung, syn. Handlungsforschung, **[FSE, KLI, SOZ]**, nach Lewin (1946, 1948) die systematische (mit Standardmethoden der Sozialps. eingeführte) Erfolgskontrolle bei Maßnahmen, die von sozialen Agenten (Erziehungsinstitutionen, Leitung industrieller Firmen, Strafvollzugsbehörden etc.) zur Verhaltens- oder *Einstellungsänderung* vorgenommen werden. A. r. erfordert i. d. R.: (1) die unmittelbare Beteiligung des Forschers am Untersuchungsverlauf (Prozess, soziale Interaktion); (2) die laufende Rückmeldung über die gewonnenen Ergebnisse an möglichst alle Beteiligten noch während der Untersuchung; (3) die emanzipatorische Zielsetzung (Veränderung im sozialen Feld).
Als Forschung der Angewandten Sozialps. soll a. r. Lernprozesse bei den sozialen Agenten ermöglichen, weil die Erfolge ihres Handelns mit Normen (*Normen, soziale*) verglichen werden. Als Methode der Grundlagenforschung hat a. r. nur begrenzten Wert, weil meistens die *unabhängigen Variablen* (Maßnahmen der sozialen Agenten) unüberschaubar komplex sind und eine *Kontrollgruppe* oft fehlt. Als problematisch kann sich ggf. die Voreingenommenheit der Forscher erweisen: Der engagierte Sozialwissenschaftler verfolgt selbst beide Ziele, sowohl eine (propagandistisch intendierte) Verhaltensänderung als auch die Kontrolle. Aus diesem Grund wird a. r. von Kritikern nicht als Alternative, sondern als Ergänzung zur herkömmlichen Forschungsstrategie verstanden (*Forschungsprozess*). Zunehmende Bedeutung erhält der Ansatz in der Klin. Ps., sowohl in systematischen Einzelfallstudien, aber auch bei der bedarfsgerechten Weiterentwicklung klin. Institutionen und Angebote. *Feldstudie*, *Begleitforschung*, *Qualitative Sozialforschung*. Ulich 1980, Horn 1979.
D. Zimmer/R. Bergius

action stream [engl. *Handlungspfad*], *dorsaler Pfad*.

Active-Coping-Ansatz (= A.) [engl. *active coping approach*; *active* aktiv *coping* Bewältigung], **[EM, KLI, KOG]**, der A. entstammt der *Psychophysiologie* und beschreibt die Interaktion zw. *Verhalten* und Reaktionen des Herz-Kreislauf-Systems. Der A. unterscheidet zw. Situationen mit *aktivem Coping*, in welchen ein Organismus durch sein aktives Handeln Einfluss auf den Ausgang einer Situation nehmen kann, und Situationen mit *passivem Coping*, in welchen ein Organismus passiver Empfänger von Reizen ist. Gemäß dem A. zeichnen sich Situationen mit passivem Coping dadurch aus, dass der Organismus seine somatische Aktivität reduziert oder gänzlich unbewegt ist. Man beobachtet zudem eine parasympathische Aktivität (*Parasympathikus*), was zu einer Verlangsamung der *Herzfrequenz* führt. Im Ggs. dazu beobachtet man bei Situationen mit aktivem Coping eine sympathische Aktivität (*Sympathikus*), was zu einer Steigerung der Herzrate und der Kontraktilität des Herzmuskels führt. Diese kardiale Reaktivität ist hierbei proportional zum Ausmaß der Involviertheit bzgl. der Aufgabe: Schwierige Aufgaben führen zu einer stärkeren Aktivität des Herzens als einfache Aufgaben (geringe Herausforderung) oder unmögliche Aufgaben. Diese sympathische Aktivierung des Herzens ist unabhängig von der somatischen Aktivität des Organismus (*cardiac-somatic uncoupling*) und scheint aus metabolischer Sicht nicht notwendig. Der A. fand Anwendung u. a. im Zusammenhang mit der Theorie der Motivationsintensität (*Motivation*) zur *Operationalisierung* von Anstrengungsmobilisierung in Abhängigkeit der Aufgabenschwierigkeit. Obrist 1976, Obrist 1981.

K. Brinkmann/M. Richter/G. H.E. Gendolla

Activities of Daily Living (ADL) [engl.] *Aktivitäten des täglichen Lebens*; *Aktivität, körperliche*, *International Classification of Functioning, Disability and Health (ICF)*.

Actor-Partner-Interdependenz-Modell (APIM) [engl. *actor* Akteur, lat. *inter* zwischen, *dependere* von etw. abhängen], **[FSE, PER, SOZ]**, Daten, die von einer *Dyade* erhoben werden, sind per definitionem nicht voneinander unabhängig. Das APIM berücksichtigt die wechselseitige Abhängigkeit zw. den Personen einer Dyade. In seiner Grundform handelt es sich um zwei Regressionsmodelle (*Regressionsanalyse*), die durch *Kovarianzen* zw. den endogenen Variablen und den Residuen miteinander in Beziehung gesetzt werden. Die intrapersonalen Zusammenhänge zw. Prädiktor und Kriterium werden als *Akteureffekte* bez. Zusätzlich lassen sich interpersonale Beziehungen analysieren, die als Partnereffekte bez. werden. Die *Partnereffekte* indizieren die Interdependenz zw. den Mitgliedern einer Dyade. Bei Nichtberücksichtigung interpersonaler Zusammenhänge werden intrapersonale Zusammenhänge überschätzt und umgekehrt. Das Modell ermöglicht den direkten Vergleich von Akteur- und Partnereffekten. Kenny & Cook 1999.

P. Y. Herzberg

AD, Abk. für [engl. *average deviation*] durchschnittliche Abweichung, **[FSE]**, Maß der Variabilität einer Verteilung oder Messwertreihe, stat. Kennwert für die durchschnittliche absolute Abweichung der indiv. Messwerte vom Mittelwert.

$$AD = \frac{\sum_{i=1}^{N} | x_i - \bar{x} |}{N}$$

x_i = Merkmalsausprägung bei Objekt i
$\bar{x}$ = *arithmetisches Mittel*
N = Anzahl der Objekte.
Standardabweichung, *Varianz*. Leonhart 2013.

R. Leonhart

Adaptation, Adaption (= A.) [engl. *adaptation*; lat. *adaptare* anpassen], **[WA]**, Anpassung, meist Anpassung eines Lebewesens an seine Umwelt. Der Begriff wird häufig in der Wahrnehmungsps. benutzt und bez. dort die Anpassung an die vorhandenen Reizverhältnisse, die meist in einer Änderung der *Empfindlichkeit* z. B. *Dunkeladaptation*) oder des «neutralen Punktes» (*Adaptationsniveau*) besteht, oder die Anpassung an exp. eingeführte Veränderungen

(*Störungsexperimente*). In der Sinnes- und Neurophysiologie bez. der Begriff die bei konstant bleibendem Reiz abnehmende Aktivität von Rezeptoren und anderen Nervenzellen (*Adaptation, selektive*); Ausmaß und Geschwindigkeit der A. werden oft zur Klassifikation von Zellen herangezogen. Kohler 1956.

H. Heuer

Adaptation, chromatische [engl. *chromatic adaptation*; lat. *adaptare* anpassen, gr. χρῶμα (*chrōma*) Farbe], **[WA]**, die beim längeren Fixieren einer best. Farbe oder Wechsel der vorherrschenden Beleuchtungsfarbe eintretenden Helligkeits-, Sättigungs- und Farbtonänderungen in ähnlicher Weise wie beim *Bezold-Abbey'schen Pänomen*. Diese sich auch auf die Farbe eines nachfolgend betrachteten Feldes auswirkende Anpassung an eine best. Farbe wird auch als Umstimmung (E. Hering) des Auges bez., die Helmholtz als Ermüdung der Netzhautelemente (farbige Ermüdung) deutete. Die zu einer Farbwandlung (*color conversion*) führende Umstimmung ist im Zusammenhang mit dem Farbenkontrast für die Farbkonstanz (*Konstanz*) von Bedeutung. *Adaptation*, *Farbwahrnehmung*. Boynton & Whitten 1972, Helson 1964.

Adaptation, kognitive (= k. A.) [engl. *cognitive adaptation*; lat. *cognitio* Erkennen, Kenntnis, *adaptare* anpassen], **[EW, KOG]**, k. A. nach Piaget (*Piaget, Jean*) ist ein Prozess und besteht im Zusammenspiel von *Assimilation* und *Akkommodation*. K. A. dient dem erfolgreichen Umgang mit der Welt: Zutreffende Begriffe, realitätsgetreue Pläne, funktionale Gewohnheiten etc. dienen dem effektiven Zielhandeln, aber auch der stimmigen und schlüssigen Wahrnehmung der Welt inkl. seiner selbst. K. A. ist immer vorläufig, d. h. dass die Erkenntnis- und Handlungsschemata i. Allg. so lange beibehalten werden, wie sie befriedigend funktionieren, d. h. so lange, wie die Ergebnisse der Assimilationsleistungen gegenseitig stimmig sind und den aktuellen Zielen des Individuums dienen. Wenn dies nicht der Fall ist, entsteht Druck zu Akkommodation der Schemata (*Assimilationsschema*; *Konstruktivismus*). Flammer 2009a.

A. Flammer

Adaptation, lokale [engl. *local adaptation*; lat. *adaptare* anpassen, *locus* Ort], **[WA]**, (v. Kries), im Ggs. zur Totaladaptation die Adaptation auf einer umschriebenen Netzhautstelle. *Adaptation*.

Adaptation, negative [engl. *negative adaptation*; lat. *adaptare* anpassen], **[WA]**, Bez. von Smith und Guthrie für die Erscheinung, dass die Wiederholung eines Reizes zur Senkung des Schwellenwertes führt, der Reiz nach mehreren Wiederholungen also kleiner gewählt werden kann und trotzdem noch die gleiche Empfindungsstärke hervorruft. Im Ggs. zu den gewöhnlich mit Adaptation (*Adaptation, Adaption*) bez. Phänomenen, bei denen wiederholte Reizung zum Ausbleiben der Empfindung führt und den Schwellenwert heraufsetzt. Guthrie 1935.

Adaptation, selektive [engl. *selective adatation*; lat. *adaptare* anpassen, *seligere* auswählen], **[WA]**, hypothetische Adaptation (i. S. abnehmender Empfindlichkeit; *Adaptation, Adaption*) von Filtern oder Detektoren (*Filter*, *Detektor*): erklärt (1) selektive Schwellenerhöhungen, z. B. nach längerer Betrachtung einer Bewegung in eine best. Richtung, die auf einen Bereich von Richtungen beschränkt sind, (2) *Nacheffekte* wie z. B. die scheinbare Bewegung eines stationären Reizes nach längerer Betrachtung eines bewegten Reizes. Analoge selektive Schwellenerhöhungen und Nacheffekte gibt es auch für eine Reihe anderer Reiz-Dimensionen, z. B. *Ortsfrequenz*, Orientierung von Linien, Farbe (*Adaptation, chromatische*). *figurale Nachwirkung*. H. Heuer

Adaptationsniveau [engl. *adaptation level*], *Anpassungsniveau*.

Adaptationsprozesse [engl. *adaptation processes*], *Beziehungsspezifische Motive*.

Adaptationssyndrom, allgemeines (AAS) [engl. *general adaptation syndrome*; lat. *adaptare* anpassen, gr. σύνδρομος (*syndromos*) begleitend, zus.treffend], **[BIO, GES]**, wird durch Faktoren ausgelöst, die *Stress* verursachen und Abwehrerscheinungen hervorrufen. Der Ablauf erfolgt in drei Stufen: Alarmreaktion, Widerstands- und Erschöpfungsstadium. *Adaptationssyndrom, lokales (LAS)*.

Adaptationssyndrom, lokales (LAS) [engl. *local adaptation syndrom*; lat. *adaptare* anpassen, gr. σύνδρομος (*syndromos*) begleitend, zusammentreffend], **[BIO, GES]**, nachdem Selye zunächst von allg. Symptomen (z. B. *Alarmbereitschaft*) bei *Stress* ausging, fand er später ein spezif. Vorhandensein von Stresssymptomen an nur einzelnen Organen (*Organ*).

^Test^**Adaptives Intelligenz Diagnostikum (AID 3)**, 2014, K. D. Kubinger & S. Holocher-Ertl, [www.aid-intelligenztest.at/], **[DIA, PER]**. Eine zur Einzelvorgabe konzipierte Testbatterie für Kinder und Jugendliche im Alter von 6;0 bis 15;11 Jahren, dient der möglichst facettenreichen Erfassung komplexer und basaler Kognitionen (*Intelligenz*). Manche ihrer Aufgabenstellungen sind zwar thematisch an traditionellen Intelligenz-Testbatterien angelehnt, unterscheiden sich aber durch konzeptionelle Modifikationen, die eindimensionales Messen je Untertest erst gewährleisten: Die meisten Unter- bzw. Zusatztests des AID wurden gemäß dem *Rasch-Modell* kalibriert. Praktisch relevant ist die Umsetzung des *Adaptiven Testens*. Indem dabei jeder Testperson im Wesentlichen nur diejenigen Aufgaben gestellt werden, welche ihrem Leistungsniveau entsprechen (und nicht zu leicht oder zu schwierig sind), kann relativ hohe Messgenauigkeit mit relativ wenigen Aufgaben erzielt werden; die Durchführungszeit ist vergleichsweise deutlich kürzer. Die (Papier-Bleistift-)Vorgabe erfolgt dabei nach dem Prinzip des *branched testings*, d. h., jeder Testperson wird jew. in Abhängigkeit von ihrer Leistung in einer vorausgehenden Aufgabengruppe eine andere nächste Aufgabengruppe vorgegeben. Angestrebt wird mit der Testbatterie AID eine förderungsorientierte Diagnostik, d. h., mithilfe einer differenzierten Interpretation des Leistungsprofils in Bezug auf (indiv.) Stärken und Schwächen können entspr. (Förder-)Maßnahmen abgeleitet werden. Die Einsatzmöglichkeiten erstrecken sich dabei auf vielfältige schulps. und klin. Fragestellungen sowie auf Fragestellungen der Berufs- und Bildungsberatung (Fallbsp.: Kubinger & Holocher-Ertl 2012). Mithilfe eines spez. Diagramms ist neben der umfassenden Beurteilung zahlreicher kogn. Voraussetzungen zur Erlangung von Wissen und Handlungskompetenz auch ein Screening in Bezug auf ausgewählte Teilleistungsstörungen möglich. Eine Besonderheit der Testbatterie AID besteht darin, dass insbes. für Testpersonen mit einer anderen Muttersprache als Deutsch auch sprachfreie Instruktionen zu mehreren Untertests zur Verfügung stehen; für in dt.sprachigen Ländern lebende Kinder und Jugendliche mit Türkisch als Muttersprache existiert eine eigene Version AID 2-Türkisch. Die einzelnen Unter- und optionalen Zusatztests des AID lassen sich gemäß ihren Aufgabenstellungen in verbal-akustische einerseits und manuell-visuelle andererseits gruppieren. Abgesehen davon, dass jeder einzelne Unter-/Zusatztest (aufgrund der Kalibrierung nach der *Item-Response-Theorie (IRT)*) nachweislich eindimensional misst, lassen sich darüber hinaus gemäß einer explorativen Faktorenanalyse noch nach folg. Faktoren gruppieren: *Informationsverarbeitung in der gesellschaftlichen Umwelt*, *Informationsverarbeitung neuer Inhalte*, *Auffassungskapazität und (Re-)Produktionsfähigkeit durch Strukturierung*. Hinsichtlich der *Gütekriterien* findet sich im Manual der aktuellen Version des AID eine Selbstevaluation nach dem TBS-TK (Testbeurteilungssystem des Testkuratoriums der Föderation Deutscher Psychologenvereinigungen; Testkuratorium 2006, 2007); hervorzuheben ist die gemäß *DIN 33430* aktuelle Eichung, die testwertabhängige Bestimmung der Messgenauigkeit gemäß IRT, die inhaltliche Gültigkeit aufgrund von Experten-Ratings bzw. die Konstruktvalidität in Bezug auf ein hierarchisches Modell zu *Specific Learning Disorders* mit den (Domäne-)Faktoren Wahrnehmen, Merken und Verarbeiten/Benutzen sowie die diskriminante Konstruktvalidität in Bezug auf zahlreiche Leistungstests und etliche Persönlichkeitsfragebogen.

K. D. Kubinger

Adaptives Testen (= A. T.) [engl. *adaptive testing*; lat. *adaptare* anpassen], **[DIA]**, beim a. T. werden jeder Testperson in Abhängigkeit von ihrer Leistung in vorausgehenden Aufgaben weitere Aufgaben vorgegeben. D. h., nicht jede Person erhält sämtliche Aufgaben eines psychol./päd. Tests – und schon gar nicht in ein und derselben Reihenfolge –, sondern es erfolgt pro Person eine leistungsangepasste Auswahl von Aufgaben aus einem größeren Aufgabenpool. Es werden quasi die Aufgaben(-schwierigkeiten) an das Leistungsvermögen einer Person adaptiert. Dies mit dem Ziel, die Testung auf diejenigen Aufgaben zu beschränken, die für die angestrebte Fähigkeitsmessung der betroffenen Person tatsächlich informativ sind. Wenig informativ sind Aufgaben, von denen schon von vornherein fast sicher ist, dass sie diese Person lösen wird – oder fast sicher ist, dass sie diese Person nicht lösen wird.

A. T. ist unabdingbar an die *Item-Response-Theorie (IRT)* gebunden. Weil dabei versch. Testpersonen grundsätzlich versch. Aufgaben erhalten, ist anders als über die Modelle der IRT ein fairer Leistungsvergleich nämlich nicht möglich: Offensichtlich ist die Anzahl gelöster Aufgaben als Testwert ungeeignet; ein und dieselbe Anzahl, z. B. einmal bei leichten Aufgaben, das andere Mal bei schwierigen erzielt, würde die faktischen Testleistungen nicht berücksichtigen, dass «Beleuchtung», «Schatten» oder «räumliche Tiefe» bereits kogn. erzeugte Aspekte der Bildrepräsentation darstellen, die für die Reizvorlage hoch plausibel erscheinen, in dieser aber selbstverständlich nicht enthalten sind. *Bressansche Täuschung*, *White-Täuschung*. Adelson 2000.

Adenohypophyse [engl. *adenohypophysis*; gr. αδένας (*adenas*) Drüse, υπόφυση (*hypophyse*) das nach unten anhängende Gewächs], **[BIO]**, drüsiger Teil der *Hypophyse*. *Drüsen*, *Hormone*.

Adenosin [engl. *adenosine*; gr. αδένας (*adenas*) Drüse], **[PHA]**, (1) Intermediärstoff des Nucleotid-Stoffwechsels, (2) *Neurotransmitter*(-modulator) im *Zentralnervensystem* mit mind. drei Rezeptorarten. Wichtige Adenosinantagonisten (A1-Rezeptor) sind *Koffein*, das bei chron. Gabe zu A-Rezeptorenveränderung führt, und *Theophyllin*. Boulenger et al. 1987, Stone 1991. W. Janke

Adhärenz (= A.) [engl. *adherence* Befolgung; lat. *adhaerere* an etwas festhängen, sich anschließen], **[KLI, PHA]**, Ausmaß der Übereinstimmung des mit dem Therapeuten vereinbarten Therapieregimes durch den Pat. In Abgrenzung zur *Compliance* betont die A. die gemeinsame Absprache von Pat. und Therapeut.

ADHS *Aufmerksamkeitsdefizit-/Hyperaktivitätsstörung (ADHS)*.

^Test^**ADHS-Screening für Erwachsene (ADHS-E)**, 2013, S. Schmidt & F. Petermann, [www.pearsonassessment.de], **[DIA, KLI]**. Klinisches Verfahren. AA Erwachsene. Screening-Instrument zur Erfassung von Symptomen einer *Aufmerksamkeitsdefizit-/Hyperaktivitätsstörung* (ADHS) bei Erwachsenen. Durch eine Profilanalyse können die Ausprägung und der Schweregrad einer ADHS eingeschätzt werden. Zur dimensionalen Erfassung von ADHS-Symptomen bietet das ADHS-Screening für Erwachsene zwei Möglichkeiten: (1) Den Einsatz des Kernscreenings (ADHS-E), welches alle diagnoserelevanten Problembereiche erfasst. (2) eine Langform (ADHS-LE), in der alle diagnoserelevanten Problembereiche des Kernscreenings mit einer höheren Itemzahl enthalten sind und darüber hinaus noch zwei Skalen zur zusätzlichen Erhebung klin. relevanter Merkmale sowie einem Alkohol-, Drogen-, und Medikamentenscreening. Bearbeitungsdauer: 7 bis 10 Min. (ADHS-E), 10 bis 15 Min. (ADHS-LE).

Adiadochokinese [engl. *adiadochokinesis*; gr. ἀ ohne, διάδοχος (*diadochos*) Nachfolger, κίνησις (*kinesis*) Bewegung], **[BIO, KLI]**, Unfähigkeit zu schnell aufeinander folgenden Gegen-(antagonistischen)Bewegungen, z. B. schnelles Beugen und Strecken der Finger. Ursache: Kleinhirnschädigung. Ggs. *Diadochokinese*.

Adie-Syndrom [engl. *Adie's pupil syndrome*], syn. *Holmes-Adie Syndrom*, *Pupillotonie*, **[BIO]**, ein mit Störungen der Pupillenreaktionen und Hypo- bzw. Areflexie der Beine verbundenes Syndrom. Auch *Weill-Reys-Adie-Syndrom* oder pupillotonische Pseudotabes genannt. Ätiologisch wird eine vegetative Störung des Reflexverhaltens auf heredo-degenerativer Grundlage oder eine Läsion im *Hypothalamus* angenommen.

Adipositas [engl. *adiposity*; lat. *adeps* Fett]; *Essstörungen*.

Adjektiv-Check-Liste (ACL), **[DIA, EM]**, Liste von Eigenschaftswörtern zur Beschreibung von Stimmungen, Befindlichkeiten, Personen und Ereignissen. *semantisches Differenzial*.

Adler, Alfred (1870–1937), **[HIS, KLI]**, geb. in Wien, Begründer der *Individualpsychologie*. 1895 Promotion an der med. Fakultät in Wien, ab 1934 in den USA, ab 1929 Gastprof. an der Columbia University, 1932 Prof. am Long Island Medical College. Mit Freud (*Psychoanalyse*) und Jung an der Wiener Psychoanalytischen Gesellschaft, trennte sich jedoch 1911 von Freud, u. a. da er nicht – wie Freud – in der *Lust* die Triebziele der psych. Entwicklung sah, sondern in *Geltung*, *Macht* und *Sicherheit*. Neurosen (*Neurose*) interpretierte er als Produkte einer fehlgeleiteten Suche nach Überlegenheit und nicht eines Konfliktes von Bewusstem und Unbewusstem. Adler hörte seine Pat. nicht «auf der Couch», sondern partnerschaftlich «von Angesicht zu Angesicht».

ADM, **[AO, FSE]**, Stichprobenplan, vom Arbeitskreis Deutscher Marktforschungsinstitute erstelltes komplexes Stichprobendesign. *Stichprobe*.

Administration, administrieren [engl. *administration*, *to administrate*; lat. *administrare* ausführen, lenken], **[DIA, KLI]**, gelegentliche Bez. für die Anwendung von diagn., beraterischen, therapeutischen und stat. Techniken.

Adolescence-Limited Offenders (= A. O.) [engl. auf die Adoleszenz begrenzte Straftäter], **[EW, RF, SOZ]**, in der Entwicklungstaxonomie delinquenten Verhaltens von Terrie Moffitt (1993) eine Gruppe von Personen, die im Jugendalter durch – zumeist leichte – antisoziale und auch kriminelle Handlungen auffallen, mit diesen aber mit dem Eintritt in den Erwachsenenstatus wieder aufhören. Diese Gruppe ist maßgeblich für die empirische Beobachtung verantwortlich, dass die *Prävalenz* antisozialen und kriminellen Verhaltens (*Kriminalität*) im Jugendalter rapide ansteigt, danach aber fast ebenso schnell wieder sinkt. Mit anderen Worten ist – geringfügige und seltene – Kriminalität für diese Entwicklungsphase nahezu normativ. Straftaten der A. O. gehen laut Moffitt auf die «Lücke» zw. biol. Reife und sozialem (Erwachsenen-)Status zurück. Durch antisoziales Verhalten und Substanzmittelkonsum wird diese Schwierigkeit kompensiert, um sich autonom zu fühlen, an Besitztümer und Status zu gelangen. Delinquenz ist für diese Gruppe mit anderen Worten eine dysfunktionale Bewältigung der im Jugendalter anstehenden *Entwicklungsaufgaben*. Laut Moffitt dienen den A. O. dabei oft die Personen der zweiten von ihr identifizierten Gruppe, die *Life-Course-Persistent Offenders*, als Vorbild, da diese viele der begehrten Dinge bereits haben. Anders als jenen gelingt es den A. O. jedoch auch recht schnell wieder, das antisoziale Verhalten einzustellen: Es verliert mit dem Erwerb des Erwachsenenstatus (z. B. Beenden der Lehre, Auszug, feste Partnerschaft) seine Funktion. Außerdem lernen die A. O. aus Strafen und Sanktionen. Auch wenn es viele Befunde gibt, die die Existenz dieser Gruppe bestätigen, wird kritisiert, dass Moffitts Taxonomie nicht berücksichtigt, dass es Personen gibt, die zwar erst im Jugendalter mit der Begehung antisozialer Handlungen und von

Straftaten beginnen, diese aber auch im Erwachsenenalter fortsetzen (*Persistent Offenders*). *Jugendkriminalität, Erklärungsansätze*. Gibson & Krohn 2013. *S. Suhling*

Adoleszent-Maximum-Hypothese *Psychologie des Alterns*.

Adoleszenz (= A.) [engl. *adolescence*; lat. *adolescere* heranwachsen], syn. *Jugendalter*, [**EW**], ist die Lebensphase zw. Kindheit und Erwachsenenalter, in der sich die Adoleszenten aus ihren kindlichen Abhängigkeiten lösen und in erwachsene Verhaltensweisen (*Verhalten*) und Rollen (*Rolle*) hineinwachsen.

Die Altersangaben zu Beginn und Ende der A. variieren je nach Quelle. Viele Autoren datieren den Beginn der A. auf das Einsetzen der *Pubertät*. Der Prozesscharakter der Pubertätsentwicklung wie auch die säkulare *Akzeleration* erschweren allerdings eine klare Festlegung des Beginns. Noch weniger einzugrenzen ist das Ende der A. Die Volljährigkeit kann als rechtlich definiertes Ende der A. betrachtet werden, obwohl mind. das dt. Strafrecht bei 18- bis 21-Jährigen die Möglichkeit vorsieht, diese nach Jugendstrafrecht abzuurteilen. Die Übernahme von Erwachsenenrollen erscheint angesichts der verlängerten Ausbildungszeiten und des Hinausschiebens familiärer Übergänge (*Familie*) in modernen *Gesellschaften* kein ausschließliches Kriterium mehr zu sein. Heute definiert sich das Ende der A. in westlichen Gesellschaften eher an subj. Kriterien wie Eigenverantwortung tragen, selbstständig handeln und entscheiden und wird je nach betrachtetem Lebensbereich zu unterschiedlichen Zeitpunkten erreicht. Darüber hinaus haben die gesellschaftlichen und kult. Bedingungen großen Einfluss auf die Def. von und Erwartungen an die A.

Die A. ist eine Lebensphase, die durch zahlreiche Veränderungen und *Entwicklungsaufgaben* gekennzeichnet ist. Die physiol. Veränderungen umfassen nicht nur die *Reifung* der primären und sekundären Geschlechtsmerkmale und die damit verbundenen Hormonveränderungen (*Hormone*), sondern auch strukturelle Veränderungen im *Gehirn*. Die *kogn. Entwicklung* der Adoleszenten schreitet voran und erreicht in vielen Bereichen Erwachsenenniveau. Zu den Entwicklungsaufgaben der A. gehört, sich mit den physiol. Veränderungen auseinanderzusetzen ebenso wie mit *Geschlechterrollen*. Darüber hinaus stellen sich Aufgaben im Bereich der sozialen Beziehungen, wo reifere, durch *Vertrauen*, Intimität und Respekt geprägte Beziehungen zu Gleichaltrigen aufgebaut werden müssen. Erste Liebesbeziehungen, die auch mit ersten sexuellen Erfahrungen verbunden sein können, stellen neue Herausforderungen dar (*Entwicklung, romantische*). In der Beziehung zu den Eltern ist die Individuation (*Autonomieentwicklung*) ein wichtiges Thema. Die Adoleszenten gewinnen zunehmend Autonomie von den Eltern, bei weiterhin hoher Verbundenheit. Das bisher hierarchische Eltern-Kind-Verhältnis (*Eltern-Kind-Beziehung*) wird partnerschaftlicher. Das Aushandeln dieser neuen Beziehungsstruktur geht insbes. zu Beginn der A. mit häufigen Konflikten (*Konflikt, sozialer*) einher. In der A. werden für den weiteren Lebenslauf bedeutsame Weichen in der (Aus-)Bildung gestellt. Adoleszente entwickeln ein eigenes *Werte*system, eigene politische *Einstellungen* und religiöse Haltungen. Viele der geschilderten Entwicklungsaufgaben lassen sich zus.fassen zu einer zentralen Aufgabe der A., die Entwicklung einer *Identität* (*Identitätsentwicklung*). Die A. wird deshalb auch als *Moratorium* bez., in dem (relativ) frei von Verpflichtungen Rollen und Verhalten ausprobiert werden können. Die Mehrheit der Jugendlichen durchläuft die A. ohne bedeutsame Probleme. Der Selbstwert (*Selbstwertgefühl*) sinkt nur geringfügig ab, häufiger bei Mädchen als bei Jungen. Doch zeigt sich ein Anstieg der *Delinquenz*, der Beginn des Konsums legaler und illegaler *Drogen* liegt i. d. R. in der A. Bei diesen externalisierenden Problemen übertreffen meist Jungen die Mädchen. Übersteigertes Problemverhalten dieser Art ist für viele Adoleszente allerdings eine vorübergehende Episode und ist mit dem Einüben von Erwachsenenrollen und einer erhöhten Risikoakzeptanz zu erklären. Nur eine Minderheit zeichnet sich durch überdauernde Probleme aus. Im Bereich der internalisierenden Probleme ist ein Anstieg von depressiven Verstimmungen und *Depressionen* in der A. zu beobachten, hier sind Mädchen stärker betroffen als Jungen. Grob 2007, Silbereisen & Hasselhorn 2008, Grob & Jaschinski 2003, Steinberg 2001. *B. Schwarz*

Adoption (= A.) [engl. *adoption*; lat. *adoptio* Annahme an Kindes statt], [**EW, RF**], A. bez. einen Rechtsakt, durch den zw. einer annehmenden und einer angenommenen Person ein rechtliches Eltern-Kind-Verhältnis begründet wird, das zuvor nicht bestanden hat und das unabhängig von biol. Elternschaft Gültigkeit erlangt. Unter anthropologischen Gesichtspunkten hat A. eine lange Geschichte, ist weitverbreitet und wird in Gesellschaften (*Gesellschaft*) mit kodifiziertem Recht sehr versch. ausgestaltet, etwa im Hinblick auf Reversibilität oder verbleibende Rechte biol. Eltern. A. sind forschungsmeth. als natürliches Experiment von Bedeutung. So wurden Unterschiede im Alter von Kindern zum Zeitpunkt der A. genutzt, um Hinweise auf die Bedeutung ungünstiger früher Erfahrungen vor der A. zu gewinnen. Ebenso wurden in Adoptivfamilien Zusammenhänge zw. qual. Merkmalen von Fürsorge und kindlicher *Entwicklung* untersucht, die nicht durch die ansonsten bestehende genetische Übereinstimmung zw. Eltern und Kindern beeinflusst werden. In der *Verhaltensgenetik* stellen Untersuchungen zur Ähnlichkeit zw. biol. Eltern und gleich nach der Geburt adoptierten Kindern einen Weg zur Abschätzung der Erblichkeit von Merkmalen dar.

In der Familienps. werden Kinder und Eltern nach einer A. als eigenständiges Forschungsthema angesehen, wobei die familiäre *Kommunikation* über die A. sowie *Konflikt* und familiärer Zusammenhalt bislang Forschungsschwerpunkte darstellten. Ein Teil der Studien befasst sich mit Effekten der Ausgestaltung von A. Bspw. wurden wiederholt Entwicklungsverläufe von Kindern, die nach einer A. bei einem gleichgeschlechtlichen Elternpaar aufwachsen, untersucht, wobei keine beständigen Unterschiede zu Kontrollgruppen gefunden wurden. In ähnlicher Weise haben Längsschnittstudien (*Längsschnittuntersuchung*) gezeigt, dass offene Formen von A., die Kontakte zw. Adoptivkindern und biol. Eltern beinhalten, pos. Zusammenhänge zu versch. Aspekten kindlicher Entwicklung aufweisen, sofern Dauer und Häufigkeit der Kontakte flexibel den sich verändernden Wünschen der Beteiligten angepasst werden können. In der Entwicklungsps. liegen u. a. Untersuchungen zum Aufbau von *Bindungen* in Abhängigkeit von Vorerfahrungen und dem *Alter* des Kindes zum Zeitpunkt der A. vor, ebenso zum sich wandelnden Verständnis von A., wobei Kinder im Vorschulalter u. U. bereits lernen, über ihre A. zu sprechen, ein vertieftes Verständnis sich jedoch erst in der mittleren Kindheit einstellt. Schließlich wurde wiederholt die *Identitätsentwicklung* bei adoptierten Jugendlichen (*Adoleszenz*) untersucht und eine große Heterogenität in Ausmaß und Form der Auseinandersetzung mit der eigenen Herkunft beschrieben.

Nach der wiederholten metaanalytischen Absicherung (*Metaanalyse*) erhöhter Raten an Verhaltensauffälligkeiten bei adoptierten Kindern aus dem In- und Ausland sowie gleichfalls erhöhter Raten therap. vorgestellter adoptierter Kinder hat sich in der klin. Entwicklungsps. der Forschungsschwerpunkt auf relevante Risiko- und Schutzprozesse verlagert. Vorliegende Längsschnittstudien sowie vereinzelte Interventionsstudien weisen dabei, neben Ausmaß und Dauer von Belastungserfahrungen (*Belastung, psychische*) vor der Adoption, auf die Bedeutung der psych. *Gesundheit* (*Gesundheit, psychische*) der Adoptiveltern sowie der Qualität von Fürsorgeverhalten (z. B. Feinfühligkeit) und Paarbeziehung in der Adoptivfamilie hin.

Forschungslücken bestehen u. a. bez. der Diagnostik (*Diagnose, psychologische Diagnostik*) der Eignung von Adoptivbewerbern und der wirksamen *Prävention* abweichender Entwicklungsverläufe bei Adoptivkindern. Miller Wrobel & Neil 2009, Palacios & Brodzinsky 2010. *H. Kindler*

Adoptionsstudien [engl. *adoption studies*], [**PER**], trennen genetische (*Genetik*) von Umwelteinflüssen (*Umwelt*) durch die Untersuchung von Personen, welche nicht bei ihren leiblichen Eltern aufgewachsen sind. Die Aufnahme der Adoptivkinder in die Adoptivfamilien sollte dabei möglichst früh erfolgt sein und es sollte keine *selektive Platzierung* vorliegen, d. h., die Merkmalsausprägungen der biol. und der Adoptiveltern sollten nicht korrelieren (*Korrelation*). Die verdoppelten Korrelationen mit der Merkmalsausprägung der biol. Mutter (bzw. des Vaters) bieten dann eine Schätzung der *Erblichkeit* i. e. S. (die Korrelation ist zu verdoppeln, weil sie auf einem Anteil von 50 % herkunftsgleicher Gene beruht; *Verhaltensgenetik*). Liegt diese Information über beide Elternteile vor, so lässt sich durch den Vergleich der Korrelation Adoptivkind – leibliche Mutter mit der Korrelation Adoptivkind – leiblicher Vater die Bedeutung sog. mütterlicher Effekte (pränataler Einflüsse (*Entwicklung*) und zytoplasmatischer genetischer Information) schätzen. Liegen keine Angaben über die biol. Eltern vor, so lässt sich die Erblichkeit schätzen, indem die Korrelationen in Adoptivfamilien von denen in natürlichen Familien subtrahiert und die Differenzen verdoppelt werden. Weiterhin gibt die Korrelation zw. nicht verwandten aber in der gleichen Familie aufgewachsenen Personen die Bedeutung der gemeinsamen Umwelt an. Derartige Analysen unterstellen, das Verhältnis von genetischer und Umweltvarianz in den Adoptivfamilien sei repräsentativ für alle Familien in der Population. Jedoch treten hochgradig schädliche Familienumwelten in der Gruppe der Adoptivfamilien sehr selten auf. Adoptionsstudien unterschätzen deshalb tendenziell die Bedeutung der gemeinsamen Umwelt (Stoolmiller 1999).

Adoptionsstudien zu psychischen Störungen (*psychische Störung*) nehmen ihren Ausgangspunkt bei betroffenen Personen. Die Adoptionsstudienmethode verfolgt die Häufigkeit von Störungen bei den adoptierten Nachkommen psych. gestörter und nicht gestörter Personen. In der ersten Adoptionsstudie zur *Schizophrenie* konnte Heston (1966) mithilfe dieser Methode einen bedeutsamen genetischen Einfluss auf die familiäre Häufung dieser Störung nachweisen. Entgegen der damaligen Lehrmeinung war das Risiko, an Schizophrenie zu erkranken, jedoch unabhängig davon, ob die Nachkommen gestörter Personen bei ihren betroffenen Eltern aufwuchsen oder nicht.

Die Adoptivfamilienmethode geht von Adoptierten mit und ohne die jew. Störung aus und vergleicht die Häufigkeiten, mit denen die Störung bei den biol. und den Adoptivfamilien dieser beiden Gruppen auftritt. Finden sich Unterschiede dergestalt, dass die Störung in den biol. Familien betroffener Personen häufiger auftritt, so spricht dies für einen genetischen Einfluss auf die Störung. Bedeutende Adoptionsstudien sind das *Colorado Adoption Project* (Plomin & DeFries 1983, Wadsworth et al. 2001), das *Texas Adoption Project* (Horn et al. 1979, Beer et al. 1998) sowie zwei dänische Adoptionsstudien zur Erblichkeit von Schizophrenie (Rosenthal et al. 1971, Kety et al. 1994). *Anlage-Umwelt*. *P. Borkenau/F. M. Spinath*

Adorno, Theodor W. (1903–1969), [**HIS, PER, SOZ**], Soziologe, Philosoph und Mitbegründer der interdisziplinären, marxistisch orientierten *Frankfurter Schule* (*Kritische Theorie*). Emigrierte unter dem NS-Regime nach England; später wechselte er an die Berkeley University (Kalifornien). Nach dem Zweiten Weltkrieg kehrte er nach Dt. zurück und befasste sich mit Ursachen und Folgen des Nationalsozialismus, wobei er v. a. der Frage nachging, ob sich in best. Kulturen, z. B. zu gewissen Zeiten, ein «Persönlichkeitstyp verbreiten könne, der für faschistisch-autoritäres Gedankengut» empfänglich ist. Daraus entstanden seine Publikationen zum Thema «Autoritarismus». *autoritärer Charakter, autoritäre Persönlichkeit*.

Adrenalin (= A.) [engl. *adrenaline*; lat. *ad* hin, zu, *renes* Nieren], syn. *Epinephrin*, [**BIO, PHA**], *Hormon* des Nebennierenmarks und sympathikusaktivierender Stoff (*Sympathikus*) mit Affinität zu den sog. α- und β-Rezeptoren. In niedrigen Dosen führt A. zu Gefäßverengung der Haut und Eingeweide, zur Erweiterung der Gefäße der Skelettmuskulatur und des Herzens. Als Hormon ist A. ein Gegenspieler des *Insulins* und erhöht Blutzuckerspiegel und Stoffwechsel. Bei allen Arten von Aktivierung (*Stress, Emotionen*, Muskeltätigkeit, O_2-Mangel) wird A. verstärkt produziert und ist im Urin und Blut nachweisbar. Intravenöse Gabe von A. führt zu Aktivierung, Erregtheit.

Bei Vorliegen kogn. und situativer Bedingungen können auch Emotionen wie *Furcht* und *Ärger* auftreten oder verstärkt werden. A. hat als *Neurotransmitter* im ZNS (*Nervensystem*) kaum Bedeutung für psych. Vorgänge. Meyer & Quenzer 2005, Stolk et al. 1988. *W. Janke*

adrenerg [engl. *adrenergic*; lat. *ad* hin, zu, *renes* Nieren, gr. έργον *(ergon)* Wirken], [**BIO**], Kennzeichnung für neuronale Verbindungen, die *Adrenalin* und/oder *Noradrenalin* als *Neurotransmitter* verwenden und/oder deren Wirkungen auf die Zielsysteme. Peripher ist ein adrenerges Reaktionsmuster Ausdruck sympathischer Erregung (*Nervensystem*). Die Gleichsetzung von sympathikomimetisch und andrenerg ist jedoch missverständlich, da an einigen postganglionären sympathischen *Synapsen Acetylcholin* Transmitter ist und Noradrenalin oder verwandte Substanzen wichtige Transmitter im ZNS sind. *W. Janke/G. Erdmann*

adrenerg-cholinerge Imbalance-Hypothese [engl. *adrenergic-cholinergic imbalance hypothesis*], [**BIO, KLI**], Entstehungsmodell zur *Depression*, wonach das adrenerge (*Adrenalin*) und cholinerge (*Acetylcholin*) System nicht balanciert sind, was als Mediator für Depressionen diskutiert wurde. Fritze 1989, Janowsky & Overstreet 1995. *W. Janke*

Adrenergika [engl. *adrenergics*]; *Sympathikomimetika*.

adrenokortikotropes Hormon [engl. *adrenocorticotropic hormone*], Abk. ACTH, syn. *Kortikotrop(h)in*, [**BIO, PHA**], glandotropes *Hormon* des Hypophysenvorderlappens, Polypeptid, das innerhalb weniger Min. die Ausschüttung von *Kortisol* in der Nebennierenrinde anregt. Die Biosynthese erfolgt über Proopiomelanokortin (POMC), das auch die Information für die opioiden Peptide, *Beta-Endorphin*, β-Lipoprotein und *MSH* trägt. Die Ausschüttung folgt wie die Kortisols einer zirkadianen Periodizität mit Spitzen morgens. Sie wird stimuliert durch *CRH* über viele physische Stressoren (u. a. Infektionen, Läsionen, Kälte) und psych. Faktoren. Die Sekretion wird durch neg. Rückkopplung des Kortisols reguliert. ACTH hat auch direkte neurotrope Wirkungen. Diese werden auch durch Fraktionen von ACTH induziert, so durch ACTH4–10. Belegt ist die Beeinflussung des Kurzzeitgedächtnisses bei Ratten. Über die psych. Wirkungen physiol. Dosen beim Menschen ist wenig bekannt. Untersuchungen an Gesunden lassen keine stärkeren psych. Effekte erkennen. Bei Pat. sollen überwiegend euphorische Reaktionen auftreten, die aber nicht eindeutig interpretierbar sind. Born et al. 1986, Born & Debus 1998. *W. Janke/M. Reuter*

Adreno(re)zeptor-Agonisten [engl. *adreno(re)ceptor agonists*; gr. αγωνιστής *(agonistís)* der Tätige, Handelnde], [**BIO**], Substanzen, die auf Adrenorezeptoren (α1, α2, β1, β2) wirken, die dadurch gekennzeichnet sind, dass *Adrenalin* oder *Noradrenalin* endogene Liganden sind, und zwar entweder im ZNS oder im sympathischen Teil des VNS (*Nervensystem*), wobei sie in diesem Fall *Sympathikomimetika* sind. *W. Janke*

Adultomorphismus [engl. *adultomorphism*; lat. *adultus* erwachsen, gr. μορφή *(morphé)* Gestalt], [**EW**], syn. Enelicomorphismus, die Erklärung (Interpretation) des kindlichen Verhaltens mit Begriffen aus der Erwachsenenwelt in Analogie zum Verhalten des Erwachsenen. *Anthropomorphismus*.

^{Test}**Advanced Progressive Matrices (APM)**, 1998, J. C. Raven, J. Raven und J. H. Court, [www.pearsonassessment.de], [**DIA, PER**], Intelligenztest. AA für überdurchschnittlich begabte Erwachsene und Jugendliche ab zwölf Jahren. Verfahren erfasst *sprachunabhängige Intelligenz* und *logisches Schlussfolgern*. Set I mit zwölf Aufgaben und Set II mit 36 Aufgaben. Die Pbn bestimmen das fehlende Teil eines Musters aus mehreren Alternativen. *Normierung* an N = 1142. *Validität*: Zusammenhang zu anderen Intelligenztests zw. $r = .25$ und $r = .50$. Vorhersagevalidität zur Leistungsbeurteilung im beruflichen Umfeld $r = .20$ (für N = 1120). *Reliabilität*: Als Maße der internen Konsistenz ermittelten Raven et al. für die APM II Split-Half-Reliabilitätskoeffizienten zw. $r = .83$ und $r = .87$, für die APM I Werte um $r = .73$. PC-Version vorhanden.

advance organizers (= a. o.) [engl. *advance* Vorgriff, vorangestellt, *organizer* Organisator], [**KOG, PÄD**], sind vorangestellte Strukturierungshilfen, die Lernenden helfen, neu zu erwerbendes *Wissen* in bestehende Wissensstrukturen zu integrieren (*Wissenserwerb*). A. o. wurden von Ausubel (1968) in seiner Theorie des bedeutungsvollen *Lernens*, (*Lernen, schulisches*) in die Literatur eingeführt. Nach Ausubel ist das Wissen, das ein Lernender bereits hat, der wichtigste Einflussfaktor beim Lernen. Daher kommt es bei der Vermittlung neuer Lerninhalte darauf an, dass diese an vorhandene Wissensstrukturen angedockt werden können. A. o. präsentieren in Bezug auf die nachfolgenden Lerninhalte relevante Ideen und Konzepte, die auf einer höheren Abstraktionsebene angesiedelt sind als die nachfolgenden Inhalte. Diese inklusiven Konzepte müssen den Lernenden vertraut sein, denn nur so kann die *Assimilation* der neuen Informationen durch bereits vorhandene Wissensstrukturen gelingen. Will man die Stufentheorie von Piaget (*Entwicklung, Stufentheorie nach Piaget*) vorstellen, könnte man i. S. eines a. o. darauf verweisen, dass es um die Entwicklung des Denkvermögens (*Entwicklung, kognitive*) beim Menschen geht. Denkvermögen ist eine relativ abstrakte Kategorie, die zugleich den meisten Menschen geläufig ist und sich daher als Schublade eignet, um Begriffe wie «formale Operationen» darin einzusortieren. Nach Ausubel wäre dies ein *expositorischer* a. o., der von *komparativen* a. o. zu unterscheiden ist. Letztere nutzen zur Strukturierung Vergleiche und Analogien (*Analogie*), etwa wenn ausgehend vom Wasserkreislauf auf die Besonderheiten des elektrischen Stromkreises eingegangen wird. Das Bsp. des komparativen a. o. zeigt, dass das Kriterium der größeren Abstraktheit des vorwissensbezogenen Konzepts hier nicht erfüllt ist. Entsprechend wird der Begriff a. o. heute weniger einschränkend gebraucht und auch einführende Bsp. und Fälle werden als a. o. bez. Die empirische Befundlage zeigt, dass a. o. den *Lernerfolg* v. a. in Hinblick auf den Erwerb anwendbaren Wissens unterstützen. In der aktuellen Lernforschung wird diskutiert, dass a. o. nicht lediglich relevantes Vorwissen aktivieren, sondern zugleich wichtige Wissenskonstruktionsprozesse in Gang setzen (Gurlitt et al. 2012).

M. Nückles

Adversionsreflex [lat. *adversare* hinwenden], **[BIO]**, Bez. für Zuwendungsreflex. *Reflex*.

Adynamie [gr. α- ohne, δυναμική *(dynamike)* Kraft], **[EW, GES]**, Kraftlosigkeit bei Alter, Krankheit usw. *Asthenie*.

Aebli, Hans (1923–1990), **[HIS, KOG, PÄD]**, Schweizer Denkpsychologe (*Denken*) und Pädagoge (*Pädagogik*) in der Nachfolge von Jean Piaget (*Piaget, Jean*). Aebli war ausgebildeter Primarlehrer in Zürich, ging dann 1945 zu Piaget nach Genf. Er studierte dort sowie an der Universität Minnesota. Aebli promovierte bei Piaget über psychol. *Didaktik* auf der Grundlage der Psychologie Piagets. Dann lehrte er in Saarbrücken, Zürich, Berlin, Konstanz und in Bern. Als sein Hauptwerk gilt das mehrfach umgearbeitete Buch über die Grundformen des *Lehrens* (Aebli, 1992). Aebli arbeitete u. a. über *Denken*, *Lernen* und *Bildung*. Er entwickelte in seinem Hauptwerk die Grundlagen eines handlungsorientierten *Unterrichts*. Er wurde u. a. mit Ehrendoktorwürden ausgezeichnet. H. E. Lück

Affective Disposition Theorie *Unterhaltung*.

Affective-Events-Theorie [engl. *affective events* affektive Ereignisse], **[AO, EM]**, wurde von Weiss und Cropanzano entwickelt und thematisiert das Zusammenspiel von affektiv relevanten Arbeitsmerkmalen (z. B. *Autonomie*, Zeitdruck), affektiven Ereignissen bei der Arbeit (z. B. Arbeitsunterbrechungen, Kundengespräche), den hierdurch ausgelösten Emotionen (*Emotionen, arbeitsbezogene*) sowie deren Zusammenhang mit Arbeitszufriedenheitsurteilen und Persönlichkeitsdispositionen (Weiss & Beal 2005; *Persönlichkeit*). Sie liefert die lange überfällige Integration der Arbeitszufriedenheitsforschung mit der Emotions- und Stressforschung (*Stress am Arbeitsplatz*). Eine zentrale Aussage ist, dass man zusätzlich zu traditionell verwendeten Stress- und Zufriedenheitsmaßen versch. Emotionen und Stimmungen bei der Arbeit erfassen sollte, weil beides eigenständige Phänomene mit unterschiedlichen Ursachen und Wirkungen sind. Ein stützendes Bsp. gibt die Studie von Wegge et al. (2006), in der 2091 Callcenteragenten aus 85 Callcentern befragt wurden. Wie erwartet, hingen die gesundheitlichen Beeinträchtigungen der Beschäftigten gleichzeitig mit Arbeitszufriedenheitsurteilen ($r = -.26$), pos. Emotionen ($r = -.12$) und neg. Emotionen ($r = .34$) bei der Arbeit signifikant zus. Zufriedenheitsurteile und Emotionen klären demnach unterschiedliche Varianzanteile von Gesundheitsbeschwerden auf. Durch die Messung und theoretische Berücksichtigung arbeitsbezogener Emotionen kann ein besseres Verständnis zahlreicher anderer organisational relevanter Phänomene erreicht werden, z. B. Hilfeverhalten, Identifikation (*Identifizierung*) oder *Vertrauen*. J. Wegge

Affekt (= A.) [engl. *affect*; lat. *affectus* Stimmung, Leidenschaft, Begierde], **[EM]**, meist versteht man unter A. ein intensives, relativ kurz dauerndes Gefühl. In der weitesten Bedeutung wird jede emot. Regung (*Emotionen*) als affektiver Prozess bez. Grundsätzlich ist der akt. affektive Zustand (*state*) von der vergleichsweise stabilen habituellen Tendenz zum Erleben neg. A. (*trait*) zu unterscheiden. Die Persönlichkeitsdisposition wird als *Affektivität* bez. Nach Watson und Tellegen (1985) sind neg. und pos. A. Dimensionen zur Beschreibung der emot. Befindlichkeit (*Positive and Negative Affect Schedule (PANAS)*). Neg. A. beschreibt das Ausmaß neg. Angespanntseins. Hoher neg. A. ist durch Gereiztheit, *Nervosität*, *Angst* gekennzeichnet, niedriger neg. A. durch Ruhe und Ausgeglichenheit. Neg. Affektivität korrespondiert mit *Neurotizismus*, Ängstlichkeit, Depressivität. Pos. A. beschreibt das Ausmaß, in dem eine Person interessiert, enthusiastisch, aktiv, aufmerksam ist. Hoher pos. A. beinhaltet Energie, Konzentration, freudiges Engagement, niedriger pos. A. Lethargie und Traurigkeit. Pos. Affektivität korrespondiert mit *Extraversion*. Gesundheitspsychol. zeigen prospektive Studien Zusammenhänge zw. neg. A. und insbes. Herz-Kreislauf-Erkrankungen. Pos. A. steht im Zusammenhang mit einem geringeren Erkrankungsrisiko sowie einem geringeren Sterblichkeitsrisiko (für bisher nicht hospitalisierte Stichproben älterer Pbn). Eschenbeck 2009. H. Eschenbeck

Affektausdruck [engl. *affect expression*], **[EM]**, die bei den Affekten (*Affekt*) als Begleiterscheinungen auftretenden Ausdrucksphänomene der *Mimik*, *Gestik*, *Motorik*, von vegetativen Reaktionen u. a., z. B. das Ballen der Faust im Zorn (*Ärger*), Schreien, Weinen, die Gänsehaut bei *Angst* (nach Darwin ein Rest des ursprünglichen, zweckvollen Sträubens der Haare, um den Gegner abzuschrecken).

Affektaustausch (= A.), **[EM, SOZ]**, die bes. Wechselbeziehung in den *Affekten* von Person zu Person, *Gruppe* zu Gruppe usw. (*Ansteckung, psychische*). Le Bon vertrat die Auffassung, dass A. bes. in der Masse (*Massenpsychologie*) erfolge. *Gefühlsansteckung, Echothymie*.

Affektbetrag (= A.), **[EM]**, quant. Faktor, der als Substrat des subj. erlebten *Affekts* postuliert wird. A. bez. das bei den versch. Modifikationen des Affekts (Verschiebung, Ablösung von der Vorstellung, qual. Umwandlungen) unveränderlich Bleibende.

Affektbilanz *Leistungsmotivation, Selbstbewertungsmodell*.

Affektdämmerzustand, **[EM]**, die bei tiefgreifender affektiver Erregung (etwa ausgelöst durch bedrohliche Erlebnisse) erfolgende Aufhebung (oder Verminderung) der Ansprechbarkeit auf Umweltreize und Einengung des Bewusstseins mit ausschließlicher Ausrichtung auf best. inneres Erleben.

Affektdelikt [engl. *crime of passion*], **[EM, RF]**, die im Affekt begangene strafbare Handlung. *Affekttat*.

Affektdissoziation [engl. *dissociation of affect*; lat. *dissociare* teilen, spalten], *Affektstörungen*.

Affektentzugssyndrom *anaklitische Depression*.

Affektepilepsie [engl. *affect-induced epilepsy*; gr. επιληψία *(epilepsia)* Fallsucht], **[BIO]**, heute wenig gebräuchliche Bez. für diejenige Ausprägung der *Epilepsie*, bei der Anfälle nach heftigen emot. Erregungen (*Emotionen*) im Vordergrund stehen.

Affektfixierung [lat. *fixare* festmachen], **[EM]**, Bez. für das Verharren eines *Affekts* bzw. dessen Auswirkungen.

Affekthandlung (= A.), **[EM, RF]**, die unkontrollierte, nur vom Affekt gesteuerte Handlung, z. B. Kurzschlusshandlung als Entladung einer Affektstauung. Die *Affekttat* ist zumeist eine extreme A.

Affektillusion [lat. *affectus* Stimmung, Gefühlszustand, *illudere* täuschen], [**EM, KLI**], die im Ggs. zur *Halluzination* (Pseudohalluzination) stehende *Trugwahrnehmung* (illusionäre Verkennung), die verursacht ist durch Affekte (Affektspannung). Die Wahrnehmung von Fakten und deren korrekte Verarbeitung wird aufgrund der Gemütserregug verkannt. *Illusion*.

Affektinkontinenz [lat. *incontinens* nicht bei sich behaltend], *Affektstörungen*.

Affektinversion [lat. *inversio* Umkehr], *Affektstörungen*.

Affektion [engl. *affection*; lat. *affectio* Einwirkung], [**EM**], Zustandsänderung durch äußere Einwirkung, psych. Erregung durch äußere Reize (Sinnesaffektion, Gemütsaffektion), auch Krankheitsbefall. Allg. auch Zuneigung oder Gewogenheit.

Affektirritation *Affektstörungen*.

Affektisolierung *Isolierung*.

affektiv [engl. *affective*; lat. *afficere* in einen Zustand versetzen], [**EM**], affekthaft, im Wortgebrauch teils gleichbedeutend mit «gefühlsbetont», teils mit «affektbedingt» (durch Affekt verursacht). *Affekt*.

Affektive Disposition-Theorie (= A.D.) [engl. *affective disposition theory*], [**MD**], Zillmann (1996). Die A.D. betrachtet den Rezeptionsprozess der Medienunterhaltung (insbes. Film und Fernsehen). Die Zuschauer fällen moralische Werturteile über die Protagonisten. Sie sympathisieren mit den höher bewerteten (*Empathie*) und hegen neg. Gefühle gegenüber den schlechter bewerteten Charakteren (*Counterempathy*). Die Zuschauer erhoffen ein pos. Ergebnis für die favorisierten Protagonisten. Wenn die Zuschauer diese Hoffnung bedroht sehen, entsteht *Aktivierung* und die dargebotenen Medieninhalte werden als spannend erlebt. Residuen der entstandenen Erregung bleiben über das Ende der Darbietung bestehen, sie werden umgedeutet und intensivieren die durch die Auflösung des Plots aufkommenden Emotionen (*Excitation Transfer*). Die Theorie konnte für versch. Genreformen wie Drama, Komödie oder Sport bestätigt werden. Zillmann 1996.

affektive Psychose, Affektpsychose (= a.P.) [engl. *affective psychosis*], [**KLI**], älterer Begriff, der in klin. Kontexten kaum noch Verwendung findet. Heute als *affektive Störung*, die mit Realitätsverlust einhergeht, bez. Die a.P. kann sowohl unipolar bei einer schweren *Depression* (irrationale Befürchtungen, Selbstvorwürfe) oder einer schweren *Manie* (irreale Selbstüberschätzungen), als auch bei *bipolaren Störungen* auftreten.

affektiver Tonusverlust [gr. τόνος *(tonos)* Spannung], *Kataplexie*.

Affektive Störungen (= A.S.) [engl. *mood disorders*, früher: *affective disorders*; lat. *afficere* befallen, in eine Stimmung versetzen], [**KLI**], Gruppe von psych. Störungen, deren zentrales Element eine abnorme Veränderung der *Stimmung* oder der *Affektivität* ist. Häufig geht diese mit einer Veränderung der *Motivation* und des Aktivitätsniveaus einher. *Depression* und *Manie* stellen den Kern der A.S. dar. Bei der Depression findet sich eine gedrückte Stimmung, ein Verlust an Freude und Interesse (Anhedonie) oder ein verminderter Antrieb wieder. Im Ggs. hierzu zeichnet sich die Manie im Kern durch eine euphorisch überhöhte bis reizbare Gemütslage, gepaart mit einem übersteigerten Aktivitätsdrang aus. Beide Zustände werden als Extrempunkte oder Pole auf einem affektiven Kontinuum verstanden. A.S. können daher unipolar, also ausschließlich depressiv oder manisch ausgeprägt sein, oder auch in einer bipolaren Form auftreten. Bipolare A.S. zeichnen sich dadurch aus, dass sich depressive und manische Symptomatik abwechseln oder Merkmale beider Pole gemischt vorliegen. Für *bipolare Störungen* wurde lange der Begriff *manisch-depressive Erkrankung* verwendet. A.S. können anhand weiterer formaler Merkmale näher bestimmt werden. In den psychiatr. Klassifikationssystemen *ICD-10* und *DSM-5* werden die uni- und bipolaren A.S. in Bezug auf den Schweregrad (leicht, mittelgradig, schwer, teil- und vollremittiert), zusätzl. Symptomatik (u.a. psychotisch) und den Verlauf (singuläre Episode, revidierend-phasenhaft vs. anhaltend) eingeteilt. ICD-10 und DSM-5 unterscheiden A.S. hinsichtlich ihres bisherigen Verlaufs bspw. danach, ob sie als Einzelepisode, in wiederkehrenden (rezidivierenden) Episoden oder langanhaltend-chronisch vorliegen. Die Tab. gibt die ICD-10-Einteilung der A.S. nach ihrem Verlauf wieder. Die einzel-

Einteilung der Affektiven Störungen nach ICD-10 auf der Basis des Verlaufs

	Verlauf		
	Einzelepisode	**Mehrere Episoden**	**Anhaltend**
Unipolar	– Hypmanie (F30.0) – Manie (F30.1) – Depressive Episode (F32)	– Bipolare Affektive Störung (ausschließlich manische oder hypmanische Episoden; F31.8) – Rezidivierende depressive Störung (F33	Dysthymia (F34.1)
Bipolar	–	Bipolare Affektive Störung (depressive und hypomanische oder manische Episoden; F31)	Zyklothymia (F34.0)

nen Formen der a. S. können zudem jew. weiter ausdifferenziert und entspr. dieser Ausdifferenzierung klassifiziert werden (s. Anhang I, F34, F38). Differenzierte Formen der A. S. finden Sie unter den jew. Hauptstichwörtern (*Depression*, *bipolare Störungen*, *Manie*). In begründeten Fällen können A. S. zusätzlich nach der Ursache spezifiziert werden, sofern (1) diese obj. nachweisbar ist, (2) bekannt ist, dass sie diese Symptome verursachen kann, und (3) sie in einem zeitlichen sowie logischen Zusammenhang mit dem Auftreten der A. S. steht. Lässt sich der Beginn der affektiven Symptomatik auf einen med. Krankheitsfaktor, wie eine endokrine Störung (z. B. Schilddrüsenerkrankung) oder eine Schädigung des zentralen Nervensystems zurückführen, wird von einer *organischen A. S.* gesprochen. Tritt die Symptomatik infolge einer Substanzintoxikation oder eines Entzuges auf, wird die Diagnose einer substanzinduzierten A. S. gestellt. Steht eine leichte depressive Symptomatik in Zusammenhang mit einem zeitlich vorausgehenden belastenden Ereignis, kann eine *Anpassungsstörung* mit depressiver Symptomatik diagnostiziert werden.   D. Nitkowski/F. Petermann

Affektivität (= A.) [engl. *affectivity*, *hyperesthesia*; lat. *affectus* Stimmung, Gefühlszustand], [**EM, PER**], Tendenz zum Vorherrschen neg. *Stimmung* (*neg. A.*) oder pos. Stimmung (*pos. A.*). Während A. ein *Persönlichkeitsmerkmal* bez. (*trait*), bez. *Affekt* einen Zustand (*state*). Pos. A. korreliert mit *Extraversion*, neg. A. korreliert mit *Neurotizismus*. Pos. und neg. A. korrelieren nur mäßig neg., weil Menschen mit starken Stimmungsschwankungen hoch in pos. und neg. A. ausgeprägt sind und Menschen mit «flacher A.» niedrig in pos. und neg. A. ausgeprägt sind.

Affektkrampf, [**EM, KLI**], die ohne bewusste Kontrolle mit krampfartigen Erscheinungen verbundene Übersteigerung von affektiven *Ausdrucksbewegungen* (z. B. Wein- oder Lachkrampf).
[**EW**], [engl. *breath-holding spells*], die respiratorische Verkrampfung bes. des Kleinkindes infolge eines Erregungszustands, wobei sich das Schreien in *Hyperventilation* und Bewusstlosigkeit steigert (Wutkrampf). Selten auch bei Erwachsenen.

Affektkrise, [**EM, EW**], nach Tramer der in der kindlichen Entwicklung (*Trotzphase*) und in der *Pubertät* auftretende Widerstreit zw. dem ichbezogenen, affektiv gesteuerten Denken (Handeln) und der zugleich erstrebten sozialen Anpassung und Angleichung. Tramer 1960.

Affektlabilität [engl. *shallowness, lability of affect*], *Affektstörungen*.

Affektleere [engl. *emotional stupor*], *Emotionsstupor*.

Affektlogik [engl. *affect-logic*], [**KLI**], durch starke *Affekte* bewirkte Störung des log. Denkens. Eine zweite, vom Psychiater L. Ciompi vertretene Auffassung meint im Ggs. dazu ein zus.hängendes System von Affekt und Intellekt. Aus der auf J. Piaget und *Psychoanalyse* beruhenden Theorie der Einheitlichkeit des Psych. leitet L. Ciompi einen Behandlungsansatz insbes. für *Schizophrenie* ab, bei dem gesunde Anteile der Pat. und die heilende Kraft der sozialen Umwelt betont werden. Ciompi 1982.
    F. Caspar

Affektmattigkeit [engl. *affective rigidity*], *Affektstörungen*.

Affektprojektion (= A.), [**EM, KLI**], die Verlegung der emot. Anmutung in Lebewesen, Dinge und Vorgänge der Außenwelt, wodurch diese so erlebt werden, als ob sie selbst Träger emot. Äußerungen wären. A. findet sich bes. bei Kindern. Sie wird als Ursprung des *Tabu* und des *Animismus* betrachtet. Übertragung der eigenen Affektinhalte auf Gegenstände, Lebewesen oder Vorgänge in der Außenwelt, sodass Inhalte des eigenen Innenlebens verkannt werden. *Projektion*.

Affektregulation [engl. *affect regulation*], *Handlungskontrollmechanismen*.

Affektstörungen *affektive Störungen*.

Affekttat (= A.) [engl. *heat of the moment crime*], [**RF**], kennzeichnet eine Straftat, i. d. R. Gewalttat (*Gewaltdelinquenz*), die in einem nicht krankheitsbedingten psychischen Ausnahmezustand ausgeführt worden ist. Ein solcher Zustand kann als sog. tiefgreifende *Bewusstseinsstörung* im dt. Strafrecht gem. §§ 20 und 21 StGB als schuldeinschränkend gewertet werden. Als Begriff forensischen Ursprungs ist die A. psychol. Erklärung nur eingeschränkt zugänglich. Hilfe durch Psychodiagnostik (*Diagnostik*) wird von juristischer Seite meist in Anspruch genommen, wenn erkennbar ist, dass sich ein Beschuldigter zur Tatzeit in einem Zustand heftiger Erregung befunden hat. Nachzuweisen ist die schuldeinschränkende Wirkung des *Affekts* anhand von Kriterien fehlender oder dysfunktionaler *Handlungsregulation*. Als Kriterien kommen infrage (1) bereits im Vorfeld der Tat erkennbarer Verlust an Problemlösungskompetenz, objektivierbar z. B. anhand hochgradig stereotyper Verhaltensmuster, (2) psychopathologische Veränderungen kognitiver Abläufe, z. B. dissoziative Zustände (*dissoziative Störungen*), (3) körperliche Zeichen hochgradiger Erregung und Merkmale von Orientierungslosigkeit zu Tatbeginn. Endres 2008.   P. Steck

Affektverflachung (= A.) [engl. *affective flattening*], [**KLI**], A. ist ein wichtiges Neg.symptom der *Schizophrenie*, welches sich oft erst im längeren Verlauf einstellt und in wesentl. Maße das *schizophrene Residuum* kennzeichnet. Es handelt sich dabei um eine «emot. Verödung», einen Verlust von emot. «Schwingungsfähigkeit», indem die Betroffenen weder richtige Freude, ebenso wenig aber neg. *Emotionen* wie Hass, Trauer oder Wut empfinden können. Diese Symptomatik gilt therap. als undankbar: Klassische *Neuroleptika* bewirken hierbei wenig, können in Einzelfällen wohl sogar den Zustand noch verschlimmern; Erwartungen, dass atypische *Antipsychotika* hier deutlich wirksamer sind, lassen sich gegenwärtig empirisch nicht begründen. Teilweise wird eine Behandlung mit *Antidepressiva* versucht – ebenso mit eher geringen Erfolgsaussichten. Ob Psychostimulanzien wie *Amphetamine* bei der Therapie einen Sinn haben, ist fraglich; zu beachten ist auf jeden Fall, dass ihre Gabe Pos.symptomatik provoziert oder verstärkt. Eng mit der A. hängt die *Anhedonie* zus., die Unfähigkeit, sich an normalerweise verstärkenden Reizen zu erfreuen.   T. Köhler

Affektverschiebung [engl. *affective displacement*], *Verschiebung*.

Affenfurche [engl. *simian crease*], [**BIO**], syn. Vierfingerfurche, die bei Affen und auch beim Menschen (z. B. *Down-Syndrom*) vorkommende Querfurche der Innenhand.

afferente Nerven [engl. *afferent nerve*; lat. *afferre* herbeitragen], [**BIO**], *Afferenz*, *Nerv*.

Afferenz [engl. *afference*; lat. *afferre* herbeitragen], [**BIO**], Sammelbegriff, kennzeichnet afferente Nerven oder Ruhe- und Aktionspotenziale in Axonen mit Richtung zu einem Bezugsort (oft von peripher nach zentral). *Efferenz*, *Nerv*, *Nervensystem*.

Afferenzsynthese (= A.) [engl. *afferent synthesis*; lat. *afferre* herbeitragen, gr. σύνθεση *(synthese)* Zusammensetzung, Zusammenfassung, Verknüpfung], [**BIO**], Begriff von P. K. Anochin. Die physiol. wie psych. Reaktion zu einem best. Zeitpunkt hängt von allen Reizen ab, die in einem best. Zeitraum vorher in das *Nervensystem* gelangt sind. Die A. bringt alle diese Reize in Beziehung zueinander und zur Erfahrung des Individuums. Unter den Reizen werden Anlasser- und Situationsreize unterschieden. Die Ersteren bestimmen die Reaktion, die ausgeführt werden soll, die anderen bestimmen die situationsspezifische Modifikation der Reaktion. *Bewegungskontrolle*. Anochin 1967.
D. Dörner

Affiliation [engl. *affiliation* Angliederung, Anschluss; lat. *affiliatio* Annahme an Kindes statt], *Hoffnung auf Anschluss*. Schachter 1959.

Affinität (= A.) [engl. *affinity*, *affine*; lat. *affinis* benachbart, verwandt, zueinander passend], [**PER, SOZ**], Verwandtschaft. Vorwiegend in der Chemie gebräuchlicher Begriff, der in die Ps. (etwa für die Art, wie best. Gefühle andere Gefühle auslösen, wie best. Reize nur best. Personen anziehen, wie sozialps. Bindungen und Gefühle entstehen u. a. m.) Eingang gefunden hat.

affizieren [engl. *to affect*; lat. *afficere* mit etwas ausstatten], [**EM**], erregen, eine *Affektion* verursachen, beeinflussen.

affordance [engl. Aufforderung], [**KOG, WA**], nach J. J. Gibson (Gibson 1979) Bez. für den unmittelbar in der Wahrnehmung gegebenen handlungsauffordernden Charakter best. Umweltgegebenheiten *(ecological events)*. Affordanzen sind als invariante Eigenschaftskomplexe auf ökologischer Ebene definiert, wobei die Angepasstheit des sensorischen und lokomotorischen Systems eines Organismus an seine Umwelt beachtet wird. Feste horizontale Oberflächen affordieren einem Landtier Begehbarkeit, rote runde Oberflächen best. Größe affordieren Essbarkeit. *ökologische Optik*. Gibson 1979. *P. Day*

Agamie [engl. *agamy* Ehelosigkeit; gr. α- ohne, γάμος *(gamos)* Ehe], [**BIO**], Fortpflanzung ohne Befruchtung (Parthenogenese = Jungferzeugung). Regellose Geschlechtsbeziehung bei Naturvölkern. *Promiskuität*.

Agape [engl. *agape*; gr. αγάπη *(agape)* Liebe], [**EM, SOZ**], Bez. für die altruistische Liebe im Lee'schen Klassifikationssystem der *Liebesstile*. *Altruismus*.

ageism [engl. Altersdiskriminierung; *age* Alter], syn. *Altersvorurteile*, [**EW, SOZ**], Alter zählt gemeinsam mit Ethnizität und Geschlecht zu den sozialen Kategorien, die von Fiske (1998) als die Top 3 der Vorurteilsliste (*Vorurteile*) gelten. Die metaanalytischen Arbeiten (*Metaanalyse*, Gordon & Arvey 2004, Kite et al. 2005) belegen das insges. eher neg. *Stereotyp*, das Älteren entgegengebracht wird. Im zweidimensionalen *Stereotyp-Content Modell* von Fiske (Cuddy et al. 2008) mit den beiden Dimensionen *Kompetenz* und *Warmherzigkeit* wird den Älteren zwar Warmherzigkeit zugeschrieben, aber verringerte Kompetenz. Neben nicht unerheblichen interkult. Unterschieden (Nelson 2009, *Interkulturelle Psychologie*) gibt es zwar auch positive Stereotype (der alte ergraute Staatsmann, die graue Eminenz unter den Wirtschaftsführern oder die Großeltern), überwiegend jedoch sind die Alten eher mit dem Vorurteil von weniger Leistungsfähigkeit (*Leistung*), weniger *körperlicher Aktivität* und Kompetenz belegt. Ältere Arbeitnehmer stellen eine große Gruppe derjenigen dar, die Zielscheibe von Stereotypen und Vorurteilen sind. Krings & Kluge 2008. *B. Six*

agency-communion [engl.] Eigenständigkeit-Gemeinschaft, [**PER, SOZ**], Bakan (1966) führte die beiden Begriffe als «Dualität der menschlichen Existenz» ein. *Agency* betont die Eigenständigkeit eines Individuums und manifestiert sich in Selbstschutz, *Selbstbehauptung* und *Selbstentfaltung*. Man strebt nach Kontrolle und Einfluss. *Communion* manifestiert sich im Streben nach *Gemeinschaft* mit anderen, nach Teilhabe, *Kooperation* und *Bindung*. Das Verhalten wird am Wohl der Gemeinschaft ausgerichtet. *Agency* und *communion* können auch neg. Ausprägungen annehmen, insbes. dann, wenn die Extremausprägung der einen nicht durch Aspekte der anderen «abgemildert» wird, also keine Integration gelingt. Die Idee, dass es diese beiden grundlegenden Themen im menschlichen Leben gibt, ist bereits in alten phil. Diskursen zu entdecken. Auch in anderen Bereichen der Ps. lassen sich Entsprechungen finden, z. B. in der *Psychoanalyse Adlers* mit der Unterscheidung von *Machtstreben* vs. *Gemeinschaftsgefühl* (Adler 1928), der Motivps. von McAdams (1988) mit der Unterscheidung von *Machtmotiv* und *Intimitätsmotiv* oder der Persönlichkeitstheorie von Paulhus und Trappnell (2008), die Tendenzen der Selbstdarstellung nach «super-heroe» (agency) vs. «saint» (communion) unterteilen. *Agency* und *communion* sind auch Bez. für die Basisdimensionen sozialer Urteilsbildung (*Urteilsbildung, Dimensionen*). *A. E. Abele*

Agenda-Setting (= A.) [engl. *setting* Ausstattung, Szenario; lat. *agenda* das zu Tuende], McCombs & Shaw 1972, [**MD**], stellen ein Modell zu *Medienwirkungen* dar. Der Ansatz geht davon aus, dass Massenmedien, insbes. das Fernsehen, stark beeinflussen, welche Themen in der öffentlichen Wahrnehmung wichtig sind. Im Ggs. zur *Kultivierungshypothese* beschäftigt sich der A.-Ansatz also nicht damit, wie Medien das Denken von Rezipienten beeinflussen, sondern mit den Inhalten, mit denen sich Medienrezipienten auseinandersetzen. Diejenigen Themen, die in den Massenmedien auffällig präsentiert werden, werden vom Publikum als wichtig anerkannt, wohingegen von den Massenmedien kaum beachtete Themen von den Rezipienten für wenig wichtig gehalten werden. *Medienpsychologie*. Schramm & Hasebrink 2004, Unz 2008. *J. Kimmerle*

agentische Eigenschaften [lat. *agere* tätig sein, handeln] *Akteur-Beobachter Unterschied*, *Maskulinität*.

Agent-Patient-Effekte (= APE.) [engl. *agent-patient-effects*], **[KOG, MD, WA]**, bezeichnet Verarbeitungseffekte aufgrund der *semantischen Rolle* als Agent/Akteur im Vergleich zum Pat./Rezipienten einer wahrgenommenen *Handlung*. Bsp. sind die schnellere Suche nach einem Agenten als Pat. in Bildern (Segalowitz 1982) oder eine erhöhte Anzahl korrekter Vorhersagen über zukünftige Ereignisse bei der Betrachtung eines Agenten als Pat. einer beginnenden Handlung (Cohn & Paczynski 2013). APE. zeigen sich auch in einer Priorisierung der Anordnung von Agent und Pat. entlang der Schreibrichtung, also der Agent links vom Pat. für Italiener und Deutsche jedoch umgekehrt für Araber und Israelis (Dobel et al. 2007; Maass & Russo 2003). Die priorisierte Anordnung entlang der Schreibrichtung zeigt sich für Erwachsene, nicht aber für Vorschulkinder, die noch nicht lesen und schreiben können.
F. Papenmeier

Ageusie [engl. *ageusia*; gr. α- ohne, γεύση *(geuse)* Geschmack], **[BIO, WA]**, Verlust der Geschmackswahrnehmung nach peripherer (Geschmacksknospen, Geschmacksnerven) oder zentraler Schädigung des Geschmackssystems (gustatorisches System; Thalamus, gustatorischer Kortex in der Insel und im orbitofrontalen Kortex). Die Störung der Geschmackswahrnehmung wird als *Dysgeusie* bez. Karnath & Thier 2012. *J. Zihl*

Agglutination [engl. *agglutination*; lat. *agglutinare* ankleben/-leimen], **[KOG]**, sprachpsychol. (W. v. Humboldt) Bez. für Aneinanderreihen von Wörtern (*Wort*) zu einem neuen Gesamtbegriff (*Begriff*), etwa wie in Eisen-Bahn, Tauf-Stein. **[KLI]**, Wortagglutination ist auch *Symptom* bei *Schizophrenie*. Unsinnige Wortdichtungen aus zwei oder mehreren nicht zus.gehörigen Begriffen: *Kontamination*. Zusammenfügen von Trauminhalten. **[BIO]**, Zusammenballung von Bakterien und roten Blutkörperchen bei Zuführung best. Serumarten.

Aggravation (= A.) [engl. *symptom exaggeration, malingering*; lat. *gravis* schwer], **[DIA, GES, KLI]**, auf ein externales Ziel, einen sekundären *Krankheitsgewinn* ausgerichtete bewusste Ausweitung, Überhöhung oder Verstärkung von Beschwerden oder Symptomen einer Gesundheitsstörung. In Abgrenzung zur *Simulation* ist bei der A. ein authentischer Kern an Beschwerden oder Symptomen vorhanden, dessen Art und Ausmaß je nach Schwere der A. jedoch u. U. schwierig zu bestimmen ist. Damit kann bei gutachtlichen Fragestellungen eine A. zum Beweisführungshindernis werden. Die Abgrenzung zw. A. und Simulation ist häufig schwierig; im engl. Begriff des *malingering* sind beide Formen nicht authentischer Darstellungsweisen zus.gefasst. Abzugrenzen ist eine A. auch von minder schweren Verdeutlichungstendenzen, die häufig auftreten, dem Kliniker oder Gutachter jedoch noch eine valide Befunderhebung gestatten. *Beschwerdenvalidierungstests* sind psychol. Verfahren, die für die Feststellung einer mögl. A. von Bedeutung sind. *Beschwerdenvalidität*. *T. Merten*

Aggregat (= A.) [engl. *aggregate*; lat. *aggregare* ansammeln], **[SOZ]**, Anhäufung von Teilen ohne innere Beziehung im Ggs. zum Organismus. Soziales A. ist die Ansammlung von Menschen, die keine differenzierte Gruppengliederung (*Gruppe*) zeigt (Aufläufe, Zusammenrottungen, Theaterpublikum usw.). Gerade durch ihre Ungegliedertheit bieten solche A. die wesentliche Bedingung für die affektive Übersteigerung, wie sie in der *Massenpsychologie* beobachtet wird.
[FSE], *Datenaggregation*.

Aggression (= A.) [engl. *aggression*; lat. *aggredi* angreifen], **[EM, SOZ]**, eine Klasse von sozialen Verhaltensweisen, die mit der Absicht ausgeführt werden, eine Person zu schädigen (Baron & Richardson 1994). A. kann in Form physischer oder verbaler Schädigung oder der Schädigung der sozialen Beziehungen einer anderen Person (soziale A., auch als *indirekte* oder *relationale* A. bez.) in Erscheinung treten. *Gewalt* ist eine Unterform von A., die durch die Absicht einer schweren körperlichen Schädigung der Zielperson gekennzeichnet ist. Primär ist die A. Forschungsgegenstand der Sozialps., daneben fallen psychopathologische Formen der A. in den Forschungsbereich der Klinischen Ps. (*Aggression, klinische Perspektive*) und *Forensischen Psychologie*. Soziologische Analysen legen den Fokus auf die gesellschaftlichen Rahmen- und Auslösebedingungen für A. Man unterscheidet zw. *feindseliger A.*, die auf *Ärger*-Erregung basiert und *instrumenteller* A., die als Mittel zur Erreichung eines Ziels (*Ziele*) eingesetzt wird. Zur Erklärung von A. wurden sowohl biol. als auch ps. Theorien konzipiert. Innerhalb der biol. A.-theorien sind die *Evolutionstheorie* (A. als Ergebnis natürlicher Selektion), die *Verhaltensgenetik* (A. als genetisch beeinflusstes Verhaltensmuster) und die Theorie hormoneller Bedingtheit der A. (*Kortisol*, *Testosteron*) zu nennen. Das populäre *Dampfkesselmodell* von Lorenz, wonach sich aggressive Energie kontinuierlich anstaut und in A. entlädt, gilt als Modell menschlicher A. dagegen als überholt. Insbes. die Idee der Abfuhr aggressiver Energie z. B. durch sportliche Betätigung oder virtuelles Ausagieren in den Medien (*Katharsis*) wurde widerlegt. Ps. Aggressionstheorien umfassen die Frustrations-Aggression-Theorie (A. als Resultat vorhergehender Frustration), die *kogn.-neoassoziationistische* Theorie von Berkowitz (A. als Ergebnis aversiver Stimulation, die Ärger-Erregung aktiviert), die Lerntheorie (*Lerntheorien*; A. als Resultat von *Verstärkungs*-(*Konditionierung, operante*) und *Imitation*sprozessen (*Beobachtungslernen*, *Modelllernen*) sowie soz.-kogn. Theorien (A. als Resultat von *Informationsverarbeitungs*prozessen, die zu aggressiven Verhaltensdrehbüchern führen). Weitere Prozesse betreffen die Erregungsübertragung (körperliche Erregung aus neutraler Quelle kann unter best. Bedingungen eine Ärger-Erregung nach Provokation verstärken) sowie die Wirkung *aggressiver Hinweisreize*, die in einer Situation die Verfügbarkeit aggressiver *Kognitionen* und Verhaltensweisen (*Verhalten*) verstärken. Ein integratives Modell, das Annahmen der versch. Theorien zus.fügt, ist das Allgemeine Aggressionsmodell (*General Aggression Model*) von Craig Anderson. Es unterscheidet zw. personalen und situativen Ausgangsbedingungen der A., die über kogn., affektive und physiol. Verarbeitungsprozesse zu aggressivem Verhalten führen.

Die Neigung zu A. zeigt sowohl indiv. Unterschiede in Abhängigkeit von *Persönlichkeitsmerkmalen* (z. B. Impulsivität, *Narzissmus*, mangelnde *Selbstkontrolle*) als auch Geschlechtsunterschiede, insbes. in Bezug auf physische A. Bzgl. der Geschlechtsunterschiede in der Neigung zu relationaler A. sind die Befunde bislang uneindeutig. Als situative Auslösebedingungen von A. sind neben dem Vorhandensein aggressiver Hinweisreize v. a. soziale Zurückweisung, Alkoholkonsum sowie hohe Temperaturen identifiziert worden. Auch der Konsum von *Mediengewalt* wurde als Auslösefaktor für A. nachgewiesen. Exp. Studien zeigen eine kurzfristige Erhöhung von *Ärger-Affekt*, physiol. Erregung und aggressiven Kognitionen nach der Darbietung von Mediengewalt, Längsschnittstudien belegen analoge Auswirkungen für den habituellen Mediengewaltkonsum. Anwendungsgebiete der A.forschung sind u. a. Gewalt in der Familie (*Missbrauch* von Kindern, Partnergewalt, Gewalt gegen alte Menschen), sexuelle Gewalt (*sexueller Missbrauch, Gewaltdelikt, sexuelles*), A. in der Schule und am Arbeitsplatz (*Bullying*), A. im Alltag (Straßenverkehr und Sport), sowie A. zw. *Gruppen*, einschließlich terroristischer Gewalt. Möglichkeiten der A.*prävention* können unterschieden werden in *universelle* (auf alle Formen der A. ausgerichtete) Maßnahmen, z. B. Ärger-Bewältigungs-Trainings, und *spezif.* (auf umrissene Formen der A.) zugeschnittene Maßnahmen, z. B. Programme zur Prävention sexuellen Missbrauchs von Kindern. Präventionsmaßnahmen können zudem auf indiv. Ebene angesiedelt sein, d. h. beim indiv. Aggressor ansetzen, oder auf die Veränderung der gesellschaftlichen Rahmenbedingungen und Gelegenheitsstrukturen abzielen. *Gewaltprävention.* DeWall & Anderson 2011, Krahé 2013. *B. Krahé*

Aggression, klinische Perspektive, [lat. *aggredi* angreifen, engl. *aggression*], [**KLI**], *Aggression* (= A.) bez. ein *Verhalten*, das eine Schädigungsabsicht verfolgt. Es kann gegen Objekte, andere Personen oder die eigene Person gerichtet sein. Aggressives Verhalten beinhaltet zumeist eine Verletzung gesellschaftlicher Normen und Regeln (*Normen, soziale*). Aggressives Verhalten kann in unterschiedliche Ausdrucksformen (*Ausdruck*) kategorisiert werden: feindselig (*Feindseligkeit*) vs. instrumentell, offen vs. verdeckt, reaktiv vs. aktiv; körperlich vs. indirekt, affektiv (*Affekt*) vs. räuberisch. Dabei ist die Unterscheidung in reaktiv (*Täter-A.*, geplant (*Planen*), kontrolliert) vs. aktiv bzw. proaktiv (*Opfer-A.*, ungeplant, häufig emot. motiviert; nach Zurückweisungen) die geläufigste (Petermann & Koglin 2013). Die Ausdrucksformen sind alters- und geschlechtsspezifisch.
Zur Entstehung der A. liegen unterschiedliche Theorien vor: (1) Triebtheorie als Konzept der *Psychoanalyse* (Freud); (2) Frustrations-Aggressions-Hypothese; (3) *Modelllernen* von A. i. S. des sozialen Lernens; (4) biopsychosoziale Modelle. Der aktuelle Forschungsstand zeigt, dass genetische Einflüsse (biol. Komponente, *Verhaltensgenetik*) bei der Prädisposition von A. eine Rolle spielen und dass sich aggressives Verhalten durch psychosoziale Faktoren (wie elterliches Erziehungsverhalten; *Erziehung, Erziehungsstile*) entfaltet.

Üben Personen aggressives Verhalten im Übermaß aus, können psych. Störungen diagnostiziert werden. Im Kindergarten- und Grundschulalter tritt eher *aggressiv-oppositionelles Verhalten* auf, im späteren Kindes- und Jugendalter *aggressiv-dissoziales* Verhalten (Störungen des Sozialverhaltens = SSV). Die *Prävalenz*angaben schwanken von 5–8 % (Petermann & Petermann 2013). Aggressives Verhalten ist über die Lebensspanne stabil. 25 % der Personen mit einer *Diagnose* SSV im Kindesalter entwickeln eine Dissoziale Persönlichkeitsstörung (*Antisoziale Persönlichkeitsstörung*) im Erwachsenenalter. Weist die Person zusätzlich *callous-unemotional Traits* auf, erhöht sich das Risiko. Zu den Risikofaktoren zählen neuropsych. Defizite, Temperamentsfaktoren (*Temperament*), aggressive Modelle in der Familie, kogn. Defizite und neg. Einflüsse (*Einfluss, sozialer*) durch Gleichaltrige (Petermann & Petermann 2013). Die Schutzfaktoren umfassen Schüchternheit und Verhaltenshemmung, gering ausgeprägtes exploratives Verhalten sowie risikovermeidendes Verhalten. Ob Gewalt in Medien (*Mediengewalt*) zur Ausbildung aggressiven Verhaltens beiträgt, wird diskutiert. Einige Studien zeigen einen positiven Zusammenhang zw. dem Spielen gewalthaltiger Computerspiele und aggressivem Verhalten (Petermann & Koglin 2013).
Als empirisch gestützte Behandlungsansätze gelten *Verhaltenstherapie*, Problemlösetraining, soziales Kompetenztraining (*soziale Kompetenzen*), *Ärger*-Kontrolltraining sowie Elterntraining (*Elterntrainings, präventive*), aber auch neue Ansätze der *Psychopharmakotherapie* (Petermann & Petermann 2013). *U. Petermann*

^{Test}**Aggression Questionnaire (AQ)**, Aggressionsfragebogen, 2000, A. H. Buss & W. L. Warren 2000, aktualisierte und erweiterte Version des *Aggression Questionnaire*, 1992, Buss & Perry (1992), [**DIA, EM, PER, SOZ**]. Der AQ ist ein Selbsteinschätzungsverfahren zur Messung der dispositionalen Neigung zu *Ärger* und *Aggression*. Er besteht aus insges. 34 Items, die in 5 Teilskalen untergliedert sind: *Ärger* (z. B. «Einige meiner Freunde halten mich für einen Hitzkopf»), *Feindseligkeit* («Ich frage mich, warum ich manchmal so verbittert bin»), *Verbale Aggression* («Ich sage es meinen Freunden offen, wenn ich anderer Meinung bin als sie»), *Physische Aggression* («Manchmal kann ich dem Verlangen, eine andere Person zu schlagen, nicht widerstehen») und *Indirekte Aggression* («Ich verbreite manchmal Gerüchte über Menschen, die ich nicht leiden kann»). Zusätzlich zum Aggressions-Gesamtwert und den Mittelwerten der einzelnen Teilskalen kann ein Wert für inkonsistentes Antwortverhalten berechnet werden. Der AQ setzt Lesefertigkeiten auf dem Niveau der 3. Klasse voraus und ist damit bereits für Kinder im Grundschulalter einsetzbar. Die Validierungsstichprobe umfasste N = 2138 Personen im Alter zw. 9 und 88 Jahren. *Normierung*: Es liegen getrennte Normwerte für Männer und Frauen in drei Altersgruppen vor: 9–18 Jahre, 19–39 Jahre, 40 Jahre und älter. Der AQ eignet sich zur Erfassung der dispositionalen Ärger- und Aggressionsneigung an unausgelesenen sowie klin. Stichproben. Für Forschungszwecke liegt eine 15 Items umfassende Kurzform

vor. Eine dt.-sprachige Fassung der Vorgängerversion von Buss & Perry (1992) ohne die Skala zur indirekten Aggression wurde von Herzberg (2003) entwickelt. Durchführungszeit: ca. 10 Min. *B. Krahé*

Aggressionstrieb [engl. *aggression drive*; lat. *aggredi* angreifen], **[EM, KLI, PER]**, *Psychoanalyse*; 1908 von Adler eingeführter Begriff, der den als Ursache der *Aggression* angenommenen Antrieb bez. Ab 1920 greift Freud den Begriff auf, der als *Todestrieb*theorie kontroverse Diskussionen innerhalb der psychoanalyt. Richtungen ausgelöst hat. Neuere Konzepte: Rauchfleisch (2000).

aggressive Hinweisreize (= a. H.) [engl. *aggressive cues*], **[EM, SOZ]**, sind in einer Situation vorhandene Merkmale, welche die *Aufmerksamkeit* einer handelnden Person auf die Möglichkeit einer aggressiven Reaktion lenken, z. B. Bilder von Waffen, kämpfenden Menschen oder Namen berühmter Boxer. In einer klassischen Studie zeigten Berkowitz und LePage (1967), dass Pbn, die zuvor durch eine neg. Rückmeldung geärgert worden waren, mehr aggressives Verhalten in Form elektrischer Stromstöße zeigten, wenn sich in ihrem Blickfeld eine Waffe (a. H.) befand, als wenn sie einen Federballschläger (neutraler Reiz) oder gar kein Objekt sahen. Den Pbn wurde mitgeteilt, dass das Objekt (die Waffe oder der Federballschläger) entweder von der Person zurückgelassen worden sei, die sie zuvor geärgert hatte, oder dem Leiter eines früheren Versuchs gehörte, der mit der Ärgersituation nichts zu tun hatte. Für die Ergebnisse spielte es keine Rolle, ob die Hinweisreize mit der Quelle des Ärgers assoziiert waren oder nicht. Obwohl sich der Effekt in späteren Studien nicht durchgängig replizieren ließ – einige konnten den Waffeneffekt nicht bestätigen, andere fanden den Effekt auch bei nicht zuvor geärgerten Pbn –, ist insges. sehr gut belegt, dass aggressives Verhalten durch a. H. gefördert wird. In einer Metaanalyse von 57 Studien fanden Carlson et al. (1990), dass a. H. die Wahrscheinlichkeit aggressiver Reaktionen erhöhen. Dies war bes. bei Personen der Fall, die zuvor geärgert worden waren, aber es fand sich auch ein (wenngleich schwächerer) Effekt a. H. auf Personen in neutraler Stimmung. Dies zeigt, dass der Einfluss a. H. nicht auf Situationen beschränkt ist, in denen sich eine Person schon vorher in einer ärgerlichen Stimmung befindet. Vielmehr führen a. H. allg. zu einer Aktivierung (*Priming*) aggressionsbezogener kogn. Schemata, die wiederum die Wahrscheinlichkeit einer aggressiven Reaktion erhöht. *Aggression*. *B. Krahé*

Aggressivität (= A.) [engl. *aggressiveness*; lat. *aggredi* angreifen], **[EW, PER]**, Bez. für das *Persönlichkeitsmerkmal*, häufig und stark aggressiv zu reagieren (*Aggression*). A. gehört zu den *Externalisierungsproblemen* und geht oft mit *antisozialem Verhalten* einher. Im *Fünf-Faktoren-Modell* ist A. ein Unterfaktor von *Verträglichkeit*. A. lässt sich ab dem Alter von 2 Jahren beobachten und ist lebenslang und über Generationen hinweg vgl.weise stabil. Hierzu tragen sowohl genetische als auch Umweltfaktoren bei (*Anlage-Umwelt*). Asendorpf et al. 2008, Huesmann et al. 1984.

Agieren (= A.) [engl. *to act*; lat. *agere* handeln], **[KLI]**, Handeln. in der *Psychoanalyse* besagt A. das Wiederholen einer früheren Verhaltensweise anstelle des Erinnerns. Bes. Bedeutung gewinnt das A. in der psychoth. Behandlung, da der Pat. hier seine verdrängten Verhaltensweisen gegenüber dem Analytiker u. U. bis zum Eintritt der Wiedererinnerung agiert.

Agilität [engl. *agility*; lat. *agilis* beweglich], Beweglichkeit, Flinkheit, Rührigkeit.

Agitation, agitiert [engl. *agitation, to agitate*; lat. *agitare* antreiben, aufregen], **[KLI]**, Handeln bes. als Aufreizen. (med.) Unruhe, Erregung, erregte Bewegung, wie z. B. bei *paralysis agitans* (Schüttellähmung) oder agitierter *Depression* (hochgradige motorische Unruhe mit klagend-anklagender Verstimmung). Agitiert-Sein ist gleichbedeutend mit In-Erregung-Sein mit best. Zeichen innerer und äußerer Unruhe.

Aglossie [engl. *aglossia*; gr α- ohne; γλῶσσα *(glossa)* Zunge], **[BIO, KOG]**, angeborenes Fehlen der Zunge; behindert die Artikulation, führt aber nicht zu Stummheit. *Stammeln*, Dyslalie, *Dysglossie*.

Agnosie (= A.) [engl. *agnosia*; gr. ἀγνωσία *(agnosia)* Unkenntnis], **[BIO, WA]**, Störung des Erkennens trotz (ausreichend) erhaltener Wahrnehmungsfunktionen, kogn. Funktionen und der Sprache. In Abhängigkeit von der betroffenen Wahrnehmungsmodalität werden *visuelle, auditive, taktile, olfaktorische* und *gustatorische* A. unterschieden. Man unterscheidet zw. erworbener A. (nach Hirnschädigung) und Entwicklungsa. *Akusmatagnosie, Alexie, Apraktagnosie, Apraxie, auditive Agnosie, Fingeragnosie, Geräuschagnosie, Lautagnosie, Musikagnosie, neuropsychologische Störungen, Prosopagnosie, Simultanagnosie, Somatotopagnosie, taktile Agnosie, topografische Agnosie, Umweltagnosie, verbale Agnosie, visuelle Agnosie, visuell-räumliche Leistungen, Störungen, visuelle Anosognosie*. Karnath & Thier 2012. *J. Zihl*

Agnostizismus [engl. *agnosticism*; gr. ἀγνωσία *(agnosia)* Unkenntnis], **[PHI]**, Lehre, nach der das Wesen der Welt unergründlich ist. *Pragmatismus*.

Agogik [gr. ἄγειν *(agein)* führen], Lehre von der indiv. Gestaltung des musikalischen Tempos.

Agomelatin (= A.) [engl. *agomelatine*], **[PHA]**, Psychopharmakon aus der Gruppe der *Antidepressiva* vom Typ der *Melatonin-Agonisten*. Durch selektiven *Antagonismus* an *serotonergen* 5-HT2c-Rezeptoren führt es außerdem zu einer verstärkten *dopaminergen* und *noradrenergen* Neurotransmission (*Neurotransmitter*). A. hat keine *anticholinergen* oder *antihistaminergen* Eigenschaften. Häufige *Nebenwirkungen* von A. sind Kopfschmerzen und Müdigkeit. Lebererkrankungen sind eine Kontraindikation für A. Benkert & Hippius 2013. *H. Himmerich*

Agonie [engl. *agony*; gr. ἀγώνας *(agonas)* Kampf], Todesqual, Seelenqual, Todeskampf.

Agonist (= A.) [engl. *agony*; gr. αγωνιστής *(agonistes)* Wettkämpfer], **[PHA]**, in der Pharmakologie Stoff, der einen anderen Stoff in seiner Wirkung unterstützt/fördert. Rezeptoragonisten sind Stoffe, die die gleichen Rezeptoren binden wie endogene Stoffe, etwa Transmitter. Je nach Wirkungsmechanismus sind versch. A. zu differenzieren. **[BIO]**, *A.-Anta.*: die paarweise entgegengesetzt wirkenden Muskeln. I. w. S. allg. Bez. für *Wirker* und *Gegenwirker*, z. B. bei Drogen, *Nerven* (Sympathikus – Parasympathikus; *Nervensystem*). *W. Janke*

agonistisches Verhalten [engl. *agonistic behavior*; gr. *ἀγωνιστής (agonistes)* Wettkämpfer, **[SOZ]**, Sammelbez. für offensives wie defensives] kämpferisches Verhalten, insbes. bei sozialen Auseinandersetzungen. *Konflikt, sozialer.*

Agoraphobie (= A.) [engl. *agoraphobia*; gr. *ἀγορά (agora)* Marktplatz, *φόβος (phobos)* Furcht], **[KLI]**, Platzfurcht, *Angst* beim Überschreiten von Straßen, Plätzen, Menschenmengen, Situationen u. a., ohne «Ausweichmöglichkeit», manchmal u. a. verbunden mit Schwindelgefühl. In schweren Fällen wird jede Mobilität vermieden, der Betroffene verlässt sein Haus nicht mehr. Wie bei anderen Phobien (*phobische Störungen*), bei denen das Vermeiden im Vordergrund steht und für einen großen Teil der Problematik verantwortlich ist, sollten *Exposition*stechniken (*Konfrontation mit Reaktionsverhinderung*) Teil des therap. Vorgehens sein (*Psychotherapie*), auch wenn Therapieerfolge auch anders erreichbar zu sein scheinen. Eine *Verstärkung* agoraphobischen Verhaltens durch Bezugspersonen (Zuwendung, Schonung) ist oft zu beobachten. Insbes. bei verhaltenstherap. Vorgehen (*Verhaltenstherapie*) ist die Erfolgsaussicht sehr gut. Begleitende depressive Verstimmungen – als Folge des Rückzuges verstehbar – verschwinden oft ohne zusätzliche Behandlung. *Angststörungen, diagnostische Verfahren*, *generalisierte Angststörung*, *Panikstörung*. *F. Caspar/L. R. Schmidt*

Agrafie (= A.) [engl. *agraphia*; gr. *α-* ohne, *γράφειν* schreiben], syn. *Akatagrafie*, **[BIO, KOG]**, eine A. ist eine Beeinträchtigung des Schreibens infolge einer Schädigung des Gehirns (*Schreiben*). Eine A. tritt meist im Zusammenhang mit einer Aphasie auf, kann aber auch selektiv ohne begleitende Einschränkungen der Lautsprache oder des Lesens vorliegen (*reine A.*). Die Symptome einer A. werden i. d. R. vor dem Hintergrund eines kogn. Modells der normalen Sprachverarbeitung (*Sprachrezeption*) beschrieben, das zwei Routen für das Schreiben annimmt. Die folg. Varianten werden unterschieden: Oberflächen-A. (auch Oberflächendysgrafie; engl. *surface dysgraphia*): Es besteht eine Störung im Zugriff auf die korrekte Schreibweise von Wörtern, sodass als Ausweichstrategie die Wörter durch Umwandeln der Laute in Buchstaben geschrieben werden. Hierbei kommt es zu sog. phonologisch plausiblen Fehlern (Physik → Fühsig). Diktierte Pseudowörter (bspw. «gelus») werden relativ gut umgesetzt. Eine Oberflächendysgrafie tritt im Zusammenhang mit einer *Aphasie* auf, kann aber auch isoliert ohne Aphasie auftreten. Häufig tritt eine Oberflächendysgrafie auch im Verlauf einer *Alzheimer-Krankheit* oder semantischen *Demenz* auf. Bei der *phonologischen A.* bestehen herausragende Schwierigkeiten beim Schreiben von Pseudowörtern, während bekannte Wörter relativ gut umgesetzt werden können. Die *Tiefen-A.* ist eine schwerere Form der phonologischen A. Diktierte Pseudowörter können gar nicht geschrieben werden, und den Betroffenen unterlaufen semantische Fehler. Von den *zentralen A.* müssen Varianten *peripherer A.* unterschieden werden. Bei diesen ist der Zugriff auf Buchstabenformen betroffen. Zwischen zentralen linguistischen und den peripheren, motorisch-räumlichen Repräsentationen vermittelt ein spezialisierter orthografischer Arbeitsspeicher, der ebenfalls selektiv betroffen sein kann. In diesem Fall ist insbes. das Schreiben langer Wörter betroffen, es kommt zu Ersetzungen, Auslassungen und Umstellungen von Buchstaben. *Agrafie, Therapie.* Kremin & Ohlendorf 1988, Bormann 2010. *T. Bormann*

Agrafie, Therapie [engl. *agraphia, therapy*], **[BIO, KLI, KOG]**, Behandlung einer *Agrafie* durch Personen mit Spezialisierung in Logopädie, Klin. Linguistik oder *Sprachtherapie*. Die Therapie folgt der Diagnostik der bestehenden Einschränkungen des Pat. sowie erhaltener sprachlicher Funktionen. I. d. R. geschieht dies vor dem Hintergrund eines kogn. Modells des Schreibens, in dem die bestehenden eingeschränkten Funktionen eingeordnet werden. Die therap. Maßnahmen sind dann auf die Verbesserung bis kompletten Wiederherstellung dieser eingeschränkten Funktionen gerichtet. Es werden therap. Ansätze unterschieden, die die Stärkung der Semantik (Wortbedeutung), des Lexikons, des orthografischen Arbeitsspeichers (*Gedächtnis*) oder grafomotorischer Muster zum Ziel haben. Whitworth et al. 2005, Beeson & Rapcsak 2002. *T. Bormann*

Agrammatismus (= A.) [engl. *agrammatism*; gr. *a-* ohne, *γράμμα (gramma)* Buchstabe], **[KOG]**, das völlige Fehlen syntaktisch-grammatikalischer (*Syntax*, *Grammatik*) Strukturen in sprachlichen Äußerungen; entweder ihr noch fehlender Aufbau – kurzdauernd in der normalen kindlichen *Sprachentwicklung* (physiol. A.), anhaltender bei verzögerter Sprachentwicklung (*Sprachentwicklungsverzögerung*, *Hörstummheit*) oder *Oligophrenie* – oder aber der Verlust grammatikalischer Strukturen durch Hirnverletzungen und -erkrankungen (*Aphasie*), auch bei Psychosen (*Dysphrasie*). In ungenauer Weise wurde die Bez. A. in der älteren neurol. und phoniatrischen Literatur (wie viele andere der mit einem Alpha privativum gebildeten Begriffe, z. B. Aphasie – Dysphasie) auch auf sprachliche Äußerungen mit nur fehlerhafter oder unvollständiger syntaktisch-grammatikalischer Struktur (*Dysgrammatismus*) ausgedehnt. Als A. können in strenger Unterscheidung nur manche holophrastischen Äußerungen (*Holophrase*), nicht einmal in einem Wort gegebene Befehle, oder psychotische Dysphasien und Wortsalat (z. B. «Elefant vergrün lamperstift») angesehen werden. Selbst Echolalien (*Echolalie*) sind zwar immer aus ihrer semantischen und pragmatischen Zeichenverankerung gelöst (*Semantik*, *Pragmatik*), weisen aber doch gelegentlich noch syntaktische Oberflächenstrukturen auf.

Agranulozytose (= A.) [engl. *agranulocytosis*], **[PHA]**, potenziell lebensgefährlicher Abfall der Granulozyten (einer Form von Leukozyten = weißen Blutkörperchen) auf eine Zahl von unter 500/µl Blut (Norm: 4000–10 000 µl), die zu einer schweren Störung der Immunfunktion mit dem Risiko von lebensbedrohlichen Infektionen führt. Sinkt die Zahl der Granulozyten auf unter 3000 µl, so spricht man von Leukopenie. Das Risiko einer A. ist bes. hoch bei Therapie mit *Clozapin* (1–2 % aller damit behandelten Pat.), was eine kontrollierte Anwendung der Substanz mit regelmäßigen Blutbildkontrollen zwingend erforderlich macht. A. kommen sehr selten auch vor unter tri- und tetrazyklischen *Antidepressiva* und trizyklischen *Antipsychotika* (auch unter atypischen Antipsychotika wie *Olanzapin* und *Quetiapin*). *G. Gründer*

agreement [engl. Zustimmung], [**DIA**], Übereinkunft, Übereinstimmung. *Beurteilerübereinstimmung*.

Agrypnie [engl. *agrypnia*; gr. ἀγρυπνος *(agrypnos)* Schlaflosigkeit], [**KLI**], veralteter Begriff für *Insomnie* (Schlaflosigkeit; *Schlafstörungen*). Heute nur noch eng verwendet als *Agrypnia excitata* bei weitgehender oder vollst., organisch bedingter Schlaflosigkeit bei einigen *neurodegenerativen Erkrankungen*. Lugaresi 2011.

Aha-Erlebnis [engl. *eureka effect, aha effect*], [**KOG**], von Karl Bühler stammender Begriff für eine best. Form der Erkenntnisfindung. Es handelt sich dabei um ein eigenartiges, im Denkverlauf auftretendes Erlebnis, das sich bei plötzlicher *Einsicht* in einen zunächst undurchsichtigen Zusammenhang einstellt. *Problemlösen*.

Ahnenkult *Manismus*.

Ähnlichkeit, Ähnlichkeitsgesetz [engl. *similarity, law of similarity*], [**KOG, PER, SOZ, WA**], eine eigentümlich ausgezeichnete Beziehung zw. zwei oder mehreren Objekten (Sachen, Personen, Eigenschaften). Ähnlichkeit (= Ä.) kann von vollst. Gleichartigkeit ausgehend alle Abstufungen durchlaufen bis zu entferntester Ä. So besitzen zwei eben noch unterscheidbare Nuancen des Farbtons (*Farbe*) Gelb einen Höchstwert an Ä., der (bezogen auf den *Farbenkreis*) nach beiden Seiten hin stetig abnimmt bis zu dem Grenzwert an den beiden Polen Rot und Grün. Ebenso kann z. B. zw. einem Gemälde, einem Musikstück und einem Vers spontan Ä. erlebt werden. Da unter wechselnden Bedingungen offenbar zw. nahezu beliebigen Dingen Ä. auftreten kann, ist dies nicht mit den den Dingen selbst innewohnenden Eigenschaften begründbar, wie etwa durch *identische Elemente* (Mach u. a.) oder gleiche Strukturen. Dagegen spricht auch, dass Ä. auftreten kann bei strukturlosen Komplexqualitäten (Krueger). Ternus (1926) konnte exp. Bedingungen erzeugen, unter denen sich «phänomenale Identität» gegen «objektive Identität» durchsetzt, und konnte zeigen, dass die «homologe Funktion» zweier Momente in versch. Situationen den Identitätseindruck hervorruft. *Identität*.

Das Ä.gesetz (*Assoziationsgesetze*, *Gestaltgesetze*) besagt, dass Ä. nicht nur phänomenal in Erscheinung tritt, sondern auch funktional wirksam wird. Zw. ähnlichen Elementen treten Kräfte auf, die Einzelnes zu höheren Einheiten zus.schließen (*Assoziationen*, *Gestalten*, Systeme). Das Ä.gesetz gilt für alle Bereiche der Ps.: *Wahrnehmung* (untereinander ähnliche Elemente sondern sich aus und schließen sich zu einer Gestalt zus.); Gedächtnis (*Spurenfeld* organisiert sich nach Ä., akt. Wahrnehmungsprozess und Spur ebenso); Sozialps. (*Gruppenbildung* nach Ä. hinsichtlich Bildungsstand, Einkommen, Alter usw.); *Typologie* (Charakterstrukturen schließen sich nach Ä. zus. zu einem Typus). Eine best. Reiz-Reaktionsverbindung (*habit*) bleibt erhalten trotz Variation der Reizsituationen (*Generalisation*, *Äquivalente, Methode der*), wobei alle die als ähnlich (äquivalent) bez. werden, welche die ursprüngliche Reaktion noch hervorrufen können. Die *Reaktionszeit* ist dabei dem Abfall des Ä.grades proportional und kann somit als Maß des Letzteren angesehen werden (Schlosberg & Solomon 1943). Auch kann das Ausmaß, in dem durch das Erlernen einer Tätigkeit *Mitübung* anderer Tätigkeiten erfolgt, als Ausdruck des Ä.grades zw. diesen angesehen werden. Die Ä. von Begriffen bzw. ihren Bedeutungen lässt sich mittels einer von Osgood (1952) entwickelten Methode messen, indem man ihre Polaritätsprofile (*semantisches Differenzial*) herstellt und die Distanz zw. diesen ermittelt. Ferner bedient man sich der Korrelationsrechnung (*Korrelation*), um Ä. festzustellen. Interpersonelle Ä.-korrelationen in Bezug auf best. Merkmalsgruppen können zu empirischen Typenlehren führen (Hofstätter). Die für die *Psychotherapie* z. B. wichtige Frage nach Ä. von Wunsch- und Selbstbild (*Ideal-Selbst*, *Real-Selbst*) kann mithilfe der *Q-Sortierung* (Rogers, Stephenson) durchgeführt werden, indem man die Korrelation zw. den unter beiden Gesichtspunkten erhaltenen Sortierungen errechnet. *Repräsentativitätsheuristik*.

Ähnlichkeitshemmung *Ranschburg'sches Phänomen*.

Ähnlichkeitsindex [engl. *similarity index*], [**DIA, FSE**], stat. Kennwert für die Beurteilung der Ähnlichkeit bzw. Unterschiedlichkeit von Profilen, spez. von Testprofilen (*Testprofil*). Ein Maß, bei dem der Abstand zw. den Profilen nicht berücksichtigt wird, stellt der Korrelationskoeffizient dar. Osgood und Suci haben als Ähnlichkeitsindex das D-Maß entwickelt, bei dem Profilhöhe und Profilverlauf berücksichtigt wird. Da dieses D-Maß nicht standardisiert ist, wurden standardisierte Ähnlichkeitsindizes durch Umformung des D-Maßes in ein Korrelationsmaß entwickelt. *H. O. Häcker*

AIC *Informationstheoretische Maße*.

AIDA-Modell (= A.) [engl. *AIDA model*], [**MD, WIR**], Modell zur Erklärung der Werbewirkung, nach dem erfolgreiche Werbung bei potenziellen Konsumenten eine hierarchische Abfolge von vier Stufen durchläuft: *Aufmerksamkeit* (Attention), Interesse (Interest; *Interessenkonstrukt, Merkmale*), Verlangen (Desire) und Kaufhandlung (Action). Das A. entstand Anfang des 20. Jhd. im Umfeld von Druckereien und Werbeagenturen, die damit Empfehlungen für die Gestaltung wirkungsvoller Inserate geben wollten. Die bei der Rezeption von Werbung beteiligten psych. Prozesse werden allerdings nur unzulänglich abgebildet. So gilt z. B. als erwiesen, dass Aufmerksamkeit keine notwendige Voraussetzung für wirksame Werbung ist. Auch bilden die postulierten Prozesse nicht vier zeitlich aufeinanderfolgende Stufen, sondern sie überlappen sich. Das A. und ähnliche Modelle verdanken ihre anhaltende Popularität ihrer intuitiven Plausibilität und der drängenden Nachfrage nach Qualitätsindikatoren für Werbung, da *Werbewirkung* als schwer messbar gilt und befürchtet wird, dass viel Geld für wenig wirkungsvolle Werbung ausgegeben wird. Fennis & Stroebe 2010. *C. Fichter*

AIDS, [**GES, KLI**], Abk. für *Acquired Immune Deficiency Syndrome* [engl. erworbenes Immundefizienzsyndrom], durch HI-Viren erworbene Erkrankung des menschlichen Immunsystems (Immunschwäche). Übertragung durch Körperflüssigkeiten (Schleimhautkontakte mit virushaltigen Körperflüssigkeiten) wie Blut, Sperma, Vaginalsekret, insbes. durch ungeschützten Sexualverkehr, HIV-infizierte Injektionsnadeln beim Drogenkonsum sowie Bluttransfusionen. Mehr als die Hälfte der Infizierten lebt im südlichen Afrika (2006: 24,7 Mio. von insges. 39,5 Mio. weltweit Infizierten). Verbesserte med. Therapien (insbes. *highly active antiretroviral therapy; HAART*) haben die Überlebensdauer nach Infektion mit der ursprünglich akut lebensbedrohlichen Erkrankung erheblich verlängert, sodass für AIDS inzw. häufig ein chronischer Verlauf charakteristisch ist (*chronische Erkrankungen*). Gemäß der *Centers for Disease Control and Prevention (CDC)-Klassifikation* werden drei Stadien des Krankheitsverlaufs unterschieden: *Stadium I: Asymptomatische HIV-Infektion* (zumeist mehrjährige symptomfreie Latenzphase); *Stadium II: Symptomatisches Stadium* (erste gesundheitliche Beeinträchtigungen); *Stadium III: Vollbild AIDS* (opportunistische Erkrankungen, z. B. Toxoplasmose, Candidose, Pneumozystis-Pneumonie).

Als psych. *Komorbiditäten* treten insbes. *Depression* (*Prävalenz*: 15–40 %), *sucht- und substanzbezogene Störungen*, *Angststörungen* und *Anpassungsstörungen* auf. Pharmakol. unbehandelt liegt die Prävalenz der HIV-Enzephalopathie (syn. HIV-*Demenz*) bei 15–20 %. Psychol. weiterhin bedeutsam sind versch. Stressoren in Zusammenhang mit der Diagnosestellung, offener Umgang mit der Erkrankung im direkten und weiteren sozialen Umfeld [engl. *disclosure*], physische und psych. (Neben-)wirkungen der medikamentösen Behandlung (u. a. aufgrund der Notwendigkeit einer hohen *Adhärenz*) sowie *Stigmatisierung* (z. B. Zuschreibung der pat.seitigen Verantwortung («Schuld») für die Erkrankung, Pat. als «Infektionsquelle»). Hierbei sind neben psych. Belastungen insbes. soziale Folgewirkungen hoch bedeutsam. Die *Lebensqualität* und *Lebenszufriedenheit* AIDS-Erkrankter ist eingeschränkt, wobei eine hohe interindiv. Variabilität vorliegt. Das *Chronic Illness Quality of Life Model* (Heckmann 2003) berücksichtigt *wahrgenommenes HIV-Stigma, Zugangsbeschränkungen zum Gesundheitswesen, körperlichen Gesundheitszustand*, *soziale Unterstützung* und *aktives, problemorientiertes Coping* als zentrale Einflussfaktoren. Lesermann (2003) zeigt den Zusammenhang psychosozialer Faktoren mit Parametern des Immunsystems und der *Mortalität*. Psychosoziale Interventionen zielen insbes. auf den Umgang mit der körperlichen Erkrankung, das Sozialverhalten sowie das *Stressmanagement* und Coping-Verhalten ab. Drewes 2009.

akademische Leistung *Angebots-Nutzungs-Modell der Wirkfaktoren akademischer Leistungen.*

Akaike-Informationskriterium (AIC) [engl. *Akaike Information Criterion*], *Informationstheoretische Maße.*

Akalkulie [engl. *acalculia*; gr. α- ohne, lat. *calculare* berechnen], [**BIO**], Störung oder Verlust der bereits erworbenen Rechenfähigkeit; z. B. nach Hirnverletzungen (*Hirnschädigung*). Das Bearbeiten und Lösen math. Aufgaben kann dabei durch versch. Teilleistungsschwächen z. B. des ZNS (*Zentralnervensystem*) gestört werden (Luria 1970); dementsprechend vielgestaltige Charakteristik der Störung und syndromatische Überschneidungen mit *Sprachstörungen*, körperlichen (Gerstmann-Syndrom) und räumlichen Orientierungsschwierigkeiten, mit *Apraxien* oder Plan- bzw. Handlungsschwierigkeiten sowie mit Rechenschwächen in der kindlichen Entwicklung. *Dyskalkulie, Rechenschwäche.*

Akatagrafie [gr. α- ohne, κατα hinterher, herab, γράφειν (graphein) schreiben], seltene Bez. für *Agrafie.*

Akatamathesie [gr. α- ohne, καταμανειν (katamanein) erlernen], [**BIO, KOG**], seltene Bez. für sensorische *Aphasie.*

Akataphasie [gr. α- ohne, κατα hinterher, herab, ἀφασία (aphasía) Sprachlosigkeit], [**BIO, KOG**], Bez. für sprachliche Entgleisungen (ähnlich *Agrammatismus*) infolge Hirnschädigung bei *Schizophrenie*. Beim Sprechen werden für fehlende zutreffende Ausdrücke nur ähnlich klingende Wendungen oder ganz abwegige Äußerungen gebraucht.

Akathisie *extrapyramidalmotorische Störungen.*

Akinesie [engl. *akinesia*; gr. α- (a-) ohne, κίνησις (kinesis) Bewegung], syn. *Akinese*, [**BIO, KLI**], Bewegungsarmut, Unbeweglichkeit, Ggs. *Hyperaktivität*. *Parkinson'sche Erkrankung.*

Akinetopsie [engl. *akinetopsia*; gr. α- ohne, κίνησις (kinesis) Bewegung, ὄψις (opsis) Sehen], [**BIO, WA**], Verlust des *Bewegungssehens* (inkl. der visuellen Scheinbewegung und visueller Bewegungsnacheffekte) nach erworbener Hirnschädigung (Bewegungsblindheit). *J. Zihl*

Akklimatisation [engl. *acclimatization*; gr. κλίμα (klíma) Neigung, Zone], [**KOG**], Anpassung von Lebewesen an veränderte klimatische Einflüsse. I. w. S. Anpassung an neue Umwelteinflüsse (*Konformität*). *Domestikation*. Huntington 1948, Missenard 1949.

Akkommodation (= A.) [engl. *accommodation*; lat. *accommodare* anpassen], [**EW, KOG**], ist im Verständnis der Erkenntnistheorie von Piaget (*Entwicklung, Stufentheorie nach Piaget*) Bestandteil der *kogn. Adaptation*. Sie wirkt komplementär zur *Assimilation*. Akkommodiert werden Erkenntnis- oder kogn. Schemata (*Assimilationsschema*) an neue oder veränderte Realitäten. Die Assimilation bringt Unterschiedliches unter den «gleichen Hut», d. h. behandelt Unterschiedliches mit einem gleichen Schema und verwischt damit Unterschiede. Wenn die Unterschiede zu groß werden oder wenn Assimilation wegen Nichtpassung gar nicht gelingt, kommt die A. ins Spiel (*Äquilibration*). A. werden «in Not» oder unter dem Druck von Unstimmigkeit vorgenommen; sie können sich aber auch «spielend» ergeben, d. h. jemand kann aus Lust «Gleiches» einmal anders angehen oder interpretieren. Piaget nennt das tertiäre *Kreisreaktion*. Dadurch können sich neue Schemata bilden oder können sich Schemata differenzieren, d. h. aufteilen und spezialisieren. Da die menschlichen Aktivitäten meistens mehrere Schemata im gegenseitigen Verbund erfordern, besteht A. oft auch in der Herstellung von neuen Verbindungen zw. *Schemata* resp. Schemaverbünden (*Struktur, Strukturgenese*). A. bereichert das Schemarepertoire und stellt darum einen basalen Entwicklungsprozess dar. Entwicklungsunterstützung sollte darum A. fördern. Das gelingt laut Theorie durch Konfrontation mit Ungleichgewichten oder durch Gewährenlassen von spielerischen Variationen von vertrauten Schemata. Allerdings darf im ersten Fall die «Not» nicht zu groß oder gar bedrohlich sein. Riedel (1967) meint mit informationeller A. die Angleichung der subj. Erwartungswahrscheinlichkeit von Ereignissen an die tatsächliche Auftretenswahrscheinlichkeit. Auch Veränderungsprozesse in der *Psychoth.* werden als A.prozesse betrachtet, wobei aber auch emot. Aspekte eine wichtige Rolle spielen. *Informationstheorie.* Piaget 1937, Piaget 1975a, Flammer 2009a. *A. Flammer/F. Caspar*

Akkommodation, optische (= o. A.) [engl. *accommodation*], [**BIO, WA**], Zunahme der Brechkraft des optischen Systems (Linse) bei Beobachtungsdistanzen unter 1,50 m. Mit zunehmendem Alter (ab etwa 40 Jahre) verliert die Linse ihre Elastizität und die o. A. nimmt ab; die Folge ist der Verlust des Scharfsehens im Nahbereich (*Presbyopie*). Karnath & Thier 2012. *J. Zihl*

Akkommodationsbreite [engl. *range of accomodation*], [**WA**], Bereich, über den die *Akkommodation* des Auges verändert werden kann; bei 20-Jährigen beträgt sie ca. 11 Dioptrien (*Dioptrie*; Nahpunkt: ca. 10 cm), bei 50-Jährigen nur noch 2 Dioptrien (Nahpunkt: ca. 50 cm). *H. Heuer*

Akkord [engl. *accord*; lat. *ad* zu, *cor* Herz, lat. *accordium* und frz. *accord* Übereinstimmung, Vertrag], [**WA**], (musikps.) Mehrklang von drei und mehr Einzeltönen, wobei Konsonanzen und Dissonanzen je nach Tonverschmelzung entstehen.

[**AO**], eine Lohngestaltung, bei der für die Leistung eine durch *Zeitstudie* ermittelte Arbeitszeit (pro Stück, Arbeitsgang u. a.) zugrunde liegt.

Akkulturation (= A.) [engl. *acculturation*; lat. *cultura* Pflege], [**SOZ**], «beschreibt die Phänomene, die aus dem direkten Kontakt von Gruppen oder Individuen aus unterschiedlichen Kulturen resultieren und die Veränderungen in den ursprünglichen kult. Mustern der einzelnen oder beider Kulturen nach sich ziehen» (Redfield et al. 1936, 149). Veränderungen im Verlauf der A. können beobachtet werden auf der Ebene der Einstellungen, der Werte, des Verhaltens und der Wahrnehmung der kult. Identität. Besonderes Gewicht hat in der A.forschung die Analyse von sog. A.strategien (z. B. *Assimilation, Separation, Integration, Marginalisierung*) von Individuen und Gruppen in ihrer Wechselwirkung mit den A.strategien der aufnehmenden Gruppen, Organisationen oder Gesellschaften (z. B. Multikultur, Schmelztiegel, Segregation, Exklusion). Der Prozess der A. ist häufig mit *Stress*erleben verbunden, dessen Intensität sich nach Merkmalen der Herkunfts- und Aufnahmegesellschaft, der A.erfahrung, indiv. moderierenden Faktoren, wie z. B. der Migrationsmotivation, moderierenden Faktoren im Prozesse selbst, wie z. B. den bevorzugten A.strategien oder der *sozialen Unterstützung* richtet. A. als sozialpsychol. Konzept des interkult. Kontakts ist zu unterscheiden von dem Prozess der Enkulturation, der die meist implizit verlaufenden Lernprozesse im Verlaufe der Sozialisation innerhalb einer Kultur beschreibt. Die Erkenntnisse der A.forschung sind bes. relevant für die *Migration*sforschung und Migrationsberatung. *Gesundheitsrisiken, migrationsspezifische.* Schönpflug & Phalet 2007. *S. Kammhuber*

Akoasma [engl. *acoasma*; gr. ἀκοή *(akon)* das Gehör], [**KLI**], akustische *Halluzinationen*, bei denen es zu amorphen Geräuschtäuschungen (z. B. Knallen, Zischen, Wispern u. Ä.) kommt, die vom *Tinnitus* aurum zu unterscheiden sind. Auftreten z. B. bei *Schizophrenie.*

akoluthe Phase, [**BIO**], die Spanne, bei der eine Erregung noch nicht abgeklungen ist und die neue Erregung noch gehemmt wird.

Akquieszenz (= A.) [engl. *acquiescence*; lat. *acquiescere* sich zufriedengeben], syn. *Ja-Sage-Tendenz*, [**DIA**], Reaktionstendenz inhaltsunabhängig bei Testfragen, Aufgaben spontan, unreflektiert zuzustimmen. A. verfälscht das Ergebnis i. S. einer erhöhten Zustimmungsquote. Durch Berücksichtigung aller Antwortalternativen bei der Fragenformulierung (z. B. «Stimmen Sie zu oder stimmen Sie nicht zu?») oder die Variation der Antwortpolungen der Items eines Fragebogens kann die Gefahr von Verzerrungen durch die A. verringert werden. *Beobachtungsfehler, response set.*

Akquisition (= A.) [engl. *acquisition*; lat. *acquirere* erwerben], [**AO, WIR**], Fachausdruck, der i. Allg. für den Kauf eines Unternehmens durch ein anderes Unternehmen verwendet wird (teilweise oder vollst. Erwerb der Anteile oder der Mehrheitsbeteiligung an einem Unternehmen oder der Vermögensgesamtheit eines Unternehmens). Insbes. bei einer sog. *feindlichen Übernahme* (gegen den Willen der Leitung und Mitarbeiter) muss sich das eingekaufte Unternehmen i. d. R. unterordnen. Häufig sind massive Konflikte (*Konflikt, sozialer*) die Folge. Bei der *Fusion* [engl. *merger*] werden dagegen zwei oder mehr Unternehmen zu einer rechtlichen und wirtschaftlichen Einheit zus. geführt. Seit den 1990er-Jahren wird vor dem Firmenkauf eine A.planung eingesetzt, mit sorgfältigen Prüfungen, ob das Verkaufsobjekt mit seiner Marktposition in finanzieller, organisatorischer, managementmäßiger und rechtlicher Hinsicht den Vorstellungen des Käufers entspricht [engl. *due diligence*], um die kommerziellen Risiken zu verringern. Ps. relevante Misserfolgsrisiken sind übereilte strategische Vorplanung, Überschätzung der Synergien sowie des eigenen Managements und insbes. Vorbehalte der Mitarbeiter, Schwierigkeiten und Konflikte (*Rollenkonflikte*) der Integration unterschiedlicher *Unternehmenskulturen* (Jöns 2002). Bühner & Münsterer 2006, Jansen 1999, Klendauer et al. 2006. *S. Greif*

Akranie [gr. α- ohne, κρανίον *(kranion)* Schädel], [**BIO**], *Anenzephalie.*

Akrenzephalon [engl. *telencephalon*; gr. ἄκρος *(akros)* äußerst, ἐν *(en)* in, κέφαλη *(kephale)* Kopf], [**BIO**], Endhirn, Telenzephalon. *Gehirn.*

Akrodynie [engl. *acrodynia*; gr. ἄκρος *(akros)* äußerst, ὀδύνη *(odyne)* Schmerz], [**BIO, GES**], Schmerzen (*Schmerz*) in den Enden der Körperglieder.

Akrodystonie [engl. *acrodystonia*; gr. ἄκρος *(akros)* äußerst, δυσ- *(dys-)* miss-, τόνος *(tonos)* Spannung], [**BIO, KOG**], Störungen im Spannungszusammenspiel (Tonusgleichgewicht) in den Enden der Körperglieder, welche sich z. B. durch Krämpfe oder Lähmungen bemerkbar machen.

Akromegalie [engl. *acromegaly*; gr. ἄκρος *(akros)* äußerst, μεγάλη *(megale)* groß], [**BIO**], als Spitzenwachstum bez., nach Beendigung des allg. Wachstums eintretende Verlängerung und Verdickung «gipfelnder» Teile (Nase, Kinn, Hände – Finger, Füße – Zehen usw.). Ursache ist Überproduktion an Wachstumshormonen des Hypophysenvorderlappens. *Hormone*.

Akroparästhesie [engl. *acroparesthesia*; gr. ἄκρος *(akros)* äußerst, παρα- *(para-)* neben, αἴσθησις *(aisthesis)* Wahrnehmung], [**BIO, GES, WA**], Sensibilitätsstörungen im Bereich der Hände und Füße.

Akrophobie [engl. *akrophobia*; gr. ἄκρος *(akros)* äußerst, Höhe, φόβος *(phobos)* Furcht], [**KLI**], eine *Phobie*, die während des Besteigens oder durch den Aufenthalt auf Höhen, Bergen, Türmen ausgelöst wird. Umgangssprachl. als *Höhenangst* bez.

Akt (= A.) [engl. *act*; lat. *actus* Tätigkeit, Darstellung], [**EM, KOG, PHI, WA**], ein einzelner, einziger, d. h. zeitlich begrenzter und qual. bestimmter Teilvorgang im Strom des *Erlebens*. *Wahrnehmungs-*, *Vorstellungs-*, *Erinnerungs-*, *Gefühls-*, *Willens-* oder Denkakt (*Denken*). Fraglich ist die jew. Abgrenzung eines Aktes, er muss jedenfalls eine relative Geschlossenheit und Abtrennbarkeit besitzen. Ein phil. zentraler Begriff ist A. bei *Husserl* und Scheler. Bei den Psychologen hat er grundlegende Bedeutung in der Gegenüberstellung von A. und Inhalt (*Aktpsychologie*). Brentano, *Meinong*, Höfler, *Stumpf* sind hierzu bes. zu nennen.

Akteur-Beobachter-Unterschied (= A.) [engl. *actor-observer difference*], [**SOZ**], die Unterscheidung zw. den Perspektiven des Akteurs vs. des Beobachters ist grundlegend für die Sozialps. In sozialen Interaktionen sind Personen sowohl Akteure, die ein best. Verhalten zeigen, als auch Beobachter bzw. Rezipienten dieses Verhaltens. Hierbei wechselt die Perspektive laufend, d. h. vom Akteur zum Beobachter und zurück zum Akteur, etc. Die jew. Perspektive hat jedoch klar benennbare Auswirkungen auf die Urteilsbildung. Jones und Nisbett (1972) haben argumentiert, dass die Perspektive die Ursachenzuschreibung dergestalt beeinflusst, dass Akteure bei der Erklärung eigenen Verhaltens externen Ursachen (z. B. *Situation*) mehr Gewicht geben als Beobachter, die eher auf interne Ursachen schließen (z. B. *Persönlichkeit*). Diese Differenz sei auf *Informationsunterschiede* (d. h. der Akteur weiß mehr über sich selbst als der Beobachter), auf *Wahrnehmungsunterschiede* (Akteur «sieht» die Situation, Beobachter «sieht» den Akteur) und auf «naive Ps.» (Akteure sehen ihr Verhalten multideterminiert, Beobachter beachten die situativen Zwänge zu wenig; vgl. auch *fundamentaler Attributionsfehler*) zurückzuführen. Spätere Studien haben gezeigt, dass diese A. insbes. bei der Erklärung neg. Verhaltensweisen zutreffen, weniger bei der Erklärung pos. Verhaltensweisen (Malle, 2006).

Der A. wurde nicht nur bei *Attributionen* untersucht, sondern auch z. B. bei der Einschätzung der Bedeutsamkeit versch. Eigenschaftsdimensionen. Bezugnehmend auf die fundamentalen Dimensionen der Urteilsbildung (*Urteilsbildung, Dimensionen*), d. h. *agency* und *communion* (*agency-communion*), haben Abele und Wojciszke (2007) empirisch belegt, dass Beobachter bei anderen insbes. *kommunale Eigenschaften* schätzen, weil kommunale Eigenschaften Aussagen über Intentionen erlauben; während Akteure bei sich selbst besonders Wert auf *agentische Eigenschaften* legen, weil diese Aussagen über Zielerreichung ermöglichen. Weitere Bereiche, in denen A. untersucht wurden, sind z. B. selbst empfundene vs. von anderen wahrgenommene Intimität von Kommunikationsinhalten (Akteure beurteilen teilweise andere Inhalte als intim als Beobachter) oder unrealistischer *Optimismus* (Akteure beurteilen eigene Chancen und Risiken optimistischer als Beobachter). Watson 1982. *A. E. Abele*

Akteureffekte *Actor-Partner-Interdependenz-Modell (APIM)*.

Akteurkontrolle [engl. *actor control*], syn. *reflexive Kontrolle*, [**SOZ**], beschreibt i. S. d. *Interdependenztheorie* (Thibaut & Kelley 1978) den Einfluss, den das eigene Verhalten einer Person in einer sozialen Interaktion auf ihre eigenen aus dieser Interaktion resultierenden Ergebnisse hat. Van Lange & Rusbult 2011. *S. Macher*

Aktigrafie (= A.) [engl. *actigraphy*; lat. *actus* Tätigkeit, Darstellung, gr. γράφειν *(graphein)* schreiben], [**BIO, DIA**], die maschinelle oder heute zumeist elektronische Aufzeichnung der allg. motorischen Aktivität eines Individuums als Aktogramm, das die Bewegungsintensität (*Motorik*, Häufigkeit und Heftigkeit) z. B. in Form eines Aktivitätsprofils wiedergibt. Die A. wird v. a. in der *Schlaf*forschung und -med. verwendet, um eine Diagnose des Schlaf-Wach-Verhaltens und der Aktivitäts- und Ruhephasen über einen kontinuierlich längeren Zeitraum zu ermöglichen. Das Aktogramm wird entweder mithilfe eines am Körper oder Handgelenk getragenen Messgerätes, des *Aktometers*, oder durch Lagerung des Pbn auf einer bewegungsempfindlichen Unterlage registriert. Mit dieser nicht invasiven Messmethode können unter gewöhnlichen Lebensbedingungen Schlafgewohnheiten, *Schlafstörungen* und Erfolge von Therapien verfolgt werden. Beim Tier können Bewegungen und Bewegungsverläufe andererseits auch durch Lichtschranken (Unterbrechung von Infrarot- oder Lichtstrahlen) im Käfig aufgezeichnet werden.

C. Becker-Carus

Aktionsforschung [lat. *actio* Handlung, Tätigkeit], [**FSE**], Handlungsforschung. *action research*.

Aktionskatalog, [**KOG**], syn. *Verhaltensinventar*, *Ethogramm*. Bez. für die zur Durchführung von Verhaltensanalysen (*Verhalten*) erforderliche Verhaltens-Bestandsaufnahme. *Ethogramm*.

Aktionspotenzial [engl. *action potential*; lat. *potentia* Macht, Vermögen], [**BIO**], Potenzialänderung von Nerven oder Muskeln bei Reizung durch rasche Natriumeinströmung. Membranpotenziale der Nervenzelle bei überschwelliger Reizung, die eine vollst. Ausbildung der elektrochem. Gesamtreaktion der Zelle mit Initialsegment, Overshoot und Nachpotenzial auslöst, bis das *Ruhepotenzial* wieder erreicht wird. Während der Dauer des Aktionspotenzials ist die Zelle absolut refraktär, d. h. unfähig, auf eine zweite Reizung zu reagieren, kurz danach relativ refraktär. *Nerv*, *Spitzenpotenzial*. Karnath & Thier 2012.

Aktionsprogramm [engl. *action program*], **[SOZ]**, Informations- und Aufklärungsaktion. *action research*.

aktionsspezifische Energie (= a. E.) [engl. *action-specific energy*], **[BIO, EM]**, der Begriff stammt aus der Instinktlehre (*Ethologie*) und bez. angenommene Triebkräfte für versch. Instinkthandlungsketten (*Instinkt*). K. Lorenz' *psychohydraulisches Energiemodell* beschreibt für jeden Instinkt eine a. E., die sich ständig neu bildet und ein Reservoir anfüllt. Liegt die Ausführung einer Instinkthandlung längere Zeit zurück, kommt es zur Aufstauung der a. E., sodass minimale unspezifische Reize eine *Leerlaufhandlung* auslösen.

Aktionsstadium *Apperzeptionskategorien*.

Aktionsstrom [engl. *action currrent*], **[BIO]**, bioelektrischer Strom, der im tätigen Muskel, Nerven, Herzen entsteht. Ps. von besonderem Interesse sind die Aktionsströme der Hirnrinde (Alpha- und Beta-Wellen von H. Berger). *Elektrophysiologie*.

Aktiotop (= A.) [lat. *actio* Handlung, Tätigkeit, gr. τόπος (*topos*) Ort], **[KOG, SOZ]**, ein A. umfasst ein Individuum sowie dessen materielle, soziale und informationelle Umwelt, mit der es handelnd interagiert. Der Begriff wurde in direkter Analogie zu den Konstrukten *Biotop* und *Soziotop* entwickelt, welche die biol. bzw. sozialen Randbedingungen für die Adaption von Spezies bzw. sozialen Einheiten bilden. Ein Hauptanwendungsfeld des systemtheoretisch (*Systemtheorie*) orientierten Aktiotopansatzes ist die Exzellenzforschung. Ziegler 2005. *A. Ziegler*

Aktivation *Aktivierung*.

^Test^**Aktiver Wortschatztest für 3- bis 5-jährige Kinder – Revision (AWST-R)**, 2005, C. Kiese-Himmel, [www.testzentrale.de], **[DIA, EW, KOG]**. Entwicklungstest, Sprachtest. AA für Kinder im Alter von 3;0-5;5 Jahren. Einzeltest zur Beurteilung des expressiven lebensnahen Wortschatzumfangs durch Benennung von abgebildeten Objekten und Tätigkeiten (Farbfotos) mit 75 Items: 51 Substantive Objektwortschatz; 24 Verben). *Objektivität*: Durchführungsobjektivität durch Standardisierung des Bildsatzes, Protokollbogens sowie der Instruktion (inkl. erlaubter Nachfragen), Auswertungsobjektivität aufgrund konkreter Richtlinien (inkl. einer Liste von Antwortbeispielen), Interpretationsobjektivität durch empirische Vergleichswerte (Normen). Ergänzend kann eine qual. Auswertung zur Spezifizierung von lexikalischen Sprachfördermaßnahmen vorgenommen werden, die allerdings nicht hinsichtlich ihrer Gütekriterien überprüft ist. *Reliabilität*: Interne Konsistenz insges. .88; für 3-, 4- und 5-jährige der gleichen Stichprobe: .80-.86 und für 5 Altersgruppen in Halbjahresstufen der Normstichprobe: .85-.89. Halbierungs-Reliabilität (Spearman-Brown): .86. Retest-Reliabilität (nach 10 bis 14 Tagen): .87. *Validität*: Studien zur Kriteriumsvalidität, Angabe externer und interner Validitätskennwerte, die Berechnung eines multiplen Validitätskoeffizienten, Extremgruppen-Validierungen sowie versch. Studien zur Konstruktvalidität belegen eine hohe Gültigkeit. Inhalts-

validität ist durch sorgfältige Itemauswahl gesichert. *Normierung*: Normen in Halbjahresstufen, deutschlandweit gewonnen an 551 Kindern (Prozenträge; T-Werte). Testdauer: ca. 15–20 Min. *C. Kiese-Himmel*

aktive Therapie [engl. *active therapy*], **[KLI]**, von Simon in die «Anstaltstherapie» eingeführte Bez. für die Erzeugung einer Heilatmosphäre, die verhindert, dass der Kranke durch den Anstaltsaufenthalt kränker wird, als es seiner Grundkrankheit entspricht. Dazu gehören *Arbeitstherapie/Beschäftigungstherapie*, *Gruppentherapie*, Lockerung von Zwang und Sicherungsmaßnahmen bis zur Aufhebung geschlossener Abteilungen. *Hospitalismus*.

Aktivhypnose, gestufte [gr. ὕπνος *(hypnos)* Schlaf], **[KLI]**, eine Hypnoseübung bei der der Pat. sich versetzt selbst aktiv durch *Autogenes Training* in einen hypnotischen Zustand, in dem jedoch im Ggs. zur klass. *Hypnose* das therap. Arbeiten möglich ist.

Aktivieren (= A.) [engl. to *activate*; lat. *activus* tätig], **[PÄD]**, bedeutet, Schüler anzuregen und ihnen Lernerfahrungen (*Lernen*) zu ermöglichen. Das Prinzip des A. soll Selbsttätigkeit beim Schüler bewirken. Im Mittelpunkt stehen Konzeptionen von *Unterricht*, in denen Schüler jenseits von Zuhören, Zusehen und Rezipieren selbst etwas machen. Diese gehen u. a. zurück auf päd. und didaktische Ansätze von John Dewey (*Learning by doing*) und Georg Kerschensteiner (*Der Ursprung allen Denkens liegt im praktischen Tun*). Unterhalb der Ebene von komplexen Unterrichtskonzeptionen lassen sich einzelne Strategien des A. und Anregens identifizieren, die sich breit anwenden lassen. Eine gute Synthese solcher Strategien bietet in diesem Zusammenhang Kellers *ARCS (Attention, Relevance, Confidence, Satisfaction) Model of Instructional Design* (*Instructional Design*). Nach Durchsicht theoretischer und empirischer Literatur im Bereich der Ps. und Pädagogik identifiziert er vier grundsätzliche Strategien: (1) Aufmerksamkeitsstrategien (*Aufmerksamkeit*): A. kann z. B. erreicht werden durch die Behandlung von Gegenständen, die unvereinbar sind oder im Konflikt zum bestehenden Weltwissen stehen, (2) Relevanzstrategien: Wesentlich ist hier eine Schülerorientierung, in welcher Schüler erfahren, welche subj. Bedeutung ein Unterrichtsgegenstand für sie haben kann, welcher zukünftige Nutzen damit für sie verknüpft ist usw., (3) Zuversichtsstrategien: Zuversicht beim Lernen oder Zuversicht, dem Unterricht folgen zu können, entsteht nach Keller u. a. durch klare Zielsetzungen (*Lernziel*, *Lehrziel*) durch für Lehrer und Schüler transparente Kriterien der *Leistungsbeurteilung* usw., (4) Zufriedenheitsstrategien: Zufriedenheit beim Erwerb von *Fähigkeiten* oder *Fertigkeiten* resultiert aus Lob, Bestärkungen (*Verstärkung*) bei Kompetenzzuwachs (*Kompetenz*), unmittelbarem sachbezogenem *Feedback*, persönlicher Aufmerksamkeit für Individuen und dem Vermeiden von Drohungen (Kiel 2007). Dewey 1951. *S. Weis*

Aktivierung (= A.) [engl. *activation*, lat. *activus* tätig], **[BIO, EM, PHA]**, unter A. wird ein Zustand erhöhter neuronaler Aktivität verstanden, der sich in psych. Symptomen äußert (erhöhte *Aufmerksamkeit* und Wachheit, Anspannung und Unruhe bis hin zu Nervosität, bei nicht zu extremer Aktiviertheit in Leistungssteigerung); psychophysiol. Kennzeichen sind hochfrequente *EEG*-Aktivität (*Elektrodiagnostik*), beschleunigter Puls, verstärkte Muskelspannung, erhöhte Hautleitfähigkeit. Der Grad der A. hängt wesentlich von der Feuerungsrate des im Hirnstamm gelegenen *aufsteigenden retikulären aktivierenden Systems (ARAS)* ab. An der A. sind mehrere Transmittersysteme (*Überträgersubstanzen*) beteiligt, wobei Einzelheiten noch unklar sind. Eine wichtige Rolle spielt das sowohl als *Neurotransmitter* wie als Gewebshormon fungierende *Histamin*. Einnahme von *Antihistaminika* (enthalten in Heuschnupfenmitteln, zudem in Medikamenten zur Sedierung) macht bekanntlich müde. Stimulation von Rezeptoren für Glutamat hat ebenfalls aktivierende Wirkung, Blockade seiner Bindungsstellen (z. B. durch *Alkohol* in höheren Dosen) wirkt diesem Effekt entgegen. Auch Anregung von *Noradrenalin*- und *Dopaminrezeptoren*, wie es *Kokain* und *Amphetamine*, daneben das zur Behandlung von ADHS (*Aufmerksamkeitsdefizit-/Hyperaktivitätsstörung*) eingesetzte *Methylphenidat* (z. B. Ritalin®), zudem *Coffein* leisten, aktiviert. Diesbzgl. unklar ist die Rolle des mit seinen vielen Typen von Bindungsstellen nur unzureichend verstandenen *Serotonins*; da *selektive Serotonin-Wiederaufnahmehemmer* zumindest in der ersten Zeit oft quälende Unruhe hervorrufen, ist eine aktivierende Wirkung anzunehmen. Auch *Antagonisten* von eher sedierenden Transmittern, z. B. die *Anticholinergika Atropin* und *Scopolamin*, wirken in niedrigen Dosen oft anregend (in höheren Dosen bzw. in einem späten Stadium der Intoxikation häufig gegenteilig i. S. tiefer Bewusstlosigkeit). Köhler 2010. *T. Köhler*

Aktivierung, assoziative [engl. *associative activation*], *Priming*.

Aktivierung, Gesetz der funktionalen [engl. *law of functional activation*], [**EM, KOG**], dieses Gesetz besagt, dass *Wahrnehmung*, *Gedächtnis* und *Denken* nur in Funktion treten, wenn sie von äußeren Reizen oder von *Trieben*, *Interessen*, Gefühlen oder Willenserlebnissen aktiviert werden. Schönpflug 1969.

Aktivierungsvariablen [engl. *variables of activation*], [**BIO, PER**], Variablen, die den Aktivierungszustand anzeigen; nach M. W. Eysenck zählen dazu folg.: Hautleitwert, Herzfrequenz, Pulsvolumen, Pulsamplitude, Elektromyogrammwerte, Lidschlagfrequenz, EEG-Werte, Atemaktivität; als selbstskalierte Veränderungen die Variablen (1) des Herzklopfens, (2) der Anspannung, (3) des Ärgers, (4) der Hilflosigkeit, (5) der Anstrengungsbereitschaft.

Aktivität, körperliche (= k. A.) [engl. *physical activity*], [**GES**], die k. A. ist ein Sammelbegriff für Bewegungen, bei denen die Aktivität der Skelettmuskulatur (*Muskel*) den Energiebedarf über den Grundumsatz steigert. K. A. tritt als Alltagsaktivität, sportliche Aktivität oder Sport in Erscheinung. Unter den Alltagsaktivitäten werden auch solche subsummiert, die von geringer Intensität sind (z. B. Stehen, einige Schritte umhergehen) und als *Non Exercise Activity Thermogenesis (NEATs)* bez. werden. In der Übergewichts- und Diabetesprävention sind sie bedeutsam. Die Gerontologie (*Altersforschung*) klassifiziert zusätzlich *Activities of Daily Living (ADLs*: basic, instrumental). Alltags- oder Lebensstilaktivitäten sind Aktivitäten im Haushalt, im Garten oder betreffen den Transport zur Arbeitsstätte. Sportliche Aktivitäten (engl. *exercises*) nutzen die Inszenierungen des Sports, ohne die Regeln exakt anzuwenden. Sie werden mit unterschiedlichen Erwartungen betrieben: Spaß haben, die Gesundheit oder die Fitness steigern, Nervenkitzel erleben. Aus dem Umfang und der Intensität der k. A. ergibt sich der *Aktivitätsstatus* einer Person. K. A. ist mit der körperlichen Gesundheit konsistent und in einer linearen *Dosis-Wirkungs-Beziehung* assoziiert. Bereits ein geringes Volumen senkt das Mortalitäts- und Morbiditätsrisiko (*Mortalität*, *Morbidität*). Für die seelische *Gesundheit* ist das Bild weniger konsistent. Je nach Entität (z. B. Depressivität, Suchterkrankungen) der seelischen Gesundheit variieren die Effektgrößen. Neben pos. Wirkungen kann k. A. auch unerwünschte Nebenwirkungen haben: Verletzungen (v. a. im Sport) oder sie kann psych. belasten (Misserfolgserlebnisse). Ob jemand körperlich aktiv wird oder ist, wird durch ps. Variablen mitbedingt (z. B. *Selbstwirksamkeitserwartung*). Diese «Verhaltensdeterminanten» werden in Interventionsstudien adressiert, um eine Person zu motivieren, ihren *Aktivitätsstatus* zu verändern. Schlicht & Brand 2007. *D. Kahlert / W. Schlicht*

Aktivität, körperliche; Förderung (= F.), syn. Aktivitätsförderung, [**GES**], Maßnahmen und Aktivitäten zur F. (*Aktivität, körperliche*) dienen der Befähigung von Menschen, Kontrolle über diese Gesundheitsdeterminante zu erhöhen und die *Gesundheit* (*Gesundheitszustand, funktionaler*) zu stärken. An größere Bevölkerungsgruppen gerichtete Informations- und Werbekampagnen haben sich v. a. als Instrument zur Sensibilisierung für *Risikoverhalten* (z. B. gewohnheitsmäßiges oder erzwungenes Stillsitzen als Lebensalltag, engl. *sedentariness*) und das Bekanntmachen von Lösungsmöglichkeiten bewährt. Für verhaltensorientierte Interventionen (Beratungs- und Trainingsprogramme), die theoretisch fundiert sind, sind moderate verhaltensverändernde Effekte nachgewiesen. Stadien- und Strukturmodelle von Gesundheitsverhalten, die z. B. motivationale und volitionale Prozesse der Sportteilnahme erklären, können dazu genutzt werden, Interventionsinhalte zu spezifizieren (z. B. Steigerung der aktivitätsbezogenen *Selbstwirksamkeitserwartung*) und/oder diese adressatengerecht «maßzuschneidern» (engl. *tailored intervention*). Bspw. erlaubt das *Transtheoretische Modell* die Spezifikation von Maßnahmen für Personen im prä-dezisionalen, prä-aktionalen, aktionalen oder Verhalten aufrechterhaltenden Stadium. Neben zielgruppen- und personenspezifisch zugeschnittenen Programmen gewinnen im Zuge weiterentwickelter, interaktiver Informationstechnologien selbstzugeschnittene Programme (engl. *self-tailored interventions*) an Bedeutung. Ökologische Modelle der F. erweitern die individuumsbezogene Verhaltensbetrachtung um Spezifika des Verhaltenssettings (z. B. Wohn-, Arbeitsplatz-, Schulumgebung) und politische Rahmenbedingungen (z. B. Städtebau, Sportentwicklungsplanung). Fuchs et al. 2007. *R. Brand*

Aktivitäten [engl. *activities*], *International Classification of Functioning, Disability and Health (ICF). Aktivitätsstatus.*

Aktivitätsperiodik [engl. *activity cycle*], [**BIO, GES**], die wohl phylogenetisch (*Genese*) erworbene und mit dem Tages- wie Jahresgang verbundene Abfolge von Phasen der Aktivität und des Ruhebedürfnisses sowie den zugehörigen (durch regelmäßig sich wiederholende Schwankungen der Umwelt verursachten) Abwandlungen in der *Leistung*, im Befinden (*Wohlbefinden*) etc. Die Tagesperiodik wird auch als diurnaler Rhythmus [lat. *diurnus* täglich] bzw. zirkadianer Rhythmus [lat. *circa* und *dies* um den Tag herum] bez.

Aktivitätsstatus (= A.) [engl. *physical activity level*], [**GES**], der A. beschreibt das Ausmaß der *körperlichen Aktivität* einer Person. Der A. einer Gruppe (auch Nation) zu einem definierten Zeitpunkt oder einer Periode wird auch als Punkt- oder Periodenprävalenz ausgedrückt (*Prävalenz*). Der A. wird in der gesundheitswiss. Forschung als Volumen der körperlichen Aktivität kalkuliert, das sich als Produkt des zeitliche Umfangs, der Häufigkeit und der Intensität der Aktivität ergibt. Für die Intensität als Maß der Belastung wird entweder die Geschwindigkeit (Zeit pro Strecke) oder die Last (bei Kraftbelastungen) und als Maße der Beanspruchung werden häufig die absolute oder relative Herzfrequenz oder das subj. Anstrengungsempfinden (z. B. BORG's *Perceived Exertion Scale*) verwendet. In der Bewegungs- und Gesundheitswissenschaften beschreiben *Multiples of the Resting Metabolic Rates (MET)* die Intensität. Referenzgröße ist hier das Sitzen, bei dem eine fiktive erwachsene Person 1 MET oder 1 kcal pro kg Körpergewicht und Std. an Energie aufwendet. Stehen entspricht 1,8 MET, also das 1,8-fache des Energieaufwandes des Sitzens. MET drücken die absolute Intensität einer Beanspruchung aus. Sie werden klassifiziert als niedrig (bis 3 MET), moderat (3 und 6 MET) und hoch intensiv. Listen von Ainsworth et al. (2011) informieren über die Intensität versch. Aktivitäten. Zur exakten Erfassung und Bewertung des A. dienen Tagebücher, Fragebogen und apparative (z. B. Akzelero- oder Pedometer, GPS) Messverfahren. Mit dem A. kann die Lebensweise einer Person als überwiegend sitzend, inaktiv, aktiv oder hoch aktiv klassifiziert werden. In psychol. Kontinuums- und Stadienmodellen der Verhaltensänderung (z. B. *Transtheoretisches Modell*) klassifiziert der A. Personen im prä-dezisionalen, prä-aktionalen, aktionalen oder adhärenten Stadium. Solche Klassifikationen bilden die Grundlage für maßgeschneiderte (*taylored*) Interventionen. *D. Kahlert / W. Schlicht*

Aktivitätstheorie [engl. *activity theory*], [**EW**], geht im Ggs. zur Theorie des *Disengagement* davon aus, dass ältere Menschen gemäß ihren Möglichkeiten und trotz Veränderung ihrer soz. *Rollen* aktiv am soz. Leben teilnehmen und ein Interesse an *soz. Interaktionen* aufrechterhalten. Tartler 1961. *F. Wilkening*

Aktometer [engl. *actigraphy*; lat. *actus* Tätigkeit, Darstellung; μέτρον (*metron*) Maß], [**BIO, DIA**], Aktivitätsmessgerät, Aktograf. Ein am Handgelenk oder an einer anderen «strategischen» Stelle des Körpers angebrachter, auf dem Prinzip des Trägheitskompasses basierender Apparat, der es erlaubt, Bewegungen (*Motorik*) des Trägers aufzunehmen und zu registrieren. Dies geschieht entweder auf einem miniaturisierten Speicher im Gerät oder durch telemetrische (drahtlose) Übertragung auf ein stationäres Gerät im Labor, wo die Bewegungen als Aktogramm zur Auswertung aufgezeichnet werden. Moderne Aktometer sind leicht und nicht größer als eine Armbanduhr. Sie speichern Lageänderungs- und Beschleunigungswerte auf einem Chip, der später am Computer ausgelesen werden kann. Die Aktometrie findet spez. in der neueren *Schlaf*forschung zunehmend Verwendung. *Aktigrafie*. Schulz 2006. *C. Becker-Carus*

Aktpsychologie (= A.) [engl. *act psychology*; lat. *actus* Tätigkeit, Darstellung], allg. jede Deutung des Seelischen als nur der «inneren *Wahrnehmung*» zugänglich und als verlaufend in Akten (*Akt*), d. h. in funktionsabhängigen, zeitlich begrenzten und qual. bestimmten Teilvorgängen. Bez. für eine von Franz Brentano ausgehende und von dessen Schüler Carl Stumpf vertretene psychol. Richtung. Das Gerichtetsein (die *Intention*) auf etwas hin ist grundlegendes und wichtigstes Merkmal der psychol. Prozesse. Die A. wird daher auch als Intentionalismus bez. Beziehungen bestehen zur Phänomenologie (*Phänomen, Phänomenologie, phänomenologische Methoden*) sowie zur *geisteswissenschaftlichen Psychologie*. Die Annahmen der A. sind gegensätzlich zu denen des *Empirismus* und des *Sensualismus*.

Aktualangst [lat. *actualis* tätig, wirksam], [**KLI**], nach S. Freud, erlebnis- oder triebbedingter und momentan auftretender Angstanfall. *Angst*.

Aktualgenese (= A.) [lat. *actualis* tätig, wirksam, gr. γένεσις (*genesis*) Ursprung], [**KOG, WA**], auf Sander zurückgehender Begriff der *Gestaltpsychologie* für das Entstehen einer Gestaltwahrnehmung aus komplexhaft-ganzheitlichen Vorgestalten. Allgemeiner auch der Prozess vom ersten, diffusen Eindruck bis zum vollausgegliederten Erlebnis. Die aus pathologischen Gründen unvollständig bleibende A. bei Hirngeschädigten haben Gelb und Goldstein beschrieben. Zur besonderen Bedeutung der A. bei dem Erinnerungsvorgang hat Witte eingehende Untersuchungen durchgeführt. Sander 1939, Witte 1952b.

aktualgenetische Methode [lat. *actualis* tätig, wirksam, gr. γένεσις (*genesis*) Ursprung], [**WA**], die stufenweise Darbietung von Figuren i. S. der *Aktualgenese*. Es wird festgestellt, wann der Pb die Figur, die ihm zuerst in diffusen «Vorgestalten» (*Gestalt*) und von Stufe zu Stufe deutlicher geboten wird, erkennt.

Aktualisieren (= A.) [engl. *to actualize*; lat. *actualis* tätig, wirksam], [**KLI, KOG**], Vergegenwärtigen von Erinnerungen, seel. Inhalten, auch von Bereitschaften emot. oder affektiver Natur. In versch. Formen von Psychoth. (spez. in der *Psychoanalyse*) spielt das A. (Wiederaufleblassen) von Vorstellungen und Gefühlen eine bes. große Rolle. Während A. allein ohne systematische Einbettung in eine Therapie wenig zu dauerhaften Veränderungen beiträgt, ist es, sinnvoll eingesetzt, oft eine bes. günstige Voraussetzung dafür. *F. Caspar*

Aktualisierungstendenz [lat. *actualis* tätig, wirksam], *Persönlichkeitstheorien, humanistische*.

Aktualität der Gefühle, [**EM**], (Külpe), Bez. für die kennzeichnende Eigenart der *Gefühl*, dass sie nicht durch *Erinnerung* reproduziert werden können, ohne selbst wieder anzuklingen und akt. zu werden.

Aktualitätstheorie [engl. *actuality principle*; lat. *actualis* tätig, wirksam], [**HIS, PHI**], in der Philosophie die Lehre von der Veränderlichkeit, vom Werdenscharakter des Seins im Unterschied zur Kategorie der Substanz (Substantialität) und der Potenz (Potenzialität, Möglichkeit). In der Ps. vertrat *Wundt* die Auffassung, dass die Wirklichkeit der Psyche in der seelischen Aktivität, dem seelischen Geschehen (Prozess) liegt. Er lehnte die in der älteren Ps. verbreitete Idee der Seelenvermögen und den Begriff der *Seele* mit Transzendenzbezug (*Substanzialitätstheorie*) ab. Für ihn existiert die Seele nicht unabhängig von den an das *Gehirn* gebundenen seelischen Vorgängen. Seiner *Ps. ohne Seele* wurde von einigen zeitgenössischen Philosophen und Psychologen scharf widersprochen. *J. Fahrenberg*

Aktualneurosen (= A.) [engl. *actual neuroses*; lat. *actualis* tätig, wirksam], [**KLI**], Bez. von S. Freud für diejenige Gruppe von *Neurosen*, deren Symptome Ausdruck einer aktuellen Affekterregung sind. Die Genese der Symptome besteht also in einer unmittelbaren Auswirkung des aktuellen auslösenden Affektreizes (Schreckneurose, Angstneurose, *Neurasthenie*, *Hypochondrie*) und nicht in einer Verursachung in der Kindheit. Die A. wurden von Freud den *Psychoneurosen* gegenübergestellt.

Aktual-Selbst [lat. *actualis* tätig, wirksam], *Real-Selbst*.

aktuarisch [lat. *actuarius* Gerichtsschreiber], [**FSE**], zur Wahrscheinlichkeitsstatistik gehörend. *Probabilismus*.

aktuelle Lernmotivation *Lernmotivation, aktuelle und habituelle*.

Aktuelles Ich [engl. *actual ego*], [**KLI**], Bez. für das zw. Trieb-Ich und *Über-Ich* der Außenwelt gegenüberstehende *Ich* in der *Psychoanalyse*.

Akuität [engl. *acuteness*; lat. *acutus* spitz, scharf], [**KLI**], rascher, akuter Verlauf, z. B. eines Prozesses (Krankheit). Ggs. *Chronizität*.

Akupunktur (= A.) [engl. *acupuncture*; lat. *acus* Nadel, *pungere* stechen], [**BIO, GES**], Therapiemethode, die in China seit langer Zeit zur Therapie versch. Erkrankungen (u. a. Arthritis, gastrointestinale Störungen) angewendet wird, in neuerer Zeit auch bei der intraoperativen *Schmerz*bekämpfung. Zur A.-*Analgesie* werden spezif. Körperpunkte durch Nadeln manuell oder elektrisch gereizt. Nach ca. 20 Min. tritt die Analgesie ein. Ps. Faktoren verstärken den analgetischen Effekt: hohe pos. Erwartungen, Vorbereitung und Information, Suggestionen. Der A.effekt wird meist durch Lokal-Anästhesie und Sedativa verstärkt. Vermutlich spielen *Endorphine* eine Rolle bei der Schmerzunterdrückung. Chaves & Barber 1976, Larbig 1980, Pomeranz 1978. *W. Larbig*

Akusmatagnosie [engl. *acoustic agnosia*; gr. ἀκούειν *(akouein)* hören, gr. ἀγνοσία *(agnosia)* Unkenntnis], [**BIO, WA**], Unfähigkeit, Klänge zu erkennen, infolge Hirnschädigung (*Schädel-Hirn-Trauma*) bei erhaltener Funktionstüchtigkeit des Hörapparates. *Hören, tonales Hören*, *Hörstörungen*.

Akustik (= A.) [engl. *acoustic*; gr. ἀκούειν *(akouein)* hören], [**WA**], Lehre vom Schall mit den Teilbereichen physikal. Schallquellen und -dimensionen (physikal. A.), Schallerzeugung und -aufnahme durch den Organismus (physiol. A.), ps. Schallbewertung und -verarbeitung (*Psychoakustik*, Ton- oder Gehörps.). Physikal. Dimensionen der auf das *Ohr* einwirkenden bedeutungshaltigen Schallereignisse (*Signale*) und der akustischen Störungen (*Lärm*, *Rauschen*) sind insbes. die Intensität (Maßeinheit: *Phon*) und die Frequenz (Maßeinheit: *Hertz*). Ihnen entsprechen komplexe physiol. Erregungsmuster, die in Wechselwirkung mit anderen Funktionen (Gedächtnis, Antrieb usw.) der auditiven Wahrnehmung stehen. Psychisch und physiol. bedingte situations- und individuumsspezifische Unterschiede in der gehörseitigen Aufnahmeleistung werden durch akustische Verfahren (*Audiometrie*) erfasst. Weil Schall der physikal. Träger lautsprachlicher Information ist, enthält das Bedingungsgefüge von *Sprachproduktion* und *Sprachrezeption* wesentliche akustische Komponenten (z. B. *Formanten*). Stevens & Davis 1938, Goldstein 2007.

akute Belastungsreaktion (= a. B.) [engl. *acute stress disorder*], [**KLI**], ist eine vorübergehende Störung von beträchtlichem Schweregrad, die sich bei einem psych. nicht manifest gestörten Menschen als Reaktion auf eine außergewöhnliche phys. oder *psychische Belastung* entwickelt. Sie entwickelt sich akut oder perakut und klingt i. Allg. innerhalb von Std. oder Tagen ab. Die indiv. *Vulnerabilität* und die zur Verfügung stehenden Bewältigungsmechanismen (*Coping*-Strategien) spielen bei Auftreten und Schweregrad der a. B. eine Rolle. Die Symptomatik zeigt typischerweise ein gemischtes und wechselndes Bild, beginnend mit einer Art von «Betäubung», mit einer gewissen Bewusstseinseinengung (*Bewusstseinsstörung*) und eingeschränkter *Aufmerksamkeit*, einer Unfähigkeit, Reize zu verarbeiten und Desorientiertheit. Diesem Zustand kann ein Zurückziehen von Betroffenen aus der Umweltsituation folgen (bis hin zu dissoziativem *Stupor*) oder aber ein Unruhezustand und Überaktivität (wie Fluchtreaktion oder *Fugue*). Vegetative Zeichen panischer *Angst* wie *Tachykardie*, Schwitzen und Erröten treten zumeist auf. Die Symptome erscheinen häufig innerhalb von Min. nach dem belastenden Ereignis und gehen innerhalb von zwei oder drei Tagen, oft innerhalb von Std. zurück. Teilweise oder vollst. *Amnesie* bzgl. dieser Episode können ebenfalls vorkommen. *Operationsvorbereitung, psychologische*, *Posttraumatische Belastungsstörung (PTBS)*, *Unfallnachsorge*.
M. Paulzen

Akzeleration (= A.) [engl. *acceleration*; lat. *accelerare* beschleunigen], [**EW**], Beschleunigung der körperlichen und psych. Entwicklung mit Zunahme der Endgröße bei beiden Geschlechtern. Eine Wachstums-A. mit durchschnittlicher Zunahme der Körperlänge bis zu 10 cm, meist in Verbindung mit bis zu 2 Jahre früherem Beginn der *Pubertät* (Entwicklungs-A.) wird seit Ende des 19. Jhds. in Industrie- und Agrarländern beobachtet. Es werden versch. Ursachen der A. diskutiert, u. a. werden die Urbanisierung und damit verbundene Reize bzw. Einflüsse als Auslöser vermutet, wonach das Stadtleben auf Kinder i. S. einer erhöhten vegetativen, endokrinen und zerebralen Reaktionsbereitschaft einwirkt. Ggs. *Retardation, Retardierung*.

Akzeleration, intraverbale [engl. *intraverbal acceleration*; lat. *accelerare* beschleunigen], **[KOG]**, die in einer Zunahme der Silbenzahl pro Zeiteinheit messbare Beschleunigung des Sprachtempos innerhalb längerer Wörter. Auffälligstes Symptom beim *Poltern* (*Tachylalie*). Hingegen bleibt bei der *Tachyphemie* i. S. von Seeman (1969) das *Sprechtempo* gleichmäßig.

Akzelerometrie (= A.) [engl. *accelerometry*; lat. *accelerare*, beschleunigen, gr. μέτρον (*métron*) Maß], **[DIA, KOG]**, ist die Messung von Beschleunigungen, um genaue *Bewegungsanalysen* (kinematische Analysen; *Bewegungsanalyse*) durchzuführen. Neuere piezoresistive Sensoren liefern ein Signal, das nicht nur die Beschleunigung, sondern auch die Inklination des Sensors, d. h. die Lage in Bezug zur Gravitation, anzeigt. Bei horizontaler oder vertikaler Lage unterscheiden sich die Gleichspannungsanteile des Signals, folglich kann die Position des Körpers im Raum bestimmt werden. Mit Gyrosensoren ist auch die Winkelbeschleunigung zu messen. Wenn ein miniaturisierter, für Beschleunigungen in den drei räumlichen Achsen empfindlicher Sensor auf das Brustbein geklebt wird, können Änderungen der Körperlage (Sitzen, Stehen, Liegen, Rotationen) und best. Bewegungsmuster (Gehen, Treppensteigen, Fahrradfahren) erfasst und sogar unter Alltagsbedingungen im *psychophysiologischen Monitoring* erkannt werden. Bei geeigneter Kalibrierung für jede Person durch Signalverarbeitung und stat. Verfahren zur Detektion best. Muster erreicht diese Bewegungsanalyse eine hohe Zuverlässigkeit. Mittels zusätzlicher Sensoren (multiple A.) an Extremitäten oder anderen Körperregionen können spez. Bewegungen, z. B. Finger- und Armbewegungen, Werkzeuggebrauch, Gesten, Kopfbewegungen wie das Kopfnicken während einer Unterhaltung oder motorische Störungen wie der *Fingertremor* gemessen werden. Die A. ist eine gut bewährte Methodik, für die zahlreiche Anwendungsgebiete in der Ps. oder während der Rehabilitation von Pat. mit Störungen der Körperhaltung und Motorik existieren. Seit erkannt wurde, dass die mittels Fragebogen gewonnenen Selbstbeurteilungen der motorischen Aktivität (*Motorik*) höchstens eine mittlere *Korrelation* mit kontinuierlichen Messungen aufweisen, wird die A. zunehmend auch in Studien über Bewegungsaktivität und Gesundheit, Fitnesstraining usw. eingesetzt. Bussmann 2009. *J. Fahrenberg*

Akzentuierung [engl. *accentuation*; lat. *accentus* Klang, Ton], **[KOG]**, Überbetonung, Hervorhebung eines Gedankens, einer Sache (z. B. beim Erinnern, Erzählen). (ling.) *Prosodie*.

Akzeptanz, Akzeptierung [engl. *acceptance*; lat. *accipere* annehmen], **[SOZ]**, Annahme. *Ablehnung, soziale*.

Akzeptanz- und Commitment-Therapie (ACT) [engl. *Acceptance and Commitment Therapy*], **[KLI]**, Hayes et al. 2012; ist ein transdiagn. Behandlungsansatz, der in der Tradition des radikalen *Behaviorismus* steht. Das Verfahren basiert auf der sog. Bezugsrahmentheorie [engl. *RFT – relational frame theory*], einer verhaltenswiss. Theorie menschlicher *Sprache* und *Kognition*, und ist eng mit der *Evolutionstheorie* und ihren Anwendungen verbunden (Wilson et al. 2014). Die ACT orientiert sich nicht an syndromalen Diagnosen, sondern basiert auf einer funktionalen *Verhaltensanalyse* mit dem Ziel, dieses vorherzusagen und zu verändern. Das übergeordnete Ziel ist, die psych. Flexibilität zu erhöhen, die für ein werteorientiertes Leben unter ständig wechselnden inneren und äußeren Lebensbedingungen erforderlich ist. In der ACT wird überwiegend mit erlebnisorientierten Techniken, Metaphern, natürlichen Paradoxien und einer intensiven therap. Beziehungsgestaltung gearbeitet. Die therap. Arbeit konzentriert sich auf sechs Kernprozesse, die sowohl als Kontexte der Behandlung (die Haltung des Therapeuten betreffend) als auch als Methoden (die der Therapeut anwendet) und als Fertigkeiten (die Pat. und Therapeut lernen und einüben) aufgefasst werden können. (1) *Akzeptanz*: Bewusstes Annehmen einer absichtsvoll offenen, empfänglichen, flexiblen und nicht urteilenden Haltung gegenüber dem Erleben im gegenwärtigen Augenblick. (2) *Kognitive Defusion*: Prozess, durch den der Einfluss verbaler Ereignisse unterminiert werden soll. Dem dominanten Effekt verbaler Ereignisse soll zugunsten anderer kontextueller Variablen entgegengewirkt werden. (3) *Gewahrsein des gegenwärtigen Augenblicks*: Fertigkeit, sich konzentriert, bewusst und flexibel auf das einzulassen, was jetzt gegenwärtig ist. (4) *Selbst-als-Kontext*: Dabei geht es um das Erleben des Ich als Fluchtpunkt der eigenen Wahrnehmung, eine Fertigkeit, die in der kindlichen Entwicklung erst nach und nach ausgebildet wird. Es wird angenommen, dass diese bei unzureichender Entwicklung u. a. zu einem starren Festhalten an *Selbstkonzepten* und Rollenbildern, zu eingeschränkter Akzeptanz und einem Mangel an Empathie sich selbst und anderen gegenüber führt. (5) *Werte* sind das Ergebnis einer freien Wahl dessen, was im Leben bedeutsam sein soll. I. Ggs. zu Zielen können *Werte* nicht erreicht werden; sie drücken vielmehr eine Haltung aus, die dem Handeln Sinn und Bedeutung gibt. (6) *Engagiertes Handeln* bez. den Prozess, in dem die gewählten Werte verwirklicht werden. *A. Gloster/M. Waadt*

akzessorische Symptome [engl. *accessory symptoms*; lat. *accedere* hinzukommen, hinzutreten], **[KLI]**, Bez. für *Wahn*, *Halluzination* und katatone Störungen (*Katatonie*), deren Existenz für die *Schizophrenie*-Diagnose nicht obligat sind, zus. mit den anderen Grundsymptomen jedoch diese Diagnose bestätigen. Die einzelnen Symptome können auch bei anderen Erkrankungen auftreten.

Alalie (= A.) [engl. *alalia*; gr. α- ohne, λαλεῖν (*lalein*) sprechen], **[BIO, KOG]**, Unvermögen, artikulierte Laute hervorzubringen, i. d. R. verursacht durch Defekte äußerer Sprechwerkzeuge (Lippen, Mundhöhle, Zunge usw.) oder durch Störungen ihrer leitenden Nervenbahnen (*Nerv*).

Alarmreaktion **[BIO]**, erste Phase des *allgemeinen Adaptationssyndroms (AAS)*. Sie ist gekennzeichnet durch ein sympathisches Erregungsmuster mit erhöhter Ausschüttung von *Adrenalin*, *Noradrenalin*, *ACTH* und Kortikosteroiden. *Nervensystem*.

Albedo (= A.) [engl. *albedo*; lat. *albus* weiß], [**WA**], Bez. für den Reflexionsgrad des *Lichts* bezogen auf das unter gleichen Beleuchtungsbedingungen stehende Normalweiß (MgO), dem die Albedo 100 zugeordnet ist. A. ist der Anteil des Lichts, der nicht absorbiert wird. *lichttechnische Maße*. Richter 1946.

Albinismus [engl. *albinism*; lat. *albus* weiß], syn. *Achromasie*, *Achromie*, [**BIO**]. Fehlende genetisch bedingte Farbstoff (Melanin-)bildung. Weißblondes Kopf- und Körperhaar, hellblaue oder hellrote Iris, hellrote Haut, verbunden mit Lichtscheu und Nystagmus infolge des Pigmentmangels.

Aldehyddehydrogenase [engl. *aldehyd dehydrogenase*], [**BIO**], *Enzym*, das am Abbau von *Alkohol* beteiligt ist, indem es die Umwandlung von *Acetaldehyd* in Acetat katalysiert. Agarwal & Goedde 1987. *W. Janke*

Aldosteron (= A.) [engl. *aldosterone*], [**BIO**], *Hormon* der Nebennierenrinde aus der Gruppe der Mineralkortikoide. A. hat aber auch einen geringen Glukokortikoid-Effekt. Die Sekretion wird stimuliert durch das Renin-Angiotensin-Aldosteron-System (RAAS), so bei Blutdruckabfall (*Blutdruck*) und Mangeldurchblutung, durch Anstieg des Serumkaliums und von ACTH (adrenokortikotropes Hormon). A. hat einen starken Einfluss auf den Elektrolythaushalt, es bewirkt Retention von Natrium, Abgabe von Kalium in den Nieren und sekundär eine Flüssigkeitsretention. Erhöhte Werte bei Stress. Im ZNS (*Nervensystem*) findet sich A. v. a. in limbischen Regionen. A. nimmt Einfluss auf Sinneszellen und *Neurone* der Riechbahn. Die Wirkung von A. wird gehemmt durch *Antagonisten* wie Spironolacton und Triamteren. Sutanto & De Kloet 1991.
W. Janke/G. Erdmann

Aldosteronismus [engl. *aldosteronism*], syn. *Hyperaldosteronismus*, [**BIO**], Hypersekretion des Nebennierenrindenhormons. *Aldosteron*.

Alexie (= A.) [engl. *alexia*; gr. α- (a-) ohne, λέξις (lexis) Sprechen, Reden, Wort], [**BIO, WA**], Verlust der Lesefähigkeit nach Hirnschädigung. Diese Störung kann im Rahmen einer Aphasie oder selektiv (reine A., Wortblindheit) auftreten. Bei der reinen A. handelt es sich um eine Sonderform der *visuellen Agnosie* (Verlust des Wiedererkennens von Buchstaben; Buchstaben werden als Formen ohne semantische Bedeutung identifiziert) oder eine Störung der Assoziation zw. Buchstabenform und -bedeutung (falsche Benennung). Bei den durch parafoveale Gesichtsfeldausfälle (*hemianope Lesestörung*) oder den visuellen Neglect verursachten Lesestörungen handelt es sich i. d. R. um eine Beeinträchtigung des Lesens auf der Ebene der *Textverarbeitung*. Karnath & Thier 2012. *J. Zihl*

Alexithymie (= A.) [engl. *alexithymia*; gr. α- (a-) ohne, λέξις (lexis) Sprechen, Reden, θυμός (thymos) Gefühl], [**EM, KLI**], Unvermögen, Gefühle angemessen wahrzunehmen und zu beschreiben. A. wird als wichtiger Faktor für die Entwicklung psychosomatischer Störungen (*Psychosomatik*) betrachtet. Das Konzept ist umstritten. Traue 1998. *F. Caspar*

Alexius Freiherr von Handschuchsheim *Meinong, Alexius Freiherr v. H.*

Algesimeter, Algometer [engl *algesimeter*; gr. ἄλγησις (algesis) Schmerz, μέτρον (métron) Maß], [**BIO, WA**], Gerät zur Prüfung der Schmerzempfindlichkeit (*Schmerz*) durch Auslösung eines best. (dosierten) Schmerzreizes (mechanisch, thermisch, elektrisch). *Hautsinne (Tast-, Temperatur-, Schmerzsinn)*. Pauli & Arnold 1957.

alghedonisch [gr. ἄλγησις (algesis) Schmerz, ἡδονή (hedone) Freude, Lust], [**EM**], gleichbedeutend mit Lust-Unlust-Bezogensein.

-algie [engl. *algia*; gr. ἄλγησις (algesis) Schmerz], Wortteil mit Bedeutung «Schmerz» (z. B. *Neuralgie*).

Algorithmus [engl. *algorithm*; *algo* nach dem Namen eines arabischen Mathematikers, gr. ἀριθμός (arithmos) Zahl], [**KOG**], allg. formuliertes, eindeutiges Verfahren zur Lösung von Aufgaben der gleichen Art. Vorschrift (Beschreibung) für ein System von Ausführungs- und Prüfoperationen, um in best. Reihenfolge und bei Aufgaben gegebenen Typs Lösungen zu erreichen. *heuristische Regeln*. Hacker 1978.

ALH *Allgemeine Lineare Hypothese*.

Alice-im-Wunderland-Syndrom [engl. *Alice in Wonderland syndrome*]; *Depersonalisations-Syndrom*.

Alienationskoeffizient (k) (= A.) [engl. *alienation coefficient*; lat. *alienus* fremd, unbekannt], [**DIA, FSE**], Maß für das Fehlen einer stat. Beziehung (*Korrelation*) zw. zwei oder mehreren Variablen. Der A. wird aus dem Korrelationskoeffizienten r berechnet: $k = 1 - r^2$. Aus der Bedeutung von r als einem Maß für die gemeinsame Varianz beider Variablen (*Determinationskoeffizient*) geht hervor, dass bei $r = 0.50$ der A. nicht etwa ebenso groß ist, sondern einen wesentlich höheren Wert erreicht. Erst bei $r = 0.7071$ ist k ebenfalls 0.7071. In der Testtheorie (*Klassische Testtheorie*) ist A. ein Maß für den Anteil der Standardabweichung der Schätzfehler (*Standardschätzfehler*) an der Gesamtstreuung des Kriteriums. Lienert & Raatz 1994.
H. O. Häcker

Alkaloide (= A.) [engl. *alkaloids*], [**PHA**], stickstoffhaltige Stoffe, die in der Pflanzenwelt vorkommen, enthalten z. B. in dem *Belladonna-Alkaloid Atropin* der Tollkirsche, oft mit starken physiol. und psych. Wirkungen, z. B. psychedelische Wirkungen (z. B. Belladonna-Alkaloide wie Atropin, *Halluzinogene* wie Mescalin). Viele A. wurden seit Jhd. in der Volksmed. und für religiöse Riten benutzt. Viele Psychopharmaka sind A.-Derivate, z. B. *Ephedrin*. *Halluzinogene*. *W. Janke*

Alkohol (= A.) [engl. *alcohol*], [**BIO, PHA**], chemisch Äthylalkohol, einer der am meisten ge(miss)brauchten untersuchten psychotropen Stoffe, pharmakol. den *ZNS*-dämpfenden Stoffen zugerechnet. Pharmakol. ist A. den *Hypnotika* und wegen einiger Wirkungen auch dem *Narkotikum* Diäthyläther vergleichbar. Da A. millionenfach akut und chronisch genommen wird, sind die Wirkungen grundsätzlich zu differenzieren. Akutwirkungen sind stark dosisabhängig: A. kann aber eine Vielfalt z. T. gegensätzlicher Wirkungen entfalten (anregende vs. sedierende, stimmungsaufhellende vs. -dämpfende, anxiolytische vs. anxiogene, aggressionsfördernde vs. -dämpfende Wirkungen). Vielfach nachgewiesen ist die inter- und intraindiv. Wirkungsvariabilität, sodass es nicht möglich ist, genaue Wirkungsmerkmale aufzuführen. Wichtige Moderatoren sind neben Dosis, Zubereitungsart, Beimischung und Wirkungszeitpunkt (ansteigende vs. abfallende Konzentration) der situative, bes. der soz. Kontext und Persönlichkeitsmerkmale wie *Extraversion* und *Neurotizismus*. Sicher ist, dass die Dosen, die zu müde machenden, stimmungsaufhellenden, anxiolytischen und leistungsbeeinträchtigenden Wirkungen bei versch. Personen führen, stark differieren. Chronische Alkoholzufuhr höherer Dosen hat bedeutende toxische Wirkungen. Neurotoxische Wirkkomponenten sind verbunden mit Leistungsdefiziten und dem Auftreten emotionaler, motivationaler und sozialer Störungen. *Alkoholismus*. Erdmann 1979, Wölwer 1994.

G. Erdmann/W. Janke

Alkoholabhängigkeit [engl. *alcohol dependency, alcoholism*], *Alkoholismus*, *Substanzabhängigkeit*.

Alkoholabhängigkeit, Psychopharmakotherapie [engl. *alcohol dependency, pharmacology*], **[PHA]**, die Pharmakotherapie alkoholbedingter Störungen erfordert eine klare diagn. Einordnung des jew. vorliegenden *Syndroms*, da differenzielle Maßnahmen zu treffen sind. Abzugrenzen sind: Intoxikation (*Alkoholintoxikation*), *Alkoholentzugssyndrom* (mit der schwersten Manifestation, dem Delirium tremens; *Alkoholentzugsdelir*), Entwöhnung und Rückfallprophylaxe, Folgeerkrankungen. Leichte bis mittelschwere Intoxikationen erfordern i. d. R. keine medikamentöse *Intervention*. Bei schweren Intoxikationen (ab ca. 2–2,50 ‰ BAK) ist eine medikamentöse Behandlung dann indiziert, wenn sie mit aggressivem oder eigen- oder fremdgefährdendem Verhalten assoziiert ist. Die größten Erfahrungen existieren mit *Haloperidol*. *Benzodiazepine* oder *Clomethiazol* sind wegen der Gefahr der Atemdepression kontraindiziert. Schwerste Intoxikationen (> 4 ‰ BAK) sind internistische Notfallsituationen. Das Alkoholentzugssyndrom wird unter stationären Bedingungen i. d. R. mit *GABA*erg wirkenden Sedativa, d. h. *Clomethiazol* oder Benzodiazepinen (z. B. *Diazepam*), behandelt. Zunächst werden hohe bis höchste Dosierungen verabreicht, die dann über einige Tage reduziert werden. Leichtere Entzugssyndrome können ggf. ambulant, dann mit Unterstützung durch *Carbamazepin*, ggf. in Kombination mit Tiaprid, behandelt werden. Auf Clomethiazol und Benzodiazepine sollte bei ambulanter Verordnung wegen der Gefahr der iatrogenen Abhängigkeitsentwicklung verzichtet werden. Das Vollbild eines Delirium tremens erfordert die intensivmed. Behandlung mit parenteraler Flüssigkeits- und Elektrolytzufuhr. Wenn Clomethiazol oral nicht mehr verabreicht werden kann, werden Benzodiazepine parenteral, ggf. in Kombination mit *Antipsychotika* (Haloperidol), gegeben. Zusätzl. werden bei Alkoholentzugssyndromen hohe Dosen Vitamin B1 (Thiamin) gegeben, um der Entwicklung einer *Wernicke-Korsakow-Enzephalopathie* vorzubeugen. Nach erfolgter Entgiftung können die Alkoholentwöhnung und Rückfallprophylaxe i. R. eines Gesamtbehandlungsplans durch medikamentöse Maßnahmen unterstützt werden. Hierfür stehen der Glutamatmodulator *Acamprosat* und die beiden Opiatrezeptorantagonisten *Naltrexon* und *Nalmefen* zur Verfügung. Insbes. Nalmefen wird auch für die Behandlung nicht abstinenter alkoholabhängiger Pat. propagiert, um die Zahl trinkfreier Tage zu erhöhen und die konsumierte Alkoholmenge zu reduzieren. Alkoholfolgeerkrankungen können versch. Organsysteme betreffen (periphere *Nerven*, Muskeln, Leber, Magen). Sie erfordern eine jew. spezif. Behandlung. Ein Eifersuchtswahn spricht schlecht auf eine antipsychotische Therapie an. Kiefer & Koopmann 2012, Schöchlin & Engel 1998.

G. Gründer

Alkohol am Arbeitsplatz, **[AO, GES]**, stellt den thematischen Schwerpunkt betrieblicher Konzepte zur Suchtproblematik (*Sucht*) dar. Alkohol gilt neben Nikotin als das am weitesten verbreitete Suchtmittel; sein Konsum als legale Droge ist gesellschaftlich akzeptiert. Expertenschätzungen gehen davon aus, dass in der durchschnittlichen betrieblichen Belegschaft etwa 5 % der Mitarbeiter als alkoholkrank und weitere 10 % als zumindest alkoholgefährdet betrachtet werden können. Bei den betroffenen Personen sind neben gesundheitlichen Beeinträchtigungen auch Verhaltensänderungen (Stimmungsschwankungen, auffallende Unzuverlässigkeit usw.) sowie ein progressiver Leistungsabfall (mangelnde Konzentrationsfähigkeit, abnehmendes Reaktionsvermögen usw.) beobachtbar (Thiel 1999). Auf der betrieblichen Ebene manifestiert sich das indiv. beeinträchtigte Arbeitsverhalten in Produktivitätseinbußen durch Minderleistungen und krankheitsbedingte *Arbeitsabwesenheit* sowie in Beeinträchtigungen der *Arbeitssicherheit* durch ein erhöhtes Unfallrisiko. Betriebliche Präventions- und Interventionsprogramme zur Alkoholproblematik lassen sich nach ihrer konzeptionellen Reichweite unterscheiden: Maßnahmen im Rahmen klass. *Alkoholpräventionsprogramme (APP)* sind thematisch auf die Alkoholproblematik eingegrenzt und konzentrieren sich in der betrieblichen Realität vorwiegend auf die frühzeitige Identifizierung bereits gefährdeter Mitarbeiter. Demgegenüber betonen Programme zur *Gesundheitsförderung in Organisationen* und Mitarbeiter-Beratungsprogramme (*Employee Assistance Program, EAP*) umfangreichere Angebote zu vielfältigen gesundheitsbezogenen und psychosozialen Problemfeldern. Zu den allg. anerkannten konkreten Maßnahmen der Alkoholprävention zählen nach Rummel et al. (2004) die Beeinflussung der Führungs- und Kommunikationskultur (Weiterbildung von Führungskräften und Information der Mitarbeiterinnen und Mitarbeiter), der Aufbau eines internen Hilfesystems in Form professioneller oder nebenamtlicher Suchtberatung sowie primärpräventive Maßnahmen (*Arbeitsgestaltung* und Aufklärung). Rummel et al. 1998.

A. Krone

Alkoholembryopathie (= A.), [engl. *alcohol embryopathy*; gr. ἔμβρυο (embryo) die ungeb. Leibesfrucht, πάθος (pathos) Leiden(schaft), Krankheit], auch *Fetales Alkoholsyndrom (FAS)*, bez. ein durch mütterlichen Alkoholkonsum (*Alkohol*) während der Schwangerschaft bedingtes, toxisches, polydystrophes Fehlbildungssyndrom beim Kind. Es handelt sich um ein Syndrom von somatischen und psych. Störungen. *Symptome* u. a. *Intelligenzminde-*

rung, *Verhaltensstörungen* verbunden mit Entwicklungsverzögerung und verlangsamtes Körperwachstum sowie anatomische Anomalien. Im Durchschnitt wird eines von 300 Kindern in Dt. mit dem Vollbild einer A. einschließlich charakteristischer Gesichtsmerkmale (Syndromgesicht), körperlich-organischer Fehlbildungen, kogn. *Behinderung* und *Störungen des Sozialverhaltens* geb. Majewski 1987, Majewski 1993. *M. Paulzen*

Alkoholentzug [engl. *alcohol withdrawal*], **[GES, KLI]**, Vorenthaltung der Zufuhr von *Alkohol* bei alkoholabhängigen Personen. Das *Entzugssyndrom* kann lebensbedrohend sein. Es besteht bei schwerer Abhängigkeit aus mehreren Stadien.

Alkoholentzugsdelir [engl. *alcohol withdrawal delirium*], syn. *Delirium tremens*, **[KLI, PHA]**, schwerste und potenziell lebensbedrohliche Komplikation i. R. eines *Alkoholentzugssyndroms*, das v. a. auftritt, wenn Letzteres nicht behandelt wird. Es beginnt i. d. R. 24 bis max. 72 Std. nach Beendigung eines abhängig betriebenen Alkoholkonsums. Die Dauer beträgt bei Behandlung 2–4 Tage, in den schwersten Fällen bis zu zwei Wochen. Es ist gekennzeichnet durch Desorientierung, meist optische, manchmal aber auch akustische und taktile *Halluzinationen*, *Bewusstseinsstörungen* und meist schwere psychomotorische Unruhe. Epileptische Anfälle (sog. Alkoholentzugsanfälle) können das Bild zusätzlich verkomplizieren. Die Letalität beträgt bei fehlender Behandlung bis zu 20 %. *G. Gründer*

Alkoholentzugssyndrom (= A.) [engl. *alcohol withdrawal syndrome*], **[KLI, PHA]**, das A. stellt eine typische Symptomkonstellation dar, die nach Beendigung eines längerfristigen, höherdosierten Alkoholkonsums (i. d. R.: *Alkoholabhängigkeit*) entsteht. Neurobiol. Grundlage des A. ist das Überwiegen glutamaterger Erregung des *Zentralnervensystems* über die *GABA*erg vermittelte Hemmung. Die Symptome entstehen i. d. R. rasch, innerhalb von Std., nach Beendigung des Alkoholkonsums, bei Schwerstabhängigen kann ein A. bei noch bestehender Alkoholisierung entstehen. Typische Symptome sind *Tremor* (= Zittern), Bluthochdruck (*Hypertonie*) und *Tachykardie* (= beschleunigter Puls), Hyperhidrosis (= vermehrte Schweißneigung), Übelkeit und Erbrechen sowie starke innere Unruhe und Schlaflosigkeit. Schwere Manifestationen des A. sind epileptische Anfälle (sog. Alkoholentzugsanfälle) und das *Alkoholentzugsdelir*. Um diese zu vermeiden, erfolgt die Behandlung (sog. Alkoholentgiftung) i. d. R. stationär. Die Dauer des A. beträgt i. d. R. wenige Tage bis max. eine Woche. *G. Gründer*

Alkoholhalluzinose (= A.) [engl. *alcohol hallucinosis*], **[KLI, PHA]**, seltene alkoholassoziierte psychot. Störung, die durch prominente akustische, seltener auch optische, *Halluzinationen* von bedrohl. Charakter gekennzeichnet ist. Die A. muss von einem *Alkoholentzugsdelir* und einer *Schizophrenie* abgegrenzt werden.

Alkohol(in)toleranz [engl. *alcohol (in)tolerance*; lat. *tolerare* ertragen, aushalten], **[PHA]**, allg. gilt: Nach einem ersten Stadium mit 0,5–1,5 ‰ Blutalkoholkonzentration setzt in einem zweiten Stadium von etwa 1–2 ‰ *Schlaf* ein, der zw. 2 und 3 ‰ in eine *Narkose* übergeht. Bei über 3 ‰ setzt *Lähmung* ein, die bei 4–5 ‰ mit der Lähmung des Atemzentrums tödlich endet. Die indiv. Toleranz ist abh. von konstitutionellen Faktoren; sie wird beeinflusst durch Schäden, Erkrankungen, Pharmaka, aber auch Ermüdung, Erregung, Alkoholkonzentration und Füllzustand des Magens.

Alkoholintoxikation (= A.) [engl. *alcohol intoxication*], **[KLI, PHA]**, Vergiftung durch Ethanol. Das Ausmaß der A. wird durch die konsumierte Alkoholmenge, die indiv. Alkoholtoleranz, die körperliche Verfassung und vielerlei Umgebungsfaktoren beeinflusst. Leichte A. sind durch Gang- und Standunsicherheit, *Dysarthrie* (= verwaschene Sprache), Beeinträchtigung motorischer Abläufe und der Koordination sowie Augenbewegungsstörungen gekennzeichnet. Bei mittelschweren A. (1,5–2 ‰ Blutalkoholkonzentration, BAK) treten zusätzlich Enthemmung, Euphorie oder auch Gereiztheit und *Aggressivität* sowie Beeinträchtigungen von *Konzentration* und Urteilsfähigkeit auf. Die schwere A. (2–2,5 ‰ BAK) ist durch zunehmende *Bewusstseinsstörung*, neurologische Symptome und eine Vielzahl psychiatrischer Symptome (Illusionen, *Halluzinationen*, Erregungszustände) charakterisiert. Die A. wird lebensbedrohlich bei einer BAK > 4 ‰, da dann eine Atemlähmung eintreten kann. Bei einer BAK > 5 ‰ hat die A. eine Letalität von 50 %. Pat. mit einer *Alkoholabhängigkeit* können auch bei hohen BAK-Werten erstaunlich geringe Intoxikationszeichen aufweisen. *G. Gründer*

Alkoholismus (= A.) [engl. *alcoholism*], syn. *chronischer Alkoholmissbrauch, Alkoholsucht, Trunksucht*, **[KLI]**, Ursachen und Folgen dieser seit 1968 in der BRD als Krankheit anerkannten Komplexerkrankung sind im körperlichen, seelischen, sozialen und wirtschaftlichen Bereich zu suchen: Nach der Def. der WHO sind Alkoholiker exzessive Trinker, deren Abhängigkeit vom Alkohol einen solchen Grad erreicht hat, dass sie deutliche seelische Störungen, gesundheitliche Schäden, eine Beeinträchtigung der mitmenschlichen Beziehungen sowie sozialen und wirtschaftlichen Funktionen aufweisen bzw. dass Vorläufer solcher Erscheinungen zu beobachten sind. Die WHO unterscheidet zw. *gewohnheitsmäßigem exzessivem (nicht süchtigem) Alkoholmissbrauch (Abusus)* und *süchtigem A.* Letzterem, der sich nach dem Vorliegen eines Kontrollverlustes (Unfähigkeit, mit dem Trinken aufzuhören, wenn man einmal begonnen hat) oder einer Unfähigkeit zur Abstinenz (Gamma- bzw. Delta-A. nach Jellinek) best., kommt Krankheitswert zu (*Alkoholkonsum, risikoarmer, Alkoholkonsum, riskanter*). Nicht süchtiger A. wird heute mit dem Begriff des *Problemtrinkens* (d. h. dass das Trinken Probleme schafft) belegt. Als Ursachen des A. können, je nach Erscheinungsbild in unterschiedlichem Maße beteiligt, gelten: (1) *Heredität* i. S. einer unspezif. *Vulnerabilität*, indiv. oder kult. bedingt; (2) frühkindliche Prägung einer Ich-schwachen und für Formen psych. Fehlanpassung anfälligen Persönlichkeit; (3) Lernen von Trinkmustern durch innere und soziale *Verstärker* in der früheren oder späteren Jugend; (4) die sozialen Reaktionen gegenüber dem beginnenden A., die den sich autonomisierenden Krankheitsprozess, das Süchtigwerden unterstützen.

Die Gefährlichkeit des A. liegt darin, dass die herrschenden Trinksitten die beginnende Süchtigkeit (*Sucht*) verschleiern und unentdeckt bleiben lassen, bis ein relativ spätes Stadium des Prozesses erreicht ist. Die Häufigkeit des A. wird in den meisten industrialisierten Ländern auf 1–2 % der Bevölkerung geschätzt; dabei nimmt der Anteil an Frauen und Jugendlichen zu. Die Gründe für die steigenden A.ziffern sind noch nicht erforscht; die Lebensbedingungen der industrialisierten Gesellschaft dürften eine wesentliche Rolle spielen. Alkohol ist oft ursprünglich als Mittel der *Emotionsregulation* und -vermeidung bzw. als Selbstheilungsversuch für andere psych. Probleme wie Ängste (*Angststörungen*) oder depressive Verstimmungen (*Depressivität*) eingesetzt worden. Auch wenn die «Ursache» i. d. S. bekannt ist und ebenfalls therap. angegangen werden soll, so geht es doch i. d. R. zunächst darum, die Eigendynamik der Sucht in den Griff zu bekommen. Therapieziel ist i. d. R. völlige Abstinenz, die als leichter einzuhalten gilt als mäßiges Trinken. Anderseits hängt das Ausmaß der Schädigung anders als etwa beim Rauchen vom Ausmaß des Trinkens ab: Deswegen wird in letzter Zeit vermehrt argumentiert, dass auch eine Dosisreduktion bereits ein lohnender Effekt sei.

In der ambulanten und stationären Suchttherapie finden v. a. die Breitbandtherapie (Kombination versch. Behandlungsmethoden) und soziotherap. Maßnahmen Verwendung. Die Wirksamkeit einzelner Therapien ist nachgewiesen, aber nicht überragend. Oft sind mehrere Anläufe nötig, wie auch bei der Abhängigkeit von anderen Substanzen (*Sucht- und Substanzbezogene Störungen*). Therap. wirksame Elemente sind insbes. das Erlernen von Alternativen zum Einsatz von Alkohol als «Problemlöser» und ein Vergrößern der *Selbstkontrolle*. Wichtig ist das Auffangen von Krisen zur Rückfallprophylaxe. Selbstkontrolltraining wie Rückfallpräventionstraining sind bei reinem *Alkoholmissbrauch* wirksamer als bei körperlicher *Alkoholabhängigkeit*. Für Ersteres wird für 70 % der Betroffenen eine Verbesserung berichtet. Selbsthilfegruppen spielen dabei eine große Rolle, unabhängig davon, ob die von ihnen verwendeten Konzepte wiss. haltbar sind. Diagn. Instrumente, die im Bereich A. eingesetzt werden, sind im Verzeichnis diagn. Verfahren in Anhang II aufgeführt. *Alkoholismus, Psychopharmakotherapie*. Feuerlein 1975, Watzl & Rockstroh 1997. *F. Caspar*

Alkoholismus, Psychopharmakotherapie, [**KLI, PHA**], die *Psychopharmakotherapie* alkoholbedingter Störungen erfordert eine klare diagn. Einordnung des jeweils vorliegenden Syndroms (*Syndrom*), da differenzielle Maßnahmen zu treffen sind. Abzugrenzen sind: Intoxikation (*Vergiftung*), *Entzugssyndrom* (mit der schwersten Manifestation, dem *Delirium* tremens), Entwöhnung und Rückfallprophylaxe, Folgeerkrankungen. Leichte bis mittelschwere Intoxikationen erfordern i. d. R. keine medikamentöse *Intervention*. Bei schweren Intoxikationen (ab ca. 2–2,50 ‰ BAK) ist eine medikamentöse Behandlung dann indiziert, wenn sie mit aggressivem (*Aggression*) oder eigen- oder fremdgefährdendem Verhalten assoziiert ist. Die größten Erfahrungen existieren mit *Haloperidol*.

Benzodiazepine oder Clomethiazol sind wegen der Gefahr der Atemdepression kontraindiziert. Schwerste Intoxikationen (> 4 ‰ BAK) sind internistische Notfallsituationen. Das Alkoholentzugssyndrom wird unter stationären Bedingungen i. d. R. mit *GABA*erg wirkenden *Sedativa*, d. h. Clomethiazol oder Benzodiazepinen (z. B. *Diazepam*), behandelt. Zunächst werden hohe bis höchste Dosierungen verabreicht, die dann über einige Tage reduziert werden. Leichtere Entzugssyndrome können ggf. ambulant, dann mit Unterstützung durch *Carbamazepin*, ggf. in Kombination mit Tiaprid, behandelt werden. Auf Clomethiazol und Benzodiazepine sollte bei ambulanter Verordnung wegen der Gefahr der iatrogenen Abhängigkeitsentwicklung verzichtet werden. Das Vollbild eines Delirium tremens erfordert die intensivmed. Behandlung mit parenteraler Flüssigkeits- und Elektrolytzufuhr. Wenn Clomethiazol oral nicht mehr verabreicht werden kann, werden Benzodiazepine parenteral, ggf. in Kombination mit *Antipsychotika* (*Haloperidol*), gegeben. Zusätzlich werden bei Alkoholentzugssyndromen hohe Dosen Vitamin B1 (Thiamin) gegeben, um der Entwicklung einer *Wernicke-Korsakow-Enzephalopathie* vorzubeugen. Nach erfolgter Entgiftung können die Alkoholentwöhnung und Rückfallprophylaxe im Rahmen eines Gesamtbehandlungsplans durch medikamentöse Maßnahmen unterstützt werden. Hierfür stehen der Glutamatmodulator *Acamprosat* und die beiden Opiatrezeptorantagonisten *Naltrexon* und Nalmefen zur Verfügung. Insbes. Nalmefen wird auch für die Behandlung nicht abstinenter alkoholabhängiger Pat. propagiert, um die Zahl trinkfreier Tage zu erhöhen und die konsumierte Alkoholmenge zu reduzieren.

Alkoholfolgeerkrankungen können versch. Organsysteme betreffen (periphere *Nerven*, *Muskeln*, Leber, Magen). Sie erfordern eine jew. spezif. Behandlung. Ein Eifersuchtswahn (*wahnhafte Störung*) spricht schlecht auf eine antipsychotische Therapie an. Kiefer & Koopmann 2012, Schöchlin & Engel 1998. *G. Gründer*

Alkoholkonsum, risikoarmer (= r. A.) [engl. *low-risk alcohol consumption, low-risk drinking*], [**KLI**], beschreibt die Menge an *Alkohol*, die von einer Person konsumiert werden kann, ohne das Risiko einer körperlichen Beeinträchtigung bzw. Folgeerkrankung oder einer Abhängigkeit (*Alkoholismus*) zu erhöhen. Diese Menge liegt bei durchschnittlich unter 20 g Alkohol pro Tag für Frauen und 30 g Alkohol pro Tag für Männer, bei einem Konsum von nicht mehr als fünf Tagen pro Woche. Bei Schwangerschaft und Stillzeit, der Einnahme von best. Medikamenten sowie bei versch. Krankheiten ist r. A. nicht möglich, da die Einnahme von Alkohol generell risikofördernd ist. Hier ist *Abstinenz* indiziert. *Substanzabhängigkeit*. *C. Koentges*

Alkoholkonsum, riskanter (= r. A.) [engl. *hazardous/ harmful alcohol consumption*], [**KLI**], Einnahme von Alkoholmengen (*Alkohol*), die über der Grenze des *risikoarmen Alkoholkonsums* liegen. Durch den r. A. wird das Risiko einer alkoholbedingten gesundheitl. Beeinträchtigung oder einer Abhängigkeit (*Alkoholismus*, *Substanzabhängigkeit*) erhöht. *C. Koentges*

Alkoholkrankheit [engl. *alcoholism*], **[GES, KLI]**, Bez. für den mit der Abhängigkeit von Alkohol verbundenen Folgezustand, v. a. krankheitsbezogenen Veränderungen *Alkohol, Alkoholismus, Alkoholabhängigkeit*. W. Janke

Alkoholmissbrauch [engl. *alcohol abuse*], *Alkoholismus*.

Allachästhesie [engl. *allochiria*; gr. ἀλλαχοῦ (*allachou*) anderswo, αἴσθησις (*aísthēsis*) Gefühl, Wahrnehmung], **[WA]**, die Lokalisation eines Reizes an einer anderen als der gereizten Körperstelle. *Allocheirie*.

Allaussage [engl. *general statement/proposition*], *Falsifikation*.

ALLBUS [engl. *German General Social Survey GGSS*], **[DIA, SOZ]**, Abk. für Allgemeine Bevölkerungsumfrage der Sozialwissenschaften; ein Forschungsprogramm zur Erhebung aktueller und repräsentativer Primärdaten, das Mitte der 1970er-Jahre von ZUMA (Zentrum für Umfragen, Methoden und Analysen, Mannheim) und dem Zentralarchiv für empirische Sozialforschung (Universität Köln) als gemeinsames Unternehmen entwickelt worden ist. Hauptziel: wiss. Untersuchung des sozialen Wandels in der Bundesrepublik. *Meinungsbefragung, Meinungsforschung*.

Allegorie [engl. *allegory*; gr. ἀλληγορία (*allegoría*) etwas anders Gesagtes], **[KOG, PHI]**, Sinnbild, Gleichnis, Umschreibung eines Sachverhaltes, «Vertretungssymbol». *Symbol*.

Allelassoziations-Studien, **[BIO, PER]**, Erfordern die Sequenzierung von DNA und suchen nach stat. Beziehungen zw. Genvarianten (Allelen) und phänotypischen Merkmalsausprägungen. *Verhaltensgenetik*.

Allele (= A.) [engl. *allele*, gr. ἀλλήλων (*allélon*) einander, wechselseitig], **[BIO, PER]**, Zustandsformen eines Gens. Ein *haploider* Organismus enthält nur eine Genkopie (= 1 Allel) pro Genort, ein *diploider* Organismus enthält zwei Genkopien. Sind jene gleichartig, spricht man von Homozygotie (homozygot), sind sie verschieden, von Heterozygotie (heterozygot). Ein dominantes A. bez. ein A., das in heterozygotem Zustand den *Phänotypus* determiniert. Ein rezessives A. ist ein A., dessen phänotypischer Effekt bei Heterozygoten nicht zur Geltung kommt. *Verhaltensgenetik*.

allelomimetisches Verhalten [engl. *allelomimetic behavior*; gr. ἀλλήλων (*allélon*) einander, wechselseitig, μιμητικός (*mimetikos*) nachahmend, imitierend], **[KOG]**, von J. P. Scott 1950 verwendeter Ausdruck für die «Handlungsangleichung» (Tembrock 1964) zw. Tieren; eine Form der *Nachahmung, Imitation* bei Tieren, syn. mit *sympathetic induction*. *Verhaltenssysteme*.

Allergie [engl. *allergy*; gr. ἄλλος (*állos*) anders, fremdartig, ἔργον (*ergon*) Werk, Tätigkeit], **[BIO]**, veränderte Reaktionsfähigkeit des Immunsystems (*Immunsystem*) gegenüber körperfremden Stoffen (Allergenen). Dörr 1929, Schwöbel 1956.

Allesch, Johannes von (1882-1967), **[HIS]**, wurde in Graz geb., studierte in Graz, München und Berlin und promovierte 1909 bei *Stumpf*. Nur durch Kriegsdienst unterbrochen, arbeitete von Allesch bei Stumpf bzw. *Köhler* in Berlin, 1923 habilitierte er sich und wurde 1928 Privatdozent in Greifswald, 1938 wurde er o. Prof. in Halle. Von 1941 bis zu seiner Emeritierung 1951 lehrte von Allesch in Göttingen, 1951/52 sowie 1958–1960 nach dem frühen Tod seines Kollegen Kurt Wilde (1909–1958) nahm von Allesch Lehrstuhlvertretungen war. Johannes von Allesch stand in der Tradition der *Gestaltpsychologie* und war mit dem Schriftsteller und Psychologen *Musil* befreundet. Nach dem Zweiten Weltkrieg ergriff von Allesch die Initiative zur Wiederbegründung der *Deutschen Gesellschaft für Psychologie* (Lück 2004), deren erste Nachkriegstagung im September 1948 in Göttingen stattfand, 1949 begründete er die Fachzeitschrift «Ps. Rundschau» (Herrmann 1989). J. von Allesch wurde erster Vorsitzender der wiederbegründeten DGPs. H. E. Lück

Alles-oder-Nichts-Gesetz [engl. *all-or-non law*], **[BIO]**, das erstmals 1871 von H. P. Bowditch am Herzmuskel beobachtete und 1912 von Adrian aufgestellte Gesetz (besser Regel), das besagt, dass jedes Neuron auf einen Reiz entweder überhaupt nicht (bei unterschwelligen Reizen) oder aber mit der vollen ihm eigenen Impulsgröße reagiert. Verstärkt man den Reiz, bleibt die Impulsgröße gleich, aber es folgen mehr Impulse pro Zeiteinheit. Mit anderen Worten ist die Amplitude einer Erregungswelle von der Reizgröße unabhängig, nicht aber die Frequenz.

[KOG], in der Lerntheorie von Guthrie besagt das Gesetz, dass bei kontingentem Auftreten von Reiz und Response entweder die Assoziation zw. beiden in voller Stärke gebildet wird oder gar nicht. Kontinuierliche Zunahme von Lernerfolgen wird nicht als Zunahme von Assoziationsstärken erklärt, sondern als Vermehrung der einzelnen Assoziationen der Response mit Stimuli aus der Reizstichprobe. Ggs. *Lernen, inkrementelles*.

Allgegenwärtigkeit im Klassenzimmer (= A. i. K.), **[PÄD]**, wird verstanden als Fähigkeit der Lehrkraft den Schülern zu verstehen zu geben, dass sie im Bilde über ihr Tun ist, und auch, wenn nötig, darauf reagieren kann. Der Begriff wurde von Kounin (dt. Erstausgabe 1976) als *withitness* erstmalig eingeführt. A. i. K. wird als wichtige Bedingung für den Führungserfolg einer Lehrkraft angesehen (*Klassenführung, Klassenführung, effiziente*). Oft wird A. i. K. auch als Teil der Präsenz der Lehrkraft (*Präsenz im Klassenzimmer*) verstanden oder als «Augen im Hinterkopf haben» umschrieben. Bei Kounin wird A. i. K. meist im Zusammenhang von Überlappung erwähnt. Dies ist die Fähigkeit des Lehrers mehrere Abläufe und Probleme im Klassenzimmer synchron wahrzunehmen und gute Übergänge von Aktivitäten zu organisieren. Aus seinen Studien folgernd, empfahl Kounin allen Lehrkräften sich A. i. K. anzueignen. Kounin 2006. E. Gärtner

Allgemeinanästhetika *Narkotika*.

Allgemeinbildung (= A.) [engl. *general knowledge, general education*], **[PÄD]**, bez. sowohl den Prozess als auch das Ergebnis der Vermittlung von allg. Kenntnissen, *Fertigkeiten* und *Einstellungen*. Dieses Ensemble von Kenntnissen, Fertigkeiten und Einstellungen ist allg. in Abgrenzung zum spezialisierten *Wissen* und *Können*, die in spezialisierten Ausbildungsinstitutionen (Lehrstellen, Berufsschulen, Universitäten) vermittelt und für Berufstätigkeiten benötigt werden. Es ist zudem allg., da es grundlegende Kulturtechniken umfasst, die eine Teilhabe am (gegenwärtigen und zukünftigen) gesellschaftlichen Leben ermöglichen. Zu diesen Kulturtechniken zählen neben *Schreiben* und *Lesen* basale Kompetenzen zu math.-naturwiss. Modellierungen. Aufbauend auf solchen grundlegenden Kompetenzen umfasst A. Orientierungswissen u. a. zur Mathematik, Kunst, Politik, Geschichte oder Philosophie. Alle Mitglieder einer Gesellschaft sollten die Möglichkeit haben, dieses Wissen und Können zu erwerben. In Gesellschaften mit allg. Schulpflicht ist die Schule die wichtigste Instanz, die dafür sorgt, dass eine gewisse Übereinstimmung bei den kult. Grundfertigkeiten unter den Mitgliedern einer Gesellschaft besteht. A. ist ein Konzept, das vornehmlich in der Erziehungswissenschaft diskutiert wird (Tenorth 1994). Dort geht es u. a. um die normative Frage, welche Grundbildung oder welches Orientierungswissen für alle erstrebenswert ist. Und es geht dort um die Frage, wie diese Grundbildung vermittelt werden kann, und diese Frage betrifft auch viele Fragestellungen der Päd. Ps. (Bromme & Kienhues 2008). Z. B. basiert die päd. Erwartung, dass die Auseinandersetzung mit spezif. Themen im Schulunterricht eine Wirkung auf die Allgemeinbildung der Schüler hat, auf der Hypothese von Lerntransfer (*Transfer*). Päd.-psychol. Forschung kann diese Hypothesen überprüfen, z. B. die Annahmen über die Bildungswirkungen des Lateinunterrichts (Haag & Stern 2003).

Der rasche gesellschaftliche, technische und kult. Wandel erfordert *lebenslanges Lernen*, das auch Kenntnisse und Fertigkeiten einschließt, die für die Teilhabe an der Gesellschaft jenseits des Berufs erforderlich sind. Hierfür spielen Fähigkeiten des (selbstregulierten) Lernens (*Lernen, selbstorganisiertes*), Lernmotivation (*Lernmotivation, intrinsische und extrinsische*) und metakognitives Wissen (*Metakognition*) eine Rolle. Ferner können Fähigkeiten zum kritischen Denken, epistemische Überzeugungen und ein Verständnis von kogn. Arbeitsteilung (*Wissenschaftskommunikation*) als ps. Ansätze zur A. gerechnet werden. Mit kritischem Denken (*critical thinking*) werden die Fähigkeiten zum und zugleich die Prozesse des zielgerichteten Denkens und Kommunizierens bez., die in Übereinstimmung mit den Normen des logischen, rationalen und math. Schlussfolgerns (*Denken*), Urteilens (*Urteilsbildung, Dimensionen*) und Argumentierens (*Argumentationstheorie*) stehen. Es kann demnach als prozeduraler Aspekt der A. betrachtet werden, der für verschiedenste Wissensinhalte anwendbar ist. Auch eine Laien-Wissenschaftstheorie i. S. von Überzeugungen über das (wiss.) Wissen als kult. Konstruktion (epistemologische Überzeugungen) ist ein Teil der A., da ein Grundverständnis von der Genese, Begründung und Verteilung von Wissen zu dem gehört, was zur Teilhabe an der Gesellschaft erforderlich ist.

Schließlich gehört auch zur A. die Fähigkeit zur Auswahl und Bewertung von Wissensangeboten. A. ist eine Voraussetzung wie auch ein Ergebnis der Suche, Auswahl und Bewertung von Informationen, z. B. im Internet. Das Internet bietet Informationen aller Art, fordert aber auch die Auswahl der relevanten und der vertrauenswürdigen Informationen aus der Fülle der Informationsangebote (*Medienkompetenz*, *Mediennutzungsforschung*, *Medienrezeption*). Deshalb trägt die ps. Forschung zur rezeptiven wie auch zur kommunikativen Nutzung (Web 2.0) solcher netzbasierten Informationsangebote zum ps. Verständnis der A. bei. In der Päd. Ps. werden einzelne thematische Teilbereiche der A. auch als *Literacy* konzeptualisiert, z. B. *Scientific Literacy* (Fokus: Naturwiss.), *Digital Literacy* (Fokus: Umgang mit Informationstechnologie). Diese unterschiedlichen theoretischen Konzepte und damit auch thematischen Schwerpunktsetzungen zum Inhalt der A. reflektieren unterschiedliche Anwendungs- und Lebenskontexte, in denen A. ps. relevant ist. R. Bromme/D. Kienhues

Test**Allgemeine Depressionsskala (ADS)**, 1993, M. Hautzinger und M. Bailer, [www.testzentrale.de], [**DIA, KLI**]. Klinischer Test zu Depressivität. AA ab 14 Jahren. Die ADS ist ein Selbstbeurteilungsinstrument mit 20 Items zur Messung *depressiver Affekte, körperlicher Beschwerden, motorischer Hemmung* und *neg. Denkmuster*. *Normierung* an $N = 1205$. Es sind geschlechtsspezifische z-Werte, T-Werte und Prozentrangnormen angegeben. Studien zur *Validität* liegen vor, z. B. über Korrelationen mit konstruktverwandten bzw. konstruktfernen Selbst- und Fremdbeurteilungsinstrumenten. *Reliabilität*: Cronbachs Alpha je nach untersuchter Gruppe zw. $r = .84$ und $r = .93$, Split-Half-Reliabilität zw. $r = .81$ und $r = .93$. Kurzform mit 15 Items. Bearbeitungsdauer ca. 10 bis 15 Min.

Allgemeine Lineare Hypothese (= ALH) [engl. *General Linear Hypothesis*, *GLH*], [**FSE**], mittels der ALH werden Signifikanzprüfungen im *Allgemeinen Linearen Modell* durchgeführt. Die für die Stichprobe optimal bestimmten Einflussgewichte **b** müssen vor einer Verallgemeinerung auf die Population gegen Zufallseffekte abgesichert werden (*Signifikanztest*). Die ALH ist eine *Nullhypothese* (H_0) der Form:

H_0: **Lβ** = **δ**.

Dabei bez. **β** den Vektor der wahren Modellparameter in der Population und **L** eine Matrix, in deren Zeilen einzelne Parameter bzw. Linearkombinationen von Parametern ausgewählt und auf bestimmte theoretische angenommene Werte restringiert werden, die im Vektor **δ** aufgeführt sind. Bei der ALH handelt es sich um ein flexibles Konzept zur Formulierung unterschiedlichster Hypothesen. Als Elemente von **δ** können sowohl Nullen oder aber auch andere theoretische Werte ungleich Null gewählt werden, welche aus inhaltlichen Überlegungen gewonnen werden. Eine «globale» Nullhypothese etwa würde annehmen, dass – außer der Konstanten $β_0$ – alle Parameter $β_j$ ($j = 1, …, m$) gleich Null sind, was einem Nichtzusammenhang zw. allen im Modell enthaltenen Prädiktoren (*Prädiktor*) und dem *Kriterium* für die *Population* entsprechen würde. Das Nullsetzen einzelner Parameter würde bedeuten, dass nur eine Teilmenge von Prädiktoren keinen Einfluss auf das Kriterium hätte. Die *Alternativhypothese* behauptet, dass einzelne oder auch alle der in der Nullhypothese getroffenen Restriktionen nicht zutreffen; die H_1 postuliert somit andere als die in der Nullhypothese angenommenen Werte für **β**. Weiterführende Informationen zur ALH bzw. zum konkreten Vorgehen bei der inferenzstat. Entscheidung finden sich z. B. in Moosbrugger (2011) und Werner (1997). *D. Krampen*

Allgemeine Psychologie (= A.) [engl. *general psychology*], **[EM, KOG]**, ist eines der großen Teilgebiete der Ps. In der A. werden *Wahrnehmung*, *Aufmerksamkeit*, *Gedächtnis*, *Wissen*, *Lernen*, *Problemlösen*, *Denken*, *Entscheiden*, *Sprachproduktion*, Sprachverstehen (*Sprachrezeption*), *Emotion*, *Motivation* und *Psychomotorik* behandelt. *Allgemein* bedeutet, dass Erkenntnisse angestrebt werden, die einen hohen Grad an Allgemeingültigkeit aufweisen. Forschungsgegenstand sind grundlegende Prinzipien psych. Funktionen, die für den durchschnittlichen gesunden Erw. gelten. Es werden also nicht, wie in der *Differentiellen Psychologie*, Unterschiede zw. Menschen in der Ausprägung best. Merkmale betrachtet; es wird nicht, wie in der *Entwicklungsps.*, die Veränderung im Lebenslauf analysiert. Viele der Erkenntnisse der A. sind auch zentral für andere Teilgebiete der Ps. und verwandter Fächer. So liefert die Wahrnehmungs- und Aufmerksamkeitsps. die Grundlage für ergonomische Prinzipien der Gestaltung von Mensch-Maschine-Interaktionen (*Mensch-Maschine-System*). Die Sprachps. als Teil der A. liefert wichtige Befunde für das Verständnis der Interaktion von Individuen und Gruppen (*soziale Interaktion*), dem Forschungsgebiet der Sozialps. *Lernförderung* als Gegenstand der Pädagogischen Ps. kann zielgerichteter erfolgen, wenn die Mechanismen der Speicherung, Konsolidierung und des Abrufs von Information im Gedächtnis bekannt sind. Analoges lässt sich für den Zusammenhang von Motivationsps. als Teil der A. und der Verbesserung der *Arbeitsmotivation* in der Arbeits- und Organisationsps. sagen. Das Wissen um normale emot. Reaktionen und kogn. Verarbeitung ist Ausgangspunkt für das Verständnis und die Therapie emot. und Verhaltensstörungen in der Klinischen Ps.

Aufgrund seiner Bedeutung für die gesamte Ps. ist die A. ein Grundlagenfach im Studium der Ps. In Dt. werden ihre Inhalte häufig mit zwei oder mehren Modulen (oft A. I und A. II) im Bachelorstudium repräsentiert, und die A. ist auch zentral in vielen Masterstudien, in denen sie oft mit versch. Begriffen (neben A. u. a. Kognitionsps., *Kognition*, *Kognitive Psychologie*, Experimentelle Ps., Grundlagen der Ps.) bez. wird. Wie kommt es zu dieser Begriffsvielfalt? Häufig wird die A. unterteilt in Kognitionsps. und Emotions- und Motivationsps. (s. Einleitung Gebietsüberblicke *I.4 Emotionspsychologie und Motivationspsychologie*, *I.9 Kognitive Psychologie*). Kognition umfasst in Abgrenzung von Emotion und Motivation als Sammelbegriff alle mentalen Prozesse der Verarbeitung von Informationen, also die Mehrzahl der oben genannten Inhalte der A. Die zentrale Methode der A. ist das *Experiment*, die gezielte Manipulation von Faktoren, um deren Einfluss auf psych. Prozesse, letztlich auf Erleben und Verhalten, gezielt zu analysieren. Die A. ist methodologisch breit aufgestellt mit vielen Bezügen und fließenden Übergängen zu den Neurowiss., den Kognitionswiss. und Sprachwiss. In der A. werden neben obj. Verhaltensdaten wie *Reaktionszeiten*, und subj. Daten für die Erlebensseite neurowiss. Daten erhoben. In der Theorienbildung werden auch die Techniken der mathematischen Modellbildung genutzt. Computersimulationen machen es möglich, Theorien so zu spezifizieren, dass die Konsequenzen von Annahmen am Rechner studiert und direkt mit empirischen Daten verglichen werden können. Dies hat die Theorienbildung zur Aufnahme, Verarbeitung und Speicherung von Information und ihre Nutzung zur Steuerung von Verhalten wesentlich stimuliert.

In der zeitlichen Abfolge der Forschungsorientierungen der A. spiegelt sich die Geschichte der Ps. insges. Man denke an die Psychophysik etwa ab Mitte des 19. Jhd., die Forschung zum Zusammenhang von physischen Reizen und Wahrnehmungsphänomenen, mit Namen wie *Weber*, *Fechner* und *Helmholtz*. *Wundt*, sein 1879 gegründetes Experimentallabor und das darin realisierte Forschungsprogramm stehen am Beginn einer systematisch betriebenen exp. Ps. mit Schwerpunkt auf allgemeinpsychol. Phänomenen. Dt. Gestaltpsychologen wie *Wertheimer*, *Köhler* und *Lewin* versuchten in der ersten Hälfte des 20. Jhd. über die Betonung des Ganzen für die psych. Verarbeitung seiner Teile Prinzipien der Wahrnehmung und des Denkens herauszuarbeiten. Der grob zeitgleiche *Behaviorismus* (zentrale Vertreter *Watson* und *Skinner*) mit seiner strikten Ablehnung introspektiv gewonnener Daten und der ausschließlichen Orientierung an Verhalten nahm seinen Ausgang von der Erforschung von Lernphänomenen und bestimmte vor allem im angloamerik. Raum weite Bereiche der Ps. in der ersten Hälfte des 20. Jhd. Auch die bewusste Abwendung vom Behaviorismus, oft als *kognitive Wende* bez., ging von diesem Teilgebiet der A., der Lernpsychologie, aus.

Die wesentlichsten Impulse für die Forschung in der A. kamen in den letzten Jahrzehnten von einer immer weiteren Verfeinerung der exp. Methodik und der damit einhergehenden Verbesserung stat. Verfahren und von den Kognitionswiss. und den Neurowiss. Die enormen Fortschritte bei der Gewinnung von Daten über neuronale Strukturen und Prozesse, insbes. durch *bildgebende Verfahren*, haben es bspw. möglich gemacht, Erleben und Verhalten direkt auf ihre neuronalen Substrate zu beziehen. Dies hat etwa in der Emotionsps. völlig neue Erkenntnisse ermöglicht. Insges. ist die A. eines der forschungsstärksten Gebiete der Ps. mit hohem Internationalisierungsgrad. «Kein anderes theoretisches Programm ist bisher in der Geschichte der Ps. ähnlich erfolgreich gewesen wie der theoretische Ansatz der Kognitiven Ps., der kogn. Leistungen als Ergebnis von Informationsverarbeitungsprozessen beschreibt» (Prinz, Müsseler 2008, 9). Kiesel & Koch 2012, Müsseler 2008, Spada 2005, Anderson 2013.

H. Spada/A. Kiesel

^Test^**Allgemeiner Interessen-Struktur-Test mit Umwelt-Struktur-Test – Revision (AIST-R/UST-R)**, 2005, C. Bergmann und F. Eder, [www.testzentrale.de], **[AO, DIA, PER]**. Beruflicher Interessentest. AA ab dem 14. Lebensjahr und Erwachsene. Der AIST dient der Erfassung schulisch-beruflicher Interessen auf der Basis der Berufswahltheorie von J. L. Holland (*Berufswahltheorien*). Er besteht aus 60 Items, mit denen die im Modell Hollands unterschiedenen sechs Interessendimensionen (*Interessen*, he-

xagonales Strukturmodell (Holland)) gemessen werden. Die Interessen sind als Tätigkeiten operationalisiert. Es wird ein dreistelliger Interessencode ermittelt, zu dem aus einem Register passende (analog codierte) Berufe gesucht werden können. Der UST-R ist ein mit dem AIST-R korrespondierendes Verfahren, mit dem schulisch-berufliche Umwelten nach denselben Dimensionen beschrieben werden können. *Normierung*: an N = 2496 14- bis 28-jährigen Jugendlichen und jungen Erwachsenen. Es liegen Gesamt- und geschlechtsspezifische Normen vor. *Reliabilität*: Die internen Konsistenzen (*Cronbachs Alpha*) liegen zw. α = .82 und α = .87. Die Anwendungszeit beträgt jew. 10 bis 15 Min. Der AIST-R/UST-R ist eine grundlegende Neubearbeitung des AIST (1992, 1999). Das Verfahren liegt in Papier-Bleistift- und in computergestützter Form vor. Muck 2007, Trapmann 2006. *D. Üstünsöz-Beurer*

Test**Allgemeiner Schulleistungstest für 2. Klassen (AST 2)**, 1991, O. Rieder. 1. Aufl. 1971, - *für 3. Klassen (AST 3)*, 1999, F. Fippinger. 1. Aufl. 1971, - *für 4. Klassen (AST 4)*, 1992, F. Fippinger. 1. Aufl. 1967, [www.testzentrale.de], [**DIA, PÄD**] Tests zur Erfassung spezif. Leistungen in den Grundschulklassen zwei bis vier. Formal sind alle drei Tests in gleicher Weise aufgebaut. Der AST 2 erfasst die Leistungen in Deutsch und Mathematik, AST 3 und AST 4 erfassen zusätzlich Leistungen im Fach Sachkunde. AA Schüler der entspr. Klassenstufe in der zweiten Schuljahreshälfte. Die Deutschleistungen werden durch Untertests zum Rechtschreiben (AST 2, 3, 4), Wortschatz und Leseverständnis (AST 2) und Sprachverständnis (AST 4) abgebildet, die Mathematikleistungen durch Untertests zum Zahlenrechnen und zu Textaufgaben (AST 2, 3); ein spezif. Mathematiktest ist dem AST 4 vorbehalten. Je nach Fragestellung kann aus der Summe aller Untertestergebnisse ein Gesamtwert «allgemeine Schulleistung» erstellt werden. Jeder Test verfügt über zwei parallele Versionen. I. d. R. erfolgt die Testdurchführung klassenweise durch Lehrer oder Lehrerinnen. *Reliabilität*: Die interne Konsistenz der Untertests liegt bei .80 bis .90. *Validität*: Die Tests beanspruchen Lehrplangültigkeit. In versch. Untersuchungen korrelierten die einzelnen Untertests mit Schulnoten der korrespondierenden Fächer um .60. *Normierung*: *Prozentränge*, T-Werte (*T-Norm*). Umfänge der Normierungsstichproben: N = 1147, 1784, bzw. 3268. Die Durchführungszeit beläuft sich auf jew. etwa zwei Unterrichtsstunden mit einer Pause von zehn Min. *H. P. Langfeldt*

allgemeine Semantik *Semantik, allgemeine*.

Allgemeines Lineares Modell [engl. *General Linear Model, GLM*], Abk. ALM, [**DIA, FSE**], math. Beschreibung von Zus.hängen zw. Prädiktor- und Kriteriumsvariablen. Das ALM ist eine verallgemeinerte Annahme über Datenzusammenhänge, die es gestattet, die Ausprägungen der Kriteriumsvariablen (*Kriterium*, *Variable, abhängige*) als gewichtete Summe (*Linearkombination*) von Prädiktorvariablen (*Prädiktor*, *Variable, unabhängige*) und einer Fehlerkomponente (*Residuum*) darzustellen. Das Ziel der Anwendung des ALM besteht darin, eine modellhafte Beschreibung der vorliegenden Daten zu liefern, Hypothesen (*Allgemeine Lineare Hypothese*) über die Effekte der Prädiktorvariablen auf die Kriteriumsvariablen zu prüfen und Vorhersagen (*Prognose*) für neue Beobachtungseinheiten zu treffen, deren Ausprägungen nur in den Prädiktorvariablen, nicht aber in den Kriteriumsvariablen bekannt sind. Das ALM enthält als Spezialfälle viele stat. Verfahren wie z. B. *t-Test* und varianzanalytische Methoden (*Varianzanalyse*) einerseits, Korrelationsrechnung (*Korrelation*) und Regressionsanalysen (*Regression, lineare*) andererseits sowie kovarianzanalytische Verfahren (*Kovarianzanalyse*). Auf dem ALM basierende stat. Analyseverfahren werden üblicherweise nach den Klassifikationsgesichtspunkten Anzahl der Kriteriums- bzw. Prädiktorvariablen sowie *Skalenniveau* eingeteilt (Moosbrugger et al. 2010). Sofern nur eine Kriteriumsvariable analysiert wird, spricht man vom univariaten Fall, bei Erweiterung auf mehrere Kriteriumsvariablen vom multivariaten Fall (*multivariate Statistik*). Die Kriteriumsvariablen müssen im ALM kontinuierlich-quant. (d. h. mind. intervallskaliert) vorliegen (für dichotome Größen: *Regression, logistische*). Prädikorvariablen dürfen dichotom oder kontinuierlich-quant. sein. Sind die Prädiktorvariablen kontinuierlich-quant., so können sie im ALM unmittelbar verwendet werden und es wird von *Regressionsanalyse* gesprochen. Kategorial-qual. Prädiktorvariablen (d. h. ordinal- oder nominalskaliert) können im ALM nur verwendet werden, wenn diese zuvor z. B. mittels *Dummy-Codierung* oder *Effekt-Codierung* in dichotome Merkmale überführt wurden (weitere Voraussetzungen: Moosbrugger & Rauch 2009). Im Falle dichotomer Prädiktoren kann die Varianzanalyse als Spezialfall des ALM angesehen werden. Das ALM ist eines der am häufigsten verwendeten math. Modelle in der *Statistik*. *Statistische Datenanalyseverfahren*. Moosbrugger 2011. *D. Krampen*

Allgemeines Modell der Psychotherapie [engl. *general model of psychotherapy*]; *Psychotherapie*.

Allmende-Klemme [engl. *tragedy of the commons*], *Dilemma, soziales*.

allocation [engl.; lat. *allocare* platzieren], [**SOZ**], Allokation, Einordnung, Verteilung. *Aufteilungsgerechtigkeit*.

Allocheirie [engl. *allochiria*; gr. ἄλλος *(allos)* ein anderer, χείρ *(cheir)* Hand], [**KLI**], Verlagerung der Empfindung eines Reizes in das entspr. Glied der anderen Körperseite, z. B. in die linke anstatt in die gereizte rechte Hand, bei *Tabes dorsalis*, *multipler Sklerose*. *Hysterie*.

allochthone Dynamik [engl. *allochthonous dynamics*; gr. ἄλλος *(allos)* anders, fremd, χθών *(chthon)* Gegend, Erde], [**EM**], syn. extrinsische Motivation, *autochthone Dynamik*.

Allomnesie [engl. *allomnesia*; gr. ἄλλος *(allos)* anders, fremd, μνήμη *(mneme)* Gedächtnis, [**BIO, KOG**], Gedächtnisstörung, insbes. die Umwertung, Veränderung, Verfälschung von Gedächtnisinhalten. Der Begriff soll nicht das illusionäre Hinzufügen als vielmehr das Abändern belegen.

Allomorphe (= A.) [engl. *allomorph*; gr. ἄλλος *(allos)* ein anderer, μορφή *(morphe)* Gestalt], [**KOG**], sind Morpheme gleicher *Bedeutung*, aber unterschiedlicher phonematischer Realisation; so ist z. B. das engl. Pluralmorphem «s» in *cats* und *boys* einmal als stimmloses und bei *boys* als stimmhaftes «s» realisiert. Welches von mehreren A. im konkreten Fall gewählt wird, wird durch den vorangehenden Kontext bestimmt. Analog den A. werden *Allophone*, nicht signifikante Lautvariationen einer Sprache, unterschieden. *Phonetik, Phonologie.*   *J. Engelkamp*

Allophasie [engl. *allophasia*; gr. ἄλλος *(allos)* anders, fremd, φασίς *(phasís)* Sprache], **[KLI]**, nicht mehr gebräuchl. Bez. für Sprechverwirrung oder Sprechstörungen (auch die deliröse). *Inkohärenz der Ideen.*

Allophone (= A.) [engl. *allophone, subphonemic variants*, gr. ἄλλος *(allos)* anders, fremd, φωνή *(phone)* Ton], **[KOG]**, derselbe Sprachlaut *(Phon)* wird selbst von derselben Person nicht immer gleich ausgesprochen *(Laut)*. Er hat einen gewissen Streubereich, bis die Grenze zum nächsten *Phonem* erreicht wird. Die versch. Realisationen eines abstrakten Sprachlauts innerhalb seines Streubereichs heißen A. eines Phonems. Diese Klasse von Lauten wird zu Phonemvarianten und zu Phonemen zus.gefasst: Die A. können in soziale, kombinatorische (durch Nachbarlaute bedingte), dialektale, stilistische usw. Varianten gruppiert werden. *Phonetik, Phonologie.*

Alloplastie (= A.) [engl. *alloplastic*; gr. ἄλλος *(allos)* anders, fremd, πλάσσειν *(plassein)* gestalten], **[KLI]**, Bez. von Freud *(Psychoanalyse)* für die Form der (missglückten) Realitätsverarbeitung, bei der die «Eigenwelt» zerschlagen und durch Objektivierung der *Libido* die Anpassung an die Umwelt vollzogen wird. A. bedeutet auch Überanpassung an die Umwelt. Ggs. *Autoplastie.*

Allopsyche [engl. *allopsyche*; gr. ἄλλος *(allos)* anders, fremd], **[KOG]**, heute nicht mehr gebräuchlich; Wernicke 1881, das Insgesamt aller Bewusstseinsinhalte, die die Umwelt betreffen im Ggs. zum Bewusstsein vom Ich (Autopsyche) und zur Bewustheit des eigenen Körpers (Somatopsyche). Gestörte Orientiertheit: Allopsychose, Autopsychose.

Allotriogeusie [engl. *allotriogeusia*; gr. ἀλλότριος *(allotrios)* fremd, γεῦσις *(geusis)* Geschmack], **[KLI]**, *Halluzination* bzw. Täuschung des Geschmackssinnes.

allozentrisches Referenzsystem [engl. *allocentric reference system*; gr. ἄλλος *(allos)* anders, fremd, κέντρον *(kentron)* Mittelpunkt], *Raumrepräsentation.*

Allozentrismus [engl. *allocentrism*; gr. ἄλλος *(allos)* der andere, gr. κέντρον *(kentron)* Mittelpunkt], *Idiozentrismus-Allozentrismus.*

Allport, Floyd Henry (1890–1978), **[HIS, SOZ]**, amerikanischer Psychologe behavioristischer Orientierung, Mitbegründer der exp. Sozialps. Floyd H. Allport war der ältere Bruder von *Gordon W. Allport.* Er promovierte 1919 an der *Harvard University*. Angeregt durch *Münsterberg*, der die Experimente von *Moede* kannte, untersuchte Allport den Einfluss versch. Formen des sozialen Einflusses auf das Leistungsverhalten. Er prägte den Begriff *social facilitation* (*Soziale Leistungsaktivierung*), mit dem i. d. R. eine Leistungssteigerung bei Anwesenheit anderer oder vor Zuschauern gemeint war. Diese Leistungssteigerung sah Allport als unabhängig vom Wettbewerb an (Graumann 2000, Allport 1924). Allport wurde später auch durch seine Untersuchungen zum Konformitätsverhalten (*Konformität*) bekannt. Mit der sog. J-Kurve (*J-Kurvenhypothese*) beschrieb Allport die Häufigkeit von Verhaltensweisen, wenn diese institutionellen Normen unterworfen sind (Bsp.: Eintreffen von Arbeitnehmern bei festgelegtem Arbeitsbeginn).   *H. E. Lück*

Allport, Gordon Willard (1897–1967), **[HIS, PER]**, einer der Begründer der Personalen Ps., Vertreter des idiografischen Ansatzes. Allport stammte wie sein älterer Bruder *Floyd H. Allport* aus einer protestantischen Arztfamilie. Studium der Philosophie und Wirtschaftswissenschaften an der *Harvard University* (A. B.), kurze Zeit tätig als Sozialarbeiter, dann ein Jahr lang Dozent in Istanbul, 1921 Masterprüfung an der *Harvard University*, dort 1922 Promotion. Ein Stipendium führte ihn nach Dt. (Berlin und Hamburg), wo er die *Gestaltpsychologie* sowie *Sterns* Kritischen Personalismus kennenlernte. Nach einem weiteren Jahr in Großbritannien Rückkehr an die *Harvard University*, wo er – abgesehen von vier Jahren am *Darthmouth College* – sein Leben lang lehrte. Sein wichtigster Beitrag zur *Persönlichkeitspsychologie* bestand darin, dass er die Persönlichkeit als Gesamtheit definierte und die behavioristische Sichtweise (*Behaviorismus*) zurückwies. Neben der Entwicklung seiner Persönlichkeitsps. arbeitete Allport an der Entwicklung von Tests, u.a. zus. mit P.E. Vernon an der Messung von Wertorientierungen in Anlehnung an die Typologie von *Spranger* (*study of values*). Weitere Forschungsgebiete von Allport waren die Entstehung und Verbreitung von Gerüchten und die Entstehung von *Vorurteilen*. Allports Konzept der funktionellen Autonomie der Motive (*Motivation*) beschreibt die Abkopplung von Motivsystemen von primären Trieben. Zu den Auszeichnungen, die Allport erhielt, gehörte die Ehrenmitgliedschaft der DGPs (*Deutsche Gesellschaft für Psychologie (DGPs)*).   *H. E. Lück*

alltagsnahe Psychologie, [engl. *studying daily life*], **[FSE]**, Ps. ist dann alltagsnah, wenn Erleben und *Verhalten* nicht im Labor oder durch psychol. Tests (*Test*) untersucht, sondern im täglichen Leben erfasst werden. Alltägliche Umgebungen (*setting, behavior setting*) sind u. a. die Wohnung, der Arbeitsplatz im Büro und Betrieb, die Freizeitumgebungen. Die Forderung nach Lebensnähe, nach Alltagsbezug und nach ökologischer Validität wurde u. a. von Lewin, Brunswik, Barker erhoben (*Alltagspsychologie*). Dort wo die ps. Ereignisse stattfinden und Probleme entstehen oder sich hauptsächlich manifestieren, d. h. primär im Alltag der Menschen, haben wiss. Untersuchungen anzusetzen, wenn sie praktisch nutzen sollen. Westmeyer (1988) forderte. «Wer Verhalten von Personen in natürlicher Umgebung erklären und/oder vorhersagen will, muss das Verhalten dieser Personen in natürlicher Umgebung studieren.» (*Labor-Feld-Problem*). Der Begriff *alltagsnahe Ps.* anstelle von *Alltagsps.* oder *natürlicher Ps.* (*naturalistische Methode*) ist bescheidener, denn grundsätzlich gibt es auch im Alltag – wie im Labor oder bei einem psychol. Test – mehr oder minder große, psychol. kaum einzuschätzende Effekte durch die Datenerhebung und Rückwirkungen auf die Person und Situation wie bei einer teilnehmenden Beobachtung. Für best. Fragestellungen kann das *ambulante Assessment* mit

Datenrekordern die Methode der Wahl sein. Arbeit und Gesundheit gehören zu den wichtigen Forschungs- und Praxisfeldern, die eine alltagsnahe Untersuchung und Datenerhebung erfordern (*Monitoring, ambulantes, Monitoring, psychophysiologisches*). Die amerikanische *Food and Drug Administration FDA* hat 2007 in einer Richtlinie festgelegt, dass die Befunde zum *patient reported outcome* in der Erprobungsphase von Pharmaka sich künftig nicht auf konventionelle, retrospektiv ausgefüllte *Fragebogen*, sondern auf aktuell erhobene Daten stützen sollten. In Dt., so forderte 2007 der *Wiss. Beirat Psychotherapie WBP*, sollen zur Beurteilung der tatsächlichen Wirksamkeit psychoth. Verfahren (*Psychotherapieforschung*) unter Alltagsbedingungen naturalistische Studien vorgenommen werden. Fahrenberg 2002.
              J. Fahrenberg

Alltagspsychologie (= A.) [engl. *psychology of daily life/everyday life*], **[KOG, PER, SOZ]**, meint entweder die vorwiss., populäre, nicht reflektierte (naive) Ps. (*Populärpsychologie*) oder eine Richtung der wiss. *Persönlichkeitspsychologie* und *Sozialpsychologie*, die sich mit dem Erleben und Verhalten der Menschen unter den alltäglichen Bedingungen befasst. Die Begriffsbildung ist uneinheitlich und es gibt einige mehr oder minder syn. Begriffe: *alltagsnahe Psychologie, Alltagstheorien*. Zu den Vorläufern der A. gehören auch die ersten Entwicklungspsychologen mit ihren Verhaltensbeobachtungen von Kindern (*mentalistische Alltagspsychologie*), Lewin mit seinem Interesse an den dynamischen Wechselbeziehungen zw. dem Individuum und der sozialen Umwelt, die Forschung von Barker und Mitarbeitern mit sehr genauen Verhaltensbeobachtungen in natürlichen *behavior settings* (*behavior setting*) sowie die Zeitbudgetforschung, welche untersucht, wofür die Menschen ihre Zeit verwenden. A. wird von Lehr und Thomae (1991) als Tageslaufanalyse, u. a. in wichtigen Lebensabschnitten wie Berufsausbildung oder Familiengründung verstanden: «Da psychisches Geschehen sich in erster Linie im Alltag abspielt und von ihm gar nicht zu trennen ist, können wir seinen Verlauf und seine Struktur überhaupt nur kennenlernen, wenn wir Einblick in seine alltäglichen Erscheinungsweisen gewinnen.» Es kommt auf «reale Lebensumstände und ihre kog. Repräsentation» an. Der indiv. Lebensraum des Menschen, die Sinngebung dieser Lebenswelt und die allg. Phänomenologie (*Phänomen, Phänomenologie*) der Lebenswelt haben auch in versch. geistes- und sozialwiss. Richtungen großes Interesse gefunden (u. a. Alfred Schütz), jedoch kaum zu empirischen Erhebungen geführt. In vielen Fragestellungen der *Arbeitspsychologie*, Sozialps., *Schulpsychologie*, Freizeitps. usw. geht es direkt um das Alltagsgeschehen. In seiner wissenschaftstheoretischen und politischen Kritik an der Allgemeinen Ps. hatte Klaus Holzkamp betont, der wirkliche, lebendige, historische Mensch sei das eigentliche Thema der Ps., nicht ein abstraktes, isoliertes Individuum. Die anschließenden Diskussionen zeigten, wie schwierig es angesichts der unterschiedlichen Wertesysteme und Absichten aller beteiligten Personen ist, die Relevanz einer ps. Aussage zu bewerten. In neuerer Zeit kritisierte u. a. Sam Gosling die Tendenz der heutigen Sozialps., viele Fragestellungen unter künstlichen Laborbedingungen mit computerunterstützten Simulationen oder Modellierungen und mit fragwürdiger Generalisierbarkeit (mangelnder *ökologischer Validität*) zu analysieren, statt soziales Verhalten unter Alltagsbedingungen zu erforschen (*naturalistische Methode*). In der sich heute weitgehend auf *Fragebogen* stützenden Persönlichkeitsforschung sehen Baumeister, Vohs und Funder (2007) eine Forschung, die sich eher auf Fingerbewegungen (beim Ankreuzen der Antworten oder der Bedienung einer Tatstatur) statt auf das tatsächliche Alltagsverhalten bezieht.

Die A. hat mehrere ineinander verschachtelte Perspektiven. Auch in wiss. Theorien mischen sich oft noch vorläufige oder unzureichend geprüfte Annahmen und in die Alltagstheorien durchaus auch ps. Forschungsergebnisse. So vermitteln Bücher und Massenmedien viele Begriffe und Erklärungsversuche, z. B. aus *Psychoanalyse*, populärer Stresstheorie oder reduktionistisch vereinfachter Neurowissenschaft. Wenn Psychologen Fragebogen und *Interview* verwenden, könnten sie mit den erhaltenen Antworten auch Komponenten der Alltagstheorien in ihre eigenen Konzeptionen importieren. Im Einzelfall, d. h. in aktuellen Selbstberichten (*Anamnese*), z. B. über psych. Probleme und Erkrankungen, kann die Differenzierung zw. den indiv. und konventionellen Alltagstheorien (subj. Krankheitstheorien) und den indiv. zutreffenden Bedingungen schwierig sein. Deshalb muss sich die wiss. Alltagsps. mit den subj. Theorien der untersuchten Personen auseinandersetzen, um das Risiko zu verringern, eben jene populären Konzepte zu reproduzieren. Die methodenkritische wiss. A. sucht Erklärungen in zweierlei Hinsicht: für das Alltagsgeschehen selbst und für die naiven Alltagstheorien, welche sich die Menschen über dieses Alltagsgeschehen bilden. Es mangelt nicht an theoretischen Reflexionen über die A., doch besteht ein Kontrast zu den oft sehr begrenzten empirischen Untersuchungen.
              J. Fahrenberg

Alltagstheorien (= A.) [engl. *subjective theories of everyday life*], **[KOG, PER, SOZ]**, sind die Auffassungen, welche sich Menschen über ihre alltägliche Lebenswelt herausgebildet haben: Zuschreibungen von Eigenschaften, insbes. von Ursachen (*Kausalattribution*), und andere *Konzepte*, wie sich Menschen in der Welt orientieren und Zusammenhänge begreifen. Im weiteren Sinn sind auch die vorwiss. Ansichten, z. B. über Krankheiten und deren Behandlung, Vorgänge in der Natur, das Wetter, zu nennen. A. haben die wichtige Funktion, sowohl das eigene Leben als auch das Verhalten anderer Menschen verstehbar, subj. voraussagbar und scheinbar kontrollierbar zu machen. Nach Fritz Heider ist die *common sense psychology* das unformulierte oder halbformulierte Wissen über interpersonale Beziehungen, wie es in unserer Alltagssprache und Erfahrung ausgedrückt wird. Er gibt Regeln an, nach denen dieses Alltagswissen in kogn. Einheiten strukturiert ist und wie diese nach ausgewogenen Beziehungen zueinander streben (*Balance-Theorien, Gleichgewichtstheorien*). Außerdem beschreibt Heider, wie die Handlungen anderer populär erklärt werden, indem Motive (*Motiv*) und Ursache zugeschrieben werden (Attribuierung interner und externer Ursachen). Persönliche Konstrukte eines Menschen (i. S. von Kelley) bez. – im Unterschied zu den Erklärungshypothesen der Wissenschaftler – *Schemata* zur Erfassung der Welt. Die Menschen gehen, um andere Personen oder die Ereignisse in der Welt zu verstehen, wie Wissenschaftler vor – so lautet auch die grundlegende Behauptung von Kelley. Menschen interpretieren ihre Wahrnehmungen, sie entwickeln Annahmen, prüfen und entwickeln diese an ihren wiederkehrenden Erfahrungen. Naive Ps. sucht mit «gesundem Menschenverstand» nach stimmigen (konsistenten) Informationsmustern, um eigene und fremde Verhaltensweisen verstehen bzw. einschätzen zu können. Solche Konzepte (und Vorurteile) des «Alltagswissens» werden in vielen Lebensbereichen eine große praktische Bedeutung haben. Sie werden auch als *implizite Konzepte (Theorien)* bez., weil sie in der *Alltagspsychologie* verborgen sind, oft unterschwellig und nicht ausformuliert, sie werden kaum mitgeteilt, sondern müssen erst erschlossen werden. A. können sich als soziale *Vorurteile* auswirken und sich zu einflussreichen kollektiven Haltungen und *Ideologien* entwickeln. Der Begriff *subjektive Theorie* wird oft syn. gebraucht oder bez. eine eher abgegrenzte Konzeption oder spez. Erklärungsweise im Unterschied zu sehr umfangreichen und entspr. unscharfen Begriffen wie Menschenbild und *Weltanschauung*. *Populärpsychologie*. *J. Fahrenberg*

ALM [engl. *General Linear Model, GLM*], Abk. für *Allgemeines Lineares Modell*.

Alogie [engl. *alogia*; gr. α- *(a-)* ohne, λόγος *(logos)* Wort], [**KLI**], Unfähigkeit zu sprachl. Verständigung durch Sprachverarmung oder Verarmung des Sprachinhalts. Kann als Symptom bei *Schizophrenie* auftreten.

Alp [engl. *alp, nightmare, elf*], [**KLI**], Bez. für Elfe, Albtraum, Albdruck. Albträume zeigen sich durch Angstgefühle beim *Schlaf*, die einem Unwesen, «Nachtmahr» (Dämon, Gespenst, Zwerge), zugeschrieben wurden. *Parasomnien*.

Alpha-Bewegung [engl. *apparent movement*], [**WA**], Bez. für eine Bewegungstäuschung, die sich durch die Wahrnehmung der Größenveränderung auszeichnet. *Scheinbewegungen*.

Alpha-Fehler [engl. *alpha error, type I error*], *Fehler erster Art*.

alphanumerisch [engl. *alphanumeric*], [**FSE**], nach DIN 44300 «sich auf einen Zeichenvorrat beziehend, der aus den Dezimalziffern und den Buchstaben des gewöhnlichen Alphabets besteht».

Alphaposition [engl. *alpha position*; gr. α *(alpha)* erster Buchstabe des gr. Alphabets], [**KOG, SOZ**], Stellung des Gruppenführers (*Führung*), Leittiers (Alphatier).

Alpharhythmus [engl. *alpha rhythm*], *Elektrodiagnostik*.

Alpha-Tocopherol (= α-T.), [**BIO, PHA**], α-T. ist die am häufigsten vorkommende Form der fettlöslichen Substanzen, die unter dem Sammelbegriff Vitamin E subsumiert werden. Des Weiteren gehören dazu: β-, γ- oder δ-Tocopherol, Tocopherole mit gesättigten Seitenketten, Tocomonoenole und Tocotrienole. Die unterschiedlichen Vitamin-E-Formen finden sich als Bestandteile aller Membranen tierischer Zellen, ihre Synthese ist jedoch nur in photosynthetisch aktiven Organismen wie Pflanzen und Cyanobakterien möglich. α-T. wirkt im Körper als Antioxidans (schützt mehrfach ungesättigte Fettsäuren in Membranlipiden, Lipoproteinen und Depotfett vor einer Zerstörung durch Oxidation) und als Radikalfänger. Es hat eine wichtige Funktion in der Steuerung der Keimdrüsen und wird daher auch als Antisterilitätsvitamin bez. In natürlichen Quellen kommt Vitamin E in bes. hohen Mengen in pflanzlichen Ölen (Weizenkeimöl, Sonnenblumenöl, rotem Palmöl und Olivenöl) vor. Des Weiteren enthalten auch Nüsse (insbes. Haselnüsse und Mandeln), schwarze Johannisbeeren und rote Paprika reichlich Vitamin E. Das synthetische α-T. wird häufig als Antioxidationsmittel (Zusatzstoff E306) Nahrungsergänzungsmitteln, Kosmetika und Futtermitteln zugesetzt. Der tägliche Mindestbedarf bei Erw. liegt laut Dt. Gesellschaft für Ernährung bei ca. 12 bis 15 mg. Eine Avitaminose ist heute selten und beinhaltet symptomatisch trockene, faltige Haut, Konzentrationsstörungen, Leistungsschwäche, Müdigkeit, Reizbarkeit, schlecht heilende Wunden, Begünstigung von Arteriosklerose, Dystrophie. Eine tägliche Einnahme von über 400 mg Vitamin E kann mit gesundheitl. Risiken (erhöhtes Herzinfarkt-Risiko) verbunden sein. Seit Längerem wurde der Einsatz von hochdosiertem Vitamin E zur Behandlung von *Alzheimer-Demenz* und zur Verhinderung von deren Entwicklung bei Pat. mit vordiagnostizierten leichten kog. Beeinträchtigungen (*mild cognitive impairment* – MCI) untersucht. Die Ergebnisse waren bisher teilweise widersprüchlich und in der Summe nicht überzeugend (Farina et al. 2012). In einer neueren Studie (Dysken et al. 2014) wurde allerdings eine klin. bedeutsame Hinauszögerung des Verlustes alltagspraktischer Aktivitäten bei Pat. mit leichter bis mittelgradiger Alzheimer-Demenz durch eine tägliche Einnahme von 2000 IU α-T. über einen Zeitraum von 2,3 Jahren berichtet.
T. Veselinović

Alpha-Wellen [engl. *alpha waves*], [**BIO**], langsame Potenzial-Schwankungen im Bereich von 0,1–40 Hz, die kontinuierlich in Wellenform ablaufen. *Elektrodiagnostik*.

Alprazolam (= A.) [engl. *alprazolam*], [**PHA**], *Psychopharmakon* aus der Klasse der *Tranquillanzien* vom Typ der *Benzodiazepine* mit einer Halbwertszeit von 12–15 Std. A. ist zur Behandlung von akuten und chron. Spannungs-, Erregungs- und Angstzuständen geeignet. Es besteht ein hohes pharmakokinetisches Interaktionsrisiko und Abhängigkeitsrisiko. Deshalb sind zur langfristigen Behandlung der *Panikstörung* und anderen Angststörungen *selektive Serotonin-Wiederaufnahmehemmer* indiziert und Benzodiazepine wie A. zu vermeiden. Benkert & Hippius 2013.
H. Himmerich

Alter (= A.) [engl. *age*], [**DIA, EW**], die differenzial-psychol. Betrachtung der Variable A. hat es dringlich erscheinen lassen, versch. A.differenzierungen vorzunehmen: So bezieht sich bspw. das biol. A. auf die Position eines Individuums innerhalb seiner indiv. Lebensspanne, das soziale A. hingegen bezieht sich auf Art und Ausmaß der persönlichen Rollenerfüllung und des Verhaltens in Bezug auf die Rollen und das Verhalten, das in der Kohorte der chronologischen Altersgruppe vorherrscht und somit auf einen best. Entwicklungsbereich. Die testpsychol. Bedeutung des A. ist früh erkannt worden. V. a. das durch Binet zu breiter Beachtung gekommene Intelligenzalter (*Intelligenzquotient*) belegt dies. Mit der Ausweitung der Testforschung und -anwendung wurde 1926/27 der Begriff *Entwicklungsalter* von K. Penning in Dt. und P. H. Furfey in den USA eingeführt. Alsbald setzte eine differenzierte Testforschung ein, womit neue, aber auch alte Begriffe neu aufkamen: z.B. Lerna., Spracha., Sprecha., Lesea., Zeichnena., Maturationsa., emot. A., motorisches A., Wahrnehmungsa., Soziala. Norma. ist die für eine A. stufe kennzeichnende Leistung. *Altersforschung, Psychologie des Alterns.*

Alter, Hemmungsdefizit *Kognitive Hemmung.*

Alter, Psychopharmaka *Psychopharmaka im Alter.*

Alteration [engl. *alteration*; lat. *alter* der andere], Veränderung.

alter ego [engl. *alter ego*; lat. *alter* der andere, *ego* ich], [**KLI**], Bez. in der *Psychoanalyse* für das «andere», «zweite» *Ich.* Auch Doppelgänger. Bei Freud das *Es,* bei Jung die *Anima, Animus.*

Altern, erfolgreiches (= e. A.) [engl. *successful aging*], [**EW, PER**], als e. A. wird der Erhalt subj. empfundener Lebenszufriedenheit in Bezug auf psych., physische und soziale Belange eigener Lebensumstände bez., obwohl ältere Menschen eine Vielzahl von Veränderungen zu bewältigen haben. Die Spannweite der Veränderungen erstreckt sich dabei von Einbußen der intellektuellen Leistungsfähigkeit (*Mechanik der Intelligenz*) über soziale Veränderungen (Verlust der Berufstätigkeit oder naher Angehöriger) und die Verschlechterung der physischen Gesundheit bis hin zur Wahrnehmung einer verkürzten Zukunftsperspektive. Der einflussreichste Ansatz zur Erklärung, warum Menschen im Alter mit ihren Strategien der Lebensbewältigung erfolgreich sind, ist das Modell der *Selektion, Optimierung und Kompensation* (Baltes & Baltes 1990). Als Selektion wird dabei die Tendenz älterer Menschen bez., sich auf wenige wichtige Zielbereiche zu konzentrieren, die widerspruchsfrei mit den noch verfügbaren Ressourcen vereinbar sind. In einem Prozess der Optimierung versuchen die Personen dann, durch Übung noch erhaltener Kompetenzen (*Pragmatik der Intelligenz*) oder den Erwerb neuer Fertigkeiten sowie verstärkte Anstrengungen die angestrebten Ziele zu verfolgen. Im Fall von Verlusten oder Einschränkungen ist Kompensation, also die Inanspruchnahme von Unterstützung bzw. Hilfsmitteln, oder das Erschließen bisher ungenutzter Ressourcen eine Möglichkeit für Ältere, ihre gesetzten Ziele und Prioritäten aufrechtzuerhalten. Die Ergebnisse von Fragebogenstudien zeigen, dass ältere Erwachsene, die sich entspr. der SOK-Strategien adaptiv verhalten, in höherem Maße *Lebensqualität* erleben (Freund 2007). Akt. Studien zum e. A. betonen in diesem Zusammenhang auch die Bedeutung von intakten Mechanismen der *Emotionsregulation.* Demzufolge haben gesunde ältere Menschen gelernt, trotz nicht optimaler Ereignisse positive Emotionen und Wohlbefinden aufrecht-zuerhalten. *Altersforschung, Lebensspannenpsychologie, Psychologie des Alterns.* J. Behrendt

Alternating-Runs-Paradigma *Aufgabenwechsel.*

Alternativantwort (= A.) [engl. *alternative answer*; lat. *alternus* abwechselnd, entgegen], [**DIA**], wird bei der gebundenen Aufgabenbeantwortung eines Tests (*Antwortformat*) die Form der Mehrfach-Wahl-Aufgabe (*Multiple-Choice-Antwortformat*) oder werden z. B. bei der Einschätzung versch. Grade von Persönlichkeitsausprägungen versch. Stufen-Antworten vorgegeben, so gibt es jew. eine oder mehrere Antwort(en), welche als die zutreffendste(n) gelten können. Die übrigen angebotenen Antworten werden als A. bez.

Alternative-Wege-Modell [engl. *alternative-paths model*], *Werbewirkung.*

Alternativhypothese [engl. *alternative hypothesis*; lat. *alternus* abwechselnd, entgegen, gr. ὑπόθεσις (hypóthesis) Unterstellung, Vermutung], Abk. H1, [**FSE**]; in der Theorie der stat. Hypothesenprüfung die Hypothese, die der *Nullhypothese* (H0) gegenübergestellt wird und besagt, dass ein Stichprobeneffekt nicht auf Zufall beruht. Im Falle des Vergleichs zweier Mittelwerte (*t-Test*) besagt die H1 bspw., dass die Differenz der zugrunde liegenden Populationenparameter (*Population*) bzw. der Erwartungswerte $(\mu_1 - \mu_2)$ ungleich 0 ist. Im Falle einer *Korrelation* besagt die H1, dass der Erwartungswert ρ ungleich 0 ist. Im *Signifikanztest* wird unter Annahme der Richtigkeit der H0 ein Ablehnungsbereich def., in den die Teststatistik mit einer zuvor best. Irrtumswahrscheinlichkeit fällt (*Signifikanzniveau*). Tritt dies ein, verwirft man die H0 zugunsten der H1, die einen systematischen Zus.hang bzw. Unterschied postuliert. Die *Wahrscheinlichkeit,* sich für die H1 zu entscheiden, obwohl die H0 richtig ist, ist gleich der Irrtumswahrscheinlichkeit α (i. d. R. .05; *Fehler erster Art*). Resultiert kein signifikantes Ergebnis, obwohl die H1 gilt, so liegt ein *Fehler zweiter Art* vor. *Teststärke.* Eid et al. 2013.

Alternativmerkmal [engl. *dichotomous attribute/characteristic*; lat. *alternus* abwechselnd, entgegen], [**FSE, KOG**], ein *qualitatives Merkmal,* das in zwei miteinander unvereinbaren Ausprägungsarten (Klassen) vorkommt, z. B.: männlich – weiblich. *Dichotomie.*

Alternativmethode [lat. *alternus* abwechselnd, entgegen], syn. künstliche Dichotomisierung, [**FSE**], Einteilung eines feiner gestuften Merkmals in zwei dichotome Merkmalskategorien (z. B. größer vs. kleiner-gleich einem krit. *cut-off*-Wert). *Dichotomie.*

Alternativ-Tests (= A.) [engl. *alternative test*; lat. *alternus* entgegen], [**DIA**], Bez. für diejenigen Tests, die für die Aufgabenerledigung eine Entscheidung nach entweder – oder, ja – nein usw. verlangen.
A. ist auch eine Bez. für *Paralleltests.*

alternierend [lat. *alternus* abwechselnd, entgegen], abwechselnd, z. B. alternierende Psychosen (*Psychose*) mit regelmäßigem Wechsel zw. Besserung und Verschlimmerung.

Alternspsychologie *Psychologie des Alterns.*

Altersaufbau (= A.) [engl. *age structure*], [**EW**], beschreibt die demografischen Altersmerkmale einer Bevölkerung in einer Region bzw. einem Land. Die Jahrgangskohorten – von der Geburtskohorte bis zur Kohorte des ältesten Jahrganges – werden zu einem definierten Zeitpunkt (z. B. jährlich) quant. (grafisch oder tabellarisch) erfasst. Grafisch entsteht eine 2-dimensionale Flächenstruktur, aus der die Interaktion von Geburtenhäufigkeit und Sterblichkeit ersichtlich ist. Der A. veranschaulicht die Alternsbiografie einer Gesellschaft. Die jew. akt. Statistiken werden vom Stat. Bundesamt erstellt. *H. O. Häcker*

Altersbilder (= A.), [**EW, SOZ**], Bez. für indiv. und gesellschaftliche Vorstellungen vom Alter (Zustand des Altseins), vom Altern (Prozess des Älterwerdens) oder von älteren Menschen (die soziale Gruppe älterer Personen). Es gibt eine Vielzahl unterschiedlicher pos. wie neg. A., die einerseits vor dem jew. kult. Hintergrund von Menschen zu sehen sind, andererseits auf den persönlichen Erfahrungen der einzelnen Personen beruhen. Der Sechste Altenbericht der Bundesregierung unterscheidet vier Erscheinungsformen von A.: (1) *A. als kollektive Deutungsmuster*, z. B. Diskurse über die soziale Stellung älterer Menschen in der Gesellschaft, (2) *organisationale und institutionelle A.*, z. B. im Rahmen der Diskussion um die Anhebung der Regelaltersgrenze, (3) *A. als Elemente der persönlichen Interaktion* (z. B. patronisierendes Verhalten gegenüber Älteren, *soziale Interaktion*) sowie (4) *A. als individuelle Vorstellungen und Überzeugungen*. In den letzten Jahrzehnten sind in Dt. die indiv. A. pos. geworden, insges. herrscht jedoch weiterhin eine eher defizitorientierte Sicht vor. Eine Reihe von Studien konnte zeigen, dass gesellschaftliche Vorstellungen (*Altersstereotype*) und indiv. Vorstellungen vom Älterwerden und Altsein zu *selbsterfüllenden Prophezeiungen* werden können: Wer pos. A. hat, ist mit höherer Wahrscheinlichkeit auch Jahre später noch gesund und erfreut sich einer höheren Lebenserwartung. *Altersidentität*, *Psychologie des Alterns*. BMFSFJ 2010. *S. Wurm*

Altersforschung (= A.) [engl. *ageing research, research on ageing*], [**BIO, EW, GES**], der Gegenstand der A. (*Gerontologie*) umfasst die Beschreibung, Erklärung und Gestaltung des Alters (*Lebensalter, drittes und viertes, spätes Erwachsenenalter*) als Lebensabschnitt und Ergebnis des Älterwerdens, der Position der älteren Menschen in der *Gesellschaft*, der Prozesse und Mechanismen, die dem Altern zugrunde liegen, wie auch der für das Alter und das Älterwerden relevanten Umwelten und Institutionen. Die aktuelle A. ist von ihrem Grundverständnis her eine interdisziplinäre Wissenschaft, die Fragestellungen, Theorien, Konzepte und Methoden aus sehr unterschiedlichen Grunddisziplinen aufgreift und diese ihrem Gegenstand entspr. spezifiziert und integriert. Entsprechend werden Alter und Altern als multidimensionale Phänomene aufgefasst, die jew. nur in best. Aspekten erfasst werden können, die z. T. sehr unterschiedlichen Entwicklungsverläufen folgen.

Historisch ist die Entwicklung der Gerontologie zu einer gegenüber Med. und *Biologie* eigenständigen Wissenschaft eng verknüpft mit der Kritik der in diesen Disziplinen lange Zeit dominanten globalen Defizitmodelle, die Altern auf (vermeintlich) universelle biol.-physiol. Abbauprozesse reduzieren. Demgegenüber beschäftigt sich die Gerontologie sowohl mit Risiken und Schwächen als auch mit möglichen Chancen und Stärken des Alters, Alternsprozessen i. S. von Entwicklungsverlusten wie Alternsprozessen i. S. von Entwicklungsgewinnen, Altersschicksalen i. S. von für die Betroffenen unabänderlichen Entwicklungsverläufen wie Alternsstilen i. S. von Entwicklungsoptionen und intentional angestoßenen Veränderungsprozessen.

A. zielt weniger auf die Identifikation universeller und für ein Verständnis von Alter und Altern hinreichender Merkmalszusammenhänge, Mechanismen und Gestaltungsmöglichkeiten bzw. die Formulierung von Theorien mit entspr. Gültigkeitsanspruch. Denn dies wird vor dem Hintergrund ihres umfassenden Gegenstandes und der vorliegenden Forschungsergebnisse als prinzipiell nicht möglich angesehen. Charakteristisch für die Gerontologie ist vielmehr eine differenzielle Perspektive, die die Heterogenität des Alters und Alterns explizit in den Blick nimmt, die also nicht lediglich an Altersnormen, sondern stärker an Alternsformen interessiert ist. *Psychologie des Alterns*. Kruse & Wahl 2010. *A. Kruse*

Altersidentität (= A.) [engl. *age identity*; lat. *identitas* Wesenseinheit], [**EW, PER, SOZ**], Alter ist eine zentrale soziale Kategorie, auf deren Grundlage Personen sich selbst und andere einer Gruppe zuordnen (*Altersveränderungen, Multidimensionalität, Altersveränderungen, Multidirektionalität*). A. umfasst das sozial geteilte Verständnis der Zugehörigkeit zu einer best. Altersgruppe und bildet einen wichtigen Teil der Selbstdefinition. Im Ggs. zu anderen sozialen Kategorien (z. B. Geschlecht, Nationalität) bildet Alter eine sich über die Lebensspanne kontinuierlich verändernde Gruppenzugehörigkeit. Generell werden jungen und älteren Altersgruppen im Vergleich zu mittelalten Erwachsenen eher neg. *Stereotype* und ein geringerer sozialer Status zugeschrieben. Darüber hinaus kann zw. zwei A., basierend auf der (1) Altersgruppe und (2) Generation, unterschieden werden. Diese duale A. ist im jungen und mittleren Erwachsenenalter weniger ausgeprägt und gewinnt erst im hohen Alter an Bedeutung (Weiss & Lang 2009). Ältere Erwachsene zeigen die Tendenz, sich eher von ihrer Altersgruppe zu distanzieren («alt sind immer nur die anderen»), sich aber gleichzeitig stärker mit ihrer Generation zu identifizieren. Die Generation wird von älteren Erwachsenen oftmals als sehr bedeutsam wahrgenommen und mit gemeinsamen Erfahrungen, Werten und Erinnerungen an vergangene Zeiten verbunden. Im Ggs. dazu ruft die Altersgruppe eher Gedanken an neg. und bedrohliche Aspekte des Älterwerdens (z. B. gesundheitliche Verluste) hervor. *Altersbilder*. *D. Weiss*

[Test]**Alters-Konzentrations-Test (AKT)**, 1990, G. Gatterer, [www.testzentrale.de], [**DIA, EW, KOG, PER**]. AA ab 60 Jahren. Gerontologisches Verfahren zur Messung der Konzentrationsfähigkeit und Vigilanz spez. für ältere Menschen. Bei Personen mit fortgeschrittener pathologischer Alterung lässt er auch Aussagen über die Stärke des zerebralen Abbaus zu. Aufgabe ist es, eine oben auf dem Testblatt angegebene Figur in darunter befindlichen gleichen und ähnlichen Figuren wiederzuerkennen und anzustreichen. *Normierung* an insges. *N* = 1008. Es werden C-Werte und Prozentrangwerte für versch. Altersgruppen und Untergruppen angegeben. *Reliabilität*: Paralleltest-Reliabilität zw. *r* = .89 (Gesamtwert) und *r* = .94 (Bearbeitungszeit), Retest-Reliabilität (nach 3 Wochen) zw. *r* = .75 und *r* = .89, Split-Half-Reliabilität zw. *r* = .83 und *r* = .99. Es liegen zwei äquivalente Parallelformen A und B vor. Durchführungszeit ca. 5 Min. Auswertungszeit wenige Min.

Altersperioden *Entwicklungsphasen, -stufen.*

Altersstereotype [engl. *age stereotypes*, gr. στερεός *(stereos)* fest, τύπος *(typos)* Form, Gepräge], *Altersbilder.*

Altersveränderungen, Altersunterschiede, [**EW, PER**], in der Ps. unterscheidet man zw. Altersveränderungen [engl. *age changes*] und Altersunterschieden [engl. *age differences*]. Während sich die Altersveränderungen auf die ontogenetisch (*Ontogenese*) stattfindenden Veränderungen (von der Geburt bis zum Tod) beziehen und durch *Längsschnittuntersuchungen* analysiert werden, beziehen sich die Altersunterschiede auf Unterschiede zw. jüngeren und älteren Menschen und werden durch *Querschnittuntersuchungen* analysiert. Letzteres ist einfacher, hat aber den gravierenden Nachteil, dass die querschnittlich festgestellten Unterschiede nicht nur auf Altersunterschieden, sondern auch auf Unterschieden zw. Geburtsjahrgängen (*Kohorte*) beruhen, also auch historische Veränderungen widerspiegeln. Zudem lassen sich Altersveränderungen in interindividuellen Unterschieden bzw. differenzielle Entwicklungsverläufe nur längsschnittlich untersuchen. *Altersveränderungen, Multidimensionalität, Altersveränderungen, Multidirektionalität, Multi-Kohorten-Sequenz-Designs.*

Altersveränderungen, Multidimensionalität (= M.) [engl. *age-related changes, multidimensionality*], [**EW**], die Veränderungen in unterschiedlichen Ressourcenbereichen (*Ressource*) verlaufen multidimensional, d. h. Altern (*Psychologie des Alterns*) in unterschiedlichen Dimensionen wie Sensorik (*Wahrnehmung*), *Motorik, Kognition* oder sozialen Beziehungen muss differenziert analysiert werden. Innerhalb jeder Dimension und innerhalb jeder Person können Entwicklungsverläufe durch M. gekennzeichnet sein, d. h., innerhalb jeder Dimension und jeder Person können über die Lebensspanne (*Lebensspannenpsychologie*) und im Alter Verringerungen, Stabilisierung und Verbesserungen beobachtbar sein. Darüber hinaus kann es innerhalb einer Person zu systematischen Wechselwirkungen zw. Fähigkeits- und Ressourcenveränderungen kommen, für die wesentlich die aktive indiv. Ressourcenregulation in der Auseinandersetzung mit *Entwicklungsaufgaben* verantwortlich sind. Somit tragen innerhalb von Personen und über die Zeit versch. Dimensionen unterschiedlich stark zum Erhalt von *Lebensqualität* und *Wohlbefinden* bei.   *M. Landis/M. Martin*

Altersveränderungen, Multidirektionalität (= M.) [engl. *age-related changes, multidirectionality*], [**EW**], im Zusammenhang mit Veränderungen in unterschiedlichen Ressourcenbereichen (*Ressource*) spricht man in der *Gerontopsychologie* von der M. und der Multidimensionalität (*Altersveränderungen, Multidimensionalität*) von Altersveränderungen. M. betont den Aspekt, dass versch. Ressourcendimensionen sich verschiedenartig, ungleichförmig und in versch. Richtungen entwickeln können. Bspw. können körperliche Ressourcen wie Kraft und Beweglichkeit über die Lebensspanne (*Lebensspannenpsychologie*) abnehmen, kogn. Ressourcen wie *Wortschatz* und *Wortflüssigkeit* hingegen zunehmen und stabil bleiben.

M. Landis/M. Martin

Altersvorurteile *ageism.*

Altgedächtnis (= A.), [**BIO, KOG**], heute nicht mehr gebräuchlicher Begriff. Gedächtnis für lange oder länger zurückliegende Bewusstseinsinhalte. Das A. ist oft noch erhalten, wenn das sog. Neugedächtnis (Merkfähigkeit) z. B. im Kontext einer Hirnschädigung bereits betroffen ist. *Gedächtnis.*

Altruismus (= A.) [engl. *altruism*; lat. *alter* der andere], [**SOZ**], im Ggs. zum *Egoismus* stehende Rücksichtnahme auf andere. Selbstlosigkeit in *Denken, Fühlen* und Handeln (*Handlung*). In den meisten Systemen, die Selbsterhaltung als zentrales *Motiv* allen *Verhaltens* annehmen (*Selbsterhaltungstrieb*), ist A. i. S. der Def. unmöglich. In der Sozialps. wird A. i. d. R. an vier Bedingungen geknüpft (Bierhoff 1990): (1) Das altruistische Verhalten sollte für den Hilfeempfänger eine Wohltat darstellen; (2) es sollte mit Absicht erfolgen; (3) der Handelnde sollte freiwillig handeln, wodurch altruistisches Verhalten aufgrund von direkter *Belohnung*, wie z. B. Bezahlung, oder aber aufgrund professioneller Zugehörigkeit ausgeschlossen wird; (4) die Empfänger der Handlung sollten Individuen sein.

Die theoret. Erklärungsansätze für altruistisches oder hilfreiches Verhalten lassen sich nach unterschiedlichen Gesichtspunkten klassifizieren: (1) Modelle für Verhalten in Notfallsituationen bzw. in Nicht-Notfallsituationen. In Notfällen müssen unter Zeitdruck Hilfeentscheidungen getroffen werden, die dennoch langfristige Konsequenzen für den Hilfeempfänger haben können; (2) situationsspezifische Modelle machen das Auftreten altruistischer Verhaltensweisen von situativen Determinanten abhängig, wie *Stimmungen*, Zeitdruck, Umgebungsvariablen; (3) lerntheoretische und sozialisationstheoretische Modelle versuchen, hilfreiches Verhalten durch die Aktivierung *sozialer Normen* und Standards zu erklären (z. B. Norm der Verantwortung (*soziale Verantwortung*), der Gegenseitigkeit); (4) persönlichkeitsspezifische Ansätze postulieren A. als *Disposition*; (5) austauschtheoretische Modelle basieren auf Kosten-Nutzen-Analysen (*Kosten-Nutzen-Kalkulation*) und sind im Prinzip mit den definitorischen Merkmalen des A. nicht vereinbar; (6) Prozessmodelle beinhalten eine Abfolge einzelner Schritte, die erfolgreich abgeschlossen sein müssen, damit es zu einer Hilfeleistung kommt, wie z. B. die Interpretation einer Notlage, die erforderliche *Kompetenz* zur Hilfe etc.; (7) soziobiol. Modelle stellen den funktionalen Stellenwert des hilfreichen Verhaltens für die nächsthöhere Einheit in den Vordergrund, wie z. B. Weiterleben der *Familie*, der *Gruppe*, der *Art* etc.; (8) Modelle zur Erklärung des Verhaltens von Hilfeempfängern konzentrieren sich auf die Situation des Hilfeempfängers, der sowohl durch die Notlage, aus der er sich ohne Hilfe nicht

befreien kann, als auch durch das unmissverständliche, erlebte *Gefühl* der Abhängigkeit von anderen möglicherweise sein *Selbstwertgefühl* bedroht sieht.
Zu den klass. Untersuchungsthemen zählen der *bystander effect*, d. h. die Abhängigkeit der Hilfeleistung von der Zahl der in einer Notsituation anwesenden Personen, die Rolle der *Empathie* als einer der zentralen Voraussetzungen für Hilfeleistung, soziodemografische und indiv. Merkmale in ihren Auswirkungen auf Hilfeverhalten, wie z. B. Stadt-Land-Gefälle, Schichtabhängigkeit, Geschlechtszugehörigkeit, interkult. Unterschiede etc., und die Entwicklung des altruistischen Verhaltens in Kindheit und Jugend bzw. deren förderliche Sozialisationswirkungen. *Empathie-Altruismus-Hypothese, prosoziales Verhalten*. Bierhoff 2002, Bierhoff & Montada 1988, Clark 1991, Schroeder et al. 1995.   R. Bergius/B. Six

Altruismus, inklusiver [engl. *kin altruism*; lat. *includere* einschließen], [**SOZ**], das Konzept erklärt, wie natürliche Selektion Altruismus (= A.) aufrechterhalten kann. Es wird angenommen, dass ein Komplex von Genen das *Verhalten* beeinflusst, seinen Verwandten und Nachkommen zu helfen und sie zu beschützen. Dieses Verhalten wächst in einer Population an, da Verwandte diese Gene aufgrund gemeinsamer Abstammung teilen (Hamilton 1964). Aus sozialpsychol. Sicht bedeutet dies, dass prosoziales Handeln (*prosoziales Verhalten*) v. a. den Personen gegenüber ausgeübt wird, zu denen eine enge Beziehung besteht, potenzielles Fortpflanzungsvermögen vorhanden ist oder Merkmale des Betroffenen vorliegen, die anzeigen, dass sie die inkl. Fortpflanzungsfähigkeit (*fitness*) des Helfers erhöhen. Dieser Effekt ist bes. stark, wenn die Hilfe biol. bedeutsam ist. Wenn es um Tod oder Leben geht, dann geben Personen mit größerer Wahrscheinlichkeit Hilfe für nicht entfernt Verwandte als für Fremde, eher jungen als alten Menschen, eher Gesunden als Kranken, eher Wohlhabenden als Armen.
Diese Effekte verschwinden oder sind sogar umgekehrt, wenn es um nicht dringliche und ernsthafte alltägliche Hilfsleistungen geht. In diesem Fall wird eher Kranken als Gesunden Hilfe gewährt, eher Armen als Wohlhabenden und eher jungen und alten Menschen als Personen im mittleren Erwachsenenalter (Burnstein et al. 1994). Somit geht inklusiver A. bei Menschen über das Konzept der Verwandtschaft und der engen Beziehungen (*ingroup*) hinaus. Die Tatsache, selber Leid in einer ähnlichen Situation erlebt zu haben, z. B. eine Naturkatastrophe, ermöglicht besser, die Lage anderer Betroffener zu verstehen und führt dazu, Mitgliedern einer *outgroup* Solidarität und Fürsorge zu gewähren, da sie über Teilidentifikation als *ingroup* erlebt werden.   W. Friedlmeier

Altruismus, reziproker [engl. *reciprocal altruism*; lat. *reciprocus* auf demselben Weg zurückkehrend], [**SOZ**], aus biol.-evolutionärer Perspektive ist *Altruismus* möglich, aber nur dann, wenn der Gesamtnutzen des altruistischen Verhaltens pos. ist. Altruistisches Verhalten bringt dem Helfer mehr Kosten als Nutzen (*Kosten-Nutzen-Kalkulation*), mag sich aber langfristig pos. auf den Fortpflanzungserfolg des Helfers oder mit ihm verwandten Individuen auswirken. Das Konzept *reziproker Altruismus* wurde von Trivers (1971) eingeführt und beschreibt Hilfsbereitschaft als eine evolutionäre adaptive Strategie. Personen, die in einer Gemeinschaft leben, die zukünftige *Interaktionen* sehr wahrscheinlich machen, helfen sich, da eine Art von Reziprozität antizipiert werden kann.   W. Friedlmeier

Alzheimer-Krankheit [engl. *Alzheimer's disease*], [**KLI**], Degenerationserkrankung in Form eines progredienten Hirnabbaus (*Neurodegenerative Erkrankungen*). Gewöhnlich mit Gedächtnis- und Wortfindungsstörungen beginnend, ist der Verlauf v. a. durch rasch fortschreitende *Demenz* gekennzeichnet. Alzheimer 1957.

^(Test)**Alzheimer's Disease Assessment Scale (ADAS)**, 1993, W. G. Rosen, R. C. Mohs, K. L. Davis, R. Ihl & G. Weyer, [www.testzentrale.de], [**BIO, DIA**]. Neurops. Verfahren. AA Pat. mit demenziellen Symptomen unterschiedlicher Verursachung (*Demenzdiagnostik*). Die ADAS ist eine Skala zur Verlaufsbeurteilung demenzieller Symptome. Dabei werden kogn. Leistungen (Orientierung, Gedächtnis, Benennen von Gegenständen, Befolgen von Anweisungen), aber auch das Verhalten während des Interviews und psychopathologische Symptome erfasst. Es lassen sich drei Teile unterscheiden: (1) *Aktiver Testteil*, in dem der Pb eine Reihe von Aufgaben direkt bearbeitet (Einprägen und Reproduzieren von Wörtern, Benennen von Gegenständen, Fragen zur Orientierung, Abzeichnen von einfachen geometrischen Formen, Befolgen von Anweisungen u. a.). (2) *Interview* (evtl. unter Einbeziehung eines Informanten), das auf affektive, motorische und psychotische Symptome abzielt. (3) *Verhaltensbeobachtung* während der Durchführung der Untersuchung (Konzentration/Ablenkbarkeit, Kooperation, sprachliche Ausdrucksfähigkeit, Verständnis gesprochener Sprache und Wortfindungsstörungen). *Normierung*: Referenzwerte für ambulante und hospitalisierte Pat. sowie für eine Gruppe von Normalpersonen. Bearbeitungsdauer: etwa 45 Min.

am..., amb..., ambi ... [lat.], in Wortverbindungen «um», «herum», «beidseitig».

Amae-Konzept [engl. *concept of amae*; jap. 甘え (amae) sinngemäß: Freiheit in Geborgenheit], *Indigene Psychologie*.

Amalgamation [engl. *amalgamation*; gr. α- (a-) ohne/nicht; μαλακός *(malakos)* weich, nachgiebig], sinngemäß: das „Nicht-Erweichende. *Assimilation*.

Amantadin [engl. *amantadine*], [**PHA**], Virostatikum (syn. *Virustatikum*), therap. als Antiparkinsonstoff (*Parkinson'sche Erkrankung*) eingesetzt. Wirkmechanismus unklar, wahrscheinlich über Freisetzung von *Dopamin* in den Basalganglien oder Blockade von *NMDA*-Rezeptoren. Danielczyk 1995.

Amaurose [engl. *amaurosis*; gr. ἀμαυρός *(amauros)* dunkel, blind], [**BIO**], vollst. Erblindung.

ambidexter [engl. *ambidexter*; lat. *ambi* von beiden Seiten, *dexter* rechtsseitig], [**KOG**], mit beiden Händen gleich geschickt. Ggs. Rechts- bzw. Linkshändigkeit (*Händigkeit*).

Ambiguität [engl. *ambiguity*; lat. *ambiguitas* Doppelsinn], Mehrdeutigkeit.

Ambiguitätstoleranz (= A.) [engl. *ambiguity tolerance*; lat. *ambiguitas* Doppelsinn], [**KOG, PER**], Vieldeutigkeit und Unsicherheit zur Kenntnis nehmen und ertragen können. Die A. ist eine Dimension der Einstellungsmessung und Persönlichkeitsvariable (*Persönlichkeitsmerkmal*, Frenkel-Brunswik 1949). Soziologisch ist A. (nach Krappmann 1971) ein notwendiges Sozialisierungsergebnis in einer Gesellschaft mit versch. Wertgeltungen und *Bedürfnissen*. Kogn. ist A. ein Denkmuster (*patterns of thought*), das das Differenzierungsniveau der Reduktionsschemata bestimmt. Der Zusammenhang von A. mit anderen Konzepten wurde untersucht: *Kooperation* (Pilisuk et al. 1965), widerspruchsfreie Anteile des *Selbstkonzepts* (Neubauer 1976). *Toleranz*.

ambivalentes Verhalten (= a. V.) [engl. *ambivalent behavior*; lat. *ambi* zu beiden Seiten, *valere* gelten], [**KOG**], auch «Pendeln» genannt, Intentionsbewegungen zweier Tendenzen, die zu einer einzigen Verhaltensweise kombiniert werden. Ambrose (1963) deutet das *Lachen* als a. V., das aus gleichzeitig erweckten Tendenzen der Zu- und Abwendung entsteht. So kann leichter Kitzelreiz beim Baby Zuwendung, starkes Kitzeln Abwendung und ein mittelstarker Reiz Lachen hervorrufen. *Konfliktverhalten*.

Ambivalenz, affektive (= a. A.) [engl. *affective ambivalence*; lat. *ambi* zu beiden Seiten, *valere* gelten, *affectus* Gefühl, Verfassung], [**EM, KLI**], Doppelgerichtetheit, gleichzeitiges Bestehen entgegengesetzter Gefühle (Abneigung – Zuneigung) und Willensrichtungen in Bezug auf denselben Gegenstand, z. B. Trieb zum sex. Erlebnis und gleichzeitige Scham oder Ekel. Typ. für viele psych. Störungen, insbes. oft bei *Borderline-Störung*, *Schizophrenie*. Psychoanalyt. Perspektive: Waldvogel 2000.

Ambivalenzkonflikt [lat. *ambi* zu beiden Seiten, *valere* gelten], [**EM**], bei Lewin Bez. für einen Appetenz-Aversions-Konflikt. *Konflikttheorie*, *Annäherungs-Vermeidungs-Konflikt*.

Amblyopie (= A.) [engl. *amblyopia*; gr. αμβλύς (*amblys*) stumpf, ὤψ (*ops*) Auge], [**BIO, WA**], Verminderung der Sehschärfe ohne erkennbare organische Veränderungen, die durch optische Korrektur nicht gebessert werden kann. Zerebrale A. bez. den Verlust des Form- und Farbsehens in einem homonymen *Gesichtsfeld*bereich; kontrastreiche, flackernde oder bewegte Lichtreize können hingegen im betroffenen Bereich gesehen und meist auch lokalisiert werden. Karnath & Thier 2012. *J. Zihl*

ambulant [engl. *ambulant*; lat. *ambulare* umhergehen], [**KLI**], Bez. für Behandlung (Diagnostik, Therapie, Pflege) ohne (nächtliche) Unterbringung in einer med. Einrichtung. Ggs. *stationär*.

ambulantes Monitoring *Monitoring, ambulantes*.

Test AMDP-System (= A), Arbeitsgemeinschaft für Methodik und Dokumentation in der *Psychiatrie* [engl. *AMDP system*], [**DIA, KLI**], psychiatr. Fremdbeurteilungsverfahren bestehend aus einem *Anamnese*teil, dem Psychischen Befund sowie dem Somatischen Befund. Kernstück des A. ist der Psychische Befund mit insges. 100 *Symptomen*, die sich auf folg. Merkmalsbereiche verteilen: *Bewusstseinsstörung*, *Orientierungsstörungen*, *Aufmerksamkeitsstörungen* und *Gedächtnisstörungen*, *formale Denkstörungen*, Befürchtungen und Zwänge, *Wahn*, *Sinnestäuschung*, *Ich-Störung*, Störungen der Affektivität, *Antriebsmangel* und Antriebsstörung und psychomotorische Störungen, zirkadiane Besonderheiten sowie andere Störungen. Aus den 100 Symptomen lassen sich insges. 8 *Syndrome* bilden: paranoid-halluzinatorisches Syndrom, depressives Syndrom, psychoorganisches Syndrom, manisches Syndrom, Hostilitätssyndrom, vegetatives Syndrom, apathisches Syndrom sowie Zwangssyndrom. Die 40 Symptome des Somatischen Befundes beinhalten neben Symptomen, die Nebenwirkungen von psychopharmakologischen Behandlungen abbilden, auch Symptome, die im Kontext von psychiatr. Diagnosen von Bedeutung sind (z. B. *Schlafstörungen*, Appetitstörungen für die depressive Episode der ICD-10; *International Classification of Diseases (ICD)*). Für die Symptome des Psychischen und Somatischen Befundes liegt ein Glossar mit einer einheitlichen Darstellung der Symptome vor (Def., Erläuterungen und Bsp., Hinweise zur Graduierung, Abzugrenzende Begriffe). Das A. ist seit fast 50 Jahren in der Anwendung, zunächst primär im Bereich der Forschung, zunehmend jedoch auch im Bereich der klin. Praxis (u. a. Ausbildung in *Psychopathologie*). Voraussetzung für die adäquate Anwendung ist ein mehrtägiges Training. Seit erstmaliger Publikation des Systems sind mehrere hundert Arbeiten hierzu erschienen. Aktuell ist das A. in der 8. Aufl. in Anwendung. Es existieren zahlreiche fremdsprachige Versionen (u. a. frz., spanisch, engl., ital.). [www.amdp.ch bzw. .de] AMDP 2016, Haug & Stieglietz 1997. *R.-D. Stieglitz*

Amelie (= A.) [engl. *amelia*; gr. α- (*a-*) ohne, μέλος (*melos*) Glied] (T. Ziehen), [**BIO, KOG**], falsches (mangelhaftes) Sprechen. Die A. in der *Artikulation* heißt Amelarthrie, in der Silben- und Wortkoordination Amelophasie. *Aphasie*, Allolalie. Auch das angeborene Fehlen von Extremitäten wird als A. bez.

Amentia (= A.) [engl. *amentia*; gr. α- (*a-*) ohne, lat. *mens* Geist, Hirn], [**KLI**], Amenz, ein veralteter, mehrdeutiger Begriff, der noch in der Renaissance jederart seeli. Störung bedeutete. Ausgehend von der Wiener Schule (Meynert) wurde A. zum Inbegriff der *psychischen Störung* schlechthin. Im engl. Sprachgebrauch hat A. die Bedeutung von *Oligophrenie*.

Amentielles Syndrom, [**KLI**], halluzinatorische Verwirrtheit mit ängstlich-ratloser Grundstimmung oder *Halluzination* als Begleiterscheinung der *Psychose*.

American Educational Research Association (AERA), [engl. amerikanische Gesellschaft für Bildungsforschung], [**FSE, PÄD**], amerikanische Fachgesellschaft, die die Verbesserung der *Qualität* im Bildungssystem zum Ziel hat. Dies erfolgt insbes. durch die wiss. Erforschung von Bildungsstrukturen und -prozessen im Hinblick auf Bildungsoutcomes (*Bildung*). Die AERA wurde 1916 gegründet und hat über 25000 Mitglieder [www.aera.net].

American Psychological Association (APA), gegründet 1892 unter der Leitung von G. S. Hall, mit heute etwa 115000 Mitgliedern die größte ps. Organisation. G. S. Hall erhielt 1878 als Erster (in Harvard) den Titel «Ph.D.». Die Vergabe eines solchen Titels sowie die Rückkehr amerikanischer Studenten aus *Wundts* neuem Labor und die anschließende Einrichtung von Laboratorien für Exp. Ps. lassen das Gründungsjahr der APA (1892) nicht zufällig erscheinen. [www.apa.org].

Ames, Adalbert, Jr. (1880–1955), **[HIS, WA]**, amerikanischer Ophthalmologe. Adalbert wandte sich nach dem Studium der Rechtswissenschaften der Malerei und der *Optik* zu, untersuchte das Phänomen der Aniseikonie und entwarf hierfür korrigierende Linsen. In der Ps. ist Adalbert vor allem durch die *Ames'schen Räume* bekannt geworden, deren Effekt er zuerst 1938 demonstrierte. Den ersten dieser Räume konstruierte Adalbert 1947 am Hanover Institute for Associated Research zus. mit *Hadley Cantril*.
H. E. Lück

Ames'sche Räume [engl. *Ames rooms*, *distorted rooms*], **[WA]**, auch «Ames'sche Zimmer», verzerrte Räume, die u. a. an versch. Stellen unterschiedlich hoch sind. V. a. bei monokularem Blick ohne *Bewegungsparallaxe* (also bei Ausschaltung von Teilen der Tiefeninformation, *räumliches Sehen*) erscheinen die Räume normal, nach der transaktionalistischen Wahrnehmungsps. (*Transaktionalismus*) ein Einfluss der Erfahrung mit der normalen Umwelt; Personen in versch. Ecken des Raums erscheinen dagegen unterschiedlich groß, und eine Person, die den Raum durchquert, scheint ihre Größe zu verändern (tatsächlich ändert sich ihre Größe relativ zur Höhe des Raumes). Goldstein 2007.

Ametropie [engl. *ametropia*; gr. ἀμετρία *(ametria)* unebenmäßiges Verhältnis, Missverhältnis, ὄψ *(ops)* Auge], **[BIO, WA]**, Fehlsichtigkeit, fehlerhafter Brechungszustand des Auges. *Myopie, Hypermetropie, Astigmatismus, Presbyopie*.

Amimie (= A.) [engl. *amimia*; gr. α- *(a-)* ohne, μιμική *(mimike)* Gesichtsausdruck], **[BIO]**, Unfähigkeit zu Mimik oder Gestik trotz erhaltener Funktionstüchtigkeit der Sinne und der Motorik. Folge von Hirnschädigung (u. a. *Parkinson'sche Erkrankung*). Sonderformen sind: ataktische A., Fehlen jeder Mimik; *motorische A.*, Unfähigkeit, durch Gestik etwas auszudrücken; *sensorische A.*, Unfähigkeit, die Gestensprache anderer zu verstehen.

Amine, biogene *biogene Amine*.

Aminosäuren (= A.) [engl. *amino acids*], **[BIO]**, lebensnotwendige Stoffe, Bestandteile von Peptiden und Proteinen, chemisch Carbonsäuren, bei denen ein H am Kohlenstoffring durch eine Aminogruppe NH_2 ersetzt ist. A. werden teils endogen gebildet, müssen teils (9 von 20) über *Nahrungsmittel* (*essenzielle* A.) zugeführt werden. Fehlernährung kann zum Fehlen von A. und damit zu schwersten Erkrankungen führen. A. haben vielfältige Bedeutung für psych. Vorgänge, bes. wegen ihrer Beziehung zu neurochem. Prozessen: (1) Sie sind Ausgangsstoffe für mehrere Transmitter oder fungieren selbst als solche, (2) sie sind Grundbausteine von Neuropeptiden, die Funktionen des NS modulieren, (3) sie sind von entscheidender Bedeutung für Struktur und Funktion des NS, Aufbau von Zellen, Auf- und Abbau aller Neurotransmitter, Hormone etc. Iverson 1995, Löffler & Petrides 1997, Meyer & Quenzer 2005.
W. Janke

Aminosäuren-Transmitter (= A.) [engl. *amino acids transmitter*; lat. *transmittere* hinüberschicken], **[BIO]**, endogene *Aminosäuren*, die als *Neurotransmitter* fungieren. Der Wirkungsart nach werden sie in exzitatorische und inhibitorische A. differenziert. Exzitatorische A. sind *Glutamat*, *Aspartat*, Homocysteinat. Sie sind Zwischenprodukte mehrerer Stoffwechselwege. Bei chronischer Aktivierung scheinen sie neurotoxische Wirkungen zu haben. Viele Studien befassen sich mit Effekten von Agonisten (z. B. N-Methyl-D-Aspartat, *NMDA*), die anxiolytisch, und von Antagonisten (z. B. Phencyclidin), die psychotomimetisch wirken können. Inhibitorische A. sind *GABA*, *Glycin*, für die wie bei den exzitatorischen A. Agonisten und Antagonisten existieren. Cotman et al. 1995.
W. Janke

Amisulprid (= A.), **[PHA]**, *Antipsychotikum* aus der Gruppe der substituierten Benzamide, Einstufung als sog. «atypisches» Antipsychotikum. A. blockiert selektiv D2- und D3-*Dopaminrezeptoren*. Ein zusätzlicher Antagonismus am 5-HT7-Serotoninrezeptor wird mit antidepressiven Eigenschaften und Wirkungen gegen mit *Schizophrenien* assoziierte Neg.symptome und kogn. Defizite in Verbindung gebracht. *Eliminationshalbwertszeit* 12–20 Std., *Bioverfügbarkeit* 33–45 %, keine aktiven Metaboliten, rein renale Elimination. Bedeutsamste unerwünschte Wirkungen sind *extrapyramidalmotorische Störungen* und eine vor allem bei Frauen bes. ausgeprägte *Hyperprolaktinämie*.
G. Gründer

Amitriptylin (= A.) [engl. *amitriptyline*], **[PHA]**, *Psychopharmakon* aus der Klasse der trizyklischen *Antidepressiva* (TZA). A. hemmt etwa gleich stark die Wiederaufnahme von *Serotonin* und von *Noradrenalin* in das präsynaptische *Neuron* (*Noradrenalin-Wiederaufnahmehemmer, selektive*, und *Serotonin-Wiederaufnahmehemmer, selektive*). Außerdem antagonisiert A. mit hoher Affinität α1-adrenerge, muskarinische Acetylcholin- und Histaminrezeptoren vom Typ H1. Die *Bioverfügbarkeit* beträgt ca. 45 %, die *Eliminationshalbwertszeit* 10-28 Stunden. A. wird hepatisch über die Isoenzyme CYP2C19, CYP2C8 und CYP2C9 zum pharmakologisch aktiven Metaboliten *Nortriptylin* (Eliminationshalbwertszeit ca. 30 Stunden) metabolisiert, welches selbst bevorzugt die Noradrenalinwiederaufnahme hemmt. Therapeutischer Referenzbereich für die Plasmakonzentration (Summe aus A. und Nortriptylin): 80-200 ng/ml. Zugelassen zur Behandlung von depressiven Störungen (*Depression, Depression, Psychopharmakotherapie*) und zur langfristigen Behandlung von Schmerzsyndromen (*Schmerz*) im Rahmen eines therapeutischen Gesamtkonzepts. Aufgrund des Rezeptorbindungsprofils hat A. ausgeprägte, insbes. vegetative unerwünschte Wirkungen: Mundtrockenheit, Akkomodationsstörungen, Blasenentleerungsstörungen, Obstipation, orthostatische Dysregulation, *Sedierung, Gewichtszunahme*, sexuelle Funktionsstörungen (insbes. *Erektionsstörungen* beim Mann), Störungen der kardialen Erregungsleitung, allergische Hautreaktionen. Bei älteren Patienten sollte A. mit besonderer Zurückhaltung angewendet werden, da wegen der starken *anticholinergen* Wirkung kognitive Störungen verschlechtert und ein *Delir* ausgelöst werden können. Kontraindiziert ist A. bei Engwinkelglaukom, Prostatahyperplasie mit Restharnbildung, Delir, dementiellen Syndromen (*Demenz*), Ileus und bei klinisch relevanten Störungen der kardialen Erregungsleitung. Therapiebeginn in der Regel mit 2-3 x 25 mg tgl., 150 mg tgl. oft ausreichend, Höchstdosis 300 mg/Tag. *G. Gründer*

Amitriptylinoxid (= A.), [engl. *amitriptylinoxide*], [**PHA**], A. ist eine *Prodrug*, die zu *Amitriptylin* und weiter zu *Nortriptylin* verstoffwechslt wird. Bei gleichen zentralen *anticholinergen* Wirkungen soll A. weniger periphere unerwünschte Wirkungen haben als Amitriptylin. Dies ist aber nicht hinreichend gesichert.

Ammensprache (= A.) [engl. *baby-talk*], [**EW, SOZ**], mit A. wird eine Sprechweise (*Sprechen*, *Sprachproduktion*) bez., die Erwachsene bei der sprachlichen Interaktion mit Neugeborenen bzw. Kleinkindern im ersten Lebensjahr intuitiv verwenden: Äußerungen erfolgen in hoher Tonlage und korrespondieren damit gut mit den Hörfähigkeiten von Babys. A. legt zudem v. a. auf die prosodischen Elemente der *Sprache* wert (*Prosodie*), d. h. auf die Satzmelodie, Intonation, Pausengebung sowie die rhythmischen Merkmale einer Äußerung, Komponenten des Sprechens, für die sehr junge Kinder bes. sensibel sind. Zudem sind die sprachlichen Äußerungen der A. kurz, einfach und werden wiederholt, sodass die Kinder sprachliche Einheiten segmentieren lernen. Ferner wird ein einfacher *Wortschatz* benutzt. Auf diese Weise erlernen Kinder im ersten Lebensjahr die prosodischen und phonologischen (*Phonetik, Phonologie*) Regelmäßigkeiten ihrer Muttersprache. Studien mit wenige Tage alten Kindern haben ergeben, wie wichtig insbes. der Sprachrhythmus für das grobe Erkennen der Muttersprache durch Neugeborene ist. So sind bereits wenige Tage alte Kinder in der Lage, Sprachen versch. rhythmischer Sprachklassen voneinander zu unterscheiden (z. B. Spanisch vs. Englisch), jedoch nicht zw. den Sprachen einer Klasse zu differenzieren (z. B. nicht zw. Englisch, Deutsch und Niederländisch, die der Sprachklasse mit Silbenbetonung angehören). Erst ab dem 5. Lebensmonat beginnen sie die spezif. Merkmale der Muttersprache jenseits des Rhythmus der Muttersprache zu diskriminieren und damit die phonologischen Merkmale der Muttersprache genau kennenzulernen. *Sprachentwicklung*. Papousek 1994, Karmiloff & Karmiloff-Smith 2001, Weinert & Grimm 2012, Ferguson 1977. *M. Knopf*

Amnesie (= A.) [engl. *amnesia*; gr. α- (a-) ohne, μνήμη (mneme) Erinnerung], [**BIO, KOG**], A. bez. eine schwere globale Gedächtnisstörung (*Gedächtnisstörungen*) bzw. ist ein Sammelbegriff für eine teilweise oder gänzliche, zeitweise, andauernde oder progredite Einschränkung der *Fähigkeit*, Informationen zu erwerben, zu speichern oder abzurufen (*Gedächtnis*). Wichtige Formen sind: (1) *anterograde* A. bez. die Beeinträchtigung der Fähigkeit bei einem schädigenden Ereignis Gedächtniseinträge vorzunehmen; (2) *retrograde* A. bez. die Beeinträchtigung der Fähigkeit des Abrufs (*Abruf*) von Gedächtniseinträgen, die vor dem schädigenden Ereignis abrufbar waren. Diese weist häufig einen zeitlichen Gradienten auf, wobei Einträge, die unmittelbar vor dem schädigenden Ereignis erworben wurden, eher nicht abgerufen werden können als frühere Einträge (*Ribot'sches Gesetz*); (3) *transiente globale* A. eine abrupt auftretende, vorübergehende (unter 24 Std.), umfassende A., die stärker den anterograden als den retrograden Bereich betrifft; psych. oder physische Auslöser; (4) *psychogene* A., nach spezif. emot. Ereignissen (*Trauma*) auftretende A.; v. a. die Autobiografie betreffend; nach einer Dauer von Tagen oder Monaten ist vollst. Remission möglich; (5) *infantile* A. I. d. R. ist die Störung modalitätsübergreifend, d. h. sowohl verbale als auch figurale, semantische und episodische Informationen sind betroffen.

Auf Hirnebene (*Gehirn*) werden A. durch das Studium natürlicher Läsionen (*Hirnschädigung*), postoperativer Zustände, tierexp. vorgenommene Hirnläsionen oder Pharmakaeinsatz beschrieben, die das Funktionieren von *Neurotransmittern* reversibel verändern. Ursache einer A. ist i. d. R. eine meist bilaterale Schädigung von Strukturen oder Faserverbindungen des *Papez'schen Schaltkreises* mit Läsionen im medialen Temporallappen (*Hippocampus*, Gyrus parahippocampalis, ethorhinaler Kortex), im anterioren Thalamus, den Copora Mamillaria oder im basalen Vorderhirn. Solche Läsionen treten auf nach bitemporalen Läsionen (z. B. Herpes simplex encephalitis, Temporallappenepilepsie (*Epilepsie*), Temporallappenteilresektionen), dienzephalen Läsionen (z. B. bilaterale Thalamusinfarkte (*zerebrovaskuläre Erkrankungen*), Tumore im dritten Ventrikel (*Hirntumor*), Korsakow-Enzephalopathie) sowie Läsionen des basalen Vorderhirns (z. B. bei Rupturen von Aneurysmen der Arteria communicans anterior). Darüber hinaus können auch diffuse Läsionen (z. B. nach *Schädel-Hirn-Trauma*) oder Hypoxien) zu schweren Gedächtnisstörungen führen. Eine A. ist Leitsymptom versch. demenzieller Erkrankungen (*Demenz*) insbes. der *Alzheimer-Krankheit*. Bei demenziellen Erkrankungen geht die Gedächtnisstörung per definitonem mit weiteren kogn. Störungen einher. Die organische A. i. e. S. ist eine isolierte Gedächtnisstörung, bei der Aufmerksamkeitsleistungen (*Aufmerksamkeit*), *Intelligenz* und *Sprache* sowie das Kurzzeitgedächtnis sowie nichtdeklarative Gedächtnisleistungen intakt sind. Allerdings gibt es auch eine Reihe hirnorganischer Erkrankungen, bei denen Gedächtnisstörungen mit anderen kogn. Störungen einhergehen. Es handelt sich bei o. g. Befunden jedoch um *Korrelations*studien, aus denen nicht geschlossen werden kann, dass die kogn. Funktion am Ort der Läsion repräsentiert ist; es kann lediglich von Störbarkeitsbereich gesprochen werden (z. B. «Flaschenhalsstrukturen» auf dem Weg zu einer Zielregion). Ferner kann vom Studium des verletzten bzw. beeinträchtigten Gehirns nur bedingt auf die Funktionsweise des intakten Gehirns geschlossen werden.

Findet sich bei einer ausgeprägten, meist retrograden Gedächtnisstörung keine organische Ursache, spricht man von *funktioneller* A. Nicht selten tritt diese im Zusammenhang mit einem (oft leichten) Schädel-Hirn-Trauma sowie im Rahmen einer Epilepsie auf, ohne dass sich bildgebend (*bildgebende Verfahren*) eine strukturelle Läsion nachweisen lässt. Werden hingegen traumatische Erlebnisse oder schwere *psychische Belastung* als ursächlich angenommen, so spricht man von *dissoziativer Amnesie*. Eine A. kann vorübergehender Natur sein (z. B. nach schwerem Alkoholabusus oder bei der transienten globalen A.). Das organisch amnestische Syndrom hat jedoch einen meist chronischen Verlauf. Im Rahmen der neuropsychol. Therapie gilt es den Alltag an die Gedächtnisstörung anzupassen (z. B. durch den Aufbau von Routinen, die Verwendung von Checklisten oder Hinweisschildern) und durch die Etablierung von *externen Gedächtnishilfen* das Handicap im Alltag zu reduzieren. Baddeley et al. 2002, Kopelmann 2002. *M. Knopf/A. Thöne-Otto*

Amnesie, dissoziative (= d. A.) [engl. *dissociative amnesia*; lat. *dissociare* trennen, spalten], **[BIO, KOG]**, *Gedächtnisstörungen* können nach direkten Hirngewebsschäden auftreten, aber auch infolge psych. Einwirkungen. Kommt es zu einer Unfähigkeit, bedeutende persönliche Erlebnisse bewusst abzurufen, liegt meist eine d. A.-Erkrankung vor. Grundsätzlich sind d. A.-zustände reversibel, wenngleich sie in manchen Fällen vermutlich lebenslang anhalten (Staniloiu, & Markowitsch 2014). Betrifft die *Amnesie* die persönl. Vergangenheit und existieren mind. zwei distinkte Persönlichkeitszustände, spricht man auch von einer *dissoziativen Identitätsstörung*. Die Pat. leiden unter ihrer Erinnerungsunfähigkeit und diese hält auch (im Ggs. zur *transienten globalen Amnesie*) länger als einen Tag an. Ursache ist i. d. R. eine psych. Ausnahmesituation (Erleben eines stresshaften oder traumatisierenden Ereignisses; *Posttraumatische Belastungsstörung*). Unmittelbare Auslöser können dabei aber auch akute *Schädel-Hirn-Traumata* oder andere somatische Ereignisse sein. Insofern finden sich für dieses Krankheitsbild, das immer noch häufig als *psychogene A*. bez. wird, ähnlich wie bei der *transienten globalen A*. sowohl psych. also auch somatische *Trigger*, also unmittelbare Auslöser. Hintergrund ist aber i. d. R. eine stressreiche Kindheit oder Jugend oder stressreiche Erlebnisse in der Vergangenheit, die psych. nicht bewältigt wurden. Als Mechanismus stellt man sich eine Dissoziation, also ein Auseinanderlaufen der emot. und faktenbezogenen Anteile der persönlichen Erinnerungen vor, d. h., Hirnregionen wie Amygdala und Hippocampus/Neokortex arbeiten nicht mehr synchron (*Gehirn*). Dies führt dann dazu, dass Erinnerungen nicht mehr als einheitliche Episoden auf Hirnebene integriert («zusammengebaut») werden können. Da die Erinnerungen zurückkommen können und Nachweise über vorhandene, unbewusst repräsentierte Erinnerungen über versch. Methoden (*Hypnose*, Hautleitfähigkeitsänderungen, «Wahrheitsdroge» (*Barbiturate*), *Suggestion*) gelingen können, ist es eigentlich unangebracht, von (d.) A. zu sprechen. Deswegen wurde der Terminus *mnestisches Blockadesyndrom* vorgeschlagen (Markowitsch et al. 2000), insbes. auch, weil mittels funktioneller Hirnbildgebung (z. B. Glukose-*Positronen-Emissions-Tomografie*) gezeigt werden kann, dass im Zustand der Gedächtnisblockade auch der Hirnstoffwechsel massiv vermindert ist und nach erfolgreicher Therapie und Rückkehr der Erinnerungen der Glukose-Stoffwechsel im Großhirn wieder normal ist (Markowitsch et al. 2000). Abwandlungen der d. A. sind die *d. Identitätsstörung*, die *d. Fugue* (Verlassen der gewohnten heimatlichen Umgebung, Drang «weit weg» zu sein; im *DSM-5* unter d. A. subsumiert) und neuerdings mehrfach berichtet, auch eine *anterograde* Form der psych. bedingten A., bei der die Vergangenheit weitgehend erhalten ist, dagegen eine bewusste Neueinspeicherung von Erlebnissen nicht mehr gelingt. Interessant ist bei dem Krankheitsbild der d. A. auch die Diskrepanz zw. meist vorhandenem Faktengedächtnis (Wissensgedächtnis, semantischem *Gedächtnis*) und häufig weitreichendem Ausfall der persönlichen Biografie. Auch wurde seit der wiss. Beschreibung der ersten Fälle von einer immer wieder zu beobachtenden Teilnahmslosigkeit (*belle indifference*) gegenüber dem eigenen psych. Zustand berichtet. In den letzten Jahren scheint die *Prävalenz* solcher Pat. anzusteigen. Der Verlauf der Krankheit ist schwer vorherzusagen, sowohl was völlige oder teilweise (Spontan-)Erholung, Therapiefähigkeit und Ausbrechen weiterer dissoziativer Krankheitsbilder (*Konversionsstörung*, psych. bedingte sensorische oder motorische Beeinträchtigungen) angeht. Immer wieder stellt sich die Frage nach der Abgrenzbarkeit von *Simulation*, aber inzw. auch die nach mögl. Zus.hängen mit alterskorrelierten demenziellen Erkrankungen (*Demenz*; Staniloiu & Markowitsch 2010). *H. J. Markowitsch*

Amnesie, infantile [engl. *infantile amnesia*; lat. *infans* kindlich, kleines Kind], **[EW, KOG]**, (*Amnesie*) bez. die Schwierigkeit von Erwachsenen, die Erlebnisse aus den ersten 2–3 Lebensjahren direkt, d. h. nicht als Ergebnis von Berichten anderer, zu erinnern. Traditionell wird dieses Unvermögen mit Spezifika der Entwicklung von Babys (*Verdrängung*, S. Freud) erklärt. Aktuell werden Erklärungen favorisiert, die diese Schwierigkeit mit der mangelnden sprachlichen Entwicklung zum Zeitpunkt des Gedächtniseintrags und damit der fehlenden sprachlichen Markierung/Zugänglichkeit der frühen Erlebnisse oder der fehlenden Selbstentwicklung von Babys und damit der mangelnden Selbstzuordnung eigener Erlebnisse in Zusammenhang bringen. *M. Knopf*

Amnesie, posthypnotische [engl. *posthypnotic amnesia*], **[KLI, KOG]**, der Ausfall der Erinnerung (*Amnesie*) für Erlebnisse und Handlungen in der *Hypnose*, der meistens nach dem Auftrag des Hypnotiseurs, alles während der Hypnose Geschehene zu vergessen, eintritt.

Amnesie, psychogene [engl. *psychogenic amnesia*; gr. ψυχη *(psyche)* Seele, γένεσις *(génesis)* Entstehung], *Amnesie, dissoziative*.

Amnesie, Therapie *Gedächtnisstörungen, Therapie*.

Amnesie, transient globale [engl. *transient global amnesia*; lat. *transire* vorübergehen], *Amnesie, dissoziative*.

Amnesie und Gedächtnisstörungen, Therapie (= T.) [engl. *memory rehabilitation, memory retraining*], **[KLI]**, *Amnesie, Gedächtnisstörungen*; die T. nach Hirnschädigungen basiert auf einer differenzierten *neuropsychologischen Diagnostik* und ist stets eingebettet in die Behandlung anderer kogn. Störungen sowie möglicher Störungen von *Emotion* und Verhalten, die häufig mit einer Hirnschädigung einhergehen (*neuropsychologische Störungen*). In der T. unterscheidet man Maßnahmen zur Anpassung der Umwelt (z. B. Aufbau von Routinen, Reduzierung von Gedächtnisanforderungen durch Anbringen von Schildern),

Funktionstherapie, Kompensationstherapie und integrative Therapiemaßnahmen. In der Frühphase nach einer Hirnschädigung steht das Funktionstraining im Vordergrund, im Verlauf nehmen Kompensationsstrategien und integrative Verfahren an Bedeutung zu. Für Pat. mit leichten bis mittelgradigen Gedächtnisstörungen eignet sich das intensive und häufige Training von Lernstrategien (z. B. *Elaborationsstrategien*). Schwerer betroffene Pat. können domänenspezif. Wissen über Strategien erlernen, die das erhaltene *implizite Gedächtnis* nutzen (z. B. *errorless learning*, *backward chaining*, *vanishing cues*). Zur Kompensation von Gedächtnisstörungen dienen bei allen Pat. *externe Gedächtnishilfen* (z. B. Kalender, Notizen, elektronische Gedächtnishilfen), deren Einsatz und Nutzen intensiv geübt werden muss. Integrative Therapieverfahren sind psychoth. Methoden, die eingesetzt werden, um die Pat. im Prozess der *Krankheitsbewältigung* zu unterstützen, die Krankheitseinsicht verbessern und die soziale und berufliche Wiedereingliederung fördern. [www.awmf.org/leitlinien/detail/ll/030-124.html]. Thöne-Otto 2012, Wilson 2009. *A. Thöne-Otto*

Amnesie unter Psychopharmakotherapie (= A.) [engl. *amnesia during pharmacotherapy*], **[PHA]**, Störung des *Gedächtnisses*, i. d. R. anterograd («vorwärtswirkend»), d. h. für die Zeit nach der Einnahme eines Pharmakons, meist für die Dauer von einigen Std. Eine A. wird vor allem bei rasch anflutenden *Hypnotika* (*Benzodiazepine*, *Z-Substanzen*) beobachtet, aber auch z. B. nach *Opiaten*. Auch eine *Alkoholintoxikation* kann eine A. verursachen. Bes. gefährdet sind Pat. mit *Demenzen* und anderen organischen Erkrankungen des *Zentralnervensystems*. *G. Gründer*

Amnestiker, **[BIO, KLI, KOG]**, *Amnesie*, Personen, die an organisch bedingten Gedächtnisstörungen leiden. Oftmals ist sowohl die Aufnahme als auch der Abruf von Information aus dem Langzeitgedächtnis gestört. Eine häufige Ursache dieser organischen Dysfunktion ist ein Vitaminmangel bei chronischem Alkoholismus. *Korsakow-Syndrom*.

amnestische Aphasie (= a. A.) [engl. *amnestic/anomic aphasia*], **[BIO, KOG]**, *Amnesie*, *Aphasie*; bez. eine *Sprachstörung*, die nach hirnorganischen Schädigungen (*Hirnschädigung*) verursacht werden kann. A. A. zählt zu den Standardsyndromen der Aphasie (zum Syndrombegriff s. *Wernicke-Aphasie*). Weitere Standardsyndrome sind *Broca-Aphasie*, Wernicke-Aphasie und *globale Aphasie*. Das Leitsymptom der a. A. sind Erschwernisse beim Finden der für die *Kommunikation* richtigen Wörter (Wortfindungsstörungen). Auffälligerweise versucht der Pat. solche Wortfindungsstörungen durch versch. Ersatzstrategien wie Umschreibungen (Bleistift = «ist zum Schreiben»), Stellvertreterworte («dieses Dingsda»), allg. Floskeln («dieses, na ja, Sie wissen schon») oder Pantomime für den Gebrauch zu überwinden. Infolge solcher Kompensationen kann der Informationsgehalt des Gesagten durch übermäßige Anwendung erheblich sinken. Der Satzbau der Äußerungen ist allerdings kaum gestört. Bei leichter a. A. ist das *Sprechen* (*Sprachproduktion*) meist flüssig (normale Sprechgeschwindigkeit mit ca. 130 Wörtern/Min). *Artikulation*, Satzintonation und -betonung sind ebenfalls gut erhalten. Bei auftretenden Wortfindungsstörungen kommt der Sprachfluss jedoch ins Stocken. Kann das intendierte Wort überhaupt nicht mehr gefunden werden, wird der begonnene *Satz* abgebrochen und das Sprechen wird durch das Suchverhalten insges. verlangsamt. Bei der Produktion von Wörtern kommt es zu gelegentlichen Entstellungen (*Paraphasien*), die entweder lautlicher (Laschentampe für Taschenlampe) oder inhaltlicher Natur (Mutter für Frau) sein können.

Das Verstehen von Sprache (*Sprachrezeption*) ist bei a. A. nur leicht beeinträchtigt und die Betroffenen verhalten sich in Gesprächssituationen insges. angemessen. Beim spontanem *Schreiben* zeigen sich ähnliche Störungen wie in der mündlichen Sprache. *Aphasie*. Poeck 1994. *F. Burchert*

Amnestisches Syndrom *Amnesie*, *Korsakow-Syndrom*.

amodal, amodale Vervollständigung (= a. V.) [engl. *amodal*; gr. α- (a-) ohne, lat. *modus* Art und Weise] , **[WA]**, Terminus von Michotte (1954) für Wahrnehmungsformen, denen keine Sinnesreizung zugrunde liegt, wie z. B. der *Tunneleffekt* oder das *Phi-Phänomen*, bei denen Bewegungen wahrgenommen werden, obwohl die induzierenden Reize statisch sind.

A. V. tritt insbes. im Zusammenhang mit der Figur-Grund-Trennung auf (*Figur-Grund-Verhältnis*; Kanizsa 1979). Bildelemente, die als partiell verdeckt wahrgenommen werden, erscheinen a. vervollständigt. Die Abb. (Bregman 1981) zeigt links graue Einzelelemente, die als unabhängige Formen wahrgenommen werden. Rechts werden dieselben Formfragmente als Teile von Bs gesehen, die durch einen schwarzen Tintenfleck partiell verdeckt erscheinen. Rechts wird bei der Bildverarbeitung zw. «Objektkonturen» und «durch Verdeckung erzeugten Kanten» differenziert. Die Interpolation der Objektinformation an den «durch Verdeckung erzeugte Kanten» führt zur a. V., da verbindende, verdeckte Bildelemente angenommen werden, die jedoch – wie in der linken Darstellung – nicht in der Reizvorlage enthalten sind. *Ehrenstein-Täuschung*, *Kanizsa-Dreieck*, *Täuschungskonturen, -kontrast, -helligkeit*. Kanizsa 1979, Michotte et al. 1966, 1974.

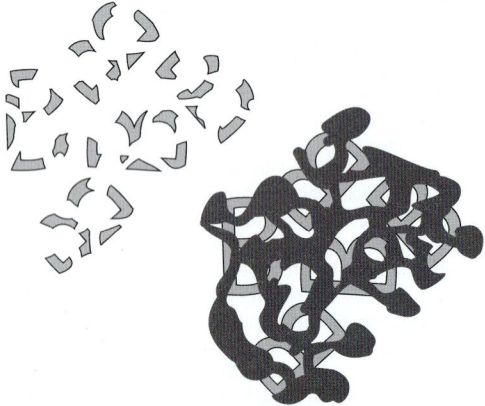

Amodale Vervollständigung: Die grauen Fragmente werden rechts als partiell verdeckte B's wahrgenommen (Bregman 1981)

Amount of Invested Mental Effort (AIME), [engl. Ausmaß an investiertem mentalem Aufwand], [**EM, KOG, MD, PÄD**], Salomon (1984) beschreibt die mentale Anstrengung, die ein Lerner willentlich aufbietet, um medial vermittelte Informationen kogn. zu verarbeiten. Dabei hängt AIME von den Medienattributen, der subj. wahrgenommenen *Selbstwirksamkeitserwartung* und der spezif. Aufgabenstellung ab. AIME wird entweder mit subj. Selbstauskünften des Lerners, mit der Doppelaufgabe-Methode (*mentale Arbeitsbelastung*) oder mit physiol. Maßen gemessen. Der zentrale Befund besteht darin, dass Kinder audiovisuelle Inhalte im Vergleich zu Texten als leichter verständlich wahrnehmen und sich auch kompetenter im Umgang mit diesen fühlen. Im Vergleich zu Texten lernen Kinder jedoch aufgrund geringerer mentaler Anstrengung weniger von audiovisuellen Medien. *M. Huff*

Amphetaminabhängigkeit, Pharmakotherapie [engl. *amphetamine dependency, pharmacology*], [**PHA**], *Amphetamine* haben aufgrund ihrer *dopaminergen* und *sympathikomimetischen* Rezeptoreffekte ein sehr hohes Abhängigkeitspotenzial (*Abhängigkeit*). Abhängig von ihrem Reinheitsgrad werden sie in der Drogenszene unter versch. Namen verkauft. Bei 0,1 % der 18–64-Jährigen besteht eine Amphetaminabhängigkeit. Wie bei der Kokainabhängigkeit erfolgt die Akuttherapie als qualifizierte Entzugsbehandlung. Ergänzend können bei der Amphetaminabhängigkeit operante Konditionierungsverfahren wie das *Kontingenzmanagement* z. B. in Form von der Auszahlung kleiner Geldbeträge bei der Abgabe von drogenfreien Urinen angewandt werden. Bei Amphetaminintoxikationen dominieren die vegetativen Symptome wie *Hypertonie*, *Tachykardie*, Hyperhidrosis und Mydriasis. Zusätzl. treten Agitiertheit und *Ängste* auf. Die Behandlung besteht in der Gabe von *Benzodiazepinen*. Psychotische Symptome (*Psychose*), welche auch i. R. des Amphetaminentzugssyndroms auftreten können, sollten mit atypischen *Antipsychotika* therapiert werden. Die Postakutbehandlung wird abhängig von der Erkrankungsschwere des Pat. als stationäre Langzeitentwöhnungsbehandlung oder als hochfrequente ambulante Therapie durchgeführt. Den Schwerpunkt der Behandlung bilden hierbei psychoth. Maßnahmen (zu den Zielen der psychoth. Behandlung s. *Kokainabhängigkeit, Pharmakotherapie*). Die akt. gültigen AWMF-Leitlinien empfehlen zur medikamentösen Rückfallprophylaxe der Amphetaminabhängigkeit trizyklische *Antidepressiva*. Außerdem kann eine Substitution mit retardierten *Amphetaminen* versucht werden. Darüber hinaus erbrachte eine Pilotstudie mit der *GABA*erg wirksamen Substanz Vigabatrin pos. Ergebnisse. Eine generelle Behandlungsempfehlung kann aktuell aufgrund der ungenügenden Datenlage für keine der Substanzgruppen gegeben werden. Thomasius et al. 2004. *A. Koopmann*

Amphetamine (= A.) [engl. *amphetamines*], [**PHA**], *Psychopharmaka* aus der Klasse der *Psychostimulanzien*, Derivate des *Phenylethylamins*. Alle A. unterliegen dem Betäubungsmittelgesetz. In der Ps. oft untersuchte Stoffe sind Amphetamin, *Methamphetamin*. In neuerer Zeit sind als «Designerdrogen» synthetische A.-Derivate verbreitet worden, so *DOM*, MDA, MDMA (*Ecstasy*). A. haben *sympathikomimetische* und zentral stimulierende Eigenschaften, die sich in erhöhter Aktiviertheit und motorischer Antriebssteigerung zeigen. A. erhöhen die Verfügbarkeit von *Noradrenalin* und *Dopamin*, *Serotonin* und *Acetylcholin*. Chronische Verabreichung hat neurotoxische Wirkungen. Psych. Wirkungen sind vielstündige Verbesserung von Aktiviertheit, Vigilanz, *Aufmerksamkeit* und *Konzentration*, Reaktionszeit, Ausdauer (*Doping*) und Appetitminderung. Klin. Anwendung bei *Aufmerksamkeitsdefizit-Hyperaktivitätsstörung (ADHS)*. Nebenwirkungen sind *Schlafstörungen*, Reizbarkeit, Tics, Dyskinesien, psychotische Symptome (*Psychose*) und *Angst*. Suchtgefahr. *Amphetaminabhängigkeit, Pharmakotherapie*. Cho 1994, Weingartner et al. 1980. *W. Janke/M. Reuter*

Ampliation (= A.) [engl. *ampliation*; lat. *ampliare* vermehren, verschieben, i. ü. S. die Ursache], [**WA**], Bez. von E. Michotte. Unter best. Voraussetzungen nimmt der Mensch ein kausales Aufeinanderfolgen auch dann wahr, wenn dieses fehlt. Zur A. gehört nach Michotte eine A.struktur. *Kausalitätswahrnehmung, Kausalität, phänomenale*.

Amplifikation [engl. *amplification*; lat. *amplificare* erweitern, mehren], [**KLI**], Bez. von Jung (*Analytische Psychologie*) für die – im Ggs. zum analyt. Vorgehen von Freud stehende – Methode der Erweiterung des Trauminhalts, z. B. durch freies Assoziierenlassen oder durch freies Ausdeutenlassen von Trauminhalten.

Amplitude [engl. *amplitude*; lat. *amplitudo* Größe, Weite], Schwingungsweite bzw. bei einer Schwingung die größte Entfernung von der Ruhelage.

AMP-System *AMDP-System*.

Amputationstäuschung [engl. *phantom limb*; lat. *amputare* abschneiden], [**BIO, KLI**], Fehlempfindungen, bei denen vorhandene Körperteile als vom Körper abgetrennt oder amputierte Körperteile als noch vorhanden empfunden werden. *Phantomempfindung*.

Amthauer, Rudolf (1921-1989), [**AO, DIA, HIS, PER**], studierte in Göttingen Ps., 1951 Diplom, 1952 Dr. rer. nat. Teile seiner Dissertation über «ein neues Verfahren zur Bestimmung der Intelligenz» führten zum Intelligenz-Struktur-Test (I-S-T, Amthauer 1955, 1973, *Intelligenz-Struktur-Test 2000 R*), der mehrere Neufassungen und weite Verbreitung fand. Amthauer arbeitete zunächst bei der Deutschen Gesellschaft für Personalwesen, dann als Leiter des gesamten Ausbildungswesens bei Hoechst in Frankfurt. An der Universität Frankfurt nahm er einen Lehrauftrag wahr und führte Untersuchungen zur Berufseignung und beruflichen Förderung und Weiterbildung durch. Er war ferner an der Entwicklung weiterer Tests beteiligt und wirkte im Vorstand der *Deutsche Gesellschaft für Psychologie (DGPs)*. Zu seinen Ehrungen zählt das Bundesverdienstkreuz Erster Klasse (1989). *Intelligenz, Intelligenztests*. *H. E. Lück*

Amulett [engl. *amulet*; lat. *amuletum* Kraftspender, Talisman], ein Gegenstand, der am Körper getragen wird und als Schutz gegen Unglück, Zauberei, Feinde, Dämonen, Krankheit dienen soll. *Fetisch*.

Amusie (= A.) [engl. *amusia*; gr. α- (*a-*) ohne; μοῦσαι (*mousai*) Muse, Poesie], [**BIO, WA**], Unfähigkeit, trotz erhaltener Funktionstüchtigkeit der Sinnesorgane Melodien zu erkennen (sensorische A.) bzw. zu singen oder auf einem Instrument zu spielen (motorische A.). Zur sensorischen A. kann das Unvermögen gezählt werden, trotz erhaltenem Sehvermögen Noten zu verstehen. A. geht häufig mit sensorischer oder motorischer *Aphasie* einher.

Amygdala *Angststörungen, neurobiologische Grundlagen, Depression, Neurobiologie der, Ekel, neurophysiologische Grundlagen, Emotionsregulation, neurobiologische Grundlagen, Hormone, Wanting und Liking*. Markowitsch & Staniloiu 2011.

Amylin [engl. *amylin*], [**BIO**], gastrointestinales *Neuropeptid*, sezerniert in den Langerhans'schen Inseln der Bauchspeicheldrüse. Antagonistische Wirkungen (*Antagonist*) zu *Insulin*. Wirkungen auf psych. Vorgänge, z. B. Behalten (*Gedächtnis*), sind wahrscheinlich. Edwards & Morley 1992.

Amyotrophe Lateral Sklerose [engl. *amyotrophic lateral sclerosis*], *Neurodegenerative Erkrankungen*.

Anabolika (= A.) [engl. *anabolic agents, anabolic drugs*], [**PHA**], Stoffe, die zur Förderung körperlicher Leistungsfähigkeit dienen, meist synthetische Steroide, chemisch dem *Testosteron* aus der Gruppe der *Androgene* verwandt. Die angestrebte Wirkung ist Leistungsförderung über Eiweißaufbau. Andere unerwünschte hormonelle Effekte der Androgene werden über chemische Variationen vermieden. Bei chron. Einnahme hoher Dosen sind psych. Störungen wahrscheinlich. A. werden als Doping-Stoffe missbraucht. Bahrke et al. 1996, Street et al. 1996. *W. Janke*

Anabolismus [engl. *anabolism*], [**BIO**], Aufbaustoffwechsel. *Metabolismus*.

Anachorese [engl. *anchoritism* Einsiedlertum; gr. ἀναχωρεῖν *(anachorein)* sich zurückziehen, ausscheiden], [**KLI**], *Ich-Anachorese, Ich-Mythisierung*.

anagog, anagogisch [engl. *anagogic*; gr. ἀναγωγή *(anagoge)* Emporhebung, Hinaufführung], [**KLI**], (allg.) hinaufführend zum Geistigen. Bez. Jungs (*Analytische Psychologie*) für das Unbewusste, soweit es zugleich moralische, geistige und allegorische (d. h. bewusste) Züge trägt.

anagogische Deutung [engl. *anagogic interpretation*; gr. ἀναγωγή *(anagoge)* Emporhebung, Hinaufführung], [**KOG**], sinnerhöhende Deutung, die den «tieferen Sinn» identifiziert. Nach H. Silberer 1914 die Deutungsweise der Symbolbildung, die (da das Symbol die Ausrichtung auf Ideale besitzt) im Ggs. steht zur analytischen Deutung (*Analyse, Interpretation*).

anagogische Methode [engl. *anagogic*; gr. ἀναγωγή *(anagoge)* Emporhebung, Hinaufführung], [**KLI**], die psychoth. Behandlung (Gesprächsführung), bei der nach C. G. Jung (*Analytische Psychologie*) mehr die erhebenden, erfreul. Aspekte in den Schwierigkeiten des Pat. angegangen werden, und weniger die belastenden wie bei S. Freud.

Anagramm (= A.) [engl. *anagram*; gr. ἀναγράφειν *anagraphein* umschreiben], [**KOG, PER**], Buchstabenversetzrätsel. Durch Umstellen von Buchstaben wird aus einem Wort ein anderes (Basel – Salbe), werden Pseudonyme gebildet oder Wortspiele geschaffen. In der *Intelligenzdiagnostik* und Denkps. wird als A.-Methode die Aufgabe bez., in Buchstabenfolgen Regelmäßigkeiten zu entdecken (analog den Zahlenreihen) oder aus einer zufällig angeordneten Buchstabenreihe ein oder mehrere Wörter zu bilden. Bei der Regelentdeckung in Symbolfolgen gibt es manchmal unter mehreren Lösungen eine optimale. Mit der A.-Methode sollen u. a. *Wortflüssigkeit* und *divergentes Denken* untersucht werden. *R. Bergius*

anaklitisch (= a.) [engl. *anaclitic*; gr. ἀνακλίνειν *(anaklinein)* sich anlehnen], [**KLI**], durch Anlehnen abhängig. Nach Freud ist z. B. das Kleinkind a. beim Drängen zur Mutterbrust als Obj. seines Selbsterhaltungs- wie seines Sexualtriebes.

anaklitische Depression [engl. *anaclitic depression*; gr. ἀνακλίνειν *(anaklinein)* sich anlehnen], [**KLI**], Bez. von R. Spitz für die Zustandwandlung bei einem Kind, das über die ersten sechs Lebensmonate eine normale Beziehung zur Mutter hat und dann von dieser getrennt wird. Das Kind zeigt Züge der Erwachsenendepression (*Depression*). *Hospitalismus*.

Anakoluthie (= A.) [engl. *anacoluthon*; gr. ἀ- (a-) ohne, nicht, ἀκόλουθον *(akolouthon)* das Folgerichtige, das Folgende], [**KOG**], das Nicht-Folgerichtige, Zusammenhanglose. Das Auslassen oder Umstellen von Wörtern oder Silben oder auch die Stilwidrigkeit bei der Satzbildung.

Analeptika (= A.) [engl. *analeptics*; gr. ἀνά *(ana)* hinauf, hindurch, λεπτός *(leptos)* dünn, klein], syn. *zentrale Analeptika, Konvulsiva*, [**PHA**], Stoffe mit unterschiedlichen Wirkungsmechanismen, die auf zentrale Regulationszentren des ZNS und VNS (*Nervensystem*) anregend oder auch erregend (krampfauslösend) wirken. Einige Stoffe wie *Picrotoxin* und Pentylentetrazol (*Pentetrazol*) sind *Agonisten* des *Neurotransmitters GABA* (*GABA-A-Rezeptoren*). Sie wurden früher zur Krampftherapie (*Schocktherapie*) von *Depression* eingesetzt. Weitere Stoffe sind u. a. Nikethamid, *Strychnin*, das ein Antagonist von *Glycin* ist. Zur Anregung des Kreislaufs benutzte A. werden auch als Kreislauf-A. bez. Sofern psych. Wirkungen im Vordergrund stehen, wird von *Psychoanaleptika* oder *Psychostimulanzien* gesprochen. Dies sind u. a. *Coffein* und *Amphetamine*. A. werden u. a. bei Überdosierung und Vergiftung von *Narkotika*/*Hypnotika* angewendet. In psychol. Experimenten wurden A. in der Gedächtnisforschung eingesetzt. Die Annahme dabei war, eine Gedächtnisverbesserung durch Erhöhung zentralnervöser Erregung zu erreichen. Aktories et al. 2005, Coper & Herrmann 1988. *W. Janke*

analer Charakter [engl. *anal character*; lat. *anus* After], [**PER**], Bez. für ein Bündel von Persönlichkeitseigenschaften, die nach Freud und bes. nach Abraham als eine der Folgen der Regression auf die *analsadistische Phase* – anstelle spez. neurotischer Symptome – entstehen können. Als Abwehrmechanismen sollen Personen mit analem Charakter *Rationalisierung*, *Reaktionsbildung*, *Isolation* und *Skotomisation* bevorzugen. Zu den von Freud genannten Eigenschaften Ordnungsliebe (bis zur Pedanterie), Geiz und Eigensinn kommen Pünktlichkeit, Sauberkeit, Genauigkeit und sonstige zwangsartige Verhaltenseigenschaften hinzu. Kiener (1978) zit. Untersuchungsergebnisse, die besagen, dass die betreffenden Verhaltensweisen zwar im Zusammenhang stehen, die ps. Theorie ihrer Entstehung aber nicht haltbar sei. Kline 1981.

Analerotik (= A.) [engl. *anal eroticism*; lat. *anus* After, gr. ἔρος *(eros)* Liebe], **[KLI]**, bei Freud und dessen Libidotheorie (*Libido*) bedeutet A. eine Fixierung auf die *analsadistische Phase* und deren Auswirkungen.

Analgesie (= A.) [engl. *analgesia*; gr. αν- *(an-)* ohne, ἄλγος *(algos)* Schmerz], **[BIO, PHA]**, Schmerzunempfindlichkeit ohne Beeinträchtigung der übrigen Sinnesempfindungen als Folge von *Analgetika* oder *Narkotika* (Drogen, Akupunktur etc.). A. kann auch ein Krankheitssymptom darstellen. *Schmerz*.

Analgesiemeter [gr. αν- *(an-)* ohne, ἄλγος *(algos)* Schmerz, μέτρον *(metron)* Maß], **[BIO]**, Gerät für die Bestimmung der Schmerzempfindlichkeit (Schwelle, Intensität). Analgetika können damit in ihrer Wirksamkeit beurteilt werden. *Schmerz*.

Analgetika (= A.) [engl. *analgesics*; gr. αν- *(an-)* ohne, ἄλγος *(algos)* Schmerz], **[PHA]**, Arzneimittel zur Verminderung von *Schmerz*. Die Wirkungsmechanismen erstrecken sich auf die Aufnahme, Weiterleitung, Verarbeitung und Wahrnehmung von Schmerzreizen oder die Entstehung von Schmerz. Es sind zentrale und periphere A. zu unterscheiden. Zentrale A. sind Stoffe, die an schmerzleitenden Strukturen (Rückenmark, Thalamus, Hirnstamm und limbischer Kortex; *Gehirn*, *Nervensystem*) wirken und dadurch ZNS-kontrollierte Prozesse wie Reizwahrnehmung und -verarbeitung beeinflussen. Steht die desaktivierende Wirkung im Vordergrund, spricht man von Hypno-A. Die meisten sind natürliche oder halb-/vollsynthetische Stoffe mit morphinähnlicher Wirkung, sog. *Opioide*. Natürliche Stoffe sind *Morphin*, *Codein*, halbsynthetisch ist *Heroin*, vollsynthetisch Pethidin und zahlreiche weitere Stoffe. Zu den am meisten verschriebenen gehört *Tramadol*. Periphere A. verhindern die Entstehung von Entzündung und Schmerz, indem sie am Entstehungsort in die Synthese der *Prostaglandine* eingreifen. Bekanntester Stoff ist *Acetylsalicylsäure*. Sie sind keine *Psychopharmaka*, obwohl sie in höheren Dosierungen zentralnervöse Wirkungen (z. B. im *EEG*) zeigen können. Zentrale A. können zu *Drogenabhängigkeit* führen. Millar 1992, Waldvogel 1996. W. Janke

analog (= a.) [engl. *analog, analogous*; gr. ἀνάλογος *(analogos)* entsprechend, ähnlich], **[BIO, KOG, MD]**, Kennzeichnung einer grundlegenden Form, Information für die Verarbeitung, Übertragung oder Speicherung zu codieren; Alternative zu *digital*. Bei a. Codierung (*Code, Kode*) wird der Wert einer quant. (meist auch kontinuierlichen) Variablen (z. B. elektrisches Hirnpotenzial im *EEG*) durch die proportionale Ausprägung einer stetigen physikal. Variablen (z. B. Spannung oder Strom in einer elektrischen Schaltung, Zeigerausschlag eines Messinstrumentes, Auslenkung der Schreibfeder eines Polygrafen aus der Nulllinie, Intensität der Magnetisierung einer Bandstelle) wiedergegeben. W. Glaser

analoge Kommunikation (= a. K.) [engl. *analog communication*; gr. ἀνάλογος *(analogos)* entspr., ähnlich], **[SOZ]**, werden von Watzlawick et al. (1967) – unter Bezugnahme auf eine in der Computertechnologie geläufige Unterscheidung – solche Darstellungs- bzw. Kommunikationsweisen (*Kommunikation*) genannt, bei denen zw. den zu kommunizierenden Inhalten und den Ausdrucksformen Ähnlichkeiten bestehen (*Symbol*, *Zeichen*; Gegenbegriff: *digitale Kommunikation*). Sie entsprechen weitgehend der sog. *nicht verbalen Kommunikation*. *Verstehen* soll hierbei auf generell gültigen, phylogenetisch früheren Kommunikationssystemen basieren (*Tiersprache*). Im menschlichen Sozialkontakt werden gedankliche Inhalte digital kommuniziert, während die aktuelle Beziehung der Kommunizierenden mittels a. K. definiert wird. Da der Mensch beide Kommunikationsweisen einsetzen und sie sogar gleichzeitig verwenden kann, vermag er auch gleichzeitig einander widersprechende Botschaften zu übermitteln, was dem Empfänger ein konfliktfreies Reagieren erschweren oder unmöglich machen kann. A. K. spielt auch in versch. Psychoth. eine große Rolle, da der *Beziehungsaspekt* von etwas Mitgeteiltem oft analog kommuniziert wird. *double-bind hypothesis*, *Kommunikationsmodell von Watzlawick et al.* G. Kaminski

Analogie [engl. *analogy*; gr. ἀνάλογος *(analogos)* entsprechend, ähnlich], Entsprechung, Ähnlichkeit, Gleichheit von Verhältnissen, Annäherung, Vergleich, Proportionalität. *Analogiebildung*, *analoges Schließen*.

Analogiebildung [engl. *analogy formation*; gr. ἀνάλογος *(analogos)* entsprechend, ähnlich], **[KOG]**, Bilden einer sprachlichen Angleichform, Bez. für Fehlformen (z. B. in der *Sprache* des Kindes, das Amaus statt Ameise sagt).

Analogon (= A.) [engl. *analogon*; gr. ἀνάλογος *(analogos)* entsprechend, ähnlich], das einem anderen in best. Hinsicht Ähnliche, Vergleichbare (z. B. ist die Sorge des Tieres für das Junge ein A. zur menschlichen Mutterliebe).

Analogstudie (= A.) [engl. *analog study*; gr. ἀνάλογος *(analogos)* entspr., ähnlich], **[FSE]**, Untersuchung, bei der die kontrollierte Variable und/oder die Stichprobe von dem Bereich abweicht, über den etwas ausgesagt wird. Z. B.: Untersuchungen an Tieren mit Medikamenten, die für den Menschen vorgesehen sind; Erprobung von therap. Methoden an «gesunden» Vpn. *Generalisierbarkeit* muss bes. krit. betrachtet werden.

analsadistische Phase (= a. P.) [engl. *anal-sadistic phase*; lat. *anus* After, franz. *sadisme* nach dem frz. Schriftsteller Marquis de Sade (1740–1814)], **[KLI]**, Bez. von Freud für die sich etwa über das zweite und dritte Lebensjahr erstreckende Phase der seelischen Entwicklung des Kindes, die geprägt wird durch die Tatsache der bes. erogenen Reizbarkeit der Afterregion und die dadurch bedingte Lustempfindung bei den Ausscheidungsvorgängen. Die a. P. schließt sich an die orale Phase an und wird durch die *genitale Phase* abgelöst. Durch die während der a. P. einsetzende Reinlichkeitserziehung wird die a. P. in eine frühe und in eine späte Phase eingeteilt. Die erste ist durch eine Lust an der Ausstoßung der eigenen Exkremente gekennzeichnet, die zweite durch die mit der Beherrschung der Ausscheidungsfunktionen gewonnene Möglichkeit der Zurückhaltung der Exkremente. Zunehmend wurde die triebtheoretische Sicht der Analität ergänzt durch die Darstellung der analen Phase als Kampf um die Autonomie durch Erikson (1959). *Triebtheorie nach Freud*. Quint 2000.

Analysand [engl. *analysand*; gr. ἀνάλυσις *(analysis)* Auflösung], [**KLI**], die Person, die psychoanalyt. analysiert wird, sich einer psychoanalyt. Behandlung unterzieht. *Psychoanalyse*.

Analysatoren (= A.) [engl. *analyzer*; gr. ἀνάλυσις *(analysis)* Auflösung], [**KOG, WA**], A. sind an Wahrnehmungsprozessen sowie der damit verbundenen Informationsverarbeitung beteiligt. Sie umfassen sowohl versch. Sinnesorgane, als auch die gesamte Funktionseinheit zur Aufnahme, Weiterleitung und Verarbeitung eines wahrgenommenen Reizes und schließen somit Rezeptoren (zur Informationsaufnahme), Nervenleitung und Hirnrinde mit ein. *Informationsverarbeitung*.

Analyse (= A.) [engl. *analysis*; gr. ἀνάλυσις *(analysis)* Auflösung], [**KLI, PER**], Zerlegung, insbes. in die Elemente oder Einzelteile, bspw. in der Persönlichkeits-A. das Herauslösen der die *Persönlichkeit* bestimmenden Einzelzüge. A. ist das notwendige meth. Vorgehen zur Erkenntnisgewinnung, um in Zusammenhänge einzudringen, die als einheitliche Erscheinung auftreten. Ggs. *Synthesis*. Eine bes. Aufwertung und Richtung erhielt der Begriff A. durch die von Freud begründete *Psychoanalyse*. Und auch Jung nannte sein System *Analytische Psychologie*.
[**FSE, PHI**], Als Hilfsmittel dient für die A. in den empirischen Wissenschaften das *Experiment*. In der Bedingungs-A. werden die Voraussetzungen aufgesucht, unter denen das fragliche Ereignis zustande kommt. Die Funktions-A. hat die Aufgabe, die einzelnen Funktionen und ihre gegenseitige Abhängigkeit aufzuspüren, was im günstigen Fall das Auffinden der *Struktur*, Einsicht in den Gesamtzusammenhang ermöglicht. *Theorie, Forschungsprozess*.

^Test^**Analyse des schlussfolgernden und kreativen Denkens (ASK)**, 2005, H. Schuler & B. Hell, [www.testzentrale.de], [**DIA, PER, AO**]. Persönlichkeitsps. Verfahren. AA Erwachsene mit Abitur. Die ASK ist ein Verfahren zur Untersuchung diagn. Fragestellungen im Bereich der Berufs-, Bildungs- und Laufbahnberatung, bei der Personalauswahl und Personalplatzierung und innerhalb der klin. Diagnostik. Es sind Einzel- und Gruppenuntersuchungen möglich. Mit dem Konstrukt *Schlussfolgerndes Denken* wird der zentrale Aspekt der Allgemeinen Intelligenz erfragt; zudem wird das für die Population bildungs- und berufsrelevante Konstrukt *Kreatives Denken* erfasst. Normen: Standardwerte und Prozentränge (N = 606). Bearbeitungsdauer: Gesamttest ca. 70 Min. (ca. 30 Min. für das Modul *Schlussfolgerndes Denken* und ca. 40 Min. für das Modul *Kreatives Denken*).

Analyse durch Synthese [engl. *analysis by synthesis*], [**KOG, WA**], von einem Verfahren beim Programmieren von Rechenautomaten abgeleiteter Prozess zur Erklärung der aktiven verbalen Speicherung, des gerichteten *Denkens*, der Wahrnehmung von Rhythmen und Sätzen, des schnellen Lesens und des selektiven Hörens: Es werde eine «innere Sprache» produziert und man versuche, diese – oder Teile von ihr – mit der eingehenden Information – oder mit Teilen von ihr – zur Deckung zu bringen. Dabei werden vergangene Erfahrungen genutzt, um Wahrnehmungen zu konstruieren, die den neu eingehenden Informationen gleichen. Die empfangene Information wird dabei entschlüsselt bzw. analysiert, indem kogn. Prozesse eine Vergleichsinformation synthetisieren. *präattentiver Prozess*. Neisser 1974.

Analysegruppe (= A.) [engl. *analysis group*; gr. ἀνάλυσις *(analysis)* Auflösung], [**FSE**], für die Durchführung qual.-empirischer Forschungsprojekte i.Allg. und im Speziellen für die Analyse qual. Interviews bzw. anderer Textdokumente ist eine A. eine «unverzichtbare Ressource» (Lucius-Hoene & Deppermann 2002). Dies haben auch schon Strauss und Corbin (1996) verdeutlicht, wenn sie formulieren: «Die Schwierigkeit besteht darin, dass Forscher oftmals verfehlen, viel von dem Vorhandenen [in den qual. Daten; JK] zu sehen, weil sie mit Scheuklappen in analytische Sitzungen gehen, die aus Vorannahmen, Vorerfahrungen und ausgiebigem Literaturstudium bestehen. Sie werden natürlich sagen, «ich nicht!». Das Problem ist, dass Sie sich nicht immer bewusst sind, in welchem Maße solche Scheuklappen Ihre *Interpretation* von Ereignissen färben, bis ein anderer Sie darauf hinweist.» Eine A. bietet somit jene Möglichkeit, den Interpretationsprozess nicht insges. alleine durchzuführen, sondern zumindest punktuell die Analysen und abschließenden Interpretationen gemeinsam zu erarbeiten und sie somit über die *Triangulation* versch. subj. Perspektiven kollegial zu validieren (Forscher-Triangulation, *Validierung, kommunikative*). Denn das Problem jeder Analyse qual. Daten bleibt die meth. Kontrolle des *Fremdverstehens*: Man ist als Forscher der Gefahr ausgesetzt, sich in selbstbestätigenden Deutungsroutinen zu verlieren, die jedoch in einem gemeinsamen Analyseprozess aufgedeckt und refokussiert werden können (Kruse et al. 2011; Lucius-Hoene & Deppermann 2002). Die A. ist also ein wichtiges Standbein der meth. Kontrolle des Fremdverstehens im Zusammenhang der Auswertung qual. Daten. Reichertz (2007) weist darauf hin, dass die validierende Funktion von A. nicht überschätzt werden darf. So wird deutlich, dass – neben der A. – das andere Standbein der meth. Kontrolle des Fremdverstehens immer ein konkretes Analyseverfahren darstellen muss, das auch die Metareflexion kollektiver Deutungsmuster in der Forschungsgruppe mit ermöglichen kann. *Validierung, kommunikative*. J. Kruse

^Test^**Analyse psychischer Belastungen bei Bildschirmarbeit (BEBA)**, [**AO, DIA**], Verfahren zur personenbezogenen Analyse von Bildschirmarbeitsplätzen. Über Interviews und Fragebogen werden psych. Belastungen ermittelt, die durch eine ungenügende Arbeitsaufgaben-, Arbeitsorganisations- oder Technikgestaltung bedingt sind. Der Aufbau des Verfahrens gliedert sich in drei Teile: *BEBA-A* (*Einschätzung psychischer Belastungen durch den Arbeitsplatzinhaber*), *BEBA-B* (*Gestaltungsorientierte Analyse psychischer Belastungen*) und *BEBA-C* (*Auswertung und Organisationsdiagnose*). Ergebnis: Analyse und Gestaltungshinweise von 19 Merkmalen aus den Bereichen Arbeitsaufgabe (Vollständigkeit der Arbeitsaufgabe, Möglichkeit zum Treffen von Entscheidungen, Widerspruchsfreiheit der Arbeitsanforderungen, Nutzung der vorhandenen Qualifikation, Wechsel anforderungsverschiedener Aufgaben, Körperliche Abwechslung), Arbeitsorganisation (Informationen über die Arbeitsorganisation, Rückmeldungen über die Arbeitsergebnisse, Arbeitsbedingte Kommunikation, Unterstützung, Möglichkeit für Kurzpausen, Störungsfreiheit der Arbeitstätigkeit, Zeitlicher Spielraum bei der Aufgabenausführung) und Techniknutzung (Aufgabenangemessenheit der Technik, Beeinflussbarkeit der Techniknutzung, Variabler Zeitanteil der Arbeit mit Technik, Lernfreundlichkeit, Geringe Gedächtnisbelastung bei der Techniknutzung, Angemessene Informationsdarstellung). Anwendungsbereich: Bildschirmarbeitsplätze. Pohlandt et al. 1997.

Test Analyseverfahren für Aussprachestörungen bei Kindern (AVAK), 2001, D. Hacker & H. Wilgermein, [www.testzentrale.de], [**DIA, EW, KOG**]. Entwicklungstest, Sprachtest. AA Kinder. Der Test erfasst und analysiert systematisch Aussprachestörungen bei Kindern. PC-Version vorhanden.

Analytische Psychologie [engl. *analytical psychology*; gr. ἀνάλυσις *(analysis) Auflösung*], [**KLI**], Bez. für die Ps. C. G. Jungs, auch *Komplex Ps.* (T. Wolff) genannt. Jung war Empiriker und ging vom erfahrbar Psychischen aus. Psyche ist die Gesamtheit aller bewussten und unbewussten Regungen. Die Psyche zerfällt in *Bewusstes* und *Unbewusstes*. (1) *Struktur*: Das *Ich* macht das Zentrum des Bewusstseinsfeldes aus, wobei die Persona als Hülle des Ich dieses nach außen hin vertritt und einen Kompromiss zw. Individuum und Sozietät bildet. Das Bewusstsein ist die Funktion, welche die Beziehung psych. Inhalte zum Ich unterhält. Es ist strukturiert nach zwei Einstellungstypen: extra- und introvertiert und nach vier Funktionstypen: Denken, Fühlen, Empfinden und Intuieren. Die erste Einstellung und zwei Funktionen stehen i. d. R. dem Bewusstsein zur Verfügung; die zweite Einstellung und die zwei anderen Funktionen verhalten sich dazu kompensatorisch und sind unbewusst. Das Unbewusste zerfällt in ein persönliches Unbewusstes (Vergessenes, Verdrängtes, unterschwellig Wahrgenommenes, Abgesunkenes) und in ein kollektives Unbewusstes, das der Mutterboden allen Bewusstseins ist. Das kollektive Unbewusste enthält ererbte Möglichkeiten des psych. Funktionierens überhaupt (*Archetyp*). Dieses Erbgut ist allg. menschlich und bildet die Grundlage alles indiv. Psychischen.
(2) *Dynamik*: Das in Strukturen eingeteilte psych. System wird lebendig durch die *Libido* = allg. psych. Energie. Die Psyche ist ein in sich geschlossenes System und gleichzeitig ein System mit Selbstregulierung. Intensitätsdifferenzen werden ausgeglichen. Aus dem Bewusstsein abgezogene Energie ist im Unbewussten und umgekehrt (Kompensation). Beim gesunden Individuum ist die Libido progressiv, d. h., sie passt sich den ständig wechselnden Umweltbedingungen an. Im Falle einer Neurose wird die Libido regressiv. Progression und *Regression* sind Formen der Energieumsetzung nach außen (Umwelt) oder innen (*archetypische* Bilder). Als Energietransformator wirkt das Symbol.
(3) *Prozess*: Da die Psyche sich selbst reguliert, treten für alle exzessiven Vorgänge sofort und zwangsläufig Kompensationen ein. Gibt es im menschlichen Leben einen Konflikt, für den die bisherige Anpassung nicht mehr ausreicht, so wird ein Teil des *Konfliktes* verdrängt, sinkt ins Unbewusste, bildet einen *Komplex* und saugt psych. Energie an. Diese Energie fehlt dem Bewusstsein. Es entsteht eine Neurose. Ein der Notlage entspr. Archetyp wird kompensatorisch im Unbewussten konstelliert. Er ist stark energetisch besetzt und zieht dadurch das Bewusstsein an. Der Libidofluss wendet sich regressiv den bisher unbewussten Bildern zu, belebt diese archetypischen Bilder und vermag sie mithilfe der Assimilation dem Bewusstsein anzugliedern und diesem damit wieder Energie zuzuführen. Das Individuum kann sich mit der so gewonnenen Neuorientierung wieder progressiv der Außenwelt zuwenden. Die Konzepte von Jung sind für viele, auch Laien, faszinierend. Eindeutige Belege dafür, dass die daraus abgeleiteten Therapien bei psych. Problemen helfen, sind aber bisher in bemerkenswert geringem Umfang vorgelegt worden. *Tiefenpsychologie*. Jung 1964b, Jung 1967.   F. Caspar

analytische Situation [engl. *analytical situation*], [**KLI**], in der *Psychoanalyse* die sich aus der affektiven Beziehung zw. Analytiker und Pat. ergebende Situation, in der spezif. Faktoren wirksam sind wie *Übertragung*, *Gegenübertragung*, *Widerstand*.

Anamnese (= A.) [engl. *anamnesis*; gr. ἀνάμνησις *(anamnesis)* Erinnerung], syn. (med.) *Krankengeschichte*, [**DIA, FSE**], dialogische diagn. Methode zur Sammlung und Systematisierung von Informationen und Daten zur Vor- und Entwicklungsgeschichte (z. B. somatische, biografische, soziale Aspekte) eines Zustands oder einer Problemsituation (z. B. i. R. der Erstellung eines *psychologischen Gutachtens*). Die A. erfolgt als systemat. *Befragung* i. d. R. mittels *Interviews*, kann aber insbes. durch vorliegende schriftliche Informationen ergänzt werden. Hierbei ist die professionelle Gestaltung der Gesprächssituation von hoher Bedeutung (insbes. zur Herstellung einer offenen Atmosphäre, die Selbstreflexion und Kommunikationsintensität fördert; *Kommunikation*). Die A. findet zu Beginn des *diagnostischen Prozesses* statt und dient vor allem der diagn. Klärung/Urteilsfindung, der Schaffung der Basis für die Identifikation, Planung und Gestaltung adäquater (ggf. therap.) Maßnahmen oder *Interventionen* (*therapeutischer Prozess*) sowie dem Beziehungsaufbau (*Therapiebeziehung*). Datengrundlage bilden Informationen des Betroffenen (*Selbstbericht*; *Eigena.*) oder von Bezugspersonen von Betroffenen bzw. informierten Dritten (*Fremdbericht*; *Fremda.*). Zur Dokumentation werden i. d. R. A.bögen verwendet. Gegenstand des A.gesprächs sind: (1) *Allg. Angaben/Vorstellungsgrund*; (2) *Detaillierte Schilderung der Problematik* (z. B. Erkrankungs-/Störungsmerkmale, bisheriger Behandlungsverlauf, Belastung durch eine Störung); (3) *Biografische Angaben* (insbes. subj. Belastung durch kritische Lebensereignisse); (4) *Umfeld* (insbes. Familiena., Soziala.); (5) *Ergänzende Informationen aus zusätzlichen Informationsquellen* (z. B. Therapieberichte). Wie jedes andere diagn. Verfahren muss auch die A. bzgl.

psychometrischer *Gütekriterien* reflektiert werden. *Exploration, Katamnese*.
[PHI], Wiedererinnerung an Ideen, von denen die «Seele» im Zustand ihrer Präexistenz erfahren haben soll. Platon führte als Erkenntnis auf A. zurück. Daseking & Petermann 2006, Kubinger & Deegener 2009.

^Test^**Anamnestischer Elternfragebogen (AEF)**, 1984, von G. Deegener, [www.testzentrale.de], **[DIA, PÄD]**. Fragebogen für Erwachsene (Eltern). Der Anamnestische Elternfragebogen erfasst biografische und Umweltdaten aus der Sicht der Eltern, die für psychosoziale Störungen sowie für Störungen des Erlebens und Lernens im Kinder- und Jugendalter von Bedeutung sein können. Der 22 Seiten umfassende Fragebogen ist von den Eltern auszufüllen, teils sind Antworten vorgegebenen, teils frei zu formulieren. Die erfassten Bereiche sind (1) allg. Daten zum Kind, (2) Familienanamnese, (3) Patientenvorgeschichte.

Anankasmus [engl. *anancasm*; gr. ἀνάγκη *(ananke)* Zwang], **[KLI]**, zwanghaft, skrupulös, pedantisch; veraltete Bez. für Zwang (*Zwangsstörungen*) aus der Neurosenlehre.

anankotrop [engl. *anancotrop*; gr. ἀνάγκη *(ananke)* Zwang, τροπη *(trope)* Wendung, auf etwas Einwirkendes], **[KLI]**, veralteter Begriff: zur *Zwangsneurose* neigend.

Anaphrodisie [engl. *anaphrodisia*, gr. α- *(a-)* ohne, *Aphrodite* gr. Liebesgöttin], **[KLI]**, sex. Lustlosigkeit. Ggs. zu *Libido*.

Anarthrie (= A.) [engl. *anarthria*; gr. αν- *(an-)* ohne, ἄρθρον *arthron* Gelenk], **[BIO, KOG]**, der schwerste Ausprägungsgrad der *Dysarthrie*, bei dem nur unverständliches Lallen oder Grunzen hervorgebracht werden kann: bei Erwachsenen mit Erkrankungen des extrapyramidalen Systems oder der Hirnnervenkerngebiete (*Gehirn*) in der *Medulla oblongata*; bei Kindern auch nach frühkindlicher *Hirnschädigung* mit zerebraler Kinderlähmung. Fourcin 1975.

Anastasi, Anne (1908-2001), **[DIA, HIS, PER]**, amerikanische Psychologin, Kind einer sizilianischen Einwandererfamilie in New York. Studium an mehreren Hochschulen. Wegweisende Arbeiten zur Psychometrie und Psychodiagnostik, Autorin verbreiteter Lehrbücher zur Differentiellen Ps. und zu Ps. Tests. Anastasi war 1972 Präsidentin der *American Psychological Association (APA)*. H. E. Lück

Anästhesie, dissoziierte [engl. *dissociative anaesthesia*; gr. αναισθησία *(anaisthesia)* Empfindungslosigkeit, lat. *dissociare* trennen, spalten], **[KLI]**, *Empfindungsdissoziation*.

Anästhetika [engl. *anasthetics*; gr. αναισθησία *(anaisthesia)* Empfindungslosigkeit], syn. *Narkotika*.

Anastole, apathische [engl. *apathetic anastole*; lat. *apathia* Leidenschaftslosigkeit], **[BIO]**, die von C. v. Monakow und Mourgue auch als Diaschisis [gr. σχίσις *(schisis)* Spaltung] bez. Funktionshemmung beim Ausbleiben von Erregungen (sofern im Gehirn verursacht, dann auch als Folge fehlender oder zerstörter Verbindungen der Zentren). Die betroffenen Strukturen versagen anfangs total, später partiell, z. B. nach *Apoplexie*. Monakow & Mourgue 1930.

anchored instruction, **[MD, PÄD]**, [engl. *anchor* Anker, *instruction* Anleitung], bez. das zugrunde liegende Gestaltungsprinzip einer von der *Cognition and Technology Group at Vanderbilt* 1997 entwickelten Methode des problemorientierten Unterrichtens (*Lehrstrategie, problemorientierte*). Es handelt sich dabei um eine *Lehr-Lern-Methode*, die narrative Anker einsetzt, um Lernende zu motivieren (*Lernmotivation, aktuelle und habituelle*, *Lernmotivation, intrinsische und extrinsische*) und *Interesse* zu wecken. Dazu werden i. d. R. Videos gezeigt, in denen Geschichten mit realistischen und komplexen *Problemen* und Herausforderungen erzählt werden. Die Videos enden, bevor das Problem genau definiert wurde, und die Suche nach der Lösung beginnt (*Problemlösen*). Die Lernenden müssen zunächst die Probleme eigenständig identifizieren und differenzieren, die für die Lösung des Problems relevanten Informationen der Filmhandlung entnehmen, miteinander in Beziehung setzen sowie die geeigneten Operationen auswählen und durchführen. Alle Informationen, die zur Lösung des Problems notwendig sind, werden in den Videos präsentiert. Eine Bsp.lösung wird erst nach der eigenständigen Problemlösung präsentiert. Ziel ist es, realitätsnahes, *situiertes Lernen* zu fördern (*Cognitive Apprenticeship*) und die Lernenden zur aktiven Konstruktion von Wissen (*Wissenskonstruktion*) anzuregen. Die szenisch-narrative Verankerung authentischer Probleme in kindgerechten Erzählungen dient zum einen der Steuerung der *Aufmerksamkeits-*, *Motivations-* und Identifikationsprozesse der Lernenden. Zum anderen wird erwartet, dass die spätere Nutzung des so erworbenen konzeptuellen *Wissens* in realen Situationen besser gelingt. Eine Dekontextualisierung und Flexibilisierung der Wissensstrukturen soll auch dadurch erreicht werden, dass ein Lerninhalt in unterschiedlichen narrativen Einbettungen präsentiert wird (es werden mehrere Geschichten mit ähnlichen Fragestellungen verwendet (*Transfer*). Untersuchungen haben gezeigt, dass Lernende mit ungünstigen Lernvoraussetzungen beim Arbeiten mit dieser Methode zusätzliche instruktionale Hilfen (*Instruktion, instruktionale Erklärungen*) benötigen. Bransford et al. 1990.

F. Borsch/J. Moskaliuk

anchoring and adjustment [engl.] Verankerung und Anpassung, **[FSE, KOG]**, aus der Urteils- und Messtheorie eine Beurteilung nach einer auffälligen Stimulusdimension, der die Beurteilung anderer Dimensionen angepasst wird (Slovic 1972). *Hof-Effekt*.

ANCOVA, **[FSE]**, Abk. für *analysis of covariance*. *Kovarianzanalyse*.

Anders, Günther (1902-1992), **[HIS]**, das Psychologenehepaar *Clara Stern* und *William Stern* beobachtete und protokollierte die Entwicklung der drei Kinder Hilde (später Marchwitza, 1900–1961), Günther und Eva (später Michaelis-Stern, 1904–1992), um u. a. die Entwicklung des Sprachverhaltens von Neugeborenen zu erforschen. Der Sohn, geb. als Günther Siegmund Stern, wurde später als Philosoph, Schriftsteller und Dichter unter dem Namen Günther Anders (auch Stern-Anders) bekannt. A. studierte Philosophie in Freiburg, war 1929–1937 mit der Philosophin Hannah Arendt (1906–1975) verheiratet, emigrierte nach Paris, später in die USA. Er trat als Pazifist, Moralphilosoph sowie in der Antiatombewegung hervor. In seinen Tagebüchern und mehreren Arbeiten befasste sich A. kritisch mit dem Menschenbild und den Wertvorstellungen seines Vaters. Stern-Anders 1950. *H. E. Lück*

Änderungssensitivität [engl. *sensitivity to (measure) change*], [**DIA, FSE, KLI**], kennzeichnet die Möglichkeiten und Grade, Veränderungen durch ein Verfahren abzubilden (Ansatz i. R. der *Veränderungsmessung*. Grundgedanke bei der Entwicklung von Testverfahren ist es, solche *Items* auszuwählen, die z. B. aufgrund von Interventionen veränderbar sind. Bei der Konstruktion von Verfahren sind unterschiedliche Vorgehensweisen denkbar: (1) explizite Selektion von sog. änderungssensitiven Items, (2) nachträgliche Evaluation eines Instrumentes (z. B. Mittelwertsvergleiche in einem Prä-Post-Design bei State-Merkmalen) oder Bestimmung von Effektstärken. Bei der praktischen Entwicklung von Testverfahren wird der Gedanke jedoch nur randständig berücksichtigt und oft auch nachträglich nur unzureichend oder gar nicht geprüft. Eine Ausnahme im dt. Sprachbereich stellt die *Kieler Änderungssensitive Symptomliste (KASSL)* von Zielke (1979) dar. Stieglitz & Baumann 2001. *R.-D. Stieglitz*

Andragogik [engl. *andragogics*; gr. ἀνήρ (*aner*) Mann, ἄγειν (*agein*) führen; *Menschenführung*], [**PÄD**], Sammelbez. für *Erwachsenenbildung*.

Andreas-Salomé, Lou (1861–1937), [**HIS, KLI**], geb. als Louise von Salomé, Tochter des zaristischen Generals Gustav von Salomé, in St. Petersburg aufgewachsen, begann 1880 das Studium der Theologie, Philosophie und Kunstgeschichte in Zürich. Sie kam in Kontakt mit den Philosophen Paul Rée und Friedrich Nietzsche, 1887 mit R. M. Rilke. Andreas-Salomé war schon als Schriftstellerin bekannt, als sie sich mit 50 Jahren der *Psychoanalyse* Freuds (*Freud, Sigmund*) und der *Individualpsychologie* Adlers (*Adler, Alfred*) zuwandte. Sie nahm 1911 am Weimarer Psychoanalytischen Kongress teil und eröffnete in Göttingen ihre eigene psychoanalytische Praxis. Andreas-Salomé befasste sich in der Psychoanalyse v. a. mit dem weiblichen *Narzissmus*. Andreas-Salomé 1921. *H. E. Lück*

andro [gr. ἀνήρ (*aner*) Mann], als Präfix in Wortverbindungen auf die Bedeutung *Mann* bzw. *männlich* hinweisend.

Androgene (= A.) [engl. *androgens*], [**BIO**], Sexualhormone. Oberbegriff für alle natürl. und synthetichen Substanzen (meist Steroidhormone), die über eine Wirkung an Androgenrezeptoren einen männl. Habitus erzeugen. Wichtigster Vertreter ist das *Testosteron*. Aus A. werden auch die weibl. Sexualhormone (*Östrogene*) gebildet. Syntheseorte sind die Nebennierenrinde sowie die Lyedig-Zellen des Hodens (beim Mann) bzw. die Ovarien (bei der Frau). *Hormone*. *G. Gründer*

Androgynie (= A.) [engl. *androgyny*; gr. ἀνήρ (*aner*) Mann, γυνή (*gyne*) Frau], [**PER, SOZ**], die Unterscheidung von *sex* und *gender*, d. h. von biol. und psychol. Geschlechtszugehörigkeit, und die Konzipierung der psychol. Dimensionen *Maskulinität* und *Femininität* als unabhängige Dimensionen sind die theoretischen Voraussetzungen der neueren Forschung auf dem Gebiet der *Geschlechterrolle*nforschung. A. als ausgewogene oder ausbalancierte, über maskuline wie feminine Merkmale definierte Geschlechtsrollenidentität lässt sich inzw. über eine ganze Reihe versch. Skalen erfassen, die unterschiedlichen theoretischen Grundpositionen verbunden sind. Das Forschungsgebiet der A. (Bierhoff-Alfermann 1989) beschäftigt sich in neueren Publikationen mit der Genauigkeit von Stereotypen (*Geschlechterstereotype*) und den unterschiedlichen Einflussgrößen auf stereotype Urteile. Wood & Eagly 2010, Alfermann 1996, Bem 1974. *B. Six*

Andropause [engl. *andropause, male menopause*; gr. ἀνήρ (*aner*) Mann], [**BIO**], Pendant zur Menopause der Frau beim Mann. Trotz verbleibender, jedoch eingeschränkter Zeugungsfähigkeit verringert sich die Hormonproduktion (*Hormone*). Einhergehend mit veringerter physischer und psych. Leistungsfähigkeit. *Menstruation*, *Wechseljahre*.

Androphobie [engl. *androphobia*; gr. ἀνήρ (*aner*) Mann, φόβος (*phobos*) Furcht], [**KLI**], Angst vor Männern. *spezifische Phobien*.

Androstendion [engl. *androstendion*], [**BIO**], männliches *Gonadenhormon*, aus der Gruppe der *Androgene*.

Androsteron [engl. *androsterone*], [**BIO**], männliches *Gonadenhormone* aus der Gruppe der *Androgene*.

Aneignung, [**EW**], nach *Leontjew* ein «Grundmechanismus» der ps. Entwicklung des Menschen. *Assimilation* bei Piaget (*Piaget, Jean*, *Entwicklung, Stufentheorie nach Piaget*).

Anenzephalie [engl. *anencephalia, anencephaly*; gr. α- (*a-*) ohne, ἐγκέφαλον (*enkephalon*) Gehirn], [**BIO**], sog. «Froschkopf», schwerste Missbildung des Gehirns. Schädeldecke mit ausgedehnten Gehirnteilen fehlt.

Anerythropsie [engl. *anerythropsia*; gr. α- (*a-*) ohne, ἐρυθρός (*erythros*) rot, ὄψις (*opsis*) Sehen], [**WA**], Rotblindheit *Achromatopsie*, *Dyschromatopsie*.

Anfall (= A.) [engl. *attack, seizure*], [**BIO, KLI**], ein plötzl. und unerwartet (selbst bei vorhersehbarer Wiederholung) eintretender, zumeist kurz dauernder, den normalen Zustand unterbrechender Ablauf. Der Begriff A. wird überwiegend krankheitsbezogen (krankheitssymptomatisch) verwendet, wenn auch Bez. wie A. von Freude, Güte, Selbstlosigkeit gängig sind. Bedeutsame A.arten sind: kortikale, epileptische, hypoglykämische, motorische, paralytische, respiratorische, tetanische, psychogene A., sowie A. als Abstinenzfolge, nach Vergiftung, bei Kreislaufschäden. Der Begriff A. tritt in engster Wortbedeutung bei Anfallsleiden (*Epilepsie*) hervor.

Anfall-Phase-Periode, [**KLI**], das Leben wird unterbrochen durch *Phasen veränderten Seelenlebens*. Sind solche Phasen kurz (Min. bis Stunden), so sprechen wir von Anfällen, kehren sie mit regelmäßigen, zeitlichen Intervallen in gleicher Form wieder, so spricht man von Perioden (Abgrenzung nach Jaspers).

Anforderungsanalyse (= A.) [engl. *demand analysis*], [**AO, DIA**], spez. Methoden der *Tätigkeitsanalyse* zur Ermittlung der Anforderungen an Personen, wie *Qualifikation*, Handlungskompetenzen, Fertigkeiten und andere Voraussetzungen, die für die Ausführung der in einer Tätigkeit zu bewältigenden Aufgaben gestellt werden. Ergebnis ist ein Anforderungsprofil. Es dient als Grundlage zur Personalplanung (*Personalentwicklung*, *Bildungsbe-*

darfsanalyse sowie systematische Verfahren zur *Personalauswahl*, insbes. *Assessment-Center*). Einfache und flexibel einsetzbare Verfahren sind die *Critical Incident Technique* (CIT) oder *Task Inventories* (Aufgabeninventare). Es gibt auch standardisierte dt.sprachige Methoden der *Tätigkeitsanalyse*, die zur A. verwendet werden können. Bsp. sind der Fragebogen und das Tätigkeitsanalyseinventar (TAI) von Frieling (1999a) und der Leitfaden zur qual. Personalplanung bei technisch-organisatorischen Innovationen (LPI) von Sonntag, Becker et al. (2012). Drauden 1988, Dunckel 1999, Sonntag 1992, 1999, 2006. S. Greif

Anforderungsbewältigung (= A.), [**AO**], Begriff zur Bez. von Prozess und Ergebnis einer Aufgabenbearbeitung. Mit A. wird die *Kompetenz* beschrieben, mit der Aufgaben bearbeitet werden; dazu gehört die Auswahl und Anwendung von Strategien, die *Handlungskontrolle* und das Nutzen innerer und äußerer Ressourcen im Spannungsfeld zw. personalen und situationalen Voraussetzungen und der zu bewältigenden *Aufgabe*. Grundsätzlich ist A. ein reflexiver Vorgang, da während und nach der Bearbeitung der Aufgabe und ihrer Teilziele *Rückkoppelungen* über die Wirkung von Maßnahmen verarbeitet werden (Echterhoff 1992). Theorien zur Anforderungsbewältigung sind u. a. die *Handlungsregulationstheorie* (Hacker 2005, Volpert 1974) und das *Rubikonmodell der Handlungsphasen* (Heckhausen 1987). Praktische Relevanz hat die A.forschung auf unterschiedlichen theoretischen Hintergründen in nahezu allen Lebensbereichen. In der *Arbeits- und Organisationspsychologie* dient sie der *Arbeitsanalyse* und -gestaltung, in der Päd. Ps. der *Lernförderung*. In der Klin. Ps. werden Störungen z. T. auf misslungene A. zurückgeführt und in der *Psychoth.* funktionale A. entwickelt. Gegenwärtig wird unter A. als *Schlüsselqualifikation* auch die Fähigkeit verstanden, biografische Anforderungen auf dem Hintergrund *sozialer Normen* zu bewältigen, bspw. sich schnell wechselnden Anforderungen wie beruflicher Mobilität und Problemen im Zusammenhang mit steigender Lebenserwartung anpassen zu können.

M. Heinecke-Müller

Anforderungsmerkmale *demand characteristics*.

Anforderungs-Ressourcen-Modell (= A.), [engl. *demand-resource-model*], syn. *Systemisches Anforderungs-Ressourcen-Modell, SAR-Modell*, [**GES**], ist ein Rahmenmodell zur Erklärung von Gesundheit (*Gesundheit, Dimensionen der*) aus systemischer bzw. ökologischer Perspektive. Es beruht auf stresstheoretischen Modellen (*Stress*) wie der Salutogenese und wurde von dem Trierer Psychologen Peter Becker und Mitarbeitern 1994 entwickelt. Im A. wird davon ausgegangen, dass der aktuelle und habituelle (der über einen längeren Zeitraum aggregierte) körperliche Gesundheitszustand einer Person nicht nur durch die Abwesenheit von Funktionsbeeinträchtigungen beeinflusst wird, sondern durch die Nutzung von Ressourcen zur Bewältigung von Anforderungen (*Ressource*). Unter Anforderungen werden hierbei die neg. Belastungen (*Belastung, psychische*) zus.gefasst, mit denen sich ein Individuum auseinandersetzen muss. Diese stammen einerseits aus der beruflichen, familiären oder sozialen Umwelt (*externe Anforderungen*) und andererseits aus den eigenen Bedürfnissen, Zielen, Werten, Normen und Erwartungen (*interne Anforderungen*). Um die Anforderungen zu bewältigen, werden Ressourcen aktiviert, die sich wiederum aus internen (einer Person zur Verfügung stehende psych. und physische Mittel und Eigenschaften) und externen (aus der Umwelt entstehende soziale, berufliche, materielle, gesellschaftliche und ökologische) Ressourcen zus.setzen. Das Modell wurde vielfach empirisch untersucht und bestätigt. Durch den systemischen Ansatz und die damit verbundene Annahme von versch. wechselseitigen Systemebenen muss bei der Modellüberprüfung aber eine einfache Ursachen-Wirkungs-Analyse zirkulären Prozessmodellen weichen. Das A. dient durch den hohen Anwendungsbezug in der Gesundheitsförderung als Grundlage für viele multidisziplinäre Interventionen, in denen die aktive Förderung der Gesundheit durch die Anpassung interner und externer Anforderungen sowie die Stärkung interner und externer Ressourcen in den Vordergrund gestellt wird. *Demand-Control-(Support-)Modell, Job-Demands-Resources-Modell*. Becker et al. 2004.

T. Faltermaier/I.-M. Schulz

angeboren [engl. *innate*], [**PER**], von Geburt an bestehend (bes. bei Anlagen, Eigenschaften). Nicht so viel wie ererbt, da auch äußere Einwirkungen bei der Embryonalentwicklung das Angeborensein bewirken können. *Anlage-Umwelt, Verhaltensgenetik*.

angeborener, auslösender Mechanismus [engl. *innate releasing mechanism*], [**BIO**], von von Uexküll und Lorenz als «angeborenes auslösendes Schema» eingeführter und von Tinbergen als AAM bez. Begriff. *Auslösemechanismus*.

Angebots-Nutzungs-Modell der Wirkfaktoren akademischer Leistungen (= A.) [engl. *utilization of learning opportunities model*], [**PÄD**], das A. ist ein in der schulischen *Unterrichtsforschung* verbreitetes Rahmenmodell, das die komplexe Wirkungsweise des *Unterrichts* veranschaulichen soll. Das in der Abb. dargestellte Modell basiert auf Grundgedanken von H. Fend und wurde von den Autoren gemeinsam mit F.E. Weinert weiterentwickelt. Der Kerngedanke des A. ist, dass Unterricht lediglich ein Angebot an die Schüler darstellt, das nur dann zu *Lernerfolgen* führt, wenn es wahrgenommen, richtig interpretiert und aktiv genutzt wird. Der eigentliche Motor sind also die indiv. Lernaktivitäten der Schüler: Deren Ausmaß und Qualität bestimmen den Lernerfolg. Lernaktivitäten und deren Ertrag hängen von vielen Faktoren ab: am stärksten vom indiv. *Lernpotenzial* (kogn. und motivationalen *Lernvoraussetzungen*), daneben aber auch von der Qualität und Quantität (Menge der Lerngelegenheiten) des Unterrichts, der Professionalität (*Lehrerprofessionalisierung*) und *Persönlichkeit* der Lehrperson sowie von der familiären Lernumwelt. Es handelt sich also um ein komplexes, multikausales Geschehen, bei dem sich – innerhalb best. Grenzen – unterschiedliche Determinanten des Lernerfolges wechselseitig kompensieren oder substituieren können. Das gesamte Wirkungsmuster ist eingebettet in vielfältige Kontexte: vom fachlichen und didaktischen Kontext über den Schulklassenkontext (Klassenzusammensetzung,

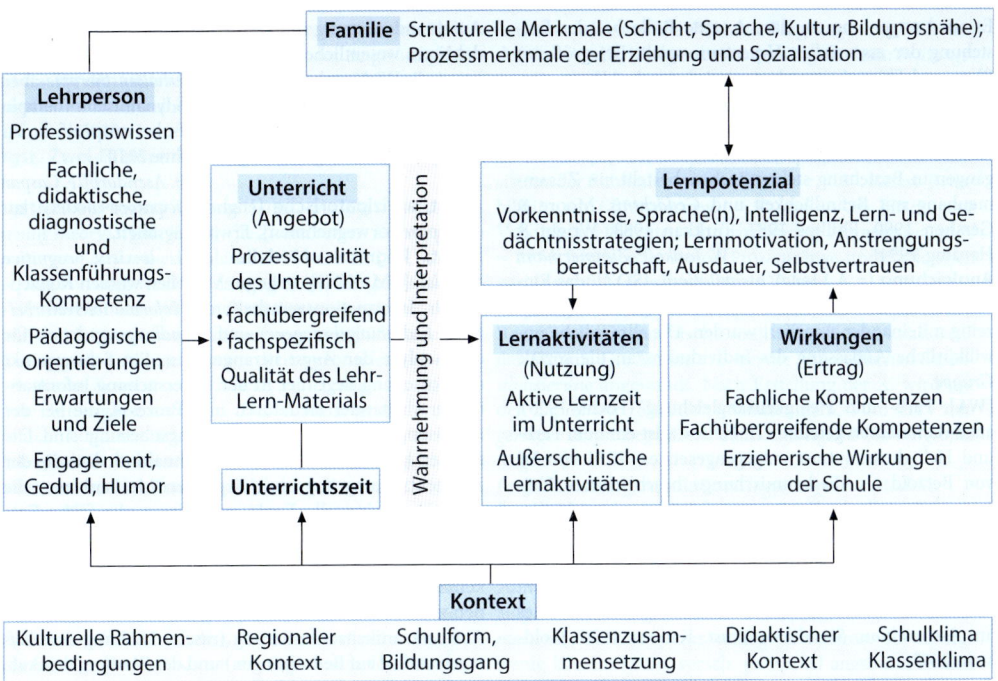

Angebots-Nutzungs-Modell der Wirkfaktoren akademischer Leistungen

Klassenklima und -normen), den Schulkontext (z. B. *Kooperation*s- und *Evaluation*skultur, den regionalen Kontext (Einzugsgebiet der Schule, z. B. Lage im Viertel von «Besitz und Bildung» oder im sozialen Brennpunkt) bis hin zu historischen und kult. Rahmenbedingungen. Daraus folgt, dass z. B. die Qualität des Unterrichts (*Unterrichtsqualität*) keine reine Steuergröße (i. S. einer unabhängigen Variable) ist, sondern selbst von vorfindbaren Rahmenbedingungen abhängt. Fend 1981, Helmke 2012.

A. Helmke/F.-W. Schrader

Angelpunkt *Pivot-Grammatik, Pivot-Wort*.

Angewandte Psychologie (= A. Ps.) [engl. *applied psychology*], ein Begriff, dem auch seine breite Benutzung noch keine ausreichende Eindeutigkeit gebracht hat. Grundsätzlich umfasst A. Ps. alle psychol. Bemühungen, die der nicht angewandten, d. h. allg. bzw. theoretischen Ps. (einschließlich Grundlagenforschung) gegenüberstehen. Da aber diese Grenzen immer fließend bleiben und zugleich die A. Ps. nicht als identisch mit *Praktischer Psychologie* bzw. *Psychotechnik* anzusehen ist, wird man A. Ps. am besten als Oberbegriff zur Praktischen Ps. und Psychotechnik nehmen und als zuständig bei der Kontaktnahme der Ps. mit jeder Berufsarbeit, mit Industrie und Wirtschaft, mit *Pädagogik*, Med., Justiz, Politik, Sport u. a. betrachten. Nach dieser Def. umfasst die A. Ps. u. a.: (1) Ps. der Eignung einschließlich ps. Berufskunde und Ps. der Ausbildung. (2) Ps. der Arbeit (Arbeitsmethoden, Arbeitsbedingungen, Arbeitsplatzgestaltung). (3) Wirtschaftsps. (Kauf, Verkauf, Werbung). (4) Klin. Ps. (*psychologische*

Diagnostik, *Psychotherapie*). (5) Ps. der Beratung (*Beratung, psychologische*; Berufs-, Betriebs- und Erziehungsps., Eheberatung, Rehabilitation u. Ä.). (6) Ps. im unmittelbaren Fachbereich von *Erziehung*, Rechtsprechung, Medizin, *Pharmakologie*, Politik, Verkehr, Sport u. a. m. Die A. Ps. vermag aber letztlich nicht mehr als das auszuwirken, was die psychol. Grundlagenforschung an Erkenntnissen, Methoden usw. bereitstellt. Der Begriff wurde von W. Stern (Stern 1903) als Programm eingeführt. Münsterberg gab der Psychotechnik die gleiche Bedeutung, wie sie heute die A. Ps. hat. Anastasi 1964, Biäsch 1977, Dorsch 1963.

angio- [gr. ἀγγεῖον (aggeion) Gefäß], in Wortverbindungen Gefäß.

Angioneurose [engl. *angioneurosis*; gr. ἀγγεῖον (aggeion) Gefäß], [KLI], heute nicht mehr verwendeter Begriff; funktionell bedingte Übererregbarkeit und Labilität der Gefäßnerven (syn. *Angiopathie*). *Neurose*.

Angiotensin (= A.) [engl. *angiotensin*], [BIO], *Hormon* des *Renin-Angiotensin-Aldosteron-System* (RAAS). Zu unterscheiden sind Angiotensin I (AI) und II (AII). AI wird unter dem Einfluss des *Angiotensin-converting-Enzym* (ACE, *Enzym*) in AII umgewandelt. Vermehrte Bildung bei Minderdurchblutung der Niere und Hypovolämie. A. löst einerseits sehr starke, an den Gefäßen direkte und durch Aktivierung des gesamten sympathischen *Nervensystems* indirekte vasokonstriktorische Reaktionen aus. Andererseits stimuliert es *Aldosteron*-Ausschüttung in der Nebennierenrinde, welches Natrium und Wasser im Körper hält. Beides trägt zur Blutdrucksteigerung bei.

jedoch Ä. ohne reale Gefahr oder unangemessen stark bei nur geringfügiger Bedrohung auftreten, werden sie als A. s. bez. Die Merkmale klin. auffälliger A. s. sind (1) *hohe Intensität*, unter der die Betroffenen leiden, (2) *Irrationalität*, d. h. situative Unangemessenheit, und (3) aus der A. resultierende Beeinträchtigung der Betroffenen bei der Bewältigung des Alltagslebens. Typischerweise führen A. s. zu Schwierigkeiten bei der Bewältigung des Berufs oder der Erfüllung der soz. *Rolle*, etwa im Familienleben.

A. s. können grob in situationsgebundene Ä., Phobien (*Phobische Störungen*), und solche, die nicht durch best. Reize oder Situationen hervorgerufen werden, unterteilt werden. Die beiden Klassifikationssysteme *DSM* und *ICD* stimmen weitgehend in ihrer Klassifikation der A. s. überein (s. Anhang I). Sie werden im Wesentlichen unterteilt in: (1) *spezifische Phobien*, dazu gehören etwa Tierphobien oder Ängste vor best. Situationen wie Höhe; (2) *Sozialphobie*, die Angst vor Situationen, in denen man mit unbekannten Personen konfrontiert bzw. von ihnen beurteilt wird; (3) *Agoraphobie*, die Angst vor Situationen der Öffentlichkeit, v. a. solchen, vor denen eine Flucht schwierig ist; (4) *Panikstörung*, das Auftreten wiederholter, unerwarteter Panikattacken; (5) Posttraumatische Belastungsreaktion (*Posttraumatische Belastungsstörung*), die intrusiv wiederkehrenden, belastenden Erinnerungen an ein furchterregendes, von hoher Gefahr gekennzeichnetes Ereignis; (6) *Zwangsstörungen*, wiederholte, unangebrachte Gedanken und Impulse oder Verhaltensweisen (z. B. Händewaschen oder Kontrollieren), (7) *Generalisierte Angststörung*, lang anhaltende, übermäßige Angst und Sorgen über alltägliche Ereignisse und Probleme.

A. s. wurden früher auch als *Neurosen* bez. (und werden auch heute noch im ICD-10 zus. mit anderen Ängsten und Bewusstseinsstörungen unter *Neurotische Störungen* zus.gefasst). Über die letzten Jahrzehnte wurden Unterschiede zw. den versch. A. s. hinsichtl. der Merkmale, des Verlaufs und der Spezifität wirksamer Behandlungsmethoden präzisiert. So stützte sich die Diagnostik anfangs auf vermutete frühkindliche Ursachen, während die Störung nun aufgrund der unmittelbar, in den vorangegangenen Wochen, aufgetretenen Symptome bestimmt wird. Es bedarf einer best. Anzahl bzw. Art von Symptomen, um die Störung als solche zu diagnostizieren. Es wurde eine große Anzahl von kogn.-verhaltensther ap. Behandlungsansätzen und -methoden entwickelt (*Verhaltenstherapie*), deren *Wirksamkeit* in kontrollierten Untersuchungen wiederholt nachgewiesen wurde. Sie sind in erster Linie auf die aufrechterhaltenden Faktoren der Störung ausgerichtet. Zu den wichtigsten Behandlungsmethoden gehören die schrittweise Gegenüberstellung mit der unangebracht gefürchteten Situation (*systematische Desensibilisierung, Konfrontation mit Reaktionsverhinderung*), die Vermittlung von Bewältigungsmethoden und die Veränderung unangemessener Einstellungen und Überzeugungen. Perez & Baumann 2011. *G. Sartory*

Angststörungen, diagnostische Verfahren [engl. *anxiety disorders, assessment*], syn. *Assessmentverfahren*, [**KLI**], die Diagnostik von *Angst* erfolgt über Verhaltenstests/-beobachtungen (z. B. bei *Exposition*), physiologische Parameter (z. B. Herzrate, *elektrodermale Aktivität*) und Selbstaussagen. Die Tab. zeigt bsp.haft Instrumente, die zur Erfassung der Symptome bzw. Ausprägungen der versch. Formen von *Angststörungen* (pathologische Angst) aus Pat.sicht (*Selbstbericht*) eingesetzt werden können. Zur Diagnostik von *Ängstlichkeit* (als *Persönlichkeitsmerkmal*) sind bspw. etabliert: *Beck Angstinventar (BAI), State Trait Anxiety Inventory (STAI), Hospital Anxiety and Depression Scale - Deutsche Version (HADS-D), Symptom-Checkliste (SCL-90-R)*. Hoyer 2006.

Angststörungen, neurobiologische Grundlagen [engl. *neurobiology of anxiety disorders*], [**BIO, KLI**], beschreiben erkrankungsassoziierte Befunde bzgl. der Neurotransmission (*Neurotransmitter*), der *Genetik* sowie strukturellen und funktionellen Hirnveränderungen (*Gehirn*) bei *Angststörungen* nach *ICD-10* (*Panikstörung, Generalisierte Angststörung, Soziale Phobie,* isolierte Phobie, *Agoraphobie*). Die Panikstörung ist mit einer verminderten Verfügbarkeit des präsynaptischen Serotonintransporters, des *Serotonin*-1A-Rezeptors sowie einem reduzierten Bindungsverhalten des Gamma-Aminobuttersäure-A-(*GABA*A)-Rezeptors im *limbischen System* und kortikalen Strukturen assoziiert. Pat. mit einer sozialen Phobie weisen neben erniedrigten *Oxytocin*-Spiegeln im Bereich des anterioren kortikalen Cingulums (ACC) ebenfalls eine Reduktion des postsynaptischen Serotonin-1A-Rezeptors in (para-)limbischen Regionen auf. Vereinzelt konnte eine pos. *Korrelation* zw. der Symptomschwere und dem Ausmaß der jew. Veränderung gefunden werden. *Zwillingsstudien* konnten für alle Angststörungen erhöhte *Konkordanz*raten zeigen. In der Folge identifizierten molekulargenetische Kopplungsuntersuchungen bei versch. Angststörungen assoziierte Genloci, wobei jedoch bisher nur die Loci 7p und 13q bei der Panikstörung mehrfach repliziert werden konnten. Während in Assoziationsanalysen mit den Genen für die Katechyl-O-Methyltransferase (COMT), den Adenosin-2A-Rezeptor, Cholezystokinin, den Serotonin-2A-Rezeptor, die Monoaminooxidase-A (MAO-A) sowie *Galanin* wiederholt Kandidatengene für die Panikstörung identifiziert werden konnten, blieben bei *phobischen Störungen* Befunde für die COMT, MAO-A und den *Dopamin*transporter jew. singulär. In der funktionellen Bildgebung wurden bei allen Angststörungen Aktivitätsveränderungen in der Amygdala, dem ACC sowie teilweise im Bereich des *Hippocampus* und des präfrontalen Kortex gefunden. Strukturelle Befunde bei der Panikstörung, der GAS und isolierten Phobien beziehen sich auf volumetrische Veränderungen der Amygdala, des Hirnstamms, des ACC, des Pons und der Insula. Plag & Ströhle 2012, Gray 1987. *J. Plag*

Angststörungen, Psychopharmakotherapie [engl. *pharmacotherapy of anxiety disorders*], [**PHA**], beschreibe die evidenzbasierte (*Evidenzbasierung*) psychopharmakol. Behandlung der Angststörungen (= A.) nach ICD-10 (*Panikstörung, generalisierte Angststörung,* soziale *Phobie,* isolierte Phobie, *Agoraphobie*). Erste Wahl in der Behandlung der A. stellen die Stoffgruppen der *Selektiven*

Selbstbeurteilungsverfahren zur Angstdiagnostik (Hoyer 2006)

Name	Autor (dt. Publikation)	Messintention	Skalen	Itemzahl
1. Agoraphobie und Panikstörung				
Agoraphobie Cognitions Questionnaire (ACQ)	Ehlers, Margraf & Chambless (2001)	Häufigkeit angstbezogener Gedanken	Körperliche Krisen, Kontrollverlust	14
Body Sensations Questionnaire (BSQ)	Siehe ACQ	Angstintensität bei Körpersymptomen	Keine	17
Mobilitätsinventar (MI)	Siehe ACQ	Ausmaß phobischer Vermeidung	Keine	27
Panik-und Agoraphobieskala (PAS)	Bandelow (1997)	Erhebung des Schweregrads der Panikstörung	Panikattacken, Agoraphobische Vermeidung, antizipatorische Angst, Einschränkungen, Gesundheitssorgen	13
2. Soziale Phobie				
Liebowitz Soziale Angst Skala (LSAS)	Stangier & Heidenreich (2005)	Angst und Vermeidung in sozialen Situationen	Je eine Skala zu Angst/Vermeidung in sozialen Situationen, Gesamtwert	24
Social Phobia Scale (SPS)	Stangier et al. (1999)	Ängste in sozialen Leistungssituationen	Keine	20
Social Interaction Anxiety Scale (SIAS)	Stangier et al. (1999)	Ängste in Interaktionssituationen	Keine	20
3. Generalisierte Angststörung				
Penn State Worry Questionnaire (PSWQ)	Stöber (1995)	Quantifizierung pathologischer Sorgen	Keine	16
4. Zwangsstörungen				
Hamburger Zwangsinventar, Kurzform (HZI-K)	Klepsch et al. (1993)	Vorliegen von Zwangssymptomen in den letzten 4 Wochen	Kontrollhandlungen, Waschen/Reinigen, Zählen/Berühren/Sprechen, gedankliche Rituale, Gedanken an Verletzung	72
5. Posttraumatische Belastungsstörung				
Impact of Event Scale (IES-R)	Maercker & Schützwohl (1998)	Abschätzung von Traumafolgen	Intrusionen, Vermeidung, Hyperarousal	22

Serotonin-Wiederaufnahmehemmer (SSRI) und der *Selektiven-Serotonin-Noradrenalin-Wiederaufnahmehemmer (SSNRI)* dar. Die Substanzen *Escitalopram, Citalopram, Sertralin, Paroxetin, Fluoxetin, Fluvoxamin* und *Venlafaxin* haben sich bei allen A. (außer der isolierten Phobie; limitierte Evidenzlage) als effektiv und gut verträglich er-

wiesen. Zur Therapie der generalisierten A. sind zusätzlich noch der Kalziumkanal-Modulator Pregabalin und der SSNRI *Duloxetin* zugelassen. Auch für einige Substanzen aus den Klassen der trizyklischen *Antidepressiva* und der *Monoaminooxidase-Hemmer* (MAOI) bestehen ebenfalls Wirksamkeitsnachweise i. R. einzelner A. Diese stellen jedoch aufgrund ihres umfangreicheren Nebenwirkungsspektrums nachrangige Therapieoptionen dar. Obwohl viele *Benzodiazepine* einen schnellen und zuverlässigen anxiolytischen Effekt besitzen, sollten sie in der Langzeitbehandlung von Angsterkrankungen v. a. wegen ihres Abhängigkeitspotenzials nicht angewendet werden. Erst wenn der serielle Einsatz versch. SSRI, SSNRI oder Pregabalin unter der substanzspezif. empfohlenen Höchstdosis und über einen Zeitraum von bis zu acht Wochen nicht mit einer signifikanten Verbesserung der Angstsymptomatik verbunden ist, sollte auf Substanzen der weiteren Wahl zurückgegriffen werden. Nach erreichter Remission des klin. Bildes wird empfohlen, die psychopharmakol. Behandlung i. S. einer Erhaltungstherapie in stabiler Dosis über einen Zeitraum von ca. zwölf Monaten weiterzuführen, um die Auftretenswahrscheinlichkeit eines *Rezidivs* zu verringern. Plag & Ströhle 2012, Schweizer et al. 1995.
J. Plag

Angstthermometer *Phobische Störungen*.
Angstüberflutung [engl. *flooding*], [**KLI**], Expositionsbehandlung in der *Verhaltenstherapie* (*Implosion*, *Flooding*), bei der Angstvermeidung durch massierte In-vivo-Reizung aufgehoben wird. *Konfrontation mit Reaktionsverhinderung*, *Überflutungstherapie*.
Angst vor der Angst [engl. *fear of anxiety*], *Erwartungsangst*.
Anhedonie [engl. *anhedonia*; gr. αν- (an-) ohne, ἡδονή (hedone) Lust], [**EM, KLI**], Fehlen bzw. Unfähigkeit, Freude und Lust zu empfinden. Kann als Symptom bei psych. Störungen auftreten. *Affektverflachung*.
A-nicht-B-Fehler (= A.) [engl. *A-not-B-error*], [**EW, KOG**], Phänomen des perseverierenden Greifens bei Kleinkindern. Bei dem von Piaget (1954) beschriebenen klassischen «A-NOT-B-Fehler» greifen 7–12-monatige Kinder, die im Objekt erfolgreich an einem Ort A gefunden hatten, wiederholt an diesen Ort, auch nachdem sie beobachtet haben, wie das Objekt an einem nahe gelegenen anderen Ort B versteckt wurde. Piagets Erklärung des Phänomens auf Basis der Entwicklung der *Objektpermanenz* gilt heute als überholt. Neuere Erklärungsansätze begreifen den A. als eine Manifestation einer egozentrischen Repräsentation von Raum (*Egozentrismus des Kindes*) und von noch schlecht ausgereiften zielgerichteten Bewegungen im Raum. Andere Theorien sehen den A. im Zusammenhang mit schlechter örtlicher Erinnerung und dem Unvermögen, starke motorische Reaktionen zu inhibieren (*Handlungskontrolle*). Markcovitch & Zelazo 1999.
A. Frick

Anima, Animus [engl. *anima, animus*; lat. *Geist, Lufthauch*], [**KLI**], in Jungs *Analytischer Psychologie* folgt auf das Bewusstmachen des *Schattens* als der 1. Stufe der Individuation (*Individuationsprozess*) als 2. Stufe die Assimilation der gegengeschlechtlichen Seelenbilder: Anima (beim Mann) und Animus (bei der Frau). Das gegengeschlechtliche *Seelenbild* setzt sich zus.: (1) aus Erlebnissen an gegengeschlechtlichen Personen der Umgebung, (2) aus meist verdrängten gegengeschlechtlichen Eigenschaften, (3) aus Erfahrungen, die die gesamte Menschheit von jeher am anderen Geschlecht gemacht hat, den ererbten kollektiven Bildern (*Archetyp* von Anima und Animus). Jacobi 1959.

animal, animalisch [lat. *animal* Lebewesen, Tier, *animalis* lebendig], belebt, urwüchsig, kreatürlich, tierisch, triebhaft. Auf das Leben, auf Sinnesreize eingestellt, der Willkür unterstellt. (veraltet) z. B. animales (im Ggs. zu vegetatives) *Nervensystem*.

animales Nervensystem [engl. *voluntary/somatic nervous system*; lat. *animal* Lebewesen, Tier], [**BIO**], der Teil des *Nervensystems* der die willkürlichen Funktionen regelt. Ggs. *vegetatives Nervensystem*.

Animalismus [engl. *animalism*; lat. *animal* Lebewesen, Tier], religiöse Tierverehrung.

Animal-Origin-Disgust (= A.) [engl. *animal* Tier, *origin* Ursprung, *disgust* Ekel], syn. Animal-Reminder-Disgust [engl. *reminder* Erinnerung], [**EM**], stellt eine von vier übergeordneten Kategorien von Ekelauslösern dar, neben *Core Disgust* (*Basisekel*), *Interpersonal Disgust* und *Moral Disgust*, die im Klassifikationssystem nach Paul Rozin und Kollegen (Rozin et al. 2000) beschrieben werden. Danach umfasst der A. solche Reize und Situationen, die uns daran erinnern, dass wir uns nicht grundsätzlich von Tieren unterscheiden. Dies betrifft die Bereiche der Körperausscheidungen (mangelnde Hygiene), der *Sexualität* und den Kontakt mit verletzten, sterbenden und toten Organismen, der uns unsere gemeinsame Vergänglichkeit verdeutlicht. Die Funktion dieses Ekeltypus ist demnach die Abgrenzung des Menschen vom Tierreich, der Schutz des menschlichen Körpers und seiner Seele.
Empirische Arbeiten, die sich u. a. mit der Konstruktion entspr. Fragebögen befassten, konnten die Existenz dieser Ekeldomäne nur z. T. bestätigen. Danach bilden Ekelauslöser wie mangelnde Hygiene und Verletzungen zwar eine Ekeldimension, deren Funktion sich jedoch eher auf die Vermeidung von Ansteckung und Erkrankung bezieht. Tybur et al. 2009.
A. Schienle

Animal-Reminder-Disgust *Animal-Origin-Disgust*.
Animateur [lat. *animare* anregen], Anreger, Unterhalter z. B. bei der Freizeitgestaltung.
[**KLI**], Anreger im gruppendynamischen Prozess. *Psychodrama*.
Animationen (= A.) [engl. *animation*; lat. *animare* anregen], [**MD, PÄD**], sind dynamische visuelle Repräsentationen, die häufig in computergestützten Lernumgebungen zum Einsatz kommen, da sie komplexe Systeme und Abläufe sparsamer als Texte darstellen können. Die lernförderliche Wirkung von A. ist jedoch umstritten, da sich in Vergleichsstudien mit statischen Bildern häufig keine positiven Effekte von A. gezeigt haben. Dieser Befund wird häufig durch zu hohe Komplexität, gepaart mit einer zu hohen Geschwindigkeit der dynamischen Informationen erklärt. Weiterhin scheint der Vorteil von A. v. a. in der Vermittlung motorisch-prozeduraler Abläufe zu liegen

(Höffler & Leutner 2007). Allgemein wird zw. *systemgesteuerten* und *nutzergesteuerten* A. unterschieden. Während der Lernende keinerlei Einfluss auf systemgesteuerte A. ausüben kann, bestehen bei nutzergesteuerten A. Möglichkeiten der Interaktion. Zum einen können A. Funktionen zur Kontrolle der Geschwindigkeit der dargebotenen Informationen anbieten (z. B. Stopp, Spulen). Durch diese Funktionalität erhofft man sich, eine durch die Flüchtigkeit von Informationen bei A. hervorgerufene kogn. Überlastung zu vermeiden. Zum anderen bieten A. die Möglichkeit, durch die Spezifikation von versch. Kennwerten die Inhalte der A. selbst zu verändern (*Interaktivität*). Ein Bsp. hierfür wäre eine A. zum Zusammenhang des Durchmessers eines Kreises mit dessen Umfang, bei der der Lernende den Durchmesser selbst einstellen kann und sich der in der Animation abgebildete Kreis an diese Angabe anpasst. Tversky et al. 2002. M. Merkt

Animismus (= A.) [engl. *animism*; lat. *anima* Geist, Seele, Lebenskraft], [**KOG**], Beseeltheit aller Dinge, in Kulturen geringerer Naturbeherrschung das Gesamtgebiet primitiven Seelenglaubens. A. ist die erste Stufe des Versuchs, das Übernatürliche zu verstehen. Mit der *Körperseele* beginnt der *Seelenglaube*; es folgt der Glaube an die Hauch- oder Schattenseele, zus. damit die Verehrung des Blutes als Träger des Lebens, der Nieren und Geschlechtsorgane als Sitz der Körperseele. Daraus entsteht in höher entwickelten Kulturen der *Phalluskult*. Die Lehre von der Hauchseele führt zur Auffassung einer Seelenwanderung, der Verwandlung in Tiere, die heilig sind (*Tabu* werden), zu den Gebräuchen der Leichenverbrennung, der sonstigen Bestattungsformen, den Opferkulten.
Animistische Hypothese ist die Annahme, dass für alle körperstofflichen Vorgänge psych. Parallelen vorliegen. Man sieht die animistische Phase als älteste an. Ein präanimistischer Zustand wird als dem A. vorausgehend angenommen. Nach den Vorstellungen der *Tiefenpsychologie* und bes. *Jung*s weisen gewisse Traumbilder und geistig-seelische Sonderzustände (*Archetyp*) auf ihn hin. Auf animistische Züge in der Intelligenzentwicklung machte *Piaget* aufmerksam. *Anthropomorphismus*. Hellpach 1951.

animistisches Denken [engl. *animistic thinking*; lat. *anima* Seele, Geist, Lebenskraft], [**EW, KOG**], besteht darin, unbelebten Gegenständen Leben zu attribuieren. Es kann aber auch zur Bez. der Illusion dienen, Pflanzen oder Tiere hätten menschliche Empfindungen oder gar Ziele. Der als bedrohlich wahrgenommene Baumstrunk im Nebel ist ein Bsp., dem die meisten Menschen schon erlegen sind. Dass aber unbelebte Gegenstände prinzipiell menschenähnlich «funktionieren», glaubte der frühe Piaget (*Entwicklung, Stufentheorie nach Piaget*) bei voroperatorischen Kindern allg. festgestellt zu haben. So antworteten junge Kinder auf die Frage, warum der Mond scheine, er wolle uns eben Helligkeit spenden, oder auf die Frage, warum der Heizungsradiator warm sei, weil er uns Wärme geben wolle. Neuere Forschung hat aber gezeigt, dass solches Denken bei einigen Kindern sporadisch vorkommt, aber nicht die Regel ist. Die Unterscheidung «belebt-unbelebt» – unabhängig von Aktionen oder Bewegungen der gemeinten Gegenstände – ist bereits beim zweimonatigen Säugling belegt. Animistischen Antworten liegt vermutlich eine bes. bei Kindern weitverbreitete Tendenz zugrunde, Warum-Fragen und auch die Konjunktion «weil» spontan zunächst als final (*Finalität*) statt als kausal zu verstehen. Berzonsky 1988. A. Flammer

Animosität [engl. *animosity, hostility*; lat. *animosus* leidenschaftlich], [**EM, KLI**], feindschaftliche Abneigung, Gereiztheit. Bei C.G. Jung (*Analytische Psychologie*) Haltung, die sich an der Anima (*Anima, Animus*) orientiert und aus Ungenügen Abneigung entwickelt.

Anisometropie [engl. *anisometropia*; gr. αν- (an-) ohne, ἴσος (isos) gleich, μέτρον (metron) Maß, τροπη (trope) Wendung, Einwirkung], [**BIO, WA**], ungleiche Brechungskraft beider Augen.

Anisotropie, dreidimensionale [engl. *three-dimensional anisotropy*; gr. αν- (an-) ohne, ἴσος (isos) gleich, τροπη (trope) Wendung, Einwirkung], [**WA**], im erlebten *Raum* (*Raumwahrnehmung*) sind im Unterschied zum euklidischen die drei Hauptrichtungen des Raums funktional nicht gleichwertig. So wird z. B. die Senkrechte gegenüber der Horizontalen überschätzt. Koffka 1950.

Ankereffekt (= A.) [engl. *anchoring effect*], [**KOG, SOZ**], bez. die beim *Urteilen* häufig zu beobachtende Tendenz eines Urteils in Richtung eines vorab präsentierten Standards, dem Anker. In dem klassischen Paradigma zum A. im Rahmen des *Heuristics-and-Biases-Forschungsprogramms* (*Entscheidungsheuristiken*) erfolgt die Präsentation des Ankers im Rahmen eines vergleichenden Urteils (z. B. *ist der Rhein kürzer oder länger als 500 km vs. 2000 km?*), bevor die Pbn um eine konkrete Schätzung gebeten werden (z. B. *wie lang ist der Rhein?*). Der Effekt zeigt sich dann in der Anpassung (*Assimiliation*) des absoluten Urteils an den zuvor dargebotenen Wert (z. B. niedrigere Schätzung bei einem Anker von 500 km und höhere Schätzung bei 2000 km). Der A. zeigt sich in vielen verwandten Paradigmen und gilt als sehr robustes empirisches Phänomen. Erklärt wird er u. a. durch die Annahme einer Anker- und Anpassungsheuristik, numerisches *Priming*, Konversationsnormen und mithilfe des *Selective Accessibility Model*. H. Plessner

Ankerheuristik [engl. *anchor heuristic*], *Finanzpsychologie*, *Heuristik*, *Urteil*.

Ankerreiz (= A.) [engl. *anchor stimulus*], [**WA**], Bezugsreiz, Reiz, der zum Bezugsrahmen (*frame of reference*) oder Adaptationsniveau (*adaptation level*) wird. Fragestellung der *Psychophysik* seit Gelb (1937). Helson definierte Adaptationsniveau als das gewichtete *geometrische Mittel* aus dem akt. zu beurteilenden Reiz, dem A. und den sich irgendwie auswirkenden früheren Reizen. Sarris (1975) stellte komplexere Beziehungen fest: Kontrasteffekte, wenn sich A. und zu beurteilender Reiz sehr stark unterscheiden. *Anpassungsniveau, Bezugsgruppe, Bezugssystem*. Lauterbach & Sarris 1980.

Anklammerungsreflex, optischer, [**KOG**], Bez. für besondere Verhaltensweisen, z. B. bei Schrecksituationen im Straßenverkehr das Zufahren auf das Objekt (Baum, Lichtmast, Fußgänger), dem ausgewichen werden müsste.

Anklingen, [WA], Bez. dafür, dass die Empfindungen (auch Emotionen) nicht mit der Einwirkung des Reizes sofort, sondern erst im Verlauf einer kurzen Zeit (bis 1/80 s; versch. bei den einzelnen Sinnesgebieten) die volle Stärke erreichen, die der Intensität des Reizes entspricht.

Ankyloglosson [engl. *ankyloglossia*; gr. αγκυλος *(agkylos)* gekrümmt, γλῶσσα *(glossa)* Zunge], [**BIO**], angewachsenes Zungenbändchen; Bez. für eine angeborene Entwicklungsstörung der Zunge, bei der die Zunge durch ein kurzes und zu weit nach vorne reichendes Zungenbändchen mit dem Mundboden verwachsen ist. Durch die eingeschränkte Beweglichkeit der Zunge (häufig kann sie nicht über die untere Zahnleiste oder über die Unterlippe hinausgestreckt werden) können Schwierigkeiten beim Stillen bzw. Störungen beim Sprechen (v. a. bei der Laubildung) entstehen. *Sprechen*. Kittel 1973.

Anlage [engl. *nature/gene*], [**BIO, PER**], in den Chromosomen der *Gen*) gelegene Information, die die Ausprägung morphologischer und psych. Merkmale steuert. *Anlage-Umwelt*, *Verhaltensgenetik*.

Anlage-Umwelt [engl. *nature-nurture/gene-environment*], [**EW, PER**], sind ein Begriffspaar, das die Frage beschreibt, wie stark bestehende Unterschiede in der *Persönlichkeit* von Mitgliedern einer best. Altersgruppe und Kultur durch genetische Unterschiede (*Genetik*) zw. ihnen oder durch Unterschiede in ihrer bisherigen Umwelt bedingt sind. Diese Frage betrifft also die *Persönlichkeitsentwicklung*. Während diese Frage in der Öffentlichkeit oft kontrovers diskutiert wird, weil genetische und Umwelteinflüsse als Ggs. angesehen werden, besteht in der Ps. inzw. eine breite Übereinstimmung darin, dass sie vielmehr in Wechselwirkung über die Zeit stehen, da genetische Unterschiede Einfluss auf die Umwelt und Umweltunterschiede Einfluss auf die Genaktivität (z. B. durch *epigenetische Programmierung*) nehmen können. Von «Anlage» wird dabei nicht mehr gesprochen, da dieser Begriff zu unscharf ist.

Meth. lassen sich zwei Ansätze unterscheiden. In der *Verhaltensgenetik* [engl. *behavior genetics*] wird der Einfluss von genetischen und Umweltunterschieden auf Persönlichkeitsunterschiede indirekt geschätzt mithilfe des Vergleichs der Persönlichkeitsähnlichkeit von Personen-Paaren unterschiedlicher genetischer Ähnlichkeit. Zentrale Annahme ist, dass eine größere Persönlichkeitsähnlichkeit bei genetisch enger verwandten Paaren als genetischer Effekt interpretiert werden kann. Quantitativ wird hierbei die *Heritabilität* h^2 (*Heritabilitäts-Index bzw. -Koeffizient*) geschätzt (der Anteil der genetischen Varianz in der betrachteten Altersgruppe an der Varianz der Persönlichkeitsunterschiede). Der nicht erklärte Rest $1-h^2$ beruht dann auf der Varianz des Messfehlers und der Umweltvarianz (wird nicht für die Varianz des Messfehlers korrigiert, wird der Umwelteinfluss überschätzt).

Die Heritabilität wird direkt geschätzt durch die Differenz zw. der *Korrelation* der Persönlichkeitseigenschaft zw. genetisch identischen Paarlingen (eineiige Zwillinge) und der Korrelation dieser Eigenschaft zw. genetisch nicht verwandten Paarlingen (Adoptivgeschwister). Meist werden jedoch eineiige mit zweieiigen Zwillingen verglichen (*Zwillingsmethode*) oder Adoptivgeschwister mit leiblichen Geschwistern (*Adoptionsmethode*); in diesen Fällen schätzt die Korrelationsdifferenz nur 50% des genetischen Einflusses, da zweieiige Zwillinge und leibliche Geschwister zu 50% genetisch identisch sind. Deshalb schätzen Zwillings- und Adoptionsmethode den genetischen Einfluss durch die doppelte Korrelationsdifferenz. Da Zwillinge und Adoptivgeschwister nicht repräsentativ für die Bevölkerung sind (z. B. eingeschränkte Variabilität vieler Persönlichkeitseigenschaften von Adoptivkindern aufgrund ihrer Vermittlung in möglichst stabile Adoptivfamilien), sind beide Methoden fehleranfällig, wobei sich die Fehler aber oft gegenseitig aufheben, wenn Daten möglichst vieler unterschiedlicher Geschwistertypen (z. B. auch Halbgeschwister) gleichzeitig zur Schätzung herangezogen werden (*Kombinationsmethode*).

Hauptergebnisse der auf inzw. sehr großen Geschwisterstichproben beruhenden Schätzungen sind, dass nach Kontrolle des Messfehlers Unterschiede in der *Intelligenz* und den fünf Hauptfaktoren der Persönlichkeit (*BIG FIVE*) zu etwa 50% durch genetische Unterschiede und zu etwa 50% durch Umweltunterschiede bedingt sind, wobei die Schätzungen von der betrachteten Persönlichkeitseigenschaft und z. T. auch von der betrachteten Altersgruppe abhängen (so nimmt z. B. der genetische Einfluss auf Intelligenzunterschiede bis zum Erreichen des Rentenalters zu bis auf ca. 80%).

Bei *Einstellung*en variieren die Schätzungen allerdings stark. So wurde in einer großen australischen Zwillingsstudie 0% genetischer Einfluss für die Einstellung zur Koedukation, aber über 50% genetischer Einfluss für die Einstellung zur Todesstrafe gefunden. Letzteres wurde in Nachfolgestudien in den USA weitgehend durch Intelligenzunterschiede und andere genetisch beeinflusste Persönlichkeitseigenschaften erklärt (z. B. je höher die Intelligenz, desto neg. die Einstellung zur Todesstrafe). Dieses Bsp. illustriert, dass korrelativ identifizierte genetische Einflüsse auf eine Persönlichkeitseigenschaft nicht direkt kausal (*Kausalität*) interpretiert werden dürfen, da sie höchst indirekt vermittelt sein können über genetische Einflüsse auf andere Eigenschaften, die mit der betrachteten Eigenschaft korreliert sind (stat.: sie mediieren den genetischen Einfluss; *Mediatorvariable*).

Zudem muss berücksichtigt werden, dass es Korrelationen zw. genetischen und Umweltunterschieden gibt, die ebenfalls mit dem Alter variieren können (z. B. zunehmende Passung zw. Genom und Umwelt im Falle von Intelligenz). Diese Korrelationen können schon bei der Zeugung vorhanden sein, da Kinder mit jedem Elternteil zu 50% genetisch identisch sind und die Eltern sich aufgrund ihrer Persönlichkeit in best. Umwelten befinden (*passive Genom-Umwelt-Korrelation*). Die Korrelation kann dann im Verlauf der Entwicklung zunehmen durch aktive Auswahl von Umwelten, die zur eigenen genetischen Ausstattung passen (*aktive Genom-Umwelt-Korrelation*) und zu- oder abnehmen durch Reaktion der sozialen Umwelt auf diese genetische Ausstattung (*reaktive Genom-Umwelt-Korrelation*). Z. B. wird die Zunahme des genetischen Einflusses

auf Intelligenzunterschiede durch abnehmende passive und zunehmende aktive Genom-Umwelt-Korrelation erklärt. Ein Beleg für die Genom-Umwelt-Korrelation bei Intelligenz ist die Tatsache, dass der IQ zw. Ehepartnern ähnlich hoch korreliert wie zw. Eltern und ihren leiblichen Kindern (engl. *assortative mating*); diese Korrelation aufgrund der Partnerwahl kann durch alle drei Formen der Genom-Umwelt-Korrelation zustande kommen.
In der Molekulargenetik [engl. *molecular genetics*] (*Verhaltensgenetik*) werden Unterschiede im Genom mit Unterschieden in der Persönlichkeit korreliert. Da das menschliche Genom erst nach 2000 weitgehend entschlüsselt wurde, ist hierzu noch wenig bekannt, zumal die sehr große Zahl möglicher relevanter Gene (Tausende der ca. 24 000 menschlichen Gene) es schwer macht, gefundene Korrelationen für einzelne Gene von Zufallsbefunden abzugrenzen. Bisher ist kein einziges Gen bekannt, dessen häufigere Varianten überzufällig mit Persönlichkeitsunterschieden korrelieren (die seltenen pathologischen Gene der Humangenetik ausgenommen). Alternativ werden deshalb neuerdings *genomweite Assoziationsstudien (GWAS)* [engl. *genome-wide association studies*] durchgeführt, in denen interindividuelle Unterschiede in Tsd. von Genen simultan an Tsd. von Personen mit Persönlichkeitsunterschieden dieser Personen korreliert werden. Wenn dabei auch die Korrelationen der einzelnen Gen-Varianten untereinander berücksichtigt werden, konnten so Unterschiede in der Intelligenz älterer Menschen zu etwa 50 % durch Unterschiede in ihren Genomen erklärt werden, was die Schätzungen der Verhaltensgenetik weitgehend bestätigt. *Verhaltensgenetik*. Asendorpf 2012, Davies et al. 2011, Plomin et al. 1977. *J. B. Asendorpf*

Anlage-Umwelt-Interaktion *Genom-Umwelt-Interaktion*.

Anlage-Umwelt-Kovarianz *Genom-Umwelt-Korrelation*.

Anlasserreiz *Afferenzsynthese*.

Anlegerverhalten (= A.) [engl. *investor behavior*], **[KOG, WIR]**, ps. Forschung zum A. befasst sich vorrangig mit der Kontrastierung von ökonomisch rationalem A. (*Rationalität*) und tatsächlich vorgefundenem A. Mittlerweile gilt als gut abgesichert, dass viele Anleger nicht rein rational (also auf der Basis integrierter, verfügbarer Informationen wie z. B. Dividenden oder Gewinnzuwächsen) agieren (sog. *rational traders*), sondern dass einige Anleger auch dann nicht reagieren, wenn vorliegende Informationen ein Handeln nahelegen würden (sog. *passive traders*) bzw. handeln, obwohl die zugrunde liegenden Informationen (z. B. Gerüchte) nicht verlässlich sind (sog. *noise traders*). Bei der Gruppe der noise traders wird dabei angenommen, dass sie die *Valenz* von Informationen überschätzen, die Zuverlässigkeit der Informationen hingegen zu wenig berücksichtigen. Eine weitere Fehlinformation, die häufig (fälschlicherweise) von Anlegern genutzt wird, ist der bisherige Kursverlauf (v. a. bei Darbietung von Trends bzw. Kursveränderungen anstelle von Kurshöhen). Dieser bietet jedoch aufgrund der Zufälligkeit der Kurse von Finanzwerten (sog. *random walks*) oft keine rationale Basis für Kauf- oder Verkaufsentscheidungen. Zudem wurde festgestellt, dass der ursprüngliche Kaufpreis bei Verkaufsentscheidungen ebenfalls eine Rolle spielt (sog. *sunk-cost effect*, *Entscheiden, Entscheidungstheorie, Entscheidungsheuristiken, Kaufentscheidungen, Rationalität von*) und dass Verliereraktien typischerweise länger gehalten werden als Gewinneraktien (*Dispositionseffekt*). Dass von diesen Erklärungsansätzen auf indiv. Ebene auch auf die Marktebene geschlossen werden kann, ist jedoch noch nicht gesichert. Insgesamt können in Bezug auf A. versch. Einflüsse unterschieden werden: (1) *Affektive Einflüsse* (*Affekt*) umfassen z. B. die akt. *Stimmung*slage oder *Einstellungen*. Empir. Belege für affektive Einflüsse liegen jedoch eher spärlich vor. (2) *Soziale Einflüsse* umfassen Aspekte wie interpersonelle *Kommunikation* und Gruppenprozesse (*Gruppe, Gruppendynamik*), Medieninformationen (*Medienrezeption, Medienwirkungen*) oder Verhaltensbeobachtung (*Beobachtungslernen*). Empirische Befunde liegen hierbei vor allem bzgl. Medieninformationen (Förderung der Erwartung von Trends durch Bereitstellung vermeintlicher Begründungen) und der Beobachtung des Verhaltens anderer Personen (z. B. im Sinne gleichförmigen Verhaltens, auch wenn dies von der tatsächlichen Informationslage her gar nicht gerechtfertigt ist; sog. *Herdenverhalten*)vor (*Entscheiden unter Unsicherheit*). (3) *Selbstüberschätzung* wie *Überoptimismus* (Glaube daran, dass man selbst weniger von neg. Ereignissen getroffen wird als andere Personen, *Optimismus*), *Kontrollillusion* (Überschätzung des Ausmaßes der eigenen Kontrolle) oder *Overconfidence* (Überschätzung der Sicherheit eigener Urteile (*Urteilen*), wobei alle drei Formen empirisch als hinderlich für rationale Finanzentscheidungen bestätigt werden konnten. *Finanzpsychologie*.
Schulz-Hardt et al. 2015. *S. Schulz-Hardt*

Anlehnungstypus [engl. *attachment type*], **[EW, KLI]**, psychoanalytische Bez. nach Freud (*Freud, Sigmund*) für einen Menschen, dessen frühkindliche Bindungen (*Bindung*) an Mutter, Betreuer o. Ä. als Modell die erotische Partnerwahl bestimmen. «Die Objektfindung ist eigentlich eine Wiederfindung» (Freud).

Anleiten (= A.) [engl. *to instruct, to teach*], **[PÄD]**, A. von und Beraten bei Lernprozessen (*Lehr-Lern-Prozesse*) sind wesentlich durch das verbale *Verhalten* der Lehrpersonen best. In Lernprozessen, ganz bes. in den weniger frontal organisierten, in denen Lehrpersonen eher die Rolle von Lernhelfern einnehmen, orientieren sich Schüler, sie planen (*Planen*), entscheiden (*Entscheiden*) und handeln (*Handlung*). Jedoch auch in eher frontal organisierten Unterrichtssituationen, in denen die zentralen Planungs- und Entscheidungssituationen durch die Lehrpersonen best. werden, ist es für die Schüler wichtig, orientiert zu sein oder sich zu orientieren, über das, was und wie etwas erreichen sollen. Diese Leistungen sind u. a. abhängig von Anleitung und Beratung. Schulze, Langer & Tausch (Schulz von Thun 2010a) identifizierten in Studien folgende verständlichkeitsfördernde Dimensionen: Einfachheit (vs. Kompliziertheit), Gliederung-Ordnung (vs. Unübersichtlichkeit, Zusammenhanglosigkeit), Kürze-Prägnanz (vs. Weitschweifigkeit), zusätzliche Stimulanz (vs. keine zusätzliche Stimulanz). V. a. im amerikanischen Sprachraum finden sich im Kontext der *Teacher-Effectiveness-Forschung* (*Schuleffektivität*) eine Reihe ähnlicher Ergebnisse. Die dort entwickelten Hinweise für das verbale Verhalten von Lehrpersonen gehen von einem sehr weitgefassten Begriff des Erklärens aus, der aber durchaus Beschreibungen und Anleitungen mit einbezieht. Einige wichtige Hinweise sind: Den Lernenden Zielorientierungen (*Ziele*) geben, strukturiert vortragen, bei längeren Aussagen oder Vorträgen Vorstrukturierungen voranstellen, Komplexität beschränken, Vagheit vermeiden, mit Konkretisierungen und Bsp. nicht sparen, Dynamik und Enthusiasmus zeigen und Aussagen gewichten. *Instruktion, Instruktionsmethoden*. Kiel 2007. S. Weis

Anlernverfahren, [**AO**], nach Art der auszuübenden Tätigkeit unterschiedliche Verfahren, um ungelernte Arbeiter zu schulen. Verwendet werden z. B. zweckmäßige Arbeitsanweisungen, Übungen an eigens dafür konstruierten Geräten sowie Beispiele richtiger und falscher Handhabung.

Anmutung (= A.) [engl. *impression*], [**WA**], die Weise, wie Wahrnehmungen und Vorstellungen emot. beeindrucken bzw. Gefühle auslösen. Die von einem Objekt ausgehende A. bezeichnete v. Dürckheim als dessen Anmutungsqualität.
[**WIR**], die A. ist ein in der *Werbepsychologie* eingeführter Begriff für den ersten Eindruck i. d. R. affektiver Art, den ein wahrnehmbarer Reiz hinterlässt. Nach der Genetischen Ganzheitsps. besteht die aktualgenetische Erfahrung (*Aktualgenese*) eines Reizes in der A. als erstem, oft nicht bewusstem Wahrnehmungsschritt. Im Rahmen der Genetischen Ganzheitsps. wurden Verfahren der «gelockerten Reizbindung» entwickelt, um den «A.charakter» eines Stimulus zu prüfen, der als Gefühlseindruck der *Wahrnehmung* vorausgeht bzw. ihre erste Komponente ist. Bsp. für Methoden zur Lockerung der Reizbindung sind die zeitliche Verkürzung der Betrachtungsdauer durch ein *Tachistoskop*, die Verseitlichung der Reizvorlage mithilfe eines *Perimeter*s und die Verdunklung durch ein Nyktoskop. Moser 2002. K. Moser

Annäherungskonflikt [engl. *approach-approach conflict*], *Konflikttheorie, Annäherungs-Vermeidungs-Konflikt*.

Annäherungs-Leistungsziel (= A.) [engl. *performance-approach goal*], [**EM, PÄD**], der Begriff stammt aus der Motivationsps. (*Motivation*), genauer aus *Zieltheorien* sensu Dweck, Nicholls, Elliot und anderen. Personen, die ein A. verfolgen, üben eine Tätigkeit insbes. deshalb aus, um eigene *Fähigkeit*en zu demonstrieren. A. sind abzugrenzen von *Vermeidungs-Leistungszielen*, *Lernzielen* sowie der *Arbeitsvermeidung*, die ebenfalls Ziele in Lern- und Leistungskontexten darstellen. A. können i. S. einer habituellen Präferenz zeitlich stabil und transsituational konsistent sein (*trait*) oder sie können situativ angeregt werden (*state*). In ersterem Fall spricht man von *Zielorientierung*. *Ziele* in Lern- und Leistungssituationen sind ein wichtiger Forschungsgegenstand, weil sie in systematischem Zusammenhang mit *Erleben* und *Verhalten* sowie erbrachter Leistung stehen. Dabei ist die Befundlage für A. jedoch i. d. S. inkonsistent, dass z. T. pos., z. T. neg. Zusammenhänge von A. mit *Emotionen*, *Kognitionen* und Leistungen berichtet wurden. In der Folge sind zahlreiche Forschungsarbeiten entstanden, die durch theoretische Klärungen und empirische Zugänge bemüht waren zu klären, unter welchen Umständen ein A. mit welchen Konsequenzen einhergeht. Die Befundlage kann so zus.gefasst werden, dass A. zumindest kurzfristig durchaus mit guten Leistungen einhergehen können, jedoch nicht die langfristige, intensive Beschäftigung mit Themen sicherstellen, die für andauernde Erfolge nötig ist. Zur Erfassung von A. und weiteren Zielen stehen im dt.sprachigen Raum die für Schüler normierten *Skalen zur Erfassung der Lern- und Leistungsmotivation (SELLMO)* zur Verfügung. *Zielsystemtheorie*. Senko et al. 2011, Spinath 2009. B. Spinath

Annäherungsorientierung [engl. *approach orientation*], *Zweidimensionales Modell metatelischer Orientierungen*.

Annäherungstendenz [engl. *approach tendency*], *Annäherungs-Vermeidungs-Konflikt*, *Konflikttheorie*, *Annäherungs-Leistungsziel*.

Annäherungs-Vermeidungs-Konflikt (= A.) [engl. *approach-avoidance conflict*], [**EM, PÄD**], der Begriff wurde von Lewin (*Lewin, Kurt*) im Rahmen seiner Feldtheorie (*Feldtheorien, psychologische*) in die Motivationsps. (*Motivation*) eingeführt. Ein A. liegt vor, wenn ein Ziel sowohl pos. als auch neg. Elemente beinhaltet. In Lewins Feldtheorie werden diese pos. und neg. Elemente von Zielen als Zielmerkmale in Form pos. und neg. *Valenzen* beschrieben. Eine pos. Valenz führt dazu, dass eine pos. Kraft (eine *Annäherungstendenz*) besteht, die eine Person auf ein Ziel hinführt. Eine neg. Valenz führt hingegen dazu, dass eine neg. Kraft (eine *Vermeidungstendenz*) besteht, die eine Person von einem Ziel wegführt. I. R. der Theorie der resultierenden Valenz (*resultierende Valenz*) von Lewin und Mitarbeitern wird erstmals deutlich, dass Leistungsziele – so die Bearbeitung einer Aufgabe oder das Bestehen einer Klausur – stets einen A. in sich tragen: Der mögliche Erfolg beim Bewältigen einer Aufgabe löst eine Annäherungstendenz aus (*Annäherungs-Leistungsziel*, *Hoffnung auf Erfolg*), das etwaige Scheitern bei der gleichen Aufgabe löst eine Vermeidungstendenz (*Vermeidungs-Leistungsziel*, *Furcht vor Misserfolg*) aus (*Leistungszielorientierung*). Das motivationale Geschehen wird best. durch die relative Stärke dieser beiden Kräfte.

Dieser Grundgedanke Lewins erwies sich als wegweisend und wird in den nachfolgenden Theorien der *Leistungsmotivation* und den *Zieltheorien* aufgegriffen und erweitert. *Konflikttheorie*. Rudolph 2013. U. Rudolph

Annahmebereich *Soziale Urteilstheorie*.

Anna O. (= A.), [**KLI**], hinter der Falldarstellung des Fräulein A. verbirgt sich die Krankengeschichte der Bertha Pappenheim (1860–1936), die in dem 1895 erstmals erschienen Buch «Studien über *Hysterie*» von Breuer und Freud veröffentlicht wurde. Viele Autoren bez. die Fallgeschichte als einen Entstehungsmythos der *Psychoanalyse*. Breuer beschrieb in der Fallgeschichte die hysterische Erkrankung von A., die als 21-Jährige (1880), kurz nach der schweren Erkrankung ihres Vaters, erste Symptome entwickelte. Diese äußerten sich als Störungen in der Sprache (über einige Abschnitte der Behandlung gelang es ihr nur, auf Engl. zu sprechen, jedoch weiterhin Dt. zu verstehen), Lähmungserscheinungen der Nackenmuskulatur, Arme und Beine, Sehstörungen, *Somnambulismus*, *Halluzination* sowie den Wechsel zw. zwei getrennten, unabhängigen Bewusstseinszuständen (*Bewusstsein*), bei denen sie sich in dem einen Zustand nicht an den anderen zu erinnern vermochte. Breuer unterteilte den Krankheitsverlauf in vier versch. Phasen: (1) die latente *Inkubation*, (2) die manifeste Erkrankung, (3) eine Periode von Somnambulismus, der sich mit «normalen» Zuständen abwechselte, (4) die allmähliche Auflösung der Zustände und Phänomene. Er sah in der Symptomatik von A. einen psych. Ursprung und entwickelte im Verlauf der Behandlung ein Verfahren, bei dem ihm A. unter *Hypnose* Geschichten erzählte. Dies trug zu einer Linderung und dem schließlichen Verschwinden ihrer Symptome bei. A. selbst prägte für dieses Verfahren die Begriffe *talking cure* [Redekur] und *chimney-sweeping* [Kaminfegen], Breuer bez. die Vorgehensweise als *kathartisches Verfahren* (*Kartharsis*). Als es ihm gelang, eine erste Deutung in Bezug auf A. zw.zeitlich vollkommen Verlust der Sprache zu geben (dass sie durch etwas sehr gekränkt sein müsse und beschlossen habe, nicht mehr darüber zu reden), konnte A. wieder sprechen und einige Lähmungserscheinungen gingen zurück. Breuer beschrieb im weiteren Verlauf, dass die hysterischen Phänomene verschwanden, sobald es der Pat. unter Hypnose gelang, das symptomauslösende Ereignis zu reproduzieren. Heute ist bekannt, dass A., entgegen Breuers Darstellung, nach der Behandlung nicht vollkommen geheilt war. Dennoch stellt der Fall eine neue Behandlungsmethode dar, die Freud später für die Entwicklung der psychoanalytischen Theorie fruchtbar machen konnte. Diercks & Schlüter 2008.

V. Neubert/L. K. Hartmann

Anochin, P. K. (1898–1974), [**BIO, HIS**], russischer Neuromediziner, Assistent bei Pawlow (*Pawlow (Pavlov), Iwan Petrowitsch*), hat dessen Vorstellung zur integrativen Funktion des NS (*Nervensystem*) aufgegriffen und um das Konstrukt der Reafferenz erweitert.

anoia [engl. *anoia*; gr. ἄνοια *(anoia)* Unverstand], *Paranoia*.

anomal, Anomalie [engl. *abnormal, anomaly/abnormality*; gr. α- *(a-)* ohne, νόμος *(nomos)* Gesetz], [**DIA**], ungleich, von einem Gesetz, einer Regel abweichend, regelwidrig, Abweichung von einem definierten Normbereich, körperlich oder seelisch. *Normierung*.

Anomaloskop [gr. α- *(a-)* ohne, νόμος *(nomos)* Gesetz, σκοπεῖν *(skopein)* betrachten], [**BIO, WA**], Farbmischgerät zur Untersuchung der *Farbwahrnehmung*, das das Licht in Spektralfarben zerlegt. Die Prüfscheibe besteht dabei aus einer oberen (Rot, Grün) und einer unteren Hälfte (spektrales Gelb als Testfarbe). Rot und Grün sollen durch Einstellung so gemischt werden, dass die daraus resultierende Farbe mit der Testfarbe Gelb übereinstimmt. Karnath & Thier 2012. *J. Zihl*

Anomie (= A.) [engl. *anomy*; gr. α- *(a-)* ohne, νόμος *(nomos)* Gesetz], syn. *Gesetzlosigkeit, Normlosigkeit*, [**KLI, SOZ**], Zustand der Vereinsamung, der Isoliertheit, innerer Orientierungslosigkeit, der Macht- und Hilflosigkeit.

Anonyme Alkoholiker [engl. *Alcoholics Anonymous (A. A.)*], [**KLI**], von ehemaligen Alkoholikern 1935 in den USA gegründete, heute in zahlreichen Ländern vertretene Selbsthilfeorganisation. Nur Alkoholiker können Mitglieder werden, eine zentrale Organisation wird vermieden, die Mitglieder bleiben weitgehend anonym. Über soziotherap., stark weltanschaulich fundierte Arbeit mit missionarischem Charakter helfen sie relativ erfolgreich anderen Alkoholikern, aus ihrer Suchtentwicklung herauszukommen und abstinent zu bleiben. *Alkoholismus, Substanzabhängigkeit*.

Anopie [engl. *anopia*; gr. α- *(a-)* ohne; ὄψις *(opsis)* Sehen], [**WA**], Nichtsehen, Untätigkeit (trotz funktionsfähiger Netzhaut) z. B. des einen Auges beim Schielen.

Anopsie [engl. *anopsia, anopia*; gr. α- *(a-)* ohne; ὄψις *(opsis)* Sehen], *zerebrale Blindheit*.

Anorektika [engl. *anorectics*; gr. αν- *(an-)* ohne, ὄρεξις *(orexis)* Verlangen, Appetit], [**PHA**], Bez. für *Appetitzügler*.

Anorexia nervosa (= A.) [engl. *anorexia nervosa*; gr. αν- *(an-)* ohne, ὄρεξις *(orexis)* Verlangen, Appetit; lat. *nervosa* nervlich (bedingt)], [**KLI**], die A. (oft bez. als *Magersucht*) zählt zu den *Essstörungen* und ist charakterisiert durch die Weigerung, ein Minimum des normalen Körpergewichts zu halten. Diese Weigerung wird begleitet von großer Angst vor Gewichtszunahme, einer erheblichen Wahrnehmungsstörung der eigenen Figur und des Körpergewichts und ggf. einer Amenorrhoe (Ausbleiben der Menstruation über mehr als drei Zyklen). Der angestrebte Gewichtsverlust wird durch Reduktion der Nahrungsaufnahme (Diäten), durch selbstinduziertes Erbrechen (*purging*) und/oder Missbrauch von Laxanzien oder Diuretika sowie durch übermäßige körperliche Betätigung erreicht. Das Untergewicht führt häufig zu depressiven Symptomen (*Depression*), wie depressiver Stimmung, soz. Rückzug, Reizbarkeit, Schlaflosigkeit (*Schlafstörungen*), vermindertem sexuellem Interesse. Auch Zwangsverhalten (*Zwangsstörungen*; Sammeln von Rezepten, Horten großer Nahrungsmengen) können die A. begleiten, ebenso wie ein starkes Bedürfnis, die Umwelt zu kontrollieren, rigides Denken, reduzierter emot. Ausdruck (*Emotionen*), Vorbehalte, in der Öffentlichkeit zu essen, etc. A. führt zu gravierenden med. Krankheitsfaktoren, die Langzeit*mortalität* durch Organschädigung und *Suizid* beträgt 10 %. Betroffen sind v. a. (80 %) Frauen im Durchschnitt ab dem 17. Lebensjahr in Ländern mit einem Überfluss an Nahrung, in denen Attraktivität mit Schlank- bzw. Magersein gleichgesetzt wird. Therapeutisch ist in schweren Fällen eine Gewichtssteigerung das vorrangige Therapieziel, bevor zugrunde liegende psych. Probleme angegangen werden können. Wenn dabei Druck eingesetzt wird (z. B. zur Einnahme hoch kalorischer Kost), geraten Therapeuten leicht in Konflikt mit dem zentralen Bedürfnis vieler Anorektikerinnen nach Vergrößerung ihrer Autonomie. Oft werden versch. therap. Ansätze kombiniert (*Einzeltherapie, Gruppentherapie, Familientherapie; Verhaltenstherapie, kognitive Verhaltenstherapie, Interpersonale Psychotherapie, Schematherapie, Systemische Therapie*). Ziele sind, neben einer Normalisierung von Körperwahrnehmung und Essverhalten, Autonomie und Selbstbewusstsein (*Selbstwertgefühl*) zu stärken und zw.menschliche Beziehungen zu verbessern. *Binge-Eating-Störung, Bulimie, Bulimia nervosa, Essstörungen, Präventionsansätze.* Fichter 2011, Herpertz 2011. *F. Caspar*

Anorexie (= A.) [engl. *anorexia*; gr. αν- *(an-)* ohne, ὄρεξις *(orexis)* Verlangen, Appetit], [**KLI**], med. Bez. für Appetitlosigkeit. In der Alltagssprache wird die Magersucht (*Anorexia nervosa*) fälschlicherweise als A. bez.

Anorgasmie (= A.) [engl. *anorgasmia*], [**KLI**], Ausbleiben des Orgasmus. Unterschieden werden primäre A. (vollst. Ausbleiben des Orgasmus) und sekundäre A. (Ausbleiben nach vorausgegangener Erlebnisfähigkeit). Die primäre A. wird auch als Präorgasmie bez. *Sexualstörungen.*

anormal, nicht normal, ungewöhnlich. *abnorm.*

Anosmie [engl. *anosmia*; gr. αν- *(an-)* ohne, ὀσμή *(osme)* Geruch], [**BIO, WA**], Verlust der Geruchswahrnehmung nach einer Schädigung des peripheren oder zentralen Geruchssystems (olfaktorisches System; Thalamus, Amygdala, olfaktorischer Kortex bzw. Riechhirn). Die Störung der Geruchswahrnehmung wird als *Hyposmie* bez.; die Veränderung des Duftes bekannter Stoffe als *Parosmie* (Verschiebungen in das Unangenehme: *Kakosmie*). Karnath & Thier 2012. *J. Zihl*

Anosognosie (= A.) [engl. *anosognosia*; gr. α- *(a-)* ohne, νόσος *(nosos)* Krankheit, γνῶσις *(gnosis)* Erkennen], [**KLI**], bez. die Beeinträchtigung der Wahrnehmung einer Erkrankung und/oder der Folgen einer solchen. Synonym werden im dt. Sprachraum auch die Begriffe *fehlende Krankheitseinsicht, mangelndes Störungsbewusstsein* oder *gestörte Selbstwahrnehmung* verwendet. Im angloamerik. Raum finden sich Begriffe wie *unawareness of impairments, unawareness of illness, lack of insight in impairments* oder *impaired self-awareness.* Der Begriff A. ist nicht optimal, suggeriert er doch, dass bei den betroffenen Pat. überhaupt keine Krankheitseinsicht vorliegt. Die Krankheitseinsicht ist aber häufig nur für best. Defizite (z. B. Hemiparese, Gedächtnisstörung) vermindert, also domänenspezif. Hinzu kommt, dass ein komplettes Nicht-Erkennen des Defizites (z. B. Lähmung) eher selten ist und überwiegend in der Akutphase der Erkrankung auftritt. Von daher wird heute zunehmend die Bez. *mangelnde Krankheitseinsicht* verwendet. Eine Störung der Krankheitseinsicht kann nach einer Hirnschädigung oder -erkrankung (*neuropsychologische Störungen*), aber auch bei Pat. mit einer psych. Störung (z. B. *Manie, Schizophrenie*) auftreten. Charakteristisch für die betroffenen hirngeschädigten Pat. ist, dass sie eine offensichtliche Störung oder Beeinträchtigung bestreiten oder relativieren. Sie überschätzen ihre Leistungsfähigkeit und behaupten ganz oft, dass sie eine Aufgabe genauso wie gesunde Personen erledigen können. Wenn sie stellenweise Probleme einräumen, schreiben sie diese Schwierigkeiten häufig anderen Ursachen oder situativen Umständen zu. Sie sind logischen Argumenten und auch widerlegenden Demonstrationen nicht oder nur schwer zugänglich. Teilweise produzieren sie dabei merkwürdige Erklärungen, um ihre Sichtweise zu verteidigen (z. B. Müdigkeit, Sehprobleme, «hatte schon immer ein schlechtes Gedächtnis»). Die betroffenen Pat. weisen i. d. R. keine depressive Störung und auch keine Ängste auf. Im Gegenteil, sie wirken häufig ungewöhnlich unbeteiligt und unbesorgt. Insges. passt der *Affekt* oft nicht zu der schwierigen Krankheitssituation. Das Nicht-Erkennen einer Störung und deren Folgen kann sich selektiv auf eine best. Störung (z. B. *Hemiparese, Gedächtnisstörung, Verhaltensstörung*) und auf die damit einhergehenden Beeinträchtigungen beziehen. Für andere vorliegende Störungen und deren Folgen können durchaus eine Einsicht und auch ein Leidensdruck bestehen. *S. Gauggel*

ANOVA [engl. *analysis of variance*], gebräuchliche Abk. für *Varianzanalyse.*

Anpassung (= A.) [engl. *adaptation, adjustment*], syn. Adjustierung, [**KOG, PER, SOZ**], die harmonische, aber nicht spannungslose Beziehung zw. Organismus und Umwelt, durch die Bedürfnisbefriedigungen (*Bedürfnis*) effektiv (d. h. mit ökonomischem Aufwand) erzielt werden können. Die A. ist immer relativ, da eine vollst. und spannungslose Beziehung zw. einem Organismus und seiner Umwelt (völliges Gleichgewicht zw. *Assimilation* und *Akkommodation*) praktisch nie erreicht wird.

Bes. in der amerik. Ich-Ps. wird unterschieden zw. (1) *persönlicher A.* (intrapsychische A., interpsychische A.), die einen rationalen Prozess *(adaptation)* bedeutet, in dem das von Triebkräften relativ unbedroht Ich entwickelt wird (Hartmann 1958), (2) *emot. A.*, die für die geistig-seelische *Gesundheit* (emot. Stabilität) wichtig ist, und (3) *sozialer A.*, die u. a. durch den soziometrischen Status angezeigt wird, d. h. auch durch die Beliebtheit. Schlechte Angepasstheit *(maladjustment)* ist gleichbedeutend mit unsozialem und problematischem *Verhalten.* Die Persönlichkeitsvariablen «emot. Anpassung» differenzieren auf der Basis zw. normalem und problematischem Verhalten. Nach der *Evolutionstheorie* kommt es zur Anpassung der Gene und Arten an die Umwelt durch die natürliche *Selektion. Adaptation, Persönlichkeit, klassische faktorenanalytische Ansätze.* *R. Bergius*

Anpassungsniveau (= A.) [engl. *adaptation level*], [**WA**], eine psychophysische Theorie von H. Helson für die Beurteilung von Reizgrößen. Das A. bzw. das *adaptation level* (AL) wird als Bezugssystem *(frame of reference)* für die stattfindenden Urteile angesehen. Von hier bekommt die Theorie ihre bes. Bedeutung, indem sie für den Bezugspunkt *(neutral point)* eine exakte und exp. gesicherte Formulierung gefunden hat.

Das A. wird ausgedrückt in Maßwerten der jew. vorkommenden Reizgrößen. Lässt man z. B. eine Serie von Gewichten (etwa 200, 250, 300, 350, 400 g) in ungeordneter Reihenfolge (bunte Streuung) in mehreren Durchgängen beurteilen, so zeichnet sich ein best. Gewichtswert dadurch aus, dass er durchschnittlich als «mittel» (je nach Versuchsanordnung und Sinnesgebiet auch «indifferent», «gleich», «zweifelhaft» usw.) beurteilt wird. Ein solcher Reiz wird als am AL liegend bez. *(at adaptation level).* Die Theorie blieb nicht unkritisiert, so von Sarris.

Helson (1964) hat seine Theorie math. formuliert. Die logarithmische Form seiner Gleichung lautet:

$$log(AL) = p \cdot log(\bar{S}) + q \cdot log(C) + r \cdot log(U)$$

(p, q, r sind empirisch zu bestimmende Gewichtsfaktoren; $\bar{S}$ = geometrisches Mittel der Serienreize; C = *Ankerreiz*; U = im Experiment nicht gemessene Residualreize). Sarris (1971) entwickelte für die Kontexteffekte als Alternative zum AL-Modell ein Ähnlichkeits-Klassifikations-Modell. *Adaptation.*

Anpassungsstörungen (= A.) [engl. *adjustment disorders*], [**KLI**], beschreiben Zustände von subj. Bedrängnis und emot. Beeinträchtigung, die regelhaft soziale Funktionen und Leistungen behindern und während des Anpassungsprozesses nach einer entscheidenden Lebensveränderung oder nach belastenden Lebensereignissen auftreten (*Life-Event, kritisches*). Die Belastung kann das soziale Netz des Betroffenen beschädigt haben (z. B. *Trauer*fall oder Trennungserlebnis) oder das weitere Umfeld *sozialer Unterstützung* oder sozialer *Werte* (wie bei Emigration oder nach Flucht). Sie kann auch in einem größeren Entwicklungsschritt oder einer *Krise* bestehen (wie Schulbesuch, Elternschaft, *Misserfolg*, Erreichen eines ersehnten Zieles und Ruhestand; *Ruhestand, Anpassung an*). Indiv. Prädisposition oder *Vulnerabilität* spielen bei dem möglichen Auftreten und bei der Form der A. eine bedeutsame Rolle; es ist aber dennoch davon auszugehen, dass das Krankheitsbild ohne die Belastung nicht entstanden wäre. Anzeichen sind unterschiedlich und umfassen depressive Stimmung (*Depression*), *Angst* oder Sorge (oder eine Mischung von diesen). Außerdem kann ein Gefühl bestehen, mit den alltäglichen Gegebenheiten nicht zurechtzukommen, diese nicht vorausplanen oder fortsetzen zu können. *Störungen des Sozialverhaltens* können insbes. bei Jugendlichen ein zusätzliches Symptom sein. Hervorstechendes Merkmal kann eine kurze oder längere depressive Reaktion oder eine Störung anderer Gefühle und des Sozialverhaltens (*Störungen des Sozialverhaltens*) sein.

M. Paulzen

Anpassungsstörungen, Psychopharmakotherapie (= P.) [engl. *psychopharmacological treatment of adjustment disorders*], [**PHA**] die P. sollte auf die Behandlung vorliegender spezif. Einzelsymptome oder Symptomcluster ausgelegt werden, damit die am stärksten belastenden Beschwerden das Ziel therap. *Intervention* werden. Die Behandlung der *Symptome* sollte grundsätzlich drei therap. Prinzipien beinhalten, die entweder alleine oder eher in Kombination Anwendung finden sollten: (1) *Psychopharmakotherapie*, (2) *Psychotherapie*, (3) intensive Aufklärungsarbeit und unterstützende Maßnahmen. Durch einen syndromatologisch (*Syndrom*) orientierten Einsatz einer P. steht eine Vielzahl unterschiedlicher Substanzen zur Behandlung zur Verfügung. Zugelassen ist hingegen keine Substanz. Wichtig ist eine Orientierung an dem vorherrschenden Erscheinungsbild der Anpassungsstörung, wie sie durch die fünfte Stelle in der *ICD-10*-Codierung näher spezifiziert wird. Die bisher eingesetzten zentral wirksamen Substanzen finden ihre Anwendung in Dosisbereichen, wie sie bei anderen psych. Störungen erprobt und empfohlen werden. *Anpassungsstörung*. Gründer & Benkert 2012.

M. Paulzen

Anregung, [**EM**], Bez. für einen leistungsfördernden Faktor, z. B. im Arbeitsprozess.

Anreiz (= A.) [engl. *incentive* Köder, *instigation* Reiz], [**EM**], das Konzept des A. ist auf engste Weise mit dem Konzept des *Motivs* gekoppelt. A. und Motive sind in gewisser Weise komplementär. Bereits Murray hatte dies 1938 als ein «Thema» beschrieben. A. wirken «automatisch» und signalisieren dem Organismus, dass geeignete Bedingungen vorliegen, um durch den Ablauf zielgerichteter Handlungen (Annäherung/Vermeidung; *Annäherungs-Vermeidungs-Konflikt*) eine Motivbefriedigung herbeizuführen. Der Wirkmechanismus dürfte auf einer Art *Affektantizipation* (Freude, Ärger, Scham etc.) beruhen, und kann sowohl auf genetischen Faktoren als auch auf Lernerfahrungen beruhen. Er kann ebenso tatsächlich vorfindbare als auch lediglich imaginierte Sachverhalte betreffen.

H.-D. Schmalt

Anreizsysteme *Incentives.*

Anreiz-Theorie [engl. *incentive theory*], *Motivation*.

ANS, Abk. für autonomes (vegetatives) Nervensystem [engl. *autonomic nervous system*]. *Nervensystem*.

anschauliches Denken, [**KOG**], i. w. S. wahrnehmungsnahes *Denken* mit geringem Abstraktionsgrad, Umformung von Problemen in anschauliche Schemata. Paivio 1971.

Anschlusskommunikation *Lesekompetenz.*

Anschlussmotiv (= A.) [engl. *affiliation motive*; lat. *motivum* Beweggrund, Anlass], [**EM**], das Streben nach Anschluss bedeutet die Suche nach befriedigenden zw. menschlichen Beziehungen und das Gefühl, sich sozial eingebunden zu fühlen, gilt als wichtiges menschliches *Bedürfnis*, dessen Befriedigung pos. und dessen Frustration neg. Konsequenzen für das *Wohlbefinden* hat. Das A. kann dabei nochmals unterteilt werden in die *Hoffnung auf Anschluss*, also der Erwartung eines pos. Kontakts zu anderen Menschen, und die *Furcht vor Zurückweisung*, also der Befürchtung, von anderen Menschen zurückgewiesen zu werden.

Anspannung (= A.) [engl. *tension*], [**BIO, KOG**], (1) Vorgang der Aktivation von Kräften z. B. zum Zweck der Leistungssteigerung; (2) daraus resultierender Zustand erhöhter Leistungs- bzw. Einsatzbereitschaft. Durch psych. A. kann willentlich oder, bedingt durch (bedrohliche) externe Reize, ein durch Müdigkeit bedingter Leistungs- und Aufmerksamkeitsabfall vorübergehend behoben werden. Als Maß auch für psych. bedingte Anspannung gilt die Registrierung des *Elektromyogramms (EMG)* mit Oberflächenelektroden. Bevorzugt benutzt werden die Stirnmuskulatur (Frontalis-EMG), die Nackenmuskulatur und Muskeln des Unterarmes. Da in psych. Belastungssituationen (*Stress*) individualspezif. einzelne Muskelgruppen mehr als andere angespannt werden (Reaktionsstereotypie), erlaubt eine Erhöhung der Anspannung (Zunahme der Aktionspotenzialfrequenz) in einem best. Muskel alleine keine gesicherte Aussage über die

A. der übrigen Muskeln. *Aktivierung*, *Entspannung*. Becker-Carus 2004. C. Becker-Carus

Anspruch [engl. *aspiration, demand*], [**EM, PER**], das, was sich ein Mensch an notwendigen Bedürfnis- und Strebungserfüllungen selbst zuspricht und was er von der Um- und Mitwelt fordert. *Anspruchsniveau*.

Anspruchsniveau (= A.) [engl. *aspiration level*], [**EM, KOG**], aus der Schule Lewins (Dembo 1931) stammender Begriff, der 1935 von J. D. Frank als *level of aspiration* in die amerikanische Literatur übernommen wurde. A. ist definiert durch den Schwierigkeitsgrad einer Leistung, die sich ein Mensch abverlangt. Nach Atkinson (1964) ist die typische Sequenz für A.vorgänge: (1) letzte Leistung, (2) Setzen des A., (3) neue Leistung, (4) Reaktion auf die neue Leistung. Zw. (1) und (2) ergibt sich die *Zieldiskrepanz*, zw. (2) und (3) die Leistungsdiskrepanz, zw. (3) und (4) die Response auf Erfolgs- und Misserfolgsfaktoren (*Erfolg und Misserfolg*), die das A. beeinflussen. Sie wurden zunächst von Lewins Schülern untersucht: Hoppe, Frank, Jucknat u. a., dann (unter dem Titel *Leistungsmotivation*) von Atkinson, McClelland, Heckhausen, Weiner. Entscheidend ist die Einstellung zu *Erfolg und Misserfolg*. Vorhergehender Erfolg lässt das A. ansteigen, Misserfolg abfallen. Umgekehrt hängt vom A. ab, was als Erfolg oder Misserfolg erlebt wird, indem Versagen bei Schwierigkeitsgraden erheblich oberhalb des A. nicht mehr als Misserfolg erlebt wird. Das A. steigt mit dem tatsächlichen Leistungsniveau. Das Verhältnis von Leistungsniveau und A. ist hinsichtlich versch. Betätigungen bei einem Menschen relativ konstant und kann als charakteristisch angesehen werden. Anstieg des Leistungsniveaus auf einem Gebiet kann zu einem höheren A. auch auf anderen Gebieten führen. Menschen, die relativ häufig Misserfolg erlebt haben, neigen zu unrealistisch hohem oder zu extrem niedrigem A. Die einer Gruppe eigenen Leistungsmaßstäbe wirken sich auf das A. ihrer Mitglieder aus. In der Theorie des Lernens ist der Begriff A. wichtig als Ausdruck für das Maß an Anstrengung, das ein Mensch aufzubieten bereit ist, und bildet einen wichtigen eigenständigen Aspekt der motivierenden Kräfte beim Lernen neben Begriffen wie *Wiederverstärkung*. Lewin & Dembo 1944, Heckhausen & Heckhausen 2010.

Ansteckung, emotionale *emotionale Ansteckung*.

Ansteckung, psychische (= p. A.) [engl. *psychic infection*], [**EM, KOG, SOZ**], das Übergreifen (in Analogie zur Infektionskrankheit) von Denken, Verhalten, Einstellung, Emotionen etc. von Individuum zu Individuum bzw. vom Individuum zur Gruppe und umgekehrt. Der Begriff p. A. wird zur Erklärung versch.artiger Effekte wie den Mitvollzug von Bewegungen (*Carpenter-Effekt*), die Vorgänge, die Hellpach mit der Bez. *Ideo-Realgesetz* zus.fasst und nicht zuletzt die mit *Induktion* (Suggestion) zu belegenden Vorgänge, z. B. Ausbreitung der Drogensucht, herangezogen.

Anstrengung (= A.) [engl. *effort*], [**KOG, SOZ**], in der ps. Literatur wird der Begriff A. nicht einheitlich verwendet. Gemeinsam ist den meisten Konzeptionen, dass unter A. der Einsatz von Ressourcen (z. B. Zeit oder Energie) zur Ausführung von Handlungen verstanden wird. Zudem wird in manchen Konzeptionen zw. *objektiver* A., d. h. den in eine Handlung investierten, physikal. messbaren Ressourcen, und *subj.* Anstrengungserleben (z. B. *Ermüdung*) unterschieden. Viele Theorien zur A. beruhen auf der Annahme, dass die Mobilisierung von A. einem *Energiekonservierungsprinzip* folgt. Bestrebt, für das Überleben wichtige Ressourcen sparsam umzugehen, investieren Individuen nur so viel A., wie für den Handlungserfolg nötig ist. Stehen mehrere Handlungsalternativen zur Zielerreichung zur Verfügung (*Äquifinalität*), wird die einfachste und schnellste Alternative bevorzugt. M. Richter/G. H.E. Gendolla/K. Brinkmann

Anstrengungsempfinden *Aktivitätsstatus*.

Anstrengungskalkulation, [**EM, KOG**], kogn. Prozess, in dem die Person bestimmt, wie groß die *Anstrengung* sein soll, die für eine bevorstehende Aufgabenbearbeitung vorzusehen ist. Nach Kukla (1972) sollten dabei Aufwand und Ertrag abgewogen werden. Bossong 1982.

Anstrengungsvermeidung (= A.) [engl. *effort avoidance*], [**EM**], bez. die Neigung, sich den mit einem Leistungseinsatz in best., aversiv erlebten Aktionsfeldern verbundenen Anstrengungen durch den aktiven Einsatz geeigneter Verhaltensstrategien zu entziehen (Rollett 1985, Rollett & Rollett 2010). Sie entsteht, wenn zielbezogene Anforderungen und die damit verbundenen Tätigkeiten in einem Handlungsbereich regelmäßig neg. emotionelle Reaktionen auslösen, eine folgenlose Vermeidung aber (*Handlungsregulation*) aus sachlichen und/oder sozialen Gründen nicht möglich ist, wie dies bei vielen Anforderungen im Alltag, in der Schule und im Beruf der Fall ist (Rollett 2005). Anstrengungsvermeidende Verhaltensweisen sind sehr vielfältig und haben das Ziel sich der Anforderung der sozialen Umwelt zu entziehen (Rollett & Bartram 1998). Bsp. sind «sich ungeschickt anstellen», emot. Ausbrüche, Aufschieben oder ein u. U. sehr großes Engagement bei anderen Aufgaben. A. in Leistungssituationen muss daher gegen eigenschaftstheoretische Zuschreibungen (wie z. B. «Faulheit») abgegrenzt werden. Anstrengungsvermeidung wird (Rollett & Bartram 1977, 1998) als eigenständige Motivkategorie (*Motiv*) neben dem *Leistungsmotiv* (*Anstrengungsvermeidungsmotivation*) angesehen, wobei unter Motiven *bedürfnisorientierte Selbststeuerungssysteme* zu verstehen sind (Kuhl 2006), die im Verlauf einer indiv. Lern- bzw. Erfahrungsgeschichte erworben werden.

A. ist nicht immer kontraproduktiv: Sind intakte Anreiz- und Handlungszielstrukturen (*Anreiz*, *Handlungskontrolltheorie*) vorhanden, ist das aktive Bemühen um eine Vermeidung eines unnötigen Aufwandes eine Voraussetzung für die Entwicklung effizienterer Methoden der Zielerreichung. Es muss daher zw. problemlösender («intelligenter») und nicht problemlösender A. unterschieden werden. Zum behandlungsbedürftigen Problem wird A., wenn wichtige Lebensbereiche betroffen sind und es zu massiven Formen von Leistungsverweigerung kommt (Rollett & Bartram 1998). B. Rollett/W. Rollett

Anstrengungsvermeidungsmotivation (= A.) [engl. *effort avoidance motivation*], [**EM**], Rheinberg (2008a) definiert *Motivation* allg. als «die aktivierende Ausrichtung des momentanen Lebensvollzugs auf einen pos. bewerteten Zielzustand». Im Fall der A. wird dieser Zielzustand (Rollett & Bartram 1977, 1998) durch die Vermeidung von emotionell als zu belastend erlebten Anstrengungen bzw. die mit der Meidung verbundenen pos. emot. Folgen bestimmt (Rollett 1985; Rollett & Rollett 2010, zur Erfassung: Rollett 1970; Rollett & Bartram 1998). Das Ziel anstrengungsvermeidungsmotivierter Verhaltensweisen ist demnach primär nicht die Vermeidung der zielbezogenen Aktivitäten selbst, sondern des mit ihrer Ausführung verbundenen, neg. erlebten Anstrengungsaufwandes (Rollett & Bartram 1977). Gelingt es den Betroffenen, das angestrebte Handlungsziel durch Strategien zu erreichen, die einen weniger belastenden Anstrengungsaufwand bedeuten, kann es durchaus zu leistungsmotiviertem Verhalten kommen (Rollett 1985). *Anstrengungsvermeidung* tritt vermehrt dann auf, wenn Handlungsziele anreizthematisch nicht ausreichend unterstützt sind. Das übergeordnete Ziel ist es, den Organismus vor Überlastung zu schützen (Rollett & Rollett, 2010). Führen Leistungsanforderungen in best. Handlungsbereichen regelmäßig zu neg. erlebter Anstrengung, ohne dass es den Betroffenen aus sachlichen und/oder sozialen Gründen möglich wäre, die betreffenden Aktivitäten vollst. zu vermeiden (wie dies in vielen alltäglichen Anforderungssituationen der Fall ist), kommt es zur Aktivierung von bereichsspezifischer A. (Rollett 2005; *Handlungsregulation*). Die Stärke des zugrunde liegenden Anstrengungsvermeidungsmotivs wächst mit der Häufigkeit, mit der derartige aversive Erfahrungen gemacht werden (Rollett 2005, Rollett & Rollett 2010). *B. Rollett/W. Rollett*

^Test^**Anstrengungsvermeidungstest (AVT)**, 1977, B. Rollet und M. Bartram [www.testzentrale.de], **[DIA, EM, KLI, PER]**. Test zur Erfassung spezif. Motive. AA von 10 bis 15 Jahren. Messverfahren zur Bestimmung von Vermeidungsstrategien gegenüber Anforderungen der sozialen Umwelt und im besonderen Maße zur Bestimmung von aktiver Vermeidung leistungsbezogener Aktivitäten. Zwei Skalen sind vorhanden: Die *Anstrengungsvermeidungs-Skala* (20 Items) und die *Pflichteifer-Skala* (10 Items). Zusätzlich sind noch 11 Items vorhanden, die therapierelevante Probleme erfassen. *Reliabilität*: Für die AV-Skala wurde eine innere Konsistenz von $r = .80$ errechnet. Die Pflichteifer-Skala ergab einen Wert von $r = .69$. *Normierung* an $N = 3093$ dt. Schülern der 5. bis 9. Klasse. Anwendungsdauer 10 bis 20 Min. Auswertungsdauer ca. eine Min. Die Testkonstruktion erfolgte nach der probabilistischen Testtheorie (*Item-Response-Theorie (IRT)*).

Antagonismus [engl. *antagonism*; gr. ἀνταγωνιστής *(antagonistes)* Gegner, Gegenspieler], Gegensatz, Widerstreit, gegenseitiges Sichausschließen, wechselweises Wirken (z. B. sind bei den Muskeln die Beuger und die Strecker Antagonisten.)

Antagonist (= A.) [engl. *antagonist*; gr. ἀνταγωνιστής *(antagonistes)* Gegner, Gegenspieler], **[PHA]**, in der Pharmakologie Stoff, der die Wirkung eines anderen exogenen Stoffs oder einer endogenen Substanz hemmt/verhindert. Selektive A. entfalten ihre Wirkung selektiv auf einen Stoff oder eine Substanz. Sie haben eine große Bedeutung als Forschungswerkzeuge. Die antagonistische Wirkung kann u. a. direkt über eine Wirkung am Rezeptor (Rezeptor-A.) oder indirekt, etwa über eine Verhinderung der Biosynthese der antagonisierten Substanz erfolgen. *Agonist.* *W. Janke*

anterograd [engl. *anterograde*; lat. *ad anteriora* nach vorne, *gradi* schreiten], **[KOG]**, vorangehend. Z. B. wird der Erinnerungsverlust für alle neuen Eindrücke anterograd genannt. Ggs. *retrograd*, *Amnesie.*

Anthropobiologie [engl. *anthropobiology*; gr. ἄνθρωπος *(anthropos)* Mensch], **[BIO, PHI]**, Bez., die die biol. Forschungsweise (im Ggs. zur vorwiegend systematischen und anthropometrischen) in der *Anthropologie* betont.

Anthropogenese, Anthropogenie [engl. *anthropogenesis*; gr. ἄνθρωπος *(anthropos)* Mensch, γένεσις *(genesis)* Geburt, Entstehung], **[BIO, PER]**, Entwicklungsgeschichte des Menschen seit der Urzeit. Insbes. auch Haeckels Theorie der *Phylogenie* (Stammesgeschichte) und *Ontogenese* (Einzelentwicklung). *Biogenetisches Grundgesetz.*

Anthropoiden [engl. *anthropoid*; gr. ἄνθρωπος *(anthropos)* Mensch, εἶδος *(eidos)* Gestalt], **[KOG]**, veraltete Bez. für die Menschenaffen *(pongidae)*; dazu gehören Gorilla, Schimpanse und Orang-Utan. Da es sich dabei um die dem Menschen am nächsten verwandten Tierarten handelt, sind Verhaltensstudien an Menschenaffen für die Humanps. von Bedeutung. Klassische Untersuchungen: Köhler (1917, während des Ersten Weltkrieges auf Teneriffa) – Freilanduntersuchungen am Gorilla: Schaller (1963) – desgleichen am Schimpansen: van Lawick-Goodall (1971) – Sprachfähigkeit der Schimpansen: Ehepaar Gardner & Gardner (1969), Premack (1971). *Tiersprache.*

Anthropologie (= A.) [engl. *anthropology*; gr. ἄνθρωπος *(anthropos)* Mensch, λόγος *(logos)* Lehre, Vernunft], **[PHI]**, die Lehre vom Menschen umfasst als Oberbegriff alle auf den Menschen bezogenen Aussagen und Theorien, insbes. die Ergebnisse der empirischen Humanwissenschaften, d. h. aus Ps., Soziologie, Geisteswissenschaften, Med., Humanbiol. Im dt. Sprachbereich wird häufig der Begriff A. auf die biol. A., *Abstammungslehre* und *Humangenetik*, eingeengt und der *philosophischen Anthropologie* gegenübergestellt. Aus dieser Sicht werden die *Kulturanthropologie* (*Kulturpsychologie*) und *Sozialanthropologie* sowie die *psychologische Anthropologie* vernachlässigt. Noch in der von Hans-Georg Gadamer und Paul Vogler hrsg. «Neuen Anthropologie» (1972–1975) wurde angesichts der überwältigenden Vielfalt der Humanwissenschaften an der Idee festgehalten, an einer integralen Sicht zu arbeiten, ohne Anspruch auf letzte Wesensaussagen. Die Trennung der Einzelwissenschaften von der Philosophie und die zunehmende Spezialisierung der Humanwissenschaften stehen der Idee einer, u. a. von Max Scheler geforderten, umfassenden A. entgegen. Die Entwicklung einer interdisziplinären humanwiss. A., auch als allg. Bezugsrahmen für die Ps., bleibt eine fundamentale Aufgabe. *J. Fahrenberg*

Anthropologie, philosophische (= p. A.) [engl. *philosophical anthropology*], **[PHI]**, ist der Bereich der *Anthropologie*, der aus phil. Sicht entworfen wird, ursprünglich auch mit der theologischen Sicht des Menschen als Geschöpf Gottes verbunden. Die von Immanuel Kant 1800 in seiner «Logik» genannten Fragestellungen werden noch oft zit., um den Bereich zu umreißen: «1. Was kann ich wissen? 2. Was soll ich tun? 3. Was darf ich hoffen? 4. Was ist der Mensch? Die erste Frage beantwortet die Metaphysik, die zweite die Moral, die dritte die Religion und die vierte die Anthropologie. Im Grunde könnte man aber alles dieses zur Anthropologie rechnen, weil sich die drei ersten Fragen auf die letzte beziehen.» Die Bedeutung der p. A. wird innerhalb der *Philosophie* sehr unterschiedlich beurteilt. So wird vielfach nur die Aufgabe einer historischen Anthropologie oder Mentalitätsgeschichte gesehen, ohne die moderne humanwiss. Forschung zu umfassen oder substantiell zu integrieren. Walter Zitterbarth zufolge müsse «die Idee eines direkten Menschenbildimports von der Philosophie in die Humanwissenschaften begraben werden. Die Wissenschaften müssen selbst für ihre *Menschenbilder* sorgen und tun dies auch i. d. R.», sodass nur «ein Interpretationsangebot der Philosophie» und «die Aufforderung zur Selbstreflexion» übrig blieben. Demgegenüber fordert Tugendhat (2007) eine Rückkehr zu Kant und begründet, weshalb die Anthropologie im Zentrum der Philosophie stehe; was immer Metaphysik bedeuten kann, es reduziere sich auf Anthropologie. Thies 2004. *J. Fahrenberg*

Anthropologie, psychologische (= p. A.) [engl. *psychological anthropology*], **[PHI]**, die Beiträge der empirischen Ps. zu einer umfassenden Theorie des Menschen gehören zum zentralen Bereich der *Anthropologie*. Immanuel Kants 1798 veröffentlichte Vorlesungen «Anthropologie in pragmatischer Hinsicht» enthalten, verbunden mit der phil. Bestimmung des Menschen als vernünftiges und moralisches Wesen, eine breit angelegte Menschenkunde, u. a. mit Themen der Allgemeinen Ps. (im heutigen Sinn), Charakterkunde, Sozialps., *Psychopathologie*, Gesundheitsps. sowie unvermindert aktuelle kritische Ausführungen zur Methodik. Deshalb kann diese Publikation als das erste Lehrbuch der empirischen Ps. angesehen werden. Weder Kants Anthropologie noch Wundts (*Wundt, Wilhelm*) Auffassung der empirischen Ps. als Grundlage einer umfassenden Anthropologie sind im Fach Ps. nachhaltig rezipiert worden.

Die p. A. befasst sich differenziell mit der Vielfalt der *Menschenbilder*, mit den soziokulturellen, religiösen und anderen Bedingungen für deren Ausformung und mit den möglichen Konsequenzen in der *Alltagspsychologie*, evtl. auch für die Berufspraxis von Psychologen, bspw. für Therapiekonzepte. Grundsätzlich stellt sich die Frage nach den erkenntnistheoretisch-phil. Vorentscheidungen der wiss. Ps. (Wilhelm Wundt). Jedes Aussagensystem über wiss. Theorien und Methoden muss immer auf außerhalb des Systems liegende Begründungsstrukturen zurückgreifen («absolute Voraussetzungen», Collingwood 1940). Gerade in der Ps. bestehen fundamentale Unterschiede, u. a. hinsichtlich der Orientierung als *Verhaltenswissenschaft* oder *Erlebnispsychologie* (*Phänomen*, *Phänomenologie*), *Leib-Seele-Problem*, *Kausalität, psychische*, *Willensfreiheit*, empirische oder transzendentale Verfassung des *Selbst*, *Spiritualität*, *Psychometrie* von Bewusstseinsvorgängen, im methodologischen Dualismus von exp.-stat. oder interpretativen Verfahren («quant.» oder «qual.» Methodik; *Psychologie, sozialwissenschaftliche*). Vielfach werden jedoch solche phil. Vorentscheidungen als *Weltanschauung*, Scheinproblem oder unlösbare Frage aus der Forschung ausgeklammert. *J. Fahrenberg*

Anthropometrie [engl. *anthropometry*; gr. ἄνθρωπος (*anthropos*) Mensch, μέτρον (*metron*) Maß], **[PER]**, die Lehre und die Anwendung exakter Messungen am Menschen – wichtigste Untersuchungsmethode der morphologischen *Anthropologie*. Sie dient zur Feststellung körperlicher Merkmale und zur exakten Erfassung der körperlichen Konstitution. *Körperbautypen*, *Psychometrie*.

anthropomorph [engl. *anthropomorphic*; gr. ἄνθρωπος (*anthropos*) Mensch, μορφή (*morphe*) Gestalt], nach dem Menschen gestaltet, dem Menschen fassbar gemacht, damit zumeist aber auch vermenschlicht.

Anthropomorphismus [engl. *anthropomorphism*; gr. ἄνθρωπος (*anthropos*) Mensch, μορφή (*morphe*) Gestalt, sinngemäß: *in Menschengestalt*], **[KOG]**, Auffassung der Gottheit im menschenähnlichen Sinne. In erweiterter Bedeutung die über ihre Natur nicht hinauskommende menschliche Denkweise. In der Tierps. die Deutung der bei den Tieren beobachteten Verhaltensweisen in Analogie zum menschlichen Erleben. *Adultomorphismus*.

Anthroponosen [engl. *anthroponosis*; gr. ἄνθρωπος (*anthropos*) Mensch, νόσος (*nosos*) Krankheit], syn. *Monoanthroponosen*. Krankheiten, die nur beim Menschen auftreten.

Anthropophagie [engl. *anthropophagy*; gr. ἄνθρωπος (*anthropos*) Mensch, φάγειν (*phagein*) essen], Menschenfresserei. Beruht meist auf Anschauungen des *Animismus*, der Vorstellung, durch Einverleibung des Erschlagenen (seines Herzens oder Blutes) dessen Kräfte zu gewinnen. Syn. *Kannibalismus*.

Anthropotechnik [engl. *human engeneering*; gr. ἄνθρωπος (*anthropos*) Mensch, τέχνη (*techne*) Kunstfertigkeit, Handwerk], **[AO]**, Bez. für die mit der Anpassung des (arbeitenden) Menschen an technische Gegebenheiten und Funktionen verbundenen Aufgaben konstruktiver und regulierender Art: optimale Ausgestaltung, Anordnung, Formgebung etc. der technischen Elemente – optimale Abstimmung auf die menschlichen Verhaltensweisen und Bedürfnisse im Verhältnis Mensch-Maschine. *Mensch-Maschine-System*, *Ergonomie*, *human engineering*.

anthropozentrisch [engl. *anthropocentric*; gr. ἄνθρωπος (*anthropos*) Mensch], den Menschen in den Mittelpunkt stellend, jede Einstellung zur Welt und den Dingen, die alles auf den Menschen bezieht.

Antiadiposita, **[PHA]**, Arzneimittel zur Behandlung der *Adipositas* («Fettsucht»). In Dt. ist in dieser Indikation lediglich Orlistat zugelassen. Es handelt sich um einen Inhibitor der Lipase, welche die Aufspaltung von Fetten in freie Fettsäuren und Glycerin katalysiert. Dadurch wird ein Teil der mit der Nahrung aufgenommenen Fette unverdaut ausgeschieden. Die Wirksamkeit ist mäßig, Orlistat muss mit einer Diät kombiniert werden, auch, weil es sonst zu Durchfällen wegen der erhöhten Fettausscheidung kommt. In den USA sind eine Reihe weiterer Substanzen für die medikamentös unterstützte Gewichtsabnahme zugelassen, so die *Sympathikomimetika* Benzphetamin, Diethylpropion und Phendimetrazin und der 5-HT2C-Serotoninrezeptoragonist Lorcaserin. In der EU wurde der Cannabisrezeptorantagonist *Rimonabant* wegen des erhöhten Risikos für *Depressionen* und *Suizide* ebenso vom Markt genommen wie der *selektive Serotonin- und Noradrenalin-wiederaufnahmehemmer (SSNRI) Sibutramin* wegen zerebro- und kardiovaskulärer Ereignisse. *Off-label* werden versch. Antidiabetika und die *Antikonvulsiva Topiramat* und Zonisamid eingesetzt. Für alle diese Substanzen liegen pos. Studien vor, gerade auch bei Pat. mit Psychopharmaka-induzierter Gewichtszunahme. G. Gründer

Antiallergika (= A.) [engl. *antiallergenics, antiallergics*], [**PHA**], Substanzen gegen allergische Reaktionen, wie Heuschnupfen und Hautreaktionen. A. gehören versch. Pharmakaklassen an. Therap. zunehmend häufig verwendet werden *Antihistaminika* vom H1-Typ, die wenig sedierend wirken (z. B. Cetirizin). Sie haben psychol. viel untersuchte Stoffe (z. B. Hydroxon) meist verdrängt. W. Janke

Antiandrogene (= A.) [engl. *antiandrogen*; gr. ἀντί *(anti)* gegen, ἀνήρ *(aner)* Mann, γένεσις *(genesis)* Entstehung], [**PHA**], Substanzen, die antagonistisch zu den männlichen *Gonadenhormonen*, bes. *Testosteron*, wirken, indem sie das Androgen Testosteron an seinem Rezeptor verdrängen. Klassisches A. ist *Cyproteron(acetat)*, das auch im Handel ist und bei Hyperaggression in Verbindung mit Hypersexualität bei Sexualstraftätern eingesetzt wird. Vergleichende Untersuchungen belegen therap. Effekte i. R. von Therapieprogrammen. A. Wirkungen können auch von anderen zahlreichen Substanzen ausgeübt werden, so von Umweltchemikalien. Gijs & Gooren 1996, Kelce & Wilson 1997. W. Janke

Antibiotika (= A.) [engl. *antibiotics*; gr. ἀντί *(anti)* gegen, βίος *(bios)* Leben], [**PHA**], ursprünglich Sammelbegriff für Stoffwechselprodukte von Mikroorganismen (Bakterien, Pilze u. a.), die das Wachstum anderer Mikroorganismen teils selektiv hemmen. Heute sind auch teil- oder vollsynthetisch hergestellte A. mit antimikrobiellen Wirkungen verfügbar. Sie werden bei Infektionskrankheiten therap. verwendet. Die bekanntesten A. sind Penicillin und Streptomycin. Psychol. Interesse haben die A. wegen der Bedeutung von Proteinen für das Lernen und Behalten (*Gedächtnis*) und der Beeinflussung der Eiweißsynthese durch A. wie Puromycin, Cycloheximid und Anisomycin gefunden. Nach *Tierversuchen* scheinen A. das Langzeitgedächtnis zu blockieren, wobei Lernen selbst sowie das Kurzzeitgedächtnis nicht beeinflusst werden. Der Mechanismus der Behaltensverschlechterung ist noch nicht geklärt. Barraco & Stettner 1976, Dunn 1980. W. Janke

Anticholinergika (= A.) [engl. *anticholinergics*; gr. ἀντί *(anti)* gegen, χολή *(chole)* Galle], syn. *Cholinolytika*, [**PHA**], Stoffe, die die Wirkung des biogenen *Acetylcholins* hemmen. Es ist zu unterscheiden zw. Stoffen, die primär cholinerge *Neurone* des VNS oder ZNS (*Nervensystem*) beeinflussen, wobei alle ZNS-wirksamen Stoffe auch VNS-wirksam sind, so *Physostigmin, Scopolamin, Atropin*.

Da einige Stoffe nicht die *Blut-Hirn-Schranke* passieren, gibt es A. ohne zentralnervöse Wirkungen (Neostigmin, Butylscopolamin) im Unterschied. Weitere Unterteilungen ergeben sich nach der Art der Rezeptoren (nikotinerg, muskarinerg). Die wichtigsten A. sind Atropin und Scopolamin, die Muscarin-*Antagonisten* sind. Heute sind Substanzen verfügbar, die die Blut-Hirnschranke überwinden und zur Behandlung von *extrapyramidalmotorischen Störungen* eingesetzt werden. Viele A., die therap. angewendet werden, haben Nebenwirkungen (z. B. Mundtrockenheit). A. mit bekannten Angriffsorten werden als Stimuli (Forschungswerkzeuge) in der Tier- und Human-Lernforschung benutzt. So etwa ist das Scopolamin-Modell in der *Demenz*forschung von Bedeutung für *Gedächtnis*defekte. Untersuchungen zeigen Leistungsbeeinträchtigungen, bes. in Gedächtnistests. Duka et al. 1996. W. Janke

anticholinerg(isch) [engl. *anticholinergic*; gr. ἀντί *(anti)* gegen, χολή *(chole)* Galle], [**BIO, PHA**], Wirkungsart von Substanzen, die die *Acetylcholin*-Wirkung hemmen.

Anticravingsubstanzen [gr. ἀντί *(anti)* gegen, engl. *craving* Begierde, Verlangen], [**PHA**], Substanzen, die Verlangen nach psychotropen Stoffen bei Abhängigen unterdrücken. Für die Alkoholkrankheit wurden Stoffe aus verschiedensten Stoffklassen erprobt, so Glutamatmodulatoren wie *Acamprosat* und *Glutamat*-Agonisten wie *Memantin*, Opioid-Antagonisten wie *Nalmefen* und *Naltrexon*, Dopamin-Agonisten wie Lisurid und *Bromocriptin*, Dopamin-Antagonisten wie Tiaprid und *Flupentixol*, *Serotonin*-Wiederaufnahmehemmer wie *Fluvoxamin* und Serotonin-Agonisten wie *Buspiron*. Klin. etabliert und zugelassen sind heute nur Acamprosat, Nalmefen und Naltrexon. Soyka 1997. W. Janke

Antidementiva (= A.) [engl. *antidementives*; gr. ἀντί *(anti)* gegen, lat. *dementia* Unverstand, Geistesschwäche, Torheit], [**PHA**], A. sind Medikamente zur Behandlung demenzieller *Syndrome (Demenz)*. Während früher diese Substanzen als *Nootropika* bez. wurden, werden mittlerweile (nicht einheitlich) die eigentlichen A. von den übrigen Nootropika mit nicht sicher nachgewiesener antidementiver Wirkung (etwa Ginkgo biloba, Piracetam) getrennt. Die größte Gruppe der (eigentlichen) A. bilden die Acetylcholinesterasehemmer (*Acetylcholin*); in Dt. sind dies augenblicklich die Substanzen Donepezil, Rivastigmin und Memantine. Durch Hemmung des Acetylcholin abbauenden Enzyms erhöhen sie die synaptische Verfügbarkeit dieses für Gedächtnisprozesse (*Gedächtnis*) unerlässlichen *Neurotransmitters*. Da Acetylcholin weitere Funktionen hat (etwa Haupttransmitter im parasympathischen *Nervensystem* ist), sind Nebenwirkungen häufig (z. B. Überleitungsstörungen am Herzen, Verengung der Bronchien, verstärkte Magensäuresekretion), sodass der Einsatz dieser zudem teuren Medikamente genau überdacht werden muss und diverse Kontraindikationen zu beachten sind. Sie sind augenblicklich fast ausschließlich zugelassen für leichte und mittelschwere Formen der *Alzheimer-Krankheit*, deren Progression sie zeitweise aufhalten können (spez. wenn bereits im Frühstadium gegeben); den eigentlichen Krankheitsprozess, den Neuronenuntergang, verhindern sie nicht, verbessern lediglich bei den noch vorhandenen Zellen die synaptische Übertragung. Ein weiteres Antidementivum ist der *NMDA*-Antagonist Mamantin. Eingesetzt wird er unter der Annahme, dass bei Alzheimer-Demenz erhöhte Glutamatkonzentration vorliegt, die zu schädlicher Dauerstimulierung des NMDA-Rezeptors führt. Kombination mit Acetylcholinesterasehemmern ist möglich und wohl der Monotherapie überlegen. Köhler 2012b, Benkert & Hippius 2013. *T. Köhler*

Antidepressiva (= A.) [engl. *antidepressants*], **[PHA]**, *Psychopharmaka* zur Therapie von depressiven Störungen (*Depression*). A. wurden 1957 mit der Entdeckung von *Imipramin* und des Monoaminooxidase-Hemmers *Iproniazid* in die Therapie eingeführt. Sie werden nicht nur zur Akuttherapie, sondern neben *Lithium* auch zur Prophylaxe rezidivierender depressiver Störungen eingesetzt. Sie können je nach Wirkstoff stimmungsaufhellend, antriebsverbessernd, sedierend und anxiolytisch wirken. Nach strukturchemischen Eigenschaften lassen sich A. unterteilen in: (1) trizyklische A. (z. B. *Imipramin*, *Desipramin*, *Amitriptylin*), (2) tetrazyklische A. (z. B. *Maprotilin*, *Mianserin*), (3) chemisch neuartige/andersartige A. (z. B. *Viloxazin*, *Trazodon*, *Fluoxetin*). Nach pharmakol. Wirkungsprinzipien sind unterscheidbar: (1) nicht selektive Monoamin-Rückaufnahmehemmer (NSMRI), wozu die Trizyklika gehören, (2) α-Antagonisten wie *Mirtazapin*, (3) *Serotonin-Wiederaufnahmehemmer*, *selektive* wie *Citalopram*, (4) *Serotonin-Wiederaufnahmeverstärker* wie *Tianeptin*, (5) selektive Noradrenalin-Rückaufnahmehemmer (SNRI) wie *Reboxetin*, (6) selektive Serotonin- und Noradrenalin-Rückaufnahmehemmer (SSNR) wie *Venlafaxin*, (7) Noradrenalin- und Dopamin-Rückaufnahmehemmer (NDRI) wie *Bupropion*, (8) Melatonin-Agonisten (*Melatonin-Agonist*) wie *Agomelatin* und (9) *Monoaminooxidase-Hemmer* wie *Moclobemid*. Indikationen für die Behandlung mit A. können depressive Störungen, *Angststörungen*, *Zwangsstörungen*, *Posttraumatische Belastungsstörungen*, *somatoforme Störungen*, *Schmerzen*, Chronic-Fatigue-Syndrom, *Essstörungen*, *Schlafstörungen*, *Persönlichkeitsstörungen* und klimakterische Beschwerden sein. Die Verordnung von A. erfolgt i. R. eines Gesamtbehandlungsplans. Nach der verständlichen Vermittlung eines *Krankheits-* und Behandlungskonzepts kann durch eine gemeinsame Entscheidungsfindung von Arzt und Pat. ein A. ausgesucht werden. Die Behandlung sollte möglichst frühzeitig und in Monotherapie gemäß den Leitlinien zu den entspr. Erkrankungen erfolgen. Die *Nebenwirkungen* hängen sehr vom Rezeptorprofil der einzelnen Substanz ab. Benkert & Hippius 2013, Thompson 1991. *H. Himmerich*

Antidiuretisches Hormon (ADH) *Vasopressin*.

Antidonation [engl. *antidonation*; gr. ἀντι (anti) gegen, lat. *donatio* Schenkung], Ggs. *Prodonation*, **[GES]**, neg. Einstellung zur Organspende. *Organspendebereitschaft*.

Antidot [engl. *antidote*; lat. *antidotum* Gegenmittel, Gegengift], auch *Antidoton*, **[PHA]**, Mittel, die als Gegenmittel bei *Vergiftungen* verabreicht werden.

Antiemetika (= A.) [engl. *antiemetics*; gr. ἀντι (anti) gegen, ἔμεσις (emesis) Erbrechen, Speien], **[PHA]**, Pharmaka, die bei Brechneigung (Hyperemesis) und *Schwindel* (Nausea) bei Reise- und Seekrankheiten und bes. bei Chemotherapie von Krebs angewandt werden. Außer der Hemmung der Zielsymptome haben die versch. A. wenig gemeinsam. Viele A. sind *Anticholinergika* (z. B. Atropin, *Scopolamin*), *Antihistaminika* (z. B. Diphenhydramin), *Phenothiazine* (z. B. Perphenazin). Die Wirkungen sind je nach Struktur versch., die meisten wirken müde machend und leistungsbeeinträchtigend, was durch sensitive Tests quantifiziert werden kann und was von Bedeutung ist für die Teilnahme am Verkehr. *W. Janke*

Antiepileptika [engl. *antiepileptics*], **[PHA]**, bei *Epilepsien* therap. eingesetzte Substanzen. Der Begriff wird von vielen Autoren zugunsten des Begriffs *Antikonvulsiva* abgelehnt. Clarenbach & Fröscher 1993.

Antigen-Antikörper-Reaktion [engl. *antigen-antibody reaction*], Abk. AAR, **[BIO]**, Stoffe, die den Körper – z. B. bei einer Erkältung – zur Bildung von Antikörpern anregen, bez. man als Antigene. Sie sind Krankheitserreger bzw. artfremdes Eiweiß. Die von den Antigenen angeregte Bildung von Antikörpern erfolgt in den Lymphozyten. Gelangen Antigene ins Blut, reagieren die Zellen in den Lymphknoten. Sie vermehren sich und produzieren innerhalb weniger Tage große Mengen von Antikörpern. Sie sind Eiweiße, die man auch als Immunoglobuline bez. Die AAR macht das Antigen unschädlich oder zerstört es. *Immunsystem*.

antihistaminerg [engl. *antihistaminic*; gr. ἀντι (anti) gegen, ἱστός (histos) Gewebe, ἔργον (ergon) Arbeit], **[PHA]**, Wirkungsart von Substanzen, die die Wirkung von *Histamin* hemmen. Wichtige *Nebenwirkungen* von antihistaminerg wirksamen *Psychopharmaka* sind Gewichtszunahme und *Sedierung*.

Antihistaminika (= A.) [engl. *antihistamines*; gr. ἀντι (anti) gegen, ἱστός (histos) Gewebe, **[PHA]**, Arzneimittel, die die Freisetzung von *Histamin* reduzieren. A. wirken an versch. Rezeptoren (*Rezeptor*) H1 (bes. im ZNS (*Nervensystem*)), H2 (bes. im Gastrointestinaltrakt) und H3 (bes. histaminerge *Neuronen*). H1-A. werden als *Antiallergika* eingesetzt (u. a. Heuschnupfen, Insektenstich), als Mittel gegen Schwindel und Erbrechen (*Antiemetika*) verabreicht. Viele A. haben ZNS-Wirkungen, meist auch dosisabhängig deaktivierende (sedierende) Wirkungen. Einige H1-Blocker wurden früher zur Reduktion von Spannungszuständen eingesetzt (Diphenhydramin, Doxylamin, Hydroxyzin), wobei müde machende Effekte auftreten mit psychometrisch nachgewiesenen Leistungsbeeinträchtigungen einschließlich defizitärem Fahrverhalten. Broich 1995, Sittig & Oldigs-Kerber 1992. *W. Janke*

Antihypertensiva (= A.) [engl. *antihypertensives*; gr. ἀντι (anti) gegen, ὑπερ (hyper) über, τόνος (tonos) Spannung], **[PHA]**, Substanzen mit blutdrucksenkender Wirkung. Die Senkung des *Blutdrucks* erfolgt bei versch. Stoffen über unterschiedliche physiol. Mechanismen (z. B. peripher, zentral). Neben der erwünschten spezif. Wirkung haben die meisten A. zahlreiche andere Effekte, z. B. zentral-dämpfende Effekte mit den entspr. psych. Veränderungen (subj. Deaktivierung und Leistungsbeeinträchtigung). Die wichtigsten A. gehören heute zu den Angiotensin-Converting-Enzyme-Inhibitoren (ACE-Hemmer), den Angiotensin-

II-Rezeptor-Subtyp-1-Antagonisten (AT_1-Rezeptorantagonisten, Angiotensin-Rezeptorblocker, AT_1-Antagonisten, «Sartane») und den β-Rezeptorenblockern. Andere Substanzklassen spielen heute nur noch eine untergeordnete Rolle (*Sympathikolytika*, Ganglienblocker, *Reserpin*, *Parasympathikomimetika*, Kalzium-*Antagonisten*). Sittig & Oldigs-Kerber 1992, Turkkan 1988. *W. Janke*

Antikoagulanzien (= A.) [engl. *anticoagulants*], [**PHA**], Arzneimittel zur Hemmung der Blutgerinnung, Singular Antikoagulans. Unterschieden werden indirekte A., die die Blutgerinnung durch eine Hemmung der Synthese von Gerinnungsfaktoren bewirken (sog. Vitamin-K-Antagonisten, Cumarine) oder einen Kofaktor zur Gerinnungshemmung bewirken (z. B. Heparine), von direkten A., die direkt Gerinnungsfaktoren hemmen (z. B. Faktor-Xa-Inhibitoren). A. werden *prophylaktisch* z. B. bei bettlägerigen Pat. oder nach Operationen zur Vorbeugung vor Thrombosen oder *therap.* bei Erkrankungen, bei denen ein hohes Embolierisiko besteht, z. B. bei Vorhofflimmern oder nach tiefen Bein- oder Beckenvenenthrombosen, gegeben. *G. Gründer*

Antikonvulsiva (= A.) [engl. *anticonvulsants*; gr. ἀντί *(anti)* gegen, lat. *convulsio* Krampfanfall], [**PHA**], die Gruppe der A. ist eine chemisch heterogene Arzneistoffgruppe, deren Mitglieder zur Behandlung oder Verhinderung von epileptischen Krampfanfällen (*Epilepsie*) eingesetzt werden. Als Syn. wird daher auch der Name *Antiepileptikum* verwendet. Daneben finden versch. A. eine breite Verwendung zur Behandlung akuter manischer Syndrome (*Manie*) oder zur Rezidivprophylaxe *Bipolarer Störungen*. *M. Paulzen*

Antinomianismus [engl. *antinomianism*; gr. ἀντί *(anti)* gegen, νόμος *(nomos)* Gesetz], [**PHI**], Ansatz, der die Nutzlosigkeit moralischer Gesetze betont.

Antinomie [engl. *antinomy*; gr. ἀντί *(anti)* gegen, νόμος *(nomos)* Gesetz], [**PHI**], logischer Widerspruch zw. jew. für sich gültigen Sätzen.

Antioxidanzien (= A.) [engl. *antioxidants*], [**BIO**], chem. Verbindungen, die sog. «oxidativen Stress» mit möglichen Zellschädigungen verhindern, vermindern oder beseitigen. Als A. werden diskutiert sog. antioxidativ wirkende *Vitamine* (Vitamin C und E), Carotinide sowie weitere *Mikronährstoffe*, v. a. in Pflanzen vorkommend. Kasper 1996, Siess 1997, Siess 1991. *W. Janke*

Antipathie [engl. *antipathy*; gr. ἀντί *(anti)* gegen, πάθος *(pathos)* Leiden(schaft)]. Abneigung gegen andere. Ggs. *Sympathie*.

Anti-Pollyanna-Effekt, [**DIA**], benannt nach dem 1913 in Amerika erschienen Kinderbuch *Pollyanna* (Eleanor Hodgman Porter). Tendenz, bei Gutachten Negativ-Aussagen verstärkt hervorzuheben. *Pollyanna-Hypothese*.

Antipsychiatrie [engl. *anti-psychiatry*], [**KLI**], Bewegung mit ablehnender und kritischer Haltung gegenüber der Psychiatrie. *therapeutische Gemeinschaft*.

Antipsychotika (= A.) [engl. *antipsychotics*, *antipsychotic agents*], [**PHA**], heute bevorzugter Begriff für Pharmaka, die bei *Psychosen* vom Typ der *Schizophrenie* therap. wirksam sind, früher *Neuroleptika*. Die Wirkmechanismen sind nur unvollständig verstanden, alle bis heute verfüg-

baren A. sind jedoch D2-Rezeptorantagonisten bzw. partielle *Dopaminrezeptor*-Agonisten (*Aripiprazol*). Eine große forschungsstrategische Bedeutung haben Stoffe mit anderen Wirkungsmechanismen, etwa solche, die exzitatorische Transmitter wie *Glutamat* beeinflussen. Bunney et al. 1995, Riederer et al. 1998. *W. Janke*

Antisemitismus (= A.) [engl. *anti-semitism*, *antisemitism*], [**SOZ, PER**], Sammelbez. für alle Einstellungen (*Einstellung*) und Verhaltensweisen, mit denen die als Juden wahrgenommenen Einzelpersonen, Gruppen oder Institutionen aufgrund dieser Zugehörigkeit diskriminiert werden (Antisemitismusbericht 2011).

Begriffsherkunft: Von *antisemitischen Vorurteilen* sprach erstmals der Orientalist Moritz Steinschneider im Jahre 1860 in seiner Auseinandersetzung mit dem frz. Religionswissenschaftler Ernest Renan. Die Wortschöpfung A. wurde als politisches Schlagwort von Wilhelm Marr, einem judenfeindlichen Publizisten, um 1879 eingeführt. Der Terminus A. knüpft an die Bez. *Semiten* an, die wiederum auf die alttestamentarische Völkertafel (Mose, 1, 10) verweist: Sem, der älteste Sohn Noahs, wurde Stammvater Abrahams und des Volkes Israel, aber auch Ahnvater aller *semitischen Völker*. Zu den Semiten gehören auch aus heutiger Sicht sehr heterogene Völkergruppen (z. B. Araber, Israelis, Malteser), sodass das Wort A. i. S. der Judenfeindschaft eigentlich irreführend ist.

Judenhass und A.: Der Judenhass (des frühen und späten Mittelalters) war überwiegend christlich-religiös motiviert und entlud sich in brutaler Gewalt (Pogromen) gegenüber den Juden. Der A., der sich in der Zeit zw. 1750 und 1850 herausbildete, stützt sich auf einen politisch propagierten *Rassismus*, der letztlich zur systematischen Vernichtung von mehr als 6 Mio. Juden im Nationalsozialismus führte.

Erscheinungsformen: Da es bis heute keine allg.gültige Def. des A. gibt, finden sich in der Literatur zur Bez. der Judenfeindschaft entweder traditionelle Begriffe wie Judenhass oder Antijudaismus oder Begriffe mit Beifügungen (z. B. bürgerlicher A., völkischer A., linker A.). Im Projekt *Gruppenbezogene Menschenfeindlichkeit* (Heitmeyer 2002 bis 2012), in dem die Forscher zehn Jahre lang auch die Entwicklung des A. analysierten, werden folg. Facetten gegenwärtiger antisemitischer Einstellungen unterschieden: (1) *klassischer A.*, mit dem die offene Abwertung von Juden auf der Basis tradierter Stereotype beschrieben wird, (2) *sekundärer A.*, der durch Relativierung und Leugnung (Auschwitzlüge, Schlussstrichdebatte) der nationalsozialistischen Verbrechen an den Juden gekennzeichnet ist, (3) *antisemitische Separation*, mit der die indirekte Abwertung von dt. Juden durch den Zweifel an ihrer Loyalität zu Dt. bez. werden soll, (4) *israelbezogener A.* als die Übertragung der Kritik an der Politik Israels auf alle Juden und (5) *NS-vergleichende Israelkritik*, die die israelische Palästinenserpolitik mit der Vernichtung der Juden im Nationalsozialismus unzulässig gleichsetzt.

Theorien des A.: Neben psychoanalyt., soziolog. und geschichtswiss. Erklärungen haben v. a. persönlichkeits- und sozialps. Ansätze (z. B. Theorie der *autoritären Persönlichkeit*, *Sündenbock-Theorie*, *Frustrations-Aggressions-Hypo-*

these, Social Identity Theory, Vorurteile) die Erforschung antisemitischer Einstellungen und Handlungen vorangetrieben (Frindte 2006). Rensmann & Schoeps 2008, Thieme 1963. W. Frindte

Antisoziale Persönlichkeitsstörung [engl. *antisocial personality disorder*], (F60.2 *Dissoziale Persönlichkeitsstörung*), [**KLI**], nach *DSM*-IV ist die *Diagnose* bei Personen über 18 Jahren zu stellen, deren gestörtes Sozialverhalten (*Störungen des Sozialverhaltens*) bereits vor Vollendung des 15. Lebensjahres erkennbar war. Im Zentrum der Störung stehen die völlige Missachtung der Rechte anderer, verantwortungsloses, antisoziales *Verhalten* sowie das Fehlen von *Scham* und Reue. Impulsivität, Reizbarkeit und *Aggressivität* können als weitere Merkmale hinzukommen. *Persönlichkeitsstörungen*.

antisoziales Verhalten (= a. V.) [engl. *antisocial behavior*], [**EW, PER, SOZ**], Tendenz zur Missachtung der Rechte anderer, die schon im Alter von 3 Jahren beobachtbar ist, im Jugendalter stark zunimmt und im weiteren Verlauf wieder abnimmt. A. V. zählt zu den *Externalisierungsproblemen* im Kindes- und Jugendalter. A. V. ist oft gepaart mit *Impulsivität*, Reizbarkeit und *Aggressivität* sowie dem Fehlen von *Scham* und Reue. Häufiges und andauerndes a. V. im Erwachsenenalter, das schon im Jugendalter erkennbar ist, gehört zu den *Persönlichkeitsstörungen* (*antisoziale Persönlichkeitsstörung*) und ist ein Risikofaktor für *Kriminalität*. A. V. weist eine vgl.weise hohe Stabilität zw. Kindheit und Erwachsenenalter auf sowie zw. Eltern und ihren Kindern, wozu genetische und Umweltfaktoren beitragen und sich wechselseitig verstärken (Genom-Umwelt-Interaktion; *Verhaltensgenetik*). Nach Moffitt (1993) kann eine überdauernde Form des a. V. (*life-course-persistent; Life-Course-Persistent Offenders*) von einer pubertätsgebundenen Form (*adolescence-limited; Adolescence-Limited Offenders*) unterschieden werden. Erstere ist ab der frühen Kindheit bei ca. 10 % der Jungen beobachtbar und weist eine hohe Stabilität bis ins Erwachsenenalter auf; letztere ist in westlichen Kulturen bei bis zu 60 % der männlichen Jugendlichen beobachtbar, aber nur sporadisch und auf das Jugendalter begrenzt, wobei die pubertätsgebundene Form in westlichen Kulturen in den letzten Jahrzehnten stark zugenommen hat. Beim weiblichen Geschlecht ist a. V. deutlich seltener. Verantwortlich für die Zunahme des a. V. im Jugendalter wird u. a. die Reifungslücke gemacht (Lücke zw. biol. und sozialem Alter, bedingt durch immer frühere Pubertät, immer längere Ausbildungszeit und immer spätere Übernahme der Elternrolle). A. V. ist vor der Geburt mit neuropsychol. Risiken assoziiert, nach der Geburt mit einem schwierigen *Temperament*, in der Kindheit mit Unerreichbarkeit durch Kontrollversuche und Bestrafung durch Familienmitglieder, die zu Aggression-Gegenaggression-Eskalationen führt (*coercive family process*; Patterson 1983), sowie durch einen *feindseligen Attributionsstil* (Tendenz mehrdeutiges Verhalten anderer feindselig zu interpretieren). Im Jugendalter bilden sich oft deviante Cliquen a. Jugendlicher (*Peergroup*), wobei der Anschluss an eine solche Clique der Hauptrisikofaktor für Kriminalität im Jugendalter ist; eine kleinere Gruppe a. Jugendlicher reagiert dagegen mit sozialem Rückzug. *J. B. Asendorpf*

Antitestbewegung, [**DIA**], inbes. in den 1960er-Jahren; die durch die weite Verbreitung und Anwendung von Tests vorgebrachte Kritik gegen die Anwendung von psychol. *Tests*. Die Antitestbewegung richtet sich z. T. gegen die Verletzung der Privat- bzw. Intimsphäre wie auch gegen den Missbrauch von Tests und deren z. T. mangelhafte *Testgütekriterien*. Anastasi 1967.

Antitussiva [engl. *antitussives, antitussive agents*; gr. ἀντι (*anti*) gegen, lat. *tussire* husten], [**PHA**], Medikamente gegen Husten, oft in fixen Kombinationen mit *Antihistaminika*, überwiegend ZNS-dämpfende Stoffe aus der Reihe der *Opioide* (z. B. *Codein, Dihydrocodein*), müde machende und leistungsbeeinträchtigende Wirkungen, Abhängigkeitspotenzial. Einige Substanzen mit hustenbeeinflussender Wirkung interagieren nicht mit Opioidrezeptoren und haben kein Suchtpotenzial (z. B. Clobutinol). Stoffe, die antitussiv über periphere Mediatoren wirken (z. B. Bronchialsekretbeeinflussung), haben keine direkten psych. Wirkungen (z. B. Acetylcystein). Aktories et al. 2005. *W. Janke*

Antizipation (= A.) [engl. *anticipation*; lat. *anticipere* vorwegnehmen], [**KOG**], das Vorziehen, die gedankliche Vorwegnahme. Bei Selz ein Begriff seiner Denkps. wonach jedes Denken mit einer «Zielvorstellung» verbunden ist, die antizipiert wird. A. bez. auch die prospektive Komponente jedes Erlebens und Verhaltens. In der Sprachps. gilt A. als wichtige Voraussetzung für fließendes Lesen. Sie ist wesentlich bedingt durch die Erfassung der Regeln, denen jede bedeutungshaltige Abfolge von Sprachzeichen (Satzteile, Wörter, Silben, Buchstaben) unterliegt. Die Regelhaftigkeit ergibt sich aus der Grammatik, der Häufigkeitsverteilung der Zeichen und der Zeichenkombinationen. Niedrige A.leistungen können Symptom oder Ursache von *Sprachstörungen* sein.

Antizipationszeit *Reaktionszeit.*

antizipatorische Reaktion [engl. *anticipatory goal response*; lat. *anticipere* vorwegnehmen], [**KOG**], behavioristischer Begriff (*Behaviorismus*) für eine Reaktion, die ursprünglich durch die Darbietung best. Reize auftrat (*bedingter Reflex, bedingte Reaktion*), nach einigen Wiederholungen jedoch vorweggenommen und verfrüht auftreten kann, obwohl der ursprünglich auslösende Reiz noch gar nicht gegeben wurde, sondern lediglich mit einer best. Wahrscheinlichkeit zu erwarten ist. *Konditionierung, Lernen, Lernforschung.* *R. Bergius*

antizipierendes Schema *Schema.*

Anton-Syndrom [engl. *Anton-Babinski syndrome*], *Visuelle Anosognosie.*

Antonymie (= A.) [engl. *antonymy*; gr. ἀντι (*anti*) gegen, ὄνομα (*onoma*) Name], [**KOG**], antonyme oder «gegensätzliche Bedeutung» ist ein Spezialfall der *Synonymie*, insofern sich hier zwei Bedeutungen (*Bedeutung*) bis auf ein semantisches (*Semantik (Semiologie)*) Merkmal, das bei beiden entgegengesetzt ist, gleichen. Stellt man sich vor, dass das entgegengesetzte Bedeutungsmerkmal auf einer bipolaren Dimension angesiedelt ist, dann lassen sich zwei Fälle von A. unterscheiden (Lyons 1968): die eigentliche A. und die *Komplementarität*. Ein Bsp. für die eigentliche A. ist das Adjektivpaar groß/klein. Etwas ist nur klein bzw. groß in Bezug auf etwas anderes. Eigentliche Antonyme stehen deshalb in enger Beziehung zum Komparativ und sind graduierbar. Bei der Komplementarität geht es nicht um einen relativen, sondern um einen taxonomischen Ggs. Solche Antonyme sind nicht graduierbar und bilden keinen Komparativ. Das Gegensatzpaar männlich/weiblich ist ein Bsp. *J. Engelkamp*

Antrieb (= A.) [engl. *drive*], **[EM, KOG]**, Impuls, im Sprachgebrauch der Ps. eine Funktion der emot. Prozesse (*Emotionen*), die darin besteht, dass diese auf die Ausführung einer best. *Handlung* hinwirken. So ist z. B. mit dem Affekt der *Angst* der A. zur Flucht vor der Quelle der Angst gegeben. *Drive* i. S. der *S-R-Theorie* wird am besten nicht mit *Trieb*, sondern mit A. übersetzt, der ebenfalls ein Konstrukt für eine allg., nicht aktionsspezif. Energie und z. T. mit *Aktivierung* identisch ist. *Drang*, *Begierde*, *Motivation*.

Antriebsmangel, **[EM, KLI]**, als *Aspontaneität* (fehlende Unmittelbarkeit) hervortretender Mangel an *Antrieb* mit vielfältiger Verursachung.

Antriebsregulation *Regulation*.

Antwortformat (= A.) [engl. *response format*], **[DIA, FSE]**, die in einem *Test* oder *Fragebogen* vorgegebenen Antwortmöglichkeiten des Pb für das *Item* bzw. die *Aufgabe*. Bei Fragebogen ist das A. i. d. R. dichotom (ja/nein; stimmt/stimmt nicht) oder ordinal mehrstufig (*Ratingskala*). Bei Leistungs- oder Wissenstests veringert das *Multiple-Choice-Antwortformat* insbes. die Wahrscheinlichkeit von Zufallstreffen. *Skalierung, Methoden der*, *Testkonstruktion*. Bühner 2010.

Antwortskala (= A.) [engl. *response scale*; lat. *scala* Treppe], **[FSE]**, *Skala*, auf der eine befragte Person ihre Antwort(en) ausdrücken soll. Ein in Umfragen typisches Bsp. ist die *Likert-Skala*: Hier wird eine Aussage vorgegeben (z. B. «Ich gehe gerne ins Kino.»), zus. mit einer meist 5-stufigen, bipolaren A. von «−2 = trifft überhaupt nicht zu» über «0 = teils/teils» bis «+2 = trifft voll und ganz zu». Ein anderes Bsp. ist ein Werte-Item, mit der Frage «Wie wichtig ist es Ihnen, viel Geld zu verdienen?», zus. mit z. B. der 11-stufigen unipolaren A. «0 = nicht wichtig» bis «10 = sehr wichtig». Auf einer grafischen A. kann der Befragte seine Antwort durch ein Kreuz auf einem Kontinuum (mit Endpunkten wie z. B. «richtig» und «falsch») markieren. Eine nominale A. (*Nominalskala*) gibt auf eine Frage wie z. B. «Warum haben Sie gekündigt?» qual. Antworten vor («Zu wenig Geld», «Schlechtes Arbeitsklima»), oft kombiniert mit einer «Anderes»-Kategorie, die der Befragte selbst formulieren kann. Demografische Items (wie z. B. «Welchen Bildungsabschluss haben Sie?») verwenden oft eine differenzierte, internat. vergleichbare A. (*Standard-Demografie*). *Skalierung, Methoden der*. Hoffmeyer et al. 2010, Borg & Staufenbiel 2007. *I. Borg*

Antworttendenz *response-set*.

Anwärm-Effekt [engl. *warming-up*], **[KOG]**, beschreibt den Effekt, dass i. d. R. eine Phase des Vertrautmachens mit einer neuen Aufgabe erforderlich ist und eine (deutliche) Lern- oder Leistungszunahme meist erst nach einer kurzen Anlaufzeit einer (neuen) Tätigkeit erzielt wird.

Anwärm-Verlust, **[EM, KOG]**, Leistungsabfall nach einer Pause im Vergleich zur Leistungshöhe vor dem Intervall.

Anwendungsexperiment [engl. *application experiment*], **[FSE]**, der auch als *Feldexperiment* bezeichnete und z. B. der Überprüfung eines Laborexperiments in «externer» Situation dienende wiss. Versuch. *Experiment*, *Wirklichkeitsversuch*.

Anwendungsforschung [engl. *applied research*], *Empirische Sozialforschung*.

anxiogene Substanzen (= a. S.) [engl. *anxiogenic substances*; lat. *angor* Angst, Unruhe, gr. γένεσις *(genesis)* Entstehung, Ursprung], **[BIO, PHA]**, Stoffe, die bei geeigneter Dosierung *Angst* hervorrufen (können). Bes. Interesse finden Stoffe, die Panikangst (*Panikstörung*) hervorrufen können. Dabei wird angenommen, dass dies nur bei vulnerablen Personen der Fall ist. A. S. sind inverse *Benzodiazepin*-Agonisten wie *Beta-Carboline*, *Serotonin*-Agonisten wie m-Chlorphenylpiperazin (mCPP) oder β-Rezeptor-Agonisten (Adreno(re)zeptor-Agonisten) wie *Isoproterenol* oder *Laktat*. Albus 1992, Charney et al. 1995. *W. Janke*

Anxiolytika (= A.) [engl. *anxiolytics*; lat. *angor* Angst, Unruhe; gr. λύειν lösen], **[PHA]**, sind angstlösende Substanzen (*Angst*, *Angststörungen*), wobei *Benzodiazepine* die dominierende Gruppe repräsentieren. Sie haben einen anxiolytischen und sedierenden Effekt; deswegen werden sie auch als *Tranquilizer* bez. Der zusätzliche schlafinduzierende (*Schlaf*), muskelrelaxierende (*Muskelrelaxanzien*) und antikonvulsive (*Antikonvulsiva*) Effekt ist in der hier vorgestellten Indikation nicht regelhaft erwünscht. A. werden in der Psychopharmakotherapie häufig als Begleitmedikation eingesetzt (z. B. i. R. der antidepressiven (*Depression*) und antipsychotischen (*Psychose*) Therapie). In der psychiatrischen Notfallsituation gehören A. zu den wichtigsten Arzneimitteln. Die versch. Gruppen bzw. Substanzen innerhalb der A. unterscheiden sich sowohl hinsichtlich der strukturchemischen Eigenschaften als auch hinsichtlich des Wirkprinzips. *M. Paulzen*

Anziehung [engl. *attraction*], *Attraktivität*.

APA *American Psychological Association (APA)*.

Apalliker, apallisches Syndrom [engl. *apallic syndrome*; gr. α- (a-) ohne, lat. *pallium* Mantel], **[BIO]**, Bez. für einen (z. B. nach Unfall) noch lebenden (z. B. mittels der Herz-Lungen-Maschine), zugleich aber «hirntoten» Organismus. Zustand bei funktioneller Trennung von Hirnmantel und Hirnstamm bei tiefer Bewusstlosigkeit.

APA-Standards *American Psychological Association (APA)*.

Apathie [engl. *apathy*; gr. ἀπάθεια *(apatheia)* Unempfindlichkeit, Leidenschaftslosigkeit], **[EM]**, ist ein Zustand der inneren Antriebslosigkeit bzw. mangelnden Aktivierbarkeit durch äußere emot. anregende oder motivational bedeutsame Reize. Während A. in der Antike als erwünschte Leidenschaftslosigkeit bzw. Gleichgültigkeit gegenüber Ereignissen, die nicht der eigenen Kontrolle unterliegen, gesehen wurde, hat A. im Christentum als unerwünschte (religiöse) Gleichgültigkeit (Acedia) eine neg. Bedeutung erlangt.

A. i. S. geringer Gefühlsansprechbarkeit in Extremsituationen kann aus Sicht der Emotionsregulationstheorien auch als eine protektive Funktion des Organismus gewertet werden. *Abulie*, *Gefühl*, *Emotionen*. M. Peper

Apex-Spiele [engl. *apex-games*; lat. *apex* Spitze, Gipfel], [**SOZ**], sind Koalitionsspiele (*Koalitionsspiele*) bei denen ein Spieler, der sog. Apex-Spieler (= A.), eine bes. starke strategische Position hat, da er durch eine Koalition mit jedem beliebigen anderen Spieler eine gewinnbringende Zweierkoalition bilden kann. Alternativ kann einzig der Zusammenschluss aller übrigen Spieler in einer großen Koalition ohne den A. gewinnen. In solchen Situationen ist häufig ein Erfolg des A. i. S. einer hohen Auszahlung innerhalb einer erfolgreichen Zweierkoalition zu beobachten. Die Möglichkeit zur Blockbildung unter den schwächeren Spielern kann dessen Auszahlung jedoch vermindern. Denn der A. ist kein Diktator mit Vetomacht und muss daher befürchten von der erfolgreichen Koalition aller anderen Spieler im neg. Fall ausgeschlossen zu bleiben, was seine Verhandlungsposition etwas abschwächt. Je mehr Spieler beteiligt sind, desto stärker ist jedoch die Verhandlungsposition des A. Denn die Bildung einer großen Koalition gegen ihn ist bei vielen Mitspielern komplexer und die Möglichkeiten zur Herauslösung eines einzigen Spielers aus einer solchen potenziellen Koalition steigen mit der Spielerzahl. Erklärungsansätze für die *Koalitionsbildung* liefern die *Verhandlungstheorie von Komorita und Chertkoff* und zahlreiche spieltheoretische Ansätze (Güth 1999; Schwarze 1983). R. Hansmann

Äpfel-Birnen-Problem [engl. *problem of comparing apples and oranges*], [**FSE**], Problem im Rahmen der *Metaanalyse*, wenn Merkmale von Objekten (z. B. Primärstudien) zus.gefasst werden, die sich hinsichtlich zentraler Merkmale (z. B. *Operationalisierung*) unterscheiden und somit nicht valide oder aussagekräftig verglichen bzw. in Beziehung gesetzt werden dürfen.

Apgar-Score, [**BIO, DIA, EW**], ein 1952 von der Anästhesistin Virginia Apgar entwickelter diagn. Kennwert für den Gesundheits- und Entwicklungszustand von Neugeborenen. *Neugeborenen-Diagnostik*.

Aphanisis (= A.) [engl. *aphanisis*; gr. ἀφανής *(aphanes)* unsichtbar], [**KLI**], psychoanalytischer Begriff für das Verschwinden (Ausbleiben) des sexuellen Bedürfnisses. Nach E. Jones, der den Begriff in die *Psychoanalyse* eingeführt hat, ist die A. bei beiden Geschlechtern eine Angst, die – akut geworden – tiefer geht als die Kastrationsangst. *Kastrationskomplex*.

Aphasie (= A.) [engl. *aphasia*; gr. ἀφασία *(aphasia)* Sprachlosigkeit], [**BIO, KOG**], vollst. oder teilweiser Verlust von Funktionen des zentralen Sprachsystems nach abgeschlossenem Spracherwerb (*Sprachentwicklung*, *Sprachstörungen*), verursacht durch kortikale und subkortikale Hirnverletzungen (*Hirnschädigung*) in Spracharealen (Sprachzentrum) vornehmlich der linken, sprachdominanten Hemisphäre, selten nach Schädigung der rechten Hemisphäre (gekreuzte Aphasie; Lateralisierung, *Lateralität*).

Eine A. kann einerseits vaskulär (Schlaganfall (*zerebrovaskuläre Erkrankungen*), *Schädel-Hirn-Trauma*) verursacht sein, sodass Gefäßsyndrome mit typischen Leitsymptomen (AAT) entstehen. Als Standardsyndrome gelten die *Broca-Aphasie* mit *Agrammatismus*, die *Wernicke-Aphasie* mit *Paragrammatismus*, die *globale Aphasie* mit *Mutismus*, Automatismen/Stereotypien oder *Neologismen* und die *amnestische Aphasie* mit Wortfindungsstörungen. Typ. *Komorbiditäten* sind Beeinträchtigungen von Sprechplanung (Sprechapraxie), Sprechausführung (*Dysarthrie*) und exekutiver Leistungen (z. B. *Arbeitsgedächtnis*). Heutzutage wird eine detaillierte Erhebung der betroffenen und erhaltenen Sprachfunktionen einer ausschließlichen Zuordnung von Syndromen vorgezogen. Die A. kann auch degenerativ (*Demenz*, *(primär) progressive Aphasie*) verursacht sein; der schleichende Verfall der sprachlichen Funktionen wird häufig von kommunikativen, kogn. und mnestischen (*Gedächtnisstörungen*) Störungen begleitet. Eine A. kann auch im Kindesalter durch eine plötzliche Hirnschädigung auftreten (meist Schädel-Hirn-Trauma), sodass bereits erworbene Sprachfunktionen ganz oder teilweise wieder erlernt werden müssen und die weitere Sprachentwicklung sich ggf. verzögern kann (kindliche A.). Huber et al. 2006, Croot et al. 2009, Weigl 1980. S. Abel

Aphasie, amnestische *amnestische Aphasie*.

Aphasie, (primär) progressive (= (p.) p. A.) [engl. *primary progressive aphasia*], [**BIO, KOG**], *Aphasie*, Bez. ursprünglich aus dem angloamerik. Sprachraum, erworbene *Sprachstörung* bei degenerativer *Demenz*. Eine p. A. ist gekennzeichnet durch eine progrediente, schleichende Verschlechterung der sprachlichen Funktionen. Die sprachlichen Störungen der p. A. können im Vergleich zu weiteren neuropsych. Auffälligkeiten (z. B. Gedächtniseinbußen) weniger ausgeprägt sein (z. B. *Alzheimer-Krankheit*) oder als p. p. A. im Vordergrund stehen (v. a. bei fronto-temporaler Demenz). Je nach Ort und Ausdehnung der Schädigung im Sprachnetzwerk des Gehirns sowie der Ausprägung von sprachlichen Symptomen können nach den Konsensuskriterien von 2011 drei Unterformen der p. p. A. diagnostiziert werden: Eine unflüssige Variante mit *Agrammatismus* und Sprechanstrengung, eine semantische Variante mit Störungen von Benennen und Wortverständnis und eine logopenische Variante mit Störungen von Wortabruf und dem Nachsprechen von Sätzen als Leitsymptome. Die logopenische p. p. A. ist mit der Alzheimer-Pathologie (*Alzheimer-Krankheit*) assoziiert. Gorno-Tempini et al. 2011. S. Abel

Aphemästhesie [gr. α- *(a-)* ohne, φεμειν *(phemein)* sprechen, reden, αἴσθησις *(aisthesis)* Wahrnehmung], [**BIO**], Unfähigkeit, Sprache zu verstehen.

Aphemie (= A.) [engl. *aphemia*; gr. α- *(a-)* ohne, φεμειν *(phemein)* sprechen, reden], [**BIO**], von Broca eingeführte, ältere Bez. für motorische *Aphasie*. Sonderbez.: A. *pathematica*, affektiv bedingter Sprachverlust (z. B. bei Angst); A. *plastica*, vorsätzliches Schweigen.

Aphonie [engl. *aphonia*; gr. α- *(a-)* ohne, φωνή *(phone)* Ton], [**KLI**], Stimmtonlosigkeit mit Unfähigkeit bei gesundem Sprachverständnis stimmhaft zu sprechen. Kann *psychogen* bedingt sein.

Aphrasie [gr. α- (a-) ohne; φράσις (phrasis) Satz, Ausdruck, Redeweise], [KLI], völlig sprach- und stimmloses Verhalten bei *Schizophrenie*. Hier nur Begleitsymptom der insges. unterbrochenen Kommunikation und des insges. gestörten Kontaktverhaltens, während beim *Mutismus* die nonverbale Kommunikation, z. B. in gemeinsamen Spielen, und körperliches Kontaktverhalten möglich sind. Ggs. *Logorrhoe*.

Aphrodisiakum (= A.) [engl. *aphrodisiac*, abgeleitet von *Aphrodite*, der gr. Göttin der Liebe], [BIO], ein A. ist ein Mittel zur Anregung des sexuellen Verlangens oder Lustempfindens oder der sexuellen *Leistung* und Funktion. Im Allg. gelten i. d. S. einige *Drogen*, die Gabe spezif. *Hormone*, teilweise *Alkohol*, mineralische Substanzen, best. Düfte, Schokolade sowie versch. Kräuter, Gewürze, Nüsse, Wurzeln, Rinden, Früchte, Gemüsesorten und auch einige tierische Lebensmittel als anregend. Als mögliche Wirkfaktoren werden einerseits Inhaltsstoffe (z. B. Zink für Testosteronbildung (*Testosteron*) in Erdbeeren), andererseits aber auch *Assoziationen* bzgl. Farbe, Struktur, Form u. Ä. (etwa mit Geschlechtsteilen; z. B. Spargel – Penis) diskutiert. Fundierte Nachweise für eine aphrodisierende Wirkung einzelner Lebensmittel oder Inhaltsstoffe auf den Menschen wurden bisher nur vereinzelt gefunden (Melnyk & Marcone 2011). Dagegen basiert die aphrodisierende Wirkung wahrscheinlich in den meisten Fällen auf Vorwissen und Glauben an die Wirkung. *Sexualstörungen*. Greenblatt et al. 1985. *C. Bermeitinger/W. Janke*

Aplasie [engl. *aplasia*; gr. α- (a-) ohne, gr. πλάσσειν (plassein) bilden], [BIO], mangelhafte Entwicklung von Geweben oder Organen.

Apnoe [engl. *apnea*; gr. ἄπνοια (apnoia) Windstille, Atemstillstand], [BIO], Versagen der Atmung. *Schlafapnoe*.

apodiktisch [engl. *apodeictic, apodictic*; gr. ἀποδεικις (apodeixis) Beweis], unumstößlich, streng notwendig, unbedingt.

Apomorphin [engl. *apomorphine*], [BIO, PHA], nicht selektiver *Dopamin*rezeptor-Agonist, wegen dieser Wirkung häufig als Reaktionstest bzw. *Funktionstest* des dopaminergen Systems eingesetzt. In höherer Dosierung Übelkeit und Erbrechen, weshalb früher gelegentlich bei Aversionstherapie der *Alkoholkrankheit* verwendet.

W. Janke

apopathetisch [gr. ἀπό- ab-, fort-, παθητικός (pathētikós) erhaben, feierlich], [KOG, SOZ], veraltete Bez. für ein Verhalten, das durch die Gegenwart anderer Personen stimuliert wird, z. B. i. S. von «sich aufspielen», ohne eigentliche mitmenschliche Beziehung zu den anderen.

Apoplexie [engl. *apoplexy*; gr. ἀποπληξία (apoplexia) Schlag, Schlagfluss], [BIO], plötzliche, schlagartige Funktionsunfähigkeit von Organen, insbes. des Gehirns (Hirnblutung, Gefäßverschluss). *zerebrovaskuläre Erkrankungen*.

Aporie [engl. *aporia*; gr. ἀπορία (aporía) Ausweglosigkeit], [EM, KLI], Ausweglosigkeit, Ratlosigkeit, alle Lösungsmöglichkeiten werden neg. bewertet. *Antinomie*.

Apostilb *lichttechnische Maße*.

Apparat, psychischer bzw. seelischer [engl. *psychic or mental apparatus*], [KLI], ist eine von Freuds (*Psychoanalyse*) wichtigsten Modellannahmen zur Erklärung und Veranschaulichung psych. Prozesse: Die psych. Aktivität wird durch einen seelischen Apparat strukturiert und verrichtet. Dieser ursprünglich neurologisch konzipierte Apparat (Freud 1895) soll die Funktion haben, die andrängenden äußeren und inneren Reize, die Wahrnehmungsreize und die Triebreize (*Trieb*) zu bewältigen, zu verarbeiten und zu erledigen. Er ist darauf ausgerichtet, Lust zu erstreben und Unlust zu vermeiden und hat hierbei die Aufgabe, die innere Energie auf einem möglichst niedrigen Niveau zu halten (*Lustprinzip*). Er gliedert sich in versch. Systeme bzw. Instanzen. In seinem ersten, dem sog. topischen Modell unterschied Freud die Systeme *Bewusst*, *Vorbewusst* und *Unbewusst*. Ab 1923 arbeitete er mit dem sog. *Strukturmodell*, das den seelischen Apparat in *Ich*, *Es* und *Über-Ich* gliedert. Die einzelnen Instanzen folgen unterschiedlichen Arbeitsweisen und zeichnen sich durch unterschiedliche Funktionen und jew. typische Inhalte aus (*Instanzenmodell*). Freud blieb seiner Annahme eines in sich gegliederten psych. Apparats zeitlebens treu, arbeitete aber mehrfach die Hypothesen um, welche die Aufteilung der einzelnen Teile, ihre Lokalisierung, ihre Anordnung, ihre Funktion, ihre Verbindungen und Abhängigkeiten betreffen. Freud 1940. *L. Bayer*

apparative Tests [engl. *apparatus tests, equipment tests*], [DIA, FSE], Bez. für diagn. Verfahren, bei denen für die Darbietung der Testaufgaben und die Registrierung der Pb-Antworten technische Geräte (Computer) eingesetzt werden. *computerbasierte Diagnostik*, *computergestütztes Testen*. Rammsayer & Stahl 2011.

appeal (= A.) [engl.] Anreiz, Appell, [EM], Aufforderungscharakter, Anreiz in der Reklame- und Verkaufsps., *short-circuit appeal* = kurz dauernder A., durch Suggestion oder Ansprechen von Trieben, spez. tiefenps. Motivdynamik (*Triebtheorie*), *long-circuit appeal* = lang dauernder A., durch Ansprechen der Vernunft oder durch Information.

Appellaspekt *Vier-Seiten-Modell der Kommunikation von Schulz von Thun*.

Apperzeption (= A.) [engl. *apperception*; lat. *appercipere* etwas hinzubemerken], [KOG, PHI], von Leibniz geprägter phil. Begriff für die synthetische Funktion des *Bewusstseins*. Im Ggs. zu einfacher *Wahrnehmung* (*Perzeption*) wird sinnlich Gegebenes durch *Aufmerksamkeit* und durch *Erinnerung* aufgefasst und angeeignet, indem es in den Bewusstseinszusammenhang eingeordnet wird. Leibniz und auch Kant haben von dieser *psych., empirischen A.* eine reine, *transzendentale A.* unterschieden als fundamentales Vermögen des Bewusstseins, des *Selbstbewusstsein* und der Einheit aller Vernunfterkenntnisse. Herbart verstand A. empirisch als *Auffassung*, d. h. als bewusste, geistig aktive Tätigkeit des Aneignens eines Inhalts und seiner Eingliederung in die «A.masse» des Bewusstseins. Wundt beschrieb genauer das Eintreten eines Vorgangs in das Blickfeld des Bewusstseins, was aktiv und willkürlich oder passiv und unvorbereitet erfolgen kann. Diese Zuwendung der Aufmerksamkeit als «Bewusstseinssteigerung» leitet eine umfassende synthetische Leistung ein, in der Sinneseindrücke (*Wahrnehmung*), *Gefühle*, Willensregungen, *Vorstellungen* und andere psych. Teilprozesse apperzeptiv verknüpft werden. In Wundts *Apperzeptionspsychologie* erhält die phil. Idee vom Bewusstsein als Synthese eine empirische Grundlage mit psychol. Konzepten und exp. Methoden wie der *mentalen Chronometrie* komplexer *Reaktionszeit*en. A. ist für Wundt ein zentrales theoret. Annahmengefüge über den integrativen Prozess der Bewusstseinstätigkeit, d. h. selektive Aufmerksamkeitssteuerung, aktive kogn., emot. und volitionale Integrationsleistungen und die Initiierung von *Handlungstendenzen*. *J. Fahrenberg*

Apperzeptionskategorien (= A.) [engl. *categories of apperception*], **[EW, WA]**, syn. *Apperzeptionsstadien* (Aussage-, Assoziationsstadien und -kategorien). Bez. für versch. Zeitpunkte in der Entwicklung des Kindes, zu denen unterschiedliche Objekte und Prozesse der Umwelt (Objekte, Personen, Handlungen, Beziehungen) im Mittelpunkt der Wahrnehmung stehen. In der seelischen Entwicklung des Kindes bestehen nach Stern folg. Stadien: Bis zum 8. Lebensjahr Bevorzugung unzusammenhängender A. von Personen und Sachen (Substanzstadium). Im 9. bis 10. Lebensjahr apperzipierende Beobachtungen vorzüglich von Handlungen, Tätigkeiten (Aktionsstadium). Im 10. bis 13. Lebensjahr Bevorzugung aller räumlichen, zeitlichen und innerlich begründeten Beziehungen (Relationsstadium). Vom 14. Lebensjahr an gleichmäßige Verteilung der A. auf alle Gebiete (Qualitätsstadium). Die Bevorzugung der A. findet sich z. B. widergespiegelt im kindlichen Bericht, in der Erzählung, wie im gesamten Gedankenkreis. *Apperzeption*, *Apperzeptionspsychologie*.

Apperzeptionspsychologie [engl. *psychology of apperception*; lat. *appercipere* etwas hinzu/zusätzlich wahrnehmen], **[KOG]**, die der *Assoziationspsychologie* entgegenstehende Richtung. *Wundt* zufolge entstehen die psych. Verbindungen von Sinnesempfindungen *Empfindung*, *Gefühlen*, *Affekten* und *Vorstellung*en nicht allein nach einfachen Assoziationsgesetzen, aufgrund elementarer Merkmale der Häufigkeit und Intensität von Reizen, sondern auch durch apperzipierende (*Apperzeptionskategorien*), willensbestimmte und schöpferische Bewusstseinstätigkeit. *J. Fahrenberg*

TestApperzeptiver Situationstest (A-S-T), 1990, K. W. Laufs; projektives Formdeutverfahren (*projektive Tests, projektive Verfahren*). AA bei normal intelligenten Pbn (IQ mind. 90) ab 14 Jahren. Konzeptionell stellt der A-S-T einen Beitrag zur psychoanalytischen Theorienbildung dar. In einem dreidimensionalen Modell werden folg. Aspekte erfasst: *Soziales* (Extraversion/Introversion), *Emotionales* (*Neurotizismus*) und *Normatives* (*Autoritatismus*). Durchführungsdauer 10 bis 15 Min.

Appetenz [engl. *appetence*; lat. *appetentia* Verlangen, Streben, Begehren], **[EM, KOG]**, das Verlangen, Trachten, Streben, das ein Suchverhalten mit ausrichtenden weiteren Reizen in Gang setzt. *Trieb*.

Appetenz-Appetenz-Konflikt [engl. *appetence-appetence conflict*], *Konflikttheorie*, *Annäherungs-Vermeidungs-Konflikt*.

Appetenz-Aversions-Konflikt [engl. *appetence-aversion conflict*], *Konflikttheorie*, *Annäherungs-Vermeidungs-Konflikt*.

Appetenzverhalten (= A.) [engl. *appetitive behavior*; lat. *appetentia* Verlangen, Streben, Begehren], **[KOG]**, bez. in der vergleichenden Verhaltensforschung (*Ethologie*) einen als Such- und Orientierungsverhalten gedeuteten Bestandteil des angeborenen Verhaltens nach einer die *Endhandlung* (*consummatory act*) auslösenden Reizsituation. Diese gleichsam zweckgerichtete Hinwendung tritt – der Theorie zufolge – dann auf, wenn eine Instinktbewegung (z. B. Fressen) längere Zeit nicht ausgelöst wurde, wohl aber die aktionsspezifische Erregung (Hunger) kontinuierlich anwuchs, oder anders formuliert: wenn die Handlungsbereitschaft für die betreffende Instinktbewegung vorhanden ist. Das A. verläuft in zwei Schritten: (1) ungerichtetes Appetenzverhalten: eine aktive Suche nach einem best. Schlüsselreiz. Wird er wahrgenommen, löst er das gerichtete Appetenzverhalten (*Taxis*) aus, d. h. die Ausrichtung auf den Schlüsselreiz hin. Ein hungriges Wolfsrudel z. B. streift scheinbar ziellos im Jagdgebiet umher, bis ein Beutetier entdeckt ist. Ist die Beute entdeckt, wird sie (2) zielstrebig verfolgt (= gerichtetes A.). Ist sie erreicht, erfolgt die aus Erbkoordinationen aufgebaute Verhaltensfolge der aktionsspezifischen Endhandlung (dem Tötungsbiss und Verzehr). Im Ggs. zu den Erbkoordinationen ist das vorgeschaltete A. äußerst variabel und unspezifisch. Wonach ein Tier sucht, lässt sich zumeist erst erkennen, wenn das A. sein Ziel erreicht hat. Franck 1985. *C. Becker-Carus*

Appetit [engl. *appetite*; lat. *appetere* nach etwas verlangen, erstreben], **[EM, GES]**, bez. das Verlangen oder die Lust auf den Verzehr eines ganz best. Nahrungsmittels (z. B. Nuß-, aber nicht Nougatschokolade). Dies impliziert auch, dass ein anderes Nahrungsmittel dieses Verlangen nicht unbedingt stillen kann. Im Vordergrund steht dabei nicht ein physiol. Grundbedürfnis (d. h. *Hunger*) zu befriedigen, sondern vielmehr psych. Bedürfnisse (*Bedürfnis*). Während die Nahrungsaufnahme bei Hunger physiol. durch nahrungsaufnahmehemmende (z. B.: *Insulin*, Leptin) und -steigernde *Hormone* und *Neurotransmitter*, (z. B. Ghrelin, Neuropeptid Y, MCH, Cannabinoide, *Norardrenalin*, Glukokortikoide) (zentral im Hypothalamus, aber auch im Gastrointestinaltrakt) gesteuert wird, spielen bei der Appetitregulation psych. Aspekte (und das *limbische System*)) eine entscheidende Rolle. Appetit ist zum einem sehr stark von äußeren sensorischen Faktoren wie Geruch von Nahrungsmitteln, deren Aussehen, dem geschmacklichen *Erleben*, aber auch dem Anblick von Nahrung (Vielfalt, Buffet) beeinflussbar; weiterhin spielen auch die eigene emot. Befindlichkeit (*Emotionen*), soziale Faktoren (z. B. Werbung, Ernährungsverhalten anderer Personen) sowie Lernerfahrungen (z. B. «Welche Erfahrungen sind seit der Kindheit mit dem Essen von Schokolade verknüpft?») und kogn. Überzeugungen (z. B. «Nußschokolade reduziert *Stress*!») eine wichtige Rolle. Die Nahrungsaufnahme wird nicht aufgrund von Sättigungssignalen gestoppt, sondern z. B. wenn ein best. emot. Bedürfnis befriedigt wurde. In der Literatur wird nicht immer konsequent zw. Hunger und Appetit unterschieden, sondern beide Begriffe teils auch syn.

gebraucht. Blundell 2006, Sorensen et al. 2003, Morley 1989. *P. Warschburger*

Appetitzügler (= A.) [engl. *anorectic, anorexiant, appetite suppressant*], syn. *Anorektika*, [**PHA**], Pharmaka, die Appetit und Hunger, etwa bei Übergewicht, verringern sollen. Pharmakol. sind A. heterogen. Klassische A. sind *Psychostimulanzien*, deren chemische Struktur sich aus der des *Amphetamins* oder des *Ephedrins* ableiten lässt. Die Wirkung von A. wird vermittelt durch zentrale Anregung des Stoffwechsels und des Energieverbrauchs sowie durch Beeinflussung des Appetit-, Hunger- oder Sättigungsgefühls, u. U. über Hunger- und Sättigungssysteme des Hypothalamus oder über periphere Systeme (z. B. Glukoseregulation). Wirksamkeitsabnahme tritt auf bei längerer Anwendung (*Toleranzentwicklung*). A. können wie Psychostimulanzien zur Abhängigkeit führen. Anwendung daher nur mit strenger Indikationsstellung, kurzfristig und zus. mit diätetischen und psychoth. Maßnahmen. Blundell 1990, Blundell 2006, Macht et al. 1995, Silverstone 1982, Silverstone 1986. *W. Janke/P. Zimmermann*

Apport [engl. *apport*; lat. *apportare* herbeitragen], in der Geschichte der *Parapsychologie* berichteten Phänomen vom angeblichen Auftauchen und Transport von Gegenständen in verschlossene Räume, häufig bei Spukvorkommnissen und spiritistischen Sitzungen mit Medien. Beloff 1993, Driesch 1952.

appraisal (= a.) [engl.] Einschätzung, [**EM**], bez. die emot. Einschätzung eines Ereignisses, Objekts oder einer Situation in Bezug auf das eigene Wohlergehen der Person. A. bezieht sich demnach auf die subj. Beurteilung und Interpretation einer Situation, die nicht mit den obj. Gegebenheiten einer Situation übereinstimmen muss. Zu den wichtigsten a. zählen Einschätzungen (1) der *Zielrelevanz* (Ist das Ereignis für mich persönlich relevant?), (2) der *Zielkongruenz* (Ist das Ereignis meinen Zielen zuträglich/abträglich?), (3) der *Verantwortlichkeit* (Wer hat das Ereignis verursacht?) und (4) der *Kontrollierbarkeit* (Kann ich das Ereignis und seine Folgen beeinflussen?). In Abhängigkeit von ihrer Beurteilung löst ein Ereignis unterschiedliche Emotionen in einer Person aus (*Appraisal (Einschätzungs-)Theorien*). *Stressmodell, transaktionales*, *cognitive appraisal*. Brosch et al. 2010. *A. Eder/K. Rothermund*

Appraisal (Einschätzungs-)Theorien (= A.) [engl. *appraisal* Einschätzung], [**EM, KOG**], kogn. Theorien der Emotionsentstehung. A. nehmen an, dass *Emotionen* durch best. kogn. Beurteilungen (*appraisal*) eines Ereignisses verursacht werden. A. unterscheiden sich in ihren Aussagen, welche Einschätzungen grundlegend für eine Emotionsentstehung sind und in welcher Reihenfolge sie vorgenommen werden. Z. B. schlägt das *Komponenten-Prozess-Modell* (Scherer 2009) vier zentrale Stimulus-Evaluation-Checks (SECs) vor, die sich wiederum aus Einschätzungen von spezif. Ereignisaspekten zus.setzen: (1) Beurteilung der *Relevanz* eines Ereignisses für die eigene Person oder Eigengruppe. Einschätzungen (a) des *Neuigkeitswerts*, (b) der *intrinsischen Angenehmheit*, (c) der *Bedürfnisrelevanz*. (2) Beurteilung der Implikationen des Ereignisses. Einschätzungen (a) der Verantwortlichkeit (*Attribuierung*), (b) der *Ergebniswahrscheinlichkeit*, (c) der *Erwartungsdiskrepanz*, (d) der *Zielkongruenz*, (e) der *Dringlichkeit*. (3) Beurteilung des *Bewältigungspotenzials*. Einschätzungen (a) der *Kontrollierbarkeit der Folgen*, (b) des eigenen *Fähigkeitspotenzials* (*Macht*), (c) des *Anpassungspotenzials*. (4) Beurteilung der *normativen Signifikanz*. Einschätzung des Ereignisses und seiner Folgen hinsichtlich (a) *interner Standards* (persönliche Normen) und (b) externer Standards (*Normen, soziale*).

Die Beurteilung auf einer Stufe baut auf dem Ergebnis der vorangehenden Stufe auf, sodass sich eine sequenzielle Abfolge der SECs ergibt, die logisch miteinander in Verbindung stehen. Durch die kontinuierliche Ereignisabschätzung ergibt sich ein dynamischer Prozess der Emotionsentstehung, in dem eine emot. Episode zunehmend ausdifferenziert wird. Ellsworth & Scherer 2003. *A. Eder/K. Rothermund*

approach [engl.] Annäherung. Bez. für einen Forschungsansatz (*Forschungsprozess*), d. h. die Art der Annäherung an ein wiss. Problem.

Approbationsordnung, ärztliche *Medizinische Psychologie*.

Approximation (= A.) [engl. *approximation*; lat. *approximare* sich nähern, herankommen], [**KOG**], Annäherung (stetig oder diskret) – auch Angenähertheit – eines Zustandes/Prozesses an einen definierten anderen (*Lernen, Lernforschung, Adaptation, Adaption, Akkommodation*). In der Sprachstatistik: nach Ordnungsgraden abgestufte A. an die quantifizierte Strukturiertheit der Gebrauchssprache (*Sprache*). Derartige A., die nach best. Verfahren (Shannon-Weaver) hergestellt werden, haben die Form von Sprachzeichen-Abfolgen (Kunsttexten), in denen die relativen Auftretenshäufigkeiten von Zeichen (Buchstaben, Wörtern) und Zeichenkombinationen an deren Auftretenswahrscheinlichkeiten im normalen Text angeglichen sind. Zw. dem Ordnungsgrad von A. und der Wahrnehmbarkeit, *Lesbarkeit*, Lernbarkeit etc. der zugehörigen Kunsttexte bestehen systematische Beziehungen (*Grammatikalität, grafische Darstellung*). *Zielannäherung*. Shannon & Weaver 1949, Treisman 1965.

Apraktagnosie [engl. *apractagnosia*; gr. α- (a-) ohne, πρᾶξις (praxis) Tätigkeit, Handlung; ἀγνωσία (agnosia) Unwissen, Unkenntnis], syn. *konstruktive Apraxie*, [**BIO, KOG**], Unfähigkeit gezielte (willentliche) Handlungen (mit Objekten) auszuführen.

Apraxie (= A.) [engl. *apraxia*; gr. α- (a-) ohne, πρᾶξις (praxis) Tätigkeit, Handlung], [**BIO, KOG**], eine durch Hirnerkrankung oder -verletzung erworbene Unfähigkeit zur zielorientierten Ausführung von Bewegungen oder Bewegungshandlungen bei erhaltener Kapazität zur Erfassung der Bewegungsaufgabe (*Bewegungssteuerung*; keine *Agnosie*; keine *Demenz*) und trotz erhaltener Kraft, koordinativer Beweglichkeit und normaler Reflexivität der einzelnen, intakten Körperteile (keine oder nur geringfügige Paresen und Koordinationsstörungen; keine Verletzungen, Verstümmelungen der zu bewegenden Körperteile). Angeborene Formen nennt man *Dyspraxie*. Hingegen umfasst der Begriff A. alle Ausprägungsgrade der Verlust-Syndrome.

Unterformen: Klass. Unterscheidung (Liepmann) einer *ideatorischen A.* (Störung der aufgabenorientierten Selektion von Teilbewegungen und in deren reihenfolge- und sinngemäßer Integration zu komplexen Handlungen, z. B. «Kerze auf Halter stellen und mit Streichhölzern anzünden»; einzelne Bewegungen können aber willkürlich ausgeführt werden) neben einer ideomotorischen, auch *ideokinetischen A.* (Unfähigkeit zu willkürlicher Ausführung einzelner, einfacher Bewegungen oder Beschränkung dieser Störungen auf einzelne Körperteile, wie Hand, Finger, Gesicht (gliedkinetische A.), während komplexe Handlungen geordnet ablaufen); diese beiden Formen wurden in einen funktionalen Bezug gesetzt zu den *fluent-* (Wernicke) und *nonfluent*-Formen (Broca) unter den Aphasien (*Aphasie*; Brown 1975). Andere neuropsychol. Einteilung in *kinästhetisch-afferente A.* (metrisch sichere Ausführung der Einzelbewegungen gelingt nicht mangels kinästhetischer Reafferentation) und *kinetisch-efferente A.* (Verlust der kinetischen Schemata zur sequenziellen, zeitgeregelten Reihenfolge- und Ablauforderung von ganzen Bewegungsfolgen) (Luria 1970). In enger funktionaler Beziehung zur ideomotorischen A. wie auch zur motorisch-expressiven Aphasie steht die *faciobuccolinguale A.* (Unfähigkeit, Stirn, Backen, Kiefer, Lippen oder Zunge willkürlich in eine best. Stellung zu bringen, obwohl alle beteiligten Muskelgruppen im mimischen Ausdruck, beim Essen, Sprechen oder anderen Synergismen bewegt sind). Die *konstruktive A.* (Kleist), auch *konstruktive Apraktagnosie* [engl. *constructional apraxia*] (Unfähigkeit zur Lösung von räumlich-figürlichen Formungsaufgaben) steht im Übergangsbereich zu den Agnosien. Eine *dressing apraxia* (dt. Ankleide-A.) wird nicht überall als isoliertes Syndrom angesehen (Poeck 1969). Hingegen müssen die einseitigen, nur in einer Körperseite wirksamen A. funktional gesondert betrachtet werden.

Diagnostik mittels (1) Nachahmenlassen von Bewegungen, Gesten, Körperteilstellungen; (2) sprachlicher Instruktion; (3) Hantierenlassen mit Gebrauchsgegenständen; (4) Konstruktionsaufgaben wie Puzzles, Mosaikwürfel, Streichholzbauen, Zeichnen (*Neuropsychologische Diagnostik*). *neuropsychologische Störungen.* Halsband 2008a.

A. P. S., Abk. für *American Psychopathological Society.* [www.apa.org]

apsychisch, apsychonom [gr. α- *(a-)* ohne, ψυχή *(psyche)* Seele, νόμος *(nomos)* Gesetz], entspr. der verneinenden Vorsilbe bedeuten beide Begriffe, dass etwas nicht-psych. oder außerhalb des psych. Bereiches ist. G. E. Müller hat das Wort apsychonom noch zur besonderen Bez. derjenigen Faktoren eingeführt, die psych. Wirkungen hervorrufen, ohne selbst psych. Natur zu sein (z. B. Stimulanzien, Rauschgifte).

aptitude [engl.] Eignung, Fähigkeit, Begabung; *Begabung, Fähigkeit, ability.*

Aptitude-Tests [engl. *aptitude* Eignung, Fähigkeit, Begabung], Bez. für Begabungstests. *Begabung.*

aptitude-treatment interaction [engl.] Merkmal-Methoden-Interaktion, [**PÄD**], versucht die Wechselwirkung zw. Schülermerkmal und Unterrichtsmethode (*Lehr-Lern-Methoden*) so zu nutzen, dass für jeden Schüler die optimale Lernumwelt geschaffen wird. So hilft z. B. der klar strukturierte Unterricht (*Instruktion*) eher unsicheren oder wenig leistungsmotivierten Schülern. *Lernen, individualisiertes.* Schwarzer & Steinhagen 1975, Klauer 1978.

Äquationsteilung [engl. *equational division*; lat. *aequare* gleichmäßig verteilen], zweite Reifeteilung der *Meiose. Reduktionsteilung.*

Äquidistanz-Modell [engl. *equidistance model*], *Ratingskalenmodell.*

Äquifinalität [engl. *equifinality*; lat.*aequus* gleich, *finis* Ziel], [**EM, KOG**], die *Äquivalenz* einer Verhaltenseinheit *(responses)* mit einer oder mehreren anderen bzgl. der Erreichung derselben Zielklasse. *Zielsystemtheorie.*

[**KLI**], *Entwicklungspsychopathologie.*

Äquilibration, Equilibration (= Ä.) [engl. *equilibration*; lat. *aequilibrium* Gleichgewicht], syn. *Gleichgewichtsbildung.* [**EW, KOG**], Ä. oder Gleichgewichtsbildung ist in vielen ps. Funktionsfeldern ein zentraler Prozess. Eine zentrale Rolle nimmt Ä. i. R. der Stufentheorie von Piaget (*Entwicklung, Stufentheorie nach Piaget*) ein. Piaget betont, dass es wichtig ist, dass versch. *Kognitionen* miteinander verträglich sind. Ungleichgewichte entstehen, wenn widersprüchliche Wahrnehmung oder Überzeugungen miteinander in Kontakt kommen oder wenn zw. einzelnen Kognitionen kein Zusammenhang erkenntlich ist, obwohl das erkennende oder denkende Subjekt einen solchen Zusammenhang erwartet. Ä. führt bspw. bei der Menge, der Zahl, der Zeit oder des Raumes zum *Invarianz-* oder Identitäts-Urteil (trotz der Veränderung anschaulicher Daten). Bsp.: Verformung einer «Wurst» aus Knetmasse oder Umschütten von Perlen in Gläser mit verschiedenem Durchmesser. Der Ä.prozess läuft nach Piaget (1976a) in vier Schritten ab: (1) Zentrierung auf die Eigenschaft A (z. B. die Länge oder die Höhe), (2) Zentrierung auf die Eigenschaft B (z. B. die Dicke oder den Durchmesser), (3) Schwanken zw. beiden Eigenschaften, (4) gemeinsames Erfassen beider in einem kogn. Akt (Herstellung des Gleichgewichts, Invarianz-Urteil). Ä. hängt also nicht nur von der Erfahrung, sondern auch von der Aktivität des Individuums ab und soll auch andere widersprechende Kognitionen als die genannten betreffen.

Piaget beschreibt solche Gleichgewichte als kogn. Strukturen, die aus miteinander kompatiblen *Assimilationsschemata* bestehen. Das Erklimmen von Gleichgewichten ist nach Piaget auch ein Prozess der *Strukturgenese.* Gleichgewichtige Strukturen gestatten sog. Reversibilität, womit eine flexible Kombination von Schemata gemeint ist, die ihrerseits Umkehrbarkeit und Umwege des Denkens und Handelns ermöglicht. Ungleichgewichtige Kombinationen von Schemata stehen für kogn. Einbahnstraßen, für unflexible Vorurteile, kogn. Egozentrismus (*Egozentrismus des Kindes*); Äquilibration ermöglicht *Dezentrierung*, d. h. Perspektivenwechsel. Kognitive Ungleichgewichte erzeugen subj. Spannung; wer Ungleichgewichte wahrnimmt, versucht, sie zu beheben oder allenfalls zu meiden oder zu ignorieren. Ungleichgewichte haben also eine motivationale Komponente (*Motivation*). Das lässt sich didaktisch auswerten: Schüler sind zum Lernen motivierbar dadurch, dass ihnen kogn. Widersprüche erlebbar gemacht werden oder dass sie entdecken, dass notwendige gedankliche Verbindungen fehlen. Das gilt immer nur unter der Bedingung, dass sie sich die Gleichgewichtsherstellung zumuten (*Selbstwirksamkeitserwartung*) und nicht chronisch überfordert sind. *R. Bergius/A. Flammer*

Äquilibrismus [engl. *equilibrism*; lat. *aequilibrium* Gleichgewicht], **[EM]**, scholastische Lehre vom Gleichgewicht der Motive (*Motiv*) des freien Willens.

Äquipotenzialität, äquipotenziell (= ä.) [engl. *equipotentiality*; lat. *aequus* gleich, *potentia* Kraft, Einfluss], von gleicher Fähigkeit. **[BIO]**, Bez. für die Möglichkeit, ausfallende Organfunktionen zu ersetzen (z. B. ist eine neuronale Struktur ä., wenn diese den Ausfall einer anderen kompensieren kann). *Plastizität*.

äquivalent [engl. *equivalent*; lat. *aequus* gleich, *valere* wert sein], gleichwertig, etwas anderem entsprechend.

Äquivalente, epileptische *epileptische Äquivalente*.

Äquivalente, Methode der [engl. *method of equivalents*], **[WA]**, eine von E. H. Weber im Zusammenhang mit seinen Untersuchungen über Unterschiedsschwellen entwickelte Methode. Danach bekommt die Vp einen konstanten Reiz dargeboten, dem sie einen variablen Reiz anzupassen hat, bis ihr beide gleich erscheinen. *psychophysische Methoden*.

Äquivalente, psychische, **[BIO, KLI]**, ältere Bez. für psychische Störungen mit Bewusstseinsveränderungen. *epileptische Äquivalente*.

äquivalente Reize [engl. *equivalent stimuli*; lat. *aequus* gleich, *valere* kräftig sein], **[KOG]**, Bez. für Reize, auf die gleiche Empfindungen (Reaktionen) folgen.

Äquivalentnormen [engl. *equivalent norms*], **[DIA]**, Normwerte eines standardisierten Tests, die sich am Mittelwert von Gruppennormen orientieren. Der im Test gewonnene Wert eines Pbn wird äquivalent zu einem mittleren Testwert einer Gruppe in Beziehung gesetzt. *Normskalen*.

Äquivalenz [engl. *equivalence*; lat. *aequus* gleich, *valere* wert sein], **[FSE, KOG]**, Objekte heißen äquivalent, wenn zw. ihnen eine *Äquivalenzrelation* besteht. Eine Relation heißt Äquivalenzrelation, wenn sie folg. Gesetzen gehorcht: (1) Jedes Objekt ist äquivalent mit sich selbst (*Reflexivität*). (2) Sind zwei Objekte einem dritten äquivalent, so sind sie untereinander äquivalent (*Transitivität*). (3) Ist ein Objekt einem zweiten äquivalent, so auch das zweite dem ersten (*Symmetrie*).

[DIA], Die Gleichwertigkeit von Testaufgaben. *Paralleltests*.

Äquivalenz, funktionale (= f. Ä.) [engl. *functional equivalence*], **[WA]**, zwei Reize haben f. Ä., wenn sie, obwohl phänomenal versch., mit gleichen Reaktionen beantwortet werden (*äquivalente Reize*).

Äquivalenz, kulturübergreifende *kulturübergreifende Äquivalenz*.

Äquivalenz, perzipierte (= p. Ä.) [engl. *equivalence, experiential*; lat. *percipere* wahrnehmen], **[DIA]**, bei der Umsetzung von Papier-Bleistift-Tests auf Computer sind neben der Frage nach der *psychometrischen Äquivalenz* der Testversionen auch die nach der *populationsspezifischen Äquivalenz* und der perzipierten Äquivalenz von Bedeutung. Die p. Ä. adressiert die Frage möglicher Unterschiede in der Wahrnehmung und emot. Bewertung der beiden Darbietungsversionen durch die Testteilnehmer. Wenn z. B. eine Darbietungsform mehr Stresserleben oder mehr Spaß bei der Bearbeitung auslöst als die andere, wäre die p. Ä. verletzt. *D. Klinck/P. M. Muck*

Äquivalenz, populationsspezifische (= p. Ä.) [engl. *equivalence, group-specific*], **[DIA]**, bei der Umsetzung von Papier-Bleistift-Tests auf Computer sind neben der Frage nach der *psychometrischen Äquivalenz* der Testversionen auch die nach der *perzipierten Äquivalenz* und der individuumspezif./p. Ä. Bedeutung. Die p. Ä. adressiert die Frage, ob die Abhängigkeit des Testergebnisses von indiv. und p. Merkmalsausprägungen für beide Testvarianten identisch ist. Unterschiede in der Abhängigkeit würden die p. Ä. verletzen. Wenn z. B. in der Papierversion kein Alterseffekt hinsichtlich der Testwerte zu verzeichnen ist, aber in der Computervariante ältere Personen geringere Testwerte erzielen als jüngere, wäre die p. Ä. verletzt, da die Testversionen im Hinblick auf das demografische Merkmal Alter nicht gleich funktionieren. Ebenso wäre die p. Ä. nicht gegeben, wenn zw. Testteilnehmern mit geringer und umfangreicher Computererfahrung in der Papierversion kein Testwertunterschied bestünde, aber in der Computerversion Personen mit umfangreicher Computererfahrung besser abschnitten als solche mit geringer Computererfahrung. Gibt es hingegen gleiche Abhängigkeiten über beide Testversionen, ist die p. Ä. nicht verletzt (z. B. wenn Frauen in beiden Versionen höhere Testwerte (mit der gleichen *Effektgröße*) erzielen als Männer). *Computergestütztes Testen*. *D. Klinck/P. M. Muck*

Äquivalenz, psychische [engl. *psychic equivalence*], **[EW, KLI]**, Zustand, in dem Gedanken als tatsächliche Realität wahrgenommen werden. Tritt bei Kleinkindern oder als Symptom bei psych. Störungen auf. *Hypochondrie*.

Äquivalenz, psychometrische (= p. Ä.) [engl. *equivalence, psychometric*], **[DIA]**, *Psychometrie*. Bei der computergestützten Umsetzung herkömmlicher Papier-Bleistift-Tests ist die Ä.frage zentral. Die bei der Entwicklung von Papier-Bleistift-Verfahren gewonnenen Itemkennwerte, Testkennwerte und Normen dürfen nur dann auf computergestützte Versionen derselben Tests übertragen werden, wenn die beiden Testvarianten äquivalent sind (*Computergestütztes Testen*). Diese Forderung wurde und wird in vielen nationalen und internat. Richtlinien aufgestellt. P. Ä. umfasst die folg. Aspekte: (1) Prüfung auf Unterschiede in den Rohwertverteilungen (Mittelwerte, Standardabweichungen, Verteilungsform), (2) Prüfung auf Rangfolgeveränderungen zw. Testteilnehmern (*Konstruktvalidität*), (3) Prüfung auf itemspezif. Unterschiede. Die p. Ä. ist i. d. R. bei kogn. Fähigkeitstests/*Leistungstests* stärker gefährdet als bei *Fragebogen*verfahren. Bes. problematisch sind Testverfahren mit einer engen Zeitbegrenzung, weil bei diesen Handhabungsunterschiede zw. den Testversionen deutliche Effekte haben können. Das Thema Ä. findet weiterhin Aufmerksamkeit in der wiss. Literatur, zum einen weil es noch viele Testverfahren gibt, deren Entwicklung auf Papier stattfand, zum anderen weil sich die Äquivalenzfrage nicht nur auf den Vergleich von Papier- und Computerversion beschränkt, sondern für alle neuen Testvarianten gilt, also z. B. wenn zu einem computergestützten Verfahren eine internetbasierte Variante generiert wird (u. a. könnten sich wegen des unterschiedlichen Zeit- und Systemreaktionsverhaltens Testwertunterschiede zeigen). Auch die zunehmende Hardwarediversifizierung (z. B. Tablet-PC) kann die Äquivalenzfrage aufwerfen. Neben der p. Ä. werden noch die *perzipierte Äquivalenz* und die *populationsspezifische Äquivalenz* unterschieden. *Differential Item Functioning*.   D. Klinck/P. M. Muck

Äquivalenz, strukturelle [engl. *structural equivalence*], *kulturübergreifende Äquivalenz*.

Äquivalenzprinzip [engl. *equivalence principle*; lat. *aequus* gleich, *valere* kräftig sein], **[WA]**, Victor v. Weizsäcker, in der *Gestaltpsychologie* Bez. für ein Grundverhältnis von Reizmannigfaltigkeit und wahrgenommenem Gegenstand. Ein Prinzip der Vertretung oder Stellvertretung bei der Einordnung der Person in ihre Umwelt. Metzger nennt es «Gesetz der gegabelten Wirkung». Z. B. ist das Netzhautbild Grundlage für anschauliche Nähe und Größe eines Wahrnehmungsgegenstandes. Beim Größerwerden des Netzhautbildes unter Beständigkeit der übrigen Bedingungen kann entweder eine Vergrößerung des Gesehenen oder ein Näherkommen vorliegen. Was der einen Teilerscheinung zugute kommt, geht der anderen verloren und umgekehrt. Das Gesamt der Teilwirkungen bleibt im System konstant. Metzger 1954, 1975, Weizsäcker 1947.

Äquivalenzstudie (= Ä.) [engl. *equivalence study*], **[FSE]**, Ziel einer Ä. ist es empirisch zu prüfen, ob für zwei Methoden A und B (z. B. zwei Therapieverfahren oder Unterrichtsmethoden) vergleichbar Ergebnisse resultieren. Während bei der klassischen Hypothesenprüfung (*Hypothese*, *Signifikanztest*) für den *Fehler erster Art* eine geringe *Wahrscheinlichkeit* (*Signifikanzniveau*) festgelegt wird, muss bei einer Ä. die Wahrscheinlichkeit gering sein, dass eine überlegene Alternative fälschlicherweise nicht erkannt wird (*Fehler zweiter Art*). Eine Ä. muss als *randomisierte kontrollierte Studie* bzw. *Experiment* duchgeführt werden. *Nichtunterlegenheitsstudie*. Piaggio et al. 2006, Lange et al. 2007.

Äquivalenztheorie, **[WA]**, (Meumann), Lehre, dass beim Kunstgenuss das Kunstwerk zwar nicht für wirklich gehalten, wohl aber als Wirklichkeitsersatz erlebt wird.

Äquivokation [engl. *equivocation*; lat. *aequus* gleich, *vocare* benennen], **[KOG]**, Gleichheit der Namen zweier Begriffe, z. B. Strauß = Vogel und Strauß = Blumenbukett. In der Informationstheorie wird der Begriff auf fehlübertragene Information angewendet. Information, die bei der Sendung über einen *Kanal* verloren geht, heißt Sendeäquivokation. Information, die falsch empfangen wird, heißt Empfangsäquivokation.   D. Dörner

Arachnoidea [engl. *(cranial) arachnoid mater*; gr. ἀράχνη *(arachne)* Spinne, εἶδος *(eidos)* Aussehen], Spinnenhaut. *Gehirn*.

Arachnophobie [engl. *arachnophobia*; gr. ἀράχνη *(arachne)* Spinne, φόβος *(phobos)* Furcht], **[KLI]**, Angst vor Spinnen. *Phobie*.

ARAS, syn. ARS bzw. RAS, **[BIO]**, Abk. für «*aufsteigendes retikuläres aktivierendes System*», lokalisiert in der Formatio reticularis (*Gehirn*). Erregung bewirkt allg. *Aktivierung*.

Arbeit (= A.) [engl. *work*; gr. πονος *(ponos)*, mhd. *arebeit*, beides Not, Mühsal; das frz. *travail* stammt vom lat. *tripalium (Palus)* Pfahl, dem aus Pfählen bestehenden Joch der Zugtiere], **[AO]**, menschliche A. kann allg. als eine Leistungserbringung durch Ausführung oder Bearbeitung von Aufgaben durch Personen definiert werden, die für andere Personen oder sie selbst finanziellen oder anderen Nutzen erwarten lässt. A. ist aber nicht nur die mit Geld entlohnte sog. Lohn- oder Erwerbsarbeit, sondern auch unbezahlte Hausarbeit oder ehrenamtliche Tätigkeit. Alltagssprachlich wird A. entspr. der etymologischen Bedeutung oft als anstrengende Tätigkeit gesehen und dem *Spiel* gegenübergestellt. Nach humanistischen Vorstellungen ist dieser Ggs. im Ideal jedoch aufhebbar. A. kann mit Spaß und A.freude verbunden sein. Die Ausführung der A. erfolgt oft in bewusst geplanter Arbeitsteilung, koordiniert oder kooperativ (*Organisation*).

Je nach Wissenschaftsauffassung wird A. unterschiedlich definiert. Hellpach (1925) charakterisiert die A. als fortgesetzte, angespannte und geordnete Tätigkeit, die der Erzeugung, Beschaffung, Umwandlung, Verteilung oder Benutzung von materiellen oder ideellen Daseinsgütern dient. Hoyos (1974) versteht A. als Aktivität, die im Rahmen best. Aufgaben entfaltet wird und zu einem materiellen und/oder immateriellen A.ergebnis führt, das in einem Normensystem (*Normen, soziale*) bewertet werden kann. Nach Auffassung arbeitspsychol. Tätigkeits- und Handlungstheorien (Hacker 2005, Volpert 1974) eignen sich die Menschen durch ihre A.tätigkeit Erfahrungen und Wissen über die physische und soziale Wirklichkeit sowie eigene Fähigkeiten und Möglichkeiten an. Zudem verändern sie sich durch Lernen in der A. In Anlehnung an Karl Marx sieht Rubinstein (1971) das Charakteristische der menschlichen A. in einer Ausführung einer best. Aufgabe und der bewussten, zielgerichteten Tätigkeit, die sich auf die Verwirklichung eines Resultats richtet, das vor der *Handlung* in der Vorstellung des Arbeitenden gegeben ist und durch den *Willen* entsprechend dem bewussten Ziel reguliert wird. Resch (1991) betont, dass A. die Schaffung von Mitteln für spätere Zwecke ist, und unterscheidet zw. herstellender und nutzender Person. Als Teil eines kooperativen Handlungszusammenhangs ist sie A. für andere. Unter diese Def. fällt nicht nur die durch Löhne oder Gehälter bezahlte sog. Erwerbsarbeit oder Berufsarbeit, sondern auch die Hausarbeit (*Frauenarbeit*). Strittig ist, ob der A.begriff auch auf die Bewältigung von Aufgaben erweitert werden kann, die nicht der Daseinssicherung oder konkreten Zielen dienen, sondern als Selbstzweck oder kult. Ritual ohne erkennbaren Nutzen ausgeführt werden (*Arbeit, geschlechtsspezifische Aspekte*, *Arbeitspsychologie*, *Arbeits- und Organisationspsychologie*). Ein spez. Thema ist die sog. *Emotionsarbeit*, bei der die Beschäftigten nach außen ein best. Gefühl, z. B. Freundlichkeit gegenüber Kunden zeigen müssen, auch wenn dies nicht mit den inneren Empfindungen übereinstimmt. Greif 1994a. *S. Greif*

Arbeit, geschlechtsspezifische Aspekte [engl. *labor, genderspecific aspects*], **[AO]**, Forschungsergebnisse zeigen typische Unterschiede zw. erwerbstätigen Frauen und Männern. Frauen finden sich selten in den höchsten Führungspositionen, überproportional dagegen in Berufen der niedrigen Qualifikationsstufen. Der Handlungsspielraum in ihren Tätigkeiten ist geringer und die Belastungen (*Belastung, psychische*) sind höher. Seltener als Männer sind Frauen in dauerhaften Vollzeitarbeitsverhältnissen beschäftigt. Die Untersuchung der Unterschiede im *Führungs*stil zw. Frauen und Männern sowie frauentyp. Arbeitsbedingungen wurde lange Zeit sehr vernachlässigt und kann als «blinder Fleck» der *Arbeits- und Organisationspsychologie* angesehen werden (Resch et al. 1993). Bei der Erforschung der Arbeit von Frauen ist nicht nur die Erwerbsarbeit, sondern zugleich die Haus- und Familienarbeit einzubeziehen. Sie kann mit dem *Verfahren zur Analyse von Arbeit im Haushalt (AVAH)* im Hinblick auf Anforderungen und Belastungen analysiert werden. Der Begriff der *Arbeit* wird dabei weiter gefasst definiert und schließt auch unbezahlte Arbeit mit ein. Resch et al. 1997, Resch 1999, Mohr 1993. *S. Greif*

Arbeitsablaufanalyse (= A.) [engl. *work process analysis*], **[AO]**, spez. Form der *Aufgabenanalyse*, die als Prozessanalyse zur Untersuchung der Reihenfolge und zeitlichen Dauer einzelner Aufgaben und Tätigkeiten dient. Grundlage ist im Allg. ein je nach Problemstellung konstruiertes Kategoriensystem zur Unterscheidung von *Aufgaben* und Tätigkeiten (*Tätigkeitsanalyse*). Bspw. können bei Arbeitstätigkeiten am Computer im Einvernehmen mit den beobachteten und nach Zustimmung des Betriebsrates A. durch Programme zur Registrierung aller Eingaben und Zeiten, kategorisiert nach Befehlen, erstellt werden. Kann als Analysemethode beim *Reengineering* der Arbeitsprozesse in der *Organisation* eingesetzt werden. Schüpbach & Zölch 2007. *S. Greif*

Arbeitsabläufe [engl. *work processes*]; *Prozessanalyse, Koordination, Lean Management, Organisation, Arbeitsanalyse*.

Arbeitsabwesenheit (= A.) [engl. *absenteeism*], syn. *Absentismus*, **[AO]**, bez. die meist mind. eintägige Abwesenheit vom Arbeitsplatz, i. d. R. aus Krankheitsgründen. Als Kennziffern sind gebräuchlich: (1) der Prozentsatz der abwesenden Mitarbeiter (*Abwesenheitsrate*) für eine *Organisation* oder Abteilung. (2) Die durchschnittliche Anzahl der Abwesenheitstage der Organisationsmitglieder im Jahr. (3) Die Anzahl der A. der Organisationsmitglieder (unabhängig von ihrer jew. Dauer) pro Jahr. Die Kennziffern lassen sich meist nur durch Angaben der Befragten erfassen und können dadurch systematisch verzerrt sein, weil A. ein sozial unerwünschtes Verhalten ist (Johns 1994). Wegen der mit der Abwesenheitsrate verbundenen erheblichen Kosten für die Organisation und die Krankenkassen werden in größeren Betrieben regelmäßig stat. Analysen über Höhe, Verlauf und Bereiche durchgeführt, in denen höhere Abwesenheitsraten auftreten. In der Fachliteratur wird A. nicht nur auf Erkrankungen, sondern ps. z. T. als Rückzugsverhalten, Ausdrucksform eines unorganisierten Konfliktes, abweichendes Verhalten und auf unterschiedliche kult. Normen beim Krankheitsverhalten zurückgeführt. Empfohlen werden med. und ps. Untersuchungen sowie Maßnahmen der *Arbeitsgestaltung* und *Organisationsentwicklung*. Zur Klärung der indiv. Ursachen und Verringerung der Abwesenheit werden in der Praxis Interviews mit den Mitarbeitern direkt nach ihrer Abwesenheit (Rückkehrergespräche) durchgeführt. Zur Minderung von arbeitsbedingtem Stress und zur Verbesserung des Gesundheitsverhaltens werden sog. Gesundheitszirkel empfohlen. *Stress am Arbeitsplatz, Gesundheitsförderung in Organisationen*, Ggs. *Präsentismus*. Nicholson 1989, Marr 1996. *S. Greif*

Arbeitsanalyse (= A.) [engl. *work analysis*], syn. *Arbeitsplatzanalyse*, **[AO]**, ist in der *Arbeitswissenschaft* ein Oberbegriff für «alle Methoden, Verfahren und Instrumente, die dazu dienen, Informationen über die Arbeitstätigkeiten, die organisatorisch-technischen Arbeitsbedingungen, die Arbeitsmittel und Werkzeuge sowie deren Auswirkungen auf «den Menschen zu sammeln, zu verarbeiten und zu interpretieren» (Frieling & Buch 2006). Durch sie werden in systemat. Form die Arbeitsaufgaben, Arbeitsmittel und Arbeitstätigkeiten sowie Arbeitsbedingungen erfasst. Die A. kann spez. zur Analyse der Aufgaben (*Aufgabenanalyse*), der Arbeitsprozesse oder der Arbeitsabläufe (*Arbeitsablaufanalyse*) oder zur Untersuchung und Bewertung von Kriterien der *Arbeitsgestaltung* verwendet werden, aber auch zur Ermittlung von Qualifikationsanforderungen (*Anforderungsanalyse*) für die *Personalauswahl* und *Personalentwicklung*. Werden nicht nur Aufgaben und Tätigkeiten an einzelnen Arbeitsplätzen, sondern kompletter *Arbeitsgruppen* oder größerer Organisationen untersucht, werden auch Methoden der *Organisationsanalyse* eingesetzt.

Bei einfachen Formen der A. werden per Interview oder Fragebogen typische Aufgaben und Arbeitsbedingungen erfragt, Arbeitsabläufe in einem best. Zeitraum von den Beschäftigten selbst protokolliert oder durch Beobachter in sog. Beobachtungsinterviews (Interviews kombiniert mit Beobachtungen) erfasst. An Computerarbeitsplätzen können mit Einverständnis der Beobachteten vollst. und zeitgenaue Eingabeprotokolle erhoben werden. Zur Interpretation der Verhaltensdaten können die klass. denkpsychol. Methode des *lauten Denkens*, Videokonfrontationstechniken (z,B. vgl. die *Heterarchische Aufgabenanalyse, HAA*, Hamborg & Greif 1999) oder *Interviewtechniken* herangezogen werden.

Neben teilstandardisierten Verfahren verfügt die *Arbeits- und Organisationspsychologie* sowie interdisziplinäre *Arbeitswissenschaft* über zahlreiche systematische und standardisierte Befragungs- und Beobachtungsinstrumente. Bekannte standardisierte Instrumente sind der *Fragebogen zur Arbeitsanalyse (FAA)* von Frieling (1999b), das *Instrument zur stressbezogenen Tätigkeitsanalyse* (ISTA), Semmer et al. 1999), das *Job Diagnostic Survey (JDS*, Schmidt

& Kleinbeck 1999), die *Mensch-Technik-Organisationsanalyse* (MTO, Strohm & Ulich 1999). Der Leitfaden zur Kontrastiven Aufgabenanalyse (*Kontrastive Aufgabenanalyse im Bereich Büro und Verwaltung (KABA),* Dunckel 1999), die Analyse der *Regulationshindernisse in der Arbeitstätigkeit* (RHIA, vgl. Lüders 1999), der *Fragebogen zur subjektiven Arbeitsanalyse* (SAA, Udris & Rimann 1999), das *Tätigkeits- und Arbeitsanalyseverfahren für das Krankenhaus (TAA-KH-S)* (Büssing & Glaser 1999), das *Tätigkeitsanalyseinventar* (TAI, Frieling 1999a), das *Tätigkeitsbewertungssystem* (TBS, Pohlandt et al. 1999), das *Verfahren zur Ermittlung von Regulationserfordernissen in der Arbeitstätigkeit (VERA)* (Oesterreich 1999). S. auch *Aufgabenanalyse, Tätigkeitsanalyse, Organisationsdiagnose, psychologische*) oder teilstandardisierte Methodenkombinationen wie der *Change Explorer* zur Evaluation und Verbesserung des *Veränderungsmanagements* (Greif & Seeberg 2007). Matern 1984, Landau & Rohmert 1989, Sonntag et al. 2012. *S. Greif*

Arbeitsbelastung [engl. *workload*], **[AO, GES]**, die psychophysische Belastung durch die Arbeit, die man zumeist als Funktion des Energieverbrauches (Umfang der eingesetzten Muskelarbeit, Grad der statischen Beanspruchung, Grad der Ermüdung), damit aber unzureichend zu bestimmen («messen») sucht. In der Herzbelastung sieht man ein (zusätzlich) besser geeignetes Globalmaß. *Arbeitsbewertung, Arbeitsperiode*. Grandjean 1967.

Arbeitsbewertung [engl. *job evaluation*], *Arbeitsplatzbewertung, Arbeitsanalyse.*

^Test^**Arbeitsbezogene Verhaltens- und Erlebensmuster (AVEM)**, 1996, 2003, Schaarschmidt und Fischer, [www.testzentrale.de], **[AO, DIA, PER]**. Persönlichkeitstest mit 66 Items zur Ermittlung von Verhaltens- und Erlebensmustern, die im Arbeitskontext gesundheitsrelevant sind. Erfasst werden 11 Dimensionen aus den drei Bereichen *Arbeitsengagement* (*Subjektive Bedeutsamkeit der Arbeit, Beruflicher Ehrgeiz, Verausgabungsbereitschaft, Perfektionsstreben, Distanzierungsfähigkeit*), *Widerstandsfähigkeit* (*Resignationstendenz bei Misserfolg, Offensive Problembewältigung, Innere Ruhe und Ausgeglichenheit*) und *Emotionen* (*Erfolgserleben im Beruf, Lebenszufriedenheit, Erleben sozialer Unterstützung*). Es werden vier Antwortmuster abgeleitet, die jew. typisches Verhalten und Erleben im Umgang mit beruflichen Anforderungen angeben: *Gesundheitstyp G, Schonungstyp S, Risikotyp A* (z. B. überhöhtes Engagement) sowie *Risikotyp B* (z. B. geringe Distanzierungsfähigkeit). Ergebnis: Individuelles Profil (Normwerte) und Zuordnung zu den vier Mustern. Anwendungsbereich: Laufbahnberatung, organisationsps. und klinische Beratung und Intervention.

Arbeitsbindung [engl. *job commitment*]; *Arbeitslosigkeit.*

Arbeitsgedächtnis (= A.) [engl. *working memory*], **[KOG, PER]**, Nach Baddeley (1986) speichert das A. aufgenommene Informationen kurzfristig, um diese mit Inhalten des Langzeitgedächtnisses (*Gedächtnis*) zu vergleichen und/oder zu kombinieren. Das A. besteht aus drei Substrukturen: Der *artikulatorischen/phonologischen Schleife*, dem *visuell-räumlichen Notizblock* und der *zentralen Exekutive.* Die artikulatorische Schleife ist ein Hilfssystem zur Memorierung phonologischer und verbaler Informationen. In diesem System können so viele Informationen gehalten werden, wie in einer best. Zeitspanne (1,5–2,0 s) memorierbar sind, d. h. der Umfang ist nicht auf die Gedächtnisspanne von 7 (± 2) Items beschränkt, sondern abhängig von der Aufnahmegeschwindigkeit. Einer der wichtigsten Belege hierfür ist der sog. Wortlängeneffekt (kürzere Wörter werden besser erinnert als längere; Lovatt et al. 2000). Der visuell-räumliche Notizblock ist für die Memorierung von Bildern verantwortlich. Die zentrale Exekutive kontrolliert und integriert die beiden Hilfssysteme, indem sie Informationen und Aufmerksamkeit gezielt verteilt. Sie beinhaltet einen Übergangsspeicher, der benötigt wird, um Entscheidungen bzgl. der Kontrolle der Hilfssysteme zu treffen. Außerdem steuert sie die Interaktion mit dem Langzeitgedächtnis. Durch Chunking (*Chunk, Chunking*) kann die Kapazität des A. erheblich erweitert werden. *Arbeitsgedächtnis im Kindesalter, Arbeitsgedächtnistraining, Cognitive Load Theory (CLT), Dysfunktion, exekutive*. Kane & Engle 2000. *D. Seitz*

Arbeitsgedächtnis, Embedded Processes Model *Embedded-Processes-Modell des Arbeitsgedächtnisses.*

Arbeitsgedächtnis im Kindesalter [engl. *working memory in childhood*], **[EW, KOG, PÄD]**, das *Arbeitsgedächtnis* (= A.) ist ein kapazitätsbegrenztes System, das der kurzfristigen Speicherung und Verarbeitung von Informationen dient (*Gedächtnis*). Im erstmals von Baddeley und Hitch (1974) beschriebenen A.modell werden eine übergeordnete Leitzentrale (*zentrale Exekutive*), die für die *Aufmerksamkeitssteuerung* und *Koordination* von Lernprozessen (*Lernen*) zuständig ist, sowie zwei modalitätsspezifische Hilfssysteme, die *phonologische Schleife* und der *visuell-räumliche Notizblock*, unterschieden. Während die phonologische Schleife für das Speichern und Aktivhalten von phonologischer Information zuständig ist, hat der visuell-räumliche Notizblock die Aufgabe, visuell-statische und räumlich-dynamische Informationen zu verarbeiten. Hinzu kommt in einer späteren Version der *episodische Puffer*, der für den Austausch von Informationen mit dem Langzeitgedächtnis zuständig ist (Baddeley 2000). Die Funktionstüchtigkeit der versch. Arbeitsgedächtnissubsysteme als wichtige Determinante und auch als *Prädiktor* für schulische Leistungen ist mittlerweile gut belegt. Bereits in jungen Kindesjahren kommt es zu einer Ausdifferenzierung erster Funktionen, die mehrgliedrige Struktur hat sich etwa ab dem 5. Lebensjahr vollst. ausgebildet und scheint über die Lebensspanne hinweg weitgehend invariant zu sein. Auch Kinder mit *Lernstörungen* weisen die gleiche Struktur der Subkomponenten auf. Innerhalb der phonologischen Schleife werden zwei Teilfunktionen unterschieden: der *phonetische Speicher* und der *subvokale Rehearsalprozess*. Akustisch-verbales Material erhält unmittelbaren Zugang zu dem phonetischen Speicher. Visuell dargebotene Information muss dagegen erst in einen phonologischen Code übersetzt werden, bevor sie in den phonetischen Speicher gelangt. Die phonologische Information kann dort für ca. 1,5–2 s festgehalten werden und zerfällt, wenn sie nicht aktiv durch den Prozess des subvokalen Rehearsals, eine Art inneren Nachsprechens, aufgefrischt wird und somit dem phonetischen Speicher weiterhin zur Verfügung steht. Als Maß für die funktionale Gesamtkapazität der phonologischen Schleife gilt die verbale *Gedächtnisspanne*. Zu deren Bestimmung werden Itemfolgen (meist Ziffern oder Wörter) mit anwachsender Länge auditiv vorgegeben, die unmittelbar in der gleichen Reihenfolge wiedergegeben werden sollen. Die max. Anzahl von Items, die eine Person richtig reproduzieren kann, stellt dabei die indiv. Gedächtnisspanne dar. Die Geschwindigkeit des Rehearsalprozesses kann über die Sprechrate, d. h. die benötigte Zeit zum Artikulieren einer Folge sprachlicher Items geschätzt werden. Die Funktionstüchtigkeit sowie die Größe der phonologischen Speicherkomponente werden über die Leistung im Nachsprechen von Kunstwörtern (bedeutungsfreie Lautgebilde) erfasst.

Auch der visuell-räumliche Notizblock kann in weitere Funktionen spezifiziert werden, wobei zwei separate Komponenten unterschieden werden. Der *visual cache* stellt dabei eine Speicherkomponente dar, in der visuell-statische Merkmale wie Aussehen, Form und Farbe von Objekten verarbeitet werden. Räumlich-dynamische Informationen wie bspw. Lokationen, Relationen und raumzeitliche Abfolgen werden dagegen im *inner scribe* bereitgehalten. Ähnlich dem subvokalen Rehearsalprozess des phonologischen A. findet in diesem Subsystem ein räumlicher Rehearsalprozess statt, der für die Auffrischung von Informationen aus dem *visual cache* verantwortlich ist. Klassische Aufgaben zur Messung der räumlich-dynamischen Funktion sind bspw. die *Corsi-Block-Aufgabe* (Erinnern von Wegen), während die *Matrix-Aufgabe* (Erinnern von Mustern auf einer Matrix mit schwarz-weißen Feldern) zur Erfassung der statisch-visuellen Funktion herangezogen wird.

Die weitere Differenzierung des Konzepts der zentralen Exekutive führte in den vergangenen Jahren zu einer Sammlung verschiedenster Funktionen, die auch unter dem Begriff *exekutive Funktionen* zusammengefasst werden. Hierzu zählen *Problemlösen* und *Handlungsplanung* (Erfassung über den Turm von London), kogn. *Flexibilität* (Erfassung über Strategiewechselaufgaben), Aufrechterhaltung relevanter und Unterdrückung irrelevanter Information (Erfassung über Stroop- und GO-/NOGO-Aufgaben, *Stroop-Verfahren*, *Farbe-Wort-Interferenztest (FWIT)*), Koordination von Manipulation und Speicherung von Information (Komplexe Spannenaufgaben, Gedächtnisspannen rückwärts), Koordination multipler Anforderungen (Erfassung über Doppelaufgaben bzw. Multitasking) sowie die Selbstkontrolle und -überwachung (*Selbstregulation*). Die jüngste Komponente, der episodische Puffer, bez. wiederum ein multimodales Speichersystem mit begrenzter Kapazität, zu deren Aufgaben die Verbindung zum Langzeitgedächtnis und die Verknüpfung von Informationen mit unterschiedlichen *Codes* zu einer kohärenten Einheit gehören. Mittels des Gedächtnisses für größere Informationseinheiten (Satzgedächtnis, Geschichtenerinnern) können die beschriebenen Funktionen gemessen werden.

Bei Kindern sind ab einem Alter von etwa drei Jahren erste serielle Gedächtnisleistungen messbar. Die Gedächtnisspanne für verbales und visuelles Material steigt kontinuierlich an; beginnend mit zwei Items liegt die Leistung zur Einschulung bei drei bis vier Items und schließlich im Jugendalter (*Adoleszenz*) bei sieben (plus/minus zwei) Items. Leistungen des visuell-räumlichen Notizblocks entwickeln sich früher als Leistungen der phonologischen Schleife, für Letztere liegt der Entwicklungsschwerpunkt im Grundschulalter. Funktionen der zentralen Exekutive werden auch im Jugendalter noch weiter verbessert.

Mit der AGTB 5-12 (Hasselhorn et al. 2012) liegt inzw. ein Instrument vor, das durch die Erfassung der versch. A.komponenten zur differenzierten Funktionsdiagnostik im Kindesalter eingesetzt werden kann. Auch für die Differenzialdiagnostik von Lernstörungen hat die Diagnostik des A. an Bedeutung gewonnen: Probleme beim Schriftspracherwerb gehen v. a. mit Defiziten in der phonologischen Schleife einher, Schwierigkeiten im Rechnen scheinen mit Defiziten des visuell-räumlichen Gedächtnisses verbunden zu sein, und bei Kindern mit Aufmerksamkeitsdefiziten (*Aufmerksamkeitsdefizit-/Hyperaktivitätsstörung*) wird v. a. eine geringere Funktionstüchtigkeit der zentral-exekutiven Funktionen beobachtet. K. Schuchardt/C. Mähler

Arbeitsgedächtnistraining [engl. *working memory training*], [**KOG**], übende Verfahren, die einer Verbesserung von Teilprozessen des Arbeitsgedächtnisses (*Arbeitsgedächtnis*) dienen. Trainingsprogramme bestehen häufig aus unterschiedlichen Aufgabentypen, die an Testverfahren (*Test*) oder exp. Verfahren zur Untersuchung des Arbeitsgedächtnisses angelehnt sind. Dabei müssen verbale oder visuell-räumliche Informationen kurzfristig behalten oder auch mental manipuliert werden. Während wiss. Studien zur Untersuchung der Wirksamkeit dieser Trainingsverfahren eine Verbesserung der Arbeitsgedächtnisleistungen i. e. S. häufig nachweisen konnten, finden sich zur Auswirkung auf andere kogn. Funktionen wie *Intelligenz*, *Gedächtnis* oder Exekutivfunktionen (*Exekutive Funktionen*) widersprüchliche Befunde. Morrison & Chein 2011. A. Thöne-Otto

Arbeitsgestaltung (= A.) [engl. *job design*], [**AO**], in der *Arbeitswissenschaft* sowie der *Arbeits- und Organisationspsychologie* Oberbegriff für die systematische Gestaltung oder Veränderung der Arbeits*aufgaben*, Arbeitstätigkeiten (*Arbeitstätigkeit*) und ihrer *Organisation* sowie der Arbeitsbedingungen nach Kriterien der menschengerechten Arbeit. Als grundlegende Kriterien der Aufgabengestaltung in der *Arbeitswissenschaft* werden fünf Ebenen unterschieden (vgl. Luczak & Volpert 1997): (1) Schädigungslosigkeit und Erträglichkeit der Arbeit (physiol.-ökologische Ebene), (2) Ausführbarkeit der Arbeit (Ebene der Operationen mit Werkzeugen und an Maschinen), (3) Zumutbarkeit, Beeinträchtigungsfreiheit, Handlungs- und Tätigkeitsspielraum der Arbeit (Gestaltung der Arbeitsaufgaben und Arbeitsumgebungen), (4) Zufriedenheit der Arbeitenden, Persönlichkeitsförderlichkeit der Arbeit (Netzwerk produktiver Funktionen) und (5) Sozialverträglichkeit der Arbeit, Beteiligung der Arbeitenden an der Gestaltung (kooperative Organisation der Produktion oder Dienstleistung).

Wichtige Kernmerkmale der Arbeit sind übereinstimmend in der arbeits- und organisationspsychol. Fachliteratur: (1) Komplexität und Chancen in der Arbeit, eigene Fähigkeiten anzuwenden oder bzw. und zu lernen, (2) Variabilität, Abwechslungsreichtum und Neuigkeit, (3) Autonomie oder Handlungsspielraum, (4) Möglichkeiten der sozialen Interaktion und Kooperation, (5) angemessenes Feedback, (6) Sozialprestige der Tätigkeit und schließlich (7) Ganzheitlichkeit und Bedeutung der Arbeitstätigkeit. Wie Warr (1987) in einer Zusammenfassung des Forschungsstands feststellt, ist bei best. Merkmalen nur im unteren bis mittleren Bereich eine Verbesserung der psych. *Gesundheit* zu erwarten. Zu hohe Werte (insbes. bei den Merkmalsbereichen 1, 2 und 3) können bei unzureichender *Qualifikation* auch beeinträchtigend wirken (zu Auswirkungen von *psychischen Belastungen* und Arbeitsstress (*Stress am Arbeitsplatz*).

Die A. dient nicht nur der Vermeidung von Krankheit und Förderung psych. Gesundheit (vgl. die Ebenen 1 bis 3 der arbeitswiss. Kriterien), sondern auch zur Verbesserung der *Arbeitszufriedenheit* und *Arbeitsmotivation* sowie zur Förderung der beruflichen *Qualifizierung* in der Arbeitstätigkeit (s. auch *berufliche Sozialisation*). Nach Längsschnittuntersuchungen wird angenommen, dass höhere Arbeitskomplexität allg. zur Entwicklung intellektueller Fähigkeiten beiträgt. Als Ideal wird von mehreren Autoren die A. nach dem Konzept «vollständige Aufgaben» oder «vollständige Tätigkeiten» (Hacker 2005, Ulich 2011) angesehen. Vollständige Tätigkeiten zeichnen sich dadurch aus, dass die Arbeitenden bei der Festlegung ihrer Aufgaben in allen Phasen von der Zielsetzung und Entscheidung, Auswahl der Arbeitsmittel und Planung, Durchführung und Kontrolle, einschließlich der Zusammenarbeit und Kooperation aktiv beteiligt sind.

Nach Ulich (2011) können nach dem Zeitpunkt der Veränderung und dem Veränderungsbereich versch. Arten der A. unterschieden werden: (1) korrektive A. (nachträgliche Korrektur erkannter Mängel), (2) präventive A. (vorwegnehmende Vermeidung gesundheitlicher Schädigungen und psychosozialer Beeinträchtigungen) und (3) prospektive A. (Schaffung von Möglichkeiten zur Persönlichkeitsentwicklung). Nach dem Prinzip der *differentiellen Arbeitsgestaltung* sollen die Arbeitenden zw. versch. Arbeitsstrukturen wählen können, damit ihre unterschiedlichen Interessen, Gewohnheiten und Qualifikationen zum Tragen kommen. Ideal wären Arbeitstätigkeiten, die indiv. gestaltet sind und flexibel veränderbar bleiben. Zur Analyse und Bewertung von Arbeitsaufgaben und -tätigkeiten werden Verfahren der *Aufgabenanalyse*, *Arbeitsanalyse*, *Tätigkeitsanalyse* verwendet. S. Greif

Arbeitsgestaltung, differenzielle (= d. A.) [engl. *differential job design*; lat. *differentia* Verschiedenheit, Unterschied], [**AO**], meint das Angebot unterschiedlicher Arbeitsstrukturen für die Erzeugung identischer Produkte oder Dienstleistungen (Ulich 1978, 2011). Mit der Möglichkeit der Wahl zw. versch. Alternativen können interindividuelle Unterschiede in der Auseinandersetzung mit den Arbeitsaufgaben adäquat berücksichtigt werden. Ganz allg. gilt, dass mit der d. A. eine Brücke hergestellt werden kann «zw. den für viele Menschen gedachten Arbeitsgestaltungsmaßnahmen und den indiv. unterschiedlichen Voraussetzungen und Bedürfnissen einzelner Menschen» (Hacker 2005, 777). Das Prinzip der d. A. ist zu ergänzen durch das Prinzip der *dynamischen Arbeitsgestaltung*. Damit ist die Möglichkeit der Veränderung bzw. Erweiterung bestehender oder der Schaffung neuer Arbeitsstrukturen gemeint, um so auch intraindividuellen Differenzen über die Zeit gerecht werden und dem Lernfortschritt der Beschäftigten Rechnung tragen zu können. Die Möglichkeit, zw. Alternativen wählen und die Wahl ggf. korrigieren zu können, bedeutet einerseits eine Abkehr von der Suche nach dem «einen richtigen Weg» für die Gestaltung von Arbeitstätigkeiten (*Tätigkeitsanalyse*) und Arbeitsabläufen, andererseits einen deutlichen Zuwachs an *Autonomie* und Kontrolle über die eigenen Arbeitsbedingungen. Ein erster systematischer Vergleich unterschiedlicher Produktionsstrukturen wurde von Zülch und Starringer (1984) vorgelegt. Nach den Erfahrungen aus mehreren Projekten ergab sich unter den geprüften Alternativen die d. A. «als die beste Lösung …, weil sie sowohl die monetären als auch die nicht monetären Zielkriterien am besten erfüllt» (Zülch & Starringer 1984, 213). So zeigte sich nicht nur eine Verbesserung der Motivation (*Arbeitsmotivation*) und eine Verminderung einseitiger Beanspruchungen (*Beanspruchung*), sondern auch «eine Senkung der Durchlaufzeiten und der Werkstattbestände auf jew. die Hälfte des vorhergehenden Wertes» (Zülch & Starringer 1984, 215). Zusätzlich konnten die Autoren die Anwendbarkeit des Konzepts der d. A. auf Fertigungssysteme mit unterschiedlichem Technisierungsgrad belegen. Nach der von Frieling (1988, 143) vertretenen Position ist der d. A. «der Vorzug vor eignungsdiag. Auswahl zu geben, auch dann, wenn die Methode der Selektion vordergründig erscheint.» Für Bamberg und Metz (1998, 192) ist d. A. eine Möglichkeit, die salutogenen Potenziale (*Salutogenese*) von Arbeitstätigkeiten «für jeden Beschäftigten zu erschließen» und damit auch Schnittstelle «zw. bedingungs- und personenbezogenen gesundheitsförderlichen Interventionen». Für Metz (2011, 196) bedeuten d. und dynamische A. zugleich einen «Gewinn an Autonomie und Kontrolle über die eigene Arbeitssituation.» Dieser Tatbestand erhält «in Anbetracht des demografischen Wandels … besondere Bedeutung für eine alter(n)s-sensible Arbeitsgestaltung». Nach Rothe (2012, 4) waren «die Möglichkeiten für d. A. … und die Möglichkeiten für dynamische Arbeitsgestaltung… noch nie so groß.» Eine Übertragung des Konzepts der d. A. auf Arbeitszeiten (*Arbeitszeit*) könnte bei der Regelung von Schicht- und Nachtarbeit die Berücksichtigung der chronobiol. Typen bedeuten und damit zu einer Verminderung gesundheitlicher Beeinträchtigungen beitragen. Eine Übertragung auf die Arbeitsplatz- und Raumgestaltung könnte die Realisierung interindividuell unterschiedlicher Bevorzugungen ermöglichen, d. h. z. B. eine Wahl zw. «traditionellen Büroräumen» und Open-Space-Strukturen erlauben.

E. Ulich

Arbeitsgestaltung, dynamische [engl. *dynamic job design*], *Arbeitsgestaltung, differenzielle*.

Arbeitsgestaltung, Strategien [engl. *job design, strategies*], *Arbeitsgestaltung, differenzielle*.

Arbeitsgruppe (= A.) [engl. *working group*], [**AO, SOZ**], spezielle *Gruppe*, deren Zweck darin besteht, gemeinsam oder in koordinierter Arbeitsteilung Arbeitsleistungen zu erbringen (*Arbeit*, *Aufgabe*). Wie andere Gruppen können A. mit Face-to-face-Kontakt sehr schnell ein Wir-Gefühl, gemeinsame Werte und Normen (insbes. Leistungsnormen; *Normen, soziale*; *Gruppennorm*) entwickeln. Kleine, eng und mit gemeinsamen Zielen kooperierende A. werden oft als *Teams* bez. Einem Arbeits*team* werden im Unterschied zur A. häufig positivere Gruppenmerkmale zugeschrieben, wie bspw. bes. gut funktionierende Kooperationen, ein stark ausgeprägtes Wir-Gefühl und geringe interne Hierarchien (Kauffeld 2001, Wegge 2006). Allerdings wird – trotz derartiger Differenzierungen – aktuell eine Trennung der Begriffe A. und Arbeitsteam als nicht sinnvoll erachtet, da zwar durchaus Unterschiede postuliert werden können, aber aufgrund fehlender verbindlicher Maßstäbe kaum eine exakte Trennung der Begriffe möglich ist (West 1996). Demnach können A. und Arbeitsteam als weitgehend identische Begriffe verwendet werden. Mögliche Vorteile von A. sind eine höhere Leistungsmenge und -qualität bei der Lösung komplexer Probleme, Möglichkeiten der Koordination mehrerer, zeitgleich zu erfüllender Funktionen sowie auf indiv. Ebene eine Förderung von Lernbereitschaft und Flexibilität. Mögliche Nachteile bzw. Probleme ergeben sich aus der Frage nach der idealen Gruppengröße, -zusammensetzung (Kompetenz und Motivation des Einzelnen) und -kommunikation, der Arbeitsgestaltung bzw. -aufteilung sowie gerechter Entlohnung der Gruppenleistung (Wegge 2006). Entsprechend ist es bei der Planung, Einführung und Betreuung von A. in Organisationen wichtig, dass mögliche Schwierigkeiten bekannt sind, um ihnen rechtzeitig entgegenzuwirken bzw. diesen vorzubeugen. So können bspw. Konflikte auftreten, wenn die Mitglieder einer Gruppe durch Vorgesetzte zur Bearbeitung eines vorgegebenen Aufgabenfelds oder Projektes zusammengesetzt werden und wenn sie keinen Einfluss auf die Gruppenzusammensetzung haben (*Gruppenbildung*). Nach von Cranach et al. (1989) wird die Struktur von Handlungen (*Handlung*) in A. durch eine Aufgabenstruktur bestimmt, die ihr von der ihr übergeordneten Organisation gestellt werden kann. Die Aufgabe wird so auf die Gruppenstruktur projiziert, dass eine oder mehrere Mitglieder einer Gruppe eine oder mehrere Teilaufgaben zu bearbeiten haben (*Arbeitsteilung*). Gruppenprozesse lassen sich systemisch immer gleichzeitig auf der Ebene der Organisation, der Gruppe, der Individuen sowie der Wechselbeziehungen bzgl. dieser Ebenen analysieren. Nach einer Auswertung der vorliegenden Untersuchungen über Leistungen in Kleingruppen durch Tschan (2000) lassen sich Produktivitätsunterschiede nicht, wie oft behauptet, durch Gruppenmerkmale, sondern eher durch den Aufgabentypus vorhersagen. Förderlich für die Produktivität können ein gutes Teamklima und die Reflexion über Prozesse sein (West 1996) sowie die Kommunikation über Aufgaben, Pläne und Ergebnisbewertungen (Tschan 2000). Der Partizipation von A. an Entscheidungsprozessen wird eine hohe Bedeutung zugemessen. Dabei ist nicht nur der Gesichtspunkt einer möglichen Verbesserung der Qualität der Entscheidung durch Berücksichtigung der Erfahrungen ausschlaggebend. Partizipation zielt auch darauf ab, mögliche Widerstände gegen Änderungen zu verringern. Konzepte zur selbstorganisierten *Gruppenarbeit* werden zur Rationalisierung der Arbeitsorganisation (*Organisation*, *Lean Management*), Einsparung von Führungskräften (*Führung*) sowie zur Verbesserung der *Arbeitszufriedenheit* und *Arbeitsmotivation* genutzt. Zur Analyse und Veränderung von Prozessen in A. werden Fragebögen zur Selbstbeschreibung, freie Beobachtungen oder differenzierte Beobachtungsmethoden herangezogen. Brodbeck 2007, Thomas 1992, Rosenstiel 1993.

S. Greif

Arbeitshand [engl. *strong hand*], [**KOG**], die werkgestaltende Hand (im Ggs. zur *Ausdruckshand*) als Grundlage für die Anforderungen bei bestimmten Tätigkeiten. *Hand*, *Fertigkeit*.

Arbeitshypothese [engl. *working hypothesis*], [**FSE**], eine Annahme, die (insbes. in frühen Stadien des *Forschungsprozesses*) als Grundlage dient, die jedoch i. d. R. modifiziert werden kann und noch nicht der endgültigen Forschungshypothese (*Hypothese*) entspricht. Wird eher exploratorisch verwendet.

Arbeitskurve (= A.) [engl. *work curve*], [**AO, DIA, KOG**], grafische Darstellung des «Leistungswegs» der Arbeitsleistungen. Der Verlauf der Kurve wird v. a. beeinflusst durch die bei jeder fortlaufenden Arbeit auftretenden Erscheinungen der *Ermüdung*, *Arbeitsschwankungen*, Übung, Gewöhnung, Ablenkung, Neuantrieb. Die A. wurde durch den Psychiater Kraepelin entwickelt und von Pauli weitergeführt. *Pauli-Test*, *Arbeitskurve – Mainzer Revision (AKMR)*. Kraepelin 1902, Pauli & Arnold 1957.

Arbeitsleistung (= A.) [engl. *work performance*], [**AO**], als Thema der Arbeits- und Organisationsps. bezieht sich A. nicht nur auf die pro Zeiteinheit verrichtete Arbeit (*Leistung*, *Effizienz*), sondern auch auf die Frage, welche Bedeutung die A. im organisationalen Kontext hat, wie sie analysiert und durch welche Kriterien die A. von einzelnen Mitarbeitern oder *Arbeitsgruppen* erfasst werden können (Landy & Conte 2007). In der Arbeits- und Organisationsps. interessieren A. v. a. als Handlungen, die für organisationale Ziele von Bedeutung sind. Klassische einfache Kriterien zur Messung von A. sind Anzahl der erstellten Leistungen, Zeit für die Erstellung oder der beim Verkauf für die Leistungen erzielte Geldwert. Da die genannten Kriterien aber oft durch die Technologie und Ausstattung, Ausbildung oder die aktuellen Marktbedingungen vorbestimmt werden, sind sie als Kriterien für die Beurteilung von Mitarbeitern selten verwertbar. Bei der Konstruktion von geeigneten Messkriterien ist es streng genommen erforderlich, eine empirisch prüfbare kontextbezogene Kriterientheorie darüber zu entwickeln, ob und inwieweit die einzelnen Kriterien von indiv. Mitarbeitern oder Gruppen beeinflusst werden können. Zur Überprüfung der Theorie wären empirische Voranalysen zu fordern. Katz und Kahn (1978) haben bereits darauf hingewiesen, dass als Leistungen von den Mitarbeitern nicht nur erwartet wird, dass sie verlässliche Leistungen zeigen und die vorgegebenen quant. und qual. Leistungserwartungen erfüllen oder übertreffen, sondern zusätzlich innovative und spontane Leistungen erbringen, die über die *Rollenerwartungen* hinausgehen (spontane Kooperation mit Kollegen, präventive Handlungen, um Risiken für die Organisation zu vermindern, kreative Verbesserungen einbringen usw.). Smith et al. (1983) bez. Arbeitsleistungen, die über die Erwartungen hinausgehen, sich mit der *Organisation* identifizieren und eigenverantwortlich hohe Leistungen einbringen und anderen helfen als *Organizational Citizenship Behavior (OCB)*. Ihr Fragebogen dazu hat viele Untersuchungen über förderliche Voraussetzungen und pos. Konsequenzen von OCB angeregt. Frese et al. (2007) betonen die Bedeutung der Eigeninitiative und heben hervor, dass Arbeitsleistungen bes. nützlich sind, die innovativ selbst aktiviert, proaktiv auf die Zukunft ausgerichtet, beharrlich auch bei Hindernissen und an den Zielen der Organisation ausgerichtet sind. Durch das gestiegene Tempo der *Innovationen in Organisationen* sind nach Pulakos et al. (2000) adaptive Arbeitsleistungen [engl. *adaptive performance*] erforderlich.   S. Greif

Arbeitslosigkeit (= A.) [engl. *unemployment*], [**AO, WIR**], drei Merkmale von A. sind wesentlich für eine Definiton: (1) Nichtvorhandensein einer Erwerbsarbeit, (2) Verfügbarkeit für den Arbeitsmarkt und (3) Suche nach Erwerbsarbeit. Die Umsetzung dieser Kriterien variiert von Land zu Land etwas. Dt. Arbeitslose dürfen bspw. bis zu 15 h pro Woche einer Erwerbsarbeit nachgehen, in anderen Ländern wie z. B. Japan ist es deutlich weniger. Die Hauptfragen und -themen der psychol. Forschung zur A. sind nach Paul & Moser (2007):

(1) Existiert ein Zusammenhang zw. A. und psychischer Gesundheit? Wenn ja, ist dann die Arbeitslosigkeit tatsächlich ursächlich verantwortlich für Veränderungen der psychischen Gesundheit? Gemäß Ergebnissen von *Metaanalysen* lässt sich ein Zusammenhang zw. A. und psych. Gesundheit zweifelsfrei nachweisen (Paul, Moser 2009). Der Unterschied zw. Erwerbstätigen und Arbeitslosen ist demnach von mittlerer Stärke, was mit erheblichen praktischen Auswirkungen einhergeht. Unter den Arbeitslosen haben nämlich durchschnittlich 34 % der untersuchten Personen mit nennenswerten psych. Problemen zu kämpfen, während der entspr. Anteil unter Erwerbstätigen nur 16 % beträgt. Die neg. Effekte der Arbeitslosigkeit beziehen sich auf ein breites Spektrum von Indikatoren psych. Gesundheit: unspezif. Störungssymptome, *Depression*ssymptome, *Angst*symptome, *Lebenszufriedenheit*/emot. *Wohlbefinden* sowie *Selbstwertgefühl*. Bei all diesen Variablen zeigen sich Unterschiede zw. Arbeitslosen und Erwerbstätigen, wobei für psychosomatische Störungssymptome die Unterschiede nur schwach ausfallen. Bei psychosomatischen Symptomen (*Psychosomatik*) handelt es sich um Gesundheitseinschränkungen wie z. B. Rücken- oder Kopfschmerzen, die zwar körperlich lokalisiert sind, bei denen aber eine psych. Mitverursachung anzunehmen ist.

(2) Moderatoren des Zusammenhangs zw. A. und psychischer Gesundheit: Metaanalytische Moderatoranalysen (*Moderatorvariable*) zeigen, dass Männer stärker unter A. leiden als Frauen (Paul & Moser 2009). Angehörige gewerblich-technischer Berufe werden von A. stärker beeinträchtigt als Angehörige von Büroberufen, was vermutlich durch die unterschiedlichen finanziellen Ressourcen beider Gruppen zu erklären ist. Ein weiterer Moderator ist die Dauer der A.: Je länger Menschen arbeitslos sind, desto mehr verschlechtert sich ihr Befinden. Ein möglicher Adaptationseffekt bei sehr langer A.dauer erscheint dabei wahrscheinlich, konnte aber noch nicht zweifelsfrei nachgewiesen werden. Ländervergleiche zeigen, dass der ökonomische Entwicklungsstand einen moderierenden Einfluss ausübt: In reicheren Ländern wirkt sich A. weniger gravierend auf die psych. Gesundheit aus als in ärmeren Ländern (Paul & Moser 2009). Die Einkommensverteilung spielt aber ebenfalls eine Rolle, da Arbeitslose in egalitäreren Ländern besser mit ihrem Schicksal zurechtkommen als in Ländern, die durch eine stark ungleiche Verteilung finanzieller Ressourcen gekennzeichnet sind. Eine vermittelnde Rolle dürfte hierbei vermutlich die Generosität des staatlichen Arbeitslosenunterstützungssystems spielen, eine Annahme, für die sich auch empirische Hinweise finden.

(3) Führt A. zu psych. Beanspruchung oder psych. Beanspruchung zu A.? Die Tatsache eines querschnittlichen Zusammenhangs zw. A. und psych. Gesundheit erlaubt noch nicht die Schlussfolgerung, dass A. sich ursächlich auf das Befinden auswirkt, also sozusagen «krank macht» (*Evidenzbasierung, Kausalität*). Es ist z. B. denkbar, dass Menschen mit einem schlechten seelischen Befinden leichter ihre Stelle verlieren als gesundheitlich nicht eingeschränkte Personen. Ebenfalls denkbar ist, dass Personen mit eingeschränkter psych. Gesundheit, wenn sie erst einmal arbeitslos geworden sind, länger brauchen, um wieder in ein Beschäftigungsverhältnis zurückzufinden. Motivationsprobleme bei der Arbeitssuche könnten hierfür Gründe sein, aber auch neg. Auswahlentscheidungen potenzieller Arbeitgeber, die z. B. eine depressionsbedingte traurige Mimik oder selbstkritische Äußerungen im Interview zum Anlass nehmen könnten, Ablehnungen auszusprechen. Metaanalysen der inzw. mehreren Dutzend Längsschnittstudien im Bereich der ps. A. zeigen, dass Arbeitsplatzverluste mit einer deutlichen Verschlechterung des psych. Befindens einhergehen, während der Wiedereintritt in die Erwerbsarbeit nach einer Phase der A. von einer deutlichen Verbesserung des Befindens begleitet wird. Bei Jugendlichen zeigt sich, dass ein Wechsel von der Schule in die Erwerbsarbeit ebenfalls mit einer deutlichen Verbesserung der psych. Gesundheit einhergeht.

Junge Menschen, die im Ausbildungssystem verbleiben und z. B. ein Studium aufnehmen, zeigen eine leichte Verbesserung der psych. Gesundheit. Junge Menschen hingegen, die nach der Schule keine Stelle finden und arbeitslos werden, zeigen keine signifikante Verschlechterung ihres Befindens. A. blockiert also offensichtlich die pos. Entwicklung der psych. Gesundheit, die sich normalerweise in dieser Altersphase beobachten lässt. Insges. sprechen diese längsschnittlichen Ergebnisse für eine Verursachung von psych. Beanspruchungssymptomen durch die A., da auf Wechsel des Erwerbsstatus jeweils Wechsel des Befindens folgen, die auf einen neg. Effekt von Arbeitslosigkeit hindeuten. Der Umstand, dass eine Kausalwirkung von der A. zur psych. Gesundheit belegbar ist, schließt die Existenz anderer Erklärungsmuster aber noch nicht aus. *Konfundierende Variablen* und gesundheitsbezogene Selektionseffekte auf dem Arbeitsmarkt könnten ebenfalls wirksam sein und zumindest einen Teil des Befindensunterschieds zw. Arbeitslosen und Erwerbstätigen erklären. Es liegen inzw. auch metaanalytische Befunde vor, die die Existenz der angesprochenen Selektionseffekte bestätigen (Paul & Moser 2009). Erwerbstätige, die in naher Zukunft ihre Stelle verlieren werden, unterscheiden sich schon vorher dahingehend von Erwerbstätigen, die ihre Stelle nicht verlieren werden, dass sie schon vor der Kündigung eine eingeschränkte seelische Gesundheit aufweisen. Unter Arbeitslosen hat eine eingeschränkte seelische Gesundheit ebenfalls neg. Auswirkungen, da sie die Wahrscheinlichkeit reduziert, bald einen neuen Arbeitsplatz zu finden. Bei Jugendlichen zeigt sich ein ähnliches Bild: Jugendliche, die nach der Schule arbeitslos werden, weisen schon in der Schule ein schlechteres psych. Befinden auf als Jugendliche, die nach der Schule rasch eine Stelle finden werden.

(4) Welche Aspekte der A. beeinträchtigen die psych. Gesundheit? Der Befund, dass A. psych. Leiden auslöst, führt zu der Frage, wodurch dieser Effekt vermittelt wird. Nach der Theorie von Jahoda (1983; *Jahoda, Marie*) werden die neg. psych. Effekte der Erwerbslosigkeit durch Mangelerlebnisse verursacht, zu denen der Verlust eines Arbeitsplatzes führt. Zum einen ist hier der rein ökonomische Mangel zu nennen (= *Deprivation der manifesten Funktion der Erwerbsarbeit*). Dieser ökonomische Mangel ist nach Meinung von Jahoda in der heutigen Zeit aber deutlich weniger gravierend als früher, bspw. während der Weltwirtschaftskrise in den 1930er-Jahren. Unabhängig hiervon führt A. aber auch noch zu einem Mangel in einigen psych. wichtigen «Erfahrungskategorien», die die Erwerbsarbeit normalerweise verfügbar macht (= *Deprivation der latenten Funktionen der Erwerbsarbeit*). Die Autorin nennt fünf Kategorien: «die Auferlegung einer festen Zeitstruktur, die Ausweitung der Bandbreite sozialer Erfahrungen in Bereiche hinein, die weniger stark emot. besetzt sind als das Familienleben, die Teilnahme an kollektiven Zielsetzungen oder Anstrengungen, die Zuweisung von Status und Identität durch die Erwerbstätigkeit und die verlangte regelmäßige Tätigkeit» (Jahoda 1983, 99). Es muss allerdings festgestellt werden, dass in empirischen Studien regelmäßig auch die finanzielle Situation eine bedeutsame Rolle bei der Erklärung des psych. Befindens spielt.

Nach der *Inkongruenz-Hypothese* (Paul & Moser 2006) liegt bei Arbeitslosen eine Inkongruenz zw. Arbeitswerten und persönlicher arbeitsbezogener Lebensrealität vor, die zu Einschränkungen der psych. Gesundheit führen kann. Arbeitslose zeichnen sich demnach typischerweise durch eine hohe Wertschätzung der Erwerbsarbeit aus, die aber mit der tatsächlichen Lebenssituation konfligiert. Metaanalysen zur Arbeitsbindung von Erwerbstätigen und Arbeitslosen ergaben in der Tat hypothesenkonforme Resultate: Zum einen unterscheiden sich beide Gruppen nur schwach bzgl. ihres *Employment Commitment*, also ihrer inneren Bindung an die Erwerbsarbeit. Beide Gruppen sind durch hohe Ausprägungen dieser Variable gekennzeichnet. Dies führt dazu, dass sich Arbeitslose in einer Inkongruenz-Situation befinden (hohe Arbeitsbindung bei Fehlen von Arbeit), nicht aber Erwerbstätige (hohe Arbeitsbindung bei Vorhandensein von Arbeit). Zudem lässt sich belegen, dass inkongruente Ausprägungen der Arbeitsbindung jew. mit eingeschränkter psych. Gesundheit einhergehen. Bei Arbeitslosen bedeutet dies, dass Personen, denen Arbeit sehr wichtig ist, stärker leiden als Personen, die Arbeit als weniger wichtig ansehen. Umgekehrt zeigen Erwerbstätige, die der Arbeit eine zentrale Rolle in ihrem Leben einräumen, ein besseres Befinden als Erwerbstätige, die Arbeit als wenig bedeutsam für ihr Leben ansehen. Je nachdem, ob man Arbeit hat oder nicht, geht eine hohe Arbeitsbindung also entweder mit einem bes. guten oder einem bes. schlechten psych. Gesundheitszustand einher. Eine inkongruente, also nicht zur gegenwärtigen Arbeitssituation passende Arbeitsbindung ist jew. mit Gesundheitseinschränkungen korreliert. Da sich Arbeitslose insges., als Gruppe, in einer Inkongruenzsituation befinden, ist daher eine schlechtere psych. Verfassung zu erwarten und empirisch auch nachweisbar.

(5) Interventionen für Arbeitslose: Das Interesse psychol. orientierter Forscher bestand bisher zumeist darin, die Wirksamkeit best. Maßnahmen im Hinblick auf ihre psych. Auswirkungen zu evaluieren. Es geht dabei letztlich darum, die Standardfragestellung, ob eine Maßnahme denn die Vermittlungsquote erhöhe, zu ergänzen um einige «weichere», aber deshalb nicht weniger relevante Kriterien. Typischerweise wurden dabei Trainings evaluiert, die eine Mischung aus Qualifizierungs-, Sozial- und Bewerbungstraining darstellen. Einige der Untersuchungen zur Wirksamkeit solcher Trainings sind von sehr hoher meth. Qualität wie z.B. die Evaluation des *JOBS-Programms*, bei der eine große Stichprobe, die bzgl. demografischer Charakteristika der US-Arbeitslosenpopulation sehr ähnelte, mittels eines Kontrollgruppendesigns mit Zufallszuteilung der Untersuchungsteilnehmer zu den Untersuchungsgruppen über einen Zeitraum von mehreren Jahren begleitet wurde (Vinokur et al. 2000). Dabei zeigte sich, dass das JOBS-Programm, das sich in erster Linie der Vermittlung von Bewerbungstechniken und -fähigkeiten widmet, einen deutlich pos. Effekt sowohl auf die Wahrschein-

keit der Wiederbeschäftigung als auch auf die psych. Gesundheit hatte.

(6) Outplacementberatung: Bei *Outplacement* (= O.) handelt es sich um eine Maßnahme, die deutliche Überschneidungen mit einem klass. Anwendungsfeld der angewandten Ps. aufweist, nämlich der *Karriereberatung*. Die zunehmende Verbreitung von O.beratung auch in Dt. ist eine noch recht neue Entwicklung. Das entlassende Unternehmen übernimmt also die Kosten der Beratung, was zunächst überraschen mag, aber plausibel wird, da Unternehmen auf diese Weise teure Rechtsstreitigkeiten vermeiden und lange Restlaufzeiten teurer Arbeitsverträge verkürzen können. Zudem wirkt es sich pos. auf das Unternehmensimage und das Klima innerhalb des Unternehmens aus, wenn deutlich wird, dass das Unternehmen auch im Falle einer Trennung zu seiner Verantwortung für die eigenen Mitarbeiter steht. Inhaltlich kann die O.beratung, die zumeist als Einzelberatung stattfindet, in drei Phasen untergliedert werden (Heizmann 2003). (1) In der ersten Phase, die der Situationsanalyse und der Zielsetzung gewidmet ist, werden die Trennungsgründe analysiert und die häufig traumatische Trennungserfahrung emot. verarbeitet. Dann wird – u. a. mithilfe psychol. Testverfahren – ein Stärken- und Schwächenprofil erstellt, woraufhin die beruflichen Ziele des Klienten geklärt werden. Die Leitfragen dieser Phase lauten: «Was kann ich? Was will ich? Was braucht der Markt?» (2) Die zweite Phase dient der Vorbereitung der *Bewerbungskampagne*. Hier werden die notwendigen *Bewerbungsunterlagen* wie Anschreiben und Lebenslauf formuliert und Arbeitszeugnisse überprüft und ggf. zu ändern versucht, z. B. indem man mit dem Verfasser die Intention best. Formulierungen bespricht und ggf. auf Änderung dringt. Zudem werden mögliche Zugangswege zum Stellenmarkt ermittelt, wobei der verdeckte Stellenmarkt besondere Aufmerksamkeit erhält. Dieser kann bspw. durch Kontaktnetzarbeit und Initiativbewerbungen erschlossen werden. Außerdem wird in dieser Phase versucht, das Kommunikationsverhalten des Klienten zu optimieren, sodass er in Bewerbungsgesprächen einen möglichst günstigen Eindruck vermitteln kann (z. B. *Rollenspiele*, Videofeedback). (3) Die dritte Phase ist der Durchführung der Bewerbungskampagne im Arbeitsmarkt gewidmet. Hier nimmt sich die Outplacementberaterin (zumeist üben Frauen diese Beratungstätigkeit aus) zunehmend zurück und beschränkt sich auf eine Supervisions- und Coachingfunktion (*Coaching*). K. Moser

Arbeitsmarktfähigkeit (= A.) [engl. *employability*], [AO], die A. beschreibt die Möglichkeit einer Person, eine der Qualifikation und den Kompetenzen entsprechende Stelle zu erhalten bzw. auf dem Arbeitsmarkt zu finden. Ursprünglich wurde die A. zur Abgrenzung von Personen verwendet, die keiner Arbeit nachgehen können (z. B. wegen Behinderung); heute soll die A. die Abnahme der langfristigen Sicherheit des Arbeitsplatzes kompensieren. Als Dimensionen der A. werden diskutiert: *berufliche Kompetenzen, Erfahrung im Beruf, unternehmerisches Denken, eigenverantwortliche Laufbahnplanung* und *Flexibilität*, die die Anpassung an veränderte Bedingungen am Arbeitsplatz sowie in der beruflichen Laufbahn erlaubt (*Berufslaufbahntheorie*). Arbeitsmarktfähigkeit gilt als Ressource im Umgang mit Arbeitsplatzunsicherheit und hilft, die Gesundheit der Beschäftigten zu erhalten. Gazier 2001, van der Heijde & van der Heijden 2006. S. Raeder

Arbeitsmotivation (= A.) [engl. *work motivation*], [AO, EM], wird alltagssprachlich syn. für eine indiv. Bereitschaft verwendet, eigenaktiv Arbeit zu übernehmen und sich anzustrengen (*Leistungsmotivation*). Nach Vroom (1964) ist der Gegenstand der Arbeitsmotivation (1) eine Beschreibung und Erklärung von willentlich gesteuerten Entscheidungen bei der Bevorzugung und Auswahl versch. Arbeitstätigkeiten oder (2) des Leistungsniveaus bei der Ausführung der gewählten Arbeitstätigkeit sowie der resultierenden *Arbeitszufriedenheit*. Entsprechend behandelt er in seinen grundlegenden theoretischen Modellen zwei versch. praktische Fragestellungen. (1) Auswahlentscheidungen und Präferenzen von Arbeitstätigkeiten (*Berufspsychologie*) und (2) indiv. Leistungen in der Arbeitstätigkeit (*Leistungsmotivation*).

In seiner sehr populären humanistischen Theorie postuliert Maslow (1954), dass sich die Bedürfnisse des Menschen stufenförmig von der Befriedigung existenzieller physiol. Bedürfnisse über Sicherheitsbedürfnisse, soziale Bedürfnisse und das Bedürfnis nach Anerkennung und Wertschätzung bis hin zur Selbstverwirklichung entfalten (*Persönlichkeitstheorien, humanistische*). Zur Motivierung lassen sich danach Bedürfnisse höherer Stufen erst dann nutzen, wenn die darunter liegenden Stufen befriedigt sind. Trotz fehlender empirischer Bestätigung ist die in der Theorie aufgenommene normative Idee einer Höherentwicklung von Menschen sehr verbreitet. Alderfer (1972) hat versucht, die Grundannahmen auf weniger Ebenen zu reduzieren und postuliert komplexere Zusammenhänge. Prozessmodelle der A., wie sie von Porter & Lawler (1968) entwickelt wurden, stützen sich auf Kernannahmen der Erwartungs × Wert-Theorie (*Erwartung-Wert-Theorien*) von Vroom (1964), wonach sich Menschen rational nach dem Kriterium einer indiv. Nutzenmaximierung zw. versch. Verhaltensmöglichkeiten entscheiden. Ein wichtiges Merkmal, das als relevanter Prädiktor für Leistungsverhalten in neuere Modelle der A. aufgenommen wurde, ist die Selbstwirksamkeitsüberzeugung (*Selbstwirksamkeitserwartung, self-efficacy*, Bandura 1982). Angesprochen wird damit die Überzeugung einer Person, dass sie eine ihr wichtig erscheinende Arbeitsaufgabe erfolgreich bewältigen kann.

Locke & Latham (1984) haben eine *Zielsetzungstheorie* der A. entwickelt. Ihre zentrale Annahme besteht darin, dass akzeptierte, konkret operationalisierte und erreichbare Ziele dann zu Leistungen stimulieren, wenn sie schwierig sind und wenn anschließend Feedback zur erbrachten Leistung gegeben wird. Die Theorie knüpft an die Technik des *Management by Objectives (MbO)* an. In Managementseminaren werden auf dieser Grundlage Techniken für Mitarbeitergespräche vermittelt. Damit Ziele umgesetzt werden, muss die Person zusätzlich die Entscheidung oder den Entschluss (Willenshandlung) treffen, die für die Ziel-

erreichung erforderlichen Handlungen tatsächlich auszuführen. Diese Handlungsintentionen werden in Anlehnung an motivationspsychol. Prozesstheorien (Theorien des *Willens*) in den letzten Jahren auch in der Arbeits- und Organisationsps. berücksichtigt.
Eine komplexe Erweiterung der Erwartungs × Wert-Theorie beschreibt Pritchard (2003). Um eine hohe Motivation und hohe Leistungen zu erzielen, müssen danach die Personen erwarten, dass enge Zusammenhänge zw. der investierten Energie und der Ergebnismenge, zw. der Qualität und/oder Quantität der produzierten Resultate und der Bewertung durch wichtige Beurteiler (z. B. den Vorgesetzten), zw. der Höhe dieser Bewertung und den Konsequenzen für die Mitarbeiter sowie zw. den Konsequenzen und der antizipierten Bedürfnisbefriedigung bestehen. Als Instrument zur Förderung der Motivation empfiehlt sich: *Partizipatives Produktivitätsmanagement*. *Motivation*. Landy & Conte 2007, Semmer & Udris 2007, Nerdinger 2003b. S. Greif

Arbeitsmuskulatur *Autorhythmie*.
Arbeitspause [engl. *break from work*], *Arbeitsperiode*.
Arbeitsperiode (= A.) [engl. *working period, stint*], [**AO**], die bei laufend sich wiederholenden Arbeiten durch Zeit und Leistung sich ergebende Einteilung. Die A. ist abhängig von Zahl und Art der Arbeitsgänge, von der Arbeitsweise und den Arbeitsbedingungen. Insbes. lassen (im Unterschied zur vollautomatischen Produktion) die menschlichen Faktoren *Ermüdung* und *Erholung* keine gleichmäßigen Abläufe der A. zu. *Arbeitszeit*. Lehmann & Schmidtke 1961, Thierry & Jansen 1989.
Arbeitsphysiologie (= A.) [engl. *work physiology, occupational physiology*], [**AO, BIO**], interdisziplinäres Gebiet, das sich mit der Erforschung menschlicher Arbeitsleistungen und ihrer physikal., physiol. und biol., motorischen und psych. Aspekte beschäftigt (*Arbeitswissenschaft*, *Ergonomie*). Die praktischen Aufgaben der A. liegen vorwiegend in einer Verbesserung der Leistungsvoraussetzungen oder Vermeidung von schädigenden sowie beeinträchtigenden Bedingungen (bzw. im Arbeitsschutz; *Arbeitssicherheit und Gesundheitsschutz*). Das in diesem Gebiet führende Kaiser-Wilhelm-Institut für Arbeitsphysiologie wurde 1913 in Berlin gegründet. 1929 wurde es nach Dortmund übergesiedelt, ab 1946 als «Max-Planck-Institut für Arbeitsphysiologie» in Dortmund wieder aufgebaut. Ab 1969 wird es an der Universität Dortmund von der Forschungsgesellschaft für Arbeitsphysiologie und Arbeitsschutz mit der Bez. «Institut für Arbeitsphysiologie» weitergeführt. Neuere psychophysiologische Laboruntersuchungen zu den Wirkungen von Stress (*Stress am Arbeitsplatz*) haben Boucsein und Mitarbeiter durchgeführt (Boucsein & Grass 2007, Boucsein 1988b). Eine Zusammenstellung psychophysiologischer Untersuchungsmethoden und Indikatoren zu diesem Problemfeld liefert Boucsein (1991). S. Greif
Arbeitsplatzanalyse *Arbeitsanalyse*.
Arbeitsplatzbewertung (= A) [engl. *workplace evaluation*], [**AO**], die nach Prozenten aufgeschlüsselte Bewertung von Arbeitsvorgängen eines best. Arbeitsplatzes (im öffentlichen Dienst). Die Summe der Prozentzahlen gibt Aufschluss über die Eingruppierung. Üblicherweise haben die Arbeitsplätze unterschiedliche Anteile an z. B. einfachen oder bes. schwierigen Tätigkeiten. Dem stehen in der Vergütungsordnung des Bundesangestelltentarifs (BAT/TVL) oder den Tätigkeitsmerkmalen der Dienstvertragsordnung (DVO) oft unbestimmte Rechtsbegriffe mit Prozentangaben gegenüber. Um zu einer sachlich richtigen Eingruppierung zu gelangen, müssen diese Anteile gewichtet werden. Die A. soll weniger die Anforderungen an den Arbeitsplatz erfassen als vielmehr die tarifliche Eingruppierung dokumentieren. *Arbeitsanalyse*.
arbeitsplatzbezogenes Lernen *workplace learning*.
Arbeitsplatzkonzentration, maximale (MAK), [**AO, GES**], höchstzulässige Luftkonzentration gesundheitsschädlicher Arbeitsstoffe (Gase, Dämpfe etc.) bei normaler Arbeitsdauer (8 Stunden tägl. bzw. 40 Stunden wöchentlich) nach einer jährlichen Liste der Dt. Forschungsgemeinschaft (DFG).
Arbeitsplatzwahl [engl. *job choice*], *Organisationswahl*.
Arbeitsprobe [engl. *work sample*], [**DIA, AO**], ein *Test*, der auf die *Diagnose* des Arbeitsverhaltens zielt (z. B. *Drahtbiegeprobe*). Im Vergleich zur Probearbeit ist die Auswirkung der Arbeitserfahrung auf ihr Ergebnis relativ gering. Sie bietet gute Möglichkeiten zur Beobachtung des Arbeitsverhaltens und wird deshalb vorwiegend zur Beurteilung der Eignung für praktische Berufe angewandt. *Assessment-Center*. Immig 1920.
^Test**Arbeitsprobe zur berufsbezogenen Intelligenz (AZUBI-BK, AZUBI-TH)**, 2010 bzw. 2007, Y. Görlich & H. Schuler, [www.testzentrale.de], [**AO, DIA, PER**]. Arbeitsps. Verfahren. AA Schüler der Sekundarstufen I und II. Verfahren, die den Ansatz von Intelligenztests (Konstruktansatz: hohe, generalisierbare Validität bzw. Messqualität) mit Arbeitsproben (Simulationsansatz: hohe Transparenz und Akzeptanz) kombinieren.
(1) *AZUBI-BK* setzt sich aus zwei Modulen – dem Grundmodul und dem Postmodul – zus. Das Grundmodul umfasst acht Teilarbeitsproben, die separat den *sprachlichen Fähigkeitsbereich* (Protokoll überarbeiten, Informationsschreiben korrigieren), den *rechnerischen Fähigkeitsbereich* (Logistikfragen bearbeiten, Bilanzwerte vergleichen, Verkaufszahlen prognostizieren) und das *Gedächtnis* (Kurzzeit, Langzeit, unintentional) prüfen. Das Zusatzmodul «Postbearbeitung» setzt sich aus vier Teilarbeitsproben zum Posteingang und Postausgang zus. (Fax vervollständigen, E-Mails sortieren, Adressen prüfen und Porto berechnen) und misst v. a. die Fähigkeiten *Bearbeitungsgeschwindigkeit und -genauigkeit* sowie *Konzentration* und *Gewissenhaftigkeit*. (2) *AZUBI-TH* setzt sich aus fünf Aufgaben zus., die vier Fähigkeitsbereiche prüfen: das *räumliche Vorstellungsvermögen* wird durch die Aufgaben «Bleche fertigen» und «Holzteile sortieren» erfasst, die *Rechenfähigkeit* durch die Aufgabe «Grundrisse berechnen», das *technische Verständnis* durch die Aufgabe «technische Probleme lösen», *Rechtschreibkenntnisse* durch die Aufgabe «Bericht korrigieren». Neben der Leistung innerhalb der Fähigkeitsbereiche wird ein Gesamtleistungswert der

Testperson bestimmt. *Normierung*: Für *AZUBI-BK* stehen eine Gesamtnorm sowie Gruppennormen für Wirtschafts- und Realschüler, Berufsschüler, Wirtschaftsgymnasiasten und Gymnasiasten zur Verfügung ($N = 1966$). Für *AZUBI-TH* stehen Gesamtnormen ($N = 4399$) sowie Gruppennormen für Hauptschüler und Schüler im Berufsgrundschuljahr ($N = 530$), Real- und Berufsfachschüler ($N = 992$), Berufsschüler ($N = 1667$) und eine kleine Gruppe (da nicht explizite Zielgruppe) von Gymnasiasten bzw. Fachoberschülern ($N = 45$) zur Verfügung. Neben einer Gesamt-Berufsschulnorm wurden weitere 4 Berufsschulnormgruppen gebildet. Zusätzlich stehen eine Mädchennormgesamtgruppe ($N = 1306$) sowie Mädchengruppennormen für die unterschiedlichen allgemeinbildenden Schulen zur Verfügung. Bearbeitungsdauer: AZUBI-BK Grundmodul 65 Min.; Postmodul 27 Min.; Kurzmodul 30 Min. AZUBI-TH ca. 54 Min.

Arbeitspsychologie (= A.) [engl. *industrial psychology, occupational psychology, work psychology*], **[AO]**, i. e. S. wird die A. als Teilgebiet der Arbeits- und Organisationsps. [s. Einleitung *Gebietsüberblick «I.2 Arbeits- und Organisationspsychologie»*] verstanden. Ihr zentraler Gegenstand ist die psychol. Untersuchung und Veränderung der menschlichen *Arbeit* oder *Arbeitstätigkeit* und *Arbeitsgestaltung*. Zus. mit anderen Disziplinen, wie Ingenieurwissenschaften, Arbeitsmedizin, Biologie, Ökonomie, Soziologie und Pädagogik (vgl. auch *Arbeitsphysiologie*) bildet die A. als Teildisziplin neben anderen psychol. Teilgebieten (insbes. *Ingenieurpsychologie*, *Mensch-Computer-Interaktion*, *Organisationspsychologie*) eine der sog. *Aspektwissenschaften* der interdisziplinären *Arbeitswissenschaft*. Konzepte und Theorien der A. zielen i. Allg. auf eine Erhöhung der *Effizienz* und *Effektivität* sowie gleichzeitig auf eine Verbesserung der *Arbeitszufriedenheit* und *Arbeitsmotivation*, der psych. *Gesundheit*, der *Qualifizierung* in der Arbeit und Persönlichkeitsentwicklung ab (s. auch *berufliche Sozialisation*). Im Mittelpunkt stehen Konzepte zur *Arbeitsgestaltung* und *Gruppenarbeit*. Der soziotechnische Systemansatz postuliert, dass diese Ziele (insbes. geringere Abwesenheitsraten, weniger Unfallrisiken, höhere Leistungen) durch selbstorganisierte Gruppenarbeit, ganzheitliche Gestaltung der Arbeitsaufgaben und Technik sowie weniger Führungspersonal erzielt werden kann. In der dt.sprachigen A. hat die arbeitspsychol. Handlungstheorie (oder *Handlungsregulationstheorie*, Volpert 1992; s. auch *Arbeit*) eine große Bedeutung erlangt. Sie behandelt die zielgerichtete Planung und die inneren Regulationsprozesse beim Handeln sowie die langfristige Förderung des Wohlbefindens und der Persönlichkeitsentwicklung (insbes. die *Qualifizierung*) durch Maßnahmen der *Arbeitsgestaltung* (s. auch vollständige *Arbeitstätigkeit*). Nach weit gefasstem Verständnis umfasst die A. als Oberbegriff die gesamte *psychol. Erforschung menschlicher Arbeit* unter Einschluss der Mikro- und Makroebenen der *Organisation* und Gesellschaft sowie ihrer historischen Entwicklungslinien und überschneidet sich insbes. in ihrem Gebiet mit der *Organisationspsychologie*. Zur Analyse und Bewertung von Aufgaben und Arbeitstätigkeiten nach psychol. Kriterien der *Arbeitsgestaltung* wurden in der A. zahlreiche Methoden der *Arbeitsanalyse* bzw. *Aufgabenanalyse und Tätigkeitsanalyse* konstruiert. Dunckel 1999, Greif 2006, Frey et al. 2005, Ulich 2011, Sonntag et al. 2012.

S. Greif

Arbeitsrationalisierung (= A.) [engl. *rationalization of work*], **[AO]**, damit sollen am Arbeitsplatz die einzelnen Arbeitsgänge sachlich und zeitlich zwingend aufeinander abgestimmt werden, um einen wirtschaftlichen Arbeitsablauf zu erzielen. Die A. wurde von Taylor als *scientific management* eingeführt (*Taylor-System*, Taylorismus). *Arbeits-, Zeit-Bewegungs-Studien*, dazu die Verwertung aller Ergebnisse aus der *Ermüdung*sforschung sowie der Monotonieforschung, *Unfallforschung* und *Lärmforschung* und schließlich aus weiteren subjekt-objekt-psychol. Forschungen (wie Investitionsplanungen) bestimmen das Bild der modernen A. (z. B. Refa-Verfahren).

Arbeitsschauuhr, **[AO]**, historisch bedeutsames Verfahren von Poppelreuter, Vorrichtung zur Veranschaulichung des zeitlichen bzw. in Einheiten unterteilten Ablaufs beliebiger Arbeitsleistungen.

Arbeitsschutz (= A.) [engl. *occupational protection*], **[AO]**, A. umfasst Maßnahmen zur menschengerechteren Gestaltung der Arbeit (Arbeitsplatz etc.) sowie zum Schutz des Arbeitnehmers gegen Unfälle und arbeitsbedingte Erkrankungen. *Belastung, psychische*.

Arbeitsschwankungen, **[AO]**, die menschlich bedingten Abweichungen der Arbeits-Teilleistungen vom Mittelwert (pos. wie neg.). Ursache: Übung, *Ermüdung*, Gewöhnung, Anregung bei Beginn, Antrieb, Übungsverlust nach Arbeitsunterbrechung, Erholung u. a. *Arbeitskurve*, *Arbeitspsychologie*. Schmidtke 1965.

Arbeitssicherheit (= A.) [engl. *occupational safety/security*], **[AO]**, kann einerseits übergeordnet als Anliegen von *Arbeitssicherheit und Gesundheitsschutz* aufgefasst werden, andererseits auch spezifischer als best. Form der Sicherheit in Abgrenzung zur *Prozesssicherheit* definiert werden (Grote 2007). In diesem engeren Verständnis ist die A. v. a. darauf ausgerichtet, den arbeitenden Menschen vor Gefahren am Arbeitsplatz zu bewahren. Dies kann durch Beseitigung oder Unschädlichmachen der Gefahr, durch Trennung zw. Mensch und Gefahrenquelle, durch Schutz vor den Wirkungen der Gefahr oder durch möglichst sichere Interaktion zw. Mensch und Gefahr erfolgen. A. ist somit eine sekundäre Aufgabe, die erfüllt werden muss, um die primäre Arbeitsaufgabe ohne Gefahr für die eigene Gesundheit und möglicherweise für die Gesundheit anderer ausführen zu können. Den Helm zieht die Bauarbeiterin nicht an, um ein Haus besser bauen zu können, sondern um sich vor den Gefahren, die beim Bauen des Hauses vorhanden sind, zu schützen. Aus dieser Sicht auf A. als Sekundäraufgabe ist auch abzuleiten, dass Maßnahmen zur Motivierung sicheren Handelns sich nicht notwendigerweise mit Maßnahmen zur Erhöhung von *Arbeitsmotivation* decken. Im ungünstigsten Fall kann sicheres Handeln sogar die effektive Aufgabenerfüllung behindern (z. B. das Tragen von Sicherheitshandschuhen, was die Bedienung von Tasten eines Funkgeräts erschwert).

Die aus der A. erwachsenden Anforderungen betreffen die Risiko- und Gefahrenwahrnehmung, d. h. das Erkennen von Gefahren, die den Arbeitenden selbst betreffen, das risikobezogene Entscheiden, d. h., ob und in welchem Ausmaß sich die betroffene Person dieser Gefahr aussetzen muss oder will, und schließlich vorsorgendes Handeln, um das Risiko einer Schädigung der eigenen Person trotz vorhandener Gefahr zu reduzieren, z. B. die Nutzung von Schutzkleidung im Hantieren mit als gefährlich erkannten Stoffen. Hoyos 1987. *G. Grote*

Arbeitssicherheitsgesetz (ASiG) [engl. *occupational safety act*], [**AO**], Betriebe best. Größe und Gefährdung müssen Betriebsärzte und andere Fachkräfte für Arbeitssicherheit bestellen.

Arbeitssicherheit und Gesundheitsschutz [engl. *occupational safety and health protection*], [**AO, GES**], sind gesetzlich geregelte Aufgaben und Untersuchungsfelder der *Arbeitswissenschaft*, die sich klassisch mit der Verhütung von Arbeitsunfällen und Berufskrankheiten beschäftigen. Nach heutigem europäischem Verständnis ist ihr Aufgabenfeld wesentlich umfangreicher und zielt auf eine vorrangig präventive (*Prävention*), umfassende Gewährleistung von Sicherheit und Gesundheitsschutz am Arbeitsplatz unter Berücksichtigung einer menschengerechten *Arbeitsgestaltung* (Horst 1997). Bei der präventiven Verbesserung von Sicherheit und Gesundheit geht es neben Fragen der *Ergonomie* v. a. darum, das Risikobewusstsein oder die Gefahrenkognition (Hoyos 1980) sowie das Gesundheitsverhalten der Mitarbeiter zu fördern. Grundlage ist die Einsicht, dass Sicherheit mehr ist als das Verhüten von Unfällen, sondern vielfältige, aufeinander abgestimmte Analysen und Maßnahmen zur Arbeitsgestaltung, Organisation und Verhaltensbeeinflussung zur präventiven Verringerung von Risiken und Verbesserung des gesundheitlichen Arbeitsschutzes umfasst (Hoyos & Rupert 1993). Durch die Analyse von Unfällen in Kernkraftwerken und in der chemischen Industrie stehen nicht nur die unmittelbaren Risiken für die Gesundheit der Beschäftigten, sondern auch die Folgen für die gesamte Umwelt im Blickpunkt der Öffentlichkeit. Arbeitssicherheit, Arbeitsschutz, Gesundheits- und Umweltschutz bilden zus. ein interdisziplinär zu bearbeitendes Problemfeld. In jüngerer Zeit wurden Systeme zum Management des Gesundheits- und Arbeitsschutzes unter Berücksichtigung psychol. Probleme bei der Einführung (*Gesundheitsförderung in Organisationen*), Konzepte (Ulich & Wülser 2012) und Umsetzung entwickelt und mit pos. Ergebnissen evaluiert (Elke 2000, Zimolong 2001). Reason 1997. *S. Greif*

Arbeitsstättenverordnung [engl. *workplace ordinance*], [**AO, GES**], Betriebe sind verpflichtet, Gesundheitsgefährdungen (z. B. *Lärm*) von Beschäftigten fernzuhalten. *Arbeitsschutz*.

Arbeitsstress *Stress am Arbeitsplatz*.

Arbeitsstudie (= A.) [engl. *job analysis, job study*], [**AO**], mit weiter gestecktem Ziel als die *Zeitstudie* stellt die A. sich die Aufgabe, Arbeitsvorgänge auf ihre Anpassung an die psychophysische Natur des Menschen zu untersuchen und Verbesserungen objektpsychotechnischer Art (*Psychotechnik*) zu ermöglichen. Kann auch zu rein ökonomischen Zwecken der *Arbeitsrationalisierung* (möglicherweise zum Nachteil des arbeitenden Menschen) gebraucht werden. Als Schöpfer der A. gilt Taylor (*Taylor-System*, Taylorismus), auch Gilbreth verdient Erwähnung. *Arbeitspsychologie*.

Arbeitssucht (= A.) [engl. *workaholism*], [**AO, KLI**], durch zwanghafte Einstellung zu Arbeit und *Leistung* gekennzeichnete psych. Störung. Der Arbeitssüchtige lebt nur auf die Arbeit orientiert, vernachlässigt andere Lebensbereiche, ist unfähig, ein rechtes Maß zw. Arbeit und Freizeit (*Life Domain Balance*, *Work-Life-Balance*) zu finden. A. führt zu Zerstörung zw.menschlicher Beziehungen, schließlich zur Selbstzerstörung. Körperliche Folgen: Erschöpfungszustände (*Burn-out*), Magen-Darm- sowie Herz-Kreislauf-Beschwerden. Häufige Kombination von A. mit Tabletten-, *Alkohol-* oder Nikotinabusus. Diagnose und Therapie schwierig, da – dem «Erfolg» entspr. – hohe gesellschaftliche Anerkennung und Neg.folgen erst spät erkennbar werden.

Arbeitstätigkeit (= A.) [engl. *work/occupational activity*], [**AO**], der Begriff A. (*Arbeit*, *Tätigkeit*) wird i. d. R. nicht zur Bez. konkreter, zeitlich eng eingegrenzter und zielbezogener Handlungen (*Handlung*) verwendet, sondern als Oberbegriff für eine zusammenhängende Menge von Aktivitäten, die sich an umfassenden oder überdauernden Motiven ausrichten oder aber mit einer beruflichen Position verbunden sind. Nach Hacker & Richter (1984) ist eine A. als mehrstellige Relation durch (1) das tätige Subjekt (mit seinen Leistungsvoraussetzungen und Ansprüchen), (2) den Arbeitsgegenstand (mit seinen Eigengesetzlichkeiten), (3) die Ausführungsbedingungen (insbes. zeitlicher und räumlicher Art) sowie (4) das zu erreichende Ergebnis (aktuelle oder übergreifende Ziele) und (5) Veränderungen der Personen (auch Selbstveränderungen) durch den Arbeitsprozess zu kennzeichnen. *S. Greif*

Arbeitsteam *Arbeitsgruppe*.

Arbeitsteilung (= A.) [engl. *division of labor*], [**AO**], die mit der kult. Entwicklung fortschreitende Aufgliederung der menschlichen Arbeit in einzelne Berufe. Auch auf primitiven Kulturstufen findet sich schon eine Art A. innerhalb der Familie oder nach Altersklassen.
Die Zerlegung des Arbeitsprozesses in einem Betrieb in einzelne Teilvorgänge, die von versch. Arbeitskräften ausgeführt werden. *Arbeitsgruppe*, *Differenzierung*, *Gruppenarbeit*.

Arbeitsteilung, kognitive [engl. *cognitive division of labor*], *Wissenschaftskommunikation*.

Arbeitstherapie/Beschäftigungstherapie (= A./B.) [engl. *occupational therapy, ergotherapy*], [**KLI**], ältere Bez. für *Ergotherapie*. 1999 wurden die gesetzlich geschützten Bez. *Arbeitstherapeut/Beschäftigungstherapeut* durch die Bez. *Ergotherapeut* ersetzt. A./B. bez. die Anwendung der Arbeit bzw. Beschäftigung zu Heilzwecken, sei es bei psych. Krankheiten oder Störungen, sei es zur Wiedergewinnung der Arbeitsfähigkeit, z. B. bei körperlich Beeinträchtigten (*Rehabilitation, berufliche*).

Arbeitstypen [engl. *work types*], **[AO]**, eine Unterscheidung von Personen nach den Hauptmerkmalen ihrer Arbeitsleistung, z. B. nach der Art der *Tätigkeit*, die sie bevorzugen bzw. für die sie am besten geeignet sind, oder nach der Art des Verlaufs ihrer Arbeitsleistung (z. B. der unterschiedlichen Lage der Höchstleistung, Anstieg und Abfall im Arbeitsverlauf).

Arbeits- und Organisationspsychologie [engl. *industrial and organizational psychology, I-O psychology*], s. Einleitung *Gebietsüberblick I.2 Arbeits- und Organisationspsychologie*.

arbeits- und organisationspsychologische Forschung, ethische Fragen, [AO, FSE], ethische Fragen arbeits- und organisationspsychol. Forschung beziehen sich (1) auf die Werthaltungen und Normen des wiss. Erkenntnisstrebens und (2) auf die Verantwortung der Wissenschaft gegenüber (a) Praktizierenden, (b) Untersuchungsteilnehmern sowie (c) der Gesellschaft generell. Unter (1) fallen folg. für die empirische und anwendungsorientierte Forschung gültigen Regeln: Ergebnisoffenheit, Öffentlichkeit, Korrektheit, Dokumentation, Zugänglichkeit (der Daten), keine Fremd- und Selbstplagiate, fachkompetente und unabhängige Begutachtung sowie die eigene Beteiligung an solchen Begutachtungsprozessen. Die Vermittlung, Überwachung und Weiterentwicklung dieser Regeln ist eine wichtige Aufgabe aller am Wissenschaftsprozess beteiligten Institutionen und Individuen. Unter (2) wird (a) innerhalb der Praktizierenden gegenseitige Aufrichtigkeit, gerechte Beteiligung an den Ergebnissen und der gegenseitige Schutz vor körperlichen und psych. Gefahren verstanden. Die (b) Untersuchungsteilnehmer haben grundsätzlich das Recht auf rationale Selbstbestimmung (*Selbstbestimmungsrecht*), physische und psych. Integrität sowie Privatsphäre. Deswegen sind in Untersuchungen bewusste Täuschung, das Zufügen von Schmerz oder seelischer Pein sowie unerlaubtes Eindringen in die Privatsphäre ethisch verboten, es sei denn, der Teilnehmer gibt zuvor seine *informierte Zustimmung* (*Forschungsethik*) zu der Untersuchung ab. Sind Täuschungen für das Gelingen der Untersuchung unvermeidlich, muss der Teilnehmer im Anschluss an die Untersuchung über die wahren Zusammenhänge aufgeklärt werden (*debriefing*). Die Sicherstellung der informationellen *Selbstbestimmung* sowie die *Wahrung der Vertraulichkeit* gewährleistet der Forscher durch transparente Information über Zugang, Verknüpfung und Schutz der erhobenen Daten. Die (c) Verantwortung der arbeits- und organisationspsychol. Forschung gegenüber der Gesellschaft verpflichtet dazu, solide empirische Erkenntnisse zur Steigerung des menschlichen Wohlbefindens einer möglichst großen Zahl von Menschen am Arbeitsplatz zu liefern und übergreifend das allg. Verständnis wichtiger psychol. Zusammenhänge über Menschen in Organisationen zu verbessern. Blickle 2007. *D. Gläser/G. Blickle*

Arbeitsunfall [engl. *workplace accident, work accident, occupational accident*], *Arbeitssicherheit*, *Unfallforschung*.

^Test^**Arbeitsverhaltensinventar (AVI)**, 1979, R. Thiel, G. Keller und A. Binder, [www.testzentrale.de], **[DIA, PÄD, PER]**. Schulischer Einstellungstest. AA ab 14 Jahren. Der AVI ist ein dt.sprachiger Fragebogen zur Diagnose des Lern- und Arbeitsverhaltens. Neben *arbeitstechnischen* werden auch *emot.*, *motivationale*, *personale* und *sozialps.* Aspekte des Lern- und Arbeitsverhaltens in den 20 Skalen erfasst. *Reliabilität*: Interne Konsistenz (Kuder-Richardson Formel 20) von $r = .91$ (männlich) und $r = .88$ (weiblich). Korrelation der Testwerte mit der Gesamtnote (fünf bis sieben Monate nach AVI-Testung) von $r = .63$ (weiblich) und $r = .68$ (männlich). *Normierung* an $N = 297$ weiblichen und $N = 235$ männlichen Sekundarstufe-II-Schülern. Durchführungsdauer ca. 40 Min.

Arbeitsvermeidung (= A.) [engl. *work avoidance*], **[EM, PÄD]**, der Begriff stammt aus der Motivationsps. (*Motivation*), genauer der Zieltheorie sensu Nicholls u. a. (*Zieltheorien*). Personen mit Tendenz zur A. geht es beim Ausüben einer Tätigkeit primär darum, wenig Arbeit aufzuwenden. A. ist abzugrenzen von Annäherungs- und Vermeidungs-Leistungszielen (*Leistungszielorientierung*) sowie Lernzielen (*Lernzielorientierung*), die ebenfalls Ziele in Lern- und Leistungskontexten darstellen. Während das Verfolgen dieser letztgenannten Ziele i. e. S. als leistungsmotiviert gelten kann, da eine Auseinandersetzung mit einem Gütemaßstab erfolgt, trifft dies auf A. nicht zu. Das Konzept der Arbeitsvermeidung ist zu unterscheiden von dem Konzept der *Anstrengungsvermeidung* nach Rollett, da bei Letzterem angenommen wird, dass das Individuum durch aktiven Strategieeinsatz Anstrengungen in einem eingegrenzten Tätigkeitsbereich vermeidet, um neg. affektiven Konsequenzen zu entgehen (z. B. Sich-Blamieren). Daher steht das Konzept der Anstrengungsvermeidung dem der Vermeidungs-Leistungsziele näher als dem der A. A. kann i. S. einer habituellen Präferenz zeitlich stabil und transsituational konsistent sein (*trait*) oder sie kann situativ angeregt werden (*state*). In ersterem Fall spricht man von *Zielorientierung*. *Ziele* in Lern- und Leistungssituationen sind ein wichtiger Forschungsgegenstand, weil sie in systematischem Zusammenhang mit *Erleben* und *Verhalten* sowie erbrachter Leistung stehen. Die Tendenz zur A. geht kurz- wie langfristig mit geringem Engagement und schlechten Leistungen einher. Zur Erfassung von A. und weiteren Zielen stehen im dt.sprachigen Raum die für Schüler normierten *Skalen zur Erfassung der Lern- und Leistungsmotivation (SELLMO)* zur Verfügung. Spinath 2009. *B. Spinath*

Arbeitsversuch [engl. *work trials*], **[DIA, GES]**, allg. und bes. in der *Rehabilitation* angewandtes Verfahren zur Ermittlung der Leistungsfähigkeit (*Leistungsexperiment*). Experiment zur Erforschung der Arbeit und ihrer psychol. Faktoren. *Arbeitsstudie*, *Arbeitskurve*.

Arbeitswerte *Arbeitsbewertung*.

Arbeitswissenschaft (= A.) [engl. *occupational science, work science*], **[AO]**, interdisziplinäres Fachgebiet zur wiss. Erforschung der menschlichen *Arbeit* und ihrer Bedingungen (vgl. auch die weit gefasste Def. des Gegenstands der *Ergonomie*). Nach Luczak & Volpert (1997) lässt sich der Kern der A. als Systematik der Analyse, Ordnung und Gestaltung der technischen, organisatorischen und sozialen Bedingungen von Arbeitsprozessen mit dem Ziel def., dass die arbeitenden Menschen in produktiven und effizienten Arbeitsprozessen schädigungslose, ausführbare, erträgliche und beeinträchtigungsfreie Arbeitsbedingungen vorfinden, Standards sozialer Angemessenheit nach Arbeitsinhalt, Arbeitsaufgabe, Arbeitsumgebung sowie Entlohnung und Kooperation erfüllt sehen sowie Handlungsspielräume entfalten, Fähigkeiten erwerben und in Kooperation mit anderen ihre Persönlichkeit erhalten und entwickeln können (vgl. Kriterien der *Arbeitsgestaltung*). Die versch. Aspekte menschlicher Arbeit werden durch sog. Aspektwissenschaften wie Ökonomie, Soziologie, Pädagogik, Ps., Med. und Biol. (*Arbeitsphysiologie*) und Ingenieurwissenschaften behandelt (vgl. *Arbeitspsychologie*, *Ingenieurpsychologie*, *Organisationspsychologie*). *S. Greif*

Arbeitszeit (= A.) [engl. *working time*], [**AO**], ist «die Zeit vom Beginn bis zum Ende der Arbeit ohne Ruhepausen» einschließlich der Zeiten, in denen «der Arbeitgeber die Freizeit des Arbeitnehmers für seine Zwecke in Anspruch nimmt» (z. B. Reisezeiten) (Schwarz & Löschnigg 2001). I. Allg. wird sie als Komplement der *Freizeit* gesehen. Seit 1984 wurden zahlreiche, flexibel an versch. Situationen anpassbare A.modelle entwickelt (Gleit- und Teilzeit- oder Schichtarbeitsmodelle, *Schichtarbeit*). Ein bewusst an die jew. Situation angepasstes A.management setzt sich jedoch nur langsam durch (Marr 2006). Die Verhandlungen zw. Arbeitgebern und Gewerkschaften über A.modelle konzentrieren sich auf die Dauer der Wochenarbeitszeit, eine A.flexibilisierung zur Anpassung den Dauer und Lage oder bedarfsorientierte Anpassung an die Marktdynamik und schwankende Nachfrage. A.modelle sowie das A.management können nach Kriterien der ökonomischen und sozialen *Effizienz* (Zeitsouveränität der Mitarbeiter, Vermeidung physischer und psych. Über- und Unterforderung, Möglichkeiten zur Kommunikation, Möglichkeiten zur fachlichen und persönlichen Qualifizierung sowie Vereinbarkeit mit Interessen in der Freizeit und Familie) bewertet werden (Marr 2006). Nach Bailllod (1986) sind bei der Gestaltung der A. aus Sicht der Ps. die Dauer (z. B. 40- oder 35-Std.-Woche), Lage oder Verteilung (bspw. Schicht- und Nachtarbeit, Sonntags- und Wochenendarbeit sowie Saisonarbeit), Autonomie (vorgegebene Zeiten vs. Zeitsouveränität) und Intensität (Dichte der Arbeitsrhythmen und Arbeitsgeschwindigkeit) von Bedeutung (vgl. *Schichtarbeit*). Neue Formen der Flexibilisierung der A. (Ulich 2011) können zur Gestaltung lebensfreundlicher A. genutzt werden (Landy & Conte 2007), bspw. durch Anpassung der täglichen A. an die Wünsche der Mitarbeiter, durch den Lebensphasen angepasste A. oder familienbedingte Teilzeitarbeit. Gründe für flexible A. sind aber häufiger Anpassungen an die Kundenwünsche, z. B. durch Ausweitung der Ladenöffnungszeiten, kürzere A. bei Abnahme der Aufträge oder Einsatz von Zeitarbeitskräften. Die temporären Beschäftigungen werden als *prekäre A.formen* angesehen, weil sie meist mit Arbeitsplatzunsicherheit, hohen zeitlichen und örtlichen Flexibilitätsanforderungen (mit Folgen für die Familie), geringen Tätigkeitsspielräumen, fehlenden Aufgabenanforderungen und unzureichenden Kooperations- und Kommunikationsmöglichkeiten einhergehen (Wieland & Krajewski 2002), ähnliche Folgen wie bei *Schichtarbeit* (Janssen & Nachreiner 2004). Der Anteil prekärer Arbeitszeitformen hat stark zugenommen. *S. Greif*

Arbeitszeugnis (= A.) [engl. *job reference (letter)*], [**AO**], A. sind Beurteilungen von Mitarbeitenden, die ihnen anlässlich der Beendigung eines Arbeitsverhältnisses oder auch auf deren Wunsch, bspw. im Falle einer innerorganisationalen Veränderung, ausgestellt werden. Selbst bei nur kurze Zeit dauernden Arbeitsverhältnissen haben Arbeitnehmende nicht nur Anspruch auf einfache A., in denen v. a. die Dauer des Arbeitsverhältnisses und die Arbeitsaufgaben genannt werden, sondern auf explizites Verlangen hin kann auch die Berücksichtigung von Leistung und Verhalten eingefordert werden (§109 GewO). Die Anforderungen an A. sind rechtlich, wenn auch an unterschiedlichen Stellen und mit Interpretationsspielräumen, reguliert: Neben der *Zeugniswahrheit* gelten die Prinzipien der *Vollständigkeit*, des *verständigen Wohlwollens*, der *Individualität* und der *Schriftlichkeit*. Das Prinzip der *In-*

Arbeitszeugnis: Bestandteile eines qualifizierten Arbeitszeugnisses (in Anlehnung an Weuster, 1994, 15)

Einleitung: Kerndaten zu Person und Beschäftigungsverhältnis sowie ggf. Arbeitgeberbeschreibung

Positions- und Aufgabenbeschreibung

Leistungs- und Verhaltensbeurteilung

1. Leistungsvoraussetzungen:	2. Erfolg:	3. Sozialverhalten:
· Arbeitsmotivation	· Arbeitserfolg (Quantität, Qualität)	· Verhalten gegenüber Internen
· Arbeitsbefähigung	· ggf. herausragende Erfolge	· Verhalten gegenüber Externen
· Fachwissen (ggf. Weiterbildung)		· ggf. weitere Angaben zum Verhalten
· Arbeitsweise		

Gesamturteil („Zufriedenheitsfloskel")

Schlussabsatz: Kündigungsformel, Dank und Bedauern, Zukunftswünsche

dividualität verbietet insbes. die Verwendung von Noten oder Einstufungsskalen, genau genommen aber auch von Textbausteinen. Allerdings existieren inzw. gängige Formulierungen, die selbst in der neueren Rechtsprechung als «Noten» bez. werden (Düwell & Dahl 2011). Das Prinzip des *verständigen Wohlwollens* ergibt sich aus der Auffassung, Arbeitgeber hätten eine besondere Pflicht, durch A. für eine Wiederbeschäftigbarkeit Sorge zu tragen. Dies bedeutet u. a., auf die Erwähnung unerheblicher Verhaltens- oder Leistungsprobleme zu verzichten oder nur aus sehr guten Gründen die Leistungen als unterdurchschnittlich einzuschätzen. Aus dem Bemühen um Wohlwollen einerseits, Zeugniswahrheit andererseits, haben sich eine spez. Zeugnissprache und teilweise regelrechte *Zeugniscodes* entwickelt. Diese stellen Umschreibungen von – in aller Regel – kritischem Verhalten dar. Notorisch ist die Formulierung, jemand «habe sich bemüht», was für deutlich unterdurchschnittliche Leistungen steht. Insbes. die Verwendung von Zeugniscodes ist nicht zulässig, §109 GewO verlangt ein klares und verständliches Arbeitszeugnis.

In der *Personalauswahl* wird A. laut Befragung von Praktikern eine verhältnismäßig hohe Bedeutung beigemessen, bspw. als Grundlage für das zu führende Bewerbungsgespräch oder für eine erste Negativauswahl bei fehlenden oder unterdurchschnittlichen A. (Weuster 1994; Huesmann 2008). Einen Überblick über den idealtypischen Aufbau eines (qualifizierten) Arbeitszeugnisses gibt die Abb. Es existiert viel Unsicherheit beim Verfassen und bei der Interpretation von A. Vereinzelte Studien finden teilweise erhebliche Diskrepanzen in den Einschätzungen der zum Ausdruck gebrachten Leistung (Schwarb & Mücke 2010). Gerade die eigentlich unzulässigen Zeugniscodes führen zu einer Vielzahl von Missverständnissen bis hin zu Auseinandersetzungen vor Arbeitsgerichten. Laut Huesmann (2008) wird dem A. als Bestandteil der *Bewerbungsunterlagen* von Praktikern eine höhere Bedeutung beigemessen als Ausbildungs- und Schulzeugnissen. Das ist insofern überraschend, als ihre Aussagekraft durch die Wohlwollenspflicht eingeschränkt wird und sich in den vergangenen Jahren ein Trend zu immer positiveren Zeugnissen zeigt (Sende et al. 2011). Da die Verwendung expliziter Einstufungsskalen oder «Noten» unzulässig ist, drückt sich die Qualität von A. in Umschreibungen, Verklausulierungen oder der Aufnahme bzw. dem Weglassen best. Elemente aus. Ein sehr gutes A. enthält bspw. pos. Formulierungen wie «stets vorbildlich» oder «hat zu unserer vollsten Zufriedenheit gearbeitet». Zudem gibt es keine Auslassungen (vs. es wird z. B. nichts zum Verhalten gegenüber dem Vorgesetzten gesagt), die gezeigten Leistungen werden nicht allg., sondern konkret beschrieben, es wird eine ausführliche Abschiedsfloskel verwendet (z. B. der bisherige Arbeitgeber bedauert den Fortgang eines Mitarbeitenden und formuliert pos. Wünsche für die berufliche Zukunft) oder der Status der Unterzeichnenden in der Organisation ist hoch. In der Umgangssprache wird die Bez. A. hin und wieder fälschlicherweise gleichbedeutend mit *Referenz* verwendet. Ein Unterschied besteht darin, dass ein Arbeitgeber rechtlich angehalten ist, jedem Mitarbeiter ein A. auszustellen, das wohlwollend formuliert ist. Ein Referenzgeber hingegen kann die Auskunft ohne Weiteres verweigern, kann aber ebenso zumindest bei telefonischen Referenzauskünften auch dezidiert neg. Aussagen machen. In dieser Hinsicht gilt die Referenz dem A. als überlegen, da arbeitsrechtliche Konsequenzen bei mündlichen Aussagen de facto unwahrscheinlich sind, insofern die entspr. Aussagen selten nachvollziehbar dokumentiert werden und daher auch kaum Gegenstand von Arbeitsgerichtsprozessen werden können. Allerdings ist die Erwartung, Referenzen seien weniger für Urteilstendenzen anfällig, bisher nicht bestätigt worden. Z. B. weisen auch diese Mildetendenzen (*Milde-Effekt*) auf (Moser & Rhyssen 2001). *Personalbeurteilung*, *Personalentscheidungen, Nutzen von*.   K. Moser

Arbeitszufriedenheit (= A.) [engl. *job satisfaction*], [**AO, EM, GES**], ist ein pos. emot. Zustand, der aus der Bewertung des eigenen Arbeitsplatzes oder der Erfahrungen in der eigenen *Arbeit* resultiert (Locke 1976). Die A. wird häufig mit standardisierten Fragebögen erfasst, in denen der Grad der Zufriedenheit auf notenähnlichen Skalen (mit Stufen von sehr zufrieden bis sehr unzufrieden) angekreuzt werden kann. Ursprünglich wurde angenommen, dass es sich bei der A. um eine allg., nicht weiter differenzierbare Bewertung handele (globale A.). Später wurden Fragebogeninstrumente konstruiert, die versch. Aspekte oder Facetten der A. erfassen, wie Arbeitsinhalt (befriedigende Arbeitsaufgaben und -tätigkeiten), Bezahlung, Aufstiegsmöglichkeiten, Arbeitsbedingungen, Vorgesetzte, Kollegen usw. Deutschsprachige Instrumente sind der *Arbeitsbeschreibungsbogen (ABB)* von Neuberger & Allerbeck (1978) oder der *Fragebogen zu Aspekten der Arbeitszufriedenheit (AZ-ASPE)* von Büssing (1992c).

Die Annahme enger *Korrelationen* zw. A. und indiv. Arbeitsleistungen (gemessene oder durch Vorgesetzte eingeschätzte Mengen- oder Qualitätskriterien) lässt sich kaum bestätigen. *Metaanalysen* zeigen eher mittlere Zusammenhänge von .30 (Judge et al. 2001). Nach genaueren Analysen sind eher komplexe Zusammenhänge zu erwarten, die von Moderatoren beeinflusst werden, wie *Selbstkonzept*, Selbstwirksamkeitserleben (*Selbstwirksamkeitserwartung*), *Leistungsmotivation*, Zielerreichung, pos. Stimmung, erlebte Sinnhaftigkeit der Arbeit und Verantwortlichkeit für Arbeitsergebnisse (Büssing 2006). Zur *Arbeitsabwesenheit* sind die Zusammenhänge unerwartet niedrig und erreichen nach Metaanalysen mittlere Korrelationen von nur .09, nur in einzelnen Studien Werte von .40 (Hackett & Guion 1985). Dabei spielt anscheinend eine wichtige Rolle, ob sich eine unzufriedene Person der Arbeit ohne Risiko durch häufiges Fehlen entziehen kann (Büssing 2006). Dies gilt analog auch für den Zusammenhang von Unzufriedenheit und *Fluktuation*. Nur wer berufliche Alternativen hat, kann seinen Job wechseln. In Querschnittserhebungen lässt sich nicht eindeutig überprüfen, ob eine höhere A. Ursache oder Ergebnis von Merkmalen der Arbeit oder der Organisation ist. Landy & Conte (2007) schildern Untersuchungen, die zeigen, dass die A. eher ein Ergebnis versch. Arbeits- und Organisationsmerkmale ist.

So erhöht sich die A. nach wirtschaftlichem Erfolg des Unternehmens.
Unabhängig von möglichen wirtschaftlichen Vorteilen, wie sie ursprünglich durch eine Verbesserung der A. erwartet wurden, wird in einer hohen A. ein Ziel gesehen, das um seiner selbst willen angestrebt wird. Die kaum noch überschaubare Zahl von Befragungen zeigt fast durchgängig im Mittel hohe bis sehr hohe Zufriedenheitsraten (Büssing 2006). Dies lässt sich durch dynamische Theorien der A. erklären, die annehmen, dass die Zufriedenheit als Resultat indiv. Ist-Soll-Vergleiche anzusehen ist. Der subj. Bezugsrahmen entsteht durch Vergleiche mit relevanten anderen Personen mit gleichem sozialem Hintergrund. Nach einem Modell von Bruggemann et al. (1975, neuere Untersuchungen vgl. Büssing 2006) sind bei diesen Ist-Soll-Vergleichen dynamische Veränderungen des eigenen Anspruchsniveaus zu berücksichtigen. Dabei werden versch. Formen der A. unterschieden. Bspw. kann jemand, der im Vergleich zu seinen erwerbslosen Freunden froh ist, überhaupt einen Arbeitsplatz zu haben, trotz unbefriedigender Arbeitsbedingungen sein Anspruchsniveau senken und eine *resignative A.* entwickeln. Seine geäußerte Zufriedenheit ist hoch, aber verweist auf eine deprimierende Situation. Umgekehrt kann eine Erhöhung des Anspruchsniveaus zur *konstruktiven Unzufriedenheit* führen. Theorien, die den Prozess der Bewertung der eigenen Arbeit beschreiben und erklären, hängen eng mit Theorien der *Arbeitsmotivation* zus. *Innere Kündigung*. Semmer & Udris 2007, Fischer 1991. S. Greif

Arbeit und Gesundheit im Lehrerberuf (AGIL) (A.), [**GES, PÄD**], A. ist ein auf die spez. Situation von Lehrpersonen ausgerichtetes Präventionsprogramm. Dieses wurde vor dem Hintergrund der starken Belastungen (*Belastung, psychische*) von Lehrkräften und hohen Erkrankungs- und Frühpensionierungszahlen aufgrund psych. und körperlicher Erkrankungen konzipiert und evaluiert (*Burn-out*). Es ermöglicht, berufsspezifische Belastungsfaktoren zu erkennen, beruflichen *Stress* (*Stress, chronischer, Stress am Arbeitsplatz*) zu bewältigen und langfristig die *Gesundheit* und *Lebensqualität* zu verbessern. Langfristig sollen tragfähige Handlungskompetenzen vermittelt werden und bestehende Strategien ausgebaut werden, um die eigene Stress- bzw. psychophysiol. Belastung im Umgang mit den berufsimmanenten Belastungen niedrig zu halten. Ursprünglich wurde A. im klin. Setting als *Intervention*sprogramm für bereits erkrankte Lehrpersonen entwickelt, mittlerweile existiert es auch als *Prävention*sprogramm, entwickelt im Rahmen des Projekts *LeguPan – Lehrergesundheit: Prävention an Schulen*). Im Einzelnen enthalten die vier Module von A. Informationen, Übungen und Hilfen (1) zum Phänomen Stress und den Möglichkeiten der Stressprävention, (2) zur Entwicklung indiv. *Stressbewältigung*sstrategien, (3) zu handlungsorientierten Lösungen von Problemsituationen im Schulalltag und (4) zur Verbesserung der Erholungsfähigkeit. Hillert et al. 2012. S. Weis

arc de cercle [frz.], [**KLI**], Kreisbogen, Bez. von Charcot (Neurologe, 1855–1893) für eine als hysterische Reaktion ausgelöste Körperstellung (Brückenstellung mit Stützen auf Hinterkopf, Schultern und Füße).

archaisch [engl. *archaic*; gr. ἀρχή (*arche*) Anfang], [**KLI**], altertümlich, ursprünglich, auch infantil, i. S. der psych. Vorstellungen und Denkweisen des vorgeschichtlichen und antiken Menschen früher Kulturen, aber auch heutiger Menschen in Clan, Sippe oder Stamm von (primitiven) Naturvölkern. Der Ausdruck enthält kein Werturteil, sondern weist nur darauf hin, dass sich die betreffende Vorstellung bereits in frühen Stadien, bes. auch in alten *Mythen*, findet. *Analytische Psychologie*: Jung spricht von «archaischen Bildern» und *Archetyp* (*Unbewusstes*).

archaisches Denken [engl. *archaic thinking*; gr. ἀρχή (*arche*) Anfang], urtümliches Denken, z. B. Glaube an Dämonen, Geister, Vorzeichen usw. Wahnideen werden häufig hinsichtlich archaischer Denkinhalte interpretiert. *Atavismus*, *Totemismus*, *Archetyp*. Storch 1922.

Archetyp (= A.) [engl. *archetype*; gr. ἀρχή (*arche*) Anfang, τύπος (*typos*) Vorbild], [**KLI**], Urbild, urtümliches Bild. In Jungs Struktur der *Analytischen Psychologie* sind die A. Dominanten des Kollektiven Unbewussten (Jung 1914) oder des Obj.-Psychischen. Der A. ist ein a priori vorhandener unanschaulicher typischer Anordner formaler Natur, der inhaltlich von den archetypischen Bildern einer best. Kultur und den Einzelmenschen angefüllt wird. Die A. sind vergleichbar dem Achsensystem eines Kristalls, welches die Kristallbildung in der Mutterlauge präformiert, ohne selber stoffliche Existenz zu besitzen. Das Archetypische wird aus dem Effekt erkannt. Das Kristallgitter bestimmt, welche Kristalle möglich sind, die Umwelt entscheidet, welche dieser Möglichkeiten verwirklicht werden. A.bilder enthalten zugleich Bild und Emotion. Das *kollektive Unbewusste* enthält die Gesamtheit aller A. als Niederschlag allg. menschlicher Erfahrungen. Die Formen der archetypischen Vorstellungen (nicht ihr Inhalt) sind vererbbar und den bei Tieren angeb. Schemata (K. Lorenz) wie Nestbau, Bienentanz, Werbung vergleichbar. A. können spontan und während eines psychoth. Prozesses auftreten. Ihnen wird heilende Wirkung zugesprochen, weil sie infolge ihrer Gegensatzstruktur die Einseitigkeit der bewussten Einstellung ergänzen können. Jung 1954.

Architekturpsychologie *Ökologische Psychologie*.

A-R-D-System, Abk. für *attitude-reinforcer-discriminative system*, [**SOZ**], Einstellungstheorie von Staats (1968), durch die Einstellungsfunktionen, Einstellungsbildung und Einstellungsänderung auf der Basis lerntheoretischer Prinzipien erklärt werden sollen (*Einstellung, Einstellungsänderung*). Beim Aufbau des indiv. je unterschiedlichen A-R-D-Systems sind v. a. klassische Konditionierungsprozesse von Bedeutung (*Konditionierung*), wobei jene Reize, die in der Lage sind, emot. Reaktionen hervorzurufen, als *attitudinal stimuli* bez. werden. Durch ihre Qualität als Verstärker (*reinforcer*) wird ein hierarchisches Einstellungssystem aufgebaut, wobei durch die dritte Funktion des A-R-D-Systems – seine *diskriminierende* oder *zielbildende* Funktion – ein Reiz, durch den eine Reaktion verstärkt wird, eben diese Reaktion kontrolliert. Die Anwendung seiner lerntheoretischen Modellvorstellungen auch außerhalb der Einstellungsforschung unter dem Etikett eines *sozialen Behaviorismus* (Staats 1975) ist kaum zur Kenntnis genommen worden. *B. Six*

area under the curve (AUC) [engl.] Fläche unter der Kurve. *ROC, ROC-Kurve.*

Arecolin (= A.) [engl. *arecholine*], **[PHA]**, psychotrope Substanz aus der Reihe der *Halluzinogene* bzw. *Rauschmittel*. *Alkaloid* der Betelnuss mit *cholinerger* Wirkung. Die vegetativen Wirkungen sind schwächer als bei den verwandten Substanzen *Muscarin* und *Pilocarpin*. Die Formatio reticularis wird durch A. erregt. In kleinen bis mittleren Dosen subj. Anregung und Euphorie. *Acetylcholin, Cholinomimetika*. *W. Janke*

Areflexie [engl. *areflexia*; gr. α- *(a-)* ohne, lat. *reflexum* das Zurückgeworfene], **[BIO]**, Reflexlosigkeit. Bez. für das Fehlen von Reflexen. *Reflex*.

Ärger (= Ä.) [engl. *anger*, Komparativ von früh-nhd. *arg* schlecht, böse], **[EM]**, bez. eine *Emotion*, bei der die erlebende Person unzufrieden mit einem unerwünschten Ereignis ist, das sie dem tadelnswerten Tun oder Lassen einer verantwortlichen Person bzw. Institution zuschreibt (*Kausalattribution*). Als tadelnswert gilt eine vermeidbare Verletzung von als verbindlich angesehenen Normen einer Gemeinschaft (*Normen, soziale*). Je unerwünschter das betreffende Ereignis ist und je tadelnswerter das dafür verantwortliche Tun/Lassen des Urhebers, desto intensiver ist der erlebte Ä.

Varianten des Ä.-Emotionstyps teilen diese Def., unterscheiden sich aber in best. Aspekten: So bez. *Wut* (vom ahd. *wuot* besessen, rasend) einen intensiveren Ä.; bei der *Beleidigung* bzw. *Kränkung* besteht das unerwünschte Ereignis bzw. Leid in einer Verletzung der eigenen Ehre bzw. des Selbstwertes (*Selbstwertgefühl*). Im Alltagssprachgebrauch wird Ä. manchmal auch mit *Enttäuschung* verwechselt als einer Emotion, die nach Eintritt von unerwartetem Leid, für das niemand verantwortlich ist, erlebt wird. So etwa, wenn der lang ersehnte Urlaub durch anhaltend schlechtes Wetter verregnet wird. Ä. beinhaltet jedoch einen Vorwurf, der bei einer Enttäuschung oder auch einem bloßen «Frustriertsein» (infolge einer Vereitelung eines *Zieles* oder Wunsches) fehlt. Mit *Empörung, Entrüstung, Zorn* schließlich sind dem Ä. verwandte, moralisch motivierte Emotionen gemeint (*Moral*), bei denen kein eigenes Leid vorliegen muss, sondern eine Normverletzung oder Ungerechtigkeit (*Gerechtigkeit*) durch Verantwortliche (z. B. «die Regierung») kritisiert wird.

Emotionen unterscheiden sich von bloßen *Urteilen* u. a. durch die Intensität ihres Erlebens. So ist intensiver Ä. mit einem best. subj. *Erleben* verknüpft (wie etwa das Wahrnehmen des eigenen Leides, das Überdenken der Implikationen des wahrgenommenen Normverstoßes, das häufige Denken an diese Situation, an die eigenen Umgangs- bzw. Bewältigungsmöglichkeiten (*Coping, Ressource*), an die Angemessenheit der eigenen Ä.-Reaktionen u. a.). Ferner kann intensiver Ä. einhergehen mit best. körperlichen Empfindungen (wie Magenschmerzen, Blutandrang im Kopf, Muskelanspannungen u. a.), mimischem (*Mimik*, z. B. Zusammenziehen der Augenbrauen, «Zähnefletschen») und prosodischem (z. B. Anschreien) Ausdruck sowie dem Impuls zu best. *Handlungen*, z. B. Beschwerde, Beschimpfung bis hin zu einer körperlichen *Aggression*). Während das spezif. subj. Erleben konstitutiv ist für eine intensive Ä.-Emotion, sind die anderen drei Intensitätsindikatoren zwar in ihrer Auftrittswahrscheinlichkeit erhöht; im Verlauf der *Sozialisation* kann aber gelernt werden, wie man sie abschwächt. So wird ein Angestellter, der von seinem Chef ungerechtfertigt kritisiert wird, diesem möglicherweise widersprechen, ihn aber vermutlich nicht beleidigen, auch wenn ein entspr. Impuls erlebt wird.

Die wichtigste Funktion des Ä.-Emotionstyps sehen Sozialkonstruktivisten (*Sozialkonstruktivismus*) wie Averill (1982) darin, dass er dabei hilft, die Normen und Wertvorstellungen (*Werte*) zu kommunizieren, die man in einer Beziehung bzw. *Gruppe* für wichtig und verbindlich hält. Durch die *Kommunikation* der sozialen Ä.-Emotion können zudem neue Regeln für das Zusammenleben ausgehandelt und ihre Einhaltung kontrolliert werden. Averill bez. den Ä. auch als «Polizeiemotion»: So wie die Polizei die Einhaltung der Gesetze in einem Staat überwacht, so kann der Ä. diese Aufgabe bei den Normen einer Beziehung bzw. Gemeinschaft übernehmen. Wer unter häufigem Erleben von Ä. leidet, sollte sich zunächst fragen, ob seine Normen möglicherweise zu relativieren sind. Bei Provokationen, die nicht durch Gespräche vermieden bzw. verhindert werden können, empfiehlt sich eine kogn. Uminterpretation: Dem Raser, der mir die Vorfahrt nimmt, könnte auch «Gedankenlosigkeit» statt «böser Absicht» unterstellt werden. Mithilfe spez. Trainings (z. B. Schwenkmezger et al. 1999) können diese und andere Ä.bewältigungsmaßnahmen eingeübt werden. Mees 1992. *U. Mees*

Argument (= A.) [engl. *argument*; lat. *argumentum* Beweis(grund)], **[KOG]**, als A. bez. man semantische Konzepte (*semantisches Merkmal*), die ein Prädikat in einer *Prädikat-Argument-Struktur* oder *Proposition* mit sich führen. Die wichtigsten Argumenttypen sind nach Chafe (1970) und Fillmore (1968) der Initiator einer Handlung (Agent), das Konzept, das von einer Handlung oder einem Prozess betroffen wird (Patient bzw. Objekt), das Konzept, mit dem eine Handlung ausgeführt wird (Instrument), und der Empfänger eines Handlungsobjektes (Rezipient). Gelegentlich werden auch Ursprung und Ziel sowie Zeit und Ort einer Handlung bzw. eines Prozesses als A. aufgefasst. *Kasusgrammatik, Satzlernen*. Engelkamp 1976. *J. Engelkamp*

Argumentationsintegrität [engl. *argumentation integrity*; lat. *integritas* Unversehrtheit]; *Argumentative Fairness*.

Argumentationstheorie [engl. *argumentation theory*]; *Argumentative Fairness*.

Argumentative Fairness [engl. *argumentative fairness*], **[SOZ]**, ist ein subj. ethisches Wertkonzept (*Werte*), für das sich auch intersubj. («objektive») Begründungen und Rechtfertigungen anführen lassen. Dem entsprechen die Traditionen der deskriptiven und normativen Argumentationstheorie (Beschreibung des «normalen» Argumentationsverständnisses vs. präskriptive Explikation einer «guten» Argumentation (= A.)). *Deskriptiv* wird in einer A. versucht, eine strittige Frage (Voraussetzung) durch eine partner-/zuhörerbezogene Auseinandersetzung (Prozess) einer begründeten Antwort von überindividueller Akzeptanz (Ziel) zuzuführen; unter *präskriptiver* Perspektive ist zu fordern, dass die Begründung der Antwort möglichst rational und die überindividuelle Akzeptanz möglichst kooperativ erreicht werden sollte. Aus diesen beiden präskriptiven Zielperspektiven ergeben sich für das subj. wie intersubj. Wertkonzept *Argumentationsintegrität* vier übergreifende ethische Anforderungen, nämlich formale und inhaltliche Richtigkeit (aus der Rationalität) sowie inhaltliche und prozedurale Gerechtigkeit (aus der Kooperativität; *Kooperation*, *Gerechtigkeit*).

Im konkreten argumentativen *Kommunikation*sprozess manifestieren sich die vier ethischen Anforderungen des fairen Argumentierens, die als Unterlassensforderungen formulierbar sind: Unterlassung von (1) *Stringenzverletzung*, (2) *Begründungsverweigerung*, (3) *Wahrheitsvorspiegelung*, (4) *Verantwortlichkeitsverschiebung*, (5) *Konsistenzvorspiegelung*, (6) *Sinnentstellung*, (7) *Unerfüllbarkeit*, (8) *Diskreditieren*, (9) *Feindlichkeit*, (10) *Beteiligungsbehinderung*, (11) *Abbruch*. Unter diese Standards lassen sich alle in der modernen Rhetorik-Diskussion elaborierten Strategien (un-)integren Argumentierens subsumieren. Dabei erfolgt im jeweiligen Gesprächskontext ein Schuldvorwurf (der argumentativen Unfairness) allerdings nur, wenn die Standardverletzung mit einem gewissen Grad an Bewusstheit (absichtlich, wissentlich oder leichtfertig) herbeigeführt worden ist. Die sprecherseitige Bewusstheit wird hörerseitig durch Rekonstruktion von Intentionalitätsindikatoren diagnostiziert und führt unter Berücksichtigung von Rechtfertigungen, der Schwere der Regelverletzung sowie potenziellen Entschuldigungen zu einem Schuldvorwurf (bzw. dem Verzicht auf einen solchen Vorwurf). Im Gesprächsverlauf ist jedoch der direkte Unfairness-Vorwurf selten optimal, günstiger sind indirekte Reaktionsweisen, bei denen auch die ästhetische Formulierung eine bedeutsame Rolle spielt (Verbindung von *Ethik* und *Ästhetik*). Christmann et al. 2000, Groeben & Christmann 2005, Schreier et al. 1995.   *N. Groeben/U. Christmann*

Argumente, wirtschaftspsychologisch (= A.) [engl. *arguments, business psychology*], [**KOG, SOZ, WIR**], Forschung zu argumentativem Überzeugen (*Persuasion*) in wirtschaftspsychol. Kontexten befasst sich mit der Frage nach Merkmalen, Aussehen und Aufbau wirksamer A., aber auch mit der Frage nach geeigneten Umständen zur erfolgreichen Vermittlung (Wann sind A. in Überzeugungskontexten überhaupt wirksam?). Bezüglich der Frage, wie A. typischerweise verarbeitet werden, beschreiben Theorien zur *Einstellungsänderung* einen zentralen und systematisch den Inhalt verarbeitenden Weg (Wie gut ist das Argument an sich?) und einen peripheren, eher heuristischen (*Heuristik*) und die Randbedingungen betonenden Weg (Handelt es sich um eine Mehrheitsmeinung?). Hierbei hängt es von der *Motivation*, den *Kompetenzen* und der Relevanz-Einschätzung des Rezipienten ab, welcher Weg vorrangig eingeschlagen wird. Prinzipiell kann jedoch davon ausgegangen werden, dass qual. hochwertige A. einer elaborierten Verarbeitung (*Elaborationsstrategien*) sowie einer Einstellungsänderung zuträglich sind. Bezüglich Merkmalen und Aufbau wirksamer A. erwies sich eine Einbettung in allg. *Einstellungen*, Visionen und *Werte* (als solide Basis) sowie eine gute Verständlichkeit (Anpassung an das sprachliche Niveau des Rezipienten, angemessene Gliederung, ausreichende Prägnanz; *Verständlichkeit*, *Verständlichkeitsforschung*, *Textverständlichkeit*) als hilfreich. Eine zweiseitige Argumentation (Nennung von Vor- und Nachteilen) führt häufiger zu einer elaborierten Verarbeitung, wohingegen sehr deutliche Furchtappelle (A., die neg. *Emotionen* (z. B. *Angst*, *Furcht*) hervorrufen wie das Zeigen einer Raucherlunge im Kontext von Präventionskampagnen; *Prävention*) eher dazu führen, dass A. abgewertet werden. Für leichte oder mittlere *Furchtappelle* konnte dies jedoch nicht bestätigt werden. Als ebenfalls zielführend können sog. Sokratesfragen (*sokratischer Dialog*) sowie Suggestivfragen (*Suggestion*) genannt werden. Interessanterweise scheinen zudem best. Formen von Scheinargumenten (zweifelhafte oder sogar inhaltlich leere A.) zielführend: Es konnte gezeigt werden, dass A., die best. Schlüsselwörter enthielten (weil, aufgrund) sowie best. Vorgehensweisen (Verwendung von Drohungen, Killerphrasen oder ethischen Argumenten) in best. Situationen erfolgreich sind. Als wesentliche Grundlagen für argumentatives Überzeugen aufseiten des Senders können Kompetenzen (*Expertise*), Glaubwürdigkeit sowie die Zugehörigkeit zu einer Mehrheit genannt werden. Aufseiten des Empfängers werden Offenheit und die Bereitschaft zu kritischem *Denken* angeführt. Als Erklärungen für das Phänomen, dass selbst gute A. bisweilen sehr heterogen verarbeitet und teils verzerrt wahrgenommen werden, können die Dissonanztheorie (Aufrechterhaltung kogn. Konsistenz durch selektive Informationssuche), best. Vorannahmen und *Hypothesen*, Theorien zur Kontrollwahrnehmung sowie zum Selbstwertschutz (man muss verstehen, warum und wie man seine Einstellung oder sein *Verhalten* ändern soll, und diese Veränderung darf den eigenen Selbstwert nicht übermäßig bedrohen oder abwerten) sowie die Reaktanztheorie (Widerstand durch wahrgenommene Einengung der eigenen Freiheit, *Reaktanz*) genannt werden. Des Weiteren sind in diesem Kontext Befunde zum Gerechtigkeitserleben (*Gerechtigkeit*, *Ungerechtigkeitssensibilität*), zur Selbstdarstellung (*Eindruckssteuerung*, *impression management*, *Selbstwertregulation*), zum *Gruppendenken* (*Gruppennorm*, *Gruppendynamik*) sowie zum Einfluss von Minderheiten (*Minorität*) von Bedeutung. Frey et al. 2007.

Argyle, Michael (1925-2002), [**HIS, SOZ**], engl. Sozialpsychologe. Begonnenes Studium der Mathematik, dann Kriegsdienst als Navigator, nach Kriegsende Studium der Experimentalps. in Cambridge (GB), 1952 Lecturer an der *University of Oxford*, dann dort Prof.; Mitbegründer des *British Journal of Social and Clinical Psychology*; Autor von 25 Büchern zur Sozialps., zur *sozialen Interaktion*, zu sozialen Beziehungen und Fertigkeiten (*social skills*) mit

z. T. hohen Auflagen. Argyle hat das Verdienst, als einer der Ersten die Bedeutung der nonverbalen Kommunikation erkannt und exp. erforscht zu haben. Nachdem seine Manuskripte zunächst von mehreren Fachzeitschriften abgelehnt wurden, erhielt Argyle später Anerkennung und zahlreiche Ehrungen. *H. E. Lück*

Argyll-Robertson'sches Phänomen [engl. *Argyll Robertson syndrom*], [**BIO**], die von dem Augenarzt Argyll Robertson 1869 beschriebene reflektorische Pupillenstarre, bes. bei progressiver *Paralyse* und *Tabes dorsalis*. Im Ggs. zur absoluten Pupillenstarre (bei *lues cerebri*) ist die *Konvergenz*reaktion vorhanden. *Adie-Syndrom*.

ARIMA (= A.), [**FSE**], steht als Abk. für *AutoRegressive Integrierte Moving-Average-Modelle* und dient der Beschreibung von Prozessstrukturen innerhalb der *Zeitreihenanalyse*. Dabei werden drei Modellkomponenten unterschieden:
(1) Das *AR-Modell* beschreibt, inwieweit sich die Ausprägung einer Variablen zu einem Zeitpunkt t aufgrund der Ausprägung derselben Variablen zu einem oder mehreren früheren Zeitpunkten bestimmen lässt (z. B. inwiefern hängt die Stimmung heute von der Stimmung von gestern, vorgestern usw. ab). Dabei werden versch. Ordnungsgrade unterschieden, die deutlich machen, wie viele Prädiktoren (Ausprägungen des Merkmals zu versch. früheren Messzeitpunkten) zur Bestimmung des Wertes zum Zeitpunkt t einbezogen werden.
(2) In dem *Moving-Average-(MA)-Modell* wird die gewichtete Mittelung der Zufallseinflüsse dargestellt. Auch hier werden in Abhängigkeit der Prädiktorenanzahl versch. Ordnungsgrade unterschieden.
(3) Im *ARIMA-Modell* wird nun die Integration der versch. Modellanteile zur Beschreibung der internen Struktur einer Zeitreihe dargestellt. Zur Identifikation eines A.-Modells muss im ersten Schritt das der Zeitreihe zugrunde liegende Modell identifiziert werden. Dies erfolgt in erster Linie über die Analyse der (Partial-)*Autokorrelationen*. Im nächsten Schritt wird das Modell geschätzt. Zur Überprüfung der Angemessenheit des geschätzten Modells werden die Residuen auf *White Noise* (reines Zufallsrauschen) getestet und die geschätzten A.-Parameter auf *Signifikanz* überprüft. *Zeitreihenanalyse*. Schmitz et al. 2009. *F. Perels*

Aripiprazol (= A.), [**PHA**], *Antipsychotikum*, Einstufung als sog. «atypisches» Antipsychotikum. Im Unterschied zu allen anderen bisher verfügbaren Antipsychotika, die durch ihren D2-Dopaminantagonismus gekennzeichnet sind, ist A. ein partieller *Agonist* an D2- und D3-*Dopaminrezeptoren*. Zusätzlich ist A. ein partieller Agonist an 5-HT1A-Serotoninrezeptoren und ein *Antagonist* an 5-HT2A-Rezeptoren. In Dt. ist A. zugelassen für die Behandlung von *Schizophrenien*, manischen *Syndromen* (*Manie*) und zur *Prävention* von manischen Syndromen, wenn diese zuvor auf A. angesprochen haben. Eliminationshalbwertszeit 60–80 Std., *Bioverfügbarkeit* ca. 87 %, extensive hepatische *Metabolisierung*, aktiver Metabolit Dehydroaripiprazol. Bedeutsame unerwünschte Wirkungen sind Unruhe und Akathisie, Übelkeit und *Schlafstörungen*. A. ist auch für die parenterale Akutbehandlung und als Depotpräparat (*Depotantipsychotika*) verfügbar. *G. Gründer*

Aristotelischer Versuch, [**WA**], eine angeblich von Aristoteles stammende Beobachtung. Kreuzt man über einer kleinen Kugel Mittel- und Zeigefinger der Hand so, dass die sonst abgekehrten Fingerseiten sich gegenüberstehen, so hat man die Empfindung, zwei Kugeln in normaler Fingerstellung zu berühren.

Arithmasthenie [engl. *dyscalculia*; gr. ἀριθμός (*arithmos*) Zahl, ἀσθένεια (*astheneia*) Schwäche]; *Dyskalkulie*, *Rechenschwäche*.

arithmetisches Mittel (AM, x) [engl. *arithmetic mean*; gr. ἀριθμός (*arithmos*) Zahl], [**FSE**], ein stat. Kennwert der zentralen Tendenz einer Verteilung oder Messwertreihe. Beim AM handelt es sich um den Durchschnitt aller Messwerte.

$$\bar{x} = \frac{\sum_{i=1}^{N} x_i}{N}$$

x_i = Merkmalsausprägung für Objekt i
N = Anzahl der Messwerte
Für die Berechnung des AM muss mind. Intervallskalenniveau (*Intervallskala*) vorliegen. Das AM hat drei wichtige Eigenschaften:
(1) Die Summe der Zentralen Momente erster Ordnung ist Null:

$$\sum_{i=1}^{N} (x_i - \bar{x}) = 0.$$

(2) Die Summe der Zentralen Momente zweiter Ordnung nimmt für x ein Minimum an:

$$\sum_{i=1}^{N} (x_i - \bar{x})^2 = minimal.$$

(3) Mittelwerte sind additiv, d. h. aus $z_i = x_i + y_i$ folgt $\bar{z} = \bar{x} + \bar{y}$. Leonhart 2013. *R. Leonhart*

armchair psychology [engl. *Lehnstuhl-Ps.*], abschätzige Bez. von E. W. Scripture für die ps. Richtungen, die keine empirischen oder exp. Ergebnisse zur Grundlage haben.

Armodafinil (= A.), [**PHA**], das länger wirksame rechtsdrehende R-Enantiomer des Racemats *Modafinil*. In den USA – nicht aber in Dt. – zur Behandlung der *Narkolepsie* zugelassen. A. ist etwa dreimal länger wirksam als L-Modafinil.

Armutswahn [engl. *delusion of poverty*], [**KLI**], *wahnhafte Störung*, *Wahn*; wahnhafte Überzeugung, arm zu sein oder vom Verlust sämtlicher materieller Güter bedroht zu sein.

^{Test}**Army Alpha Test, Army Beta Test, Army General Classification Test (AGCT)**, R.M. Yerkes, [**DIA**, **PER**]. Die von Yerkes organisierte, zus. mit Dodge, Terman u. a. durchgeführte einzigartige Massenprüfung zur Festlegung des allg. intellektuellen Niveaus bei ca. 1,5 Mill. amerikanischen Soldaten im Ersten Weltkrieg. Der Test stellt eine Erweiterung des Binet-Simon-Verfahrens dar. Die Testserie wurde als «Group Examination Alpha» bez., zur Unterscheidung von der gleichzeitig ausgegebenen «Beta-Reihe für des Lesens Unkundige bzw. Fremdsprachige». Weiterentwickelt wurde der Army Alpha Test in neun verbesserten Auflagen herausgegeben. Im Zweiten Weltkrieg wurden über 12 Mio. Soldaten mit dem nun als AGCT be-

zeichneten Test geprüft. Schließlich wurde er für den zivilen Gebrauch freigegeben. Er erschien als *Army General Classification Test, First Civilian Edition.* H. E. Schrammel und E. R. Wood gaben Revisionen als *Army Group Examination Alpha* heraus. Auch die Beta-Reihe wurde verbessert und überarbeitet (durch D. E. Kellog, N. W. Morton et al.) und steht als *Revised Beta Examination* zur Verfügung.
Arnheim, Rudolph (1904-2007), **[HIS, MD, WA]**, war dt.-amerikanischer Kunstpsychologe (*Kunstpsychologie*) und Medienwissenschaftler. Er studierte Ps., Kunst- und Musikgeschichte in Berlin, promovierte bei *Wertheimer* über Ausdrucksps., emigrierte aufgrund der NS-Rassenpolitik 1933 zunächst nach Italien und arbeitete für das Lehrfilminstitut des Völkerbundes in Rom, dann 1939 nach England und 1940 in die USA. Dort arbeitete er an versch. Instituten und Hochschulen, so 1968–1974 an der *Harvard University* und ab 1974 an der *University of Michigan, Ann Arbor.* Auf der Grundlage der *Gestalttheorie* entwickelte Arnheim eine Theorie des Films, später auch allg. der Medienkunst. *H. E. Lück*
arousal [engl.] Wachheit, Erregung, **[BIO, EM, KOG]**, allg. Zustand diffuser kortikaler Anregung, der auf sensorische Stimulation folgt. *Aktivierung, Aufmerksamkeit, Emotionen*, emot. Verhalten, *Orientierungsreaktion.* Moruzzi & Magoun 1949.
Arrangement [engl. *arrangement*; frz. Anordnung, Vergleich], **[KLI]**, in der *Individualpsychologie* Adlers die unbewusst tätigen, sinnhaften, aber künstlichen seelischen Sicherungen eines Pat., um sein neurotisches Verhalten zu rechtfertigen. Eine «Technik» der Konfliktumgehung und ein *Abwehrmechanismus des Ich.* Adler 1930.
arrest [engl.] Anhalten, Beendigung eines ps. Prozesses (z. B. Bewegung, Entwicklung).
ARS, **[BIO]**, Abk. für *arousal reaction system. Formatio reticularis.*
Art (= A.), syn. *Spezies* [engl. *species*, lat. *species* Erscheinung, Gestalt], **[BIO, PER]**, in der biol. Systematik definiert man eine A. als eine Gruppe von Populationen, zw. denen ein Austausch von Erbanlagen (Genfluss) durch Verpaarung stattfindet oder zumindest theoretisch möglich ist. Sog. Isolationsmechanismen (z. B. Verschiedenheit der Auslöser zum Paarungsverhalten) verhindern eine Verpaarung mit Individuen anderer Arten. Dadurch ist die A. (als nach außen abgeschirmte genetische Einheit) die einzige obj. in der Natur vorhandene systematische Kategorie (im Ggs. zu Gattung, Ordnung, Klasse etc.). Henning 1966, Bischof 1985.
Artbildung [engl. *speciation*], **[BIO, PER]**, fundamentaler Evolutionsprozess, mit dessen Hilfe es zur heutigen Artenvielfalt gekommen ist. Der Begriff ist an sich irreführend, da es keine Neubildung von *Arten* gibt, sondern immer nur eine Aufspaltung schon vorhandener Arten durch sog. Isolationsfaktoren (z. B. geografische Isolation) in zwei oder mehr «neue» Arten. *Evolutionstheorie.*
Artefakt [engl. *artefact*; lat. *arte factum* mit Kunst gemacht], **[FSE]**, von Menschenhand hergestellt im Unterschied zum Naturgebilde. Bei *Ausdruckssymptomen* solche Erscheinungen, die nicht die zu erfassenden Verhaltensmerkmale wiedergeben, sondern durch Nebeneinflüsse oder (apparative) Störungen entstanden sind. Bei empirischen Untersuchungen Ergebnisse, die sich lediglich aufgrund einer fehlerhaften Studienanlage (z. B. *Forschungsdesign*) ergeben haben.
Arterhaltungstrieb [engl. *conservation of species* Arterhaltung], **[KOG]**, ungenauer Sammelbegriff, mit dem sämtliche arterhaltenden Verhaltensweisen (es handelt sich dabei immer um Appetenzhandlungen, *Appetenzverhalten*) zusammengefasst werden können.
Arteriosklerose [engl. *arteriosclerosis*; gr. αρτηρία *(artereia)* von *aer* Luft und *tereein* bewahre auf – man nahm früher an, dass die Gefäße lufthaltig seien; σκληρός *(skleros)* hart, spröde], **[BIO]**, Entartungs-(Alterungs-) Vorgänge in den Schlagaderwandungen, die zu Verhärtungen führen (daher die volkstümliche Bez. Arterien«verkalkung»), mit Störungen des Kreislaufs, Blutdrucks, des Herzens und psych. Veränderungen (arteriosklerotische Demenz, *Demenz, Dementia*).
artificial grammar learning *Implizites Lernen, Operationalisierung.*
artifizielle Intelligenz (AI) [engl. *artificial intelligence*], *Künstliche Intelligenz.*
artifizielle Störung (= a. S.) [engl. *factitious disorder*; lat. *artificiosus* künstlich], syn. *selbstmanipulierte Krankheit*, **[KLI]**, inkorrekt *vorgetäuschte Störung.* Unter a. S. wird eine selbstmanipulierte psych. Störung oder körperliche Erkrankung verstanden, die im *DSM*-IV unter den Codes 300.16 und 300.19 und *ICD-10* unter F68.1 verschlüsselt wird. Von einer a. S. wird dann gesprochen, wenn, wie im Falle einer *Simulation*, eine vorgetäuschte Beschwerdenschilderung bewusst und manipulativ erfolgt. Im Ggs. zur Simulation ist das der Manipulation zugrunde liegende Motiv jedoch kein externales, es liegt also nicht bestimmend ein sekundärer *Krankheitsgewinn* vor. Die a. S. ist vielmehr durch einen primären Krankheitsgewinn gekennzeichnet, die Motivation liegt in der Pat.rolle, im Kranksein, im Behandelt-Werden selbst. Während die manipulative Beschwerdenpräsentation dem Pat. zwar bewusst sei, wird angenommen, dass dies für die zugrunde liegende Motivation nicht der Fall sei. Im Ggs. zur Simulation wird die a. S. nach gegenwärtig weithin akzeptierter Auffassung als psych. Störung begriffen, die behandlungsbedürftig ist. Neben einer gezielt falschen Beschwerdenschilderung können betroffene Pat. auch Symptome selbst erzeugen, sich also selbst beschädigen. Derartige Manipulationen nehmen gelegentlich drastische und bizarre Formen an (z. B. Fiebererzeugung durch Eigeninjektion von Schmutz, Wiedereinführen eines operierten Blasensteins durch die Harnröhre, Wundmanipulationen) und können zum Tode führen. Das sog. *Münchhausen-Sydrom* wird heute als eine Unterform der a. S. mit einem spez. Merkmalsspektrum aufgefasst. Es wird in den gängigen Diagnosesystemen als a. S. codiert. Gelegentlich sind die manipulierende und die manipulierte Person nicht identisch. So kann durch eine erwachsene Person eine Erkrankung a. bei einem Kind oder auch einem Tier erzeugt werden. Man spricht dann von einer *Stellvertreter-a. S.* oder ei-

nem *Stellvertreter-Münchhausen* [engl. *factitious disorder by proxy, Munchausen by proxy*]. Eckhardt 1989, Feldman 2004. T. Merten

Artikulation [engl. *articulation*; lat. *articulare* gliedern], *Phonation*, *Sprachproduktion*, *Sprechen*.

artikulatorische Schleife [engl. *articulatory loop*; lat. *articulare* gliedern], *Arbeitsgedächtnis*.

Artikulem [engl. *artikulem*; lat. *articulare* gliedern], **[KOG]**, kleinste theoretische Einheit der *Artikulation* von Sprachlauten. *Laut*.

Arzneimittelentwicklung (= A.), [engl. *drug development*], **[PHA]**, Grundlage für eine rationale *A.* ist die Aufklärung der Wirkmechanismen – zumindest auf biochemischer Ebene – der gängigen Klassen von *Psychopharmaka*. Seit Beginn des 21. Jhdts. haben das Verständnis um die neurobiol. Fundierung *psychischer Störungen* und die A. zu einer wechselseitigen Fortentwicklung geführt. Arzneimittel stellen heute ein wichtiges Werkzeug zur Erforschung der Neurobiologie von Denken, Fühlen und Verhalten dar. Allerdings ist genau dieser Prozess der wechselseitigen Befruchtung von neurobiologischer Forschung und Medikamentenentwicklung in den letzten Jahrzehnten mehr und mehr ins Stocken geraten. Seit mehr als 15 Jahren wurden keine wirklich innovativen Psychopharmaka mit neuem Wirkmechanismus mehr bis zur Marktreife entwickelt. Die Kosten für die Entwicklung eines neuen Neuropsychopharmakons bis zum Markteintritt betragen inzw. fast eine Mrd. Dollar, und ihre Entwicklungszeit bis zur Markteinführung beträgt i. d. R. deutlich mehr als ein Jahrzehnt. Nachdem sich Ende 1951 der franz. Pharmakonzern Rhone-Poulenc entschlossen hatte, *Chlorpromazin* auch bei psychiatrischen Pat. zu untersuchen, begann man im Februar 1952 mit der klin. Prüfung. Nach pos. Erfahrungen in offenen Studien an kleinen Pat.zahlen erhielt Chlorpromazin als erstes *Antipsychotikum* im Herbst 1952 die Marktzulassung – nach weniger als einem Jahr seit der ersten Anwendung an Pat. Seitdem musste sich die A. einem immer komplexeren meth., rechtlichen und ethischen Regelwerk unterwerfen. Zentrale Bedeutung haben hier die *Deklaration von Helsinki* des Weltärztebundes (*World Medical Association, WMA*), die 1964 von der 18. Generalversammlung der WMA verabschiedet wurde, und die ein Regelwerk für die Durchführung von *klinischen Studien* von der Planung bis zur Publikation darstellt, sowie die Richtlinie der Guten Klinischen Praxis (*Good Clinical Practice, GCP*) der *International Conference on Harmonization* (ICH), die 1997 veröffentlicht wurde. GCP wurde von den Gesundheitsbehörden der EU, der USA und Japans unter Beteiligung anderer Industriestaaten (Australien, Kanada, Skandinavien) und der WHO entwickelt, um einen internat. gültigen Standard für die Planung, Durchführung und Dokumentation klin. Studien zu schaffen. Hinzu treten eine Vielzahl von nationalen (z. B. *Arzneimittelgesetz, AMG*) und intern. Gesetzen und Regularien, die die Entwicklung eines neuen Arzneimittels bis zur Marktreife zu einer äußerst langwierigen und kostspieligen Prozedur haben werden lassen.

In der klin. Prüfung am Menschen unterscheidet man vier Phasen: *Phase I*: Prüfung der Humanpharmakologie und der Verträglichkeit i. d. R. an kleinen Kollektiven gesunder Pbn; *Phase II*: Explorative Prüfung der Wirksamkeit des Arzneimittels und Dosisfindung an Pat., i. d. R. im randomisierten, doppelblinden, *Placebo*-kontrollierten Design (*randomisierte kontrollierte Studie*); *Phase III*: Nachweis der *Wirksamkeit* und Verträglichkeit der Substanz in großen Studien an Pat. in randomisierten und doppelblinden Studien gegen eine Referenzsubstanz und ggf. Placebo; Phase IV: Überprüfung der therapeutischen Anwendung, i. d. R. nach der Zulassung des Arzneimittels.

Die Entwicklung vieler neuer Substanzen musste in den letzten Jahren in der Phase III eingestellt werden, d. h. zu einem Zeitpunkt, bis zu dem sie oft bereits mehrere Hundert Mio. Dollar gekostet hatten. Als wesentliche Ursachen für das Scheitern vieler Psychopharmaka in der Spätphase ihrer Entwicklung betrachtet man einerseits das unzureichende Verständnis der Neurobiologie psych. Störungen, andererseits die mangelhafte Kenntnis über die Wirkmechanismen von Neuropsychopharmaka. Das daraus resultierende hohe Risiko der A. im ZNS-Bereich hat dazu geführt, dass sich mehrere große Pharmakonzerne aus dem Segment zurückgezogen haben, obwohl das Marktpotenzial von Substanzen gegen z. B. Demenzen, depressive oder schizophrene Störungen enorm ist. Auf der anderen Seite hatte die Risikoaversion der pharmazeutischen Industrie auch zur Folge, dass für bekannte, bereits zugelassene Arzneimittel neue Indikationsbereiche erschlossen wurden, was, verglichen mit Neuentwicklungen, Kosten und Risiken reduziert. Bsp. hierfür sind die Indikationsausweitungen für viele *Antidepressiva* über die klassische Indikation *Depression* hinaus auf z. B. Angst-, Zwangs- und Essstörungen und für viele neuere Antipsychotika auf affektive Störungen. Dieser Prozess der Repositionierung von bekannten Pharmaka in neuen Indikationen führte auch dazu, dass einerseits die Nomenklatur von Psychopharmaka in Frage gestellt wurde. Andererseits wurde auch dadurch immer klarer, dass neurobiol. Prozesse die klassischen nosologischen Grenzen zw. psych. Störungen überschreiten. *Arzneimittelzulassung und Nutzenbewertung*, *Psychopharmakotherapie*, *Operationalisierung*. G. Gründer

Arzneimittelwechselwirkungen (= A.) [engl. *drug interactions*], **[PHA]**, wenn sich die Wirkung eines Arzneimittels durch die Zugabe eines zweiten Arzneimittels ändert, liegt eine A. vor. Man unterscheidet *pharmakokinetische* und *pharmakodynamische* A. Bei pharmakokinetischen A. beeinflusst das eine Arzneimittel die *Pharmakokinetik* eines anderen. Dies ist in allen Phasen der Pharmakokinetik möglich, während der Resorption, der Verteilung, der *Metabolisierung* (am häufigsten) und der Exkretion. Bei pharmakodynamischen A. greifen die kombinierten Arzneimittel am gleichen Effektorsystem an, über welches die Medikamente ihre Wirkung entfalten. Bei A. kann es zu einer Wirkungsabschwächung bis hin zum Wirkverlust oder zu einer Wirkverstärkung kommen. Mit einer Wirkabschwächung ist zu rechnen, wenn eine antagonistisch wirksame Substanz mit einer agonistisch wirksamen kombiniert wird (pharmakodynamisch) oder wenn eine Substanz die metabolische Inaktivierung des kombinierten Arzneimittels beschleunigt (pharmakokinetisch). Z. B. wirkt das Antiparkinsonmedikament *Levodopa* durch Bildung von *Dopamin* stimulierend auf *Dopaminrezeptoren*. Wenn gleichzeitig ein *Antipsychotikum* wie *Haloperidol* oder *Risperidon* eingenommen wird, welche durch Hemmung von Dopaminrezeptoren wirken, dann wird sowohl die Wirkung von Levodopa als auch die der Antipsychotika abgeschwächt, eine pharmakodynamische A. Ein Bsp. für eine Wirkabschwächung durch pharmakokinetische A. ist die Kombination von Johanniskrautpräparaten (*Johanniskraut*), die zur Depressionsbehandlung (*Depression*) zugelassen sind, und dem Immunsuppressivum Ciclosporin. Hyperforin, ein Inhaltsstoff von Johanniskraut, verstärkt den hepatischen Metabolismus von Ciclosporin durch Induktion des Enzyms Cytochrom P450 3A4. Bei Kombination können die Blutspiegel von Ciclosporin auf nicht mehr wirksame Konzentrationen abfallen.

Die meisten A. sind pharmakodynamischer Natur, und am häufigsten sind es solche, die zu einer Wirkverstärkung mit dem Risiko von Unverträglichkeit bis zu einer Intoxikation führen. Ein Bsp. für eine pharmakodynamische A. ist die Kombination von einem *Monoaminooxidase-Hemmer* und einem *Serotonin-Wiederaufnahmeverstärker*. Durch Hemmung von zwei unterschiedlichen Inaktivierungsmechanismen von *Serotonin*, enzymatischen Abbau und Wiederaufnahmehemmung kommt es zu einer Serotonin-Überstimulation. Eine häufige pharmakokinetische Wechselwirkung ist die Hemmung von Enzymen des Abbaus von Fremdstoffen durch ein erstes Arzneimittel. Wenn das zweite Arzneimittel bevorzugt durch das gehemmte Enzym abgebaut wird, steigen die *Blutspiegel* an und es resultiert eine Wirkverstärkung oder Wirkpotenzierung. Bei Kombination von Metoprolol (hemmt das Cytochrom-P450-Enzym CYP2D6) und Nortriptylin (Abbau durch CYP2D6) kann es zu einer Intoxikation durch Nortriptylin kommen (Delir, Herzstillstand, Krampfanfall).

Insges. erhöhen A. das Risiko des Auftretens von unerwünschten Arzneimittelwirkungen (UAW). Nach einer Untersuchung in den Vereinigten Staaten werden jährlich knapp 200 000 Aufnahmen ins Krankenhaus durch A. verursacht. A. können allerdings nicht nur Schaden verursachen, sie können auch zur Wirkverbesserung therap. erwünscht sein. Ein Bsp. für eine erwünschte Arzneimittelwechselwirkung ist die Augmentation einer *Antidepressiva*-Monotherapie mit *Lithium*. Percha & Altman 2013, Cascorbi 2012.   C. Hiemke

Arzneimittelzulassung und Nutzenbewertung, [engl. *drug/pharmaceutical approval and assessment of benefit*], [**PHA**], über die Marktzulassung eines neuen Arzneimittels (*Psychopharmaka*) entscheidet in Europa die European Medicines Agency (EMA), in den USA die Food and Drug Administration (FDA). Die EMA hat ihren Sitz in London, sie ist verantwortlich für die wiss. Evaluation von Arzneimitteln, die in der Europäischen Union verkauft werden sollen. In dem zentralisierten Verfahren der Marktautorisierung [engl. *market authorisation*] reicht der pharmazeutische Hersteller eines neuen Produkts einen Zulassungsantrag bei der Behörde ein. Wird diesem stattgegeben, so gilt er in jedem Mitgliedstaat der EU sowie in den Staaten der europäischen Wirtschaftszone (European Economic Area, EEA) Island, Liechtenstein und Norwegen. Jeder Verkauf eines Arzneimittels durch ein Pharmaunternehmen erfordert in der EU zwingend die Marktautorisierung. Im Rahmen des Zulassungsverfahrens hat die Zulassungsbehörde mittels einer Nutzen/Risiko-Analyse vor allem Wirksamkeit und Sicherheit eines neuen Arzneimittels zu bewerten. Daneben werden die Angemessenheit der Packungsbeilage (*Beipackzettel*) sowie die Methoden zur Herstellung und zur Qualitätssicherung des Pharmakons beurteilt. Der (potenzielle) Preis des Medikamentes spielt im Rahmen des Zulassungsverfahrens keine Rolle.

Immer weiter steigende Ausgaben der Krankenversicherungen für Arzneimittel – und hier vor allem für neue, patentgeschützte Substanzen – haben in Dt. zur Einführung des *Gesetzes zur Neuordnung des Arzneimittelmarktes* (Arzneimittelmarktneuordnungsgesetz, AMNOG) zum 1. Januar 2011 geführt. Bis zu diesem Zeitpunkt konnten die Arzneimittelhersteller den Preis für ein neues Präparat selbst festlegen, und wegen des Patentschutzes gab es auch keinen Wettbewerb. Das AMNOG fordert nun, dass der Hersteller zum Zeitpunkt der Markteinführung ein Dossier mit Nachweisen des *Zusatznutzens* gegenüber einer sog. *zweckmäßigen Vergleichstherapie* vorlegt. Die Vergleichstherapie legt der *Gemeinsame Bundesausschuss (G-BA)*, mit Sitz in Berlin, fest. Innerhalb einer Frist von drei Monaten prüft nun das *Institut für Qualität und Wirtschaftlichkeit im Gesundheitswesen* (IQWiG, Sitz in Köln) das Dossier des Herstellers und nimmt eine eigene *frühe Nutzenbewertung* vor, die dem G-BA als Empfehlung vorgelegt wird. Nachdem nun das pharmazeutische Unternehmen, Pat.verbände und Fachgesellschaften Gelegenheit zur Stellungnahme bekommen haben, beschließt der G-BA, ob das neue Arzneimittel einen Zusatznutzen aufweist und wenn ja, wie dieser zu quantifizieren ist. Weist das Medikament keinen Zusatznutzen auf (*Evidenzbasierung*), wird dafür ein Festbetrag, der auf dem Niveau von bereits verfügbaren, meist generischen Arzneimitteln, liegt, festgesetzt. Wird der neuen Substanz ein Zusatznutzen attestiert, so wird der Preis auf der Basis dieses Zusatznutzens zw. Hersteller und der gesetzlichen Krankenversicherung ausgehandelt. Der Gesetzgeber hat festgelegt, dass 12 Monate nach der Markteinführung der endgültige Preis ausgehandelt sein soll.   G. Gründer

Arzt- bzw. Therapeut-Patient-Interaktion [engl. *physician-patient interaction*]; Empathie, ärztliche bzw. therapeutische Consultation and Relational Empathy Scale (CARE), Interpersonal Reactivity Index (IRI), Jefferson Scale of Physician Empathy, Student Version (JSPE-S), Partizipative Entscheidungsfindung.

Asch, Solomon (auch Shlaym) Eliot (1907–1996), [**HIS, SOZ**], amerikanischer Sozialpsychologe polnisch-jüdischer Herkunft. MA Ps. (1930) und PhD. (1932, Columbia University. Swarthmore College/University of Pennsylvania. Asch arbeitete zus. mit *Köhler* in der Tradition der *Gestaltpsychologie* zur Personenwahrnehmung (Asch

1946). Er erkannte bei der Darbietung von Eigenschaften, die eine Person beschreiben sollten, zentrale und periphere Eigenschaften, Effekte der Reihenfolge von Darbietungen (*primacy-recency effect*) und den Halo-Effekt (*Hof-Effekt*). In den 1950er-Jahren (Asch 1952, 1956) untersuchte er exp. den Einfluss von Gruppenmehrheiten auf das Wahrnehmungsurteil einzelner Personen (*Asch-Experiment*). Durch Variationen des Experiments und durch postexp. Interviews ermittelte er mögliche Gründe für das Anpassungsverhalten der Vpn. Asch war Lehrer u. a. von Milgram. Rock 1990. H. E. Lück

Asch-Experiment *Konformität*.
Asenapin, [PHA], *Antipsychotikum*, Einstufung als sog. «atypisches» Antipsychotikum. In Dt. jedoch nur zugelassen zur Behandlung manischer *Syndrome* (*Manie*). *Antagonist* an D2- und D3-*Dopamin*- sowie an 5-HT2A- und 5-HT2C-Serotoninrezeptoren. *Eliminationshalbwertszeit* 13–39 Std., *Bioverfügbarkeit* bei sublingualer Applikation 35 % (wenn Tablette geschluckt wird, nur < 2 %), hepatische *Metabolisierung*. Bedeutsame unerwünschte Wirkungen sind *extrapyramidalmotorische Störungen*, Sedierung und Gewichtszunahme. G. Gründer
Asexualität [engl. *asexuality*; gr. *α- (a-)* ohne, lat. *sexus* Geschlecht], [BIO], wörtl. Ungeschlechtlichkeit. Fehlen der *Libido*. Auch das Fehlen oder nur rudimentäre Vorhandensein der Geschlechtsorgane.
Askese [engl. *asceticism*; gr. *ἄσκησις (askesis)* Übung, Lebensweise], syn. *Aszese*, freiwilliger Verzicht auf sinnlichen Genuss aller Art, enthaltsame Lebensweise, Willensübung in der Beherrschung der Leidenschaften und Triebe.
Asomnie [engl. *asomnia*; gr. *α- (a-)* ohne, lat. *somnus* Schlaf], Schlaflosigkeit. *Schlafstörungen*.
ASO-Score, Abk. für *assumed similarity opposites* [engl. *angenommene Ähnlichkeit zw. Gegensätzen*]. *LPC-Score*.
Asozialität [engl. *asociality*; gr. *α- (a-)* ohne, lat. *socialis* gesellig], [SOZ], *Störungen des Sozialverhaltens*; die Unfähigkeit einzelner Menschen und best. Gruppen, sich gemäß Regeln und Normen des gesellschaftl. Zusammenlebens zu verhalten. Schwächere Ausprägungsformen werden als *Dissozialität* bez. Aichhorn 1977, Hentig 1954, 1959.
Aspartat (= A.) [engl. *aspartate*], [BIO], wichtige biogene Substanz aus der Klasse der *Aminosäuren*, wie *Glutamat* zu den *Neurotransmittern* gerechnet, die in *Neuronen* des ZNS (*Nervensystem*) exzitatorisch wirken, bei längerer Aktivierung neurotoxische Wirkung. A. ist beim Langzeitbehalten beteiligt.
Aspekt (= A.) [engl. *aspect, issue*; lat. *aspectus* Gesichtspunkt], [FSE], Anblick, Sichtweise, Gesichtspunkt, i. w. S. Ausschnitt oder Teilansicht eines Ganzen, Komplexen. In der Ps. unterschied *Bühler* drei Aspekte der Forschung: Erlebnis-, Verhaltens- und Werk-Leistungsaspekt. Dem entsprechen die Methoden der *Selbstbeobachtung*, *Fremdbeobachtung* und Leistungsuntersuchung. Von E. Rothacker wurde mit A. die mit einem best. Lebens- oder Kulturstil zus.hängende Art des Gewahrens und Begreifens (*subj. A.*) bzw. des Weltbildes (*obj. A.*) bez. *Paradigma*.
Asperger-Störung (= A.) [engl. *asperger disorder, asperger syndrome*], [KLI], bez. eine psych. Störung aus der Kategorie der *tiefgreifenden Entwicklungsstörungen*. Die Diagnose einer A. wird gestellt, wenn die betroffene Person qual. Beeinträchtigungen in mind. zwei Bereichen der *sozialen Interaktion* aufweist (z. B. ausgeprägte Beeinträchtigungen im Gebrauch nonverbaler Verhaltensweisen; kein Aufbau entwicklungsgemäßer Beziehungen zu Gleichaltrigen; mangelndes spontanes Zeigen von Freude, Interesse oder Erfolg; Mangel an sozioemotionaler Gegenseitigkeit) und eingeschränkte repetitive und stereotype Verhaltensmuster, Interessen und Aktivitäten in mind. einem Bereich zeigt (z. B. umfassende Beschäftigung mit stereotypen Interessen; starres Festhalten an nicht funktionalen Gewohnheiten; stereotype und wiederholte Bewegungen; ständige Beschäftigung mit Teilen von Objekten). Das Störungsbild muss in klin. bedeutsamer Weise Beeinträchtigungen in sozialen, beruflichen oder anderen wichtigen Funktionsbereichen verursachen, es darf kein klin. bedeutsamer Sprachrückstand (wie beim *frühkindlichen Autismus* oder ein bedeutsamer Rückstand der *kognitiven Entwicklung*, der Selbsthilfefertigkeit, des Anpassungsverhaltens und des Interesses an der Umgebung (unabhängig von sozialen Interaktionen) vorhanden sein. Zudem darf die Störung nicht besser durch eine andere psych. Störung erklärbar sein. Da bisher nur wenige Untersuchungen zur A. durchgeführt wurden, ist ihre *Prävalenz* noch unbekannt. A. scheint familiär gehäuft aufzutreten. Die Störung setzt in der Kindheit ein, es sind fünf- bis achtmal mehr Jungen als Mädchen betroffen, und der Verlauf ist kontinuierlich. *Autismus-Spektrum-Störungen*. Vogeley 2012, Jörgensen 2012. M. Hautzinger/C. Heil
Aspiration [engl. *level of aspiration*; lat. *aspiratio* das Anhauchen], *Anspruchsniveau*.
Aspirin® *Acetylsalicylsäure*.
Aspontaneität [engl. *aspontaneity*; gr. *α- (a-)* ohne, lat. *spons* (An)Trieb, Reiz], [KOG], Mangel an Spontaneität, fehlende Unmittelbarkeit bei der Handlungsauslösung.
[Test]**A-S scale** [engl. *A-S-Skala*], [DIA], Abk. für *antisemitism scale*, Antisemitismuskala. *Antisemitismus*.
Assertiveness-Training-Programm (ATP) [engl. *assertiveness* Selbstbewusstsein], [KLI], verhaltenstherap. Programm für Erwachsene. Manual zur Einübung von *Selbstvertrauen* und *sozialer Kompetenz*. Das Programm enthält einen *Unsicherheitsfragebogen*, ein *Emotionalitätsinventar* sowie weiteres Material zu *Problemsituationen*, *Wertorientierung*, *Rollenfunktion*, *Aktivitäten* und *Verstärkern*. Die Arbeitsblätter sind im ATP integriert und dienen der Therapiekontrolle. Als obj. können nur die standard. Instrumente des ATP angesehen werden. Durchführungsdauer zw. 5 und 15 Min. Ullrich & de Muynck 2002.
assessment (= a.) [engl.] Einschätzung, [lat. *accedere* herankommen, sich nähern], [DIA], aus dem angloamerik. Bereich übernommener Begriff, der insbes. die Erfassung von Persönlichkeits- oder Pat.merkmalen bez. Da die Bez. «Diagnostik» aufgrund der Assoziation einer med. Diagnosestellung missverständlich sein kann, wird durch a. eine alternative Bedeutung insbes. i. S. der Schätzung metrischer Merkmalsausprägungen oder auch einer multimethodal orientierten Diagnostik (*Diagnostik, multimethodale*) betont.

Assessment, ambulantes (= a. A.) [engl. *ambulatory assessment*; *assessment* Erfassung, lat. *ambulare* herumgehen, *accedere* herankommen, sich nähern], [**DIA**], bedeutet Datenerhebung im Alltag der Untersuchten (*studying daily life*), heute meist mit computerunterstützter Methodik (*computerbasierte Diagnostik*), um Selbstberichtsdaten (*Selbstbericht*), Verhaltensbeobachtungsdaten (*Verhaltensbeobachtung*), Testdaten (*Testung, psychologische*), Sprechaktivität, Bewegungsverhalten (*Bewegungsdiagnostik*) und physiol. Messwerte (*psychophysiologische Methodik*) sowie obj. Merkmale des *Settings* und das indiv. Erleben der Situation zu erfassen. Während das ambulante Monitoring in der Med. vorwiegend der Diagnostik und der Überwachung von Risikopatienten, u.a. bei Herz-Kreislauf-Erkrankungen, dient, sind die Aufgaben des a. A. in der Ps. vielseitiger, die Überwachung an riskanten Arbeitsplätzen, das Selbst-*Monitoring* bei best. chronischen Gesundheitsstörungen («elektronisches Tagebuch», «Schmerz-Tagebuch», *Felddiagnostik*). Begriffe wie *Ecological Momentary Assessment EMA* und *Experience Sampling Method ESM* meinen i.d.R. nur die aktuellen Selbstberichte, früher mittels Handheld-PC oder *Personal Digital Assistent PDA*, heute mit Smartphone oder Tablet-PC. Das *psychophysiologische Monitoring* erfordert spez. Rekorder/Analyzer-Systeme. Die Datenerhebung durch miniaturisierte Datenrekorder oder Web-basierte Systeme übertrifft die konventionellen, retrospektiven und vom *Kontext* abgelösten Papier-Bleistift-Methoden (*Fragebogen*, *Tagebuch*) durch technische Zuverlässigkeit, genaue zeitliche Protokollierung und flexible Programmierung, durch ihre Verhaltensnähe, die höhere *Compliance* der Untersuchten und Datensicherheit. Möglich sind Online-Datenanalyse sowie uni- oder bidirektionale Kommunikation mit Untersuchungsleitern oder Therapeuten.

Die Registrierung kann zeitabhängig, ereignisabhängig oder kontinuierlich sein, z.B. die Bewegungsaktivität oder das *Elektrokardiogramm EKG*. Zunehmendes Interesse finden das interaktive Monitoring und das *Feld-Experiment*. Die ps. Beurteilung ist grundsätzlich auf Kontextinformationen angewiesen, d.h. zusätzliche Selbstberichte oder die fortlaufende Messung wichtiger Umgebungsbedingungen. Die *Akzeptanz* eines a. A. durch die Untersuchten, informierte Einwilligung (*Forschungsethik*) und *Datenschutz* vorausgesetzt, gilt i.d.R. als hoch, doch kann es auch zu unerwünschter, methodenbedingter Reaktivität und erhöhter *Selbstaufmerksamkeit* kommen. Aufgrund eines Post-Monitoring-Interviews kann die evtl. verletzte *Privatheit* geklärt und der Datensatz evtl. gelöscht werden. Das a. A. ermöglicht eine ps. und psychophysiologisch orientierte *Verhaltensanalyse* im alltäglichen Leben (*alltagsnahe Psychologie*, *Labor-Feld-Problem*, *ökologische Validität*). Fahrenberg 2010, Mehl 2012. *J. Fahrenberg*

Assessment-Center (AC) [engl. *assessment* Beurteilung, Erfassung; lat. *accedere* herankommen, sich nähern], [**AO, DIA, PER**], das AC ist eine Methode, bei der Teilnehmer mittels mehrerer diagn. Verfahren eingeschätzt werden. Die zentralen Verfahren im AC sind unterschiedliche Arbeitssimulationen (= Übungen), die wichtige Aufgaben der künftigen beruflichen Tätigkeit nachbilden. Zudem können AC weitere diagn. Verfahren wie z.B. *Leistungstests* oder *Persönlichkeitstests* enthalten. Historischer Vorläufer der heutigen AC ist das heerespsychol. Auswahlverfahren für Offiziere der dt. Reichswehr in den 1920er-Jahren. Typ. Übungen im AC sind Gruppendiskussionen, Konzeptionsübungen, Präsentationen, Postkorbaufgaben und Rollenspiele (z.B. Mitarbeiter- oder Verkaufsgespräche). Geschulte Beobachter (Assessoren) beobachten und bewerten das Verhalten der Teilnehmer in diesen Übungen. Sie verwenden dafür i.d.R. *Ratingskalen*, auf denen sie pro Übung meist 3–6 mit Verhaltensbeispielen beschriebene Anforderungsdimensionen einschätzen. Die Urteile der Beobachter werden anschließend «stat.» (durch Verrechnung) oder «klin.» (im Rahmen einer Beobachterkonferenz) integriert. Die Teilnehmer bekommen die Ergebnisse i.d.R. in einem indiv. Feedbackgespräch und/oder Feedbackbericht zurückgemeldet.

AC sind v.a. für die Auswahl von Führungskräften, von Trainees sowie von Mitarbeitern für höher qualifizierte Tätigkeiten verbreitet. Sie werden üblicherweise mit mehreren Teilnehmern (i.d.R. etwa fünf bis zehn) durchgeführt und dauern meist ein bis zwei Tage. Außerdem gibt es zunehmend *Einzel-Assessment*-Center, an denen nur eine Person teilnimmt und die entspr. kürzer dauern. AC werden sowohl für die *Personalauswahl* eingesetzt als auch in der *Personalentwicklung* für Potenzialanalysen, individuelle Laufbahnplanung und Empfehlungen für Weiterbildungsmaßnahmen. Darüber hinaus gibt es sog. Lernfähigkeits- oder *Lernpotenzial-Assessment-Center (LP-AC)*, die eine zweifache Durchführung der gleichen Übungen mit Feedback nach der ersten Durchführung vorsehen. Von Interesse ist dort v.a. der Lerngewinn zw. beiden Durchführungen. Für die Entwicklung und Durchführung von AC gibt es eine Reihe von Empfehlungen, die z.B. in den *Standards des Arbeitskreis Assessment Center* [www.arbeitskreis-ac.de] zus.gefasst sind. Bes. bedeutsam ist dabei die Durchführung einer *Anforderungsanalyse* (*Tätigkeitsanalyse*), um für die jew. Tätigkeit relevante Anforderungsdimensionen zu ermitteln, angemessene Übungen und Testverfahren zus.zustellen und geeignete Verhaltensbeispiele für die Ratingskalen auszuwählen.

Die Güte von AC als eignungsdiagnostischem Verfahren wurde in zahlreichen Studien untersucht. Ihre *Effektivität* als Personalentwicklungsverfahren ist dagegen bisher fast nicht überprüft. Die Vorhersage von beruflicher Leistung und beruflichem Erfolg durch AC variiert empirisch erheblich. In der *Management Progress Studie*, einer viel zit., grundlegenden Längsschnittuntersuchung, die ab 1956 durchgeführt wurde, erreichte die prognostische *Validität* für die Vorhersage des späteren Karriereerfolgs einer unausgelesenen Stichprobe von Führungsnachwuchskräften Werte bis über .50. In späteren Studien waren die Werte für die Kriteriumsvalidität jedoch meist deutlich niedriger. In versch. *Metaanalysen* fanden sich mittlere Werte im Bereich zw. .28 und .37 (korrigiert für die Unreliabilität des Kriteriums und z.T. für die Varianzeinschränkung im AC). Einige Autoren interpretieren die niedrigere *kriteri-*

umsbezogene Validität in den neueren Studien als Zeichen dafür, dass heutige AC nicht mehr so gut sind wie frühere. Andere Autoren argumentieren, dass auch meth. Artefakte zu diesen Ergebnissen beitragen, insbes. die heute stärkere Varianzeinschränkung der Leistung der AC-Teilnehmer. Diese rührt daher, dass häufig nur Personen an AC teilnehmen, die bereits im Vorfeld mit anderen Verfahren vorausgewählt wurden oder die relativ strenge Voraussetzungen hinsichtlich ihrer Ausbildung und Berufserfahrung erfüllen müssen. Dies beschränkt die Streuung der AC-Leistung und dadurch die Höhe der möglichen *Korrelation* zw. dieser AC-Leistung und relevanten Kriteriumsmaßen und kann nicht im Nachhinein korrigiert werden. Unabhängig davon wirken sich folg. Aspekte günstig auf die Kriteriumsvalidität von AC aus: Eine größere Anzahl unterschiedlicher Übungen, Auswahl und Entwicklung von Übungen, die die spezif. Zieltätigkeit gut abbilden, Beobachter mit psychol. Ausbildungshintergrund sowie ein sorgfältiges Beobachtertraining (*Beurteilertraining, Beurteilerübereinstimmung*).

Hinsichtlich ihrer *Konstruktvalidität* wurden AC lange Zeit stark kritisiert, da Beurteilungen unterschiedlicher Anforderungsdimensionen innerhalb einer Übung i. d. R. deutlich höher miteinander korrelieren als Beurteilungen ein und derselben Anforderungsdimension über versch. Übungen hinweg. Neue theoretische Konzeptionen und stat. Auswertungsverfahren haben allerdings in den letzten Jahren zu einer Neubewertung der Konstruktvalidität von AC geführt (Jackson et al. 2012). Darüber hinaus tragen folg. Aspekte zu einer besseren Konstruktvalidität von AC bei: Sorgfältiges Beobachtertraining, eine überschaubare Anzahl an Beobachtungsdimensionen (nicht mehr als fünf pro Übung), Verzicht auf Beobachterrotation sowie Beobachter mit psychol. Ausbildungshintergrund. AC gelten als relativ faires Personalauswahlverfahren. Dementsprechend finden sich im Durchschnitt nur geringe Geschlechtsunterschiede (zugunsten von Frauen). Allerdings fallen Unterschiede zw. Schwarzen und Weißen in engl.sprachigen Ländern insbes. in Bewerberstichproben größer aus und erreichen mittelgroße *Effektstärken*. Höft & Funke 2006, Kleinmann 1997.

K.G. Melchers/S. Greif/H. O. Häcker/B. Runde

Assessment-Center, Prozessorientierung Lernpotenzial-Assessment-Center (LP-AC).

Assimilation (= A.) [engl. *assimilation*; lat. *similis* ähnlich], allg. Bedeutung Angleichung, «Verähnlichung», auch Verschmelzung. Als biol. Begriff der Vorgang der Aufnahme von Stoffen bei Pflanzen und Tieren und deren chemische Umsetzung in körpereigene Bestandteile. Ggs. *Dissimilation*.

[**WA**], sinnespsychol. ist A. im Besonderen die Verschmelzung früher wahrgenommener Elemente mit einem neu dazu tretenden. Es scheiden sich dabei induzierte und induzierende Teile, je nachdem, wie der betreffende Bestandteil beeinflusst wird oder selbst beeinflusst. *Kontrast, geometrisch-optische Täuschung*. Nach der Farbentheorie von Hering werden die drei Sehsubstanzen fortwährend ab- und aufgebaut. Dem Aufbauvorgang, der Assimilation, entspricht jew. die Empfindung des Schwarz, Grün oder Blau je nach betroffener Sehsubstanz.

[**SOZ**], im ethnologisch-völkerpsychol.-soziologischen Sinne: Der Prozess des mehr oder minder zwangsläufigen Angeglichenwerdens von Menschen, die dauernd oder lange Zeit inmitten einer anderen Bevölkerung leben, in Gehabe, Sprache und Wesensart an deren Seins- und Kulturform (*Kulturvergleichende Psychologie*). Gleichzeitig vollzieht sich der umgekehrte Prozess, nämlich die Abstreifung der angestammten Lebens- und Wesensart (*Dissimilation*). Statt A. verwendet man öfter auch den Begriff der *Adaptation*.

[**KLI**], bei C. G. Jung: Ereignisse und Erfahrungen für die Bedürfnisse passend machen.

[**EW, KOG**], von Piaget (*Entwicklung, Stufentheorie nach Piaget*) aus der Biologie entlehnt. Während z. B. die assimilativen Prozesse der Verdauung eingenommene Nahrung so aufbereiten, dass die geeigneten Elemente über die Blutbahn zu ihren Bestimmungsorten gelangen und dort verwertet werden können, interpretieren die Prozesse der *kogn*. A. die eingehenden Sinneseindrücke (oder auch bereits gewusste kogn. Inhalte) so, dass sie den aktuellen Anliegen des erkennenden, planenden und handelnden Subjekts dienen, von ihm also aufgenommen und weiter verarbeitet werden können. In Piagets Terminologie sind es Schemata («schèmes d'assimilation»; *Assimilationsschema*), die diese A. leisten. Im einfachsten Fall bemächtigt sich ein Schema der einkommenden Stimuli, d. h., es «diktiert», was sie bedeuten oder «sind». Dabei kann die Passung gut oder weniger gut sein; Bsp. für eine schlechte Passung: Ein daherrollender Stein wird als Tennisball interpretiert. Im Zusammenspiel mit anderen Schemata muss sich dann diese erste Interpretation bewähren; wenn ich also den daherrollenden Stein mit bloßen Zehen zurückschlagen will, dürfte sich die erste A. spürbar nicht bewähren.

Piaget unterschied vier A.typen, nämlich (1) die *reproduktive* oder *funktionale* A., d. h. die wiederholte Aneignung desselben Ereignisses unter mehr oder weniger gleichen Umständen, (2) die *Erkennsa.*, d. h. das Erkennen eines Ereignisses als Element einer bekannten Klasse, (3) die *generalisierende* A., d. h. die Anwendung des gleichen Schemas auf ähnliche Gegebenheiten und (4) die *reziproke* A., d. h. die Koordination von versch. Schemata. *Akkommodation*. Piaget 1948, Piaget 1975a. R. Bergius/A. Flammer

Assimilationseffekte [engl. *assimilation*], *sozialer Vergleich*.

Assimilations-Kontrast-Theorie [engl. *assimilation-contrast-theory*], [**KOG, SOZ**], von Sherif und Hovland (1961) (sog. «Yale-Gruppe») auf den Prozess der *Einstellungsänderung* angewendete Erklärung, derzufolge Informationen im Bereich der Annahmetoleranz des Empfängers zur Stützung der eigenen Meinung in Richtung auf diese verzerrt werden, dagegen außerhalb dieses Bereichs (und in einer Indifferenzzone) liegende Informationen als zu unterschiedlich angesehen werden, sodass die eigene Meinung noch weiter in entgegengesetzter Richtung verschoben werden kann («Bumerang-Effekt»). *Soziale Urteilstheorie*.

Assimilationsschema (= A.) [engl. *assimilation pattern*; lat. *similis* ähnlich, gr. σχήμα *(schema)* Gestalt, Form, Haltung], *syn.* Schema (= S.), **[EW, KOG]**, A. stellen den Kern der Kognitionen im System von Piaget (*Entwicklung, Stufentheorie nach Piaget*) dar. Ein A. ist die typische Art und Weise, wie ein Individuum eine best. Klasse von Objekten erkennt und handhabt, z. B. das Schema der Reaktion auf die Mutterbrust, die S. des Greifens und des Werfens eines Steins. Piaget definierte: «Wir werden an den Handlungen das als Handlungsschema bez., was von einer Situation auf die andere übertragbar, generalisierbar oder differenzierbar ist, anders gesagt, was versch. Wiederholungen oder Anwendungen der gleichen Handlung gemeinsam ist.» S. vereinfachen den Umgang mit der Welt, weil sie aus Verschiedenem Gleiches machen. S. stellen einen Niederschlag von Erfahrungen dar, indem sie dem Organismus ermöglichen, versch. Dinge gleich zu handhaben. Aber natürlich betreiben S. auch Selektion und Interpretation, ja Deformation. Das macht den sog. konstruktivistischen Ansatz Piagets aus (*Konstruktivismus*). Wenn versch. S. gleichzeitig aktiv sind, kann es vorkommen, dass sie widersprüchliche Ergebnisse liefern. Dann ist *Akkommodation* gefordert. Tatsächlich laufen dauernd Assimilations- und Akkommodationsprozesse gleichzeitig ab. So ergibt sich Kontinuität und Veränderung über die Zeit. Es sind immer mehrere S. gleichzeitig in Aktion. Daraus entsteht ein Druck zur Koordination in kogn. *Strukturen.* Piaget 1974, Flammer 2009b. *A. Flammer*

associative shifting [engl.] assoziative Verschiebung, *Lerngesetze.*

assortative mating [engl.] Bildung von passenden Paaren, *Anlage-Umwelt.*

Assoziate [lat. *associare* verbinden, vereinigen mit], **[KOG]**, alle Inhalte, die durch *Assoziation* miteinander verknüpft sind.

Assoziation (= A.) [engl. *association*; lat. *associare* verbinden, *socius* Verbündeter, neulat. Vergesellschaftung, J. Locke], **[KOG]**, eine Verknüpfung seelischer Inhalte, die sich darin zeigt, dass das Auftreten des Einen das Bewusstwerden des Anderen (mit ihm Assoziierten) nach sich zieht oder wenigstens begünstigt. Ursprünglich und i. e. S. bezieht sich der Begriff A. auf die Verbindung von Vorstellungen («Ideenassoziation»; *Vorstellung*), es können sich aber auch andere seelische Vorgänge bzw. Inhalte miteinander verbinden, z. B. Vorstellungen mit Gefühlen. Die bedingte Reaktion (*bedingter Reflex*) kann als A. zw. seelischen und körperlichen Vorgängen aufgefasst werden. Die A. ist nach Auffassung der A.-Theoretiker Grundlage jeder *Gedächtnis*leistung, die Vorbedingung der Reproduktion von früher Erlebtem. Offner verwies auch auf die Beobachtung, dass es auch mittelbare (überspringende) A. gebe. Ebbinghaus untersuchte als Erster die Gesetzmäßigkeiten der Bildung von A. im Experiment («Über das Gedächtnis», Ebbinghaus 1885). *Assoziationsgesetze.*

Theoret. wurde der Begriff der A. auch zur Def. der sog. assoziativen Bedeutung (*associative meaning, Begriff*) herangezogen. Ähnlich wurde das A.konzept (*associative concept*) zur Beschreibung von Wortfeldern (*Wortfeld*) als assoziativen Strukturen (*associative structures*) zw. mehreren Wörtern herangezogen (Deese 1962; *Deese-Roediger-McDermott-Paradigma*). A.strukturen finden ihren Ausdruck u. a. im sog. *clustering* (*cluster, clustering*). Beides rückt die A. in größte Nähe zum Denken. Die intersubjektive Übereinstimmung von A.verläufen wird als Kommunalität bez. *Assoziationstheorie. Transfer.* *J. Engelkamp*

Assoziationen, freie (= f. A.), [engl. *free association*], **[KOG]**, kognitionspsychol. die von keiner bewussten *Absicht* gelenkten, spontanen oder durch ein vorgegebenes Element (z. B. Wort oder Zahl) provozierten Gedankengänge (*Denken*). **[KLI]**, von Freud entwickelte Methode zur Erforschung unbewusster Bedeutungszus.hänge (*Unbewusstes*): Alle Gedanken und Gefühle sollen spontan geäußert werden, auch wenn sie als peinlich oder unwichtig angesehen werden. Alle kritischen Einwände gegen das Aussprechen der Einfälle sollen zurückgestellt werden. In der psychoanalytischen Behandlung wird mithilfe dieser «Grundregel» versucht, die bewusste Kontrolle zu reduzieren, um einen besseren Zugang zum Unbewussten zu erreichen. Dieser Prozess kann durch das Liegen auf einer Couch unterstützt werden. Sich wiederholende Bedeutungsmuster, ausgesparte Themen, Widersprüche und Brüche in den f. A. geben wichtige Hinweise auf verdrängte Wünsche, Abwehrmechanismen (*Abwehrmechanismen des Ich*), unbewusste Beziehungsstrukturen oder traumatische Erfahrungen. Die Methode der f. A. wurde von Freud zw. 1892 und 1898 erarbeitet, nachdem er festgestellt hatte, dass der Erfolg von *Hypnose* und *Suggestion* für die Aufdeckung des Unbewussten und die Behandlung seiner Pat. begrenzt war. Parallel dazu entwickelte er mithilfe der f. A. die Selbstanalyse seiner Träume weiter und schuf so die Grundlagen für seine *Traumlehre.* Damit war der Schritt zur Entwicklung einer genuin psychoanalytischen Forschungsmethode getan. Die f. A. wird auch als Verfahren außerhalb therap. Zusammenhänge angewandt (z. B. Marktforschung, Analyse der Wirkung eines Kunstwerks). Während sich die praktische Anwendung der f. A. bis heute kaum verändert hat, wird ihr theoretisches Verständnis i. R. versch. psychoanalytischen Schulen unterschiedlich gesehen. Hölzer & Kächele 2010, Bollas 2011. *B. Pütz*

Assoziationen, gerichtete [engl. *directed associations*], **[KLI]**, nach C.G. Jung (*Analytische Psychologie*) die von einer gegebenen Traumsituation ausgehenden und hierauf bzgl., unwillkürlichen Gedankeneinfälle.

Assoziationismus (= A.) [engl. *associationism*; lat. *associare* verbinden mit], **[KOG, PHI, WA]**, als A. werden Strömungen in der Ps.geschichte bez., die *Assoziationen* als fundamentales Funktionsprinzip des menschlichen *Geist* ansehen. Diesen Auffassungen zufolge werden alle Bedeutungseinheiten und *Konzepte* – mit Ausnahme elementarer sensorischer Konzepte – durch eine Assoziationsbildung auf elementaren Einheiten erzeugt (*Elementarismus*). Begründer und bedeutendster Vertreter einer streng assoziationistischen Ps. war David Hume (1711–1776), der, durch Newton beeinflusst, eine «Mechanik des Geistes» zu entwickeln suchte und dabei Assoziationen einen der Gravitation vergleichbaren Stellenwert beimaß. Als wesentliche Bedingungsfaktoren für Assoziationen sah Hume die Ähnlichkeit psych. Elemente, ihre räumliche und zeitliche Nähe sowie den Eindruck einer Ursache-Wirkung-Beziehung an. Diese traditionellen Mechanismen der Assoziation wurden später um weitere und – v. a. durch konnektionistische Nachfolger des A. – um technisch mächtigere Mechanismen erweitert. Assoziationistische Auffassungen und ihre moderneren, auf bereichsübergreifende Lernmechanismen (*Lernen*) fokussierenden Varianten sind Ausdruck einer «empiristischen Konzeption des Geistes», der zufolge sich alle komplexen psych. Funktionen aus einer erfahrungsbasierten Verbindung elementarer sensorischer Elemente ergeben. Historisch waren assoziationistische Positionen wesentlich dadurch motiviert, psychol. Theoriebildung von metaphysischen und anthropomorphen Elementen frei zu halten. Zudem wurden zu ihrer Begründung theoretische Sparsamkeitsprinzipien bei der Erklärung mentaler Phänomene und Leistungen angeführt. Derartige Begründungen haben durch die Verfügbarkeit des theoretischen Konzeptapparates, den die Theorie computationaler Systeme zur Verfügung stellt, ihre Bedeutung verloren. Während Assoziationen weiterhin eine Rolle bei der Beschreibung mentaler Phänomene spielen, lassen sie sich jedoch nicht selbst als explanatorisches Prinzip ansehen, sondern stellen Sachverhalte dar, die es auf der Basis tiefer liegender und bereichsspezifischer Prinzipien zu erklären gilt. Gallistel & King 2009, Gallistel 2012.

R. Mausfeld

Assoziationsbahnen [engl. *associative pathways*], *Gehirn*.

Assoziationsfelder (= A.) [engl. *association area*], **[BIO]**, Assoziationsareale, Assoziationskortex. Areale der Hirnrinde (Neokortex, *Gehirn*), die keine eindeutigen sensorischen (*Wahrnehmung*), sensiblen oder motorischen (*Motorik*) Funktionen aufweisen, sondern das Zusammenwirken zw. den einzelnen Sinnessystemen und den motorischen Arealen integrieren («assoziieren») (*Lokalisation*). Erst beim Menschen haben die A. ihre außerordentlich starke

Assoziationsfelder: Funktionsausfälle bei Läsionen des Frontallappens

Symptom	Läsionsart
Denkstörung:	
Reduzierte Spontaneität	orbitofrontal
Störung von Denkstrategien	dorsolateral
Gelernte Reizkontrolle von Verhalten:	
Geringe Reaktionshemmung	Areale 8, 9, 13
Risikofreude und Regelverletzung	dorsolateral
Gestörtes assoziatives Lernen	dorsolateral
Zeitgedächtnis:	
Störung des verzögerten Reaktionslernens («delayed response learning»)	dorsolateral
Schlechte Zeit- und Reihenfolgeschätzung	dorsolateral
Gestörte Raumorientierung	dorsolateral
Gestörtes Sexualverhalten	orbitofrontal
Gestörtes Sozialverhalten	orbito- und dorsolateral
Gestörte Geruchsunterscheidung	orbitofrontal

Entwicklung erfahren. Man unterscheidet drei Hauptassoziationsareale (vgl. Abb.): (1) *präfrontales A.* (vor dem motorischen Kortex), es steuert motorisch-motivationale Verhaltensweisen (Übersicht über die nachgewiesenen Funktionsabläufe, s. Tab.) (2) *limbisches A.* (zw. dem oberen Gyrus temporalis und dem limbischen Kortex, hier werden primäre Gedächtnisfunktionen gesteuert, (3) *parietal-temporal-occipitales A.* (zw. dem somatästhetischen und dem visuellen Kortex), ihm sind v. a. sensorisch-kogn. Funktionen zugeordnet, wie die Steuerung komplexer sensorischer Reizverarbeitung, visuelle *Aufmerksamkeit* und räumliche Funktionen. Der parietale Kortex, der über das eng mit ihm verbundene posteriore Striatum indirekt mit den präfrontalen Regionen verbunden ist, hat aufgrund seiner multisensorischen Integrationsfunktion auch als «Kommandozentrale» eine entscheidende Bedeutung für motivierte zielgerichtete Bewegungsabläufe. Die A. sind Teile eines komplexeren Assoziationssystems, in das auch andere Gehirnteile, z. B. das *limbische System*, einbezogen sind. Die A. beider Seiten des Kortex sind miteinander mit motorischen und sensorischen Feldern, mit entspr. Arealen auf der gegenüberliegenden Seite und mit tieferen Teilen des Gehirns verbunden. Die *Informationsverarbeitung* in den einzelnen Assoziationsarealen verläuft zumeist parallel (parallele Signalverarbeitung). So ist z. B. die visuelle *Objekterkennung* («Was ist das für ein Gegenstand?») eine Leistung der A. des unteren Temporallappens. Die gleichzeitig ablaufende räumliche Lokalisation und Orientierung («Wo befindet sich und in welche Richtung bewegt sich der Gegenstand?») erfolgt dagegen in den parietalen (Wo?) und präfrontalen (Wohin?) A., die zugleich auch die eigene visuell gesteuerte Greifbewegung (*Auge-Hand-Koordination*) kontrollieren (*ventraler Pfad*). Dagegen erfolgt die emot. Bewertung des gesehenen Gegenstandes («Wozu ist er gut?») in den assoziativ verknüpften Strukturen des limbischen Systems. Beim Ausfall eines A. im frühen Kindesalter kann seine Funktion im Laufe der Zeit von anderen Gehirnstrukturen weitgehend übernommen werden. Beim Erwachsenen besteht nur bei systematischer Übung und nur teilweise eine Kompensierbarkeit (= Plastizität der Assoziationsgebiete). *Agnosie*, *Aphasie*. Karnath & Thier 2012. C. Becker-Carus

Assoziationsflüssigkeit (A.) [engl. *associational fluency*], [**KOG, PER**], Bestandteil des *divergenten Denkens*. Mithilfe von Assoziationsversuchen kann die A. gemessen werden: Auf ein vorgegebenes Reizwort sollen möglichst viele Synonyme genannt werden. *konvergentes Denken*, *Kreativität*. Guilford 1956.

Assoziationsformen (= A.), [**KOG**], im Kontext von Assoziationsvorgängen (*Assoziation*) können folg. A. unterschieden werden: (1) Wortassoziation: Verbindung durch Wortklang; (2) homosensorielle A.: A. aus gleichem Sinnesgebiet; (3) partialisierende A.: zum Ganzen wird ein (begrifflicher) Teil gefügt; (4) heterosensorielle A.: aus fremdem Sinnesgebiet erfolgt eine A.; (5) totalisierende A.: zu einem Teil wird ein übergeordneter Begriff gefügt; (6) äußerliche Berührungs-A.; (7) Beziehungs-A. Diese Formen lassen sich exp. nachweisen, indem die Vp ein Reizwort (durch Zuruf oder optische Darbietung) erhält und unmittelbar angeben muss, was ihr dabei in den Sinn kommt. Lässt man zwangsläufig die Vp in einer dieser Arten assoziieren, so nehmen die Assoziationszeiten an Länge von (1)–(7) zu. *Assoziationsversuche*.

Assoziationsgesetze (= A.) [engl. *laws of association*; lat. *associare* verbinden, vereinigen mit], [**KOG**], seit der Antike (Aristoteles) und dem engl. *Empirismus* (Locke) überlieferte Regeln, nach denen *Assoziationen* entstehen und *Reproduktionen* von Vorstellungen (ursprünglich von «Ideen») möglich sein sollen. Den primären A. der Ähnlichkeit, des Kontrasts, der Kontiguität (Berührung in Zeit oder Raum) und (nach Hume) auch der Ursache-Wirkung hat Thomas Brown (1778–1820) sekundäre A. hinzugefügt, die begünstigende Bedingungen für die Bildung von Assoziationen benennen: Lebhaftigkeit (*vivacity*), Neuheit (*recentness*) und häufige Wiederholung. In der psychol. Lernforschung haben die A. zunächst eine große Rolle gespielt, sind dann aber modifiziert oder durch andere Regeln ersetzt worden (*Lernen*). Gestaltpsychologen bestritten ihre Gültigkeit grundsätzlich, und die frühen Behavioristen behielten nur das A. der Kontiguität bei, allerdings nicht auf Vorstellungen bezogen, sondern auf die Verbindung von Reiz und Reaktion. R. Bergius

Assoziationskortex [engl. *association cortex*], *Assoziationsfeld*, *motorische Areale*, *Zielmotorik*.

Assoziationspsychologie (= A.) [engl. *association psychology*; lat. *associare* verbinden], [**KOG, PHI**], die von den Philosophen Hobbes, Hume und den beiden Mill begründete, im Anfang des 19. Jh. bes. durch J. F. Herbart geförderte und schließlich noch in der 2. Hälfte des 19. Jh. führende psychol. Richtung. Die *Assoziationsgesetze* sind Erklärungsprinzip für den gesamten Aufbau des Seelenlebens. Durch das damit einhergehende Suchen nach unabhängigen, elementaren Bewusstseinsinhalten ist die A. weitgehend *Elementenps.* oder *atomistische Ps.* Auch dem *Sensualismus* steht sie nahe.

Assoziationstheorie (= A.) [engl. *association theory*; lat. *associare* verbinden], [**KOG**], *Assoziation* wurde sowohl als zu erklärendes Phänomen untersucht, als auch als Erklärungsprinzip herangezogen. Die A. betrachtet die Assoziation als Erklärungsprinzip. Das Assoziationskonzept wurde u. a. verwendet, um die Entstehung von Wortbedeutung, best. Phänomene des *verbalen Lernens* und gewisse Regelhaftigkeiten der *Sprachproduktion* zu erklären. Zur Erklärung der Entstehung von Wortbedeutungen wurde i. R. der *Konditionierung*stheorie vornehmlich das Prinzip der Kontiguität (*Assoziationsgesetze*) herangezogen. Nach einer eingeschränkteren Position wird durch Konditionierung nur die affektive Bedeutung erworben. Phänomene des verbalen Lernens wurden sowohl durch das Prinzip der *Kontiguität* als auch durch das der Ähnlichkeit erklärt. Die Kontiguität wurde bes. zur Erklärung des *seriellen Lernens* herangezogen. Das Erlernen einer Reihe nicht durch Sinnbezüge verbundener *sinnloser Silben* lässt sich z. B. als systematische und kontrollierte Realisation von Kontiguitäten zw. Silben interpretieren. Jedes Glied der Kette ist sowohl *Reaktion* auf das vorangehende als auch *Reiz* für die Produktion des folgenden Gliedes. Zw. den Gliedern der Kette bilden sich assoziative Verbindungen. Die Erforschung der hierbei auftretenden Gesetzmäßigkeiten beginnt bei Ebbinghaus (1885) und reicht bis zu der komplizierten Theorie des seriellen Lernens von Hull (1943). Im Mittelpunkt der Erforschung des *Paar-Assoziations-Lernens* steht die Frage, ob sich Assoziationen allmählich oder nach dem Alles-oder-Nichts-Prinzip herausbilden (Estes 1964). Die Erklärung des verbalen Lernens durch das Prinzip der Ähnlichkeit bereitete lange Zeit Schwierigkeiten, da man die Ähnlichkeit der Wörter einer Liste über die Stärke ihrer assoziativen Verbindungen operationalisierte. Hinsichtlich der Vorhersage von Lerneffekten bei variierten assoziativen Eigenschaften des zu lernenden Materials weist Tulving (1968) deshalb zu Recht darauf hin, dass Lerneffekte hierdurch nicht erklärt werden, sondern dass nur gezeigt wird, dass best. in freien *Assoziationsversuchen* zu beobachtende Phänomene auch im Lernexperiment beobachtet werden können. Die Erklärung von best. Phänomenen des verbalen Lernens durch das Prinzip der Ähnlichkeit ist dagegen solchen Ansätzen gelungen, die das Konzept des *semantischen Merkmals* heranziehen. Bei diesem Erklärungsansatz werden die alten Prinzipien von Ähnlichkeit und Kontrast (Assoziationsgesetze) wieder aufgegriffen, jetzt aber im Rahmen der Merkmalstheorie der Wortbedeutung schärfer definiert. Zwei Wörter sind hiernach umso ähnlicher, je mehr semantische Merkmale sie teilen. Auch assoziative Regelhaftigkeiten, wie sie sich bei der Sprachproduktion und in Assoziationsversuchen zeigen, werden aus den Merkmalsstrukturen der beteiligten Wörter vorhergesagt (Clark 1970). Über das Merkmalskonzept wird ferner jeder Vorgang präziser gefasst, der als *Priming* bzw. assoziative Aktivierung bez. wird. Hörmann 1967, 1977. *J. Engelkamp*

Assoziationsversuche, [**DIA, KOG**], zu wiss. oder diagn. Zwecken eingesetzte Verfahren. Galton, Wundt, Kraepelin, Wertheimer, Jung u. a. haben damit experimentiert. Der Vp wird eine Reihe von *Reizwörtern* dargeboten. Auf jedes soll sofort mit dem Wort geantwortet werden, das als Erstes dazu einfällt. Für die Auswertung dieser Assoziationsreaktionen werden ihr Inhalt sowie die *Reaktionszeit* (Assoziationszeit) verwendet. Die Methode dient in der Allgemeinen Ps. z. B. zur Untersuchung der *Assoziationsgesetze* und versch. Gesetzmäßigkeiten des Denkens, in der Psychoth. zur Aufdeckung verdrängter Komplexe; in der Forensischen Ps. wird sie in manchen Ländern zur Tatbestandsdiagnostik verwendet, indem einem Verdächtigen best. Reizworte, die mit der Tat in Zusammenhang stehen, genannt und seine Reaktionen hierauf beobachtet werden. *Assoziation*, *Assoziationen, freie*, *Assoziationen, gerichtete*.

assoziative Hemmung (= a. H.) [engl. *associative inhibition*; lat. *associare* verbinden], [**KOG**], generative H., Bildungsh.; die Erschwerung der Stiftung einer *Assoziation* zw. zwei Inhalten, wenn einer von ihnen schon mit einem dritten Inhalt assoziiert ist. Auf der a. H. beruht z. B. die Tatsache, dass eine best. Tätigkeit schwerer richtig zu erlernen ist, wenn sie vorher auf falsche Weise zu erlernen versucht wurde. Die a. H. steht in Zusammenhang mit der reproduktiven *Hemmung*.

assoziativer Motorreflex [engl. *associative motor reflex*], *bedingter Reflex, bedingte Reaktion*.

Astereognosie [engl. *astereognosis, astereognosia*; gr. α- (a-) ohne, στερεός (stereos) räumlich, γνῶσις (gnosis) Wissen, Erkenntnis], [**BIO, WA**], Verlust der Fähigkeit, Gegenstände mithilfe des Abtastens zu erkennen (taktile *Agnosie*), ohne dass Störungen der Sensibilität, der Feinmotorik der Hand, der Kognition oder der Sprache vorliegen. *J. Zihl*

Astereopsis [engl. *astereopsis*; gr. α- (a-) ohne, στερεός (stereos) räumlich, ὄψις (opsis) Sehen], [**BIO, WA**], Verlust der dreidimensionalen *Tiefenwahrnehmung* (plastisches Sehen; *Stereopsis*) nach erworbener Hirnschädigung (primäre Form, nach ein- oder beidseitiger posteriorer Schädigung) bzw. (sekundär) bei Störungen von *Akkommodation* und/oder *Konvergenz*. Der Verlust der Stereopsis führt zur Beeinträchtigung des plastischen Tiefeneindrucks; Treppen erscheinen z. B. zweidimensional. *J. Zihl*

Astheniker, asthenischer Typus *Körperbautypen*.

Asthenopie [engl. *asthenopia*; gr. ἀσθένεια (astheneia) Kraftlosigkeit, ὄψις (opsis) Sehen], [**BIO, WA**], Sammelbegriff für versch., insbes. beim Sehen im Nahbereich auftretende Beschwerden. Mögliche Ursachen sind unzureichende optische Korrektur, *Konvergenzschwäche*, *Akkommodationsschwäche*, Alterssichtigkeit (*Presbyopie*), aber auch verminderte Aufmerksamkeitsleistungen (Daueraufmerksamkeit, Konzentration). Typische Symptome sind Unscharf- bzw. Verschwommensehen, Kopfschmerzen, rasches Ermüden, Doppelbilder, Brennen und Tränen der Augen. Karnath & Thier 2012. *J. Zihl*

Ästhesie [engl. *aesthesia*; gr. αἴσθησις (aísthesis) Empfindung, Wahrnehmung], [**BIO, KLI**], psych. oder somatische Erregbarkeit. *Hyperästhesie*, *Psychästhesie*.

Ästhesiometer [engl. *aesthesiometer*; gr. αἴσθησις (aísthesis) Wahrnehmung, Empfindung, μέτρον (metron) Maß], [**WA**], Gerät mit zwei verschiebbaren Spitzen zur Bestimmung der *Raumschwelle*, in Form eines Tasterzirkels oder einer Schublehre. Pauli & Arnold 1957.

Ästhetik (= Ä.) [engl. *asthetics*; gr. αἴσθησις (aísthesis) Empfindung, Wahrnehmung], [**WA**], Lehre vom Schönen. Als Wissenschaft (auch in Verbindung mit der Ps.) das Bemühen, die allg. und indiv. Ursachen des Gefallens bzw. Missfallens zu klären. Fechner und Lipps gelten als Begründer der ps. Ä. *Kunstpsychologie*.

Ästhetik, experimentelle [engl. *experimental aesthetics*], [**WA**], von *Fechner* begründete empir. Erforschung der Wahrnehmung und subj. *Empfindung* z. B. von Gegenständen, Raumverhältnissen, von Figuren, Farbenzusammenstellungen, Teilungsgesetzen, baulichen Raumgrößen u. a. Verfahren: Befragung, Wahlmethode, paarweise Vergleiche, *Ausdrucksmethode*, dazu zergliedernde *Selbstbeobachtung* der Vp. Das *Experiment* wird angewendet, um Kausalhypothesen bzgl. wahrnehmungsrelevanter Personen- und Objektmerkmale zu prüfen. Allesch 2006, Thielsch 2008.

Ästhetiktheorie *Vandalismus*.

Asthmaschulung (= A.) [engl. *asthma management training*; gr. ἄσθμα (asthma) schweres Atmen, Beklemmung], [**GES**], A. ist eine wichtige Komponente in der Behandlung des Asthmas und integriert med. und Verhaltensaspekte (*Verhalten*). Sie soll den Pat. befähigen, Veränderungen im Verlauf der *Krankheit* wahrzunehmen und in der Behandlung darauf unmittelbar und angemessen zu reagieren. Ziele der A. sind: (1) Vertieftes *Wissen* über Entstehung, Aufrechterhaltung und angemessene Behandlung, Vermittlung und Übung von *Fertigkeit*, (2) adäquate Arzneimittelanwendung, (3) Symptomverlaufsbeobachtung (*self monitoring*), (4) Selbstkontrolle (*Selbstregulation*) der Symptomatik. Generelle Ziele sind ein gutes Krankheitsmanagement (*Krankheitsbewältigung*) und Erhöhung der *Lebensqualität* der Pat. Ein sehr wichtiger Baustein der A. ist die tägliche Einschätzung und vergleichende Messung der Atembehinderung (Atemwegsobstruktion) mithilfe des Maßes der exspiratorischen Spitzengeschwindigkeit (*peak expiratory flow*, abgekürzt PEF). Damit verbunden wird ein Asthma-Aktionsplan, welcher definierte Bereiche der prozentualen Einschränkung des PEF relativ zur Norm mit den Farben grün (> 80 %), gelb (79–50 %), oder rot enthält. [www.atemwegsliga.de]. Matthys & Seeger 2009, Ritz & Dahme 2003. *B. Dahme/T. Ritz/A. v. Leupoldt*

Astigmatismus [engl. *astigmatism*; gr. α- (a-) ohne, στίγμα (stígma) Punkt, Zeichen], [**WA**], Sehfehler, der die Verzerrung gesehener Objekte hervorruft. Die dem Auge zugehenden Strahlen vereinigen sich infolge abnormer Krümmung der Hornhaut (seltener der Linse) nicht wieder auf einem Punkt der *Netzhaut*. Gewisser Ausgleich wird durch entspr. geschliffene (zylindrische) Brillengläser erzielt.

Astigmometer [engl. *astigmometer*; gr. α- (a-) ohne, στίγμα (stígma) Punkt, Zeichen, μέτρον (métron) Maß], syn. *Ophthalmometer* (Helmholtz), **[WA]**, Vorrichtung zum Feststellen des *Astigmatismus*, d. h. zur Bestimmung der Krümmungsradien am Auge in versch. Ebenen.

Astraphobie [engl. *astraphobia*, gr. ἀστραπή (astrape) Blitz, φόβος (phobos) Furcht], **[KLI]**, krankhafte Angst vor Gewittern. *Phobie*.

Astrologie (= A.) [engl. *astrology*; gr. ἄστρον (astron) Stern, λόγος (logos) Wort, Lehre], Sterndeutekunst, Lehre von der angeblichen Abhängigkeit des Schicksals bzw. der Wesensart des einzelnen Menschen (auch ganzer Völker und Staaten) von der Stellung und dem Lauf der Gestirne. Grundlage der Deutung ist das Horoskop, das nach der Konstellation der Sterne (z. B. in der Geburtsstunde eines Menschen) gebildet wird. 1978 gelang es dem Astrologen Mayo, die Persönlichkeitsforscher H. J. Eysenck und seinen Mitarbeiter White zu einer groß angelegten Studie zu gewinnen. In dieser Untersuchung sollte geklärt werden, inwieweit ein Zusammenhang zw. Sternzeichen und der Ausprägung von Persönlichkeitsmerkmalen besteht. Über 2000 Personen wurden mit den entspr. Tierkreiszeichen und einem angepassten Selbstbeurteilungsfragebogen untersucht. Die korrelative Auswertung ergab einen konsistenten Zusammenhang zw. den beiden Variablen. Die Publikation schlug hohe Wellen in den Medien, zumal andere Forscher in Replikationsstudien den Befund bestätigten. 1979 gelang Pawlik und Buse jedoch die Widerlegung der Hypothese: In einer Kontrolluntersuchung (Pawlik & Buse 1979) wurde noch eine weitere Variable, nämlich die Informiertheit bzw. Un-Informiertheit über A. erhoben. Mit einer entspr. Auswertung konnte gezeigt werden, dass die bloße Kenntnis von Sternzeichen-Typologie und der Glaube daran die Selbstbeurteilung determinieren.

astrophysische Erscheinungen [engl. *astrophysical phenomena*; gr. ἄστρον (astron) Stern, φύσις (physis) Natur, Geschöpf], paraps. Begriff, die (fraglichen) Einflüsse der Gestirne auf das Seelenleben. So soll z. B. der Mond einen Einfluss auf die Menstruation und die *Libido* sowie auf *Noctambulie* und *Epilepsie* ausüben.

Asymmetrie (= A.) [engl. *asymmetry*; gr. α- (a-) ohne, συν (syn) mit, gemeinsam, μέτρον (metron) Maß], **[FSE]**, im Zusammenhang mit Verteilungen, Bez. für die *Schiefe* einer Verteilung.
[BIO], A. der Organfunktionen etc. *Lateralität*. Ggs. *Symmetrie*.

Asynchronie [engl. *asynchrony*; gr. α- (a-) ohne, συν- (syn-) mit, gemeinsam, χρόνος (chronos) Zeit], Fehlen oder Störung eines zeitlichen Zusammenhangs (z. B. zw. körperlicher und geistiger Entwicklung).

ataktisch [engl. *atactic*; gr. α- (a-) ohne, τάξις (taxis) Ordnung], **[BIO, KLI, KOG]**, ungeordnet. *Ataxie*.

Ataraktika [engl. *ataractics*; gr. ἀταραξία (ataraxia) Gemütsruhe, Unerschütterlichkeit], **[PHA]**, beruhigende *Psychopharmaka*. Selten gewordene Bez. für *Tranquillanzien*.

Ataraxie [gr. *ataraxia* Unerschütterlichkeit], **[PER, PHI]**, die von Epikur, Demokrit u. a. gepriesene Seelenruhe und Leidenschaftslosigkeit als Lebensideal.

Atavismus [engl. *atavism*; lat. *atavus* Ahne], **[PER]**, Wiedervorkommen von Eigenschaften (Anlagen), i. ü. S. auch Anschauungen und Vorstellungen vergangener Geschlechter. Entwicklungsrückschlag.
Als *atavistische Regression* (Freud, Jung) wird die eigenartige Erscheinung aufgefasst, dass im Traum, bei psych. Störungen Vorstellungen auftauchen, die völkerps. erfahrungsgemäß zu den Mythen gehören. Angebliches Neuerscheinen ehemaliger Gedächtnisspuren. *Unbewusstes*, *Archetyp*.

Ataxie (= A.) [engl. *ataxia*; gr. ἀταξία (ataxia) Unordnung, Verwirrung], **[BIO, KOG]**, Störung des geordneten Ablaufs bei Muskelbewegungen (*Motorik*) bzw. deren Koordination ohne Lähmung der Muskeln. Meist führt das Missverhältnis zw. Kraftaufwand und Erfolg zum Verfehlen des Bewegungszieles (unsichere, schleudernde, schwankende etc. Bewegungen). Sonderformen sind (nach Verursachung): (1) *zerebelläre* A. mit Schädigungen im Kleinhirn (Atrophie, Tumor u. a.), (2) *zerebrale* A. mit Schädigungen im Stirn- und Schläfenhirn, dem Thalamus und der Vierhügelregion, (3) *spinale* A., Schäden in den Leitungsbahnen und Nervensträngen des Rückenmarks, (4) *erbliche* A., syn. Heredoataxie, (5) *teleangiektatische* A., angeborenes, fortschreitendes Leiden bei Kleinhirnatrophie, (6) *literale* A. mit Schädigung des Sprechvorganges (Silbenstolpern, *Sprechen*), (7) *intrapsych.* A. (E. Stransky) mit Störungen der Koordination psych. Funktionen, z. B. im *Denken*, der *Affektivität* (Diskordanz).

Ateleiosis [engl. *ateleiosis*; gr. α- (a-) ohne, τελείωσις (teleiosis) Vollendung], nach Guilford entwicklungsmäßiges Zurückbleiben auf infantiler Stufe, evtl. mit gleichzeitig altersgemäßer Reifung der Geschlechtsorgane.

Atenolol [engl. *atenolol*], **[PHA]**, Pharmakon mit sympathikolytischer Wirkung aus der Klasse der selektiven Beta-Rezeptorenblocker (β1), antagonistisch zum β1-selektiv wirkenden Sympathikomimetikum *Noradrenalin*.

Äthanol [engl. *ethanol*], **[PHA]**, chemische Bez. für Äthylalkohol. *Alkohol*.

Athetose [engl. *athetosis*; gr. ἄθετος (athetos) ohne feste Stellung], syn. *Athetosis*, Erkrankung mit (im Ggs. zu choreatischen Störungen) auffällig langsamen, unaufhörlichen, ungewollten, verzerrten Bewegungen der Gliedmaßenenden, auch verkrampfte Haltungsstörungen. *Little-Syndrom*, *Ataxie*, *Dysarthrie*.

Athletiker, athletischer Typus [engl. *athlete*, *athletic type*, gr. ἄθλον (athlon) Wettkampf], *Körperbautypen*.

Athymie [engl. *athymia*; gr. α- (a-) ohne, θυμός (thymós) Gemüt], **[KLI]**, Schwermut. Mutlose Lebensstimmung, bei der v. a. Affekte, Antriebe und Strebungen stark vermindert sind. *Affektverflachung*.

ATI, Abk. für [engl. *aptitude-treatment interaction* Merkmal-Methoden-Interaktion].

Ätiologie [engl. *etiology, aetiology*; gr. αἰτία (aitia) Ursache, Grund, Erklärung, λόγος (logos) Wort, Vernunft],

[KLI], ist in der Klin. Ps. die Lehre von den Ursachen *psychischer Störungen*; i.e.S. sind damit auch die Faktoren gemeint, die zu psych. Störungen führen *(ursächliche Faktoren)*. Welche Bedingungen psych. Störungen verursacht haben, hat weitreichende Bedeutungen nicht nur für die Behandlung (man spricht dann von kausaler Behandlung), sondern auch für die *Klassifikation* psych. Störungen (ihre Ordnung und Einteilung), die Indikation, die *Prognose* sowie die *Prävention*. Bei psych. Störungen ist i.d.R. nicht nur eine Ursache an ihrer Entstehung beteiligt, sondern es ist stets von mehreren Ursachen auszugehen, z.B. sowohl von äußeren Lebensbedingungen, familiären und sozialen Einflüssen, der *Persönlichkeit* oder kogn. und emot. Verarbeitungsprozessen (*Multikausalität: Verursachung durch mehrere Faktoren*). Die Multikausalität psych. Störungen ergibt sich schon allein dadurch, dass bei deren Entstehung biol. (z.B. genetische Risikofaktoren (*Genetik*), Stoffwechselerkrankungen), psych. (z.B. emotionale Reaktionen auf belastende Erlebnisse) sowie soziale Faktoren (z.B. soziale Belastungen) zus.wirken. Dies wird als *biopsychosoziales Rahmenmodell* bez. Außerdem wirken die verursachenden Faktoren zu unterschiedlichen Zeitpunkten ein, sie beeinflussen sich wechselseitig und werden aktiv durch die betreffende Person verändert. Der zeitliche Entwicklungsprozess einer psych. Störung ist die *Pathogenese* [gr. *pathos* Leiden sowie *genesis* Entstehung]. Dabei untersucht die *Aktualgenese* die unmittelbar in einer Situation auftretenden emot. Reaktionen, bspw. die Wahrnehmung und kogn. Verarbeitung der *Angst*reaktion auf eine lebensbedrohliche Situation. Es sind aber auch die pathogenetischen Langzeitperspektiven zu berücksichtigen, die sich auf das Zus.wirken versch. ätiologischer Faktoren in der lebenslangen Entwicklung beziehen («Klin. Ps. der Lebensspanne» oder *Entwicklungspsychopathologie*, Bastine 1998). Danach lassen sich drei Einflussgrößen unterscheiden: *disponierende*, *auslösende* und *stabilisierende* Bedingungen. (1) Disponierende Bedingungen schaffen eine *Vulnerabilität* für die Entstehung einer psych. Störung, ohne dass diese allerdings schon allein zum Auftreten der Problematik führt. Belastungen in der Kindheit, angeb. Merkmale oder frühzeitig entwickelte kogn.-affektive *Schemata* zählen zu den wichtigsten *Dispositionen*. (2) Auslösende Bedingungen setzen zeitnah zum Auftreten der Störung ein und sind relativ klar abgrenzbar. Relevante Bsp. sind der Verlust einer nahen Bezugsperson, lebensbedrohliche Ereignisse oder umwälzende Veränderungen der Lebensbedingungen (*Life-Event, kritisches*). (3) Stabilisierende (oder aufrechterhaltende) Bedingungen wiederum sind dafür verantwortlich, dass die Störung beibehalten wird, chronifiziert oder generalisiert; sie verhindern also einen Genesungsprozess oder verursachen sogar eine Ausweitung oder Verschlimmerung. Zur Aufrechterhaltung trägt häufig der *Krankheitsgewinn* bei, also die pos. Konsequenzen, die mit der Erkrankung verbunden sind, wie die bes. Zuwendung durch Bezugspersonen oder das Vermeiden unangenehmer Aufgaben oder aversiver Erfahrungen. Für *Angststörungen* ist das Vermeiden angstauslösender Situationen bspw. ein prominenter aufrechterhaltender Faktor, der therap. explizit behandelt werden muss. *Ätiopathogenese*. Bastine 2005a.

R. H. E. Bastine

Ätiopathogenese (= Ä) [engl. *etiopathogenesis*; gr. αἰτία (*aitia*) Ursache, πάθος (*pathos*) Leiden, Grund, Erklärung, γένεσις (*genesis*) Ursprung, Entstehung], [KLI], bez. den gesamten Verursachungsprozess psych. Störungen, der sowohl die ursächlichen Faktoren wie auch die zeitliche Abfolge der Entstehung und Entwicklung umfasst. Oft lässt sich dieser Verursachungsprozess im Nachhinein, d.h., wenn die psych. Störung bereits aufgetreten ist (retrospektiv), nur annähernd rekonstruieren, u.a. weil entscheidende Einflüsse weit zurückliegen, keine oder nur eine unvollst. *Erinnerung* daran besteht oder der Einfluss nicht mehr nachweisbar ist. Dennoch hat der Versuch, die Ä. einer Störung in der *Psychotherapie* zu rekonstruieren, eine sehr große Bedeutung für das Verstehen einer psych. Störung, für das Selbstverständnis der Pat. sowie für die Behandlungsplanung. *Ätiologie*.

R. H. E. Bastine

Atomoxetin (= A.), [PHA], selektiver *Noradrenalinwiederaufnahmehemmer*. Zugelassen für die Behandlung der *Aufmerksamkeitsdefizit-/Hyperaktivitätsstörung* bei Kindern ab 6 Jahren, Jugendlichen und Erwachsenen i.R. eines umfassenden Behandlungsprogramms. Therapiealternative zu Stimulanzien (*Psychostimulanzien*), Mittel der 1. Wahl bei komorbiden *Tic*- und *Angststörungen* und Substanzmissbrauch und -abhängigkeit (*Sucht- und Substanzbezogene Störungen*). Da beim Menschen der Dopamintransporter im präfrontalen Kortex fehlt, wird *Dopamin* hier auch über den Noradrenalintransporter inaktiviert. Dadurch kommt es unter A. zu einer Erhöhung der Dopaminkonzentration im präfrontalen Kortex, nicht jedoch im Striatum oder im Nucleus accumbens. *Eliminationshalbwertszeit* 2–5 Std., *Bioverfügbarkeit* 63–94%, hepatische Metabolisierung, ein aktiver Metabolit. Bedeutsamste unerwünschte Wirkungen sind Schlaflosigkeit (*Schlafstörungen*), Übelkeit und Appetitmangel.

G. Gründer

Atonie [engl. *atony, atonic*; gr. α- (*a-*) ohne, τόνος (*tonos*) Spannung], [BIO], Spannungs- bzw. Tonusmangel mit entspr. Schlaffheit bei *Muskeln* und Organen. I.w.S. auch Bez. für die spannungslose «Gesamthaltung» eines Menschen.

Atrophie, atrophisch [engl. *atrophy, atrophic*; gr. α- (*a-*) ohne, τρέφειν (*trephein*) ernähren], [BIO], Schrumpfung, Schwund, bei Geweben und Organen.

Atropin (= A.) [engl. *atropine*], [BIO, PHA], syn. *Hyoscyamin*, parasympathikushemmende Substanz, die neben Hyoscin (*Scopolamin*) in Nachtschattengewächsen (z.B. Tollkirsche, Stechapfel, Bilsenkraut) vorkommt. A. ist ein kompetitiver *Antagonist* der muskarinergen *Acetylcholin*rezeptoren. Hauptsächlich anticholinerge physiol. Wirkungen in geringen Dosen (0,55 mg): Pupillenerweiterung, Akkommodationslähmung, Schweiß- und Speichelreduktion (Hautwiderstandserhöhung, Mundtrockenheit), Beseitigung von Spasmen (bes. Magen-Darm-Bereich), Peristaltik-Hemmung, Herzbeschleunigung (bei sehr niedrigen Dosen Verlangsamung). A. hat zentralnervöse Wirkungen. Bei Tieren findet sich im *EEG* langsame Ak-

tivität (5–8 Hz), Verminderung der Arousalreaktion der Formatio reticularis bei Stimulierung (z. B. Licht). Hauptsächliche psych. Wirkungen (mehrere Std.) bei niedrigen Dosen (0,5–5 mg oral) subj. Desaktivierung, die mehrere Std. andauern kann. Leistungen zeigen ein uneinheitliches Bild, überwiegend Beeinträchtigungen. Bei höheren Dosen (10 mg) Erregung, bei sehr hohen Dosen manchmal Halluzinationen. In Untersuchungen bei Tieren, die z. T. anders als Menschen reagieren, scheinen in niedrigen Dosen Symptome von *Sedierung* weniger ausgeprägt zu sein als beim Menschen. Theoretisch bedeutsam ist die EEG-Verhaltensdissoziation (EEG-Verlangsamung ohne Desaktiviertheit). Das Nebeneinander von Aktiviertheits- und Desaktivierungssymptomen bei Tier und Mensch ist nicht befriedigend geklärt. Manche psych. Effekte sind nicht *zentral*, sondern *peripher* bedingt durch die starken vegetativen Effekte (ungewöhnliche vegetative Sensationen). Bartel et al. 1991, Longo 1966.
W. Janke/M. Ising

attachment [engl.] *Bindung*.

attentional blink (= a. b.) [engl.] Aufmerksamkeitsblinzeln, [**KOG**], ist ein Phänomen der zeitlichen Verteilung von *Aufmerksamkeit* und wurde in seiner heutigen Variante von Raymond et al. (1992) beschrieben. Wenn zwei *Zielreize* in einer schnellen Abfolge von Reizen präsentiert werden, der erste Zielreiz korrekt identifiziert und der zweite Zielreiz nicht berichtet werden kann, spricht man von a. b. ausgegangen werden. Typischerweise wird a. b. in einem RSVP (*rapid-serial-visual-presentation-*) Paradigma gezeigt. Hier werden Reize (Buchstaben, Zahlen, Wörter oder Bilder) mit einer Frequenz von etwa 10 Reizen pro Sekunde nacheinander am selben Ort präsentiert. Einzelne dieser Reize können in dieser Anordnung korrekt identifiziert werden. Sobald die Aufgabe der Pbn jedoch ist, zwei best. Reize zu berichten, wird die Detektionsleistung (*Signalentdeckungstheorie*) des zweiten Reizes deutlich schlechter. I. d. R. ist das der Fall, wenn der zweite Zielreiz in einem Zeitfenster von 100 bis 500 ms nach dem ersten Zielreiz präsentiert wird. Bei längeren Intervallen verbessert sich die Identifikation des zweiten Reizes wieder bis auf die Basisrate (Shapiro et al. 1997). Voraussetzungen für das Auftreten von a. b. sind die Maskierung der beiden Zielreize sowie das Richten von Aufmerksamkeit auf den ersten der beiden Reize. Eine prominente Erklärung des a. b. führt den Effekt auf eine limitierte *Kapazität* im *Arbeitsgedächtnis* zurück. Um die Identität eines Reizes berichten zu können, müssen die einzelnen Merkmale dieses Reizes integriert und von den Merkmalen anderer Reize separiert werden. Diese Prozesse benötigen Aufmerksamkeitsressourcen, die für die Identifikation des ersten Zielreizes in stärkerem Ausmaße beansprucht werden, je stärker dieser maskiert ist. Damit bleiben für kurze Zeit nur geringe *Ressourcen* zur Identifizierung eines zweiten Reizes, wodurch die Wahrscheinlichkeit sinkt, dass dieser später berichtet werden kann – dies wurde metaphorisch als «Blinzeln» der Aufmerksamkeit bez. *Aufmerksamkeit, Kapazitätstheorie der*.
B. Moeller/C. Frings

attentional inertia [engl. *attention* Aufmerksamkeit, *inertia* Trägheit], *Aufmerksamkeitsträgheit*.

Attention-Interest-Desire-Action-Modell [engl.] «Aufmerksamkeit-Interesse-Verlangen-Handlung-Modell», *AIDA-Modell*.

attenuation paradox [engl. *attenuation* Abschwächung, Verringerung], [**DIA**], bez. die Tatsache, dass die Erhöhung der *Reliabilität* von Tests unter best. Bedingungen ein zwangsläufiges Absinken der *Validität* zur Folge hat. Eine Angleichung bzw. Homogenisierung von Iteminhalten erhöht die Reliabilität, wirkt sich aber neg. auf die Validität aus, da psychol. *Konstrukte* i. d. R. nicht durch Einzelaspekte abgebildet werden können. Lienert & Raatz 1994.

Attenuationskorrektur [engl. *attenuation correction*; *attenuation* Abschwächung], *Minderungskorrektur*.

attitude (= a.) [engl.] Haltung, Werthaltung, *Einstellung*, [**PER, SOZ**], der engl. Begriff wird auch mit Attitüde übersetzt und soll ursprünglich eine erworbene und zugleich überdauernde und komplexe *Disposition* zu Stellungnahmen gegenüber meist sozialen Objekten und *Handlung*en bedeuten sowie zu deren Bewertungen und gelegentlich auch zu best. *Verhalten*. Eagly & Chaiken 1993, Oskamp 1991, Rajecki 1991.
R. Bergius

attitude-reinforcer-discriminative system [engl. *attitude* Einstellung, *reinforcer* Verstärker, *discriminative* unterschiedlich], *A-R-D-System*.

Attonität [engl. *catatonic immobility*; lat. *attonitus* betäubt], [**KLI**], Sperrung, Reglosigkeit des Körpers bei *Katatonie*. *Stupor*.

Attraktionseffekt (=A.) [engl. *decoy effect*; lat. *attrahere* anziehen], [**KOG, SOZ, WIR**], ist eine Form der Veränderung im Entscheidungsverhalten (*Entscheiden*) einer *Gruppe* von Personen zw. Alternativen. Beim A. kommt eine weitere Alternative zu einer bestehenden Auswahl an Alternativen hinzu. Diese neue Alternative ist einer bereits vorhandenen Alternative sehr ähnlich, dieser aber offensichtlich unterlegen, etwa indem sie etwas teurer, aber sonst (nahezu) gleich ist. Der A. bezeichnet das Phänomen, dass durch die neue Alternative die ähnliche, aber überlegene Alternative ps. aufgewertet und von mehr Personen als bisher ausgewählt wird; sie wird attraktiver.
F. Becker

Attraktivität (= A.) [engl. *attraction*; lat. *attrahere* anziehen, (an)locken, für sich gewinnen], [**SOZ**], in der Sozialps. inzw. fast ausschließlich das Themengebiet, das sich mit physischer A. beschäftigt (Amelang et al. 1991, Bierhoff 2011a; Hassebrauck 2006), während sich das Themengebiet der interpersonellen Attraktion (Bierhoff 2011b, Hassebrauck & Kümmerling 2006) primär den affektiven Beziehungen in Dyaden widmet. Bereits in frühen Arbeiten auf diesem Gebiet wurde festgestellt (Dion et al. 1972), dass offensichtlich attraktiven Personen positivere Merkmale zugeschrieben werden. Dieser «What is beautiful is good»-Effekt ließ sich auch in einer Reihe von *Metaanalysen* bestätigen (Eagly et al. 1991, Feingold 1992, Langlois et al. 2000), wobei sich diese Effekte auch interkult. bestätigen ließen (Wheeler 1997). Einschränkend muss allerdings hinzugefügt werden, dass sich physische A. nicht auf sämtliche *Persönlichkeitsmerkmale* pos. auswirkt: V. a. Merkmale, bei denen es auf Fähigkeiten und Fertigkeiten im Bereich der sozialen Interaktionen (*soziale Interaktion*) ankommt, wie z. B. bei *sozialer Kompetenz*, ergeben sich pos. Zusammenhänge, während sich z. B. bei Merkmalen wie *Intelligenz* nur sehr geringe Zusammenhänge zeigten und es zu gegenteiligen Effekten kam, wenn die physische A. allzu ausgeprägt war. Die A.merkmale lassen sich danach unterteilen, ob es eher Gesichtsmerkmale oder Merkmale des gesamten Körpers sind. Als Gesichtsmerkmale, die bei Frauen zu bes. pos. Urteilen führen, zählen schmale Wangen und auffallende Wangenknochen, v. a. aber das sog. Kindchenschema (*babyface*) des gesamten Gesichts (große und weit auseinanderliegende Augen, ein großer Kopf, dünne Augenbrauen, ein fast rundes Gesicht). Wichtigster Indikator für attraktive Beurteilungen der gesamten Person basiert bei Frauen v. a. auf dem WHR-Verhältnis (dem Verhältnis von Taille-waist zur Hüfte-hip), das ca. 0,7 betragen soll und wonach Frauen bei einer derartigen Relation als bes. jugendlich, gesund und sexuell attraktiv beurteilt werden. Neuere Arbeiten (Bierhoff 2011a) zeigen, dass der *Body-Mass-Index* der bessere Prädiktor für die Einschätzung der A. von Frauen ist. Unübersehbar bei allen diesen Untersuchungen ist der hohe Grad an *Sexismus*, der sich hinter diesen stereotypen Beurteilungsmustern verbirgt. Auch die groß angelegte interkulturelle Studie von Buss (1989), die gezeigt haben will, dass Männer solche Frauen präferieren, deren Aussehen durch Indikatoren für Gesundheit und Fruchtbarkeit geprägt ist, ist samt ihres evolutionspsychol. Ansatzes nicht ohne Kritik geblieben (Buller 2009). *B. Six*

Attraktivität, Gewinn- und Verlust-Effekte [engl. *attraction, profit and loss effects*], [**SOZ**], von Aronson und Lindner (1965) wird nachgewiesen, dass attribuierte Hochschätzung eines anderen nach zugeschriebener Kälte des anderen (Gewinn) die Attraktivität dieses anderen für einen Partner mehr erhöht als gleich bleibende Freundlichkeit oder als Freundlichkeit mit nachfolgender Unfreundlichkeit (Verlust). Die letztere Verhaltensabfolge bei anderen ist außerdem in neg. Richtung wirkungsvoller als gleichbleibende Unfreundlichkeit von anderen. Clore et al. 1975.

Attraktor-Zustand [engl. *attractor state*; lat. *attrahere* anziehen, (an)locken, für sich gewinnen], *Entwicklung, Theorie dynamischer Systeme.*

Attrappe (= A.) [engl. *dummy, fake*; frz. *attrape* Falle], [**KOG**], etwas, das *Eigenschaften* eines Originals nachahmt, um jemanden zu täuschen. Die A. ahmt aber nie alle Eigenschaften nach, wie ein Duplikat oder Replikat. A. werden in vielen Bereichen verwendet, z. B. Theater, Film, Architektur.
(biol.) Nachbildung eines Reizmusters, das im *Attrappenversuch* – zur Analyse von *Schlüsselreizen* – schrittweise verändert wird, um die für die Verhaltensauslösung wirksamen Merkmale exp. zu bestimmen. So lässt sich z. B. zeigen, dass zur Auslösung des *Territorialverhaltens* des Rotkehlchens, das normal nur gegenüber den männlichen Rivalen geäußert wird, allein ein rotes Federbüschel genügt (*Auslösemechanismus*). Beim Stichling richtet sich der Kampf der Männchen im Frühjahr ausschließlich gegen den männlichen Artgenossen im Prachtkleid, woran der rote Bauch bes. auffällt. Bot man einem kampflustigen Männchen im Attrappenversuch naturgetreue Nachahmungen eines Stichlingmännchens, aber ohne rot, und andererseits plumpe Scheiben, die sogar kaum noch an einen Fisch erinnern, aber unterseits rot waren, so reagierte der Fisch ganz überwiegend allein auf das Rot, das, demnach das wesentlichste Merkmal des Schlüsselreizes für die Auslösung des Rivalenkampfes darstellt. Tinbergen 1951. *C. Becker-Carus*

Attribuierung, Attribution *Kausalattribution*.
Attribution *Attribuierung, Attribution.*
attributionale Theorien *Kausalattribution*.
[Test]**Attributional Style Questionnaire (ASQ)** *Optimismus*.
Attributionsfehler (= A.) [engl. *attribution error*; lat. *attribuere* zuteilen, zuweisen], [**SOZ**], die in den subj. Erklärungsversuchen gemachten sog. A. sind der (1) *fundamentale A.* [engl. *fundamental attribution error*], wonach Ursachen primär auf Personen und nicht auf personenexterne Ursachen attribuiert werden; (2) der *actor-observer bias*, wonach es eine spezif. Differenz zw. Handelnden und Beobachtern gibt, wenn es um die Benennung der Ursachen eines Effektes geht: Beobachter attribuieren mehrheitlich personal, Handelnde mehrheitlich situational (*Akteur-Beobachter Unterschied*); (3) der falsche Konsensus-Effekt (*egocentric bias*), wonach das eigene Verhalten als weitverbreitet und normkonform angesehen wird, während das Verhalten anderer als selten und unangemessen eingestuft wird; (4) der selbstwertdienliche A. (*self-serving bias*) spielt v. a. in Leistungssituationen eine Rolle, in denen dann der eigene Erfolg internal, der Misserfolg aber prinzipiell external attribuiert wird. Bezogen auf Intergruppen-Attributionen, postuliert Pettigrew (1997) einen sog. fünften ultimativen A. (*ultimate attribution error*), wonach neg. Out-group- und pos. In-group-Verhalten internal attribuiert und pos. Out-group- und neg. In-group-Verhalten external attribuiert wird (*Attribuierung*). Da es nicht um eigentliche Fehler beim Attribuieren, sondern eher um verzerrte Urteile geht, wird inzw. anstelle des Begriffs des A. von *Attributionsverzerrungen* gesprochen (Parkinson 2007).
[**KLI**], A. spielen bei der Entstehung und Aufrechterhaltung versch. psych. Störungen, v. a. *Depressionen*, eine wichtige Rolle. Depressive neigen dazu, v. a. Negatives auf sich selbst zu attribuieren, was die Basis für ungerechtfertigte Schuldgefühle ist. Die Bearbeitung pathogener Attributionen spielt insbes. in der kogn. *Verhaltenstherapie* eine Rolle. Bei depressiven Pat. werden quälend-selbstbeschuldigende Attributionen (Verantwortungszuschreibungen) bearbeitet. Jonas et al. 2007. *B. Six/F. Caspar*

Attributionsstil, feindseliger (= f. A.) [engl. *hostile attribution style/bias*], [**PER, SOZ**], der f. A. beschreibt die Tendenz einer Person, in uneindeutigen Situationen das Verhalten anderer als feindselig zu interpretieren, obwohl keine klaren Informationen zur Absicht des Interaktionspartners vorliegen (Nasby et al. 1979). Dieser Attributionsstil (*Attribuierung*) ist nach dem Sozialen Informationsverarbeitungsmodell (Crick & Dodge 1994) das Produkt ineffizienter und Interpretation sozialer Hinweisreize (*cue*). Als Ursache dieser verzerrten Interpretation werden *selektive Aufmerksamkeit* und der Rückgriff auf bereits bestehende aggressionsbezogene Überzeugungen und *Schemata* diskutiert. Kommt diese Art der Attribution zum Tragen, wird die Suche nach eindeutigen Hinweisreizen, die die Situation außerdem bereithalten mag, nicht fortgesetzt. Stattdessen werden auch andere saliente Stimuli in feindselig getönter Weise interpretiert. Der f. A. gilt als ein Einflussfaktor auf die Entstehung und Aufrechterhaltung von *Aggression*, da er als schematische und chronifizierte Art der Informationsverarbeitung in sozialen Situationen auf eine feindselige Absicht und somit Bedrohung fokussiert und dadurch womöglich die Schwelle für aggressives Handeln senkt. Untersucht wird der f. A. typischerweise mittels der Vignettentechnik. Dazu werden den Testpersonen Szenarien in Textform oder kurze Filmsequenzen sozialer Interaktionen präsentiert, in denen eine Person durch eine andere geschädigt wird, wobei jedoch die Absicht der verursachenden Person unklar bzw. mehrdeutig bleibt. Erfasst wird im Anschluss die Absichtsattribution über geschlossene oder offene Antwortformate.

^Test^**Attributionsstil-Fragebogen für Kinder und Jugendliche (ASF-KJ)**, 1994, J. Stiensmeier-Pelster, M. Schürmann, C. Eckert & A. Pelster, [www.testzentrale.de], [**DIA, KLI, PÄD**]. Klinisch-päd. Verfahren. AA 8–16 Jahre. Der ASF-KJ ist ein Selbsteinschätzungsfragebogen zur Erfassung des Attributionsstils. Es werden je acht pos. und neg. Ereignisse vorgelegt; für jedes Ereignis soll zunächst die Hauptursache benannt und diese anschließend hinsichtlich ihrer Lokation bzw. *Internalität* (internal vs. external), *Stabilität* und *Globalität* eingeschätzt werden. Der ASF-KJ wird als Einzeltest bei Vorliegen einer Depression, bei Selbstwert-, Motivations-, Konzentrations- und Leistungsdefiziten sowie zur Evaluation bei therapeutischen kogn. Interventionen und als Gruppentest i. R. der Prävention der oben genannten Störungen und in der klin. und päd. Forschung verwendet. *Normierung*: T- und Prozentrangwerte ($N = 1500$). Bearbeitungsdauer: 20 bis 40 Minuten.

Attributionstheorien [engl. *attribution theories*], *Kausalattribution*. Kelley & Michela 1980.

attrition bias [engl.] *Fehler durch Schrumpfung*, [lat. *attritus* abgerieben, abgegriffen], [**FSE**], Ausfall von Studienteilnehmern bei Studien mit mehreren Messzeitpunkten. Im Falle nicht zufälligen Ausscheidens von Studienteilnehmern muss mit einer Verzerrung von Effektschätzern gerechnet werden. *Missing-Data-Diagnostik*, *Missing-Data-Prozesse*, *bias*.

Atypie [engl. *atypia*; gr. *α-* (*a-*) ohne; gr. τύπος (*typos*) Vorbild], Abweichung von einem Typus, Regelwidrigkeit.

Aubert-Fleischl-Paradox [engl. *Aubert-Fleischl-paradox*], [**WA**], verminderte anschauliche Geschwindigkeit, wenn ein Reiz mit den Augen verfolgt wird (relativ zur Beobachtung mit festem Fixationspunkt). *Filehne-Täuschung*.

Aubert-Förster'scher Satz [engl. *Aubert-Foerster phenomenon*], [**WA**], bei gleichem Gesichtswinkel werden nahe befindliche (kleinere) optische Zeichen auf größerem Netzhautteil (Gesichtsfeld) abgebildet und damit besser erkannt als fernliegende größere.

Aubert'sches Phänomen, [**WA**], systematischer Fehler bei der *Konstanz* der Orientierung; fixiert man im dunklen Raum eine helle senkrechte Linie, so erscheint sie bei einer starker seitlicher Kopfneigung in Gegenrichtung geneigt, und eine vertikal erscheinende Linie ist obj. in Richtung des Kopfes geneigt, bei einer geringen seitlichen Kopfneigung ist oft der entgegengesetzte Effekt zu beobachten (als E-Effekt gegenüber dem A-Effekt abgegrenzt). *H. Heuer*

Audimuditas [engl. *audimutism*; lat. *audire* hören, *mutus* stumm], *Hörstummheit*.

Audiogramm [engl. *audiogram*; lat. *audire* hören, *gramma* Geschriebenes], [**WA**], syn. Hörschwellenkurve, das in Form eines Diagramms gewonnene Ergebnis einer Untersuchung (Messung) des Gehörs.

Audiologie [engl. *audiology*; lat. *audire* hören, gr. λόγος (*logos*) Wort, Lehre], [**WA**], Wissenschaft, die sich mit dem Hörvorgang befasst. *Audiometrie*.

Audiometrie (= A.) [engl. *audiometry*; lat. *audire* hören, gr. μέτρον (*metron*) Maß], [**WA**], Messung der Hörschwelle für einzelne Töne, ursprünglich mit Stimmgabeln, später mit Audiometern (Frequenzgeneratoren). Differenzierung zw. Mittelohr- und Innenohrschwerhörigkeit erfolgt durch Anbieten der einzelnen Töne über Gehörgang und Trommelfell einerseits und Schädelknochen andererseits. Überschwellige A. dient zur Differenzierung der versch. Formen der Innenohrschwerhörigkeit. Sprach-A. mit Wort- und Zahlengruppen auf Tonband oder anderem akustischen Datenträger erlaubt einen Vergleich mit stat. Normwerten.

Kinder-A. (*Pädaudiometrie*): Besondere Verfahren, die zur Bestimmung des Gehörs bei Kindern im Vorschulalter dienen. Beobachtung der Kinder bei Anbieten von Tönen und Geräuschen (Spiele-A.). Beobachtung akustisch ausgelöster Reflexe wie *Moro-Reflex*, Pupillenreaktion u. a. Objektive Hörmessung vorwiegend im Kindesalter durch Reflex-(Impedanz-)Audiometrie (Registrierung des Stapediusreflexes), EEG-Audiometrie (syn. E. R. A. Computer-A.) und Cochleografie (Messung der Erregung an Gehirn und Schnecke, *Ohr*; Auswertung mit Computer).

Weber'scher Versuch: Lateralisation des Klangs der auf der Scheitelmitte aufgesetzten Stimmgabel. *LEE-Effekt*, *Lombard-Effekt*.

audiovisuelle Lehr- und Lernmittel [engl. *audiovisual teaching and learning aids*; lat. *audire* hören, *videre* sehen], [**MD, PÄD**], zu Unterrichtszwecken geschaffene oder eingesetzte technische Medien mit auditiver, visueller und audiovisueller Kommunikationsmöglichkeit. I. e. S. werden darunter Informationsträger in Verbindung mit Informationen (*software*) verstanden, also bespielte Filme, Tonbänder etc.; i. w. S. fallen darunter auch die zum Abspielen notwendigen Geräte (*hardware*) wie Film- und Diaprojektoren, Tonbandgeräte. *Unterrichtsorganisation*, *Medienpädagogik*.

audition colorée [frz.] *Farbenhören*, *Synästhesie*.

auditiv, auditorisch [engl. *auditive*; lat. *audire* hören], das Hören betreffend. *Hören*.

auditive Agnosie [engl. *auditory agnosia*; lat. *audire* hören], **[BIO, WA]**, Verlust des auditiven Erkennens von biol. (z. B. Tierlaute) und nicht-biol. (z. B. Zuggeräusche) akustischen Reizen, von Musik (*Amusie*) und von gesprochener Sprache nach erworbener Hirnschädigung trotz (ausreichend) erhaltener Hörfähigkeit. *Agnosie*. Karnath & Thier 2012. *J. Zihl*

Auditive Verarbeitungs- und Wahrnehmungsstörungen (AVWS) [engl. *auditory processing disorders (APD)*; lat. *audire* hören], **[KLI]**, eigenständiges Störungsbild (Klassifikation F80.20 nach *ICD-10*), das umschriebene Funktionsdefizite in der auditiven Informationsverarbeitung und Wahrnehmung bei intaktem peripherem Gehör und mind. durchschnittlicher Testintelligenz meint. Zentrale Hörprozesse, die die neuronale Weiterleitung, Vorverarbeitung, Verarbeitung akustischer und verbo-akustischer Signale betreffen (z. B. Differenzierung und Identifikation von Zeit-, Frequenz- und Intensitätsveränderungen, Geräuschlokalisation, Störgeräuschbefreiung und Summation), sind gestört und erschweren somit die korrekte auditive Wahrnehmung bzw. machen sie unmöglich (*auditive Agnosie*). Häufig sind primäre bzw. sekundäre *Sprachentwicklungsstörungen*, *umschriebene Entwicklungsstörungen* schulischer Fertigkeiten (z. B. *Lese- und Rechtschreibstörungen*), supramodale Aufmerksamkeitsprobleme (*Aufmerksamkeitsstörungen*) oder *tiefgreifende Entwicklungsstörungen* (z. B. *Autismus-Spektrum-Störungen*) mit AVWS i. S. von Komorbidität assoziiert. Differenzialdiagn. sind AVWS daher von Aufmerksamkeitsstörungen, insbes. ADHS (*Aufmerksamkeitsdefizit-/Hyperaktivitätsstörung*), *Sprachentwicklungsstörungen* und *Intelligenzminderung* abzugrenzen. AVWS gelten als ein neurokognitives Risiko für schulisches Lernen. Kiese-Himmel 2011. *C. Kiese-Himmel*

auditorische Dominanz [engl. *auditory dominance*; lat. *audire* hören, *dominari* herrschen], **[EW, WA]**, stellt sich ein, wenn man Kinder im ersten Lebensjahr mit einem Reiz konfrontiert, der sowohl visuelle als auch auditive Informationen enthält. Den Säuglingen fällt es leichter, Veränderungen in der auditiven als in der visuellen Komponente zu entdecken. Dies beruht nicht auf einer Unfähigkeit, Veränderungen in der visuellen Modalität zu erkennen, sondern ist Ausdruck einer Dominanz des auditorischen über den visuellen Verarbeitungskanal (Lewkowicz 1994). Sloutsky und Napolitano (2003) konnten zeigen, dass die auditive Modalität auch noch im Alter von vier Lebensjahren die visuelle Modalität dominiert: auditive Informationen binden die *Aufmerksamkeit* mit einer höheren Wahrscheinlichkeit als visuelle Informationen. Robinson & Sloutsky 2004. *M. Kavšek*

auditory recency [engl.] «auditorische Neuheit», *Modalitäts-Effekt*.

Auffassung (= A.) [engl. *apperception, apprehension, comprehension*], **[EW, KOG, PÄD, SOZ, WA]**, bewusstes Aufnehmen und Eingliedern von *Wahrnehmungs-* und *Vorstellungsmaterial* in das Gesamt der vorhandenen analogen Erfahrungsinhalte (*Apperzeption*). Mit A. wird aber auch der Akt momentaner Aufnahme bez., der Auffassungsakt. Zu unterscheiden sind ganzheitliche und analytische A. Erleichtert wird die A. durch eine vorhandene Prägnanz des Aufzunehmenden. Entwicklungspsychol. ist die um das 8. Lebensjahr erfolgende Ausweitung zugunsten des analytischen Auffassens wichtig. Der Begriff A. ist auch für Meinung, Einstellung oder Anschauung gebräuchlich.

Auffassungsstufen *Apperzeptionskategorien*.

Aufgabe (= A.) [engl. *task*], **[AO]**, in der *Arbeits- und Organisationspsychologie* werden A. als Transformationen (1) von einem gegebenen Ausgangszustand, (2) in ein erwartetes Ergebnis (oder Ziel), (3) durch Mittel, eine Menge von Operationen oder Arbeitsschritten verstanden, wobei (4) best. Bewertungskriterien, Standards oder Regeln einzuhalten sind (Greif 1994b). Bspw. kann eine Montagea. darin bestehen, (1) aus vorgegebenen Einzelteilen (2) einen Kugelschreiber (3) in einer best. Reihenfolge zus.zusetzen und (4) sein Funktionieren mit einem kurzen Test zu überprüfen. Eine A. eines Pförtners kann dagegen darin bestehen, (2) auf Nachfragen Auskünfte zu erteilen und sich dabei (4) so verständlich auszudrücken und freundlich zu verhalten, dass sich der Fragende zufriedengestellt sieht. Der A.begriff ist ein interdisziplinärer Grundbegriff und ähnelt in seiner Struktur dem Begriff *Problem*. Von einer A. wird gesprochen, wenn zumindest Ausgangszustand, erwartetes Ergebnis und Arbeitsschritte (auch als Methoden bez.) den Ausführenden bekannt sind. In der Arbeitsps. wird betont, dass A. von den Ausführenden subj. interpretiert oder «redefiniert» werden (Hackman 1970). An einem Arbeitsplatz sind i. d. R. mehrere A. zu bearbeiten. Zur Untersuchung der Struktur und Abfolge von A. werden Methoden der *Aufgabenanalyse* oder auch Tätigkeitsanalyse verwendet. *Mensch-Technik-Organisationsanalyse*. Richter et al. 1988. *S. Greif*

Aufgabe, vollständige [engl. *complete task*]; *Arbeitsgestaltung*.

Aufgabenabhängigkeiten [engl. *task dependencies*], *Koordination*.

Aufgabenanalyse (= A.) [engl. *task analysis*], **[AO]**, Teilgruppe der Verfahren der *Arbeitsanalyse* oder *Tätigkeitsanalyse* zur Untersuchung und Beschreibung der Aufgaben einer oder mehrerer Personen an einem best. Arbeitsplatz sowie der Reihenfolge der Aufgaben im Arbeitsprozess oder der Arbeitstätigkeit (*Arbeitsablaufanalyse*, *Arbeitsanalyse*, vgl. auch *Anforderungsanalyse*). In der *Mensch-Computer-Interaktion* können A. im Einverständnis mit den Beobachteten bspw. durch spez. Softwareprogramme zur millisekundengenauen Protokollierung sämtlicher Eingaben des Benutzers durchgeführt werden. Um diese detaillierten Verhaltensdaten aber interpretieren zu können, sind i. Allg. Erläuterungen oder zusätzliche Interviews mit den Beobachteten über die Beobachtungsdaten erforderlich.

A. können für versch. Zwecke durchgeführt werden. Die Verhaltensdaten und Abfolgen können zur Ermittlung möglicher und effizienter Arbeitsschritte bei Aufgabenbearbeitung, Qualifikationsanforderungen, Untersuchung typischer Fehler, für Hinweise zur aufgabenorientierten Gestaltung des Arbeitssystems sowie spez. im Bereich der

Software-Ergonomie zur benutzerfreundlichen Softwaregestaltung herangezogen werden.
Oesterreich und Volpert (1987) unterscheiden bedingungsbezogene und personenbezogene Verfahren. Bei der erstgenannten Gruppe wird – soweit möglich – von indiv. Besonderheiten der Arbeitenden abgesehen und der Versuch gemacht, Aussagen über relevante Personengruppen (z. B. mit ausreichender Ausbildung und längerer Erfahrung am Arbeitsplatz) zu machen. (Bsp. für standardisierte Verfahren sind: *Regulationshindernisse in der Arbeitstätigkeit (RHIA)* oder das *Verfahren zur Ermittlung von Regulationserfordernissen in der Arbeitstätigkeit (VERA)*). Bei personenbezogenen Verfahren steht dagegen die Analyse der indiv. Wahrnehmung und Reinterpretation der Aufgabe (Hackman 1970) und spez. Arbeitsweise im Vordergrund des Interesses (ein Bsp. ist die *Heterarchische Aufgabenanalyse, HAA*). Beim Softwaredesign kann sie zur benutzerorientierten Gestaltung der Prozeduren, Bez. und Menüstrukturen verwendet werden (Greif 1991a). Card et al. 1983, Frieling & Buch 2006, Matern 1984, Schüpbach & Zölch 2007. *S. Greif*

Aufgabenanalyse in der Testkonstruktion [engl. *item analysis*], *Itemanalyse*.

Aufgabeninformation [engl. *item information*]; *Adaptives Testen*.

Aufgabeninventare (= T.) [engl. *task inventories*], [**AO, DIA**], werden zur *Aufgabenanalyse* oder *Anforderungsanalyse* eingesetzt. Mit Abwandlungen werden sie in drei Schritten entwickelt und eingesetzt:
(1) *Konstruktion des Inventars*: Interviews mit Experten oder Mitarbeitern zu den Aufgaben an allen Arbeitsplätzen. Alle wichtigen oder häufig auszuführenden Arbeitsaufgaben des zu untersuchenden Arbeitsplatzes sollen aufgelistet und kurz beschrieben werden. (2) *Erhebung*: Die Aufgaben werden in einen Fragebogen übertragen und werden in einer schriftlichen Befragung von den Mitarbeitern nach definierten Kriterien mit mehrstufigen Antwortskalen bewertet, z. B. Häufigkeit, Wichtigkeit und Schwierigkeit der Aufgabe oder Ausbildungsbedarf (in Abhängigkeit vom Ziel der Studie können auch andere Merkmale verwendet werden, z. B. Zeitdauer, Fehlerrisiken, Stress oder Verbesserungsbedarf). (3) *Wissens-, Fertigkeiten- und Fähigkeiten-Matrix (knowledge, skills, abilities,* KSA-Matrix): Mit Unterstützung von Experten wird eine Liste aller für die Aufgaben benötigten Qualifikationen und ps. Anforderungen erstellt. Unterschieden werden für die Aufgabe erforderliches Wissen, Fertigkeiten und Fähigkeiten. Die Mitarbeiter erhalten die Aufgaben in einer Matrix (mit den Aufgaben als Zeilen und den Anforderungsmerkmalen als Spalten) dargeboten und sollen einschätzen, wie wichtig diese einzelnen Qualifikationsanforderungen jew. sind. Die Ergebnisse werden anschließend stat. ausgewertet (z. B. Mittelwerte und Standardabweichungen der Skalen oder Cluster- und Faktorenanalyen) und z. B. in einem Workshop mit Experten oder Führungskräften und Mitarbeitern präsentiert, um daraus praktische Folgerungen abzuleiten (Maßnahmen zur Verbesserung der Arbeitsgestaltung und -organisation, Def. der Anforderungen für die Personalauswahl oder Aus- und Weiterbildung). Drauden 1988, Frieling & Buch 2006. *S. Greif*

Aufgabenorientierung [engl. *task orientation*], *Führung*.

Aufgabenschwierigkeit, subjektive (= s. A.) [engl. *subjective item/task diffculty*], [**EM, PÄD**], die s. A. ist die subj. *Wahrscheinlichkeit* (bspw. angegeben in Prozent), mit der eine Person glaubt, eine Aufgabe lösen zu können. Liegt die subj. Lösungswahrscheinlichkeit bspw. über 90 %, so ist die Person der Auffassung, eine Aufgabe sei sehr leicht (niedrige s. A.). Und umgekehrt: Liegt die subj. Lösungswahrscheinlichkeit bspw. unter 10 %, so ist die Person der Auffassung, eine Aufgabe sei sehr schwierig (hohe s. A.). Die s. A. ist eines der zentralen Konzepte der Motivationsforschung und in mehreren *Motivation*stheorien bedeutsam. Zwei Aspekte sind hierbei bemerkenswert: (1) Anhand von *Lewins Feldtheorie* und seiner Theorie der *resultierenden Valenz* wird deutlich, dass obj. Aufgabenschwierigkeiten das Handeln mitunter wenig gut vorhersagen. Ob eine Person eine Leistungssituation in Angriff nimmt oder nicht, hängt in erster Linie nicht von der obj., sondern der s. A. ab. Eine «obj.» leichte Aufgabe etwa wird von den weitaus meisten Personen gelöst – diese kann aber dennoch von einer best. Person für sehr schwierig gehalten werden. Das Handeln dieser Person wird von ihrer subj. *Wahrnehmung* geleitet und nicht von «obj.» Zahlen. (2) Das Konzept der s. A. weist enge Bezüge zum Konzept des Anreizes (*Anreiz*) auf. Die meisten Motivationstheorien nehmen an, dass schwierige Aufgaben (hohe s. A.) einen höheren Anreiz aufweisen als leichte Aufgaben (niedrige s. A.). Die s. A. steht also in einer linearen Beziehung zum Konzept des Anreizes (dem subj. *Wert* einer Aufgabe): Je schwieriger die Aufgabe, desto größer ist der Anreiz im Falle einer erfolgreichen Bewältigung. Die Bewältigung sehr leichter Aufgaben dagegen hat nur einen geringen Anreiz. Rudolph 2013. *U. Rudolph*

Aufgaben-Set *mentales Set*.

Aufgabentyp [engl. *item type, item format*], [**DIA**], Modus der Aufgabenformulierung, der die Beantwortung einer Testaufgabe bestimmt. Unter *gebundener Aufgabenbeantwortung* versteht man alle Antwortmodalitäten, bei denen auf eine Testfrage bereits vorformulierte Antworten vorliegen. Beim Richtig-Falsch-Antworttyp hat die Vp zw. zwei Alternativen auszuwählen. Beim Mehrfach-Wahl-Aufgabentyp (*Multiple-Choice-Antwortformat*) sind mehrere Antwortmöglichkeiten vorgegeben. Bei *Leistungstests* werden häufig Zuordnungsaufgaben formuliert. Bei der freien Aufgabenbeantwortung wählt der Pb seine Form (z. B. verbal oder zeichnerisch) der Lösung. *H. O. Häcker*

Aufgabenwechsel (= A.) [engl. *task switching*], [**KOG**], A. ist ein Paradigma der kogn. Ps., in dem Pbn innerhalb des *Experiments* zw. zwei oder mehr Aufgaben hin- und herwechseln. Die versch. Aufgaben werden typischerweise mit den gleichen Reizen durchgeführt und beziehen sich auf versch. Elemente oder Eigenschaften der Reize. Z. B. werden Zahlen zw. 1 und 9 als Reize eingesetzt und in Aufgabe A (bzw. Aufgabe B) muss entschieden werden, ob die Zahl gerade oder ungerade (bzw. bei B: Zahl

größer oder kleiner als 5) ist. Zunächst üben die Pbn die Aufgaben i. d. R. in einer Trainingsphase getrennt ein, in der Testphase werden die Aufgaben gemischt, sodass in versch. Durchgängen versch. Aufgaben ausgeführt werden müssen.
Welche der versch. Aufgaben in einem Durchgang verlangt ist, kann dem Pbn durch versch. Methoden mitgeteilt werden. Im *Alternation-Runs-Paradigma* werden die Aufgaben in vorhersagbarer Weise abgewechselt (z. B. AAAABBAAABBB …). Die Vorbereitungszeit kann durch Variation des RSI (*Reaktions-Stimulus-Intervall (RSI)*) variiert werden, jedoch wird dadurch gleichzeitig die Zeit für den passiven Zerfall oder die passive Übertragung des vorherigen Aufgabensets verlängert. Im *Task-Cueing-Paradigma* ist die Aufgabenabfolge für den Pb nicht vorhersagbar und meist zufällig. Es wird über einen Hinweisreiz (*cue*) angegeben, welche Aufgabe mit einem *Reiz* durchzuführen ist. Der Hinweisreiz kann entweder zeitlich vor oder zus. mit dem zu bearbeitenden Reiz präsentiert werden. Hierdurch können das *Cue-Stimulus-Intervall* (aktive Vorbereitung der nächsten Aufgabe) und das *Response-Cue-Intervall* (passiver Zerfall oder passive Übertragung der letzten Aufgabeneinstellungen) unabhängig voneinander variiert werden. Beim *Intermittent-Instruction-Paradigma* findet nach einer Reihe von Durchgängen eine Unterbrechung statt, in der die Instruktion für die folg. Durchgänge gegeben wird. In allen diesen Varianten gibt es jedoch aufeinanderfolgende Durchgänge mit der gleichen Aufgabe (Wiederholungsdurchgänge) und aufeinanderfolgende Aufgaben mit versch. Aufgaben (Wechseldurchgänge).
Vier Phänomene werden im Aufgabenwechsel-Paradigma v. a. betrachtet: (1) (Lokale) *Wechselkosten* (= W., engl. *switch costs*; auch Aufgabenwiederholungsvorteile, engl. *task-repetition benefits*): höhere Reaktionszeiten und Fehlerraten in Wechseldurchgängen als in Wiederholungsdurchgängen. (2) *Vorbereitungseffekt* (*preparation effect*): Reduktion der W. bei vorhandenem Wissen über die folg. Aufgabe und bei genügend Zeit, diese vorzubereiten. (3) *Residualkosten*: Selbst bei perfekter Vorbereitung auf die nächste Aufgabe können die W. nicht komplett vermieden werden. (4) *Globale W.* (*mixing costs*): generelle Verlangsamung von Reaktionszeiten, wenn mehr als eine Aufgabe im Arbeitsgedächtnis aktiv gehalten werden muss. Obwohl sich die Leistung nach einem Wechsel in den darauffolgenden Durchgängen ohne erneuten Wechsel rasch erholt, ist sie i. d. R. nicht so gut, wie wenn es nur eine einzige Aufgabe in einem Block gäbe. Theorien zur Entstehung von (lokalen) W. gehen davon aus, dass diverse komplexe kogn. Kontrollprozesse wie Zielaufrechterhaltung/-abschirmung, Hintergrundbeobachtung und *Hemmung*sprozesse beteiligt sind. W. weisen auf zusätzliche Verarbeitungsanforderungen hin, die durch die Rekonfiguration eines bestehenden Aufgabensets (auch Einstellungsset, *task-set*) entstehen. Das A.-Paradigma eignet sich bes. für die Untersuchung kogn. Kontrollprozesse. Monsell 2003. *C. Bermeitinger*

Aufgeregtheit [engl. *agitation*], *Angst, kognitive Modelle.*
aufgeschobene Reaktion [engl. *delayed reaction*], syn. *aufgeschobene Handlung. delayed reaction.*

Aufklärung, postexperimentelle [engl. *debriefing*], **[FSE]**, Vorgehensweise, bei der den Vpn der Zweck des Experiments, an dem sie sich gerade beteiligt haben, erläutert wird und die aufgetretenen Fragen beantwortet werden. Aufklärung ist bes. wichtig, wenn bei der exp. Vorgehensweise mit Täuschung (Irle 1979) gearbeitet wurde. In diesem Fall sollte bei der postexp. Aufklärung auch erklärt werden, warum die Täuschung für notwendig gehalten wurde. *Cover Story, Forschungsethik.*
Aufklärungspflicht *Patientenrechtegesetz.*
Auflösungsgrad (= A.) [engl. *degree of resolution*], **[KOG]**, in bildlicher Verwendung einer Variablen der physikal. Optik, die mehr oder weniger feine gedankliche oder perzeptuelle Durchgliederung, die ein best. *Realitätsbereich* erfährt. Das intendierte Wechseln des A. (*recodieren*) kann im Problemlösungsprozess (*Problemlösen*) u. U. erforderlich oder mind. zweckmäßig sein. Mit dem A. ändert sich die Merkmalsstruktur der *Problemraum*-Gegenstände und damit das Repertoire der jew. verwendbaren Operatoren (*Operator*). Auch Wissenschaften bzw. wiss. Ansätze können danach unterschieden werden, in welchem A. sie einen best. Realitätsbereich bearbeiten. Dörner et al. 1983, Gibson 1979, Kugler 1989. *G. Kaminski*

Aufmerksamkeit (= A.) [engl. *attention*], **[KOG, WA]**, A. im kognitionspsychol. Kontext (*Kognitionspsychologie*) bezieht sich auf die *Fähigkeit*, Informationen zu selektieren und andere zu ignorieren, um diese zur Grundlage von *Wahrnehmung, Denken* und *Handlungen* zu machen. Neben der Selektionsfunktion der A., aber mit dieser im Zusammenhang stehend, kann A. auch durch die Dimension der Intensität i. S. der *Aktivierung* bzw. *alertness* und der *Vigilanz (Wachsamkeit)* charakterisiert werden, wobei die beiden Aspekte unabhängig voneinander betrachtet und erforscht werden. Das Konzept der A. ist theoretisch eingebettet in den kognitionspsychol. Ansatz, der den Menschen als einen Information verarbeitenden Organismus betrachtet (*Informationsverarbeitung*): Information aus der Umwelt wird mit und durch die Sinnesorgane (*Sinnesorgan*) registriert, in neuronale Signale transformiert und im *Gehirn* repräsentiert (*Repräsentation*); internale Repräsentationen werden durch kogn. Prozesse verändert, um Denken zu vermitteln und Handlungen zu kontrollieren, durch die der Organismus wieder mit der Umwelt interagiert. Eine zentrale Frage ist, auf welcher Ebene kogn. Verarbeitung Prozesse der selektiven A. angesiedelt sind: auf einer relativ frühen Ebene perzeptueller Verarbeitung, der Ebene der kogn. Verarbeitung oder einer relativ späten Ebene der *Handlungsplanung* bzw. -ausführung, wobei sich die Forschung hauptsächlich auf die Differenzierung perzeptions- und handlungsbezogener Selektion konzentriert.

A.prozesse werden häufig mit der Methode der *visuellen Suche* untersucht. Dabei haben Pbn die Aufgabe, so schnell und so akkurat wie möglich festzustellen, ob sich ein *Zielreiz*objekt in einer Anordnung von Ablenk- oder *Distraktor*-Objekten befindet oder nicht, und durch das Drücken einer vordefinierten Taste zu reagieren. Ergebnisse zeigen zwei unterschiedliche Selektionsmechanismen auf. Unterscheidet sich der Zielreiz durch ein Merkmal wie etwa seine Farbe, Größe oder Orientierung von den Distraktoren, so wird er effizient und schnell entdeckt; unterscheidet der Zielreiz sich hingegen von den Distraktoren durch eine spezif. Verknüpfung von Merkmalen, so ist die Suche ineffizient und die Suchzeit ist abhängig von der Anzahl der zu verarbeitenden Objekte. Visuelle Suchen haben – zus. mit anderen exp. Vorgehensweisen, wie etwa der Darbietung eines räumlichen Hinweisreizes an der Stelle, an der später der Zielreiz erscheint – zu einer Konzeption geführt, die die Selektion als durch einen räumlich begrenzten Fokus vermittelt ansieht: Man spricht von der *Spotlight-Metapher* der A. (*Aufmerksamkeit, Scheinwerfermetapher*). Informationen innerhalb des A.fokus werden selektiert und können das Verhalten beeinflussen, Informationen außerhalb des Fokus werden dagegen ignoriert. Der A.fokus kann durch Eigenschaften des Stimulus (external) oder willentlich (internal) kontrolliert werden, wobei ein auffälliger Stimulus in der Lage ist, sich gegenüber der willentlichen A.kontrolle durchzusetzen. Untersuchungen der Wirkung von A. auf der Ebene einzelner Zellen im temporalen und okzipitalen Kortex haben gezeigt, dass Aufmerksamkeit die funktionale Größe rezeptiver Felder moduliert, sodass ein Stimulus, der eigentlich in der Lage ist, ein *Neuron* mit einem best. rezeptiven Feld zum Feuern zu bringen, von dem entspr. Neuron nicht mehr repräsentiert wird. Untersuchungen mit der Methode *bildgebender Verfahren* zeigen, dass A. durch ein Netzwerk kortikaler und subkortikaler Areale vermittelt wird. Dabei übernehmen frontale Areale Kontrollfunktionen, wie etwa die Festlegung einer aktuellen Selektionsregel, und parietale Areale vermitteln die Implementierung der Selektion (*Aufmerksamkeit, fronto-parietales kortikales Netzwerk*).

Modelle der *selektiven Aufmerksamkeit* nehmen an, dass die Informationsverarbeitung in zwei Stufen erfolgt. In einem initialen Verarbeitungsschritt wird die Gesamtheit der von einem Sinnesorgan encodierten Informationen kurzzeitig repräsentiert (parallele Verarbeitung). Im der Folge wird die Verarbeitung durch einen Engpass charakterisiert, der dadurch ins Spiel kommt, dass nicht alle parallel encodierten Informationen für die zielgerichtete Verhaltenssteuerung eingesetzt werden können; vielmehr lässt der Engpass die Selektion nur eines einzelnen Stimulus oder nur einer sehr geringen Menge von Informationseinheiten zu (serielle Verarbeitung). *J. Krummenacher*

Aufmerksamkeit, Attenuationstheorie (= A.) [engl. *attention, attenuation theory*; lat. *attenuare* schwächen, schrumpfen], **[KOG, WA]**, die A. (Treisman 1964) ist aus der Notwendigkeit entstanden, Befunde zu erklären, die mit der Filtertheorie (*Aufmerksamkeit, Filtertheorie*) nicht vereinbar waren, insbes. die Beobachtung, dass Information (wie etwa der eigene Name), die nicht die physikal. Eigenschaften aufweist, auf die der Alles-oder-nichts-Filter eingestellt ist, trotzdem den Filter passiert und semantisch verarbeitet werden kann. Die A. ist ein Modell der *Aufmerksamkeit* und der *Wahrnehmung* bzw. *Objekterkennung*. Das zentrale Charakteristikum der Theorie ist, dass das Modell eine abgeschwächte (attenuierte) Weiterleitung und Verarbeitung nicht beachteter Information zulässt (die Weiterleitung erfolgt nach einem Mehr-oder-weniger-Prinzip). Der Ort im Verarbeitungsverlauf, an dem die Selektion erfolgt, ist auf einer frühen perzeptiven Stufe angesiedelt (*Perzeption*); allerdings ist der Selektionsort flexibel. Die sensorische Information wird in einer hierarchisch strukturieren Sequenz von Verarbeitungsschritten analysiert (physikal. Reizmuster → Silben → Wörter → ...), wobei das erreichte Analyseniveau von der verfügbaren Verarbeitungskapazität abhängt. Je mehr Kapazität vorhanden ist, desto höher ist die erreichte Verarbeitungsstufe, bevor Information ausgefiltert wird. Ein Objekt wird erkannt (identifiziert), wenn eine in einem Langzeitgedächtnis (*Gedächtnis*) abgespeicherte Einheit, die dieses Objekt repräsentiert (*Repräsentation*), aktiviert wird.

Wenn der Attenuationsfilter eine Reduktion der Höhe der Aktivierung des sensorischen *Stimulus* bewirkt, wie beim nicht beachteten Kanal, so kann eine Einheit nur dann aktiviert werden, wenn ihre Aktivationsschwelle niedrig ist oder wenn sie durch assoziierte Einheiten voraktiviert ist. Mit der Annahme und einer hohen Grundaktivierung best. Einheiten und einer attenuierten Verarbeitung nicht beachteter sensorischer Reize kann erklärt werden, warum bspw. der eigene Name wahrgenommen wird, auch wenn er von jemandem ausgesprochen wird, dem man nicht zuhört (*Cocktailparty-Phänomen*). Treismann 1964. *H. J. Müller/J. Krummenacher*

Aufmerksamkeit, crossmodale (= c.A.) [engl. *crossmodal attention*], **[KOG, WA]**, umfasst jene kognitiven Prozesse, die es ermöglichen, die *Aufmerksamkeit* über alle sensorischen Modalitäten hinweg zu koordinieren (*Wahrnehmung*). Zentral ist hierbei die Frage, inwiefern die Aufmerksamkeitsverteilung modalitätsspezifisch bzw. modalitätsübergreifend ist. Crossmodale Interaktionen bzgl. der Aufmerksamkeit treten für die meisten Kombinationen von visuellen (*visuelle Wahrnehmung*), auditiven (*Hören*), taktilen (*Hautsinne*), olfaktorischen (*Geruch*), gustatorischen (*Geschmack*) und auch schmerzhaften Stimuli auf (Calvert et al. 2004). Generell sind crossmodale Effekte wahrscheinlicher, wenn nicht auf rein perzeptuelle (z.B. *Farbe* oder Tonhöhe; *Ton*), sondern auf amodale Eigenschaften (z.B. Lokalisation eines Stimulus) reagiert werden muss. Zudem sind Phänomene wie der *attentional blink*, *Unaufmerksamkeitsblindheit* und *repetition blindness* innerhalb der Modalitäten bes. stark ausgeprägt, was darauf hinweist, dass Aufmerksamkeitsressourcen innerhalb einer Modalität stärker begrenzt sind als zw. Modalitäten. In Bezug auf die räumliche c. A. konvergieren aktuelle Forschungsergebnisse dahingehend, dass bei endogener Aufmerksamkeitslenkung stärkere crossmodale Effekte auftreten als bei exogener Aufmerksamkeitslenkung (Spence & Driver 2004). Zur Erforschung der c. A. sind neben behavioralen auch neurowiss. Daten relevant. Zusammenfassend finden sich Belege für modalitätsspezifische (z.B. der superiore occipitale Gyrus für visuelle Verarbeitung) sowie modalitätsübergreifende (z.B. der superiore Colliculus, der intraparietale Sulcus) *Gehirn*regionen), die aufmerksamkeitsrelevant sind, wenn versch. Kombinationen von

Modalitäten involviert sind. In der Forschung lag bislang der Fokus auf räumlicher c. A. *A.-K. Wesslein/C. Frings*

Aufmerksamkeit, dimensionsbasierte [engl. *dimension-based attention*], **[KOG, WA]**, dimensions- bzw. merkmalsbasierte Modelle der Selektion sind u. a. durch die Existenz von Zellen im primären visuellen Kortex (*Gehirn*), die Merkmale wie Farbe, Orientierung, Ortsfrequenz repräsentieren, inspiriert und gehen davon aus, dass Objektrepräsentationen aus Repräsentationen einzelner Merkmale aufgebaut sind (*Repräsentation*). Die Annahmen bzgl. der Funktionsmechanismen dimensionsbasierter Modelle der *Aufmerksamkeit* (= A.) lassen sich am besten anhand von Modellen erläutern, die die empirische und theoretische Arbeit maßgeblich beeinflusst haben. Die *Theorie der gesteuerten Suche* (Wolfe 1994) geht davon aus, dass zu topografisch organisierten Repräsentationen von Merkmalen dimensionsspezifische Repräsentationen der Auffälligkeit einzelner Objekte abgeleitet werden, die nur noch den Kontrast zw. den Merkmalen innerhalb einer Dimension reflektieren und deshalb als (merkmalsunspezif.) Kontrast- oder *Salienz*signale bez. werden. Die Salienzaktivierungen sind auch wieder topografisch organisiert, vergleichbar mit geografischen Höhenlinienkarten. Je größer der Kontrast zw. den Merkmalen eines Objekts zu denen seiner Nachbarn (z. B. rot und grün im Vergleich zu rot und orange) in einer visuellen Szene ist, desto höher ist seine resultierende Salienzaktivierung. Die Ausrichtung fokaler A. (*Aufmerksamkeit, selektive*) wird durch die Stärke der Gesamtsalienz gesteuert, d. h. dem Salienzsignal, das durch die topografische Integration dimensionsspezifischer Salienzsignale in eine Gesamtkartenrepräsentation entsteht. Dabei wird der Fokus der A. zuerst auf den Bereich mit der höchsten Gesamtsalienz gelenkt. Entspricht das Objekt an diesem Ort nicht dem gesuchten *Zielreiz*, so wird die fokale A. an den Ort mit der nächsten Gesamtaktivierung gelenkt – und so fort, bis der Zielreiz gefunden ist oder alle Orte abgesucht wurden. Unterscheidet sich ein einzelnes Objekt in sehr auffälliger Weise von anderen Objekten einer Szene, in einer Dimension (z. B. Farbe) oder mehreren Dimensionen gleichzeitig (z. B. Farbe und Orientierung), so generiert es eine bzw. mehrere dimensionsspezif. Salienzaktivierungen und somit ein starkes Gesamtsalienzsignal, auf das der Fokus der A. unmittelbar ausgerichtet wird – wodurch die schnelle und effiziente Entdeckung solcher Zielobjekte erklärt wird. Unterscheidet sich ein Zielobjekt nur durch eine Kombination von z. B. zwei kritischen Merkmalen von anderen Objekten, so reduziert sich die Differenz in der Gesamtsalienz zw. dem Zielobjekt und den anderen Objekten (die jew. nur ein kritisches Merkmal besitzen). Da die Salienz durch Rauschen im System moduliert wird, kann es zu mehreren relativ hohen Aktivierungen auf der Gesamtsalienzkarte kommen, wobei die höchste Aktivierung nicht notwendigerweise dem gesuchten Objekt entspricht. Dadurch werden den u. U. mehrere zeitaufwendige Suchschritte notwendig. Insbes. bei solchen komplexen Suchen ist Vorwissen über die definierenden Merkmale eines gesuchten Objekts ein wichtiger Teilmechanismus, mittels dessen die Detektoren der kritischen Merkmale parallel über das visuelle Feld hinweg gewichtet werden, um deren *Encodierung* zu befördern. Belege für dimensionsspezif. Gewichtung und Integration von Salienzsignalen ergeben sich u. a. aus Befunden, denen zufolge ein Wechsel der kritischen Zielreizdimension (z. B. von Orientierung nach Farbe), nicht aber ein Wechsel des kritischen Merkmals innerhalb einer Dimension (z. B. von rot nach grün) von einer Suchepisode zur nächsten zu Kosten in der Entdeckung des Zielobjekts führt; zudem, dass die Entdeckung von Zielobjekten, die sich in mehreren Dimensionen von den anderen Objekten unterscheiden, koaktiv beschleunigt erfolgt im Vergleich zu Zielobjekten, die nur in einer Dimension def. sind; dagegen findet sich keine Evidenz für Koaktivation, d. h. Signalintegration, wenn sich Zielobjekte lediglich durch mehrere Merkmale innerhalb einer Dimension von den anderen Objekten im Feld unterscheiden. Solche Befunde sprechen für Mechanismen dimensionsbasierter A., die insges. basaler sind als merkmalsbasierte Mechanismen (so z. B. ist es schwierig, seine A. auf das spezif. Merkmal rot zu richten, ohne sie auf die umfassendere Dimension Farbe zu richten). Müller & Krummenacher 2006.

J. Krummenacher/H. J. Müller

Aufmerksamkeit, distributive [engl. *distributive attention*; lat. *distribuere* verteilen], **[KOG]**, der Begriff bez. die Ausrichtung der *Aufmerksamkeit* auf mehrere *Stimuli* gleichzeitig. Bei der theoretischen Erklärung von Selektionsprozessen wird häufig angenommen, dass es einen einzigen Fokus der Aufmerksamkeit gibt (*Aufmerksamkeit, selektive*), der die aktuell handlungsrelevante Information selektiert, während andere Informationen deselektiert werden. Diese Annahme scheint in Anbetracht des alltäglichen menschlichen *Verhaltens* nicht vollst. zu sein. Um die Limitation zu umgehen, wird mehr oder weniger explizit argumentiert, dass bei gleichzeitiger Verarbeitung mehrerer Stimuli die Verarbeitung des einen Stimulus teilweise oder vollst. automatisiert ist, sodass keine oder nur sehr wenig fokale Aufmerksamkeit für dessen Verarbeitung erforderlich ist. Alternativ wurde in Studien, in denen Signale in zwei Kanälen überwacht werden mussten (*Aufmerksamkeit, Filtertheorie*), die Fähigkeit dazu mit einem rasch wiederholten Wechsel (*Multiplexing*) zw. den Kanälen erklärt, der allerdings mit Kosten verbunden ist. Determinanten der *Leistung* in solchen Mehrfachaufgaben sind die Aufgabenähnlichkeit, die Übung (*Üben*) und die Aufgabenschwierigkeit. Aufgabenähnlichkeit kann i. S. einer Überschneidung (zwei auditive Stimuli) bzw. Trennung (ein auditiver und ein visueller Stimulus) der beteiligten Eingangs- bzw. Ausgangsmechanismen verstanden werden. Bei der Determinante Übung ist die Automatisierung und die damit verbundene Reduzierung von Verarbeitungsressourcen ausschlaggebend, wobei freie Ressourcen (*Ressource*) zur Kontrolle einer weniger stark automatisierten Aufgabe eingesetzt werden können. *H. J. Müller/J. Krummenacher*

Aufmerksamkeit, Filtertheorie [engl. *filter model/theory of attention*], **[KOG, WA]**, die Filtertheorie (= F., Broadbent 1958) fasst drei grundlegende empirische Ergebnisse zu einer der ersten theoretischen Erklärungen der *Aufmerksamkeit* zus. Die F. ist auch für aktuelle kogn. Ansätze relevant, indem sie die Informationsselektion vermittels paralleler und serieller Verarbeitungsstufen bzw. -mechanismen erklärt sowie die Existenz eines Verarbeitungsengpasses postuliert, der relativ früh, d. h. innerhalb des perzeptuellen Teils des kogn. Systems, angesiedelt ist. Die Grundlagen der F. sind Untersuchungen zum dichotischen Hören (*dichotisch*, Cherry 1953), in denen Nachrichten an die beiden Ohren dargeboten werden, von denen eine zu verfolgen ist; die Frage ist, welche Aspekte der nicht verfolgten Nachricht Pbn berichten können. Dabei zeigte sich, dass physikal. Eigenschaften des *Stimulus* eine entscheidende Rolle bei der Selektion bzw. Deselektion von sensorischen Informationen zukommt. Eine zweite Grundlage ist die *psychologische Refraktärperiode*, eine Beschränkung in der Informationsverarbeitungskapazität, die sich in längeren einfachen *Reaktionszeiten* auf den zweiten von zwei mit kurzer Verzögerung hintereinander dargebotenen Stimuli manifestiert, wenn die Verzögerung (*stimulus-onset asynchrony (SOA)*) kürzer wird. Die verlängerten Reaktionszeiten wurden als durch einen Engpass (*Flaschenhals (bottleneck) der Informationsverarbeitung*) im Verarbeitungssystem verursacht interpretiert, der zur Folge hat, dass die Verarbeitung des ersten Reizes abgeschlossen sein muss, bevor die des zweiten Reizes beginnen kann. Eine dritte Grundlage sind Ergebnisse zum *Split-Span-Paradigma*.

Broadbent integrierte die drei Befunde in eine theoretische Erklärung i. R. des Informationsverarbeitungsansatzes. Gemäß Filtertheorie gelangen zwei gleichzeitig dargebotene Eingangsreize parallel und gleichzeitig in einen sensorischen Speicher (*Gedächtnis*). Nur einer der Stimuli passiert auf der Grundlage seiner physikal. Merkmale einen Filter, der nur für Stimuli mit entspr. Merkmalen durchlässig ist. Der zweite, an der Weiterverarbeitung gehinderte Stimulus verbleibt kurze Zeit für evtl. späteren Zugriff im Speicher. Der Filter war Broadbents Ansicht nach notwendig, um ein kapazitätslimitiertes, strikt serielles Verarbeitungssystem (*limited-capacity channel*) jenseits des Filters vor Überlastung zu schützen; ein Stimulus, der den Filter durchläuft, wird dann von diesem Verarbeitungssystem gründlich, d. h. bis zu einer semantischen Repräsentation, verarbeitet (*Aufmerksamkeit, Theorie der späten Selektion*). *Aufmerksamkeit, Attenuationstheorie*. H. J. Müller/J. Krummenacher

Aufmerksamkeit, fronto-parietales kortikales Netzwerk [engl. *attention, frontoparietal cortical network*], [**BIO, KOG, WA**], die Verwendung von bildgebenden und psychophysiologischen Verfahren (*bildgebende Verfahren, psychophysiologische Methodik*) wie der funktionellen Magnetresonanztomografie (*funktionelle Magnetresonanztomografie*, fMRT) oder der Elektroenzephalografie (EEG, *Elektrodiagnostik*) zus. mit der Untersuchung von Beeinträchtigungen wie etwa dem Halbseiten-*Neglect* in der Aufmerksamkeitsforschung zeigte, dass *Aufmerksamkeit* (= A.) durch mehrere Areale in versch. Gehirnregionen (*Gehirn*) vermittelt wird. Ausgehend von der Unterscheidung in einen dorsalen und einen ventralen Verarbeitungspfad (*dorsaler Pfad, ventraler Pfad*) zur Verarbeitung von Lokalisierungs- und Identitätsinformation (Mishkin et al. 1983), wurde in einem integrierenden theoretischen Ansatz (Corbetta & Shulman 2002) vorgeschlagen, dass die räumliche Verschiebung des A.fokus durch eine Interaktion frontaler und parietaler Areale vermittelt wird. Ein bilaterales dorsales Netzwerk (die intra-parietalen Sulci (IPS) und die *Frontal Eye Fields* (FEF) umfassend) vermittelt dabei primär willentliche bzw. intentionsgesteuerte A.verlagerungen, und ein rechtslateralisiertes ventrales Netzwerk (bestehend aus der temporo-parietalen Verbindungsregion (TPJ) und dem ventralen frontalen Kortex (VFC)) kontrolliert die Orientierung der A. auf nicht beachtete bzw. unerwartet auftauchende *Stimuli*. Die Darbietung symbolischer Hinweisreize (*cue, Aufmerksamkeit, ortsbasierte*) zieht erhöhte Aktivierung im dorsalen Netzwerk nach sich; bzgl. der Funktion wird angenommen, dass bilateral von den frontalen Augenfeldern (FEF) Kontrollsignale, welche die zu beachtende Position im Raum spezifizieren, an den Bereich um die Sulcos intraparietales übertragen werden, die IPS wiederum «fokussieren» die Verarbeitung im visuellen Kortex auf die durch den Hinweisreiz indizierte Position. Das dorsale Netzwerk scheint also ausschließlich die Kontrolle willentlicher A.verschiebungen zu vermitteln. Das ventrale Netzwerk ist, im Ggs. zum bilateralen dorsalen Netzwerk, stark auf die rechte Gehirnhemisphäre lateralisiert und wird nach der Registrierung von *Zielreizen* aktiviert, die an unbeachteten bzw. unerwarteten Positionen erscheinen, während die Darbietung von Hinweisreizen vor der eigentlichen Aufgabe keine Aktivierung nach sich zieht. Es wird angenommen, dass im ventralen Netzwerk der VFC die «Neuheit» von Stimuli bewertet wird, während die TPJ eher deren Relevanz hinsichtlich der aktuellen Aufgabe vermittelt. Eine weitere wichtige Funktion des ventralen Netzwerks liegt darin, die normale Funktion des dorsalen Netzwerks zu unterbrechen, wenn ein aufgabenrelevanter Stimulus außerhalb des aktuellen A.fokus entdeckt wird. Dies geschieht durch die Übermittlung eines Signals von der *ventralen* TPJ an den *dorsalen* IPS, wodurch die A. vom aktuellen Ort abgelöst und auf den neuen Stimulus ausgerichtet wird. J. Krummenacher/H. J. Müller

Aufmerksamkeit, Kapazitätstheorie der (= K.) [engl. *capacity theory of attention*], [**KOG**], Theorien, vertreten z. B. von Massaro (1989) und Posner (1978), die Aufmerksamkeitsphänomene (*Aufmerksamkeit*) weder mit Filterungsprozessen (Broadbent 1958, Deutsch & Deutsch 1963, Norman 1968 oder Treisman 1969) noch mit einer Aufteilung in präattentive und synthetisierende Stufen (Neisser 1974), sondern mit der reiz- und aufgabenabhängig steuerbaren Zuweisung nur beschränkt vorhandener unspezifischer Verarbeitungskapazität (Massaro) oder Verarbeitungswege (*pathways*, Posner) erklären. Die K. kann eine Reihe von Daten besser erklären als die genannten Alternativen, z. B. die Reservekapazität (*spare capacity*) und semantische Effekte in der *shadowing*-Aufgabe. Sie ist

aber in der Gefahr einer Tautologisierung, weil in jeder kogn. Begrenzung eine Nichtzuweisung kogn. Ressourcen gesehen werden kann, die erst erklärt werden müsste. Den Ausweg zeigt die Handlungstheorie der *selektiven Aufmerksamkeit*, selection for action; Allport 1993). *präattentiver Prozess. Flaschenhals (bottleneck) der Informationsverarbeitung.*
              W. Glaser

Aufmerksamkeit, Lichtkegelmetapher [engl. *attention, spotlight metaphor*; gr. μεταφέρειν (*metapherein*) übertragen, an einen anderen Ort tragen], *Aufmerksamkeit, Scheinwerfermetapher.*

Aufmerksamkeit, objektbasierte [engl. *object-based attention*], **[KOG, WA]**, Modelle objektbezogener *Aufmerksamkeit* (= A.) gehen davon aus, dass nicht alle sich an einem best. Ort befindlichen Stimuli (*Aufmerksamkeit, ortsbasierte*) selektiert werden, vielmehr werden best. Objekte selektiert und andere werden ignoriert. In einem Ansatz, der überzeugende empirische Evidenz für die Existenz eines Mechanismus objektbasierter Selektion erbracht hat, bekamen die Pbn für sehr kurze Zeit zwei einander überlagernde Objekte zu sehen, über deren visuelle Attribute sie entweder ein Urteil oder aber zwei Urteile abgeben mussten (Duncan 1984). Der entscheidende Unterschied in der *Leistung* hing davon ab, ob sich die zwei Urteile auf ein einziges oder auf beide Objekte bezogen. Die Genauigkeit von zwei Urteilen bzgl. ein und desselben Objekts war nicht geringer als die Genauigkeit eines einzigen Urteils. Bezog sich jedoch ein Urteil auf ein Objekt und das andere auf das andere Objekt, so war die Genauigkeit der Urteile reduziert, insbes. die Genauigkeit des jew. zweiten Urteils. Dieses Ergebnismuster legt den Schluss nahe, dass die entscheidende Limitation bei der Selektion visueller Information nicht etwa der Ort ist, vielmehr kann zu einem gegebenen Zeitpunkt nur ein einzelnes Objekt selektiert werden. Objektbasierte A. ermöglicht den Zugriff auf die einzelnen Merkmale (Farbe, Größe, Orientierung etc.) des selektierten Objekts. Einer der aktuell einflussreichsten objektbasierten Ansätze ist die *Theorie der visuellen A.* (TVA, Bundensen 1990). In der TVA wird davon ausgegangen, dass die Selektion von Objekten äquivalent ist mit deren *Repräsentation* im Kurzzeitgedächtnis (*Gedächtnis*). Nur im Kurzzeitgedächtnis repräsentierte Information wird bewusst und kann das Verhalten steuern. Die TVA geht davon aus, dass die Selektion von Objekten durch zwei Mechanismen bzw. Verarbeitungsstufen vermittelt wird. In einem ersten Verarbeitungsschritt erfolgt ein paralleler Vergleich (*matching*) von Repräsentationen von Objekten im visuellen Feld und Repräsentationen im visuellen Langzeitgedächtnis. Das Ergebnis des Vergleichs ist ein sog. Evidenzwert; dieser drückt für jedes in der visuellen Szene enthaltene Objekt aus, wie hoch dessen Evidenz ist, zu einer best. Kategorie zu gehören (z. B. zur Kategorie der Buchstaben oder der Ziffern). Die Stärke der Evidenz wird best. durch den Grad der Übereinstimmung zw. der Repräsentation der Stimuli im visuellen Feld und der Langzeitgedächtnis-Repräsentation; der Evidenzwert ist obj. insofern, als dass er von Eigenschaften des Stimulus, wie etwa dessen Sichtbarkeit (Kontrast) abhängt.

In einem zweiten Verarbeitungsschritt treten die *Kategorisierungen* der ersten Stufe in einen Wettlauf um die Repräsentation im kapazitätslimitierten visuellen Kurzzeitgedächtnis. Überschreitet die Anzahl vorliegender Kategorisierungen die Kapazität des Kurzzeitgedächtnisses, so gehen die überzähligen Kategorisierungen verloren. Gemäß der TVA sind Kategorisierungen durch best. Verarbeitungsraten charakterisiert, die neben dem Evidenzwert durch zwei weitere Parameter best. sind: der *Pertinenz* und dem *bias*. Pertinenz und *bias* resultieren aus zwei Selektionsmechanismen: der Selektion von Merkmalen (*filtering*) einerseits und der Selektion von *Kategorien* (*pigeonholing*) anderseits; beide Werte sind subj., da sie von Erwartungen hinsichtlich des Auftretens von Merkmalen und Kategorien beeinflusst sind. Wichtig ist, dass die TVA annimmt, dass Selektion sowohl die Verarbeitung sensorischer Stimuli als auch die Aktivierung von Langzeitgedächtnisinhalten erfordert.
         J. Krummenacher/H. J. Müller

Aufmerksamkeit, ortsbasierte [engl. *attention, space-based*], **[KOG, WA]**, Modelle ortsbasierter *Aufmerksamkeit* (= A.) gehen davon aus, dass alle sich innerhalb eines umschriebenen räumlichen Bereichs befindlichen *Stimuli* selektiert werden (auch ohne dass das Auge direkt dorthin gerichtet wird; sog. *verdeckte A.*) und dass sich außerhalb dieses Orts prioritärer Verarbeitung befindliche Reize nicht oder nur in abgeschwächter Form verarbeitet werden. Ortsbasierte A. und die ihr zugrunde liegenden Selektionsmechanismen werden mithilfe des Paradigmas räumlicher Hinweisreize (*cue*) untersucht. Der Pb fixiert einen Punkt auf einem Bildschirm, links oder rechts des Punkts wird ein visueller Stimulus dargeboten, und die Aufgabe des Pb besteht darin, mit einem Tastendruck so schnell wie möglich auf das Aufscheinen des Stimulus zu reagieren. Wird vor der Präsentation des Stimulus ein Hinweisreiz dargeboten, z. B. ein Pfeil nach links oder rechts an der Stelle des Fixationspunkts (zentraler, symbolischer Hinweisreiz) oder ein kurzzeitiges Aufleuchten am Erscheinungsort des Stimulus selbst (peripherer, direkt-sensorischer Hinweisreiz), so ist die *Reaktionszeit* auf den Stimulus verkürzt; weist der Hinweis jedoch auf einen Ort, an dem der Stimulus nicht erscheint, so steigt die Reaktionszeit an. Die zeitlichen Nutzen bzw. die zeitlichen Kosten valider bzw. invalider Hinweisreize werden dadurch erklärt, dass der Fokus der A., d. h. die prioritäre Verarbeitung mit dem Erscheinungsort des Stimulus übereinstimmt (im Falle eines valide Hinweisreizes) oder erst mit einem Zeitaufwand dorthin verschoben werden muss (im Falle eines invaliden Hinweisreizes). Metaphorisch wird der räumliche Fokus der A. häufig i. S. eines «Lichtkegels» (*spotlight*, *Aufmerksamkeit, Scheinwerfermetapher*) oder einer variablen «Gummilinse» (*zoom lens*) konzipiert.

Eine A. zu einem best. Ort kann auf die Darbietung eines symbolischen Hinweisreizes hin endogen (willentlich verursacht) erfolgen, oder sie kann exogen, durch das Aufscheinen eines (Hinweis-)Reizes, verursacht werden. Untersuchungen zur Interaktion zw. willentlicher und reizgetriebener A.verschiebung zeigen, dass diese durch zwei komplementäre Mechanismen vermittelt werden. Endogene Verlagerungen des Orts der prioritären Verarbeitung haben eine relativ lange Latenz (200 ms), können längerfristig aufrechterhalten werden (< 500 ms) und sind insges. durch eine kontrollierte Funktionsweise charakterisiert; dagegen zeigen exogene Verschiebungen eine kurze Latenz (50 ms) relativ zum Auftauchen des Auslösereizes, einen transienten Aktivierungsverlauf (50–200 ms) und laufen insges. quasiautomatisch ab. Der exogen initiierte Mechanismus ist u. U. in der Lage, sich gegenüber dem endogenen Mechanismus durchzusetzen; ein auffälliger exogener Reiz kann also eine willentlich geplante aktuelle Handlung unterbrechen (Müller & Rabbitt 1989). Wichtig ist, dass örtliche A.verlagerungen auch verdeckt, d. h. ohne Augenbewegungen erfolgen können, obwohl die Mechanismen der ortsbasierten A. und der Augenbewegungssteuerung eng miteinander zus.hängen. *Aufmerksamkeit, objektbasierte*, *Aufmerksamkeit, dimensionsbasierte*. Posner & Cohen 1984.

J. Krummenacher/H. J. Müller

Aufmerksamkeit, Scheinwerfermetapher (= S.) [engl. *spotlight of attention*; gr. μεταφέρειν (metapherein) an einen anderen Ort tragen, übertragen], [**KOG, WA**], die S. vergleicht die Selektionsfunktion der visuell-räumlichen *Aufmerksamkeit* mit einem Scheinwerfer oder Lichtkegel, der willkürlich auf Orte im visuellen Feld gerichtet werden kann. Die S. wird u. a. als Erklärung für die Wirkung von Hinweisen (*cue*) bez. der möglichen Position eines zu verarbeitenden Zielreizes eingesetzt (*Posner-Paradigma*). Tiffin et al. 1946.

P. Wühr

Aufmerksamkeit, selektive [engl. *selective attention*; lat. *seligere* auswählen], [**KOG, WA**], die Selektionsfunktion der *Aufmerksamkeit* (= A.) ist eine der zentralen kogn. menschlichen Fähigkeiten (*Kognition*). Sie vermittelt die Selektion best., für zielgerichtetes *Denken* und Handeln (*Handlung*) relevanter sensorischer Informationen bzw. die Deselektion nichtrelevanter Information. Modelle selektiver A. gehen davon aus, dass die Verarbeitung sensorischer Information zwei aufeinanderfolgende Stufen umfasst. In einem ersten Schritt rufen alle Informationen, die ein *Sinnesorgan* erreichen, eine Sinnesreaktion hervor und werden kurzfristig gespeichert; man spricht von paralleler Verarbeitung. In einem zweiten Schritt werden mithilfe eines spezif. Mechanismus bestimmte Informationen zur Steuerung zielgerichteten Verhaltens selektiert. Es wird von versch. möglichen Selektionsmechanismen ausgegangen. Ein ortsbasierter Mechanismus selektiert alle Information, die sich innerhalb eines definierten räumlichen Bereichs befinden; ein objektbasierter Mechanismus selektiert innerhalb eines definierten Bereichs best. Objekte, während andere Objekte ignoriert werden; ein merkmalsbasierter Mechanismus selektiert ein best. Merkmal, wie etwa eine best. Farbe. Orts-, objekt- bzw. merkmalsbasierte Selektion ist serieller Natur, d. h., die Menge der selektierten Information ist stark limitiert. Es wird davon ausgegangen, dass nur ein Objekt (objektbasiert) bzw. alle Instanzen eines Merkmals, bspw. alle Objekte einer best. Farbe, Orientierung oder Größe (merkmalsbasiert) selektiert werden können.

Einflussreiche Modelle selektiver A. wie die *Merkmalsintegrationstheorie* (Treisman & Gelade 1980) gehen davon aus, dass die Selektion in zwei aufeinanderfolgenden Verarbeitungsstufen erfolgt. In einer ersten Stufe werden die einzelnen Merkmale aller sich in einer visuellen Szene befindlichen Objekte in einer topografischen, d. h. in einer die räumlichen Relationen der Objekte im Kontext aufrechterhaltenden Weise in merkmalsspezifischen Karten repräsentiert, d. h., für jedes Merkmal existiert eine Karte. Ein Objekt, das durch ein auffälliges Merkmal aus einer Anordnung anderer Objekt heraussticht und dadurch eine einzelne *Repräsentation* in einer der Merkmalsrepräsentationen generiert, löst direkt eine Antwort aus. Die Verarbeitung von Objekten, die sich durch Merkmalskombinationen von anderen Objekten in einer visuellen Szene unterscheiden, erfordert die Integration der Merkmale, was durch die Ausrichtung fokaler A. auf jew. korrespondierende Orte versch. Merkmalsrepräsentationen vermittelt wird. Green & Bavelier 2003.

J. Krummenacher/H. J. Müller

Aufmerksamkeit, selektive; Entwicklung (= s. A.) [engl. *development of selective attention*], [**EW, KOG**] ist die Fähigkeit, seine *Aufmerksamkeit* auf spezif. Objekte oder Ereignisse auszurichten und gleichzeitig andere Vorgänge in der Umwelt als irrelevant zu ignorieren. Man unterscheidet drei Aufmerksamkeitssysteme, die nach Ruff & Rothbart (1996) in der frühen Kindheit entstehen. Das *posteriore, reaktive Aufmerksamkeitsnetzwerk* besteht aus dem «Wo»- und dem «Was»-Netzwerk. Das Wo-Netzwerk dient der Orientierung hin auf Ereignisse oder Objekte. Das Was-Netzwerk dient der Exploration dieser Ereignisse oder Objekte. Das reaktive Aufmerksamkeitssystem steuert die kindliche Aufmerksamkeit zw. ca. drei und neun Lebensmonaten. Es bewirkt, dass Säuglinge ihre Aufmerksamkeit auf neue Aspekte ihrer Umwelt richten. Mit neun bis zwölf Monaten wird das *anteriore, exekutive Aufmerksamkeitssystem* funktional. Es dient der willentlichen Steuerung der Aufmerksamkeit und kontrolliert das reaktive Aufmerksamkeitssystem. Es sorgt dafür, dass die Aufmerksamkeit über einen längeren Zeitraum hinweg auf ein Objekt oder Ereignis fokussiert werden kann. Ein drittes Aufmerksamkeitssystem ist das der *wachen Aufmerksamkeit/Alarmbereitschaft* i. S. eines Erregungszustandes, der eine effiziente Verarbeitung von Informationen sicherstellt. Die s. A. entwickelt sich in der Vorschul- und Schulzeit weiter. Diese lange Entwicklung ergibt sich aus der gleichfalls langen Entwicklungszeit des frontalen Kortex, der eine wesentliche Determinante der s. A. ist.

M. Kavšek

Aufmerksamkeit, Theorie der späten Selektion [engl. *late selection theory of attention*; lat. *seligere* auswählen], [**KOG, WA**], während Modelle der *Aufmerksamkeit* wie die Filter- (*Aufmerksamkeit, Filtertheorie*) oder die Attenuationstheorie (*Aufmerksamkeit, Attenuationstheorie*) vorschlagen, dass eine auf physikal. Merkmalen des *Stimulus* basierende Selektion früh im Verarbeitungsstrom i. S. einer perzeptuellen Selektion erfolgt, geht ein alternativer Ansatz davon aus, dass Selektion erst auf einer späten, mit der *Reaktion* assoziierten Ebene erfolgt (Deutsch & Deutsch 1963). Diesem Konzept der handlungssteuernden Selektion zufolge werden alle Eingangsreize durch perzeptuelle und diskriminatorische Mechanismen vollst. analysiert, unabhängig davon, ob ihnen Aufmerksamkeit zugewiesen wird oder nicht. Ob die Reize danach weiter verarbeitet werden, d. h., ob sie bspw. ins *Gedächtnis* gespeichert oder zur Kontrolle von motorischen Handlungen (*Motorik*) eingesetzt werden, hängt von ihrer Relevanz für die momentane Aufgabe bzw. die akt. Handlungsziele (*Ziele*) ab. Die Bestimmung der Relevanz für eine große Menge von Eingangsreizen erfordert einen effizienten Gewichtungsprozess. Prinzipiell gibt es zwei mögliche Mechanismen: ein seriell arbeitender Prozess, der einen Reiz nach dem anderen auf seine Relevanz hinsichtlich aktueller Ziele hin untersucht – wobei freilich kaum vorstellbar ist, dass ein solcher Prozess die notwendigen multiplen Vergleiche in der extrem kurzen Zeit leisten kann, die die Wahrnehmung und Erkennung von Reizen in Anspruch nimmt. Die Alternative ist ein paralleler Prozess, der alle Eingangsreize schnell und effizient analysiert. Die Funktionsweise eines solchen Prozesses lässt sich nach Deutsch & Deutsch (1963) anhand der folg. Analogie illustrieren: Der größte Schüler in einer Klasse kann durch das Absenken einer einzigen Messlatte über den Köpfen aller aufgereihten Schüler ermittelt werden: Der Schüler, dessen Kopf zuerst die Latte berührt, ist der größte. Theoretische Ansätze der späten Selektion müssten also nach empirischer Evidenz für die Existenz geeigneter Mechanismen paralleler Gewichtung suchen, mit denen zeitintensive multiple serielle Vergleiche umgangen werden können. Ein sehr häufig und mit großem Erfolg verwendeter empirischer Ansatz liegt darin, Leistungsaspekte, meist *Reaktionszeit*komponenten zu identifizieren, die mit perzeptuellen oder aber reaktionsvorbereitenden bzw. -ausführenden Prozessen assoziiert werden können. Durch exp. Manipulationen verursachte Modulationen der perzeptuellen Verarbeitung sprechen dabei für eine frühe Selektion, während Veränderungen auf der Reaktionsebene für späte Selektion sprechen. *H. J. Müller/J. Krummenacher*

Aufmerksamkeit, verdeckte [engl. *covert attention*], *Aufmerksamkeit, ortsbasierte*.

Aufmerksamkeit, werbepsychologisch (= A. w.) [engl. *attention, psychology of advertising*], [**KOG, WIR**], im werbepsychol. Kontext (*Werbepsychologie*) bezieht sich auf Aspekte der *Aufmerksamkeit* von Personen, während sie mit einer Marketingbotschaft in Kontakt kommen. Von werbepsychol. Interesse sind sowohl die Selektionsfunktion der A. (Worauf wird A. gerichtet?) als auch die Intensität der A. (Wie intensiv wird der A.gegenstand betrachtet?). Zentrale Prädiktoren (*Prädiktor*) der A. sind Eigenschaften der Marketingbotschaft und Eigenschaften der Marke (z. B. Bekanntheit und Image). Beispielhafte Fragestellungen der Praxis betreffen das Layout, die Positionierung von Anzeigen oder Bannern und die Platzierung des Logos. Auf wiss. Seite interessiert z. B., ob erotische Elemente (*Werbung, erotische*) wirklich A. auf die Werbebotschaft lenken oder die Frage, ob Werbebotschaften bekannter Marken mehr A. zukommt. Zentrale Moderatoren (*Moderatorvariable*) der A. sind Eigenschaften der Rezipienten, des Mediums und konkurrierender Medienbotschaften. So können demografische Merkmale, Persönlichkeitseigenschaften (*Persönlichkeitsmerkmal*) sowie Motive (*Motiv*) und Einstellungen (*Einstellung*) der Rezipienten die A.wirkung von Marketingbotschaften verändern. Erfasst wird A. meist mit apparativen Verfahren i. R. von *Aufmerksamkeitstests, werbepsychologisch*. Singh et al. 2015. *R. Singh/A. S. Göritz*

Aufmerksamkeit, zeitliche [engl. *temporal attention*], [**KOG**], zeitliche *Aufmerksamkeit* (= A.) bez. die zeitlich selektive, vorübergehende Verbesserung best. kogn. Prozesse (*Kognition, Denken*). Man unterscheidet dabei zw. allg. zeitlicher A. und spezif. zeitlicher A.. Allgemeine zeitliche A. besteht in der zeitlich selektiven Verbesserung der Reizverarbeitung (*Reiz*), wenn der Auftretenszeitpunkt des Reizes vorhersehbar ist. Man spricht dabei auch von der Orientierung der A. auf einen best. Zeitpunkt. Der Zeitpunkt ist dabei immer relativ zum Beginn eines markierten (z. B. durch ein Warnsignal) Zeitintervalls. Das einem *Zielreiz* vorausgehende Zeitintervall wird dabei als *Vorperiode* (*Foreperiod*) bez. Allgemeine zeitliche A. kann bewusst gesteuert werden. Wenn z. B. ein Zielreiz nach einem in seiner Dauer zufällig variierenden Intervall präsentiert wird, verarbeiten Vpn den Zielreiz besser, wenn die Dauer des Intervalls im aktuellen Trial vorher bekannt gegeben wird (z. B. durch einen *cue*), als wenn die Vpn vorher keine Kenntnis von der Dauer haben. Neben der bewussten Orientierung anhand expliziter zeitlicher Vorinformationen bildet sich allg. zeitliche Erwartung auch automatisch durch Anpassung an die Wahrscheinlichkeit best. Auftretenszeitpunkte. Wenn bspw. eine von zwei variierenden Vorperioden wesentlich häufiger vorkommt als die andere, lernen Vpn automatisch ihre allg. zeitliche A. auf das Ende der häufigen Vorperiode zu orientieren (d. h., den Reiz an diesem Auftretenszeitpunkt besser zu verarbeiten). Wenn bei zufällig variierenden Vorperioden jedoch alle möglichen Vorperiodendauern gleich häufig vorkommen, dann nimmt die zeitliche A. während des Verstreichens der Vorperiode kontinuierlich zu, sodass Verarbeitungsleistungen nach langen Vorperioden besser sind als nach kurzen. Diesen Effekt bez. man als variablen Vorperiodeneffekt. Der variable Vorperiodeneffekt wurde in der klassischen Literatur zur zeitlichen A. durch die Zunahme der Wahrscheinlichkeit sofortigen Reizauftretens erklärt, welche stattfindet, wenn mehr und mehr potenzielle Auftretenszeitpunkte verstreichen. Neuere Forschungen legen jedoch nahe, dass der Effekt teilweise durch sequenzielle Modulation erklärt werden kann, da Reaktionen grundsätzlich verlangsamt sind, wenn die Vorperiode im vorhergehenden Trial länger dauerte als die aktuelle (Vorperiodensequenzeffekt). Allgemeine zeitliche A. unterliegt gewissen Ungenauigkeiten. Wenn z. B. die Vorperiode von Trial zu Trial konstant, und damit im Prinzip exakt vorhersagbar ist, werden Reize nach längeren Vorperioden schlechter verarbeitet als nach kürzeren (konstanter Vorperiodeneffekt). Dies wird i. Allg. auf die Ungenauigkeit der *Zeitwahrnehmung* zurückgeführt. Da kürzere Intervalle präziser geschätzt werden können, kann die zeitliche A. auf kürzere Vorperioden genauer orientiert werden. Spezifische zeitliche A. bez. nicht die Orientierung auf einen Auftretenszeitpunkt an sich, sondern auf eine Kombination von Zeitpunkt und Reiz, z. B. ein Kreis früh oder ein Quadrat spät. Spezifische zeitliche Erwartung wird hauptsächlich mittels des *Zeit-Ereignis-Korrelationsparadigmas* untersucht. Dabei werden unterschiedliche Vorperioden mit versch. Zielreizen gepaart, wobei die Zielreize mit den Vorperioden korrelieren. Spezifische zeitliche A. äußert sich dabei durch bessere Reizverarbeitung bei häufigen als bei seltenen Reiz-Vorperiode-Paarungen. Trotz umfangreicher empirischer Forschungen ist bisher weder für allg. noch für spezif. zeitliche A. abschließend geklärt, ob die verbesserte Reizverarbeitung auf sensorische, motorische oder noch andere kogn. Verbesserungen zurückzuführen ist. Folglich werden die Ausdrücke zeitliche Aufmerksamkeit, zeitliche Erwartung und zeitliche Vorbereitung in der Literatur oft bedeutungsgleich verwendet. Nobre & Coull 2010, Wagener & Hoffmann 2010. R. Thomaschke

Test Aufmerksamkeits-Belastungstest (d2-Test), 2002, R. Brickenkamp. 1. Aufl. 1962, [www.testzentrale.de], [**DIA, KOG, PER**]. Konzentrations-, Aufmerksamkeits- und Vigilanztest. AA von 9 bis 60 Jahren. Ermittlung der indiv. Aufmerksamkeit und Konzentrationsfähigkeit. Findet Verwendung in nahezu allen psychol. Arbeitsbereichen, bspw. in der Päd. Ps. (Erziehungsberatung), Schulps., Arbeits- und Betriebsps. (Berufsberatung, Eignungsdiagnostik), Verkehrsps., Klinischen Ps. Der d2 stellt eine standardisierte Weiterentwicklung der sog. Durchstreichtests dar. Er misst Tempo und Sorgfalt des Arbeitsverhaltens bei der Unterscheidung ähnlicher visueller Reize (Detail-Diskrimination). Inzw. liegt das Verfahren in engl., frz., tschechischer, spanischer, polnischer, dänischer und portugiesischer Sprache vor. Umfangreiche Prüfung von Testgütekriterien. *Normierung* für die Altersgruppen 9;0 bis 60;0 Jahren (N = 3236). Weitere Vergleichsmöglichkeiten mit anderen Stichproben (Bundesanstalt für Arbeit, frz. und US-amerikanische Normen).

Aufmerksamkeitsdefizit-/Hyperaktivitätsstörung (ADHS)

[engl. *attention deficit hyperactivity disorder (ADHD)*], [**KLI**], zählt zu den externalisierenden *Verhaltensstörungen*. Die Symptomatik wird von der Symptomtrias der *Unaufmerksamkeit, Hyperaktivität* und *Impulsivität* geprägt. Symptome der *Unaufmerksamkeit* werden im Alltag bspw. durch Unachtsamkeit bei der Bearbeitung von (Schul-) Aufgaben, einer starken Ablenkbarkeit, Schwierigkeiten in der (längerfristigen) Fokussierung auf eine konkrete Tätigkeit oder ein Spiel sowie Unorganisiertheit oder Vergesslichkeit bei der Erledigung von Alltagstätigkeiten deutlich. Symptome der *Hyperaktivität* finden in ausgeprägten Schwierigkeiten ruhig zu sitzen (insbes. in Situationen, in denen dies verlangt ist), einem exzessiven Bewegungsdrang, welcher im Jugend- und/oder Erwachsenenalter einer inneren Unruhe oder Anspannung weichen kann, sowie einem starken Redefluss und einer mangelnden Fähigkeit, sich ruhig mit einer Freizeitaktivität zu beschäftigen, ihren Ausdruck. Die *Impulsivität* ist durch eine mangelnde Fähigkeit, eine Aktivität aufzuschieben oder auch Schwierigkeiten abzuwarten, gekennzeichnet. Altersunabhängig fallen Betroffene anderen häufig ins Wort oder platzen mit einer Antwort heraus, noch bevor ein Satz beendet wurde.

Ätiologie: Die Ätiopathogenese einer ADHS wird als multikausal angenommen. Sie integriert sowohl genetische und neurobiologische Aspekte gleichermaßen sowie soziale und verhaltensrelevante Parameter. Studien zu genetischen Grundlagen einer ADHS belegen eine mittlere *Heritabilität* von etwa 76 % (Li et al. 2014). Einschlägige Studien fokussieren auf eine Vielzahl unterschiedlicher Kandidatengene, insbes. Gene, die einen Einfluss auf die dopaminerge, adrenerge und serotonerge Neurotransmission ausüben (*Dopamin, Adrenalin, Serotonin*). Im Kontext der Entstehung einer ADHS wird von einem Ungleichgewicht der *Neurotransmitter* ausgegangen, das die neuroanatomischen Regelkreise beeinflusst. Z. B. dopaminergen System: Aktivierungsdefizite im Bereich des Frontalhirns, des Striatum und des Cerebellums (*Gehirn*). Daraus resultieren funktionelle Beeinträchtigungen, die sich insbes. auf die Aufmerksamkeitsintensität (allg. Aktivierungsbereitschaft, Daueraufmerksamkeit und Vigilanz), Aufmerksamkeitsselektivität (Fokussierung, Aufmerksamkeitsteilung und Reizinhibition; *Aufmerksamkeit*), exekutive Funktionen (u. a. Handlungsplanung und -überwachung, Selbstregulation und Zielorientierung; *exekutive Dysfunktion*) und *Motivation* (z. B. mangelnde Fähigkeit, Belohnungsaufschub zu ertragen) auswirken können. Soziale und Umweltbedingungen haben einen genauso entscheidenden Anteil an der Entstehung der Störung. Als zentrale Risikofaktoren gelten Alkohol- und Nikotinkonsum während der Schwangerschaft, Geburtskomplikationen, ein niedriger sozialer Status der Familie, Familien mit nur einem alleinerziehenden Elternteil. Im Zuge der frühkindlichen Entwicklung sind (motorische) Entwicklungsstörungen (*Entwicklungsstörungen, umschriebene*) anzuführen, aber auch konkrete Verhaltensweisen, wie z. B. exzessives Schreien, hohe Irritabilität oder Schwierigkeiten der *Emotionsregulation* gelten als Risikofaktoren (Schmidt & Petermann 2008) zur Entwicklung einer ADHS. Zu allen Zeitpunkten kommt der Entwicklung der *Eltern-Kind-Beziehung* eine wesentliche Bedeutung zu. Erziehungsdefizite (insbes. inkonsistentes, bestrafendes, hilfloses Verhalten) genügen nicht als Ursache einer ADHS, können die Symptomatik jedoch ungünstig aufrechterhalten. Belohnendes/verstärkendes Verhalten (*operante Konditionierungsmethoden*) wird weniger gezeigt, was die Störung i. S. des vorab beschriebenen motivationalen Defizits aufrechterhält.

Klassifikation: Sowohl ICD-10 als auch DSM-5 (*Klassifikation psychischer Störungen*) sehen die Symptomtrias der *Unaufmerksamkeit, Hyperaktivität* und *Impulsivität* im Vordergrund. Unterschiede lassen sich jedoch in den Symptomkriterien der versch. Klassifikationssysteme finden, sodass die Beschreibung unterteilt erfolgt. Nach *ICD-10* besteht die Möglichkeit, im Abschnitt F90 (*Hyperkinetische Störungen*; s. Anhang I) in versch. Formen zu differenzieren: (1) *Einfache Aktivitäts- und Aufmerksamkeitsstörung* (F90.0; Unaufmerksamkeit, Hyperaktivität und Impulsivität sind gleichermaßen präsent); (2) *Hyperkine-*

tische Störung des Sozialverhaltens (F90.1; die Kriterien einer F90.0 und einer Störung des Sozialverhaltens sind erfüllt); *Sonstige hyperkinetische Störungen* (F90.8) und *nicht näher bezeichnete hyperkinetische Störungen* (F90.0), die sich zur Klassifikation eignen, wenn die Kriterien zu den oben genannten Störungen nicht umfassend erfüllt sind. Sollte eine Aufmerksamkeitsstörung vorliegen, die Kriterien zur Hyperaktivität jedoch nicht, dann besteht die Möglichkeit, aus dem Abschnitt F98 (*Andere Verhaltens- und emotionale Störungen mit Beginn in der Kindheit und Jugend*) folg. Störung zu kodieren: *Sonstige näher bezeichnete Verhaltens- und emotionale Störungen mit Beginn in der Kindheit und Jugend* (F98.8; *Aufmerksamkeitsstörung ohne Hyperaktivität*). Im *DSM-5* sind drei Störungsdimensionen ausschlaggebend: (1) *Gemischtes Erscheinungsbild* (F90.2; sowohl Unaufmerksamkeit als auch Hyperaktivität/Impulsivität sind erfüllt); (2) *Vorwiegend unaufmerksames Erscheinungsbild* (F90.0; Unaufmerksamkeit, aber nicht Hyperaktivität/Impulsivität sind erfüllt); (3) *Vorwiegend hyperaktiv-impulsives Erscheinungsbild* (F90.1; hier ist Hyperaktivität und Impulsivität vordergründig präsent, nicht aber die Unaufmerksamkeit). Zudem besteht die Möglichkeit, in Schweregrade zu unterteilen (*leicht*, *mittel* und *schwer*). Wenn ein Abklingen der Symptomatik in den letzten 6 Monaten beobachtet werden kann (die Kriterien sind nicht mehr vollst. erfüllt), ein Vollbild der Störung aber festzustellen war, dann darf die Störung in *Teilremission* kodiert werden. Voraussetzung ist allerdings, dass immer noch Leidensdruck festzustellen ist, der sich auf das soziale, schulische oder berufliche Funktionsniveau auswirkt. Sowohl ICD-10 als auch DSM-5 fordern, dass sich die ADHS auf versch. Lebensbereiche auswirken muss, damit die Kriterien als erfüllt gelten. Unterschiede bestehen allerdings mit Blick auf das Einstiegsalter: Während im ICD-10 die Symptomatik bereits vor dem 6. Lebensjahr aufgetreten sein muss, fordert das DSM-5 eine Erstmanifestation vor dem 12. Lebensjahr.

Prävalenz und Verlauf. Die weltweite *Prävalenz* der ADHS liegt im Kindesalter bei etwa 5%, bei Erw. bei etwa 2,5%. Im Kindesalter ist ein Geschlechtseffekt zu verzeichnen. Jungen sind mit einem Verhältnis von 2:1 häufiger betroffen als Mädchen. Im Erwachsenenalter ist das Geschlechterverhältnis etwas ausbalancierter. Männer sind aber auch hier in einem Verhältnis von 1,6:1 häufiger betroffen als Frauen. Das symptomatische Erscheinungsbild der Störung verläuft altersspezifisch, was nicht zuletzt auch damit zus.hängt, dass in den unterschiedlichen Altersgruppen versch. Anforderungen an die Aufmerksamkeitsleistungen gestellt werden. Im Vorschulalter dominieren Hyperaktivität und Impulsivität häufig die Smptomtrias. Hier ist anzuführen, dass weniger das Vorhandensein der Merkmale selbst, sondern vielmehr die dimensionale Ausprägung dieser im Vgl. zu anderen Gleichaltrigen entscheidend ist. Im Grundschulalter kommen – neben den Belastungen durch die ADHS-Symptome selbst – oft Probleme im Bereich schulischer *Fertigkeiten* hinzu, wodurch sich wiederum das Risiko weiterer komorbider Störungen erhöht (insbes. *Leistungsängste*, *affektive Störungen*); da eine *Störung des Sozialverhaltens* als häufigste komorbide Kondition vorliegt, ist oppositionell aggressives Verhalten bedeutsam. Die Symptomatik im Jugendalter erfährt einen bedeutsamen Einfluss durch die Pubertät und die damit verbundenen Entwicklungsaufgaben. Während die Hyperaktivität eher einer inneren Unruhe weicht, kommen oft *Substanzmissbrauch* oder *Delinquenz* hinzu. Hier ist der bes. Einfluss der *Peergroup* relevant: In Verbindung mit einer erhöhten Impulsivität kann das Risiko *dissozialer* Handlungen und Verhaltensweisen erhöht werden kann. Das Risiko der Entwicklung einer antisozialen *Persönlichkeitsstörung* kann zunehmen. Wesentliche Beeinträchtigungen im Erwachsenenalter ergeben sich häufig aus den zugrunde liegenden funktionellen Beeinträchtigungen durch ADHS, die daraus resultierenden Defizite werden aber häufig erst im Alltag ersichtlich, wodurch dann letztendlich der Leidensdruck entsteht. Hier sind Probleme durch desorganisiertes Verhalten zu nennen, die sich wiederum auf den Arbeitsplatz oder auch das Privatleben auswirken können. Eine ausgeprägte Impulsivität in Verbindung mit *Affektlabilität* und Schwierigkeiten bei der Kontrolle aversiver *Emotionen* führt häufig zu überschießenden und der Situation nicht angemessenen Reaktionen, wodurch zw.menschliche Beziehungen belastet werden können. Durch eine ausgeprägte Stressintoleranz werden zudem alltägliche Stressoren gleichermaßen unangemessen bewertet, was ebenfalls zu vgl.weise übertriebenen Reaktionen führen kann. Erwachsene, die bereits im Kindesalter eine komorbide Störung des Sozialverhaltens aufwiesen, tragen ein höheres Risiko, eine antisoziale Persönlichkeitsstörung zu entwickeln. Zudem steigt das Risiko, an einer *Borderline-Persönlichkeitsstörung* zu erkranken.

Diagnostik: ADHS ist ein mehrdimensionales Störungsbild. Im *diagnostischen Prozess* sollten vielfältige Methoden zum Einsatz kommen. Zur diagn. Abklärung der Symptomkriterien bieten sich standardisierte Fragebögen an, die – entspr. der diagn. Kriterien im Kindes- und Jugendalter – von Eltern, Lehrern und (ab einem best. Alter) von Kindern und Jugendlichen selbst ausgefüllt werden. Strukturierte *klinische Interviews* ermöglichen eine kriterienorientierte Erfassung der Störungssymptome nach ICD-10 und DSM-5. Zusätzlich zu den störungsspezif. Diagnostika müssen *Leistungstests* zum Einsatz kommen, die sich auf die Erfassung des kogn. Leistungsniveaus (*Intelligenzdiagnostik*), der Schulleistungen sowie (insbes. bei Vorschulkindern) auf den Entwicklungsstand beziehen. *Neuropsychologische Verfahren* eignen sich zusätzlich, um ergänzende Informationen zu funktionellen Beeinträchtigungen der Aufmerksamkeitsintensität, -selektivität und der exekutiven Funktionen zu erfassen. Eine *Verhaltensbeobachtung* i. R. der Untersuchung, aber ggf. auch in kritischen Situationen, wie z. B. dem Schulunterricht, liefert ebenfalls wichtige Erkenntnisse, die im erweiterten Kontext einer Therapie von Relevanz sind. I. R. der *Anamnese* sollten ADHS-spezif. Risikofaktoren Beachtung finden, die sowohl aufseiten des Kindes aber auch der Familie verortet sein können. Aufgrund der hohen *Erblichkeit* der

ADHS ist zu beachten, dass auch Eltern oder weitere Familienmitglieder von der Störung betroffen sein können. Gleichermaßen sollten (familiäre) Ressourcen (*Ressourcenorientierung*) im Fokus des diagn. Prozesses stehen, um Stärken zu identifizieren, die im späteren *therapeutischen Prozess* genutzt werden können. Der diagn. Prozess einer ADHS wird erschwert, da keine spezif. Diagnosekriterien für Erwachsene vorliegen. Bei der Entwicklung des DSM-5 wurde diesem Umstand entgegengetreten, jedoch sind die herangezogenen Kriterien weitestgehend die gleichen wie für Kinder und Jugendliche. Eine Expertengruppe erarbeitete mit Unterstützung der Deutschen Gesellschaft für Psychiatrie, Psychotherapie und Nervenheilkunde (DGPPN) eine Leitlinie, in welcher der diagn. Prozess einer ADHS im Erwachsenenalter beschrieben wurde (Ebert et al. 2003). Hier liegt ein bes. Augenmerk auf der erwachsenenspezif. Ausprägung der ADHS. Da auch bei Erwachsenen das klin. Bild der Störung im Vordergrund steht, sind auch hier primär standardisierte Verfahren und Interviews sowie ergänzend neuropsychol. Verfahren zu empfehlen. Ein bes. Augenmerk liegt hier auf der retrospektiven Erfassung von Symptomen in der Kindheit (sofern noch keine Diagnose einer ADHS gestellt wurde, ist der retrospektive Nachweis entspr. Symptome bei Erwachsenen obligatorisch). Zudem sollte in bes. Maße auf komorbide Störungen geachtet werden. *Aufmerksamkeitsdefizit-/Hyperaktivitätsstörung (ADHS), Psychotherapie, Aufmerksamkeitsdefizit-/Hyperaktivitätsstörung (ADHS), Psychopharmakotherapie.* S. Schmidt/F. Petermann

Aufmerksamkeitsdefizit-/Hyperaktivitätsstörung (ADHS), Psychopharmakotherapie [engl. *attention deficit hyperactivity disorder (ADHD), psychopharmacotherapy*], [**KLI, PHA**], die verfügbaren pharmakotherapeutischen Ansätze verfolgen bei der *Aufmerksamkeitsdefizit-/Hyperaktivitätsstörung (ADHS)* das Ziel, die dopaminerge (*Dopamin*) und/oder die noradrenerge (*Noradrenalin*) Neurotransmission zu verbessern. Zugelassen für die Behandlung im Kindes- und Jugendalter sind die Stimulanzien *Methylphenidat*, *Lisdexamphetamin* und *D-Amphetamin* sowie der *selektive Noradrenalinrückaufnahmehemmer (SNRI) Atomoxetin*. Für die Behandlung der ADHS im Erwachsenenalter haben Methylphenidat (als *Medikinet* adult und *Ritalin* adult) und Atomoxetin eine Zulassung. Dabei sind alle genannten Arzneimittel erst ab einem Alter von 6 Jahren zugelassen, und mit der Ausnahme von Atomoxetin unterliegt ihre Verschreibung der *Betäubungsmittel-Verschreibungsverordnung (BtmVV)*. In allen Altersgruppen gilt Methylphenidat als Medikament der ersten Wahl. Auch Atomoxetin hat die Einstufung als Substanz der ersten Wahl, insbes. bei komorbiden *Tic*- oder *Angststörungen* oder bei Vorliegen eines Substanzmissbrauchs oder einer *Abhängigkeit*. Atomoxetin hat jedoch geringere *Effektstärken* als Methylphenidat. Lisdexamphetamin und D-Amphetamin sind Medikamente der 2. bzw. 3. Wahl, wenn die Behandlung mit Methylphenidat und Atomoxetin unzureichend war. Im Erwachsenenalter können sie *off-label* angewendet werden. Off-label können auch *Antidepressiva* mit einem noradrenergen Wirkmechanismus (z. B. *Bupropion*, *Venlafaxin*) oder *Monoaminooxydasehemmer* (MAOH, *Moclobemid*, *Selegilin*, *Tranylcypromin*) zur Anwendung kommen. Auch das Stimulans *Modafinil* hat sich in mehreren placebokontrollierten *Doppelblindstudien* sowohl bei Kindern und Jugendlichen als auch bei Erwachsenen mit ADHS als wirksam erwiesen, die Substanz ist in dieser Indikation jedoch nicht zugelassen. Colla 2012. G. Gründer

Aufmerksamkeitsdefizit-/Hyperaktivitätsstörung (ADHS), Psychotherapie [engl. *attention deficit hyperactivity disorder (ADHD), psychotherapy*], [**KLI**], bei einer *Aufmerksamkeitsdefizit-/Hyperaktivitätsstörung (ADHS)* ist eine multimodale Behandlung erforderlich, die versch. therap. Ansätze miteinander verzahnt. Bei einer bes. schweren Ausprägung der Störung sollte neben der *Psychotherapie* auch eine pharmakotherap. Behandlung (*Aufmerksamkeitsdefizit-/Hyperaktivitätsstörung (ADHS), Psychopharmakotherapie*) erfolgen. Neben einer ausführlichen *Psychoedukation* stehen bei ADHS kind-, familien- und kindergarten-/schulzentrierte Behandlungsansätze im Vordergrund. Ziel ist es, direkt dort zu intervenieren, wo das Problemverhalten auftritt, und mittels unterschiedlicher therap. Techniken Alternativverhalten einzuüben. Dafür eignen sich verhaltenstherap. Techniken (*Verhaltenstherapie*), wie z. B. Response-Cost-Token-Systeme (*token economy system*), aber auch kogn. Strategien, wie *Selbstinstruktion* oder (bei älteren Kindern) das *Selbstmanagement* zur Verhaltensänderung in bes. Maße. Neben der «klassischen» Form von wochenweisen Psychotherapieterminen eignen sich auch intensivtherap. Maßnahmen, in deren Rahmen sich Kinder über einen vgl.weise kurzen Zeitraum täglich zur Behandlung einfinden. Ziel dieser Ansätze ist eine massierte Darbietung psychotherap. Strategien, um es den Kindern zu erleichtern, diese schneller zu verinnerlichen. I. R. von *Elterntrainings* werden zudem typische Problemkonstellationen im häuslichen Umfeld (z. B. die Hausaufgabensituation) fokussiert und auch hier – unter Einsatz versch. verhaltenstherap. Techniken – Alternativverhalten eingeübt und verstärkt. Der Fokus liegt hier weniger auf dem Kind, sondern vielmehr auf der gesamten Eltern-Kind-Interaktion, da häufig ein unangemessener *Erziehungsstil* das Problemverhalten aufrechterhält. Die Psychoth. bei ADHS-betroffenen Erwachsenen fußt inhaltlich auf einem vergleichbaren Ansatz. Grundlegend stehen spezif. Alltagsprobleme im Vordergrund, denen i. d. R. mit kogn.-verhaltenstherap. und skill-orientierten Strategien (*Skill-Training*) entgegengetreten wird. Zusätzlich haben sich *Coaching*-Strategien etabliert, mit denen Defizite angegangen werden, die sich im Zuge einer problematischen Alltagsorganisation und -strukturierung ergeben. S. Schmidt/F. Petermann

Aufmerksamkeitskontrolle [engl. *attention control*], *Angst*, *kognitive Modelle*, *Supervisory Attentional System (SAS)*, *Selbstregulations- und Konzentrationstest für Kinder (SRKT-K)*.

Aufmerksamkeits-Modifikations-Trainings (= AMT) [engl. *attention-modification trainings*], [**KLI**], (auch *Aufmerksamkeitsbias-Modifikations-Trainings*) sind computerbasierte Trainingsmethoden, die, meist aufbauend auf einem Paradigma zur *visuellen Suche*, das Ziel verfolgen, automatische Aufmerksamkeitsbias bei Pat. z. B. mit einer Angststörung zu verändern. Am häufigsten wurde bisher versucht, Personen mit einer sozialen Angststörung (*soziale Phobie*) beizubringen, ihre *Aufmerksamkeit* präferenziell auf neutrale statt auf neg. Gesichtsausdrücke zu lenken. Es wird erwartet, dass diese Veränderung der präferenziellen Aufmerksamkeitsallokation sich pos. auf die soziale Ängstlichkeit auswirkt. Bisherige Befunde belegen jedoch noch nicht ausreichend die Wirksamkeit solcher Trainings. von Auer et al. 2011. *A. L. Gerlach*

Aufmerksamkeitsnetzwerk; posteriores, reaktives [engl. *attention network; posterior, reactive*, lat. *posterior* der hintere, folgende], *Aufmerksamkeit, selektive; Entwicklung*.

Aufmerksamkeitsreflex [engl. *attention reflex*], [**BIO, KOG, WA**], der Vorgang, dass Konzentration wie auch die Vorstellung von Licht, Dunkelheit oder Schmerz eine Pupillenverengung bzw. -erweiterung hervorrufen kann. *Haab-Reflex*.

Aufmerksamkeitsschwankungen (= A.) [engl. *fluctuation of attention*], [**KOG**], bei anhaltender *Konzentration*, z. B. auf ein Geräusch, treten Veränderungen (Schwankungen) auf. Die ersten Untersuchungen über diese führte Urbantschisch 1875 in Wien durch. Die A. erfolgten in seinen Versuchen mit tickenden Uhren im Durchschnitt im Rhythmus von 5 bis 8 Sek. Nachfolgende Versuche haben die A. bei Tätigkeiten mit ihren Leistungsschwankungen ermittelt. Dabei hat sich gezeigt, dass die Dauer der A. stark variiert. Zur Erklärung der A. wurde zumeist (so von Ebbinghaus) die *Ermüdung* herangezogen. Rohracher hat den «Regenerationszyklus» durch die Ableitung von Gehirnströmen näher untersucht und in die Theorie der Alpha-Wellen (H. Berger *Elektrodiagnostik*) aufgenommen. *Aufmerksamkeit*. *H. O. Häcker*

Aufmerksamkeitsstörungen (= A.) [engl. *attention disorders*], [**KLI, KOG**], Störungen der *Aufmerksamkeit* stellen eine häufige Folge von *Hirnschädigungen* unterschiedlichster *Ätiologie* dar. Nach aktuellen Theorien muss davon ausgegangen werden, dass Aufmerksamkeit keine einheitliche Funktion ist, sondern in mind. vier Teilfunktionen (alertness, längerfristige Aufmerksamkeitszuwendung, *selektive Aufmerksamkeit, geteilte Aufmerksamkeit*) untergliedert werden kann. Entspr. kann auch die Symptomatik von Pat. mit A. in Abhängigkeit der betroffenen Teilkomponente(n) (d. h. in Abhängigkeit von Lokalisation und Art der Hirnschädigung) stark variieren. Störungen der *alertness* äußern sich i. d. R. durch mangelnde Ansprechbarkeit, Desorientiertheit, geringe Belastbarkeit und vermehrte Müdigkeit. Auch bei Störungen der längerfristigen Aufmerksamkeitszuwendung zeigen die Pat. eine schnelle Ermüdung sowie ein vermehrtes Pausenbedürfnis bei Tätigkeiten jeglicher Art. Die Durchführung längerer Arbeiten ist ihnen kaum noch möglich. Störungen im Bereich der selektiven Aufmerksamkeit äußern sich in erster Linie durch eine erhöhte Ablenkbarkeit der Betroffenen. Pat. mit Defiziten im Bereich der Aufmerksamkeitsteilung scheitern in Situationen, die die simultane Beachtung mehrerer Aspekte erfordern. Sturm 2005, Vorstand der GNP et al. 2005. *M. Friedrich/S. Lautenbacher*

Aufmerksamkeitssystem, waches [engl. *attention system, alert*], *Aufmerksamkeit, selektive; Entwicklung*.

Aufmerksamkeitssystem; anteriores, exekutives [engl. *attention system; anterior, executive*; lat. *anterior* der Vordere, *exsecutio* Ausführung], *Aufmerksamkeit, selektive; Entwicklung*.

Aufmerksamkeitsteilung [engl. *split-attention*], *Modalitäts-Effekt*.

Aufmerksamkeitstests [engl. *attention tests*], [**DIA, KOG**], Konzentrationstests, Gruppe von Testverfahren, die den Grad der *Aufmerksamkeit* bzw. *Konzentration* erfassen und auch als allg. *Leistungstests* bez. werden. Unter Aufmerksamkeit versteht man dabei i. Allg. das Vorliegen einer Reaktionsbereitschaft und das Nichtvorhandensein von Ermüdung. Testaufgaben bei dieser Gruppe von *Tests* sind so konzipiert, dass zur Lösung keine spezif. *Fähigkeiten* wie *Intelligenz*, verbale Fähigkeiten usw. erforderlich sind. Es handelt sich häufig um den Aufgabentyp von einfachen Additionsaufgaben, das Erkennen von grafischen Details etc. Diese Aufgaben müssen unter hohen Speed-Bedingungen bearbeitet werden. Die Durchführungszeit dieser Tests variiert von ca. 10 Min. bis 2 Std. Die Reliabilität solcher Tests ist hoch. Die *Validität* liegt im mittleren Bereich. Messwerte zeigen also substanzielle Beziehungen zu Verhaltenskriterien, bei denen aufmerksames Verhalten erforderlich ist. *H. O. Häcker*

Aufmerksamkeitstests, werbepsychologisch (= A. w.), [**DIA, WIR**], sind Verfahren, die Fokus und Ausmaß der *Aufmerksamkeit* von Pbn erfassen sollen, während diese Werbematerial, Informationsmaterial oder Produkte betrachten. Während allg. *Aufmerksamkeitstests* die Aufmerksamkeitsleistung der Pbn quantifizieren, befassen sich A. w. mit der Qualität der Aufmerksamkeit der Teilnehmer in Abhängigkeit vom Reizmaterial. Gängige Fragestellungen sind z. B. «Welche Anzeigen finden mehr Beachtung?» oder «Welches Layout lenkt Aufmerksamkeit auf den Produktnamen?». Derartige Fragestellungen können nicht zufriedenstellend durch Selbstauskünfte der Pbn beantwortet werden. Die Pbn können den Fluss ihrer Aufmerksamkeit nachträglich nur begrenzt abrufen. Auch während der Betrachtung von Werbematerial sind sich Pbn nicht immer ihres Aufmerksamkeitsfokus bewusst, und wenn Pbn Aufmerksamkeit auf ihre Aufmerksamkeit lenken, wird diese verzerrt. Folglich sind A. w. meist apparative Verfahren. Ein verbreiteter apparativer A. w. ist die *Blickbewegungsmessung* (auch *Eye-Tracking*). Grundannahme ist, dass der Blick unmittelbar mit dem Fokus der visuell-räumlichen Aufmerksamkeit (*Aufmerksamkeit, Scheinwerfermetapher*) zus.hängt. So können bspw. Areale größeren oder geringeren Interesses in einer Anzeige ermittelt werden. Heutige Technologien erlauben eine unauffällige und kostengünstige Blickregistrierung (z. B. durch einen unscheinbaren Bildschirmaufsatz). Es gilt jedoch zu bedenken, dass bei der Interpretation von Blickbewegungsdaten viele Freiheitsgrade existieren und

Fehlschlüsse möglich sind. Ebenso fallen *ortsbasierte Aufmerksamkeit* und die Blickbewegung nicht immer zus. (verdeckte Aufmerksamkeit). Eine weitere Methode ist das *Tachistoskop*. Durch die kurze Betrachtungsdauer des Stimulus (z. B. Produkt oder Werbematerial) ergeben sich Aufschlüsse, welche Elemente des Stimulus hervorstechen. Singh et al. 2015. *R. Singh/A. S. Göritz*

Aufmerksamkeitsträgheit [engl. *inertness of attention*], (= A.) [**KOG, MD**], bez. das Phänomen beim Fernsehschauen, wonach die Wahrscheinlichkeit den Blick vom Fernsehgerät abzuwenden mit zunehmender Sehdauer abnimmt (Anderson et al. 1979; *Aufmerksamkeit*). Zu Beginn des Fernsehschauens ist die Aufmerksamkeitszuwendung noch gering und kann leicht abgelenkt werden. Mit zunehmender Sehdauer wird die Zuwendung der Aufmerksamkeit robuster und die Wahrscheinlichkeit einer Abwendung nimmt ab. Zur Erklärung der A. wird ein zweistufiger Prozess angenommen: (1) schnelle Analyse der auditiven und visuellen Eigenschaften der Sendung in der *Orientierungsphase* und (2) elaborative Verarbeitung der Inhalte in der *Phase anhaltender kogn. Verarbeitung*. Empir. Befunde zeigen, dass *strategische* und *nichtstrategische* Prozesse zur A. beitragen. Strategische Prozesse beziehen sich auf kogn. Erwartungen, die aufgrund der bisher gezeigten Handlung aufgestellt werden. Nichtstrategische Prozesse dagegen beziehen sich auf automatische Prozesse, die unabhängig vom gezeigten Inhalt sind. So wird der Blick auf das Fernsehgerät bspw. auch über eine Programmgrenze hinweg aufrechterhalten. *M. Huff*

Aufmerksamkeitsumfang [engl. *capacity of attention*], [**KOG**], die Zahl der «Elemente», die in einem Moment wahrgenommen oder beachtet werden. *Aufmerksamkeit*. Hieden-Sommer 1972, Pauli & Arnold 1957.

Aufmerksamkeitswanderung, [**KOG**], die Zeit, die die *Aufmerksamkeit* benötigt, um sich bei gleichzeitiger Beanspruchung durch mehrere Aufgaben von der einen auf die andere umzustellen.

Aufrechtsehen, [**WA**], Bez. für das Phänomen, trotz der Drehung des Netzhautbildes im Auge um 180 Grad eine der Realität angepasste Raumwahrnehmung vollziehen zu können. *Störungsexperimente, Störexperimente*.

Auftauen [engl. *unfreezing*], [**SOZ**], aktives Überwinden von Anfangsschwierigkeiten in Tests, Unterrichts- und Gruppensituationen durch advance organizers (*advance organizer*), Spannungsbrecher wie Unsinns- und Scherzaufgaben, Übungsaufgaben, Ansprechen der Situation u. a. *Organisationsentwicklung*.

Aufteilungsgerechtigkeit (= A.) [engl. *distributive justice*], [**SOZ**], nach dem Prinzip der Gerechtigkeit (*Gerechtigkeit, Gerechtigkeitsprinzip*) wird die Aufteilung (*allocation*) von Gewinn und Belohnung zw. mehreren Personen, die bei der Lösung einer Aufgabe zus.wirken, oder zw. Arbeitern und Auftraggebern proportional zu dem «Einsatz» der Einzelnen vorgenommen. Dem Erkennen der A. liegt ein sozialer Vergleichsprozess (*sozialer Vergleich*) zugrunde (Adams 1965), d. h., das Verhältnis von Einsatz und Nettoeffekt der einen Person muss dasselbe wie das von anderen Personen sein, mit denen sie sich vergleicht. Verglichen werden die Behandlung, die die Personen erfahren, und die Merkmalsdimensionen, die für die Behandlung relevant sind. In der Ressourcen-Theorie von Foa & Foa (1976) werden versch. Behandlungsdimensionen unterschieden (Geld, Zuwendung, Anerkennung, Information, Güter, Dienstleistungen, die die sich vgl. Personen erhalten).

Untersuchungen der Probleme der A. beziehen sich u. a. auf die Frage, unter welchen Umständen welche Personen sich für die normgerechte Aufteilung oder für die egoistische Nutzenmaximierung entscheiden (*Dilemma, soziales*). In exp. Situationen neigen Vpn oft zur Gleichverteilung der Gewinne, bes. die Leistungsstärkeren. *Equity-Theorie*, *Interaktion*. Bierhoff 1982, Kayser 1980, Lerner & Lerner 1981, Mikula 1980, Schwinger 1986. *R. Bergius*

Aufwand-Wirkungsmodell (= A.) [engl. *dose effect model*], syn. *Dosis-Wirkungsmodell*, [**KLI**], beschreibt den Zusammenhang zw. Therapieaufwand bzw. Therapiedosis, d. h. der Anzahl therap. Sitzungen und der therap. Wirkung. Als zentrale Forschungsarbeit ist die *Metaanalyse* von Howard et al. (1986) zur Verbesserungsrate im Verlauf von Psychoth. zu betrachten. In dieser Arbeit wurde ein pos. Zusammenhang zw. der Anzahl der Therapiesitzungen und dem Therapieergebnis in Form einer log-linearen neg. beschleunigten Verlaufskurve gefunden. Es zeigten sich für einen Großteil der Pat. bereits in frühen Behandlungsphasen große Veränderungen, jedoch war mit zunehmender Therapiedauer eine Steigerung der Verbesserungsrate mit einem immer größeren Zuwachs des therap. Aufwandes verbunden (*therapeutische Veränderung*, *Therapieaufwand*). Die log-lineare Beziehung zw. Therapiedosis und Therapiewirkung wurde von versch. Studien repliziert und wird in der Literatur häufig mit dem Begriff A. gleichgesetzt. Sie gilt heute als weitverbreitete *Heuristik* zur Vorhersage von Therapieverläufen. Demnach besteht in den ersten Sitzungen einer Therapie das größte Veränderungspotenzial, während mit zunehmender Therapiedauer die Veränderungskraft jeder einzelnen Sitzung kontinuierlich abnimmt. Eine theoretische Ausdifferenzierung des empirisch gefundenen Zusammenhangs findet sich im *Phasenmodell psychotherapeutischer Veränderungen*. Darin wird die neg. beschleunigte Veränderungskurve inhaltlich mit der Abfolge sequenzieller Phasen des therap. Veränderungsprozesses in Verbindung gebracht und erklärt. Zaunmüller & Lutz 2012.
L. Zaunmüller/W. Lutz

Aufwertungsprinzip *Kovariationsmodell*, *Attribuierung*, *Attribution*.

Auge [engl. *eye*], [**BIO, WA**], Sinnesorgan zur Licht- (Farben-), Raum- und Bewegungswahrnehmung, «Photorezeptor» im physiol. Sinn. Das Sinnesepithel ist die netzartige Sehnervenausbreitung der Retina (= Netzhaut – ursprünglich ein Hirnwandteil), die aus zehn Schichten besteht. Die innere bildet das eigentliche Sehnervende; die der Chorioidea (= Aderhaut) zunächstliegende besteht aus den nebeneinander gelagerten *Zapfen* und *Stäbchen*, den eigentlich lichtempfindlichen Elementen. *Sehpurpur*.

Die Lichtstrahlen treten ins Auge durch das Sehloch der Iris, die Pupille, die sich selbsttätig nach Lichtstärke erweitert oder verengt. Der Raum zw. Hornhaut, Irisvorderfläche und Linse ist die vordere Augenkammer, der zw. Linse, Irishinterfläche und Linsenhalteband die hintere Augenkammer. Durch die Linse (*Akkommodation*) und den Glaskörper trifft der Strahl auf die Stäbchen und Zapfen. Eintrittstelle des Sehnerven ist der sog. blinde Fleck (Mariotte'scher Fleck). Gegenüber dem Pupillenloch der gelbe Fleck *(Macula lutea)*, dessen kleine Vertiefung, die *Fovea centralis*, die Stelle des deutlichsten Sehens darstellt. Beim Fixieren wird das Auge so eingestellt, dass das Licht durch die Pupillenmitte auf die *Fovea centralis* fällt. Das beidäugige Sehen wird wesentlich gestützt dadurch, dass die Reizung der Netzhautpunkte des einen Auges zugleich *korrespondierende Netzhautpunkte* des anderen Auges in Aktion setzt. Dadurch wirkt sich der *Blinde Fleck* im Sehen nicht aus, da es für ihn korrespondierende und sehfähige Punkte auf der anderen Netzhaut gibt. Stäbchen und Zapfen unterscheiden sich nach Form und Verbindung der Zellen mit den Nervenästen des Sehnerven und dienen wohl zur Helligkeits- bzw. *Farbwahrnehmung*. *Sehbahn*, *Sinne*. Goldstein 2007.

Auge-Hand-Koordination (= A.) [engl. *eye-hand-coordination*], **[KOG, WA]**, viele Bewegungen der Hand finden unter visueller Kontrolle statt. Dabei fixiert das Auge vor der eigentlichen Ausführung der Handlung kritische Punkte einer Bewegungsbahn oder Objekte, die ergriffen oder manipuliert werden sollen. Die Antizipation der Handbewegung durch die Augenbewegung zeigt, dass Planungsprozesse zu einer gezielten Aufnahme visueller Information führen, und ist damit ein Bsp. für *Top-down-Verarbeitung* bei der *Aufmerksamkeits*steuerung. Informationen über Blick- und Greifposition liegen sensorisch zunächst in ganz unterschiedlichen Bezugssystemen vor. Schon Hermann von Helmholtz hat gezeigt, dass die Umrechnung zw. diesen Positionsinformationen verändert werden kann, indem man z.B. ein Prisma vor das Auge setzt und dadurch die visuelle Position eines Greifziels manipuliert. Der Pb greift dann zunächst systematisch am Ziel vorbei, adaptiert aber nach wenigen Versuchen und erreicht die gleiche Genauigkeit wie zuvor. Entfernt man dann das Prisma wieder, so entsteht ein vorübergehender Nacheffekt, bei dem die Greifbewegung in die entgegengesetzte Richtung geht. Effekte, die der Prismenadaptation verwandt sind, treten auch bei der Benutzung von Gleitsichtbrillen auf.

Neurone mit bimodalen rezeptiven Feldern sowohl im visuellen wie auch im somatosensorischen System sind z.B. im intraparietalen Kortex bei Japanmakaken beschrieben worden (Maravita & Iriki 2004; *visuelle Wahrnehmung*). Diese Neurone feuern sowohl dann, wenn der Affe einen Punkt im visuellen rezeptiven Feld ansieht, als auch wenn er nach diesem Punkt greift. Durch Werkzeuggebrauch kann die Kopplung von visueller und somatosensorischer Modalität verändert werden. Auch beim Menschen treten Störungen der A. (optische *Ataxie*) bei Läsionen im dorsalen Parietallappen auf. Land & Tatler 2009.   H. A. Mallot

Augenachsen [engl. *optic axes, axes of the eye*], **[BIO, WA]**, drei als durch den Drehpunkt des Auges (*Auge*) gehend gedachte, aufeinander senkrecht stehende Achsen. (1) Saggitale (Seh-)Achse; sie verläuft von der Mitte der *fovea centralis* durch den Drehpunkt. (2) Transversale, horizontale Achse (Querachse); sie steht senkrecht zur Sehachse, verbindet die Drehpunkte beider Augäpfel (Grundlinie der Blickebene). (3) Vertikale (Höhen-)Achse; sie steht im Drehpunkt des Auges senkrecht auf den anderen beiden Achsen.

Augenbewegung [engl. *eye movement*], **[WA]**, Änderung der Augenposition (*Auge*) mit unterschiedlichem Verlauf und unterschiedlichem Zweck; drei Typen werden unterschieden: (1) *Sakkaden*: schnelle, ruckartige Bewegungen, die dem Wechsel des *Fixationspunktes* dienen. (2) *Augenfolgebewegungen*: langsame kontinuierliche Bewegungen, die der Aufrechterhaltung der Fixation bei bewegtem Reiz oder Kopf dienen; das Bild des fixierten Objekts bleibt bei der Augenbewegung statisch; wird durch visuellen Reiz ausgelöst (bewegter Reiz) oder vom *Vestibularapparat* (bewegter Kopf). (3) *Vergenz*: langsame Bewegungen der Augen relativ zueinander, bei denen das Prinzip der «identischen Innervation» beider Augen, das für Sakkaden und Folgebewegungen gilt, durchbrochen ist; dienen der Verlagerung des Fixationspunktes in der Tiefe (*Konvergenz*) oder der Aufrechterhaltung der Fixation eines in der Tiefe bewegten Objekts. Während einer *Fixation* finden sich Mikrobewegungen (Miniaturbewegungen): langsame Drifts von einigen Winkelminuten Weite; Mikrosakkaden, die zum Fixationspunkt zurückführen; Tremor mit sehr hoher Frequenz (bis zu 100 Hz) und Amplituden im Bereich von Winkelsekunden. Alternieren von Sakkaden und Folgebewegungen heißt *Nystagmus*, in der langsamen Phase wird ein Objekt verfolgt, z. B. beim Blick aus einem Eisenbahnfenster, in der schnellen erfolgt eine neue Fixation; Nystagmus ist durch visuelle Reize auslösbar (optokinetischer Nystagmus, z. B. in einer rotierenden Trommel) oder vom Vestibularapparat (vestibulärer Nystagmus, z. B. auf einem Drehstuhl). Best. Phasen des *Schlafs* (*REM*) sind durch lebhafte Augenbewegungen gekennzeichnet.

Zur Registrierung von Augenbewegungen stehen versch. Methoden zur Verfügung: (1) fotografische Methoden, z. B. Film, Video; das Video-Signal kann automatisch analysiert werden. (2) Reflektions-Methoden, bei denen das Auge beleuchtet wird und das Streulicht mithilfe von Fotozellen erfasst wird; dabei wird die unterschiedliche Absorption des Lichts durch Iris und *Sklera* ausgenutzt. (3) Reflektionsmethoden, bei denen die Spiegelbilder punktförmiger Lichtquellen am Auge registriert werden. Oberflächen im Auge registriert werden. (4) *Elektrookulografie* (Oberflächenelektroden neben dem Auge); bei Augenbewegungen ändern sich die registrierten Potenziale. (5) elektromagnetische Methoden, bei denen die Abhängigkeit der in einer am Auge angebrachten Spule induzierten Spannung vom Winkel zur Richtung eines Magnetfeldes ausgenutzt wird, das durch eine (oder mehrere) am Kopf angebrachte Spulen induziert wird. (6) subj. Methoden, z. B. Angaben über die Position eines *Nachbildes*; erlauben i. Allg. keine genaue Bestimmung des zeitlichen Verlaufs. Carpenter 1977, Karnath & Thier 2012, Henderson & Ferreira 2004. *H. Heuer*

Augenbewegung, Gesetz der *Listing'sches Gesetz*.

Augengrau [engl. *intrinsic grey*], **[WA]**, auch Eigengrau (Hering), Farbempfindung bei Fehlen äußerer Reize.

Augenmaß [engl. *sense of proportion*], **[KOG]**, die Schätzung von Größen aufgrund des sinnlichen Eindrucks. Diese erfolgt vergleichend (am genauesten bei gleicher Entfernung der zu schätzenden Objekte, Strecken usw. vom Auge) oder über best. erworbene Bezugsgrößen. *Bezugssystem*.

Augenmaßfehler, **[BIO, WA]**, Verschiebung der subj. Geradeausrichtung (*subjektive Mitte*) in horizontaler oder vertikaler Richtung. Pat. mit *Hemianopsie* verschieben die subj. Mitte typischerweise in Richtung des *Gesichtsfeldausfalls* (d. h. kontralateral zur Hirnschädigung); Pat. mit visuellem *Neglect* hingegen zur nicht betroffenen Seite (d. h. ipsilateral zur Hirnschädigung). *J. Zihl*

Augenscheinvalidität (= A.) [engl. *face validity*], **[DIA]**, ein Aspekt der *inhaltlichen Validität*, der sich darauf bezieht, ob auch für Laien oder die Pbn, die einen Test bearbeiten, augenscheinlich erkenntlich ist, welche Merkmale durch den Test erfasst werden sollen. Die A. spiegelt die augenscheinliche Plausibilität oder unmittelbare Evidenz der Passung der Testinhalte zum erfassten *Konstrukt* wider.

Augenspiegel (= A.) [engl. *ophthalmoscope*], **[DIA, WA]**, Hohlspiegel mit einem Loch in der Mitte, der von einer seitlichen Lichtquelle *Licht* in das zu untersuchende *Auge* wirft. Durch das Loch kann man den Augenhintergrund sehen. Der A. wurde von Helmholtz 1851 eingeführt.

Augmentation (= A.) [engl. *augmentation*; lat. *augmentatio* Vergrößerung], **[PHA]**, unter A. versteht man die Zugabe einer Substanz zu *Antidepressiva*, welche für sich alleine genommen keine regelmäßige antidepressive Wirksamkeit zeigt, mit dem Ziel der Steigerung des antidepressiven Effektes das eigentlichen Antidepressivums. Die A. eines Antidepressivums mit versch. Substanzen ist eine bewährte Therapiestrategie bei therapieresistenter depressiver Episode. Die am besten belegten A.strategien umfassen die A. eines Antidepressivums mit *Lithium* oder atypischen *Antipsychotika*. Gründer & Benkert 2012. *N. Schwertfeger*

augmented reality (= a. r.) [engl.] «erweiterte Realität», [lat. *augmentatio* Vergrößerung, Erweiterung], **[MD]**, a. r. ist ein Sammelbegriff für Verfahren der digitalen Erweiterung eines Realbildes mit virtuellen Elementen in digitalen Medien, wobei zumeist Head-up-Displays, Computer und mobile Endgeräte zur Darstellung verwandt werden. Mit Realbild wird hierbei die durch eine integrierte Kamera aufgezeichnete Umgebung der Mediennutzer bez. Die Erweiterung des Realbildes i. S. der a. r. erfolgt i. d. R. nach drei unterschiedlichen Zielsetzungen: (1) a. r. zum Zweck der Gestaltung von Lernumgebungen. Eine häufige Anwendung stellt die kontextabhängige Einblendung virtueller Objekte, etwa i. S. von Montage-Trainings oder i. R. der chirurgischen Ausbildung, dar. (2) a. r. zum Zweck von *Location-Based-Services*. Hiermit werden Dienste bez., deren Mehrwert für den Nutzer in der Lokalisierung von Zielen besteht. Location-Based-Services werden insbes. für mobile Endgeräte entwickelt (*Mobiles Lernen*). (3) a. r. zum Zweck kameragestützter Steuerung digitaler Animationen. Zumeist handelt es sich hierbei um Spieleanwendungen, wobei die Kamera einerseits einen häufig in Form von Quick-Response-Codes (QR-Codes) dargestellten Steuerungsbefehl aufnimmt sowie andererseits über die Kameraaufnahme der Codes die Positionierung der virtuellen Elemente (bspw. Spielfiguren) vornimmt. Die a.-r.-bezogene Forschung richtet sich stark auf die Optimierung von Mensch-Computer-Schnittstellen sowie hiermit einhergehender anwendungsbezogener Trainingssimulationen aus. In Bezug auf das Erleben von Spielhandlungen weist die a.-r.-Forschung jedoch verstärkt medienwirkungsbezogene Parallelen zur Virtual-Reality-Forschung (*virtuelle Realität*) auf, indem das *Präsenzerleben* in erweiterten Realitäten durch Mediennutzer in den Fokus rückt. Die hiermit einhergehenden Wirkungsannahmen beziehen sich v. a. auf das kogn. Objekt-Präsenzerleben, das etwa i. R. von Versuchsanordnungen zu intermodaler Täuschung (*intermodale Integration*) operationalisiert wird. Milgram et al. 1994, Wagner 2009. *T. Meitz*

augmenting-reducing [engl. *vergrößern-verringern*], **[PER, WA]**, Konstrukt, das erstmalig von Petrie (1967) genannt wird; im Kontext der Stimulations-Intensitäts-Modulations-Theorie beschreibt das Persönlichkeitskonstrukt augmenting-reducing die stabile Disposition einer Person zur Abschwächung oder Verstärkung der subj. empfundenen Intensität sensorischer Reize. Nach diesem Ansatz werden Personen, die sensorische Stimulation im Allgemeinen abschwächen, als Reducer, Personen, die Stimulation verstärken, als Augmenter bezeichnet. Diese Eigenschaft soll u. a. der Kinästhetik-Figural-Effekt (KFA) messen. Dabei lässt man Pbn mit verbundenen Augen versch. große Holzblöcke oder Würfel mit Daumen und Zeigefinger ertasten und deren Kantenlänge schätzen. Der Test hat drei Durchgänge, wobei beim 2. Durchgang der Würfel mit größerer oder kleinerer Kantenlänge als beim 1. Durchgang präsentiert wird. Beim 3. Durchgang entsprechen die Kantenlängen des Würfels denen des 1. Durchgangs. Ist die Schätzung beim 3. Durchgang größer als beim ersten, spricht Petrie von (Stimulus-)Augmentern. Ist der Schätzbetrag kleiner als beim ersten Durchgang, handelt es sich um einen (Stimulus-)Reducer. Als weitere Merkmale werden verwendet: der von Vando 1969 entwickelte Fragebogen und die von Buchsbaum und Silverman bestimmte P1-N1-Amplitude im evozierten Potenzial. Als Augmenter werden jene Pbn bez., die eine Zunahme dieser Amplitude mit steigender Reizintensität aufweisen. Bei Reducern dagegen reduziert sich die Reaktivität. Als Konsequenz auf diese zentralnervöse Besonderheit wurde schließlich angenommen, dass die unterschiedlichen Personen unterschiedlich tolerant gegenüber intensiven Reizen sind. Da die Begriffe Augmenter und Reducer in versch. Ansätzen jedoch zeitweise nicht konsistent verwendet wurden, schlugen Davis et al. (1983) einen Integrationsversuch vor, nach dem letztlich zwei Persönlichkeitstypen unterschieden werden können: (1)

Personen, die empfindlich gegenüber Reizen und eher introvertiert sind, die eine geringe Toleranz gegenüber steigender Reiz-Intensität haben und somit starke Stimulation vermeiden. (2) Personen, die relativ unempfindlich gegenüber Reizen und eher extravertiert sind, eine hohe Toleranz gegenüber steigender Reiz-Intensität haben und somit starke Stimulation suchen. Buchsbaum et al. 1983.

Aura [engl. *aura*; gr. αὔρα *(aura)* Hauch, Schimmer], [**BIO, KLI**], (1) verschiedenartige Vorzeichen von *Epilepsie* oder *Migräne*. Zumeist abnorme Wahrnehmungen (Missempfindungen, aber auch Glücksgefühle, Verkennungen, Verwirrungen, vegetative Sensationen u. Ä.) von kurzer Dauer. (2) Die angeblich beobachtbaren «Ausstrahlungen» des menschlichen Körpers.

Ausbalancieren [engl. *(counter)balancing*], *Kontrolltechniken, Experiment*.

Ausbildung [engl. *education*], *Aus- und Fortbildung*.

Aus-dem-Felde-Gehen, [**KOG**], ein von K. Lewin in seiner *Feldtheorie* geprägter Begriff für das Ausweichen aus Konfliktsituationen, Zuständen der Reizsättigung, der Monotonie u. Ä.

Ausdruck (= A.) [engl. *expression*], [**EM, SOZ**], wird nach der klassischen *Ausdruckspsychologie* als die Gesamtheit derjenigen körperlichen (bzw. gegenständlichen) Erscheinungen aufgefasst, aus denen seelische Vorgänge erkennbar (deutbar) sind. Ausdruckserscheinungen sind danach Äußerungen für Seelisches. Im 19. Jhd. wurde ein vorwiegend naturwiss. Begriff verwendet (Bell, Piderit, Duchenne 1862). V. a. von Darwin ausgehend wurde dieses Konzept von der Humanethologie und der mit ihr verbundenen Entwicklungsps. weiterentwickelt. Auch in neueren *Emotionstheorien* (Tomkins, Plutchik, Izard, Ekman, Scherer) hat das Ausdruckskonzept einen zentralen Platz. In diesen neueren Entwicklungen wird v. a. nicht verbales Verhalten (*nicht verbale Kommunikation*) als Ausdruck von *Stimmung, Antrieb, Emotionen* oder *Affekt* betrachtet, d. h. als ein dynamischer Ablauf. Von der klassischen A.ps. werden dagegen stärker die Beziehung von statisch-morphologischen Phänomenen des Körpers (*Morphologie*) (Kretschmer, Sheldon) oder *Mimik* (Lersch) zu überdauernden psych. Gegebenheiten (*Persönlichkeitsmerkmal*) hervorgehoben.
Zu unterscheiden sind folg. Arten: (1) Unmittelbarer A., der an eine Person gebundene, an ihr beobachteter A. Er ist sowohl (a) als Geschehen gegeben (aktueller A., z. B. Mienenspiel, *Gebärden*, Körperbewegungen, *Sprache*) wie auch (b) als Zustand (habitueller A., z. B. A.gehalt der Gesichtszüge, der Körpergestalt, der Handform). (2) Objektivierter, übertragener, d. h. von der Person losgelöster A., der also von seinem Träger unabhängig geworden ist. Hierzu gehören z. B. der A.gehalt der Handschrift und aller obj. Gestaltungen (Zeichnungen, Kunstwerke, Musik u. a.). *Ausdrucksbewegungen*. Klages 1950, Kirchhoff 1957, Lersch 1961a. *J. H. Ellgring*

Ausdrucksbewegungen (= A.) [engl. *expressive movement*], [**EM, EW**], Bez. für nicht zweckhafte Bewegungen, welche Begleiterscheinung einer psych. Befindlichkeit sind und auch dann gezeigt werden, wenn kein Interaktionspartner in der Nähe ist, der sie wahrnehmen, interpretieren und auf diese reagieren könnte. Beim Kind werden als erste Anzeichen u. a. genannt: Lächeln, Abwehrbewegungen, Schreiweinen, Mundspitzen. Als A. stehen beim Erwachsenen *Gebärde, Mimik, Gestik, Gang* oder *Sprache* an erster Stelle. Es lassen sich unterscheiden: impulsive Bewegungen, *Reflexbewegungen* und automatische Bewegungen, *Mitbewegungen*, reine A., Trieb- und Willkürbewegungen und -handlungen.

Ausdrucksdiagnostik *Ausdruckstheorien.*

Ausdrucksfähigkeit (= A.) [engl. *expressiveness*], [**EM, KLI**], das Ausmaß, in dem sich bei einem Menschen emot. Erlebnisse als Ausdruckserscheinungen (insbes. als mimische, *Mimik*) zeigen; auch seine Fähigkeit, den Ausdruck solcher Erlebnisse willentlich darzustellen. Die A. kann in *Encounter-Gruppen* geübt und verbessert werden.

Ausdrucksfelder, [**EM, SOZ**], Möglichkeiten ("Felder") des Ausdrucks psych. Zustände: (1) Die Gestalt im Ganzen und ihre Teilregionen (Kopf, Gesicht, Rumpf, Extremitäten); (2) Haltung und Bewegungsweisen der Gesamtgestalt (Konstitution, Pantomimik) und der versch. Regionen (Gesten, Gebärden, *Mimik*); (3) Stimme und Sprechweise; (4) außer diesen im Medium Körper erscheinenden Ausdrucksweisen gibt es noch «Abdrucksphänomene» wie Schrift, Zeichnung, Werkgestaltung. Zu unterscheiden sind: Ausdrucksfeld, Ausdruckserscheinung, Ausdruckssubjekt und Ausdrucksmedium.

Ausdrucksflüssigkeit (A.), [engl. *expressional fluency*], [**KOG, PER**], Bestandteil des *divergenten Denkens*. A. stellt die Fähigkeit dar, Sachverhalte in versch. sprachliche Formulierungen zu bringen. *konvergentes Denken*. Guilford 1956.

Ausdruckshand *Arbeitshand, Hand*.

Ausdrucksmethode (= A.) [engl., **DIA, EM, PER**], heute nicht mehr gebräuchliche Bez. für alle Verfahren zur Erforschung psych. Vorgänge, bes. der *Gefühle*, auf mittelbarem Wege durch Feststellung charakteristischer körperlicher Begleiterscheinungen. Verwendet werden z. B. folg. Messinstrumente: der *Pneumograf* für die Atmung, der *Plethysmograf* für das Blutvolumen, der Sphygmograf für den Puls, Galvanometer, Kathodenstrahloszillograf für Aktionsströme und das psychogalvanische Phänomen, die *Schreibwaage* für den Schreibdruck. I. w. S. gehören zu den A. auch die Funktionsprüfungen des VNS. Ggs. die *Eindrucksmethode*. Meili & Rohracher 1968, 1972.

Ausdruckspsychologie [engl. *expression psychology*], heute kaum noch gebräuchliche Bez. für die Lehre vom *Ausdruck* in seiner Erscheinung und ps. Bedeutung. Sie steht in engem Zusammenhang mit der psychol. Diagnostik und der Persönlichkeitskunde und umfasst die folg. Ausdrucksgebiete: *Mimik* (die Bewegungsabläufe im Gesicht), *Gestik* (die Ausdrucksbewegungen der Hände), Pantomimik, *Motorik* (die Bewegungen des übrigen Körpers, z. B. der Gang), *Physiognomik* (der Ausdrucksgehalt von Stimme und Sprechweise), Handschrift (*Grafologie*). Kirchhoff 1964, Leyhausen 1967. *J. H. Ellgring*

Ausdruckssymptome (= A.) [engl. *expressive symptoms*], [**BIO, EM**], körperliche Begleiterscheinungen affektiver

Prozesse (*Affekt*), z. B. Veränderungen der Pulsfrequenz (*Herzfrequenz*) und Pulshöhe, des Atemvolumens, der Atmungsfrequenz und -tiefe, des *Blutdrucks*, des elektrischen Hautwiderstandes u. a. Während eine Zuordnung von A. zu einzelnen Gefühlsqualitäten (Lust, Unlust) nicht mit Sicherheit möglich ist, kann aus best. A., v. a. aus der Hautwiderstandsänderung, wenigstens auf das Vorhandensein affektiver Veränderungen und auch auf ihre Stärke geschlossen werden. *Physiologische Psychologie*. Woodworth & Schlosberg 1954.

Ausdruckstheorien [engl. *theories of expression*], [**SOZ**], Theorien über das Entstehen und Verstehen der Ausdruckserscheinungen. (1) *Zum Entstehen*: (a) Darwins phylogenetische Theorie führt die «assoziierten Gewohnheiten», die «konservierten *habits*» und direkte Wirkungen des NS (z. B. sei das Muskelzittern durch Kraftüberschuss im Energieumsatz erklärbar) sowie das *Prinzip des Ggs.*, nach dem entgegengesetzte Seelenzustände zu einem entgegengesetzten Ausdruck führen (z. B. Mundwinkel beim Lachen und Weinen), zur Begründung heran. (b) *Wundt*s psychophysisches Prinzip sieht den Grund der Ausdruckserscheinungen darin, dass «mit jeder Veränderung psych. Zustände, Veränderungen physischer Korrelatvorgänge verbunden sind». (2) *Zum Verstehen*: (a) Die *Analogieschlusstheorie* meint, dass der beobachtete Ausdruck beim anderen nur in Analogie zum eigenen Erleben verstanden werden kann. (b) Die *Assoziationstheorie* behauptet die feste Assoziation zw. Ausdruck und Vorstellung. (c) Die *Rudimententheorie* nimmt rudimentäre Mitbewegungen als Grundlage des Ausdrucksverstehens an (*Carpenter-Effekt*). (d) Die *Einfühlungstheorie* besagt, dass die Wahrnehmung fremden Ausdrucks das Nach- und Miterleben auslöse (Lipps). (e) Die *Evidenztheorie* verneint, dass der Ausdruck mittelbar zum Verstehen fremden Seelenlebens beitrage, sondern unmittelbar werde im Ausdruck dessen Bedeutungsgehalt mit erfasst. (f) *Nachahmungs- und Lerntheorie*. (g) *Personzentrierte, organisationstheoretische Betrachtung* (Krueger, Lewin, Bühler, Kafka, Kirchhoff). Ausdrucksbewegungen sind nach ihrem Ausmaß, ihrer Gerichtetheit und nach ihrer Positionalität zu beachten und zu deuten. Nach Kirchhoff ist *Positionalität* das spezif. *Wie*, das «besondere In-Position-Sein des Menschen zu sich selbst *und* seiner Welt» (Holzkamp). Hinsichtlich der Positionalität ist also die jew. Funktion und Wertigkeit des Ausdrucks zu beachten (expressiv, kommunikativ, reaktiv). *nicht verbale Kommunikation*.

Ausfragemethode, [**DIA, KOG**], von Külpe eingeführtes Verfahren zur Untersuchung von Denk- und Willensvorgängen. Der Vp werden Aufgaben gestellt, meistens als Fragen, gleichzeitig wird sie zur Selbstbeobachtung der dabei eintretenden Erlebnisse angehalten und später darüber befragt.

Ausführungszeit [engl. *execution time*], *Reaktionszeit*.

Ausgang *output*.

Ausgangswertgesetz (= A.) [engl. *law of initial value*], [**BIO**], auch Wilders A. genannt (AWG), in der psychophysiologischen Methodik (*Psychophysiologische Methodik*) die Veränderung autonomer Variablen unter sonst gleichen Änderungsbedingungen von Basiswerten des Organismus (Wilder 1931). Demzufolge soll bei psychophysiologischen Funktionen die Reaktion auf funktionssteigernde Reize umso geringer sein, je höher der Ausgangswert ist, und die Reaktion auf funktionshemmende Reize umso größer. Fahrenberg 1967.

Ausgeprägtheit von Oberflächenfarben (Katz), [**WA**], eine Eigenschaft der Oberflächenfarben, die von der Farbqualität unabhängig ist. Eine weniger stark beleuchtete weiße Fläche scheint z. B. den gleichen Weißlichkeitscharakter zu besitzen wie eine stärker beleuchtete, das Weiß erscheint nur weniger «ausgeprägt». *Farbe*, *Farbwahrnehmung*.

auskultatorische Methode [engl. *ausculatoric method*], *Riva-Rocci-Verfahren*.

Ausländereffekt (= A.), [engl. *own-ethnicity effect; cross-race effect; own-race bias*], [**RF, SOZ**], der sog. A. bezeichnet das differenziell schlechtere Wiedererkennen von Gesichtern (*Gesichtserkennung*) anderer ethnischer Gruppen im Vergleich zu Gesichtern der eigenen ethnischen Gruppe. Ursprünglich war dieser Effekt v. a. bei «weißen» Amerikanern, die Gesichter von «Schwarzen» wiedererkennen sollten, untersucht worden. Mittlerweile ist er jedoch auch für andere ethnische Gruppen (Asiaten, Latinos, Türken) nachgewiesen worden. Obwohl dieser Befund als äußerst reliabel gilt, ist seine Erklärung noch immer umstritten. Sporer (2001) hat versch. Erklärungsansätze in seinem In-group/Out-group-Modell (*ingroup*, *outgroup*) integriert. Demnach werden Gesichter der Eigengruppe eher holistisch verarbeitet (*Verarbeitung, holistische*), Gesichter von Fremdgruppen hingegen zunächst kategorisiert und anschließend eher oberflächlich verarbeitet oder weniger beachtet. Praktische Bedeutung hat der Effekt bei *Personenidentifizierung* i. R. von polizeilichen Ermittlungsverfahren (*Innocence Project*). Meissner & Brigham 2001. S. Sporer

Auslese (= A.) [engl. *selection*], [**AO, DIA**], gleichbedeutend mit Auswählen nach best. Qualitäten (*Selektion*). Unterschieden wird nach Bestauslese, Breitenauslese, Quotenauslese und Schlechtestauslese, je nach dem Ziel, dem die A. dienen soll. *Personalauswahl*, *Stichprobe*, *Quoten-System*, *screening*.

Ausleseverhältnis (= A.) [engl. *selection ratio*], *Selektionsrate*.

auslöschende Hemmung [engl. *extinctive inhibition*], *Hemmung*.

Auslöschung (= A.) [engl. *extinction*; lat. *extinguere* löschen], [**KLI, KOG**], der bedingte Reiz verliert die Fähigkeit, den *bedingten Reflex* auszulösen, wenn nach best. Intervallen keine neue *Verstärkung* (Bekräftigung, *reinforcement*) geboten wird. Der Widerstand gegen die A. wird meist durch die Anzahl der unverstärkten Versuche bis zur A. gemessen und als ein Maß für das Lernen verwendet. Skinner beschreibt unterschiedliche Wirkungen versch. *Verstärkerpläne* auf den Widerstand gegen die A. (früher: Reflex-Reserve). Die A. wird von Pawlow und Hull mit innerer bzw. reaktiver Hemmung, Zerfall wegen Nichtverstärkung und von Guthrie mit dem Ersatz der einen *Response* durch eine andere inkompatible, d. h. durch assoziative Hemmung, erklärt. Bes. großen Widerstand gegen die A. haben Lawrence und Festinger mit der Theorie der *kognitiven Dissonanz* zu erklären versucht. Die A. ist die Vermeidungsreaktionen erschwert, die durch das ständige Ausbleiben des aversiven Reizes (oder der Angst) gekennzeichnet sind. *Verhaltenstherapie*, *Vermeidungslernen*. R. Bergius

Auslösemechanismus [engl. *releasing mechanism*], [**BIO, KOG**], bez. die Fähigkeit von Lebewesen, selektiv auf best. Außenreize (Schlüsselreize wie Farben, Körperformen, Bewegungsweise) biol. sinnvoll zu reagieren, und zwar mit nur einer festgelegten Reaktion. Angeborener Auslösemechanismus (AAM, engl. *innate releasing mechanism*, IRM), früher angeborenes auslösendes Schema, von K. Lorenz (*Ethologie*) eingeführter Begriff, bez. den neurosensorischen Filtermechanismus, der angeborenermaßen bei einer spezif. Reizsituation selektiv eine normalerweise adäquate Verhaltensweise (Erbkoordination) auslöst. Die Auslösereize werden auch als Schlüsselreize (*sign stimulus*) bez., da sie zum jew. Auslösemechanismus wie Schlüssel und Schloss passen. So wird z. B. durch den Anblick des Sperrens der Jungvögel und z. T. ihres charakteristischen Rachenmusters bei dem Elternvogel in dieser Zeit die Verhaltensweise des Fütterns ausgelöst. Der AAM wird als ein auf die Auslösung einer jew. best. Verhaltensreaktion hin ausgelegter Reizfilterungsprozess verstanden, der in unterschiedlich vielen Schritten auf versch. Stufen zw. der Reizaufnahme und dem Anstoß der Verhaltensreaktion erfolgen kann. Angeborene Verhaltensweisen können auch schon bei niederen Tieren durch Erfahrung, Gewöhnung oder Lernen überlagert werden: EAAM (durch Erfahrung abgeänderter AAM). Kommt es zur Entwicklung von Auslösemechanismen durch Lernprozesse, wie sie spez. in der frühen menschlichen Sozialisationsphase stattfinden, spricht man von erworbenen Auslösemechanismen (EAM). Mithilfe von *Attrappe*nversuchen lässt sich exp. feststellen, ob ein Verhaltensweise angeboren oder erworben ist. So löst z. B. eine sich bewegende Kugel bei erfahrungsfrei aufgezogenen Jungfischen von *Tilapia nilotica* *Kontakt*verhalten aus. Eine klare Zuordnung ist aber beim Menschen aus meth. Gründen (Aufwachsen unter Erfahrungsentzug) schwer zu treffen. Die den A. zugrunde liegenden neurosensorischen Filtermechanismen sind in der neuronalen Verschaltung des afferenten NS begründet. Durch Einzelzellableitungen am Sehnerv und im visuellen Projektionsareal, dem Tectum opticum, des Leopardenfrosches fanden Maturana et al. (1960) nach Schichten getrennt vier Arten von Neuronen, die selektiv auf versch. Reizmuster ansprachen. Am bekanntesten sind die Konvexitätsdetektorneurone, die spez. auf kleine bewegliche Punkte ansprechen, die sich zentripetal durch das Gesichtsfeld bewegen, wie ein zu fangendes Insekt. Sie werden wegen dieser mit der Auslösung des Beutefangverhaltens übereinstimmenden Filterung als «Käferdetektoren» bez. Somit beruhen die AAMs auf zumeist mit der Geburt mitgelieferten weitgehend festen Neuronenverschaltungen im Gehirn.

Auslösende Reize sind zu unterscheiden von der Menge der überhaupt wahrgenommenen Reize, von denen nur relativ wenige entweder angeborener- oder erlerntermaßen Reaktionen auslösen. Ein und dasselbe Sinnesorgan kann dabei im Dienste ganz versch. Funktionskreise stehen, für die es oft unterschiedliche Diskriminationsleistungen («Erkennen») eines Schlüsselreizes vollbringt. Als Auslöser werden in diesem Zusammenhang ganz allg. Reize oder Reizkombinationen bez., die eine best. Verhaltensweise in Gang setzen. Als Auslöser werden nach Lorenz und Eibl-Eibesfeldt spez. die eigens als Reizsender differenzierten Strukturen und Verhaltensweisen (= Ausdrucksbewegungen) der eigenen oder auch anderen Arten bez. Sie können sich aus mehreren (zumindest allen notwendigen) Schlüsselreizen zus.setzen. *Schlüsselreiz*, Signalreiz, heißen nach Tinbergen (1951) die mittels Attrappenexperimenten erfassbaren handlungsauslösenden Einzelelemente (= wirksame Reize) einer handlungsauslösenden Gesamt-Reizsituation, wobei die Summation der Wirksamkeit der Einzelelemente noch zur Diskussion steht (*Reizsummenregel*). So sperren nach Tinbergen 10 Tage alte Drosselnestlinge nur dann die Schnäbel, wenn der mit Futter herankommende Altvogel ihnen ein Objekt entgegenhält, das sich bewegt, größer als 3 mm ist und oberhalb der Ebene erscheint, in der die Augen der Jungtiere liegen. Zeigt man die bestwirksame Attrappe unterhalb der Augenhöhe, so blicken die Jungen danach, sperren aber nicht. Becker-Carus 1981, Becker-Carus 2004, Eibl-Eibesfeldt 1984, Lorenz 1943, Ploog 1964, Schleidt 1961. C. Becker-Carus

auslösende Bedingungen [engl. *releasing/triggering condition*]; *Ätiologie*.

auslösender Mechanismus *angeborener, auslösender Mechanismus*.

Auslöser [engl. *elicitor, releaser*], [**KOG**], endogenes oder exogenes Reizmuster, das best. Verhaltensweisen auslösen kann. *Schlüsselreiz*, *Auslösemechanismus*.

Ausreißerwert [engl. *outlier*], [**FSE**], Bez. für einen Messwert, der i. R. der Verteilung anderer Messwerte, denen er zugehört, eine auffällige Extremposition einnimmt. *Datenqualität*, *Winsorisieren*.

Aussage [engl. *testimony*], [**RF**], mit dem Anspruch der Richtigkeit gemachte Bekundung über einen selbst erlebten realen Vorgang. *Aussagepsychologie*, *Glaubhaftigkeitsbegutachtung*.

Aussagebeurteilung, neurokognitive, [**KOG, RF**], in dem Forschungsbereich der n. A. wird die Vielfalt des neurokognitiven Methodeninventars verwendet, um neue diagn. Ansätze für die aussageps. Problemstellungen zu entwickeln, bei denen klassische forensisch-psychol. Vorgehensweisen an ihre Grenzen stoßen. Bspw. wird die Frage der Unterscheidbarkeit erlebnisbasierter von verfälschten Erinnerungen mittels hirnphysiologischer Korrelate untersucht. *sensory-reactivity-hypothesis*. A. Tamm

Aussagebeurteilung, psychophysiologische *Lügendetektion*.

Aussagekategorien *Apperzeptionskategorien*.

Aussagekonstanz (= A.) [engl. *persistence in a sequence of statements*], [**RF**], als A. wird in der *Aussagepsychologie*

die aussageübergreifende Qualität verstanden, die sich aus einem Vergleich von Aussagen über denselben Sachverhalt zu unterschiedlichen Zeitpunkten ergibt (*Konstanzanalyse*). Auftretende Inkonstanzen werden hinsichtlich ihrer gedächtnispsychol. (*Gedächtnis*, *Erinnerungsfälschung*, *Pseudoerinnerung*) Plausibilität bewertet. Auch bei erlebnisbasierten Aussagen (*Aussage*) ist über mehrere Aussagezeitpunkte hinweg keine A. zu erwarten. Die Erinnerung an länger zurückliegende Ereignisse ist ein zunehmend rekonstruktiver Prozess, der dem Einfluss von Verfälschungen, Verzerrungen und Ergänzungen unterliegt, welche natürlich sind und nicht auf eine bewusste *Täuschungsabsicht* (*Täuschungsstrategien*) hindeuten. Empir. konnten in erfundenen Aussagen mehr Widersprüche und weniger qualifizierte Ergänzungen nachgewiesen werden als in erlebnisbegründeten Aussagen, bei geringer Aussagekomplexität können jedoch auch Erfindungen ein hohes Ausmaß an A. erreichen. Eine in zentralen Aspekten (etwa Kerngeschehen, beteiligte Handlungspartner) nicht widersprüchliche Aussage stellt insofern die Mindestanforderung an eine Aussage dar, welche noch nicht i. S. eines Glaubhaftigkeitsmerkmals (*Realkennzeichen*) zu interpretieren ist (Greuel et al. 1998). Für die Beurteilung der *Glaubhaftigkeit* kommt Konstanzinformationen erst dann eine Bedeutung zu, wenn bes. gute oder ausgesprochen schlechte Wiedergabeleistungen gezeigt werden. I. S. einer Aussage als geistige Leistung (*Glaubhaftigkeitsbegutachtung*) kann eine konstante Schilderung zahlreicher Details eines komplexen Geschehens auf einen Erlebnisbezug hinweisen, wohingegen gravierende Widersprüche hinsichtlich zentraler Handlungselemente auf eine Falschaussage verweisen können (Volbert 2010). Für das von Arntzen (2007) formulierte Konzept der *differenzierten Inkonstanz*, demzufolge sich ein Hinweis auf den Erlebnisbezug einer Aussage daraus ergeben soll, dass erwartet konstante Inhalte (z. B. Kernhandlungen, beteiligte Handlungspartner) konstant geschildert werden und erwartet inkonstante Inhalte (z. B. Kleidung, Schmerzempfinden) nicht übereinstimmend berichtet werden, konnten hingegen keine empirischen Belege erbracht werden. S. Niehaus

Aussagen, wissenschaftliche [engl. *scientific propositions*], **[FSE, PHI]**, wiss. Erkenntnisse werden in Aussagen (= A.) unterschiedlicher Allgemeinheit und Fundierung formuliert: Untersuchungsbefunde und -interpretationen, Annahmen oder Postulate (nicht spez. überprüfte Voraussetzungen), *Hypothesen* (Erwartungen über empirische oder stat. Ergebnisse), *Gesetze* (empirisch bestätigter Ursache-Wirkungs-Zusammenhänge), *Theorien* (mit mehreren verknüpften Gesetzen) und *Modelle*, veranschaulichende Darstellungen von Strukturen, Zusammenhängen oder Abläufen). Ihre Präzision kann durch Rückgriff auf formale Kalküle aus Logik und Mathematik erhöht werden, insbes. durch Quantifizierungen wie «für alle» i. S. der *Prädikatenlogik* sowie Verknüpfungen durch Junktoren wie «und» oder die Implikation «wenn …, dann …» i. S. der *Aussagenlogik*. Durch die *Implikation* wird die deduktive Ableitung einer Aussage (der Konklusion) aus einer anderen (der Prämisse) rekonstruiert (z. B. einer empirischen Vorhersage aus einer Theorie). Gemäß der aussagenlogischen Schlussform des *Modus tollens* folgt dann aus der Falschheit der Konklusion zwingend die Falschheit der Prämisse, was die Grundlage für die deduktive Methodologie von Popper darstellt (*Kritischer Rationalismus*). Bei analytischen Aussagen ergibt sich die Wahrheit aus formalen Gründen (*Vernunftwahrheiten* wie die Syllogismen der Prädikatenlogik). Die *Wahrheit* von synthetischen Aussagen ergibt sich aus ihrer Korrespondenz mit den Sachverhalten, auf die sie sich beziehen (*Tatsachenwahrheiten*). Als Wahrheitskriterien sind Kohärenz (mit anderen akzeptierten A.) und Konsens (zw. Fachleuten) entscheidend. Während deduktiv-implikative Argumente (*Deduktion*) wahrheitskonservierend und nicht gehaltserweiternd sind, sind etliche wiss. Argumentationen (z. B. Vorhersagen und Verallgemeinerungen) induktiv (*Induktion*), d. h., der Gehalt der zweiten Aussage geht über den der ersten hinaus und wird von ihr nur mehr oder minder unterstützt oder wahrscheinlicher gemacht. Dieser Grad der (induktiven) Stützung einer Aussage (z. B. einer Gesetzeshypothese) durch eine oder mehrere andere (z. B. über empirische Ergebnisse) ist analytisch vermutlich nicht eindeutig bestimmbar, wohl aber können pragmatisch Faktoren beschrieben werden, von denen die Güte, Adäquatheit oder die Berechtigung eines induktiven Schlusses abhängen kann. *Denken*, *Forschungsprozess*. Westermann 2000, Kutschera & Breitkopf 2007. R. Westermann

Aussagenanalyse *Inhaltsanalyse*.

^Test^**Aussagenliste zum Selbstwertgefühl für Kinder und Jugendliche (ALS)**, 1991, T. Schauder. Hrsg. in der Reihe *Treatmentorientierte Diagnostik* von R. S. Jäger, F. Petermann, [www.testzentrale.de], **[DIA, EW, KLI, PÄD, PER]**. Persönlichkeitstest. AA von 8 bis 16 Jahren. Die ALS soll durch die «Methode der Selbstverbalisation» Art (Qualität) und Ausmaß (Quantität) des Selbstwertgefühls von Kindern und Jugendlichen differenziert bestimmen. Das Selbstwertgefühl wird dabei verstanden als Summe versch. situations- und personabhängiger - pos. oder neg. - Selbsteinschätzungen bzgl. eigener Fähigkeit und Eigenschaften. Es liegen zwei inhaltlich analoge Formen für Kinder vor, eine für Kinder in Familien (Version F) und eine für Heimkinder (Version H). *Reliabilität*: Retest-Reliabilität zw. $r = .71$ und $r = .87$, interne Konsistenz zw. $r = .79$ und $r = .84$. *Normierung*: (Prozentrangwerte) an $N = 525$ Heimkindern und $N = 510$ Familienkindern. Durchführungsdauer zw. 15 und 30 Min.

Aussagenlogik (= A.) [engl. *propositional/sentential calculus*; gr. *λόγος (lógos)* Wort, Vernunft], **[PHI]**, elementarster Teil der formalen Logik. Die Sätze der A. werden durch Verknüpfung von Aussagen durch logische Junktoren wie «und», «oder», «IF … THEN», «nicht» gebildet. Sätze der A. sind wahr oder falsch. Die Wahrheit (*Wahrheit, wahr*) oder Falschheit von Sätzen der A. ergibt sich aus der Wahrheit oder Falschheit der Aussagen, aus denen sie zus.gesetzt sind, und der Art ihrer Verknüpfung durch Junktoren. Sind z. B. die Aussagen A und B wahr, so auch die zus.gesetzte Aussage «A und B». Dagegen ist dann die zus.gesetzte Aussage «wenn A, dann nicht B» falsch. *Kritischer Rationalismus*. Freudenthal 1965. D. Dörner

teme werden dagegen unter Bezug auf konstruktivistisch orientierte Theorien oder Konzepte zum exploratorischen Lernen entwickelt (*Cognitive Theory of Multimedia Learning (CTML)*, *Multimediale Lehr-Lern-Systeme*). Unter dem Begriff *E-Learning* werden derzeit netzwerk- oder internetbasierte, interaktive Lernprogramme, Fernstudien (*Fernunterricht*) mit Chat-Möglichkeiten, virtuellen Teamarbeiten und Tutorenfeedback zus.gefasst. Zur Ausbildung angemessener mentaler Modelle als Orientierungsgrundlage für praktisches Handeln kann die *Handlungsregulationstheorie* herangezogen werden (Semmer & Pfäfflin 1978). Auf dieser Grundlage kann durch Maßnahmen der *Arbeitsgestaltung* das Lernen in der Arbeit gefördert werden. Sie kann aber auch herangezogen werden, um bildliche Darstellungen (z. B. Ablaufdiagramme zur Veranschaulichung der Arbeitsschritte) und heuristische Regeln zum Lösen von Problemen zu erstellen. Beim *mentalen Training* wird die Steuerung der Handlungsabfolge (*Handlungssteuerung*) durch gedankliche Vorstellung wie in einer Art «innerem Film» eingeübt. Soziale Kompetenzen werden durch Modelllernen mit Rollenspielmethoden oder Videokonfrontation erworben und beziehen sich auf die Theorie des sozialen Lernens oder Lernen am Modell von Bandura (1976, Semmer & Pfäfflin, 1978; *Beobachtungslernen*). Beim kogn. Modellieren dient ein Experte als Modell, der seine handlungsbegleitenden Gedanken und Überlegungen beim Bearbeiten der zu lernenden Aufgaben verbalisiert (*Cognitive Apprenticeship*, Collins et al. 1989). Zur Förderung der Kreativität werden ps. Kreativitätstechniken wie das Brainstorming (Osborn 1953; *Moderationstechniken*) vermittelt. Durch *exploratorisches Fehlertraining* werden die Lernenden auf nicht unvermeidbare Fehlersituationen beim Arbeiten mit dem Computer vorbereitet (Greif 1989). Interkulturelle Kompetenzen werden beim *Intercultural Sensitizer Training* (Collett 1971, Thomas et al. 1998) durch die Analyse kritischer Begegnungsepisoden zw. Personen aus versch. Kulturen verbessert. Professionelle Hilfe zur Selbsthilfe bei der Reflexion der eigenen Ziele und Entwicklungsmöglichkeiten können Führungskräfte oder andere Personen und Gruppen durch *Coaching* erhalten.

Insges. ist die Forschung und Anwendung im Gebiet der A. u. F. ein außerordentlich dynamisches Feld mit vielfältigen konkurrierenden und immer neuen Begriffen, vermarkteten Konzepten, Techniken und Methoden, jew. auch in Abhängigkeit wirtschaftlicher und gesellschaftlicher Entwicklungen (bspw. der Verbreitung von Call-Center-Arbeitsplätzen) und damit spezif. verbundenen A. u. F. anforderungen. Große Bedeutung haben *Selbstinstruktions*techniken (Hacker & Skell 1993). In der gesamten gewerblich-technischen Lehrlingsausbildung haben v. a. die sog. Leittextmethode des Bundesinstituts für Berufsbildung und Abwandlungen dieser Methode große Verbreitung gefunden. Hier wird durch Leitfragen das selbstverantwortliche Informieren, Planen, Entscheiden, Ausführen, Kontrollieren und Bewerten an selbstständig zu bearbeitenden Lernprojekten gefördert. Bei anderen Methoden des selbstorganisierten Lernens (Greif & Kurtz 1998; *Lernen, selbstgesteuertes*) werden min. Leittexte zur selbstständigen Bearbeitung von Lernprojekten in einem Lernquellenpool zus.gestellt, aus dem die Lernenden indiv. oder in Gruppen Aufgaben und Methoden zur praktischen Übung selbst auswählen können. Analog zur selbstorganisierten *Gruppenarbeit* soll beim selbstorganisierten Lernen, unterstützt durch Lernberater und Coaching, die Eigenaktivität der Lernenden gefördert werden. Zur Förderung des *Transfers* des Gelernten in die Praxis werden nicht nur die Lernaufgaben, sondern möglichst auch die Lernsituation praxisnah gestaltet (z. B. in der sog. Lernstatt oder Übungsfirma). Außerdem werden Lernpartnerschaften und Umsetzungsvereinbarungen sowie Maßnahmen zum Transfermanagement (z. B. durch Fördergespräche, *Personalentwicklung* und Coaching) genutzt. Bei der *Evaluation* der Maßnahmen der A. u. F. wird nicht nur die Seminarzufriedenheit oder subj. eingeschätzte Nützlichkeit erfragt, sondern die praktische Umsetzung der Veränderungen unter Berücksichtigung transferfördernder und -hindernder Bedingungen in der Organisation (*Organisationsentwicklung*). Tietgens 1997, Stangel-Meseke & Gluminski 1995.

Auswahlgespräche [engl. *selection interview*], *Einstellungsinterviews*, *Interview, eignungsdiagnostisches*.

Auswahlkompetenz [engl. *selection competence*], *Wissenschaftskommunikation*.

Ausweglosigkeit [engl. *aporia*], *Aporie*.

Auswertung, statistische [engl. *statistical analysis/evaluation*], **[FSE]**, die Verarbeitung von Rohdaten mithilfe stat. Methoden. Die Datenerhebung kann über sehr unterschiedliche Techniken erfolgen (z. B. Interview, Beobachtung, Befragung; *Datenerhebungsverfahren*). Experimente und Tests stellen eine besondere, standardisierte Technik der Datengewinnung für die empirische Ps. dar. Einerseits erfolgt die Anwendung von stat. Methoden mit dem Ziel, die Rohwerte durch stat. *Parameter* zus.fassend zu beschreiben (z. B. Mittelwert und Streuung), andererseits ermöglichen die stat. Methoden eine Aussage über die Generalisierbarkeit der bei der Datenerhebung gewonnenen Resultate (*Datenanalysemethoden*). Die Veranschaulichung und die Übersicht über die versch. Auswertungsschritte kann in Form von grafischen Darstellungen bzw. Tab. erfolgen (*Häufigkeitsverteilung*, *Testprofil*). *Statistik*. Eid et al. 2013, Döring & Bortz 2016. H. O. Häcker

Auszahlungsmatrix [engl. *payoff-matrix*], *Signalentdeckungstheorie*, *Interaktion*.

aut…, auto… [gr. αὐτός *(autos)* selbst], in Wortverbindungen selbst, eigen, persönlich, unmittelbar.

Authentizität (= A.). [engl. *authenticity*; gr. αὐθεντικός *(authentikos)* echt, unverfälscht]. **[PER]**, authentisch zu sein bedeutet, sich gemäß seinem «wahren *Selbst*», d. h. seinen Gedanken, Emotionen, Bedürfnissen, Werten, Vorlieben, Überzeugungen etc. entspr. auszudrücken und zu handeln (Harter 2002). A. setzt Selbstkenntnis [engl. *self-awareness*] voraus und zeigt sich im unverzerrten Verarbeiten selbstbezogener Informationen. Handlungen entspringen dem eigenen Selbst und werden nicht von äußeren Einflüssen bestimmt. Weiterhin schließt es ein, dieses wahre Selbst in sozialen Beziehungen offen zeigen zu wollen (Kernis & Goldman 2006; *Offenheit*). A. schließt nicht aus, dass man sich in versch. sozialen *Rollen* unterschiedlich verhält (Sheldon et al. 1997). Kontroversen bestehen darüber, ob A. per se ein pos. Konstrukt ist oder ob auch neg. und pathologische Verhaltensweisen authentisch sein können. Außerdem wird diskutiert, ob der vollst. Ausdruck inneren Erlebens überhaupt möglich ist oder an der eigenen Introspektions- (*Introspektion*) und sprachlichen Ausdrucksfähigkeit scheitert (Danner 2001). *A. Emmerich/T. Rigotti*

Authentizitätsanalyse [engl. *authenticity analysis*], *Sprachstatistik*.

Autismus, atypischer [engl. *atypical autism*], *Autismus-Spektrum-Störungen*, *Entwicklungsstörungen, tiefgreifende*.

Autismus, frühkindlicher [engl. *infantile autism*], **[KLI]**, seltene Verhaltensstörung bei Kleinstkindern und im Kindesalter. Von kindlicher *Schizophrenie* diagn. abgrenzbar, wenngleich Überlappungen auftreten. Weniger als 10 % der kindlichen Schizophrenen sind Autisten. Symptome: Ablehnung der Zuwendung bereits im Babyalter, sozialer Rückzug, isolierte (motorische) Fertigkeiten (*idiot savant*), oft rigides Festhalten an Ritualen, häufig keine *Sprachentwicklung*, *Aufmerksamkeitsstörungen*. Die Ursachen sind unbekannt, organische Störung des ZNS wahrscheinlich. *Autismus-Spektrum-Störungen*, *Entwicklungsstörungen, tiefgreifende*. Rutter 1980.

Autismus, syndromaler [engl. *syndromic autism*], *Autismus-Spektrum-Störungen*. *Entwicklungsstörungen, tiefgreifende*.

Autismus-Spektrum-Störungen (= ASS) [engl. *autism spectrum disorder*; gr. αὐτός *(autos)* selbst]; umfassen eine Gruppe heterogener, meist angeb. Störungen mit frühem Beginn. Grundlegendes Funktionsmerkmal ist die Beeinträchtigung der sozialen *Kommunikation*, die jedoch im Ausprägungsgrad stark variieren kann. Die Störung betrifft sowohl Menschen mit durchschnittlich kogn. Leistungsvermögen und Sprachniveau als auch Menschen mit geistiger Behinderung (*Intelligenzminderung*) und eingeschränktem oder fehlenden Sprachvermögen. Der Begriff ASS wird erstmals 2013 im *DSM-5* der *American Psychiatric Association* eingeführt. Kriterien nach DSM-5: (1) Klin. bedeutsame, persistierende Defizite der sozialen Kommunikation und Interaktion in allen drei Punkten, manifestiert durch: (a) deutliche Defizite der nonverbalen und verbalen Kommunikation und der *sozialen Interaktion*, (b) mangelnde soziale Gegenseitigkeit, (c) Mangel, Beziehungen zu Gleichaltrigen zu entwickeln und aufrechtzuerhalten, die dem Entwicklungsalter angemessen sind. (2) Restriktive, repetitive Verhaltensmuster, Interessen und Aktivitäten in mind. zwei der folg. drei Punkte: (a) stereotypes motorisches oder vokales Verhalten, (b) exzessives Festhalten an Routinen und ritualisierten Verhaltensmustern, (c) restriktive und fixierte Interessen. (3) Die Symptome müssen bereits seit der frühen Kindheit bestehen (sie könnten sich aber auch erst dann vollst. manifestieren, wenn soziale Anforderungen den Mangel an begrenzten Kapazitäten übersteigen). Die Unterteilungen werden im DSM-5 nach Schweregraden der drei Symptombereich def.

Im *ICD-10* der WHO dagegen fallen ASS derzeit noch unter die *tiefgreifenden Entwicklungsstörungen* und umfassen die Diagnosen *Frühkindlicher Autismus* (ICD-10 F84.0), *Atypischer Autismus* (F84.1) und *Asperger-Syndrom* (F84.5; *Asperger-Störung*). Zentrale Charakteristika sind qual. Auffälligkeiten der sozialen Interaktion und Kommunikation sowie stereotype Verhaltensweisen, eingeschränkte Interessen und Aktivitäten. Kinder mit ASS zeigen bereits früh grundlegende Defizite in der sozialen Gegenseitigkeit und des Spielverhaltens. Das Interesse an anderen Menschen ist begrenzt, Freundschaften werden kaum aufgebaut. *Emotionalität* und *Empathie* im Hinblick auf andere Personen sind schwer zu erkennen. Mimik und Gestik sind häufig verarmt. Gesellschaftliche Konventionen und Erwartungen werden schlecht verstanden.

Die *Prävalenz* der ASS in der Bevölkerung beträgt ca. 1 %. Bei ca. 70 % der Betroffenen sind ASS mit mind. einer weiteren komorbiden psych. Störung (v. a. Aktivitäts-Aufmerksamkeitsstörungen (*Aufmerksamkeitsdefizit-/Hyperaktivitätsstörung*), *Phobie*, *Angststörungen* und *Zwangsstörungen*, *Epilepsie*) assoziiert. Die Störung unterliegt einem starken genetischen Einfluss, Umwelteinflüssen kommt eine deutlich geringere Bedeutung zu. In etwa 30–50 % der Fälle besteht zusätzliche eine geistige Behinderung (*Intelligenzminderung*). Neuropsychol. besteht v. a. ein Defizit der kohärenten Reizwahrnehmung, was dazu führt, dass Menschen mit ASS Schwierigkeiten haben, sich ein verständliches, geschlossenes Bild von der Welt zu machen. Auf neurobiol. Ebene findet man z. B. konsistent eine abgeschwächte Aktivierung des Gyrus fusiformis während des Betrachtens von Gesichtern, was die typische Schwäche bei der Gesichterverarbeitung und der Identifikation von Affekt bei ASS bedingt. Eine Früherkennung autistischer Störungen ist ca. ab dem 2. Lebensjahr möglich (bedeutsam ist hier das Entwicklungsalter). Typische Frühsymptome sind mangelnder Blickkontakt, reduzierte gemeinsame Aufmerksamkeit (*joint attention*), fehlende Reaktion auf die elterliche Stimme und *Sprachentwicklungsverzögerung*. Ab dem Alter von 2–3 Jahren besteht eine hohe Stabilität der A.-Symptome und Diagnose. Standardisierte diagn. Verfahren verbessern die diagn. *Validität*, erfordern jedoch eine fundierte Expertise. Als goldener Standard der Diagnostik gilt derzeit das Interview von nahestehenden Personen über den Pat. (*Diagnostisches Interview für Autismus – Revidiert (ADI-R)*) und das Beobachtungs- und Interview-Untersuchungsinstrument *Diagnostische Beobachtungsskala für Autistische Störungen (ADOS)*) in mehreren Modulen entspr. dem Alter und der Sprachfähigkeit.

Derzeit existiert keine kausale Therapie der ASS. Je nach Alter der Betroffenen und Subtyp der Störung haben sich früh beginnende, intensive verhaltenstherap. Interventionen (*Verhaltenstherapie*), aber auch Gruppentrainings zur Verbesserung der sozio-kommunikativen Fähigkeiten als wirksam erwiesen. Unterstützend kann eine pharmakol. Behandlung der komorbiden Störungen sinnvoll sein. Diagn. Instrumente, die im Bereich Autismus eingesetzt werden, sind im *Verzeichnis diagnostischer Verfahren* im Index aufgeführt. *F. Poustka/L. Poustka*

Autismus-Theorie des Spracherwerbs *Nachahmung, Imitation.*

autistische Sprache (= a. S.) [engl. *autism language*], [KLI], tritt u. a. bei *Schizophrenie* auf und zeigt die folg. Charakteristika: primär auf den Sprecher selbst bezogen, fungiert nicht als interindiv. verbindliches Kommunikationsmittel; die Name-Begriff-Objekt-Beziehung ist gelockert; bizarr-verschrobene Sprachspiele treten auf. *Sprachstörungen, Autismus-Spektrum-Störungen, Entwicklungsstörungen, tiefgreifende.* *H. Grimm*

Autobiografie (= A.) [engl. *autobiography*; gr. αὐτός (*autos*) selbst, βίος (*bios*) Leben, γράφειν (*graphein*) schreiben], [FSE, PER], Darstellung des eigenen Lebenslaufes und damit Hinwendung der *Biografie* und der *biografischen Methode* auf die eigene Person. Die A. verlangt eine Selbstanalyse, bei der die typ. *Persönlichkeitsmerkmalen* von dessen Träger richtig erkannt werden müssen. Aus dieser Frage erwachsen dann auch die unterschiedlichen Bewertungen der A. für die psychol. Diagnostik und die Therapie. Während H. A. Murray (Murray 1963) sie an die Spitze aller Untersuchungsmethoden stellt, meint dagegen G. W. Allport: «Biografien, bes. A., sind oft nichts anderes als ein charakterologischer *Palimpsest*. Das Bild, das die Wünsche des Bearbeiters befriedigt, ist nicht das wahre Bild.» *narrative Rekonstruktion*.

In der Geschichte der Ps. bedeuten A. als sog. «Bekenntnisse» bedeutsame Entwicklungsstufen. So die Bekenntnisse des Aurelius Augustinus mit einem Seelenverständnis, das weitgehend das Mittelalter bestimmt hat. Auch die bekenntnisartigen Lebenslaufschilderungen, wie sie Lavater (1771), Rousseau (1767), Moritz (1785–1799) u. a. geboten haben, sind für die Geschichte der Ps. wichtig. Für Ch. Bühler war eine Sammlung von Tagebüchern wertvolle Grundlage bei ihrer Arbeit zur Ps. der Jugendlichen und zum menschlichen Lebenslauf.

autochthone Dynamik (= a. D.) [engl. *autochthonous dynamic*; gr. αὐτός (*autos*) selbst, χθών (*chthon*) Erde, ursprünglich], [EM, KOG], die «selbst-entstandenen» Organisationstendenzen, die nach gestaltpsychol. Auffassung quasi automatisch infolge von Beziehungsmerkmalen der aufgefassten Inhalte beim Denken und Lernen wirksam sind. Bsp. sind die Tendenz zur Schließung von Lücken oder die Erinnerung an Problemlösungshilfen oder weitere Gedächtnisinhalte infolge geeigneter Abrufsignale. Die a. D. hält Denk-, Lern- und Reproduktionsprozesse von «innen» aus dem Material heraus in Gang und wird deshalb auch als *intrinsische Motivation* bez. Im Ggs. dazu bedeutet allochthone Dynamik die Gesamtheit der «fremd-entstandenen» Energiemobilisierungen, z. B. durch Zeitdruck, Angst vor Strafe oder Anreiz durch Belohnung oder sonstige irrelevante, nicht zur Aufgabe gehörende Reize, auch extrinsische Motivation genannt. Bergius 1964, Bergius 1971, Gutjahr 1959, Hunt 1965. *R. Bergius*

autochthone Handlungen [engl. *autochthonous action*; gr. αὐτός (*autos*) selbst, χθών (*chthon*) Erde, ursprünglich], [EM], Handlungen mit Eigenmotivation.

autochthone Ideen (= a. I.) [engl. *autochthonous ideas*; gr. αὐτός (*autos*) selbst, χθών (*chthon*) Erde, ursprünglich], [KLI], Bez. für Gedanken, die als «von außen eingegeben» erlebt werden. Die a. I. machen sich unabh. vom weiteren Denkverlauf geltend.

Autoerotismus [engl. *autoerotism*; gr. αὐτός (*autos*) selbst, ἔρος (*eros*) Liebe], [KLI], die beim Kinde oder bei auf Kindstufe narzisstisch fixierten Erw. vorliegende Tendenz, Lust am eigenen Körper, also ohne Partnerbezug, zu gewinnen. Begriff stammt von H. Ellis und wurde von S. Freud (*Psychoanalyse*) übernommen.

Autogenes Training (= A. T.) [engl. *autogenic training*; gr. αὐτός (*autos*) selbst, γένεσις (*genesis*) Geburt, Entstehung], [KLI], Entspannungsverfahren, das von dem Berliner Nervenarzt J. H. Schultz (1884–1970) entwickelt wurde. Es handelt sich um ein übendes Verfahren, das von den Pat. unter Anleitung über längere Zeit durchgeführt werden muss, damit der gewünschte Effekt eintritt. Die Instruktionen (Formeln) des A. T. werden schrittweise den Pat. vermittelt, und diese dann darin angeleitet, sich selbst zu instruieren. Nach Schultz unterscheidet man drei Übungskomplexe: (1) psychophysiol. Standardübungen (sechs Unterstufen-Übungen), (2) meditative Übungen (Oberstufen-Übungen) und (3) spez. Übungen. Den im klin. Bereich verbreitetsten Übungskomplex stellen die Unterstufen-Übungen dar; nur für diesen Komplex besteht eine hinreichende *Evidenz*. Beim Erlernen des A. T. werden nicht alle 6 Unterstufenübungen auf einmal angewendet. Das Vorgehen erfolgt schrittweise, Stufe für Stufe. Erst wenn eine Stufe erfolgreich angewendet werden kann, wird zur nächsten übergegangen. Um die Unterstufenübungen komplett einzuüben, vergehen i. d. R. mehrere Wochen. Für das Erlernen spielt die Fähigkeit, die passive Konzentration aufrechtzuerhalten, eine große Rolle. Mit zunehmendem Übungserfolg stellen sich die körperl. Reaktionen (z. B. Schwere- und Wärmeempfinden) immer deutlicher und schneller ein. I. Ggs. zur *Hypnose* handelt es sich beim A. T. um ein selbstsuggestives Verfahren, das einen autogen erzeugten Effekt bewirkt. *Entspannungsverfahren*. Vaitl 2014. *U. Petermann*

Autohypnose [engl. *autohypnosis*; gr. αὐτός (*autos*) selbst, ὕπνος (*hypnos*) Schlaf]; syn. *Selbsthypnose*, [KLI], hypnotischer Zustand, der rein autosuggestiv, aber auch (unterstützend) durch optische, akustische oder sensible Reize erreicht werden kann. Ggs. *Heterohypnose*. *Autogenes Training, Meditation*.

Autokinese, autokinetisches Phänomen [engl. *autokinesis, autokinetic phenomenon*; gr. αὐτός (*autos*) selbst, κινεῖν (*kinein*) in Bewegung versetzen], [SOZ, WA], betrachtet man in dunklen Raum einen in Ruhe befindlichen Lichtpunkt, so scheint sich dieser nach kurzer Zeit zu bewegen (sog. Punktschwankungen). Die schon von W. B. Carpenter und von H. Aubert beschriebene Erscheinung ist auch der *Suggestion* zugänglich und wurde z. B. von Sherif & Cantril (1947) in neuerer Zeit dazu herangezogen, die Beeinflussung des Urteils, die Suggestibilität des einzelnen Beobachters durch die Urteile einer *Gruppe* zu untersuchen. *Konformität*.

Autokorrelation (= A.) [engl. *autocorrelation*; gr. αὐτός *(autos)* selbst], **[FSE]**, Bez. für den inneren Zusammenhang einer (z. B. zeitlich geordneten) Reihe von Messwerten. Konkrete Verfahren zur Bestimmung eines A.koeffizienten bestehen in der Berechnung der *Korrelationen* der Messwertreihe A, B, C, D, E … mit der um eine Position verschobenen Reihe B, C, D, E, F … (sodass die Maßzahlpaare A/B, B/C, C/D usw. in die Korrelationsrechnung eingehen) bzw. mit den um zwei, drei oder mehr Positionen verschobenen Reihen C, D, E, F, G …, D, E, F, G, H … usw.. Die A.*funktion* ist die Abhängigkeit des Maßes der A. von der Größe der Verschiebung. *Zeitreihenanalyse*. *E. Mittenecker*

Automatie [engl. *automatism*; gr. αὐτόματος *(automatos)* selbsttätig, aus eigenem Antrieb], **[KOG]**, das vom Willen (*Wille*) bzw. der Bewusstseinskontrolle (*Bewusstsein*) unabhängig (oder sehr beschränkt abhängig) Ablaufende.

automatische Gedanken (= a.G.) [engl. *automatic thoughts*], **[KLI]**, werden i. R. der kogn. Therapie nach A. T. Beck als ursächlich für die Entwicklung (*Ätiologie*) und Aufrechterhaltung psych. Störungen, insbes. der *Depression* angesehen. Entspr. der Konzeptualisierung der kogn. Therapie werden a.G. trotz ihres emot. neg. und pathologischen Inhalts von Betroffenen als Fakten behandelt und nicht überprüft und führen in der Konsequenz z. B. zu Depressivität oder sozialer Angst (*phobische Störungen*). A.G. sollen durch *Gedankenfehler* gekennzeichnet sein. Typ. Bsp. für a. G. sind z. B. «Ich bin ein totaler Versager», «Niemand mag mich» oder «Das wird sowieso wieder schiefgehen». I. R. *kognitiver Um-/Restrukturierung* sollen a.G. durch rationale und hilfreiche Alternativgedanken ersetzt werden. *Spaltentechnik*, *Verhaltenstherapie, kognitive Verhaltenstherapie*. *A. L. Gerlach*

automatisierte Worterkennung [engl. *automatic word recognition*], **[KOG, PÄD]**, bez. das schnelle und flüssige *Lesen* bekannter Wörter auf Basis von mentalen Schriftwortrepräsentationen, die laut *Zwei-Wege-Modell* (*Lesen, Zwei-Wege-Modell*) in einem orthografischen Lexikon gespeichert und von dort abgerufen werden können, ohne dass erst eine systematische Buchstabe-Laut-Übersetzung erfolgen muss. Beim kompetenten erwachsenen Leser ist die Worterkennung so stark automatisiert, dass sie nicht unterdrückt werden kann und zu *Interferenz*-Effekten führt, etwa beim Stroop-Effekt (*Stroop-Verfahren, Farbe-Wort-Interferenztest (FWIT)*). Ein zentrales Symptom der Lese-/Rechtschreibstörung (*Legasthenie*, *Lese-Rechtschreib-Schwäche*) besteht in Problemen, die Worterkennung ausreichend zu automatisieren, daraus resultiert eine stark beeinträchtigte Lesegeschwindigkeit. *K. Landerl*

Automatisierung [engl. *automatization*; gr. αὐτόματος *(automatos)* selbsttätig, aus eigenem Antrieb], **[KOG]**, die durch Wiederholung bzw. Üben (*Üben, Übung*) erreichte und oft auch beabsichtigte *Automatie* körperlicher wie seelischer Abläufe. Viele Handlungen und Abläufe werden so zu *Automatismen*. *Kybernetik*.

Automatismen (= A.) [engl. *automatisms*; gr. αὐτόματος *(automatos)* selbsttätig, aus eigenem Antrieb], **[KOG]**, willensunabhängige Handlungen. Allg. (Flournoy) solche, die einen best. sinnvollen Zweck verfolgen, ohne dass ihr Träger diesen bei ihrem Eintreten erkannte. Den A. stehen die *bedingten Reflexe* nahe.

[KLI], Beim automatischen Schreiben in der *Hypnose* handelt es sich um eine Beantwortung von Fragen durch die Vp, ohne dass diese darauf achtet, sogar eine gänzlich andere Tätigkeit ausübt. In der Psychiatrie sind A. die vom Willen und Bewusstsein krankhaft abgeschirmten und auch mehr oder minder unmotivierten, fremdartigen, spontanen Handlungen. *Instinkt*.

In der *Parapsychologie* bez. man als A. die unbewussten Bewegungen, die über Vorgänge wie Pendeln, Tischrücken u. a. registriert und gedeutet werden.

Automatismus, strategischer [engl. *strategic automatism*], *Verhaltensintention*.

Automorphismus [engl. *automorphism*; gr. αὐτός *(autos)* selbst, μορφή *(morphe)* Gestalt], **[KOG]**, die (einseitig-subjektive) Beurteilung des Verhaltens (*Verhalten*) anderer nach eigenem Maßstab.

Automotiv-Theorie [engl. *automotive theory*; gr. αὐτός *(autos)* selbst, lat. *motivum* Beweggrund, Anlass] **[EM]**, die Theorie (Bargh 1990) nimmt an, dass das Streben nach einem *Ziel* durch automatische Prozesse unterstützt wird. Das führt dazu, dass man unverzüglich und ohne große Anstrengung Umweltbedingungen nützt, die das Erreichen eines Ziels erleichtern. Dadurch kann man selbst in einer komplexen Umwelt sein Ziel zu verfolgen, auch wenn die *Aufmerksamkeit* anderweitig ausgerichtet ist. Weiterhin wird angenommen, dass Ziele mental genauso repräsentiert sind wie andere *Kognitionen* (z. B. *Erwartungen*, *Stereotype*). Somit können Ziele genauso wie andere Kognitionen durch das Auftauchen best. Situationen in der aktuellen Umwelt automatisch aktiviert werden, wenn sie mit diesen in der Vergangenheit wiederholt zus. auftraten. Wenn bspw. ein Schüler sich beim Auftauchen seines Vaters wiederholt ganz bewusst ein Leistungsziel gesetzt hat, kann auf Dauer dieses Ziel automatisch (d. h. ohne bewussten Willensakt) allein schon durch die Anwesenheit des Vaters aktiviert werden. Unbewusst aktivierte Ziele zeigen viele der Effekte auf Gedanken und *Verhalten*, die für bewusst gesetzte Ziele gelten. Um ein Ziel unbewusst zu aktivieren, wird häufig so vorgegangen: Versuchsteilnehmer denken über einen Sachverhalt nach, der (angeblich) nichts mit der eigentlich zu lösenden Aufgabe zu tun hat. Anschließend erfolgt die Präsentation einer zweiten Aufgabe, um die Wirkung des zuvor unbewusst aktivierten Ziels zu messen. Will man bspw. unbewusst das Ziel aktivieren, sich einen fairen Eindruck von einer anderen Person zu bilden, kann man Versuchsteilnehmer bitten, eine Satzkonstruktionsaufgabe durchzuführen, bei der einige der Wörter mit dem Bilden eines fairen Eindrucks zu tun haben. Anschließend wird dann die zweite Aufgabe vorgelegt, anhand derer überprüft wird, ob durch die Satzkonstruktionsaufgabe tatsächlich das Ziel, sich einen fairen Eindruck zu bilden, aktiviert wurde. Bargh & Chartrand (2000) konnten zeigen, dass dies tatsächlich der Fall ist.

A. Achtziger/P. M. Gollwitzer

autonomes Nervensystem [engl. *autonomic nervous system*; gr. αὐτός *(autos)* selbst, νόμος *(nomos)* Gesetz], *Nervensystem*.

autonomes Verhalten [engl. *autonomic behavior*; gr. αὐτός (autos) selbst, νόμος (nomos) Gesetz], **[KOG]**, weitgehend unabhängiges, selbstgesteuertes Verhalten.

autonome Veränderungen [engl. *autonomic changes*; gr. αὐτός *(autos)* selbst, νόμος *(nomos)* Gesetz], **[KOG]**, systematische Veränderungen von Gedächtnisinhalten, die auf Gestalt-Gesetze (F. Wulf) bzw. eine Tendenz zur Herausbildung stabiler Organisation von Gedächtnisinhalten zurückzuführen sind. Nach K. Koffka haben stabile Organisationsformen einen «höheren Überlebenswert» als ungeordnete, «chaotische» Formen. Spezielle Organisationsformen sind *Schemata*, in denen allg. Regeln und indiv. Erfahrungen die Gedächtnisinhalte beeinflussen (F. Bartlett, K. Koffka, D. E. Rumelhart), *frames* (M. Minsky) bzw. *scripts* (R. C. Schank, R. P. Abelson), d. h. drehbuchartig festgelegte Ereignisabläufe, in denen nur an vorgegebenen Stellen die spezif. Erinnerungen eingeordnet werden können, und *story grammars*, d. h. quasi-syntaktische Regeln für die Generierung und Reproduktion von Geschichten, die den jew. kult. Normen genügen (J. Mandler, G. Thorndike). *autochthone Dynamik*. Goldmeier 1982. *A. Zimmer*

Autonomie [engl. *autonomy*; gr. αὐτός *(autos)* selbst, νόμος *(nomos)* Gesetz], **[EM]**, Zustand der Selbstbestimmung, Selbstständigkeit und Unabhängigkeit bzw. Entscheidungsfreiheit. Konstrukt in der Murray'schen «need»-Hierarchie. *need, need-press*.

Autonomieentwicklung (= A.) [engl. *development of autonomy*; gr. αὐτός *(autos)* selbst, νόμος *(nomos)* Gesetz], **[EW, PER, SOZ]**, A. beschreibt den Prozess des Selbstständigwerdens eines Individuums (*Autonomie*). Dabei entwickelt die Person *Fähigkeiten*, ihr Leben unabhängig von anderen zu gestalten, indem sie sich selbstständig *Ziele* setzt, und ihre *Erleben* und *Verhalten* eigenverantwortlich unter Berücksichtigung eigener Werthaltungen (*Werte*) reguliert. Die A. verläuft auf der kogn., der affektiven und der Verhaltensebene. Das Ausmaß von Unabhängigkeit kann in versch. Bereichen (z. B. Werthaltungen, *Selbstvertrauen*, *Handlungsregulation*) unterschiedlich ausgeprägt sein. A. ist ein Thema während der gesamten Lebensspanne (*Lebensspannenpsychologie*), erlangt aber im Jugendalter eine besondere Bedeutung im Prozess der Ablösung von den Eltern. A. wird in Kindheit und Jugend gefördert durch die Möglichkeit, auf der Basis sicherer emot. *Bindungen* und vor Gefahren geschützt zunehmend den eigenen Aktionskreis erweitern und durch eigenständiges Tun Erfahrungen machen und Verantwortung übernehmen zu können. Die Ausbildung von Werthaltungen, die das eigene Handeln regulieren, wird durch die Möglichkeit zur Partizipation an Entscheidungen gefördert (*Moral*).

In der Kindheit ist v. a. die Selbstständigkeit im Verhalten bedeutsam. Im Jugendalter kommen emot. Unabhängigkeit und die Entwicklung eigener Werte hinzu. Ein zentrales Thema der A. im Jugendalter (*Adoleszenz*) ist neben der *Ablösung* von den Eltern auch das Verhältnis zu Gleichaltrigen. Hier wird nach einer Phase starken Strebens nach Akzeptanz bei den Peers (*Peergroup*) in der frühen Adoleszenz, was z. T. mit konformem Verhalten einhergeht, in der späten Adoleszenz eine reife Unabhängigkeit realisiert. Unter der Perspektive der Entwicklung der Lebensspanne wird zunehmende Autonomie im hohen Lebensalter bedeutsam. Hier kann es aufgrund körperlicher und kogn. Abbauprozesse zu Verlusten der Autonomie kommen (*Psychologie des Alterns*). *independente, elterliche Strategie*. *B. Kracke*

Autonomiemotiv *Entwicklung, motivationale*.

Autoplastie (= A.) [engl. *autoplasty, autoplastic*; gr. αὐτός *(autos)* selbst, πλάσσειν *(plassein)* bilden, formen], syn. *Selbstformung*, **[GES, KLI]**, Bez. von Freud (*Psychoanalyse*) für diejenige Realitätsverarbeitung, bei der die reale äußere Umwelt abgewiesen bzw. zu einer inneren Ersatzwelt umgearbeitet wird. A. ist nur sich selbst verhaftet. Ggs. *Alloplastie, alloplastisch*.

Autoplastisches Krankheitsbild, das «Eigenbild» des Pat. über sein Kranksein bzw. die psychogene aggravierende Beeinflussung einer Krankheit durch den Pat. *Krankheitsbewältigung*.

Autopoiese, autopoietisch (= A., a.) [engl. *autopoiesis, autopoietic*; gr. αὐτός *(autos)* selbst, ποιεῖν *(poiein)* fertigen, bauen], **[KOG]**, aus der Soziologie (Maturana, Varela 1987; Luhmann 1984) stammender Begriff, der in der Ps. die Selbsterhaltung eines psych. Systems durch Rückbezug jeder Operation auf sich selbst (*Selbstreferenz*) bez. Psych. Systeme leben nach diesem Ansatz aus sich selbst heraus (s. a. *Reifung*), reproduzieren sich selbst und sind somit in sich geschlossen. In Bezug auf die Kognition lehnt das Konzept der A. die Auffassung der Welt als Ansammlung von beobachterunabhängigen Objekten ab und fasst wahrgenommene Objekte als fortlaufend erzeugte Regelmäßigkeiten der Zustände des Nervensystems eines menschlichen Organismus auf. A. Systeme stellen somit alle Elemente (z. B. Gedanken und Vorstellungen) in einem zirkulären Reproduktionsprozess aus bestehenden Elementen her. *W. Echterhoff*

AutoRegressive Integrierte Moving-Average-Modelle *ARIMA*.

Autorezeptor (= A.) [engl. *autoreceptor*; gr. αὐτός *(autos)* selbst, lat. *receptor* Empfänger], **[BIO]**, Rezeptoren eines Neurons, über die dessen Neurotransmitterausschüttung reguliert wird (*Rezeptor, Neuron, Transmitter*). Dies geschieht i. d. R. über neg. *Rückkoppelung*. A. sind präsynaptisch an Axonterminals oder somatodendritisch lokalisiert. Erstere (präsynaptische A.) hemmen die Neurotransmitterausschüttung oder -synthese. Letztere (somatodendritisch) reduzieren die Zellfeuerungsrate, was ebenfalls zu einer reduzierten Neurotransmitterfreisetzung führt. I. d. R. entsprechen A. einem spezifizierbaren Rezeptorsubtyp (z. B. α2 bei noradrenergen Neuronen; *Noradrenalin*), die aber auch postsynaptisch als Rezeptoren vorkommen können. Auch Pharmaka können rezeptoragonistische bzw. -antagonistische Wirkungen über A. entfalten und wirken dadurch invers (z. B. Reduktion noradrenerger Aktivität durch α2-Agonist Clonidin). Meyer & Quenzer 2005. *W. Janke/M. Ising*

Autorhythmie [engl. *autorhythmy*; gr. αὐτός *(autos)* selbst, ῥυθμός *(rhythmós)* Takt, Rhythmus], [**BIO**], Fähigkeit gewisser Zellpopulationen zu spontaner Depolarisation ohne externe Stimulation durch Nachbarzellen oder mechanische Einwirkung. Trifft auf sog. *Schrittmacherzellen* im Myokard zu. Diese Schrittmacherzellen sind im Sinusknoten, dem His-Bündel und den Purkinje-Fasern zu finden. Demgegenüber verfügen die meisten myokardialen Zellen nicht über einen autorhythmischen Mechanismus, sondern werden durch die Depolarisation der Nachbarzellen erregt (= *Arbeitsmuskulatur*). Durch Unterschiede in den Depolarisationsgeschwindigkeiten von Sinusknoten und darunter gelegenen Leitungsstrukturen entsteht eine Filterfunktion, die beim gesunden Herzen lediglich den Sinusknoten die tatsächliche *Herzfrequenz/* Herzrate bestimmen lässt. Nur unter pathologischen Bedingungen übernimmt eine der anderen Leitungsstrukturen die Funktionen des Sinusknotens durch Bildung eines Ersatzrhythmus (v. Olshausen, 2005). *A. Schulz*

autoritäre Persönlichkeit (= a. P.) [engl. *authoritarian personality*; franz. *autoritaire* Gehorsam fordernd, unterdrückend, lat. *auctoritas* Ansehen, Macht, Würde], [**SOZ, PER**], ein Muster von *Einstellungen* und Persönlichkeitseigenschaften (*Persönlichkeitsmerkmal*), die ein Potenzial für antidemokratische und faschistische Einstellungen und Verhaltensweisen bilden. Während die Facetten des autoritären Verhaltens und des *Autoritarismus* von vielen Autoren ähnlich beschrieben werden, unterscheiden sich die theoretischen Erklärungen. Berühmt wurde das Forschungsprojekt zur *Authoritarian Personality*, das 1943 von dem Sozialpsychologen R. Nevitt Sanford zus. mit dem Psychiater und Psychologen Daniel J. Levinson und der psychoanalytisch ausgebildeten Psychologin Else Frenkel-Brunswik in Berkeley als Studie über *Antisemitismus* begonnen wurde. In dieser gemeinsam mit dem emigrierten «Frankfurter Institut für Sozialforschung» begonnenen «Berkeley Public Opinion Study» wurde Sanford 1944 Forschungsdirektor, gemeinsam mit dem Philosophen und Gesellschaftstheoretiker *Adorno*. Das Buch erschien verzögert erst im Jahr 1950, obwohl die meisten Manuskripte (ausgenommen das von Adorno) bereits Mitte 1947 fertig waren. Ins Deutsche wurde das Buch, das nicht zuletzt mit Blick auf den Nationalsozialismus entstanden war, nie vollständig übersetzt. Nur in einer Fußnote wurden die wesentlichen Vorarbeiten von Wilhelm Reich und insbes. von *Fromm* über den *autoritärer Charakter* erwähnt. Die amerik. Studie stützte sich hauptsächlich auf einen neu konstruierten Fragebogen, die California-F-Skala bzw. Faschismusskala (für *implizite antidemokratische Tendenzen und Faschismuspotenzial*), die sich aus mehreren Komponenten zus.setzt: (1) *Conventionalism* – Festhalten an Hergebrachtem, (2) *Authoritarian Submission* – Autoritätshörigkeit/-unterwürfigkeit, (3) *Authoritarian Aggression* – Tendenz, Verstöße gegen hergebrachte Werte ahnden zu wollen, (4) *Anti-Intraception* – Ablehnung des Subjektiven, Imaginativen und Schöngeistigen, (5) *Superstition and Stereotype* – Aberglaube, Klischee, Kategorisierung und Schicksalsdeterminismus, (6) *Power and Toughness* – Identifikation mit Machthabern, Überbetonung der gesellschaftlich befürworteten Eigenschaften des Ich, (7) *Destructiveness and Cynicism* – allg. Feindseligkeit, Herabsetzung anderer Menschen, (8) *Projectivity* – Veranlagung, an die Existenz des Bösen in der Welt zu glauben und unbewusste emot. Impulse nach außen zu projizieren, (9) *Sex* – übertriebene Bedenken bzgl. sexueller Geschehnisse. Mit dem Fragebogen wurden mehr als 2000 Personen untersucht, außerdem nach Extremwerten gebildete kleinere Gruppen eingehend interviewt und mit dem *Thematischen Apperzeptionstest (TAT)*) untersucht. Der erwartete Zusammenhang zw. Ergebnissen der F-Skala und jenen der AS-Skala (für *Antisemitismus*), der E-Skala (für *Ethnozentrismus*) und der PEC-Skala (für politisch-ökonomischen *Konservatismus*) wurde weitgehend bestätigt. Auch die Interviews zeigten dieses Muster, doch wurde die Übereinstimmung der versch. Methoden nicht genauer analysiert. Die Forschungsarbeit wird oft als große Pionierleistung der Sozialforschung betrachtet. Die Autoren verbanden die sozialpsychol. Einstellungsforschung mit der *Differentielle Psychologie*, entlehnten zentrale Erklärungshypothesen der psychoanalyt. Theorie und bezogen außerdem soziologische Konzepte ein. Die breite empirische Studie stützt sich sowohl auf stat. als auch interpretierende Methoden und war Grundlagenforschung zur Erklärung des *Faschismus* mit politisch engagiertem Blick auf die gesellschaftlichen Bedingungen und auf die praktische Bedeutung für die demokratische Erziehung. Die fachliche Kritik richtete sich gegen die psychoanalytischen Erklärungsversuche, gegen die Skalenkonstruktion (*Testkonstruktion*), gegen die unzureichende *Repräsentativität* und fehlende Beobachtung des Verhaltens im Alltag. Es werde nicht hinreichend zw. der a. P. und dem gewöhnlichen *Konservivismus* unterschieden und der Autoritarismus existiere auch im linken Extrem politischer Einstellungen. Die Auseinandersetzung über die heterogenen Komponenten (Subskalen) und die relative *Inkonsistenz* der F-Skala dauern bis heute an, denn es handelt sich eher um ein Muster (*Syndrom*) verwandter Merkmale, die typ. sind, auch wenn u. U. einzelne fehlen können. Seitdem ist die Forschung über die a. P. durch konkurrierende Erklärungsansätze (Robert Altemeyer, Richard Christie, Gerda Lederer und Peter Schmidt, John L. Martin, William Stone) geprägt, wobei auch der Wandel von tiefenpsychol., soziologischen bis zu sozial-kogn. Auffassungen sowie einer verhaltensnäher ausgerichteten Konzeption (Detlev Oesterreich, «Flucht in die Sicherheit», 1996) deutlich ist.
Aus *psychoanalytischer Sicht* (*Psychoanalyse*) bildet sich der autoritäre Charakter aus, wenn aggressiv-triebhafte und andere Bedürfnisse des Kindes durch elterliche Gehorsamkeitsforderungen zu stark unterdrückt und schließlich auf andere Menschen, sozial Schwächere oder Minderheiten gerichtet werden; aus *soziologischer Sicht* wird primär der Anpassungsdruck repressiver gesellschaftlicher Bedingungen und hierarchischer Strukturen verantwortlich gemacht; aus *sozialpsychol. Sicht* werden v. a. die von der Familie und anderen sozialen Bezugsgruppen übernommenen Denkmuster und Vorurteile hervorgehoben

(a. P. wechseln u. U. ihre Ideologie, einige «kippen» sogar zw. rechtsextrem und linksextrem); entwicklungspsychol. kann eine misslingende Ablösung von den Eltern eine unzureichende Identitätsfindung bewirken, sodass eine autoritär strukturierte Abhängigkeit fortbesteht; aus Sicht der *Differentiellen Ps.* kann das Zusammenwirken einer latenten Verhaltensbereitschaft (*Disposition*) und einer auch ideologisch «passenden» Auslösesituation im Alltag sowie das soziale Umfeld und dessen Wertorientierung verständlich machen, dass autoritäres Verhalten sich nicht einheitlich äußert. Erst die aktuelle soziale Situation bedingt, ob und wie sich *Konformität* und Gehorsam äußern, ob jemand sich den Überzeugungen und den Forderungen der Mehrheit bewusst zu widersetzen wagt.

In Dt. entstanden am Frankfurter «Institut für Sozialforschung IfS» zw. 1955 und 1971 drei Untersuchungen (Pollock, von Freyhold, Schönebach), jedoch keine wirklich innovative Forschungsrichtung und kein Transfer in die von Adorno 1966 geforderte «Erziehung nach Auschwitz». Bernd Six stellte 1967 fest, «das IfS habe nach seiner Rückkehr nach Dt. nie wieder die Bedeutung für die Autoritarismus-Forschung erlangt, die es in den USA hatte.» Wichtige sozialpsychol. Forschung zu dieser Thematik wurde weiterhin in den USA unternommen, u. a. das *Milgram-Experiment* und das *Stanford-Prison-Experiment* oder Erich Fromms Werk über die «Anatomie der menschlichen Destruktivität» (1974). Bereits im Jahr 1993 wies Jos D. Meloen 2341 Publikationen über die F-Skala aus.

Trotz der theoretischen und meth. Kritik handelt es sich um ein wichtiges Konzept, und ausgeprägte a. P. sind überall zu erkennen: in Familien, in der Politik und im Alltag. Über die relative Verbreitung der a. P., über rechts- und linksextremistische Einstellungen in Dt. informieren u. a. die «SINUS-Studie zum Rechtsextremismus» 1981 und die seit 1987 wiederholten Erhebungen von Wilhelm Heitmeyer über Rechtsextremismus und «Dt. Zustände». Adorno 1950, Fahrenberg 2004, Altemeyer 1996. *J. Fahrenberg*

autoritärer Charakter (= a. C.) [engl. *authoritarian character*; franz. *autoritaire* Gehorsam fordernd, lat. *auctoritas* Ansehen, Macht, Würde, gr. χαρακτήρ (*charakter*) Prägung, Eigenart], [**PER, SOZ**], ein Muster von Charakterzügen, v. a. die Bereitschaft zur Herrschaft und zur eigenen Unterwerfung. Wilhelm Reich hatte 1933 mit seiner *Massenps. des Faschismus* einen fundamentalen Zusammenhang zw. autoritärer Triebunterdrückung und faschistischer *Ideologie* behauptet und damit die erste größere, aus psychoanalytisch-gesellschaftskritischer Sicht geschriebene Auseinandersetzung mit dem *Faschismus* bzw. dem Nationalsozialismus (*Nationalsozialismus, Psychologie im*) versucht. Fromm (1945), der den Begriff des *Sozialcharakters* bzw. *Gesellschaftscharakters* prägte, erweiterte das Konzept und fasste im a. C. soziale *Einstellungen* und Persönlichkeitseigenschaften (*Persönlichkeitsmerkmal*) zus., die das Sozialverhalten neg. prägen: die Unterwürfigkeit gegenüber Autoritätspersonen, außerdem *Destruktivität* (Zerstörungslust), Selbsterhöhung und starre *Konformität*: Diese Menschen bewundern die Autorität und streben danach, sich ihr zu unterwerfen; gleichzeitig wollen sie selbst Autorität sein und andere sich gefügig machen. Zu dieser durchgehenden Orientierung an *Macht* und Stärke gehört eine Denkweise, die an Konventionen hängt, zugleich abergläubisch und stereotype Züge (*Stereotyp*) hat, sensible und künstlerische Seiten zurückweist und alles Fremde, fremde Menschen und Sitten, ablehnt (*Ethnozentrismus*). Der a. C. tendiert dazu, *Ideologien* zu folgen, ist konform, bei extremer Ausprägung «potenziell faschistisch» und destruktiv. Die psychol. Erklärung dieser Charakterstruktur sah Fromm primär nicht in einer Triebstruktur, sondern in der Unfähigkeit von Menschen mit ihrer prinzipiellen Freiheit umzugehen – sie fliehen vor dieser selbstverantwortlichen Freiheit in eine konforme Sicherheit und orientieren sich an der Autorität. Dieser soziale Charakter wird v. a. durch typische Grunderlebnisse innerhalb der Familie und im Kontext der gesellschaftlichen Verhältnisse und Anpassungen vermittelt («Escape from Freedom», 1941). Bereits in den Jahren 1929 und 1930, teils in seiner Zeit als Leiter der Abteilung Sozialps, des «Frankfurter Institut für Sozialforschung», unternahm Fromm zus. mit Hilde Weiss in Berlin eine umfangreiche empirische Erhebung zum autoritären, revolutionären und ambivalenten Charakter mit der damals noch unüblichen *Fragebogenmethode*: «Arbeiter und Angestellte am Vorabend des Dritten Reiches». Von Fromm stammen wesentliche Grundlagen der späteren Forschung zur *autoritären Persönlichkeit*. *J. Fahrenberg*

Autoritarismus (= A.) [engl. *authoritarianism*; franz. *autoritaire* Gehorsam fordernd, unterdrückend, lat. *auctoritas* Ansehen, Macht, Würde], [**PER, SOZ**], (allg.) Bez. für eine generalisierte *Einstellung* bzw. ein System von Meinungen, Einstellungen und Werthaltungen; (spez.) Bez. für das von Adorno et al. über Interviews und projektive Verfahren ermittelte und mit der F-/Faschismusskala definierte Einstellungssyndrom des *Antisemitismus, Ethnozentrismus*, Faschismus und politischen Konservatismus. Das Syndrom der *autoritären Persönlichkeit*, hervorgerufen durch eine hierarchische und ausbeuterische Eltern-Kind-Beziehung, kann nach Meinung der Autoren zu einer politischen Ideologie werden, die sich sowohl in privaten wie in öffentlichen Beziehungen in einer Doktrin der Stärke äußert. Versuche, ein Syndrom A. in Form von stabilen Korrelationen zu Merkmalen wie Konformität, Abhängigkeit von Autorität, überdurchschnittliche Kontrolle der Gefühle und Impulse (*Konventionalismus*), Rigidität des Denkens und Ethnozentrismus zu finden, haben zu unbefriedigend niedrigen Resultaten und z. T. widersprüchlichen Ergebnissen geführt. Inzw. sind mehrere Versuche einer konzeptuellen Revision erfolgt (z. B. Altemeyer 1988). *autoritäre Persönlichkeit, autoritärer Charakter*. Adorno 1950, Stone et al. 1993, Six 2002. *B. Six*

autoritär-punitives Syndrom [lat. *auctoritas* Ansehen, Macht, Würde, *punire* bestrafen]; *Militarismus*.

Autorität (= A.) [engl. *authority*; lat. *auctoritas* Ansehen, Macht, Würde], [**SOZ**], Bez. für eine Beziehung zw. Personen, in der eine (oder mehrere) Person(en) durch Befehle, Vorschläge oder Wünsche wiederholt einen Einfluss in der von ihr (ihnen) gewünschten Richtung ausübt (ausüben). A. bez. auch die Person, die A. hat, d. h. die Macht besitzt zum Beeinflussen durch (1) Kompetenz, (2) überkommenes Ansehen, (3) Machtmittel (Möglichkeit zur Verhängung von Sanktionen). Die Quellen (1) und (2) bzw. (3) bez. manchmal «innere» bzw. «äußere» A. *autoritärer Charakter*, *autoritäre Persönlichkeit*, *Macht*.

Autoritätsgehorsam (= A.) [engl. *obedience to authority*], [SOZ], bez. das Befolgen der Anweisungen und Aufforderungen von Personen, die einen hohen sozialen Rang in der Hierarchie besitzen, Folge zu leisten, auch wenn sie gegen ethische Wertvorstellungen (*Werte*) der Humanität verstoßen. Es geht also um die Determinanten des menschenverachtenden Verhaltens, wie es z. B. von Adolf Eichmann und seinen Gefolgsleuten unter der Nazi-Herrschaft bei der Vernichtung der Juden und anderer unerwünschter Minderheiten (*Minorität*) gezeigt wurde.

Exp. wurde A. in den Studien von Milgram (1974) nachgewiesen. Die Versuchsteilnehmer übernahmen hierin die Rolle eines Lehrers in einem angeblichen Experiment zum Bestrafungslernen. Ihre Aufgabe bestand darin, einem Schüler, der ein Verbündeter des Vl war und sich in einem Nachbarraum aufhielt, Aufgaben vorzulesen und die Antworten als richtig oder falsch zu bewerten. Die Lehrer wurden instruiert, falsche Antworten des Schülers mit Elektroschocks zu bestrafen, wobei die Schockintensität mit jeder falschen Antwort um eine Stufe erhöht wurde. Auf der dazu dem Lehrer zur Verfügung stehenden technischen Apparatur fanden sich neben Voltzahlen auch Einteilungen der Schockstärke, die von «leichter Schock» über «bedrohlicher Schock» hin zu «XXX» reichten. Insgesamt standen 30 Schockstufen zur Verfügung, die sich von 15 bis 450 Volt erstreckten. Zögerte der Lehrer, mit dem Experiment fortzufahren, wurde er von dem Vl wiederholt aufgefordert weiterzumachen. Vollständige Gehorsamkeit wurde konstatiert, wenn der Lehrer über die niedrigeren Schockstufen hinweg schließlich die höchste Schockstufe einstellte. In dem Experiment verwendeten 65 % der Versuchsteilnehmer die max. Schockstufe. Daher kann festgestellt werden, dass das Verfahren einen unerwartet hohen A. erzeugt. Das Gehorsamkeitsniveau blieb mit 62,5 % hoch, wenn der Lehrer bei den höheren Schockstufen die Proteste und verzweifelten Rufe des Schülers hören konnte. Saß der Schüler nur einen Meter entfernt im selben Raum wie der Lehrer, sank der A. auf 40 %. Der A. reduzierte sich auf 30 %, wenn der Lehrer die Hand des Schülers auf die Schockplatte pressen musste. Somit nahm der A. desto mehr ab, je näher das Leiden des Opfers an den Lehrer herangerückt wurde. Auch die Infragestellung des Einflusses der Autorität durch die Übermittlung der Instruktionen per Telefon oder durch widersprüchliche Anweisungen reduzierten den A. Als Ursachen für den hohen A. gelten drei Mechanismen: (1) die Konsistenz des Vl (aufgrund seines konsequenten Drängens auf Fortsetzung des Verfahrens), (2) das schrittweise Vorgehen bei der Erhöhung des Schockniveaus: Während die ersten Schocks als harmlos erscheinen, schleicht sich zunehmend eine bedrohliche Gewalt ein, ohne dass eine Schwelle überschritten wird oder eine explizite Entscheidung für die unmenschliche Vorgehensweise gefällt wird (Effekt des *Den-Fuß-in-die-Tür-Stellens*, *Foot-in-the-Door-Technik*) und (3) die Tatsache, dass der prägende Anfangseindruck eines seriösen Wissenschaftlers spätere fragwürde Anweisungen als legitim erscheinen ließ (nach dem Motto: «Es dient der Wissenschaft»). Somit findet ein Missbrauch von Autorität statt. Es ist naheliegend anzunehmen, dass diese drei Mechanismen auch bei der Ausführung der Naziverbrechen wirksam wurden, wobei der letztgenannte nicht durch die Wissenschaft, sondern auf die faschistische Ideologie begründet wurde, der durch das Regime wiss. Züge attestiert wurden. Der Milgram-Versuch wurde 2006 mit geringen Abweichungen repliziert (Burger 2009). Die Schockobergrenze wurde aus ethischen Gründen auf 150 Volt begrenzt. Wenn ein Lehrer diesen Schock erteilt hatte, wurde der Versuch abgebrochen. Zudem wurden die Teilnehmer mehrfach darauf hingewiesen, dass sie den Versuch jederzeit abbrechen konnten. Es ergab sich ein Autoritätsgehorsam von 70 %, während das Niveau des A. bei Milgram bei der Schockstufe von 150 Volt 82,5 % betrug. Die Reduktion des Gehorsams in der Replikationsstudie ist stat. nicht signifikant. Die Ergebnisse sprechen dafür, dass A. als Phänomen auch nach der Jahrtausendwende ein großes gesellschaftliches Problem darstellt.

A. konnte auch in Experimenten zum administrativen Gehorsam aufgezeigt werden. Die Leistung eines Bewerbers – erneut ein Verbündeter des Vl – sollte durch die Versuchsteilnehmer willkürlich beeinträchtigt werden, indem sie 15 neg. Äußerungen machten (Meeus & Raaijmakers 2006). Der Vl forderte die Versuchsteilnehmer zum Fortsetzen des Experimentes auf, wenn sie zögerten. 91 % der Versuchsteilnehmer erwiesen sich als gehorsam, indem sie die 15 Störmanöver ausführten. Der hohe Prozentsatz des A. in dieser Versuchsanordnung deutet darauf hin, dass es den Teilnehmern leichter fällt, psych. *Gewalt* auszuüben als physische. Der A. verringerte sich, wenn hohe persönliche Kosten (*Kosten-Nutzen-Kalkulation*) induziert wurden, indem den Versuchsteilnehmern die juristische Haftung für ihr Störverhalten eindeutig zugeschrieben wurde. *Konformität* und A. sind verwandt, aber beide Konzepte lasen sich eindeutig voneinander abgrenzen. A. beruht auf einer hierarchischen Beziehung, die eine Befehlsausführung zur Folge hat, während Konformität durch Nachahmung unter gleichrangigen Personen zustande kommt. Außerdem wird A. durch die gehorsamen Versuchsteilnehmer dadurch gerechtfertigt, dass sie die Verantwortung der Autorität zuweisen, während bei Konformität i. d. R. abgestritten wird, dass man sich hat beeinflussen lassen. Die Ergebnisse von Milgram verdeutlichen die Situationsabhängigkeit des A.: die Situation entfaltet eine starke Dynamik, die von vielen Versuchsteilnehmern als Einfluss empfunden wurde, dem sie sich nicht widersetzen konnten. Der A. wurde von Zimbardo (2008) unter dem Gesichtspunkt «wie gute Menschen sich dem Bösen zuwenden» behandelt. *H.-W. Bierhoff*

Autoritäts-Rangreihe *soziale Beziehungen*.

Autorpsychologie *Literaturpsychologie*.
autoshaping [engl.], (lerntheoretisch) Selbstformung. *shaping*.
Autostereotyp [engl. *autostereotype*; gr. αὐτός *(autos)* selbst], *Stereotyp, stereotyp*.
Autosuggestion (= A.) [engl. *autosuggestion*; gr. αὐτός *(autos)* selbst, lat. *suggerere* eingeben], [**KLI**], Selbsteinredung, selbstinduzierte Beeinflussung eines Gedankens, eines Urteils oder einer Vorstellung, die bewusst oder unbewusst hervorgerufen wird. A. wird bei *Entspannungsverfahren* angewendet. Bei schwereren Problemen ist eine Indikation sehr sorgfältig vorzunehmen, hier kann A. auch zum Verschleppen einer Lösung führen. *Hypnotherapie*. *Suggestion*, *Autogenes Training*.
Aux [lat. *auxilium* Hilfe], Auxiliarkomplex. *Lexikon, lexikalische Kategorien*.
AV [engl. *dependent variable*], auch aV, Abk. für abhängige Variable. *Variable, abhängige*, *Kriterium*.
availability (= a.) [engl.] Verfügbarkeit, [**KOG**], in der Gedächtnisps. und *Psycholinguistik* wird zw. a., d. h. dem Vorhandensein eines Items im Speicher, ohne dass es auch abrufbar ist, und der *accessibility* oder Zugänglichkeit, d. h., dass es vom Abruf erreicht wird, unterschieden. Nach Tversky und Kahneman (1973) bestimmt bei Urteils- und Entscheidungsprozessen die a. der Ereignisse die subj. Wahrscheinlichkeit ihres Auftretens (*a. heuristic* = *Verfügbarkeits-Heuristik*). Kahneman et al. 1982, Strack 1985. *R. Bergius*
Avatar (= A.) [engl. *avatar*; Sanskrit अवतार *(avatara)* Herabsteigen, Inkarnation], [**MD**], ist eine virtuelle Person, durch deren Einbeziehung die Anwendungsmöglichkeiten VR («virtual reality»)-basierter Interventionen beträchtlich erweitert werden können (*virtuelle Realität*). Virtuelle Personen können bspw. Beraterdienste leisten oder als Modelle (i. S. des Lernens durch Beobachtung) fungieren. Die ps. Wirksamkeit von A. hängt im Wesentlichen von deren sozialer Präsenz ab. Wichtige Determinanten der sozialen Präsenz sind (1) die äußere Erscheinung (visueller Realismus), (2) das Verhalten (behavioraler Realismus) und (3) die den Interaktionsrealismus bestimmenden Interaktionsmerkmale, die für eine zufriedenstellende Kommunikation zw. den virtuellen Personen und den realen Nutzern ausschlaggebend sind.
Aversions-Aversions-Konflikt [engl. *aversion-aversion conflict*; lat. *avertere* sich abwenden], *Konflikttheorie*, *Annäherungs-Vermeidungs-Konflikt*.
Aversionstherapie (= A.) [engl. *aversion therapy*; lat. *avertere* sich abwenden], [**KLI**], A. verwenden aversive Reize als therap. Mittel, um unerwünschte Verhaltensweisen und Reaktionen zu hemmen. Es wird i. S. der Konditionierungstheorien angenommen, dass Verhalten mit unerwünschten Konsequenzen verlernt wird. Es werden versch. Verfahren unterschieden: U. a. sind dies die Koppelung best. Verhaltensweisen mit einem aversiven Reiz (*operante Konditionierungsmethoden*; Anwendungsbereiche: Alkoholiker- und Rauchertherapie, Modifikation devianten sexuellen Verhaltens), die Koppelung best. Reize mit einem aversiven Reiz und die Koppelung unerwünscht attraktiver Reize mit aversiven Vorstellungen (symbolische aversive Konditionierung). Der gezielte Einsatz aversiver Reize hat einen nachgewiesenen stark hemmenden Einfluss auf versch. klin. relevante Verhaltensweisen und Reaktionen. Voraussetzung für A. ist Freiwilligkeit, da sonst mit Rückfällen zu rechnen ist, sobald die therap. Kontrolle nachlässt. Im Zuge der Verfügbarkeit von Alternativen werden heute wenn immer möglich therap. Ansätze bevorzugt, die nicht oder nicht wesentlich auf dem Einsatz aversiver Elemente beruhen. *Konfrontation mit Reaktionsverhinderung*. *F. Caspar*
aversive Kontrolle [engl. *aversive control*; lat. *avertere* sich abwenden]; *Zwangsprozessmodell*.
aversiver Reiz [engl. *aversive stimulus*; lat. *avertere* sich abwenden], [**KOG**], widriges Ereignis, das eine Vermeidungsreaktion auslöst. Negativer *Verstärker*, dessen Aufhören ein verstärkendes Ereignis für die *Reaktion* ist, die das Entkommen (oder Meiden) ermöglicht hat. *Lernen*, *Lernforschung*, *Konditionierung*, *operante*, *Konditionierung*, *klassische*.
avoiding conditioning [engl. *to avoid* vermeiden, *conditioning* Konditionierung], *bedingter Reflex, bedingte Reaktion*.
awareness (= a.) [engl.], Bewusstheit, wache Bewusstheit (zu inneren wie umweltbezogenen Ereignissen), Gewahrsein, [**KLI**], In der *Gestalttherapie* von F. S. Perls ist a. «integraler Teil der organismischen *Selbstregulation*». Sie ermöglicht die Wahrnehmung vorherrschender Bedürfnisse und damit erhöhte Differenzierung zw. Organismus und Umwelt. Perls unterscheidet drei Zonen: «interne a.» (sensorischer Kontakt zu den inneren Ereignissen der Person), «externe a.» (sensorischer Kontakt zu Objekten und Ereignissen der Umwelt), «intermediäre a.» (alle mentalen Prozesse). *Achtsamkeit*.
awareness set (= a. s.) [engl.] «bekanntes Set», [**EM, KOG, WIR**], das a. s. befindet sich auf der ersten Stufe des Prozesses der *Präferenzbildung* (Bewusstseinsstufe). Es umfasst alle Produkt- bzw. Markenalternativen, die einem Käufer grundsätzlich bekannt sind. Dabei handelt es sich jedoch zumeist nicht um alle tatsächlich existierenden Alternativen, da sich der Käufer aufgrund von Informations- und Kapazitätsbeschränkungen mancher Alternativen nicht aktiv bewusst ist (*unawareness set*). *Entscheiden, Entscheidungstheorie*, *Kaufentscheidungen, Modelle*, *Kaufentscheidungen, Rationalität von*. Laroche et al. 1983, Foscht & Swoboda 2011. *N. Koschate-Fischer/C. Wolframm*
Axiom (= A.) [engl. *axiom*; gr. ἀξίωμα *(axioma)* Wertschätzung, Forderung], [**PHI**], Postulat, Grundannahme einer (formal- oder erfahrungswiss.) *Theorie*, die i. R. dieser Theorie selbst nicht deduktiv ableitbar ist. A. dienen dazu, andere Aussagen (*Theoreme*) aus ihnen abzuleiten. A. innerhalb erfahrungswiss. Theorien werden anhand der empirischen Konsequenzen dieser Theorien geprüft. Die frühere Auffassung, dass A. «evident» und einer Begründung weder fähig noch bedürftig seien, ist heute kaum mehr von Bedeutung. *V. Gadenne*
axiomatisch [engl. *axiomatic*], [**PHI**], ist eine Aussage, die innerhalb einer *Theorie* als *Axiom* dient.

axiomatische Methode [engl. *axiomatic method*], **[PHI]**, die Ordnung der Begriffe und Aussagen einer Wissenschaft derart, dass best. Aussagen – die *Axiome* – an den Anfang gestellt werden und die übrigen Aussagen durch rein logische Ableitung gewonnen werden können. *Deduktion*.

Axon [engl. *axon(e)*; gr. ἄξων *(axon)* Achse], **[BIO]**, der der nervlichen Erregungsleitung (*Nerv*) dienende, meist lange (1 m und darüber) Achsenzylinderfortsatz der Nervenzelle (= Neurit). *Neuron*, *Dendrit*.

Azapirone [engl. *azapirone*], **[PHA]**, Psychopharmakagruppe, zu den *Anxiolytika* gehörend. Sie wirken agonistisch an $5-HT_{1a}$-*Serotonin*-Rezeptoren. Wichtige Stoffe sind *Buspiron*, Gepiron und *Ipsapiron*, zugelassen ist jedoch nur Buspiron zur Behandlung von *Angststörungen*. Bei Gesunden wenig desaktivierende Wirkungen. Emotionale Wirkung unklar. Bei Tieren ist ein sog. *Serotoninsyndrom* beschrieben worden, u. a. Ruhetremor, Muskelspannung. Auch Hyperaktivität wurde berichtet. Meyer & Quenzer 2005.   *W. Janke*

B

Babinski-Reflex [engl. *Babinski's reflex*], [**BIO, EW**], syn. *Babinski-Zeichen* [engl. *Babinski's sign*], *Fußsohlenreflex*, *Großzehenreflex*; Erkennungszeichen für eine Schädigung der *Pyramidenbahn*. Nach festem Bestreichen der Fußsohle (bes. des Randes) kommt es zur Beugung der Großzehe nach oben. Beim Kleinkind bis 2. Lebensjahr noch normal.

Baby-FACS (= B.), [**EM**], 2005, Oster; das B. ist eine Modifikation des *Facial Action Coding System (FACS)* von Ekman & Friesen für Babys und Kinder. Das Manual beschreibt detailliert die Unterschiede in der *Morphologie* zw. Erwachsenen und Babys/Kindern und deren Auswirkungen auf die sichtbaren Veränderungen bei Muskelaktivitäten des Gesichts. Insbes. werden die Regeln des FACS an die Erfordernisse beim Codieren der *Mimik* (*Mimikanalyse*) von Babys und Kindern angepasst und grundlegende Probleme diskutiert. Das B. ist ein obj. einzusetzendes Codiersystem, das feinste Auflösungen der kindlichen Mimik möglich macht. Ähnlich wie das *Emotional Facial Action Coding System (EMFACS)* gibt B. keine Emotionskategorien vor, sondern erfasst obj. die Aktivitäten der Gesichtsmukulatur und so das mimische Verhalten theoriefrei. Es wird eingesetzt, um entwicklungspsychol. Prozesse der *Adaptation* des Babys an seine sensorische, perzeptuelle und soziale Umwelt zu erfassen. Insbes. kann damit der Frage nachgegangen werden, ob bereits früh in der Entwicklung die von Ekman postulierten *Basisemotionen* gezeigt werden. Camras et al. 2007. *J. Merten*

Babytalk [engl. *talk* Aussprache] *Ammensprache, Motherese*.

backlash (= b.) [engl.] Gegenreaktion, Rückwirkung, [**SOZ**], unter b. versteht man soziale und ökonomische Sanktionen für (erfolgreiches) genderinkonsistentes Verhalten. B. kann auftreten, wenn präskriptive Genderstereotype (*Geschlechterstereotyp*) verletzt werden und damit die Geschlechtshierarchie bedroht ist. Das kann der Fall sein, wenn Frauen sich sehr agentisch (*Maskulinität*) oder Männer sich sehr kommunal (*Femininität*) verhalten, aber auch, wenn Männer oder Frauen Tätigkeiten ausüben, die als sehr typisch für das andere Geschlecht angesehen werden. Erstmals wurden b.-Effekte von Rudman (Rudman 1998) untersucht: Frauen, die in einer Bewerbungssituation ihre Fähigkeiten hervorhoben, lösten soziale Ablehnung aus und wurden seltener eingestellt als Männer, die vergleichbares Verhalten zeigten. B. gegenüber Frauen wurde vielfach untersucht, wobei nicht nur Männer, sondern auch Frauen stereotypabweichendes Verhalten sanktionierten. Frauen müssen hoch agentisch sein, um für eine Führungsposition infrage zu kommen, dann droht ihnen aber (im Vergleich zu gleich agentischen Männern) die Unterstellung unzureichender zw.menschlicher Fähigkeiten, sodass sie möglicherweise seltener eingestellt werden. B. kann auch entstehen, wenn Frauen Verhalten zeigen, das eher mit Männern assoziiert wird, z. B. wenn Frauen einen männlichen Führungsstil aufweisen oder in einem von Männern dominierten Job eine Führungsposition innehaben. B. bei Männern wurde erst in neuester Zeit untersucht: Männer werden z. B. weniger gemocht, wenn sie bescheiden sind. Erfolg in einem genderinkonsistenten Job kann dazu führen, dass Männer weniger respektiert, als ineffizient bewertet und als Vorgesetzte abgelehnt werden. Heilman und Wallen (2010) nehmen an, dass sich b. darin äußert, dass man Personen weniger positive stereotype Eigenschaften des eigenen Geschlechts zuschreibt: B. bei Frauen führt zu zwischenmenschlicher Abwertung und weniger Sympathie, bei Männern dagegen zum Entzug von Respekt. *A. Fleischmann/M. Sieverding*

backward chaining (= b. c.) [engl.] Rückwärts-Verkettung, [**BIO, KOG**], der Begriff *chaining* entstammt der behavioristischen Lerntheorie (Yule & Carr 1987; *Lerntheorien*). Manchmal wird die Lernmethode auch als *Method of Vanishing Cues* (Glisky et al. 1986) beschrieben. Die Technik wird in der *Verhaltenstherapie*, in der Tierdressur sowie in der *Künstlichen Intelligenz* eingesetzt. Es wird davon ausgegangen, dass komplexe Verhaltensweisen in eine Folge von Teilschritten zerlegt und anschließend aufeinanderfolgend gelernt werden. Jeder Teilschritt dient dabei als Abrufschlüssel für den nächsten Schritt. Die Verkettung von Teilschritten kann vorwärts (*forward chaining*) oder rückwärts (*backward chaining*) erfolgen. Bei der Rückwärts-Verkettung wird die Handlungsfolge fast vollst. vorgegeben, nur der letzte Schritt muss vom Pb selbst generiert werden. Erfolgt diese Reaktion, wird die Vorgabe um einen weiteren Handlungsschritt reduziert usw., bis der Pb die ganze Handlungsabfolge selbstständig generieren kann. Die Technik wird in der Therapie von Pat. mit *Lernbehinderungen* oder *Amnesie* eingesetzt (neuropsychol. Therapie, *Amnesie und Gedächtnisstörungen, Therapie*), um diesen umschriebene Informationen zu vermitteln. Sie gilt als Technik des *errorless learning* und basiert auf nondeklarativen Gedächtnisprozessen. *Gedächtnisstörungen, Therapie*. *A. Thöne-Otto*

backward conditioning [engl.] Rückwärts-Konditionierung, *bedingter Reflex, bedingte Reaktion*.

Baclofen, [**PHA**], Pharmakon, zur Gruppe der zentralen *Muskelrelaxanzien* gehörend. Derivat von *GABA* und selektiver *Agonist* am $GABA_{AB}$-Rezeptor. Eingesetzt bei spastischer Muskeltonuserhöhung. Starke Wirkung, kurze Wirkungsdauer (Halbwertszeit nur 1 Std.). Deaktivierende Effekte.

Bagatellisierung *Vermeidung, kognitive*.

Bahle, Julius (1903–1986), [**HIS, KOG**], 1922–1924 Studium an der TH München, der Handelshochschule in

Mannheim und der Universität Heidelberg. Dipl.-Kaufmann (Mannheim, 1926), Dipl.-Handelslehrer (Mannheim, 1927), Dr. phil. (Würzburg) bei *Marbe*; 1930; Betreuung der Diss. durch *Selz*, Mannheim), 1929–1933 Assistent bei Selz. Dr. phil. habil. in Jena (1935). Exp. Untersuchungen über den musikalischen Schaffensprozess auf der Grundlage der Theorien von Selz und *Bühler* (Bahle 1936). Heftige öffentliche Auseinandersetzung mit dem NS-nahen Komponisten Hans Pfitzner. Militärdienst. Gegnerschaft zum Nationalsozialismus. Nach dem Krieg Lehrtätigkeit in Marburg (1950–1957). Dort exp. Untersuchungen über die Wirkungen posthypnotischer Aufträge auf manische und depressive Reaktionen. Veröffentlichungen kulturpsychol. Arbeiten über Dichter und Schriftsteller (*Kulturpsychologie*). Freiberufliche, praktisch-therapeutische Tätigkeit sowie ps. Beratung von Unternehmen. Bahle 1936. H. E. Lück

Bahnung (= B.) [engl. *facilitation*], **[BIO, KOG]**, durch Wiederholung bzw. Einübung werden die dem Menschen (auch dem Tier) zukommenden Eindrücke zunehmend beherrscht, gleichsam vertrauter. Im *Zentralnervensystem* erfahren die Erregungsabläufe durch weitere, zusätzliche Erregung eine «Förderung», es erfolgt sozusagen ein «Einschleifen» von Spuren in Gehirn und Nervenbahnen. Der Vorgang ist bedeutsam beim *Lernen*, *bedingten Reflexen* und der Summation der Reize.
Bei Freud (*Psychoanalyse*) ist B. der zentrale Begriff bei der Beschreibung des Neuronenapparates. Im Übergang von einem Neuron zum anderen besteht ein bestimmter Widerstand, der durch B. verminderbar ist. Freud vertrat zudem die Auffassung, dass bei jeder nervösen Erregung der gebahnte Weg vor dem ungebahnten bevorzugt werde.

Bahnungstheorie [engl. *facilitation theory*], *Aufmerksamkeit*.

bail-out [engl.] abspringen, aussteigen. *Glücksspielsucht*.

Balanced Scorecards (BSC) [engl. *balanced* ausbalanciert, *scorecard* Karte, Wertungsliste], **[AO]**, wurde von Kaplan & Norton (1996) als visionsgeleitetes und strategisches Management-System eingeführt (*Führung*, *Organisationsentwicklung*, *Qualitätskultur*, *Qualitätssicherung*). Als Ergebnis wird ein ausbalanciertes Kennziffernsystem erarbeitet, mit dem die Unternehmensleitung das Unternehmen strategisch führen kann. Die Kennziffern sollen übersichtlich auf einer Seite oder Karte zus.gefasst werden können. Die Werte sollen sich nicht nur auf wirtschaftliche Kennwerte beziehen, sondern ganzheitlich ausbalancierte Messwerte zur strategischen Zielerreichung in den folg. vier Bereichen umfassen: (1) Finanzen («Wie sollten wir uns unseren Aktionären zeigen, damit sie sehen, dass wir wirtschaftlich erfolgreich sind?»), (2) Kunden («Wie sollten wir uns unseren Kunden zeigen, um unsere Vision zu erreichen?»), (3) Lernen und Entwicklung der Mitarbeiter («Wie können wir unsere Fähigkeit erhalten, uns zu verändern und zu verbessern, um unsere Vision zu erreichen?», *Personalentwicklung*) und (4) interner Geschäftsprozess («Wodurch muss sich unser Geschäftsprozess vor anderen auszeichnen, damit unsere Aktionäre und Kunden zufrieden sind?»). Die Einführung des Systems beginnt mit Workshops zur Entwicklung und Formulierung einer langfristigen *Unternehmensvision* in den oben genannten vier Bereichen durch die Unternehmensleitung. Aus ihnen sollen erfolgversprechende *Unternehmensstrategien* sowie Kennziffern (engl. *scores*) zur Messung der Zielerreichung zu allen wichtigen strategischen Zielsetzungen abgeleitet und die hypothetischen kausalen Wirkungsbeziehungen der Werte untereinander analysiert werden. Zur Erfassung aller Messwerte sind teilweise recht aufwendige Analysen und Dateneingaben erforderlich. Sie müssen ständig aktuell erfasst und als Entscheidungsgrundlage für Sitzungen der Unternehmensleitung auf einer überschaubar gestalteten BSC des Unternehmens aufbereitet werden. Unterschieden wird zw. (1) Kernergebnissen oder Kennziffern, die als summative Werte eher langsam auf Veränderungen reagieren (auch Spätindikatoren genannt, engl. *core outcomes* oder *lag*) und (2) Leistungstreiber, bzw. Frühindikatoren (engl. *performance drivers* oder *lead*). Für ein gutes Management-System braucht man nicht nur Kennziffern, die nach dem Abschluss der Maßnahmen einen guten summativen Überblick über die Kernergebnisse liefern. Benötigt werden auch Kriterien, die bereits im laufenden Veränderungsprozess möglichst frühzeitig zeigen, was läuft, und den Prozess antreiben. Dies ermöglicht ein frühes Einleiten von Korrekturmaßnahmen, bevor sich Fehlentwicklungen etablieren. In der Umsetzungsphase dient das System zum ständigen Monitoring (Analysieren; *PDCA-Zyklus*) der Kennziffern der BSC als Instrument zur visions- und strategiegeleiteten Führung. Es zeigt, welche Sollwerte nicht erreicht wurden und welche übertroffen werden konnten. Daraus soll die Unternehmensleitung Maßnahmen ableiten. Die Zielsetzungen und Aufgaben bei der Umsetzung der BSC sollen durch interne Kommunikationsprozesse allen Ebenen und Mitarbeiter(innen) des Unternehmens vermittelt werden. Eine korrekt entwickelte BSC beschreibt die *Business-Theorie des Unternehmens*. Alle sollen sie verstehen und auf dieser Grundlage «zum Handeln mobilisiert werden». Zur gezielten Förderung der Umsetzung der Lern- und Entwicklungsaufgaben der Mitarbeiter sollen die Führungskräfte mit ihnen *Zielvereinbarungsgespräche* durchführen (als Methode zur Beteiligung der Mitarbeiter bei der Konstruktion von Produktivitätskennziffern und Zielvorgaben für die Mitarbeiter s. a. *Partizipatives Produktivitätsmanagement*). Um Feedback über die Umsetzung zu erhalten, soll das gesamte System und seine Anwendung regelmäßig analysiert und von der Unternehmensleitung verbessert oder grundlegend überarbeitet werden. Dadurch lernt die Organisation erfolgreich und flexibel an strategischen Zielen orientiert zu handeln. Kunz & Pfeiffer (2002) fassen die nach vorliegenden empirischen Untersuchungen nur teilweise erfolgreichen Anwendungen zus. und meinen, dass das Managementsystem noch nicht in allen Belangen durch wiss. Erkenntnisse gestützt ist. So sind die Zusammenhänge der Indikatoren nicht gesichert und müssen theoretisch fundiert ausgearbeitet und empirisch evaluiert werden. Das System ist für die Mitarbeiter schwer verständlich und liefert zu wenig konkrete Ansatzpunkte für Verbesserungen

(*Veränderungsmanagement*). Es kann aber als weiterentwicklungsfähig angesehen werden. *S. Greif*

Balance-Theorien, Gleichgewichtstheorien (= B.) [engl. *balance theories*], [**SOZ**], zählen zur Gruppe der klass. *Einstellungstheorien*, die davon ausgehen, dass inkonsistente Beziehungen zw. Personen und ihren Einstellungen zu *Einstellungsänderungen* führen, die darauf ausgerichtet sind, konsistente Einstellungssysteme zu erzielen. Heider hat 1946 (Heider 1958) als Erster eine derartige Gleichgewichtstheorie aufgestellt.

Der prinzipielle Aufbau und die Funktionsweise der Theorie wird in einer Triade expliziert, in der eine Person p zu einer anderen Person o (*the other*) eine Beziehung bzw. eine Einstellung hat und beide eine Einstellung zu einem Gegenstand x. Gleichgewicht herrscht immer dann, wenn die Person p sowohl zur anderen Person o als auch zum Gegenstand x eine pos. bzw. neg. Beziehung hat und die andere Person o eine pos. Beziehung zum Gegenstand x. Oder wenn die Person p unterschiedliche Beziehungen zur anderen Person o und dem Gegenstand x hat (also einen Aspekt pos., den anderen neg. bewertet) und gleichzeitig die andere Person o eine neg. Beziehung zum Gegenstand x hat. In allen anderen Fällen wird das System als nicht balanciert wahrgenommen. Erweiterungen dieses Ansatzes: Abelson & Rosenberg (1958), Osgood & Tannenbaum (1955). Im Hinblick auf die Vermeidung von Ungleichgewichtszuständen ergibt sich – ebenso wie in Lewins Einfluss auf Heider und Festinger – eine Verbindung zur Theorie der *kognitiven Dissonanz* und dem *Reaktanz*-Prinzip. Irle (1975) betont dagegen die «fundamentalen Differenzen». *Konsonanztheorien*, *Äquilibrismus*. Klauer 2006, Peus et al. 2011. *B. Six*

Baldrian (= B.) [engl. *valerian*], [**PHA**], Pflanzengattung (Valeriana) mit versch. psychotropen Eigenschaften. B. enthalten eine Vielzahl von *Alkaloiden* und ätherischen Ölen (z. B. Terpene), die man für die schlaffördernden und beruhigenden Eigenschaften verantwortlich macht.

Baldwin-Täuschung [engl. *Baldwin illusion*], [**WA**], zwei obj. gleich lange Strecken, von denen eine durch große, die andere durch kleine Quadrate begrenzt wird, scheinen verschieden lang zu sein; die erstere erscheint kürzer als die zweite. Die Täuschung verschwindet bei kurzen Strecken und bei Fixierung aus 1m Entfernung. Bredenkamp 1982.

Bales, Robert Freed (1916–2004), [**HIS, SOZ**], Sozialpsychologe. *Yale University, Harvard University*. Ursprüngliche Forschungsinteressen im Bereich der Gruppenprozesse von Anonymen Alkoholikern. Unter dem Einfluss von *Lewin* Entwicklung von Verfahren zur *Interaktionsanalyse* in Gruppen, insbes. der Interaktions-Prozessanalyse (IPA) (Bales 1950b), später erweitert zum SYMLOG-Verfahren (*System for Multiple Level Observation of Groups (SYMLOG)*). Dieses bezieht auch Persönlichkeits- und Situationsaspekte ein (Bales & Cohen, 1979). *H. E. Lück*

Balint-Gruppe [engl. *Balint group*], [**KLI**], benannt nach dem ungarischen Arzt und Analytiker M. Balint. Ursprünglich v. a. Gruppen für ca. 8 bis 12 Ärzte mit dem Ziel, die affektiven Komponenten der Arzt-Pat.-Beziehung (*Arzt-Patient-Interaktion*) zu reflektieren und zu verbessern. Durch die Perspektiverweiterungen werden neue hilfreiche Zugänge zu den Pat. gebildet. Die Gruppenarbeit geht von Fallbesprechungen aus der eigenen Praxis aus und ist überwiegend analytisch orientiert. Mittlerweile gibt es Balint-Gruppen für viele andere, vorwiegend soziale Berufsgruppen und Studenten (*Junior-Balint-Gruppen*). *L. R. Schmidt*

Balint-Syndrom [engl. *Balint's syndrome*], [**BIO, WA**], Einengung des visuellen Wahrnehmungs- bzw. Aufmerksamkeitsfeldes (*Simultanagnosie*) und Störung der visuell gesteuerten Blick- und Greifbewegungen (Blickapraxie, optische Ataxie); tritt typischerweise nach beidseitiger parieto-frontaler Schädigung auf. Erstbeschreibung durch Rudolph Balint im Jahre 1909. *J. Zihl*

Ballard-Williams-Phänomen [engl. *Ballard Williams phenomenon, Ballard reminescence phenomenon*], *Reminiszenz*.

Ballismus [engl. *ballism*; gr. βάλλειν (*ballein*) werfen, schleudern], [**BIO**], syn. ballistisches Syndrom. Plötzliche, unwillkürliche, heftige Bewegungen (*Hyperkinese*) und Schleuderbewegungen der Arme oder Beine, beruht auf Erkrankung des extrapyramidalen Systems.

ballistische Bewegung [engl. *ballistic movement*; gr. βάλλειν (*ballein*) werfen, schleudern], [**KOG**], schnelle, kurz dauernde Bewegung, die in ihrem Verlauf nicht oder nur geringfügig verändert werden kann. Ggs. kontrollierte Bewegung. *Motorik*, *Psychomotorik*. *H. Heuer*

Baltes, Paul (1939–2006), [**EW, HIS**], von 1959 bis 1967 studierte er an der Universität Saarbrücken bei Ernst Boesch, einem Schüler *Piagets*, und Günter Reinert. Nach Fertigstellung der Dissertation in Saarbrücken im Jahr 1967 ging Baltes in die USA und wirkte seit 1974 als *Full Prof*. an der Pennsylvania State University. Als Direktor des *College of Human Development* baute er dort – gemeinsam mit Kollegen wie John Nesselroade und Richard Lerner – ein interdisziplinäres Graduiertenprogramm zu Forschungsfragen der lebenslangen Entwicklung auf. Im Jahr 1980 wurde Baltes zum Direktor des Max-Planck-Instituts für Bildungsforschung in Berlin und zum Honorarprof. der Freien Universität berufen. Nach seiner Emeritierung im Jahr 2004 leitete Baltes ein alternswiss. Forschungsnetzwerk der Max-Planck-Gesellschaft. Baltes hat sich bemerkenswert früh, schon während seines Studiums, mit fundamentalen Fragen der Entwicklungsps., v. a. dem Alter-Kohorten-Zeitperioden-Problem, auseinanderzusetzen begonnen und die Ergebnisse 1967 in seiner Dissertation niedergelegt. Ab Ende der 1960er-Jahre hat er in großer Produktivität mehrere Themenfelder von zentraler Bedeutung für die Entwicklungsps. bearbeitet. Die Spanne reicht von der Erforschung der geistigen Leistungsfähigkeit im Alter und Trainings der *Intelligenz* bei Älteren über den Ansatz des *testing the limits* als Fundamentalparadigma für das Verständnis von kogn. *Plastizität* bis hin zur Weisheitsforschung (*Weisheit*) und der Auseinandersetzung mit Phänomenen wie Sehnsucht. Baltes hat ferner metatheoretisch das Lebenslaufdenken (*Lebensspannenpsychologie*) in der Entwicklungsps. gefördert, was sich v. a. in der von ihm und Brim hrsg. Reihe «Lifespan Development and Behavior» äußerte. Konzeptuell sind von ihm vor dem Hintergrund des Lebensspannen-Ansatzes weitere umfangreiche Meta-Konzeptionen entworfen worden wie das Modell der *Selektion, Optimierung und Kompensation (SOK-Modell)* und die Auseinandersetzung mit dem Vierten Alter i. S. der Radikalisierung indiv. Alterns wie evolutionsbiol. Interpretationen der extremen Lebensdauer des Menschen. Baltes gehört zudem zu den Initiatoren der Berliner Altersstudie, der ersten interdisziplinär angelegten Studie zum hohen Alter in Dt. Baltes 1990. *H.-W. Wahl*

Balzverhalten [engl. *courtship behavior*], **[KOG]**, Bestandteil des *Fortpflanzungsverhaltens*; durch Werbezeremonien wird die *Aggression* der Geschlechtspartner herabgesetzt und die Paarungsbereitschaft erhöht.

Bandbreite (= B.) [engl. *bandwidth*], **[KOG]**, Maß für das Verhältnis von Informationsmenge und -güte je Zeiteinheit. Es können über einen Kanal entweder sehr viele «Nachrichten» nur ungenau oder aber wenige, diese sehr genau übertragen werden. Cronbach und Gleser (1957) haben den aus der Informationstheorie übernommenen Begriff und den komplementären Begriff der Wiedergabegenauigkeit (*fidelity*, Fidelität) auf die psychodiagnostische Datensammlung angewendet. Bei der Auswahl der Verfahren für eine diagn. Datensammlung hat sich der Untersucher für ein angemessenes Verhältnis zw. B. und Genauigkeit zu entscheiden. Sollen z. B. für die Berufsberatung in einer zur Verfügung stehenden Zeit die berufsbezogenen, allg. Leistungen getestet werden, so kann entweder eine Leistung mit mehreren Tests sehr genau, oder mehrere Leistungen (sprachliche, rechnerische) mit nur je einem Test ungenau erfasst werden. Die psychometrischen Testverfahren (*Psychometrie*) sind i. d. R. auf große Genauigkeit hin konzipiert, während die *projektiven Tests* eher eine große Bandbreite besitzen. *H. O. Häcker*

Bandbreiten-Genauigkeits-Dilemma (= B.) [engl. *bandwidth-fidelity trade-off*], **[DIA, PER]**, in der Persönlichkeitsforschung und der psychol. Diagnostik korrelieren kontextspezifische Persönlichkeits- und Eignungsmaße stärker mit spezif. Kriterien, Maße mit größerer *Bandbreite* korrelieren stärker mit globalen Kriterien (Hogan & Roberts 1996). Deshalb sollte die Bandbreite von *Prädiktoren* der Bandbreite der vorherzusagenden Kriterien angepasst werden (Symmetrieprinzip der Prädiktion). *J. B. Asendorpf*

Bandura, Albert (geb. 1925), **[HIS, KOG, SOZ]**, wurde in der Kleinstadt Mundare in der Provinz Alberta in Kanada geb. Eher zufällig gelangte Bandura zum Studium der Ps. an der University of British Columbia, das damals noch ganz auf den *Behaviorismus* ausgerichtet war. An der University of Iowa erwarb er 1951 seinen Mastergrad und 1952 seinen Doktortitel. Bandura lehrte in Iowa und dann ab 1953 viele Jahrzehnte an der Stanford University. Banduras Forschungsinteressen lagen im Bereich der Klinischen Ps. und im Bereich des Lernens. So fanden Bandura und sein Doktorand Richard Walters, dass aggressive Jugendliche oft aggressive Eltern als soziale Modelle hatten. Bekannt wurde Bandura dann durch das mit Walters 1963 gemeinsam veröffentlichte Buch über *soziales Lernen* (*Be-* *obachtungslernen*), vor allem aber durch die Experimente, die er kurz zuvor gemeinsam mit den Geschwistern Dorothy Ross und Sheila A. Ross über die Wirkung aggressiver Modelle im Film auf aggressives Verhalten von Kindern durchgeführt hatte (Bandura & Walters 1963, Bandura et al. 1961). Bandura hat mit seiner Forschung erheblich zur Entwicklung *sozialer Lerntheorien* und damit zur Überwindung der klassischen Ansätze in der Lernpsychologie beigetragen. In den neunziger Jahren durchgeführte Arbeiten von Bandura waren auf *Selbstwirksamkeit* und *kollektive Wirksamkeit* ausgerichtet. Bandura hat jedoch auch zu anderen Forschungsgebieten, wie u. a. zur Spiritualität, gearbeitet. Bandura erhielt zahlreiche Auszeichnungen und zählt zu den meistzitierten Psychologen (Haggbloom et al. 2002). Bandura 2006. *H. E. Lück*

Bandwagon-Effekt (= B.) [engl. *bandwagon* Musik-Wagen an der Spitze des Zuges, i. ü. S. erfolgversprechende Sache], **[SOZ]**, syn. *Gewinner-Effekt*, auch (ungenau) Mitläufer-Effekt genannt, also *Konformitäts*druck, der durch die Mehrheit der Personen ausgeübt wird, mit denen man sich identifiziert oder identifizieren möchte. Der B. wird z. B. bei Wählern beobachtet, die nach Bekanntwerden von demoskopischen Umfrageergebnissen den Kandidaten der Majorität wählen. Ggs. *Underdog-Effekt:* Der vermutlich verlierende Kandidat wird gewählt.

Bandzauber, Vorstellung, dass durch ein Band, eine Schnur, etwas geheimnisvoll gesichert und verzaubert sei. Bsp.: Lendenschnur der Naturvölker. Der Eheringwechsel geht auf ähnliche Anschauungen zurück.

Barbiturate (= B.) [engl. *barbiturate*], syn. *Barbitursäurederivate*, **[PHA]**, *Psychopharmaka* mit ZNS-dämpfendem Einfluss. Therap. als *Hypnotika* und *Sedativa*, früher auch als *Anxiolytika* angewandt, fast vollst. durch *Benzodiazepine* verdrängt, jedoch noch benutzt als *Narkotika* und selten auch als *Antiepileptika*. B. beeinflussen den $GABA_A$/*Benzodiazepin*-Rezeptorkomplex. B. steigern nicht nur die Bindungsfähigkeit von GABA und den Benzodiazepinen an ihren Bindungsstellen, sie können auch *GABA*-unabhängig den Chloridionenfluss des mit dem $GABA_A$-Rezeptor gekoppelten Chloridionenkanals erhöhen. Psychol. viel untersuchte Stoffe sind Barbital, Cyclobarbital und Phenobarbital. Überwiegend treten Veränderungen in Richtung *Desaktivierungsschwelle* auf. Bei manchen Personen paradoxe *Aktivierung*. Miretzky 1995. *W. Janke/M. Reuter*

bargaining games [engl.], Verhandlungsspiele. *Verhandlungen*.

Barker, Louise Shedd *Barker, Roger Garlock*.

Barker, Roger Garlock (1903–1990), **[HIS, SOZ]**, studierte Ps. an der *Stanford University*, promovierte 1933 dort und arbeitete anschließend zwei Jahre lang bei *Lewin*. Zus. mit seinem Kollegen Herbert Wright von der *University of Kansas* errichtete Barker in Oskaloosa, etwa 35 Meilen von der *University of Kansas* entfernt, eine Feldforschungsstation, die von 1947 bis 1972 bestand. In Untersuchungsberichten wurde dieser Ort stets «Midwest» genannt. Zentrales Konzept der Forschung von Barker war der Begriff *behavior setting*, der konkrete, quasistationäre, sich selbst erhaltende Sozialgeschehens-Systeme beschrieb. Dies bedeutete eine Weiterentwicklung des Lebensraumkonzeptes von Lewin. Barker gilt als Mitbegründer der *Ökologischen Psychologie*. An seinen Arbeiten hatte seine Frau, die Biologin Louise Shedd Barker, erheblichen Anteil. Barker erhielt für seine Arbeiten mehrere Auszeichnungen. Kaminski 1993. H. E. Lück

Barnum-Effekt [engl. *barnum effect*]; *Forer-Effekt*.

Barriere (= B.) [engl. *barrier*], **[KOG, PER]**, in Lewins topologischer und Vektor-Ps. (*topologische und Vektor-Psychologie*, Lewin 1936) eine Region im Lebensraum, die *Lokomotion* behindert; in der Problemlösungsps. (*Problemlösen*) die Beschaffenheit desjenigen Anteils der Problemsituation, der das Zustandekommen der Problemlösung zunächst verhindert. Danach können Problemtypen als B.typen unterschieden werden (Dörner & Kaminski 1988), etwa *Interpolationsb., Syntheseb., dialektische B*. G. Kaminski

Barrieren, gesundheitsbezogene (= g. B.) [engl. *barriers, health-related*], **[GES]**, g. B. sind jene Hindernisse, die die Ausübung eines Gesundheitsverhaltens (*Gesundheitsverhalten*, z. B. körperliche Aktivität) erschweren bzw. verhindern können. In der gesundheitspsychol. Literatur ist der Barrierenbegriff mit unterschiedlichen Bedeutungen belegt (vgl. Krämer & Fuchs 2010). In Modellen wie dem *Health Belief Model* werden Barrieren i. S. von neg. *Handlungsergebniserwartungen* konzeptionalisiert (z. B. *Erwartung*, sich durch körperliche Aktivität zu verletzen). Negative Handlungsergebniserwartungen behindern das Ausbilden einer *Verhaltensintention*, d. h. sie wirken i. S. einer präintentionalen Barriere. In anderen Modellen (z. B. *Health Action Process Approach*) bez. der Barrierenbegriff jene Begebenheiten, die die Umsetzung einer bereits bestehenden Verhaltensintention behindern. Diese postintentionalen Barrieren können physikal., sozialer, physischer sowie psych. Natur sein (z. B. schlechtes Wetter, Müdigkeit).
L. Krämer

Bartlett, Sir Frederick Charles (1886–1969), **[HIS, KOG, SOZ]**, engl. Psychologe. Studium der Moralwissenschaften an der University of Cambridge, dort später erster Professor für Experimentalpsychologie. Sein einflussreichstes Werk ist «Remembering» (1932), in dem soziale Einflüsse der Erinnerung (*Gedächtnis*) exp. untersucht wurden. Durch Versuchsanordnungen ähnlich dem Gesellschaftsspiel Stille Post untersuchte Bartlett, in welcher Weise Erinnerungen und Nachrichten durch Weitergabe verändert werden. So geht das ps. Konzept des *Schemas* auf Bartlett zurück. Unter anderem nahm die spätere Erforschung der Entstehung und Verbreitung von *Gerüchten* auf Bartlett Bezug. Bartlett hatte durch seine langjährige Lehrtätigkeit und lange Tätigkeit als Herausgeber des British Journal of Psychology (1924–1948) prägenden Einfluss auf die britische Ps. Er erhielt sieben Ehrendoktorate, 1948 wurde er in den Ritterstand erhoben. H. E. Lück

Bartlett-Test [engl. *Bartlett's test*], **[FSE]**, ein stat. Verfahren zur Prüfung der Homogenität der Varianzen (*Varianz, Varianzhomogenität*) von zwei oder mehreren unabhängigen Stichproben. Voraussetzung: *Normalverteilung*. Bortz & Schuster 2010.

Basalganglien [engl. *basal ganglia*, lat. *nuclei basales*; gr. βάσις *(basis)* Grundlage, Fundament], *Gehirn, motorische Areale*.

Basalhirn [engl. *basal brain*; gr. βάσις *(basis)* Grundlage, Fundament], *Gehirn*.

Basedow-Krankheit [engl. *basedow disease*], syn. Basedow'sche Krankheit, Morbus Basedow, **[BIO, KLI]**, die auf Überfunktion der Schilddrüse (*Schilddrüsenhormone*) beruhende *Krankheit* mit Augenvortreibung, Kropf (Struma) und Herzjagen (*Tachykardie*), der sog. *Merseburger Trias*. Die psych. Begleitsymptome sind: gespannte Erregtheit, Angstzustände (*Angst*), zunehmende Nervosität, verminderte Leistungsfähigkeit. Krankheitsauslöser können u. a. auch *psychische Belastungen* sein.

baseline [engl.] Grundlinie, Messbasis, **[BIO, KLI]**, Ausgangswert, Ausgangsniveau, wird i. d. R. als Ausgangswert bei jeder Veränderungsmessung erhoben. *Basisrate*.

basilar [engl. *basilar*], zur Basis [gr. βάσις *(basis)* Grundlage, Fundament] gehörig, basal.

Basilarmembran [engl. *basilar membrane*]; *Ohr*.

Test Basisdiagnostik für umschriebene Entwicklungsstörungen im Vorschulalter (BUEVA-II), 2012, 1. Aufl., G. Esser und A. Wyschkon, [www.testzentrale.de], **[DIA, EW, PÄD]**. Screeningverfahren zur Früherkennung von umschriebenen Entwicklungsstörungen und allg. Entwicklungsrückständen. AA 4 bis 5,5 Jahre. Ziel der Vorschultestbatterie ist es, *umschriebene Entwicklungsstörungen* und allg. Entwicklungsrückstände bereits vor Schulbeginn zu erkennen, um die betroffenen Kinder einer frühzeitigen Förderung zuführen zu können. Der Kerntest erfasst *nonverbale Intelligenz, verbale Intelligenz, expressive Sprache, Aufmerksamkeit* und *auditives Arbeitsgedächtnis*. Ergänzend liegen fakultative Tests zur Prüfung der *Artikulationsleistungen* sowie der *Visuomotorik* vor. Die Durchführung der fünf Kerntests beansprucht zw. 20 und 25 Min. Fakultative Untertests zur Visuomotorik und zur Artikulation ca. 10 Min.

Test Basisdiagnostik Mathematik für die Klassen 4–8 (BASIS-MATH 4–8), 2010, E. Moser Opitz, L. Reusser, M. Moeri Müller, B. Anliker, C. Wittich, O. Freesemann & E. Ramseier, [www.testzentrale.de], **[DIA, PÄD]**. Mathematiktest. AA 4.–8. Schuljahr. Individualtest zur Überprüfung, ob und inwieweit Schüler mit schwachen Mathematikleistungen über zentrale Kenntnisse der Grundschulmathematik (math. Basisstoff) verfügen. Anhand von 48 Aufgaben werden neben den Grundoperationen auch die Rechenwege bzw. Vorgehensweisen beim Rechnen, das Verständnis des dezimalen Stellenwertsystems, die Zählkompetenz, das Operationsverständnis und die Mathematisierungsfähigkeit überprüft. Die Auswertung erfolgt auf der Ebene der Gesamtleistung (Erreichen des empirisch und theoretisch best. Grenzwerts), der verwendeten Rechenwege bzw. Vorgehensweisen und durch eine qual. Analyse versch. math. Inhaltsbereiche. *Normierung*: N = 692 Schüler in Dt. und in der Schweiz. Bearbeitungsdauer: Durchführung zw. 20 und max. 45 Min.; Auswertung ca. 5–10 Min.

Test Basisdiagnostik umschriebener Entwicklungsstörungen im Grundschulalter (BUEGA), 2008, G. Esser,

A. Wyschkon & K. Ballaschk, [www.testzentrale.de], **[DIA, EW, PÄD]**. Entwicklungsps.-päd. Verfahren. AA Klasse 1–5. Ziel der BUEGA ist es, im Grundschulalter relevante *Teilleistungsstörungen* sowie *Aufmerksamkeitsstörungen* (*Aufmerksamkeitsdefizit-/Hyperaktivitätsstörung*) ökonomisch zu erfassen. Folgende Leistungsbereiche werden geprüft: *verbale Intelligenz, nonverbale Intelligenz, expressive Sprache, Lesen, Rechtschreibung, Rechnen* und *Aufmerksamkeit*. Aus den Testergebnissen wird ein Gesamtwert gebildet, der aufgrund seiner hohen Korrelation mit Schulleistungen für die Schullaufbahnberatung herangezogen werden kann. *Normierung*: N= 2321 Schüler, für die Bundesrepublik repräsentative Stichprobe. Bearbeitungsdauer: Die Durchführung beansprucht in Abhängigkeit vom Alter sowie der Leistungsfähigkeit des Kindes zw. 40 und 60 Min.

^Test^**Basisdokumentation suizidalen Verhaltens (BD-SV/K)**, 1987, S. Schaller, A. Schmidtke, A. Torhorst, C. Wächtler, P. Wechsung & H. Wedler; klin. Test. AA Jugendl. und Erw., **[DIA, KLI]**, dem Forscher und Praktiker wird ein Leitfaden an die Hand gegeben, der es ermöglicht, die nach einer suizidalen Handlung erhobenen Daten zu vereinheitl. und vergleichbarer zu machen (*Suizidalität*). Die Basisdokumentation besteht in der Kurzform aus acht Hauptpunkten mit jew. mehreren Unterpunkten (u. a. Diagnose der suizidalen Handlung, psychiatr. und somatische Diagnosen, soziodemografische Daten, wichtige lebensverändernde Ereignisse, frühere psych. Probleme und Auffälligkeiten, Intention, Motive, Durchführung der Suizidhandlung, Ausmaß der Gefährdung, Betreuung, Indikation für die weitere Behandlung). Eine *Normierung* liegt nicht vor. Z. T. liegen für einige Items Prozent- bzw. Häufigkeitsangaben aus der Suizidforschung vor. Durchführungsdauer ca. 15 Min.

Basisemotionen (= B.) [engl. *basic emotions*; gr. βάσις *(basis)* Grundlage, Fundament, lat. *emovere* herausbewegen], **[EM]**, Ekmans (1992a, b) Argumentation für B. basiert auf der Überlegung, dass B. voneinander unabhängige Systeme sind, die die Möglichkeiten dimensionaler Erfassung überschreiten und als das Ergebnis evolutionärer Entwicklungsprozesse (*Evolution*) zu betrachten sind. Nach Ekman und Izard gehören folg. *Emotionen* zu den B.: *happiness, surprise, sadness, fear, disgust, anger*. Izard nennt zusätzlich *interest-excitement, distress-anguish, shame* und *guilt*. *Contempt* wird von beiden ebenfalls als B. angesehen, die empirische Befundlage zu dieser Emotion ist aber unvollständig. Die Kriterien oder Charakteristika, die «basic emotions» untereinander und von anderen affektiven Phänomenen unterscheiden, sind nach Ekman (1992): (1) *Distinctive universal signals* (emotionsspezifische universelle Zeichen). (2) *Presence in other primates* (Sie sind auch bei anderen Primaten beobachtbar). (3) *Distinctive physiology* (emotionsspezifische Physiologie). (4) *Distinctive universals in antecedent events* (emotionsspezifische und universelle auslösende Ereignisse). (5) *Coherence among emotional response systems* (Kohärenz zw. emot. Reaktionssystemen, z. B. zw. Ausdruck und Physiologie). (6) *Quick onset* (schneller Beginn). (7) *Brief duration* (kurze Zeitdauer). (8) *Automatic appraisal* (automatische Bewertung, im Ggs. zu einem willentlichen, bewussten Appraisal). (9) *Unbidden occurrence* (unerwünschtes Auftreten, expressive und physiol. Veränderungen «geschehen» ohne eigenes Zutun.
J. Merten

Basiskategorie (= B.) [engl. *basic category*; gr. βάσις *(basis)* Grundlage, Fundament, **[KOG, WA]**, die B. bez. die bevorzugte Klassifikationsebene bei der *Objekterkennung*. So wird ein Apfel i. d. R. zunächst und häufiger als Apfel erkannt und bez., seltener als Obst (entspräche einer generelleren *Kategorie*nebene) oder als Jonagold (entspräche einer spezif. Kategorieebene). Objekte der Basiskategorie weisen ein sehr gutes Verhältnis von (1) unterscheidenden Merkmalen (zu alternativen Kategorien) zu (2) übereinstimmenden Merkmalen (mit alternativen Exemplaren derselben Kategorie) auf. Rosch et al. (1976) zeigten z. B., dass Objekte der Basiskategorie visuelle Merkmale teilen.
U. Ansorge

^Test^**Basiskompetenzen für Lese-Rechtschreibleistungen (BAKO 1–4)**, 2003, 1. Auflage, C. Stock, P. Marx & W. Schneider, [www.testzentrale.de], **[DIA, KOG]**. Ein Test zur Erfassung der *phonologischen Bewusstheit*, 1. bis 4. Klasse. Frühzeitige Diagnostik von Lese-Rechtschreib-Schwächen. Einzeltest. 74 Aufgaben zur Erfassung von sieben Subskalen: *Pseudowort-Segmentierung, Vokalersetzung, Restwortbestimmung, Phonemvertauschung, Lautkategorisierung, Vokallängenbestimmung* und *Wortumkehr*. *Reliabilität*: Interne Konsistenz zw. .90 und .92, Split-Half-Reliabilität zw. .90 und .94. *Validität*: Die kriterienbezogene Validität zu Lese- bzw. Rechtschreibleistung liegt zwischen $r = .42$ und $r = .68$; zum Lehrerurteil zw. $r = .42$ und $r = .58$. *Normierung*: Es liegen Prozentrangnormen und T-Werte vor ($N = 876$). Ca. 30 Min.

Basisrate [engl. *base rate*; gr. βάσις *(basis)* Grundlage, Fundament, lat. *rata pars* Beitrag, Kontingent], **[FSE, KLI]**, die Häufigkeit des Vorkommens eines *Merkmals* (z. B. einer Verhaltenseinheit) in der Grundgesamtheit (*Population*) oder bei einer Vp oder einer Klientengruppe vor Beginn einer Behandlung. *treatment*.

Basisrisiko (= B.) [engl. *base risk*; gr. βάσις *(basis)* Grundlage, Fundament; lat. *risicare* Klippe umschiffen oder altarab. *rizq* der von dem Geschick/Schicksal abhängige Lebensunterhalt], **[DIA, FSE, GES, KLI]**, Maßzahl für die zu erwartende relative Häufigkeit eines Ereignisses. Angenommen, 16 % der Schüler aus einer Risikopopulation (z. B. schwacher Bildungshintergrund) zeigen in der Grundschule gravierende Probleme beim Schriftspracherwerb, wohingegen nur 6 % der Referenzpopulation solche Probleme aufweisen. Dann beträgt das B. .16 in der Risikopopulation und .06 in der Referenzpopulation. Wurde nachgewiesen, dass eine Präventionsmaßnahme das *Risiko* um den Faktor 0.5 senkt (*Relative Risiko-Reduktion*), so kann erwartet werden, dass in der Risikogruppe 8 von 100 Schüler profitieren (*Absolute Risiko-Reduktion* = .08), wohingegen in der Referenzpopulation bei gleicher relativer Risiko-Reduktion lediglich 3 von 100 Schüler profitieren. Aufgrund der extremeren Basisrate fällt die Schätzung der *Number needed to treat* in der Referenzpopulation mit (1/0,03 =) 33,3 deutlich höher aus als in der Risikopopulation, in der schon bei (1/0,08 =) 12,5 bzw. 13 Schülern, die an der Maßnahme teilnehmen, durch die Maßnahme in einem Fall ein Erfolg erwartet werden kann. Dies verdeutlicht, dass dem B. eines Merkmals bei der Schätzung der *Effektivität* von Maßnahmen eine wichtige Bedeutung zukommt. Ressing et al. 2010.

basking in reflected glory (= b.) [engl.] «sich aalen/sonnen in reflektiertem/r Ruhm/Herrlichkeit», [**PÄD, SOZ**], Effekt der Selbstkonzeptforschung, der besagt, dass Personen ein erhöhtes akademisches Selbstkonzept (*Fähigkeitsselbstkonzept*) aufweisen, wenn sie sich in einer Bezugsgruppe (*sozialer Vergleich*, *Bezugsnorm*) befinden, die für ihre hohen *Fähigkeiten* bekannt ist. Zurückgeführt wird dieser Effekt darauf, dass das Selbstkonzept dadurch erhöht ist, dass sich die Personen zu diesem ausgewählten Personenkreis zugehörig fühlen (*ingroup*). B. stellte sich in empirischen Untersuchungen übereinstimmend als schwächer heraus als der gegenteilige *Big-Fish-Little-Pond-Effekt*. M. Händel

Bastard (= B.) [engl. *bastard*; altfrz. *bastard* rechtmäßig anerkannter außerehelicher Sohn eines Adligen), syn. *Hybride, Mischling, Kreuzung, Bankert*, [**PER**], (1) in der Genetik (*Genetik*, *Erblichkeit*, *Verhaltensgenetik*) bez. der Begriff B. oder *Hybrid* ein Individuum, das durch Kreuzung zweier versch. Zuchtlinien, Arten oder Rassen einer Art hervorgegangen ist und damit versch. Erbfaktoren zumindest eines Merkmals vereinigt, d. h. ein Individuum, das an einem oder mehreren unterschiedlichen allele Gene hat, und somit nicht «reinerbig» ist. Bei *diploiden* Organismen können sich *Phänotyp* (Erscheinungsbild) und *Genotyp* (Erbanlagen) unterscheiden. Reinerbige (homozygote) Individuen besitzen je ein gleiches mütterliches und väterliches *Allel*. Mischerbige heterozygote B. oder Hybriden unterscheiden sich in zumindest einem Gen (monohybrid), in zweien (dihybrid), in dreien (trihybrid), summarisch: polyhybrid. Im Erscheinungsbild können die Hybriden dominant, rezessiv oder intermediär sein. Hybride zeigen häufig einen *Heterosis-Effekt*, der – im Vergleich zu reinerbigen Lebewesen – zu mehr Vitalität und Leistungsfähigkeit führt und der daher in der Hybridzucht genutzt wird. So kann der Heterosis-Effekt bspw. bei Getreide-Arten wie dem Mais zur Verdopplung der Erträge führen. Dementsprechend ist der Anteil der Hybridsorten in den letzten Jahrzehnten stark angestiegen. So waren 1995 bei Brokkoli, Tomaten und Rosenkohl jew. über 80 % der Sorten Hybridsorten. Werden B. aus versch. Arten erzeugt, dann sind sie i. d. R. nicht fruchtbar (z. B. Maulesel und Maultier, zwei Kreuzungen von Hauspferd und Hausesel). Hybriden, deren Eltern derselben Art angehören, sind dagegen fruchtbar, allerdings tritt nach den Mendel'schen Regeln ab der F2-Generation eine Aufspaltung der Merkmale ein. (2) veraltete Bez. für ein uneheliches Kind, bes. eines gesellschaftlich hoch gestellten Vaters und einer Mutter aus niedrigerem Stand. (3) In der Soziologie wird das Konzept der Hybridisierung (oder, seltener, auch Bastardisierung) auf die Vermischung versch. Kulturen im Zuge der Globalisierung und die sich daraus entwickelnden neuen Kulturen übertragen (Suzuki et al. 1991); (4) Schimpfwort:

Als Unterstellung, minderwertig zu sein z. B. für einen Hund ohne Stammbaum. C. Becker-Carus

Bathyästhesie [engl. *bathyaesthesia*; gr. βαθύς *bathys* tief, αἴσθησις (*aísthēsis*) Empfindung, Wahrnehmung], [**WA**], Tiefenempfindlichkeit. Sensibilität der in der Tiefe (unter der Haut) liegenden Muskeln, Gelenke, Organe usw.

^Test^**Battery for Assessment in Children (BASIC-MLT)**, 2008, A. C. Lepach & F. Petermann, [www.testzentrale.de], [**DIA, KOG, PÄD**]. Kognitive Tests. AA 6–16 Jahre; ein Verfahren zur Erfassung globaler sowie modalitäts- und funktionsspezifischer Störungen der Merk- und Lernfähigkeit. Das Verfahren besteht aus einer Kernbatterie von 8 Hauptuntertests. Überprüft werden die unmittelbare Merkspanne, die Fähigkeit zum Lernzuwachs inkl. Interferenzanfälligkeit, der verzögerte Abruf sowie Wiedererkennungsleistungen. Als Ergebnis können sowohl ein Gesamtwert (Merk-Quotient) als auch fünf Subskalenwerte ermittelt werden: Aufmerksamkeit und Konzentration (AK), Visuelles Lernen (VL), Auditives Lernen (AL), Visuelles Merken (VM) und Auditives Merken (AM). *Normierung*: N = 405 Kinder. Bearbeitungsdauer: Kernbatterie 60 Min., optionale Untertests 25 Min.

^Test^**Battery for Assessment in Children (BASIC-PRESCHOOL)**, 2008, M. Daseking, F. Petermann & J. Knievel, [www.testzentrale.de], [**DIA, KOG, PÄD**]. Kognitive Tests. AA 4;9–5;11 Jahre; wird als Screeningverfahren in der diagn. Einzelfalluntersuchung verwendet und erfasst neuropsychol. Basiskompetenzen und Teilleistungen, die für das spätere Erlernen von Lesen, Schreiben und Rechnen notwendig sind. Mit zehn Untertests werden folgende Leistungen erhoben: *selektive Aufmerksamkeit, visuell-räumliche Leistungen, Sprachverständnis, Zahlen- und Mengenwissen*. Eine zweite Messung nach etwa fünf Monaten ermöglicht eine Aussage über die Stabilität der überprüften kogn. Leistungen. *Normierung*: N = 700 Kinder. Bearbeitungsdauer: ca. 25–30 Min.

Bauchredner-Effekt, syn. *Ventroloquist-Effekt* [engl. *ventriloquist effect*; lat. *venter* Bauch, *loqui* reden], [**WA**], Dominanz der gesehenen Position einer Schallquelle über die gehörte Position (*räumliches Hören*, *räumliches Sehen*), benannt nach dem Bsp. des Bauchredners (auch im Kino/Fernsehen deutlich zu beobachten). H. Heuer

Baumdiagramm [engl. *tree diagram*; gr. διάγραμμα (*diagramma*) Umriss, geometrische Figur], [**KOG**], Baumgraph, Strukturbaum, in der *Grammatik* Mittel zur grafischen Darstellung der hierarchischen Struktur von *Sätzen*. Häufig verwendet in der *Phrasenstruktur-Grammatik* sowie der *generativen Transformations-Grammatik*, aber auch in der Dependenz-Grammatik (*Valenz*). Bsp. (nach der Phrasenstruktur-Grammatik):

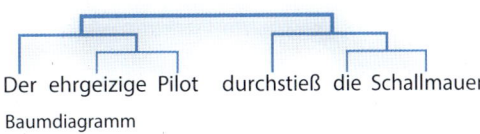

Baumdiagramm

Baumgarten-Tramer, Franziska (1883–1970), [**AO, EW, HIS**], in Lodz, Polen, geb., begann ihr Studium 1905, war an versch. Universitäten eingeschrieben (Krakau, Paris, Bonn, Berlin) und promovierte 1910 in Zürich. Im gleichen Jahr hatte sie in Berlin *Münsterberg* in dessen Gastvorlesungen über Wirtschaftsps. gehört, worauf sie beschloss, sich in diesem Bereich zu spezialisieren. Während des Ersten Weltkriegs war Franziska Baumgarten wieder in Polen und übersetzte Texte von Claparède ins Polnische. 1924 heiratete sie den Schweizer Psychiater Moritz Tramer, mit dem sie gelegentlich gemeinsam publizierte. Der größte Teil des umfangreichen Werkes von Baumgarten-Tramer ist der Wirtschaftsps., ein kleinerer der Entwicklungsps. gewidmet. Zu ihren Arbeiten gehören Darstellungen zur Berufseignung, zu Tests und zur Charakterprüfung. Bzgl. der Wirtschaftsps. ist auf heftige Auseinandersetzungen zw. Baumgarten-Tramer und anderen Schweizer Psychotechnikern (*Psychotechnik*) und Psychologen hinzuweisen. Viele ihrer Arbeiten wurden in andere Sprachen übersetzt. Engagiert und meth. einfallsreich waren ihre Analysen von Kriegszeichnungen polnischer Kinder, die Beschreibung der psych. Situation der Ausgebombten und der Flüchtlinge usw. Als polnisch-schweizerische Psychologin jüdischer Herkunft war sie politisch engagiert und kritisierte deutlich das Verhalten der Mehrheit der dt. akademischen Psychologen während der NS-Zeit. Sie setzte sich auch für eine frühzeitige Erziehung zum Frieden ein. Daub 1966. *H. E. Lück*

Bayes, Thomas (um 1701–1761), [**HIS, FSE**], Mathematiker und Statistiker sowie presbyterianischer Pfarrer. Das nach ihm benannte *Bayes-Theorem* hat in der Wahrscheinlichkeitsrechnung fundamentale Bedeutung. Als Sohn eines presbyterianischen Geistlichen studierte er ab 1719 an der Universität Edinburgh Theologie und Logik. Um 1733 wurde er presbyterianischer Pfarrer in Tunbridge Wells (Kent), wo er auch verstarb. 1742 wurde er Fellow der *Royal Society*. 1752 trat er in den Ruhestand. Seine bekannteste Schrift, *Essay Towards Solving a Problem in the Doctrine of Chances*, wurde erst 1763, zwei Jahre nach seinem Tod, publiziert. Dale 2003. *R. Leonhart*

Bayes'sches Informationskriterium (BIC) [engl. *Bayesian information criterion*], syn. *Schwarz Kriterium*. *Informationstheoretische Maße*. *Latente Klassenanalyse*.

Bayes-Statistik (= B.) [engl. *Bayesian statistics*], [**FSE**], stellt eine Alternative zum klass. *Signifikanztest* dar, bei dem auf der Basis einer bedingten Datenwahrscheinlichkeit p(D|H0) (*Wahrscheinlichkeit* für die Daten unter der Bedingung, dass die *Nullhypothese* H0 gilt) eine Entscheidung über die Gültigkeit der *Hypothesen* getroffen wird. Ist diese Wahrscheinlichkeit kleiner als das def. Signifikanzniveau, so wird die H0 verworfen. Die B. ermittelt hingegen die W. für die Gültigkeit der H0 unter der Bedingung, dass das Ereignis beobachtet wurde. Dies ist mithilfe der Formel von B. (*Bayes-Theorem*) möglich:

$$p(H0|D) = \frac{p(H0) \cdot p(D|H0)}{p(D)}.$$

Die B. basiert auf der Betrachtung der eigentlich interessierenden Wahrscheinlichkeit für das Zutreffen einer Hypothese p(H0|D) angesichts des bisherigen Kenntnisstandes sowie der vorliegenden Daten. Im B.-Ansatz kann die Hypothesenwahrscheinlichkeit bestimmt werden, weil nicht mit einem frequentistischen Wahrscheinlichkeitskonzept, sondern mit dem B.-Wahrscheinlichkeitskonzept gearbeitet wird. Dieses drückt das Wissen über die Gültigkeit der Hypothese aus und wird oft als subj. Wahrscheinlichkeit interpretiert: Der Grad der Überzeugung der Forschenden von der Richtigkeit einer Hypothese drückt sich in der A-priori-Wahrscheinlichkeit des beobachteten Ergebnisses gemäß der Hypothese aus. Da diese subj. Überzeugung jedoch nicht auf idiosynkratischen Meinungen, sondern auf dem dokumentierten obj. Forschungsstand basieren sollte, wird auch die B.-Wahrscheinlichkeit teilweise als obj. Wahrscheinlichkeit aufgefasst. Bei Hypothesenprüfungen nach dem B.-Ansatz wird die A-priori-Wahrscheinlichkeit der Gültigkeit der Hypothese um die in der konkreten Studie gefundenen empirischen Stichprobeninformationen ergänzt und gemäß des Bayes-Theorems in einer A-posteriori-Wahrscheinlichkeit der Gültigkeit der Hypothese integriert. Da es bei einem Hypothesentest inhaltlich um die Wahrscheinlichkeit des Zutreffens von H geht, ist die Logik des Bayes-Verfahrens stringenter als die des klassischen Signifikanztests bzw. der *Resampling-Verfahren* oder *Minimum-Effektgrößen-Tests*. Allerdings ist zur Anwendung des B.-Ansatzes eine plausible Festlegung der A-priori-Wahrscheinlichkeit für die Nullhypothese notwendig. *N. Döring*

Bayes-Theorem (= B.) [engl. *Bayes' theorem/law/rule*; *Bayesian statistic*], [**FSE**], formuliert die Möglichkeit zur Bestimmung der *Wahrscheinlichkeit* (= W.) des Vorliegens eines Merkmals M unter einer Bedingung B [p(M|B)] aufgrund der W. der Bedingung B, wenn das Merkmal M [p(B|M)] vorliegt. Sind die Grundw. eines Merkmals p(M) (z. B. p(Erkrankung) = 0,02), die bedingte W. p(B|M) (lies: p von B unter der Bedingung M; z. B. p(pos. Testergebnis|Erkrankung) = 0,9) und die Grundw. der Bedingung bekannt (z. B. p(pos. Testergebnis) = 0,1), so gilt

$$p(M|B) = \frac{p(M) \cdot p(B|M)}{p(B)} = \frac{,02 \cdot ,9}{,1} = ,18$$

Ist statt der Grundw. der Bedingung p(B) die bedingte W. der Bedingung, wenn das Merkmal nicht vorliegt, bekannt $(p(B|\bar{M}))$ (z. B. p(pos. Testergebnis|keine Erkrankung) = 0,08), so gilt

$$p(M|B) = \frac{p(M) \cdot p(B|M)}{p(M) \cdot p(B|M) + (1-p(M)) \cdot p(B|\bar{M})} =$$

$$\frac{,02 \cdot ,9}{,02 \cdot ,9 + ,98 \cdot ,08} = ,18$$

In der psychol. Diagnostik und Entscheidungsfindung ist diese Gesetzmäßigkeit von umso höherer Bedeutung, je seltener ein zu diagnostizierendes Merkmal vorliegt. Obwohl ein diagn. Befund hohe *Validität* besitzt (im Bsp.: 95 % aller Erkrankten haben ein pos. Testergebnis, wohingegen lediglich 8 % der Gesunden pos. getestet werden), resultiert aus der hohen Grundrate von Gesunden

(98 %) bzw. geringen Grundrate von Erkrankten (2 %) ein vergleichweise niedriger Anteil Erkrankter an allen pos. getesteten Pb (18 %). Obwohl ein Test aussgekräftig ist, ist ein Pb nur mit geringer W. erkrankt, wenn er ein pos. Testergebnis hat. Hieraus folgt, dass bei seltenen Erkrankungen auch hoch valide diagn. Tests aufgrund der hohen Gefahr *falsch Pos.* (*Signalentdeckungstheorie*) nur i. S. eines *Screenings* angewandt bzw. interpretiert werden können. Gigerenzer (2002) konnte zeigen, das Pbn bedingte W. sehr viel besser verstehen, wenn statt der W. absolute Häufigkeiten genannt werden. Im Bsp. würde dies bedeuten: «Stellen Sie sich vor, 1000 Personen werden getestet: 20 sind erkrankt, 18 von diesen erhalten ein pos. Testergebnis. 980 sind gesund. Trotzdem erhalten 78 von diesen ein pos. Testergebnis. Wenn also ein pos. Testergebnis vorliegt, ist eine Personen dann eher gesund oder eher krank». Hierdurch kann die valide Interpretation (also insbes. Vermeidung der Gefahr, dass p(M|B) und p(B|M) gleichgesetzt werden) systematisch entgegengewirkt werden.

^Test^**Bayley Scales of Infant Development Second Edition – Deutsche Fassung (Bayley-II)**, 2008, G. Reuner, J. Rosenkranz, J. Pietz & R. Horn, 1. Aufl., [www.testzentrale.de], [**DIA, EW**]. Allg. Entwicklungstests. AA Kinder von 1 bis 42 Monaten. Erfasst Entwicklungsverzögerungen und kann zur Planung von früher Förderung eingesetzt werden. Diagnostik *kogn.* (Gedächtnisleistungen, Habituation, Problemlösefähigkeiten, frühe Zahlkonzepte, Klassifikation und Kategorisierungsfähigkeit, Vokalisation und sprachliche Kompetenzen sowie frühe sozialkommunikative Fähigkeiten) und *motorischer* (fein- und grobmotorische Koordination, wie feinmotorische Manipulation beim Greifen, dem altersgemäßen Gebrauch von Stiften und das Imitieren von Handbewegungen, Krabbeln, Kriechen, Sitzen, Stehen, Gehen und Rennen) Bereiche. Ca. 25 bis 60 Min.

BDP *Berufsverband Deutscher Psychologen (BDP)*.

Beanspruchung (= B.) [engl. *demands, strain*], [**AO**], die subj. Auswirkung einer von außen einwirkenden Belastung (*Arbeitsbelastung*). Nach Bartenwerfer (1961) ein «biol. Vorgang der allmählichen Schwächung der psychophysiologischen Struktur des Individuums infolge anhaltender psych. Aktivität». Die Schwächung pflegt sich in der Verschlechterung best. Leistungen auszudrücken oder in der Vergrößerung der nötigen psych. *Anstrengung* je Leistungseinheit. Außerdem verändern sich physiol. Reaktionen. Als Hinweisreize für das Ausmaß der erlebten B. dienen interne Signale wie Muskelschmerzen, Augenbrennen, aber auch *Ermüdung*. Demgemäß hängen inter- und intraindividuelle Unterschiede in der Intensität des B.erlebens direkt mit der wahrgenommenen Stärke der Hinweisreize zus. *Stress* (Holling 1989). Arbeitswiss. wird psych. B. definiert als die indiv., zeitlich unmittelbare und nicht langfristige Auswirkung der psych. Belastung im Menschen in Abhängigkeit von seinen indiv. Voraussetzungen und seinem Zustand (DIN-Norm Nr. 33405, Normenausschuss Ergonomie 1987), komplementär dazu wird *psychische Belastung* verstanden als die Gesamtheit der erfassbaren Einflüsse, die von außen auf den Menschen zukommen und auf ihn einwirken. Die Begriffe psych. Belastung und Beanspruchung sind sehr allg., neutrale Begriffe. *Stress am Arbeitsplatz* lässt sich als spezif. Art psych. Beanspruchungen eingrenzen (Greif 1991b). Grundlegende Beiträge hat bereits *Düker* mit dem von ihm entdeckten Phänomen der *reaktiven Leistungssteigerung* geliefert. Heute ist die interdisziplinäre Belastungs- und B.forschung ein außerordentlich umfangreiches Gebiet und untersucht vielfältige allg. bedeutsame Umgebungsbelastungen (z. B. Lärm, Hitze, Staub und Schadstoffe), Zeitdruck oder *Schichtarbeit* sowie auch spez. Belastungsbedingungen z. B. Handlungsunterbrechungen bei systembedingten Wartezeiten am Computer (*Systemresponsezeiten*). In Felduntersuchungen über Belastungen und B. am Arbeitsplatz finden sich häufig Mehrfachbelastungen (Dunckel 1991). Psychophysiol. Untersuchungsmethoden und Indikatoren werden von Boucsein (1991) dargestellt, ausgewählte standardisierte *Tätigkeitsanalysen*, die Skalen zur Analyse von Belastungen und Beanspruchungen enthalten, sind das *Instrument zur stressbezogenen Tätigkeitsanalyse (ISTA)* und die *Regulationshindernisse in der Arbeitstätigkeit (RHIA)*. Methoden der B.analyse bei Doppeltätigkeiten beschreibt Wieland-Eckelmann (1992). Luczak & Rohmert 1997, Schönpflug 1987. *S. Greif*

Beanspruchung, psychische [engl. *psychological demands, mental strain*], [**BIO, GES**], Auswirkung versch. psych. belastender Faktoren auf die innere Anspannung. Der Grad der inneren Anspannung lässt sich unter best. Voraussetzungen durch Skalierungsverfahren oder durch physiol. Messungen erfassen. Die erlebte innere Anspannung entspricht der Höhe der allg., zentralen Aktiviertheit. *Aktivierung*, *Stress*.

^Test^**Beanspruchungsscreening bei Humandienstleistungen (BHD-System)**, 1999, Hacker & Reinhold, [**AO, DIA, GES**]. Fragebogen mit 38 Items zur Messung der Arbeitsbeanspruchung bei Pflegetätigkeiten. Ergebnis: Skalenwerte auf den fünf Dimensionen *emotionale Erschöpfung, arbeitsbedingte intrinsische Motivierung, Unzufriedenheit mit der Arbeit, Aversion gegen Patienten* sowie *reaktives Abschirmen*. Anwendungsbereich: Pflegeeinrichtungen und Krankenhäuser.

^Test^**Bech-Rafaelsen-Melancholie-Skala (BRMS)**, 1998, R.-D. Stieglitz, M. Smolka, P. Bech & H. Helmchen, [www.testzentrale.de], [**FSE, KLI**], eindimensionales klin. Fremdbeurteilungsverfahren. AA ab 18 Jahre. Mittels der BRMS kann der Schweregrad einer *Depression* bzw. der depressiven Syptomatik bestimmt werden. Es liegt ein eher biol. Konzept der Depression zugrunde. In einem strukturierten *Interview* werden vom Beurteiler 11 Items auf 4-stufigen Ratingskalen auf einem Dokumentationsbogen kodiert. Die BRMS wurde auf Basis der *Hamilton-Depressions-Skala* entwickelt, von der sechs Rasch-homogene Items übernommen wurden und durch fünf weitere Rasch-homogene Items zur Sicherstellung der Eindimensionalität (*Rasch-Modell*) ergänzt wurden. *Objektivität*: Wird durch einen beiliegenden Interviewleitfaden und standardisierte Auswertungsvorgaben unterstützt. *Reliabilität*: Nach *Beurteilertraining* ließ sich eine *Intraklassenkor-*

relation von > .82 nachweisen. *Cronbachs Alpha*: .70-.91. *Validität*: Korrliert in höherem Maße mit anderen Fremd- als mit Selbstbeurteilungsskalen sowie höher mit anderen Depressions- als Angstskalen. Gute Diskriminationsleistung zw. versch. Schweregraden der depressiven Symptomatik. Gute Änderungssensitivität. *Normierung*: Referenzwerte für versch. klin. Kriterien (Response, Relapse, Remission) sowie *Cut-off-Werte* liegen vor. Bearbeitungsdauer: Interviewdurchführung und Auswertung max. 20 Min.

Test Beck Angstinventar (BAI), 2007, J. Margraf und A. Ehlers, [www.pearsonassessment.de/bai], **[DIA, KLI]**. Klinischer Test. Das Verfahren erfasst die Schwere klin. relevanter *Angst* und ist sensitiv für Therapieeffekte. Es erfasst normale und subklinische Ängste und ist nur geringfügig mit Depressivität konfundiert. Die 21 Items lehnen sich eng an die Symptomlisten des *DSM*-IV für Panikanfälle und generalisierte Angst an. Die Items werden auf einer vierstufigen Skala hinsichtlich der Schwere ihres Auftretens in den letzten 7 Tagen eingeschätzt. *Reliabilität*: Die interne Konsistenz (Cronbachs Alpha) liegt für Pat. mit Angststörungen i. d. R. bei α = .90 oder darüber. Für nichtklin. Gruppen bewegen sie sich zw. α = .85 und α = .90. Bei der Testwiederholung ergaben sich für eine kurze Zeitspanne (2 und 7 Tage) Werte zw. r_{tt} = .68 und r_{tt} = .79. *Normierung*: Populationsnormen liegen sowohl für klin. Stichproben (Prozentränge, T-Werte) als auch für die Allgemeinbevölkerung vor.

Test Beck-Depressions-Inventar (BDI), 2006, von M. Hautzinger, M. Bailer, H. Worall und F. Keller, [www.pearsonassessment.de], **[DIA, KLI]**. Klinischer Test zu Depressivität. AA von 18 bis 80 Jahren. Das Beck-Depressions-Inventar ist ein Selbstbeurteilungsinstrument zur Erfassung der *Schwere depressiver Symptomatik*. *Normierung*: Prozentrangwerte für depressive Pat. und Itemmittelwerte und Summenwerte versch. Stichproben sind angegeben. *Validität*: Korrelationen zu versch. anderen Verfahren, die Depressivität in Selbst- oder Fremdbeurteilungen erfassen, zw. r = .40 und r = .89. *Reliabilität*: Retest-Reliabilitäten von r_{tt} = .60 bis r_{tt} = .86 (nach einer Woche). Cronbachs α zw. r = .73 und r = .95. Für die dt.sprachigen Stichproben Cronbachs α über alle Pbn bei r = .88 (Hautzinger et al. 1994). PC- Version vorhanden. Bearbeitungszeit 10 bis 15 Min.

Test Beck Depressions-Inventar (BDI-II), 2006, von M. Hautzinger, M. Bailer, H. Worall & F. Keller, [www.pearsonassessment.de], **[DIA, KLI]**, Überarbeitung und teilweise Neugestaltung des *Beck-Depressions-Inventars (BDI)*. Mittels des BDI-II kann die Schwere depressiver Symptomatik in Form einer Selbstauskunft erhoben werden. Das BDI-II ist hinsichtlich der Auswahl der Items und der zu beurteilenden Zeitspanne stark am *DSM*-IV orientiert. Mittels 21 Items werden alle wesentl. Symptome eines depressiven Störungsbildes (*Depression*) erfragt. Werte über 12 müssen bereits als auffällig gelten, wobei ab 18 Punkten ein klin. Grenzwert überschritten wird. Die *Korrelation* zw. BDI und BDI 2 ist hoch (über .85).

Becking-Kurve *Lichtspurverfahren*.

Bedeutung (= B.) [engl. *meaning, sense*], **[KOG]**, dasjenige, was ein *Wort*, *Begriff*, *Zeichen* usw. zum Ausdruck bringt für den Sachverhalt, auf den das Wort usw. hinweist. Vorwiegend durch Vorstellungen gegeben. B. ist der willkürliche (konventionsgebundene) Zusammenhang zw. einem Zeichen (Begriff, Namen) und dem Gegenstand selbst. I. d. S. sind B. und Bez. äquivalent. «B. an sich» ist das So-Sein eines Dinges unter Absehung vom subj. Akt des B.erfassens (Husserl). B. ist eine biol. Qualität im Merkwelt-Wirkweltzusammenhang eines Lebewesens (v. Uexküll). B. kann ein Ding unabhängig von seiner Eigenheit durch seine Stellung in einem best. Funktions-, Zweck- oder Wirkungszusammenhang bekommen. Man spricht dann auch von dem «Sinn» eines Dinges.

B. ist der Zentralbegriff eines semiotischen Teilbereichs (*Semantik (Semiologie)*, *Semiotik*). Wortb. ist der Schlüsselbegriff der linguistischen Semantik. Sie wird im sog. Lexikon (*Wörterbuch*) abgehandelt. Der Satzbedeutung wird erst seit ca. 50 Jahren Beachtung geschenkt (Katz & Fondor 1963). Bei dem Versuch, B. zu analysieren, haben Linguisten (*Linguistik*) und andere Forscher sich stets mit den Beziehungen zw. *Sprache*, *Denken und Umwelt* zu befassen, wie z. B. in dem *semiotischen Dreieck* von Ogden und Richards (1923) dargestellt werden. Es basiert auf dem Zeichenkonzept der Semantik. Die gestrichelte Linie deutet an, dass die Zeichenform als solche keine direkte Beziehung zum Objekt oder Umweltsachverhalt hat, sondern nur über das Bezeichnete bzw. den Begriff. So ist z. B. die Buchstabenfolge «Baum» die Zeichenform, der Begriff Baum das Bezeichnete und ein best. Baum der Umweltsachverhalt. Mit B. wird teils die Beziehung aller drei Konzepte, teils der Begriff bez. Der Begriff ist das, was die Zeichenform bedeutet. Das Bezeichnete lässt sich als Bündel semantischer Merkmale (B.elemente) konzipieren. Begriffe i. d. S. sind *intensional*, d. h., es werden Merkmale benannt, die den Begriff konstituieren. *Extension* bezieht sich dagegen auf den Umfang der durch den Begriff erfassten Objekte oder Sachverhalte. Dem Bezeichneten wird dann arbiträr ein Lautzeichen, das Bezeichnende, zugeordnet, das jedoch, nachdem es einmal zugeordnet ist, die *Wahrnehmung* der Welt beeinflussen kann. B.ähnlichkeit oder *Synonymie* bezieht sich danach auf das Bezeichnete oder den Begriff. Die *Antonymie* erscheint dann als ein Sonderfall der Synonymie. *Homonymie* bezieht sich dagegen auf die Zuordnung von Bezeichnendem und Bezeichnetem. Diese Zuordnung ist oft nicht eindeutig. *Symbol* wird das Bezeichnende kraft seiner Beziehung zu Gegenständen und Sachverhalten, d. h. durch Umweltreferenz über den Begriff. Mit assoziativer B. bez. man die mit einem Wort assoziierten Begriffe (*Assoziation*), mit *meaningfulness* (B.haltigkeit) die Anzahl der mit einem Wort assoziierten Begriffe.

Das B.konzept, wie es bisher dargestellt wurde, ist von rein behavioristisch (*Behaviorismus*) orientierten Forschern in den 1930er Jahren scharf angegriffen worden. Für sie verschloss sich alles Nichtbeobachtbare dem wiss. Zugriff. So definierte Bloomfield (1933) die B. eines Zeichens als die Situation, in der der Sprecher es äußert, und als die *Reak-*

tion, die es beim Hörer auslöst. Neben der bisher behandelten denotativen (kogn. und konzeptuellen) B. (*Denotation, denotative Bedeutung*) existieren weitere B.begriffe. Die Konnotation (*Konnotation, konnotative Bedeutung*) betrifft die Beziehung zw. Zeichen und Zeichenbenutzer und gehört somit zur *Pragmatik*. Brekle 1972, Hörmann 1967, 1977, Uexküll 1940, Osgood et al. 1957.

J. Engelkamp

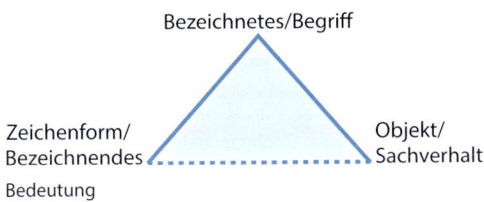

Bedeutung

Bedeutungsanalyse, syn. *semantische Analyse* [engl. *semantic analysis*], *Inhaltsanalyse*.
Bedeutungshaltigkeit [engl. *meaningfulness*].
Bedeutungsumwertung, -verlust, [**KLI**], das Zerfallen der gewohnten Bindung von Bedeutungen und Gedachtem bzw. Wahrgenommenem. Auffällig ist dieser Vorgang bei Psychosen, bei denen z. B. rein zufällige Ereignisse fälschlicherweise als hoch bedeutsam wahrgenommen werden (Bedeutungswahn). *Wahn*.
bedingte Hemmung [engl. *conditioned inhibition*], syn. *konditionierte Hemmung*.
bedingter Reflex, bedingte Reaktion (= b. R.) [engl. *conditioned reflex, conditioned reaction*; lat. *reflexus* Widerspiegelung, *reactio* Rückhandlung], [**KOG**], *Konditionierung* wurde erstmals beschrieben von den russischen Physiologen *Pawlow* und Bechterew. Letzterer fand, dass Hunde ihr Bein «automatisch» auf ein Summerzeichen hin anhoben, nachdem dies vorher häufig zus. mit einem dem Bein zugefügten elektrischen Schock vorgekommen war. Die Erscheinung wurde *assoziativer Motorreflex* genannt. Sie stellte die Grundlage dar für sein System der *Objektiven Psychologie*. Pawlow fand bei seinen Forschungen über die Arbeitsweise der Verdauungsdrüsen, dass seine Versuchstiere nicht erst beim Anblick oder Duft des Futters Speichel sezernierten, sondern manchmal schon auf *Reize* hin, die mit dem Futter selbst nichts zu tun hatten, aber vorher häufig zus. mit dem Futter aufgetreten waren. Diese von ihm zunächst «psychische Sekretion» genannte Erscheinung bezeichnete er später als b. R. Watson führte den Begriff in Amerika ein und machte ihn zu einem der Grundbegriffe des *Behaviorismus*. Die Herstellung eines b. R. wird von vielen als Prototyp des Lernens (*Lernen, Lernforschung*) angesehen.
Grundlegendes Merkmal des b. R. ist, dass ein angeborener, d. h. unbedingter Reflex (= R. der Nahrungsaufnahme, Pupillenr. usw.) mit einem beliebigen anderen Ereignis in der Weise verknüpft wird, dass dieses entweder den ursprünglichen R. selbst oder einen damit eng verbundenen Vorgang auslöst. Bedingungen seines Zustandekommens sind v. a. zeitliches Zusammentreffen beider Ereignisse und Wiederholung. Im klassischen Fall des Pawlow'schen Experimentes wird z. B. ein Klingelzeichen jedes Mal unmittelbar vor Verabreichung des Futters geboten. Das Versuchstier sezerniert zunächst nur beim Anblick oder Geruch des Futters Speichel (unbedingter R., *unkonditionierte Reaktion*). Nach mehreren Wiederholungen setzt die Speichelabsonderung bereits beim Ertönen der Klingel ein (b. R.). Der Klingelton ist damit zum bedingten Reiz (*konditionierter Stimulus*) geworden, im Ggs. zum Geruch oder Anblick des Futters, welches den unbedingten Reiz (*unkonditionierter Stimulus*) darstellt. Es gelten für den b. R. die bereits von Pawlow formulierten Gesetze der Wiederverstärkung [engl. *reinforcement*] und *Auslöschung* [engl. *extinction*]. Ersteres besagt, dass jedes Vorkommen eines unbedingten R. in zeitlichem Zusammentreffen mit einem b. R. diesen verstärkt. Nach dem Gesetz der Auslöschung wird der b. R. geschwächt oder inaktiviert, wenn keine Wiederverstärkung durch den unbedingten R. erfolgt. Das Versuchstier würde also nicht mehr auf das Klingelzeichen hin Speichel sezernieren, wenn dieses häufig genug ohne Verabreichung des Futters geblieben ist.
Ein anderer Typus von Experimenten zur Herstellung eines b. R. sind solche, bei denen das Versuchstier lernt, best. Handlungen auszuführen, um zu seinem Futter zu kommen (*Skinner'scher Kasten (Skinner box)*) oder einen schädlichen Reiz zu vermeiden. Man spricht von instrumentalem Konditionieren (*instrumental conditioning, Konditionierung, instrumentelle*, Hilgard & Marquis 1940), weil das Tier gewisse zweckgerichtete Bewegungen ausführen muss. Die Skinner'sche Versuchsanordnung heißt operantes Konditionieren (*operant conditioning, Konditionierung, operante*). Experimente, in denen ein schädlicher Reiz vermieden werden muss, wie z. B. ein elektrischer Schock, heißen *Vermeidungskonditionieren (avoiding conditioning)*. Diesen Versuchen ist gemein, dass das Tier nach *Versuch und Irrtum* (*trial-and-error learning*) lernt, wobei die richtigen Bewegungen das Erscheinen eines unbedingten Reizes zur Folge haben (z. B. Herausfallen des Futters bei Druck auf einen Hebel im Skinner'schen Kasten), also verstärkt werden (*Verstärkung, Verstärker*), während die übrigen nicht von einem solchen gefolgt werden und somit eine Schwächung erfahren. Solche Vorgänge entsprechen dem vorher schon von Thorndike formulierten Lerngesetz (*law of effect* = Gesetz der Wirkung, *Gesetz des Effekts*). Da sie aber auch alle für den b. R. einschlägigen Erscheinungen aufweisen, können sie als solche interpretiert werden.
Je nachdem, ob von dem klass. Pawlow'schen oder dem Wirkungsgesetz ausgegangen wird, haben sich versch. Theorien über das Lernen (*Lerntheorien*) durch b. R. ausgebildet. Geht man von ersterem aus, steht die zeitliche Kontingenz im Vordergrund (Kontingenztheorien). Der konsequenteste Vertreter dieser Art ist Guthrie. Hull ging vorwiegend von dem Lernen aufgrund des Effektes aus. Als wirksames Agens (unbedingten R.) der Wiederverstärkung postulierte er triebreduzierende Wirkungen.
Mehrere Erklärungen sind für die Auslöschung des b. R. beim Ausbleiben des unbedingter R. gegeben worden.

Pawlow nahm einen hemmenden Vorgang im Nervensubstrat (*Nervensystem*) an, der bei Erscheinen des bedingten Reizes einsetzt, aber durch den folg. unbedingten Reiz aufgehoben wird. Tritt letzterer nicht ein, so führt die *Hemmung* (interne Inhibition) zum Abbau des b. R. Guthrie erklärt die Auslöschung durch Umlernen, indem jetzt die neue Abfolge: bedingter Reiz – Ausbleiben des unbedingten R. gelernt wird. Unter gewissen Umständen kann der Prozess der Auslöschung aufgehalten werden. So zeigt sich nach Unterbrechung der zur Extinktion führenden Versuchsreihe bei Wiederaufnahme nach gewisser Zeit eine spontane Wiederherstellung des b. R. Außerdem kann der die Auslöschung bewirkende Prozess der Inhibition selbst gehemmt werden (*Inhibitionshemmung, disinhibition*), wenn das Versuchstier durch einen äußeren Reiz abgelenkt wird. Der u. U. bereits nahezu verschwundene b. R. erfährt dadurch ein deutliches Wiederaufleben.

Sonderfälle des Konditionierens ergeben sich durch Veränderung der zeitlichen Abfolge von bedingtem Reiz zu unbedingtem. Lässt man das Klingelzeichen erheblich vor dem unbedingten Reiz einsetzen und lässt es sich bis zu diesem hin erstrecken, spricht man von *verzögertem Konditionieren* (*delayed conditioning*), gibt man es vorher und lässt eine Pause eintreten, von *Spurkonditionieren* (*trace conditioning*). Entstehung eines b. R. dort, wo der bedingte Reiz nach dem unbedingten R. dargeboten wurde, konnte bisher nicht eindeutig nachgewiesen werden. Die beschriebene Versuchsanordnung heißt *rückwirkendes Konditionieren* (*backward conditioning*). Die optimalen Verhältnisse der zeitlichen Abfolge liegen vor, wenn der bedingte Reiz dem unbedingten unmittelbar vorausgeht.

Über die physiol. Grundlagen des b. R. ist wenig bekannt. Versuche am dezerebrierten Tier ergaben widersprechende Ergebnisse darüber, ob es rein spinale b. R. gäbe. Der normale morphologische Ort der Nervenprozesse für die b. R. ist die Großhirnrinde (*Gehirn*). Jedoch ergaben Versuche mit herabgesetzter Erregbarkeit der Rindensubstanz durch Curareinjektion, dass die Herstellung von b. R. wahrscheinlich auch im subkortikalen Bereich möglich ist. Ein unter Curare konditionierter R. funktioniert nur unter denselben physiol. Bedingungen, d. h., er lässt sich am curarefreien Tier nicht hervorrufen.

Seitens der *Kybernetik* wurden Modelle entwickelt, die gewisse Hypothesen über die Vorgänge im NS während des Bedingens zulassen (Wiener 1968). Auch ist es möglich, an elektronischen Apparaten Vorgänge hervorzurufen, die viele wesentliche Merkmale mit dem b. R. gemeinsam haben.

Humphrey (1956) setzte die Vorgänge bei der Entstehung des b. R. in Beziehung zu denen, die den Wertheimer'schen *Scheinbewegungen* zugrunde liegen. Er geht davon aus, dass den beiden in erheblicher zeitlicher Nähe dargebotenen Reizen (bedingter und unbedingter Reiz) zwei neurale Impulsstrukturen entsprechen, die in ähnlicher Weise einen ganzheitlichen Prozess bilden, wie man es sich bei den nervösen Vorgängen im Falle der Scheinbewegung vorzustellen hat. Die dabei entstehende Gesamtstruktur ist etwas Neues und entspricht weder genau den Vorgängen im Gefolge des isolierten ersten noch denen des isolierten zweiten Reizes. Dies ist mit den Tatsachen durchaus vereinbar, da selbst ein optimaler bedingter Reiz eine bedingte Reaktion hervorruft, die sich qual. und quant. von der auf den unbedingten unterscheidet.

Bedingung(en) (= B.) [engl. *condition(s)*], **[FSE, PHI]**, dasjenige, von dem etwas anderes (das Bedingte) in seinem Dasein oder seiner Geltung abhängig ist. Die logische B. wird als *Grund*, das logisch Bedingte als *Folge* bez.; die reale B. ist die *Ursache*, das real Bedingte die *Wirkung*. Meistens ist ein Bedingtes nicht von einer, sondern von mehreren B. abhängig, die in ihrer Gesamtheit die *vollst.* oder *hinreichende Bedingung* bilden, jede einzelne von ihnen ist eine Teil- oder Partialbedingung. Nur mit der vollst. B. ist auch das Bedingte gegeben. Die *notwendige Bedingung* (*conditio sine qua non*) ist Voraussetzung für das Bedingte, ohne die dieses nicht sein kann, durch sie allein ist aber das Bedingte noch nicht gegeben. Die wiss. Untersuchung eines Abhängigkeitsverhältnisses (eines logischen oder eines kausalen Zusammenhangs) ist mit der Aufdeckung der notwendigen und der hinreichenden B. abgeschlossen. Auch in der Ps. spielt die B. eine bedeutsame Rolle bei jeder Beobachtung, Beschreibung, Analyse und Gesetzesfindung. Mind. eine B. muss bei reduktiv erklärenden Aussagen für ein Phänomen angegeben werden. **[WA]**, Koffka spricht von Außenbedingungen, wenn vom Zustand der Sinnesfläche bei Reizeinwirkungen, und von Innenbedingung, wenn von der Struktur des nervösen Systems (anatomisch und physiol.) selbst die Rede ist. Bochenski 1956, Koffka 1950.

Bedingungsanalyse (= B.) [engl. *condition analysis*], **[DIA, KLI]**, die Begriffe B. und *funktionale Verhaltensanalyse* werden weitgehend bedeutungsgleich verwendet. Beide Verfahren beziehen sich auf die Bestimmung der auslösenden und aufrechterhaltenden Bedingungen einer psych. Stör. I. e. S. kann man die B. in versch. Aspekte untergliedern: So umfasst die B. die *Störungsanalyse* und zwei unterschiedliche Prozessanalysen, nämlich die *Motivations-* und *Beziehungsanalyse*. Im Kontext der Störungsanalyse wird eine *Verhaltensanalyse* des Problemverhaltens durchgeführt. Im Wesentlichen bereitet man dazu Daten aus der Exploration/*Anamnese* und *Verhaltensbeobachtung* so auf, dass alle unmittelbaren Rahmenbedingungen der Störungen erfasst werden. I. d. R. sind dies: belastende Lebensereignisse und Lebenszustände; körperliche Beeinträchtigungen, *Behinderungen* und *Krankheiten*; das eigentliche Problemverhalten (inkl. vorausgehender und nachfolg. Bedingungen); störungsrelevante *Kognitionen* (z. B. irrationale Gedanken). Bei der Motivationsanalyse werden die Erwartungen und der Leidensdruck (oder auch *Krankheitsgewinn*) des Pat. spezifiziert. Die Beziehungsanalyse klärt die *Therapiebeziehung*, wobei in diesem Kontext folg. Aspekte beachtet werden: Wertschätzung, Akzeptanz, *Vertrauen*, Kompetenz des Therapeuten, *Empathie* und Funktionalität des Pat.verhaltens. I. R. der Therapieplanung kommt der Störungsanalyse (Verhaltensanalyse i. S. einer Mikroanalyse) die zentrale Bedeutung zu. Durch diese Detailanalyse sind Ansatzpunkte für eine

Psychotherapie systematisch bestimmbar. Hilfreich für eine verhaltensthrap. Therapieplanung sind dabei konkrete Problemverhaltensweisen, die lerntheoretisch erklärt und durch Methoden der *Verhaltenstherapie* schrittweise veränderbar sind. *SORKC-Modell, Verhalten-in-Situationen (ViS)-Analyse*. Petermann 2009. F. Petermann

Bedingungskontrolle [engl. *condition control*], Kontrolle (störender) Bedingungen. [**KLI**], Einschränkung von Bedingungen, die unerwünschtes Verhalten fördern bzw. Unterstützung von Bedingungen, die das gewünschte Verhalten stabilisieren (durch organisatorische Verringerung der Störbedingungen sowie lokale und zeitliche Reizkontrolle). *Bedingungsanalyse*. [**FSE**], Referenzbedingung in kontrollierten Studiendesigns (*RCT, Kontrollgruppe*) zur Kontrolle *Störvariablen*.

Bedrohung durch Stereotype [engl. *stereotype threat*].

Bedürfnis [engl. *need*], [**EM, PER**], ein B. kann als Zustand oder Erleben eines Mangels, verbunden mit dem Wunsch ihn zu beheben, definiert werden. Dabei dürften in der wiss. Literatur meist Bedürfnisse (= B.) gemeint sein, die ein Lebewesen zu seiner Erhaltung und Entfaltung braucht, und nicht Ad-hoc-Entscheidungen im Supermarkt. In der Frühphase der psychol. Diskussion zum Thema Beweggründe oder Ursachen des Handelns (*Handlung*) verwendeten die Forscher oft den Begriff B., den heute eher derjenige des *Motivs* entsprechen würde. Lewin hat in seinem Person-Modell B. und *Quasi-B.* angenommen, die innerhalb der Person «gespannten Systemen» entsprechen. Diese drängen auf Entspannung und schlagen sich unter best. situativen Bedingungen in *Verhalten* nieder. Quasi-B. stellen dabei eine best. B.form dar, die etwa aufgrund einer Absicht oder einer übernommenen Aufgabe entsteht. Sie wirken wie die «echten» B. und können durch diese verstärkt werden. Auch Murray sprach von B. Er hat als Erster die psychol. Methodik eingesetzt und eine größere Zahl von Personen klin.-psychodiagn. untersucht, um die B. zu eruieren, die nötig sind, um menschliches Handeln zu beschreiben. Er unterschied zw. *primären* (Hunger, Durst etc.) und *sekundären* oder höheren B. Nach seinen Ergebnissen können 20 solcher höheren B. (*needs, need, need-press*) als gesichert gelten, etwa Erniedrigung, *Leistung*, sozialer Anschluss, *Aggression* etc. Seine empirisch gewonnenen Ergebnisse haben die Motivationsps. (*Motivation*) bis heute beeinflusst.

B. werden heute eher als Grundlage von Motiven angesehen. Diese sind *Repräsentationen* von komplexen Situationen und Handlungsoptionen, die zur Befriedigung von B. von Belang sein können, zugleich legen sie deren Sollwert fest: Wie viel zw.menschliche Interaktion (*soziale Interaktion*), wie viel Bewältigung schwieriger Aufgaben, wie viel Durchsetzung eigener Interessen sind nötig, um einen jeweils motivspezif. Sollwert des B. zu erreichen? Motive manifestieren sich auch darin, Situationen zu interpretieren, aufzusuchen oder herzustellen, die die Bedürfnisse des dominanten Motivs zu befriedigen in der Lage sind. Motive stellen so Verknüpfungen des betreffenden B. mit b.relevanten Situationen, Zielen (*Ziele*), Handlungsoptionen und Selbstaspekten her. In Einklang mit neueren Tendenzen in der Ps. können die zugrunde liegenden B. auch subkognitiv und subaffektiv wirken, ohne bewusst werden zu müssen. Diese Annahme korrespondiert auch damit, dass man sie nur indirekt (z. B. über *projektive Verfahren*) erfassen kann.

Offen in der wiss. Diskussion ist, wie viele und welche B. man annehmen muss, um menschliches Erleben und Verhalten zu beschreiben. Hier finden sich versch. Vorschläge, etwa: Leistung (*Leistungsmotiv*), Affiliation (*Anschlussmotiv*), Macht (*Machtmotiv*, klass. Motivationsps.), *Neugier, Bindung*, Selbstbehauptung (Zürcher Modell), *Kompetenz*, soziales Eingebundensein, Autonomie oder Selbstbestimmung (*Selbstbestimmungs-Theorie*). Trotz gewisser Parallelen ist diese Frage noch nicht endgültig beantwortet. Rheinberg 2008a, Kuhl 2001. H. Metz-Göckel

Bedürfnisabweichung, Prinzip der geringsten (Stern), [**EM**], bei Unterbindung der Befriedigung eines Bedürfnisses (*Bedürfnis*) sucht die ihm innewohnende «Kraft» (*Trieb*dynamik) nach einer von der Ausgangsform möglichst wenig abweichenden Befriedigungsweise. Stern 1935, 1950.

Bedürfnisanalyse [engl. *needs analysis*], *Verhaltensanalyse*.

Bedürfnisbefriedigung [engl. *satisfaction of needs*], [**EM, KOG**], Handlung zur Lösung einer durch ein *Bedürfnis* hervorgerufenen Spannung bzw. der Zustand der bewirkten Spannungslösung.

Bedürfnishierarchie [engl. *hierarchy of needs*; gr. ἱερός (*hieros*) heilig, ἀρχή (*arche*) Herrschaft], [**EM, PER**], hierarchische Anordnung angeborener Bedürfnisse des Menschen nach Maslow (1971), der zw. Mangelmotivation (*deficiency motivation*) und Wachstumsmotivation (*growth motivation*) als Hauptklassen unterscheidet. Sind die Bedürfnisse einer Stufe einigermaßen befriedigt, hat das Bedürfnis auf der nächsten Stufe Vorrang. *Persönlichkeitstheorien, humanistische, Maslow, Abraham*.

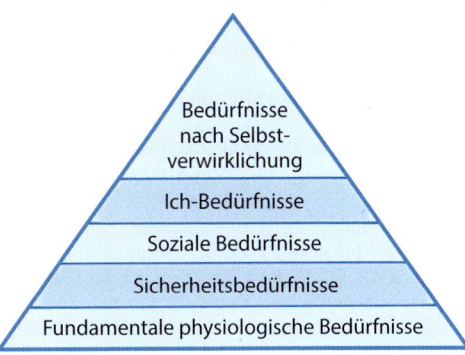

Bedürfnishierarchie

Beeinflussung, Beeinflussbarkeit (= B.) [engl. *influence/persuasion; suggestability/persuability*], [**KLI, MD, SOZ**], im Sinne von Überzeugung bzw. Überredbar-(Überzeugbar-)Sein, die Veränderung von Einstellungen, Meinungen, Verhaltensweisen usw. B. bedeutet auch *Suggestion*,

Suggestibilität als das vorwiegend passive Hinnehmen von Einstellungsänderungen etc. gegenüber dem mehr aktiven Überzeugen oder Sich-Überzeugen-Lassen. Die Beeinflussungsforschung ist ein Zweig der *Werbepsychologie*.

^Test^**Beeinträchtigungs-Schwere-Score (BSS)**, 1995, H. Schepank, [www.testzentrale.de], **[DIA, KLI]**. Klinisches Verfahren. AA Erwachsene. Beim BSS handelt es sich um ein theorieunabhängiges Experten-Ratingverfahren, mit dem die Beeinträchtigung eines Menschen durch seine psychogene Erkrankung eingeschätzt werden kann. Die Einschätzung der Beeinträchtigungsschwere erfolgt auf drei zentralen Dimensionen mit jew. fünf Skalenstufen: (1) *körperliche Beeinträchtigung*; (2) *Beeinträchtigung im psychischen Bereich* und (3) *sozialkommunikative Beeinträchtigung*, d. h. auf einer zw.menschlichen oder Verhaltensdimension. Der Summenwert ergibt den Schweregrad (zw. 0 und max. 12), die Punktwerte der drei Dimensionen ergeben ein Profil der Beeinträchtigung. Einsatz bei psychogen erkrankten Pat.: Psychoneurosen, Persönlichkeitsstörungen, Süchten, psychosomatischen (v. a. funktionellen) Störungen. *Normierung*: $N = 600$ erwachsene Gesunde aus der Allgemeinbevölkerung (Stadt Mannheim) sowie Gruppen ambulant ($N = 1413$) und stationär ($N = 384$) psychoth. versorgter Klienten. Bearbeitungsdauer: ca. 2–3 Min.

Befehlsautomatismus *Katatonie*.

Befindlichkeit (= B.) [engl. *psychic condition/state*, pl. *sensitivities*], **[EM, GES, KLI]**, bez. das subj. Empfinden von *Emotionen* und deren kogn. Bewertung. Die emot. Komponente bezieht sich auf pos. und neg. *Affekte*, die meistens kurzfristig das *Wohlbefinden* beeinflussen. Die kogn. Komponente umfasst sowohl die globale als auch enger umschriebene Lebenszufriedenheit. Die Begriffe *B.*, *Wohlbefinden* und *Lebenszufriedenheit* sind nicht klar voneinander abgegrenzt. B.skalen (z. B. die *Befindlichkeits-Skala Bf-SR*) sind zeitökonomische Erhebungsverfahren, die mit Adjektiv-Paaren (z. B. froh – schwermütig oder gesellig – zurückgezogen) die momentane psych. B. erfassen. Es wird damit das gesamte Spektrum normaler und pathologischer Veränderungen des Wohlbefindens abgebildet. Diagn. Instrumente, die zur Erfassung von B. eingesetzt werden, sind im Verzeichnis diagn. Verfahren in Anhang II aufgeführt. *F. Petermann*

^Test^**Befindlichkeitsskala (Bf-SR)**, 2011, D. von Zerssen, F. Petermann, [www.testzentrale.de], **[DIA, GES, KLI]**. AA Jugendliche und Erwachsene im Altersbereich von 14 bis 90 Jahren. Einzel- oder Gruppensetting. Einsatz in der Psychiatrie, Klinischen Ps., med. Versorgung sowie in der Forschung. Die Bf-SR dient der Erfassung der momentanen psych. *Befindlichkeit*, wobei das gesamte Spektrum normaler und pathologischer Veränderungen des *Wohlbefindens* abgebildet werden kann. Das Messinstrument ist störungsübergreifend bei den verschiedensten Pat.gruppen (körperliche oder psych. Störungen) sowie bei gesunden Personen einsetzbar. Die Skala kann wiederholt angewendet werden (bspw. i. R. der Therapiekontrolle), um Befindlichkeitsänderungen zu objektivieren. Es stehen zwei Parallelformen (Bf-SR und Bf-SR') zur Verfügung, die jew. 24 Paare von Eigenschaftswörtern beinhalten. Die Aufgabe besteht darin anzukreuzen, welche der beiden Eigenschaften dem eigenen gegenwärtigen Zustand am ehesten entspricht. *Normierung*: Für beide Parallelformen stehen bevölkerungsrepräsentative Normen (PR, *T*-Wert, Stanine) für den Altersbereich 14 bis 90 Jahre zur Verfügung (Bf-SR: $N = 1235$ / Bf-SR': $N = 1269$). Bearbeitungsdauer: Die Durchführungszeit beträgt etwa 5–7 Min., die Auswertungszeit etwa 5–7 Min.

Befragung; ereignis-, intervall-, signalkontingente *Tagebuch*.

Befriedigung [engl. *satisfaction*], *Bedürfnis*.

Befund, psychologischer *Psychologisches Gutachten*.

Befunderhebung [engl. *behavior assessment*]; *Verhaltensanalyse*.

Begabtenauslese (= B.) [engl. *gifted/talented selection*], **[DIA, PÄD]**, veralteter Begriff der *Angewandten Psychologie* bzw. *Diagnostik*, der bes. aufkam mit der Anwendung von Testuntersuchungen zur Erkennung begabter Jugendlicher und zur Klärung des schulischen Aufstiegs. Historisch erwähnenswert sind die erste von Moede und Piorkowski durchgeführte B. an 13-jährigen Volksschülern (einschließlich Einrichtung einer Begabtenschule) 1917 in Berlin und von W. Stern und R. Peter 1918 in Hamburg. Päd. und bildungspolit. sind nicht die Auslesefunktion als solche – alle Formen der weiterführenden *Bildung* sind mit Auslese verbunden –, sondern die Zuweisungs- und Dirigierungsfunktionen der Schule (im Hinblick auf künftige Aufstiegschancen, sozioökonomischen Status und soziale Sicherheit, «Elite») und damit die Ausleseverfahren umstritten. B. setzt, wenn sie «gerechte» Auslese sein soll, (1) die Unabhängigkeit der Merkmalsbestimmungen und der Messkriterien von (z. B. schichtspezifischen, schulpolitischen, ökonomischen und dgl.) Interessen und (2) die Konstruktion von an diesen Kriterien validierten und zuverlässigen Messinstrumenten (*Gütekriterien*) voraus. Da die (1) Forderung auf prinzipielle Schwierigkeiten stößt, ist sie (2) nur annäherungsweise als Verbesserung der jew. Verfahren im Erziehungssystem unter Berücksichtigung sozial-strukturell bedingter Unterschiede zu erreichen. I. S. der päd. Diagnostik ist auch für die B. von Bedeutung, ob es sich um den Normalfall einer selektiven Laufbahnentscheidung oder um eine auf die Optimierung des Lernverhaltens zielende didaktische Differenzierungsentscheidung handelt. *Differenzierung*, *Begabung*, *Begabtenförderung*. Hasselhorn 2006, Krapp 1979, Undeutsch 1969, 1980, Rost 2009.

Begabtenförderung (= B.), [engl. *promotion/support of the gifted*], **[PÄD]**, Sammelbegriff für alle Planungen und Maßnahmen zur Förderung begabter Menschen (nicht nur der Jugendlichen). B. gilt als wichtige Aufgabe jeder Kultur- bzw. Bildungspolitik. *Chancengleichheit* beim Zugang zu den Bildungseinrichtungen und beim Aufstieg sowie entspr. Anpassung der versch. Ausbildungswege sind nur einige der wichtigsten Mittel zur B. B. meint sowohl Breitenförderung (zur Herstellung der Chancengleichheit) als auch *Eliteförderung*. V. a. die Breitenförderung sollte dabei bereits in der Familienerziehung und *Frühförderung* (s. a. *Lernförderung*) beginnen und sich in der Schule als

Individual- und Gruppenförderung (*Differenzierung*) und in den Institutionen des tertiären Bildungsbereichs und der Erwachsenenbildung fortsetzen. *Begabung.*

Begabung (= B.) [engl. *aptitude, giftedness*], [**KOG, PÄD, PER**], lässt sich allg. als indiv. Befähigung (d. h. Potenzial) für best. Leistungen (d. h. Performanz) def. Deutlich wird hier zw. Begabung und Leistung differenziert, wie schon der B.forscher Stern 1916 akzentuiert: «B. sind immer Möglichkeiten zur Leistung, unumgängliche Vorbedingungen, sie bedeuten jedoch nicht Leistung selbst». Diese Unterscheidung von Potenzial und Performanz finden sich ebenfalls in den aktuelleren (Hoch-)B.def., die Hochbegabung als indiv. Fähigkeitspotenzial für herausragende Leistungen betrachtet (Heller 2000). Diese B.def. grenzen die prospektive B.forschung von der retrospektiven Expertiseforschung ab, die die Entwicklung von Leistungsexzellenz auf dem Weg vom Novizen zum Experten in best. Domänen fokussiert. So trennt Ziegler (2008) Personen, die wahrscheinlich einmal Leistungsexzellenz erreichen werden (d. h. Hochbegabte) von Personen, die schon sicher Leistungsexzellenz erreicht haben (d. h. Hochleistende). B. können sich auf die Gesamtheit (i. S. von Allg.b.) oder auf spez. Bereiche (i. S. von Spezialb. bzw. Talenten; z. B. musikalische B., sportliche B., künstlerische B.) des indiv. Fähigkeitspotenzials beziehen. Dabei umfassen B.formen neben intellektuellen B. (z. B. verbale, numerische, räumliche B. auch nicht intellektuelle B. (z. B. musisch-künstlerische, sensomotorische, sozial-emot. (*soziale Kompetenzen*) B.). Damit zeigt sich, dass der B.begriff meist weiter gefasst wird als der Begriff der (*Intelligenz*, der zumeist für B.formen im intellektuellen Bereich (i. S. von kogn. Allg.b.) verwendet wird. I. R. eines erweiterten B.verständnisses wird auch der Kreativitätsbegriff einbezogen, zumal Kreativitätsfacetten (i. S. von Denkoperationen) für alle B.formen (i. S. von Inhaltsbereichen) relevant sein können (z. B. Dichtung, Architektur, Malerei). Bezogen auf die B.entwicklung besteht in der B.forschung weitestgehend Einigkeit, dass sich B. durch Interaktion von Anlagen und Umwelt entwickelt (*Anlage-Umwelt*), was sich in dem immer noch anerkannten B.verständnis von Aebli (1969) zeigt. Dieser schlägt vor, «dass man B. als die Summe aller Anlage- und Erfahrungsfaktoren ansehen sollte, welche die Leistungs- und Lernbereitschaft eines Menschen in einem best. Verhaltensbereich bedingen». Diese Anlage-Umwelt-Debatte hat historische Wurzeln, zumal die biblisch geprägte nativistische Auffassung (i. S. von Beschenken mit Talenten) bis in die 1950er-Jahre dominierte, nach der B. als angeboren galt. Durch den Einfluss des *Behaviorismus* wurde dieser Standpunkt durch die milieutheoretische Auffassung abgelöst, nach der B. als umweltbedingt aufgefasst wurde. Diese Positionen spiegeln sich in der von Roth (1968) geprägten Debatte um die Ablösung des statischen (d. h. angeborene Leistungsdisposition (*Disposition*)) durch den dynamischen B.begriff (d. h. kult. angeregte B.entwicklung) im Hinblick auf die Wechselwirkung von Ererbtem mit Erworbenem wieder. In den Diskussionen zur B.entwicklung wird zunehmend der Lernprozess (*Lernen*) fokussiert, da nach Weinert (2000) Lernen der entscheidende Mechanismus bei der Transformation hoher Begabung in exzellente Leistung darstellt. Dabei kommt neben den Persönlichkeitsfaktoren (*Persönlichkeitsmerkmal*, z. B. *Leistungsmotiv*) den Umwelteinflüssen (z. B. Lernumgebung) große Bedeutung für den Transformationsprozess zu. Diese Einflussfaktoren finden sich in den neueren (Hoch-)B.modellen, wie dem Münchner (Hoch-)B.modell von Heller (2000) oder dem Differenzierten B.- und Talentmodell von Gagné (2005) wieder. Hier erweisen sich (Wechsel-)Wirkungen von Persönlichkeits- und Umweltfaktoren in den versch. Domänen zur Erklärung von Leistungsexzellenz und auch von *Underachievement* als wichtig. Damit nähern sich die B.forschung und Expertiseforschung an, wie das *Aktiotop*-Modell der (Hoch-)B. von Ziegler (2005) mit der Relevanz der B.förderung (i. S. der gezielten Unterstützung von Begabten) verdeutlicht. Sternberg & Davidson 2005. *C. Fischer*

Begabung, Mehrkomponentenmodelle (= M.) [engl. *aptitude, giftedness; multicomponent models*], [**KOG, PÄD, PER**], nehmen mehrere gleichberechtigt nebeneinander stehende Begabungskomponenten an (Personen- und/oder Umweltmerkmale), die für das Vorliegen einer Hochbegabung (*Hochbegabung, intellektuelle*) gleichzeitig erfüllt sein müssen, z. B. *Intelligenz*, *Kreativität* und Aufgabenzuwendung. M. sind abzugrenzen von eindimensionalen Ansätzen, die im akademischen Bereich hauptsächlich Intelligenz für Begabung verantwortlich zeichnen, sowie von dynamischen Modellen (*deliberate practice*, *Begabung, Moderatormodelle*, systemische Modelle; *Systemtheorie*), die spezif. Interaktionen zw. den Komponenten annehmen. Bsp.: Drei-Ringe-Modell von Renzulli, *Triadisches Interdependenzmodell* von Mönks, STAR-Modell von Tannenbaum, WICS-Model von Sternberg. Sternberg & Davidson 2005. *B. Harder*

Begabung, Moderatorenmodelle (= M.) [engl. *aptitude, giftedness; moderator models*], [**KOG, PÄD, PER**], erklären herausragende Leistungen (*Leistungsexzellenz*) über einen Entwicklungsprozess, in dem angeborene *Begabungen* über Lernprozesse (*Lernen*) in Leistung transformiert werden. Der Prozess wird dabei von nichtkogn. Personenmerkmalen und Umwelteinflüssen moderiert. Sie sind abzugrenzen von eindimensionalen Modellen wie *Intelligenz*, von Mehrkomponentenmodellen (ohne Interaktionsannahme und Hierarchisierung der Einflussgrößen; *Begabung, Mehrkomponentenmodelle*), von Performanzmodellen (*deliberate practice*) und von systemischen Modellen mit komplexerem Interaktionspostulat wie dem *Aktiotop*modell. Bsp.: *Differentiated Model of Giftedness and Talent (DMGT)* von Gagné, *Münchner Begabungsmodell* von Heller, *Münchner Dynamisches Begabungs-Leistungs-Modell* von Perleth. Sternberg & Davidson 2005. *B. Harder*

Begabungsreserve, [**PÄD**], syn. *Bildungsreserve*; Anzahl der Individuen, die aus Gründen sozialer, ökonomischer und schichtspezifischer Hemmnisse nicht in weiterführende Schulen gelangen, obwohl sie begabungsmäßig die Voraussetzungen für solche Schulsysteme mitbringen. *Bildungsforschung*. *G. Mühle*

Begehrensneurose *Rentenneurose*.

Begierde [engl. *desire, ambition*], **[EM]**, der mit der Vorstellung eines best. Ziels verbundene Antrieb. Ein durch einen Mangel bedingtes Unlustgefühl (z. B. Hunger) wird zur Begierde, wenn die Vorstellung des Zustandes oder Gegenstandes hinzukommt, der diesen Mangel beseitigen kann, also zur Befriedigung führt. Lersch 1938, 1954, 1962.

Begleitforschung (= B.) [engl. *accompanying research*], **[AO, FSE, PÄD]**, wiss. Begleitung von Innovationen bes. zur Bewertung päd. und arbeitsbezogener Maßnahmen und Institutionen. *Evaluation, formative*. Schusser 1981.

Begriff (= B.) [engl. *term, concept*], **[KOG, PHI]**, eine durch das *Denken* gewonnene, umgrenzte Allgemeinvorstellung, in der eine Summe von Einzelvorstellungen zus. gefasst ist. Nach Kant entspringt der (empirische) B. «aus den Sinnen durch Vergleichung der Gegenstände der Erfahrung und erhält durch den Verstand bloß die Form der Allgemeinheit». Der reine B. hingegen sei Produkt des Verstandes. «Vorstellung einer Vorstellung» nennt Schopenhauer den B. Sigwart definiert ihn als «eine Vorstellung, die die Forderung durchgängiger Konstanz, vollkommener Bestimmtheit, allgemeiner Übereinstimmung und unzweideutiger sprachlicher Bez. erfüllt», und Wundt sieht darin die durch «aktive Apperzeption vollzogene Verschmelzung» von Vorstellungen. Insoweit sind die B. zugleich Denkwerkzeuge und «Kunstgriffe des Denkens» (Vaihinger), ganz im Ggs. etwa zu Hegels Auffassung, dass der B. geradezu das obj. Wesen des Dinges selbst ist. Am B. sind zu unterscheiden: Inhalt (das mit dem B. und durch ihn Gemeinte, auch *Bedeutung* genannt), Gegenstand (das Objekt, auf das der B. zielt), Umfang (alles, was unter den B. fällt). Mit steigendem Umfang wird der Inhalt kleiner. Behavioristisch (*Behaviorismus*) ist der B. eine durch Reiz-*Generalisation* gelernte gemeinsame *response* auf versch. *Reize*. Dagegen Piaget & Inhelder 1971, Bruner et al. 1956. Der B. befähigt zum Denken und Operieren. B. ist ein Netz von Interferenzen (*Interferenz*), die durch einen Akt des Kategorisierens ins Spiel gebracht werden können. Vom B. *Dreieck* kann z. B. abgeleitet werden, dass es drei Seiten, spitze Ecken etc. hat. Tiere klassifizieren nur, Menschen können durch die Kategorisierung neue Schlüsse (*Schließen, logisches*, *Deduktion*) ziehen, Aussagen ableiten.

Das Verhältnis zw. *Wort* (Bez.) und B. ist sowohl ein logisches wie ein psychol. Problem. Wörter, die Eigennamen sind, haben (nach Frege) die Bedeutung, die dem durch sie vertretenen Gegenstand gleicht. Ein Wort, das kein Eigenname oder dessen Stellvertreter ist (Prädikat), wird einem Gegenstand zu- oder abgesprochen und seine Bedeutung ist ein B. Regeln bestimmen, wie Prädikate gebraucht werden, d. h., was B. sind (Kamlah & Lorenzen 1967). Auch in der Ps. ist B. als «Zusammenfassung von Objekten oder Ereignissen zu Klassen aufgrund von Merkmalen» (Klix 1971) definiert worden, und diese Klassenbegriffe sind überwiegend Gegenstand der B.forschung geblieben. Kants Unterscheidung von empirischen und reinen B. führt in der Ps. gelegentlich zu den missverständlichen Bez. *konkrete* und *abstrakte* B. Es werden also nicht nur Objekte und Ereignisse nach Merkmalen zus.gefasst, sondern auch ohne Bezug auf best. Objekte B. von einzelnen oder mehreren Merkmalen gebildet (Dauer, Folge, Röte, Süße etc.). Die *Kategorien Raum*, *Zeit*, Konstanz, Erhaltung u. ä. abstrakte B. sind in der *genetischen Epistemologie* Piagets bes. berücksichtigt worden.

Der möglichen Abweichung der begrifflichen Ordnungsstrukturen im Individuum von logischen B. und Kategorien wird in der modernen Ps. dadurch Rechnung getragen, dass für B. auch andere Bez. gebräuchlich sind: *Schema*, *Konzept*, *Kognition*, *Konstrukt* und gelegentlich auch *Idee* (*idea*). Später ist der *unscharfe Begriff* thematisiert worden. B. ist demnach eine kogn. Einheit, die nicht direkt durch die sinnliche *Wahrnehmung* gegeben ist, sondern Verarbeitung von Informationen voraussetzt. Das Denken in B. und damit die Begriffsbildung wie das Erleben des begrifflichen Denkens ist inhaltsärmer, unanschaulicher, prägnanter, in die Struktur tiefer eindringend als das Wahrnehmen und Vorstellen, zugleich ist es aber einfacher als *Urteil* und Schlussprozesse (in streng logischem Gebrauch). Bartlett 1952, Bochenski 1956.   R. Bergius

Begriff, natürlicher (= n. B.) [engl. *term/concept, natural*], **[KOG]**, Begriff, der der alltäglichen Sprache und Lebenswelt entstammt und nicht explizit definiert wird. Ein n. B. repräsentiert eine anschaulich gegliederte Erlebniswelt. Die Anschauung bildet «kategoriale Geformtheiten» (Metzger). Beim n. B. können Merkmale ausfallen bzw. besser oder schlechter realisiert sein. Er ist abhängig von der *Prägnanz*. Sein Aufbau bringt ihn der *Typologie* nahe. Metzger 1954, 1975.

Begriff, wissenschaftlicher [engl. *concept, scientific*], **[FSE, PHI]**, Begriffe (= B.) sind sprachliche Zeichen oder Symbole, die Beziehungen untereinander (*Syntax*) und zum Bezeichneten (*Semantik, Semiologie*) haben und in best. Weise verwendet werden (*Pragmatik*). Psychol. B. können dadurch charakterisiert werden, dass sie sich auf unterschiedliche Arten von Strukturen beziehen. Klassifikatorische B. bez. die Zugehörigkeit von einzelnen Objekten zu genau einer best. Menge oder Teilmenge (z. B. die sieben Subtypen der wahnhaften Störung im DSM-IV; *Klassifikation*). Ordinale B. beziehen sich auf (starke, schwache oder Quasi-)Ordnungsrelationen, die auf einer best. Menge definiert ist (z. B. Stufen der Moralentwicklung). Wiss. B., die als Funktionen zu charakterisieren sind, sind quant. B. (z. B. IQ-Werte) oder, wenn eine entspr. messtheoretische *Eindeutigkeit* gegeben ist, metrische B. (z. B. Lautheit von Tönen). Die Extension eines einfachen klassifikatorischen B. ist gleich der Menge der Objekte, die mit diesem B. bez. werden. Die Intension eines B. (sein Inhalt oder Sinn) sind die Attribute, die ein Objekt haben muss, um unter diesen B. zu fallen. B. können sich auf mehr oder minder direkt Beobachtbares bzw. zumindest vorgängig Verfügbares beziehen (empirische oder Beobachtungsb.; *Variable, manifeste*) oder auf grundsätzlich Unbeobachtbares (*Variable, latente*, hypothetisches *Konstrukt*, theoretische B.; *Messtheorie*) beziehen. Wie Rekonstruktionen im wissenschafstheoretischen *Strukturalismus* zeigen, enthalten elaborierte Theorien außerdem sog. Test-theoretische B., deren Bedeutung und Ausprägungen vollst. durch die Theorie best. werden. Westermann 2000, Stegmüller 1974. *R. Westermann*

Begriffsarten [engl. *types of concepts/terms*], **[PHI]**, nach Carnap gibt es drei Arten: (1) *klassifikatorische Begriffe* (dienen zur Einteilung von Objekten in zwei oder mehrere Klassen), (2) *komparative Begriffe* (dienen zur Charakterisierung einer Relation zw. zwei Objekten, z. B. «härter», «größer» u. Ä.) und (3) als präziseste die *quantitativen* oder *metrischen Begriffe* (mit welchen die Eigenschaften von Objekten oder Beziehungen zw. Objekten mithilfe von Zahlenwerten charakterisiert werden). Die klassifikatorischen Begriffe sind entweder konjunktiv (zwei oder mehrere Merkmale sind zur Bestimmung notwendig) oder disjunktiv (das eine oder andere Merkmal bestimmt den Begriff). *Disjunktion.* *R. Bergius*

Begriffsbestimmung *Definition.*

Begriffsbildungsexperimente (B.) [engl. *concept formation* Begriffsbildung], **[KOG]**, in der exp. Ps. werden als B. solche bez., in welchen von der Vp gefordert wird, die Zuordnung einer best. Menge von Reizen zu einer Reaktion (z. B. einer sprachlichen Benennung) zu erlernen. Begriffsbildung besteht in solchen Experimenten also im Erlernen einer Zuordnungsregel, nach der multidimensionale Reize einem best. «Namen» zugeordnet sind. *Denken*, *Ach-Vigotsky-Methode*. Ach 1921, Hunt 1962. *D. Dörner*

Begriffsentwicklung (= B.) [engl. *development of terms/concepts*], **[EW, KOG]**, neben der älteren Abstraktionstheorie von Hansen ist durch die Gestaltps. eine Theorie der B. aufgestellt worden. Die *natürlichen Begriffe* entstehen hiernach über die Bildung von Prägnanzstufen einer in der Entwicklung sich gliedernden Welt. Bei der geringen Differenzierung der Erlebniswelt zeigen die Begriffe zunächst große Weite und erfahren erst mit der Vermehrung der Prägnanzstufen Einengung, Verschiebung und in Ausnahmefällen Erweiterung. Die Erforschung der B. hat durch die einflussreichen Arbeiten *Piagets* einen entscheidenden Aufschwung genommen. Piaget betrachtete den Erwerb fundamentaler Begriffe wie Raum, Zeit, Kausalität oder Zahl als Resultat aktiver Konstruktionsprozesse des Individuums, die bei sensumotorischen Regulationen beginnend (*Entwicklung, Stufentheorie nach Piaget*) zunächst zum Aufbau einer umfassenden Struktur *(structure d'ensemble)* konkreter Denkoperationen führt und schließlich in eine entspr. Struktur formal-logischer Denkoperationen mündet. In neueren Theorien der kogn. Entwicklung wird zum einen die aktive Rolle, welche die Umwelt bei der B. spielt, stärker betont, zum anderen werden bereichsspezifische Einschränkungen des Wissenserwerbs postuliert. Keil 1989, Metzger 1954, 1975, Piaget 1983, Weinert & Waldmann 1988. *M. Schmid*

Begründungszusammenhang [engl. *context of justification*], **[FSE]**, Phase des *Forschungsprozesses*, in dem aus theoret. Annahmen *Hypothese* abgeleitet und auf Basis empirischer Daten geprüft werden. In dieser Phase stehen deduktive Erkenntnisprinzipien (*Deduktion*) im Vordergrund, die die Prüfung einer Theorie bzw. deren Nützlichkeit zum Ziel haben. *Entdeckungszusammenhang.* Zimbardo & Gerrig 2004.

Begutachtungsstelle für Fahreignung *Medizinisch-Psychologische Untersuchung.*

Behalten (= B.) [engl. *memorise*], **[KOG]**, Speicherung von Gedächtnisinhalten. Neben Einprägen und Reproduzieren wichtige Phase der Gedächtnisleistung. Man unterscheidet zw. kurz- und langfristigem B., letzteres ist *Gedächtnis* i. e. S. *Behaltensspanne, Entwicklung der.*

Behaltenskurve [engl. *retention curve*], *Vergessen.*

Behaltensspanne, Entwicklung der (= B.) [engl. *memory span, development*], syn. *Gedächtnisspanne*, **[EW, KOG]**, bez. die Anzahl an Items, die nach einmaliger Präsentation erinnert werden können. Die B. vergrößert sich kontinuierlich mit dem Alter. Bspw. können Zweijährige zwei Items, Dreijährige drei Items, Fünfjährige vier Items, Siebenjährige fünf Items und Neunjährige sechs Items einer vorgegebenen Zahlenreihe richtig erinnern. Im Erwachsenenalter können dann ca. sieben Items richtig wiedergeben werden. Die B. scheint nicht domänenübergreifend, sondern eher abhängig vom Material, das erinnert werden soll, zu sein. Das bedeutet, die B. ist für versch. Material unterschiedlich. Für Wörter beträgt die B. bei Zweijährigen drei Items, bei Sechsjährigen vier Items, und ab etwa zwölf Jahren können dann fünf Wörter reproduziert werden. Darüber hinaus hängt die B. auch vom Vorwissen in einem spez. Gebiet ab. Kinder, die Experten auf einem best. Gebiet sind, können in diesem Gebiet mehr Items erinnern als erwachsene Novizen. Betrachtet man aber die Entwicklung der B., dann scheint diese eher durch domänenübergreifende Prozesse erklärt zu werden. Gründe für die bessere Leistung älterer Kinder in Aufgaben zur B. sind zunehmendes Wissen, ein größerer Wortschatz und die vermehrte Übung. Darüber hinaus entwickelt sich auch der Einsatz von Behaltensstrategien. Kinder zw. drei und vier Jahren setzen Behaltensstrategien (wie z. B. Wiederholung) noch nicht aktiv ein. Auch wenn man diesen Kindern explizit eine Behaltensstrategie beibringt, können sie diese noch nicht nutzen. Dies lässt sich darauf zurückführen, dass der Erwerb einer Gedächtnisstrategie und auch deren Anwendung in einer Behaltensaufgabe die Aufmerksamkeits- und Behaltensspanne eines Kleinkindes übersteigt. Erst mit zunehmendem Alter können Behaltensstrategien erfolgreich eingesetzt werden. Außerdem hängt die Steigerung der Verarbeitungsgeschwindigkeit, die sich im Laufe der Entwicklung einstellt, wesentlich mit der Verbesserung der B. zus. Die Entwicklung der B. scheint also eine Interaktion zw. biol. Reifungsprozessen und erfahrungsabhängigen Faktoren zu sein. *Aufmerksamkeit*, *Gedächtnis*. Dempster 1981. *F. Degé*

Behandlungsablehnung (= B.) [engl. *refusal of treatment*], **[GES, KLI]**, unter B. ist das Verhalten von Personen zu verstehen, die sich nach einer diagn. Phase und korrekter Indikationsstellung sowie nach Aufklärung über ein anstehendes Behandlungsverfahren gegen die Durchführung der Therapie entscheiden. Vielfach wird in diesem Kontext auch von *Therapieverweigerung* gesprochen, weil ein entspr. Verfahren noch nicht zur Anwendung gelangt ist. Misserfolge (*Misserfolg, psychotherapeutischer*) aus diesem Bereich sind nicht einem spez.

therap. Verfahren anzulasten, sie gehen vielmehr auf das Konto der Akzeptanz therap. Maßnahmen im Vorfeld der Behandlung (Makro-Aspekt). Nach Studien liegt die Rate der B. im Bereich von 5–25 %, wobei unterschiedliche Faktoren geltend gemacht werden: Aspekte der Vor-Information, motivationale Aspekte (*Behandlungsmotivation*), Merkmale des Therapeuten oder auch situative Bedingungen wie die Entfernung einer Behandlungseinrichtung vom Wohnort. Als praktische Konsequenz aus diesem Bereich von Misserfolgen wäre neben der Entwicklung effizienter Therapieverfahren auch entspr. Aufwand hinsichtlich der Erreichbarkeit und Akzeptanz des Verfahrens sinnvoll, etwa korrekte Information über den Ablauf sowie die Chancen und Risiken von *Psychotherapie*. Fischer-Klepsch et al. 2009. H. Reinecker

Behandlungsfehler (= B.) [*engl. treatment error*], [**GES, KLI**], bez. eine Untergruppe von Misserfolgen (*Misserfolg, psychotherapeutischer*) der Psychoth., bei denen Pat. an einem Behandlungsverfahren zwar teilnehmen, ein vorher vereinbartes Ziel aufseiten des Pat. jedoch nicht erreicht wird. Bei den B. ist es sinnvoll zu unterscheiden zw. (1) sog. technischen Fehlern in der Durchführung der Behandlung (sowohl aufseiten des Pat. als auch des Therapeuten) und (2) B. i. e. S.: Zu technischen Fehlern zählen etwa Fehler in der Diagnostik (z. B. hinsichtlich der Identifikation der Auslöser oder der aufrechterhaltenden Bedingungen der Problematik) oder auch in der Durchführung (z. B. hinsichtlich der Dauer eines Konfrontationsverfahrens; *Konfrontation mit Reaktionsverhinderung*). Aufseiten des Pat. könnte auf mangelnde *Compliance* oder auf Aspekte der (kogn.) *Vermeidung* verwiesen werden. Sofern technische Fehler so gut wie möglich ausgeschlossen werden können, stellen B. i. e. S. als Gruppe von Misserfolgen einen theoretisch wie technisch bes. interessanten Aspekt dar. Hier wird das Behandlungsverfahren korrekt angewendet, ein Erfolg stellt sich jedoch nicht ein. Hierfür werden in der Forschung versch. Gründe geltend gemacht, z. B. Probleme hinsichtlich der zugrunde liegenden Lernprozesse (*Lernen*), Merkmale der *Komorbidität* (spez. auch auf der Ebene von *Persönlichkeitsstörungen* oder zumindest von entspr. Akzentuierungen), eine mögliche Vernetzung der Problematik im Makro-Bereich (Partnerschaft, *Familie*) und dgl. In den meisten Fällen ist von einer Kombination unterschiedlicher Faktoren auszugehen, wenn B. eine Rolle spielen. Ein erster Schritt im Umgang mit der Problematik stellt nach allg. Ansicht eine erste unvoreingenommene Erfassung und Dokumentation der unterschiedlichen Gruppen von B. dar. Fischer-Klepsch et al. 2009. H. Reinecker

Behandlungsleitlinie *Leitlinie, Behandlungsleitlinie*.

Behandlungsmotivation (= B.) [*lat. treatment/therapy motivation*], [**GES, KLI**], bez. die pat.seitige *Motivation*, vereinbarte Behandlungsmaßnahmen und eigene behandlungsrelevante Verhaltensweisen zu initiieren und aufrechtzuerhalten. Das «Strukturmodell der B. und *Adhärenz*» (Drieschner et al. 2004) postuliert, dass indiv. Faktoren (z. B. Lebensumstände, Erkrankungsmerkmale) folg. *internale Bedingungsfaktoren* die B. beeinflussen: (1) Leidensdruck, (2) Ergebniserwartung, (3) Problembewusstsein, (4) wahrgenommene Passung der Behandlung, (5) wahrgenommene Kosten der Behandlung, (6) wahrgenommener sozialer Druck. Diese bedingen die B., die letztendlich die Adhärenz determiniert. B. gilt als wichtiger Prädiktor des Behandlungserfolgs und sollte als Element der therap. Arbeit berücksichtigt werden. Zur Erfassung der B. können in der Psychoth. z. B. der *Fragebogen zur Messung der Psychotherapiemotivation (FMP)* und in der *Rehabilitation* der *Patientenfragebogen zur Erfassung der Reha-Motivation (PAREMO-20)* eingesetzt werden. *Compliance, transtheoretisches Modell, Health Action Process Approach*. Baumeister 2009.

Behandlungsvertrag (= B.), [**KLI**], nach § 630a ff. des BGB eine Spezialform eines Dienstvertrags, gemäß dessen der Behandelnde (insbes. Verpflichtung zur Behandlung nach fachlichen Standards) und der Pat. (insbes. Verpflichtung zur Bezahlung, ggf. stellvertretend durch Krankenkasse) als Vertragspartner fungieren. Eine schriftliche Ausformulierung des B. ist nicht erforderlich, wird aber zur Gewährleistung der Rechtssicherheit insbes. bei Vereinbarung von Abweichungen von üblichen Behandlungsstandards empfohlen. Indiv. gewünschte Zusatzleistungen bedürfen unbedingt der schriftlichen Bestätigung durch den Pat. Pat. müssen in Textform über alle anfallende Kosten sowie Modalitäten der Kostenübernahme durch Krankenkassen informiert werden. Privatversicherte Pat. sind für die Abklärung der Kostenübernahme durch den Versicherer selbst verantwortlich. Der Abschluss eines B. ist gemäß *Patientenrechtegesetz* obligatorisch. *Diagnostik, gesellschaftliche und rechtliche Rahmenbedingungen*.

Beharrungstendenz [*engl. persistence tendency*], [**KOG**], Eigenheit, Selbstständigkeit und Unabhängigkeit einzelner Bewegungen von anderen Bewegungen. *confirmation bias*, Ggs. *Magneteffekt, relative Koordination*.

behavioral [*engl. behavior* Verhalten], verhaltensbestimmt, zum Verhalten gehörend.

Behavioral Activation System (BAS) [engl.] «*Verhaltens-Aktivierungs-System*»; *Persönlichkeit, neurowissenschaftliche Ansätze*.

behavioral ecology view *emotions view/behavioral ecology view*.

^{Test}**Behavioral-Event-Interview (BEI)** *Interview, eignungsdiagnostisches*.

Behavioral Inhibition System (BIS) [engl.] «*Verhaltens-Hemmungs-System*»; *Persönlichkeit, neurowissenschaftliche Ansätze*.

behavior(al) mapping [*engl.*] *Verhaltenskartografie*.

behavioral medicine [engl.], *Verhaltensmedizin*.

behavioral use [*engl. behavioral* Verhaltens-, *use* Gebrauch], [**PHA**], der Einsatz von *Antipsychotika* zur Verbesserung der Impulskontrolle bei Kindern und Jugendlichen. *Psychopharmaka im Kindes- und Jugendalter*.

^{Test}**Behavior Description Interview (BDI)** [engl.] Interview zur Verhaltensbeschreibung, *Interview, eignungsdiagnostisches*.

Behaviorismus (= B.) [*engl. behavior* Verhalten], die verbreitetste und einflussreichste Schule der amerik. Ps. Sie wurde 1913 durch Watson begründet. Dieser entwarf in seinem Artikel «Psychology as the behaviorist views it» ein Programm, nach dem die Ps. sich auf das obj. beobachtbare und messbare *Verhalten* beschränken sollte, unter vollst. Verzicht auf die Beschreibung von *Bewusstseins*inhalten. Ebenso sollten psychol. Theorien nur Begriffe enthalten, die sich auf Obj. im physikal. Sinn beziehen, und Inhalte vermeiden, die nur durch Introspektion (*Denken*, *Kognition*, *Emotionen*, *Motivation*) gegeben sind. Der frühe B. lehnte sich stark an die russische Reflexologie von Pawlow an und übernahm von dort als einen ihrer wichtigsten Begriffe den *bedingten Reflex*. Als unmittelbare Vorgänger des B. können der amerik. Funktionalismus und die exp. Tierps. angesehen werden. Dem empirischen Charakter des B. entspricht die zentrale Stellung des *Lernens* dort. Das Verhalten wird als durch Erfahrung entstanden, d. h. gelernt angesehen (*Konditionierung, klassische*, *Konditionierung, operante*). Die wichtigste Methode des B. ist das Tierexperiment. An diesem werden die grundlegenden Gesetze des Verhaltens dargestellt, die dann auch für den Menschen gelten sollen. Die Verhaltenstherapie bezieht sich in ihrer Grundidee auf den B. Eine rein behaviorale Haltung ohne Einbezug kogn. Elemente wurde jedoch de facto nur von wenigen Therapeuten vertreten. *Verhaltenstherapie*.

behavior modeling training (= b.) [engl.] Training zur Verhaltensmodellierung], **[AO, KOG, PÄD]**, ein b. ist eine Trainingstechnik (*Training*), die v. a. auf den Erwerb sozial-kommunikativer Fähigkeiten ausgerichtet ist. Das b. baut auf der «Theorie des sozialen Lernens» auf, wobei davon ausgegangen wird, dass menschliches *Verhalten* überwiegend durch Beobachtung an aktuellen oder symbolischen Modellen gelernt wird (*Modelllernen*, *Beobachtungslernen*). Im Zentrum des Trainings steht daher die Präsentation von Verhaltensmodellen, die demonstrieren, anhand welcher Verhaltensweisen eine Arbeits- bzw. Problemsituation erfolgreich bewältigt werden kann (*Problemlösen*). Die Modelle werden üblicherweise als Film präsentiert oder durch Akteure unmittelbar dargestellt. Für den Lern- und Trainingsprozess sind i. S. dieses Ansatzes v. a. folg. Aspekte bzw. Prozesse zu unterstützen und lernförderlich zu gestalten: (1) *Aufmerksamkeits*prozess (hierbei muss der Lernende die relevanten Merkmale des Modellverhaltens und der Situation erkennen und wahrnehmen, *Wahrnehmung*), (2) *Gedächtnis*prozesse (in dieser Phase muss das zu erlernende Modellverhalten sprachlich oder bildhaft im Gedächtnis codiert werden), (3) motorische Reproduktionsprozesse (*Motorik*, in dieser Phase gilt es die neu erworbenen Verhaltensweisen aktiv zu erproben und einzuüben) und (4) motivationale Prozesse (*Motivation*, der Lernende oder das Modell muss beim Zeigen des Modellverhaltens pos. verstärkt werden (*Verstärkung*), ansonsten ist er nicht ausreichend motiviert, das neue Verhalten zu zeigen).
Der Aufbau und die Gestaltung des b. orientiert sich i. d. R. an folg. Ablauf bzw. Elementen: (1) Einführung in den Problembereich durch den Trainer, (2) Entwicklung von Lernpunkten (Lernpunkte entsprechen den einzelnen *Lernzielen* des Trainings und lassen sich in Form von Verhaltensweisen oder -prinzipien formulieren), (3) Filmdarbietung des Verhaltensmodells (z. B. eines Vorgesetzten, der entspr. *Führungs*situationen effektiv nach vorgegebenen Lernpunkten bewältigt), (4) Gruppendiskussion über die *Effektivität* des Verhaltensmodells, (5) *Üben* der zu erlernenden Verhaltensweisen im Rollenspiel und (6) Rückmeldung (*Feedback*) über das Rollenspielverhalten durch die Gruppe.
B. wurden für ganz unterschiedliche Trainingskontexte bzw. -ziele entwickelt und erprobt – überwiegend allerdings im Bereich von Führungskräftetrainings (z. B. zum Führen von Mitarbeitergesprächen). *Metaanalyse* (z. B. Arthur et al. 2003) zeigen, dass b. eine der effektivsten Trainingsmethoden ist. Der Transfer des Gelernten ist dann am größten, wenn sowohl pos. als auch neg. Verhaltensmodelle präsentiert werden, die Teilnehmer selbst entwickelte Anwendungsszenarien bearbeiten und sie sich klare *Ziele* für den *Transfer* nach dem Training setzen. Auch Auswirkungen auf «harte» Kriterien wie Verkaufsleistung oder Unternehmensproduktivität, Absentismus (*Arbeitsabwesenheit*) und *Fluktuation* konnten belegt werden (Taylor et al. 2005). *N. Schaper*

behavior setting (= b.) [engl. *behavior* Verhalten, *setting* Ausstattung, Milieu], **[KOG]**, von Barker & Wright (1971) eingeführte Bez. für «natürliche», d. h. nicht «künstlich» für die Forschung hergestellte oder ausgegrenzte Einheiten von zeitlich-räumlich-dinglichen «Verhaltens-Objekten» (*ecological environment*) und *Verhalten*smustern, die unabhängig von der Teilnahme ganz best. Individuen immer wieder ähnlich anzutreffen sind (konkrete Umwelten, in denen ein best. Verhalten gezeigt wird). Stationäre Bsp.: Unterricht in der Schulklasse, Gottesdienst in der Kirche, Sprechstunde beim Arzt; mobile Bsp.: Angelpartie, Ballspiel der Kinder auf der Straße. Zw. den beiden Komponenten des b., den Verhaltens-Objekten und den Verhaltensmustern, bestehe eine synomorphe Beziehung: Im Seminarraum sind die Stühle auf das Pult hin ausgerichtet und die Hörer blicken den Vortragenden (meistens) an (*Synomorphie*, *affordance*). Sechs Beschreibungsdimensionen werden genannt: Aufenthaltszeit (*occupancy time*), personaler Teilnahmegrad (*penetration*, vom bloßen Zuschauer bis zum zentralen Leiter), für b. typische Handlungsmuster (*action patterns*), Verhaltensmechanismen (*molecular behavior mechanisms*, nach Häufigkeit und Dauer des Vorkommens und nach Intensität geschätzt), Reichtum (*richness*, Variation) und Zentralität (*centrality*, Grad der *Interdependenz* eines b. mit anderen b.). Schoggen 1989, Wicker 1984, Saup 1986. *R. Bergius*

Test**Behavioural Assessment of the Dysexecutive Syndrome (BADS)**, 1996, B. A. Wilson, N. Alderman, P. W. Burgess, H. Emslie & J. J. Evans. Dt. Version von K. Ufer, **[BIO, DIA]**. Neurops. Test zur alltagsnahen und verhaltensnahen Erfassung *exekutiver Dysfunktion* nach erworbenen Hirnschädigungen. Die einzelnen Untertests basieren zum großen Teil auf älteren, bekannten Verfahren. AA Hirnverletzte Pat. im Alter von 16 bis 87 Jahren. Die Testbatterie besteht aus 6 Testverfahren und 2 Fragebögen zur Fremd- und Selbstbeurteilung: Instruktionswechsel,

Handlungsaufgabe, Schlüsselsuche, Zeitschätzung, Planungsaufgabe "Zoo Test", modifizierter Sechs-Elemente-Test, DEX: Selbst- und Fremdrating zur qual. Ergänzung der Tests. Der DEX umfasst je 20 identische Items für die Selbst- und Fremdbeurteilung. Die Qualität exekutiver Kontrolle wird erfasst durch einen Gesamtprofilwert, der sich aus der Addition der Profilwerte der Untertests errechnet. Auf eine faktorielle Bewertumg der Einzelleistungen wird verzichtet. Theoretische Basis sind das SAS-Modell (*Supervisory Attentional System (SAS)*) von Shallice (1982, 1988) und das *Arbeitsgedächtnis*modell von Baddeley (1986). Ziel ist eine verhaltensorientierte Diagnostik, die eine Vorhersagemöglichkeit für Alltagsschwierigkeiten bietet. Normiert an 216 gesunden Kontrollpersonen und 92 neurol. Pat. Es liegen Normdaten für 3 Altersgruppen vor: < 40 Jahre, 41–45 Jahre, 65–87 Jahre. Retestreliabilität -.08 bis .71, Interraterreliabilität >.88. *S. V. Müller*

Behindertendiagnostik im Kindes- und Jugendalter [engl. *diagnostic of handicapped/disabled persons*], [**DIA, GES, PÄD**], eine Variante der päd.-psychol. Diagnostik (*Diagnostik, pädagogisch-psychologische*), da es i. d. R. um Fragen einer angemessenen päd. Förderung geht (Langfeldt 2006). Es ist daher nützlich, eine erziehungswiss. Def. von *Behinderung* heranzuziehen. Der Dt. Bildungsrat (1973) def.: «Als behindert im erziehungswiss. Sinne gelten alle Kinder, Jugendliche und Erwachsene, die in ihrem Lernen, im sozialen Verhalten, in der sprachlichen Kommunikation oder in den psychomotorischen Fähigkeiten so weit beeinträchtigt sind, dass ihre Teilhabe am Leben der Gesellschaft wesentlich erschwert ist. Deshalb bedürfen sie bes. päd. Förderung.» Diese Def. weist auf zweierlei hin: (1) Nicht das funktionale Defizit macht den Grad der Behinderung aus, sondern die Einschränkung, die sich daraus für die gesellschaftliche Integration ergibt (*International Classification of Functioning, Disability and Health (ICF)*). (2) Es besteht die uneingeschränkte ethische Pflicht zur Förderung. Pragmatisch lässt sich festhalten, dass Kinder, die dem Bildungsgang der Regelschule (Grund- und/ oder Hauptschule) nicht zu folgen vermögen, als behindert gelten und deshalb in bes. Weise gefördert werden (müssen). Dabei wird im Zus.hang der Debatten um Integration und *Inklusion* Behinderter in der erziehungswiss. Literatur zunehmend der Begriff «behindert» obsolet und zugunsten der Umschreibung «Person mit bes. Förderbedarf» aufgegeben. Zur Erziehung und Unterrichtung behinderter und von Behinderung bedrohter Kinder und Jugendlicher verfügt die Bundesrepublik über ein differenziertes System unterschiedlicher Förderschulen. Einerseits gibt es Schulen für Blinde (*Blindheit, Rinden-*), Sehbehinderte, Gehörlose (*Gehörlosigkeit*), Hörgeschädigte, Körperbehinderte und für Kranke, die parallel zum Regelschulwesen zu sehen sind. In ihnen ist es prinzipiell möglich, bis zur Hochschulreife zu gelangen. Schulen für Verhaltensgestörte (*Verhaltensstörungen*) und solche für Sprachbehinderte (*Sprachstörungen*) streben nach entspr. therap. Erfolg eine Rückführung in das Regelschulsystem an. Schulen für Lernbehinderte (*Lernbehinderung*) hingegen vermitteln einen eigenen Abschluss und bieten in vielen Fällen die Option einer externen Hauptschulabschlussprüfung an. Schulen für geistig Behinderte (*geistige Behinderung*) führen meistens nahtlos in eine beschützende Einrichtung. In einigen Bundesländern gibt es nachdrückliche Bemühungen, diese Differenzierung zu überwinden und die behinderten Kinder in Regelschulen «inklusiv» zu fördern. Die diagn. Frage nach dem Förderbedarf eines einzelnen Kindes bleibt davon unberührt.

Ziel der Diagnostik (= D.) ist die Feststellung des bes. Förderbedarfs mit einer anschließenden Entscheidung über den angemessenen Ort (Sonderschule oder Regelschule) der Förderung. Die Durchführung der D. wird durch Verordnungen der Länder geregelt; die Verantwortung dafür liegt bei der Schulaufsicht. Bei sinnesgeschädigten oder körperbehinderten Kindern erfolgt eine einschlägige D. bereits im Kleinkind- oder Vorschulalter. Sie ist im Wesentl. med. und an den Möglichkeiten med.-technischer Hilfen und sensorischer oder motorischer Förderung orientiert. Bei sprachgestörten Kindern ist eine Sprachdiagnostik, die ggf. in logopädische Therapien mündet, schon im Vorschulalter möglich. Päd. steht bei geistiger Behinderung die D. adaptiver Kompetenzen im Vordergrund; z. B. für jüngere Kinder die *Vineland Social Maturity Scale – Kurzform (VSMS)*, bei älteren das *Heidelberger Kompetenz-Inventar für geistig Behinderte (HKI)*. Geistige Behinderungen zu diagnostizieren, bedeutet Frühdiagnostik und *Entwicklungsdiagnostik*. Obwohl Verhaltensstörungen relativ frühzeitig diagnostiziert werden können, wird die D. für viele Kinder erst im Grundschulalter relevant, wenn sie mit den Regeln für angemessenes schulisches Verhalten kollidieren. In der schulischen Praxis steht die D. der *Aufmerksamkeitsdefizit-/Hyperaktivitätsstörung* und *Störungen des Sozialverhaltens* im Vordergrund (Langfeldt 2003). Mit zunehmendem Alter der Kinder und Jugendlichen wird auch eine *klinische Diagnostik* notwendig werden.

Lernbehinderung wird i. d. R. def. durch unterdurchschnittliche Intelligenzleistung verbunden mit einem schwerwiegenden, umfänglichen Schulversagen. Auf den ersten Blick scheint Lernbehinderung. also *Intelligenzdiagnostik* (Holling et al. 2004) und Schulleistungsd. zu sein. Allerdings, je umfänglicher das Schulversagen eines Kindes ist, desto höher ist die Wahrscheinlichkeit, dass mehrere *Teilleistungsschwächen* gemeinsam auftreten. Insofern bedeutet eine D. von Lernbehinderung auch Sprachd., Aufmerksamkeitsd., D. von Lernstörungen (z. B. *Lese-Rechtschreib-Störung* oder *Rechenschwäche*) sowie von Verhaltensstörungen. Dies stimmt mit einem differenzierten Beschreibungsversuch von Kanter & Speck (1977) überein, in dem Lernbehinderung einerseits auf niedrige Intelligenz zurückgeführt wird und/oder auf chronifizierte Lernstörungen, die neurologisch, konstitutionell, psychoreaktiv und/oder soziokult. bedingt sein können. I. Ggs. zu den übrigen Behinderungsarten tritt Lernbehinderung erst im unmittelbaren Zus.hang mit der Beschulung auf. Aus diesem Grund ist es grundsätzlich diskussionswürdig, inwieweit sie als indiv. Versagen des Kindes oder als institutionelles Versagen der Schule zu betrachten ist. Dementspr. sind sowohl der Begriff selbst als auch die damit

verbundene D. sowie die entspr. Förderschule inzw. umstritten. Die zunehmende inklusive Beschulung und das Konzept der *Förderdiagnostik* können als Konsequenzen aus dieser Problemlage gesehen werden.
Die D. Behinderter entspricht einer *typologischen* D. (Klauer, Lauth 1997), die in die Problematik der *Grenzfälle* und der Mehrfachbehinderung führt. Kinder mit Lernschwierigkeiten zeigen häufig auch Verhaltensstörungen; Kinder mit Sprachstörungen haben häufig auch Schwierigkeiten im Lernen; sinnes- und/oder organgeschädigte Kinder können ebenso verhaltensgestört, sprachgestört oder lernbehindert sein wie sensorisch und körperlich gesunde Kinder. In solchen Fällen kann die vorgesehene Förderung dann eher von äußeren Umständen (z. B. Erreichbarkeit von Schulen oder Vorhandensein notwendiger spezif. Ressourcen) als von konkreten Ergebnissen der D. abhängen. *H. P. Langfeldt*

Behindertenpsychologie [engl. *psychology of disability*], *Behinderung, Behindertendiagnostik im Kindes- und Jugendalter, Rehabilitationspsychologie, International Classification of Functioning, Disability and Health (ICF)*.

Behinderung (= B.) [engl. *disability*], [**GES, KLI**], B. bez. verschiedenartige physische, psych. und/oder soziale Beeinträchtigungen (z. B. Lähmung, *Stottern*, Schwerhörigkeit) als Folge einer Schädigung. In der klass. Def. von Bintig wird B. beschrieben als Situation eines Individuums mit «einer relativ schweren, lange dauernden, … körperlichen, sinnesbezogenen, geistigen oder psych. Schädigung, die – subj. oder obj. – zu Lebenserschwernissen führt und die abweichendes Verhalten zur Folge haben kann» (Bintig 1980, 71). Eine Schädigung ist dabei eine Abweichung von einer funktionalen oder körperlichen *Norm* (Ideal- oder stat. Norm). Im *Gesetz zur Gleichstellung behinderter Menschen und zur Änderung anderer Gesetze* (Dt. Bundestag 2002) definiert §3: «Menschen sind behindert, wenn ihre körperliche Funktion, geistige *Fähigkeit* oder seelische *Gesundheit* mit hoher Wahrscheinlichkeit länger als 6 Monate von dem für das Lebensalter typischen Zustand abweichen und daher ihre Teilnahme am Leben in der Gesellschaft beeinträchtigt ist.» In der versch. Begriffsbestimmungen von B. fließen unterschiedliche kult. und sozialrechtliche Aspekte sowie Aussagen über den Grad der B. mit ein. Die Begriffe «B.» und «chronische Krankheit» (*chronische Erkrankungen*) werden häufig syn. gebraucht, teilweise wird B. als Oberbegriff für chronische Krankheiten verwendet. Mit dem Begriff der B. bzw. der Behinderten waren zunächst nur Menschen mit Körperbehinderungen, dann auch mit geistigen Behinderungen gemeint. In den 1980er-Jahren erfolgte eine Ausweitung des Begriffs der B. auf seelische Beeinträchtigungen, *Lernbehinderungen, Sucht*krankheiten und *Persönlichkeitsstörungen*. In der *Sonderpädagogik* wird häufig zw. körperlicher B. (z. B. Querschnittslähmung), geistiger B. (z. B. *Down-Syndrom*), Sinnesbehinderung (z. B. Sehschwäche), Lernbehinderung (z. B. *Legasthenie*) sowie sozialer bzw. kommunikativer Behinderung (z. B. *Verhaltensstörungen*, Sprachbehinderung (*Sprachstörungen*)) unterschieden. Die *International Classification of Functioning, Disability and Health (ICF)* der WHO (*World Health Organization (WHO)*) bietet eine Einteilung der Krankheitsfolgen, die neben den Behinderungen auch die Benachteiligungen (*handicaps*) umfasst, welche einem behinderten Menschen durch die Umwelt widerfahren können (z. B. soziale Isolierung, Arbeitslosigkeit). Das bio-psycho-soziale Modell bildet die theoretische Grundlage der ICF und betont die langfristigen Folgen von B. und chronischer Krankheit im ps. und sozialen Kontext sowie die Notwendigkeit eines behindertengerecht zu gestaltenden Umfelds. *Wunsch- und Wahlrecht nach §9 SGB IX*. *J. Bengel*

^{Test}**Behn-Rorschach-Test (Bero-Test)**, 3. Aufl. 1952, H. Zulliger, [**DIA, PER**]. 1. Aufl. 1940/41. Zurückgehend auf H. Behn-Eschenburg 1921, «Psychische Schüleruntersuchungen mit dem Formdeutversuch». Projektiver Persönlichkeitstest; Projektives Formdeuteverfahren; *projektive Tests*. AA Kinder ab sechs Jahren, Jugendliche und Erw. Der Test stellt ein Parallelverfahren, eine Spezialisierung und eine Weiterentwicklung zur Rorschach-Methode (*Rorschach-Test*) mit den Tafeln von H. Behn-Eschenburg dar. Wie in der Rorschach-Methode werden Assoziationen zu Tintenklecksfiguren (im Bero-Test 10 Tafeln mit z. T. schwarz-weißen, z. T. farbigen gegenstandslosen Bildern) persönlichkeitsps. interpretiert. Testtheoretische Güte fraglich. Für Kinder ist der Behn-Rorschach-Test besser geeignet als der Rorschach-Test. Durchführungszeit ca. 25 bis 35 Min.

Beidhändigkeit [engl. *ambidexterity*], [**KOG**], manuelle Geschicklichkeit mit der rechten wie der linken Hand. *Hand, Händigkeit, Lateralität*.

beiläufiges Lernen *Lernen, inzidentelles*.

Beipackzettel (= B.) [engl. *package leaflet*], [**PHA**], jedes *Fertigarzneimittel* enthält einen B., auch Packungsbeilage, Gebrauchsinformation, Pat.information oder umgangssprachlich Waschzettel genannt. Der B. enthält neben technischen Angaben, wie Haltbarkeit oder Art der Aufbewahrung des Fertigarzneimittels, v. a. die für den Verbraucher wesentlichen Informationen zur korrekten Anwendung des Arzneimittels. Der B. ist gesetzlich vorgeschrieben. Und dabei ist auch geregelt, welche Informationen enthalten sein müssen, und die Inhalte müssen allg.verständlich dargestellt werden. Zu den Inhalten gehören u. a. der Name des Arzneimittels, Darreichungsform, Anwendungsgebiet und Wirkungsweise. Es müssen Hinweise gegeben werden, für welche Pat. und Erkrankungen das Arzneimittel angewandt werden darf und auch, welche Personen es nicht erhalten dürfen. Weitere Inhalte betreffen Gegenanzeigen, bes. Vorsichtsmaßnahmen für die Verwendung, *Arzneimittelwechselwirkungen* mit anderen Arzneimitteln oder mit *Alkohol*, Tabak oder Nahrungsmitteln. Bes. wichtig ist die Darstellung der ordnungsgemäßen Anwendung mit Angabe der Dosierung und Tageszeit und Häufigkeit der Einnahme. Es müssen auch Maßnahmen bei Überdosierung oder unterlassener Einnahme oder Hinweise auf Entzugserscheinungen nach dem Absetzen des Arzneimittels beschrieben werden, ebenso *Nebenwirkungen*, die bei normaler Anwendung des Arzneimittels beobachtet werden können. Benkert et al. 2012. *C. Hiemke*

Beispiel-Problem-Paare [engl. *example-problem pairs*]; *Lernen, beispielbasiertes*.

Bekanntheitsqualität, [**KOG**], nach Höffding das beim Wiedererkennen vormals wahrgenommener Inhalte hinzutretende qualitative Besondere gegenüber solchen Inhalten, die völlig neuartig und fremd ins Bewusstsein gelangen. Der Begriff der «Ähnlichkeit» eines Inhaltes X mit einem zeitlich vorangegangenen Y beruht auf dieser vermutlich hinzukommenden Qualität.

Bekanntheitstäuschung *Déjà-vu-Erlebnis*.

Bekräftigung *Verstärkung*.

Bekräftigungsschema *Verstärkerpläne*.

Belastung, psychische (= p. B.) [engl. *psychological strain*], [**AO, GES**], ist in der Arbeitswissenschaft definiert als die Gesamtheit aller erfassbaren Einflüsse, die von außen auf den Menschen zukommen und psychisch auf ihn einwirken (DIN-Norm 33405, s. Deutsches Institut für Normung e. V. 1987, Normenausschuss Ergonomie 1987). Wenngleich die Begriffe der p. B. und psych. *Beanspruchung* (als subjektiv wahrgenommene Folgen von Belastung) in der Alltagssprache häufig syn. verwendet werden, hat sich in der deutschsprachigen Arbeitswissenschaft und *Arbeitspsychologie* infolge einer definitorischen Trennung der Begriffe *Belastung* und *Beanspruchung* ein einheitlicher Sprachgebrauch durchgesetzt (Sonntag et al. 2012). Der Begriff der p. B. wird als neutral verstanden und kann sowohl pos. wie neg. Beanspruchungsfolgen nach sich ziehen. So kann ein gewisses Maß an p. B. als Herausforderung, Aktivierung und Motivation erlebt werden. Ziel der Erfassung psych. Belastungen am Arbeitsplatz (z. B. mithilfe der *Gefährdungsbeurteilung psychischer Belastung (GPB)*) ist daher meist nicht primär die Reduzierung p. B., sondern deren Optimierung. Angesichts der vielfältigen Veränderungen in der Arbeitswelt (wie z. B. Arbeitsverdichtung, Zeitmanagement, Komplexität, neue I- und K-Technologien) ist eine Verlagerung von den Gefährdungen durch physikal., chem. und biol. Faktoren zu p. B. deutlich. Insbes. für den Arbeitsschutz und das Gesundheitsmanagement (*Arbeitssicherheit und Gesundheitsschutz*) in Unternehmen spielen p. B. und deren Folgen eine zunehmend wichtige Rolle (Sonntag et al. 2010). Zwar ist die Berücksichtigung p. B. (z. B. i. R. von Gefährdungsbeurteilungen) nicht explizit im Arbeitsschutzgesetz (ArbSchG) vorgeschrieben, die Verpflichtung zur Berücksichtigung dieser Faktoren ergibt sich jedoch aus dem Gesamtkontext sowie aus best. Formulierungen zu Maßnahmen des Arbeitsschutzes. Auch aus der Bildschirmarbeitsverordnung (Norm EN ISO 9241) ergibt sich die Pflicht, psychomentale Belastungen zu ermitteln und zu beurteilen. *N. Seiferling*

Belastungsfaktoren, migrationsspezifische *Gesundheitsrisiken, migrationsspezifische*.

Belastungsreaktion *akute Belastungsreaktion*.

Beleidigung [engl. *indignity, insult*], *Ärger*.

belief (= b.) [engl.], [**KLI, SOZ**], Annahme, Meinung, Überzeugung (*Überzeugungssystem, Glaubenssystem*); auf Aussagen über Sachverhalte bezogene (emot. gefärbte) Zustimmung. Fishbein & Ajzen (1975) definierten b. als die Information, die eine Person über ein Objekt hat (insbes. die Verbindung des Objekts mit irgendeinem Attribut). Die emot. Färbung und Bewertung werden dagegen mit *Einstellung* bez. So gesehen sind Einstellungen primär Bewertungen, während b. subj. Wahrheiten oder Gewissheiten sind. In neueren Arbeiten wird die mühsam gezogene Grenze nicht selten verwischt (Abelson & Prentice 1989, Gaskell & Fraser 1990). B. spielen in der kogn. *Verhaltenstherapie* eine wichtige Rolle. *Dogmatismus, soziale Repräsentationen*.

Belladonna-Alkaloide (= B.) [engl. *Belladonna alkaloids*], [**BIO, PHA**], Stoffgruppe, in zahlreichen Pflanzen vorkommend, vornehmlich in Nachtschattengewächsen (Tollkirsche, Stechapfel). B. sind seit Jahrtsd. bekannt und werden als *Rauschmittel* verwendet. Die wichtigsten sind *Atropin* und *Scopolamin*. Sie haben viele natürliche, halb- und vollsynthetische Verwandte. B. haben starke *anticholinerge* Wirkungen, die sich als parasympathikomimetische vegetative *Symptome* und als zentralnervöse Effekte einschließlich psych. Wirkungskomponenten manifestieren, so Erregtheit, Müdigkeit, *Sedierung*, *Halluzinationen*. *Halluzinogene*. *W. Janke*

Bell-Magendie'sches Gesetz [engl. *bell-magendie law*], [**BIO**], 1811 stellte Bell fest, dass die vorderen Wurzeln der Rückenmarksnerven motorische, die hinteren sensible Fasern enthalten. 1822 beschrieb der frz. Physiologe Magendie die beiden Wurzelarten eingehend. *Nervensystem*.

Belohnung (= B.), [engl. *gratification, reward*], [**KOG**], allg. Wertung, Anerkennung, Vergeltung. In Lernexp. ist B. *Verstärkung* oder Bekräftigung oder der Anreiz, der ein Versuchstier oder eine Person motivieren soll, eine best. Aufgabe auszuführen. Beim *klassischen Konditionieren* nennt man den unbedingten Reiz B. *(reward)*. Von *Bestrafung (punishment)* spricht man dann, wenn es sich um einen aversiven oder strafenden *Reiz* handelt wie z. B. einen elektrischen Schlag (unbedingter Reiz), der eine unbedingte Reaktion wie z. B. Pfote heben beim Versuchstier auslöst. Entscheidender Sinn des Begriffes B. ist das Moment der ursprünglichen Motivation. Ist die *Assoziation* zw. bedingtem Reiz und Reaktion (*konditionierter Stimulus, konditionierte Reaktion*) einmal hergestellt, so entsteht durch die Wiedereinführung von B. eine Wiederverstärkung *(reinforcement)* der bedingten Reaktion, deren Ausbleiben über einen best. Zeitraum hinweg zu ihrer *Auslöschung (extinction)* führt. *bedingter Reflex, bedingte Reaktion. Lernen, Lernforschung, Nettoergebnis*. Berlyne & Madsen 1973.

Belohnungsaufschub, Befriedigungsaufschub (= B.) [engl. *delay of gratification/reward*], [**EM, KOG**], was in der älteren Ps. und Pädagogik als «innere Willenshaltung» oder «Willensstärke» ein wichtiges Erziehungsziel war, ist bes. seit 1965 von Bandura und Mischel unter der Bez. B. systematisch untersucht worden. Im Versuchsplan zum B. werden meist Kinder vor die Wahl gestellt, entweder ein kleineres Geschenk sofort oder ein größeres später zu bekommen. Bedingungen für den B. sind in solchen Versuchen Alter und Geschlecht der Kinder, Geschlecht des Vl, die Bewertung der in Aussicht gestellten Güter durch das Kind, die Folgen des Nichtwartens, Vorbilder in Aufschubsituationen, frühere Erfahrungen mit dem Vl und bes. das Vertrauen in die tatsächliche Gewährung der zu erwartenden zukünftigen *Belohnung*. Nach Auffassung der Verhaltenstheoretiker ist B. erlernbar, kaum abhängig von *Persönlichkeitsmerkmalen* wie z. B. «Ichstärke», «Willensstärke» oder «asketische Haltung». Mischel hat 1974 ein Zwei-Stufen-Modell des B. dargestellt: Die erste Stufe ist die Wahl des später zu erhaltenden Gutes und die zweite besteht in den *Verhalten*sweisen, durch die das Warten auf die Belohnung unterstützt und aufrechterhalten wird. Ein weniger untersuchter Fall des B. ist die Anforderung, für in der ferneren Zukunft gewährte Güter längere Anstrengungen auf sich zu nehmen. Bandura & Mischel 1965, Mischel 1974, Utz 1979.   *R. Bergius*

Belohnungssystem, neurochemisches [engl. *neurochemical reward system*], [**BIO, EM**], unter der Kontrolle des Neurotransmitters *Dopamin* reguliertes Teilsystem des *limbischen Systems*, u. a. Nucleus accumbens, das die belohnende Wirkung von Reizen einschließlich chem. Substanzen regulieren soll. Neuroanatomisch handelt es sich um das mediale Vorderhirnbündel bzw. um Teilstrukturen des mesolimbischen Systems. *Euphorisierung*. Jäncke 2013.   *W. Janke/P. Weyers*

^(Test)**Bem Sex Role Inventory (BSRI)**, [**DIA, GES, PER, SOZ**]. Fragebogen zur Erfassung des *Geschlechtsrollen-Selbstkonzepts* in Bezug auf maskuline und feminine Persönlichkeitseigenschaften. *Maskulinität* und *Femininität* sind dabei nicht zwei Enden einer Dimension, sondern unabhängig voneinander. Der BSRI ist bis heute neben dem *Personal Attributes Questionnaire (PAQ)* einer der am häufigsten benutzten Fragebögen zur Erfassung der Selbstbeschreibung mit maskulinen (inzw. oft auch *agentisch* genannten) und femininen (oder *kommunal* genannten) Persönlichkeitseigenschaften. Der BSRI wurde 1974 von Sandra Bem publiziert, eine dt. Version und eine Kurzform von 1981 liegen vor. Die Maskulinitäts-Skala des BSRI enthält Persönlichkeitseigenschaften, die bei Männern sozial erwünschter sind (wie «bereit, etwas zu riskieren»), während die Femininitäts-Skala Eigenschaften enthält, die bei Frauen sozial erwünschter sind (wie «warmherzig»). Beide Skalen der Langform enthalten jew. 20 Items (Kurzform: jeweils zehn), daneben enthält der BSRI eine Skala zur *sozialen Erwünschtheit* mit weiteren 20 (bzw. 10) neutralen Items, die allerdings seltener verwendet wird. Der BSRI wird auch heute noch oft benutzt, Hunt et al. (2007) fanden z. B., dass Männer, die sich mit der Kurzform des BSRI als feminier beschrieben hatten, in den nachfolgenden 15 Jahren ein geringeres Risiko hatten, an einer koronaren Herzkrankheit zu sterben. Der BSRI wird – wie der PAQ – auch genutzt, um psychol. *Androgynie* zu erfassen. Dabei werden Menschen als *maskulin* oder *feminin* (überdurchschnittlich maskuline/feminine Eigenschaften), *undifferenziert* (unterdurchschnittliche maskuline und feminine Eigenschaften) oder *androgyn* (über durchschnittlich maskuline und feminine Eigenschaften) bez. Die ursprüngliche Hypothese von Bem, dass androgyne Menschen die höchste *psychische Gesundheit* aufweisen, erfuhr in der nachfolgenden empirischen Forschung nur wenig Unterstützung, was jedoch auch an einem maskulinen *bias* der eingesetzten Messinstrumente liegen kann.
                                  A. Fleischmann/M. Sieverding

Benachteiligung [engl. *disadvantage*], *Behinderung*.

Bender, Hans (1907–1991), [**HIS**], war in den ersten Jahrzehnten der Bundesrepublik der führende Parapsychologe (*Parapsychologie*) und einer der bekanntesten Psychologen überhaupt. Er studierte in Freiburg und Paris, promovierte bei Rothacker in Bonn (Disputation 1933), als Assistent in der Ps. studierte er in Bonn Med., promovierte 1939 zum Dr. med. in Freiburg und habilitierte sich 1941 für Ps. in Bonn mit einer Arbeit über «Exp. Visionen». Ende 1941 wurde Bender beamteter Dozent an der soeben eröffneten Reichsuniversität in Straßburg, lehrte dort 1942–1944 als a. o. Prof. am Institut für Ps. und Klinische Ps., wechselte kurz vor der Auflösung der Universität nach Freiburg, wo er 1967 o. Prof. wurde und 1975 emer. wurde. Hausmann 2006.   *H. E. Lück*

^(Test)**Bender-Gestalt-Test (BGT)**, 1938, L. Bender, [**DIA, KOG, WA**]. Engl. Original: *Bender Visual Motor Gestalt Test*. Dt. Bearbeitungen liegen u. a. von Koppitz (1980), Wewetzer (1956) und in Gestalt des Göttinger Formreproduktions-Tests (GFT) von Schlange et al. (1977) vor. Spezieller Test zur Entwicklung der Wahrnehmung. Der BGT gilt als sprach- und kulturfreies Verfahren. AA Kinder von 3 bis 12 und Erwachsene von 15 bis 50 Jahren. Verfahren zur Prüfung der Gestaltwahrnehmung und Gestaltwiedergabe. Der Test geht von Wertheimers *Gestaltpsychologie* aus. Neun einfache geometrische Figuren müssen nachgezeichnet werden. Für den BGT wurden versch. Auswertungssysteme entwickelt. Die ganzheitliche Auswertung nach Bender (1938) erfüllt das Objektivitätskriterium nicht. Für die quant. Auswertungssysteme von Koppitz (1980) sowie Pascal und Suttel (1951) werden Inter-Rater-Übereinstimmungen von $r = .76$ bis $r = .99$ berichtet. Es liegen mehrere Ansätze zur Normierung vor. Studien zu versch. Aspekten der Validität liegen vor. Für die quant. Auswertungssysteme Reliabilitäten von $r = .50$ bis $r = .90$. Durchführungsdauer fünf bis zehn Min. Auswertungszeit pro Fall drei bis zehn Min. Wallasch 1980.

Benedict, Ruth (geb. Ruth Fulton) (1887–1948), [**HIS, SOZ**], amerikanische Kulturanthropologin und Völkerkundlerin, Studium am Vassar College und der Columbia University, 1923 Promotion bei Franz Boas, Freundschaft mit *Margaret Mead* und Edward Sapir. Ihr Buch «Patterns of Culture» (1934), später unter dem Titel «Coming of age in Samoa» veröffentlicht, wurde in 24 Sprachen übersetzt. Vergleichend werden die Kulturen der Kwakiutl-Indianer von Vancouver Island, der Zuñi-Indianer in New Mexico und der melanesischen Dobu beschrieben. Benedicts Beschreibungen führten Ralph Linton zum Konzept der *Modalpersönlichkeit*. Ihre These vom Kulturrelativismus beeinflusste nicht nur *Kulturanthropologie*, *Soziologie* und *Kulturpsychologie*, sondern auch die in der Ps. vorherrschenden Vorstellungen von der Bedeutung der Umwelteinflüsse auf die *Sozialisation, Sozialisierung*.   *H. E. Lück*

Benommenheit [engl. *drowsness*], *Bewusstseinsstörung*, *Apathie*, *Aspontaneität*.

Benperidol (= B.), **[PHA]**, *Antipsychotikum* aus der Gruppe der Butyrophenone, Einstufung als sog. «klassisches» Antipsychotikum. B. blockiert mit sehr hoher Affinität D2- und D3-*Dopaminrezeptoren*, daneben auch 5-HT2A-Serotoninrezeptoren. *Eliminationshalbwertszeit* 4–6 Std., *Bioverfügbarkeit* 40–50 %, hepatische Elimination. Bedeutsamste unerwünschte Wirkungen sind ausgeprägte *extrapyramidalmotorische Störungen* schon bei niedrigen Dosierungen, hohes Risiko von *Spätdyskinesien* bei langfristiger Anwendung und alle mit einer *Hyperprolaktinämie* assoziierten unerwünschten Wirkungen. G. Gründer

Benserazid (= B.), **[PHA]**, Inhibitor des Enzyms Aromatische-L-Aminosäure-Decarboxylase (AADC, Dopa-Decarboxylase). Wird i. R. der Therapie der *Parkinson'schen Erkrankung* in Kombinationspräparaten zus. mit *L-Dopa* verabreicht, um die periphere Decarboxylierung von L-Dopa zu *Dopamin* zu hemmen; B. überwindet die *Blut-Hirn-Schranke* selbst nicht. Dadurch kann die verabreichte Dosis von L-Dopa reduziert werden und die unerwünschten Wirkungen durch peripher entstehendes Dopamin werden reduziert. G. Gründer

TestBenton-Test (BT), 7. Aufl. 1996, A. L. Benton. Erstauflage 1946. Dt. Bearbeitung von A. Benton-Sivan und O. Spreen, [www.testzentrale.de], **[BIO, DIA]**. Im engl. Sprachraum ist der Test als *Benton Visual Retention Test (BVRT)* bekannt. Gedächtnistest und neurops. Verfahren zur Erfassung versch. klin. Symptome. AA ab 7 Jahren. Geometrische Figuren werden kurzzeitig dargeboten und sind aus dem Gedächtnis nachzuzeichnen oder in der Multiple-Choice-Form aus einer Reihe von vorgegebenen Figuren zu erkennen. *Normierung*: Es werden überwiegend aus amerikanischen Untersuchungen stammende Normen angegeben, die das prämorbide Intelligenzniveau und das Alter des Pbn einbeziehen. *Reliabilität*: Interne Konsistenzen zw. $r = .63$ und $r = .83$. Einzeltest. Parallelserien liegen vor. PC-Version vorhanden. Durchführungsdauer für jede Einzelserie ca. fünf Min. Auswertungszeit bis zu 5 Min.

Benussi, Vittorio (1878–1927), **[HIS, WA]**, wurde in Triest geb., ging dort zur Schule, schrieb sich ab 1996/97 in Graz ein, wo er sein gesamtes Studium – bis auf das Wintersemester 1899/1900 in Rom – verbrachte. 1901 reichte er bei *Meinong* seine Dissertation über die *Zöllner'sche Täuschung* ein. Dies war die erste experimentalpsychol. Dissertation in Österreich überhaupt. Benussi wurde nach Stephan Witasek zweiter Assistent bei Meinong und übernahm nach und nach die Leitung des Laboratoriums. Sein Forschungsinteresse war darauf gerichtet, in sehr umfangreichen und genauen exp. Untersuchungen Bestätigung für die Grazer *Gestaltpsychologie* zu finden (Antonelli 1994, Benussi 2002). Aufgrund der schlechten Bezahlung als Assistent versah Benussi zusätzlich Dienste als Universitätsbibliothekar. Mit der Schrift «Zur Ps. des Gestalterfassens» habilitierte sich Benussi 1905. Seine umfangreichste Untersuchung war die zum Zeiterleben. 1919 erhielt er schließlich den Ruf auf die Professur für Experimentalps. in Padua, wo jedoch die Forschungsbedingungen sehr ungünstig waren, sodass er nicht experimentieren konnte und sich vermutlich auch deswegen mit *Psychoanalyse*, *Hypnose* und *Suggestion* befasste. Ende November 1927, kaum 49 Jahre alt, nahm sich Benussi das Leben. Benussi hat einige weitere kreative Arbeiten hinterlassen, so z. B. Experimente zu Atmungssymptomen beim Lügen, die eine heftige Debatte auslösten und die später zur Entwicklung des Lügendetektors (*Lügendetektion*) beitrugen.
H. E. Lück

Benzamide (= B.) [engl. *benzamides*], **[PHA]**, B. sind Carbonsäureamide der Benzoesäure. Die beiden substituierten B. *Amisulprid* und *Sulpirid* sind *Antipsychotika* mit klin. «atypischen» Eigenschaften. Sie sind durch ihre schlechte Hirngängigkeit und fehlenden hepatischen Metabolismus ausgezeichnet. Sie werden vollst. renal eliminiert. Ihre bes. physikochemischen Eigenschaften sind wahrscheinlich der Grund für die unter allen B. zu beobachtende ausgeprägte *Hyperprolaktinämie*. G. Gründer

Benzedrin [engl. *benzedrine*], **[PHA]**, *Psychopharmakon* aus der Klasse der *Psychostimulanzien* vom Typ der *Amphetamine*.

Benzodiazepin-Abhängigkeit (= B.-A.) [engl. *benzodiazepine dependence*], **[PHA]**, Formal (nach *ICD-10*) «Abhängigkeit durch *Sedativa* oder *Hypnotika*». Da die Abhängigkeit von *Barbituraten* und barbituratähnlichen Substanzen praktisch keine Rolle mehr spielt, ist eine Abhängigkeit durch Sedativa oder Hypnotika i. d. R. eine Abhängigkeit von *Benzodiazepinen* bzw. von Z-Substanzen. Nach *DSM-5* gehört die B.-A. zu den Sedativa-, Hypnotika- oder Anxiolytikakonsumstörungen. Die Kriterien für die Störung durch Sedativa-, Hypnotika- oder Anxiolytikakonsum nach DSM-5 finden sich in der Tab. Bei einer B.-A. bzw. Abhängigkeit von *Z-Substanzen* durch eine langfristige Verordnung therap. Dosierungen spricht man von Niedrigdosis- oder Low-dose-Abhängigkeit [engl. *low dose dependence*]. Die Kriterien für einen schädlichen Gebrauch/Missbrauch oder eine Abhängigkeit (ICD-10) bzw. eine Substanzkonsumstörung werden in diesen Fällen meist nicht erfüllt, obwohl sich Zeichen der Toleranz (*Toleranzentwicklung*) und bei Absetzen Entzugssymptome finden. G. Gründer

Benzodiazepine (= B.) [engl. *benzodiazepines*], **[PHA]**, *Psychopharmaka* aus der Gruppe der *Tranquillanzien*, die eine anxiolytische (*Anxiolytika*), erregungsdämpfende, sedativ-hypnotische (*Sedativa*, *Hypnotika*), antikonvulsive (*Antikonvulsiva*) und zentral muskelrelaxierende (*Muskelrelaxanzien*) Wirkungskomponente besitzen. Hauptwirkort der B. ist der ionotrope *GABA-A-Rezeptor*. Nach Aktivierung durch *GABA* (γ-Aminobutyrat) erfolgt gemäß ihrem Konzentrationsgradienten meist ein Einstrom von Cl^--Ionen in die Zelle und dadurch eine Hyperpolarisation. Die Aktivierbarkeit des *Neurons* ist dann vermindert. GABA ist der wichtigste, zumeist inhibitorisch wirkende *Neurotransmitter* im ZNS (*Nervensystem*). B. wirken über eine spezif. B.-Bindungsstelle modulatorisch auf die Rezeptoreigenschaften. Aus den Wirkkomponenten folgt der therap. Einsatz (*Angst*zustände, *Angststörungen*), Spannung/Erregung, *Stress*abschirmung, *Schlafstörungen*,

Benzodiazepine

Bezodiazepin-Abhängigkeit: Diagnostische Kriterien der Störung durch Sedativa-, Hypnotika- oder Anxiolytikakonsum nach DSM-5

Störung durch Sedativa-, Hypnotika- oder Anxiolytikakonsum (Sedativa-, Hypnotika- oder Anxiolytikakonsumstörung)

Diagnostische Kriterien:
Ein problematisches Muster des Konsums von Sedativa-, Hypnotika- oder Anxiolytika führt in klinisch bedeutsamer Weise zu Beeinträchtigungen oder Leiden, wobei mindestens zwei der folgenden Kriterien innerhalb eines Zeitraums von 12 Monaten vorliegen:

1. Sedativa, Hypnotika oder Anxiolytika werden häufig in größeren Mengen oder länger als beabsichtigt konsumiert.
2. Anhaltender Wunsch oder erfolglose Versuche, den Konsum von Sedativa, Hypnotika oder Anxiolytika zu verringern oder zu kontrollieren.
3. Hoher Zeitaufwand, um Sedativa, Hypnotika oder Anxiolytika zu beschaffen, zu konsumieren oder sich von ihren Wirkungen zu erholen.
4. Craving oder ein starkes Verlangen, Sedativa, Hypnotika oder Anxiolytika zu konsumieren.
5. Wiederholter Konsum von Sedativa, Hypnotika oder Anxiolytika, der zu einem Versagen bei der Erfüllung wichtiger Verpflichtungen bei der Arbeit, in der Schule oder zu Hause führt (z. B. wiederholtes Fernbleiben von der Arbeit und schlechte Arbeitsleistungen, Schulschwänzen, Einstellen des Schulbesuches oder Ausschluss von der Schule, Vernachlässigung von Kindern und Haushalt).
6. Fortgesetzter Konsum von Sedativa, Hypnotika oder Anxiolytika trotz ständiger oder wiederholter sozialer oder zwischenmenschlicher Probleme, die durch die Auswirkungen von Sedativa, Hypnotika oder Anxiolytika verursacht oder verstärkt werden (z. B. Streit mit dem Ehegatten über die Folgen der Intoxikation, körperliche Auseinandersetzungen).
7. Wichtige soziale, berufliche oder Freizeitaktivitäten werden aufgrund des Konsums von Sedativa, Hypnotika oder Anxiolytika aufgegeben oder eingeschränkt.
8. Wiederholter Konsum von Sedativa, Hypnotika oder Anxiolytika in Situationen, in denen der Konsum zu einer körperlichen Gefährdung führt (z. B. Autofahren oder das Bedienen von Maschinen).
9. Fortgesetzter Konsum von Sedativa, Hypnotika oder Anxiolytika trotz Kenntnis eines anhaltenden oder wiederkehrenden körperlichen oder psychischen Problems, das wahrscheinlich durch Sedativa, Hypnotika oder Anxiolytika verursacht wurde oder verstärkt wird.
10. Toleranzentwicklung, definiert durch eines der folgenden Kriterien:
    a. Verlangen nach ausgeprägter Dosissteigerung von Sedativa, Hypnotika oder Anxiolytika, um einen Intoxikationszustand oder einen erwünschten Effekt herbeizuführen.
    b. Deutlich verminderte Wirkung bei fortgesetztem Konsum derselben Menge an Sedativa, Hypnotika oder Anxiolytika.
    Beachte: Dieses Kriterium wird nicht berücksichtigt, wenn der Konsum von Sedativa, Hypnotika oder Anxiolytika ausschließlich unter angemessener ärztlicher Aufsicht erfolgt.
11. Entzugssymptome, die sich durch eines der folgenden Kriterien äußern:
    a. Charakteristisches Entzugssyndrom in Bezug auf Sedativa, Hypnotika oder Anxiolytika.
    b. Sedativa, Hypnotika oder Anxiolytika (oder eine sehr ähnliche Substanz wie etwa Alkohol) werden konsumiert, um Entzugssymptome zu lindern oder zu vermeiden.
    Beachte: Dieses Kriterium wird nicht berücksichtigt, wenn der Konsum von Sedativa, Hypnotika oder Anxiolytika ausschließlich unter angemessener ärztlicher Aufsicht erfolgt.

Krampfzustände und *Epilepsie*, Muskelverspannungen Anästhesie (Adjuvans)). 1957 wurde mit *Chlordiazepoxid* (Librium®) der erste Vertreter entdeckt, der das verfügbare *Meprobamat* verdrängte. In Dt. wurden 2011 im Wesentlichen fünf versch. Substanzen verordnet: *Lorazepam* (36,3 Mio. DDD, *defined daily dose*, angenomme mittlere Tagesdosis), *Diazepam* (26,9 Mio. DDD), *Bromazepam* (18,3 Mio. DDD), *Oxazepam* (11,4 Mio. DDD) und *Alprazolam* (9,2 Mio. DDD). Als unerwünschte *Nebenwirkungen* von B. werden *Sedierung*, psychomotorische Beeinträchtigung, *Schwindel*, *Gedächtnisstörungen* (anterograde Amnesie), *Toleranzentwicklung* und Gefahr der *Abhängig-*

keit und Absetzphänomene am häufigsten genannt. *Benzodiazepin-Abhängigkeit*. Benkert & Hippius 2013, Curran 1991.   M. Paulzen

Benzodiazepin-Rezeptoren (= B.) [engl. *benzodiazepin receptors*], [**PHA**], Rezeptoren, die chemische Stoffe vom Typ der *Benzodiazepine* binden. Neben zentralen gibt es auch periphere B. Die beiden Typen können sich gegenüber Stoffen unterschiedlich oder gleich verhalten.

Beobachterperspektive [engl. *observer perspective*], *Ungerechtigkeitssensibilität*.

Beobachterübereinstimmung, Verbesserung der [engl. *improvement of (inter-)observer agreement*], *Beurteilertraining*.

Beobachtung (= B.) [engl. *observation*], [**DIA. FSE**], Bez. für zielgerichtete und meth. kontrollierte Wahrnehmung von Objekten, Ereignissen und Prozessen. B. ist die grundlegende Methode der Datengewinnung in den Erfahrungswissenschaften (z. B. Ablesen von Messgeräten). Beim B.prozess sind mehrere Aspekte zu unterscheiden: (1) der Beobachter, (2) das Objekt, (3) die Umstände, (4) die Mittel (Sinnesorgane, Hilfsmittel, Hilfstätigkeiten), (5) das theoretische Wissen, mit dem die Aspekte (1)–(4) aufeinander bezogen werden. Zu dieser allg. Art der B. kommen in der Ps. noch die Verhaltensb. (Fremdbeobachtung) und die *Selbstbeobachtung* (Erlebnisb., Introspektion). Verhaltensb. ist auf das Verhalten von menschlichen oder tierischen Individuen oder Gruppen von Individuen gerichtet. Die Systematik der Verhaltensb. wird nach mehreren Gesichtspunkten vorgenommen: (1) *systematische* (wiss.) B. – *unsystematische* (naive, unwiss.) B.; (2) *natürliche* B. – *künstliche* B. (diese Unterscheidung bezieht sich auf den Grad der Kontrolle, die der Beobachter über die Variablen der Situation hat. So kann das *Experiment* als künstliche B. aufgefasst werden, bei der der Experimentator mind. eine Bedingung variiert); (3) *direkte* B. – *indirekte* B. (indirekte B. bezieht sich nicht direkt auf das Verhalten, sondern auf dessen Spuren und Auswirkungen, z. B. Dokumentenanalyse); (4) *vermittelte* B. – *unvermittelte* B. (bei der vermittelten B. wird dem Beobachter ein technisches Aufnahmegerät vorgeschaltet, z. B. Filmkamera, Tonbandgerät. Neben dem Vorteil der beliebigen Wiederholbarkeit besteht häufig die Möglichkeit, das Material mithilfe technischer Hilfsmittel weiter aufzubereiten, z. B. Frequenzfilter, Zeitlupe, -raffer. Nachteile ergeben sich aus den durch die technischen Geräte bedingten Einschränkungen); (5) *teilnehmende* B. – *nicht teilnehmende* B. (bei der teilnehmenden B. ist der Beobachter Mitglied der beobachteten Gruppe. Teilnehmende B. wird weiter untergliedert in aktive und passive); (6) *wiss. (offene)* B. – *unwiss. (verdeckte)* B. (diese Unterscheidung bezieht sich darauf, ob das beobachtete Individuum weiß, dass es beobachtet wird, oder nicht. Bei der wiss. B. muss man zumindest in den Anfangsphasen mit Verhaltensänderungen rechnen, bei der unwiss. B. treten ethische Probleme auf).

Damit das, was beobachtet wird, zu einem kommunizierbaren wiss. Datum wird, muss ihm eine sprachliche Formulierung zugeordnet werden. B. des Verhaltens und Beschreibung des Beobachteten sind nicht unabhängig voneinander, einerseits hängt die verwendete Sprache von vorangegangenen B. ab, andererseits werden auch B. anhand von vorgegebenen B.kategorien vorgenommen. Eine Verhaltensb., die nicht der Voruntersuchung dient, verlangt Festsetzung dessen, was beobachtet werden soll (Objekt, Ereignis etc.), des Ortes und des Zeitraumes, der B.frequenz (Zeitstichprobe, fraktionierte B., *time sampling*), der angewendeten B-.technik und der Technik der Aufzeichnung. Dabei ist die Leistungsfähigkeit der Beobachter zu berücksichtigen. *Beurteilungsfehler*, *Beurteilerübereinstimmung*. Bunge 1967, Döring & Bortz 2016, Greve & Wentura 1997.   O. Huber

[Test]**Beobachtungsbogen für Kinder im Vorschulalter (BBK 3-6)**, 2008, A. Frey, E. Duhm, D. Althaus, P. Heinz, C. Mengelkamp, [www.testzentrale.de], [**DIA, EW, PÄD**]. AA von drei bis sechs Jahren. Screening-Verfahren sowohl zur Früherkennung von Entwicklungsgefährdungen als auch zur Früherkennung von bes. Begabungen bei Kindern im Alter von drei bis sechs Jahren. Er diagnostiziert den allg. Entwicklungsstand bei Kindern zw. drei und sechs Jahren und liefert mittels Referenzwerten erste Anhaltspunkte, ob bei einem Kind eine Entwicklungsgefährdung oder eine besondere Begabung vorliegt. Es werden zwölf Fähigkeits- bzw. Funktionsbereiche erhoben: *Aufgabenorientierung, Erstlesen-Erstrechnen-Erstschreiben, Kommunikation, Reflexivität, Sprachentwicklung, Literaturverständnis, Feinmotorik, Grobmotorik, Medientechnik, Spielintensität, Aggression* sowie *Schüchternheit*. Hinweise auf Förderbedarf können gewonnen werden. *Reliabilität*: Die internen Konsistenzen liegen zw. .75 (Literaturverständnis) und .96 (Sprachentwicklung). *Normierung* an einer Stichprobe von 3456 Kindertagesstättenkindern (1689 Mädchen, 1755 Jungen) im Alter von 36 bis 83 Monaten. Normwerte liegen für vier Altersgruppen, für Jungen und Mädchen sowie für Kinder mit nichtdt. Muttersprache vor. Bearbeitungsdauer für Beobachtungsaufgaben ca. 45 Min., für Durchführungsaufgaben ca. 10 Min.

Beobachtungsfehler (= B.) [engl. *observer bias, rater bias*], syn. *Beurteilungsfehler*, *Beurteilungsverzerrung*, [**DIA, FSE, KOG**], bei einer *Beobachtung* soll das Beobachtungsergebnis möglichst genau und unverfälscht eine Merkmalsausprägung des beobachteten Objekts widerspiegeln. Als B. wird die Abweichung des Beobachtungsergebnisses von der tatsächlichen, wahren Merkmalsausprägung des Objekts bez. (*Messtheorie*, *Testtheorie*). Ein *unsystematischer B*. liegt vor, wenn der B. durch zufällige Ungenauigkeiten im Beobachtungsprozess bedingt ist (*Reliabilität*). Diese Ungenauigkeit ist z. B. umso größer, je weniger Information der Beobachter über das Objekt besitzt oder je unaufmerksamer die Beobachtung erfolgt. Ein unsystematischer B. führt nicht zu einer systematischen Über- oder Unterschätzung der Merkmalsausprägung. Ein *systematischer B.* verfälscht das Beobachtungsergebnis in eine best. Richtung (Unter- oder Überschätzung der Merkmalsausprägung). Dies kann dadurch bedingt sein, dass die Beobachtungssituation keine valide (*Validität*) Beurteilungsgrundlage liefert (vgl. Tab.: *Fehler zulasten der Beobachtung*): z. B. künstliches Verhalten der Beobach-

Beobachtungsfehler

Beobachtungsfehler (Greve, Wentura 1997)	
Fehler zu Lasten des Beobachters	**Fehler zu Lasten der Beobachtung**
Wahrnehmungsbedingt: 1.) Konsistenzeffekte: z. B. ↗Halo-/Hofeffekt 2.) Einfluss vorangehender Informationen: z. B. ↗Pygmalion-Effekt 3.) ↗Projektion 4.) Erwartungseffekte 5.) Emotionale Beteiligung 6.) ↗Logischer Fehler (z. B. ↗implizite Persönlichkeitstheorie) 7.) ↗Observer drift	*Reaktivitäts- und Erwartungseffekte:* Beobachtete passen ihr Verhalten an ihre Interpretation der Untersuchungs-situation an (z. B. ↗Hawthorne-Effekt, ↗soziale Erwünschtheit)
Interpretationsbedingt: 1.) ↗Tendenz zur Mitte/ ↗Tendenz zu Extremwerten 2.) Persönliche Tendenz: ↗Akquieszenz, ↗soziale Erwünschtheit, ↗Kontrastbildung	*Beobachtungs- und Unterschungs-bedingungen:* z. B. künstliches Verhalten in Untersuchungssituationen *Mängel des Beobachtungssystems:* z. B. vergessene oder unangemessene Beobachtungskategorien
Erinnerungsbedingt: 1.) Grenzen der Gedächtniskapazität (↗Gedächtnis) 2.) Erinnerungsverzerrungen und -selektion	
Wiedergabebedingt: Verzerrung aufgrund der Reproduktion (z. B. Sprach-/Darstellungs-vermögen)	

teten in der Beobachtungssituation aufgrund von Vermutungen über das Beobachtungsziel (z. B. in einer wiss. Untersuchung) oder weil ein best. Eindruck erzeugt werden soll (z. B. *soziale Erwünschtheit* in einem Bewerbungsgespräch). Aber auch die Beobachtungsmethodik (z. B. Benennung und *Skalierung* der Beurteilungsskalen) kann Verzerrungen der Messergebnisse verursachen. *Fehler zu lasten des Beobachters* sind durch Fehler in der Informationsverarbeitung und -wiedergabe durch den Beobachter bedingt. Typische wahrnehmungs-, interpretations-, erinnerungs- und wiedergabebedingte Beobachtungsfehler sind in der beigefügten Tab. dargestellt. Zur Bestimmung des Ausmaßes der beobachterbedingten Verzerrungen sollte bei jeder Beobachtungsstudie vor der Haupterhebung die Beobachterübereinstimmung (Maße der *Beurteilerübereinstimmung*) analysiert und ggf. durch ein Beobachtertraining (*Beurteilertraining*) optimiert werden, damit eine hinreichende Messqualität gewährleistet werden kann. Wirtz & Caspar 2002, Greve & Wentura 1997.
Beobachtungsinterview [engl. *observational interview*], *Tätigkeitsanalyse*.
Beobachtungslernen (= B.) [engl. *observational learning*], **[KOG, SOZ]**, liegt nach Bandura vor, wenn eine Person durch Beobachtung eines Modells (soziale Komponente) neue Verhaltensdispositionen lernt, also Handlungsmuster, die nicht sofort ausgeführt werden (müssen); dabei ist die kogn. Verarbeitung entscheidend, nicht die (direkte, externe) *Verstärkung*, weswegen Banduras Ansatz auch als sozial-kogn. Lerntheorie (*Lerntheorien*, *Soziale Lerntheorien*) bez. wird. Das Konzept des B. geht kritisch von den Erklärungslücken der traditionellen Konditio-

nierungstheorien (bis 1960) aus, insbes. in Bezug auf das Erlernen komplexer, neuer Verhaltensweisen, die weder durch Reizersetzung (*Konditionierung, klassische*; Pawlow, Watson) noch durch Versuch-und-Irrtum (instrumentelles Konditionieren; Hull) oder schrittweise Annäherung auf der Basis von Verstärkungsplänen (*Konditionierung, operante*; Skinner) erklärt werden können. Klassische Ausgangsbeispiele für diese Kritik sind Handlungsmuster, bei denen ein kontinuierliches Lernen zu gefährlich wäre, wie Schwimmen, Operieren, giftige Nahrung Erkennen etc. Damit verschiebt sich das Gewicht von der Verstärkungskomponente auf die kogn. Verarbeitung, durch die Lernen auch ohne unmittelbare Verhaltensausführung möglich ist. Diese Trennung von (Handlungs-)Erwerb (*acquisition*) und Ausführung (*performance*) übernimmt Bandura aus der Tradition des kogn. *Behaviorismus* (Tolman). Damit konzipiert er Lernen (*Lernen*) v. a. als Beobachtung des Handelns anderer, die als Modell für eigenes Verhalten akzeptiert werden, wobei primär die aufmerksame, differenzierte kogn. Verarbeitung für den Lernerfolg verantwortlich ist. (Motorische) Reproduktionsprozesse (*Reproduktion*) stellen lediglich eine notwendige Bedingung und motivationale (*Motivation*) Verstärkungsvarianten (stellvertretende, Fremd- und Selbst-Verstärkung) einen unterstützenden Faktor dar, der sich lediglich auf die situative Verhaltensausführung auswirkt. Diese umfasst neben den neuen Handlungsmustern aber auch die Hemmung/Enthemmung oder Auslösung bereits vorhandener Verhaltensdispositionen (*Disposition*).
Wer auf welche Weise vom Lernenden als Modell akzeptiert wird, ist von der sozial-kogn. Lerntheorie v. a. prag-

matisch beantwortet worden, indem naheliegende Faktoren wie Alter, Geschlecht, Status, Macht, Kompetenz etc. untersucht und als Einflussfaktoren gesichert worden sind. Dabei kommt es nicht zuletzt auf die Ähnlichkeit des Modells mit der lernenden Person an (sowohl in Bezug auf *Real-Selbst* wie *Ideal-Selbst*). Bei den vier Teilprozessen des B. markiert die *Aufmerksamkeit* den Ausgangspunkt, weil ohne sie eine effektive kogn. *Repräsentation* des zu beobachtenden Verhaltens nicht möglich ist; die Aufmerksamkeitssteuerung erfolgt nicht nur durch Merkmale des Modells, sondern auch des Lernenden sowie der Situation (Herausgehobenheit, Attraktivität der Reize). Die kogn. Repräsentation des Beobachteten umfasst bei Bandura (unter dem Begriff *Gedächtnis*prozesse) die ges. *Informationsverarbeitung* von der Codierung (*Code*) über das Behalten bis zum *Abruf* der Informationen; dabei haben sich alle Ergebnisse der neueren Gedächtnisps. als relevant auch für das B. erwiesen. Die Fähigkeit zur (motorischen) Reproduktion bez. im Konzept des B. eine notwendige Voraussetzung, die bereits beherrscht werden muss, um lediglich durch Beobachtung neue Verhaltensweisen erwerben zu können (z. B. Höflichkeit als best. Form/Sequenz einfacher motorischer Fertigkeiten). Ist diese Voraussetzung nicht gegeben (z. B. bei akrobatischen Fähigkeiten), stellen die motorischen (Teil-)Kompetenzen (*Motorik*, *Psychomotorik*) selbst ein *Lernziel* dar und müssen (z. B. durch operantes Konditionieren; Skinner) erst eingeübt werden. Darin zeigt sich der Theorie-integrative Anspruch des Bandura'schen Ansatzes, der bes. bei der Ausdifferenzierung des motivationalen Teilprozesses zum Ausdruck kommt. Hier unterscheidet Bandura zw. *stellvertreter Verstärkung* (das Modell wird belohnt oder bestraft), *direkt-externer Verstärkung* (Belohnung/Bestrafung des Lernenden durch die Umwelt) und *Selbstverstärkung* (Belohnung/Bestrafung des Lernenden durch sich selbst). Die *Effektivität* (für die Verhaltens-*Performanz*) steigt von stellvertretender über die direkte zur Selbstverstärkung an, sodass sich z. B. bei Entgegensetzung von stellvertretender und direkter Verstärkung letztere durchsetzt. Die größte Wirksamkeit besitzt allerdings die Selbstverstärkung, was noch einmal die Klassifikation als kogn. Lerntheorie rechtfertigt.

Nach Etablierung des sozial-kogn. Ansatzes (ab ca. 1980) bestand die Weiterentwicklung v. a. in der Ausweitung zu einer möglichst umfassenden (kogn.-sozialen) Lerntheorie, allerdings z. T. mit dem Effekt von Prägnanzeinbußen durch Begriffsüberziehungen. Das betrifft z. B. die Modell-Instanz, bei der neben den ursprünglichen realen Personen oder (Comic-)Figuren nun auch Texte, Ideen und Denksysteme als *abstrakte Modelle* einbezogen werden. Außerdem wird über das soziale Lernen hinaus ein *abstract modeling* postuliert, bei dem es sich auf Lernerseite um eine kogn.-konstruktive Abstraktion und Generalisierung in Richtung auf Regelwissen, Wertvorstellungen etc. handelt (von der muttersprachlichen Grammatik bis zur *Moral*entwicklung, z. T. auch mit der Generierung völlig neuer, unbeobachteter Kompetenzen (als sog. *creative modeling*). In Bezug auf die motivationalen (Verstärkungs-)Prozesse hat Bandura selbst die rückwärtsgewandte Perspektive durch eine attributionstheoretische Reformulierung seines Ansatzes aufzuheben versucht und ist dabei mit dem Konzept der Selbstwirksamkeit (*self-efficacy*, *Selbstwirksamkeitserwartung*) durchaus erfolgreich gewesen. Die größte Aufmerksamkeit hat die sozial-kogn. Lerntheorie aber, innerhalb wie außerhalb der Wissenschaft, mit der Anwendung des B. auf den Medienbereich, insbes. das Problem medialer Gewaltdarstellungen (*Mediengewalt*) erreicht. Dabei führt deren Rezeption nach dem Konzept des B. zu einer Steigerung von Gewaltbereitschaft, nicht zur katharsischen Läuterung, wie von der klassischen Ästhetiktheorie behauptet und von einigen qual.-psychol. Forschungsansätzen unterstützt. Die Kontroverse zw. *Katharsis*these und Postulat des medialen Gewaltlernens stellt daher mittlerweile einen zentralen Bereich der Forschung zum B. dar. Bandura 2001, Scheele 2006, Bandura 1986. *B. Scheele*

Test**Beobachtungssystem zur Analyse aggressiven Verhaltens in schulischen Settings (BASYS)**, 2008, A. Wettstein, [www.testzentrale.de], [**DIA, PÄD**]. Verhaltensbeobachtungsverfahren. AA 9–16 Jahre. BASYS ist ein Verfahren zur systematischen Beobachtung von aggressivem Verhalten (*Aggressivität*). Es können problematische Person-Umwelt-Beziehungen im Klassenkontext differenziert erfasst und Interventionsschritte abgeleitet werden. Mit BASYS-L und BASYS-F enthält das Verfahren eine Version für Lehrkräfte und eine erweiterte Version für Fremdbeobachter. BASYS-L wird in teilnehmender Beobachtung während des Unterrichts von der Lehrkraft selbst verwendet und erfasst fünf Formen aggressiven Schülerverhaltens sowie eine Form von oppositionellem Verhalten. Es wird zw. reaktiven und proaktiven Formen aggressiven Verhaltens unterschieden. BASYS-F richtet sich an Fachkräfte, welche in nichtteilnehmender Beobachtung zusätzlich das meth.-didaktische Setting, die Funktion des Verhaltens und die Reaktion der Lehrkraft auf die störende Schülerhandlung erfassen. Die Überschneidung zw. der Fremdbeobachter- und Lehrerversion erlaubt die Überprüfung der Objektivität. *Normierung*: Aus vier Feldstudien liegen bisher Richtwerte für 9- bis 16-jährige Schüler in Sonder-, Förder- und Regelschulen vor. Bearbeitungsdauer: BASYS kann als Einzel- oder Gruppenverfahren durchgeführt werden. Die Erhebung erfolgt während 2 x 45 Min. täglich.

Beratung, psychologische (= p. B.), [engl. *psychological counseling*], syn. *psychosoziale Beratung* [**GES, KLI, PÄD, SOZ**], gehört zu den Stützen im Gesamt des «social support» und steht im sozialen Netz neben anderen Quellen professioneller und nicht professioneller Hilfeleistung. Eine spezif., eindeutige und hinreichend weit akzeptierte Begriffsbestimmung von p. B. gibt es allerdings bislang nicht. Entspr. Versuche differieren je nach Anwendungsbereich und Erkenntnisinteresse, nicht selten sind sie verbunden mit dem Bemühen einer Abgrenzung gegenüber *Psychotherapie*. Auf einer allg. Ebene kann man p. B. verstehen als zw. menschlichen Prozess, in welchem eine Person (Ratsuchender, Klient) in und durch die Interaktion mit einer anderen Person (Berater) mehr Klarheit über eigene Probleme und deren Bewältigungsmöglichkeiten (*Bewältigungsstrategien*, *Coping*) gewinnt (Rechtien & Irsch 2006). Demnach ist es nicht der Berater, der die Probleme löst, sondern der Klient. Zudem werden die Voraussetzungen dafür durch die *Interaktion* zw. Berater und Klient geschaffen. Gegenüber der verbreiteten Alltagsauffassung, dass jemand sich mit seinen Schwierigkeiten an einen Experten wendet und von diesem Ratschläge zur Behebung dieser Schwierigkeiten erhält, ist «Rat geben» in diesem Verständnis allenfalls eine mögliche Randerscheinung. Das Ziel von p. B. ist also die Förderung von Problemlösekompetenz (*Problemlösen*). Die überwiegende Zahl aller B.konzeptionen beruht auf psychoth. Ansätzen oder ist von diesen abgeleitet. Weitere wichtige Quellen sind die um die Jhd.wende in den USA entstandene *Child guidance*-Bewegung, die bis auf den heutigen Tag die Arbeit mit psych. und sozial benachteiligten Kindern beeinflusst, und die – seit 1922 in Dt. durch Reichsgesetz geregelte – *Berufsberatung* mit ihrer Betonung p. *Diagnostik* als Grundlage für B.vorgänge (Rechtien 2004a). Mit der Betonung des Selbstbestimmungsrechtes der Klientel hat sich das Selbstverständnis der p. B. von einer defizitorientierten zu einer präventiven und ressourcenorientierten Sichtweise (*Prävention*, *Ressourcenorientierung*) geändert. Im Gesetz über die Berufe des Psychol. Psychotherapeuten und des Kinder- und Jugendlichenpsychotherapeuten (*Psychotherapeutengesetz (PsychThG)*), das im Jahre 1999 in Kraft trat, geschieht die Abgrenzung von Psychoth. zur B. durch Ausschlusskriterien: «ps. Tätigkeiten, die die Aufarbeitung und Überwindung sozialer Konflikte oder sonstige Zwecke außerhalb der Heilkunde zum Gegenstand haben», gehören nicht zur Psychoth. (PsychThG § 1, Abs. 3). Etwas genauer def. das *Bundesministerium für Familie, Senioren, Frauen und Jugend* (Straumann 2001) mit einem Bezug auf die Bewältigung aktueller Krisen. In der Folge der Abgrenzung entwickelt die p. B. ein eigenständiges professionelles Selbstverständnis (Seel 2009). Dieser Professionalisierungsprozess betrifft nicht nur die Ausübung von p. B., sondern auch bes. die Ausbildung für diese Tätigkeit (Rechtien 2009a, b). Hierum bemühen sich Verbände wie die *Vereinigung von Hochschullehrern zur Förderung von Beratung/Counseling in Forschung und Lehre (VHBC e. V.)* und die *Dt. Gesellschaft für Beratung* sowie versch. Hochschulen durch die Einrichtung entspr. Studiengänge. Obwohl p. B. innerhalb grupaler Settings eine lange Tradition hat, ist die Vorstellung von B. als ein dyadischer Prozess weitverbreitet. Dabei gibt es eine Reihe von Gründen, für beraterische Arbeit den Rahmen einer *Gruppe* zu wählen. Diese reichen von zeit- und finanzökonomischen Gründen über den Versuch, neben dem Berater andere Personen als Lernmodell zu nutzen, veränderte Interaktionserfahrungen zu machen usw. bis hin zu der Auffassung, dass psychosoziale Probleme in sozialen Gruppen entstehen und also auch in solcher Konstellation bearbeitet werden müssen (Rechtien 2004b). Eine wesentliche Herausforderung für den Entwicklungsprozess von p. B. ergibt sich aus den Folgen der Globalisierung. B.prozesse zw. Personen mit unterschiedlichen kult. Wurzeln stellen nicht nur

B.praxis und B.kompetenzen auf den Prüfstand, sondern auch die Reichweite der handlungsleitenden Theoriekonzepte p. B. mit ihren anthropologischen, persönlichkeits- und veränderungstheoretischen Annahmen (Rechtien 2012; *interkulturelle Kommunikation*). Wichtige Felder der B. sind u. a. *Erziehungsberatung*, Schulb. (*Schulpsychologie*), Eheberatung und Partnerschaftsb., *Berufsberatung*, Gesundheitsb., Suchtb., Krisenb. [www.gesetze-im-internet.de/psychthg_sgb5ua_ndg/BJNR131100998.html]. Engel et al. 2004, Schwarzer 1997. *W. Rechtien*

Beratung, psychosoziale [engl. *psychosocial counseling*], *Beratung, psychologische*.

Beratungslehrer [engl. *guidance counselors*], [**PÄD**], Lehrer, die zusätzlich für Beratungsaufgaben i. R. der Schule qualifiziert sind. Hauptaufgaben: Laufbahnberatung, Systemberatung und Beratung bei Lernschwierigkeiten, persönlichen und sozialen Problemen. Die Ausbildung ist länderspezifisch. *Beratung, psychosoziale*, *Erziehungsberatung*, *Schulpsychologie*. Schwarzer 1997.

bereavement [engl.] *Trauer, Trauern*.

Berechnungseffizienz (= B.), [engl. *computational efficiency*; lat. *efficere* bewirken, zur Folge haben], [**KOG, MD**], externe Repräsentationen (z. B. Text, Bilder) unterscheiden sich in ihrer B., wenn best. Informationen aus ihnen unterschiedlich gut entnommen bzw. geschlussfolgert werden können. Larkin & Simon (1987) konnten zeigen, dass Diagramme bei visuell-räumlichen Schlussfolgerungsaufgaben eine höhere B. aufweisen als Texte, da in Diagrammen zus.gehörige Informationen räumlich gruppiert werden und direkt abgelesen werden können, während bei der Informationsentnahme aus Texten visuelle Suchprozesse (*visuelle Suche*) nötig werden. I. R. der Forschung zu *Multimedia* wird diese Erleichterung kogn. Prozesse durch eine best. Aufbereitung der Information als Erklärung genutzt, warum *Visualisierungen* gegenüber rein verbalen Repräsentationen zu besseren Lernergebnissen führen, auch wenn aus beiden Darstellungsformen prinzipiell die gleichen Informationen entnommen werden können – wenn sie also informationsäquivalent sind. *K. Scheiter*

Bereitschaftspotenzial (= B.) [engl. *readiness potential*], [**BIO**], von Kornhuber & Deecke 1964 erstmals beschriebenes ereignisbezogenes hirnelektrisches Potenzial, das vor der Ausführung einer Willkürbewegung registrierbar ist. Das Erscheinungsbild ist gekennzeichnet durch eine langsame Verschiebung zu neg. Werten, die zw. drei und einer Sekunde vor der Reaktion einsetzt. Weitere Forschung hat gezeigt, dass sich unmittelbar vor und während der Bewegungsausführung das motorisch evozierte Potenzial meist in eine pos.-neg.-pos. verlaufende Welle fortsetzt, sodass neben dem B. die Komponenten prämotorische Positivierung, motorisches Potenzial und Reaktionsnachpotenzial unterschieden werden. *Elektrodiagnostik*, *Elektrophysiologie*, *Lateralisiertes Bereitschaftspotenzial*.

^Test^**Berger-Skala zur Erfassung der Selbstakzeptanz**, 1985, N. Bergemann und G. K. Johann. Deutschsprachige Version der Berger-Skalen «Self-Acceptance and Acceptance of Others Questionnaire» von E. M. Berger 1952, [**DIA, KLI, SOZ**]. Selbstkonzept- und Selbstbildskala.

AA ab 14 Jahren. Ein «Fragebogen zur Erfassung von Selbstakzeptanz und Akzeptanz anderer» (SA-AA). Die dt. sprachige Version ist mit 24 Items kürzer als die Originalversion. *Normierung* (Prozentrang- und Stanine-Werte) an $N = 1530$.

Bergius, Rudolf (1914–2004), **[EW, HIS, SOZ, WA]**, Studium der Germanistik und Anglistik in Berlin, Freundschaft mit seinem Kommilitonen *Sodhi*, 1939 Rigorosum zur Promotion mit einer exp. Arbeit bei Hans Keller. Kriegsdienst, amerikanische Kriegsgefangenschaft, praktisch-psychol. Tätigkeit in Halle und Merseburg, ab 1950 Assistent bei Kroh in Berlin. 1954/55 Habilitation, 1960 Berufung nach München und 1965 nach Tübingen. Dort lehrte Bergius bis zu seiner Emeritierung 1979. Bergius sah sich nicht als Vertreter einer psychol. Schule; sein wiss. Werk reichte von der *Stereotyp*forschung über Wahrnehmungs- und Entwicklungsps. bis zur *Friedenspsychologie*. Bergius wurde 1986 zum Ehrenmitglied der DGPs (*Deutsche Gesellschaft für Psychologie (DGPs)*) ernannt. *H. E. Lück*

Bergsteigen *Strategie*.

Test**Berliner Amnesietest (BAT)**, 1992, P. Metzler, J. Voshage und P. Rösler, [www.testzentrale.de], **[BIO, DIA]**. Neurops. Verfahren. AA ab 20 Jahren. Das Verfahren dient zur quant. Erfassung von leichten bis schweren amnestischen Störungen (Synonyme: Lern- und Merkfähigkeitsstörungen, anterograde *Amnesie*). In acht Untertests werden mit versch. verbalem und figuralem Material alle bekannten Amnesiemerkmale erfasst und einer differenziell-diagn. Bewertung unterzogen. *Reliabilität*: Retest-Reliabilität der Untertests zw. $r = .52$ und $r = .94$. *Normierung* an $N = 227$ Personen zw. 20 und 65 Jahren. Durchführungsdauer zw. 45 und 60 Min. (Kurzform: ca. 30 Min.).

Berliner Intelligenzstrukturmodell (BIS) *Berliner Intelligenzstruktur-Test – Form 4 (BIS-4)*, *Berliner Intelligenzstrukturtest für Jugendliche: Begabungs- und Hochbegabungsdiagnostik (BIS-HB)*, *Intelligenzfaktoren*.

Test**Berliner Intelligenzstruktur-Test – Form 4 (BIS-4)**, 1997, A.O. Jäger, H.-M. Süss und A. Beauducel, [www.testzentrale.de], **[DIA, PER]**. Mehrdimensionaler Intelligenztest. AA von 16 bis 19 Jahren. Test in Baukastenform, der mit vielfältigen und abwechslungsreichen Anforderungen in 45 Aufgabentypen eine große Breite von Intelligenzleistungen erfasst. Auf der Basis des Berliner Intelligenzstrukturmodells (*Intelligenzfaktoren*) erfasst der Test die *operativen und inhaltsgebundenen Fähigkeiten* sowie als deren Integral die *Allgemeine Intelligenz*. *Normierung* an $N = 478$ dt.schweizerischen Jugendlichen im Alter von 16 bis 19 Jahren mit mittlerer und höherer Schulbildung. Es werden getrennte Standardwert-Normen für die Gruppen der 16- bis 17-Jährigen und der 18- bis 19-Jährigen angegeben. *Validität*: Die Kriteriumsvalidität zu versch. Leistungsbereichen i.d.R. zw. $r = .40$ und $r = .60$. *Reliabilität*: Die interne Konsistenz liegt je nach Skala zw. $r = .75$ und $r = .89$, für die beiden Skalen der Kurzform liegt sie bei $r = .46$ und $r = .51$. Die Testhalbierungs-Reliabilitäten liegen zw. $r = .73$ und $r = .90$. Bzgl. der Auswertungsobjektivität muss bei den Aufgaben zum Einfallsreichtum mit Einschränkungen gerechnet werden. Es existiert eine Kurzform mit 15 Aufgabentypen. PC-Auswertung möglich. Durchführungszeit ca. 2,5 h (Kurzform ca. 46 Min.).

Test**Berliner Intelligenzstrukturtest für Jugendliche: Begabungs- und Hochbegabungsdiagnostik (BIS-HB)**, 2006, 1. Aufl., A.O. Jäger, H. Holling, F. Preckel, R. Schulze, M. Vock, H.-M. Süß und A. Beauducel, [www.testzentrale.de], **[DIA, PER]**. Intelligenzdiagnostik die durchschnittlich und hoch begabten Kindern und Jugendlichen. AA 12 bis 16 Jahre. Einzel- oder Gruppentest. Der BIS-HB basiert auf dem *Berliner Intelligenzstrukturmodell*. Erfasst *Einfallsreichtum*, *Bearbeitungsgeschwindigkeit*, *Merkfähigkeit*, *Verarbeitungskapazität*, die Fähigkeit zum Umgang mit *verbalem*, *figuralem* und *numerischem* Material sowie *allgemeine Intelligenz*. Kurzform liegt vor. *Reliabilität*: Interne Konsistenz zw. $\alpha = .81$ und $\alpha = .95$ (Cronbachs α). Retest-Reliabilität zw. $r = .71$ und $r = .84$ (6 Monaten). *Validität*: Faktorenanalytisch validiert. Konvergente und diskriminante Kriteriumsvalidität zu CFT 20, Skala AG, HAWIK-III, VKT, TSD-Z und Schulnoten (Validitätskoeffizienten: $r = .57$ Gesamtnotenschnitt, $r = .60$ sprachliche Fächer, $r = .51$ naturwiss. Fächer) gegeben. *Normierung*: Normierung an $N = 1328$ Schülern versch. Schulformen. Altersnormen (IQ-Skala) für vier Gruppen von 12;6 bis 16;5 Jahren. Ca. 170 Min. Kurzform ca. 55 Min.

Berliner Schule [engl. *Berlin school*], **[HIS, KOG, WA]**, Bez. für die von K. Koffka, W. Köhler, K. Lewin, M. Wertheimer u. a. begründete bzw. vertretene gestaltps. Richtung. Ihr Forschungsgegenstand waren Erlebnis- und Verhaltensprozesse als Ganzheit, das meth. Vorgehen kann als exp.-phänomenologisch bez. werden. Sie leistete v. a. bedeutsame Beiträge zur Denk- und Wahrnehmungsps. *Gestaltpsychologie*.

Berlyne, Daniel E. (1924–1976), **[EM, HIS]**, 1953 Promotion *Cambridge University*. Berkeley University und University of Toronto. Aktivierungsforscher, der v. a. die Physiologischen Korrelate des Neugier- und Spielverhaltens untersuchte. Forschungsschwerpunkte waren Arousal-Theorie und Motivationsps.

Test**Berner Bewältigungsformen (BEFO)**, 1991, E. Heim, K. F. Augustiny, A. Blaser und L. Schaffner, [www.testzentrale.de], **[DIA, GES, KLI, PER]**. Persönlichkeitsverfahren (*Persönlichkeitstest*); *Coping*skalen und -verfahren. AA Erw.. Die BEFO wurden zur Erfassung von Copingformen konzipiert, die von Pat. mit (vorwiegend chronischen) Körperkrankheiten eingesetzt werden. Abwehr- und Bewältigungsprozesse (*Krankheitsbewältigung*) werden in Form eines semistrukturierten fokussierten Interviews erfasst. 30 Kategorien beziehen sich auf (1) Handlungsbezogene Bewältigungsformen, (2) Kognitionsbezogene Bewältigungsformen und (3) Emotionsbezogene Bewältigungsformen. Eine *Normierung* wurde nicht durchgeführt. Es liegen Häufigkeiten für die Bewältigungsformen bei $N = 72$ Pat. mit Mammakarzinom und $N = 55$ Pat. mit Mastopathie vor. *Reliabilität*: Studien zur Interrater- und Intrarater-Reliabilität wurden durchgeführt. Intrarater-Reliabilität von $r = .79$. Durchführungszeit ca. 20–40 Min.

Bernoulli-Verteilung (= B.) [engl. *Bernoulli distribution*], auch *Binomialverteilung*, **[FSE]**, ist die (diskrete) theoretische Verteilung der Wahrscheinlichkeiten für die Häufigkeit des Auftretens einer Klasse einer Alternativvariablen in einer Stichprobe von n voneinander unabhängigen Wiederholungen der Beobachtung der Alternativvariablen. Sie ist gegeben durch

$$p(k) = \binom{n}{k} p_e^k \cdot q_e^{n-k} = \frac{n!}{k!(n-k)!} \cdot p_e^k \cdot q_e^{n-k}$$

Mittelwert der Verteilung ist µ = p_e (p_e = theoretisch bekannte oder «erwartete» *Wahrscheinlichkeit* für das Auftreten der einen der beiden Klassen bei einer Beobachtung der Alternativvariablen), die Varianz beträgt $o^2 = p_e \cdot q_e$ (wobei $q_e = 1 - p_e$). Beispiel: Die Wahrscheinlichkeit für k = 2 Kopfwürfe bei n = 6 Würfen einer Münze beträgt (da $p_e = 0, 5$):

$$p(2) = \frac{6!}{2!4!} \cdot \left(\frac{1}{2}\right)^2 \cdot \left(\frac{1}{2}\right)^4 = \frac{15}{64} = 0,23$$

Bei großem n nähert sich die diskrete B. der kontinuierlichen *Normalverteilung*. Nachtigall & Wirtz 2009.

E. Mittenecker

Berthold, Paul *Pappenheim, Bertha*.

Beruf (= B.) [engl. *profession, vocation*], [**AO**], ein B. bedeutet das i. d. R. dauerhafte Ausüben einer best. Arbeitstätigkeit. Er dient zum einen der langfristigen Schaffung, Erhaltung und Weiterentwicklung der Lebensgrundlagen für den Berufstätigen und ggf. seiner *Familie* sowie der Absicherung bei *Krankheit* und Alter. Zudem ist der Beruf ein Teil der persönlichen *Identität*. Personen wählen einen B., um damit best. Vorstellungen, die sie von sich selbst und ihrer sozialen Rolle haben, verwirklichen zu können. Auch ist die ausgeübte berufliche Tätigkeit mitdefinierend für den *sozialen Status* einer Person. Ein B. wird i. d. R. durch eine *Ausbildung* oder ein Studium erworben, wobei der Erwerb und der Nachweis der beruflichen Qualifikationen formal geregelt sind. *Arbeit*, *Arbeitspsychologie*, *berufliche Entwicklung*. Blickle 2014.

berufliche Entwicklung (= b. E.) [engl. *career/professional development*], [**AO**], bez. zum einen deskriptiv den Berufsverlauf einer Person vom Berufseintritt bis zum Austritt aus dem Berufsleben (*Ruhestand, Anpassung an*). Als deskriptiver Ansatz war hier die *Berufslaufbahntheorie* von Super (1957) bes. einflussreich. Dieser Autor gliedert den Berufsverlauf in fünf Phasen: (1) Stufe des Wachstums (bis 14 Jahre), (2) Stufe der Exploration (15–24 Jahre), (3) Stufe der beruflichen Festlegung (25–44 Jahre), (4), Stufe der Konsolidierung (45–64 Jahre), und (5) Stufe des beruflichen Abbaus (ab 65 Jahre). Neuere Ansätze betonen demgegenüber, dass die heutige Arbeitswelt durch kontinuierlichen Wandel gekennzeichnet ist und dass Berufslaufbahnen nur noch selten einem linearen Verlauf – möglicherweise sogar zeitlebens in derselben *Organisation* – folgen. Heutige berufliche Entwicklung ist durch Wechsel des Arbeitgebers, Wechsel von Arbeitstätigkeiten, Wechsel von Arbeitsplätzen, durch Diskontuitäten aufgrund biografischer (z. B. Kinderbetreuung) oder wirtschaftlicher (z. B. *Arbeitslosigkeit*) Faktoren gekennzeichnet. Die Beschreibung heutiger beruflicher Entwicklungsprozesse ist insofern notwendigerweise komplexer als das zu Supers Zeiten der Fall war (Arthur & Rousseau 1996).

B. E. bez. aber auch interpretativ die *Karriereentwicklung* einer Person, d. h., wie erfolgreich jemand im Beruf ist und welches die Determinanten mehr oder weniger erfolgreicher Berufsverläufe sind. Modelle zur Vorhersage von Berufserfolg sind zum einen die *Wettbewerbsperspektive*, wonach diejenigen, die sich in einem Wettbewerb als die geeignetsten erweisen, auch am erfolgreichsten sind. Zum anderen gibt es die *Förderungsperspektive*, wonach best. Personen bes. gefördert werden und deshalb auch bes. erfolgreich sind (Ng et al. 2005; *Lernpotenzial*). Determinanten von Berufserfolg kann man in die Gruppen *Humankapital* (z. B. Bildung, Berufserfahrung), soziodemografischer Hintergrund (z. B. Geschlecht, Alter, Familienstand, Kinder), indiv. Unterschiede (z. B. in Eigenschaften, Erwartungen und Zielen), förderliche Umweltbedingungen (z. B. organisationale Unterstützung) und hinderliche Umweltbedingungen (z. B. *Vorurteile*, *Diskriminierung*, konfligierende *Rollen*) unterteilen (Abele 2002). *berufliche Sozialisation*, *Berufspsychologie*, *Berufswahltheorien*.

A. E. Abele

berufliche Handlungskompetenz (= b. H.) [engl. *vocational action competency*], [**AO, PÄD**], um die Befähigung zur selbstständigen und effektiven Ausübung best. beruflicher Tätigkeiten zu beschreiben, wurde der Begriff der b. H. in der Berufs- und Wirtschaftspädagogik sowie der Arbeits- und Organisationsps. geprägt (Schaper 2011). Der Kompetenzbegriff (*Kompetenz*) ist somit in diesem Zusammenhang in einem ganzheitlichen und integrativen Sinne zu verstehen und bezieht neben fachlich-funktionalen auch soziale, motivationale, volitionale und emot. Aspekte menschlichen Arbeitshandelns mit ein. B. H. bezieht sich somit sowohl auf *Fertigkeiten*, *Kenntnisse* und *Fähigkeiten*, die zur erfolgreichen Bewältigung best. beruflicher Aufgaben und Problemstellungen benötigt werden, sie schließen darüber hinaus auch fach- und berufsübergreifende sowie persönlichkeitsnahe Leistungsvoraussetzungen mit ein, die Individuen zur Bewältigung von Aufgaben befähigen, für die sie noch keine fertigen und direkt abrufbaren Handlungsprogramme und Wissensvoraussetzungen besitzen.

Zur *Operationalisierung* und Klassifizierung (*Klassifikation*) unterschiedlicher b. H. hat sich eine Aufteilung in die Bereiche *Fach-*, *Methoden-*, *Sozial-* und *Personal-* bzw. *Selbstkompetenz* eingebürgert: (1) Fachkompetenz: Dieser Kompetenzbereich beinhaltet spezif. Kenntnisse und Fertigkeiten, die zur Bewältigung beruflicher Aufgaben benötigt werden. (2) Methodenkompetenz: Hierunter werden situationsübergreifend einsetzbare kogn. (*Kognition*) und metakognitive (*Metakognition*) Fähigkeiten verstanden, die zur selbstständigen Bewältigung komplexer Aufgaben gefordert sind. (3) Sozialkompetenz: Dieser Bereich beinhaltet *Wissen*, Fertigkeiten und Fähigkeiten zum erfolgreichen Realisieren von *Zielen* und Plänen in sozialen Interaktionssituationen, was sich in kommunikativen und kooperativen Verhaltensweisen von Organisationsmitgliedern zeigt. (4) Personale oder Selbstkompetenz:

Dieser Bereich umfasst einerseits persönlichkeitsbezogene *Dispositionen* wie *Einstellungen*, Werthaltungen (*Werte*) und *Motive*, die das Arbeitshandeln beeinflussen (z. B. Zuverlässigkeit oder Kundenorientierung). Andererseits sind mit diesem Kompetenzbereich auch Fähigkeiten zur *Selbstwahrnehmung* (z. B. zur Reflexion eigener Fähigkeiten) und zur *Selbstorganisation* (z. B. Zeitmanagement) angesprochen.

Die Entwicklung bzw. der Erwerb von b. H. (*Kompetenzentwicklung*) kann sowohl i. R. von systematischen Aus- und Weiterbildungsprozessen erfolgen (*Aus- und Fortbildung*), wird aber auch durch arbeitsplatzintegrierte, informelle und selbstorganisierte Lernprozesse (*Lernen, selbstgesteuertes*) erworben. Eine wirkungsvolle Gestaltung von Lerngelegenheiten zum Erwerb von b. H. erfordert, dass die Lernenden sich aktiv sowie handlungs- und problemorientiert mit den Tätigkeitsanforderungen in realen oder simulierten Anforderungskontexten auseinandersetzen und an die Bewältigung entspr. Anforderungen stufenweise herangeführt werden. Für Rückmeldungs- (*Feedback*) und Prüfungszwecke bedarf es darüber hinaus Methoden zur Messung bzw. *Diagnose* der Ausprägung bzw. des Entwicklungsniveaus von b. H. Entsprechende Ansätze befinden sich allerdings noch in der Entwicklung (Bonse-Rohmann et al. 2008). *N. Schaper*

berufliche Kompetenzentwicklung [engl. *development of vocational competencies*], [**AO, KOG, PÄD**], zur Ausübung beruflicher Tätigkeiten werden Kompetenzen (= K., *berufliche Handlungskompetenz*) benötigt, die eine Person zur selbstständigen und erfolgreichen Bewältigung komplexer beruflicher Aufgaben bzw. Anforderungssituationen befähigen. Entsprechende K. werden nicht allein durch rezeptive und rein kogn. orientierte Lernprozesse (*Lernen*) erworben, sondern erfordern eine aktive sowie handlungs- und problemorientierte Auseinandersetzung mit den Tätigkeitsanforderungen in den realen Anforderungskontexten. Dies wird insbes. auch durch arbeitsplatzintegrierte, informelle und selbstorganisierte Lernprozesse (*Lernen, selbstgesteuertes*) gefördert. Der Prozess der beruflichen *Kompetenzentwicklung* wird oftmals auch als Prozess der Entwicklung vom Novizen zum Experten beschrieben, bei dem versch. Stufen der Expertise-Entwicklung (*Expertise-Erwerb*) zu durchlaufen sind, die je nach Aufgabendomäne unterschiedliche Entwicklungsstufen bzw. Anforderungsniveaus aufweisen. Der Erwerb der K. wird dabei nicht nur durch die aktive und situierte Auseinandersetzung mit den Handlungsanforderungen in einer Aufgabendomäne, sondern auch durch den aufgaben- und problemorientierten Austausch mit erfahrenen Fachkräften und die Mitarbeit und Integration in entspr. Expertengemeinschaften der Domäne gefördert. Damit die angestrebten K. für eine Aufgabendomäne wirkungsvoll angeeignet und erworben werden, müssen daher entspr. Lerngelegenheiten geschaffen werden. Grundsätzlich sind damit handlungs- und problemorientierte Lehr-/Lernformen (*Lehrstrategien, problemorientierte, Lernen, problemorientiertes*) angesprochen, die die Beschäftigung mit den Lerninhalten in entspr. Aufgaben- und Anforderungskontexte situieren.

Handlungstheoret. fundierte Lernansätze beschreiben den Aufbau bzw. die Entwicklung von Handlungskompetenzen als Ausdifferenzierung versch. Handlungsregulationsebenen (Schaper 2008). Der Lernprozess sollte demgemäß mit einfachen Formen der Tätigkeit beginnen, die aber bereits die vollst. Handlungsstruktur repräsentieren. Im weiteren Verlauf werden diese Vor-Formen der *Handlungsregulation* stufenweise komplexer ausgebaut durch Lerngelegenheiten, die schließlich die Schwierigkeit und Vielfalt realer Aufgaben repräsentieren. Neben der aktiven, handelnden Aneignung von Handlungsk. wird darüber hinaus die intellektuelle Durchdringung der Handlungsanforderungen in einem Aufgabenfeld betont. Reines *Üben* bzw. der Drill von Handlungsabläufen führt nicht zu effizientem Handeln. Damit der Lernende in der Lage ist, auch mit variablen und neuen Anforderungen umzugehen, sind kogn. *Strategien* oder *Heuristiken* zur Analyse und Gestaltung von Handlungsstrukturen zu vermitteln. In handlungstheoret. Lernansätzen wird außerdem das Handeln-Lernen als Prozess eines angeleiteten zum selbstständigen Handeln beschrieben. Das Ausführen von Handlungen bedarf somit am Anfang des Lernens strukturierter und massiver Anleitungen (*Instruktion, instruktionale Erklärungen*) von außen, die mit zunehmender Beherrschung von Teilen der Gesamthandlung und Prozessen der *Handlungskontrolle* zurückgenommen werden können. Auf der Grundlage dieser Annahmen zum handlungsorientierten Lernen wurden z. B. Lernaufgabensysteme und Lernprozesse am Arbeitsplatz gestaltet sowie *kognitive Trainings* entwickelt (Schaper & Sonntag 2008). *N. Schaper*

berufliche Selbstinformation [engl. *vocational self-information*], [**AO, DIA**], in Berufsinformationszentren (BIZ) dient sie einer objektivierten und vertieften Berufsinformation. Das dort vorhandene vielseitige Medienangebot zwingt den Benutzer, seine Informationswünsche selbst zu artikulieren, die Quellen der Informationen selbst zu finden und die Ergebnisse – deren Umfang und Qualität von seinen Aktivitäten abhängen – selbst zus.zutragen und auszuwerten. Die in diesen Einrichtungen der Arbeitsagenturen gewährte Anonymität des Benutzers ist ein weiterer Gewinn, der sich vorteilhaft auswirkt. *Berufswahltheorien*.

berufliche Sozialisation [engl. *professional/vocational socialization*], [**AO, WIR**], die Entwicklung ps. Merkmale der Person in der, durch die und für die Arbeitstätigkeit (Frese & Greif 1983). In der beruflichen Sozialisationsforschung werden die Wechselwirkungen zw. *Arbeit* und *Persönlichkeitsentwicklung* untersucht. Dabei werden soziologische und psychol. Theorien zus.geführt (Hoff & Hohner 1989, Volpert 1987). Die psychol. Theorien sind mit der Perspektive der «lebenslangen Entwicklung» in der *Entwicklungspsychologie* verbunden, wonach die Persönlichkeitsentwicklung nicht in einem best. Alter abgeschlossen ist (*Entwicklungsphasen*). Durch Längsschnittuntersuchungen werden Zusammenhänge zw. Arbeitskomplexität und intellektuellen Fähigkeiten, Arbeitsbedingungen und psych. Befinden (*Stress am Arbeitsplatz*) sowie Einstellungen zum Beruf untersucht. Außerdem werden Zusammenhänge zw. Arbeit, Familie, Freizeit und Persönlichkeitsentwicklung erforscht (vgl. *Berufspsychologie*, *Arbeit, geschlechtsspezifische Aspekte*; Bamberg 1986, Büssing 1992b, Hoff 1992). In der angloamerikanischen Forschung (Landy & Conte 2007) stehen die Passung zw. Person und *Organisation*, die Orientierung von Bewerbern über die *Organisationskultur*, Phasen der Sozialisation und Integration in die Organisation sowie ihre Unterstützung durch *Mentoring* im Vordergrund des Interesses.   S. Greif

Berufsberatung (= B.) [engl. *career/professional/vocational guidance*], [**AO**], eine in der Bundesrepublik Dt. durch Gesetz der Bundesagentur für Arbeit und ihren Dienststellen übertragene Aufgabe (Sozialgesetzbuch III), Jugendliche und Erwachsene vor Eintritt in das Berufsleben und während des Berufslebens in allen Fragen der Berufswahl und des beruflichen Fortkommens zu beraten. Dabei hat die B. die Lage und Entwicklung des Arbeitsmarktes und der Berufe angemessen zu berücksichtigen sowie die Belange einzelner Wirtschaftszweige und Berufe allg. wirtschaftlichen und sozialen Gesichtspunkten unterzuordnen. Bei der B. sind die körperlichen, geistigen und persönlichen Verhältnisse der Ratsuchenden zu beachten. Die B. hat darauf hinzuwirken, dass geeignete Ratsuchende in fachlich, gesundheitlich und erzieherisch einwandfreien Ausbildungsstellen untergebracht werden. Die B. wird noch ergänzt durch *Berufsorientierung* und die Förderung der beruflichen Bildung. *Berufswahltheorien*.

berufsbezogene Maßnahmen in der Rehabilitation *Rehabilitation, berufliche*.

^Test^**Berufsbezogener Rechentest (BRT)**, 1985, H. Balser, O. Ringsdorf und A. Traxler, [www.testzentrale.de], [**AO, DIA**]. Mathematiktest. AA 8., 9. und 10. Klassen versch. Schultypen, Auszubildende in Betrieben. Das Verfahren erfasst den Wissensstand der Schüler im Lernbereich Mathematik, bezogen auf die Anforderungen der beruflichen Schulen und Ausbildungsbetriebe. *Normierung* an insges. $N = 647$ (Langform des Tests) bzw. $N = 590$ (Kurzform des Tests) Schülern der 9. Klasse versch. Schultypen. Es sind Prozenträge und *T*-Werte angegeben. *Reliabilität*: Reliabilitäten (Spearman-Brown und Kuder-Richardson, Formel 20) des Gesamttests zw. $r = .92$ und $r = .97$. Es besteht die Möglichkeit, das Verfahren als Kurzform mit insges. 16 Aufgaben durchzuführen. Durchführungszeit ca. 100 Min., für die Kurzform 35 Min.

Berufsbild [engl. *job/occupational profile*], [**AO**], Darstellung aller wichtigen Merkmale eines best. Berufs sowie aller ihn betreffenden wissenswerten Tatsachen, wie Eignungsanforderungen, Ausbildungsgang, Aufstiegsmöglichkeiten, Lage am Arbeitsmarkt, rechtliche Stellung, Geschichte u. a.

Berufseignung [engl. *employability, occupational aptitude*], [**AO**], Bez. dafür, ob und in welchem Umfang die bei einem *Individuum* gegebenen Voraussetzungen dem Anforderungskomplex eines Berufes entsprechen. «Grad der Wahrscheinlichkeit, mit dem ein Individuum aufgrund der bei ihm gegebenen Voraussetzungen (Eignungsdisposition) best. Berufsanforderungen bewältigen wird». *DIN 33430*, *Personalauswahl*. Jäger 1970, Schuler & Marcus 2006.

Berufseignungsdiagnostik [engl. *occupational aptitude assessment*], *DIN 33430*, *Personalauswahl*.

^Test^**Berufseignungstest (BET)**, 2001, 3. Aufl., H. Schmale und H. Schmidtke, [www.testzentrale.de], [**AO, DIA**]. Berufseignungstest. AA von 14 bis 38 Jahren, standardisiert. Der Test ist die dt. Überarbeitung der amerikanischen *General Aptitude Test Battery (GATB)* für technische Berufe (z. B. Mechaniker, Schlosser, Technischer Zeichner, Elektriker), kaufmännische Berufe und best. Studienberufe. Es handelt sich um eine Testbatterie mit 12 Einzeltests, die die Eignung für best. Arbeitsbereiche erfasst. *Validität*: Korrelationen des BET mit dem IST zw. $r = -.01$ und $r = .68$. *Normierung* an zw. $N = 574$ und $N = 6492$ für die einzelnen Altersgruppen. Für die Tests 1 bis 7 sind Paralleltests vorhanden. Durchführungsdauer ca. 2,5 h.

Berufseignungstests (= B.) [engl. *career/occupational aptitude tests*], [**AO, DIA**], nach Merz (1971) spricht man bei der Anwendung von B. von Konkurrenzauslese, wenn man für einen best. Beruf die am besten geeigneten Bewerber aussucht, von Eignungsdiagnose, wenn man für einen best. Pb den geeignetsten Beruf oder die geeignetste Tätigkeit finden will. In der *DIN 33430* aus dem Jahre 2002 wird analog zw. auswahlbezogener und berufswahlbezogener Eignungsdiagnose unterschieden. 1910 erstellte Münsterberg erstmals Tests für die Ermittlung der Berufseignung. Dabei war die Erkenntnis entscheidend, dass jeder Beruf spezif. Anforderungen stelle, die mit Tests «geprüft» werden könnten. Der erste Beruf, für den Münsterberg Tests und ein Ausleseverfahren schuf, war der des Straßenbahnführers, der zweite der der Telefonistin. *Eignungsdiagnostik*.

Berufserfolg, Determinanten [engl. *occupational achievement, determinants*; lat. *determinare* bestimmen]; *berufliche Entwicklung*.

berufsethische Verpflichtungen des Psychologen [engl. *professional ethical obligations of psychologists*], *Diagnostik, gesellschaftliche und rechtliche Rahmenbedingungen*, *Testgütekriterien*, *Testkuratorium*.

^Test^**Berufs-Interessen-Test II (BIT II)**, 1984, M. Irle und W. Allehoff, [www.testzentrale.de], [**AO, DIA**]. Beruflicher Interessentest. AA 9. bis 13. Klasse. Der BIT II dient dazu, die Berufs-*Neigung* festzustellen. Der Pb soll sich 81-mal entscheiden, welche von vier Tätigkeiten am ehesten gewünscht und welche am wenigsten gewünscht ist. Jede der neun Berufsinteressengruppen (technisches Handwerk, gestaltendes Handwerk, technische und naturwiss. Berufe, Ernährungshandwerk, land- und forstwirtschaftliche Berufe, kaufmännische Berufe, verwaltende Berufe, literarische und geisteswiss. Berufe, Sozialpflege und Erziehung) ist durch neun Tätigkeiten vertreten. Zu diesem *Forced-Choice*-Verfahren liegen zwei Parallelformen vor. Weiterhin existieren zwei Parallelformen im *Free-Choice*-Verfahren (mit denselben Items wie im *Forced-Choice*-Verfahren), bei denen der Pb sich auf einer 5-stufigen Ratingskala dazu äußern soll, welchen

Stellenwert die Tätigkeit für ihn hat. Normierung an $N = 2178$ männlichen und $N = 2213$ weiblichen Pbn. Prozentrang-Normtabellen in Abhängigkeit vom Geschlecht und BIT II-Version liegen vor. Angaben zur Reliabilität fehlen. Zuverlässigkeit der Wahlfreiheitsparallelformen sind geringer als die des Wahlzwanges ($r = .65 < r = .79$; Allehoff, 1984). Bearbeitungszeit für die *Forced-Choice*-Versionen 20–80 Min., für die *Free-Choice*-Versionen 10–40 Min. Der BIT II ist eine umfassende Weiterentwicklung des Berufs-Interessen-Test (B-I-T), 1955, von M. Irle.

Berufskompetenz [engl. *professional/vocational competence*], *Lernpotenzial*.

Berufskunde (= B.), [**AO**], veraltete Bez.; das Wissen um die Gesamtheit der beruflichen Ausübungsformen und Möglichkeiten. Die theoretische B. umfasste Berufsbegriffe, obj. Tatbestände wie Aufgabe, Tätigkeit, Arbeitsplatz, Ausbildung, Fortbildung, Spezialisierung, Aufstieg, Ausbildungs- und Beschäftigungsalternativen, Berufsaussichten, Herkunft und subj. Tatbestände wie psych. Sachverhalte, Eignung (psychol.), Mobilität und Akkommodation (soziologische), physische Belastungen und Anforderungen (med.). Die angewandte B. suchte alle berufskundlichen Erkenntnisse und Gegebenheiten aufzubereiten für generelle übergreifende und/oder zielgruppenspezifische Informationen und beratungsbezogene Zwecke. *Aufgabenanalyse*, *Tätigkeitsanalyse*.

Berufslaufbahn (= B.) [engl. *career, occupational history*], [**AO**], beinhaltet die Abfolge berufsbezogener Aktivitäten und Erfahrungen im Laufe des Berufslebens einer Person. Die B. ist somit nicht mit dem engeren dt.sprachigen Verständnis von Karriere gleichzusetzen, das v. a. an obj. Erfolgskriterien wie Beförderungen und Gehaltserhöhungen orientiert ist. Nachdem B. in früheren Konzepten v. a. als organisationsgebundene lineare Prozesse verstanden wurden, wird in neuerer Zeit davon ausgegangen, dass B. stärker vom Individuum selbst gestaltet werden und oftmals über mehrere Organisationen, Tätigkeiten und sogar Berufe hinweg verlaufen (Moser 2004). Grundlagen dieser Veränderungen in indiv. B. sind wirtschaftliche Entwicklungen, aber auch gesellschaftliche Wandlungsprozesse, die sich u. a. in geänderten indiv. *Karriereorientierungen* ausdrücken. G. Grote

Berufslaufbahntheorie [engl. *career development theory*], *berufliche Entwicklung*.

Berufsleben, Ausscheiden aus dem (= A. a. d.B.) [engl. *retiring from professional life*], [**EW, GES**], das A. a. d.B. durch Eintritt in den *Ruhestand* ist ein kritisches Lebensereignis (*Life-Event, kritisches*) mit Folgen für die *Gesundheit*. Veränderungen der Alltagsroutinen, des sozialen Netzwerks, des *Kompetenz*erlebens und *Selbstbildes* sowie der finanziellen Ressourcen machen Anpassungs- und Bewältigungsleistungen erforderlich. Werden dabei neue *Ziele* für die persönliche Weiterentwicklung gesucht (*Selektion*), die zur Zielerreichung erforderlichen Ressourcen optimiert (*Optimierung*) und schwindende Ressourcen durch neue Potenziale ausgeglichen (*Kompensation*), können Zufriedenheit und subj. Gesundheit trotz obj. schwindender Ressourcen hoch bleiben oder sogar steigen (*Selektion, Optimierung und Kompensation, Modell der (SOK-Modell)*). Bedeutsame Faktoren, die die Gesundheit beim A. a. d.B. beeinflussen, sind der Gesundheitsstatus vor dem Ruhestand, die Freiwilligkeit und der Zeitpunkt bei Eintritt in den Ruhestand. Insbes. ein vorzeitiger und unfreiwilliger Ruhestand hat neg. Effekte auf die körperliche und psych. Gesundheit. Fehlt die Möglichkeit der Vorbereitung (*antizipatorische Bewältigung, Coping*) z. B. aufgrund einer Frühverrentung, wird der Übergang aus dem Erwerbsleben in den Ruhestand als belastender erlebt. Auch aus diesem Grund können mit dem Ausscheiden aus dem Berufsleben neue gesundheitsbezogene *Risikoverhalten*sweisen auftreten. So konsumieren ältere Menschen mehr *Alkohol* als 18- bis 35jährige und tragen dabei ein erhöhtes Gesundheitsrisiko, da oft gleichzeitig ein hoher Medikamentenkonsum vorliegt, Angehörige oder Ärzte Risiko- oder *Sucht*verhalten aber häufig ignorieren. Auch zeigt sich ein mit dem A. a. d.B. in Zusammenhang stehender Rückgang der *körperlichen Aktivität*. *Psychologie des Alterns*. Lohaus & Klein-Heßling 2009. J. Klein-Heßling

Berufsorientierung (= B.) [engl. *career/vocational guidance*], [**AO**], Vermittlung bzw. Aneignung eines Überblicks über Ausbildungs- und Berufsmöglichkeiten. In dieser allg. Bedeutung deckt sich B. in etwa mit der Berufsaufklärung. Bei dem Prozess der Ausbildungs- und Berufswahl wird von Berufswahlvorbereitung gesprochen (*Berufswahltheorien*). Die Anwendung dieser Begriffe durch Schule und Berufsberatung erfolgt meist mit unterschiedlicher Nuancierung. Aufgabe der Schule ist es, den Schüler zur Wirtschafts- und Arbeitswelt hinzuführen, Aufgabe der Berufsberatung ist es, den gesetzlichen Auftrag zur Berufsaufklärung umzusetzen. Über die Zusammenarbeit dieser Institutionen im Bereich der B. gibt es verbindliche Rechtsgrundlagen (z. B. Sozialgesetzbuch III). Zur Erfüllung dieser Aufgabe bietet die Berufsberatung zielgruppenspezifische Schriften, audiovisuelle Medien und Internetseiten (z. B. berufenet.arbeitsagentur.de/berufe/) an. Sie führt eigene Informationsveranstaltungen durch oder beteiligt sich bei Veranstaltungen anderer Träger mit Informationsständen, unterhält Berufsinformationszentren (BIZ, *berufliche Selbstinformation*) und bietet in Schulen Klassen- oder Einzelberatungen an.

Berufspsychologie (= B.) [engl. *vocational psychology*], [**AO, WIR**], Teilgebiet der angewandten Ps., das (1) die Erforschung der einzelnen Berufe unter psychol. Aspekten, (2) die berufliche Entwicklung des Individuums zum Gegenstand hat. Die B. wird unterschiedlich eingeordnet: (1) als eigenständige Spezialdisziplin, (2) als Teilgebiet der *Personnel Psychology* oder aber (3) als spez. Arbeitsfeld der Arbeits- und Organisationsps. Die B. beschäftigt sich mit Phasen der Vorbereitung auf den Beruf, mit der Berufswahl, mit dem Beginn der Erwerbstätigkeit, mit Einarbeitungs- und Eingliederungsprozessen, mit Veränderungen von Arbeitstätigkeiten oder typischen Übergängen zw. Firmen, zw. Beruf und Familienarbeit sowie Wechsel zw. Beruf und Erwerbslosigkeit oder in den Ruhestand (*berufliche Sozialisation, Berufswahltheorien, Karriereorientierung, Berufslaufbahntheorie, Berufsleben, Ausscheiden aus dem*). Bei der

Erforschung der Berufe unter psychol. Aspekt wird davon ausgegangen, dass «Berufe» als relativ homogene «Kollektiv-Dauerformen der menschlichen *Arbeit*» angesehen werden können. Die B. sieht sich dabei allerdings mit der Tatsache konfrontiert, dass die Berufe zwar im allg. Bewusstsein (und damit auch dem der Berufswähler und Berufswechsler) gegeneinander relativ gut abgegrenzte Einheiten darstellen, dass aber die tatsächliche berufliche Tätigkeit am konkreten Arbeitsplatz durch die jew. Berufsbez. häufig nur ungenau, u. U. sogar irreführend gekennzeichnet wird. Dennoch stellen für die B. die Berufe – ihre Inhalte sind immerhin, was die Ausbildungsinhalte anbelangt, durch gesetzliche Bestimmungen fixiert – die sozusagen «natürlichen» Analyseeinheiten dar. Die B. bemüht sich darum, diesen zunächst soziologisch, wirtschaftlich-technisch und juristisch definierten Einheiten ihren Platz in einer psychol. Berufsklassifikation (*Klassifikation*) zuzuweisen. Eine solche psychol. Berufsklassifikation orientiert sich an den Ähnlichkeiten und Unähnlichkeiten zw. den Berufen im Hinblick auf die typischen Merkmalskonstellationen der Berufsangehörigen, auf die *Anforderungen* der Berufe (Voraussetzung für beruflichen Erfolg) und auf die *Befriedigungsangebote* der Berufe (Voraussetzung für berufliche Zufriedenheit). Bei der Betrachtung der beruflichen Entwicklung als Gegenstand der B. wird die lebenslange indiv. Entwicklung in, für und durch die berufliche Arbeitstätigkeit in den Mittelpunkt gestellt (vgl. *berufliche Sozialisation*). Die Berufslaufbahn *(career: Berufslaufbahntheorie)* wird hier v. a. unter den Gesichtspunkten der beruflichen Verwirklichung des *Selbstbildes* (Super 1957) des Individuums gesehen und der Kompromisse, die bei seiner Verwirklichung i. d. R. angesichts in der Person und in der gesellschaftlichen Realität liegender begrenzender und einengender Realitäten geschlossen werden müssen. Im Einzelnen befasst sich die B. mit (1) der subj. Bedeutung, die die Berufstätigkeit für den Menschen hat, den Kognitionen und Einstellungen gegenüber den einzelnen Berufen (u. a. Berufsimage, Berufsprestige) sowie mit den indiv. Unterschieden und epochalen Veränderungen in diesen Kognitionen, Einstellungen und Wertungen, (2) den psychol. bedeutsamen Charakteristika der einzelnen Berufe (den Anforderungen und Befriedigungsangeboten der Berufe) und ihren Veränderungen im Zuge von Änderungen in der Arbeits- und Berufswelt, den Charakteristika der in den Berufen vorzugsweise anzutreffenden Personen und den hierfür verantwortlichen Bedingungen (Selbstselektion, Fremdselektion, Prägung), den Personenmerkmalen, die Erfolg und Zufriedenheit (*Arbeitszufriedenheit*) in der einzelnen beruflichen Laufbahn (mit) determinieren, den Veränderungen von Personenmerkmalen (z. B. Interessen, Werteinstellungen) während der Tätigkeit in einem best. Beruf und (3) den Erscheinungsformen und Determinanten beruflicher Laufbahnen und ihrer Teilabschnitte (der «Berufswahl» ebenso wie späterer beruflicher Weiterentwicklungen, Spezialisierungen und Berufswechsel). *Berufskunde*. Crites 1969, Seifert 1977, Super & Bohn 1971. *S. Greif*

Berufsreife [engl. *vocational maturity*], [**AO**], Konzept aus der Laufbahnentwicklungstheorie von Donald E. Super (1957; *Berufswahltheorien*). Es kennzeichnet das erreichte berufliche Entwicklungsniveau eines Individuums (*berufliche Entwicklung*). Seifert (1993) spricht von Berufswahlreife und definiert sie als die Fähigkeit und Bereitschaft, phasentypische Entwicklungsaufgaben wie etwa die Aufgabe, sich für eine best. Ausbildung oder für ein best. Studium zu entscheiden, in Angriff zu nehmen und effektiv zu bewältigen. Facetten der Berufswahl, die auch Grundlage für Operationalisierungen bilden, sind: Laufbahnplanung und -exploration, Entscheidungskompetenz, berufliche Informiertheit (allg. und über den bevorzugten Beruf) sowie Realitätsorientierung. Deutschsprachige Instrumente zur Erfassung der Berufsreife sind bspw. der *Fragebogen zur Laufbahnentwicklung (LBE)* von Seifert & Eder (1985) oder der *Fragebogen Einstellungen zur Berufswahl und beruflichen Arbeit* (EBwA) von Seifert & Stangl (1986).
D. Üstünsöz-Beurer

Berufs- und Privatleben, Balance zwischen *Work-Life-Balance*.

Berufsverband Deutscher Psychologen (BDP) [engl. *Association of German Professional Psychologists*], der Berufsverband Dt. Psychologinnen und Psychologen e. V. (BDP) – gegründet 1946 – ist die berufsständische Vereinigung der angestellten, beamteten und selbstständigen Diplom-Psychologen in Dt. Am 1.1.1998 gehörten dem Verband rund 21 000 Mitglieder an, das sind ca. 2/3 der berufstätigen Diplom-Psychologen. Voraussetzung für die Mitgliedschaft ist ein abgeschlossenes Ps.studium an einer dt. Universität oder eine gleichwertige Ausbildung im Ausland. Studierende werden nach dem Vordiplom als außerordentliche Mitglieder aufgenommen. Alle BDP-Mitglieder verpflichten sich zur Einhaltung der Berufsordnung für Psychologen und erkennen die Berufsausübungskontrolle durch das – unabhängige – Ehrengericht des Verbandes an.

Die BDP-Mitglieder organisieren sich in 16 Landesgruppen sowie in 12 Fachsektionen, die die Interessen der in den jew. Tätigkeitsfeldern arbeitenden Diplom-Psychologen vertreten. Der «Verband Psychologischer Psychotherapeutinnen und Psychotherapeuten im BDP» (rund 4000 Mitglieder) ist der Zusammenschluss der in der Heilkunde psychoth. tätigen Kollegen, die nach Inkrafttreten eines Psychotherapeutengesetzes für ihre angestellte oder niedergelassene Tätigkeit einer Approbation bedürfen. Auch Arbeits-, Betriebs- und Organisationspsychologen, Schulpsychologen, Verkehrspsychologen, Klinische Psychologen, Politische Psychologen und Rechtspsychologen haben sich zu eigenen Fachvertretungen innerhalb des BDP zus.geschlossen.

Neben der unmittelbaren Vertretung der Interessen des Berufsstandes gegenüber der Politik, Behörden und gesellschaftlichen Gruppen sieht der BDP seine Hauptziele und wichtigsten Aufgaben in der Information der Öffentlichkeit über die Ps. als Wissenschaft und Beruf, außerdem in der Mitwirkung bei der Beratung und Unterstützung der Bevölkerung und Fragen der Gesundheitsversorgung, der Gestaltung des Arbeitslebens und der Anwendung psychol. Fachkunde. Der Verband veranstaltet Fachkongresse

und Fachtagungen zum Austausch von Berufserfahrungen und wirkt durch die Dt. Psychologen Akademie bei der psychol. Aus-, Fort- und Weiterbildung sowie bei Fragen des psychol. Unterrichts mit. Wie die *Deutsche Gesellschaft für Psychologie (DGPs)* ist auch der BDP in der Föderation Dt. Psychologenverbände zus.geschlossen.
Der Verband unterhält in Bonn eine Bundesgeschäftsstelle mit rund 40 Mitarbeitern. Ihr sind die Vertragsabteilung Psychotherapie (Beratungszentrum für Krankenkassen, Behörden, Verbände, Behandler und Patienten zu Fragen der Psychotherapie), der Bürgerservice Psychotherapie-Informations-Dienst PID (Vermittlung von Psychotherapeuten), die Dt. Psychologen Akademie, der Dt. Psychologen Verlag und der Wirtschaftsdienst (Versicherungsdienstleistungen für Diplom-Psychologen) angegliedert. Außerdem verfügt der BDP über ein Büro in Berlin sowie bundesweit über Geschäftsstellen der Untergliederungen. [www.bdp-verband.org]. *H.-W. Drewe*

Berufswahltheorien (= B.) [engl. *theories of vocational choices*], **[AO]**, wichtiger Beitrag der *Berufspsychologie* und in engem Zusammenhang mit den Anwendungsfeldern der *Berufsberatung* und *Berufseignungsdiagnostik* stehend. Gegenstand von B. sind berufsbezogene Entwicklungs- und Entscheidungsprozesse über die gesamte Lebensspanne, Determinanten des Berufswahlverhaltens oder berufsbezogenes Erleben und Verhalten (z. B. Berufszufriedenheit, Berufserfolg, Verweildauer im Beruf). Es findet sich eine Vielzahl unterschiedlicher Ansätze, die sich vorwiegend ergänzen und nicht ersetzen, weil sie sich jew. auf unterschiedliche Abschnitte und Inhalte der beruflichen Entwicklung konzentrieren und sich auch in ihrer primären Zielsetzung unterscheiden (Erklärung vs. Vorhersage). V. a. im angloamerikanischen Raum sind einige wenige Ansätze dominant, die sich empirisch bewährt haben und zugleich spezif. Beratungs-/Interventionskonzepte sowie erprobte eigene Messinstrumente bieten (vgl. Brown & Lent 2005). Die wichtigsten Theorien lassen sich nach ihren phasentypischen und inhaltlichen Schwerpunkten gruppieren:
(1) *Berufliche Entwicklung über die Lebensspanne*. Super (1957, 1990) beschreibt Stufen der beruflichen Entwicklung, die jew. eigene berufliche *Entwicklungsaufgaben* an das Individuum stellen. Die erfolgreiche Bewältigung der phasentypischen Aufgaben bestimmt den weiteren Verlauf. Zentrale Konstrukte sind das *Selbstkonzept* und das *Berufskonzept*, die sich beide im Entwicklungsverlauf herausbilden und verändern. Individuen wählen Berufe, die zu ihrem Selbstkonzept passen. Mit dem Begriff der *Berufsreife* (*vocational maturity*) beschreibt Super das berufliche Entwicklungsniveau und versteht darunter die adäquate Inangriffnahme der phasentypischen beruflichen Entwicklungsaufgaben (Messinstrumente: *Berufsreife*). Im Vordergrund einer auf Supers Ansatz beruhenden (nondirektiven) Beratung stehen die Diagnose und die Förderung der Berufsreife.
(2) *Person-Job Fit*. Hier steht die Passung von Person- und Berufsmerkmalen im Vordergrund. Grundlage bildet ein differentiell-psychol. Modell der Berufswahl (*Differentielle Psychologie*), das auch in der dt. *Berufsberatung* verfolgt wird. (a) Der weltweit und auch im dt.sprachigen Raum bekannteste Ansatz stammt von J. D. Holland (Holland 1959, 1994, 1997). Er hat eine *Typologie* von Orientierungen entwickelt, die sowohl Persönlichkeitstypen als auch berufliche Umwelten beschreibt (handwerklich, forschend-intellektuell, künstlerisch, sozial, unternehmerisch, konventionell, *Interessen, hexagonales Strukturmodell (Holland)*). Personen wählen danach diejenigen beruflichen Umwelten aus, die zu ihren dominierenden Orientierungen passen. Mittels sog. sekundärer Konstrukte (Kongruenz, Differenziertheit und Konsistenz) macht Holland Vorhersagen über das Berufswahlverhalten, die Passung von Person und Beruf sowie über die spätere Berufszufriedenheit. Zur Messung der Holland'schen Konstrukte stehen eine Reihe dt.sprachiger Instrumente zur Verfügung (*Allgemeiner Interessen-Struktur-Test mit Umwelt-Struktur-Test - Revision (AIST-R/UST-R)*, *Explorix*, *Explojob*). Sie werden vornehmlich zur Unterstützung der Berufsfindung Jugendlicher eingesetzt. Hollands Typologie ist Bestandteil des staatlichen amerikanischen Berufsberatungs- und Berufsklassifikationssystems *O*Net*. (b) *Theorie der Arbeitsanpassung* (*Theory of Work Adjustment, TWA*) von Dawis et al. (1964, Dawis 2005). Hier steht die Zeit der Berufsausübung im Vordergrund. Eine Besonderheit der TWA ist, dass Passung von zwei Seiten betrachtet und definiert wird: Das Verhältnis von personseitigen Fähigkeiten und arbeitsseitigen Anforderungen bestimmt, wieweit das Arbeitsverhalten vom Arbeitgeber als zufriedenstellend bewertet wird (*satisfactoriness*). Das Verhältnis von personseitigen Bedürfnissen, Werten und Interessen und korrespondierenden arbeitsseitigen Verstärkerangeboten bestimmt die Zufriedenheit des Individuums (*satisfaction*). Die Verweildauer (*tenure*) an einem best. Arbeitsplatz oder in einem Beruf wird wiederum wesentlich über das zufriedenstellende Arbeitsverhalten und die Zufriedenheit bestimmt. Für nicht zufriedenstellendes Arbeitsverhalten oder Unzufriedenheit (als Indikatoren fehlender Passung) werden erwartbare Anpassungsprozesse vorhergesagt. Eine Berufsberatung i. S. der TWA sollte folgerichtig beide Perspektiven (Eignung für den Beruf und Eignung des Berufes) berücksichtigen. Zur Messung der zentralen Konstrukte wurden zahlreiche Instrumente entwickelt, die sowohl für Forschungszwecke als auch für die *Berufsberatung* und zur *Arbeitsanalyse* einsetzbar sind (Dawis 2005). Die Ebene der berufsbezogenen Werte wurde in das bereits genannte *O*Net* aufgenommen und ergänzt die fähigkeits- und interessenbezogene Selbsterkundung und Berufsklassifikation.
(3) *Integrative Ansätze*. Sie berücksichtigen soziologische bzw. sozialpsychol. Aspekte und konzentrieren sich auf die Dynamik und Veränderbarkeit berufswahlrelevanter *Kognitionen* und *Interessen*. Zentrales Anliegen ist die Erklärung eingeschränkten Berufswahlverhaltens (Beschränkung auf wenige Berufe, geschlechtstypische Berufspräferenzen und -abneigungen). (a) Das Konzept von Linda S. Gottfredson (*Theory of Circumscription and Compromise*, Gottfredson 1981, 2005) konzentriert sich auf die

Entwicklung von subj. Berufsbildern, Berufswünschen und beruflichen Ambitionen. Bereits in früher Kindheit bildet sich eine kogn. Karte von Berufen (*occupational map*), die vom jew. Stand der kogn. Entwicklung und von der parallel verlaufenden Selbstkonzeptentwicklung (*Selbstkonzept, Entwicklung*) geprägt ist. Durch die fortschreitende kogn. Entwicklung enthält diese Karte immer mehr und zunehmend differenzierter gruppierte Berufe. Zugleich wird im Zuge der Selbstkonzeptentwicklung das Spektrum der Berufe, die für die eigene Person in Betracht gezogen werden, kontinuierlich und weitgehend unbewusst beschränkt (*social space, zone of acceptable alternatives*; 6–8 Jahre: Passung zum Geschlecht, 9–13 Jahre: Passung zur eigenen sozialen Klasse und dem Begabungsniveau, ab 14 Jahre: Passung zu den eigenen Interessen, Werten und Kompetenzen). Berufswünsche und berufliche Abneigungen sind somit das Ergebnis eines Eingrenzungsprozesses (*circumscription*) und unmittelbarer Ausdruck des Selbstkonzeptes. Die eigentliche Berufswahl erfolgt aus einem bereits stark eingeschränkten Spektrum. Notwendige berufsbezogene Kompromisse (Berufswunsch vs. reale Berufsoptionen) sind geprägt vom hierarchischen *Selbstkonzept*: Je zentraler ein Berufsmerkmal für das Selbstkonzept ist, desto später wird es preisgegeben. Geschlecht, soziale Klasse und Intelligenz sind daher wichtige Prädiktoren des Berufswahlverhaltens, berufsbezogene Interessen und Werte leisten demgegenüber einen schwächeren Vorhersagebeitrag. Eine wichtige Aufgabe der *Berufsberatung* i. S. dieses Ansatzes ist es, ausgeblendete und verworfene Berufsoptionen zu prüfen. Als diagn. und didaktisches Instrument wurde hierzu die MVC (*Mapping Vocational Challenges*, Gottfredson & Lapan 1997) entwickelt. (b) Sozial-kogn. Perspektive (*soziale Kognition*). Der Ansatz von Bandura (1977a) wurde ursprünglich herangezogen, um Geschlechtsunterschiede bei der Laufbahnentwicklung zu erklären und die berufliche Entwicklung von Frauen zu fördern (Hackett & Betz 1981). In der Folge wurde er dann mit der sozial-kogn. Laufbahntheorie (*Social Cognitive Career Theory, SCCT*; Lent et al. 1994, Lent 2005) zu einem eigenständigen berufspsychol. Ansatz weiterentwickelt. Als zentrale Erklärungsgrößen sowohl für die Entwicklung beruflicher Interessen als auch für das Berufswahlverhalten und für berufliche Leistung und Erfolg werden hier Selbstwirksamkeitserwartungen (*Selbstwirksamkeitserwartung*; *self efficacy expectations, SWE*) und Ergebniserwartungen (*outcome expectations*) einer Person erachtet. Beide Größen sind wiederum das Ergebnis von Lernerfahrungen und Rückmeldungen der Umwelt zu best. Aktivitäten. Sowohl übersteigertes als auch zu geringes Selbstvertrauen (SWE im Vergleich zu den obj. Fähigkeiten) können die Entwicklung von Fertigkeiten und die Leistung beeinträchtigen. Für die Berufseignungsdiagnostik (*DIN 33430*, *Personalauswahl*) ergibt sich daraus, dass neben Fähigkeiten und Interessen auch bereichsspezifische Selbstwirksamkeits- und Ergebniserwartungen einbezogen werden sollten. Aus der Perspektive der SCCT sollte *Berufsorientierung* früh ansetzen und die Ausbildung angemessener allg. und bereichsspezifischer SWE unterstützen, am besten bereits in der Kindheit, bevor sich Interessen und Berufswünsche stabilisieren und Optionen vorzeitig ausgeschlossen werden. Überschneidungen des SCCT-Ansatzes ergeben sich mit frühen motivationspsychol. *Erwartung-Wert-Theorien* (Vroom 1964, Kleinbeck 1975), bei denen die Instrumentalität von Berufen für best. Motivziele (z. B. sozialer Einfluss und Ansehen, Erfolg durch Leistung oder sozialer Anschluss) im Vordergrund steht.
D. Üstünsöz-Beurer

Berühren, aktiv [engl. *active touch*], [**WA**], Tasten; impliziert eine Absicht bzw. Zielgerichtetheit. *Hautsinne (Tast-, Temperatur-, Schmerzsinn)*. Gibson 1962, Heller & Schiff 1991.
C. Kiese-Himmel

Berühren, passiv [engl. *passive touch*], [**WA**], statischer Hautkontakt. Empfindung auf der Haut, z. B. durch Auflegen eines Objekts auf unbewegte Körperregionen. Es werden nur Hautrezeptoren erregt. Heller & Schiff 1991.
C. Kiese-Himmel

Berührungsassoziation *Assoziationsformen*.
Berührungsempfindung [engl. *touch sensation*]; *Tastempfindung*, *Hautsinne (Tast-, Temperatur-, Schmerzsinn)*.
Beschäftigungsdelir [engl. *activity delirium*], [**KLI**], Bewegungsunruhe und meist stummes Herumwirtschaften in alltäglicher Umgebung und bei gewohnter Tätigkeit unter Verkennung der Situation. *Desorientierung*, *Halluzination* bei *Delirium* tremens.
Beschäftigungstherapie [engl. *occupational therapy*], *Arbeitstherapie/Beschäftigungstherapie*, *Ergotherapie*.
Beschneidung (= B.) [engl. *circumcision*; lat. *circumcisio*], syn. *Circumcision*, [**GES, SOZ**], die bei versch. Kulturen verbreitete, nach best. Vorschriften geregelte operative Entfernung der Vorhaut (*präputium*), total oder teilweise, beim Säugling oder in der *Pubertät*. Wenig eindeutig ist der Anlass zur B.: Symbol der Mannbarkeitserklärung (Aufnahme des Jünglings unter die Männer) – Vorbereitungsakt auf die Sexualfunktion (erst der Beschnittene darf heiraten) – Reinlichkeitsgründe (die Verbreitung der B. in tropischen Zonen spricht dafür) – Wundheilungsgrund (die Vorverlegung der B. auf das Säuglingsalter lasse die Wunde besser ausheilen) – Rest des alten Menschenopfers (Weihe eines Teiles statt des Ganzen).
Auch die B. der Mädchen (Entfernung der Klitoris, teilweise Amputation der Schamlippen, Infibulation [lat. *infibulare* zuheftein] als Verschluss des Scheideneingangs zur Beischlafverhinderung) ist bei einigen Völkern und Stämmen Sitte. Zur Begründung wird u. a. die Hemmung der weiblichen Sexualität genannt.

beschreibende Psychologie (= b. Ps.) [engl. *descriptive psychology*], [**PHI**], deskriptive Ps., die sich vorwiegend der Beschreibung als Forschungsmethode bedienende Ps. Sie kann sich auf Einzelerscheinungen (= indiv. Deskription) oder auf das Allgemeine richten (= generelle Deskription). Auf den Unterschied der beschreibenden und zergliedernden Ps. wies zuerst *Dilthey* hin. Für die b. Ps. wurde die *Phänomenologie*) fruchtbar (phänomenologische Deskription von *Husserl*) und seiner Schule, insbes. von Heidegger und Scheler). *Skinner* versteht unter deskriptiver Ps. eine streng positivistische Ps. *Behaviorismus*. Nach Dilthey wird die b. Ps. auch als «reine» Ps. bez. Eine psychol. Richtung, die im Ggs. zur Exp. Ps. nur die Beschreibung und das *Verstehen*, nicht die Erklärung der psych. Erscheinungen als Aufgabe der Ps. betrachtet. Begründer und Hauptvertreter sind *Brentano*, Dilthey, Jaspers, *Spranger*.

Beschreibung (= B.) [engl. *description*], [**FSE**], Deskription, Aufzählung der Eigenschaften (Prädikate beliebiger Ordnung) von Objekten, Ereignissen oder Prozessen. B. gründet sich auf *Beobachtung* und ist zu unterscheiden von der Erklärung (*Erklären*). Im Zusammenhang mit der *Verhaltensbeobachtung* ist die bewährteste Methode der B. die anhand von Beobachtungs-(Verhaltens-)Kategorien. Hier werden die zu beobachtenden Verhaltensweisen in disjunkte und erschöpfende Klassen (Kategorien) eingeteilt und ihnen sprachliche Formulierungen zugeordnet. Je nachdem, ob es sich um differenzierte und detaillierte *Kategoriensysteme* oder eher grobe handelt, spricht man von größerer oder geringerer Strukturierung. Brauchbare Beobachtungskategorien sind derart, dass (geschulte) Beobachter gleiche Verhaltensweisen in gleiche Kategorien einordnen (*Beurteilerübereinstimmung*) und dass keine *Interpretationen* vorgenommen oder durch die Wahl der sprachlichen Formulierungen provoziert werden. Die Entwicklung eines derartigen Kategoriensystems erfordert vorangehende Beobachtung und kann sehr aufwendig sein. Bei der Verwendung von Beobachtungsbogen gibt es zwei Haupttechniken: (1) Eintragen von Häufigkeiten in einer Liste von Beobachtungskategorien und (2) Beantworten gezielter Fragen nach best. Verhaltensweisen. Der zeitliche Verlauf kann einfach registriert werden, wenn der Beobachtungsbogen für die Eingabe auf einem Computer, Tablet, o. Ä. adaptiert wird. *Beobachtung*, *Beobachtungsfehler*. *O. Huber*

Test Beschwerden-Liste (B-LR), 2011, D. von Zerssen & F. Petermann, [www.testzentrale.de], [**DIA, KLI**]. Klinisches Verfahren. AA 14–90. Die B-LR ist ein Selbstbeurteilungsverfahren im Einzel- oder Gruppensetting zur Erfassung der subj. Beeinträchtigung durch körperliche bzw. Allgemeinbeschwerden, wobei das gesamte Spektrum von Beschwerdefreiheit bis hin zu einer schweren Beeinträchtigung abgedeckt wird. Es stehen zwei Parallelformen (B-LR und B-LR') zur Verfügung, die jew. aus 20 Items bestehen. Das Instrument ist krankheitsübergreifend bei verschiedensten Pat.gruppen einsetzbar, d. h. sowohl bei Pat. mit körperlichen (insb. chronischen) als auch mit psych. Erkrankungen bzw. Störungen. *Normierung*: Für beide Parallelformen stehen bevölkerungsrepräsentative Normen (PR, T-Wert, Stanine) für den Altersbereich 14 bis 90 Jahre zur Verfügung (B-LR: $N = 1230$ / B-LR': $N = 1267$). Bearbeitungsdauer: Durchführung ca. 5 Min., Auswertung ca. 1–2 Min.

Beschwerdenvalidierung (= B.) [engl. *symptom validity assessment*], [**DIA, GES, KLI**], diagn. Prozess, der zur Beurteilung der *Beschwerdenvalidität* führt. Ursprünglich war der Begriff im Wesentlichen identisch mit dem der *Simulationsdiagnostik*. Im Ergebnis der B. werden Aussagen über den Grad des Vertrauens bzgl. der Gültigkeit anderer diagn. Daten (*Gütekriterien*) erhalten. Neben einer Konsistenz- und Plausibilitätsanalyse sind spez. Methoden zur B. entwickelt worden, sog. *Beschwerdenvalidierungstests*. Insbes. in gutachtlichen Kontexten (*psychologisches Gutachten*) mit einem hierin immanenten und oft erheblichen sekundären *Krankheitsgewinn* ist eine sorgfältige B. unentbehrlich, was zunehmend in dt.sprachigen Leitlinien zur Begutachtung Beachtung findet. In der neuesten Literatur wird der Begriff der B. i. w. S. zur Bez. aller verfügbaren Methoden der Konsistenz- und Plausibilitätsprüfung benutzt, einschließlich Elektrophysiologie, Medikamentenmonitoring, Beobachtung des Schmerzverhaltens, motorischer Leistungsprüfungen und Realkennzeichen aus der Glaubhaftigkeitsdiagnostik (*Glaubwürdigkeit*). Parallel wird im Deutschen weiterhin der Begriff Symptomvalidierung verwendet, der auf einer ursprünglichen Fehlübersetzung beruht (engl. *symptoms* Beschwerden, *signs* Symptome) und deshalb vermieden werden sollte. Larabee 2007, Merten & Dettenborn 2009. *T. Merten*

Beschwerdenvalidierungstests (= B.) [engl. *symptom validity test*], [**DIA, GES, KLI**], Testverfahren zur *Beschwerdenvalidierung*. Ursprünglich wurden B. als Simulationstests aufgefasst, jedoch lässt sich aus den Testergebnissen keine direkte Aussage darüber ableiten, ob eine *Simulation* oder *Aggravation* bei der untersuchten Person vorliegt. Es können lediglich Aussagen über die Kooperativität in der Untersuchung und damit über die Gültigkeit der in anderen Verfahren (Leistungsdiagnostik, Selbstbeurteilung) ermittelten Ergebnisse abgeleitet werden, für weiterreichende Schlüsse müssen mehr Informationen herangezogen werden. Der engl.sprachige Begriff wurde erstmals von Pankratz benutzt. Ursprünglich war der Begriff des B. auf Alternativwahlverfahren (engl. *forced choice method*) beschränkt, die auf der Basis einer zufallskritischen Analyse des Antwortverhaltens gezielte Manipulationen durch Pbn nachzuweisen gestatten. Solche Verfahren sind sowohl als einzelexp. Anordnungen konstruierbar als auch als standardisierte *Tests* kommerziell verfügbar. Später wurden auch Tests mit anderen Antwortformaten als B. bez. I. w. S. können alle psychometrischen Verfahren, Testwerte und Indikatoren, die zur Erkennung eingeschränkter Kooperativität von Pbn herangezogen werden, als B. verstanden werden. Nach dieser Ansicht gehören auch sog. eingebettete *Validität*sindikatoren zu den B. Kogn. B. sind Tests zur Überprüfung der Validität der Ergebnisse von Leistungstests, auch *Leistungsvaliditätstests* genannt [engl. *performance validity test*]; psychol. B. sind Fragebögen und Kontrollskalen zur Überprüfung der Validität geltend gemachter Beschwerden. Reynolds & Horton 2012, Pangratz 1979. *T. Merten*

Beschwerdenvalidität (= B.) [engl. *symptom validity*], [**DIA, GES, KLI**], *Validität*; Glaubhaftigkeit oder Grad an Vertrauen, den ein Untersucher der Aufrichtigkeit einer Beschwerdenschilderung und der Gültigkeit der Symptomdarstellung (*Symptom*) durch einen Pat. oder Gutachtenpb (*psychologisches Gutachten*) entgegenbringen kann. In psychol. Testuntersuchungen (*Test*) wird damit die Gültigkeit des ermittelten Testprofils i. d. S. verstanden, als dieses die tatsächlichen Leistungsvoraussetzungen des Pb adäquat widerspiegelt oder etwa als Resultat einer suboptimalen Testmotivation (*Motivation*) als ungültig zurückzuweisen ist. Der Prozess, der zu Aussagen über die B. führt, wird als *Beschwerdenvalidierung* bez. *T. Merten*

Beschwichtigungsgebärde (= B.) [engl. *appeasement gesture*], **[KOG]**, die im Ggs. zum *Imponiergehabe, -gebaren* stehenden ritualisierten *Ausdrucksbewegungen* bei wehrhaften Tieren (z. B. Federn, Haare dicht anlegen; Schnabel, Zähne abwenden). B. ist noch keine *Demutsgebärde*, die die völlige Unterwerfung anzeigt.

Besessenheit [engl. *bedevilment, obsession*], das vermeintliche Ergriffensein eines Menschen von einem Dämon, einem bösen Geist. Für Besessene hielt man früher v. a. die Kranken, die an *Epilepsie* litten.

Besinnen, Sichbesinnen (= B.) [engl. *to bethink oneself of something*], **[KOG]**, die mit einer Zielvorstellung verbundene Konzentration auf einen nicht im Bewusstsein befindlichen Gedächtnisinhalt (*Gedächtnis*), mit dem Zweck, ihn zu reproduzieren (*Reproduktion*). Das B. auf Eigennamen ist eingehender untersucht worden. Dabei wurde erkannt, dass «Stütznamen» die Vorstufen zur Wortfindung sind und Rhythmus, Komplexqualität der Klangphysiognomie sowie Wortanfang in Zusammenhang mit dem gesuchten Wort stehen. Nachprüfungen (Witte) ergaben eine stat. signifikante Übereinstimmung zw. Stützwort und gesuchten Wort bei den Vokalen, Anfangsbuchstaben und der Anzahl der richtig getroffenen Buchstaben. *Abruf*. Witte 1960.

Besitzeffekt (= B.) [engl. *endowment effect*], **[AO, EM, KOG, WIR]**, als B. bez. Richard Thaler (Thaler 1980) ein ökonomisches Verhaltensmuster, wonach Menschen oft mehr Geld für den Verkauf eines Objektes verlangen, als sie für den Erwerb desselben Objektes bereit wären zu zahlen. Die Inbesitznahme eines Objektes führt zu einer höheren Wertschätzung dieses Objektes und infolge zu hohen Forderungen für die Abgabe des Objektes. Grund für dieses Verhalten ist die *Verlustaversion* (Kahneman et al. 1991). Der B. tritt nicht nur bei Realgütern, sondern auch bei Nominalgütern auf und geht meist mit dem *Status-quo-Fehler* einher. Aus ökonomischer Perspektive stellt der B. eine Anomalie dar, da er inkonsistent mit der neoklassischen ökonomischen Annahme ist, wonach die Bereitschafft einer Person zu zahlen für ein Gut äquivalent ihrer Bereitschaft sein sollte, eine Kompensation für die Abgabe des Gutes zu akzeptieren. *E. Kirchler/J. Stark*

Besonnenheit (= B.) [engl. *considerateness, deliberateness*], **[EM, KOG]**, Zustand mit geordneter und zielgerichteter *Bewusstsein*stätigkeit und durchschnittlicher Klarheit und Deutlichkeit der Bewusstseinsinhalte, bei Abwesenheit intensiver *Affekte*. Der Zustand der B. ist also durch eine ausgeglichene Gefühlslage und durch überlegte, d. h. in ihren Folgen bedachte *Handlungen* gekennzeichnet. Bei den Griechen war die B. in der Form der Sophrosynie (Platon) eine Kardinaltugend (Lebensführung im Sinne der Mäßigung).

Besorgnis [engl. *anxiety, worriedness*], *Angst, kognitive Modelle*.

Bestätigung (= B.) [engl. *confirmation*], **[PHI]**, eine *Hypothese* oder *Theorie* gilt als bestätigt (oder bewährt), wenn sie einer empirischen Prüfung unterzogen wurde und die resultierenden Daten mit der Hypothese vereinbar sind. Voraussetzung für eine B. ist, dass ein echter Prüfversuch vorlag, d. h., dass bei der Datenerhebung auch mit der Hypothese unvereinbare Daten hätten auftreten können (*Falsifikation*). Je wahrscheinlicher das Auftreten falsifizierender Daten war, desto größer ist bei pos. Resultat die B. Im *Kritischen Rationalismus* wird B. im erläuterten Sinne als *Bewährung* bez., um eine Verwechslung mit dem Begriff der induktiven Bestätigung (für die bisher kein geeigneter Kalkül konstruiert werden konnte) auszuschließen. *V. Gadenne*

Bestätigungsfähigkeit [engl. *capability of confirmation*], **[PHI]**, von Carnap eingeführter Begriff der Wissenschaftstheorie. Ein Satz heißt bestätigungsfähig, wenn er auf Beobachtungssätze zurückgeführt werden kann. Stegmüller 1971.

Bestätigungstendenz (= B.) [engl. *confirmation bias*], **[FSE, KOG, PHI]**, beim Testen einer Hypothese werden bevorzugt Informationen gesucht und verarbeitet, die geeignet sind, die Hypothese zu bestätigen; auch *mechanism of self-confirmation of hypothesis, confirmatory strategy*. Gadenne (1982) bezweifelt dies mit den Gründen, dass menschliches Denken allg. durch die B. bestimmt sei, d. h. aber auch, dass nicht stets *kognitive Dissonanz* zu vermeiden versucht werde.

Bestimmtheitsmaß *Determinationskoeffizient*.

Bestimmungsgleichung (= B.) [engl. *specification equation*], syn. *Spezifikationsgleichung*, **[FSE, PER]**, Gleichung, die darstellt, in welcher Weise Variablen funktional für eine Verhaltensbeschreibung miteinander in Beziehung stehen. In der Faktorenanalyse (*Faktorenanalyse, exploratorische*) zeigt die B. an, in welcher Weise Faktoren eine Merkmalsausprägung bestimmen. In der faktorenanalytischen Persönlichkeitsforschung gibt die B. an, in welcher Weise ein Verhalten oder eine Reaktion funktional mit Persönlichkeitsmerkmalen in Beziehung steht. R. B. Cattell hat solche B. aufgestellt. In allgemeiner Form lautet die Formel:

$$a = a_1 \cdot f_1 + a_2 \cdot f_2 + \ldots + a_n \cdot f_n$$

Für ein spez. Verhalten kann sie so dargestellt werden:

$$R = -0{,}1A + 0{,}6B - 0{,}4C + 0{,}8T.$$

Die Formel zeigt, dass das faktorenanalytische Modell math. sehr einfache Beziehungen gewählt hat. Additivität und Linearität (*linearer Zusammenhang*) sind dabei Postulate und nicht etwa Resultate der empirischen Forschung. Die faktorenanalytischen Forscher sind jedoch der Ansicht, dass man zunächst dieses einfache Modell benutzen kann, um Verhalten beschreiben und erklären zu können. Cattell hat versucht, der Komplexität des Verhaltens dadurch gerecht zu werden, dass er in die B. verschiedene Gruppen von Beschreibungsdimensionen einführt:

$$R_1 = s_{ia} \cdot A + s_{it} \cdot T + s_{ie} \cdot E + s_{im} \cdot M + s_{ir} \cdot R + s_{is} \cdot S$$

In dieser Formel bedeuten: A = Beschreibungsdimensionen für *Fähigkeiten*, T = *Persönlichkeitsfaktoren*, E = *Motiv*dimensionen, die physiol. determiniert sind, M = Motivdimensionen i. S. von *Einstellungen*, R = Merkmale des *Rollenverhaltens*, S = Zustandsdimensionen (*state*) und mit Situationsfaktoren gewichtet. *H. O. Häcker*

Bestrafung (= B.) [engl. *penalty, punishment*], [**KOG**], ein unangenehmes Ereignis (*aversiver Reiz*), das (der) auf eine *Handlung* folgt und die Wahrscheinlichkeit des Auftretens dieser Handlung in ähnlichen Situationen herabsetzen soll (*Konditionierung, operante*). Im Ggs. zu der Auffassung, dass die B. die Auftretenswahrscheinlichkeit unmittelbar (direkt) abschwächt, wird meist eine indirekte Wirkung angenommen: Reaktionen auf die B. sind mit der bestraften Handlung unvereinbar (inkompatibel), wodurch eine *assoziative Hemmung* erzeugt und damit die Auftretenswahrscheinlichkeit der bestraften Handlung verringert wird. Die Beantwortung der Frage, ob B. oder Belohnung (*Verstärkung*) für das Lernen (*Lernen*) förderlicher sei, hat eine lange Geschichte. Sie ist kaum für das Erlernen neuer Reaktionen, sondern nur für das Unterscheidenlernen zw. zwei Alternativen (richtige Wahl belohnt, falsche bestraft) möglich. Bei stärkeren B. sind oft die durch sie ausgelösten (und länger andauernden) affektiven Erregungen störende Nebenwirkungen für benachbarte *Lernprozesse*, die von der spezif. B. nicht betroffen werden sollten. Der *Lernerfolg* kann dadurch herabgesetzt werden. Eine weitere Möglichkeit der Herabsetzung der Wahrscheinlichkeit einer best. Handlung ist durch den Entzug angenehmer Ereignisse möglich. *Belohnung, bedingter Reflex, bedingte Reaktion, Gesetz des Effekts, Aversionstherapie, time out.* Blöschl 1979, Bodenmann 2012, Reinecker 1980.

Beta-Amyloid [engl. *amyloid-beta peptide*], [**BIO**], Protein mit neurotoxischer Wirkung. Die Substanz findet sich in den senilen Plaques bei Pat. mit *Alzheimer-Krankheit*. Stoffe, die den Einfluss des Amyloids mindern sollen, sind in Entwicklung.

Beta-Bewegung [engl. *beta movement*], *Scheinbewegungen*.

Betablocker [engl. *beta-blocker*], *Beta-Rezeptorenblocker*.

Beta-Carboline [engl. *β-Carboline (alkaloids)*], [**BIO, PHA**], Stoffe Norharman und *Harman* in vielen Pflanzen, auch im Zigarettenrauch als Produkt von *Tryptophan* vorkommend. Werden auch als endogene Liganden der Benzodiazepin-Rezeptoren (*GABA*) bez. Sie wirken dort meist als sog. inverse *Agonisten* entgegengesetzt zu *Benzodiazepinen*. Es gibt jedoch auch Stoffe, die dies nicht tun. Niedrige Dosen stimulieren die Freisetzung von *Dopamin* im Nucleus accumbens, einer wichtigen Struktur des Belohnungssystems. Eine Beteiligung an *Angst* und am *Gedächtnis* wird postuliert. Meyer & Quenzer 2005.
W. Janke/M. Reuter

Beta-Endorphin, [**PHA**], Substanz aus der Gruppe der *Opioide*, auf μ-Rezeptoren wirkend, wirkt analgetisch und euphorisierend, spielt eine Rolle bei der Aufmerksamkeitsregulation (*Aufmerksamkeit*).

Beta-Fehler [engl. *beta error*], syn. *β-Fehler*, *Fehler zweiter Art*.

Beta-Gewicht [engl. *beta weight*], syn. *β-Gewicht*, *Regressionsgewicht*.

Beta-Rezeptorenblocker (= B.) [engl. *beta-receptor blocker*], syn. *β-Adrenozeptorantagonisten*, [**BIO, PHA**], Substanzen, die über die Besetzung von Beta-Rezeptoren den Einfluss des sympathischen NS (*Nervensystem*), inkl. Nebennierenmark, auf die Endorgane teilweise hemmen oder blockieren. Sie können nach dem beeinflussten Rezeptoren-Untertyp (selektiv: β1 oder β2, nicht selektiv β1 und β2), nach ihrer zentralnervösen Wirkung, nach ihrer membranstabilisierenden Eigenschaft, nach antagonistischen Wirkungen an α_1-Adreno- und $5-HT_{1A}$-*Serotonin*-Rezeptoren sowie nach ihren zeitlichen Wirkungsmerkmalen differenziert werden, sodass jeder der etwa 40 Stoffe ein eigenes Profil haben kann. Aus der sympathikolytischen Wirkung auf Beta-Rezeptoren folgen u. a. Senkung der Herzleistung (Schlagvolumen und -frequenz), verminderte Glykogenolyse und Lipolyse. Viele Stoffe passieren die *Blut-Hirn-Schranke* und haben daher neben vegetativen auch zentralnervöse Wirkungen. Hohe Dichten von Beta-Rezeptoren finden sich im limbischen System und im Nucleus dentatus des Kleinhirns. Therap. Anwendung findet diese Stoffgruppe bes. bei kardiovaskulären Störungen wie *Hypertonie* oder tachykarden Herzrhythmusstörungen (hier v. a. β1-Blocker wie *Metoprolol*, *Atenolol*, *Bisoprolol*), gelegentlich bei *Angststörungen* mit starker somatischer Komponente. Hinsichtlich psych. Wirkungen am meisten untersucht sind *Propanolol* und Oxprenolol. Bei Gesunden, aber auch bei Pat. mit allg. Angstzuständen, konnten angstreduzierende Wirkungen trotz zahlreicher Untersuchungen bisher nicht zweifelsfrei nachgewiesen werden. Soweit psych. Wirkungen festgestellt werden, dürften diese nicht nur über direkte zentrale, sondern auch indirekt über die peripheren Wirkungen der B. zustande kommen. Gleiter & Deckert 1996, Riederer et al. 1992. *G. Erdmann/W. Janke*

Beta-Wellen [engl. *beta waves*], *Elektrodiagnostik*.

Betazismus [*β (beta)* gr. Buchstabe «b»], [**KOG**], fehlerhafte Artikulation des Lautes «b», z. B. Blume wie «Plume». *Sprachstörungen*.

^Test^**Beteiligungsorientierte Arbeitsplatzanalyse (BALY)**, [**AO, DIA**], Leitfaden zur Beurteilung der Arbeitsbedingungen an Bildschirmarbeitsplätzen. I. R. eines zweitägigen Workshops werden die Beschäftigten angeleitet, physische und psych. Belastungen an ihrem Arbeitsplatz zu analysieren und Gestaltungsvorschläge zu entwickeln. Ergebnis: Identifizierung aktueller betrieblicher Belastungsschwerpunkte (Arbeitsumgebung, Arbeitsmittel, Softwareergonomie, Zeitspielraum, Hindernisse) und des Potenzials zur Gesundheitsförderung (Entscheidungsspielraum, Kommunikationsmöglichkeiten), konkrete Verbesserungsvorschläge. Anwendung: Umsetzung des Arbeitsschutzgesetzes bzw. der Bildschirmverordnung unter Beteiligung der Beschäftigten. *Belastung, psychische*. Kreutner & Johst 1997.

Betreuungsqualität [engl. *quality of care*], *Kinderbetreuung, Struktur-, Prozess- und Orientierungsqualität*, *NICHD Early Child Care Network*.

Betriebliches Gesundheitsmanagement (= BGM) [engl. *corporate/occupational health management; manage-*

ment Führung], **[AO, GES]**, bezeichnet die bewusste Gestaltung betrieblicher Strukturen und Prozesse mit dem Ziel, die *Gesundheit* und das *Wohlbefinden* der Mitarbeitenden zu erhalten und zu fördern. Dabei besteht Übereinstimmung mit der in der *Ottawa-Charta* der WHO (World Health Organization 1986) formulierten Position: «Die Art und Weise, wie eine Gesellschaft die Arbeit und die Arbeitsbedingungen organisiert, sollte eine Quelle der Gesundheit und nicht der Krankheit sein.»

Zahlreiche Untersuchungen belegen, dass arbeitsbedingte Erkrankungen nicht nur ein indiv., familiäres (*work/family conflict*, *life domain balance*) oder betriebliches Problem darstellen, sondern auch bei den volkswirtschaftlichen Kosten zu thematisieren sind. Dabei stehen die in der Diagnosegruppe *Krankheiten des Muskel-Skelett-Systems und des Bindegewebes* (= MSK) registrierten AU-Tage (Arbeitsunfähigkeit) seit Jahren in allen europäischen Ländern an erster Stelle der Ursachen für krankheitsbedingte Fehltage. Gleichzeitig haben die auf die Diagnosegruppe *Psychische Störungen und Verhaltensstörungen* entfallenden Abwesenheitstage deutlich zugenommen (*Absentismus*, *Gesundheit, berufliche Bedingungen*, *Stress am Arbeitsplatz*).

BGM weist zwei Zugänge auf: (1) eher verhaltensorientierte (*Verhaltensprävention*) personenbezogene Interventionen, (2) eher verhältnisorientierte (*Verhältnisprävention*) bedingungsbezogene Interventionen, insbes. durch Maßnahmen der *Arbeitsgestaltung*. Am Bsp. der MSK lässt sich die Bedeutung betrieblicher Arbeitsgestaltung exemplarisch aufzeigen. Gründe für diese Erkrankungen sind einerseits in Bewegungsmangel und einseitiger körperlicher Belastung zu suchen. Andererseits spielen Merkmale wie Autonomie/Tätigkeitsspielraum und Vollständigkeit der Aufgaben eine bedeutsame Rolle. So konnte Lundberg (1996) belegen, dass MSK in Gruppenarbeitsstrukturen (*Arbeitsgruppe*) mit entspr. Autonomie weniger häufig auftreten als in arbeitsteiligen Arbeitsstrukturen, in denen die gleichen Produkte bzw. Dienstleistungen zu erstellen waren. Physiol. Belastungsreaktionen und Selbsteinschätzungen der erlebten Ermüdung nahmen in den arbeitsteiligen Strukturen während des Schichtverlaufes zu und erreichten ihren Gipfel am Ende der Schicht, während in der flexiblen Gruppenarbeitsstruktur «a moderate and more stable level throughout the shift» gefunden wurde. Ähnlich fanden Melin et al. (1999) bei Beschäftigten, die in unterschiedlichen Produktionsstrukturen das gleiche Produkt montierten, bei der Arbeit in teilautonomen Gruppen (*Gruppenarbeit*) im Vergleich zur partialisierten Arbeit von Beginn bis Ende der Schicht die günstigeren physiol. Kennwerte und nach der Schicht die bessere Erholungsfähigkeit. Rau (2004, 181) konnte zeigen, dass Männer mit «sehr gut gestalteten», d. h., den Konzepten lern- und gesundheitsförderlicher Arbeitsgestaltung entspr. Tätigkeiten «signifikant höhere Tätigkeitsspielräume, stärkere Einbindung eigener Ideen am Arbeitsplatz, höhere Vorhersehbarkeit und eine höhere Arbeitsintensität in ihrer Arbeit wahrnehmen als Männer mit *nur* fehlbeanspruchungsfrei gestalteten Tätigkeiten». Messungen der *kardiovaskulären Aktivität* ergaben, dass der diastolische Blutdruck (= DBD) «während des Tages (Arbeit, Obligationszeit, Freizeit)» in der Gruppe mit den «sehr gut gestalteten Tätigkeiten» höher war als in der Gruppe mit den nur fehlbeanspruchungsfrei gestalteten Tätigkeiten. Während der Nacht wiesen die Mitarbeiter der Gruppe mit den sehr gut gestalteten Tätigkeiten hingegen einen niedrigeren DBD und eine deutlich größere Rückstellrate des DBD auf als diejenigen, deren Tätigkeit nur fehlbeanspruchungsfrei gestaltet war. «Damit reagierte die Gruppe mit *sehr gut* gestalteten Arbeitstätigkeiten während der Belastungen mit einer höheren Aktivierung, war aber in der Erholungsphase in der Lage, diese wieder vollständig zurückzustellen» (S. 190).

Obwohl die Bedeutung der bedingungsbezogenen Interventionen, d. h. der Veränderung der Verhältnisse, neuerdings immer wieder betont wird und «in der Sachlogik (…) Verhaltensprävention der Verhältnisprävention stets nachgeordnet bleibt» (Klotter 1999, 43), liegt der Schwerpunkt betrieblicher Gesundheitsförderungsaktivitäten nach wie vor bei den personenbezogenen Interventionen, d. h. bei der Veränderung des Verhaltens. Im Zusammenhang mit der Realisierung von Konzepten persönlichkeits- und gesundheitsförderlicher Arbeitsgestaltung darf schließlich die Tatsache nicht übersehen werden, dass Menschen über unterschiedliche Leistungsvoraussetzungen verfügen. Dieser Sachverhalt findet im Konzept der *differentiellen Arbeitsgestaltung* Berücksichtigung. Für Bamberg und Metz (in Bamberg et al. 1998, 192) ist differentielle Arbeitsgestaltung eine Möglichkeit, die salutogenen Potenziale (*Salutogenese*) von Arbeitstätigkeiten «für jeden Beschäftigten zu erschließen», und somit auch die Schnittstelle «zwischen bedingungs- und personenbezogenen gesundheitsförderlichen Interventionen».

Verschiedentlich wird darauf hingewiesen, dass der Umgang mit betrieblicher Gesundheit letztlich eine Frage der *Unternehmenskultur* (*Organisationskultur*; Badura & Hehlmann 2003, Zimolong et al. 2006, Ducki et al. 2011) und der *organisationalen Gesundheitskompetenz* (Wieland & Hammes 2010) sei. In diesem Zusammenhang ist auch das Modell beruflicher *Gratifikationskrisen* (Siegrist 1996) von Bedeutung. Empirisch zeigten sich Zusammenhänge zw. Gratifikationskrisen und erhöhten *Risiken* für psychiatrische Störungen, *Depressionen*, *Burn-out* und Alkoholabhängigkeit (*Alkohol am Arbeitsplatz*) sowie einem erhöhten Risiko für Bluthochdruck (*Hypertonie, essenzielle*) und *koronare Herzkrankheiten*; Bosma et al. 1998; Siegrist 2002, Siegrist et al. 2004). Damit wird deutlich, dass BGM als Aufgabe des Unternehmensmanagements und wichtiges Element der *Corporate Social Responsibility* auch in die Unternehmensbewertung einzubeziehen ist. Über dafür geeignete Kenngrößen und mögliche ökonomische Effekte von BGM wird in versch. Reviews berichtet (z. B. Aldana 2001, Chapman 2005, Sockoll et al. 2008). Die Verantwortung der einzelnen Menschen, durch Lebensstil und Verhalten i. R. ihrer Möglichkeiten, allenfalls mit professioneller Unterstützung, zum Erhalt und zur Förderung der eigenen Gesundheit – ggf. auch der der Familie – beizutragen, wird damit nicht in Frage gestellt. Ulich & Wülser 2012. *E. Ulich*

Betriebsklima *Organisationspsychologie, Organisationsklima, Hawthorne-Untersuchungen.*

Betriebspsychologie, **[AO]**, ältere Bez. für *Organisationspsychologie*, bzw. Teilgebiet der *Arbeits- und Organisationspsychologie*, das sich speziell mit dem menschlichen Verhalten und Erleben von Individuen und Gruppen in Wirtschaftsunternehmen beschäftigt (*Organisation*).

Betriebspsychologie, klinische *Klinische Organisationspsychologie.*

Bettnässen [engl. *bedwetting*], *Enuresis.*

between item multidimensionality [engl.] Multidimensionalität zwischen Items; *Rasch-Modell, mehrdimensionales.*

Between-Person-Design [engl. *between* zwischen], *Tagebuch.*

Beurteilerakkuratheit (= B.) [engl. *rater accuracy*], **[AO, DIA]**, das Konzept der B. geht auf Cronbach (*Cronbach, Lee Joseph*) zurück und meint die Genauigkeit der Beurteilungen, die ein Beurteiler über ein Objekt oder eine Person abgibt. Die B. wird v. a. in der Forschung zur *Personalbeurteilung* und zur Effektivität von *Beurteilertraining* als abhängige Variable (*Variable, abhängige*) verwendet. Erfasst wird die B. als Inakkuratheit, indem sie Abweichungen zw. den Beurteilungen und der tatsächlichen Merkmalsausprägung misst. Die B. ist umso besser, je kleiner diese Abweichungen ausfallen. Die tatsächlichen Merkmalsausprägungen für die Berechnung der B. werden dabei üblicherweise durch eine Expertengruppe ermittelt. Im Ggs. zu Maßen der *Beurteilerübereinstimmung* ist sie unabhängig von anderen Beurteilern. Und im Ggs. zu Maßen für Beurteilungs- oder *Beobachtungsfehler* erfasst sie diese Genauigkeit nicht auf indirektem Weg über Verteilungskennwerte wie Mittelwert (*Maße der zentralen Tendenz*), *Standardabweichung* oder Steilheit (*Kurtosis*).

Wenn ein Beurteiler (z. B. in einem *Assessment-Center*) mehrere Personen/Objekte (z. B. mehrere Teilnehmer des Assessment-Centers) hinsichtlich mehrerer Beurteilungsdimensionen beurteilt (z. B. Ausdrucksvermögen, analytische Fähigkeiten und Kooperation), können vier weitgehend unabhängige Aspekte der B. unterschieden werden: (1) *Elevation*: Ein globaler Indikator, inwieweit ein Beurteiler über alle beurteilten Personen/Objekte und über alle Dimensionen hinweg im Durchschnitt angemessen urteilt oder milder bzw. strenger, als dies angemessen ist (d. h. inwieweit der Beurteiler z. B. alle AC-Teilnehmer generell zu gut oder zu schlecht einschätzt). (2) *Differential Elevation*: Das Ausmaß, in dem ein Beurteiler einzelne beurteilte Personen/Objekte angemessen beurteilt bzw. zu milde oder zu streng (*Milde-Effekt, Beurteilungsfehler*). (3) *Stereotype Accuracy*: Die Akkuratheit, mit der die versch. Beurteilungsdimensionen beurteilt werden. Hohe Abweichungswerte in diesem Maß bedeuten, dass best. Dimensionen insges. milder oder strenger beurteilt werden, als dies angemessen ist (z. B. wenn ein Beurteiler eine einzelne Dimension wie z. B. analytische Fähigkeiten bei allen AC-Teilnehmern bes. kritisch beurteilt). (4) *Differential Accuracy*: Das Ausmaß, in dem einzelne Personen/Objekte bzgl. einzelner Dimensionen akkurat beurteilt werden, d. h., inwieweit indiv. Leistungs-/Merkmalsprofile korrekt beurteilt werden (inwieweit also z. B. spezif. Stärken und Schwächen der einzelnen AC-Teilnehmer korrekt erkannt werden). Melchers & Kleinmann 2007. *K.G. Melchers*

Beurteilertraining (= B. t.) [engl. *rater training*], **[DIA, FSE]**, Maßnahme zur systematischen Verbesserung der Einschätzgüte bei einer Beurteilung (= B.) oder *Beobachtung*. Ein B. t. sollte zur Sicherstellung der *Beurteilerübereinstimmung* (B. ü.) *vor* einer Beobachtung durchgeführt werden. Zunächst werden die Beurteiler an repräsentativem Übungsmaterial geschult. Hierbei wird die B.aufgabe von den Beurteilern zu Beginn einzeln durchgeführt. Anschließend werden identifizierte B.probleme gemeinsam diskutiert und ggf. Modifikationen im B.verhalten konsensuell vereinbart. Am Ende dieser Trainingsphase werden Maße der B. ü. auf Basis von unabhängigen B. an Trainingsmaterial ermittelt. Indizieren diese Maße eine zufriedenstellende B. ü., so kann die B.aufgabe am Untersuchungsmaterial ausgeführt werden. Zur Bestimmung der Maße der B. ü. ist es notwendig, dass jeder Fall von mind. zwei Beurteilern eingeschätzt wird. Nach Sicherstellung der B. ü. kann die B. dann jew. durch einen der geschulten Beurteiler erfolgen. Im Falle unzufriedenstellender Übereinstimmung wird das B. t. solange fortgesetzt und sukzessive geprüft, bis eine hinreichende B. ü. gewährleistet werden kann.

Zur Verbesserung der B. ü. können folg. Maßnahmen eingesetzt werden: (1) Feedback der Urteile anderer Rater; (2) Befragung der Rater, was sie als schwierig empfunden haben; (3) Diskussion von Fällen, bei denen extrem ungleiche Urteile abgegeben wurden bzw. bei denen Konsens bestand; (4) Angleichung des Informations- und Wissenshintergrunds von Ratern; (5) Explikation und Angleichung der impliziten *Konstrukte* (z. B. «Was bedeutet Mitarbeit im Unterricht?»: Werden *Wortmeldungen* oder *konzentriertes Arbeiten* stärker gewichtet?); (6) Untergliederung des Merkmals in Subkomponenten (z. B. statt *Mitarbeit* werden die Subkomponenten *Wortmeldungen* und *konzentriertes Arbeiten* beurteilt; (7) Identifikation von Objektmerkmalen, die kritisch für die Homogenität der Urteile sind (z. B. Hyperaktivität von Schülern); (8) Allgemeine Antworttendenzen (*Beobachtungsfehler, response-set*) identifizieren und korrigieren; (9) Vereinfachung der beteiligten Informationsverarbeitungsprozesse (z. B. Vereinfachung durch *verhaltensverankerte Skalen*); (10) Veränderung der Skalenbeschreibung; (11) in Ausnahmefällen: Ausschluss von Beurteilern oder schwierig zu beurteilenden Objekten. In wiss. Beobachtungsstudien kann die B. ü. darüber hinaus optimiert werden, indem nicht ein, sondern mehrere Beurteiler jedes Objekt einschätzen (Verwendung von Mittelwerten oder konsensuellen Werten) oder die Merkmals*Varianz* in der Stichprobe erhöht wird. Wirtz & Caspar 2002.

Beurteilerübereinstimmung (= B.) [engl. *interrater agreement*], **[DIA, FSE]**, Ausmaß, in dem unabhängige Beurteiler Objekte hinsichtlich der Ausprägung eines definierten Merkmals identisch einschätzen. Methoden zur Bestimmung der B. werden eingesetzt, um die Messquali-

Beurteilerübereinstimmung: Maße und Methoden

Skalierung/ Antwortformat	Beispiel für Erhebungsformate	Übereinstimmungsmaße/ Analysemethoden	Homogenität der Randverteilungen/ zentralen Tendenz
Dichotome Skalen	Diagnose eines Einzelmerkmals	↗Cohens k ↗Odds Ratio; ↗Yules Y	↗McNemar-Test
Mehrstufige Nominalskalen	Polytome Kategoriensysteme	Cohens k Weighted Cohens kw	Stuart-Maxwell-Test
Ordinalskala	Ratingskalen	Weighted Cohens kw ↗Kendalls W	↗Rangvarianzanalyse
		↗Item-Response-Theorie	
Ab Intervallskala	Ratingskalen	↗Intraklassenkorrelation Generalisierbarkeitskoeffizienten	↗Varianzanalyse

tät von Merkmalseinschätzungen durch Experten oder andere unabhängige Beurteiler zu überprüfen (*Gütekriterien, Messtheorie*). Die Beurteilungen sollen möglichst unabhängig von der indiv. Perspektive des jew. Beurteilers sein, da das diagn. Ergebnis i.Allg. ausschließlich als Indikator der Merkmalsausprägung der eingeschätzten Person interpretiert wird. Im Idealfall sollten die Beurteiler austauschbar sein, andernfalls ist die Interpretation des Beurteilungsergebnisses nicht zulässig ohne die Besonderheiten des Beurteilers mit zu berücksichtigen. Die Beurteilung von Schülern durch Lehrer oder die Diagnosestellung für Pat. durch einen Arzt sind typische Situationen, in denen diese Forderungen als grundlegende Voraussetzung für valide (*Validität*) und faire (*Testfairness*) Einschätzungen erfüllt sein sollten. Die Wahl des adäquaten Maßes zur Quantifizierung der B. ist wesentlich durch die *Skalierung* des Erhebungsinstrumentes festgelegt. Zumeist werden folg. Skalierungen verwendet: (1) dichotome Skala (z. B. «Liegt ein best. Merkmal vor oder nicht?» Ja- vs. Nein-Urteil), (2) mehrstufige nominalskalierte Skala (z. B. «Welche von mehreren Alternativen trifft zu?») oder (3) Ratingskala (z. B. in welcher Intensität ist ein Merkmal ausgeprägt, z. B. «–2 = trifft überhaupt nicht zu» bis «+2 = trifft ganz genau zu»). Die wichtigsten Maße der B. sind in der beigefügten Tab. dargestellt. Mangelnde B. kann durch eine Vielzahl systematischer *Beobachtungsfehler* bedingt sein. Diese können v. a. daraus resultieren, dass die Kategorien eines Erhebungsinstruments von den Beurteilern unterschiedlich verstanden und verwendet werden oder weil Wahrnehmungs- oder Interpretationsfehler der Beurteiler die Informationen verfälschen. *Beobachtung, Beurteilertraining.* Wirtz & Caspar 2002.

Beurteilerübereinstimmung, Verbesserung der [engl. *improvement of interrater agreement*], *Beurteilertraining*.

Beurteilungsfehler [engl. *rating error*], *Beobachtungsfehler*.

Beurteilungsskalen [engl. *rating scale*], [**DIA**], *Skalen* (oft standardisiert, mit Anwendungsanleitungen und Normwerten; *Normierung*), die meist mittels faktorenanalyt. Methoden (*Faktorenanalyse*) konstruiert worden sind und die in der klin. Diagnostik dazu dienen, eine (z. B. Depressivität) oder mehrere (z. B. Ängstlichkeit, Depressivität, vegetative Symptomatik) *Dimensionen* einer psych. Störung abgestuft zu erfassen und relativ zu Normen zu bewerten. Innerhalb der B. wird zw. *Selbstbeurteilungsverfahren* und *Fremdbeurteilungsverfahren* unterschieden. Der Begriff B. und *Ratingskala* werden z. T. syn. verwendet. Stieglitz 2008a. R.-D. Stieglitz

Bewährungshilfe (= B.) [engl. *probation service*], [**RF**], eine aus der neuzeitlichen Strafrechtspflege hervorgegangene päd.-ps. Betätigung für die Wiedereingliederung entlassener Gefangener in die Gesellschaft. Die B. dient der Resozialisierung.

Bewährungskontrolle (= B.) [engl. *validation, validity control*], [**AO, DIA**], ältere und in der dt.prachigen Fachliteratur nur noch selten benutzte Bez. für die meth. Kontrollschritte zur Bestimmung der Gültigkeit von Tests wie auch allg. die Überprüfung der Gültigkeit ps. Diagnosen (bes. bei Eignungsuntersuchungen). Der Begriff wurde von G. A. Lienert in der ersten Auflage seines Werkes «Testaufbau und Testanalyse» (1961; Lienert & Raatz 1994), in dem er der dt.sprachigen Diagnostik einen Anschluss an die internat. gängigen Verfahren ermöglichte, benutzt. Nach Jäger (1966) fordern solche B. auch die Kontrolle des späteren Berufserfolgs der Ausgelesenen durch repräsentative, systematische und meth. einwandfreie Erhebungen. Entsprechend dem mehrstufigen Prozess der *Auslese* hat die B. nicht nur die Überprüfung der prognostischen *Validität* der verwendeten Verfahren zum Ziel, sondern soll auch die Ausleseanforderungen, die Entscheidungsverfahren und die definierten Eignungsgrade kontrollieren. Eine Hauptschwierigkeit der Durchführung von B. liegt in der Gewinnung und Festlegung der Kriterien für die Berufsbewährung, denn da diese selbst nicht immer den erforderlichen Grad an Gültigkeit aufweisen, sind auch die gewonnenen Validitätskoeffizienten nicht nur auf mangelnde

Gültigkeit der Tests zurückzuführen. Häufig verwendete Kriterien zur Berufsbewährung sind Maßstäbe, welche von der Institution, in welcher der Pb beschäftigt ist, festgelegt sind (sog. obj. Kriterien wie z. B. Dauer der Betriebszugehörigkeit, Gehalt, Positionsveränderungen, Vorgesetztenurteil etc.). *Testgütekriterien.* Jäger 1970, Jäger 1966. H. O. Häcker

Bewältigung *Angstbewältigung, Bewältigungsplanung, Coping, Coping im Kindes-und Jugendalter, Coping, dyadisches, Krankheitsbewältigung, Stressbewältigung.*

Bewältigungseinschätzung [engl. *coping appraisal*], *Schutzmotivation, Theorie der.*

Bewältigungsplanung (= B.) [engl. *coping planning*], [**GES, KLI, KOG**], die B. ist eine Selbstregulationstechnik (*Selbstregulation*), die auf die dauerhafte Ausführung eines intendierten Verhaltens (bzw. Aufgabe eines unabsichtigen Verhaltens) abzielt. Die B. setzt also *Ziele*, konkrete Handlungspläne oder eine bereits erfolgte Initiierung (bzw. Aufgabe) des Zielverhaltens voraus. Bei der B. werden antizipierte Risikosituationen mit Bewältigungsreaktionen verknüpft, bspw. in der Form «Falls Risikosituation *X* auftritt, dann wende ich Strategie *Y* an, um Verhalten *Z* dennoch auszuführen». Unerwünschte Verhaltensmuster (z. B. *Gewohnheit*) oder *Barrieren* kogn. (z. B. Zielkonflikte), affektiver (z. B. neg. Stimmung), umgebungsbedingter (z. B. fehlende Infrastruktur), sozialer (z. B. Peer-Druck) oder körperlicher (z. B. Krankheit) Art kennzeichnen typische Risikosituationen. Bewältigungsstrategien können u. a. kogn. sein (z. B. zielführende *Selbstinstruktionen*) oder Verhalten direkt ansprechen (z. B. alternative zielführende Verhaltensweisen) und sollen unerwünschtes Verhalten verhindern bzw. erwünschtes Verhalten erleichtern/priorisieren. Konzeptionell ist die B. abzugrenzen von *Handlungsplanung*, bei der situative Hinweisreize einer günstigen Handlungssituation (vs. Risikosituation) mit dem Zielverhalten (vs. Bewältigungsstrategie) verknüpft werden, und die v. a. der Verhaltensinitiierung dient. Beide wirken jedoch über mentale Repräsentationen der antizipierten Situation und einer verknüpften Reaktion, die bei Auftreten der Situation das intendierte Verhalten durch Wahrnehmungs-, Aufmerksamkeits-, und Gedächtnisprozesse begünstigen sollen. Ein Review belegt, dass die B. insbes. in Kombination mit Handlungsplanung effektiv ist, um die *Intentionsverhaltenslücke* zu überwinden. Spez. Anwendungsfelder für B. sind *Verhaltenstherapie*, Rückfallprävention i. R. von Entwöhnungsprogrammen und Gesundheitsförderung. Sniehotta 2006, Kwasnicka 2013. A. U. Wiedemann

Bewältigungsstile, maladaptive (= m. B.) [engl. *maladaptive coping styles*; lat. *malus* schlecht, *adaptare* anpassen], [**KLI, PER**], bez. in der *Schematherapie* den Versuch des Individuums (I.) sich an *frühe maladaptive Schemata* anzupassen. Es wird zw. drei m. B. unterschieden: (1) *Überkompensation*; das I. verhält sich und fühlt, als träfe das Gegenteil des Schemas zu, (2) *Vemeiden*; das I. gestaltet sein Leben so, dass das Schema nie aktiviert wird, (3) *Sich-Fügen*; das I. akzeptiert das Schema als Teil von sich und verhält sich dem Schema entspr. M. Drüge

Bewältigungsstrategien (= B.) [engl. *coping strategies*], [**KLI**], das Vermitteln von B. spielt in der *Verhaltenstherapie* eine wichtige Rolle. *Bewältigungsplanung, Stress, Coping.*

Bewältigungsverhalten *Coping.*

Bewegungsanalyse [engl. *motion/movement analysis*], *Kinematische Analyse.*

Bewegungsdiagnostik [engl. *movement diagnostics*], [**DIA, KOG**], Feststellung indiv. Leistungen bei motorischen Aufgaben mithilfe von *Beobachtung* oder Tests (*Test*). Von Interesse ist die Leistung an sich (etwa bei Eignungsuntersuchungen (*Eignungsuntersuchung*) oder in der *Sportpsychologie*) oder als Indikator etwa des allg. Entwicklungsstandes von Kindern (*Motodiagnostik, Entwicklung, motorische*). Schoppe 1974, Bös 1987. H. Heuer

Bewegungsempfindungen [engl. *movement sensations*], [**KOG, WA**], diejenigen Empfindungen, die das Erleben von Bewegungen des eigenen Körpers oder am eigenen Körper vermitteln. *Kinästhesie. Bewegungstäuschung.*

Bewegungsformel [engl. *movement formula*], [**KOG**], die Gesamtheit der kaum bewussten Bewegungsaufeinanderfolgen, die zur Ausführung einer Handlung notwendig sind.

Bewegungsgedächtnis [engl. *movement memory*], [**KOG**], Bewegungshandlungen werden aufgabenangemessen an Umweltanforderungen und -bedingungen angepasst (*Bewegungskontrolle*). Wiederholung der gleichen Bewegung (z. B. mit Löffel essen lernen) «verbessert» diese im Regelfall, es wird also geübt und behalten (*Fertigkeit*). Der Aufruf von Bewegungen durch Signale (rote Ampel, Bremsen), die Ausführung der Bewegung (Brems- und Kupplungspedal treten) und die Auswertung der Bewegungsdurchführung und -folgen (zu spät, zu schwach gebremst, hinter weißer Linie zum Halten gekommen) geschieht auf mehreren Ebenen. An den entspr. Vorgängen sind jew. Speicherungs-, Behaltens- und Abrufvorgänge (*Gedächtnis*) beteiligt. Das Ereignis rote Ampel muss *Wissen* aufrufen: Halten. Der Bremsvorgang läuft automatisiert ab, d. h. auf der Basis von einer gelernten Fertigkeit. Analog zur Annahme versch. Speicher bei verbalem Material (Kurzzeit-, Langzeitspeicher, *Lernen*) wird auch für Bewegungen davon ausgegangen, dass es entspr. Speicher gibt. Was (wie) jew. gespeichert und aufgerufen wird, ist spezif. aufgabenabhängig (z. B. beim Merken und erneuter Ausführung aus dem Gedächtnis von einfachen Zielbewegungen: Start-, Endpunkt, Bewegungsweite, Bewegungskraft, Bewegungszeit oder Kombinationen) und wird vielfältig exp. untersucht. Bei Bewegungsfolgen können z. B. die Elemente der Folge (kategoriales Wissen, z. B. beim Tanzen Lernen verbal speichern: links, links, Wechselschritt) oder die Ausführungsprogramme für die Elemente (z. B. Art des Beinvorschiebens, Beugehaltung und Drehbewegung in Hüfte) gespeichert werden (*Training, mentales*) oder natürlich auch Passungsstrategien der Schrittfolge an Musik, Partner und Platz auf Tanzfläche. Offensichtlich mögliches, fantasievolles Variieren von Bewegung setzt gedächtnisbasierte kogn. Prozesse voraus. Es gibt keine Speichertheorie für Bewegung, die sich allg.

durchgesetzt hat. Prozedurales Wissen, d.h. Ausführenkönnen von Bewegungen, ist über sehr lange Zeit stabil bzw. schnell wieder aufzufrischen. *P. Day*

Bewegungskontrolle (= B.) [engl. *motor control, control of movement*], Haltungskontrolle [engl. *postural control*], [**BIO, KOG**], bez. die organismischen/ps. Vorgänge, die eine Veränderung oder Beibehaltung der Position (Haltung), der Geschwindigkeit oder Beschleunigung von Gliedmaßen (Bsp. s. u.) oder des Gesamtorganismus bedingen (z. B. gehen, *Motorik*). Dabei sind jedoch nicht von außen «erzwungene» Bewegungen gemeint (z. B. jemandem die Hand führen, wie einem Kind beim Füttern *(physical guidance)*, von einem Dach fallen). Auch «vegetative» Bewegungen der «inneren Organe» (Herz, Magen, Darm, Zwerchfell beim Atmen) sind zunächst nicht gemeint. Jedoch werden bspw. beim *Sprechen* u. a. Zwerchfell, Kehlkopf, Stimmlippen, Zunge, Lippen und Kiefer in Bewegung und Funktionen (es wird z. B. zugleich geatmet, gegessen oder Kaugummi gekaut und gesprochen) koordiniert, kontrolliert. Bewegungen und Bewegungsabläufe sind im Regelfall aufgabenbezogen (z. B. Weitsprung; *Schreiben*; begriffliche Sachverhalte mit Werkzeugen darstellen) bzw. biol. zweckbezogen (Atmung in Abhängigkeit von körperlicher Anstrengung und Luftdichte) in Umweltvorgaben einzupassen, insofern sind bei B. mehrere Ebenen zu unterscheiden. B. bezieht sich sehr häufig auf eine untere, dem physiol. Ausführungsprozess nahe Ebene.

B. bezieht sich – nicht immer deutlich getrennt – auf Planung (*Planen*), Ausführung, Ausführungsüberwachung *(internal feedback)* und Effektauswertung *(knowledge of result)* einer (gestörten) Bewegung oder Bewegungsfolge. Bewegungen werden sehr häufig (antizipativ, *Antizipation*) wahrnehmungsvermittelt ausgelöst und platziert (z. B. *Auge-Hand-Koordination*, Synchronisation beim Musizieren im Orchester: visuell über Dirigent und/oder auditiv auf die Töne; *Bewegungswahrnehmung*). Die Bewegungsform ist häufig durch *Üben* optimiert (*Fertigkeit*, *skill*), d. h., der B. unterliegt ein gelerntes Bewegungs*schema* oder ein erworbener *Plan* oder ein Programm. Nach unterschiedlichen Ebenen der Kontrolle (bzw. des Beschreibungsniveaus von Bewegungen) werden B.vorgänge unterschieden, z. B. *willentliche, willkürliche* B., bei denen das Subjekt gewahr ist, dass es die Bewegung auslöst und steuert, und *unwillkürliche*. Statt des Begriffspaares willkürlich – unwillkürlich wird häufig das Paar *kontrolliert – automatisch* verwendet, ohne dass jew. eine explizitere Kontrolltheorie zugrunde liegen muss. Bei vielen Bewegungen sind beide Kontrollanteile ineinander verwoben (vgl. oben sprechen und atmen oder z. B. Augenbewegungen und Ausdrucksbewegungen wie z. B. Lidschlag, Lidstellung; *Intentionstremor*). Bestimmte Bewegungen werden als zielgerichtet bez., wobei dies beim Menschen als intentional (*Intention*, Intentionsbewegung) aufgefasst werden kann oder als biol. zweckmäßig (teleonom), die B. ist also jew. unterschiedlich. Woodworth (1918) spricht von automatischen Bewegungen, wenn während einer einzelnen *Zielbewegung* nicht mehr korrigierend in diese eingegriffen werden kann (ballistische Bewegungen, auch als *closed loop* im Ggs. zu *open loop* bez.).

Sehr häufig werden kybernetische (*Kybernetik*, *Regelkreis*, *Reafferenz*) und informationstheoretische (*Informationstheorie*, *Informationsverarbeitung*, Programm- und Schematheorien) Vorstellungen zur Modellierung von Bewegungskontrollprozessen genutzt. Es gibt eine große Zahl von spez. Modellen der B. für einzelne Bewegungsformen (z. B. Greifen, Gehen, Augenbewegungsarten, Schreiben, Sprechen, *Mimik* zeigen) oder Aspekte von Bewegungsformen (Kontrolle der Genauigkeit, Geschwindigkeit, Kraft, Bewegungsspur; Abhängigkeit der Bewegungszeit von Zielabstand und Zielgröße bei (iterativen) Zielbewegungen (*Fitts'sches Gesetz* und seine Modifikationen); Kontrolle der Alternativenwahl (z. B. wird die rechte oder linke Hand genutzt in Abhängigkeit von der räumlichen Kompatibilität von Bewegungsziel und Bewegungsorgan; Bestimmung der Greifart zum Transport eines Objektes in Abhängigkeit von Handgröße, Objektgröße und Gewicht). Faktorenanalytische Studien (*psychomotorische Faktoren*) erbrachten versch. Bewegungskontrollfaktoren, z. B. *rate control*: die Fähigkeit, fortlaufend antizipatorisch Bewegungsanpassungen an Geschwindigkeits- und Richtungsänderungen eines sich bewegenden Zielobjektes vorzunehmen (*tracking*, *tracing*). *Psychomotorik*, *Bewegungsgedächtnis*. Rosenbaum 1990. *P. Day*

Bewegungslernen [engl. *movement learning*], [**KOG**], Lernen von Bewegungen und motorischen *Fertigkeiten*. Im Verlauf des Lernens werden nicht nur bessere Leistungen erzielt, sondern es ändert sich auch die Art der *Bewegungssteuerung*; sie wird spezif., sodass die Leistung generell schlechter aus anderen Leistungen vorhersagbar wird, und ökonomischer (i. S. eines geringeren Energieaufwandes). *Lernen, motorisches*. Schmidt & Lee 2011. *H. Heuer*

Bewegungsnachbild [engl. *motion aftereffect*], [**WA**], syn. Bewegungsnacheffekt. *Nacheffekte, Adaptation, selektive*; scheinbare Bewegung eines stationären Reizes nach längerer Betrachtung eines bewegten Reizes, in Allg. in entgegengesetzter Richtung. Nacheffekte finden sich bei linearen Bewegungen in der frontoparallelen Ebene (*Wasserfalleffekt*) und in der Tiefe; eine bekannte Demonstration ist die *Exner-Spirale*: Die auf eine rotierende Scheibe gezeichnete Spirale scheint, je nach Drehrichtung, auseinander- oder zus.zulaufen; nach Stillstand der Wahrnehmung findet sich ein gegensinniger Nacheffekt. [michaelbach.de/ot/motadaptSpiral/index.html]. Holland 1966. *H. Heuer*

Bewegungsparallaxe [engl. *motion parallax*], [**WA**], auch monokulare Parallaxe. *Parallaxe*.

Bewegungsprofil *Kestenberg Movement Profile (KMP)*.

Bewegungsprogramm (= B.) [engl. *motor program*], [**BIO, KOG**], unscharf definierte Bez. für autonome Leistungen des ZNS bei der *Bewegungssteuerung*, die prinzipiell ohne sensorische Information aus der Körperperipherie auskommen können. Die Annahme von B. (oder anders bezeichneten autonomen Leistungen, *Bewegungsformel*) wird durch eine Anzahl exp. Befunde gestützt, v. a.: Viele Bewegungen werden durch *Deafferentierung* nur wenig gestört; einer Bewegung gehen vorbereitende Prozesse voraus, die als Bereitstellung eines B. interpretiert werden können (*motorische Vorbereitung*). Es gibt versch. Versuche, das Konzept eines B. schärfer zu fassen. Geläufig ist der Gedanke eines generalisierten B., das eine Klasse von Bewegungen steuert, deren Einzelheiten jew. durch Parameter des Programms festgelegt werden; explizite Formulierung in der *Schematheorie* und in Theorien der *Impulsvariabilität*. *Motorik*, *Psychomotorik*. Heuer & Jäncke 2006. *H. Heuer*

Bewegungsregulation [engl. *regulation of movement*], *Bewegungssteuerung*.

Bewegungsrepräsentation (= B.) [engl. *movement representation*], [**KOG**], *Repräsentation* oder *internes (inneres) Modell* von Bewegungen oder Bewegungsmerkmalen. B. können temporär vor Beginn einer Bewegung aufgebaut werden, aber auch längerfristig existieren, z. B. als Ergebnis *motorischen Lernens*). Verschiedene Arten von B. können die Endzustände oder Trajektorien von Bewegungsmerkmalen (*Trajektorie*) betreffen, aber auch Beziehungen zw. Bewegungsmerkmalen. Spezielle Formen von B. sind in der *Schematheorie* postuliert. Zu den klassischen Konzepten einer B. gehört zudem der Bewegungsentwurf. Modernere Konzepte betreffen v. a. innere Modelle *motorischer Transformation*. *H. Heuer*

Bewegungssehen *Bewegungswahrnehmung*.

Bewegungsstereotypie [engl. *stereotypic movement*; gr. στερεός *(stereos)* fest, starr, τύπος *(typos)* Form, Gepräge], [**KLI**], starres Haften an best. Bewegungen, Bewegungsabläufen (z. B. Knöpfedrehen) bzw. das ständige Wiederholen sinnloser Bewegungen z. B. im Kontext psych. Erkrankungen oder Entwicklungsstörungen. *Automatismen*, *Tic-Störungen*.

Bewegungssteuerung (= B.) [engl. *motor control*], [**KOG**], Sammelbegriff für die Prozesse, die den Ablauf einer (willkürlichen) Bewegung bestimmen. Die Prozesse werden i. d. R. funktionell gekennzeichnet (z. B. *Regelkreis*, *Bewegungsprogramm*, *koordinative Struktur*). B. lässt sich gegen *motorische Vorbereitung* (unscharf) abgrenzen. Theorien der B. haben meist zwei Hauptkomponenten: eine innere *Repräsentation* der Bewegung, z. B. ein Bewegungsprogramm, und die Anpassung an eine variierende Umwelt, z. B. ein Regelkreis. *Motorik*, *motorisches Lernen*, *Psychomotorik*. Heuer & Jäncke 2006. *H. Heuer*

Bewegungsstudie (= B.) [engl. *motion study*], [**AO, KOG**], Bez. für die von J. Marey im 19. Jh. eingeführte Untersuchung von Bewegungen mithilfe fotografischer Methoden (*Reihenfotografie*); heute werden andere Methoden der *Bewegungsanalyse* genutzt. In der Arbeitsps. eine Bez. für die Untersuchung und Optimierung von Arbeitsbewegungen, die durch *Gilbreth* zu Beginn des 20. Jh. begründet wurde; wird ergänzt durch *Zeitstudien*. *H. Heuer*

Bewegungssturm, [**BIO, KLI**], plötzliches Auftreten wilder, sinn- und planloser Bewegungen infolge eines starken Affektes bei *Panik*, im hysterischen Anfall und in der *Ekstase*.

Bewegungstäuschung [engl. *motion illusion, illusory motion*], [**WA**], *Wahrnehmung* von Bewegung, die nicht der physikal. Bewegung entspricht. Bekannte Bsp. sind *Scheinbewegungen* (stroboskopische Bewegung), *Autokinese, induzierte Bewegung, Bewegungsnachbild;* in allen Fällen wird ein unbewegtes Objekt als bewegt wahrgenommen. In vielen anderen Fällen weicht die wahrgenommene Bewegung systematisch von der physikal. Bewegung ab (z. B. *Reid-Bewegungstäuschung*, *Pinna-Brellstaff-Täuschung*, *Aubert-Fleischl-Paradox*, *Geschwindigkeit, anschauliche*).

Bewegungsübertragung (= B.) [engl. *motion transfer*], [**KOG**], Mitübung einer Bewegung durch eine andere, wird mittels Transferprinzipien zu erklären versucht. Eine spez. B. ist bilateraler *Transfer*, die Übungsübertragung von einer Körperseite auf die andere (Singer 1968). *Mitübung*, *Motorik*, *Psychomotorik*.

Bewegungs- und körperorientierte Therapien [engl. *movement- and body-oriented therapy*], [**KLI**], sind auf eine Förderung und Verbesserung psychophysischer Funktionen ausgerichtet. Sie sollen das Körpererleben, die Sensibilität, die Ausdrucksfähigkeit und die Entspannungsfähigkeit fördern. Nonverbalen Körperübungen kommt im therap. Geschehen eine zentrale Rolle zu. Hier in besteht eine zentrale Überschneidung mit der bioenergetischen (*Bioenergetik*) und der *Tanztherapie*. Die Wirkmechanismen der unterschiedlichen Verfahren sind weitgehend ungeklärt. Neben den unmittelbaren Effekten der Bewegungserfahrung, wie erhöhter Erregung oder Ermüdung mit ihren psych. Korrelaten und verbesserter Geschicklichkeit, dürften die kommunikativen Aspekte verbaler und nonverbaler Art (*nicht verbale Kommunikation*) sowie die Selbstinterpretation der bewegungstherap. Situation entscheidend sein für Verhaltens- und Erlebnisveränderung. Insges. weisen die Untersuchungsergebnisse darauf hin, dass bewegungs- und körperorientierte Therapieverfahren eine nützliche Ergänzung einer umfassenderen Behandlung bei schwerer gestörten Pat., v. a. solchen mit Störungen des Körpererlebens, sein können. Wirkungsnachweise sind bisher auf diesen Anwendungsbereich beschränkt. *F. Caspar*

Bewegungsvorstellung (= B.) [engl. *movement/motion imagination*], [**BIO, KOG**], *Vorstellung* einer Bewegung, visuell oder kinästhetisch (*Kinästhesie*). B. führt oft zu verbesserter Ausführung der Bewegung (*Training, mentales*); B. geht mit kortikaler Aktivität einher, die derjenigen bei Bewegungsausführung recht ähnlich ist, und sie kann von schwacher Muskelaktivität in den betroffenen Gliedmaßen begleitet sein (bis zu tatsächlich ausgeführter Bewegung). *ideomotorische Vorstellung*. *H. Heuer*

Bewegungswahrnehmung [engl. *motion/movement perception*], [**WA**], *Wahrnehmung* (= W.) von Bewegung (= B.; untersucht v. a. die *visuelle Wahrnehmung*); im Ggs. zu einer physikal. B. geht die erlebte B. nicht notwendig mit einer Ortsveränderung einher. Die W. einer B. in der *Frontalebene* entsteht durch sukzessive Reizung benachbarter Netzhautpunkte (*Scheinbewegungen*), auch ohne dass eine B. in der Umwelt vorliegt, vorausgesetzt, dass die retinale (*Retina*, *Auge*) Änderung nicht durch eine aktive Augenbewegung entsteht (*Reafferenzprinzip*); W. einer B. in der Tiefe entsteht z. B. bei kontinuierlicher oder sprunghafter Änderung der Größe des *Netzhautbildes* eines Objekts oder auch Änderung der *Konvergenz* oder *Querdisparation*. Für die Analyse dieser Reizgegebenheiten existieren Detektoren, die jew. selektiv für einen Bereich von Richtungen sind und deren *selektive Adaptation* zu *Bewegungsnachbildern* (*Wasserfalleffekt*) führt sowie zu sinkender *Empfindlichkeit* für den betroffenen Bereich von Richtungen. In der W. werden gleichzeitige B. mehrerer sichtbarer Punkte in gemeinsame und spezif. Komponenten untergliedert; die *Zykloide*, die ein Punkt auf dem Umfang eines rollenden Rades durchläuft, werden z. B. nicht wahrgenommen, wenn mehr als ein Punkt sichtbar ist; stattdessen entsteht die W. der horizontalen B. aller Punkte (*gemeinsame Komponente*) und der Raddrehung (*spezif. Komponente*). Gleichzeitige B. mehrerer Punkte wird unter natürlichen Bedingungen durch das *formkonstante Objekt* bestimmt, an dem sie sich befinden; sie trägt daher auch zum Erkennen von Formen bei. Bei geeigneter exp. Anordnung kann die Wahrnehmung einer Form in einem bewegten Punktmuster, das bei statischer Darbietung völlig sinnlos erscheint, verblüffend sein. *optischer Fluss*, *Stereokinese*, *räumliches Sehen*, *visuelle Wahrnehmung*.

Bewegungszeit [engl. *motion/movement time*], *Reaktionszeit*.

Bewerberpool (= B.) [engl. *applicant pool*; *pool* Becken, Fundus], [**AO, WIR**], der Begriff B. wird in zwei Varianten verwendet. Zum einen beschreibt er die Gesamtheit der Bewerbenden für eine Position in einer Organisation. Die beiden wesentlichen Parameter zur Charakterisierung eines B. sind die Zahl der Bewerbenden und deren Eignung für die Position bzw. Organisation. Maßnahmen des *Personalmarketings* sind daran zu evaluieren, inwiefern es ihnen gelingt, sowohl die Zahl der Bewerbenden als auch den Prozentsatz der Geeigneten möglichst hoch zu halten. Aus einer kombinierten Optimierung der beiden Parameter resultiert aus Sicht der Personalauswahl eine hohe Selektionsquote (*Selektionsrate*) und eine hohe *Basisrate*, was wiederum der Zahl der Fehlentscheidungen bei gegebener Kriteriumsvalidität (*kriteriumsbezogene Validität*) eines Auswahlverfahrens minimiert. Zum anderen beschreibt der Begriff B. diejenigen Bewerbenden, die statt einer Absage auf eine Bewerbung ein *Eisschreiben* erhalten. Damit wird auch die Gestaltung von Absageschreiben Bestandteil des Personalmarketings. In einem Eisschreiben wird den Personen mitgeteilt, dass man für sie zwar derzeit keine vakante Position habe, man aber ihre Unterlagen gerne archivieren wolle, um bei Bedarf darauf zurückkommen zu können. Die Unterlagen von Personen, die einwilligen, werden dann in einem B. abgelegt. Müller & Moser 2006, Moser & Sende 2013. *K. Moser*

Bewerbung, strategische [engl. *application, strategic*], [**AO, WIR**], Bewerbungen werden dann als «strategisch» bez., wenn für die Bewerbenden nicht im Vordergrund steht, ein evtl. Arbeitsplatzangebot anzunehmen, sondern von ihnen primär andere Ziele verfolgt werden, z. B. (1) die eigenen Arbeitsmarktchancen zu überprüfen, (2) den Prozess der Bewerbung zu üben, (3) eine Rückverhandlungsposition beim bisherigen Arbeitgeber aufzubauen oder (4) Aufl. z. B. der Bundesagentur für Arbeit zu erfüllen. Strategische Bewerbungen führen zu vermehrtem Aufwand an Rekrutierungs- und Personalauswahlaktivitäten durch Arbeitgeber. Moser & Sende 2013. *K. Moser*

Bewerbungsbereitschaft *Organisationswahl*.

Bewerbungsunterlagen (= B.) [engl. *application documents*], [**AO, DIA**], B. werden v. a. im Kontext der Besetzung eines Arbeitsplatzes in abhängiger Beschäftigung analysiert (*Personalauswahl*), sie spielen aber auch bei der Vergabe von Stipendien, Preisen und der Bewerbung um Ausbildungsgänge (Berufsausbildungs- und Studienplätze) eine Rolle. Im dt.sprachigen Raum gibt es kaum eine Position, die ohne die Berücksichtigung von B. besetzt wird, falls die Bewerber dem Unternehmen zuvor nicht bekannt waren. Ausnahmen sind allenfalls wenig komplexe berufliche Tätigkeiten (z. B. Servicepersonal; Kraftfahrer). Als Prototyp kann eine B., die als Reaktion auf eine konkrete Stellenanzeige übersandt wird, gelten. Varianten hierzu sind die (1) freie Bewerbung (die Unterlagen werden ohne Bezugnahme auf eine konkrete Position «blind» übersandt), die (2) Kurzbewerbung und die Hinterlegung einer (3) B. bei einem Berater oder einer Jobbörse. B. bestehen üblicherweise aus einem Anschreiben, Lebenslauf, Schul- und Ausbildungszeugnissen, Weiterbildungszertifikaten und *Arbeitszeugnissen*. In einigen Fällen können Referenzen (oder die Namen potenzieller Referenzgeber) sowie *Arbeitsproben* hinzukommen. Lichtbilder werden noch oft beigefügt, dürfen aber aus rechtlichen Gründen von Arbeitgebern nicht eingefordert werden. In der dt. sprachigen Schweiz wird die B. als *Dossier* bez. B. entstehen üblicherweise ohne Aufsicht und sind daher für Verzerrungen anfällig, etwa durch Auslassungen oder verzerrte Selbstdarstellung eigener Eigenschaften und Fähigkeiten. In welchem Ausmaß Bestandteile von B. zurückgehalten oder gar gefälscht werden, ist allerdings kaum bekannt. Der Freiraum bei der Erstellung von B. kann dazu führen, dass die beteiligten Parteien nicht klar ist, was noch relevante Stimuli sind, etwa wenn über die Größe der Unterschrift, die Zahl mehr oder weniger relevanter Zertifikate oder die Position der Briefmarke auf dem Briefumschlag teilweise abenteuerliche Mutmaßungen angestellt werden. B. sind die Grundlage für den *ersten Eindruck*, der über Bewerber generiert wird. Untersuchungen zur Urteilsbildung (*Urteilsbildung, Dimensionen*) auf der Grundlage von B. werden teilweise mit hypothetischen B., in seltenen Fällen aber auch mit realen Unterlagen durchgeführt (Machwirth et al. 1996). B. können aus versch. Perspektiven und unter Nutzung unterschiedlicher Arten von Evidenzen bewertet werden. (1) Inhalte von Bewerbungsratgebern; (2) Aussagen von Personen, die sich mit der Analyse von B. in der beruflichen Praxis auseinandersetzen (Personalspezialisten, Vorgesetzte); (3) systematische Untersuchungen, in denen Entscheidungsprozesse und -regeln rekonstruiert werden; (4) Untersuchungen zur *Validität* best. Merkmale; (5) rechtliche Rahmenbedingungen. Da es zw. diesen versch. Ebenen nur schwierig nachvollziehbare Wechselwirkungen gibt, existiert wenig generalisierbares Wissen. Bspw. enthalten Bewerbungsratgeber angeblich belegte Resultate über typische Beurteilungen von Unterlagen, die oft nicht mehr als eine Sammlung von Gerüchten und Fehlinterpretationen gesetzlicher Vorgaben sind, gleichwohl aber zu «regelhaftem» Verhalten von Bewerbern führen können, und so letztlich eine Scheinbestätigung erfahren. B. können u. a. nach Wahrheitsgehalt, Kohärenz, Vollständigkeit, Passung zur Stelle oder zum Unternehmen bewertet werden. Einige Unternehmen sind zur Vereinfachung der administrativen Abwicklung von Bewerbungen sogar dazu übergegangen, Bewerbern Hinweise für eine erfolgreiche Bewerbung zu geben. Nach Befragungsstudien werden für die Sichtung einer B. 10 Min. (und nicht selten weniger Zeit) aufgewandt (Machwirth et al., 1996). Im Falle einer größeren Zahl von Bewerbungen dient die Sichtung der B. primär der Negativselektion, also dem Aussondern ungeeignet scheinender Bewerbungen bzw. Bewerber. V. a. mit Rücksicht auf die Zeitökonomie kommt hierbei formalen Aspekten in der B. ein starkes Gewicht zu (z. B. Fehlerfreiheit der Orthografie, Länge des Anschreibens, Vollständigkeit der Unterlagen).

B. sind eine Sammelbez. für eine Kombination von eignungsdiagnostisch relevanten oder jedenfalls potenziell relevanten Informationen über Bewerber (Moser 2007). Sie können als eine Testbatterie bez. werden, die aber Besonderheiten aufweist. (1) Die enthaltenen Items sind oftmals nicht skalierbar (*Skalierung, testtheoretisches Gütekriterium*), und in vielen Fällen ist nicht einmal geklärt, was an den B. überhaupt noch als diagn. relevantes Item gezählt werden soll. Dies führt dazu, dass verschiedenste Komponenten nach Inhalt und Form ausgewertet werden können. (2) Die Integration der versch. Informationen ist in aller Regel «klinisch», also wenig strukturiert, und es wird üblicherweise kein Summenwert gebildet. Untersuchungen zur Validität von B. sind deshalb selten, weil es sich nicht um ein standardisiertes diagn. Verfahren handelt und oftmals kein abschließender, skalierbarer Wert vorliegt, der z. B. mit einem beruflichen Erfolgsmaß korreliert werden könnte. Die meisten Entscheider begnügen sich mit einer Klassifikation in zwei oder allenfalls drei Kategorien, z. B. «nicht geeignet», «evtl. geeignet», «evtl. geeignet und zu einem Gespräch einladen». Insofern es um die Vorauswahl (*Screening*) geht, ist dieser Verzicht auf Differenzierung naheliegend, er führt allerdings dazu, dass auch die nachträgliche Validierung des Ergebnisses der Sichtung von B. erschwert wird. Dieser vereinfachende Umgang mit B. ist nicht optimal, enthalten diese doch wertvolle diagn. Informationen wie Schulnoten, Zertifikate, Berufserfahrung, bisheriges Gehalt, Selbsteinschätzungen, Interessen, Referenzen (oder Adressen potenzieller Referenzgeber) und weitere biografische Informationen. Vor diesem Hintergrund dürfte die von Reilly & Chao (1982) genannte geringe Validität von B. von $r = .18$ aus der unzulänglichen Gewichtung eigentlich valider Bestandteile, einer Neigung zu «ganzheitlichem» Urteilen sowie der Beeinflussung der Beurteiler durch irrelevante Merkmale zu erklären sein (*Beurteilungsfehler*). K. Moser

Bewertungsanalyse *Inhaltsanalyse.*

Bewertungsangst [engl. *anxiety of appraisal, appraisal apprehension*], *Diffusion der Verantwortung, prosoziales Verhalten.*

Bewertungskompetenz [engl. *assessment/evaluation competence*], *Wissenschaftskommunikation.*

Bewusstheit [engl. *awareness, consciousness*], *Bewusstsein, Bewusstseinslage.*

Bewusstlosigkeit (= B.) [engl. *unconsciousness*], [**BIO**], der Zustand, in dem das *Bewusstsein* aufgehoben ist (oft nur mehr oder weniger starke Bewusstseinseinschränkung) und geordnetes *Denken* sowie willentliches Handeln (*Handlung*) nicht mehr möglich sind. Tiefste B. wird als *Koma*, B. mittleren Grades als *Sopor*, leichte Einschränkung des Bewusstseins als *Somnolenz* bez. B. kann hervorgerufen werden durch eine große Anzahl von Giften, die teilweise als *Narkotika* Verwendung finden (*Alkohol, Opium*, Chloroform, Äther u. a.); auch viele Krankheitszustände (hohes Fieber, *Epilepsie*, Gehirnerschütterung (*Schädel-Hirn-Trauma*)) können mit B. einhergehen.

Bewusstsein (= B.) [engl. *awareness, consciousness*], [**BIO, KOG, PHI**], zum Phänomen B. gibt es versch. Perspektiven und Zugänge. Eine erste ist am Erlebnisaspekt orientiert. Danach ist B. zum einen die Gesamtheit der Erlebnisse, d. h. der erlebten psych. Zustände und Aktivitäten (Vorstellungen, Gefühle usw.); zum B. gehört zusätzlich zu diesen bewussten Zuständen oder Aktivitäten auch noch die Tatsache ihres Bewusst-Seins, die besondere Art des unmittelbaren Gewahrseins dieser Erlebnisse, die man auch als innere Erfahrung bez. kann. B. i. d. S. setzt nicht die Verfügung über Sprache oder über abstrakte Begriffe voraus; auch das bloße Spüren eines Schmerzes ist bereits B. B. erfordert auch nicht unbedingt das Wissen, dass man ein Ich, eine Person ist; Letzteres ist eine höher entwickelte Art des B.

Auf der Grundlage dieser Perspektive können spez. psych. Phänomene beschrieben werden, aber auch die Eigenart und Struktur des B. i. Allg. Mehrere, z. T. sehr unterschiedliche psychol. Richtungen haben hierzu beigetragen: (1) Der *Bewusstseinsstrom* (James) zeichnet sich aus durch stetige Veränderung bei gleichzeitiger Kontinuität; die zeitlich aufeinanderfolg. sowie die gleichzeitig bestehenden B.inhalte werden als Teil eines B. erlebt (*Einheit des B.*); (2) die Zahl der zu einem Zeitpunkt gegebenen B.inhalte ist begrenzt (*Bewusstseinsenge*). (3) B.inhalte haben ein Zentrum und eine Peripherie (in der Gestaltps.: *Figur-Grund-Verhältnis*); (4) B.inhalte sind nicht auf elementare Empfindungen reduzierbar (sie sind mehr als die «Summe» ihrer Teile); sie sind z. T. unanschaulicher Natur; (5) B. von Begriffen, *Bewusstheit* und *Bewusstseinslage*), ein großer Teil von ihnen besitzt Intentionalität (*Intention*), ist auf etwas gerichtet (Wahrnehmung von etwas, Furcht vor etwas).

Kritisiert wurde an diesem Zugang v. a. die Methode der *Introspektion* (Selbstbeobachtung), hierbei jedoch oft übersehen, dass zwar die Introspektion (aufmerksame Beobachtung des eigenen psych. Geschehens) auf viele psych. Vorkommnisse nicht anwendbar ist, wohl aber die innere Erfahrung und nachträgliche Beschreibung der Erlebnisse. Allerdings wäre die Erlebnisbeschreibung als einziger Zugang innerhalb der Ps. unzureichend. Die Ps. benötigt auch Theorien über Prozesse, die nicht bewusstseinsfähig sind oder die nicht hinreichend zuverlässig durch innere Erfahrung erfasst werden können.

Eine zweite Perspektive, diejenige der *Kognitiven Psychologie*, betont die Funktionen des B., seine Rolle im Prozess der menschlichen *Informationsverarbeitung*. Hierbei wird i. Allg. davon ausgegangen, dass ein großer Teil der Informationsverarbeitung nicht von B. begleitet ist. Dem B. zugeordnet werden v. a. das aktivierte Gedächtnis, die fokale *Aufmerksamkeit* und die kontrollierten (nicht automatischen) Prozesse der Informationsverarbeitung. Die Verknüpfung des B.begriffs mit kognitionspsychol. Theorien wirft allerdings eine Reihe von Problemen auf (Jackendoff 1987, Gadenne & Oswald 1991). Zunehmende Bedeutung gewinnt der von den Neurowiss. gewählte Zugang, der teilweise mit dem kognitionswiss. kombiniert wird. Man gewinnt ein ständig erweitertes und verfeinertes Wissen darüber, welche Teilstrukturen des *Gehirns* mitwirken müssen, damit die mit B. verbundenen psych. Vorgänge (bewusste Wahrnehmung, Aufmerksamkeit, Sprache, Entscheiden und Problemlösen) ablaufen können. Eine bes. wichtige Rolle für B. spielen die Strukturen innerhalb der Großhirnrinde (Kortex). Dennoch wäre es falsch, den Kortex als «Sitz» des B. zu betrachten, denn ohne subkortikale Strukturen ist kein B. möglich: Der Grad der Wachheit (vom Tiefschlaf über den Zustand entspannter Wachheit bis hin zu erregter Aufmerksamkeit) wird durch das komplexe retikuläre System (*Formatio reticularis*) reguliert. Als problematisch hat sich auch die Hypothese erwiesen, die linke Gehirnhälfte (bei den meisten Menschen Ort des Sprachzentrums) sei der Träger des B., denn auch die rechte Gehirnhälfte ist entscheidend an bewussten Funktionen beteiligt (z. B. Aufmerksamkeitssteuerung). In Bezug auf die Frage, welche neuronalen Prozesse die Grundlage des B. darstellen, wurden v. a. Hypothesen entwickelt, die sich an *Hebbs Theorie* orientieren (*Hebb'sches Prinzip*). Es wird vermutet, dass es zu Bewusstseinszuständen dann kommt, wenn kreisende Erregungen in Zellverbänden eine gewisse Intensität erreichen; man versucht, die physiol. Bedingungen von B. immer genauer zu bestimmen (Metzinger 2000).

Vieles spricht dafür, dass auch einige nicht menschliche Lebewesen B. haben. Kriterien für B. (jedoch nicht mit B. gleichzusetzen) sind hierbei v. a. die Fähigkeit zum Problemlösen, der Gebrauch von Symbolen und das Sich-selbst-Erkennen im Spiegel (*Rouge-Test*).

Besondere Aufmerksamkeit genießt das Thema B. in der Philosophie der Ps. (Metzinger 2005), wo es meist im Zusammenhang mit dem *Leib-Seele-Problem* behandelt wird. Es hat sich als problematisch erwiesen, B. auf die Gehirntätigkeit zu reduzieren; man sucht nach nicht reduktiven Lösungen des Leib-Seele-Problems, die zugleich einen Substanz-*Dualismus* vermeiden.

Historisch gesehen ist die Einstellung zum Forschungsgegenstand B. durch starke Änderungen gekennzeichnet. B. galt in der älteren Ps. (z. B. Wundt, James) als ihr eigentlicher Gegenstand, wurde dann vom *Behaviorismus* bzw. Neobehaviorismus als wiss. nicht untersuchbar erklärt, nach der «kognitiven Wende» wieder aufgegriffen und seitdem in psychol. und phil. Publikationen und Veranstaltungen zunehmend thematisiert.

Was die genannten Perspektiven oder Zugänge angeht, so wird heute z. T. die Sichtweise vertreten, dass die ältere, auf den Erlebnisaspekt bezogene, von geringerer Bedeutung und Aktualität sei als die beiden anderen, insbes. als die vielversprechende neurowiss. Andererseits erfasst die Erlebnisbeschreibung aber eine Seite des Psychischen, deren Existenz schwerlich geleugnet werden kann und die zugleich durch die anderen Zugänge nicht erfassbar ist. Insofern erscheint es angemessen, davon auszugehen, dass die dargestellten Perspektiven nicht nur in Konkurrenz zueinander stehen, sondern einander auch ergänzen. Gadenne 1996, Graumann 1974a, Jäncke 2013.   *V. Gadenne*

Bewusstsein, alternierendes [engl. *alternate consciousness*; lat. *alternus* abwechselnd], **[KLI]**, veralteter Begriff für alternierende Persönlichkeit, doppeltes Bewusstsein, *Doppel-Ich*; die Verdoppelung des Persönlichkeitsbewusstseins, zeitlich nacheinander und mit erheblichen Abweichungen in den wechselnden Persönlichkeitsstrukturen, jedoch mit mehr oder weniger erhaltenem Gefühl für die Identität mit dem eigenen *Ich*. Dämmerzustände versch. Art (vorab *Hysterie* und schizophrene Zustände) sind wohl Auslöser dieser Erscheinungen, die bei ihrer relativen Seltenheit und den einhergehenden Amnesien für das jew. *andere Ich* auch schwer zu fassen bzw. in ihrer ps. Bedeutung festzulegen sind. *Dissoziative Identitätsstörung*.

Bewusstsein, approximatives [engl. *approximate consciousness*; lat. *approximare* sich nähern, herankommen], **[KLI]**, C.G. Jung, *Analytische Psychologie*; angenähertes Bewusstsein zw. bewusst und unbewusst (*Unbewusstes*).

Bewusstsein, doppeltes [engl. *double consciousness*], *Bewusstsein, alternierendes*, *Doppelgängerwahn*.

Bewusstseinsenge [engl. *capacity limitation*], **[KOG, WA]**, die Tatsache, dass der Umfang dessen, was gleichzeitig bewusst erfasst werden kann, begrenzt ist. Bei Versuchen mit dem *Tachistoskop* zeigte sich, dass nicht mehr als 7 ± 2 einfache optische Wahrnehmungsinhalte zugleich aufgefasst werden. *Moment*, *Aufmerksamkeitsumfang*.

Bewusstseinslage (= B.) [engl. *states of consciousness*], **[EM, KOG]**, die versch. Handlungsphasen des *Rubikonmodells* differenzieren vier eigenständige Phänomene zielorientierten Verhaltens (*Ziele*, *Verhalten*): Abwägen, Planen, Handeln (*Handlung*) und Bewerten. Da jedes dieser Phänomene die Bearbeitung einer jew. anderen Aufgabe impliziert, entstehen versch. B., wenn mit der Lösung dieser Aufgaben begonnen wird. Das Konzept B. bez. somit die Aktivierung kogn. Prozeduren (*Kognition*), die bei der Übernahme und Ausführung einer Aufgabe in den versch. Phasen des Handlungsverlaufs gebraucht werden (Heckhausen & Heckhausen 2010; Gollwitzer 2012). Die spezif. kogn. Merkmale der B. des Handlungsverlaufs lassen sich durch Analysen der jew. Aufgabenanforderungen bestimmen. So beinhaltet die abwägende B. eine Offenheit für die obj. Verarbeitung aller Informationen hinsichtlich der Wünschbarkeit eines Handlungsergebnisses sowie der Durchführbarkeit der dazu notwendigen Handlungen. Die kogn. Orientierung der planenden B. soll gewährleisten,

dass bevorzugt Informationen aufgenommen werden, die die Ausführung von Handlungen begünstigt, die für die Zielrealisierung instrumentell sind. Die aktionale B. unterstützt die *Wahrnehmung* des eigenen *Selbst* als Akteur und der aktuellen Umweltreize, sodass ein reibungsloser Handlungsablauf unterstützt wird. So beurteilen sich Personen in dieser B. bspw. pos. als Personen in der abwägenden B. Ereignisse, die möglicherweise zu Unterbrechungen des Handlungsablaufs führen könnten (wie bspw. konkurrierende Ziele oder Ablenkungen durch Unterbrechungen etc.) werden dagegen ignoriert. In der bewertenden B. ist die kogn. Orientierung so ausgerichtet, dass möglichst obj. und genau das erreichte Handlungsergebnis bewertet werden kann. Es erfolgt i. d. S. ein Vergleich zw. dem Handlungsergebnis und dem ursprünglichen Ziel.
A. Achtziger/P. M. Gollwitzer

Bewusstseinsstörung (= B.) [engl. *disturbance of consciousness*], [BIO, KLI], ein Sammelbegriff, unterschieden werden (1) quant. B., Störung in der Klarheit des *Bewusstseins* i. S. der Einschränkung. Von den oberflächlichen Graden der *Benommenheit*, der mangelnden Wachheit und ungenügenden Orientierung bis zur *Bewusstlosigkeit*. (2) qual. B., Störung durch Verschiebungen in den Bewusstseinsinhalten (*Wahn*, Zwangsvorstellungen, Halluzinationen). *Eingangsmerkmale*.

Bewusstseinsstrom [engl. *stream of consciousness*], [KOG], von W. James eingeführter Begriff der Erscheinung des ununterbrochenen Durchzugs von Bewusstseinsinhalten im Erleben. Hierbei gewinnt man u. a. den Eindruck eines willensunabhängigen, fast passiven Geschehens.

Bewusstseinszustände [engl. *states of consciousness*], [BIO, KLI, WA], Bewusstseinsgrade von der *Bewusstlosigkeit* (Tiefschlaf, Ohnmacht, Koma) über versch. Formen der Bewusstseinstrübung wie der Herabsetzung oder Einengung der Aufmerksamkeit, Orientierungsstörungen und Verlangsamung des Denkens (beim *Stupor* mit psychomotorischer Hemmung verbunden) bis zur höchsten Stufe der Bewusstseinsklarheit.

bewusst – unbewusst [engl. *conscious - unconscious*], [KOG], Pole des Wissensstandes über Vorhandenes und dessen Mitteilbarkeit. Dazw. liegen viele Klarheitsgrade, die im Zusammenhang stehen mit *Absicht* (Handlungsentwurf), *Konzentration*, kritischem Selbstbezug, Wachheit, Vorerfahrungen, Einordnungs-, Unterscheidungsfähigkeit und Affektstrebungen. *Bewusstsein*. [KLI], in der psychoanalytischen Terminologie adjektivisch verwendet zur Bez. der im aktuellen Bewusstsein gegenwärtiger bzw. nicht gegenwärtiger Inhalte. Merleau-Ponty 1974, Neisser 1974.

beziehende Analyse *Prinzip der beziehenden Analyse*.

Beziehungen, soziale (interpersonale) *soziale Beziehungen*.

Beziehungsanalyse [engl. *relational analysis*]; *Bedingungsanalyse*.

Beziehungsaspekt (= B.) [engl. *relationship aspect*], [SOZ], in einer Face-to-Face-Situation enthält jede Mitteilung neben ihrem Sachinhalt auch Informationen darüber, wie sie vom Empfänger verstanden werden soll und welche Gefühle und Bewertungen beim Kommunikator gegenüber dem Rezipienten vorhanden sind. Dies kann etwa durch die Art der Intonation bei verbaler Kommunikation, durch begleitende Gesten oder Mimik (*nicht verbale Kommunikation*) oder auch durch die Wahl des Zeitpunktes für die Mitteilung erfolgen. In gewisser Weise def. so der B. die Beziehung zw. den Kommunikationspartnern. Der B. einer Mitteilung ist i. d. R. nicht explizit und fast immer mehrdeutig. Nimmt der Empfänger einer Mitteilung einen Widerspruch zw. dem Inhaltsaspekt (etwa einer pos. Aussage über das gegenseitige Verhältnis) und dem B. (der Art, wie diese Aussage getroffen wird) wahr, kann dies zu Störungen in der Beziehung führen, vor allen Dingen, wenn solche Widersprüche häufig und regelmäßig auftreten. Watzlawick et al. (1967) schreiben solchen Situationen eine bes. klin. Bedeutung zu, in denen ein Kommunikationspartner seine Wahrnehmungen auf der Inhaltsebene bezweifeln muss, um eine wichtige Beziehung nicht zu gefährden. Die Analyse des B. ist daher v. a. bei gestörten Kommunikationsabläufen von Bedeutung. Insofern der B. eine Mitteilung über die Sachkommunikation ist, kann er als (implizite) *Metakommunikation* verstanden werden. In den Kommunikationsmodellen von Watzlawick und von Schulz von Thun (2010a) wird dem B. bes. Aufmerksamkeit gewidmet. Watzlawick et al. 2011. W. Rechtien

Beziehungscommitment (= B.) [engl. *relationship commitment*; lat. *committere* vereinigen, sich anschließen], [SOZ], beschreibt die subj. erlebte Abhängigkeit einer Person von einer zw.menschlichen Beziehung zur Befriedigung ihrer Bedürfnisse (*Bedürfnis*). Johnson et al. (1999) unterscheiden drei Arten von B.: (1) *Persönliches B.* (*personal commitment*) beschreibt das Ausmaß, in dem eine Person ihre Beziehung aufrechterhalten möchte, (2) *moralisches B.* (*moral commitment*) das Ausmaß, in dem sich eine Person aufgrund moralischer Überlegungen (*Moral*) dazu verpflichtet fühlt, ihre Beziehung aufrechtzuerhalten und (3) *strukturelles B.* (*structural commitment*) das Ausmaß, in dem sich eine Person dazu gezwungen fühlt, ihre Beziehung aufrechtzuerhalten, unabhängig vom persönlichen und moralischen B. Persönliches und moralisches B. beruhen auf *Einstellungen* und *Werten* der Person und werden als internal erlebt, während strukturelles B. als externale Einschränkungen und Zwänge erlebt wird, die das Verlassen der Beziehung kostspielig werden ließen.

Das *Investitionsmodell* (*investment model*) von Rusbult (1983) unterscheidet nicht zw. unterschiedlichen Arten von B., sondern zw. drei Komponenten von B.: (1) die Absicht, die Beziehung überhaupt aufrechterhalten zu wollen, (2) eine Langzeitorientierung gegenüber der Beziehung und (3) die psych. Bindung an die Beziehung und den Partner (*Attachment*). Unter Einbeziehung interdependenztheoret. Annahmen (*Interdependenz, soziale*) ist nach dem Investitionsmodell das B. einer Person umso stärker, je zufriedener sie mit ihrer Beziehung ist, je schlechter sie die Qualität ihrer Alternativen erlebt und je mehr sie in ihre Beziehung investiert hat. Je stärker das B., umso stabi-

ler ist eine Beziehung und umso größer ist die subj. erlebte Beziehungsqualität. *S. Macher*
Beziehungsfalle *double-bind hypothesis*.
Beziehungsgestaltung, motivierte *Plananalyse*.
Beziehungskonto [engl. *bank account model of relationships*], *Modell ehelicher Stabilität*.
beziehungsspezifische Motive (= b. M.) [engl. *relationship-specific motives*], [**EM, SOZ**], zählen neben interpersonalen *Dispositionen* und *sozialen Normen* zu den Auslösern von *Adaptationsprozessen* (Kelley, Thibaut 1978) in sozialen *Interaktion* bzw. zw.menschlichen Beziehungen. B. M. beschreiben die Tendenz von Personen, sich in best. Interaktionssituationen mit einem best. Interaktionspartner auf eine best. Art und Weise zu verhalten bzw. auf das *Verhalten* des Interaktionspartners zu reagieren. D. h., das Verhalten der Person wird durch die spezifische Beziehung zu diesem einen Interaktionspartner (mit)bestimmt. Ein Bsp. für b. M. ist *Beziehungscommitment*, dessen Stärke entscheidend für das Verhalten einer Person ihrem Partner gegenüber ist. Je stärker das Commitment ausgeprägt ist, umso eher werden unmittelbare Eigeninteressen zurückgestellt und beziehungsförderliche Verhaltensweisen gezeigt. Van Lange & Rusbult 2011. *S. Macher*
Beziehungsstörung (= B.) [engl. *partnership disruptions*], [**KLI**], Partnerschaft ist eine der wichtigsten Quellen für Lebensfreude und psych. Stabilität, sodass Scheidung bzw. Trennung zu den schwerwiegenden kritischen Lebensereignissen (*Life-Event, kritisches*) im Verlauf der Lebensgeschichte gehört. Bes. Bedeutung kommt daher den meist vorausgehenden B. zu, die Anlass für das Aufsuchen einer *Paartherapie* sein können. B. werden def. als subj. erlebtes Unglück und Unzufriedenheit, erfasst durch Befragung beider Partner im therap. Gespräch oder Interview, in Selbstbeurteilungsinstrumenten und durch Verhaltensbeobachtung. Sie manifestieren sich auf allen Verhaltensebenen (z. B. neg. *Kausalattribution*, Beschimpfungen in direkten Interaktionen, erhöhter psychophysiol. Erregung bzw. Wut und Verbitterung). In der Vergangenheit wurden zahlreiche Theorien zur Erklärung von B. herangezogen. Zu nennen sind soziobiol., bindungs- und austauschtheoretische, tiefenpsychol., erlebnisorientierte, lerntheoretische, systemische und familienökonomische Ansätze, wobei die empirische Absicherung der theoretischen Annahmen sehr unterschiedlich ausfällt. Anhaltspunkte für Interventionen bieten insbes. das *Zwangsprozessmodell* und das *Modell ehelicher Stabilität*. Das Ausmaß von B. ist mit dem Beginn, Verlauf, Therapieerfolg und Rückfall bei zahlreichen psych. Störungen und körperlichen Erkrankungen assoziiert. Umgekehrt können auch Störungen oder Erkrankungen oft mit B. einhergehen. *Paarlife*, *Freiburger Stresspräventionstraining für Paare*, *Prävention bei Paaren*. *C. Kröger*
Beziehungstat (= B.) [engl. *homicide in interpersonal relationship*], [**RF**], bez. einen *Gewalt*akt innerhalb einer engen interpersonalen Beziehung, wobei die Tötung des Opfers, wenn nicht intendiert, so doch oft in Kauf genommen wird. Als Prototyp der B. gilt die Tötung der Intimpartnerin. Ohne begriffliche Eingrenzung wird der Ausdruck aber auch auf Tötungsdelikte i. R. familiärer oder enger freundschaftlicher Beziehungen angewendet. Gedacht wird bei B. regelmäßig an Konflikte mit starker emot. Beteiligung aufseiten des Täters (*Affekttat*). Die Forschung zur B. konzentrierte sich bisher auf Tötungsdelikte innerhalb einer Intimpartnerschaft, die unter den versch. Arten von B. hinsichtlich der Häufigkeit eine prominente Stellung einnehmen. Dabei wurde ein geschlechtstypischer Unterschied sichtbar: Die Motivation männlicher Täter ergibt sich meist aus dem Verlangen nach einer kurzfristigen Lösung des Beziehungskonflikts, wobei der Täter die Unterordnung des Opfers unter seine Vorstellung von der Konfliktbewältigung intendiert. Die Paradoxie der Tötungshandlung unter dieser Zielsetzung manifestiert sich gewöhnlich in einer hilflos wirkenden Reaktion des Täters nach der Tat. Ausgelöst wird der tödliche Akt oft durch eine Kränkung oder durch die Erfahrung plötzlichen Kontrollverlusts in der Interaktion mit der Partnerin. Demgegenüber lassen sich die weitaus selteneren B. von Frauen meist als Versuche der Flucht aus lange schwelenden Konflikten interpretieren, in denen sich die spätere Täterin meist passiv verhalten hat. Der Entschluss zur B. erfolgt häufig, wenn vermeintlicher oder tatsächlicher Rückhalt durch einen neuen Partner Sicherheit zu vermitteln scheint. Steck 2008. *P. Steck*
Beziehungswahn (= B.) [engl. *delusion of reference*], [**KLI**], *Wahn*, bei dem die in der Umwelt wahrgenommenen Vorgänge (Gebärden, Äußerungen usw. anderer Menschen) als in offensichtlicher und übersteigerter Beziehung zur eigenen Person erlebt werden. *Sensitiver Beziehungswahn*, *wahnhafte Störung*.
Bezold-Brücke-Phänomen, syn. *Bezold-Abney'sches Phänomen* [engl. *Bezold-Abney phenomenon*], [**WA**], die von A. v. Bezold 1873, E. Brücke 1878 und W. Abney 1913 beschriebene Abhängigkeit der im *Spektrum* sichtbaren Farben von der *Helligkeit* (Leuchtdichte) bei *Helladaptation* und fovealem Sehen. Bei Abnahme der Helligkeit (unter 10 mlx) breiten sich die Rot-, Grün- und Violettgebiete des Spektrums über die benachbarten aus, z. B. wird das Gelb teils rötlich, teils grünlich. Umgekehrt werden bei Vergrößerung der Leuchtdichte und gleichzeitiger Abnahme der Sättigung die rötlichen und grünlichen Farbtöne zunehmend gelb, während die blaugrünen und violetten zunehmend blau werden (Bezold-Abney'sches Phänomen). Bei vier Farben (Blau von 474 nm, Grün von 506 nm, Gelb von 571 nm und einem im Spektrum nicht vertretenen Rot) bleibt nach D. M. Purdy (1937) die Farbtonverschiebung aus (invariante Farbtöne). Die Farbtonverschiebung ist ferner von den geometrischen Abmessungen des Sehfeldes abhängig, wobei eine Abnahme des Sehfelddurchmessers den gleichen Effekt bewirkt wie ein Anwachsen der Helligkeit (Van der Wildt 1968). *Adaptation, chromatische*, *Farbwahrnehmung*, *Purkinje'sches Phänomen*.
Bezugsgruppe (= B.) [engl. *reference group*], [**SOZ**], diejenige *Gruppe*, die ein Individuum zur Identifikation und zum sozialen Vergleich wählt (z. B. Geschlecht, Nationalität, Beruf). I. d. R. verfügt der Einzelne über mehrere solcher B., die in ihren Eigenschaften meist mehr konstruiert als realisiert bestehen. *Nachahmung*, *Imitation*.

Bezugsnorm (= B.) [engl. *reference norm*], [**DIA, EM, PÄD**], Standard, mit dem man ein vorliegendes Resultat vergleicht, wenn man es als *Leistung* bewerten will (*Leistungsbeurteilung*). Solche Vergleichsstandards können aus qual. versch. Bezugssystemen (Vergleich mit anderen, mit sich selbst oder mit Sachanforderungen) und deshalb unterschiedliche Aspekte desselben Resultats hervorheben oder ausblenden (Heckhausen 1974; Rheinberg 2008b). Mit *B.-Orientierung* bez. man die Tendenz einer Person, eine best. B. zu bevorzugen, wenn sie dazu den Bewertungsspielraum hat. Solche indiv. Unterschiede und ihre motivationalen Auswirkungen (*Motivation*) wurden insbes. bei Lehrern untersucht. Beim Vergleich mit anderen (z. B. anderen Lernern einer Schulklasse) wird eine *soziale B.* verwandt. «Gut» bedeutet hier überdurchschnittlich, «schlecht» unterdurchschnittlich. In fähigkeitsheterogenen *Gruppen* hebt diese interindividuelle Perspektive Leistungsunterschiede zw. Personen bes. hervor und eignet sich z. B. für die Bestenauslese. Allerdings bleibt ein gemeinsamer Lernzuwachs aller unsichtbar. Zudem resultiert ein eher stabiles Leistungsbild, weil indiv. Veränderungen erst dann erkennbar werden, wenn sie zu Veränderungen in der Leistungsrangreihe führen. Unter *individueller B.* (auch *temporäre B.*) wird ein jetzt erzieltes Resultat mit dem verglichen, was diese Person zuvor geschafft hat. «Gut» ist ein Anstieg, «schlecht» ein Abfall. Diese intraindividuelle Perspektive hebt die Variabilität und Beeinflussbarkeit von Leistung hervor und erwies sich in Lernsituationen als motivationsförderlich. Allerdings bleiben Fähigkeitsunterschiede unerkannt. Zudem sieht man nicht, ob ein sachlich erforderliches Kompetenzkriterium (*Kriterium*, z. B. Fahrtauglichkeit bei der Führerscheinprüfung) erreicht wurde oder nicht. Bei *sachlicher B.* (auch *kriteriale B.*) wird ein Resultat mit einem Standard verglichen, der in der Sache selbst liegt. Diese Vergleichsperspektive macht sichtbar, welche inhaltlich definierten Kompetenzgrade (*Kompetenz*) jemand beherrscht. Allerdings bleibt bei einem rein inhaltsdeskriptiven Standard unsichtbar, ob die Erreichung des jew. Kriteriums für die Person eine anstrengungsfordernde Kompetenzsteigerung war. Zudem bleibt ohne den Vergleich mit anderen Lernern unerkannt, ob die Person in diesem Bereich vielleicht besondere Lernfähigkeit besitzt. *F. Rheinberg*

Bezugsnorm, Trainings zur individuellen [engl. *training of individual reference norms*], [**EM, PÄD**], nach der Theorie der *Bezugsnorm*orientierung erhöht sich die Schülermotivation, wenn Lehrer Feedback so geben, dass die Lerngeschichte des Schülers betont wird. Dies wird in Trainings zur indiv. Bezugsnorm den Lehrern vermittelt. Trainings zur indiv. Bezugsnorm sind häufig eingebettet in Trainings für Schüler mit einer hohen *Furcht vor Misserfolg*. Krug & Lecybyl 2005. *R. Vollmeyer*

Bezugssystem (= B.) [engl. *frame of reference*], [**KOG, WA**], ein nicht nur in der Mathematik (Koordinatensystem) und Physik (cm-g-s-System), sondern seit Koffkas *framework* (Koffka 1935) auch in der Ps. üblich gewordener Begriff. *Metzger* fasste das Problem als das des Ortes und des Maßes. Schon *Wertheimer* hatte 1912 (Wertheimer 1912), ohne bereits von B. zu sprechen, diese Idee angesprochen, mit der Bemerkung, dass genaue Lokalisation auf dem «Zueinander von Mehrerem» oder auf «Verhältnissen in ausgedehnten Bereichen» beruhe. Dieser Sachverhalt bleibt aber meistens «unscheinbar». In diesem Hauptfall sprach Bischof 1966 von «funktionalem Bezugssystem» (Bischof 1966b, 1974b). Hiervon unterschied er als «evidentes Bezugssystem» den Fall, wo «Eigenschaften oder Zustände anschaulicher Objekte als wesenhaft ‹abhängig von›, ‹verankert an›, ‹bezogen auf› oder ‹orientiert an› anderen phänomenalen Gegebenheiten erlebt werden». Metzger gab 1940 eine systematische Übersicht über Klassen solcher B.: «Von der Lage und der Stellung zu einem wirklich vorhandenen seelischen B. sind bestimmt und haben außerdem keinen Sinn: (1) Alle sog. ‹absoluten› Eigenschaften: klein (winzig), groß (riesig); nahe, fern; oben, unten; früh, spät; schnell, langsam; laut, leise; fleißig, faul; klug, dumm usw. Wenn ein Ding ‹größer als› ein anderes und doch ‹klein› erscheint, so bezieht sich die zweite Angabe auf die Stellung im augenblicklich wirksamen Bezugssystem. (2) Bestimmte, ebenfalls absolut erscheinende Zustände: aufrechtstehend, liegend, schräg; ruhend, bewegt; beständig, veränderlich usw. (3) Best. Teilfunktionen: Basis, Sockel, Fuß, Gipfel, Flanke usw.; Grundton, Leitton, Auftakt, Synkope usw.» Metzger berichtete bes. eingehend von B. der räumlichen und zeitlichen Orientierung. Seitdem sind die in seiner oben genannten Dreiteilung sog. absoluten Eigenschaften empirisch eingehender studiert worden, so von Helson, Sarris und Witte. *Ankerreiz*. Metzger 1954, 1975, Bischof 1966a, 1974a, Lauterbach & Sarris 1980.

b-Gewicht [engl. *b-weight*], unstandardisiertes *Regressionsgewicht*.

BHD-System *Beanspruchungsscreening bei Humandienstleistungen*.

bias (= b.) [engl.] Fehler, Verzerrung, [**DIA, FSE**], ein bei unzureichender Versuchsplanung möglicher systematischer Verzerrungseffekt (*Versuchsplan*). Die durch ein b. entstandene systematische *Varianz* lässt sich nicht von der evtl. durch exp. Bedingungen entstandenen Varianz trennen. Dadurch können tatsächlich vorhandene Wirkungen der durch das *Experiment* eingeführten Einflüsse verstärkt, verschleiert oder als nicht vorhandene vorgetäuscht werden.

In der math. Statistik wird der Begriff dann gebraucht, wenn bei der Schätzung von *Parametern* aus Statistiken systematisch Über- oder Unterschätzungen vorkommen. *attrition bias, detection bias, Konfundierung, language bias, performance bias, publication bias, selection bias.* i. w. S. Voreingenommenheit. *Vorurteile response-set*.

bias variance dilemma [engl. *bias* Verzerrung, *variance* Varianz; gr. δίσ- (dis) zwei, λημμα (lemma) Annahme], *Kognition, Ökologische Rationalität*.

BIC *Informationstheoretische Maße*.

Bicucullin (= B.), [**PHA**], chemische Substanz, die mit *Tranquillanzien* vom Typ der *Benzodiazepine* verwandt ist und an den Bindungsstellen des $GABA_A$-Komplexes haftet und damit die psych. Effekte von Benzodiazepinen verhindert bzw. antagonisiert. Als Benzodiazepinantagonist hat B. Bedeutung als Forschungswerkzeug, so als Reaktivitätstest zur Beteiligung von Benzodiazepinrezeptoren bei der *Panikstörung*. *W. Janke*

Bielefelder Medienkompetenz-Modell *Medienkompetenz.*

^Test^**Bielefelder Screening zur Früherkennung von Lese-Rechtschreibschwierigkeiten (BISC)**, 2001, 2. überarbeitete Aufl., H. Jansen, G. Mannhaupt, M. Marx & H. Skowronek, [www.testzentrale.de], **[DIA, PÄD]**. AA Vorschulkinder zu Beginn oder Mitte des letzten Vorschuljahres. Einzeltest. Erfasst Risiko zur Ausbildung von Lese- Rechtschreib-Schwierigkeiten auf der Basis von: Phonologischer Bewusstheit, Aufmerksamkeits- und Gedächtnisproblemen. *Reliabilität*: Retestreliabilität (6 Monate) $r = .82$. *Validität*: Korrelationen mit den Leistungskriterien im ersten und zweiten Schuljahr erlauben eine indiv. Vorhersage von Lese-Rechtschreib-Schwierigkeiten. *Normierung*: Altersnormen ($N = 1120$) für die Testzeitpunkte zehn Monate vor Einschulung und vier Monate vor Einschulung. Ca. 20–25 Min.

big data [engl.] große Daten(mengen); *Datenanalysemethoden*, *Mustererkennung*, *Statistik*.

Big-Fish-Little-Pond-Effekt (= B.) [engl.] Großer-Fisch-kleiner-Teich-Effekt, **[PÄD, SOZ]**, der B. ist ein Effekt der Selbstkonzeptforschung, der beschreibt, dass das akademische Selbstkonzept (*Fähigkeitsselbstkonzept*) von Personen sinkt, wenn sie sich in einer Bezugsgruppe befinden, die über höhere Fähigkeiten verfügt. Begründet wird dieser Effekt mit *sozialen Vergleichen*, die dazu führen, dass das Selbstkonzept eines Individuums sinkt, wenn die persönlichen Leistungen niedriger sind als Leistungen der gewählten Vergleichsgruppe. *Bezugsnorm*, *Mehrebenenanalyse*. *M. Händel*

Big Five [engl. *big* groß, *five* fünf]; *Fünf-Faktoren-Modell*.

^Test^**Big Five Inventar (BFI)**, 2001, F.R. Lang, O. Lüdtke & J.B. Asendorpf; engl. Originalfassung: Big Five Inventory, O.P. John, E.M. Donahue & R.L. Kentle, 1991, **[DIA, PER]**, mehrdimens. Persönlichkeitstest zur Erfassung der *Big Five* durch 42 items. AA 16 Jahre. *Normierung*: $N = 480$. Es werden Normen für junge, mittelalte und alte Erw. berichtet. Bearbeitungsdauer ca. 8 Min.

Bilanzselbstmord [engl. *rationale suicide*], **[KLI]**, *Suizid*, der durch eine rationale Abwägung der Lebensumstände bedingt ist.

Bild [engl. *image*], **[KOG]**, als «Abbild» die anschauliche, adäquate Wiedergabe eines Gegenstandes oder Sachverhaltes. *Image*. Des weiteren die emot. betonten Fantasien. *Anima*, *Animus*, *Archetyp*, *Imago*, *Repräsentation*, *ikonische*. Rauh 1982.

^Test^**Bildbasierter Intelligenztest für das Vorschulalter (BIVA)**, 2004, 1. Auflage, U. Schaarschmidt, G. Ricken, U. Kieschke und U. Preuß, [www.testzentrale.de], **[DIA, EW, PER]**. Intelligenztest für Kinder und Jugendliche 3;6- bis 7-jährige Kinder. Einzeltest zur Diagnostik von Entwicklungsdefiziten und -verzögerung sowie hohe Begabung. Vorläuferversion BILKOG von 1989. Insgesamt acht Untertests, vier elementarere Untertests für jüngere und vier komplexere Untertests für ältere Kinder. Je Untertest sechs Aufgaben (zwei Zusatzaufgaben bei hoher Begabung). Gute bis befriedigende *Reliabilität*. *Konstruktvalidität* basiert auf inhaltlich-logischen Analysen. Empirische Validierung liegt vor. *Normierung*: $N = 2287$ Kindern (Dt., Österreich, Schweiz) sowie geschlechts- und altersspezifische Normen. Bei jüngeren Kindern 15–30 Min., bei älteren Kindern 20–50 Min.

^Test^**Bildertest zum sozialen Selbstkonzept (BSSK)**, 2004, H. P. Langfeldt & F. Prücher, [www.testzentrale.de], **[DIA, PER, SOZ]**. Theoretisch begründetes eindimensionales Verfahren zur Erfassung der kogn. Anteile des *Selbstkonzepts* von Kindern in ihrer Beziehung zu Gleichaltrigen. AA erste und zweite Grundschulklasse. Das Verfahren besteht aus 18 Bildpaaren, in denen alterstypische Situationen (z. B. Malen, Basteln, Spiele im Freien) dargestellt sind. Die Bilder eines Paares unterscheiden sich bei gleicher Situation jeweils nur durch die Anzahl der abgebildeten Akteure (ein Kind bzw. drei Kinder). Die Kinder kreuzen an, wie sie sich i. d. R. in der gezeigten Situation verhalten (allein oder mit anderen zus.). Es wird angenommen, dass Kinder, die sich vorwiegend gemeinsam mit anderen Kindern zus. wahrnehmen, über ein eher pos. soziales Selbstkonzept verfügen. *Reliabilität*: interne Konsistenz ca. .80; Restest-Reliabilität .54 (Intervall 43 Wochen).*Validität*: Korrelation mit Elterneinschätzungen .46. *Normierung*: *Prozentränge*, *T*-Werte (*T-Norm*), Normierungsstichprobe $N = 863$. Durchführungszeit in der Schulklasse ca. 20 Min. PC- und webbasierte Version für indiv. Testung verfügbar. *H. P. Langfeldt*

bildgebende Verfahren (= b.V.) [engl. *imaging techniques/procedures*], **[BIO, DIA]**, unter dem Begriff b. V. werden in den modernen Neurowissenschaften Methoden zus.gefasst, die es erlauben, hirnanatomische Strukturen anhand best. Messwerte zu rekonstruieren und möglichst präzise dreidimensional zu visualisieren. Des Weiteren werden darunter auch Methoden subsumiert, die den zeitlichen Ablauf eines physiol. Prozesses (z. B. lokale Veränderung der Hirndurchblutung oder Stoffwechselvorgänge) auf anatomische Strukturen beziehen. Mit b. V. können aber auch Rezeptorbesetzungen von Medikamenten im *Gehirn* dargestellt werden. Typische b. V. sind: (1) *Magnetresonanztomografie, MRT* (engl. *magnetic resonance imaging*: MRI), (2) *Diffusion Tensor Imaging* (DTI), (3) die Sonografie (Messung von Schallreflexionen), (4) Computertomografie (CT, Messung der Röntgen-Absorption), (5) Szintigrafie (Aktivität eines Tracers), (6) *Positronen-Emissions-Tomografie* (PET, Messung der Tracerkonzentration), (7) die Spektroskopie, (8) optische Bildgebung mittels *near-infrared-spectroscopy* (NIRS).

Ein wichtiges Prinzip der Bildgebung ist die Rekonstruktion der anatomischen Struktur anhand best. Messwerte, sodass immer ein mehr oder weniger komplexer Transformationsprozess zw. den zwei- und dreidimensionalen Bildern und den Messwerten vorgenommen werden muss. Methoden, die es erlauben, best. physiol. Vorgänge zu visualisieren, ohne dass ein direkter bzw. präziser Bezug zu anatomischen Strukturen hergestellt wird, werden traditionell nicht zu den b. V. gerechnet. Typ. Bsp. solcher Methoden sind das *Elektromyogramm (EMG)*, das Elektroenzephalogramm (*Elektrodiagnostik, Enzephalografie*) und die *Magnetenzephalografie* (MEG). Diese Verfahren erlauben zwar die zeitlich hoch aufgelöste Visualisierung neurophysiologischer Vorgänge, sie liefern jedoch keine genauen Informationen bzgl. der anatomischen Strukturen, die den neurophysiologischen Vorgängen zugrunde liegen.

Insbes. für die EEG- und MEG-Technologie werden derzeit math. Modelle entwickelt, die es erlauben, die gemessenen neurophysiologischen Vorgänge auf die jew. anatomischen Strukturen zu beziehen, die an der Generierung der physiol. Aktivität beteiligt sind. Die hierzu verwendeten math. Modelle sind derzeit weit fortgeschritten, sodass die EEG- und MEG-Technik zunehmend zu den b. V. gerechnet werden. In den Verhaltenswissenschaften haben die funktionelle und strukturelle Magnetresonanztomografie (fMRT und sMRT) eine bedeutende Rolle, einerseits, weil sie zur Entwicklung der Ps. in den letzten Jahren einen wesentlichen Beitrag geleistet haben, andererseits, weil durch sie in der Zukunft noch ein bedeutsamer Erkenntnisgewinn zu erwarten ist. Die PET-Technologie hat den b. V. in den Verhaltenswissenschaften zwar zum Durchbruch verholfen, nimmt aber hier (allerdings eine zweifellos wichtige) eine Randstellung ein. Jäncke 2013.
L. Jäncke

Bildgeschichtenmethode, Thematische Apperzeptionsverfahren (= B.) [engl. *picture story (method)*], [**DIA, PER**], *projektive Verfahren*, in der psychol. Diagnostik diejenigen Verfahren, die die unbewusste Themenstruktur aus Geschichten zu erschließen suchen, zu denen der Pb Bilder als Anreiz vorgelegt bekommt: z. B. der später weitverbreitete Thematic-Apperception-Test (TAT; *Thematischer Apperzeptionstest (TAT)*) von Murray (1943). Den Erfolg dieses Verfahrens sichert nach Murray die menschliche Tendenz, bei der Interpretation einer mehrdeutigen sozialen Situation die eigene Person bzw. unbewusste Wünsche, Ängste, Spuren kindlicher Erfahrungen usw. nachzuzeichnen. Das Erwecken von «Fantasien» durch Bilder reicht weit zurück: Galton 1880, Binet 1905, Brittain 1907, Libby 1908, Clark 1926. Ähnliche und parallele Verfahren zum TAT sind: *Four Picture Test Van Lennep*; *Blacky Pictures Test Blum*; *Picture Arrangement Test Tomkins*; *Children's Apperception Test Bellak*; *Picture Story Test Symonds*; *Michigan Picture Test Andrew*; *Vocational Apperception Test Ammons*. Kornadt 1971.

Bildsamkeit (= B.), [**PÄD**], durch J.F. Herbart (1835) in die *Pädagogik* eingeführter Grundbegriff, Korrelat zum päd. Begriff der *Erziehungsbedürftigkeit* des Menschen. Bedeutet nicht nur *Plastizität* i.S. von Anpassungsfähigkeit und Entwicklung von *Dispositionen* (z. B. Begabungen, sondern indiv. abgestufte Veränderbarkeit von Verhaltensweisen, *Einstellungen* und Werthaltungen (*Werte*) durch i.d.R. planmäßige, an best. *Erziehungszielen* orientierte Beeinflussungen (*Erziehung*). B. ist allg. mitbestimmt durch das jew. gesellschaftliche Verständnis von *Bildung* und die daraus abgeleiteten Forderungen, aber auch spez. durch die unterschiedlichen begünstigenden oder behindernden Lebenssituationen und sozialen Konstellationen. Herbart 1957.
G. Mühle

Bildung (= B.) [engl. *education*], [**PÄD**], sowohl von der *Pädagogik* bzw. *Philosophie* als auch von der Ps. bearbeitetes Themenfeld. Deswegen stehen neben anthropologischen/politischen manchmal kontroverse empirisch-exp. Fragestellungen. Die Päd. Ps. verfolgt einen wertefreien Ansatz unter Berücksichtigung des Werterahmens. B. ist eine gesellschaftlich-politisch beeinflusste oder selbst gewählte Einwirkung auf die psych. *Entwicklung* bzw. Ausgestaltung eines Menschen. Als zentraler Grundbegriff hat B. sich im Laufe der Entwicklung der Pädagogik stark gewandelt. Die klassische Humanitätsidee des dt. *Idealismus* und Neuhumanismus meint Ausgestaltung und Vervollkommnung des «höheren Selbst» der Menschlichkeit. In der Gegenwart (z. B. Blankertz 1971, Klafki 1996, von Hentig 2004, Schwanitz 1999) unterscheidet man häufig materiale, formale, kategoriale und dialogische Bildungstheorien. Materiale B. erschließt obj. *Kulturinhalte*, die als an sich wertvoll angesehen werden. Formale B. verwendet Inhalte um der allseitigen Ausbildung der Funktionen des Menschen willen (funktionale B.) und als Material zum Erlernen (*Lernen*) von Methoden (meth. B.). Die vermittelnde und diesen Ggs. überwindende Theorie der kategorialen B. geht vom Wechselbezug von Gegenstands- und *Selbsterkenntnis* bzw. -bemeisterung aus, die Theorie der dialogischen B. vom Sich-Auslegen der B. in Sachlichkeit und Menschlichkeit. In Dt. hat sich folg. Vorstellung des Dt. Bildungsrats weitgehend durchgesetzt: Insbes. junge Menschen sollen möglichst viele geeignete *Bildungschancen* erhalten, sie sollen ihre *Persönlichkeit* möglichst frei entfalten können und lernen, selbstständig zu lernen (*Lernen, lebenslanges, Aus- und Fortbildung*); zu diesem Bildungskonzept gehört die Förderung (1) eines kritischen Verständnisses der sie umgebenden Welt, (2) der Bereitschaft zur demokratischen Mitwirkung, (3) des Verständnisses von Wissenschaft und Technik und (4) der *Fähigkeit* zur beruflichen Mobilität. I. Allg. unterscheidet man nach (1) Ausbildung: berufsqualifizierende B., (2) Fortbildung: beruflich motivierte B. nach Berufseintritt, (3) *Weiterbildung*: allg. motivierte B. ohne unmittelbaren beruflichen Bezug, aber häufig auch als Bez. für beruflich motivierte B. verwendet. B. prägt oder entwickelt Persönlichkeitseigenschaften (*Persönlichkeitsmerkmal; Lehrziel*) im kogn. (*Kognition*), affektiven (emot. (*Emotionen*)) oder motorischen Bereich (*Motorik*, Klauer 1978). Ps. meint B. das Verfügen über *Verhalten*sweisen und *Einstellungen*, die *Leistungen* hervorzubringen sowie Einstellungen herbeizuführen vermögen. Kriterium der B. i. d. S. ist «richtiges», d. h. in sich widerspruchsfreies und der *Wirklichkeit* adäquates kogn. Verhalten. Empirische Forschung der Ps. prüft u. a. die psych. Möglichkeiten und Grenzen von Lernenden vor dem Hintergrund der Anforderungen und die Optimierung von Lernangeboten.

Der Staat stellt grundsätzlich Bildungsprogramme und entspr. Organisationen/Institutionen zur Verfügung, die von Individuen und Gruppen nachgefragt werden können. Mit B. können u. a. erworben werden: *Wissen*

(Van der Meer 1996), *Kompetenz* bzw. *Expertise* bzw. *Leistungsexzellenz* (Spada & Wichmann 1996, Waldmann 1996, Dittmann-Kohli et al. 1997, Ulich 1994, Achtenhagen 1994) oder Transferkompetenzen (*Schlüsselqualifikation*, Hasselhorn & Gold 2009, Hoffmann & Knopf 1996). Bes. Bedeutung hat in den letzten Jahrzehnten die *Erwachsenenbildung* erlangt. *Allgemeinbildung*. W. Echterhoff

Bildung, inklusive (= i. B.) [engl. *education, inclusive*; lat. *includere* einschließen], **[GES, PÄD]**, i. B. erfordert die Möglichkeit zur *Partizipation* am allg. B.system (*Bildung*) in einer Schule für alle Schüler. Grundlage der i. B. ist die Wertschätzung von inter- und intraindividueller Vielfalt als Normalität in der B., verbunden mit der Auffassung, dass die Heterogenität der Schüler eine Bereicherung für den schulischen Kontext darstellt. Hierbei ist das Verständnis von Inklusion als Prozess der UNESCO von 2010 bedeutsam, bei dem durch verstärkte Partizipation an Lernprozessen (*Lehr-Lern-Prozesse*) mittels Reduzierung und Abschaffung von Exklusion in der B. auf die versch. Bedürfnisse (*Bedürfnis*) von allen Kindern eingegangen wird. Dies wird von der Überzeugung (*Überzeugungssystem*) getragen, dass es in der Verantwortung des regulären Systems liegt, alle Kinder zu unterrichten und diese dabei durch qual. hochwertige B. in die Lage zu versetzen, ihre Potenziale zu entfalten. Im Hinblick auf die Zielgruppen der i. B. kann in diesem Kontext zw. einem engeren und erweiterten Inklusionsverständnis differenziert werden. Bei einem engeren Inklusionsverständnis erfolgt eine Konzentration auf Kinder mit sonderpäd. Förderbedarf (*Sonderpädagogik*) nach der UN-Behindertenrechtskonvention. Diese stellt sicher, «dass Kinder mit *Behinderungen* nicht aufgrund von Behinderung vom unentgeltlichen und obligatorischen Grundschulunterricht oder vom Besuch weiterführender Schulen ausgeschlossen werden» (Bundesbeauftragte der Bundesregierung für die Belange behinderter Menschen 2009, § 24,2). Ein erweitertes Inklusionsverständnis umfasst Kinder mit bes. Förderbedarf im Kontext der Salamanca-Erklärung (UNESCO 1994, 4): Dessen Leitprinzip besagt, «dass Schulen alle Kinder, unabhängig von ihren physischen, intellektuellen (*Intelligenz*), sozialen (*soziale Kompetenzen*), emot. (*emotionale Kompetenz*), sprachlichen (*Sprache*) oder anderen *Fähigkeiten* aufnehmen sollen. Das soll behinderte und begabte Kinder einschließen» sowie Kinder «von sprachlichen, kult. oder ethnischen *Minoritäten*», wobei diese Zielgruppen gleichermaßen im Kontext der indiv. Förderung (*Lernförderung, individuelle*) beachtet sind. C. Fischer/H. Ludwig

Bildungsbedarfsanalyse (= B.) [engl. *educational needs assessment*], **[AO, PÄD]**, ist ein Oberbegriff für spez. Methoden zur Ermittlung der Ziele, Aufgaben und Methoden für Maßnahmen zur Aus-, Fort- und Weiterbildung (*Aus- und Fortbildung*). Die B. ist der erste wichtige Schritt bei der Planung und Entwicklung von Bildungs- oder Trainingsprogrammen. Oft basiert die B. auf einfachen schriftlichen oder mündlichen Befragungen potenzieller Teilnehmer sowie deren Vorgesetzter. Aussagekräftiger sind systematische Methoden der *Anforderungsanalyse* und *Personalbeurteilung*. I. R. umfassender Konzepte der *Personalentwicklung* und *Organisationsentwicklung* kann eine B. auch in Verfahren der *Organisationsanalyse* integriert werden. *Bildungsevaluation*. Goldstein & Ford 2002, Greif & Kluge 2004, Patrick 1989. S. Greif

^Test **Bildungs-Beratungs-Test (konvergentes Denken) für 4. bis 6. Klassen (BBT 4–6)**, 2. Aufl. 1992, K. Ingenkamp, B. Wolf, H. Christmann, U. Lissmann, A. Knapp und H. Haenisch. Erstauflage 1977, [www.testzentrale.de], **[DIA, PÄD, PER]**. Intelligenztest für Kinder. AA Schüler der 4., 5. und 6. Klassenstufe. Der BBT 4–6 eignet sich zur Beratung der Schüler über den künftigen Bildungsweg. Er besteht aus vier Subtests (*Satzteile, Zahlenreihen, Wortbedeutungen* und *Denkaufgaben*) mit je 15 Multiple-Choice-Aufgaben. *Normierung* an N = 5778 Schülern der 4. bis 6. Klassen. Es sind Prozentrang-Bänder, mittlere T-Werte und T-Wert-Bänder angegeben. *Validität*: Zusammenhänge zu den Deutsch- und Mathematikzensuren nach 2,5 Jahren liegen zw. r = .37 und r = .67. *Reliabilität*: Halbierungszuverlässigkeit (Spearman-Brown) und innere Konsistenz (Kuder-Richardson, Formel 20) zw. r = .91 und r = .94. Parallelform-Wiederholungszuverlässigkeit zw. r = .87 und r = .88. Der BBT 4–6 liegt in den echten Parallelformen A und B vor. Durchführungszeit 90 Min.

Bildungsberichterstattung (= B.) [engl. *educational reporting*], **[PÄD]**, moderne Industrienationen steuern ihre Politik typischerweise datengestützt, indem Indikatoren gesammelt und berichtet werden, die bspw. über die wirtschaftliche Lage und Entwicklung eines Landes Auskunft geben. Mithilfe der B. soll Bildungspolitikern entspr. datengestützte Steuerungsinformation für die Weiterentwicklung des Bildungssystems bereitgestellt werden (*Bildungscontrolling, Bildungsevaluation, Bildungsmonitoring*): «Indem über Rahmenbedingungen, Verlaufsmerkmale sowie über Ergebnisse und auch über Erträge von *Bildung*sprozessen berichtet wird, werden vorhandene Informationen systematisch aufbereitet, um sie ihrerseits für politische Steuerung bereit zu halten» (Autorengruppe Bildungsberichterstattung 2012, S. 1). Den Kern der B. stellen ausgewählte Indikatoren (stat. Kennzahlen) dar, die bspw. für Merkmale von Bildungsinstitutionen wie Kindergärten stehen und in Zeitreihen zur Verfügung stehen. In Dt. existiert eine B. seit dem Jahr 2006 und alle zwei Jahre erscheint ein neuer Bericht. Anlass für die Bildungsberichterstattung waren die nach PISA 2000 zunehmenden Anstrengungen der 16 Länder der Bundesrepublik Dt., ein System des Bildungsmonitorings in Dt. aufzubauen. Hierzu zählen neben dem Bildungsbericht die nationalen und internat. Schulleistungsstudien wie *TIMSS* oder PISA (*PISA-Studien*). Die systematische Aufbereitung der verfügbaren Zahlen liefert für den Bildungsbericht Informationen zu Bildungserträgen über die gesamte Bildungsspanne. Die Situation der frühkindlichen Bildung wird dementsprechend ebenso aufgearbeitet wie der gesamte Bereich der Erwachsenenbildung. Zusätzlich zu den Grundinformationen über das Bildungssystem enthält jeder Bildungsbericht ein Schwerpunktthema (im Jahre 2012 «kult./musisch-ästhetische Bildung im Lebenslauf»). Grundlage der

Berichterstattung bilden dabei die amtlichen Statistiken der Kommunen, der Länder und des Bundes, OECD-Berichte über die Entwicklung der Bildungssysteme in ihren Mitgliedsstaaten, die Berichte zu den nationalen und internat. Schulleistungsstudien sowie Datenquellen einschlägiger Institutionen wie bspw. dem Bundesinstitut für Berufsbildung (BIBB). Die B. bleibt dabei eher deskriptiv, indem verfügbare Statistiken einfach aufbereitet werden (z. B. Anteile der Schüler, die das allg.bildende Schulsystem ohne Abschluss verlassen). Dabei werden die für Dt. verfügbaren Zahlen häufig mit internat. Zahlen (bspw. aus den OECD-Mitgliedsstaaten) verglichen. Schlussfolgerungen, Interpretationen oder Konsequenzen sollen den politischen Akteuren überlassen bleiben. Der Bildungsbericht verliert am ehesten diesen deskriptiven Charakter, wenn er auf der Systemebene Bezüge zw. den Bildungserträgen und den wirtschaftlichen Erträgen der Bundesrepublik Dt. herstellt. Dasselbe gilt für Darstellungen zum Zusammenspiel von indiv. erworbenen *Kompetenzen* und Chancen auf einem sich dynamisch entwickelnden Arbeitsmarkt. Inwieweit die B. langfristig positive Effekte auf die Entwicklung eines Bildungssystems hat, ist allerdings eine offene Frage. Köller 2009b. *O. Köller*

Bildungschancen [engl. *educational opportunities*], [**PÄD**], die Relation zw. indiv. Fähigkeiten (*Fähigkeit*), soziokulturellem *Milieu* und Bildungsmöglichkeit bzw. erreichbarem Ausbildungsniveau. *Begabungsreserve, Bildung, Bildungsdichte, Chancengleichheit.*

Bildungscontrolling [engl. *education controlling*; *controlling* Kontrollieren, Steuerung], [**PÄD**], umfasst im Unterschied zur *Bildungsevaluation* die betriebswirtschaftliche Steuerung von Bildungsmaßnahmen. *W. Echterhoff*

Bildungsdefizit [engl. *educational deficit*], [**PÄD**], geringere, nicht dem Anteil an der Gesamtbevölkerung entspr. Repräsentation best. Bevölkerungsgruppen in weiterführenden Bildungseinrichtungen, bes. Gymnasien und Hochschulen, nicht als Folge mangelnder Begabung, sondern sozioökonomischer, kult. und geografischer Bedingungen. *Begabungsreserve, Bildung, Bildungschancen, Bildungsdichte, Chancengleichheit.*

Bildungsdichte [engl. *concentration of educational facilities, density of education*], [**PÄD**], Messgröße der Bildungsstatistik, durch die Bildungsangebot und *Bildungschancen* best. Bevölkerungsgruppen in Beziehung gesetzt werden (wie z. B. generell der 15- bis 19-Jährigen in allg.- oder berufsbildenden Vollzeitschulen oder spez. Untergruppen in weiterführenden Schulen). *Bildungsdefizit.*

Bildungsevaluation (= B.) [engl. *educational evaluation*], [**FSE, PÄD**], Gegenstand von B. ist die empirisch fundierte, systematische Beschreibung, Analyse und Bewertung der *Qualität* bzw. Angemessenheit von Bildungsmaßnahmen (z. B. Institutionen, Programmen, Projekten oder Materialien). Dadurch soll eine Entscheidungsgrundlage für konkrete Problemstellungen gewonnen und zu Verbesserungen von Bildungsprozessen beigetragen werden. B. ist somit ziel- und zweckorientiert und bewegt sich als Anwendungsforschung in einem Spannungsfeld zw. sozialwiss. Forschungsstand und Bildungspraxis.

Neben Korrektheits- und Genauigkeitsstandards wie in der Grundlagenforschung wird deshalb in der B. auch auf Nützlichkeits- und Durchführbarkeitsstandards großer Wert gelegt (Joint Committee on Standards for Educational Evaluation 2011; *Teststandards*).

Im Mittelpunkt der B. steht das Zusammenwirken von Input, Prozess und Output sowie Kontext und Feedback: Als Input werden strukturelle, finanzielle, materielle und personelle Bedingungen sowie vorgegebene Bildungsziele aufgefasst. Hierfür wird entweder definiert, welches (Fach-)Wissen in best. Bildungsstufen und -einrichtungen zu unterrichten ist (inputorientierte Steuerung, z. B. Lehrpläne), oder es wird beschrieben, welche *Kompetenzen* zu best. Zeitpunkten einer Bildungslaufbahn vorhanden sein sollten (outputorientierte Steuerung, z. B. Bildungsstandards). Der eigentliche Bildungsprozess wird durch (Qualitäts-)Bedingungen der jew. Bildungseinrichtung und der Lehr-Lern-Situation beeinflusst. Der aus dem Prozess hervorgehende Output – also die unmittelbaren (z. B. Leistung) und längerfristigen (z. B. berufliche Teilhabe) Wirkungen von Bildung – wird unter Bezug auf die Ziele der jew. Bildungsmaßnahme bewertet.

Der gesamte Prozess wird außerdem durch den Kontext beeinflusst, wie z. B. *soziale Normen* und politische Strukturen oder direkt und indirekt Beteiligte (sog. *Stakeholder*). Hier bestehen Bezüge zu dem Forschungsbereich der *Educational Governance*, der sich den Effekten bildungspolitischer Steuerungsentscheidungen und -instrumente auf die versch. Ebenen des Bildungswesens (Schüler, Lehrkräfte/Klassen, Bildungseinrichtungen, Programme, Bildungssystem) widmet. Das Feedback bezieht sich auf die Ergebnisse der B., die in formativen Evaluationen prozessbegleitend zurückgemeldet werden (*Evaluation, formative, PDCA-Zyklus*). Wird das Feedback stattdessen nach Abschluss einer Bildungsmaßnahme auf den Output bezogen, wird dies als summative Evaluation bez. Die weitverbreitete Unterscheidung von interner und externer Evaluation bezieht sich dagegen darauf, ob die B. durch die Beteiligten selbst oder durch Außenstehende durchgeführt wird. Als *Meta-Evaluation* werden ferner Verfahren bez., mit denen überprüft wird, inwiefern die mit einer B. verbundenen Erwartungen erfüllt werden konnten.

Die systematische Evaluation des Bildungssystems in Dt. hat keine lange Tradition, was auf die Dominanz hermeneutisch geprägter Pädagogik und ein stark interpretativ orientiertes Forschungsparadigma in den Sozialwiss. (*empirische Sozialforschung*) seit den frühen 1970er Jahren zurückgeht. Erst infolge der öffentlichen Debatte über das schwache Abschneiden dt. Schüler in TIMSS und PISA (*PISA-Studien*), konnte zu Beginn der 2000er-Jahre eine empirische Wende im dt. Bildungssystem verzeichnet werden. So verpflichtete sich die Kultusministerkonferenz 2006 in der Gesamtstrategie zum Bildungsmonitoring neben einer gemeinsamen Bildungsberichterstattung von Bund und Ländern zur kontinuierlichen Teilnahme an internat. und nat. stichprobenbasierten Schulleistungsstudien sowie zur regelmäßigen Durchführung flächendeckender Vergleichsarbeiten. Diesen outputorientierten B. ist gemein, dass zur Überprüfung der Leistungsfähigkeit von Schulen Schulleistungstests entwickelt sowie in Bezug auf Kompetenzmodelle ausgewertet und zurückgemeldet werden. Köller 2009a, Ditton 2010. *J. Groß Ophoff*

Bildungsforschung (= B.) [engl. *educational research*], [**PÄD**], wurde als Begriff vom Dt. Bildungsrat während der 1970er-Jahre eingeführt und präzisiert. I. R. B. werden Bildungs- und Erziehungsprozesse bzgl. ihrer Voraussetzungen und Möglichkeiten in institutionellen und gesellschaftlichen Kontexten untersucht. Dies umfasst nicht nur über die Lebensspanne hinweg angesiedelte schulische und außerschulische indiv. Lehr-Lern-Prozesse (*Lehr-Lern-Forschung*) und damit verbundene Bildungserträge, sondern auch das Bildungswesen als Gesamtkonstrukt sowie dessen Reform im Kontext von Bildungspolitik und Gesellschaft. Ziel der B. ist es, die Bildungswirklichkeit und ihre Problemlagen zu verstehen bzw. Ansatzpunkte für Veränderungen aufzuzeigen. Aufgabe der B. ist es, wiss. fundierte Informationen zu generieren, um auf dieser Grundlage angemessene bildungspraktische und bildungspolitische Entscheidungen treffen zu können. Das Ergebnis der B. ist zum einen die Bereitstellung von Grundlagenwissen über Voraussetzungen, Prozesse und Ergebnisse von *Bildung*. Zum anderen stellt B. eine wichtige Grundlage zur Entwicklung von technologischem Wissen für päd. Handlungsempfehlungen sowie zur Steuerung des Bildungssystems (*Bildungsevaluation*) dar.

B. wird nicht als eigenständige Forschungsdisziplin, sondern als interdisziplinär ausgerichtetes Forschungsfeld verstanden. Beiträge zur B. liefern neben den Erziehungswissenschaften vor allen Dingen die *Pädagogische Psychologie*, die Soziologie und die Fachdidaktiken. Darüber hinaus bringen sich Wirtschafts-, Politik-, Rechts- sowie Geschichtswissenschaften in die Untersuchung bildungsrelevanter Fragestellungen ein. Zw. den beteiligten Disziplinen besteht große Übereinstimmung, dass B. nicht allein aus theoretischer Perspektive betrieben werden kann. Nach heutigem Verständnis ist es erforderlich, Fragestellungen der B. theoretisch zu fundieren und anhand wiss. Standards empirisch zu überprüfen. Entsprechend ihrer interdisziplinären Ausrichtung ist B. durch integrative Forschungsansätze und Methodenpluralismus gekennzeichnet. Einbezogen werden dabei sowohl quant. als auch qual. Forschungsmethoden (*empirische Sozialforschung*). Da Bildungsprozesse häufig in Gruppenkontexte eingebunden sind, hat B. wesentlich zur Entwicklung von geeigneten empirischen Analysemethoden (z. B. *Mehrebenenanalyse*, *dokumentarische Methode*) beigetragen. Vor dem Hintergrund des lebenslangen Lernens ist B. zudem eng mit dem Begriff der *Kompetenz* verbunden.

B. errang öffentliche und politische Aufmerksamkeit durch die Ergebnisse internat. Schulleistungsstudien (*Large Scale Assessment*), wie z. B. *PISA-Studien*, *TIMSS* oder IGLU. Übereinstimmend weisen diese Studien auf gravierende Probleme im dt. Schulsystem hin, insbes. im Bereich der Chancengleichheit. Soziale Disparitäten, d. h. systematische Unterschiede in den Bildungserträgen in Abhängigkeit von Geschlecht, sozioökonomischem Status oder Zuwanderungshintergrund, beeinflussen schulische Übergangsentscheidungen sowie berufliche Aufstiegsmöglichkeiten. Die Ergebnisse der Schulleistungsstudien führten zu einer kritischen Auseinandersetzung mit dem dt. Bildungssystem, in dessen Folge die Implementierung von Bildungsstandards sowie die regelmäßige Evaluation von Bildungserträgen vereinbart wurden. Da die Befunde der B. von unterschiedlichen Gruppen, wie z. B. Wissenschaft, Bildungspolitik oder Schulpädagogik genutzt werden, sind Ergebnisse der B. (z. B. Schulrückmeldungen, Bildungsbericht) so aufzubereiten, dass sie von den unterschiedlichen Adressaten gleichermaßen interpretiert und für evidenzbasiertes Handeln (*Evidenzbasierung*) genutzt werden können. Prenzel 2006, Tippelt & Schmidt 2010. *T. Roick*

Bildungskapital (= B.) [engl. *educational capital*], [**PÄD**], als B. werden im *Aktiotop*ansatz von Albert Ziegler die durch die Gesellschaft bereitgestellten exogene *Ressourcen* bez., die zur Verbesserung von Lern- und Bildungsprozessen eingesetzt werden können. Dagegen werden endogene Ressourcen, die exklusiv einem Individuum zur Verfügung stehen, *Lernkapital* genannt. Es werden fünf Formen von B. unterschieden: Ökonomisches B., Kulturelles B., Soziales B., Infrastrukturelles B., Didaktisches B. Ziegler 2011. *A. Ziegler*

Bildungsklima [engl. *educational climate*], [**PÄD**], umfasst die Wahrnehmungen der bildungsbezogenen Umwelten in der betreffenden Gesellschaft (z. B. der wahrgenommene Stellenwert von *Bildung* in der Gesellschaft). Ergebnisse internat. Bildungsstudien (*Schulleistungsstudien*, *Large Scale Assessment*, z. B. TIMMS, *PISA-Studien*) weisen darauf hin, dass sich sowohl Kulturen (*Kultur*) als auch Länder innerhalb von Kulturen deutlich darin unterscheiden, welcher Stellenwert Bildung beigemessen wird (*kulturelle Wertorientierungen*). Aktuell liegen jedoch kaum Studien vor, die das Bildungsklima einzelner Gesellschaften systematisch beleuchten. Goetz et al. 2008. *S. Lichtenfeld*

Bildungsmarketing (= B.) [engl. *education marketing*; *marketing* Absatzlehre, Vertriebswesen], [**PÄD**], i. R. erweiterter Marketingkonzepte (Biervert 1990; *Marketing*) umfasst das B. eine Anwendung des gesamten Marketinginstrumentariums auf Bildungsangebote und -inhalte durch öffentliche, kommerzielle oder betriebsinterne Bildungsanbieter mit dem Ziel einer größtmöglichen Nachfragerorientierung. Zur Konzeptionierung des Marketing-Mix, also der Produkt-, Preis-, Distributions-, und Kommunikationspolitik (Meffert 1986), müssen vorausgehend mit Mitteln der Marktforschung genaue Zielgruppenanalysen durchgeführt werden. Dadurch können Informationen über den Bildungsmarkt, spez. z. B. Informationen über Nachfragerbedürfnisse, Bildungsdefizite bzw. -bedarf oder mögliche Bildungsbarrieren gewonnen werden. Zur Planung, Kontrolle, Organisation und anschließenden Evaluation ist ein effektives Management des B. erforderlich. Kotler 1984, Kotler et al. 2007. *K.-C. Hamborg*

Bildungsmonitoring [engl. *educational monitoring*; *monitoring* Beobachtung, Überwachung], *Bildungsevaluation*.

Bildungsökonomie [engl. *economics of education*; gr. οἶκος (oikos) Haus(halt), νόμος (nomos) Gesetz], [**PÄD**],

Teildisziplin der *Bildungsforschung*. Untersucht (1) die Wirtschaftlichkeit der Ausgaben für das Bildungswesen unter betriebswirtschaftlichen Gesichtspunkten, um eine optimale Verwendung der Finanzmittel sicherzustellen (laufende Personal- und Sachkosten, einmalige Investionskosten unter Berücksichtigung internat. Vergleichswerte), (2) die Rentabilität dieser Ausgaben unter gesamtwirtschaftlichen Gesichtspunkten: Faktoren von Kapital und Arbeit, ergänzt durch den Residualfaktor *Humankapital*, womit der Stand der wiss. und technologischen Entwicklung und die Höhe des allg. Niveaus an formaler *Bildung* der Gesamtbevölkerung gemeint sind, darunter (3) die Rentabilität der Bildungsausgaben für das Individuum: Einkommensverluste infolge langer Ausbildung und Aufwand des Einzelnen für anspruchsvolle Bildung (sog. *Opportunitätskosten*), die in Beziehung zum Lebenszeiteinkommen gesetzt werden. Die Bildungsökonomie sieht Bildung als Ertragsfaktor von indiv. und gesamtwirtschaftlicher Bedeutung an. G. Mühle

Bildungsplanung [engl. *educational planning*], **[PÄD]**, übernimmt, gestützt auf die *Bildungsforschung*, die Überprüfung der kultur- und gesellschaftspolitischen Zielsetzungen auf ihre Realisierungsmöglichkeiten, Entwicklungstendenzen und Alternativen hin und versucht die Vorausschätzung des personellen, sachlichen, finanziellen und zeitlichen Bedarfs für bildungspolitische *Innovationen* und Revisionen. *Bildung*.

Bildungspsychologie (= B.) [engl. *educational psychology*], **[PÄD]**, die B. beschäftigt sich aus psychol. Perspektive mit allen *Bildung*sprozessen, die zur Entwicklung von Bildungskomponenten (wünschenswerte Persönlichkeitsausprägungen (*Persönlichkeitsmerkmal*) aus gesellschaftlich-normativer Perspektive) beitragen, sowie mit den Bedingungen, Aktivitäten und Maßnahmen (wie z.B. *Instruktion* durch Lehrpersonen, Wissensvermittlung durch Medien), die diese Prozesse gemäß psychol. Theorien und Modelle beeinflussen können (z.B. initiieren, aufrechterhalten, unterstützen, optimieren; Spiel et al. 2008). Das Konzept der B. fußt auf einem integrativen Rahmenmodell (= Strukturmodell der B.), das es ermöglicht, psychol. Handeln in dem breiten Feld von Erziehen (*Erziehung*), Lernen (*Lernen*) und Bilden systematisch einzuordnen.

Das Strukturmodell der B. wird durch drei Dimensionen aufgespannt: (1) die Bildungskarriere eines Individuums, (2) die Aufgabenbereiche von Bildungspsychologen und (3) die Handlungsebenen, auf denen die bildungps. Aktivitäten und Maßnahmen angesiedelt sind (s. Abb.). Die B. gliedert (1) die Bildungskarriere eines Individuums in sieben Phasen vom Säuglings- und Kleinkindalter bis zum höheren Erwachsenenalter (*Lebensspannenpsychologie*). In der Bildungskarriere sind viele Bildungssituationen für alle Individuen obligatorisch, einige sind jedoch nur für best. Gruppen von Bedeutung. Durch die Dimension der Bildungskarriere bekommt lebenslanges Lernen (LLL, *Lernen, lebenslanges*) einen zentralen Stellenwert in der B. Nicht nur die Erforschung der Bildungsprozesse und ihrer Produkte in versch. Phasen der Bildungskarriere ist Aufgabe der B., sondern ebenso der aktive Eingriff in das Bildungsgeschehen zum Zwecke seiner Weiterentwicklung und Optimierung z.B. durch Interventionen (*Intervention*), woraus sich die Aufgabenbereiche der B. ergeben. Die B. unterscheidet (2) fünf Aufgabenbereiche, die als gleichberechtigte bildungsps. Tätigkeitsfelder angesehen werden: Forschung, Beratung, *Prävention*, Intervention, Monitoring und *Evaluation*. Obgleich die Grenzen zw. diesen Aufgabenbereichen fließend sind, erscheint schon allein aufgrund des Umfangs des Aufgabenspektrums von Bildungspsychologen eine Segmentierung sinnvoll. Die bildungspsychol. Aufgaben sind (3) auf drei Handlungsebenen zu leisten, die an dem ökologischen Modell von Bronfenbrenner (*Entwicklung, ökologischer Ansatz nach Bronfenbrenner*) orientiert sind: der Makroebene (Ebene der bildungspolitisch relevanten Gesamtsysteme), der Mesoebene (Ebene der Institutionen) und der Mikroebene (Ebene der individuellen Bedingungen). Die Handlungsebenen systematisieren die Bedingungen und Maßnahmen, von denen gemäß «psychol. Theorien» Effekte auf Bildungsprozesse angenommen werden. So sind auf der Mikroebene v.a. die individuellen Lernbedingungen (*Lernvoraussetzungen*) von Relevanz, z.B. die Instruktion durch Lehrpersonen. Auf der Mesoebene geht es um die Bedingungen und Wirkungen der Institutionen, die ein Individuum im Verlauf der Bildungskarriere durchläuft, z.B. ob eine Schule nach Leistungs- oder Altersgruppen organisiert ist. Politische Programme und strukturelle Bedingungen (wie z.B. Gesamtschule vs. differenziertes Schulsystem) sind auf der Makroebene angesiedelt.

Das Strukturmodell liefert eine Rahmenstruktur, welche die Verortung bildungspsychol. Handelns ermöglicht sowie die interne und externe *Kommunikation* erleichtert. Es zeigt Schnittstellen mit anderen Disziplinen systematisch auf und macht Felder interdisziplinärer (*Interdisziplinärität*) und multidisziplinärer Aktivitäten identifizierbar. Zusätzlich zur Verortung von konkretem bildungspsychol. Handeln im Strukturmodell sollte auch die Benennung

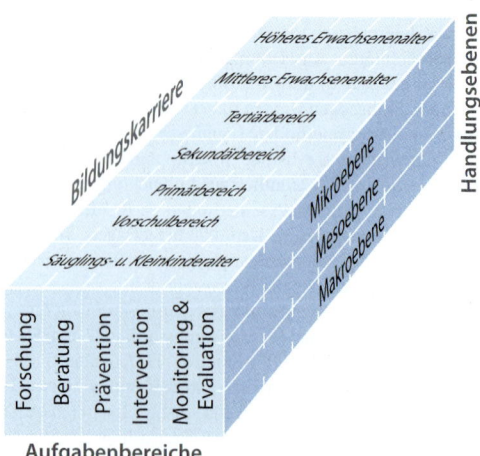

Bildungspsychologie: Strukturmodell

der *Population* erfolgen, auf welche sich dieses Handeln bezieht. Die Def. der Population erfolgt dabei anhand ihrer Bildungsvoraussetzungen. Mit diesem Konzept geht die B. weit über die formale Integration des Bildungsbegriffs in die Ps. hinaus. Zur Päd. Ps. hat sie eine gewisse Nähe, jedoch auch eine klare Abgrenzung. In ihrer Ausrichtung versteht sich die B. weder als (reines) Grundlagen- noch als (reines) Anwendungsfach, sondern vielmehr als ein Fach, das beide Komponenten gleichermaßen integriert. Die Verzahnung von Erkenntnis- und Anwendungsziel wird als Kernmerkmal der bildungspsychol. Identität aufgefasst. Spiel et al. 2010.

C. Spiel/B. Schober/P. Wagner/R. Reimann

Bildungsreserve [engl. *educational reserve*; lat. *reservare* aufbewahren, erhalten], *Begabungsreserve*, *Bildungsforschung*.

Bildverstehen, Entwicklung [engl. *image understanding, development*], **[EW, KOG, MD]**, bereits Säuglinge unter sieben Monaten können Gesichter, die sie zunächst real gesehen haben, auf Fotos wiedererkennen (*Gesichtserkennung*). Sie erkennen die Ähnlichkeit zw. einer Person und deren Foto. Auf dieser Entwicklungsstufe wird jedoch noch nicht die Zeichenfunktion (*Zeichen*) von Bildern verstanden. Noch neun Monate alte Kinder berühren in Bildern dargestellte Objekte so, als ob sie die Objekte «herausholen» möchten, behandeln also Abbildungen wie die abgebildeten realen Objekte. Mit ca. 1,5 Jahren reagieren sie dann mit Zeigegesten (DeLoache 2004). Sie verstehen, dass Bilder einerseits zweidimensionale materiale Zeichenträger sind, die gleichzeitig dreidimensionale Objekte abzubilden vermögen. Nun verstehen Kinder auch, dass eine auditive Benennung eines Bildes sich sowohl auf das Bild als auch auf den abgebildeten Referenten bezieht. Dies gelingt umso besser, je realistischer das Bild ist.
Das Erkennen der Zeichenfunktion von Bildern entwickelt sich über die ersten Lebensjahre graduell weiter. DeLoache (2004) konnte zeigen, dass bereits Zweieinhalbjährige die doppelte Natur von Bildern auch beim *Problemlösen* nutzen. Die Kinder sollten dazu ein Objekt in einem Raum finden, dessen Versteck vorher auf einem Bild gezeigt wurde. Wird das Versteck hingegen in einem Miniaturmodell des Raumes gezeigt, gelingt das Auffinden erst mit 3 Jahren. Bilder sind, im Vergleich zu Modellen, auf ihre repräsentationale Funktion (*Repräsentation*) eingeschränkt.
Später erkennen Kinder, dass Bilder einen Sachverhalt auch falsch repräsentieren können (*false photograph task*), und dass z. B. bei Karten nicht alle Merkmale einer Repräsentation den Merkmalen des Referenten entsprechen. Ab fünf Jahren beginnen Kinder die mentalen Zustände des Bildproduzenten beim Bildverstehensprozess zu berücksichtigen. Im Jugendalter werden *meta-repräsentationale* Fähigkeiten erworben, die die Auswahl, Produktion und Nutzung von Repräsentationen sowie ihre kritische Analyse bestimmen. *Entwicklung, kognitive*, *Filmverstehen, Entwicklung*.

G. Nieding/P. Ohler

Bildwahlverfahren (= B.) [engl. *image choice method*], **[DIA, PER]**, in der ps. Diagnostik das Auswählenlassen von Bildern, wobei die Auswahl Persönlichkeitsvariablen (*Persönlichkeitsmerkmal*) aufzeigen soll. Dafür wird z. B. dem Pbn eine Anzahl Bildpostkarten vorgelegt mit dem Auftrag, eine oder mehrere auszuwählen und den Bildinhalt mündlich oder schriftlich zu beschreiben. Der *physiognomische Test* von Thomae und der *Triebtest von Szondi* stellen ein solches B. dar. *Schicksalsanalyse*.

Bild-Wort-Interferenzparadigma [engl. *picture–word interference paradigm*], *Sprachproduktion*.

bilinguale Unterrichtsprogramme *Unterrichtsprogramme, bilinguale*.

Bilingualismus (= B.) [engl. *bilingualism*; lat. *bi-* zwei-, *lingua* Sprache], **[KOG]**, Zweisprachigkeit oder muttersprachliche Kompetenz (*native speaker*) in zwei Sprachen, was Aufbau und Beherrschung von zwei sprachlichen Kenntnissystemen impliziert. Unterschieden wird zw. einem *indiv.* B. und einem *gesellschaftlichen* B. (= wenn es in einem Gemeinwesen zwei Verkehrs- oder zwei Amtssprachen gibt). *Früh-B.* = bilingualer Erstspracherwerb (*Spracherlernen*, *Sprachentwicklung*); z. B. wenn beide Elternteile mit ihrem Kind jew. eine andere Sprache als die Nationalsprache des Aufenthaltslandes sprechen. Ist ein Kind ab Geburt systematisch zwei Sprachen ausgesetzt, liegt ein *simultaner* B. vor. Dieser wird von einem *sukzessiven* B. unterschieden, bei der die zweite Sprache nach der Erstsprache, also zeitversetzt, erworben wird (Schulz & Grimm 2012). Insges. besteht eine große Varianz, was den indiv. Spracherwerbskontext, die linginguistischen Merkmale sowie den sozial-gesellschaftlichen Stellenwert der Erwerbssprachen betrifft. Mit dem diagn. Instrument «LiSe-DaZ» (Schulz, Tracy in Verbindung mit der Baden-Württemberg Stiftung; 1. Aufl. 2011, *Linguistische Sprachstandserhebung – Deutsch als Zweitsprache (LiSe DaZ)*) kann eine standardisierte und normierte linguistisch orientierte Sprachstandserhebung an Kindern vorgenommen werden. *Unterrichtsprogramme, bilinguale*. Buschmann et al. 2011.

C. Kiese-Himmel

bimodal [engl. *bimodal*; lat. *bi-* zwei, *modus* Art und Weise], **[FSE]**, zweigipflig (bei einer *Häufigkeitsverteilung*). *unimodal*.

binär (= b.) [lat. *bini* je zwei], **[FSE, KOG]**, zweiwertig, zweiteilig. Eine Variable ist b., wenn sie nur zwei, gewöhnlich durch 0 und 1 symbolisierte Werte annehmen kann. Solche Variablen sind bspw. die der *Aussagenlogik*. Binäre Systeme sind Systeme, deren sämtliche Glieder b. Elemente sind, auch solche, deren Eingangs- und Ausgangsvariablen b. sind. Digitale Rechenautomaten sind meistens b. Systeme. *Dualsystem*.

D. Dörner

Binärsystem [engl. *binary system*], *Dualsystem*.

binaural (= b.) [lat. *binaural*; lat. *bi-* zwei, *auris* Ohr], **[WA]**, beidohrig. Ggs. *monaural*, einohrig. B. Integration akustischer Informationen erfolgt nicht, wie früher angenommen, additiv, sondern eher begrenzt additiv – nach einem Zweikomponenten-Modell. Gigerenzer & Strube 1982.

Bindung (= B.) [engl. *attachment*], **[EW, PER]**, nach Bowlby ein Primär*trieb*, der als prägungsähnlicher Prozess verstanden wird und dessen Anpassungswert die Suche nach Schutz in der Nähe der Mutter ist. B. bez. nach

Ainsworth ein *Verhalten*ssytem, das dafür zuständig ist, dass die Hauptpflegeperson beim Kind bleibt und ihm dadurch Schutz und Lernhilfe geben kann. Die Sicherheit, welche die Anwesenheit der Bindungsperson vermittelt, ist Voraussetzung für das *Exploration*sverhalten des Kindes. Bindungsverhalten äußert sich in versch. Verhaltensweisen (z. B. Weinen, Hinterherlaufen) und wird gezeigt, wenn ein Mangel an Schutz oder Nähe erlebt wird. Somit regelt das Bindungsverhalten die Entfernung zw. Bindungsperson und Kind innerhalb von best. Grenzen. Die Qualität der B. lässt sich nach Ainsworth bei Kindern anhand ihres Verhaltens bei der Wiedervereinigung nach einer Trennung beobachten und in drei Bindungstypen einteilen. Sie unterscheidet Kinder, die sicher an ihre Bezugsperson gebunden sind (B-Kinder) von Kindern, die unsicher gebunden sind. Bei den unsicher Gebundenen finden sich einerseits Kinder, welche bei der Wiedervereinigung die Bindungsperson vermeiden (A-Kinder), und andererseits Kinder, die sich nach der Trennungsphase der Bindungsperson gegenüber ambivalent verhalten (C-Kinder). Im Laufe der Zeit wurde diese Einteilung verfeinert und um den Typ der desorganisierten Bindung (D-Kinder) ergänzt. Main entwickelt ein Verfahren zur Messung von Bindungsmustern bei Erwachsenen, das zunehmend auch in der klin. Bindungsforschung eingesetzt wird (Adult-Attachment-Interview). *Mutterbindung.* Ainsworth et al. 1978, Bowlby 1973a, George et al. 1985, Strauß et al. 2002, Spangler & Zimmermann 2011. *M. Schmid*

Bindung, sekundäre [engl. *secondary attachment*], *Erzieher-Kind-Bindung.*

Bindungsdesorganisation (= B.) [engl. *attachment disorganisation*; lat. *de* von ... weg, gr. ὄργανον (*organon*) Werkzeug, Instrument], **[EM, EW]**, kennzeichnet das vollst. Fehlen, einen unerwarteten Wechsel oder den plötzlichen Zusammenbruch von beobachtbaren, organisierten *Bindung*sstrategien. In der frühen Kindheit zeigt sich B. in der fremden Situation (*Fremde Situation oder Fremde Situations Test (FST)*) z. B. durch gleichzeitiges oder sequenzielles widersprüchliches *Bindungsverhalten* oder *Explorationsverhalten*, durch gegenüber der *Bindungspersonen* ungerichtete, fehlgerichtete, unvollständige, unterbrochene oder plötzliche erstarrende Bewegungen und Emotionsausdrucksweisen, oder Anzeichen von räumlicher Desorientierung des Kindes. Das Kind zeigt einen *Annäherungs-Vermeidungs-Konflikt* gegenüber der Bezugsperson. Es scheint nicht in der Lage zu sein, Bindungs- oder Explorationsverhaltensweisen durchgängig bis zur Zielerreichung auszuführen. Im Vorschulalter zeigt sich häufiger in kontrollierendem Verhalten gegenüber der Bindungsperson. Als Ursachen von B. in der Kindheit gelten Misshandlung, Vernachlässigung, verängstigtes oder ängstigendes Interaktionsverhalten der Bindungsperson gegenüber dem Kind, aber auch geringe *Selbstregulation*sfähigkeit im Neugeborenalter oder molekulargenetische *Polymorphismen* z. B. des *Serotonin*systems. Im Erwachsenenalter wird B. als Zeichen unverarbeiteter Traumata [engl. *unresolved trauma*] in der Sprache klassifiziert (*Trauma*). Kennzeichen sind hier z. B. Fehler in der logischen oder zeitlichen sprachlichen Darstellung der Erfahrung des Verlusts vertrauter Personen oder von Misshandlung. B. kann zusätzlich zu einem der Muster der *Bindungsqualität* also zur *Bindungsorganisation* vorliegen. Spangler 2011, Spangler et al. 2009. *P. Zimmermann*

Bindungsentwicklung (= B. e.) [engl. *development of attachment*], **[EM, EW]**, die *normative* B. e. ist in vier Phasen unterteilt. In der 1. Phase (null bis drei Monate) signalisiert das Kind noch unspezifisch seine neg. Gefühle und defizitären Bedürfniszustände gegenüber der Außenwelt. In der 2. Phase werden der Emotionsausdruck und das *Bindungsverhalten* zunehmend zielgerichteter gegenüber verfügbaren *Bindungspersonen* ausgedrückt. In der 3. Phase, zw. sechs Monaten und drei Jahren, etablieren sich selektive Bindungen zu wenigen ausgewählten B.personen. Die 4. Phase, ab dem Alter von drei Jahren, wird als zielkorrigierte Partnerschaft bezeichnet, da das Kind bei der Bewertung einer Situation oder des Verhaltens der B.person bereits den jew. Kontext, die Absichten, Wünsche und Perspektiven der B.person berücksichtigen kann. Somit wird B.verhalten seltener ausgelöst und eine zeitweilig eingeschränkte Verfügbarkeit der Bezugsperson für das Kind verständlich und nicht als Zurückweisung interpretiert. Die Entwicklungsschritte erfolgen parallel zur *kognitiven Entwicklung* und *emotionalen Entwicklung*. Marvin & Bittner 2008, Grossmann & Grossmann 2012, Zimmermann 2007. *P. Zimmermann*

Test**Bindungsinterview für die späte Kindheit (BISK)** [engl. *Late Childhood Attachment Interview, LCAI*], **[DIA, EM, EW]**, ist ein halb-strukturiertes *Interview*, das die Erfassung von *Bindung* auf Verhaltens- und Repräsentationsebene ermöglicht. Es kann im Alter zw. sechs und 19 Jahren eingesetzt werden. Die Klassifikation erfolgt beziehungsspezifisch also für jede *Bindungspersonen*. Die Fragen zielen auf die emot. Verfügbarkeit der Bindungsperson, deren Feinfühligkeit, und die *Bindungsverhalten*sstrategien des Kindes ab. Unterschieden werden *sichere* Bindung, *unsicher-vermeidende* und *unsicher-ambivalente* Bindung zu jeder Bindungsperson und zusätzlich *Bindungsdesorganisation*. Kriterien zur Auswertung sind die Bindungsstrategien bei emot. Belastung, die Schilderung der elterlichen Fürsorge, sowie die Offenheit des Berichts über neg. Emotionen. Die Kohärenz der Antworten dient der Beurteilung der Glaubwürdigkeit. Ein *sicheres* Muster zeigt sich in altersadäquatem Bindungsverhalten bei emot. Überforderung. Eine *unsicher-vermeidende* Bindungsorganisation ist gekennzeichnet durch Rückzug und Ausdruckskontrolle gegenüber den Bindungspersonen bei emot. Belastung. Eine *unsicher-ambivalente* Bindungsorganisation zeigt sich in indirektem, ineffektivem Ausdruck von Bindungsverhalten. *Bindungsdesorganisation* zeigt sich durch starke Kontrolle im Interview und sprachliche und Verhaltensauffälligkeiten. Das BISK hat eine hohe Test-Retest-*Reliabilität* und ist längsschnittlich mit anderen Methoden der Bindungserfassung assoziiert, wie dem *Fremde Situation oder Fremde Situations Test (FST)* dem *Bindungsinterview für Erwachsene (BIE)* oder Bindungsverhalten. Zimmermann &

Scheurer-Englisch 2013b, Zimmermann & Scheurer-Englisch 2013a. *P. Zimmermann*

TestBindungsinterview für Erwachsene (BIE) [engl. *adult attachment interview, AAI*], [**DIA, EM, EW**], ist ein halb-strukturiertes *Interview* zur Erfassung der *Bindung*srepräsentation bei Erw. und im späten Jugendalter. Die Interviewfragen beziehen sich auf die allg. Bewertung der Beziehung zu den *Bindungspersonen* in der Kindheit, sowie auf spezif., bindungsrelevante Erinnerungen, wie z. B. Trennungen. Die Antworten werden nach Kohärenzkriterien beurteilt und einer Klassifikation in drei organisierte und ein desorganisiertes Muster zugeordnet. Diese Muster sind nicht personenspezifisch, wie die *Bindungsqualität* in der Kindheit, sondern stellen generalisierte Bindungsmodelle dar. Das *sicher-autonome Muster* ist gekennzeichnet durch stimmige, widerspruchsfreie Antworten und eine eigenständige Bewertung der eigenen Bindungserfahrungen. Diese Klassifikation wird auch vergeben, wenn neg. Bindungserfahrungen kohärent berichtet werden und diese neg. Erfahrungen integriert werden (Klassifikation: *sicher- erarbeitet*, [engl. *earned secure*]). Eine *unsicher-distanzierte Bindungsrepräsentation* liegt vor, wenn die Bindungspersonen idealisiert werden, neg. Bindungserfahrungen minimiert und nicht integriert werden. Eine *unsicher-verwickelte* Bindungsrepräsentation liegt vor, wenn die Darstellung der Beziehung zu den Bindungspersonen durch irrelevante Details und durchgängig inkonsistente Bewertungen der Beziehungserfahrungen inkohärent ist. *Bindungsdesorganisation* wird als sprachliches Kennzeichen von unverarbeiteten Traumata oder Misshandlungen klassifiziert. Das BIE weist eine hohe Test-Retest-*Reliabilität* auf, ist in versch. Kulturen anwendbar und empirisch, aktuell der beste Prädiktor der Bindungsqualität des Kindes im *Fremde Situation oder Fremde Situations Test (FST)*. Die Klassifikation des BIE stellt keine retrospektive Bewertung der Bindungsgeschichte dar, da die erinnerten Bindungserfahrungen nicht zur Klassifikation dienen. Es ist unabhängig von IQ und genereller Erinnerungsfähigkeit. Zimmermann et al. 1997, Gloger-Tippelt 2012. *P. Zimmermann*

Bindungsorganisation (= B.) [engl. *attachment organisation*; gr. ὄργανον (*organon*) Gerät, Werkzeug], [**EM, EW, PER**], bezeichnet das Vorliegen von spezif. und regelhaften Formen und Abfolgen von (1) Bindungs- (*Bindung*) und Explorationsverhaltensweisen in der Kindheit, z. B. im *Fremde Situation oder Fremde Situations Test (FST)* oder von (2) sprachlichen Antwortmustern in Bindungsinterviews, wie z. B. dem *Bindungsinterview für Erwachsene (BIE)* oder in Geschichtenergänzungsverfahren zur Bindungserfassung. Das Vorliegen einer B. zeigt, dass ein Kind oder ein Erwachsener bei Aktivierung des Bindungssystems eine stabile Strategie zur emot. Regulation entwickelt hat. I. d. R. unterscheidet man in der Kindheit die drei Muster *sicher, unsicher-vermeidend* und *unsicher-ambivalent*. Die B. eines Kindes kann pro *Bindungspersonen* unterschiedlich sein, kann also intraindiv. versch. sein. Unterschiede in der B. in der Kindheit sind durch soziale Prozesse (z. B. Feinfühligkeit der Bezugsperson) oder durch indiv. *Dispositionen* des Kindes (z. B. Irritierbarkeit) beeinflusst. Im Erwachsenenalter werden im *Bindungsinterview für Erwachsene (BIE)* die drei Muster *sicher-autonom, unsicher-distanziert* und *unsicher-verwickelt* unterschieden. Solomon & George 2008, Grossmann & Grossmann 2012. *P. Zimmermann*

Bindungspersonen (= B.) [engl. *attachment figure*], [**EM, EW**], sind diejenigen Personen, denen gegenüber ein Kind, ein Jugendlicher oder Erwachsener zielgerichtet und selektiv *Bindungsverhalten* zeigt, somit eine *Bindung* aufgebaut hat. B. sind nicht ohne weiteres durch andere Fürsorgepersonen austauschbar, so dass Kinder bei bevorzugt bei ihnen Nähe, Trost und Sicherheit suchen, nicht jedoch bei beliebigen anderen Erwachsenen. B. sind in der Lage, zumindest rudimentär, dem Kind Sicherheit zu vermitteln. Kinder ohne B. werden als *bindungslos* bezeichnet. Spangler & Zimmermann 2011, Grossmann & Grossmann 2012. *P. Zimmermann*

Bindungsprinzip nach Freud [engl. *Freudian attachment principle*]; *Eros*.

Bindungsproblem (= B.) [engl. *attachment problem*], [**WA**], bez. die Frage, wie räumlich (und partiell zeitlich) verteilte neuronale Signale zu zus.hängenden Objekten und Ereignissen integriert und als solche wahrgenommen werden können. Anschaulich lässt sich das B. an der Wahrnehmung visueller Objekte verdeutlichen (*visuelle Wahrnehmung*). Das menschliche *Gehirn* basiert wesentlich auf dem Prinzip verteilter Codierung. Bspw. werden *Farbe*, Form und Bewegung unabhängig von den Objekten, zu denen sie gehören, in unterschiedlichen kortikalen Arealen encodiert. Aus dieser verteilten *Repräsentation* ergibt sich das B.: Wie werden gleichzeitig aktivierte Farben, Formen und Bewegungen wieder zu kohärenten Objekten integriert? Bei der Darbietung eines roten Kreises und eines gelben Dreiecks werden bspw. die Farben Rot und Gelb sowie die Formen Dreieck und Kreis neuronal abgebildet. Ohne einen Bindungsmechanismus wäre es denkbar, dass ein gelber Kreis und ein rotes Dreieck wahrgenommen werden. Ein physiol. Ansatz zur Lösung des B. ist das *Prinzip der zeitlichen Synchronisation*. Es wird davon ausgegangen, dass die Informationen verteilter Neuronenverbände über die zeitliche Synchronisation ihrer Nervenimpulse integriert werden (wichtig ist hier, dass sich die Synchronisation nur auf das Muster der Nervenimpulse bezieht und nicht bedeutet, dass die Neurone zur selben Zeit feuern). Evidenz für das Prinzip der zeitlichen Synchronisation fand sich bes. durch Einzelzellableitungen an Tieren und elektrophysiol. Studien am Menschen (z. B. Engel & Singer 2001). Ein behavioraler Ansatz unterstreicht die Bedeutung der *Aufmerksamkeit* für die Bindung von Merkmalen. Die *Merkmalsintegrationstheorie* (Treisman & Gelade 1980) postuliert räumliche Aufmerksamkeit als Voraussetzung für die Integration von zunächst präattentiv verarbeiteten Einzelmerkmalen. Die Integration beider bedarf weiterer Forschung. *B. Moeller/C. Frings*

Bindungsqualität (= B.) [engl. *attachment pattern*; lat. *qualitas* Beschaffenheit, Eigenschaft], [**EM, EW, PER**], bezeichnet die spezif. Form der *Bindungsorganisation* des

Kindes in Interaktion mit einer *Bindungsperson*. Die B. wird i. d. R. in Trennungs- und Wiedervereinigungssituationen erfasst, z. B. im Säuglings- und Kleinkindalter in der *Fremden Situation* (*Fremde Situation oder Fremde Situations Test (FST)*). Als Kriterien dienen das *Bindungsverhalten* und das Explorationsverhalten des Kindes vor allem in den Wiedervereinigungssituationen. Eine *sichere* B. im FST ist gekennzeichnet durch den zur Bindungsperson gerichteten Ausdruck neg. *Emotionen*, durch Kontaktaufnahme mit der Bindungsperson oder direktem Bindungsverhalten sowie nachfolgender erneuter Exploration. Eine sichere B. ist somit beobachtbarer Ausdruck einer effektiven sozialen Emotionsregulation. Eine *unsicher-vermeidende* B. zeigt sich bei Rückkehr der Bindungsperson in der Kontrolle des neg. Emotionsausdrucks und Lenkung der *Aufmerksamkeit* weg von der Bindungsperson hin zur Exploration von Spielsachen ohne eigenständige Kontaktaufnahme. Physiol. Parameter zeigen jedoch die hohe Belastung durch den FST. Eine *unsicher-vermeidende* B. ist beobachtbarer Ausdruck einer ineffektiven indiv. Emotionsregulationsstrategie (*Emotionsregulation im Kindesalter, Entwicklung*) des Kindes. Eine *unsicher-ambivalente* B. zeigt sich im widersprüchlichen Wechsel von Bindungsverhalten und Kontaktwiderstand gegenüber der Bindungsperson, sodass das Kind sich nicht beruhigt und nicht mehr exploriert. Eine unsicher-ambivalente B. ist beobachtbarer Ausdruck einer ineffektiven sozialen Emotionsregulationsstrategie des Kindes. P. Zimmermann

Bindungsrepräsentation (= B.) [engl. *attachment representation*; lat. *repraesentare* vergegenwärtigen, darstellen, verwirklichen], **[EM, EW]**, ist die Organisation bindungsrelevanter Erinnerungen und Bewertungen von Erfahrungen mit den *Bindungspersonen* (*evaluativ-deklarative Ebene*). Die Klassifikation der *Bindungsorganisation* auf Ebene der B. basiert wesentlich auf dem Kriterium der Kohärenz der Antworten in Bindungsinterviews (z. B. *Bindungsinterview für Erwachsene (BIE)*) oder in Geschichtenergänzungsverfahren. Hierbei werden die logische Stimmigkeit, die Relevanz und die Passung der berichteten Informationsmenge beurteilt. Inkohärenzen werden als Hinweis auf die Existenz widersprüchlicher oder nicht integrierter *internaler Arbeitsmodelle* interpretiert. Die Klassifikation der B. sagt nichts über die *Bindungsverhalten*sstrategien der Person aus, ist jedoch bei Erwachsenen ein guter Prädiktor der *Bindungsqualität* des Kindes an den Elternteil. Spangler & Zimmermann 2011, Main et al. 1985. P. Zimmermann

Bindungsverhalten (= B.) [engl. *attachment behavior*], **[EM, EW]**, umfasst alle Verhaltensweisen, die bei Aktivierung des *Bindungsverhaltenssystems* zur Erreichung oder dem Erhalt der Nähe ausgewählter *Bindungspersonen* dienen. Das Ziel des B. ist die emot. Beruhigung (*Emotionalität*) und die Wiederherstellung eines Gefühls von Sicherheit. B. zeigt sich in der Kindheit überwiegend durch das Suchen körperlicher Nähe, mit zunehmendem Alter durch das Etablieren psych. Nähe, als emot. Kommunikation eigener Belastung gegenüber vertrauten Bindungspersonen. Das Suchen von Nähe von Bezugspersonen bei pos. *Emotionen* ist kein B. B. in der Kindheit kann sich konkret zeigen in (1) Kommunikationsverhalten, mit dem Ziel, die Bezugsperson in die Nähe zu bringen oder Kontakt herzustellen, wie z. B. Schreien, Rufen, (2) Verhaltensweisen, welche die Bezugsperson in der Nähe halten, wie z. B. Festhalten, Anklammern und (3) eigenes direktes Nähe Suchen, wie z. B. Nachfolgen, aktive Suche nach dem Aufenthaltsort der Bindungsperson. P. Zimmermann

Bindungsverhaltenssystem (= B.) [engl. *attachment behaviour system*; gr. σύστημα (*systema*) das Gebilde, Verbundene], **[EM, EW]**, ist ein angeborenes, zielkorrigiertes Regulationssystem zur Steuerung von Nähe und Sicherheit (*Bindung*), das bereits ab dem Säuglingsalter aktiviert werden kann. Es wurde von Bowlby (1973a) i. R. der Bindungstheorie aufgrund ethologischer Überlegungen als eigenständiges Regelkreissystem, neben physiol. *Bedürfnis*systemen, wie z. B. dem Nahrungssystem, postuliert. Das B. wird durch intensive neg. *Emotionen* in Kombination mit einer Überforderung der eigenen Regulations- oder Bewältigungsmöglichkeiten einer Person aktiviert. Auslöser sind z. B. nicht bewältigbare Furcht, Trauer, Erschöpfung, Krankheit, aber auch die Unerreichbarkeit der Bindungspersonen. Ist das B. stark aktiviert, kann es i. d. R. nur durch die emot. Verfügbarkeit und den direkten Trost von *Bindungspersonen* wieder reguliert/deaktiviert werden. Bei geringerer Aktivierung des B. ist bereits eine vertraute Umgebung hierzu ausreichend. Das B. ist bei dem Gefühl von Sicherheit nicht aktiviert. Es gilt als Antipode des *Exploration*ssystems. Bowlby 1973c, Grossmann & Grossmann 2012. P. Zimmermann

Binet, Alfred (1857–1911), **[DIA, HIS, PER]**, studierte Naturwissenschaften, ab 1894 Dozent an der Pariser Sorbonne, Direktor des Psychophysiologischen Instituts. Binet forschte und publizierte Unterschiedlichstes: Charcot regte sein psychol. Interesse an. Im Auftrag des frz. Unterrichtsministeriums entwickelte Binet Tests zur Messung kindlicher Intelligenz, die er 1905 mit T. Simon als Intelligenztest veröffentlichte. Binet prägte den Begriff *Intelligenzalter*, W. Stern setzte dieses Intelligenzalter in Beziehung zum Lebensalter und kreierte den *Intelligenzquotient*. Neben Galton wurde Binet mit diesem Test zu einem Wegbereiter der Differentiellen Ps.. *Binet-Simon-Test, Binet-Simon-Prüfung*.

Test Binet-Simon-Intelligenzprüfung, Binetarium, **[DIA, KOG, PER]**, Methode, das Kind zw. 3 und 15 Jahren und gestaffelt nach den einzelnen Lebensjahren in seinem geistigen (intellektuellen) Entwicklungsstand zu beurteilen (*Intelligenz, Intelligenztest*). Die erforderlichen Tests wurden zuerst 1894 zur Unterscheidung durchschnittlich entwickelter und hilfsschulbedürftiger Kinder entwickelt (Auftrag des frz. Unterrichtsministeriums) und später zur Beurteilung des Intelligenzstandes mithilfe von Testreihen ausgebaut (Binetarium 1908; *Binet-Simon-Test, Binet-Simon-Prüfung*).

Test Binet-Simon-Test, Binet-Simon-Prüfung, 1908, von A. Binet und T. Simon. Unter Mitarbeit von Henri, **[DIA, PER]**. *Intelligenztest*. AA Kinder und Jugendliche. Binet ordnete als Erster jedem Lebensalter Tests zu, deren richtige Lösung als altersnormal, unter- oder übernormal eingeordnet wird. Die Tests beziehen sich auf *Sehen, Hören, Sprache, Kombination, Gedächtnis, Suggestibilität, logisches Denken, Unterschiedsfähigkeit, Definitionen, Kritikfähigkeit, praktische Überlegungen* u. a. In der ersten Fassung im Jahre 1905 wurde das erwähnte *Staffelprinzip* noch nicht angewendet, sondern 30 Tests mit versch. Schwierigkeitsgraden wurden zus.gestellt und als normale Leistung vom 3-Jährigen sieben gelöste Tests, vom 7-Jährigen 15, vom 9-Jährigen 22 und vom über 11-Jährigen alle 30 Testlösungen verlangt. Idiotie lag nach der Def. nach Binet bei nur sechs, Imbezillität und Debilität bei nicht mehr als zwölf gelösten Tests vor. 1908 gingen Binet und Simon dazu über, für jede Altersstufe im erwähnten Sinne Testreihen zus.zustellen. Das Intelligenzalter (IA) wurde so best., dass man von der höchsten und vollst. gelösten Jahresreihe ausgeht und alle darüber hinaus gelösten Einzeltests der folg. Jahresreihen zu 1/5 (5 Tests pro Reihe) angerechnet werden. Das Intelligenzalter wird zum Lebensalter in Beziehung gesetzt und daraus der Intelligenzvorsprung oder Rückstand bestimmt. In der weiteren Entwicklung wurden von zahlreichen Forschern Verbesserungen eingeführt. Die wichtigsten sind: der *Intelligenzquotient* (IQ) von Stern, die Überarbeitung der Testreihen für dt. (schweizerische) Verhältnisse durch Bobertag, Kramer u. a., für amerikanische Verhältnisse zuerst durch Goddard, dann durch Kuhlmann und am bekanntesten durch Terman und Merril (sog. Stanford-Revisionen; für dt. Verhältnisse bearbeitet durch Lückert), außerdem hat Terman den *Concept Mastery Test* herausgegeben. Auch die Zusammenstellung der Testmittel in gebrauchsfertiger Form (Binetarium) hat ihre Geschichte. Die dt. Form des Binetariums geht auf Norden zurück. Groffmann 1971.

Binge-Eating-Störung (= B.) [engl. *binge eating disorder*; *binge* Gelage, *eating disorder* Essstörung], **[KLI]**, ist ein Subtyp der *Essstörungen*. Etymologisch kommt das Verb «to binge» aus dem nordamerik. Dialekt und bedeutet wörtlich «einweichen» oder «durchtränken». Bei der Übernahme in die Hochsprache wandelte sich der Begriff und beschreibt jetzt exzessiven Konsum von *Alkohol, Drogen* oder Nahrungsmitteln. Der Begriff B. wurde erstmals 1991 von dem New Yorker Psychiater Robert Spitzer in seiner Funktion als Leiter der *DSM*-IV *Work Group on Eating Disorders* vorgeschlagen. Das DSM-5-Manual formuliert folg. Kriterien: (1) *Essanfälle*, die zeitlich umgrenzt sind und in der Kalorienmenge den Rahmen einer Mahlzeit einer gesunden Vergleichsperson mit ähnlichen Merkmalen und in einem ähnlichen Kontext wesentlich überschreiten und mit einem subj. Kontrollverlust während der Mahlzeit verbunden sind. Dieses Kriterium dient der Abgrenzung von weniger problematischen Formen von Übernährung. (2) Mind. drei der folg. Merkmale müssen erfüllt sein: (a) schnelles Essen, (b) Essen bis zu einem unangenehmen Völlegefühl, (c) Essen trotz fehlenden Hungergefühls, (d) alleine Essen aufgrund von *Scham* wegen des Essverhaltens, (e) Gefühle von Ekel, *Depression* oder Schuld über das Essverhalten. Auch dieses Kriterium dient der Abgrenzung von weniger problematischen Formen von Überernährung. (3) Ausgeprägtes Leiden und Besorgnis wegen der Störung. (4) Essanfälle im Durchschnitt mind. einmal pro Woche über mind. drei Monate. (5) Kein konsequentes gegensteuerndes *Verhalten*, d. h., es können nicht gleichzeitig die Kriterien einer *Bulimia nervosa* oder der *Anorexia nervosa* erfüllt sein. Die Lebenszeitprävalenz wird auf etwa 1,4 % geschätzt. Frauen und Männer, welche die Kriterien der B. erfüllen, sind häufig erheblich in ihrer psychosozialen Funktionsfähigkeit eingeschränkt. Aus diesem Außenkriterium lässt sich rückschließen, dass es sich um eine ernste psych. Störung handelt. *Komorbidität* mit weiteren psych. Störungen, insbes. affektiven Störungen, *Angststörungen, substanzbezogenen Störungen, somatoformen Störungen* und *Persönlichkeitsstörungen* ist sehr häufig. Essanfälle führen zu med. Problemen, insbes. zu Übergewicht, metabolischem Syndrom und Folgeerkrankungen. Die B. kann mit gutem Erfolg psychoth. behandelt werden, auch eine pharmakol. Behandlung ist möglich. *Essstörungen, Psychotherapie, Essstörungen, Psychopharmakotherapie*. Kessler et al. 2013, Wilson et al. 2010, Hudson et al. 2010. *U. Schweiger/V. Sipos*

Binnenkontrast *Kontrast*.

binokular (= b.) [engl. *binocular*; lat. *bi-* zwei, *oculus* Auge], **[WA]**, beidäugig, Ggs. *monokular*, einäugig, b. Summation: Leistungssteigerung des visuellen Systems bei b. Sehen gegenüber dem monokularen. *räumliches Sehen*.

binokulare Parallaxe [engl. *binocular parallax*], *Parallaxe*.

Binomialtest [engl. *binomial test*; lat. *ex binis nominibus* aus zwei Ausdrücken], **[FSE]**, *statistisches Datenanalyseverfahren* für dichotome Merkmale, bei dem geprüft wird, ob die relative Häufigkeit h_i einer Merkmalsausprägung von einer theoretisch angenommenen Wahrscheinlichkeit π_i abweicht. Es wird eine *Binomialverteilung* angenommen, bei Stichproben mit $N \geq 40$ kann von einer approximativen *Normalverteilung* ausgegangen werden. Spezialfall: *Vorzeichentest*. Eid et al. 2013.

Binomial-Verteilung, Binomische Verteilung [engl. *binomial distribution*; lat. *ex binis nominibus* aus zwei Ausdrücken], *Bernoulli-Verteilung*.

Bioanalyse [engl. *bioanalysis*], **[KLI]**, nach Freud die Anwendung psychoanalytischer Verfahren und Theorien auf biophysische bzw. physiologische Vorgänge.

Biochemie [engl. *biochemistry*], **[BIO]**, Grundlagenwissenschaft, bei der mit Methoden der Chemie Lebensvorgänge des *Organismus* (Atmung, *Stoffwechsel*, Sekretion etc.) untersucht werden.

Biodynamismus [engl. *biodynamics*], (allg.) die in allem Lebendigen enthaltene Entfaltungskraft. **[KLI, KOG]**, eine von dem amerikanischen Psychiater J. J. Masserman im Jahre 1946 entwickelte Theorie, die die Grundbegriffe der behavioristischen (*Behaviorismus*) sowie der psychoanalytischen (*Psychoanalyse*) Schule und der Psychobiol. von Meyer zu einem einheitlichen System von Grundsätzen zus.zufassen sucht.

Bioenergetik (= B.) [engl. *bioenergetics*; gr. βίος *(bios)* Leben, ἐν *(en)* innen, ἔργον *(ergon)* Wirken], **[KLI]**, die bioenergetische Analyse nach A. Lowen (Lowen 1979) basiert auf der *Psychoanalyse* S. Freuds und der Vegetotherapie W. Reichs. Die B. ist ein körperorientierter Ansatz, der den Menschen als ein energetisches System auffasst. Es wird von der Annahme ausgegangen, dass seelische Energie sich in körperlichen Strömungen bewegt. Ein chronischer Energiestau soll seelische Störungen auslösen. Mittels versch. Techniken sollen der *Energiefluss* befreit, Verspannungen gelöst und ein Kontakt mit eigenen Gefühlen und Erfahrungen ermöglicht werden. Ein Einklang zw. Körperhaltung, Bewegung, Atmung, Gefühl und verbalen Äußerungen soll hergestellt, eine Integration des Charakters bewirkt werden. Innerhalb der bioenergetischen Analyse sind versch. Schwerpunkte zu unterscheiden: Mit körperlichen Übungen soll u. a. eine allg. Vitalisierung und eine Lösung aus charakterlicher Erstarrung erreicht werden. Es erfolgt eine Analyse der freigesetzten Emotionen sowie deren Zuordnung zu best. Kindheitserlebnissen und schließlich eine Integration neu erworbener Verhaltensweisen und Einsichten im Alltag. Ursprünglich wurde die bioenergetische Therapie als Einzelbehandlung durchgeführt, zunehmend wird sie aber auch als gruppentherap. Verfahren eingesetzt. Die Grundannahmen des Energieflusses u. a. sind schwer mit einer empirisch fundierten Ps. zu vereinbaren und können allenfalls metaphorisch verstanden werden. Für die spezif. *Wirksamkeit* der B. liegen keine Belege vor. Untersuchungen, die sich auf den Einsatz von B. in Kombination mit *Gestalttherapie* beziehen, ergaben signifikante Veränderungen im Befindlichkeits- und im Persönlichkeitsbereich, nicht aber in der Symptomatik und im zw.menschlichen Bereich. Worauf die Veränderungen zurückzuführen sind, ist unklar. *F. Caspar*

Biofeedback (= B.) [gr. βίος *(bios)* Leben, engl. *feedback* Rückkoppelung/-information], [**KLI**], eine Rückmeldung der Aktivität physiol. Vorgänge in Form von Signalen optischer, akustischer oder anderer Art mit dem Ziel, die eigene bewusste Steuerung scheinbar autonomer körperlicher und seelischer Vorgänge zu ermöglichen. Das Ziel der B.-Therapie besteht darin, dem Pat. das Erlernen der Kontrolle über best. unbewusst ablaufende physiol. Prozesse zu ermöglichen, die im Zus.hang mit der jew. Symptomatik gesehen werden. Es werden Parameter psychophysiol. Vorgänge wie *Blutdruck*, Hauttemperatur, *Muskel*spannung, Durchblutung, Herzschlag (*Herzfrequenz*) gemessen und in Form von optischen, akustischen oder anderen Signalen dem Pat. rückgemeldet. Das Feedback ermöglicht dem Pat. nach dem Prinzip des *operanten Konditionierens* eine Veränderung in die erwünschte Richtung, auch wenn es sich um nicht bewusst steuerbare Parameter handelt. Je nach Störung variiert die zur Anwendung kommende Art des B., wobei nach den rückgemeldeten Parametern unterschieden wird, z. B. Muskelspannung (*Elektromyogramm (EMG)*) an Nacken oder Stirn: Spannungskopfschmerz, Obstipation; Hauttemperatur-Feedback als Indikator für Gefäßerweiterung: Migräne; Durchblutungsgrad in versch. Kopfarterien: *Migräne*; Veränderungen des *Hautwiderstandes* als Indikator für emot. Erregung: *Ängste*; Blutdruck: essenzielle Hypertonie; Herzfrequenz (*Elektrokardiogramm*): Herzrhythmusstörung; Elektroenzephalogramm (*Neurofeedback*): Einschlafstörungen, Epilepsie; Atmung: Asthma bronchiale. Rau 2008. *F. Caspar*

biogene Amine (= b. A.) [engl. *biogenic amines*; gr. βίος *(bios)* Leben, -γενής *(-genes)* verursachend], [**BIO, PHA**], im Organismus produzierte und wirkende Stoffe aus der Gruppe der Amine. Der Begriff wird im engsten Sinne bezogen auf Stoffe, die aus aromatischen Aminosäuren als Decarboxylierungsprodukte (Abspaltung von CO_2 aus der Carboxyl-Gruppe) entstehen. Die wichtigsten sind die Neurostoffe *Histamin* (aus Histidin), *Tryptamin* (aus Tryptophan), *Serotonin* (aus 5-Hydroxytryptophan) und Tramin (aus *Tyrosin*). Von anderen Aminosäuren leiten sich durch Decarboxylierung ab: Cadaverin, Putrescin, Agmatin (Bestandteile der Ribosomen), Propanolamin, Cysteamin, β-Alanin und δ-Aminobutyrat (*GABA*). I. w. S. impliziert der Begriff b. A. auch Substanzen, die nicht durch Decarboxylierung aus Aminosäuren entstehen, bes. die *Katecholamine* (u. a. *Noradrenalin* und *Dopamin*). B. A. stehen seit 1950 im Zentrum pharmakol., biochemischer und klin.-therap. Forschung. Vielfach wird angenommen, dass eine Störung in der Biosynthese und im Abbau der b. A. bei psych. Erkrankungen (z. B. *Depression*, *Schizophrenie*) vorliegt. Ausgangspunkt der Diskussion sind meist pharmakol. Beeinflussungsmöglichkeiten und krankhafte (angeb.) Störungen von Biosynthese und Abbau der biogenen Stoffe. Es gilt als sicher, dass i. d. R. mehr als ein System betroffen ist, sodass bei allen psych. Erkrankungen multiple Balancemodelle vorgeschlagen wurden. Meyer & Quenzer 2005, Trimble 1996. *W. Janke/M. Ising*

biogenetisches Grundgesetz [engl. *fundamental law of biogenetics*; gr. βίος *(bios)* Leben, -γενής *(-genes)* verursachend], [**BIO, EW**], von E. Haeckel formulierte Regel, nach der in der Ontogenese (Individualentwicklung) oft ein Teil der Phylogenese (Stammesgeschichte) rekapituliert wird (z. B. werden beim Menschen embryonal Kiemenspalten angelegt). *psychogenetisches Grundgesetz*.

Biografie (= B.) [engl. *biography*; gr. βίος *(bios)* Leben, γράφειν *(graphein)* schreiben], [**FSE**], bez. die subj. oder durch eine andere Person hergestellte Konstruktion der Lebensgeschichte eines Menschen als Antwort auf die Frage, «wie und warum alles gekommen ist». Sie kann medial aufgezeichnet und damit z. B. Gegenstand von Wiss. wie Volkskunde, Literaturwiss. oder Sozialgeschichte werden. Innerhalb der Ps. werden biografische Aufzeichnungen als Datenbasis für Verstehen und genetische Prozesse v. a. in der Entwicklungs-, Kultur- und Klinischen Ps. verwendet. I. R. eines interaktionistischen und konstruktivistischen Wiss.paradigmas (*Sozialkonstruktivismus*) beschreibt B. die Art und Weise, wie Menschen ihrem Leben Kontinuität, Kohärenz und Sinn in reflexiven Prozessen verleihen. Arbeit an der B., d. h. an der zeitlichen Ordnung, Begründung und Sinnstiftung des Lebens kann vorwiegend intrapsych. stattfinden oder auch explizit versprachlicht werden. So kann in alltäglichen Kontexten Selbsterlebtes erzählt werden, das sich über die Lebensspanne hinweg zu einer umfassenden biografischen Konstruktion verdichtet, oder die B.konstitution kann sich in bes. relevanten Situationen verdichten, die als «B.generatoren» hervorstechen,

wie z. B. Psychotherapie, Beichte, Medienauftritte oder die durch einen Forscher hervorgerufene Gelegenheit des autobiografischen Erzählens. Die subj. Konstruktion der B. ist eng an Sprache gebunden und ist gleichzeitig Arbeit an der *Identität*. Um biografische Konstruktionen systematisch zu erfassen, existieren versch. offene und standardisierte Erhebungsverfahren wie z. B. das *narrative Interview* oder strukturierte *Interviews* und *Fragebögen*. Hirnschädigungen verursachen durch abrupte Veränderungen in Lebensform, körperlicher wie psych. Integrität und Selbsterleben oft einen gravierenden Bruch im Erleben biografischer Kontinuität und Sinnfindung, die psychoth. mittels *narrativer Rekonstruktion* bearbeitet werden können.
[**EW**], Lebensbeschreibung, *Lebensspannenpsychologie*.
[**KLI**], in umfassenderem Sinne als die Psychografie eine Darstellung des Lebenslaufs und der Lebensleistung. Eine biografische *Anamnese* gehört zum Beginn der meisten *Psychotherapien*. Im späteren Verlauf hat das Bearbeiten von Erlebnissen in der B. je nach Therapieform ein unterschiedliches Gewicht. Auch in den gegenwartsorientierten Therapien, wie Verhaltenstherapie, kann ein biografisches Verstehen das Aufgeben eines problematischen Musters erleichtern. *Autobiografie*.

G. Lucius-Hoene/F. Caspar

biografische Fragebogen [engl. *biographic survey*], *Biografie*, [**AO, DIA**], in der *Arbeits- und Organisationspsychologie* verwendete spez. Gruppe von Fragebogeninstrumenten, vorwiegend zur *Personalauswahl*. Erfragt werden sog. biografische Daten, das sind nachprüfbare obj. oder subj. Informationen und Einschätzungen früherer, gegenwärtiger und zukünftiger Merkmale der Lebensgeschichte oder zur beruflichen Entwicklung der Stellenbewerber. Gefragt wird bspw. wie in Personalfragebögen nach Noten, Abschlüssen und Kenntnissen oder bisherigen beruflichen Stationen, aber auch nach Büchern, die zu einem Fachgebiet gelesen wurden oder Aktivitäten in Interessensfeldern, Einschätzung der eigenen Fähigkeiten, Einstellungen zu beruflichen Aufgaben usw. Die Auswahl geeigneter Fragen erfolgt i. Allg. nach der empirisch ermittelten Höhe der Validitätskoeffizienten aus Untersuchungen zur Vorhersage beruflicher Leistungen und Erfolge in der Karriereentwicklung im jew. Tätigkeitsfeld. *Interview, biografisches*, *Interview, eignungsdiagnostisches*. Schuler & Höft 2007, Schuler & Marcus 2006.

S. Greif

biografische Methode (= b. M.) [engl. *biographic method*], *Biografie*, [**DIA, KLI**], die allg. Methode, den Lebenslauf und seine erlebnismäßige Spiegelung zu erfassen und für die psychol. Diagnostik und Therapie zu verwerten (*Autobiografie*). Der hauptsächlich von der *Tiefenpsychologie* beschrittene Weg zur ps. Erfassung eines Menschen, im Ggs. zur beobachtenden und zur exp. Methode. Die b. M. zielt auf das Historisch-Einmalige, im Ggs. zur exp. Methode, welche die Erkenntnis des Gesetzmäßig-Allgemeinen anstrebt. Allport 1942, Schottlaender 1950, Thomae 1952.

Biografischer Fragebogen (BIFA), 1999, E. Kollmannsperger, H. Bardeleben und K. E. Bühler, [**DIA, PER**]. Biografischer Fragebogen für Erwachsene ab 18 Jahren. Inventar zur Ermittlung der zentralen Strukturen einer Lebensgeschichte. Der Test besteht aus 63 Fragen, die insges. acht Skalen zugeordnet sind: *Primärsozialisation, Neurotizismus, Partnerschaftszufriedenheit, Generationsunterschiede, Schulisches Engagement, Berufszufriedenheit, Soziale Konformität* und *Kindliches Kontaktverhalten*. Vier Beantwortungsmöglichkeiten von «trifft überhaupt nicht auf mich zu» bis «trifft ganz genau auf mich zu». *Normierung* an $N = 517$. *Reliabilität* zw. $r = .86$ und $r = .91$, die Skalen *Schulisches Engagement* und *Kindliches Kontaktverhalten* weisen Retest-Reliabilitäten von $r = .76$ bzw. $r = .77$ auf.

biografisches Interview *Interview, biografisches*.

Biologie (= B.) engl. *biology*; gr. βίος (bios) Leben, λόγος (logos) Lehre], [**BIO**], die Naturwissenschaft, die sich mit der belebten Natur und ihren Lebewesen befasst, mit ihrer Anatomie, *Physiolge* und mit der Organisation und *Entwicklung* ihrer Individuen sowie deren *Interaktion* untereinander und mit ihrer *Umwelt*. Die B. wird üblicherweise unterteilt in (a) Botanik (Pflanzenlehre) und (b) Zoologie (Tierlehre). Während die B. in ihrer Vergangenheit das systematische Ordnen der Formenmannigfaltigkeit im Vordergrund sah, befasst sie sich seit Beginn des 20. Jhd. vorwiegend mit der Aufklärung funktioneller und entwicklungsgeschichtlicher Zusammenhänge. Dabei werden chemische, physikal., math. und spezif. biol. Methoden angewandt. Nach dem Schwerpunkt der Betrachtungsweise lässt sich die B. in die folg. wichtigsten Teilgebiete einteilen: Anatomie der Pflanzen bzw. der Tiere, biol. *Kybernetik* (Regel- und Steuertechniken bei Pflanze und Tier), *Ethologie* (vergleichende Verhaltenslehre), *Genetik* (Vererbungslehre, *Gen*) und Molekulargenetik, Humanb. (B. des Menschen), Mikrob. (Lehre von den Einzellern, Pilzen, Bakterien und Viren), Molekularb. (Lehre von biol. Vorgängen auf molekularer Stufe), Ökologie (Lehre vom Zusammenwirken von Organismus und Umwelt), Physiologie der Pflanzen und Tiere (weiter zu unterteilen in die Funktionszusammenhänge von *Stoffwechsel*-, Entwicklungs-, Bewegungs-, *Sinnesphysiologie*), Systematik der Pflanzen und Tiere, Zytologie (Zellb. oder Lehre von der *Zelle*). Aufgrund ihrer großen fachlichen Nähe ist die B. von der Chemie kaum zu trennen. Als Grenzgebiet hat sich die *Biochemie* entwickelt, die das *Wissen* um die chemischen und physikal. Eigenschaften von Bausteinen des Lebens mit der Wirkung auf das biol. Gesamtgefüge verbindet. Ein Hauptaspekt bei der biol. Betrachtungsweise ist das Klären stammesgeschichtlicher Zusammenhänge, d. h. der Versuch, die Entwicklung der heute lebenden *Organismen* aus früheren biol. Strukturen abzuleiten. *Evolution*.

C. Becker-Carus

Biologismus (= B.) [engl. *biologism*; gr. βίος (bios) Leben, λόγος (logos) Lehre], [**PHI**], Erklärung allen Seins, auch des psych., vom biol. Standpunkt aus. Im Extrem ist B. eine einseitige Überbetonung des biol. Prinzips. Bertalanffy 1949.

Biom [engl. *biom*; gr. βίος (bios) Leben], [**KOG**], eine Lebensgemeinschaft verschiedener Organismen, die ein *Biotop* bewohnen.

Biomarker (= B.) [engl. *biomarker*], [**BIO, PHA**], obj. messbarer Parameter für einen meist komplexeren biol. Prozess.

B. können Indikatoren für z. B. diagn. oder prognostische Prozesse sein. In Ps. und Psychiatrie sind – von wenigen Ausnahmen abgesehen (z. B. Liquormarker in der Diagnostik von *Demenzen*) – praktisch nicht vorhanden. In der Psychopharmakotherapie wird nach B. gesucht, um differenzialtherap. Entscheidungen zu erleichtern. *G. Gründer*

Biomechanik [engl. *biomechanics*; gr. βίος *(bios)* Leben, μηχανή *(mechane)* Werkzeug], **[BIO, KOG]**, Bewegungsanalyse organismischer Bewegung auf der Grundlage der physikal.-mechanischen Gesetze. Insbes. wird der Kraftfluss zw. an der Bewegung beteiligten Massen (Körpergliedern) und der Krafteinwirkung auf vom Körper bewegte Massen (z. B. Werkzeug, Sportgerät) untersucht. Nachtigall 2001. *P. Day*

biomedizinisches Krankheitsmodell [engl. *biomedical model*], *Krankheitsmodelle*.

Biometrie [engl. *biometry*; gr. βίος *(bios)* Leben, μέτρον *(metron)* Maß], **[FSE]**, Anwendung der math.-stat. Methoden in den biol. und ihnen verwandten Wiss. F. Galton und K. Pearson, aber auch der belgische Astronom L. A. J. Quetelet, der erstmals eine Sozialstatistik in Angriff nahm, sowie G. Mendel und G. T. Fechner gelten als Begründer.

Biomorphose [engl. *biomorphosis*; gr. βίος *(bios)* Leben, μορφή *(morphe)* Gestalt], **[EW]**, ein von Bürger (1960) für den gesamten Wandel des Organismus (Gestalt wie Funktionen) vorgeschlagener Begriff, der bes. auch in die *Geriatrie* und Gerontologie (*Altersforschung*) Eingang fand. Bürger 1960.

Bionik [engl. *bionics*; Kurzw. aus Biologie und Technik], **[KOG]**, beachtet vergleichend die biol. mit den technischen Funktionsweisen (und umgekehrt), sucht die Prinzipien beider wechselseitig zu nutzen. Ergänzungswissenschaft zu *Kybernetik*.

bionom, bionome Ordnung [engl. *bionomic (order)*; gr. βίος *(bios)* Leben, νόμος *(nomos)* Gesetz], **[BIO]**, die lebensgesetzliche Ordnung. Bez. für die allen Lebenserscheinungen innewohnende biol.-gesetzmäßige Ausrichtung (neben der physikal. bzw. ps.).

Biophysik, mathematische [engl. *mathematical biophysics*; gr. βίος *(bios)* Leben, φυσικός *(physikos)* natürlich], *Mathematische Psychologie*.

Biopsychologie [engl. *biological psychology*], s. Einleitung Gebietsüberblick «I.3 Neuropsychologie und Biologische Psychologie».

Bio-psycho-soziales Modell [engl. *bio-psycho-social model*]; *Ätiologie, Behinderung, Krankheitsmodelle, Psychische Störung*.

Biorhythmus (= B.) [engl. *biorhythm*; gr. βίος *(bios)* Leben, ρυθμός *(rhythmos)* Takt, Rhythmus], **[BIO]**, Lebensrhythmus (i. w. S. auch Perioden, Phasen, Zyklen), gesetzmäßig wiederkehrende physiol. Abläufe bei Pflanze und Tier, die endogen («innere Uhr») oder exogen ausgelöst werden können; der Mensch besitzt in seinen Aktivitäts- und Ruhepausen einen inneren Rhythmus, der nur geringfügig von der normalen, astronomischen 24-Std.-Periodik abweicht. Vermutet werden ein physischer (mit 23), emot. (mit 28) und intellektueller (mit 33 Tagen). B. ist von Geburt an zu beobachten. Simulierte mütterliche Herzschläge beruhigen Säuglinge; Musik mit mehr oder weniger Taktschlägen als der Pulsschlag erregen bzw. beruhigen; die Rhythmik des Schaukelns beruhigt (insbes. auch bei *Hospitalismus* und nach *Stress*). *Aktivitätsperiodik*.

biotische Beobachtung, biotisches Experiment (= b. E.) [engl. *biotic observation/experiment*], **[FSE]**, in der Ps. die *Beobachtung* und das *Experiment*, die bestmöglich auf ein lebensbzgl. Versuchsgeschehen ausgerichtet sind. Spiegel (1965) stellte dem b. E. das quasib. E. an die Seite, bei dem die Vp zwar weiß, dass es sich um ein E. handelt, aber nicht erkennen kann, wann und wo das Entscheidende im Versuchsgeschehen abläuft. *Feldexperiment, Wirklichkeitsversuch, naturalistische Methode*.

Biotop [engl. *biotop*; gr. βίος *(bios)* Leben, τόπος *(topos)* Ort], Lebensraum. *Ökologie*.

Bioverfügbarkeit (= B.) [engl. *bioavailability*; gr. βίος *(bios)* Leben], **[PHA]**, unter B. wird die Verfügbarkeit eines Pharmakons für systemische Wirkungen verstanden. Sie ist abhängig davon, welche Menge des Wirkstoffs absorbiert wird und welche Menge nach Durchlaufen des sog. hepatischen First-Pass-Metabolismus noch zur Verfügung steht. Berechnet wird die B. aus dem Verhältnis der Konzentrationen nach intravenöser Gabe zu den Konzentrationen nach oraler Einnahme oder anderer Applikation. Aus dem Verhältnis der Medikamenten-Konzentrationen nach oraler oder sonstiger Einnahme zu der nach intravenöser Gabe wird die B. berechnet. Die Pharmakon-Konzentration nach intravenöser Gabe wird mit einer B. von 100 % gleichgesetzt. Für die meisten *Psychopharmaka* liegt die B. über 50 %. Brunton 2011. *C. Hiemke*

Biperiden [engl. *biperiden*], **[PHA]**, *Psychopharmakon* aus der Klasse der zentral wirksamen *Anticholinergika* (*Cholinolytika*), das kompetitiv und nicht selektiv Muskarinrezeptoren antagonisiert. Therap. Einsatz bei der Behandlung medikamentös induzierter extrapyramidalmotorischer Symptome (*extrapyramidalmotorische Störungen*).

bipolar [engl. *bipolar*; lat. *bi-* zwei-, gr. πολος *(polos)* Achsenpunkt], zweipolig, i. ü. S. gegensätzlich.

bipolare Störungen (= b. S.) [engl. *bipolar disorders*; lat. *bi-* zwei-, gr. πολος *(polos)* Achsenpunkt], **[KLI]**, zählen zu den schwerwiegendsten *psychischen Störungen* mit vgl. weise hoher *Mortalität*, gravierenden Begleit- und Folgebelastungen, komplexen Therapieerfordernissen und ungünstiger Prognose. Sie umfassen eine Reihe von Diagnosen aus dem affektiven Formenkreis, deren zentrales Charakteristikum im chronisch-rezidivierenden Verlauf mit wechselnden manischen bzw. hypomanen und depressiven sowie gemischten Episoden oder Zuständen besteht, die wiederum von beschwerdefreien (euthymen) Intervallen unterschiedlicher Länge unterbrochen werden. Die Symptomatik schwankt dabei zw. extremen Zuständen in den Bereichen *Antrieb*, Aktivität und *Stimmung* («himmelhochjauchzend – zu Tode betrübt»). Die depressiven Episoden entsprechen in ihrer Phänomenologie der unipolaren Major *Depression*. Manische Zustände (*Manie*) sind demgegenüber gekennzeichnet durch extrem übersteigerten Antrieb, Rastlosigkeit, verringertes Schlafbedürfnis, euphorische oder gereizte Stimmung und kogn. Hyperaktivität, häufig verbunden mit Größenideen und verringerter Realitätswahrnehmung. Maniker werden von außen häufig als bes. kreative und charismatische Persönlichkeiten wahrgenommen. Während der Manie neigen b. Pat. zu impulsiven, unkontrollierten und hinsichtlich ihrer Folgerisiken unbedachten Handlungen (Kreditaufnahme, Firmengründung, Ausgeben hoher Geldbeträge im «Konsumrausch») und ausgeprägten Risikoverhaltensweisen (Straßenverkehr, Sexualität, Sport), die mit massiven gesundheitlichen, finanziellen, juristischen und sozialen Risiken verbunden sein können. Dabei fokussieren die Betroffenen in dieser Phase ihre gesamte Kapazität auf best. Teilaspekte ihres Lebens, während sie gleichzeitig ihre Rollenaufgaben und Verpflichtungen in anderen Lebensbereichen (Familie, Beruf) massiv vernachlässigen. Unter *Hypomanie* versteht man eine weniger stark ausgeprägte Form der Manie mit deutlich gehobener Stimmung, gesteigertem Antrieb und erhöhter Leistungsfähigkeit über dem normalen Niveau. Während hypomaner Phasen sind *Selbstkontrolle* sowie Selbstkritik- und Selbststeuerungsfähigkeit häufig reduziert, Selbstbild und Risikobewusstsein aber übersteigert. Eine gemischte Episode ist gekennzeichnet durch das gleichzeitige oder schnell wechselnde Auftreten manischer/hypomaner und depressiver Symptome (z. B. Antriebssteigerung und *Dysphorie*). In der subj. Wahrnehmung der Pat. werden die depressiven Phasen durchgängig als aversiv, die manischen oder hypomanen Zustände aber überwiegend sogar als angenehm erlebt. Während der Manie/Hypomanie fürchten die Betroffenen vor allem den als bes. krass erlebten Switch in die Depression. Bei der *Zyklothymie* handelt es sich um eine chronisch fluktuierende *affektive Störung*, in der zahlreiche Perioden mit hypomaner und depressiver Symptomatik zeitlich getrennt voneinander auftreten, die die diagn. Kriterien einer Hypomanie hinsichtlich Anzahl, Schweregrad, Intensität und Dauer nicht erfüllen.

Ätiologie: Die Ätiopathogenese der b. S. ist noch weitgehend ungeklärt. Wahrscheinlich ist eine multifaktorielle Genese im Zusammenspiel biopsychosozialer Einflussfaktoren (*Krankheitsmodelle*) und Persönlichkeitscharakteristika für die Entstehung verantwortlich. Da b. S. Störungen neben den *Schizophrenien* die höchsten Konkordanzraten in *Zwillingsstudien* aufweisen, wird ein relativ hoher genetischer Anteil in der Ätiologie angenommen. Auch die charakteristische Periodizität und die bes. *Vulnerabilität* gegenüber Störungen des Alltags- und Schlaf-Wach-Rhythmus sprechen für eine prominente Rolle biol. Grundstörungen in der *Pathogenese*. Als Risikofaktoren für einen chronischen Verlauf und eine ungünstige Prognose wurden folg. unspezif. Faktoren ermittelt: weibliches Geschlecht, prämorbid schwerwiegende *kritische Lebensereignisse* und ungünstige Persönlichkeitsmerkmale sowie unzureichende Bewältigungsressourcen (*Coping*), frühes Erstmanifestationsalter, gemischte Episoden, Rapid Cycling (schneller Phasenwechsel, mind. viermal pro Jahr), psychotische Symptome, hohe Episodenfrequenz, psych. oder somatische *Komorbidität*, Substanzgebrauch, schlechte *Compliance*, unzureichende pharmakotherapeutische Response.

Klassifikation: Im DSM-5 werden die *Bipolarspektrumsstörungen* von den Depressionen abgegrenzt und klassifikatorisch zw. den *Schizophreniespekrumstörungen* und anderen *Psychosen* einerseits und den depressiven Störungen andererseits eingeordnet (*Klassifikation psychischer Störungen*; s. Anhang I). Das DSM-5 unterscheidet wie DSM-IV und ICD-10 die *Bipolar-I-Störung* (F31.1), die *Bipolar II-Störung* (F31.8) und die *Zyklothyme Störung* (F34.0). Die *Bipolar-II-Störung* wird nicht länger als *abgeschwächte Form der Bipolar-I-Störung* betrachtet, da die Betroffenen langfristig unter wiederkehrenden depressiven Episoden und unter der anhaltenden Stimmungslabilität mit den daraus resultierenden psychosozialen Funktionsbeeinträchtigungen leiden. Nach DSM-5 ist es für die Diagnose einer *Bipolar-I-Störung* notwendig, dass die Kriterien für mind. eine manische Episode in der *Anamnese* erfüllt sind: Abgrenzbare Periode abnorm und anhaltend gehobener, expansiver oder reizbarer Stimmung und anhaltend gesteigerter zielgerichteter Aktivität und Energie von mind. einer Woche Dauer, welche die meiste Zeit des Tages an fast allen Tagen vorhanden sind (Kriterium A). Dabei müssen mind. drei Symptome aus Kriterium B vorhanden sein: Übersteigertes *Selbstwertgefühl* und Größenideen, vermindertes Schlafbedürfnis, vermehrte Gesprächigkeit und Rededrang, *Ideenflucht* und Gedankenrasen, erhöhte Ablenkbarkeit, Zunahme zielgerichteter Aktivität oder psychomotorische Unruhe, übermäßige Beschäftigung mit Aktivitäten, die mit hoher Wahrscheinlichkeit unangenehme Konsequenzen nach sich ziehen (exzessives Einkaufen, sexuelle Abenteuer, unsinnige Investitionen). Im DSM-5 wird die diagn. Codierung auf Basis der letzten aktuellen Episode vorgenommen. Zusätzlich kann nach Schweregrad (*leicht, mittel, schwer*), psychotischen Merkmalen und Remissionsstatus (*teil, voll*) codiert sowie eine ergänzende Merkmalsbeschreibung ohne Code (z. B. *mit Angst, gemischten Merkmalen, Rapid Cycling*) vorgenommen werden. Das Vorhandensein einer *depressiven Episode* ist für die Diagnosevergabe der *Bipolar-I-Störung* nicht zwingend erforderlich, wenngleich die allermeisten Pat. mit manischen Episoden irgendwann im Verlauf auch depressive Episoden erleben. Für die Diagnosestellung einer *Bipolar-II-Störung* ist demgegenüber erforderlich, dass die Kriterien mind. einer hypomanen und die Kriterien mind. einer Episode einer *Major Depression (MDE)* erfüllt sind. Die Charakteristika der *Hypomanie* entsprechen weitgehend den manischen Symptomen, ohne aber so schwer zu sein, dass sie deutliche soziale oder berufliche Funktionsbeeinträchtigungen verursachen oder eine Hospitalisierung erforderlich machen. Die Episode einer *Major Depression* sollte mind. zwei Wochen, die hypomane Periode mind. vier Tage bestehen. Während der *affektiven Episode* sollte die erforderliche Symptomanzahl an fast allen Tagen die meiste Zeit des Tages bestehen. Bei Vorliegen einer vollsyndromalen manischen Episode in der Vergangenheit wird die Diagnose *Bipolar-I* gegeben. Bei der *zyklothymen*

Störung müssen über einen Zeitraum von mind. zwei Jahren zahlreiche Perioden mit hypomanen Symptomen auftreten, die nicht die Vollkriterien einer hypomanen Episode erfüllen, sowie zahlreiche Perioden mit depressiven Symptomen, die nicht die Vollkriterien einer MDE erfüllen. In diesem Zweijahreszeitraum müssen die hypomanen und depressiven Perioden an mind. der Hälfte der Zeit vorhanden und die Person darf nicht länger als zwei Monate symptomfrei sein. Die Diagnose wird nur gestellt, wenn in der Vergangenheit die Kriterien für eine vollsyndromale hypomane, manische oder depressive Episoden nie erfüllt waren. ICD-10 und DSM-5 unterscheiden sich nur geringfügig in den konkreten Symptomkriterien für manische, hypomane und depressive Episoden. In der Einordung der Syndrome findet sich aber eine bedeutsame Abweichung: I. Ggs. zum DSM-5 nutzt das ICD-10 die Bez. *Bipolare affektive Störung* (F31) und unterscheidet nicht explizit nach Bipolar-I- und Bipolar-II-Diagnosen, sondern nach dem akt. Vorhandensein einer *hypomanischen* (F31.0) oder *manischen* (F31.1) oder *depressiven Episode* (F31.3) sowie nach Auftreten *manischer bzw. depressiver Episoden mit psychotischen Symptomen* (F31.2; F31.5) und nach Schweregrad. Außerdem verwendet das ICD-10 die Diagnosekategorie der *Bipolaren affektiven Psychose* (F31.5, F31.6, F31.7), die im DSM aufgegeben wurde.

Prävalenz: Die Lebenszeitprävalenz der *Bipolar-I-Störung* liegt nach den Ergebnissen von aktuellen bevölkerungsrepräsentativen *epidemiologischen* Studien bei etwa 3 %, die der sog. *Bipolar-Spektrumserkrankungen* bei ca. 5 %. Möglicherweise wird die wahre Prävalenz der b. S. unterschätzt, da sie überproportional häufig nicht erkannt, sondern bspw. als unipolare Depressionen oder als *ADHS* fehldiagnostiziert werden. B. S. beginnen meist in Adoleszenz oder frühem Erwachsenenalter. 75 % der Pat. erleiden ihre erste Episode bis zum 25. Lebensjahr. I. Ggs. zu den meisten anderen psych. Störungen ist das Geschlechtsverhältnis ausgeglichen. Bei b. S. treten hohe *Komorbiditäten*, insbes. mit Substanzstörungen (*Sucht- und Substanzbezogene Störungen*) und *Impulskontrollstörungen* (z. B. pathologisches Spielen), *Angststörungen* und *Posttraumatische Belastungsstörungen* auf. In Bevölkerungssurveys aus den USA und Europa war die Komorbidität mit Substanzmissbrauch oder -abhängigkeit bis zu sechsfach erhöht. B. Pat. konsumieren unterschiedliche legale und illegale Drogen. Dabei werden in der manischen Phase überwiegend nicht gegenregulativ sedierende, sondern zusätzlich stimulierende Substanzen konsumiert. B. S. weisen bes. hohe *Rezidivraten* auf, wobei der indiv. Verlauf sehr unterschiedlich aussehen kann. Bei der Mehrheit der Pat. treten im Lebensverlauf nur einige Episoden auf, bei jedem zehnten Pat. liegt die Episodenanzahl allerdings bei über 10. Im Langzeitverlauf b. affektiver S. treten manische Episoden deutlich seltener auf und sind im Durchschnitt kürzer als depressive Phasen. Bis zu 20 % der Bipolar-I-Pat., insbes. Frauen (80 %), leiden unter dem bes. schwerwiegenden Typus des Rapid Cycling, der durch einen schnellen Wechsel von manischen/hypomanen und depressiven Phasen und eine extrem hohe Episodenanzahl gekennzeichnet ist. Das Risiko, eine derartig hohe Phasenfrequenz zu entwickeln, steigt mit der Störungsdauer. Bei vielen Pat. persistiert eine Residualsymptomatik, die wiederum mit erhöhtem Rezidivrisiko und dauerhaften Beeinträchtigungen des sozialen Funktionsniveaus verbunden ist. Die b. S. ist mit bes. gravierenden psychosozialen Beeinträchtigungen (Arbeitsunfähigkeitszeiten, Verlust der Berufs- und Erwerbsfähigkeit, Partnerverlust, familiäre Zerwürfnisse und sozialer Isolation bzw. Ausgrenzung), Sekundärschäden (Unfallverletzungen, organismische Schädigungen durch Substanzmissbrauch, irreversible psych. Beeinträchtigungen) und Krankheitsfolgebelastungen (jurist. Konsequenzen, finanz. Probleme bis hin zur Privatinsolvenz) verbunden, die sich wiederum neg. auf den Störungsverlauf auswirken können. B. S. gehören nach WHO-Angaben weltweit zu den zehn Krankheiten mit der höchsten Rate dauerhafter Behinderung. Diese Störungsfolgen, die nach *ICF* kodierbar sind, machen etwa 80 % der enormen gesundheitsökonomischen Belastungen aus. Das Suizidrisiko b. Pat. ist doppelt (Suizidversuch) bis dreimal (vollendeter *Suizid*) höher als bei unipolar Depressiven und fünf- bis sechsfach gegenüber der Allg.bevölkerung erhöht, insbes. bei Komorbidität mit Substanzstörungen.

Diagnostik: Die Diagnosestellung einer b. S. ist aus versch. Gründen bes. schwierig: (1) Die Diagnose muss immer längsschnittlich gestellt werden. Dabei sind nach DSM-5 einige diagn. Regeln zu beachten: Findet sich in der Lebensgeschichte mind. eine manische oder hypomane Episode, wird obligatorisch die Diagnose *bipolar* gegeben, auch wenn aktuell oder über die meiste Lebenszeit die depressiven Phasen dominieren. Hypomane oder depressive Phasen können dabei der manischen Episode vorausgegangen sein oder ihr folgen. Die Diagnose wird in Richtung des gravierenderen Störungsbildes korrigiert, wenn z. B. bei bestehender Zyklothymie eine vollsyndromale Episode depressiven, hypomanen oder manischen Typs auftritt. Ebenso wird die Bipolar-II-Diagnose in Bipolar-I geändert, sobald mind. eine manische Episode mit Vollkriterien festgestellt wird. (2) Die Symptomatik einer Manie oder Hypomanie kann durch den Konsum bestimmter psychotroper Substanzen (z. B. *Stimulanzien*) oder andere med. Krankheitsfaktoren simuliert werden. In diesem Fall kann eine substanz- oder medikamenteninduzierte b. S. diagnostiziert werden. Umgekehrt wird eine b. S. bei Substanzkonsumenten ggf. übersehen, da man die Symptome fälschlicherweise auf die Substanzwirkung zurückführt. (3) Die manische Symptomatik weist gewisse syndromale Überschneidungen bspw. mit der ADHS-Störung auf und wird deshalb im Kindes- und Jugendalter häufig unter- bzw. fehldiagnostiziert. (4) Die zahlreichen unterschiedlichen Verlaufsmuster (*rapid, ultra rapid, gemischt*) und die symptomatologischen «vielen Gesichter» der b. S. erschweren eine klare Diagnosestellung und Differenzialdiagnostik. Neben der klassifikationalen Diagnostik (*Diagnostik, kategoriale*) werden in der klin. Praxis weitere valide diagn. Informationen für Indikation, Therapieplanung, Verlaufs- und Erfolgskontrolle benötigt. I. R. dieser *dimensionalen Diagnostik* zur Ausprägungs- und Schweregradbestimmung der b. Symptomatik ist dringend ein multimodales Vorgehen (*Diagnostik, multimodale*; Kombination versch. Erhebungsinstrumente unter Heranziehung mehrerer Datenquellen) zu empfehlen, da die betroffenen Pat. – insbes. im Hinblick auf die Manie – zu verzerrten Wahrnehmungen und Bewertungen (Bagatellisierung, Romantisierung) neigen. Für die unterschiedlichen Anwendungszwecke steht eine Anzahl dt.sprachiger dimensionaler Erhebungsverfahren zur Selbst- und Fremdbeurteilung zur Verfügung, deren Einsatz sich nicht allein auf Selbstbeurteilungsskalen beschränken sollte. Zur Fremdbeurteilung der manischen Symptomatik eignen sich bspw. die *Bech Rafaelsen Mania Scale (BRMAS)* oder die *Young Mania Rating Scale (YMRS)*, für die depressive Symptomatik die gängigen Depressionsskalen (*Beck-Depressions-Inventar (BDI-II)*, *Allgemeine Depressionsskala ADS*). Außerdem steht mit der *Allgemeinen Depressions- und Manie-Skala (ADMS)* ein Instrument für die kombinierte Erfassung manisch-depressiver Symptomatik zur Verfügung. Für die längerfristige Verlaufsmessung manisch-depressiver Episoden eignet sich die sog. *Life-Chart-Methode* (retro- und prospektiv), also eine grafische Verlaufsdokumentation auf der Zeitachse, mit der versch. Schweregradabstufungen und viele Krankheitsparameter erfasst werden können und die mittlerweile auch als elektronische Versionen zur Verfügung stehen. Kurzfristigere Veränderungen sollten mit Stimmungstagebüchern erfasst werden. Da bei b. S. eine bes. ausgeprägte Komorbidität mit unterschiedlichen anderen psych. Störungen besteht, die für den Verlauf und die Prognose und damit für die Therapieplanung der Primärstörung von entscheidender Bedeutung sein können, sollte eine entspr. Breitbanddiagnostik mittels strukturierter *klinischer Interviews* erfolgen. *bipolare Störungen, Psychotherapie*, *bipolare Störungen, Psychopharmakotherapie* DGBS e. V. & DGPPN e. V. 2012. S. Mühlig

bipolare Störungen, Psychopharmakotherapie [engl. *bipolar disorders, psychopharmacotherapy*], [**KLI**], bei der Behandlung der bipolaren Störungen (= b. S,) werden kurz-, mittel- und langfristige Ziele unterschieden: (1) die Akutbehandlung zur Reduktion der depressiven bzw. (hypo-)manischen Symptome, (2) die Erhaltungstherapie zur Stabilisierung des Therapieerfolges und des fragilen biopsych. Gleichgewichtes und (3) die langfristige Rezidiv- bzw. Phasenprophylaxe zur Reduktion bzw. Vermeidung weiterer affektiver Episoden. Dabei gilt die Erhaltungstherapie der Vermeidung des Rückfalls in die Indexepisode, bei der man davon ausgeht, dass eine biol. *Vulnerabilität* für 6–9 Monate nach ihrem Abklingen fortbesteht, während die Rezidivprophylaxe der Vermeidung neuer Episoden der Erkrankung gilt. Für alle drei Therapieziele und -phasen besitzt die medikamentöse Therapie als Basisbehandlung den zentralen Stellenwert. In allen industrialisierten Ländern wird fast jeder diagnostizierte Bipolar-I-Pat. medikamentös behandelt. Die Komplexität und Vielschichtigkeit der b. S. hinsichtlich der wechselnden Symptomatiken und unterschiedlichen Verlaufsmuster stellt die pharmakol. Therapie allerdings vor ganz besondere Herausforderungen. Die dauerhafte *Compliance* der Pat. ist dabei aus versch. Gründen (Risiko des Episoden-Switches bei Fehlbehandlung, Rückfall bei Absetzen etc.) für den Therapieerfolg von entscheidender Bedeutung. Daher sollten die Pat. zu Behandlungsbeginn ausführlich aufgeklärt (*Psychoedukation*) und partizipativ an den Therapieentscheidungen (*Partizipative Entscheidungsfindung (PEF)*) beteiligt werden. In der akuten Manie besitzen die Betroffenen allerdings oft keine ausreichende Störungseinsicht, sodass hier zum Schutz der Pat. und zur Abwendung einer evtl. Fremdgefährdung u. U. Zwangsmaßnahmen durchgeführt werden müssen. Für die drei Therapiephasen werden unterschiedliche Medikamente eingesetzt, wobei die Stimmungsstabilisierung durch *Phasenprophylaktika* [engl. *mood stabilizers*] die Basis jeder Pharmakotherapie der b. S. darstellt. In der Akuttherapie manischer Syndrome haben sich *Antipsychotika* als am wirksamsten erwiesen. Auch *Lithiumsalze* sind zugelassen, sie werden jedoch wegen des langsameren Wirkungseintritts und der i. A. schlechteren Verträglichkeit bei Manien nur noch als zweite Wahl betrachtet. Atypischen Antipsychotika (z. B. *Risperidon*, *Quetiapin*, *Olanzapin*), die fast alle in dieser Indikation zugelassen sind, ist wegen der besseren Verträglichkeit der Vorzug vor klassischen Substanzen wie *Haloperidol* zu geben. Bei unzureichender Wirksamkeit können Antipsychotika mit Lithium kombiniert werden. Auch Kombinationen mit der ebenfalls in dieser Indikation zugelassenen *Valproinsäure* sind möglich. Leichte b. Depressionen werden i. d. R. nicht spezif. pharmakotherap. behandelt; vielmehr steht hier die Optimierung und ggf. Initiierung einer stimmungsstabilisierenden Therapie im Vordergrund. Arzneimittel der ersten Wahl zur Behandlung mittelschwerer und schwerer b. Depressionen ist das atypische Antipsychotikum *Quetiapin*. Seine Wirksamkeit ist in mehreren kontrollierten Studien belegt, ohne dass das *Switch-Risiko* erhöht würde. Das Antipsychotikum *Lurasidon*, das ein metabolisch günstigeres Profil aufweist als Quetiapin, ist möglicherweise vergleichbar gut wirksam. Die Substanz ist in dieser Indikation bisher nur in den USA zugelassen. Auf trizyklische *Antidepressiva* und *Monoaminooxydasehemmer* sollte bei der Behandlung b. Depressionen nach Möglichkeit verzichtet werden, da sie das Switch-Risiko erhöhen und zu einer Erhöhung der Phasenfrequenz (*Rapid Cycling*) führen können. Gleiches gilt wahrscheinlich für *selektive Serotonin-Noradrenalin-Rückaufnahmehemmer (SSNRI)*. *Selektive Serotonin-Rückaufnahmehemmer (SSRI)* und der *Dopamin-Noradrenalin-Rückaufnahmehemmer Bupropion* führen wahrscheinlich nicht häufiger als *Placebo* zu einem Switch in die Manie; allerdings ist die Wirksamkeit dieser Substanzen bei der b. Depression auch nicht zweifelsfrei belegt. I. R. der Erhaltungstherapie und Rezidivprophylaxe wird die langfristige Anwendung von Stimmungsstabilisierern wie *Lithium* oder *Antiepileptika* (*Antikonvulsiva*) wie Valproinsäure, *Lamotrigin* oder *Carbamazepin* empfohlen. Bis heute gilt Lithium als das wirksamste Mittel zur Prophylaxe von manischen und depressiven Episoden i. R. einer b. S., wenngleich es wegen seiner geringen *therapeutischen Breite* und der Nebenwirkungsrisiken nicht einfach anzuwenden ist. Lamotrigin wirkt prophylaktisch lediglich gegen depressive, nicht jedoch gegen manische Rezidive. Carbamazepin gilt heute nur noch als Reservetherapeutikum, wenn andere Stimmungsstabilisierer – auch in Kombination – nicht ausreichend wirksam waren. Auch viele atypische Antipsychotika haben eine nachgewiesene stimmungsstabilisierende Wirkung. Allerdings gilt ihre Zulassung i. d. R. nur zur Prophylaxe manischer Episoden, wenn die Index-Manie gut auf das jew. Antipsychotikum angesprochen hat. Quetiapin kann auch zur Prophylaxe depressiver Syndrome gegeben werden, wenn die Substanz hier initial wirksam war. Wegen des Risikos einer erheblichen Gewichtszunahme (*Gewichtszunahme unter Psychopharmaka*), die unter nahezu allen genannten Arzneimitteln auftreten kann, sollten unter der Therapie regelmäßige Gewichtskontrollen durchgeführt werden. Die Beendigung einer erfolgreichen Behandlung mit Phasenprophylaktika sollte wegen der erheblichen Rezidivgefahr gut geplant, sehr langsam und unter ärztlicher Kontrolle erfolgen. DGBS e. V. & DGPPN e. V. 2012. *S. Mühlig*

bipolare Störungen, Psychotherapie [engl. *bipolar disorders, psychotherapy*], **[KLI]**, übergeordnetes Ziel der Behandlung bipolarer Störungen (= b. S.) ist die Aufrechterhaltung eines möglichst hohen psychosozialen Funktionsniveaus, der gesundheitsbezogenen *Lebensqualität* und der sozialen Teilhabe (*Partizipation*) der Pat. Dafür kann *Psychotherapie* einen wesentlichen und unverzichtbaren Beitrag leisten und wird von Pat.seite auch ausdrücklich verlangt. Psychoth. ist bei b. S. im Regelfall als Ergänzung (adjuvant) und nicht als Alternative zur psychopharmakotherap. Medikation (*bipolare Störungen, Psychopharmakotherapie*) anzusehen. Ein dauerhafter Therapieerfolg ist ohne eine suffiziente akute und/oder phasenprophylaktische Pharmakotherapie nicht zu erzielen. In Phasen akuter Manie oder schwerer Depression stellt die medikamentöse Therapie oft erst die Voraussetzungen für eine psychotherap. Zugänglichkeit der Pat. her. Psychoth. wird i. R. der Akutbehandlung zur Erhaltung und Stabilisierung und vor allem zur Rezidivprophylaxe eingesetzt. In der Versorgungspraxis wird Psychoth. oft nach Abklingen einer akuten depressiven bzw. (hypo-)manischen Episode angeboten, um den remittierten (euthymen) Zustand zu stabilisieren (Erhaltung) und weiteren Episoden vorzubeugen (Rezidivprophylaxe). Viele Pat. nehmen Psychoth. aber auch während akuter depressiver oder hypomaner Episoden zur Reduktion der Akutsymptomatik in Anspruch. Die beste *Evidenz* für die Rezidivprophylaxe liegt für die Psychoedukative Therapie, die *Kognitive Verhaltenstherapie (KVT)*, die Familienfokussierte Therapie (FFT) und die *Interpersonelle und Soziale Rhythmustherapie (IPSRT)* vor. Die Evidenz für effektive Akuttherapie ist weniger robust. Zumindest die KVT scheint auch in der Akutbehandlung mit signifikanten *Effektstärken* zur Reduktion insbes. der depressiven Symptome zu führen. I. R. des Gesamtbehandlungsplanes kommt vor allem der *Psychoedukation* ein zentraler Stellenwert zu, da sie sowohl die *Compliance* gegenüber der Pharmakotherapie entscheidend verbessern als auch das motivationale Fundament für Psychoth.maßnahmen herstellen kann.

Psychoedukative Interventionen sind als Einzelmaßnahme in ihrer Effektivität mit hoher Evidenz belegt. In der Praxis werden sie routinemäßig im stationären Kontext eingesetzt sowie in der ambulanten Versorgung i. R. der KVT. In Dt. ist unter den evidenzbasierten Psychoth.verfahren zur Behandlung b. S. allein die KVT als *Richtlinienverfahren* zugelassen. Für die *tiefenpsychologisch fundierte* und analytische Psychoth. (*Psychoanalyse*) ist die Evidenzlage nicht ausreichend, um ihre *Wirksamkeit* beurteilen zu können. DGBS e. V. & DGPPN e. V. 2012. *S. Mühlig*

Bipolarität von Eigenschaften [engl. *bipolarity of traits*; lat. *bi-* zwei-, *gr.* πολος *(polos)* Achsenpunkt], **[PER]**, die Annahme, dass Persönlichkeitseigenschaften (*Persönlichkeitsmerkmal*) in Ggs. auftreten. Z. B. die Dimension Extraversion/Introversion. *Persönlichkeitsfaktor, semantisches Differenzial*.

Birnbaum-Modell [engl. *two-parameter/2pl model*], syn. *2pl-Modell, Item-Response-Theorie (IRT), Skalierung, testtheoretisches Gütekriterium.*

biseriale Korrelation [engl. *biserial correlation*; lat. *bi-* zwei-, *serere* reihen], **[FSE]**, Maß des Zusammenhangs eines intervallskalierten Merkmals X mit einem künstlich dichotomen Merkmal D, für das angenommen wird, dass die Ausprägungen von D durch Dichotomisierung eines latenten *normalverteilten* Merkmals Y bestimmt sind. Der Koeffizient schätzt die *Korrelation* von X und Y auf Basis der Merkmalsverteilung von X und D. *Statistische Datenanalyseverfahren*. Olsson et al. 1982.

biseriale Rangkorrelation (= b.) [engl. *rank-biserial correlation*; lat. *bi-* zwei-, *serere* reihen], **[FSE]**, Maß der *Korrelation* (= K.) eines natürlich dichotomen Merkmals, das zwei Gruppen def., und eines rangskalierten Merkmals (*Ordinalskala*). Der stat. Ansatz entspricht demjenigen des *Mann-Whitney-U-Tests*: Die p-Werte (*Signifikanz*) der beiden Verfahren sind identisch und die Ergebnisse beider Verfahren können eindeutig ineinander überführt werden. Die b. K. kann als *Effektgröße* des Mann-Whitney-U-Test verwendet werden. Cureton 1956.

biseriales eta [engl. *biserial eta*; lat. *bi-* zwei-, *serere* reihen], **[FSE]**, Maß des Zusammenhangs eines natürlich dichotomen Merkmals X und eines künstlich polytomen, ordinalen Merkmals P. Für die Ausprägungen von P wird angenommen, dass die Ausprägungen von P aus einer Kategorisierung/Polytomisierung eines latenten *normalverteilten* Merkmals Y (*Variable, latente*) resultieren. Der Koeffizient schätzt die *Korrelation* von X und Y auf Basis der Merkmalsverteilung von X und P. *Korrelation*, *Statistische Datenanalyseverfahren*. Ulrich & Wirtz 2004.

Bisexualität [engl. *bisexuality*; lat. *bi-* zwei-], **[BIO, EM, PER]**, Doppelgeschlechtlichkeit, das Vorhandensein von Geschlechtsorganen bzw. Geschlechtsmerkmalen beider Geschlechter bei einem Individuum. Zwittertum (*Hermaphroditismus verus*), bei höheren Tieren und beim Menschen Missbildung. Bez. auch den auf beide Geschlechter gerichteten Sexualtrieb.

Bisoprolol [engl. *bisoprolol*], **[BIO, PHA]**, Pharmakon mit *sympathikolytischer* Wirkung aus der Klasse der selektiven *Beta-Rezeptorenblocker* (β1).

Bivalenz [engl. *bivalence*; lat. *bi-* zwei-, *valere* wert sein], Doppelwertigkeit. Z. B. ist ein Reiz bivalent, wenn er in zwei Richtungen reizwirkend ist. *Ambivalenz, affektive.*

bivariat (= b.) [engl. *bivariate*; lat. *bi-* zwei-, *variare* versch. sein], **[FSE]**, zwei Variablen enthaltend, in zwei Dimensionen variierend. Der Terminus wird gebraucht, wenn eine Verteilung von einem Paar von Variablen x_1 und x_2 vorliegt und beide Varianten in Beziehung (*Korrelation*) gesetzt werden.

Blackbox (= B.) [engl.] schwarzer Kasten, **[KOG]**, Begriff stammt von W. R. Ashby (1956). Modell, das im Zusammenhang mit hypothetischen Konstrukten verwendet wird; ein Kasten, bei dem Eingabe *(input)* und Ausgabe *(output)* bekannt sind, nicht aber der Inhalt bzw. die Prozesse, die in dem Kasten ablaufen. In der Ps. lässt sich die Analogie zw. der B. und dem Organismus bzw. dem Gehirn ziehen. Die B. stand im frühen *Behaviorismus* (*Watson, John Broadus*) für die Annahme, dass über die Reizverarbeitung (Prozess zw. Reiz und Reaktion) keine überprüfbaren Aussagen gemacht werden können. Der Standpunkt (streng genommen eine Fiktion) erwies sich als fruchtbar, wenn er auch kritisiert bzw. relativiert werden musste: so durch die verstehende Ps. (*Verstehen*, verstehende Ps., durch *Skinner*, Kanfer (Verhaltensgleichung), durch die kogn. *Verhaltenstherapie*. *S-R-Theorie*.

Blended Learning (= B. L.) [engl.] gemischtes Lernen, syn. integriertes L., hybride Lernarrangements, **[PÄD, MD]**, internetgestützte Lehre ist eine Methode (*Lehr-Lern-Methoden*) bzw. ein Lehr-Lern-Arrangement, in dem die Lernenden sich in abwechselnden *E-Learning-* und Präsenzphasen Wissen und *Kompetenzen* aneignen. Die Vorteile von E-L.-Angeboten (zeitlich-räumliche Unabhängigkeit, Berücksichtigung von indiv. Lerntempi, unkompliziertes Einbinden medialer Angebote) werden dabei mit den Vorteilen von Präsenzveranstaltungen verknüpft (Förderung affektiver Lernkomponenten, Möglichkeit der Entwicklung von Kompetenzen in realistischen Szenarien und insges. höhere Verbindlichkeit durch reale und direkt reagierende Gegenüber, größere Eindeutigkeit in der Kommunikation durch non- und paraverbale Anteile). Nachteile von E-L. werden oft durch angebotene oder verpflichtende Möglichkeiten der Zusammenarbeit auf Lernplattformen sowie durch tutorielle Unterstützung (Ojstersek 2009) reduziert. Die Zusammenarbeit der Lernenden kann dabei synchron oder asynchron, offline oder online in Intranetzen bzw. im Internet erfolgen, zudem kann mit stationären oder mobilen Endgeräten (*Mobiles Lernen*) gearbeitet werden. Tutoren unterstützen bspw. die Kommunikation durch das Einführen von Regeln und die Regulierung von Diskursabfolgen oder erhöhen die Verbindlichkeit und den Lernerfolg durch Kontrolle von Ergebnissen und Feedback. Von B. L. spricht man bereits, wenn mind. eine E-Learning- mit mind. einer Präsenzphase kombiniert ist, wobei fünf B. L. unterschieden werden. Frühe B.-L.-Angebote waren bzw. sind «Teleteaching»-Kurse. B. L. findet meist mithilfe spezieller Lernplattformen statt, wobei kommerzielle Software (am häufigsten: Blackboard, Sumtotal Systems) ebenso verwendet wird wie frei verfügbare Open-Source-Projekte (am häufigsten: moodle, Edmodo) zum Einsatz kommen. Daneben werden auch sog. proprietäre Lernplattformen für spezielle Zwecke eingesetzt (z. B. *MobiDics* zur Verbesserung von Lehr-Lern-Methodenkompetenz). Stalker & Horn 2012.
B. E. Meyer

Blended Treatment [engl. gemischte Behandlung]; *Internet Intervention*.

Blendung (= B.) [engl. *blinding*], **[WA]**, Störung der Sehleistung (*visuelle Wahrnehmung*) dadurch, dass die Anpassungsmöglichkeiten (*Adaptation, Adaption*) des Gesichtssinnes überfordert werden. B.ursachen sind z. B.: zu hohe *Leuchtdichten* – abrupte Änderung des Leuchtdichtenniveaus – zu große *Kontraste*. Ausgang können hierbei sein (u. a.): die Lichtquelle, Reflexionen, Streumedien wie Nebel, Rauch, Schneefall. Man unterscheidet zw. physiol. und ps. B. (erstere mit obj., letztere mit subj. Einschränkung der Sehleistung bzw. Sehbefindlichkeit). Oft wirken beide zus., wie z. B. die B. des Autofahrers bei tief stehender Sonne und feuchter (reflektierender) Straße belegt. Schober 1964.

Bleuler, Paul Eugen (1857–1939), **[HIS, KLI]**, geb. in Zürich, studierte Med., 1898–1927 Prof. der Psychiatrie an der Universität Zürich. Von ihm und seinen Mitarbeitern (bes. C. G. Jung) erfuhr S. Freud die erste offizielle Anerkennung seiner psychoanalytischen Funde. 1909–1913 gaben S. Freud und P. E. Bleuler mit dem «Jahrbuch für psychoanalytische und psychopathologische Forschungen» das erste psychoanalytische Periodikum heraus. P. E. Bleuler sind auch fachbegriffliche Neuschöpfungen wie «Autismus» und v. a. «Schizophrenie» – der ein Großteil seiner Forschungen galt – zu verdanken. Darüber hinaus regte er (tiefen)ps. Forschungen an, da er auch einer der ersten «etablierten» Psychiater im dt.sprachigen Raum war, der den «neuen Ideen» S. Freuds Raum und Anerkennung bot.

Blickbewegungsmessung (= B.) [engl. *eye tracking*], **[DIA, KOG, WA]**, die Technik der Messung und Analyse von Blickbewegungen hat sich Dank der kontinuierlichen Vereinfachung der Bedienung der Messgeräte, einer erhöhten Flexibilität des Einsatzes bei gleichzeitiger Verbesserung der Qualität des Messsignals sowie der Verfügbarkeit von Auswertungsprogrammen seit den 1990er-Jahren immer mehr zu einem Standardwerkzeug der kogn. Ps. und ihrer Anwendungen (z. B. *Ergonomie*) entwickelt. Das Ziel der B. liegt darin, die Position der Pupille mit Bezug zu einem externalen *Stimulus* zu determinieren. Dies wird häufig dadurch erreicht, dass die Position des *Auges* mit einer Kamera zu in kurzen zeitlichen Abständen (von wenigen Millisekunden) aufeinanderfolg. diskreten Zeitpunkten festgehalten wird. Aus dem Messbild wird die Position der Pupille berechnet und diese wiederum wird mit den räumlichen Koordinaten der betrachteten visuellen Szene in Bezug gesetzt. Dadurch lässt sich ableiten, auf welchen Bereich einer Szene das Auge zu einer best. Zeit gerichtet wird. Aus einzelnen Fixationen lassen sich Blickpfade ableiten, und durch die Analyse der Sequenz der Betrachtung best. Bereiche einer Szene (z. B. eines Gemäldes) lassen sich Rückschlüsse über die zu einer best. Zeit verarbeiteten Informationen ableiten. Werden die Blickrichtungen und -dauern versch. Betrachter kombiniert, so lassen sich mithilfe sog. *heat maps* Bereiche einer Szene identifizieren, die relativ zu anderen Bereichen häufig bzw. lange betrachtet werden. Die B. hat zu entscheidenden Fortschritten in der Lese- und Aufmerksamkeitsforschung (*Lesen, Aufmerksamkeit*) geführt. Die Untersuchung von Blickbewegungen beim Lesen zeigte, dass eine Fixation auf einen optimalen Fixationsort in einem Wort die Extraktion semantischer Information beschleunigt. Mithilfe der sog. *moving window technique*, bei der die Buchstaben bzw. Wörter eines Textes maskiert und nur innerhalb eines sich mit den Augen über den Text bewegenden Fensters sichtbar sind, wurde ein asymmetrisches funktionales visuelles Feld identifiziert, das sich rund 15 Buchstaben in die Leserichtung ausdehnt, aber nur wenige Buchstaben des schon gelesenen Texts abdeckt. Die Mechanismen der Kontrolle von Augenbewegungen und räumlicher Aufmerksamkeit sind stark integriert. Während sich der Fokus der Aufmerksamkeit verdeckt *(covert)* verschieben lässt (*Aufmerksamkeit, ortsbasierte*), geht einer Augenbewegung, die auch als offene *(overt)* Aufmerksamkeitsverschiebung bez. wird, notwendigerweise eine Verschiebung des Aufmerksamkeitsfokus an den Ort der nächsten Fixation voraus. Information am intendierten Landeort der Sakkade wird präferiert verarbeitet (*preview effect*). Aufmerksamkeit wird in diesem Zusammenhang auch als die Bereitschaft bez., eine Bewegung auszuführen, bevor die Bewegung (z. B. eine sakkadische Augenbewegung) ausgeführt wird. *Lesen, Methoden zur Erfassung.* McConkie et al. 1978, Deubel & Schneider 1996.

J. Krummenacher/H. J. Müller

Blickebene [engl. *view plane*], **[WA]**, jede durch die Blicklinien (*Blickfeld*) beider *Auge* gelegte Ebene. Die Grundlinie dieser Blickebene ist die Verbindungslinie der beiden Drehpunkte, die transversale *Augenachse*.

Blickeinstellung (= B.) [engl. *eye alignment*], **[EW, WA]**, beim Neugeborenen entwickelt sich die B. in vier Abschnitten bis zur bewussten Fixation: (1) planloses Umherschauen, (2) Anstarren heller Flächen (2. bis 5. Woche), (3) reflektorische Blickeinstellung, (4) willkürliche Blickeinstellung und Suchen eines Objekts.

Blickfeld [engl. *visual field*], **[BIO, WA]**, Bereich der visuellen Wahrnehmung, in dem optische Reize bei ruhiger Kopfposition fixiert werden können. Das Blickfeld entspricht somit dem Bewegungsbereich der Augen (ca. 50 Grad nach links und rechts und ca. 30–40 Grad nach oben und unten). Karnath & Thier 2012. J. Zihl

Blicklinie [engl. *primary line of sight*], **[BIO, WA]**, Gerade zw. dem Drehpunkt des Auges und dem Fixierobjekt; auch als Gesichtslinie, Sehlinie oder Sehachse bez. J. Zihl

Blinddiagnose (= B.) [engl. *blind diagnosis*], **[DIA]**, eine Diagnose ohne Kenntnis einer spez. Fragestellung und ohne direkten Kontakt zur untersuchten (bzw. getesteten) Person. Es wird bei der Diagnosestellung lediglich auf das Testprotokoll zurückgegriffen. Dies kann sowohl Vorteile (z. B. keine Beeinflussung durch Sympathie oder Reaktivität), aber auch Nachteile (z. B. Nichtbemerken weitere wichtiger und direkt beobachtbarer Aspekte) aufweisen. *Diagnose, Teststandards.*

Blindenpsychologie (= B.) [engl. *psychology of blindness*], **[GES, WA]**, hilft, die indiv. Lage des Blinden und dabei auch bes. die Besonderheiten des Alltags und der Leistungsfähigkeit zu erkennen (*Intelligenz*, sensorische (*Wahrnehmung*), motorische (*Motorik*), persönlichkeitsspezif. Begabung), und somit eine Grundlage zu schaffen, blinde Personen bestmöglich in ihrer Teilhabe zu unterstützen. Dabei bemüht sich die B., die generellen Abweichungen im psych. Funktionsgefüge des Blinden gegenüber dem normalen Organismus zu erforschen, etwa die räumliche Orientierung (*Raumorientierung, Raumwahrnehmung*), die besondere Leistung des Tastens und Hörens (*Hören*) oder die spezif. Beeinträchtigung der *Sprachentwicklung* bei Blind-Geborenen (z. B. Verspätung in der Ausbildung der *sensomotorischen* Schemata) oder den Verlust des *Erlebens* jeder Art visuell-künstlerischer Impression. Auf den Ergebnissen der Forschung baut die Blindenpädagogik ihre päd. und didaktischen Maßnahmen auf, mit dem Ziel, durch bes. Bildungsarbeit (wozu heute weitgehend technische Hilfsmittel gehören, wie Lesegeräte, Lichtprothesen, elektronische Blindenführgeräte) den Blinden an die Welt der Sehenden anzupassen. *Behinderung.* Zahl 1950.

Blinder Fleck (= B. F.) [engl. *blind spot*], **[BIO, WA]**, kleiner Bereich des *Gesichtsfeldes*, in dem aufgrund fehlender Rezeptoren in der Netzhaut (Austritt des Sehnervs; Papille) keine Reizverarbeitung stattfindet. Der B. F. befindet sich ca. 15° von der *Fovea (centralis retinae)* entfernt, etwas unterhalb der temporalen Horizontalachse (d. h. schläfenwärts). Karnath & Thier 2012. J. Zihl

Blindheit, psychogene [engl. *psychogenic blindness*], **[KLI]**, funktionelle Sehstörung (z. B. hochgradige Visusminderung oder konzentrische Gesichtsfeldeinengung in beiden Augen) oder Verlust der Sehfähigkeit ohne jegliche organische Grundlage; wird den *dissoziativen Störungen* zugerechnet.

Blindheit, Rinden- [engl. *cortical blindness*], *Agnosie, Sehbahn.*

Blindsight [engl.] Blindsehen, **[BIO, WAH]**, die Fähigkeit von Pat., im Bereich ihres homonymen Gesichtsfeldverlusts (*Gesichtsfeldausfall*, z. B. *Hemianopsie*) optische Reize überzufällig richtig zu entdecken, zu lokalisieren oder zu unterscheiden, ohne dass sie über diese Fähigkeit eine bewusste Wahrnehmung oder ein bewusstes Empfinden besitzen. Karnath & Thier 2012. J. Zihl

Blindversuch [engl. *blind study/trial*], **[FSE, PHA]**, eine in Arzneimittelversuchen verwendete Bez. für den Umstand, dass die Vp über die Art der verabreichten Psychopharmaka nichts weiß. Wenn weder die Vp noch der Vl bei einem solchen Versuch wissen, welches Pharmakon verabreicht wird, so bez. man das Verfahren als Doppelblindversuch [engl. *double-blind study/trial*]. Damit sollen mögliche Suggestionseinflüsse ausgeschlossen werden. *Placebo-Forschung.*

Bloch'sches Gesetz [engl. *Bloch's law, Bunsen-Roscoe law*], **[WA]**, sagt die *Helligkeitsempfindung* als Produkt aus

Zeit und Leuchtdichte vorher. Es gilt für Reize von weniger ca. 60 ms Dauer. *U. Ansorge*

Block, Jack (1924-2010), [**HIS, PER**], 1950 Promotion in Ps. an der Stanford University, 1957–1991 Professor an der University of California, Berkeley, ist bekannt durch seine meth. und inhaltlichen Arbeiten zur *Persönlichkeitsentwicklung*. Zusammen mit seiner Frau Jeanne Humphrey Block (1923–1981) entwickelte er Q-Sort-Verfahren (*Q-Sortierung*) zur Beschreibung der Persönlichkeit im Kindesalter (*California Child Q-Set*) und Erwachsenenalter (California Q-Set), beschrieb damit zwei Hauptdimensionen der *Persönlichkeit* (Ego-control und Ego-resiliency) und führte die erste personzentrierte Längsschnittstudie durch mit über 100 Kindern der San Francisco Bay Area, die ab dem Alter von 3 Jahren zu insges. 9 Messzeitpunkten bis zum Alter von 32 Jahren untersucht wurden. Block gehörte zu den schärfsten Kritikern faktorenanalytisch begründeter Persönlichkeitsmodelle (*Persönlichkeit, klassische faktorenanalytische Ansätze*), u. a. weil sie lediglich die alltagspsychol. Wahrnehmung der Persönlichkeit systematisierten, nicht aber zu tieferliegenden Mechanismen der Persönlichkeit vorstießen. Block 1971, Block 1995. *J. B. Asendorpf*

Blockdiagramm [engl. *block diagram*], *Kybernetik*, *Regelkreis*.

Blockierung (= B.) [engl. *blocking*], [**KOG**], B. ist ein Effekt, der bei der *Konditionierung* beobachtet werden kann. B. tritt auf, wenn der Konditionierungseffekt zw. einem *konditionierten Stimulus* (CS) A und einem *unkonditionierten Stimulus* (US) beeinträchtigt wird, weil der US durch wiederholte Darbietung mit einem anderen CS X assoziiert ist. Die bereits bestehende Assoziation zw. X und US blockiert also somit die Assoziation zw. A und US. Freut sich ein Hund über das Klappern des Fressnapfs (X), weil dieses Geräusch Futter (US) ankündigt, wird ein später hinzukommender zweiter CS A, wie das Geräusch beim Öffnen der Futterbox, keine *Assoziation* mit dem US ausbilden. Meist wird das *Rescorla-Wagner Model* herangezogen, um B. zu erklären. Danach wird die Assoziation zw. A und US nicht gelernt, weil X bereits den US vorhersagt. Auch wird B. als Beleg dafür angeführt, dass *Kontingenz* und nicht *Kontiguität* ausschlaggebend für die *klassische Konditionierung* ist.

[**EM**], psychopathologische Emotionshemmung, kurzzeitige Leistungshemmung (bzw. Hemmung des Wahrnehmens, Denkens) durch emot. Erregung.

[**BIO**], Unterbrechung einer normalen Reizleitung (z. B. Synapsenblock, Herzblock).

[**FSE**], Stichprobe homogener Einheiten; durch *Diskriminanzanalyse* wird der Intrablockeffekt (Variation innerhalb der B.) vom Interblockeffekt (Variation zw. den B.) getrennt. Kamin 1969. *E. Walther/T. Glaser*

Blumenfeld, Walter Georg (1882–1967), [**DIA, HIS, WA**], war dt. Psychologe und Psychotechniker jüdischer Herkunft. Als Diplomingenieur promovierte Blumenfeld an der Universität Berlin bei *Carl Stumpf* mit einer Untersuchung über Raumwahrnehmung zum Dr. phil. und habilitierte sich 1920 für allg. und angewandte Ps. an der Technischen Hochschule Dresden, wo er 1924 zum n. b. a. o. Prof. ernannt wurde. Aus rassistischen Gründen verlor Blumenfeld 1933 seine venia legendi und seine Professur, 1936 emigrierte er über die Schweiz nach Peru, wo er an der Universität von San Marcos in Lima lehrte und ein ps. Laboratorium aufbaute. Blumenfeld wurde bekannt durch seine Untersuchungen i. R. der Dissertation (*Blumenfeld-Allee*, *Raumwahrnehmung, nichteuklidische*) sowie durch psychotechnische und -diagn. Untersuchungen. *H. E. Lück*

Blumenfeld-Allee [engl. *Blumenfeld/parallel alley*], [**WA**], syn. *Blumenfeld'sche Distanzallee*, von W. Blumenfeld 1913 im Anschluss an Beobachtungen von F. Hillebrand entwickelter sog. Alleenversuch: Sollen von einer Vp im verdunkelten Raum zwei Reihen von Lämpchen so angeordnet werden, dass sie geradlinig und parallel erscheinen, so ist das Ergebnis anders, als wenn paarweise einander entspr. Lämpchen jew. auf gleichen Abstand geordnet werden sollen. Das Phänomen hat eine eingehende Erörterung über die Raumwahrnehmung ausgelöst (*Raumwahrnehmung, nichteuklidische*). Bischof 1966b, 1974b.

Blunting *Monitoring-Blunting*.

Blutbildveränderungen unter Pharmakotherapie (= B.) [engl. *haemogram changes during pharmacotherapy*], [**PHA**], vor allem bei Therapie mit trizyklischen *Antidepressiva* und *Antipsychotika* werden – allerdings selten – Verminderungen der weißen Blutkörperchen (Leukopenie = Leukozytenzahl < 3.000/μl Blut) beobachtet. Sehr selten ist die lebensbedrohliche *Agranulozytose*. Häufig ist die Agranulozytose unter *Clozapin*. Auch unter dem trizyklischen *Antikonvulsivum Carbamazepin* kommen Agranulozytosen vor, jedoch auch Verminderungen aller anderen Blutzelllinien bis hin zur aplastischen Anämie (auch Panzytopenie = Verminderung aller Blutzelltypen). Zur Früherkennung von B. sind Blutbildkontrollen erforderlich. *G. Gründer*

Blutdruck [engl. *blood pressure*], [**BIO**], mechanischer Druck, der auf die Blutgefäße während der Zirkulation des Blutes ausgeübt wird. Wird durch zwei Werte in mmHg angegeben (z. B. 120/80 mmHg. Sprich: „120 zu 80"). Dabei wird der erste Wert als *systolischer*, der zweite als *diastolischer* Blutdruck bez. Der systolische Blutdruck reflektiert den max. Blutdruck während des Blutauswurfs (kardiale Systole) und variiert mit dem Herzminutenvolumen (= Schlagvolumen × Herzrate (*Schlagvolumen des Herzens*, *Herzfrequenz*)) und dem peripheren Gefäßwiderstand. Der diastolische Wert reflektiert den min. Blutdruck während der kardialen Diastole und variiert v. a. mit dem Gefäßwiderstand. Der Blutdruck kann durch folg. Verfahren gemessen werden: intraarterieller Katheter (invasiv), *Riva-Rocci-Verfahren* (auskulatorische Methode), oszillometrische Methode, sowie kontinuierliche Messung via Fingermanschette (Peñáz-Methode). Der Blutdruck kann bei sympathischer *Aktivierung* stark ansteigen, da sowohl die Schlagkraft des Herzens (*inotrope Wirkung*), als auch die Herzrate (*chronotrope Wirkung*), und der periphere Gefäßwiderstand ansteigen können. Ab einem Blutdruck von 140/90 mmHg in Ruhe spricht man von *Bluthochdruck*, der einer med. Behandlung bedarf. *A. Schulz*

Blut-Hirn-Schranke (= B.) [engl. *blood-brain barrier*], [**BIO**], System, das den Übergang der im Blut befindlichen Substanzen in das ZNS (*Nervensystem*) reguliert. Sie ist Ausdruck der bes. Membraneigenschaften der Gefäßwände im ZNS. Das Ausmaß und die Geschwindigkeit, mit denen versch. Stoffe die B. passieren, sind abhängig von deren chemischen und physikal. Eigenschaften (z. B. Molekülgröße, Fettlöslichkeit). Bes. leicht passieren Gase, schwer oder gar nicht viele *Hormone* (z. B. *Adrenalin*). Bei Entzündungen nimmt die Permeabilität zu, sodass auch Stoffe, die die B. normalerweise nicht überwinden, in das ZNS eindringen. *Neuropharmakologie*. W. Janke

Bluthochdruck [engl. *hypertension*], *Blutdruck*.

Blutphobie *Phobische Störungen*.

Blutspiegel (= B.) [engl. *blood level*], [**PHA**], der B. eines Medikamentes bez. seine Konzentration im Vollblut, Plasma oder Serum. Syn. werden auch die Begriffe *Plasma- oder Serumspiegel* oder *Plasma- oder Serumkonzentration* verwendet. Im chemischen Sinne ist die Angabe einer Konzentration nur in einer chemisch homogenen Lösung möglich. Da Blut, Plasma oder Serum keine homogenen Lösungen sind, ist die Angabe von Konzentrationen chemisch nicht korrekt. Es wird daher empfohlen, den Begriff B. zu verwenden. Hiemke 2012. C. Hiemke

Boas, Franz (1858–1942), [**HIS, SOZ**], Franz Uri Boas war ein dt.-amerikanischer Ethnologe. Er entstammte einer dt. Familie mit jüdischer Tradition. Boas studierte in Heidelberg, Bonn und Kiel Physik. Beeinflusst wurde er aber auch durch *Wilhelm Wundt* und dessen *Völkerpsychologie*. Ergebnisse seiner Arktisexpedition verwertete Boas zur Habilitation, 1885 wurde er Privatdozent in Bonn. Von 1886 bis 1887 unternahm er eine Expedition nach British Columbia. 1886 übersiedelte Boas in die USA; nach seiner Heirat 1887 nahm er die amerikanische Staatsbürgerschaft an. Boas hatte in den USA versch. leitende Funktionen. Er gilt als Begründer der *Kulturanthropologie* (*cultural anthopology*), die durch *Ruth Benedict*, *Margaret Mead*, Alfred Kroeber, Edward Sapir und andere Mitglieder der Boas-Schule führende Bedeutung auch für die Ps. erlangte. Seine Forschung brachte ihn schon früh zur Ablehnung der Theorie von «reinen» Rassen. Mit seiner Vorstellung von einer kult. Relativität wandte sich Boas gegen die in seiner Zeit vorherrschende Auffassung von Hierarchien kult. Entwicklung mit westlichen Kulturen an der vermeintlichen Spitze. H. E. Lück

Bobertag, Otto (1879-1934), [**DIA, HIS**], war ausgebildeter Chemiker, hat in Breslau studiert, zum Dr. phil. promoviert und 1915-1934 am Zentralinstitut für Erziehung und Unterricht in Berlin gearbeitet; er war dort später Leiter des Referates Testpsychologie. Bobertag, der Gegner des NS-Regimes war, starb 1934 durch Suizid. In die Geschichte der dt. Ps. ist B. durch seine Übertragung des Binet-Simon-Tests (*Binet-Simon-Test, Binet-Simon-Prüfung*) und durch seine Untersuchungen mit diesem Test 1911-1912 eingegangen. H. E. Lück

Bobo-Doll-Studien [engl. *doll* Puppe], *Lernen, soziales*.

Test**Bochumer Angstverfahren für Kinder im Vorschul- und Grundschulalter (BAV 3–11)**, 2010, K. Mackowiak & A. Lengning, [www.testzentrale.de], [**DIA, KLI, PÄD**]. Klinisch-päd. Verfahren. AA 3-11 Jahre. Das BAV-3–11 erfasst über Selbst- und Fremdauskünfte *Ängste*, typische *körperliche Angstreaktionen* sowie die *bevorzugten Angstbewältigungsstrategien* (Regulation) von Kindern im Vor- und Grundschulalter. Es besteht aus einem anhand von Bildern durchgeführten Interview, in dem potenziell angstauslösende Situationen präsentiert und die Ängste sowie Regulationsstrategien der Kinder vom Testleiter erfragt werden. Zusätzlich erhalten die Eltern einen Fragebogen zu den Ängsten ihrer Kinder. Dieser beinhaltet die gleichen Items und Fragen zum Befinden und Verhalten der Kinder in versch. potenziell angstauslösenden Situationen. Mit dem Verfahren können versch. Facetten der Ängstlichkeit erfasst werden: soziale Ängste, kogn. Ängste, Sorgen und Befürchtungen, Ängste vor Verletzung und körperlicher Beeinträchtigung, Phobien, Angstregulationsstrategien (Problemorientierung, Problemvermeidung und soziale Unterstützungssuche), körperliche Angstsymptome. *Normierung*: Kinder N = 1065; Eltern N = 1046. Es liegen geschlechts- und altersgruppierte T-Werte und Prozentränge vor. Bearbeitungsdauer: Durchführung ca. 20–30 Min.; Auswertung ca. 10 Min.

Test**Bochumer Inventar zur berufsbezogenen Persönlichkeitsbeschreibung (BIP)**, 1998, 2. überarbeitete Auflage, R. Hossiep, M. Paschen und O. Mühlhaus, [www.testzentrale.de], [**AO, DIA, PER**]. Personalauswahlverfahren; Trainings- und Coachingmaßnahmen. Erfasst 14 überfachliche Kompetenzen für beruflichen Erfolg: *Arbeitsverhalten* (Gewissenhaftigkeit, Flexibilität, Handlungsorientierung), *Berufliche Orientierung* (Leistungsmotivation, Gestaltungsmotivation, Führungsmotivation), *Soziale Kompetenzen* (Sensitivität, Kontaktfähigkeit, Soziabilität, Teamorientierung, Durchsetzungsstärke), *Psychische Konstitution* (Emotionale Stabilität, Belastbarkeit, Selbstbewusstsein). Selbstbeurteilungsfragebogen und Fremdbeschreibungsbogen. *Reliabilität*: Cronbachs α = .74–.91, Retest-Reliabilitäten zw. r = .71–.79. Retest-Reliabilitäten (2–3 Jahre) über r = .70. *Validität*: Zusammenhänge zu Merkmalen des beruflichen Erfolges und beruflicher Zufriedenheit, Einkommen, Hierarchiestufe zw. r = .41–.49, konvergente Validität zu NEO-FFI, 16 PF-R, EPI zw. r = .54–.84. *Normierung*: (N = 9303); Gruppen: Hochschulabsolventen, betriebliche Hierarchiestufen, Funktionsbereiche (z. B. Vertrieb), weibliche Fach- und Führungskräfte. Ca. 45 Min.

Test**Bochumer Inventar zur berufsbezogenen Persönlichkeitsbeschreibung - 6 Faktoren (BIP-6F)**, 2012, R. Hossiep & C. Krüger, [www.testzentrale.de], [**AO, DIA, PER**]. Berufsbezogenes Verfahren, Selbsteinschätzung. AA Erwachsene. Das BIP-6F dient der systematischen Erfassung berufsrelevanter Persönlichkeitsdispositionen. Die sechsdimensionale Struktur beruht u. a. auf faktorenanalytischen Untersuchungen des BIP (*Bochumer Inventar zur berufsbezogenen Persönlichkeitsbeschreibung (BIP)*), sodass die ermittelten Faktoren *Engagement, Disziplin, Sozialkompetenz, Kooperation, Dominanz* und *Stabilität* auf einer höheren Abstraktionsebene als die Skalen des BIP liegen. Jeder Faktor wird durch acht Items auf einer sechsstufigen Antwortskala erfasst. Durchführungszeit der insges. 48 Items: ca. 10 Min. *Reliabilität*: Cronbachs a = .74–.85, Retest-Reliabilität r = .81–.89. *Validität*: Kriteriumsvalidität (obj. und subj. Berufserfolgskriterien) bis R = .46. Konvergente Validität zu NEO-FFI, 16 PF-R, BIP r = .48–.96. *Normierung*: (N = 7757 berufstätige Fach- und Führungskräfte) differenziert nach hierarchischer Position, Tätigkeitsbereich und Bearbeitungskontext (persönliche Standortbestimmung vs. Bewerbungsprozess). PC-Version vorhanden. *R. Hossiep*

Test Bochumer Matrizentest (BOMAT) - advanced, 1999, Kurzversion 2001, von R. Hossiep, D. Truck & M. Hasella, [www.testzentrale.de], [**AO, DIA, PER**]. Intelligenztest, Eignungsdiagnostik und Personalentwicklung. Der Test erfasst *Allgemeinintelligenz* und *Intelligenzkapazität* (*Intelligenz*) im hohen Leistungsbereich in Form von Matrizenaufgaben. Er liegt in zwei Parallelformen vor, 10 Übungsaufgaben sind 40 Testitems vorangestellt. *Reliabilität*: Innere Konsistenz für Form A, r = .91 und für Form B, r = .90. Korrelation mit Abitur-Durchschnittsnote bei r = -.33 für Form A und r = -.35 für Form B. Split-Half-Reliabilität für beide Formen bei r = .89, Paralleltest-Reliabilität bei r = .86. PC-Version vorhanden.

Test Bochumer Matrizentest (BOMAT) - standard, 2010, R. Hossiep & M. Hasella, [www.testzentrale.de], [**AO, DIA, PER**]. AA ab 14 Jahren, spez. Schüler. Sprachfreier *Intelligenztest*, der einen Einsatz unabhängig von der Muttersprache der Pbn erlaubt. Anwendungsgebiete: Berufsorientierung, Berufswahl und Berufseignungsdiagnostik sowie Personalentwicklung. Der BOMAT-Standard erfasst primär *Allgemeinintelligenz* und *Intelligenzkapazität* i. S. des Spearman'schen g-Faktors (*Intelligenz*). Der Test liegt in zwei Parallelformen vor, die jew. 30 Items enthalten. Eine vorgeschaltete Übungsphase dient der Optimierung von Testfairness und Zuverlässigkeit. *Reliabilität*: Cronbachs a = .79 (Form A) bzw. .82 (Form B), Split-Half-Reliabilität r = .81 (Form A) bzw. .84 (Form B), Retest-Reliabilität r = .76 (Form A) bzw. .79 (Form B). *Validität*: Konstruktvalidität: Zusammenhang mit ZVT, CFT und SPM zw. .39 bis .64. Durchführungszeit max. 45 Min. *Normierung*: (N = 3439; Schüler zw. 14 und 20 Jahren): Gesamtnorm, schulformspezifische, lebensalterbezogene, Klassen- bzw. Stufennormen. *R. Hossiep*

Test Bochumer Wissenstest (BOWIT), 2007, R. Hossiep & M. Schulte, [www.testzentrale.de], [**DIA, PÄD**]. Test zur Erfassung von Allgemeinwissen. AA Erwachsene. Das Verfahren differenziert den indiv. Wissensstand vornehmlich im höheren Leistungsbereich. Die Vollversion umfasst elf Wissensgebiete mit 154 Items: *Bildende Kunst/Architektur, Biol./Chemie, Ernährung/Bewegung/Gesundheit, Geografie/Verkehr, Geschichte/Archäologie, Gesellschaft/Politik, Mathematik/Physik, Philosophie/Religion, Sprache/Literatur, Technik/EDV, Wirtschaft/Recht*. Die Kurzversion enthält 45 Items, die aus den faktorenanalytisch ermittelten Skalen naturwiss.-technisches und gesellschafts-geisteswiss. Wissen besteht. Parallelversionen: für Vollversion und Kurzform. Durchführungszeit ca. 45 Min. (Vollversion) bzw. ca. 20 Min. (Kurzversion). *Reliabilität*: Cronbachs a = .95, Paralleltest-Reliabilität r = .91, Retest-Reliabilität r = .96. *Validität*: Kriteriumsvalidität (obj. und subj. Erfolgskriterien) bis r = .31. Konvergente Validitäten zum Wissensmodul des IST 2000-R r = .70 bzw. .75. *Normierung*: (N = 2425) differenziert nach Alter, Geschlecht, Berufstätigkeit (u. a. Studierender, Fachkraft, Führungskraft, Vertrieb). PC-Version vorhanden. *R. Hossiep*

Bodeneffekt *Floor effekt.*

Body-Mass-Index (BMI) [engl.] Körper-Gewichts-Index, [**GES, KLI**], berechnet sich aus dem Körpergewicht in kg dividiert durch die quadrierte Körpergröße in m (kg/m^2). Der BMI wird aufgrund seiner relativ hohen *Korrelation* mit dem Körperfettanteil einer Person als Schätzgröße oder Marker für die Beurteilung des Gewichtsstatus einer Person herangezogen. Im Kindes- und Jugendalter werden geschlechts- und altersbezogene BMI-Perzentilwerte herangezogen. Nach den Richtlinien der WHO (Weltgesundheitsorganisation) gilt folg. Einteilung: Kinder mit BMI-Werten oberhalb des 97. Perzentils gelten als adipös, oberhalb der 90. Perzentile als übergewichtig. Im Erwachsenenalter liegen die Grenzwerte bei 30 bzw. 25. *Essstörungen*. Kromeyer-Hauschild 2001, Bray 1978.

P. Warschburger

Boesch, Ernst. E. (1916–2014) [**GES, EW, HIS, SOZ**], der Kulturpsychologe Ernst (auch: Ernest) Eduard Boesch wurde in St. Gallen geb., wo er auch aufwuchs. 1939 begann er das Studium am Jean-Jacques Rousseau Institut der Universität Genf, wo *Jean Piaget* einer seiner Lehrer war. Boesch arbeitete ab 1943, dem Jahr seiner Promotion, als Schulpsychologe in St. Gallen. 1951 nahm er den Ruf auf eine Ps.professur an der 1948 gegründeten Universität des Saarlandes in Saarbrücken an. (Das Saarland gehörte zu diesem Zeitpunkt noch nicht zur Bundesrepublik Dt.) 1955 ging Boesch für drei Jahre nach Bangkok, wo er auf Einladung der UNESCO Tests für Thailand adaptierte, entwicklungspsychol. forschte und Berichte verfasste. Boesch hat in der Bundesrepublik wichtige Impulse zur *Ökologischen Psychologie* gegeben und Themenbereiche vor geistes- und kulturgeschichtlichem Hintergrund bearbeitet, die nicht zum Mainstream der Ps. seiner Zeit gehörten, aber einem breiteren und tieferen Verständnis der Psychologie dienen. Hierzu gehörten Themen wie Sozialpsychol. Entwicklungsplanung, Körperlichkeit, Mythen und Rituale und die Entwicklung einer eigenen «symbolischen Handlungstheorie» (Boesch 1980). 1986 wurde Boesch emeritiert. Ernst E. Boesch verstarb am 12. Juli 2014 im 98. Lebensjahr. Die Gesellschaft für Kulturpsychologie vergibt seit 2015 den Ernst-Eduard-Boesch-Preis für Verdienste um die Förderung und Verbreitung der wiss. *Kulturpsychologie*. Baltes 1997, Boesch 1992, Lonner & Hayes 2007. *H. E. Lück*

Bogengänge *Ohr.*

bogus pipeline [engl. *bogus* falsch, Schwindel, *pipeline* Versorgungsleitung], syn. *Schein-Direktleitung*, [**DIA, SOZ**], vorgetäuschter Zugang zum Erleben der Vp insbes. zu geheim gehaltenen Einstellungen und den dazugehörigen emot. Reaktionen. Mit einer dem Lügendetektor

(*Lügendetektion*) scheinbar ähnlichen apparativen Anordnung oder angeblicher Messung der Muskelmikrovibration wird versucht, verfälschende Reaktionstendenzen der Vp auszuschalten (*soziale Erwünschtheit*). Die Versuchsanordnung hat ernst zu nehmende Kritik erfahren (Brackwede 1980, Mummendey & Bolten 1981). Eine Zusammenstellung der Arbeiten mit dieser Technik in den letzten 20 Jahren liefern Rose & Jamieson (1993). Jones & Sigall 1971, Mummendey et al. 1982.

BOLD-Reaktion, [**BIO, DIA**], BOLD ist ein Akronym für *Blood-Oxgen-Level-Dependent*. Die BOLD-Reaktion beschreibt den Verlauf des fMRT-Signals nach der Stimulation bzw. nach dem Beginn der neurophysiol. Aktivierung. Die BOLD-Reaktion wird bei der *funktionellen Magnetresonanztomografie* (fMRT) für die Signalgebung ausgenutzt. Grundlage dieses Effektes ist, dass sauerstoffreiches Blut im aktivierten Hirngewebe zu einem guten fMRT-Signal führt. Dies liegt daran, dass sauerstoffreiches Blut weniger Störsignale im Magneten evoziert. Die Konzentration von sauerstoffreichem Blut ist ca. 4–8 s nach Stimulation bzw. nach Beginn der Aktivierung bes. groß. Deshalb ist das fMRT-Signal in diesem Zeitfenster nach dem Beginn der Stimulation bes. groß. Ca. 500 ms nach Stimulation bzw. nach der Aktivierung ist dagegen die Konzentration von deoxigeniertem Blut relativ hoch. Deoxygeniertes Blut ist paramagnetisch und evoziert im MRT Störsignale, was zu schlechteren fMRT-Signalen führt. *hämodynamische Reaktion*. L. Jäncke

bolstering [engl. *to bolster up* unterstützen, etwas künstlich zu halten versuchen], [**KOG, SOZ**], durch Gegeninformation «bedrohte» Einstellungen (*Einstellung*), Meinungen und Präferenzen mithilfe neu gesuchter positiver Aspekte zu stützen versuchen.

Bombesin [engl. *bombesin*], [**BIO**], gastrointestinales Gewebshormon (*Hormone*), zur Klasse der *Neuropeptide* gehörend; beteiligt an der Regulation von Hunger und Sättigung. Lee et al. 1994.

Bonhoeffer'sches Psychosyndrom *Psychosyndrom*.

Test Bonner Fragebogen für Therapie und Beratung (BFTB), 2003, T. Fuchs, E. Sidiropoulou, D. Vennen & H. J. Fisseni, [www.testzentrale.de], [**DIA, KLI**]. Klinisches Verfahren. AA Erwachsene. Der BFTB erlaubt mit insges. 130 Items und zwei offenen Fragen die Erfassung des *Erfolgs einer Psychotherapie* bzw. einer ps. Beratung (Ergebnisskala) sowie die Beurteilung des therapeutischen Verhaltens (*Therapeutenverhalten*) anhand von zehn Prozessskalen (*Empathie, Echtheit, Wertschätzung, Deutung, Bewusstheit, Strukturierung, Konfrontation, Durcharbeiten, emotionszentriertes Arbeiten* und *Verstärkung*). Die Konstruktion des BFTB basiert auf dem Konzept der allg. Wirkfaktoren (*common factor*-Ansatz), der Fragebogen kann somit unabhängig von der theoretischen Ausrichtung des Therapeuten eingesetzt werden. Eine Behandlung kann empirisch hinsichtlich ihrer Effekte (*Ergebnisqualität*) und ihrer Effektdeterminanten (*Prozessqualität*) überprüft werden. *Normierung*: Die Normwerte basieren auf einer Stichprobe von Klienten aus psychoth. Praxen und Beratungsstellen. Es werden T-Werte und Prozentränge ($N = 210$) dokumentiert. Bearbeitungsdauer: ca. 30 Min.

Bonner Gerontologische Längsschnittstudie (BOLSA) *Thomae, Hans.*

Test Bonner-Postkorb-Module (BPM), 2001, Musch, Rahn & Lieberei, [www.testzentrale.de], [**AO, DIA**]. Verfahren zur Beurteilung der analytischen und organisatorischen Kompetenzen sowie der Entscheidungsfähigkeit von Personen. Der Arbeitsalltag einer Führungskraft wird über typische Probleme simuliert, wobei versch. Informationen verarbeitet und Entscheidungen getroffen werden müssen. Die einzelnen Postkörbe sind in jew. unterschiedliche berufliche Kontexte eingebunden: *CaterTrans* (Flugcatering), *Chronos* (Personalmanagement in einer Zeitarbeitsfirma), *Minos* (Krisenmanagement in einem Chemieunternehmen), *AeroWings* (Logistikabteilung einer Fluggesellschaft). Ergebnis: Standardisierte Punktevergabe auf den Subskalen *Analyseverhalten, Organisation* und *Planung* sowie Entscheidungsverhalten. Anwendungsbereich: Erfassung der beruflichen Eignung von Führungskräften i. R. der Personalauswahl, Personalentwicklung und Potenzialanalyse.

Booklet [engl.] Heft; *Large Scale Assessment*.

Bootstrapping [engl. *bootstrap* Stiefelriemen], [**FSE**], eine Gruppe stat. Verfahren, um Stichprobenverteilungen von Kennwerten (*Verteilung, Verteilungsparameter*) per mehrfachem Ziehen von Analysestichproben aus einer vorhandenen Stichprobe zu ermitteln. Mittels Computersimulationen können u. a. inferenzstat. Prüfungen oder die Bestimmung von *Konfidenzintervallen* erfolgen, ohne dass Verteilungsannahmen zugrunde gelegt werden müssen. Hierbei werden wiederholt Statistiken (z. B. *Korrelationskoeffizient*) in der Vielzahl von durch zufällige Ziehung generierten Bootstrap-Stichproben berechnet, sodass eine Verteilung der interessierenden Kennwerte best. werden kann. Ursprünglich wurden mit der *Jackknife*-Methode bei einer Stichprobe von N Personen die Kennwerte für N Teilstichproben mit jew. N-1 Pbn ermittelt. Am häufigsten finden aber Ziehungen aus der vorhandenen Stichprobe mit Zurücklegen statt, sodass Personen auch mehrmals in der Bootstrap-Stichprobe vertreten sind. Der Vorteil ist hierbei, dass alle Stichproben die zur Ausgangsstichprobe identische Größe haben, sodass die *Freiheitsgrad* identisch sind. Insbes. bei kleinen Stichprobe lassen sich so die Kennwerte zuverlässig schätzen. Synonym war früher der Begriff der *Münchhausen-Statistik*, da dieser sich an den eigenen Haaren aus dem Sumpf gezogen hat. Analog hierzu der engl. Ausdruck «sich an den eigenen Stiefelriemen hochziehen». *Statistik.* R. Leonhart

borderline (= b.) [engl.], [**KLI**], Grenzlinie, am Rande der Grenze stehend, z. B. zw. normal und defekt. *b. case* = Grenz-(Rand-)Fall, z. B. Randpsychose. *Borderline-Störung.*

Test Borderline-Persönlichkeits-Inventar (BPI), 1997, F. Leichsenring, [www.testzentrale.de], [**DIA, KLI**]. Das BPI ist ein Fragebogen zur Erfassung der *Borderline-Persönlichkeitsstörung* bei Erwachsenen. Dem BPI liegt das Konzept der Borderline-Persönlichkeitsorganisation von

Kernberg zugrunde. Der Fragebogen besteht aus insges. 53 Items, aus denen vier Skalen abgeleitet werden können: *Entfremdungserlebnisse und Identitäts-Diffusion* (ID), *Primitive Abwehrmechanismen und Objektbeziehungen* (AB), *Mangelhafte Realitätsprüfung* (R) und *Angst vor Nähe* (N). Das BPI kann zur klin. Diagnostik in Beratungsstellen, ambulanten Praxen sowie in psychoth. und psychiatr. Kliniken eingesetzt werden. Es eignet sich außerdem für epidemiologische und klin. Untersuchungen und für die Erforschung psychoth. Effekte. *Normierung:* Es liegen Prozentränge und *T*-Normen für den Gesamtwert im BPI, für den Cut-Off-Wert sowie für die einzelnen Skalen vor. Die Normen sind für die Gesamtstichprobe ($N = 538$) und für einzelne diagn. Gruppen angegeben. Für die Stichprobe der Gesunden und der Pat. mit neurotischen Störungen liegen auch nach Geschlecht differenzierte Normen vor. Bearbeitungsdauer: ca. 20 Min.

Borderline-Persönlichkeitsstörung *Borderline-Störung*.

Borderline-Störung (= B.) [engl. *borderline (personality) disorder*; *borderline* Grenzlinie], **[KLI]**, obgleich Freud (schon 1925 die Bez. *Borderline* (*Borderline*-Pat.) für die «Grenzfälle», d. h. die «zw. den Neurosen und den Psychosen» stehenden Krankheitsbilder aufgegriffen hat, kommt nach vielfältigen Begriffen wie *Als-ob-Persönlichkeiten*, Identitätsstörungen, narzisstische Neurosen u. a. die Bez. B. erst neuerdings zur Anerkennung als Krankheitsbild sui generis (O. Kernberg, Christa Rohde-Dachser). In der *ICD*-Klassifikation ist die B. erst ab der 9. Revision aufgenommen. Grob gefasst handelt es sich um eine *Persönlichkeitsstörung*, die durch ein tiefgreifendes Muster von Instabilität in zw.menschlichen Beziehungen, im Selbstbild und in den *Affekten* sowie von deutlicher Impulsivität gekennzeichnet ist. Borderline-Probleme werden mit tiefenpsychol. Verfahren (*Tiefenpsychologie*), *Gesprächspsychotherapie* und kogn. *Verhaltenstherapie* behandelt. Die Tendenzen zu selbstschädigendem Verhalten (*selbstverletzendes Verhalten*), die Probleme im Umgang mit Affekten und zw.menschlichen Beziehungen führen in Therapien mit Borderline-Pat. oft zu Schwierigkeiten. Wie bei anderen Persönlichkeitsstörungen sind eine längere Zeitperspektive und gute *Supervision* erforderlich. Weil es umgekehrt verlockend sein kann, Probleme in Psychoth. (fehlender Fortschritt, Beziehungsprobleme, *Misserfolg, psychotherapeutischer*) mit dem angeblichen Vorliegen einer B. zu «erklären», kommt einer sorgfältigen Diagnostik bes. Bedeutung zu. In der Therapie, etwa nach Linehan (1993), ist es bes. wichtig, weitere Selbstschädigungen zu verhindern, das *Selbstwertgefühl* zu fördern und Kompetenzen im Umgang mit Affekten und Mitmenschen aufzubauen. Die Beschäftigung mit oft vorhandenen Missbrauchserfahrungen (*Missbrauch*) erfolgt erst nach einer ausreichenden Stabilisierung. Empirische Wirksamkeitsbelege liegen für versch. Therapieansätze vor. Die (selbsterfüllende) Annahme, Borderline-Pat. seien kaum zu behandeln, wurde durch eine etwas optimistischere Haltung abgelöst und viele Behandlungsprobleme als Folge eines unzureichenden therap. Zuganges erkannt. Clarkin et al. 2000, Renneberg et al. 2010. *F. Caspar*

BORGs Perceived Exertion Scale [engl. BORGs Skala der wahrgenommenen Anstrengung], *Aktivitätsstatus*.

Boring, Edwin Garrigues (1886–1968), **[HIS, PER, SOZ]**, Ps.-Historiker, der durch seine Monografie «History of Experimental Psychology» (Boring 1929) bekannt wurde. Boring war gelernter Elektroingenieur (MA. 1908, Cornell) wurde dann Schüler von *Titchener*, bei dem er 1914 promovierte, 1913–1918 lehrte er an der *Cornell University*, nach seinem anschließenden Militärdienst an der *Clark University*, 1922–1968 an der *Harvard University*. Boring hatte sich mit Größenwahrnehmung, der *Mondtäuschung*, *Kippfiguren* und anderen Themen befasst, nachdem er seine umfangreiche Geschichte der Exp. Ps. veröffentlicht hat, die lange als wichtigstes Lehrbuch der Ps.geschichte galt. 1950 erschien die überarbeitete zweite Aufl., in der Boring versuchte, sein ursprüngliches Konzept der großen Entdecker-Persönlichkeiten («great men») durch eine Beachtung der kult.-historischen Umstände («Zeitgeist») zu überwinden. Boring 1929, 1950. *H. E. Lück*

Test**Boston Naming Test**, 2001, E. Kaplan, H. Goodglass & S. Weintraub, **[BIO, DIA]**. Eindimensionaler neurops. *Leistungstest*. AA ab 5 Jahre. Der *Boston Naming Test* wurde als Bestandteil der *Boston Diagnostic Aphasia Examination (BDAE)* entwickelt, wird aber häufig auch eigenständig eingesetzt. Der Test ermöglicht eine differenzierte Erfassung der *Fähigkeit* zum Benennen von Objektdarstellungen (sog. *konfrontatives Benennen*). Der Einsatz erfolgt in neurops. Testbatterien und kann bedeutsame differenzialdiagn. Information (*Differenzialdiagnose*) insbes. bei Vorliegen einer *Aphasie* oder einer *Demenz* liefern. Eine Kurzform (15 von 60 Items) ist Bestandteil der intern. häufig zum Demenz*screening* eingesetzten Testbatterie des *Consortium to Establish a Registry for Alzheimer's Disease (CERAD)*. Anhand einer empir. *Itemanalyse* wurde eine dt.sprachige 30-Item-Testversion entwickelt. Durchführungszeit ca. 10 bis 20 Min. Auswertungszeit ca. 3 Min. [www.parinc.com]. *T. Merten*

Bottom-up-Verarbeitung (= B.) [engl. *bottom-up processing*; *bottom* unten, *up* oben], **[KOG, WA]**, reizgesteuerte Verarbeitung; die Unterscheidung zw. B. und *Top-down-Verarbeitung* bildet einen heuristischen Rahmen, um versch. Arten von Determinanten mentaler Verarbeitungsprozesse zu unterscheiden. Von B. spricht man dann, wenn mentale Verarbeitungsprozesse ausgehend von aktuell vorhandenen physikal. Reizmerkmalen und nicht durch andere kogn. und z. B. lernerfahrungsabhängige Integrationsprozesse bestimmt werden. Ein Bsp. für B. wäre eine visuelle Durchmusterung einer Szenerie, bei der die Aufmerksamkeitsverteilung allein durch die Intensität der physikal. Helligkeits- und Farbkontrastmerkmale bestimmt ist. Goldstein 2007. *L. Huestegge*

bounded rationality (= b.) [engl.] begrenzte *Rationalität*, **[KOG, PHI]**, das Prinzip der b. wurde in den 1950er Jahren von H. A. Simon als Kritik der ökonomischen Theorien menschlichen Verhaltens aufgestellt und besagt, dass sich Menschen beim *Problemlösen* und Entscheiden (*Entscheiden, Entscheidungstheorie*) immer nur rational in Bezug auf ihr vereinfachtes Modell der Realität verhalten.

Aufgrund ihrer begrenzten Informationsverarbeitungskapazität (*Informationsverarbeitung*) sind sie zur Rationalität im Hinblick auf die obj. Erfordernisse bei komplexen Problemen nicht in der Lage. Simon 1957.

Bourdon, Benjamin Bienaimé (1860–1934), [**DIA, HIS, KOG**], studierte zunächst Jura, dann Philosophie. Durch Aufenthalte in Heidelberg und Leipzig lernte Bourdon die *Psychophysik* kennen, 1891 hielt er seine erste Vorlesung über Experimentalps., 1896 gründete er das erste Ps.-Institut in Rennes. Bourdon hat den vermutlich ersten Durchstreichtest entwickelt, um visuelle Diskriminationsfähigkeit von Schulkindern zu untersuchen. Der Test besteht aus Reihen von kleinen Symbolen, die aus drei, vier oder fünf Punkten bestehen, wobei die Aufgabe für den Pbn darin besteht, alle Muster mit vier Punkten durchzustreichen und alle anderen zu ignorieren. Der Test besteht aus 33 Zeilen, jede enthält 24 Symbole. Der Test ist heute in abgewandelter Form in vielen Ländern als *Aufmerksamkeits-Belastungstest* (d2-Test) verbreitet. *H. E. Lück*

Bourneville-Syndrom, tuberöse Hirnsklerose, [**KLI**], erbliche, im Kindesalter auftretende Sonderform der *Intelligenzminderung*.

Bowker-Test, [**FSE**], nicht parametrisches Verfahren zur Prüfung der Unterschiedlichkeit der Verteilung mehrkategorieller *nominalskalierter* Variablen, die an denselben Personen erhoben wurden (*abhängige Stichproben*). Spezialfall: Veränderung eines mehrkategoriellen Merkmals über die Zeit. Die Logik des Verfahrens entspricht der Erweiterung für kxk-Kontingenztabellen des *McNemar-Tests*. *Statistische Datenanalyseverfahren* Eid et al. 2013.

Bowlby, John (1907–1990), [**HIS, EW, KLI**], Edward John Mostyn Bowlby wurde in London als viertes von sechs Kindern eines Arztes für Chirurgie geb. John Bowlby wurde selbst Arzt und dann Kinderpsychiater. Für diese Tätigkeit schloss er 1936 mit 30 Jahren eine psychoanalytische Ausbildung ab. Während der Luftangriffe im Zweiten Weltkrieg mussten Kinder evakuiert werden, was Bowlbys Interesse an den Wirkungen der frühen Mutterentbehrung (*Mutterbindung*) verstärkte. 1940 wurde Bowlby Armeepsychiater und errichtete an der *Tavistock Clinic* eine Abteilung für Kinderpsychotherapie. Bowlby untersuchte 44 straffällige Kinder, die durch Diebstähle aufgefallen waren und fand, dass 17 von ihnen bis zum Alter von fünf Jahren ihre Mütter oder Pflegepersonen entbehrt hatten. Nach Kriegsende wurde Bowlby Stellvertretender Direktor der *Tavistock Clinic*. Bowlby war interessiert an den Arbeiten von *Anna Freud* und Dorothy Burlingham, die jüdische Kinder betreuten, die zur Nazizeit durch Kindertransporte ohne Eltern nach England gekommen waren. Ebenso interessierte er sich für die Untersuchungen von René Spitz zum *Hospitalismus*. 1949 erstellte Bowlby einen Bericht über die psych. Gesundheit von Waisenkindern für die Weltgesundheitsorganisation (WHO). 1950 kam Mary Ainsworth an die *Tavistock Clinic*. Es begann eine jahrzehntelange gemeinsame Arbeit an der Bindungstheorie (*Bindung*). In den fünfziger Jahren hatte Bowlby auch intensiven Kontakt zu Ethologen wie Nikolaas Tinbergen und *Konrad Lorenz*. Ferner stand Bowlby auch in Kontakt mit *Harry F. Harlow* (van der Horst et al. 2008). Anders als die orthodoxe *Psychoanalyse* betonte Bowlby stärker die Gegenwart des Kindes, weniger die frühkindlichen Erfahrungen. Diese Auffassung brachte Bowlby in Kontroversen mit *Melanie Klein* und in Konflikte mit der *British Psychoanalytical Society*. Bowlby starb im Alter von 83 Jahren auf der britischen Insel Syke. *H. E. Lück*

Boxplot, Box-Whisker-Plot [engl. *box* Kiste, *whisker* Antenne, Fühler, *plot* grafische Darstellung], [**FSE**], eindimensionales grafisches Darstellungsmittel zum Überblick über die univariate Datenverteilung in einer stat. Auswertung unter Nutzung von *Lageparametern*: Der *Median* kennzeichnet als Linie die Mitte der Verteilung, die *Box* wird begrenzt durch das untere *Quartil* (25 % unterhalb der *Box*) und das obere Quartil (25 % oberhalb der *Box*). Die mittleren 50 % der Datenwerte liegen also in der *Box*. Die Länge der Box entspricht dem *Interquartilsabstand*. Die Darstellung besteht aus dem so definierten einem Rechteck (Box) und zwei Linien (Whiskers), die in der Hochformatdarstellung die Box bis zum Maximum oben und unten bis zum Minimum verlängern. Alternativ wird die Länge der *Whisker* max. auf das 1,5-Fache des Interquartilsabstands beschränkt. Der Endpunkt der *Whiskers* entspricht dann dem kleinsten bzw. größten Wert innerhalb der so definierten Grenzen. Werte außerhalb der Grenzen (*Ausreißerwert*) werden als Einzelpunkte eingetragen. Eid et al. 2013. *C. Kiese-Himmel*

Bracken, Helmut von (1899–1984), [**DIA, HIS, PÄD, PER**], war Psychologe und Sonderpädagoge. Nach seiner Ausbildung und Tätigkeit als Lehrer promovierte er 1925 bei *Peters* in Jena und habilitierte sich 1930. Ab 1933 arbeitete er in Amsterdam, studierte dann in Bonn Med. (Dr. med. 1940) und war bis Kriegsende als Arzt bei der Kriegsmarine tätig. Nach Lehrtätigkeiten in Braunschweig und Darmstadt nahm er 1956 einen Ruf an die Universität Marburg an, wo er die Heil- und Sonderpädagogik aufbaute. Von Bracken hat ein vielseitiges Werk hinterlassen. Geprägt durch Peters und durch seinen Freund *Gordon Allport*, von dem er mehrere Bücher ins Deutsche übertrug, hat von Bracken vor allem zur Diagnostik (*Schreibwaage*), Persönlichkeitsps., insbes. in der *Zwillingsforschung*, und zur Heilpädagogik publiziert. Von Bracken wurde u. a. mit dem Bundesverdienstkreuz und der *Hugo-Münsterberg-Medaille* ausgezeichnet. Mehrere Förderschulen wurden nach ihm benannt. *H. E. Lück*

brady- [gr. βραδύς (bradys) langsam], in Wortverbindungen «langsam».

Bradykardie [engl. *bradykardia*; gr. βραδύς (bradys) langsam, καρδιά (kardia) Herz], [**BIO**], verlangsamte Herztätigkeit.

Bradykinesie [engl. *bradykinesia*; gr. βραδύς (bradys) langsam, κίνησις (kinesis) Bewegung], syn. *Hypokinese* [gr. ὑπό (hypo) unter], [**BIO, KOG**], motorische Antriebsstörung, verlangsamte Bewegung.

Bradykinin [engl. *bradykinin*], [**BIO**], *Neuropeptid* aus der Reihe der Kinine, das wahrscheinlich pathophysiol. bedeutsam ist. Beteiligung wird bei Erkrankungen wie Ausbildung entzündlicher Ödeme, Asthma, Pankreatitis, Diarrhö, rheumatischen Gelenkerkrankungen, traumatischen Schocks und *Schmerz*entstehung diskutiert. *W. Janke*

Bradyphrasie [engl. *bradyphrasia*; gr. βραδύς *(bradys)* langsam, φράσις *(phrasis)* Redeweise], [**KOG**], syn. verlangsamtes Sprechen als Folge zentraler Störungen.

Bradyphrenie [engl. *bradyphrenia*; gr. βραδύς *(bradys)* langsam, φρήν *(phren)* Zwerchfell, Seele], [**BIO, KOG**], ausgeprägte Verlangsamung aller psych. Abläufe, die überwiegend oder nur zusätzlich durch hirnorganische Störungen ausgelöst sein kann.

Bradyteleokinese [engl. *bradyteleokinesis*; gr. βραδύς *(bradys)* langsam, τέλος *(telos)* Ziel, κίνησις *(kinesis)* Bewegung], [**BIO, KOG**], Symptom bei Kleinhirnerkrankungen, wobei beabsichtigte und in der Ausführung begonnene Bewegungen vorzeitig abbrechen.

Braidismus [engl. *braidism*], [**KLI**], Bez. für die 1841 von J. Braid bekanntgegebene Beobachtung, dass das längere Anstarren von glänzenden Flächen bzw. Gegenständen schlafartige Zustände hervorzubringen vermag. J. Braid wurde mit der weiteren Erforschung und der therap. Anwendung dieses Zustandes (*Faszinationsmethode*) zu einem der Entdecker der *Hypnose*.

Braille, Louis (1809–1852), Blindenlehrer (er war selbst blind), Paris.

Braille-Schrift [engl. *Braille (print), tactile alphabet*], [**KOG, WA**], nach ihrem Erfinder benannte Punktschrift (*Lesen*, *Schreiben*) für Blinde. Für jeden Buchstaben wird eine Anordnung von einem bis zu fünf Punkten gewählt, die erhaben auf die Papieroberfläche gepresst sind und vom Blinden abgetastet werden.

Brainstorming [engl. *brainstorm* Geistesblitz, glänzende, verrückte Idee], [**FSE, SOZ**], eine von Osborne bereits 1953 entwickelte Gruppen-Problemlösungs-Technik, die im Prinzip in zwei Stadien abläuft (Osborne 1953). Im ersten Stadium (auch als *Grünlichtphase* bez.) sollen alle Gruppenmitglieder so viele Ideen und Vorschläge generieren wie irgendmöglich, ohne dass diese Ideen und Vorschläge kritisiert oder bewertet werden. Im zweiten Stadium (auch als *Rotlichtphase* bez.) werden die Ideen und Vorschläge kritisiert, bewertet und selektiert. bei der alle Beteiligten für ein vorgegebenes Problem «kritikfrei» Lösungen anbieten.
In Arbeiten von Diehl & Stroebe (1987, 1991) und auch gestützt durch die Ergebnisse metaanalytischer Auswertung der empirischen Befunde (Mullen et al. 1991) ließ sich zeigen, dass Personen in Einzelsituationen sowohl quant. wie auch qual. weit mehr Ideen und Vorschläge produzieren als im Gruppenkontext. Die Wirkung der Gruppensituation als eine Art Produktionsblockade lässt sich dadurch umgehen, dass in einer ersten Phase Ideen und Vorschläge in der Einzelsituation generiert werden und anschließend in der Gruppe diskutiert und bewertet werden. *Moderationstechniken*. *B. Six*

branched testing [engl.] verzweigtes Testen; *Adaptives Testen*.

branching [engl.] Verzweigen, [**MD, PÄD**], die Konstruktion (Technik) von Lernprogrammen (*computer based training, CBT*), bei der das Hauptprogramm mit Unterprogrammen (Schleifen, zusätzlichen Lernwegen) versehen wird. *Lernen, programmiertes*, *tutorielle Systeme*.

brand citizenship behavior *Markenidentität*.

Bravais-Pearson'scher Korrelationskoeffizient *Produkt-Moment-Korrelation*.

Brehm, Jack Williams (1928–2009), [**HIS, SOZ**], Begründer der *Reaktanztheorie*; nach Militärdienstzeit bei der Marine studierte Brehm an der *Harvard University*, er promovierte an der *University of Minnesota*, wo er mit *Festinger* zus.arbeitete. 1966 veröffentlichte Brehm seine Theorie der ps. Reaktanz. In den letzten Jahrzehnten seines Lebens lehrte er an der *University of Kansas*. Brehm 1966. *H. E. Lück*

Breitspektrum-Verhaltenstherapie [engl. *broad-spectrum behavior therapy*], syn. *multimodale Therapie*, [**KLI**], berücksichtigt die Bereiche Verhalten (B = *behavior*), Affekt (A = *affect*), Empfinden (S = *sensation*), Vorstellung (I = *imagery*), Kognitionen (C = *cognition*), Sozialbezüge (I = *interpersonal relationships*) und Medikamente und biol. Faktoren (D = *drugs and biological factors*). Abkürzend wird dieses Konzept auch als BASIC-ID-Modell bez. Die Problemlage einer Person ist nur bei Betrachtung all dieser Dimensionen in der Problemanalyse zu verstehen, und die Entwicklung des indiv. Interventionsplans orientiert sich daran. Die Interaktion zw. Diagnose und Therapie wird betont. In Abhängigkeit von der indiv. *Problemanalyse* kommen im Einzelnen verschiedenste *verhaltenstherap.* Verfahren zum Einsatz. Lazarus 1979. *F. Caspar*

Brengelmann, Johannes C. (1920–1999), [**HIS, KLI, PER**], Psychologe und Mediziner, führender Verhaltenstherapeut. Brengelmann studierte in Göttingen Med. (Dr. med. 1945), dann Ps. (Dipl.-Psych., 1947), promovierte dann bei *Allesch* in Göttingen mit einer gedächtnispsychol. Arbeit (Dr. rer. nat. 1949), von 1949–1960 war Brengelmann Forschungsassistent bei *Eysenck*, dann mehrere Jahre in den USA und an der TU München. Er habilitierte sich 1968 mit einer lerntheoretischen Arbeit in Düsseldorf. 1967 wurde Brengelmann Direktor und Leiter der psychol. Abteilung am Max-Planck-Institut für Psychiatrie in München, 1969 war er Mitbegründer und Vorstandsmitglied der Gesellschaft zu Förderung der *Verhaltenstherapie*, 1971 Mitbegründer und erster Präsident der *European Association of Behaviour Therapy*. 1973 war Brengelmann Mitbegründer des Instituts für Therapieforschung (IFT); dies wurde als unabhängiges Forschungsinstitut für anwendungsnahe Fragestellungen in München gegründet. Brengelmann war Autor einer Vielzahl von Arbeiten zu Lerntheorien, Verhaltenstherapie, Persönlichkeitstheorien und zur Organisationsps. Bes. häufige Zitierung bis in die Gegenwart fand die von Brengelmann & Brengelmann 1960 veröffentlichte Arbeit über Skalen zur Messung von *Extraversion*, neurotischer Tendenz (*Neurotizismus*) und *Rigidität* nach der Persönlichkeitstheorie von Eysenck. *H. E. Lück*

Brentano, Franz von (1838–1917), [**HIS, KOG, WA**], geb. bei Boppard, studierte Theologie und Philosophie. 1864 kath. Priester und Promotion in Philosophie. 1872–1873 Prof. für Philosophie in Würzburg, dann in Wien, bis er 1879 zum Protestantismus konvertierte. Brentanos Ps. war deskriptiv, er nannte sie *Aktpsychologie*, wobei *Akte* für ihn keine seelischen Inhalte, sondern nach außen gerichtete Intentionen (Wahrnehmen, Lieben, Wünschen, Urteilen etc.) waren. Zu seinen Schülern zählten u. a. Husserl, Freud und die Begründer der *Gestaltpsychologie* Ehrenfels und Meinong. Somit reichte Brentanos Einfluss von der Gestaltps. über den *Behaviorismus* (McDougall übersetzte *Akte* mit *behavior*) bis zur *Psychoanalyse*. Sein Werk «Ps. vom empirischen Standpunkte» (1874, s. Brentano 1971) erschien als Gegengewicht zu Wundts «Grundzüge der physiol. Ps.» (Wundt 1893, 1911).

Brentano'sche Täuschung [engl. *Bretano illusion*], **[WA]**, bei der Gegenüberstellung von zwei gleich großen Kreisen erscheint der eine Kreis dann größer, wenn er von einem größeren, konzentrischen Kreis umschlossen wird. *geometrisch-optische Täuschung*.

Bressan'sche Täuschung [engl. *Bressan illusion, dungeon illusion*], **[WA]**, trotz physikal. Gleichheit erscheinen die grauen Quadrate links heller als rechts. Wie bei der *White-Täuschung* tritt hier ein dem *Simultankontrast* (*Chevreul-Täuschung*, *laterale Hemmung, laterale Inhibition*, *Mach'sche Bänder*) entgegengesetzter Effekt auf. Aufgrund des lokalen Kantenkontrastes würde links (bzw. rechts) eine Aufhellung (bzw. Verdunklung) erwartet. Dass der Kontrast zu den umgebenden, *jedoch nicht direkt angrenzenden* (links: schwarzen, rechts: weißen) Quadraten verstärkt erscheint, erfordert die Berücksichtigung komplexerer Bildorganisationsprozesse (z. B. *Mustererkennung*). Erklärungsmodelle, die lediglich lokale Kontrastinformation in frühen Stadien der visuellen Informationsverarbeitung berücksichtigen (*visuelle Wahrnehmung*), können das Phänomen nicht erklären. Bressan 2001.

Bressan'sche Täuschung (Bressan 2001)

Breton'sches Gesetz [engl. *Breton's law*], **[WA]**, eine Formel, die als Substitut für das (*Weber'sche Gesetz* vorgeschlagen wurde und besagt, dass eine parabolische Beziehung zw. *Reiz* und ebenmerklichem Unterschied besteht. *Wahrnehmung*.

Brickenkamp, Rolf (geb. 1929), **[DIA, HIS, PER]**, Brickenkamp studierte in Göttingen (Diplom 1956), wo er 1959 bei *Johannes von Allesch* mit einer Arbeit über den Gefühlsausdruck mit Farben promovierte. Er arbeitete dann beim Technischen Überwachungs-Verein in Essen. Dort entwickelte er den erstmals 1962 veröffentlichten *Aufmerksamkeits-Belastungstest (d2-Test)*. Nach einer Assistenzzeit bei *Heinrich Düker* in Marburg habilitierte sich Brickenkamp 1970 an der Technischen Universität Berlin. Brickenkamp lehrte dann bis zu seiner Emeritierung an der Pädagogischen Hochschule Rheinland in Köln bzw. Universität zu Köln. Neben dem d2-Test zählen zu seinen verbreiteten Veröffentlichungen ein *Handbuch apparativer Verfahren* (Brickenkamp 1986) und 1975 ein Handbuch psychol. und päd. Tests, das inzw. als Brickenkamp-Handbuch geführt wird (Brähler et al. 2002). Brickenkamp 2004. *H. E. Lück*

Bridgman, Percy W. (1882–1961), **[HIS, PHI]**, Begründer des *Operationalismus*. Physiker, Prof. an der *Harvard University*, 1946 Nobelpreis. Er wurde mit seiner Monografie «*The logic of modern physics*» (Bridgman 1927) bekannt.

Brief Cognitive Rating Scale (BCRS) *Reisberg Skalen GDS, BCRS, FAST*.

Test Brief Symptom Inventory von Derogatis (BSI), 2000, G. H. Franke, **[DIA, GES, KLI]**. Beim BSI. handelt es sich um eine auf 53 Items (*Item*), davon vier Zusatzitems, gekürzte Version der Symptomchecklste 90 von Derogatis (*Symptom-Checkliste (SCL-90-R)*), einem *Fragebogen* zur Erfassung der subj. Beeinträchtigung durch körperliche und insbes. psych. *Symptome*. Wie bei der SCL-90-R sind die Items neun Skalen (*Skala*) zugeordnet und erlauben die Berechnung von drei Kennwerten der globalen Belastung. Die (*internen Konsistenzen* der neun Skalen liegen zw. $r = .39$ und $r = .75$, je nach Stichprobe. Retest-Reliabilitäten nach einer Woche liegen je nach Skala zw. $r = .73$ und $r = .92$, für die globalen Kennwerte bei $r = .92$. Geschlechtsspezif. Normen (*Normierung*) für eine repräsentative Bevölkerungs*stichprobe* liegen vor. Eine PC-Version ist vorhanden. *C. Hermann*

Brillen-Versuche *Störungsexperimente, Störexperimente*.

Broca, Paul (1824–1880), **[HIS, BIO, KOG]**, Pierre Paul Broca war Anatom, Chirurg und Anthropologe. Er entstammte einer protestantischen Familie und wurde in Sainte-Foy-la-Grande geb.; bereits mit 17 Jahren begann er das Med.studium und schloss es mit 20 Jahren ab. Paul Broca leistete versch. Beiträge zur Med. seiner Zeit. Berühmt wurde er durch die Entdeckung des Sprachzentrums im Gehirn. Um das Jahr 1860 studierte er einen Pat. namens Leborgne, der nur noch die Silbe «Tan» sprechen konnte und deswegen einfach Tan genannt wurde. Broca vermutete eine Hirnschädigung und fand durch eine postmortale Autopsie, dass Teile des Frontallappens der linken Gehirnhälfte stark geschädigt waren. Er vermutete daher, dass dieser Bereich an der *Sprachproduktion* beteiligt ist (*Sprachzentrum, Broca-Aphasie, Broca'sche Windung*) und stellte so die begründete These der asymmetrischen Repräsentation von Gehirnfunktionen auf, die sich bestätigte. Broca gilt daher als Begründer der Gehirnchirurgie in Frankreich. *H. E. Lück*

Broca-Aphasie (= B.) [engl. *Broca's aphasia*], nach P.P. Broca (1824–1880), **[BIO, KOG]**, bez. eine *Sprachstörung*, die nach *Hirnschädigungen* auftreten kann. Der Begriff B. stammt aus dem 19. Jhd. und wurde später von der sog. neo-klass. Aphasiologie übernommen, als wiederkehrende *Symptome* zu *Syndromen* zus.gefasst wurden. Syndromklassifizierungen entsprechen jedoch nicht immer der tatsächlichen Beobachtung und werden deshalb heute in der kognitiven *Neuropsychologie* durch eingehende Einzelfalluntersuchungen ersetzt mit dem Ziel, versch. Sprachleistungen durch mehrere Tests unabhängig von der Zuordnung zu einem best. Syndrom zu untersuchen. Als grobe Orientierung besitzt die Einteilung in Syndrome aber nach wie vor ihre Berechtigung. B. zählt zu den Standardsyndromen (neben *Wernicke-Aphasie*, *Amnestische Aphasie* und *Globale Aphasie*) und wird traditionell als direkter Ggs. zur Wernicke-Aphasie aufgefasst. Das *Sprechen* (*Sprachproduktion*) ist bei B. stockend mit erkennbarer Sprechanstrengung und meist verwaschener *Artikulation*, abgehakter Betonung und vielen Wortfindungsstörungen. Der Satzbau weist Auffälligkeiten auf, die als Agrammatismus oder Telegrammstil bez. werden. Dabei handelt es sich um stark vereinfachte Äußerungen, die nur auf die für die *Kommunikation* wichtigen Inhaltswörter (Substantive und Verben) beschränkt sind. Andere Wörter wie Artikel, Pronomen, Adjektive u. Ä. werden hingegen gar nicht oder nur selten gebraucht. Verben werden meist ungebeugt im Infinitiv verwendet. Beim Sprechen von Wörtern kommt es zu häufigen Entstellungen, den sog. Paraphasien (*Paraphrasieren*), die entweder lautlich (Laschentampe für Taschenlampe) oder inhaltlich (Mutter für Frau) zu einem existierenden Wort in Beziehung gebracht werden können. Das Verstehen von Sprache (*Sprachrezeption*) ist bei B. relativ gut und Betroffene reagieren in angemessener Rede und Gegenrede in Gesprächssituationen. Spezifische Störungen können beim Verstehen von Sätzen auftreten, die nicht in der typischen Subjekt-Verb-Objekt-Wortfolge erscheinen. Sprachliche Leistungen in kontrollierten Tests wie Nachsprechen, lautes Lesen, spontanes Schreiben und Schreiben nach Diktat sind ebenso wie die Spontansprache von *Agrammatismus* und Paraphasien geprägt. *Aphasie*. Poeck 1994. *F. Burchert*

Broca'sche Windung (Broca-Areal, -Region) [engl. *Broca's area*]; nach P. P. Broca (1824–1880), [**BIO, KOG**], Sprachregion der dominanten (meist linken) Hirnhälfte (*Gehirn*), präfrontales Sprachzentrum, motorisches *Sprachzentrum* (*Sprache*), Area 44, die 1861 von Broca entdeckte Region der dritten linken Stirnwindung (an der sog. Sylvischen Furche) des *Großhirns*, unterer posteriorer *Frontallappen*, deren Läsion zu einem Sprachversagen (*Broca-Aphasie*) führt, bei dem das Sprachverständnis (*Sprachrezeption*) noch intakt ist, die Betroffenen aber spontan fast nichts mehr sprechen. Motorische *Aphasie*. Dagegen ist für das Sprachverständnis (sensorische Aphasie) das *Wernicke'sche Zentrum* verantwortlich. Das Broca-Areal ist der Sitz für die Koordination der Sprachmuster, während im Wernicke'schen Zentrum die Umsetzung des Gehörten oder Gesehenen in sinnvolle Einheiten oder Wörter erfolgt. Die untere präzentrale Windung steuert sodann die einzelnen Gesichts- und Sprachmuskeln. Der Gyrus angularis kombiniert visuelle Muster zu Buchstaben und Wörtern und verbindet sie mit der gehörten Sprache. Hier erst wird das gesprochene Wort zur akustischen *Repräsentation* des Wortes. Wie neuere Untersuchungen gezeigt haben, sind die Funktionen der beiden Zentren keineswegs so ausschließlich, wie zunächst angenommen wurde. Läsionen einer der beiden Regionen verursachen in der großen Mehrzahl der Fälle multimodale Störungen, die sowohl Sensorik wie *Motorik* betreffen. Neuere PET-Studien (*Positronen-Emissions-Tomografie*) zeigen sogar, dass bei der Perzeption von Silben und Wörtern im intakten Gehirn i. d. R. Broca- und Wernicke-Region gemeinsam aktiviert werden. Dies macht wahrscheinlich, dass die Spracheareale sowohl bei der *Sprachproduktion* als auch beim Sprachverständnis zus.arbeiten. *Lokalisation*. Schmidt et al. 2000. *C. Becker-Carus*

Brofaromin [engl. *brofaromine*], [**PHA**], *Psychopharmakon* aus der Gruppe der *Antidepressiva* vom Typ der MAO-Hemmer (*Monoaminooxidase-Hemmer*, selektive MAO-A). Pos. Einfluss auf Panikangst (*Panikstörung*).

Bromazepam (= B.) [engl. *bromazepam*], [**PHA**], *Psychopharmakon* aus der Gruppe der *Tranquillanzien* vom Typ der *Benzodiazepine*.

Bromocriptin (= B.) [engl. *bromocriptin*], [**PHA**], Substanz aus der Gruppe der *Dopamin-Agonisten* (D2). Manipulationen mit B. bieten die Möglichkeit, gestörte kogn. Vorgänge zu variieren, etwa bei neuropsychiatrischen Erkrankungen mit *dopaminerger* Dysfunktion (*Parkinson'sche Erkrankung*, *Schizophrenie*). Therap. Einsatz bei hormonellen Störungen wie *Hyperprolaktinämie* und nächtlichem *Bruxismus*. *W. Janke*

Bronzekrankheit *Addison-Krankheit*.

Brotizolam [engl. *brotizolam*], [**PHA**], Schlafmittel vom Typ der *Benzodiazepine* mit kurzer Wirkungsdauer. *Eliminationshalbwertszeit* 4–10 Std.

Brown, Roger (1925–1997), [**HIS, EW, SOZ**], Roger William Brown war ein amerik. Sozialpsychologe, der auch zur Entwicklungsps., insbes. zur Sprachentwicklung von Kindern geforscht hat (Brown, Lenneberg 1954, Brown 1958). Brown studierte an der *University of Michigan*, war im Zweiten Weltkrieg Leutnant zur See und lehrte später an der *Harvard University*, 1957–1962 unterbrochen durch Lehrtätigkeit am *Massachusetts Institut of Technology*. Brown verfasste mehrere Bücher zur Sozialps. und zum frühkindlichen Spracherwerb. Brown galt als anspruchsvoller, humorvoller Autor und Dozent. Er wurde vielfach ausgezeichnet. Brown 1989. *H. E. Lück*

Brown-Forsythe-Test, [**FSE**], Korrekturverfahren, wenn beim *t-Test* für unabhängige Stichproben oder der *Varianzanalyse*, die *Heteroscedastizität*sannahme verletzt ist. Sowohl die Def. der Prüfgröße (t- bzw. F-Wert) als auch der *Freiheitsgrade* wird angepasst. Reagiert weniger sensitiv auf Verletzungen der Normalverteilungsannahme als das Alternativverfahren *Welch-Test*. Brown & Forsythe 1974, Zimmermann & Zumbo 1992.

Brownianismus [engl. *brownianism*], die im 18. Jhd. lebhaft diskutierte Anschauung (von J. Brown 1780 begründet), nach der sich die lebenden *Organismen* von den leblosen Stoffen nur durch die «Reizbarkeit» unterscheiden, also alles Leben auf *Reiz* und Reizbeantwortung (*Reaktion*) beruht. Das Gleichgewicht bewirkt *Gesundheit*, Verminderung der Reize führt zu *Asthenie*.

Brücke [engl./lat. *pons*], [**BIO**], Teil des Hirnstammes zw. verlängertem Mark und Gehirnschenkeln (Vierhügel). *Gehirn*.

Brunst [engl. *estrus*], syn. *Brunft*, [**BIO**], Rhythmus (Schwankungen) bzw. die Kulmination in der sexuellen Aktivität. Bei fast allen höheren Tieren vorhanden, fehlt sie beim Menschen und Menschenaffen oder ist hier nur über den Monatszyklus im Ansatz zu erkennen.

Brunswik, Egon (1903–1955), [**HIS, PHI, WA**], Begründer des probabilistischen Funktionalismus. Geb. in Budapest, ab dem achten Lebensjahr Schüler in Wien, zwei Jahre lang Studium der Ingenieurwissenschaften an der TH Wien, dann Wechsel an die Universität Wien und Studium der Ps. bei *Bühler* und Studium der Philosophie im Kreis um Moritz Schlick; 1927 Promotion in Ps. mit einer Arbeit über Strukturmonismus und Physik, 1927–1937 Assistent von Karl Bühler, 1931–32 Wahrnehmung einer Gastdozentur in Ankara, wo er das erste psychol. Laboratorium in der Türkei errichtet, 1934 Habilitation in Wien für das Fach Ps. mit seiner Arbeit «Wahrnehmung und Gegenstandswelt: Grundlegung einer Ps. vom Gegenstand her». 1933–34 verbringt *Tolman* ein Forschungssemester an der Universität Wien; die Zusammenarbeit führt dazu, dass Brunswik 1935–36 ein Forschungsjahr an der *University of California* in Berkeley verbringt und 1937 – kurz von dem «Anschluss» Österreichs an das Dt. Reich eine Assistenzprofessur in Berkeley erhält. Bühlers *Funktionalismus*, der Logische *Positivismus* Schlicks und der Neo-Positivismus Tolmans bildeten den Hintergrund für Brunswiks eigene theoretische Orientierung (Fischer & Stadler 1997). Brunswik bleibt in den USA und stirbt 1955. Fischer & Stadler 1997. *H. E. Lück*

Brutpflegeverhalten (= B.) [engl. *brood care behavior*], [**KOG**], *Verhalten*sweisen adulter Tiere gegenüber ihrer Nachkommenschaft. Das B. kann bereits kurze Zeit nach der Geburt der Jungtiere enden oder noch anhalten, wenn diese schon selbstständig sind.

Bruxismus [engl. *bruxism*], [**KLI, PHA**], nächtliches Zähneknirschen, zu den *Parasomnien* gezählt. Therap. werden eine Aufbissschiene, *Entspannungsverfahren* sowie medikamentös *Clonidin* oder auch *Benzodiazepine* empfohlen.

Buchstabenvergleichsaufgabe [engl. *letter-matching task*], *Posner-Paradigma*.

Buddhismus [engl. *buddhism, four noble truths*], *Achtsamkeit*.

Bufotenin [engl. *bufotenin*], [**PHA**], Substanz aus der Gruppe der *Indolamine*, dem *Serotonin* verwandt, zur Klasse der *Psychotomimetika* bzw. *Halluzinogene* gehörend. *Psychotomimetika*.

Bühler, Charlotte geb. Malachowski (1893–1974), [**EW, HIS**], Wegbereiterin der modernen *Entwicklungspsychologie* und der Humanistischen Ps. Sie entstammte einer überwiegend jüdischen Familie Berlins, wurde jedoch getauft und konfirmiert (Bühler 1972). Sie beschäftigt sich schon als Jugendliche mit der Ps. und studiert in Freiburg, Berlin, Kiel, München, u. a. bei *Stumpf* und *Külpe*. 1916 Heirat mit *Karl Bühler*, 1918 Promotion, 1920 Habilitation. Ab 1923 baut sie gemeinsam mit Karl Bühler in Wien das Institut und weitere Einrichtungen auf. Teil der «Wiener Schule» der Entwicklungsps. sind standardisierte Untersuchungen zur frühkindlichen Entwicklung, Arbeiten zum Jugendtagebuch usw., mit denen sie die bisherige Kinderps. zur Entwicklungsps. erweitert. Die Untersuchungen am Wiener Institut werden von der Stadt Wien und u. a. von der Rockefeller-Stiftung gefördert. Als Hauptwerk dieser Zeit gilt ihre Ps. des menschlichen Lebenslaufs (Bühler 1933), mit der sie die Biografieforschung aus ps. Sicht bereichert und die Ps. der Lebensspanne sowie die Gerontops. vorbereitet (Bühring 2007). Nach dem «Anschluss» Österreichs an Nazi-Dt. emigriert C. Bühler nach Norwegen und lehrt dort an zwei Einrichtungen, folgt dann ihrem Mann in die USA und lehrt an versch. Einrichtungen. Erst in den USA holt Bühler Kenntnisse der *Psychoanalyse* nach (Bühler 1972), um beraterisch und therap. tätig werden zu können. 1945 nimmt sie die amerikanische Staatsbürgerschaft an. 1962 gründet sie zus. mit *Goldstein*, *Maslow* und *Rogers* die *American Association for Humanistic Psychology* und tritt für die Humanistische Ps. ein. Sie sieht ihr bereits in den dreißiger Jahren untersuchtes Streben des Menschen nach einem erfüllten Leben sowie ihre therap. Erfahrungen als Bestätigung der Ziele der Humanistischen Ps. C. Bühler ist bis ins hohe Alter beruflich aktiv, sie kehrt 1971 zu ihren Kindern nach Stuttgart zurück, wo sie 1974 verstirbt. *H. E. Lück*

Bühler, Karl (1879–1963), [**EW, HIS, KOG**], Entwicklungs-, Denk- und Sprachpsychologe. Studium der Med. in Freiburg, dort 1903 Dr. med., 1904 Dr. phil. bei C. Bäumker in Straßburg; Assistent in Freiburg und bei *Külpe* in Würzburg, Mitglied der *Würzburger Schule* der Denkps., 1907 Habilitation in Würzburg mit einer Schrift über Tatsachen und Probleme zu einer Ps. der Denkvorgänge. Bestimmte, plötzliche Lösungseinfälle nennt Bühler *Aha-Erlebnis*. Über Ziele und Methoden der Würzburger Denkps. gerät Bühler in eine heftige Kontroverse mit dem Jahrzehnte älteren *Wundt* (Pongratz 1997). 1909 arbeitet Bühler als Assistent von Külpe in Bonn, 1913–1918 als ao. Prof. in München, 1914–1918 leistet er als Arzt Kriegsdienst, 1918 wird er o. Prof. für Philosophie und Pädagogik an der TU Dresden, 1922 wird er nach Wien berufen, wo er gemeinsam mit seiner Frau *Charlotte Bühler* das Psychol. Institut zu einer Einrichtung von internat. Bedeutung aufbaut. Das Institut wird nicht von der Universität, sondern von der Stadt Wien finanziert, im Gegenzug verpflichtet sich Bühler am neu errichteten Päd. Institut der Stadt Wien Kurse für angehende Grundschullehrer abzuhalten (Ash 1988, Benetka 1995). In seinem Buch zur Krise der Ps. (Bühler 1927) stellt Bühler die versch. Richtungen der Ps. seiner Zeit kritisch dar und fordert eine Integration der versch. Sichtweisen. In «Sprachtheorie. Die Darstellungsfunktion der Sprache» (Bühler 1934), vertritt Bühler eine handlungstheoretische Sprachauffassung; das von ihm entwickelte sog. *Organomodell* der Sprache, bringt die Sprachfunktionen Ausdruck, Appell und Darstellung in Zusammenhang. Nach dem sog. Anschluss Österreichs durch die Nationalsozialisten wird Bühler im März 1938 kurze Zeit inhaftiert, emigriert dann mit seiner Frau in die USA, wo er 1945–1955 als Prof. für Psychiatrie an der *University of Southern California* lehrt. *H. E. Lück*

Bulbärsprache [lat. *bulbus* Zwiebel, Anschwellung], die gestörte, schlecht artikulierte, verlangsamte *Sprache* (*Spre-*

chen, *Sprachproduktion*, wie mit einem Kloß im Mund) bei Erkrankungen der *Medulla oblongata*.

Bulbus, bulbär [lat. Zwiebel, Anschwellung], [**BIO**], *bulbus spinalis* = *medulla oblongata* = verlängertes *Rückenmark* bzw. damit in Beziehung stehend (*Gehirn*). *bulbus oculi* = Augapfel.

Bulimie, Bulimia nervosa (= B.) [engl. *bulimia*; gr. βουλιμία (*bulimia*) Ochsen-/Heißhunger], syn. *Bulimarexie, Fress-Brech-Sucht*, [**KLI**], Subtyp der *Essstörungen*. Etymologisch kommt Begriff *Bulimia* aus dem Gr. und bedeutet wörtlich «Ochsenhunger» oder «Heißhunger». *Nervosa* soll signalisieren, dass es sich bei der Erkrankung um eine emot. Störung (*affektive Störungen*) handelt. B. wurde erstmals 1979 durch den Londoner Psychiater Gerald Russel beschrieben und def. Um die Kriterien des *DSM-5* oder des *ICD-10* zu erfüllen, sind folg. Kriterien erforderlich: (1) Essanfälle, die zeitlich umgrenzt sind und in der Kalorienmenge den Rahmen einer Mahlzeit einer gesunden Vergleichsperson mit ähnlichen Merkmalen und in einem ähnlichen Kontext wesentlich überschreiten und mit dem subj. Gefühl von Kontrollverlust verbunden sind. (2) Wiederkehrendes gegensteuerndes Verhalten, also Verhaltensweisen, die dazu führen, dass die während eines Essanfalls zugeführte metabolische Energie entweder nicht resorbiert wird, wieder ausgeschieden wird (*purging*) oder rasch verbraucht wird. Wichtige Bsp. für gegensteuerndes Verhalten sind induziertes Erbrechen, Einnahme von Abführmitteln (*Laxanzien*) oder körperliche Bewegung, die primär zum Verbrauch von Kalorien eingesetzt wird. (3) Essanfälle und gegensteuerndes Verhalten treten durchschnittlich mind. einmal pro Woche über drei Monate auf. Dieses Zeitkriterium ist erforderlich, da Essanfälle und Erbrechen als seltenes Verhalten bei bis zu 45 % der Altersgruppe junger Frauen vorkommt, ohne dass dabei regelmäßig eine psych. Störung besteht. (4) Unangemessene Bedeutung von Figur und Gewicht für die Selbstbewertung. (5) Kein Untergewicht, d. h., es können nicht gleichzeitig die Kriterien einer Anorexia nervosa erfüllt sein. Die Lebenszeit*prävalenz* wird auf etwa 0,8 % geschätzt. Frauen und Männer, welche die Kriterien der B. erfüllen, sind häufig erheblich in ihrer psychosozialen Funktionsfähigkeit eingeschränkt. Aus diesem Außenkriterium lässt sich rückschließen, dass es sich um eine ernste psych. Störung handelt. Komorbidität mit weiteren psych. Störungen, insbes. *affektiven Störungen*, *Angststörungen*, *substanzbezogenen Störungen* (*Substanzmissbrauch*), *somatoformen Störungen* und *Persönlichkeitsstörungen* ist sehr häufig. Essanfälle und Erbrechen führen auch zu charakteristischen med. Problemen: Störungen der Mineralstoffkonzentration im Körper, Zahnschäden, Entzündungen der Speiseröhre, Herzrhythmusstörungen, Nierenschäden und endokrinologische Störungen (*Endokrinologie*). B. kann mit gutem Erfolg psychoth. behandelt werden, auch eine pharmakol. Behandlung ist möglich. *Essstörungen, Psychotherapie, Essstörungen, Psychopharmakotherapie*. Treasure & Claudino 2010, Fairburn 2012, Pope & Hudson 1984. *U. Schweiger/V. Sipos*

Bullying (= B.) [engl. *bullying* Schikane], [**AO, GES, SOZ**], bes. in der Arbeitswelt oder in Schulen oder anderen Ausbildungsstätten auftretendes aggressives oder schikanöses Verhalten von Kollegen, Vorgesetzten oder Schülern gegenüber schwächeren Arbeitskollegen, Mitarbeitern oder Mitschülern, die sich nicht wirksam verteidigen oder wehren können. B. ist vom engl. Substantiv *bully* abgeleitet, was «brutaler Mensch» oder «Tyrann» bedeutet. B. ist weitgehend identisch mit *Mobbing*. Von B. bzw. Mobbing wird nur gesprochen, wenn die Angriffe wiederholt und über längere Zeit hinweg stattfinden. Sie können sowohl von einer Einzelperson als auch von mehreren Personen als direkte Attacken erfolgen oder indirekte Formen («hintenherum») annehmen. *Cyberbullying, Bullying- und Viktimisierungsfragebogen (BVF)*. Smith et al. 2003.

K.-H. Stapf

^Test^**Bullying- und Viktimisierungsfragebogen (BVF)**, 2010, N. von Marées & F. Petermann, [www.testzentrale.de], [**DIA, GES, SOZ**]. Päd.-schulpsychol. Verfahren. AA 4–11 Jahre. (1) Der BVF-K erfasst die Häufigkeit, mit der Kinder als Opfer und/oder Täter von direkt oder indirekt/relational aggressiven Handlungen betroffen sind (*Bullying*). Die Opferskala umfasst *direkte und indirekte/relationale Viktimisierung*, die Täterskala gliedert sich in *direkte und indirekte/relationale Aggression*. Die Anwendung erfolgt als Einzelinterview bei Kindern im Alter von 4–8 oder als Gruppenbefragung bei Kindern von 8–11 Jahren. (2) Die Version für Lehrkräfte (BVF-L) erfasst ebenfalls *Bullying* (Täterskala) und *Viktimisierung* (Opferskala). Die Täterskala gliedert sich in *reaktive und proaktive Aggressionsformen eines Kindes* nach Erzieher-/Lehrerurteil, die Opferskala umfasst *primäre und sekundäre Opferanzeichen*. Anwendungsbereiche der Instrumente sind neben der Erhebung der Bullyingprävalenz in festen Kindergruppen die Identifizierung der am Bullying beteiligten oder von Bullying betroffenen Kinder sowie die Evaluation von Maßnahmen zum Abbau von Bullying. *Normierung*: N = 1101 Kindern mit und ohne Migrationshintergrund (Prozentrangwerte, Stanine-Werte). Es liegen nach Altersgruppe (4;0–6;11/7;0–8;11/9;0–11;11) und Geschlecht differenzierte Normtabellen vor. Bearbeitungsdauer: BVF-K je nach Durchführungsart 15–20 Minuten. BVF-L: ca. 5 Min. pro Kind.

Bumerang-Effekt (= B.) [engl. *boomerang effect*], [**SOZ**], Auswirkung einer zur Meinungs-, Einstellungs- oder Verhaltensänderung gegebenen Nachricht in einer der Absicht des Senders entgegengesetzten Richtung. Der B. tritt nach Sherif und Hovland (1961) ein, wenn die Nachricht in den Ablehnungsbereich des Adressaten fällt. *Einstellungsänderung, Assimilations-Kontrast-Theorie*. Graumann 1972.

Bündel *chunk*.

Bunsen-Roscoe'sches Gesetz [engl. *Bunsen-Roscoe law*], [**WA**], auch Reziprozitätsgesetz der Photochemie, das die Beobachtung erklärt, gemäß der die *Unterschiedsschwelle* für kleine Reizdauern (unter 50 ms) auch von der Reizdauer abhängt. *Fechner'sches Gesetz*. *R. Bergius*

Buprenorphin (= B.) [engl. *buprenorphine*], [**PHA**], Pharmakon aus der Gruppe der *Opioid-Analgetika*. Starke analgetische Wirkung mit langer Wirkungszeit. In den USA seit 1978 zur *Opiat*entzugstherapie eingesetzt. B. wirkt auf Opiatrezeptoren (μ und M), sog. partieller Opiatantagonist, sedierende wie auch stimulierende Wirkung.

W. Janke

Bupropion (= B.) [engl. *bupropion*], **[PHA]**, *Psychopharmakon* aus der Gruppe der *Antidepressiva*. B. hemmt die Wiederaufnahme von *Noradrenalin* und *Dopamin*. B. ist für die Behandlung der *Depression* und die Entwöhnungsbehandlung bei Nikotinabhängigkeit in Verbindung mit unterstützenden motivierenden Maßnahmen zugelassen. Häufige *Nebenwirkungen* von B. sind Schlaflosigkeit und Kopfschmerzen. B. hat im Vergleich mit anderen Antidepressiva ein geringes Risiko für Gewichtszunahme und sexuelle Funktionsstörungen. Bei Pat. mit epileptischen Anfällen (*Epilepsie*) darf es nicht verordnet werden. Benkert & Hippius 2013.

H. Himmerich

bürgerschaftliches Engagement [engl. *civic engagement*], *Freiwilligenarbeit*.

Bürgersinn (= B.)[engl. *citizenship*], **[PHI, SOZ, WIR]**, B. wird als motivationale Orientierung (*Motivation*) und Werthaltung (*Werte*) im sozialen Raum beschrieben, in deren Kontext sich Personen in Beziehung zu einem größeren Ganzen begreifen und sozial und verantwortungsbewusst handeln, ohne dass sie dafür eine *Belohnung* (*Verstärkung*) erwarten oder einem Zwang unterliegen. B. zeigt sich z. B. in Form von *bürgerschaftlichem Engagement* (z. B. Übernahmen eines freiwilligen Amtes in einem Verein), *organizational citizenship behavior* (Hilfsbereitschaft unter Arbeitskollegen) oder *corporate citizenship* (Übernahme gesellschaftlicher Verantwortung durch Unternehmen, z. B. in Form von Stiftungen oder Spenden). Zur Beschreibung der versch. Arten von B. werden dabei 3 Dimensionen vorgeschlagen: (1) Das Ausmaß der Aktivität, das in einer best. Situation tatsächlich verlangt wird (einmaliges Unterschreiben oder Spenden vs. konkretes Tätigwerden über einen längeren Zeitraum), (2) der Handlungskontext (verschiedene Handlungen im Kontext der Erwerbsarbeit bzw. außerhalb der Erwerbsarbeit) und (3) die Systemwirkung (Systemerhaltung vs. Systemerweiterung, z. B. durch kritisches Hinterfragen bestehender Routinen oder Nichtanpassung durch Protest). Ein zusätzlicher Aspekt bei der Beschreibung von B. bezieht sich darauf, ob der jew. Akteur einen best. Nutzen wie z. B. *Reziprozität* erwartet oder antizipiert. Wehner et al. 2015.

Burn-out (= B.) [engl. *burn* brennen, *out* aus], **[AO, GES, KLI]**, ist der Oberbegriff für best. Typen persönlicher *Krisen*, die mit eher unauffälligen Frühsymptomen beginnen und in völliger Arbeitsunfähigkeit oder im *Suizid* enden können. Diverse Phasenmodelle unterscheiden rein intuitiv zw. drei und zwölf Entwicklungsstadien. Wegen des Prozesscharakters von B. sind *Prävalenzraten* nicht sinnvoll anzugeben. In großen repräsentativen Bevölkerungsstichproben Dt. bez. sich 10,5 % (2007) bzw. 7,7 % (2011) als «ausgebrannt». Während das Phänomen bereits im Alten Testament (4. Buch Mose, 11) zu finden ist, das Verbum «*to burn out*» bereits von Shakespeare verwendet wurde u. Ä. schon vor Jahrzehnten in der psychol. Fachliteratur geschildert wurde (*Reaktanz*, *erlernte Hilflosigkeit*, Zielbindungsverlust, *Entfremdung*, *Entfremdungserlebnis*), beginnt die neuere Begriffsgeschichte mit zwei unabhängig voneinander erschienen Artikeln von Freudenberger (1974) und Ginsburg (1974), ersterer Psychoanalytiker, letzterer Verwaltungsfachmann, beide tätig in New York City. Die Resonanz in den populären Medien der USA, mit einiger Zeitverzögerung dann auch der dt.sprachigen Länder, war gewaltig und hält bis heute an. B. ist für mind. 60 Berufe und Lebenssituationen beschrieben worden, die Berichte stammen aus mehr als 60 Ländern (Schaufeli & Enzmann 1998, Rösing 2003). Die Symptomatik wird nicht einheitlich beschrieben – Burisch (2010) trug mehr als 130 Symptome zus. – und überlappt mit der diverser anderer Störungsbilder (z. B. *Depression*). Als Kernsymptome gelten emot. *Erschöpfung*, Unzufriedenheit mit der eigenen *Leistung*, Depersonalisation (*Depersonalisations-Syndrom*), (treffender: *Dehumanisierung*) und Überdruss. Dies aber wohl v. a., weil so die Skalen des *Maslach Burnout Inventory (MBI)*; Maslach et al. 1996; 22 Items) bzw. des *Tedium Measure* (Aronson et al. 1983; 21 Items) benannt sind, zweier amerik. Fragebögen, für deren dt. Übersetzungen u. a. Normen fehlen. Als Alternativen kommen v. a. die *Burnout-Screening-Skalen I und II (BOSS)*; je 30 Items) und das *Hamburger Burnout-Inventar* (HBI; zugänglich z. B. über www.burnout-institut.eu/Burnout-Test.8.0.html; 40 Items) infrage. Eine Übersicht diagn. Instrumente, die zur Erfassung von arbeitsbezogener psych. Belastung eingesetzt werden, sind im *Verzeichnis diagnostischer Verfahren* im Index aufgeführt. Die unscharfe Abgrenzung trägt dazu bei, dass B. in der *ICD-10* nur als (nicht kassenfähige) Zusatzdiagnose Z73.0 auftaucht, was sich in der ICD-11 kaum ändern wird. U. a. aus diesem Grunde wird dem Begriff *B.* von manchen Psychiatern die Existenzberechtigung abgesprochen. Eine Def. dreier niederländischer Spitzenverbände von Medizinern und Psychologen (zugänglich z. B. über www.burnout-institut. eu/Burnout-Service.33.0.html; niederländische Def. von B.), deren Trennschärfe die der üblichen ICD-Definitionen mind. erreicht, ist in Dt. noch weitgehend unbekannt. Immerhin empfahl die Dt. Gesellschaft für Psychiatrie, Psychoth. und Nervenheilkunde im März 2012, von Z73.0 vermehrt Gebrauch zu machen.

Die meisten ätiologischen Ansätze sehen B. ausgelöst und aufrechterhalten durch chronische Fehlbeanspruchung in Dauerstress-Situationen (*Stress*). Während manche Forscher ihr Augenmerk v. a. auf exogene Faktoren der (Arbeits-)Umwelt richten, z. B. eine unbefriedigende Aufwands-Ertrags-Balance (*Gratifikationskrise*), andere auf persönliche Dispositionen wie *Perfektionismus* oder die Unfähigkeit zur Abgrenzung, sind bis auf Extremfälle stets beide Faktorengruppen beteiligt. Oft ist schon die begriffliche Separierung schwierig, z. B., wenn gefährdete Persönlichkeiten gerade sie gefährdende Umstände aufsuchen. Die Fehlbeanspruchung muss im Übrigen keineswegs immer aus der Arbeitswelt stammen. Entspr. können Interventionen an der Änderung der Verhältnisse, also außen, ansetzen, oder innen, indem sie bspw. die Konfliktfähigkeit (*Konfliktverhalten*) stärken, beim Verlassen stressreicher Situationen unterstützen und, wo beides nicht möglich oder sinnvoll erscheint, zur Modifikation eigener Bewertungs- oder Verhaltensmuster (*Coping*) anregen. Gut kontrollierte Erfolgsuntersuchungen solcher Interventionen sind einstweilen rar, was insbes. durch meth. Probleme mitbedingt ist. *Demand-Control-(Support-)Modell*.

M. Burisch

Test Burnout-Screening-Skalen I und II (BOSS), 2009, W. Hagemann & K. Geuenich, [www.testzentrale.de], [**DIA, KLI**]. Klinisches Verfahren. AA ab 18 Jahre. Die BOSS sind Selbstbeurteilungsverfahren zur Erfassung von subj. psych. und physischen Beschwerden, wie sie typischerweise i. R. eines Burn-out-Syndroms (*Burn-out*) auftreten. Es stehen zwei unabhängig voneinander einsetzbare Fragebögen mit jew. 30 Items zur Verfügung. BOSS I beinhaltet vier Skalen, mit denen *Beschwerden in den Lebensbereichen Beruf, Eigene Person, Familie und Freunde* über einen Beurteilungszeitraum von drei Wochen erfasst werden. BOSS II besteht aus drei Skalen (*körperliche, kogn. und emot. Beschwerden*) und umfasst einen Beurteilungszeitraum von sieben Tagen. In der Auswertung wird pro Skala zw. drei Globalwerten (Mittel-, Intensitäts- und Breitenwert) unterschieden. BOSS kann sowohl zur dimensionalen Diagnostik (Quantifizierung der Beschwerden) als auch kategorialen Diagnostik (Verdachtsdiagnose eines Burn-out-Syndroms) eingesetzt werden. Das Verfahren eignet sich zur Eingangsdiagnostik sowie zur Verlaufs- und Erfolgskontrolle bei Präventions- und Fördermaßnahmen. *Normierung*: Es liegen *T*-Werte getrennt nach Mittelwert, Intensitäts- und Breitenwert vor. Die Normstichprobe umfasst 300 Personen (Altersbereich 18 bis 65 Jahre). Bearbeitungsdauer: Für beide Skalen gemeinsam etwa 10 bis 20 Min.

Test Büro-Test (B-T), 1981, G. Marschner. Vermutlich 1. Aufl. 1967, [www.testzentrale.de], [**AO, DIA, PER**]. Auslesetest. AA ab 15 Jahren. Bei dem B-T dienen Aufgaben (Arbeitsproben), die der kaufmännischen Tätigkeit entnommen und als Testaufgaben standardisiert sind, der Erfassung der *praktisch-kaufmännischen Intelligenz* und *Anstelligkeit*. Der Test ist den Niveautests zuzuordnen. Er ist als Gruppentest geeignet und liegt in zwei Formen vor. *Reliabilität*: Interne Konsistenz zw. $r = .58$ und $r = .98$ ($N = 382$). Retest-Reliabilität (6 Monate; $N = 187$) von $r = .71$. *Validität*: Neben weiteren Korrelationen mit Außenkriterien, Korrelation mit bürokundlichen Noten von $r = .79$. Normen liegen vor. Parallelformen A und B sind vorhanden. Durchführungsdauer zw. 40 und 45 Min.

Burt, Cyril (1883–1971), [**BIO, FSE, HIS, PÄD, PER**], Sir Cyril Lodowic Burt studierte 1902–1907 in Oxford und 1908 in Würzburg bei Külpe (*Külpe, Oswald*). Burt arbeitete mehr als 60 Jahre lang wiss. über Fähigkeitsmessungen (*Messen*), stat. Verfahren (*Faktorenanalyse*) und viele andere Themen und prägte die britische Ps. entscheidend. Er gilt auch als Nestor der britischen Erziehungsps. (*Erziehung*). Seine bekanntesten Arbeiten sind die über die Erblichkeit geistiger *Fähigkeiten*, durchgeführt an eineiigen Zwillingen, die in versch. Umgebungen aufwuchsen (*Zwillingsforschung, Zwillingsstudien*). Burt nahm nach den Ergebnissen dieser Untersuchungen an, dass 85 % der *Intelligenz* vererbt werden und das Milieu nur geringen Einfluss auf die Intelligenzentwicklung habe (*Intelligenzfaktoren*). Erst nach dem Tod von Burt entstand ein Streit darüber, ob ein Teil der von Burt veröffentlichten Daten ge- oder verfälscht wurden. Bislang konnte dies nicht eindeutig entschieden werden. Burt erhielt viele Ehrungen und wurde 1946 in den Ritterstand erhoben. Zu seinen Schülern zählen *Raymond B. Cattel*, *Hans-Jürgen Eysenck* und *Arthur R. Jensen*.

H. E. Lück

Business Reengineering [engl. *business* Betrieb, Gewerbe], *Reengineering*.

Business-Theorie [engl. *business* Betrieb, Gewerbe], *Balanced Scorecards*.

Buspiron [engl. *buspirone*], [**PHA**], 8-[4-[4-(2-Pyrimidinyl)-1-piperazinyl]butyl]-8-azaspiro[4,5]decan-7,9-dion, Bespar®. Substanz aus der Klasse der *Anxiolytika* vom Typ der *Azapirone*. Kompletter Agonist an präsynaptischen 5-HT1A-Autorezeptoren, wirkt inhibitorisch auf die Ausschüttung und Synthese von *Serotonin*. Postsynaptisch partieller *Agonist* an 5-HT1A-Rezeptoren mit direktem *serotonergem* Effekt. Antagonistische Eigenschaften am präsynaptischen D2-Rezeptor werden postuliert. Einsatz in der symptomatischen Behandlung von Angstzuständen (*Angststörungen*) mit der Leitsymptomatik *Angst*, innere Unruhe und Spannungszustände. Benkert & Hippius 2013, Tunicliff et al. 1991.

M. Paulzen

Butyrophenone (= B.) [engl. *butyrophenones*], [**PHA**], Gruppe von *Antipsychotika*, die nach den *Phenothiazinen* Ende der 1950er-Jahre eine neue Epoche der pharmakotherap. Behandlung von *Schizophrenien* mit *Haloperidol* eröffnet hat. Häufiger angewendete B. sind *Pipamperon*, *Melperon*. Gegenüber den Phenothiazinen haben B. weniger vegetative *Nebenwirkungen* und starke antipsychotische Wirkungen, jedoch gekoppelt mit extrapyramidalen Wirkungen (*extrapyramidalmotorische Störungen*) schon bei niedrigen Dosierungen. DiMascio & Shader 1972.

W. Janke

bystander effect [engl.] Zuschauereffekt, [**SOZ**], die Wahrscheinlichkeit einer Hilfeleistung (*prosoziales Verhalten*) für Personen, die sich in einer Notsituation befinden, nimmt mit der Zahl der in dieser Situation anwesenden Personen ab (Latane & Darley 1970). Die angebotenen Erklärungen, wie *Diffusion der Verantwortung*, die mit der Gruppengröße zunimmt; pluralistische Ignoranz, die Untätigkeit als angemessenes *Verhalten* in dieser Situation ansieht; *Ambiguität* der Situation, in der man nicht weiß, ob bereits alles Mögliche getan worden ist, um die Notsituation zu mildern oder professionelle Helfer bereits informiert sind; *Hemmung* durch die Umherstehenden, durch die man sich evtl. neg. bewertet fühlt, wenn man etwas unternimmt; Bilanzierung des Aufwandes für Hilfe bzw. Unterlassung der Hilfe in dieser Situation, stehen z. T. relativ unverbunden nebeneinander. Die entwickelten Strategien der Hilfeleistung (Clark 1991, Spacapan & Oskamp 1992) sind die pos. Formen der Überwindung der Passivität der Anwesenden in Notsituationen. *Soziale Verantwortung*.

B. Six

Cabergolin, [**PHA**], *Dopaminagonist*, *Mutterkornalkaloid*, sog. *Ergot-Dopamin-Agonist*. *Agonist* vor allem an D2-*Dopaminrezeptoren*. Mittel der zweiten Wahl zur Behandlung der *Parkinson'schen Erkrankung* und zur Hemmung der Laktation (= Bildung von Muttermilch).

CAD, [**AO**], Abk. für *Computer Aided Design*, computergestütztes Entwickeln, Zeichnen und Konstruieren, wobei der Bildschirm des Computers gewissermaßen als Reißbrett fungiert.

CAIC, Abk. für *consistent Akaike information criterion* [engl. *konsistenstes Akaike Informationskriterium*], *Informationstheoretische Maße*.

Calcitonin (= C.) [engl. *calcitonin*], [**BIO, PHA**], von den C-Zellen der Schilddrüse sezerniertes Peptidhormon. Im *Gehirn* nachweisbar (Hypophyse). Freisetzung bei Konzentrationsanstieg von Kalzium im Blut sowie durch gastrointestinale *Hormone* wie *Cholecystokinin* und *Gastrin*, durch *Glukagon* und Triglyzeride. Senkung des Kalziumspiegels, regelt zus. mit dem *Parathormon* den Kalziumhaushalt. Vielfältige Beziehungen zu psych. Vorgängen. Es wird angenommen, dass C. über hypothalamische Mechanismen Essregulation und Sättigung beeinflusst und stressinduziertes Essverhalten hemmt. Bei intrazerebraler Verabreichung hoher Dosen wurde Analgesie nachgewiesen, die durch *Opioid-Antagonisten* nicht aufgehoben wird. W. Janke

Calcium-Antagonisten [engl. *calcium antagonists*], syn. *Calciumkanalblocker*, [**BIO**], Stoffklasse, die durch Blockierung von Ca++-Kanälen den Einstrom von Ca++-Ionen bes. in Muskelzellen unterbinden und so zu einer vermehrten *Muskel*kontraktilität führen kann. Chemisch und pharmakol. heterogen; die Forschung ist um die Entwicklung von neuen Substanzen bemüht. Der therapeutische Anwendungsbereich umfasst v. a. Herzerkrankungen (Angina pectoris, *Herzerkrankung, koronare*), Migräne sowie ischämisch bedingte neurologische Störungen, aber auch Angsterkrankungen (*Angststörungen*) und bipolare Depressionen (*Bipolare Störungen*). *Rezeptoren* im ZNS (*Nervensystem*) sind nachgewiesen. Hartmann 1993. W. Janke

California Child Q-Set (CCQ) 1989, R. Göttert & J. Asendorpf. Engl. Originalfassung: California Child Q-Set, J. H. Block & J. Block, 1980 [**DIA, EW, PER**]. Q-Sort Verfahren (*Q-Sortierung*) mit 54 Items, die nach 9 Salienzstufen in eine vorgegebene Gleichverteilung gebracht werden und so eine personzentrierte Persönlichkeitsbeschreibung ermöglichen. *Normierung*: N = 209. AA ab 3 Jahre. Bearbeitungsdauer ca. 30 min.

callous-unemotional traits [engl.] emotionale Unbeteiligtheit, syn. *CU-Traits*, [**EM, KLI, SOZ**], bez. affektiv-soziale Defizite, die eine Extremform aggressiv-dissozialen Verhaltens kennzeichnen. Im *DSM-5*, American Psychiatric Association 2013) kennzeichnet dieses Merkmal eine stark ausgeprägte Bereitschaft zur *Gewalt* und kennzeichnet damit eine Form der *Störung des Sozialverhaltens*, das durch viele Akzente gekennzeichnet ist: (1) fehlende Reue oder Schuldgefühle, (2) Missachtung der Gefühle anderer oder die Gefühle anderer sind der Person mit CU-Traits gleichgültig, (3) der Betroffene zeigt keine Besorgnis vor schlechten Leistungen in der Schule, der Arbeit oder anderen Lebensbereichen, (4) oberflächlicher oder defizitärer *Affekt*. V. a. der letztgenannte Aspekt ist folgenschwer für jede *soziale Interaktion*. So drücken Personen mit CU-Traits keine Gefühle aus oder zeigen anderen gegenüber keine Gefühle, außer in vordergründiger Art; die gezeigten Emotionen stimmen nicht mit dem Verhalten überein, und *Emotionen* können schnell «ein- oder ausgeschaltet» werden. Häufig werden Emotionen lediglich dazu eingesetzt, um etwas Bestimmtes zu erreichen, etwa um jemanden zu manipulieren oder einzuschüchtern. CU-Traits werden im Kontext der *Psychopathie* diskutiert und können in allen Altersgruppen auftreten; sie werden schon im Kindergartenalter beobachtet. Bes. häufig findet man CU-Traits bei inhaftierten Jugendlichen und Erwachsenen, sowie bei Männern deutlich häufiger als bei Frauen (3:1; Petermann & Koglin 2013). Die Behandlungserfolge oder die Chancen auf eine erfolgreiche Resozialisierung (z. B. nach einer Inhaftierung) sind wenig ermutigend. U. Petermann

Campbell, Donald (1916–1996), [**FSE, HIS**], 1947 Promotion an der *University of Berkeley*, Prof. an der *Ohio State University* (1947–1950), der *University of Chicago* (1950–1953), der *Northwestern University* (1953–1979), der *Syracuse University* (1979–1982) und der *Lehigh University* (1983–1996); sechs Ehrendoktorate; 1975 Präsident der *American Psychological Association*. Seine methodologischen und wissenschaftstheoretischen Arbeiten haben die Ps. und andere Sozial- und Verhaltenswissenschaften nachhaltig geprägt. Seine zus. mit *Fiske* im Jahre 1959 publizierte Arbeit «Convergent and discriminant validation by the multitrait-multimethod matrix», eine der am häufigsten zit. Arbeiten der Ps., hat die Testvalidierung (*Validierung*) grundlegend geprägt (*Multitrait-Multimethod-Analyse*; *Validität, konvergente*; *Validität, diskriminante*). In dieser Arbeit wird auf die Bedeutung von Methodeneffekten bei der Messung psychol. Merkmale hingewiesen und Methoden zu ihrer Identifikation vorgeschlagen. Auch seine mit J. C. Stanley veröffentlichte Arbeit «Experimental and quasi-experimental design for research» (1963, 1969), in der die Gefahren der *internen Validität* und *externen Validität* und ihrer Kontrollen behandelt werden, hat in Neuauflagen und Überarbeitungen bis heute einen maßgeblichen Einfluss auf die psychol. Methodenlehre. Er hat sich darüber hinaus intensiv für den Einsatz sozialwiss. Forschungsmethoden zur *Evaluation* sozialer Programme (*Reforms as experiments*, 1969) eingesetzt und wesentliche wissenschaftstheoret. Beiträge zur evolutionären Erkenntnistheorie vorgelegt. *M. Eid*

Campbell-Paradigma (= C.) [engl. *Campbell's paradigm*], nach D. T. Campbell (1916–1996), **[KOG, PER, SOZ]**, die konventionelle Sicht des Einstellungs-Verhaltenszusammenhanges (*Einstellung, Verhalten*) geht von einer Ursache-Wirkungs-Relation aus. Damit einher geht die konzeptuelle Unterscheidung von *Einstellung* (der subj. mentalen Ursache des *Verhaltens*) und ihrer obj. beobachtbaren Verhaltenskonsequenz. Entsprechend ist eine Erklärungslücke möglich, wenn Einstellungen nur bedingt tauglich sind, Verhalten zu erklären, und umgekehrt, wenn Verhalten nicht die entspr. Einstellung mit sich bringt. Demgegenüber wird im C. von der von Werner Greve beschriebenen logisch-axiomatischen Verknüpfung von Verhalten und *Intention* ausgegangen. Die Intention zeigt sich dabei in Form einer indiv. Verhaltensdisposition, die das Verhalten einer best. Verhaltensklasse mitkontrolliert. *Gesundheitsverhalten* ist entspr. Verhalten, mit dem ein Akteur seine Gesundheit wiederherzustellen bzw. zu erhalten beabsichtigt. In der Ausprägung der Verhaltensdisposition zeigt sich die Wertschätzung oder Valenz der Gesundheit. Belanglos ist dabei, ob das Verhalten überhaupt faktisch dazu in der Lage ist, den Gesundheitsstatus zu verbessern. Verhalten und Einstellung werden somit in einer teleologischen (*Teleologie, Mittel-Ziel-Überzeugung*) und nicht in einer kausalen Relation (*Kausalität*) gesehen. Folgerichtig wird ein best. Verhalten (z. B. Fahrradfahren) zu einem Verhaltensmittel, um das Einstellungsziel (z. B. Gesundheit; *Ziele, gesundheitsbezogene*) zu realisieren. Die Extremität einer Einstellung und damit der Verhaltensdisposition zeigt sich im Verhaltensaufwand, den jemand auf sich nimmt, um das Einstellungsziel (z. B. Gesundheit) zu realisieren. Math. wird das C. mit dem *Rasch-Modell* dargestellt. Dabei wird das Ausmaß einer indiv. Einstellung aus den in der Vergangenheit gezeigten Verhaltensweisen einer Klasse einstellungsrelevanter Verhaltensweisen geschätzt. Entsprechend sind Verhaltensdisposition und Einstellungsausprägung konzeptuell identisch. Greve 2001, Kaiser 2010. *F. G. Kaiser*

CANDECOMP *Faktorenanalyse, dreimodale.*

Cannabinoide (= C.) [engl. *cannabinoids*], **[BIO, PHA]**, Gruppe aus zahlreichen Stoffen, die in der Cannabispflanze enthalten sind. Wichtigstes C. ist *Tetrahydrocannabinol* (THC). C. spielen eine wichtige Rolle als Neuromodulatoren für synaptische Übertragungen. Das endogene C.-System scheint u. a. eine wichtige Rolle bei der Gehirnentwicklung (*Gehirn*) und der Reifung versch. Transmittersysteme zu spielen. Endogen produzierte C. besitzen protektive und antioxidative Eigenschaften. Endoc. spielen eine wichtige Rolle beim *Lernen* und bei Gedächtnisprozessen (*Gedächtnis, Hippocampus*), Hunger und Sättigung (Thalamus), psychomotorischen Funktionen (Basalganglien & Cerebellum), Schmerzverarbeitung (Rückenmark, periaquäduktales Grau) sowie bei höheren kogn. Prozessen. Bekannte C. sind Dronabinol (THC), Nabilon, Cannabidiol (nicht psychotrop) sowie der CB1-Rezeptor-Antagonist Rimonabant. CB1-Rezeptorenblockade wurde durch *Rimonabant* therap. bei *Adipositas* genutzt. Die Substanz wurde wegen der Auslösung depressiver Syndrome (*Depression*) und *Suizidalität* wieder vom Markt genommen. Versch. mögliche Indikationen von C. und CB-Rezeptorantagonisten werden zunehmend erforscht und diskutiert. Iversen 2003, Meyer & Quenzer 2005.
W. Janke/F. Löwenbrück

Cannabis (= C.) [engl. *cannabis*], **[BIO, PHA]**, psychotrope Substanz, aus Hanf gewonnen und in versch. Zubereitungen konsumiert, bes. *Haschisch* und *Marihuana*. Der Hauptwirkstoff ist δ^9-Tetrahydrocannabinol (δ^9-THC oder kurz THC). Die Wirkung entfaltet sich über eigene Rezeptoren, sog. Cannabisrezeptoren (CB1-Rezeptor), die bei Aktivierung über ein Second-Messenger-System die Adenylylcyclase hemmen und Kalziumkanäle blockieren. Rezeptoren finden sich v. a. in den Basalganglien, im *Hippocampus* und Cerebellum. C. hat viele psych. Effekte wie Gefühl der Entspannung, des Abrückens von Alltagsproblemen, angenehm empfundene *Apathie*, milde *Euphorie*, subj. gesteigerte Intensität von (akustischen) Sinneswahrnehmungen, i. d. R. keine *Halluzinationen*. *Denken* wird assoziationsreich (u. U. Ideenflucht). Das Zeitempfinden scheint die Zeit langsamer verstreichen zu lassen. Zahlreiche physiol. Wirkungen, u. a. leichte *Tachykardie*, Mundtrockenheit, antikonvulsive und antiemetische Komponenten. Bei Dauermedikation ändert sich das Wirkungsbild. Die bei Absetzen entstehenden *Symptome* dauern nur einige Tage und sind nicht quälend. Miller & Branconnier 1983, Täschner 1986. *W. Janke/F. Löwenbrück*

Cannabisabhängigkeit (= C.) [engl. *cannabis dependence*], **[KLI]**, Abhängigkeit von *Cannabis*. Nach *ICD-10* und DSM-IV wird die Diagnose einer C. analog zu den Kriterien für eine Abhängigkeitserkrankung gestellt. Nach *DSM-5* zählt die C. zu den Cannabiskonsumstörungen, sie wird – analog zu anderen Substanzkonsumstörungen – nicht mehr als C. isoliert kodiert. Die Angabe des Schweregrades der Cannabiskonsumstörung (leicht/mittel/schwer) gibt hier Aufschluss über das Ausmaß der Gesundheitsstörung durch den Substanzkonsum. Die Kriterien für die Cannabiskonsumstörung nach DSM-5 finden sich in der Tab. *G. Gründer*

Cannabisintoxikation (= C.) [engl. *cannabis intoxication*], **[KLI, PHA]**, *Intoxikation* durch *Cannabis*. Bei Rauchen von Cannabis entwickelt sich eine C. i. d. R. innerhalb von Min., bei oraler Aufnahme kann eine Latenz von bis zu einigen Std. bestehen. Sie hat eine Dauer von 3-4 Std. Diagn. Kriterien für die C. nach *DSM-5* finden sich in Tab. 1. Bei einer C. ist vor allem die psychomotorische Leistung beeinträchtigt, sodass das Risiko von z. B. (Verkehrs-)Unfällen hoch ist. Eine C. kann in seltenen Fällen in eine *Psychose* einmünden. Sie ist von anderen cannabisinduzierten Störungen (z. B. cannabisinduzierte Angststörung) abzugrenzen. Differenzdiagn. kommen vor allem Intoxikationen durch andere Substanzen, insbes. *Alkohol, Sedativa* und *Halluzinogene*, in Betracht. *G. Gründer*

Cannabisintoxikation

Cannabisabhängigkeit: Diagnostische Kriterien der Cannabiskonsumstörung nach DSM-5

Störung durch Cannabiskonsum (Cannabiskonsumstörung)

Diagnostische Kriterien
Ein problematisches Muster von Cannabiskonsum führt in klinisch bedeutsamer Weise zu Beeinträchtigungen oder Leiden, wobei mindestens zwei der folgenden Kriterien innerhalb eines Zeitraums von 12 Monaten vorliegen:

1. Cannabis wird häufig in größeren Mengen oder länger als beabsichtigt konsumiert.
2. Anhaltender Wunsch oder erfolglose Versuche, den Cannabiskonsum zu verringern oder zu kontrollieren.
3. Hoher Zeitaufwand, um Cannabis zu beschaffen, zu konsumieren oder sich von seiner Wirkung zu erholen.
4. Craving oder ein starkes Verlangen, Cannabis zu konsumieren.
5. Wiederholter Cannabiskonsum, der zu einem Versagen bei der Erfüllung wichtiger Verpflichtungen bei der Arbeit, in der Schule oder zu Hause führt.
6. Fortgesetzter Cannabiskonsum trotz ständiger oder wiederholter sozialer oder zwischenmenschlicher Probleme, die durch die Auswirkungen von Cannabis verursacht oder verstärkt werden.
7. Wichtige soziale, berufliche oder Freizeitaktivitäten werden aufgrund des Cannabiskonsums aufgegeben oder eingeschränkt.
8. Wiederholter Cannabiskonsum in Situationen, in denen der Konsum zu einer körperlichen Gefährdung führt.
9. Fortgesetzter Cannabiskonsum trotz Kenntnis eines anhaltenden oder wiederkehrenden körperlichen oder psychischen Problems, das wahrscheinlich durch Cannabis verursacht wurde oder verstärkt wird.
10. Toleranzentwicklung, definiert durch eines der folgenden Kriterien:
    a. Verlangen nach ausgeprägter Dosissteigerung, um einen Intoxikationszustand oder einen erwünschten Effekt herbeizuführen.
    b. Deutlich verminderte Wirkung bei fortgesetztem Konsum derselben Menge an Cannabis.
11. Entzugssymptome, die sich durch eines der folgenden Kriterien äußern:
    a. Charakteristisches Entzugssyndrom in Bezug auf Cannabis.
    b. Cannabis (oder eine sehr ähnliche Substanz) wird konsumiert, um Entzugssymptome zu lindern oder zu vermeiden.

Cannabisintoxikation: Diagnostische Kriterien der Cannabisintoxikation nach DSM-5

Cannabisintoxikation

Diagnostische Kriterien

A. Kurz zurückliegender Cannabiskonsum

B. Klinisch bedeutsame verhaltensbezogene oder psychische Veränderungen (z. B. beeinträchtigte motorische Koordination, Euphorie, Angst, Gefühl der Zeitverlangsamung, beeinträchtigtes Urteilsvermögen, sozialer Rückzug), die sich während oder kurz nach dem Cannabiskonsum entwickelt haben

C. Mindestens zwei der folgenden Symptome, die sich innerhalb von 2 Stunden nach dem Cannabiskonsum entwickeln:
   1. Rötung der Bindehaut
   2. Gesteigerter Appetit
   3. Mundtrockenheit
   4. Beschleunigter Puls

D. Die Anzeichen oder Symptome gehen nicht auf einen anderen medizinischen Krankheitsfaktor zurück oder können nicht besser durch eine andere psychische Störung einschließlich einer Intoxikation durch eine andere Substanz erklärt werden.

Cannabis-Rezeptoren [engl. *cannabinoid receptors*], [**BIO, PHA**], Abk. CB-Rezeptoren, gehören zur Familie der metabotropen (G-Protein-gekoppelten) Rezeptoren. Man unterscheidet CB1- & CB2-Rezeptoren. CB1-Rezeptoren sind primär im *ZNS* lokalisiert, v. a. in Basalganglien, *Hippocampus*, Cerebellum und Kortex sowie in *Amygdala*, Thalamus und Nucleus accumbens. In geringerer Dichte findet man sie auch in der Peripherie. Es findet sich häufig eine Kolokalisation des CB1-Rezeptors mit anderen metabotropen Rezeptoren (*Opioid*, D_2, $GABA_B$, Adenosin A1). CB2-Rezeptoren befinden sich fast ausschließlich in der Peripherie, so im *Immunsystem* (v. a. B-Lymphozyten), sind jedoch auch im ZNS nachgewiesen worden. Man geht von einer typischen, evtl. auch ausschließlichen, präsynaptischen Lokalisation der CB-Rezeptoren aus. Bei Aktivierung entfaltet sich die Wirkung über eine reversible, dosisabhängige Hemmung der Adenylatzyklase, modulatorische Effekte auf die Mitogen-aktivierte Proteinkinase (MAPK), sowie (bei CB1-Rezeptoren) eine direkte, hemmende Wirkung auf Ca2+-Ionenkanäle.

W. Janke/F. Löwenbrück

Cannon, Walter Bradfort (1871–1945), [**EM, HIS**], Physiologe/Med.studium in Cambridge (*Harvard University*). Wurde bekannt durch seine Untersuchungen zu körperlichen Vorgängen unter *Stress* und seine Kritik an der Emotionstheorie von James und Lange (*James-Lange'sche-Theorie*).

Cannon-Bard-Theorie [engl. *Cannon–Bard theory*], nach W. B. Cannon (1871–1945), P. Bard (1898–1977), *Emotionstheorien*.

Cannon-Syndrom [engl. *Cannon (stress) syndrome*], nach W. B. Cannon (1871–1945), *Notfallreaktion*.

Cantril, Albert Hadley, Jr. (1906–1969), [**HIS, MD**], Hadley Cantril war amerikanischer Psychologe. Nach dem Studium an der Harvard University lehrte er an versch. Hochschulen, 1936–1955 an der Princeton University, wo er sich vor allem mit Öffentlicher Meinung befasste und das Office of Public Opinion Research gründete. Cantril wurde bekannt durch seine Untersuchungen zur *Medienpsychologie*, insbes. durch seine Untersuchung der unerwarteten Wirkungen des Hörspiels «War of the Worlds» von Orson Welles. Cantril war Berater der Regierungen Roosevelt, Eisenhower und Kennedy. Cantril et al. 1940. *H. E. Lück*

capacity [engl.] Leistungsfähigkeit, [**KOG**], max. Fähigkeit eines Individuums Informationen aufzunehmen und zu speichern und/oder eine Leistung zu erbringen. *ability*.

Capgras-Syndrom [engl. *Capgras syndrome*], nach J. Capgras (1873–1950); *Doppelgängerwahn*.

capitulation [engl.] Kapitulation, Übergabe; *Steuerpsychologie*.

Carbachol [engl. *carbachol*], [**PHA**], Pharmakon aus der Klasse der *Parasympathikomimetika* mit einer direkten Rezeptorenwirkung.

Carbamazepin (= C.) [engl. *carbamazepine*], [**BIO, PHA**], 5H-Dibenz[b,f]azepin-5-carboxamid, Dibenzoazepin-Derivat, pharmakol. Gemeinsamkeiten mit Phenytoin. Wirkungsmechanismus bislang nicht geklärt. Ähnlich wie Phenytoin hemmt C. die synaptische Übertragung und reduziert dadurch die Fortleitung von konvulsiven Entladungen. In höheren Konzentrationen verursacht C. eine Herabsetzung der posttetanischen Potenzierung. Gefahr von Knochenmarkschädigung und Leberfunktionsstörungen. Wichtiger Cytochrom-P450-Enzyminduktor, hierdurch Senkung von Wirkstoffspiegeln unterschiedlicher Pharmaka. Benkert & Hippius 2013, Müller-Oerlinghausen et al. 1989. *M. Paulzen*

Carbidopa [engl. *carbidopa*], Decarboxylasehemmstoff, [**PHA**], Arzneimittel, das bei der Behandlung der *Parkinson'schen Erkrankung* in Kombination mit *Dopamin-Agonisten* wie *L-Dopa* (Levodopa) verwendet wird, um die Decarboxylierung von L-Dopa zu hemmen. *Parkinsonmittel*.

cardiac-somatic uncoupling [engl. *cardiac* das Herz betreffend, *somatic* somatisch, *uncoupling* Entkoppelung], *Active-Coping-Ansatz*.

Cardiazolschock [engl. *cardiazol shock, cardiazol convulsive therapy*], [**KLI**], durch Cardiazol (*Pentetrazol*) ausgelöste Krämpfe, Vorgänger der *Elektrokrampftherapie*. Form der *Schocktherapie*.

Test**Caregiver-Teacher Report Form – Deutsche Fassung (C-TRF 1½-5)**, 2000, T.M. Achenbach, [www.testzentrale.de], [**DIA, PÄD**]. AA Erzieher von Kindern im Alter von 1½ –5 Jahren. Die dt. Fassung des *Caregiver-Teacher Report Form* umfasst 99 Problem-Items, von denen 83 Entsprechungen der Elternversion darstellen. Aus den Items werden sechs Problemskalen (*Emotionale Reaktivität; Ängstlich/Depressiv; Körperliche Beschwerden; Sozialer Rückzug; Aufmerksamkeitsprobleme* und *Aggressives Verhalten*) sowie drei übergeordnete Skalen gebildet, die *Externalisierende Auffälligkeiten, Internalisierende Auffälligkeiten* und *Gesamtauffälligkeit* abbilden. Die Skalenbildung basiert auf faktorenanalytischen Untersuchungen an einer Stichprobe von 1113 Kindern. *Reliabilität*: Die Reliabilität der Skalen wurde in einer klin. Stichprobe (N = 147) und einer Feldstichprobe (N = 1985) geprüft. Die internen Konsistenzen der übergeordneten Skalen mit $r > .88$ im guten bis sehr guten Bereich. *Normierung*: Die amerikanische Normierung stützt sich auf eine nicht behandelte Stichprobe von 1192 Kindern. Es können außerdem DSM-orientierte Skalen gebildet werden. Bearbeitungsdauer: Erzieher benötigen für das Ausfüllen des Fragebogens ca. 10–15 Min.

Caring (= C.) [engl.] Betreuen, [**PÄD**], ist nach Dubs 2009 das Bemühen einer Lehrperson, die Gefühle (*Gefühl*), das *Denken* und das Handeln (*Handlung*) der Schüler durch Beobachten und aktives Zuhören zu verstehen, sie zu akzeptieren, wie sie sind, und ihre *Ängste*, Unsicherheiten und Probleme zu erkennen. Ihnen soll im vertrauensvollen, unterstützenden Dialog geholfen werden, ihr *Lernen*, *Lernprozess*) zu verbessern und sich als Persönlichkeit weiterzuentwickeln (*Persönlichkeitsentwicklung*) sowie zu lernen, sich aufgrund einer Beurteilung der eigenen Möglichkeiten und Grenzen richtig einzuschätzen. Ziel ist der Aufbau dauerhaften, gegenseitigen *Vertrauens*. Zusammengefasst bedeutet C. eine von Respekt, Achtung und Einfühlsamkeit geprägte Haltung einer Lehrperson gegenüber Schülern. Der Begriff des C. kam ursprünglich in den 1980er Jahren auf. Er stand in einem Spannungsverhältnis: Einerseits wird das Sich-Einfühlen in Schüler als selbstverständliche Aufgabe einer Lehrperson, andererseits als Überforderung bez. Auch aktuell wird emot. Verantwortung für Schüler kontrovers diskutiert, i. S. eines fürsorglichen *Erziehungsstils* in der *Klassenführung* (*Klassenführungsstile*) nimmt die Akzeptanz stetig zu. Dies umfasst z. B. die indiv. Wahrnehmung der Schüler, diese ernst zu nehmen, Schul- und Lebensprobleme wahrzunehmen und zu besprechen, Lerneigenschaften und Lernprobleme zu erkennen und Bereitschaft zur Zukunftsberatung der Schüler zeigen. Die kogn. Ausbildung und Förderung von Schülern gelingt nachweislich besser, wenn die Lehrer-Schüler-Beziehung von Wertschätzung im beschriebenen Sinne geprägt ist. Dubs 2009. *S. Weis*

Carpenter-Effekt [engl. *Carpenter effect*], [**KOG**], eine von W. B. Carpenter (1813-1885) entdeckte und beschriebene Gesetzmäßigkeit, wonach wahrgenommene (oder vorgestellte) Bewegungen zum Mitvollzug der Bewegungen führen. *Ideo-Realgesetz*.

Carzinophobie [engl. *carzinophobia*; gr. καρκίνος (*karkinos*) Krebs], [**KLI**], krankhafte Angst, krebskrank zu werden. *Phobische Störung*.

case-study method [engl.] Fallstudienmethode, [**KLI**, **PER**], Methode zur Feststellung und Ordnung aller erfassbaren Lebensdaten, Umweltverhältnisse und deren Einflüsse auf den Entwicklungsvorgang eines Individuums. Die Bez. *case study* meint mehr die Technik der Erhebung – die Bez. *case history* die zusammengefasste Beschreibung. *Fallstudie*. Allport 1942.

Case V [engl.] Fall V; *Thurstone-Skala*.

catch trial [engl.] Prüfdurchgang, [**DIA**], z. B. bei der Erprobung eines Tests. *Testkonstruktion*.

Catecholamine (= C.) [engl. *catecholamine*], [**BIO**], Substanzen, die chemisch als Amine mit einem Catecholring zu kennzeichnen sind. Sie sind z. T. Hormone (z. B. Adrenalin, Noradrenalin) und z. T. biogene Neurostoffe, die von wesentlicher Bedeutung im zentralen und vegetativen *Nervensystem* (v. a. NA und DA) sind. Die drei Substanzen aus der Gruppe der C. sind *Adrenalin*, *Noradrenalin* und *Dopamin*. Die psychol.-physiol. Forschung konzentriert sich um drei Problemkreise: (1) C. als *Transmitter*, (2) C. als *Hormone* und obj. Indikatoren emot. und motivationaler Aktivation, *Stress*, (3) Verabreichung von C. zur Induktion unspezifischer oder spezif. Erregung (Adrenalin und adrenalinbeeinflussende *Sympathikomimetika*). Das Auftreten psych. Erkrankungen könnte mit Störungen in der Biosynthese der C. einhergehen. Diskutiert wird dies für *Depressionen* und für die *Schizophrenie*. Von psychol. Interesse ist dieser Punkt v. a. im Zusammenhang mit Stress, da dieser die C.produktion anregt. Frankenhaeuser 1971, Frankenhaeuser 1980. *W. Janke*

Cattell, James McKeen (1860–1944), [**HIS, DIA, PER**], Begründer der *mental tests*, mithilfe derer v. a. sensomotorische Funktionen erfasst wurden. Studium am Lafayette-College, dann Studium in Göttingen und Leipzig (bei W. Wundt), wo er sich primär für die Untersuchung indiv. Unterschiede interessierte. Prof. an der *Cambridge University*. Dort Zusammenarbeit mit F. Galton. 1880 weltweit erste Professur für Ps. an der *Pennsylvania University*. *Fullerton-Cattell'sches Gesetz*.

Cattell, Raymond Bernard (1905–1997), [**FSE, HIS, PER**], Studium am *King's College* London (Promotion 1929). 1928–1931 Doz. *University Exeter* und *Leicester*. Ab 1937 Prof. an den *Universities Columbia, Clark, Illinois* und *Harvard*. Cattell wurde wesentlich von der Londoner Schule (bes. von Spearman) geprägt. Cattell begründete die multivariate, faktorenanalytisch-orientierte Persönlichkeitsforschung (*Persönlichkeit, klassische faktorenanalytische Ansätze*). Cattell wurde v. a. bekannt durch den systematischen Aufbau von Datenquadern und seine Forderung nach Datenanalysen auf mehrfachen Ebenen (*L-Daten, Q-Daten, T-Daten*). Seine faktorenanalytische Strategie wandte er nicht nur auf die Intelligenzforschung, sondern auch auf die Motivanalyse an.

Cattell-Horn-Carroll-Modell (CHC-Theorie), nach *Cattell, Raymond Bernard*, John L. Horn (1929–2006), John Bissell Carroll (1916-2003), *Intelligenzfaktoren*, *praktische Intelligenz*.

caudal [lat. *cauda* Schwanz], [**BIO**], schwanzwärts, dem Hinterende zu gerichtet. Ggs. *cephal*.

causal lag theory [engl. *causal* kausal, *lag* Verzögerung], *Längsschnittuntersuchung*.

causal model theory [engl.] *Kausalmodelle, Theorie der*.

CD theory [engl. *conceptual dependency* begriffliche Abhängigkeit], [**KOG**], eine Theorie des Verstehens natürlicher Sprache von Schank 1972. Eine Theorie der Repräsentation der Bedeutung von Sätzen. Grundsatz: für zwei Sätze, die Gleiches bedeuten, sollte es – unabhängig von ihrer Form – nur eine *Repräsentation* geben. Schank & Abelson 1977.

ceiling effect [engl. *ceiling* Decke, Höchstes], syn. *Deckeneffekt*, [**DIA, FSE**], tritt auf, wenn die Schwierigkeit eines Items oder Tests so gering ist, dass auch Individuen mit einer nicht extremen Ausprägung des gemessenen Merkmals die max. Antwortoption wählen bzw. den max. Testwert erzielen. Daraus resultiert, dass zw. diesen Individuen und solchen mit einer extremeren Merkmalsausprägung aufgrund dieses Tests nicht differenziert werden kann, weil die «Testdecke» oder die Testobergrenze zu niedrig ist. *Floor effect*. Bühner 2010.

cell assembly [engl.] Zellgruppe/-aggregat; *Engramm*.

Centil *Zentile*.

central clock theories [engl.] Theorie der zentralen Uhr; *Zeit*.

Centroid-Methode (= C.) [engl. *centroid method*; gr. κέντρον (*kentron*) Mittelpunkt], [**FSE**], von Thurstone 1934 eingeführte, relativ einfache Rechenmethode zur Extraktion eines «Faktors», dessen Ladungssumme max. ist (*Faktorenanalyse, exploratorische*). Die C. wird sukzessiv auf die Korrelationsmatrix und die jew. Restkorrelationsmatrizen angewendet, wobei die Variablen so definiert (umgepolt, «reflektiert») werden, dass vor jeder Extraktion eines Faktors möglichst viele pos. Korrelationen in der Matrix entstehen. *E. Mittenecker*

cephal [engl. *cephalic*; gr. κέφαλη *(kephale)* Kopf], **[BIO]**, das Kopfende betreffend. Als Nachwort «Kopf», z. B. Brachycephalus = Breitkopf, Dolichocephalus = Langkopf, Mesocephalus = Mittelkopf.
Cephalisation *Enzephalisation*.
cephalo-caudal [engl. *cephalic-caudal*; gr. κέφαλη *(kephale)* Kopf, lat. *cauda* Schwanz], *Entwicklung, motorische*.
Cerebellum [engl. *cerebellum*; lat. *cerebrum* Gehirn], das Kleinhirn. *Gehirn*.
cerebral [engl. *cerebral*; lat. *cerebrum* Gehirn], zum *Gehirn* gehörend, das Großhirn betreffend.
Cerebralparese *Zerebralparese*.
Cerebration [engl. *cerebration*; lat. *cerebrum* Gehirn], *Enzephalisation*.
cerebrospinales Nervensystem [engl. *cerebrospinal nervous system*; lat. *cerebrum* Gehirn, *spina* Rückgrat], *Nervensystem*.
Cerebrum [engl./lat.] *Gehirn*.
CFS *Chronisches Müdigkeitssyndrom*.
chaining [engl.] Verkettung. *Konditionierung, operante*.
Chakra [engl. *chakra*; Sankrit चक्र Kreis, Rad, auch Lotusblume], Zentren übersinnlicher *Wahrnehmung* und Lebensenergien nach Vorstellungen des Hinduismus. Die Hauptchakren liegen im Körper des Menschen entlang des Rückenmarks. Sie können im Wege des *Yoga* geweckt werden und werden in Beziehung zu best. *Gott*heiten vorgestellt.
Challenge Test [engl. *challenge* Herausforderung], **[PHA]**, syn. *Drug Challenge Test*. Pharmakol. *Reaktivitätstest*.
Chance *Odds*.
Chancengleichheit (= C.) [engl. *principle of equal opportunities*], **[PÄD]**, bildungs- und sozialpolitisches Postulat: Jeder solle unabhängig von seiner sozialen Herkunft und wirtschaftlichen Lage eine seinen Fähigkeiten (*Fähigkeit*) entspr. Ausbildung erhalten bzw. die Möglichkeit dazu garantiert bekommen. Für die praktische Realisierung im Bildungssystem ist zu unterscheiden zw. (1) *Startchancengleichheit*, d. h. Gleichheit der äußeren Bedingungen bei Aufbruch von einer Startlinie (z. B. bei Schuleintritt), was zuvor einen Chancenausgleich voraussetzt (z. B. durch *Vorschulerziehung*); (2) *Zielchancengleichheit*, d. h., Erreichbarkeit eines Bildungs- oder Ausbildungsziels (z. B. Abitur), muss für möglichst viele gewährleistet sein; was überleitet zur (3) *Entwicklungschancengleichheit*, d. h., um gleiche Bildungsresultate zu erreichen, müssen versch. Schüler während Schullaufbahn oder Studiengang differenziert behandelt werden (*Differenzierung*). *Bildungschancen*. Heckhausen 1975.
Chancenverhältnis *Odds Ratio*.
change blindness [engl.] *Veränderungsblindheit*.
change deafness [engl.] *Veränderungstaubheit*.
change explorer (= c. e.) [engl.] «Veränderungserkunder», **[AO, FSE]**, multimethodales Instrumentarium zur *Evaluation* und Verbesserung des *Veränderungsmanagements*. Er stützt sich auf eine integrative systemische Change-Management-Theorie (Greif et al. 2004). Seine Komponenten sind ein teilstandardisiertes *Interview* mit Karten- und *Struktur-Lege-Techniken*, *Fragebogen* zur Einschätzung der Ergebniskriterien und Erfolgsfaktoren sowie ein Auswertungsworkshop. Zu denselben organisationalen Veränderungen befragt und im Auswertungsworkshop einbezogen werden in der praktischen Anwendung alle bzgl. der Veränderungen einflussreichen Schlüsselpersonen (Führungsebenen, Projektmanagement, Projektteam, Mitarbeiter und Personalvertretung). Wie das *360-Grad-Feedback* ist der c. e. daher als Multisource-Methode einzuordnen, durch den versch. Einschätzungen und Perspektiven erhoben, verglichen und als Grundlage für ein evaluatives Feedback herangezogen werden. Mit dem Instrumentarium werden gemeinsame Selbstreflexionen der beteiligten Schlüsselpersonen gefördert. Auf dieser Grundlage können im Auswertungsworkshop gemeinsam abgesicherte Verbesserungen des Veränderungsmanagements erarbeitet werden. Neben den quant. erfassten Merkmalen sind dabei insbes. die im Interview erfassten konkreten qual. Bewertungsmerkmale und Erfolgsfaktoren von Bedeutung. Greif & Seeberg 2007.
change management [engl.] *Veränderungsmanagement*.
character-education inquiry (= c.-e.i.) [engl.] «Charaktererziehungsbefragung», **[PER]**, eine um 1920 von der *Religious Education Association* angeregte, von Hartshorne und May geleitete und unter Supervision von *Thorndike* durchgeführte Untersuchung zur charakterlichen Erziehung von Kindern. Diese Untersuchung, die unter dem Aspekt der Methoden und des Erfolgs der religiösen Erziehung von Kindern inauguriert war, wurde zu einer bedeutsamen Untersuchung zur obj. Persönlichkeitsmessung und zur Frage der Konsistenz vs. Situationsabhängigkeit von Persönlichkeitseigenschaften (*Persönlichkeitsmerkmal*). Mit einer größeren Batterie von Untersuchungsverfahren (Beobachtung, Fragebogen, Lebenslauf, Rating-Verfahren, Tests, Experimente) haben die Untersucher Aspekte des moralischen Verhaltens (Ehrlichkeit, Stehlen, Lügen, Hilfsbereitschaft usw.) bei Kindern in versch. Lebenssituationen untersucht. Die Autoren kommen zu der Folgerung, dass die Konsistenz des Verhaltens von einer Situation zur anderen mehr durch die Ähnlichkeit der Situationen als durch konsistente Persönlichkeitseigenschaften bestimmt wird. Die vorgelegten Resultate wurden von versch. Seiten einer kritischen Analyse unterzogen: z. B. sei die Untersuchung an Kindern durchgeführt worden, bei denen der soziale Lernprozess noch nicht abgeschlossen war. Eine faktorielle Reanalyse (Burton 1963, *Persönlichkeit, klassische faktorenanalytische Ansätze*) ergab, dass ein substanzieller Anteil des moralischen Verhaltens situationsunabhängig sei. Die c.-e.i. wurde aufgrund der bei der Untersuchung verwendeten Verfahren zur Persönlichkeitsmessung für die gesamte Persönlichkeitsforschung bedeutsam. Die Autoren haben nämlich versucht, Persönlichkeitseigenschaften mittels obj. Tests (*Persönlichkeitstests, objektive*) zu erfassen. Hartshorne et al. 1929. *H. O. Häcker*
character set [engl.] Zeichenbestand, *Zeichen*.
Charakter [engl. *character*; gr. χαρακτήρ *(charakter)* Merkmal, χάρασσειν *(charassein)* ritzen, prägen], **[PER]**, ursprünglich gleichbedeutend mit einem eingeprägten *Zeichen*, dann Kennzeichen, Merkmal, an dem etwas erkannt

wird. Umgangssprachlich gleichbedeutend mit *Persönlichkeit*, oft im Kontext einer moralischen Bewertung («guter/schlechter Charakter»). In der *Psychoanalyse* gleichbedeutend mit Persönlichkeit. Die dt.sprachige *Charakterologie* ist nur noch von historischem Interesse und wurde durch die empirisch orientierte *Persönlichkeitspsychologie* ersetzt. Arnold 1957, 1962, Klages 1926, Meili 1957.

Charakterologie (= C.) [engl. *characterology*], syn. *Charakterkunde*; veraltet für *Persönlichkeitspsychologie*, [**PER**], die theoretischen und spekulativen Deutungen des *Charakters*, die sich inbes. auf seinen «Aufbau», den Aufweis versch. Charaktertypen (*Typologie*) und das Wesen des Charakters beziehen. Als Beschreibung typischer Charakterformen gab es schon im Altertum eine C. Neben versch. Philosophen war es Theophrast von Eresus auf Lesbos, der um 319 v. Chr. Charaktere beschrieb. Auch die Lehre von den Körpersäften als Grundlage der *Temperamente* (Hippokrates, Galenus) gehörte zur C. des Altertums. Im 17. Jhd. erneuerte Jean de la Bruyére die Charakterbeschreibungen des Theophrast. Auch die seinerzeit stark beachtete Menschenkunde von La Chambre ist zu nennen. Ebenso die Bemühungen von Thomasius, der den Charakter in Graden bestimmen wollte. Im 18. Jhd. sind die breiten Ansätze der *Erfahrungsseelenkunde* und Bekenntnisliteratur (Moritz, *Lavater*, Rousseau) wie auch die aphoristischen Anmerkungen Lichtenbergs Vorläufer einer C. Die Ausdruckslehre des Charakters geht auf die *Physiognomik* und *Phrenologie* zurück. Das Wort verwendet Julius Bahnsen (1830–1881) in seinen «Beiträgen zur Charakterologie» (Bahnsen 1867). Der Unterschied zw. Innen- und Außenaspekt geht auf ihn zurück. Für die dt. C. waren *Ludwig Klages* und *Philipp Lersch* die besonderen Wegbereiter. Während zur geisteswiss. Ps. (Dilthey, Spranger) noch Querverbindungen bestanden, ist die C. für die empirische Ps. nur noch von historischer Bedeutung. Hellwig 1952.

Charakterstärken und Tugenden (= C., T.) [engl. *character strengths, virtues*], [**KLI, PER**], C. (moralisch pos. bewertete Eigenschaften) und T. sind zentrale Begriffe der *Positiven Psychologie*. In Peterson & Seligmans (2004) aus der Literatur abgeleitetem, hierarchischem Modell (*Values in Action, VIA*) des guten Charakters werden (1) situative Themen (die das Zeigen einer C. ermöglichen); (2) 24 C. und (3) 6 universelle T. (erreichbar durch das Ausleben der C.) auf höchster Ebene unterschieden. Zw. Menschen gibt es stabile und generelle indiv. Unterschiede in den C., für die Veränder- und Trainierbarkeit angenommen wird, da sie auch von den Lebensumständen einer Person abhängen und durch gezielte Aktivitäten verändert werden können. C. wurden über 10 Kriterien def.; z. B. sollen sie zu Erfüllungen im Leben führen. Es gibt empirische Belege, dass alle 24 C. (bei Jugendlichen und Erwachsenen) pos. mit Lebenszufriedenheit korreliert sind. Die vergleichsweise engsten Zus.hänge bestehen für *Bindungs*fähigkeit, Dankbarkeit, Enthusiasmus, *Optimismus*, und bei Erwachsenen auch *Neugier*. Es liegen auch exp. Befunde vor, die zeigen, dass ein Training von hoch korrelierenden C. mit einem Anstieg in Lebenszufriedenheit verbunden ist (im Vergleich zum Training niedrig korrelierender Stärken und einer Wartegruppe). Die Identifikation von Signaturstärken (die für eine Person bedeutsamsten C.) ist für die Praxis von Bedeutung. Es lässt sich empirisch zeigen, dass in *Placebo*-kontrollierten Studien ein gezielter Einsatz der Signaturstärken mit einem Anstieg in Lebenszufriedenheit verbunden ist bzw. der Einsatz vom Arbeitsplatz mit pos. Erleben bzw. der Einschätzung, dass der Beruf von Berufung ist. Peterson & Seligman 2004, Ruch & Proyer 2015. *W. Ruch*

Charakterstörungen (= C.) [engl. *character disorders*], [**KLI**], in der älteren Ps. benutzte, heute nicht mehr gebräuchliche Sammelbez. für Abweichungen vom charakterlichen «Normalverhalten» aus versch. Ursachen. Im Bes. wurden unter C. psychopathische Abweichungen verstanden. *Psychopathie*.

Charcot, Jean-Martin (1825–1893), [**HIS, KLI**], frz. Neurologe. Charcot war lange Arzt an der Salpêtrière. Er war sowohl als Forscher als auch als Lehrer bedeutend. Charcot nutze die *Hypnose* in der med. Behandlung; so fand er, dass Krankheitssymptome (*Symptom*) von hysterischen Pat. (*Hysterie*) unter Hypnose zum Verschwinden gebracht werden konnten. Gegen diese sog. Pariser Schule trat die Schule von Nancy an (*Nancyer Schule*). Charcot war Lehrer von Pierre Janet. *Sigmund Freud*, der ein Jahr bei Charcot verbrachte, erlernte bei ihm hypnotische Techniken. Freud übersetzte auch Arbeiten von Charcot ins Deutsche. *H. E. Lück*

Charme [frz. *charmer* faszinieren, lat. *carminare* verzaubern], [**SOZ**], Zauber, Reiz, die anziehende Wirkung einer Person auf ihre Mitwelt. Auch *Hypotaxie* [gr. *hypotaxis* Unterwürfigkeit] genannt. [**KLI**], nach A. Forel Bez. für einen leicht hypnotischen Zustand, in dem bereits Suggestionen (*Suggestion*) angenommen werden. Forel 1921.

Charpentier'sches Gesetz [engl. *Charpentier's law*], nach A. Charpentier (1852-1916), [**WA**], besagt, dass für die Größe des optischen Schwellenreizes das Produkt von Lichtintensität (*Licht*) und Größe des Netzhautbildes (*Auge*) konstant ist. *visuelle Wahrnehmung*.

Charpentier-Täuschung [engl. *Charpentier illusion*], nach A. Charpentier (1852-1916), [**WA**], Größen-Gewichts-Täuschung [engl. *size–weight illusion*]; (1) von zwei Gegenständen versch. Größe und objektiv gleichem Gewicht (gleich, ob sie optisch oder taktil erfasst werden) erscheint der kleinere Gegenstand schwerer. *Ankerreiz*. (2) *Simultan-Schwere-Kontrast* [engl. *simultaneous weight contrast*]. Hebt man mit einem Arm ein leichtes und zugleich mit dem anderen Arm ein schweres Gewicht, dann erscheint das leichte noch leichter, als wenn es allein gehoben wird. *Kontrast*.

Chasing-Verhalten [engl. *chasing* Jagen]; *Glücksspielsucht*.

checklist, Checkliste (= C.) [engl.] *Kontrollliste, Prüfliste*, [**DIA**], meistens eine Liste mit Merkmalen, deren Vorhandensein bei einzelnen Pbn überprüft wird. C. dienen i. d. R. dem *Screening*. (z. B. *Münchner Diagnosen-Checklisten für DSM-III-R und ICD-10 (MDCL), Internationale Diagnosen Checkliste für Persönlichkeitsstörungen (IDCL-P), Symptom-Checkliste (SCL-90-R)*).

Cheirologie, Chirologie [engl. *ch(e)irology*; gr. *χείρ* (*cheir*) Hand], [**KOG, SOZ**], Hand- oder Fingersprache der Taubstummen, die sich nach der frz. Lehrweise durch Stellung der Finger Zeichen geben. *Gebärdensprache, Zeichensprache.*

Chemopsychologie, [**BIO**], Teilgebiet der *Physiologischen Psychologie*, das sich mit der Beziehung zw. chem. und ps. Vorgängen befasst. Teilgebiete sind Neurochemo-, Pharmako-, Endokrinops., Psychoimmunologie, Umweltchemo-, Ernährungs-, Stoffwechselps. Janke 1994, Netter et al. 1997. *W. Janke*

Chemorezeptoren [engl. *chemoreceptors*; lat. *recipere* aufnehmen], [**BIO, WA**], Sinnesorgane (*Sinnesorgan*) für chem. Reize (z. B. *Geruch* und *Geschmack*). *Sinne.*

Chemotaxis [engl. *chemotaxis*; gr *τάξις (taxis)* Ordnung], gerichtete freie Ortsbewegung, die durch einen chem. Reiz ausgelöst wird. *Taxis, Tropismus.*

Chevreul'sches Pendel [engl. *Chevreul's pendulum*], nach E. Chevreul (1786-1889), [**DIA, KOG, WA**], Suggestibilitätsprobe, bei der die Vp versucht, einen Pendel bewegungslos über einem Punkt zu halten. Der Vl suggeriert dabei eine kreisende Bewegung, instruiert aber die Person, trotzdem ruhig zu halten. Die max. Pendelbewegung in horizontaler Richtung gilt als Maß für motorische Suggestibilität (*Suggestion*). *Pendelversuch.*

Chevreul-Täuschung (= C.) [engl. *Chevreul's illusion*], nach M. E. Chevreul (1786–1889), [**WA**], die Abb. zeigt homogen graue Streifen abnehmender Helligkeit (treppenstufenförmiges Leuchtdichte- bzw. Luminanzprofil). C. bezeichnet den Effekt, dass an den Kanten eine Kontrastverstärkung (Aufhellung der helleren vs. Verdunklung der dunkleren Flächen) wahrgenommen wird. Das wahrgenommene Helligkeitsprofil erscheint nicht treppenstufenförmig, sondern durch ein sägezahnförmiges Profil überlagert. Die Entstehung der C. kann durch die Filtercharakteristika der Ganglienzellen (on- bzw. off-zentrum Neurone; *rezeptive Felder*) simuliert werden. Die C. kann als Spezialfall der *Mach'schen Bänder* aufgefasst werden.

Chevreul-Täuschung: Kontrastverstärkungen im Bereich der Kanten.

Chiaroscuro (= C.) [ital. hell-dunkel], [**WA**], Begriff stammt aus der Malerei und bez. eine Verteilung von *Licht* und Schatten in der Weise, dass eine räumliche *Illusion* entsteht. Rorschach bez. räumliche Deutungen, die durch Schattierungsverhältnisse zustandegekommen waren, als C.

Chiasma opticum [engl. *chiasma opticum*; gr. *chiasma* Kreuzung, lat. *opticus* zum *Auge* gehörend], [**BIO, WA**], die Sehnervenkreuzung hinter der vorderen Schädelgrube vor der *Hypophyse. Sehbahn.*

Chicago School *Funktionalismus.*

Child Directed Speech (CDS) [engl. Kind-gelenkte Sprache], *Motherese.*

child guidance (= c. g.) [engl.], «Kind Führung/Leitung», [**KLI**], die in den USA und England entwickelte, heute weitverbreitete Methode für Interventionen bei kindl. *Verhaltensstörungen* und *Entwicklungsstörungen* einschließlich Elternberatung. Zur c.g. gehört die Zus.arbeit von Kinderarzt (evtl. Kinderpsychiater), klin. Psychologen und Fürsorger. *guidance.*

child guidance clinic (= c. g. c.), [**EW, GES, KLI**], die Institution der *child guidance*, sei es, dass diese stationär oder in ambulanter Form bei Beratungsstellen (*Beratung, psychosoziale*, evtl. verknüpft mit Behandlung (*Intervention*)) durchgeführt wird. Die erste c.g.c. wurde von Witmer 1896 in Philadelphia eingerichtet.

^{Test}**Children's Apperception Test (CAT)**, 1955, L. Bellak und S. S. Bellak. Dt. Bearbeitung von W. Moog Kinder-Apperzeptions-Test, [www.testzentrale.de], [**DIA, PER**]. Projektives verbal-thematisches Verfahren (*projektive Tests*). AA von 3 bis 10 Jahren. Die Prinzipien des TAT sind auf Kinder übertragen worden. Das Testmaterial besteht aus zehn Bildern, die sehr «vermenschlichte» Tierszenen zeigen, die dem Kind vertraut sind. Das Kind wird aufgefordert zu sagen, was auf dem Bild vor sich geht. Ggf. kann gefragt werden, was vorher passierte und was sich danach ereignen wird. Eine Normierung wurde nicht durchgeführt. Es werden zu jedem Bild die für Kinder typischen Themen angegeben. Keine Angaben zu Validität, Reliabilität, Auswertungs- und Interpretationsobjektivität. Keine Zeitbegrenzung. Durchführungszeit ca. 15–30 Min. Neben der Standardversion liegen vor: (1) CAT-Supplement (CAT-S). Diese Ergänzung umfasst zehn Bilder, die zusätzlich zum CAT vorgelegt werden können. (2) *Children's Apperception Test* (Human Figures) (CAT-H), 1984, von L. Bellak und S.S. Bellak, entwickelt von L. Bellak und M. Hurvich (1966). Eine Kartenversion mit menschlichen Figuren in Situationen, die den Tierbildern entsprechen. (3) M-CAT, 1959, von Simson. Eine dem ursprünglichen CAT inhaltsanaloge Mensch-Bilder-Serie. (4) *Senior Apperception Technique* (S.A.T.), 1973, von L. Bellak und S.S. Bellak. Diese Version mit 16 Bildern richtet sich an ältere Menschen über 65 Jahren zur Erfassung von Trauer, Einsamkeit, Einstellungen zum Leben im Altersheim, zu gleichaltrigen und jungen Menschen.

Chinesisches Zimmer (= C.Z.) [engl. *chinese room*], nach J. Searle (geb. 1930), [**KOG, PHI**], Gedankenexperiment zur Simulierbarkeit und Äquivalenz kogn. Prozesse durch informationsverarbeitende, künstlich intelligente Systeme (z.B. Computer, *Künstliche Intelligenz*). John Searle entwickelte das Gedankenexperiment, um die strenge Annahme der KI zu widerlegen, dass kogn. Verarbeitung und *Bewusstsein* als vollst. verstanden gelten können, wenn diese nicht unterscheidbar simuliert werden können (*Turing-Test*). Das C. Z. sollte die schwache Annahme der künstlichen Intelligenz stützen, dass Computer kogn. Verarbeitung lediglich simulieren können, die computerbasierte Verarbeitung sich jedoch grundlegend und qual. von menschlichem Denken unterscheidet. Das C. Z. ist ein Raum, in dem sich ein Mensch befindet, der des Chinesischen nicht mächtig ist. Von außen werden ihm auf Zetteln Geschichten in chinesischer Sprache bzw. Schriftzeichen übermittelt und anschließend auf Zetteln chinesisch formulierte Fragen zum Text zugestellt. Dem Menschen steht im C. Z. ein rein syntaktisches Regelwerk zur Verfügung, das es ihm ermöglicht, chinesische Zeichen passend und in Bezug auf die Geschichte zu kombinieren, ohne sich des Sinns der Zeichen bewusst sein zu müssen. Aufgrund dieses eingeschränkten, ggf. nur für die zu beantwortenden Fragen geeigneten Regelsets, wäre er in der Lage, Antworten zu generieren, die einem Chinesen sinnvoll erscheinen. Dann wäre es von außen nicht entscheidbar, ob der Mensch innerhalb des C. Z. die chinesische Sprache versteht und mit sinnhaften Inhalten füllen kann oder ob er einfach nur Regeln anwendet, die das Resultat von Sprachverständnis simulieren. Ähnlich verhielte es sich mit einem Schachcomputer, der alle bekannten Schachpartien der Schachgroßmeister abgespeichert hat. Solange «bekannte» Stellungen auf dem Schachbrett entstehen, könnte er einfach einen der ihm bekannten Antwortzüge wählen. Das Spielverhalten des Schachcomputers würde von einem Schachspieler als «intelligent», «zielgerichtet» und «strategisch» wahrgenommen, obwohl dem zugrunde liegenden Entscheidungssystem ggf. noch nicht einmal die grundlegenden Regeln des Spiels bekannt sind. Nach Searle reicht die syntaktische *Informationsverarbeitung* künstlicher intelligenter Systeme nicht aus, um semantische Repräsentationen bzw. semantisches Bewusstsein zu erzeugen, das für menschliches *Denken* charakteristisch ist. Hofstadter & Denett 2001, Searle 1981.

Chi-Quadrat-Tests (χ^2-Tests) [engl. *(Pearson's) chi-squared test*], [**FSE**], eine Gruppe stat. Prüfverfahren (*Signifikanztest*) zur Analyse der Differenzen beobachteter und erwarteter Werte, wenn angenommen werden kann, dass die Kennwerteverteilung (basierend auf der Summe der quadrierten Differenzen) einer *Chi-Quadrat-Verteilung* entspricht.
(1) Der χ^2-Test kann zur Prüfung des Zusammenhangs zweier nominalskalierter Merkmale X und Y eingesetzt werden. Die *Nullhypothese* («Die beiden Merkmale stehen nicht in Zusammenhang») besagt, dass die beobachtete Häufigkeit einer Merkmalskombination ($o_{ij} = n(x_i, y_j)$) derjenigen bei stochastischer Unabhängigkeit erwarteten Häufigkeit von x_i und y_j entspricht: Die erwartete Häufigkeit e_{ij} ergibt sich als Produkt der Gesamthäufigkeit von x_i und der Gesamthäufigkeit von y_j, geteilt durch die Gesamtzahl aller Fälle N: $e_{ij} = (n(x_i) \cdot n(y_j))/N$. Der *Chi-Quadrat-Wert* aggregiert die Differenzen von o_{ij} und e_{ij} zu einem Gesamtwert:

$$\chi^2 = \sum_{i=1}^{k} \sum_{j=1}^{l} (o_{ij} - e_{ij})^2 / e_{ij}$$

(df = $(k-1)(l-1)$) Freiheitsgrade.
Je stärker sich die beobachteten von den erwarteten Häufigkeiten unterscheiden, desto größer ist der χ^2-Wert (unter ansonsten gleichen Umständen). Besteht ein signifikanter Unterschied von beobachteten vs. bei Unabhängigkeit erwarteten Häufigkeiten, so wird ein Zusammenhang (*Korrelation*) der Merkmale als stat. nachgewiesen akzeptiert.
(2) χ^2-Verteilungstests prüfen, ob die Verteilung der beobachteten Häufigkeiten der Ausprägungen *eines* Merkmals von einer theoretisch angenommenen Verteilung abweicht (z. B. *Kolmogorov-Smirnov-Test*). Die o_i entsprechen der Häufigkeit, mit der Merkmalsausprägung i beobachtet wurde. Die e_i entprechen der Häufigkeit, mit der Merkmalsausprägung i gemäß der angenommenen Verteilungsannahme erwartet wird (z. B. in der Hälfte der Fälle, wenn eine faire Münze geworfen wird). Ein signifikanter χ^2-Wert zeigt eine systematische Abweichung der empirischen von der theoretisch angenommenen Verteilung an.
(3) Bei manchen multivariaten Modellprüfungen (z. B. *Strukturgleichungsmodelle*, *Latente Klassenanalyse*) wird der χ^2-Test eingesetzt, um die Passung der durch ein Modell vorhergesagten zu einer in einer Stichprobe gemessenen Informationsstruktur (z. B. Kovarianzmatrix) zu prüfen. Eid et al. 2013.

Chi-Quadrat-Verteilung (= C.) [engl. *chi-square distribution*], [**FSE**], Verteilung, die sich ergibt, wenn k quadrierte standardnormalverteilte Werte (*Normalverteilung*) aufsummiert werden (df = k-1; *Freiheitsgrad*). Die Werte der kumulierten C. liegen tabelliert vor (z. B. Bortz & Schuster 2010). *Chi-Quadrat-Tests*.

Chi-Quadrat-Wert [engl. *chi-square value*], *Chi-Quadrat-Tests*.

Chirognomik, Chirologie, Chiromantik [engl. *chirognomics, chirology, chiromancy*; gr. χείρ (cheir) Hand, γνώμη (gnome) Erkenntnis, Wissen, λόγος (logos) Lehre, μαντεία (manteia) Weissagung], drei Bez. zum gleichen Thema Handlesekunst, d. h. aus der Form, Beschaffenheit und den Linien der Hand den Charakter, die Begabungen und den körperlichen Status bestimmen (auch die Zukunft weissagen) zu können.
Die Chiromantik ist als Volksglaube in Indien und China seit Jahrtausenden verbreitet. Auch in Europa reicht sie weit zurück und hatte eine Blütezeit im 16. bis 18. Jhd. Die Grundlagen der Deutung sind meist ähnlich denen der Astrologie (Einteilung der Hand in Planetengebiete, Verteilung der Handlinien auf Verstand, Leben, Gemüt, Herz, Leber etc.). Mit Chiromantik wird vorwiegend das bloße Wahrsagen, mit Chirognomik und Chirologie das um Systematik bemühte Ausdeuten der Hand bez.

Chirospasmus [engl. *chirospasm*; gr. χείρ (cheir) Hand, σπασμός (spasmos) Krampf], [**BIO, KOG**], Schreibkrampf, gehörte zur Gruppe der Beschäftigungskrämpfe, die meist durch übermäßige Beanspruchung der Muskulatur entstehen. Bei sonst normal erhaltener Beweglichkeit der Hand, kommt es beim Schreiben zu Verkrampfungen des Unterarms oder der Hand, die ein normales Schreiben stark erschweren bzw. unmöglich machen.

Chitismus [χ *(chi)* gr. Buchstabe «ch»], **[KOG]**, fehlerhafte Artikulation des stimmhaften Lautes «ch» z. B. als «sch», etwa «ich möchte» wie «isch möschte». *Sigmatismus, Sprachstörungen.*

Chlorahydrat (= C.), **[PHA]**, Trichloraldehydhydrat. *Hypnotikum.* Nach sehr rascher Resorption Umwandlung in der Leber zum eigentlich aktiven Trichlorethanol. Wirkung über eine Verstärkung der *GABA*ergen Neurotransmission (*Neurotransmitter*). Anders als *Benzodiazepine* bewirkt C. keine Muskelrelaxation, daher hat C. noch einen gewissen Stellenwert in der Gerontopsychiatrie (keine Erhöhung der Sturzneigung wie unter diesen). C. hat jedoch eine geringe *therapeutische Breite*, insbes. in Kombination mit *Alkohol*. Bei hohen Dosierungen und Intoxikationen droht Atemlähmung. C. war das erste synthetische Hypnotikum. Heute spielt es fast keine Rolle mehr. *G. Gründer*

Chlordiazepoxid (= C.) [engl. *chlordiazepoxide*], **[PHA]**, *Psychopharmakon* aus der Gruppe der *Tranquillanzien* vom Typ der *Benzodiazepine* mit lang dauernder Wirkung (*Eliminationshalbwertszeit* 10–90 Std.). Die Wirkung von C. wird vorwiegend über das limbische System vermittelt. Hohe Dosen sind schlafinduzierend, jedoch nicht narkotisierend. Vegetative Wirkungen fehlen weitgehend. Die Wirkungen sind abhängig von habituellen *Persönlichkeitsmerkmalen* und situativen Bedingungen. Emotionale *Entspannung* kann in Dosen bis 60 mg auftreten, verstärkt bei emot. labilen Personen und unter emot. *Stress*. Unter best. Bedingungen (u. a. bei psych. Beanspruchung) ist paradoxe Erregung möglich. Bis 30 mg ist kaum ein Einfluss auf die Leistung nachweisbar. Leistungsminderungen sind am ehesten in Wahrnehmungs- und kognitiven Schnelligkeitstests aufzeigbar und an den vielen Benzodiazepinen eigenen Effekten der anterograden *Amnesie*. In Dosen über 30 mg ist vermehrt mit subj. *Sedierung* und Leistungsbeeinträchtigung zu rechnen. C. wird gelegentlich auch als Schlafmittel eingesetzt. Baskin et al. 1987. *W. Janke*

Chloropsie [engl. *chloropsia*], Grünsehen. *Chromopsie.*

Chlorpromazin (= C.) [engl. *chlorpromazine*], **[PHA]**, *Psychopharmakon* aus der Klasse der *Antipsychotika* vom Typ der *Phenothiazine*, von Delay und Deniker 1952 eingeführt, die die antipsychotische Wirkung dieses ursprünglich für anästhesiologische Interessen aus dem *Antihistaminikum Promethazin* entwickelten Stoffs erkannten. C. gilt als Referenzsubstanz für alle Antipsychotika (C.-äquivalente). Bei *Schizophrenien* vielfach erprobt. Da jedoch Therapieeffekt und *Nebenwirkungen* gegenüber anderen Antipsychotika in einem ungünstigen Verhältnis stehen, ist C. nicht mehr im Handel. Bei Gesunden bewirkt C. bis 200 mg geringfügige Leistungsbeeinträchtigung. Emotionale *Entspannung* und Angstreduktion treten nur unter spezif. Bedingungen auf. Eher ist Spannungserhöhungen zu erwarten, die möglicherweise Folge unangenehmer Nebenwirkungen sind. Riederer et al. 1993. *W. Janke*

Chlorprothixen, **[PHA]**, trizyklisches *Antipsychotikum*. Multiple molekulare Angriffspunkte: *Antagonist* an D1-*Dopaminrezeptoren*, schwacher Antagonist an D2- und D3-Rezeptoren. Potenter Antagonismus auch von 5-HT2-*Serotonin*-, H1-*Histamin*-, muskarinischen *Acetylcholin*- und α1-Rezeptoren. Anwendung v. a. zur *Sedierung* bei psychotischen (*Psychose*) und manischen (*Manie*) Erregungszuständen. *G. Gründer*

choice-dilemma-Situation [engl.] Wahl-Dilemma, **[EM, KOG, SOZ]**, eine Entscheidungssituation, in der zw. (mind.) einer risikoreichen und einer risikoarmen Option zu wählen ist. *Entscheiden, Entscheidungsheuristiken.*

Cholecystokinin (= C.) [engl. *cholecystokinin*], Abk. CCK, **[BIO]**, Hormon aus der Klasse der gastrointestinalen *Hormone, Neuropeptide*. Ursprünglich nur als gastrointestinales Hormon gesehen, C. ist jedoch im Gehirn weitverbreitet. Mitbeteiligung an vielen ps. Funktionen ist wahrscheinlich. Gesichert ist der appetithemmende (sättigungsinduzierende) Effekt. Diskutiert wird die Beteiligung bei *Aufmerksamkeit*, Panikangst (*Panikstörung*) und *Schizophrenie*. Lee et al. 1994, Beinfeld 1995, Bradwejn et al. 1994. *W. Janke*

Choleriker, cholerisch [engl. *choleric (person)*; gr. χολή *(chole)* Galle], *Temperament, Typologie.*

Cholesterin (= C.) [engl. *cholesterol*], **[BIO]**. Muttersubstanz der Steroidhormone (*Hormone*), C. spielt eine bedeutsame Rolle im Fettstoffwechsel.

cholinerg (= c.) [engl. *cholinergic*; gr. ἔργον *(ergon)* Wirken], auf Acetylcholin ansprechend, **[PHA]**, (1) Wirkungsart von Stoffen, die der von *Acetylcholin* vergleichbar ist. (2) Nervenfasern oder nervöse Systeme, in denen Acetylcholin oder Verwandte als *Neurotransmitter* fungieren. Dabei ist nach Systemen mit nikotinergen und muskarinergen Rezeptoren zu unterscheiden. C.-nervöse Systeme haben nach Auffassung zahlreicher Autoren grundsätzliche Bedeutung für *Aufmerksamkeit, Lernen* und *Gedächtnis*. Singh et al. 1985, Warburton & Wesnes 1984. *W. Janke*

Cholinergika [engl. *cholinergics*], **[PHA]**, Substanzen mit *cholinerger* Wirkung. Die Wirkung kann direkt auf cholinerge Rezeptoren oder indirekt durch Hemmung von *Acetylcholin* abbauenden Enzymen vermittelt sein. *VNS-Pharmaka.* Everitt & Robbins 1997.

Cholinesterase (CHE) (= C.) [engl. *cholinesterase*], **[BIO]**, Enzym, unter dessen Einfluss freigesetztes *Acetylcholin* innerhalb von ms in Essigsäure und Cholin gespalten und damit inaktiviert wird. Durch C.-Hemmer kann der enzymatische Abbau blockiert oder verzögert werden, wodurch die Acetylcholinwirkung am Rezeptor verstärkt und/oder verlängert wird. Wichtige C. sind Newostigmin, *Physostigmin*, Pyridostigmin, Edrophonium. Bestimmte Stoffe (*Organophosphate*, z. B. Diisopropylfluorphosphat, DFP) hemmen C. irreversibel und führen zum Tode durch Krämpfe, Atem- und Kreislauflähmung. Einige Stoffe werden zur Insektenvernichtung eingesetzt (z. B. Nitrostigmin). Als «Nervengifte» wurden DFP verwandte Substanzen zur chemischen Kriegsführung vorgesehen (z. B. Sarin, Soman, Tabun). Geringe Dosen führen bei Gesunden zu Leistungsbeeinträchtigungen, hohe Dosen erzeugen psychoseähnliche Erscheinungen. C. wurden vielfach zur Untersuchung der Beziehung zw. Acetylcholin und Verhalten angewandt. Singh et al. 1985. *W. Janke*

Cholinesterase-Hemmer [engl. *cholinesterase inhibitors*], *Cholinesterase.*

Cholinolytika [engl. *cholinolytics*], syn. *Anticholinergika*.

Cholinomimetika [engl. *cholinomimetics*], syn. *Cholinergika*.

Chorea (= C.) [engl. *chorea*; gr. χορεία *(choreia)* Reigen, Tanz], [**BIO**], *Veitstanz* nach dem Schutzpatron St. Vitus. Infolge *Hirnschädigung* im extrapyramidalen System (*Gehirn*) kommt es zu ungewollten, schleudernden Bewegungen (*Motorik*), bes. an Arm, Schultern und Gesicht. Sie stellen sich regellos ein und laufen rasch ab. Durch Hyperaktivität werden der *Gang* gestört, die *Sprache* beeinträchtigt (*Dysarthrie*) und das *Schreiben* erschwert. Die Bewegungen sind willentlich nicht zu unterdrücken, steigern sich bei affektiver Erregung und hören im *Schlaf* auf.
C. chronica progressiva hereditaria, Huntington'sche C. (1872 beschrieben), beruht auf degenerativen Prozessen des extrapyramidalen Systems und der Hirnrinde. Sie setzt zw. dem 30. und 45. Lebensjahr ein, ist fortschreitend und führt zu psych. Veränderungen wie Halt-, Takt- und Kritiklosigkeit. Die Krankheit ist dominant vererbbar, sie führt zu *Demenz* sowie einer *organischen Psychose*.
C. major, C. germanorum ist die heute nicht mehr übliche Bez. des «hysterischen Anfalls» mit seinen motorischen Erscheinungen. Im Mittelalter ist sie als Tanzwut endemisch aufgetreten.
C. minor, C. infectiosa, C. angelorum, C. Sydenham. Hierbei besteht neben den anderen choreatischen Symptomen eine *Muskel*hypotonie mit Reizbarkeit und Weinerlichkeit bis zu symptomatischen *Psychosen*.

Chromatid [engl *chromatid*], [**BIO**], Bestandteil der Chromosomen (*Chromosom*). *Mitose.*

chromatisch [engl. *chromatic*; gr. χρῶμα *(chroma)* Farbe], [**WA**], farbig, bunt. Bez. für die Farbsättigung, die zus. mit der Sättigung und Helligkeit die grundlegende Empfindung einer Farbe darstellt. *J. Zihl*

Chromatismen [engl. *chromesthesia*; gr. χρῶμα *(chroma)* Farbe], [**WA**], Farbempfindungen, die durch Reize in anderen Wahrnehmungsmodalitäten (z. B. Töne) ausgelöst bzw. assoziiert werden. *Synästhesie*. *J. Zihl*

Chromatodysopsie, Chromatopsie *Dyschromatopsie, Achromatopsie.*

Chromatoptometer [engl. *chromatoptometer*; gr. χρῶμα *(chroma)* Farbe, ὄψις *(opsis)* Sehen], [**WA**], Vorrichtung zur Bestimmung der Farbenblindheit (*Achromatopsie, Dyschromatopsie*). Ähnlich dem *Anomaloskop*.

Chromomere [engl. *chromomeres*; gr. μέρος *(meros)* Teil], [**BIO**], sichtbare knotenartige Verdickungen auf den *Chromosomen*, die in der Prophase der Zellteilungen sichtbar werden.

Chromophor [engl. *chromophore*; gr. χρῶμα *(chroma)* Farbe, φέρειν *(pherein)* tragen], [**BIO**], charakteristische farbgebende Atomgruppen organischer Farbstoffe mit jew. eigenem Absorptionsspektrum, z. B. bei *Nahinfrarotspektroskopie*.

Chromopsie [engl. *chromopsia*; gr. χρῶμα *(chroma)* Farbe, ὄψις *(opsis)* Sehen], [**WA**], Wahrnehmung von Farben, die nicht vorhanden sind. Die Chromopsie gehört zu den visuellen Illusionen (*visuelle Illusionen, Xanthopsie*). *J. Zihl*

Chromosom (= C.) [engl. *chromosome*; gr. χρῶμα *(chroma)* Farbe, σῶμα *(soma)* Körper], [**BIO, PER**], Träger der Erbanlagen für alle mendelnden Merkmale *Mendel'sche Regeln*. Die C., auch Kernfäden oder Kernschleifen, die aus *Proteinen* und *Nukleinsäuren* bestehen, sind Hauptbestandteil des *Nucleus*. Zu Beginn der *Mitose* werden die Chromosomen als Einzelfäden sichtbar. Jedes Individuum (Pflanze und Tier) besitzt in jeder seiner Körperzellen eine für seine *Art* charakteristische Zahl von C. Diese C. bilden den C.satz, jew. zwei davon sind identisch bzgl. ihrer Morphologie, sie bilden ein Paar. Ein C.satz, der aus Paaren besteht, ist diploid (doppelt). Bei der Bildung der *Gameten* werden die Paare getrennt, und es entstehen identische haploide (einfache) Sätze, die bei der Verschmelzung der Geschlechtszellen dann wieder einen diploiden Satz bilden. Die Ausprägung der Geschlechtsmerkmale wird durch ein besonderes Chromosomenpaar, die Geschlechtschromosomen, bestimmt: Von den 46 Chromosomen des Menschen bestimmt ein Paar die Geschlechtsvererbung. Die Frau besitzt zwei X-Chromosomen, der Mann besitzt ein X-Chromosom und ein Y-Chromosom. *Down-Syndrom, Klinefelter-Syndrom, Turner-Syndrom, Verhaltensgenetik*.

Chromosomen-Aberration, Chromosomenanomalie [engl. *chromosomal aberration*; lat. *aberrare* sich verirren, gr. α- *(a-)* ohne, νόμος *(nomos)* Gesetz], syn. *chromosomale Anomalie*, [**BIO, PER**], die in einem Genverlust oder Genüberschuss mit somatischen und psych. Folgen bestehende Abweichung von der Norm. Wichtigste Formen: *Turner-Syndrom* (XXY statt XY u. a.) und das *Down-Syndrom*. *Humangenetik*.

Chromosomenmutation *Mutation*.

Chronaxie [engl. *chronaxy*; gr. χρόνος *(chronos)* Zeit, αξια *(axia)* Wert], [**BIO, WA**], ein zeitlicher Kennwert für die Erregbarkeit eines Organs, definiert als diejenige Mindestzeit, während der ein Strom von der doppelten Stärke des elektrischen Schwellenreizes (*Reizschwelle*, der *Rheobase*) auf einen *Nerv* oder Muskel (*Muskel, Muskeltonus*) einwirken muss, um eine *Reaktion* hervorzurufen.

chronic fatigue syndrome [engl.] *Erschöfungssyndrom, chronisches*.

Chronic Obstructive Pulmonary Disease (COPD) [engl.] *Lungenerkrankung, chronisch obstruktive (COPD)*.

chronische Erkrankungen (= c. E.) [engl. *chronic diseases*; gr. χρονικός *(chronikos)* zeitlich lang], [**GES**], Gruppe von Erkrankungen, die langfristig bestehen, häufig progredient mit phasenhaften Verschlechterungen verlaufen und für die eine vollst. Gesundung i. d. R. nicht erreicht werden kann (z. B. *Herzerkrankung, koronare*, Krebs, Diabetes mellitus). Die *Ätiologie* ist i. d. R. multifaktoriell (genetische Disposition, Lebensumstände, Risikoverhalten, Lebensstil). Die häufig langfristige Abhängigkeit von med. wie sozialen Versorgungseinrichtungen, die Gefährdung der Berufs- und Erwerbstätigkeit, Einschränkungen der *Lebensqualität*, der Aktivitäten des täglichen Lebens und u. U. auch der Selbstversorgung und der Autonomie stellen besondere Belastungen dar. Der Begriff «*Behinderung*» bez. (1) c. E., bei denen Sinnesorgane, der Bewegungsapparat und neurologische Funktionen betroffen sind (Körper- und Sinnesbehinderungen), oder (2) als Oberbegriff alle aus c. E. resultierenden Folgen und Probleme. Bengel & Helmes 2011, Seiffge-Krenke et al. 1996.

Chronizität [engl. *chronicity*; gr. χρονικός (*chronikos*) zeitlich lang], anhaltender Verlauf oder langsame Entwicklung eines Prozesses z. B. einer Krankheit. Ggs. *Akuität*.

Chronograf (= C.) [engl. *chronograph*; gr. χρόνος (*chronos*) Zeit, γράφειν (*graphein*) schreiben], [**DIA, KOG**], veraltete Vorrichtung zur Aufzeichnung kleinster Zeiten, für zwei oder mehr aufeinanderfolgende Vorgänge bei *Reaktionszeit*versuchen. Während der C. noch elektromechanisch konstruiert war, wird die Zeitmessung heutzutage ausschließlich über elektronisch gesteuerte Geräte vorgenommen *Chronoskop*.

Chronometrie (= C.) [engl. *chronometry*; gr. χρόνος (*chronos*) Zeit, μέτρον (*metron*) Maß], [**DIA, KOG**], allg.: Lehre von der Zeitmessung, in der Ps. i. d. R. mentale C. (= m. C.): Lehre von der Messung des Zeitbedarfs mentaler Prozesse. Grundlegend für die m. C. ist die Messung von *Reaktionszeiten*. Aus dem Muster von Reaktionszeiten bei unterschiedlichen Aufgabenvarianten sind Rückschlüsse auf die beteiligten mentalen Prozesse möglich. Die Rückschlüsse erfordern theoretische Annahmen, auch wenn diese nicht immer offensichtlich sind. Geläufig sind die *Donders'sche Subtraktionsmethode* oder die Sternberg'sche *Additive Faktorenmethode (additive factor method)* (*Sternberg-Paradigma*). In beiden Fällen wird eine Abfolge mentaler Prozesse angenommen, die um einen Prozess erweitert oder vermindert werden kann oder bei denen die Zeitdauer gleicher oder unterschiedlicher Prozesse durch exp. Faktoren verändert wird. Bes. beeindruckend sind Befunde, nach denen der benötigte Zeitbedarf linear (oder zumindest monoton) mit einer exp. Variablen ansteigt, z. B. die Zeit für das Wiedererkennen kurzzeitig behaltener Items bei zunehmender Itemzahl (Sternberg-Paradigma) oder die Zeit für das Vergleichen sukzessiv dargebotener geometrischer Figuren bei zunehmendem Drehwinkel der zweiten Figur relativ zur ersten (*mentale Rotation*). Häufig sind Methoden der m. C. auf mittlere Reaktionszeiten beschränkt. Daneben gibt es aber eine Anzahl weit entwickelter Modelle mentaler Prozesse, die nicht nur Vorhersagen für Mittelwerte erlauben, sondern für Reaktionszeitverteilungen. Zu diesen stochastischen Modellen zählen bspw. *Wettlaufmodelle*, Akkumulator-Modelle, Random-Walk-Modelle und Diffusionsmodelle. *H. Heuer*

Chronopharmakologie [engl. *chronopharmacology*; gr. χρόνος (*chronos*) Zeit], [**PHA**], Disziplin, die sich mit den Wirkungen von chemischen Stoffen in Abhängigkeit von biol. Rhythmen bzw. der Zeit und den darin beteiligten chemischen Stoffen, bes. *Hormonen* und Neurostoffen befasst. Netter et al. 1998.

Chronopsychologie [engl. *chronpsychology*; gr. χρόνος (*chronos*) Zeit], [**KOG**], die Lehre von der erlebten Dauer, Gleichzeitigkeit und zeitlichen Folge sowie von den Zeitcharakteristika aller psych. Prozesse und der Zeitorientierung. *Zeit, Zeitperspektive, Zeitschwelle, Zeittäuschung, Zeitwahrnehmung, Zukunftserleben*. Bergius 1969.

Chronoskop [engl. *chronoscope*; gr. χρόνος (*chronos*) Zeit, σκοπεῖν (*skopein*) betrachten] [**DIA, KOG**], eine Uhr zur Messung kleinster Zeiten, die früher bes. bei Reaktionsversuchen verwendet wurde.

chronotrope Wirkung [engl. *chronotropic effect*; gr. χρόνος (*chronos*) Zeit, τροπη (*trope*) Wendung, Einwirkung], *Blutdruck*.

chunk, chunking [engl. *chunk* Bündel], [**KOG**], (Bildung einer) Einheit aus mehreren Elementen bei der Speicherung im *Gedächtnis*. *Cognitive Load Theory (CLT)*. Miller 1956.

4C/ID Model *Four Components Instructional Design Model (4C/ID)*.

circadian *zirkadian*.

circulus vitiosus [lat.] *Teufelskreis*.

Circumcision [engl. *circumcision*; lat. *circum* herum, *-cidere* schneiden, stutzen], *Beschneidung*.

Citalopram (= C.) [engl. *citalopram*], [**PHA**], Psychopharmakon aus der Gruppe der *Antidepressiva* vom Typ der *Serotonin-Wiederaufnahmehemmer, selektive* (SSRI). C. hat keine *anticholinergen* oder *antihistaminergen* Eigenschaften. Zugelassene Indikationen sind *Depression* und *Panikstörung*. Häufige *Nebenwirkungen* von C. sind Tremor, Übelkeit und sexuelle Störungen. Benkert & Hippius 2013. *H. Himmerich*

Clairvoyance [frz.], auch Luzidität [lat. *lucidus* leuchtend]. *Hellsehen, Parapsychologie*.

Clan [engl. *clan*; gälisch *clann* Kinder, Nachkommen], [**SOZ**], Begriff aus der Stammesverfassung des schottischen Hochlands, eine engere Stammesgemeinschaft bei Naturvölkern, innerhalb derer bestimmte Gebote und Verbote in Bezug auf soziales und sexuelles Zusammenleben gelten. Thurnwald 1932.

classroom management [engl.] *Klassenführung*. *Klassenführung, effiziente, Klassenführungsstile*.

Classroom Organisation and Management Program (COMP) (= C.), [**PÄD**], Trainingsprogramm für Lehrkräfte zur Verbesserung ihrer Fähigkeiten zur *Klassenführung* (*Classroom Management Skills*). Das C. wurde von Carolyn M. Evertson et al. (*Vanderbilt University Nashville*) seit 1989 laufend weiterentwickelt und soll Lehrkräften helfen, u. a. ihre Erwartungen an die Schüler zu kommunizieren, organisatorische Abläufe im Klassenzimmer zu optimieren und die *Aufgabenorientierung* der Schüler zu verbessern. Die Wirksamkeit des Programms wurde in Studien belegt. Bei Lehrkräften, die in COMP ausgebildet sind, gehen *Unterrichtsstörungen* zurück, die Lernzeit der Schüler und auch die Zufriedenheit der Lehrkräfte im Unterricht steigen. *Klassenführung, effiziente*. Evertson & Harris 1999, Emmer et al. 1980, Emmer & Evertson 2009. *E. Gärtner*

Clearance (= C.) [engl.] Freigabe, Klärung, [**PHA**], die C. ist ein Maß für die Fähigkeit des Organismus, ein Pharmakon zu eliminieren. Sie umfasst die Exkretionsleistung der Niere und andere Prozesse, v. a. die *Metabolisierung* in der Leber und die Ausscheidung über die Galle. Man unterscheidet zw. totaler C. (CL), renaler C. (CL_R) und extra-renaler C. (CL_{NR}). CL ist die Summe aus CL_R und CL_{NR}. Sie lässt sich nach intravenöser Gabe einer Einzeldosis eines Arzneimittels aus der Plasmakonzentration und der in den systemischen Kreislauf gelangten Menge des Pharmakons berechnen. Sie hat die Dimension Volumen pro Zeit, d. h. ml/min bzw. l/h pro Pat. oder ml/min/kg bzw. l/h/kg. Die C. kann interindiv. stark variieren, da sie v. a. vom indiv. variablen Metabolismus abhängig ist. Ursachen für die Variabilität sind u. a. genetische Varianten arzneimittelabbauender Enzyme, Geschlecht, Alter, Körpergewicht, Begleitmedikamente oder *Morbidität*. Die indiv. C. zu messen ist aufwendig, ein direktes Maß für die indiv. C. ist die dosisbezogene Konzentration des Medikamentes im Blut, die im Wesentlichen durch die C. bestimmt wird. Brunton 2011. *C. Hiemke*

Clique [engl. *clique*], *Peergroup*.

Clobazam, [**PHA**], *Benzodiazepin*. Zugelassen zur symptomatischen Behandlung von akuten und chronischen Spannungs-, Erregungs- und Angstzuständen. *Eliminationshalbwertszeit* ca. 18 Std., hepatischer Metabolismus, sehr lang wirksame, pharmakol. aktive Metaboliten, daher Gefahr der *Kumulation*.

Clobutinol [engl. *clobutinol*], [**PHA**], Substanz aus der Gruppe der *Antitussiva*. Keine ZNS-Wirkung (*Nervensystem*).

Clomethiazol [engl. *clomethiazol*], [**PHA**], Substanz, die zur Behandlung von *Alkoholentzugssyndromen* bis hin zum *Delirium* tremens zugelassen ist. Platz 1993.

Clomipramin (= C.) [engl. *clomipramine*], [**PHA**], *Psychopharmakon* aus der Klasse der trizyklischen *Antidepressiva* (TZA). C. blockiert mit hoher Affinität, aber nicht ganz selektiv, die Serotoninwiederaufnahme. Zusätzlich wirkt C. als starker *Antagonist* an α1-adrenergen und muskarinischen Acetylcholinrezeptoren, 5-HT2-Serotoninrezeptoren werden mäßig und D2-Dopaminrezeptoren schwach antagonisiert. Durch extensiven hepatischen Metabolismus über CYP2C19, CYP1A2 und CYP3A4 entsteht der pharmakologisch aktive Hauptmetabolit Desmethylclomipramin, der selbst vorwiegend die Noradrenalinwiederaufnahme hemmt. Durch Metabolismus über CYP2D6 entstehen Hydroxymetabolite. Die *Bioverfügbarkeit* beträgt ca. 50 %, die *Eliminationshalbwertszeit* von C. 16-60 Stunden, von Desmethylclomipramin ca. 36 Stunden. Therapeutischer Referenzbereich für die Plasmakonzentration (Summe aus C. und Desmethylclomipramin): 230-450 ng/ml. Zugelassen zur Behandlung von depressiven Störungen (*Depression*, *Depression, Psychopharmakotherapie*), *Zwangsstörung* (*Zwangsstörungen, Psychopharmakotherapie*), *Panikstörung* (*Panikstörung, Psychopharmokotherapie*), phobischen Störungen (*Phobie*), Enuresis nocturna (*Ausscheidungsstörungen*), bei Schlaflähmung, *Kataplexie* und hypnagogen Halluzinationen im Rahmen einer *Narkolepsie* und zur langfristigen Behandlung von Schmerzsyndromen (*Schmerz*) im Rahmen eines therapeutischen Gesamtkonzepts. Bei der medikamentösen Behandlung von Zwangsstörungen gilt C. bis heute als Referenzsubstanz. Aufgrund des Rezeptorbindungsprofils hat C. ausgeprägte, insbes. vegetative unerwünschte Wirkungen: Mundtrockenheit, Akkomodationsstörungen, Blasenentleerungsstörungen, Obstipation, orthostatische Dysregulation, *Gewichtszunahme*, sexuelle Funktionsstörungen (insbes. *Erektionsstörungen* beim Mann), Störungen der kardialen Erregungsleitung, allergische Hautreaktionen. Bei älteren Pat. sollte A. mit besonderer Zurückhaltung angewendet werden, da wegen der starken anticholinergen Wirkung kognitive Störungen verschlechtert und ein *Delir* ausgelöst werden können. Kontraindiziert ist A. bei Engwinkelglaukom, Prostatahyperplasie mit Restharnbildung, Delir, dementiellen Syndromen (*Demenz*), Ileus und bei klinisch relevanten Störungen der kardialen Erregungsleitung. Therapiebeginn in der Regel mit 2-3 x 25 mg tgl., 150 mg tgl. oft ausreichend, Höchstdosis 300 mg/Tag. C. darf nicht mit *Monoaminoxydasehemmern* (MAOH) kombiniert werden. Auch die Kombination mit anderen serotonergen Pharmaka (z. B. *Serotonin-Wiederaufnahmehemmer, selektive*, *Tramadol*, *Triptane*) ist wegen der Gefahr der Auslösung eines Serotoninsyndroms (relativ) kontraindiziert. *G. Gründer*

Clonazepam, [**PHA**], *Benzodiazepin*. Keine psychiatrische Indikation, in Dt. nur zugelassen zur Behandlung von *Epilepsien* (USA: auch *Panikstörung*), auch im Kindesalter. *Eliminationshalbwertszeit* 30–40 Std., extensiver hepatischer Metabolismus, keine pharmakol. aktiven Metaboliten.

Clonidin [engl. *clonidin*], [**PHA**], Pharmakon aus der Gruppe der *Antihypertensiva*. Agonist an zentralen α_2-Adrenozeptoren. Die Substanz reduziert über diesen Autorezeptor die Aktivität zentraler *noradrenerger Neurone*, z. B. im *Opiat*-Entzug. Für diese Indikation ist die Substanz auch zugelassen.

Clotiazepam (= C.) [engl. *clotiazepam*], [**PHA**], *Psychopharmakon* aus der Klasse der *Tranquillanzien* vom Typ der benzodiazepinverwandten Thienodiazepine (*Benzodiazepine*). Schneller Wirkungseintritt und kurze Halbwertszeit, lang dauernde Wirkung. C. hat tranquillanzientypische Wirkungen (*Tranquillanzien*).

Clozapin (= C.) [engl. *clozapine*], [**PHA**], *Antipsychotikum* mit trizyklischer Struktur, Prototyp der sog. atypischen Antipsychotika. Ausgehend von C. wurden zahlreiche ähnliche Substanzen synthetisiert (z. B. *Olanzapin*, *Quetiapin*, u. v. m.), von denen man sich ähnlich gute klinische Wirkungen erwartete, ohne dessen Risiken aufzuweisen. C. antagonisiert mit nur niedriger Affinität D2-artige Dopaminrezeptoren. Daneben werden 5-HT2-Serotonin-, H1-Histamin-, α1-adrenerge und muskarinische Acetylcholinrezeptoren mit hoher Affinität antagonisiert, zudem bindet C. an zahlreiche andere Bindungsstellen im *Gehirn*. *Eliminationshalbwertszeit* 8-16 Stunden, hepatische *Metabolisierung* vor allem über CYP1A2, daneben auch CYP2C19 und CYP3A4, wenig auch über CYP2D6, zu den Hauptmetaboliten N-Desmethylclozapin und Clozapin-N-oxid. N-Desmethylclozapin ist selbst ein partieller *Agonist* an D2-artigen Dopaminrezeptoren und Agonist an muskarinischen m1-Acetylcholinrezeptoren und trägt möglicherweise nicht unerheblich zu den klinischen Wirkungen der Substanz bei. Therap. Referenzbereich für die Plasmakonzentration: 350-600 ng/ml (nur Muttersubstanz, ohne Metaboliten). C. ist zugelassen zur Behandlung von akuten und chronischen, vor allem therapieresistenten *Schizophrenien* (*Schizophrenie, Psychopharmakotherapie*), wenn Pat. zuvor auf mindestens zwei verschiedene Antipsychotika nicht angesprochen haben oder diese nicht vertragen (insbes. bei Vorliegen von *extrapyramidalmotorischen Störungen*, die anders nicht behandelbar sind, speziell bei *Spätdyskinesien*). Häufigste unerwünschte Wirkungen sind eine vor allem initial ausgeprägte *Sedierung* sowie eine oft sehr ausgeprägte *Gewichtszunahme* bis hin zur Entstehung eines *metabolischen Syndroms*. Bei 1-2 % der Pat. kommt es zur Entwicklung einer *Agranulozytose*, weshalb regelmäßige Kontrollen des Blutbildes notwendig sind (in den ersten 18 Behandlungswochen wöchentlich, danach monatlich). Wegen des Agranulozytoserisikos ist C. nur Reservemedikament, obwohl seine Wirksamkeit bei Therapieresistenz gut belegt ist. C. führt auch in besonderem Maße zu typischen Veränderungen des *EEG* und es senkt die Krampfschwelle, manchmal werden Krampfanfälle beobachtet. Häufig kommt es zu einer Hypersalivation (vermehrter Speichelfluss) und zu Obstipation. Selten, aber gefürchtet, sind kardiale Komplikationen (Endokarditis, Myokarditis). Die Therapie muss wegen der ausgeprägten vegetativen unerwünschten Wirkungen mit niedrigen Dosierungen (25 mg, bei älteren Pat. 12,5 mg) begonnen und langsam gesteigert werden. Die Therapie sollte dann unter Kontrolle des Plasmaspiegels erfolgen. Bei Rauchern sind deutlich höhere Dosierungen notwendig als bei Nichtrauchern. G. Gründer

Cloze-Technik (= C.) [engl. *cloze technique*; *cloze* Lückentext], [**KOG**], Methode zur Bestimmung der *Lesbarkeit* von Texten (vgl. Taylor 1953): Durch Weglassen von Wörtern in dem zu prüfenden Text werden Lücken geschaffen, in die Vpn Wörter einsetzen, die ihnen in den Kontext zu passen scheinen. Aus der Anzahl der Treffer sowie aus dem Informationsgehalt (*Sprachstatistik*) der eingesetzten Wörter schließt man auf die mittlere relative Geläufigkeit der Text-Bestandteile sowie auf die Kontext-*Redundanz*. Die C. lässt sich auch in der Sprachdiagnostik zur Erfassung von indiv. Unterschieden und von Vorgängen bei der *Sprachentwicklung* anwenden.

cluster, clustering (= c.) [engl.] Klumpen, Gruppe, [**KOG**], Tendenz zur Gruppierung. Stellt man einer Person die Aufgabe, sich Wörter aus einem best. Bereich (z. B. Tiernamen) einfallen zu lassen, so kommen die Einfälle nicht in völlig ungeordneter Abfolge, sondern nach Untergruppen zus.gehörender Wörter (z. B. Haustiere, Hunderassen) geordnet. C. findet sich auch, wenn man Vpn Wörter in zufälliger Reihenfolge vorliest und nach einiger Zeit bittet, zu reproduzieren. C. zeigt sich u. a. sowohl bei begrifflich bedeutungsähnlichen Wörtern als auch bei solchen Wörtern, deren assoziativer Zusammenhang empirisch ermittelt wurde. Obwohl der assoziative und begriffliche Zusammenhang zw. Wörtern korreliert, sind beide Arten von Zusammenhang nicht identisch. Beim assoziativen Zusammenhang spielen affektive und konnotative Faktoren (*Konnotation*, konnotative Bedeutung) eine zusätzliche Rolle. C. wurde zuerst von Bousfield (1953) untersucht. Hörmann 1964a.

Clusteranalyse (= C.) [engl. *cluster analysis*; *cluster* Gruppe, Klumpen], [**FSE**], deskriptive Methode zur Gruppierung von Objekten (z. B. Tests, Personen) bzgl. der Analysemerkmale in homogene Untergruppen (*cluster*). Während die *Faktorenenanalyse* eine variablenreduzierende Zielsetzung verfolgt (Gruppen von Items werden als homogene Indikatorgruppe einer jew. *latenten Variablen* identifiziert), werden bei der c. viele Objekte zu wenigen homogenen Gruppen mit jew. typischen Merkmalskonstellation zus.gefasst: Cluster können i. d. R. aufgrund eines charakteristischen Antwortprofils auf den Analysevariablen typologisch interpretiert werden. Zur C. zählen insbes. Klassifikations- oder taxometrische Methoden zur Auffindung «natürlicher» Gruppierungen, die rechnerisch nicht von der Interkorrelationsmatrix, sondern auf Basis metrischer oder nicht metrischer Distanzen identifiziert werden: bei dichotomen Merkmalen: z. B. *Lance-Williams-Distanz*; bei polytomen, nominalen Merkmalen: *Chi-Quadrat-Maß*; bei intervallskalierten Maßen: *Minkowski-Metrik, euklidische Distanz, City-Block-Metrik, Tschbycheff-Distanz*). Ein schrittweises Vorgehen durch Zus.fassung von kleinsten zu immer größeren Gruppen (bzw. umgekehrt durch Aufteilung größerer in kleinere Gruppen) zus.gehöriger Objekte wird als *hierarchische C.* bez. Bei großen Datenmengen kommt der *K-Means-Algorithmus* (syn. *Quick-Cluster*; initiale Festlegung der Clusteranzahl ist erforderlich) oder die *Two-Step-Clusteranalyse*, die die Bestimmung der optimalen Clusteranzahl mittels *informationstheoretischer Maße* erlaubt, zum Einsatz. Die *Latente Klassenanalyse* verfolgt ähnliche Ziele wie die C.: das Antwortverhalten wird aber als probabilistisch modelliert (nicht die Antworten der Pbn selbst, sondern die Antwortwahrscheinlichkeiten werden modelliert), was psychometrisch insbes. bei kategorialen Variablen als vorteilhaft gelten kann (*Item-Response-Theorie*). Backhaus et al. 2010.

cluster-randomisierte Studie (c. S.), [engl. *cluster-randomized trials*; engl. *cluster* Gruppe, Klumpen; *random* zufällig], [**FSE**], *randomisierte kontrollierte Studie*, bei der anstatt Individuen Gruppen oder soziale Einheiten (Cluster) den Vergleichsgruppen per Zufall zugeordnet werden. Diese Studienform ist bei Interventionsstudien insbes. dann indiziert, wenn die Clusterzugehörigkeit die Merkmalsausprägungen der Einzelpersonen mitbestimmt oder untersuchte Wirkbeziehungen (*Intervention → Outcome*) moderiert. So muss bspw. davon ausgegangen werden, dass der Lernerfolg eines Schülers von der Lehrkraft und dem Klassenverband, in dem er sich befindet, abhängt. Stat. wirkt sich dies so aus, dass sich Schülerausprägungen (1) innerhalb von Klassen weniger und (2) zw. Klassen stärker unterscheiden, als dies per Zufall erwartet würde (*Intraklassenkorrelation*). Um eine stat. angemessene Modellierung (*Mehrebenenanalyse*) zu ermöglichen und empirisch valide Effekte erfassen zu können, werden bei c. S. die Cluster (z. B. Schulklassen, Arbeitsgruppen, Stationen in Kliniken) randomisiert (möglichst $N > 60$ Cluster), obwohl die Outcome-Merkmale auf Individuenebene erhoben werden. Die c. S. ist zudem anzuwenden, wenn eine Intervention gezielt auf Clusterebene wirken soll (z. B. Kompetenz einer Lehrkraft, Interaktionsformen in Arbeitsgruppen, klin. Betreuungsangebote) und die Effekte auf Ebene eindeutig zugeordneter Einzelindividuen erwartet werden (z. B. Schülerkompetenzen, Mitarbeiterzufriedenheit, Behandlungserfolg von Pat.). C. S. können weiterhin eingesetzt werden, um Bedrohungen der internen Validität in Organisationen (*interne Validität, Bedrohungen der*) zu vermeiden. Campbell et al. 2004, Donner & Klar 2000.

CML-Schätzung, Abk. für *conditional maximum likelihood-Schätzung* [engl. bedingte Maximum-Likelihood-Schätzung], *Rasch-Modell*.

C-Norm *Standardwert, Normskalen, Normenskalen, Normierung*.

CNV, Abk. für *contingent negative variation* [engl. kontingente negative Variation], **[BIO, DIA]**, ereignisbezogene, negative EEG-Abweichung. *Elektrodiagnostik, Enzephalografie*.

Coachee (= C.) [engl.], **[AO]**, ein analog zum Begriffspaar «Trainer – Trainee» entstandener Begriff, der eine Person bez., die ein *Coaching* in Anspruch nimmt. Da der Begriff ein Beziehungsgefälle impliziert, widerspricht er dem Grundgedanken des Coachings als interaktives Geschehen zw. gleichberechtigten Parteien. Als Alternativen zum Begriff Coachee werden im dt.sprachigem Raum insbes. die Begriffe «Klient» und «Kunde» verwendet.   *C. Rauen*

Coaching (= C.) [engl.] Unterstützung, Nachhilfe, **[AO]**, ist ein Sammelbegriff für unterschiedliche Beratungsmethoden und Varianten für versch. Ziele, Personen und Gruppen, wie z. B. Einzel-Coaching von Führungskräften oder Mitarbeitern, Team-Coaching und Projekt-C. (Rauen 2005). C. ist ein geplanter Prozess, der sich über mehrere Stunden und Sitzungen erstreckt und eine Gesamtdauer von einigen Monaten bis mehreren Jahren umfassen kann. Zusammenfassend definiert Rauen (2005, 9 ff.): «C. ist ein interaktiver, personenzentrierter Beratungs- und Begleitungsprozess». Kennzeichen des C. ist die «indiv. Beratung auf der Prozessebene, d. h., der Coach liefert keine direkten Lösungsvorschläge», sondern begleitet bei der Entwicklung eigener Lösungen. Ausgenommen sind dabei Anliegen, die mit psych. Störungen verbunden sind.

Als gängige C.-Formen können die folg. genannt werden: (1) *Gruppenc.*: C.-Variante, bei der mehrere Personen gleichzeitig gecoacht werden. Die Gruppengröße übersteigt beim C. i. d. R. nicht die Anzahl von 15 Personen. Unter den Oberbegriff fällt auch das Team-Coaching bei dem eine im beruflichen Funktionszusammenhang stehende Personengruppe in ihrem organisationalen Umfeld gecoacht wird. Ziele sind i. d. R. die Teamentwicklung und Verbesserung von *Kommunikation, Motivation* und *Kooperation*. Diese wird oft durch Einzel-Coaching für die Team-Mitglieder ergänzt. (2) *Einzelc.*: C.-Variante, bei der eine einzelne Person gecoacht wird. Einzelc. wird oft mit dem C. einer Person durch einen organisationsexternen Coach gleichgesetzt. Es kann aber auch durch organisationsinterne Coaches praktiziert werden oder i. R. eines Vorgesetzten-C. stattfinden. (3) *Vorgesetzenc.*: C. von Mitarbeitern durch ihre Führungskraft (*Führung*). Oft beschränkt sich diese Form des C. auf fachbezogene Inhalte, da persönliche Themen bereits aufgrund von arbeitsrechtlichen Beschränkungen schwer thematisierbar sind. Hinzu kommt, dass eine Führungskraft ihre Mitarbeiter beurteilen muss, was die Bereitschaft zur Selbstoffenbarung des Mitarbeiters im C. einschränkt. (4) *Stabsc.*: Organisationsinternes C. durch eine für diese Aufgabe fest angestellte Person, die eine Stabsstelle innehat. C. kann in der Form von Einzelc. und Gruppenc. stattfinden. Die Zielgruppe beschränkt sich i. d. R. auf Organisationsmitglieder des mittleren und unteren *Managements*. Die hierarchische Positionierung eines Stabs-Coachs ist meist nicht für die Arbeit mit höheren Managementebenen ausreichend. Da viele Formen der Beratung personenzentriert sind, betont Greif (Greif 2008a) beim C. die systematische Förderung ergebnisorientierter Problem- und Selbstreflexionen sowie Beratung zur Verbesserung der Erreichung selbstkongruenter Ziele oder zur bewussten Selbstveränderung und Selbstentwicklung. Ausgenommen sind auch hier die Beratung und *Psychotherapie* psych. Störungen. Typ. Anlässe für ein C. sind *defizitorientiert* (kritische Reflexion des Führungsverhaltens, Stärken-Schwächen-Analyse, Bearbeitung von Leistungs-, Motivations- und Kreativitätsblockaden, Umgang mit Konflikten), *präventionsorientiert* (neue Aufgaben und Positionswechsel, Begleitung von Übergangsphasen, Umgang mit Komplexität, *Work-Life-Balance*, Vorbeugung der gesundheitlichen Folgen von Überlastung, Gesprächsverhalten, Vorbereitung auf Auslandseinsätze) oder *potenzialorientiert* (Aktivierung ungenutzter Ressourcen, Reflexion über das Problemlöseverhalten, Karriere-C., Standortbestimmung, Strategieentwicklung, Hilfe bei Entscheidungsfindung, Unterstützung von Innovationsprozessen). Klienten erwarten, dass durch das C. kurzfristig konkrete Ziele und Ergebnisse erreicht werden. Langfristig angestrebt wird oft eine Selbstveränderung zur Erweiterung oder Verbesserung der Möglichkeiten beim Erreichen relevanter Ziele. Reflektiert werden dabei nicht nur die eigenen kurz- und langfristigen Ziele, Erfahrungen, Gefühle und Möglichkeiten, sondern auch Verhalten, Ziele und Erwartungen anderer beteiligter Personen.

Der Begriff *Coach* wurde bereits im 19. Jhd. an Universitäten im angloamerik. Raum für Personen verwendet, die Studenten auf Prüfungen und sportliche Wettbewerbe vorbereitet haben. Populär wurde das C. jedoch erst durch seine Bedeutung im Hochleistungssport. In den 1970er-Jahren wurde C. in den USA als entwicklungsorientiertes Führen von Mitarbeitern durch den Vorgesetzten aus dem Sportbereich in das Management transferiert. In Dt. wird C. als organisationsextern angebotene Form der Beratung seit Mitte der 1980er-Jahre praktiziert (Rauen 2003). Wiss. fundierte Evaluationsforschung steckt noch in den Anfängen, viele Studien sind meth. mangelhaft und wenig theoretisch abgesichert. In einer Zusammenfassung von 22 empirischen Forschungsarbeiten (Künzli 2005) ergab sich, dass C. Wirkungen erzielt, die von emot. Entlastung, Stressabbau, Perspektivenwechsel und erhöhter

Selbstreflexionsfähigkeit bis hin zu verbesserter Führungskompetenz und Kommunikation sowie einem besseren Beziehungsverhalten und effektiverem Handeln reichen. Psychol. Theoriegrundlagen werden von Stober & Grant (2006) und zus. mit einem Überblick über den ermutigenden Stand der exp. Forschung zu den Erfolgsfaktoren und Ergebnissen von Greif (2008b) beschrieben.
[**PÄD**], *Reciprocal Teaching*.   S. Greif/C. Rauen

Coaching-Konzept (= C.) [engl. *coaching concept*; lat. *concipere* erfassen], [**AO**], die Grundvorstellung und das Selbstverständnis eines Coachs zu seiner Arbeitsweise. Ein C. legt die Coaching-Def. fest, beschreibt Methoden, Techniken und Wirkzusammenhänge im *Coaching*, klärt die notwendigen Rahmenbedingungen für *Coaching-Prozesse*, gibt Auskunft über das konkrete Angebot eines Coachs samt seiner Besonderheiten und beschreibt die Haltung und das Menschenbild eines Coachs. [www.coaching-newsletter.de/archiv/2004/2004_04.htm].   C. Rauen

Coaching-Prozess (= C.) [engl. *coaching process*], [**AO**], Verlauf der Zusammenarbeit der an einem *Coaching* beteiligten Personen. Der C. lässt sich in folg. Phasen segmentieren: (1) Wahrnehmung des Coaching-Bedarfs, (2) Kontaktaufnahme mit einem Coach, (3) Vertragsschluss, (4) Klärung der Ausgangssituation, (5) Zielsetzung, (6) Interventionen, (7) Evaluation und (8) Abschluss. Der zeitliche Umfang kann sich je nach Zielsetzung des Prozesses über einen Zeitraum von mehreren Tagen bis zu mehreren Jahren erstrecken. Typisch ist ein Umfang von etwa zehn Sitzungen innerhalb von sechs bis zwölf Monaten.   C. Rauen

Cochlea [engl. *cochlea*; lat. *Schnecke*], [**BIO, WA**], im Innenohr befindliches, schneckenförmig aufgerolltes Hörorgan. *Ohr*.

Cochrane Collaboration (= C. C.) [engl. *collaboration* Zus.arbeit], nach A. Cochrane, der 1972 das Buch *Effectiveness and efficiency* publizierte, [**FSE**], internat. wiss. Netzwerk, das die Umsetzung der Grundsätze der evidenzbasierten Med. (*Evidenzbasierung*, *evidenzbasierte Behandlungsmethoden*) durch die Integration wiss. Befundlagen fördert. Evidenzbasierte Entscheidungspraxis wird durch die meth. standardisierte und transparente Verfassung systematischer Übersichtsarbeiten [engl. *systematic reviews*] zur Bewertung der *Wirksamkeit* von Behandlungsverfahren duch die C. C. unterstützt. Alle Übersichtsarbeiten werden in der *Cochrane Library* [www.cochranelibrary.com] veröffentlicht. Das *Dt. Cochrane Zentrum* ist in Freiburg i. Br. [www.cochrane.de], das *Cochrane Schweiz* in Lausanne [swiss.cochrane.org] und die *Österreichische Cochrane Zweigstelle in Krems* [www.cochrane.at/] angesiedelt.

Cocktailparty-Phänomen [engl. *cocktailparty phenomenon*], [**KOG. WA**], (1) die Fähigkeit, aus einer Fülle akustischer Signalfolgen, die nach ihren physikal. Charakteristika nur schwer trennbar sind, eine Signalfolge auszuwählen und selektiv wahrzunehmen (*Aufmerksamkeit, selektive*), also z. B. einem Gespräch auf einer Cocktailparty zuzuhören. (2) Wird der eigene Name während eines Partygesprächs in Hörweite genannt, so wechselt die Aufmerksamkeit unmittelbar von der eigenen Unterhaltung hin zur benachbarten Unterhaltung. Cherry 1953.   D. Dörner

codability, Kodabilität (= c.) [engl. *code* Kode, *ability* Fähigkeit], [**KOG**], für einen *Code* charakteristisches Ausmaß der Umsetzbarkeit des zu Bezeichnenden in *Zeichen*. In einer *Sprache* wird die c. vom Umfang und von der Differenziertheit des Zeichenvorrates (*Sprachstatistik*) sowie von der Eindeutigkeit (Namen-Determinanz) der Zuordnung von Zeichen zu Bezeichnetem bestimmt. Empirisch untersuchen kann man die c. u. a. am Bsp. der «Farb-Codierung»: Es zeigten sich kultur-, umwelt- und entwicklungsabhängige Unterschiede in der verbalen Präzision, mit der versch. Sprachen Farbabstufungen beschreiben können. Die mit einer Sprache erreichbare Kommunikationsgenauigkeit hängt von der für sie geltenden c. ab. Brown & Lenneberg 1954, Whorf 1956.   H.E. Zahn

Code, Kode (= C.) [engl. *code* Chiffrierschlüssel], [**KOG**], (1) Verschlüsselungsvorschrift für Information, zugleich Regelsystem der Verknüpfung von *Zeichen* oder das verwendete Zeichensystem selbst. Die Tätigkeit des Verschlüsselns nennt man codieren (auch encodieren; *Encodierung*), die des Entschlüsselns decodieren. Der sprachliche C. eines Sprechers ist die Menge der ihm aus dem gesamten Zeichensystem der *Sprache* zur Verfügung stehenden Zeichen samt Verknüpfungsmöglichkeiten und -regeln als Grundlage für die nachrichtliche Übermittlung von Inhalten (*Kommunikation*). Die C. zweier Sprecher sind nur teilweise deckungsgleich und bilden eine Durchschnittsmenge, die zweier Gruppen (z. B. Schichten) ebenfalls (*Sprachbarriere*, *Soziolinguistik*). Man unterscheidet beim Sprach-C. bzw. der sprachlichen (ling.) Codierung und Decodierung drei Ebenen: Die indiv. Vorstellung, Meinung usw. wird durch den Sprecher (Sender) in den durch Konvention festgelegten Inhalt einer Sprache umgesetzt (semantische Codierung), anhand der festgelegten Kombinationsregeln untereinander verknüpft (syntaktische Codierung) und in Laute/Buchstaben ausdrucksmäßig umgeformt und übermittelt. Vorausgesetzt ist dabei, dass der Hörer (Empfänger) entspr. den konventionellen Regeln in umgekehrter Reihenfolge die Nachricht zu decodieren imstande ist. Handelt es sich bei den Zeichen, welche durch das Regelsystem einander zugeordnet werden, um abstrakte Symbole, so spricht man von einem symbolischen C. (2) In der Gedächtnisforschung (*Gedächtnis*) und *Psycholinguistik* wird C. auch als Übersetzung «externer Information in eine interne Information» verstanden (Melton & Martin 1972). Wenn der Umfang der Information dadurch geringer wird, spricht man von reduziertem C., in dem z. B. chunking (*chunk, chunking*) oder clustering (*cluster, clustering*) (Kategorisierung – Bousfield) benutzt wird. Als elaborierter C. wird die Erweiterung der kogn. Struktur durch Erzeugung von Vorstellungsbildern (Paivio 1971) bez. (*recodieren*). Dem elaborierten C. (in anderer Bedeutung) wird der restringierte C. gegenübergestellt (Bernstein 1972). Damit gemeint sind (umstrittene) schichtspezifische Eigentümlichkeiten des Sprachgebrauchs, die in der *Soziolinguistik* beschrieben werden (Oevermann 1972, 1980).   H. O. Häcker

Codein, Kodein [engl. *codein*], [**PHA**], chemisch Methylmorphin, *Psychopharmakon* aus der Gruppe der zentralen *Analgetika* vom Typ der *Opioide*. Analgetische Wirkung schwächer als von *Morphin*, ebenso das Suchtpotenzial. Wegen hustenstillender Wirkung in vielen Hustenmitteln (*Antitussiva*) enthalten. Es wirkt leicht sedierend.   W. Janke

Co-dergocrin syn. *Codergocrin*, [**PHA**], *Mutterkornalkaloid*, *Nootropikum*, *Antidementivum*. Multiple pharmakol. Wirkungen, u. a. α1-*Antagonist* und *Serotonin-* und *Dopaminagonist*. Mutterkornalkaloide können Organfibrosen und den sog. Ergotismus (eine *Vergiftung* mit der Folge von Durchblutungsstörungen in multiplen Organen) verursachen. Daher hat die *European Medicines Agency (EMA)* Mutterkornalkaloiden in vielen Indikationen die Zulassung entzogen. Der nicht überzeugend nachgewiesene Nutzen bei Hirnleistungsstörungen im Alter und bei *Demenzen* rechtfertigt ihre Anwendung auch hier nicht mehr.   G. Gründer

Codierung [engl. *coding*], [**KOG, SOZ**], die Umsetzung von Nachrichten in Nachrichten anderer Form nach der Vorschrift eines *Codes*.
[**FSE**], *Dummy-Codierung*, *Effekt-Codierung*.

coefficient of intellectual ability (CIA) [engl.] «Koeffizient der intellektuellen Fähigkeit», [**DIA, PER**], von Yerkes und Mitarbeitern für die Intelligenzmessung eingeführter Quotient aus indiv. Punktwert (Summe der Punktzahlen der gelösten Aufgaben) und Punktwert der Altersgruppe. *Intelligenzalter*, *Intelligenzquotient*.

coersives Verhalten [engl. *coercive behavior*], syn. *koerzives Verhalten*; (er-)zwingendes, dominantes Verhalten. *Mobbing, schulisches*.

Coffein, Koffein [engl. *caffeine*], [**PHA**], *Alkaloid*; psychotrope Substanz (z. B. in Kaffee, Tee, Energydrinks) mit anregender Wirkung aus der Gruppe der *Stimulanzien*. James 1997.

cognitive appraisal [engl. kognitive Einschätzung/Bewertung], [**EM, KOG**], die persönliche Bedeutung eines Ereignisses bestimmt die Emotion ganz erheblich. *Emotionstheorien*.

cognitive apprenticeship (= c.) [engl. *apprenticeship* Lehre, Ausbildung], [**MD, PÄD**], Lehr-Lern-Methode, die das Konzept praktischer bzw. handwerklicher Ausbildungen (Lehrling lernt durch Beobachten des Meisters und zunehmend selbstständiges Ausprobieren) auf den Erwerb kogn. Fertigkeiten (z. B. Lesen, Schreiben, Rechnen) überträgt. I. S. eines konstruktivistischen Bildungsverständnisses (*Konstruktivismus*) wird davon ausgegangen, dass Lernen situiert (*Lernen, situiertes*) stattfindet und eigene Erfahrungen des Lernenden erfordert. Lernende können Wissen und Fertigkeiten deshalb nur in realitätsnahen Lernkontexten erwerben. Deshalb werden bei der Methode der c. praxisnahe Probleme vorgegeben, die der Lernende zunehmend selbstständig lösen soll. Der Lernende wird unterstützt, indem der Lehrende zunächst eigene kogn. Prozesse, die vom Problem zur Lösung führen können, explizit macht (*Modelling*). Im nächsten Schritt wird der Lernende selbst aktiv und wird dabei vom Lehrenden unterstützt (*Coaching*). Der Lehrende greift im dritten Schritt dann nur noch ein, wenn der Lernende ohne Hilfe nicht weiterkommt (*Scaffolding*). Mit zunehmendem Wissen und steigenden Fertigkeiten des Lernenden nimmt also die Unterstützung durch den Lehrenden stetig ab (*Fading*), damit der Lernende immer selbstständiger an der Problemlösung arbeiten kann. Als weitere Schritte soll der Lernende neu erworbenes Wissen selbst wiedergeben und erklären (*Artikulation*), sich über neues Wissen bewusst werden und neu erworbene Fertigkeiten bewerten (*Reflexion*) und schließlich neues Wissen ohne Unterstützung des Lehrenden eigenständig anwenden (*Exploration*). Collins et al. 1989.   J. Moskaliuk

cognitive enhancers [engl.] «kognitive Verstärker», *Nootropika*.

cognitive load theory (CLT) [engl.] Theorie der kognitiven Belastung, Sweller et al. 1998, [**KOG, MD, PÄD**], hierbei handelt es sich um eine Instruktionsdesigntheorie (*instructional design*), die vor dem Hintergrund best. Annahmen zur *kognitiven Architektur* Empfehlungen zur lernförderlichen Gestaltung von Lernmaterialen gibt. In der CLT wird davon ausgegangen, dass das menschliche *Arbeitsgedächtnis* den zentralen Engpass beim Wissenserwerb darstellt, während das Langzeitgedächtnis als hinsichtlich seiner Kapazität unbegrenzt aufgefasst wird (*Gedächtnis*). Eine zentrale Aufgabe beim Instruktionsdesign besteht daher darin, die Belastung des Arbeitsgedächtnisses möglichst gering zu halten. Dabei werden in der CLT drei Belastungsarten angenommen, die Arbeitsgedächtnisressourcen beanspruchen können.
Der *Intrinsic Cognitive Load* (ICL) ergibt sich einerseits aus der Komplexität der zu lernenden Inhaltsdomäne, die über das Ausmaß an *Elementinteraktivität* definiert wird, sowie andererseits aus dem bereits in diesem Bereich vorhandenen Vorwissen eines Lernenden. Die Elementinteraktivität ist eine Funktion der Anzahl der Elemente, die gleichzeitig im Arbeitsgedächtnis aktiv gehalten werden müssen, um einen Inhalt vollst. zu repräsentieren, sowie der Anzahl der Bezüge zw. diesen Elementen. Der sich aus der Elementinteraktivität ergebende ICL kann je nach Vorwissen des Lernenden unterschiedlich ausfallen. Lernende mit hohem Vorwissen können aufgrund bereits existierender Schemata aus mehreren (interagierenden) Elementen bestehende komplexe Sachverhalte als ein Element repräsentieren (*chunking*), sodass sich damit der ICL reduziert. Lernende mit geringem Vorwissen müssen dagegen jedes einzelne Element und die Bezüge zw. den Elementen im Arbeitsgedächtnis aufrechterhalten. Es wird angenommen, dass der ICL nicht durch Manipulationen des Instruktionsdesigns beeinflussbar ist. Der als *Extraneous Cognitive Load* (ECL) deklarierte Belastungsanteil wird durch eine suboptimale Gestaltung des Lernmaterials verursacht und beeinträchtigt den Wissenserwerb. *Germane Cognitive Load* bez. den für produktives Lernen förderlichen Teil kogn. Belastung, der die Bildung kogn. *Repräsentationen* unterstützt. Diese pos. Belastung resultiert aus der Anwendung höherstufiger kogn. Prozesse, die über die reine Aufrechterhaltung der Informationen im Arbeitsgedächtnis hinausgehen (z. B. Selbsterklärungen, Elaborationen). Ziel des Instruktionsdesigns entspr. der CLT ist es, den ECL zu minimieren und die i. R. der verfügbaren Arbeitsgedächtniskapazität freigewordenen Ressourcen für in GCL resultierende Prozes-

se zu nutzen. Entsprechende Designempfehlungen teilt die CLT mit der *Cognitive Theory of Multimedia Learning*, zu der sie enge konzeptuelle Bezüge aufweist.
Kritik an der CLT bezieht sich v. a. auf die eingeschränkte empirische Überprüfbarkeit ihrer Grundannahmen zu den versch. Belastungsarten. Existierende Maße zur Erfassung der kogn. Belastung erheben die kogn. Belastung global, ohne zw. den Belastungsarten zu differenzieren. Dabei erfolgt oftmals eine Post-hoc-Entscheidung über die Art der gemessenen Belastung in Abhängigkeit von der beobachteten Lernleistung, indem bspw. eine hohe globale kogn. Belastung bei schlechten Lernleistungen als Indikator für einen hohen ECL interpretiert wird. Paas et al. 2003, Niegemann 2009. *K. Scheiter*
cognitive monitoring [engl.] kognitive Überwachung/Kontrolle; *Denken*.
cognitive response approach [engl.] «Ansatz der kognitiven Reaktionen», [**KOG, SOZ**], Theorie, nach der *Einstellungsänderung* aus dem Grad der Zustimmung der Gedanken resultiert, die eine Person bei der Verarbeitung einer Botschaft generiert. *G. Bohner*
Cognitive Theory of Multimedia Learning (CTML) [engl.] Kognitive Theorie des Lernens mit Multimedia, [**KOG, MD, PÄD**], die in der Multimedia-Forschung (*Multimediale Lehr-Lern-Systeme*) weitverbreitete Theorie von Richard E. Mayer (Mayer 2005b) beschreibt die Verarbeitung multimedialen Lernmaterials von der externen Darbietung bildhafter und verbaler Repräsentationen bis hin zur Abspeicherung des erworbenen Wissens im Langzeitgedächtnis in Form eines *mentalen Modells*. Dabei wird angenommen, dass bildhafte Repräsentationen (z. B. Animation, Video, statische Bilder) und verbale Repräsentationen (z. B. gesprochene oder geschriebene instruktionale Erläuterungen) in zwei versch. Informationskanälen verarbeitet werden, die zunächst auf der sensorischen Arbeitsebene anhand der Modalität der Informationsdarbietung (visuell vs. auditiv) und in späteren Verarbeitungsstufen im Arbeitsgedächtnis entspr. des Repräsentationscodes (verbal vs. bildhaft) unterschieden werden. Der auditiv-verbale und der visuell-bildhafte Kanal werden als hinsichtlich ihrer Informationsverarbeitungskapazität begrenzt angenommen. Die in diesen Kanälen verarbeitete Information wird in einem verbalen sowie in einem bildhaften mentalen Modell organisiert, die dann in einem letzten Schritt unter Einbeziehung verfügbaren Vorwissens in der Inhaltsdomäne zu einem integrierten mentalen Modell zus.gefügt werden.
I. R. der CTML wurden zahlreiche Designprinzipien für multimediales Lernmaterial entwickelt (vgl. Mayer 2005b) wie z. B. das Modalitätsprinzip. Es empfiehlt die Verwendung gesprochenen anstatt geschriebenen Texts als Begleitung für bildhafte Darstellungen, da die gleichzeitige Verarbeitung visuellen Texts und bildhafter Darstellungen zu einer Überlastung des visuell-bildhaften Verarbeitungskanals führen kann. Die Verwendung auditiven Texts ermöglicht stattdessen die Verteilung der Verarbeitungsanforderungen auf beide Kanäle. Sowohl bzgl. einzelner Verarbeitungsannahmen als auch bzgl. der versch. Designprinzipien weist die CTML eine enge konzeptuelle Nähe zur *Cognitive Load Theory* auf.
Kritik an der CTML bezieht sich v. a. auf die fehlende Überprüfung der Gültigkeit der Designprinzipien in anwendungsnäheren Kontexten (z. B. Einsatz von Multimedia im Klassenzimmer) sowie auf den teilweise fragwürdigen Rückbezug auf kognitionspsychol. Modelle und Theorien, die zur Fundierung der CTML genutzt werden, aber in fehlerhafter Weise interpretiert werden (vgl. Rummer et al. 2008). *K. Scheiter*
Cohens d [engl. *Cohen's d*], [**FSE**], Maß der *Effektgröße* für die Standardisierung der Mittelwertsdifferenz zweier Stichproben in einer mind. intervallskalierten Variablen. Formel:
$$d = \frac{|\bar{x}_1 - \bar{x}_2|}{\sigma_x}.$$
Im Nenner wird für die empirische Schätzung der Populationsstreuung eine erwartungstreue Schätzung der *Standardabweichung* der Messwerte verwendet (z. B. *hedges g*, *Glass's delta*).
Cohen (1988) schlägt eine Unterteilung in $d = 0.20$ (*kleiner Effekt*), $d = 0.50$ (*mittlerer Effekt*) und $d = 0.80$ (*großer Effekt*). Dieses Bewertungsschema sollte aber nur als Richtwert verwendet werden, falls keine Effektgrößen aus vergleichbaren Studien als Orientierung vorliegen. Leonhart 2013. *R. Leonhart*
Cohens Kappa (= κ.) [engl. *Cohen's kappa*], syn. Cohens κ, [**FSE**], ist der am häufigsten verwendete Koeffizient zur Berechnung der Übereinstimmungen zw. zwei Beurteilern für kategoriale Daten. Er wird berechnet als Quotient aus der Differenz zw. beobachteter und zufallsbedingt zu erwartender Übereinstimmung und der Differenz aus max. möglicher und zufallsbedingt zu erwartender Übereinstimmung. Die Berechnungsformel lautet:
$$\kappa = \frac{\sum_{j=1}^{s} h_{jj} - \sum_{j=1}^{s} h_{.j} \cdot h_{j.}}{1 - \sum_{j=1}^{s} h_{.j} \cdot h_{j.}} = \frac{P_o - P_e}{1 - P_e}$$
s = Kategorienanzahl
h_{jj} = relative Häufigkeit, mit der beide Beurteiler Kategorie j wählen
$h_{.j}$ bzw. $h_{j.}$ = relative Häufigkeit, mit der Rater 1 bzw. 2 Kategorie j wählt.
κ besitzt die wünschenswerte Eigenschaft, dass eine Quantifizierung der systematischen Beurteilungsgüte unabhängig von der Häufigkeit zufällig zu erwartender Übereinstimmung erfolgen kann. Würde eine solche Korrektur nicht erfolgen, so würde durch die prozentuale Übereinstimmung stets eine systematische und verzerrte Überschätzung der Qualität von Beurteilungen vorgespiegelt, die umso gravierender ausfiele, je stärker die *Prävalenz* des Merkmals von 50 % abweicht. κ kann max. Werte von +1 annehmen. Im Falle ungleicher Randsummenverteilungen (Häufigkeit der Kategorienwahl für einzelne Beurteiler) ist der max. Wert von κ kleiner 1. Als Faustregel zur Beurteilung der Güte der Übereinstimmung kann angegeben werden, dass Werte bis .4 als Indikator für schwache, zw. .40 und 0.59 für mäßige, zw. .60 und .74 für gute und Wer-

te ab .75 für sehr gute Übereinstimmung gewertet werden können. Das gewichtete κ. ermöglicht bei mehrstufigen Skalenformaten eine differenzierte Gewichtung unterschiedlich gravierender Nichtübereinstimmungen. *Beurteilerübereinstimmung.* Wirtz & Caspar 2002.

Cohens w [**FSE**], wurde von Cohen (1988) als Maß der *Effektgröße* für kxl-Kontingenztabellen vorgeschlagen. Die Formel für w entspricht der Wurzel des Chi-Quadrat-Koeffizienten (*Chi-Quadrat-Tests*), wobei anstatt der absoluten die relativen Zellhäufigkeiten verwendet werden, sodass eine standardisierte Größe (Wertebereich: 0 bis 1) resultiert:

$$w = \sqrt{\sum_{i=1}^{k}\sum_{j=1}^{l}(h_{eij} - h_{oij}^2)/h_{eij}}$$

h_{oij} = beobachtete *relative Häufigkeit* der Merkmalskombination ij
h_{eij} = bei stochastischer Unabhängigkeit erwartete *relative Häufigkeit* der Merkmalskombination ij

Cohort-Modell [engl. *cohort model*; lat. *cohors* Menge, Kohorte], *Sprachwahrnehmung.*

collective information sampling [engl.] gemeinsame Informationsauswahl, [**SOZ**], beschreibt das Phänomen, dass Gruppenmitglieder primär Informationen austauschen, über die alle Mitglieder gleichermaßen verfügen (geteilte Informationen) (Stasser & Titus 1987). Ungeteilte Informationen werden für die Entscheidungsfindung einer Gruppe häufig nicht berücksichtigt. Dadurch entsteht ein *bias*, also eine Tendenz, bestimmte – nämlich geteilte – Informationen zu präferieren, die jedoch für eine richtige Lösung oder Entscheidung nicht ausreichend sind. B. Kopp/H. Mandl

Test Coloured Progressive Matrices (CPM), 2002, 3., neu normierte Auflage J. C. Raven, S. Bulheller und H. Häcker, [www.pearsonassessment.de], [**DIA, PER**]. Sprachfreier Intelligenztest. AA 3,9 bis 11,8 Jahren, 36 Items in drei Sets (A, Ab, B) zu je zwölf Items. Die CPM bestehen aus drei Sets zu je zwölf Items: Set A, Set Ab und Set B. Sie sind so angeordnet, dass die wichtigsten kogn. Prozesse, die Kinder im Alter unter 11 Jahren i. Allg. beherrschen, gemessen werden können. Die drei Sets geben der Testperson drei Möglichkeiten, eine konsistente Methode des Denkens zu entwickeln. Der Test als Ganzes mit seinen 36 Items wurde für eine möglichst genaue Leistungsbeurteilung der kogn. Entwicklung bis zum Stadium voll entwickelter intellektueller Fähigkeiten konstruiert. Der Test kann in der Version als Testheft vorgelegt werden oder in der *Board-Form*, eine Version des Tests, das das Einfügen der Antwortmöglichkeiten nach Art eines Puzzles erlaubt. Die zur Auswahl stehenden Antwortmöglichkeiten befinden sich auf beweglichen Teilen, die in das Muster eingefügt werden können. Die Board-Form ermöglicht unabhängig von ethnischer Zugehörigkeit und Sprache eine verständliche Demonstration der Testaufgaben und ist darüber hinaus einer der wenigen Tests, die mit zufriedenstellenden Ergebnissen bei Personen mit Teillähmungen, Taubheit oder Sprachstörungen angewendet werden können. Die Parallelform, die 1998 publiziert wurde, entspricht in der Struktur der Aufgaben und in den Anforderungen an den Lösungsprozess genau der klassischen Form, ermöglicht aber eine Testwiederholung, ohne dass das Testergebnis durch Erinnerungseffekte beeinflusst wird. *Reliabilität*: Halbierungsreliabilität r = .85–.90 für unterschiedliche Länder und Altersstufen. Retest (ein bis zwei Wochen) r = .86–.90. *Validität*: Der CPM erfasst nach «simultanes Verarbeiten» mit Ladungen zw. .75 und .85. *Normierung*: Prozentränge für die Altersgruppen 4 bis 11 Jahre in Halbjahresabständen (N = 1218). Ca. 20 bis 30 Min.

Test Columbia Mental Maturity Scale (CMM), 1975, C. Bondy, R. Cohen, D. Eggert und G. Lüer. Engl. Version, 1954, B. B. Burgemeister, L. H. Blum und I. Lorge, [www.testzentrale.de], [**DIA, PER**]. Intelligenztest. AA von 4 bis 9 Jahren. Die Aufgaben sollen das *logisch-schlussfolgernde Denken* und *Abstraktionsleistungen* erfassen sowie eine Schätzung der *allgemeinen Intelligenz* ermöglichen. Es liegen T-Wert Normen für versch. Gruppen vor. Split-Half- und Kuder-Richardson-Koeffizienten zw. r = .83 und r = .98. Durchführungszeit 10 bis 30 Min. Auswertungszeit drei Min. Das Verfahren ist ursprünglich Teil der *Testbatterie für geistig behinderte Kinder (TBGB)*. Eine Gruppenvariante der CMM ist die *Columbia Mental Maturity Scale 1–3* (CMM 1–3), 1999, von D. Eggert, K. D. Schuck und U. Raatz. Sprachfreier Gruppenintelligenztest für die Grundschule. AA von 6 bis 10 Jahren (1. bis 3. Klasse). Die Kinder wählen bei jeder Aufgabe das Bild aus, das nicht zu den übrigen passt. Normierung an N = 8437, es liegen Prozentrang- und C-Normen als Klassennormen und Altersnormen vor. Durchführungszeit 20–30 Min. Auswertungszeit drei Min. pro Kind. Neueste Version 1994. Es existiert eine von W. Wagner und H. Seyfried bearbeitete Version des CMM 1–3 für Österreich: *Columbia Mental Maturity Scale 1–4* (CMM 1–4), 1976. Eine weitere Gruppenvariante der CMM ist die *Columbia Mental Maturity Scale für Lernbehinderte (CMM-LB)*, 1992, von D. Eggert und K. D. Schuck. AA lernbehinderte Kinder im Alter von 9 bis 14 Jahren. Vorausleseverfahren für die Intelligenzdiagnostik bei Ein- und Umschulungsverfahren in die Sonderschule. Normierung an N = 6009 Schülern, es liegen T-Wert-Normen vor. Korrelationen mit anderen Intelligenztests (BT 1-2/2-3 und HAWIK) für versch. Stichproben zw. r = .45 und r = .71. Durchführungszeit 20–25 Min. Auswertungszeit drei Min. pro Kind.

Commissura [engl. *commissure*; lat. Verbindung], [**BIO**], Bez. für verbindende Faserstränge innerhalb des NS (*Nerv, Nervensystem*).

Commitment (= C.) [engl.] Bindung, Verpflichtung; [lat. *committere* vereinigen], syn. *Bindung*, [**AO, WIR**], in der *Organisationspsychologie* ist C. ein relationales Konzept, mit dem die Position des einzelnen Organisationsmitglieds zu unterschiedlichen Facetten seines Arbeits- und Tätigkeitsbezugs gekennzeichnet wird. Folgt man den ersten Metaanalysen (*Metaanalyse*) zu diesem Konzept, dann zeigt sich die Nähe zum Konzept der *Arbeitszufriedenheit* (Mathieu & Zajac 1990; Tett & Meyer 1993). Die immer noch verbreiteste Form des C. beinhaltet die Beziehung des Arbeitnehmers zu seiner *Organisation*, wobei damit implizit die pos. Variante dieses Verhältnisses gemeint ist, d. h. ein pos. Gefühl der Verbundenheit und Verpflichtung. In der umgangssprachlichen Übersetzung kommt der Begriff der Unternehmenstreue dem C.konzept in dieser allg. Form am nächsten.

Inzw. wird in der neueren Literatur C. hinsichtlich des C.-Gegenstandes weiter ausdifferenziert: Neben dem C. gegenüber der Organisation gibt es ein C. gegenüber der *Arbeitsgruppe*, der *Tätigkeit* oder dem *Beruf*. Eine weitere Form der Differenzierung bezieht sich auf die qual. Form des C.-Inhaltes: Bereits 1993 hatte Morrow fünf versch. C.-Formen unterschieden (Morrow 1993): *affektives organisationales C., fortsetzungsbezogenes organisationales C., job involvement* (Brown 1996), *berufsbezogenes C.* und *Betonung (endorsement) der Arbeitsethik*. Prominent geworden ist z. B. eine auch als «*dual commitment*» bez. Differenzierung, die aus dem C. gegenüber den Gewerkschaften und dem C. gegenüber der Organisation einen Ggs. konstruiert (vgl. Cohen 2003). Derzeit dominiert die Drei-Komponenten-Konzeption von Allen & Meyer (Allen & Meyer 1990; 1996): Nach Allen & Meyer (s. auch Meyer & Allen 1997) wird ein (a) *affektives C.* (*affective C.*, Akzeptanz und Zustimmung zu den *Zielen* und *Werten* der Organisation) von einem (b) *kalkulatorischen C.* (*continuance C., fortsetzungsbezogenem C.*, d. h. die rationale Entscheidung (*Entscheiden*), in der Organisation zu bleiben, da alternative Entscheidungen mit zu großen Nachteilen verbunden sind) und einem (c) *normativen C.* (die Mitarbeiter fühlen sich aus moralischen Gründen verpflichtet, in der Organisation zu bleiben) unterschieden.

Das sicher aufwendigste und umfassendste C.-Modell hat Cohen (Cohen 2003, 116 f.) vorgelegt. Er unterscheidet in seinem globalen Modell multipler C.-Formen zw. den globalen Formen des *organisationalen, berufsbezogenen (occupational), tätigkeitsbezogenen (job), arbeitsgruppenrelevanten, gewerkschaftsbezogenen* und *arbeitswertbezogenen C.*, von denen jede einzelne Form wiederum ihre eigene spezif. Determinanten hat, die sich z. B. durch die Größe der Organisation, das *Management*, die Kundenzusammensetzung etc. ergeben. Inzw. gibt es eine Vielzahl von Publikationen, von denen nur die wichtigsten genannt werden: Cohen 2003, Morrow 1993, Meyer & Allen 1997, Moser 1996, van Dick 2004) und auch die Zahl der Metaanalysen zu diesem Konzept ist vergleichsweise hoch (z. B. Cooper-Hakim & Viswesvaran 2005). Zwar gibt es eine Vielzahl pos. *Korrelationen* zw. den unterschiedlichen C.-Formen, die jedoch in der Mehrzahl von mittlerer Größenordnung sind, sodass die konzeptuelle Überlappung zwar vorhanden ist, aber nicht auf syn. Konzeptionen beruht. Die Beziehung zw. C. und *Leistungs*verhalten erreicht allerdings nur eine Größenordnung, die der Beziehung von Arbeitszufriedenheit und Leistungsverhalten entspricht (Riketta 2002). Als konkurrierendes Konzept wird in den letzten zwei Jahrzehnten das Konzept der Identifikation mit der Organisation verwendet (vgl. van Dick 2004, Haslam 2001, Riketta 2005). Die enge Verbindung zw. dem Selbstkonzept (*Selbstbild*) und der Organisation, d. h. die partielle Def. einer Person über ihre Mitgliedschaft zu einer Organisation, wird als eines der zentralen Def.merkmale der Organisationsidentifikation genannt.

[SOZ], C. vereint zwei Aspekte: die *Verhalten*stendenz, die Beziehung aufrechtzuerhalten, und das Gefühl der psych. Bindung an die Beziehung. C. ist von «*attachment*» zu trennen, das ursprünglich die *Bindung* des Kindes an die Eltern bez. und durch Bindungsstile (*attachment styles*) charakterisiert ist. In dem *Investitions-Modell* (Rusbult 1980) stellt C. eine zentrale Einflussgröße auf die Stabilität der Beziehung dar (*sozialer Austausch*). Rusbult geht davon aus, dass das C. bei der Entscheidung, die Beziehung fortzusetzen bzw. zu verlassen, von entscheidender Bedeutung ist (Schmohr & Bierhoff 2006). *B. Six/H.-W. Bierhoff*

Commitment, eskalierendes [engl. *escalating commitment*; frz. *escalier* Treppe], *Entscheiden, finanzbezogenes.*

Commitment bei organisationalen Veränderungen (= C.) [engl. *commitment to organizational change*], [AO], das C. beschreibt die pos. Einstellung von Mitarbeitenden gegenüber einer organisationalen Veränderung. Unterschieden werden wie beim *Commitment* gegenüber der *Organisation* drei Komponenten: (1) *affektives C.*: Wunsch, die organisationale Veränderung zu unterstützen und der Glaube an ihre Vorteile, (2) *kalkulatorisches C.* [engl. *continuance C.*]: Erkennen von Kosten, die mit dem Scheitern der Veränderung verbunden wären, (3) *normatives C.*: Gefühl der Verpflichtung gegenüber der Veränderung. Zielsetzung in Veränderungsprozessen ist es, das C. der Mitarbeitenden zu fördern, damit diese die Veränderung mittragen. U. a. hängen Fairness und *Führung* im Veränderungsprozess sowie das Ausmaß und die Auswirkungen der Veränderung mit C. zus. Herscovitch & Meyer 2002, Herold et al. 2008. *S. Raeder*

^Test^**Commitment-Fragebogen**, 1998, Schmidt, Hollmann und Sodenkamp; engl. Originalversion von J. P. Meyer N. Allen, [www.testzentrale.de], [AO, DIA], Fragebogen mit 24 Items zur Erfassung der Bindung von Beschäftigten an eine Organisation, in der sie tätig sind. Ergebnis: Skalenwerte bzgl. der drei Subskalen *Normatives Commitment, Affektives Commitment* und *Abwägendes Commitment*. Anwendungsbereich: Organisationsentwicklung, Erforschung der Ursachen sowie Auswirkungen von Commitment (z. B. auf die Arbeitsleistung oder prosoziales Verhalten im Betrieb). Nachfolgeversion: *Commitment-Skalen (COMMIT).*

^Test^**Commitment-Skalen (COMMIT)**, 2012, von J. Felfe und F. Franke [www.testzentrale.de], Weiterentwicklung des Commitment-Fragebogens (*Commitment-Fragebogen*), [AO, DIA], Verfahren zu Mitarbeiterbefragungen zur Organisationsdiagnostik (*Organisationsdiagnose, psychologische*); Einzeldiagnose im Bereich Teamentwicklung zur Teamdiagnostik, Führungskräfteentwicklung (*Personalentwicklung*). Das Verfahren erfasst das *Commitment* gegenüber der Organisation, dem Beruf/der Tätigkeit, dem Team, der Führungskraft und der Beschäftigungsform mit den jew. Komponenten (affektiv, kalkulatorisch und normativ) zu bestimmen. Die unterschiedlichen Commitment-Foci können je nach Fragestellung und Interesse ausgewählt und kombiniert werden.

Common-Cause-Hypothese [engl.] «gemeinsame-Ursache-Hypothese»; *Kausalmodelle, Theorie der, spätes Erwachsenenalter, kompetenzorientierte Entwicklungstheorien*.

common coding [engl.] gemeinsame Kodierung; *Handlungsplanung*.

common-effect model [engl.] Modell des gemeinsamen Effekts; *Kausalmodelle, Theorie der*.

common ground [engl.] gemeinsame Wissensbasis, [SOZ], ist ein Konstrukt aus der Kommunikationstheorie von Herbert H. Clark und Susan E. Brennan und beschreibt den Bezugsrahmen einer *Kommunikation* (Clark & Brennan 1991). Dabei gehen sie davon aus, dass eine Verständigung nur dann erfolgen kann, wenn die Kommunikationsteilnehmer eine gemeinsame Wissensbasis haben. Teil dieser Wissensbasis ist auch das Wissen über die unterschiedlichen Wissensstrukturen der Kommunikationsteilnehmer. Clark und Brennan nennen drei *Heuristiken*, die es erlauben, das geteilte Wissen der Kommunikationspartner zu erschließen: (1) *Gruppenmitgliedschaft* (gehören Kommunikationspartner einer best. fachlichen oder sozialen Gruppe an, kann entspr. Wissen vorausgesetzt werden), (2) *physische Kopräsenz* (Objekte, die alle Kommunikationspartner sehen, können als geteiltes Wissen vorausgesetzt werden) und (3) *ling. Kopräsenz* (der Inhalt des Gesprächsverlaufs kann als gemeinsames Wissen vorausgesetzt werden). Des Weiteren nennen Clark und Brennan mehrere Techniken, die darauf abzielen, die gemeinsame Wissensbasis aktuell zu halten. Dazu zählen *verbales Grounding* (z. B. «Ja, ja»-Äußerungen des Kommunikationspartners), *nonverbales Grounding* (z. B. Kopfnicken) und *paraverbales Grounding* (z. B. «Hm, hm»-Rückmeldungen während der Kommunikation). *sprachliche Verständigung*. *M. Huff*

common-method bias [engl.] Fehler aufgrund gemeinsamer Methode]; *Gefährdungsbeurteilung psychischer Belastung (GPB), Multitrait-Multimethod-Analyse*.

commons dilemma [engl.] «Gemeinde/Gemeinschafts-Dilemma»; *Allmende-Klemme, Dilemma, soziales*.

common sense (= c. s.) [engl.] geteilte Bedeutung; [lat. *sensus communis*], [KOG], allg. Verstand, «gesunder Menschenverstand» oder die unreflektierten Meinungen des gewöhnlichen Menschen. Alltagswissen (Alltagstheorien) und naive Erklärungen von physikal. Zus.hängen (naive, intuitive Physik, physikal. Theorien bei Kindern) sind ebenso gemeint wie vorwiss. Annahmen über *Krankheiten*, ihre Heilungen (*Gesundheit, Gesundheit, Laienkonzepte*) und Körperfunktionen (naive Med.), über Gruppenprozesse (naive Soziologie), über interpersonale Beziehungen, *Persönlichkeitsmerkmale* und andere psychol. Phänomene (z. B. *implizite Persönlichkeitstheorien*).

Common-Sense-Selbstregulationsmodell (CSM) (= C.), [engl. *common-sense model of self-regulation of health and illness*], syn. *Common-Sense-Modell, Selbstregulationsmodell*; *common sense*, [EM, GES, KOG], dient der Erklärung für die Regulationsprozesse bei der Auseinandersetzung mit gesundheitlicher Bedrohung und Krankheit. Das C. wurde ursprünglich entwickelt, um die Wirkung gesundheitsbezogener Bedrohungsreize (Furchtappelle, *Furchtappelltheorien*) auf das *Gesundheitsverhalten* zu beschreiben. Das C. geht von parallel ablaufenden kogn. und emot. Prozessen als Reaktion auf gesundheitlich relevante Reize (Diagnosestellung, Wahrnehmung einer körperlichen Veränderung) aus. Jeder Prozesspfad beinhaltet eine Repräsentation des Reizes, Bewältigungsreaktionen (*Coping*) sowie die Bewertung ihrer Wirksamkeit. Der *kognitive Prozess* beginnt mit einem Abgleich des gesundheitlich relevanten Reizes mit vorhandenem Wissen und Erfahrungen, der zu der Herausbildung eines *subjektiven Krankheitskonzepts* mit Annahmen über die Symptomatik, den Verlauf, die Konsequenzen, die Ursachen und Behandlungsmöglichkeiten einer (tatsächlichen oder befürchteten) Erkrankung führt. Aus dem Krankheitskonzept werden Bewältigungsverhaltensweisen abgeleitet. Die Evaluation der Wirksamkeit der Bewältigung wirkt auf das Krankheitskonzept und das bevorzugte Bewältigungsverhalten zurück. Der parallele *emot. Prozess* besteht in der Repräsentation der (neg.) Gefühle wie *Angst* und Wut als Reaktion auf eine Gesundheitsbedrohung, Bewältigungsverhalten zum Abbau der Gefühle und der Bewertung der Wirksamkeit der Bewältigung. Zw. allen Komponenten des Modells werden vielfältige Wechselwirkungen angenommen. Gesundheits- und krankheitsbezogene Regulationsprozesse werden im C. neben den Rückmeldeprozessen innerhalb des Modells auch von äußeren Faktoren (v. a. Informationen durch Kommunikationsprozesse, kult. geteilte Vorstellungen über ein Erkrankungsbild) beeinflusst. *Emotionsregulation*. Cameron & Leventhal 2003. *C. Salewski*

Commotio (= C.) [engl. *commotio*; lat. *movere* bewegen], [BIO], Erschütterung. C. cerebri ist die Gehirnerschütterung mit Bewusstseinsstörungen (*Bewusstsein, Bewusstlosigkeit*), Erbrechen, psych. Beeinträchtigungen, retrograder *Amnesie*, die im Ggs. zur *Compressio* cerebri nach ihrem Auftreten abklingen. *Contusio*, *Schädel-Hirn-Trauma*.

communion *agency-communion*.

community mental health [engl.] «gemeindenahe/öffentliche psychische/geistige Gesundheit»; *Gemeindepsychologie*.

community of practice (= C.) [engl.], [MD, PÄD], praxisbezogene Gemeinschaft von Personen, die ähnliche Aufgaben oder Interessen teilen. Durch den Austausch von Erfahrungen lernen die Mitglieder der C. voneinander und entwickeln sich weiter. Lave & Wenger 1991. *J. Moskaliuk*

community psychology [engl.], *Gemeindepsychologie*.

Comparative Fit Index (CFI) *Strukturgleichungsmodelle*.

compassion-focussed therapy [engl.] «Mitgefühl-fokussierte Therapie», *Stuhldialoge*.

Compensatory Carry-Over Action Model (= CCAM) [engl.] «Kompensatorisches Übertrags-Handlungsmodell», [KLI], Theorie, die Gesundheitsverhaltensänderung in versch. Bereichen betrachtet, vorhersagt und damit versucht, eine Grundlage für Optimierungen zu liefern. Das CCAM (Lippke 2014) berücksichtigt mehrere Verhaltensweisen im Zus.hang miteinander und beruht auf folg. Annahmen: (1) Versch. Verhaltensweisen, die im Zus.hang mit *Gesundheit* stehen (z. B. Bewegung und Ernährung), interkorrelieren. (2) Emotional relevante, höhergeordnete *Ziele* (z. B. «Ich möchte möglichst lange erwerbsfähig bleiben») sind dabei der Motor dieser Verhaltensweisen, indem sie die versch. Verhaltensweisen initiieren und in ihrer Aufrechterhaltung unterstützen. (3) Innerhalb der jew. Verhaltensweisen werden die Intentionen/ Ziele über Handlungspläne in Verhalten übersetzt und durch *Selbstwirksamkeitserwartung* bedeutsam beeinflusst. (4) Es gibt versch. psychol. Mechanismen, die zw. den einzelnen Verhaltensweisen wirken: Ressourcen können von einem Bereich in den anderen übertragen werden (durch sog. *Carry-Over Mechanismen*, z. B. Transferüberzeugungen; Fleig et al. 2011) und kompensatorische *Kognitionen/Gesundheitsüberzeugungen* [engl. *compensatory cognitions, compensatory health beliefs*], können die Intentionsbildung und tatsächliche Realisierung des anderen Verhaltens anregen oder auch hemmen. (5) Diese Verhaltensweisen tragen direkt zur Belastungsbewältigung bei und können das *Wohlbefinden* pos. beeinflussen. S. Lippke

Compensatory-Engagement-Hypothese [engl. *compensatory* kompensatorisch, *engagement* Beschäftigung], [**EW**], Modifikation der Disengagementtheorie in der *Psychologie des Alterns*, die zw. dieser und der Aktivitätstheorie vermittelt (Havighurst 1969). Lehr 1972, 1977.

Compliance (= C.) [engl.] (Regel-)Befolgung, Einhaltung, Zustimmung, Folgsamkeit, *Therapiemotivation*, [**KLI, PHA**], der Begriff C. hat sich internat. als Terminus technicus für die Therapiemitarbeit und *-motivation* bei der Inanspruchnahme von professionellen Gesundheitsdienstleistungen in klin. Kontexten etabliert. Entspr. bez. *Non-Compliance* eine mangelnde Kooperationsbereitschaft oder -fähigkeit. In der WHO-ICD-10-Klassifikation wird *Non-Compliance* unter der Codierung «Z91.1 Nichtbefolgung ärztlicher Anordnungen» als «*personal history of non-compliance with medical treatment and regimen*» def. Der verwandte Begriff *Adherence* [engl. Einhaltung, Festhalten, Festhaften, Anhängen, Anhänglichkeit, Befolgung von Weisungen; *Adhärenz*] bedeutet demgegenüber im klin. Kontext eine willentliche Entscheidung des Pat., den Therapieplan zu befolgen oder nicht. Adhärenz wird also eher als intentionale Form (*Intention*) der Kooperativität verstanden, während C. eher mit Informations- und Kompetenzdefiziten assoziiert ist. Die verbreiteten Termini *Non-Compliance* bzw. *Non-Adhärenz* werden allerdings häufig syn. verwendet und drücken dadurch eine hohe begriffliche Unschärfe aus. Der C.-Begriff ist auch wegen seiner ideologischen Prägung in die Kritik geraten. Das traditionelle Verständnis von C. i. S. von «Therapiegehorsam» und «Therapietreue» wird dem zeitgemäßen Anspruch des Respektes vor der Pat.autonomie und -selbstbestimmung nicht gerecht, sondern reflektiert ein überholtes Therapeut-Pat.-Verhältnis (*Therapiebeziehung*). Nach modernem Verständnis könnte Pat.-C. def. werden als «Summe aller konstruktiven Beiträge des Pat. zum Gelingen einer Therapie – einschließlich der aktiven Teilhabe an den Therapieentscheidungen, der Einhaltung des vereinbarten Therapieschemas, dessen selbstständige und flexible Anpassung an den Krankheitsverlauf sowie aller erforderlichen Aktivitäten zur eigenständigen Symptom-/Störungskontrolle, Risikovermeidung, Problembewältigung (*Coping*) und prophylaktischer Maßnahmen». Non-C. ließe sich entspr. als Oberbegriff verwenden für alle Kooperationsverweigerungen und Abweichungen von dem vereinbarten Therapieplan, welche Zielerreichung und Therapieerfolg gefährden.

Bei *chronischen körperlichen Erkrankungen* liegt die Rate ausreichender Therapiemitarbeit i. S. der «Medikations-Adhärenz», also dem Anteil von behandelten Pat. mit einer verordnungskonformen Arzneimitteleinnahme hinsichtlich Dosierung, Frequenz, Kontinuität und Dauer zur Erzielung eines ausreichenden Therapieeffektes im Mittel unter 50 %, d. h., mind. jede zweite Arzneimitteltherapie bleibt aufgrund mangelnder Anwendungsgüte durch die Pat. unterhalb der klin. Wirkungsschwelle. Bei psychiatrischen Erkrankungen fällt die Non-C.-Rate überdurchschnittlich aus. Die Medikamenten-C. wird empirisch mit obj. Methoden («*pill counting*», *Electronic Monitoring Systems*, Spiegelkontrollen in Blut, Urin, Speichel) gemessen, da Pat.selbstangaben unzuverlässig sind. Die Therapiemitarbeit in der Psychoth. bezieht sich auf qual. andere Aspekte wie Termineinhaltung, Pünktlichkeit, interaktionale Beteiligung in den Therapiesitzungen oder Erledigung von «Hausaufgaben». In Bezug auf Letztere weisen empirische Daten auf eine noch höhere Rate von Non-C. als in der Arzneimitteltherapie (60–70 %) hin. Inhaltlich ist zw. *intentionaler Non-C.* (fehlende Störungseinsicht oder -akzeptanz, Therapieverweigerung, fehlender Mitarbeitsbereitschaft z. B. bei fremdinitiierter Behandlung) und *non-intentionaler Non-C.* (unzureichende Mitarbeit aufgrund von Wissens- und Kompetenzdefiziten). Die Gründe für mangelnde Therapiemitarbeit sind indiv. unterschiedlich und werden durch versch. Einflussfaktoren der Störung (kogn. oder motivationale Einschränkungen, fehlende Störungseinsicht, Ambivalenz bzgl. Therapieziel z. B. bei *Sucht- und Substanzbezogenen Störungen*), der Behandlung (*Nebenwirkungen*, Risiken, hohe Therapiekomplexität, großer Aufwand bzw. Belastung), personaler Charakteristika (Alter, Geschlecht, Sozial- und Bildungsstatus, Einstellungen, Vorurteile, Bildungsstand, Informiertheitsgrad, Nutzenwahrnehmung) und Settingbedingungen (Kostenübernahme, institutionelle Rahmenbedingungen, Atmosphäre, Umgebungsmerkmale) beeinflusst. Dementspr. sind Maßnahmen zur C.-Verbesserung vielfältig und indiv. abzustimmen. Generell sollte die Therapiemitarbeit systematisch und wiederholt überprüft werden. Non-intentionale Formen der Non-C. können durch *Psychoedukation* und Kompetenz-/Fertigkeitstrainings sowie durch organisatorische (Regelmäßigkeit im Tagesablauf) oder technische Hilfsmittel (Erinnerungshilfen, SMS-Reminder etc.) behandelt werden, wobei elektronischen Kommunikationsmedien (Smartphones, E-Mails, Online-Informationen) eine wachsende Bedeutung zukommt. Intentionale Barrieren in der Therapiemitarbeit von Pat. müssen im

Gespräch geklärt und ggf. mit psychoth. Methoden (z. B. motivierende Gesprächsführung) behoben werden. Entscheidende Voraussetzung für eine gute Therapiemitarbeit bleibt aber eine vertrauensvolle und kooperative Beziehung zw. Arzt/Therapeut (*Empathie, therapeutische*) und Pat., die auf der Akzeptanz der Autonomie und Selbstbestimmung der Beteiligten beruht. Petermann 1998, Haynes et al. 1982. *S. Mühlig*

composition rule [engl.] Anordnungsregel; *Skalierung*.

compound-cue theory [engl. *compound* Zusammensetzung, *cue* Hinweisreiz], *Priming-Paradigma*.

Compressio (= C.) [lat. Zus.drücken], Druck, [**BIO, KLI**], C. cerebri ist ein Gehirndruck (*Gehirn*), der sich durch zunehmende Bewusstseinsstörungen äußert, hervorgerufen durch Drucksteigerungen, die traumatisch, entzündlich usw. bedingt sind. *Commotio*, *Contusio*, *Schädel-Hirn-Trauma*.

Compressionspsychose *Compressio*.

computational approach [engl.] computationaler/rechengestützter Ansatz, [**KOG**], Forschungsansatz zur Untersuchung der *Kognition*, Fortentwicklung des Ansatzes der *Informationsverarbeitung*, der stärker an der *Künstlichen Intelligenz* orientiert ist; im Bereich der Wahrnehmungsps. auch spez. der Ansatz von Marr (Marr 1982). Er unterscheidet drei Ebenen der Analyse: (1) Was wird gemacht und warum? Auf dieser Ebene der *computational theory* wird spezifiziert, was berechnet wird und wie diese Berechnung den Rahmenbedingungen genügt. (2) Welche *Repräsentationen* und *Algorithmen* sind geeignet, die notwendige Berechnung zu realisieren? (3) Wie sind Repräsentationen und Algorithmen physikal./physiol. realisiert? Für die ersten beiden Ebenen der Analyse ist es belanglos, ob die Prozesse in einem Computer oder einem *Nervensystem* realisiert werden. *H. Heuer*

Computerangst (= C.) [engl. *computer anxiety*], [**DIA, EM**], C. bez. emot. Angstreaktionen (*Angst*) beim Umgang mit Computern bzw. bereits bei der bloßen Vorstellung, einen Computer zu benutzen. Mit C. kann sowohl ein akuter Zustand [engl. *state*] als auch die überdauernde Neigung [engl. *trait*], mit akuter C. zu reagieren, gemeint sein. C. ist ein mehrdimensionales Konzept. C. kann beinhalten, dass der Betroffene Angst davor hat, Daten, Texte, Präsentationen oder sonstige Arbeitsprodukte zu beschädigen, oder Angst vor Problemen bei der Handhabung und Bedienung von Computeranwendungen, aber auch Angst vor computernutzungsbedingten Veränderungen in den Arbeitsanforderungen, den sozialen Beziehungen und der Arbeitsplatzsicherheit. C. hat häufig Vermeidungsverhalten zur Folge. Seit einiger Zeit wird auch das Konzept der Internet-Angst [engl. *internet anxiety*] diskutiert, das mit C. zus.hängt, aber nicht identisch ist. Es zeigt sich i. d. R. eine neg. *Korrelation* zw. Computererfahrung und C. Mit zunehmender Computererfahrung wird C. geringer. Computertrainings können C. reduzieren. C. kann der affektiven Komponente der Einstellung zu Computern (*Computereinstellung*) zugerechnet werden. C. kann ein Problem der *Testfairness* bei computergestütztem Testen darstellen, wenn diese spez. die Leistung in computergestützten Tests (*Computergestütztes Testen*) beeinträchtigt. Dann wäre die *populationsspezifische Äquivalenz, populationsspezifische* verletzt. Chua et al. 1999. *D. Klinck/P. M. Muck*

Computerbasierte Diagnostik (= C.D.) [engl. *computer-based diagnostics*], [**DIA**], unter C.D. werden die versch. Prozesse i. R. psychol. *Diagnostik* subsumiert, sofern dabei auf Computerunterstützung zurückgegriffen wird. Diese Prozesse umfassen die Planung, Durchführung und Auswertung von Testverfahren oder anderen diagn. Instrumenten (einschließlich der automatisierten Erstellung von Ergebnisberichten), die diagn. Urteilsbildung und Entscheidungsunterstützung sowie die Entwicklung von Testverfahren und anderen diagn. Instrumenten sowie deren Evaluation (*diagnostischer Prozess*). Wenn diagn. Verfahren computerisiert dargeboten und ausgewertet werden, hat dies mehrere Konsequenzen: (1) Die Durchführungs- und Auswertungsobjektivität ist höher (sofern die Testung in kontrollierter Testumgebung stattfindet; *Objektivität*). (2) Es können Itemformate (z. B. Simulationen, virtuelle Welten, Videosequenzen als Stimulusmaterial) und Testabläufe (z. B. *Adaptives Testen*) realisiert werden, die auf Papier nicht umsetzbar sind. Die durch solche Itemformate generierte Realitätsnähe kann sich pos. auf die Akzeptanz und Augenscheinvalidität (*Validität*) auswirken. Eine Herausforderung stellt bei diesen Formaten die psychometrische Fundierung dar. (3) Es besteht die Möglichkeit zur Registrierung zusätzlicher Bearbeitungsdaten (z. B. Itembearbeitungszeiten, Blickbewegungen) und deren Nutzung für diagn. Zwecke (z. B. um irreguläre Testbearbeitungen zu identifizieren oder Rückschlüsse auf kogn. Prozesse zu unterstützen). (4) Besserer *Testschutz* ist erreichbar, z. B. durch aufgabenbankbasiertes bzw. Adaptives Testen oder dadurch, dass die konkreten Items erst im Zuge des indiv. Testverlaufs generiert werden. (5) Meist ist eine höhere Akzeptanz bei den Teilnehmenden erzielbar. (6) Die Erstellung automatisierter Ergebnisreports (meist eine Mischung aus Grafiken und Text) leistet für versch. Zielgruppen bereits eine Interpretation und best. Schlussfolgerungen, bei denen auch externe Bezüge, z. B. zu im System hinterlegten beruflichen Anforderungen, hergestellt werden können. Dadurch können die Teilnehmenden z. B. bei internetbasierten *Self-Assessments* eine qualifizierte Rückmeldung erhalten oder die Anwender bei *Personalauswahl*verfahren. C. Hilfe bei der diagn. Urteilsbildung können diagn. *Expertensysteme* liefern, die die systemat. Integration versch. Daten sowie die Ableitung von diagn. Schlussfolgerungen unterstützen. I. R. der Testentwicklung kann Computerunterstützung im Bereich der *Itemgenerierung* (z. B. automatische Itemgenerierung auf der Basis eines Konstruktionsrationals), der *Datensammlung* (z. B. zentrale Datenbank, in die alle Daten von Testdurchführungen eingehen, so dass diese für Testentwicklungszwecke (z. B. *Normierung*) genutzt werden können) sowie der Datenauswertung (Statistikprogramme) zu Testentwicklungszwecken genutzt werden. Zudem kann die Durchführung von Validitätsuntersuchungen (*Validität*) durch die Zusammenführung von elektronisch gespeicherten Test- und Kriteriumsdaten erleichtert werden.

C. D. hat sich mittlerweile in vielen Anwendungsfeldern der Ps. etabliert (z. B. *Verkehrspsychologie, Personalauswahl*). Psychol. Diagnostik gehört für viele Menschen inzw. zum Lebensalltag. Dazu haben insbes. die enorm umfangreichen «Selbsttestungsangebote» im Internet beigetragen. In vielen Anwendungsfeldern (z. B. *Self-Assessment* im Zuge der beruflichen bzw. Studienfeld-Orientierung) ist dies – sofern die Angebote von fachlich seriösen Absendern stammen – eine durchaus pos. Entwicklung. Die für Laien schwierige Unterscheidung zw. seriösen diagn. Angeboten und anderen stellt jedoch ein Risiko dar, sowohl für den einzelnen Nutzer, der zweifelhafte Rückmeldungen erhält, als auch für die psychol. Diagnostik insges., weil deren Ansehen und Akzeptanz in der Bevölkerung darunter leiden kann. Funke & Reuschenbach 2011. *D. Klinck/P. M. Muck*

Computereinstellung (= C.) [engl. *computer attitudes*], [**DIA, KOG**], die *Einstellung* zu Computern kann in kogn. (*Kognition*), affektive (*Affektivität*) und verhaltensbezogene (*Verhalten*) Facetten aufgegliedert werden. Zur kogn. Facette gehören z. B. Überzeugungen hinsichtlich des Nutzens und der Praktikabilität der Benutzung von Computern, zur *affektiven* Facette z. B. Freude bei der Computerverwendung oder *Computerangst*. Zur verhaltensbezogenen Facette kann z. B. die Neigung zur Nutzung von Computern bei möglichen Alternativen gerechnet werden. Ein weiteres im Kontext von C. verwendetes Konzept ist das der Selbstwirksamkeit (*Selbstwirksamkeitserwartung*) in Bezug auf Computer. Damit wird die Überzeugung in Bezug auf die eigenen Kompetenzen zum adäquaten und erfolgreichen Umgang mit Computern bez. Diese spezif. Selbstwirksamkeit ist u. a. pos. korreliert mit Lernerfolg durch Computertrainings und Leistung. Zw. *Computerangst* und computerbezogener Selbstwirksamkeit besteht eine wechselseitige Beeinflussungsbeziehung. C. kann ein Problem der *Testfairness* bei *computergestütztem Testen* darstellen, wenn diese spez. die Leistung in computergestützten Tests beeinflusst. Dann wäre die *populationsspezifische Äquivalenz* verletzt. Compeau et al. 2006. *D. Klinck/P. M. Muck*

Computergestütztes Adaptives Testen (CAT) *Adaptives Testen.*

^Test^**Computergestütztes Explorationsverfahren zur Erfassung psychosozialer Anforderungen und Ressourcen (CEPAR)**, 1998, W. Krieger, [**DIA, GES, SOZ**]. Verfahren zur Erfassung des sozialen Netzwerks (*soziales Netzwerk*) und der sozialen Unterstützung (*soziale Unterstützung*). Das Verfahren exploriert versch. Lebensbereiche und gliedert sich in folg. Bereiche: Demografische Variablen, Arbeitssituation, Partnerschaft, Familie, Haushalt, Freizeit und sonstige Belastungen. Einige Bereiche gliedern sich in unterschiedliche Dimensionen, Itembereiche werden an die spezif. Situation des Befragten angepasst. *Reliabilität*: Retest-Reliabilität bei $N = 34$ Personen nach 4–6 Monaten im Bereich Arbeit zw. $r = .50$ und $r = .80$, im Bereich Familie, Haushalt, Partnerschaft zw. $r = .70$ und $r = .90$.

^Test^**Computergestütztes Kartensortierverfahren (CKV)** *Wisconsin Card Sorting Test (WCST).*

Computergestütztes Testen (= C. T.) [engl. *computer-based testing*], [**DIA**], das C. T. stellt eine Form des Testens dar, bei der Computer für die Testdiagnostik, d. h. die Durchführung und Auswertung von ps. Tests und anderen diagn. Verfahren sowie ggf. die Interpretation von Testergebnissen, verwendet werden. Verschiedene Formate beim C. T. sind Adaptationen klass. Papier-Bleistift-Verfahren (z. B. *Intelligenztests, Leistungstest, Persönlichkeitsfragebogen*), adaptive Testverfahren (*Adaptives Testen*), komplexe Problemlöseszenarios/Systemsimulationen, elektronische Postkörbe (z. B. *PC-Postkorb zur Diagnose von Führungsverhalten (PC-OFFICE)*) und andere Verfahren, die multimediale Komponenten verwenden.

Das C. T. bietet wesentliche Vorteile: Die Testadministration ist effizient und flexibel, da die Durchführung örtlich und zeitlich individualisiert erfolgen kann. Die Durchführungs*objektivität* fällt durch die standardisierte Instruktion (keine Testleitereffekte) und Benutzeroberfläche hoch aus. Bes. hoch ist sie in kontrollierten Testumgebungen durch die dort vereinheitlichten Testrahmenbedingungen. Bei der Testauswertung fällt kein Personalaufwand an. Durch die automatisierte Erfassung und Auswertung von Testergebnissen ergibt sich eine hohe Zeitersparnis, da die Ergebnisse unmittelbar zur Verfügung stehen. Durch die fehlerfreie maschinelle Auswertung wird die Auswertungsobjektivität maximiert, wodurch sich auch die *Reliabilität* der Messung erhöht. Neben der Berechnung der eigentlichen Testwerte können mehr Kennwerte als ergänzende Informationen erfasst werden (z. B. Reaktions- oder Bearbeitungszeiten, Fehlerkorrekturen/Antwortveränderungen, Analysen auf widersprüchliche Bearbeitung). Bei Problemlöseszenarien lassen sich bei entspr. Programmierung neben den eigentlichen Steuerleistungen auch Wissensstrukturen, Strategien oder Verhaltensmaße (z. B. Muster der Aufeinanderfolge von Fragen und Maßnahmen) protokollieren. Ebenso sind komplexere Reaktionsformate mit größerer Realitätsnähe möglich. Auch die Ausgabe der Ergebnisse lässt sich vielfältig gestalten. So sind Ausgaben in Tabellenform, grafische Profildarstellungen (auch im Vergleich zu Soll-Profilen mit definierten Fähigkeitsniveaus der einzelnen Dimensionen) oder eine chronologische Darstellung des Testverlaufs möglich. Analysen auf Itemebene, die Ausgabe von *Konfidenzintervallen*, eine Auswahlmöglichkeit hinsichtlich der zu verwendenden Norm- oder Vergleichsgruppe (*Normierung*) und der Vergleich unterschiedlicher getesteter Personen über Testprofile und kennzahlenbasierte Rangreihen sind ebenfalls realisierbare Möglichkeiten. Die Interpretationsobjektivität wird durch Textbausteine bzw. die direkte Erstellung von computergestützten Ergebnisberichten unterstützt. Hierdurch ergeben sich Zeitvorteile ebenso wie durch die Möglichkeit des Datenexports z. B. für die stat. Weiterverarbeitung.

Durch die elektronische Speicherung können weitere Kosten eingespart werden, da keine Aufgabenbogen gelagert werden müssen. Testentwicklungs- und Normierungsprozesse werden beschleunigt, da Items und Scoringprozeduren leichter verändert und Normen leichter aktualisiert werden können. Nicht nur bei itembankbasiertem Testen ist der *Testschutz* höher (dies gilt allerdings nicht im vergleichbaren Maße für Internettestungen). Schließlich ist oftmals auch die Akzeptanz computergestützter Tests bei den zu testenden Personen größer.

Als Nachteile des C. T. sind aus Anwenderperspektive zum einen die Hard- und Softwarekosten zu nennen. Aus Testentwicklerperspektive fallen zusätzlich die Personalkosten zur Erstellung, Administration, Wartung und Pflege der computergestützten Testverfahren an. Zum anderen ist die Durchführungsobjektivität bei Internettestungen nicht im gleichen Ausmaß gegeben wie bei Testungen in kontrollierten Testumgebungen: Hardware-Unterschiede, Fehlfunktionen wegen des mangelnden Zusammenspiels der Softwarekomponenten, Zeitverzögerungen bei der Itempräsentation bzw. der Reaktion auf die Eingabe sorgen für technisch bedingte Varianz bei der Durchführung. Neben der zeitlichen Steuerung können auch Darstellungsunterschiede (durch unterschiedliche Bildschirmauflösungen) die Durchführungsobjektivität beeinflussen. Andere Durchführungsbedingungen (Störungsfreiheit, Beleuchtung, Ergonomie etc.) können ebenfalls variieren und somit die Durchführungsobjektivität beeinträchtigen. Schließlich ist bei der Umsetzung von Papier-Bleistift-Tests die Äquivalenzproblematik zu beachten (*Äquivalenz, psychometrische*, *Äquivalenz, perzipierte*, *Äquivalenz, populationsspezifische*). *Computerbasierte Diagnostik*. Klinck 2006, Turß 2007. *P. M. Muck/D. Klinck*

Computergestütztes Testen, ITC-Richtlinien (= I.) [engl. *computer-based testing, ITC guidelines*], [**DIA**], bei I. handelt es sich um die *Internationalen Richtlinien für computerbasiertes und internetgestütztes Testen*, die 2005 von der *International Test Commission* veröffentlicht wurden (dt. Fassung von 2012). Sie ergänzen die *Internationalen Richtlinien für die Testanwendung* und bestehen aus vier übergeordneten Themen mit jew. drei bis sechs spezifischeren Richtlinien. Bei den übergeordneten Themen handelt es sich um (1) *Technologie* (Stabilität, Benutzerfreundlichkeit und Dokumentation erforderlicher Hard- und Software), (2) *Qualität* (Test, Testmaterialien, Testvorgang, Testauswertung, Testinterpretation und Ergebnisrückmeldung), (3) *Kontrolle* (Authentifizierung des Testteilnehmers, Vorerfahrungen, Itemexposition und Testbedingungen) und (4) *Sicherheit* (*Testschutz*, Privatsphäre und Datenschutz). Für die einzelnen Richtlinien wird jew. eine große Anzahl an Bsp. aufgeführt – strukturiert nach den Kernzielgruppen (Testentwickler, Testverlage und Testanwender). Die I. beziehen sich auf ps. und päd. Tests, die online oder offline am Bildschirm durchgeführt werden, und gelten für unterschiedlich stark geschützte Testdurchführungsarten (von einer offenen Testdurchführung ohne Identifikation und Authentifizierung bis hin zu einer Testdurchführung unter vollst. kontrollierten Bedingungen in Testzentren). *Teststandards*. [www.intestcom.org/upload/guidelines_comptesting_german.pdf]. *P. M. Muck/D. Klinck*

Computermetapher (= C.) [engl. *computer metaphor/computational metaphor*]. [**KOG**], C. bezieht sich darauf, dass psych. Prozesse in Analogie zu Prozessen in Computern konzeptualisiert werden können (vgl. *Gehirnmetapher/Konnektionismus*; *Informationsverarbeitungssystem*; *chinesisches Zimmer*). Oberflächlich kann man bspw. den Unterschied von Arbeitsgedächtnis (Inhalte kurz behalten und ggf. für Denkprozesse nutzen, *Gedächtnis*) vs. Langzeitgedächtnis als analog zur Unterscheidung von Arbeitsspeicher vs. Langzeitspeicher im Computer beschreiben (bei Stromausfall weg vs. besteht bis zum Löschvorgang). Zudem nimmt bspw. das Arbeitsgedächtnismodell nach Baddeley an, dass es einen zentralen Prozessor gibt, der Inhalte manipulieren kann. Die Grenzen der Metapher werden z. B. deutlich, wenn die Hardware-Software-Unterscheidung bei Computern auf die Unterscheidung zw. kognitivem System und Gehirn übertragen werden soll. Derartige Zuordnungsversuche sind für die Kognitionsps. produktiv, weil sie deutlich machen, wie stark ausspezifiziert und mathematisiert kognitionspsychol. Theorien sein müssen, damit sie (1) in sich kohärent und vollst. und (2) auf technischen Systemen «lauffähig» sind. Zudem lassen sich aus der C. oft Ansätze ableiten, wie ein psych. Phänomen konzeptualisiert und erforscht werden könnte (z. B. nach Speicher- und Verarbeitungsprozessen zu suchen/ zu differenzieren). Zur Entwicklung der C. haben personelle Überlappungen bei der Entwicklung der *Kognitiven Psychologie* und der *Künstlichen Intelligenz* sowie die immer stärker werdende Verbreitung von Computern im Forschungsalltag beigetragen. Die Ps. hat sich in früheren Epochen anderer (oft der Physik der Zeit entlehner) Metaphern bedient. So beschrieb bspw. Descartes das mentale System des Menschen in Analogie zu mechanischen Apparaturen. Freud stellte sich Motivation (psych. Energie) in Analogie zu physikal. Energie vor (*Psychoanalyse*), und die psychol. *Feldtheorie* Kurt Lewins hat einige Ähnlichkeit mit Darstellungen von elektromagnetischen Feldern. Gallistel & King 2009. *R. Gaschler*

Computerspiele [engl. *computer games*] *Videospiele*.

Computerspielsucht (= C.) [engl. *computer game addiction*], [**KLI**], der Begriff C. wird im Zus.hang mit dem Phänomen des «Sich-Verlierens» in «virtuellen» Alternativwelten vornehmlich bei der Nutzung des Computers und des Internets verwendet. Aufgrund der spezif. Anreizqualitäten steht vor allem das exzessive Gamen [engl. *game* Spiel], aber auch das übermäßige Chatten [engl. *to chat* plaudern, schwatzen] und Surfen in der Diskussion. Es wird angenommen, dass vor allem (internetbasierte) Computerspiele für best. Personengruppen (z. B. mit defizitärem *Selbstwertgefühl*, inadäquatem *Stressmanagement*, geringer *Selbstwirksamkeitserwartung*, *Ängstlichkeit*, hoher *Impulsivität* sowie mangelhafter *Medienkompetenz*) indiv. Bedürfnislagen bedienen, die einen kompensatorischen Rückzug aus dem realen Geschehen bedingen (Petry 2010). Ungeachtet des Leidensdrucks der Betroffenen (und Angehörigen, z. B. Eltern) ist aus wissenschaftstheoretischer Perspektive bislang nicht geklärt, ob Phänomene wie die C. bzw. die pathologische Nutzung der neuen Medien eigenständige psychiatrische Störungen verkörpern und welche Erklärungsmodelle für derartige Verhaltensphänomene Gültigkeit besitzen. Während einige

Autoren diesen psychopathologischen Symptomkomplex analog zur *Glücksspielsucht* als eine Variante der *Verhaltenssucht* ansehen, sprechen sich andere Autoren gegen eine Ausweitung des *Sucht*konzepts aus. Vielmehr wird die C. als Symptom einer anderen Primärerkrankung (z. B. *Depression*, *soziale Phobie*) oder als eine entwicklungspsychopathologische Störung (*Entwicklungspsychopathologie*) des sozialen Beziehungsverhaltens verortet (Hayer & Rosenkranz 2011). In den gängigen psychiatrischen Klassifikationssystemen haben exzessive Konsummuster im Zus.hang mit dem Computer, Internet u. Ä. aufgrund von Erkenntnisdefiziten noch keinen festen Platz. Allerdings findet sich in der aktuellen Version des *Diagnostischen und Statistischen Manuals Psychischer Störungen (DSM-5)* die Kategorie *Internet Gaming Disorder* ([engl.] Störung durch Spielen von Internetspielen) als klin. Erscheinungsbild mit weiterem Forschungsbedarf wieder. T. Hayer

computer-supported collaborative learning (CSCL) [engl.] computerunterstütztes gemeinschaftliches Lernen, [**KOG, MD, PÄD**], ist ein interdisziplinärer Forschungsbereich, der sich mit der Analyse und Unterstützung computergestützter *kooprativer Lernprozesse* beschäftigt. Neben der Ps. sind insbes. Pädagogik und Informatik daran beteiligt. Im Unterschied zum Forschungsbereich *computer-supported cooperative work (CSCW)*, der sich mit gemeinsamem Arbeiten befasst, beschäftigt sich CSCL-Forschung ausdrücklich mit Aspekten des *Lernens*. Der Begriff «collaborative» betont dabei das gemeinsame Lernen am selben Gegenstand, im Ggs. zum Begriff «cooperative», der i. R. der CSCW-Forschung gebräuchlich ist und eine stärkere Arbeitsteilung nahelegt (Dillenbourg 1999). Der Forschungsbereich untergliedert sich insbes. in zwei Stränge, die sich v. a. hinsichtlich der Bedeutung des Individuums bzw. der Gruppe und hinsichtlich der angewandten Methodik unterscheiden. Eine Sichtweise hebt die Bedeutung der *Gruppe* hervor, die gemeinsam *Wissen* konstruiert (*Wissenskonstruktionen, gemeinsame*). Solche Prozesse des sog. *knowledge building* oder *meaning making* werden üblicherweise mittels einer *Konversationsanalyse* untersucht, die ihren Ursprung in der soziologischen *Ethnomethodologie* hat (Stahl et al. 2006). Die andere Sichtweise betont die Bedeutung der indiv. Konstruktion mentaler *Repräsentationen*, exp. Erhebungsmethoden und klassischer *Inhaltsanalyse*. D. Bodemer/F. W. Hesse

computer-supported cooperative work (CSCW) [engl.] computerunterstütztes kooperatives Arbeiten, [**AO, MD**], ist ein interdisziplinärer Forschungsbereich, der sich mit der Analyse und Unterstützung computergestützter kooperativer Arbeitsprozesse (*Kooperation*) beschäftigt. Neben der Ps. sind insbes. Informatik, *Soziologie* sowie die Arbeits- und Organisationswissenschaften daran beteiligt. Ziel von CSCW-Forschungsansätzen ist insbes. die Entwicklung von Groupware (Software, die mehrere Benutzer beim kooperativen Arbeiten unterstützt). Dabei unterscheiden sich die Forschungsansätze dahingehend, inwiefern soziale oder technische Aspekte im Fokus des Interesses stehen. Mit Aspekten computergestützten *kooperativen Lernens* beschäftigt sich ein von CSCW unabhängiger Forschungszweig *computer-supported collaborative learning (CSCL)*. Greenberg 1991. D. Bodemer

Computertomografie (CT) [engl. *computer tomography*], *bildgebende Verfahren*.

computervermittelte Kommunikation (= c. K.) [engl. *computer-mediated communication (CMC)*], [**MD, SOZ**], die Forschung zur c. K. befasst sich mit interpersoneller *Kommunikation*, die mithilfe von Computern realisiert wird. Theoretische Modelle und empirische Untersuchungen grenzen die c. K. oftmals explizit von der traditionellen Face-to-Face-Kommunikation ab. Theorien der c. K. lassen sich in (1) Selektions- und (2) Wirkungsmodelle unterteilen. *Selektionsmodelle* wie die *Media Richness Theorie* oder die *Media Synchronicity Theorie* beschäftigen sich mit den Faktoren, die die Entscheidung eines Nutzers für die Verwendung eines best. Mediums beeinflussen. *Wirkungsmodelle* wie der *Reduced-Social-Cues*-Ansatz, die *Theorie der sozialen Informationsverarbeitung* oder das *SIDE-Modell* beschäftigen sich dagegen mit den (insbes. sozialen) Auswirkungen der c. K. Hartmann 2004.
J. Kimmerle/F. W. Hesse

COMT, Abk. für Catecholamin-O-Methyl-transferase, [**BIO**], Enzym, das neben der *Monoaminooxidase* die Inaktivierung von *Noradrenalin* und *Dopamin* katalysiert. Zu den COMT-Inhibitoren zählen Entacapon und Tolcapon. Meyer & Quenzer 2005.

Concealed Information Test (CIT) *Lügendetektion*.

concept mapping [engl. *concept* Begriff, Konzept, *mapping* Abbildung], *Lernen mit Concept Maps*.

Conceptual-Dependency-Theorie *CD theory*.

Condillac, Étienne Bonnot de (1714–1780), [**HIS, PHI**], der franz. Philosoph Étienne Bonnot Abbé de Condillac war stark sehbehindert, studierte aber Theologie in Paris und wurde 1740 zum Priester geweiht. Er wurde durch John Locke beeinflusst und war mit Jean-Jacques Rousseau und Denis Diderot befreundet. Condillac war nie als Geistlicher tätig, sondern Autor, der zu philosophischen und nationalökonomischen Fragen seiner Zeit Stellung nahm. Condillac vertrat einen nicht materialistischen *Sensualismus*, den er in seinem Hauptwerk «Traité des sensations» (Condillac 1754) darlegte. Condillac führte alle Erkenntnisinhalte und die Entstehung der geistigen Fähigkeiten auf die Sinneswahrnehmungen zurück. Diese sind nach Condillac von Lust- und Unlustempfindungen begleitet und bewirken Aufmerksamkeit, Kenntnisse und Urteilsvermögen. Gleichwohl hielt Condillac die Seele für immateriell und nahm Willensfreiheit an. Die Sprache sah Condillac als ein System von Zeichen für zugrunde liegende psych. Zustände an. H. E. Lück

conditional motor learning [engl.] bedingtes motorisches Lernen; *Lernen, motorisches*.

confact [engl.], [**KOG**], eine von Symonds geprägte Wortbildung für die Übertragung einer Verhaltensweise, die hinsichtlich einer best. Situation gelernt wurde (i. S. der Ausbildung eines *habit*), auf eine andere Situation. Nach Symonds ist eine solche Übertragung nur möglich, wenn zw. der ursprünglichen Situation und der späteren *identische Elemente* bestehen. Der korrespondierende Begriff ist *concept* und bezieht sich auf die Fähigkeit, feinste Teilidentitäten zu perzipieren. Zugrunde liegt die Auffassung, dass *Transfer* nur stattfinden kann, wenn Teilidentitäten vorliegen. Symonds 1946.

confederates [engl.] Vertraute, Verbündete, **[FSE]**, Verbündete des VI in einem psychol. *Experiment*. Üblicherweise soll festgestellt werden, wieweit die übrigen Vpn, die über die Rolle des *confederate* nicht informiert worden sind, sich durch diesen beeinflussen lassen.

confirmation bias [engl.] *Bestätigungstendenz*.

^{Test}**Conflict Tactics Scale (CTS2)**, 1996, M. Strauss, S. Hamby, S. Boney-McCoy & D. Sugarman. 1. Aufl., CTS, 1979, M. Strauss, [http://pubpages.unh.edu/~mas2/CTS15.pdf], **[DIA, PER, SOZ]**. Kulturübergreifend weitverbreitetes Instrument zur Erfassung von *Aggression* in intimen Beziehungen. Selbsteinschätzung des eigenen Verhaltens gegenüber dem Partner in Konfliktsituationen (*Konfliktverhalten*). Zusätzlich ist die Erfassung des Partnerverhaltens gegenüber der eigenen Person möglich. AA Erwachsene, die sich in intimen Beziehungen befinden oder befanden. Es wird geraten, wenn möglich beide Partner zu ihrem eigenen Verhalten in Beziehungskonflikten zu befragen und die Daten paarweise auszuwerten. Die CTS2 umfasst fünf Subskalen: *Aushandeln von Konflikten* (kogn. und emot. Strategien, sechs Items), *Psych. Aggression* (verbale oder emotional verletzende Handlungen, acht Items), *Körperliche Aggression* (zwölf Items), *Sexuelle Nötigung* (psych. und körperlich aggressive Strategien, sieben Items), *Verletzung als Konsequenz körperlicher oder sexueller Aggression* (sechs Items). Die Auftretenshäufigkeit jeder Konfliktaustragungsstrategie innerhalb eines best. Zeitraumes (z. B. im letzten Jahr) wird auf einer 7-stufigen Skala von «nie» bis «mehr als zwanzigmal» oder von «nie» bis «sehr oft» beantwortet. Die Durchführung der Vollversion (eigene und Partnerperspektive) nimmt 10–15 Min. in Anspruch. Neben der Gesamtform liegen eine Kurzform sowie versch. adaptierte bzw. modifizierte Versionen anderer Autoren vor.

confounder [engl.] konfundierte Variable; *Konfundierung*.

Conjoint-Analyse (C.) [engl. *conjoint analysis*; *conjoint* verbunden; lat. *conicere* zusammenwerfen], **[FSE]**, *statistisches Datenanalyseverfahren* für ranggeordnete Daten (*Ordinalskala*) auf Basis von Präferenzurteilen. Es wird angenommen, dass die Präferenz zw. Alternativen durch die Bedeutung oder den Nutzen von Einzelmerkmalen bzw. Teilkomponenten (*Teilnutzenwerte* [engl. *partworths*]) determiniert wird. Die Bestimmung der Teilnutzenwerte von elementaren Einzelmerkmalen für die Gesamteinschätzung von aus den Teilmerkmalen zus.gesetzten Stimuli ist das zentrale Ziel der C. (*dekompositionelles Verfahren*). Bsp. 1: Soll sich ein Klient zw. Therapiealternativen entscheiden, so werden zunächst Teilkomponenten der Alternativen identifiziert: z.B. Zeitaufwand (gering vs. hoch), Kostenaufwand (gering vs. hoch), Erfolgssicherheit (mittel vs. hoch), Passung des Therapieansatzes zu subj. Überzeugungen des Klienten (gering vs. hoch). Aus diesen Merkmalen können $2^4 = 16$ Alternativstimuli def. werden, die sich jew. durch eine spezif. Kombination der vier dichotomen Merkmalsausprägungen zus.setzen (z. B. Alternative 1: Zeitaufwand gering, Kostenaufwand gering, Erfolgssicherheit mittel, Passung gering). Der Klient ist dann aufgefordert eine Rangreihe der 16 Alternativen zu erstellen. Alternativ können beim Paarpräferenzurteil jew. zwei Alternativen präsentiert werden und der Klient ist aufgefordert anzugeben, welche der beiden er präferiert: Es sind dann $\binom{16}{2} = 120$ Präferenzentscheidungen zu treffen. Ausgehend von den Rangordnungs- oder Präferenzinformationen kann mittels der C. der *Teilnutzenwert* jeder Teilkomponente analytisch bestimmt werden. So könnte bspw. bei einer schweren Erkrankung der Teilnutzenwert der Erfolgssicherheit die wesentliche Entscheidungsdeterminante sein, bei einer weniger gravierenden Erkrankung wäre ggf. das Gewicht von Kosten- oder Zeitfaktoren höher. Bsp. 2: Kauf eines Produkts: Teilkomponente 1: Preis niedrig, mittel, hoch; Teilkomponente 2: Qualität: niedrig, mittel, hoch; Teilkomponente 3: Design: neutral, attraktiv. Anzahl der Alternativstimuli: $3 \cdot 3 \cdot 2 = 18$. Anzahl notwendiger Paarvergleiche: $\binom{18}{2} = 153$. Fragestellung der C.: Wie hoch ist die Bedeutung oder der Teilnutzen von Preis, Qualität und Design für die Produktwahl des Käufers?

Da mit der Anzahl der Teilkomponenten und der Anzahl möglicher Ausprägungen der Teilkomponenten die Anzahl der Alternativstimuli sehr schnell anwächst, wurden adaptive Selektionsverfahren entwickelt, bei denen den Pbn nur Stimuli vorgegeben werden, die auf Basis des vorangehenden Entscheidungsverhaltens max. informativ erscheinen (*Adaptive C.*). Ergibt sich eine stabile Lösung, d. h., konnte ein Modell ermittelt werden, das die Präferenzwahlen der Pbn zuverlässig vorhersagt, wird die Datenerhebung beendet, obwohl nur ein Teil aller möglichen Kombinationen von Alternativstimuli dargeboten wurde. Zur Schätzung der Teilnutzenwerte kommen *varianzanalytische* und *regressionsanalytische* Verfahren zum Einsatz, bei denen die Konkordanz der empirischen Rangwerte und der ermittelten Gesamtnutzenwerte (*STRESS-Maß*) maximiert wird. I. d. R. werden additive (Annahme: es existiert kein *Interaktionseffekt* der Teilkomponenten) und lineare Modelle verwendet. Backhaus et al. 2010.

conjoint measurement (= c. m.) [engl.] Verbundmessung, **[FSE]**, Verbindung von Messwerten. *verbundene Messung*, *Messtheorie*.

consideration set (= c. s.) [engl.] «in Betracht gezogenes Set», **[EM, KOG, WIR]**, auch *evoked* oder *accepted set* genannt. Das c. s. beinhaltet all jene Produkt- bzw. Markenalternativen, die in einem akzeptables Niveau hinsichtlich der für die indiv. Kaufentscheidung eines Konsumenten maßgeblichen Bewertungskriterien erreichen. Demzufolge umfasst das c. s. alle Alternativen, die der Konsument pos. bewertet hat und aktiv für seine Kaufentscheidung in Betracht zieht. Im mehrstufigen Prozess der *Präferenzbildung* befindet sich das c. s. auf der letzten Stufe vor der Auswahlentscheidung (Bewertungsstufe) und resultiert zus. mit dem *rejected set* (abgelehnte Alternativen) und dem *hold set* (Alternativen, die für den Konsumenten weder akzeptabel noch unakzeptabel sind, d.h. Alternativen, bzgl. derer er indifferent ist) aus dem sog. *processed set. Entscheiden*, *Kaufentscheidungen, Modelle, Kaufentscheidungen, Rationalität von*. Laroche et al. 1983, Foscht & Swoboda 2011. *N. Koschate-Fischer/C. Wolframm*

CONSORT-Flussdiagramm (= C.) [engl. *CONSORT flow diagram*], [**FSE**], das C. ist ein i.R. des *Consort statement für randomisierte kontrollierte Studien* vorgeschlagenes Flussdiagramm, das die Gewinnung, Zusammensetzung und Veränderung der Vergleichsstichproben im Verlauf eines *RCT* dokumentiert (vgl. Abbildung). Es werden die Stichproben- und Ausfallmerkmale für die Phasen der Identifikation möglicher Studienteilnehmer (*enrolement*), der randomisierten Zuweisung zu den Vergleichsgruppen (*allocation*), den Studienverlauf und die endgültige Datenauswertung formuliert. Diese Darstellung ermöglicht es dem Leser, die Validität des Auswahl- und Randomisierungsprozesses, die Relevanz von *Missing-Data-Prozessen* (*attrition bias*) und mögliche Verletzungen der *internen Validität* und *externen Validität* abzuschätzen. Schulz et al. 2010.

CONSORT-Flussdiagramm

Die CONSORT-Checkliste formuliert insges. 37 zu dokumentierende Aspekte, die den Bereichen *I. Titel und Zusammenfassung, II. Einleitung, III. Methode, IV. Ergebnisse, V. Diskussion* und *VI. Weitere Informationen* zugeordnet sind. *I. Titel und Zusammenfassung:* (Ia) Aus der Überschrift muss hervorgehen, dass es sich um ein RCT handelt (1a), und (1b) in der Zusammenfassung müssen die Bereiche (a) Studiendesign, (b) Methoden, (c) Ergebnisse und (d) Schlussfolgerungen (Ib) strukturiert dargestellt werden. *II. Einführung:* (2a) Der theoretische und empirische Hintergrund sowie (2b) die Ziele und Hypothesen der Studie müssen expliziert werden. *III. Methoden:* Die Methodik muss vollst. bzgl. des Studiendesigns (inkl. (3a) Zuweisung zu Vergleichsgruppen; (3b) Veränderungen im Studienverlauf), der Teilnehmer (4a) Einschlusskriterien; (4b) Datenerhebungssituation), (5) aller wesentlichen Merkmale der Intervention, (6a) *Outcome*-Kriterien (6b) etwaige Veränderungen im Studienverlauf, (7a) Stichprobengröße und (7b) ggf. Abbruchkriterien für die Rekrutierung), (8) *Randomisierung* (Form der Randomisierung), (9) Zuweisungsprozess, (10) Implementation, (11) Verblindung (ggf. Gründe für fehlende Verblindung), (12) Stat. Analyseverfahren für (12a) primäre und sekundäre Outcomes und (12b) ergänzende Fragestellungen. *IV. Ergebnisse:* Stichprobenauswahl und -zusammensetzung (13a) und -veränderungen im Studienverlauf (13b) (*CONSORT-Flussdiagramm*), (14a, b) Erhebungszeitraum, (15) Subgruppenspezifische Verteilung von Pbn-Merkmalen, (16) Anzahl der in der Analyse berücksichtigten Pbn, (17a) *Signifikanztest, Effektstärke, Vertrauensintervall* für jede primäre und sekundäre Outcomevariable, (17b) absolute und relative Effektstärke für dichotome Outcomevariablen (*Interventionseffekt bei dichotomen Zielgrößen*) (18) ggf. adjustierte Zusatzanalysen, (19) unerwartete/unbeabsichtigte Effekte. *V. Diskussion:* (20) Einschränkungen, mögliche Verzerrungen, meth. Mängel, (21) Generalisierbarkeit, *Validität, externe* der Befunde, (22) Interpretation unter Berücksichtigung aller Befunde. *VI. Weitere Informationen:* (23) Registrierungsnummer der Studie, (24) Verfügbarkeit des Studienprotokolls, Förder- und Finanzierungsquellen.

Das C. wurde für verwandte Studienformen (*cluster-randomisierte Studie, Äquivalenzstudie, Nichtunterlegenheitsstudie, pragmatische randomisierte kontrollierte Studie*) modifiziert formuliert. [www.consort-statement.org], [http://www.bmj.com/content/340/bmj.c332.full]. Schulz et al. 2010, Zwarenstein et al. 2008.

constraint-based model [engl.] beschränkungsbasiertes Modell; *Sprachwahrnehmung*.

construal level theory (= c.) [engl. *construe* auslegen, deuten, interpretieren, *level* Ebene], [**KOG**], die c. beschäftigt sich mit dem Phänomen, dass Personen dasselbe Ereignis mental unterschiedlich repräsentieren, in Abhängigkeit von seiner zeitlichen Entfernung. Ereignisse in der fernen Zukunft werden durch wenige übergeordnete, abstrakte Merkmale repräsentiert, die das Wesentliche der verfügbaren Information enthalten (*high-level construal*). Ereignisse in der nahen Zukunft werden dagegen eher durch untergeordnete, konkrete Merkmale repräsentiert, die nebensächliche, kontextbezogene Information enthalten (*low-level construal*). Z. B. denkt ein Schüler bei einem Mathematiktest in der fernen Zukunft (z. B. in zwei Monaten), eher an seine eigenen, generellen Fähigkeiten im Fach Mathematik (*high-level*); bei einem Mathematiktest in der nahen Zukunft (z. B. in einer Woche) wird derselbe Schüler vermutlich auch an spezifischere Informationen, wie die Anzahl der Fragen und die konkrete Fragestellung denken (*low-level*).

Ob ein Ereignis eher abstrakt (*high-level*) oder konkret (*low-level*) repräsentiert wird, hängt nicht nur von der zeitlichen Entfernung, sondern auch von der ps. Entfernung i. Allg. ab, das bedeutet, wie weit das Ereignis von der unmittelbaren Erfahrung entfernt ist (z. B. zeitlich, räumlich, sozial oder hypothetisch). Die Art, wie ein Ereignis repräsentiert ist, beeinflusst u. a. die *Selbstkontrolle* und Entscheidungsfindung (*Entscheiden*). So führt ein *high-level construal* eines erwünschten Ereignisses (z. B. seine Gesundheit zu verbessern) zu einer besseren Selbstkontrolle als ein *low-level construal*, weil das Verhalten eher durch die wesentlichen Ziele (z. B. dass man Joggen geht, um seine Gesundheit zu verbessern) als durch nebensächliche Informationen (z. B. welche Schuhe man anzieht, um zu joggen) bestimmt wird. Bzgl. der Entscheidungsfindung werden Entscheidungen in der fernen Zukunft durch die Wünschbarkeit der Entscheidungsalternativen beeinflusst; Entscheidungen in der nahen Zukunft dagegen durch deren Machbarkeit, weil Aspekte der Wünschbarkeit auf einem *high-level* repräsentiert werden, Aspekte der Machbarkeit dagegen auf einem *low-level*. Trope & Liberman 2003, Trope & Liberman 2010.

C. Gawrilow/A. T. Sevincer/G. Oettingen

construction integration model [= c.] [engl.] Konstruktions-Integrations-Modell, **[KOG]**, beschreibt kogn. Prozesse, die beim Sprachverstehen (*Sprachrezeption*) stattfinden (Kintsch 1988). Nach dem c. werden drei mentale Repräsentationen des Inhalts beim Sprachverstehen gebildet: (1) Eine *Oberflächenrepräsentation*, die die *Syntax* und den exakten Wortlaut enthält. (2) Ein *propositionales Modell*, welches die Inhalte auf der Bedeutungsebene in Form von *Propositionen* repräsentiert. Unter Propositionen versteht man dabei die kleinsten sinnvollen Bedeutungseinheiten, in die ein Satz zerlegt werden kann. Bspw. kann der Satz «Die braune Katze schlief» in die beiden Propositionen P1 (SCHLAFEN, KATZE) und P2 (MOD KATZE BRAUN) zerlegt werden. (3) Ein *Situationsmodell*, das neben den explizit genannten Inhalten als Ergebnisse von Schlussfolgerungsprozessen (*Inferenzen*) enthält. Diese mentalen Inhaltsrepräsentationen resultieren nach dem c. aus zwei Phasen des Sprachverstehens: In der *Konstruktionsphase* werden Sprachinformationen und Wissen aus dem Langzeitgedächtnis automatisch aktiviert, sodass ein großes Netzwerk mit aktivierten Konzepten resultiert (*Gedächtnis*). Diese Konzepte können sowohl relevant als auch irrelevant für das jew. Thema sein, da der Aktivierungsprozess *bottom-up* verläuft. In der *Integrationsphase* werden aus den aktivierten Inhalten dann solche Inhalte ausgewählt, die die meisten Verbindungen zu anderen Konzepten aufweisen und die somit zentral für das Thema sein sollten. Inhalte, welche nur wenige Verbindungen im Netzwerk haben, werden hingegen ausgeschlossen. So resultieren letztendlich mentale Repräsentationen, welche die wichtigsten Konzepte bzgl. des jew. Inhaltsbereichs enthalten.

A. Schüler

TestConsultation and Relational Empathy Scale (CARE), dt. Version, 2008, M. Neumann, M. Wirtz, E. Bollschweiler, M. Warm, J. Wolf & H. Pfaff. Engl. Original von Mercer et al. (2004). **[DIA, GES]**, Einschätzung der ärztlichen *Empathie* aus Pat.sicht, Fremdeinschätzung. AA Erwachsene. Ein mit zehn Items sehr kurzes generisches, d. h. krankheitsübergreifendes Messinstrument. Die Besonderheit der CARE-Skala liegt darin, dass die erfragten spezif. Aktivitäten bzw. Verhaltensweisen des behandelnden Arztes zusätzlich mithilfe von syn. und antonymen Def. den Befragten erklärt werden. In der explorativen und konfirmatorischen *Faktorenanalyse* ist die CARE-Skala sowohl in der engl. als auch in der dt. Version eindimensional, obwohl die internat. theoret. Diskussion eine mehrdimensionale Faktorenstruktur annimmt. Durchführungszeit ca. 4–8 Min., Auswertungszeit ca. 5–10 Min. Neumann et al. 2008.

M. Neumann

Contentanalyse [engl. content analysis] *Inhaltsanalyse*.

Content Analysis of Verbatim Explanations – CAVE [engl. Inhaltsanalyse wörtlicher Erklärungen], *Optimismus*.

Content and Language Integrated Learning (CLIL) [engl. Inhalts- und sprachintegriertes Lernen], *Unterrichtsprogramme, bilinguale*.

contention scheduling [engl.] Ablaufplanung; *Modell der automatischen und willentlichen Handlungskontrolle von Norman & Shallice*.

Contentvalidität *Validität, inhaltliche*.

contextual cueing [engl.] Bestimmung des Einsatzes durch den Kontext; *Implizites Lernen, Operationalisierung*.

contract management [= c. m.] [engl.] Vereinbarungsmanagement, syn. Verhaltensverträge [engl. *contingency contracting*], **[KLI]**, bez. eine Form der *Stimuluskontrolle*, bei der durch eine verbale (oder schriftliche) Vereinbarung die Wahrscheinlichkeit von zukünftigem (erwünschtem) *Verhalten* erhöht bzw. von unerwünschtem Verhalten reduziert wird. Die Absprache wird zu einem Teil der Bedingungen, unter denen zukünftiges Verhalten auftreten bzw. nicht auftreten sollte. Wichtig ist zu beachten, dass die Abgabe des Versprechens zumeist unter völlig anderen Bedingungen erfolgt als das Zielverhalten (das bekannteste Bsp. sind Silvestervorsätze). Aus diesem Grunde sollten für c. m. einige Bedingungen eingehalten werden, damit der Vorsatz auch umgesetzt wird. Zu nennen sind v. a. Beschreibung des Zielverhaltens (z. B. Häufigkeit, Kriterien), Beibehalten der motivationalen Voraussetzungen (*Behandlungsmotivation*) so lange, bis das Zielverhalten realisiert ist (und nicht bereits bei Abgabe des Vorsatzes, z. B. bei einer Gerichtsverhandlung wegen Alkoholkonsums), Angabe von *Kontingenz* für Einhaltung bzw. Nicht-Einhaltung des Vertrages, Angabe des «*timing*» für Konsequenzen, d. h. schrittweise Vergabe von Konsequenzen für das Zielverhalten. Verträge werden zumeist zw. zwei oder mehreren Personen abgeschlossen (z. B. i. R. einer Partnerschaft oder der *Paartherapie*); als Therapeut kann man Pat. auch dabei unterstützen, einen Vertrag zur Veränderung eigenen Verhaltens für sich selbst zu erstellen. Hier handelt es sich um c. m. i. R. des *Selbstmanagements*. Kanfer et al. 2012. *H. Reinecker*

Contrectationstrieb [engl. *contrectation drive*; lat. *contrectare* berühren], Kontakttrieb.

Controthymie (= C.) [lat. *contra* gegen, gr. θυμός *(thymos)* Gefühl], [**EM, KLI**], Gefühlsunterdrückung, v. a. bei Personen mit einem hohen rationalen Anspruch an sich. Die C. kann bis zur *Athymie* (Gefühlslosigkeit) führen.

Contusio (= C.) [engl. *contusion*; lat. Quetschung, Prellung], [**BIO, KLI**], C. cerebri ist eine Gehirnquetschung (*Gehirn*) bzw. Zertrümmerung von Gehirngewebe mit schwerer *Bewusstlosigkeit*, die im Ggs. zu der bei *Commotio* oder *Compressio* auftretenden Beeinträchtigung gleichbleibend längere Zeit anhält. *Schädel-Hirn-Trauma*.

Co-Occurence-Koeffizient [engl. *co-occurence coefficient*; *co-* zusammen, *occurrence* Auftreten], *multidimensionale Skalierung*.

Cooley, Charles Horton (1864–1929), [**HIS, SOZ**], amerik. Soziologe, dessen Leistungen vor allem im Bereich der Sozialps. liegen. *Selbst* und *Gesellschaft* tragen untrennbar zur Bildung des Selbst bei. Das *Individuum* ist ohne die Gesellschaft nicht denkbar; es wird vor allem durch relevante soziale *Gruppe* sozialisiert. Hierfür prägte Cooley den Begriff der Primärgruppe (primary group). Sich selbst sieht das Kind so, wie es durch andere gesehen wird. Cooley kennzeichnet dies mit dem Begriff des looking-glass self (Spiegel-Ich). *H. E. Lück*

Coparenting [engl.] Teil-/Mitelternschaft; *Stieffamilie*.

COPD-Schulung (= C.) [engl. *COPD management training*], [**GES**], die C. ist eine wichtige Komponente in der Behandlung der *chronisch obstruktiven Lungenerkrankung (COPD)* und integriert med. und *Verhaltens*aspekte. Sie ähnelt der *Asthmaschulung* und wurde auch daraus entwickelt. Ziele der C. sind: (1) Informationen über Risikofaktoren und deren Reduktion, v. a. Rauchentwöhnung, (2) Informationsvermittlung zur COPD, (3) Verbesserung der Selbstkontrolle (*Selbstregulation*) der Symptomatik (4) Unterweisung und Training in der korrekten Anwendung der Medikamente, z. B. Inhalationstechniken und Sauerstofftherapie, (5) *Prävention* und Behandlung (*Intervention*) von Exazerbationen (Verschlimmerungen der Symptomatik), Bronchialinfekten und Notfällen, (6) erleichternde Atemtechniken, (7) Wissensvermittlung (*Wissen*, *Psychoedukation*) und *Motivation* zu *körperlicher Aktivität*, (8) Training in *Entspannungsverfahren* zur *Angst*reduktion, (9) Elemente kogn. *Verhaltenstherapie* zur *Depressions*- und Angstbehandlung, z. B. Aktivitätsplanung, Training *sozialer Kompetenzen* oder *kognitive Umstrukturierung* bei katastrophisierenden Vorstellungen. Die C. wird oft i. R. pneumologischer *Rehabilitation* eingesetzt, welche auch strukturiertes körperliches Training zur Verbesserung der Fitness und damit auch der Atemnot umfasst. Generelle Ziele sind ein gutes Krankheitsmanagement (*Krankheitsbewältigung*, *Hilfesuchverhalten*) und Erhöhung der *Lebensqualität* durch aktive Teilnahme der Pat. an der Krankheitsbewältigung. Individuelle Belange der Pat. müssen beachtet werden. Asthma-Schulungsprogramme wurden zur Schulung von Pat. mit chronisch-obstruktiver Bronchitis (COPD) adaptiert: COBRA = Ambulantes Schulungsprogramm für COPD-Pat. (für Pat. mit chronisch obstruktiver Bronchitis mit und ohne Emphysem), Klinikum Fürth; Patientenschulung COPD für Chronische Bronchitis und Lungenemphysem nach dem Bad Reichenhaller Modell. Ritz & Dahme 2003, Vogelmeier 2007, Schacher & Worth 2009. *B. Dahme/T. Ritz/A. v. Leupoldt*

Test Copenhagen Psychosocial Questionnaire (COPSOQ), [**AO, DIA, GES**], Kristensen et al. 2005; der COPSOQ ist ein Erhebungsverfahren zur Selbsteinschätzung psychosoz. bedeutsamer Aspekte der Arbeitstätigkeit (*Beanspruchung, psychische*, *Belastung, psychische*), das inbes. i. R. betrieblicher Gefährdungsbeurteilung eingesetzt wird (*Betriebliches Gesundheitsmanagement*). Er erfasst mittels 87 Einzelitems [Antwortformat 5-stufige Ratingskalen] folg. *Konstrukte*: *Anforderungen*: Quant. Anforderungen, Qual. Anforderungen, Gefühle verbergen, Work-Privacy-Conflict; *Einfluss und Entwicklungsmöglichkeiten*: Einfluss bei der Arbeit, Entscheidungsspielraum, Entwicklungsmöglichkeiten, Bedeutung der Arbeit, Verbundenheit mit dem Arbeitsplatz; Vertrauen und Gerechtigkeit, Arbeitsplatz-Unsicherheit, Präsentismus/Overcommitment; *Soziale Beziehungen und Führung*: Vorhersehbarkeit, Rollenklarheit, Rollenkonflikte, Führungsqualität, Soziale Unterstützung, Feedback, Soziale Beziehungen, Gemeinschaftsgefühl, Mobbing; *Beanspruchungen*: Arbeitszufriedenheit, Gedanke an Berufsaufgabe, Allg. Gesundheit, Burnout-Symptome, Kognitiver Stress, Lebenszufriedenheit. [www.copsoq.de] Kristensen et al. 2005.

Coping (= C.) [engl. *cope* handeln, kämpfen mit], syn. Bewältigungsverhalten, [**GES, KLI**], C. beschreibt jede Form der Auseinandersetzung bzw. des Umgangs mit psych. und physisch als belastend empfundenen Situationen (*Belastung, psychische*) oder erwarteten Ereignissen, welche die *Ressourcen* einer Person berühren oder übersteigen. Ziel der dabei eingesetzten kogn. (*Kognition*), affektiven (*Affekt*) sowie verhaltensorientierten Prozesse ist, die auftretenden externalen und internalen Anforderungen zu meistern, entstandene Verluste und *Konflikte* aufzufangen bzw. einzudämmen sowie das *Wohlbefinden* der betroffenen Person wiederherzustellen. Ursprünglich stammt der Begriff C. aus der *Stress*forschung und wurde von dem amerik. Psychologen Richard S. Lazarus in seiner psychol. Stresstheorie geprägt und wird heute in diesem Kontext in Theorie und Forschung vielfach verwendet. Mit einem C. versuchen Menschen, den Anforderungen, Belastungen oder Herausforderungen in ihrem Leben zu begegnen, insbes. im Umgang mit kritischen Lebensereignissen (*Life-Event, kritisches*), chronischen Stressoren (Dauerbelastungen) oder Alltagsärgernissen (*daily hassles*). Menschen sind den Stressoren also nicht passiv ausgeliefert, sondern sie sind über die Einschätzung der Anforderungssituationen (*appraisal*) und über das C. auch Akteure im Stressprozess und können damit gesundheitliche Beeinträchtigungen vermeiden.

Lazarus beschreibt mit dem Begriff C. sowohl gedankliche Prozesse als auch Verhaltensweisen. Er und seine Mitarbeiterin Folkman def. C. als die «sich ständig verändernden kogn. und verhaltensmäßigen Bemühungen einer Person, mit den spezif. externen und/oder internen Anforderungen fertig zu werden, die so eingeschätzt werden, dass sie ihre eigenen Ressourcen beanspruchen oder übersteigen» (Lazarus & Folkmann 1984, 141). Kognitive Prozesse sind etwa eine andere Einschätzung einer Belastung (Umdeuten einer Situation) oder das Verdrängen eines Problems. Beobachtbare Verhaltensweisen können aktives *Problemlösen* oder das Suchen nach und Annehmen der Hilfe anderer Personen sein (*Hilfesuchverhalten*). C. kann problemorientiert sein, indem die Person versucht, die Belastungssituation selbst zu verändern (z. B. Arbeitsbelastungen reduzieren, indem Aufgaben delegiert werden). C. kann aber auch emotionsorientiert sein, indem es darauf abzielt, neg. Gefühle, die durch die Belastung entstanden sind, zu regulieren (*Regulation*). In diesem Zus.hang kann C. auch ein Risikoverhalten sein (etwa Drogen- oder Alkoholkonsum, um ein Problem zu verdrängen oder Ängste zu dämpfen). C. kann zudem sowohl *reaktiv* (z. B. die Reaktion auf ein Problem), als auch *proaktiv* (z. B. die Vermeidung einer gefürchteten Situation) erfolgen. Neben intentionalen Strategien (*Intention*, z. B. die Suche nach *sozialer Unterstützung*) kann C. auch unbewusste bzw. wenig steuerbare Reaktionen (z. B. die systematische *Verdrängung*) umfassen.

Inhaltlich lassen sich die Bewältigungsversuche einteilen in (1) *Informationen suchen* (über das Problem und seine mögliche Lösung), (2) *direkte Handlungen unternehmen* (jemanden um Hilfe bitten), (3) *Handlungen unterlassen* (etwa Beleidigungen nicht aussprechen) und (4) *intrapsych. Bewältigung* (Umdeutung einer Bedrohung). Die Entscheidung für ein best. Bewältigungsverhalten erfolgt nicht immer bewusst. Welches Bewältigungsverhalten eine Person zeigt und wie erfolgreich dieses ist, hängt von den verfügbaren Ressourcen ab. Das C. ist ein wichtiger Faktor zur Entstehung oder Vermeidung von gesundheitlichen Beeinträchtigungen oder Krankheiten – wenn Belastungen nicht bewältigt werden können, könnten neg. Folgen (z. B. eine Krankheit) entstehen; wenn sie pos. bewältigt werden, können Krankheiten vermieden werden oder sogar *Gesundheit* gefördert werden. *Salutogenese*. In Abgrenzung zum dt. Wort *Bewältigung* (*Stressbewältigung*) bez. C. den bloßen Umgang mit Belastungen, ohne dabei eine pos. Bilanz aus Nutzen und Kosten zu implizieren (*Kosten-Nutzen-Kalkulation*). Diagn. Instrumente, die im Bereich C. eingesetzt werden, sind im Verzeichnis diagn. Verfahren im Index aufgeführt. Folkmann 2011, Faltermaier 2005a. *T. Faltermaier/N. Lessing*

Coping, dyadisches (= d. C.) [engl. *dyadic coping*; gr. δύας *(dyas)* Zweiheit, engl. *coping* Bewältigung], **[KLI]**, stellt eine ergänzende Form zur indiv. Stressbewältigung dar und def. *Coping* bei Paaren aus einer interpersonellen Perspektive. Im systemisch-transaktionalen Ansatz (STM, Bodenmann 2000) wird d. C. als ein Prozess beschrieben, bei dem die verbalen oder nonverbalen Stresssignale des einen Partners durch Reaktionen des anderen Partners (fehlende Wahrnehmung, Stressansteckung, ignorieren, pos. oder neg. supportives d. C., delegiertes d. C.) beantwortet werden. Bei *Stress*, der beide Partner gleichzeitig betrifft oder für beide relevant ist (*we-stress*), kann gemeinsames d. C. erfolgen. Ziel des d. C. ist die Erhaltung oder Wiederherstellung der physischen, psych. und sozialen *Homöostase* beider Partner und des Paarsystems. Neben einer Stressreduktion führt d. C. zu einer höheren Kohäsion, Intimität und Vertrautheit zw. den Partnern. D. C. unterscheidet sich von *sozialer Unterstützung* durch andere Personen durch die höhere Intimität und Exklusivität der Selbstöffnung und Tiefe der Unterstützung sowie das Konstrukt der gemeinsamen *Stressbewältigung*. *G. Bodenmann*

Coping im Kindes- und Jugendalter [engl. *coping in childhood and adolescence*] *Coping* (= C.), **[EW, GES, KOG, SOZ]**, bez. den Umgang mit Ereignissen, die von einer Person als stressvoll empfunden werden. Es umfasst auch die Regulation der dabei auftretenden Emotionen (*Emotionsregulation im Kindesalter, Entwicklung*). Die zur Verfügung stehenden Regulationsoptionen unter *Stress* sind vielschichtig (z. B. *behavioral*, *kognitiv*) und werden vom Individuum flexibel und situationsabhängig eingesetzt. Im Laufe der *Ontogenese* steigt das C.-Repertoire des Individuums an. Während bis zum Vorschulalter das Suchen nach sozialer Unterstützung, das Ablenken und das Entfernen aus der Situation hauptsächlich als Formen des C. dienen, lassen sich hier zudem erste Bemühungen des problemorientierten Handelns erkennen. Im Laufe der mittleren und späten Kindheit wird das C.-Repertoire differenzierter. Hier entstehen weitere C.-Formen (z. B. instrumentelle und kogn.), die sich bis in die Jugend hinein weiter ausdifferenzieren und situationsspezifischer eingesetzt werden. Zimmer-Gembeck & Skinner 2011, Skinner & Zimmer-Gembeck 2007. *T. Thomsen*

Coping-Modell [engl. *coping model*], **[KOG, PÄD]**, vom Modell (*Beobachtungslernen*) wird ein *Bewältigungsverhalten* gezeigt, das ausdrücklich die Schwierigkeiten zu erkennen gibt, die einem erfolgreichen Umgang mit einer best. Anforderung im Wege stehen. *Coping, Mastery-Modell*.

Core Affect Modell [engl. *core* Kern, *affect* Affekt], *Stimmung*.

cornea [engl. cornea; lat. *corneus* aus Horn] *Hornhaut*. *Auge*.

Cornell-Methode, Cornell-Technik [engl. *Guttman's Cornell scale analysis*; Cornellbenannt nach der *Cornell University*], **[SOZ]**, eine von L. A. Guttman (1947) entwickelte Methode zur Einstellungsmessung. *Einstellungsskalen*.

corporate citizenship [engl.] gesellschaftliches Engagement (von Unternehmen), *Bürgersinn*.

Corporate Identity (CI) [engl. *corporate* gemeinschaftlich, syn. *Unternehmensidentität*, **[AO, WIR]**, intendierte statische und dynamische Selbstdarstellung einer *Organisation* nach außen und nach innen. Die Einrichtung von CI für Wirtschaftsunternehmen geht von der Annahme aus, dass eine Vereinheitlichung der Selbstdarstellung die Positionierung im Markt verbessert und die Mitarbeiterpotenziale, v. a. motivationale, in günstiger Weise bündelt. Die sog. *Unternehmensphilosophie* kann sich in formulierten Unternehmens*leitbildern* bzw. -grundsätzen äußern, die auf eine best. Unternehmenskultur (*Organisationskultur*) mit einer definierten CI abzielt. CI soll ein best. *Corporate Image* bewirken. Bestandteile von CI sind: *Corporate Behavior* (gezieltes Verhalten einer Organisation nach außen und innen), *Corporate Communication* (definierte kommunikative Aktivitäten einer Organisation nach außen und innen), *Corporate Design* (systematisches, hauptsächlich visuelles Erscheinungsbild einer Organisation). Probleme der CI sind: Schwierigkeiten der Festlegung/Zielfindung, empirische Überprüfung der Wirkung, Resistenz von CI gegenüber Änderungsbedarf (*Organisation*). W. Echterhoff

corporate social responsibility [engl.] gemeinschaftliche soziale Verantwortung; *Betriebliches Gesundheitsmanagement*, *Human Resource Management*.

corporate volunteering [engl.] gemeinschalftliche ehrenamtliche Tätigkeit; *Freiwilligenarbeit*.

Corpus callosum [engl. *corpus callosum*; lat. *corpus* Köper, *callosum* dickhäutig], *Gehirn*.

Corpus geniculatum laterale (= C. g. l.) [engl. *lateral geniculate nucleus*; lat. *corpus* Körper, *geniculatus* knotig, *lateralis* seitlich], syn. *seitlicher Kniehöcker*, [**BIO, WA**], ist eine Teilstruktur des Thalamus (*Gehirn*). Die meisten der im Sehnerv (*Auge*, *Sehbahn*) gebündelt die Retina am blinden Fleck das Auge verlassenden *Axone* der Ganglienzellen verlaufen über das Chiasma opticum in das C. g. l., wo sie *Synapsen* mit nachgeschalteten *Neuronen* besitzen. Die ankommenden Nervenimpulse werden mit Input aus anderen Bereichen des Thalamus, des Kortex und der Colliculi superiores verarbeitet und an das primäre visuelle Kortexareal, die Area striata im Okzipitallappen weitergegeben. Das C. g. l. erhält Input von beiden Augen, aber jew. nur von einer Hälfte der Retina. Das C. g. l. der linken Hemisphäre erhält Input von den beiden linken Hälften der Retinae, das C. g. l. der rechten Hemisphäre von den beiden rechten Hälften der Retinae. *Wahrnehmungen* der rechten Seite des Gesichtfeldes werden somit linkshemisphärisch, Wahrnehmungen der linken Seite des Gesichtfeldes rechtshemisphärisch verarbeitet. Der Aufbau des C. g. l. ist in sechs Schichten organisiert. Die ersten beiden Schichten werden als magnozelluläre Schichten bez., die Schichten drei bis sechs als parvozelluläre Schichten. Es konnte – insbes. durch Untersuchungen an Affen (z. B. Schiller et al. 1990) – gezeigt werden, dass die magnozellulären Schichten eine frühe Stufe des dorsalen Verarbeitungsstroms, der hauptsächlich für Bewegungswahrnehmung verantwortlich ist, darstellen. Die parvozellulären Schichten bilden hingegen eine frühe Stufe des ventralen Verarbeitungsstroms, der bes. für die Wahrnehmung von Objektmerkmalen wie *Farbe* und Form verantwortlich ist. Bemerkenswert ist zudem, dass räumliche Relationen zw. Rezeptoren (*Rezeptor*) der Retina und Neuronen im C. g. l. erhalten bleiben, d. h., die Anordnung der Neuronen im C. g. l. ist retinotop. T. Tempel/C. Frings

Corpus luteum [engl. *corpus luteum*; lat. *corpus* Körper, *luteus* gelb], [**BIO**], syn. Gelbkörper (Graaf'scher Follikel). *Hormone*.

correction for attenuation [engl.] *Minderungskorrektur*.

Cortex cerebri [engl. *cerebral cortex*; lat. *cerebrum* Gehirn], [**BIO**], Großhirnrinde, graue nervenzellhaltige Substanz. *Gehirn*.

corticotropin releasing factor (hormone) [engl.], Abk. CRF (CRH), *Kortikotropin-Releasing Hormone* De Souza & Grigoriadis 1995.

Corti-Organ [engl. *organ of Corti*], [**BIO, WA**], Sinnesepithel der Gehörschnecke. *Ohr*, *Hören, tonales Hören*.

Cortisol *Kortisol* Fehm-Wolfsdorf 1994, Henkin 1975, Hubert 1988. W. Janke

Cortison *Kortison*. W. Janke

Couéismus [engl. *coueism*], [**KLI**], das von E. Coué (1857-1926; angeregt durch die Arbeiten der Nancyer Schule, Liebault und Bernheim) entwickelte und popularisierte Autosuggestionsverfahren. Beziehungen zum *Autogenen Training* von J. H. Schultz sind zu erkennen. Baudouin 1926, Coue 1925.

couching [engl.], [**AO**], Persiflage des Begriffs *Coaching* in Anlehnung an die Couch, auf der Pat. bei der *Psychoanalyse* liegen. C. Rauen

Counseling (= C.) [engl. Beratung; Beratung], [**GES, KLI**], meist themenspezif. Ursprünglich auf Erziehungs- und berufliche Fragen bezogen, erstreckt sich der inhaltliche Bereich immer weiter von Gesundheitsverhalten über Fertilitäts- und Schulprobleme bis hin zu Eheproblemen. Oft durch Schulen, Arbeitgeber oder konfessionelle oder ähnliche Organisationen angeboten. Die Übergänge zu *Psychotherapie* sind fließend. Es geht in jedem Fall um die Vermittlung oder Verbesserung von Wissen oder Fähigkeiten zur Lösung best. Aufgaben oder Problemlagen. Die Vermittlung von Wissen hat meist einen größeren Anteil, und C. ist tendenziell fokussierter, kann aber eine breite Palette von Interventionen auf der Verhaltens-, der kogn., affektiven und systemischen Ebene einschließen. C. ist teils integrativ, teils durch die Zugehörigkeit der Counselor zu best. therap. Orientierungen geprägt. Die Professionalisierung der Ausbildung ebenso wie die *Qualitätssicherung* sind in starker Entwicklung begriffen.

counterempathy [engl. *counter* entgegen, *empathy* Empathie], *Affektive Disposition-Theorie (affective-disposition-theory)*.

Covering-Law-Modell [engl. *covering law model*; *covering* Abdeckung, *law* Gesetz], *Erklären, Erklärung*.

cover story [engl.] Titelgeschichte, [**FSE**], eine falsche, aber plausible Erklärung für den Sinn und Zweck einer Untersuchung oder eines Experiments gegenüber den Vpn. Dahinter verbirgt sich die Absicht, den Einfluss von Hinweisen aus der exp. Situation zu kaschieren oder zumindest einzuschränken. *Aufklärung, postexperimentelle*.

covert response, covert behavior (= c. r.) [engl.] verborgene Reaktion, verdecktes Verhalten, [**KOG**], Begriff des *Behaviorismus* für nicht direkt beobachtbare, doch indirekt (z. B. über Blutdruck, Drüsensekretion, Tonus u. a.) erschließbare Vorgänge (*response*). Das *Denken* wird

von Watson in seine behavioristische Theorie als c. r. aufgenommen, insofern allen Denkprozessen kaum wahrnehmbare Bewegungen der Muskulatur der Sprechorgane korrespondieren sollen *(implicit speech)*. Letzteres befindet sich der motorischen Theorie des Bewusstseins im Einklang (*motor theory* of consciousness).
COX-2-Inhibitoren (= C.) [engl. *COX-2 inhibitors*], **[PHA]**, Hemmstoff des Enzyms Cyclooxygenase vom Typ 2 (COX-2). C. sind Entzündungshemmer und Schmerzmittel. Die älteren *nicht steroidalen Antiphlogistika* (oder Antirheumatika) hemmen sowohl die COX-1 als auch die COX-2. Dadurch soll es zu einer verringerten Inzidenz von durch die Hemmung der COX-1 bedingten unerwünschten Wirkungen kommen, z. B. Magenschleimhautblutungen. C. erhöhen jedoch das *Risiko* für kardio- und zerebrovaskuläre Ereignisse. G. Gründer
Cox-Regression, [FSE], nach David R. Cox (geb. 1924); regressionsanalyt. Verfahren (*Regressionsanalyse*) zur Vorhersage der Zeitdauer bis zum Eintritt eines Ereignisses (*Überlebenszeit*) auf Basis metrischer oder dichotomer Prädiktoren. Bspw. kann i. R. von kontrollierten Studien die Zugehörigkeit zu Experimental- vs. Kontrollgruppe als dichotomer Prädiktor in das Modell aufgenommen werden, um einen Gruppeneffekt auf die Überlebenszeit zu testen. Die Modellgleichung lautet

$$h_t = h_0(t) \cdot e^{\beta_1 \cdot x_1 + \ldots + \beta_k \cdot x_k}$$

bzw.

$$ln(h_t) = ln(h_0(t)) + \beta_1 \cdot x_1 + \ldots + \beta_k \cdot x_k$$

x_i = Ausprägung der Prädiktorvariable i
β_i = Ausprägung des Regressionsgewichts des Prädiktors i; das Gewicht eines Prädiktors wird i. R. des multiplen Ansatzes für die übrigen Prädiktoren adjustiert
h_t = Wert der *Hazard-Funktion*; Wahrscheinlichkeit für das Erreichen des Zielkriteriums bis zum Zeitpunkt t (Überlebenszeit)
$h_0(t)$ = Baseline-Hazard; Wahrscheinlichkeit für das Erreichen des Zielkriteriums bis zum Zeitpunkt t, wenn alle Prädiktoren den Wert 0 annehmen.
Während die *logistische Regression* genutzt werden kann um vorherzusagen, *ob* eine Ereignis in einem best. Zeitraum eintritt (ja vs. nein), wird bei der Cox-Regression modelliert, *bis wann* ein Ereignis eintritt. Machin et al. 2006, Hosmer et al. 2008.
CR, Abk. für [engl.] *conditional response (reaction)*, *bedingter Reflex, bedingte Reaktion*.
Crack, [PHA], Szenebez. für eine rauchbare Zubereitungsform von *Kokain*.
Cramers V (= C.) [engl. *Cramer's V*], **[FSE]**, Zusammenhangsmaß (*Korrelation*) für zwei kategoriale, nominalskalierte Merkmale. Die Berechnung beruht auf dem *Chi-Quadrat-Wert* (χ^2):

$$V = \sqrt{\frac{\chi^2}{N \cdot (min(r,s) - 1)}}$$

N = Anzahl der Objekte
r bzw. s: Anzahl der Kategorien der beiden Merkmale

Im Falle zweier dichotomer Merkmale (*Variable, dichotome*) entspricht C. dem Betrag des *Phi-Koeffizienten*. Wirtz & Nachtigall 2012.
Craving [engl.] Begierde, heftiges Verlangen, **[KLI]**, subj. starker Drang zur Substanzeinnahme. *Substanzabhängigkeit*.
Credit Card Release-Effekt [engl.] «Entlastung durch Kreditkarte-Effekt»; *Kaufverhalten und Zahlungssysteme*.
creeping determinism [engl.] schleichender Determinismus; *Rückschaufehler*.
Crespi, Leo Paul (1916–2008), **[HIS, SOZ]**, Prof. für vergleichende Ps. an der *Princeton University*, anschließend Prof. für Sozialps., Leiter des US-Regierungsprogramms zur Meinungsforschung im Nachkriegsdeutschland.
Crespi-Effekt, Crespi-Phänomen [engl. *Crespi effect*], **[KOG]**, Kontrasteffekt bei der Veränderung von *Belohnungen*. Eine kleine Belohnung (*Anreiz*) vor einer größeren verstärkt die Verhaltenswahrscheinlichkeiten mehr, als wenn die gleiche kleine Belohnungsmenge nach Lernversuchen (*trials*) mit größeren Belohnungen gegeben wird. Letzteres wirkt u. U. als *Bestrafung*.
Creutzfeldt-Jakob-Krankheit *Demenz*.
CRH, **[BIO]**, Abk. für *Corticotropin releasing factor (hormone)*, syn. ACTH-RH.
CRH-Rezeptor-1-Antagonisten (= C.) [engl. *CRH-receptor-1 antagonists*], **[PHA]**, Hemmstoffe des *Kortikotropin-Releasing Hormons* (CRH). Exp. Substanzen, die die Wirkungen von CRH hemmen sollen. Grundlage ihrer Anwendung sind Befunde, nach denen bei depressiven Störungen (*Depression*) eine Überaktivität der *Hypothalamus-Hypophysen-Nebennierenrindenachse* (sog. «Stressachse», auch HPA-Achse, nach dem engl. Hypothalamus-Pituitary-Adrenal Gland) vorliegt. Obwohl theoretisch vielversprechend und in kleinen Pilotstudien bei depressiven Störungen wirksam, konnte die Überlegenheit von C. gegenüber *Placebo* nicht gezeigt werden. G. Gründer
Critical Incident Technique (CIT) [engl.] Methode der kritischen Ereignisse, **[AO, FSE]**, ist eine halbstrukturierte mündliche oder schriftliche Befragungstechnik. Die CIT nach Flanagan (1954) stellt eine Forschungsmethode dar, mit deren Hilfe Anforderungsprofile für best. Berufsgruppen, z. B. i. R. eignungsdiagnostischer Verfahren (*Berufseignung, Interview, eignungsdiagnostisches*), erstellt werden können. Sie dient der Erhebung spezif. Beschreibungen des interessierenden Verhaltens. I. R. der CIT berichten die Teilnehmer der Untersuchungen verhaltensbezogene Bsp. oder *Incidents* von außergewöhnlich guten oder schlechten Leistungen in den untersuchten Arbeits- und Lebensbereichen, d. h., sie beschreiben Situationen, in denen das Verhalten anderer Handelnder oder ihr eigenes Verhalten pos. oder neg. Konsequenzen nach sich gezogen hat. Dabei ist v. a. der Verhaltensbezug der Situationen wichtig; es sollen keine Wertungen, Eigenschaftszuschreibungen oder Interpretationen vorgenommen werden. Es sollen nur solche Handlungen berichtet werden, von denen zu erwarten ist, dass sie entweder direkt oder indirekt, über eine längere Zeit betrachtet, eine signifikante Auswirkung bzgl. des Hauptziels der Tätigkeit hat. Für jede Handlung soll-

dann Inhalte ausgewählt, die diese Qualifikationen vermitteln. Dieses Konzept (Robinsohn 1972) steht – mehr oder weniger eindeutig – hinter jeder theoretischen Begründung curricularer Arbeit. Weiterhin impliziert – idealtypisch gesehen – der Begriff C. eine Überprüfung hinsichtlich der Erreichung der von ihm verfolgten Ziele (s. a. *Bildungsevaluation*). Der C.evaluation kommt daher die Aufgabe zu, zu ermitteln, in welchem Maß die im C. aufgeführten Inhalte in Verbindung mit den Materialien und Methoden zur Erreichung der Ziele des C. beitragen. *Formative Evaluation* überprüft das C. während seiner Entwicklungsphase und parallel hierzu, während *summative Evaluation* das fertige C. nach abschließendem Entwicklungsprozess einer Überprüfung unterzieht. Achtenhagen & Meyer 1972.

Curriculum, hidden [engl.] *Lehrplan, heimlicher*.
Curriculumforschung (= C.) [engl. *curriculum research*], *Bildungsforschung*, [**PÄD**], C. enthält Vorgaben für Ziele und Inhalte von Lehr- und Lernprogrammen einerseits und Evaluation des *Curriculums* andererseits. Im Zuge der Entwicklung der C. kommen als Methoden v. a. Befragungs- und Interviewtechniken in den verschiedensten Ausprägungen infrage. Eine besondere Rolle spielen mehrstufige Befragungen, bei denen den Befragten die Ergebnisse der je vorhergehenden Befragung bekannt gegeben werden (*Delphi-Technik*). Als Adressaten solcher Befragungen i. R. der C.entwicklung kommen in erster Linie Vertreter der jew. fachlichen Disziplin, Vertreter der Sozialwissenschaften sowie Vertreter von Zielgruppen (z. B. Schüler und Studenten, Vertreter von Wirtschaft, Behörden, Universitäten, Politiker) infrage. Es sei darauf hingewiesen, dass Erhebungen dieser Art in den meisten C.projekten jedoch nur als Forderung auftreten. I. R. der Curriculumevaluation kommen hauptsächlich informelle und standardisierte Testverfahren sowie Verfahren der Einstellungsmessung zur Anwendung. Praktisch kaum durchführbar sind exp. Vergleiche (*Experiment*, *Quasi-Experiment*) alternativer Curricula oder alternativer Teile von Curricula. Möglich wären exp. Curriculavergleiche als *Fallstudien* und i. R. von Handlungsforschungsprogrammen.

curriculare Validität [engl. *curricular validity*], *Lehrplanvalidität*.
Cushingsyndrom [engl. *Cushing's syndrome*], nach H. W. Cushing (1869-1939), *Hyperkortisolismus*, *Hypothalamus-Hypophysen-Nebennieren-Achse (HHN-Achse)*.
cut-off point [engl.] *Trennpunkt/-wert*, [**DIA, FSE**], ein best. krit. Punkt- oder Summenwert, für den die Vereinbarung getroffen wurde, dass er zw. akzeptierten und abgelehnten bzw. auffälligen und unauffälligen Pbn trennt; z. B. in diagn. Auswahlverfahren: Wert kleiner-gleich cut-off = klin. unauffällig/nicht therapiebedürftig; Wert größer cut-off = klin. auffällig, therapiebedürftig). *Sensitivität*, *Signalentdeckungstheorie*, *Spezifität*, *ROC*, *ROC-Kurve*, *Vierfeldertafel* McCallum et al. 2002.

CVC-Trigramm [engl. *CVC trigram*; gr. τρία *(tria)* drei, γραμμα *(gramma)* Buchstabe], *sinnlose Silben*.
Cyberbullying (= C.) [engl.] Internetschikane, syn. *Cybermobbing, Cyberstalking*, [**MD, SOZ**], bez. nach Patchin & Hinduja (2006) die gezielte und wiederholte Schädigung einer Person mithilfe elektronischer Medien (*Mediengewalt*). In einer *direkten Form* werden der betroffenen Person durch SMS, E-Mail, Messenger oder ähnliche Dienste Nachrichten mit unerwünschtem, beleidigendem, bedrohlichem oder in anderer Form neg. Inhalt zugeschickt. Bei der *indirekten Form* werden Gerüchte, Anschuldigungen, falsche Behauptungen oder Bildmaterialien mit kompromittierenden Inhalten in virtuellen sozialen Netzwerken (z. B. Facebook, Twitter, Myspace) an Dritte verbreitet. Dies kann bspw. durch die unerlaubte Weiterleitung privater und vertraulicher Informationen (z. B. E-Mails), das Hochladen von Videoaufnahmen auf Portale wie YouTube o. Ä. oder den Missbrauch fremder Zugangsdaten (z. B. den Eintrag in einen Listserver unter fremder Mailadresse) erfolgen. *Bullying*, *Mobbing*. T. Bliesener

Cybermobbing [engl.] *Mobbing* im Internet; *Cyberbullying*.
Cyclopie, Zyklopie [engl. *cyclocephaly*; gr. κύκλος *(kyklos)* Kreis, ὄψις *(opsis)* Sehen], syn. *Monophthalmie (Einäugigkeit)*, schwere embryonale Fehlbildung des Gesichts.
Cyproheptadin (= C.), [**PHA**], *Antiallergikum*, *Antihistaminikum*. *Antagonist* an H1-*Histamin*- und *Serotonin*rezeptoren. In Dt. nur noch zugelassen zur Behandlung der Kälteurtikaria. In der Psychopharmakologie spielt C. noch eine Rolle zur Behandlung (*off-label*) des zentralen, medikamentös ausgelösten Serotonin-Syndroms.

G. Gründer

Cyproteron(acetat) [engl. *cyproterone acetate*], Abk. CPA, [**BIO, PHA**], *Hormon* aus der Gruppe der *Gestagene*, das als erstes *Antiandrogen* zur Triebdämpfung bei devianter Hypersexualität eingesetzt wurde («chemische Kastration»). Therapeut. Einsatz bei androgenbedingten Störungen, Hirsutismus, androgenbedingter Haarausfall, Hypersexualität. Bei chronischer Applikation reversibler Rückgang sexueller Libido. Therapeut. Einsatz in Kombination mit Psychoth. Platz 1993. W. Janke

Cytochrom-P450-System [engl. *cytochrome*], [**BIO, PHA**], hepatisches Enzymsystem mit Bedeutung für die Biotransformation von Pharmaka. *Bioverfügbarkeit*.
Cytokine *Zytokine*.

D

Dachmarkenstrategien [engl. *umbrella brand strategies*], *Markenarchitektur*.
Daktylologie [engl. *dactylology*; gr. δάκτυλος *(daktylos)* Finger, λόγος *(logos)* Lehre], *Gebärdensprache*, *Zeichensprache*.
Daktylonomie [engl. *dactylonomy*; gr. δάκτυλος *(daktylos)* Finger, νόμος *(nomos)* Gesetz], [**KOG, PÄD**], Rechnen durch Abzählen an den Fingern. *mathematische Kompetenzen, Entwicklungsmodell*.
Daktyloskopie [engl. *dactyloscopy*; gr. δάκτυλος *(daktylos)* Finger, σκοπεῖν *(skopein)* betrachten], [**DIA, RF**], die Fixierung der feinen Relieflinien (Tastleisten) der Hand, bes. der Fingerspitzen durch Abdrücke; ein Hilfsmittel des kriminalistischen Erkennungsdienstes und zum Vaterschaftsnachweis. *Papillarlinien*.
Dalmatinerhund [engl. *dalmatian dog*], [**WA**], Gregory (1970) präsentierte das in der Abb. dargestellte Schwarzweißbild, um die Bedeutung der Integration von Bildelementen (Bindung, Engel 1996) für (1) die *Objekterkennung* und (2) die Figur-Grund-Trennung (*Figur-Grund-Verhältnis*) zu demonstrieren. Zunächst wird lediglich ein Fleckenmuster gesehen. Bei längere Betrachtung erkennt man in der Bildmitte schemenhaft die Figur eines Dalmatinerhundes, der mit gesenktem Kopf den Boden beschnüffelt. Wurde die Figur einmal erkannt, wird sie zuverlässig und stabil wahrgenommen. Die Wahrnehmung des Hundes geht insbes. mit der Empfindung einer Figur-Grund-Trennung sowie räumlicher Bildtiefe einher. Kann das visuelle System die Bildinformation sinnvoll integrieren, so verändern sich («kippen») durch die Neuinterpretation der Bildvorlage wesentliche Merkmale und die Gesamtstruktur des Wahrnehmungseindrucks. Engel 1996.
Daltonismus [engl. *daltonism*], [**WA**], Rot-Grün-Blindheit, benannt nach J. Dalton (1766-1844), der diese Anomalie entdeckte und beschrieb. *Achromatopsie, Dyschromatopsie*.
Dämmerschlaf [engl. *semisomnolent*], [**KLI**], Bewusstseinszustand des Halbschlafs, in dem zwar noch Wahrnehmungen vorhanden sind, aber nicht mehr klar erfasst werden; insbes. durch *Narkotika* hervorgerufener Halbschlaf mit starker Herabsetzung der Schmerzempfindlichkeit. *Heilschlaf*.
Dämmerungssehen (= D.) [engl. *mesopic vision*], [**WA**], das Sehen mit dem dunkeladaptierten Auge (*Dunkeladaptation*), das durch den Stäbchenapparat des *Auges* vermittelt wird. Im D. werden nur Helligkeitsunterschiede, keine Farben wahrgenommen.
Dämmerzustand [engl. *semi-consciousness, twilight state*], [**BIO, KLI, KOG**], zeitweilige Bewusstseinstrübung (*Bewusstsein*) mit Einschränkung der Klarheit des Erlebens (unvollkommene oder falsche Wahrnehmungen), des willentlichen Handelns und Verminderung des Selbstbewusstseins, wobei aber Orientierung und zweckmäßiges zielgerichtetes Handeln noch vorhanden sein können. Nach Aufhören des D. besteht oft keine Erinnerung mehr daran. D. kommen vor als *epileptische Äquivalente*, bei *Hysterie*, Neurasthenie, *Alkoholismus*, Dementia paralytica (*Paralyse*), ferner in der *Hypnose*, in religiöser *Ekstase*, im *Rausch*. Auch den Traum hat man zu den D. gerechnet. *Ganser-Syndrom, Somnambulismus*.
Dämonenglaube [engl. *demonism*; gr. δαίμων *(daimon)* Geist], gleich dem Zauberglauben die Anschauung von unsichtbaren Wesen, die durch best., meist geheim gehaltene Mittel in Beziehung zu den Menschen treten und den Einflüssen der Menschen zugänglich sind (Verhextsein, Hexenglaube). Auch die Toten sind Dämonen, welche unsichtbar durch Krankheit und Tod ins Menschendasein eingreifen. *Aberglaube, Parapsychologie*.
Dampfkesselmodell (= D.) [engl. *steam boiler model*], [**EM**], geht auf den österreichischen Verhaltensforscher Konrad Lorenz (1973) zurück und nimmt einen angeborenen *Aggression*sinstinkt oder -trieb an, der beim Menschen die gleichen Funktionen wie bei den Tieren innerhalb einer Art erfüllt (Verteilung des Lebensraumes, der Arterhaltung dient (u. a. durch Rivalität um Paarungspartner, Verteidigung der Nachkommen, Bildung einer sozialen Rangordnung). Nach diesem Modell entstehen kontinuierlich aggressive Impulse aus einer inneren Triebquelle und bedürfen periodisch der Ausführung durch einen äußeren Reiz oder der spontanen Entladung zur Spannungsreduktion.
Eine ähnliche triebtheoretische Auffassung vertrat S. Freud (1920) und die nachfolg. psychoanalyt. Schule (*Psychoanalyse*). Wie Lorenz nahm Freud eine endogene Quelle des Aggressionstriebes an. Dieser Trieb müsse sich

Dalmatinerhund (Gregory 1970)

entladen in direkter Aggressivität, durch Betrachten von Gewalttätigkeiten z. B. in Filmen, durch Zerstörung unbelebter Gegenstände, Teilnahme an Wettkämpfen oder dem Streben nach Machtpositionen. Falls die Aggressivität in dieser Weise nicht ausgelebt wird, kann es zu unkontrollierten Gewaltausbrüchen und im Extremfall sogar zu Selbstmord kommen. Dem D. kommt in der modernen Ps. wegen seines geringen Erklärungswertes keine wiss. Bedeutung mehr zu. *K.-H. Stapf*

Dämpfung [engl. *attenuation, cushioning*], [**KLI**], Erregungsminderung z. B. durch *Entspannung*.

d-Amphetamin [engl. *D-amphetamine*], syn. *Dexamphetamin*, [**PHA**], *Psychopharmakon* aus der Gruppe der *Psychostimulanzien* vom Typ der *Amphetamine*. In vielen angloamerik. Untersuchungen bei Gesunden geprüft. *Psychostimulanzien*.

Dapoxetin [**PHA**], selektiver *Serotonin-Wiederaufnahmehemmer (SSRI)*. In Dt. zugelassen für die Behandlung der Ejaculatio praecox (= vorzeitiger Samenerguss, *Ejakulationsstörungen*). Alle SSRI führen aufgrund ihres Wirkmechanismus zu einer Ejakulationsverzögerung, aber nur D. hat diese spez. Zulassung.

Darbietung (= D.) [engl. *presentation*], [**DIA, WA**], im ps. Versuch Bez. für das Einwirkenlassen von Reizen oder auch komplexeren Reizkonstellationen auf die Wahrnehmungsorgane und damit auf das Bewusstsein der Vp. Das systematische Abwandeln der D. (Methoden der D.weise) ist eine Grundlage des psychol. *Experiments*. Auch die Präsentation von Testitems fällt unter diesen Begriff.

Darbietungsregeln [engl.] *Display-Rules*.

Darstellungsversuch, syn. *Beschaffenheitsversuch*, [**FSE**], heute nicht mehr gebräuchliche Bez.; *Experiment*, dessen Ziel es hauptsächlich ist, ein Erlebnis oder seinen Ausdruck bzw. eine damit verbundene Leistung hervorzurufen, um diese der Beschreibung aufgrund von *Selbstbeobachtung* oder *Fremdbeobachtung* zugänglich zu machen.

Darwin, Charles Robert (1809–1882), [**EM, BIO, HIS, KOG, PER**], brit. Naturforscher. Durch viele Erkundungen in Südamerika, auf den Galapagos-Inseln, Neuseeland, Australien etc. entwickelte er 1859 die Hypothese der gemeinsamen Abstammung und allmählichen Veränderung der Arten (*Evolutionstheorie*) durch Variation und natürliche *Selektion*. Während Darwin die Prinzipien der genetischen Variation aufgrund von Mutation und sexueller Rekombination noch nicht bekannt waren, formulierte er bereits im Detail Prinzipien der natürlichen Selektion, wonach Arten sich den jew. Umweltbedingungen dadurch anpassen, dass die besser angepassten Varianten bei gleichem Energieaufwand mehr fortpflanzungsfähige Nachfahren haben (Selektion). 1871 beschrieb er ausführlich Mechanismen der *intrasexuellen* und *intersexuellen Selektion* bei zweigeschlechtlichen Arten, wonach Rivalität mit dem eigenen Geschlecht und Attraktivität für das andere Geschlecht wesentliche Selektionskräfte darstellen. 1872 beschrieb er vergleichend den Ausdruck von *Emotionen* bei Menschen und versch. Tierarten und diskutierte die *Universalhypothese des mimischen Ausdrucks*. *Genetik*, *Verhaltensgenetik*.

Darwinismus [engl. *darwinism*], Begriff, mit dem häufig die von *Darwin* entwickelte *Abstammungslehre* bez. wird. *Ethologie*.

Dasein [engl. *existence*], [**PHI**], die Existenz, das Vorhandensein schlechthin, das Leben des Menschen in seiner Welt. In Heideggers Existenzialphilosophie: das «Seiende, das wir je selbst sind», also die Seinsweise, die durch das Zu-sich-selbst-verhalten-Können und Sich-selbst-verstehen-Können ausgezeichnet ist. Das Sosein meint dagegen die spezif. Beschaffenheitsweise eines Gegebenen, sein Dies-und-nicht-anders-Sein.

Daseinsanalyse (= D.), syn. *Existenzanalyse* [engl. *existential analysis*], [**KLI, PHI**], in engerer Bedeutung – gegenüber der breiteren daseinsanalytischen Ps. – ist D. eine Bez. von Ludwig Binswanger für die von ihm entwickelte tiefenpsychol. Konzeption (*Tiefenpsychologie*). An Husserls «Phänomenologie» und Heideggers «Sein und Zeit» orientiert, handelt es sich um «ein Geschehen, in dem es dem Dasein in seinem Sein wesenhaft um sich selbst geht», nicht um ein Erlebnis, sondern um Wesensschau. Binswanger sucht auf die «Gefügeordnung des Daseins», die allerdings «hinter» dem, was sich an *Symptomen* zeigt, «verborgen» bleibt, durchzudringen. Mit der Anwendung dieser Konzeption auf die *Psychiatrie* will er den schizophrenen Menschen (*Schizophrenie*) aus «wiss.» Impuls aus den Begriffssystemen der *Psychopathologie* und der Klin. Psychiatrie «in das Menschsein als Dasein oder In-der-Welt-Sein zurückholen». Nach seinen Interpretationen handelt es sich um «versagende Momente» im Daseinsgeschehen. Dabei widerspricht die Erfahrung der «verstiegenen Idealbildung» und führt zur «Aufspaltung des Daseinsvollzuges». Hinter den «missglückten» Daseinsformen (in Verstiegenheit, Verschrobenheit, Maniereriertheit) lauert die «Daseinsangst», die *Angst*, nicht mit dem Leben fertig zu werden. Die tiefenpsychol. fundierte daseinsanalytische Therapie wurde von Binswanger (1956) und Boss (1957) entwickelt. Über die subj. Perspektive des Klienten wird versucht, einen Zugang zu dessen Problem zu bekommen, mit dem Anliegen, Entscheidungs- und Entwicklungsmöglichkeiten bewusst und verfügbar zu machen. Spezif. therap. Techniken werden nicht beschrieben. Bes. Bedeutung wird in der D. der *Therapiebeziehung* beigemessen, in der der Pat. als Partner angesehen wird. Über die Wirksamkeit der D. sind bislang keine fundierten Aussagen möglich. *F. Caspar*

Data Mining [engl. *to mine* graben, bergmännisch gewinnen, zu Tage fördern], [**FSE**], explorative computergestützte Analyseverfahren (z. B. Clustertechniken (*Clusteranalyse*), Entscheidungsbäume, *neuronale Netze*, regressionsanalyt. Ansätze, Verteilungsdiagnostik, insbes. Ausreißeranalyse), die in umfangreichen Datensätzen (*big data*) zur Identifikation markanter Datenstrukturen eingesetzt werden. Dem Data Minig selbst nicht immanente Validierungs- und theorieorientierte Systematisierungs- und Prüfungsschritte sind für den wiss. orientierten Einsatz von hoher Bedeutung. Das *SPSS*-Modul *Clementine* stellt ein umfangreiches Analyseinstrumentarium zur Verfügung. *Statistische Datenanalyseverfahren*. SPSS Inc. 2007.

Daten (= D.) [engl. *data*; lat. *datum* gegeben], **[FSE]**, «Zeichen oder kontinuierliche Funktionen, die aufgrund bekannter oder unterstellter Abmachungen Information darstellen, vorrangig zum Zweck der Verarbeitung oder als deren Ergebnis. Verarbeitung umfasst die Durchführung math., umformender, übertragender und speichernder Operationen. Der wesentliche Unterschied zw. D. und Nachricht liegt in der Zweckbestimmung» (Def. nach DIN 44300, Teil 2). *Quant. D.*: Informationen (z. B. Ereignisse, Eigenschaften), denen def., begrenzte numerische Werte zugeschrieben werden (*Messtheorie, Skalenniveau*); qual. D. werden dabei zu quant. *Qual. D.*: Merkmale, die eine Gliederung in inhaltlich unterschiedene Klassen ermöglichen (z. B. Störungsformen, Persönlichkeitstypen) oder Grundlage oder Ergebnis von *Interpretationen* i. R. qual. *Datenanalyseverfahren* sind. *Datenerhebungsverfahren*, *Datenqualität*.

Daten, dreimodale [engl. *trimodal data*], *Faktorenanalyse, dreimodale*.

Datenaggregation (= D.) [engl. *data aggregation*; lat. *aggregare* zusammenfassen], **[FSE]**, allg. Prinzip der empirischen Wissenschaften, Daten, die auf der Beobachtungsebene gewonnen wurden, zu aggregieren, um dadurch eine bessere Beziehung zw. Datenebene und Konstruktebene zu erhalten. Die D. wird in den Verhaltenswissenschaften zur Aufklärung der Verhaltens-Einstellungs-Relation und in der Verhaltensps. als *multiple-act*-Kriterium vorgeschlagen. In der Testps. aggregiert man größere Pools von Items, um bessere Prädiktor-Kriteriums-Relationen zu erhalten. In der Konsistenz-Debatte wurde dieses Prinzip wieder aufgegriffen, und zwar mit folg. Zielrichtung: Messfehler von Einzeldaten zu reduzieren und den Verallgemeinerungsbereich von Resultaten zu erreichen. Der einfachste Fall ist die D. über Vpn. Diese wird bei dem nomothetischen Vorgehen immer verfolgt. Die zweite Möglichkeit ist die D. über Versuchsdurchgänge. Hier kann überprüft werden, ob sich dabei die zeitliche Stabilität bzw. die Reliabilität erhöht. Der dritte Anwendungsfall ist die Aggregation über Stimuli oder Situationen. Ein weiterer Bereich bezieht die D. über Messoperationen mit ein; schließlich kann eine D. noch über Beurteiler erfolgen. *H. O. Häcker*

Datenanalysemethoden (= Dm.) [engl. *data analysis methods*], **[FSE]**, bez. im Kontext der *empirischen Sozialforschung* als Oberbegriff alle wiss. Methoden, mit denen quant. und/oder qual. *Daten*material systemat. und intersubj. nachvollziehbar im Hinblick auf ein Forschungsproblem ausgewertet werden kann. Die einzelnen Arbeitsschritte sowie die Gütekriterien der versch. Dm. sind jew. theoret. begründet und mehr oder minder strikt vorgegeben. Welche Dm. i. R. einer konkreten Studie zu wählen ist, um aussagekräftige Ergebnisse zu erlangen, hängt maßgeblich von der Forschungsfrage, dem *Forschungsdesign*, der *Stichprobe* sowie den Merkmalen des gewonnenen Datenmaterials ab (z. B. Verteilungsvoraussetzungen bei best. stat. Analysen, *Statistik*). Eine ergiebige Datenanalyse (= D.) setzt immer eine sorgfältige Datenerhebung (*Datenerhebungsmethoden*) sowie eine gründliche Datenaufbereitung (*Datenqualität*) voraus. Jede wiss. D. muss ergebnisoffen erfolgen, d.h., willkürliche Verzerrungen im Auswertungsprozess, die zu Wunschergebnissen führen (z. B. gezielte Eliminierung hypothesenkonträrer Fälle oder ungerechtfertigte Hervorhebung hypothesenkonformer Einzelbefunde), stellen eine gravierende Verletzung der Wissenschaftsethik (*Forschungsethik*) dar.

Das Spektrum der sozialwiss. Dm. ist sehr weit gefächert. Die wichtigste Einteilung betrifft die Unterscheidung zw. quant.-stat. (*Datenanalysemethoden, quantitative*) und qual.-interpretativen Datenauswertungsverfahren (*Datenanalysemethoden, qualitative*). Unabhängig davon, ob die D. quant. und/oder qual. erfolgt, darf eine integrierende und abschließende verbale Interpretation aller Befunde der Studie mit Blick auf die Forschungsfrage sowie ggf. auch mit Blick auf Anwendungsbezüge in der Praxis und zukünftige Anschlussstudien nicht fehlen. Die Ergebnisse einer D. sind i. S. der Wissenschaftlichkeit stets mit Vorsicht zu interpretieren: Mängel der Studie und Grenzen der Aussagekraft sowie offene Fragen oder unerklärbare Widersprüche müssen deutlich gemacht werden. Miles & Huberman 1994, Kuckartz 2012, Döring & Bortz 2016, Eid et al. 2013. *N. Döring*

Datenanalysemethoden, qualitative (= qual. Dm.) [engl. *quantitative data analysis methods*], *Datenanalysemethoden*, **[FSE]**, werten qual. – i. d. R. verbales/textuelles, aber auch visuelles oder sonstiges nicht numerisches – Datenmaterial (z. B. Transkripte *qualitativer (Leitfaden-) Interviews*) oder Gruppendiskussionen, Notizen und Fotografien von ethnografischen Feldbeobachtungen, Kinderzeichnungen) im Hinblick auf das Forschungsproblem einer qual.-empir. Studie aus. Sie folgen dabei dem explorativen (gegenstandserkundenden, hypothesen- und theoriebildenden) Erkenntnisinteresse qual. Forschung und sind stark induktiv ausgerichtet (*Induktion*). Zudem ist die qual. Datenanalyse (= D.) i. R. *Qualitative Sozialforschung* in einen zirkulären *Forschungsprozess* eingebettet: Zwischenergebnisse der D. können und sollen sowohl die Ergänzung der Stichprobe (*qualitative Rekrutierungsverfahren*) um zusätzliche Fälle steuern als auch die weitere D. immer wieder neu auf den Gegenstand ausrichten (*Gegenstandsnähe, Prinzip der, Prinzip der Prozessualität*).

Es liegen eine Reihe unterschiedlicher, auf bes. Fragestellungen und Daten spezialisierte qual. Dm. vor (z. B. *Metaphernanalyse, interpretative phänomenologische Analyse IPA, Konversationsanalyse*, kritische Diskursanalyse, Tiefenhermeneutik; *Hermeneutik*). Zudem existieren relativ allg. qual. Dm., die für viele Fragestellungen und Datentypen nutzbar sind (z. B. *Qualitative Inhaltsanalyse*, objektive Hermeneutik, Dokumentarische Methode, *Grounded-Theory*-Methodologie). Viele der qual. Dm. sind eingebettet in übergreifende Forschungsstrategien bzw. Methodologien, d.h. basieren auf best. wissenschaftstheoret. Annahmen über den Forschungsgegenstand und die Möglichkeiten und Grenzen wiss. Erkenntnisgewinns. Manche qual. Dm. entstammen der Ps. (z. B. interpretative phänomenologische Analyse, qual. Inhaltsanalyse), die meisten aber der Soziologie (z. B. Konversationsanalyse, dokumentarische Methode, Grounded-Theory-Methodologie). Teilweise werden auch Auswertungsansätze aus der Sprach-, Kunst- und Filmwissenschaft einbezogen.

Qual. Dm. läuft i. d. R. auf eine interpretative bzw. hermeneutische Auswertung hinaus. Bei der sehr verbreiteten kategorienbildenden Analyse wird das Material in sinnvolle Analyseeinheiten segmentiert (z. B. Sätze, Absätze), und den Analyseeinheiten werden zusammenfassende Codes oder Kategorien zugeordnet (*Prozess der Codierung*). Die Codes werden im nächsten Abstraktionsschritt zu übergeordneten inhaltlichen Kategorien verdichtet und ggf. in ein Theoriemodell überführt. Neben der kategorienbildenden existiert noch die sequenzielle Analyse, bei der Ablaufstrukturen aus den Daten herausgearbeitet werden. Die qual. Dm. erfolgt i. d. R. im ersten Schritt fallbezogen und im zweiten Schritt fallübergreifend, indem sie meist Themen, Typen oder Hypothesen bzw. Theorien generiert. Schließlich kann eine q. Dm. eines einzelnen Datensatzes noch erweitert werden, indem sie – i. R. der Bearbeitung desselben Forschungsproblems – mit anderen qual. Auswertungen (Methoden-*Triangulation*) sowie mit quant. Analysen (*Mixed-Methods-Ansatz*) verknüpft wird.

Generell gilt meistens, dass eine qual. Dm. nicht numerischer Daten viel zeitaufwendiger ist als eine quant. Dm. numerischer Daten. Denn die interpretative Auswertung kann im Unterschied zur stat. Berechnung durch Software nicht automatisiert, sondern nur unterstützt werden (*QDA-Software*). In qual. Studien werden wegen des stark erhöhten Aufwandes bei der Dm. i. d. R. deutlich kleinere und auch anders zus.gesetzte Stichproben (*qualitative Fallauswahl*) untersucht als in quant. Studien. *Datenanalysemethoden, quantitative*, Gütekriterien qualitativer Forschungsprozesse. Döring & Bortz 2016, Miles & Huberman 1994, Kuckartz 2012. *N. Döring*

Datenanalysemethoden, quantitative (= quant. Dm.) [engl. *quantitative data analysis methods*], [**FSE**], werten quant. bzw. numerisches Datenmaterial (z. B. Datensätze, die durch vollstrukturierte *Beobachtung*, *Interview*, *Fragebogen* oder *psychophysiologische Methodik* gewonnen wurden; *Messtheorie*) im Hinblick auf das Forschungsproblem einer quant.-empirischen Studie mittels stat. Verfahren aus (*Statistik*). Mit quant. Daten sind dabei numerische Daten aller vier Skalenniveaus (*Skalenniveau*) gemeint, obwohl man insbes. nominalskalierte numerische Daten auch als kategorial bzw. qual. bez. kann. Nicht numerisches Datenmaterial (z. B. Text-, Bild-, Videomaterial) kann durch Codierung in numerisches Datenmaterial überführt und dann stat. ausgewertet werden (z. B. *Qualitative Inhaltsanalyse*). Quant. Dm. folgen einem deskriptiv-populationsbeschreibenden und/oder einem explanativ-hypothesenprüfenden, seltener einem explorativ-hypothesenbildenden Erkenntnisinteresse. Die stat. D. ist in der quant. Sozialforschung in einen linearen *Forschungsprozess* eingebettet, d. h., weder die *Stichprobe* noch die Datenerhebungsinstrumente werden nach begonnener Auswertung noch einmal verändert, vielmehr werden genau die vorher definierten Fragestellungen beantwortet bzw. Hypothesen (*Hypothese*) geprüft.

Die stat. Analyse eines einzelnen numerischen Datensatzes kann im *Mixed-Methods-Ansatz* noch erweitert werden durch Verknüpfung mit einer interpretativen Analyse zusätzlicher qual. Daten, die i. R. derselben Studie erhoben wurden. Im Unterschied zu *Primäranalysen*, die selbst erhobene Datensätze auswerten, können auch vorliegende Datensätze (etwa aus wiss. Datenbanken) einer erneuten Auswertung unterzogen werden (*Sekundäranalyse*). Zudem lassen sich die Befunde inhaltlich homogener früherer Studien i. R. einer *Metaanalyse* zu einem Gesamtbefund stat. aggregieren.

Es liegen eine Fülle stat. Auswertungsverfahren vor. Das Feld der *Statistik* wird dabei grob in die *Deskriptivstatistik* und die *Inferenzstatistik* eingeteilt. Die Deskriptivstatistik dient dazu, Stichprobendaten anhand von Kennwerten, Tab. und Grafiken übersichtlich darzustellen. Jede empirisch-quant. Studie enthält eine deskriptivstat. Stichprobenbeschreibung, welche die Zusammensetzung der Stichprobe z. B. hinsichtlich soziodemografischer Merkmale beschreibt. Die Inferenzstatistik schließt anhand von Stichprobendaten auf Populationsverhältnisse (*Signifikanztest*). Faktorenanalytische (*Faktorenanalyse*), skalenanalytische (*Skalierung, Methoden der*, *Testkonstruktion*) und Gruppierungsansätze (z. B. *Clusteranalyse*, *Latente Klassenanalyse*) ermöglichen die Strukturierung von Datenmengen und die Analyse messtheoretisch begründeter latenter Merkmalsstrukturen. *Strukturgleichungsmodelle* dienen der Prüfung von Messstrukturen oder komplexer Theoriemodelle. Die *Mehrebenenanalyse* erlaubt die Modellierung hierarchisch geschachtelter Datenstrukturen (*Statistische Datenanalyseverfahren*).

Die stat. Datenanalyse erfolgt heute i. d. R. automatisiert über Statistik-Programme für einzelne stat. Verfahren (z. B. AMOS, *Lisrel* für Strukturgleichungsmodelle, g^*power zur Analyse der Teststärke) bzw. über Statistik-Programmpakete mit breitem Funktionsspektrum (z. B. *Mplus*, *SPSS*, SAS, Parameterschätzung, *R (Software)*). Generell ist eine quant. Dm. – auch bei großen Stichproben und zahlreichen Variablen – im Vergleich zu einer qual. Dm. relativ schnell zu bewältigen, wenn ein klares und gut begründetes Auswertungsvorgehen umgesetzt werden soll. Die Zeitersparnis, die bei der automatisierbaren stat. Analyse numerischer Daten gegenüber der nicht automatisierbaren interpretativen Analyse qual. Daten zu verzeichnen ist, wird erkauft durch den in quant. Studien meist sehr viel höheren Aufwand bei der Entwicklung und Erprobung der Messinstrumente (z. B. standardisierte Fragebögen oder Beobachtungssysteme), damit diese überhaupt aussagekräftige Messwerte liefern (*Gütekriterien*). *Datenanalysemethoden, qualitative*. Döring & Bortz 2016, Eid et al. 2013. *N. Döring*

Datenanalyseverfahren, intrinsische [engl. *intrinsic data analysis*; lat. *intrinsicus* inwendig], [**FSE**], Bez. für Datenanalyseverfahren, die keine größeren math. Gerüste (Annahmen wie hohes *Skalenniveau*, lineare Regressionsbeziehungen oder *Normalverteilung* der Fehler) verwenden, sondern sich weitgehend aus dem Design der Fragestellung selbst und den darin enthaltenen Unterscheidungen und

Hypothesen ableiten lassen. Ein Bsp. ist die *Skalogrammanalyse* (Guttman 1944) von Testaufgaben mit einer gelöst/ nicht gelöst Antwortskala. Ziel der Verfahren ist es, zu einem wiss. Theoriegebäude zu kommen, das aus seinen inhaltlichen Def. und Strukturierungen heraus stabil ist und nicht beim Abbau der von außen her eingeführten («extrinsischen») math. Annahmen kollabiert. *Datenanalysemethoden*. Shye et al. 1994. *I. Borg*

Datenanalyseverfahren, statistische Statistische *Datenanalyseverfahren*.

Datenbank (= D.) [engl. *database*], **[FSE]**, Zusammenfassung von *Daten* zum Zwecke ihrer systematischen Benutzung. Die D. benutzt heute die Einrichtungen der elektronischen Datenverarbeitung. In den Sozialwissenschaften wird sie für Umfrageergebnisse eingesetzt. Bei spez. psychol. Fragestellungen wird die D. für die Speicherung und Datenrückgewinnung von exp. Daten und diagn. Daten zur Testentwicklung (*Testkonstruktion*) häufig benutzt.

Datenebenen (= D.) [engl. *data layer/level*], **[DIA, KLI]**, i. R. einer *multimodalen Diagnostik* beinhalten die D. die Grundkategorien organismischer Merkmale. Zur Erfassung menschlicher Erlebens- und Verhaltensweisen wird zw. folg. D. unterschieden: (1) biol. (somatische/physikalische) Ebene (oft noch weiter unterteilt u. a. in biochemische, neurobiol., psychophysiol. Ebene), (2) *psychische oder ps.* Ebene fokussiert auf das indiv. Erleben und Verhalten sowie damit assoziierter Leistungen, (3) *soziale Ebene* mit Schwerpunkt der interindiv. Systeme und gesellschaftlichen Rahmenbedingungen, wie ökologische Ebene bezogen auf die materiellen Rahmenbedingungen. Die einzelnen D. sind keine in sich völlig abgeschlossenen Bereiche, sondern sind miteinander verknüpft. Ziel psychol. Forschung wie auch klin. Tätigkeit ist es, Personen auf möglichst versch. D. differenziert zu beschreiben, um so deren Komplexität besser gerecht werden zu können. *Datenerhebungsverfahren*. Baumann & Stieglitz 2008. *R.-D. Stieglitz*

Datenerhebungsverfahren (= DV.) [engl. *data collection methods*], **[DIA, FSE]**, bez. als Oberbegriff unterschiedliche wiss. Verfahren der Gewinnung von *Daten* i. R. eines empir. *Forschungsprozesses*. Jede Datenerhebung (= D.) in den Erfahrungswissenschaften basiert letztlich auf Beobachtung bzw. auf den Sinneswahrnehmungen der Studienteilnehmer oder Forschenden. Die einzelnen DV. unterscheiden sich jedoch dahingehend, welcher Bereich der Wirklichkeit (z. B. äußeres Verhalten oder inneres Erleben; *Fremdbeobachtung*, *Selbstbeobachtung*) auf welche Weise der *Beobachtung* zugänglich gemacht wird (z. B. Feldbeobachtung auf dem Spielplatz, Leitfaden-Interviews mit Kindern oder Sammlung von Kinderzeichnungen).

Die *Erkenntnistheorie* als Teilbereich der *Wissenschaftstheorie* befasst sich phil. auf der Metaebene mit der Frage, ob und wie mithilfe von Sinneseindrücken überhaupt gesicherte wiss. Erkenntnisse gewonnen werden können. Im Forschungsprozess erhobene Daten sind durch selektive Beobachtung, Vorannahmen und Interpretationen immer auch theoriegeladen und bieten kein unverzerrtes Abbild realer Verhältnisse (*Beurteilerübereinstimmung*). Die einzelnen DV. basieren auf unterschiedlichen methodologischen Vorgaben dazu, wie die Datengewinnung im Detail durchzuführen ist (z. B. Gestaltung von Untersuchungssituation und Untersuchungsmaterialien, Schulung der Untersuchenden), um zu möglichst unverzerrten und aussagekräftigen Daten zu gelangen.

Jedes DV. weist spezif. Besonderheiten, Stärken und Schwächen auf. Entscheidungen für oder gegen eine best. D.methode sind mit Blick auf das zu bearbeitende Forschungsproblem zu fällen und im Forschungsbericht zu begründen. Dabei sind forschungsökonomische Aspekte zu beachten: Die einzelnen Methoden unterscheiden sich teilweise deutlich in ihrem Zeit-, Personal-, Kosten- und Geräteaufwand. Nicht jede D.methode ist zudem mit jedem *Forschungsdesign* und jeder *Stichprobe* kombinierbar. Auch Richtlinien der *Forschungsethik* sind bei der Wahl und Umsetzung von Datenerhebungsmethoden zu beachten, um die Rechte der Untersuchungsteilnehmenden zu wahren und sie vor Beeinträchtigungen zu schützen.

Das breite Spektrum unterschiedlicher DV. wird oft grob in qual. und quant. Methoden eingeteilt: Qualitative bzw. *nicht oder teilstrukturierte DV.* verzichten bewusst auf standardisierte Erhebungsinstrumente und lassen somit den Forschenden (z. B. ethnografische Feldbeobachtung; *Qualitative Sozialforschung*) wie Pbn (z. B. *narratives Interview*) viel Raum, um jew. fall- und situationsspezifisch mehr oder minder viele Details einzubeziehen und v. a. auch flexibel zu entscheiden, welche Aspekte des betrachteten Sachverhalts einen wie großen Stellenwert haben (*Prinzip der Offenheit*). Mit qual. DV. werden nicht numerische Daten erzeugt (meist verbales bzw. narratives Datenmaterial, aber auch Zeichnungen, Fotos oder Videos), auf die dann interpretative Datenanalysemethoden (*Datenanalysemethoden, qualitative*) angewandt werden. Dieses Vorgehen soll insbes. eine möglichst große Gegenstandsnähe sichern.

Quantitative bzw. strukturierte D.methoden arbeiten mit standardisierten D.instrumenten mit dem Ziel, einzelne – für die Forschungsfrage oder -hypothese relevante – Merkmale der Erfahrungswirklichkeit möglichst exakt zu messen (*Messtheorie*). Die verwendeten Datenerhebungsinstrumente (z. B. *Fragebogen*, ps. *Test*) müssen insbes. die *Gütekriterien* der *Objektivität*, *Reliabilität* und v. a. der *Validität* erfüllen. Die erzeugten quant. bzw. numerischen Daten werden mit quant. D.methoden ausgewertet, (*Datenanalysemethoden, quantitative*; stat. *Signifikanztest*, *Statistik*). In der Ps. dominieren quant. DV., insbes. aufgrund ihrer psychometrischen Fundierung.

Ein weiteres Unterteilungskriterium für DV. ist ihre *Reaktivität*: Bei reaktiven DV. wissen die untersuchten Personen, dass sie an einer Studie teilnehmen. Die im Zuge der D. generierten Daten unterliegen somit prinzipiell unterschiedlichen Verzerrungen (z. B. Interview-Daten zur Internetnutzung können durch sozial erwünschtes Antworten (*soziale Erwünschtheit*) verzerrt sein, etwa weil die Befragten den Eindruck haben, es würde missbilligt, wenn sie die Nutzung best. Inhalte angäben). Die einzelnen DV. beinhalten Maßnahmen, die derartige Verzerrungen verhindern oder begrenzen sollen (z. B. Schulung der Interviewenden, damit diese keine Suggestivfragen stellen und keine Bewertungen abgeben). In der Ps. sowie in der *empirischen Sozialforschung* allg. sind reaktive Methoden vorherrschend. Bei nonreaktiven DV. findet kein Eingriff in das natürliche Verhalten der Pbn statt, etwa weil verdeckte Beobachtungen durchgeführt oder nur Verhaltensspuren erhoben werden (z. B. Logfiles dokumentieren die Internetnutzung unverzerrt).

Zudem können versch. Arten der Datengewinnung unterschieden werden: z. B. *Beobachtung, Interview, Fragebogen,* psychol. *Test,* Physiologische Messung (*Psychophysiologische Methodik*), *Dokumentenanalyse. Diagnostische Datenerhebungsverfahren.* Döring & Bortz 2016, Vogt 2010.

N. Döring

Datenerhebungsverfahren, klinisch-diagnostische, [**DIA, KLI**], Untergruppe von *Datenerhebungsverfahren,* die in der psychol. Diagnostik eingesetzt werden. Die Tab. gibt einen Überblick über typ. Verfahrensgruppen in der klin. Anwendung (Stieglitz 2006).

Datenqualität (= DQ.) [engl. *data quality*], [**FSE**], meint im Kontext der *empirische Sozialforschung* die Aussagekraft und (Wieder-)Verwendbarkeit der durch unterschiedl. Designs (*Forschungsdesign*) an unterschiedl. *Stichprobe* mit unterschiedl. *Datenerhebungsverfahren* gewonnenen und entspr. aufbereiteten qual. wie quant. Daten (= D.). Die DQ. hängt zunächst von allen der D.erhebung vorgelagerten Entscheidungen und Maßnahmen im *Forschungsprozess* ab: Fehler, die z. B. bei der Stichprobenauswahl oder der Anwendung einer bestimmten D.erhebungsmethode gemacht werden (z. B. Messinstrument mit mangelnder *Validität* (*Gütekriterien*), kritische Fagebogenlänge, fehlende Schulung von Interviewenden, fehlendes *Beurteilertraining*) sowie Fehler i. R. der D.erhebung (z. B. Nichterhebung relevanter Information, Ausfall von Aufzeichnungsgeräten bei Interviews) beeinträchtigen die Aussagekraft des gewonnenen Rohd.materials und können später i. d. R. nicht mehr kompensiert werden.

Die DQ. hängt zudem maßgeblich von der der D.erhebung nachgelagerten D.aufbereitung ab. Das Rohd.material einer empirischen Studie existiert oft in versch. Formen und Formaten, enthält Lücken und Inkonsistenzen und ist in seiner Gesamtheit schwer zu überblicken. Zur D.aufbereitung gehören all jene begründeten und dokumentierten Bearbeitungen bzw. Veränderungen des Rohd.materials, welche die Aussagekraft und (Wieder-)Verwendbarkeit der D. steigern und die inhaltliche D.analyse (*Datenanalysemethoden*) vorbereiten. Dazu zählen v. a. die Erstellung

Datenerhebungsverfahren, klinisch-diagnostische: Verfahrensgruppen in der klinischen Diagnostik (Stieglitz 2006)

Verfahrensgruppe	Kennzeichen	Beispiele
↗Selbstbeurteilungsverfahren	Prozess der Informationserhebung liegt auf Seiten des Patienten	↗Symptom-Checkliste (SCL-90-R)
↗Fremdbeurteilungsverfahren	Basierend auf unterschiedlichen Informationen (meist Selbstberichte des Patienten sowie Beobachtungen durch Untersucher) erfolgt Bewertung durch trainierten Rater	↗AMDP-System
Interviews (↗Interview, diagnostisches)	Zielgerichtete Interaktionen zwischen mindestens zwei Personen; kennzeichnend ist die systematische Informationserhebung (hauptsächliche Unterscheidung: strukturierte und standardisierte Interviews)	↗Strukturiertes Klinisches Interview für DSM-IV (SKID) Diagnostisches Expertensystem für psychische Störungen (DIA-X)
Beobachtungsverfahren	Selbstbeobachtung, Fremdbeobachtung (Patient, Interaktionen)	Verhaltenstests, Videoaufzeichnungen, trainierte Beobachter (z. B. Pflegepersonal), Tagebuchaufzeichnungen
↗Leistungstests	Allgemein oder neuropsychologisch (paper-pencil oder apparativ)	↗Test d2 Testbatterie zur Aufmerksamkeitsprüfung (TAP)
↗Felddiagnostik	Erfassung von Merkmalen im natürlichen Umfeld (paper-pencil oder apparativ)	Soziales Netzwerk Computer-Tagebuch (SONET-CT)
↗Projektive Verfahren	Unter Annahme eines vermittelnden Projektionsmechanismus werden aus dem Reaktionsverhalten auf bestimmtes Material (z. B. Bilder) Rückschlüsse auf die Persönlichkeit gezogen	↗Thematischer Apperzeptionstest (TAT)

strukturierter D.sätze aus dem Rohd.material, die Kommentierung und die Anonymisierung der D.sätze sowie D.bereinigung und D.transformation. Ziel der D.aufbereitung ist eine Steigerung der DQ.
Eine geringe DQ. durch fehlende oder unzureichende Aufbereitung des Rohd.materials führt v. a. zu drei Problemen: (1) *Verzögerung oder Verhinderung der D.(re)analyse*: Angestrebt wird eine reibungslose D.auswertung durch die Forschenden selbst, durch Forschungspartner oder andere Forschungsteams, die die D. einer ersten Analyse oder später einer Re- bzw. *Sekundäranalyse* unterziehen möchten. Dies setzt v. a. eine stringente Organisation und ausreichende Kommentierung der D.sätze durch Metadaten voraus (z. B. genaue Angaben dazu, wann, wo und durch wen die D. erhoben wurden, was Variablennamen und Messwerte bedeuten). Versäumnisse in diesem Bereich können dazu führen, dass D.sätze unbrauchbar oder Auswertungsergebnisse unvalide werden. (2) *Fehlerhafte Ergebnisse der D.analyse*: Die Analyse eines ungenügend aufbereiteten D.satzes, in dem sich z. B. noch Dopplungen, Tippfehler, unplausible Extremwerte (z. B. durch Scherzantworten) oder *Antworttendenzen* (*Akquieszenz*) befinden, kann zu verzerrten stat. Ergebnissen und falschen inhaltlichen Schlussfolgerungen führen. (3) *Verletzungen von Richtlinien der Forschungsethik*: Versäumnisse bei der Anonymisierung des Rohd.materials können die teilnehmenden Personen identifizierbar machen. Identifizierbarkeit ist – sofern kein ausdrückliches Einverständnis der Pbn vorliegt (z. B. erlaubte namentliche Nennung bei Experteninterviews) – nicht nur ein Verstoß gegen die Forschungsethik, sondern auch gegen *Datenschutz*gesetze. Anonymisierung ist bes. wichtig, wenn Primärd.sätze über D.archive auch Dritten zugänglich gemacht werden sollen, sodass hier besondere D.-archiv-Standards einzuhalten sind.
Da die D.aufbereitung einen Eingriff in die Rohd. darstellt, der prinzipiell auch zu Manipulationszwecken missbraucht werden kann (z. B. hypothesenkonträre Fälle werden als *Ausreißerwert* ausgeschlossen), ist das Vorgehen bei der D.aufbereitung gründlich zu reflektieren und im Ergebnisbericht entspr. zu begründen und zu dokumentieren. Manipulationen am D.material, die darauf hinauslaufen, ein best. «Wunschergebnis» bewusst herzustellen, stellen eine gravierende Verletzung der Wissenschaftsethik dar und werden als Wissenschaftsfälschung bzw. Wissenschaftsbetrug hart sanktioniert.
Welche Arbeitsschritte bei der Aufbereitung von qual. und quant. Rohdatenmaterial im Einzelnen durchzuführen sind, hängt u. a. von Inhalt und Art der erhobenen D. sowie vom Umfang des Forschungsprojekts ab. Nicht zuletzt ergeben sich unterschiedliche Konsequenzen, je nachdem, ob die D. für eine manuelle Analyse oder – was heute der Normalfall ist – für eine elektronische bzw. computergestützte D.auswertung präpariert werden sollen. Der Arbeitsaufwand für eine gründliche D.aufbereitung kann wesentlich höher sein als der Aufwand für die sich anschließende D.analyse. *Datenqualität, Aufbereitung qualitativer Rohdaten*, *Datenqualität, Aufbereitung quantitativer Rohdaten*. Schleicher & Saito 2005, Schendera 2007, Data Archiving and Networked Services (DANS) 2010, Döring & Bortz 2016. N. Döring

Datenqualität, Aufbereitung qualitativer Rohdaten [engl. *data quality, preparation of qualitative raw data*], *Datenqualität*, [**FSE**], umfasst u. a. drei Arbeitsschritte: (1) Systematische Erstellung strukturierter (i. d. R. digitaler) qual. Datensätze aus dem oft umfangreichen und heterogenen qual. Rohdatenmaterial. (2) Sachgerechte *Transkription* von Video- und Audioaufzeichnungen, die z. B. bei der Datenerhebung mittels *Beobachtung*, *Interview* oder Gruppendiskussionen anfallen (*Datenerhebungsverfahren*). (3) Angemessene Anonymisierung des qual. Rohdatenmaterials (z. B. Veränderung von Angaben zu Wohnort, Beruf oder sonstigen Lebensumständen, die eine Identifizierung der Interviewperson ermöglichen könnten). *Gütekriterien qualitativer Forschungsprozesse*, *qualitative Sozialforschung*. N. Döring

Datenqualität, Aufbereitung quantitativer Rohdaten [engl. *data quality, preparation of quantitative raw data*], *Datenqualität*, [**FSE**], umfasst v. a. vier Arbeitsschritte: (1) *Erstellung und Kommentierung quant. Datensätze*: Quant. D.sätze (D. = Daten) werden i. d. R. in der Form einer D.matrix so dargestellt, dass die einzelnen Untersuchungseinheiten die Zeilen und die Variablen die Spalten darstellen. Offene Fragen müssen inhaltsanalytisch (*Inhaltsanalyse*) codiert werden. Alle Variablen- und Wertelabels müssen vollst. und allg.verständlich vergeben und in einem Codebuch dokumentiert werden. (2) *Anonymisierung*: Problematisch i. S. der Identifizierbarkeit können bei quant. D. v. a. sehr seltene Merkmale oder Merkmalskombinationen sein, wenn die Zielgruppe bekannt ist (z. B. Identifizierbarkeit des einzigen Rollstuhlfahrers im D.satz). Entsprechende D. sollten möglichst von vornherein nicht erhoben oder dann im Zuge der D.aufbereitung eliminiert werden. (3) *Kontrolle der D.eingabe*: Bei Übertrag der Daten in Dateien sollte ein Teil der Dateneingabe (z. B. 5 %) doppelt erfolgen, um Unzuverlässigkeiten und systematische Fehler identifizieren und vermeiden zu können. (4) *D.bereinigung*: Werte außerhalb des gültigen Wertebereichs, logisch unplausible Angaben, Doppelungen usw. sollen entdeckt und – nach entspr. dokumentierter Begründung – entfernt werden. Dies geschieht meist anhand der Betrachtung der Wertebereiche und Häufigkeitsverteilungen aller Variablen. Es existieren aber auch automatisierte Plausibilitätschecks für D.sätze, die z. B. stereotype oder inkonsistente Antwortmuster identifizieren. (5) *D.transformation*: Diese erfolgt vor allem in vier Arbeitsschritten: (a) *Behandlung fehlender Werte*: Fehlende Werte (*Missing Data*) können unterschiedliche Gründe haben, die entspr. zu codieren sind. Substanzielle Verzerrungen können insbes. resultieren, wenn viele Missings (Orientierung > 5 % pro Fall oder Person) auftreten und wenn diese systematisch gehäuft bei best. Personen(-gruppen) oder Variablen auftreten (*Missing-Data-Prozesse*). Imputationsverfahren stellen i. d. R. die Methode der Wahl dar, um Probleme aufgrund fehlender Werte zu minimieren. (b) *Umpolung von Variablen*: Bei ordinal- sowie intervall- und verhältnisskalierten Variablen ist es wünschenswert, den Merkmalsausprägungen die jew. Messwerte so zuzuordnen, dass höhere Werte jew. mit einer höheren Konstruktausprägung einhergehen (z. B. hohe (vs. niedrige) Werte bei pos. (z. B. Gesundheit) vs. neg. (z. B. Krankheit) Skalenbezeichnung). Bei inhaltlich invers formulierten Items ist somit i. d. R. eine Umpolung notwendig. (c) *Bildung neuer Variablen*: Wenn die für die Studie relevanten latenten Konstrukte (*Variable, latente*) mittels multipler Indikatoren operationalisiert wurden, müssen i. R. der Datenaufbereitung die entspr. Skalenwerte (*Skala*) oder Indexwerte (*Index*) berechnet und dieser Vorgang transparent dokumentiert werden. (d) *Gewichtung von Stichproben*: Das Grundprinzip aller Gewichtungsverfahren läuft darauf hinaus, dass Fälle, die – im Vergleich zur Prävalenz in der *Population* – zu selten in der *Stichprobe* vertreten sind, eine höheres Gewicht erhalten und gleichzeitig Fälle, die in der Stichprobe überrepräsentiert sind, heruntergewichtet werden, um die Repräsentativität der Stichprobe (*repräsentativ*) zu erhöhen. Hierzu sind D. über die Zusammensetzung der interessierenden Zielpopulation notwendig. Gewichtungsverfahren werden v. a. in der Umfrageforschung (*Umfrage*, *Demoskopie*) bei bevölkerungsrepräsentativen Stichproben eingesetzt. Der Arbeitsaufwand für eine gründliche D.aufbereitung kann wesentlich höher sein als der Aufwand für die sich anschließende D.analyse. *N. Döring*

Datenquellen, diagnostische [engl. *diagnostic sources of data*], **[DIA]**, i. R. einer *multimodalen Diagnostik* stellen die Datenquellen (= D.) die sog. Informationsgeber dar, d. h. woher einzelne Informationen zu beziehen sind. Unterschieden werden kann zw. der befragten Person selbst (häufigste Verfahrensgruppe *Selbstbeurteilungsverfahren*), anderen Personen (auch Bezugspersonen, geschulte Beurteiler, sog. Dritte; häufigste Verfahrensgruppe *Fremdbeurteilungsverfahren*), d. h., die Bewertung von Erleben und Verhalten aus Sicht einer anderen Person, apparativen Verfahren wie Verfahren der Leistungs- und Intelligenzdiagnostik. Zunehmend erfolgt die Bewertung von Leistungsmaßen mittels apparativer Verfahren, d. h. mittels Computerunterstützung (*Computerbasierte Diagnostik*). Zu den apparativen Verfahren gehören u. a. auch Verfahren der Psychophysiologie und zunehmend vor allen Dingen bildgebende Verfahren. Ziel einer *klinischen Diagnostik* sollte es sein, möglichst viele D. zu nutzen, um die Nachteile einzelner D. auszugleichen. Aufgrund ihrer Ökonomie sind Selbst- und Fremdbeurteilungsverfahren die am häufigsten eingesetzten Verfahrensgruppen, die sich gegenseitig nicht ersetzen können, sondern vielmehr eine komplementäre Funktion haben. Baumann & Stieglitz 2008. *R.-D. Stieglitz*

Datenschutz (= D.) [engl. *data security/privacy*], **[DIA]**, insbes. durch die moderne Datenverarbeitung notwendig gewordene Maßnahme zum Schutz von Personen und Gruppen vor dem unbefugten Zugriff auf personenbezogene Informationen, die bei Behörden aller Art gespeichert sind. I. w. S. dient D. auch der Vorbeugung vor unerwünschten Folgen der Datenverarbeitung. Für Psychologen sind Kenntnisse der dem D. dienenden Gesetze Pflicht, weil sie häufig personbezogene Daten erheben und verarbeiten. *Diagnostik, gesellschaftliche und rechtliche Rahmenbedingungen*, *Forschungsethik*, *Teststandards*.
R. Bergius

Datentheorie (= D.) [engl. *data theory*], **[FSE]**, unter einer D. sind überprüfbare Axiome über empirische Relationen zu verstehen, durch die eine eindeutige Abb. der empirischen Relationen in numerische Relationen gewährleistet wird (*Messtheorie*). Durch die D. wird somit definiert, was als Datum zu interpretieren ist. Entsprechend den Axiomen sind geometrische (z. B. ein- und mehrdimensionale Skalierung, *Skalierung, Methoden der*; Coombs 1965), stochastische (z. B. Markov-Modelle des Lernens, Atkinson et al. 1966), probabilistische Testtheorie (Rasch 1960, Birnbaum 1968; *Item-Response-Theorie (IRT)*), algebraische und andere Modelle im numerischen Relational möglich. Unter *Datenanalyse* ist i. d. S. die optimale Schätzung von Modellparametern zu verstehen, mit dem Ziel, Entscheidungen zw. konkurrierenden Modellen fällen zu können. *A. Zimmer*

Datum [engl. *datum*; lat. gegeben], **[PHI]**, etwas unmittelbar Gegebenes im Ggs. zum Konstruktum als mittelbar Gegebenem. *Konstrukt*.

Daueraufmerksamkeit [engl. *sustained attention*], *Vigilanz (Wachsamkeit)*.

Day Top, **[KLI]**, eine der ältesten Selbsthilfeorganisationen für Drogenabhängigkeit in den USA, bei der die Mitglieder of in therap. Gemeinschaft leben. *Synanon-Gruppen*.

D-Cycloserin (= D.), **[PHA]**, D. ist das rechtsdrehende Enantiomer des Racemats Cycloserin. Cycloserin ist ein Antibiotikum; es ist Medikament der zweiten Wahl für die Behandlung der Tuberkulose. In der Psychiatrie wurde D. als partieller *Agonist* an der Glycinbindungsstelle des *NMDA*-Glutamatrezeptors bedeutsam. Basierend auf der Hypothese, dass der i. R. von *Schizophrenien* beobachteten Neg.symptomatik eine Unterfunktion dieses Rezeptors zugrunde liegt, wurde D. in klin. Studien mit einem gewissen Erfolg bei Schizophrenien geprüft. Auch in der Psychoth.forschung hat die Substanz Bedeutung erlangt, da sie Lernvorgänge in expositionsbasierter *Verhaltenstherapien* (*Exposition*) verbessert. Die Anwendung von D. ist jedoch begrenzt durch die Tatsache, dass D. Antagonist von Pyridoxin (Vitamin B6) ist und dadurch bei längerer Anwendung zahlreiche zentralnervöse unerwünschte Wirkungen zur Folge haben kann. *G. Gründer*

dead reckoning [engl.] Koppelnavigation; *räumliches Lernen*.

Deafferentierung [engl. *deafferentation*; lat. *de-* ab-, weg-], **[BIO]**, reversible oder irreversible Ausschaltung von Afferenzen (*Afferenz*).

Debilität [engl. *debility*; lat. *debilitas* Schwäche], **[KLI]**, veralteter Begriff für einen geringen Grad von angeb. oder sehr früh erworbener *Intelligenzminderung* (*Oligophrenie*).

Deblockierungseffekt (= D.) [engl. *deblocking effect*; lat. *de-* ab-, weg-], **[BIO]**, höhere psych. Funktionen, die infolge von kortikalen Hirnverletzungen gestört sind, können wieder in Gang gesetzt (deblockiert) werden, indem Abläufe von ähnlichen und noch intakten Funktionen vorausgeschickt werden. Z. B. kann eine Blockierung der Wortselektion bei der Benennung eines bekannten Gegenstandes aufgehoben sein nach dem Lesen oder Anhören eines Satzrahmens, dessen semantische Struktur (Engelkamp 1973) durch die gesuchte Bildbez. passend ergänzt wird. Systematisch wird D. zur Behandlung bei Aphasien (*Aphasie*) eingesetzt nach Weigl (Luria 1970).

debriefing (= d.) [engl.] Nachbesprechung, **[FSE]**, Aufklärungsgespräch nach Abschluss eines Experiments, in dem die Versuchsteilnehmer über die *Ziele* und die Verfahren des Experiments unterrichtet werden.
[KLI], als d. wird auch das Besprechen traumatischer Erlebnisse (*Trauma*), z. B. mit Beteiligten nach Katastrophen, i. R. einer Gruppen*krisenintervention* bez. Eine der bekanntesten und am weitesten verbreiteten Formen der Gruppenkrisenintervention ist das von Jeffrey Mitchell 1983 entwickelte *Critical Incident Stress Debriefing* (*CISD*, Mitchell & Everly 1998). D. soll die Verarbeitung erleichtern und der *Prävention* von *Posttraumatischen Belastungsstörungen* (PTBS) dienen. D. wird von vielen Betroffenen gut aufgenommen, es gibt aber Hinweise, dass es der Verarbeitung nicht immer förderlich ist, wahrscheinlich, weil es die spontane Verarbeitung auch stören kann. Ein *Cochrane Review* fand keine Hinweise dafür, dass d. das Auftreten einer PTBS verhindert, es zeigte sich, dass durch d. neg. Langzeitergebnisse hinsichtlich der Entstehung einer PTBS beobachtet werden können. Everly et al. 1999. *M. Paulzen*

décalage (= d.) [frz.] Verschiebung, Ausweitung, syn. horizontale Verschiebung [engl. *horizontal décalage/displacement*], **[EW, KOG]**, Piaget (*Piaget, Jean*) bez. mit diesem Begriff Verzögerungen best. kogn.-motorischer Operationen innerhalb der Entwicklungsstadien bzw. beim Übergang zw. Entwicklungsstadien. Als Hintergrund für die d. werden unterschiedliche Bewältigungsschwierigkeiten und bereichsspezifische Entwicklungsfortschritte angenommen. In der urprünglichen Version seiner Entwicklungstheorie (*Entwicklung, Stufentheorie nach Piaget*) nahm Piaget an, dass Probleme, die dieselbe Struktur aufweisen bzw. dieselben kogn. Fähigkeiten (z. B. Erkennen von *Invarianz*) zur Lösung erfordern, unabhängig vom Inhaltsbereich entspr. der Stadienzugehörigkeit (*Repräsentationsstufen*) gelöst bzw. nicht gelöst werden können. Piaget selbst stellte jedoch die Verletzung dieser Annahme fest und bez. dieses Phänomen als d. bzw. horizontale Verschiebung. Entwicklungsfortschritte erfolgen damit nicht in allen Bereichen (z. B. Erkennen der Invarianz in Bezug auf Menge, Volumen, Gewicht) synchron, sondern zeitversetzt.

decision aids [engl. Entscheidungshilfen], *Risikokommunikation, gesundheitsbezogene*.

Deckeneffekt [engl.] *ceiling effect*.

Deckerinnerung (= D.) [engl. *screen memory*], **[KLI]**, bei Freud (*Psychoanalyse*) eine infantile Erinnerung, die durch bes. Deutlichkeit (bei scheinbar inhaltl. Bedeutungslosigkeit) gekennzeichnet ist. Sie deckt verdrängte sex. Erfahrungen oder Fantasien ab, wobei die *Verschiebung* vorherrschender *Mechanismus* ist (*Abwehrmechanismen des Ich*). Gerade deshalb sind die D. analytisch wichtig, denn in ihnen ist (nach Freud) nicht nur einiges Wesentl. aus dem Kindheitsleben erhalten, sondern eigentl. alles Wesentl.

Deckpunkte, **[WA]**, *korrespondierende Netzhautpunkte*. *Auge*.

Decodierung (= D.) [engl. *decoding*; lat. *de-* ab, weg], **[KOG]**, das Herauslesen einer Information aus Zeichen. Der Gegenbegriff ist *Encodierung*. Die Bedeutung von D. hat eine deiktische, d. h. einen Bezugspunkt implizierende Komponente. Ob eine best. Codewandlung (*Code, Kode*) als D. oder als Encodierung bez. wird, hängt von der Wahl eines Referenzpunktes ab, auf den bezogen die Information aus dem in Rede stehenden Code heraus oder in ihn hinein übertragen wird. Glaser 1991. *W. Glaser*

Deduktion (= D.) [engl. *deduction*; lat. *deducere* ableiten, herleiten], **[FSE, KOG, PHI]**, Wahrheitsdefinite, nach den Regeln der formalen Logik mechanisch beweisbare Ableitung aus anderen, gegebenen Sätzen. Haben die abgeleiteten Sätze einen kleineren Geltungsbereich als die gegebenen Sätze, so ist die D. der Schluss vom Allgemeinen auf das Besondere (Ggs. *Induktion*). Die deduktive Prüfung ist ein Grundbestandteil moderner Lösungen des Induktionsproblems. *Forschungsprozess Schließen, logisches*. Erdfelder & Bredenkamp 1993.

Deduktivismus [engl. *deductivism*; lat. *deducere* ableiten, herleiten], **[PHI]**, Methodologie, die keine Regeln der *Induktion* oder induktiven Bestätigung enthält, sondern nur auf Regeln der deduktiven Logik aufbaut (*Deduktion*). Deduktivistisch ist z. B. die Methodologie des Kritischen Rationalismus (*Kritischer Rationalismus*).

deep acting [engl.] Tiefenhandeln, **[KLI]**, *Emotionsregulation*.

Deese-Roediger-McDermott-Paradigma (= D.), nach J. Deese, H. L. Roediger, K. B. Mc Dermott, **[KOG, RF]**, das D. ist ein exp. Aufbau, bestehend aus Wortlisten, mit dem zuverlässig hohe Raten falscher Erinnerungen produziert werden können. Die in einer Wortliste enthaltenen Wörter (*true targets*), z. B. sewing, sharp, haystack, pain, hurt, injection, sind semantisch eng mit einem nicht enthaltenen kritischen Wort (*false target* bzw. *lure*) assoziiert. Deese (1959) demonstrierte, dass beim freien Abruf der zuvor gelernten Wortlisten zuverlässig die kritischen, nicht präsentierten Wörter fälschlicherweise als in der Liste enthalten erinnert werden (*Intrusionen*). Roediger & McDermott (1995) zeigten, dass mit diesem Paradigma nicht nur hohe Raten von Intrusionen, sondern auch falsches Wiedererkennens (*false recognition*) produziert werden können. Die fehlerhafte Erinnerung wird dabei jew. von einer hohen subj. Sicherheit begleitet. *A. Tamm*

Defektpsychosen, **[KLI]**, veralteter Begriff, zu «Defekten» der *Persönlichkeit* tendierende Psychosen. I. w. S. mit «Defekten» einhergehende Zustände wurden früher wie folgt bez.: Debilität, Imbezillität, Idiotie, Defektschizophrenie, Defekthebephrenie, Defektkatatonie.

defensible space [engl.] «zu verteidigender Raum», **[SOZ]**, von O. Newman (1976) geprägter Begriff, fasst best. Prinzipien der architektonischen Gestaltung von Wohneinheiten zus., durch die erreicht werden soll, dass die Auftretenshäufigkeit von Vandalismus und anderen Straftaten gesenkt wird. Dazu gehören insbes. eine klarere Gliederung von privaten, halb privat/halb öffentlichen und öffentlichen

Verkehrsflächen sowie die Schaffung räumlicher Anordnungen, die bessere Sichtkontrolle ermöglichen. Perkins et al. 1992, Hellbrück & Fischer 1999. *G. Kaminski*

defensives Verhalten [engl. *defensive behavior*; lat. *defendere* verteidigen], **[KLI]**, Meidungsverhalten. *Abwehrmechanismen des Ich*.

Definition (= D.) [engl. *definition*; lat. *definitio* Abgrenzung], **[KOG, PHI]**, Begriffsbestimmung. Die Darstellung eines Begriffs (*Begriff*) durch vollst. Aufzählung seiner wesentlichen Merkmale. Die klassische, aristotelische D. besteht in der Angabe der nächsthöheren Gattung (*Genus proximum*) und des artbildenden Unterschieds (*Differentia specifica*). Z. B. psych. Vorgänge sind Lebensvorgänge (*Genus proximum*), die subj. gegeben sind (*Differentia specifica*). Zu unterscheiden sind analytische D. (in erklärender Form) und synthetische (konstruktive) D., außerdem Nominaldefinition (Wortfestlegung) und Realdefinition (Sacherklärung). Das Definieren (eines Wortes, Begriffs oder einer Sachlage) kann der Feststellung der intellektuellen Leistung beim Erfassen des «Wesentlichen» dienen.

Definition, operationale (= o. D.) [lat. *operational definition*], **[PHI]**, eine Bez., die nicht auf das Wesen einer Sache abzielt, sondern diese nur so weit definiert, als sie sich rein empirisch fassen lässt (ähnlich der *Realdefinition*), d. h., es werden in ihr die Operationen angegeben, mit denen ein *Konstrukt* gemessen werden kann, z. B.: «Hunger» als «x Stunden ohne Nahrung» oder «Altruismus» als «einem Blinden über die Straße helfen». Das Problem der o. D. besteht darin, dass es mehrere Möglichkeiten der o. D. für ein Konstrukt bzw. eine Eigenschaft gibt. *Operationalismus, Operationismus*. Bridgman 1927.

Defizithypothese [engl. *deficit hypothesis*; lat. *deficere* zu Ende gehen, schwinden], **[EW]**, Annahme, dass ungenügende Umweltanregungen zu kogn., sprachlichen und emot. Mängeln führen, die für die weitere Entwicklung eine ungünstige Vorhersage bedingen. *Längsschnittuntersuchungen* weisen sogar auf einen Schereneffekt (Zunahme der Unterschiede mit dem Alter) hin. *Differenzhypothese*. Mandl 1975.

Defizitmotivation, Defizitmotive [engl. *deficit motivation*; lat. *deficere* zu Ende gehen, schwinden], **[EM]**, nach *Maslow* «Störreize», die einen Organismus bei gestörtem Gleichgewicht (*Homöostase*) auf die Beseitigung des Defizits (z. B. Nahrungsmangel) ausrichten (motivieren). Ggs. *Wachstumsmotive, Motivation, Bedürfnishierarchie*. Heute wird ein solcher Mechanismus vornehmlich bei Motiven mit organismischer Grundlage angenommen. *Persönlichkeitstheorien, humanistische*. Schneider & Schmalt 1994.

Deflation [engl. *deflation*; lat. *de-* ab-, weg-, *flatus* Wind, Hochmut], Ggs. *Inflation*.

Degeneration (= D.) [engl. *degeneration*; lat. *degenerare* sich seiner Ab-/Herkunft unwürdig zeigen, rückbilden], **[EW, GES, BIO]**, Entartung, Ausartung, Abweichung von der Norm, bedingt durch Vererbung oder Umwelteinflüsse i. S. einer Verfallserscheinung. Verschlechterung eines ehemals normalen oder übernormalen Zustandes durch die krankhafte Veränderung von funktionstüchtigen Zellen und Geweben (z. B. Nervenzellen). Meist begleitet durch schrittweisen Kompetenzverlust, der sich schließlich als Erkrankung oder Alterszeichen bemerkbar macht. Ggs. *Regeneration*.

degenerativer Charakter [engl. *degenerative character*], **[KLI]**, wurde früher gleichbedeutend mit *psychopathischem Charakter* verwendet. *Psychopathie*.

Dehumanisierung (= D.) [engl. *dehumanization*; lat. *de-* ab-, weg-, *humanitas* menschliche Würde], **[SOZ]**, ex- oder implizite Wahrnehmung oder Bez. von Personen oder Gruppen als nicht-/untermenschlich, oft durch Verweis auf vermeintlich untermenschliche oder neg. übermenschliche Eigenschaften (z. B. Monster). Dies kann geschehen durch Aberkennung von Eigenschaften, von denen Leute glauben, dass sie (1) Menschen von Tieren unterscheiden (z. B. komplexere Emotionen wie Schuld; *Sprache*; *Kultur*; *Moral*) oder (2) typisch menschlich sind (z. B. Wärme; *Offenheit*). Die erste Art von D. wertet Personen zu Tieren oder unreifen Kindern herab, die zweite zu Objekten oder Robotern. D. ist oft von Emotionen wie Ekel oder Abscheu begleitet, sowie einem Mangel an *Empathie*. Sie führt dazu, dass moralische Grundsätze für die Betroffenen nicht mehr gelten. D. dient indiv., interpersonellen, und Intergruppen-Funktionen (z. B. Reduktion moralischer Emotionen; Gefühle von Überlegenheit; Begründung von Konflikten). Daher führt D. zur Duldung und Zuspruch von vergangener sowie zukünftiger *Gewalt* sowie mangelnder *Hilfsbereitschaft* für Opfer von Gewalt. D. spielt eine große Rolle für Gruppengewalt (z. B. *Genozid*): Juden während des Holocaust, bosnische Muslime in den Balkankriegen, Tutsis in Ruanda, und Immigranten wurden vor dem Ausbruch von Konflikten und Gewalt mit Schädlingen und Ungeziefer gleichgesetzt, die die soziale Ordnung und Kultur verunreinigen und bedrohen. Im Bereich interpersoneller Gewalt dient D. dazu, Opfer von Vergewaltigung unbeachtet zu lassen oder gar Vergewaltigung zu legitimieren. Im Alltag findet sich D. oft in *Stereotypen* wieder, die manchen Gruppen einzigartig oder prototypisch menschliche Eigenschaften absprechen. Gesundheitspersonal sieht Pat. oft als Objekte, um nicht zu viel empathischen *Stress* zu erleiden. Weiblichkeit oder Behinderungen werden oft mit Tier- oder Kinder-Eigenschaften verknüpft; hier verbindet sich D. mit feindlichem und benevolentem *Sexismus* sowie bevormundender *Diskriminierung*. Leyens et al. 2000, Haslam 2006. *B. Leidner*

Dehydroepiandrosteron (= DHEA), **[BIO, PHA]**, Das beim Menschen am häufigsten vorkommende *Steroidhormon*, Intermediärprodukt in der Synthese sowohl von *Androgenen* als auch von *Östrogenen*. Die Konzentrationen von DHEA und davon abgeleiteten Steroiden im *Gehirn* sind bes. hoch, es gilt daher als Neurosteroid. DHEA wird in den USA als Anti-Aging-Hormon als Nahrungsergänzungsmittel verkauft, derartige Wirkungen sind nicht zweifelsfrei belegt. *G. Gründer*

Deindividuation (= D.) [engl. *deindividuation*; lat. *de-* ab-, weg-, *individuum* Einzelwesen], **[SOZ]**, Entpersönlichung, *Nivellierung* interindividueller Unterschiede. D. ist zunächst einmal nichts anderes als Anonymität des Einzelnen in der *Gruppe* und der *Gesellschaft*. Mit dem von Festinger et al. (1952) eingeführten Konzept sollte das *Gefühl* beschrieben werden, das Einzelne erleben, wenn sie derart in eine Gruppe «eintauchen», dass sie sich selbst nicht mehr als *Individuen* wahrnehmen und ihre Selbstkontrolle (*Selbstregulation, Selbstkontrolle*) verlieren. Zimbardo (1969) beschreibt D. als einen «komplexen hypothetischen Prozess, in dem eine Reihe antezedenter sozialer Bedingungen zu Änderungen in der *Wahrnehmung* des *Selbst* und anderer führt und dadurch eine Schwellenerniedrigung für sonst unterdrücktes *Verhalten* hervorruft». In seinem Modell der D. zählt er Anonymität, große Gruppengröße, nicht definierte Verantwortlichkeiten (*Soziale Verantwortung*), unspezifische Gruppenaktivitäten, Erregung und *Aktivierung*, fehlendes *Feedback* über Eigenaktivitäten, hohe Reizdichte, unstrukturierte oder neuartige Situationen zu den Antezedenzien. Aus einer derartigen Konstellation ergeben sich dann sehr häufig Kontrollverlust und die Minimierung der *Gewalt*schwelle. Zu den Konsequenzen dieser Konstellation führt Zimbardo impulsives und irrationales Verhalten an (*Impulsivität*), das sich selbst verstärkt und intensiviert und das nur schwer zu stoppen ist und teilweise auch nicht mehr erinnert werden kann. V. a. in exp. Untersuchungen wird D. primär in Form der Anonymität des Einzelnen in der Gruppe untersucht. Das klass. *Gefängnis-Experiment* (*Stanford-Prison-Experiment*) von Zimbardo et al. (1982) zeigte, dass Studenten – die durch ihre «Verkleidung» (*Rolle*) als Gefängniswärter – extrem brutal mit den als Gefangenen ebenfalls deindividuierten Studierenden umgingen, sodass das Experiment aufgrund der aggressiven Übergriffe nach wenigen Tagen abgebrochen werden musste. Silke (2003) konnte nachweisen, dass von den 500 Gewalttaten in Nordirland in 206 Fällen die Täter ihre Gesichter hinter Masken und Kapuzen verbargen. In ihrer *Metaanalyse* haben Postmes und Spears (1998) 60 D.-Studien ausgewertet und kommen zu dem Schluss, dass Anonymität zum Verlust der indiv. Hemmungen führt und man stärker auf die Gruppen ausgerichtet ist. Außerdem reagiert man intensiver auf Reizgegebenheiten in der Situation, seien sie nun neg., etwa in den Masken und Verkleidungen (wie etwa beim Ku-Klux-Klan), oder aber auch pos. wie bei den «Uniformen» einer Krankenschwester. Vergleichbar in seiner Wirkung ist neben Anonymität auch die Gruppengröße. Bsp.: gewaltbereite Gruppen in Fußballstadien; Zunahme von Gewalttaten in Lynchsituationen mit der Zahl der Personen (Mullen 1986). V. a. Diener (1980) hat in seinem Modell betont, dass D. durch ein reduziertes Selbstbewusstsein erzeugt wird. Anonymität, ein hohes Erregungsniveau (u. a. ausgelöst durch Alkoholkonsum und stark rhythmisierende Musik), ein hoher Gruppenzusammenhalt und die Fokussierung auf best. äußere Ereignisse (wie Sportveranstaltungen, aber auch Demonstrationen etc.) führen zur D. *Depersonalisation, Massenpsychologie, Masse.* *B. Six*

Deismus [engl. *deism*; lat. *deus* Gott], [**PHI**], Weltanschauung, nach der *Gott* wohl der Schöpfer allen Seins ist, dieses aber den mitgegebenen Naturgesetzen überlässt.

Deixis [engl. *deixis*; gr. δεἰξις *(deixis)* Zeigen], syn. *indexikalische Semantik (Semiologie)*.

Déjà-vu-Erlebnis [engl. *deja-vu experience*; frz. *déjà vu* schon gesehen], [**KOG**], falsches Wiedererkennen, Bez. für eine beim Gesunden selten, bei neurologischen oder ps. Erkrankungen häufiger auftretende Gedächtnistäuschung (*Gedächtnis*), die darin besteht, dass man in einer bisher unbekannten Umgebung oder völlig neuen Situation den Eindruck hat, sie schon früher erlebt zu haben. Erklärt wird diese Täuschung als teilweise Übereinstimmung oder Ähnlichkeit mit früheren tatsächlichen Erlebnisinhalten oder als Übereinstimmung mit verdrängten oder vergessenen Fantasievorstellungen. Weitere Erklärungsansätze fokussieren auf mangelhafte Abstimmung bei den Gedächtnisprozessen sowie auf neurochemischen Prozesse in den *Temporallappen* (*Gehirn*).

deklarative Metakognition *deklarativ-metakognitives Wissen, Entwicklung.*

deklaratives Gedächtnis [engl. *declarative memory*; lat. *declarare* deutlich/kenntlich machen], *Gedächtnis.*

deklarativ-metakognitives Wissen, Entwicklung [engl. *declarative metacognitive knowledge*; lat. *declarare* deutlich/kenntlich machen], [**EW, KOG**], deklarativ-metakognitives Wissen (= d. W.) syn. *deklarative Metakognition, metakognitives Wissen,* meint das faktisch verfügbare und verbalisierbare *Wissen* über kogn. Zustände (*Kognition*) und Prozesse. Der Begriff *deklaratives Metagedächtnis* wird häufig syn. verwendet, bezieht sich jedoch etwas spezif. auf das Wissen um *Gedächtnis*vorgänge. Die Forschung zur *Metakognition* geht auf die Arbeiten von John Flavell (1979b) zurück. D. W. wird unterteilt in Wissen über *Personenvariablen* (gedächtnisrelevante Charakteristika der eigenen Person oder anderer Personen, z. B. das Alter), *Aufgabenvariablen* (Merkmale, die eine Aufgabe erschweren oder erleichtern können, z. B. die Länge einer zu lernenden Wortliste) und *Strategievariablen* (Einspeicherungs- und Abrufstrategien, die die Lernleistung beeinflussen). D. W. wird meist über *Fragebögen* oder *Interviews* erfasst. Im Kindergarten- und Vorschulalter verfügen Kinder bereits über grundlegendes d. W., z. B. verstehen sie, dass man Dinge vergessen kann. Das d. W. nimmt während der Grundschuljahre v. a. im Hinblick auf spezif. Aufgabenvariablen und Strategievariablen deutlich zu (z. B. das Wissen, dass Gegensatzpaare leichter zu lernen sind als zufällig verknüpfte Wortpaare, Wissen über die Nützlichkeit von semantischen Kategorisierungsstrategien). Metakognitives Wissen zu komplexeren Aufgabenstellungen wie z. B. Wissen über Strategien der Textverarbeitung wird häufig erst während der *Adoleszenz* erworben. Die Relevanz von d. W. für den Erwerb und die Anwendung von Strategien, für Gedächtnisleistungen i. Allg. und für das Lese- und Textverständnis (*Lesekompetenz*) ist empir. gut dokumentiert (Schneider & Lockl 2006). *K. Lockl/W. Schneider*

deklarativ-metakognitives Wissen, Vorläufer [engl. *declarative metacognitive knowledge, antecedent-/pre-skills*; lat. *declarare* deutlich/kenntlich machen], [**EW, KOG**], als Vorläufer deklarativ-metakognitiven Wissens (= d. W.) *deklarativ-metakognitives Wissen, Entwicklung*) werden Fähigkeiten und *Kenntnisse* verstanden, die frühes d. W. fördern oder auf deren Basis es Kindern möglich wird, d. W. zu erwerben. Empirische Erkenntnisse zu Vorläufern d. W. beziehen sich auf Fähigkeiten, die dem Bereich der *Theory of Mind* (*mentalistische Alltagspsychologie, soziale Kognition, Entwicklung*) zugeordnet werden können sowie auf allg. sprachliche Fähigkeiten und spez. den Erwerb der mentalen *Sprache*. Unter Theory-of-Mind-Kompetenzen versteht man das *Wissen* von Kindern über die mentale Welt, also das Verständnis von Wünschen, Absichten (*Intention*) und Überzeugungen, z. B. das Wissen darüber, dass mentale *Repräsentationen* von Ereignissen nicht der Realität entsprechen müssen. *Längsschnittuntersuchungen* zeigen, dass Theory-of-Mind-Kompetenzen im Kindergarten d. W. ein oder mehrere Jahre später vorhersagen. Kinder scheinen zunächst das Konzept der Repräsentation erwerben zu müssen (also verstehen zu müssen, dass Menschen ein Abbild der Welt in ihrem Kopf haben), bevor sie sich metakognitives Wissen aneignen können (Lockl & Schneider 2007; Schneider 2008). Weiterhin sagen allg. sprachliche Fähigkeiten im Kindergartenalter späteres d. W. vorher. Sprachliche *Kompetenzen* sind einerseits wichtig, um *Gedächtnis*wissen erwerben und andererseits um die sprachlichen Anforderungen der entspr. *Interviews* oder *Fragebögen* meistern zu können. Grundlegend für den Erwerb d. W. ist zudem das Verständnis basaler *mentaler Verben*. Kinder scheinen zwar schon im Alter von etwa drei Jahren, mentale Verben wie «wissen», «denken» oder «glauben» zu verwenden, sie können jedoch die Begriffe häufig nicht voneinander abgrenzen oder deren Implikationen vollst. erfassen. Mit zunehmendem Alter verstehen sie z. B. besser, dass sich mentale Aktivitäten anhand des Ausmaßes, in dem sie Sicherheit bzw. Unsicherheit ausdrücken (z. B. bei raten, schätzen, denken), differenzieren lassen. *K. Lockl/W. Schneider*

Dekomponierung, obligatorische [engl. *obligatoric decomposition*; lat. *obligare* verpflichten, *decomponere* zerlegen], *Wortbildung*.

Dekulpation [engl. *exemption from criminal responsibility/liability*; lat. *culpa* Schuld], [RF], Zuschreibung verminderter *Schuldfähigkeit* nach § 21 StGB. Scholz & Schmidt 2008. *A. F. Schmidt*

Delboeuf-Täuschung [engl. *Delboeuf illusion*], nach J.R.L. Delboeuf (1831–1896), [WA], die scheinbare Größe einer Figur (z. B. Kreis) ändert sich, wenn konzentrische Figuren vorhanden sind (je nach Größe des umgebenden Kreises erscheint ein Kreis best. Größe kleiner oder größer als ohne umgebenden Kreis; eine entspr. Änderung der scheinbaren Größe findet sich, wenn innere Kreise hinzugefügt werden).

deliberate practice (= d. p.) [engl.] reflektierte Praxis, [KOG, PÄD], bezeichnet effektive Lernprozesse (*Lernen*), die als Kausalmechanismus für den Übergang eines Lernenden von einem *Kompetenz*stand zum nächsthöheren verantwortlich sind, insbes. bei sehr hohen Leistungsniveaus (*Leistungsexzellenz*). D. p. ist hoch strukturiert, anstrengend, permanent auf Verbesserung der Leistungsfähigkeit ausgerichtet und wird häufig als aversiv erlebt. Für das Erreichen von Leistungsexzellenz werden 10000 Stunden (ca. 10 Jahre) d. p. als notwendig erachtet. Die Lernprozesse beginnen normalerweise spielerisch in der Kindheit und gehen dann in systematische d. p. mit fachkundiger Unterstützung über (Mentor, Lehrer, Trainer). Limitierende Faktoren bestehen in der vorhandenen *Motivation*, der *Anstrengung*sfähigkeit und den verfügbaren *Ressourcen*. *Expertise*, *Expertise-Erwerb*. Ericsson et al. 2007. *B. Harder*

Deliktfähigkeit [engl. *responsibility for civil wrongs*], [RF], die subj. Voraussetzungen, die gegeben sein müssen, um einen Minderjährigen für einen von ihm angerichteten Schaden zum Schadenersatz heranziehen zu können. *Delikthaftung*. Hommers 1991, Hommers 2005.

Delikthaftung (= D.) [engl. *(strict) liability in tort*], [RF], bez. die Übernahme der rechtlichen Verantwortung und Schadenersatzpflichtigkeit bei Rechtsvergehen. Hierbei müssen sowohl rechtliche Regelungen als auch psychol. Aspekte z. B. der *Einsichtsfähigkeit* berücksichtigt werden.

D. bez. rechthaftungsrechtliche Regelungen insbes. für Minderjährige nach §§ 828, 276 und 254 Bürgerliches Gesetzbuch, BGB. Schadensersatzpflicht besteht für fahrlässig oder vorsätzliche Verletzungen der Rechte anderer nach §§ 823 ff. BGB. Einschränkungen bestehen nach § 827 BGB für Schäden aufgrund von Bewusstlosigkeit oder krankhaften Störungen der Willensbestimmung sowie nach § 828 BGB für Minderjährige. Vor dem Alter von sieben Jahren ist ein Kind nicht verantwortlich (§ 828, 1 BGB), vor dem Alter von zehn Jahren ist es in der seit 2002 gültigen Fassung für fahrlässig herbeigeführte Schäden durch einem Unfall mit einem Kraftfahrzeug, einer Schienenbahn oder einer Schwebebahn nicht verantwortlich (§ 828, 2 BGB). In allen anderen Fällen unterliegt ein Minderjähriger nur dann nicht seiner Schadensersatzpflicht, wenn er bei Begehung der schädigenden Handlung nicht die zur Erkenntnis der Verantwortlichkeit erforderliche Einsicht hatte (§ 828, 3 BGB).

Die kogn. Komponente der Einsichtsfähigkeit nach § 828, 3 BGB wird im seltenen Begutachtungsfall indiv., rückwärts auf den zumeist erheblich früher liegenden Tatzeitpunkt gerichtet auf der Basis des *Intelligenzalters* eingeschätzt. Davon ausgehend sind zu beurteilen die indiv. Fähigkeiten im Wissen und Werten zur Erkenntnis des Unrechts gegenüber Mitmenschen, zur Erkenntnis der Verpflichtung, in irgendeiner Weise für die Folgen seiner Handlung (selbst) einstehen zu müssen und zur Allgemeinen Gefährlichkeitserkenntnis (*Sorgfaltspflichtverständnis*). Nach einer Indikationstheorie legen indiv. als vorliegend eingeschätzte Fähigkeiten zur Unrechtserkenntnis oder zur Allgemeinen Gefährlichkeitserkenntnis das Vorhandensein der Fähigkeit zum Vergeltungspflichtverständnis nahe, was dessen Prüfung erübrigt.

Im Unterschied zur strafrechtlichen Verantwortlichkeit ist die voluntative Komponente in die Anforderung des § 828, 3 BGB nicht eingeschlossen. Die Beurteilung der Steuerungsfähigkeit ist unter der zumeist eingeschlossenen Fragestellung nach dem Verschulden (§ 276 BGB) oder dem

Mitverschulden (§ 254 BGB) gruppendurchschnittlich, also nicht indiv. bezogen, zu behandeln. Es geht um die alters- oder gruppengemäßen Fähigkeiten zur Erkenntnis der konkreten (situationsgebundenen) Gefahren und zur Steuerung des Verhaltens, z. B. um die Fähigkeit der Altersgruppe eines minderjährigen Schadenverursachers zum Hemmung des Handlungsdranges, zum Widerstand gegen Gruppendruck oder zur Gefahrensicherung jew. unter den konkreten Bedingungen des Schadenfalles. Hommers 2005, Hommers 2003. *W. Hommers*

Delinquenz (= D.) [engl. *delinquence*; lat. *delinquere* sich vergehen], [**KLI**], Straffälligkeit; grundlegend ist die Frage, ob D. v. a. auf eine ungünstige aktuelle Umgebung, eine untypische persönliche Situation, generellere persönliche Probleme oder eine *Persönlichkeitsstörung* zurückzuführen ist. Wichtig ist auch die Frage der *Therapiemotivation*, die v. a. bei einer sorgfältig diagn. abzuklärenden Persönlichkeitsstörung oft sehr beschränkt ist. Davon hängen Erfolgsaussichten und konkrete Gestaltung einer Therapie ab. Bei einer Therapie geht es oft um eine Verbesserung nicht delinquenter Kompetenzen und der *Selbstkontrolle*. Neben Einzeltherapie kommen auch *Gruppentherapie* und – insbes. bei Kindern und Jugendlichen – *Familientherapie* sowie direkte Maßnahmen in der Umgebung, z. B. der Schule, zum Einsatz, wobei diejenigen familienbezogene Interventionen als am wirksamsten gelten, bei denen Eltern wirksamere Umgangsweisen mit ihren Kindern erlernen (konsistente Belohnung und Bestrafung) oder verhaltensorientierte Familientherapien, an denen Eltern und Kinder gemeinsam teilnehmen. Zudem sind präventive Maßnahmen von bes. Bedeutung. *Gewaltdelinquenz*, *Sexualdelinquenz*. *F. Caspar*

Delir(ium) [engl. *delirium*; lat. *delirare* irre sein, von der Furche (*de lira*), der geraden Linie abweichen], [**KLI**], bei Infektion, Vergiftung und *Psychosen* auftretende, kurzfristige Bewusstseinstrübung mit traumartiger Verwirrtheit, Wahnerlebnissen, *Halluzinationen* u. a. Bekanntes Bsp.: Delirium tremens [lat. *tremere* zittern], durch *Alkoholmissbrauch* hervorgerufener extremer Rauschzustand mit Sinnestäuschungen und motor. Unruhe bis Tobsucht.

Delphi-Technik [engl. *Delphi-technique*; nach dem *Orakel von Delphi*], [**FSE**], strukturierte Sammlung und Zusammenfasung von Expertenmeinungen als Grundlage für die Voraussage kommender Entwicklungen in der Wirtschaft oder Politik oder i. R. von *Evaluation*sprojekten, wobei die Experten in anonymisierter Form die Antworten anderer Experten in Form einer Synopse zugespielt bekommen und daraufhin ihre eigenen Antworten modifizieren können. Der Prozess wird durchlaufen, bis eine von allen Experten akzeptierte Synopse verfasst werden konnte. Wottawa & Thierau 2003.

Delta-Bewegung [engl. *delta movement*], *Scheinbewegungen*.

Deltazismus [δ (delta) gr. Buchstabe «d»], [**KOG**], fehlerhafte Artikulation des Lautes «d», z. B. «Draht» wie «Graht». *Sprachstörungen*.

demand characteristics (= d.) [engl.] An-/Aufforderungsmerkmale, [**FSE, KOG**], Reize, die der Vp best. Hypothesen über das durchgeführte *Experiment* vermitteln und best. Reaktionen auslösen: die Wahrnehmung von Zweck und Bedeutung des Exp. durch die Vp. Durch d. kann die *Validität* von Experimenten gefährdet sein.

Demand-Control-(Support-)Modell [engl.] «Modell der Anforderung-Kontrolle-(Unterstützung)», [**AO, GES**], postuliert, dass das Zusammenspiel von psychischen Belastungen [engl. *psychological demands*] – meist über Zeitdruck operationalisiert und Entscheidungsspielraum [engl. *decision latitude*], resp. Unterforderung durch Nichtnutzung von Fähigkeiten [engl. *skill discretion*] für die Entwicklung gesundheitlicher Beeinträchtigungen durch Arbeitstätigkeiten verantwortlich ist (Karasek & Theorell 1990; *Belastung, psychische*, *Gefährdungsbeurteilung psychischer Belastung (GPB)*, *Stress am Arbeitsplatz*). Gekennzeichnet durch jeweils niedrige vs. hohe Ausprägungen der beiden Dimensionen Belastung und Entscheidungsspielraum werden vier Typen von Tätigkeiten unterschieden: (1) passive, (2) aktive, (3) stark belastende und (4) wenig belastende Tätigkeiten. Entlang der Diagonalen lassen sich die zwei zentralen Hypothesen des Modells verdeutlichen. Zum einen wird bei hoher Belastung und gleichzeitig niedrigem Entscheidungsspielraum eine zunehmende *psychische Beanspruchung* angenommen. Zum anderen wird bei hoher Belastung, aber gleichzeitig vorhandenem Entscheidungsspielraum eine lern- und persönlichkeitsförderliche Wirkung von Arbeitstätigkeiten angenommen. Während die Haupteffekte der Dimensionen vielfach belegt sind, finden sich bzgl. der Moderationsannahmen des Modells gemischte empirische Befunde. Später wurde das Modell um den Aspekt der sozialen Unterstützung als Ressource erweitert (van der Doef, Maes 1999). *T. Rigotti*

Demand-Resource-Modell [engl.] *Anforderungs-Ressourcen-Modell*.

Dematerialisation [engl. *dematerialisation*; lat. *de-* ab-, weg-], *Materialisation*.

Dembo, Tamara (1902–1993), [**EM, GES, HIS, SOZ**], wurde in Baku geb., siedelte 1921 mit ihren Eltern nach Berlin um. Sie wollte Ingenieurin werden, hörte Vorlesungen in verschiedensten Fächern, u. a. in Ps. bei *Lewin*, bei dem sie dann ihre Dissertation über den Ärger als dynamisches Problem schrieb. Naive Vpn bearbeiteten in drei Versuchsreihen, von denen zwei veröffentlicht wurden, unlösbare Aufgaben und wurden bzgl. ihrer Ärger-Reaktionen im Kontext der Untersuchungen zur Willens- und Affektps. von Lewin beobachtet und befragt (Dembo 1931, Lück 2002). Kurze Zeit später führte Dembo Tierexperimente in Zusammenarbeit mit Frederik J. J. Buytendijk in Groningen durch; 1930 Emigration in die USA; dort Tätigkeit am *Worcester State Hospital*, dann an der *Cornell University* und an der *University of Iowa*. An diesen Hochschulen erneute Zusammenarbeit mit Lewin zu Fragen der Regressionswirkungen von Frustrationen sowie zum Anspruchsniveau. Kurze Zeit an der *Stanford University*, ab 1952 bis zu ihrem Tod an der *Clark University*, dort Forschung im Bereich der *Rehabilitationspsychologie*. Ehrendoktorwürde der *Clark University*. *H. E. Lück*

Dementia praecox [lat. vorzeitige Demenz], *Schizophrenie*, *schizophrenes Residuum*.

Demenz (= D.) [engl. *dementia*; lat. *de* ohne, *mens* Verstand], syn. *Dementia*, [**KLI**], ist eine mit meist chronischen oder fortschreitenden Hirnerkrankungen (*Neurodegenerative Erkrankungen*) einhergehende Störung der intellektuellen Fähigkeiten und Persönlichkeitsfunktionen, insbes. von *Lernen* und *Gedächtnis*, *Denken* und Urteilen, Orientierung, Sprache und Rechnen. Bereits zu einem frühen Zeitpunkt der Erkrankung können auch emot. (*Emotionen*), motivationale (*Motivation*) und soziale Funktionen beeinträchtigt sein. D. ist von angeb. und vorübergehender *Intelligenzminderung*, z. B. aufgrund von Bewusstseinsstörungen, zu unterscheiden. Demenzielle Syndrome werden im Kontext einer multidisziplinären *Demenzdiagnostik* erfasst und kategorisiert. In Abhängigkeit vom Lebensalter, erblichen Faktoren und vorausgegangener Erkrankung können Hirnfunktionen primär (d. h. aufgrund unmittelbarer Verletzungen oder Störungen des *Nervensystems*) oder sekundär (d. h. durch indirekte Effekte systemischer Krankheiten oder Störungen) beeinträchtigt werden. Nach *ICD-10* werden folg. D. unterschieden: (1) *Alzheimer-D*. (F00; s. Anhang I) als sich langsam entwickelnde, neurodegenerative Krankheit des gesamten Gehirns unbekannter Ursache, wobei ein früher und ein später Beginn (vor oder nach dem 65. Lebensjahr) unterschieden werden. (2) *Vaskuläre D*. (F01) als eine meist in mehreren Hirnregionen auftretende arteriosklerotische Veränderung des Gefäßsystems im höheren Lebensalter, wobei Thrombosen, Embolien oder Blutungen an einem oder mehreren Orten akute Schlaganfälle und damit verbundene Hirnschädigungen auslösen (vgl. Multiinfarkt-D.). Betrifft die vaskuläre Erkrankung das Marklager bzw. die weiße Substanz vorwiegend im Bereich der Basalganglien (*Gehirn*), spricht man von einer subkortikalen D. (3) Andere, außer den vorgenannten D. (F02) umfassen die *frontotemporale D*. bei (*Pick'scher Krankheit*), welche durch frühe Persönlichkeitsveränderungen und den Verlust sozialer Fähigkeiten gekennzeichnet ist.

Eine weitere progrediente D. ist die vermutlich durch infektiöse Prionen verursachte Creutzfeldt-Jakob-Krankheit. Eine dominant erbliche D. ist die *Chorea*-Huntington-Erkrankung mit Degeneration von Teilen der Basalganglien und nachfolgender Überaktivierung des Kortex. Auch bei einzelnen Verlaufsformen der *Parkinson'schen Erkrankung* kommt es aufgrund einer Degeneration dopaminerger Neurone (*Dopamin*) im Mittelhirn zu D. Zahlreiche weitere systemische bzw. organmed. Erkrankungen können D. auslösen, u. a. HIV-Krankheit, *Epilepsie*, Leber-, Nieren- und Schilddrüsenerkrankungen, Intoxikationen, multiple Sklerose, Neurosyphilis sowie Vitaminmangelerkrankungen. Der Begriff der *Pseudodemenz* oder *Pseudodebilität* wird aufgrund von definitorischen Problemen heute kaum noch verwendet. Er bez. eine situative Störung der Intelligenzfunktionen aufgrund emot. oder persönlichkeitsbezogener Faktoren bzw. eine vorübergehende *Entwicklungsstörung*. Karnath & Thier 2012. *M. Peper*

Demenzdiagnostik (= D.) [engl. *dementia diagnostics*], [**BIO, DIA, GES**], bez. die multidisziplinäre Erfassung der med.-biol. und ps. Merkmale einer Demenz (*Demenz, Dementia*) entspr. der meth. Prinzipien der beteiligten Fachdisziplinen sowie die systematische Zuordnung der Befunde zu einem Krankheitsbegriff. Die beobachteten Krankheitszeichen werden im Kontext einer Krankheitstheorie der Demenz interpretiert und erklärt. In der D. werden der Aufwand und das Risiko der eingesetzten Methoden und der sich daraus ergebende Entscheidungsnutzen für die weitere Behandlung gegeneinander abgewogen. Da es sich bei Demenz nach ICD-10 (F00-F03) um einen sehr breiten Krankheitsbegriff mit sehr unterschiedlichen Ursachen handelt, wird auf humanbiol. und psychol. Ebene eine Vielzahl von Verfahren zur Erfassung der chronischen oder fortschreitenden Symptome der Hirnerkrankung eingesetzt. D. differenziert einzelne Demenzarten und grenzt diese von anderen organischen und psych. Störungen ab. Dazu werden *bildgebende Verfahren* und die *Elektroenzephalografie, EEG* eingesetzt, wobei insbes. die *Kernspintomografie*, die Computertomografie und die *Positronen-Emissions-Tomografie* mit spez. Liganden zur Differenzierung fokaler oder diffuser Veränderungen des *Gehirns* genutzt werden. Die D. berücksichtigt auch andere med.-organische Faktoren, welche die Entwicklung einer Demenz begünstigen können, wie etwa Diabetes, Erkrankungen der Leber, Niere, Schilddrüse, des Immunsystems sowie best. Vitaminmangelerkrankungen.

Auf der Ebene der neuropsych. Funktionsstörungen dient D. der Erfassung von Veränderungen intellektueller Fähigkeiten und Persönlichkeitsfunktionen, insbes. von Lernen und Gedächtnis, Denken und Urteilen, Orientierung, Sprache und Rechnen. Da zu einem frühen Zeitpunkt der Erkrankung sowohl kognitive als auch emot., motivationale und soziale Funktionen beeinträchtigt sein können, liefert die Eigen*anamnese* mit geeigneten alltagsbezogenen Fragebögen wertvolle Informationen. Die Fremdanamnese mit nahen Angehörigen ist eine unerlässliche Methode der D., um kogn., emot. und soziale Funktionsstörungen identifizieren zu können. Häufig werden in der Praxis *Screening*-Verfahren (z. B. Mini Mental State Examination; *Mini-Mental-Status-Test (MMST)*) zur vereinfachten Funktionsprüfung eingesetzt, jedoch sind bei pos. Ergebnis differenzierende neuropsychol. Untersuchungen unumgänglich. Auf diese Weise ermöglicht D. eine Abgrenzung von psych. Störungen (z. B. *Depression*, *Psychose*) und eine Beurteilung der Bedeutung der Funktionsminderungen für die versch. Lebensbereiche der betroffenen Person. *M. Peper*

Demenzen, Psychopharmakotherapie [engl. *dementia, pharmacotherapy*], [**BIO, KLI, PHA**], Grundlage jeder Therapie eines Demenziellen Syndroms (*Demenz*; =D.) ist eine gründliche Diagnostik, um ggf. eine kausale Therapie der dem Demenziellen Syndrom zugrunde liegenden Erkrankung durchzuführen. Für die versch. Formen neurodegenerativer D. (häufigste Form: sporadische Form der *Alzheimer-Krankheit*) existieren keine kausalen Therapien. Hier ist zunächst die Sekundärprophylaxe durch Behandlung von vaskulären und metabolischen Risikofaktoren sinnvoll. Cholinesteraseinhibitoren (*Donepezil*,

Galantamin, *Rivastigmin*, *Antidementiva*) stellen die *Psychopharmakotherapie* der ersten Wahl der leichten bis mittelschweren Alzheimer-D. dar. Sie verzögern den natürlichen Verlauf der Erkrankung um 6–12 Monate. Der NMDA-Antagonist *Memantin* ist für die Behandlung der mittelschweren bis schweren D. vom Alzheimer-Typ zugelassen. Einige, aber nicht alle Studien zeigen, dass eine Kombination beider Wirkprinzipien zu einer gesteigerten Wirksamkeit führen kann. Die Wirksamkeit anderer Substanzen (*Nootropika*: *Ginkgo biloba*, *Nicergolin*, *Piracetam*) ist nicht belegt und wird nicht empfohlen. Die häufigen depressiven Syndrome (*Depression*) werden mit *Antidepressiva* behandelt. Dabei sind *anticholinerg(isch)* wirkende (z. B. trizyklische) Antidepressiva kontraindiziert, da sie ein *Delir* auslösen können. *Verhaltensstörungen* bei Demenziellen Syndromen (sog. BPSD: *Behavioral and Psychological Symptoms of Dementia*: Unruhe, *Aggressivität*, Störungen des Schlaf-Wach-Rhythmus (*Schlafstörungen*, psychotische Symptome, *Psychose*) werden entspr. der Zielsymptomatik behandelt. Psychotische Symptome (*Illusion* und *Halluzination*, Wahnwahrnehmungen und -einfälle, *Wahn*) werden mit *Antipsychotika* behandelt. Zugelassen für die Behandlung von Verhaltensstörungen bei Pat. mit Demenzen ist unter den neueren Antipsychotika allerdings nur *Risperidon*. Die Gabe von Antipsychotika ist im Alter mit einer erhöhten kardio- und zerebrovaskulären *Mortalität* assoziiert, daher ist die Indikation bes. streng zu stellen und immer wieder zu überprüfen. Für den Einsatz von *Antikonvulsiva* bei Demenziellen Syndromen liegt keine ausreichende *Evidenz* vor. Lautenschlager et al. 2012. *G. Gründer*

Demenzielles Syndrom (= D. S.) [engl. *dementia syndrome*], [**BIO, KLI, PHA**], Überbegriff für *Demenz*-Erkrankungen. Im Vorfeld des eigentl. D. S. kommt es häufig zu *Symptomen*, die sich kaum von denen einer *Depression* unterscheiden lassen (z. B. Verlust von *Interesse* und *Antrieb*, depressive Verstimmung). Im weiteren Verlauf kommt es zu kogn. Störungen, die bes. das Kurzzeitgedächtnis betreffen und in ihrer Schwere zunehmend sind. Neben motorischen Störungen (z. B. *Ataxie*, *Apraxie*) zeigen sich außerdem auch Verhaltensstörungen wie *Apathie* oder aggressives Verhalten. Es können zwei Arten des D. S. unterschieden werden: vaskuläre und degenerative Demenzen. Bei einer vaskulären Demenz liegt die Ursache in mehreren (kleineren) Infarkten oder Blutungen im *Gehirn* und dem dadurch bedingten Untergang von neuronalem Gewebe. Die häufigsten Ursachen für degenerative Demenzen sind die *Alzheimer-Erkrankung*, die Lewy-Body-Demenz und die *Parkinson-Erkrankung*. *S. Lammertz*

Test Demenztest (DT), 1999, J. Kessler, P. Denzler, H. J. Markowitsch, 2. Aufl., [www.testzentrale.de], [**BIO, DIA, KOG**]. Der Demenz-Test ist für hospitalisierte Pat., für Pat. in ärztlichen oder psychol. Praxen und als Forschungsinstrument zur Überprüfung des kognitiv-mnestischen Status älterer Menschen einsetzbar. Der DT besteht aus dem wohl weltweit am häufigsten verwendeten Demenz-Screeningverfahren, dem *Mini-Mental-Status-Test (MMST)*, einem Gedächtnistest mit freiem Abruf und Wiedererkennen, einer verbalen Flüssigkeitsaufgabe, einem Apraxietest und Fragen zur Orientierung. Mit dem DT ist sowohl die Abschätzung des Demenzzustandes als auch die Differenzierung demenzieller Alterskrankheiten sowie eine Verlaufsdokumentation und Diagnosefestigung für Hirnleistungsstörungen in früherem Stadium möglich. Für nicht mehr testbare Pat. steht ein ausführliches Fremdrating zu versch. kogn. und nicht-kogn. Domänen zur Verfügung. *Reliabilität*: Cronbachs Alpha je nach Subtest zw. α = .52 und α = .95. *Validität*: Bei einer mit Diskriminanzanalysen best. Sensitivität und Spezifität wurden 88 % der Dementen als dement klassifiziert und keiner der Kontroll-Pb als dement eingestuft. *Normierung*: Es stehen Cut-offs für versch. klin. Gruppen, für Altersheimbewohner auf für ältere Pb zur Verfügung ($N = 505$). Bearbeitungsdauer: ca. 30 Min.

Demingkreis [engl. *Deming circle*], nach W. E. Deming (1900-1993), *PDCA-Zyklus*.

Demografie [engl. *demographics*; gr. δῆμος *(demos)* Volk, γράφειν *(graphein)* schreiben], [**DIA, SOZ**], Volks- bzw. Bevölkerungswissenschaft, bes. ausgerichtet auf stat. Erhebungen z. B. zum sozialen Status, dem Bildungsstand u. Ä. *Meinungsbefragung*.

Demografische Standards *Antwortskala*.

Demoskopie [engl. *opinion poll/survey*; gr. δῆμος *(demos)* Volk, σκοπεῖν *(skopein)* betrachten], *Meinungsbefragung*, *Meinungsforschung*.

Demutsgebärde [engl. *gesture of abjection*], [**KOG**], (biol.) Verhaltensäußerung des Unterlegenen beim *Kommentkampf*, die beim Sieger eine *Tötungshemmung* auslöst. *Beschwichtigungsgebärde*.

Dendrit [engl. *dendrite*; gr. δένδρον *(dendron)* Baum], [**BIO**], ein der nervlichen Erregungsleitung dienender (meist kurzer) verästelter Fortsatz der Nervenzelle. *Neuron*, *Axon*.

Denken (= D.) [engl. *reasoning, thinking*], [**KOG**], zählt zu den höheren kogn. Funktionen und unterscheidet sich damit von einfachen kogn. Funktionen wie *Wahrnehmung*, *Lernen* oder *Gedächtnis*. D. unterscheidet sich explizit vom Handeln insofern, als es ihm vorausgeht und die Vorbereitungen zum geplanten Handeln schafft (*Handlungsplanung*). Neben dieser vorwärtsgerichteten Perspektive gibt es aber auch eine gegenwarts- und rückwärtsgerichtete Perspektive, die zum Verständnis einer gegebenen Situation und zur Bewertung von vergangenen Ereignissen beiträgt. D. ist eine spez. Form der *Informationsverarbeitung*, bei der eine aktive innere Beschäftigung mit sprachlichen *Begriffen*, bildlichen *Vorstellungen* und anderen mentalen Inhalten stattfindet mit dem Ziel, neue Erkenntnisse zu gewinnen. D. steht häufig im Dienste zielorientierter *Handlungen*, die nicht als automatisierte Routinen verfügbar sind.

D. vollzieht sich in mehreren Erscheinungsformen: Als *logisches Schließen*, bei dem deduktive Urteile getroffen werden (*Deduktion*; Knauff 2006); als Wahrscheinlichkeitsurteil, bei dem induktive Schlüsse über zukünftige Ereignisse gefällt werden (*Entscheiden*, *Induktion*; Jungermann et al. 2005); als problemlösendes D. (*Problemlösen*; Funke

2003), das Lücken in einem Handlungsplan schließt; als kreatives D., das neue Verbindungen herstellt, die originell und nützlich sind (*Kreativität*; Sternberg & Lubart 1995).

(1) *Logisches Schließen*. Eine der wichtigen kogn. Tätigkeiten besteht im Inferieren gültiger Schlüsse. Widerspruchsfreies, folgerichtiges Schließen kommt in versch. Erscheinungsformen daher. Beim *syllogistischen Schließen* geht es um das D. mit den Quantoren «Alle», «Einige», «Einige nicht» oder «Keine». Beim konditionalen Schließen geht es um die Richtigkeit der Verknüpfung von Aussagen mithilfe von Junktoren bzw. Konnektiven wie «nicht», «oder», «und», «wenn» und «dann». Regeln der Aussagenlogik wie z. B. *Modus ponens* oder *Modus tollens* sowie Wahrheitstabellen, in denen die Wahrheitswerte zus.gesetzter Aussagen bei Kenntnis der Wahrheitswerte für Teilaussagen best. werden können, regeln die Schlussfolgerungen. Beim *relationalen Schließen* geht es um die Beurteilung des Verhältnisses zw. mehreren Objekten, die durch eine best. Relation zueinander charakterisiert wird.

(2) *Wahrscheinlichkeitsurteile*. Vielfach sind Urteile nicht auf logischer Basis möglich, sondern es müssen *Inferenzen* unter Unsicherheit gezogen werden. Mit welcher Wahrscheinlichkeit etwa ein Fahrzeug, das man benutzen möchte, in einen Unfall verwickelt wird, lässt sich nicht exakt vorhersagen. Der Einsatz von spez. *Heuristiken* s. u.) hilft in vielen Fällen zu einer guten Approximation, wenngleich Heuristiken immer wieder auch zu fehlerhaften Urteilen führen.

(3) *Problemlösen*. Problemlösendes D. ist dort erforderlich, wo Routinehandlungen nicht zur Verfügung stehen. Die Suche nach einem Mittel, das zur Überwindung einer Barriere bzw. einer Lücke zw. Ist- und Soll-Zustand beiträgt, macht Problemlösen aus. Entscheidend Anteil daran trägt die Planung zukünftiger möglicher Aktionen (D. als *Probehandeln*) im *Problemraum*. Die als Mittel zum Zweck verwendbaren *Operatoren*, Werkzeuge zur Veränderung von Problemzuständen) sind je nach *Realitätsbereich* versch., obwohl es auch allg. Operatoren wie z. B. Suche nach *Analogien* gibt, die universell eingesetzt werden können. Das heuristische D. bedient sich dabei der *Situationsanalyse* (bestehend aus Konflikt- und Materialanalyse) ebenso wie der Zielanalyse, also vom Ausgangszustand aus vorwärts bzw. vom Zielzustand aus rückwärts.

(4) *Kreatives D.* Manchmal ist D. erfinderisch und schafft etwas Neues. Das kreative Produkt soll neu und nützlich sein. Kreatives D. ist beim komplexen Problemlösen nötig, wo schwierige Probleme vorliegen, für die es keine Standardlösung gibt. Es läuft in mehreren Phasen ab und lässt sich nicht erzwingen.

Die wesentlichen Merkmale des D. beschreibt Graumann (1965) in sechs Punkten: (1) *Vergegenwärtigung*. Die denkende Person ist losgelöst von der sinnlichen Erfahrung und kann damit Vergangenes wie Zukünftiges vergegenwärtigen. Vergegenwärtigung bedeutet, der *Fantasie* Platz einzuräumen und nicht nur das Gegebene, sondern auch das Mögliche zu bedenken. Je intensiver an etwas gedacht wird, umso lebendiger tritt es vor das geistige Auge und wird dadurch präsent. (2) *Ordnungsleistung durch Begriffsbildung*. Im Vorgang der *Abstraktion* wird Allgemeines «auf den Begriff gebracht». Diese Art von bewusster begrifflicher Klassenbildung (*Gruppierung*) ist eine Leistung des D., für einige Autoren sogar die zentrale Aufgabe (Aebli 1980–1981). Begriffsbildung steht daher in vielen Arbeiten im Zentrum der *Aufmerksamkeit*; betont wird damit die besondere Rolle der Sprache beim D. (3) *Innerlichkeit*. Die denkende Person unterscheidet sich von der handelnden Person durch die Wendung nach innen im Unterschied zur Orientierung nach außen. Die Sinnesreize werden für die Zeit des D. nebensächlich, die Umgebungsreize treten hinter den Gegenstand des D. zurück. (4) *Selektivität*. Die denkende Person ist frei in der Wahl ihres Objekts und kann beliebige *Assoziationen* stiften. Hier besteht ein wichtiger Unterschied zur sinnlichen Wahrnehmung: Diese kann sich zwar gelegentlich täuschen, wird aber meist durch das Handeln korrigiert – anders beim D.: Die Freiheit zur beliebigen Assoziation ist natürlich damit auch die Freiheit zum Denkfehler. (5) *Urteil und Entscheidung*. Die denkende Person hat i. Allg. ein Ziel (*Ziele*) im Auge – D. ist somit kein Selbstzweck, sondern steht im Dienst der *Handlungsregulation*. Seine Aufgabe ist es, aus den versch. Handlungsoptionen die für den Organismus zweckmäßigste auszuwählen. Dieser Akt des Beurteilens von Alternativen und des Fällens einer Entscheidung charakterisiert die funktionale Seite des D. (6) *Reflexivität*. Die denkende Person kann sich selbst zum Gegenstand des D. machen. Diese Fähigkeit, die man auch als *Metakognition* oder *cognitive monitoring* bez., erlaubt es, in schwierigen Situationen das erfolglos um ein Thema kreisende D. abzubrechen und auf einen neuen Gegenstand zu richten, um später erneut zum ungelösten Problem zurückzukehren. Die Fähigkeit zu selbstreflexivem D. unterscheidet insbes. die menschliche von der *Künstlichen Intelligenz*, die best. Zustände wie z. B. *Endlosschleifen* nur durch äußeren Eingriff (*reset*) verlassen kann (das «Einfrieren» eines Rechners ist ein Bsp. dafür). Der zuletzt erwähnte Punkt ist auch ein Indiz der Personalität des D.: Jedes D. ist D. einer ganz best. Person, die ihre Gedanken «besitzt» und diese dem fremdem Zugriff verweigern kann («Die Gedanken sind frei»). Sich den Begriff der Freiheit ohne Gedankenfreiheit vorzustellen, erscheint als ein Ding der Unmöglichkeit. Von daher ist D. essenzieller Bestandteil freier Individuen.

In der gut 100-jährigen Geschichte der modernen Denkps. finden sich im Wesentlichen fünf Ansätze, die den Gegenstand zu fassen versuchen. Der *Assoziationismus* versteht D. als Umschichten und Bearbeiten einer Reaktionshierarchie. Die *Gestalttheorie* sieht im D. die Umstrukturierung einer defekten zu einer guten Gestalt. Der Ansatz der Informationsverarbeitung sieht D. als Problemlösen an, bei dem durch Operatoreinsatz die Lücke zw. Ist- und Sollzustand geschlossen werden soll. *Handlungstheorien* stellen D. in den Dienst umfassender Handlungsregulation, die best. Intentionen einer Person möglichst erfolgreich realisieren soll. Evolutionspsychol. Ansätze postulieren die Verwendung best. vereinfachender Heuristiken, die sich im Laufe der *Evolution* in best. Kontexten als hilfreich und sinnvoll erwiesen haben. Zu den neueren Entwicklungen der D.ps. gehört die Erweiterung des Problemlöse-Gegenstands vom einfachen zum komplexen Problemlösen, die von Dörner in den 1970er-Jahren angestoßen wurde (Dörner 1989).

D. und *Sprache*. Wenn D. ein Mittel ist, die Welt um uns herum verständlich zu machen und bei der Lösung von Problemen zu helfen, ist Sprache ein Mittel, um mit anderen über diese Welt zu kommunizieren. Was ihren Werkzeug-Charakter betrifft, sind D. und Sprache vergleichbar. Der Unterschied liegt in ihrem Adressaten: Während D. das innere Gespräch der Seele mit sich selbst ist (so der gr. Philosoph Platon), richtet sich Sprache bevorzugt auf Mitmenschen als Kommunikationspartner (*Kommunikation*), die man verstehen und denen man sich verständlich machen möchte.

Die Diskussion um das Verhältnis von Sprache und D. hat eine jahrhundertealte Tradition, die allerdings vielfach ideologischen Charakter angenommen hat. Erst die exp. Forschung, die heute vor uns liegt, macht an vielen Stellen obj. Aussagen möglich. Was den oft postulierten Einfluss von Sprache auf das D. betrifft, bleibt festzuhalten, dass die *Sapir-Whorf-Hypothese* von der Sprachdeterminiertheit des Denkens sicher nicht in ihrer radikalen Form zu halten ist. Sprache ist nur ein Faktor, der unsere Kognitionen und unser Verhalten bestimmt. Wichtig bleibt die Aussage, dass in unserem *Gehirn* eine eigenständige Gedankensprache existiert, die Objekte und Ideen im symbolischer Form fasst und erst in einem zweiten Schritt an sprachliche Laute knüpft. Sprechen und D. sind insofern versch., als die inneren *Repräsentationen* von ihrer Versprachlichung unabhängige Elemente darstellen. Sprechen und D. sind andererseits natürlich als «kognitive Geschwister» in vielfältiger Weise aufeinander bezogen und voneinander inspiriert.

Methoden zur Erfassung von D.prozessen. Die Methoden zur Erfassung von D.prozessen weisen eine große Bandbreite auf (Funke & Spering 2006): Von der *Introspektion* über verbale Daten (*lautes Denken*) und Verhaltensdaten (sequenzielle Aufgabenstellungen, Blickbewegungen; *Blickbewegungsmessung*) bis hin zu *bildgebenden Verfahren* ist ein Inventar entwickelt und eingesetzt worden, von dem nicht eines für sich beanspruchen kann, die «Via regia» darzustellen; vielmehr ist der richtige Methoden-Mix der sinnvolle Weg der Datenerhebung. *J. Funke*

Denken, animistisches *animistisches Denken*.

Denken, deduktives [engl. *deductive reasoning*], *Schließen, deduktives*.

Denken, heuristische Methoden [engl. *heuristic reasoning*], [**KOG**], Prinzipien, die Problemlösungen (*Problemlösen*) erleichtern sollen. Duncker (1935) unterscheidet (1) Situationsanalyse und dabei zw. Konfliktanalyse (warum geht es nicht so?) und Materialanalyse (welcher Teil des Materials kann für die Lösung gebraucht werden?) und (2) Zielanalyse (was erfordert die Zielerreichung und was nicht?), die eingeschliffene Lösungstransformationen lösen soll (Richtungswechsel im Lösungsstammbaum). *Heuristik*, *heuristische Regeln*.

Denken, induktives [engl. *inductive reasoning*], *Schließen, induktives*.

Denken, kausales [engl. *causal reasoning*], *Kausalmodelle, Theorie der*.

Denken, symbolisches [engl. *symbolic reasoning*], *konkret-operatorische Entwicklungsstufe*.

Denkentwicklung [engl. *development of thought/reasoning skills*], *Entwicklung, kognitive*.

Denkfunktion [engl. *thinking function*], [**KLI, PER**], bei Jung (*Analytische Psychologie*) die der *Fühlfunktion* entgegengesetzte, aber mit ihr zus. als rational bez. *Hauptfunktion*. Ihr obliegt die Lebensorientierung, d. h. die Ordnung der psych. Inhalte nach rationalen Gesichtspunkten. Dabei unterscheidet Jung zw. dem *aktiv-zielgerichteten* und dem *passiv-fantasiegetragenen* Denken.

Denkgesetze [engl. *laws/rules of logical reasoning/thought*], [**KOG, PHI**], die allg. Regelmäßigkeiten, in denen sich das normale *Denken* vollzieht. In der Logik der vier Grundgesetze des richtigen Denkens: (1) Der Satz der Identität: Jeder Gegenstand ist mit sich selbst identisch. Er verlangt, dass jeder Begriff im Verlauf eines Denkaktes seine Bedeutung beibehält. (2) Der Satz des Widerspruchs besagt, dass kontradiktorisch einander entgegengesetzte *Urteile*, von denen also das eine bejaht, was das andere verneint, nicht beide zugleich wahr sein können, sondern dass das eine wahr, das andere falsch sein muss. (3) Der Satz des ausgeschlossenen Dritten: Zwei kontradiktorische Urteile können nicht beide falsch sein, sondern eines ist wahr, das andere falsch, das bedeutet: Neben wahr und falsch gibt es kein Mittleres. (4) Der Satz vom zureichenden Grund. Jedes Urteil bedarf, um wahr zu sein, eines Grundes, jede Erkenntnis muss begründet sein.

Denkkollektive [engl. *thought collectives*], *Fleck, Ludwik*.

Denkstörung [engl. *thought disorder*] *Denkstörungen, formale*, *Denkstörung, inhaltliche*, *Ideen, überwertige*, *Katathymie*, *Schizophrenie*, *Wahn*, *Zwangsstörungen*.

Denkstörungen, formale (= f. D.) [engl. *formal thought disorder*], [**KLI**], bez. Störungen im Prozess des *Denkens*, im Ggs. zur *inhaltlichen Denkstörung*, die sich auf Störungen der Gedankeninhalte beziehen. F. D. stellen eine Kategorie im psych. Befund dar und können gehemmtes, verlangsamtes, umständliches, eingeengtes, perseverierendes und inkohärent/zerfahrenes Denken, Grübeln, Gedankendrängen, Vorbeireden, Gedankenabreißen, *Ideenflucht* und *Neologismen* umfassen. F. D. können bei versch. psych. Störungen auftreten, z. B. inkohärent/zerfahrenes Denken bei der *Schizophrenie*, Ideenflucht und Neologismen bei der *Manie*, verlangsamtes Denken bei der *Depression*. Auch die direkte Wirkung einer Substanz (Droge, Medikament) oder das Vorliegen eines med. Krankheitsfaktors können f. D. auslösen. *M. Hautzinger/C. Heil*

Denkstörungen, inhaltliche (= i. D.) [engl. *disorder of thought content*], [**KLI**], bez. Störungen der Gedankeninhalte, im Ggs. zu *formalen Denkstörungen*, die sich auf Störungen im Prozess des *Denkens* beziehen. I. D. stellen eine Kategorie im psych. Befund dar und umfassen (akustische, visuelle, olfaktorische u. a.) *Halluzinationen*, Befürchtungen, Zwänge und *Wahn*. Wahn umfasst Wahnstimmung, -wahrnehmungen, -einfälle, -gedanken, die sich als Beziehungs-, Beeinträchtigungs- und Verfolgungs-, Eifersuchts-, Schuld-, Verarmungs-, Größenwahn, hypochondrischer Wahn und andere Wahninhalte zeigen können. I. D. können bei versch. psych. Störungen auftreten, z. B. Befürchtungen bei allen *Angststörungen*, Zwänge bei der *Zwangsstörung*, Wahn und Halluzinationen bei *Schizophrenie*, *Bipolaren Störungen*, *affektiven Störungen* und anderen psychotischen Störungen. Auch die direkte Wirkung einer Substanz (Droge, Medikament) oder das Vorliegen eines med. Krankheitsfaktors können i. D. auslösen. *M. Hautzinger/C. Heil*

Denkstrategie (= D.) [engl. *thinking strategy*], [**KOG**], Vorgehensweise bei der Begriffsbildung (*Begriffsbildungsexperimente*) und beim *Problemlösen* (Bruner, Goodnow, Austin, Klix). Zur D. gehören auch die von den heuristischen Prinzipien Dunckers abgeleiteten Operationen. *Denken, heuristische Methoden.*

Test Denktraining für Kinder I und II, [**KOG, PÄD**], Klauer 1989, 1991; ein Programm zur intellektuellen Förderung von Kindern. Das Trainingsprogramm ist prozessorientiert und dient der Förderung zentraler Denkprozesse. Wesentliche Bestandteile des Programms sind der Aufbau und die Einübung von Grundstrukturen des Denkens, von bereichsspezifischen Fertigkeiten oder Paradigmen, die exemplarisch erarbeitet und in versch. Anwendungsgebiete übertragen werden. Das *Denktraining für Kinder I* ist für Kinder von 5 bis 7 Jahren sowie ältere schwachbegabte Kinder einsetzbar. Das *Denktraining für Kinder II* ist für 10- bis 12-jährige Kinder konzipiert. Es ist aber auch erfolgreich bei schwach begabten älteren sowie bei gut begabten jüngeren Kindern einzusetzen.

Denotation, denotative Bedeutung (= d. B.) [engl. *denotation, denotative meaning*; lat. *denotare* kenntlich machen], [**KOG**], wird meist syn. zu kogn. und konzeptueller (manchmal auch zu referenzieller) *Bedeutung* gebraucht in Abhebung von anderen Bedeutungen, insbes. von der sog. konnotativen Bedeutung (*Konnotation*). Innerhalb der Ps. steht die d. B. in enger Beziehung zu den Konzepten *Begriffsbildung* und Begriffsfindung, sodass Begriff und d. B. oft syn. gebraucht werden. Ein Begriff (z. B. Ball) entsteht, wenn die ihn definierenden Merkmale gelernt werden. Diese begriffs- bzw. bedeutungsdefinierenden Merkmale können dabei sowohl statisch beschreibender (z. B. rund oder bunt) wie auch dynamisch funktionaler Art (z. B. rollt oder stößt gegen) sein. In der *Semiotik* bez. d. B. die Abbildungsbeziehung zw. Umweltsachverhalten bzw. sie vermittelnden Begriffen (z. B. dem Objekt bzw. auch Begriff Ball) und *Zeichen*formen, (z. B. der Buchstabenfolge B-a-l-l); sie ist ein Bestandteil der semantischen (*Semantik*) Komponente. *J. Engelkamp*

Deontologie [engl. *deontology*; gr. δέον *(deon)* das Seinsollende], Pflichtenlehre.

dependency [engl.], [**KLI**], von der WHO empfohlener Begriff für *Abhängigkeit*.

Dependente Persönlichkeitsstörung [engl. *dependent personality disorder (DPD)*; lat. *dependere* abhängig sein], syn. *asthenische Persönlichkeitsstörung*, [**KLI**], die dependente (abhängige) *Persönlichkeit* ist von quälenden Ängsten geplagt, nicht selbst für sich sorgen zu können. Die Symptomatik schlägt sich einerseits in abhängigen Verhaltensweisen, andererseits in einer spez. *Bindung*sproblematik nieder. Nach der Klassifikation des *DSM*-IV herrscht bei Personen dieses Typs ein tief greifendes, überstarkes Bedürfnis versorgt zu werden vor, das zu unterwürfigen und anklammernden Verhaltensweisen, gepaart mit Trennungsängsten, führt. *Persönlichkeitsstörungen*.

Dependenzanalysen [engl. *dependency analyses*; lat. *dependere* abhängig sein], [**FSE**], Bez. für stat. Verfahren, um gesetzmäßige Beziehungen zw. unabhängigen und abhängigen Variablen zu ermitteln. *Allgemeines Lineares Modell, Regressionsanalyse, Varianzanalyse.*

Depersonalisation (= D.) [engl. *depersonalization*; lat. *de-* un-, weg-], [**KLI**], Zustand der *Selbstentfremdung*, Verlust oder Beeinträchtigung des Persönlichkeitsbewusstseins, wobei sowohl das eigene Ich wie die Umwelt traumhaft unwirklich erscheinen und das Ichbewusstsein im Handeln fehlt. Auch der eigene Körper oder einzelne Körperteile können fremdartig sein. D. kommt vor als Begleiterscheinung der Reifung (Reifungskrise, veralteter Begriff: *Pubertätsneurose*), als anankastisches und hysterisches Symptom und als akute Erlebnisreaktion. D. tritt auch als Folge von Panik (*Panikstörung*) auf. *De-Individuation.*

Depersonalisations-Syndrom, [**KLI**], psychiatr. Begriff, Zustand mit Vorherrschen der Erscheinungen der *Depersonalisation*, insbes. mit illusionärer Verkennung von Raum und Zeit. Engl. Bez.: *syndrome of Alice in Wonderland* nach der für Kinder geschriebenen Erzählung von L. Carroll.

Depersonalisierung [engl. *depersonalization*; lat. *de-* un-, weg-], [**SOZ**], ein Prozess, bei dem es zu einem Wechsel in der *Kategorisierung* von Personen kommt. Persönliche *Identität* wird zugunsten sozialer Identität aufgegeben (*Identität und Selbst*) aufgegeben. Dieser Prozess, der auch ein Selbstkategorisierungsprozess sein kann, führt zu einer Kategorisierung des Einzelnen als Gruppenmitglied (*Gruppe*). Die damit einhergehende Betonung der Ähnlichkeit macht aus dem Einzelnen ein prototypisches Gruppenmitglied (*Prototyp*) und minimiert somit Gruppenunterschiede. *B. Six*

Depolarisation [engl. *depolarization*], [**BIO**], Entladung, Abnahme des Ruhepotenzials zw. Nervenmembran und Umgebung. *Nerv.*

Depotantipsychotika (= D.) [engl. *depot antipsychoticas*], [**PHA**], Antipsychotikapräparationen für die intramuskuläre Injektion, die in Intervallen von (substanzabhängig) 1–4 Wochen appliziert werden. D. eignen sich vor allem für Pat. mit schizophrenen Störungen (*Schizophrenie*), die orale *Antipsychotika* nur unzuverlässig einnehmen (die dennoch mit der Applikation einverstanden sein müssen) oder die eine seltenere Applikation der täglichen oralen Einnahme vorziehen. D. erlauben gegenüber einer oralen Medikation eine bessere Kontrolle der Therapieadhärenz (*Adhärenz*). D. sind von versch. klassischen Antipsychotika (*Flupentixol*, *Fluphenazin*, *Haloperidol*, *Perphenazin*, *Zuclopenthixol*) und mehreren atypischen Antipsychotika (*Aripiprazol*, *Olanzapin*, *Paliperidon*, *Risperidon*) verfügbar. *G. Gründer*

Depression (= D.) [engl. *depression*; lat. *depressus* herabgedrückt], syn. *Depressive Störung* (= D. St.), [**KLI**], psy-

chische Störung deren Kernsymptom in einer durch Beeinträchtigung der Gefühls- und Stimmungslage bedingte psych. Niedergeschlagenheit bzw. Traurigkeit besteht. Weiterhin treten characterist. Anzeichen auf der motivationalen (Interesse- und Antriebsverlust; *Motivation*), der kogn. (neg. *Selbstkonzept*, -vorwürfe und -beschuldigungen, Grübeln, Konzentrationsverlust, Entschlussunfähigkeit; *Kognition*), der verhaltensbezogenen (Rückzug, Veränderung im Aktivitätsniveau (retardiert vs. agitiert) sowie der vegetativen (Schlaflosigkeit (*Schlafstörungen*), Appetit- und Libidoverlust) Ebene auf. D. St. beeinflussen die Aktivität und Teilhabe des Betroffenen, beeinträchtigen vor allem die Bereiche Schule/Beruf bzw. Sozialkontakte und erhöhen zudem in bedeutsamer Weise das Risiko für suizidale Handlungen (*Suizidalität*).

Ätiologie: Für die Entstehung der D. wird von einem Zus.wirken mehrerer Ursachen ausgegangen. Es kommen dabei sowohl biol. Faktoren wie Prädispositionen, *Persönlichkeit* und *Persönlichkeitsentwicklung* und die damit einhergehenden indiv. kogn. Verarbeitungsmuster als auch die maladaptive Verarbeitung belastender Ereignisse in Betracht. Biol. bzw. genetische Ursachen der D.entstehung werden aus *epidemiologischen* Studien abgeleitet, die ein erhöhtes familiäres D.risiko bei Kindern d. Eltern belegen, wobei die genauen Zshg. noch unklar sind. *Zwillingsstudien* belegen eine moderate Vererbbarkeit, die allerdings nur bei bipolar verlaufenden D. (*bipolare Störungen*) ausgeprägt erscheint. Als möglicher Entstehungskorridor wird eine passive oder aktive Gen-Umwelt-Interaktion bei den Betroffenen vermutet, die eine erhöhte Verletzlichkeit gegenüber kritischen Lebensereignissen (z. B. Trennung, Tod in der Familie) bewirkt (*Vulnerabilitäts-Stress-Modell*). Auch traumatische frühe Erlebnisse (etwa Vernachlässigung in der Kindheit, schwerwiegende Erkrankungen) können eine erhöhte Wahrscheinlichkeit für D. begünstigen. Im Zuge neuro- und stressbiol. Forschung wird in diesem Zshg. die Bedeutung früher Bindungsstörungen (*Bindung*) und damit verbundener dysfunktionaler Stressregulation als Risikofaktor betont. Die Bedeutung von bes. anderen Persönlichkeitsfaktoren, wie gehemmtes *Temperament* oder *Verhaltenshemmung*, sind als Risikofaktoren beforscht worden, wobei die Eindeutigkeit dieser Persönlichkeitseigenschaften zur Krankheitsentstehung unklar bleibt. Neuere epidemiologische Studien weisen auf psychopathologische (*Psychopathologie*) Symptome hin, die mit dem Beginn einer D. zus.hängen und damit als Risikofaktoren in Betracht kommen. So gehen Depressionen häufig andere psych. Erkrankungen voraus, insbes. *Angststörungen*.

Zu den am besten beforschten psychol. D.theorien zählen die *Verstärker-Verlust-Theorie* nach Lewinsohn, das *Modell der dysfunktionalen Kognitionen und Schemata* nach Beck sowie das *Modell der erlernten Hilflosigkeit* nach Seligman. Unter dem Blickwinkel lernpsychol. Ansätze wird in der Verstärker-Verlust-Theorie nach Lewinsohn angenommen, dass eine geringe *Verstärkung* aus der sozialen Umwelt zur Entstehung und Aufrechterhaltung von Depression beiträgt (*operante Konditionierungsmethoden*). Aufgrund eingeschränkter sozialer Fertigkeiten steigt die Zahl neg. Erlebnisse im Sozialkontakt der Betroffenen und die Zahl pos. Erfahrungen sinkt. Zusätzlich zeigt sich, dass d. Personen sensitiver auf belastende Ereignisse reagieren und pos. Erfahrungen weniger als solche wahrnehmen bzw. weniger intensiv genießen können. Dem Modell der dysfunktionalen Kognitionen und Schemata nach Beck (*Kognitive Therapie nach Beck*) zufolge verwenden d. Personen besondere dysfunktionale kognitive Schemata (stabile kogn. Muster und Denkstrukturen, z. B. die Grundannahme: «Ich muss perfekt sein.»), die ihre Wahrnehmung und Bewertung von Situationen neg. verzerren können. Die *kognitive Triade* zeigt sich insbes. durch eine verzerrt-neg. Sicht und Denkweise in Bezug auf sich selbst, die Umwelt und die Zukunft. Diese verzerrte Sicht der Realität bestätigt sich durch eine Reihe von typischen logischen Fehlern bei der *Informationsverarbeitung* und Schlussfolgerungen d. Personen (*willkürliches Schlussfolgern, selektives Verallgemeinern, Übergeneralisieren, Maximieren und Minimieren, Personalisieren, verabsolutiertes, dichotomes Denken*). Weitere Merkmale sind nach Beck sich aufdrängende *automatische Gedanken*, das bedeutet schnell ablaufende unfreiwillige Kognitionen, die zw. einem Ereignis (externaler oder internaler Art) und einem emot. Erleben (Konsequenz) liegen. Diese automatischen Gedanken geben meist die Zugangsmöglichkeit zu den dahinter liegenden, grundlegenderen, situationsübergreifenden und unbewussten «depressogenen Grundannahmen», etwa «Wenn ich Fehler mache, bedeutet das, dass ich unfähig bin.» (*Spaltentechnik*). Nach Seligmans *Modell der erlernten Hilflosigkeit* entsteht die D. vor dem Hintergrund von Hilflosigkeit, die Betroffene erleben, wenn für sie bedeutsame Ereignisse unkontrollierbar erscheinen. Das eigene Verhalten und dessen Konsequenzen in der Umwelt werden genommen und diese Erfahrungen werden auf neue Situationen generalisiert. Nach Seligman fördert ein best. Attributionsstil (*Kausalattribution*) die Entstehung von D., insbes. neg. Erlebnisse als *intern* (die eigene Person ist das Problem), *stabil* (das Problem ist unveränderlich) und *generell* (das Problem ist allgegenwärtig) verursacht anzusehen.

Prävalenz und Verlauf: D. St. zählen zu den häufigsten *psychischen Störungen*, deren Prävalenz seit den 1940er-Jahren zugenommen hat. Es wird davon ausgegangen, dass 20% der Bevölkerung mind. einmal im Leben eine *depressive Episode* erlebt. Die 6- bzw. 12-Monatsprävalenzen d. St. betragen im Kindesalter ca. 2%, im Jugendalter 4–8%. Die Querschnittsprävalenz im Erwachsenenalter bis zum 65. Lebensjahr über alle Altersgruppen hinweg relativ stabil mit 12-Monats-Prävalenzen von 6 bis 8%. Frauen sind etwa doppelt so häufig betroffen wie Männer, wobei sich das erhöhte Erkrankungsrisiko für das weibliche Geschlecht erst ab der Pubertät herausbildet. D. St. treten häufiger bei geschiedenen, getrennt lebenden oder verwitweten Personen auf. Ferner ist die Assoziation zw. Trennung oder Scheidung und Depression bei Männern stärker ausgeprägt als bei Frauen. D. treten häufig zus. mit anderen psych. oder körperlichen Erkrankungen auf, sowohl als vorausgehende Störung als auch als Begleiterscheinung. Die höchsten Komorbiditätsraten finden sich für Angststörungen, *Substanzstörungen, somatoforme Störungen* sowie – bei Kindern und Heranwachsenden – Verhaltens- und emotionale Störungen der Kindheit, *Aufmerksamkeitsdefizitstörungen (ADHS)* und *Essstörungen*. Ätiologische Zshg. von D. mit körperlichen Erkrankungen sind für Diabetes, koronare Herzerkrankungen, *Schlaganfall* und *neurodegenerative Erkrankungen (Parkinson'sche Erkrankung, Demenz)* belegt. D. sind mit einem deutlich erhöhten Mortalitätsrisiko verbunden; ca. 15 % der an einer schweren D. Erkrankten versterben durch *Suizid*. Die D. ist zumeist eine episodisch verlaufende Erkrankung. Bei etwa einem Drittel aller Betroffenen tritt nur einmal im Leben eine d. Episode auf; bei einem weiteren Drittel finden sich rezidivierende Episoden und bei einem Drittel kann die D. auch trotz Therapie in eine chronische Erkrankung übergehen. Rezidivierende Krankheitsverläufe können sehr unterschiedlich sein, von gehäuften Episoden in kurzer Zeit über vereinzelte Episoden und zwischenzeitlich jahrelange symptomfreie Intervalle.

Klassifikation und Diagnostik: Die Diagnose wird auf Basis von Symptomen der D. sowie versch. zusätzlich zu berücksichtigenden Merkmalen (z. B. Kriterien der psychosozialen Beeinträchtigung, der Dauer oder des Verlaufs) gestellt (*Klassifikation psychischer Störungen*; s. Anhang I, F32–F33). D. St. werden im DSM-IV unter der Hauptgruppe *affektive Störungen* kodiert und beinhalten die *Major D.*, die *dysthyme Störung* und die *nicht näher bezeichnete d. St.* Neben den d. St. (mono- oder unipolare Depression) umfassen affektive Störungen im *DSM-5* auch die *bipolaren Störungen (Bipolar-I-Störung, Bipolar-II-Störung, zyklothyme)*, die zusätzlich durch das Auftreten manischer (*Manie*), hypomaner oder gemischter Episoden charakterisiert sind, sowie die *persistierende d. St., affektive Dysregulationsstörung* und *prämenstruelle dysphorische Störung*. Zu den affektiven Störungen zählen weiterhin affektive Syndrome, die auf einen med. Krankheitsfaktor oder den Einfluss *psychotroper Substanzen* zurückgeführt werden können. Die ICD-10 klassifiziert d. St. auf der Grundlage von Symptomatologie, Schweregrad, Dauer, Verlauf und Frequenz wiederkehrender Erkrankungsphasen. Die typische D. stellt die Major D. bzw. d. St. dar, die in einzelnen oder wiederkehrenden Episoden von mind. zweiwöchiger Dauer auftritt. Für eine rezidivierende d. St. (F33) muss neben der aktuellen Episode mind. eine weitere *depressive Episode* in der Vorgeschichte vorgelegen haben, die mind. zwei Wochen angedauert hat und von der gegenwärtigen Episode durch ein mind. zweimonatiges, weitgehend symptomfreies Intervall abgegrenzt werden kann. In der *Anamnese* darf keine Phase aufgetreten sein, die die Kriterien für eine manische oder hypomane Episode erfüllt. D. Episoden und rezidivierende d. St. können nach ihrem Schweregrad bzw. der Anzahl der Symptome und dem Ausmaß der psychosoz. Beeinträchtigung in leicht, mittelgradig und schwer ohne/mit psychotischen Symptomen unterteilt werden. Bei einer leichten Störung sollten vier oder fünf, bei einer mittelgradigen sechs oder sieben und bei einer schweren alle drei Kernsymptome und insges. mind. acht Symptome vorliegen. Leichte und mittelgradige d. Episoden und rezidivierende d. St. können weiterhin danach spezifiziert werden, ob ein somatisches Syndrom vorliegt oder nicht. Für die Kodierung eines somatischen Syndroms sollten vier der folg. Merkmale vorhanden sein: (1) Deutlicher Interessenverlust oder der Verlust der Freude an normalerweise angenehmen Aktivitäten, (2) mangelnde Fähigkeit, auf Ereignisse oder Aktivitäten emot. zu reagieren, die normalerweise eine Reaktion hervorrufen, (3) Früherwachen, zwei Stunden oder mehr vor der gewohnten Zeit, (4) Morgentief, (5) objektivierter Befund einer ausgeprägten psychomotorischen Hemmung oder Agitiertheit (von anderen bemerkt oder berichtet), (6) deutlicher Appetitverlust, (7) Gewichtsverlust (5 % oder mehr des Körpergewichts im vergangenen Monat) und (8) deutlicher Libidoverlust. Als Differenzial- oder Ausschlussdiagnosen müssen einige körperliche Erkrankungen berücksicht werden, bei denen d. Symptome auftreten können, z. B. Perniziöse Anämie, Vitamin-B12-Mangel oder Erkrankung der Schilddrüse. Diagn. Instrumente, die im Bereich D. eingesetzt werden, sind im Verzeichnis diagn. Verfahren in Anhang II aufgeführt. *Depression, Psychotherapie, Depression, Psychopharmakotherapie, Depression im Kindes- und Jugendalter, Depression, Neurobiologie der*. Hautzinger 2010, Groen & Petermann 2011a. *U. de Vries/F. Petermann*

Depression, Neurobiologie der (= N.) [engl. *neurobiology of depression*], [**BIO, KLI, PHA**], genetische, anatomische und neurochemische Befunde und Hypothesen zur *Pathogenese* und zu biol. Folgen der *Depression* (= D.). Hypothesen zur N. umfassen eine monoaminergen Dysregulation, eine veränderte neuronale *Plastizität* und Auffälligkeiten der intra- sowie interzellulären Signalübertragung bei depressiven Pat. Diese Veränderungen entstehen auf der Grundlage genetischer Phänomene und äußern sich in Auffälligkeiten der Funktion und Struktur von Zellen des *Gehirns* sowie von best. Gehirnarealen. Die einzelnen neurobiol. Auffälligkeiten stehen untereinander und mit psychosozialen Krankheitsfaktoren in Beziehung. Übereinstimmend zeugen die Ergebnisse von Familien-, Zwillings- und Adoptionsstudien von einer familiären Häufung der D. und legen die Annahme einer genetischen Mitbeteiligung in ihrer Genese nahe. In Kopplungs- und Assoziationsstudien konnten Kandidatenregionen auf den Chromosomen 1, 3, 4, 9, 10, 12, 13, 16, 18, 20, 21, 22 und X identifiziert werden. Bei metaanalytischer Betrachtung kommen als Suszeptibilitätsgene für die unipolare Depression die Gene des Apolipoprotein E, der Untereinheit β3 des Guaninnukleotid-bindenden Proteins, der Methylentetrahydrofolatreduktase, des Dopaminrezeptors D4 und best. Serotonintransportergene (*Serotonin, serotonerges Systeme*) in Betracht. In *genomweiten Assoziationsstudien (GWAS)* konnten bisher keine genomweit signifikanten Assoziationen von Genen mit der unipolaren Depression gefunden werden. Starke Effekte ergaben sich allerdings in einer GWAS für das Gen einer Protonenpumpen-ATPase, des Transkriptionsfaktors SP4 und eines Glutamatrezeptors (*Glutamat*). Nach diesen Befunden leisten nicht nur Gene, die in direktem Zusammenhang mit der synaptischen Konzentration von Serotonin, *Noradrenalin* und *Dopamin* in Zusammenhang stehen, sondern auch Gene, die sich auf den Stoffwechsel der *Neurotransmitter*, die Signalweiterleitung in der Zelle und auf der Zelloberfläche, auf Zellwachstum, -differenzierung, die Organellen- und Axonfunktion einer Nervenzelle und den zirkadianen Rhythmus auswirken, einen wesentlichen Beitrag zur N. In mehreren Studien der letzten Jahre wurde i. S. einer Gen-Umwelt-Interaktion (*Erbe-Umwelt-Problem*) das Zusammenwirken stressreicher Lebensereignisse und genetischer Prädisposition für die Entstehung einer D. untersucht. Es wurde u. a. ein funktioneller Polymorphismus des Serotonintransportergens (5-HTTPR) gefunden, der den Einfluss stressreicher Lebensereignisse auf die Entstehung der D. moderiert. Personen mit einer oder zwei Kopien des kurzen Allels des 5-HTTPR entwickeln unter *Stress* eher eine D. als Personen, die homozygot für das lange Allel sind. Auch die Genexpression trägt zur N. bei. In Genexpressionsstudien waren die konsistentesten Expressionsunterschiede hinsichtlich der Messenger-RNA (mRNA) bei Genen, die in Zusammenhang mit dem Glutamat-, dem γ-Aminobuttersäure (*GABA*)- und dem Serotoninsystem stehen. Neuroanatomische Regionen, in denen sich bei Pat. mit D. kernspintomografische Veränderungen zeigen, sind Teile des *limbischen Systems* wie der *Hippocampus* und die Amygdala sowie der *präfrontaler Kortex*. Diese Befunde sind nicht nur auf Veränderungen der Neurone sondern auch der Gliazellen zurückzuführen. Bei volumetrischen MRT-Untersuchungen (*Magnetresonanztomografie, MRT*) wurde eine negative Korrelation zw. dem Volumen des Hippocampus und der Dauer einer nicht behandelten D. festgestellt. Eine erfolgreiche Behandlung führt dagegen zu einer Normalisierung des Hippocampus-Volumens. Kortikosteroide wie *Kortisol*, ein Hormon der *HHN-Achse* könnten eine wesentliche Rolle für diese neuroplastischen Veränderungen sein. Von allen Regionen des Gehirns hat der Hippocampus-Formation nämlich die höchste Dichte an Glukokortikoidrezeptoren. In funktionellen und strukturellen MRT-Studien sowie metabolischen PET-Untersuchungen (*Positronen-Emissions-Tomographie*) wurde als ein zentraler Befund bei depressiven Pat. eine überaktive und vergrößerte Amygdala gefunden. Diese Überaktivierung könnte eine Folge der mangelnden Kontrolle der Amygdala durch den ventromedialen und den orbitalen präfrontalen Kortex (PFC) sein. Aufgrund der antidepressiven Wirksamkeit von Imipramin und MAO-Hemmern wurde 1965 die sog. *Katecholaminmangelhypothese der D.* formuliert: Diese postuliert ein funktionelles Defizit von Serotonin, Noradrenalin und Dopamin als neurobiol. Korrelat der D. Trotz einer Vielzahl von Studien an Pat. mit D. ist jedoch nicht klar, ob dieses Defizit tatsächlich besteht.

Die in den letzten 20 Jahren erhobenen Befunde aus dem Bereich der *Psychoneuroimmunologie* bei depressiven Patienten führten zur Formulierung der *Zytokinhypothese der Depression*. Diese besagt, dass best. proinflammatorische *Zytokine* depressiogen wirken können. Mögliche Mechanismen sind eine Aktivierung der HHN-Achse, ein Tryptophanmangel, eine Verstärkung der Serotonin-Wiederaufnahme und apoptotische Prozesse im Gehirn.

Schlafstörungen wie Einschlafstörungen, Durchschlafstörungen und Früherwachen gehören zu den typischen Symptomen der D. In Schlaflaboruntersuchungen wurden v. a. ein Verlust des Tiefschlafs und ein häufiges Aufwachen während der Nacht gefunden. Diese Auffälligkeiten depressiver Pat. in der zirkadianen Rhythmik sind u. a. auf eine verminderte Produktion von *Melatonin* während der Nacht sowie auf Veränderungen anderer endokriner Systeme wie der HHN-Achse mit vermehrter Ausschüttung von Kortisol zurückzuführen, das als Stresshormon die Wachheit fördert und so zu Schlafstörungen führt. Das Antidepressivum *Agomelatin*, welches ein *Melatonin-Agonist* ist, soll über eine Normalisierung des zirkadianen Rhythmus antidepressiv wirken. Himmerich et al. 2012, Matussek 1997, Willner 1995. H. Himmerich

Depression, Psychopharmakotherapie [engl. *depression, psychopharmacotherapy*], [**KLI, PHA**], die Pharmakotherapie der *Depression* basiert auf der Medikamentengruppe der *Antidepressiva*, die ihre stimmungsaufhellende Wirkung unabhängig von der Ursache des depressiven Syndroms. Die versch. Antidepressiva unterscheiden sich hinsichtlich ihres Wirkungsprofils. So können sie neben einer stimmungsaufhellenden Wirkung auch antriebssteigernde, antriebsneutrale oder antriebsdämpfende sowie beruhigende und angstlösende Wirkungen entfalten. Die häufigsten *Nebenwirkungen* von Antidepressiva betreffen das Herz-Kreislauf-System, das *Nervensystem* und die *Sexualität*. Ihre volle Wirkung entfalten Antidepressiva nach einigen Tagen bis Wochen kontinuierlicher Einnahme. In Dt. sind etwa 30 Wirkstoffe in dieser Medikamentengruppe zugelassen. Die für die Versorgung quant. bedeutsamsten sind *Trizyklische Antidepressiva (TCA)*, *Serotonin-Wiederaufnahme-Hemmer, selektive* (SSRI), *Selektive Serotonin- und Noradrenalinwiederaufnahmehemmer* (SSNRI bzw. SNRI), andere monoaminerge Antidepressiva, *noradrenerg/spezifisch serotonerges Antidepressivum (NaSSA)* und *Phytopharmaka*. U. de Vries/F. Petermann

Depression, Psychotherapie [engl. *depression, psychotherapy*], [**KLI**], bei der Behandlung der *Depression* (= D.) gilt die *Kognitive Verhaltenstherapie* als am besten untersucht und weitesten entwickelt (z. B. *Kognitive Therapie nach Beck*). Diese beruht auf der Annahme, dass die depressive Symptomatik vor allem durch spezif. neg. Wahrnehmungs- und Bewertungsmuster sowie ungünstiges Bewältigungsverhalten (*Coping*) aufrechterhalten wird. I. R. der kogn. Verhaltenstherapie werden versch. therap. Inhalte und Techniken kombiniert. Die einzelnen Maßnahmen zielen dabei auf das Erkennen und die Modifikation ungünstiger Verhaltens- und Denkmuster sowie die Kontrolle neg. *Emotionen* und körperlicher Empfindungen. Mithilfe des Repertoires unterschiedlicher therap. Strategien und Methoden sollen Betroffene in die Lage versetzt werden, ihre häufig als sehr belastend erlebte depressive *Stimmung* und akute Niedergeschlagenheit und Antriebslosigkeit zu überwinden. Im weiteren Verlauf sollen sie durch verbesserte Bewältigungskompetenzen angemessener mit emot. und sozialen Belastungen und Aufgaben umgehen und die erworbenen Kompetenzen stabilisieren. Einzelelemente der kogn. Verhaltenstherapie sind Beziehungsaufbau, Stimmungsstabilisierung, psychoedukative (*Psychoedukation*) Aufklärung und Störungsmodell, Förderung *sozialer Kompetenzen* und soziale Problemlösefertigkeiten (*Problemlösen*), Aufbau pos. Aktivitäten, *Selbstmanagement* und *Selbstverstärkung*, *kognitive Um-/Restrukturierung* sowie *Entspannungstechniken*. Hautzinger 2010. U. de Vries/F. Petermann

Depression, Remission [engl. *remission of depression*; lat. *remittere* zurückschicken], **[KLI, PHA]**, unter der Remission (= R.) einer *Depression* versteht man das Erreichen von Symptomfreiheit sowie die Wiederherstellung des prämorbiden psychosoz. Funktionsniveaus. Die R. ist das Ziel der antidepressiven Therapie und ist mit einer günstigeren Langzeitprognose verbunden. Thase et al. 2002. N. Schwertfeger

Depression im Kindes- und Jugendalter [engl. *depression in childhood and adolescence*; lat. *depressus* herabgedrückt], **[EW, KLI]**, ist eine psychische Störung, die v. a. durch eine ausgeprägte und anhaltende emot. Niedergeschlagenheit, Antriebslosigkeit (*Antrieb*) und Freudlosigkeit gekennzeichnet ist. Wie bei Erwachsenen ist Depression (= D.) auch unter Kindern und insbes. unter Jugendlichen (*Adoleszenz*) recht häufig. Die Sechs- bzw. Zwölf-Monats-*Prävalenz* wird für das Kindes- auf 2 % und für das Jugendalter auf 4–8 % geschätzt, ab dem Jugendalter sind Mädchen ca. doppelt so oft betroffen wie Jungen. Symptomatik und Erscheinungsbild können im Einzelfall sehr heterogen sein. Neben den oben genannten Kernsymptomen treten laut ICD-10 (*International Classification of Diseases (ICD)*) weitere emot. (Schuldgefühle, Verlust von *Selbstvertrauen*), kogn. (Entscheidungs- und Konzentrationsschwierigkeiten), behaviorale (Agitiertheit oder Hemmung) und körperliche Probleme (*Schlafstörungen* und Veränderungen des Appetits) sowie Suizidgedanken (*Suizidalität*) auf. Anzeichen bei Kindern und Jugendlichen können außerdem eine starke Reizbarkeit bzw. dysphorische Stimmung sein, ausgeprägte Langeweile, körperliche Beschwerden wie Bauch- oder Kopfweh, *Trennungsängste*, Rückzug, regressives Verhalten oder auch *selbstverletzendes Verhalten*. Gemäß ICD-10 kann eine einzelne depressive Episode von einer rezidivierenden (wiederkehrenden) depressiven Störung (mit mind. zwei depressiven Episoden) unterschieden werden. Eine weitere depressive Störung ist die sog. Dysthymia oder dysthyme Störung, bei der es sich um eine weniger schwere, aber mind. zwei Jahre andauernde depressive Verstimmung handelt. Im ICD-10 können für Kinder und Jugendliche auch Störungen des Sozialverhaltens mit depressiver Störung klassifiziert werden. Weniger spezif. depressive Symptombilder können unter gegebenen Voraussetzungen auch den Anpassungsstörungen oder den der sonstigen emot. Störung des Kindesalters zugeordnet werden. D. im Kindes- und Jugendalter tritt häufig komorbid (*Komorbidität*) mit anderen Störungen auf, hierzu zählen im Kindesalter v. a. *Angststörungen* und auch aggressives Verhalten, im Jugendalter kommen *Substanzmissbrauch* und *Essstörungen* hinzu. Der Verlauf der D. im Kindes- und Jugendalter gestaltet sich sehr unterschiedlich, einzelne Episoden können von zwei Wochen bis zu mehreren Jahren andauern. Eine Remission erfolgt durchschnittlich schneller als bei Erwachsenen (*Depression, Remission*), aber es besteht ebenso ein erhöhtes Risiko für weitere depressive Episoden sowie andere psych. Störungen und psychosoziale Beeinträchtigungen bis in das Erwachsenenalter.

Für die D. im Kindes- und Jugendalter kann von einer multifaktoriellen, biopsychosozialen *Ätiologie* ausgegangen werden. Im Einzelfall können die Entwicklungswege zu einer D. sehr unterschiedlich sein. Als dispositionelle (*Disposition*) bzw. vorausgehende Risiken können das *Temperament* und die genetische Veranlagung (*Verhaltensgenetik*), frühe familiäre Belastungen sowie Mängel der Eltern-Kind-Interaktion (*Eltern-Kind-Beziehung*) und der elterlichen *Erziehung* und *Bedürfnis*befriedigung erachtet werden. I. S. einer erhöhten *Vulnerabilität* können sich hieraus eine negative Grundstimmung, eine mangelnde *Emotionsregulation*, unzureichende *soziale Kompetenzen*, eine Rückzugs- und Vermeidungstendenz oder verzerrte, einseitige Wahrnehmungsmuster entwickeln. Als auslösende Faktoren spielen oft kritische Lebensereignisse (*Life-Event, kritisches*) und soziale Belastungen (*Belastung, psychische*, Trennungen, Verluste, Überforderung, *Krankheit*, Ablehnung und Ausgrenzung etc.) sowie Entwicklungseinflüsse (kogn. Reifung (*Entwicklung, kognitive*), körperliche Veränderungen der *Pubertät*, *Autonomieentwicklung*, Zunahme von Rollenanforderungen etc.) eine Rolle. Aufrechterhaltend können sich insbes. anhaltende zw.menschliche Schwierigkeiten, sozialer Rückzug und ein Verlust pos. Erfahrungen, dysfunktionale Kognitionen oder auch Veränderungen im *Neurotransmitter*haushalt auswirken.

Gemäß vorliegenden Forschungsergebnissen und Leitlinien gilt die kogn. *Verhaltenstherapie* als die am besten untersuchte und erfolgreichste psychotherap. Behandlung bei D. im Kindes- und Jugendalter. Elemente der Behandlung sind u. a. die Vermittlung eines nachvollziehbaren Störungs- und Bewältigungsmodells, die Steigerung von angenehmen Aktivitäten und Freizeitbeschäftigungen sowie die Förderung sozialer Kompetenzen und der sozialen Integration. Weitere Ziele sind das Relativieren verzerrter Kognitionen, ein angemessener Umgang mit neg. *Gefühlen* und *Stress* sowie die Steigerung des *Selbstwertgefühls*. Meth. kommen u. a. eine ressourcenorientierte und validierende Gesprächsführung, *Psychoedukation*, *Selbstmanagement*, Rollenspiele sowie erlebnisorientierte Übungen zum Einsatz. Eine intensive Elternarbeit und die Verringerung psychosozialer Belastungen kommen hinzu. Auch für die *Interpersonale Psychotherapie*, die *Familientherapie* und die tiefenpsychol. Therapie (*Tiefenpsychologie*) liegen Behandlungsansätze vor. Bei mittelgradigen und schweren depressiven Episoden stellt auch die *Psychopharmakotherapie* eine Behandlungsoption dar. Hier werden aktuell selektive Serotonin-Wiederaufnahmehemmer (*Serotonin-Wiederaufnahmehemmer, selektive (SSRI)*) empfohlen. Elemente der Kognitiven Verhaltenstherapie haben sich auch in Programmen zur universellen und selektiven *Prävention* der D. im Kindes- und Jugendalter bewährt. *Depression*. Groen & Petermann 2011a, Ihle et al. 2012, Groen & Petermann 2011b. *G. Groen*

Test Depressionsinventar für Kinder und Jugendliche (DIKJ), 2000, J. Stiensmeier-Peister, M. Schürmann und K. Duda, [www.testzentrale.de], [**DIA, KLI**]. Klinischer Test. AA von 8 bis 17 Jahren. Das Depressionsinventar für Kinder und Jugendliche ist ein Selbsteinschätzungsfragebogen zur Erfassung der Schwere einer depressiven Störung bei Kindern und Jugendlichen ab der zweiten Klasse. In kindgerechter Form werden alle wesentlichen Symptome der depressiven Störung (*Major Depression* gemäß DSM-IV) sowie typische Begleiterscheinungen und Folgen erfasst. Jedes der 26 Items des DIKJ verlangt vom Pb eine Entscheidung zw. drei vorgegebenen Antwortalternativen, die unterschiedliche Ausprägungen eines Symptomzustands kennzeichnen.

Test Depressionstest für Kinder (DTK), 1993, P. Rossmann, [www.testzentrale.de], [**DIA, KLI**]. Klinischer Test zu Depressivität. AA von 9 bis 14 Jahren. Der Fragebogen besteht aus 55 Items, die sich auf (1) dysphonische Stimmung und Selbstwertprobleme, (2) Tendenzen zu agitiertem Verhalten und (3) auf Müdigkeit und andere psychosomatische Aspekte beziehen. *Reliabilität*: Cronbachs α zw. $r = .75$ und $r = .86$ und Retest-Reliabilitäten nach einer Woche und zwei Monaten zw. $r = .74$ und $r = .89$. *Normierung* an $N = 2507$ österreichischen Schülerinnen und Schülern der dritten bis sechsten Schulstufe von Volksschulen, Hauptschulen und Gymnasien; es liegen Prozentrangnormen für jede Subskala vor. Durchführungsdauer zw. 10 und 15 Min. Die Auswertung beansprucht nur wenige Min.

depressive Episode (= d. E.), [**KLI**], nach *ICD-10* liegt eine d. E. vor, wenn über ca. 2 Wochen fast tägl. mind. 2 der 3 *Hauptsymptome* (a) gedrückte Grundstimmung (tiefe Traurigkeit; Gefühle der Verzweiflung und inneren Leere stellen sich ohne erkennbaren Anlass ein), (b) Interessenverlust oder Verlust der Freude oder (c) verminderter Antrieb, Energielosigkeit und gesteigerte Ermüdbarkeit und zusätzlich mind. 2 der *Zusatzsymptome* (a) Verlust des Selbstvertrauens oder des Selbstwertgefühls, (b) unbegründete Selbstvorwürfe oder unangemessene Schuldgefühle, (c) wiederkehrende Gedanken an den Tod, Suizidgedanken bis hin zu suizidalem Verhalten (*Suizid*), (d) verminderte Denk-, Konzentrations- oder Entscheidungsfähigkeit, (e) psychomotorische Unruhe oder Verlangsamung, (f) *Schlafstörungen* sowie (g) Appetitverlust oder gesteigerter *Appetit* (mit entspr. Gewichtsveränderungen) festgestellt werden können. Liegen zusätzlich zu 2 der Hauptsymptome 2 vs. 3–4 Zusatzsymptome vor, so wird eine leichte vs. mittelschwere d. E. diagnostiziert. Im Falle von 3 Hauptsymptomen und mehr als 3 Zusatzsymptomen liegt eine schwere d. E. vor. Eine d. E. ist zudem durch klin. bedeutsame, beeinträchtigende Veränderungen der Lebensführung gekennzeichnet. Es werden *uni-* und *bipolare* (*Bipolare Störungen*) sowie *einmalige* bzw. *rezivierende* und *chronische* Verläufe unterschieden. Es muss ausgeschlossen werden, dass andere Störungen (z. B. med.-organische Ursachen, *Sucht- und Substanzbezogene Störungen*, *Schizophrenie*) die psychopathologischen Symptome (insbes. im Falle psychotischer Symptome wie z. B. *Wahn*, *Halluzinationen*) bedingen. *Depression*. Hautzinger & Mayer 2006.

depressive Position (= d. P.), [**KLI, PER**], das Konzept der d. P. geht auf die Psychoanalytikerin Melanie Klein (1935, *Beitrag zur Psychogenese der manisch-depressiven Zustände*; Klein 1995–2002) zurück. Von der Prämisse ausgehend, dass sich die Phantasie- und Gefühlswelt eines Säuglings in Objektbeziehungen konstituiert, entwickelte sie die grundlegende Unterscheidung zweier Organisationsformen psych. Erlebens: die *paranoid-schizoide Position* und die d. P. Die d. P., die entwicklungsmäßig auf die *paranoid-schizoide P.* folgt, ist durch die zunehmende Abgrenzung von Selbst (*Selbst, psychoanalytische Perspektive*) und Objekt, durch die sich entwickelnde Fähigkeit zu Liebe und Dankbarkeit, durch eine allmähliche Rückbildung der frühkindlichen Omnipotenzphantasien und durch die Milderung archaischer Verfolgungsängste gekennzeichnet. Bei Säuglingen ändert sich zw. dem vierten und sechsten Lebensmonat die Objektbeziehungsstruktur, aus Beziehungen zu Teilobjekten (z. B. zu einer «guten Brust», zu einer «bösen Brust») werden Beziehungen zu ganzen Objekten. Infolgedessen wird sich das Kleinkind gewahr, dass Angriffe, die gegen die böse Mutterbrust gerichtet waren, der Mutter als Ganzes Schaden zugefügt haben. Diese Einsicht ist für den Säugling extrem schmerzhaft und konfliktreich und führt zu massiven Schuldgefühlen, die mit der Angst verbunden sind, das primäre Objekt beschädigt oder gar zerstört zu haben. Aus diesen Schuldgefühlen entsteht beim Säugling das Bedürfnis, den angerichteten Schaden wiedergutzumachen. Wenn manische und zwanghafte Ausprägungen der Wiedergutmachungsabsichten überwunden werden können, kommt es auf der d. P. zu einer schrittweisen Realitätsanpassung und Integration der Selbst- und der Objektrepräsentanzen. Das Resultat eines «erfolgreichen» Durcharbeitens der d. P. ist die sichere *Internalisierung* des guten Objekts, das nach Klein zum *Kern des Ichs* und damit zur Grundlage emot. Wachstums wird. Der Erlebensmodus der d. P. bez. weniger eine Entwicklungsphase als vielmehr eine reifere Modalität der Selbst- und Welterfahrung, die zeitlebens gegen regressive, desintegrierende innere und äußere Einflussfaktoren aufrechterhalten werden muss. Stabilisierung und Wiederherstellung der Erlebensmodi der d. P. können in der Klein'schen Tradition als Ziele *psychoanalytischer* Behandlungen angesehen werden. *S. Bayer*

Depressivität (= D.) [engl. *depressivity*; lat. *depressus* niedergeschlagen, herabgedrückt], syn. in älterer Literatur *Melancholie*, *Schwermut*, [**KLI, PER**], ein *Persönlichkeitsmerkmal* (zeitstabile Verhaltensdisposition; *Disposition*), das insbes. durch Traurigkeit, Schwermut, Antriebslosigkeit und Niedergeschlagenheit charakterisiert ist. Deutliche Merkmalsausprägungen der D. treten i. d. R. situativ (reaktiv oder stimmungsbedingt) und vorübergehend (i. S. einer Stimmung) auf (i. Ggs. zur psych. Störung *Depression*).

Deprivation (= D.) [engl. *deprivation*; lat. *deprivare* berauben], **[KOG, SOZ]**, Entzug oder Vorenthalten von bedürfnisbefriedigenden Objekten oder Reizen. V. a. beobachtet wird die D. als «soziale D.» bzw. als «soziale Isolation». Zur Klärung der Bedeutung werden mit Deprivationsexperimenten (bes. bei Tieren) die Auswirkungen von Hunger und Durst (z. B. bei Lernexperimenten), der Schlafentzug, die langfristige Wirkung sozialer Isolation z. B. an verwaisten, hospitalisierten Kindern oder bes. Arbeitssituationen, die Reizarmut in versch. Phasen der Entwicklung erforscht. Sensorische D. führt beim Menschen nach wenigen Tagen zu schweren Störungen (Heron et al. 1956).
maternal deprivation [engl.], **[EW]**, der Mangel an mütterlicher Zuwendung und Pflege. *Hospitalismus*. Heron et al. 1956. *R. Bergius*

Deprivation, relative (= r. D.) [engl. *relative deprivation*], *Deprivation*, **[SOZ]**, r. D. bez. das Phänomen, dass die relative *Position* im Vergleich mit ähnlichen anderen auf einer Bewertungs- oder *Belohnung*sdimension für die Einschätzung der subj. Zufriedenheit wichtiger ist als die absolute Position. Runciman (1966) gab vier Kriterien an, die erfüllt sein müssen, damit eine Person bezogen auf ein Objekt r. D. wahrnimmt: (1) die Person hat das Objekt nicht, (2) sie weiß von anderen Personen, dass sie das Objekt haben, (3) sie möchte das Objekt besitzen, (4) sie ist optimistisch im Hinblick auf die Erreichbarkeit des Objekts. In ihrer Neuformulierung der Theorie der r. D. geht Crosby (1976) von zwei zentralen Faktoren für die Entstehung von r. D. aus: (1) der Wunsch, das Objekt zu besitzen, und (2) die Meinung, dass der Besitz des Objekts verdient ist. Tatsächlich werden Gefühle der r. D. durch erlebte Ungerechtigkeit (*Gerechtigkeit*, *Ungerechtigkeitssensibilität*) hervorgerufen (Schmitt & Maes 2002). Runciman (1966) unterschied zwei Formen der r. D.: egoistische (*indiv.*) und fraternalistische (*kollektive*) r. D. Erstere bezieht sich auf die ungünstige indiv. Position relativ zur eigenen *Bezugsgruppe*. Demgegenüber steht bei der fraternalistischen r. D. die eigene Bezugsgruppe als Ganzes im Mittelpunkt, die im Hinblick auf ihre Position in der *Gesellschaft* als benachteiligt wahrgenommen wird (z. B. ethnische Minderheiten (*Minorität*)). Egoistische r. D. korreliert dabei tendenziell stärker mit psych. und psychosomat. Störungen, fraternalistische r. D. hängt häufig mit wahrgenommenen Vorurteilen gegenüber der eigenen Gruppe (*Vorurteile*) zus.

Die Theorie der r. D. kann Spannungen zw. ethnischen Gruppen erklären. Grofman & Muller (1973) befragten über 500 Personen aus Waterloo in Iowa/USA nach Rassenunruhen im Hinblick auf ihre Bereitschaft zur Ausübung von politischer *Gewalt*. Die Gewaltbereitschaft war sowohl bei Personen, die eine Verschlechterung wahrnahmen, als auch bei Personen, die eine Verbesserung wahrnahmen, erhöht. Die unerwartete Erhöhung des Protestverhaltens bei pos. Veränderungen kann möglicherweise dadurch erklärt werden, dass eine wahrgenommene Verbesserung mit steigenden *Erwartungen* zus.hängt. Ein weiterer Erklärungsansatz verwendet die soziale Identität (*Identität und Selbst*). Kelly & Breinlinger (1996) stellten fest, dass die Stärke der Geschlechtsidentität von Frauen der stärkste Prädiktor für ihre Teilnahme an Frauengruppen und Kampagnen zugunsten der Frauen war. Pettigrew et al. 2008. *H.-W. Bierhoff/R. van Dick*

Deprivationsmethode [engl. *deprivation method*; lat. *deprivare* berauben], *Reifung*.

Derealisation [engl. *derealization*; lat. *de-* weg-, *realis* sachlich, stofflich, wirklich], *Entwirklichung*, **[KLI]**, Erleben, bei dem die Umwelt als unwirklich, fremd erscheint. *Entfremdung*, Entfremdungserlebnis, geht i. d. R. einher mit *Depersonalisation*, ist Kennzeichen der sog. Wahnstimmung (*Wahn*) und ist z. B. Symptom der *Depression* oder *Schizophrenie*. *Dissoziative Störungen*.

Dereflexion (= D.) [engl. *dereflection*; lat. *de-* weg-, *reflectere* zurückbeugen], **[KLI]**, von V. E. Frankl entwickelte Therapiemethode, der Pat. ist mithilfe der D. imstande, die Symptome zu ignorieren und sie schließlich zu vergessen. Die Methode soll bei Störungen eingesetzt werden, bei denen eine Fixierung der *Aufmerksamkeit* auf normalerweise unbeachtet ablaufende (vegetative) Funktionen (z. B. Sexualstörungen) vorherrscht. In der D. wird die Aufmerksamkeit weg von der schädigenden *Selbstbeobachtung* hin zu lebenswerten Inhalten gelenkt. *Logotherapie*.

Derivation [engl. *derivation*; lat. *derivare* ableiten], *Wortbildung*.

Dermatozoenwahn [engl. *delusion of parasitosis, entomophobia*; gr. δέρμα (*derma*) Haut, ζῷον (*zoon*) Lebewesen], **[KLI]**, die wahnhafte Vorstellung, Dermatozoen (Insekten) in oder auf der Haut zu spüren. Zählt zu den Wahrnehmungsstörungen mit *Halluzination*. Wurde nosologisch früher unter die *Phobien* oder unter *Hypochondrie* eingereiht, als Symptom einer *Depression*, eine präsenile Hirnveränderung oder als Ausdruck einer *Psychose* aufgefasst. Wird ebenfalls bei Intoxikationen und Medikamentenabusus (*Abusus*; insbes. bei Kokain) berichtet. *Wahn*, *Wahnhafte Störung*.

Dermografismus [engl. *dermographism*; gr. δέρμα (*derma*) Haut, γράφειν (*graphein*) schreiben], **[BIO]**, Auftreten rötlicher oder weißer Streifen auf der Haut nach Bestreichen mit einem harten Gegenstand (oder Fingernagel). Reizung der Hautkapillaren. Tritt meist in starkem Grad bei vegetativer *Labilität* auf.

Desaktivierungsschwelle (= D.) [engl. *sedation threshold*], **[BIO, DIA, KLI]**, von Shagass als Diagnostikum/Prognostikum (*Challenge Test*) vorgeschlagener chemischer *Reaktivitätstest*. Ein Barbiturat (*Barbiturate*) wird intravenös verabreicht, währenddessen wird ein EEG (*Elektrodiagnostik*, *Enzephalografie*) abgeleitet. Die D. ist definiert als Dosis, bei der schnelle EEG-Wellen im Bereich von 17 bis 25 Hz eine starke Amplitudenzunahme erfahren. Hiermit korreliert das Auftreten verwaschener Sprache. Retest-Reliabilität und Objektivität des Verfahrens sind hoch. Zwillingsstudien belegen ihre genetische Determination. Die D. korreliert u. a. mit manifester *Angst*, sie ist höher bei reaktiver als bei endogener *Depression*, niedriger bei hysterischen als bei dysthymen Pbn (sensu Eysenck) und wird mit indiv. kortikal-limbischer Erregtheit in Verbindung gebracht (*Introversion*, *Neurotizismus*). Claridge 1967, Claridge et al. 1981, Claridge 1983. *W. Janke/P. Netter*

Desensibilisierung, Systematische *Systematische Desensibilisierung.*

DESI, Abk. für *Deutsch Englisch Schülerleistungen International*, **[PÄD]**, DESI ist die erste *Schulleistungsstudie* in der Verantwortung der Kultusministerkonferenz; anders als PISA (*PISA-Studien*) oder *TIMSS* ist DESI jedoch keine Vergleichsstudie, sondern eine päd. Qualitätsuntersuchung mit Schwerpunkt auf dem *Unterricht* in den Fächern Deutsch und Englisch und den sprachlichen Leistungen der Schüler in diesen Fächern. Unter Federführung des Dt. Instituts für Internationale Päd. Forschung (DIPF) wurden dafür von einem Wissenschaftlerkonsortium neue Testverfahren für Deutsch (*Lesekompetenz*, Bewusstheit für grammatische und stilistische Phänomene, Rechtschreibung, *Wortschatz*, Verständnis für Argumentationsmuster und Aspekte der Schreibkompetenz (*Schreiben*)) und Englisch (mündliche Sprechfähigkeit, Hörverstehen, Leseverstehen, kreatives Schreiben, Aspekte der Sprachbewusstheit, *interkulturelle Kompetenz* und die Fähigkeit zur Rekonstruktion von Lückentexten (sog. C-Test) als Globalindikator der Sprachkompetenz) entwickelt. Etwa 11 000 Schüler der neunten Jahrgangsstufe aller allg.bildenden Schularten wurden zu Beginn und am Ende des Schuljahres 2003/04 befragt und getestet; hinzu kamen Befragungen von Lehrkräften, Eltern und Schulleitungen sowie Videoaufnahmen im Englischunterricht. Als bundesweit repräsentative Untersuchung lieferte die Studie eine Fülle von Aussagen über *Lehr-Lern-Prozesse* und den Erwerb sprachlicher Kompetenzen, die für Unterrichtspraxis, Lehrerbildung und Bildungspolitik gleichermaßen wichtig sind. Als bes. fruchtbar für die Frage nach fachspezifischen und allg. Faktoren der *Unterrichtsqualität* erwies sich die Videostudie des Englischunterrichts, an der 105 Klassen mit jew. zwei Unterrichtsstunden teilnahmen. Eines von vielen überraschenden Ergebnissen dieser Studie war, dass Lehrpersonen im Durchschnitt mehr als doppelt so lange sprechen wie alle Schüler der Klasse zus. DESI-Konsortium 2008, Helmke et al. 2008. *A. Helmke/T. Helmke*

design *Forschungsdesign.*

Designeffekte [engl. *design effects*], *interne Validität, Bedrohungen für die.*

Designerdrogen (= D.) [engl. *designer drugs*; design (Aus-)Gestaltung], **[PHA]**, psychotrope Stoffe, die auf techn. Wege außerhalb des legalen Arzneimittelmarktes hergestellt und illegal ohne therap. Rechtfertigung eingenommen werden. «Klassische» D. sind Abkömmlinge der *Amphetamine*. Freye 1997.

Desintegration (= D.) [engl. *desintegration*; lat. *de-* weg-, *integer* ganz, unversehrt], **[SOZ]**, Aufhebung eines (sozialen) Zusammenhaltes von *Gruppen*. **[KLI]**, in der *Tiefenpsychologie* wird der Begriff D. für die analytische Auflösung gebraucht. *Katharsis, psychoanalytisch.*

Desintegrative Störung des Kindesalters *Entwicklungsstörungen, tiefgreifende.*

Desipramin (= D.) [engl. *desipramine*], **[PHA]**, *Psychopharmakon* aus der Reihe der trizyklischen *Antidepressiva*. Wiederaufnahmehemmer von *Noradrenalin*, deutl. schwächer auch von *Serotonin*. D. ist in Dt. nicht mehr verfügbar. DiMascio et al. 1963.

desistance (= d.) [engl.] «von kriminellen Verhaltensweisen Abstand nehmen», [lat. *desistere* von etwas Abstand nehmen], **[RF, SOZ]**, die Beendung krimineller Handlungen. Gemeint ist nicht das Ende einer konkreten Straftat, sondern der «Ausstieg» aus fortgesetzter *Kriminalität* (*Persistent Offenders*). Bei Personen, die nur einmal eine Straftat begehen, würde man nicht von d. sprechen. D. ist im Prinzip erst retrospektiv nach dem Tod der Person feststellbar, weshalb es innerhalb der Entwicklungskriminologie unterschiedliche Positionen zur Frage gibt, wie lange jemand straftatfrei sein muss, damit bei ihm von d. gesprochen werden kann. Auch längere Intervalle zw. Straftaten oder eine abnehmende Schwere könnten bei best. Personen als d. gewertet werden.
D. wird zumeist nicht als Ereignis verstanden, sondern eher als Prozess, in dessen Verlauf die betroffene Person Anstrengungen zur Aufrechterhaltung der «Abstinenz» unternehmen muss (ähnlich wie bei Suchtverhalten, *Sucht*). Sanktionen und Interventionen können zu d. beitragen, d. wird aber eher als «natürlicher», von der Person selbst initiierter Prozess verstanden. Forschungsarbeiten zu d. haben sowohl personenbezogene Merkmale (z. B. Identitätsveränderungen, prosoziale Lebensziele, Selbstwirksamkeitserwartung in Bezug auf die prosoziale Gestaltung des eigenen Lebens) als auch soziale Bedingungen (z. B. stabile und befriedigende Arbeit und Partnerschaft) identifiziert, die d. befördern. Maruna & Immarigeon 2004. *S. Suhling*

deskriptive Psychologie [engl. *descriptive psychology*; lat. *describere* beschreiben], *beschreibende Psychologie.*

deskriptiver Behaviorismus [engl. *descriptive behaviorism*; lat. *describere* beschreiben], beschreibender *Behaviorismus.*

Deskriptivstatistik (= D.) [engl. *descriptive statistics*; lat. *describere* beschreiben], **[FSE]**, derjenige Teil der *Statistik*, dessen Aufgabe in der Charakterisierung von Ergebnissen durch best. Kennwerte (Mittelwert, Streuung, Korrelation u. a.) besteht. D. wird auch als darstellende oder beschreibende Statistik bez. *Inferenzstatistik, Statistische Datenanalyseverfahren.* *H. O. Häcker*

Deskriptoren (= D.) [engl. *descriptors*; lat. *describere* beschreiben], in der Dokumentationssprache ausgewählte Bez. (Fachbegriffe), die im *Thesaurus* zus.gefasst sind. Mithilfe von D. werden Sachverhalte beschrieben, die über ein Dokumentationssystem gespeichert und wieder aufgefunden werden können.

Desmopressin, **[PHA]**, synthetisch hergestelltes Peptid, das sich vom *Vasopressin* (ADH, antidiuretisches *Hormon*) ableitet und als Arzneimittel die Wasserausscheidung über die Niere hemmt.

Desorientierung [engl. *desorientation*], **[KLI]**, das Fehlen der Orientierung, Verwirrtheit, Teilsymptom aller Bewusstseinsstörungen mit Ausfällen der zeitlicher, örtlicher oder sonst situationsangepassten Orientierung.

Desoxykortikosteron [engl. *desoxycorticosteron*], **[BIO]**, Nebennierenrindenhormon aus der Gruppe der *Mineralkortikoide*. *Hormone.*

Desoxyribonucleinsäure (DNS) [engl. *desoxyribonucleinacid (DNA)*], [**BIO**], die Träger der Erbinformation in den Chromosomen. Sie sind Riesenmoleküle, die sich aus einzelnen Nukleotiden zus.setzen, wobei die unterschiedl. Anordnung der Nukleotide für die Erbinformation bestimmend ist. *Verhaltensgenetik*.

Dessoir, Max (1967–1947), [**HIS**], Philosoph, Psychologe und Ästhetiker. Studium der *Philosophie* in Berlin (Dr. phil. 1889) und der Medizin (Dr. med. 1892 in Würzburg); Habilitation 1892 für Philosophie, 1897 ao. Prof, 1920 o. Prof., 1933 Lehrverbot und 1940 Verbot der Publikationstätigkeit. Dessoir gründete 1906 die Zeitschrift für Ästhetik und allg. Kunstwissenschaft, 1909 die Gesellschaft für Ästhetik und allg. Kunstwissenschaft und veranstaltete deren Kongresse 1913–1931. Allgemein gilt Dessoir als jener Wissenschaftler, der die wiss. Ästhetik in Abgrenzung von den Kunstwissenschaften begründete. Dessoirs Interesse an okkulten Phänomenen führte ihn 1889 zum Begriff der *Parapsychologie*. Dessoirs Arbeiten über den Werteverlust im Ersten Weltkrieg sind in der *Friedenspsychologie* rezipiert worden. Nicht zuletzt in Erinnerung an Dessoirs Arbeiten zur Psychologiegeschichte vergibt die Fachgruppe Geschichte der Psychologie der Deutschen Gesellschaft für Psychologie (*Deutsche Gesellschaft für Psychologie (DGPs)*) einen nach Max Dessoir benannten Preis für psychologiegeschichtliche wiss. Arbeiten. Dessoir 1947. *H. E. Lück*

Destruktion [engl. *destruction*; lat. *destruere* niederreißen], das auf Zerstörung gerichtete *Verhalten*.

Destruktionstrieb (= D.) [engl. *destructive drive, destructive instinct*; lat. *destruere* niederreißen], [**KLI**], der Begriff D. steht bei Freud (*Psychoanalyse*) in enger Verbindung zum Begriff *Todestrieb*. Während der Todestrieb v. a. nach innen wirkt und das Ziel verfolgt, den Organismus bzw. das Individuum in einen spannungslosen, letztlich leblosen Zustand zu überführen, bez. der D. den Teil des Todestriebs, der sekundär nach außen gerichtet wird. Es ist die Aufgabe der Lebenstriebe (*Lebenstrieb*), den nach innen gewendeten Todestrieb so weit wie möglich unschädlich zu machen und sich ihm zu entledigen, indem sie ihn mithilfe der Muskulatur nach außen gegen die Objekte der Außenwelt richten. Die aggressive, nach außen projizierte Äußerungsform des Todestriebs wurde maßgeblich von Melanie Klein erforscht. Freud 1923a. *L. Bayer*

detection bias (= d.) [engl.] «Fehler aufgrund von Entdeckung», [**FSE**], systematische Verzerrung von *Effektstärken* durch Einschränkungen der *Validität* der untersuchten Zielgrößen. Angenommen, die soziale Kompetenz werde (1) über Selbstauskünfte oder aber (2) über Verhaltensbeobachtungen erfasst. Dann könnte ggf. aufgrund des d. für die beiden Erhebungsformen unterschiedliche Zusammenhänge mit anderen Merkmalen (z. B. Alter) resultieren. *bias*.

Detektion (= D.) [engl. *detection*; lat. *detegere* aufdecken, enthüllen], [**BIO, KOG, WA**], in der *Psychophysiologie* und Wahrnehmungsps. die Anwesenheit eines Reizes (*Reiz*) bemerken oder feststellen, dass ein vorher definiertes Ereignis eingetreten ist. Die D.schwelle, ein Begriff der *Signal*-

entdeckungstheorie, unterscheidet sich von der absoluten Empfindungsschwelle (*Reizschwelle*) durch die Berücksichtigung eines Entscheidungsvorganges. Sie wird als der kleinste Energiebetrag definiert, auf den ein Informationssystem ansprechen kann, wenn der zu bemerkende Reiz vor einem «Null-Hintergrund» *(zero background)* geboten wird (Dember 1966). Die Unterschieds- oder Differenz- oder relative Schwelle (*Unterschiedsschwelle*) wird in der Signaldetektionstheorie durch die Differenz-Detektionsschwelle ersetzt. In beiden Fällen handelt es sich jedoch um die Entdeckung min. Änderungen der Reizsituation. Nach gestaltpsychol. Auffassung sind solche Änderungen (Inhomogenitäten) Grenzen oder Konturen, ohne die nichts wahrgenommen wird. *Ganzfeld, homogenes*. *R. Bergius*

Detektionsaufgabe [engl. *detection task*; lat. *detegere* entdecken], *Wahrnehmungsschwelle*.

Detektor (= D.) [engl. *detector*; lat. *detegere* entdecken], [**BIO, WA**], (1) Bez. für ein *Neuron*, das wegen der Eigenarten seines rezeptiven Feldes (*rezeptives Feld*) selektiv auf ein best. Reizmerkmal reagiert (*Tuning-Kurve*); z. B. «Fliegen-D.» in der Netzhaut des Frosches (reagiert nur auf kleine bewegte Punkte), Orientierungs-D. im visuellen Kortex von Katze, Affe usw. (einfache kortikale Zelle, die nur auf Streifen mit best. Orientierung reagiert, rezeptive Felder). (2) hypothetische Einheit der perzeptiven Analyse, die selektiv auf best. Reizmerkmale reagiert (*Filter*); erschlossen aus best. psychophysischen (*Psychophysik*) Daten (*Adaptation, selektive*). (3) hypothetische Einheit in Merkmalsmodellen der Mustererkennung wie dem *Pandämonium-Modell*. Elektrophysiologische und psychophysische Untersuchungen führen meist zu gleichartigen Folgerungen hinsichtlich der Existenz versch. Arten von D.; die hypothetischen Einheiten in Modellen der Mustererkennung stellen Verallgemeinerungen der grundlegenden Befunde dar. Goldstein 2007. *H. Heuer*

Determinanten (= D.) [engl. *determinants*; lat. *determinare* bestimmen], syn. *Bedingungen*. In der Ps. Faktoren, die ein Geschehen (z. B. eine Entwicklung) bestimmen.
[**BIO**], in der Biol. Bez. für kleinste Partikel im Keimplasma, welche die spez. Ausbildung der einzelnen Organe bestimmen.
[**KLI**], in der *Tiefenpsychologie* die von Schottlaender eingeführte Bez. für alle Gegebenheiten, die für das Leben des Einzelnen eine Grenze darstellen, die nicht überschritten werden kann und mit denen sich das Ich auseinandersetzen muss: bewusste und unbewusste, äußere und innere, körperliche D. sind etwa das Geschlecht, der Gesundheitszustand usw.

Determination (= D.) [engl. *determination*; lat. *determinare* bestimmen], [**EM, FSE, KOG**], Bestimmung, Bestimmtheit. In der Ps. der bestimmende und regelnde Einfluss einerseits von *Determinanten*, andererseits von *Zielvorstellungen* und des Wollens auf den Verlauf psych. Geschehens. *determinierende Tendenz*. D. wurde der *Perseveration* gegenübergestellt. Erstere besitzt intentionalen Sinn (*Intention*), ist gewollt und nimmt z. B. im ermüdeten Zustand ab; Perseveration dagegen ist nicht gewollt und steigt in der Ermüdung an.

In der Logik das Hinzufügen einzelner Merkmale zu einem allgemeineren Begriff, wodurch ein engerer Artbegriff entsteht. Eine Bestimmung durch Begrenzung, aber nicht durch *Abstraktion*.
In der Statistik ist der Begriff D. eingeführt als Determinationsindex und als *Determinationskoeffizient*.

Determinationskoeffizient (= D.) [engl. *determination coefficient*; lat. *determinare* festsetzen, bestimmen], syn. *Determinationsindex, Bestimmtheitsmaß, R^2 (R-Quadrat)*, **[FSE]**, i. R. der linearen Regressionsanalyse (*Regression, lineare*) ein Maß der *Varianzaufklärung*. Der D. entspricht für bivariate Zus.hänge dem Quadrat der *Produkt-Moment-Korrelation*. Er gibt den Anteil der *Varianz* wieder, der zwei miteinander korrelierenden Variablen gemeinsam ist. Beträgt der D. für den Zus.hang des Erfolgs einer Behandlung und der Behandlungsmotivation 0.1, so können 10 % der Varianz der Variablen Behandlungserfolg durch die Behandlungsmotivation vorhergesagt oder aufgeklärt werden. Determination wird hier als Informationsredundanz der Variablen aufgefasst und darf nicht i. S. kausaler Beeinflussung (*Kausalität*) verstanden werden. Im Falle der multiplen linearen Regression wird der *multiple D.* als Maß des gemeinsamen Vorhersagewerts aller Prädiktorvariablen best. Hierbei werden redundante Informationen in den Prädiktorvariablen kontrolliert. *Allgemeines Lineares Modell*. Eid et al. 2013.

determinierende Tendenz (= d. T.) [engl. *determining tendency*; lat. *determinare* bestimmen], **[EM]**, nach Ach die von einer Zielvorstellung (*Ziele*) ausgehende und auf das *Denken* und Handeln (*Handlung*) übergreifende Wirkung. Die d. T. kann dabei auch unbewusst bleiben. *Würzburger Schule*.

Determinismus (= D.) [engl. *determinism*; lat. *determinare* bestimmen], **[KOG, PHI]**, die Lehre von der Vorbestimmung allen Geschehens. Nichts ist zufällig, sondern alles notwendige Wirkung best. Ursachen. Willensd. ist die Auffassung, dass auch der Willensakt äußeren oder inneren Ursachen unterworfen und insofern *Willensfreiheit* nicht möglich ist. Speziell wird mit D. die Auffassung bez., nach der das *Denken* bzw. das Weltbild von Mitgliedern einer Sprachgemeinschaft mehr oder weniger durch ihre *Sprache* festgelegt und vorherbestimmt sei (*Sapir-Whorf-Hypothese*). G. Kaminski

Determinismus, reziproker [engl. *reciprocal determinism*], *Entwicklung, lerntheoretische Ansätze*.

deterministisches System [engl. *deterministic system*; lat. *determinare* bestimmen], *System*.

Deuteranopie [engl. *deuteranopia*; gr. δεύτερος *(deuteros)* der zweite, α- *(a-)* ohne, ὄψις *(opsis)* Sehen], *Dichromaten*.

Deuteroskopie [engl. *deuteroscopia*; gr. δεύτερος *(deuteros)* der zweite, σκοπεῖν *(skopein)* betrachten], zweite Betrachtung.

Deutsch, Werner (1947–2010), **[EW, HIS, KOG]**, studierte Ps. in Münster und Marburg, er war 1977–1987 am Max-Planck-Institut für *Psycholinguistik* in Nijmegen, dann 1987 bis zu seinem Tod als Prof. für Ps. in Braunschweig tätig. Deutsch war Entwicklungs- und Sprachpsychologe; eingehend befasste er sich mit dem Werk von *Clara Stern* und *William Stern*, insbes. mit den Tagebüchern, die sie für ihre drei Kinder geführt hatten. Durch diese Arbeiten erfolgte in der Ps. eine Neubewertung der Forschungsarbeiten und des Kritischen *Personalismus* von William Stern. Deutsch war ausgebildeter Sänger (Tenor) und Kunstmäzen. Der «Preis für Junge Kunst» in Kleve ist nach ihm benannt. H. E. Lück

Deutsche Gesellschaft für Psychologie (DGPs) [engl. *German society of psychology*], gegründet im Jahre 1904 (*Gesellschaft für experimentelle Psychologie*). Sie ist eine internat. Gesellschaft im dt.sprachigen Raum, die die in Forschung und Lehre tätigen Psychologen vereinigt. Im Jahr 2002 gehörten der Gesellschaft ca. 2000 ordentliche, ca. 400 assoziierte Mitglieder sowie 16 Ehrenmitglieder vornehmlich aus Deutschland, Österreich und der Schweiz an. Um ordentliches Mitglied der DGPs zu werden, müssen zusätzlich zur Dissertation mind. zwei weitere wiss. Publikationen vorliegen. Diplompsychologen können bereits vor Abschluss des Promotionsverfahrens die assoziierte Mitgliedschaft erlangen, insofern sie im Bereich von Forschung und Lehre tätig sind und die Promotion anstreben. Hauptziele der DGPs sind, die ps. Forschung zu unterstützen, die Kommunikation innerhalb des Fachs zu fördern und die Öffentlichkeit über den Stand der Entwicklung der Forschung zu informieren. Die DGPs setzt sich deswegen dafür ein, ps. und interdisziplinäre Forschungsprogramme zu fördern, die Ps. in wiss. Einrichtungen, insbes. Hochschulen und anderen Ausbildungsstätten zu stärken, die Aus-, Fort- und Weiterbildung von Psychologen zu entwickeln, Fachzeitschriften zu befördern sowie die Kooperation mit Nachbardisziplinen und die Mitarbeit in internat. wiss. Vereinigungen voranzubringen. Eine wichtige Aufgabe besteht auch darin, alle zwei Jahre einen Fachkongress auszurichten. Zur Förderung von Teilgebieten der Ps. richtete die DGPs bisher 13 Fachgruppen ein, nämlich für Allgemeine Ps., Arbeits- und Organisationsps., Biol. Ps., Differentielle Ps., Persönlichkeitsps. und Ps. Diagnostik, Entwicklungsps., Geschichte der Ps., Gesundheitsps., Klinische Ps., Methodenps., Päd. Ps., Rechtsps., Sozialps. und Umweltps.
Die DGPs ist mit dem *Berufsverband Deutscher Psychologen (BDP)* in der Föderation Dt. Psychologenvereinigungen zus.geschlossen, die wiederum Mitglied der *International Union of Psychological Science* (IUPsyS) ist. Vertreten wird die DGPs durch einen Vorstand, der von der Mitgliederversammlung jeweils für zwei Jahre gewählt wird und dem sechs Personen angehören. Weiterführende Informationen über aktuelle Arbeitsschwerpunkte des Vorstands können der Ps. Rundschau sowie DGPs-Online [www.dgps.de] entnommen werden.

Test Deutsche Personality Research Form (PRF-D), 1985, H. Stumpf, A. Angleitner, T. Wieck, D. N. Jackson & H. Beloch-Till, [www.testzentrale.de], **[DIA, PER]**. Mehrdimensionaler Persönlichkeitstest. AA ab 17 Jahren. Die PRF ist ein Fragebogen zur Erfassung grundlegender Persönlichkeitsmerkmale i. S. der Personologie H. Murrays. Das Verfahren ist als umfassendes Persönlichkeitsinventar für den normalps. Bereich konzipiert und soll eine differenzierte, für den Alltag relevante Charakterisierung des Pbn nach gängigen persönlichkeitstheoretischen Konzepten ermöglichen. Besondere Schwerpunkte liegen dabei auf der Erfassung von Aspekten des *Leistungs- und Sozialverhaltens*. Von den 22 Skalen der amerikanischen Originalversion der PRF wurden 15 mit reduzierter Itemzahl beibehalten, nämlich 14 Inhaltsskalen (z. B. *Leistungsstreben, Geselligkeit, Aggressivität, Dominanzstreben, Ausdauer*) und eine Validitätsskala. *Reliabilität*: Konsistenzkoeffizienten (Cronbachs α) zw. $r = .66$ und $r = .87$. Retest-Reliabilität bei kurzen Retest-Intervallen (ca. zwei Wochen) zw. $r = .85$ und $r = .95$. Es liegen zwei Parallelformen (KA und KB) zu je 234 Items vor. *Normierung* an $N = 2209$ Männern und $N = 1269$ Frauen. Stanine-Werte und Prozentränge sind angegeben. Durchführungsdauer zw. 25 und 50 Min. Auswertungszeit ca. 10 bis 15 Min.

TestDeutscher Mathematiktest für erste Klassen (DEMAT 1+/2+/3+/4+), *DEMAT 1+*, 2001, K. Krajewski, P. Küspert & W. Schneider; *DEMAT 2+*, 2004, K. Krajewski, S. Liehm & W. Schneider; *DEMAT 3+*, 2004, T. Roick, D. Gölitz und M. Hasselhorn; *DEMAT 4+*, 2006, D. Gölitz, T. Roick und M. Hasselhorn, [www.testzentrale.de], [**DIA, PÄD**]. *DEMAT 1+*: 9 Subtests mit *Mengen-Zahlen, Zahlenraum, Addition und Subtraktion, Zahlenzerlegung-Zahlenergänzung, Teil-Ganzes-Schema, Kettenaufgaben, Ungleichungen* und *Sachaufgaben* thematisiert. *Reliabilität*: Interne Konsistenz der Subtests zw. $r = .56-.84$; für Gesamttest zw. $r = .89-.88$ für die 1. bzw. 2. Klasse. Retest-Reliabilität (erstes und zweites Schuljahr $r = .65$ ($N = 52$)). *Validität*: Übereinstimmungsvalidität mit Lehrerurteil $r = .66$. *Normierung*: Normen nach Klassenstufe und Geschlecht getrennt. Parallelformen A und B. Ca. 20–40 Min. *DEMAT 2+*: 10 Subtests erfassen *Zahleneigenschaften, Längenvergleich, Addition, Subtraktion, Verdoppeln, Halbieren, Division, Rechnen mit Geld, Sachaufgaben* und *Geometrie*. *Reliabilität*: Cronbachs α = .91–.93; Testhalbierungsreliabilität (korr. nach Spearman Brown) $r = .94–.95$. *Normierung*: Normen nach Klassenstufe getrennt. Parallelformen A und B. Ca. 20–45 Minuten.
DEMAT 3+: Erfasst *Arithmetik* (Zahlenstrahl, Additionen, Subtraktionen und Multiplikationen), *Sachrechnen* (Sachrechnungen und Längen), *Geometrie* (Spiegelzeichnungen, Formen legen und Längen schätzen) mit insges. 31 Items. Auswertung auf indiv. Ebene und ganzer Schulklasse. *Reliabilität*: Paralleltest-Reliabilität $r = .83$, Testhalbierungsreliabilität $r = .85$; Cronbachs α = .83. *Validität*: Inhaltliche und empirische Validitäten liegen vor. *Normierung*: Normen liegen für Klassenstufe und Geschlechter sowie zur Beurteilung der mittleren Leistungen ganzer Klassen und der Leistungsstreuung in einer Schulklasse vor ($N = 4.209$). Parallelformen A und B. Bearbeitungszeit: ca. 28–45 Min.
DEMAT 4+: Erfasst *Arithmetik* (Zahlenstrahlen, Additionen, Subtraktionen, Multiplikationen, Divisionen), *Sachrechnen* (Größenvergleichen, Sachrechnungen), *Geometrie* (Lagebeziehungen, Spiegelzeichnungen). *Reliabilität*: Cronbachs α (40 Items) $r = .84–.85$. Paralleltest-Reliabilität (eine Woche, N = 143) $r = .82$. *Validität*: Inhaltliche und empirische Belege zur kriterienbezogenen und konkurrenten Validität liegen vor. *Normierung*: Normen (N = 5266) sind Klassen- und geschlechtsspezifisch. Auswertung auf Einzel- und Klassenebene. Parallelformen A und B. Bearbeitungszeit: ca. 30–45 Min.

TestDeutscher Rechtschreibtest (für das erste und zweite Schuljahr; DERET 1-2+ / für das dritte und vierte Schuljahr; DERET 3-4+), 2008, C. Stock & W. Schneider, [www.testzentrale.de], [**DIA, PÄD**]. Bei der Entwicklung der beiden Verfahren wurde berücksichtigt, dass zur adäquaten Beurteilung der Rechtschreibleistungen von Grundschülern folg. Punkte erfüllt sein sollten: (1) Testinhalte sollten auf den Lehrplananforderungen aller 16 Bundesländer beruhen. (2) Es sollten Wörter enthalten sein, die ausschließlich aus dem Grundwortschatz stammen. (3) Wörterlisten der gängigsten Rechtschreiblehrbücher sollten einbezogen werden. (4) In der Normierungsstichprobe sollten Kinder aus allen dt. Bundesländern einbezogen werden. (5) Zur Sicherung der ökologischen Validität, zur Vermeidung des Kontexteinflusses durch bereits abgedruckte Wörter und zur Erhöhung der Schreibmotivation sollte der Test hauptsächlich aus Fließtexten bestehen. (6) Er sollte zur Diagnostik der Lese-Rechtschreib-Schwäche bzw. *Legasthenie* geeignet sein. Durch die beiden Verfahren können die orthografischen Fähigkeiten von Grundschulkindern vom Ende der 1. bis zum Beginn der 5. Klasse reliabel und valide beurteilt werden. Darüber hinaus bieten die Verfahren die Möglichkeit, lehrplangemäße Fehleranalysen der Rechtschreibfehler vorzunehmen sowie die Fähigkeiten auf dem Gebiet der Zeichensetzung und der wörtlichen Rede (DERET 3-4+) zu beurteilen. Die DERETs setzen sich aus einer Kombination von zu diktierenden Fließtexten, die eine ökologisch valide Erfassung der Rechtschreibleistung der Grundschüler ermöglichen, und einem Lückentext zus., der, gemeinsam mit dem Fließtext eine qual. Fehleranalyse erlaubt. Die Verfahren sind sowohl als Gruppen- als auch als Einzeltest in etwa 30 Min. durchführbar. Es liegen jew. echte Parallelformen vor. Insgesamt besteht der Fließtext für die erste Klassenstufe aus 29 Wörtern (zzgl. 6 Lückentextwörtern) und für die zweite Klassenstufe aus 52 Wörtern (zzgl. 12 Lückentextwörtern). Durch Auszählen der Fehler wird der Gesamtfehlerwert best. Zusätzlich kann durch die Erfassung der Häufigkeiten in versch. Fehlerarten ein Fehlerprofil erstellt werden, das Hinweise auf mögliche Problembereiche liefert. *Normierung*: Es liegen Prozentrangnormen und T-Wert-Normen für die Gesamtfehlerzahl und die spezif. Fehlerarten je Klassenstufe und Testform vor. Die Normierungsstichprobe bestand pro Klassenstufe aus über 2500 Kindern aus allen dt. Bundesländern. Bearbeitungsdauer: Die Verfahren sind sowohl als Gruppen- als auch als Einzeltest in etwa 30 Min. durchführbar.

Deutung [engl. *interpretation*], [**FSE**], entspricht weitgehend dem Begriff psychol. *Interpretation*, hat jedoch einen stärkeren Beiklang von spekulativen Tendenzen und Interpretationskunst: Deutung der Ergebnisse *projektiver Tests*, Schriftdeutung und *Traumdeutung*. *J. Fahrenberg*

Deutungs-Tests (= D.), **[DIA]**, *projektive Tests*, mit ungegenständlicher Reizgrundlage. *Rorschach-Test, Wartegg-Zeichentest (WZT)*. D. mit gegenständlicher, aber vieldeutiger Reizgrundlage werden als *entfaltende Tests* bez.

developmental quotient [engl.] *Entwicklungsquotient*.

^Test^**Developmental Test of Visual Perception (DTVP-2)**, 1993, 2. Aufl., D. D. Hammill, N. A. Pearson & J. K. Voress, [www.testzentrale.de], **[DIA, EW, WA]**. AA 4 bis 11 Jahre. Erfasst den Entwicklungsstand auf den Dimensionen *Auge-Hand-Koordination, Nachformen, Räumliche Beziehungen, Position im Raum, Figur-Grund, visuelle Auflösung, visuelle Bewegungsgeschwindigkeit* und *Formkonstanz*. Dt. Version: *Frostigs Entwicklungstest der visuellen Wahrnehmung – 2 (FEW-2)*.

Devianz [engl. *deviance*; lat. *deviare* abirren], Deviation, Abweichung, *Paraphilie*, **[KLI, SOZ]**, Bez. für das diskreditierende (diskriminierende) Abweichen vom normativ erwarteten bzw. erwartbaren Verhalten des Individuums (in der Gesellschaft). Der Begriffsinhalt hängt davon ab, was als Abweichung angesehen wird. *abnorm*.

Deviation, sexuelle [engl. *sexual deviation*; lat. *deviare* vom Wege abweichen], *Paraphilie*.

Dewey, John (1859–1952), **[HIS, PÄD, PHI]**, der amerik. Philosoph, Psychologe und Pädagoge Dewey vertrat eine empiristische Philosophie und leistete viele Beiträge zur Ps. Dewey trat für eine Demokratisierung aller Lebensbereiche ein und hatte Einfluss auf fast alle Bereiche der amerik. Philosophie und Erziehungswiss. Dewey war in den USA über 50 Jahre lang ein bedeutender Fürsprecher liberaler und demokratischer Erziehung. Dewey wurde in einer Kleinstadt in Vermont geb., absolvierte 1879 sein Studium an der University of Vermont und promovierte 1884 mit einer Arbeit über die Ps. Kants («The psychology of Kant») an der *Johns Hopkins University*, wo *G. Stanley Hall* und Charles Sanders Peirce, der Begründer des *Pragmatismus*, zu seinen Lehrern gehörten. Dewey lehrte vor allem an der University of Michigan und der Columbia University in New York. 1899–1900 war er Präsident der *American Psychological Association (APA)*. Er unterrichtete drei Jahre in Japan und China, bereiste die Türkei, Mexiko und die Sowjetunion. Er wurde durch *George Herbert Mead* beeinflusst, mit dem er befreundet war. Dewey grenzte sich ab vom Marxismus einerseits und vom Idealismus andererseits. Mit seinen päd. Vorstellungen, die er in seiner «Laboratory School» in Chicago überprüfte, gilt Dewey als amerik. Vertreter der Reformpädagogik. Als solcher hatte er auch Einfluss auf die europäische Reformpädagogik. Deweys Einfluss auf die Ps. ist lange unterschätzt worden. Sein Buch «Psychology» (Dewey 1887) erreichte mehrere Aufl. In diesem Buch versuchte er die wiss. Ps. mit dem dt. Idealismus zu verbinden – eine Position, von der sich Dewey später löste. Mit seiner Auffassung vom *Instrumentalismus* prägte Dewey den amerik. *Behaviorismus*. Aus Deweys mittlerer Schaffenszeit ist «*Human nature and conduct*» (Dewey 1922) von Interesse. Dieses Buch trägt den Untertitel «An introduction to social psychology». Dewey bestimmte hier die menschliche Natur durch die Konzepte *habit, impulse* und *intelligence*. Er nahm an, dass die Triebimpulse des Menschen zwar früher wirksam sind, aber letztlich schwächer sind als die *habits*, die Gewohnheiten. Diese entstünden in der sozialen Interaktion mit signifikanten Anderen, seien also in jeder Kultur durch Sozialisierung geformte Verhaltensweisen. *H. E. Lück*

Dexamethason-Suppressionstest (= D.) [engl. *dexamethasone suppression test*]; Abk. DST, pharmakol., **[BIO, PHA]**, *Reaktivitätstest* zur Überprüfung der Funktion des *HPA-Systems* CRH-ACTH-*Kortisol*. Verabreicht wird das synthetische Glukokortikoid Dexamethason. Bei vielen Störungen, wie *Depression*, bleibt die über neg. Feedback vermittelte Hemmung der Kortisolfreisetzung (Kortisolerniedrigung) aus. Der D. ist nur begrenzt sensitiv und mäßig spezif. *Hypothalamus-Hypophysen-Nebennieren-Achse (HHN-Achse)*. Holsboer 1995. *W. Janke*

Dexfenfluramin [engl. *dexfenfluramine*], **[PHA]**, Substanz aus der Gruppe der *Appetitzügler*, inzw. vom Markt genommen.

dexterity [engl.] *Geschicklichkeit*.

Dezentrierung (= D.) [engl. *decentration*; lat. *de-* weg-, κέντρον (kentron) Mittelpunkt], **[EW, KOG]**, bez. in der Entwicklungstheorie Piagets (*Piaget, Jean, Entwicklung, Stufentheorie nach Piaget*) die Lösung von einer einzigen, sog. egozentrischen Perspektive (*Egozentrismus des Kindes*) auf die Welt. Wer z. B. erkennen kann, dass eine Anzahl Bohnen die gleiche bleibt, wenn man sie eng in einer Reihe hinlegt wie wenn man sie mit großen Abständen in eine (lange) Reihe legt, ist fähig, die Länge der Reihe und die Abstände zw. den Bohnen im Wechsel zu betrachten, ja gleichzeitig als kompensatorisch zu erkennen. D. steht dem Egozentrismus gegenüber und stellt eine bedeutende Entwicklungsdimension dar. Je weiter die kogn. Entwicklung fortschreitet, desto flexibler und desto dezentrierter wird das Denken.

Auf dieser Basis ist auch die Entwicklung des sozialen Verständnisses, der *Perspektivenübernahme*, des Freundschaftskonzepts oder des moralischen Urteils (*moralisches Urteil*) beschrieben worden. Die Fähigkeit zum Perspektivenwechsel hat Piaget in einem berühmt gewordenen Drei-Berge-Experiment geprüft, indem er Kinder vor einen quadratischen Sandkasten stellte, in dem drei unterschiedlich hohe und unterschiedlich farbige Berge standen. Während z. B. für das geprüfte Kind der höchste Berg ganz links stand, befand er sich aus der Sicht einer Puppe, die an einer anderen Kante des Sandkastens stand, rechts. Das sollte das geprüfte Kind erkennen, ohne seinen eigenen Standort physisch zu wechseln. Flammer 2009a. *A. Flammer*

Dezerebrierung [engl. *decerebration*; lat. *de-* weg-, *cerebrum* Gehirn], **[BIO]**, Beseitigung des Großhirns (*Gehirn*) bei Tieren zu exp. Zwecken.

DGPs *Deutsche Gesellschaft für Psychologie (DGPs)*.

di ... [gr. δι- (di-) zwei], in Wortverbindungen zweimal, doppelt.

dia ... [gr. διά (dia) durch, zw.], in Wortverbindungen durch, zw., auseinander.

Diabetes mellitus (= D.) [engl. *diabetes mellitus, psychosocial influencing factors*], kurz: Diabetes, umgangssprachlich *Zuckerkrankheit*, **[BIO, PHA]**, häufigste Stoffwechselerkrankung des Menschen, die mit erhöhten Blutzuckerkonzentrationen und einer Ausscheidung von Glukose im Urin einhergeht. Die *Prävalenz* von D. steigt in Dt. wie in allen industrialisierten Ländern seit 1960 kontinuierlich an, sie wird in Dt. auf inzw. fast 10 % geschätzt. Der Anstieg ist vor allem auf eine Zunahme des sog. Typ-II-D. zurückzuführen. 90 % aller D.-Fälle entfallen auf den Typ-II-D., 10 % auf den Typ-I. Beim Typ-I.-D., der oft im Kindes- und Jugendalter beginnt, sind die insulinproduzierenden Beta-Zellen der Langerhans-Inseln des Pankreas (= Bauchspeicheldrüse) zerstört, es kommt zum absoluten Insulinmangel. Beim Typ-II-D. ist die Insulinproduktion meist (zunächst) intakt, es entwickelt sich jedoch eine Insulinresistenz mit relativem Insulinmangel. Der Typ-II-D. ist oft mit Übergewicht und einem *metabolischen Syndrom* assoziiert. Seine Prävalenz nimmt mit dem Alter zu, bei über 70-Jährigen sind mehr als 20 % betroffen. Eine Therapie mit vielen *Psychopharmaka* führt oft zu einer gestörten Glukosetoleranz und in der Folge zum Typ-II-D. Unbehandelt hat ein D. vielerlei Organschädigungen (Blutgefäße, Herz, Hirn, Niere, periphere Nerven, Auge u. a.) zur Folge. *G. Gründer*

Diabetes mellitus, Psychopharmakotherapie [engl. *diabetes, psychopharmacotherapy*], **[BIO, PHA]**, *Diabetes mellitus* (= D.) bez. eine Gruppe von Stoffwechselerkrankungen, deren Hauptsymptom die Ausscheidung von Zucker im Urin ist. D. ist die häufigste endokrine Störung bei internistischen Pat., die *Psychopharmaka* erhalten. Bei psychiatrischen Pat. kommt ein D. unabhängig von anderen Faktoren signifikant häufiger vor als in der allg. Bevölkerung. 90–95 % aller Diabetiker sind Typ-2-Diabetiker, ein Zustand erworbener Insulinresistenz, meistens in der 2. Lebenshälfte. Diabetes Typ 2 ist häufig Teil eines *metabolischen Syndroms*. Vor allem best. *Antipsychotika* wie *Clozapin*, *Olanzapin*, *Quetiapin* oder *Risperidon* können zur Entwicklung eines metabolischen Syndroms mit neg. Beeinflussung von Körpergewicht, Fettstoffwechsel und Glukosetoleranz beitragen. Übergewicht und Lebensalter sind die wichtigsten Risikofaktoren des Typ-2-Diabetes. Da zunehmendes Körpergewicht die Kontrollierbarkeit des Blutzuckerspiegels verschlechtert, sollten bei Diabetikern solche Psychopharmaka vermieden werden, die mit einer Gewichtszunahme assoziiert sind. Neben den genannten Antipsychotika sind dies auch trizyklische *Antidepressiva*, *Mirtazapin*, *Lithium* oder *Valproat*. *M. Paulzen*

Diabetes mellitus, psychosoziale Einflussfaktoren [engl. *diabetes mellitus, psychosocial influencing factors*], **[GES]**, Diabetes mellitus ist eine chronische Stoffwechselerkrankung (*chronische Erkrankungen*), die potenziell lebensbedrohlich ist, wenn sie nicht adäquat behandelt wird. Sie beruht auf einem Ungleichgewicht zw. der Menge des in der Bauchspeicheldrüse produzierten *Insulin*, welches für die Verarbeitung von *Glukose* benötigt wird, und des Bedarfs an Insulin im Körper. Sofern dieses Ungleichgewicht nicht ausgeglichen wird, steigt der Glukosegehalt im Blut und daraus resultieren auf Dauer schwere Schädigungen von Nervenzellen (*Neuron*) mit Folgeschäden für versch. *Organ*systeme. Für die adäquate Behandlung bie-

ten sich unterschiedliche Optionen: Gewichtsreduktion, Zunahme *körperlicher Aktivität*, medikamentöse Aktivierung der Bauchspeicheldrüse oder Insulininjektionen. Die Auswahl der Optionen ist abhängig vom Behandlungsstadium und den Voraussetzungen des Pat., sie werden ggf. in Kombination eingesetzt. Allen Optionen ist gemeinsam, dass ihre zuverlässige und erfolgreiche Umsetzung vom Pat. im Alltag geleistet werden muss bzw. dass ihm die entscheidende Rolle bei der Behandlung zukommt. Bereits sehr früh im letzten Jhd. und prototypisch für andere chronische Erkrankungen wurde in der Diabetologie daher erkannt und allg. akzeptiert, dass psychosoziale Faktoren maßgeblich sind für den Verlauf und die *Prognose* der Erkrankung bzw. den dauerhaften Erfolg einer Diabetesbehandlung.

Entscheidend ist, inwieweit es dem Betroffenen vor dem Hintergrund seines sozialen, kult., familiären und beruflichen Umfeldes und seiner persönlichen Situation gelingt, die erforderlichen Behandlungen umzusetzen. Es geht darum, *Wissen* und *Fertigkeiten* zur Selbstbehandlung und die *Fähigkeiten* zu deren Umsetzung im Alltag zu erwerben; die Erkrankung und damit verbundene Einschränkungen und Behandlungserfordernisse emot. und kogn. zu akzeptieren (*Krankheitsbewältigung*), die Lebensgewohnheiten bedarfsgerecht zu verändern, um eine erfolgreiche Selbstbehandlung leisten zu können, erfolgreich mit *Krisen*, Problemen oder anderen Erkrankungen umgehen lernen, die den Umgang mit dem Diabetes mellitus erschweren können (bzw. bes. Komplikationen bedeuten können; z. B. psychosoziale Belastungen (*Belastung, psychische*), psych. Probleme wie *Depressionen*, *Ängste*, *Essstörungen* oder *Abhängigkeits*syndrome.

Auf dieser Grundlage gibt es inzw. zahlreiche evidenzbasierte Behandlungsempfehlungen (*evidenzbasierte Behandlung*) und *Patientenschulungen*, die insbes. die psychosozialen Belastungsfaktoren sachgerecht thematisieren. Kulzer 2009. *H. Vogel*

Diacetylmorphin *Heroin*.

diachronisch [engl. *diachronic*; διά (dia) durch, χρόνος (chronos) Zeit], **[KOG]**, in der Sprachwissenschaft von de Saussure (1916) eingeführte Bez. für die Betrachtungsweise, in der Veränderungen von Sprachen in der Zeit analysiert werden. Diese ältere, traditionelle Betrachtungsweise wurde durch die synchronische (*synchronisch*) ergänzt. Lyons 1970. *G. Kaminski*

Diadochokinese [gr. διάδοχος (diadochos) Nachfolger, κίνησις (kinesis) Bewegung], Bewegungsfolge, **[BIO, KOG]**, die Fähigkeit, eine Folge von sehr einfachen, gleichen oder wenig versch. Einzelbewegungen ausführen zu können, z. B. schnelles Beugen und Strecken der Finger. Ggs. *Adiadochokinese*, charakteristische Störung bei Kleinhirnschädigung. *Motorik*, *Psychomotorik*. Babinski 1903.

Diagnose (= D.) [engl. *diagnosis*; gr. διά- (dia-) durch-, γνώσις (gnosis) Erkenntnis, Entscheidung], **[DIA]**, Erkennung, Feststellung, Prüfung des körperlichen wie auch des psychol. Bestandes mittels *Anamnese*, *Exploration* und Untersuchung aufgrund der Symptomatik. I. d. R. erfolgt eine Diagnosestellung (Ausnahme: *Blinddiagnosen*) aufgrund eines diagn. Gespräch zw. Therapeut und Klient und der Nutzung standardisierter diagn. Instrumente (z. B. *Interview, diagnostisches*, *Diagnostische Datenerhebungsverfahren*) mit der Zielstellung der Abklärung bzw. Feststellung einer psychiatrischen D. nach den Klassifikationssystemen *International Classification of Diseases (ICD)* oder *Diagnostic and Statistical Manual of Mental Disorders (DSM-5)* (*Klassifikation psychischer Störungen*). Jede D. ist ätiologisch (*Ätiologie*) auf Ursache und (oder) prognostisch, auf zukünftige Leistung, späteren Verlauf und Zustand gerichtet (*Prozess-D.*).

Die Bedeutung der D. ergibt sich u. a. aus dem Stellenwert für die richtige Indikation zur Psychoth. und die spezif., klientenorientierte Therapiegestaltung, sowie der zielgerichteten Merkmalserfassung i. R. von Verlaufsmessungen (insbes. Therapieverlaufsdokumentation und -erfolgsmessung). Für den Pat. hat die D.stellung häufig aufgrund der klärenden Funktion (verbunden mit einem konkreten, als wirksam nachgewiesenen Behandlungskonzept) eine wichtige und ggf. hilfreiche Bedeutung. *Differenzialdiagnose* (*Diakrise*) ist die Unterscheidung einander ähnlicher Erscheinungen (insbes. Krankheitsbilder) aufgrund best., kennzeichnender *Symptome*. Als *Diagnose ex iuvantibus* wird die D.stellung bez., die aufgrund der Wirksamkeit einer therap. Maßnahme (insbes. bei Psychopharmakotherapie) gestellt wird.

Test Diagnoseinstrument für gesundheitsförderliche Arbeit (DigA), 2000, von A. Ducki, [**AO, DIA, GES**]. Fragebogen zur Erfassung gesundheitsrelevanter Belastungsfaktoren und Ressourcen in betrieblichen Umgebungen. Ergebnis: Skalenwerte zu 24 Organisations- und Gesundheitsmerkmalen (*Arbeitsplatzsicherheit, Information und Beteiligung, persönliche Entwicklungschancen, Sinnbezug, Fürsorge, Arbeitsorganisation, leistungsgerechte Gratifikation, Betriebsklima, aufgabenbezogener Entscheidungsspielraum, Arbeitsinhalte, aufgabenbezogene Kommunikation, offene Kommunikation und Konfliktbewältigung, Beurteilung durch den Vorgesetzten, Monotonie, Zeitdruck, Unterbrechungen und Störungen, Umgebungsbedingungen, somatische Beschwerden, psychische Erschöpfung, Gereiztheit, Ängstlichkeit, Selbstwirksamkeit, Arbeitsfreude, Lernen in der Freizeit*). Anwendungsbereich: Betriebliche Gesundheitsförderung. Die gesundheitsrelevanten Skalen sind personbezogen, die auf die Arbeitssituation gerichteten Skalen sind bedingungsbezogen konstruiert. Die *Reliabilität* ist zufriedenstellend bis gut. Die *Validität* ist über Fehlzeiten nachgewiesen. Ducki 2000.

Diagnostic and Statistical Manual of Mental Disorders (DSM-5) *Klassifikation psychischer Störungen.*

Test Diagnosticum für Cerebralschädigung II (DCS-II), 1993, S. Weidlich, A. Derouiche, W. Hartje. Ursprüngliche Fassung von F. Hillers und S. Weidlich 1972, [www.testzentrale.de], [**BIO, DIA**]. Neurops. Verfahren. AA Kinder ab 5 Jahren und Erwachsene. Das DCS-II ist ein Lern- und Gedächtnistest für figurales Material. Eine Serie von neun sinnfreien Figuren, die aus fünf gleich langen geraden Linien bestehen, soll in max. sechs Lerndurchgängen ins Gedächtnis eingeprägt werden. Mithilfe von fünf Stäbchen sollen nach jeder Darbietung der Serie möglichst alle Figuren frei aus dem Gedächtnis reproduziert werden. Dabei werden die Merk- und Lernfähigkeit für nonverbale figurale Informationen, die Fähigkeit zum Einprägen und freien Gedächtnisabruf der Informationen sowie der Lernverlauf erfasst. Es stehen zwei Formen mit unterschiedlichen Testfiguren zur Verfügung (Original- und Parallelform). *Normierung* beruht auf den Daten von 871 gesunden Personen im Alter zw. 5 und 88 Jahren, die im Zeitraum von 2007 bis 2009 mit der Originalform des Tests untersucht wurden. Es liegen gesonderte Normen für zehn nach Alter und Bildungsgrad differenzierte Gruppen vor.

Diagnostik [engl. *diagnostics, assessment*; gr. διά- *(dia-)* durch-, γνῶσις *(gnosis)* Erkenntnis, Entscheidung], s. Einleitung Gebietsüberblick «I.14 Psychologische Diagnostik».

Diagnostik, algorithmische [engl. *algorithmic diagnostics*], [**DIA**], Bez. von Lange (1971) für das computerunterstützte Auffinden von Diagnosen. Die Computerunterstützung umfasst dabei hauptsächlich den Vergleich von Befundlisten, die Befundgewichtung und die Wahrscheinlichkeitsaussagen. *Computerbasierte Diagnostik*, *paramorphe Modelle*.

Diagnostik, computerbasierte *computerbasierte Diagnostik.*

Diagnostik, dimensionale [engl. *dimensional assessment/diagnostics*], [**DIA, KLI**], in Abgrenzung zur *kategorialen Diagnostik* die Beschreibung einer Person entlang eines Kontinuums anhand einer oder mehreren sog. Dimension(en), d. h. Quantifizierung des Schweregrades des interessierenden Bereichs. Prototypische Einsatzbereiche sind die Persönlichkeitsps. (z. B. Persönlichkeitsdimensionen oder Intelligenz in Form von Testverfahren; *Persönlichkeitsmerkmal*), aber auch die Psychiatrie/Klinische Ps. (z. B. *Psychopathologie* wie Depressivität in Form von Selbst- und Fremdbeurteilungsverfahren). Ergebnis ist zumeist jew. ein Wert (z. B. Normwert; *Normierung*), der hinsichtlich vorgegebener Kriterien (z. B. durchschnittlich, überdurchschnittlich) interpretiert wird. Vorteile: u. a. differenzierte Beschreibung, meist Normwerte; Nachteile: u. a. Interpretierbarkeit bei mehrdimensionalen Verfahren, Validität der Dimensionen oft problematisch. Bildung der Dimensionen erfolgt meist mittels multivariater Verfahren (u. a. *Faktorenanalyse*). Stieglitz 2008a. R.-D. Stieglitz

Diagnostik, gesellschaftliche und rechtliche Rahmenbedingungen [engl. *diagnostics/assessment, societal and judical conditions*], [**DIA**], juristische Rahmenbedingungen beziehen sich auf öffentliche Normen, die in einer Gesellschaft verbindlich vorschreiben, wie sich der Einzelne in best. Situationen verhalten soll. Die rechtlichen Rahmenbedingungen folgen dabei nach Joussen (2004) einer bestimmten Systematik; nämlich einer *Normpyramide*, die hierarchisch eine Rangfolge der Gesetze und ihre Vorrangigkeit beschreibt. An oberster Ebene steht das Recht der Europäischen Gemeinschaft, gefolgt vom dt. Grundgesetz, nachgeordnet sind die einfachen Gesetze (z. B. Strafgesetzbuch (StGB), Bürgerliches Gesetzbuch (BGB)). Es folgen weitere Rechtsformen – wie etwa Richtlinien und Satzungen von Organisationen. Konsequenzen und (Wechsel-)Wirkungen auf die psychol. Diagnostik (= D.) ergeben sich auf vielen Ebenen, in versch. Form und in unterschiedlichen Bereichen. Rechtliche Vorgaben, die es im *diagnostischen Prozess* zu berücksichtigen gilt, sind u. a. *Schweigepflicht* oder die im Grundgesetz verankerten Werte wie Schutz der Menschenwürde, die insbes. bei Gutachtenerstellungen (*Psychologisches Gutachten*) relevant sind. Rechtliche Verpflichtungen zur Information und Dokumentation, die u. a. für Psychol. Psychotherapeuten i. R. einer Behandlung (*Behandlungsvertrag*) zu berücksichtigen/ beachten sind, betreffen u. a. die Pflicht zur ausführlichen Information über Diagnose, Therapie zu Beginn und zur Führung einer Patientenakte sowie das Recht zur Einsichtnahme durch die Pat. (§§ 630a bis 630h BGB). Vor Gericht haben Psychologen als Diagnostiker kein Zeugnisverweigerungsrecht. Psychol. Psychotherapeuten und Kinder- und Jugendlichenpsychotherapeuten können in Strafprozessen hingegen von der Zeugnisverweigerung Gebrauch machen – jedoch nur über das, was ihnen in dieser Eigenschaft anvertraut worden oder bekannt geworden ist (§ 53 StPO).

Leitsätze, Leitlinien und Richtlinien: Um eine ethisch und wiss. fundierte D. zu sichern, wurden fachliche Normen und Leitlinien zu Rahmenbedingungen des diagn. Handelns formuliert: Der *Berufsverband Deutscher Psychologen (BDP)* und die *Deutsche Gesellschaft für Psychologie (DGPs)* veröffentlichten 1994 Leitsätze zur Dokumentation klinisch-psychol. Interventionen. 1999 erschienen *Ethische Richtlinien* (BDP, DGPs), die verbindliche Regeln für das professionelle Verhalten von Psychologen nicht nur im beruflichen Kontext formulieren. Für den BDP dienen diese auch als Berufsordnung. Unter B.III «Umgang mit Daten» sind z. B. Hinweise auf die Einhaltung der Schweigepflicht (z. B. gegenüber Familienangehörigen, Kollegen, Vorgesetzten) und ein Verweis auf § 203 StGB angeführt. Abschnitt D formuliert die besondere Verantwortung gegenüber den Klienten/Pat. etwa bzgl. Sorgfaltspflichten, Vertrauensverhältnis, Aufklärung und Einwilligung. Bei Verstößen gegen die Ethischen Richtlinien kann das Ehrengericht eingeschaltet werden. Kühne und Zuschlag gaben 2006 *Richtlinien für die Erstellung psychol. Gutachten* heraus, die auch bei den *Mindeststandards bei der Begutachtung* des Dt. Familiengerichtstag e. V. (DFGT) berücksichtigt wurden. Die *DIN 33430* enthält nicht nur Richtlinien, sondern festgelegte Qualitätsstandards und sind somit die erste Norm für wesentliche Aufgabenfelder (z. B. *Berufseignungsdiagnostik*) weltweit. Ethische Richtlinien veröffentlichen auch andere Berufsverbände, wie etwa die Amerikanische Gesellschaft für Ps. (*American Psychological Association (APA)*) mit *Ethical Principles of Psychologists and Code of Conduct* (2003, 2010).

Mitbestimmung und Wechselwirkungen zw. diagnostischen Anwendungsfeldern und Rahmenbedingungen: In versch. Anwendungsfeldern werden Leistungen von der D. abgerufen, aber auch Diagnostiker bestimmen ihrerseits mit, wie sich die Anwendungsfelder umschreiben und umgrenzen lassen – wie z. B. im Anwendungsfeld Pädagogik und Bildung: Bei der Päd., der Qualitätssicherung von *Bildung*sprozessen und Förderung von leistungsstarken und -schwächeren Schülern sind die Anforderungen hoch (z. B. Schulfähigkeit, Lernstörungen), jedoch bestimmt die D. auch mit, wie etwa *Hochbegabung* oder Schulfähigkeit zu def. sind.

Datenschutz und Vorschriften bei personenbezogenen Informationen: Der Datenschutz bezieht sich auf personenbezogene Informationen, die in vielen Phasen des diagn. Prozesses und mit versch. diagn. Methoden (z. B. Gespräch, Leistungs- und Persönlichkeitstests) erhoben werden. Der Datenschutz erlegt demnach dem Diagnostiker juristische Pflichten auf, die das Handeln beeinflussen und bestimmen. Richtlinien zum Datenschutz finden sich etwa in gesetzlichen Vorschriften (z. B. StGB, Europäische Menschenrechtskonvention *Recht auf Achtung des Privat- und Familienlebens* (Artikel 8) oder Berufsstandard (z. B. BDP-Richtlinien)) und beziehen sich auf viele Bereiche wie etwa Schweigepflicht, Dateneinsicht und Dokumentation von Daten. Bsp.haft seien angeführt: *Schweigepflicht:* Psychologen sind nach § 203 StGB verpflichtet, über alle ihnen in Ausübung ihrer Berufstätigkeit anvertrauten und bekannt gewordenen Tatsachen zu schweigen, soweit nicht das Gesetz Ausnahmen vorsieht oder ein bedrohtes Rechtsgut überwiegt. Die Schweigepflicht gilt auch gegenüber Psychologen als Kollegen und Vorgesetzten, die an einer Untersuchung nicht beteiligt sind. Sie entfällt gegenüber Mitarbeitern und Helfern von Psychologen, die mit der Vorbereitung oder Begleitung betraut sind. Mitarbeiter von Psychologen sind über ihre Pflicht zur Verschwiegenheit zu belehren, und diese Belehrung ist schriftlich festzuhalten. *Dokumentation – Aufzeichnungen, Erhebung und Speicherung von Daten:* Die Ablage von Informationen, die aus D. oder Intervention stammen, müssen gegen den Zugriff unbefugter Personen gesichert sein. Urmaterialien und ihre Aufbereitung sind entspr. den Festlegungen der Auftraggeber oder mind. für zehn Jahre aufzubewahren. Bzgl. Umfang und Art der Dokumentation i. R. einer Behandlung sind Psychol. Psychotherapeuten nach § 630f BGB angewiesen, eine umfassende Patientenakte zeitnah zu führen, weitreichend zu dokumentieren (z. B. Diagnosen, Sitzungsaufzeichnungen) und mind. 10 Jahre aufzubewahren (*Dokumentationspflicht*). Eine Einsichtnahme in diese Behandlungsdokumentation wird Pat. nach § 630g BGB ermöglicht, es kann eine unverzügliche und uneingeschränkte Akteneinsicht eingefordert werden (*Einsichtsrecht*).

I. Preusser

Diagnostik, historische Bedingungen [engl. *diagnostics, historical conditions*], [**DIA, HIS**], die psychol. *Diagnostik* (= D.) als angewandte Disziplin der Ps. wurde in ihrer zeitlich-historischen Entwicklung von einigen Rahmenbedingungen und Strömungen geprägt.

Medizin als Vorbild: Mit *Wundt* (1832–1920) – Begründer der modernen Ps. – wurden med. Erklärungsmuster eingeführt. Die med. D. mit einer dreischrittigen Vorgehensweise von Ursachen(-suche), (Auswahl einer) Intervention sowie einer (Vorgehens-)*Evaluation* hat als Modell im 19. Jhd. die Med. geprägt. Die Psychiater *Kraepelin* (1856–1926) und *Bleuler* (1857–1939) entwickelten Klassifikationsschemata, welche die sog. Geisteskrankheiten in zwei große Formenkreise aufteilten: *Schizophrenie* (Verlust der Einheit der Person) und zirkuläres Irresein (unregelmäßiger Wechsel von Phasen manischer (*Manie*) und depressiver Stimmung; *Depression*). Mediziner hatten Methoden, Klassifikationssysteme, Erklärungsmodelle sowie diagn. und therapeutische Verfahren entwickelt, auf die psychol. Diagnostiker zugreifen konnten (z. B. psychiatrische Gutachtenerstellung). Umgekehrt wurden aber auch Leistungen der ps. D. abgerufen, wie etwa psychol. *Tests*, die Mediziner einsetzten, um gesundheitliche Störungen zu identifizieren oder Verlauf und Erfolg med. Therapien zu messen. So entwickelte sich die D. in Wechselwirkung beider Disziplinen.

Experimentelle Ps.: Methoden der Exp. Ps. ermöglichen es, *Verhalten* zu messen und überprüfbare Ergebnisse in Zahlen anzugeben, mit dem Ziel, Verhaltensgesetze aufzufinden und in Funktionen darzustellen. Voraussetzung war eine systematische *Verhaltensbeobachtung*, die i. R. der wiss. Beobachtung unter kontrollierten (exp.) Rahmenbedingungen durchgeführt wird. Ein *Experiment* soll «Gesetze menschlichen Verhaltens» aufdecken, indem es das angezielte Verhalten provoziert. Ansätze und Einflüsse der Exp. Ps. sind in der Ps. D. z. B. bei Testverfahren im Bereich der *Leistungstests* sichtbar, die Verhalten, das gemessen werden soll, evozieren.

Typologie/typologische Ansätze: *Typologien* und typologische Ansätze versuchen mit «griffigen, anschaulichen» Merkmalsbündeln Individuen zu charakterisieren. Typologische Ansätze lassen sich bis in die Antike rückführen: z. B. Galenus (129–199) mit der Lehre von den vier Temperamenten – *Choleriker*, *Melancholiker*, Sanguiniker (*sanguinischer Typus*), *Phlegmatiker* oder die antike *Physiognomik*, die annahm, man könne von körperlichen Erscheinungsformen auf Temperament und Charakter schließen. Typologien wurden auch im 20. Jhd. von Psychologen und Medizinern ausgearbeitet: z. B. *Jung* (1875–1961) mit den vier Grundfunktionen – Empfinden, Denken, Fühlen und Intuition – sowie den zwei Einstellungsformen – Introversion, Extraversion. Auch *Eysencks* (1916–1997) Nähe zum typologischen Denken wird durch seine drei Grunddimensionen – *Extraversion*, *Neurotizismus*, *Psychotizismus* – deutlich. Demzufolge hat jeder Mensch einen Anteil an jeder der drei Grunddimensionen, jedoch dominiert bei jedem eine Dimension, nach der er «klassifiziert» werden kann. Der Einfluss des typlogischen Denkens auf die psychol. D. zeigt sich u. a. in der Entwicklung und Etablierung von Fragebogen. So z. B. bei Eysenck mit dem *Eysenck Personality Questionnaire* (und weiteren Versionen), der zur Konstruktion von etablierten, weitverbreiteten Persönlichkeitsinventaren führte (z. B. dt. Standard- und Kurzfassung des *Eysenck Personality Questionnaire-revised* (EPQ-R, EPQ-RK), *Eysenck Personality Inventory (EPI)*. Auch Jungs Grundtypen fließen in die Konstruktion von Fragebogen ein, so haben Katherine Briggs und Isabel Briggs-Myers 1989 mit dem *Myers-Briggs Typenindikator (MBTI)* ein Instrumentarium veröffentlicht, das es erlauben soll, Personen einem der Grundtypen nach Jung zuzuordnen.

Persönlichkeitsps.: Einflüsse der *Persönlichkeitspsychologie* sind auf meth. sowie auf inhaltlicher Bezugsebene wirksam. Einerseits übernahm die D. das Anliegen, Menschen mit vielfältigen Methoden zu beschreiben (z. B. mit Leistungs- und Persönlichkeitstests, explorativen Methoden, *Diagnostik, multimethodale, Diagnostik, multimodale*). Des Weiteren können Persönlichkeitstheorien als diagn. Erklärungsmodelle dienen z. B. *Freud* (1856–1939) mit der Instanzenlehre (Ich, Es und Über-Ich) und den psychosexuellen Entwicklungsphasen (orale, anale, ödipale, latente und genitale Phase) oder etwa *Thomae* (1915–2001) mit einer biografisch orientierten Persönlichkeitstheorie. Freuds Modelle der Instanzen und Entwicklungsphasen wurden von Diagnostikern als Interpretationshilfe übernommen, um menschliches Verhalten (häufig in der D. des «*abnormen Verhaltens*») zu deuten, zu interpretieren und zu verstehen. Thomaes Konzept erfordert eine multimodale Diagnostik, um das «Individuum in seiner Welt» zu begreifen. Um demnach das vielgestaltige menschliche Verhalten möglichst unverzerrt zu erfassen, ist eine induktive Vorgehensweise vorgeschlagen, die bei drei Verhaltenseinheiten (Handlung, Tages- und Lebenslauf) ansetzt und mit generellen Beschreibungskategorien (Daseinsthemen, Daseinstechniken, Strukturierungen) vertiefend beschreibt. *I. Preusser*

Diagnostik, kategoriale [engl. *categorial assessment/diagnostics*], [**DIA, KLI**], im Unterschied zur *dimensionalen Diagnostik* Zuordnung einer Person zu einer sog. *Kategorie*, wie sie z. B. in Form von Diagnosen i. R. von Klassifikationssystemen (*Klassifikation psychischer Störungen*) enthalten sind. Es ist i. d. R. nur möglich, eine Person einer Kategorie zuzuordnen, die sich von anderen Kategorien abgrenzen lassen. Psychische Störungen werden dabei als diskrete, sich klar voneinander und von psych. Normalität abgrenzbare und differenzierbare Störungsentitäten postuliert. Stieglitz 2008a. *R.-D. Stieglitz*

Diagnostik, klinische (= k. D.) [engl. *clinical assessment/diagnostics*], [**DIA, KLI**], zielgerichtete Anwendung der Methoden, Verfahren und Strategien der psychol. Diagnostik auf Fragestellungen in der Klinischen Ps., Psychiatrie und Psychoth. Es geht dabei um die Messung und Beschreibung von intra- wie interindividueller psych./psychol. Unterschiede, wobei v. a. der intraindividuelle Aspekt (Veränderung) von Bedeutung ist. Stärker noch als in anderen Bereichen der Ps. findet eine enge Verzahnung mit Interventionen statt, v. a. im Bereich der *Psychotherapie* und *Psychopharmakotherapie*. Ziele der k. D. sind Beschreibung, *Klassifikation*, Erklärung, *Prognose* und *Evaluation*. Stieglitz 2008b. *R.-D. Stieglitz*

Diagnostik, kriteriumsorientierte (= k. D.) [engl. *criterion-referenced diagnostics/assessment*], [**DIA**], die k. D. diagnostiziert, ob ein definiertes Kriterium oder ein festgelegter Standard (z. B. Arbeitseignung, Lernziel, Kompetenzniveau, Schulleistung, Therapieerfolg) erfüllt wird. Dies kann bspw. erfolgen, indem eine eindimensionale Messskala (*Skalierung, testtheoretisches Gütekriterium*) zur Feststellung einer kontinuierlichen Merkmalsausprägung verwendet wird. Anschließend muss dann festgestellt werden, ob eine definierte kritische Merkmalsausprägung erreicht wird oder nicht. Alternativ: *normorientierte Diagnostik*, *Normierung. Test*.

Diagnostik, multimethodale [engl. *multimethodologic assessment/diagnostics*] *Diagnostik, multimodale*.

Diagnostik, multimodale (= m. D.) [engl. *multimodal assessment/diagnostics*], [**DIA, KLI**], differenzierte Beschreibung einer Person hinsichtlich versch. Modalitäten, wobei zw. *Datenebenen* (Grundkategorien organismischer Merkmale), *Datenquellen* (Informationsgeber), Untersuchungsverfahren und Konstrukten/Funktionsbereichen unterschieden werden. So ist z. B. auf der psychol. Datenebene Information aus Sicht der betroffenen Person, unabhängiger Dritter bezogen auf das Erleben, Verhalten und die Leistung zu erfassen unter Berücksichtigung versch. Untersuchungsinstrumente (z. B. *Selbstbeurteilungsverfahren*, *Fremdbeurteilungsverfahren*, apparative Verfahren). Das Multimodalitätsprinzip ist ein Grundprinzip klinisch-ps. Arbeit spez. im Kontext von Studien, ist jedoch im klin. Alltag nur schwer realisierbar, da es sehr zeitaufwendig ist. Eine m. D. hat vielfältige Funktionen wie Ansatzpunkte für therapeutische Interventionen zu finden, die Erhöhung der Reliabilität und Validität diagn. Aussagen oder auch nur die Informationen aus der Selbst- und Fremdbeurteilung zu verifizieren. Baumann & Stieglitz 2008. *R.-D. Stieglitz*

Diagnostik, normorientierte [engl. *norm-referenced assessment/diagnostics*], *Normierung*.

Diagnostik, operationalisierte (= o. D.) [engl. *operationalized diagnostics*], [**DIA**], werden i. R. der diagn. Entscheidungsfindung (*diagnostischer Prozess*) Ein- und Ausschlusskriterien def. oder diagn. Entscheidungsregeln (z. B. Profilinformationen, Merkmalskombinationen) verwendet, so spricht man von o. D. Muss bspw. ein Schüler für die Diagnosestellung mehrere Merkmalsausprägungen simultan aufweisen (z. B. krit. Werte im Bereich *Aufmerksamkeit* und *Hyperaktivät* zur Diagnose einer *Aufmerksamkeitsdefizit-/Hyperaktivitätsstörung*); x der y relevanten Merkmale müssen vorliegen, um eine Diagnose zu vergeben) oder muss ein Merkmalsprofil vorliegen (z. B. bestimmte Merkmale vorhanden und andere nicht; z. B. *Teilleistungsschwächen*), so handelt es sich um o. D. Alternativ: normorientierte Diagnostik (*Normierung*). *paramorphe Modelle*, *Goldberg-Paradox*. Grove et al. 2000.

Diagnostik, pädagogisch-psychologische (= p. D.) [engl. *educational assessment/measurement/diagnostics*], [**DIA, PÄD**], versteht man unter psychol. *Diagnostik* «ein theoretisch begründetes System von Regeln und Methoden zur Gewinnung und Analyse von Kennwerten für inter- und intraindividuelle Merkmalsunterschiede an Personen» (*intraindividuelle Differenzen*, *interindividuelle Differenzen*; Tent & Stelzl 1993), dann ergibt sich eine Def. von p. D. durch die Ergänzung «… an Personen unter Erziehungs- und Unterrichtseinflüssen». P. D. ist päd., weil ihre Anwendungsbereiche sich auf die Praxis von *Erziehung* und *Unterricht* beziehen. Die Praxisfelder reichen von Fragestellungen bei indiv. Intervention (z. B. bei *Lese-Rechtschreib-Schwierigkeiten*) über Entscheidungshilfen i. R. der Steuerung von Lehr-Lern-Prozessen und Schullaufbahnen bis hin zur *Evaluation* von päd. Programmen (z. B. zur Förderung sozialen Verhaltens im Unterricht) und Schulsystemen (z. B. i. R. internat. Vergleichsstudien wie *PISA*; Langfeldt & Tent, 1999). Ps. ist die Diagnostik, weil sie auf ps. Theorien, Methoden und empirische Befunde begründet ist (Tent & Stelzl 1993). *H. P. Langfeldt*

Diagnostik, prädiktive genetische (= p. g. D.) [engl. *predictive genetic testing*], [**BIO, GES, PER**], die p. g. D. dient der Feststellung oder dem Ausschluss einer *Disposition* zu einer Erkrankung. Unterschieden wird zw. prädiktiv feststellbaren Krankheiten mit Therapiemöglichkeiten wie Brustkrebs und solchen ohne wie die Huntington-Krankheit, so ist die Eintrittswahrscheinlichkeit für die Huntington-Krankheit (*Huntington-Chorea*) bei Mutationsnachweis 100 %, wohingegen die Erkrankungswahrscheinlichkeit für Brustkrebs bei Trägerinnen einer Mutation im BRCA1- oder BRCA2-Gen etwa bei 60 bis 80 % liegt. Ethische Probleme ergeben sich v. a. bei der p. g. D. von Kindern und Jugendlichen und i. R. des Problems der genetischen Diskriminierung. Mittelfristig konnte kein genereller Nachweis für neg. psychol. Konsequenzen gefunden werden (Heshka et al. 2008; Hamilton et al. 2009). Kurzfristig besteht nach der Mitteilung über die Trägerschaft bei Genträgern eine erhöhte *psychische Belastung*. Eine Risikogruppe für längerfristige psych. Beeinträchtigungen nach Feststellung einer Trägerschaft stellen Personen dar, bei denen bereits vor der Testung eine erhöhte psychische Belastung bestand (Broadstock et al. 2000). Daher sind eine genetische Beratung und ein fortlaufendes Screening der psych. Befindlichkeit dringend angeraten. *Humangenetik*, *humangenetische Beratung*. *K. Kufner*

Diagnostik, pränatale (= p. D.) [engl. *prenatal diagnostics*; lat. *prae* vor, *natus* geboren], [**DIA, EW, GES**], die p. D. ist eine freiwillige Zusatzuntersuchung während der Schwangerschaft, auf die der Arzt aufmerksam machen und die von Schwangeren aktiv in Anspruch genommen werden muss. Ein auffälliger Untersuchungsbefund kann Anlass für den Abbruch einer Schwangerschaft aus med. Gründen wegen einer aktuellen oder zukünftigen unzumutbaren Belastung der Schwangeren sein. Inhalte der genetischen Beratung (*humangenetische Beratung*) nach einem auffälligen Befund sind die Erläuterung des Befundes mit dem Hinweis auf dessen diagn. Sicherheit, evtl. weiterführender Diagnostik, der klin. Konsequenzen für das sich entwickelnde Kind mit Symptomatik, Prognose, Komplikationen sowie prä- und postnatalen Behandlungsmöglichkeiten. Weiterer Fokus der Beratung ist die Besprechung der möglichen Folgen der Erkrankung oder Behinderung des Kindes für das Leben der Schwangeren und ihrer Familie. Zudem soll über die Alternative Fortführung oder Abbruch der Schwangerschaft mit ihren jew. rechtlichen, med. und psychosozialen Voraussetzungen und Folgen informiert werden. Die Herausforderung der genetischen Beratung besteht somit darin, flexibel und individualisiert, die schwangere Frau/die Paare so zu informieren, dass sie die Ergebnisse der Testung sowie die damit verbundenen, möglichen Konsequenzen verstehen

(Fisher 2012). Die höchsten Abbruchraten als Konsequenz eines auffälligen Befunds finden sich bei *Trisomie* 21, die geringsten beim *Klinefelter-Syndrom* (Mansfield et al. 1999). Die Entscheidung für bzw. gegen eine Fortführung der Schwangerschaft hängt von versch. Faktoren ab. Neben soziodemografischen Variablen (z. B. Alter der Frau, sozioökonomischer Status) spielen hierbei das Gestationsalter, psychosoziale Faktoren (z. B. psych. Belastung der Eltern, Einstellungen gegenüber Behinderung) und der Beratungsstil eine Rolle (Choi et al 2012; Jeon et al. 2012). Dies verdeutlicht die Komplexität der i. R. der p. D. stattfindenden Beratung. *Humangenetik*. K. Kufner

Diagnostik, Qualitätssicherung [engl. *diagnostics, quality assurance*], **[DIA]**, zur *Qualitätssicherung* (= Q.) der Diagnostik, ihrer *diagnostischen Prozesse* und Verfahren (z. B. *Test*) liegen vielfältige Veröffentlichungen von nationalen und internat. Organisationen vor. In Form von Standards, Prinzipien, Richtlinien oder Normen sind Aussagen zur Q. und -verbesserung für Forschung und Praxis festgehalten. Zur Q. der berufsbezogenen Eignungsbeurteilungen wurden 2002 die *DIN 33430* veröffentlicht; es wurden Leitlinien/Regeln für Anforderungen an eine fachgerechte psychol. Arbeit explizit formuliert. Als Norm stellt sie auch eine Qualitätsübereinkunft zw. den Interessengruppen (Verfahrensentwickler, -vermarkter und -anwender) dar. Ein zentraler Inhaltsbereich ist die Darlegung der «*Qualitätskriterien und -standards für Verfahren zur berufsbezogenen Eignungsbeurteilung*» mit Grundsätzen und Verfahrenshinweisen für die Auswahl, Zusammenstellung, Durchführung und Auswertung. Auch werden Qualitätsanforderungen an Auftragnehmer formuliert, wie etwa spez. Standards zur Durchführung von Eignungsinterviews (*Eignungsuntersuchung*, z. B. Handhabung von Interviewleitfäden, Fragetechniken) bzw. Verhaltensbeobachtungen und -beurteilungen (z. B. Auswertung, Beobachtungsfehler und -verzerrungen, *Gütekriterien*). Darüber hinaus sind weitere Begleit- und Folgemaßnahmen entstanden, wie Checklisten (DIN-Screen; *checklist, Checkliste*, Zertifizierungen (für Organisationen; *Qualitätsmangement*) und Lizenzierungen (für Personen). So besteht für Eignungsdiagnostiker die Möglichkeit nachzuweisen, dass sie einer der Norm entspr. Psychodiagnostik durchführen. 2011 wurde eine internat. Norm veröffentlicht: Die ISO-Norm 10667 (*Assessment Service Delivery: Procedures and methods to assess people in work and organizational settings*). Bei der Erarbeitung dieser zweiteiligen ISO-Norm wurden die DIN 33430 und weitere nationale und internat. Standards herangezogen, die Ausarbeitung erfolgte in weltweiter Zusammenarbeit mit Blick auf die internationale Praxis der Eignungsbeurteilung. Die *Richtlinien für den diagnostischen Prozess* der *European Association of Psychologcal Assessment* (EAPA) sind als umfassende Verfahrensvorschläge zu verstehen, da sie auch die psychol. Diagnostik berücksichtigen, die keine psychometrischen Tests verwendet. Sie stellen handlungsleitende Prinzipien für den gesamten diagn. Prozess dar und dienen dazu, die psychol. Begutachtung in der Praxis sowie auch die Ausbildung und das Training von Diagnostikern zu verbessern (*Guidelines for the Assessment Process* (GAP) in dt. Fassung von Westhoff et al. 2003). Andere Standards und Maßnahmen zur Q. fokussieren besondere Aspekte und Teilbereiche des diagn. Prozesses wie etwa Qualität der eingesetzten Verfahren, Qualifikation der beteiligten Personen sowie Einhaltung von Abläufen und Regeln (*Teststandards*). I. Preusser

Diagnostik, sozialpsychologische (= s. D.) [engl. *socio-psychological diagnostics/assessment*], **[DIA, SOZ]**, in der *Sozialpsychologie* werden heute i. d. R. psychometrisch (*Psychometrie*, *Gütekriterien*) konstruierte Frage- und Beobachtungsbögen für die Diagnostik der sozialen *Einstellungen* (*Einstellungsskalen*) eingesetzt. Auch die Möglichkeiten zur computervermittelten Kommunikation (*Computerbasierte Diagnostik*) werden immer stärker zur Analyse des Interaktions- und Kommunikationsverhaltens genutzt. Insbes. historisch sind folg. Verfahren von Bedeutung, die zur Diagnostik sozialps. Kontrukte eingesetzt wurden: (1) *Kontaktsituationen* mit einem oder wenigen Partnern: Hierher gehören die Partnerversuche von Hanselmann, Henning, wobei es sich um Aufgaben wie gemeinsames freies Zeichnen oder Werken (Ausschneiden u. a.) handelt. Auch an Bilder oder Vorlagen anknüpfende Gespräche sind entwickelt worden. (2) *Gruppensituationen*: Anstoß gab hier die Wehrmachtsps. der 1920er-Jahre mit dem Bedürfnis, das sog. Führerverhalten zu ermitteln. Rundgespräche, Führerproben und sog. Befehlsreihen (d. h. Handlungstests) wurden dafür entwickelt. In den USA trat das *Office of Strategic Service* (OSS) mit Debatte-Tests, Diskussions-Tests und Interview-Tests bes. hervor. Eine weitere Möglichkeit für die Gruppensituation bietet das *Psychodrama* von J. L. Moreno, dessen Rollenspielen zwar psychoth. angelegt ist, aber gut an die s. D. angepasst ist. (3) *projektive Tests*: Auch der TAT (Murray; *Thematischer Apperzeptionstest (TAT)*) oder Gestaltungstests wie die von Shneidman, Staabs wurden für die s. D. herangezogen. Ersterer war zudem Ausgang für Testkonstruktionen unter der Bez. *Interpersonal Fantasy Test*. (4) *Soziometrie*: Das von Moreno entwickelte *Soziogramm* hat eine Reihe von Verfahren zur s. D. veranlasst, bei denen mit dem interpersonalen Auswählen innerhalb eines best. Personenkreises der Pb seine eigene soziale Einstellung offenlegt.

Diagnostik, Status- (= S.) [engl. *assessment/diagnosis of current status*], syn. *Querschnittsdiagnostik*. **[DIA]**, Erfassung der versch. Facetten einer Person im Querschnitt (Ist-Zustand), d. h. zu einem best. Untersuchungszeitpunkt, mit dem Ziel z. B. den Beginn einer Behandlung zu dokumentieren. Mittels wiederholter Statuserhebungen lassen sich auch Verläufe (Verlaufsdiagnostik, Veränderungsmessung; *Veränderungsmessung, klinische*) dokumentieren. In Abhängigkeit von der Fragestellung können alle psychol. Instrumente zur Anwendung kommen (State- und Trait-Instrumente; z. B. *State-Trait-Anxiety-Inventory (STAI)*), aber auch apparative oder biol. Verfahren (*bildgebende Verfahren*, *Biochem. Verfahren*). *psychologische Diagnostik*. Pawlik 1976a. R.-D. Stieglitz

Diagnostik, störungsspezifische [engl. *disorder oriented assessment*], **[DIA, KLI]**, in Abgrenzung zur *störungs-*

übergreifenden Diagnostik eine Diagnostik, die sich auf best. Störungsgruppen bezieht und auf deren spezif. Symptomatik und damit verbundene Problembereiche fokussiert. Kennzeichen ist der Einsatz von Verfahren, die im Hinblick auf die ausgewählte Störungsgruppe evaluiert worden sind. Mit störungsspezifischen Verfahren lassen sich differenzierte Aspekte einer Störung darstellen und sind damit v. a. im Hinblick auf die Therapieplanung und -evaluation von besonderer Bedeutung. Stieglitz 2006.

R.-D. Stieglitz

Diagnostik, störungsübergreifende [engl. *assessment/diagnostics across disorders*], [**DIA, KLI**], in Abgrenzung zur *störungsspezifischen Diagnostik* Anwendung von Verfahren, die bei versch. Störungsgruppen anwendbar sind. Meist handelt es sich um mehrdimensionale Verfahren wie z. B. *Symptom-Checkliste (SCL-90-R)*, die es erlauben, versch. Dimensionen psych. Beeinträchtigung zu erfassen (z. B. Depressivität, Ängstlichkeit) und meist zu Beginn einer Behandlung zur Anwendung kommen. Vorteile: u. a. Vergleichbarkeit von Pat. unterschiedlicher Störungsgruppen, Erfassung von beeinträchtigten Bereichen über die Kernsymptomatik hinaus; Nachteile: u. a. zu unspezifisch; Bsp.: Symptom-Checkliste (SCL-90-R) als *Selbstbeurteilungsverfahren* oder das *AMDP-System* als *Fremdbeurteilungsverfahren*. Stieglitz 2006.

R.-D. Stieglitz

Diagnostik, therapiebegleitende (= t. D.) [engl. *therapy accompanying assessment/diagnostics*], [**DIA, KLI**], alle diagn. Maßnahmen vor, bei Beginn, im Verlauf und am Ende einer Therapie, durchgeführt mit dem Ziel der Beantwortung der für die jeweilige Therapiephase spezif. Fragen. Die t. D. liefert vor und zu Beginn der Therapie Informationen zur *Indikation* (indikationsorientierte Diagnostik), im Verlauf der Therapie über die Veränderung (Verlaufs- und Prozessdiagnostik) sowie am Ende und nach der Therapie über den Erfolg der Therapie evaluative Diagnostik. Zur Anwendung kommen alle Verfahrensgruppen, die i. R. der multimodalen Diagnostik als relevant angesehen werden können. Die t. D. spiegelt den dynamischen Aspekt der Therapie und ihrer Erfolgsbewertung (*Veränderungsmessung, klinische*) wider und dient damit v. a. auch einer ggf. notwendigen Modifikation der therapeutischen Interventionen. Dabei ist auch die Interaktion von Therapeut und Pat. zu beachten, die sich z. B. mittels sog. Stundenbögen erfassen lässt. Die Ergebnisse einer t. D. können allg. der Qualitätssicherung dienen, dienen v. a. aber im Einzelfall i. R. der Supervision der Prüfung der Qualität der einzelnen Therapie (*Qualitätssicherung*). Stieglitz 2008c.

R.-D. Stieglitz

Diagnostik, Verlaufs- [engl. *assessment/diagnostics of process*], [**DIA, KLI**], Anwendung von Verfahren zu versch. Zeitpunkten bei einem Pat. mit dem Ziel, den Therapieprozess, den Therapiefortschritt oder den Therapieerfolg abzubilden. Eng mit dem Begriff der Veränderungsmessung (*Veränderungsmessung, messtheoretische Aspekte*) verbunden. *Diagnostik, therapiebegleitende*. Stieglitz 2008b.

R.-D. Stieglitz

Diagnostik bei alten Menschen [engl. *assessment of older adults*], [**DIA, EW**], aufgrund des demografischen Wandels sieht sich heute die Ps. zunehmend auch diagn. Aufgaben in Bezug auf das höhere Lebensalter gegenüber. Mögliche Besonderheiten der Diagnostik (= D.) sind: Schnelle Ermüdbarkeit; sensorische und motorische Beeinträchtigung; Notwendigkeit der Vereinfachung von Antwortformaten; Prüfung der Messäquivalenz von Verfahren, die für Jüngere entwickelt wurden; Fehlen von Normwerten; Notwendigkeit des Ausweichens auf *Beobachtung* und Fremdurteil (z. B. bei *Demenz*). Zentrale Bereiche der D. sind: (1) *Kognitive Leistungen* (z. B. Gedächtnisfunktionen, *Exekutive Funktionen*) einschließlich leichter kogn. Störungen und Demenzformen. Zunehmende Verbreitung erfährt hier die neuropsychol. Testbatterie CERAD (*Consortium to Establish a Registry for Alzheimer's Diseases Assessment Battery*). Die multidimensional angelegte CERAD-Batterie will gleichzeitig Orientierung, Sprache, konstruktive Praxis und Gedächtnisleistungen abbilden. Sie enthält auch das weitverbreitete Screeninginstrument der *Mini-Mental-State-Examination* (MMSE; *Mini-Mental-Status-Test*). (2) *Persönlichkeitsaspekte*. Entsprechendes diagn. Wissen kann hilfreich sein, um Anpassungspotenziale und -grenzen im Umgang mit emot. Belastungen und krisenhaften Herausforderungen, z. B. der Erfahrung von chronischen Erkrankungen oder von Verwitwung, abschätzen zu können (etwa im Grad des gegebenen *Neurotizismus*). Ebenso können Persönlichkeitseinschätzungen helfen, die zu erwartende Anpassung an eine neue Umwelt (z. B. Pflegeheim) vorherzusagen. Ähnlich wie generell in der psychol. *Diagnostik* hat sich zur D. von grundlegenden Persönlichkeitszügen auch bei Älteren das NEO-Fünf-Faktoren Inventar (*NEO-Fünf-Faktoren-Inventar (NEO-FFI)*) gut bewährt, wobei bisweilen die relativ hohe Itemanzahl v. a. bei Hochaltrigen zu einem Problem werden kann. Zusätzlich kann es sehr sinnvoll sein, das Bewältigungsverhalten (*Coping*) und die psych. *Resilienz* von älteren Menschen einzuschätzen. (3) *Affektivität*. Hier steht die Erfassung der emot. Situation im Vordergrund, v. a. des pos. und neg. Affekts, der Depressivität und *Angst*. Z. B. spielt Depressivität eine bedeutsame Rolle i. R. des Erfolgs von geriatrischen *Rehabilitation*sprogrammen. (4) *Alltagskompetenz*. Hier geht es v. a. um die sog. Aktivitäten des täglichen Lebens wie bspw. Mahlzeiteneinnahme, Mobilität in der Wohnung, Mahlzeitenzubereitung, die Erledigung von Bankangelegenheiten, Telefonieren, Einkaufen oder die Nutzung des öffentlichen Personennahverkehrs sowie um alltägliche Problemlösestrategien (z. B. Umgang mit Alltagsproblemen wie der Veränderung der Medikation) (*International Classification of Functioning, Disability and Health (ICF)*). (5) *Soziale Umwelt*. Im Mittelpunkt steht hier die Einschätzung von Größe und Qualität der vorhandenen *sozialen Netzwerks*, seiner emot. und instrumentell-unterstützenden Ressourcen sowie von Einsamkeit. Zunehmend an Bedeutung gewonnen hat auch die diagn. Einschätzung von pflegenden Angehörigen, die häufig physisch und psych. sehr belastet sind. (6) *Physisch-räumliche Umwelt*. Ältere Menschen sind bes. anfällig für Widrigkeiten der physisch-räumlichen Umwelt, etwa in Bezug auf Barrieren in der Wohnung (hohe Badewanne, Sturzfallen), weisen aber gleichzeitig häufig eine sehr hohe emot. Bindung an ihre Wohnumwelt auf, was diagn. häufig zu einer durchaus ambivalenten Situation führen kann (z. B. ungünstige obj. Wohnmerkmale, aber hohe Bindung an die Wohnung, die einen Umzug in eine besser angepasste Wohnung erschwert oder unmöglich macht). Insgesamt besteht eine zentrale Anforderung der D. darin, eine möglichst hohe Altersfairness zu erzielen, immer dann wenn notwendig (und verfügbar) spez. für Ältere geeignete Verfahren einzusetzen und überaus sorgsam und abwägend in der Interpretation von erhaltenen Informationen aufgrund diverser Gefährdungen in der Standardisierung der diagn. Situation bzw. grundlegender systemischer Veränderungen des alternden Organismus vorzugehen. Wahl & Zank 2006. *H.-W. Wahl*

TestDiagnostik-System für psychische Störungen nach ICD-10 und DSM-IV für Kinder und Jugendliche – II (DISYPS II), 2008, M. Döpfner, A. Görtz-Dorten, G. Lehmkuhl, D. Breuer und H. Goletz, [www.testzentrale.de], [**DIA, KLI**]. Anwendung: Psychoth. für Kinder und Jugendliche, Beratungsstellen, Kinder- und Jugendpsychiatrie und Pädiatrie, zur klin. Diagnostik psych. Störungen, Dokumentation, Therapieplanung und Verlaufskontrolle. Nachfolger des *Diagnostik-System für psychische Störungen im Kindes- und Jugendalter nach ICD-10/DSM-IV*. Das Diagnostik-System erfasst psych. Störungen bei Kindern und Jugendlichen entspr. den Diagnosekriterien von ICD-10 und DSM-5 (*Klassifikation psychischer Störungen*). Es umfasst die im Kindes- und Jugendalter wichtigsten Störungsbereiche: Aufmerksamkeitsdefizit-/ Hyperaktivitätsstörungen, Störungen des Sozialverhaltens, Angststörungen, Depressive Störungen, Zwangsstörungen, Tiefgreifende Entwicklungsstörungen, Tic-Störungen, Störungen sozialer Funktionen, d. h. Bindungsstörungen und Mutismus. Dabei werden die drei Beurteilungsebenen (1) klin. Beurteilung, (2) Fremdbeurteilung (Eltern, Lehrer) und (3) Selbstbeurteilung miteinander kombiniert. Die klin. Beurteilung erfolgt anhand der *Diagnose-Checklisten (DCL)*, die für alle acht Störungsbereiche vorliegen. Die Einschätzung durch Eltern, Lehrer oder Erzieher kann anhand von *Fremdbeurteilungsbogen (FBB)* vorgenommen werden, die für fünf Störungsbereiche entwickelt wurden. Kinder und Jugendliche im Alter von 11 bis 18 Jahren können sich selbst anhand von *Selbstbeurteilungsbogen (SBB)* einschätzen, die für vier Störungsbereiche vorliegen. Die Instrumente des Diagnostik-Systems erleichtern die operationalisierte kategoriale Diagnostik nach ICD-10 und DSM-IV und ermöglichen eine differenzierte dimensionale Beschreibung psych. Auffälligkeiten i. R. einer multimodalen Verhaltens- und Psychodiagnostik.

TestDiagnostikum: Basisfähigkeiten im Zahlenraum 0 bis 20 (DBZ 1), 1994, H.-J. Wagner und C. Born, [www.testzentrale.de], [**DIA, PÄD**]. Test zur Erfassung elementarer Rechenfähigkeiten beim Addieren und Subtrahieren. AA Ende 1. Schuljahr bis Mitte 2., retardierte (*Retardation*) Kinder auch älter. Der Test besteht aus zwei obligatorischen Untertests (mündliche und schriftliche Vorgabe von Additions- und Subtraktionsaufgaben) und zwei optionalen für Kinder mit hoher Fehlerzahl (zeichnerische und handelnde Darstellung). Der Test beabsichtigt indiv. Stärken und Schwächen der Schüler sowie Defizite im Vermittlungskonzept des Rechenunterrichts zu erfassen; zusätzlich didaktische Hinweise zur Förderung. Klassenweise Durchführung durch Lehrer. *Reliabilität*: Konsistenz, innere, Teil 1 .89, Teil 2 .92. *Validität*: Lehrplanvalidität und fehleranalytische Gültigkeit wird beansprucht. Keine qual. Auswertung. Durchführungszeit: für die beiden Teile jew. 10 bis 20 Min. Papierversion. *H. P. Langfeldt*

TestDiagnostische Beobachtungsskala für Autistische Störungen (ADOS), 2004, D. Rühl, S. Bölte, S. Feineis-Matthews & F. Poustka, [www.testzentrale.de], [**DIA, KLI**]. Klinisches Verfahren. AA Kinder und Erwachsene. Strukturiertes Verfahren zur Erfassung von *Kommunikation*, sozialer Interaktion und *Spielverhalten* oder Fantasiespiel mit Gegenständen bei Personen, bei denen das Vorliegen einer autistischen Störung (*Autismus-Spektrum-Störung*) oder einer anderen tiefgreifenden Entwicklungsstörung vermutet wird. In Abhängigkeit vom Alter und Sprachniveau des jew. Pat. wird eine von vier Untersuchungsstrategien (Modulen) gewählt, um anhand von gezielt inszenierten spielerischen Elementen, Aktivitäten und Gesprächen für die Diagnose des Autismus relevante Sachverhalte und Symptome prüfen zu können. Bearbeitungsdauer: 30–45 Min. pro Modul.

diagnostische Datenquellen *Datenquellen, diagnostische.*

TestDiagnostische Einschätzskalen zur Beurteilung des Entwicklungsstandes und der Schulfähigkeit (DES), 2012, K. Barth, 6. Aufl., [www.testzentrale.de], [**DIA, EW, PÄD**]. AA bei Kindern im letzten Kindergartenjahr vor der Einschulung bzw. zu Beginn des schulischen Erstunterrichts. Die DES wurden entwickelt, um die frühe und gezielte Förderung von Kindern im Übergangsfeld Kindergarten/Schule zu unterstützen (*Vorschulische Betreuungsformen*). Sie sind ein *Screening*-Verfahren, das Erziehern, Grundschullehrern, Sozialpädagogen von Schulkindergärten, Förderklassen und Sonderpädagogen Hilfestellung bei der Beurteilung des Entwicklungsstandes eines Kindes (*Entwicklungsdiagnostik*) geben soll. Diese Einschätzung kann die Basis für eine fundierte Elternberatung bieten sowie eine Orientierung darüber ermöglichen, wann best. weitere Fachdienste (Kinderärzte, neuropädiatrische Zentren, Beratungsstellen, Sprach-, Ergo-, Mototherapeuten usw.) zur genaueren diagn. Klärung der Entwicklungsauffälligkeiten (*Entwicklungsstörungen, tiefgreifende*, *Entwicklungsstörungen, umschriebene*) eingeschaltet werden sollen. Im Sinne einer präventiven Diagnostik können anhand der Aufgabenbereiche der DES die Faktoren bzw. Prozesse erkannt werden, die die weitere Entwicklung des Kindes behindern oder verzögern, sodass rechtzeitig ein geeigneter Förderplan aufgestellt werden kann. Es werden insges. 28 Leistungen in den Bereichen *Wahrnehmung*, *Motorik*, *Gedächtnis*, kogn., soziale und *emot. Arbeit* erfasst. Bearbeitungsdauer: 1½ bis 2 h.

diagnostische Psychologie [engl. *diagnostical psychology*], s. Einleitung Gebietsüberblick «I.14 Psychologische Diagnostik».

TestDiagnostischer Elternfragebogen (DEF), 1993, P. Dehmelt, W. Kuhnert und A. Zinn, [www.testzentrale.de], [**DIA, EW, PER**]. Anamneseinstrument, AA Eltern von Kindern- und Jugendlichen im Alter von fünf bis 13 Jahren. Eltern, deren Kinder einer Beratungsstelle, einem Schulpsychologen oder klin. Psychologen vorgestellt werden, können anhand des Fragebogens systematisch über die Entwicklung des Kindes befragt werden. Er besteht aus einem Manual mit Erhebungsbogen und Fall- bzw. Auswertungsbeispielen (16 Seiten). Der Test setzt sich aus insges. 77 Fragen zu sieben Themenbereichen zus.: *Familienverhältnisse, Körperliche und geistige Entwicklung, Erziehung, Interessen und Fähigkeiten, Beziehungen zu anderen Personen, Schule, Entwicklung des Problemverhaltens.*

TestDiagnostischer Elternfragebogen zur taktil-kinästhetischen Responsivität (DEF-TK), 2000, C. Kiese-Himmel & S. Kiefer, [www.testzentrale.de], [**EW, DIA**]. Entwicklungstest. AA von 1 Jahr, 6 bis 7, 11 Jahren. Die taktil-kinästhetische Responsivität des Kindes wird durch ein diagn. Interview mit den Eltern erfasst. Der Test ist ein auf Verhaltensparameter gestütztes Rating-Verfahren zu Screening-Zwecken, um Verdachtsfälle auszuwählen. 32 Items sind in unterschiedlicher Anzahl auf zehn Verhaltensbereiche verteilt. Innere Konsistenz zw. $r = .75$ und $r = .78$, Interrater-Reliabilität bei $r = .81$.

TestDiagnostischer Lesetest zur Frühdiagnose (DLF 1-2), 1984, von R. Müller, [www.testzentrale.de], [**DIA, PÄD**], Wortlesetest zur Früherfassung von Lesestörungen. Er soll in erster Linie Lehrkräften als zusätzliches Verfahren mit klassenübergreifendem Maßstab dienen, ist aber auch zur Erfassung von Kindern mit Leseschwierigkeiten geeignet. Der DLF 1-2 kann auch i. R. außerschulischer Förderarbeit genutzt werden.

diagnostischer Prozess (= d. P.) [engl. *assessment process, diagnostic process*], [**DIA**], kann definiert werden als «eine systematische Abfolge psychodiagn. (*Psychodiagnostik*) Handlungen mit dem Ziel, entscheidungsrelevante Informationen über eine Person verfügbar zu machen» (Langfeldt & Tent 1999). Obwohl psychol.-diagn. Aufgabenstellungen in allen Lebensbereichen und allen Lebensabschnitten auftreten und von daher jew. höchst unterschiedlich sein können, lassen sich übergreifend mehr oder weniger ineinander übergehende Teilschritte oder Phasen des konkreten diagn. Prozesses beschreiben (Jäger 2006). (1) *Anfangs- und Orientierungsphase*: Ein Auftraggeber oder die betreffende Person selbst tritt an den psychol. Diagnostiker mit der Bitte heran, eine bestimmte Fragestellung zu beantworten. Dieser prüft, ob er die an ihn gestellte Frage beantworten kann. Dazu gehört die selbstkritische Prüfung des eigenen professionellen Wissens ebenso wie die Abwägung rechtlicher und ethischer Angemessenheit. Sind die Voraussetzungen nicht hinreichend erfüllt, sollte der Auftrag zurückgegeben werden und ein d. P. im engeren Sinne kommt gar nicht zustande. Mit der Annahme des Auftrages beginnt (2) die *Planungsphase*. Der Diagnostiker übersetzt die an ihn gestellte Frage in eine psychol. begründbare und prüfbare *Hypothese* und plant die Durchführung von Verfahren (z. B. Dokumentenanalyse, *Interview, diagnostisches, Anamnese, Exploration, Verhaltensbeobachtung, Fragebogen, Test*; diagnostische *Datenerhebungsverfahren*), die geeignet erscheinen, die Hypothesen zu beantworten. (3) In der darauf folg. *Durchführungsphase* werden die einschlägigen Daten unter Einhaltung ethischer und fachlicher Standards planvoll und systematisch erhoben und registriert. (4) In der *Evaluationsphase* werden die Daten geordnet, verdichtet und im Hinblick auf die vorausgegangene Hypothese interpretiert. Falls die Datenlage für eine befriedigende Hypothesenprüfung nicht ausreicht, kann zur Ausgangsphase zurückgekehrt werden und der Prozess wird aufs Neue durchlaufen. In manchen Fällen kann es notwendig sein, den diagn. Auftrag als nicht erfüllbar zurückzugeben. (5) Kann die Hypothese befriedigend beantwortet werden, wird der d. P. gegenüber dem Auftraggeber mit der Beantwortung der Ausgangsfragestellung abgeschlossen. Dies kann im persönlichen Gespräch oder in einem schriftlichen Gutachten (*Psychologisches Gutachten*) geschehen.

Die Beschreibung der einzelnen Phasen lässt auch erkennen, dass neben Fachwissen die Fähigkeit des Diagnostikers zur angemessenen *Kommunikation* mit unterschiedlichen Personengruppen unabdingbar ist. *diagnostischer Prozess, klinischer Anwendungskontext, Diagnostik, Qualitätssicherung, Diagnostik, gesellschaftliche und rechtliche Rahmenbedingungen, Diagnostik, Qualitätssicherung.*

H. P. Langfeldt

diagnostischer Prozess, klinischer Anwendungskontext (= d. P.) [engl. *assessment process, diagnostic process*], [**DIA, FSE**], nach Döpfner et al. (2000) kann der d. P. in klin. Kontexten die folg. Ziele unterstützen bzw. anstreben: differenzierte Erfassung des problematischen Verhaltens und Erlebens; Zuweisung zu einer oder mehreren d. Kategorien; Erfassung von Ressourcen und Kompetenzen (*Ressourcenorientierung*); Aufbau einer vertrauensvollen Beziehung (*Therapiebeziehung*); Erfassung von Störungskonzepten und Therapieerwartungen; Feststellen/Aufbau von Veränderungsmotivation; Klärung des therap. Auftrags; Formulierung von Therapiezielen; vorläufige Therapieplanung. Zur professionellen Gestaltung sind insbes. Kompetenzen des Diagnostikers und eine systematische P.gestaltung erforderlich. Diagnostiker müssen über *psychod. Kompetenzen* (insbes. Kenntnis der Relevanz d. Perspektiven, konzioneller und methodologischer Standards), *Kompetenzwissen* (Reflexion des eigenen Wissens), *Bedingungs- und Änderungswissen* (Kenntnisse zu Bedingungen des Erlebens und Verhaltens bzw. deren Änderung), *technologisches Wissen* (bzgl. Erhebungs- und Auswertungsverfahren) und *Referenzwissen* (z. B. Wissen bzgl. relevanter *Bezugsnormen*) verfügen. Jäger 2006.

TestDiagnostischer Rechtschreibtest für 1. bis 3. bzw. 4. bis 5. Klassen (DRT 1-3/4-5), DRT 1/2/3, 2003, 4. Aufl., R. Müller; DRT 4/5, 2003, M. Grund, G. Haug und C. L. Naumann, [www.testzentrale.de], [**DIA, PÄD**]. *DRT 1/2/3*: AA Ende der 1., Anfang der 2. Klasse/Ende der 2., Anfang der 3. Klasse/Ende der 3., Anfang der 4. Klasse. Die drei Testformen gehören zu dem differenzierten System der Früherfassung und -behandlung von Lese-Rechtschreib-Störungen (*Lese-Rechtschreibstörung*). Neben einer quant. Auswertung ist auch die Bestimmung der Fehlerschwerpunkte (Fehleranalyse mithilfe eines Auswertungsbogens und Tab. mit den häufigsten Falschschreibungen). Als Gruppentests unterstützen sie Lehrkräfte der Grundschule, aber auch der Förderschule für Sprach- und Lernbehinderte bei der Beurteilung der Rechtschreibleistung einzelner Schüler und der ganzen Klasse. Auf Basis der Fehleranalyse und deren Erfolgskontrolle kann die Notwendigkeit schulischer Förderungsmaßnahmen abgeleitet werden. Für die 4. Aufl. wurden die Testhefte nach den Regeln der neuen Rechtschreibung umgestellt. Für die drei Tests liegen jew. Parallelformen vor. Im DRT 1 werden 6 Fehlerkategorien unterschieden. Die 30 Testwörter sind in zwei Geschichten integriert, die der Lehrer zu Anfang vorliest. Als Testwörter wurden nur einfache, lauttreue Wörter gewählt, sodass der Test auch am Ende der 1. Klasse den meisten Kindern keine Schwierigkeiten bereitet. Der DRT 1 ist auch in den dritten Klassen der Förderschulen für Lernbehinderte anwendbar. Der *DRT 2* besteht aus einem Lückentext, in den nach Diktat 32 Wörter mit zunehmender Schwierigkeit eingefügt werden. In der Förderschule für Sprach- und Lernbehinderte kann der Test etwa in der 4. Klasse eingesetzt werden. Der *DRT 3* besteht aus einem Lückentext, in den nach Diktat 44 Wörter mit zunehmender Schwierigkeit eingefügt werden. Der Test kann auch in der 5. Klasse der Förderschule für Sprach- und Lernbehinderte eingesetzt werden. *DRT 4/5*: AA Anfang bis Mitte der 4. Klasse Grundschule, ab 6. Klasse Förderschule bzw. Mitte der 5. Klasse. Die beiden Verfahren messen die Rechtschreibleistung eines Schülers/einer ganzen Klasse, und es können spezif. Fehlerschwerpunkte ermittelt werden, die als Grundlage für eine gezielte Förderung dienen. Die Fehleranalyse orientiert sich an den Lehrplänen: Lautunterscheidung, Lautnachbarschaften (st/sp, pf, qu), Dehnung/Doppelung, Ableitung (durch Verlängern, von der Grundform, vom Stamm ä und a), die Vorsilbe ver-, Groß- und Kleinschreibung. Auf diesen Grundlagen kann über Notwendigkeit und Art einer Förderung entschieden werden. Die Tests differenzieren sehr gut im unteren Leistungsbereich und sind damit für die Diagnose von Rechtschreibschwierigkeiten bes. geeignet. Es liegen jew. zwei Parallelformen gleicher Schwierigkeit vor. Bearbeitungsdauer: jew. 40 bis 45 Min.

^{Test}**Diagnostisches Interview bei psychischen Störungen (DIPS)**, 2011, 4. Aufl., S. Schneider und J. Margraf, [**DIA, KLI**]. Klinisches Verfahren. AA Erwachsene. Das Diagnostische Interview bei psych. Störungen (DIPS) ermöglicht die Klassifikation psychischer Störungen nach *ICD*-10 und *DSM*-IV-TR und erfasst Informationen, die für die Planung und Durchführung psycho- bzw. verhaltenstherap. Behandlungen notwendig sind. Im Handbuch findet sich eine detaillierte Darstellung des diagn. Vorgehens und der Diagnosekriterien sowie Übungsfälle und ein Glossar psych. Störungen. Umfassende Untersuchungen haben sehr gute Gütekriterien auch unter «schwierigen» klin. Bedingungen ergeben. Der Interviewleitfaden und der Protokollbogen stehen auf CD-ROM zur Verfügung [www.testzentrale.de].

^{Test}**Diagnostisches Interview für Autismus – Revidiert (ADI-R)**, 2006, S. Bölte, D. Rühl, G. Schmötzer & F. Poustka, [www.testzentrale.de], [**DIA, KLI**]. Klinisches Verfahren. AA ab zwei Jahre. Standardisiertes Interviewverfahren zur Erfassung und Differenzialdiagnostik von Störungen des autistischen Spektrums (*Autismus-Spektrum-Störung*). Das ADI-R eignet sich sowohl zur psychiatr. Statusdiagnostik als auch zur Interventionsplanung. Es beinhaltet 93 Items zur *frühkindlichen Entwicklung*, zu *Spracherwerb* und möglichem *Verlust von sprachlichen Fertigkeiten*, *verbalen und non-verbalen kommunikativen Fähigkeiten*, *Spiel- und sozialem Interaktionsverhalten, stereotypen Interessen und Aktivitäten* sowie *komorbiden Symptomen* (Aggression, Selbstverletzung, Epilepsie). Bearbeitungsdauer: je nach Ausprägung der Symptomatik zw. 1½ und 3 h.

^{Test}**Diagnostisches Interview für das Borderlinesyndrom (DIB)**, 1990, 2. Aufl., J.G. Gunderson. Erstauflage 1985. Dt. Bearbeitung von H. Püttrich. Die rev. Version (DIB-R) wurde von Rohde-Dachser 1995 ins Deutsche übertragen, [www.testzentrale.de], [**DIA, KLI, PER**]. Klinischer Test. AA Erw. Semistrukturiertes Interview, das deskriptiv die Bereiche erfassen soll, die als bes. charakteristisch für die Borderline-Persönlichkeit erachtet wurden. Das Interview liefert für fünf versch. Bereiche Aufschluss: *soziale Anpassung, Impulsivität, Affekte, psychotisches Erleben, zwischenmenschliche Beziehungen*. Für die dt. Form liegen Daten von 41 Pbn von Püttrich vor. Auswertungs- und Durchführungsobjektivität können nicht als gesichert gelten. Durchführungszeit zw. 1,5 und 2,5 h.

^{Test}**Diagnostisches Inventar motorischer Basiskompetenzen bei lern- und entwicklungsauffälligen Kindern im Grundschulalter (DMB)**, 2008, 4. Aufl., D. Eggert, G. Ratschinski u.C. Reichenbach, [www.testzentrale.de], [**DIA, EW**]. Knüpft testps. an die diagn. Inventare und an neuere Versionen des Oseretzky-Tests an. Es wird von einem entwicklungsps. Modell ausgegangen und eine Kombination von Testaufgaben und Beobachtungssituationen vorgestellt, die sowohl diagnostisch als auch in der Intervention direkt eingesetzt werden können.

^{Test}**Diagnostisches Inventar zu Rechenfertigkeiten im Grundschulalter (DIRG)**, 2010, D. Grube, U. Weberschock, M. Blum, M. Hasselhorn und D. Gölitz, [www.testzentrale.de], [**DIA, PÄD**]. AA Kinder im Grundschulalter (Ende 1. bis 4. Schuljahr). Das DIRG dient zur Einschätzung grundlegender Rechenfertigkeiten, die als Grundlage des Verständnisses und der Durchführung fortgeschrittener Rechenoperationen betrachtet werden. Es wird das indiv. Leistungsniveau bei der Bearbeitung einfacher Aufgaben zu den vier Grundrechenarten bestimmt. Das Inventar besteht aus vier Modulen, die einzeln oder in Kombination miteinander durchgeführt werden können. Das Modul *BASIS* (ab Ende 1. Schuljahr durchführbar) umfasst vier Aufgabenblöcke (Addition und Subtraktion im Zahlenraum bis 20, jew. mit und ohne Zehnerübergang). Das Modul *M100* besteht aus Multiplikationsaufgaben (kleines Einmaleins), das Modul *D100* aus Divisionsaufgaben (kleines Einsdurcheins). Im Modul *AS1000* sollen dreistellige Zahlen addiert und subtrahiert werden. Die Aufga-

bengruppen aller Module werden unter Zeitbegrenzung bearbeitet. Es liegen zwei Pseudo-Parallelformen vor. Bearbeitungsdauer: je nach Modul und Schuljahr der zu untersuchenden Kinder 7 bis 30 Min. Bei Anwendung aller Module (möglich im 4. Schuljahr) ca. eine Schulstd.

Test Diagnostisches und Evaluatives Instrumentarium zum Autogenen Training (AT-EVA), 1991, G. Krampen, [www.testzentrale.de], **[DIA, KLI]**. Klinisches Verfahren. AA ab 15. Das AT-EVA ist ein interventionsspezifisches Kompendium psychometrischer Verfahren. Es besteht aus sechs Bestandteilen, die sich auf (1) die Eingangsdiagnostik, Kontraindikation und Indikation, (2) die kursbegleitende Prozessevaluation, (3) die direkte und indirekte Veränderungsmessung (Produktevaluation) sowie (4) die längerfristige Katamnese der Effekte von Einführungskursen zum *Autogenen Training* beziehen. Reliabilitätskoeffizienten (Cronbachs α) der einzelnen Subskalen zw. $r = .82$ und $r = .93$, gesamt $r = .95$. Retest-Reliabilität der Subskalen zw. $r = .40$ und $r = .92$.

Diagnostisches und Statistisches Manual psychischer Störungen *Klassifikation psychischer Störungen*.

diagnostische Valenz [engl. *diagnostical valence*; lat. *valere* wert sein], ältere und heute nicht mehr gebräuchliche Bez. für *Validität*.

Diagramm [engl. *diagram*; gr. διάγραμμα *(diagramma)* Umriss, geometrische Figur], *grafische Darstellung*.

Dialektik (= D.) [engl. *dialectics*; gr. διαλεκτική (τέχνη) *(dialektike (techne))* Unterredungskunst], **[PHI]**, die Kunst der Beweisführung – die Wissenschaft der Logik. So wurde der Begriff bis zur Neuzeit gebraucht. Kant entwertete ihn: D. ist Pseudophilosophieren. Hegel bahnte den Weg zum heutigen Gebrauch des Begriffs: Er machte die D. zur Methode seines Philosophierens (Thesis – Antithesis – Synthesis) und zum Inhalt seiner Philosophie (etwa: Subj. Geist – Obj. Geist – Absoluter Geist). Über Karl Marx wurde der dialektische Materialismus (Thesis = Kapitalismus – Antithesis = Diktatur des Proletariats – Synthesis = Klassenlose Gesellschaft) zum politischen Begriff. Über Kierkegaard hat sich eine Dialektische Theologie entwickelt (Karl Barth u. a.). Auch in der Ps. ist die D. von Bedeutung, bes. als dialektisches Verfahren, d. h. als eine unter weitgehendem Verzicht auf vorgefasste Theorien und Methoden sich rein aus dem Pro und Kontra entwickelnde Auseinandersetzung zur Klärung offener Fragen und Probleme.

Dialektisch-Behaviorale Therapie (DBT) [engl. *dialectic behavior therapy*], **[KLI]**, gegenwärtig die am häufigsten untersuchte Behandlungsform der *Borderline-Persönlichkeitsstörung* (BPS). Die Behandlungsstruktur des ambulanten Konzepts umfasst: (1) Einmal wöchentlich stattfindendes Fertigkeitentraining aus vier Modulen (*Achtsamkeit*, *Emotionsregulation*, interpersonelle Wirksamkeit, Stresstoleranz) in der Gruppe über einen Zeitraum von einem Jahr; (2) Einzeltherapie (2 Jahre, mit ein bis zwei Wochenstd.); (3) vereinbarte Telefonberatung durch den Einzeltherapeuten in akuten Krisen; (4) wöchentliche *Supervision*sgruppe. Inhaltlich gliedert sich der Ablauf der Therapie in hierarchisch aufeinander aufgebaute Therapiephasen mit versch. Behandlungszielen und -strategien: (1) *Vorbereitungsphase*: Vermittlung von Informationen über die psych. Störung und die Behandlungsbedingungen. Telefonkontakte werden mit dem Einzeltherapeuten für akute Krisen vereinbart und früher erfolgte Therapieabbrüche sowie frühere suizidale und selbstverletzende Verhaltensweisen werden analysiert. (2) *Erste Therapiephase*: Schrittweise Bearbeitung der vereinbarten Problembereiche. Erstellung einer detaillierten *Verhaltensanalyse*, Einübung von Bewältigungsverhalten (*Bewältigungsstrategien*) in der Einzel- und Gruppentherapie. Hierarchisch priorisierte Bearbeitung folg. Problembereiche im Therapieverlauf: suizidales und selbstverletzendes Verhalten, therapiegefährdendes Verhalten (z. B. häufiges Fehlen oder Zuspätkommen zu Therapiesitzungen) und die Lebensqualität beeinträchtigendes Verhalten (z. B. feindliches Auftreten, impulsives Einkaufen und Verschuldung). (3) *Zweite Therapiephase*: Thematisierung häufig erlittener sexueller, physischer oder emot. Misshandlungen sowie Vernachlässigungen. Die Pat. werden mit belastenden Emotionen exponiert und dazu angeleitet, dissoziative Zustände im *Selbstmanagement* zu bewältigen. In einer *Metaanalyse* (Kliem et al. 2010) zeigte sich, dass die DBT bei BPS eine moderate *Wirksamkeit* hinsichtlich der allg. Symptombelastung und des suizidalen bzw. selbstverletzenden Verhaltens aufweist. In den Nachbefragungen kam es zu einer leichten Reduktion des Therapieerfolgs. Das Konzept wurde inzw. für das stationäre Setting adaptiert. Es gibt zahlreiche Modifikationen für spezif. Anwendungsbereiche (z. B. für Jugendliche, Erwachsene mit BPS und zusätzlich *Essstörungen* und *Angststörungen*, Straftäter). Linehan 1993. *C. Kröger*

dialektisches Scheindenken (= d. S.), **[PHI]**, in Anlehnung an K. O. Erdmann nannte Poppelreuter (1933) d. S., wenn subj. Ansichten als obj. gültig kundgetan werden. Zumindest werden nicht beweisbare Ansichten so dargestellt, als kämen sie einem Beweis gleich. *psychokritische Pädagogik*.

dialog-hermeneutischer Ansatz [engl. *dialogue-hermeneutic method*], *Subjektive Theorien, Forschungsprogramm, Struktur-Lege-Techniken*.

Dialog-Konsens-Methodik (= D.) [engl. *dialogue-hermeneutic method*], **[FSE, KOG]**, Verfahren zur Erhebung von komplexen handlungsleitenden *Kognition*, das i. R. des Forschungsprogramms «Subjektive Theorien» entwickelt worden ist. Es geht von dem Problem aus, dass bei komplexen *Handlungen* die *Intentionen* der Akteure nicht (unmittelbar) von außen erkennbar, sondern nur durch die Mitteilung der Handelnden zugänglich sind. Diese Mitteilung geschieht durch sprachliche *Kommunikation*, wobei das Erkenntnis-Subjekt (ES qua Forscher) das Erkenntnis-Objekt (EO qua erforschter Alltagspsychologen) möglichst adäquat verstehen muss. Darüber, ob dieses Ziel erreicht ist, entscheidet das EO. Sieht es die Adäquatheitsforderung als erfüllt an, ist das der methodologisch geforderte Konsens zw. EO und ES, mit dem festgestellt wird, dass das Verständnis des ES der Innensicht des EO entspricht. Es geht dabei also um eine valide Beschreibung (deskriptive *Validität*) der komplexen Kognitionen (qua «Subjektiven Theorien») des (handelnden) EO. Da diese Validität über den Dialog-Konsens zw. EO und ES gesichert wird, wird diese Form der Geltungsprüfung *kommunikative Validierung* genannt. Sie stellt eine methodologische Ausdifferenzierung des *konsens-theoretischen Wahrheitskriteriums* (Habermas) dar, das auf der Wahrhaftigkeit der über die eigene Innensicht berichtenden Person beruht. Diese Wahrhaftigkeit wird durch die immer nur approximativ erreichbare ideale Sprechsituation zw. EO und ES gesichert, in der Verzerrungsdynamiken so weit wie möglich ausgeschaltet sind.

Die angezielte ideale Sprechsituation wird durch die Sequenz von zwei Teilschritten approximiert: (1) die Kognitionserhebung und (2) den Dialog-Konsens. Für die Kognitionserhebung sind mehrere sog. *Struktur-Lege-Techniken* entwickelt worden, bei denen die in einem *Interview* vom EO geäußerten Kognitionen nach einem problemadäquaten Regelsystem in eine bildliche Veranschaulichung gebracht werden. Dieses Legen eines Strukturbildes wird im Optimalfall parallel von EO und ES vorgenommen, sodass dann im zweiten Teilschritt des Dialog-Konsenses eine Einigung über das der EO-Innensicht entspr. Strukturbild erfolgen kann. Damit sind die komplexen Handlungs-Kognitionen («Subjektiven Theorien» des EO) adäquat rekonstruiert, deren Erklärungskraft für die zu beobachtenden Handlungen in einer weiteren Forschungsphase (der *explanativen Validierung*, *Subjektive Theorien, Forschungsprogramm*) überprüft werden kann. Scheele 1992, Scheele & Groeben 2010. *B. Scheele/N. Groeben*

Dialogmodell [engl. *dialogue model*], *Kommunikation*.

Diamant-Modell [engl. *diamond model*], **[SOZ]**, eine Darstellung versch. Reaktionen auf sozialen Einfluss (*Einfluss, sozialer*) in Form eines auf die Spitze gestellten Quadrats; die Diagonalen bilden zwei Dimensionen ab. Dabei wird von drei Elementen ausgegangen: (1) ursprüngliche Position des Individuums (z. B. Entscheidung für Option A oder B); (2) *Soziale Normen* (z. B. Entscheidung einer anderen Person); (3) endgültige Position des Individuums (z. B. Beibehalten oder Ändern der ursprünglichen Entscheidung). Auf der vertikalen Dimension bildet *Konformität* einen Eckpunkt des Modells. Konformität ist eine vollst. Übereinstimmung zur sozialen Norm, ungeachtet der ursprünglichen Position. Den gegenüberliegenden Eckpunkt bildet Antikonformität als vollst. Opposition zur sozialen Norm. Auf der horizontalen Dimension bildet Unabhängigkeit einen weiteren Eckpunkt. Unabhängigkeit ist eine vollst. Übereinstimmung zur ursprünglichen Position, ungeachtet der sozialen Norm. Den gegenüberliegenden Eckpunkt bildet Variabilität als vollst. Opposition zur ursprünglichen Position. Die Diamantform ergibt sich daraus, dass der konzeptuelle Rahmen best. Kombinationen nicht zulässt: So kann z. B. hohe Unabhängigkeit nicht mit hoher Konformität gemeinsam auftreten. Willis 1965. *E. Hölzl*

Diaschisis [engl. *diaschisis*], *Anastole, apathische*.

Diathese (= D.) [engl. *diathesis*; gr. διάθεσις (*diathesis*) Verfassung, Zustand], **[KLI]**, in der Konstitution (angeb.) begründete Bereitschaft für best. Krankheiten und Anfälligkeiten. Formen u. a.: neuropathische D. (*Neuropathie*), angiospastische D. (*Angioneurose*), exsudative D. [lat. *exsudare* ausschwitzen]. *Disposition*, Habitus, Konstitution. In der Ps. wird meist syn. das Wort *Vulnerabilität* verwendet. *Vulnerabilitäts-Stress-Modell*.

Diathese-Stress-Modell *Vulnerabilitäts-Stress-Modell*.

Diazepam (= D.) [engl. *diazepam*], **[PHA]**, 1,4-*Benzodiazepin*, u. a. Valium®, *Psychopharmakon* aus der Klasse der *Anxiolytika* vom Typ der Benzodiazepine mit lang dauernder Wirkung (Halbwertszeit des Metaboliten Nordazepam: 36–200 Std.). Hauptwirkort von D. ist der ionotrope *GABA*-A-Rezeptor. Nach Aktivierung durch GABA (γ-Aminobutyrat) erfolgt gemäß ihrem Konzentrationsgradienten ein Einstrom von Chlorid-Ionen in die Zelle und dadurch eine Hyperpolarisation. Die Aktivierbarkeit des *Neurons* ist dann vermindert. GABA ist der wichtigste, zumeist inhibitorisch wirkende *Neurotransmitter* im ZNS (*Nervensystem*). D. wirkt über eine spezif. BZD-Bindungsstelle modulatorisch auf die Rezeptoreigenschaften. D. ist in Dt. zur symptomatischen Behandlung von akuten und chronischen Spannungs-, Erregungs- und Angstzuständen (*Angst*, *Angststörungen*) zugelassen. Gelegentlich paradoxe Wirkungen, z. B. subj. Erregtheit. Erdmann et al. 1993, Benkert & Hippius 2013. *W. Janke/M. Reuter*

dichoptisch [engl. *dichoptic*; gr. δί- (*di-*) zwei, ὄψις (*opsis*) Sehen], **[WA]**, Darbietungsart, bei der zwei Reize beiden Augen getrennt dargeboten werden (z. B. in einem *Stereoskop*). Je nach Art der Reize können sie fusioniert (*Fusion, binoculare*) werden oder nicht. Goldstein 2007.

dichotisch [engl. *dichotic*; gr. δίχα (*dicha*) entzwei, getrennt, ὤτ- (*ot*) Ohr], **[WA]**, Darbietungsart, bei der zwei unterschiedliche akustische, z. B. sprachliche Informationen von zwei versch. Schallquellen den beiden Ohren über Kopfhörer getrennt, aber gleichzeitig zugeleitet werden; z. B. bei Experimenten zur Aufmerksamkeit (Broadbent 1958). *stereophonisch*.

Dichotomie [engl. *dichotomous*; gr. δίχα (*dicha*) entzwei, getrennt, τέμνειν (*temnein*) schneiden], Zweiteilung, Einteilen in zwei Gruppen (Dichotomisieren). *Variable, dichotome*. McCallum et al. 2002.

Dichromaten [engl. *dichromats*; gr. δί- (*di-*) zwei, χρῶμα (*chroma*) Farbe], **[BIO, WAH]**, Menschen, bei denen ein Zapfentyp fehlt (rot: *Protanopie* oder Rotblindheit; grün: *Deuteranopie* oder Grünblindheit; blau: *Tritanopie* oder Blaublindheit). *J. Zihl*

Dichte, soziale [engl. *social density*], **[SOZ]**, im Unterschied zu sozialer Enge (*crowding*) in physikal. Einheiten angebbare Größe zur Kennzeichnung der Belegung eines Raumes (mit Personen oder Tieren), wie z. B. Personen pro Quadratmeter.

Dichtefunktion, Dichte (= D.) [engl. *density (function)*], **[FSE]**, die D. f(x) einer Zufallsvariable X ist formal definiert als die erste Ableitung der entspr. Verteilungsfunktion F(x) nach x

$$f(x) = \frac{dF(x)}{dx}$$

Für eine D. gilt für alle x, dass f(x) ≥ 0 und

$$\int_{-\infty}^{+\infty} f(x)dx = 1$$

Realisationen (oder Beobachtungen) von X sind in solchen Bereichen auf der x-Achse bes. wahrscheinlich, wo f(x) große Werte annimmt. Jedoch sollte man f(x) nicht direkt als *Wahrscheinlichkeit* interpretieren, da u. U. f(x) > 1 gelten kann. R. Ulrich

Dichtegradient [engl. *density gradient*], **[WA]**, monokularer Raumhinweis, bei dem die kontinuierliche Verdichtung von Bildelementen zum Horizont hin vom Betrachter genutzt werden kann, um die Größe, Entfernung oder Form von Bildinhalten genauer einzuschätzen (*visuelle Raumhinweise*). M. May

Dichtemittel *Modus.*

Dictionary of Occupational Titles [engl. Wörterbuch beruflicher Titel], *O*Net.*

Didaktik (= D.) [engl. *didactics*; gr. διδάσκειν *(didaskein)* lehren], **[PÄD]**, befasst sich mit Theorien der Lehrinhalte (*Lehren*) und des Unterrichtens (*Unterricht*). Gemeinsames Ziel der einzelnen didaktischen Ansätze ist es – bei unterschiedlicher Gewichtung –, das Gesamt der den Unterricht bedingenden Faktoren zu ermitteln und das zw. diesen Faktoren bestehende *Interdependenz*verhältnis zu berücksichtigen. Die bildungstheoret. D. (Klafki 1964, 1967, 1971, 1973) legt den Schwerpunkt auf die Begründung und Auswahl der Bildungsinhalte, unter weitgehender Vernachlässigung der Fragen der Unterrichtsmethode; die kybernetische D. (v. Cube 1971) befasst sich ausschließlich mit Fragen der Vermittlung vorgegebener Inhalte; die lerntheoretische D. (Schulz 1970) betont das Gleichgewicht und die Interdependenz aller am Unterricht beteiligten Faktoren und hebt zwei Bedingungsfelder (soziokulturelle und anthropogene Voraussetzungen des Unterrichts) und vier Entscheidungsfelder (Intentionen des Unterrichts, Wahl der Inhalte, Methoden und der Medien) innerhalb der Unterricht konstituierenden Faktoren heraus. Diese Ansätze stützen sich u. a. auf Theorien und Ergebnisse der Lernps. (*Instruktionspsychologie*) sowie der Entwicklungsps. *Curriculum*. Blankertz 1973, Nipkow 1968.

Diencephalon [engl. *diencephalon*; lat. *di* zwischen, gr. ἐγκέφαλον *(enkephalon)* Gehirn], Zwischenhirn. *Gehirn.*

Diener, Ed (*1946), **[GES]**, 1974 Promotion an der *University of Washington*, 1974–2008 Prof. an der *University of Illinois at Urbana-Champaign*. Seine Arbeiten zur psychol. Glücksforschung (*Wohlbefinden*) und zum Wohbefinden haben einen nachhaltigen Einfluss auf die Etablierung der psychol. Glücksforschung und die Begründung der Positiven Ps. (*Positive Psychologie*) gehabt und ihn zu einem der weltweit am häufigsten zit. Psychologen gemacht. Er hat die Bedeutung personaler und kult. Determinanten des subj. Wohlbefindens herausgearbeitet, Standardverfahren zu dessen Erfassung entwickelt und die Adaptation an Lebensereignisse erforscht. Neuere Arbeiten widmen sich den Konsequenzen des subj. Wohlbefindens und den politischen Implikationen der Glücksforschung. Seine Arbeiten wurden mit vielen renommierten Forschungspreisen und den Ehrendoktorwürden der Freien Universität Berlin und des *Eureka College* ausgezeichnet. M. Eid

Dienstleistungsqualität (= DQ.) [engl. *service quality*], **[WIR]**, wird gewöhnlich aus Sicht der Kunden definiert, d. h., was die Kunden als Q. erleben, ist die Q. der D. Der Grund für diese spezif. Fassung von Q. liegt in den Unterschieden zw. D. und Produkten. Produkte sind durch Prüfq. gekennzeichnet, d. h., sie verfügen über Eigenschaften, die der Kunde bereits vor dem Kauf prüfen und beurteilen kann (z. B. die Q. der Sitze eines Autos). Demgegenüber dominieren bei D. Erfahrungs- oder Vertrauensqualitäten: Erfahrungsq. (*Erfahrung*) basieren auf dem *Erleben* der *Leistung* und können deshalb erst während oder nach der Nutzung einer Leistung bewertet werden (z. B. die Q. der in einem Restaurant angebotenen Speisen). Vertrauensq. (*Vertrauen*) entziehen sich generell der Beurteilung durch den Kunden (z. B. die Q. ärztlicher Diagnosen). Aufgrund dieser Merkmale lassen sich die Ergebnisse und damit auch die Q. von D. kaum obj. erfassen. Wenn DQ. mit der *Wahrnehmung* durch den Kunden gleichgesetzt wird, entsteht allerdings das Problem der Abgrenzung von der *Kundenzufriedenheit*. Bei empirischen Überprüfungen finden sich gewöhnlich hohe *Korrelationen* zw. den beiden Konzepten. Da es sich in beiden Fällen um *Einstellung*smessungen (*Einstellungs-Tests*) handelt, sind diese Zusammenhänge vermutlich messtechnisch bedingt. Sowohl konzeptuell als auch im Erleben lassen sich deutliche Unterschiede zw. den damit bezeichneten Phänomenen feststellen. So werden sie von unterschiedlichen Größen beeinflusst: Z. B. hat der Preis einen großen Einfluss auf die Zufriedenheit mit der D., dagegen keinen auf die wahrgenommene Q. Zur Einschätzung der Q. einer Leistung genügt es häufig, über die Leistung genau informiert zu werden, ein (Un-)Zufriedenheitserlebnis wird daraus aber nicht entstehen. Schließlich ist Zufriedenheit emot. getönt (*Emotionen*), Q.einschätzungen liegen dagegen *Kognitionen* zugrunde. Nerdinger 2011. F. W. Nerdinger

differential accuracy [engl.] differentielle Genauigkeit; *Beurteilerakkuratheit.*

Differential Item Functioning (DIF) [engl.] «differentielle Itemfunktionsweise», [lat. *differentia* Unterschied], **[DIA]**, stellt eine Technik zur Analyse der *Testfairness* von Einzelitems einer psychometrischen Skala dar, die i. R. der Modellierung mittels der probabilistischen Testtheorie (*Item-Response-Theorie (IRT)*) und insbes. des *Rasch-Modell* zur Anwendung kommt. DIF eines Items in Bezug auf eine *Moderatorvariable* liegt vor, wenn seine stat. Eigenschaften mit der Ausprägung der Moderatorvariable in spezif. Weise interagieren. Zumeist wird DIF in Bezug auf die Itemschwierigkeit analysiert. Liegt DIF für ein Item in Abhängigkeit von einer Moderatorvariable vor, so kann kein fairer Vergleich der Merkmalsausprägungen mittels der entspr. Skala vorgenommen werden. Ein Vergleich einer Merkmalsausprägung zw. versch. Stufen einer Moderatorvariable wäre verzerrt, weil in den Gruppen das entspr. Einzelitem in unterschiedlicher Weise die zu messende latente Merkmalsausprägung anzeigt. DIF kann exemplarisch an folg. Bsp. verdeutlicht werden. Eine Skala zur Erfassung des *Gesundheitsbewusstseins* von Pat. enthält ein Item, das erfragt, ob Pat. häufig Sport treiben. Dieses Item könnte für versch. Altersstufen (z. B. 20–30-Jährige vs. 80–90-Jährige; Ausprägungen der Moderatorvariablen) aufgrund unterschiedlicher Ursachen DIF aufweisen. Zum einen könnte das Item in der Gruppe der älteren Pat. – im Ggs. zur jüngeren Pat.gruppe – eine geringere Validität für das Gesundheitsbewusstsein besitzen, da in dieser Altersgruppe häufige sportliche Aktivitäten nicht notwendigerweise mit hohem Gesundheitsbewusstsein einhergehen. Zum anderen würde dieses Item in der Gruppe der älteren Pat. eine sehr viel höhere Schwierigkeit aufweisen. DIF würde bei einem Schwierigkeitsunterschied dieses Items zw. den Vergleichsgruppen nur dann vorliegen, wenn die Schwierigkeitsunterschiede der übrigen Skalenitems eine systematisch abweichende Ausprägung aufweisen. Ein Item mit DIF zeigt also einen Gruppenunterschied an, der durch die übrigen Skalenitems nicht abgebildet wird. Weiterhin wird zw. uniform und non-uniform DIF unterschieden. *Uniform DIF* gilt, wenn eine der Vergleichsgruppen (*Moderatorvariable*) in allen Bereichen des zu schätzenden latenten Fähigkeitsspektrums in gleicher Weise durch ein Item benachteiligt wird. *Non-uniform DIF* liegt vor, wenn die diagn. Verzerrung zw. den Vergleichsgruppen in den Bereichen des latenten Fähigkeitsspektrums variiert. Holland & Wainer 1993, Zumbo 2007, Wirtz & Böcker 2007.

differentia specifica [lat.] spezifische Differenz; *Definition*.

Differentielle Pharmakopsychologie [engl. *differential pharmacology*; lat. *differentia* Unterschied], **[PHA]**, Teilgebiet der *Pharmakopsychologie*, das sich mit der Beschreibung und Aufklärung inter- und intraindiv. Unterschiede der Wirkungen von *Psychopharmaka* befasst. Zentrale Forschungsbereiche sind (1) Abhängigkeit der Pharmakonwirkung von relativ konstanten Merkmalen, so von somatischen wie Geschlecht, Konstitution, Alter, biochemischen Besonderheiten und psych. Merkmalen (*trait*) wie *Neurotizismus*, *Extraversion*, *Impulsivität*, *Leistungsmotiviertheit*, *Psychotizismus*. (2) Abhängigkeit der Pharmakonwirkung von aktuellen Persönlichkeitsmerkmalen (Zuständen; *state*), etwa tageszeitlich bedingten, emotions- und stressbedingten; (3) Abhängigkeit der Pharmakonwirkung von situativen Faktoren, z. B. Art der Prüftests, Vl-Verhalten. Eine umfassende Theorie der Wirkungsmechanismen der aufgeführten Interaktionen existiert noch nicht. Insbes. ist noch offen, inwieweit die Kovariation von Pharmakonwirkungen und relativ konstanten Persönlichkeitsmerkmalen i. S. indiv. versch. neurophysiol. und biochemischer Reaktionen und/oder mithilfe von unterschiedlichen Verarbeitungsmodi bei versch. Persönlichkeitsstrukturen zu erklären ist. Die starke intraindiv. Inkonstanz psych. Wirkungen spricht für eine wesentliche Beteiligung von der Situation angepassten Verarbeitungsmechanismen. (4) Abhängigkeit der Wirkung von neurochemischen Substanzen (*Serotonin* u. a.). Janke & Netter 2004, Weyers & Janke 2008. *W. Janke/P. Netter*

Differentielle Psychologie, s. Einleitung *Gebietsüberblick* «I.12 Persönlichkeitspsychologie und Differentielle Psychologie».

Differentieller Eignungstest [engl. *differential aptitude test*; lat. *differentia* Unterschied], **[AO, DIA]**, Test zur Vorhersage der Eignung unter Verwendung der *Profilmethode*. Bei einer Stichprobe von erfolgreichen Berufsinhabern wird ein typisches Profil erstellt. Die zur Auslese anstehenden Bewerber werden mit diesem Profil verglichen.

^Test^**Differentieller Fähigkeitstest (DFT)**, 1984, R. Horn und R. Wallasch, 2. Aufl., [www.testzentrale.de], **[AO, DIA, KOG, PER]**. AA 15 bis 18 Jahre. Haupt- und Realschulabgänger sowie Abgänger der 10. Klasse Gymnasium; Bewerber mit entspr. Abschlüssen zu beliebigen späteren Zeitpunkten. Der Test wurde für die Ausbildungsbereiche und Berufsfelder der Druckindustrie entwickelt. Er erfasst ein breites Spektrum spezif. Fähigkeiten und Fertigkeiten, die über rein schulische Leistungen hinausgehen: *Fähigkeit im Umgang mit grafischen Gebilden, Rechtschreibkenntnisse, Koordination von Auge und Hand (Motorik), analytisches Denken anhand geometrischer Strukturen*, Farbwahrnehmung, *Konzentrationsfähigkeit, technisches Verständnis* sowie die *Fähigkeit, einfache math. Probleme zu lösen*. Die mithilfe des Differentiellen Fähigkeitstests erhobenen kogn. Leistungen repräsentieren die zukünftigen beruflichen Anforderungen; sie erfassen daher das intellektuelle Niveau nur ausschnittsweise. *Reliabilität*: Die Homogenität der Untertests (nach Cronbach) reicht von α = .60 (für technisches Verständnis) bis α = .96 (für Rechtschreibkenntnisse). Die entspr. Split-Half-Koeffizienten liegen zw. $r = .64$ und $r = .97$ ($N = 786$). *Validität*: Die versch. Untertests sind durch die Übereinstimmung mit den Anforderungen, aber auch durch die Verwandschaft mit Aufgaben in traditionellen Intelligenztests als logisch gültig zu bez. *Normierung*: Gemeinsame und schultypdifferenzierte Normen nach den drei Kategorien (1) überdurchschnittliche, (2) durchschnittliche und (3) unterdurchschnittliche Leistung ($N = 786$). Bearbeitungsdauer: etwa 90 Min., davon reine Bearbeitungszeit 77 Min.

^Test^**Differentieller Leistungstest – KE (DL-KE)/ – KG (DL-KG)**, DL-KE: 1974, E. W. Kleber & G. Kleber, DL-KG: 1975, E. W. Kleber, G. Kleber & O. Hans, [www.testzentrale.de], **[DIA, PÄD. PER]**. Konzentrationstests. *DL-KE*: AA von 5;7 bis 6;6 Jahren. Für die 1. Stufe der Grundschule entwickelter Konzentrations-Belastungstest. Der Test ist als Durchstreichtest konzipiert. Die Testvorlagen, die aus Figuren und Zeichen bestehen, sind kindgerecht aufgebaut. *Reliabilität*: Retest-Reliabilität zw. $r = .55$ und $r = .86$ (nach 1 Woche). *Validität*: Neben weiteren Korrelationen, Korrelation zu Lehrerurteil zw. $r = .34$ und $r = .55$ (Jungen). *Normierung*: Normierung an $N = 160$ Jungen und $N = 170$ Mädchen (1972, Schleswig-Holstein). Neben der Bearbeitungszeit von 15 Min. muss mit 10 Min. Instruktion und Einübung gerechnet werden.

DL-KG: AA von 6 bis 10 Jahren. Testverfahren zur Messung des Leistungsverhaltens bei konzentrierter Tätigkeit. Es wird die Quantität, die Qualität und die Gleichmäßigkeit der Leistung erfasst. *Reliabilität*: Testhalbierungsreliabilität zw. $r = .93$ und $r = .96$, Testhalbierungsreliabilität der ersten und zweiten Hälfte zw. $r = .45$ und $r = .59$. *Validität*: Neben weiteren heterogenen Validitätskoeffizienten, Korrelation mit Lehrerurteilen zw. $r = .17$ und $r = .44$. *Normierung* an $N = 906$ Grundschülern, geschlechtsspezifische Normwerte für 7- bis 10-jährige Grundschüler liegen vor. Durchführungsdauer ca. eine Schulstunde.

Test Differentielles-Leistungsangst-Inventar (DAI), 1997, D. H. Rost und F. J. Schermer, [www.testzentrale.de], **[DIA, KLI, PÄD]**. Klinisches Verfahren. AA für Schüler von der 8. bis zur 13. Klasse. Die der Leistungsangst vorausgehenden und nachfolgenden Leistungsangsterscheinungen werden genauso berücksichtigt wie die direkt auftretenden Angsterscheinungen. *Normierung* an mind. N = 3000.

Differenz-, Kombinationston [engl. *differential tone, combination tone*], **[WA]**, von G. Tartini und G. A. Sorge am Violin- und Orgelklang im 18. Jh. entdeckt, wird der dritte Ton genannt, der bei gleichzeitigem Erklingen von zwei versch., ausreichend stark intonierten Tönen hörbar werden kann. Seine Tonhöhe ergibt sich aus der Differenz der Schwingungszahlen der beiden Intervalltöne. Bei diesem Hörphänomen wird angenommen, dass die Transformation der Klangreize im Ohr nicht linear erfolgt und dadurch die originalen Schallkurven verzerrt werden. In Konzerten und bei Tonaufnahmen können Differenztöne störend wirken.

Differenzhypothese, **[DIA, PÄD]**, Annahme, dass bei der Durchführung von kogn. Leistungstests (*Leistungstest*) bei Pbn der Unter- und Mittelschicht unterschiedliche Testwerte daraus resultieren, dass Schulen Mittelschicht-Institutionen sind und *Intelligenztests* häufig nicht fair gegenüber der Unterschicht konzipiert sind. *Defizithypothese*.

Differenzial, semantisches *semantisches Differenzial*.

Differenzialdiagnose (= D.) [engl. *differential diagnosis*; lat. *differentia* Unterschied], **[DIA, GES, KLI]**, werden unterschiedliche Diagnosen gestellt und diese dann durch besondere Abgrenzungen gegeneinander ausgeschlossen, so bez. man die aus diesem Vorgehen resultierende *Diagnose* als D. Ziel der D. ist es auch, mit möglichst geringer Irrtumswahrscheinlichkeit differenzielle Klassifikationen nach relevanten Untergruppen zu bilden.

differenzierte Inkonstanz *Aussagekonstanz*.

Differenzierung (= D.) [engl. *differentiation*; lat. *differentia* Unterschied], (allg.) Unterscheidung, Abstufung. **[KOG, WA]**, der Prozess und die *Fähigkeit*, wahrnehmungsmäßig/erkenntnismäßig/denkend versch. Bestandteile (Reize), (Ursache- und Wirk-)Faktoren sowie Strukturen der Gegenstandswelt zu unterscheiden und entspr. unterschiedlich (auf sie) zu reagieren bzw. zu handeln. Insofern ist D. der Komplementärbegriff zu *Generalisation*. **[PER]**, Beschreibung wesentlicher Aspekte der *Individuation*, im Ggs. etwa zu dem mit dem Begriff des Kollektiven Gemeinten. **[EW]**, Ausdruck für das allg. Prinzip aller Entwicklungsvorgänge, sowohl physischer als auch psych. Art, die stets vom Einfachen zum Ausgestalteten verlaufen und deshalb, soll die Einheit/Identität des sich entwickelnden Organismus nicht zerstört werden, des Gegenstücks/der Ergänzung durch die Prozesse der *Integration* und *Zentrierung* bedürfen. **[PÄD]**, Maßnahmen der Abstimmung von Bildungsinhalten, *Unterrichtsmethoden* und Organisationsformen sowohl auf die *Fähigkeiten* als auch *Interessen* der Lernenden/ Schüler als auch auf die Mannigfaltigkeit gesellschaftlicher Anforderungen an Bildungs- und Ausbildungsniveaus (Qualifikationen). Dabei unterscheidet man die äußere D. (nach Schulzweigen, Klassen, Kursgruppen) von der inneren D. (nach Lehr-/Lerninhalten, Medien, Unterrichtsmethoden innerhalb von Klassen und sonstigen Lerngruppen). Äußere D. kann fächerübergreifend *(streaming)* oder fachspezifisch *(setting)* erfolgen und ist meist jahrgangsbezogen (horizontale D.), während die innere D. auch jahrgangsübergreifend (vertikale D.) sein kann. Alle diese Differenzierungsformen im päd. Bereich zielen letztlich auf die Erreichung indiv. Lernbedingungen. Hopf 1974, Lewin 1954, Werner 1953, 1959.

Differenzierungs-Dedifferenzierungs-Hypothese [engl. *differentiation de-differentiation hypothesis*; lat. *differentia* Unterschied, *de-* ent-, weg-], *spätes Erwachsenenalter, kompetenzorientierte Entwicklungstheorien, intellektuelle Fähigkeiten, Dedifferenzierung*.

Differenzierungshemmung [engl. *inhibition of differentiation*; lat. *differentia* Unterschied], *Hemmung*.

Differenzierungshypothese [engl. *differentiaton hypothesis*; lat. *differentia* Unterschied], *Dedifferenzierung intellektueller Fähigkeiten*. Mandl & Zimmermann 1976, Merz & Kalveram 1965.

Differenzierungs- und Integrations-Hypothese [engl. *differentiation and integration hypothesis*], *Genese, genetisch*.

Differenzwerte (= D.) [engl. *difference values*], **[FSE]**, als D. bez. man die Differenzen der Messwerte, die zu zwei Zeitpunkten an derselben Stichprobe erhoben wurden. Die extrem ins Negative verzerrte Korrelation zw. Differenzwert und Ausgangswert rechnet man auch den Problemen der Veränderungsmessung (*Veränderungsmessung, messtheoretische Aspekte*) zu. Bez. X die Messungen zum ersten Messzeitpunkt, also den Vortest, das Ausgangsniveau oder auch die *base-line* und Y die Messung zum zweiten Zeitpunkt, also den Nachtest oder das erreichte Niveau, so werden die Differenzen Y−X als D. oder Lernzuwachs (*gain scores*) bez. Die *Korrelation* der D. mit dem Ausgangsniveau spiegelt allerdings nicht bzw. nur sehr verzerrt den gesuchten Zusammenhang zw. Ausgangsniveau und Lernzuwachs wider. Für vollst. voneinander unabhängige Zufallszahlen X und Y nimmt die Korrelation von Y−X und X den Wert $-\sqrt{0.5} = -0.707$ an. Korreliert man den D. mit dem Nachtestwert Y, so ergibt sich der Wert $+\sqrt{0.5} = +0.707$. Tatsächlich erhält man einen unverzerrten Wert für die Korrelation zw. Lernzuwachs und Leistungsniveau, wenn man als Maß für das Leistungsniveau die Summe X+Y, und als Maß für den Lernzuwachs die Differenz Y−X verwendet. Die Transformation von Y nach Y−X und von X nach X+Y entspricht algebraisch einer Rotation des Raumes X×Y in den Raum (X+Y)×(Y−X) mit einem Rotationswinkel von 45°. Mittels dieser Transformation kann man sich einen Überblick über den Zusammenhang von Niveau und Veränderung in einem Datensatz verschaffen.

Eine zweite Eigenschaft von D. gilt als ein Problem der Veränderungsmessung, nämlich ihre geringe *Reliabilität*.

Während ein gut konstruierter Leistungstest zu beiden Meßzeitpunkten, z. B. vor und nach einer Unterrichtseinheit, Reliabilitäten von 0.8 bis 0.9 erreichen kann, liegt die Reliabilität der D. i. d.R. nur bei 0.2 bis 0.3. Um dieses Phänomen zu verstehen, muss man zwei Effekte berücksichtigen. Zum einen schlagen sich Lerneffekte, die für alle Schüler gleich groß sind, nicht in einer Erhöhung der Reliabilität der D. nieder. Haben sich alle Schüler um dieselbe Punktzahl zw. Vor- und Nachtest verändert, so ist die Reliabilität der Differenzwerte sogar gleich Null. Aber auch, wenn die Schüler unterschiedlich viel dazulernen, d. h., der eine verbessert sich um eine geringe Anzahl von Punkten, ein anderer verschlechtert sich um denselben Betrag, so reicht die Reliabilität der D. wiederum nicht an die Größenordnung der Reliabilität von Leistungswerten heran. Rost 2013. *J. Rost*

diffug [lat. *diffugium* auseinanderfliehen], wesensgegensätzlich.

Diffusion der Verantwortung (= D. d. V.) [engl. *diffusion of responsibility*; lat. *diffundere* auseinanderfließen], [**SOZ**], bezieht sich auf das empirische Ergebnis, dass mehrere Zeugen eines Unfalls i. d. R. zus.genommen keine größere Wahrscheinlichkeit der Intervention aufweisen als ein einzelner Zeuge. Im Mittelpunkt dieses Phänomens steht die Erkenntnis, dass die indiv. Neigung bei einem Unfall zu helfen geringer wird, wenn mehrere Beobachter anwesend sind, die ebenfalls eingreifen könnten (*Hilfeleistung*). Die Erklärung der D. d. V. besteht nach Latané und Nida (1981) darin, dass sich Zeugen einer Notlage weniger für eine Intervention verantwortlich fühlen, wenn sie Teil einer *Gruppe* sind.

Die Abwehr des Gefühls der V. (*Soziale Verantwortung*) erfolgt nach Bierhoff (2010) auf der kogn. und auf der motivationalen Ebene. Die kogn. Rechtfertigungsstrategie besteht darin, dass die V. den anderen ebenfalls Anwesenden zugeschrieben wird. Auf der motivationalen Ebene ist von Bedeutung, dass eine Hilfeleistung immer mit Kosten verbunden ist. D. d. V. kann daher als eine motivationale Strategie zur Vermeidung dieser Kosten aufgefasst werden. Das Phänomen der D. d. V. wurde auch in Feldexperimenten empirisch belegt (Bierhoff et al. 1990) und metaanalytisch abgesichert (Fischer et al. 2011; Latané & Nida 1981). Um D. d. V. zu verringern, besteht die Möglichkeit, die Bürger über den zugrunde liegenden psychol. Mechanismus, z. B. als Teil der Erste-Hilfe-Ausbildung, aufzuklären. Denn der paradoxe Effekt der D. d. V. wird im Alltag vielfach unterschätzt. Erste-Hilfe-Kurse bieten auch die Möglichkeit das Kompetenzgefühl, bei einem Unfall wirksam helfen zu können, zu erhöhen. Subjektive Kompetenz trägt zur Entscheidungssicherheit in Gefahrensituationen (z. B. Autounfall) bei, durch die die wahrgenommene V. erhöht wird, aber ein direkter pos. Effekt auf die Hilfsbereitschaft ausgeübt wird (Bierhoff et al. 1990). Das Kompetenzgefühl kann durch Leistungsrückmeldungen verbessert werden.

Neben der D. d. V. trägt auch die *pluralistische Ignoranz* und die Hemmung durch die Beobachtung durch andere zur Verringerung der Interventionsbereitschaft, wenn mehrere Zeugen anwesend sind, bei (Bierhoff 2010). Erstere wird in vielen Alltagssituationen beobachtet (Miller & McFarland 1987). Letztere wird auch als Bewertungsangst bez. *H.-W. Bierhoff*

Diffusionseffekt [engl. *diffusion effect*; lat. *diffundere* auseinanderfließen], *Fähigkeitsselbstkonzept, Förderung*.

Diffusions-Tensor-Bildgebung (DTI) [engl. *diffusion tensor imaging*; lat. *diffundere* auseinanderfließen, *tendere* spannen], [**BIO, DIA**], die DTI oder DT-MRI ist eine spez. Variante der modernen Bildgebung (*bildgebende Verfahren*) des *Gehirns*. Mit dieser Methode misst man die Richtungsabhängigkeit der Diffusion von Wassermolekülen im Gehirn. Diese wird pro Volumenelement (Voxel) durchgeführt und führt pro Voxel zu folg. Kennwerten, die math. miteinander zus.hängen: Anisotropie, radiale und transversale Diffusivität. Um diese Kennwerte zu erlangen, müssen spez. diffusionsgewichtete MRT-Sequenzen (*Magnetresonanztomografie, MRT*) für die Messung genutzt werden. Anhand dieser Kennwerte ist es möglich, Faserbündel (Kommissuren und Assoziationsbahnen) im Gehirn sichtbar zu machen und diese zu vermessen. Die DTI ist mittlerweile eine vielfach genutzte Methode, um die Integrität der Faserbündel im Gehirn zu untersuchen. *L. Jäncke*

digital (= d.) [engl. *digital*; lat. *digitus* Finger], «ziffernmäßig», [**KOG**], Kennzeichnung einer grundlegenden Form, Information für die Verarbeitung, d. h. Wandlung, Übertragung oder Speicherung, zu codieren; Alternative zu *analog*. Die d. Codierung bedeutet die Repräsentation des Wertes einer quant. Variablen durch nach Raum und/oder Zeit geordnete Tupel diskreter Zeichen (z. B. Ziffern, deren Folgen Zahlen darstellen) oder Zustände physikal. Träger. Enthält die Menge zugrunde liegender Zeichen oder Zustände nur zwei Elemente (z. B. Strom/kein Strom in einem elektrischen Schaltkreis, pos./neg. Magnetisierungsrichtung an definierten Orten auf Disketten oder Magnetbändern, Licht/kein Licht in Glasfaserkabeln, Reflexion/Nichtreflexion des Laserstrahls auf einer CD), nennt man das D.system *binär*. *W. Glaser*

digital divide (= d.) [engl.] digitale Kluft, [**MD**], ist eine Variante bzw. Weiterentwicklung der *Wissenskluft-Hypothese* (= W.). Beide Konzepte nehmen an, dass bestimmte soziale Faktoren zu einem unterschiedlichen Zugang zu Medien bzw. zu einer unterschiedlichen Mediennutzung und unterschiedlichem Wissenserwerb führen (*Medienpsychologie*). Außerdem gehen beide Konzepte von einer Vergrößerung der sozialen Kluft im Laufe der Zeit aus. Allerdings fokussiert die d. v. a. auf Unterschiede hinsichtlich der Zugangschancen zu digitalen Kommunikationstechnologien, wohingegen sich die W. auf Unterschiede hinsichtlich des Wissenserwerbs infolge der Mediennutzung bezieht. Bei den Zugangschancen ist zw. formalem (v. a. technischem) Zugang einerseits und psychol. Aspekten des Zugangs andererseits zu unterscheiden. Die psychol. Aspekte befassen sich mit Unterschieden hinsichtlich notwendiger Kenntnisse und Fähigkeiten für die Nutzung von Kommunikationstechnologien sowie mit Unterschieden hinsichtlich der Aufgeschlossenheit einer Person gegenüber diesen Technologien. In der Forschung zur d. finden v. a. soziodemografische Aspekte wie Alter,

Geschlecht und Ethnie Beachtung, während für die W. sozioökonomische Aspekte relevant sind. Die Bedeutung der d. resultiert aus der Annahme, dass indiv. Erfolg in einer Wissensgesellschaft stark vom Zugang zu Informationen abhängig sei. Durch ungleiche Zugangschancen würden deshalb best. Gruppen sozial benachteiligt. Diese Überlegungen gelten auch für die Zugangsbenachteiligung best. Weltregionen, etwa in Entwicklungsländern (*global divide*). Mauch 2008. J. Kimmerle

digitale Demenz (= d. D.) [engl. *digital dementia*]. *Demenz, Dementia*, [**KLI**], ein populärwiss. Begriff, der durch den Ulmer Psychiater Manfred Spitzer geprägt wurde. Mit dem Terminus ist die Vermutung verbunden, dass die Nutzung von d. Medien (vor allem Computer und *Internet*) hirnorganische Störungen (*Hirnschädigung*) hervorruft, die sich neg. auf *Lernen*, *Gedächtnis* und *Denken* auswirken. I. w. S. beschreibt d. D. alle vermutetermaßen neg. Auswirkungen der Nutzung von d. Medien, etwa im Hinblick auf gesellschaftliches *Engagement*, Einsamkeit, *Wohlbefinden* oder *Aggressivität*. Die Thesen zur d. D. sind mit Empfehlungen zur elterlichen und schulischen *Medienpädagogik* verbunden, die der Bewahrpädagogik zuzuordnen sind. Die empirische Basis für die mit dem Begriff verbundenen Behauptungen ist lückenhaft. Substanzielle Belege für hirnorganische Schädigungen durch die Nutzung d. Medien fehlen. Metaanalytische Befunde liefern keine Hinweise für eine Minderung des gesellschaftlich-politischen Engagements oder erhöhte Einsamkeit durch die Nutzung von d. Medien. Die mit dem Begriff d. D. verbundene Vermutung, d. Medien seien für Lernen und Wissenserwerb von Kindern und Jugendlichen ungeeignet, widerspricht der Befundlage. Korrelative Daten (*Korrelation*) weisen auf sehr schwache Zus.-hänge der Computernutzungszeit mit *Wohlbefinden* und mit Übergewicht hin. Einschlägige *Metaanalysen* belegen allerdings, dass die Nutzung gewalthaltiger Bildschirmmedien eine kausale Ursache für aggressives Erleben und Verhalten sein kann. Angesichts der in Summe zweifelhaften empirischen Grundlage des Konzepts erscheinen sich darauf gründende medienpäd. Empfehlungen kontraproduktiv. *Mediennutzungsforschung*. Spitzer 2012, Appel & Schreiner 2014. M. Appel

digitale Kommunikation (= d. K.) [engl. *digital communication*; *digital* Zahl], Ggs. *analoge Kommunikation*, [**SOZ**], Bez. von Watzlawick et al. (1967) für solche Kommunikationsweisen, bei denen das zu Kommunizierende mittels diskreter, willkürlich zugeordneter *Zeichen* (*Symbol*) benannt wird. Wissensinhalte werden weitgehend digital, z. B. mittels natürlicher Wortsprachen, übermittelt; d. K.systeme seien i. Allg. mit einer komplexen logischen *Syntax* (*Semiotik*) ausgestattet, was präzises eindeutiges Kommunizieren ermöglicht, sie entbehren jedoch hinsichtlich des Gegenstandsbereiches sozialer Beziehungen einer zulänglichen *Semantik* (*Semiologie*). Dieser Mangel werde durch analoge Kommunikation wettgemacht, die wiederum ihrer syntaktischen Primitivität wegen relativ uneindeutig sei. *Kommunikationsmodell von Watzlawick et al.* G. Kaminski

digital literacy [engl.] digitale Kompetenz; *Allgemeinbildung*.

Digramm (= D.) [engl. *digram*; gr. δι- (*di-*) zwei, γραμμα (*gramma*) Buchstabe], [**KOG**], als *Zeichen* höherer Ordnung aufgefasste Paarkombination von Einzelzeichen, die einer begrenzten Menge von möglichen Zeichen (Zeichenvorrat) entnommen sind. Aus dem Vorrat von 26 Buchstaben zzgl. Leerstelle (Lücke) lassen sich $27^2= 729$ D. bilden (*Sprachstatistik*). Durch «überlappende» Auszählung (z. B. BUCH ergibt bu, uc, ch) ermittelt man die von der Gleichverteilung stark abweichenden Auftretenshäufigkeiten der D., best. daraus die sprach- und textspezifische *Redundanz* auf D.ebene und dadurch die Strukturiertheit. Eine künstlich hergestellte Buchstaben-Abfolge, in der sich die Häufigkeiten der D. so verteilen wie in sinnvollem Text, heißt *Approximation* 2. Ordnung. *Trigramm*.

Dihydrocodein [engl. *dihydrocodeine*], [**PHA**], *Psychopharmakon* aus der Gruppe der *Opioide*. Als zentrales *Analgetikum* und *Antitussivum* sehr häufig verordnet. Wie *Codein* auch zur Substitution bei Opioidabhängigkeit eingesetzt. Psych. Wirkungen sind Desaktivierung und Stimmungsverbesserung. Missbrauchspotenzial vorhanden, aber tatsächl. Verbreitung unklar. *Drogenabängigkeit*. W. Janke

Dihydroergotamin (= D.), [**PHA**], Ergotaminderivat, *Mutterkornalkaloid* mit komplexen pharmakol. Wirkungen an α1-*adrenergen*, *dopaminergen* und vor allem 5-HT1B- und 5-HT1D-*Serotonin-agonistischen* Wirkungen. Anwendung als Vasokonstriktor. Früher wurde D. und andere Mutterkornalkaloide bei hypotonen Kreislaufstörungen und zur Therapie der Migräne eingesetzt. Mutterkornalkaloide können Organfibrosen und den sog. Ergotismus (eine *Vergiftung* mit der Folge von Durchblutungsstörungen in multiplen Organen) verursachen. Daher hat die *European Medicines Agency (EMA)* Mutterkornalkaloiden das Ruhen der Zulassung in vielen Indikationen angeordnet. D. ist nur noch zur Behandlung des akuten Migräneanfalls zugelassen. Die Migräneprophylaxe und die Behandlung der orthostatischen *Hypotonie* mit D. ist nicht mehr zulässig. G. Gründer

Dihydroergotoxin [engl. *dihydroergotoxine*], [**PHA**], *Psychopharmakon* aus der Klasse der Neurotropika (*neurotrop*). Lysergsäurederivat mit blockierender Wirkung auf α-Adrenorezeptoren.

3,4-Dihydroxyphenylessigsäure, Abk. DOPAC, [**PHA**], Zw.produkt beim Abbau des Neurotransmitters *Dopamin*. Als Sulfat im Liquor oder Urin nachweisbar, jedoch nur zum kleinen Teil zentralnervöse Aktivität widerspiegelnd.

Dikaliumclorazepat (= D.), [**PHA**], *Benzodiazepin*; zugelassen zur symptomat. Behandlung von akuten und chron. Spannungs-, Erregungs- und Angstzuständen. D. ist eine Prodrug. Erst im Magen wird die Substanz zum pharmakol. aktiven N-Desmethyldiazepam (Nordazepam) umgewandelt. Dessen *Eliminationshalbwertzeit* beträgt ca. 80–100 Std., hepatischer Metabolismus zu dem aktiven Metaboliten *Oxazepam*, wegen der langen HWZ Gefahr der *Kumulation*. G. Gründer

Dilatatoren [engl. *dilatators*; lat. *dilatare* ausdehnen], *Konstriktoren*.

dilatiert [engl. *dilated*; lat. *dilatare* ausdehnen], ausgedehnt.

Dilemma, soziales [engl. *social dilemma*; gr. δίσ- *(dis)* zwei, λημμα *(lemma)* Annahme], [**SOZ**], zentrales Merkmal der versch. Formen sozialer Dilemmata ist der Konflikt (*Konflikt, sozialer*) zw. dem Eigeninteresse eines Einzelnen und dem Gesamtinteresse einer *Gruppe* oder einer Gesellschaft. Beim sog. *Commons Dilemma* wird durch die indiv. übermäßige Nutzung ein Gut, das allen gehört (Umweltzerstörung z. B. von Freizeiteinrichtungen wie Seen und Wäldern durch übermäßige Nutzung), während beim sog. *Public Goods Dilemma* auch diejenigen Angebote und Einrichtungen nutzen, zu deren Aufrechterhaltung sie keinen oder nur geringe Beiträge leisten (Sporteinrichtungen, Gewerkschaftsaktivitäten etc.). Der Kollaps des Gesamtsystems aufgrund des egoistischen Selbstinteresses (*Egoismus*) ist allerdings geringer, als man annehmen sollte, da entspr. Konfliktstrategien verwendet werden, um den Einfluss sozialer Dilemmata zu minimieren. Baron & Kerr 2003, Schroeder 1995, Messick & Brewer 1983. *B. Six*

Dilemma, sozial-ökologisches [engl. *socio-ecological dilemma*; gr. δίσ- *(dis)* zwei, λημμα *(lemma)* Annahme], *Umweltnutzungspsychologie*.

Dilthey, Wilhelm (1833–1911), [**HIS**], Begründer der sog. «Verstehenden Ps.» (*Verstehen, verstehende Psychologie*). 1864 Promotion in Berlin. Prof. in Basel, Kiel und Breslau.

Dimension (= D.) [engl. *dimension*; lat. *dimensio* Ausdehnung], [**DIA, FSE, PER**], Kontinuum zw. zwei Polen, kontinuierliche Ausdehnungs- oder Messrichtung, auf der sich Objekte oder Aufgaben/Items unterscheiden. Allg. spricht man von D. des *Erlebens*, des *Verhaltens* oder der *Persönlichkeit*. In letzterem Fall beschreibt eine D. interindiv. Unterschiede in einem *Persönlichkeitsmerkmal*, z. B. Introversion – Extraversion; *Persönlichkeit, klassische faktorenanalytische Ansätze*). D. wird i. d. R. syn. zu *Faktor*, *latente Variable* oder (quant.) *Merkmal* verwendet (z. B. Intelligenzfaktor, Persönlichkeitsmerkmal/-faktor). Die Dimensionalität eines Raums bestimmt, wie viele elementare Merkmalsd. notwendig sind, um eine Datenmenge angemessen zu modellieren. Die stat. Identifikation bedeutsamer D. wird z. B. genutzt, um Modelle kogn. oder emot. Strukturen oder von Verhaltens- und Persönlichkeitsstrukturen zu entwickeln oder zu prüfen. Insbes. die *Faktorenanalyse* (*Klassische Testtheorie*) und die *Item-Response-Theorie*, nehmen an, dass Merkmalsräume sich durch grundlegende D. beschreiben lassen. Sie ermöglichen es, empirisch bedeutsame D. zu identifizieren und den Zshg. manifest gemessener Indikatoren (*Variable, manifeste*) mit den D. zu analysieren. Um bspw. bzw. Sicherstellung der *Eindimensionalität* von Itemgruppen bildet die Grundlage psychometrischer Skalen. *Diagnostik, dimensionale*, *Kompetenzmodelle*, *Testkonstruktion*. Eid & Schmidt 2014.

dimensionale Überlappung (= d. Ü.) [engl. *dimensional overlap*], [**KOG, WA**]. D. Ü. bez. den Sachverhalt, dass die Elemente einer Reizmenge und die Elemente einer Reaktionsmenge auf einer gemeinsamen (z. B. räumlichen) Dimension variieren. D. Ü. wird als eine Voraussetzung für die Entstehung von Phänomenen der *S-R-Kompatibilität* betrachtet. Kornblum et al. 1990. *P. Wühr*

2,5-Dimethoxy-4-methylamphetamin, Abk. DOM, STP [engl. *serenity, tranquillity, peace*], [**PHA**], Amphetaminderivat (*Amphetamine*) aus der Gruppe der *Psychotomimetika* mit starker halluzinogener Wirkung. Zusätzlich leistungssteigernde Wirkung.

Dimethyltryptamin [engl. *dimethyltryptamine*], Abk. DMT, [**PHA**], synthetisch hergestellte chem. Substanz aus der Gruppe der *Indolamine*, dem *Serotonin* verwandt, zur Klasse der *Psychotomimetika* zu rechnen.

Dimorphismus (= D.) [engl. *dimorphism*; gr. δίσ- *(dis)* zwei, μορφή *(morphe)* Gestalt], [**BIO, PER**], man spricht von D., wenn die Individuen einer Art in zwei deutlich versch. Erscheinungsformen (Phänotypen) vorkommen. Weitverbreitet ist Sexual-D. Bei mehr als zwei versch. Erscheinungsformen spricht man von *Polymorphismus* (*polymorph*, *Polymorphismus (genetischer)*).

DIN 33430, 2002, [**AO, DIA**], Dt. Norm zu «Anforderungen an Verfahren und deren Einsatz bei berufsbezogenen Eignungsbeurteilungen», erarbeitet vom Arbeitsausschuss 4.4 «Ps. Eignungsdiagnostik» im Normenausschuss Gebrauchstauglichkeit und Dienstleistungen (NAGD) des Dt. Instituts für Normung e. V. Die Norm enthält Festlegungen und Leitsätze für Verfahren und deren Einsatz bei berufsbezogenen Eignungsbeurteilungen. Unterschieden wird zw. berufswahlbezogenen Eignungsbeurteilungen (z. B. i. R. der *Berufsberatung*) und auswahlbezogenen Eignungsbeurteilungen (z. B. i. R. der *Personalauswahl* oder *Personalentwicklung*). Die Norm versteht sich als Prozessnorm, d. h., es werden keine einzelnen Verfahren empfohlen, sondern allg. Qualitätsmerkmale definiert (psychometrische *Gütekriterien*, diagn. Vorgehensweisen, *Teststandards*). *Berufseignungstests*. Kanning 2004, Moosbrugger & Höfling 2010. *D. Üstünsöz-Beurer*

DIN-Farbenkarte, *DIN* Dt. Industrienorm, *Farbsysteme, anschauliche*.

Dingkonstanz *Konstanz*.

DIN-Norm 33405 *Belastung, psychische*.

Dioptrie (= D.) [engl. *diopter*; gr. διά *(dia)* durch, ὄψις *(opsis)* Sehen], [**WA**], Einheit der Brechkraft einer Linse (*Akkommodation*), Kehrwert der in m gemessenen Brennweite (manchmal auch als sphärische D. bez. zur Unterscheidung von der Prismen-D.). Prismen-D. ist die Einheit für die Richtungsänderung eines Lichtstrahls durch ein Keilprisma (der der Basis gegenüberliegende Winkel ist kleiner als 90°, in vielen *Störungsexperimenten* ca. 11°); Entfernung des gebrochenen Strahls vom ungebrochenen in 1 m Entfernung vom Prisma, gemessen in cm (bei 1 Prismen-D. also 1 cm Ablenkung in 1 m Entfernung). *H. Heuer*

Diphenhydramin, [**PHA**], *Antihistaminikum* mit zusätzlich schwachen *anticholinergen* Eigenschaften. Die starke Blockade von H1-Histaminrezeptoren bedingt die sedierenden und hypnotischen Eigenschaften. Zulassung zur Kurzzeitbehandlung von *Schlafstörungen*. *Eliminationshalbwertszeit* 7–12 Std., hepatische *Metabolisierung*, renale Elimination. Die hypnotische Wirkung kann zu einem

Überhang («*Hangover*») mit Tagesmüdigkeit führen, die anticholinergen Eigenschaften bedingen typische unerwünschte Wirkungen wie Mundtrockenheit, Akkomodationsstörungen und Obstipation, bei älteren Menschen auch kogn. Störungen (cave: *Deli*rgefahr). G. Gründer

Diplakusis (= D.) [engl. *diplacusis*; gr. *διπλοῦς (diplous)* doppelt, *ἀκούειν (akouein)* hören], **[WA]**, Doppelhören. *D. binauralis* [lat. *auris* Ohr] liegt vor, wenn derselbe Ton von einem Ohr höher oder tiefer wahrgenommen wird als vom anderen. *D. echotica*, wenn ein wahrgenommener Ton echoartig nachhallt.

diploid, Diploidie (= d., D.) [engl. *diploid, diploidy*; gr. *διπλόος (diploos)* doppelt], **[BIO, PER]**, enthält eine Zelle zwei sich entspr. *Chromosom*ensätze, wird sie als d. bez. Für jedes auszubildende Merkmal liegen also zwei Erblagen (*Allele*) vor, die versch. sein können; bei der Ausbildung der betreffenden Merkmale kann es dann zu dominant-rezessiven oder intermediären Erbgängen kommen. Die D. bietet die Möglichkeit, nicht ausgebildete Merkmale als rezessive Erbanlagen in einer Population «vorrätig» zu halten, die bei einer Änderung der Umweltanforderungen z. B. durch Rekombination (*Genetik*) sofort zum Einsatz kommen können. Eine d. Art ist also viel schneller zu neuen Anpassungen befähigt als ein *haploider* Organismus, der in einem solchen Fall erst auf entspr. zufällige Mutationen «warten» muss. Darüber hinaus können mithilfe der D. offenbar höhere Stoffwechselleistungen vollbracht werden; alle «höheren» Organismen (mehrzellige Tiere, Farne und Blütenpflanzen) besitzen d. Zellen.

Diplopie [engl. *diplopia*; gr. *διπλόος (diploos)* doppelt, *ὄψις (opsis)* Sehen], **[BIO, WA]**, Wahrnehmung von Doppelbildern aufgrund der Reizabbildung auf nicht korrespondierenden Netzhautstellen (*korrespondierende Netzhautpunkte*). Karnath & Thier 2012. J. Zihl

Dipodie [engl. *dipody*; gr. *διποδία (dipodia)* Zweifüßigkeit], **[KOG]**, Doppelfußverbindung zweier Versfüße zu einem Versglied. Einfachste Form des *Rhythmus*, Grundlage der Gehbewegung (kurz – lang, betont – unbetont).

DIPS *Diagnostisches Interview bei psychischen Störungen (DIPS)*.

Dipsomanie [engl. *dipsomania*; gr. *δίψα (dípsa)* Durst, *μανία (manía)* Besessenheit], **[KLI]**, in Perioden auftretender und von Abstinenzphasen unterbrochener Alkoholmissbrauch (*Alkoholismus*).

direkte Wahrnehmung [engl. *Gibson's Theory of Direct Perception*], **[WA]**, Bez. für die Wahrnehmungslehre J. J. Gibsons (1904-1979). *ökologische Wahrnehmungspsychologie*.

Direktsuche (= D.) [engl. *executive search, headhunting*], syn. Direktansprache, **[AO]**, im Bereich des *Personalmarketings* wird dies als eine Methode verstanden, bei der potenzielle Bewerber durch eine Unternehmensberatung direkt auf dem Arbeitsmarkt identifiziert und indiv. meist per Telefon angesprochen werden. Im Ggs. zu anderen Methoden wird bei dieser Rekrutierungsstrategie aktiv auf potenzielle Kandidaten zugegangen. Erste Frage ist dann, ob überhaupt eine Motivationslage zur Veränderung der bisherigen eigenen Tätigkeit oder Position existiert, evtl. wird aber auch durch die Offerte des Personalberaters eine solche erst geweckt. Die Vorgehensweise der Direktansprache lässt sich in versch. Schritte gliedern.

Zumeist erhält eine Unternehmensberatung einen Suchauftrag zur Besetzung einer Position. Auf der Grundlage eines Anforderungsprofils wird die Zielgruppe definiert und eine Liste von Organisationen zus.gestellt, in denen potenzielle Kandidaten zu finden sind. Ergibt die diskrete Ansprache, dass es sich bei dem identifizierten Kandidaten um einen qualifizierten potenziellen Bewerber handelt, soll der Kandidat für die zu besetzende Position interessiert und zu einem Bewerbungsgespräch motiviert werden. Unter den Aspekten Erreichbarkeit qualifizierter Bewerber, Übersicht über den Bewerbermarkt wie auch teilweise bei den Kosten schätzen Beratungsfirmen die Direktansprache pos. ein. Als weniger geeignet ist sie bei der Suche nach Generalisten oder bei der Besetzung von Positionen auf unteren Hierarchiestufen einzuschätzen (Sänger 1995). Die Effektivität dieser Suchstrategie ist in der genauen Kenntnis der Branche und der Personalsituation in dieser Sparte durch die Beratungsfirma begründet. Daher ist das *Executive Search* für branchenübergreifende Suchprozesse weniger geeignet. Bei der Besetzung von unteren Hierarchiestufen kommt eher ein Kosten-Nutzen-Argument der Beratungsfirma zum Tragen. Wenn man den Angaben der Praktiker folgt, dann kann man auch nach systematischer und gründlicher Identifikation von qualifizierten potenziellen Bewerbern nur bei 10 % der Ansprachen mit einem näheren Interesse bei den Kandidaten rechnen (Sänger 1995), womit diese Methode für untere Hierarchiestufen zu aufwendig ist. Insges. schätzen Praktiker die Einsatzmöglichkeiten und die Vor- und Nachteile der D. gegenüber anderen Methoden relativ gleichlautend ein, wobei die D. in folg. Fällen zumeist anderen Methoden vorgezogen wird (vgl. Sänger 1995): Bei der Besetzung von Positionen auf der ersten und zweiten Führungsebene, bei der Suche nach Spezialisten, bei einer sehr engen oder sehr schwierigen Bewerbermarktlage und bei Attraktivitätsproblemen der auftraggebenden Firma. Die D. ist ein Bsp. für die Externalisierung der Personalarbeit durch Organisationen. Hierfür gibt es unterschiedliche Argumente. Den beauftragten Unternehmen wird mehr Expertise in den Rekrutierungs- und Auswahlmethoden unterstellt, sie haben mehr Kandidatenwissen bzw. Wissen um Zugangswege und bessere Marktkenntnisse sowie bessere Berufs- und Branchenkenntnisse. Zudem wird hierdurch Diskretion nach außen demonstriert und ein Integritätssignal gegenüber evtl. Kandidaten ausgesendet, da die Einschaltung von Externen die Objektivität und die Ernsthaftigkeit der Suche unterstreicht.

Verschiedentlich wird die These vertreten, dass das Abwerben von Mitarbeitern aus bestehenden Beschäftigungsverhältnissen zunehmen würde und dass dies durch best. Entwicklungen im Bereich des Internets gefördert werde (Hamori et al. 2011). Ein Bsp. dafür sind soziale Netzwerkseiten, über die auch zunächst einmal vergleichsweise passive Kandidaten angesprochen werden könnten. *Personalauswahl*. Moser & Sende 2013. K. Moser

dis... [lat.], in Wortverbindungen: entzwei, auseinander, hinweg (auch in verneinendem Sinn).

Disengagement (= D.) [engl.] Befreiung, Muße, **[EW]**, beschreibt den Prozess des sozialen Rückzuges älterer Menschen. Dabei wird unterschieden zw. *gesellschaftlichem* und *persönlichem* D. (Cumming & Henry 1961). Unter gesellschaftlichem Disengagement wird die Entlassung aus sozialen Rollen (z. B. Mutterschaft, Erwerbstätigkeit) und gesellschaftlichen Verpflichtungen verstanden. Persönliches D. bez. den Wunsch älterer Menschen nach Reduktion ihrer Sozialkontakte und die Zentrierung auf sich selber, verbunden mit einer symbolischen Repräsentation ihrer Umwelt. Ggs. *Aktivitätstheorie*. *Psychologie des Alterns*, *Altern, erfolgreiches*, *Steuerpsychologie*. Lehr 1972, 1977. *F. Wilkening*

Disinhibition [engl. *disinhibition*; lat. *dis-* entzwei, auseinander, *inhibere* hemmen, hindern], *bedingter Reflex, bedingte Reaktion*.

Disjektion [engl. *disjection*; lat. *disicere* zerstreuen, zerspalten], ein Trauminhalt erscheint in doppelter Gestalt, z. B. man sieht sich selbst und ist zugleich als Zuschauer anwesend. *Traum*.

Disjunktion [engl. *disjunction*; lat. *disiungere* trennen, auseinanderbinden], **[KOG]**, das begriffliche Einander-Ausschließen.
[BIO], Trennungsvorgang bei Chromosomen.

Diskonfirmationsparadigma der Kundenzufriedenheit (= DP.), **[WIR]**, nach dem DP. entsteht *Kundenzufriedenheit*, wenn ein Kunde seine akt. Erfahrungen bei der Produktnutzung (Ist-Leistung) mit seinen *Erwartung* (Soll-Leistung) vergleicht. Entspricht die Ist-Leistung der Soll-Leistung, d. h., kommt es zur Bestätigung der Erwartungen (*Konfirmation*), führt das zu Zufriedenheit. Übertrifft die Ist-Leistung die erwartete Leistung (*pos. Diskonfirmation*), entsteht besonders hohe Zufriedenheit (*Begeisterung*). Unzufriedenheit resultiert, wenn die Ist-Leistung die Erwartungen deutlich verfehlt (*neg. Diskonfirmation*). Nach diesem Ansatz soll Zufriedenheit bei Konfirmation und bei pos. Diskonfirmation entstehen. Die Grenze zw. Zufriedenheit und Unzufriedenheit ist dabei im DP. nicht durch einen Punktwert gekennzeichnet, sondern es wird eine Toleranzzone angenommen. Liegt der Vergleichswert von Ist- und Soll-Leistung innerhalb dieses Bereichs, so wird die Leistung als zufriedenstellend eingestuft. Bei einer sehr starken pos. Diskonfirmation sollen die Kunden begeistert sein. Bei der Ist-Leistung handelt es sich um das vom Kunden wahrgenommene Leistungsniveau, dem als Vergleichsstandard die Erwartungen (Soll-Leistung) der Kunden gegenüberstehen. Diese Erwartungen stellen das Leistungsniveau dar, welches ein Kunde fordert. Wichtige Quellen von Erwartungen sind die persönlichen *Bedürfnisse* (*Bedürfnis*) des Kunden, seine bisherigen Erfahrungen, mündliche Empfehlungen durch Bekannte sowie Versprechungen des Unternehmens. Dormann & Zapf 2007. *F. W. Nerdinger*

Diskontierung [engl. *discounting*], *Sparverhalten*.

Diskordanz [engl. *discordance*; lat. *discordare* nicht übereinstimmen, uneinig sein], Unstimmigkeit. Ggs. *Konkordanz*.

Diskrepanzhypothese (= D.) [engl. *discrepancy hypothesis*; lat. *discrepare* nicht übereinstimmen], **[KLI]**, umschreibt die Annahme, dass repressive bzw. kogn.-vermeidende Stressbewältigung (*repression-sensitization*, *Vermeidung, kognitive*) in belastenden Situationen mit vergleichsweise starken physiol. und behavioralen Reaktionen, aber nur schwachen selbstberichteten affektiven Reaktionen (*Affektivität*) verbunden ist, sodass eine Diskrepanz zw. obj. und subj. (verbalen) Indikatoren entsteht. Schwerdtfeger & Kohlmann 2004. *C.-W. Kohlmann/M. Hock*

Diskrepanzkriterium (= D.) [engl. *discrepancy criterion*; lat. *discrepare* nicht übereinstimmen], **[DIA, KLI, PÄD]**, das D. kommt in der *Diagnostik* von *Lernstörungen* zum Tragen. Es beschreibt das Phänomen, dass schulische *Fertigkeiten* (*Lesen*, Rechtschreiben (*Schreiben*), Mathematik) sich nicht normal entwickeln, sondern «deutlich unter dem Niveau liegen, das aufgrund des Alters, der allg. Intelligenz und der Beschulung zu erwarten wäre» (Saß et al. 2003, 57). Um eine solche Lernstörung nach ICD-10 (International Klassifikation psychischer Störungen (*International Classification of Diseases (ICD)*) der Weltgesundheitsorganisation) zu diagnostizieren, muss eine zweifache Diskrepanz gegeben sein: die Leistungen eines Schülers liegen deutlich (mind. eine *Standardabweichung*) unter dem Vergleich mit der entspr. Alters- bzw. Klassenstufe (*Normierung*) und es besteht eine bedeutsame Diskrepanz (in der klin. Praxis meist von 1.2 bis 1.5 Standardabweichungen) zw. den unterdurchschnittlichen Schulleistungen und der indiv. *Intelligenz*. Als Hauptkategorien der sog. Entwicklungsstörungen schulischer Fertigkeiten gibt es die Lese- und Rechtschreibstörung (*Legasthenie*), die isolierte Rechtschreibstörung, die Rechenstörung und die kombinierte Störung schulischer Fertigkeiten, eine Diagnose, die dann gestellt wird, wenn sowohl Lese- bzw. Rechtschreibleistungen als auch Rechenleistungen beeinträchtigt sind.

Die Anwendung des D. führt zu einer Differenzierung zw. lernschwachen Kindern mit höherer vs. niedrigerer Intelligenz. Die Rechtfertigung für diese Differenzierung ist die zugrunde liegende theoretische Annahme, dass den Lernstörungen, die eine Diskrepanz zur Intelligenz aufweisen, ein basales primäres Defizit zugrunde liege, das unabhängig von der Intelligenz sei. Diese Annahme ist Gegenstand einer anhaltenden Kontroverse, wobei das Diskrepanzkriterium zunehmend infrage gestellt wird.

Den Argumenten von Stanovich (2005) zufolge könnten vier Aspekte das D. als Grundlage der Diagnose *Lernstörung* rechtfertigen: (1) Die *Informationsverarbeitung* ist bei Kindern mit vs. ohne Diskrepanz versch. (2) Die neurobiol. Grundlage der Lernstörung ist versch. (3) Unterschiedliche Behandlungs- und Therapiemaßnahmen (*Intervention*) sind bei Kindern mit vs. ohne Diskrepanz unterschiedlich erfolgreich. (4) Die *Ätiologie* der beiden Gruppen ist grundsätzlich versch. Zu allen vier Aspekten liegen empir. Befunde vor, die allerdings die Kontroverse noch nicht endgültig beilegen können. In der Summe sprechen die Befunde eher gegen eine Differenzierung zw. Kindern mit und ohne Diskrepanz (vgl. Stanovich

2005): Schwache Leser mit und ohne Diskrepanz zeigen ganz ähnliche Fehlermuster beim Lesen, beim Schreiben, in der phonologischen Informationsverarbeitung (*phonologische Bewusstheit*) und in versch. Gedächtnisaufgaben (*Gedächtnis*), insbes. im *Arbeitsgedächtnis* (Mähler & Schuchardt 2011). Trotz erster Erfolge, neuropsychol. Korrelate zu lokalisieren, haben sich keine Evidenzen für neuroanatomische Unterschiede zw. Kindern mit Lernstörung mit höherer vs. niedrigerer Intelligenz ergeben. Es scheint keine differenziellen Trainingserfolge bei Kindern mit vs. ohne Diskrepanz zu geben. Schließlich hat sich die Erblichkeit bei Kindern mit Diskrepanz nicht als höher erwiesen, was zu erwarten gewesen wäre bei einer besonderen Ätiologie in dieser Gruppe. Vieles spricht also gegen die Logik des Diskrepanzkriteriums, weshalb einige Länder bei der Diagnostik der Lernstörungen bereits darauf verzichten.
C. Mähler

diskrete Maßstäbe (= d. M.) [engl. *discrete measures*; lat. *discernere* unterscheiden], **[FSE]**, Bez. für Maßstäbe, die eine diskontinuierliche (diskrete) Messung (*Messen*) von ursprünglich zumeist kontinuierlichen, quant. *Variablen* ermöglichen. Einen d. M. stellt z. B. die Zahl der Fehler beim Lösen einer Aufgabe als Maß einer *Leistung* dar.
G. Mikula

Diskriminanzanalyse (= D.) [engl. *discriminant analysis*; lat. *discriminare* unterscheiden], **[FSE]**, ein Klassifikationsverfahren der *multivariaten Statistik* (*Statistische Datenanalyseverfahren*). Sind k Stichproben (z. B. k = 3: Haupt-, Realschul-, Gymnasialabschluss) von Vpn hinsichtlich derselben Merkmale gemessen worden, so kann mit der D. die Frage untersucht werden, ob die gemessenen Ausprägungen der Merkmale zur Klassifikation der Vpn in k Stichproben geeignet sind. Hierzu wird eine sog. *Trennfunktion* (Diskriminanzfunktion) berechnet, die die Gewichtung der zur Klassifizierung verwendeten Merkmale (*Prädiktor*) angibt und es erlaubt, auch jede später gemessene Vp einer der unterschiedenen Gruppen zuzuordnen. Man erhält Gewichtungen, die die Bedeutung der einzelnen Prädiktorvariablen für die Klassifikation widerspiegeln. *Regression, logistische Regression, multinomiale, Regression, ordinale.* McLachlan 2004.

Diskrimination [engl. *discrimination*; lat. *discriminare* absondern, trennen], syn. *Reizdifferenzierung*, **[KOG, WA]**, Unterscheidungsleistung beim Auseinanderhalten von Reizen. Auf den diskriminierenden Reiz folgt die diskriminierende Reaktion. *Differenzierung.*

Diskriminationsaufgabe (= D.) [engl. *discrimination task*; lat. *discriminare* unterscheiden], **[KOG, WA]**, Diskriminierungsaufgabe, mit ihr soll gelernt werden, nur auf eine von zwei versch. Reiz-Konstellationen zu reagieren: Diskriminationslernen, Diskriminationstraining. Mit D. kann man in Tierversuchen z. B. Unterschiedsschwellen des Erkennens feststellen. *psychophysische Methoden.*

Diskriminationslernen (= D.) [engl. *discrimination learning*; lat. *discriminare* unterscheiden], **[KOG]**, (1) in der absoluten Theorie des D. (Spence) wird angenommen, dass Zu- und Abnahmen der *Response*stärken im Lauf des Unterscheidenlernens kumulieren und dass folglich die Unterscheidung von Reizmustern kontinuierlich gelernt wird. Für alle dargebotenen Merkmale (*Stimuli*) der Objekte werden bei *Verstärkung* die Responses wahrscheinlicher, bei Nicht-Verstärkung unwahrscheinlicher; (2) die relationale Theorie (Lashley) besagt, dass Beziehungen zw. den vorhandenen Stimuli und Auswahlen aus ihnen die für die Unterscheidung effektiven Merkmale sein können. Änderungen der *Aufmerksamkeit*shaltung können hierbei diskontinuierliche Effekte haben, sodass plötzlich Stimuli, die vorher unbeachtet gewesen sind, die Kontrolle über die Response erhalten; Spence erklärt das D. also mit den S-R-Verstärkermechanismen (*S-R-Theorie*, *Lernen*), Lashley als einen kogn. Vorgang der Selektion durch Aufmerksamkeitszuwendung; (3) Mackintosh (1965) hält die beiden Theorien für falsch und meint, dass kontinuierliches oder diskontinuierliches D. durch die Versuchsanordnung manipuliert werden könne; (4) Harlow (1950) versucht eine Erklärung des D. durch die Unterscheidung von fehlerhaften Hypothesen (*uniprocess learning theory*). Kling & Riggs 1971, Osgood 1953, 1962.

Diskriminierung, genetische [engl. *genetic discrimination*; lat. *discriminare* unterscheiden], *Diagnostik, prädiktive genetische.*

Diskriminierung, soziale (= s. D.) [engl. *social discrimination*; lat. *discriminare* unterscheiden], **[SOZ]**, s. D. bez. die Diskriminierung von Menschen aufgrund ihrer Gruppenzugehörigkeit. S. D. kann z. B. im Arbeitsumfeld entstehen, wenn ältere Personen, Menschen mit Behinderung, Frauen oder Angehörige ethnischer Minderheiten bei Einstellung, Beförderung oder Entlohnung benachteiligt werden, nur weil sie der jew. Kategorie angehören. Klink & Wagner (1999) konnten in einer Serie von Feldexperimenten zeigen, dass Ausländer in Dt. nur aufgrund eines sprachlichen Akzentes, eines ausländischen Namens oder orientalischer Kleidung gegenüber Deutschen benachteiligt werden. *Vorurteile.*
R. van Dick

diskursives Denken [engl. *discursive thinking*; lat. *discurrere* geschäftig hin- und herlaufen], **[KOG]**, das planmäßig mit steter Überprüfung der Denkschritte fortschreitende Denken. I. w. S. das begriffliche *Denken* schlechthin im Ggs. zum intuitiven, einfallsartigen.

Disokklusion, dynamische *dynamische Okklusion.*

disparat [engl. *disparate*; lat. *disparare* trennen], getrennt, auseinander strebend. Bez. für nicht zueinanderpassende Begriffe ohne gemeinsame (bzw. mit widersprüchlichen) Merkmale(n).

disparate Netzhautpunkte (= d. N.) [engl. *disparate retinal points*; lat. *disparare* trennen], **[WA]**, sämtliche Punkte der Netzhäute beider Augen, die in ihrer Lage einander nicht entsprechen. Wird ein Objekt auf d. N. abgebildet, so erscheint es doppelt, was aber meist nicht bemerkt wird. Ggs. *identische Netzhautstellen. Doppelbilder, Querdisparation.*

Disparation *Querdisparation.*

Dispersion (= D.) [engl. *dispersion*; lat. *dispergere* verbreiten, zerstreuen], **[FSE]**, die *Streuung*, das Ausmaß der Verschiedenheit von Einzelbeobachtungen in einer *Stichprobe* oder *Population*. Das einfachste Maß der D. stellt der *relative Informationsgehalt* dar. Dieser kann bereits ab *Nominalskalen*niveau bestimmt werden. Ab *Intervallskalen*niveau bzw. in der parametrischen Statistik sind die *Standardabweichung* und die *Varianz* die wichtigsten D.maße. *Boxplot, Box-Whisker-Plot, Interquartilsabstand, range, Variation.*

Dispersionsmodell [engl. *dispersion model*; lat. *dispergere* verbreiten, zerstreuen], *Ratingskalen-Modell*.

displacement (= d.) [engl.] Ablösung, [**MD**], basierend auf der Annahme, dass Individuen nur eine begrenzte Zeit für ihre Aktivitäten zur Verfügung steht, beschäftigt sich der d.-Ansatz mit der Frage, inwiefern die Nutzung von Medien dazu führt, dass andere Tätigkeiten verdrängt oder ersetzt werden (Brown et al. 1974; Neuman 1991). Die Frage nach d.-Effekten ist insbes. relevant, wenn Mediennutzung dazu führt, dass wünschenswerte Aktivitäten wie *Lesen* oder soziale Kontakte eingeschränkt werden. Empirische Untersuchungen zeigen, dass simple Annahmen wie «Fernsehkonsum wirkt sich neg. auf die Lesekompetenz aus» nicht haltbar sind. Stattdessen moderieren weitere Variablen wie soziale Herkunft oder kult. Hintergrund diesen Zusammenhang (Larson & Verma 1999). Bspw. zeigt sich, dass moderater Fernsehkonsum bei Kindern aus niedrigen sozialen Schichten zu besseren Lesefertigkeiten führt, da sie beim Fernsehen förderliche Anregungen bekommen. Lediglich erhöhter Fernsehkonsum wirkt sich neg. aus. Dieser d.-Effekt tritt bei Kindern aus höheren Schichten verstärkt auf, da Fernsehkonsum bei diesen Kindern in höherem Ausmaß förderliche Aktivitäten verdrängt. *Medienpsychologie.* Unz 2008. *J. Kimmerle*

display rules (= d.) [engl.] Darstellungsregeln, [**EM, SOZ**], nach Ekman & Friesen (1969) modifizieren d. den Ausdruck von *Emotionen* in Abhängigkeit vom soziokulturellen Umfeld und dem situativen Kontext. Der emot. Ausdruck kann *abgeschwächt, verstärkt* oder durch andere Emotionen maskiert werden. Letzteres geschieht in Form des *Maskierens* neg. Emotionen durch Lächeln. Die kult. Sozialisation der d. beginnt bereits sehr früh in der ontogenetischen Entwicklung. 11 Monate alten Babys wurden interessante Spielsachen gezeigt und sie hörten gleichzeitig die Stimmen ihrer Mütter (Miyake et al. 1986). Die Stimmen der Mütter drückten eine der drei Emotionen *Freude, Ärger* oder *Angst* aus. Gemessen wurde die Latenz, bis die Babys sich den Spielsachen näherten. War die Stimme der Mutter freudig oder ängstlich, ergaben sich keine Unterschiede zw. den japanischen und US-amerikanischen Babys. Bei Ärger steigt die Latenz der japanischen Babys auf 48 s und ist damit deutlich länger als die der US-Babys, deren Latenz nur 18 s betrug. Erklärt wird das Ergebnis dadurch, dass der Ausdruck von Ärger ein seltenes Ereignis in Japan ist. *J. Merten*

Disponibilität [engl. *disponibility, availability*; lat. *disponere* anordnen, verteilen], [**KOG**], Lockerheit. *Flexibilität, Denken, Verfügbarkeit.*

disponierende Bedingungen [engl. *disposing conditions*; lat. *disponere* bestimmen, anordnen], *Ätiologie.*

Disposition (= D.) [engl. *disposition*; lat. *disponere* bestimmen, anordnen], [**PER**], meint die Fähigkeit und Bereitschaft einer Person, best. Gedanken und Gefühle zu erleben, best. Leistungen zu erbringen und best. Verhaltensweisen zu äußern. D. wird in der *Differentiellen Psychologie* als Sammelbegriff für all diejenigen Ursachen indiv. Unterschiede im Erleben und Verhalten verwendet, die der Person zuzurechnen sind. D. umfassen *Temperaments-* und *Persönlichkeitsmerkmale*, Fähigkeiten und *Kompetenzen, Bedürfnisse, Motive* und *Interessen, Einstellungen,* Werthaltungen und Überzeugungen, das *Selbstkonzept* und die Selbstwertschätzung (*Selbstwertgefühl*) sowie Gefühlstendenzen wie die Neigung zu *Angst, Ärger,* Schuld, Eifersucht und anderen Gefühlen. D. schließen dauerhafte Faktoren des Erlebens und Verhaltens [engl. *trait*] und vorübergehende Faktoren des Erlebens und Verhaltens [engl. *state*] ein. Dauerhafte D. sind bis zu einem gewissen Grad genetisch veranlagt. Veranlagte D. werden durch Umwelteinflüsse und Lernprozesse überformt. *Zweiprozesstheorien des Verhaltens* unterscheiden zw. *expliziten* und *impliziten* D. Explizite D. sind bewusstseinsfähig. Ihr Einfluss auf Verhalten wird durch Denk- (*Denken*), Abwägungs-, Entscheidungs- (*Entscheiden*) und *Selbstregulation*sprozesse kontrolliert und modifiziert. Implizite D. beeinflussen Verhalten automatisch, oft unbewusst und ohne Beteiligung höherer Denkprozesse. Buss & Craik 1985, Evans 2008. *M. Schmitt*

Disposition, konditionale Definition (= D.) [engl. *disposition, conditional definition*], [**PHI**], wenn x der Bedingung B_i ausgesetzt wird, zeigt x das Verhalten V_j dann und nur dann, wenn es die Eigenschaft D_k hat. B_i sei z.B. die Bedingung, dass mit der Person x ein best. psychol. Test durchgeführt wird; sie hat die Eigenschaft D_k genau dann, wenn sie im Test das Verhalten Vj (ein bestimmtes Testergebnis) zeigt. Die Beziehung zw. V_j und D_k kann ggf. auch zu einer stat. Gesetzmäßigkeit abgeschwächt werden. Der Vorteil der Einführung einer D. durch konditionale Def. besteht darin, dass ein D.begriff durch viele versch. konditionale Def. spezifiziert werden kann. *Disposition.* Carnap 1968, Stegmüller 1974, Suppes 1970. *O. Huber*

Dispositionismus-Situationismus-Frage [lat. *disponere* bestimmen, anordnen, lenken, frz. *situation* Lebens-/Sachlage], *Psychologie, sozialwissenschaftliche.*

Dispositionseffekt [engl. *disposition effect*; lat. *dispositio* Aufteilung, (Ver-)fügung], *Finanzpsychologie.*

Dispositionsvariable [engl. *disposition variable*; lat. *disponere* bestimmen, anordnen], [**PER, PHI**], nicht direkt beobachtbare Eigenschaft, die als überdauernde Bedingung für Beobachtetes gilt. *Konstrukt, Persönlichkeitsmerkmal.* Carnap 1936.

Dissemination (= D.) [engl. *dissemination;* lat. *disseminare* aussäen], [**GES**], D. bedeutet die Übertragung von wiss. Erkenntnissen in die Interventionspraxis. Dieser Transfer gelingt i.d.R. nicht ohne Übersetzung. Daher wird D. als ein Teil der Übersetzungsforschung (*translation research*) verstanden. Es werden zwei typische Übersetzungen unterschieden: Der eine Typus übersetzt vom Labor ans Bett (*from bench to bedside*). Er will sicherstellen, dass sich neueste Forschungserkenntnisse (z.B. ein neues Medikament) in der klin. Praxis bewähren. Das bevorzugte Vorgehen ist das randomisierte, kontrolliert und doppelt verblindete Experiment (RCT; *randomisierte kontrollierte Studie*). Der andere Typus übersetzt die Erkenntnisse, die im klin. Setting gewonnen wurden, indem er diese in den Lebensalltag (*from bed to community*) transferiert. Dieser Typus ist (neben anderen) kennzeichnend für die gesundheitspsychol. Forschung zur *Prävention* und zur Gesundheitsförderung. Das verwendete Repertoire reicht hier vom echten *Experiment* bis hin zu Beobachtungsstudien (*Evaluation*).

Ziel der Übersetzungsforschung ist die wiss. Fundierung des interventiven Handelns. Handeln, mit der Absicht, ein riskantes oder belastendes Verhalten zu ändern, soll auf evidente Forschungsergebnisse (*Evidenzbasierung*) zurückgeführt werden, die intendierte Wirkungen provozieren und unerwünschte Nebenwirkungen minimieren. Es soll ethisch reflektiert sein und genau jene Personen erreichen, die der Intervention bedürfen (*targeted interventions*). D. als Teil der Übersetzungsforschung sucht nach den Medien (z. B. Internet-Kommunikation) und Mechanismen (z. B. Informationsfrequenzen, -arten), um Individuen oder Gruppen kommunikativ zu erreichen, sie zu einem Zielverhalten zu motivieren und daran nachhaltig zu binden. Woolf 2008, Kerner et al. 2005.

W. Schlicht/D. Kahlert

Dissimilation (= D.) [lat. *dis* un-, *similis* ähnlich], unähnlich werden, Auflösung, **[BIO]**, Atmung, Abbau und Verbrauch von Körpersubstanz beim Stoffwechsel, der Abbau der zuvor durch die *Assimilation* zur Körpersubstanz umgewandelten Stoffe (unter Freisetzung gebundener chem. Energie).

Dissimulation (= D.) [engl. *fake good, symptom embellishment*; lat. *dissimulare* verheimlichen], **[DIA, KLI]**, pos. verzerrte Selbstdarstellung einer Person i. d. S., dass tatsächlich vorhandene persönliche Schwächen und Fehler oder körperliche und psych. Beschwerden oder Krankheiten und Krankheitssymptome verneint werden, in geringerer Anzahl oder in milderer Form, bagatellisierend dargestellt werden. Der Begriff wird dann verwandt, wenn solche Antworttendenzen bewusst und mit Ausrichtung auf ein konkretes Ziel auftreten. Das Gegenteil, bewusste und zielgerichtete neg. verzerrte Selbstdarstellungen, wird durch die Begriffe der *Aggravation* und *Simulation* bez. Der engl. Begriff der *dissimulation* ist nicht deckungsgleich, weil er Verzerrungen in beide Richtungen, also D. und Aggravation/Simulation, einschließt. Diagn. kann D. durch Kontrollskalen in Fragebögen erfasst werden, wie bspw. im *Minnesota Multiphasic Personality Inventory* (MMPI) durch die Skalen L (Lügenskala), K (Testabwehr, Problemverleugnung), S (Superlativskala) und OS (*Obvious-Subtle Scale*). Ein verwandtes Konzept stellt der in der neueren forensischen und Gutachtenliteratur verwendete Begriff der *Supernormalität* dar. Dettenborn 2009. *T. Merten*

Dissomnie [engl. *dyssomnia*; lat. *dis* un-, weg-, *somnia* Schlaf], *Schlafstörungen*.

Dissonanz, emotionale [engl. *emotional dissonance*; lat. *dis-* un-, weg-, *sonare* klingen], *Emotionsarbeit*.

Dissonanz, kognitive *kognitive Dissonanz*.

Dissonanz-Attributions-Hierarchie [engl. *dissonance-attribution hierarchy*], *Hierarchie von Effekten Modelle*.

Dissoziale Persönlichkeitsstörung *Antisoziale Persönlichkeitsstörung*.

Dissozialität [engl. *dissociality*; lat. *dis-* un-, weg-, *socialis* gemeinschaftlich], **[KLI, RF, SOZ]**, Verhalten und Einstellungen, die im Widerspruch zu den von der umgebenden Gesellschaft def. Normen stehen. *Antisoziale Persönlichkeitsstörung*. Rauchfleisch 1999.

Dissoziation [lat. *dissociare* verunreinigen, trennen], **[KOG]**, Zerteilung, Trennung, Auflösung, z. B. das Zerfallen von assoziativen Vorstellungsverbindungen (*Assoziation*) unter dem Einfluss neuer Eindrücke.

dissoziative Fugue *Amnesie, dissoziative*.

Dissoziative Identitätsstörung (= D. I.) [engl. *dissociative identity disorder* (DID); lat. *dissociare* trennen, spalten], **[KLI]**, beschreibt ein Störungsbild, bei dem ein Pat. mind. zwei versch. komplexe Persönlichkeiten besitzt, von denen jede zu einer best. Zeit dominiert. Obwohl die Existenz mehrerer unterscheidbarer Persönlichkeiten innerhalb eines Individuums noch immer diskutiert wird, ist die D. I. formell anerkannt. Nach *DSM*-IV (300.14) müssen die Identitäten füreinander amnestisch sein, und die Störung darf weder auf einen med. Krankheitsfaktor noch auf Substanzeinwirkung rückführbar sein. Bei Kindern sind die Symptome von Fantasiespielen oder imaginierten Spielkameraden zu unterscheiden. im *ICD-10* (und im DSM-III) als *Multiple Persönlichkeitsstörung* (F44.81) beschrieben. *Amnesie, dissoziative*, *Konversionsstörung*.

Dissoziative Störungen (= D. S.) [engl. *dissociative disorders*; lat. *dissociare* trennen, spalten], **[KLI]**, syn. *Konversionsstörung*. *Somatoforme Störungen*.

distal [engl. *distal*; lat. *distare* entfernt sein], **[BIO]**, nach außen, vom Körper weg gerichtet. Ggs. *proximal*. Bsp.: Das distale Ende des Unterarmes ist mit der Handwurzel, das proximale Ende mit dem Oberarm verbunden.

distales Objekt (= d. O.) [engl. *distal object/stimulus*; lat. *distare* entfernt sein], **[WA]**, ein d. O. ist ein in der Umwelt lokalisiertes und vom Betrachter unabhängiges Objekt mit messbaren physikal. Eigenschaften. In der *Psychophysik* wird das d. O. oft als Ursache für einen *proximalen Reiz* konzeptionalisiert, der dann – im Ggs. zum d. O. – unmittelbar am Sinnesorgan anliegt. Ein Bsp. für ein d. O. wäre ein vom Betrachter visuell wahrgenommener Vogel, dessen Abbild auf der *Retina* entspräche dem proximalen Reiz. Goldstein 2007. *L. Huestegge*

Distanz [engl. *distance*; lat. *distare* entfernt sein], **[KOG, PER, SOZ, WA]**, die räumliche Entfernung zw. zwei Punkten; auch der Zeitabstand zw. zwei Ereignissen. I.ü.S. der Grad der Unabhängigkeit, Vorurteilsfreiheit (*Vorurteile*), persönlichen Selbstständigkeit eines Menschen gegenüber einer Person, Sache oder Idee.

Distanz, soziale (= soz. D.) [engl. *social distance*; lat. *distare* entfernt sein], **[PER, SOZ]**, der Grad von Nähe oder Ferne im soz. Raum. Zudem kann als soz. D. der Grad der Intimität bez. werden, den eine Person mit einer anderen oder mit einer *Gruppe* zu haben wünscht oder duldet. Auch der Ähnlichkeitsabstand zw. *Selbstbild* und *Fremd-*

bild (Hofstätter 1967) oder zw. Selbstbild und vermutetem Fremdbild des oder der anderen (Sodhi et al. 1957) wird als soz. D. bez. *R. Bergius*

Distanzmaß [engl. *distance measure*], **[FSE, KOG]**, Maß für die Ähnlichkeitsbeziehung, z. B. von zwei Begriffen: *semantisches Differenzial*.

Distanz-Paradox [engl. *distance paradoxon*], *figurale Nachwirkung*.

Distanzzonen [engl. *distance zones*], **[SOZ]**, unterscheidbare, interpersonelle Entfernungsbereiche, deren Unter- wie Überschreitung als unangenehm empfunden wird: Intimdistanz (0–40 cm), persönliche Distanz (0,4–1,2 m), Sozialdistanz (1,2–4 m, öffentliche Distanz (4–8 m) jew. mit persönlichen und kult. Abweichungen. Altman 1975.

Distickstoffmonoxid, N_2O, Lachgas, **[PHA]**, Inhalierbares Narkosemittel für kurze Eingriffe, bei denen nur eine kurzdauernde, oberflächliche *Narkose* notwendig ist, z. B. in der Zahnmed. Schwache analgetische (= schmerzhemmende) Wirkung.

distinctive feature (= d. f.) [engl.] *distinktives Merkmal*; [lat. *distinguere* unterscheiden], **[KOG]**, ein *Phonem* wird als Segment erkannt, wenn es die min. Anzahl d. f. enthält, die erforderlich sind, um es von einem anderen Phonem zu unterscheiden. In der strukturellen *Phonologie* unterscheiden sich zwei Phoneme durch mind. ein Merkmal (z. B. [p] und [t] sind zwar beide stimmlose Explosivlaute, sie unterscheiden sich jedoch durch das Merkmal Artikulationsort: bilabial/dental). Dieses Unterscheidungsmerkmal wird daher d. f. genannt. In der Theorie der binären Distinktion werden alle in einer best. *Sprache* relevanten Merkmale systematisch dargestellt (Merkmalsmatrix). Diese Darstellungen beruhen auf den (öfters veränderten) zwölf d. f. von Jakobson, Fant und Chomsky & Halle (1968) und Jakobson & Halle (1956). Diese überwiegend akustisch definierten Merkmale sind z. B. vokalisch/nicht vokalisch, stimmhaft/stimmlos. Jedes Merkmal ist ein physikal. Kontinuum, das durch seine beiden Endpunkte spezifiziert wird (binär; *binary feature system*). Die Summe der Merkmale repräsentiert die universellen menschlichen *Artikulation*smöglichkeiten. Die einzelnen Sprachen unterscheiden sich durch die unterschiedliche Auswahl der Merkmale. Werden die Merkmale in einer best. Hierarchie angeordnet, können die Phoneme einer Sprache in einem Abhängigkeitssystem erfasst werden. In der strukturellen Phonologie bilden sie dagegen unabhängige Teilsysteme. Die überwiegend artikulatorisch definierten d. f. der generativen Phonologie (Halle 1964) lassen sich trennen nach Artikulationsort *(coronal anterior, high, low, back, rounded, distributed)* und Artikulationsart *(nasal, continuant, strident, lateral, delayed release)* (Ladefoged 1971). *B. Kettemann*

Distinktheitsinformation *Kovariationsmodell*.

Distraktoren [engl. *distractors* «Ablenker»; lat. *distrahere* in versch. Richtungen hinziehen], **[DIA, FSE]**, bei Tests: (1) Zwischenaufgabe, die das *rehearsal* unterbinden soll, sowie ein Füllitem (Zwischenaufgabe) mit dem alleinigen Zweck, dass die Testperson das Testziel nicht zu deutlich erkennt. (2) Die vorgegebenen Falsch-Alternativen in einer Mehrfachwahl-Aufgabe. *Multiple-Choice-Antwortformat*.

Distress [engl. Bedrängnis, Verzweiflung], **[AO, GES, KLI]**, unangenehmer, neg. *Stress*, im Ggs. zu *Eustress*. *Stress-Puffer-Modell*.

distributed timing theories [engl.] Theorien der verteilten Zeiteinteilung; *Zeit*.

Distribution (= D.) [engl. *distribution*; lat. *distribuere* verteilen], **[AO, KOG]**, Spaltung, Verteiltsein, Verbreitetsein. Zur Prüfung der Verteilung der *Aufmerksamkeit* auf gleichzeitig einwirkende Reize (*Reiz*) und der davon abhängigen Willensäußerungen bedient man sich komplexer, den *Reaktionsversuchen* angepasster Apparate. Es sind z. B. hintereinander aufleuchtende Lampen zu zählen, gleichzeitig ist auf farbige Lichter zu reagieren und das Geräusch eines Motors zu beachten. So wird die Abhängigkeit der Reaktionen von Hand und Fuß geprüft, die Geschwindigkeit bei Greifbewegungen nach fallenden Gegenständen (z. B. *Fallstab*) untersucht und die Verteilung der Aufmerksamkeit auf mehrere nebeneinander auszuführende Befehle beobachtet. *Serienhandlung*, *Mehrfachhandlung*.

[WIR], D. bezeichnet der Verteilung der Produktionsmittel (ökonom. Verhältnis der Produzenten zu den Produktionsmitteln und den Bedingungen der Produktion).

[PHA], nachdem ein Medikament in die systemische Zirkulation gelangt ist, wird es mit dem Blutstrom im Körper verteilt. Diesen Vorgang nennt man D. oder Verteilung. Im Blut werden die viele Medikamente, so auch die meisten Psychopharmaka nicht frei, sondern an Proteine gebunden transportiert. Die Medikamente gelangen über den Blutstrom rasch in gut durchblutete Organe wie Leber, Niere, Herz oder Gehirn und mit Verzögerung in weniger gut durchblutete Organe wie Muskulatur, Haut oder Fettgewebe. Das Zielgewebe erreichen die meisten Medikamente über passive Diffusion. Der Übertritt in den Organismus und in Organe wie das Gehirn ist erschwert, hier müssen effektive Barrieren wie die *Blut-Hirn-Schranke* überwunden werden müssen. Sie schützen Organe vor dem Eindringen von Fremdstoffen v. a. durch die Ausstattung mit Effluxtransportern, wie z. B. P-Glykoprotein, die unter Verbrauch von Energie (Adenosintriphosphat, ATP) Fremdstoffe ausschleusen. Brunton 2011. *C. Hiemke*

Distributivität [engl. *distributivity*; lat. *distribuere* verteilen], **[FSE]**, Eigenschaft best. Operationen mit Zahlen, Mengen oder logischen Ausdrücken. Distributiv ist bspw. die Multiplikation $a \times (b + c) = a \times b + a \times c$. *D. Dörner*

Disulfiram [engl. *disulfiram*], **[PHA]**, Substanz, die bei der Pharmakotherapie der Alkoholabhängigkeit i. R. einer Aversionstherapie durch Erzeugung von Übelkeit gelegentl. verwendet wird. In Dt. nicht mehr im Handel. Platz 1993.

diurnaler Rhythmus [engl. *diurnal rhythm*; lat. *diurnus* täglich], syn. *circadianer Rhythmus*, *Tagesrhythmus*. *Aktivitätsperiodik*.

divergentes Denken [engl. *divergent thinking*; lat. *divergere* auseinanderstreben], **[KOG, PER]**, deduktive Produktion von Lösungsvorschlägen für Probleme (*Problemlösen*). Von Guilford postulierte Operation des *Denkens*, die sich durch die Vielfalt verschiedenartiger Lösungsmöglichkeiten von der Operation unterscheidet, durch die nur die eine richtige Lösung hervorgebracht wird. *Kreativitätstests, konvergentes Denken.* R. Bergius

Divergenzhypothese (= D.) [engl. *divergence hypothesis*; lat. *divergere* auseinanderstreben], [**DIA, PER**], nach Wewetzer (1958) ist die Faktorenstruktur der Intelligenzleistung (*Intelligenz*) nicht nur abhängig vom Alter (*Differenzierungshypothese*), sondern auch vom Begabungsniveau. Nach der D. werden mit zunehmendem Intelligenzgrad die Leistungsstrukturen differenzierter, komplexer und prägnanter. Dies zeigt sich in der Abnahme der Interkorrelationen von Intelligenztestergebnissen (bzw. versch. Bereiche einer Intelligenztestung) bei steigender Intelligenzhöhe.

Divergenztheorem, Divergenztheorie [engl. *divergence theorem/theory*; lat. *divergere* auseinanderstreben], *Führung.*

Diversifikationsquotient (= D.) [engl. *diversification quotient*; lat. *divergere* auseinanderstreben], [**KOG**], ein Maß für die Komplexität von sprachlichen Texten, und zwar das Verhältnis der Anzahl der versch. Wörter zu der Gesamtzahl der im Text vorkommenden Wörter. Auch *type-token ratio* (TTR) genannt (Johnson 1941). Der D. gibt Aufschluss über die einer *Sprache* eigene Mannigfaltigkeit ihrer Ausdrucksmöglichkeiten sowie über die Fähigkeit oder Bereitschaft des Sprechenden (Schreibenden), diese Möglichkeiten zu nutzen. Der indiv. D. steht deshalb auch im Zusammenhang mit *Intelligenz*, sozioökonomischem Status etc. H.E. Zahn

Diversität in Teams und Organisationen [engl. *work group diversity*; lat. *divergere* auseinanderstreben], [**AO, SOZ**], Diversität (= D.) in Teams (*Arbeitsgruppe*) und Organisationen nimmt in mehrfacher Hinsicht zu. Z. B. gibt es durch stärkere projektbezogene Arbeit zunehmend Teams mit Mitgliedern unterschiedlicher funktionaler Hintergründe; durch den wachsenden Anteil von Frauen in Führungspositionen gibt es zunehmend Managementteams mit beiden Geschlechtern und durch Internationalisierung und Globalisierung gibt es mehr ethnische D. Die Forschung über die Effekte der D. ist sehr uneinheitlich. Manchmal werden pos. Effekte berichtet (z. B. für die Teamleistung, Zufriedenheit der Mitglieder), manchmal finden sich gar keine Effekte, manchmal werden sogar neg. Effekte berichtet. Diese Uneindeutigkeit wird mit zwei konfligierenden Perspektiven erklärt. Zum einen besagt die *Theorie der sozialen Informationsverarbeitung,* dass heterogene Teams durch mehr Informationen und unterschiedliche Perspektiven besser sein sollten, v. a. bei der Problemlösung. Zum anderen sagt die *Theorie der sozialen Identität*, dass sich Mitglieder heterogener Teams weniger identifizieren und mehr Konflikte erleben. Die unterschiedlichen Vorhersagen werden durch das Konzept der *Diversitätsüberzeugungen* integriert. In der modernen Arbeitswelt geht es weniger darum, ob Teams divers sind oder nicht, sondern vielmehr darum, wie die Diversität gestaltet wird. van Knippenberg & Schippers 2007. R. van Dick

Diversitätsüberzeugungen (= D.) [engl. *diversity beliefs*; lat. *divergere* auseinanderstreben], [**AO, SOZ**], bez. das Ausmaß, in dem man wahrnimmt, dass die Heterogenität (z. B. in Bezug auf Geschlecht, Alter oder ethnische Herkunft) einer Gruppe (z. B. des Teams oder auch einer Gesellschaft; *Arbeitsgruppe*) günstig für die Bewältigung der anstehenden Aufgaben oder Herausforderungen ist. D. wurden in die Forschung zu *Diversität in Teams und Organisationen* eingeführt, um die unklare Befundlage zu strukturieren. Sie haben sich in Studien als moderierende Variable bestätigt, d.h. Menschen, die stärker glauben, dass hetorgen zus.gesetzte Gruppen Aufgaben besser bewältigen können, identifizieren sich auch stärker mit solchen Gruppen und profitieren von der Heterogenität durch bessere Leistungen. van Dick et al. 2008.
R. van Dick

Diversity Management [engl. «Mangement der Vielfalt»], *Diversität in Teams und Organisationen, Diversitätsüberzeugungen, Human Resource Management.*

DNS [engl. *DNA*], *Desoxyribonucleinsäuren.*

Docosahexaensäure (= D.) [engl. *docosahexanoic acid*] Abk.: DHA, [**PHA**], mehrfach ungesättigte Fettsäure, gehört zu den sog. ω-3-Fettsäuren (Omega-3-Fettsäuren). D. wird ebenso wie die *Eicosapentaensäure* (EPA) aus der essenziellen (d. h., sie kann nicht vom menschl. Körper selbst synthetisiert werden und muss daher mit der Nahrung aufgenommen werden) ω-3-Fettsäure α-Linolensäure synthetisiert. D. ist wichtiger Bestandteil von Phospholipiden der Zellmembranen im *Gehirn*, für die Nervenzellfunktion ist sie unerlässlich. D. ist in bes. hoher Konzentration in fetten Seefischen (z. B. Lachs, Hering) enthalten. G. Gründer

Dogmatismus (= D.) [engl. *dogmatism*; gr. δόγμα *(dógma)* (Lehr-)Meinung], [**PER, SOZ**], v. a. als Alternativkonzept zur autoritären Persönlichkeit (*autoritäre Persönlichkeit*) von Rokeach (1960) entwickeltes Konzept zur Kennzeichnung der Strukturen indiv. Überzeugungen (Six 2002; *Überzeugungssystem, Glaubenssystem*). Aufgebaut aus dem *belief system* einer Person, als dem Insgesamt der zu einer best. Zeit für wahr und richtig erachteten Überzeugungen, Erwartungen und Hypothesen ist ein derartiges System dann als «geschlossen» und damit als dogmatisch zu bez., wenn die Ablehnung gegen andere *belief*-Systeme sehr groß ist, die einzelnen *beliefs* voneinander isoliert sind und eine große Distanz zu all jenen Systemen aufrechterhalten wird, die mit dem eigenen System für nicht vereinbar gehalten werden. Die Operationalisierung des Konzepts mithilfe der D-Skala (Roghmann 1966, Rokeach 1960, Boden 1975) hat zwar zu zahlreichen empirischen Arbeiten geführt, nennenswerte Arbeiten – im Vergleich zu den Studien zur autoritären Persönlichkeit – sind jedoch bislang nicht publiziert worden. B. Six

Dokumentarische Methode (= D.M.) [engl. *documentary method*; lat. *documentum* Urkunde, Lehrbeispiel], [**FSE**], die D.M. ist maßgeblich von Ralf Bohnsack (exemplarisch 2010) entwickelt worden, in ihren Ursprüngen v. a. in Hinblick auf Gruppendiskussionsverfahren zur Analyse kollektiver Orientierungsmuster, also von (sozialem) konjunktivem *Wissen* (vgl. Bohnsack 2010; Corsten 2010). Im Zuge ihrer Etablierung ist die D. M. aber auch auf andere Bereiche ausgeweitet worden (vgl. Bohnsack et al. 2001). Bei einem engen Fokus auf die Wissenssoziologie von Karl Mannheim (2004), auf welcher die D. M. nach Bohnsack beruht, zeigt diese aber v. a. im Zusammenhang von Gruppendiskussionsverfahren ihre meth. Stärke. Die D. M. nach Bohnsack beruht auf der Methode der d. *Interpretation* von Karl Mannheim (2004). In seiner Wissenssoziologie (vgl. Corsten 2010) differenziert Mannheim insbes. einen obj. bzw. immanenten Sinngehalt und einen d. Sinngehalt von sprachlich-kommunikativen Ausdrücken (*Sprache*, *Kommunikation*). Damit ist gemeint, dass in allen sprachlich-kommunikativen Ausdrücken sich neben der obj., wortwörtlichen Ebene noch ein weiterer Sinn dokumentiert, der insbes. einen konjunktiven, also einen sozialkollektiven Sinn beinhaltet (vgl. *Indexikalität*). Dieser konjunktive Sinn wird vor dem Hintergrund gemeinsamer Erfahrungsräume von sozialen Akteuren gebildet, wie Generation, Milieu, Geschlecht, Gruppenzugehörigkeiten (*Gruppe*). Das Ziel der D. M. nach Bohnsack ist es somit v. a., jenen konjunktiven Sinn, der sich nur d. in Textdokumenten (Gruppendiskussionen, qualitative Interviews) äußert, herauszuarbeiten. Ein Kernbestandteil dieses Rekonstruktionsprozesses ist die «Einklammerung des Geltungscharakters», d. h., es wird nicht nach der «normativen Richtigkeit» bzw. der «Wahrheit» (*Wahrheit, wahr*, Bohnsack 2010) gefragt, sondern alle sprachlich-kommunikativen Phänomene sind stets für sich gesehen sinnhaft, denn darin drückt sich ein d. Sinn aus. So hat z. B. eine obj. Lüge dennoch einen sozialen Sinn.

Die operative Umsetzung dieses Erkenntniszieles spiegelt sich sodann in der Unterscheidung von zwei Analysephasen wider: der *formulierenden Interpretation* (= f. I.) und der *reflektierenden Interpretation* (= r. I.). (1) Die f. I. hat grob gesagt das Ziel, den obj. bzw. immanenten Sinngehalt des Textes offenzulegen, womit die wörtliche *Bedeutung* von Äußerungen gemeint ist. Damit soll erreicht werden, noch innerhalb des Relevanzrahmens (also der kollektive Orientierungsrahmen auf der Basis des dokumentarischen, konjunktiven Sinns) der Befragten zu bleiben (vgl. Bohnsack 2010), diesen also noch nicht zu abstrahieren, um eine Inventarisierung dessen zu erreichen, was im Diskursverlauf wann gesagt wird (im Prinzip i. S. einer Themeninventarisierung). (2) Da nun aber alle Sprecher auch Angehörige eines spezif. konjunktiven Erfahrungsraums (*Erfahrung*) sind und somit sich in den Äußerungen stets auch noch ein weiterer Sinn dokumentiert, nämlich der d. Sinngehalt des konjunktiven Wissens, hat die nächste Phase des Interpretationsprozesses, die r. I., die Aufgabe, diesen (konjunktiven) d. Sinngehalt zu rekonstruieren.

Diese I. soll ermöglicht werden einerseits über die Analyse von Propositionen (Bohnsack 2010), also spezif. semantischen Gehalten, über die man auf den Orientierungsrahmen schließen kann. Anderseits wird dies wiederum nur durch eine komparative Analyse (ebd.) ermöglicht. Dies bedeutet, dass man die Analyse der spezifischen semantischen Gehalte der Propositionen nur über den Vergleich mit Gegenhorizonten innerhalb der textuellen *Daten* erreichen kann, worin sich das komparatistische Grundprinzip *Qualitativer Sozialforschung*) wiederfinden lässt. Mit dieser komparativen Analyse wird schließlich versucht das Ziel zu erreichen, Regelmäßigkeiten und Muster im qual. Sinn zu identifizieren, ganz i. S. der Idee des «homologen Musters» – als standortgebundene «weltanschauliche Totalität» von Karl Mannheim (2004). *J. Kruse*

Dokumentationspflicht *Diagnostik, gesellschaftliche und rechtliche Rahmenbedingungen*, *Patientenrechtegesetz*.

Dokumentenanalyse (= D.) [engl. *document analysis*; lat. *documentum* Zeugnis, Lehrbeispiel], [**DIA, FSE**], bei der Methode der D. werden Daten über menschliches Erleben und Verhalten nonreaktiv aus vorliegenden Dokumenten gewonnen (z. B. Online-Diskussionsbeiträge, Hausordnungen, Sitzungsprotokolle, Schulaufsätze, TV-Sendungen; *Datenerhebungsverfahren*). Für eine D. muss eine geeignete *Stichprobe* von Artefakten zus.gestellt werden. Das Vorgehen (z. B. Recherche in Datenbanken und Archiven) unterscheidet sich hier von den *Rekrutierungsverfahren* bei Personenstichproben. Die Auswertung der Dokumente kann bspw. mit qual. oder quant. *Inhaltsanalyse* erfolgen.

Dollard, John (1900–1980), [**HIS, KLI, SOZ**], Studium der Handelswissenschaften und Englisch an der *University of Wisconsin*, Promotion bei dem Soziologen W. F. Ogburn. Um die *Psychoanalyse* kennenzulernen unternahm Dollard eine Dt.reise und unterzog sich der Psychoanalyse bei dem Freud-Schüler Hanns Sachs (1881–1947) in Berlin. Dollard wurde dann Mitarbeiter am *Institute of Human Relations* an der *Yale University*. 1952 wurde er *Full Professor*, 1969 *Prof. emer*. Dollard führte biografische Untersuchungen durch, seine Analyse des sozialen Klassen- und Kastensystems in einer Stadt der Südstaaten (1937) war in seiner Zeit mutig. So wurde sein Buch u. a. im Staat Georgia verboten. Heute ist Dollard v. a. bekannt durch sein Buch «*Frustration and aggression*» (Dollard 1939), das er mit Leonard Doob, Neal Miller, Mowrer (*Mowrer, O. Hobart*) und Robert Sears verfasste. Die von dieser sog. Yale-Gruppe in dem Buch vertretene behavioristische These einer Reiz-Reaktions-Verbindung von Frustration und *Aggression* gab Anstoß zu vielfältiger empirischer Forschung (*Frustrations-Aggressions-Hypothese*). Dollard selbst gelangte in der Folgezeit zu einer «liberaleren» *S-R-Theorie*. Zu seinen weiteren Forschungsgebieten gehörten *soziales Lernen*, *Persönlichkeit* und die *Psychotherapieforschung*. *H. E. Lück*

Dölle, Ernst August (1898–1972), [**HIS, WA, KOG, PHI**], Dölle wurde in Gifhorn als Sohn einer Pfarrersfamilie geb. Er lehrte in Konstanz. Dölles schriftliches Werk ist vergleichsweise schmal geblieben und konzentriert sich auf philosophische Fragen und Untersuchungen zur akustischen Wahrnehmung. Wirklich bekannt wurde Dölle durch die postum erschienene Festschrift «Dichotomie und Duplizität» zu Ehren von D. mit sehr unterschiedlichen Beiträgen von Psychologen und Wissenschaftlern aus Nachbardisziplinen der Ps. (Herrmann 1974). Dabei wurde die Festschrift von der Presse als «traurig stimmende Posse» abgetan (Spiegel 48/1972), anderseits wurden

Herausgeber und Autoren mit dem Dölle-Preis geehrt. Nach Veröffentlichung der Festschrift setzten Recherchen zu Dölles Biografie und dessen vielseitigen, teils obskuren Untersuchungen ein. Zitationsanalysen allein schon des Namens Ernst August Dölle zeigen allerdings eine Begrenzung der Rezeptionsgeschichte auf den dt. Sprachbereich. Die wissenschaftsgeschichtliche Betrachtung von Biografie und Werk Dölles erlaubt heute nicht nur eine Einschätzung von Dölles Wesen und Wirkung, sondern vermittelt auch Eindrücke von den Werdegängen der Festschrift-Verfasser in den Psychol. Instituten der frühen Bundesrepublik.

H. E. Lück

DOM, Abk. für *2,5-Dimethoxy-4-methylamphetamin*.

Domestikation (= D.) [engl. *domestication*; lat. *domus* Haus], syn. *Domestizierung*, [**BIO**], ist ein innerartlicher Veränderungsprozess von Organismen (Wildtieren oder -pflanzen), bei dem diese durch den Menschen über Generationen hinweg genetisch isoliert von der Wildform gehalten bzw. gezüchtet werden (*Verhaltensgenetik*). Zweck der D. ist die Verwendung als Nutz- oder Haustier. Ist dies geschehen, spricht man von der Domestiziertheit des ursprünglichen Wildtiers. Durch das Einsetzen der D. einer Tierart werden die Voraussetzungen für die Entwicklung der Art entscheidend verändert. Die natürliche evolutionäre Entwicklung wird durch künstliche Auswahl des Menschen nach Zuchtkriterien ersetzt. Die genetischen Eigenschaften der Tiere ändern sich daher i. R. der D. Durch D. des Wolfes z. B. entstand die Vielzahl der Hunderassen. Durch den fehlenden Druck der natürlichen *Selektion* sowie durch die menschliche Zuchtwahl kann es zu Verkümmerungen insbes. der Sinne und zu unphysiologischen Körperformen kommen. Solche D.effekte sind u. a.: (1) Abnahme der Gehirnmasse um 20–30 %, Rückgang der Furchung insbes. in den für die Verarbeitung der Sinneseindrücke bedeutsamen Gehirnarealen; (2) Verstärkung für den Menschen nützlicher Eigenschaften (z. B. Milchleistung beim Rind); (3) Änderung und Verlust von Verhaltensweisen (z. B. reduzierte Aggressivität, weniger gut entwickeltes Flucht- und Verteidigungsverhalten; (4) Steilere Stirn, Gebissrückbildung; (5) Änderung der Fellfarbe von Tarnfarben hin zu vielfältigeren, auffälligen Farbvarianten. Manche Biologen (u. a. Konrad Lorenz) sprechen auch von der *Verhaustierung* des Menschen im Zuge seiner Evolution. So erweisen eine Reihe menschlicher Rassenmerkmale (Unterschiede der Färbung des Haarkleides, der Kopfform) sowie einige allg.menschliche Eigenschaften (wie Gebissrückbildung) auch den Menschen als D.form, die vielleicht durch Selbst-D. entstand. Nach K. Lorenz (1943) erfolgt beim Menschen durch D. ein Abbau instinktiver Verhaltensweisen. Dadurch gewinnt sein *Verhalten* mehr Plastizität – eine der Voraussetzungen zur Menschwerdung. Unter *De*d. versteht man die Umkehrung der Haustierwerdung, also das Entstehen einer Wildart aus einem Haustier.

C. Becker-Carus

Dominantentechnik [engl. *dominants technique*; lat. *dominare* herrschen], *Interpretation*.

Dominanz (= D.) [engl. *dominance*; lat. *dominare* herrschen], syn. Vorherrschen, Überlegensein, [**BIO, PER**], in der Genetik die vorherrschende Ausprägung eines *Allels* gegenüber einem anderen. Besitzt ein Mensch z. B. das dominante Allel der Blutgruppe 0 (*Heterozygotie*), so hat er im Phänotyp die Blutgruppe A. D. bedeutet soziale oder territoriale Überlegenheit von Individuen/Gruppen über andere. D. kann durch Geburt erworben werden, ist jedoch meistens die Folge von *Kampfverhalten*. Es entstehen *soziale Rangordnung, Hierarchie* z. B. bei Nahrungsaufnahme, *Körperpflege* (mutuelle), *Fortpflanzungsverhalten*. D. ist arterhaltend.

Bei R. B. Cattell ist D. eine Grundeigenschaft (E+) der 16 Persönlichkeitsdimensionen. Er charakterisiert unabhängiges, zuversichtliches, eigensinniges Verhalten. Der Wesenszug im Gegenpol (E−) steht für unsicheres, unterwürfiges, bescheidenes Verhalten. Im *Fünf-Faktoren-Modell* ist D. eine Unterdimension von *Extraversion*. *Emotionen, dimensionale Modelle*. Cattell et al. 1970.

H. O. Häcker

Dominanzheuristik [engl. *dominance heuristic*; lat. *dominare* herrschen], [**EM, KOG**], Entscheidung (*Entscheiden, Entscheidungstheorie*), bei der die Alternative gewählt wird, die auf allen Dimensionen besser (oder mind. gleich gut) bewertet wird als alle in Betracht kommenden anderen Alternativen. «Die gewählte Alternative wird also auf keiner Dimension von irgendeiner anderen Alternative dominiert.» (Jungermann 1985). *Entscheidungsheuristiken*.

Dominanzregel [engl. *dominance rule*; lat. *dominare* herrschen], *Entscheidungsstrategie*.

Dominanzstreben (= D.) [engl. *desire/quest for dominance*; lat. *dominare* herrschen], [**PER, SOZ**], eine in der *Persönlichkeitspsychologie* selbstständige Dimension, die das Streben einer Person nach einer *Macht*position innerhalb einer *Bezugsgruppe* zum Ausdruck bringt. Guilford und Cattell konnten D. auch faktorenanalyt. (*Faktorenanalyse*) absichern. Als Charakteristika für D. gelten u. a.: machtorientiert, direktiv, hart, bestimmend, befehlsgebend, selbstbehauptend.

Donders'sche Subtraktionsmethode [engl. *Donders' subtraction method*], [**KOG**], auf Donders (1868) zurückgehendes Verfahren, den Zeitbedarf für einen Teilprozess der inneren Abläufe zw. *Reiz* und *Reaktion* durch *Reaktionszeit*messung zu ermitteln und damit das Bestehen theoretisch postulierter Verarbeitungsstufen empirisch zu überprüfen. Die Vpn bearbeiten zwei versch. Reaktionszeitaufgaben, die einander bis auf eine gezielte Ausnahme vollkommen gleichen. Die Ausnahme besteht darin, dass die eine Aufgabe den fraglichen Teilprozess impliziert, die andere nicht. Die Differenz zw. den beiden durchschnittlichen Reaktionszeiten wird als Zeitbedarf des interessierenden Teilprozesses interpretiert. Ist sie von null versch., muss es den Teilprozess geben. Dagegen ist einzuwenden, dass der Schluss von einer Reaktionszeitdifferenz auf eine Verarbeitungsstufe nur unter der Voraussetzung der reinen Einfügung gilt, d. h., nur wenn der Unterschied beider Aufgaben auch tatsächlich den zu untersuchenden Teilprozess in die Verarbeitungskette einfügt oder ihn entfernt, ohne die anderen Teilprozesse oder die Struktur ihres Zusammenwirkens zu verändern. Jahrzehntelang wurde versucht, über diese Voraussetzung durch Introspektion zu entscheiden, was die Methode schließlich diskreditierte. Seit Mitte der 1960er-Jahre erlebt sie eine Renaissance, da dem Versuch, mit math. Mitteln über die Voraussetzung der reinen Einfügung zu entscheiden, einige Erfolge beschieden waren. Ein modernes Verfahren, das die Annahme der reinen Einfügung vermeidet, ist die Methode der additiven Faktoren Sternbergs (Sternberg 1969). Ashby & Townsend 1980. *W. Glaser*

Donepezil (= D.), *Acetylcholinesterasehemmer*, [**PHA**], zugelassen bei leichter bis mittelschwerer *Demenz* vom *Alzheimer*-Typ. In den USA auch Zulassung bei schwerer Alzheimer-Demenz, Hinweise für Wirksamkeit auch bei anderen Demenzformen. *Eliminationshalbwertszeit* 70–80 Std., hepatische *Metabolisierung*, ein pharmakol. aktiver Metabolit. Unerwünschte Wirkungen resultieren aus der Stimulation des parasympathischen *Nervensystems*. D. muss daher auch nur mit bes. Vorsicht bei Pat. gegeben werden, bei denen eine weitere Stimulation des *Parasympathikus* zu Komplikationen führen kann (z. B. bradykarde Herzrhythmusstörungen (= verlangsamte Herzfrequenz), Asthma bronchiale, Magenulzera). *G. Gründer*

Door-in-the-face-Technik (= D.) [engl.] «Tür-ins-Gesicht», [**SOZ, WIR**], eine Methode der sozialen Beeinflussung (*sozialer Einfluss*), bei der eine Person darum gebeten wird, dass sie etwas tut, das mehr von ihr verlangt als das, was eigentlich von ihr erwünscht wird (Cialdini & Ascani 1976). Z. B. wurden Personen angesprochen, ob sie bereit wären, Blut zu spenden. Unter einer Bedingung wurden die Personen einfach nur gefragt, ob sie bereit wären, am nächsten Tag Blut zu spenden. In der zweiten Bedingung wurde zunächst eine große Bitte formuliert, nämlich, dass die angesprochene Person für die Zeitdauer von drei Jahren alle zwei Monate Blut spenden sollte (unter dieser Bedingung lehnten alle Vp ab, Blut zu spenden). Im Anschluss wurden sie gefragt, ob sie dann vielleicht daran interessiert sein könnten, bei etwas anderem behilflich zu sein. Dann wurden sie, ebenso wie bei der ersten Bedingung gefragt, ob sie bereit wären, am nächsten Tag Blut zu spenden. Es zeigte sich, dass die geäußerte Bereitschaft in der *Experimentalgruppe* größer war als in der *Kontrollgruppe*. Zudem bestand am Tag danach tatsächlich die Möglichkeit, Blut zu spenden. Es ergab sich, dass unter der D.-Bedingung nahezu doppelt so viele der ursprünglich angesprochenen Vp auch wirklich erschienen. Und zudem waren diese auch eher bereit, zu einem späteren Zeitpunkt erneut Blut zu spenden. Die D. läßt sich auch auf den Bereich «klassischer» Verkaufssituationen anwenden (Ebster & Neumayr 2008), allerdings zeigt eine *Metaanalyse* von Feeley et al. (2012), dass die Stärke der D.-Technik begrenzt ist. *Foot-in-the-door-Technik*, *That-is-not-all-Technik*, *Verkaufstechniken*. *K. Moser*

Dopa (= D.) [engl. *dopa*], [**BIO**], Abk. für Dihydroxyphenylalanin, Zwischensubstanz bei der Synthese der *Catecholamine*, Vorstufe (Präcursor) des Neurotransmitters *Dopamin*. D. wird gebildet im Nebennierenmark, im Sympathikus und im Gehirn. Im Unterschied zu Dopamin und Noradrenalin passiert es die *Blut-Hirn-Schranke* und kann deshalb extrazerebral (z. B. intravenös) verabreicht werden, z. B. zur Stimulierung der Dopaminsynthese bei Parkinson (*Parkinson'sche Erkrankung*). Mehr als 90 % des als Levodopa verabreichten Dopa wird bereits in der Blutbahn in Dopamin umgewandelt. Levodopa bei Anwendung in Kombination mit anderen Substanzen (z. B. mit Benserazid als Madopar® als am häufigsten verwendete Kombination) zur Behandlung der Parkinson-Krankheit. Die Hoffnung, D. bei der *Depression* erfolgreich einzusetzen, hat sich nicht erfüllt. D. hebt jedoch depressive Zustände nach hohen Gaben von *Reserpin* auf. Keine subj. oder leistungsbeeinträchtigende Wirkung bei Gesunden bei niedrigen Dosen. Julien 1997. *W. Janke*

Dopamin, dopaminerges System [engl. *dopamine, dopaminergic system*; gr. ἔργον (ergon) Wirken], [**BIO, PHA**], darunter wird die Gesamtheit der Dopamin (= D.) zur Ausschüttung verwendenden *Neurone* bez. Der zu den Monoaminen zählende, strukturchemisch dem *Noradrenalin* ähnliche *Neurotransmitter* wird aus den Aminosäuren L-Tyrosin (bzw. dessen Vorstufe L-Phenylalanin) in d.ergen Nervenzellen über die Zw.stufe (welche noch die *Blut-Hirn-Schranke* durchquert und deshalb als Medikament wirkungsvoll verabreicht werden kann) synthetisiert – ein kleiner weiterer Schritt führt in *noradrenergen* Neuronen zum Botenstoff Noradrenalin. Das in den Spalt ausgeschüttete D. wird bereits dort (in wohl eher geringem Maße) durch das Enzym COMT (Catecholamin-O-Methyltransferase) zerlegt, zu einem größeren Teil durch Carrierproteine (*D.transporter*) in die präsynaptische Zelle zurücktransportiert, dort teils wieder zur baldigen Ausschüttung in die Vesikel eingelagert, teils durch das (intrazellulär lokalisierte) Enzym MAO = *Monoaminooxidase* abgebaut. Für D. kennt man fünf versch. Typen von Bindungsstellen (als D1–D5-Rezeptoren bez.). Spez. die älteren *Neuroleptika* (klass. *Antipsychotika*) üben ihre Wirkung durch Blockade hauptsächlich von D2-Rezeptoren aus – bei den atypischen Antipsychotika ist der Wirkmechanismus weniger klar. D.-agonistisch (d. h. die Übertragung an d.ergen Synapsen verstärkend) wirken u. a. der D.präkursor *L-Dopa*, die die D.wiederaufnahme hemmenden Substanzen *Kokain* und *Methylphenidat* (z. B. Ritalin®), *Amphetamin* und *Methamphetamin* (hauptsächlich wohl durch Förderung der präsynaptischen Ausschüttung), MAO-Hemmer (spez. die nicht selektiv die Unterform MAO-A blockierenden Substanzen) sowie das D2-Rezeptoren stimulierende Bromocriptin. Psychopharmakol. relevante *Dopaminantagonisten* sind ledigl. die erwähnten Antipsychotika.

D.erge Nervenzellen befinden sich im Bauchbereich (wo sie u. a. für die Magen-Darm-Aktivität sowie für die Nierendurchblutung von Bedeutung sind). Weiter enden d.erge Neurone in der Area postrema des Hirnstamms (dem Brechzentrum); ihre Stimulation durch D. oder D.agonisten führt zum Erbrechen, ihre Blockade (bspw. durch niedrig dosierte Neuroleptika) zu einem antiemetischen Effekt, also zur Unterdrückung des Brechreizes. Unter biopsychol. und psychopharmakol. Aspekten von bes. Interesse sind zentralnervöse d.erge Bahnen, so die, welche von der Substantia nigra des Mittelhirns zum Striatum läuft (nigrostriatale Bahn bzw. besser: nigrostriatale Bahnen, da in beiden Hirnhälften zu finden; *Gehirn*). Ungenügende Anregung des Striatums durch diese Bahnen, sei es bei der Degeneration der Substantia nigra (eigentliche *Parkinson'sche Erkrankung*), sei es bei Blockade striataler D.rezeptoren, führt zum Parkinson-Syndrom mit den Hauptsymptomen *Rigor*, *Tremor* und *Akinesie*. Letzteres ist als Nebenwirkung der Antipsychotika (spez. der älteren oder klassischen, in gewissem Maße aber auch der neueren oder atypischen) gefürchtet (neuroleptisch induziertes Parkinson-Syndrom). Biopsychol. weiter von Bedeutung sind d.erge Nervenfasern, die vom Mittelhirn zum (im Endhirn gelegenen) Nucleus accumbens ziehen (sog. mesotelenzephales Belohnungssystem); werden die D.bindungsstellen dieses kleinen Kerngebiets stimuliert (bspw. durch die genannten D.agonisten, aber auch durch Stoffe wie *Alkohol*, *Cannabis*, *Opioide* oder *Nikotin*, welche indirekt über Aktivierung der dopaminergen Neurone den Nucleus accumbens anregen), resultiert eine euphorische Stimmungslage, während verminderte D.ausschüttung oder -anlagerung dort *Dysphorie* erzeugt (unangenehmer Nebeneffekt spez. der klassischen Antipsychotika). Weiter ziehen d.erge Neurone vom Mittelhirn ins limbische System (u. a. zum im basalen Frontalhirn gelegenen orbitofrontalen Kortex); ihre Überaktivität (bzw. Überempfindlichkeit der im limbischen System gelegenen D. bindungsstellen) wird mit der Pos.symptomatik der *Schizophrenie* in Verbindung gebracht, was man nicht zuletzt aus der antipsychotischen Wirkung der D.rezeptoren blockierenden Neuroleptika ableitet. Ein bisher nur bedingt verstandenes, jedoch gleichfalls erhebliche biopsychol. Bedeutung besitzendes d.erges Subsystem läuft vom Tuber cinereum des Hypothalamus zum Hypophysenstiel (Infundibulum, daher der Name tuberoinfundibuläres System); Aktivierung dieser Bahn unterdrückt die Bildung des auf die Milchproduktion fördernd, auf Libido, Sexualfunktionen und Fertilität hemmend wirkenden Hypophysenhormons Prolactin – das PIH (= Prolactin inhibierendes Hormon) ist sehr wahrscheinlich identisch mit D. So erklärt sich die das Brustwachstum und die Milchproduktion anregende, sexuelle Appetenz und Leistungsfähigkeit dämpfende (nicht seltene) Nebenwirkung von Neuroleptika. Möglicherweise ist auch der sexualstimulierende Effekt von D.agonisten über Beeinflussung des tuberoinfundibulären Systems zu erklären. *Dopaminrezeptoren*. Köhler 2005, Köhler 2010, Wise & Rompre 1989, Seeman 1995.

T. Köhler

Dopaminagonisten (= D.) [engl. *dopamine agonists*], **[PHA]**, Substanzen, die, wie der natürliche *Neurotransmitter Dopamin*, an Dopaminrezeptoren agonistische (*Agonist*) Wirkungen entfalten. Unterschieden werden nach ihrer Selektivität D1- (mit Bindung an D1-artige Dopaminrezeptoren) und D2-Agonisten (Bindung an D2-artige Dopaminrezeptoren), wobei die verfügbaren Medikamente meist nicht vollst. selektiv sind. Klin. bedeutsam sind bis heute nur D2-Agonisten (z. B. Piribedil, Pramipexol, Ropinirol, Rotigotin). Sie werden zur Therapie des Morbus *Parkinson* und des *Restless-Legs-Syndroms* sowie versch. endokriner Erkrankungen (z. B. Prolaktinom, ein Prolaktin produzierender Tumor der Hypophyse) eingesetzt. D1-Agonisten haben eine gewisse exp. Bedeutung, weil sie kogn. Störungen i. R. von z. B. *Schizophrenien* verbessern könnten. Der einzige derzeit zugelassene partielle D. ist das *Antipsychotikum Aripiprazol*. Typische unerwünschte Wirkungen aller D. sind Übelkeit und Erbrechen sowie eine orthostatische *Hypotonie*. Bei längerer Anwendung kann es zu *Halluzinationen* und anderen psychotischen Symptomen sowie zu Störungen der *Impulskontrolle* (z. B. Hypersexualität, Spielsucht) kommen. *G. Gründer*

Dopaminantagonisten (= D.) [engl. *dopamine antagonists*], **[PHA]**, Substanzen, die an *Dopaminrezeptoren* antagonistische (*Antagonist*) Wirkungen entfalten und dadurch die Wirkungen des natürlichen *Neurotransmitters Dopamin* blockieren. Klin. bedeutsam sind D2-Antagonisten (auch: D2-Rezeptorantagonisten), die z. T. in unterschiedlichem Ausmaß auch D1-artige Dopaminrezeptoren antagonisieren, d. h., nicht D2-selektiv sind. Wichtigste klin. Indikation der D2-D. sind *Schizophrenien* (*Antipsychotika*) und *Manien* i. R. bipolarer affektiver Störungen (*Bipolare Störungen*) sowie Übelkeit und Erbrechen. Auch bei Hypersexualität werden sie eingesetzt. Die wichtigsten unerwünschten Wirkungen erklären sich aus dem Wirkmechanismus: extrapyramidalmotorische Störungen, Hyperprolaktinämie mit Libidostörungen und (bei Frauen) Galaktorrhoe (= Milchfluss), *Dysphorie* bis zur *Depression*, Appetitsteigerung und Gewichtszunahme.

G. Gründer

dopaminerg [engl. *dopaminergic*; gr. ἔργον (ergon) Wirken], **[BIO, PHA]**, (1) Wirkungsart von Stoffen, die der von *Dopamin* vergleichbar ist. (2) Nervenfasern (*Nerv*) oder nervöse Systeme, in denen Dopamin oder Verwandte als Übertragersubstanzen (*Neurotransmitter*) fungieren. Dopaminerge nervöse Systeme haben grundsätzl. Bedeutung für Motorik, für kogni. Prozesse (*Kognition*), *Aktivierung* und *Emotionalität* bes. pos. Valenz). *W. Janke*

Dopaminrezeptoren (= D.) [engl. *dopamine receptors*], **[PHA]**, Klasse von Rezeptormolekülen für den *Neurotransmitter Dopamin*. D. sind G-Protein-gekoppelte Rezeptoren. Sie werden in fünf versch. Typen (D1 bis D5) und zwei Familien eingeteilt. D1-artige Rezeptoren umfassen D1- und D5-D., D2-artige Rezeptoren umfassen die Typen D2, D3 und D4. D1-artige D. sind an stimulatorische G-Proteine gekoppelt, während D2-artige D. die Adenylylzyklase über inhibitorische G-Proteine hemmen. D1-artige D. sind ausschließlich postsynaptische Rezeptoren. Der D1-Typ findet sich in Nucleus caudatus und Putamen, Nucleus accumbens, Tuberculum olfactorium und im frontalen Kortex, der D5-Typ im Hypothalamus und im *Hippocampus*. D2-artige Rezeptoren sind auch präsynaptische Autorezeptoren. Der D2-Typ hat die höchste Dichte, er findet sich in Nucleus caudatus und Putamen, Nucleus accumbens, Hypophysenvorderlappen, Area postrema und in geringer Dichte auch im Kortex. Der D3-Typ hat eine bes. hohe Dichte im Nucleus accumbens, weshalb ihm eine bes. Rolle bei Suchterkrankungen (*Sucht- und Sub-*

stanzbezogene Störungen) zugeschrieben wird. Der D4-Typ kommt im Hippocampus und in der *Amygdala* vor.

G. Gründer

Doping-Substanzen (= D.) engl. *doping substances*], [**PHA**], zur Steigerung der körperl., meist sportl. Leistung eingesetzte (missbrauchte) Substanzen aus der Klasse der *Anabolika*, *Wachstumshormone* sowie der Klasse der *Psychostimulanzien*. Während Psychostimulanzien die psych. Aktiviertheit über Std. steigern, haben Anabolika eher langfristige Wirkungen i. S. erhöhter muskulärer Kapazität, die je nach Stoff mit psych. Wirkungen verbunden sein können. Alle D. haben bei chron. Zufuhr toxische Wirkungen. Das Wachstumshormon wurde bei Jugendl. angewendet. Berendonk 1992, Donike & Rauh 1992.   *W. Janke*

Doppelbewusstsein [engl. *double consciousness*], [**KLI**], das *Bewusstsein*, das bisweilen Somnambule (*Somnambulismus*) und Hysterische (*Hysterie*) zur Angabe veranlasst, dass sie neben dem eigentlichen noch ein zweites Dasein führen oder geführt haben. In Verbindung damit das *Déjà-vu-Erlebnis* oder Spaltung der Persönlichkeit. *Dissoziative Identitätsstörung*.

Doppelbilder (= D.) [engl. *double images*, [**WA**], gleichbedeutend mit zweifachem Gesichtseindruck. D. entstehen, wenn der gleiche Reiz auf nichtkorrespondierende Netzhautpunkte (*disparate Netzhautpunkte*) abgebildet wird. Beim normalen Sehen entstehen D. infolge der *Querdisparation* und werden i. d. R. nicht bemerkt. Merkliche D. treten bei Störungen der Konvergenz (Augenmuskellähmung, Schielen) auf. Häufig Frühsymptom der *multiplen Sklerose*.

Doppelbindungstheorie *double-bind hypothesis*.

Doppelblindversuch [engl. *double-blind trial*]; *Blindversuch*.

Doppeleffekttheorie [engl. *doctrine of double effect*], Doppelursachen-Doppelwirkungslehre. *Leib-Seele-Problem*.

Doppelempfindung [engl. *double sensation*], [**BIO, WA**], bei neurol. Störungen mögliche Empfindungsstörungen (*Synästhesie*), die auf Beeinträchtigung der sensiblen Leitungsbahnen beruhen. Ein Reiz ruft nach Zeit und Qualität getrennte Empfindungen hervor, z. B. auf Stich erst Berührungs-, später Schmerzempfindung.

Doppelgänger (= D.) [engl. *doppelganger, body double*], ein einem anderen zum Verwechseln ähnlicher Mensch. Aufgrund abergläubischer Vorstellungen (*Aberglaube*) wirkt das Auftreten von Doppelgängern oft furchterregend und wird als böses Vorzeichen gewertet (ausgenommen bei Zwillingen). Im *Okkultismus* werden angeblich beobachtete Doppelgängererscheinungen als der eigenen Leib teilweise entwichene und «materialisierte» Seele betrachtet. *Parapsychologie*.

Doppelgängerwahn (= D.) [engl. *split personality delusion*], syn. *Capgras-Syndrom*, [**KLI**], Spezialfall der *Personverkennung*, bei der eine Person (z. B. Vorgesetzter, Behandler) als durch eine andere ersetzt empfunden wird. Der D. kann auch die Vorstellung beinhalten, dass eine andere sehr ähnl. Person (*Heautoskopie*, [gr. αὐτός *(autos)* selbst, σκοπεῖν *(skopein)* betrachten]) die Person des unter D. leidenden verdrängen bzw. ersetzen will. *wahnhafte Störung*, *Wahn*. Tölle 2007.

Doppel-Ich [engl. *double ego*], [**KLI**], *Bewusstsein, alternierendes*, *Doppelgängerwahn*.

Doppelorgane (= D.) [engl. *double organs*], [**BIO, WA**], Bez. für das Doppeltsein von Organen, spez. von *Auge* und *Ohr*. Die Bedeutung dieser Tatsache wird beim Auge in der Tiefenstaffelung und beim Ohr in der Festlegung der Schallrichtung gesehen. Die Wahrnehmungsps. benutzt die D. als Grundbeispiel für diejenigen Zusammenhänge, wo trotz mehreren Reizmannigfaltigkeiten durch «Verschmelzung» dasselbe wie mit nur einem Auge bzw. einem Ohr erreicht wird (bei halber Licht- bzw. Schallenergie).

doppelter Standard des Alterns [engl. *double standard of ageing*], *ageism*.

Doppeltsehen [engl. *double vision*], *Diplopie*.

Doppelursachentheorie *Leib-Seele-Problem*.

Doppler'scher Effekt, Dopplereffekt [engl. *Doppler effect*], nach C. Doppler (1803-1853) [**WA**], Abhängigkeit der Frequenz von Wellenvorgängen von der Geschwindigkeit der Quelle oder des Empfängers. Bei Annäherung einer Schallquelle z. B. treffen beim Beobachter mehr Wellen pro Zeiteinheit ein als von der Quelle ausgehen, da der vom Schall zurückzulegende Weg zunehmend kleiner wird; umgekehrt ist es bei Entfernung der Schallquelle. Entspr. ist der gehörte Ton bei Annäherung höher als bei Entfernung.   *H. Heuer*

dorsal [engl. *dorsal*; lat. *dorsum* zum Rücken], [**BIO**], zur Rückseite gehörend, zum Rücken gewendet. Ggs. *ventral*.

dorsaler Pfad (= d. P.) [engl. *dorsal pathway*; lat. *dorsum* zum Rücken], [**BIO, KOG, WA**], bez. bestimmte Gehirnregionen im *Okzipital-* und *Parietallappen* des *Gehirns*. Es wird angenommen, dass der d. P. eine wichtige Rolle in der Lokalisation von Gegenständen spielt. In das Gehirn eintreffende visuelle Informationen werden zur Weiterverarbeitung von der primären visuellen Sehrinde (V1; *visuelle Wahrnehmung*) aus an eine Vielzahl von weiteren Gehirnregionen gegeben. Obwohl diese sehr komplex und auf zahlreiche Art miteinander verschaltet sind, zeigen sich zwei Haupt-Verarbeitungskanäle: der d. P. und der *ventrale P*. Beide gehen von V1 aus, wobei der d. P. bis in die hintere Parietalrinde des Gehirns reicht (Ungerleider & Mishkin 1982). Hinsichtlich der Verarbeitung von Informationen spielen beide P. eine unterschiedliche, aber dennoch komplementäre Rolle. Im klassischen Sinn werden Informationen, die zur Identifizierung eines Gegenstandes dienen, im ventralen Pfad verarbeitet – man nennt diesen auch *Was-Pfad*. Informationen zu der Lokalisation eines Gegenstandes werden im d. P. verarbeitet, womit dieser auch als «Wo-Pfad» bez. werden kann. Nach neuen wiss. Erkenntnissen verarbeitet der d. P. die Lokalisation eines Gegenstandes auch im Hinblick auf dessen Handhabung; deshalb wird der d. P. auch *action stream* genannt. Hierzu ist es notwendig, dass die Informationen im d. P. in Relation zum Beobachter analysiert werden. Zusätzlich müssen die Informationen unentwegt im d. P. verarbeitet werden, da in den wenigsten Fällen die räumliche Position des Ge-

genstandes und/oder des Beobachters konstant bleibt. Da Informationen bzgl. der Handhabung eines Gegenstandes verarbeitet werden (z. B. wie kann ein Gegenstand aufgehoben werden), wird der d. P. auch als *Wie-P.* bez. Goodale 2000.
K. Kaulard/I. Bülthoff/H. Bülthoff

Dorsch, Friedrich Karl Georg (1896–1987), [HIS], überwiegend praktisch tätiger dt. Psychologe. Krankheitsbedingte Zurückstellung vom Wehrdienst im Ersten Weltkrieg. Ab 1919 Studium in Basel und Freiburg/Br. der Fächer Philosophie, Ps., Pädagogik, Kunstgeschichte und Grundlagenfächer der Med.; 1923 Promotion zum Dr. phil. bei Karl Joel in Basel mit der Arbeit «Über das Wesen der Kausalität: eine kritisch-pos. Untersuchung mit besonderer Berücksichtigung der Realitätsfrage der Kausalität». Von 1923 bis 1929 Tätigkeiten bei einer Bank, freier Mitarbeiter von Zeitungen, danach angestellter Schriftleiter; 1930 Berufsberater beim Arbeitsamt Darmstadt, 1931–1934 Tätigkeit beim Arbeitsamt Pforzheim. 1931 führt Dorsch für Prof. *Giese* von der TH Stuttgart psychotechnische Untersuchungen in der Pforzheimer Uhrenindustrie durch. 1934 wird er an das Landesarbeitsamt Stuttgart versetzt und Assistent von Giese. Nach dem Tode von Giese 1935 bleibt Dorsch Fachpsychologe des Landesarbeitsamtes Stuttgart bis Kriegsende. Im Jahr 1939 wird er Heerespsychologe. Im gleichen Jahr legt er gemeinsam mit dem Psychiater H. W. Gruhle eine Neubearbeitung des Lehrbuchs der Ps. von Theodor Elsenhans vor. Nach Kriegsende wird Dorsch zunächst Referent für Berufsberatung in Stuttgart; 1945 Tätigkeit beim Arbeitsamt Reutlingen, Nebenstelle Tübingen. An der Universität Tübingen gründet er das Akademische Berufsamt und wird dessen Leiter. 1946 bemüht sich der damalige Lehrstuhlinhaber *Oesterreich* um einen Lehrauftrag für Dorsch für Vorlesungen und Prüfungen in Psychotechnik. Im Wintersemester 1947/48 erhält Dorsch den Lehrauftrag für Angewandte Ps. an der Universität Tübingen; diese Lehrtätigkeit nimmt Dorsch bis zum Wintersemester 1970/71 wahr. Ab 1947 ist Dorsch auch Prüfer bei den Diplomprüfungen für Psychologen im Fach Angewandte Ps. 1950 besorgt Dorsch die 4. Aufl. des Ps. Wörterbuchs von Fritz Giese, zunächst unter den Namen «Dorsch-Giese», spätere Aufl. erschienen unter «Dorsch». Wiss. Schwerpunkte von Dorsch bilden die Berufseignungsdiagnostik sowie fachpraktische und fachhistorische Fragen der Angewandten Ps. 1955 erfolgt die Ernennung zum Honorarprof. für angewandte Ps.. 1958 wird Dorsch als Berufsberater pensioniert, arbeitet aber im Akademischen Berufsamt bis 1966 weiter. Jansen 1986.
K.-H. Stapf/H. E. Lück

Test**Dortmunder Entwicklungsscreening für den Kindergarten (DESK 3–6)**, 2004, 1. Auflage, H. Tröster, J. Flender und D. Reineke, [www.testzentrale.de], [DIA, EW, KOG]. Screening-Verfahren zur Früherkennung von Entwicklungsgefährdungen bei Kindern im Alter von drei bis sechs Jahren. Erfasst *Feinmotorik, Grobmotorik, Sprache, Kognition, Soziale Entwicklung.* Die Erfassung erfolgt über Beobachtung durch die Erzieherin eines Rollenspiels (Zirkusaufführung) mit max. sechs Kindern. *Reliabilität:* Cronbachs α zw. α = .91 und α = .93. *Validität:* Empirische Studien zur Übereinstimmung mit dem Wiener Entwicklungstest (WET) liegen vor. Die Klassifizierung in (1) entwicklungsauffällige und entwicklungsunauffällige Kinder, (2) Kinder mit und ohne zusätzlichem Förderungsbedarf und (3) Kinder mit und ohne Einschulungsempfehlung für die Regelschule erreicht – in Abhängigkeit vom Kriterium – eine Sensitivität von 69,9 % bis 84,2 % und eine Spezifität von 78,3 % bis 82,0 %. *Normierung* an N = 1492 Kindergartenkindern (724 Mädchen, 767 Jungen) im Alter von 33 bis 85 Monaten. Es liegen Stanine-Normen und Prozentrangnormen für die drei Altersgruppen (dreijährige, vierjährige, fünf- und sechsjährige Kinder), für Jungen und Mädchen sowie für Kinder mit nicht dt. Muttersprache vor. Ca. 15–20 Min.

Dosis-Wirkungs-Beziehung (= D.) [engl. *dose-response relationship*], [PHA], bez. die Abhängigkeit therap. erwünschter und unerwünschter Effekte von der Dosis eines Arzneimittels. Sie besagt, dass mit steigender Dosis die Wirkungen im Organismus zunehmen. Eine D. wurde erstmalig von dem Arzt Theophrastus Bombastus von Hohenheim (1493–1541), der sich selbst Paracelsus nannte, mit den Worten formuliert: «All' Ding sind Gift, allein die Dosis macht das Gift.» Diese Annahme ist die Grundlage für das Verständnis der Pharmakologie. Heute ist bekannt, dass erwünschte und unerwünschte Wirkungen eines Medikaments von der Konzentration am Ort der Wirkung abhängen und mit steigender Konzentration zunehmen. D. bzw. Konzentrations-Wirkungs-Beziehungen entsprechen einer Sättigungsfunktion. Es gibt eine untere Konzentration, bei der keine Wirkung messbar ist, und eine Konzentration, mit der ein max. Wirkeffekt erzielt wird. Bei der Beschreibung von Konzentrations- bzw. D. geht man davon aus, dass das Medikament durch Aktivierung oder Hemmung eines Rezeptors wirkt. Ein max. Effekt ist dann erreicht, wenn der Rezeptor zu 100 % mit dem Medikament beladen ist. Anfangs- und Endpunkte der Konzentrations-Wirkungs-Kurven sind oft schwierig zu bestimmen. In der Praxis hat sich als Kenngröße für die Wirkstärke eines Medikamentes bewährt, die Konzentration bzw. Dosis anzugeben, bei der mit 50 % des max. Effektes zu rechnen ist (EC50). Die EC50 kann in Abhängigkeit vom gemessenen Effekt für ein Medikament sehr unterschiedlich sein. Sie sollte für therap. erwünschte Effekte möglichst deutlich niedriger sein als für unerwünschte Effekte. *Therapieaufwand, Aufwand-Wirkungsmodell.* Brunton 2011.
C. Hiemke

Dossier *Bewerbungsunterlagen.*

double-bind hypothesis (= d.h.) [engl.], «Hypothese der doppelten Bindung», d.-*Situation,* d.-*Kommunikation,* von Bateson et al. (1956), [KLI, SOZ], beschreibt einen kommunikationstheoretischen Ansatz zur Entstehung schizophrener Erkrankungen (*Schizophrenie*). Grundlage der d. h. ist die Annahme, dass spez. Beziehungsstrukturen zu spez. Verhaltensformen führen können. Als Ausgangspunkt werden paradoxe Botschaften oder Signale und deren Auswirkungen beschrieben. Die Signale können dabei sowohl den Inhalt und Tonfall gesprochener Worte betreffen, aber auch *Mimik, Gesten* und Handlungen mit einschließen (*nicht verbale Kommunikation*, nonverbale Kommunikation). Typ. Kennzeichen solcher Kommunikation: (1) Widerspruch zw. zwei Informationen, die einen wichtigen Bereich betreffen, (2) eine Reaktion ist zwingend erforderlich und (3) der Grundwiderspruch der Botschaften wird so verdeckt oder verleugnet, dass er in der Situation nicht oder nur schwer erkannt werden kann (Mattstellung; engl. *position of checkmate*]. Z. T. wird betont, dass die Situation als völlig unausweichlich erlebt werden muss. Davison & Neale 1978.

double depression (= d. d.) [engl.] doppelte Depression, [**KLI**], bez. das Auftreten einer depressiven Episode bei bereits vorbestehender *Dysthymie* (*Minor Depression*). Die Abgrenzung gegenüber einer isoliert auftretenden depressiven Episode ist insbes. im Hinblick auf die medikamentöse Therapie von großer Bedeutung, da sich eine Kombination aus Psychoth. und medikamentöser antidepressiver Behandlung bei dieser Form der *Depression* der jew. Monotherapie gegenüber als überlegen gezeigt hat. Keller et al. 2000. *N. Schwertfeger*

Down-Syndrom (= D.) [engl. *down syndrome*], [**BIO, GES**], eine von John Haydon Langdon-Down 1866 zum ersten Mal beschriebene, angeb. Form eines körperlichen und geistigen Störungsbildes, das bei beiden Geschlechtern auftritt. Mit dieser Schrift wurde begonnen, geistige Behinderung (*Intelligenzminderung*) ätiologisch in versch. Formen zu differenzieren. Körperliche Merkmale sind eine schräge Lidstellung und der Hautfalte über dem inneren Lidwinkel (Epikanthus; bei ca. 50 % der Personen), eine dicke gefurchte Zunge, eine breite Nase und eine tiefe Querfurche in der Handfläche (Vierfingerfurche). Personen mit D. sind durchschnittlich kleiner und relativ schwerer als die Normalbevölkerung. Fehlbildungen innerer Organe, insbes. Herzfehler sind häufig, was zu deutlich verringerter durchschnittlicher Lebenserwartung führt. Wegen der besseren (frühkindlichen) med. Versorgung steigt die durchschnittliche Lebenserwartung der betroffenen Personen jedoch an. Personen mit D. können das Rentenalter erreichen. Die Fortpflanzungsfähigkeit ist stark eingeschränkt. Kogn. Leistungen (*Kognition*) wie z. B. *Sprachentwicklung* und -beherrschung, *Gedächtnis*leistungen und *Intelligenz* sind gegenüber dem Durchschnitt der altersgleichen Bevölkerung deutlich herabgesetzt. Personen mit D. sind auf Hilfe und Unterstützung bei ihrer Lebensführung angewiesen. Bei früh einsetzender, guter Förderung der Personen sind gute Entwicklungserfolge möglich. Personen mit D. altern in körperlichen und kogn. Leistungsbereichen vorzeitig. Auf ca. 600 Geburten (Ende des 20. Jhd.; Tendenz stark fallend s. u.) entfällt ein Kind mit D. In Abhängigkeit vom Alter der Mutter (insbes. ab dem 35. Lebensjahr) nimmt die Wahrscheinlichkeit für die Geburt eines Kindes mit D. deutlich zu. Insges. leben zurzeit (2015) zw. 30 000 und 50 000 Menschen mit D. in Dt. Dem D. liegt die häufigste, i. d. R. nicht vererbte Chromosomen-Aberration zugrunde, nämlich Trisomie 21 (zu den beiden Chromosomen 21 ist ein drittes vorhanden; Entdeckung 1959 durch J. Lejeune). Nach Art der Aberration (Translokation, Mosaiktrisomie) werden mehrere Formen unterschieden, der Phänotyp der betroffenen Personen ist z. T. unterschiedlich. Kausale Therapien sind nicht möglich.
P. Day

downward comparison [engl.] Abwärtsvergleich; *sozialer Vergleich*.

Doxepin [engl. *doxepin*], [**PHA**], *Psychopharmakon* aus der Klasse der *Antidepressiva* vom Typ der *Serotonin-/Noradrenalin*-Wiederaufnahmehemmer mit relativ kurzer Halbwertszeit. Relativ starke sedierende Wirkung.

doxogen [gr. δόξα (doxa) Vorstellung, Meinung], durch Vorstellung entstanden.

Doxylamin, [**PHA**], *Antihistaminikum* mit zusätzl. starken *anticholinergen* Eigenschaften. Die starke Blockade von H1-*Histamin*rezeptoren bedingt die sedierenden und hypnotischen Eigenschaften. Die hypnotische Wirkung kann zu einem Überhang («*Hangover*») mit Tagesmüdigkeit führen, die anticholinergen Eigenschaften bedingen typ. unerwünschte Wirkungen wie Mundtrockenheit, Akkomodationsstörungen und Obstipation, bei älteren Menschen auch kogn. Störungen (cave: *Delir*gefahr).
G. Gründer

TestDrahtbiegeprobe (D-B-P), 1967, G. A. Lienert. 1. Aufl. 1961, [www.testzentrale.de], [**AO, DIA, KOG**]. Sensumotorischer Leistungstest. AA Jugendliche und Erwachsene. Fortentwicklung der *Drahtbiegeprobe* zu einem standardisierten Test. Die Drahtbiegeprobe gilt als ein bewährtes Mittel zur manumotorischen Funktionsprüfungs- und Eignungsdiagnostik. Der Test ist weitgehend vorbildungsunabhängig und sprachfrei und erfasst das sog. *Handgeschick*. Formauffassung und Gründlichkeit sind bei der Ausführung relevant. Insgesamt werden 29 Einzelkriterien berücksichtigt. *Reliabilität*: Retest-Reliabilität bei $r = .78$ ($N = 160$ Berufsschüler, 14 Wochen) und $r = .83$ ($N = 60$ Waldorfschüler, 26 Wochen). Interne Konsistenz (Kuder-Richardson) von $r = .87$ und $r = .89$ ($N = 307$ Waldorfschüler). *Validität*: Es liegen Korrelationen zu versch. Außenkriterien vor. *Normierung* an $N = 1573$ Jugendlichen und 125 Erwachsenen (Prozentrang- und Standardwertnormen). Durchführungsdauer ca. 30 Min. Geht auf G. Immig, 1920, Werkschulleiter der Firma Carl Zeiss, Jena, zurück.

Drall [engl. *spin*], [**KOG, WA**], unwillkürliche Abweichung des Menschen von der gradlinigen Vorwärtsbewegung im Raum, v. a. wenn keine äußeren Orientierungshilfen zur Verfügung stehen (z. B. bei schlechter Sicht). Ursache der Verirrungsbögen im Nebel usw. Versch. Ursachen (*Sinnestäuschungen*), Navigationsfehler, evolutionsbiol. Erklärungsansätze) werden diskutiert.

Drang (= D.) [engl. *drive, impulse*], [**EM**], ein oft mit der Erlebnisqualität des Dumpfen verbundenes, vom Individuum als *Trieb*, Begierde oder Strebung erfahrbares und zur Änderung einer gegebenen Situation hinstrebendes Spannungserlebnis.

TestDraw-A-Man Test, Mann-Zeichen-Test (MZT), 2007, [www.testzentrale.de], Original:1926, F. L. Goodenough, [**DIA, EW, KOG, PER**]. Veraltetes Verfahren. Sprachfreier Intelligenztest. AA Kinder von 3 bis 13 Jahren. Thematisches Zeichnen eines Männchens ohne weitere

Anweisung. Dt. Bearbeitung 1958 von Ziler zum Mann-Zeichen-Test (MZT). ter Laack et al. 2005.

Dreh-Nystagmus [engl. *rotation nystagmus*], *Nystagmus*.

Drehschwindel (= D.) [engl. *rotatory vertigo*], **[WA]**, Schwindelempfindung, die durch häufige Drehung des Körpers um die Körperachse eintritt. Nach dem Aufhören der Drehung hat man den Eindruck, als bewege man sich selbst im entgegengesetzten Sinn. Der D. wird durch Reizung der Bogengänge im Ohr hervorgerufen. *Drehstuhlversuch*.

Drehstuhlversuch [engl. *swivel chair trial*], **[DIA, PER]**, Verfahren zur Prüfung der Raumorientierung. Ursprünglich für die Fliegereignungsuntersuchung entwickeltes Untersuchungsmittel, das ermöglicht, die Vp (sitzend und mit verbundenen Augen) karussellartig um ihre Achse zu drehen. Der Versuch eignet sich auch zur Diagnose auf *Suggestibilität* und *Labilität*. In England ist der Drehstuhl als Barany-Stuhl bekannt. *Sinnesfunktionen*.

Drei-Berge-Versuch [engl. *three mountain task*], *Dezentrierung*.

^Test **Dreidimensionaler Würfeltest (3DW)**, 1990, G. Gittler, [www.testzentrale.de], **[DIA, KOG, PER]**. Eindimensionaler Intelligenztest. AA ab 13 Jahren. Verfahren zur Messung des räumlichen Vorstellungsvermögens, das auf der Basis der probabilistischen Testtheorie (raschskaliert, *Rasch-Modell*) konstruiert wurde. Die Pbn sollen einen Vorgabewürfel in veränderter Lage aus sechs Antwortwürfeln heraussuchen oder die Antwortalternativen «kein Würfel richtig» bzw. «ich weiß die Lösung nicht» wählen. *Normierung*: an N = 4064 Schülern von der 8. bis zur 13. Klasse. Es liegen alters- und geschlechtsspezifische Prozentrangwerte und T-Werte vor. Weitere, nicht repräsentative Normen für Studenten und für Pbn ab 30 Jahren liegen vor. *Reliabilität*: Cronbachs α liegt je nach Stichprobe bei r = .86 und r = .90. Wiederholungsreliabilitäten zw. r_{tt} =.58 und r_{tt} =.63. Aus dem homogenen Itempool können versch. «Kurztest-Varianten» erstellt werden. PC-Version vorhanden. Durchführungszeit ca. 35–40 Min.

Dreieck-Hypothese [engl. *triangle hypothesis*], **[SOZ]**, von Kelley & Stahelski (1970) vorgeschlagene Hypothese, die postuliert, dass Personen, die an versch. Enden eines Kooperations-Wettstreit-Kontinuums (*Kooperation*) stehen, unterschiedliche Meinungen über die anderen Verhandlungspartner bzgl. deren Stellung auf dem Kontinuum haben. Rivalisierende glauben, dass die anderen alle rivalisieren werden, während Kooperierende der Meinung sind, die anderen seien heterogen, einige werden kooperieren, andere werden rivalisieren. Der *Graph* der erwarteten Orientierungen der anderen ist für die Kooperierenden und Rivalisierenden ein Dreieck. *Verhandlungen*.

R. Bergius

Drei-Phasen-Methode (= D.) [engl. *3-phase-method*], **[GES, KLI]**, therap. Technik, welche zur Förderung von *dyadischem Coping* von Bodenmann (2012) entwickelt wurde. Mittels Sprecher- und Zuhörerregeln lernen die Partner in einem standardisierten Setting (45 Min. pro Partner in einer Rolle mit anschließendem Rollentausch, dyadisches Setting, in welchem sich die Partner vis-à-vis sitzen und der Therapeut die beiden Partner in ihren Rollen promptet) ihre Stressäußerung und das dyadische Coping zu verbessern. In der *ersten Phase* (30 Min.) berichtet der eine Partner in Anwendung der Sprecherregeln (konkrete Stresssituation, Herausarbeiten von Gefühlen und Kognitionen und Erkunden der Stressursachen) von einer Belastungssituation, welche er jüngst erlebt hat, die nicht in Zshg. zur Partnerschaft steht und die ihn weiterhin umtreibt (paarexterner *Stress*), während der andere Partner aktiv zuhört, zus.fasst und offen nachfragt (Zuhörerregeln). In der *zweiten Phase* (10 Min.) lädt der Therapeut oder Trainer den Zuhörer dazu ein, den Sprecher nun zu unterstützen (dyadisches Coping). In der *dritten Phase* (5 Min.) soll der Unterstützte dem Unterstützenden Rückmeldung geben, wie hilfreich und zufriedenstellend die Unterstützung war, resp. was man sich an Unterstützung weiter gewünscht hätte. Die Methode wird i. R. von *Paarlife* und der bewältigungsorientierten *Paartherapie* angewendet.

G. Bodenmann

Drei-Schichten-Modell der Intelligenz [engl. *three stratum theory*], *Intelligenzfaktoren*.

Dressur (= D.) [engl. *dressage*], **[KOG]**, das Abrichten von Tieren sowie das öffentliche Vorführen des Ergebnisses. Im Ggs. zur *Erziehung* beim Menschen wird Tieren durch die Dressur beigebracht, auf Kommando best. *Handlungen* auszuführen, einem Hund z. B., dass er sich mit dem Befehl «Platz» hinzulegen hat. Die behavioristische Ps. (*Behaviorismus*) sowie die Verhaltensforschung (*Ethologie*) haben die Ursachen und Möglichkeiten der Dressur und Dressurbereitschaft erforscht. Sie beruht auf der Herstellung von *bedingten Reflexen* durch *Konditionierung* und auf der Fähigkeit bes. höher entwickelter Tiere, durch *Versuch und Irrtum* und Wiederholung, neue Bewegungsweisen zu erlernen, die Erfolg (in Form von Nahrung oder sozialer Zuwendung) bringen. Der Dompteur nutzt dazu oft bereits vorhandene natürliche Verhaltensweisen der Tiere aus und verstärkt diese. Das gleiche Verfahren wird auch in der *Domestikation* verwendet, um Tiere für wirtschaftliche Zwecke einzusetzen.

C. Becker-Carus

Drift-Down-Hypothese [engl. *drift down* Abstieg], **[KLI]**, versucht, den unbestrittenen Sachverhalt zu erklären, dass Personen mit *Schizophrenie* übermäßig häufig in den unteren Einkommensschichten zu finden sind, und geht davon aus, dass die Störung selbst den soz. Niedergang bedingt. Sie erhält eine Stützung durch den Befund, dass die Eltern der Betroffenen oft noch höheren sozioökonom. Status haben, die Störung also nicht sicher bereits durch soz. Faktoren bedingt ist – wie es die zeitweise recht populären soziogenetischen Modelle der Schizophrenie annehmen.

T. Köhler

drive [engl.] *Antrieb*, *Trieb*, *Instinkt*.

drive level [engl. «Triebspiegel», **[EM]**, Summe der energetischen Komponenten der augenblicklichen *Motivation*.

Droge [engl. *drug*], **[BIO, PHA]**, Bez. für chem. Substanzen, die wegen unterschiedl. Gebrauchs problematisch ist. Gebraucht für (1) (herkömmlich) Stoffe (Rohstoffe) natürl., pflanzl. oder tierischen Ursprungs, die als Arzneimittel oder technisch verwendet werden. (2) Alltagssprachl. für nicht als Arzneimittel verwendete Stoffe (bes. pflanzlicher Herkunft), (3) Stoffe mit Suchtpotenzial oder rauscherzeugenden Eigenschaften (*Sucht- und Substanzbezogene Störungen*), (4) *Psychotomimetika*, (5) alle Arten chem. Stoffe entspr. dem engl. Begriff *drug*. Balick & Cox 1997. *W. Janke*

Drogenabhängigkeit (= D.) [engl. *drug dependence/addiction*], [**KLI**], zwanghaftes Verlangen nach Einnahme von Substanzen (*Droge*, Medikamente, *Alkohol*, *Nikotin*) bzw. das körperliche Angewiesensein auf eine fortlaufende Einnahme der Substanzen mit dem Ziel, einen angenehmen Zustand zu erzeugen oder einen unangenehmen zu vermeiden. Bei Nichtzufuhr des Stoffes treten *Entzugserscheinungen* auf. Heute eher Verwendung des Begriffes *Substanzabhängigkeit*. Die Betroffenen haben die Kontrolle über den Drogenkonsum verloren, bringen sich oder andere in körperliche Gefahr. Familiäre, soziale und berufliche Beziehungen können gefährdet sein. Häufig werden einsichtsorientierte Therapien angewandt, für die jedoch keine bes. *Wirksamkeit* nachgewiesen ist. Die Wirksamkeit erhöht sich bei multidimensionalen Therapieprogrammen. Als günstig erwies sich eine Kombination von Verhaltens-, kogn. und biol. Therapie (*Verhaltenstherapie*, häufig in Form von *Gruppentherapie*): aversive *Konditionierung* (*Aversionstherapie*), Training sozialer Fertigkeiten (*soziale Kompetenzen*), Kontingenztraining, Selbstkontrolltraining (*Selbstkontrolle*), Rückfallpräventionstraining. Bei der sog. Gewohnheitsbildung besteht lediglich eine Abhängigkeit mit nur geringem Verlangen nach einer Dosissteigerung. Nach Substanzart unterscheidet man mehrere Typen: (1) *Barbiturat*-Alkohol-Typ (Schlaf-, Beruhigungs-, Schmerzmittel, Alkohol, (2) Morphin-Typ (*Opiate*), (3) *Amphetamin*-Typ (Aufputschmittel, Appetitzügler), (4) Halluzinogen-Typ (*LSD*, *Meskalin*, *Phencyclidin*), (5) *Kokain*-Typ und (6) *Marihuana*/Cannabis-Typ. Unterschiede bestehen in der Neigung zur Dosissteigerung und *Toleranzentwicklung*, dem Grad der somatischen Abhängigkeit und dem Auftreten eines Entzugssyndroms. Die Ps. hat eine Vielzahl von Modellen zur Erklärung von D. vorgeschlagen, wobei nach Initiierung, Aufrechterhaltung und Rückfall zu differenzieren ist. Wichtig sind lerntheoretische Erklärungen, die Konsequenzen der Drogeneinnahme (pos., Wegfall von neg. Folgen) in den Mittelpunkt stellen (*Konditionierung, operante*). Von Bedeutung sind aber stets auch physiol. und biochemische Grundlagen. Neuere Forschungsrichtungen gehen der Frage nach, ob für best. Personen somatische Faktoren auffindbar sind, die zu einer erhöhten *Vulnerabilität* für D. führen. Für eine Reihe von Reaktionen auf Pharmaka (z.B. Sedierungsschwelle) und Abhängigkeitsformen sind genetische Faktoren (z.B. *Alkoholismus*) und/oder somatische Faktoren nachgewiesen oder empirisch wahrscheinlich gemacht worden. *Sucht- und substanzbezogene Störungen*. Warburton 1990, Bühringer 2000. *F. Caspar/W. Janke/P. Weyers*

Drogenentzug [engl. *drug withdrawal, detoxification*], [**KLI**], freiwilliger oder unfreiwilliger Verzicht auf Drogen bzw. eine chem. Substanz. Bei vielen Stoffen mit *Entzugserscheinungen* verbunden.

Drogenmissbrauch [engl. *drug/substance abuse*]; syn. *Substanzmissbrauch*, [**KLI**], chron. oder übermäßige Anwendung von Medikamenten, Pharmaka und Drogen bei fehlender med. Indikation. *Sucht- und substanzbezogene Störungen*.

Drogenpostulat (= D.) [engl. *drug postulate*], [**BIO, PER, PHA**], Modell von H. J. Eysenck zur Erklärung von differenziellen Effekten chemischer Stoffe (*Differentielle Pharmakopsychologie*), spez. Wechselwirkung psychotroper Substanzen und *Persönlichkeit*: Psychostimulanzien reduzieren kortikale Hemmung, desaktivierende Stoffe (*Sedativa*, *Hypnotika*, *Tranquillanzien*) hingegen erhöhen sie. Diese Verschiebungen gehen nach Eysenck mit Veränderungen des Verhaltens auf der *Extraversions-/Introversion*sdimension einher. Das D. wurde von mehreren Autoren als zu einfach kritisiert und in vielen Untersuchungen nicht bestätigt. Auch im *Tierversuch* wurde das D. nicht verifiziert. Eysenck 1957, Eysenck 1963, Janke 1964, Legewie 1969. *W. Janke*

Drogenselbstverabreichung (= D.) [engl. *drug self-administration*], [**BIO, KOG, PHA**], Methode der *Verhaltenspharmakologie*, bei der Tiere sich selbst Pharmaka verabreichen können. Methoden für orale, intraperitoneale, intravenöse, intrazerebrale und inhalierende Verabreichung wurden entwickelt. Gebräuchlichste Technik ist die orale Verabreichung, bei der meist zw. aktiver und Scheinsubstanz zu wählen ist. Die Verabreichung geschieht häufig unter Stressbedingungen (z. B. elektrische Schläge). In best. Situationen führen sich die Tiere in erhöhtem Maße *Alkohol*, *Opiate*, *Barbiturate*, *Tranquillanzien* und Psychostimulanzien zu. Mehrere Stoffe werden nicht appliziert (z. B. *Chlorpromazin*, *Pemolin*). Versuchstiere sind meist Ratten und Affen. Von bes. Bedeutung ist die lokalisierte intrazerebrale Zufuhr. Sie entspricht der Technik der elektrischen Selbstreizung nach Olds. Wichtig ist die Methode auch zur Untersuchung der Entstehung einer Drogenabhängigkeit im Kontext von Tiermodellen. D. dient seit Beginn der 1960er-Jahre dem Nachweis des Suchtpotenzials einer Substanz (*Drogenabhängigkeit*). Es existieren auch Ansätze im Humanbereich. Wolffgramm 1997.
P. Weyers/W. Janke

Drohen [engl. *threaten*], [**KOG, SOZ**], *Signale* oder Verhaltensweisen (*Verhalten*), die einen Gegner unterdrücken oder vertreiben sollen. *Kommentkampf*.

Dropout (= D.) [engl.] Ausfall; syn. *Abbrecher*, [**FSE, KLI**], als D. bez. man Patienten, die in Studien oder Therapien eine Behandlung vor dem geplanten Abschluss bzw. vor dem Erreichen der vereinbarten Ziele beenden. Abbrecher stellen eine Untergruppe von Misserfolgen (*Misserfolg, psychotherapeutischer*) in der Behandlung von psych. Störungen dar. Wichtig ist es darauf hinzuweisen, dass es natürlich das Recht jedes Pat. ist, zu jedem Zeitpunkt eine Behandlung ohne Angabe von Gründen zu beenden. Für Studien ebenso wie für die therapeutische Praxis stellt dies allerdings ein spez. Problem dar. *attrition bias*. Fischer-Klepsch et al. 2009. *H. Reinecker*

dR-Technik (= dR-T.) [engl. *dR-technique*], [**FSE**], eine von Cattell vorgeschlagene Variation der *R-Technik*. Bei der dR-T. werden nicht die Messwerte, welche mittels Variablen an einer Stichprobe von Vpn gemessen werden, interkorreliert und faktoranalysiert, sondern es werden die Differenzen von Messwiederholungen bei denselben Vpn zur Analyse herangezogen. *Differenzwerte.*

Druckpunkte [engl. *pressure points*], [**BIO, WA**], Hautoberflächenstellen, an denen Empfindlichkeit für Druckwahrnehmung besteht. Auf 1 cm2 kommen am Unterschenkel: 9–10, Handgelenk 12–44, Daumenballen 111–135, Kopfhaut 115–300 D. *Hautsinne (Tast-, Temperatur-, Schmerzsinn).*

Drucksinn (= D.) [engl. *pressure sense*], [**BIO, WA**], der Sinn, der die *Wahrnehmung* von Berührungen des Körpers vermittelt (*Hautsinne*). Die *Sinnesorgane* sind die Meissner'schen Tastkörperchen und freie Nervenendigungen in der Haut (*Druckpunkte*). Adäquater Reiz für die Druckempfindung ist die Deformation der Haut bei der Berührung. Der D. ist leicht ermüdbar (z. B. Gewöhnung an den Druck der Kleider). *Raumschwelle, Ästhesiometer.*

Druckwaage [engl. *pressure balance*] (Wundt), [**WA**], Vorrichtung zur Prüfung der Druckempfindlichkeit. *Hautsinne (Tast-, Temperatur-, Schmerzsinn).*

drug discrimination [engl. *drug* Droge, *discrimination* Unterscheidung], [**PHA**], Begriff der Verhaltenspharmakologie, der die Fähigkeit eines Individuums betrifft, unterschiedl. Verhalten je nach verabreichter Droge zu zeigen. Auch benutzt zur Substanzklassifikation. Bedeutungsvoll für die Theorie der Drogenabhängigkeit und des zustandsabhängigen *Lernens.* Clark 1990, Heishman & Henningfield 1991. *W. Janke*

Drug Monitoring, therapeutisches (= T.) [engl. *drug* Droge, *monitoring* Überwachung], [**PHA**], ist die Messung und Interpretation der Medikamentenkonzentrationen im Blut (syn. zu *Plasma- oder Serumkonzentration*, *Plasmaspiegel oder Serumspiegel*) oder anderen Körperflüssigkeiten zur Steuerung der medikamentösen Therapie. Die Wirkung eines Arzneimittels wird durch die Konzentration des Wirkstoffs am Wirkort bestimmt. Wenn die Konzentrationen am Wirkort nicht messbar sind und die Konzentration im Blut mit den Konzentrationen im Zielorgan korreliert, ist der *Blutspiegel* ein geeigneter Surrogatparameter (*Surrogatkriterium*), um optimale Wirkstoffkonzentrationen einzustellen. Die Blutprobe wird i. d. R. im Steady-State und zu Zeiten min. Wirkstoffkonzentrationen (Talspiegel) entnommen. Wann das Steady-State erreicht ist, kann aus der *Eliminationshalbwertszeit* eines Medikamentes abgelesen werden. Es ist zu über 90 % nach 4 Halbwertszeiten erreicht. Bei Einstellung des *Blutspiegels* auf den therap. Referenzbereich (meist therap. Fenster genannt) ist mit höchster Wahrscheinlichkeit mit Ansprechen bei guter Verträglichkeit des Medikamentes zu rechnen. Typ. Indikationen für T. sind Vermeidung von Intoxikationen (z. B. *Lithium(-salze)*), Verdacht auf Nichteinnahme der verordneten Medikamente (Überprüfung der *Compliance*), ungenügendes Ansprechen oder ausgeprägte Nebenwirkungen bei klin. üblicher Dosis, Verdacht auf *Arzneimittelwechselwirkungen*, Kombinationsbehandlung mit einem Medikament mit bekanntem pharmakokinetischem Interaktionspotenzial, Rezidiv unter Erhaltungsdosis, pharmakogenetische Besonderheiten, Risikopat. wie Kinder und Jugendliche oder Alterspat. über 65 Jahre. Hiemke 2012.
C. Hiemke

Drüsen (= D.) [engl. *glands*], [**BIO**], Organe, die Sekrete bilden und diese nach außen (*exokrine Drüsen*: z. B. Schweißdr. der Haut; Exkrete) abgeben oder ins Blut bzw. in die Lymphbahn ausschütten (*endokrine Drüsen*: = D. mit innerer Sekretion, z. B. *Hypophyse*; Inkrete *Hormone*). *Schweißdrüsen, ekkrine.*

DSM, [**KLI**], Abk. für *Diagn. und Stat. Manual Psych. Störungen. Klassifikation psychischer Störungen.*

Test d2-Test *Aufmerksamkeits-Belastungstest.*

Dual-Coding-Ansatz [engl.] Ansatz der doppelten Kodierung, [**KOG, MD**], die Annahme, dass Wörter und Sätze zweifach (dual) im *Gedächtnis* gespeichert werden, sowohl in bildlicher Verschlüsselung (imaginativ oder ikonisch) als auch ling., als Wort oder Wörter (verbal-auditiv oder konzeptuell, begrifflich, als «Idee»). Das Ergebnis ist multiple *Repräsentation. Multimedia-Effekt.*
[**KLI**], Bucci (1997) benutzt den Dual-Coding-Ansatz als Modell für das psychoanalytische Konzept des Primär- und Sekundärprozesses.

Duale [lat. *duo* zwei], *Zwillinge, Sprachentwicklung.*

duale Sehtheorie [engl. *duplex theory of vision*; lat. *duo* zwei], *Duplizitätstheorie.*

Dualismus [engl. *dualism*; lat. *duo* zwei], [**PHI**], Annahme des Prinzips der Zweiheit, bes. in phil. Hinsicht: Gut und Böse, Geist und Materie. Ps. bedeutungsvoll ist die Zweiheitslehre als Anschauung, die weder materialistisch das Seelische auf das Körperliche noch spiritualistisch das Körperliche auf das Seelische zurückführt. Sie ist Grundlage der Annahme einer Wechselwirkung zw. Geist und Körper, Leib und Seele wie auch des *Parallelismus.* Diese Anschauungen gehen letztlich auf Descartes (mit den Grundbegriff: ausgedehnte und denkende Substanz) zurück. *Leib-Seele-Problem, Psychologie, sozialwissenschaftliche*, Ggs. *Monismus.*

Dualität der menschlichen Existenz [engl. *duality of human existence*], *agency-communion.*

Dual-Route-Cascaded-Modell [engl.] «Doppelpfad-kaskadiertes-Modell», *Sprachwahrnehmung, Lesen, Zwei-Wege-Modell.*

Dual-Route-Modelle (= D.) [engl.] Zwei-Wege Modelle, [**KOG, WA**], D. bez. Modelle der *Informationsverarbeitung*, die zwei parallele Verarbeitungspfade enthalten, die auf einer best. Stufe der Informationsverarbeitung (z. B. semantischer Speicher; Reaktionsauswahl; Kurzzeitgedächtnis; *Gedächtnis*) konvergieren. Zur Erklärung von *Kongruenzeffekten* und Phänomenen der (räumlichen) Reiz-Reaktions-Kompatibilität (*S-R-Kompatibilität*) in Wahlreaktionsaufgaben wurden D. vorgeschlagen, die neben der willkürlichen Übersetzung von Reizen in Reaktionen (kontrollierte Route) auch eine unwillkürliche Reaktionsbahnung durch geeignete Reizmerkmale (automatische Route) postulieren. Im Bereich der Sprachwahrnehmung existieren D., die neben einer lexikalischen Route auch eine nonlexikalische Route der Worterkennung annehmen. *P. Wühr*

Dualsystem (= D.) [engl. *dual system*; lat. *duo* zwei], syn. *Binärsystem*, Zahlensystem, das zur Darstellung von Zahlen nur zwei versch. Ziffern (typischerweise die Ziffern 0 und 1) benutzt. Mithilfe dieser zwei Ziffern werden alle Zahlen aufgebaut. Das D. hat besondere Bedeutung für Digitalrechner. *Code, Kode*.

Dual-Task-Paradigma [engl.] Zwei-Aufgaben-Paradigma; *Aufgabenwechsel*, *mentale Arbeitsbelastung*.

Duchenne-Lächeln (= D.) [engl. *Duchenne display*], bez. die gleichzeitige und symmetrische Kontraktion des großen Jochbeinmuskels (M. zygomaticus major; zieht die Lippen nach oben und hinten zum Wangenknochen hin) und des Augenringmuskels (M. orbicularis oculi, pars lateralis: hebt die Wangen an, die Haut um die Augen wird zus. gezogen und Krähenfüsse an den äusseren Augenwinkeln werden sichtbar; pars medialis: verkleinert Augenöffnung durch Anspannung der Augenlider, faltet die Haut unter dem unteren Augenlid). Das D. sollte nicht kürzer als 2/3s oder länger als 4s dauern. Das D. geht mit dem spontanen Ausdruck pos. *Emotionen* einher, Freude, Erheiterung, hat soziale Funktionen (*Kooperation*), kommt aber auch in neg. Kontexten vor, kann posiert werden. Der Begriff wurde von Paul Ekman (1898) eingeführt, zu Ehren von Duchenne de Boulogne (1862), dem Ersten der anatomische Unterschiede zw. echten Lächeln der Freude und posierten, sozialen Lächeln beschrieb. *Lächeln, soziales*. Frank & Ekman 1993, Ekman et al. 1990. *T. Platt/J. Hofmann*

due diligence [engl.] angemessene Sorgfalt; *Akquisition*, *Fusion*.

^Test^**Duisburger Vorschul- und Einschulungstest (DVET)**, 1997, 3. neubearbeitete Aufl., R. Meis & J. Poerschke, [www.testzentrale.de], **[DIA, PÄD]**. Schultest. AA Kinder von 4 bis 7 Jahren. Der Test, bestehend aus fünf Untertests, ermöglicht die Erfassung von allg. und spez. Schwächen im kogn. und feinmotorischen Bereich. Dadurch kann der Lehrplan an die Leistungen der Klasse angepasst werden. *Reliabilität*: Die Korrelation der beiden Parallelformen liegt bei $r = .92$. *Normierung* an $N = 2000$.

Düker, Heinrich (1898–1986), **[EM, PÄD, PHA]**, 1925 Promotion zum Dr. phil. bei *Ach, Narziss Kaspar*, 1929 Habilitation, 1930 Dozent, Universität Göttingen. 1936 Entzug der Lehrbefugnis, drei Jahre Gefängnis als aktives Mitglied des Internationalen Sozialistischen Kampfbundes wegen Widerstands gegen das NS-Regime; 1940 bis 1944 pharmakol. Auftragsforschung für die Schering AG, Berlin; 1944–1945 Haft im KZ Sachsenhausen. 1945 Wiedererlangung der Lehrbefugnis und Ernennung zum aufl. Prof. an der Universität Göttingen; 1946–1947 erster gewählter Nachkriegsoberbürgermeister (SPD) der Stadt Göttingen; 1946 Berufung auf den Lehrstuhl für Ps. der Universität Marburg; 1967 Emeritierung. 1948–1962 nebenamtlicher Richter am hessischen Staatsgerichtshof in Wiesbaden. Beeinflusst von Narziss Ach, *Müller, Georg Elias* und dem Philosophen Leonard Nelson, galt Dükers Hauptinteresse von Anfang an der Ps. des *Wollens* (Düker 1972). Neben Arbeiten zur Lern- und zur Päd. Ps. fand in Marburg die pharmakol. Auftragsforschung ihre Fortsetzung, was ihm den Status eines der wichtigsten Pioniere der *Pharmakopsychologie* in Dt. einbrachte (Janke 1999). Düker war durch und durch Experimentalpsychologe (*Experimentelle Psychologie*). Die erste jährliche Tagung exp. arbeitender Psychologen (TeaP) fand auf seine Einladung 1959 in Marburg statt. Sie war ein sichtbares Zeichen der «Wiedergeburt» der dt. Experimentalps., die in der geisteswiss. dominierten Ps. der Nachkriegszeit einen schweren Stand hatte. Die Düker zuteil gewordenen Ehrungen bezeugen das Lebenswerk eines Staatsbürgers, der sich der Wissenschaft und dem Gemeinwohl verpflichtet fühlte: Ehrenmitglied der *Deutschen Gesellschaft für Psychologie (DGPs)* und der Arbeitsgemeinschaft für Neuro-Psychopharmakologie und Pharmakopsychiatrie, Träger der *Wilhelm-Wundt-Medaille*, Ehrendoktor der Universität Düsseldorf, Ehrenbürger der Stadt Göttingen. Er führte «ein Leben für die Ps. und für eine gerechte Gesellschaft» (Tent 1999). *H. P. Langfeldt*

Duloxetin (= D.) [engl. *duloxetine*], **[PHA]**, *Psychopharmakon* aus der Gruppe der *Antidepressiva*. D. hemmt die Wiederaufnahme von *Noradrenalin* und *Serotonin*. D. ist für die Behandlung der *Depression*, der *Generalisierten Angststörung* und von *Schmerzen* bei diabetischer Polyneuropathie zugelassen. Häufige *Nebenwirkungen* von D. sind Müdigkeit, Kopfschmerzen, Übelkeit und Mundtrockenheit. Möglicherweise wirkt es besser als *Serotonin-Wiederaufnahmeverstärker* bei der Behandlung von körperlichen *Symptomen* und *Schmerzen* i. R. einer Depression. Benkert & Hippius 2013. *H. Himmerich*

Dummy-Codierung (= D.) [engl. *dummy* Strohmann, Atrappe], syn. *Pseudovariable*, **[FSE]**, Verfahren zur Umwandlung einer k-stufigen kategorialen Variable in k-1 dichotome Variablen (*Dichotomie*). D. wird insbes. i. R. der *Regressionsanalyse* genutzt, um mehrstufige nominal- oder ordinalskalierte Variablen (*Skalierung*) als Prädiktoren analysieren zu können. Hat die kategoriale Variable die Ausprägungen «A», «B» und «C», so muss eine der drei Ausprägungen (z. B. «A») als Referenzkategorie gewählt werden. Die beiden neu zu bildenden dummy-codierten Variablen X_1 bzw. X_2 nehmen den Wert «1» an, wenn «B» bzw. «C» vorliegt, ansonsten ist ihr Wert gleich 0. Die Referenzkategorie A wird dann implizit durch die simultane Ausprägung 0 der Variablen X_1 und X_2 angezeigt, die Kategorie B durch $x_1=1$ und die Kategorie C durch $x_2=1$. Der Effekt von X_1 bzw. X_2 kann als Effekt von B bzw. C in Referenz zur Kategorie A interpretiert werden. *Effekt-Kodierung*. Bortz & Schuster 2010.

Duncan-Test, **[FSE]**, Post-hoc-Test, für den Vergleich von Mittelwertpaaren bei Vorliegen von mehr als zwei Gruppen (Klassen der unabh. Variablen) in einer *Varianzanalyse* geeignet ist. Wird zur Berechnung der *Signifikanz* des Unterschiedes zweier größenmäßig nicht benachbarter Mittelwerte verwendet. Bortz & Schuster 2010. *E. Mittenecker*

Duncker, Karl Ferdinand Hermann (1903–1940), **[HIS, KOG]**, Gestaltpsychologe (*Gestaltpsychologie*) der «zweiten Generation» mit Forschungsschwerpunkt zum produktiven Denken. K. Duncker wird in Leipzig in einer sozialistisch denkenden Familie geb., 1923–1928 Studium zunächst der Musik, dann der Philosophie und Ps. in Berlin und an der *Clark University*, 1926 M. A. an der *Clark University*, 1929 Promotion mit einer Arbeit über induzierte Bewegung in Berlin, 1930–1935 Assistent in Berlin, aus politischen Gründen zum 30.9.1935 gekündigt. 1933 meldet D. eine Habilitation mit einer Arbeit «Zur Ps. produktiven Denkens» an; das Verfahren wird jedoch verhindert (Wendelborn 2003); die Schrift erscheint 1935 als Buch. K. Duncker entwickelt darin eine Gestaltps. des *Denkens* und der Problemlösungsvorgänge (*Problemlösen*), teils unter Bezug auf Untersuchungen an Schülern. D. versucht die Fortsetzung seiner wiss. Laufbahn in Dt., leidet unter Depressionen und wird von L. Binswanger in Kreuzlingen (*Daseinsanalyse*) behandelt. D. lebt 1936 und 1937 überwiegend in England und wandert 1938 in die USA aus; 1838–1940 ist er durch Vermittlung von *Köhler* als *instructor in psychology* am *Swarthmore College* tätig, 1940 Tod durch Suizid. Duncker 1935. H. E. Lück

Dunkeladaptation [engl. *dark adaptation*; lat. *adaptare* anpassen], **[BIO, WAH]**, Anpassungsfähigkeit des visuellen Systems an eine (plötzliche oder allmähliche) Abnahme der Umgebungshelligkeit. Der Verlust führt zu *Dunkelsehen* und dem Bedürfnis nach einer helleren Beleuchtung selbst bei ausreichenden Lichtbedingungen. Karnath & Thier 2012. J. Zihl

Dunkelfeld-Test, **[DIA, KLI]**, Dunkelfeldtechnik, *projektive Tests*, die Darbietung von Tests im verdunkelten Raum, wobei die Testvorlage allmählich hell herausgehoben wird mit der Absicht, beim Pbn eine konzentrierte, meditative Gesamtlage zu erzeugen. Zu solcher Darbietung eignen sich z. B. farbige Klecksografien.

Dunkelschrift (= D.), **[BIO, KOG]**, das *Schreiben* im verdunkelten Raum oder mit verbundenen Augen (Wegfall der optischen Regulation). Dunkelschrift weist durch den Ausfall der visuellen Kontrolle in versch. Fällen (Medikamenteneinfluss, best. Krankheitsbilder) Veränderungen gegenüber normaler Handschrift auf.

Duplex-Theorie, Rauheit (= D.) [engl. *dual-code theory, coarseness*], **[WA]**, die D. besagt, dass Rauheit in der haptischen Wahrnehmung (*Haptik*) auf zwei verschiedene Arten codiert wird. Die *vibrotaktile Codierung* beruht auf vibratorischer Reizung, die beim aktiven Überstreichen von Texturen mit dem Finger erzeugt wird. Die *räumliche Codierung* beruht auf dem räumlichen Muster der Hautdeformationen durch eine Textur und ist auch bei stationärem Finger verfügbar. Vibrotaktile Codierung wird primär mit der Wahrnehmung sehr feiner Texturen assoziiert (Texturelemente in Abständen von höchstens wenigen hundert Mikrometern), räumliche Codierung mit mittleren und gröberen Texturen. Verschiedene Typen von Mechanorezeptoren sind an den Codierungen beteiligt. Die D. geht auf Katz (1925) zurück und wurde in den letzten Jahren eingehend untersucht. Hollins & Bensmaia 2007. K. Drewing

Duplikationstheorem [engl. *duplication theorem*; lat. *duplicare* verdoppeln], **[SOZ]**, Bez. für den allg. bei menschlichen Beziehungen, insbes. aber intrafamiliär zu beobachtenden Vorgang, dass jew. solche Neubeziehungen bevorzugt sind, die früheren (gewohnten) Beziehungen gleichen (ähneln). *Familienbeziehung*.

Duplizitätstheorie [engl. *duplex theory of vision*; lat. *duplicare* verdoppeln], J. V. Kries im Jahre 1894, **[WA]**, psychophysiol. Theorie von der Doppelnatur des Netzhaut, die auf der morphologischen Verschiedenheit der Netzhautrezeptoren einerseits und dem Unterschied von Tages- und Dämmerungssehen andererseits beruht (*Auge*). Mit Einschränkungen gilt, dass die in der *Fovea centralis* gelegenen Zapfen bei Tagessehen und Helladaptation die Farb- und Unbuntempfindungen (*Farbe, Farbwahrnehmung*), die peripher gelegenen Stäbchen bei Dämmerungssehen und Dunkeladaptation die Unbuntempfindungen vermitteln. Hellempfindlichkeit der menschlichen *Auges, Purkinje'sches Phänomen* (Meumann). Die Anschauung, nach der die Gefühle (*Gefühl*) aus einer zentralen psychophysischen Komponente (z. B. sensorische und vasomotorische Veränderungen) und einer weiteren, dem Gefühlsinhalt, bestehen.

Dura mater [engl. *dura mater*; lat. *durus* hart; *mater* Mutter; harte Hirnhaut], **[BIO]**, *Gehirn*.

Durcharbeiten [engl. *working through*], **[KLI]**, von Freud 1914 in die psychoanalyt. Theorie (*Psychoanalyse*) eingeführt. Bezieht sich auf die von Pat. und Analytiker gemeinsam zu leistende wiederholende Arbeit der Assimilation neuer Erfahrungen.

durchschnittliche Abweichung [engl. *average deviation*], *AD*.

Durchschnittlich erfasste Varianz (DEV) [engl. *average variance extracted (AVE)*], **[FSE]**, Maß für die konvergente Validität bei der Schätzung eines latenten Konstrukts in einer *konfirmatorischen Faktorenanalyse*. Hierbei wird i. R. eines *Strukturgleichungsmodells* der durchschnittliche Anteil der durch das Konstrukt (den Faktor, *Variable, latente*) an den zugehörigen Variablen erklärten Varianz ermittelt.

$$DEV = \frac{\sum_{i=1}^{p} \lambda_i^2}{\sum_{i=1}^{p} \lambda_i^2 + \sum_{i=1}^{p} Var(\epsilon_i)}$$

mit λ_i als unstandardisierte Faktorladung der Variablen i und $Var(\epsilon_i)$ als Fehlervarianz.

Dieser Kennwert sollte über .50 liegen, da sonst die Messfehlervarianz im Durchschnitt größer ist als die Varianz der Indikatoren, welche durch die jew. unterliegende latente *Konstrukt* vorhergesagt werden kann (DEV > .50). Dieser Kennwert erlaubt aber, dass eine unzufriedenstellende Faktorladung einzelner Variablen durch die Höhe anderer Ladungen kompensiert werden kann: Die DEV dient somit zur Bewertung der Zuverlässigkeit bzw. Messgüte der latenten Variable und nicht der einzelnen Indikatoren. Fornell & Larcker 1981. R. Leonhart

Dyade (= D.) [engl. *dyad*; gr. δύας *(dyas)* Zweiheit], **[SOZ]**, qual. herausgehobene Zweiergruppe. Wenn zwei Personen in einer stabilen Beziehung zueinander stehen, wird diese Zweierbeziehung als D. bez.. Kennzeichnend für eine D. sind wechselseitige und aufeinander bezogene Handlungsmuster der Partner. Es gibt zwei Arten von D.: D. mit unterscheidbaren Partnern, z. B. heterosexuelle Paare, Mutter und Kind, Vorgesetzter und Mitarbeiter, oder Therapeut und Klient. Davon abzugrenzen sind nicht unterscheidbare D., z. B. homosexuelle Paare, gleichgeschlechtliche Freundes- oder Geschwisterpaare und Zwillinge. Personen einer D. gelten als wechselseitig abhängig, da sie sich gegenseitig beeinflussen oder von einer externen Quelle beeinflusst werden (z. B. wenn zwei Personen in einem Haushalt leben). Herzberg 2011. *P. Y. Herzberg*

Dynamik (= D.) [engl. *dynamics*; gr. δύναμις *(dynamis)* Kraft, Möglichkeit im Ggs. zu ἐνέργεια *(energeia)* Wirksamkeit, Tätigkeit], **[EM, KLI, KOG, WA]**, Schwung, Triebkraft. Lehre von den in der Natur wirksamen Kräften; Teilgebiet der Mechanik. Wichtiges Kriterium der D. ist, dass sie auch da wirkt, wo keine direkte Einwirkung (wie bei Druck und Stoß der Mechanik) vorliegt. In der Ps. hat D. vielfältige Bedeutung: (1) D. wird analog zur Physik verstanden als die Veränderung psych. Tatbestände unter dem Einfluss von Kräften. (2) Am häufigsten wird D. gebraucht in der Motivationsps. Die Kräfte werden dort entweder als *Instinkte*, *Libido*, *Triebe*, Triebfedern, *Antriebe*, *Strebungen* (Lorenz, Freud, Jung, Klages, Krüger, Lersch) aufgefasst oder aber, ohne Annahmen hinsichtlich ihrer spezif. Natur zu machen, operational definiert als Vektoren (Lewin; *Vektorpsychologie*). (3) In der Wahrnehmungsps. spricht man von D., insofern sich z. B. visuelle Gebilde unter dem Einfluss von Kräften i. S. der jew. herrschenden Bedingungen organisieren (z. B. *Aktualgenese*, Tendenz zur guten Gestalt; *Gestaltpsychologie*). (4) Ps. Kräfte können nach dem Isomorphieprinzip (Wertheimer, Köhler) somatisch grundgelegt sein. Man spricht in diesem Fall von der D. des Hirnfeldes (*Isomorphismus*). (5) Von einer «dynamischen Ganzheit» spricht man, wenn sich mehrere ps. Kräfte i. R. gegebener Bedingungen spontan zu einem neuen Ganzen organisieren. «Dynamische Ganzheit» und «psychisches Feld» sind äquivalente Begriffe. (6) D. als Ggs. zu starr und eindeutig best. Verrichtungen (z. B. *bedingter Reflex,*). (7) In der *Psychomotorik* die Bez. für die bewegungsverursachenden Kräfte. Als inverse Dynamik wird in *Robotik* und Psychomotorik die «rückläufige Bestimmung» von Kräften bez., die für eine gewünschte Bewegung erforderlich sind; die Lösung ist i. d. R. uneindeutig. *koordinative Struktur*.

dynamische Okklusion (= d. O.) [engl. *dynamic occlusion*; lat. *occludere* verdecken, verschließen], **[KOG, WA]**, Begriff aus der *Raumwahrnehmung*, der die zunehmende Verdeckung von visuellen Flächen durch Bewegungen des Beobachters oder durch Bewegung von Gegenständen oder Flächen im Sichtfeld des Beobachters beschreibt. D. O. liefert visuelle Information, die vom Menschen für eine stabile Raumwahrnehmung und *Raumorientierung* genutzt wird. Das Gegenteil, nämlich die zunehmende Aufdeckung von Flächen durch Eigen- oder Objektbewegungen, wird *Disokklusion* [engl. *disocclusion*] genannt. Gibson 1982, May 2006b. *M. May*

dynamische Systeme, Theorie [engl. *dynamic systems theory/approach*], **[EW]**, ein von Esther Thelen und Linda Smith insbes. in die Entwicklungsps. eingebrachter theoretischer und meth. Ansatz, in dem – als ein Versuch zur Überwindung der Empirismus-Nativismus-Debatte (*Anlage-Umwelt*) – die Veränderungen des Verhaltens (*Verhalten*) und der mentalen Strukturen (*Denken*, *Kognition*) nicht über angeborene oder von außen herangetragene Komponenten verstanden werden, sondern nach dem Prinzip der *Emergenz* neuer Entitäten durch das von Geburt an dynamische Zusammenwirken aller psych. Systeme, wie *Wahrnehmung*, *Motorik*, *Sprache*, *Gedächtnis*, *Emotionen*, in ein integriertes Ganzes, welches Verhalten bewirkt. Ein bes. Kennzeichen ist die Fokussierung auf die Verhaltensebene und damit der starke Einbezug der *Psychomotorik* zur Erklärung von Entwicklungsveränderungen. Thelen & Smith 1994, Wilkening & Cacchione 2007a. *F. Wilkening*

dynamische Untersuchungsverfahren [engl. *dynamic analysis/study methods*], *Personalauswahl*.

dynamisch-transaktionaler Ansatz der Medienwirkung (= d. A. d. M.) [engl. *dynamic-transactional approach*], 1982, von W. Früh & K. Schönbach. **[MD, SOZ]**, Der d. A. d. M. kombiniert Aspekte der *Medienwirkungen* und der Mediennutzung (*Mediennutzungsforschung*) in einem paradigmatischen Konzept mittlerer Reichweite, das sowohl Kommunikatoren als auch Rezipienten aktive und passive Rollen im Prozess der Mediennutzung zuweist. Medienwirkungen werden als Resultat realer oder virtueller Interaktionen zw. Interaktionspartnern auf der Kommunikatoren- und der Rezipientenseite definiert. Der d. A. d. M. verfolgt die Absicht, die häufig extrapoliert dargestellten Forschungspositionen zw. Modellen starker Wirkung (massen-)medialer Kommunikation und Ansätzen aktiver Rezipienten mit hoch selektiver Mediennutzung und entspr. geringer Wirkung der Medienangebote zus.zuführen. Der d. A. d. M. modelliert Medienwirkungen als dynamisch-transaktional in zweierlei Hinsicht. Einerseits wird hierdurch der Grundannahme Ausdruck verliehen, dass Medienwirkungen i. d. R. nicht linear verlaufen, des Weiteren bezieht sich die Dynamik im Wirkungsprozess auf die Eigenverstärkung der beobachteten Effekte sowie die Feststellung, dass beobachtete Effekte selbst zum Auslöser ihrer Veränderung werden können. Andererseits skizzieren die Autoren «interdependent-veränderliche Anpassungsprozesse» (*Para-Feedback*) zw. Kommunikatoren und Rezipienten (Inter-Transaktionen) sowie zeitgleich auftretende Wechselwirkungen zw. Wissen und Motivation der Kommunikatoren und Rezipienten (Intra-Transaktionen) im Prozess der Mediennutzung und Selektion. Diese dynamisch-transaktionalen Prozesse finden vor dem Hintergrund eines geeigneten Kommunikationszusammenhanges statt. I. R. des d. A. d. M. wird dieser als *molarer Kontext* bez. und verweist auf das für Medienwirkungen voraussetzende Zusammenspiel von *Persönlichkeitsmerkmal*, Merkmalen des jew. Medienangebotes sowie soziokult. Merkmalen. Früh 1991, Früh & Schönbach 2005. *T. Meitz*

Dynamismus [engl. *dynamism*; gr. δύναμις *(dynamis)* Kraft, Möglichkeit], **[PHI]**, Lehre, die Sein und Geschehen auf die Wirksamkeit von Kräften zurückführt.

Dynamometer (= D.) [engl. *dynamometer*; gr. δύναμις *(dynamis)* Kraft, Möglichkeit, gr. μέτρον *(metron)* Maß], [**AO, DIA**], Kraftmesser; veraltetes arbeitswiss. Verfahren; Meist eine Vorrichtung mit kräftigen Federn, die durch einen Griff zus.gepresst werden müssen. Hierbei wird ein Zeiger über eine Skala mit bewegt, der die erzielte Druckkraft angibt. Für Handgebrauch nach Collin. Auch als Zugriff. Ebenso als Arbeitsschreiber nach Weiler. D. werden zur Feststellung der Muskelkraft, aber auch zur Gewinnung von Einsichten in das Arbeitsverhalten (Übung, Ermüdung usw.) gebraucht. *Sinnesfunktionen*.

Dynorphin [engl. *dynorphin*], [**PHA**], endogener Stoff aus der Gruppe der endogenen *Opiate*, wirkt an M-Rezeptoren, *Sedierung*, *Dysphorie*, *Analgesie* auf Rückenmarksebene. *Endorphine*, *Opioide*.

Dysarthrie (= D.) [engl. *dysarthria*; gr. δυσ- *(dys-)* miss-, ἄρθροειν *(arhtroein)* artikuliere], [**BIO, KOG**], nach Arnold (1970) Störungen der Aussprache infolge von Erkrankungen der zerebralen Zentren, Bahnen und Kerne der am Sprechvorgang beteiligten Nerven. Im Unterschied zu den Lähmungen und Läsionen der peripheren Hirnnervenverläufe (*Dysglossie*) fehlt bei den zentralen D. nicht nur die Innervation einzelner, am Sprechvorgang beteiligter Muskeln und damit die Bildung best. *Artikuleme* (*Phonem*), sondern sie stören das Regulation der gesamten Artikulomotorik (*Sprachproduktion*). Spezif. dysarthrische Störungsformen sind nach neurologisch-phoniatrischer Auffassung (Böhme 1973) durch die Lokalisation und das Ausmaß der zentralen Schädigung, nicht aber durch die Krankheitsart best. Aus dem Versuch einer Zuordnung von klin. beschriebenen Sprechstörungen bei Pat. mit umschriebenem Sitz von Tumoren, Erweichungsherden oder Erkrankungen (z. B. *Chorea, Parkinson'sche Erkrankung*) zu einzelnen Hirnregionen ist die neurologische Einteilung der D. im Erwachsenenalter nach hirnanatomischen Gesichtspunkten entstanden: kortikale (meist gemischt mit dysphasischen Symptomen), pyramidale (plumpe, hypertonische, spastische Artikulomotorik), extrapyramidale (Hyper- oder Hypokinesen, gestörte Prosodie mit Monotonie, Monodynamik und Propulsion, auch Palilalie oder Tachyphemie), frontopontine (Antriebsstörungen mit immer rascher und leiser werdendem Sprechen und vorzeitig endenden Bewegungen), zerebellare (Bradylalie oder Tachylalie, dysmetrische Bewegungen, Skandieren, rau-gequetschter Stimmklang) und bulbäre D. (atonisch-schlaffe Lähmungen der Artikulationswerkzeuge bis zur Anarthrie; Mischformen sind häufig. Unabh. von dieser Einteilung der später erworbenen D. müssen noch diejenigen nach zerebraler Kinderlähmung unterschieden werden (*Sprachstörungen*); diese machen eine strenge Abgrenzung der D. gegenüber manchen Formen der *Dysphasie* problematisch. Eine dysarthrisch behinderte Artikulomotorik nach zerebraler Kinderlähmung ohne Beeinträchtigung der gesamten *Sprachentwicklung* ist eine Seltenheit. Böhme 1973.

Dysästhesie [engl. *dysesthesia*; gr. δυσ- *(dys-)* miss-, αἴσθησις *(aisthesis)* Empfindung], [**BIO, WAH**], Störung der Sinnesempfindung, entweder in Form einer Verminderung oder Steigerung der Sinnesempfindlichkeit gegenüber (allen) äußeren Reizen, oder einer abnormen bzw. schmerzhaften Empfindung auf einen normalen Reiz (*Hypästhesie*, *Hyperästhesie*). Karnath & Thier 2012.   J. Zihl

Dysbasie [engl. *dysbasia*; gr. δυσ- *(dys-)* miss-, βάσις *(basis)* Grundlage, Gang], Gangstörung (z. B. Hinken, Watscheln).

Dyschromatopsie (= D.) [engl. *dyschromatopsia*; gr. δυσ- *(dys-)* miss-, χρῶμα *(chroma)* Farbe, ὄψις *(opsis)* Sehen], [**BIO, WA**], angeborene (sog. Farbfehlsichtigkeit) oder nach einer Hirnschädigung (zerebrale D.) auftretende Minderung der Fähigkeit zur Unterscheidung von Farbtönen. Bei der zerebralen D. können alle Bereiche des Farbspektrums betroffen sein.   J. Zihl

Dysergie [gr. *dysergia* Trägheit; gr. δυσ- *(dys-)* miss-, (*ergon*) Werk, Tätigkeit], [**BIO, GES**], herabgesetzte körperliche bzw. seelische Widerstandskraft. Macht sich als abnorme Reaktionsbereitschaft gegenüber Infekten (*Infektion*) bemerkbar.

dysexekutives Syndrom *exekutive Dysfunktion*.

Dysfunktion [engl. *dysfunction*; gr. δυσ- *(dys-)* miss-], [**KLI**], falsche, gestörte Funktion. Störung im funktionellen Ablauf, z. B. einer Drüsenfunktion mit den daraus entstehenden Folgen. *funktionelle Störungen*.

Dysgeusie [engl. *dysgeusia*; gr. δυσ- *(dys-)* miss-, γεύση *(geuse)* Geschmack], *Ageusie*.

Dysglossie [engl. *dysglossia*; gr. δυσ- *(dys-)* miss-, γλῶσσα *(glossa)* Zunge], [**BIO, KOG**], Oberbegriff für Aussprachestörungen durch Missbildungen, Erkrankungen, Veränderungen und Verletzungen der Sprechwerkzeuge (Lippen, Zähne, Kiefer, Zunge, Gaumen, Nase) sowie durch Lähmungen oder Läsionen im peripheren Verlauf der am Sprechen beteiligten Hirnnerven mit den daraus resultierenden Muskelatrophien (z. B. Zungenlähmung). Hiervon zu unterscheiden sind die *Dysarthrien*.

Dysgrammatismus (= D.) [engl. *dysgrammatism*; gr. δυσ- *(dys-)* miss-, γράμμα *(gramma)* Buchstabe], [**BIO, EW, KOG**], die syntaktisch-grammatikalisch (*Syntax*, *Grammatik*) fehlerhafte Formulierung einzelner sprachlicher Äußerungen, die fehlerhafte Kombination (de Saussure 1916, Jakobson 1941) z. B. bei sprachlichen *Fehlhandlungen* (Versprechen). Als neurologische und phoniatrische Bez. für eine anhaltende Unfähigkeit, syntaktisch und grammatikalisch korrekte Sätze zu sprechen, z. B. in der normalen kindlichen *Sprachentwicklung* bis zum Beginn des Schulalters (physiol. D.), anhaltender bei verzögerter Sprachentwicklung (*Sprachentwicklungsverzögerung*), bei Sprachschwäche, *Poltern* und *Stottern*, sowie bei *Oligophrenie* oder nach Hirnverletzungen oder auch -erkrankungen (*Aphasie*); nicht immer sauber unterschieden von *Agrammatismus*. Einteilung dort in drei – schwer objektivierbare – Ausprägungsgrade. Psycholinguistische Einteilung nach Fehlerarten wie Auslassen, Umstellen, Bilden falscher Formen, nicht beendete oder mitten im Ablauf uncodierte Sätze usw. Aufschlussreich auch die Fehler bei der Transformation von *semantischen Rollen* in eine syntaktisch-grammatikalische *Oberflächenstruktur*, die für sich allein sogar als exakt erscheinen kann. Morphologische Fehler (nicht vollzogene Veränderungen der phonematischen Wortgestalten im syntaktischen Gefüge, z. B. «gegeht» statt «gegangen») können als Übergangsformen zu den Fehlern der Selektion (*Paraphasie*) gelten.

Dyskalkulie, Rechenschwäche [engl. *dyscalculia*; gr. δυσ- *(dys-)* miss-, lat. *calculus* Rechnung], [**KLI, KOG, PÄD**], akzentuiertes Lernversagen im Rechnen (analog zur *Lese-Rechtschreib-Schwäche*) bei relativ gutem oder erheblich besserem *Intelligenz-* und übrigen Leistungsniveau trotz normaler schulischer Verhältnisse (Verlustsyndrom, *Akalkulie*). Hinter dem Erscheinungsbild können versch. Teilleistungsstörungen stehen: (1) *Sprachstörungen*; (2) Zuordnungslabilität; unsichere Zuordnung von Wortgestalten zu ebenfalls schlecht erfassten Größen-, Form-, Raumlage-, Entfernungs- und Menge-Relationen bei Gegenständen und grafisch angeordneten Zeichengestalten (Positionslabilität von Ziffern, unsicheres Körperschema, *Fingeragnosie*, Rechnen in falscher Richtung); (3) Codierschwächen: räumlich-figürliche und zeitliche Strukturierungsschwäche (z. B. bei Mosaik-Aufgaben bzw. Multiplikationen nur durch fortlaufende Addition), ungenügende Transformation von syntaktischen Strukturen (*Syntax*) in math. (Textaufgaben), Speicherschwäche (Zw.ergebnisse bzw. Reihenfolge der Rechenschritte), *Interferenzneigung* (Beachtung der Rechenregel unterdrückt die Vorstellung der Zahlbegriffe) etc. Dementspr. häufig sind Überschneidungen mit anderen Lernschwächen, z. B. LRS, sowie deren unterschiedlichen Rahmenbedingungen wie sozialem Milieu oder Effektivität von Lernmethoden. *Akalkulie*, *Dyskalkulie, Rechenschwäche; Prävention*, *Dyskalkulie, Rechenschwäche; Training*.

Dyskalkulie, Rechenschwäche; Prävention (= P.) [engl. *dyscalculia, prevention*]; syn. Vorbeugung von Rechenstörungen (*Dyskalkulie*), [**KLI**], frühzeitig einsetzende Fördermaßnahmen, die einem (späteren) Versagen im schulischen Mathematikunterricht vorbeugen sollen. Die P. setzt ein, noch bevor eine manifeste Rechenschwäche vorliegt. Notwendigkeit zur P. ist insbes. gegeben, wenn die Entwicklung math. Kompetenzen bereits verzögert ist und damit ein Risiko für die Ausbildung einer *Rechenschwäche* besteht. Da rechenschwachen Schülern meist nicht nur das Verständnis für Rechenoperationen, sondern bereits das Verständnis für den numerischen Sinngehalt von Zahlen und Zahldarstellungen fehlt, zielt die P. i. d. R. auf den Aufbau eines adäquaten Zahlverständnisses ab (z. B. *Trainingsprogramm Mengen, zählen, Zahlen*). Hierbei hat es sich als sinnvoll erwiesen, die P. an der natürlichen Entwicklung numerischer Kompetenzen zu orientieren und zunächst sicherzustellen, dass Kinder die Zahlwörter (ggf. auch in Ziffernschreibweise) kennen und flexibel mit der Zahlwortfolge umgehen können (z. B. Aufsagen der Zahlwortfolge ab einer beliebigen Zahl vorwärts und rückwärts), bevor Zahlwörter mit Mengen und Größen verknüpft und so miteinander verglichen werden können (z. B. 5 ist mehr als 3, Größenrepräsentation von Zahlen). Erst wenn diese Schritte gelingen, kann Kindern auch vermittelt werden, dass sich zwei Zahlen durch eine dritte Zahl unterscheiden (z. B. 5 sind 2 mehr als 3) und dass Zahlen dem Teile-Ganzes-Prinzip folgen (z. B. 5 lässt sich in 2 und 3 oder 4 und 1 zerlegen). Aufbauend auf diesem Verständnis für Zahlrelationen können schließlich komplexere Rechenoperationen durchdrungen und damit Rechenschwächen verhindert werden. Optimalerweise orientieren sich bereits Maßnahmen *mathematischer Frühförderung* an dieser Entwicklungsfolge und fokussieren dabei auf die numerischen Inhalte von Situationen. *Prävention*. Krajewski & Schneider 2007. *K. Krajewski*

Dyskalkulie, Rechenschwäche; Training (= T.) [engl. *dyscalculia, training*], syn. *Intervention, Therapie von Rechenstörungen*; (*Dyskalkulie, Rechenschwäche*), [**KLI**], umschreibt Fördermaßnahmen, die das Verständnis für Rechenoperationen aufbauen sollen, nachdem bei einer Person eine Beeinträchtigung der grundlegenden Rechenfertigkeiten diagnostiziert wurde. Je länger die Rechenschwäche unerkannt war, desto vielfältiger ist i. Allg. das Störungsbild, desto indiv. und flexibler müssen die Fördermaßnahmen den Problemen des einzelnen Betroffenen angepasst werden. Eine tiefgreifende Rechenschwäche geht meist mit einem fehlenden Verständnis für den numerischen Sinn von Zahlen und Zahldarstellungen einher, wodurch ein Aufbau abstrakter Zahlenraum- oder Zahlenstrahlvorstellungen nicht gelingt. Daher ist es notwendig, hier zunächst durch Maßnahmen aus dem präventiven Bereich den Aufbau eines adäquaten Zahlverständnisses nachzuholen und Zahlen als Repräsentanten von Mengen und Größen bewusst zu machen (*Dyskalkulie, Rechenschwäche; Prävention*, z. B. *Trainingsprogramm Mengen, zählen, Zahlen*). Durch die Verwendung geeigneter Darstellungsmittel müssen dem Betroffenen im T. Aufbau, Größe, Struktur und Prinzipien der Zahlen sichtbar gemacht werden. So sollen Darstellungsmittel ein äußeres Modell für Zahlprinzipien und Rechenoperationen sein (z. B. 15 gleichartige Chips in drei Reihen mit je fünf Chips veranschaulichen 3 x 5 = 15), das der *Einsicht* in math. Prinzipien dient (z. B. Multiplikation ist wiederholte Addition; von 1 x 5 zu 3 x 5 kommen zweimal fünf dazu), den Zahlen Sinn verleiht (z. B. 5 steht für 5 Stück) und den Aufbau einer adäquaten inneren Vorstellung von Rechenoperationen unterstützt. Das T. muss immer math. Inhalte als Förderschwerpunkt haben, kann aber um unspezif. Maßnahmen wie z. B. Förderung von *Selbstregulation* bei Aufmerksamkeitsstörungen (*Aufmerksamkeitsdefizit-/Hyperaktivitätsstörung*) ergänzt werden, insbes. wenn diese direkt mit den math. Förderinhalten verknüpft werden. Krajewski & Ennemoser 2013. *K. Krajewski*

Dyskinästhesie [engl. *dyskinesthesia*; gr. δυσ- *(dys-)* miss-, κινεῖν *(kinein)* in Bewegung versetzen, αἴσθησις *(aisthesis)* Empfindung]. [**BIO**], Störung des Empfindungs- (Hautwahrnehmung) und Lagesinns (Wahrnehmung der Stellung und der Bewegung der Gliedmaßen und des Rumpfes) des Körpers. Karnath & Thier 2012. *J. Zihl*

Dyskinesien (= D.) [engl. *dyskinesia*], [**BIO, PHA**], unwillkürliche Bewegungsstörungen, die entweder als *Symptom* einer Erkrankung des ZNS (z. B. M. *Parkinson*) oder als unerwünschte Wirkung einer medikamentösen Therapie aufzufassen sind. D. werden als Spätfolge einer längeren Therapie eines M. Parkinson mit *L-Dopa* beobachtet. Bei einer Therapie mit *Antipsychotika* kommen D. regelmäßig vor. Es werden Früh- und Spätd. (auch: tardive D.), in Abhängigkeit von dem Zeitpunkt ihres Auftretens i. R. einer *Antipsychotika*-Therapie, unterschieden. Bei den Frühd., die i. d. R. innerhalb von 24–48 Std. nach Beginn der Therapie auftreten, kommt es vor allem zu Zungen-, Schlund- oder Blickkrämpfen sowie unwillkürlichen Kaubewegungen. Die Behandlung besteht in der (i. d. R. intravenösen) Verabreichung von *Anticholinergika*. Auch bei den Spätd., die meist nach monate- bis jahrelanger Therapie mit Antipsychotika auftreten und deren irreversible Natur gefürchtet ist, kommt es zu oft stereotypen Bewegungen der Gesichtsmuskulatur, im weiteren Verlauf kann auch die Extremitäten- und Rumpfmuskulatur betroffen sein. Wichtigste Maßnahme ist die *Prävention*, die therap. Möglichkeiten sind begrenzt. S. Lammertz

Dyskolie, dyskolisch [gr. *dyskolia* Unzufriedenheit, gr. δυσ- *(dys-)* miss-, gr. χολή *(chole)* Galle], **[EM, KLI]**, Schwermut, Trübsinn. *Melancholie*.

Dyslalie [engl. *dyslalia*; gr. δυσ- *(dys-)* miss-, λαλέιν *(lalein)* sprechen], *Stammeln, Dyslalie*.

Dyslexie (= D.) [engl. *dyslexia*; gr. δυσ- *(dys-)* miss-, λέξις *(lexis)* Sprechen, Reden], **[BIO, KOG]**, Schwierigkeit beim Lesen, z. B. aufgrund einer angeborenen Leseschwäche (Entwicklungsd.) oder einer Schädigung der für die Lesefähigkeit kritischen Hirnstrukturen (erworbene D.) auf präsemantischer Ebene (z. B. *hemianope Lesestörung*) oder semantischer Ebene (*reine Alexie*). *Lese-Rechtschreib-Schwäche*. Karnath & Thier 2012. J. Zihl

Dysmetrie [engl. *dysmetry*; gr. δυσ- *(dys-)* miss-, μέτρον *(métron)* Maß], **[BIO, KOG]**, neurologischer Begriff für fehlerhaft regulierte *Zielbewegungen* (überschießend = Hypermetrie, vorzeitig beendet = Hypometrie). Sie stehen im Syndrom der *Ataxien* in Verbindung mit saccadierten (unterbrochenen) oder auch Intentionstremor (gestörtes Zusammenwirken von Agonisten und Antagonisten) verwackelten Bewegungsabläufen sowie mit *Skandieren* des Sprechens bei Funktionsstörungen des Kleinhirns (*Kleinhirn*). *Motorik, Psychomotorik*.

Dysmimie [engl. *dysmimic*; gr. δυσ- *(dys-)* miss-, μίμησις *(mimesis)* Nachahmung], **[EM, SOZ]**, Störung in der *Mimik. Gebärdensprache*.

Dysmnesie [engl. *dysmnesia*; gr. δυσ- *(dys-)* miss-, μνήμη *(mneme)* Erinnerung], **[BIO, KOG]**, Störung der Gedächtnisfunktion.

dysmorpher Wahn [engl. *dysmorphophobia*; gr. δυσ- *(dys-)* miss-, μορφή *(morphe)* Gestalt], syn. körperdysmorpher Wahn, **[KLI]**, *wahnhafte Störung*, bei der der Betroffene die rational unkorrigierbare Überzeugung besitzt, dass der eigene Körper missgestaltet sei und dies auch von anderen unzweifelhaft so wahrgenommen werde. *Wahn*. Tölle 2007.

Dysnoia [engl. *dysnoia*; gr. δυσ- *(dys-)* miss-, νοῦς *(nous)* Verstand], **[KLI]**, nicht mehr gebräuchl. Bez. für eine mit Zerfahrenheit und traumhafter Bewusstseinsveränderung einhergehende *Psychose*.

Dysorexie [engl. *dysorexia*; gr. δυσ- *(dys-)* miss-, ὄρεξις *(orexis)* Verlangen, Appetit], **[KLI]**, Störung des Nahrungsbegehrens, Appetitstörung, Steigerung = Hyperorexie; Minderung bis Erlöschen = Anorexie. *Essstörungen*.

Dyspareunie (= D.) [engl. *dyspareunia*; gr. δυσ- *(dys-)* miss-, παρέννος *(pareunos)* Bettgenosse], **[KLI]**, Form von *Sexualstörungen* mit der Problematik, dass während sexueller Aktivitäten – meist während des Geschlechtsverkehrs selbst – brennende oder krampfartige Schmerzen auftreten. D. kann bei Männern und Frauen beobachtet werden, wobei sie bei Frauen wesentlich häufiger ist. Prinzipiell kann zw. *D. aufgrund eines med. Krankheitsfaktors* (z. B. Entzündungen, Pilzinfektionen, Geschlechtskrankheiten, Phimose, Vernarbungen oder Muskelverkrampfungen) und *nicht organischer D.* unterschieden werden. Bei der nicht organischen D. sollte jedoch überprüft werden, ob nicht eine andere primäre Sexualstörung (z. B. verzögerte Ejakulation beim Mann (*Ejakulationsstörungen*), *weibliche Orgasmusstörungen*, *Vaginismus* (die Grenzen zw. D. und Vaginismus sind z. T. fließend) oder fehlende vaginale Lubrikation) oder andere psych. Störungen (z. B. *Somatisierungsstörung*) vorliegen. Bei Frauen werden außerdem – zusätzlich zu Schmerzen beim Geschlechtsverkehr – Problematiken wie Empfindungsirritationen, Jucken oder Brennen berichtet. D. können aufgrund ihrer unmittelbar belastenden Erscheinungsform auch weitere Sexualstörungen wie z. B. *sexuelle Appetenzstörungen (Unlust)* oder sexuelle Aversionen zur Folge haben. Die Behandlung und Therapie (*Sexualstörungen, Psychopharmakotherapie, Sexualstörungen, Psychotherapie*) von D. richtet sich, neben einer Behandlung möglicher körperlicher Bedingungsfaktoren, nach den ermittelten Auslöse- und Aufrechterhaltungsfaktoren und kann versch. Interventionen beinhalten wie z. B. die Förderung des Körperempfindens, Entspannungsübungen oder den Umgang mit vorhandenen (z. T. aus der Problematik selbst entstandenen) *Emotionen* wie *Furcht* oder *Angst* und dem möglicherweise daraus entstandenen Vermeidungsverhalten (*Vermeidungslernen*). Zudem werden bereits längerfristig bestehende sowie durch die Störung entstandene Partnerschaftsprobleme thematisiert (*Paartherapie*). Gromus 2002, Kockott & Fahrner 2000.

Dysphasie (= D.) [engl. *dysphasia*; gr. δυσ- *(dys-)* miss-, φασίς *(phasis)* Sprache], **[BIO, KOG]**, mitunter syn. mit *Aphasie* unter Beachtung von graduellen Unterschieden. In ausdrücklicher Abgrenzung gegen die Aphasien als Verlustsyndrome der bereits erworbenen Sprachfähigkeit (*Sprache*) verwendete Bez. für angeborene, zentrale Hör- und *Sprachstörungen* (Tallal & Piercy 1978, Cromer 1978), früher *Hörstummheit;* mit stark verzögertem Einsetzen der *Sprachentwicklung* und anschließend aphasieähnlichen Erscheinungsbildern von vermindertem Sprachverständnis (*Sprachrezeption*, *Agnosie* akustisch), mit hartnäckigem *Stammeln*, eingeschränkter sprachlicher Ausdrucksfähigkeit, anhaltendem *Dysgrammatismus*, schwerer *Lese-Rechtschreib-Schwäche* und häufigen Störungen des Redeflusses (*Stottern, Poltern*). Engl. Bez. häufig *developmental aphasia*, neuerdings auch dort *developmental dysphasia* (Zangwill 1978). Unterschieden werden eine (mehr) rezeptive und eine mehr motorisch-expressive

D. Die Abgrenzung der D. gegen periphere *Hörstörungen*, *Dysarthrien*, *Oligophrenie* oder Autismus (*Autismus-Spektrum-Störung*) ist dringend erforderlich, differenzialdiagn. aber schwieriger nachweisbar als das Vorliegen soziokultureller Benachteiligung und häufig erst im Kindergartenalter zuverlässig möglich. Bartak & Rutter 1975, Wyke 1978, Weinert 1991.

Dysphonie [engl. *dysphonia*; gr. δυσ- *(dys-)* miss-, φωνή *(phone)* Ton], *Stimmstörung*.

Dysphorie [engl. *dysphoria*; gr. δυσφόρειν *(dysphorein)* traurig sein], **[EM, KLI]**, ängstlich-bedrückte, traurige Stimmungslage, dabei gereizt und reizbar. Ggs. *Euphorie*.

Dysphrasie [engl. *dysphrasia*; gr. δυσ- *(dys-)* miss-, φράσις *(phrasis)* Ausdruck, Redeweise], **[KLI, KOG]**, Oberbegriff für die inhomogenen und häufig sich überschneidenden Phänomene abweichenden (psychotischen) Sprachverhaltens. Sie sind nicht als Symptome für jew. umschriebene Krankheitsformen anzusehen und lassen sich weder nach linguistischen noch nach perzeptiv-motorischen Kriterien hinreichend beschreiben. Nicht Teilfunktionen in der Benutzung der *Sprache* als eines Systems von *Zeichen* zum Informationsaustausch sind hier gestört (*Sprachstörungen*, *Aphasie*), sondern das Gleichgewicht der versch. zentralen Aktivierungsfunktionen und Tonusregulationen oder die zentrale Organisation von Spontaneität und Lebensfeld und damit das kommunikative, expressive, affektive und emot. Gesamtverhalten. Die Sprachgebilde sind dabei ihres Zeichencharakters (*Semiotik*) häufig entledigt. Die daraus entstehende Vielzahl an Sprachphänomenen können in Destruktion, Reduktion oder Neoformation der Sprache und Einzelphänomene unterschieden werden; auch Störungen der *Prosodie* und psychotische *Stimmstörungen* finden hier Berücksichtigung. Für das Kindesalter ist ferner die Unterscheidung zw. *frühkindlichem Autismus* mit dem Kennzeichen der fehlenden *Sprachentwicklung* und kindlicher *Schizophrenie* mit Verhaltensauffälligkeit nach anfangs normaler Entwicklung notwendig.

Dysplasie, dysplastisch [engl. *dysplasia*; gr. δυσ- *(dys-)* miss-, πλάσις *(plasis)* Formung], **[BIO]**, von der *Norm* abweichende Wuchsformen, bes. durch hormonelle Störungen. Missgestalt, unförmig.

Dyspraxie [engl. *dyspraxia*; gr. δυσ- *(dys-)* miss-], *Apraxie*.

Dysthymie [engl. *dysthymia*; gr. δυσ- *(dys-)* miss-, θυμός *(thymos)* Gefühl], **[KLI]**, nach *DSM-5* geht die D. zus. mit der *Chronischen Major Depression* in der neuen Sammelkategorie *Persistierende Depressive Störung* auf. *Minor Depression*.

Dysthymie, Psychopharmakotherapie [engl. *dysthymia, pharmacotherapy*], **[PHA]**, die Pharmakotherapie der *Dysthymie* folgt den gleichen Prinzipien wie die Behandlung der depressiven Störung (*Depression*), allerdings liegen weniger Studien vor. *Metaanalysen* belegen die Wirksamkeit versch. selektiver *Serotonin-Wiederaufnahmehemmer*, des Monoaminooxidasehemmer *Moclobemid*, des trizyklischen Antidepressivums *Imipramin* und (in niedrigen Dosierungen) des Antipsychotikums *Amisulprid*.

G. Gründer

E, Beleuchtungsstärke. *lichttechnische Maße*.
EAPA, Richtlinien für den diagnostischen Prozess der, *EAPA* European Association of Psychological Assessment, *Teststandards*.
early change [engl.] frühe Veränderung, [**KLI**], *therapeutische Veränderung*.
Early Childhood Environment Rating Scales (ECERS) *Kinderbetreuung, Struktur-, Prozess- und Orientierungsqualität*.
Early-Improvement-Theorie [engl.] *Theorie der frühen Besserung*, [**PHA**],traditionell ging man bei der Behandlung einer *depressiven Episode* mit *Antidepressiva* von einem verzögerten Wirkeintritt von mind. mehreren Wochen aus. Diese Sichtweise hat sich in den letzten Jahren jedoch z. T. grundlegend geändert, der Wirkeintritt antidepressiver Therapien scheint deutlich rascher einzutreten als über Jahrzehnte postuliert. Insbes. der frühen Besserung [engl. *early improvement*] kommt dabei ein hoher prädiktiver Wert (*positiv prädiktiver Wert*) bzgl. des weiteren Behandlungsergebnisses zu. So scheint eine frühe, d. h. innerhalb der ersten 14 Tage nach Behandlungsbeginn eintretende, mind. 20 %-ige Besserung des depressiven Syndroms ein starker Prädiktor eines späteren Therapieansprechens bzw. einer späteren Remission zu sein. Ebenso kommt dem Ausbleiben jeglicher Besserung innerhalb der ersten zwei Behandlungswochen ein hoher neg. Vorhersagewert zu. Szegedi et al. 2009. *N. Schwertfeger*
Early Starter (= E. S.) [engl.] Person, die schon früh mit kriminellem Verhalten beginnt, [**EW, RF, SOZ**], in der Taxonomie von Patterson et al. (1989) eine Gruppe von delinquenten Personen, die bereits vor dem 14. Lebensjahr mit Straftaten auffällig werden. Unterschieden werden sie von sog. *Late Starters*, die erst nach dem 14. Lebensjahr kriminelle Handlungen begehen. Die Ursachen der *Delinquenz* der E. S. liegen in ungünstigem, teilweise gewalttätigem Erziehungsverhalten und den damit einhergehenden Lernprozessen: Das Kind erwirbt nur wenige Problemlösekompetenzen und *prosoziale Verhalten*sweisen, weshalb es schon in der Kindheit problematisches, antisoziales Verhalten an den Tag legt. Bei den Late Starters hingegen sind Kontakte zu delinquenten Gleichaltrigen, gepaart mit familiären Konflikten und geringer Beaufsichtigung durch die Eltern die Hauptursache für die *Kriminalität*. In beiden Gruppen zeigt sich laut Patterson eine Entwicklung hin zu schwereren Delikten, wobei die E. S. einen ungünstigeren Verlauf der antisozialen Karriere nehmen und die Late Starters kriminelles Verhalten eher wieder einstellen (*Desistance*). Das Modell Pattersons zeigt in der Gruppe der E. S. Ähnlichkeiten zur Gruppe der *Life-Course-Persistent Offenders* (Moffitt 1993). Anders als Moffitts *Adolescence-Limited Offenders* hören die Late Starters laut Patterson aber erst im Erwachsenenalter mit der Begehung von Straftaten auf. Pattersons Modell leidet trotz einiger empirischer Bestätigung daran, dass mit den zwei spezifizierten Gruppen die Komplexität delinquenter Entwicklungsverläufe nicht ausreichend abgebildet wird. Gibson & Krohn 2013. *S. Suhling*
early vision [engl.] frühes Sehen; *visuelle Wahrnehmung*.
^{Test}**Eating Disorder Inventory-2 (EDI-2)**, 2004, T. Paul und A. Thiel, [www.testzentrale.de], [**DIA, KLI**]. AA Jugendl. und Erw. Das EDI-2 ist ein internat. angewendetes Standardverfahren zur mehrdimensionalen Beschreibung der spezif. Psychopathologie von Pat. mit Anorexia und Bulimia nervosa sowie anderen psychogenen *Essstörungen*. Es kann i. R. der Eingangsdiagnostik vor Beginn einer Psychoth. für die differenzierte Therapieplanung oder im weiteren Verlauf zur Veränderungsmessung eingesetzt werden. Es ist auch für klin. Studien zur Evaluation von Psychoth. oder Pharmakotherapie der psychogenen Essstörungen geeignet. Die 11 Skalen des EDI-2 erfassen die Dimensionen: *Schlankheitsstreben, Bulimie, Unzufriedenheit mit dem Körper, Ineffektivität, Perfektionismus, Misstrauen, Interozeptive Wahrnehmung, Angst vor dem Erwachsenwerden, Askese, Impulsregulation* und *soziale Unsicherheit*. Bearbeitungsdauer: für die Kurzfassung (8 Skalen) ca. 15 bis 20 Min., für die Langfassung (11 Skalen) ca. 20 bis 25 Min.
Ebbinghaus, Hermann (1850–1909), [**HIS, KOG**], Mitbegründer der Exp. Ps. Geb. in Wuppertal, Studium (Geschichte, Philosophie, Philologie) in Bonn, Halle, Berlin. 1873 Promotion, 1880 Habilitation «Über das Gedächtnis». 1894/95 Kontroverse mit Dilthey, in der er die «Exp. Ps.» gegen die «Verstehende Ps.» verteidigte. Wechsel von Berlin nach Breslau, danach Halle. Mitbegründer der «Zeitschrift für Ps. und Physiologie der Sinnesorgane» und «Zeitschrift für Ps.», der «Gesellschaft für exp. Ps.» (1904). In Selbstversuchen beforschte er v. a. Lern- und Merkprozesse (Vergessenskurve). *Vergessen, Gedächtnisprüfung*.
Ebbinghaus-Gesetz [engl. *Ebbinghaus's law of forgetting*], nach *Ebbinghaus, Hermann*, [**KOG**], die für die Merkfähigkeit und damit für das Lernen gültige Regel, dass eine nur geringe Vermehrung des zu behaltenden «Materials» die Zahl der erforderlichen Wiederholungen wesentlich stärker anwachsen lässt. *Vergessen, Vergessenskurve*. Ebbinghaus 1885.
Ebene [engl. *level*], [**KOG**], in der Denk-, Sprach-, Handlungsps. z. T. vieldeutig verwendet, bez. einen in sich relativ konsistenten Bezugsrahmen, dem ein best. Inhalt oder Vorgang zugeordnet wird, bspw. wenn angenommen wird, dass eine Handlung aus einem best. kogn. Kontext (etwa aus einer best. Situationsauffassung heraus) gesteuert, «reguliert» wird und die Handlungseffekte auf eben diesen

Kontext zurückbezogen werden (z. B. «Regulationsebenen» bei Hacker 1978; «Realitäts-» bzw. «Irrealitätsebene» bei Lewin 1963). *Mehrebenenanalyse, Verhaltensebene.*
G. Kaminski

Ebene-1/2-Perspektivwechsel [engl. *level-1/2 perspective-taking*], *soziale Kognition, Entwicklung.*

ebenmerklicher Unterschied [engl. *just noticeable difference, jnd*], *Psychophysik, Unterschiedsschwelle, Weber'sches Gesetz.*

Echo [gr. ηχώ *(echo)* in gr. Mythologie Tochter der Gaia], in ps. Beziehung das Nachahmen (Wiederholen) von Bewegungen, Wörtern, Gebärden, Schrift.

Echoencephalografie [engl. *echoencephalography*], *Enzephalografie.*

echoischer Speicher [engl. *echoic storage*], **[KOG]**, ein auditives sensorisches Register, in dem akustisch gebotene Information kurzzeitig gespeichert wird. *Gedächtnis.*

Echokinese, Echokinesie [engl. *echokinesis*; gr. κίνησις *(kinesis)* Bewegung], **[KLI]**, sinnloses Nachahmen von Bewegungen und Handlungen.

Echolalie (= E.) [engl. *echolalia;* gr. λαλέιν *(lalein)* sprechen], **[KLI, KOG]**, ein- oder mehrmalige artikulatorische Reproduktion gehörter sprachlicher Zeichen vom Umfang einzelner Silben oder Wörter bis zu kurzen Sätzen ohne Beachtung ihrer semantischen (*Semantik*) und pragmatischen Zeichenfunktion (*Semiotik*) sowie ohne einen Handlungsplan (*TOTE-Einheit*) zur Wiederholung. Z. B. wird eine gestellte Frage nicht sinngemäß beantwortet, sondern es wird ihre phonematische Repräsentation (*Oberflächenstruktur*) kurzschlüssig wiederholt. Tritt auf bei oligophrenen und psychotischen *Sprachstörungen*, bei best. hirntraumatischen und senil-dementen *Aphasien* (*Demenz*) sowie vorübergehend in der normalen, anhaltender in der verzögerten Sprachentwicklung vor dem Erwerb der semantisch-pragmatischen Zeichenfunktionen. E. setzt die Funktionstüchtigkeit der auditiv-artikulatorischen Regelkreise zur ideomotorischen Nachahmung voraus. Besteht hingegen ein Handlungsplan zur Wiederholung, zeigt sich unter entspr. Versuchsanordnung das nichtpathologische Phänomen des *shadowing* mit ebenfalls fehlendem oder stark reduziertem Sinnverständnis. Das zur Sprachdiagnostik verwendete Nachsprechen von Sätzen endlich schließt sowohl die Erfassung der Bedeutung als auch das Bestehen eines Handlungsplanes zur Wiederholung ein. *Tic-Störungen.* Norman 1973.

Echomimie [engl. *echomimia;* gr. μιμική *(mimike)* Gesichtsausdruck], *Echopraxie.*

Echophrasie [engl. *echophrasia;* gr. φράσις *(phrasis)* Ausdruck, Redeweise], *Echolalie.*

Echopraxie [engl. *echopraxia;* gr. πράξις *(praxis)* Tätigkeit, Handlung], **[KLI]**, neurol.-psychiatr. Symptom, das sich durch zwanghaftes Nachahmen von Bewegungen und Handlungen äußert. Unterform mit Beschränkung auf best. Bewegungen (bes. Gebärden) ist die Echomimie. *Tourette-Störung, Tic-Störungen.*

Echosprache *Echolalie.*

Echothymie [engl. *echothymia;* gr. θυμός *(thymos)* Gefühl], *Gefühlsansteckung,* **[EM, EW, SOZ]**, das von keiner Einsicht kontrollierte Annehmen der *Gefühle* und *Affekte.* Kinder weinen im «Chor», wenn eines beginnt. Die Auswirkung (Demonstrationen, *Panik* usw.) ist ein eigenes massenps. Problem. *Ansteckung, psychische.*

Ecstasy (= E.) [gr. ἔκστασις *(ekstasis)* Außer-sich-sein, Verzückung], **[PHA]**, als E. wurde in den 1980er-Jahren die chirale chemische Verbindung *3,4-Methylendioxy-N-methylamphetamin, MDMA,* bekannt. MDMA ist der Prototyp und das bekannteste Mitglied einer Familie von Substanzen mit ähnlichen Wirkungen. Diese werden auf dem illegalen Drogenmarkt als E. gehandelt. Als Derivate des β-Phenylethylamins sind sie chemisch mit Amphetamin-*Stimulanzien* als auch mit sog. Phenylethylamin-*Halluzinogenen*, wie z. B. *Meskalin*, eng verwandt. E.-Tabletten enthalten überwiegend MDMA oder MDE, 3,4-Methylendioxyethylamphetamin. MDMA und vergleichbare Substanzen führen akut zu einer verstärkten präsynaptischen Freisetzung von *Serotonin* und *Dopamin.* Zudem kommt es zu einer Blockade der Serotonintransporter, SERT, wodurch die Rückaufnahme von Serotonin in die Präsynapse verhindert wird. Gründer & Benkert 2012.
M. Paulzen

EDA, **[BIO]**, Abk. für elektrodermale Aktivität. *psychogalvanische Reaktion*, Hautwiderstand. *elektrodermale Aktivität, Kennwerte.*

EDR, **[BIO]**, Abk. für *electric dermatic reaction* [engl. elektrodermale Reaktion]. *psychogalvanische Reaktion.*

educational governance [engl.] Bildungssteuerung; *Bildungsevaluation.*

Edutainment (= E.), **[MD, PÄD]**, aus den Wörtern *Education* [engl. Erziehung] und *Entertainment* [engl. Unterhaltung] zusammengesetzter Begriff zur Bez. für unterhaltsames *Lernen* und *Lehren* i. d. R. mit Neuen Medien oder Multimediaanwendungen. Im Ggs. zu *Infotainment* bezieht sich E. auf intendiertes Lernen und Lehren.

EDV, Abk. für elektronische Datenverarbeitung.

EEG, **[BIO, DIA]**, Abk. für Elektroenzephalografie, EEG. *Elektrodiagnostik, Enzephalografie.*

effectiveness (= e.) [engl. Wirksamkeit; lat. *efficere* bewirken, hervorbringen], syn. *relative Wirksamkeit*, **[FSE]**, im Unterschied zur *efficacy* betont der Begriff e. die nachweisbare *Wirkung einer Intervention* unter natürlichen Bedingungen. Obwohl die e. auch als *Wirksamkeit* übersetzt werden kann, so erweist sich der Begriff des *Nutzens* als trennschärfer i. S. der Abgrenzung zur efficacy. Zur Bestimmung der e. sollten möglichst unselektierte Pbn unter Alltagsbedingungen untersucht werden. Hierdurch wird die Übertragbarkeit auf natürliche Anwendungssituationen in den Mittelpunkt des Studieninteresses gestellt (*Validität, externe*). Nach der Modellvorstellung von Campbell zur *Evaluation komplexer Interventionen* ist es zur Sicherstellung der internen und externen Validität erforderlich, zunächst mittels eines RCT (*randomisierte kontrollierte Studie*) die efficacy und anschließend z. B. durch ergänzende Beobachtungs- und *Feldstudie* die e. zu bestimmen. Campbell et al. 2007.

Effektanzmotivation (= E.) [engl. *effectance motivation;* lat. *efficere* bewirken, hervorbringen], **[EM, EW]**, Wirksamkeitsmotiv, die Tendenz, best. Wirkungen in der Umwelt zu erzielen, Kompetenz zu zeigen und damit der *Selbstverwirklichung* zu dienen. Die E. soll schon in den beim Kind frühzeitig auftretenden sekundären *Kreisreaktionen* (Baldwin, Piaget) zu erkennen sein. Von White (1959) ist sie den durch die *Homöostase* bedingten Defizitmotiven (*Defizitmotivation, Defizitmotive*, Maslow) gegenübergestellt worden. Bandura (1977a, 1979) hat dies aufgegriffen (*Selbstwirksamkeitserwartung*) und i. S. einer Erwartungsvariablen konzipiert. H.-D. Schmalt

Effekt-Codierung (= E.) [engl. *effect coding*], **[FSE]**, Verfahren zur Umwandlung einer k-stufigen kategorialen Variable in k-1-dichotome Indikatorvariablen (*Dichotomie*). E. wird insbes. bei der *Regressionsanalyse* genutzt, um mehrstufige nominalskalierte Variablen (*Skalierung*) als Prädiktoren analysieren zu können. Hat die kategoriale Variable die Ausprägungen A, B und C, so muss eine der drei Ausprägungen (z. B. A) als Referenzkategorie definiert werden. Die beiden neu zu bildenden effekt-codierten Variablen X_1 und X_2 nehmen den Wert «–1» an, wenn A vorliegt. X_1 (bzw. X_2) nimmt den Wert «1» (bzw. «0») an, wenn B vorliegt, und den Wert «0» (bzw. «1»), wenn C vorliegt. Die E. sollte gewählt werden, wenn der Effekt der Einzelwerte im Kontrast zum Gesamtschätzer (z. B. Mittelwert) über die drei Einzelkategorien hinweg interpretiert werden soll. *Dummy-Codierung*. Bortz & Schuster 2010.

Effektgesetz *Gesetz des Effekts*.

Effektgröße (= E.) [engl. *effect size*], syn. *Effektstärke*, **[FSE]**, eine Standardisierung von stat. Kennwerten, welche die ermittelten Effekte vergleichbar macht. E. können *a posteriori* für Mittelwertsdifferenzen (*t-Test*), Zusammenhänge (*Korrelation*) etc. berechnet werden. Ein stat. Effekt liegt hierbei vor, wenn bei der entspr. stat. Testung (*Signifikanztest*) des Effekts die *Nullhypothese* (= es gibt keinen Effekt) abgelehnt und somit die *Alternativhypothese* angenommen wird. Dies wird vorausgesetzt, um eine E. sinnvoll interpretieren zu können. Die E. verdeutlicht die praktische Relevanz der gefundenen Effekte und ist von der Stichprobengröße unabhängig, während die Steigerung der *Teststärke* durch zunehmenden Stichprobenumfang auch bei kleinen bzw. unbedeutenden Effekten zur Ablehnung der Nullhypothese führen kann. Somit können E. Effekte unabhängig von Stichprobengröße oder Messinstrument (bzw. Merkmalsstreuung) ver-

Effektgrößen: Überblick und Orientierungsgrößen für die Interpretation nach Cohen (1992) und Chen et al. (2010)

	Effektgröße	klein	mittel	groß
Vergleich von k = 2 Mittelwerten [Standardisierte Mittelwertsdifferenz]	unabhängige Stichproben: ↗Cohens d ↗Hedges g ↗Glass's delta	0.2	0.5	0.8
	abhängige Stichproben: ↗standardized effect size ↗standardized response mean	0.2	0.5	0.8
Vergleich von k ↗ 2 Mittelwerten [Varianzaufklärungsmaße]	↗eta-Quadrat, ↗partielles eta-Quadrat ↗omega-Quadrat ↗partielles omega-Quadrat	.01	.06	.14
Korrelation zweier Merkmale	↗Produkt-Moment-Korrelation ↗punktbiseriale Korrelation ↗biseriale Korrelation	.1 .1 .125	.3 .243 .304	.5 .371 .465
Korrelationsdifferenz	Q (Betrag der Differenz zweier mittels ↗Fishers Z-Transformation parametrisierter Korrelationskoeffizienten)	0.1	0.3	0.5
Multiple Korrelation	R^2 (↗Determinationskoeffizient) $f^2 = R^2/(1-R^2)$	.02 .02	.13 .15	.26 .35
Abweichung von theoretischer Verteilung und Zusammenhang in Kontingenztabellen (u. a. für ↗phi-Koeffizient, ↗Cramers V)	↗Cohens W	.05	.15	.25
Abweichung eines Anteils von π = .5	G = |π - .5|	.05	.15	.25
Differenz zweier Anteilswerte	H = |ϕ$_1$ – ϕ$_2$|	.2	.5	.8
Chancenverhältnis zweier dichotomer Merkmale	↗Odds Ratio	1.68	3.47	6.71

gleichbar machen. Zur Bewertung von E. hat Cohen (1988) für versch. E.maße eine Einteilung in kleine, mittlere und große Effekte vorgeschlagen, wobei dieser Vorschlag nur als Richtlinie gesehen werden kann. Es empfiehlt sich immer eine Einordung der E. mit vergleichbaren Studien.

(1) Für einige stat. Verfahren stellt der ermittelte Kennwert selbst schon eine E. dar (z. B. *Korrelationskoeffizient*) mit |r|=.1 kleiner Effekt, |r|=.3 mittlerer Effekt und |r|=.5 großer Effekt, während für andere Verfahren die E. ermittelt werden muss.

(2) *Einfache Mittelwertsvergleiche*: *Cohens d*, *standardized effect size* (SES), *standardized response mean* (SRM), *Hedges g*, *Glass's delta*.

(3) *Varianzanalysen* (*Varianzanalyse*): *eta-Quadrat*, *partielles eta-Quadrat*, *omega-Quadrat*, *partielles omega-Quadrat*.

(4) Für *dichotome oder kategoriale Merkmale* basieren E.maße auf *Odds Ratio*. E. stellen auch eine wichtige Grundlage von *Metaanalysen* dar, i. R. der die E. zu einer gemeinsamen E.schätzung integriert werden. Zudem kann durch die Angabe der erwarteten E. der *optimale Stichprobenumfang* bestimmt werden. *Effektgrößen, orientierende Beurteilungshilfen*. Leonhart 2004, Cohen 1988, Döring & Bortz 2016, Cohen 1992. *R. Leonhart*

Effektgrößen, orientierende Beurteilungshilfen, [**FSE**], in der Tab. sind von Cohen (1988, 1992) und Chen et al. 2010 vorgeschlagene Beurteilungskategorien für Maße der *Effektgröße* zus.gefasst dargestellt. Die Beurteilungskategorien *kleiner*, *mittlerer* bzw. *großer Effekt* bieten eine Orientierung, wenn keine Referenz für die Effektgröße aus Vergleichsstudien oder auf Basis inhaltlicher Überlegungen ermittelt werden kann.

Effektivität (= E.) [engl. *effectivity, effectiveness, efficacy*; lat. *efficere* bewirken, hervorbringen, [**FSE**], *effectiveness*. [**AO, WIR**], E. wird in der *Arbeits- und Organisationspsychologie* als übergeordneter Begriff von *Effizienz* unterschieden. Steers (1977) nennt als häufig verwendete Einzelindikatoren für Effektivität: (1) Anpassungsfähigkeit, (2) Flexibilität, (3) Produktivität, (4) Zufriedenheit und (5) Profit. Nach Katz & Kahn (1978) kann die E. als Maximierung des Ertrags der Organisation durch alle Mittel definiert werden. Bsp. für Mittel sind Rationalisierungsmaßnahmen zur Effizienzsteigerung, Wachstum, Schaffen von Energiereserven und Kontrolle der externen Umgebung (bspw. durch eine marktbeherrschende Position auf dem Rohstoffmarkt, aber auch durch politische Lobbyarbeit). Steers 1977. *S. Greif*

Effektor [engl. *effector*; lat. *efficere* bewirken, [**BIO**], das Wirkorgan, Erfolgsorgan (*Muskel*), Drüse) einer Reaktion. Endpunkt eines *Reflexbogens*.

effektorische Nerven, efferente Nerven [engl. *efferent nerves/effector neurons*; lat. *efficere* bewirken, [**BIO**], Nerven, die Impulse aus dem ZNS (*Nervensystem*) an die Erfolgsorgane leiten. *Nerv*.

Effektorkopie, Efferenzkopie [engl. *efference/efferent copy*; lat. *effere* hinaustragen], *Reafferenzprinzip*.

Effektstärke [engl. *effect size*], syn. für *Effektgröße*.

Efferenz (= E.) [engl. *efference*; lat. *effere* hinaustragen], [**BIO**], die Richtung, in der bestimmte Potenziale bei Nervenfasern, Nervenbahnen und Aktionspotenzialen geleitet werden (*Nerv, Leitungsbahnen*). I.Allg. gilt: Zentrum zu Peripherie = E. = zentrifugal; Peripherie zu Zentrum = Afferenz = zentripetal.

efficacy (= e.) [engl.] Wirkung, Wirksamkeit; [lat. *efficere* bewirken, hervorbringen, syn. *absolute Wirksamkeit*, [**FSE**], der eindeutig auf eine *Intervention* zurückzuführende Effekt in einer Zielvariablen (*Variable, abhängige*, *Outcome*). Die e. kann unter standardisierten Bedingungen durch die Bestimmung des Unterschieds in der Zielvariable (*Effektstärke*) zw. Experimental- und Kontrollgruppe ermittelt werden, da die *interne Validität* der Aussage entscheidend ist. Bei der e. steht im Unterschied zur *Effectiveness* die Frage im Mittelpunkt, ob und wie stark eine Intervention unter kontrollierten Bedingungen wirkt. Dabei muss berücksichtigt werden, dass zur Bestimmung der e. schon bei der Auswahl von Studienteilnehmern ggf. Einschlusskriterien angelegt werden (z. B. keine Medikation, keine relevanten Komorbiditäten), die die Übertragbarkeit der Befunde einschränken (*Validität, externe*). Döring & Bortz 2016.

Effizienz (= E.), [engl. *efficiency*; lat. *efficere* bewirken, zur Folge haben], [**FSE**], ergänzend zu den Begriffen *efficacy* und *effectiveness* wird durch die E. die Frage nach der Höhe oder der Vertretbarkeit des Aufwands, der zur Erreichung von Veränderungen in der Zielgröße erforderlich ist, gestellt. Sind versch. Maßnahmen gleich wirksam unter Alltagsbedingungen, so ist diejenige effizienter, bei der der Effekt mit dem geringeren zeitlichen, personellen oder finanziellen Aufwand erreicht werden kann.

[**AO, WIR**], unter der E. wird i. Allg. das Verhältnis von Nutzen zu Kosten bzw. von Ergebnissen zu Aufwand bei der Verfolgung der Ziele einer Organisation verstanden. Systemtheoretisch ist die E. als Umfang des erforderlichen Inputs definierbar, um eine gegebene, festgelegte Menge von Output zu erzielen. Üblich sind Kostenvergleiche für ähnliche Produkte (z. B. Vergleiche der Herstellungszeiten, Personal-, Energie- und Materialkosten sowie Kosten für Service und Reklamationen für ähnliche Produkte versch. Firmen mit vergleichbarer Qualität). Aus ps. Sicht ist die E. nicht allein an Leistungskriterien oder betriebswirtschaftlich definierbaren Kosten-Nutzen-Analysen (*Kosten-Nutzen-Kalkulation*) zu bemessen, sondern auch an indiv. Aufwendungen wie der erforderlichen Beanspruchung der Personen. Zur E.steigerung dienen Maßnahmen der *Rationalisierung* (Erzielung einer gleichen oder größeren Leistung durch Einsparung von Aufwand oder Beschäftigten) oder *Intensifikation* (Erzielung von mehr Leistung durch gegebene Menge von Beschäftigten und Aufwand). *Arbeitszeit*. Campbell et al. 2007, Hacker 2005, Steers 1977. *S. Greif*

Effort-Reward-Imbalance Modell [engl.] Anstrengungs-Belohnungs-Ungleichgewicht Modell; *Gratifikationskrise*.

EFQM-Excellence-Modell (= E.), *EFQM* European Foundation for Quality Management, [**AO**], das E. beschreibt die Elemente von *Total Quality Management (TQM)* für ein modellhaftes Unternehmen. Das E. bietet die Möglichkeit der ganzheitlichen Bewertung und Steuerung von *Organisationen*. Hierbei wird der Fokus auf nachhaltige Excellence gelegt, die auf bereichsübergreifenden Aktivitäten beruht. Das E. basiert auf den folg. drei ineinandergreifenden Komponenten: *Grundkonzepte der Excellence*, *Kriterienmodell* und *RADAR-Logik*. Unter den Grundkonzepten werden acht Prinzipien zus.gefasst, die die nachhaltige Excellence für jede Form von Organisation sicherstellen sollen. Das Kriterienmodell liefert eine Grundstruktur mit neun Kriterien, um die Grundkonzepte praktisch umzusetzen. Das E. unterscheidet hierbei zw. *Befähiger-* und *Ergebniskriterien*. Die Gruppe der Befähiger beschreibt die Voraussetzungen für exzellente Ergebnisse. Die Ergebnisse zeigen, was die Organisation für ihre relevanten *Stakeholder* getan hat. Die dritte Komponente, die RADAR-Logik, dient als Bewertungsrahmen mit dem Ziel einer kontinuierlichen Verbesserung, wobei die Aspekte Strategiekonformität und Stakeholder-Orientierung eine bes. Rolle spielen. Diese drei Komponenten bilden auch den Bezugsrahmen, in dem sich Organisationen jeglicher Größe und Branche benchmarken können. Neben diesem Vergleich mit anderen Organisationen dient eine Bewertung mit dem E. dazu, den eigenen Verbesserungsprozess mit dem Ziel «Organizational Excellence» zu steuern. EFQM 2013, Zink 1995. *K. J. Zink/J. Wohland*

Egalitarismus [engl. *egalitarianism*; lat. *aequalitas* Gleichheit], *kulturelle Wertorientierungen*.

TestEggenberger Rechentest (ERT 1+, ERT 2+, ERT 3+ bzw. ERT 4+), 2007, H. Schaupp, N. Holzer und F. Lenart, [www.testzentrale.de], [**DIA, PÄD**]. Die Tests dienen der Erfassung von Rechenschwäche/Dyskalkulie bei Grundschulkindern insbes. mit dem Ziel der Förderdiagnostik. Neben einer Auswertung für jedes einzelne Kind können auch ganze Gruppen- bzw. Klassenprofile erstellt werden. Der ERT 1+ kann am Ende der 1. Schulstufe bis zur Mitte der 2. Schulstufe eingesetzt werden, der ERT 2+ in der 2. bis Mitte der 3. Klasse. Beide erfassen math. Fähigkeiten und Fertigkeiten anhand der vier Faktoren (1) *Grundfähigkeiten der Mathematik*, (2) *Ordnungsstrukturen*, (3) *Algebraische Strukturen* und (4) *Angewandte Mathematik*. Der ERT 3+ (3. bis Mitte 4. Klasse) und ERT 4+ (4. bis Mitte 5. Klasse) erfassen math. Kompetenzen anhand der vier Faktoren (1) *Ordnungsstrukturen*, (2) *Algebraische Strukturen*, (3) *Größenbeziehungen* und (4) *Angewandte Mathematik*. Bearbeitungsdauer: ERT 1+ und ERT 2+ jew. 60 Min.; ERT 3+ und ERT 4+ jew. 20 Min.

Ego [engl./lat. ich], das Ich. *Abwehrmechanismen des Ichs*, *Ich-Störung*, *Ich-Triebe*, *Ich-Funktionen*, *Instanzenmodell*, *Selbsttheorien der Persönlichkeit*.

egocentric bias [engl.] egozentrischer Fehler; *Attributionsfehler*.

Ego-control *Block, Jack*.

ego depletion [engl.] *Ich-Erschöpfung*.

ego involvement (= e.) [engl. *involvement* Hineingezogensein], [**EM, PER, SOZ**], eine Bez. von Sherif & Cantril (1947) für Ich-Haltungen/-*Einstellungen (ego attitudes)*. Als *Ich-Beteiligung* im dt. Sprachraum verwendet, wird unter e. zumeist das Engagement einer Person an einem Objekt verstanden. Nach Sherif, der sich am ausführlichsten mit den Zusammenhängen von e. mit anderen sozialpsychol. Begriffen auseinandersetzte, handelt es sich um eine *genetic formation*, die sich aus der Menge der persönlichen und sozialen *Werte*, die dem Individuum als Bezugsrahmen dienen, zus.setzt. E. kann als Kontinuum und die Stärke seiner Ausprägung kann als abhängig vom Anlass gesehen werden. Die Bedeutsamkeit eines Objektes kann somit variieren von schwachem e. in einer für die Vp wenig wichtigen Situation bis hin zu starkem Engagement in einer komplexen sozialen Situation, in die sie etwa durch Angst involviert ist. Die Messung des e. wird erschwert durch die Abhängigkeit von der jew. Situation, die im Labor bspw. nicht simuliert werden kann. Die meisten Untersuchungen bedienen sich einer *Ratingskala*, bei der die Vp gebeten wird, die Wichtigkeit des jew. Gegenstandes einzustufen. Da sich bei dieser Methode auch noch die Frage nach dem Bezugspunkt der jew. Einstufung stellt, wäre die hier bisher wenig angewandte Methode des *Paarvergleichs* vorzuziehen. *Leistungszielorientierung*, *Management-Diagnostik*.

Egoismus (= E.) [engl. *egoism*; lat. *ego* Ich], [**PER, SOZ**], der im Ggs. zum *Altruismus* stehende Standpunkt, der das eigene Ich in den Mittelpunkt stellt. Der gesunde E. liegt zw. den Polen der Selbstsucht und der Selbstlosigkeit. In phil. Bedeutung ist E. auch gleichbedeutend mit *Subjektivismus* und *Solipsismus*, d. h., dass Ich ist die einzige Wirklichkeit und alles übrige nur Vorstellung. *egozentrisch*.

egoistic bias [engl.] egoistischer Fehler; *soziale Erwünschtheit*, *Deprivation, relative*.

Ego-resilience *Block, Jack*.

Egotismus [engl. *egotism*; lat. *ego* Ich], Tendenz, sich selbst in den Vordergrund zu stellen. Abzugrenzen von *Egoismus*.

egozentrisch [engl. *egocentric*; lat. *ego* Ich, gr. κέντρον (*kentron*) Mittelpunkt], [**PER, SOZ**], ein Begriff, der im Unterschied zu «egoistisch» nicht auf das Handeln zielt, sondern auf die Bedeutung für das Selbst. Egoismus ist stets auch egozentrisch, doch kann eine egozentrische Haltung ohne Egoismus sein bzw. mit Selbstlosigkeit einhergehen.

egozentrische Lokalisation (= e. L.) [engl. *egocentric localization*; lat. *ego* Ich, gr. κέντρον (*kentron*) Mittelpunkt], G. E. Müller 1911, [**KOG**], die Abhängigkeit der augenblicklichen *Lokalisation* der *Vorstellung* eines früher wahrgenommenen Objekts von der gegenwärtigen Stellung der Person. Bestimmend sind die drei e. Bezugssysteme, die mit der anschaulichen Körperlichkeit des Menschen gegeben sind. Es ist das Vorne und Hinten, Links und Rechts, Oben und Unten mit seinem bes. Ursprung im anschaulichen Ich. Wesentlich ist, auf welchen Teil des Körpers das erinnerte Objekt festgelegt ist. So wandert z. B. eine vorgestellte Zahlenreihe in dem Moment nach oben, wo sich die Vp vom Stuhl erhebt. Eine wichtige Rolle spielt die Plastizität der Vorstellung. Erscheint das Objekt ohne frühere Umgebung und im früheren Abstand, so liegt eine konservative e. L. vor. Von einer habituellen ist die Rede, wenn es in der e. L. erscheint, in der es am häufigsten gesehen wurde.

egozentrisches Referenzsystem [engl. *egocentric reference system*; lat. *ego* Ich, *referire* zurückwerfen, gr. κέντρον *(kentron)* Mittelpunkt], *Raumrepräsentation*.

egozentrisches Sprechen (= e. S.) [engl. *egocentric speech*; lat. *ego* Ich, gr. κέντρον *(kentron)* Mittelpunkt], **[EW]** nach Piaget (1948) ist das *Sprechen* 3–5-jähriger Kinder zu etwa 60 % egozentrisch (es verwirklicht sich in Wiederholungen, Monologen, kollektiven Monologen), es ist lediglich ein Nebenprodukt des Handelns *(Handlung)* ohne eigene kommunikative Funktion *(Kommunikation)*. Im Laufe der *Sprachentwicklung* wird e. S. abgebaut, bis es mit ungefähr acht Jahren ganz verschwunden ist. Wygotski (1965) vertritt demgegenüber die Ansicht, dass das e. S. nicht einfach absterbe, sondern dass es das notwendige Übergangsstadium von der *sozialisierten Sprache* zur *inneren Sprache* darstelle. Flavell (1979a) spricht dann von einer e. Kommunikation, wenn ein Sprecher einen Sachverhalt X, den er für sich selbst codiert hat, nicht für den Hörer neu codiert. *Entwicklung, Stufentheorie nach Piaget*, *Entwicklung, soziokultureller Ansatz nach Wygotski*. Grimm 1973. *H. Grimm*

Egozentrismus des Kindes [engl. *child's egocentrism*; lat. *ego* Ich, gr. κέντρον *(kentron)* Mittelpunkt], **[EW, KOG, SOZ]**, nach Piaget *(Entwicklung, Stufentheorie nach Piaget)* das wenig bewegliche und nicht differenzierte, anschauliche *Denken* des Kindes im prä-operationalen Stadium *(prä-operatorische Entwicklungsstufe*, ca. 2–6 Jahre). Es ist unfähig, die Perspektive anderer Personen einzunehmen *(Perspektivenübernahme)*, sowohl in der Wahrnehmung *(Drei-Berge-Versuch)* als auch im sozialen Bereich (Rollenübernahme). Ergebnisse neuerer Untersuchungen zwingen zu einer Relativierung dieser Behauptung. *soziale Kognition, Entwicklung*. *F. Wilkening*

EGRUL [aus engl. e. g. z. B. und *rule* Regel], **[MD, PÄD]**, Beispiel-Regel-Methode (Technik), ein Verfahren in der Instruktionsps. *(Instruktion)*, bei dem erst Beispiele, dann die Regel dargeboten werden im Ggs. zu *RULEG*. *programmierter Unterricht* (pU).

Eheberatung (= E.), [engl. *marriage counseling*], **[GES, KLI]**, häufigste Form der *Partnerberatung* [engl. *couples counseling*] bzw. Paarberatung der Beratungsstellen. Meist kommen die Partner gemeinsam, manchmal auch mehrere Paare gemeinsam (Gruppenberatung). Der Berater (Mediator) richtet sein Augenmerk auf die Beziehung zw. den Partnern (konstruktiver Streit, «Spiele», Video-Rückmeldung). Die E. geht auf Initiative der Ratsuchenden zurück, erst sekundär versuchen Berater, diese unter tiefen-, verhaltens-, kommunikations- und systemtheoret. Gesichtspunkten zu verstehen und anzugehen. *Paartherapie*.

eheliche Stabilität *Modell ehelicher Stabilität*.

Ehepaartherapie [engl. *marriage/marital therapy*], *Paartherapie*.

Ehezufriedenheit [engl. *marital satisfaction*], **[KLI]**, *Modell ehelicher Stabilität*.

Ehrenamt [engl. *honorary office*], *Freiwilligenarbeit*.

Ehrenfels, Christian von (1859–1932), **[HIS, KOG, WA]**, (eigentlich: Maria Christian Julius Leopold Freiherr von Ehrenfels) studierte in Wien *Philosophie* bei *Brentano* und *Meinong* und promovierte 1885 bei Meinong nach dessen Wechsel nach Graz mit einer Dissertation über «Größenrelationen und Zahlen. Eine psychologische Studie». 1888 habilitierte sich von Ehrenfels für Philosophie in Wien und wurde 1896 a. o., 1899 o. Professor der Philosophie an der Universität Prag. Seine Interessen galten zunächst der *Wahrnehmung* im Kontext der *Österreichischen Schule* der *Gestaltpsychologie*, dann wandte er sich Fragen der Werttheorie und *Ethik* zu. Er verfasste Dichtungen, ein Libretto und auch Abhandlungen zu seinen utopischen Vorschlägen zur Sexualmoral. In seinem wegweisenden Aufsatz «Über Gestaltqualitäten» (1890) formulierte von Ehrenfels die nach ihm benannten (notwendigen und hinreichenden) Merkmale der *Gestalt* *(Ehrenfels-Merkmale)*, nämlich *Übersummativität* und *Transponierbarkeit*. Am Bsp. der Melodie verdeutlichte er diese Merkmale: Die Melodie ist mehr als die Summe der einzelnen Töne und sie verliert nicht ihre Eigenart, wenn sie z. B. einen Ton höher gespielt wird. Ehrenfels 1890, Fabian 1986. *H. E. Lück*

Ehrenfels-Merkmale [engl. *Gestalt qualities*], nach C.v. Ehrenfels (1859–1932), **[WA]**, nach W. Köhlers Interpretation des Ehrenfels'schen Ansatzes die beiden notwendigen und hinreichenden Bedingungen für Gestaltphänomene: (1) *Übersummativität* (*Gestalten* zeigen Merkmale, die über die Eigenschaften der Teile hinausgehen) und (2) *Transponierbarkeit* (unabhängig sein von der Ausprägung der Teile). *Gestaltgesetze*.

Ehrenstein, Walter (1899–1961), **[HIS, WA]**, studierte in Frankfurt und promovierte 1921 bei *Schumann*, dann führte er seine Studien in Berlin und Birmingham fort, wurde Assistent in Frankfurt, ebenso 1927 in Gießen, wo er sich 1929 habilitieren konnte. Ab 1930 bis 1944 lehrte Ehrenstein in Danzig, unterbrochen von einem einjährigen Gastaufenthalt in Illinois. Nach versch. Tätigkeiten wurde er 1959 an der Universität Bonn wiedereingesetzt. Ehrenstein arbeitete vor allem zur Wahrnehmungsps.; nach ihm ist die *Ehrenstein-Täuschung* benannt. *H. E. Lück*

Ehrenstein-Täuschung (= E.) [engl. *Ehrenstein illusion*], nach W. Ehrenstein (1899-1961), **[WA]**, *geometrisch-optische Täuschung*, bei der die Fläche zw. den Endpunkten gitterförmig angeordneter Linien aufgehellt erscheinen. In der Abb. scheinen die Kreuzungspunkte eines Gitters durch eine aufgehellte Fläche («Weißer-als-weiß-Effekt») überlagert (*Figur-Grund-Verhältnis*) zu sein, obwohl sich die Fläche zw. den Linienende in der Reizvorlage nicht von der weißen Umgebungsfläche unterscheidet. Die Linien erscheinen durch die als aufgehellt empfundenen Flächen verdeckt bzw. unterbrochen (*amodale Vervollständigung*). Die Originalversion der E. ist in der Abb. rechts zu sehen: Die diagonalen Linien unterstützen die Wahrnehmung einer durch Täuschungskonturen scharf begrenzten Täuschungsform (Kreis; *Täuschungskontur*). Fehlen diese Diagonalen, so scheinen die aufgehellten Punkte bei entspr. Anordnung zu sog. Helligkeitsstraßen zu «verschwimmen». Wird die Aussparung zw. den Linienenden durch eine reale Kreiskontur begrenzt, wird die Kreisfläche nicht mehr als aufgehellt empfunden. Ähnlich wie beim *Kaniz-*

sa-Dreieck kann diese Täuschungsempfindung als Bsp. dafür gelten, dass durch formerkennende Bildverarbeitungsprozesse Bildelemente perzeptuell konstruiert werden bzw. wahrnehmbare Qualitäten (*Täuschungshelligkeit* bzw. *-kontur*) erhalten, die eine prägnante (*Prägnanztendenz*), ökologisch plausible Bildinterpretation unterstützen. Die Eigenschaften der E. wurde vor allem bzgl. der Informationsverarbeitung durch sog. *end-stopped Zellen* im primären visuellen Kortex (*Okzipitalkortex*) untersucht. Pinna et al. 2004.

Ehrenstein-Täuschung

Ehrgeiz [engl. *ambition*], [**EM**], ein Hintergrund bzw. *Motiv* für menschl. Bemühen z. B. um soziale Anerkennung, Wertschätzung, Weiterqualifikation. *Egoismus*, *Leistungsmotivation*.

Ehrlichkeit, Steuer- [engl. *tax honesty*], *Steuerpsychologie*.

Eichstichprobe [engl. *calibration sample*], [**DIA**], die bei der Gewinnung von Normwerten für die Testinterpretation herangezogene *Stichprobe*. Das im Test indiv. für einen Pb gewonnene Testergebnis wird mit den bei der Testeichung erhaltenen Werten verglichen. Bei der Organisation einer Eichstichprobe kann man die Methode der Repräsentativitätserhebung (*repräsentativ*) oder der *Quotenstichprobe* anwenden. *Normierung*.

Eichung [engl. *calibration*], syn. *Normierung*, [**DIA**], Prüfung und Festlegung der Genauigkeit eines Maßstabes oder eines Messinstrumentes. Innerhalb der Konstruktion eines ps. Tests wird nach der Kontrolle der Hauptgütekriterien (*Objektivität*, *Reliabilität*, *Validität*) die Testeichung, d. h., die Festlegung von Teststatistiken (z. B. *arithmetisches Mittel*, *Streuung*), vorgenommen. *Gütekriterien*, *Testeichung*.

Eicosapentaensäure (= EPA) [engl. *eicosapentaenacid*], [**PHA**], die für den physiol. Lipidstoffwechsel nötigen Fettsäuren gliedern sich in essenzielle und nicht essenzielle Fettsäuren. Essenzielle mehrfach ungesättigte Fettsäuren werden wiederum in zwei Klassen eingeteilt, zum einen die Omega-6-Fettsäuren (wie Linol- und Arachidonsäure), die vor allem in Ölen pflanzlicher Herkunft und in Fleisch enthalten sind, zum anderen die *Omega-3-Fettsäuren*, wie die in Pflanzen verfügbare Alpha-Linolensäure (ALA). EPA ist eine mehrfach ungesättigte Fettsäure (PUFA), die zur Klasse der Omega-3-Fettsäuren gehört. EPA ist ein Abkömmling der Alpha-Linolensäure. EPA und Docosahexaensäure (DHA) werden als Omega-3-Fettsäuren bez., da die erste Doppelbindung vom höchstoxidierten Kohlenstoffatom (= Carboxygruppe) aus gezählt, am drittletzten Kohlenstoffatom anzutreffen ist. Häufig wird die Anzahl der C-Atome gefolgt von einem Doppelpunkt und der Anzahl der Doppelbindungen angegeben: so steht z. B. «20:5» für EPA. Studien zur Wirksamkeit von Omega-3-Fettsäuren bei unterschiedlichen psych. Störungen erbrachten sehr heterogene Ergebnisse, was oftmals an der Heterogenität der Studiendesigns zu liegen scheint. Im allg.med. Bereich bestehen vielfältige Anwendungsgebiete wie etwa im kardiovaskulären Bereich, bei Psoriasis, rheumatoider Arthritis oder bei Morbus Crohn. Meißner 2012. *M. Paulzen*

Eidetik [engl. *eidetics*; gr. εἶδος (*eidos*) Ansehen, Erscheinung], nach *Jaensch, Erich Rudolf*, [**KOG, PER**], Lehre von den subj. Anschauungsbildern, den eidetischen Phänomenen, die v. a. in der ersten Hälfte des 20. Jh. Gegenstand der Ps. waren. Traxel 1962.

Eidetika [gr. εἶδος (*eidos*) Bild, Erscheinung], wörtl. *Bilderzeuger*; *Halluzinogene*, *Psychopharmaka*.

Eidos (= E.) [engl. *eidos*; gr. εἶδος (*eidos*) Bild, Erscheinung], [**PHI**], Urbild, *Gestalt*, *Idee*, *Begriff*, Wesen. In der Phänomenologie (*Phänomen*, *Phänomenologie*) Husserls ist E. als *Eidetik* oder Eidologie Wesenswissenschaft im Ggs. zu den Tatsachenwissenschaften.

Eifersucht (= E.) [engl. *jealousy*], [**EM, SOZ**], bez. eine aversive emot. Reaktion (*Emotionen*), die als Ergebnis einer außerdyadischen Beziehung eines Partners eintritt. Diese Beziehung kann real oder vorgestellt sein oder für wahrscheinlich gehalten werden. Drei Formen der E. sind zu unterscheiden: (1) *Reaktive E.* beschreibt die affektive Reaktion (*Affekt*) auf einen tatsächlichen partnerschaftlichen *Vertrauens*bruch. (2) *Präventive E.* ist durch die Absicht gekennzeichnet, den Partner als Reaktion auf erste Warnzeichen davon abzuhalten, eine Beziehung mit einer dritten Person einzugehen. (3) *Selbsterzeugte E.* wird als generalisierte Reaktion beschrieben, die paranoide Züge aufweisen kann und für Außenstehende schwer nachvollziehbar ist. E. kann konzeptionell von *Neid* und Rivalität abgegrenzt werden. E. tritt bei einer Person als Reaktion auf eine Bedrohung ihrer Beziehung durch äußere Einflüsse auf. *Neid* ist dadurch gekennzeichnet, dass eine Person einer anderen Person den Besitz eines best. Objektes missgönnt oder dieses selbst besitzen möchte. *Rivalität* kennzeichnet die Situation, in der zwei Personen gleichermaßen versuchen, eine Beziehung zu einer dritten Person herzustellen. Das Erleben von E. geht i. d. R. mit intensiveren Emotionen (wie *Ärger*, Traurigkeit und *Angst*) einher als das Erleben von Neid.

Eine weitere Differenzierung betrifft die Art der Beziehung, in der E. auftreten kann: E. unter romantischen Partnern, zw. Geschwistern, Freunden, Arbeitskollegen und in der Eltern-Kind-Beziehung. In Bezug auf romantische Beziehungen lassen sich vier Anlässe der E. unterscheiden: (1) Interesse des Partners an einer anderen Person, (2) eine andere Person zeigt Interesse am Partner, (3) Partner tritt in Kontakt mit einem früheren Partner und (4) Partner ist in eine uneindeutige Situation verwickelt. Schließlich kann man noch zw. *situativ ausgelöster* und *dispositionaler E.* unterscheiden. E. tritt in allen Kulturen auf. So sind sexuelles Engagement, Küssen und Flirten universelle Auslöser für E. Aus evolutionspsychol. Perspektive kann die Universalität von E. mit der Sicherung der Reproduktion und den unterschiedlichen biol. Rollen von Männern und Frauen erklärt werden (Buss 2000). Männer sind insbes. im Hinblick auf die Frage verletzbar, ob sie das Kind ihrer Frau gezeugt haben oder nicht (Vater-Unsicherheit), sodass sie bes. bei sexueller Verunsicherung intensiv mit E. reagieren. Frauen können sich ihrer Elternschaft sicher sein (Mutter-Sicherheit), sind jedoch hinsichtlich der Frage verunsichert, ob sich der Vater des Kindes langfristig an der Erziehung des Kindes beteiligt. Frauen reagieren daher v. a. bei emot. Verunsicherung mit E. Dieses Ergebnismuster wurde in unterschiedlichen Ländern gefunden.

Soziale Netzwerke im Internet wie Facebook können spezif. Anlässe für E. bieten. Denn die Inhalte im Internet sind oft uneindeutig im Hinblick darauf, ob sie Interesse an einer anderen Person signalisieren. Daher wurde ein Fragebogen zur Messung der digitalen E. entwickelt, der E. in Zusammenhang mit Aktivitäten in Facebook und anderen sozialen Netzwerken bringt (Aretz et al. 2010). Diese digitale E. korreliert hoch pos. mit der dispositionalen E. sowie neg. mit dem Vertrauen in den Partner und der Beziehungsbindung (*Bindung*). *E. Rohmann*

Eifersuchtswahn [engl. *delusional jealousy*], syn. *Othello-Syndrom*, *Wahn*, *Wahnhafte Störung*.

Eigengrau [engl. *intrinsic gray*], *Augengrau*, *Eigenlicht der Netzhaut*.

Eigengruppenfavorisierung [engl. *favorization of in-groups*], *Minimal-Group-Untersuchungen*, *Theorie der Sozialen Identität*.

Eigenlicht der Netzhaut, [**WA**], Bez. für Lichterscheinungen, die durch inadäquate Reize auftreten, ohne dass von außen Licht die Netzhaut trifft. Z. B. entstehen durch Druck sog. Druckphosphene. *entoptische Erscheinungen*. *Augengrau*.

Eigenreflex (= E.) [engl. *proprioceptive reflex*], [**BIO**], ein bei der gesamten quergestreiften Skelettmuskulatur (*Muskel*) vorkommender *Reflex*, der bewirkt, dass jede Zerrung des Muskels mit einer Kontraktion desselben beantwortet wird. Das reizempfangende Organ (Rezeptor) sind die Muskelspindeln, die durch mechanische Einwirkung erregt werden, und ausführendes Organ ist der Muskel selbst. Die biol. Bedeutung des E. wird in der unmittelbaren Beantwortung jeder von außen kommenden mechanischen Störung einer Willkürbewegung gesehen. Stößt man z. B. bei einer Armbewegung gegen ein Hindernis, bewirkt die dadurch erzeugte Zerrung best. Muskelgruppen über den E. eine sofortige ausgleichende Tonisierung. Ggs. zu E. ist der Fremdreflex, insofern Rezeptor und Effektor an versch. Stellen lokalisiert sind. *Kniesehnenreflex*.

Eigenschaften (= E.) [engl. *trait*], [**PER**], E. sind alle Merkmale des Erlebens und Verhaltens, in denen sich Personen stabil voneinander unterscheiden. E. werden anhand der zeitlichen *Stabilität* indiv. Unterschiede definiert, nicht anhand inhaltlicher Kriterien. Zu E. gehören Charaktere. (*Charakter*; Weisheit, Mut, Menschlichkeit, Gerechtigkeit, Mäßigung, Transzendenz), Temperamentse. (*Temperament*; Lebhaftigkeit, Beharrlichkeit, Sinnesempfindlichkeit, emot. Reaktivität, Ausdauer, Aktivität), Persönlichkeitse. (*Persönlichkeit*, *Persönlichkeitsmerkmal*; *BIG FIVE*, Extraversion, Neurotizismus, Verträglichkeit, Gewissenhaftigkeit, Offenheit für Erfahrungen), *Fähigkeiten* (*Intelligenz*, *Kreativität*, *Konzentration*fähigkeit), Kompetenzen (*soziale Kompetenzen*, *interkulturelle Kompetenz*), Bedürfnisse (*Bedürfnis* nach Anerkennung, Sexualität, Abwechslung), Motive (*Motiv*; Leistungsmotiv, Machtmotiv, Anschlussmotiv), Interessen (*Interesse*; praktische, wiss., künstlerische, soziale, unternehmerische, administrative), *Einstellung* (gegenüber Gruppen, Institutionen, Konventionen), Werthaltungen (*Wert*; Selbstbestimmung, Universalismus, Wohlwollen, Konformität, Tradition, Sicherheit, Macht, Leistung, Hedonismus, Stimulation), Überzeugungen (*Überzeugungssystem*; Optimismus, Glaube an eine gerechte Welt), das *Selbstkonzept* (der sprachlichen, math., musikalischen, sportlichen Begabung), die Selbstwertschätzung (*Selbstwertgefühl*) sowie *Gefühl*stendenzen; Neigung zu *Angst*, *Ärger*, Traurigkeit, Schuld, Scham, *Eifersucht*, Neid, *Ekel*, Stolz, Freude). E. können nicht direkt beobachtet werden. Es handelt sich um hypothetische *Konstrukte*, die zur Erklärung der Regelmäßigkeit interindiv. Verhaltensunterschiede formuliert werden. E. werden faktorenanalytisch (*Faktorenanalyse*) aus Korrelationen von Indikatoren (Anzeichen einer Eigenschaft) gewonnen. Dazu gehören beobachtete Verhaltensweisen, Leistungen, Selbstbeschreibungen (*Selbstbericht*), Fremdbeschreibungen (*Fremdbericht*), psychobiol. Maße und biografische Daten (*biografische Methode*) wie der gewählte Beruf oder der Familienstand.

[**WA**], *Bezugssystem* Schmitt & Altstötter-Gleich 2010, Steyer et al. 1999. *M. Schmitt*

Eigenschaftsdiagnostik [engl. *trait diagnostics*], *Eigenschaften*, *Persönlichkeitsfragebogen*.

Eigenschaftsparadigma der Persönlichkeit [engl. *trait paradigm of personality*], *Persönlichkeit*.

TestEigenschaftswörterliste (EWL), 1978, W. Janke und G. Debus, [www.testzentrale.de], [**DIA, EM, PER**]. Befindlichkeitsskala. AA Erwachsene. Mehrdimensionales Verfahren zur quant. Beschreibung des aktuellen Befindens des Pbn, die in Form einer Selbstbeurteilung mit Eigenschaftswörtern erfolgt. 15 Subskalen beziehen sich mit insges. 161 Items (längerer Form EWL-N) auf sechs Bereiche: *Leistungsbezogene Aktivität, Allgemeine Desaktivität, Extraversion/Introversion, Allgemeines Wohlbehagen, Emotionale Gereiztheit, Angst*. *Validität*: Im Vergleich der EWL mit anderen direkten und indirekten Selbsteinstufungsmethoden wurden Korrelationen gefunden, die durchschnittlich im mittleren Bereich ($r = .40$ bis $r = .60$) liegen. *Reliabilität*: Innere Konsistenz (Cronbachs α) und Halbierungskoeffizienten zw. $r = .70$ und $r = .95$. Es existiert eine Kurzform EWL-K mit 123 Items. PC-Version vorhanden. Durchführungszeit 5 bis 20 Min. Auswertungszeit ca. 10 Min. pro Fall.

Eigensinn [engl. *obstinacy*], umgangssprachliche Bez. meist für starre Form des *Egoismus*. *Trotz*.

Eigensteuerung [engl. *internal regulation*], *Selbstkontrolle*.

Eigenwertstreben (= E.), [**EM, PER**], im E. sucht der Mensch sein Wertbild nicht im Spiegel des Urteils seiner Mitwelt, sondern in demjenigen des eigenen Urteils. In der Motivations- und Sozialps. sind eine ganze Reihe sog. Selbst-Theorien entstanden, deren gemeinsame motivationale Grundannahme darin besteht, dass das Erleben und Verhalten so ausgerichtet wird, dass das Selbstkonzept möglichst frei von selbstwertbelastenden Erfahrungen bleibt. *Selbst*, *Selbsttheorien der Persönlichkeit*, *Selbstwertgefühl*. *H.-D. Schmalt*

Eigenzeit [engl. *eigentime*], [**KOG, PER**], Terminus aus der personalistischen Ps. von W. Stern. Die personale *Zeit* ist nicht – wie die physikal. – eindimensional, d. h., sie lässt sich nicht allein durch «Dauer» charakterisieren, sie zeigt vielmehr Mehrdimensionalität in dem Tatbestand, dass bei gleicher Zeitdauer versch. Zeitgestalten (Rhythmen, Melodien usw.) möglich sind.
Die Breitendimension der personalen Zeit, die diesen Phänomenen zugrunde liegt, ist die Gleichzeitigkeit (*Synchronizität* bei Jung). Die personale Zeit weist eine Mitte auf, die Gegenwart, der mit der Dauer eine stete Bewegung nach vorn gegeben ist, wobei sie aber ständig konkrete Gehalte (Erlebnisse) hinter sich zurücklässt. Damit sind Zukunft (werdende Gegenwärtigkeit, «Entwicklung») und Vergangenheit (gewesene Gegenwärtigkeit, «Geschichte») zus. mit der akt. Gegenwart die Bestimmungsstücke der unteilbaren Einheit des personalen Lebensablaufs. *Zeitwahrnehmung*, *Zukunftserleben*. Stern 1935, 1950.

Eignung (= E.) [engl. *aptitude*], [**AO, PÄD**], das Insgesamt der im Individuum liegenden Bedingungen für das Eintreten pos. bewerteter Ereignisse im Berufsleben oder in der Schullaufbahn. Derartige Ereignisse sind z.B. der erfolgreiche Abschluss eines Ausbildungsganges oder das Tätigbleiben im erlernten Beruf (oder in einem Beruf, in dem die erworbenen Kenntnisse und Erfahrungen verwertet werden können). E. ist auch dadurch gekennzeichnet, dass sie sich dicht an die komplexe Lebenswirklichkeit hält und sich an den durch sie nahegelegten Bewertungskategorien orientiert (stärker als die abstraktere *Fähigkeit* und die *Fertigkeit*, die einzelne Verrichtungen isoliert betrachtet). Der E.begriff ist neutral gegenüber der Entstehungsgeschichte der jew. angesprochenen indiv. Merkmale (durch Übung erworben bzw. weitgehend anlagebedingt) und gegenüber dem indiv. unterschiedlichen Zusammenwirken von Fähigkeiten und Fertigkeiten einerseits, *Antrieben* und *Motiven* andererseits. Er impliziert die Vorstellung von relativ Zeit überdauernden indiv. Verhaltensmerkmalen. Weiter schließt der E.begriff ein best. mittleres Maß an Abhängigkeit von den Bedingungen des Arbeitsmarktes ein: Eine Person ist einerseits für eine Tätigkeit oder Ausbildung nicht schon dadurch ungeeignet, dass keine Stelle für sie verfügbar ist, andererseits kann nicht von vorhandener E. gesprochen werden, wenn sich langfristig die Situation in einem Beruf und damit auch die von ihm gestellten Anforderungen so verändert haben, dass für Personen des betreffenden Merkmalsbildes jetzt und in absehbarer Zukunft eine Beschäftigungsaussicht nicht besteht. Die praktische Verwendung des E.begriffs ist fast immer prognostischer Art: Was in Bezug auf «Eignung» interessiert, ist ein in (näherer oder fernerer) Zukunft stattfindendes Verhalten des Individuums. Bei jeder Behandlung von Fragen der Berufseignung ist die faktische Heterogenität der Berufe mit Bezug auf die Merkmale der in ihnen tätigen Personen im Auge zu behalten sowie die damit korrespondierende «Multipotenzialität» der Individuen bzgl. der Berufe, die für sie in Betracht kommen. Der Einzelne ist i. d. R. für die verschiedensten Berufswege geeignet. *Differentieller Eignungstest*, *Eignungsdiagnostik*, *Management-Diagnostik*, *Personalauswahl*.

Eignungsdiagnostik [engl. *aptitude diagnostics*]; *Personalauswahl*, *Interview, eignungsdiagnostisches*, *Management-Diagnostik*.

Eignungsdiagnostik, Biografischer Ansatz der [engl. *aptitude diagnostics, biographical approach*], [**AO, DIA**], *biografische Methode*, Grundprinzip des biografischen oder biografiebezogenen Ansatzes der Eignungsdiagnostik ist der direkte Schluss von vergangenem auf zukünftiges Verhalten und besonders von vergangenen Leistungsergebnissen auf künftige Leistungen. Die wichtigsten eignungsdiagnostischen Verfahren in diesem Rahmen sind die Auswertung der *Bewerbungsunterlagen*, biografische Fragebogen und biografische Interviewfragen. *Interview, eignungsdiagnostisches*. *H. Schuler*

Eignungsdiagnostisches Hybridverfahren, [**AO, DIA**], eignungsdiagnostisches Verfahren, das eine Kombination aus dem trimodalen Ansatz der Personalps. realisiert und bspw. einen *Intelligenztest* mit einer *Arbeitsprobe* kombiniert, um *Validitäts*- und Akzeptanzvorteile zu erzielen.
H. Schuler

Eignungs-Tests [engl. *aptitude tests*], [**AO, DIA**], Bez. für diejenigen Tests, deren Ziel es ist, eine best. Eignung (insbes. die Eignung für einen Beruf) festzustellen. *Differentieller Eignungstest*, *DIN 33430*, *Personalauswahl*.

Eignungsuntersuchung (= E.) [engl. *aptitude examination*], Abk. EU, [**AO, DIA**], die zur Beurteilung und Auslese von Menschen in der Berufsberatung, industriellen *Psychotechnik* usw. angewandten ps. Verfahren. Im Ggs. zu der früheren Bevorzugung apparativer «Messungen» einzelner Funktionen wird heute überwiegend das Intelligenzniveau, die Intelligenzstruktur, die Arbeitsweise (Sorgfalt, Dauer, Tempo, Konzentration, Belastbarkeit; *Konzentration, Diagnostik*, *Intelligenztest*) sowie die Motive und die bes. Persönlichkeitsmerkmale mit Tests, Testapparaten und Arbeitsproben ermittelt (*Personalauswahl*). Zusätzlich werden Prüfungen des Handgeschicks (*Handgeschicklichkeitstest*) und der Sinnesfunktionen vorgenommen. Auch vielseitige Reaktionsgeräte sind in Verwendung. Die Ermittlung struktureller und konstitutioneller Beziehungen als entscheidendem Fundament für die Eignung gewinnt an Bedeutung, und die entspr. Untersuchungsmethoden haben Eingang gefunden. Ohne eingehende Berufskunde (bzw. *Aufgabenanalyse*, *Tätigkeitsanalyse*) ist keine Prognose der voraussichtlichen Bewährung oder Nichtbewährung zu erzielen. In den ersten Jahren der Anwendung der E. wurden die Berufsanforderungen v. a. physiol. gesehen. Neben kogn. Voraussetzungen sind bes. auch motivationale Dimensionen (*Motivationsdiagnostik*) von Bedeutung. *Assessment-Center*.

Einbettung – Abhebung [engl. *embedding – detachment*], [**KOG, WA**], Grundbegriffe, die das Formale am Erlebensprozess bez. Nach W. Stern (1935) kann sich ein spezif. Erlebnis aus der Ganzheit des Erlebens als gegliedertes Teilstück «abheben», andererseits ist jedes spezif. Erleben als strukturell von der Ganzheit bestimmt und in sie «eingebettet». So werden die Gestalten als die «am meisten abgehobenen Phänomene der Wahrnehmung» angesprochen, als das eine Ende einer «Reihe, die von max. Abgehobenheit zu max. Einbettung führt». Ihren meth. Ausdruck findet dieses Begriffspaar in der Forderung nach Beachtung des korrelativen Zusammenhangs von Moment und Ganzheit oder von «Analyse und Ganzheitsbezug».

Einbildung (= E.) [engl. *imagination, illusion*], [**KOG, PER**], die ohne reale Begründbarkeit aufgekommene *Vorstellung* bzw. Auslösung einer Vorstellung. E. ist weiterhin Begriff für die grundlose Selbstüberschätzung (*Selbstbild*) und Überheblichkeit. Schließlich steht E. (z. B. als E.kraft) i. S. Kants der *Fantasie* nahe. *Imagination*.

Eindeutigkeit, messtheoretische (= m. E.) [engl. *uniqueness*]. [**FSE**], bei Messungen von Merkmalen durch Abb. von empirischen in numerische Strukturen (*Repräsentation, messtheoretische*) können die den Objekten zugeordneten Zahlen i. d. R. auf best. Weise transformiert werden, ohne dass sich ihre Repräsentationseigenschaften ändern (zulässige Transformationen). Durch diese m. E. wird das *Skalenniveau* der Messungen und damit auch das Niveau der entspr. *Begriffe* bestimmt. So können Paarvergleichsurteile (z. B. «x hat höheres Ansehen als y»), falls sie konsistent transitiv sind, durch Zahlenzuweisungen zu den Objekten repräsentiert werden, die eindeutig bis auf monoton-steigende Transformationen sind (*Ordinalskala*). Sind die Zahlenzuordnungen eindeutig bis auf lineare Transformationen (z. B. bei konsistent transitiven Urteilen über Ansehensunterschiede zw. jew. zwei Objektspaaren), liegt eine Messung auf *Intervallskalen*niveau vor; bei m. E. bis auf Multiplikationen mit einer Konstanten eine *Verhältnisskala*. Da die üblichen psychol. Test-, Skalierungs- und Ratingverfahren (*Skalierung, Methoden der*) keine Repräsentationen unabhängiger empirischer Relationen beinhalten, können Eindeutigkeit und Skalenniveau nicht durch empirische Prüfung der notwendigen Konsistenzbedingungen begründet werden. Es ist allerdings möglich, nachträglich empirisch zu prüfen, ob derartige Indexmessungen zu Skalenwerten geführt haben, die empirische Abstände konsistent repräsentieren (quasi-repräsentationale Messung auf Intervallskalenniveau). Um das für inhaltliche Interpretationen und stat. Analysen gewünschte Intervallskalenniveau möglichst zu erreichen, sollten Beurteiler generell veranlasst werden, gleiche Merkmalsunterschiede durch gleiche Zahlendifferenzen zu repräsentieren (insbes. durch Präsentation thermometer- oder zollstockähnlicher Antwortskalen). Bei Schulnoten und verbalen Antwortkategorien (z. B. «hoch/mittel/gering/…» bei Berufsprestige; *Ratingskala*) ist dagegen zweifelhaft, ob sie, wie für die Auswertung i. d. R. angenommen werden muss, gleich abständig bzw. breit sind. Steyer & Eid 2001, Westermann 1994, Döring & Bortz 2016. *R. Westermann*

Eindimensionalität *Faktorenanalyse, Item-Response-Theorie (IRT), Klassische Testtheorie (KTT), Reliabilität, Skalierung*.

Eindruck [engl. *impression*], [**KOG, SOZ, WA**], das Gesamtbild, das man von einem Objekt (Person, Sache) gewinnt (visuell, akustisch, taktil etc.). *Eindruck, erster*.

Eindruck, erster [engl. *first impression, primacy effect*], [**DIA, SOZ**], Forschungen zur Personenwahrnehmung zeigen, dass man sich sehr schnell einen ersten Eindruck über eine andere Person bildet. So wird z. B. die Vertrauenswürdigkeit einer Person anhand der kurzzeitigen Darbietung ihres Gesichts recht reliabel (*Reliabilität*) bewertet und korreliert hoch mit späteren Bewertungen, die nach längerer Bekanntschaft mit der Person gemacht werden (Todorov et al. 2009). Darüber hinaus hat sich gezeigt, dass Informationen über eine andere Person je nach Reihenfolge, in der sie erscheinen, unterschiedliches Gewicht erhalten. Die erste Information hat hierbei stärkeres Gewicht als später folg. Informationen. Dies hat Asch (1946) in seinen klassischen Experimenten zur Eindrucksbildung gezeigt. Neben der Reihenfolge, in der Informationen über eine andere Person erscheinen, spielen auch die Extremität von Informationen (*Extremitätseffekt*; extreme Informationen erhalten höheres Gewicht als weniger extreme), ihre Valenz (*Negativitätseffekt*; neg. Informationen erhalten höheres Gewicht als pos.), ihre Zugehörigkeit zu den Basisdimensionen sozialer Urteilsbildung (*kommunale* Informationen erhalten höheres Gewicht als *agentische*) sowie der Kontext, in dem die Informationen erscheinen, eine Rolle hinsichtlich des Entstehens eines ersten Eindrucks. *A. E. Abele*

Eindrucksbildung [engl. *impression formation*], *Eindruck, erster*.

Eindrucksdifferenzial *semantisches Differenzial*.

Eindrucksmethode [engl. *method of impression*], [**EM**], *Wundt, Wilhelm*; diejenigen Verfahren zur Untersuchung der Gefühle, durch die mithilfe äußerer Eindrücke (Farben, Klänge, Figuren) best. Gefühle ausgelöst und der Selbstbeobachtung zugänglich gemacht werden. Eine Eindrucksmethode ist z. B. die Methode des *Paarvergleichs*. Die Ergänzung der Eindrucksmethode bildet die *Ausdrucksmethode*.

Eindruckssteuerung (= E.) [engl. *impression management*], [**SOZ**], ist von großer Bedeutung für das *Selbst*. Es betrifft die Darstellung des Selbst, die der Sender in Interaktion mit dem Publikum durchführt (*Kommunikation*). Das Verhalten der Menschen in öffentlichen Situationen entspricht zumindest teilweise dem von Schauspielern auf der Bühne (Goffman 1959). Die Gefahr des Gesichtsverlusts besteht für den Sender, wenn seine sozial eingebettete *Identität* in einer spezif. Interaktion infrage gestellt wird. Dagegen kann er *Strategien der Gesichtswahrung* einsetzen (Cupach & Metts 1994). Die Arbeit an der Gesichtswahrung kann entweder vorbeugend oder korrigierend erfolgen. Vorbeugende Maßnahmen umfassen sog. *Disclaimer* wie sich vorsichtig ausdrücken, auf eine Ausnahme hinweisen, Einleitungen wie «Ich weiß, das klingt verrückt, aber…» verwenden und Appelle formulieren, das abschließende Urteil aufzuschieben. Außerdem kann Höflichkeit eingesetzt werden. Korrigierende Gesichtswahrung ist erforderlich, wenn ein Lapsus oder Vergehen aufgetreten ist. Darunter fallen Entschuldigungen und Rechtfertigungen. Die *Entschuldigungen* umfassen Verneinung der Absicht, des Willens oder der Tat sowie der Verweis auf mildernde Umstände. *Rechtfertigungen* beinhalten Verweise darauf, dass kein Schaden eingetreten ist oder auf das Prinzip der Vergeltung, die Verwendung sozialer Vergleiche, den Verweis auf höhere Autoritäten, «auf lange Sicht» Argumente, den Verweis auf moralische Anliegen und Werte. Entschuldigungen und Rechtfertigungen dienen dazu, die Verantwortung für eigene Handlungen oder deren Unterlassung zu verneinen (Montada 2001). *H.-W. Bierhoff*

Einfachheit (= E.) [engl. *simplicity, parsimony*], [**PHI**], Gütekriterium einer *Hypothese* oder *Theorie*; das Prinzip, von zwei ansonsten gleichwertigen Hypothesen (Theorien) die einfachere vorzuziehen. Das Kriterium der E. ist in der Wissenschaftstheorie umstritten, nicht zuletzt deshalb, weil es keine eindeutige Explikation von E. gibt. Heuristisch verwendbare Anhaltspunkte der E. einer Theorie sind: wenige Grundbegriffe, wenige Grundannahmen (*Axiom*); gute (d. h. durch möglichst wenige Beobachtungen) überprüfbare Beziehungen zw. Variablen (z. B. *linearer Zusammenhang*). *Informationstheoretische Maße, Occam's razor, Parsimonie, Gesetz der*. *V. Gadenne*

Einfachnorm *Normskalen, Normenskalen*.

Einfachsehen, [**WA**], die Tatsache, dass wir trotz Reizung beider Augen (*Auge*) i. d. R. nur ein *Bild* wahrnehmen. *visuelle Wahrnehmung*.

Einfachstruktur (= E.) [engl. *simple structure*], [**FSE**], von L. L. Thurstone (1947) in die Faktorenanalyse eingeführtes, vom wiss. Ökonomieprinzip abgeleitetes Ziel der *Rotation* der Bezugsachsen eines Faktorensystems (*Faktorenanalyse, exploratorische*). Es sollen neben hohen Ladungen auch möglichst viele Nullladungen in der Faktorenmatrix auftreten. Die Faktorenstruktur erfüllt dann die Bedingung, dass nicht in jeder Beobachtungsvariablen sämtliche Faktoren mit nennenswert hohen Ladungen vertreten sind, sondern dass für jeden Faktor mind. eine Variable existiert, in der er überhaupt nicht in Erscheinung tritt. Auf diese Weise können die Variablen des analysierten Bereiches, jede für sich, auf eine möglichst kleine Zahl zugrunde liegender Faktoren zurückgeführt werden. Ursprünglich wurde die numerische Lösung nach dem Prinzip der E. anhand einer grafischen Methode durchgeführt. Später wurden auch obj. Regeln zur Feststellung der E. aufgestellt und rein analytische Lösungen ausgearbeitet. *Quartimax-Methode, Varimax-Methode*. Eid et al. 2013. *E. Mittenecker*

Einfluss, sozialer (= s. E.) [engl. *social influence*], [**SOZ**], ist die Veränderung von Meinungen, *Einstellungen* und *Verhalten* durch die Einwirkung anderer Personen oder Gruppen. S. E. wird in versch. Bereichen thematisiert, etwa *Konformität* (*Diamant-Modell*), Gehorsam oder *Einstellungsänderung*. In den klass. Arbeiten von Sherif und Asch wurde festgestellt, dass Urteile einer Person durch die Urteile anderer Personen (als *soziale Normen*) veränderbar sind. Als Wirkungsmechanismen wurden bereits früh zwei unterschiedliche *Motive* identifiziert: *Informationaler* s. E. wirkt über die Akzeptanz der sozialen Norm als gültige Information, *Normativer* s. E. wirkt über *Belohnung* für Erfüllung der sozialen Norm bzw. Bestrafung für Nichterfüllung (Deutsch & Gerard 1955). In neueren Arbeiten wird davon ausgegangen, dass s. E. wirkt, weil Personen drei Ziele anstreben: effektives Handeln, Aufbau und Erhalt sozialer Beziehungen und Erhalt eines pos. Selbstkonzepts (*Selbstbild*; Cialdini & Trost 1998). Das Ziel effektiven Handelns wird erreicht, weil Orientierung an der sozialen Norm eine zeitsparende Strategie ist. Wenn mehrere Personen in ihrem Urteil übereinstimmen, muss das Individuum nicht selbst nach Informationen suchen, sondern kann sich der *Heuristik* «Konsens bedeutet Korrektheit» bedienen. Das Ziel des Aufbaus und Erhalts sozialer Beziehungen wird erreicht, weil die Orientierung an der sozialen Norm zu erhöhter Ähnlichkeit zw. dem Individuum und anderen Personen führt. Ähnlichkeit trägt wiederum häufig zu positiveren sozialen Beziehungen bei. Im Ggs. dazu kann eine Abweichung von der Norm zu Konflikten (*Konflikt, sozialer*) und sozialem Ausschluss führen. Das Ziel des Erhalts eines pos. Selbstkonzepts wird erreicht, weil die Orientierung an der sozialen Norm zum Selbstwert (*Selbstwertgefühl*) beitragen kann. Einerseits kann dies durch Anpassung an eine pos. bewertete Bezugsgruppe und die damit gewonnene soziale Identität erfolgen (*SIDE-Modell*). Andererseits ist ein pos. Selbstkonzept für viele Personen mit Verhaltenskonsistenz verbunden, was die Wirkungsweise von Beeinflussungstaktiken wie etwa der *Foot-in-the-door-Technik* erklärt. Cialdini & Goldstein 2004, Zimbardo & Leippe 1991. *E. Hölzl*

Einflussdiagramm [engl. *influence diagram*], *Entscheidungsanalyse*.

Einflusskompetenz [engl. *influence competency*], *politische Fertigkeiten*.

Einfühlung *Empathie*.

Eingangsmerkmale (= E.), [**RF**], im § 20 StGB aufgelistete juristische Sammelbegriffe für Syndrombereiche psych. Beeinträchtigungen, die mit Einschränkungen der für die *Schuldfähigkeit* relevanten Einsichts- und Steuerungsfähigkeit einhergehen können. Genannt werden (1) krankhafte seelische Störung, (2) Schwachsinn, (3) tief greifende *Bewusstseinsstörung* und (4) schwere andere seelische Abartigkeit. Bei den aus psychol. Sicht teilweise pejorativen Bez. handelt es sich um juristisch vorgegebene Termini zur Verwendung im Rechtskontext.

Den E., die nicht aus ps. Theorien abgeleitet sind, werden konsensuell versch. Diagnosegruppen (*Klassifikation psychischer Störungen*) und psychopathologische Syndrombereiche (*Psychopathologie*) zugeordnet. (1) Das E. der *krankhaften seelischen Störung* umfasst schwere psych. Störungen mit nachweisbarer oder postulierter organischer Ursache (psychotische Störungsbilder aus dem schizophrenen oder manisch-depressiven Formenkreis (*Schizophrenie, Bipolare Störungen*), hirnorganisch bedingte psych. Störungen (z. B. *Psychosyndrom*, akute hirnorganische Zustände nach Intoxikation). (2) Das E. *Schwachsinn* beschreibt alle Störungen aus dem Bereich der nicht organisch verursachten *Intelligenzminderungen*. (3) Das E. der *tief greifenden Bewusstseinstörung* bezieht sich auf normalpsych. Beeinträchtigungen des Bewusstseins. Es bezieht sich überwiegend auf Straftaten, die unter Einfluss starker Affekte in psych. Ausnahmezuständen (*Affekttat*) von psychisch gesunden Personen begangen werden. Damit fällt es aus der Systematik psychopatholog. bedingter Auffälligkeiten i. e. S. heraus. (4) Das E. der *Schweren anderen seelischen Abartigkeit (SASA)* stellt eine Restkategorie psych. auffälliger Erlebens- und Verhaltensweisen dar, die in den anderen E. nicht erfasst sind. Dies bezieht sich auf die neurotischen, Belastungs- und *somatoformen Störungen* sowie Persönlichkeits- und Verhaltensstörungen. Von forensischer Relevanz sind dabei primär *Persönlichkeitsstörungen, Paraphilien* und chron. *Substanzabhängigkeit*. Scholz & Schmidt 2008. *A. F. Schmidt*

Einheit, numerische (= n. E.) [engl. *numerical unit*], [**FSE, PHI, WA**], jeder Gegenstand, der als Ganzes (*Ganzheit*) aufgefasst werden kann. Von der n. E. geht alles Zählen und *Messen* aus. So ist m die n. E. der Längenmessung. Synthetische E., eine zus.gesetzte Mannigfaltigkeit, die als solche ein geschlossenes Ganzes darstellt, z. B. die E. des Bewusstseins (*Bewusstsein*).

TestEin Leseverständnistest für Erst- bis Sechstklässler (ELFE 1-6), 2006, W. Lenhard & W. Schneider, [www.testzentrale.de], [**DIA, PÄD**]. Normierter Leseverständnistest, der in den ersten sechs Schulklassen eingesetzt werden kann. Der Test wurde im Wesentlichen für die Klassenstufen 1 bis 4 konstruiert. Grundschullehrer können Defizite im Leseverständnis ihrer Schüler erkennen und ggf. gezielt die Hilfe des schulps. Dienstes anfordern. Für die Durchführung in den Klassenstufen 5 und 6 hat der Test durch die Verkürzung der Bearbeitungszeiten eher den Charakter eines Screening-Verfahrens. Lehrkräfte an weiterführenden Schulen können Informationen über die schriftsprachliche Kompetenz der an die Schule wechselnden Schüler erhalten. Zudem eignet sich ELFE 1-6 für den Einsatz in der med. und ps. Befunderhebung. Das Verfahren steht wahlweise als Computerprogramm oder als Papier- und Bleistiftversion zur Gruppentestung zur Verfügung. Im Vordergrund des Tests steht die Erfassung des *Leseverständnisses*, nicht des orthografischen Wissens oder der Artikulationsfähigkeiten. ELFE 1-6 prüft sowohl *basale Lesestrategien* als auch die Fähigkeit zum *Verstehen von Sätzen und Texten*. Das Leseverständnis wird auf den folg. Ebenen erfasst: *Wortverständnis* (Decodieren, Synthese), *Lesegeschwindigkeit* (Schwelle der visuellen Worterkennung, nur in der Computerversion verfügbar), *Satzverständnis* (sinnentnehmendes Lesen, syntaktische Fähigkeiten), *Textverständnis* (Auffinden von Informationen, satzübergreifendes Lesen, schlussfolgerndes Denken). Zur Kompensierung diagnostizierter Schwächen steht das ELFE-Trainingsprogramm zur Verfügung, das direkt an ELFE 1-6 anknüpft. Bearbeitungsdauer: 10 bis 15 Min. [www.elfe-lesetest.de].

Einschätzung [engl.] *appraisal*.

TestEinschätzung von Partnerschaft und Familie (EPF), 2006, N. Klann, K. Hahlweg, C. Limbird und D. Snyder. Dt. Form des *Marital Satisfaction Inventory - Revised (MSI-R)* von D. Snyder, [www.testzentrale.de], [**DIA, GES, KLI**]. AA Einsatz in der Eheberatung und -therapie. Adressaten sind Partner im Alter von 18 Jahren bis ins höhere Lebensalter, die in einer intimen Beziehung leben oder verheiratet sind. Die EPF ist ein multidimensionales Fragebogeninventar zur Erfassung der partnerschaftlichen Interaktion. Haupteinsatzgebiete sind die Eingangsdiagnostik, Therapieplanung und -evaluation in der Ehe- bzw. Paartherapie. Das Inventar besteht aus 150 Items, die sich folg. Skalen zuordnen lassen: *Inkonsistenz, Konventionen, Globale Unzufriedenheit, Affektive Kommunikation, Problemlösung, Aggression, gemeinsame Freizeitgestaltung, Konflikte um Finanzen, Sexuelle Unzufriedenheit, Rollenorientierung, Konflikte in der Ursprungsfamilie, Unzufriedenheit mit den Kindern* und *Konflikte bei der Kindererziehung*. Bearbeitungsdauer: 20 bis 30 Min.

Einschübe (= E.) [engl. *intrusions*], [**KOG**], das Auftreten von Inhalten beim freien Reproduzieren, die nicht im ursprünglichen Lernstoff enthalten sind. E. werden z. B. in Lernlisten durch die implizite Organisation des Lernstoffs und in Erzählungen durch Schemata im Sinne von F. Bartlett verursacht. *autonome Veränderungen*. *A. Zimmer*

Einsicht (= E.), [engl. *insight*], [**KOG**], bez. das unmittelbare, plötzliche und unerwartete Verstehen eines Sachverhalts, das Erkennen von Zusammenhängen, der Ursachen und Wirkungen eines Geschehens oder einer *Handlung*. Wolfgang Köhler weckte das Interesse an E. innerhalb der Problemlöseforschung (*Problemlösen*), indem er zeigen konnte, dass auch Menschenaffen einsichtsvolles Verhalten bei Problemlöseaufgaben zeigten. Dieses lässt sich in seiner Zielgerichtetheit, Direktheit und Sicherheit von bloßem Trial-and-Error-Verhalten (*Versuch und Irrtum*) unterscheiden (Mayer 1992). E. charakterisiert in der Problemlöseforschung eine bes. Kategorie von Problemen (*Problem, Neun-Punkte-Problem*). Bei diesen Problemen geht es darum, dass die Lösung nicht schrittweise und vorhersehbar erreichbar ist, sondern plötzlich und oft verbunden mit einem subj. Aha-Erleben (*Aha-Erlebnis*) auftritt. Dabei ist sich der Problemlöser meist sehr sicher, dass die Lösung gefunden wurde. In der kogn. Ps. versuchen konkurrierende Modelle den Einsichtsprozess beim Problemlösen zu erklären (Knoblich & Öllinger 2008). Es wird davon ausgegangen, dass E. eng mit Umstrukturierungsprozessen zus.hängt. E. kann dann auftreten, wenn die perzeptuelle *Repräsentation* eines Problems verändert wird, d. h., die Problemelemente werden in einer anderen Art wahrgenommen. Darüber hinaus kann auch die Zielvorstellung verändert werden, d. h. die Annahmen, wie ein Problem gelöst werden kann, werden erweitert, sodass sich eine breitere Sicht oder eine neue Sicht auf das Problem ergibt. *M. Öllinger*

Einsichtsfähigkeit [engl. *cognitive faculty/capability of insight*], Delikthaftung, Schuldfähigkeit, Verantwortungsreife, strafrechtliche.

Einsichtsmeditation [engl. *insight meditation*]; Achtsamkeitsmediation.

Einstellung (= E.) [engl. *attitude*, *mental set*], [**KOG, PER, SOZ**], ein in der Ps. nicht eindeutig verwendeter Begriff. E. ist zum einen die Art (Akzentuierung, Tönung) der Gerichtetheit, der Ausrichtung, des selektiven Vorgehens (z. B. bei der Lösung einer Aufgabe oder eines Problems (*Problemlösen*; *determinierende Tendenz*, *mentales Set*). E. ist zum anderen die seelische Haltung gegenüber einer Person, einer *Idee* oder Sache, verbunden mit einer Wertung oder einer *Erwartung*.

Nach Allport ist E. «ein seelischer und nervlicher Bereitschaftszustand, der – durch die *Erfahrung* organisiert – einen richtenden oder dynamischen Einfluss auf die *Reaktionen* des Individuums auf alle Objekte und Situationen ausübt, mit denen es verbunden ist.» E. als soziale E. [engl. *attitude*] können sich auf einzelne Personen, *Gruppen*, Nationen aber auch *Organisationen*, Kunstwerke, *Ideologien* und Programme richten und unterscheiden sich v. a. durch ihre emot. Qualität (*Emotionen*) und ihre Gegenstandsbezogenheit von globalen Persönlichkeitseigenschaften (*Persönlichkeitsmerkmal*).

Es können fünf Abstufungen der Def. der E. unterschieden werden, die alle eine Reihe von vorangehenden Bedingungen (A) auf die Responses-Folgen (R) beziehen. (1) *Positivistisch*: Direkte Beziehung zw. A und R, aber mit einer großen Zahl von Kombinationen dieser Beziehungen. (2) *Paradigmatisch*: Die Responses, die der E. entsprechen, werden ebenfalls ohne *intervenierende Variable* in direkter Abhängigkeit von antezedenten Ereignissen gesehen, aber statt der vielen einzelnen Beziehungen A-R werden ein paradigmatisches Ereignis (z. B. autoritäre Erziehung; *Erziehungsstile*) und eine paradigmatische Folge (z. B. Score auf der Antisemitismusskala) definiert und andere A und R werden in Relation zu diesen Paradigmen gesetzt. (3) *Mediationstheoretisch (mediationalistisch)*: E. ist ein vermittelndes *Konstrukt*, das an die antezedierenden Bedingungen und an Folgen geknüpft ist (*multiple indicators and multiple causes (MIMIC-)Modell*). (4) *Klassifizieren oder Erklärung mit doppelter Vermittlung*: Sowohl an die antezedenten Bedingungen als auch an die Folgen wird je ein vermittelndes Konstrukt gebunden, wie z. B. die inneren (covert) Reize (s) in der E.theorie von Doob (1947). (5) *Interaktionistisch*: Das vermittelnde Konstrukt wird nicht nur an einzelne antezedente Bedingungen und Folgen gebunden, vielmehr wird deren *Interaktion* berücksichtigt. Strukturen und der Zusammenhang zw. den die E. anzeigenden verbalen Responses mit nicht verbalem Verhalten sind wichtige Themen der E.forschung. *A-R-D-System*.

Die derzeit wieder stark florierende E.forschung konzentriert sich zum einen auf solche Konzepte, die den *Erwartung-Wert-Theorien* entlehnt und im Prinzip eindimensional als Bewertungen sozialer Sachverhalte definiert sind (Ajzen & Fishbein 1980, Fishbein & Ajzen 1975, Eagly & Chaiken 1993), oder aber favorisieren explizit oder implizit einen Drei-Komponenten-Ansatz wie z. B. Zanna & Rempel (1988): «Eine E. beinhaltet die *Kategorisierung* eines Stimulus-Objekts entlang einer evaluativen Dimension, die auf drei Informationsklassen basiert oder durch sie generiert wird: (1) kogn. Informationen (*Kognition*), (2) affektive/emot. Informationen (*Affekt*, *Emotionen*), (3) Informationen über vergangenes *Verhalten* oder *Verhaltensintentionen*.» Die stärkere Anbindung der Forschungen zu den E. an die kogn. Ps. hat zu einer Intensivierung der Untersuchungen von E. als Urteilsformen und dabei zu einer Vielzahl von grundlagenorientierten Arbeiten geführt. Neu belebt worden ist auch der funktionale Ansatz in der E.forschung, wobei inzwischen E. eine Vielzahl von Funktionen, z. B. als *Orientierungsreaktionen*, *Heuristiken* (*Entscheidungsheuristiken*), Formen der *Selbstdarstellung* zugebilligt werden.

Das Dauerthema der Relation von E. und Verhalten (Eckes & Six 1994) wird inzw. durch *Metaanalysen* systematisch durchgearbeitet, und die für stereotyp niedrig gehaltenen *Korrelationen* erweisen sich z. T. als von nicht unbeträchtlicher Größenordnung, allerdings in deutlicher Abhängigkeit von dem jew. E.verhaltensbereich. *Einstellung; Struktur-, Prozess- und Verhaltensaspekte*, *Einstellungsänderung*. B. Six

Einstellung, implizite [engl. *implicit attitude*], [**SOZ, PER**], während *Einstellungen* traditionell durch Fragebogen-Beurteilungen erhoben werden, gibt es in neuerer Zeit Versuche, sie auch indirekt durch *objektive Tests* zu erfassen (z. B. durch *Implizite Assoziationstests (IAT)* und *Priming*. Dadurch sollen Selbstdarstellungstendenzen (*response set*) und andere meth. Probleme von Fragebogenverfahren umgangen werden. In Abgrenzung zu den erfragten expliziten Einstellungen werden die indirekt erfassten Einstellungen als implizite Einstellungen bezeichnet. I. R. des MODE-Modells von Fazio (1990) sagen implizite Einstellungen eher spontanes Verhalten und explizite Einstellungen eher kontrolliertes Verhalten vorher.

Einstellungsänderung (= E.), [engl. *attitude change*], [**KOG, SOZ**], findet statt, wenn sich die *Einstellung* [i.S. von engl. *attitude*] zu einem Gedankenobjekt verändert. In der Forschung zur E. wird untersucht, welche Faktoren E. bewirken oder verhindern und welchen Gesetzmäßigkeiten E. folgt. Frühe Ansätze fokussierten auf lerntheoret. Grundlagen (*Lernen*) der E. (*Message-Learning Approach*). Spätere *Persuasion*sstudien zeigten, dass es v. a. die kogn. Reaktionen (*Cognitive Response Approach*) auf die Argumente einer Botschaft sind, die eine E. bewirken. In *Zweiprozessmodellen der Persuasion* wird angenommen, dass E. entweder durch oberflächliche *Informationsverarbeitung* oder durch systematisches Nachdenken zustande kommt. Im *Elaborations-Wahrscheinlichkeits-Modell* wird die oberflächliche Verarbeitung periphere Route genannt: Hierüber können sich u. a. neue assoziative Verknüpfungen (*Assoziation*) bilden, die die Einstellung verändern, ohne dass die Person darüber bewusste Kontrolle ausüben könnte (*Konditionierung, evaluative*). Während bei oberflächlicher Verarbeitung z. B. die äußere Erscheinung oder ein akademischer Titel des Kommunikators ausreichen können, um jemanden von einer best. Beurteilung zu überzeugen, sind bei systematischer Verarbeitung stichhaltige Argumente hierfür notwendig. Beide Prozesse können sich auch gegenseitig beeinflussen (*Heuristisch-systematisches Modell (HSM)*). Eine alternative Formulierung sieht das *Unimodel of Persuasion* vor, das in beiden Fällen annimmt, dass Personen wahrgenommene Information in ihr bereits bestehendes Einstellungssystem einpassen. Ist die Kapazität hierfür gering, so wird eine Person vorrangig augenfällige, leicht zu verarbeitende Information nutzen. Die Persuasionsforschung nutzte bis Ende der 1990er-Jahre v. a. explizite *Einstellungsskalen*. Durch die Einführung von impliziten Verfahren der Einstellungsmessung (z. B. *Impliziter Assoziationstest*) haben sich seither neue Fragestellungen für die E.forschung ergeben. Hier werden v. a. die Ursachen für unterschiedliche Änderungsmuster bei impliziter und expliziter Einstellungsmessung untersucht. Neuere Modelle zur Erklärung von E. integrieren diese Befunde. Hierbei ist v. a. das *Associative-Propositional Evaluations Model* (*APE model*, Gawronski & Bodenhausen 2006) zu nennen. Dieses unterscheidet zw. *assoziativ-automatischer E.*, die überwiegend mit impliziten Verfahren messbar ist, und *kontrolliert-propositionaler E.*, die sich vorwiegend auf expliziten Maßen zeigt. Beide Prozesse können sich gegenseitig beeinflussen.

Eine Einordnung neuerer Forschung zu Einstellungen und E. findet sich in Bohner & Dickel (2011). *N. Dickel*

Einstellungsänderung, werbepsychologisch [engl. *attitude change in advertising psychology*], **[KOG, SOZ, WIR]**, ist die Veränderung einer *Einstellung* durch Werbung (*Einstellungsänderung*). Dabei wird meist auf bestimmte Komponenten einer Einstellung gezielt: *Emotionen*, Motive (*Motiv*), *Wissen*, die Aktivierbarkeit einer Einstellung oder Vernetzung mit anderen Gedächtnisinhalten wie Verhaltensskripten und Kontexten (*Netzwerkmodelle*). Beliebte Techniken der E. im Werbekontext sind *klassische Konditionierung*, *evaluatives Konditionieren*, der *Mere-Exposure-Effekt* sowie Wiederholung zur *Gedächtnis*bildung und leichteren Abrufbarkeit von Gedächtnisinhalten. Felser 2015. *F. Becker*

Einstellungseffekt [engl. *mental set effect*], **[KOG]**, Bez. für das von Luchins und Luchins (1959) untersuchte Verharren bei einer umständlichen Methode der Bearbeitung von Aufgaben, wenn diese für vorher gelöste Aufgaben die einzig mögliche war, aber bei der «kritischen» Aufgabe auch eine einfachere Lösung zum Ziel führt. *mentales Set*, *Problemlösen*.

Einstellungsinterviews (= E.) [engl. *employment interview*], syn. *Auswahlgespräche*, **[AO, DIA]**, basieren auf Gesprächen mit Bewerbern, die auf einen Austausch von Informationen abzielen. Das E. mit dem Bewerber wird von einer oder mehreren Personen durchgeführt, die die Absicht haben, die Qualifikation des Bewerbers für die erfolgreiche Bewältigung zukünftiger Anforderungen zu bewerten. Typische Ziele des Bewerbers sind dagegen, Informationen über die zukünftigen Anforderungen zu erhalten und sich in der Gruppe der Bewerber als bes. qualifiziert darzustellen. Neben der Analyse der *Bewerbungsunterlagen* ist das Auswahlgespräch das am häufigsten zur Anwendung kommende Auswahlverfahren sowohl national als auch internat. E. lassen sich bzgl. folgender Charakteristika unterscheiden: (1) *Stellung im Auswahlprozess*: einziges Instrument vs. Kombination paralleler oder sequenzieller Auswahlprozeduren. (2) *Breite vs. Tiefe*: I. R. von Interviews kann eine Vielzahl unterschiedlicher Attribute bzw. Aspekte des Bewerbers thematisiert werden. Der Interviewer erfährt auf diese Art sehr wenig über viele Dinge. Auf der anderen Seite kann der Fokus von Interviews auf einige wenige Aspekte beschränkt sein, die dann im Detail besprochen werden; auf diese Weise erfährt der Interviewer sehr viel über wenig Dinge. (3) *Struktur*: V. a. zwei Faktoren sind für die Strukturierung eines Interviews von Bedeutung. Einerseits unterscheiden sich die Interviewverfahren in dem Ausmaß der Standardisierung der gestellten Fragen (der Ablauf und die Formulierung der Fragen sind dem Interviewer genau vorgegeben vs. der Interviewer entscheidet im Verlauf des Gesprächs weitgehend eigenständig über die Reihenfolge der Fragen, fügt weitere notwendige Zusatzfragen ein). Andererseits ist die Standardisierung des Bewertungsprozesses von Bedeutung. Das Spektrum reicht hier von offenen, unstandardisierten Bewertungen bis hin zu quant. Urteilen auf definierten Dimensionen. (4) *Rolle des Interviewers*: Die Funktion des Interviewers besteht primär darin, den Bewerber zu beurteilen und zu einer Entscheidung bzgl. seiner Einstellung in das Unternehmen zu gelangen. Vor diesem Hintergrund kann der Interviewer ausschließlich Informationen sammeln, die erst in einem nachfolgenden Entscheidungsprozess als Grundlage dienen. Andererseits kann seine Rolle auch darin bestehen, dass er die endgültige Einstellungsentscheidung trifft. Schließlich besteht auch die Möglichkeit, dass der Interviewer seine Aufgabe darin sieht, den Bewerber mit relevanten Informationen zu versorgen und Hilfe anzubieten. Gewöhnlich übernimmt der Interviewer natürlich mehrere der eben skizzierten Rollen. (5) *Anforderungsspezifität*: Interviewverfahren lassen sich danach unterscheiden, ob sie die zukünftigen berufsfeldspezifischen Bedingungen im Dialog thematisieren oder anforderungsunspezifische Inhalte das Gespräch bestimmen. In die letzte Kategorie fallen bspw. die eigenschaftsorientierten Verfahren, in denen der Interviewer die Integrität, die Initiative und die Intelligenz des Bewerbers einschätzt. Diese Eigenschaften können selbstverständlich anforderungsbezogen sein, sie erfordern von dem Interviewer jedoch Inferenzschlüsse bzgl. der Eigenschaften über die beobachtbaren Daten hinaus. Empfehlenswert sind insbes. systematisch strukturierte *multimodale Einstellungsinterviews* oder multimethodale Interviews (Runde 2001). *Interview, eignungsdiagnostisches*, *Einstellungsinterviews, Konstruktvalidität von* Fiege et al. 2006, Schuler & Höft 2007. *B. Runde/S. Greif*

Einstellungsinterviews, Konstruktvalidität von (= K. v. E.) [engl. *construct validity of employment interviews*], **[AO, DIA]**, bezieht sich auf die Frage, was *Einstellungsinterviews* messen. Generell ist *Konstruktvalidität* ein Aspekt der *Validität*, der angibt, ob ein Test das Konstrukt misst, das er messen soll. Während für psychol. Testverfahren das zu messende Konstrukt per Def. vorgegeben ist (z. B. soll ein Testverfahren zu Extraversion das Konstrukt *Extraversion* erfassen und nicht *Intelligenz*), ist das zu messende Konstrukt für Einstellungsinterviews nicht unmittelbar bekannt. Grund hierfür ist, dass die diagn. Methode des Einstellungsinterviews aus einer Anwendungssituation (*Personalauswahl*) heraus entstanden ist und die Frage nach der K. v. E. erst a posteriori erfolgt. Die K. v. E. ist nicht abschließend geklärt. Studien mit *Multitrait-Multimethod-Analyse* zeigen, dass Einstellungsinterviews nur begrenzt in der Lage sind, die den Fragen zugrunde liegenden Anforderungsdimensionen zu erfassen. Am ehesten messen Einstellungsinterviews *soziale Kompetenzen*, darüber hinaus können sie als Simulationen zukünftiger berufsrelevanter Verhaltensweisen angesehen werden. *Interview, eignungsdiagnostisches.* P. Mussel

Einstellungsskalen (= E.) [engl. *attitude scales*], [**DIA, FSE, SOZ**], *Skalen* (oft sorgfältig nach versch. Methoden wie *Likert-Skala*, *Thurstone-Skala* oder *Rasch-Modell* konstruiert und standardisiert, mit Anwendungsanleitungen und Normwerten; *Normierung*) zur abgestuften Erfassung und Bewertung von best. ein- oder mehrdimensionalen *Einstellungen*, also von *Dispositionen* des (emot., kogn. und aktionalen) Zu- oder Abwendungs-Verhaltens einer Person oder Gruppe gegenüber einem psychol. Obj. E. bestehen meist aus einer Reihe von Feststellungen, zu denen der Befragte den Grad seiner Zustimmung oder Ablehnung ausdrücken soll. Die Antworten werden dann zu einem Skalenwert verrechnet. Viele Bsp. finden sich in der *Zusammenstellung sozialwiss. Items und Skalen (ZIS)* [zis.gesis.org]. Die Begriffe E. und *Ratingskala* werden z. T. syn. verwendet. Robinson et al. 1991, Borg & Staufenbiel 2007.

Einstellungstäuschungen (= E.) [engl. *mental set illusions*], [**KOG, WA**], durch *Einstellung* i. S. von kurzfristig erzeugtem *mental Set* bedingte *Wahrnehmungstäuschung* und/oder Urteilstäuschung beim paarweisen Vergleich, nachweisbar als Druck-, Schallstärke-, Helligkeits-, Mengen- und Volumentäuschung im kritischen Versuch mit zwei obj. gleichen Reizbedingungen, nachdem vorher bis zu 15-mal ungleiche Reizbedingungen gegeben worden waren. Diese E. wurden von Uznadze und Mitarbeitern der Georgischen Schule als empirische Grundlagen ihrer Einstellungstheorie beschrieben. *Uznadzes Volumentäuschung*, *Ankerreiz*. Uznadze & Prangishvili 1976.

Einstellungs-Tests [engl. *attitude inventories*], [**DIA, PER, SOZ**], subjektive, d. h., auf Selbstaussagen beruhende Fragebogentests zur messtechnisch obj. Erfassung von Einstellungen, Meinungen. *Einstellung, Einstellungsskalen, subjektive Tests.* P. Day

Einstellung; Struktur-, Prozess- und Verhaltensaspekte (= E.) [engl. *attitude; aspects of structure, process and behavior*], [**KOG, PER, SOZ**], E. (*Einstellung*) sind in der Ps. auf drei Arten definiert. (1) E_1 meint die latente Neigung von Personen, ein E.-Objekt (z. B. Autos) bzw. ein mit diesem E.-Objekt verbundenes Verhaltensziel (z. B. Auto fahren, Auto besitzen, Autos betrachten) mehr oder weniger wertzuschätzen. Solch latente Neigungen werden als generelle Gefühlszustände, ps. Tendenzen oder auch seelische und nervliche Bereitschaftszustände bezeichnet. Das Ausmaß der Wertschätzung und die *Valenz* (pos. bzw. neg. Wertigkeit) sind die zwei formalen Aspekte, nach denen E_1 unterschieden werden. (2) E_2 meint die ps. vermutete Zusammenhangsstärke zw. einer kogn./mental verankerten Bewertung (*Kognition*) und einem kogn./mental verankerten E.-Objekt. (3) E_3 meint in der Vergangenheit gezeigtes *Verhalten* einer in Bezug auf das E.-Objekt (z. B. Umweltschutz) relevanten Verhaltensklasse (z. B. umweltschützende Verhaltensweisen) und die *Wahrscheinlichkeit*, mit welcher der Besitzer der E. dieses Verhalten zukünftig wieder zeigen wird.

Die ersten beiden Def. machen $E_{1|2}$ zu einem – empir. Forschung nicht unmittelbar zugänglichen – latenten Konzept (*Konstrukt*), das das Verhalten ursächlich kontrolliert. Dies zeigt sich z. B. darin, dass eine $E_{1|2}$ zunächst aktiviert werden muss, bevor sie ein best. Verhalten nach sich zu ziehen vermag. Entsprechend ist eine $E_{1|2}$ motivationale Determinante (*Motivation*) des Verhaltens in klass. Verhaltenstheorien (z. B. *Theorie des geplanten Verhaltens*). Die Ursache einer E_1 wird i. d. R. lerntheoretisch konzipiert als Gratifikationserfahrung, die im Zusammenhang mit dem E.-Objekt gemacht wurde (*Konditionierung, operante*). Entsprechend wird daraus i. R. des Erwartung-mal-Wert-Modells (*Erwartung-Wert-Theorien*) abgeleitet, dass die in E_1 zus. gefassten, im Gedächtnis gespeicherten Gratifikationserfahrungen als subj. Nutzenerwartung einer Person Verhalten motivieren.

Nach der dritten Def. sind E_3 und Verhalten nicht unterscheidbar. Verhalten und E_3 werden dabei in einer teleologischen (*Mittel-Ziel-Überzeugung*) und nicht in einer kausalen Relation gesehen (*Campbell-Paradigma*). E_3 zeigt sich darin, was jemand in der Vergangenheit getan bzw. gesagt hat, getan zu haben, um das mit dem E.-Objekt (z. B. Umweltschutz) verbundene Ziel (z. B. Umwelt schützen) zu realisieren. Die bislang gezeigten Verhaltensweisen bilden im Umkehrschluss die E_3. Die E_3 dem Umweltschutz gegenüber zeigt sich folgerichtig in umweltschützenden Verhaltensweisen wie dem Energiesparen, der Nutzung möglichst ressourcenschonender Verkehrsmittel und in der Behauptung, Mitglied einer Umweltschutzorganisationen zu sein. Die E_3 einer Person wird im gezeigten Verhalten offensichtlich und lässt sich seinerseits als Wahrscheinlichkeit beschreiben, mit der die gezeigten Verhaltensweisen von der Person auch künftig wieder gezeigt werden. Entsprechend erübrigt sich die konzeptuelle Unterscheidung von E_3 und der für das E.-Objekt relevanten Verhaltensklasse.

Die $E_{1|3}$ zeigt sich im *Affekt*, den Kognitionen und im Verhalten einer Person. Dabei dienen als Indikatoren der beobachtbare *Affektausdruck* bzw. der verbal geäußerte Affekt, sprachlich geäußerte Bewertungsurteile und Verhaltensabsichten sowie beobachtetes und selbstberichtetes vergangenes, in Bezug auf ein E.-Objekt relevantes Verhalten. Während bei $E_{1|2}$ davon ausgegangen wird, dass die latent vorhandene E. ihre Indikatoren kontrolliert, wird E_3 unmittelbar in den Verhaltensindikatoren manifest. Die

E_2 einer Person wird in den intrapersonal standardisierten *Reaktionszeit*unterschieden offenbar, die sich ergeben, wenn zwei vergleichbare E.-Objekte mit Bewertungsaussagen faktisch gekoppelt werden (*Impliziter Assoziationstest (IAT)*).

Die psychol. E.-Forschung hat sich – auch wegen der Konsistenzprobleme im Zusammenhang von Einstellung und Verhalten – zunehmend weg entwickelt von der ursprünglichen Primärfunktion, der Motivationsfunktion, die sich im Zweck von E. zeigt, Verhalten zu antizipieren. Andere psychol. Funktionen von E. sind entsprechend zentraler geworden. Die in diesem Zusammenhang vorgeschlagenen Alternativzwecke einer E. liegen (1) im vom Besitzer einer E. vermuteten Nutzen einer E. bzw. deren Äußerung (*adjustment function*), (2) im Schutz des Ego vor schmerzhaften Erfahrungen (*ego-defensive function*), (3) in der Befriedigung, die sich durch die Äußerung einer E. und der damit verbundenen Werthaltungen und Selbstkonzeptanteile ergeben (*value-expressive function*), und (4) in der Handlungs- bzw. Entscheidungssicherheit, die sich ergibt, wenn eine E. als valide Entscheidungsgrundlage angesehen wird (*knowledge function*). Entsprechend dieser Neuausrichtung bestimmen eher kogn. Struktur- und Prozessmodelle die moderne $E_{1|2}$-Forschung. Mit der Gleichsetzung von E_3 und Verhalten ist das Konsistenzproblem weitgehend gelöst, und Verhaltensforschung ist entspr. auch wieder Gegenstand moderner E_3-Forschung geworden. Bohner & Wänke 2002, Rosenberg & Hovland 1960, DeFleur & Westie 1963, Eagly & Chaiken 1993, Fazio et al. 2008. *F. G. Kaiser*

Einstellungstypen [engl. *attitude types*], (Jung) *Typologie*.

Einstellungsübertragung, werbepsychologisch (= E.) [engl. *attitude transfer*], **[WIR]**, das Modell der E. nimmt an, dass die *Einstellung* gegenüber einer Werbung auf die beworbene Marke übertragen wird. Für den Prozess der Übertragung werden zwei Erklärungen vorgeschlagen. Die erste Erklärung stützt sich auf das Modell der Elaborationswahrscheinlichkeit, das einen zentralen und einen peripheren Weg der Einstellungsbildung postuliert. Kennzeichen des zentralen Weges sind die *Fähigkeit*, die Argumente der Botschaft zu verstehen, und die *Motivation*, sich gedanklich mit dem Inhalt der Botschaft zu beschäftigen (*Involvement*). In Bezug auf Werbebotschaften wird die E. selten auf dem zentralen Weg erfolgen. Kennzeichen des peripheren Weges ist, dass die Rezipienten gering involviert sind und sich daher von Merkmalen wie z. B. der Gestaltung der Werbung beeinflussen lassen. Der zweiten Erklärung zufolge sind Menschen motiviert, sich in einem angenehmen Gefühlszustand (*Gefühl, Emotionen*) zu befinden. Um im Fall der Rezeption von Werbung einen solchen Gefühlszustand herzustellen oder beizubehalten, wird sie als pos. empfunden und bildet dadurch die Einstellung gegenüber der Werbung. *Werbewirkung, Werbung, emotionale, Markenimage*. *A. Mattenklott*

Test Ein Verfahren für die Forschung und Praxis mit Familien und anderen sozialen Systemen (Familienbrett), 1999, K. Ludewig & U. Wilken, [www.testzentrale.de], **[DIA, EW]**. AA ab 6 Jahre. Familiendiagnostisches Verfahren. Das Familienbrett besteht aus einem Holzkasten mit versch. Holzfiguren, die sich als Kommunikationsmittel für den distanziert-spielerischen Umgang mit sozialen Systemen verstehen. Individuen oder Gruppen werden aufgefordert, ihre subj. bzw. untereinander «verhandelten» Ansichten über das untersuchte soziale System mithilfe der Figuren auf das Brett aufzustellen. Das Verfahren eignet sich für die Diagnostik und klin. Praxis mit Familien sowie für den Einsatz in der Organisationsberatung. *Normierung*: Kein normatives Testverfahren. Bearbeitungsdauer: Von der Anwendungsabsicht abhängig.

Ein-Wort-Satz [engl. *one-word sentence*], **[EW, KOG]**, *Holophrase*, ein *Satz*, der nur aus einem *Wort* besteht. Der Begriff geht auf Stern & Stern (1907) zurück, die die ersten Wörter des Kindes als satzartige Gebilde, als Ausdruck für eine einheitliche Stellungnahme zu einem Bedeutungsgegenstand auffassten. Diese einzelnen Wörter sind völlig in den Kontext eingebunden und erhalten erst durch ihn ihren eigentlichen Sinn; nach Stern werden sie als Kulminationswörter gebraucht, die durch die Situation, Gebärden sowie durch paralinguistische Merkmale wie Variationen in der Tongebung ergänzt werden. Wichtiger als die Frage, für welche Sätze im linguistischen Sinn holophrastische Äußerungen stellvertretend stehen, ist jedoch die Frage nach den semantischen Rollen, die in ihnen codiert sind. *Sprachentwicklung*. Stern & Stern 1907, 1922. *H. Grimm*

Einzel-Assessment (= E.) (engl. *Individual Assessment (IA)* resp. *Individual Psychological Assessment (IPA)*), **[AO, DIA]**, wird im Ggs. zum *Assessment-Center* (= AC) an dem mehrere Kandidaten teilnehmen, für nur einen Kandidaten arrangiert. Es wird in der *Management-Diagnostik* herangezogen, wenn tiefergehend analysiert oder die Diskretion gewahrt werden soll, z. B. bei Fragen der Auswahl, Platzierung oder Entwicklungsberatung von höherrangigen Führungskräften und Experten, also im Zusammenhang mit weiter reichenden Personalentscheidungen, die ggf. hohe(n) finanzielle(n) oder immaterielle(n) Kosten bzw. Nutzen zur Folge haben können. Das E. kam in den 1950er-Jahren in den USA auf als der mehr oder weniger gruppenunabhängige Teil des ursprünglichen und prominent gewordenen AC der Firma AT&T und fand seinen Weg nach Europa noch vor dem AC. Seine Verbreitung in den dt.sprachigen Ländern hat in den vergangenen 30 Jahren merklich zugenommen; von vielen Beratungsfirmen wird es als Teil ihrer managementdiagnostischen Dienstleistungen angeboten. Das E. ist keine standardisierte Methode, sondern eine individual-diagn. Verfahrensklasse, die sich in ihrem Vorgehensweisen an denen von AC und klin. Begutachtung (*Psychologisches Gutachten*) orientiert (Birkhan 1998). Einem oder zwei Assessoren obliegt es im E.-Prozess, die nötigen Informationen über die Anforderungen der zu besetzenden Stelle zu beschaffen und die situations- und späteren personendiagnostischen Daten zu integrieren. Ziel ist es, Aussagen über die Passung des Pb zu den Anforderungen der Stelle, zur Prognose seiner Performance (bei Auswahl und Platzierung) und über Stärken und Schwächen des Pb (bei Entwicklungs- und Karriereberatungen) machen zu können. Die diagn. Datenerhebung beim Pb beansprucht üblicherweise einen Tag.

Diagnostik der Situation: Ausgangspunkt ist die Erhebung und Analyse der Tätigkeits- oder Entwicklungsanforderungen. Dies wird bei E. – wenn überhaupt – nur wenig methodengestützt (z. B. durch *Critical Incident Technique*), dagegen stark oder in Gänze informell betrieben: Mit dem Auftraggeber wird diskutiert (und evtl. inspiziert), was in der betreffenden beruflichen Funktion zu bewältigen, zu verantworten und zu leisten ist und welche Kompetenzen dazu benötigt werden.

Diagnostik der Person: Die Wahl geeigneter Diagnostika ist auf Basis der Befunde der *Anforderungsanalyse* zu treffen. Dabei werden fast immer abgestimmte Testverfahren einbezogen, aber auch passende Arbeitssimulationen. Sollen Potenzial-Aussagen über einen einzelnen Pb getroffen werden, liefern differentiell-psychol. Eigenschaftsvariablen lediglich ein vorläufiges Raster. Derart gewonnene, nomothetisch basierte Daten benötigen im E. substanzielle idiografische Ergänzungen. Denn Wissen über best. Differenzen zw. Individuen ist nicht notwendig ausreichend für detailliertere Beschreibungen oder treffendere Prognosen mit Bezug auf einzelne Individuen in spezif. Situationen – ebenso wenig wie bei Fragen im Entwicklungszusammenhang. Daher empfiehlt Sarges (2013d), im E. dem «kategorischen Imperativ der Individualisierung» zu folgen, der am ehesten umgesetzt werden kann durch auch idiografische Nutzung der hochadaptiblen Verfahrensklasse «Interview» (*Interview, eignungsdiagnostisches*, *Interview, biografisches*), die ohnehin einen Stammplatz im Methodenreigen von E. hat.

Datenkombination und Einschätzung des Pb: Der Assessor muss berichtetes oder gezeigtes Pb-Verhalten akkurat den Beurteilungsdimensionen zuordnen, Informationen integrieren und den Pb auf den spezif. Verhaltensdimensionen einstufen. Auch sind ggf. konfigurale und idiosynkratische Interpretationen zu erschließen, die zum Verstehen der Beziehungen zw. persönlichen Charakteristika, Kompetenzen und Variablen des situativen Kontextes der beruflichen Position führen. Die Rolle des Assessors und seine diagn. Qualifikation für die Durchführung von E. im Managementbereich sind von zentraler Bedeutung für die Qualität der Ergebnisse. Deshalb ist für dieses Feld eine über die DIN-Norm (*DIN 33430*; *Teststandards*) hinausgehende Qualifizierung von Psychologen zu fordern. Noch existieren im dt.sprachigen Raum keine Regelungen dafür, wie die notwendigen Qualifikationen erworben und nachgewiesen werden sollten. *Beurteilerakkuratheit*, *Beurteilerübereinstimmung*, *Beurteilertraining*.

Rückmeldungen: Nach einem E. werden bezogen auf den Pb Beschreibungen, Erklärungen und Prognosen seines berufsbezogenen Verhaltens erstellt. Diese kann einerseits die auftraggebende Organisation zur Entscheidung über den zukünftigen Einsatz des Pb nutzen, andererseits der Pb zu seiner persönlichen Weiterentwicklung. Dazu bedarf es detaillierter und für Laien verständlicher, aber akzeptierbarer Rückmeldungen an den Auftraggeber und den Kandidaten, sei es in persönlichen Gesprächen und/oder in schriftlichen Berichten.

Validität und *Validierung*: Schon 1990 kamen Ryan und Sackett zu dem Schluss: «Individual assessment has been a little researched topic, in part due to the great variation in practice which makes generalization for findings difficult». Dies liegt – außer an der großen Unterschiedlichkeit praktizierter E. – nicht zuletzt auch daran, dass man es bei E. immer mit kleinen Pbn-Stichproben zu tun hat (oft nur N = 1 oder 2), die zudem einer sukzessiv sich steigernden Varianzeinschränkung unterliegen: Meist kommen nur die letzten ein bis zwei (guten) Kandidaten aus einer mehrstufigen Vorauswahl in ein E.; und überdies ist eine valide Nachverfolgung der Pbn-Karrieren zumindest für externe Berater selten möglich. Entsprechend wird die Effektivität von E. bis heute kontrovers beurteilt (Highouse 2002; Prien et al. 2003; Silzer & Jeanneret 2011). Allerdings existieren plausible und praktikable Empfehlungen zur Vorsorge von konstrukt- wie kriterienbezogener Validität (Birkhan 1998; Sarges 2013d). Thornton III et al. 2010.   *W. Sarges*

Einzelfallexperiment (= E.) [engl. *single-case-/subject experimental design*], **[FSE]**, unter einem klassischen E. bzw. einer kontrollierten *Fallstudie* versteht man die intensive Untersuchung eines Phänomens unter systematisch variierten Bedingungen an ein und demselben Individuum. Da die Durchführung einer exp. Fallstudie wiederholte Beobachtungen am selben Individuum erfordert, bilden die so gewonnenen Daten stets eine Zeitreihe, die unterschiedliche Behandlungsbedingungen durchläuft. E. lassen sich somit als Zeitreihenexperimente charakterisieren. Im einfachsten Fall wird durch die Einführung einer neuen Versuchsbedingung X die Zeitreihe in eine Vorbehandlungsphase und eine Behandlungsphase geteilt. Zeitreihenpläne vom Typ OOOXOOO werden in der verhaltenstherapeutischen Fachliteratur auch als *A-B-Pläne* bez. Falls es möglich ist, die Beobachtungszeiten den Behandlungsbedingungen nach dem Zufall zuzuordnen oder den Interventionszeitpunkt innerhalb eines im Voraus fixierten Intervalls nach einem Zufallsverfahren zu bestimmen, dann stellen die von Edgington (1995) in die Ps. eingeführten Randomisierungspläne («*random assignment model*»; *Randomisierungstest*) eine echte Alternative zu den klassischen zeitreihentheoretischen Ansätzen der allg. Klasse der *ARIMA* («*autoregressive integrated moving average*»)-Modelle dar (*Zeitreihenanalyse*). Es lassen sich vier Hauptgruppen von randomisierten Versuchsanlagen unterscheiden (Huber 2008): (1) vollständig randomisierte Versuchsanlagen und Versuchsanlagen mit eingeschränkter *Randomisierung*, (2) Blöcke mit randomisierter Anordnung, (3) zwei- und mehrphasige univariate Zeitreihenpläne mit zufällig variierenden Phasenlängen (die Interventionszeitpunkte werden unter Bedachtnahme auf eine Mindestanzahl von Beobachtungen pro Untersuchungsphase nach dem Zufall festgelegt) und (4) multivariate Zeitreihenpläne (multiple Grundkurvenpläne) mit zufällig variierenden Phasenlängen.   *H. Huber*

Einzelfallstudie [engl. *single-case/subject study*], *Einzelfallexperiment*, *Fallstudie*, *Signifikanztest*.

Einzelmarkenstrategien [engl. *single-brand strategy*], *Markenarchitektur*.

Einzelnukleotid-Polymorphismus [engl. *single nucleotide polymorphism*; Jargon «*Snip*», Abk. SNP, [**BIO, KLI, PER**], Variation eines einzelnen Basenpaares in der *DNS* und damit kleinste vererbbare genetische Einheit, die zur genetischen Erklärung interindiv. Unterschiede herangezogen werden kann. Das menschliche *Genom* weist ca. 6 Mrd. Basenpaare auf, wovon ca. 3,3 Mio. interindiv. variieren, also SNPs sind. SNPs bilden die kleinsten Einheiten für *genomweite Assoziationsstudien* zur Aufdeckung korrelativer Zusammenhänge zw. genetischen Varianten einerseits und Persönlichkeitsmerkmalen und Neigungen zu best. Krankheitenandererseits.

Einzeltherapie [engl. *individual/single therapy*], [**KLI**], Therapie, i. d. R. Psychoth. mit einem einzelnen Pat.; auch: Therapie im Einzelsetting (*setting*); abzugrenzen von *Paartherapie*, *Familientherapie* oder *Gruppentherapie*.

Eisbrecherfragen [engl.] *Shock-Absorber*.

Eisschreiben *Bewerberpool*.

Ejaculatio praecox [engl. *premature ejaculation*; lat. *praecox* vorzeitig]; *Ejakulationsstörungen*.

Ejakulationsstörungen (= E.)[engl. *ejaculation disorders*], [**KLI**], E. bez. eine Form von *Sexualstörungen* beim Mann, bei denen der Samenerguss in versch. Weise gestört sein kann. Bspw. kann die zeitliche Komponente des Ejakulationsprozesses gestört sein (vorzeitiger, stark verzögerter oder ausbleibender Samenerguss, auch *männliche Orgasmusstörungen* genannt). Des Weiteren können (meist körperlich bedingte) Störungen vorliegen, bei denen der Ejakulationsprozess selbst gestört ist (z. B. Ejakulation in die Blase). In Bezug auf männliche Orgasmusstörungen können vorrangig zwei Formen unterschieden werden: Die erste Variante beschreibt den *vorzeitigen oder frühen Samenerguss (Ejaculatio praecox)*, bei dem der Mann keine oder nur wenig Kontrolle über den Zeitpunkt seiner Ejakulation besitzt. Dabei gibt es allerdings keine festgelegten Kriterien, wann ein Samenerguss vorzeitig oder zu früh ist, denn die Problematik ergibt sich weniger aus dem exakten Zeitpunkt (vor, während oder direkt nach der Vereinigung) als aus der Einschätzung sowie dem daraus resultierenden *Leidensdruck* (*Ärger*, *Scham*, Unzufriedenheit) der beteiligten Partner. Der vorzeitige oder frühe Samenerguss tritt dabei meist in Form einer *primären Störung* auf, d. h., die Problematik besteht von Beginn des Sexuallebens an und ist i. d. R. unabhängig von spez. Situationen oder best. Partnern. Es wird vermutet, dass betroffene Männer möglicherweise nicht gelernt haben, den Samenerguss angemessen zu kontrollieren. Aber auch eine gewisse Veranlagung (z. B. eine Veränderung des Serotoninhaushalts) wird als mögliche Ursache diskutiert. Als aufrechterhaltende Faktoren können ungünstige *Emotionen* (*Angst*, *Stress*) aber auch (u. a. auch durch die Problematik selbst verursachte) Partnerschaftsprobleme (*Prävention bei Paaren*) genannt werden. Die Behandlung und Therapie (*Sexualstörungen*, *Psychopharmakotherapie*, *Sexualstörungen, Psychotherapie*) von frühzeitigem Samenerguss umfasst vorrangig Übungen zur Erregungs- und Ejakulationskontrolle. Die zweite Variante der männlichen Orgasmusstörungen beschreibt den *stark verzögerten oder ausbleibenden Orgasmus*, bei der der Mann erst nach sehr langer sexueller Aktivität oder überhaupt nicht zum Orgasmus kommt. Dies führt i. d. R. bei beiden Partnern zu Unzufriedenheit, Frustration und einer gewissen (auch körperlichen) Erschöpfung. Können körperliche Ursachen (Krankheit, Einnahme von *Psychopharmaka*) ausgeschlossen werden, so müssen die psychosozialen Ursachen (Stress, Konflikte, Gehemmtheit) ermittelt werden. Psychoth. Ansätze fokussieren hierbei im Wesentlichen auf eine Reduktion belastender Kontextfaktoren sowie auf eine Förderung der eigenen Körperwahrnehmung sowie auf mögliche Partnerschaftsprobleme (*Paartherapie*). *Orgasmusstörung, weibliche*. Kockott & Fahrner 2000.

Ekel, interpersoneller [engl. *interpersonal disgust*]; *interpersonelle Kontamination*.

Ekel, neurophysiologische Grundlagen [engl. *disgust, neurophysiological fundamentals*], [**BIO, EM**], Studien mit bildgebenden Verfahren (*bildgebende Verfahren*) konnten wiederholt zeigen, dass es bei Betrachtung von Ekelreizen zur Aktivierung der Insula (*Gehirn*) kommt. Die Inselrinde ist ein eingesenkter Teil des Temporalkortex, der in die Wahrnehmung chemischer Reize (*Geschmack*, *Geruch*) involviert ist. Diese Funktion stimmt mit der Konzeption des Ekels als nahrungsbezogene Emotion überein. Inwieweit die Insula ein spezif. Ekelprozessor ist oder deshalb durch Ekelreize aktiviert wird, weil diese Hirnregion generell interozeptive Prozesse steuert, ist umstritten. Darüber hinaus ist die Ekelverarbeitung mit verstärkter Aktivierung der Amygdala, Bereichen der Basalganglien und des orbitofrontalen Kortex assoziiert. Weitere neurophysiologische Ekelindikatoren sind eine Reduktion der Herzrate, ein Anstieg der elektrodermalen Aktivität (Schwitzen) und eine Zunahme der elektromyografischen Aktivität (*Elektromyografie*) des Muskulus levator labii (Lippenheber), der mit der typischen Ekelmimik assoziiert ist. Schienle et al. 2002. *A. Schienle*

Ekelauslöser [engl. *trigger of disgust*], *Animal-Origin-Disgust*.

EKG [engl. *ECG*], Abk. für *Elektrokardiogramm*. *psychophysiologische Methodik*.

ekklesiogene Neurose [engl. *ecclesiogenic neurosis*; lat. *ecclesia* Kirche], [**KLI**], nicht mehr gebräuchl. Begriff für eine *Neurose*, die durch bes. geartete (übersteigerte) religiöse Gläubigkeit entsteht.

Ekklisis, Ggs. *Klisis*.

Eklektizismus (= E.) [engl. *eclecticism*; gr. ἐκλεκτός *(eklektos)* ausgewählt], [**KOG**], unselbstst., mechan. Vereinigung von zus.getragenen Stil- und Gedankenelementen. [**KLI**], In der Psychoth. ist E. ein Versuch, durch Verbinden bzw. Miteinanderverwenden von Techniken und Konzepten versch. Herkunft die Grenzen einzelner Ansätze zu überwinden. *Integration*.

Ekman, Paul (geb. 1934) [**HIS, SOZ, EM**], amerikanischer Psychologe und Anthropologe. Er hat in Chicago und New York studiert, 1958–1960 arbeitete er für die *US Army*. Er führte anschließend mehrere Forschungsprojekte durch.

1972 wurde er an die *University of California*, San Francisco, berufen, wo er bis zu seiner Emeritierung im Jahr 2004 lehrte. Prägend für Ekman war 1966 eine Forschungsreise nach Papua-Neuguinea, wo er Urwaldbewohner untersuchte. Den Einheimischen legte er Fotos mit Gesichtsausdrücken vor und ließ sie raten, bei welcher Gelegenheit das Foto entstanden war. Er fand, dass grundlegende *Emotionen* wie Freude, Zorn, Angst, Überraschung, Ekel usw. wie in westlichen Kulturen unmittelbar erkannt wurden. Daraus schlossen Ekman und sein Kollege Wallace Friesen auf das Bestehen von *Basisemotionen*. So knüpften die Autoren an Thesen von *Charles Darwin* zur Universalität des Emotionsausdrucks an (1872; Darwin 1998). Hiermit standen sie i. Ggs. zur vorherrschenden Lehrmeinung, Basisemotionen seien kult. geprägt. Ekman und Friesen stellten u. a. das *Facial Action Coding System (FACS)* zus. (Ekman & Friesen 1978). Dieses soll kleinste Einheiten der menschlichen Mimik auf Fotos bzw. in Videoaufnahmen unabhängig von der Anatomie der betreffenden Person erfassen. Grundlage dieser *Mimikanalyse* sind sog. Action Units (AU), Gesichtsbewegungen, die von einem oder mehreren Muskeln ausgeführt werden. Die Untersuchungen von Ekman haben u. a. Bedeutung für Psychoth., Filmindustrie und Kriminalistik. In den Folgejahren entstanden weitere Untersuchungen und Kategoriensysteme, auch für kommerzielle Zwecke, wie zur Diagnose der Gesichtsausdrücke von Flugpassagieren. H. E. Lück

eknoische Zustände [engl. *ecnoic states*; gr. ἔκνως (eknoos) sinnlos], [**KLI**], Bez. für in der Pubertät auftretende unbegründete Erregungszustände mit Beziehungsideen.

Ekphorie, ekphorieren [engl. *ecphoria*; gr. ἐκφερειν (ekpherein) hervorbringen], [**KOG**], der Vorgang des Erinnerns bzw. das Wiederhervorrufen eines Erinnerungsbildes, eines Engrammes (Semon). Der dies hervorrufende Reiz ist der ekphorierende Reiz. *Abruf*, *Mneme*, *Gedächtnis*.

EKP-Komponenten [engl. *ERP components*], *Ereigniskorrelierte Hirnpotenziale, EKP*.

Ekstase (= E.) [engl. *ecstacy*; gr. ἔκστασις (ekstasis) Außer-sich-sein, Verzückung], [**KLI, PHI**], ursprünglich (Plotin) Austritt aus den Grenzen der Individualität (und Verschmelzung mit dem geliebten Wesen). Abnormer Bewusstseinszustand mit dem *Gefühl* der Verzückung, der Entrücktheit von der *Wirklichkeit*, der höchsten fanatischen Begeisterung und Ergriffenheit. Erregungszustand, in dem auch *Halluzinationen* vorkommen, z. B. Stimmen gehört werden. Die Empfänglichkeit für Sinneseindrücke (*Wahrnehmung*) ist eingeschränkt. E. ist v. a. unter Naturvölkern weitverbreitet. Bei den Mystikern aller Zeiten und Kulturen spielt die E. eine große Rolle. Oft findet sich in der E. Zungenreden (*Glossolalie*). Die Zusammenhänge von Rausch, E. und Rauschgift (*Sucht*, *Droge*) sind ein Problem hoher Aktualität auch bei anderen Völkern. Endogen bedingte E. findet sich bei *Schizophrenie* und genuiner *Epilepsie*. Die Beziehung der E. zum Sexualakt (*Sexualität*) ist bes. eng: Hier wie dort besteht schwindende Individuation. Hegel deutete deshalb die Geschlechtsliebe als Zurückkehren des Lebens zu sich selbst. Und in den dionysischen Festen, in denen nach Nietzsche «der Bann der Individuation zersprengt und der Weg zu den Müttern des Seins» offengelegt wurde, stand zugleich geschlechtliche Zuchtlosigkeit im Vordergrund. Im dionysischen Rausch der E. offenbaren sich nach Nietzsche der ontische Urgrund des Lebens und das Geheimnis des chthonisch-mütterlichen Prinzips.

Ektoblast (= E.) [engl. *ectoblast*; gr. ἐκτός (ektos) außen, βλάστος (blastos) Keim], [**BIO**], bei der Keimesentwicklung der höheren Tiere werden i. d. R. zunächst drei Schichten, «Keimblätter» angelegt. Das äußere Keimblatt wird als E. (oder Ektoderm) bez. Aus ihm entstehen während der Embryonalentwicklung z. B. die Haut und das ZNS. *Keimesentwicklung*.

Ektoderm (= E.) [engl. *ectoderm*; gr. ἐκτός (ektos) außen, δέρμα (derma) Haut], *Keimesentwicklung*.

ektosemantisch (= e.) [engl. *ectosemantic*; gr. ἐκτός (ektos) außen, σημαίνειν (semainein) bezeichnen], [**KOG, SOZ**], e. sind sprachliche Äußerungen (*Sprache*), die über Art, Identität und inneren Zustand des Senders (*Sender*) informieren und/oder über die Art und Aufforderung zu einem best. Verhalten. Diese paralinguistische Funktion (*Paralinguistik*) des Ausdrucks (Appels, Symptoms, Signals) nennt Moles (1972) *information esthétique*. Sie informiert unabhängig vom phonematisch, lexikalisch-semantisch und syntaktisch codierten Bericht (Kainz 1970) und wird durch Stimmklang, stimmlichen und sprachlichen Ausdruck (Trojan 1975) und *Prosodie* vermittelt. Hörmann 1967, 1977.

Ektropie [engl. *ectotropy*; gr. ἐκτός (ektos) außen, τροπη (trope) Wendung, Einwirkung], die noch nicht verwertete, noch in Arbeit umsetzbare Energie, im Ggs. zur *Entropie*.

Elaboration-Likelihood-Modell [engl.] *Elaborations-Wahrscheinlichkeit-Modell*.

Elaborationsstrategien [engl *semantic encoding strategies, mnemonic strategies*; lat. *elaborare* sorgfältig ausführen], [**KOG, PÄD**], Lernstrategien, die das Lernen und Behalten neuer Informationen durch Verknüpfung und tiefe semantische Verarbeitung (*Elaborieren*, *levels of processing*) unterstützen. Techniken sind im Einzelnen: Die Verknüpfung von Informationen mit mentalen Bildern oder Vorstellungen (*Imaginationsstrategie*), wobei auch zuvor nicht assoziierte Informationen verknüpft werden können. Dies wird insbes. bei sog. *Eselsbrücken* genutzt, bei denen z. B. zu einem Namen eine sinnvolle Bedeutung generiert und diese dann mit einem Bild verknüpft wird. Die *ÜFLA-Technik* (Überfliegen – Fragen – Lesen – Antworten), im Englischen als PQRST-Technik genannt (Preview – Question – Read – State – Test), arbeitet damit, dass nach einem ersten Überfliegen eines Textes durch Fragen zum Text die *Aufmerksamkeit* auf best. Aspekte gelenkt wird und Zusammenhänge zw. Informationen hergestellt werden können. Hierdurch wird beim anschließenden Lesen die Information gezielter und intensiver verarbeitet und besser behalten (*Gedächtnis*). In einem letzten Schritt wird die eigene Behaltensleistung überprüft, indem der Text mit eigenen Worten wiedergegeben wird bzw. die zuvor gestellten Fragen frei beantwortet werden. Dieser aktive Reproduktionsprozess führt erneut zu einer vertieften Verarbeitung. Darüber hinaus werden Abrufschwierigkeiten erkannt und können durch erneutes Lesen behoben werden. Schließlich gilt jede Form der semantischen Kategorisierung ebenfalls dem Herstellen von Verknüpfungen, die wiederum die Lern- und Behaltensleistung verbessern. Sowohl in der Allgemeinen Ps. als auch in der Neurops. gibt es eine umfangreiche Literatur zur Frage, welche Strategien zur Verbesserung des *Lernens* bes. geeignet sind. Für eine Wirksamkeit in der Therapie von Pat. mit Gedächtnisstörung (*Gedächtnisstörungen, Therapie*) muss ein Mindestmaß an Behaltensleistung erhalten sein. Schwer amnestische Pat. scheinen hingegen von Lernstrategien wenig zu profitieren. Mandl & Friedrich 2006. *A. Thöne-Otto*

Elaborations-Wahrscheinlichkeit-Modell (= E.) [engl. *elaboration likelihood model, ELM*; lat. *elaborare* sorgfältig ausführen], **[SOZ]**, das E., auch als Modell der Elaborationswahrscheinlichkeit bez., wurde von Petty und Cacioppo (1986) in einer eigenen Monografie vorgestellt. Es wird heute den sog. *Zwei-Prozess-Modellen* (Chaiken & Trope 1999) zugeordnet und zählt innerhalb der *Einstellungs*forschung zu den neueren anwendungsorientierten Modellen der Änderung von Einstellungen (Bohner & Wänke 2002). Das E. ist ein *Zweiprozessmodell der Persuasion*, weil zwei versch. Routen der *Einstellungsänderung* unterschieden werden: eine *zentrale* und eine *periphere*. Die zentrale Route der Einstellungsänderung und damit eine intensive (elaborierte) Auseinandersetzung mit dem Einstellungsgegenstand wird dann gewählt, wenn die Einstellungsthematik relevant für die Person ist und sie motiviert ist (*Motivation*), sich mit der Thematik auseinanderzusetzen, aber auch über die kogn. Fähigkeiten (*Kognition*) und Voraussetzungen verfügt, sich mit eben dieser Thematik kritisch zu beschäftigen. Die periphere Route, weniger aufwendig und zeitsparend, orientiert sich eher an den peripheren Hinweisreizen einer Botschaft oder *Kommunikation* (z. B. bei der Darbietung eines TV-Spots wird den Darstellern mehr *Aufmerksamkeit* geschenkt als den Inhalten der Werbung) und führt i. d. R. zu eher kurzfristigen Einstellungsänderungen im Ggs. zu den pos. oder negativen Einstellungsänderungen, die sich bei der *Informationsverarbeitung* über die zentrale Route einstellen und die i. d. R. langfristiger sind. *Heuristisch-Systematisches Modell (HSM), unimodel of persuasion.* *B. Six*

Elaborieren (= E.) [engl. *elaboration*; lat. *elaborare* sorgfältig ausführen], **[KOG, PÄD]**, das E. von Informationen ist eine *kognitive Lernstrategien*. Durch Elaborationsstrategien soll neues Wissen konstruiert werden (*Akquisition*), in bereits vorhandenes Wissen integriert werden (*Encodierung*) und auf neue Kontexte transferiert werden (*Transfer*). Durch die E. sollen neue Inhalte tiefenverarbeitet werden. *Gedächtnis, Elaborationsstrategien.* Friedrich & Mandl 1992. *M. Händel*

elaborierter Code [engl. *elaborated code*; lat. *elaborare* sorgfältig ausführen], *Soziolinguistik, Code, Kode.*

E-Learning (= E.) [engl.] «elektronisch unterstütztes Lernen», **[MD, PÄD]**, gehört in den fachlichen Kontext des durch Medien vermittelten Lehrens und Lernens (z. B. *Lernen, programmiertes, programmierter Unterricht,* computer based training – CBT-, *Fernunterricht*, Fernstudium z. T. mit *web-based-training* -WBT) und bez. das Lehren und Lernen mithilfe von elektronischen Medien (z. B. Internet, Intranet). Die elektronische Unterstützung bezieht sich dabei insbes. auf die Präsentation und Distribution von Lernmaterialien sowie die Unterstützung der *Kommunikation* zw. den Lernenden. In engeren Fassungen des Begriffs werden Lernarrangements nur dann als E. bez., wenn sie Online-Komponenten beinhalten. Über elektronische Medien können Lernangebote abgerufen, vom Lernenden auf eigene Bedürfnisse zugeschnitten oder auch in Echtzeit mit dem Lehrangebot interaktiv modifiziert werden. Lernangebote nach dem Prinzip des E. werden aus betriebswirtschaftlichen Gründen oftmals abrufbereit hinterlegt (hauptsächlich als Texte oder als Bildmaterial) und seltener interaktiv individualisiert (z. B. durch Echtzeitkontakte über Ton- und Videoverbindungen mit Dozenten). E. wird oft durchsetzt mit Nachfragemöglichkeiten per E-Mail, mit Präsenzphasen (Gruppentreffen mit Dozent) oder mit Telefonkonferenzschaltungen. E. erleichtert häufig die zeitliche Verfügbarkeit von Lernmodulen und zeitliche Integration von Lernphasen in den Arbeitsalltag von Mitarbeitern. E. als Vermittlungsmethode muss mit den Lehrzielen (*Lehrziele*) kompatibel sein. Dichanz & Ernst 2002, Kerres 2006, Weidenmann et al. 2004. *D. Bodemer/W. Echterhoff*

Elektrakomplex (= E.) [engl. *Electra complex*], **[KLI]**, *Psychoanalyse*, von C. G. Jung eingeführte Bez. für die exzessive Bindung der Tochter an den Vater mit Feindschaft gegen die Mutter in Anlehnung an den Bericht aus der gr. Mythologie über Elektra, die Tochter des Agamemnon. In Analogie zum *Ödipuskomplex* kommt E. bei weiblichen Personen vor.

elektrodermale Aktivität *psychogalvanische Reaktion, elektrodermale Aktivität, Kennwerte, elektrodermale Aktivität, Messung.*

elektrodermale Aktivität, Kennwerte [engl. *electrodermal activity (EDA), indicators*; lat. *derma* Haut], **[BIO, DIA]**, es können *endosomatische Potenziale* (auch: *Hautpotenziale*), die in der Haut selbst generiert werden, und *exosomatische Potenziale*, die durch die Anlegung eines schwachen elektrischen Stroms durch die Haut verändert werden, unterschieden werden. Letztere verändern sich durch die Sekretion von Schweiß durch die *ekkrine Schweißdrüsen*, da die erhöhte Flüssigkeitskonzentration die Leitfähigkeit der Haut erhöht. Exosomatische Potenziale werden bei Anlegung eines Gleichstroms *Hautleitfähigkeit* [engl. *skin conductance*] oder *Hautwiderstand* [engl. *resistance*] genannt, wobei beide Werte invers zueinander stehen. Hautleitfähigkeit wird meist verwendet, da ein linearer Zusammenhang zw. diesem Wert und der Anzahl der aktivierten ekkrinen Schweißdrüsen vermutet wird. Bei Anlegung eines Wechselstroms spricht man von *Hautscheinwiderstand* [engl. *impedance*], bzw. *Hautscheinleitwert* [engl. *admittance*] (Burk 2005). Für alle Parameter können durchschnittliche Absolutwerte über einen längeren Zeitraum (*tonisches Niveau,* [engl. *level*]) oder ereigniskorrelierte Werte in Differenz zu einer vorherigen Baseline *(phasische Reaktion,* [engl. *response])* ermittelt werden. Typische Werte für die tonische Leitfähigkeit: 2–20 µS, für phasische Änderungen der Leitfähigkeit: 0,1–1 µS (Dawson et al. 2007). Sympathische Aktivierung, wie sie z. B. bei Stress zu erwarten ist, kann zu einem Anstieg der Hautleitfähigkeit führen. *A. Schulz*

elektrodermale Aktivität, Messung [engl. *electrodermal activity (EDA), measurement;* lat. *derma* Haut], [**BIO, DIA**], man unterscheidet endosomatische und exosomatische Hautpotenziale (*elektrodermale Aktivität, Kennwerte*). Endosomatische Potenziale benötigen die Platzierung einer aktiven Elektrode auf einer Hautoberfläche, die sich durch hohe Konzentration von *ekkrine Schweißdrüsen* auszeichnen. Das gemessene Potenzial wird verglichen mit einer elektrisch neutralen Quelle. Da exosomatische Potenziale die Anlegung eines Gleich- oder Wechselstroms (z. B. 0,5 V) benötigen, sind dazu zwei Elektroden nötig (Stern et al. 2001). Die darunterliegende Hautoberfläche sollte vom gleichen Nervenstrang innerviert werden. Am häufigsten werden Handballen (thenar, hypothenar) oder Innenflächen von Zeige- und Mittelfinger der nicht dominanten Hand (mittleres Glied) verwendet. Das Signal wird mithilfe von Ag/AgCl-Napf- oder Einwegelektroden erfasst. Empfohlene Zeitkonstante für die Datenaufzeichnung: 3–15 s (Boucsein 1988a). *A. Schulz*

Elektrodiagnostik [engl. *electrodiagnostics*], [**BIO, DIA**], ein Bereich der med. und psychophysiol. Diagnostik, in dem die körpereigenen bioelektrischen Erscheinungen zur Klärung physiol. und psychol. Vorgänge sowie zur Erkennung ihrer Störungen oder Erkrankungen herangezogen werden. Hierzu zählen u. a.: (1) Ableitung und Messung körpereigener, bioelektrischer Ströme: Das *Elektrokardiogramm* (EKG) unter Verwendung best. standardisierter Elektrodenplatzierungen an den Gliedmaßen und der Brustwand. Aus der relativen Lage und Form der Zacken des EKGs lassen sich sowohl Schlüsse auf die Funktionsweise des Herzens ziehen als auch Leistungs- und Stoffwechselstörungen sowie Schädigungen des Herzmuskels feststellen (*psychophysiologische Methodik*). Das Elektroenzephalogramm (EEG, *Enzephalografie*) ist die mithilfe eines Messgerätes (z. B. Galvanometer) über Vielfachverstärker aufgezeichnete Kurve der *Aktionsströme* des Gehirns (*Gehirn*), die mittels Elektroden von Kopfhaut und Schädel unter Verwendung standardisierter Elektrodenpositionen abgeleitet wird. Im klin. Bereich wird im Wesentlichen zw. alpha-, beta-, theta- und delta-Wellen unterschieden. Daneben gibt es Strukturelemente, Graphoelemente in den Kurvenformen, die wie auch Störungen in der rhythmischen Eigentätigkeit des Gehirns auf best. zerebrale Störungen schließen lassen (Feststellung zerebraler Anfallsleiden (*Epilepsie*), Hirntumoren, *Schädel-Hirn-Trauma*, *Intoxikation*) (*psychophysiologische Methodik*); *Elektroneurografie* (ENG) zur Erfassung der «Massenpotenziale» einer größeren Anzahl von durch eine elektrische Reizung gleichzeitig erregten Nervenfasern (*Nerv*) zur Ermittlung der Nervenleitungsgeschwindigkeit. Das *Elektromyogramm (EMG)* zur Aufzeichnung der Aktionsräume eines erregten *Muskels*. Das Elektrogastrogramm (EGG) zur Messung der Magenbewegungen an der Hautoberfläche über dem Magen mittels nicht polarisierbarer Elektroden. Die summierten Muskelaktionspotenziale des Magens reagieren äußerst sensitiv auf emot. Reize (*Emotionen*), *Vorstellungen* sowie vestibulär-visuelle Wahrnehmungsdiskrepanzen (Schwerelosigkeit im All, Karussell, Seegang). (2) Messung elektrischer Eigenschaften von Zellen oder Zellverbänden: Hierher gehört spez. die Hautwiderstandsmessung (EDA). *psychogalvanische Reaktion*. (3) Elektrische Stimulation (ESB) mittels exakt lokalisierter Elektroden (auch Tiefenelektroden) zur Prüfung der Erregbarkeit von Geweben oder auch einzelner Zellen (*Neuron*). Andersen & Andersson 1968, Berger 1938, Becker-Carus 2004, Gauggel & Hermann 2008. *C. Becker-Carus*

Elektroenzephalografie, EEG [engl. *electroencephalography (EEG);* gr. ἐγκέφαλον *(enkephalon)* Gehirn]; *Elektrodiagnostik*, *Enzephalografie*, *Elektrophysiologie*.

Elektrogastrogramm (EGG) [engl. *electrogastrogram;* gr. γαστήρ *(gaster)* Magen]; *Elektrodiagnostik*.

Elektrokardiogramm (EKG) [engl. *electrocardiogram (ECG);* gr. καρδία *(kardia)* Herz], [**BIO, DIA**], Messverfahren, bei dem durch Elektroden an Extremitäten oder Rumpf die elektrische Erregungsausbreitung auf dem Myokard (Herzmuskel) nicht invasiv beobachtet wird. Ergibt pro kardialem Zyklus charakteristische Morphologie mit den Komponenten P, QRS und T. P repräsentiert die Vorhoferregung, QRS die Kammererregung, T die Erregungsrückbildung der Kammern. Durch unterschiedliche Elektrodenkonfigurationen (z. B. Einthoven, Goldberger, Wilson) kann der Lagetyp des Herzens bestimmt werden. In der Psychophysiologie ist Ableitung II nach Einthoven der Standard (bipolare Ableitung zw. rechtem Arm und linkem Bein), da hier der QRS-Komplex bei normalem Herzlagetypus am deutlichsten erkennbar ist. Das EKG liefert v. a. med. relevante Informationen, wie z. B. bei Überleitungsstörungen, Arrhythmien oder Infarkten (*Herzerkrankung, koronare*). Das EKG-Rohsignal ist für die *Psychophysiologie* von begrenztem Nutzen, jedoch werden einige psychophysiol. relevante Parameter aus dem EKG berechnet, wie z. B. *Herzfrequenz/-rate*. Wenn auch meist die R-Zacke aus praktischen Gründen als gleichbedeutend mit einem Herzschlag interpretiert wird, beinhaltet das EKG keine Information über den mechanischen Vorgang des Blutauswurfs. Hierzu ist z. B. eine Impedanzkardiografie nötig (*Schlagvolumen des Herzens*, *Herzzeitvolumen*). *A. Schulz*

Elektrokrampftherapie, elektrokonvulsiver Schock [engl. *electroconvulsive therapy/shock;* lat. *convolvere* zus. winden], *Elektroschock*.

elektrokutane Sensibilität [engl. *electrocutaneous sensitivity;* lat. *cutis* Haut], [**BIO**], Sensibilität der Haut für den elektrischen Strom.

elektrolytischer Reiz [engl. *electrolytic stimulus;* gr. λύειν *(lyein)* lösen], [**BIO, WA**], ein inadäquater oder abnormer *Reiz,* der eine sensorische Wirkung durch elektrochem. Prozesse bewirkt. Bes. beim Geschmackssinn zu beachten.

Elektromyografie *Elektrodiagnostik*, *Elektromyogramm*.

Elektromyogramm (EMG) (= E.) [engl. *electromyography (EMG)*; gr. μυς *(mys)* Muskel, γράφειν *(graphein)* schreiben], **[BIO]**, Registrierung der elektrischen Muskelaktivität mithilfe von Oberflächenelektroden oder (seltener) Nadelelektroden. Während Nadelelektroden die Registrierung der *Aktionspotenziale* weniger Muskelfasern erlauben, erfassen Oberflächenelektroden die Summenaktivität oberflächlicher Muskeln. Bei isometrischer Muskelkontraktion, die nicht zu einer Bewegung führt, weist die entwickelte Kraft eine etwa lineare Beziehung zum Integral des gleichgerichteten elektrischen Signals auf. Bei Muskelkontraktionen, die zu einer Bewegung führen, sind die Beziehungen zw. E. und Kraft komplizierter. Prinzipiell ist das E. auch bei relativ gleichförmigen Bewegungen sehr variabel. Dennoch lassen sich typische Muster finden, etwa das dreiphasige Muster der Aktivität von Agonist, Antagonist, Agonist bei schnellen *Zielbewegungen*. Zu Beginn des *motorischen Lernens* oder bei hohen Genauigkeitsanforderungen lässt sich oft gleichzeitige Aktivität von Agonisten und Antagonisten (Kokontraktion) beobachten. Die Aktivität best. Muskelgruppen (z. B. Stirn oder Nacken) kann auch als Maß für *Aktivierung* genutzt werden. *Elektrodiagnostik*. H. Heuer

Elektroneurografie (ENG) [engl. *electroneurography (ENG)*; gr. νεῦρον *(neuron)* Nerv, γράφειν *(graphein)* schreiben], **[BIO, DIA]**, ENG ist die Registrierung von evozierten muskulären Antwort- und Nervenaktionspotenzialen nach Reizung des *Nerven* einschließlich der Bestimmung der Leitgeschwindigkeit. Ziel der klin. ENG ist dabei die Diagnostik von Funktionsstörungen im Bereich der motorischen Einheiten (*Motorik*).

Elektrookulografie (EOG) [engl. *electrooculography*; lat. *occulus* Auge, gr. γράφειν *(graphein)* schreiben], **[BIO, DIA]**, Bez. für die Verfahren der Registrierung der Augenbewegungen. Grundlage der EOG ist die Potenzialdifferenz zw. der Korneaoberfläche und dem Augenhintergrund (nicht Muskelpotenziale), wodurch der Augapfel (*Auge*) einem elektrischen Dipol entspricht, dessen Spannungsfeld sich mit der Augenbewegung ändert. Mittels zweier Elektroden, die in der Nähe der Augen auf der Hautoberfläche angebracht werden (horizontal oder vertikal), können die Spannungsänderungen abgegriffen werden, die in direkter Abhängigkeit zu der jew. Augenstellung stehen. Die am Aufzeichnungsgerät, dem Polygraph, erhaltene Kurvenaufzeichnung wird als EOG, Elektrookulogramm bez. Im Einsatz bei Nystagmussprüngen wird das EOG auch als *Nystagmogramm* bez. Birbaumer & Schmidt 2010.

Elektrophysiologie (= E.) [engl. *electrophysiology*], **[BIO]**, jener Teil der *Physiologie*, der sich mit den von den Lebewesen selbst erzeugten elektrischen Strömen (*Aktionsströme*) befasst. Diese treten bei allen Lebensvorgängen auf, die mit Änderungen der Ionenkonzentration im Gewebe verbunden sind, insbes. aber bei allen Funktionen des NS und seiner neuronalen elektrochemischen Signal- und Informationsübertragung und -verarbeitung. Durch zunehmend weitere Verfeinerung und Neuentwicklung elektrophysiologischer Messtechniken sind die Möglichkeiten der neurophysiologischen Analyse einzelner *Organe* sowie der neuralen Verschaltungen und Funktionen enorm gewachsen. Sie finden ihren Niederschlag in den Bereichen der *Neurophysiologie*, der *Biopsychologie* und anderen Neurowissenschaften. Unterschieden werden: (1) die klin. E. im Fachgebiet der Neurologie, die sich mit Schädigungen peripherer Nerven und Nervenbahnen befasst, und (2) die exp. E. aus dem Forschungsgebiet der Neurophysiologie, die die Eigenschaften einzelner Nerven- und Muskelzellen und ihrer Verbände untersucht. Die Aktionsströme wurden von Dubois-Reymond (1818–1896) in Berlin am Muskelpräparat entdeckt, und 1929 entdeckte H. Berger (1873–1941), dass an der menschlichen Kopfhaut ständig elektrische Potenzialschwankungen registriert werden können, die Rückschlüsse auf die Hirntätigkeit erlauben (Elektroenzephalogramm (EEG), *Elektrodiagnostik*). Man unterscheidet Ruhe-, Verletzungs- oder Demarkations- sowie Aktionsströme z. B. von Muskeln, Drüsen, Herz (Elektrokardiogramm, Elektrodiagnostik), Nerven, Gehirn (EEG). *psychophysiologische Methodik*. Berger 1938, Pinel 1997. C. Becker-Carus

Elektroretinografie (ERG) [engl. *electroretinography (ERG)*], **[BIO, DIA]**, Aufzeichnung der durch lichtelektrische Prozesse in den Rezeptoren der Netzhaut (*Auge*, *Retina*) bedingten bioelektrischen Potenzialänderungen. Müller-Limmroth 1959.

Elektroschock (= E.), syn. elektrokonvulsiver Schock [engl. *electroconvulsive shock*], **[KLI]**, von Cerletti und Bini in den 1930er-Jahren erstmals angewandte «Therapie» bei psych. Störungen, bes. bei *Depression*, *Schizophrenie*, *Manie*, *Neurose*. Über Elektroden an den Schläfen oder einseitig über der Temporalregion werden Spannungen bis zu 110 V und Stromstärken von 100–400 mA für mehrere Sek. z. T. an jedem Tag einmal, häufig über Tage appliziert. Führt zu extremen Entladungen der Nervenzellen, ähnl. wie bei *Epilepsie* mit Bewusstlosigkeit und epileptischen Krämpfen. Retrograde *Amnesie* unterschiedlicher Dauer ist die Folge. Wiederholte Anwendung führt zu dauerhaften Schädigungen des Gehirns und der Persönlichkeit. E. wird heute sehr zurückhaltend zur Behandlung therapieresistenter Störungen, insbes. Depressionen eingesetzt. Durch medikamentöse Muskelentspannung und Anästhesie können schädliche Nebenwirkungen reduziert werden. Es wird für 60–70 % der Elektrokrampftherapie-Pat. von einer Verbesserung berichtet, wobei auch die heutigen verbesserten Elektrokrampftherapie-Techniken Risiken zeigen (Gedächtnisverlust, Nervenschädigungen, Verwirrung). Breggin 1998. N. Birbaumer/F. Caspar

[Anm. des Hrsg.: Unmittelbar vor Redaktionsschluss wurden wir auf die Überarbeitungsnotwendigkeit dieses Beitrags hingewiesen. Die Elektrokonvulsionstherapie [engl. *electroconvulsive therapy*] wird von nat. und internat. psychiatr. Fachgesellschaften und von der Bundesärztekammer als wirksame und vgl.weise nebenwirkungsarme Behandlungsmethode für schwere psych. Erkrankungen empfohlen. Eine aktualisierte Version des Beitrags wird baldmöglichst unter http://hogrefe.com/dorsch bereitgestellt. Folg. Literatur gibt über den akt. Wissensstand Auskunft: Grözinger et al. 2012, Wissenschaftlicher Beirat der Bundesärztekammer 2003, Devanand et al. 1994, Semskovsk & McLoughlin 2010.]

Elektrosubkortikografie [engl. *electrosubcorticography*; lat. *sub* unter, *cortex* Hirnrinde], **[BIO, DIA]**, Aufzeichnen der elektrischen Impulse (ähnlich *Elektroenzephalografie, EEG*; *Elektrodiagnostik*) mit Tiefen-Elektroden, die in subkortikale Regionen implantiert sind.

Elektrotonus [engl. *electrotonus*; gr. τόνος *(tonos)* Spannung], **[BIO]**, Bez. für die Erscheinungen, die bei Reizung eines *Nerv* mit Gleichstrom auftreten. Der stromdurchflossene Nerv zeigt an der Anode verminderte Erregbarkeit (Anelektrotonus), an der Kathode verstärkte Erregbarkeit (Katelektrotonus).

Elementarismus (= E.) [engl. *elementaris*; lat. *elementum* Grund-/Urstoff], **[KOG, PHI, WA]**, elementaristische Zugangsweisen in der Ps. basieren auf der Annahme, dass psych. Funktionen, wie *Wahrnehmung* oder *Denken*, auf einer Verbindung kleinster Einheiten oder Elemente (in Analogie zu chemischen Elementen) beruhen. Elementaristische Denkweisen in der Ps. sind wesentlich durch die in der engl. Tradition (Locke, Hume) stehende «empiristische Konzeption des Geistes» geprägt, der zufolge sich alle komplexen psych. Funktionen aus einer erfahrungsbasierten Verbindung elementarer sensorischer Elemente ergeben. Elementaristischen Haltungen zufolge resultieren Eigenschaften mentaler Phänomene und Leistungen aus den Eigenschaften der jew. Elemente sowie den Eigenschaften bereichsunabh. Verbindungsmechanismen. Als geeignete Verbindungsmechanismen, durch welche die jew. postulierten Elemente zu «*Gestalt*», mentalen *Bedeutung*seinheeinheiten oder *Konzepten* verbunden werden, werden dabei v. a. Assoziationen (*Assoziationismus*) und Mechanismen induktiver Inferenz bzw. induktiven Lernens (*Induktion*) postuliert. Daraus ergibt sich die methodologische Auffassung, dass eine Untersuchung der Prinzipien, auf denen mentale Phänomene und Leistungen beruhen, durch eine Bestimmung entspr. Elemente und Verbindungsmechanismen zu erfolgen hat. Sensorisch und behavioral definierten Elementen wird dabei häufig, v. a. in behavioristisch orientierten Varianten des E., eine bes. Bedeutung beigemessen, woraus sich ein methodologischer Fokus auf Untersuchungen von Reiz-Reaktions-Beziehungen (*Lernen, S-R-Theorie*) und sog. Kontexteffekte ergeben. Die grundlegende inhaltliche und methodologische Unangemessenheit elementaristischer Konzeptionen wurde in der Geschichte der Ps. in vielfältiger Weise aufgezeigt. Insbes. die *Gestaltpsychologie* best. sich in explizitem Ggs. zu elementaristischen Konzeptionen. Dennoch durchziehen weiterhin entspr. Haltungen, wenn auch in zumeist impliziter und technisch hochgradig verfeinerter Form, viele Bereiche der Ps. Bsp. sind die *Psychophysik* in der Wahrnehmungsps. und konnektionistisch orientierte Zugangsweisen. *R. Mausfeld*

Elementarpädagogik [engl. *elementary education/pedagogy*], *Vorschulerziehung, vorschulische Betreuungsformen*.

Elementenpsychologie [engl. *elementary psychology*], die Richtungen der Ps., die in ihrer Theorie des seelischen Geschehens die ausdrückliche Annahme ps. Elemente als wichtige Grundlage enthalten, insbes. für die *Assoziationspsychologie*. Im theoretischen Ggs. zur Elementenps. stehen die *Gestaltpsychologie* und die *Ganzheitspsychologie*. *Wundts Elementenpsychologie*.

Elementinteraktivität [engl. *element interactivity*], *Cognitive Load Theory (CLT)*.

elevation [engl.] Erhebung, Erhöhung; *Beurteilerakkuratheit*.

ELFE-Trainingsprogramm (ELFE-T), 2006, von W. Lenhard und A. Lenhard. **[PÄD]**, Verfahren zur Förderung des Leseverständnisses für Schüler der 1. bis 6. Klasse. Das Training ist für den Einsatz in den ersten sechs Jahrgangsstufen geeignet. Voraussetzung ist die Beherrschung von Buchstaben-Laut-Zuordnungen. In der Sekundarstufe ist das Training eher für schwächere Schüler angemessen. ELFE-T umfasst insges. 14 Lesespiele, die sich jew. in drei Schwierigkeitsstufen untergliedern. Die Spiele decken die unterschiedlichen Bereiche Wort-, Satz- und Textebene ab. Zwar bietet das ELFE-Training die Möglichkeit, die Spiele auf den versch. Niveaustufen nach einem vorgefertigten Schema zu durchlaufen. Je nach Indikation können einzelne Aufgaben herausgegriffen, oder auch selbst eigene Aufgaben eingespeist werden, die dann gezielt bearbeitet werden. Es besteht weiterhin die Möglichkeit, die Ergebnisse eines Kindes im Lesetest *Ein Leseverständnistest für Erst- bis Sechstklässler (ELFE 1-6)* einzulesen, sodass die Trainingsinhalte adaptiert werden können. [www.elfe-lesetest.de].

elimination by aspects [engl.] Elimination/Ausschluss nach Aspekten, **[EM, KOG]**, Entscheidungsstrategie, bei der so lange bestimmte, bzgl. versch., nach Relevanz sortierter Attribute einen Schwellenwert nicht erreichende Alternativen ausgeschlossen werden, bis nur noch eine Alternative übrig bleibt. *Entscheiden, Entscheidungsheuristiken*.

Eliminationshalbwertszeit (= E.) [engl. *elimination half-life*], **[PHA]**, die E. (t1/2), auch terminale oder dominierende Halbwertszeit genannt, gibt die Zeit an, in der die Konzentration eines Medikaments im Plasma um die Hälfte abgenommen hat. Die Plasmakonzentration (*Plasmaspiegel*) eines Pharmakons nimmt umso rascher ab, je größer die *Clearance*, d. h. die Eliminationsfähigkeit, ist. Die Plasmakonzentration nimmt langsam ab, wenn das Volumen, aus dem das Pharmakon entfernt werden muss, groß ist. Praktische Relevanz erlangt die E. beim Abschätzen des Aufenthaltes der Substanz im Organismus. Es gilt die Faustregel, dass nach etwa fünf Halbwertszeiten eine Substanz nahezu vollst. eliminiert wird. Gründer & Benkert 2012. *M. Paulzen*

eliminativer Materialismus *Materialismus, eliminativer*.

Elite (= E.) [engl. *elite*; lat. *electus* ausgewählt], **[KOG, PÄD, SOZ]**, aus dem Frz. stammender Begriff aus der Aufklärung (18. Jhd.). Grundgedanke des ursprünglichen Elitekonzepts ist der, dass an der öffentlichen Meinungsbildung innerhalb einer Demokratie nur der kleine Kreis «gebildeter» Bürger, nämlich all jener, die aufgrund ihrer Kenntnisse und Urteilsfähigkeit dazu in der Lage sind, ausgewählt und beteiligt ist. Nur diese E. wurde als fähig betrachtet, zur kritischen Diskussion beitragen und Regierungsentscheidungen sinnvoll beeinflussen zu können. Heute ist der Begriff v. a. zur Kennzeichnung von Trägern bedeutsamer (*Macht-*)Positionen oder bevorzugter gesellschaftlicher Positionen oder Gruppen gebräuchlich. Im

Bildungsbereich findet der Begriff v. a. im Kontext von (Hoch-)*Begabung* (*Hochbegabung, intellektuelle*) und *Begabtenförderung* Verwendung. *Exzellenzinitiative des Bundes und der Länder*.

Eliteförderung [engl. *promotion of elite*], [**PÄD**], Teil der *Begabtenförderung*, der in Ergänzung zur Breitenförderung auf die Entfaltung der als überdurchschnittlich eingeschätzten *Begabungen* versch. *Eliten* zielt. Der Begriff wurde in Dt. im Zusammenhang mit der *Exzellenzinitiative des Bundes und der Länder* politisch kontrovers und kritisch diskutiert. *Begabtenauslese*. M. Heinecke-Müller

elterliche Sorge [engl. *parental care*], *Kindeswille*, *Verfahrensbeistand*.

elterliche Strategien (= e. S.) [engl. *parental strategies*], [**PÄD, SOZ**], e. S. umfassen *Sozialisationsziele* (d. h. Vorstellungen über erwünschte Entwicklungsergebnisse), *Ethnotheorien* (d. h. Vorstellungen, wie diese Entwicklungsergebnisse erreicht werden können), und *Verhaltensweisen* (d. h. die Herstellung von Kontexten und sozialem Austausch). Diese sind an übergreifenden kult. Modellen orientiert, die aus dem Zusammenspiel von Autonomie und Relationalität, zwei menschlichen Grundbedürfnissen und zugleich kult. Werten, entstehen. E. S. können als Anpassungen an die Erfordernisse des ökokulturellen Kontextes verstanden werden, d. h., Kinder auf die Kompetenzen vorzubereiten, die für ein erfolgreiches Leben in einer best. Umwelt notwendig sind. Kulturelle Variation ist daher zwangsläufig. Da kult. Modelle immer mit normativen, wertenden Strukturen verbunden sind, variieren auch die Vorstellungen über gute und schlechte, entwicklungsfördernde und entwicklungshemmende Maßnahmen. Es können zwei Prototypen und Mischformen differenziert werden. Ein Prototyp ist angepasst an die Lebenswirklichkeit von Mittelschichtfamilien aus der westlichen Welt mit einem hohen Grad an formaler Bildung, später Erstelternschaft und wenig Kindern, die in einer Zwei-Generationen-Familie aufwachsen. In diesem Kontext sind Erziehungsstrategien an psych. *Autonomie* (*Autonomieentwicklung*) ausgerichtet, die das einzelne Individuum ins Zentrum stellt und auf seine innere Welt von Wünschen, Bedürfnissen, Vorlieben und Intentionen fokussiert. Autonomie wird primär als Selbstbestimmung aufgefasst, was die Def. von *Relationalität* bestimmt als wandelbare und verhandelbare Austauschprozesse zw. unabh. Individuen. Ein weiterer Prototyp ist angepasst an die Lebenswirklichkeit von subsistenzwirtschaftlich lebenden Großfamilien in der nicht westlichen Welt mit einem geringeren Grad an formaler Bildung, früher Erstelternschaft und hierarchischen Familienstrukturen. In diesem Kontext sind Erziehungsstrategien an relationaler Verbundenheit orientiert, die die soziale Gemeinschaft mit ihren Rollen und Verpflichtungen in den Mittelpunkt stellt und auf das Hier und Jetzt von Verhaltensregulationen fokussiert. Relationalität ist dabei ein Netzwerk von Verpflichtungen, das Autonomie als selbstständiges familienförderliches Handlungssystem versteht. Diese Prototypen sind nicht als Pole einer Dimension missszuverstehen. Darüber hinaus sind vielfältige Kombinationen möglich. *independente, elterliche Strategie*, *interdependente, elterliche Strategie*. Keller 2011, Keller 2012. H. Keller

^Test^**Eltern-Belastungs-Inventar (EBI)**, 2010, H. Tröster. Dt. Version des *Parenting Stress Index (PSI)* von R. R. Abidin, [www.testzentrale.de], [**DIA, KLI, PÄD**]. AA Eltern. Grundlage des EBI ist das *Parenting Stress Model* von Abidin aus dem Jahre 1983, nach dem zwei Hauptquellen elterlicher Belastung unterschieden werden: (1) Eigenschaften und Verhaltensweisen des Kindes, aus denen sich spezif. Anforderungen für die Eltern ergeben sowie (2) Einschränkungen elterlicher Funktionen, die die Ressourcen beeinträchtigen, die den Eltern zur Bewältigung der Anforderungen in der Erziehung, Betreuung und Versorgung ihres Kindes zur Verfügung stehen. Der EBI umfasst fünf Subskalen, die Belastungsquellen erfassen, die vom Verhalten des Kindes ausgehen und mit bes. Anforderungen für die Eltern verbunden sind (*Ablenkbarkeit/Hyperaktivität des Kindes, Akzeptierbarkeit, Anforderung, Anpassungsfähigkeit* und *Stimmung*) sowie sieben Subskalen, die Beeinträchtigungen elterlicher Funktionsbereiche erfassen (*Bindung, Soziale Isolation, Zweifel an der elterlichen Kompetenz, Depression, Gesundheit, Persönliche Einschränkung, Partnerbeziehung*). Das EBI enthält insges. 48 Items. Das EBI gibt Hinweise darauf, ob die Eltern aufgrund einer erhöhten Belastung in ihren Aufgaben in der Erziehung, Betreuung und Versorgung ihres Kindes beeinträchtigt sind, sodass Unterstützungs- oder Interventionsmaßnahmen für die Familie erforderlich sind. Dem Belastungsprofil des EBI ist zu entnehmen, in welchen Bereichen die Eltern bzw. die Familie Unterstützung benötigen. Bearbeitungsdauer beträgt etwa 10 Min.

^Test^**Eltern-Belastungs-Screening zur Kindeswohlgefährdung (EBSK)**, 2009, G. Deegener, G. Spangler, W. Körner & N. Becker. Dt. Form des *Child Abuse Potential Inventory (CAPI)* von Joel S. Milner, [www.testzentrale.de], [**DIA, KLI, PÄD, RF**]. Ein Einsatz des EBSK ist in allen Kontexten möglich, in denen eine zuverlässige Abschätzung des Risikos zukünftiger körperlicher Kindesmisshandlung bzw. Kindesvernachlässigung von Bedeutung ist. Der EBSK erfasst den Belastungsgrad von Eltern als Indikator für das Ausmaß möglicher Kindeswohlgefährdung vor. Inhaltlich gliedert sich das Verfahren in eine primäre klin. Skala zur Erfassung des *elterlichen Belastungsgrades* sowie in drei Validitätsskalen zur Erfassung spezif. Tendenzen der *Antwortverzerrung* (*soziale Erwünschtheit, unreflektiertes Antwortverhalten, inkonsistentes Antwortverhalten*). Das EBSK erfasst eine Vielzahl von Risikofaktoren für Kindesmisshandlungen und Kindeswohlgefährdungen.

^Test^**Elternbildfragebogen für Kinder und Jugendliche (EBF-KJ)**, 2010, K. Titze und U. Lehmkuhl, [www.testzentrale.de], [**DIA, PÄD**]. AA Kinder und Jugendliche im Alter von 10 bis 20 Jahren. Erfasst die Qualität der Eltern-Kind-Beziehung aus der Sicht von Kindern und Jugendlichen. Er wurde unter bes. Berücksichtigung von Verständlichkeit und Akzeptanz für die Anwendung mit Kindern und Jugendlichen entwickelt. Der EBF-KJ basiert auf der theoretischen Annahme, dass sich aus den Beziehungserfahrungen der Kinder mit Mutter und Vater im Laufe der Kindheit eine für jedes Elternteil spezif. internalisierte Beziehungsrepräsentation entwickelt. Diese Beziehungsrepräsentationen beeinflussen die Bewältigung von psych. und sozialen Entwicklungsanforderungen und Krisen. Der EBF-KJ erfragt anhand von jew. 36 Items für Mutter und Vater ein ausgewähltes Spektrum an familienps. und empirisch begründeten Ressourcen- und Risikofaktoren der Eltern-Kind Beziehung. Diese umfassen das Ausmaß an (1) Kohäsion und (2) *Identifikation mit den Eltern*, (3) die *erlebte Autonomie*, (4) *Konflikte mit den Eltern*, (5) *unangemessene Bestrafung*, (6) *erlebte Ablehnung oder Gleichgültigkeit der Eltern*, (7) *emotionale Vereinnahmung* und (8) *Überprotektion durch die Eltern* sowie (9) die *Diskrepanz zw. den Elternrepräsentationen*. Als Zusatzskala wird (10) lebenspraktische Hilfe für die Eltern erfragt. Ein zus.fassender Indexwert ermöglicht die Beurteilung der Gesamtqualität der Eltern-Kind-Beziehung. Bearbeitungsdauer ca. 15 Min.

Eltern-Entfremdungs-Syndrom [engl.] *Parental Alienation Syndrom*.

Test Elternfragebögen für die Früherkennung von Risikokindern (ELFRA), 2000, 2., überarbeitete und erweiterte Auflage von H. Grimm und H. Doil, [www.testzentrale], **[DIA, KLI, KOG]**. Screening einer Sprachentwicklungsstörung. AA 12–24 Monate. Zwei Elternfragebogen erfassen den Entwicklungsstand des Kindes. Der Elternfragebogen 1 erfasst *gestisches Verhalten, Feinmotorik, Sprachproduktion* und *Sprachverständnis*. Der Elternfragebogen 2 erfasst *produktiven Wortschatz, Syntax* und *Morphologie*. Kurzformen für kinderärztliche Praxis liegen vor. *Reliabilität*: Cronbachs α zw. r = .84 bis .98. Empirische Belege für die inhaltliche *Validität* und prognostische Validität sowie Normen (*Normierung*) mit kritischen Werten je Skala liegen vor. Ca. 10 Min.

Test Elternfragebogen über das Verhalten von Kindern und Jugendlichen (CBCL/4–18), 1998, Arbeitsgruppe Dt. *Child Behavior Checklist*, [www.testzentrale.de], **[DIA, KLI]**. Dt. Bearbeitung der *Child Behavior Checklist*. Verhaltensskalen im Bereich der Klinischen Ps., von 4 bis 18 Jahren. Der Test umfasst Selbstberichte, Berichte von Eltern und Lehrern. Die soziale Kompetenz des Kindes wird mit 15 Items, die klin.-relevanten Verhaltensweisen und Einzelsymptome mit 120 Fragen erfasst. Normierung an N = 2856 Eltern und Jugendlichen.

Test Elternfragebogen zur Wortschatzentwicklung im frühen Kindesalter: Eltern Antworten – Revision (ELAN-R), 2012; Bockmann und Kiese-Himmel, [www.testzentrale.de], **[DIA, EW, KOG]**. AA für monolingual deutschsprachig aufwachsende Kinder im Alter von 18–26 Monaten zur Frühidentifizierung von Risikokindern (Verdacht auf *Late Talker*). Der ELAN-R besteht aus einem Anamneseteil sowie aus einer sprachproduktiven Wortschatz-Checkliste mit 319 Wörtern, die unterschiedlichen Wortarten und bei der Wortart Nomen 10 semantischen Feldern zugeordnet sind. Ergänzungen zum indiv. Wortgebrauch eines Kindes können auf hierfür vorgesehenen Leerzeilen im Fragebogen vorgenommen werden. Auf Leerzeilen sollen auch drei Bsp. für typische Äußerungen eines Kindes notiert werden, aus denen die mittlere Äußerungslänge – ein wichtiger Marker für die Sprachentwicklung – berechnet werden kann. Aufgrund seiner Standardisierung und der Bereitstellung schriftlicher Instruktionen ist von einer hohen Durchführungsobjektivität auszugehen. *Objektivität*: Die Auswertung der Wortschatz-Checkliste ist durch Summation der mit «Ja» angekreuzten Wörter obj. Interpretationsobjektivität liegt durch den indiv. Ergebnisvergleich mit Normen vor. *Reliabilität*: Interne Konsistenz .99; Halbierungs-Reliabilität: .97 (Spearman-Brown). *Validität*: Der ELAN-R ist ein für Eltern augenscheinlich valides Instrument, dessen Konstruktvalidität anhand der empirisch gewonnenen Ergebnisse vor dem Hintergrund versch. theoretischer Konstrukte bestätigt wurde. Die konkurrente Validität der Wortschatz-Checkliste mit dem SETK-2 Subtest *Produktion Wörter* beträgt .63 ($p < .001$) und *Produktion Sätze* .69 ($p = .001$). Der Fragebogen hat eine hohe Akzeptanz bei Eltern bewiesen und sich als praktikables sowie nützliches Instrument zur Gewinnung von frühen lexikalischen Entwicklungsdaten bewährt. Mit ihm lässt sich der Sprachentwicklungsstatus anhand der expressiv-lexikalischen Ergebnisdimension und der (mittleren) Äußerungslänge gültig und zuverlässig abbilden, um die Kinder zu erkennen, die einer weiterführenden Diagnostik (und ggf. anschließenden Interventionsmaßnahmen) zuzuweisen sind. *Normierung*: Aktuelle geschlechtsspezif. Normen (N = 512 aus 14 dt. Bundesländern) für 3 Altersstufen: 18–20 Monate; 21–23 Monate; 24–26 Monate. Bearbeitungsdauer: ca. 20–25 Min. *C. Kiese-Himmel*

Eltern-Ich [engl. *parent ego*]; *Transaktionsanalyse*.

Eltern-Kind-Beziehung (= E.) [engl. *parent-child relationship*], **[EW, SOZ]**, bez. versch. Aspekte des Verhältnisses zw. Eltern und Kindern. In der Familienps. werden Struktur- von Prozessmerkmalen unterschieden. Strukturelle Merkmale beziehen sich auf das verwandtschaftliche oder gesetzliche Verhältnis zw. Eltern und Kindern. So können Kinder biol. mit beiden ihrer Eltern verwandt sein, sie können von einem oder beiden Eltern adoptiert sein oder zu ihnen in einem Pflegeverhältnis stehen oder als Stiefkind mit einem Elternteil verbunden sein. Prozessmerkmale der E. beziehen sich auf die Qualität des Verhältnisses von Eltern und Kindern. Dies kann in Bezug auf die ganze Familie unter einer systemischen Perspektive (*Systemische Therapie*) erfolgen, die Familienprozesse als das Ergebnis der wechselseitigen Beeinflussung aller Familienmitglieder betrachtet (*Familienbeziehung*). Dann wird z. B. das allg. Familienklima erfasst. Dazu gehören Aspekte der *Offenheit*, Wechselseitigkeit, Harmonie, Streitkultur oder Grenzen. Es kann aber auch das spezif. Generationenverhältnis zw. Eltern und Kindern fokussiert werden. Dabei werden unter der Perspektive, dass Eltern ihre Kinder erziehen, meist die Dimensionen Wärme und Unterstützung sowie Grenzen setzen unterschieden (*Erziehungsstile*). Durch die vielen zu berücksichtigenden Perspektiven ergeben sich bes. meth. Herausforderungen für die Erforschung von E. Die zentrale Frage dabei ist, wie man die «wahre» Qualität der E. ermittelt. Befragungen einzelner Mitglieder ergeben oft große Diskrepanzen in den Einschätzungen. Reine *Beobachtung* erlauben keinen Rückschluss auf das *Erleben* der Beteiligten. Eine Kombination aus Beobachtung und anschließender Befragung zum Erleben der Beteiligten scheint die beste Annäherung an das Interaktionsgeschehen in der E. zu sein. B. Kracke

Eltern-Kind-Entfremdung [engl.] *Parental Alienation Syndrom*.

Elterntherapie [engl. *parent therapy*]; *Familientherapie*.

Elterntrainings, präventive [engl. *preventive trainings for parents*], **[GES, KLI, PÄD]**, sind meist strukturierte, standardisierte kurzzeitige Gruppenangebote mit dem Ziel einerseits die Erziehungskompetenzen (*Erziehung*) der Eltern zu steigern, andererseits die psych. Situation der Kinder zu verbessern. Fehlende und unzureichende elterliche Erziehungskompetenzen wie z. B. bestrafendes oder inkonsistentes Erziehungsverhalten (*Erziehungsstile*), neg. familiäre Interaktionsmuster (*Familiensystem, Interaktion*, z. B. fehlende Wertschätzung des Kindes), «unsichere» und «entwicklungsarme» Umgebung (z. B. fehlende Förderung der Kinder) zählen zu den wesentlichen familiären Risikofaktoren für die Entwicklung kindlichen Problemverhaltens. Anlässe für die Inanspruchnahme können akute *Krisen* (z. B. Scheidung der Eltern) oder chronische Belastungen (z. B. ständige Konflikte) sein. Häufige Elemente sind Wissensvermittlung bezogen auf die «normale» kindliche Entwicklung zur angemessenen Betreuung und Förderung, zum Aufbau einer pos. emot. Beziehung zum Kind (*Bindung*, z. B. Aufmerksamkeit zeigen), sensitive Wahrnehmung kindlicher Bedürfnisse, angemessene familiäre *Kommunikation* (z. B. wertschätzendes Verhalten) sowie kompetente Erziehungsstrategien (z. B. konsequente Erziehung). Die Methoden sind sehr breit gestreut, von Hausaufgaben und *Rollenspielen*, schriftlichen Informationen, *Lernen am Modell* etc. Methoden und Inhalte werden den entwicklungsbezogenen Anforderungen der jew. Zielgruppe angepasst. Je nach Vorliegen von Risikofaktoren werden versch. Stufen präventiver Elternprogramme unterschieden: *Universelle* Elterntrainings richten sich an die Allg.bevölkerung, *selektive* Programme richten sich an Personen, deren Kinder aufgrund von sozialen oder biol. Gegebenheiten ein erhöhtes Risikopotenzial für die zukünftige Entwicklung einer kindlichen Störung aufweisen; bei *indizierten* Programmen liegen die ersten Anzeichen für chronische Problemlagen vor. Darüber hinaus richten sich i. S. der Sekundärprävention (*Prävention*) auch eine Vielzahl von Programmen an Eltern, deren Kinder bereits unter einer psych. Störung leiden. Elterntrainings verbreiten sich zunehmend und deren *Wirksamkeit* wird zunehmend untersucht. Mittlerweile liegt auch im dt.sprachigen Raum eine Reihe von gut evaluierten Ansätzen vor. Es können langfristig pos. Effekte erzielt werden, wenn auch die wesentlichen Wirkkomponenten noch unklar sind. Sandler et al. 2011, Kaminski et al. 2008. P. Warschburger

Elterntrainings zur Motivationsförderung von Kindern [engl. *trainings for parents to promote children's motivation*], **[PÄD]**, die meisten Trainings zur Förderung der *Motivation* von Schülern versuchen, direkt die Motivation von Kindern zu fördern. Bei Elterntrainings wird angenommen, dass ein zusätzliches Elterntraining die Wirkung auf die Kinder verstärkt (Lund et al. 2001). Da sowohl Kinder als auch Eltern trainiert werden, sind diese Trainings aufwendig und daher selten. R. Vollmeyer

Eltoprazin [engl. *eltoprazine*], **[PHA]**, Substanz, die als sog. Serenikum antiaggressive Wirkungen haben soll. Wirkt im ZNS (*Nervensystem*) u. a. *serotoninagonistisch* (insbes. 5-HT1b).

Emanzipation [engl. *emancipation*; lat. *emancipare* den Sohn aus der väterlichen Verantwortlichkeit/Gewalt entlassen], **[SOZ]**, Befreiung aus einer Abhängigkeit oder Beschränkung. Rechtliche oder gesellschaftliche Gleichstellung.

Embedded-Processes-Modell des Arbeitsgedächtnisses [engl. *embedded* eingebettet], **[KOG]**, das *embedded processes model* von Nelson Cowan (1999) beschreibt das *Arbeitsgedächtnis* (*Gedächtnis*) als Ansammlung von Prozessen, die Informationen in einem solchen Zustand aufrechterhalten, dass sie für die Bearbeitung aller möglicher mentaler Operationen ideal zugänglich sind. In dem Modell werden zu diesem Zweck drei hierarchisch organisierte Komponenten unterschieden: (1) Das Langzeitgedächnis (LZG) umfasst alles gespeicherte und theoretisch zugängliche Wissen, (2) das aktivierte LZG umfasst den gerade bzw. kürzlich aktivierten Teil des LZG und (3) der Fokus der *Aufmerksamkeit* ist Teil des aktivierten LZG und geht mit Bewusstheit einher. Das aktivierte LZG unterliegt zeitlichen Beschränkungen, wobei Intervalle von etwa 10 bis 20 s angenommen werden. Der Fokus der Aufmerksamkeit hingegen ist streng kapazitätslimitiert und umfasst nur bis zu vier *chunks*. Die Aufmerksamkeit wird im Modell als priorisierte Verarbeitung von Informationen zulasten von anderer, ebenfalls präsenter Information verstanden. Die Aufmerksamkeit kann dabei sowohl durch willentliche (die zentrale Exekutive) als auch durch unwillentliche Prozesse (ausgelöst durch z. B. Neuheit, Salienz) gesteuert werden und auf Inhalte des LZG und/oder auf äußere Stimuli gerichtet werden. Wiederkehrende unveränderte Kontextinformation unterliegt der *Habituation*, wodurch die Aufmerksamkeitssteuerung auf relevante Information erleichtert wird. Bei komplexen kogn. Aufgaben wird Information von allen möglichen Quellen (intern aus dem LZG und extern) aktiviert und soweit möglich im Fokus der Aufmerksamkeit gehalten. Neu kombinierte Inhalte im aktivierten LZG können schließlich selbst auch Teil des LZG werden. Im Ggs. zu Baddeleys Modell des Arbeitsgedächtnisses ist das aktivierte LZG modalitätsunspezif. G. Dreisbach

embedding [engl.] einbetten, **[KOG]**, in der *Grammatik* Bez. für die Einordnung (Einbettung) eines Satzes (des «Konstitutensatzes») in einen anderen Satz (den «Matrixsatz»). Mehrfach eingebettete Sätze vom Typ «Der Mann, der den Täter, der den Pfahl, der an der Straße, die nach Worms führt, steht, umgeworfen hat, ergreift, erhält eine Belohnung» sind schwer zu produzieren und zu verstehen (Miller & Isard 1964). Dieser Umstand verweist neben der praktischen Begrenztheit der hierzu z. B. erforderlichen Anwendung rekursiver Regeln (Rekursivität) auch auf die Frage der psych. Realität syntaktischer Grundformen, die bei eingebetteten Sätzen zerrissen sind (*Valenz*). Leuninger et al. 1972.

Embodiment (= E.) [engl.] Verkörperung, **[PHI]**, kann als interdisziplinärer Dachbegriff für das Zusammenspiel von Körper/Leib und Geist verstanden werden (*Leib-Seele-Problem*), wobei die Überlegungen und auch Forschungen, die nun unter E. gefasst werden, eine lange Tradition haben und teilweise bis in die antike Philosophie und auch zu frühen Konzeptionen der Psyche innerhalb der Ps. zurückreichen. Der Begriff wird inzw. in versch. psychol. Sub- und Bezugsdisziplinen verwendet. E. ist jedoch kein einheitlich verwendeter Begriff, sondern er steht für versch. Phänomene, die sich um die Wechselwirkung von Körper und psych. Prozessen wie *Denken* und *Fühlen* (*Gefühl*, *Emotionen*) sowie Handeln (*Handlung*) gruppieren. Bisher ist noch kein allg. anerkanntes, umfassendes theoretisches Konzept zu E. vorhanden.

[BIO, KOG], in kognitionspsychol. Ansätzen (Bermeitinger & Kiefer 2012) wird davon ausgegangen, dass (1) *Kognition* situiert ist, also situationsabhängig und in die Umgebung eingebettet, was bspw. bedeutet, dass zu einem best. Zeitpunkt nicht alle Facetten eines Konzepts (*Konzept*) aktiv sind, (2) Kognition dazu da ist, um effektives und adäquates Handeln zu unterstützen (und nicht umgekehrt), (3) Konzepte keine abstrakten semantischen Einträge (*Semantik*) sind, sondern (auch) sensorisch und motorisch (*Motorik*) codiert sind, was etwa dadurch plausibel wird, dass auch beim bloßen Sehen von best. Objekten (oder beim Nachdenken über ein Objekt) die gleichen (motorischen) Hirnareale (*Gehirn*) aktiv sind, die auch beim Umgang mit dem jew. Objekt aktiv sind (z. B. sind beim Anblick einer Tasse die motorischen Programme für Greifbewegungen aktiv).

[EM], beim Thema Emotionen legen zahlreiche Befunde nahe, dass der Körper eng mit der Verarbeitung emot. Information verbunden ist und dass reziproke Beziehungen zw. Körper und Emotion bestehen, genauer zw. körperlichen Ausdrücken von Emotionen und der Art, wie emot. Information aufgefasst und interpretiert wird. Der Körper kann sowohl Ausdruck einer erlebten Emotion sein (wenn man traurig ist, weint man) als auch durch Manipulation von bspw. *Mimik* oder Körperhaltung das Emotionsempfinden hervorrufen oder zumindest stark beeinflussen. Wird der Körper daran gehindert, emotionstypische Bewegungen und Ausdrücke auszuführen, wird auch das emot. Erleben entspr. verändert oder gestört (wenn man dazu gebracht wird zu lächeln – z. B. durch das Festhalten eines Stiftes mit den Zähnen –, findet man Comics lustiger, als wenn man daran gehindert wird zu lächeln, – z. B. durch das Festhalten eines Stifts mit den Lippen, *Biofeedback*). Zudem konnte gezeigt werden, dass auch beim Nachdenken und Sprechen über Emotionen die gleichen Hirnareale wie beim tatsächlichen Erleben aktiv sind (z. B. Niedenthal 2007).

[KLI], in der Klin. Ps. werden diese Erkenntnisse aufgegriffen, indem z. B. die Zusammenhänge von einerseits Körperhaltung und Gangmuster und andererseits *Depression* und Stimmung im Therapieverlauf (*therapeutische Veränderung*) untersucht werden. Außerdem finden in bewegungstherapeutischen Interventionen Ideen aus der E.-Forschung ihre Anwendung.

[SOZ], in der *Sozialpsychologie* wird der E.-Ansatz übernommen, etwa um *Wahrnehmung* und Beurteilung anderer Personen, *Vorurteile*, moralisches Handeln, interpersonalen Sprachgebrauch, interpersonale Synchronisation oder die wahrgenommenen Beziehungen zw. Personen neu zu beleuchten. Thelen et al. 2001. *C. Bermeitinger*

Embolophrasie (= E.) [engl. *embolophrasia*; gr. ἔμβολον (*embolon*) Keil, keilförmiger Einschnitt, φράσις (*phrasis*) Ausdruck, Redeweise], **KOG**], vorausgestellte oder eingeschobene, im linguistischen Sinne (*Linguistik*) nichtssagende Laute (Grunzen, Schnalzen), Phoneme (*Phonemik*; das Gaxen mit ää, mm usw.), Silben (em, ne) oder Wörter (Flickwörter wie na, also, ja, aber, außerdem), mit denen Sprechpausen oder andere Unterbrechungen im Sprechfluss ausgefüllt werden. Gehäuft in ängstlicher Verlegenheit oder beim Stottern. In Unterscheidung von sprachlichen Fehlleistungen (*Versprecher*) sind die E. zu erklären als Symptome unpräziser Aktivierungs- und Stopp-Befehle in einem hierarchisch organisierten System von TOTE-Einheiten (*TOTE-Einheit*), bei dem Artikulomotorik vor der sprachlichen *Encodierung* einsetzt bzw. in den Pausen und Unterbrechungen zur Fehlerkorrektur und -vermeidung nicht ausgeschaltet wird. Der Sprecher beginnt zu artikulieren, bevor er die Wortgestalten und den Satzbau verfügbar hat; auch nach einem Versprechen und beim Bemerken, dass ein bereits begonnener Satz nicht zu einem regelrechten Ende gebracht werden kann, benutzt er Laute, bis er den Neubeginn parat hat. *Sprache*, *Sprechen*.

Embryonalentwicklung (= E.) [engl. *embryonic development*; gr. ἔμβρυον (*embryon*) ungeborener Keim/Sprößling], **[EW]**, syn. *Embryogenese*, *Keimesentwicklung*. Die E. (griech. *émvrio* die ungeborene Leibesfrucht und *jénnisi* die Geburt, Entstehung) bez. jene Phase der Keimentwicklung, die von der Befruchtung der Eizelle über Furchung, Blastulation und Gastrulation (Einstülpung) zur Bildung der Organanlagen (der Organogenese) führt, und die einen wesentlichen Wandel in der äußeren Gestalt beinhaltet. Dieser Zeitraum wird auch als Embryonalperiode bez. Diese frühe Entwicklung des Embryos verläuft bei Mensch und Säugetieren (Plazentalia) in sehr gleichartiger Weise. Sie beginnt im *Keim*- oder Germinalstadium mit der befruchteten Eizelle (*Zygote*) und führt zur Blastozyste (Keimbläschen), die sich am 5. bis 6. Entwicklungstag in die Gebärmutterschleimhaut einnistet (Anidation). Mit der Aufnahme der Verbindung zum mütterlichen Blutkreislauf beginnt das *Embryonalstadium*. Beim Menschen beträgt die Länge des Embryos in der 3. Woche etwa 3 mm. Erst an Ende der 5. Woche hat er, bei nun einer Länge von 8 mm, das Aussehen eines Säugetierembryos. Anfang des 3. Monats ist er deutlich als werdender Mensch zu erkennen, wobei der Kopfanteil etwa die Hälfte der nun erreichten Scheitel-Steiß-Länge von rund 30 mm einnimmt. Ab dieser Zeit (10. Woche) wird er auch als Fötus oder *Fetus* bez., und die weitere Entwicklung, die sich v. a. durch schnelles Körperwachstum auszeichnet, als Fetogenese. Die menschliche intrauterine Entwicklung lässt sich so in drei Phasen unterteilen: (1) zelluläre Phase oder Blastogenese, die sich bis zum 16. Gestationstag erstreckt, (2) embryonale Phase, die eigentliche Embryogenese im engeren Sinne, die vom 16. bis einschließlich zum 60. Gestationstag andauert, und schließlich (3) fetale Phase oder Fetogenese vom 61. Gestationstag bis zur Geburt. *Entwicklung, pränatale.* C. Becker-Carus

Embryonalphase [engl. *embryonic phase*], *Entwicklung, pränatale, Embryonalentwicklung.*

Emergenz [engl. *emergence*; lat. *emergere* hervorkommen], [**BIO, KOG, PHI**], ein System besitzt emergente Eigenschaften, wenn es Eigenschaften zeigt, die seine Bestandteile selbst nicht besitzen. Bspw. ist Wasser flüssig, obgleich keines seiner Atome diese Eigenschaft besitzt. Viele *Kognition*sforscher argumentieren, dass die kogn. Fähigkeiten eines Menschen eine emergente Eigenschaft darstellen, die durch das kombinierte Verhalten vieler *Neuronen* entsteht, obgleich eine einzelne Nervenzelle nicht bes. klug sei und daher vermutlich keine kogn. Fähigkeiten besitzt.

EMG, Abk. für *Elektromyogramm*, *psychophysiologische Methodik.*

Eminenz (= E.) [engl. *eminence* Bedeutung, ausgezeichneter Rang; lat. *eminere* hervorragen], bez. die Bedeutung, den Einfluss einer Person, – bei Wissenschaftlern spez. – die fachliche Geltung des Gesamtwerks. Die E. von Psychologen wurde auf versch. Weise untersucht, um nicht allein von den fragwürdigen Beurteilungen durch einzelne Ps.historiker abhängig zu sein. So können ein größerer Personenkreis befragt oder die Zitationshäufigkeiten in Fachzeitschriften oder Lehrbüchern analysiert werden. Die Rangfolgen (Rankings) unterscheiden sich jedoch bereits, wenn in einer amerik. Erhebung die «Experten der Ps.geschichte» *Wundt, James* und *Freud* auf den vordersten Plätzen nennen, die ebenfalls befragten *Chairpersons* der Institute jedoch *Skinner*, Freud, James, *Piaget* und dann, nach *Hall*, auf Platz 6 auch Wundt (Korn et al. 1991). In Dt. hätte Skinner wahrscheinlich nie einen der vorderen Rangplätze erhalten. In einer neueren Umfrage wurden je nach quant. und qual. Kriterien verwendet, um die «*99 most eminent psychologists of the 20th century*» (erneut mit Skinner an der Spitze und mit einem, von den Verfasssern eingeräumten, massiven «*American and English language bias*») zu bestimmen (Haggbloom et al. 2002).

Die Rankings sind in hohem Maße von dem befragten Personenkreis, den sprachlichen und nationalen Beschränkungen, dem vorhandenen Fachwissen, der Stichprobentechnik, der Rücklaufquote und spez. auch von der Formulierung der Fragen abhängig. Auch die Zitationshäufigkeiten von Artikeln oder Büchern eines Autors müssen relativiert werden, denn zw. den Fachgebieten und Zeiträumen haben sich die Publikationsgewohnheiten verändert (*Impact Factor*). Die Datenbanken unterscheiden sich in ihren Selektionskriterien, z. B. sind im *Social Science Citation Index SSCI* biopsychol. und medizinpsychol. Publikationen unzureichend repräsentiert. In einem best. Fachgebiet wird die relative Bedeutung eines Psychologen eher einzuschätzen sein: indem bspw. eine Serie bekannter amerik. Lehrbücher der Persönlichkeitsps. (Mayer & Carlsmith 1997) ausgewertet oder Umfragedaten der Fachvertreter der «Differentiellen Ps., Persönlichkeitsforschung und Ps.

Diagnostik» (Amelang, 2004) erhoben werden. Einen neuen Untersuchungsansatz bilden die Webstatistiken über das Vorkommen eines Namens (nach Zeitraum und Sprache) in digitalisierten Büchern (*Google Books* mit der Software Ngrams). Der zugrunde liegende Korpus umfasst gegenwärtig die Digitaliste von ca. 5 Mio. Bücher, deren technische Qualität solche Analysen zulässt: *Quantitative analysis of culture using millions of digitized books* (Michel et al. 2011). Bibliometrische Analysen bleiben zwar wegen ihrer typischen Mängel hinsichtlich einer «quant. Historiografie in der Ps.geschichte» zumeist an der Oberfläche, regen jedoch zu genauerer Rezeptionsforschung an. Ein wichtiger Kontext bleibt – gerade im Fach Ps. – die wechselnde Orientierung des «*main stream*». Die Bewertung wiss. Leistungen wird sich mit dem Wandel der Schwerpunkte bzw. der theoretischen Richtungen und mit dem deutlichen Interessenwandel in den Anwendungsfeldern verändern. Diese Trends sowie der *Life cycle of psychological ideas* (Dalton & Evans 2004) sind noch unzureichend untersucht. Die Rezeptionsanalyse des Werks eines best. Autors, bspw. von Wilhelm Wundt, kann mit versch. Methoden die Dynamik und die Defizite solcher Einschätzungen der E. aufzeige. *Evidenzbasierung.* J. Fahrenberg

emisch [engl. *emic*], [**SOZ**], bez. die kulturgeprägte Wahrnehmung eines Angehörigen der entspr. Kultur oder eines Systems. *etisch, Kulturvergleichende Psychologie.*

Emmert'sches Gesetz [engl. *Emmert's law*], nach E. Emmert (1844–1911), [**WA**], die lineare Größe des auf einem Projektionsschirm beobachteten Nachbildes (*Nachbilder*) ist proportional der Entfernung des Projektionsschirms vom Auge. Die Fläche des beobachteten Nachbildes ist also proportional dem Quadrat der Entfernung.

Emmetropie [engl. *emmetropia*; gr. ἔμμετρος (*emmetros*) im rechten Maße, ὤψ (*ops*) Auge], [**WA**], Normalsichtigkeit. *Auge.*

Emo, [**SOZ**], Bezeichnung einer Jugendkultur, deren Name sich aus der Musik der Punk-Hardcore-Richtung *Emotionale Hardcore* ableitet. *Peergroup.*

Emotion, lernrelevante (= l. E.) [engl. *emotion, learning-related*], [**EM, KOG, PÄD**], jede *Emotion*, die in Wechselwirkung mit *Lernen* steht. Gemeinsam mit Lernmotivation (*Lernmotivation, aktuelle und habituelle, Lernmotivation, intrinsische und extrinsische*) stellt sie eine wichtige Personbedingung von Lernen und *Lernleistung* dar, die von Kognitionen wie Situationswahrnehmungen und *Überzeugungssystemen* ausgelöst wird. L. E. beeinflusst die volitionale (*Volition*) und metakognitive Steuerung (*Metakognition*) des Lernverhaltens, indem sie motivzeugend, -modulierend und -reduzierend wirkt. Durch den Einfluss auf die Allokation kogn. Ressourcen, auf Strategien der *Informationsverarbeitung*, auf Speicherung und Abruf von Informationen sowie auf die intrinsische und extrinsische Aufgabenmotivation (*intrinsische Motivation, extrinsische Motivation*) wirkt sie sich vermittelnd auf die Lernleistung (*Lerndiagnostik*) aus. Die separate Erfassung von Emotionseffekten auf Lernprozesse und resultierende Lernleistungen ist empirisch kaum möglich, da Emotion, *Motivation* und Lernen vielfältige Wechselwirkungen und

Rückkopplungen aufweisen (Pekrun & Schiefele 1996).

M. Heinecke-Müller

emotional arousal [engl.] emotionale Erregung; *arousal, Emotionen.*

emotionale Ansteckung (= e. A.) [engl. *emotional contagion/infection*], [**AO, EM, SOZ, WIR**], bez. den Einfluss, den nonverbal ausgedrückte Emotionen eines Interaktionspartners auf die Emotionen des anderen ausüben (*nicht verbale Kommunikation, Emotionen*). Hatfield et al. (1994) haben zur Erklärung der ansteckenden Wirkung der Emotionsdarstellung drei Hypothesen herangezogen: (1) In Interaktionen versuchen Menschen automatisch und kontinuierlich ihren Gesichtsausdruck durch Mimikry mit dem Gesichtsausdruck ihrer Gesprächspartner zu synchronisieren. Eine gelungene Synchronisierung des Ausdrucks ist ein entscheidendes Indiz für den Erfolg einer Interaktion. (2) Die emot. Erfahrung wird in jedem Moment der Interaktion durch die neuronale Rückmeldung der Mimik gesteuert. Dies wird als *Facial-Feedback-Hypothese* bez. Demnach wird die Stellung sämtlicher Gesichtsmuskeln laufend neuronal verarbeitet, wodurch die jew. einem aktuellen Gefühlsausdruck zugehörigen Gefühle erlebt werden. (3) Als Konsequenz aus (1) und (2) können Interaktionspartner die Emotionen des anderen nachempfinden. Mittlerweile finden sich vielfältige empirische Belege für die Relevanz emot. Ansteckung v. a. bei Tätigkeiten im Dienstleistungsbereich (Nerdinger 2011). Demnach können Mitarbeiter im Kundenkontakt durch *Emotionsarbeit* pos. Gefühle darstellen, die bei Kunden Reaktionen in Form von Mimikry auslösen. Als Folge schätzen Kunden die Qualität der Dienstleistung besser ein und sind zufriedener mit der Leistung des Mitarbeiters (*Kundenzufriedenheit*).

F. W. Nerdinger

emotionale Entwicklung *Entwicklung, emotionale.*

emotionale Intelligenz *Intelligenz, emotionale.*

emotionale Kompetenz (= e. K.) [engl. *emotional competence*], [**EM, PER**], wird als multidimensionale Fähigkeit zum Erkennen eigener *Gefühle*, zum Erkennen der Gefühle von anderen, zum Umgang mit eigenen Gefühlen und zum Ausdruck von Gefühlen verstanden (*Kompetenz*). Im Vergleich zu *emotionaler Intelligenz* wird sie weniger als kogn. Fähigkeit konzipiert. Überlappungen bestehen zur *sozialen Kompetenz* (Erkennen der Gefühle von anderen), insbes. wenn der Umgang mit Gefühlen anderer Personen unter e. K. integriert wird. *Emotionen, Intelligenz, Trait Emotional Intelligence Questionnaire (TEIQue), Emotionale-Kompetenz-Fragebogen (EKF).* Rindermann 2012.

H. Rindermann

Test Emotionale-Kompetenz-Fragebogen (EKF) [engl. *Emotional Competence Questionnaire*], 2009, H. Rindermann, [www.testzentrale.de], [**DIA, EM, PER**]. AA ab 16 Jahre; misst mit vier Dimensionen *emotionaler Kompetenzen*: (1) die Fähigkeiten zum Erkennen eigener Gefühle, (2) zum Erkennen der Gefühle von anderen, (3) zur Regulation eigener Gefühle und (4) zum Ausdruck von Gefühlen als emot. Expressivität. Zusatzskalen ermöglichen die Messung der stärker auf *soziale Kompetenzen* bezogenen Regulation der Gefühle anderer und von Einstellungen zu Gefühlen. Selbsteinschätzungen können mit Fremdeinschätzungen verglichen werden. Die *Reliabilität* ist gemessen über die Skalenhomogenitäten gut (im Mittel α = .90). Die Stabilität über ein Jahr ist mittelhoch (gemittelt r = .69). Fähigkeitsbeschreibungen sind nicht mit Einstellungsfragen vermischt und die Skaleninhalte sind untereinander separiert (*Validität, interne*). Die Korrelationen zw. Selbst- und Fremdeinschätzungen betragen minderungskorrigiert r = .43 und sind im Schnitt höher als die Korrelationen innerhalb der Selbsteinschätzungen und innerhalb der Fremdeinschätzungen oder zw. Selbst- und Fremdeinschätzungen. Die gewählte Faktorenstruktur lässt sich in *Faktorenanalysen* replizieren. Die Korrelationen zw. den Dimensionen sind mit $r(S)$ = .27 und $r(F)$ = .32 nicht hoch und unterstützen eine multidimensionale Konzeption. Zu korrespondierenden Persönlichkeitsskalen bestehen substanzielle Zusammenhänge, nicht aber zur kogn. *Intelligenz*. Damit wird eine von Intelligenz unabhängige Konzeption empirisch unterstützt. Zu Indikatoren der eigenen Lebenswelt wie Beruf, Partnerschaft, Freunde und Freizeitgestaltung bestehen Zusammenhänge in prognostizierter Richtung. Da die Fragebogenbeantwortung der Gefahr der Verfälschbarkeit (*response-set*) unterliegt, kann der EKF in der Bewerberauswahl nur in der Form (uninteressierter) Fremdeinschätzung verwendet werden. Bearbeitungsdauer 15 bis 20 Min., Auswertung über Schablonen oder Auswertungssoftware. *emot. Intelligenz, emotionale Kompetenz, Trait Emotional Intelligence Questionnaire (TEIQue).* Rindermann 2012.

H. Rindermann

emotionale Kontrolltheorie [engl. *emotional control theory*], *Entwicklungstheorien, regulative.*

emotionales Alter [engl. *emotional age*], *Alter.*

emotionale Stabilität, Labilität [engl. *emotional stability/lability*], *Neurotizismus.*

Emotionale Unterbrechungshypothese (= E. U.) [engl. *emotional interrupt-hypothesis*], [**EM**], die Annahme einer automatischen Verhaltensunterbrechung durch unerwartete emot. und motivational relevante Umweltreize. Laut der E. U. werden emot. und motivational bedeutsame Umweltereignisse von einem *Aufmerksamkeits*system bevorzugt verarbeitet und laufende Tätigkeiten der Person werden automatisch unterbrochen (*Furchtstarre*). Im Zuge der Verhaltensunterbrechung werden die Ziele der Person neu organisiert und das Verhalten wird in Hinblick auf das vordringliche Umweltereignis neu ausgerichtet. Simon 1967.

A. Eder/K. Rothermund

Emotional Facial Action Coding System (EMFACS), [**EM**], Auf der Grundlage des *Facial Action Coding System (FACS)* haben Friesen und Ekman das *Emotional Facial Action Coding System* entwickelt. Während FACS alle visuell unterscheidbaren Gesichtsbewegungen erfasst, werden im EMFACS nur diejenigen *Action Units* codiert, die von den Autoren als emotionsrelevant postuliert werden. Die damit verbundene Zielsetzung, das Codierprozedere zu rationalisieren, wird zudem dadurch erreicht, dass auf die genaue Festlegung der Anfangs- und Endzeitpunkte von Innervationen verzichtet wird. Stattdessen wird nur der Zeitpunkt kurz vor der max. Intensitätsausprägung festgehalten. Während die genaue Codierung von *onset-apex-offset* mit FACS nur mithilfe von langwierigen Bild-für-Bild-Analysen möglich ist, sollen EMFACS-Codierer Slow-Motion-Analysen nur begrenzt einsetzen und nur codieren, was auch in Normalgeschwindigkeit ersichtlich ist (Friesen, Ekman 1984). Eine detaillierte Beschreibung von EMFACS sowie eine Beschreibung der Vor- und Nachteile von FACS und EMFACS liefert Steimer-Krause (1996). Einschränkend gilt festzuhalten, dass Friesen und Ekman das *EMFACS Manual* bisher nicht veröffentlicht haben und auch die theoretische Grundlage für die Zuordnung von mimischen Ausdrucksmustern zu den Basisemotionen nur begrenzt transparent ist. *Mimikanalyse*. [www.face-and-emotion.com/dataface/facs/emfacs.jsp]. S. Kaiser/T. Wehrle

Emotionalismus [engl. *emotionalism*], **[PHI]**, theoretische Anschauung, dass alles Psychische vorrangig emot. Grundlagen habe. *Emotionen*.

Emotionalität (= E.) [engl. *emotionality*; lat. *ex* (her)aus, *movere* bewegen], **[EM, PER]**, allgemeine Bez. für *Affekte*, *Gefühle* und *Stimmungen* (*Affektivität*), im Unterschied zum Bereich der kogn. (geistigen, *Kognition*) und volitionalen (willentlichen, *Volition*) Funktionen (siehe die traditionelle Gliederung in die Bereiche *Denken*, *Fühlen*, *Wollen*). E. i. S. einer überdauernden Persönlichkeitseigenschaft (*Persönlichkeitsmerkmal*) drückt aus, dass jemand mehr oder minder von *Emotionen* (Gefühlen) geleitet ist, statt emot. kontrolliert und angepasst zu agieren.
In Eysencks biol. orientierter Persönlichkeitstheorie ist E. (früher Emotionale Labilität oder *Neurotizismus*), neben *Extraversion-Introversion* und *Psychotizismus*, ein übergeordneter Faktor (Faktor zweiter Ordnung) mit zahlreichen Facetten. Eysenck behauptet einen engen Zusammenhang zw. emot. Labilität und *vegetative Labilität* bzw. der Hyperreaktiviät des *vegetativen Nervensystems*, die er sehr allg. auf indiv. Unterschiede in der Schwellenlage des *limbischen Systems* zurückführte. Auf der Ebene von standardisierten Fragebogen (wie *Eysenck Personality Inventory*, *Freiburger Persönlichkeitsinventar FPI-R*) besteht eine hohe und gut reproduzierbare Korrelation zw. der Selbstbeurteilung, emot. labil, grüblerisch, unsicher und ängstlich zu sein, und der Anzahl und Häufigkeit erlebter *körperlicher Beschwerden*, bspw. Kopfschmerzen, Magen-Darm-Störungen, körperliche Anspannung, Schlafstörungen, kalte Hände oder Schwitzen usw. Dagegen haben genaue psychophysiol. Untersuchungen, die physiol. Messwerte der vegetativen und motorischen Reaktionen verwendeten, keinen Zusammenhang gefunden. Dabei wurden best. Belastungen, u. a. Laboraufgaben wie Kopfrechnen unter Lärmbelastung, eine freie Rede halten, spez. Funktionsprüfungen der vegetativen Regulation sowie *ambulantes Assessment* unter Alltagsbedingungen herangezogen. I. R. dieser Methodik muss Eysencks psychophysiol. Theorie der E. heute als falsifiziert gelten. Eysenck 1967, Stemmler 2011, Fahrenberg 2005. J. Fahrenberg

emotional processing [engl. *emotionale Verarbeitung*; *Konfrontation mit Reaktionsverhinderung*.

Emotionen (= E.) [engl. *emotions*; lat. *ex* (her)aus, *movere* bewegen], **[EM]**, der Begriff E. bezieht sich auf ein hypothetisches Konstrukt, über dessen Def. keine Einigkeit herrscht. Vielen Def. ist aber gemein, dass es sich um ein komplexes Phänomen handelt, das mit einer Veränderung versch. Komponenten einhergeht. Physiol. Reaktionen (*Physiologie*) wie ein Anstieg der *Herzfrequenz*, Schwitzen oder eine Erweiterung bzw. Verengung von Gefäßen (Erröten und Erblassen) kann man relativ gut beobachten bzw. messen. Dies gilt auch für die *Verhalten*skomponenten wie die Veränderung der *Mimik*, Gestik, Körperhaltung und Stimmlage. Schwieriger zu messen ist die Erlebniskomponente, die im dt.sprachigen Raum auch als *Gefühl* bez. wird. Sie ist nur der «fühlenden» Person selbst zugänglich und kann deshalb auch nur durch Befragung (*Interview*) bzw. *Selbstbericht* erfasst werden. Von der Verhaltenskomponente und der physiol. Komponente kann man nicht unbedingt auf die subj. Komponente schließen. Dies liegt zum einen daran, dass es bisher nicht zuverlässig gelungen ist, physiol. Reaktionsmuster eindeutig unterschiedlichen Gefühlsqualitäten wie z. B. *Scham*, *Furcht* oder *Überraschung* zuzuordnen. Die Zuordnung der Verhaltenskomponente zu den Gefühlsqualitäten gelingt zwar besser. Hier besteht aber das Problem, dass Menschen durch *Emotionsregulation* in der Lage sind, E. zu zeigen, die ihren subj. erlebten Gefühlen nicht entsprechen. E. haben eine wichtige Bedeutung für *Motivation*sprozesse. Sie leiten zielgerichtetes Verhalten ein und begleiten es. E. entstehen mit *Bedürfnissen* und wenn die Möglichkeit zur Bedürfnisbefriedigung in Aussicht steht. Sie begleiten zudem die Bedürfnisbefriedigung. Viele Forscher unterscheiden zw. *Basisemotionen* oder *Primäremotionen* und *komplexen Emotionen*, die sich aus den Basisemotionen zus.setzen. Über die Kriterien, nach denen zu bestimmen ist, welche E. in welche Kategorie fallen, herrscht keine Einigkeit. Häufig werden solche E. als Basisemotionen bez., die kulturübergreifend gezeigt und auch verstanden werden. Dies sind versch. Studien zufolge die Emotionen *Freude*, *Trauer*, *Furcht*, *Ekel* und *Überraschung*. *emotionale Entwicklung*. R. M. Puca

Emotionen, arbeitsbezogene (= a. E.) [engl. *work-related emotions*], **[AO, EM, GES]**, Arbeit bietet zahlreiche Gelegenheiten, verschiedenste *Emotionen* zu erleben, z. B. Langeweile oder Interesse bei der Tätigkeitsausführung, Scham und Stolz über eigene Leistungen sowie Liebe, Ärger, Eifersucht, Dankbarkeit und Hass hinsichtlich Kollegen, Kunden, Pat. oder Vorgesetzten. Dies impliziert, dass bei der Arbeit auch Anforderungen mit Blick auf die erfolgreiche Regulation der eigenen Emotionen (z. B. Bekämpfung von Langeweile) und der Emotionen anderer Personen bestehen (z. B. Reduktion der Angst von Pat.). In der psychol. Forschung wurde daher intensiv untersucht, was best. Emotionen bei der Arbeit auslöst, welche (unmittelbaren) Wirkungen diese haben und wovon es abhängt, dass die eigenen und fremden Emotionen im Dienste der Arbeitsaufgabe erfolgreich reguliert werden (Ashkanasy & Humphrey 2011; vgl. *Affective-Events-Theorie*). Emotionen spielen demnach eine wichtige Rolle bei der Erklärung von *Gesundheit*sbeschwerden, Leistungsveränderungen, dem Lernen in Organisationen, Hilfeverhalten, *Fluktuation* und dem Entstehen sowie der Aufrechterhaltung von *or-*

ganisationaler Identifikation. Am Bsp. der Freude bei der Arbeit zeigt Fisher (2010) auf, das hierbei sowohl genetisch bedingte Unterschiede zw. Personen (z. B. pos. und neg. *Affektivität*) als auch zahlreiche Unterschiede bei Aufgabenmerkmalen (z. B. *Autonomie*, Anforderungsvielfalt, Rückmeldungen) und sozialen Kontextmerkmalen (z. B. Unterstützung; Vorgesetztenverhalten, *Führungsstil*) relevant sind. Für die genauere Analyse a. E. stehen validierte Fragebögen zur Verfügung, die idealerweise durch Tagebuchstudien oder Ereignisstichprobendesigns ergänzt werden, in denen affektive Zustände mehrfach und situationsnah erfasst werden. *J. Wegge*

Emotionen, dimensionale Modelle (= d. M.) [engl. *emotion, dimensional models*], **[EM]**, d. M. stellen einen Ansatz dar, die Vielfalt von Emotionen durch einige wenige grundlegende Dimensionen zu beschreiben (*Emotionsdimensionen*). Diese Dimensionen werden empirisch ermittelt. Konkret geht man dabei entweder von Emotionswörtern oder vom Emotionsausdruck (z. B. Fotos, die *Emotionen* in der *Mimik* zeigen) aus. Da man aus pragmatischen Gründen nicht alle denkbaren Emotionen untersuchen kann, beschränkt man sich auf eine möglichst repräsentative Auswahl. Im nächsten Schritt gilt es, die Ähnlichkeit dieser Emotionen zu bestimmen. Dazu stehen versch. Methoden zur Verfügung. Bspw. kann man jede Emotion auf einem *semantischen Differenzial* einstufen oder im *Paarvergleich* die Ähnlichkeit von jeweils zwei Emotionen beurteilen lassen. So erhält man eine Ähnlichkeitsmatrix für alle untersuchten Emotionen. Mittels einer *Faktorenanalyse* werden Dimensionen ermittelt. Die Forschung zu Emotionswörtern hat immer wieder zu den beiden allg. Dimensionen des semantischen Raums *Valenz* und *Erregung* geführt, während die dritte Dimension *Potenz* (oder *Dominanz*) schlecht repliziert wurde.

D. M. stellen eine wichtige Voraussetzung für die Messung (*Operationalisierung*) von Emotionen dar. Die Dimensionen können zur Einstufung der eigenen Gefühle oder der Emotionen anderer Menschen benutzt werden. Dazu genügen im Prinzip zwei bzw. drei Skalen (z. B. *angenehm – unangenehm, ruhig – erregt, dominant – submissiv*) – ein sehr ökonomischer Ansatz. Die Endpunkte der Skalen können sogar sprachfrei durch Figuren etikettiert werden (Valenz durch ein Gesichtsschema mit nach oben oder nach unten gezogenem Mund). Die Grenzen der d. M. liegen darin, dass die zwei oder drei Dimensionen nicht genügen, um zw. einigen offensichtlich versch. Emotionen wie *Angst* und *Ärger* zu differenzieren. Ferner ist *Erregung* mehrdeutig, kann sowohl mit Aufregung und Anspannung als auch mit Aktiviertheit und Energie assoziiert werden. *Emotionen, kategoriale Modelle, Emotionsdimensionen*. Schmidt-Atzert 2009. *L. Schmidt-Atzert*

Emotionen, Funktionen [engl. *emotions, functions*], **[EM]**, einer der Hauptgründe dafür, weshalb sich sowohl Laien als auch Wissenschaftler für *Emotionen* (= E.) interessieren, ist die Überzeugung, dass E. starke Auswirkungen auf das *Denken* und Handeln (*Handlung*) haben können. Traditionell wurden in der Ps. (und generell in der abendländischen Geistesgeschichte) die neg. Effekte von E. betont: *Prüfungsangst* führt zum Versagen bei der Prüfung, im *Ärger* sagt und tut man manchmal Dinge, die man gleich danach bereut usw. Spätestens in den letzten 30 Jahren ist es jedoch zu einer Neubewertung der Adaptivität von E. gekommen: Es hat sich nun die (historisch allerdings nicht wirklich neue) Auffassung durchgesetzt, dass E., auch wenn sie ohne Zweifel manchmal schädliche Effekte haben, insgesamt (d. h. über alle relevanten Situationen hinweg) adaptiv sind, d. h., zur Anpassung an die Umwelt beitragen. Die Funktionen von E. sind diejenigen ihrer adaptiven Auswirkungen, derentwegen die E. – genauer gesagt die ihnen zugrunde liegenden Mechanismen – in der Evolution (durch den Prozess der natürlichen Selektion) entstanden sind (dies unterstellt, dass zumindest der Kern des Emotionssystems tatsächlich in der Evolution entstanden ist). Das beste allg. Argument für die Annahme, dass die emot. Mechanismen Funktionen haben und somit wegen ihrer nützlichen Auswirkungen entstanden sind, lautet, dass sich die Entstehung von komplexen biol. Mechanismen wie E. anders kaum erklären lässt. Unabhängig davon wird diese Annahme aber auch durch die detaillierte Analyse der Effekte von E. gestützt (z. B. Ketelaar & Clore 1997). Z. B. kann *Angst* zwar die *Leistung* bei Prüfungen beeinträchtigen; dagegen stehen jedoch die vielen anderen Situationen, in denen Angst die Vermeidung von unnötigen Risiken und die Bewältigung von Bedrohungen bewirkt.

In Bezug auf die Frage, worin genau die funktionalen Effekte bzw. die Funktionen von E. bestehen (Übersichten geben z. B Keltner & Kring 1998), besteht allerdings nur teilweise Konsens. Die meisten postulierten konkreten Funktionen von E. lassen sich jedoch einer von drei übergeordneten Funktionen zuordnen: der *Aufmerksamkeitslenkungs-*, der *Informations-*, und der *Motivationsfunktion* von E. (1) Aufmerksamkeitslenkungsfunktion: E. dienen dazu, den Fokus der *Aufmerksamkeit* auf die emotionsauslösenden Ereignisse zu lenken oder ihnen Vorrang in der Informationsverarbeitung zu geben (z. B. Simon 1967). (2) Informationale (epistemische) Funktion: E. stellen anderen kogn. (Sub-)Systemen (*Kognition*), inklusive anderen Personen, adaptiv nützliche Informationen zur Verfügung; insbes. (a) Informationen über die Ergebnisse unbewusster Bewertungsprozesse (z. B. Schwarz & Clore 2007) oder über Änderungen im Glauben-Wunsch-System (Reisenzein 2009) sowie (b) damit verbunden, Informationen über den *Wert* von Objekten und Ereignissen, einschließlich Handlungen und Handlungskonsequenzen (z. B. Damasio 1994; Meinong 1894; Slovic et al. 2004). Z. B. kann die Nervosität, die man bei einem Treffen mit einem Fremden erlebt, das Entscheidungssystem (*Entscheiden, Entscheidungstheorie*) über die unbewusste Einschätzung (*appraisal*) der Begegnung als bedrohlich informieren. Ein angenehmes *Gefühl*, das beim Denken an eine mögliche Handlung erlebt wird, signalisiert dagegen die unbewusste Billigung der Handlung und markiert sie als eine, die zu wählen gut wäre. (3) Die motivationale Funktion (*Motivation*) besteht in den adaptiven Auswirkungen von E. auf die Handlungsziele der Person. Es wurde postuliert, dass

E. sowohl eine Neupriorisierung von bestehenden Zielen (*Ziele*) oder Absichten (*Intention*) bewirken können als auch dass sie neue Ziele generieren können (z. B. Frijda 1986). In Bezug auf die Generierung von neuen Zielen ist an erster Stelle die Erzeugung von Wünschen zur Regulation der E. zu nennen (z. B. Baumeister, Vohs, DeVall & Zhang 2007; Mellers 2000). Dieser Weg von der Emotion zur Motivation ist von zentraler Bedeutung in den auf Bentham (1789/1970) zurückgehenden hedonistischen Theorien der Motivation. Nach diesen Theorien ist ein Grundziel oder *Grundmotiv* (*Motiv*) des Menschen, wenn nicht sogar ihr einziges Grundmotiv, der Wunsch, Lust zu maximieren und Unlust zu minimieren.

Die drei beschriebenen Funktionen können möglicherweise als unterschiedliche Wege verstanden werden, auf denen E. die Adaptivität von Handlungen über das hinausgehend fördern, was alleine durch Überzeugungen und Wünsche (*Erwartung-Wert-Theorien*) möglich wäre. E. erreichen dies dadurch, dass sie den unmittelbar handlungsgenerierenden Mechanismus (den Glauben-Wunsch- oder Erwartung-Wert-Mechanismus) auf unterschiedliche Weise beeinflussen. Reisenzein & Horstmann 2006, Meyer et al. 2003. *R. Reisenzein*

Emotionen, gruppenbasierte (= g. E.) [engl. *group-based emotions*], [**EM, SOZ**], auch *soziale Emotionen*. Emotionen, die nicht aufgrund eigener, indiv. Handlungen oder Erlebnisse, sondern aufgrund von Gruppenzugehörigkeiten (*Gruppe*) und mit diesen Gruppen assoziierten Ereignissen und Handlungen empfunden werden. Letztlich best. damit die soziale *Identität* (*Identität und Selbst*) eines Individuums maßgeblich dessen g. E. Erste Studien, die rückblickend als Studien zu g. E. betrachtet werden können, fokussierten auf pos. Emotionen wie Stolz und *Freude* und demonstrierten, dass nach Erfolgen eines Sportteams den Anhängern dieser Teams ihre Gruppenzugehörigkeit bes. wichtig war, was sie etwa durch Tragen von entspr. Kleidung zum Ausdruck brachten (*Basking in Reflected Glory*). Akt. Arbeiten legen größeres Gewicht auf neg. E. wie Schuld und Scham für Fehlverhalten der *ingroup*, *Angst* um deren Fortbestehen bzw. Wut und *Hass* auf eine *outgroup*. In letzterem Zusammenhang wurde auch vorgeschlagen, die emot. Komponente von Vorurteilen (*Vorurteile*) als g. E. aufzufassen. Insbes. wird die Rolle von g. E. z. B. in ethnischen Konflikten (*ethnischer Konflikt*), Kriegseinsätzen und Ländern mit kolonialer Vergangenheit untersucht. So zeigten Doosje et al. (1998) in einer grundlegenden Studie, dass niederländische Studierende unterschiedlich starke gruppenbasierte Schuld berichteten, abhängig davon, wie die niederländische Geschichte in einem (fingierten) Lexikoneintrag dargestellt wurde, den sie gelesen hatten. Außerdem konnte gezeigt werden, dass Entschuldigungsgesten wie die Unterstützung von Reparationsleistungen durch g. E. beeinflusst sind, ein inzw. gut belegter Befund (*Entschuldigungen*). Mackie et al. (2008) erarbeiteten ein Rahmenmodell, in dem *Selbstkategorisierung* und *Identifikation* (*Identifizierung*) die entscheidenden Faktoren für das Erleben von g. E. sind. Insgesamt, so die Autoren, zeige das Auftreten von g. E., dass das Erleben von E. nicht ausschließlich ein indiv., sondern auch ein soziales Phänomen sei. *J.H. Rees*

Emotionen, kategoriale Modelle (= k. M.) [engl. *emotion, categorial models*], [**EM**], k. M. dienen wie die dimensionalen M. (*Emotionen, dimensionale Modelle*) dazu, die Vielfalt der *Emotionen* überschaubar zu machen. Emotionen werden zu Gruppen jew. ähnlicher Exemplare zus.gefasst. Man kann Emotionen theoriegeleitet oder empir. nach ihrer Ähnlichkeit ordnen. Den theoret. Ansätzen liegen best. Annahmen über die Eigenschaften und Funktionen von Emotionen zugrunde, etwa dass sie mit kulturübergreifenden Ausdruckserscheinungen einhergehen und sich evolutionsbiol. als nützlich erwiesen haben. Emotionstheoretiker haben sog. Grundemotionen (*basic emotions*) postuliert, sind sich aber nicht einig darin, welche Anforderung eine Emotion erfüllen muss, um als basal zu gelten. Die Liste der Grundemotionen variiert daher je nach Autor. Relativ große Übereinstimmung besteht darin *Freude/Glück*, *Überraschung*, *Angst*, *Traurigkeit*, *Ärger* und *Ekel/Verachtung* als Basisemotionen zu betrachten. Den empir. Ansätzen ist gemeinsam, dass zunächst die Ähnlichkeit vieler Emotionen untereinander ermittelt wird. Dabei geht man von Emotionswörtern, vom Emotionsausdruck oder von Gefühlen aus. Bspw. stufen Menschen ein, wie häufig sie in den letzten sieben Tagen best. Gefühle erlebt haben. Man nimmt an, dass sich zwei Gefühle (z. B. Ekel und Verachtung) umso ähnlicher sind, je häufiger sie zus. vorkommen. Mithilfe von *Faktorenanalysen* und *Clusteranalysen* werden Gruppen ähnlicher Emotionen identifiziert, für die man dann einen geeigneten Oberbegriff sucht. Die differenziertesten Klassifikationen resultieren aus der Ähnlichkeitsbeurteilung von Emotionsbegriffen. Relativ groß ist die Übereinstimmung bzgl. *Freude*, *Stolz*, *Zuneigung*, *sexueller Erregung*, *Unruhe*, *Angst*, *Traurigkeit*, *Ärger*, *Abneigung*, *Scham/Verlegenheit* und *Überraschung*. K. M. sind für die Grundlagenforschung sowie für *Emotionstheorien* relevant und dienen als Grundlage für die Entwicklung von Messinstrumenten (z. B. *Fragebogen*). Schmidt-Atzert 2008. *L. Schmidt-Atzert*

Emotionen, komplexe [engl. *complex emotions*], *Emotionen, sekundäre*.

Emotionen, primäre (= p. E.) [engl. *primary emotions*; lat. *primus* der erste], syn. *Grunde.*, *basale E.*, [**EM, EW**], sind grundlegende *Emotionen*, die bereits bei Säuglingen zu beobachten sind. Zu den p. E. gehören *Freude*, *Interesse*, *Überraschung*, *Furcht*, *Ärger*, *Trauer* und *Ekel*. Schon wenige Tage oder Wochen alte Säuglinge können erste (z. B. Interesse) relativ differenzierte Emotionsausdrücke primärer Emotionen zeigen. Andere p. E. wie bspw. Ärger oder Überraschung entwickeln sich im Alter zw. zwei und sieben Monaten. Natürlich verändern sich diese frühen p. E. sowohl in ihrem Ausdruck als auch in ihrer Funktion im Laufe der Entwicklung. Die Tatsache, dass bereits so junge Säuglinge p. E. ausdrücken können, unterstützt die Annahme, dass Emotionen zumindest teilweise biol. determiniert sind. *Basisemotionen*. *F. Degé*

Emotionen, sekundäre (= s. E.) [engl. *self-conscious/secondary emotions*; lat. *secundus* der zweite], syn. *komplexe/selbst-bewusste/selbstbezogene E.*, [**EM, EW**], sind komplexere *Emotionen*, die auf ein tieferes Verständnis des *Selbst* und sozialer Beziehungen hinweisen. Zu den s. E. zählen *Empathie*, Verlegenheit, *Stolz*, *Scham* und Schuld. Sie treten erst im Laufe des Kleinkindalters auf. Die ersten s. E. wie die Empathie konnten schon bei Zweijährigen nachgewiesen werden. Andere s. E. entwickeln sich erst im Alter von zwei bis drei Jahren. Zu diesen zählen Stolz, Scham und Schuld. Für die Entwicklung der s. E. ist ein rudimentäres *Selbstkonzept* wichtig, da s. E. sich auf die Beziehung einer Person zu ihrer sozialen Umwelt beziehen und dafür eine explizite Trennung zw. Selbst und anderen Personen erforderlich ist. Neben dem Selbstkonzept ist auch die Internalisierung von *Werten* und *Normen* eine wichtige Voraussetzung für die Entwicklung der s. E. Kinder müssen ihr eigenes Verhalten unter Berücksichtigung der *sozialen Normen* bewerten können, da bspw. Scham oder Schuld durch den Vergleich der eigenen Handlung mit sozial erwünschten Normen entsteht. S. E. regulieren sowohl über extern gesetzte Standards als auch über persönliche interne Standards unser Verhalten (*Selbstregulation, Informationsverarbeitung*). *F. Degé*

Emotionen, selbstbezogene [engl. *self-referred emotions*], *Emotionen, sekundäre*.

Emotionen, soziale [engl. *social emotions*], *Emotionen, gruppenbasierte*.

Emotionen, Zweikomponentenmodell [engl. *two-factor theory of emotion*], *Emotionstheorien*.

Emotion Focused Therapy (EFT) [engl.] «Emotions-Fokussierte Therapie»; *Gestalttherapie*.

Emotionsarbeit (= E.) [engl. *emotional labor/emotion work*], [**AO, EM, WIR**], bez. das Management des Fühlens mit dem Ziel, im Tausch für Lohn eine öffentlich sichtbare Darstellung der *Gefühle* zu präsentieren. Dies ist v. a. für Tätigkeiten im Dienstleistungsbereich eine wichtige Aufgabe, da die Kunden den Wert und die Qualität einer Dienstleistung auch nach der Form, in der sie erbracht wird, beurteilen (Nerdinger 2011). In vielen Dienstleistungsunternehmen finden sich deshalb Darstellungsregeln, die den Mitarbeitern vorschreiben, welchen Gefühlsausdruck sie im Kontakt mit den Kunden zeigen sollen. Regeln der Gefühlsdarstellung umfassen gewöhnlich Anforderungen, pos. Emotionen darzustellen bzw. neg. Gefühle zu unterdrücken. In dem Maße, in dem dies gegenüber dem Kunden nicht empfunden wird, muss der entspr. Gefühlsausdruck willkürlich hervorgerufen werden und wird z. T. der Arbeit.

Zwei Strategien der E. lassen sich unterscheiden: Beim *Oberflächenhandeln* wird versucht, den Gefühlsausdruck unabhängig von den erlebten Gefühlen in Einklang mit den Darstellungsregeln zu bringen. Allerdings ist der nonverbale Ausdruck von Gefühlen nicht so leicht zu beeinflussen wie das verbale Verhalten, wirkt daher leicht unglaubwürdig und wirkt neg. auf den Kunden. Zudem beeinträchtigt es auch die Mitarbeiter mit Kundenkontakt. Dargestellte und erlebte Gefühle können sich widersprechen, ein Zustand, der als emot. Dissonanz bez. wird. Dieser Zustand wird als unangenehm und belastend erlebt, eine häufig belegte Folge ist der *Burn-out*.

Diese neg. Konsequenzen können durch *Tiefenhandeln* vermieden werden. Beim Tiefenhandeln wird versucht, das zu fühlen, was dargestellt werden soll. Dazu werden v. a. drei Techniken eingesetzt. (1) Durch *Aufmerksamkeits*fokussierung werden die Gedanken auf Erlebnisse oder Objekte gerichtet, die in der Lage sind, die erforderlichen Gefühle hervorzurufen. (2) Mit kogn. Umdeutung werden Situationen umbewertet, da in Abhängigkeit von der Bewertung eines best. Ereignisses unterschiedliche Emotionen ausgelöst werden. (3) Negative Gefühle lassen sich auch durch den Einsatz von Entspannungstechniken kontrollieren. Metaanalytisch wurde belegt, dass Tiefenhandeln keine neg. Konsequenzen für Mitarbeiter mit Kundenkontakt hat. Zapf et al. 2003. *F. W. Nerdinger*

Emotionsbezogene Psychotherapie, syn. *Emotionszentrierte Psychoth.*, [**KLI**], betont emot. Asp. psych. Störungen (z. B. Interessenverlust und reduzierte pos. *Affekte* bei *Depressionen*, verflachte und inadäquate Affekte bei *Schizophrenie*, intensive *Angst* bei *Panikstörungen*). Die Fokussierung der *Emotionen* stellt die Basis für die Beschäftigung des Pat. mit seinem *Selbst* dar. Ausgehend hiervon wird die Weiterentwicklung der Kohärenz und Intergriertheit von Fühlen und Denken angestrebt (*Prozess der Selbstorganisation*). Dieser Prozess wird durch emot. Problembewältigung (*Coping*) und die Förderung des Verständnisses der Emotionen für das eigene Selbst unterstützt. Durch die Bewusstwerdung/Explikation eigener Emotionen und die reflektierte erfahrungsbasierte Integration der Emotionen (Erkennen und Verstehen) resultiert Sinnerfahrung und Kohärenz des Selbst und der *Persönlichkeit*. Die Rolle des Therapeuten ist diejenige eines *Emotion Coaches* ([engl.] Emotionsbetreuer), der emot. Erfahrung und deren Reflexion ermöglicht, anregt und fördert. Wirksamkeitsstudien liegen bisher nicht vor. Lammers 2007.

Emotionsdimensionen (= E.) [engl. *emotion(al) dimensions*], [**EM**], bereits sehr früh wurden in der Ps. Versuche unternommen, grundlegende Dimensionen zu erkennen, auf die sich die Vielzahl erlebbarer diskreter *Emotionen* reduzieren lässt. So hat Wundt (1896) ein System vorgelegt, wonach das emot. *Erleben* durch die Dimensionen *Lust* und *Unlust* sowie *Spannung* und *Beruhigung* best. wird. In der moderneren emotionspsychol. Forschung wurden meist sprachliche und math. Methoden verwendet, um grundlegende E. zu identifizieren. Hierzu wird zunächst die Häufigkeit des gemeinsamen Auftretens von Emotionen durch Vpn eingeschätzt (*Kovarianz-Struktur-Analyse*) oder die semantische Ähnlichkeit von Gefühlsbegriffen bestimmt (*Ähnlichkeits-Struktur-Analyse*). Die auf diese Weise best. Zusammenhänge lassen sich in einer *Matrix* abbilden, die durch unterschiedliche Dimensionen beschrieben werden kann. Die von Wundt vorgeschlagenen Dimensionen Lust und Unlust (*Valenz*) sowie Erregung und Ruhe konnten mithilfe dieser Methoden in zahlreichen Untersuchungen empirisch belegt werden. Im Circumplex von Russell (1980) stellen die von Wundt konstatierten beiden Dimensionen orthogonale Achsen dar, wobei die Emotionen kreisförmig um den Schnittpunkt dieser Achsen angeordnet werden. Auf diese Weise ist jede

Emotion durch einen spezif. Wert von Valenz und Erregung gekennzeichnet. In versch. motivationalen (*Motivation*) Modellen der Handlungssteuerung (*Handlungsregulation*) wird die Valenz als Dimension zu Annäherungs- und Vermeidungsverhalten in Beziehung gesetzt (Neumann & Strack 2000). Die grundlegende Annahme dieser Modelle ist, dass affektiv pos. Zustände eher zu Annäherungsverhalten und affektiv neg. Zustände eher zu Vermeidungsverhalten prädisponieren.

Eine alternative Möglichkeit besteht darin, nicht nach Dimensionen, sondern nach grundlegenderen Emotionskategorien zu suchen. So unterschieden Shaver et al. 1987 in ihrer Untersuchung zu Ähnlichkeitseinschätzungen von Emotionsbegriffen die Kategorien Liebe, *Freude*, *Überraschung*, *Ärger*, *Trauer* und *Angst*. Allerdings existiert kein verlässliches Kriterium dafür, wie viele grundlegende Kategorien zu unterscheiden sind. Ein vollkommen unterschiedlicher Weg wurde von Ekman (1992b) beschritten, der annimmt, dass es sechs sog. *Basisemotionen* gibt (Freude, Überraschung, Trauer, Ärger, Ekel, Angst), die über Kulturen hinweg eine hohe Ähnlichkeit im Gesichtsausdruck aufweisen und die über ein jew. spezif. physiol. Erregungsmuster verfügen. *Emotionen, dimensionale Modelle*.
R. Neumann

Emotionsdysregulation [engl. *emotional dysregulation*; gr. δυσ- (*dys-*) miss-, lat. *regula* Regel, Maßstab], **[EM, EW, KLI]**, in der Klin. Ps. und Entwicklungsps. wird darunter eine mangelhafte Anwendung funktionaler Emotionsregulationsstrategien (*Emotionsregulation*) bei gleichzeitigem Einsatz abweichender (d. h. dysfunktionaler) kogn. wie verhaltensbezogener Regulationsstrategien verstanden. Der Begriff umfasst eine Unterregulation von *Emotionen* (= E.; z. B. von Wut im Falle aggressiven Verhaltens, *Aggression, klinische Perspektive*) sowie eine übermäßige Kontrolle emot. Erfahrungen (z. B. Situationsvermeidung bei andauernder Angst). E.regulation und -dysregulation bilden ein Kontinuum, auf dem die Fähigkeit zur situationsadaptiven Anwendung von funktionalen sowie dysfunktionalen Regulationsstrategien einzuordnen ist. Die *Fähigkeit* zur E.regulation umfasst demnach den Einsatz spezif. Strategien. Diese haben zum Ziel, pos. wie neg. E. und die mit diesen einhergehenden physiol. Zustände, Verhaltensweisen sowie *sozialen Interaktionen* zu regulieren. E.regulation erfolgt internal oder external und kann automatisch oder bewusst stattfinden. Sie tritt in Form von Initiierung, Beibehaltung, *Hemmung* oder Modulation einer E. sowie ihrer Begleiterscheinungen auf und kann sich auf jeden emot. Zustand beziehen. E.regulation beschreibt zielgerichtetes Handeln (*Ziele*) und betrifft Dauer, Ausdruck, Intensität oder Form einer E. Zu den spezif. E.regulationsstrategien zählen z. B. *kognitive Umdeutung*, Ablenkung, Rumination/Grübeln, Situationsselektion bzw. -modifikation, Steuerung des E.ausdrucks, *Kommunikation* von E., Hilfesuchen bei anderen Personen. Eine Vielzahl von wiss. Studien belegt, dass E.dysregulation als transdiagn. Faktor von versch. psych. Störungen (z. B. *Depression, Angststörungen, Essstörungen*) zu bez. ist. Die Dysregulation von E. ist offensichtlich Bestandteil von mehr als der Hälfte der psych. Störungen nach Achse I und einem Großteil der Störungsbilder nach Achse II des DSM-IV bzw. *DSM-5*. *Emotionsregulation im Kindesalter, Entwicklung*. Gross 2007, Kullik & Petermann 2012.
F. Petermann

Emotionsfokussierte Therapie *Schematherapie, Stuhldialoge*.

Emotionsinduktion [engl. *emotion induction*; lat. *inducere* einführen], **[EM]**, eine empirische Untersuchung von Emotionen (= E.) erfordert entweder Zugang zu E., wie sie bei Menschen i. R. natürlicher Schwankungen auftreten, oder eine zuverlässige und valide Erzeugung im Labor. Die natürlich vorkommenden E., wie etwa die *Freude* der Fußballfans im Stadion über ein erzieltes Tor oder der *Ärger* über das verlorene Gepäckstück am Flughafen, sind selbstredend im höchsten Maße ökologisch valide (*ökologische Validität*). Andererseits erlaubt die exp. Methode (*Experiment*) im Labor *Kausalität*saussagen und eine bessere Kontrolle über den Beginn oder die Dauer einer Emotionsepisode. Wünschenswert im Hinblick auf den Erkenntnisgewinn erscheint eine Kombination aus beiden Zugängen. Im Folgenden werden in einer kurzen Übersicht die gebräuchlichsten Verfahren zur Auslösung von E. unter Laborbedingungen vorgestellt. Dazu gehört die Darbietung von Filmausschnitten, Bildern (z. B. *International Affective Picture System (IAPS)* von Lang et al. 2008) und Musik. Bei der *Velten-Technik* versetzen sich Pbn in die Stimmungslage, die ihnen in selbstbezogenen, von ihnen laut vorgelesenen e.relevanten Sätzen suggeriert wird z. B. «Auf lange Sicht ist es offensichtlich, dass die Dinge in meinem Leben immer besser werden». Während sich Pbn bei der *Imaginationsmethode* fiktive e.auslösende Situationen vorstellen, rufen sie bei der *Erinnerungsmethode* autobiografische Situationen ab, die bei ihnen best. E. ausgelöst haben. Ferner wird durch das Nachstellen von e.typischen Gesichtsausdrücken (*Mimik*) das damit einhergehende *Gefühl* erzeugt oder intensiviert (*Facial-Feedback-Hypothese*). In exp. Settings können ebenfalls solche Situationen hergestellt werden, die spezif. E. auslösen.

Velten-Aussagen und Musik scheinen eher dafür geeignet zu sein, globale affektive Zustände (*Affekt*) bzw. *Stimmungen* hervorzurufen. Filmausschnitte, Erinnern autobiografischer Ereignisse und Imaginationsverfahren dagegen sind eher nützlich, wenn spezif. E. wie etwa *Angst* oder Freude induziert werden sollen (Studtmann et al. 2009). Die *Metaanalyse* von Westermann et al. (1996) zur Effektivität versch. Verfahren bei der Induktion von pos. und neg. Stimmungen erlaubt u. a. folg. Schlussfolgerungen: Neg. Stimmung kann generell effektiver als pos. Stimmung ausgelöst werden. Filmsequenzen und die Imaginationsmethode erweisen sich grundsätzlich als überaus effiziente Induktionsverfahren, und zwar insbes. bei der Erzeugung pos. Stimmungen. Coan & Allen 2007.
L. Lozo

Emotionsregulation (= E. r.) [engl. *emotional regulation*; lat. *regula* Regel, Maßstab], **[EM, SOZ]**, beschreibt den Prozess, durch den Individuen das *Erleben*, die Intensität, die Dauer, den Zeitpunkt und den Ausdruck von aktivierten *Emotionen* (= E.) beeinflussen (Gross 2007). Durch E. r. können pos. und neg. E. verstärkt (*Verstärkung*), aufrechterhalten oder abgeschwächt werden. E. r. kann somit als eine Sammlung von kogn. und verhaltensbasierten Strategien zur Beseitigung, Aufrechterhaltung und Veränderung von emot. Erleben und Ausdruck aufgefasst werden. Damit sind generell alle Prozesse gemeint, welche die spontane Entfaltung von E. beeinflussen im Hinblick darauf, welche E. wir haben, wann wir diese haben und wie wir diese erleben und im Verhalten (z. B. Gestik, *Mimik*) zum Ausdruck bringen (Gross 2002). Die Intensität von sowohl pos. als auch neg. E. kann in jede Richtung beeinflusst werden. In der psychol. E. r.-Forschung interessiert jedoch meist die Verringerung neg. E.: effektive E. r. besteht demnach darin, pos. E. aufrechtzuerhalten und neg. E. zu verringern. All diese Prozesse können, müssen aber auch nicht bewusst zugänglich sein. Sie können kontrolliert, aber auch automatisch ablaufen (Gross 2007). E. r. ist i. d. R. hedonistisch oder sozial motiviert (*Motivation*). Auf der intraindiv. Ebene werden neg. affektive Zustände vermieden oder beseitigt und pos. aufrechterhalten oder herbeigeführt. Man beeinflusst also das eigene Erleben. Auf der interindiv. Ebene regulieren wir E. aus Gründen einer sozial erwünschten Selbstdarstellung (*Impression Management*), der sozialen Kontrolle (Beeinflussung des Verhaltens anderer) sowie aus prosozialen Gründen (*prosoziales Verhalten*), wenn wir Mitmenschen keinen Schaden zufügen, sie nicht verletzen oder sie beschützen wollen (Fischer et al. 2004). Der deskriptive Ansatz zur Klassifikation von Regulationsstrategien von Parkinson & Totterdell (1999) sowie das Prozessmodell der E. r. von Gross (1998) sind zwei Ansätze, anhand derer sich die Vielzahl versch. E. r. strategien systematisieren lässt. Das Modell von Gross verortet die Regulationsprozesse an versch. Stellen im zeitlichen Verlauf der E.entstehung.

(1) *Antezedenzfokussierte Regulationsstrategien* greifen früh im Prozess der Emotionsgenese ein, zu einem Zeitpunkt, zu dem sich die E. noch nicht vollst. auf allen Reaktionsebenen entfaltet hat und die emotionsbezogenen Reaktionstendenzen nicht ausgelöst worden sind. Sie basiert auf Vorwegnahme und Kontrolle von Emotionsreaktionen durch aktive Situations- und Gedankenselektion und -beeinflussung. Zu unterscheiden sind vier Subtypen: Situationsauswahl, Modifikation der Situation, Aufmerksamkeitslenkung (*Aufmerksamkeit*) und kogn. Veränderung (u. a. Neubewertung).

(2) *Reaktionsfokussierte Regulationsstrategien* zielen auf einen späten Zeitpunkt im Prozess der E.entstehung ab: die Reaktionsveränderung. Sie greifen immer dann, wenn die E. bzw. die e.bezogenen Reaktionstendenzen initiiert wurden, und umfassen Versuche, diese spezif. physiol., subj. und ausdrucksbezogenen Komponenten einer E. zu modifizieren.

Durch den zeitlich früheren Einsatz der antezedent-fokussierten E. r. wird diese als effektiver erachtet als die reaktionsfokussierte E. r., da die reaktionsfokussierte E. r. keinen Einfluss auf die Entstehung der E. nimmt, sondern nur den Emotionsausdruck beeinflussen kann. Bsp. für die unterschiedlichen Formen der E. sind die beiden bekanntesten, vermeintlich am häufigsten genutzten und v. a. meist untersuchten E. r.-Strategien *(expressive) Suppression* (*reaktionsfokussierte E. r.*) und *kognitives Reappraisal (Neubewertung, antezedent-fokussierte E. r.; Appraisal (Einschätzungs)-Theorien*). Durch kogn. Reappraisal, eine Form der kogn. Umformung (Gross 2001) wird der Ablauf und die Entstehung der E. verändert, bevor emot. Reaktionstendenzen vollst. generiert wurden. Eine potenziell e.auslösende Situation wird neutralisiert, indem ihre Bedeutung uminterpretiert bzw. modifiziert wird. Dadurch werden sowohl behaviorale und physiol. Reaktionen als auch das E.erleben verändert. Die Suppression stellt eine Reaktionsmodulation und somit eine reaktionsfokussierte E. r.-Strategie dar. Diese Strategie wird erst eingesetzt, wenn die E. bereits erlebt wird und modifiziert lediglich die behaviorale Komponente der E. (Gross 2001), d. h. die äußerliche emot. Reaktion (wie z. B. Tränen).

Versch. E. r.-Theorien deuten darauf hin, dass Personen in Abhängigkeit des Kontexts mehrere E. r.-strategien gleichzeitig anwenden können. Im Arbeitsumfeld (z. B. mit Kundenkontakt) besteht die Motivation darin, E. zu regulieren, häufig in einer erlebten Diskrepanz zw. der (empfundenen) emot. Reaktion und der den Normen (*Normen, soziale*) bzw. Vorschriften entspr. angemessenen oder erwünschten emot. Reaktion (*Display-Rules*, Fischer et al. 2004). *Emotionsarbeit* beschreibt das Vorliegen von klaren Vorgaben oder impliziten Erwartungen bzgl. des E.ausdrucks im Arbeitskontext (Hochschild 1983). In diesem Kontext zählen *Deep Acting* (antezedent-fokussierte E. r.) und *Surface Acting* (reaktionsfokussierte E. r.) zu den prominenten E. r.-Strategien. Während das *Deep Acting* dazu führt, dass Mitarbeiter ihre empfundenen E. verändern, um sie an E.-Darbietungsregeln anzupassen, beschreibt *Surface Acting* nur die Anpassung des E.ausdrucks der Mitarbeiter entspr. den vorgegebenen Darbietungsregeln, ohne dass sich die empfundenen E. verändern. Ferner werden versch. E. r.strategien unterschieden. Dabei stellen *(expressive) Suppression* (reaktionsfokussierte E. r.) und *kogn. Reappraisal* (Neubewertung, antezedent-fokussierte E. r.) zu den bekanntesten und am häufigsten untersuchten Strategien.

N. Seiferling/S. Turgut/L. Lozo

Emotionsregulation, gesundheitsbezogene [engl. *health-regulated emotion regulation*], **[EM, GES, KLI]**, unter *Emotionsregulation* (= E. r.) versteht man ganz allg. die Prozesse, mit denen eine Person intrinsisch ihre *Emotionen* (= E.) reguliert. Diese Regulationsprozesse können automatisch oder kontrolliert und bewusst oder unbewusst ablaufen. E. r. ist grundsätzlich an jedem Punkt der E.entstehung möglich. Es gibt eine Vielzahl unterschiedlicher Konzeptualisierungen von E. Manche Modelle stellen die Kontrolle der emot. Erfahrung und des E.ausdrucks in den Vordergrund, während andere Modelle die Funktionalität emot. Erfahrungen betonen und zw. der Kontrolle von E. mit dem Ziel, deren Intensität zu reduzieren, und der Regulation von E. unterscheiden und auf die Wichtigkeit der *Fähigkeit* hinweisen, die gesamte Vielfalt von E. erleben und differenzieren zu können. Eines der bekanntesten Modelle ist das Prozessmodell der E. von Gross (2007), das entspr. den einzelnen Phasen der E.generierung fünf

Gruppen von Regulationsstrategien (*Situationsauswahl, Situationsmodifikation, Aufmerksamkeit*slenkung, *kognitive Umdeutung*, Reaktionsmodulation) postuliert, die entweder stärker darauf ausgerichtet sind, die auslösenden Bedingungen zu modifizieren oder die ausgelöste emot. Reaktion zu beeinflussen. Das Konzept der E. gewinnt zunehmend Bedeutung im Kontext von Erklärungsmodellen psych. Störungen (*Ätiologie*). Zentrale Annahme ist dabei, dass vielen psych. Störungen (z. B. *Angsstörungen, affektiven Störungen*) best. Defizite in der E. zugrunde liegen, die durch entspr. psychoth. Maßnahmen verbessert werden sollen. *Emotionsdysregulation.* C. Hermann

Emotionsregulation, neurobiologische Grundlagen (= E.) [engl. *neurobiological basics of emotion regulation*], [**BIO, EM**], erfolgreiche E. ist mit einer verstärkten Aktivität im präfrontalen Kortex (PFK; *Gehirn*) assoziiert. Dabei übt der PFK einen modulierenden Einfluss auf die Amygdala aus, eine mandelförmige subkortikale Struktur im anterioren medialen Temporallappen, welche bei der Enkodierung emot. signifikanter Ereignisse eine wichtige Rolle spielt. Hat das Individuum das Ziel, die Intensität der *Emotion* zu reduzieren (z. B. durch Neu- oder Umbewertung), kommt es zu einer Steigerung der Aktivierung im PFK bei gleichzeitiger Verringerung der *hämodynamischen Reaktion* in der Amygdala. Der PFK ist bei allen *exekutiven Funktionen* und *Arbeitsgedächtnis*prozessen beteiligt, so dass man davon ausgehen kann, dass auch die E. eine solche Funktion darstellt. Bei der kogn. Neubewertung sind (1) der *ventrolaterale PFK* beteiligt, der vor allem an der Auswahl zielführender und Stimulus-angemessener Reaktionen sowie an der Hemmung unangemessener emot. Reaktionen beteiligt ist, (2) der *dorsolaterale PFK* (dlPFK), welcher die Aufmerksamkeitslenkung auf neu zu bewertende Aspekte des Reizes und Aufrechterhaltung des Regulationsziels kontrolliert und (3) das *anteriore Cingulum*, welches für die Überwachung der Auswirkungen der aktuellen kogn. Neubewertung zuständig ist.. Der laterale PFK ist bei willentlichen Prozessen wichtig, während der mediale PFK bes. bei automatischen Prozessen eine Rolle spielt. Der ventromediale PFK vermittelt die hemmende Wirkung des dlPFK auf die Amygdala, wodurch die Aktivität der Amygdala verringert wird. Im Falle der Verstärkung von Emotionen sind die beteiligten neuronalen Schaltkreise prinzipiell identisch. Auch bei dieser E. findet man eine stärkere Aktivierung des PFK, wobei es in diesem Fall aber zu einer Erhöhung der Aktivität in der Amygdala kommt. Welche Mikroschaltkreise diese Umkehr steuern, kann aus den relativ groben Analysen der funktionellen Bildgebung (*bildgebende Verfahren*) nicht genauer abgeleitet werden. Steinfurth et al. 2014. E. Steinfurth/A. Hamm

Emotionsregulation im Kindesalter, Entwicklung [engl. *development of emotion regulation in childhood*], [**EM, EW**], unter *Emotionsregulation* (= E.) werden alle Bemühungen des Individuums gefasst, das Auftreten, die Intensität oder die Dauer von *Emotionen* und die damit verbundenen physiol. Prozesse beizubehalten, zu steuern oder zu verändern. Dies betrifft die Regulation von sowohl neg. (z. B. *Trauer* oder Wut) als auch pos. Emotionen (z. B. *Freude*). Die *Ontogenese* der E. ist durch den Wechsel von der interpersonalen zur intrapersonalen Regulation gekennzeichnet. Obwohl sich vom Säuglingsalter bis zum Ende des Vorschulalters hauptsächlich *interpersonale* Regulationsformen (z. B. Trösten oder Ablenkung durch die Eltern) beobachten lassen, zeigen Kinder hier bereits erste Bemühungen *intrapersonaler* Regulation (z. B. Blickabwenden oder Saugen bei Säuglingen, Ablenken mit einem Spielzeug im Kindergartenalter). Der Wechsel zur intrapersonalen Regulation geschieht schleichend in der Übergangszeit vom Vorschul- zum Schulalter. Im Schulalter greifen Kinder immer mehr auf intrapersonale Regulationsformen zurück, ohne jedoch die interpersonale Regulation als mögliche Regulationsoption gänzlich aufzugeben. *Emotionsdysregulation.* Holodynski & Friedlmeier 2006. T. Thomsen

Emotionsregulationsstörungen *Emotionsdysregulation.*

Emotionsschilderungen (= E.) [engl. *descriptions of emotions*], [**RF**], als E. werden die verbalen Beschreibungen der während eines Geschehens erlebten Gefühlszustände i. R. einer *Aussage* bez. (*Aussagepsychologie*). Die Beschreibung der während eines infrage stehenden Geschehens erlebten Emotionen und die Emotionalität der Schilderung werden insbes. von Laien zur Einschätzung des Wahrheitsgehaltes einer Bekundung herangezogen (*Glaubwürdigkeitsattribution*). Empir. Befunde verweisen jedoch darauf, dass auch in der Anwendung der *merkmalsorientierten Inhaltsanalyse* trainierte Personen ihr Urteil in erheblichem Maße von E. abhängig machen. Diese von Panhey et al. (2003) als *Emotionaler Wahrheits-Bias* bez. Tendenz kann im forensischen Anwendungskontext zu zwei Problemen führen. Einerseits besteht die Gefahr, dass wahrheitsgemäß aussagenden Personen nicht geglaubt wird, wenn sie vermeintlich angemessene Emotionen nicht berichten oder zeigen, weil eine Schilderung, die nicht den eigenen Erfahrungen und Erwartungen entspricht, Misstrauen weckt. Befunde empirischer Untersuchungen zur *Glaubwürdigkeitsattribution* verweisen bspw. darauf, dass Opferzeuginnen einer infrage stehenden Vergewaltigung, deren Emotionsausdruck nicht den stereotypen Erwartungen entspricht, unabhängig vom Wahrheitsgehalt ihrer Aussage systematisch weniger geglaubt wird. Andererseits besteht die Gefahr, dass falsch Aussagenden aufgrund überzeugender E. geglaubt wird. Befunde empirischer Untersuchungen zu *Täuschungsstrategien* und Täuschungsverhalten verweisen darauf, dass falsch Aussagende sich der strategischen Bedeutung des Vorbringens von Emotionen sehr bewusst sind. Zudem scheint eine Erfindung schemakonsistenter Emotionen auch kogn. keine größere Herausforderung darzustellen. In der aussagepsychol. Begutachtung (*Glaubhaftigkeitsbegutachtung, Merkmalsorientierte Inhaltsanalyse*) werden E. entspr. erst dann als *Glaubhaftigkeitsmerkmale* bewertet, wenn es sich um Schilderungen handelt, deren Qualität über das hinausgeht, was aus Schemawissen ableitbar ist (z. B. E., welche komplexe, mit der indiv. Situation verwobene Emotionsentwicklungen widerspiegeln). Niehaus et al. 2005, Kaufmann et al. 2003. S. Niehaus

Emotionsstupor [engl. *emotional stupor*; lat. *stupor* Erstarrung Gefühllosigkeit], [**EM, KLI**], *Emotions*lähmung,

Emotionsschock, Affektschock, Schreckstarre. Durch heftige Gemütsbewegungen wie Schreck, Todesangst (*Angst*), *Panik* bedingtes abnormes psych. Erstarren, das auch mit dem Versagen der *Motorik* einhergeht.

Emotionstheorien (= E.) [engl. *emotion theories*], [**EM**], E. beschäftigen sich mit den Prozessen, die die Auslösung und Veränderung von *Emotionen* bestimmen. William James (1890) nahm an, dass Emotionen auf periphere Reaktionen zurückzuführen sind, die in spezif. Situationen auftreten. So postulierte er, dass etwa die *Wahrnehmung* der eigenen Fluchtbewegung das *Gefühl* der *Angst* auslöst (*James-Lange'sche-Theorie*). Cannon (1927) monierte jedoch, periphere Reaktionen seien zu langsam, um als Auslöser schneller emot. Reaktionen zu fungieren, und zu unspezifisch, um die Vielzahl unterschiedlicher Emotionen auslösen zu können. In der neueren neurophysiologischen Forschung finden sich aber durchaus Belege für die Auffassung, dass Emotionen eine Funktion spezif. Erregungsmuster des Körpers sind (Damasio 1994). Anknüpfend an Cannon (1927) gehen Schachter & Singer (1962) davon aus, dass periphere Reaktionen zu unspezifisch seien, um als alleinige Ursache emot. Reaktionen infrage zu kommen. In ihrem *Zweikomponentenmodell der Emotion* werden Emotionen auf diffuse physiol. Erregungszustände zurückgeführt. Diese unspezifischen Erregungszustände lösen das *Bedürfnis* nach Erklärung aus, und die anschließende *Attribution*) bestimmt die *Qualität* der erlebten Emotion. Zwar konnte die Kernannahme des Zweikomponentenmodells empirisch nicht bestätigt werden. Unbestritten ist aber, dass physiol. Erregung einen Einfluss auf die Intensität erlebter emot. Reaktionen hat.

In der Folge von Schachter & Singer (1962) bestimmen kogn. Erklärungsmodelle die E. Bes. einflussreich ist hier der Ansatz von Richard Lazarus (1991), in dem postuliert wird, dass Emotionen durch kogn. Einschätzungsprozesse (*appraisal*) bestimmt werden (*Appraisal (Einschätzungs)-Theorien*, *Emotionstheorien, kognitive*). Hierbei wird angenommen, dass primäre Einschätzungsprozesse (*primary appraisals*) die Implikationen der verarbeiteten Information für das eigene Wohlergehen und sekundäre Einschätzungsprozesse (*secondary appraisals*) die eigenen Möglichkeiten der Bewältigung zum Gegenstand haben. Ob in einer Situation eine Emotion ausgelöst wird, hängt demnach von der subj. Einschätzung ab, ob durch die erlebten Ereignisse die Verfolgung eigener *Ziele* betroffen ist und ob die jew. Ziele von Belang sind. Die Qualität der ausgelösten Emotion (*Freude*, Stolz, *Angst*, *Ärger* etc.) wird u. a. dadurch bestimmt, ob eine *Handlung* oder ein Ereignis als dienlich oder hinderlich für die verfolgten Ziele eingeschätzt wird und ob das Ereignis schon eingetreten ist oder noch in der Zukunft liegt. So löst bspw. ein in der Zukunft liegendes hinderliches Ereignis Angst aus, wenn die Ressourcen (*Ressource*) als möglicherweise unzureichend für die Bewältigung eingeschätzt werden. Eine weitere einflussreiche Emotionstheorie ist das Attributionsmodell von Bernhard Weiner (1986), in welchem postuliert wird, dass die Qualität von Emotionen durch Attributionsprozesse bestimmt ist. Wird bspw. eine neg. bewertete Handlung auf die eigene Person attribuiert, wird Schuld erlebt; wird dieselbe Handlung jedoch auf eine andere Person zurückgeführt, wird Ärger erlebt.

Auch wenn kogn. Prozesse am subj. Erleben von Emotionen beteiligt sind, bestehen Zweifel, ob sehr schnelle Verhaltensreaktionen ebenfalls durch Kognitionen vermittelt werden. Joseph LeDoux (1996) konnte in Tierversuchen zeigen, dass der Neokortex (*Gehirn*) an der Generierung von Furchtreaktionen (*Furcht*) nicht notwendigerweise beteiligt ist. Stattdessen können sensorische Reize auch die Amygdala im evolutionär älteren Hirnstamm direkt aktivieren und hiermit eine sehr viel schnellere Reaktion auslösen. Allerdings ist noch offen, inwieweit diese Befunde auf andere Emotionen übertragbar sind.

In der Tradition von Darwin verstehen evolutionsbiol. Ansätze Emotionen als genetisch verankerte Programme (*Genetik*, *Verhaltensgenetik*), die die Anpassung des Menschen an seine Umwelt erhöhen. In der neueren Forschung wird bspw. versucht, Unterschiede im *Erleben* von Emotionen bei Männern und Frauen durch geschlechtsspezifische Anpassungsvorteile best. emot. Reaktionsmuster zu erklären. So konnte gezeigt werden, dass Eifersucht von Männern eher als Reaktion auf die sexuelle Untreue (*Untreue, partnerschaftliche*) des Partners erlebt wird, während Frauen *Eifersucht* eher als Reaktion auf die emot. Untreue des Partners zeigen. *R. Neumann*

Emotionstheorien, kognitive (= k. E.), [engl. *cognitive emotion theories*], *Emotionstheorien*, [**EM, KOG**] nehmen an, dass zumindest die zentrale Gruppe der im Alltag unterschiedenen *Emotionen* (z. B. *Freude*, *Trauer*, *Furcht*, *Ärger* usw.) best. *Kognitionen* über ihre Objekte voraussetzt (Genaueres dazu unten). Die k. E. gehen auf Aristoteles (350 v. Chr.) zurück und waren auch in der Anfangszeit der akademischen Ps. im 19. Jhd. präsent (z. B. Meinong 1894); als Pioniere der k. E. in der neueren Ps. gelten jedoch allg. Magda B. Arnold (1960) und Richard S. Lazarus (1966). Arnold knüpfte explizit an die auf Aristoteles zurückreichende «kognitive» Tradition der Theoriebildung über Emotionen an und verband diese mit evolutionspsychol. Annahmen und *Hypothesen* zu den neurophysiol. Korrelaten von Emotionen; Lazarus (1966) formulierte Arnolds Theorie geringfügig um und machte sie zur Grundlage eines empirischen Forschungsprogramms. Grundannahme der k. E. Arnolds ist, dass Emotionen dann und nur dann entstehen, wenn die Person auslösende Ereignisse auf best. Weise einschätzt (*appraisal*); d. h., best. Kognitionen darüber erwirbt. Die emotionsrelevanten Kognitionen sind erstens faktische oder nicht evaluative Kognitionen (paradigmatisch: Tatsachenüberzeugungen, wie z. B. die Überzeugung (*Überzeugungssystem*), dass ein best. Ereignis eingetreten ist); und zweitens evaluative Kognitionen oder Bewertungen (paradigmatisch: *Wert*überzeugungen, wie z. B. die Überzeugung, dass ein Ereignis gut oder schlecht, gefährlich oder frustrierend ist). Arnolds k. E. wird deshalb als Einschätzungs- oder Bewertungstheorie der Emotion (engl. *appraisal theory*, *Appraisal (Einschätzungs)-Theorien*) bez. Z. B. freut sich Anna darüber, dass sie im Lotto gewonnen hat (= Sachverhalt p), wenn sie (a) glaubt (oder genauer, zum Glauben gelangt), dass p besteht, und (b) p als gut für sich bewertet bzw. glaubt, dass p gut für sie ist. Analog erlebt Anna Kummer über p, wenn sie glaubt, dass p besteht, und p als schlecht für sich bewertet. Analoges gilt für alle anderen Emotionen: Auch diese setzen faktische und evaluative Kognitionen über ihre Objekte voraus; diese Kognitionen sind jedoch von Emotion zu Emotion mehr oder weniger verschieden. Die Emotion selbst ist nach Arnold eine als *Gefühl* erlebte, von den Einschätzungen verursachte Tendenz zur Annäherung (bei pos. Emotionen) bzw. zur Meidung (bei neg. Emotionen). Außer der erlebten Handlungstendenz bzw. dem Gefühl verursachen Einschätzungen zudem mehr oder weniger oft körperliche Aktivierung sowie versch. Ausdrucksreaktionen (z. B. einen best. Gesichtsausdruck (*Mimik*).

Seit den 1960er-Jahren sind die Einschätzungstheorien der Emotion zum dominanten Erklärungsmodell der Emotionsentstehung in der Ps. geworden. Im Laufe der Jahre wurde die ursprüngliche Bewertungstheorie von Arnold und Lazarus jedoch in versch. Hinsichten als mangelhaft befunden und dementspr. wurden verbesserte Einschätzungstheorien vorgeschlagen (z. B. Frijda 1986; Lazarus 1991; Ortony et al. 1988; Scherer 2001; vgl. Ellsworth & Scherer 2003; Reisenzein et al. 2003). Die neueren Einschätzungstheorien teilen mit der *Arnold-Lazarus-Theorie* die Grundannahme, dass Emotionen das Produkt von faktischen und evaluativen Kognitionen sind. Anders als bei Arnold und Lazarus wird jedoch typischerweise zw. unterschiedlichen Arten von Bewertungen (z. B. persönlich erwünscht/unerwünscht vs. moralisch gut/schlecht) unterschieden, und es werden zusätzliche und z. T. auch andere faktische Einschätzungsdimensionen postuliert (z. B. *Wahrscheinlichkeit*, Unerwartetheit, Verantwortlichkeit).

Neben Unterschieden in Bezug auf die Details des Einschätzungsprozesses unterscheiden sich die ps. Bewertungstheorien auch in anderen Punkten; insbes. in ihren Annahmen zur Beziehung zw. Einschätzung und Emotion und damit zus.hängend, zur Natur der Emotion. Dabei lassen sich drei Hauptpositionen unterscheiden: (1) Nach der *kausalen Theorie* sind Einschätzungen typische oder sogar notwendige Ursachen von Emotionen, welche von den Einschätzungen versch. Zustände sind, z. B. Handlungsimpulse (Arnold 1960; Frijda 1996) oder Gefühle von Lust und Unlust (Ortony et al. 1988). (2) Nach der *Teil-Ganzes-Theorie* sind die Einschätzungen zus. mit einer oder mehreren anderen Komponenten (z. B. Handlungsimpuls, körperliche Erregung) Bestandteile der Emotion (Lazarus 1991). (3) Nach der *Identitätstheorie* sind die Emotionen mit den Einschätzungen (spez. mit bewertenden Urteilen) identisch; nach dieser Auffassung sind Emotionen also nichts anderes als eine spez. Art von Kognition. Diese «radikale» Form der k. E. findet man in der Ps. allerdings kaum, wohl aber bei prominenten neueren Vertretern der phil. Form der Bewertungstheorie, der sog. Urteilstheorie der Emotion (engl. *judgment theory*) (z. B. Nussbaum 2001; Solomon 1976; vgl. Roberts 2003). Die psychol. Bewertungstheorien der Emotion bilden die Grundlage der meisten existierenden Computermodelle der Emotionen (Marsella et al. 2010). *R. Reisenzein*

Emotions View/Behavioral Ecology View [engl. Emotionsansicht/verhaltensökologische Ansicht], **[EM, SOZ]**, die Theorie des *Behavioral Ecology View* geht auf Fridlund (1994) zurück, der Kritik an der neuro-kult. Theorie von Ekman übt (Ekman 1994). Er geht davon aus, dass mimische Verhaltensweisen nicht den emot. Zustand des Zeichengebers wiedergeben (*emotions view*), sondern lediglich als Signale an den Sozialpartner zu verstehen sind, die sich im Laufe der Evolution aus beliebigen Verhaltensweisen entwickelt haben (*Kommunikation*). Diese werden intentional gezeigt, um soziale Motive zu realisieren, und verraten nichts über den inneren Zustand des Zeichengebers, was nach Fridlund wenig sinnvoll wäre. Die Fähigkeit, Signale zu senden, hat sich nicht unabhängig entwickelt, sondern es handelt sich um eine Koevolution von Sender und Empfänger. Der Empfänger entwickelte gleichzeitig die Fähigkeit, die gesendeten Signale auch zu entschlüsseln. Emot. Signale träten deshalb häufiger in sozialen Situationen auf, d. h., wenn ein potenzieller Empfänger tatsächlich anwesend ist oder man sich implizit einen Empfänger vorstellt (*impliziter sozialer Kontext*). Es existiert eine Reihe von Befunden, die den Einfluss des sozialen Kontexts auf das Zeigen mimisch-emot. Verhaltens (*nicht verbale Kommunikation*) aufzeigen. Diese betreffen jedoch v. a. das Lächeln, während der Ausdruck neg. Affekte (*Affektausdruck*) wenig untersucht wurde. So kamen Jakobs et al. (2001) zu dem Ergebnis, dass der mimische Ausdruck von *Trauer* entgegen den Annahmen des verhaltensökologischen Standpunkts von Fridlund häufiger gezeigt wurde, wenn der Pb alleine einen traurigen Film anschaute. Zusätzlich fanden sie, dass das emot. Erleben von Trauer mit der Häufigkeit des mimischen Ausdrucks von Trauer korrelierte. Aus den vorliegenden Befunden lässt sich schlussfolgern, dass mimisch emot. Verhalten in den meisten Fällen sowohl von sozial motivierten Intentionen als auch von zugrunde liegenden emot. Zuständen bestimmt wird. *Emotionen.* *J. Merten*

Emotivität [engl. *emotvity*; lat. *ex* (her)aus, *movere* erregen], **[EM, KLI]**, übersteigerte emot. Erregbarkeit, krankhafter Umschlag der Stimmungslage. *Emotionen.*

Empathie (= E.) [engl. *empathy*; gr. ἐμπάθεια *(empatheia)* Leidenschaft, intensives Gefühl], **[EM]**, E. ist die *Fähigkeit* zu kogn. Verstehen (*Kognition*) und affektivem Nachempfinden der vermuteten *Emotionen* eines anderen Lebewesens. Das konkrete Ausmaß an E. ist neben der indiv. *Disposition* auch von situativen Faktoren wie der eigenen emot. Stabilität oder der Zuneigung zum Gegenüber abhängig. Je nach Relation der kogn. und emot. Anteile kann differenziert werden in *authentische* und *funktionale* E. Die authentische E. mit höherem affektiven Anteil (Mitfühlen, Miterleben der Emotion des anderen) verstärkt die Tendenz zu *prosozialem Verhalten*. Die funktionale E. mit höherem kogn. Anteil (Einfühlen, verstandesmäßiges Nachvollziehen der Emotion des anderen) ermöglicht bspw. therap. Reflektieren und effektive Manipulation (z. B. Werbung). Von *Gefühlsansteckung* unterscheidet sich E. durch die Selbst-Andere-Differenzierung, wodurch die auslösende

Emotion des Gegenübers bewusst als dem Anderen zugehörig erlebt wird. *emotionale Intelligenz*, *Perspektivenübernahme*, *mentalistische Alltagspsychologie*. T. Altmann

Empathie, anwendungsorientierte Definition [engl. *empathy, application-oriented*], **[EM]**, Empathie (= E.) wird im Dreiklang mit *Sympathie* und *Antipathie* definiert und wie folgt abgegrenzt: E. ist eher ein Verstehen bzw. ein Nachvollziehen von *Gedanken*, *Gefühlen* und *Erfahrungen* eines anderen; Sympathie ist eher ein Teilen von Gedanken, Gefühlen und Erfahrungen aufgrund von Zuneigungsgefühlen zum anderen und Antipathie ist eher die Ablehnung einer Person aufgrund von Abneigungsgefühlen. E. wird in dieser anwendungsorientierten Def. verstanden als ein Pendel, welches im täglichen Leben zw. den beiden Polen Sympathie und Antipathie hin- und herschwingt, je nach Qualität der Beziehung zur anderen Person. I. R. dieses Verständnisses grenzt sich E. von der Sympathie und Antipathie durch folg. Eigenschaften ab: E. ist eher wahrnehmend (*Wahrnehmung*) als bewertend; weniger vorurteilend (*Vorurteile*); sich für den anderen öffnend, aber bei sich bleibend; innerlich einen Schritt zurücktretend von den eigenen *Emotionen*; eher ein verstehendes Hinterfragen einer *Beobachtung*, z. B.: Was könnte dazu geführt haben, dass sich dieser Mensch so verhält (*Verhalten*), so fühlt (*Fühlen*), so denkt (*Denken*), auf diese Weise erkrankt ist …?; eher eine ausgeglichene, balancierte Beziehung als eine extreme emot. Verschmelzung wie in der Sympathie oder Ablehnung in der Antipathie; eher ein intentionaler (*Intention*), bewusster Prozess, weniger impulsiv. Die notwendigen Voraussetzungen für diese postulierten Eigenschaften von E. sind die folg.: Je reflektierter die Wahrnehmung und das *Wissen* über das eigene *Selbst* und des Selbst in Interaktion mit dem anderen ist, desto ruhiger schwingt das «Empathiependel» zw. den Polen Sympathie und Antipathie. Diese hier postulierte anwendungsorientierte Def. von E. verdeutlicht, dass gerade die *Fähigkeit* der E. vor emot. Verausgabung schützen kann. *Empathie*. M. Neumann

Empathie, ärztliche bzw. therapeutische (ä. E.) [engl. *physician empathy*], **[EM, GES, KLI]**, eine der wichtigsten Voraussetzungen zur Entwicklung einer therap. Arzt- bzw. Therapeut-Pat.-Beziehung (*Therapiebeziehung*) ist das Einfühlungsvermögen, die *Empathie* des Arztes. Die am häufigsten verwendete Def. von ä. E. ist jene von Mercer und Reynolds. Diese verwenden einen integrativen Ansatz zur Def. und betrachten ä. E. sowohl als ein multidimensionales *Konstrukt* als auch als eine erlernbare Fähigkeit. Es werden vier Komponenten des multidimensionalen Konstrukts unterschieden: (1) die emot. Komponente (*Emotionen*): die Fähigkeit, den ps. Zustand oder die wirklichen Gefühle eines anderen subj. nachzuempfinden oder zu teilen; (2) die *moralische Komponente*: eine innere *altruistische* Kraft, die zur Anwendung von Empathie motiviert; (3) die kogn. Komponente (*Kognition*): die intellektuelle Fähigkeit des Helfenden, die Gefühle und die Perspektive eines anderen zu identifizieren und zu verstehen; (4) die *Verhalten*skomponente: die kommunikative Reaktivität (*Kommunikation*), um das Verständnis für die Perspektive des anderen auszudrücken.

Gleichzeitig wird ä. E. von dem Begriff Sympathie i. S. von Mitleid abgegrenzt. Sympathie impliziert eine *emotionale Ansteckung*, die i. R. einer med. Behandlung eine Barriere, z. B. bei der Diagnosefindung oder Therapie, darstellen kann. Vor diesem konzeptuellen Hintergrund def. Mercer und Reynolds ä. E. als «… die Fähigkeit (1) die Situation, die Perspektive und Gefühle (und die damit verbundenen Bedeutungen) des Pat. zu verstehen, (2) dieses Verstehen zu kommunizieren und dabei auf seine Richtigkeit zu überprüfen und (3) diesem Verstehen entspr. zu handeln und den Pat. in einer helfenden (therap.) Weise zu unterstützen.». *Gesprächspsychotherapie*. Neumann 2009, Hojat et al. 2002. M. Neumann

Empathie-Altruismus-Hypothese (= E.) [engl. *empathy-altruism hypothesis*], **[EM, SOZ]**, *prosoziales Verhalten* (= p. V.) kann dazu dienen, eine aversive affektive Erregung (*Erregungsreaktion*) zu reduzieren, die durch das Aufeinandertreffen mit einer Person, die Not erleidet, ausgelöst wird. Dieser neg. Erregungszustand kann jedoch noch eher beendet werden, indem die Notfallsituation verlassen wird, sofern eine Flucht relativ leicht möglich ist (*Fluchtmöglichkeit*). Im Ggs. zu der egoistischen *Motivation* basiert altruistische Motivation (*Altruismus*) auf dem primären Ziel, der Person in Not zu helfen. Die *Emotionen* bei egoistisch-motivierter Hilfe wird als persönliches Unbehagen erlebt, die Emotion bei altruistisch-motivierter Hilfe als empathische Sorge (*Empathie*). Notsituationen lassen sich danach unterscheiden, ob sich der Beobachter leicht entfernen kann oder nicht. Die E. von Daniel Batson (1991, 2011) greift diese Differenzierung und die damit verbundenen motivationalen Unterschiede des Helfens (altruistisch vs. egoistisch motiviert) auf. Die E. besagt, dass empathische Sorge als altruistische Basis p. V. bei leichter und bei schwerer Fluchtmöglichkeit motiviert. Hingegen wird für persönliches Unbehagen angenommen, dass es als egoistische Basis p. V. nur bei schwerer Fluchtmöglichkeit motiviert, da die Person den Situationsdruck und die damit verbundene affektive Erregung überwinden möchte. In Situationen mit leichter Fluchtmöglichkeit rufen empathische Emotionen, die in der Situation ausgelöst werden, Hilfeleistung hervor, während egoistische Bestrebungen nur wenig Hilfsbereitschaft fördern, da diese durch das Verlassen der Notsituation besser befriedigt werden können.

Es liegen zahlreiche exp. Überprüfungen der E. vor. Z. B. zeigte sich in einen Experiment von Bierhoff & Rohmann (2004), dass Pbn bei niedriger empathischer Sorge und leichter Fluchtmöglichkeit wenig halfen. Bei hoher empathischer Sorge (sowohl bei leichter und erschwerter Fluchtmöglichkeit) sowie bei niedriger empathischer Sorge und erschwerter Fluchtmöglichkeit war die Hilfsbereitschaft hingegen hoch. Dieses Ergebnismuster wird auch als 3:1-Ergebnismuster bez., da in drei der vier Zellen eines 2 x 2-Versuchsplans mit niedriger/hoher empathischer Sorge und leichter/schwerer Fluchtmöglichkeit ein hohes Niveau des p. V. auftritt, während das p. V. in der vierten Zelle (niedrige empathische Sorge plus leichte Fluchtmöglichkeit) geringer ausfällt. Diese und weitere Ergebnisse lassen sich dahingehend interpretieren, dass es ein unabhängiges altruistisches Motivsystem (*Motiv*) neben dem egoistischen Motivsystem gibt.

Das Auftreten von empathischer Sorge bei Beobachtern einer Notlage wird unter best. situativen Bedingungen gefördert. Dazu zählt eine enge Beziehung mit dem Opfer, die durch Ähnlichkeit, Nähe oder Zuneigung gekennzeichnet ist, das eigene Erleben der Notlage des Opfers in der Vergangenheit oder das aktive Hineinversetzen in die Lage des Opfers. Im Weiteren wurden zwei Komponenten der *soziale Verantwortung* unterschieden: die moralische Erfüllung der berechtigten Erwartungen Anderer und die Befolgung der sozialen Spielregeln. Es bestand ein pos. Zusammenhang zw. der moralischen Erfüllung der berechtigten Erwartungen anderer und Hilfeverhalten in Situationen mit leichter Fluchtmöglichkeit. Die Befolgung der sozialen Spielregeln hing mit Hilfeverhalten in Situationen mit erschwerter Fluchtmöglichkeit pos. zus. Diese Ergebnisse sprechen dafür, dass soziale Verantwortung als altruistische Komponente die moralische Erfüllung von Erwartungen anderer und als egoistische Komponente die Befolgung sozialer Spielregeln umfasst (Bierhoff 2010). Nach Hoffman (2000) ergibt sich eine Entwicklungssequenz, sodass sich das egoistische Motiv zuerst manifestiert. Das egoistische Motiv stellt die Basis dar, auf der das altruistische Motiv entsteht. Für die Entwicklung des altruistischen Motivs in der Kindheit ist die *kognitive Entwicklung* ausschlaggebend, insbes. die Entwicklung der *Perspektivenübernahme*, die eine anspruchsvolle kogn. Leistung darstellt. Ein altruistisches Motivsystem setzt voraus, dass die Person die Perspektive einer anderen Person übernehmen kann. Daher wird vermutet, dass sich das allg., undifferenzierte Mitgefühl des Kleinkinds in persönliches Unbehagen und empathische Sorge differenziert. H.-W. Bierhoff

empathische Sorge [engl. *empathic care*], *Empathie-Altruismus-Hypothese*.

Empfänglichkeit [engl. *receptiveness*], [**WA**], die Bereitschaft zu fortlaufender und selektiver Aufnahme und dem Behalten von Reizen (*Reiz*).

Empfehlungsschreiben [engl. *letter of recommendation*], *Referenz*.

Empfindlichkeit (= E.) [engl. *sensitivity, sensibility*], [**WA**], der Grad der Empfänglichkeit für Eindrücke, bes. für die Ansprechbarkeit eines Sinnes auf Reize. Die absolute E. (Sensitivität) ergibt sich aus der *Reizschwelle* und belegt die E. gegenüber dem Reiz als solchem, die relative E. (Sensibilität) ergibt sich aus der *Unterschiedsschwelle* und belegt die E. gegenüber den Reiz-unterschieden. Die Bestimmung der E. erfolgt nach den Methoden der *Psychophysik*.

Empfindsamkeit [engl. *hypersensitivity*], [**EM, PER**], Neigung zu Gefühlsüberbesetzung der Empfindungen und Vorstellungen.

Empfindung (= E.) [engl. *sensation*], [**EM, WA**], in der Vergangenheit wurde die Unterscheidung zwischen E. und Wahrnehmung teils kontrovers diskutiert. In der heutigen biol. und med. Forschung wird E. jedoch zumeist als elementarer, durch Reize hervorgerufener Vorgang (als primäre neuronale Erregung) bezeichnet, der letztlich Wahrnehmung ermöglicht. Man unterscheidet gemäß den einzelnen Sinnesfunktionen versch. Arten (Modalitäten) von E.: Gesichts-, Gehörs-, Geruchs-, Geschmacks-, Tast-, Temperatur-, Schmerz-, Bewegungs-, Gleichgewichts-, Organ-E., dazu noch andere Arten, deren Selbstständigkeit aber z. T. noch fraglich ist. Merkmale der E. sind (neben ihrer Qualität) Intensität und Dauer. E. wird zudem im allg. Sprachgebrauch häufig gleichbedeutend mit *Gefühl*, *Affekt* (*Emotionen*). Goldstein 2007. R. Bergius

Empfindungsdissoziation [engl. *dissociation of sensation*], *Dissoziation*, [**WA**], teilweise Empfindungslähmung, Ausfallen, Verschwinden einzelner Empfindungsqualitäten bei Erhalten anderer. Z. B. kann beim Ausfall der Temperatur- und Schmerzempfindung die normale Berührungsempfindung weiterbestehen (*dissoziierte Anästhesie*).

Empfindungsfunktion [engl. *sensation function*], [**PER**], eine der zwei irrationalen Grundfunktionen der Seele bei Jung (*Analytische Psychologie*). *Intuitionsfunktion*.

Empfindungskreise (E. H. Weber), [**BIO, WA**], Hautbezirke, innerhalb deren Grenzen eine räumliche Unterscheidung versch. (Tast-)Eindrücke nicht mehr möglich ist. *Hautsinne (Tast-, Temperatur-, Schmerzsinn)*.

Empirie [engl. *empiricism*; gr. εμπειρία (*empeiria*) Erfahrung], [**PHI**], die *Erfahrung* selbst und die auf Erfahrung beruhende Erkenntnis. *empirische Sozialforschung*.

empirische Sozialforschung (= e. S.) [engl. *empirical social inquiry/research*; gr. εμπειρία (*empeiria*) Erfahrung], [**FSE**], bez. als Oberbegriff die Untersuchung sozialer Sachverhalte mithilfe e. Forschungsmethoden. Mit sozialen Sachverhalten sind dabei Phänomene gemeint, die sich i. w. S. auf das menschliche Erleben, Verhalten und v. a. Zusammenleben beziehen und u. a. in Ps. und Soziologie sowie in der Politik-, Gesundheits-, Kommunikations- oder Erziehungswissenschaft behandelt werden. Neben disziplinär getrennter ist auch interdisziplinäre oder transdisziplinäre e. S. verbreitet. Bei empirischen Forschungsmethoden handelt es sich um wissenschaftstheoretisch begründete Vorgehensweisen (*Wissenschaftstheorie*), mit deren Hilfe i. R. unterschiedlicher Forschungsstrategien (z. B. qual., quant. oder Mixed-Methods-Forschung) und *Forschungsdesigns* (z. B. exp. oder nicht exp. Studie) e. Daten erhoben (*Datenerhebungsverfahren*) und analysiert (*Datenanalysemethoden*) werden, die zur Bearbeitung des jew. Forschungsproblems (z. B. Bildung oder Prüfung einer *Theorie* zu einem best. sozialen Phänomen) aussagekräftige Informationen über die soziale Erfahrungswirklichkeit liefern. Zur Qualitätssicherung der e. S. werden definierte Gütekriterien (*Gütekriterien qualitativer Forschungsprozesse*) herangezogen, zudem werden Forschungsarbeiten einer Begutachtung durch Fachkollegen unterzogen (*Peer-Review*).

In der e. S. wird die Gewinnung von wiss. Erkenntnissen über soziale Sachverhalte angestrebt, was neben der Sammlung e. Befunde v. a. den Aufbau eines Bestandes an gesicherten Theorien beinhaltet. Während Theorien verallgemeinerbare Aussagen über eine große Menge an Fällen (*Population*) treffen, wird e. meist nur eine mehr oder minder kleine Auswahl von Fällen untersucht. Bei den untersuchten *Stichproben* handelt es sich oft um Personenstichproben, aber auch Artefakte können i. R. der e. S. betrachtet werden, sofern sie Rückschlüsse auf soziale Sachverhalte erlauben (z. B. Erhebung und Analyse von Hausordnungen, Fernsehprogrammen, Kinderzeichnungen). Insbes. wenn es sich bei den Untersuchungsobjekten um Menschen handelt, sind forschungsethische Richtlinien zu beachten, so muss die Untersuchungsteilnahme i. d. R. freiwillig und anonym erfolgen und darf die Pbn nicht schädigen (*Forschungsethik*).

E. S. ist in ihrem Vorgehen (*Forschungsprozess*) sowie in ihren konkreten Ergebnissen (e. Befunde, Theorien mit spezif. Erklärungsanspruch) abzugrenzen von der wiss. Untersuchung sozialer Phänomene mit nicht e. Methoden, wie sie z. B. i. R. der Sozialphilosophie (gedankliche Analyse der Gesellschaft, *geisteswissenschaftliche Psychologie*) stattfindet. Die nicht e. Bearbeitung psychol. Fragestellungen wird zuweilen mit dem neg. konnotierten Begriff der *Lehnstuhl-Ps.* (*armchair psychology*) belegt.

Zudem ist die e. S. zu differenzieren von erfahrungsgestütztem, aber nicht wiss. Erkenntnisgewinn über soziale Sachverhalte, wie er im Alltag stattfindet. Im Unterschied zum e.-wiss. Vorgehen (meth. angeleitete und reflektierte Erhebung und Analyse von *Daten*) werden Erfahrungen im Alltag unsystematisch gesammelt (z. B. nicht auf der Basis aussagekräftiger Stichproben) und haben deswegen aus wiss. Sicht lediglich den Charakter von Bsp. oder anekdotischen Evidenzen. Zudem werden Alltagserfahrungen oft im Licht von Meinungen, Vorurteilen, Stereotypen usw. gedeutet. Erkenntnisgewinn im Alltag läuft auf die Bildung von Alltagswissen bzw. *Alltagstheorien* hinaus (z. B. *Alltagspsychologie*), die von wiss. Erkenntnissen und Theorien mehr oder minder stark abweichen (z. B. Laienmeinung über Geschlechtsunterschiede vs. wiss. Kenntnisstand der Geschlechterforschung). Da die Untersuchungsgegenstände der e. S. oft alltagsnah sind, stehen human- und sozialwiss. Theorien viel stärker in der öffentlichen Kritik oder im Vergleich zu Alltagstheorien als das in anderen (z. B. natur- oder technikwiss.) Forschungsfeldern der Fall ist. E. S. hat deswegen in der Öffentlichkeit z. T. ein Legitimationsproblem: Wenn ihre Befunde mit dem Alltagswissen übereinstimmen, läuft sie Gefahr, als banal und überflüssig abgetan zu werden. Wenn ihre Befunde dagegen dem Alltagswissen widersprechen, wird sie angezweifelt. Wenn sie sehr differenzierte und komplexe Ergebnisse liefert, wird sie nicht selten als abgehoben und nutzlos wahrgenommen. E. S. steht somit vor der Herausforderung, ihre Arbeitsweisen und Erkenntnisse nicht nur innerhalb der Wissenschaftsgemeinschaft zu diskutieren, sondern auch angemessen der Öffentlichkeit zu vermitteln.

Generell orientiert sich die Wissenschaftsgemeinschaft (*scientific community*) an dem global akzeptierten säkularen Wertesystem der *Menschenrechte*. Dabei sieht sich die e. S. in der Verantwortung, durch ihre Erkenntnisse Voraussetzungen z. B. zum Abbau von sozialer Ungleichheit, Benachteiligung, Gewalt oder *Diskriminierung* zu schaffen. Wissenschafts- und erkenntnistheoretisch (*Wissenschaftstheorie*, *Erkenntnistheorie*) kontrovers diskutiert wird die Frage, in welcher Weise der Erkenntnisprozess zu gestalten ist, damit e. S. am besten zur Lösung sozialer Probleme und zu gesellschaftlichen Verbesserungen beitragen kann. Gemäß *Kritischem Rationalismus* sind einzelne soziale Fragestellungen zu bearbeiten, Theorien zu bilden und obj. (*Objektivität*) an der Erfahrungswirklichkeit zu prüfen. Andere Positionen widersprechen dem Objektivitätsanspruch und fordern, dass die Forschenden sich ausdrücklich in den Dienst benachteiligter Bevölkerungsgruppen stellen und nach Prinzipien der Parteilichkeit arbeiten, dass sie die herrschenden Verhältnisse grundsätzlich infrage stellen und gezielt solches Wissen produzieren, das emanzipatorisch wirkt. In der Soziologie wurden diese Fragen nach der gesellschaftlichen Rolle der Forschenden und der Bedeutung von Werten u. a. im *Werturteilsstreit* sowie im *Positivismusstreit* diskutiert.

Hinsichtlich der in der e. S. verfolgten Forschungsstrategien unterscheidet man quant. (*Datenerhebungsverfahren*, *Datenanalysemethoden, quantitative*, *Statistik*) qual. Verfahren (*Datenanalysemethoden, qualitative*, *Qualitative Forschungsmethoden*) sowie Mixed-Methods-Forschung (*Forschungsprozess*, *Mixed-Methods-Ansatz*).

Wenn in der e. S. eine Studie v. a. darauf ausgerichtet ist, zum wiss. Kenntnisstand in einem best. Forschungsbereich beizutragen, handelt es sich um sog. *Grundlagenforschung*. Ergebnisse der Grundlagenforschung sind zunächst innerhalb der Wissenschaftsgemeinschaft von Interesse. Sie werden über Fachzeitschriften und Konferenzen national und internat. unter Forschenden ausgetauscht und regen weitere Forschungsaktivitäten an. Das Ziel der *Anwendungsforschung* ist nicht allg. wiss. Erkenntnisgewinn, sondern die Beantwortung praxisorientierter Fragestellungen. Hier handelt es sich oft um *Auftragsforschung*, d. h. von Praxisvertretern wird die Durchführung einer entspr. angewandten human- oder sozialwiss. Studie zur Lösung eines Problems oder Klärung einer Frage in Auftrag gegeben (z. B. *Marktforschung, psychologische*, *Evaluation*). Die Befunde einer angewandten Studie sind direkt praxisbezogen und sollen bei Entscheidungen im Praxisfeld helfen (z. B. Weiterführung, Veränderung oder Einstellung einer Maßnahme). In der Auftragsforschung besteht eine bes. Herausforderung darin, dass die Forschenden einerseits als Dienstleistende auftreten, gleichzeitig aber ihre wiss. Unabhängigkeit wahren müssen, denn theoretisch und/oder empirisch nicht haltbare Gefälligkeitsergebnisse für den Geldgeber zu produzieren, widerspricht der *Forschungsethik*. Döring & Bortz 2016, Denzin & Lincoln 2012.
N. Döring

Empirismus (= E.) [engl. *empiricism*; gr. εμπειρία (*empeiria*) Erfahrung], [**PHI**], phil. Lehre, nach der die Erfahrung die einzige Quelle des Wissens ist. Es gilt der Satz: *nihil est in intellectu quod non prius fuerit in sensu*, nichts ist im Verstand, was nicht vorher im Sinne (sinnliche Wahrnehmung) war (Bacon, Locke, Hume und Mill). Diese erkenntnistheoret. Prämisse wurde von der *Assoziationspsychologie* ungeprüft aufgenommen. Nach dem E. konstituiert z. B. das häufige, aber zufällige Beieinander von primären *Empfindungen* über den Weg der Erfahrung sekundär den *Raum*. Als Beleg dafür, dass der Raum Erfahrungsprodukt ist, wurde u. a. die Augenkoordination des Säuglings herangezogen, und zwar deshalb (Helmholtz), weil sie durch Übung zu durchbrechen ist. Bei den Nativisten gilt sie als angeboren (Hering), weil sie eine von der Geburt an funktionierende Einrichtung ist, die erlaubt, ein paariges Organ so zu handhaben, dass es funktional als eines zu betrachten ist. Dass die Erfahrung keinen Erklärungsgrund für den erlebten Raum abgibt, zeigt sich (1) an häufig gesehenen Figuren, die später in anderen, selten gesehenen Zusammenhängen eingebettet sind und trotz ihrer sonstigen Häufigkeit in dem neuen Zusammenhang nicht gesehen werden, und (2) an solchen zweidimensionalen Figuren, die aufgrund der *Prägnanztendenz* dreidimensional als Dachspitze oder Trichter erscheinen.

employer branding (= e. b.) [engl.] Arbeitgebermarke/-attraktivität, [**AO, WIR**]. E. b. ist ein populärwiss. Begriff, wonach Organisationen als potenzielle Arbeitgeber ihre Attraktivität bei Bewerbenden, aber auch bei aktuellen Mitarbeitenden wahren bzw. erhöhen können, indem sie sich Methoden des *Markenmanagements* bedienen. Konkrete Arbeitsplätze sollten demnach attraktiver wirken, wenn via Affekttransfer (*Affektaustausch*) eine pos. Einstellung zum Arbeitgeber in die Bewertung des Arbeitsplatzes eingeht. E. b. ist damit primär eine Variante des *Personalmarketings*. *Human Resource Management*.   K. Moser

empörte Demoralisierung (= e. D.) [engl. *resentful demoralization*], [**FSE**], Form der *Treatmentverunreinigung* bei Evaluationsstudien (*interne Validität, Bedrohungen für die*; *Evaluation*). Nehmen Teilnehmer einer *Kontrollgruppe* wahr, dass ihnen als wirksam vermutete Maßnahmen vorenthalten werden, so liegt e. D. vor, wenn diese frustriert, demoralisiert oder verärgert reagieren. Hierdurch kann der Behandlungseffekt in der Kontrollbedingung ggf. unterschätzt werden und eine Überschätzung der Wirksamkeit der Experimentalbedingung resultieren. E. D. kann ebenfalls zu einer erhöhten Wahrscheinlichkeit eines Studienabbruchs führen (*attrition bias*). Shadish et al. 2001.

Empörung, Entrüstung [engl. *indignation*], *Ärger*.

Empowerment (= E.) [engl. Selbstbefähigung, Ermächtigung], [**GES, KLI**], E. als praxisorientiertes Konzept ist ursprünglich in der *Gemeindepsychologie* beheimatet, hat aber in den letzten Jahren verstärkt Eingang in *Public Health*, Gesundheitsförderung, Soziale Arbeit, Entwicklungszusammenarbeit und auch *Organisationsentwicklung* gefunden. E. zielt darauf ab, dass Menschen die *Fähigkeit* entwickeln und verbessern, ihre soziale Lebenswelt und ihr Leben selbst zu gestalten und sich nicht gestalten zu lassen. Psychosoziale Praktiker in versch. Arbeitsfeldern tragen durch ihre Arbeit dazu bei, alle Bedingungen zu schaffen, die eine «Bemächtigung» der Betroffenen fördern, und es ihnen ermöglichen, ein eigenverantwortliches und selbstbestimmtes Leben zu führen. Insofern bedient E. die Schnittstelle zw. indiv. und sozialem Wandel. Prozesse des E. beziehen sich auf solidarische Aktionen von oft marginalisierten Personen und Gruppen (z. B. *Selbsthilfe*). Durch gegenseitige Unterstützung (*soziale Unterstützung*) und soziale Aktion sollen diskriminierende Lebensbedingungen überwunden werden. Ergebnis dieser Prozesse ist meist die Aufhebung von Ohnmacht und ein gestärktes Selbstbewusstsein für die Betroffenen – also eine Umverteilung von Macht im Kleinen: Es entwickelt sich ein pos. und aktives *Gefühl* des «In-der-Welt-Seins»; es entwickeln sich Fähigkeiten, *Strategien* und *Ressourcen*, um aktiv und gezielt indiv. und gemeinschaftliche *Ziele* zu erreichen; es wird *Wissen* und Können erworben, das zu einem kritischen Verständnis der sozialen und politischen Verhältnisse und der eigenen sozialen Umwelt führt.

Grundlage für diese Perspektive sind Erkenntnisse aus einer Reihe wiss. Studien, nach denen eine wichtige Voraussetzung für körperliches und seelisches *Wohlbefinden* die Fähigkeiten und Möglichkeiten einer Person sind, ihr eigenes Leben selbst zu kontrollieren. Die Def. von Prozessen des E. fällt normalerweise nicht leicht und lässt sich eher über das Gegenteil erschließen: Machtlosigkeit, *erlernte Hilflosigkeit* oder Kontrollverlust sind Begriffe, die in der psychosozialen Arbeit sehr viel häufiger gebraucht werden als ihre pos. Gegenteile. Der Defizitblickwinkel psychosozialer Professionen wird dabei – auch i. S. der «positiven Ps.» – umgekehrt. E. beschreibt Prozesse von Einzelnen (*Individuum*), *Gruppen* und Strukturen hin zu größerer gemeinschaftlicher Stärke und Handlungsfähigkeit. Psychosoziale Praktiker können für deren Entdeckung im Alltag sensibel werden und sie gezielt fördern – etwa durch Bereitstellung von instrumentellen Hilfen (Räume, Finanzen etc.), ggf. durch *Beratung* von Personen, Gruppen oder Organisationen oder durch sozialpolitische Einflussnahme. Professionelle können auch aus der Analyse dieser Prozesse lernen, welche Bedingungen und Situationen E. fördern oder behindern. Professionelle Förderung von Prozessen des E. benötigt die Entwicklung eines sozialen Klimas und einer professionellen Haltung, die den Fokus der Arbeit auf vorhandene oder verschüttete Ressourcen und *Kompetenzen* lenkt. Solche Ressourcen sind nicht begrenzt und damit erweiterbar, wenn Ressourcen auf der indiv. Ebene mit denen der Gruppenebene oder den sozialen Strukturen verbunden werden. Der Anstoß von Prozessen des E. durch Professionelle erfolgt durch die Verknüpfungen versch. Ebenen – durch die Herstellung von Zusammenhängen. Eine professionelle Haltung des E. bedeutet immer die Arbeit im und am sozialen Kontext.

Erfolgreiche Prozesse des E. wirken über Erfahrungen (*Erfahrung*) der Selbstorganisation für Einzelne und Gruppen praktisch immer kompetenzfördernd. Professionelle dagegen müssen lernen, stärker als bisher die dafür fördernden Rahmenbedingungen zur Verfügung zu stellen oder zu entwickeln, jedoch sich selbst nicht oder nur sehr vorsichtig in den Prozess einzumischen. Diese Haltung einer «Arbeit am und im sozialen Kontext» bedeutet, die Möglichkeiten zu verbessern, damit benachteiligte Menschen ihre Interessen besser vertreten können – und nicht diese Interessen für die «Betroffenen» zu vertreten. Dadurch werden Prozesse angestoßen, durch die die Zielgruppen von E. persönliche, organisatorische und gemeinschaftliche Ressourcen erhalten und sich erarbeiten, die sie befähigen, größere Kontrolle über ihr Leben auszuüben und ihre Ziele zu erreichen. E. als Grundlage psychosozialer Arbeit hat weitreichende Konsequenzen für ein professionelles und freiwilliges Engagement im psychosozialen und Gesundheitsbereich – bes. im Bereich vorbeugender, präventiver Ansätze (*Prävention*). Es verlässt die hierarchische oder paternalistische Ebene vieler sozialer und gesundheitlicher Dienstleistungen, die Hilfe für andere als Hilfe und Fürsorge für Schwächere ansieht. E. sucht und betont die weiterhin vorhandenen Stärken und Ressourcen, v. a. die Rechte von Hilfe- und Ratsuchenden, die in der traditionellen psychsozialen Arbeit oft vernachlässigt wurden. Brandes & Stark 2011, Biegel 1984, Blank 2012, Böhm 1999, Hasenfeld & Chesler 1989, Kieffer 1984, Lenz & Stark 2002, Miller & Pankofer 2000, Rappaport 1985, Stark 1996, Stark 2000, Welter-Enderlin & Hildenbrand 2006, Trojan 1993. *W. Stark*

Empty-Nest-Situation (= E.) [engl.] leeres Nest; Situation nach Auszug der Kinder, [**EW**], die E. ist eine Phase in der Familienbiografie, deren Beginn zumeist durch den Auszug des letzten Kindes aus dem Elternhaus markiert wird und in der sich als Familienentwicklungsaufgabe Anpassungserfordernisse für die (zumeist) auf ihre Partnerbeziehung geworfenen Eltern wie für das ausgezogene Kind ergeben. Wie bei anderen Übergängen wird davon ausgegangen, dass sich eine neue Balance in etwa eineinhalb bis zwei Jahren herstellt. Allerdings ist tatsächlich von einer ausgedehnteren räumlichen Trennungsphase (auch vor dem eigentlichen Auszug) und einem graduelleren Übergang auszugehen, als der Begriff suggeriert, da häufig aushäusige Aktivitäten der Kinder, eine wochenendweise Rückkehr von Kindern in Studium oder Ausbildung oder eine ausgeprägt selbstständige Lebensform auch schon innerhalb des Haushalts der Herkunftsfamilie gegeben sind. Während früher die Trauer und Anpassungsprobleme bei den Eltern, v. a. den Müttern (Empty-Nest-Syndrom), als Folgen der E. besondere Beachtung fanden, wird inzw. die E. zwar als wichtiger Übergang angesehen, der jedoch im Mittel sogar mit einer Verbesserung der von Alltagsreibereien entlasteten *Eltern-Kind-Beziehungen* einhergeht.
B. Kracke

enabling bureaucracy [engl.] befähigende Bürokratie; Ggs. *coercive bureaucracy* [engl.] einschränkende/zwingende Bürokratie. *Regel*.

Encodierprozesse [engl. *encoding processes*], *Encodierung, Enkodierung*, [**KOG**], sind die Verarbeitungsprozesse, anhand derer wahrgenommene und mit *Aufmerksamkeit* bedachte Reize in Gedächtnisrepräsentationen umgewandelt werden (*Gedächtnis*). Die Encodierung (= E.) stellt – neben *Behalten* und *Abruf* – eine von drei Phasen des Gedächtnisses dar. Es wird angenommen, dass die episodische Behaltensleistung eine Funktion der E. ist. Dies wird z. B. im Ansatz der Verarbeitungstiefe [*levels of processing*] von Craik & Lockhart (1972) spezifiziert, der versch. Ebenen der Verarbeitung unterscheidet: von der Verarbeitung der physikal. Reizoberfläche über die phonologische E. bis zur semantischen Verarbeitung. In Experimenten wird die Ebene der Verarbeitung durch Orientierungsaufgaben manipuliert (z. B. «Ist das Wort großgeschrieben?» vs. «Reimt sich das Wort auf Haus?» vs. «Passt das Wort in diesen Satz?»). Wie durch den Ansatz der Verarbeitungstiefe vorhergesagt, ist die episodische Behaltensleistung umso besser, je tiefer ein Stimulus encodiert wurde. Kritik an diesem Ansatz bezieht sich u. a. darauf, dass die versch. Ebenen nicht klar definiert sind und dass sich die Tiefe der Verarbeitung nicht unabhängig von der Behaltensleistung messen lässt. Morris et al. (1977) konnten zeigen, dass oberflächlichere phonologische Verarbeitung dann zu besseren Leistungen führt als eine tiefe Verarbeitung, wenn auch beim Abruf auf Oberflächeninformation zurückgegriffen werden muss (z. B. «Hat sich eins der Wörter auf Maus gereimt?»). Dies spricht für ihren Ansatz der transferangemessenen (*Transfer*) Verarbeitung *(transfer appropriate processing)*, der die Bedeutung der Überlappung von E. und Abrufprozessen betont. Die episodische Behaltensleistung verbessert sich auch durch Elaboration im Zuge der E. sowie dann, wenn die Informationen selbst generiert als wenn sie nur gelesen wurden (z. B. das letzte Wort eines Satzes einsetzen). *Code, Kode, Handlungskontrollmechanismen*. Morris et al. 1977. *J. Schweppe/R. Rummer*

Encodierspezifität [engl. *encoding specificity*], *Gedächtnis*.

Encodierung, Enkodierung (= E.) [engl. *encoding*; gr. ἐν *(en)* innen], [**KOG**], unter E. versteht man in der *Gedächtnis*forschung den mentalen Prozess der (bewussten oder unbewussten) Einspeicherung von mentalen Inhalten in eine (oder mehrere) Gedächtniskomponente(n) zum Zweck der langfristigen Speicherung und des späteren Abrufs *(Abruf)*. *Sprachproduktion. Handlungskontrollmechanismen.*
L. Huestegge

Encodierungskontrolle [engl. *encoding control*], *Handlungskontrollmechanismen*.

Encounter-Gruppen (= E.) [engl. *encounter groups*; *encounter* begegnen], [**KLI**], können als ein Versuch aufgefasst werden, ein Sozialisationsdefizit unserer Gesellschaft zu kompensieren, das in mangelhafter Fähigkeit zur Selbstbesinnung und Wahrnehmung sozialer Beziehungen zum Ausdruck kommt. Im sozialen Mikrokosmos einer Gruppe unter emot. günstigen Rahmenbedingungen sollen die Teilnehmer Möglichkeiten zur Selbstentfaltung und zur Verbesserung von Selbst- und Fremdwahrnehmung sowie zur Verbesserung ihrer Kommunikations- und Kooperationsfähigkeit finden. Die Encounter-Bewegung geht auf humanistische Therapeuten wie C. Rogers und H. Schultz in den 1960er-Jahren zurück (*Humanistische Therapien*). Es wird dabei auf Erfahrungen aus versch. Therapieformen zurückgegriffen (*Gesprächspsychotherapie*, *Bioenergetik*, auch Sensitivity-Training). Derartige Gruppen werden sowohl für Pat. wie auch im präventiven Bereich (*Prävention*) als psychohygienische Maßnahme mit Nichtpat. durchgeführt. Die E. arbeiten im Hier und Jetzt und sollen dem Einzelnen die Möglichkeit geben, seine pos. Entwicklungstendenzen auszubauen. Dabei stehen soziale und emot. Ausdrucksmöglichkeiten im Vordergrund. Durch entspr. Übungen wird häufig der kogn.-verbale Ausdruck zeitweilig zurückgestellt, um die dort wirksamen Schematisierungen und Abwehrmechanismen zu unterlaufen. In einer spielerisch verfremdeten Darstellung können u. U. nicht akzeptierte Bedürfnisse und Konflikte deutlich werden, die nachträglich verbal-kogn. aufgearbeitet werden. E. sind im Ggs. zu vielen Sensitivity-Trainings personen- und nicht sachorientiert. E. finden vorwiegend Anwendung im *Selbsterfahrungs*bereich, werden aber auch in der Therapie eingesetzt. Die Wirksamkeit von E. als eigenständiger klin. Methode ist schlecht belegt. *Trainingsgruppe, Gruppendynamik.* Bödiker & Lange 1975, Rogers 1974. D. Revenstorf/F. Caspar

Endemie, endemisch [engl. *endemism, endemic*; gr. ἐν *(en)* in(nen), δῆμος *(demos)* Volk], *Epidemiologie.*

Endhandlung [engl. *consummatory behavior*], **[KOG]**, Verhalten, das das *Appetenzverhalten* beendet. *Instinkt.*

Endlust, **[EM]**, auch Befriedigungslust [engl. *desire/urge for satisfaction*]. Bei Freud das Lustempfinden im Orgasmus, das mit einem Abfall der *Libido*spannung einhergeht. Ggs. *Vorlust.*

endo ... [gr. ἔνδον *(endon)* innen], in Wortzusammensetzungen «innen», «innerhalb».

Endogamie [engl. *endogamy*; gr. ἔνδον *(endon)* innen, γάμος *(gamos)* Ehe], **[SOZ]**, Verwandtenehe, auch Ehe innerhalb einer best. Gruppierung. *Exogamie.*

endogen [engl. *endogenous*; gr. ἔνδον *(endon)* innen, γένεσις *(genesis)* Geburt, Entstehung]; aus dem Körper selbst und nicht durch äußere Einflüsse entstanden. Ggs. *exogen. Psychose.*

endogener Automatismus *endogen, Instinkt.*

endogener Wandel (= e. W.) [engl. *endogenous change*], *endogen*, **[FSE]**, programmexterner Störfaktor bei Evaluationsstudien (*interne Validität, Bedrohungen für die, Evaluation*). Bez. die Veränderung der *abhängigen Variable* aufgrund inhärenter natürlicher Prozesse. Bspw. kann bei Erkrankungen eine natürliche Aggravation der Symptomatik bei ausbleibender Behandlung oder auch eine *Spontanremission* eintreten, ohne dass dies als Wirkung einer Maßnahme gewertet werden darf. Effekte des e. W. können durch eine adäquate *Kontrollgruppe* i. d. R. kontrolliert werden. *exogener Wandel.* Rossi & Freeman 1999.

endokrine Drüsen [engl. *endocrine glands*], **[BIO]**, innersekretorische Drüsen, die *Hormone* sezernieren. *endokrines System.*

endokrines Psychosyndrom [engl. *endocrine psychosyndrome*; gr. ἔνδον *(endon)* innen, κρίνειν *(krinein)* absondern], *Psychosyndrom, Hormone.*

endokrines System (= e. S.) [engl. *endocrine system*; gr. ἔνδον *(endon)* innen, κρίνειν *(krinein)* absondern], **[BIO]**, bez. die Gesamtheit aller Drüsen, welche ihre *Hormone* (= H.) und andere Stoffe direkt ins Blut ausschütten, sodass die Funktionen von z. T. räumlich weit voneinander entfernten Organsystemen koordiniert werden können. Zu den e. Drüsen zählen die *Hypophyse* als zentral steuernde Drüse des e. S. sowie die peripheren Drüsen der Nebenniere, *Schilddrüse* und Nebenschilddrüse, Pankreas, Ovar und Hoden, Thymus und Zirbeldrüse. Die dort sezernierten H. lösen an komplexen Zellstrukturen (Zellmembranen, En-

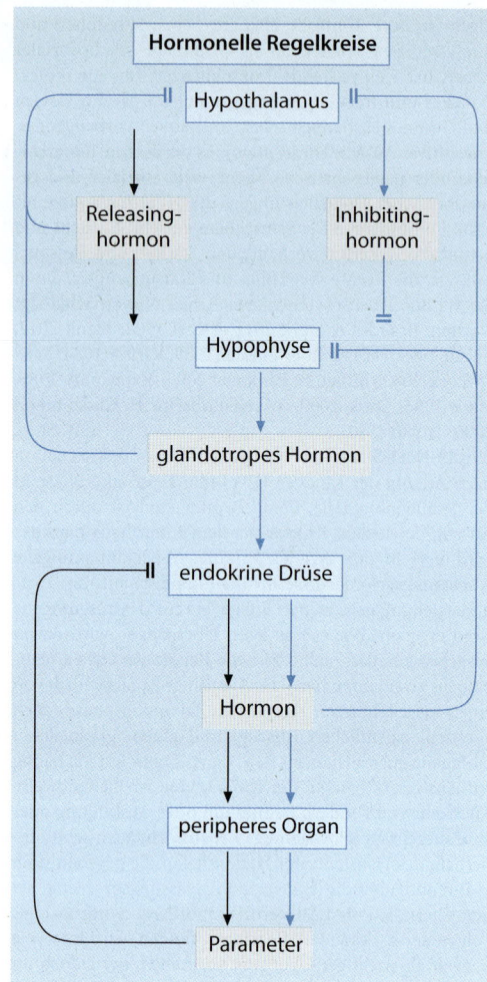

Aufbau des endokrinen Systems mit aktivierenden und hemmenden Regelkreisen.

zymsystemen) spezif. Wirkungen aus. Hormone erfüllen im Wesentlichen drei Funktionen: (1) Förderung der körperlichen, sexuellen und geistigen *Entwicklung*, (2) physiol. Adaptation zur Leistungsanpassung des Organismus. (3) homöostatische Funktion zur Konstanthaltung best. physiol. Größen.

Das *hypothalamisch-hypophysäre System* ist in folg. Subsysteme gegliedert: (1) die Nuclei supraopticus und paraventricularis des Hypothalamus (*Gehirn*) sowie der Neurohypophyse (Hypophysenhinterlappen); (2) die hypophysiotrope Zone des Hypothalamus, die über eine neurohämale Kontaktfläche mit dem Hypophysenvorderlappen (Adenohypophyse) verbunden ist; (3) neuroregulatorische Peptide (z. B. *Endorphine*) im Bereich des hypothalamisch-hypophysären Systems. Die Ankoppelung des *Zentralnervensystems* an das e. S. erfolgt im Wesentlichen über Releasing-H.

und Release-inhibiting-H. des Hypothalamus, welche die Bildung und Freisetzung der H. der Adenohypophyse steuern. Glandotrope H. der Adenohypophyse steuern wiederum die Bildung und Freisetzung der peripheren H. (z. B. thyreotropes H.). Effektorische H. der peripheren Drüsen wirken unmittelbar auf die Erfolgsorgane ein (z. B. Sexualh.). Hierbei ist die Plasmakonzentration bei der einen H.gruppe starken bedarfs- bzw. situationsabhängigen Schwankungen unterworfen (z. B. *Adrenalin*, *Noradrenalin*), während die Konzentration bei anderen H. konstant gehalten wird (z. B. Thyroxin). Diese H. bilden mit spezif. Rezeptoren der Zellen der Erfolgsorgane einen H.rezeptorkomplex, und zwar H. aus der Lipidgruppe mit zytoplasmatischen Rezeptoren im Zellinnern; H. aus der Protein- und Peptidgruppe mit Rezeptoren an der Zellmembran; Schilddrüsenh. mit Rezeptoren im Zellkern. Hierholzer & Schmidt 1991. *M. Peper*

Endokrinologie [engl. *endocrinology*], *endokrines System*, [**BIO**], Disziplin, die sich mit den Wirkungen von *Hormonen* befasst. *Psycho(neuro)endokrinologie*. Gebert & Thomas 1992, Grossman 1997, Greenspan & Strewler 1997.

Endokrinopathie [engl. *endocrinopathy*; gr. πάθος (*pathos*) Krankheit, Leiden(schaft)], [**BIO**], Störung des *endokrinen Systems*.

Endokrinopsychologie *Psycho(neuro)endokrinologie*.

endopsychisch (= e.) [engl. *endopsychic*; gr. ἔνδον (*endon*) innen], [**KLI**], innerseel., unklare Bez. für Zustände, Vorgänge etc. «innerhalb der *Seele*». Die e. Struktur umgreift tiefenps. (*Tiefenpsychologie*) das *Ich*, *Es*, *Über-Ich*, *vorbewusst, das Vorbewusste*, *Unbewusstes*. *Instanzenmodell*.

endoreaktive Dysthymie [gr. ἔνδον (*endon*) innen]; *Dysthymie*, *Entlastungsdepression*.

Endorphine (= E.) [engl. *endorphins*], [**BIO**], 1975 erstmals nachgewiesene Stoffe aus der Gruppe der Neuropeptide, die in best. nervösen Strukturen gebildet werden. Es sind mehrere E. bekannt (α-, β-, δ-E., Dynorphine und Enkephaline). Sie können als *Neurohormone*, Neuromodulatoren oder *Neurotransmitter* fungieren. E. haben morphinähnliche Wirkungen (*Morphin*), so analgetische und euphorisierende. Sie beeinflussen emot. Vorgänge (*Emotionen*), hemmen den Erwerb bzw. die Auslösung von Verhaltensweisen und sind an der Regulierung des *Essverhaltens*, der Entstehung von *Sucht* sowie an der *Schmerz*regulation beteiligt. Sie können eine zentrale *Analgesie* hervorrufen. Auch *Placebo-Effekte* bei Schmerz können über die Freisetzung von E. verstanden werden. Im Zshg. mit *Stress* ist ß-E. bedeutsam, das zus. mit dem adrenokortikotropen Hormon, das die Kortisolausschüttung der Nebennierenrinde reguliert (Kortisol), aus dem Prohormon Proopiomelanokortin (POMC) gespalten wird. E. sind auch an der Steuerung vegetativer Funktionen wie Respiration, Darmtätigkeit, *kardiovaskuläre Aktivität* beteiligt. *W. Janke/M. Ising*

endosomatische Potenziale [engl. *endosomatic potentials*; gr. ἔνδον (*endon*) innen, σῶμα (*soma*) Körper], *elektrodermale Aktivität, Kennwerte*.

Endowment Effect [engl.] *Besitzeffekt*.

Endpunkte; primäre, sekundäre, tertiäre (= E.) [engl. *endpoints*], [**FSE**], bez. i. R. klin. Studien (*Evidenzbasierung*) die *Outcome*-Kriterien (*Variable, abhängige*), die für die Beurteilung der *Wirksamkeit* einer Maßnahme def. werden. *Primäre E.* sind Outcome-Parameter, an denen die Wirksamkeit der Maßnahme im Hinblick auf das Studienziel eindeutig erkannt werden kann. Bei einer Suizidpräventionsmaßnahme wäre das Merkmal «Suizid» der angemessene primäre E. (Weitere Bsp.: «Wiederbeschäftigung» [bzw. «dauerhafte Abstinenz»] als primärer E. einer Wiedereingliederungsmaßnahme [bzw. einer Entzugsbehandlung]). Primäre E. bedürfen einer bes. gut abgesicherten *Operationalisierung*. *Sekundäre E.* bilden weitere Effekte von Maßnahmen ab, die jedoch nicht eindeutig die Wirksamkeit belegen bzw. keinen eindeutigen Schluss auf das eigentliche Zielkriterium (primärer E.) erlauben. Bspw. wäre bei einer Suizidpräventionsmaßnahme die Besserung der *Depressivität*, *Lebensqualität* oder des mittels Fragebogen erfassten Merkmals *Suizidalität* als sekundärer E. aufzufassen (Weitere Bsp.: «Kompetenzen, die am Arbeitsplatz erforderlich sind» [bzw. «Selbstmangementkompetenzen»] als sekundäre E. einer Wiedereingliederungsmaßnahme [bzw. einer Entzugsbehandlung]). Eine pos. Beeinflussung sekundärer E. wird immer angestrebt oder im Falle von *Surrogatkriterien* als günstig in Bezug auf die primären Endpunkte interpretiert. Implementationsrelevante Aspekte wie z. B. Compliance oder Akzeptanz können ebenfalls als sekundärer E. von Interesse sein. Als *tertiäre E.* werden Merkmale bez., die nicht mit dem eigentlichen Zielkriterium in Zshg. stehen, jedoch wünschenswerte Begleiteffekte abbilden (z. B. «Schlafprobleme», wenn diese für die Hauptsymptomatik unbedeutsam sind, es jedoch vermutet wird, dass die eingesetzte Maßnahme auch hierauf Einfluss nehmen kann und dies für die Behandelten bedeutsam sein kann). O'Neill 1997.

end state comfort (= e.) [engl.] «Bequemlichkeit des Endzustands», [**KOG**], Kriterium der *motorischen Vorbereitung*, von Rosenbaum et al. (1992) beschrieben. Wo und mit welcher Gelenkkonfiguration ein Objekt ergriffen wird, hängt wesentlich von der erwarteten Gelenkkonfiguration am Ende der Objektmanipulation ab, spez. vom «Komfort» dieser Konfiguration («Komfort» ist z. B. höher bei Gelenkstellungen im mittleren Bereich als in den extremen Bereichen). E. ist ein Beleg für *Antizipationen* bei der motorischen Vorbereitung. *H. Heuer*

Enelicomorphismus *Adultomorphismus*.

Energetik, psychophysische [engl. *psychophysical energetics*; gr. ἐν (*en*) innen, ἔργον (*ergon*) Wirken], [**KOG**], (W. Stern), die Erscheinungen des periodischen Ablaufs geistig-körperlicher Kräfte wie Arbeit, Schlaf. *Dynamik*.

Energetik der Seele [engl. *psychic energetics*; gr. ἐν (*en*) innen, ἔργον (*ergon*) Wirken], [**EM, KLI**], psychoanalytisches Konzept; der Energiehaushalt der Seele nach der Auffassung *Jungs*: die Prozesse, die Progression und *Regression*, *Extraversion* und *Introversion*, *Libido*verlagerung und Symbolbildung umschließen.

Energie (= E.) [engl. *energy*; gr. ἐν (*en*) innen, ἔργον (*ergon*) Wirken], Leistungs- und Wirkfähigkeit, Arbeitsfähigkeit, Arbeitsvorrat, [**EM, KLI**], im physikal. Sinne die Fähigkeit, Arbeit zu leisten. Urheber von Bewegungsvorgängen. Im psychol. Sinne gleichbedeutend mit Tatkraft als dem hinter der Tat liegenden *Antrieb* (Willensantrieb). Kennzeichnend ist dabei die «Spannung», die die E. verleiht. Von dem Heilbronner Arzt Julius R. Mayer wurde 1842 der *Satz von der Erhaltung der E.* entwickelt, der besagt, dass in einem geschlossenen physikal. System die Gesamtmenge der Energie konstant bleibt, ungeachtet aller Umwandlungen der Energie von einer Form in die andere. Durch Freud erfolgte die Übertragung dieses Satzes in die Ps. Danach bleibt die in einem Individuum vorhandene psych. Energie über lange Zeitstrecken konstant. Das Theorem werde z. B. durch die Vorgänge bei der seelischen Entwicklung bestätigt, da hier beim Durchlaufen der einzelnen Entwicklungsstufen nicht jew. neue *Libido* erzeugt werde, sondern sich die vorhandene lediglich auf neue erogene Zonen verlagere. Eine andere Bestätigung findet nach Ansicht der *Psychoanalyse* das Theorem im Aufbau der Objektbindungen, welche in dem Ausmaße stärker werden, in dem die Libido von der eigenen Person abgezogen wird, und umgekehrt. Oder es sucht sich die durch Objektverlust freigewordene Libido neue Objekte und besetzt sie mit dem freigewordenen Betrag. Auch die *Fixierung* und *Regression* sind dadurch gekennzeichnet, dass Libidobeträge aus früheren Entwicklungsstufen zurückgelassen bzw. auf diese zurückgeleitet werden.

Energiekonservierungsprinzip [engl. *principle of energy conservation*; lat. *conservare* bewahren], *Anstrengung, Theorie der Motivationsintensität*.

Engagement [engl. *engagement*; frz. *Einsatz, in Gage nehmen*], **[EM]**, Einsatz für eine Sache oder Überzeugung. Das mit Hingabe verbundene innere Beteiligtsein. Ggs. *disengagement. ego-involvement, Freiwilligenarbeit, intellektuelles Engagement, typisches*.

Enge, soziale [engl.] *crowding*.

Engrafie (= E.) [engl. *engraphy*; gr. ἐν (en) innen, γράφειν (graphein) schreiben], **[KOG]**, älterer Begriff für die Aufbewahrung der Gedächtniseindrücke. Semon hat ein Gesetz der E. aufgestellt. Es besagt, dass alle simultan einwirkenden Reize sich zwangsläufig zu einem gemeinsamen Engrammkomplex verbinden. *Engramm, Mneme*.

Engramm (= E.) [engl. *engram*; gr. ἐν (en) innen, γράφειν (graphein) schreiben], **[BIO, KOG]**, Gedächtnisspur, Neurogramm; (1) die von einem spezif. *Gedächtnis*inhalt hervorgerufene, dauernde, strukturelle bzw. elektrochem., physiol. Änderung im *Gehirn*. (2) Hypothetische Veränderung im Gehirn, die für die Gedächtnisspeicherung verantwortlich sein soll (Pinel 1997). (3) Die im Gehirn in best. Weise gespeicherte Gedächtnisinformation (Birbaumer & Schmidt 2010). E. gilt heute als allg. Begriff für die Codierung und Speicherung der im Laufe des Lebens erworbenen Erfahrung in den *Neuronen* des Gehirns. Die Summe der gespeicherten Engramme einer Person gilt als das biol. Substrat des menschlichen Gedächtnisses und ist die Basis der spezif. menschlichen Einzigartigkeit. Ein E. bez. zugleich auch alle einem spezif. Gedächtnisinhalt (die Erinnerung an eine Situation) zugrunde liegenden elektrochemischen Vorgänge (Kurzzeitgedächtnis) oder biochemischen Veränderungen (Langzeitgedächtnis) im *Zentralnervensystem*. Exp. ließ sich nachweisen, dass zunächst eine auf bioelektrischen Grundlagen beruhende Erinnerungsspur angelegt wird, die dann durch «Konsolidierung» in stabile und erstaunlich widerstandsfähige «Engramme» umgewandelt wird. Alle die Zellen, deren Aktivität zur Speicherung und Wiedergabe eines E. erforderlich ist, bilden nach der heute wieder aufgegriffenen Theorie von Hebb (1949) ein *cell assembly*. Dem entsprechen die von Lorente de No entdeckten *reverberatorischen Neuronenkreise*, in denen ein Erregungsmuster einige Zeit unvermindert zirkulieren kann (Eccles 1973). Nach einer Zeit ungestörter Erregungszirkulation (*Konsolidierungsphase*) kommt es zu dauerhafteren Veränderungen in und an den synaptischen Verbindungen (*Synapse*) der Neurone. Für diese Langzeitspeicherungen werden heute insbes. Proteinbiosynthesemechanismen diskutiert. Bis zu einem gewissen Grade scheinen im Säugetiergehirn fast alle Hirnregionen, subkortikal und kortikal, Gedächtnisfunktionen zu besitzen. Die offenbar wichtigsten Hirnstrukturen sind der *Hippocampus*, das *Cerebellum*, die Amygdala und der zerebrale Kortex (*Cortex cerebri*). Die in den sekundären Zentren der Willkürmotorik in den Feldern vor der vorderen Zentralwindung im Gehirn gewissermaßen deponierten «Muster» für zusammenhängende Bewegungsfolgen werden auch als E. bez. Becker-Carus 1981, Hyden 1963, Mörike et al. 1973, 1981, 2001, Lashley 1950. *C. Becker-Carus*

Enjoymenttheorie [engl.] Theorie des Vegnügens; *Vandalismus*.

Enkapsulierung [engl. *encapsulation*; lat. *capsula* Kapsel], *Expertise-Erwerb*.

Enkephaline [engl. *encephalins*; gr. ἐγκέφαλον (enkephalon) Gehirn], **[BIO]**, biogene Stoffe vom Typ der *Neuropeptide*, zu den *Endorphinen* gehörend.

Enkopresis [engl. *encopresis*; gr. κόπρος (kopros) Kot]; *Ausscheidungsstörungen*.

Enkulturation (= E.) [engl. *enculturation*; gr. ἐν (en) innen, *cultura* Kultur], **[SOZ]**, ein sozialps. (kulturanthropologischer) Begriff für «Einpassung in die Kultur». Im Unterschied zur gleichartigen Bez. *Akkulturation* belegt E. v. a. die Anpassung des einzelnen Individuums, Akkulturation die von Volksgruppen und Völkern.

enmeshment [engl. *mesh* Netzwerk], **[EW, SOZ]**, nach Minuchin starke gegenseitige Abhängigkeit der Familienmitglieder untereinander. *Familie*. Minuchin 1997.

Entacapon (= E.), **[PHA]**, E. gehört zur therap. Klasse der Catechol-O-Methyl-Transferase (*COMT*)-Hemmern. Die COMT wirkt als Schlüsselenzym des *Katecholamin*metabolismus. E. ist ein spezif. und hauptsächl. peripher wirksamer COMT-Hemmer mit reversibler Wirkung, der dazu bestimmt ist, in Kombination mit einem Levodopa-Präparat verabreicht zu werden. E. vermindert den durch *Metabolisierung* zu 3-O-Methyldopa (3-OMD) verursachten Verlust von Levodopa, indem es das Enzym COMT hemmt. E. hemmt das Enzym COMT dabei hauptsächl. im peripheren Gewebe. *M. Paulzen*

Entaktogene [engl. *entactogens*, **[PHA]**, Begriff für Substanzen, die eine Position zw. *Psychostimulanzien* und *Halluzinogenen* einnehmen. Ein prototypischer Stoff ist *Ecstasy*

(3,4-Methylendioxymethamphetamin, Abk. MDMA). In der Schweiz bis Ende 1994 therap. verwendet, in der Discoszene massiv missbraucht.

Entartungsreaktion, [BIO], die bei Entartung von *Nerv* und *Muskeln* auftretenden Abweichungen in der elektrischen Erregbarkeit.

Entdeckungszusammenhang (= E.) [engl. *detection context*], [FSE], Kontext, in dem i. R. des *Forschungsprozesses* neue Ideen gewonnen, Vermutungen oder *Hypothesen* gebildet und Forschungsziele definiert werden. In dieser Phase stehen induktive Erkenntnisprinzipien (*Induktion*) im Vordergrund, die auf die Entwicklung von *Theorien* zum Inhaltsbereich abzielen. Oft ist der E. durch unsystematisches Vorgehen gekennzeichnet (z. B. implizite Überzeugungen des Forschers, unsystematische Beobachtungen, Ad-hoc-Informationen). Insbes. *Qualitative Forschungsmethoden* können eingesetzt werden, um die induktiven Erkenntnisziele systematisch zu verfolgen. *Begründungszusammenhang*. Schulz et al. 2013.

Entelechie (= E.) [engl. *entelechy*; gr. ἐν *(en)* innen, τέλος *(telos)* Ziel, ἔχειν *(echein)* sein; das, was die Vollendung in sich hat; das wirkliche Tätig- und Vorhandensein im Ggs. zum bloßen Vermögen [lat. *dynamis*] und Können [lat. *potentia*], [PHI], Aristoteles bez. die Seele als *erste E.*, das gestaltende Prinzip des Leibes. Auch Goethe und Wundt sehen die Seele als E. Driesch 1923.

ENTER-Modell (= E.), [DIA, KOG, PÄD], das E. ist ein systemischer Ansatz zur Identifikation Hochbegabter (*Hochbegabung, intellektuelle*), der von Albert Ziegler und Heidrun Stöger entwickelt wurde. ENTER ist ein Akronym, das sich auf die fünf Phasen des Diagnoseprozesses bezieht. In der *Explore-Phase* wird das *Aktiotop* einer potenziell hochbegabten Person untersucht. Sollte diese erste Prüfung erfolgreich verlaufen, wird in der *Narrow-Phase* eine Domäne identifiziert, in der die Person möglicherweise Exzellenz erreichen könnte. Gelingt dies, wird in der *Transformation-Phase* in Kooperation mit den Hochbegabten und deren sozialen Bezugspersonen ein Lernweg zu Exzellenz konstruiert und implementiert. Die Überprüfung der Implementation geschieht in der *Evaluate-Phase*. Abschließend werden in der *Review-Phase* alle vorangegangenen Phasen auf den Prüfstand gestellt und für künftige Identifikationen angepasst. Ziegler & Stoeger 2004. *A. Ziegler*

enterozeptiv [engl. *enteroceptive*; gr. ἔντερον *(enteron)* Darm], Entero- bzw. Interozeptoren. *Rezeptor*.

Entfaltungstechnik [engl.] *unfolding*.

Entfernungshören [engl. *distance hearing*], *räumliches Hören*.

Entfernungssehen [engl. *distance vision*], [WA], *visuelle Wahrnehmung* der (egozentrischen) Entfernung i. e. S. (*räumliches Sehen*). Zur Wahrnehmung der Entfernung tragen u. a. folg. Merkmale der Augenmuskulatur (*Auge*) und des Netzhautbildes bei: *Konvergenz*, *Akkommodation* (geringer Einfluss), *Luftperspektive*, bekannte Größe (ein vergrößertes Geldstück z. B. erscheint näher als ein verkleinertes Geldstück; geringer Einfluss). In indirekter Weise kann Tiefeninformation zur Wahrnehmung der Distanz beitragen (räumliches Sehen). Bei Fehlen von Entfernungsinformation scheint dennoch eine best. Entfernung erlebt zu werden *(specific distance tendency)*, aber die anschauliche Entfernung kann in hohem Maße unbestimmt sein. *H. Heuer*

Entfremdung, Entfremdungserlebnis (= E.) [engl. *alienation*], [KLI], Bez. für ein vages «Gefühl», bei dem alles unvertraut und fremd erscheint. Störung im Ich-*Bewusstsein*, wobei bisher geordnete Beziehungen zur Eigen- wie zur Umwelt neu akzentuiert und als Fremdes, Transparentes erlebt werden; ähnl. Bez. sind *Derealisation*, *Depersonalisation*, Depersonalisationssyndrom (*Ich-Störung*). S. Freud nannte E. den Vorgang, dass unbewusst gewordene (verdrängte) Vorgänge, Erlebnisse u. a. nun als «entfremdet» wirken und ggf. eine *Neurose* auslösen. *Anomie*, *Parental Alienation Syndrome*.

Entgiftung (= E.) [engl. *detoxication*], syn. *Detoxifikation*, [PHA], bez. die physiol. Verstoffwechslung toxischer Substanzen über Leber und Niere i. R. der Biotransformation aus dem lebenden Organismus heraus. I. R. von Suchterkrankungen (*Sucht und Substanzbezogene Störungen*) bez. man mit Entgiftung eine Phase, die der Rückkehr vom Gebrauch einer abhängigkeitserzeugenden Substanz hin zu einem homöostatischen Gleichgewicht ohne Substanzkonsum entspricht (*Entzugsbehandlung*). *M. Paulzen*

Enthusiasmus (= E.) [engl. *enthusiasm*; gr. ἐνθουσιαστικός *(enthusiastikos)* begeistert, von Gott bessessen/erfüllt], [EM], leidenschaftliches Erfülltsein bes. von *Ideen*, *Idealen*, höheren *Werten*. Kann in *Fanatismus* entarten. Nach Kant «eine Anspannung der Kräfte durch Ideen, welche dem Gemüte einen Schwung geben, der weit mächtiger und dauerhafter wirkt als der *Antrieb* durch Sinnes-*Vorstellungen*».

Entität [engl. *entity*; lat. *ens* seiend], *Ontologie*.

Entitativität (= E.) [engl. *entitativity*; lat. *entitas* Einheit], [SOZ], von Campbell bereits 1958 eingeführtes Konzept zur Kennzeichnung der Wahrnehmung einer Gruppe als *Gruppe*. Nach Campbell (1958, 1961) sind drei Merkmale entscheidend für Entitativität: *räumliche Nähe*, *Ähnlichkeit der Gruppenmitglieder* und ein *gemeinsames Schicksal*. Nach einer Untersuchung von Lickel et al. (2000) sind v. a. die Interaktion (*soziale Interaktion*) von Gruppenmitgliedern, aber auch gemeinsame Ziele, Bedeutsamkeit, Ähnlichkeit der Gruppenmitglieder, Dauerhaftigkeit und Handlungsergebnisse entscheidende Prädiktoren der Gruppene. *B. Six*

Entlastung, teleologisch [engl. *teleological relief*], *Teleologie*, [KOG], ein teleologisches Erklärungsprinzip, wonach die Funktion vieler psych. Vorgänge wie z. B. der Gewöhnung, der Übung und des Lernens im weitesten Sinn darin besteht, dem Individuum die Auseinandersetzung mit der Umwelt mit dem geringsten Kräfteaufwand zu ermöglichen, sodass genügend Möglichkeiten freier Entscheidungen und weiterer Entfaltung gewonnen werden. Auch die im sozialen Leben entstandenen Einrichtungen und Traditionen sind im Sinn dieser Entlastungsfunktion gedeutet worden. Gehlen 1958.

Entlastungsdepression (= E.) [engl. *leisure depression*], [KLI], ein depressives Zustandsbild, das nicht als endogene *Depression* zu bewerten ist. *Endoreaktive Dysthymie* (*Minor Depression*), Depressionszustand, bei dem es im Unterschied zur zyklothymen Depression (*Zyklothymie*) und ohne primäre Schuldgefühle zu einem allmählichen Hineingleiten in eine *Hypochondrie*, zu vegetativen Störungen, körperliche Schwächung und schwerer seelischer Dauerbelastung kommt (z. B. Schwangerschaft, Aufgaben, Prüfung, KZ-Haft). Nach Wegfall der «Dauerspannung» bleiben die Betroffenen «leer» zurück. Die Lebenszeitprävalenz der E. beträgt ca. 3 %. Ein erhöhtes *Risiko* liegt für bes. motivierte Menschen vor, die keine klare Trennung zw. Freizeit und Arbeit vornehmen und unzureichende Erholungspausen einlegen.

Entlastungstrieb *Objektion.*

entoptisch [engl. *entoptic*; gr. ἐντός *(entos)* innen, ὤψ *(ops)* Auge], im Augeninnern gelegen.

entoptische Erscheinungen [engl. *entopotic phenomena*; gr. ἐντός *(entos)* innen, ὤψ *(ops)* Auge], [**WA**], Lichtempfindungen, die nicht auf adäquaten äußeren Reizen beruhen. *mouches volantes*, *Photom*, *Photismen*.

entotisch [engl. *entotic*; gr. ἐντός *(entos)* innen, ὠτ- *(ot)* Ohr], [**BIO**], im Ohrinnern gelegen.

entotische Erscheinungen [engl. *entotic phenomena*; gr. ἐντός *(entos)* innen, ὠτ- *(ot)* Ohr], [**WA**], Wahrnehmungen von Geräuschen oder Tönen, die nicht auf äußeren Reizen beruhen, z. B. das Ohrenklingen. *Tinnitus*.

Entpersönlichung *De-Individuation.*

Entraînement-Effekt, Entraînement-Versuch [engl. *entraining effect*; frz. *entraînement* Antreb, transport], *Kausalitätswahrnehmung*, *Tunnelphänomen*, *-bewegung*, *-effekt*.

entrapment [engl. *entrap* verführen, einfangen], *Entscheiden, finanzbezogenes.*

entretien [frz.] Gespräch; *Psychodiagnostisches Gespräch.*

Entropie (= E.) [engl. *entropy*; gr. ἐν *(en)* innen, τροπη *(trope)* Wendung, Einwirkung], [**KOG**], physikalischer Begriff. Nach dem zweiten Grundgesetz der Thermodynamik verläuft der Wärmeaustausch nur vom wärmeren zum kälteren Körper. Dabei ist E. der Teil der Wärmeenergie, der sich nicht mehr in Arbeit umsetzen lässt. Weltanschaulich ausgeweitet: Alles Sein strebt einem «Maximum der Entropie» (einem «Wärmetod») zu. Die stat. Mechanik def. E. als Zufallsverteilung aller Elementarteilchen. In dem Maße, in dem dies nicht der Fall ist, besitzt ein System Organisation. Dieser Zustand wird als neg. E. bez. im Ggs. zur pos. E. als vollst. Desorganisation. In der *Informationstheorie* wird der Begriff E. syn. für «Information» oder «Ungewissheit» gebrauchet. Symbol = H. Er ist damit von bes. Bedeutung für alle Konzeptionen, die den Organismus als physisches System betrachten. *Informationsgehalt, relativer.*

Entscheiden, Entscheidungstheorie [engl. *decision making*], [**EM, KOG**], Entscheiden (= E.) ist der Prozess des Wählens zw. mind. zwei Optionen, mit dem Ziel (*Ziele*) erwünschte Konsequenzen zu erreichen und unerwünschte Konsequenzen zu vermeiden. Der Prozess führt im günstigen Fall zu einer Entscheidung. Durch die Entscheidung wird eine Option ausgewählt und der Entschluss (die *Intention*) gebildet, diese zu realisieren, z. B. indem eine *Handlung* ausgeführt wird. E. wird i. d. R. dem Forschungsfeld des *Judgment and Decision Making (JDM)* zugeordnet. Dort wird allerdings nicht immer klar zw. *Urteilen* und E. unterschieden. E. geht aber i. d. R. über Urteilen hinaus, da sich E. im Unterschied zu Urteilen auf die Bildung einer Handlungsintention bezieht und damit direkt handlungsbestimmend ist. Nichtsdestotrotz beruht E. häufig auf Urteilen, bes. über den Wert von Handlungsoptionen und die *Wahrscheinlichkeit*, dass diese eintreffen. In Abhängigkeit davon, ob Konsequenzen von Handlungen sicher eintreffen oder nicht, wird zw. E. unter Sicherheit oder Unsicherheit (*uncertainty*) unterschieden (*Entscheiden unter Unsicherheit*). Sind die Wahrscheinlichkeiten des Eintreffens von Handlungskonsequenzen zumindest bekannt, spricht man von E. unter *Risiko*. Die moderne Entscheidungsforschung hat ihren Ursprung in der Wahrscheinlichkeitstheorie und den Annahmen der *Erwartung-Wert-Theorien*. Sie besagt, dass beim E. die Option gewählt wird, die den höchsten erwarteten *Wert* aufweist. In ihrer Weiterentwicklung galt der ökonomische Ansatz des subj. zu erwartenden Nutzens (*SEU-Theorie*) lange Zeit als die zentrale Entscheidungstheorie, mit der tatsächliches E. in Beziehung gesetzt wurde. Das geschah v. a. mithilfe des Lotterieparadigmas. Die daraus resultierende Beobachtung von zahlreichen sog. «Entscheidungsanomalien» führte zu stärker ps. Ansätzen, wie bspw. dem *Heuristics-and-Biases-Forschungsprogramm* (*Entscheidungsheuristiken*). Während sich die Entscheidungsforschung lange Zeit hauptsächlich mit der *selektionalen Phase* der Bewertung und Entscheidung befasst hat, geht es in neueren Arbeiten zum E. vermehrt auch um Aspekte der *präsektionalen Phase* (z. B. Generierung von Handlungsoptionen) und der *post-selektionalen Phase* (z. B. Bewertung von Handlungsfolgen). Damit wird auch der Tatsache Rechnung getragen, dass E. oft wiederholt stattfindet und Prozesse des Lernens (*Lernen, Lernforschung*) eine bedeutende Rolle dabei einnehmen. Betsch et al. 2011. *H. Plessner*

Entscheiden, finanzbezogenes (= E.) [engl. *finance-related decision making*], [**KOG, WIR**], Überlegungen zu E. stellen einen wesentlichen Bestandteil der *Finanzpsychologie* dar. Dabei stehen Fragen nach Kauf- und Verkaufsgründen, Determinanten von *Anlegerverhalten* und *Sparverhalten* oder auch der Ehrlichkeit bei der Steuererklärung (*Steuerpsychologie, Steuerhinterziehung*) im Mittelpunkt. In dem weiten Feld psychol. Entscheidungsforschung (*Entscheiden*) bezieht sich E. vorrangig auf den Bereich reflektierter Entscheidungen (Entscheidungen, bei denen versch. zur Verfügung stehende Alternativen wahrgenommen, analysiert und durchdacht werden). Wobei in diesem Kontext nochmals hinsichtlich des Grades an Wissen bzgl. Alternativen, deren Konsequenzen sowie deren Eintrittswahrscheinlichkeit unterschieden werden kann (*Entscheiden unter Unsicherheit*). Als zentrale Entscheidungstheorien des E. können die SEU-Theorie (Kalkulation des subj. erwarteten Nutzens von Alternativen unter Berücksichtigung der Eintretenswahrscheinlichkeit, *SEU/SEV*) und die *Prospect-Theorie* (u. a. Annahme einer nicht linearen Wertfunktion als Basis von E.) genannt werden

(*Erwartung-Wert-Theorien*). Als wichtige Grundlage für E. können versch. (Urteils-)*Heuristiken* (*Entscheidungsheuristiken*, *Urteilen*) angesehen werden, v. a. die *Verfügbarkeitsheuristik* (Schätzung der Auftretenswahrscheinlichkeit eines Ereignisses aufgrund der Leichtigkeit, mit der es aus dem Gedächtnis abgerufen oder neu generiert werden kann), die *Repräsentativitätsheuristik* (Einordnung eines Ereignisses oder Objekts in die Kategorie, deren Prototyp es am meisten ähnelt) sowie die *Ankerheuristik* (Annäherung eines geschätzten Wertes an einen best. anfänglichen Vergleichswert). Des Weiteren kann E. auf Basis bisheriger Verläufe und Entscheidungen erklärt werden (*sunk-cost effect*) – ein Phänomen, das auch bei sog. *Reallokationsentscheidungen* (warum Projekte, in die bereits größeren Mengen an Geld geflossen sind, mit größerer Wahrscheinlichkeit fortgesetzt werden) sowie im Kontext des sog. *eskalierenden Commitments* (erhöhte Bindung an verlustreiche Handlungen) bzw. *entrapments* (Festhalten an fehllaufenden Handlungen) beobachtet werden kann. Schulz-Hardt et al. 2015. S. Schulz-Hardt

Entscheiden unter Risiko [engl. *decision making under risk*], *Entscheiden unter Unsicherheit*.

Entscheiden unter Unsicherheit (E. u. U.) [engl. *decision making under uncertainty*], [**KOG**], ist zu unterscheiden von Entscheiden unter bekannten Risiken [engl. *decision making under risk*]. Von *Entscheiden unter Risiko* spricht man, wenn alle Optionen, Konsequenzen und *Wahrscheinlichkeiten* bekannt sind oder zuverlässig empirisch geschätzt werden können. Bsp. sind Lotterien und Roulette, wo man die Wahrscheinlichkeiten durch das physikal. Design oder durch relative Häufigkeiten kennt. Sind nicht alle Alternativen, Konsequenzen oder Wahrscheinlichkeiten bekannt, spricht man von E. u. U. (auch: Ungewissheit). Bsp. sind: Welchen Beruf soll ich wählen? Wen heiraten? Wo investieren? Die Unterscheidung zw. Risiko und Unsicherheit wird dem Ökonom Frank Knight zugeschrieben.
Während für Entscheidungen unter Risiko stat. Denken und Logik ausreichend ist, benötigt man für E. u. U. mehr, z. B. *Entscheidungsheuristiken*. Werden Heuristiken unbewusst verwendet, spricht man von Intuition. Heuristiken sind Strategien, die nicht alle Information gewichten und addieren, sondern sich auf das Wesentliche konzentrieren und den Rest der Information ignorieren. Anders als bei bekannten Risiken können Heuristiken bei E. u. U. zu genaueren Vorhersagen führen als komplexe, stat. Strategien. Die Analyse der *ökologischen Rationalität* beschreibt die Struktur der Umwelt, in der dieser «Weniger-ist-mehr»-Effekt auftritt.
Bei E. u. U. ist Optimierung per Def. unmöglich, d. h. die beste Strategie zu finden und das auch beweisen zu können. Die Studie der ökologischen Rationalität kann jedoch komparative Aussagen machen, etwa welche von zwei Strategien besser in einer Umwelt abschneidet. Statt Optimierung spricht man von Robustheit: eine kogn. Heuristik ist robust, wenn sie trotz einer unsicheren Zukunft und möglicher Überraschungen eine gute Chance zum Erfolg hat. Robustheit kann durch Einfachheit, Redundanz und Ignorieren von Information erzeugt werden. Das *Bias-Varianz-Dilemma* aus der Statistik gibt eine math. Formulierung dafür, wie einfach eine Heuristik sein sollte.
Einige Vertreter der subj. Wahrscheinlichkeitstheorie unterscheiden nicht zw. Risiko und Unsicherheit. Sie gehen davon aus, dass man Verhalten immer so modellieren kann, als ob sich Menschen auf der Grundlage subj. Wahrscheinlichkeiten entscheiden würden, selbst wenn die Wahrscheinlichkeiten nicht bekannt sind. Aus dieser Sicht ist math. Wahrscheinlichkeit das einzige Werkzeug, das Menschen benötigen – im Ggs. zu der Sichtweise, dass rationales Verhalten ein Repertoire von Werkzeugen benötigt (*adaptive toolbox*). *Entscheiden*. Gigerenzer et al. 2011, Knight 1921. G. Gigerenzer

Entscheidungsanalyse (= E.) [engl. *decision analysis*], [**EM, KOG**], eine Sammlung von Techniken mit dem Ziel, rationale Entscheidungen (*Entscheiden*) i. S. der *multiattributiven Nutzentheorie* herbeizuführen. Die E. umfasst fünf Schritte: (1) *Voranalyse*: Abgrenzung des *Problems* und Identifizierung der Handlungsalternativen. (2) *Strukturanalyse*: Analyse des Zusammenhangs zw. unmittelbar möglichen Handlungen und deren Konsequenzen (*Entscheidungsbaum*). (3) *Analyse der Unsicherheiten*: Den möglichen Konsequenzen werden Wahrscheinlichkeiten zugeordnet. (4) *Nutzenanalyse*: Der *Nutzen* der möglichen Konsequenzen wird beurteilt. (5) *Optimierungsanalyse*: Es wird die Handlungsmöglichkeit mit dem max. Erwartungsnutzen bestimmt. Keeney & Raiffa 1976. A. Engemann

Entscheidungsarchitektur [engl. *decision architecture*], *Verhaltensökonomik*.

Entscheidungsbaum [engl. *decision tree*], *Entscheidungsanalyse*.

Entscheidungsexperiment [engl. *decision experiment*], *Experiment*, *experimentum crucis*.

Entscheidungsfindung, integrative [engl. *integrative decision finding*], *Konflikt, sozialer*.

Entscheidungsheuristiken (= E.) [engl. *decision heuristics*], [**EM, KOG**], E. (vom altgr. *heuriskein* finden) sind vereinfachende kogn. *Strategien* (Daumenregeln) zum Treffen von Entscheidungen (*Entscheiden*) bzw. zur Lösung von Entscheidungsproblemen. E. sind eine mögliche Lösung des Problems der Überlastung der *Informationsverarbeitung*skapazität, das optimale rationale Entscheidungsstrategien mit sich bringt, wie z. B. das *Prinzip der Maximierung des erwarteten Nutzens* (*Kosten-Nutzen-Kalkulation*) bei Entscheidungen unter Risiko oder das *multiattributive Nutzenprinzip* bei multidimensionalen Entscheidungen (= E.) unter Sicherheit. E. vermeiden das Überlastungsproblem insbes. dadurch, dass sie nur einen Teil der potenziell entscheidungsrelevanten Informationen auswerten. E. wurden sowohl für Entscheidungen unter Sicherheit als auch für Entscheidungen unter Risiko und für strategische Entscheidungen in kompetitiven Spielen vorgeschlagen (Hart 2005; Jungermann et al. 2005). Am weitesten ausgearbeitet ist die Theorie der E. für den Fall von multidimensionalen (multikriteriellen) Entscheidungen unter Sicherheit. Das sind Entscheidungen, für die mehrere Zieldimensionen (Attribute) relevant sind, bei denen die Ergebnisse bei Ausführung der *Handlung* (Wahl einer Option) jedoch mit praktischer Sicherheit eintreten, sodass *Wahrscheinlichkeit*grade nicht berücksichtigt werden müssen. Ein Bsp. ist die Wahl zw. versch. Autos, die sich nach Preis, Benzinverbrauch, Sicherheit usw. unterscheiden. Nach der *Majoritätsheuristik* wird diejenige Option gewählt, die auf den meisten Attributen die beste Ausprägung besitzt. Nach der *Dominanzheuristik* wird eine dominante Option gewählt: Eine Option, die auf allen Attributen mind. ebenso gut ist wie alle anderen und auf mind. einem Attribut besser. Nach der *Lexikografischen Ordnungsheuristik* werden die Attribute zuerst nach Wichtigkeit geordnet, danach wird die Option mit der besten Ausprägung auf dem wichtigsten Attribut gewählt; sind zwei oder mehr Optionen auf diesem Attribut gleichwertig, wird das zweitwichtigste Attribut herangezogen usw. Diese E. ist kogn. bes. sparsam, weil sie potenziell eine Entscheidung auf der Basis eines einzigen Grundes erlaubt (*one-reason decision making*; Gigerenzer & Gaissmaier 2006). Eine weitere interessante und breit anwendbare E. ist die von Simon (1955) vorgeschlagene *Satisficing-Heuristik*. Es gibt eine Reihe von Versuchen, auf der Grundlage von E. umfassendere Prozessmodelle der Entscheidung zu entwickeln. Bsp. dafür sind die *Image-Theorie* von Beach (1990) mit den zwei Phasen Vorauswahl von Optionen und eigentliche Wahl sowie die *Dominance-Structuring-Theorie* von Montgomery (1983) mit den Phasen Vorauswahl von Optionen, Finden einer sog. «vielversprechenden» Option (einer Option, die einer dominanten Option möglichst nahe kommt), Prüfung auf Dominanz und (falls notwendig) Restrukturierung des Entscheidungsproblems mit dem Ziel, eine nicht dominante vielversprechende Option zu einer dominanten zu machen.

Von den E. im engeren Sinn zu unterscheiden sind *Urteilsheuristiken*, kogn. Heuristiken zur Bildung von *Urteilen* (Gigerenzer & Gaissmaier 2006). Diese (manchmal unscharf ebenfalls als E. bez.) Heuristiken sind für Entscheidungen jedoch ebenfalls von Bedeutung insofern, als Entscheidungen auf Urteilen (*Wert-* und Tatsachenüberzeugungen, *Überzeugungssystem*) beruhen. Bsp. für entscheidungsrelevante Urteilsheuristiken sind die *Gefühlsheuristik* zur Bildung von Werturteilen (Objekt o ist gut/schlecht wenn o angenehme/unangenehme Gefühle verursacht; Schwarz & Clore 2007) und die *Take-the-best-Heuristik* (eine Urteilsheuristik, die der lexikografischen E. entspricht) zur Bildung von Urteilen darüber, welche von zwei Alternativen die höhere Ausprägung auf einem Kriterium hat (Gigerenzer & Gaissmaier 2006).

Während E. zunächst als «arme Verwandte» der optimalen (rationalen) Entscheidungsregeln betrachtet wurden – man glaubte, dass ihre Einfachheit durch eine meistens suboptimale Entscheidung erkauft werden müsse – zeigen neuere Forschungsergebnisse, dass E. die normativ optimalen Strategien in vielen Situationen annähern können (d. h., sie können in diesen Situationen ebenso oft zu guten Entscheidungen führen). Z. B. konnte gezeigt werden, dass in wiederholten strategischen Spielen eine einfache E., die auf der Minimierung von erwarteter Reue beruht, langfristig zur normativ optimalen Lösung des Spiels führt (Hart 2005). Analoge Ergebnisse liegen für Urteilsheuristiken vor. So haben Studien zur *Take-the-best-Heuristik* gefunden, dass diese Urteilsheuristik in einer breiten Klasse von Situationen ebenso gute Resultate liefert wie die für diese Urteilsprobleme einschlägigen normativen Strategien (Gigerenzer & Gaissmaier 2006). *Entscheiden unter Unsicherheit*.
R. Reisenzein

Entscheidungshilfen, medizinische [engl. *medical decision aids*], *Risikokommunikation, gesundheitsbezogene, Partizipative Entscheidungsfindung (PEF)*.

Entscheidungskontext [engl. *decision context*], **[KOG]**, Merkmale wie z. B. Irreversibilität (Endgültigkeit, Unumkehrbarkeit) einer Entscheidung (*Entscheiden*). Freiheit oder Zwang, Zeitdruck, Verantwortlichkeit beeinflussen die Wahrscheinlichkeit, eine optimale Entscheidungsstrategie zu wählen. *Kontingenz-Modell* für die Wahl von Entscheidungsstrategien. *Entscheidungsheuristiken*.

Entscheidungskontrolle [engl. *decision control*], *Fairness*.

Entscheidungsorientiertes Gespräch [engl. *decision-oriented interview*], *Interview, eignungsdiagnostisches*.

Entscheidungsstrategie [engl. *decision strategy*], **[EM, KOG]**, in der empirisch-psychol. Entscheidungsforschung (*Entscheiden*) ein *Plan* über den Ablauf des Informationsverarbeitungsprozesses vor Entscheidungen, der beschreibt, welche Informationen in welcher Reihenfolge abgearbeitet werden und wie der Entscheider zur Auswahl einer Alternative gelangt; häufig gleichbedeutend mit *Entscheidungsheuristik* oder Entscheidungsregel verwendet. Die empirische Entscheidungsforschung hat neben der klassischen additiven Nutzenregel rund 20 weitere einfache Entscheidungsheuristiken oder -strategien beschrieben und nachgewiesen, z. B. das *Satisfizierungsprinzip*, die *Dominanzheuristik, elimination by aspects* oder die *Majoritätsheuristik*. Huber 1982.
A. Engemann

Entscheidungsunterstützungssysteme (= E.) [engl. *decision support systems*], **[KOG]**, Computerprogramme, die im Dialog mit einem Anwender Teilaufgaben bei der Lösung von Entscheidungsproblemen (*Entscheiden*), z. B. Zielstrukturierung (*Ziele*), Finden von Handlungsalternativen, Festlegung und Gewichtung von Bewertungskriterien, Ermittlung und Bewertung von Handlungsalternativen, übernehmen oder erleichtern. Während einige E. inhaltsunabhängige Strukturierungshilfen anbieten, beziehen andere bereichsbezogenes Wissen mit ein (*Expertensystem, Künstliche Intelligenz*).
A. Engemann

Entscheidungszeit [engl. *decision time*], **[KOG]**, in der *Reaktionszeit* für die Wahlreaktion enthaltener Anteil für die Reizdiskrimination (= Entscheidung über die wahrgenommene Reizalternative).
W. Glaser

Entschuldigungen (= E.) [engl. *apologies, exculpations*], **[SOZ]**, ein privater oder öffentlicher Akt einer Person oder Gruppe, als Reaktion auf Verhalten, welches einen Konflikt (*Konflikt, sozialer*) zur Folge hatte. Der ausführende Akteur ist für das Verhalten verantwortlich oder er ist ein Repräsentant der Verantwortlichen. Es lassen sich zwei Ansätze unterscheiden, nach denen der Akt als E. beschrieben wird:

(a) über die verbalen oder nonverbalen Komponenten des Aktes, (b) über seine sozialen Funktionen. Zu den Komponenten einer E. existieren unterschiedliche Modelle. Von diesen Modellen werden u. a. die Verantwortungsübernahme für das Verhalten, eine Bestätigung, dass das Verhalten regelverletzend war, und das Bereuen des Verhaltens angeführt. Hinsichtlich der sozialen Funktionen werden u. a. Beiträge zu Konfliktreduktion, Gesichtswahrung, Bestätigung eines Regelsystems, *Vergebung* und Versöhnung genannt. Ob ein Akt als Entschuldigung bewertet und angenommen wird, hängt von den Anforderungen ab, die an (a) und (b) gestellt werden. *konfliktbezogene Diskursformen.* Smith 2008. *J. Kirchhoff*

Entspannung (= E.) [engl. *relaxation*], [**BIO, KOG**], kurzfristiger (phasischer) oder länger anhaltender (tonischer) Zustand reduzierter metabolischer, zentralnervöser und bewusster Aktivität (*Bewusstsein, Zentralnervensystem*). E. ist auf subj.-verbaler, physiol. und motorischer Ebene mess- und definierbar. E.zustände sind nicht mit den Schlafphasen gleichzusetzen. E. geht mit wachem Verhalten einer, wenngleich auch die Schlafphasen subj. als entspannend erlebt werden. Muskuläre, autonome und subj. E. müssen nicht korrelieren. *Entspannungsverfahren.* *N. Birbaumer*

Entspannungsverfahren (= E.) [engl. *relaxation techniques*], syn. *Relaxationsverfahren*, [**GES, KLI**], durch Entspannungsübungen soll Erregung gedämpft werden, die als körperliche Begleiterscheinung von *Angst* und Anspannung auftreten kann. Zumeist werden E. i. R. eines umfassenden Behandlungsprogrammes bzw. als integraler Bestandteil anderer therap. Techniken (z. B. *Angstbewältigungstraining*) eingesetzt. Als eigenständige Verfahren haben E. eine Bedeutung, wenn die Erregung im Vordergrund steht und zugrunde liegende Probleme nicht eruiert oder behandelt werden können (z. B. bei Nervosität, Schlaflosigkeit, Kopfschmerzen). Es ist anzunehmen, dass die Erfahrung, das eigene Erregungsniveau beeinflussen zu können, d. h., Kontrolle über sich zu gewinnen, an sich schon einen therap. Effekt hat. Wichtig ist, dass nicht implizit die falsche Annahme bestärkt wird, das Überschreiten eines gewissen Erregungsniveaus würde zwangsläufig verheerende Folgen haben. Solchen Ängsten wird besser mit Konfrontationstherapie (*Konfrontation mit Reaktionsverhinderung*) entgegengetreten. Zu den bekannten E. zählen *Autogenes Training, Progressive Muskelentspannung* und *Meditation*. *Biofeedback*-Geräte ermöglichen die Eigenkontrolle von Muskelspannung (Elektromyogramm, EMG), *Hautwiderstand* (PGR) u. a. Bei allen E. besteht das Problem, dass sie von Pat. als hilfreich erlebt, aber oft zu wenig konsequent eingesetzt werden. *Suggestion.* *F. Caspar*

Enttäuschung (= E.) [engl. *disappointment*], [**EM**], unerfüllte Hoffnung oder die sich als unerfüllbar erweisende Hoffnung hat ihre gefühlsmäßige Resonanz im Erlebnis der E. Sie kann zur *Resignation* führen, ein Zustand, in dem man auf weitere *Handlungen* und weitere Wertverwirklichungen verzichtet. *Frustration.* Eine Steigerung erfahren diese Zustände im Erlebnis der Verzweiflung: Es präsentiert sich die Ausweglosigkeit, verbunden mit dem intensiven und belastenden Gefühl des Scheiterns. *Ärger.* Lersch 1938, 1954, 1962.

Entwicklung (= E.) [engl. *development*], [**EW**], der Begriff bez. v. a. die Veränderungen der Form und des *Verhaltens* von Lebewesen, einmal als Ausbildung des Organismus vom Keim bis zum erwachsenen Individuum (*Ontogenese*), zum anderen als Entfaltung der Arten (*Phylogenese*). Mit H. Werner lässt sich E. als Prozess der fortschreitenden *Differenzierung* (Ausgliederung von Teilfunktionen aus diffuseren Ganzheiten) und der gleichzeitigen Zentralisierung (vereinheitlichende Zusammenfassung der Teilfunktionen in Richtung auf ein Ziel hin) auffassen. Der Begriff E. wird sowohl auf Körperliches wie auf Seelisches angewandt. Die E. ist weiterhin Funktionsreifung insoweit, als sie für das *Üben* und *Lernen* die Voraussetzungen schafft (z. B. zum *Sprechen*). Die E. ist schließlich gegenläufig, denn auch der Abbau gehört zu ihr (Rückentwicklung). Die organismische Biologie (wie die von L. V. Bertalanffy) bez. die durch die E. hervorgebrachten Formen, deren Elemente ständig wechseln und ein Ineinander von Werden und Vergehen sind, auch als Fließgleichgewichte. Trautner 1978, 1992, 1997, Siegler et al. 2005. *F. Wilkening*

Entwicklung, emotionale (= e. E.) [engl. *emotional development*], [**EM, EW**], bez. die durch die Interaktion von genetischen und epigenetischen (*Epigenese*, Umwelteinflüsse, *Lernen*) Faktoren bedingte alterskorrelierte Veränderung des Erlebens (*Erleben* sowie des Kundgebens desselben) von Eigenkörper- und Umgebungszuständen, das diese pos. (Lust) oder neg. (Unlust) bewertet (*Emotionen*). Der Emotionsausdruck v. a. des Säuglings hat eine wichtige kommunikative Funktion (*Kommunikation*), da er den Eltern das Befinden des Säuglings signalisiert, womit er nicht nur eine intrapersonale, sondern auch interpersonale Regulationsfunktion (*Emotionsregulation*) hat. Am Beginn der E. drückt der Säugling aus, ob er Schmerzen oder Mangel empfindet oder ob es ihm gut geht. Diese basale e. Bewertung wird wenige Monate nach der Geburt progressiv ausdifferenziert und verweist auf den evaluativen und damit normativen Charakter von Emotionen. Dazu trägt das soziale Spiegeln der Emotionen durch die Mutter, den Vater, bei, aber auch zum Aufbau und Erhalt von *Bindung*. Ohne *evaluative Emotionen* ist kein Lernen möglich, insbes. bei de *klassischen Konditionierung* und *operanten Konditionierung*, aber auch beim sprachlich vermittelten, begrifflichen Lernen. Das Schema ist antezedente Bedingung – Emotion – Konsequenz. Lernen funktioniert nicht ohne e. Evaluation in Form von *Belohnung* (*Verstärkung*), Belohnungsentzug oder *Bestrafung*. Es wird auch gelernt, Situationen, die mit neg. Emotionen verbunden sind, zu vermeiden. Die Interpretation des e. Ausdrucksverhaltens anderer entwickelt sich zu *Empathie* und spielt eine wichtige Rolle beim Erwerb einer *Theory of Mind* (*mentalistische Alltagspsychologie, deklarativ-metakognitives Wissen, Vorläufer, soziale Kognition, Entwicklung*), aber auch des Selbstkonzeptes (*Selbstbild*). Dazu gehört auch die Fähigkeit zur Emotionskontrolle im Zuge der *Handlungsregulation* und dem motivierten Einsatz e. Ausdrucksverhaltens beim Kommunizieren. Der evaluative Aspekt der Emotionen verbindet sie mit *Kognitionen*, insbes. sprachlichen, die weiter die Ausdifferenzierung von komplexen Emotionen wie Scham, Schuld, Stolz und Liebe voranbringen. Holodynski & Oerter 2012. *W. Mack*

Entwicklung, handlungstheoretische Ansätze (= h. A.) [engl. *development, action theory*], **[EW]**, der h. A. geht davon aus, dass die Entwicklung durch bestimmte Aufgaben oder Tätigkeiten gefördert wird und sich durch das Setzen von Zielen vollzieht. Das menschliche Tun wird als *Verhalten* verstanden, dem *Ziele* und Absichten (*Intention*) zugrunde liegen. Der Mensch verändert durch absichtsvolle *Handlungen* seine Umwelt und verändert durch diese *Erfahrung* auch sich selbst. Menschen können also durch Setzen und Verfolgen von Zielen aktiv ihre Entwicklung steuern. Der h. A. wurde ursprünglich in der Motivationsps. angewendet. Unter der Entwicklungsperspektive wurde dieser überwiegend im höheren Alter (*Psychologie des Alterns*) genutzt, um die Veränderung von Zielen vor dem Hintergrund wichtiger Lebensübergänge wie dem Eintritt in den Ruhestand (*Ruhestand, Anpassung an*) oder dem Verlust wichtiger Ressourcen für die Erreichung persönlicher Ziele zu untersuchen. Allerdings sind bereits in den ersten Lebensmonaten die Anfänge des zielgerichteten bzw. absichtsvollen Handelns zu beobachten, und schon im zweiten Lebensjahr ist es kaum mehr möglich Verhaltensweisen zu beobachten, die nicht absichtsvoll sind. Deshalb scheint der h. A. auch für die kindliche Entwicklung ein wichtiger Erklärungsansatz zu sein. Im h. A. wird angenommen, dass ein Kind sein Leben und damit seine Entwicklung aktiv mitgestaltet. Dabei unterscheiden sich die Handlungen bzw. Aufgaben, die ein Kind bewältigt, je nach Lebensphase und Kultur (z. B. Jagen vs. Mathematik). Je nach Lebensphase stehen nur best. altersspezif. und durch biol. Faktoren begrenzte Handlungsoptionen zur Verfügung. Darüber hinaus unterscheiden sich versch. Kulturen deutlich im Bereich der relevanten Lerninhalte. In industrialisierten Kulturen spielen bspw. schulische Inhalte für die Entwicklung der Kinder eine zentrale Rolle. In nicht industrialisierten Kulturen ist hingegen die genaue Kenntnis der Umweltgegebenheiten sehr zentral. Ein bekanntes handlungstheoret. Entwicklungsmodell, das bisher typischerweise in der Forschung zum höheren Alter verwendet wurde, ist das SOK-Modell (*Selektion, Optimierung und Kompensation, Modell der (SOK-Modell)*, Baltes & Baltes 1990). Das Modell nimmt an, dass soziale, biol. und psych. *Ressourcen* eines Menschen in allen Lebensphasen begrenzt sind. Um diese optimal einzusetzen, werden drei Prozesse genutzt: die Selektion geeigneter Ziele, die Optimierung dieser Ziele durch gezielte Investition der vorhandenen Ressourcen und die Kompensation von Ressourcenverlust durch Heranziehen neuer Ressourcen oder Veränderung der Ziele. Insges. steht im Fokus des h. A. ein aktives Individuum, dass die eigene Entwicklung bedeutsam mitgestaltet. Dabei werden die Handlungsoptionen eines Menschen als ein Produkt aus biol. Voraussetzungen und Kultur gesehen. *F. Degé*

Entwicklung, Informationsverarbeitungsansätze (= I.) [engl. *development, information processing*], **[EW, KOG]**, ein seit den 1970er-Jahren etablierter Ansatz, bei dem der Prozess des *Denkens* in präzise Verarbeitungsschritte mit definierten zeitlichen und funktionalen Beziehungen untergliedert wird (*Informationsverarbeitung*). Der I. wird häufig mit dem Informationsfluss eines Computers veranschaulicht: Informationen werden sequenziell in den Subsystemen Sensorischer Speicher, Kurzzeit- oder *Arbeitsgedächtnis* und Langzeitgedächtnis verarbeitet (*Gedächtnis*). Neben den Kapazitätsgrenzen des Gedächtnisses bestimmen die *Aufmerksamkeit*ssteuerung, *Wissen*sstrukturen, mentale Strategien und das Metagedächtnis (*Metakognition*) wesentlich die Informationsverarbeitung. Bspw. beeinflusst das Ausmaß des vorhandenen Wissens in einem spezif. Bereich die Art, wie neue Informationen organisiert werden, was sich darin zeigt, dass Experten (*Expertise, Leistungsexzellenz*), unabhängig ihres Alters, neue Informationen des betreffenden Bereichs effizienter wiedergeben können. Der I. beschreibt den Menschen als aktives, organisiertes und selbstmodifizierendes *System*. Es besteht die Annahme, dass es über die Lebensspanne (*Lebensspannenpsychologie*) wenig Veränderungen in der Grundstruktur der Informationsverarbeitung gibt. Entwicklung wird v. a. als Kapazitätszuwachs verstanden: Zuwachs an Verarbeitungsgeschwindigkeit als Folge der Hirnreifung (*Gehirn*, vermehrte Myelinisierung) und Zugewinn an kogn. Hemmung (Reifung des Frontallappens), verbunden mit einer optimaleren Aufmerksamkeitssteuerung. Darüber hinaus kommt es zur Zunahme mentaler Strategien (Wiederholung, *Organisieren* und Elaboration (*Elaborieren, Elaborationsstrategien*)) und einer Effizienzsteigerung in der Encodierung, Generalisierung und Automatisierung mentaler Prozesse. Der I. erklärt Entwicklung somit vorrangig durch quant. Veränderungen, bspw. wachsenden Umfang des semantischen Netzwerks (*Netze, semantische*), wobei auch qual. Veränderungen, bspw. die Ausbildung neuer Strategien, angenommen werden. *C. Freitag*

Entwicklung, kognitive (= k. E.) [engl. *cognitive development*], **[EW, KOG]**, bez. die E. des Denkens. *Denken* als Ausdruck höherer geistiger Prozesse wie Schlussfolgern (*Schließen, logisches*) und *Problemlösen* läuft intern, von außen nicht zu beobachten ab und kann gerade von jüngeren Kindern sprachlich kaum beschrieben werden. Deshalb stellt es eine bes. Herausforderung dar, kindliches Denken empirisch zu untersuchen. Der Schweizer Forscher *Piaget* hat ab den 1920er-Jahren diese Absicht verfolgt und aufgrund seiner Analysen die wohl einflussreichste Theorie der k. E. aufgestellt (*Entwicklung, Stufentheorie nach Piaget*). Eine seiner Hauptaussagen besteht darin, dass Kinder vier aufeinander aufbauende Stadien durchlaufen, wobei jedes Stadium eine charakteristische Art und Weise ihres Denkens zum Ausdruck bringt. Im Laufe des sensu-motorischen Stadiums (*sensu-motorische Entwicklungsstufe*) werden sensu-motorische Erfahrungen verinnerlicht, wodurch Denken in Gang kommt. Im prä-operationalen Stadium (*prä-operatorische Entwicklungsstufe*) wird das kindliche Denken zunehmend symbolisch. Die Denkoperationen sind aber noch nicht vollst., sodass typische Denkfehler auftreten. Im konkret-operationalen Stadium (*konkret-operatorische Entwicklungsstufe*) sind Kinder fähig, vollst. Denkoperationen durchzuführen, die sich jedoch ausschließlich auf konkret beobachtbare Inhalte beziehen. Erst im formal-operationalen Stadium (*formal-operatorische Entwicklungsstufe*) sind die Denkoperationen in hohem Maße abstrakt, sodass zur Problemlösung systematisch *Hypothesen* getestet werden können.

Die Bedeutung von Piagets Arbeiten ragt auch weiterhin in aktuelle Forschungen hinein. Hierbei wird als sog. domänenspezifische Theorien herausgearbeitet, dass die k. E. nicht, wie von Piaget angenommen, auf solchen allg., inhaltsunspezifischen Veränderungen von vier Denkstufen beruht. Stattdessen wird angenommen, dass Veränderungen des kindlichen Denkens entscheidend durch spezif. Erfahrungen und erworbenes *Wissen* beeinflusst werden. Die domänenspezifischen Theorien der k. E. gehen davon aus, dass der Mensch nach der Geburt mit einem spezif. *Kernwissen* und mit spezif. Lernmechanismen (*Lernmechanismen, angeborene*) ausgestattet ist, mit deren Hilfe schnell neues Wissen erworben wird. Dabei kann das kindliche Wissen im Wesentlichen drei Bereichen zugeordnet werden: Wissen über das Verhalten von Objekten (Physik, *intuitive Physik*), von Menschen (Ps., *mentalistische Alltagspsychologie*) und von nicht menschlichen Lebewesen (Biol., *Intuitive Biologie*). Man geht davon aus, dass Kinder durch Erfahrungen mit der Umwelt ihr Wissen nicht einfach nur ansammeln, sondern dass sie ihr gewonnenes Wissen mit dem schon bestehenden Wissen immer zu einem kohärenten Ganzen organisieren, das für sie insges. Sinn ergibt. Eine solche Organisation kann wie eine Art Theorie aufgefasst werden, die die Kinder implizit über einen Wissensbereich aufstellen.

Zeitgleich zu Piaget, aber beheimatet in der Kultur Russlands, entstand eine andere, ebenfalls sehr einflussreiche Theorie der k. E., die soziokulturelle Theorie von Lew Wygotski (*Entwicklung, soziokultureller Ansatz nach Wygotski*). Wygotsky stellte in seiner Theorie heraus, welche herausragende Bedeutung der kult. Kontext für die k. E. besitzt. In Wygotskys Theorie wird das Kind in erster Linie als soziales Wesen betrachtet, welches sein Denken im Kontext des Denkens anderer Personen entwickelt. Er geht davon aus, dass das Intermentale, der Austausch zw. Kind und einer anderen Person, zum Intramentalen, der Gedankenwelt innerhalb eines Kindes wird. Wygotsky betrachtet das Kind in der sog. Zone der proximalen Entwicklung (*Zone der nächsten Entwicklung*), die das Entwicklungspotenzial eines Kindes ausdrückt. Wygotsky nimmt an, dass sich das Kind selbst mithilfe psychol. Werkzeuge formt. Die *Sprache* ist für ihn das wichtigste psychol. Werkzeug. Goswami 2008, Schwarzer 2011, Goswami 2001. *G. Schwarzer*

Entwicklung, lerntheoretische Ansätze [engl. *development, learning theory*], [**EW, KOG**], der lerntheoretische Ansatz geht davon aus, dass Entwicklung primär das Ergebnis von *Erfahrung* ist. Ein Kind sammelt in der Interaktion mit seiner sozialen und materiellen Umwelt (*soziale Interaktion*) viele spezif. Lernerfahrungen (*Lernen*) und dies ermöglicht Entwicklung. Unter dem Begriff *Lerntheorien* (= L.) werden einige Theorien und Ansätze zus.gefasst, die sich in *traditionelle Lerntheorie* und die *moderne soziale Lerntheorie* einteilen lassen. In der traditionellen L. unterteilt man Lernen in zwei Typen: *operante Konditionierung* und *klassische Konditionierung*. Für beide Lerntypen wird die Bedeutung der Umwelt stark betont und die *Verstärkung* wird als zentrales Element der Verhaltenssteuerung betrachtet. Die Anhänger der sozialen L. erweitern diesen Ansatz um das Sozialverhalten und den sozialen Kontext. Außerdem wird ein weiterer Lerntyp, das *Beobachtungslernen*, angenommen. Das Konzept Beobachtungslernen ist bes. wichtig, um zu verstehen, wie im Laufe der Entwicklung neue und komplexe Verhaltensweisen erlernt werden. Ebenso wie die Vertreter der traditionellen L. betonen Vertreter der sozialen L. den Einfluss der Umwelt auf das Verhalten. Allerdings zählen sie nicht nur die Umwelt, sondern auch die Merkmale der Person und das Verhalten der Person zum gesamten Lernkontext. Diese drei Faktoren sind über den Prozess des *reziproken Determinismus* miteinander verbunden. Sie beeinflussen und steuern sich gegenseitig. Ob ein Kind, das beobachtet, wie ein anderes Kind im Bus von seinem Sitzplatz aufsteht, damit eine ältere Frau sich setzen kann, ein solches Verhalten selber auch zeigt, hängt von seinen eigenen Merkmalen (Hilfsbereitschaft, *Altruismus*, *prosoziales Verhalten*), den Merkmalen des anderen Kindes (sozialer Status), und der Umwelt (wird das Kind gelobt?) ab. Insges. stehen im Fokus der traditionellen und auch sozialen L. Veränderungsprozesse und nicht das Durchlaufen einzelner Entwicklungsstadien (*Entwicklungsphasen, -stufen*). Entwicklung wird hauptsächlich als ein Prozess quant. Veränderungen betrachtet und weniger als qual. Übergang von einem Stadium zum anderen. Ähnlich wie bei der Theorie Piagets (*Entwicklung, Stufentheorie nach Piaget*), wird in der modernen sozialen L. der Mensch als eher aktiv beschrieben: Der Mensch wirkt auf die Umwelt ein und diese wirkt wiederum auf ihn. Allerdings wird der Aktivität des Menschen weniger Bedeutung zugeschrieben, als dies bei Piagets Theorie der Fall ist. *F. Degé*

Entwicklung, moralische (= m. E.) [engl. *moral development*], [**EW**], wird in den Entwicklungstheorien von *Jean Piaget* 1932 (Piaget, 1976b) und *Lawrence Kohlberg* (1974, 1995) vorrangig als E. des moralischen Urteils (im Ggs. zum moralischen Handeln) konzipiert. Piaget unterscheidet bei der m. E. die *heteronome Moral* (Orientierung an erwachsener Autorität) von der *autonomen Moral* («demokratisch» vereinbarte Regeln). Der Übergang zw. diesen Phasen vollzieht sich zunächst in Bereichen, die von Erwachsenen wenig kontrolliert werden, z. B. Kinderspielen (Piaget führt dies am Bsp. des Murmelspiels aus). Die m. Urteilsentwicklung ist für Piaget inhaltlich segmentiert: Die Sequenz von Heteronomie zu Autonomie muss für jeden Bereich sozialer und gesellschaftlicher Regeln erneut durchlaufen werden. Demgegenüber verläuft für L. Kohlberg die m. E. in sechs Stufen, wobei jew. zwei Stufen einer der folg. drei Ebenen zugeordnet werden: I. *Präkonventionelle*, II. *Konventionelle*, III. *Postkonventionelle* Moral. Die sechs Stufen stellen für Kohlberg qual. unterschiedliche

Denkweisen (*Denken*, *Entwicklung, kognitive*) dar, mit denen der Einzelne m. Probleme decodiert und zu lösen versucht. Auf der ersten Stufe erfolgt die Orientierung insbes. an *Bestrafung* bzw. *Belohnung*, die zweite Stufe konzipiert eine zweckrationale Moral («Eine Hand wäscht die andere»), auf der dritten Stufe wird die Übereinstimmung mit relevanten Bezugsgruppen bestimmt. Stufe 4 erweitert den Bezugsrahmen um eine gesellschaftliche Perspektive (Gesetze und Pflichten). Die postkonventionellen Stufen lassen sich mit den Stichworten «Sozialvertrag und indiv. Rechte» (5) sowie «ethische Prinzipien» (*Ethik*) (6) charakterisieren. Diese Entwicklungsstufen sind nach Kohlberg hierarchisch integriert, d. h. jede Stufe baut auf der vorhergehenden auf. Von daher ist das Überspringen von Stufen theoretisch ausgeschlossen und auch das Zurückfallen auf bereits überwundene Stufen soll i. d. R. nicht vorkommen. Das Erreichen einzelner E.stufen setzt jew. best. kogn. *Fähigkeiten* sowie eine entspr. entwickelte Fähigkeit zur sozialen *Perspektivenübernahme* (Selman 1984) voraus. Mögliche Diskrepanzen zw. m. Urteilen und konkreten m. Handlungen sollen mit zunehmender Stufenhöhe geringer werden. Durch die Verknüpfung der m. E. mit der kogn. E. wird das m. Urteil von Kohlberg stark rationalistisch aufgefasst. Dies ist vielfach kritisiert worden, u. a. von J. Haidt (2001), der bezweifelt, dass m. Urteilen im Alltag Denkprozesse zugrunde liegen. Mittlerweile liegen vielfältige empirische Hinweise vor, dass moralische Urteile v. a. «intuitiv» gefällt und Denkprozesse erst nachträglich (z. B. durch Nachfragen) ausgelöst werden. Da die Kohlberg'schen Stufen als *Assimilationsschemata* für m. Problemlagen aufgefasst werden können, sind sie allerdings mit der Annahme einer «gefühlsmäßigen» Auslösung m. Urteile durchaus kompatibel. Gestützt wird die Theorie Kohlbergs u. a. durch die Ergebnisse seiner über 30-jährigen *Längsschnittuntersuchung*, an der allerdings nur Jungen (ab 10 Jahren) teilnahmen (Heidbrink 2008).

Möglicherweise verfügen Kinder über best. im Zusammenhang mit der m. E. relevante Fähigkeiten deutlich früher als dies in der Piaget/Kohlberg-Tradition angenommen wurde. Ergebnisse der exp. *Säuglingsforschung* (*Habituierungsmethode*) haben zu Vermutungen geführt, dass einige Voraussetzungen des m. Handelns angeboren sein könnten, z. B. die Fähigkeit, lebende und unbelebte Objekte zu unterscheiden, dem Blickwinkel anderer Personen zu folgen sowie *Erwartungen* über deren Verhalten zu entwickeln. In Bezug auf die evolutionären Vorteile kooperativen Verhaltens (*Kooperation*) sind Verhaltensvergleiche zw. Kleinkindern und Menschenaffen aufschlussreich. Nach Warneken et al. (2006) übertreffen bereits zweijährige Kinder trotz Ebenbürtigkeit bei rein physikal. Aufgaben Schimpansen in Bezug auf sozial-kogn. Fähigkeiten deutlich. *H. Heidbrink*

Entwicklung, motivationale (= m. E.) [engl. *motivational development*], **[EM, EW]**, umfasst altersassoziierte Veränderungen von Motiven (*Motiv*) wie dem *Kompetenzmotiv* (*Kompetenz*), dem Autonomiemotiv (*Autonomie*) und dem Motiv nach sozialer Einbindung. Die E. des Kompetenzmotivs wurde v. a. i. R. der *Leistungsmotivation* untersucht.

Säuglinge sind etwa ab dem dritten Lebensmonat zunehmend bestrebt, absichtsvolle Effekte herbeizuführen. Anfangs freuen sie sich an Effekten aber genauso, wenn diese stattdessen von anderen Personen herbeigeführt wurden. Gegen Ende des ersten Lebensjahres wollen Kinder Handlungsergebnisse selbst hervorbringen und reagieren neg. auf ungewollte Hilfen. Etwa im vierten Lebensjahr entsteht leistungsmotiviertes Handeln (*Handlung*), wenn Stolz und *Scham* Selbstbewertungen der Leistungen anzeigen (*Leistungsmotivation, Selbstbewertungsmodell*). Hier beginnen Kinder, sich bei anschaulichen Aufgaben *Ziele* aufgrund vorausgegangener Erfolge oder Misserfolge zu setzen und entwickeln somit ein Anspruchsniveau. Ab dem 8. Lebensjahr beginnen Kinder zw. *Anstrengung* und *Fähigkeit* als Determinanten der *Leistung* zu differenzieren und zu verstehen, dass man sich bei geringeren Fähigkeiten mehr anstrengen muss, um zum Erfolg zu kommen. Anspruchsniveau und Erfolgserwartungen werden zunehmend realistischer durch Nutzung sozialer und temporaler Vergleiche (*sozialer Vergleich*). Am Beginn der Schulzeit wird eine hohe *Motivation* in Bezug auf schulisches Lernen (Lernfreude) beobachtet. Diese sinkt im Verlauf der Schulzeit meist ab, ausgelöst durch zunehmende Empfänglichkeit für neg. Leistungsrückmeldungen, wachsenden Leistungsdruck und steigende außerschulische *Interessen*. In theoret. Ansätzen wird oft zw. zwei Gründen unterschieden, um in Leistungssituationen erfolgreich zu sein, wie der *Lernzielorientierung* (seine Fähigkeiten zu erhöhen) und der *Leistungszielorientierung* (im Vergleich zu anderen gut abzuschneiden). Die Letztere gewinnt in der späten Kindheit und im Jugendalter (*Adoleszenz*) an Bedeutung, wenn zunehmend soziale Vergleiche zur Leistungsbewertung herangezogen werden. Das *Autonomiemotiv* beinhaltet das Bestreben, eigene Ziele und Vorgehensweisen selbst zu bestimmen. Ein hohes Autonomiestreben wird in der *Trotzphase* vom 2.–4. Lebensjahr und im Jugendalter (i. R. der Individuation) beobachtet. Die Fähigkeit, eigene Ziele zu verwirklichen, steigt bis in das mittlere Erwachsenenalter. Im späten Erwachsenenalter erfordern nachlassende Handlungsressourcen, zunehmend auf externe Hilfen zurückzugreifen und unerreichbare Ziele aufzugeben (*Psychologie des Alterns*). Die E. des *Motivs nach sozialer Einbindung* wird i. R. der *Theorie der sozioemotionalen Selektivität* beschrieben. Die Suche nach Kontakten, welche neues *Wissen* liefern, nimmt im Erwachsenenalter als Reaktion auf die abnehmende verbleibende Lebenszeit ab. Parallel dazu gewinnen emot. nahestehende Kontakte an Bedeutung, die unmittelbare Befriedigung bringen. Neben den bisher beschriebenen universellen E.prozessen gibt es differenzielle E., etwa in Abhängigkeit von der Stärke des Leistungsdrucks und der Förderung von Autonomie. Deutliche interindiv. Unterschiede zeigen sich bei der E. von Interessen. Mit Interessen sind auf spezif. Gegenstände oder Aktivitäten bezogene Motive gemeint. Deren E. vollzieht sich von durch äußere Anreize ausgelösten Interessen (*Interesse, situationales*) zu verinnerlichten Interessen (*Interesse, individuelles*). Kinder entwickeln zuerst universelle Interessen, die dann relativ schnell spezif. werden

und zu interindiv. Unterschieden führen. Die Persistenz der Interessen ist abhängig davon, wie weit die Beschäftigung mit dem Interessengegenstand als befriedigend erlebt wird. Carstensen 2006, Heckhausen & Heckhausen 2010.
M. Pinquart

Entwicklung, motorische (= m. E.) [engl. *motoric development*], [**EW, KOG**], die m. E. bez. die durch die *Interaktion* von genetischen (*Genetik*) und epigenetischen (Umwelteinflüsse, *Lernen*) Faktoren bedingte alterskorrelierte Veränderung von Motorsystemen (motorische Einheiten, Muskel-Gelenk-Knochensysteme wie Hand-Arm-Kopf, Sprechmotoriksystem, Rezeptoren der Motorsysteme, neuronale Korrelate), mithin also aller Formen von Körperbewegungen, aber auch der *Motilität* (Beweglichkeit). Diese Veränderungen können nach Anatomie (z. B. Muskel- und Knochenlänge), physiol. und psychomotorischer Leistungsänderung klassifiziert werden. Bewegungen sind Leistungen ((Kraft * Weg) / Zeit), die nach Kondition (Ausdauer) und nach *Koordination* (Regelung und Steuerung) unterteilt werden können. Letzteres ist v. a. für die psychomotorische Entwicklung (*Psychomotorik*) interessant, wenn es um die willkürliche Bewegungsinitiierung und -ausführung geht, z. B. beim Greifen (*Greifen, Greifbewegungen, frühkindliche(s)*), Zeigen, *Sprechen*, Blicken. Hier ist der Begriff der *Zielmotorik* wichtig, z. B. bei der Koordination von Blicken und Greifen, da Steuern und Regeln von Körperbewegungen immer mind. ein Ziel impliziert (*Auge-Hand-Koordination*). Dies fällt unter *Sensomotorik*, da ohne kinästhetische und v. a. visuelle Rückmeldungen komplexe Bewegungsmuster nicht ausgebildet werden können. Ebenso gehören die *Reflexe* und ihre Veränderung im Säuglingsalter zum Bereich der Sensomotorik, bspw. der Saug-, *Greifreflex* und Schreitreflex. Auch die Entwicklung der Stütz-, Haltungs- und Gehmotorik (*Gang*) ist koordinativer Art, die in den Bereich der Grobmotorik (Ganzkörperbewegungen) fällt, bspw. den Kopf frei bewegen (1.–4. Monat), das Laufenlernen (12.–18. Monat), wobei sich die Grobmotorik vom Kopf zu den Füßen entwickelt (*cephalo-caudal*). Feinmotorische Leistungen betreffen motorische Teilsysteme, die primär zielmotorisch sind, z. B. die Hand-Körper-Koordination (Hand gezielt zum Mund führen, 1.–3. Monat), Objekte greifen und halten (Pinzettengriff, 7.–12. Monat). Schneider & Lindenberger 2012.
W. Mack

Entwicklung, ökologischer Ansatz nach Bronfenbrenner [engl. *development, ecologial approach*], [**EW, SOZ**], zentrales Ziel des ökologischen Ansatzes in der Entwicklungsps. ist es, eine differenzierte Sichtweise relevanter Entwicklungskontexte zu vermitteln und das komplexe Zusammenspiel proximaler und distaler Einflussfaktoren auf die menschliche *Entwicklung* in den Blick zu rücken. Urie Bronfenbrenner (1917–2005) hat diese Perspektive nachhaltig in die Entwicklungsps. und weit darüber hinaus in die *Sozialisation*sforschung eingebracht (s. den Themenschwerpunkt «Urie Bronfenbrenner und die Sozialökologie der menschlichen Entwicklung» in Heft 3 der *Zeitschrift für Soziologie der Erziehung und Sozialisation*, Bronfenbrenner 2006). Hierbei legte Bronfenbrenner eine systemische Sichtweise zugrunde, die i. S. einer Forschungsheuristik zunächst vier Systemebenen als Entwicklungskontexte in den Mittelpunkt stellte: *Mikrosysteme* wie die *Familie*, die i. d. R. in einem spezif. räumlichen Setting agieren und sich durch charakteristische Aktivitäten, *Rollen* und Beziehungen auszeichnen, *Mesosysteme*, die durch Übergänge und *Interdependenzen* zw. einzelnen Mikrosystemen entstehen und – je nach Ausgestaltung der Bezüge – den Wechsel zw. diesen Mikrosystemen in unterschiedlichem Maße erleichtern oder erschweren können (aktuell diskutiert z. B. im Hinblick auf die *Kooperation* bzw. Erziehungs- und *Bildung*spartnerschaft von Elternhaus und Schule), *Makrosysteme*, die durch Wirtschaftsstrukturen, das Rechtssystem und kult. Faktoren (*Kultur*) charakterisiert sind, und *Exosysteme*, denen die sich entwickelnde Person zwar nicht selbst angehört, die aber indirekten Einfluss ausüben (z. B. als «*long arm of the job*», d. h., Einflüsse der elterlichen Erwerbsarbeit auf das Familienleben, durch die Zeitstrukturen und Erfahrungen der Eltern im Berufskontext auch für die Kinder relevant werden). Einen wichtigen Ausgangspunkt lieferte hierbei die Kritik sog. «Social Address-Modelle», die globale Deskriptoren wie Schichtzugehörigkeit (*Status, sozioökonomischer*) oder Familienform als «Briefkastenadresse» verwenden, ohne sich um eine nähere Charakterisierung der spezif. Lebensumstände zu bemühen und ohne herauszuarbeiten, welche Faktoren hinter dieser «sozialen Adresse» letztlich für die Entwicklung ausschlaggebend sind. Im Ggs. hierzu stellte Bronfenbrenner die Bedeutung proximaler Prozesse und Faktoren heraus, die sich an überdauernden Strukturen von Interaktionen im direkten Kontext festmachen lassen und für die konkreten Erfahrungen der Beteiligten maßgeblich sind. Zwei wesentliche Erweiterungen erfuhr das sozial-ökologische Modell der Entwicklung zum einen durch den Einbezug der Lebensverlaufsperspektive, die mit dem Fokus auf das Timing von Lebensereignissen (*Entwicklungsaufgaben*, *Life-Event-Forschung*) und Transitionen (z. B. Übergang von der Schule in die Berufsausbildung bzw. den Beruf) die Bedeutung zeitlicher Faktoren akzentuiert. Mit der Ergänzung der vier Systemebenen um das *Chronosystem* führte Bronfenbrenner *PPCT-Modelle (Person, Process, Context, Time)* ein, die neben personalen und Kontextfaktoren sowie entwicklungsrelevanten Prozessen auch zeitliche Faktoren (Lebensphase, historische Zeit) berücksichtigen. Zum anderen hat Bronfenbrenner seine Konzeption als bio-ökologisches Modell weiterentwickelt, das die Debatte um Erbe und Umwelt (*nature/nurture*, *Anlage-Umwelt*) aufgreift und die Rolle organismischer, genetischer und physiol. Faktoren (*Verhaltensgenetik*) in der *Erfahrungsbildung* und Handlungssteuerung im sozialen Kontext hervorhebt. Diese breit angelegte Forschungsheuristik bietet zahlreiche Anknüpfungspunkte für Forschungsarbeiten, die indiv. *Dispositionen* wie auch Kontextfaktoren als interdependente Schrittmacher für Entwicklung in den Blick nehmen, wobei Entwicklung hier als aktiver Prozess verstanden wird, der durch das handelnde Subjekt auf der Basis subj. Erfahrungen mitgestaltet wird. I. d. S. ist das bio-ökologische Entwicklungsmodell den interaktionistischen Paradigmen der Entwicklungsps. zuzurechnen. Bronfenbrenner 1981, Bronfenbrenner 2005. *S. Walper*

Entwicklung, pränatale (= p. E.) [engl. *prenatal development*], [**BIO, EW**], in der p. E. findet die fein gesteuerte Umsetzung eines genetisch codierten, durch Umwelteinflüsse und -stimulationen modulierten E.plans statt. Die p. E. umfasst die Zeitspanne von der Befruchtung der Eizelle durch die Samenzelle zur Zyklusmitte der Frau bis zur Geburt und wird in *Germinal*-, Embryonal- und Fötalphase eingeteilt. Während der Germinalphase (Schwangerschaftswochen (SSW) 1 und 2) beginnt die Zellteilung und Einnistung der befruchteten Eizelle (Zygote) in die Gebärmutter. Innerhalb weniger Tage entwickelt sich aus dem ersten Zellhaufen (Morula) der Blastozyst, aus welchem sich eine dreilagige Zellanhäufung bildet. Jede dieser drei Schichten ist wiederum Grundlage für nachfolgende daraus entstehende Differenzierungen: Aus dem Ektoderm bilden sich Haut, Sinnesorgane und ZNS, aus dem Endoderm innere Organe und aus dem Mesoderm Skelett und Muskeln. In der anschließenden Embryonalphase (3. bis 8. SSW) bilden sich schließlich die Knospen und Grundstrukturen aller Organe und Körperteile. Die Fötalphase folgt ab der 8. SSW als Phase von Wachstum und Vollendung vorab angelegter Strukturen bis zur Geburt. Der Fötus ist ab der 22. bis 24. SSW mit einem Höchstmaß intensivmed. Versorgung in der extrauterinen Umwelt überlebensfähig, die zeitgemäße Geburt erfolgt zw. der 38. und 42. SSW. Aufgrund der Plastizität der sich in der Entwicklung befindenden Strukturen und Funktionen besteht eine Beeinflussbarkeit gegenüber schädigenden Einflüssen (Risiken; Vulnerabilität), wobei die Risiken für schwerwiegende Veränderungen einzelner Funktionsbereiche zu unterschiedlichen Zeiten während der p. E. liegen. Schölmerich 2006. *A. Schölmerich/N. Gawehn*

Entwicklung, psychosexuelle; empirische Bewährung, [**EW**], Freuds Ideen zur indiv. Entwicklung (*Entwicklung, psychosexueller Ansatz nach Freud*) beruhte auf der Interpretation der freien Assoziationen neurotischer Erwachsener. Empirische Untersuchungen ab den 1950er-Jahren konnten weder die vermuteten Entwicklungsphasen noch den *Ödipuskomplex* bestätigen (Greve & Roos 1996). Dies gilt auch für die von Freud vermuteten langfristigen phasenspezif. Konsequenzen unverarbeiteter *Konflikte*, z. B. dass Konflikte in der analen Phase zu einem späteren zwanghaften Charakter führten (Kline 1981), und für Freuds Erklärungsversuch von Geschlechtsunterschieden durch den Ödipuskomplex bei Jungen und den *Elektrakomplex* bei Mädchen (Trautner, 1994). Deshalb spielt der psychosexuelle Ansatz in der heutigen empirisch orientierten Entwicklungsps. keine Rolle mehr (z. B. Schneider & Lindenberger 2012). *J. B. Asendorpf*

Entwicklung, psychosexueller Ansatz nach Freud [engl. *psychosexual development according to Freud*], [**EW, KLI, PER**], *Psychoanalyse*, Freud hat mit seinem 1905 erschienenen Buch *Drei Abhandlungen zur Sexualtheorie* den Begriff der Sexualität revolutioniert (Freud 1905). In dieser Schrift präsentierte er seine Entdeckung der infantilen Sexualität und deren polymorph perverser Struktur. Er nimmt an, dass die menschliche Sexualität eine lange, konflikthafte Entwicklung (= E.) durchmacht, bevor sie sich im Erwachsenenleben mehr oder weniger unter dem Primat der Genitalzonen und der Fortpflanzungsfunktion organisiert. Die erste Stufe der psychosexuellen E. ist die *orale Phase*, in der die sexuelle Lust an die Reizung der Mundhöhle und der Lippen gebunden ist. Auf die orale Phase, die das erste Lebensjahr dominiert, folgen die anale (*analer Charakter*) und die phallische bzw. infantil genitale Phase (*phallische Phase*), in der der Penis des Jungen und die Klitoris des Mädchens die Hauptquelle sexueller Lust darstellen. Die sog. libidinöse Entwicklung erreicht zw. dem vierten und fünften Lebensjahr, in der phallischen Phase, eine erste Frühblüte der Sexualität. Die zu diesem Zeitpunkt höchst intensiven, auf die Eltern gerichteten, sexuellen Strebungen verfallen dann i. R. des *Ödipuskomplexes* der *Verdrängung* und es setzt die, bis zur Pubertät dauernde, Latenzzeit ein. In der Pubertät werden die Sexualstrebungen und Objektbesetzungen der Kindheit wieder belebt und es erfolgen jene inneren Umformungen und Transformationen, die das Sexualleben mehr oder weniger unter dem Primat der Genitalzone versammeln. *Entwicklung, psychosexuelle; empirische Bewährung*, *Persönlichkeitstheorien, psychoanalytische*. Sigusch 2011. *L. Bayer*

Entwicklung, psychosozialer Ansatz nach Erikson [engl. *development, psychosocial approach*], [**EW, SOZ**], auf Basis seiner psychoanalytischen Ausbildung (*Psychoanalyse*) hat Erik H. Erikson (1902–1994) ein Modell der psychosozialen *Entwicklung* vorgelegt, das an die Phasenlehre Freuds zur psychosexuellen Entwicklung (*Entwicklung, psychosexueller Ansatz nach Freud*) anknüpft, den Fokus jedoch auf die *soziale Entwicklung* richtet. Grundlegend ist die Annahme, dass Entwicklung aus dem Spannungsfeld zw. sich wandelnden *Bedürfnissen* des Kindes bzw. der Person in Auseinandersetzung mit den sich ebenfalls verändernden Anforderungen der sich erweiternden sozialen Umwelt resultiert. Als wesentliche Triebfeder der Entwicklung sieht er altersgradiert phasentypische psychosoziale *Konflikte* oder *Krisen*, die aus diesem Spannungsfeld resultieren und die es aktiv zu bewältigen gilt. Anders als Freud und gängige Entwicklungstheorien seiner Zeit nimmt er hierbei nicht nur die Zeit bis zum Ende des Jugendalters (*Adoleszenz*) in den Blick, sondern liefert eine erste Vorlage für die spätere Ps. der Lebensspanne (*Lebensspannenpsychologie*).

Für die Zeit zw. Geburt und reifem Erwachsenenalter sieht er acht Lebenskrisen als maßgeblich an: Im Säuglingsalter, das durch eine starke Abhängigkeit von der Betreuungsperson gekennzeichnet ist, entscheidet sich demnach der Konflikt zw. *Urvertrauen und Ur-Misstrauen*. Im Kleinkindalter, in dem die ersten Ansätze von Selbstständigkeit gegenüber der Betreuungsperson (Mutter) entwickelt werden (vgl. M. Mahler: Individuation), bezieht sich die Krise auf die *Autonomiegewinnung vs. Scham und Zweifel*. Im Kindergarten- bzw. Spielalter entscheidet sich der Konflikt zw. *Initiative und Schuldgefühl*, im Grundschulalter, in dem Leistungsstreben (*Leistungsmotivation*) an Bedeutung gewinnt, fokusiert die Krise auf die Entwicklung von *Werksinn vs. Minderwertigkeitsgefühl*. In der Adoleszenz steht die Auseinandersetzung mit der eigenen Person und damit der Konflikt zw. *Identitätsgewinnung und Ablehnung oder Identitätsdiffusion* (*Identität*, *Identitätsentwicklung*) im Vordergrund. Im frühen Erwachsenenalter sieht er die Entwicklung von *Intimität und Solidarität* in engen sozialen *Bindungen* im Vordergrund, die bei nicht konstruktiver Lösung des Konflikts in *Isolierung* mündet. Im Erwachsenenalter ist die Entwicklung von *Generativität* (in Beziehung zu eigenen Kindern, anderen Heranwachsenden oder Lernenden) zentral, die im Fall eines Scheiterns in *Selbstabsorption* mündet, und im reifen Erwachsenenalter (*Lebensalter, drittes und viertes*) geht es um die Auseinandersetzung mit dem Lebensrückblick und körperlichen Einschränkungen des Alters, die in dem Konflikt zw. *Integrität und Verzweiflung* ausgetragen wird. Für diese einzelnen Phasen werden jew. relevante soziale Bezugssysteme bedeutsamer Beziehungen hervorgehoben, die sich zunehmend ausweiten: von der Mutter (Säuglingsalter) über die Eltern (Kleinkindalter), die *Familie* (Spielalter), die Nachbarschaft und Schule (Grundschulalter), über Gleichaltrige und andere Rollenmodelle (*Peergroup*, Jugendalter), Partner und Freunde (frühes Erwachsenenalter), den eigenen Haushalt und Mitarbeiter (Erwachsenenalter) bis hin zur Menschheit oder Menschen gleicher Art (reifes Erwachsenenalter). Zudem werden für jede Phase typische Tugenden und mögliche Fehlentwicklungen beschrieben. Die Stufen (*Entwicklungsphasen, -stufen*) werden zwar als aufeinander aufbauend betrachtet, allerdings ist die erfolgreiche Bewältigung der psychosozialen Krise auf der vorhergehenden Stufe keine zwingende Voraussetzung, wohl aber eine erleichternde Bedingung für die erfolgreiche Bewältigung der nachfolgenden.

Bes. einflussreich waren die Arbeiten Eriksons zur Identitätsentwicklung in der Adoleszenz. Er sah das Jugendalter als eine Phase des Moratoriums (*Moratorium*), das die geschützte Exploration eigener *Ziele* und Optionen erlaubt und erst nach erfolgreicher Exploration in eine Festlegung bzw. ein *Commitment* z. B. beruflicher Pläne mündet. Diese Konzeption zweier Dimensionen der Identitätsentwicklung (Exploration und Commitment) wurde in dem *Identitätsmodell von Marcia* aufgegriffen und in einem typologischen Ansatz weiterentwickelt. Erikson 1959, Erikson 1968.   S. Walper

Entwicklung, reifungstheoretischer Ansatz (= r. A.) [engl. development, maturation theory], [**EW**], der r. A. beruht auf der Annahme, dass Veränderungen endogen, nach genetisch (*Genetik*) festgelegtem Muster erfolgen und die Entfaltung der biol. Strukturen und der Funktionen eines Menschen bedingen. Veränderungen werden als reifungsbedingt angesehen, wenn Verhaltensweisen universell in einer Altersgruppe auftreten, unabhängig von Lernmöglichkeiten (*Lernen*), *Übung*) und *Sozialisation*. Dazu zählen bspw. das Verhaltensrepertoire von Neugeborenen, das Gehen auf zwei Beinen zu Beginn des zweiten Lebensjahres (*Entwicklung, motorische*) und erste logische Operationen im Alter von ca. sechs Jahren (*Entwicklung, kognitive*). E. wird somit nicht erklärt durch Einflüsse von außen, vielmehr erklärt die E. selbst, weshalb Einflüsse von außen veränderungswirksam werden. Bspw. kann der Erwerb einer neuen *Lernstrategie* erst gelingen, wenn die kogn. *Reifung* des Kindes dies ermöglicht. Es wird weiter angenommen, dass das genetische E.programm in best. (sensiblen) Phasen für spezif. äußere Einflüsse (bes.) offen ist. So erfolgt bspw. die E. der *Sprache* in den ersten Lebensjahren schneller als später. Aktuelle Befunde belegen, dass auch Reifungsprozesse kontextabhängig und manipulierbar sind. Durch den Vergleich unterschiedlicher kult. Praktiken ist bspw. zu beobachten, dass die motorische E. im ersten Lebensjahr in ihrem E.tempo durch gezieltes Training beeinflussbar ist. Der r. A. konkretisiert nicht, wie Reifungsprozesse im Einzelnen gesteuert werden und welche Minimalanforderungen durch die Umwelt gegeben sein müssen, damit sich E. vollziehen kann. *Anlage-Umwelt*.   C. Freitag

Entwicklung, romantische (= r. E.) [engl. *romantic development*], [**EW, SOZ**], ist eine der bedeutendsten *Entwicklungsaufgaben* der *Adoleszenz*. Die r. E. im Jugendalter gewann als Forschungsfeld in den 1990er-Jahren zunächst in den USA an Bedeutung. Als r. E. im Jugendalter wird üblicherweise die Aufnahme von Liebesbeziehungen (auch als romantische Beziehungen bezeichnet) verstanden, wobei die Gestaltung dieser Beziehungen im Hinblick auf Dauer, *Commitment*, Exklusivität, Zuneigung sowie geteilte Intimität und *Sexualität* interindiv. sehr stark variieren kann. Aktuelle Studien zeigen, dass bis zum Alter von 18 Jahren mehr als 3/4 der Jugendlichen schon mind. eine feste Partnerschaft hatten, wobei der Prozentsatz von partnerschaftserfahrenen Jugendlichen im Verlauf der Adoleszenz ansteigt. Die Beschreibung der r. E. erfolgt üblicherweise in Stadien, die versch. Altersgruppen zugeordnet werden. Gemeinsam ist diesen Stufen- und Phasenmodellen (*Entwicklungsphasen, -stufen*, z. B. von B. Bradford Brown, Wyndol Furman oder Jennifer A. Connolly), dass sie von einer zunehmenden Intensivierung und Stabilisierung der Partnerschaften im Verlauf der Adoleszenz ausgehen, die mit einer funktionalen Veränderung partnerschaftlicher Faktoren wie Intimität und Sexualität verbunden sind und mit einer Veränderung der Eltern- und Peerbeziehungen (*Peergroup*) und zunehmenden Konsolidierung des *Selbst* einhergehen. Tatsächlich zeigt die nationale und internat. Forschung, dass die Partnerschaften Jugendlicher mit dem Alter dauerhafter werden (Partnerschaftsdauer bei den 15-Jährigen durchschnittlich fünf Monate, bei den 17-Jährigen elf Monate) sowie die Trennungsraten sinken und damit die Stabilität der Partnerschaften ansteigt (1-Jahres-Stabilität bei den 15-Jährigen 34,8 %, bei den 17-Jährigen 49,4 %). Die romantische und sexuelle Entwicklung beeinflussen sich im Jugendalter häufig gegenseitig: Mit zunehmender Dauer einer Partnerschaft steigt die Wahrscheinlichkeit, dass es zu intensiven sexuellen Kontakten sowie zum ersten Geschlechtsverkehr kommt. Qualitative Veränderungen in den Partnerschaften im Verlauf der Adoleszenz betreffen eine Zunahme der gemeinsam verbrachten Zeit, eine stärkere *Bindung* und gegenseitige Fürsorge der Partner, ein höheres Maß geteilter Intimität, Partnerschaftskompetenzen und Beziehungsqualität sowie ein stärkeres Commitment. Obwohl empir. Befunde eine quasisequenzielle Abfolge in der r. E. nahelegen, sind auch Variationen in der Abfolge der Entwicklungssequenzen sowie *Akzelerationen*/Dezelerationen möglich. Neben dem *Alter* haben auch andere Faktoren wie körperliche *Reife* oder *Sozialisation*sbedingungen in *Familie* und dem Gleichaltrigenmilieu sowie der Bildungsstand (*Status, sozioökonomischer*) Einfluss darauf, wann Jugendliche erste romantische Beziehungen eingehen. I. d. R. sind eine frühere körperliche Reife, neg. Erfahrungen in der Familie (etwa Trennung/*Scheidung* der Eltern, ökonomische Verknappung), der Kontakt zu älteren Peers sowie ein niedrigerer Bildungsstatus mit einer früheren Aufnahme von Liebesbeziehungen verbunden. Die r. E. ist eingebettet in die allg. Individuationsentwicklung (*Autonomieentwicklung*) im Jugendalter, d. h. die zunehmende Autonomiegewinnung in Beziehung zu den Eltern und Hinwendung zu Gleichaltrigen. Biopsychosoziale Modelle betonen die evolutionsbiol. Notwendigkeit dieser Entwicklung für die Fortpflanzung und die Vermeidung von Inzest. Eine Reihe von Studien beschäftigt sich mit den neg. Seiten romantischer Erfahrungen wie etwa *Gewalt*erfahrungen (Dating aggression) oder die Entwicklung psych., schulischen und sozialen Problemverhaltens. Im Fokus steht v. a. die Entwicklung depressiver Symptome (*Depression*), die mit einer hohen Involviertheit in romantische Beziehungen, Trennungserfahrungen sowie häufig wechselnden Partnerschaften in Verbindung gebracht werden. Obwohl romantische Beziehungen im Jugendalter gleich- oder gegengeschlechtlich sein können, beschäftigt sich das Gros der Forschung aktuell eher mit gegengeschlechtlichen romantischen Beziehungen. Inwieweit vorhandene Befunde und Modelle auch auf gleichgeschlechtliche Partnerschaften übertragen werden können, wird unterschiedlich diskutiert. Collins et al. 2009, Salisch & Seiffge-Krenke 2008. E.-V. Wendt

Entwicklung, sensorische (= s. E.) [engl. *sensoric development*; engl. *sentire* empfinden, wahrnehmen], **[EW, WA]**, s. E. bez. die durch die Interaktion von genetischen und epigenetischen (Umwelteinflüsse, *Lernen*) Faktoren bedingte alterskorrelierte Veränderung von Sinnessystemen (*Sinne*, Rezeptoren, Sinnesorgane, neuronale Korrelate). Diese Veränderungen können nach Anatomie (z. B. Zunahme der Länge des Augapfels in den ersten beiden Lebensjahren von 17 mm auf 24 mm, Verlust von Papillen der Zunge im Alter), physiol. und psych. Leistungssteigerung klassifiziert werden. Für die monokulare *Sehschärfe* findet man erst mit ca. 1 Jahr einen Visus von 1.0, die *Kontrastempfindlichkeit* ist bis zum 6.–12. Lebensjahr geringer als bei Erwachsenen, wenngleich ab dem 3. Lebensjahr die Unterschiede der Kontrastempfindlichkeitsfunktionen gering sind, Kinder aber zum Auflösen von Details einen höheren Kontrast brauchen. Die Elastizität der Linse verändert sich altersabhängig: So nimmt die Entfernung des *Nahpunktes* (Punkt, ab dem die Linse nicht mehr akkommodieren kann) mit dem Alter zu, bei 20-Jährigen liegt er bei 10 cm, bei 40-Jährigen bei 22 cm und bei 60-Jährigen bei 100 cm. Erfasst werden können diese Veränderungen mit Methoden der *Physiologie*, insbes. der *Elektrophysiologie* (z. B. Visuell Evozierte Potenziale) und der Ps., *Psychophysik* (z. B. *visuelles Präferenzverfahren* bei Säuglingen, sensorische Leistungstestverfahren wie Audiometrie, Skalierungsverfahren). Fischer 1995, Schneider & Lindenberger 2012. W. Mack

Entwicklung, soziale (= s. E.) [engl. *social development*], **[EW, SOZ]**, s. E. bez. die durch die *Interaktion* von genetischen (*Genetik*) und epigenetischen (Umwelteinflüsse, *Lernen*) Faktoren bedingte alterskorrelierte Veränderung der *Fähigkeit*, mit anderen Menschen pos. valente, relativ dauerhafte Beziehungen (*Bindung*) eingehen zu können, die auf den Interaktionsformen *Kommunikation* und *Kooperation* beruhen, aber auch *Verhalten* und *Erleben* in neg. valenten sozialen Beziehungen wie Feindschaft (*Feindseligkeit*) und *Aggression*. Die E. s. Kognitionen (*soziale Kognition, Entwicklung*) ist dafür Voraussetzung und Folge. Diese s. Kognitionen sind wesentliche Konstituenten der *Alltagspsychologie*, die in der Forschung oft *Theory of Mind* (*mentalistische Alltagspsychologie, deklarativ-metakognitives Wissen, Vorläufer*) genannt wird. Um andere beeinflussen und verstehen zu können, muss man ihre Perspektive auf die Welt kennen, wozu man ihnen Überzeugungen und Wünsche zuschreiben muss (wie sehen die anderen die Welt?), wissend, dass sich diese auch auf die eigenen Überzeugungen und Wünsche beziehen können (wie sehen die anderen mich?). Erst dies erlaubt sozialstrategisches Handeln und die Bildung von Überzeugungen und Wünschen in Abhängigkeit von den Überzeugungen und Wünsche anderer, erst so entsteht auch ein Wir-Gefühl als Grundlage von sozialem *Identität*serleben, geteilten Überzeugungen und Wünschen (kollektive Intentionalität). Eine zentrale Rolle spielt daher auch die E. der nonverbalen und verbalen Kommunikation. Vorurteile sowie weitere Formen von s. *Einstellungen* gehören mit zu s. Kognitionen, ebenso die E. all der Kompetenzen, die unter *Moral* fallen (*Entwicklung, moralische*). Das weite Feld der s. E. umfasst auch Bereiche wie Bindung, familiäre *Sozialisation*, Spielen, Freundschaft, Kooperation und Wettbewerb, Aggression, *Sexualität* und Liebe, *Gruppe*nmitgliedschaften, Einstellungen zu sozialen Objekten aller Art. Schneider & Lindenberger 2012, Siegler et al. 2005. W. Mack

Entwicklung, soziokultureller Ansatz nach Wygotski [engl. *development, socio-cultural approach*], **[EW, KOG, SOZ]**, Lew S. Wygotski (engl. *Vygotsky*) (1896–1934; Begründer der sog. kulturhistorischen Schule der sowjetischen Ps.) hat eine dezidiert soziokulturelle Perspektive in die Entwicklungsps. eingebracht. Während des Stalinismus drohten seine Arbeiten in Vergessenheit zu geraten, aber seit den 1970er-Jahren werden sie wieder verstärkt rezipiert und gelten heute als wichtigster ps. Beitrag zum *Sozialkonstruktivismus*. Die zentrale Annahme Wygotskis ist, dass psych. Prozesse einen sozialen Ursprung besitzen und jede psych. Funktion zunächst eine soziale und äußere war, bevor sie verinnerlicht und zur i. e. S. psych. wird. Wygotski spricht von *Interiorisation* als einem fundamentalen Gesetz psych. *Entwicklung* (=E.). Weil er schon den Säugling «mit seiner gesamten Lebensweise» auf die *Kommunikation* mit Erwachsenen ausgerichtet sieht, steht es für Wygotski außer Frage, dass bereits die ersten Kontakte des Menschen mit der Realität soziokulturell vermittelt sind. Für dieses Verständnis von psych. E. ist der Vermittlung über *psych. Werkzeuge* wie *Sprache* und andere Formen sozialer Symbolik (*Symbol*) von außerordentlicher Bedeutung, und Wygotski sieht den Schlüssel für das Verständnis *kognitiver Entwicklung* in der Untersuchung der *Begriffsentwicklung* und Wortbedeutungen. Hierin und in der Auffassung von psych. E. als einem diskontinuierlichen Prozess mit Übergängen zw. altersspezif. charakteristischen Denkformen (*Denken*) bestehen deutliche Parallelen zw. Wygotski und Piaget (*Entwicklung, Stufentheorie nach Piaget*). Auch die von Wygotski herausgearbeiteten Etappen der Begriffe. zeigen hohe Übereinstimmungen zum Phasenmodell Piagets. So charakterisiert Wygotski die vorschulischen kindlichen Begriffsbildungen als Komplexe oder Pseudobegriffe, die unmittelbar an sinnliche Erfahrung gebunden, anhand zufälliger Merkmale gebildet sind und i. S. von «Familienbez.» fungieren. Demgegenüber spricht Wygotski bei im Schulalter gebildeten «Alltagsbegriffen» dem Wort eine andere Funktion zu, insofern die zugrunde liegenden Gegenstandsmerkmale logisch begründet und hierarchisch klassifiziert sind. Hiervon grenzt Wygotski noch wiss. Begriffe ab, die wesentlich auf Abstraktionen beruhen und die Konstruktion abstrakter Systeme erlauben. Im Unterschied zu Piaget betont Wygotski aber als Hauptrichtung der E. des kindlichen Denkens, dass diese «nicht vom Individuellen zum Sozialisierten, sondern vom Sozialen zum Individuellen» (Wygotski 1972, 44) verläuft. In diesem Zusammenhang widerspricht er bezogen auf das Phänomen des «*egozentrischen Sprechens*» der Interpretation Piagets, indem er es als «von Anfang an sozial» und i. S. seiner Interiorisationshypothese als Übergangsphänomen zum inneren *Sprechen* versteht. Bezogen auf den Beziehungsaspekt von E. ist Wygotskis Konzept der *Zone der nächsten Entwicklung* von bes. Bedeutung: Hierdurch lenkt Wygotski den Blick auf das, was das jew. Kind in einem interaktiven Zusammenhang optimal zu erfassen vermag. Im asymmetrischen Verhältnis Kind-Erwachsener ist dieser E.bereich definiert durch die Differenz zw. dem Niveau der Aufgabenlösung unter Anleitung und dem Niveau selbstständiger Lösung. Bezogen auf symmetrische Beziehungen unter Kindern identifiziert Wygotski im kollektiven Als-ob-Spiel den Raum, in dem die Kinder sich in der Zone der nächsten E. befinden, insofern sie in der Fantasie über sich selbst hinauswachsen und spielerisch realisieren, was im Alltag noch nicht gekonnt wird. Wygotski 1987–1999, Wygotski 1985/1987, Wygotski. *H. Brandes*

Entwicklung, Stufentheorie nach Piaget [engl. *development, Piaget's stage theory*], [**EW, KOG**], nach dem Verständnis von Piaget (*Piaget, Jean*, 1896–1980) verläuft die geistige Entwicklung (= E.; *Entwicklung, kognitive*) des Menschen über qual.-unterscheidbare Stufen (*Entwicklungsphasen, -stufen*). Diese Stufen unterscheiden sich primär darin, wie der Mensch sein *Wissen* über die Welt subj. repräsentiert (*Repräsentationsstufen*). Piaget unterschied drei *Repräsentationsstufen*, nämlich eine sensu-motorische, eine vorstellungsbezogene oder konkrete und eine formal-logische oder zeichenhafte. Innerhalb jeder Stufe geht es darum, unkoordinierte oder schlecht koordinierte *Schemata* in logische Strukturen zu integrieren (*Strukturgenese*). Dadurch werden aus (unverbundenen) «*actions*» «*reversible opérations*». Da Piaget diesen Erwerb von Strukturen am häufigsten und auch mit den eindrücklichsten exp. Einfällen an Kindern zw. fünf und acht Jahren demonstrierte, hat es sich eingebürgert, die E. innerhalb dieser Repräsentationsstufe auf zwei große E.stufen aufzuteilen, weshalb viele Darstellungen dieser Theorie insges. vier E.stufen unterscheiden, nämlich eine *sensu-motorische Entwicklungsstufe*, eine sog. *prä-operatorische Entwicklungsstufe*, eine *onkret-operatorische Entwicklungsstufe* und eine *formal-operatorische Entwicklungsstufe*. Dies schien eine Zeit lang umso gerechtfertigter, als am Anfang der Eindruck vorherrschte, im Alter von etwa sechs Jahren würden die meisten Kinder die konkreten Operationen in allen inhaltlichen Bereichen erreichen.

(1) Auf der ersten Stufe (*sensu-motorische E.stufe*) erwirbt das Kind praktisch-räumliche Umgangsweisen mit seiner Welt, mit denen es gleichzeitig seine sinnliche *Wahrnehmung* organisiert. Dies sind Lokomotionen (*Lokomotion*) im Raum oder die Erkenntnis konstanter Größe von Gegenständen trotz unterschiedlicher Entfernung, «gleicher» Farbe trotz unterschiedlicher Beleuchtung oder das Wiedererkennen der Mutter und anderer Personen oder das Vermissen einer abwesenden Person (sog. *Objektpermanenz*). Die erste Stufe entwickelt sich im Wesentlichen über die ersten 18 Monate. (2) Auf der *prä-operatorischen E.stufe* kann sich das Kind Weltausschnitte und den Umgang mit ihnen mental vorstellen, auch wenn sie nicht aktuell präsent sind. Dadurch kann es Zusammenhänge denken (*Denken*), z. B. ursächliche Beziehungen (*Kausalität*) oder einen längeren und unübersichtlichen Weg zu einem best. Ziel. Die Zusammenhänge werden aber noch oft falsch oder zu einfach gedeutet, weil es noch nicht über die eigentlichen konkreten Operationen verfügt. (3) Dass Kinder mehrere Aspekte der gleichen Realität gleichzeitig und realitätsgerecht berücksichtigen können, macht die *konkret-operatorische Stufe* aus. Es kann sich z. B. vorstellen, dass der Transport von sechs Kisten zum gleichen Ergebnis führt, wenn man dreimal läuft und je zwei Kisten trägt wie wenn man zweimal läuft und je drei Kisten trägt. Nach Piagets Überzeugung erreichen diese Vorstellungsschemata ab etwa dem sechsten Lebensjahr auf breiter Front Operationscharakter, d. h. sie vernetzen sich zu verlässlichen reversiblen kogn. Strukturen. (4) Die vierte Stufe ist die *formale* (ab etwa elf Jahren und oft viel später). Ab dieser Stufe wird der abstrakte Umgang mit der Welt möglich, d. h. der Umgang mit Namen und *Zeichen* ohne aktuelle *Vorstellung* des Gemeinten. Wie auf der ersten und der zweiten/dritten Stufen geht es auch auf dieser Stufe darum, zunächst unverbundene kogn. Aktionsschemata in kogn. Strukturen (*Strukturgenese*) einzubinden, woraus

die formalen Operationen entstehen. Wer z. B. weiß, dass die Fläche eines Quadrats immer die Quadratur einer Seite ist, kann verlässlich schließen, dass ein Quadrat von 2 m Länge 4 m² umfasst.

Beim Erklimmen je höherer Stufen gehen die *Fähigkeiten* der vorausgehenden Stufen nicht verloren; auch die Aktivitäten der versch. Stufen verbinden sich systematisch. Die Lebensalterangaben werden heute nicht mehr so ernst genommen; es gibt große interindiv. und indiv.-bereichsspezif. Unterschiede (*décalage*). Piaget 2000, Flammer 2009a, Miller 2003. *A. Flammer*

Entwicklung, Theorie dynamischer Systeme (= E., T. d. S.), [engl. *development, dynamic systems theory*], **[EW]**, ist ein theoretischer Zugang zum Studium von E.prozessen. E., T. d. S. beschreibt ursprünglich komplexe nonlineare Systeme (= S.) in der Physik und Mathematik und fand in ihrer allgemeinsten Form als Beschreibung von aus Elementen aufgebauten S. und ihren Zustandsänderungen Eingang in die E.ps. (Wilkening & Cacchione 2007a). Dynamische S. bilden selber Ordnungsmuster aus und verändern diese kontinuierlich. Der sich entwickelnde Mensch wird als ein S. betrachtet, dessen Eigenschaften und *Verhalten* spezif. Ordnungsmuster darstellen, die sich aus der spontanen Interaktion aller beteiligten systeminternen und -externen Komponenten ergeben (*Selbstorganisation*). Der Kerngedanke ist, dass sich die Eigenschaften und Verhaltensweisen des S. erst aus den Beziehungen aller S.komponenten untereinander ergeben und nicht bereits in den einzelnen S.komponenten angelegt sind (*Übersummativität*). Die Frage ist, wie sich die Komponenten zu einem best. Zeitpunkt zu einem spezif. Muster zus.schließen und welche S.manipulationen zu einer Reorganisation der Komponenten führen. Entwicklung manifestiert sich unter diesem Gesichtspunkt als ein emergentes Produkt vieler dezentralisierter, lokaler Interaktionen. Wenn in einem S. durch systeminterne Reorganisationsprozesse qual. neue Eigenschaften und Verhaltensweisen auftreten, nennt man diese Form der spontanen Veränderung *Emergenz*. In dynamischen S. stehen die S.komponenten in nonlinearer Beziehung zueinander, was bedeutet, dass eine kleine Veränderung in einem S.parameter die ganze S.ordnung umkrempeln kann. Obwohl S. theoretisch enorm viele Zustände (Ordnungsmuster) einnehmen könnten, gibt es bevorzugte Zustände. Diese S.zustände nennt man Attraktor-Zustände. Sie sind relativ stabil, aber bei Bedarf veränderbar. Systemtheoret. (*Systemtheorie*) gesehen ist die E.aufgabe des Menschen, vor dem Hintergrund interner und externer Störungen eine optimale Balance von Stabilität und Flexibilität bzgl. des Einnehmens best. Zustände zu erreichen. *T. Cacchione*

Entwicklung, Transitionsphasen der [engl. *developmental transitions*], *Persönlichkeitsstabilisierung, Mechanismen der*.

Entwicklung der Geschlechtsidentität (= E. d. G.) [engl. *development of gender identity*], **[EW, PER]**, umfasst sowohl körperliche, als auch psychosoziale Asp. Sie hat ihren Anfang in der Festlegung des genetischen Geschlechts, welches bereits ab ca. der 5. Schwangerschaftswoche zur Ausdifferenzierung männlicher oder weiblicher Geschlechtsmerkmale und im nachgeburtlichen E.verlauf zu festgelegten biol. gesteuerten E.schritten (z. B. hormonellen Veränderungen zu Beginn und im Verlauf der Pubertät) führt. Gleichzeitig findet eine umfassende kogn. (*Kognition*), affektive (*Affekt*) und verhaltensbezogene E. d. G. statt, die in ihrem Verlauf von versch. sozialen und indiv. Faktoren beeinflusst wird. Bereits in den ersten beiden Lebensjahren werden dabei die Grundlagen für geschlechtstypisches Wahrnehmen, Kategorisieren und Bewerten gelegt und Kinder sind z. B. schon sehr früh dazu in der Lage, erwachsene männliche und weibliche Stimmen oder Gesichter zu unterscheiden. Bis zum Ende des zweiten Lebensjahres können Kinder die beiden Geschlechter sowohl bei Erwachsenen als auch bei Kindern gut unterscheiden und besitzen ein zumindest rudimentäres Wissen über *Geschlechterstereotype* (z. B. *Interessen*, Gegenstände oder Verhaltensweisen, die zu den Geschlechtern passen). Häufig zeichnen sie sich auch in ihrem Spielverhalten durch geschlechtstypische Aktivitäten und Spielzeugpräferenzen aus. Im Verlauf der Kindergartenzeit kommt es zu einem zunehmenden Erkennen der Unterschiede zw. *männlich* und *weiblich* und einer ersten Entwicklung von Geschlechtskonstanz, wobei jüngere Kinder eher noch nicht verstehen, dass es neben Unterschieden zw. den Geschlechtern auch Gemeinsamkeiten zw. den Geschlechtern und Unterschiede innerhalb eines Geschlechts geben kann. Je nach Entwicklungsstand werden Geschlechterstereotype (und damit verbundene Interessen, Vorlieben und Verhaltensweisen) daher eher rigide oder flexibel betrachtet. Mit Beginn des Schulalters wird die genitale Grundlage des Geschlechts als wesentliche Entwicklungsvoraussetzung für ein volles Verständnis der Geschlechtskonstanz erreicht. Es wird nun erkannt, dass neben Geschlechtsunterschieden auch Gemeinsamkeiten zw. beiden Geschlechtern sowie Unterschiede innerhalb eines Geschlechts existieren. Parallel dazu sind die Kinder auch besser in der Lage, zw. geschlechtstypischen und -neutralen Merkmalen zu unterscheiden. Doch auch wenn diese Differenzierung eine grundsätzliche Flexibilisierung bedeutet, bleibt die Bedeutung der Geschlechterkategorien insbes. in selbstbezogenen Bereichen (z. B. *Selbstkonzept*) zunächst weitgehend erhalten. In der *Adoleszenz* werden schließlich Fragen nach der eigenen *Identität* zentral (Wer bin ich? Was will ich werden? Wie sehen mich die anderen?). Und auch die zeitgleich auftretenden körperlichen Veränderungen (Veränderung des äußeren Erscheinungsbildes, Eintreten der Geschlechtsreife) werden zu bedeutsamen Entwicklungsaufgaben: Es gilt den eigenen männlichen bzw. weiblichen Körper kennenzulernen und zu akzeptieren, eine sexuelle Orientierung auszubauen, erste sexuelle Beziehungen aufzubauen, sich mit gesellschaftlich vorgegebenen *Geschlechterrollen* auseinanderzusetzen und zukunftsbezogene Entscheidungen (z. B. bzgl. Beruf, Partnerschaft, Familie) zu treffen. Trautner 2002.

Entwicklungsalter (= E.), [engl. *developmental age*], **[EW]**, der Begriff wurde erstmals 1926 von Furfey und unabhängig davon dt.sprachig von Penning eingeführt. E.

ist der Stand der Entwicklung eines Individuums, bezogen auf das Durchschnittsniveau der gleichartigen Individuen seiner Art (*Bezugsnorm*). Abweichungen von der Norm, d. h., Nichtübereinstimmung von Lebensalter und E. stellen eine Spät- oder Frühentwicklung dar (*Akzeleration, Retardation, Retardierung*). Das E. bezieht sich auf geistige und körperliche Tatbestände. Zur Bestimmung des E. im einzelnen Fall haben sich *Entwicklungstests* bewährt. *Entwicklungsphasen, -stufen, Alter*. *F. Wilkening*

Entwicklungsaphasie [engl. *developmental aphasia*]; *Aphasie, Dysphasie*.

Entwicklungsaufgaben (= E.) [engl. *developmental tasks*], [**EW**], das Konzept der E. (Havighurst 1972) besagt, dass durch die erfolgreiche Auseinandersetzung mit lebensaltertypischen Aufgaben *Fertigkeiten* und *Kompetenzen* ausgebildet werden, die für die *Persönlichkeitsentwicklung* förderlich sind und die Lösung künftiger E. erleichtern. In Abgrenzung zu den kritischen Lebensereignissen (*Life-Event, kritisches*), handelt es sich bei den E. um ans Lebensalter gebundene Anforderungen, mit denen jedes Individuum im Laufe seines Lebens konfrontiert wird. Diese normativen oder universellen E. erstrecken sich über die gesamte Lebensspanne (*Lebensspannenpsychologie*, z. B. Vorbereitung auf die berufliche Tätigkeit oder auf die Menopause). Eine optimale Entwicklung ergibt sich aus der Bewältigung einer für das Individuum adäquaten Aufgabe, die weder eine Über- noch eine Unterforderung bedeutet. Die Quellen der Entwicklungsanforderungen liegen nach Havighurst in biol. Veränderungen des Individuums, Erwartungen und Anforderungen der Gesellschaft und in indiv. *Erwartungen* und Wertvorstellungen (*Werte*). Persönlichkeitsentwicklung erfolgt aus der integrativen Bewältigung der Anforderungen aus all diesen Bereichen. *M. Schmid*

Entwicklungsdiagnostik (= E.) [engl. *developmental assessment*], [**DIA, EW**], beschäftigt sich mit der quant. und qual. Erfassung entwicklungsbedingter Kompetenzen (*Entwicklung*). Darunter versteht man Fähigkeiten und Fertigkeiten des Individuums, die auf der Transaktion zw. genetischer Disposition und Umwelterfahrungen beruhen und sich über die Lebensspanne durch transaktionale Auf- und Abbauprozesse ausbilden (*Lebensspannenpsychologie*). E. zielt darauf ab, das Entwicklungsniveau dieser Kompetenzen zu beschreiben, Entwicklungsabweichungen aufzudecken, evtl. notwendige Interventionen zu planen und zu evaluieren sowie Prognosen über die zukünftige Entwicklung zu stellen. Dazu wird die bereits realisierte Entwicklung einer Person im Laufe des entwicklungsdiagnostischen Prozesses (*diagnostischer Prozess*) erhoben und mit einer normativ festgelegten – zumeist alterskorrelierten – Entwicklung verglichen. Je nach Ausmaß und Richtung der Abweichung spricht man von einer altersgemäßen Entwicklung, einem Entwicklungsrückstand (*retardierte Entwicklung, Retardation*) oder einem Entwicklungsvorsprung (*akzelerierte Entwicklung*). E. hat in erster Linie in den Lebensphasen Bedeutung, in denen prägnante Kompetenzzuwächse oder Abbauprozesse stattfinden, also im Säuglings-, Kleinkind- und Vorschulalter bzw. im Alter. Zu den wesentlichsten Methoden der E. zählen die *Entwicklungstests*.

Ergänzend werden i. R. einer E. Gesprächsinformationen bei den Bezugspersonen erhoben und das Verhalten der Person beobachtet. Diese beiden Methoden verfügen über weniger zufriedenstellende *Gütekriterien* als Entwicklungstests, da sie meist weniger standardisiert sind, sie liefern aber qual. Informationen, die in die Interventionsplanung einfließen. Für einige Entwicklungsdefizite liegen Indikatoren vor, die eine frühzeitige Identifikation von Personen mit Entwicklungsrisiko erlauben (etwa für das Risiko einer *Sprachentwicklungsstörung*). In diesen Fällen werden *Entwicklungsscreenings* eingesetzt, denen eine Filterfunktion in der E. zukommt. Irblich & Renner 2009, Deimann & Kastner-Koller 2007. *P. Deimann/U. Kastner-Koller*

Entwicklungsförderung (= E. f.) [engl. *developmental intervention/support*], [**EW, KLI**], allg. und umfassende Bez. für klin. Interventionsmaßnahmen, welche explizit E.stadien und E.verläufe berücksichtigen und auf eine unauffällige E. hinzielen. Eine E. f. bezieht sich insbes. auf e.orientierte Therapie in den ersten Lebensjahren (Frühtherapie, *Frühförderung*) und berücksichtigt die Erkenntnisse der *Entwicklungspsychopathologie* zu normalen und abweichenden E.verläufen. E. f. verfolgt Förderstrategien auf kindbezogener sowie auf familien- und umweltbezogener Ebene und kann unterschiedliche Zielsetzungen verfolgen: (1) Aufholen von E.verzögerungen (*Retardation*), (2) Kompensation spezif. E.auffälligkeiten sowie (3) Prävention oder Therapie klassifizierter E.störungen (*Entwicklungsstörungen, tiefgreifende*, *Entwicklungsstörungen, umschriebene*).

(1) Die *Förderansätze zum Aufholen von E.verzögerungen* orientieren sich zumeist implizit am Konzept der *Zone der nächsten Entwicklung* von *Wygotski*, wonach das Kind Anregungen unmittelbar oberhalb des aktuellen E.niveaus erhält. Das aktuelle E.niveau wird zunächst anhand einer *Entwicklungsdiagnostik* bestimmt, durch die E. f. soll dann eine Beschleunigung des weiteren E.tempos und somit eine Annäherung an einen altersgerechten E.stand erreicht werden. (2) Die *Therapie spezifischer E.auffälligkeiten* erfolgt zumeist syndrom- oder symptomspezifisch und richtet sich auf deren biol. und psychosoziale Ursachen sowie auf die aufrechterhaltenden Faktoren. Sie umfasst häufig sowohl med. (z. B. *Psychopharmakotherapie*) und ps. (z. B. *Verhaltenstherapie* oder e.neuropsychol. Therapie) als auch explizit handlungsbezogene (z. B. *Ergotherapie, Logotherapie*, Physiotherapie) Ansätze. Ergänzend richtet sich die E. häufig auch auf die familiären Bedingungen, bspw. auf das Erziehungsverhalten oder die *Eltern-Kind-Beziehung* (Elternschulung). (3) Die *Prävention und Therapie klassifizierter E.störungen* setzt typischerweise gezielt an empirisch gesicherten, frühen Stadien des stetigen Störungsverlaufs an, bspw. im Zusammenhang mit der *Lese-Rechtschreib-Schwäche* an der E. der *phonologischen Bewusstheit*. Hierbei werden das E.niveau des Kindes identifiziert und Anregungen zum Erreichen des nächsten Kompetenzstadiums angeboten. Gleichzeitig werden bei bereits ausgebildeten E.störungen häufig auch defizitkompensierende Verhaltensstrategien vermittelt.

Unter der E. werden zahlreiche Förder- und Therapieansätze mit sehr unterschiedlichen theoretischen Anknüpfungspunkten zus.gefasst. Die wichtigsten Bereiche der E. stellen die motorische Förderung (*Motorik*), die kogn. Förderung und Sprachförderung (*Sprachtherapie*), die Förderung schulbezogener Fertigkeiten (vgl. *Lesekompetenz*, math. Kompetenzen) sowie die Förderung der *emotionalen Kompetenz* und der *sozialen Kompetenzen* dar. Der Evaluationsstand der verbreiteten Förderansätze variiert z. T. beträchtlich: Während insbes. für lerntheoretisch bzw. verhaltenstherapeutisch fundierte Maßnahmen gute Wirksamkeitsnachweise vorliegen, weist der empirische Validierungsstand für einige Therapien darauf, dass über eine unspezifische Wirkung (*Placebo-Effekt*) hinaus keine spezif. Wirksamkeit im Kontext der E. f. besteht. Suchodoletz 2010, Sarimski 2008. *T. Macha*

Entwicklungsförderung, vorschulische [engl. *preschool developmental intervention/support*], **[EW, PÄD]**, die Erkenntnis, dass der Schulerfolg in den Sekundarstufen I und II bedeutsam mit den Eingangsbedingungen von Kindern zu Beginn ihrer Schulzeit zusammenhängt, hat den Fokus möglicher Förderung (= F.) in Richtung Vorschulalter verschoben. Damit ist die Frage der *Schulfähigkeit* oder auch der Schulbereitschaft in den Mittelpunkt des Interesses gerückt, und es wird der Frage nachgegangen, welche *Fähigkeiten* und *Fertigkeiten* Kinder zur Einschulung mitbringen sollten. Die heterogenen Lebens- und Förderbedingungen von jungen Kindern haben versch. Ansätze der *Diagnostik* (als breites Verfahren zur differenzierten Erhebung des Entwicklungsstandes in *Sprache* und Mathematik z. B. «wortgewandt und zahlenstark» von Moser & Berweger 2007) und *Intervention* stimuliert, die insbes. die bereichsspezifischen Vorläuferfertigkeiten für den *Schriftspracherwerb* und die Mathematik zum Gegenstand haben. Als wichtige Vorläuferfertigkeit für den Schriftspracherwerb hat sich die *phonologische Bewusstheit* herauskristallisiert. Damit ist die kindliche Sensibilität für die Lautstruktur der Sprache (die Differenzierung von *Sätzen* und *Wörtern*, *Silben* und einzelnen *Lauten*, Erkennen von Reimen) gemeint. Mit Testverfahren wie dem Bielefelder Screening (*Bielefelder Screening zur Früherkennung von Lese-Rechtschreibschwierigkeiten (BISC)* von Jansen et al. 1999) oder dem Heidelberger Auditiven Screening in der Einschulungsdiagnostik (*Heidelberger Auditives Screening in der Einschulungsuntersuchung (HASE)* von Schöler & Brunner 2008) können der Entwicklungsstand der phonologischen Bewusstheit im letzten Kindergartenjahr gemessen und Risikokinder identifiziert werden. Insbes. für Kinder, die ein Risiko der problematischen Entwicklung (= E.) des Schriftspracherwerbs tragen, haben sich Förderprogramme zur phonologischen Bewusstheit als wirksam erwiesen (*Hören, Lauschen, Lernen* von Küspert & Schneider 2006 und *Hören, Lauschen Lernen II* von Plume & Schneider 2004). Kinder mit Rückständen in der E. der phonologischen Bewusstheit können durch Aufgaben zur phonologischen Bewusstheit i. w. S. (Reimen, Silben segmentieren) und Aufgaben zur phonologischen Bewusstheit i. e. S. (Phonemanalyse und -synthese) ihre Defizite kompensieren und die Chance auf einen gelungenen Einstieg in den Schriftspracherwerb erhöhen.

Die E. numerischer Kompetenzen (*mathematische Kompetenzen, Entwicklungsmodell*) im Vorschulalter steht in bedeutsamem Zusammenhang mit den Mathematikleistungen in der Grundschule. Kinder erwerben ein Konzept von Anzahlen und Mengen, lernen die Zahlenreihe kennen und können schließlich Beziehungen zw. Mengen und Zahlen herstellen. Aktuelle Tests (z. B. «wortgewandt und zahlenstark») dieser Fähigkeiten sollten einer F. vorausgehen. Zur *Prävention* von Schwierigkeiten in Mathematik hat sich das Programm «Mengen, Zählen, Zahlen» (MZZ von Krajewski et al. 2007) bewährt. Im Mittelpunkt der F. stehen hier die E. eines präzisen Anzahlkonzepts und das Verständnis der Anzahlrelationen («Teil-Ganzes-Prinzip»); mit konkreten Materialien in versch. Spielen soll der Erwerb abstrakter Konzepte erleichtert werden.

Neben diesen Ansätzen der vorschulischen E. f., die gezielt bereichsspezifische Vorläuferkompetenzen für die schulischen Anforderungen im Blick haben, verlangen ganzheitliche Ansätze darüber hinaus die *Entwicklungsförderung* ganz versch. E.bereiche wie *Motorik*, Sprache, naturwiss. Denken, soziale Kompetenzen, *Konzentration* und Ausdauer, *Leistungsmotivation* u. a. m. Für diese Bereiche liegen derzeit keine wirksamen additiven *Präventions-* oder Förderprogramme vor, es besteht für päd. Fachpersonal in Einrichtungen der frühen Bildung (Krippen, Kindertagesstätten, *vorschulische Betreuungsformen*) die Notwendigkeit der alltagsintegrierten Förderung. *C. Mähler*

Entwicklungskontinuität (= E.) [engl. *developmental continuity*], **[EW, PER]**, Konstanz versus Veränderung in der Entwicklung kann auf zwei Arten definiert werden: in Bezug zu anderen Individuen (*Entwicklungsstabilität*) und in Bezug auf die Zeit. Wird die Zeit als Bezug genommen, spricht man von E., resp. *Entwicklungsdiskontinuität*. E. bedeutet, dass im längsschnittlichen Entwicklungsverlauf von Persönlichkeitsmerkmalen (*Persönlichkeitsmerkmale, Stabilität von*), Verhaltensweisen oder *Eigenschaften* keine Veränderung über die Zeit besteht. Entwicklungsdiskontinuität bedeutet, dass eine Veränderung über die Zeit vorliegt. Dabei wird zw. der Kontinuität des identischen Verhaltens (*Stabilität, homotype*) und der Kontinuität des zugrunde liegenden Prozesses (*Stabilität, heterotype*) unterschieden. Spiel et al. 2007. *C. Spiel/A. Schabmann/J. Glück*

Entwicklungskorrelation, Gesetz der, **[EW, KOG]**, wonach sich eine geistige Eigenschaft niemals für sich allein verändert, ohne auch andere dabei mitzuändern. Auch «entwicklungssteigernde *Korrelation*» genannt. *Mitübung, Transfer*. Meumann & Ebert 1905.

Entwicklungspharmakologie [engl. *developmental pharmacology*], **[PHA]**, Teildisziplin, die sich mit der Wirkung von chemischen Stoffen auf Entwicklung (pränatal, frühkindlich und kindlich) und Rückbildung befasst. Stoffe mit nachgewiesenen Effekten sind u. a. *Hormone* (u. a. *Androgene*, die bereits pränatal die Geschlechtsdifferenzierung beeinflussen, *Schilddrüsenhormone*, die zus. mit dem *Wachstumshormon* die Entwicklung des *Nervensystems* fördern), *Umweltschadstoffe*, die neurotoxische Wirkungen entfalten können, Medikamente und Genussmittel (*Alkohol*, *Nikotin*). Abel 1989, Eggers 1992, Jacobson 1991, Patterson 1995. *W. Janke*

Entwicklungsphasen, -stufen (= E. p.) [engl. *stages of development*], **[EW]**, E. p. beschreiben den E.verlauf als eine Veränderungsreihe, in der mehrere Schritte durchlaufen werden. Die Abfolge dieser Schritte soll unumkehrbar sein, was bedeutet, dass keine Stufe übersprungen werden kann. Jede frühere Stufe stellt die Voraussetzung für die nachfolgende dar und soll an ein best. Lebensalter gebunden sein. Die versch. Stufen werden als qual. voneinander versch. verstanden, im Ggs. zu einer bloßen quant. Unterscheidung der Stufen, z. B. einer bloßen Zu- oder Abnahme einer Fähigkeit. Die Stufenabfolge soll auf einen höheren *Reife-* oder Endzustand zusteuern, der sich wie nach einem inneren Bauplan entfaltet, der universell, also kulturübergreifend wirkt. Als Bsp. für eine solche Stufenabfolge wird oft die *motorische Entwicklung*) insbes. innerhalb des ersten Lebensjahres gesehen. Generell müssen die Charakteristiken des Stufenbegriffs als E.begriff relativiert werden. Dass ein E.verlauf sich nur in qual. versch. E. p. vollzieht, gilt heute als zu einseitig. Veränderungen, die quant. Charakter haben, werden ebenso als E. aufgefasst. Vergrößert sich z. B. die Menge an Information, die Kinder im *Arbeitsgedächtnis* aufrechterhalten können, so drückt dieses einen mengenmäßigen Zuwachs aus, der ebenfalls eine E.veränderung darstellt. Heute werden sowohl qual. als auch quant. Veränderungen als E. aufgefasst. Die Vorstellung, dass die E. des Kindes immer auf einen höheren Zustand hinsteuert, existiert zwar, aber es werden auch Veränderungen als E. aufgefasst, in denen Rückwärtsbewegungen erfolgen, indem z. B. Verluste, Abbau oder Umstrukturierungen vorkommen. Universelle E. p. werden heute zwar weiterhin thematisiert, jedoch werden in den Entwicklungsbegriff auch differenzielle Veränderungen eingeschlossen. Hierbei geht es darum zu ermitteln, inwieweit es für einen E.bereich interindiv. Verläufe gibt. Selbst in einem so grundlegenden E.bereich wie der *Motorik* existieren differenzielle E.verläufe. Während innerhalb des ersten Lebensjahres ca. zwei Drittel der Kinder das Laufen vom Sitzen über das Krabbeln und Stehen erlernen, kommt ein Drittel der Kinder ohne das Krabbeln, gleich vom Sitzen zum Stehen zum Laufen. Für solche indiv. unterschiedlichen E.verläufe werden sowohl genetische Unterschiede (*Genetik*), aber auch unterschiedliche Umwelterfahrungen verantwortlich gemacht. Montada et al. 2012. *G. Schwarzer*

Entwicklungsprofil [engl. *developmental profile*], *Entwicklungsquotient*, *Profil*, *Profilmethode*.

Entwicklungspsychologie [engl. *developmental psychology*], s. Einleitung *Gebietsüberblick* «*I.5 Entwicklungspsychologie*».

Entwicklungspsychologie, personenorientierte (= p. E.) [engl. *person-oriented developmental psychology*], **[EW]**, das von Lars Bergman und David Magnusson (1997) formulierte Hauptpostulat der personenorientierten Forschung beinhaltet, dass Struktur und Entwicklung von Verhalten zumindest teilweise individuumspezif. sind. Alexander von Eye und Lars Bergman (2003) haben das *Postulat der dimensionalen Identität* hinzugefügt, nach dem Verhalten über Personen, Zeit oder Situationen mit Messskalen nur verglichen werden kann, wenn die Skalen in allen Parametern identisch sind. Implikationen für die angewandte *Entwicklungspsychologie* ergeben sich daraus, dass (1) Individuen sich in ihren E.verläufen unterscheiden können, (2) Eigenschaften von Messinstrumenten möglicherweise über Personen, Zeit oder Situationen variieren und (3) *Intervention*smaßnahmen auf das Individuum maßgeschneidert werden müssen, anstatt von der Annahme universeller E.phänomene ausgehen zu können. Implikationen für die Forschung ergeben sich erstens daraus, dass (Teil-)Populationen bereits vor einer Untersuchung definiert oder postuliert werden müssen, weil Generalisierungen auf Gesamtpopulationen den Effekt haben können, dass die resultierenden Aussagen auf keine der Teilpopulationen oder auf keine der beschriebenen Personen mehr zutreffen. Teilpopulationen sind unterschiedlich groß und können u. U. aus nur einer Person bestehen. Zweitens müssen Stichproben gezogen werden, die die Teilpopulationen repräsentieren. Jede dieser Stichproben muss so groß sein, dass sie stat. analysiert werden kann. Drittens müssen Methoden der Datenanalyse zur Anwendung kommen, die personenorientierte Aussagen erlauben. Bsp. solcher Methoden sind die *Konfigurationsfrequenzanalyse (KFA)*, *Cluster-Analyse*, Modelle der *Item-Response-Theorie*, Mischverteilungsmethoden (*Mischverteilungsanalyse*) und – mit Einschränkungen – Mehr-Gruppen-*Strukturgleichungsmodelle*. Die Ergebnisse personenorientierter Forschung sind valider und reliabler als die Ergebnisse, die auf Aggregatniveau erzielt werden. Individuen werden nicht Populationen zugeordnet, denen sie nicht angehören. Populationen sind in der p. Forschung homogener als typisch für die Forschung auf Aggregatniveau. Bsp.ergebnisse der p. E. zeigen z. B., dass die soziale Anpassung von Jugendlichen in Kurven beschrieben werden muss, die sich in allen Parametern unterscheiden können, dass Gewalt von Intimpartnern extrem unterschiedliche kogn. und emot. E.verläufe bei Opfern und ihren Kindern nach sich ziehen kann oder dass die E. devianten Verhaltens in Timing, Verlauf und Dauer gruppenspezifisch ist. *A. von Eye*

Entwicklungspsychopathologie (= E. p.) [engl. *developmental psychopathology*], *Psychopathologie*, **[EW, KLI]**, die E. p. ist eine eigenständige wiss. Teildisziplin, die an der Schnittstelle zw. *Klin. Kinderpsychologie* und E.ps. entstand. In Abgrenzung zu diesen Disziplinen beschäftigt sich die E. p. mit den Ursachen und dem Verlauf individueller Muster normalen und auffälligen Verhaltens (*Verhaltensstörungen*). Dabei wird angepasstes wie auch fehlangepasstes Verhalten als ein Resultat eines dynamischen Wechselspiels von biopsychosozialen Risikofaktoren und *Ressourcen* in der *Entwicklung* aufgefasst. Die E. p. beschränkt sich gegenüber der Klin. Kinderps. nicht nur auf das bloße Untersuchen der Entstehungsbedingungen und Auswirkungen psych. Störungen in einem best. Alter. Vielmehr betont sie den Prozesscharakter pathologischen Geschehens, indem auch der bisherige Verlauf von Anpassung und Fehlanpassung gegenüber entwicklungstypischen Herausforderungen berücksichtigt wird. Durch die Betrachtung von E.verläufen über die gesamte Lebensspanne (*Lebensspannenpsychologie*) können der Beginn und Verlauf psych. Störungen, ihre gleich bleibenden oder wechselnden Erscheinungsformen, ihre Vorboten, Begleit- und Folgeerscheinungen ermittelt werden. In Abgrenzung zur E.ps., die sich ausschließlich der normalen E. von Kindern und Jugendlichen widmet, vergleicht die E. p. sowohl unauffällige als auch pathologische E.

Die Komplexität menschlicher E. erfordert dabei eine interdisziplinäre und integrative Sichtweise. So bedient sich die E. Kenntnissen versch. Disziplinen (z. B. *Genetik*) sowie fachspezifischen wie auch fachübergreifenden Forschungsmethoden (z. B. *Längsschnittuntersuchung* und *Querschnittuntersuchung*, Familien- und *Adoptionsstudien*). Für die E. p. ist v. a. der Einsatz von Längsschnittstudien unverzichtbar, weil sich mit dieser Forschungsmethode indiv. E.verläufe dokumentieren bzw. interindiv. versch. Verläufe miteinander vergleichen lassen. Auf diese Weise können Unterschiede und Gemeinsamkeiten sowie altersgemäße Veränderungen in der angepassten und fehlangepassten E. identifiziert werden. Von großer Bedeutung ist auch die Untersuchung von versch. Äußerungsformen einer psych. Störung im E.verlauf und des Einflusses von Alter und vom E.stand. So kann sich etwa *Depression* im Kindesalter in anderen Verhaltensweisen als im Jugendalter (*Adoleszenz*) manifestieren, wodurch sich versch. *Intervention*strategien ergeben. Zentral für die E. ist die Frage, ob die genannten Verhaltensweisen zu den versch. Zeitpunkten in einer systematischen Beziehung stehen.

Eine weitere Aufgabe der E. p. besteht in der Klärung der Frage, wie Anpassung und Fehlanpassung erklärt werden können. Dazu bedient sie sich dem Konzept der Risiko- und Schutzfaktoren bzw. Ressourcen. Risikofaktoren stellen Bedingungen dar, die die Wahrscheinlichkeit einer Fehlanpassung erhöhen und so eine psych. Störung begünstigen. Ressourcen dienen entweder dazu Fehlentwicklungen abzumildern (*Schutzfaktoren*) oder auszugleichen (*Kompensationsfaktoren*) und werden erst unter pathogenen Umständen wirksam. Im Fokus stehen das Zusammenwirken von Risikofaktoren und Ressourcen und deren Auswirkungen über die Zeit. Grundsätzlich führen ungünstige Ausgangsbedingungen nicht zwingend bei allen Betroffenen zu Beeinträchtigungen (*Multifinalität*). Auch lassen sich psych. Störungen nicht auf eine Ursache zurückführen, sondern resultieren aus unterschiedlichen Ausgangsbedingungen und E.verläufen (*Äquifinalität*). Ob und in welcher Intensität sich ein Risikofaktor ungünstig auf den weiteren E.verlauf auswirken kann, ist auch entscheidend durch die *Vulnerabilität* einer Person mitbestimmt. Der Begriff Vulnerabilität umschreibt eine bes. Empfindlichkeit gegenüber Umweltbedingungen, die von Geburt an vorhanden sein kann oder erworben wurde. Zudem unterscheiden sich Personen in ihrer Widerstandsfähigkeit gegenüber belastenden Umständen (*Resilienz*), welche v. a. durch die gelungene Bewältigung von Anforderungen und Risiken erworben wird.

Die E. p. trägt zu einem besseren Verständnis psych. Störungen bei, indem sie den klin. Anwendungsgebieten empirisch fundierte Modelle über die E.abfolge von psych. Störungen unter Berücksichtigung von deren Vorläufern und Ausdifferenzierungen liefert. Sie stellt damit einen e.orientierten Bezugsrahmen für den rechtzeitigen Beginn, den Aufbau und die Abfolge von *Präventions*- und Interventionsprogrammen. Darüber hinaus ergeben sich Empfehlungen für die Diagnostik (*Entwicklungsdiagnostik*) und Aussagen zur E.prognose. Petermann & Damm 2009, Petermann & Resch 2013. *F. Petermann*

Entwicklungspsychopharmakologie [engl. *developmental psychopharmacology*], [**PHA**], die wiss. Beschäftigung mit altersspezif. Wirkungen, *Nebenwirkungen* und der *Pharmakokinetik* und -dynamik von *Psychopharmaka* ebenso wie mit Langzeiteffekten bei Minderjährigen. *Psychopharmaka im Kindes- und Jugendalter*.

Entwicklungsquotient (= EQ) [engl. *developmental quotient (DQ)*], [**EW**], eine in Analogie zum *IQ* gebildete Beziehung zw. *Entwicklungsalter* und *Lebensalter*.

$$EQ = \frac{Entwicklungsalter}{Lebensalter} * 100.$$ Reinert 1963.

Entwicklungsscreening (= E.) [engl. *developmental screening*], *Screening*, [**DIA, EW**], bez. diagn. Verfahren, die den Anspruch erheben, Entwicklungsrisiken ökonomisch, sensitiv und spezif. zu einem so frühen Zeitpunkt zu erfassen, dass noch keine Entwicklungsauffälligkeiten vorliegen. I. R. der *Entwicklungsdiagnostik* haben E. eine Filterfunktion. Sie sollen der gesamten Risikopopulation vorgegeben werden und diese in Personen mit Entwicklungsrisiko bzw. ohne Entwicklungsrisiko (*Risiko*) trennen. Nur die erste Gruppe erhält in weiterer Folge eine differenzierte Entwicklungsdiagnostik. Voraussetzung für die Konstruktion und den Einsatz von E. sind das Vorliegen prognostisch valider (*Validität*) Indikatoren und die Verfügbarkeit von wirkungsvollen Präventionsprogrammen. Zur Bewertung der Güte von E. werden *Sensitivität*, *Spezifität*, *positive* und *negative Korrektheit* sowie der *RATZ-Index* herangezogen. Grundlage für die Berechnung dieser Gütekriterien sind in jedem Fall die Häufigkeiten in der *Vierfeldertafel*. Die *Sensitivität* gibt den Anteil der entwicklungsauffälligen Personen, die das Screening richtig identifiziert hat, an der Zahl der insges. entwicklungsauffälligen Personen an (a/(a+b)*100). Die *Spezifität* erfasst den Prozentsatz an Personen, die keine Entwicklungsauffälligkeiten haben, in Bezug zu allen Entwicklungsunauffälligen (d/(c+d)*100). Dagegen erfassen die pos. (*positiv prädiktiver Wert*) und neg. Korrektheit (*negativ prädiktiver Wert*) die tatsächlich Auffälligen (bzw. Unauffälligen) in Relation zu allen durch das E. als auffällig (bzw. unauffällig) identifizierten Personen (a/(a+c)*100 bzw. d/(b+d)*100). Der RATZ-Index bez. den relativen Anstieg der Trefferquote eines E. gegenüber der Zufallstrefferquote, wobei die max. Trefferquote mitberücksichtigt wird. Gute E. weisen eine Sensitivität und Spezifität von mehr als 80 % auf, 70 % gelten als akzeptabel. Deimann & Kastner-Koller 2007, Kastner-Koller & Deimann 2011.

P. Deimann/U. Kastner-Koller

Entwicklungsstabilität (= E.) [engl. *developmental stability*], **[EW, PER]**, Konstanz vs. Veränderung in der Entwicklung kann auf zwei Arten definiert werden: in Bezug auf die Zeit (*Entwicklungskontinuität*) und in Bezug zu anderen Individuen. Wird die Entwicklung von anderen Individuen als Bezug genommen, spricht man von E., resp. Entwicklungsinstabilität. E. bedeutet, dass keine interindiv. Unterschiede in den intraindiv. Veränderungen von Individuen in Persönlichkeitsmerkmalen (*Persönlichkeitsmerkmale, Stabilität von*), Verhaltensweisen oder Eigenschaften bestehen. E. liegt z. B. dann vor, wenn alle Kinder in einer Schulklasse durch den Unterricht in Mathematik in gleicher Weise profitieren, d. h. gleich viel dazulernen. Entwicklungsinstabilität bedeutet dagegen, dass derartige Unterschiede vorliegen. Die meisten Studien zu E. befassen sich mit der *kognitiven Entwicklung*). Generell ist die E. in der frühen Kindheit relativ niedrig und steigt kontinuierlich bis zum Alter von ca. 50 Jahren an. Schulleistungen zeigen in *Längsschnittuntersuchungen* hohe E. *Stabilität*. Spiel et al. 2007.

C. Spiel/A. Schabmann/J. Glück

Entwicklungsstand, sachstruktureller, **[PÄD]**, *Kenntnisse* und Fertigkeiten (*Fertigkeit*) eines Schülers, die er zu einem gegebenen Zeitpunkt seiner Entwicklung im Hinblick auf den relevanten Sachbereich der gegebenen Unterrichtssituation besitzt (Heckhausen).

Entwicklungsstörungen, tiefgreifende (= t. E. s.) [engl. *pervasive developmental disorders*], **[KLI]**, bez. Störungen mit einer schweren qual. Abweichung vom normalen E.verlauf, die zu keinem Alterszeitpunkt normal ist. Alle Störungsbilder innerhalb der Gruppe der t. E. s. sind durch qual. Beeinträchtigungen in der gegenseitigen *sozialen Interaktion* (z. B. Unfähigkeit, Beziehungen zu anderen aufzunehmen) sowie in der *Kommunikation* (z. B. Mangel an versch. spontanen Als-ob-Spielen) und durch ein eingeschränktes, stereotypes, sich wiederholendes Repertoire von Verhaltensmustern, Interessen und Aktivitäten (z. B. beharrliche eingehende Beschäftigung mit Teilen von Objekten wie etwa ihrem Geruch) gekennzeichnet. Im motorischen Bereich sind stereotype und wiederholt auftretende (repetitive) Manierismen (z. B. Hand-/Fingerschlagen, komplexe Bewegungen mit dem ganzen Körper) auffällig. Charakteristisch für alle t. E. s. ist weiterhin, dass sie sich innerhalb der ersten fünf Lebensjahre herausbilden und sich nicht zurückbilden. Vielmehr bleiben die einzelnen Symptome im Erwachsenenalter bestehen und können durch Interventionsmaßnahmen lediglich gelindert werden. Die Variation im Erscheinungsbild der Erkrankung reicht von geistig behinderten Menschen (ohne Sprache; *geistige Behinderung*) bis zu Personen mit einer spezif. überdurchschnittlichen Begabung (mit sehr gut entwickelter Sprache). Zur Schweregradeinteilung (man unterscheidet 3 Niveaus) bezieht man sich auf die Merkmale sozialer Kommunikation, beschränkte Interessen und repetitives Verhalten (vgl. Sinzig & Schmidt 2013).

Ätiologie: Bei t. E. s. ist von genetischen Ursachen auszugehen (bei eineiigen Zwillingen liegt die Konkordanzrate über 90 %). Neben genetischen und Umweltfaktoren sind auch epigenetische Prozesse bedeutsam (*Verhaltensgenetik*). Als (neuro-)psychol. Ursachen werden diskutiert: defizitäre exekutive Funktionen (*exekutive Dysfunktion*), Defizite in der zentralen Kohärenz, Defizite im Verständnis versch. psych. Prozesse und Imitationsdefizite. Bei den Defiziten in der zentralen *Kohärenz* zeigt es sich, dass Informationen weniger kontextgebunden verarbeitet und höherwertige Bedeutungen nicht erfasst werden. Die *Theory-of-mind*-Defizite äußern sich in einem unzureichenden Verständnis für psych. Vorgänge, emot. und soziale Situationen sowie die hintergründige Bedeutung von Ironie oder Witzen. Insges. ist die Ätiologie t. E. s. nicht hinreichend geklärt; man geht von einer multifaktoriellen Verursachung aus.

Klassifikation: Zu den t. E. s. zählen laut *ICD-10* der *frühkindliche Autismus* (F84.0), der *atypische Autismus* (F84.1), die *Asperger-Störung*; F84.5), das *Rett-Syndrom* (F84.2), die *Desintegrative Störung im Kindesalter* (F84.3) sowie die *Hyperkinetische Störung mit Intelligenzminderung und Bewegungsstereotypien* (F84.4) (*Klassifikation psychischer Störungen;* Anhang 1). Das *DSM-5* fasst Symptome eingeschränkter Kommunikation, Interessen und Aktivitäten als *Autismus-Spektrum-Störung* zus., eine gleichzeitig vorliegende *Aufmerksamkeitsdefizit-/Hyperaktivitätsstörung* wird dort separat kodiert. Die Diagnose des *frühkindlichen Autismus* ist zu stellen, wenn sich eine abweichende E. s. vor dem vollendeten dritten Lebensjahr zeigt. Darüber hinaus bestehen typischerweise eine allg. *Sprachentwicklungsverzögerung* sowie eine Minderung des allg. Intelligenzniveaus (IQ unter 70). Es gibt jedoch durchaus Personen mit frühkindlichem Autismus, die eine normale intellektuelle Begabung und gute sprachliche Fähigkeiten aufweisen. Innerhalb der Diagnose des frühkindlichen Autismus wird daher in der klin. Praxis noch zw. *Low-functioning-Autismus* (mit Intelligenzminderung und mit nur sehr geringen sprachlichen Fähigkeiten) und *High-functioning-Autismus* (ohne Intelligenzminderung und mit guten verbalen Fähigkeiten) unterschieden. Die diagn. Kriterien des *atypischen Autismus* entsprechen wiederum denen des frühkindlichen Autismus, allerdings liegen bei den betroffenen Kindern nicht alle Leitsymptome vor und/oder die beeinträchtigte bzw. abnorme E. manifestierte sich erst im oder nach dem dritten Lebensjahr. Das *Asperger-Syndrom* unterscheidet sich vom frühkindlichen Autismus insofern, dass keine allg. Verzögerungen in der gesprochenen und rezeptiven Sprache sowie in der kogn. E. bestehen. Allerdings erreichen Kinder mit Asperger-Syndrom motorische Meilensteine verspätet oder erweisen sich als motorisch ungeschickt.

Deutlich wird, dass der Schweregrad und die Ausprägung autistischer Störungen sehr stark variieren. Dies erschwert die Diagnosestellung erheblich. Weil sich die einzelnen autistischen Störungsbilder eigentlich nicht in klar unterscheidbare Kategorien unterteilen lassen, wird eine dimensionale Klassifikation gefordert. Nach diesem

Ansatz unterscheiden sich die autistischen Störungsbildern nicht qual., sondern quant. voneinander. So hat sich zunehmend der Begriff der *Autismus-Spektrum-Störung* durchgesetzt. In den Überarbeitungen zum *ICD-11* wird diese Def. aufgegriffen, wobei qual. Beeinträchtigungen der wechselseitigen sozialen Interaktion und der Kommunikation zu einer Symptomgruppe zus.gefasst werden. Der bislang durch die unterschiedlichen Kategorien (frühkindlicher Autismus, High-Functioning-Austismus und Asperger-Syndrom) definierte Ausprägungsgrad soll durch eine dreistufige Beurteilung (= 3 Schweregrade der Autismus-Spektrum-Störung) ersetzt werden. Kennzeichen des *Rett-Syndroms* ist, dass die Betroffenen zunächst eine Periode normaler E. während der Schwangerschaft und der ersten fünf Lebensmonate zeigen. Typischerweise beginnt die Störung im Alter zw. dem 7. und 24. Lebensmonat mit einem verlangsamten Kopfwachstum, mit einem teilweisen oder vollst. Verlust der Sprache, der lokomotorischen Fähigkeiten und der erworbenen zielgerichteten Handbewegungen. Kinder mit Rett-Syndrom sind in ihrem Sozial- und in ihrem Spielverhalten sehr stark gehemmt, jedoch sind sie weiterhin an ihrem sozialen Umfeld interessiert. Das Rett-Syndrom ist nur bei Mädchen beschrieben worden. Die *desintegrative Störung des Kindesalters* ist eine Form der t. E. s., die im dritten bis vierten Lebensjahr beginnt und durch den Verlust bereits erworbener Fertigkeiten in versch. E.bereichen (z. B. expressive oder rezeptive Sprache (*Sprachentwicklung*), Spielen, Motorik, Blasen- oder Darmkontrolle) innerhalb weniger Monate charakterisiert ist. Die betroffenen Kinder weisen vor dem Erkrankungsbeginn eine Periode normaler E. bis zu einem Alter von mind. zwei Jahren auf. Der Verlust bereits erworbener Fertigkeiten wird begleitet von einem allg. Interessenverlust an der Umwelt, autismusähnlichen qual. Beeinträchtigungen in der sozialen Interaktion und Kommunikation sowie von stereotypen, sich wiederholenden (repetitiven) motorischen Manierismen. Die Diagnose *Hyperkinetische Störung mit Intelligenzminderung und Bewegungsstereotypien* wird gestellt, wenn die Kinder eine schwere Intelligenzminderung (IQ unter 50) und zugleich eine erhebliche motorische Überaktivität, Aufmerksamkeitsstörungen sowie stereotype Verhaltensweisen aufweisen. Im Unterschied zu Kindern mit autistischen Störungen zeigen sie ein ihrem E.niveau angemessenes Kontaktverhalten.

Prävalenz: Heute (2016) geht man von knapp 1 % Menschen aus, die die Merkmale einer autistischen Störung aufweisen. Dies bedeutet, dass sich die berichteten Prävalenzen in den letzten 50 Jahren vervielfacht haben (1965: 0,04 %; vgl. Sinzig & Schmidt 2013). Je aktueller die Studien sind, desto höher die Prävalenzen, was mit veränderten Diagnosekriterien (DSM-5) und sensibleren Diagnoseinstrumenten erklärt werden kann. Insges. sind Jungen/Männer viermal häufiger betroffen als Mädchen/Frauen. Für den Verlauf von t. E. s. liegen über die Lebensspanne wenige Befunde vor. Bei Erwachsenen mit einer autistischen Störung wird berichtet, dass sich die Sprache, das repetitive und stereotype Verhalten verbessert, allerdings zeigen sich bei den soz. Fertigkeiten kaum Veränderungen (Sinzig & Schmidt 2013).

Diagnostik: Für die Diagnostik und frühe Förderung von Kindern mit t. E. s. ist es entscheidend, dass die Störungen frühzeitig erkannt werden. Zur Früherkennung von Kindern mit einer autistischen Störung liegen seit Jahren erprobte Screeningverfahren (*Screening*) vor, die eine zuverlässige Diagnose ab dem 18. Lebensmonat zulassen. Für eine vertiefende Diagnostik sind strukturierte Elterninterviews (z. B. *Diagnostisches Interview für Autismus - Revidiert (ADI-R)*) und standardisierte Verhaltensbeobachtungen (z. B. *Diagnostische Beobachtungsskala für Autistische Störungen (ADOS)*) notwendig. Weitere diagn. Instrumente, die im Bereich E. eingesetzt werden, sind im Verzeichnis diagn. Verfahren im Index aufgeführt. Darüber hinaus sehen die Leitlinien der *Deutschen Gesellschaft für Kinder- und Jugendpsychiatrie* folg. Schritte vor: eine Hör- und Sehprüfung, eine neurologische Abklärung, die Ableitung eines *EEG*, mind. einmal eine Untersuchung mithilfe eines *bildgebenden Verfahrens* (CT oder MRT;), eine psychol. Testung (*Aufmerksamkeit*, *Intelligenz*, exekutive Funktionen), eine chromosomale und molekulargenetische Untersuchung (z. B. zur Differenzierung von mögl. Begleiterkrankungen wie dem Fragilen X-Syndrom; *Genetische Syndrome*; vgl. Sinzig, Schmidt 2013). *F. Petermann*

Entwicklungsstörungen, tiefgreifende; Psychopharmakotherapie [engl. *pervasive developmental disorders, psychopharmacotherapy*], [**KLI, PHA**], Die Kern- und komorbiden Symptome der *tiefgreifenden Entwicklungsstörungen* (= t. E. s.) können eine psychopharmakol. Behandlung erforderlich machen. So lässt sich die Hyperaktivität und Unaufmerksamkeit durch *Psychostimulanzien* und *Atomoxetin* beeinflussen. Bei Impulsivität, verbaler oder körperlicher *Aggression* wird der Einsatz von Psychostimulanzien, Atomoxetin und atypischen *Antipsychotika* empfohlen und bei Autoaggression sowie rigidem, repetitivem und stereotypem Verhalten atypische Antipsychotika (vgl. Sinzig & Schmidt 2013). Als einziges Antipsychotikum ist *Risperidon* zur «symptomatischen Kurzzeitbehandlung (bis zu 6 Wochen) von anhaltender Aggression bei Verhaltensstörung bei Kindern im Alter ab 5 Jahren und Jugendl. mit unterdurchschnittlich intellektueller Funktion oder mentaler *Retardierung*» zugelassen. Eine Behandlungsdauer von länger als sechs Wochen ist *off-label*; die Indikation zur medikamentösen Behandlung sollte immer wieder überprüft werden. Umfangreiche Erfahrungen in der Behandlung von Kindern und Jugendlichen mit *Autismus-Spektrum-Störungen* existieren auch für *Aripiprazol*. Die Substanz ist in den USA seit 2009, nicht jedoch in der EU, für die Behandlung der mit autistischen Störungen assoziierten Reizbarkeit, eingeschlossen Aggressionen gegen andere, *selbstverletzendes Verhalten*, Wutanfälle und Stimmungsschwankungen bei Pat. im Alter von 6–17 Jahren zugelassen. Kontrovers wird die Anwendung von *selektiven Serotonin-Rückaufnahmehemmern* in dieser Pat.gruppe beurteilt. Während es Berichte über pos. Wirkungen bei impulsivem Verhalten gibt, werden auch Zunahmen von Aggressivität und Hyperaktivität beobachtet. Zudem ist bei Kindern und Jugendlichen auf die Gefahr der Induktion von Suizidgedanken und -impulsen (*Suizidalität unter Psychopharmakotherapie*) durch *Antidepressiva* bes. zu achten. Eine interessante, derzeit jedoch noch exp. Entwicklung ist die Anwendung von *Oxytocin* zur Verbesserung sozialen Kontaktverhaltens i. R. von autistischen Störungen.   *F. Petermann*

Entwicklungsstörungen, tiefgreifende; Psychotherapie [engl. *pervasive developmental disorders, psychotherapy*], **[KLI]**, für *tiefgreifende Entwicklungsstörungen* weisen nach Francis (2005) nur zwei psychotherap. Ansätze eine ausreichende *Evidenz* auf: Das Programm TEACCH und die Angewandte *Verhaltensanalyse* nach Lovaas. Darüber hinaus existieren Ansätze, die die Kommunikationsfähigkeiten und sozialen Fertigkeiten von Menschen mit einer *Autismus-Spektrum-Störung* verbessern wollen; die letztgenannten Ansätze weisen eine begrenzte empirische Evidenz auf (vgl. Sinzig & Schmidt 2013). Das TEACCH-Programm will die Autonomie autistischer Menschen in allen Lebensbereichen verbessern. Die Verhaltensveränderungen werden in hoch strukturierten Kontexten und unter bes. Berücksichtigung des visuellen Lernens angestrebt. Beim TEACCH-Programm werden unangemessene Verhaltensweisen reduziert sowie soziale Fertigkeiten und die Kommunikation (*soziale Kompetenzen*) verbessert. Die *Angewandte Verhaltensanalyse* nach Lovaas fokussiert vor allem auf die Verbesserung des Sprachverständnisses, der gesprochenen Sprache und der Aufmerksamkeit für soziale Reize. Das Programm ist sehr kleinschrittig angelegt, extrem zeitintensiv (bis zu 40 Stunden in der Woche) und über einen Zeitraum von 2 bis 3 Jahren angelegt. Das Vorgehen versteht sich als intensive *Frühförderung* sehr junger Kinder unter dem umfassenden Einbezug der Eltern als Kotherapeuten. Das Vorgehen basiert auf lern- und verstärkungstheoretischen Konzepten (*operante Konditionierungsmethoden*). Mit dem Vorgehen lassen sich Stereotypen und aggressives Verhalten erfolgreich reduzieren, die Sprache fördern, kognitive Fertigkeiten, Spielverhalten und Fertigkeiten der sozialen Kommunikation aufbauen. *Entwicklungsförderung*.   *F. Petermann*

Entwicklungsstörungen, umschriebene (= u. E. s.) [engl. *specific developmental disorders*], **[KLI]**, zeichnen sich durch eine gestörte E. in einer spezif. E.dimension aus. Dazu zählen insbes. die Sprache und das Sprechen, die Motorik sowie schulische Fertigkeiten (Lesen, Schreiben und Rechnen). Die Leistungen der Kinder weichen in dem betroffenen E.bereich erheblich vom Altersdurchschnitt ab und sind ursächlich nicht auf eine allg. *Intelligenzminderung*, mangelnde häusliche oder schulische Lernmöglichkeiten sowie sensorische oder neurologische Auffälligkeiten zurückzuführen. Die u. E. s. zeichnen sich i. A. durch einen ausnahmslosen Beginn im Kleinkindalter oder der Kindheit, eine Verzögerung solcher Funktionen, die eng mit der biologischen Reifung des *Zentralnervensystems* verknüpft sind, sowie einen stetigen Verlauf ohne Remissionen oder Rezidive aus. Spezif. äußern sich *Störungen der Sprache und des Sprechens* durch Fehler in der Lautbildung (*Artikulationsstörungen*), einen verminderten Wortschatz bzw. den fehlerhaften Gebrauch von Grammatik (*expressive Sprachstörung*) sowie ein vermindertes Sprachverständnis (*rezeptive Sprachstörung*; *Sprachentwicklungsstörung*). Motorische E. s. zeichnen sich durch defizitäre Koordinationsleistungen in den Bereichen der Fein- und Grobmotorik aus. Im Alltag wirken die Bewegungen der betroffenen Kinder plump und unbeholfen. *Lesestörungen* (*Lese-Rechtschreib-Störung*) zeigen sich in Form von fehlerhaftem Vorlesen bzw. mangelndem Leseverständnis. Symptome einer Rechtschreibstörung sind bspw. eine fehlerhafte Groß- und Kleinschreibung, Auslassungen oder Spiegelungen von Buchstaben. Charakteristisches Merkmal der Rechenstörung ist eine defizitäre Beherrschung der vier Grundrechenarten Addition, Subtraktion, Multiplikation und Division (*Dyskalkulie, Rechenschwäche*); höhere math. Fertigkeiten bleiben i. d. R. unbeeinträchtigt. *Ätiologie*: Als Hauptursache aller u. E. s. wird eine genetische Prädisposition diskutiert. Treten zusätzlich neg. moderierende Einflüsse hinzu, zeigt sich ein erhöhtes Risiko für die Manifestation einer u. E. s. (*Vulnerabilitäts-Stress-Modell*). Im Kontext von Sprach- und Sprechstörungen werden neben der genetischen Komponente *Umweltfaktoren* wie eine mangelnde Sprachanregung oder frühkindliche Hirnschädigungen als Ursachen benannt (von Suchodoletz 2013). Die Ätiologie der motorischen E. s. ist nicht eindeutig geklärt; neben genetischen Einflüssen scheinen bei der Entstehung dieser Störung auch versch. Faktoren wie Frühgeburtlichkeit, ein geringes Geburtsgewicht oder schadhafte Einflüsse auf das Ungeborene im Mutterleib (z. B. Alkohol, Nikotin) beteiligt (Blank et al. 2012). *Lese-Rechtschreib-Störungen* resultieren aus dem komplexen Zusammenwirken der genetischen Disposition, versch. neurobiol. Korrelate sowie einer defizitären sprachlich-phonologischen und visuell-schriftsprachlichen Informationsverarbeitung (Warnke & Baier 2013). *Rechenstörungen* könnten zusätzlich durch neuropsychol. Defizite in den Domänen *Aufmerksamkeit*, *Arbeitsgedächtnis*, Sprache und visuell-räumliche Wahrnehmung verursacht sein.

Klassifikation: Der Begriff der u. E. s. wird insbes. durch die *ICD-10* geprägt (*Klassifikation psychischer Störungen*; s. Anhang I). In Kapitel F8 erfolgt eine Einteilung in u. E. s. *des Sprechens und der Sprache* (F80), u. E. s. *schulischer Fertigkeiten* (F81), u. E. s. *motorischer Funktionen* (F82) sowie *kombinierte u. E. s.* (F83). Das *DSM-5* klassifiziert die u. E. s. unter den *Störungen der neuronalen und mentalen E.* und verzichtet auf die Verwendung des Begriffes der u. E. s. Die Störungsbilder werden unter den Bezeichnungen *Kommunikationsstörungen* (Sprachstörung, Artikulationsstörung, Redeflussstörung mit Beginn in der Kindheit, soziale Kommunikationsstörung), *spezif. Lernstörung* und *motorische Störungen* (entwicklungsbezogene Koordinationsstörung) zus.gefasst. Trotz der Verwendung unterschiedlicher Begrifflichkeiten ähneln sich die diagn. Kriterien beider Klassifikationssysteme. Sowohl die ICD-10 als auch das DSM-5 fordern, dass die Leistungen in einem Test zur spezif. Erfassung des betroffenen Funktionsbereichs (standardisierte Testverfahren zur Erfassung sprachlicher, motorischer oder schulischer Fertigkeiten) deutlich (je nach Störung 1,2 bis 1,5 *Standardabweichungen*) von der Altersnorm sowie dem allg. Leistungsniveau des Kindes abweichen (*Diskrepanzannahme*; *Diskrepanzkriterium*). Zusätzlich gilt es, neurologische und sensorische Defizite, eine Intelligenzminderung sowie eine *tiefgreifende Entwicklungsstörung* auszuschließen (*Normalitätsannahme*). Zu den u. E. s. der Sprache und des Sprechens (F80) zählen die Artikulationsstörungen (F80.0), expressive (F80.1) und rezeptive Sprachstörung (F80.2) sowie die erworbene *Aphasie* und *Epilepsie* (F80.3, auch Landau-Kleffner-Syndrom).

Innerhalb der u. E. s. *der schulischen Fertigkeiten* (F81) wird zw. u. Lesestörung (F81.1), isolierter Rechtschreibstörung (F81.2), Rechenstörung (F81.3) sowie kombinierter Störung schulischer Fertigkeiten (F81.4) unterschieden. Bei u. E. s. *der motorischen Funktionen* (F82) besteht zusätzlich die Möglichkeit der Bildung von Subgruppen (u. E. s. der Grobmotorik (F82.0), u. E. s. der Fein- und Grafomotorik (F82.1) sowie u. E. s. der Mundmotorik (F82.2). I. Ggs. zu den Def. der anderen Störungskategorien der u. E. s. wird keine Diskrepanz zw. motorischer und intellektueller Leistung gefordert, stattdessen sind Kinder mit einem nonverbalen IQ unter 70 von der Diagnose auszuschließen.

Prävalenz und Verlauf: Die Angaben zur Auftretenshäufigkeit von *Sprach- und Sprechstörungen* variieren in Abhängigkeit davon, wie die Grenze zw. normaler und abweichender E. def. wird, erheblich zw. 2 % und 30 %. Legt man die diagn. Kriterien der ICD-10 zugrunde, werden Prävalenzen von 5 bis 8 % berichtet. Innerhalb der ersten Lebensjahre ist für die u. E. s. eine hohe Remissionsrate zu beobachten. Bestehen die sprachlichen Auffälligkeiten jedoch bis zum Eintritt in die Schule, ist langfristig eine Beeinträchtigung der soz. E.chancen zu erwarten (von Suchodoletz 2013). Akt. Schätzungen zur Prävalenz u. E. s. der motorischen Funktionen schwanken zw. 5 % und 20 %, wobei mehrheitlich von 5 % bis 6 % berichtet wird; ca. ein Drittel aller betroffenen Kinder weist dabei schwere Beeinträchtigungen auf. Motorische E. s. persistieren bei Nicht-Behandlung häufig bis in das Erwachsenenalter und ziehen als Folge häufig emot. und *Verhaltensstörungen* nach sich (Blank et al. 2012). Ca. 5 % bis 15 % der Schulkinder in allen Sprach- und Kulturräumen sind von einer spezif. Lernstörung (Lesen, Schreiben und Rechnen) betroffen. Ca. 1 % der Kinder mit einer u. Lese-Rechtschreib-Störung weist schwergradige Defizite auf, sodass diese im Grundschulalter kaum das Lesen oder Schreiben erlernen. Lese-Rechtschreib-Störungen verlaufen sehr stabil und gefährden langfristig die schulische, berufliche und soziale Integration der Betroffenen (Warnke & Baier 2013). Die Rechenstörung tritt bei ca. 3 bis 6 % aller Kinder auf und erweist sich als bis in das Erwachsenenalter hinein stabil. Chronisch verläuft die Störung insbes. dann, wenn Kinder komorbid eine *ADHS* oder Lese-Rechtschreib-Störung aufweisen. Jungen sind von allen u. E. s. häufiger betroffen als Mädchen.

Diagnostik: Zur Absicherung von Diskrepanz- und Normalitätsannahme ist der Einsatz standardisierter Testverfahren unerlässlich. Neben spezif. *Entwicklungstests* zur Erfassung von Sprache (z. B. *Sprachstandserhebungstest für Kinder im Alter zwischen 5 und 10 Jahren (SET 5-10)*, *Sprachentwicklungstest für drei- bis fünfjährige Kinder (SETK 3-5)*), Motorik (*Movement Assessment Battery for Children – second edition (M-ABC 2 dt.)*, BOT-2) und schulischen Leistungen (z. B. Lesen: *Zürcher Lesetest – II (ZLT-II)*, *Ein Leseverständnistest für Erst- bis Sechstklässler (ELFE 1-6)*; Schreiben: *Diagnostischer Rechtschreibtest für 1. bis 3. bzw. 4. bis 5. Klassen (DRT 1-3/4-5)*, *Weingartener Grundwortschatz Rechtschreibtest (WRT 1+, WRT 2+, WRT 3+, WRT 4+)*; Rechnen: *Rechenfertigkeiten- und Zahlenverarbeitungs-Diagnostikum für die 2. bis 6. Klasse (RZD 2-6)*, *Deutscher Mathematiktest für erste Klassen (DEMAT 1+/2+/3+/4+)*) kommen zusätzlich Intelligenztestverfahren zum Einsatz (z. B. *Wechsler Preschool and Primary Scale of Intelligence (WPPSI-III)*, *Wechsler Intelligence Scale for Children – Fourth Edition (WISC-IV)*). Das allg. Intelligenzniveau soll dabei durch Intelligenzbereiche erfasst werden, die unabhängig von der gestörten Teilleistung sind (z. B. ein sprachfreier Intelligenztest bei Sprachentwicklungsstörung, z. B. *Nonverbaler Intelligenztest für Kinder und Erwachsene im Alter von 6;0 bis 40;11 Jahren (SON-R 6-40)*, Wechsler Nonverbal Scale of Ability (WNV)). Eine zusätzliche Untersuchung durch den Kinder- und Jugendarzt ist indiziert, um das Vorliegen einer neurologischen Erkrankung bzw. eine Beeinträchtigung sensorischer Funktionen auszuschließen. Aufgrund des erhöhten Risikos für die Ausbildung von emot. und Verhaltensstörungen ist eine zusätzliche Abklärung solcher Begleit- bzw. Folgesymptome anzuraten. Dies erfolgt i. d. R. durch spezif. Fragebogenverfahren (z. B. *Self-Description Questionnaire (SDQ)*). *Entwicklungsstörungen, umschriebene; Psychotherapie, Entwicklungsstörungen, tiefgreifende; Psychopharmakotherapie.*

J. Jaščenoka/F. Petermann

Entwicklungsstörungen, umschriebene; Psychopharmakotherapie [engl. *specific developmental disorders*], [**KLI, PHA**], medikamentöse Therapien erfolgen i. R. der Behandlung von *umschriebenen Entwicklungsstörungen* i. d. R. nicht. Akt. Studien berichten für die umschriebenen Entwicklungsstörungen der motorischen Funktionen jedoch, dass Kinder, die komorbid an einer *Aufmerksamkeitsdefizit-/Hyperaktivitätsstörung (ADHS)* leiden, auch bzgl. ihrer motorischen Symptome (z. B. unleserliche Handschrift) pos. auf *Methylphenidat* reagieren.

J. Jaščenoka/F. Petermann

Entwicklungsstörungen, umschriebene; Psychotherapie [engl. *specific developmental disorders, psychotherapy*], [**KLI**], *Entwicklungsstörungen, umschriebene*; die Behandlung von *Sprachentwicklungsstörungen* erfolgt durch eine *Sprachtherapie*. Dabei sollen insbes. die Sprech- und Kommunikationskompetenzen des Kindes verbessert und die Freude des Kindes am Sprechen erhöht werden. Das Alter und die Schwere der Störung beeinflussen die Gestaltung der Therapiestunden maßgeblich. Kleinere Kinder werden mithilfe spielerischer Übungen zum Sprechen und Verstehen angeleitet, älteren Kindern hilft es, ihnen ihre Sprach- und Sprechfehler bewusst zu verdeutlichen (*Sprachproduktion*). Es besteht eine zwingende Notwendigkeit, die Eltern in den sprachtherap. Prozess einzubinden und diesen ein sprachförderliches Verhalten näherzubringen (von

Suchodoletz 2013). *Motorische Entwicklungsstörungen* können durch gezielte ergo- oder physiotherap. Interventionen behandelt werden (*Entwicklungsförderung*, *Frühförderung*). Die Therapieansätze in der *Ergotherapie* und Physiotherapie lassen sich grob in prozess- (Bottom-up-) und aufgabenorientierte (Top-down-) Methoden unterscheiden. *Prozessorientierte Behandlungsansätze* befassen sich überwiegend mit Körperfunktionen, die zur Ausführung motorischer Aktivitäten benötigt werden. Es wird angenommen, dass eine Verbesserung best. Körperfunktionen automatisch zu einer optimierten Ausführung aller motorischen Fertigkeiten führt. *Aufgabenorientierte Ansätze* beziehen sich weniger auf das Training best. Körperfunktionen, sondern zielen auf das konkrete Einüben spezif. Alltagsaktivitäten ab. Gemeinsam werden mit dem Kind problembehaftete motorische Alltagsaktivitäten benannt und analysiert, um so die entspr. Tätigkeiten pos. zu modifizieren. Aufgabenorientierte Programme zeigten sich den prozessorientierten Programmen in ihrer *Wirksamkeit* überlegen (Blank et al. 2012). Bei der Behandlung von *Lese- und Rechtschreibstörungen* sind neben der Förderung im schulischen Kontext oftmals auch außerschulische therap. Maßnahmen notwendig. Neben gezielten Maßnahmen zur Verbesserung des Lesens und Schreibens, gilt es, das Kind bei der psych. Bewältigung (*Coping im Kindes- und Jugendalter*) der Störung zu unterstützen und evtl. psych. Begleitsymptome mitzubehandeln. Basis vieler Therapieprogramme ist das lautierende Lesen und Schreiben. Darauf aufbauend erfolgen Wortschatzübungen mit steigendem Schwierigkeitsgrad (Warnke & Baier 2013). Therap. Maßnahmen zur Behandlung von Rechenstörungen stützen sich zunächst auf das Training basaler Teilleistungsstörungen (*Dyskalkulie, Rechenschwäche; Training*). Nach jeder therapierten Teilleistungsstörung ist die neue Überprüfung der Rechenleistungen nötig, um den weiteren therap. Bedarf zu überprüfen. Sind alle Teilleistungsstörungen therapiert und die Rechenprobleme bestehen weiterhin, wird mit der eigentlichen Therapie der Rechenfertigkeiten begonnen. Dabei müssen nicht zwangsweise alle Rechenarten behandelt werden. Das Üben der eigentlichen Rechenfertigkeiten beginnt mit der Einübung von Basiskompetenzen (Mengen- und Reihenfolgen erkennen, Größen und Längen schätzen etc.). Anschließend erfolgen Rechenübungen mit und ohne Zehnerüberschreitung in immer größer werdenden Zahlenräumen.

J. Jaščenoka/F. Petermann

Entwicklungsstufen [engl. *developmental stages*], *Entwicklungsalter*, *Entwicklungsphasen, -stufen*.

TestEntwicklungstest für Kinder von 6 Monaten bis 6 Jahren (ET 6–6 / ET 6-6-R), ET 6–6: 2008, F. Petermann, I. A. Stein & T. Macha, ET 6-6-R: 2013, F. Petermann & T. Macha; [www.pearsonassessment.de], **[DIA, EW]**. Entwicklungstest. AA Kinder von 6 Monaten bis 6 Jahren. Der ET 6–6 ist ein Inventar kriteriumsorientierter *Entwicklungsdiagnostik* und gibt bereits mit sechs Monaten die Möglichkeit, den Entwicklungsstand des Kindes zu testen. Hierbei werden Aspekte wie *normale Entwicklung*, *Entwicklungsdefizite* und *indiv. Stärken* differenziert erfasst. Es werden sieben Entwicklungsbereiche geprüft: *Körpermotorik, Handmotorik, Nachzeichnen, kogn. Entwicklung, Sprachentwicklung, Sozialentwicklung* und *emot. Entwicklung*. Der Test beinhaltet zwölf altersgruppenspezif. Zusammenstellungen von Testaufgaben. Als Ergebnis erhält man ein Entwicklungsprofil, das bereits eine erste globale Einschätzung indiv. Stärken oder Defizite sowie eine Visualisierung typischer Muster ermöglicht. Die rev. Fassung ET 6-6-R umfasst einen erweiterten Aufgabenpool. Zudem wurden die Aufgabenformate stärker standardisiert. Die Normierung des ET 6-6-R basiert auf Daten von 1053 Kindern.

Entwicklungstests (= E.) [engl. *developmental tests*], **[DIA, EW]**, sind psychol. *Leistungstests*, die entwicklungsbedingte *Kompetenzen* erfassen, mit dem Ziel, das aktuelle Entwicklungsniveau zu beschreiben, um daraus die zukünftige *Entwicklung* zu prognostizieren und ggf. Entwicklungsinterventionen zu planen und zu evaluieren. Historisch gesehen wurden E. für das Säuglings- und Kleinkindalter konzipiert, mit dem Paradigmenwechsel zu einem Verständnis von Entwicklung als lebenslangem Prozess entstanden auch E. für gerontopsychol. Fragestellungen (*Lebensspannenpsychologie*). Neben der *Verhaltensbeobachtung* und dem diagn. Gespräch (*psychodiagnostisches Gespräch*) mit Bezugspersonen bilden E. einen essenziellen Bestandteil der *Entwicklungsdiagnostik*. Man unterscheidet allg. E., die den Anspruch erheben, die Entwicklung des Gesamtverhaltens zu erfassen, und spez. E. für einzelne Funktionsbereiche. Je nach Geltungsbereich sollten E. auf einer adäquaten Entwicklungstheorie basieren, aus der sich Annahmen über den Verlauf und die Dimensionalität der relevanten Merkmale ableiten lassen. Die messtheoretische und meth. Konzeption von E. sollte auf das jeweilige Entwicklungsmodell abgestimmt sein (*diagnostischer Prozess*). So verändern sich viele Entwicklungsmerkmale strukturell, wenn man sie über einen längeren Zeitraum betrachtet, wobei sich neue Entwicklungsdimensionen ausdifferenzieren können, aber auch eine Reduktion von Dimensionen erfolgen kann. Mehrdimensionale E. müssen komplexeren meth. Anforderungen genügen als Messmodelle für eindimensionale *Skalen*. Für die Bewertung der testtheoretischen Qualität von E. gelten dieselben *Gütekriterien* wie für andere Leistungstests. Der Großteil der publizierten E. verfügt über Altersnormen (*Normierung*), die eine Einschätzung erlauben, ob die Entwicklung altersentsprechend, akzeleriert oder retardiert ist. Weniger verbreitet ist die Orientierung an qual. Entwicklungsstadien, etwa um einschätzen zu können, in welchem Stadium der sensomotorischen Entwicklung ein Kind sich befindet. *Entwicklungsscreening*. Kastner-Koller & Deimann 2011, Petermann & Macha 2005.

U. Kastner-Koller/P. Deimann

Entwicklungstheorien, kompetenzorientierte; spätes Erwachsenenalter [engl. *competence theories of aging*], **[EW]**, kompetenzorientierte Entwicklungstheorien gehen davon aus, dass alternde Individuen aktiv die entwicklungsrelevanten Ressourcen (*Ressource*) zur Lebensgestaltung und zur Belastungsbewältigung heranziehen und dadurch ihre *Lebensqualität* stabilisieren können. Sie unterscheiden sich danach, welche Ressourcen sie in den Blick nehmen und welche Funktionalität die jew. Ressource für die Lebensqualität hat. Die Theorien fokussieren auf sensorische, kogn., verhaltens- und erlebensbezogene Kompetenzen der alternden Person.

Die *Speed-Hypothese des kognitiven Alterns* (Salthouse 1996) geht davon aus, dass nachlassende Geschwindigkeit der *Informationsverarbeitung* hauptverantwortlich ist für die Altersveränderungen in komplexen kogn. Leistungen im höheren Erwachsenenalter. Die *Metaanalyse* von Verhaeghen & Salthouse (1997) mit 5000 Personen zw. 18 und 80 Jahren über 91 Studien konnte zeigen, dass Unterschiede der Informationsverarbeitungsgeschwindigkeit einen Hauptanteil der Altersunterschiede in Arbeitsgedächtnisleistung, schlussfolgerndem Denken sowie räumlicher und episodischer Gedächtnisleistung erklären konnten (*Gedächtnis*).

Die *Common-Cause-Hypothese* (Lindenberger & Baltes 1994), also die Hypothese der gemeinsamen Verursachung, geht davon aus, dass allen kogn. und möglicherweise sogar allen Ressourcenveränderungen eine gemeinsame Ursache zugrunde liegt. Die Beobachtung zunehmender Veränderungskorrelationen im hohen Alter steht in Einklang mit der Hypothese. Dennoch können Hypothesen der multiplen Verursachung als besser belegt angesehen werden.

Die *Differenzierung-Dedifferenzierungs-Hypothese* besagt, dass die Ressourcen-Veränderungen im Kindesalter hoch korreliert (= dedifferenziert) sind, sich diese Korrelation im Laufe der kogn. Entwicklung verringert (= differenziert) und die Korrelationen zw. Veränderungen von Ressourcen im hohen Erwachsenenalter wieder zunehmen (= dedifferenzieren). Die Prozesse der Differenzierung und Dedifferenzierung können in versch. Entwicklungsdimensionen wie der *Kognition* oder der *Persönlichkeit* (Allemand et al. 2008) nachgewiesen werden (*intellektuelle Fähigkeiten, Dedifferenzierung*). M. Landis/M. Martin

Entwicklungstheorien, kontextorientierte; spätes Erwachsenenalter [engl. *contextual theories of lifespan development*], **[EW]**, Kontextorientierte Entwicklungstheorien betonen, dass Erleben und Verhalten immer kontextgebunden ist. Die Theorien gehen davon aus, dass lebenslange Entwicklung durch die Veränderung reziproker Beziehungen zw. Individuen und sie umgebende soziale, kult. (z. B. *Kulturstandards*) und historische Kontexte definiert ist. Solche sich verändernde Kontexte sind bspw. der sozial-räumliche Kontext, soziostrukturelle Rahmenbedingungen oder demografische Veränderungen.
M. Landis/M. Martin

Entwicklungstheorien, regulative; spätes Erwachsenenalter (= R.) [engl. *orchestration models of lifespan development*]. **[EW]**, regulative Entwicklungstheorien (= r. E.) fokussieren auf die Prozesse, die zur Stabilisierung von *Lebensqualität* und Wohlbefinden von Individuen aktiv eingesetzt werden. I. S. einer Neubewertung der eigenen Lebenssituation werden dabei Ziele neu gesetzt und Veränderungen von *Ressourcen* durch Übung oder Training erzielt. R. E. gehen von einer aktiven Optimierung der Passung zw. den Menschen und ihrer Umwelt aus, wobei die Aufrechterhaltung des eigenen Wohlbefindens auf unterschiedliche Weise erreicht werden kann. Unter der Annahme von Gewinnen, Stabilität und Verlusten über die Lebensspanne besagt z. B. das SOK-Modell (Baltes & Baltes 1989; *Selektion, Optimierung und Kompensation, Modell der (SOK-Modell)*), dass ein stabiles Funktionsniveau, ein pos. Selbstbild und ein hohes subj. Wohlbefinden durch drei unabhängige Anpassungsprozesse aufrechterhalten werden können.

Die *emotionale Kontrolltheorie* von Schulz & Heckhausen (1999) unterscheidet zwei Arten von Kontrolle, die als generelles Entwicklungsmoment über die Lebensspanne fungieren. Die *primäre Kontrolle* versteht sich als direkte Einflussnahme einer Person auf ihre Umwelt. Die *sekundäre Kontrolle* bezieht sich auf die internale Selbstveränderung in Form einer Neu- oder Umbewertung der persönlichen Ziele.

Die *Sozio-emotionale Selektivitätstheorie* (Carstensen 1992) beinhaltet als Kerngedanke, dass sich im Laufe der Entwicklung über die Lebensspanne die Prioritäten hinsichtlich *sozialer Interaktionen* verschieben und eine Person ihr soziales Umfeld aktiv verändert und anpasst. Generell findet eine Selektion auf wichtige, emot. pos. soziale Beziehungen statt, die auf einer Maximierung von Unterstützung, Begleitung und Erfüllung basiert und die neg. und konfliktträchtige Beziehungen aussondert.
M. Landis/M. Martin

Entzugsbehandlung (= E.) [engl. *withdrawal treatment*], **[KLI, PHA]**, Voraussetzung für die Behandlung von Suchterkrankungen (*Sucht- und Substanzbezogene Störungen*) ist zunächst die *Entgiftung*, die z. B. i. R. einer Alkoholentgiftung aufgrund potenziell lebensbedrohlicher Komplikationen i. R. eines *Alkoholentzugssyndroms* i. d. R. vollstationär durchgeführt wird. Meist wird i. R. einer E. ein entspr. Entzugssyndrom adressiert. Hierzu gehören charakteristische, v. a. vegetative Symptome, die nach Beendigung eines regelmäßigen Substanzkonsums auftreten. Dazu gehören Zittern, Schwitzen, *Tachykardie*, *Hypertonie*, Nervosität und Unruhe, Übelkeit und Erbrechen, Kopfschmerzen, Schlaflosigkeit, in schweren Fällen auch Fieber. Ziele einer medikamentösen Entzugsbehandlung sind eine Erleichterung des Entzugs für den Pat. durch die Minderung vegetativer Entzugssymptome sowie eine Vorbeugung von epileptischen Anfällen und *Delirien*. Zimmermann et al. 2011. M. Paulzen

Entzugserscheinungen (= E.) [engl. *withdrawal symptoms*], **[KLI]**, körperl. und psych. Abweichungen, die innerhalb von Std. nach Absetzen einer chem. Substanz auftreten und monatelang anhalten können (s. auch *Verhaltenssucht*). E. werden mit dem Begriff *Entzugssyndrom* zus.gefasst. Stärke, Art und Dauer sind stoff- und personabhängig. E. gehören zu den wichtigsten Gründen für Aufrechterhaltung und Rückfall bei *Drogenabhängigkeit*. *Substanzabhängigkeit*.

Entzugssyndrom [engl. *withdrawal syndrome*], syn. *Abstinenzsyndrom*, **[KLI, PHA]**, ein bei fehlender Zufuhr einer über längere Zeit verwendeten, körperliche und/oder psych. *Abhängigkeit* hervorrufenden psychotropen Substanz (*Alkohol*, *Psychopharmaka*, *Morphin*, *Morphium* etc.) auftretendes Syndrom mit Schlaflosigkeit, psychomotorischer Unruhe, psychovegetativer Erregung, depressiven Zuständen. Die auftretenden Symptome hängen von der Art der Substanz sowie der Dauer des Substanzgebrauchs ab. Kann in einem Entzugsdelir enden. E. ist ein Kriterium für das Abhängigkeitssyndrom nach *ICD-10*. *Sucht und Substanzabhängigkeit*.

Enuresis nocturna [engl. *enuresis*; gr. ἐν *(en)* hinein, οὖρον*(oúron)* Wasser, Urin], [**KLI**], Enuresis (= E.) bez. eine sog. *Ausscheidungsstörung*, im vorliegenden Fall das unwillkürl. Einnässen nach dem 3. bzw. 4. Lebensjahr, ohne dass eine körperl. Ursache vorliegt. Der Subtyp E. nocturna bez. ein nächtl. Einnässen, welches vom Einnässen im Wachzustand (E. diurna) unterschieden wird. Eine Kombination beider Subtypen bez. man als E. nocturna et diurna. *M. Paulzen*

Environmentalismus [engl. *environmentalism, environment* Umschließung, Umwelt], [**PHI, SOZ**], Bez. für die soziol. und auch psychol. Richtung, die vordergründig (determinierend) den Lebensraum für das gesamte menschl. *Erleben* und Handeln beachtet.

Enzephal- [engl. *encephal(o)-*; gr. ἐγκέφαλον *(enkephalon)* Gehirn], [**BIO**], in Wortverbindungen zum Gehirn gehörend.

Enzephalisation (= E.) [engl. *encephalization*; gr. ἐγκέφαλον *(enkephalon)* Gehirn], syn. *Encephalisation, Cerebration, Zerebration*. [**BIO**], die «Verhirnlichung», d. h., die im Verlauf der *Phylogenese* eingetretene Verlagerung der Entwicklung vom Stammhirn (Althirn) zum Großhirn (Neuhirn) mit Zunahme des Gewichts, der Verfeinerung im Aufbau und dem Hervortreten der Rindenfunktion (Bewusstsein). Der Frankfurter Neurologe L. Edinger (1855–1918) stellte diese Zusammenhänge heraus (Edinger'sche Regel). Von Bedeutung ist bei der E. auch die Relation Hirngewicht zu Körpergewicht (E.höhe nach dem holländischen Anatomen E. Dubois, 1858–1940) sowie das Reifungstempo. *Gehirn*. Edinger 1911, Hofstätter 1971.

Enzephalitis (= E.) [engl. *encephalitis*; gr. ἐγκέφαλον *(enkephalon)* Gehirn], [**BIO**], Gehirnentzündung. Infektiöse (Viren, Bakterien, Parasiten) Erkrankung von Gehirngewebe, bisweilen einschließlich der Hirnhäute (Meningo-E.) und des Rückenmarks (Enzephalomyelitis). *E. epidemica*, *E. lethargica*, Economo'sche Erkrankung (fälschlich Kopfgrippe). Die von v. Economo beschriebene Virusinfektion. Heute sind zahlreiche Virusarten bekannt. Das akute klin. Krankheitsbild zeichnet sich durch symptomatische Vielgestaltigkeit aus. Während sich die klin. Typen mit Augenmuskellähmung und *Somnolenz* von solchen mit Muskelkrämpfen unterscheiden lassen, entwickeln sich in subakutem Stadium häufig Schlafstörungen, Hyperaktivität und Rededrang. Die chronischen Folgezustände treten in ausgeprägten Fällen entweder als Antriebsminderung mit motorischer Versteifung oder als Antriebssteigerung mit motorischer Enthemmung in Erscheinung. Der erstere, der Parkinson'sche Symptomkomplex ist für das Erwachsenenalter typisch. Im Kindesalter herrschen zwanghafte Antriebe mit abruptem Stimmungswechsel und Aggressivität, auch bei erhaltener Intelligenz, vor. Außer vasomotorischen und endokrinen Störungen sind noch solche mit gesteigerter sexueller Triebhaftigkeit, Essgier oder starkem Durst häufig. Meist ergeben sich große erzieherische und schulische Schwierigkeiten. Zahlreiche weitere E.formen sind bekannt. So die *E. acuta hämorrhagica* (Strümpell, Leichtenstern) nach Masern, Mumps und Keuchhusten; die *E. purulenta* nach Mittelohr- oder Nebenhöhlenentzündung; die E. bei Tuberkulose, die metastatische bei Sepsis und die Impf-E. nach Pockenschutzimpfung (in etwa 2‰ der Fälle).

Enzephalografie (= E.) [engl. *encelography*; gr. ἐγκέφαλον *(enkephalon)* Gehirn, γράφειν *(graphein)* schreiben], [**BIO, DIA**], Gehirnaufzeichnungsverfahren. (1) Ursprünglich gleichbedeutend mit *Pneumoenzephalografie*, Darstellung des Gehirns, seiner Oberfläche und der Hirnhöhlen (Ventrikel) im Röntgenbild nach Verdrängung der *Gehirn*-Rückenmarks (*Rückenmark*)-Flüssigkeit durch Einblasen von Luft nach Lumbalpunktion oder Subokzipitalpunktion, wobei die eingeblasene Luft als Kontrastmittel fungiert. (2) Wird E. heute auch als Sammelbegriff gebraucht, der zusätzlich einschließt: (a) *Echo.*, die Verwendung von Ultraschallwellen zur Schädel-Hirn-Diagnostik. Die ohne operativen Eingriff erfolgende Beschallung mit Ultraschall führt zur Reflektion (Echo) an den durch versch. Dichte gekennzeichneten Grenzflächen, die auf dem Oszillographen sichtbar gemacht wird. Sie lässt die Grenzflächen vom Schädel zum Hirngewebe sowie zu den mit Liquor gefüllten Ventrikeln oder auch zu Hämatomen (Blutergüssen) sowie Tumoren und damit auch Veränderungen des Gehirns, z. B. bei Hydrozephalus (Wasserkopf) erkennen. (b) Elektroenzephalografie (EEG, *Elektrodiagnostik*), die Aufzeichnung der mit Elektroden vom unverletzten menschlichen Schädel abgeleiteten und geeignet verstärkten elektrischen Spannungsschwankungen, die Aussagen über den Funktionszustand des Gehirns ermöglichen (*psychophysiologische Methoden*). (c) Gamma-E., die Verwendung radioaktiver Isotope. Z. B. speichert Geschwulstgewebe radioaktive Strahlung und wird über die Abstrahlung erkenntlich. *Neuropsychologische Diagnostik*. Becker-Carus et al. 1979, Schandry 2006. *C. Becker-Carus*

Enzephalon, Encephalon [engl. *encephalon*; gr. ἐγκέφαλον *(enkephalon)* Gehirn], Großhirn, Mittelhirn, Rautenhirn. *Gehirn*.

Enzephalopathie, hepatische (= h. E.) [engl. *hepatic encephalopathy*], [**PHA**], Die h. E., auch *Portosystemische Enzephalopathie (PSE)*, ist eine häufige, potenziell reversible Komplikation einer Leberfunktionsstörung bzw. Leberzirrhose durch die Retention neurotoxischer Stoffe im Blut. Ursächlich ist die mangelnde *Entgiftung* ZNS-toxischer Stoffe durch die Leber infolge einer Leberinsuffizienz oder aufgrund eines (teilweise) Vorbeileitens portalen Blutes an der Leber (z. B. bei Kollateralen) mit verminderter First-Pass-Clearance der Leber. Hierdurch kann es zu einem Anstieg der Konzentration versch. Substanzen im Körper kommen. Zu nennen sind vor allem Ammoniak als Abbauprodukt des Aminosäurestoffwechsels, Mercaptan, *GABA*, kurzkettige Fettsäuren oder aromatische Aminosäuren. Die schwerste Verlaufsform (Stadium IV) ist das Leberkoma, Coma hepaticum. M. Paulzen

Test Enzephalopathie-Fragebogen (EF), 1983, von B. Meyer-Probst, [**BIO, DIA**]. Neurops. Verfahren. AA von 5 bis 10 Jahren. Der EF dient der Erfassung enzephalopathietyp. Verhaltens (*Enzephalose, traumatische*) von Kindern. Als Konstrukt liegt das *Hirnorganisch-psychische Achsensyndrom* nach Göllnitz zugrunde. Durch das Verfahren wird es möglich, die Basismerkmale des *Psychosyndroms* zu erfassen. *Reliabilität*: Wiederholungsstabilität nach 6 Monaten des Elternurteils zw. $r = .50$ und $r = .76$, des Lehrerurteils zw. $r = .63$ und $r = .82$. Neben weiteren Korrelationen Urteilerübereinstimmung zw. Eltern und Lehrern bei auffälligen Kindern bei $r = .61$. *Normierung* an $N = 108$ Kindergarten- und Schulkindern. Als Maßstab wird die C-Standardwertskala verwendet. Durchführungsdauer ca. 10 Min.

Enzephalose, traumatische [engl. *encephalosis*; gr. ἐγκέφαλον *(enkephalon)* Gehirn], [**BIO**], Zustand geistiger und körperlicher Leistungsschwäche, durch organische Hirnschädigungen verursacht.

Enzym [engl. *enzyme*], [**BIO**], Ferment, Proteinkörper (*Protein*), der in lebenden Zellen chem. Reaktionen auslöst oder steuert.

EOD-Verhaltensgleichung *Konzentration, Diagnostik*.

EOG, [**BIO, DIA**], (1) Abk. für Elektroolfaktografie [engl. *electroolfactography*], Registrierung der Summierung vieler kleiner *Generatorpotenziale*, die von olfaktorischen Rezeptoren erzeugt werden. *Olfaktie*. (2) Abk. für *Elektrookulografie*. Birbaumer & Schmidt 2010. C. Becker-Carus

Ephedrin [engl. *ephenedrine*], [**BIO, PHA**], Substanz mit sympathikuserregender Wirkung (*Sympathikus*), jedoch auch mit ZNS-erregenden Wirkungen (*Nervensystem*). Dem *Adrenalin* verwandt und deshalb als Werkzeug zur Prüfung der Theorie von Schachter und Singer benutzt (*Emotionstheorien*). Suchtpotenzial. *VNS-Pharmaka*, *Sympathikomimetika*. Erdmann & Becker 1978, Erdmann & Janke 1978.

Epidemiologie (= E.) [engl. *epidemiology*; gr. ἐπι *(epi)* über, δῆμος *(demos)* Volk, λόγος *(logos)* Lehre], veraltet syn. *Seuchenkunde*, [**DIA, GES, KLI**], die E. erforscht vornehmlich mit sozialstat. Methoden die räumlich-zeitliche Verteilung von Krankheiten, ihren physischen, sozialen und verhaltensbedingten Entstehungs-, Ausbreitungsbedingungen (Risikofaktoren), *Risikostudien/-forschung*) sowie von Krankheitsfolgen. Dabei werden sowohl die Bedingungen für *Gesundheit* als auch für *Krankheit* berücksichtigt. In der E. bez. der Begriff *Endemie* die normale, unauffällige Häufigkeit (*Prävalenz*, *Prävalenzrate*) des Auftretens Krankheit (insbes. Infektionskrankheit) in einer *Population*. Eine *Epidemie* bez. eine zeitlich und räumlich begrenzte, ungewöhnlich hohe Häufigkeit an (Neu-)Erkrankungsfällen in einer Population (auffälliger Anstieg der *Inzidenz*). Eine *Pandemie* liegt vor, wenn eine ungewöhnlich hohe Häufigkeit an (Neu-)Erkrankungsfällen nicht räumlich begrenzt auftritt (z. B. länderübergreifend). Typischerweise werden in der epidemiologischen Forschung *Kohortenstudien*, *Fall-Kontroll-Studien* und *Querschnittsunterschungen* eingesetzt. Häufig verwendete epidemiologische Maßzahlen sind in der Tab. zus.gefasst dargestellt. *Ätiologie*, *Mortalität*, *Public Health*. Ressing et al. 2010, Gordis 2008.

Epigenese [engl. *epigenesis*; gr. ἐπι *(epi)* über, nach, γένεσις *(genesis)* Ursprung, Entstehung], [**BIO, PER**], Nachentwicklung, Weiterentwicklung. *Genese*, *genetisch*.

epigenetische Programmierung [engl. *epigenetic programming*], *Anlage-Umwelt*.

Epikanthus [engl. *epicanthus*; gr. ἐπί *(epí)* auf, über, κανθός *(kanthos)* Augenwinkel], [**BIO**], doppelte Lidfalte, veraltet: Mongolenfalte. Angeborene, sichelförmige, vom oberen zum unteren Lidrand sich erstreckende Hautfalte, die den inneren Augenwinkel verdeckt. *Down-Syndrom*.

Epikrise [engl. *epicrisis*; gr. ἐπί *(epi)* nach, κρίσις *(krisis)* Beurteilung], [**KLI**], abschl. Bericht über einen Krankheitsverlauf, sollte *Anamnese*, *Diagnostik*, *Diagnose*, Therapie oder Medikation und *Prognose* enthalten.

Epilepsie (= E.) [engl. *epilepsy*; gr. ἐπίληψις *(epilepsis)* Anfall], [**BIO, GES**], Fallsucht, *Morbus sacer*, Anfälle von *Bewusstlosigkeit* mit *Krämpfen*. Ein Hauptformenkreis der Gehirnkrankheiten (*Gehirn*). E. ist heute nicht mehr Bez. für eine Krankheitseinheit, sondern Sammelbegriff für alle anfallsartig auftretenden, durch versch. artige Störungen im ZNS (*Nervensystem*) verursachten Krämpfe und Bewusstseinsveränderungen sowie die damit einhergehenden Veränderungen des Verhaltens (*Verhalten*) und versch. Funktionen. Man unterscheidet herkömmlich (neben weiteren Unterformen): (1) Genuine, idiopathische E. (erbliche Fallsucht), erstes Auftreten in der Kindheit möglich, zumeist zw. *Pubertät* und 20. Jahr. (2) Symptomatische E. (Krampfanfälle im Gefolge einer *Hirnschädigung* durch Tumor, Sklerose, *Paralyse*, Intoxikation u. a. – evtl. in der Anlage begründete Krampfbereitschaft) mit generalisierten Krämpfen oder in der Sonderform der Jackson-Anfälle. Neuere Einteilungen der E., die durch hirnelektrische Erhebungen (EEG, *Elektrodiagnostik*) gestützt werden, setzen an der Art der Anfälle an: partielle, unilaterale, generalisierte, erratische, unklassifizierbare Anfälle. Der «große» epileptische Krampfanfall, das *grand mal*, wird als Leitsyndrom für die genuinen und für einen Teil der symptomatischen E. angesehen. Unvermittelt oder nach einem Prodromalstadium und *Aura* treten mit Bewusstseinsverlust, *Apnoe* (Atemstillstand), Hinfallen erst tonische, dann klonische Krämpfe (*Klonus*) auf, die häufig verbunden sind mit Aufschreien, Schaum vor dem Mund, der durch Zungenbisse blutig sein kann, Stuhl- und Urinabgang. Dieser Anfall dauert meist wenige Minuten, geht dann in *Schlaf* über, dem nach dem Erwachen mehr oder minder schwere Mattigkeit (Kopfschmerzen, *Gedächtnisstörungen*) folgt. Die Häufung solcher Anfälle wird als *Status epilepticus* bez. Von epileptischer *Demenz* spricht man, wenn ein Abbau des apperzeptiven *Denkens* hinzutritt. Mit der Bez. *Affektepilepsie* wird der Zustand belegt, bei dem heftige emotionale Erregungen (*Emotionen*) und Anfälle gehäuft gekoppelt sind. Der «kleine» epileptische Anfall, das *petit mal*, auch *E. minor*, *E. non convulsiva* genannt, geht auch mit

Epilepsie

Epidemiologie: Epidemiologische Maßzahlen (Nomenklatur entsprechend der Tab. zum Stichwort Vierfeldertafel)

Maßzahl	Definition	Wertebereich	Aussage
Prävalenz	(FN+RP)/N	[0;1]	Anteil Merkmalsträger
Anteil falsch positiver Entscheidungen	FP/N	[0;1]	Anteil der Pbn in der Gesamtstichprobe, die fälschlicherweise ein positives Testergebnis erhalten (Progressiver Fehler)
Anteil falsch negativer Entscheidungen	FN/N	[0;1]	Anteil der Pbn in der Gesamtstichprobe, die fälschlicherweise ein negatives Testergebnis erhalten (Konservativer Fehler)
Genauigkeit	(RP+RN)/N	[0;1]	Anteil korrekt Diagnostizierter
Sensitivität	RP/(RP+FN)	[0;1]	Anteil positiv (bzw. korrekt) diagnostizierter Merkmalsträger an allen Merkmalsträgern
Spezifität	RN/(RN+FP)	[0;1]	Anteil negativ (bzw. korrekt) diagnostizierter Nicht-Merkmalsträger an allen Nicht-Merkmalsträgern
Positiv prädiktiver Wert (PPV)	RP/(RP+FP)	[0;1]	Anteil Merkmalsträger unter den positiv Getesteten (Positive Entdeckensleistung)
Negativ prädiktiver Wert (NPV)	RN/(RN+FN)	[0;1]	Anteil Nicht-Merkmalsträger unter den negativ Getesteten (Negative Entdeckensleistung)
Likelihood-Ratio bei positivem Testergebnis (LR+)	Sensitivität/(1-Spezifität)	$[0; +\infty[$	Veränderung der Odds für das Vorliegen des Merkmals, wenn das Testergebnis positiv ausfällt.
Likelihood-Ratio bei negativem Testergebnis (LR-)	(1-Sensitivität)/Spezifität	$[0; +\infty[$	Veränderung der Odds für das Nicht-Vorliegen des Merkmals, wenn das Testergebnis negativ ausfällt.
Odds bei positivem Testergebnis	RP/FP	$[0; +\infty[$	Chance Merkmalsträger zu sein, wenn ein positives Testergebnis vorliegt
Odds bei negativem Testergebnis	RN/FN	$[0; +\infty[$	Chance Nicht-Merkmalsträger zu sein, wenn ein negatives Testergebnis vorliegt
Odds Ratio	(RP·RN)/(FN·FP)	$[0; +\infty[$	Faktor, um den sich die Chance für das Vorliegen [bzw. Nicht-Vorliegen] des Merkmals verändert, wenn das Testergebnis positiv [bzw. negativ] ist. Odds Ratio = 1 repräsentiert die Zufallserwartung.
ln(Odds ratio)	ln[(RP·RN)/(FN·FP)]	$]+\infty; +\infty[$	Überführt Odds Ratio in ein lineares Maß; Positive [bzw. negative] Werte zeigen eine Erhöhung [bzw. Verringerung] der Chance an. ln(Odds Ratio) = 0 repräsentiert die Zufallserwartung.
Risiko bei positivem Testergebnis	RP/(RP+FP)	[0;1]	Risiko Merkmalsträger zu sein, wenn ein positives Testergebnis vorliegt.
Risiko bei negativem Testergebnis	FN/(FN+RN)	[0;1]	Risiko Nicht-Merkmalsträger zu sein, wenn ein negatives Testergebnis vorliegt.
Relatives Risiko	[RP/(RP+FP)]/[FN/(FN+RN)]	$[0; +\infty[$	Faktor, um den sich Risiko für das Vorliegen [bzw. Nicht-Vorliegen] des Merkmals verändert, wenn das Testergebnis positiv [bzw. negativ] ist. Relatives Risiko =1 repräsentiert die Zufallserwartung.

Bewusstseinsverlust einher, doch sind die Krampferscheinungen sehr reduziert oder fehlen ganz.
Von bes. psychol. Interesse sind bei der E. (1) die neben den Anfällen bzw. an ihrer Stelle (Ersatzanfälle) auftretenden epileptischen Äquivalente, d. h. ps. Veränderungen wie *Absencen*, *Dämmerzustand*, *Delirium*, *Desorientierung*, *Halluzination*, grobe *Fehlhandlungen*, Reizbarkeit depressiv-ängstlicher Art, tätliche Angriffe, Selbstmordtendenz (*Suizidalität*), *Dipsomanie*, *Poriomanie*, (2) die epileptische Wesensänderung, d. h. psych. Änderungen wie Umständlichkeit, Verlangsamung, affektive Auffälligkeiten, Klebrigkeit und Demenzerscheinungen. Diese Wesensänderung ist zwar häufig E.folge, dennoch ist sie nicht typisch für die E. allein, da sie auch bei anderen Hirnschädigungen vorkommt. Therapeutisch ist die medikamentöse Therapie (*Pharmakologie*) bei E. dominierend. Begleitend können Verhaltens- und familientherap. Maßnahmen (*Verhaltenstherapie*, *Familientherapie*) sinnvoll sein (Einhaltung eines geregelten Tagesablaufs, Bearbeitung emot. Konflikte im Zusammenhang mit Anfallserkrankung, elterlicher erzieherischer Fehlhaltungen). In seltenen Fällen kann nach Abwägen des Operationsrisikos ein neurochirurgisches Eingreifen sinnvoll sein. *Anfall*.

epileptiform [engl. *epileptiform*], [BIO, GES], epilepsieartig (*Epilepsie*). Krankheitsbilder, welche durch epileptische *Anfälle*, (*Krampf*) oder durch Anfallsäquivalente charakterisiert sind, aber nicht zur epileptischen Wesensänderung und epileptischen *Demenz* führen und darum nicht in die Krankheitsgruppen der genuinen oder symptomatischen Epilepsie gehören und auch sonst nicht in eine andere bekannte Krankheitsgruppe eingeordnet werden können.

epileptische Äquivalente [engl. *epileptic equivalents*], [BIO, KLI], Ersatzanfälle. Phys. und psych. Störungen (z. B. als *Bewusstseinstörung*), die anstelle des Krampfanfalles auftreten. *Epilepsie*.

Epinephrin [engl. *epinephrine*], syn. für *Adrenalin*.

Epiphänomen [engl. *epiphenomenon*; gr. ἐπί (epi) auf, nach], Begleit-(Neben-)Erscheinung.

Epiphyse [engl. *epiphysis*], *Zirbeldrüse*.

Epiphysenhormon [engl. *hormone of the epiphysis*], *Melatonin*.

Episkotister [engl. *episcotister*; gr. ἐπί (epi) auf, nach, σκότος (skotos) dunkel] (Aubert), [WA], eine Kreisscheibe mit verstellbaren Sektoren, die, in Drehung versetzt, bei Lichtdurchfall eine Abstufung der Lichtstärke erlaubt.

Episode (= E.) [engl. *episode*; gr. ἐπεισόδιον (epeisodion) das auf den Einzug des Chores Folgende, Auftritt], in der Antike die Dialoge zw. Chorgesängen.
[KOG], in der Gedächtnisps. sind E. die in einem best., zeitlich und räumlich begrenzten Kontext erlebten Glieder (Items) eines Lernmaterials. Im episodischen *Gedächtnis* sollen gemäß der Mehrspeichertheorie solche Inhalte recodiert gespeichert und mit bereits gespeicherten – ebenfalls zeitlich und räumlich eingeordneten – Informationen verbunden werden.
[KLI], Bez. für den periodischen Krankheitsverlauf einer psych. Störung (z. B. einer *Manie* oder *Depression*). Tulving 1972.

episodischer Puffer [engl. *episodic buffer*], Arbeitsgedächtnis im Kindesalter.

episodisches Gedächtnis *Gedächtnis, episodisches*.

Epistase, epistatisch [engl. *epistasis*; gr. ἐπί (epi) über, στάσις (stasis) Stehen, Stillstand], [PER], Überdeckung. Eine Erbanlage, die eine andere überdeckt. *Erblichkeit*, *Verhaltensgenetik*.

epistemische Struktur (= e. S.) [engl. *epistemic structure*], *Epistemologie*, [KOG], Wissensstruktur, der Bereich der kogn. Vergegenwärtigung (*Repräsentation*), in dem bereits gelernte Operationen und Informationen gespeichert sind. Über die e. S. hinaus gehen heuristische Strategien des Denkens. *Denken, heuristische Methoden*. Miller et al. 1960.

Epistemologie (= E.) [engl. *epistemology*; gr. ἐπιστήμη (episteme) Erkenntnis, Wissen, λόγος (logos) Lehre], [KOG, PHI], Wissenschaftslehre, *Erkenntnistheorie* der wiss. Erkenntnis (Prinzipien, Methoden etc.). I. w. S. ist E. gleichbedeutend mit Erkenntnistheorie. *epistemologische Überzeugungen*, *Epistemologie, genetische*.

Epistemologie, genetische (= g. E.) [engl. *genetic epistemology*], *Epistemologie*, [EW, KOG, PHI], der Begriff g. E. wurde von Piaget (*Piaget, Jean*; *Entwicklung, Stufentheorie nach Piaget*) geprägt und kennzeichnet das Anliegen seiner gesamten Forschung. Piaget war ein ausgebildeter Zoologe mit starken phil. Interessen. Um zu überleben und um *Ziele* zu erreichen, muss der Mensch wie alle Lebewesen mit seiner Umgebung erfolgreich interagieren. Dazu gehört eine adäquate Erkenntnis der Welt. Geprägt durch das biol. Denken des 19. Jhd., sollte das Erkennen resp. die *Kognition* nach Piaget aus ihrem Entstehen verstanden werden, d. h., die Erkenntnistheorie (*Epistemologie*) sollte genetisch betrieben werden. Und natürlich wollte der naturwissenschaftlich ausgebildete genetische Epistemologe seine Forschung empirisch betreiben. Weil aber die Geschichte der menschlichen Kognition empirisch nur sehr lückenhaft erschlossen werden kann, untersuchte Piaget die Entstehung des Wahrnehmens (*Wahrnehmung*) und *Denkens* an Kindern: So wurde aus dem naturwiss. Philosoph Piaget (nebenbei und fast versehentlich) ein Entwicklungspsychologe. Piagets E. ist grundlegend konstruktivistisch (*Konstruktivismus*): Die (Denk-)Begriffe (von Piaget auch *Assimilationsschema* oder einfach Schemata genannt) sind Kreationen des denkenden und erkennenden Menschen, mit denen er auf die Welt zugeht (*Assimilation*), die er fortlaufend an der Realität prüft und notfalls anpasst (*Akkommodation*). Wahrnehmungen, Begriffe, Meinungen oder Überzeugungen sind nie definitiv wahr, sondern immer vorläufig wahr, so lange eben, als sie sich bewähren. Dabei bleibt ein Problem, nämlich dass die Wahrnehmung der Bewährung letztlich in der gleichen Weise relativ ist. Im Laufe der *Genese* resp. der Entwicklung schließen sich die Erkenntnisinstrumente oder Schemata zu Strukturen zus., wodurch immer komplexere kogn. Leistungen möglich werden (*Strukturgenese*). Die elementarsten kogn. Schemata resp. Strukturen sind sensu-motorische, sie werden im Laufe der Entwicklung überhöht (nicht ersetzt) durch

Denken mit Vorstellungen und schließlich gar mit abstrakten Zeichen. Dem phil. Grundinteresse Piagets entspricht auch, dass er die g. E. nur für den «Normalfall» nachzeichnete und interpretierte. Ihn interessierten die *Kompetenzen* der großen normalen Mehrheit und nicht die einzelnen *Performanzen* unter spez. Umständen (Motivationsschwankungen, zufällige Immissionen etc.) oder die Leistungen von versch.artig eingeschränkten oder behinderten Menschen (*Intelligenzminderung*, *Behinderung*). Piaget 1992, Fetz 1980, Piaget 1953.   *A. Flammer*

epistemologische Überzeugungen (= e. Ü.) [engl. *epistemological beliefs*], *Epistemologie*, [**KOG, PÄD**], sind die Annahmen einer Person über die Herkunft, Gewissheit, Struktur und Rechtfertigung von *Wissen*. In den Anfängen der Forschung zu e. Ü. wurden zunächst Entwicklungsverläufe von e. Ü. untersucht. Dabei wurden versch. Stadien in der Entwicklung herausgearbeitet, von dualistischen e. Ü. («Es gibt eine Wahrheit») über relativistische e. Ü. («Wissen ist subj., daher gibt es keine Wahrheit, nur Meinungen») bis hin zu evaluatistischen e. Ü. («Wissen ist subj., kann aber mehr oder weniger gut begründet sein»). Spätere dimensionale Modelle von e. Ü. nehmen an, dass sich die anhand von Dimensionen wie etwa der Struktur, Stabilität und Quelle von Wissen sowie der Kontrolle und Geschwindigkeit des Wissenserwerbs unterscheiden. Häufig wird davon ausgegangen, dass es zwar keine in sich abgeschlossenen Stadien gibt, die Dimensionen jedoch theorieförmig aufeinander bezogen sind. Neuere Modelle bezweifeln, dass Menschen über stabile, situationsübergreifende e. Ü. verfügen. Sie gehen davon aus, dass Menschen über best. *Ressourcen* i. S. semantischen Wissens (z. B. *Metapher* und Analogien; *Schließen, analoges*) verfügen, die je nach Situation aktiviert werden. Es konnte gezeigt werden, dass e. Ü. ein wichtiger Faktor in der *Informationsverarbeitung* sind. Personen mit komplexeren e. Ü. planen ihre eigenen Lernprozesse besser, verarbeiten Informationen umfassender und argumentieren differenzierter. Lehrkräfte mit komplexeren e. Ü. nutzen häufiger Lernarrangements, in denen eine kritische und tiefenorientierte Auseinandersetzung mit dem Lernstoff gefördert wird. Allerdings liegen teils auch inkonsistente Befunde vor. I. d. R. verfügen Menschen mit höherem Bildungsniveau über komplexere e. Ü., wobei die Komplexität und Differenziertheit der e. Ü. je nach Inhaltsdomäne durchaus variieren kann. Hofer & Bendixen 2012, Greene et al. 2008.   *E. Wegner/M. Nückles*

Epithelkörperchen, Nebenschilddrüse, Parathyreoidea. *Hormone*.

Epoché [gr. *εποχή* (epoche) Fixpunkt, Zeitabschnitt], *Reduktion*.

Epsilon-Bewegung [engl. *epsilon motion*; gr. Buchstabe «ε» epsilon], *Scheinbewegungen*.

Equal environments assumption [engl. Annahme gleicher Umwelt], [**PER**], Annahme, dass die Umwelt in gleichem Maße zur Ähnlichkeit eineiiger und zweieiiger Zwillinge beiträgt. *Zwillingsstudien*.

equality [engl.] Gleichheit; *Koalitionsspiele*.

Equilibration *Äquilibration, Equilibration*.

Equity-Theorie (= E.) [engl. *equity theory*; *equity* (Verteilungs-)Gerechtigkeit], [**SOZ**], Theorie der Billigkeit (*Gerechtigkeit*), nach der die Aufteilung von Lohn bzw. Gratifikationen bzw. Gewinn proportional zu den Leistungen, Kosten oder Investitionen der Partner erfolgt. Leistungsstärkere tendieren entgegen der E. dazu, trotz Leistungsunterschieden Gleichaufteilungen vorzunehmen. *Aufteilungsgerechtigkeit*, *Fairness*. Mikula 1985.   *B. Six*

Erbe-Umwelt-Problem *Anlage-Umwelt*.

Erbgang [engl. *inheritance*], [**BIO, PER**], der Weg eines Allels (*Allele*) durch die Generationen (*Generation*).

Erbkoordination *Auslösemechanismus*, *Instinkt*.

Erblichkeit (= E) [engl. *heritability*], [**BIO, PER**], ist das Verhältnis zweier *Varianzen*, nämlich das der genetischen Varianz dividiert durch die beobachtete (phänotypische) Varianz. E. bez. somit den Anteil an den beobachteten Unterschieden zw. Individuen, welcher auf genetische Unterschiede zw. ihnen zurückgeht. Man unterscheidet E. i. e. S. von E. i. w. S. E. i. e. S. bez. den Anteil an den beobachteten Unterschieden, welcher von Eltern auf genetischem Wege an ihre Kinder weitergegeben wird. Dies ist der Anteil der

Erblichkeit des IQ nach Bouchard & McGue (1981)

Verglichene Personen	gÄ	pÄ
EZ, gemeinsam aufgewachsen	1.0	.86
EZ, getrennt aufgewachsen	1.0	.75
ZZ, gemeinsam aufgewachsen	0.5	.60
Geschwister, gemeinsam aufgewachsen	0.5	.47
Elternteil-Kind, bei Elternteil aufgewachsen	0.5	.42
Geschwister, getrennt aufgewachsen	0.5	.24
Elternteil-Kind, zur Adoption freigegeben	0.5	.19
Adoptivgeschwister	0.0	.32
Adoptiveltern-Adoptivkind	0.0	.19

Verglichene Personen	gÄ	pÄ
EZ, gemeinsam aufgewachsen	1.0	.51
EZ, getrennt aufgewachsen	1.0	.38
ZZ, gemeinsam aufgewachsen	0.5	.18
ZZ, Getrennt aufgewachsen	0.5	0.5
Leibliche Geschwister	0.5	.20
Elternteil-Kind, bei Elternteil aufgewachsen	0.5	.16
Adoptivgeschwister	0.0	-.07
Adoptiveltern-Adoptivkind	0.0	.01

Anmerkung: EZ = eineiige Zwillinge, ZZ = zweieiige Zwillinge, gÄ = Genetische Ähnlichkeit, pÄ = Phänotypische Ähnlichkeit

additiven genetischen Varianz unter Berücksichtigung des Ausmaßes selektiver Partnerwahl (*Verhaltensgenetik*). Er lässt sich aus der Ähnlichkeit von adoptierten Kindern mit ihren leiblichen Eltern schätzen (*Adoptionsstudien*). E. i. w. S. bez. den Beitrag aller genetischen Einflüsse zu den beobachteten Unterschieden und umfasst neben additiven auch nicht additive Genwirkungen (*Verhaltensgenetik*). E. i. w. S. lässt sich insbes. aus *Zwillingsstudien* erschließen. Allg. gilt, dass die E. eines Merkmals umso höher ist, je stärker die Ähnlichkeit von Personen in diesem Merkmal mit deren genetischer Ähnlichkeit einhergeht. Die genetischen Ähnlichkeiten betragen z. B. 1 für eineiige Zwillinge (EZ), ½ für zweieiige Zwillinge (ZZ), für Geschwister sowie für Elternteile und deren leibliche Kinder und 0 für nicht verwandte Personen (z. B. Adoptivgeschwister).

Erblichkeit des IQ: Die Tab. 1 berichtet von Bouchard & McGue (1981) aus 111 Studien ermittelte *Korrelationen* (r) zw. den IQ-Werten (*Intelligenz*) von Verwandten und Adoptierten. Nach Loehlin (1989) sprechen diese Befunde für eine E. des IQ von etwa 50%. Weitere ca. 25% gehen auf den Einfluss der gemeinsamen Umwelt, 15% auf den Einfluss der spezif. Umwelt und 10% auf Messfehler zurück (*Verhaltensgenetik*). Weiterhin trägt die Umwelt mehr zur Ähnlichkeit von Zwillingen als zur Ähnlichkeit von Geschwistern und am wenigsten zur Ähnlichkeit von Eltern und Kindern bei. Die Befunde in der Tab. beziehen sich jedoch auf Personen sehr unterschiedlichen Alters. Bei Differenzierung nach Altersgruppen zeigt sich, dass im Erwachsenenalter im Vergleich zur Kindheit die Bedeutung genetischer Einflüsse größer und die Bedeutung der gemeinsamen Umwelt geringer ist. Bes. aufschlussreich sind hier längsschnittliche Zwillings- und Adoptionsstudien. Sowohl in der Louisville-Zwillingsstudie (LTS; Wilson 1983) als auch in der *Twins Early Developmental Study* (Trouton et al. 2002) fanden sich im frühesten Kindesalter hohe Ähnlichkeiten beider Arten von Zwillingen bzgl. ihrer kogn. Entwicklung (in der LTS betrugen diese Korrelationen im Alter von 3 Monaten $r = .66$ für EZ und $r = .67$ für ZZ). Hingegen zeigten sich in beiden Studien höhere Ähnlichkeiten von EZ als von ZZ bereits im Alter von 2 Jahren, welche auf einen moderaten Einfluss genetischer Faktoren und auf einen weiterhin starken Einfluss der gemeinsamen Umwelt hindeuten. Bis zum Alter von 15 Jahren nahm die Differenz der Ähnlichkeiten von EZ ($r = .88$) und ZZ ($r = .54$) weiter zu, was auf einen wachsenden Anteil genetischer Einflüsse auf die Intelligenz hinweist. Diese Schlussfolgerung wird durch Daten aus einer längsschnittlichen Adoptionsstudie gestützt: Plomin et al. (1997) berichten aus dem Colorado-Adoptionsprojekt, dass in natürlichen Familien die Elternteil-Kind-Korrelation von der Geburt bis zum 12. Lebensjahr von $r = .12$ auf ca. $r = .30$ zunahm und auf diesem Niveau verharrte. Demgegenüber erreichte in Adoptivfamilien die Elternteil-Kind-Korrelation im Alter von 3 Jahren bei $r = .20$ ihr Maximum und sank anschließend auf $r = .00$ ab.

Erblichkeit von Persönlichkeitsmerkmalen: Als Ergebnis einer Literaturrecherche gelangte Loehlin (1992) zu den in Tab. 2 berichteten Verwandtenkorrelationen für die am häufigsten untersuchten Persönlichkeitsmerkmale *Extraversion* und *Neurotizismus*. E.-schätzungen für diese Persönlichkeitsmerkmale auf der Basis von Zwillingsstudien belaufen sich demnach auf ca. 40%, und die verbleibenden 60% gehen auf Effekte der spezif. Umwelt und auf Messfehler zurück (Plomin et al. 1999). Die gemeinsame Umwelt trägt hingegen zur Ähnlichkeit gemeinsam aufgewachsener Personen nicht bedeutsam bei (Loehlin 1992). Aus Adoptionsstudien resultieren jedoch niedrigere E. schätzungen, denn alle Verwandten außer EZ ähneln sich kaum. Diese Diskrepanz der E.schätzungen aus Zwillings- und Adoptionsstudien lässt sich dahingehend auflösen, dass nicht additive genetische Effekte, insbes. Epistase, bedeutsam ist (Plomin et al. 1998): Epistase erhöht zwar die Ähnlichkeit EZ, nicht jedoch die ZZ sowie von Eltern und Kindern (*Verhaltensgenetik*).

Erblichkeit psychischer Störungen: Zahlreiche Zwillings- und Adoptionsstudien gingen der Erblichkeit psych. Störungen, insbes. der *Schizophrenie* nach, deren *Prävalenzrate* in der Gesamtbevölkerung bei 1% liegt. Dieses Grundrisiko steigt systematisch an, wenn Familienangehörige an Schizophrenie leiden, und zwar bei Erkrankung eines: (a) Verwandten zweiten Grades auf 4%, (b) Verwandten ersten Grades auf 9%, (c) ZZ auf 17%, und (d) EZ auf 48% (Gottesman 1991). Offenbar wird also das Risiko, an Schizophrenie zu erkranken, maßgeblich durch eine genetische Disposition beeinflusst. Da jedoch die *Konkordanz* bei EZ weit unter 100% liegt, sind neben genetischen auch Umweltfaktoren am Auftreten der Störung beteiligt. Schizophrene Störungen unterscheiden sich bzgl. ihrer Schwere und unterliegen offenbar einer polygenetischen Vererbung (Faraone & Tsuang 1985): Es ist anzunehmen, dass auf genetischer Ebene ein quant. abgestuftes Risiko existiert, an Schizophrenie zu erkranken. Insofern unterliegt die Grenzziehung zw. betroffenen und normalen Personen einer gewissen Willkür. Polygenetische Vererbung lässt zudem erwarten, dass die nicht an Schizophrenie erkrankten Verwandten betroffener Personen systematisch in Richtung der Störung vom Populationsmittelwert abweichen, und zwar proportional zum Grad ihrer genetischen Ähnlichkeit zu der erkrankten Person (DeFries & Fulker 1985). Diese Annahme bildet die Grundlage für genetische Extremgruppenanalysen, welche der Frage nachgehen, inwieweit Bedeutung und Art von genetischen und Umwelteinflüssen über die Spannbreite von Merkmalsausprägungen generalisieren. Auch für andere Störungen, z. B. die bipolare Depression (*bipolare Störungen*), wurden genetische Einflüsse nachgewiesen (Plomin et al. 1999). Bouchard & Loehlin, 2001.　　　　　　　　　　*P. Borkenau/F. M. Spinath*

E-Recruiting [engl.] «elektronisch unterstützte Personalrekrutierung», *Human Resource Management*.

ereigniskorrelierte Hirnpotenziale, EKP [engl. *event-related potential*, ERP], [**BIO, DIA**], stellen den Anteil der auf der Kopfhaut messbaren elektrischen Spannungsschwankungen der kortikalen Apikaldendriten dar, der vor, während und nach einem sensorischen, motorischen oder sonstigen mentalen Ereignis zeitsynchron und phasenstarr auftritt. Das EKP wird über Mitteilung von Zeitabschnitten des EEGs (*Elektroenzephalografie, EEG*) gewonnen, denen äquivalente Ereignisse zugrunde liegen. Dadurch können die auf das Ereignis bezogenen systematischen Spannungsveränderungen über die Zeit hinweg abgebildet werden. Der Verlauf dieser Spannungsschwankungen enthält charakteristische Gipfel und Täler, die als *EKP-Komponenten* bez. werden. Zur Nomenklatur der Komponenten werden i. d. R. (1) die *Polarität* (N = neg., P = pos.) in Bezug auf einen Referenzpunkt und (2) die *Latenz* zum Zeitpunkt des Auftretens des Gipfels oder Tals in ms bzw. die Ordnungszahl der Komponente verwendet (z. B. *N1* als erste neg. Komponente oder *P300* für den pos. Gipfel mit der Latenz 300 ms). Zusätzlich wurden eine Reihe weiterer EKP-Komponenten definiert (z. B. ERN, FRN, CNV, MMN). Im EKP lassen sich zwei Arten von Komponenten unterscheiden: (1) von physikal. Reizeigenschaften abhängige, exogene EKP-Komponenten, die oftmals als Indikatoren für die Integrität eines Sinnessystems genutzt werden (z. B. Latenz der *P100* im visuell evozierten EKP bei multipler Sklerose), und (2) psych. Prozesse indizierende, endogene EKP-Komponenten. Wird z. B. in einer Reizfolge ein abweichender, neuer oder seltener Zielreiz gezeigt (*Oddball-Paradigma*), kann die nachfolgende pos. Welle (P300) als Indikator der Bedeutung bzw. Neuheit des Reizes gelten. Bei Verletzungen von Erwartungen bzgl. des semantischen Zusammenhangs in einem Stimulussatz weist die neg. Auslenkung nach 400 ms (N400) charakteristische Veränderungen auf. Neuere Auswertungsmethoden erlauben darüber hinaus Zeit-Frequenz- und Kohärenzanalysen der ereigniskorrelierten Hirnaktivität. *Elektrodiagnostik*. Gauggel & Hermann 2008, Karnath & Thier 2012. *M. Peper*

Ereignissegmentierung (= E.) [engl. *event segmentation, event unitization*], [**KOG, MD, WA**], E. beschreibt den Prozess der Messung von Ereignisgrenzen. Ereignisgrenzen repräsentieren Grenzen zw. zwei bedeutungshaltigen Ereignissen. Ereignissegmentierung findet auf versch. Hierarchieebenen statt; mehrere feine Ereignisse sind in einem groben Ereignis gruppiert (z. B. kann das grobe Ereignis «Frühstück» in die feinen Ereignisse «Kaffee zubereiten», «Brot streichen» und «Zeitung lesen» unterteilt werden). Ereignisgrenzen werden gemessen, indem Vpn. instruiert werden, während der Betrachtung einer dynamischen Szene immer dann eine Taste zu drücken, wenn eine bedeutungshaltige Einheit endet und eine neue beginnt (Newtson 1973). Die resultierende Ereignisstruktur wird als Maß für die perzeptuelle Organisation dynamischer Ereignisse verwendet (*Event Segmentation Theory*, Zacks et al. 2007). *M. Huff*

Ereignisstichprobe [engl. *event sampling*], [**FSE**], i. R. einer *Beobachtung* wird das Auftreten eines Ereignisses (bzw. dessen Dauer, Häufigkeit) registriert (z. B. Rückfalle in einem def. Beobachtungsintervall). *Zeitprobentechnik der Beobachtung*. Greve & Wentura 1997.

Ereigniswahrnehmung [engl. *event perception*], *Geschehenswahrnehmung*.

Ereigniszeitanalyse *Survivalanalyse*.

erektile Dysfunktion *Erektionsstörungen*.

Erektionsstörungen (= E. s.)[engl. *erectile disorders*], [**KLI**], E. s. bez. eine Form von *Sexualstörungen* beim Mann, bei der sich die Erektion (= E.) für eine gewünschte sexuelle Aktivität überhaupt nicht, nicht stark oder nicht lange genug entwickelt. Dabei ist es in vielen Fällen so, dass sich die E. während der Phasen der Appetenz und ersten Erregung (während der Anbahnung der sexuellen Handlung sowie während des Vorspiels) ausreichend entwickelt, aber im Moment der geplanten Vereinigung deutlich nachlässt oder gar verschwindet (*sekundäre E. s.*). Ein solcher Verlauf ist ein deutlicher Hinweis auf eine psych. Determinante der Problematik. Entwickelt sich hingegen selbst zu Beginn keine ausreichende (da nur sehr schwache oder nicht durchgängig vorhandene) E. oder besteht die Problematik auch in anderen Situationen (z. B. bei der Masturbation oder im Kontext morgendlicher E.; *primäre E. s.*), so liegt eher der Verdacht einer körperlichen Determinante nahe, und es sollte eine umfassende differentialdiagn. med. Abklärung (*Differenzialdiagnose*) erfolgen. Bei Vorliegen von sekundären E. s. ist hingegen eine umfassende psychosoziale Diagnostik (*Anamnese*) indiziert, welche neben Versagensängsten (*Angst*), Selbstwertproblematiken (*Selbstwertgefühl*, *Minderwertigkeitsgefühl*), möglichen Partnerschaftskonflikten oder anderen belastenden Lebensereignissen (*Stress*, *Lebensereignisse, kritische*) auch potenzielle Probleme bezüglich der Geschlechtsidentität (z. B. *Transsexualität*), der sexuellen Orientierung (z. B. *Homosexualität*) oder soziosexuellen Kompetenzen thematisiert. Tatsächlich sind E. s. in vielen Fällen multifaktoriell bedingt und nicht ausschließlich auf eine Ursache zurückzuführen. Die Behandlung und Therapie (*Sexualstörungen, Psychopharmakotherapie, Sexualstörungen, Psychotherapie*) von E. s. richtet sich nach den ermittelten Auslöse- und Aufrechterhaltungsfaktoren und kann versch. Interventionselemente beinhalten wie z. B. die Förderung des Körperempfindens oder *Systematische Desensibilisierung* in Bezug auf stressauslösende Situationen. Auch können bereits längerfristig bestehende bzw. durch die Störung entstandene Partnerschaftsprobleme thematisiert (*Paartherapie*, *Prävention bei Paaren*) werden. Kockott & Fahrner 2000.

Erfahrung (= E.) [engl. *experience*], [**KOG, PER, PHI**], das durch (meist wiederholtes) Wahrnehmen und Erleben (*Wahrnehmung*, Anschauung, Empfindung) gewonnene *Wissen*. Spez. Bedeutungen des Begriffs E. sind: *Allg.*: Lebenserfahrung. Das im Laufe eines Lebens gewonnene, erprobte und bewährte Wissen. Die Gesamtheit der Eindrücke, die wir in unserem bisherigen Leben empfangen haben. *Phil.*: E. i. S. von empirischer Gewissheit. Die durch die Sinne vermittelte Gewissheit der äußeren und inneren Dinge. *Wiss.*: E. als die durch Beobachtung bestätigte Erkenntnis. Die E. hat durch die Assoziationsps. und den *Empirismus* die Bedeutung eines wiss. Erklärungsgrundes psych. Prozesse (Leistungen) bekommen. Je häufiger ein Vorgang, Ablauf usw. erfahren wird, umso wahrscheinlicher und verständlicher ist sein Wiederauftauchen (*Lernen*), E. ist allg. Ergebnis von *Erfahrungsbildung*.

Erfahrungsbildung (= E.) [engl. *acquisition/formation of experience*], **[KOG]**, E. bez. den Prozess des Erfahrens und das Ergebnis des Erfahrens. E. versteht Lernen (*Lernen*) als aktiven Aneignungs- und Prägungsvorgang mit einem bestimmbaren Ergebnis im *Erleben* und Handeln (*Handlung*). Dieser wird veranlasst durch einen bedürfnisorientierten Organismus, *Wahrnehmung*saktivität und *Verhalten*saktivität in Abhängigkeit von *Reifung*sniveau, *Erfahrung*niveau und den soziokult. Lebensbedingungen. E. geschieht im Umgang mit der physischen, sozialen Umgebung und mit sich selbst. Sie realisiert sich z. B. im Aneignen von Handlungsmöglichkeiten, aber auch von Handlungsbeschränkungen, im Einlassen auf Situationen und Personen, im Aufbau von *Gewohnheiten*, im Erproben von Möglichkeiten und Handlungen, im Mitmachen und alltäglichen Handeln, im Verstehenwollen, *Erklären* und Interpretieren von Zusammenhängen (kogn. Determinanten; Spada & Wichmann 1996), im Nachempfinden und Nachvollziehen, im Akzeptieren und im Vertrautmachen, im Erleiden, aber auch im Ablehnen und Widerstand (*Emotionen*, *Entwicklung, emotionale*) (Echterhoff 1992) . Heteronome E. folgt der Vermittlung von Erfahrungen anderer im Umgang mit der physischen und sozialen Umwelt. Als *autonome* E. gelten die eigenständigen Wahrnehmungen und Interpretationen eines Individuums im Umgang mit seinen versch. Umgebungen. Systematische und kontrollierte E. kann als *formelle* E. bez. werden (Ggs. informelle E.) und wird z. B. bei der Nutzung wiss. Methoden praktiziert. *Informelle* E. ist zu vermuten, wenn im Lebensalltag von «viel Lebenserfahrung» gesprochen wird. E. mit sozial erwünschten *Lernzielen* und Sozialisationszielen wird *Expertise* bzw. *Leistungsexzellenz* (v. a. in fachlichen Arbeitsgebieten) oder *Kompetenzentwicklung* (v. a. in wirtschaftlichen Arbeitsgebieten) genannt. Diese beiden Begriffe sind in der *Erwachsenenbildung* von bes. Bedeutung. Steiner 2001b. *W. Echterhoff*

Erfahrungsseelenkunde (= E.), **[HIS]**, das durch *Erfahrung* gewonnene *Wissen* psychol. Art. Begriff wird heute als vorwiss. Konzeption gewertet für die psychol. Bemühungen im Aufklärungszeitalter (entspr. dessen Streben nach *Bildung* und Wissen mit Befreiung von religiösen Dogmen). Menschenbeurteilung und -behandlung, Sammlung von *Daten* zu normalem und pathologischem *Verhalten*, Psychografien und Selbstbekenntnisse standen im Vordergrund. Die *Physiognomik* wurde bes. beachtet. An den schon buchtechnisch hervorragenden vier Bänden «Physiognomische Fragmente zur Beförderung der Menschenkenntnis und Menschenliebe» (1775–1778) von J. C. Lavater nahm auch Goethe tätigen Anteil; und I. Kant behandelte in seiner «*Anthropologie*» (1798) die «Art, das Innere des Menschen aus dem Äußeren zu erkennen». Eine erste psychol. Zeitschrift «Magazin für Erfahrungsseelenkunde als ein Lesebuch für Gelehrte und Ungelehrte» gab K. P. Moritz 1783–1795 heraus. Daneben erschienen sehr beachtete Lehrbücher der E., Repertorien, sog. Denkwürdigkeiten und Experimental-Seelenlehren. Dorsch 1963.

Test Erfassungsbogen für aggressives Verhalten in konkreten Situationen (EAS), 2015, 5., überarbeitete und neu normierte Auflage, F. Petermann und U. Petermann, [www.testzentrale.de], **[DIA, KLI]**. AA 9 bis 13 Jahre. Erfasst Aggression in versch., konkret dargestellten Alltagssituationen für Jungen (EAS-J) und Mädchen (EAS-M) mit 22 Items (*Alltagskonflikte zw. Kindern*; *Aggressionen gegen Gegenstände*; *Autoaggression*) zur Klärung versch. diagn. Fragen (z. B. Gegen wen richtet sich und wie äußert sich das aggressive Verhalten?). *Reliabilität*: Cronbachs α EAS-J $r = .87$; EAS-M $r = .86$. Retest-Reliabilität (acht Wochen) $r = .71$. *Validität*: Es liegen umfangreiche Validierungsstudien vor. *Normierung*: Geschlechtsspezifische Altersnormen in Form von T-Werten und Prozenträngen. Die Neunormierung ($N = 1185$) erfolgte 1999. Ca. 20 und 30 Min. *J. M. Müller*

Erfolg [engl. *achievement, success*], **[EM, KOG]**, positive Bestätigung, die sich im Erleben als aktivierende Variable auswirkt und zugleich *Motivation*, *Kognition*, *Lernerfolg* u. a. beeinflusst.

Erfolgreich und sicher in der Klassenführung (PAUER) (= P.), **[PÄD]**, P. ist ein Programm, welches am Lehrstuhl Schulpädagogik der LMU München (Kiel et al. 2010) zur Förderung der Klassenführungskompetenz (*Klassenführung*, *Klassenführung, effiziente*) für Lehrkräfte und Referendare entwickelt wurde. Es besteht aus vier Modulen: Die ersten zwei Module beschäftigen sich mit den Techniken und Methoden der Klassenführung. Die Lehrkräfte erarbeiten gemeinsam die Inhalte *Präsenz*, *Unterrichtsfluss*, Empathie und Regeln (*Regeln im Klassenzimmer*) und wie diese im Klassenzimmer hergestellt werden können. Modul 3) und 4) beinhalten eine Trainingseinheit zur *kollegialen Fallberatung* und der Reflexion des indiv. *Klassenführungsstils*. Zusätzlich werden den Lehrkräften Beobachtungsaufträge erteilt, die einzelne Trainingselemente vertiefen. Ein wichtiges Thema ist darüber hinaus die *Reflexion* der eigenen *Werte*basis. Ziel des Trainings ist es, die Klassenführungskompetenz von Lehrkräften zu stärken und durch diese Erweiterung des Ressourcenpools eine Reduktion des indiv. *Stress*- und Belastungserlebens zu erreichen. *E. Gärtner*

Erfolgskontrolle, Ergebnisbewertung [engl. *monitoring of success/achievement*], **[FSE, KLI, PÄD]**, Messen von Wirkungen von Maßnahmen (*Intervention*, Beratung, Therapie, exp. Veränderung) auf eine oder mehrere Zielvariable(n) (*Outcome*, *Variable, abhängige*). *Evaluation*, *Experiment*.

Erfolgsmessung, zielorientierte [engl.] *Goal Attainment Scaling*.

Erfolgssuche [engl. *quest for success/achievement*], *Hoffnung auf Erfolg*.

Erfolg und Misserfolg (= E. u. M.) [engl. *success and failure*], **[EM, KOG]**, allg. das pos. bzw. neg. Ergebnis einer Bemühung i. S. eines Eintretens bzw. Nichteintretens einer beabsichtigten, erstrebten Wirkung. In der Ps. werden dabei v. a. die Bedingungen untersucht, unter denen das Erlebnis von E. u. M. auftritt. Dabei zeigte sich, dass weniger das reine Ergebnis einer *Leistung* bestimmend ist als ihr Verhältnis zum *Anspruchsniveau*. Die Grenzen des Bereiches von Schwierigkeiten, in denen E. u. M. erlebt werden, decken sich etwa mit den Grenzen der tatsächlichen Leistungsfähigkeit. Bei zu schweren und zu leichten Aufgaben tritt kein Erlebnis von E. und M. mehr auf. Ferner muss der Mensch eine Handlung als von ihm vollzogen erkennen, um E. u. M. zu erleben und die Bedingungen für die Leistungshöhe sich selbst zuzuschreiben (*Kausalattribution*). *Motivation*. Heckhausen 1965, 1970, Hoppe 1930.

erforderliche Anzahl zu behandelnder Fälle *Number needed to treat*.

Erg, erg (= E.) [gr. ἔργον (ergon) Arbeit], (physikal.), Maßeinheit der Arbeit. [**EM, PER**], Begriff aus der Persönlichkeitstheorie und faktorenanalytischen Motivationsforschung von R. B. Cattell. E. wird als angeborene psychophysische *Disposition* verstanden, die es ermöglicht, Aktivitäten zu entwickeln, um motivbesetzte Ziele schneller als andere zu erreichen (insbes. Sexualität, Selbstbehauptung, Sicherheitsfurcht, Narzissmus und Aggression). *metaerg*, *sentiments*.

Ergänzungserscheinungen [engl. *amodal completion*], [**WA**], die als Ergänzungen bei Wahrnehmungsstrukturen (*Wahrnehmung*) auftretenden Phänomene. Unvollständige visuelle Reize (*Reiz*) werden ganzheitlich umstrukturiert, z. B. Lücken bei der figuralen Wahrnehmung oder verdeckte Figurteile. Auch das «Ausfüllen» des blinden Flecks (*Auge*) und die Ergänzung des Gesichtsfeldes bei *Hemianopsie* gehören hierzu. *Gestaltgesetze, amodale Vervollständigung*.

Ergänzungsfarben *Komplementärfarben*.

Ergänzungsverfahren, verbale [engl. *supplementary verbal tests*], *projektive Tests, projektive Verfahren*.

Ergebniserfahrungen [engl. *achievement/outcome experiences*], *Konsequenzerfahrungen, gesundheitsbezogene*.

Ergebniserwartung [engl. *outcome expectancy*], *Erwartung, Gesundheitserwartungen, Health Action Process Approach, Optimismus, Theorie der Motivationsintensität*.

Ergebnisfokus *Zielfokus, Prozessfokus und Ergebnisfokus*.

Ergebnis-Folge-Erwartung *Erwartung*.

Ergebnisqualität [engl. *outcome quality*], *Qualität*.

Ergebnissimulation (= E.) [engl. *outcome simulation*], [**KOG**], ist eine mentale Simulation, bei der Personen sich das Ergebnis einer zielführenden *Handlung* im Geist vorstellen (*Vorstellung, Prozesssimulation*).

A. T. Sevincer/G. Oettingen

ergodisch [engl. *ergodic*; gr. ἔργον (ergon) Werk, Wirken, ὁδος (hodos) Weg], [**FSE**], Eigenschaft einer Sequenz von Ereignissen (*Markoff-Prozess, Markoff-Kette*), in der die Wahrscheinlichkeiten der einzelnen Ereigniskategorien in jeder möglichen Teilmenge von Ereignissen konstant sind. *D. Dörner*

Ergograph, Ergografie (= E.) [engl. *ergograph*; gr. ἔργον (ergon) Arbeit, Wirken, γράφειν (graphein) schreiben], [**AO, DIA**], Kraft-(Arbeit-)aufzeichner. Geräte bzw. Methoden, mit denen die Muskelleistung registriert wird. So hebt und senkt z. B. ein Finger im Takt durch Beugung und Streckung ein Gewicht. Die Arbeitsleistung wird registriert. Die Geräteentwicklung geht auf Mosso zurück. Man verwendet E. bei Untersuchungen zur *Ermüdung, Leistungsmotivation*. *Ergometer, Ergostat*.

Ergometer, Ergostat (= E.) [engl. *ergometer*; gr. ἔργον (ergon) Arbeit, Wirken, μέτρον (metron) Maß], [**AO, DIA**], Geräte (prinzipiengleich mit *Ergograph, Ergografie*) zur Messung von Arbeitsleistung (Ergometrie), spez. bei Beteiligung größerer Muskelpartien oder des ganzen Körpers, z. B. Fahrrad-E., Kurbel-E.

Ergonomie (= E.) [engl. *ergonomics*; gr. ἔργον (ergon) Arbeit, Wirken, νόμος (nomos) Regel, Gesetz], [**AO**], bez. ein interdisziplinäres Fachgebiet, das sich mit dem Studium der menschlichen Arbeit und der Erforschung ihrer Gesetzmäßigkeiten beschäftigt (*International Ergonomics Association*). Weitgefasst ist die E. die Wissenschaft und Lehre von den Wechselbeziehungen zw. Mensch und Arbeit. Ihr konkreter Gegenstand ist die Entwicklung von Regeln zur Beurteilung und Gestaltung menschlicher Arbeit (*Arbeitsgestaltung*). Angestrebt wird hierbei (1) den Eigenschaften und Bedürfnissen des Menschen zu entsprechen und (2) größtmögliche Systemleistungen, Zuverlässigkeit und Sicherheit der Funktionseinheit Mensch-Maschine (3) zu gewährleisten. Schwerpunkte ergonomischer Gestaltung sind: Arbeitsplatz, Arbeitsmittel, Arbeitsumgebung, Arbeitszeit und Arbeitsstruktu. Nach enger Gegenstandsdef. konzentriert sich die E. auf technische, physiol. und psychol. Aspekte unter Ausklammerung organisationaler und wirtschaftlicher Rahmenbedingungen (Luczak & Rohmert 1980). *Arbeitswissenschaft, Ingenieurpsychologie, Arbeitsphysiologie, Arbeitspsychologie, Ingenieurpsychologie, Software-Ergonomie*. Laurig 1990. *K.-C. Hamborg*

Ergopsychometrie (= E.) [engl. *ergopsychometry*; gr. ἔργον (ergon) Arbeit, Wirken], *Psychometrie*, [**BIO, DIA**], Bez. für das von Guttmann vorgeschlagene Testparadigma, bei dem bei Pbn in Neutralbedingungen und unter physischer bzw. psych. Belastung Aktivierungsparameter erhoben werden. Diese Teststrategie geht auf *Beobachtungen* zurück, bei denen feststellbar war, dass die *Leistung* best. Personen unter Belastung sinkt, während andere Personen auf Belastung mit einem Leistungsanstieg reagieren. Während die klassische Teststrategie unter möglichst neutraler Situation durchgeführt wird, wird in der E. die in vielen Situationen bedeutsame Prognose des *Verhaltens* unter Belastung möglich. Guttmann 1981, Guttmann 1982. *H. O. Häcker*

Ergotamin (= E.) [engl. *ergotamin*], [**PHA**], Stoff aus der Gruppe der *Mutterkornalkaloide*. Derivat der Lysergsäure (*Lysergsäurediethylamid*). E. wird eingesetzt bei akuten Migräneanfällen. Es führt zur Arterienverengung im Kopfbereich und hemmt möglicherweise durch Aktivierung von 5-HT1D-Rezeptoren die Freisetzung von *Neuropeptiden* aus den peripheren Endigungen nozizeptiver *Neurone* und damit neurogene Entzündung. E. wirkt als partieller Alpha-Adrenozeptor (α1 und α2)- und Serotoninrezeptor (1A-, 1B-, 1D-, 2A- und 2B-Typen)-Agonist sowie als D2-*Dopamin-Agonist*. Die Halbwertszeit beträgt 1,5–2 Std., es gibt wirksame Metaboliten. Als unerwünschte *Nebenwirkung* kann Brechreiz auftreten. E. ist Gegenmittel bei *Intoxikationen* durch *Amphetamine*. Aktories et al. 2005. *H. Schröter/W. Janke*

Ergot-Dopaminagonisten (= E.) [engl. *ergot dopamine agonist*], **[PHA]**, bei der Behandlung der *Parkinson'schen Erkrankung* mittels *Dopaminagonisten*, also Pharmaka, die Dopaminrezeptoren stimulieren, unterscheidet man zw. sog. E. und Non-E. Die E. sind Derivate der *Mutterkornalkaloide*, Ergotalkaloide, mit einer einheitl. chem. Grundstruktur, dem tetrazyklische Ergolin. Aufgrund ihrer pharmakodynamischen Wirkungen werden sie in der Med. zur Behandlung des Morbus Parkinson oder auch zur Behandlung eines *Restless-Legs-Syndroms* eingesetzt.
M. Paulzen

Ergotherapie (= E.) [engl. *ergotherapy*; gr. ἔργον (ergon) Arbeit, Wirken], **[KLI]**, früher als *Arbeitstherapie/Beschäftigungstherapie* bez. In der E. wird mit konkreten, indiv. angepassten Tätigkeiten die Handlungsfähigkeit zur Bewältigung des Alltages erweitert und die Erfahrung eigener Fähigkeiten ermöglicht. E. wird i. d. R. in Institutionen in Verbindung mit anderen therap. Maßnahmen eingesetzt und leistet einen Beitrag zur Therapie, *Prävention* und *Rehabilitation* bei psych. und somat. Erkrankungen. E. ist ein aktivitätsorientierter Ansatz, bei dem i. d. R., im Unterschied zur *Gestaltungstherapie*, die Selbstdarstellung, insbes. die Darstellung psych. Konflikte, von untergeordneter Bedeutung ist. Die Grenzen sind, je nach Ausrichtung der Therapeuten, fließend. Angestrebt wird neben der Förderung konkreter Fähigkeiten (wie Konzentrationsfähigkeit, Ausdauer) auch die Erfahrung eigener Fähigkeiten und Funktionslust. E. ist seit den 1950er Jahren in den meisten psychiatr. Kliniken integriert. Die Methoden der E. sind vielseitig und lassen sich den Erfordernissen von Situation und Problemlage anpassen. Befriedigende Wirksamkeitsuntersuchungen liegen nicht vor. Die E. findet auch in funktionell-motor. Einsatzbereichen Anwendung. Ergotherapeuten sind vielseitig einsetzbar, so z. B. in der Neurologie, Pädiatrie, Orthopädie.
F. Caspar

Ergothymie [gr. ἔργον (ergon) Arbeit, Wirken, θυμός (thymos) Gefühl], **[AO, EM]**, in der *Arbeitspsychologie* (Moede 1935) verwendete Bez. für den Einfluss, den die *Gefühle*, *Triebe*, *Stimmungen*, *Interessen* auf die Arbeit haben.

Ergotoxine (= E.) [engl. *ergotoxine*], **[BIO]**, Stoffe aus der Gruppe der *Mutterkornalkaloide*. Derivate der Lysergsäure (*Lysergsäurediethylamid*). Im Einzelnen gehören dazu: Ergocristin, Ergocryptin und Ergocornid. E. wirken an α-Adrenozeptoren und an *Serotonin*rezeptoren agonistisch und partialagonistisch. Halbwertszeit beträgt 2–4 Std. E. werden als *Nootropika* diskutiert. Sie können die Blut-Hirn-Schranke überwinden und sollen vielfältige Wirkung auf Neurotransmittersysteme haben. Diskutierte Wirkungen sind Steigerung der synaptischen *Plastizität*, Verbesserung der Mikrozirkulation, Anstieg der Sauerstoff- und Glucose-Aufnahme des Gehirns.
H. Schröter/W. Janke

ergotropes System [engl. *ergotropic system*], **[BIO]**, das funktionelle Untersystem des gesamten vegetativen Systems (*Nervensystem*), das die Leistungsbereitschaft animaler Funktionen fördert (W.R. Hess). *Ergotropie*.

Ergotropie [engl. *ergotropic*; gr. ἔργον (ergon) Arbeit, Wirken, τροπή (trope) Wendung, Einwirkung], **[BIO]**, nach W. R. Hess (1938) die im allg. Sinne einer Leistungssteigerung des Individuums ausgerichtete Wirkung des Sympathikus (adrenerges System), im Ggs. zum parasympathischen (*cholinergen*) *Nervensystem*, das hingegen der Schonung und Erholung des Individuums dient und als trophotrop bez. wird. Die ergotrope Reaktion beinhaltet eine erhöhte Aktivität. Diese führt zur Steigerung der Herzfrequenz und des Blutdrucks (verbesserte Durchblutung leistungsbezogener Organe, z. B. Skelettmuskulatur), zur Konstriktion der Hautgefäße (verminderter Blutverlust bei Verletzung), zum Nachlassen der Akkommodation und zur Pupillenerweiterung (erhöhter Lichteinfall ins *Auge*), ferner zur Schwellenerniedrigung in der *Formatio reticularis* (*Gehirn*) (erhöhte *Aufmerksamkeit*) sowie zu Konzentrationserhöhung von Blutzucker und freien Fettsäuren (Steigerung des Energieangebotes im Blut). Insges. auch als Notfallfunktion bez. Der von R. Hess geprägte Begriff der ergotropen Reaktion geht davon aus, dass der kaudale *Hypothalamus* die Körperenergien und das Leistungsvermögen durch eine allg. Aktivierung des sympathischen Systems steigert, was impliziert, dass der Hypothalamus aus zwei funktionell versch. Systemen besteht. Das gesamte Konzept erscheint jedoch aus heutiger Sicht zu allg., um die versch. Funktionen des Hypothalamus erklären zu können. Eine ähnliche, aber noch weniger gut untersuchte Unterscheidung psychophysiol. Reizbeantwortung hatten schon früher im Jahre 1910 H. Eppinger und L. Hess mit den Begriffen *Sympathikotonie* und *Vagotonie* eingeführt. Becker-Carus 1981, Schmidt et al. 2000.
C. Becker-Carus

Erhaltung, syn. *Invarianz* [engl. *invariance*], **[EW, KOG]**, Begriff von *Piaget*, (*Entwicklung, Stufentheorie nach Piaget*) bei Transformationen der Form und Anordnung von Menge, Gewicht, Volumen etc. *Äquilibration*.

Erhaltungstherapie, antidepressive; psychopharmakologisch [engl. *maintenance antidepressant treatment*], **[PHA]**, eine psychopharmakol. antidepressive Erhaltungstherapie (= E.) sollte sich an die erfolgreiche Akuttherapie (d. h., nach erfolgter Remission; *Depression, Remission*) einer depressiven Episode anschließen. Durch die E. soll ein depressiver Rückfall verhindert werden. Bei unipolarer *Depression* sollte die E. deshalb mind. sechs Monate nach Erreichen der Remission weitergeführt werden. Bzgl. antidepressiver Wirkstoffe wird dabei empfohlen, die in der Akuttherapie eingesetzte Dosierung (bei klin. Vertretbarkeit) während der E. beizubehalten, da die (in der klin. Praxis häufig durchgeführte) Dosisreduktion nach Remission das Rückfallrisiko erhöht. *Depression, Remission* Papakostas et al. 2007, Gründer & Benkert 2012.
N. Schwertfeger

Erhebung, Erhebungsmethoden *Datenerhebungsverfahren*.

Erholung [engl. *recovery*], **[BIO, KOG]**, Prozess des Wiedererlangens von psych. und physischer Aktiviertheit und dem entspr. Verhaltensrepertoire. In der *Kybernetik* das Rückschwingen eines Systems in die Normallage. *Ergotropie, ergotop*.

Eriksen-Flanker-Aufgabe (= E.) [engl. *Eriksen flanker task, flankers task*], benannt nach Eriksen & Eriksen, 1974,

[**KOG**], ist eine Aufgabe, die v. a. eingesetzt wird, um kogn. Verarbeitungs-, Aufmerksamkeits- und Kontrollprozesse (z. B. *Interferenz*, Aktivierung und *Inhibition/Hemmung*) und das *Gedächtnis* zu erforschen (Eriksen 1995). Es werden nacheinander sog. *Flankerreize* gezeigt. Diese bestehen aus einem – oft zentral präsentierten – Target (Zielreiz, den der Pbn bearbeitet werden muss) und mind. einem, meist jedoch mehreren flankierenden *Distraktor*reizen (Flanker). Bei *kongruenten* Reizen legen die Distraktoren die gleiche Reaktion nahe wie das Target, oft sind Distraktoren und Target in diesen Fällen auch identisch. Bei *inkongruenten* Reizen legen die Distraktoren eine andere als die Target-Reaktion nahe. Die dem Target zugeordnete Reaktion soll typischerweise so schnell und korrekt wie möglich ausgeführt werden. In kongruenten Durchgängen erfolgt die Reaktion i. d. R. schneller und mit weniger Fehlern. Oft werden Buchstaben als Reize eingesetzt, wobei z. B. zwei Buchstaben (z. B. W und K) der linken Reaktion (z. B. linker Zeigefinger) und zwei andere Buchstaben (z. B. T und P) der rechten Reaktion (z. B. rechter Zeigefinger) arbiträr zugeordnet werden. Im Bsp.fall wären WWW, WKW, KKK, KWK, TTT, TPT, PPP, PTP kongruent, WTW, WPW, KTK, KPK, TWT, TKT, PWP, PKP dagegen inkongruent. Auch Zahlen, Bilder, Farbkleckse, Symbole etc. werden als Stimuli eingesetzt. Neben der arbiträren Zuordnung von Stimuli zu Reaktionen können auch direktionale Reize (z. B. Pfeile) eingesetzt werden, bei denen die Zuordnung eines Reizes zu einer Reaktion bereits vorgegeben ist (Einsatz auch oft im *Negative Priming*, *Priming-Paradigma*). Der resultierende Kompatibilitäts- oder Kongruenzeffekt wird zu großen Teilen über motorische Interferenz durch die – aufgrund der distrahierenden Flanker – gleichzeitig (vor-)aktivierte (jedoch falsche) Reaktion erklärt. Alternative Ansätze: z. B. Interferenzeffekte auf perzeptuellen oder semantischen Stufen und gedächtnisbezogene Erklärungen. *C. Bermeitinger*

Erikson, Erik H. (1902–1994), [**HIS, EW, KLI**], Erik Homburger Erikson wurde in Frankfurt geboren. Seine Mutter war Dänin, mit elf Jahren wurde er von dem Kinderarzt Teodor Homburger adoptiert. Homburger begann eine künstlerische Ausbildung, lernte in Wien die Psychoanalyse kennen und absolvierte eine Lehranalyse bei *Anna Freud*. In Wien absolvierte er ebenfalls eine päd. Ausbildung nach Maria Montessori, sodass er als Kinderanalytiker arbeiten konnte. 1933 emigrierte Homburger in die USA, nahm den Nachnamen Erikson an und behielt seinen bisherigen Nachnamen als zweiten Vornamen. Erikson praktizierte als Kinderanalytiker und bekam Stellen an Hochschulen, wo er therap. arbeiten und ausbilden konnte, ohne über einen akademischen Abschluss zu verfügen. Er verfolgte auch kulturanthropologische Interessen. 1950 erschien Eriksons Hauptwerk über Kindheit und Gesellschaft, in dem er seinen Ansatz der psychosozialen Entwicklung darstellte, der in Erweiterung der Psychoanalyse Freuds die Entwicklung der Ich-Identität einbezog (*Entwicklung, psychosozialer Ansatz nach Erikson*). Erikson stellte acht Stufen der Entwicklung dar, wobei jede Stufe ihre Krise und Lösung beinhalte (*Identitätskrise*). Die Stufe des Säuglingsalters z. B. sei gekennzeichnet durch *Urvertrauen* vs. Urmisstrauen. Psychoth. müsse nach Erikson bei den Abweichungen von der Normalentwicklung ansetzen. In biographischen Arbeiten zu Martin Luther und Mahatma Gandhi hat Erickson seinen tiefenpsychol. Ansatz der Anwendung gebracht und so zur psychoanalytisch fundierten Interpretation historischer Vorgänge, und damit zur sog. Psychohistorie [engl. *psychohistory*] angeregt. Erikson 1950. *H. E. Lück*

Erinnerung [engl. *memory*], [**KOG**], spezielles, ins Bewusstsein tretendes Ereignis bzw. Erlebnis. *Gedächtnis*.

Erinnerung, werbepsychologische (= E. w.), [**WIR**], bezeichnet die *Fähigkeit* von Personen, sich an *Marketing*botschaften (; z. B. Werbung) zu erinnern. Von Interesse sind hierbei Inhalte und Aspekte, die bewusst aus dem *expliziten Gedächtnis* abrufbar sind, teilweise aber auch solche, die im *impliziten Gedächtnis* gespeichert werden. Implizites Erinnern bedeutet in diesem Kontext, dass Personen durch Kontakt mit einer Werbebotschaft anderes *Verhalten* zeigen oder sich *Einstellungen* ändern, obwohl sie die Werbebotschaft nicht bewusst abrufen können. E. w. ist von Interesse i. R. der Werbewirksamkeitsmessung und wird mit *w. Erinnerungstests* erfasst. Singh et al. 2015. *R. Singh/A. S. Göritz*

Erinnerungen, erste [engl. *first memories*], [**EW, KLI, KOG**], früheste, dem Erw. aus der Kindheit verbliebene Erinnerungen. Bei der nur langsamen Zunahme der Erinnerungsfähigkeit stammen sie selten aus dem 1., gewöhnlich aus dem 2.–4. Lebensjahr. Freud (*Psychoanalyse*) bewertet die geringe Erinnerungsfähigkeit des Kleinkindes nicht als funktionelle Unfähigkeit, sondern als *Verdrängung*. *Amnesie, infantile*.

Erinnerungsaphasie, syn. für Erinnerungsverlust, [**KOG**], *Amnesie*.

Erinnerungsassoziation [engl. *associative memory*], [**KOG**], die «Verknüpfung» (*Assoziation*) wieder auftauchender *Erinnerung*sglieder. Der Vorgang kann assimilativ oder sukzessiv sein. *Gedächtnis*.

Erinnerungsdelir, [**KLI**], Täuschung und Verzerrung der Erinnerung mit weitgehend freier Erfindung nicht vorgekommener bzw. nicht selbst erlebter Situationen.

Erinnerungsfälschung (= E.) [engl. *false memories*], syn. *Erinnerungstäuschung*, Mängel der Erinnerungstreue, [**KLI, KOG, RF**], Gedächtnislücken werden beim Nachdenken über Geschehenes durch Vermutungen, Fantasie- oder Wunschvorstellungen ausgefüllt und die Ergänzungen dann für Wahrgenommenes gehalten. Pathologisch gesteigert sind E. bei manchen organischen Gehirnstörungen (*Psychosyndrom*). Bes. Bedeutung erhalten die E. bei der Beurteilung von Zeugenaussagen. Während i. d. R. in Psychoth. der Effekt nur bedingt von der Richtigkeit rekonstruierter Erinnerungen abhängt, spielt diese bei konkreter Involviertheit anderer Personen, insbes. bei Missbrauchserinnerungen, eine große Rolle. *Glaubhaftigkeitsbegutachtung*.

Erinnerungsfelder, [**BIO, KOG**], Bez. für Assoziationsfelder (spezif. Kortexareale). *Lokalisation*.

Erinnerungsgewissheit, [KOG], das sichere Wissen, dass man etwas Vorgestelltes wirklich erlebt hat, d. h., dass es keine Fantasievorstellung ist.

Erinnerungshalluzinationen [engl. *hallucinations of memory*; lat. *alucinare* träumen], [KLI], Täuschung der Erinnerung wie beim *Erinnerungsdelir*.

Erinnerungsmethode [engl. *recall technique*], *Emotionsinduktion*.

Erinnerungsnachbild [engl. *memory after-image*] (Fechner), [WA], eine unmittelbar nach der *Wahrnehmung* zu beobachtende, bes. deutliche *Vorstellung* vom Wahrgenommenen, die nach 5–10 s verschwindet. *Nachbilder*.

Erinnerungstests, werbepsychologisch (= E. w.), [DIA, WIR], bez. Verfahren zur Erfassung der Inhalte und Bestandteile von Marketingbotschaften, die von Personen erinnert werden können, welche mit der Botschaft in Kontakt kamen (*Erinnerung, werbepsychologisch*). Man unterscheidet Verfahren, die explizite *Gedächtnis*inhalte erfassen von jenen, die implizite Gedächtnisinhalte erfassen. W. Verfahren zur Erfassung von expliziten Gedächtnisinhalten sind meist *Reproduktionsaufgaben* oder *Rekognitionsaufgaben*. Einige Verfahren wie der *Starch-Test* lassen sich nicht klar einer der beiden Aufgabenarten zuordnen. E. w. werden sowohl i. R. von *Marktforschung*sbefragungen als auch von w. Experimenten angewendet. Bsp. expliziter E. w. sind telefonische Befragungen, die erforschen, ob Fernsehzuschauer sich an best. Werbespots, Produktnamen (*Markennamen*) oder Slogans erinnern, wenn man sie ihnen beschreibt (Rekognitionsaufgabe). Alternativ können Slogans, Handlungen von Werbespots oder Produktnamen auch frei abgefragt werden (Reproduktionsaufgabe). Implizite E. w. können zur Erfassung implizit abgespeicherter Aspekte von Marketingbotschaften verwendet werden (*Marketing*). Zusätzlich können sie angewendet werden, um bewusst abrufbare Gedächtnisinhalte zu erfassen, ohne den bewussten *Abruf* auszulösen. Dies kann angebracht sein, da der Abruf des Gesehenen im Kontext einer Werbung spätere Bewertungen des Produktes beeinflussen kann. Bsp. eines impliziten E. w. ist, Pbn zu bitten, Assoziationen zu einer Marke aufzuschreiben. Finden sich hierbei viele Elemente wieder, die aus der Werbebotschaft stammen, so spricht dies für implizites Erinnern. Solche Verfahren erfordern ein exp. Forschungsdesign (*Experiment*), bei dem Personen, die der Werbebotschaft ausgesetzt waren, mit Personen verglichen werden, die der Werbebotschaft nicht ausgesetzt waren. Singh et al. 2015. *A. S. Göritz/R. Singh*

Erinnerungsvorstellungen [engl. *memorized imaginations*], [KOG], Vorstellungen, die frühere Erlebnisse zum Gegenstand haben; im Unterschied zu Fantasievorstellungen.

Erismann, Theodor (1883–1961), [HIS, WA], Theodor Paul Erismann war schweizerisch-österreichischer Psychologe. Er studierte in Zürich und promovierte 1912 mit einer naturwissenschaftlichen Arbeit zum Dr. phil.; mit seinem Lehrer Gustav Störrig wechselte er nach Straßburg und habilitierte sich dort 1913 für Philosophie, in Bonn wurde Erismann a. o. Prof. für Ps. und Philosophie, 1926 wurde er o. Prof. an der Universität Innsbruck. Erismann wurde in der Ps. vor allem durch seine Wahrnehmungsversuche (*Störungsexperimente*) mit der *Umkehrbrille*, sowie weitere Wahrnehmungsuntersuchungen bekannt, die die Innsbrucker Schule der Wahrnehmungsps. mit *Rohracher*, Ivo Kohler und anderen begründeten. *H. E. Lück*

Eristik [engl. *eristic*; gr. ἔρις (*eris*) Streit], [SOZ], Kunst des Streitgesprächs, der apologetischen Gesprächsführung.

Erkennen (= E.) [engl. *realization, cognition*], [KOG, PHI], das sichere, nachweislich der *Wirklichkeit* entspr. Wissen um einen Sachverhalt. Auch der Vorgang des Wahrnehmens (*Wahrnehmung*) und *Denkens*, der zum Wissen von einem Sachverhalt führt. Alles Erkennen ist zugleich Zurückführen eines Unbekannten auf ein Bekanntes. In der Ps. hat im Unterschied zur ontologischen Seinserkenntnis der Philosophie das E. stärker den Charakter der Einsichtsgewinnung in die Struktur der ps. Prozesse aufgrund systematischer exp. Untersuchungen. *Erkenntnistheorie*.

Erkenntnistheorie (= E.) [engl. *epistomology Epistemologie*], [PHI], im 19. Jhd. aufgekommene und verbreitete Bez. für die (auch ältere) phil. Erörterung der Bedingungen, Möglichkeiten und Grenzen wiss. und außerwiss. *Erkennens*. Viele Hauptwerke der Philosophie des 17. und 18. Jhd. sind daher der E. zuzurechnen (z. B. Descartes 1641, Locke 1690, Hume 1748 oder Kant 1781, 1956). Grundprobleme der E. sind: (1) Das Verhältnis von erkennendem Subjekt zu erkanntem Objekt, (2) die Realität der Außenwelt (*Idealismus-Realismus*-Problem;), (3) die innere Struktur des erkennenden Subjekts, (4) die Gewinnung und Begründung von Allgemeinaussagen durch Erfahrung und Denken (*Induktionsproblem*), (5) die Wahrheit und Gewissheit wiss. Aussagen und (6) die Verankerung des Erkennens in allg. Lebenszusammenhängen. Es besteht Konsens darüber, dass eine so verstandene E. weder als Real- noch als Formalwissenschaft möglich ist. Vielmehr werden die genannten Fragen teils einer historischen und/oder spekulativen Philosophie der Erkenntnis, teils einer exakten Metawissenschaft der erkennenden Wissenschaften, teils der empirischen Ps. als Gegenstand zugewiesen (*Wissenschaftstheorie*). Leinfellner 1967. *W. Glaser*

Erklären, Erklärung (= E.) [engl. *explanation*], [PHI], Begriff wird versch. verwendet, z. B. E. einer Wortbedeutung oder E. eines schwer verständlichen Zusammenhanges; eine wiss. E. ist nach einer weithin anerkannten Auffassung (Popper, Hempel) eine Antwort auf eine Warum-Frage durch Subsumption des zu erklärenden Sachverhalts unter allg. Gesetze (Subsumptions- oder *Covering-Law*-Modell). Bei der *deduktiv-nomologischen* E. wird die Aussage, die den zu erklärenden Sachverhalt beschreibt, deduktiv abgeleitet aus den erklärenden Aussagen, die mind. ein Gesetz enthalten müssen (*Deduktion*). Der zu erklärende Sachverhalt kann ein Einzelereignis (z. B. ein einzelnes Verhalten einer Person), aber auch selbst ein Gesetz sein. Eine *kausale* E. kann als spez. Form der deduktiv-nomologischen E. verstanden werden, bei der einige der erklärenden Aussagen Beschreibungen von Ursachen sind, die mind. ein Gesetz (*Kausalität*). Die deduktiv-nomologische E. setzt deterministische Gesetze voraus. In Bereichen, in denen nur stat. (oder probabilistische) Gesetze zur Verfügung stehen, ist als zweite Grundform des *Covering-Law*-Modells die stat. (oder probabilistische) E. von Bedeutung, deren genaue Struktur allerdings bis heute wissenschaftstheoretische Probleme aufwirft. Wichtig für die Ps. ist weiterhin die *Instantiierungs.*, bei der es darum geht, eine Disposition (Eigenschaft, Fähigkeit) eines (z. B. kogn.) Systems aus der Kenntnis seiner Bestandteile und ihrer Interaktion herzuleiten. In Bezug auf eine Reihe weiterer E.arten, z. B. *teleologische, genetische und dispositionelle E.*, spricht vieles dafür, dass es sich um spez. Anwendungen der deduktiv-nomologischen oder der stat. E. handelt. In der phil. *Handlungstheorie* gibt es eine Kontroverse darüber, ob Handlungse. durch Angabe von Gründen (Absichten, Überzeugungen) als kausale E. verstanden werden können, oder ob sie prinzipiell versch. von kausalen E. sind (*Verstehen*). Hempel 1977, Schurz 2007, Stegmüller 1974. *V. Gadenne*

erklärende Psychologie [engl. *explanatory psychology*], **[PHI]**, ps. Forschung und Lehre, die über das reine Beschreiben hinausgeht und Erklärungen (*Erklären*) gibt. Bei W. Dilthey der Ggs. zu der von ihm vertretenen «verstehenden» (geisteswiss.) Ps. *Verstehen, verstehende Psychologie.*

Erkundungsgespräch *psychodiagnostisches Gespräch.*

Erleben (= E.) [engl. *experience*], **[KOG, PHI]**, *s. auch Einleitungstext*, jegliches Innewerden von etwas, jedes Haben mehr oder weniger bewusster subj., seelischer Inhalte, jeder Vorgang im *Bewusstsein*. E. beschreibt die rezeptive Seite des menschlichen Seins sowie der Interaktion des Menschen mit sich selbst und seiner Umwelt. E. ist ein wesentliches Merkmal der menschlichen *Wahrnehmung* und *Informationsverarbeitung*. Über die sensorischen Systeme gelangen Informationen in unser Gehirn. Diese werden schließlich zu sinnhaften Objektrepräsentationen verarbeitet, identifiziert, mit Erfahrungen verglichen und mit Emotionen belegt. Das Ergebnis führt dazu, dass Verhalten ggf. motiviert und vor dem Hintergrund antizipierter oder gelernter Verhaltenskonsequenzen umgesetzt wird. Der Begriff «E.» bezieht sich somit darauf, wie eine Person ganz konkret Ereignisse, Situationen oder andere Personen für sich selbst wahrnimmt und diese intern repräsentiert. *Nacherleben.*

erlebnisbasiertes Lernen (= e. L.) [engl. *experience-based learning*], **[KLI, PÄD]**, häufig auch als *erfahrungsbasiertes Lernen* bez., ist eine didaktische Methode i. R. der schulischen und universitären Lehre (*Unterricht, Lehren*), der *Erwachsenenbildung* sowie vieler Arten der *Psychotherapie* und des *Coachings*, die sowohl in der *Gruppe* als auch im Einzelgespräch angewandt werden kann. Im e. L. werden praktische und interaktionsorientierte Übungen so angelegt, dass sie an vergangene Erlebnisse bzw. *Erfahrungen* des Teilnehmers/Pat./Klienten ankoppeln und/oder neue Erfahrungen ermöglichen. Anschließend werden diese umfassend reflektiert und, je nach Bedarf und *Lernziel*, mit Theorie bzw. bereits bestehendem Faktenwissen kombiniert. Implizites *Wissen* wird so in explizites Wissen transformiert. Da im e. L. eine Integration von *Emotionen* und kogn. Faktenwissen (*Kognition*) erfolgt, kann auch von einem «gefühlten Wissen» gesprochen werden, bei dem un-

terstellt werden kann, dass es nachhaltiger erinnert wird (*Gedächtnis*). Paller & Wagner 2002. *M. Neumann*

Erlebnisbeobachtung [engl. *experiential observation*], *Selbstbeobachtung.*

Erlebnisexperiment [engl. *experiential experiment*], **[FSE]**, heute nicht mehr gebräuchliche Bez. für eine Art des psychol. *Experiments*, bei der die Vp die Aufgabe hat, die im Versuch ausgelösten Erlebnisse in der Selbstbeobachtung zu erfassen und hieraus eine Beschreibung oder ein Urteil abzugeben. Das Erlebnisexperiment entspricht der *Eindrucksmethode*. Ggs. *Leistungsexperiment.*

Erlebnisfeld [engl. *field of experience*], *Erleben.*

Erlebnispsychologie (= E.) [engl. *experiential psychology*], heute nicht mehr gebräuchliche Bez.; eine Form der Ps., die ihre Ergebnisse vorzüglich aus der Erlebnisbeobachtung (*Selbstbeobachtung*) zu gewinnen sucht, im Ggs. zur Verhaltensps. und zur Leistungsps. Bez. stammt von K. Bühler. Auch die auf Dilthey zurückgehende *geisteswissenschaftliche Psychologie* wird als E. bez.

Erleichterung, statistische [engl. *statistical facilitation*], *Wettlaufmodell.*

erlernte Hilflosigkeit *Hilflosigkeit, gelernte/erlernte.*

^Test Ermittlung von Alltagstätigkeiten (EVA), 1992, Weyerich et al., **[AO, DIA]**. Arbeitswiss. Verfahren für alle Alltagstätigkeiten außerhalb der beruflichen Erwerbsarbeit. Bedingungsbezogene *Aufgabenanalyse* von Alltagshandlungen (Haushalt, Familie, sportliche Aktivitäten usw.). Analyseergebnisse: Liste und Anzahl der versch. Alltagstätigkeiten, Anzahl und Anteil der sozial eingebetteten Tätigkeiten, Gesamtdauer des Alltagshandelns und der sozial eingebetteten Alltagstätigkeiten. Das Verfahren wird in Form von Beobachtungsinterviews mit trainierten Beobachtern durchgeführt.

Ermüdung (= E.) [engl. *tiredness, exhaustion, fatigue*], **[AO, BIO, EM, KOG, PHA]**, ein Folgezustand geistiger oder körperlicher *Beanspruchung*, der reversible Leistungs- und Funktionsminderungen eines Organs (lokale E.) oder des Gesamtorganismus (zentrale E.) bewirkt (vereinzelt wird unter E. auch der Vorgang, d.h., die Beanspruchung durch eine Tätigkeit verstanden). Zustände der E. sind immer auch mit Zuständen der Erholungsbedürftigkeit verbunden. Bedingt durch die Geschichte der E.forschung, die, beginnend um die Jhd.wende, ihren Ausgang von der *Arbeitsphysiologie* i.S. einer muskulären E.forschung nahm und sich erst später durch die veränderte Arbeitswelt den vielfältigen ps. Faktoren der E. zuwandte, existiert heute eine verwirrende Fülle von unterschiedlichen Def., Theorien und Einzelergebnissen. Die zahlreichen untersuchten E.formen lassen sich auf zwei Hauptbereiche der E. zurückführen: Die *physische* E. (Muskel-E.) und die *psychische* E. (auch zentrale oder nervöse E.). Von den in diesen Bereichen zus.gefassten (obj.) E.symptomen, Verhaltens- und Leistungsänderungen wird das «subj.» E.gefühl (*Müdigkeitsgefühl*) unterschieden.

Die *Muskele.*, gegeben durch den Rückgang der Kontraktionsfähigkeit eines Muskels, beruht auf mangelhafter Zufuhr von Sauerstoff und Nährstoffen oder auf einer Anhäufung von Milchsäure im Muskel, für deren Verbrennung der erforderliche Sauerstoff fehlt. Nach Aussetzen der ermüdenden Tätigkeit tritt Erholung ein. Beschaffenheit des Blutes und Leistungsfähigkeit von Kreislauf und Atmung sind daher für E. und *Erholung* bes. wichtig. Nach Schmidtke (1965) können bei physischer E. weiterhin Störungen der peripheren Koordination sowie Rückwirkungen der Muskel-E. auf den Gesamtkörper, Veränderungen der Atmung, des Blutbildes, der Herz- und Kreislauftätigkeit eintreten. Hier zu nennende physiol. Merkmale der E. sind: Pulsbeschleunigung, Abnahme der Pulshöhe, Flacherwerden der Atmung. Gegen Ende einer erschöpfenden dynamischen Arbeit treten sowohl motorische (Muskel) als auch sensomotorische Koordinationsstörungen auf, und die Präzision zyklisch wiederkehrender Bewegungen nimmt deutlich ab. Gegen Ende einer statischen Arbeit tritt Muskelzittern, Tremor, auf. Im Anschluss ist die Feinmotorik oft über Stunden beeinträchtigt, was sich auf die weitere Tätigkeit auswirken kann. (z. B. bei Mikrochirurgen, Zahnärzten oder Musikern). Obgleich eine scharfe Abgrenzung der Gebiete nicht möglich ist, gelten als Merkmale der psych. E. Rezeptions-, Wahrnehmungs- und Koordinationsstörungen sowie die Abnahme der *Konzentrations-*, *Aufmerksamkeits-* und Denkfähigkeit (*Denken*), die Arbeitsunlust, Reizbarkeit und das allg. subj. «Müdigkeitsgefühl». Dieses ist aber kein sicherer Indikator für E., da auch ermüdungsähnliche Zustände wie *Monotonie*, Langeweile mit Müdigkeitsgefühlen verbunden sein können. Neben e.bedingten Unlustgefühlen und Leistungsschwächen treten bisweilen Neigung zu Depression, unbegründete Angst, Antriebsschwäche und emot. Labilität auf.

Die Frage nach den eigentlichen Ursachen der psych. E. ist weitgehend ungeklärt. Es steht jedoch fest, dass sich die affektive Grundstimmung mitsamt ihrer vegetativen Innervation und ihren Blutdruckänderungen in ihrer Wirksamkeit sowohl auf die physische E. als auch auf das Leistungsniveau insges. auswirkt und so mit den willkürlich und bewusst erbrachten Leistungen eng zus.hängt. Als äußere Ursachen psych. E. gelten: (1) lang dauernde hohe Anforderungen an die Konzentration, die geistige Regsamkeit oder die Geschicklichkeit; (2) gleichförmige monotone Arbeiten; (3) Lärm, schlechte Beleuchtung und thermische Belastung (Klima); (4) Konflikte und Sorgen, aber auch Fehlernährung.

Psych. E. kann, im Ggs. zur muskulären, schlagartig aufgehoben werden, z. B. wenn (1) die ermüdende Tätigkeit durch eine andere ersetzt wird, (2) durch plötzlich drohende Gefahr der Organismus in den Alarmzustand versetzt wird, (3) eine affektive Umstimmung erreicht wird. Dies zeigt, dass die psych. E. nicht metabolisch bedingt sein kann. Sie steht eher in Verbindung mit den Funktionen des *ARAS*, *Vigilanz*. Psych. E. tritt auch auf als Folge der Einnahme von *Sedativa*, *Hypnotika* und anderen sedierenden *Psychopharmaka* (z. B. *Antidepressiva*). Hier gibt es keine schlagartige Aufhebung, jedoch können Weckmittel der E. entgegenwirken, diese führen häufig zu *Abhängigkeit*. Die E. peripherer Organe kann durch erhöhten Willenseinsatz weitgehend kompensiert werden. Damit führt die periphere E. zu einer höheren Beanspruchung zentraler Funktionen, d. h., zur zentralen E., die sich als Verschiebung der *Flimmerverschmelzungsfrequenz* als ein zentral-nervöses Phänomen exp. nachweisen lässt; auch die Reizstärke, die erforderlich ist, um Eigenreflexe auszulösen, nimmt hier erheblich zu. Die Rückwirkung auf den ganzen Organismus wird schließlich als Allgemeinermüdung bez., womit generell eine Änderung in der psychophys. Struktur verstanden wird.

E. meint neuropsychol. Änderungen der neuromuskulären synaptischen Übertragung: Synaptische E. bez. die Erschöpfung der Acetylcholinvorräte in der motorischen Endplatte, subsynaptische E. entsteht durch abnehmende Empfindlichkeit der subsynaptischen Membran gegenüber *Acetylcholin* und präsynaptische E. durch Leistungsblockade in efferenten Nerven. E. bez. in der Materialkunde Materialveränderungen infolge von Alterungsprozessen; z. B. nachlassende Elastizität. Karnath & Thier 2012, Brickenkamp & Karl 1986, Schaeffer 1970, Ulich 2011. *C. Becker-Carus*

Ermüdungsmessung [engl. *fatigue assessment*], [**AO, BIO, DIA**], die Feststellung des Ermüdungsgrades (*Ermüdung*) bei der Ausübung einer Tätigkeit, die bei längerer Dauer stark ermüdet. Der Grad der eintretenden Ermüdung wird entweder an dieser Tätigkeit selbst (Leistungsminderung, Zunahme der Fehler gegenüber der Anfangsleistung) gemessen oder an anderen Reaktionen der Vp festgestellt, die diese vor und nach der ermüdenden Tätigkeit ausübt. Gebräuchliche Messmethoden der Muskelermüdung sind: (1) Psychol. orientierte Methoden wie psychomotorische Koordinationsproben, Arbeitsversuche, Leistungsproben wie fortlaufendes Rechnen (*Pauli-Test*, *Konzentrations-Leistungs-Test – Revidierte Fassung – (KLT-R)*), Selbstbeobachtungsfragebogen. (2) Physiologisch orientierte Methoden: Ergografie, Messung von Pulsfrequenz, Flimmerverschmelzungsfrequenz (FVF), optischen Reaktionszeiten, psychogalvanischen Reaktionen, Atmungsrhythmik, Bestimmung von Muskeltonus, Mikrovibration, Bestimmung der oberen Hörgrenze, Elektroenzephalogramm (EEG). *psychophysiologische Methodik*. Brickenkamp & Karl 1986. *C. Becker-Carus*

Ernährung, Effekte auf kognitive Funktionen, [**BIO, KOG**], Nahrungsmittelbestandteile beeinflussen kogn. Prozesse insbes. auf molekularer Ebene. Die Tab. gibt einen Überblick über wichtige Nahrungsmittelbestandteile und deren Effekte, die in Tierversuchen und humanbiol. Untersuchungen nachgewiesen wurden. Gómez-Pinilla 2008.

Ernährung, gesundheitsförderliche (= g. E.) [engl. *health-promoting food/nutrition*], [**GES**], Ziel einer g. E. ist es, den Körper mit ausreichender Energie, Nährstoffen, Flüssigkeit sowie Vitaminen, Spurenelementen und Mineralstoffen zu versorgen, um den Körper leistungsfähig zu erhalten, körperliches wie auch seelisches *Wohlbefinden* zu sichern sowie das Auftreten von ernährungsbedingten Störungen (wie Bluthochdruck (*Hypertonie, essenzielle*), *Adipositas*, Diabetes Typ 2) oder Mangelzuständen (z. B. Skorbut) zu vermeiden. Die genaue *Operationalisierung* von g. E. ist schwierig. Man kann nicht ausschließlich von

Ernährung, Effekte auf kognitive Funktionen: Kognitiv bedeutsame Nahrungsbestandteile und Wirkungsbefunde

Auswahl von Nahrungsbestandteilen, die Effekte auf kognitive Funktionen haben. (Mod. nach Gómez-Pinilla 2008)		
Nahrungsbestandteil	Wirkungen auf Kognition und Emotionen	Nahrungsquelle
Omega-3-Fettsäuren	Verzögerung des kognitiven Abbaus im Alter Prävention verschiedener psychischer Störungen Verminderung der kognitiven Beeinträchtigung nach traumatischer Hirnschädigung bei Nagern Verminderung des kognitiven Abbaus in Alzheimer-Mausmodell	Fisch (Lachs), Leinsamen, Krill, Kiwi, Butternüsse, Walnüsse
Curcumin	Verminderung der kognitiven Beeinträchtigung nach traumatischer Hirnschädigung bei Nagern Verminderung des kognitiven Abbaus in Alzheimer-Mausmodell	Kurkuma (Gelbwurz; Currygewürz)
Flavonoide	Steigerung der kognitiven Leistung in Verbindung mit Bewegung bei Nagern Verbesserung kognitiver Leistungen im Alter	Kakao, grüner Tee, Ginkgo, Zitrusfrüchte, (Rot-)Wein, dunkle Schokolade
Gesättigte Fette	Beschleunigung des kognitiven Abbaus bei alten Nagern Verstärkung der kognitiven Beeinträchtigung nach traumatischer Hirnschädigung bei Nagern Beschleunigung des kognitiven Abbaus beim älteren Menschen	Butter, Ghee, Talg, Schmalz, Kokosöl, Baumwollsamenöl, Palmsamenöl, Milchprodukte (Sahne, Käse), Fleisch
B-Vitamine	Nahrungsergänzung mit Vitamin B_5, B_{12} oder Folsäure verbessert Gedächtnisleistungen bei Frauen verschiedenen Alters Vitamin B_{12} verbessert kognitive Defizite bei colinarm ernährten Ratten	Verschiedene natürliche Quellen; Vitamin B_{12} ist nicht in pflanzlichen Produkten enthalten
Vitamin D	Wichtig für den Erhalt kognitiver Funktionen im Alter	Fischleber, fetter Fisch, Pilze, Milch, Sojamilch, Getreidekorn
Vitamin E	Verminderung der kognitiven Beeinträchtigung nach traumatischer Hirnschädigung bei Nagern Verminderung des kognitiven Abbaus im Alter	Spargel, Avocado, Nüsse, Erdnüsse, Oliven, rotes Palmöl, Samen, Spinat, Gemüseöle, Weizenkeime
Cholin	Verminderung der anfallsinduzierten Gedächtnisstörungen bei Nagern Hinweise für Beziehungen zu kognitiven Leistungen bei Nagern und beim Menschen	Eigelb, Geflügel, Kalbfleisch, Truthahnleber, Salat
Vitaminkombination: C, E, Karotin	Einnahme von antioxidativen Vitaminen verzögert den kognitiven Abbau im Alter	Vitamin C: Zitrusfrüchte, verschiedene Pflanzen und Gemüse, Kalbs- und Rinderleber Vitamin E: s. oben
Kalzium, Zink, Selen	Hohes Serumkalzium assoziiert mit beschleunigtem kognitivem Abbau im Alter Reduktion von Zink in der Nahrung vermindert den kognitiven Abbau im Alter Dauerhaft niedrige Selenkonzentrationen mit schlechterer kognitiver Funktion beim Menschen assoziiert	Kalzium: Milch, Korallen Zink: Austern, niedrige Konzentration in Bohnen, Nüssen, Bittermandel, Vollkorn, Sonnenblumensamen Selen: Nüsse, Getreide, Fleisch, Fisch, Eier
Kupfer	Kognitiver Abbau bei Patienten mit Alzheimer-Demenz korreliert mit niedriger Kupfer-Plasmakonzentration	Austern, Rinder- und Lammleber, brasilianische Nüsse, schwarze Melasse, Kakao, schwarzer Pfeffer
Eisen	Substitution von Eisen normalisiert kognitive Funktionen bei jungen Frauen	Rotes Fleisch, Fisch, Geflügel, Linsen, Bohnen

per se gesunden oder ungesunden Nahrungsmitteln sprechen, entscheidend ist immer auch die Menge der Zufuhr. Nach den Richtlinien der Dt. Gesellschaft für Ernährung (DGE 2011) ist eine g. E. damit sowohl durch die Quantität als auch die konkrete Zus.setzung der Nahrung (Nährstoffzufuhr) gekennzeichnet. Als alltagstaugliche Hilfestellung dienen die Regeln der DGE mit folg. Empfehlungen: Man sollte ausreichend energiefreie Getränke aufnehmen, überwiegend pflanzliche, wenig verarbeitete Lebensmittel mit 5 Portionen Obst und Gemüse täglich essen, tierische Lebensmittel, wie Fleisch, Wurst, Fisch und Eier sollten fettarm ausgewählt, mäßig und nicht täglich verzehrt werden. Insges. sollte ballaststoffreich und vielfältig gegessen werden, sodass auch fett- und zuckerreiche Lebensmittel in kleinen Mengen erlaubt sind. Der Einsatz hochwertiger Öle (z. B. *Omega-3-Fettsäuren*) ist erwünscht. Neben der Qualität und Quantität ist daher ein wichtiges Ziel die bewusste, genussreiche Ernährung. Alexy 2009. *P. Warschburger*

ero-epische Gespräche [gr. ἐρωτάν (*erotan*) fragen, ἔπος (*epos*) Wort, Erzählung], freie Form des Interviews, bei der eine möglichst symmetrische Gesprächsatmosphäre angestrebt wird. Auch der interviewer bringt seine Sichtweise in das Gespräch ein. *Ethnografische Interviews*.

Eros (= E.) [gr. Gott der Liebe], [**EM, KLI, PER**], ursprünglich das Verlangen. Einer der ältesten Naturgötter der Griechen. Als kosmologischer E. und Sohn des Chaos das die Welt zeugende Prinzip; als Liebesgott und Sohn der Aphrodite (Amor) das in der Geschlechterliebe waltende Prinzip im Ggs. zur Agape [lat. *caritas*]. Erstes Auftreten des Namens bei Hesiod. Später wird E. auch allg. als schöpferische Begeisterung aufgefasst. Freud (*Psychoanalyse*) stellte in seiner zweiten *Triebtheorie*, die er 1920 in der Schrift «Jenseits des Lustprinzips» publizierte, zwei Triebarten, E. und *Todestrieb* einander gegenüber. E. umfasst die Sexual- und Selbsterhaltungstriebe und repräsentiert das *Lebensprinzip*. Während der Todestrieb nach Zerstörung und Auflösung lebender Einheiten strebt, streben die Lebenstriebe des E. danach, immer größere Einheiten zu bilden. E. verkörpert das *Bindungsprinzip*. Die *Sexualität* wird i. S. der zweiten Triebtheorie als Prinzip der Vereinigung und das *Selbsterhaltungsprinzip* als ein homöostatisches Stabilitätsprinzip def. Letzteres besagt, dass sich der psych. Apparat unter der Herrschaft der Lebenstriebe eine Spannungserhöhung gefallen lässt, die zur Verrichtung seiner Leistungsfähigkeit notwendig ist. Der Todestrieb als Gegenspieler versucht diesen anpassungsfördernden lebenswichtigen Spannungsvorrat zu zerstören, aufzulösen und gegen Null zu führen. *L. Bayer*

Erotik (= E.) [engl. *erotism, eroticism*; *Eros* gr. Gott der Liebe], ein in seiner Wortbedeutung sehr breiter, umfassender Begriff, der teils alle Erscheinungsformen der Liebe von den biol.-geschlechtlichen bis zu den geistig-seelischen Formen umfasst oder aber für Teilbedeutungen (z. B. *ars amandi* Liebeskunst) Verwendung findet. Heute bedeutet E. vorwiegend die Geschlechterliebe als geistig-sinnliche Einheit. Als Bez. für die körperlich-sinnliche Liebe wird vorwiegend der Begriff *Sexualität* verwendet.

Erregbarkeit, [**EM, KOG**], Irritabilität [engl. *irritabilty*], Exzitabilität [engl. *excitability*], die Fähigkeit aller Lebewesen, auf Reize zu reagieren. Auf den (mechanischen oder chem.) Reiz entsteht im Rezeptor (bzw. in dem ihm entspr. Leitungssystem bei niederen Tieren und Pflanzen) die Erregung, die eine reaktive Bewegung hervorruft. In psychol. Bedeutung wird unter Erregbarkeit auch spez. die affektive Ansprechbarkeit verstanden, d. h., die mehr oder weniger starke Bereitschaft zu Gemütsbewegungen.

Erregung [engl. *arousal, exitation*], *Emotionen, dimensionale Modelle*, *Erregungsreaktion*, *Erregungsniveau*, *Erregungsleitung*.

Erregungsleitung [engl. *neuronal excitation transduction*], Reizleitung. *Nerv*.

Erregungsleitungsstörungen durch Psychopharmaka [engl. *disturbance of conduction due to psychotropic drugs*], [**PHA**], durch Wirkung auf unterschiedl. Ionenkanäle können psychotrope Substanzen sowohl die Erregungsfortleitung in den Zellen des kardialen Reizleitungssystems als auch in versch. Stadien das ventrikuläre Aktionspotenzial am Herzmuskel beeinflussen. Entspr. können im EKG Verlängerungen der *QTc*-Zeit beobachtet werden. Unterschieden werden Störungen der Depolarisation und Störungen der Repolarisation. Auch Verzögerungen der atrioventrikulären Überleitung, d. h. der Reizüberleitung von den Herzvorhöfen in die Herzkammern, können vorkommen. *M. Paulzen*

Erregungsniveau [engl. *level of arousal/activity/excitation*], Aktivitätsniveau. *Aktivierung*.

Erregungsreaktion [engl. *level of arousal/excitation*], [**BIO**], Begriff von Bechterew (1907) für die durch wiederholte Reizung erzielbare Steigerung der elektrischen und mechanischen Nervenerregbarkeit (*Nerv*).

Erregungsstörung, weibliche (= w. E.)[engl. *disorder of sexual arousal*], [**KLI**], bei w. E. (einer Form der *Sexualstörungen* bei der Frau – häufig auch als Versagen genitaler Reaktionen bez.) treten die für sexuelle Erregung typischen Reaktionen wie z. B. eine vermehrte Durchblutung der Geschlechtsorgane, das Anschwellen von Klitoris und Schamlippen, das Feuchtwerden der Scheide (*Lubrikation*), welche als wichtige Voraussetzung für den schmerzfreien vaginalen Geschlechtsverkehr betrachtet werden können, nicht oder nur reduziert ein. Dadurch wird der Geschlechtsverkehr unangenehm, wenn nicht sogar schmerzhaft. Neben dieser *genitalen* E. wird in einigen Fällen auch von einer *subj*. E. berichtet, bei der es zwar zu (leichten) genitalen Reaktionen, nicht jedoch zu erregungsbezogenen Empfindungen kommt, bzw. von *gemischten* E., bei denen es weder zu genitalen Reaktionen, noch zu erregungsbezogenen Empfindungen kommt. E. können als *primäre* E. (seit Beginn der sexuellen Handlungen einer Frau bestehend) sowie als *sekundäre* E. (seit einem best. Zeitpunkt oder Ereignis bestehend) auftreten. Bei der *Klassifikation* von E. gilt es zunächst, med. und biol. Faktoren (*Krankheit*) wie z. B. hormonelle Störungen (*endokrines System*, *Hormone*), kardiovaskuläre Erkrankungen (*Herzerkrankung, koronare*, *zerebrovaskuläre Erkrankungen*), Stoffwechselerkrankungen, Erkrankungen des Urogenitaltraktes, neurologische Erkrankungen (z. B. *multiple Sklerose*), andere primäre psych. Erkrankungen, Erkrankungen des Bewegungsapparates sowie die Einnahme relevanter Medikamente (z. B. *Antidepressiva*) und weitere gesundheitsrelevante Gewohnheiten (z. B. Rauchen; *Nikotin*) abzuklären. Als möglicher Auslöser bzw. die Problematik aufrechterhaltende Aspekte gelten sowohl individualpsychol. Faktoren wie *Ängstlichkeit* oder *Angst*, Anspannung, *Stress*, inadäquate Normvorstellungen, mangelnde sexuelle Erfahrung oder mangelnde Selbstwahrnehmung (*Selbstwahrnehmungstheorie*, *Selbstbeobachtung*). Des Weiteren können sowohl Beziehungsfaktoren wie z. B. Partnerschaftsprobleme (*Prävention bei Paaren*) als auch soziale Gegebenheiten wie die familiäre Situation oder (berufliche) Belastung (*Belastung, psychische*) eine Rolle spielen. Therapeutische Ansätze (*Sexualstörungen, Psychopharmakotherapie*, *Sexualstörungen, Psychotherapie*) fokussieren – wie auch bei vielen anderen Sexualstörungen – im Wesentlichen auf eine Reduktion belastender *Emotionen*, eine Förderung der Selbstwahrnehmung und Entspannung (z. B. i. R. von Sensualitätstrainings) sowie die Thematisierung möglicher (bereits längerfristig bestehender sowie durch die Störung entstandener) Partnerschaftsprobleme (*Paartherapie*). Gromus 2002.

Erregungszustände, Psychopharmakotherapie [*pharmacotherapy of states of excitement*], [**PHA**], die Pharmakotherapie psychiatrischer Notfallsituationen, zu der vor allem Erregungszustände (= E.) zählen, erfolgt syndromgerichtet. Der Vielfalt psychiatrischer *Diagnosen* und krisenbegünstigender Faktoren steht eine relativ geringe Anzahl notfallrelevanter *Syndrome* gegenüber. Wesentliche Merkmale psychomotorischer Erregungszustände sind eine ausgeprägte Antriebssteigerung, Erregung, psychomotorische Unruhe, Hyperaktivität und möglicherweise *Aggressivität*. Wenn nicht pharmakol. *Interventionen* versagen und erheblich Gefährdung besteht, sollte bei Erregungszuständen unverzügl. eine medikamentöse Therapie eingeleitet werden. Eine Übersichtsarbeit der *American Society for Emergency Psychiatry* aus dem Jahr 2012 empfiehlt bei unklaren Erregungszuständen *Haloperidol* intramuskulär oder Zuclopentixolacetat als Kurzzeitdepot. Seitens der sog. Zweitgenerationsantipsychotika (SGA) wird *Olanzapin* bevorzugt, auch *Aripiprazol* scheint in gewissen Situationen (Kombination mit *Benzodiazepinen*) vorteilhaft. Als Benzodiazepin wird im Notfall *Lorazepam* u. a. wegen der besseren Steuerbarkeit empfohlen. Benkert & Hippius 2015, Wilson et al. 2012. *M. Paulzen*

errorless learning (= e. l.) [engl. *fehlerfreies Lernen*], [**BIO, KOG**], eine von Baddeley & Wilson (1994) entwickelte Lernstrategie für Pat. mit schweren *Gedächtnisstörungen* (*Amnesie*). Aufgrund der Amnesie sind die Pat. nicht in der Lage falsche Antworten als solche abzuspeichern. Daher werden im Lernprozess Fehler möglichst vermieden. Die Strategie eignet sich zur Vermittlung von umschriebenen Informationen, ein *Transfer* auf andere Wissensdomänen oder eine Verbesserung der Gedächtnisleistung per se wird jedoch nicht angestrebt. Z. T. wird die richtige Antwort direkt vorgegeben, und der Pat. spricht diese lediglich nach. Da sich jedoch gezeigt hat, dass es gleichzeitig wichtig ist, die Pat. in eine aktive Lernhaltung zu bringen, liegt die Kunst darin, Abrufhilfen so eindeutig zu gestalten, dass die Pat. keine Fehler machen, sie sollen jedoch die richtigen Antworten selbst generieren (z. B. «Schauen Sie, draußen liegt Schnee, welche Jahreszeit haben wir?»). Techniken, mit deren Hilfe Fehler im Lernprozess vermieden werden können, sind *spaced retrieval*, die Verwendung von Hinweisreizen und Checklisten (*Gedächtnishilfen, externe*) sowie das *backward chaining*. Inzw. wird das e. l. nicht nur für Pat. mit Amnesien sondern auch bei Alzheimerpat. (*Alzheimer-Krankheit*) und Pat. mit *Aphasie* eingesetzt. Empirische Untersuchungen zur Wirksamkeit des e. l. brachten bislang widersprüchliche Ergebnisse (Middelton & Schwartz 2012). *Gedächtnisstörungen, Therapie*.
A. Thöne-Otto

Ersatzhandlung, Ersatzbefriedigung (= E.) [engl. *vicarious action/satisfaction*], der Ersatz für eine eigentlich erstrebte Handlung. *Übersprung, Übersprungshandlung*, *Mosaikbewegung*.
[**KLI**], dass eine best. Handlung anstelle einer anderen treten kann (Ersatzbefriedigung), wurde zuerst von S. Freud im Zusammenhang mit der *Regression* aufgezeigt. Nach der psychoanalytischen Lehre strebt jedes unterdrückte Motiv nach einem Ersatzziel, das sein Ausleben dennoch ermöglicht. Neurotische Symptome können nach dieser Auffassung deshalb auch Ersatz sein für nicht Auslebbares. *Substitution*.
[**EM, KOG**], in der Schule von K. Lewin wurden die Bedingungen, unter denen E. auftreten, mit der Methode der Wiederaufnahme unterbrochener Handlungen exp. untersucht. Bevorzugt tritt E. ein, wenn diese der ursprünglich intendierten sehr ähnlich ist. Statt wirklichen Handelns kann E. aber auch auf der Ebene der Fantasie oder des bloß sprachlichen Ausdruckes bzw. Denkens eintreten. Wird eine best. Art von E. unmöglich gemacht, entstehen spontan andere Handlungen. Der Bereich von Handlungen, die für eine E. infrage kommen, weitet sich mit der steigenden Fähigkeit zum Erfassen abstrakter Beziehungen (erhöhtes Erkennen von Ähnlichkeiten) aus.

Erscheinung (= E.) [engl. *appearance, phenomenon*], syn. Phänomen, [**KOG, WA**], i. Allg. das, was wahrgenommen wird (*Wahrnehmung*). E. sind Inhalte der Sinnesempfindungen (*Empfindung*, E. erster Ordnung) und *Gedächtnis*bilder (E. zweiter Ordnung). *Sensation*.

Erschöpfung *Exhaustion*.

Erschöpfungsphase [engl. *exhaustion phase/state*], [**BIO, EM, KOG**], dritte Phase im *allgemeinen Adaptationssyndrom (AAS)*, Selye), innerhalb der die Energiemobilisierung nur noch kurzzeitig möglich ist. Es kommt zum Zusammenbruch von Reproduktions- und Wachstumsfunktionen sowie der Immunabwehr (*Immunsystem*).

Erschöpfungssyndrom, chronisches (CFS) [engl. *chronic fatigue syndrome*], syn. *Fatigue*, [**GES, KLI**], ist def. als ein Beschwerdebild mit über mind. 6 Monate andauernder Erschöpfung, deren Ursache nicht durch eine körperliche oder psych. Erkrankung erklärt werden kann. Das

CFS ist gekennzeichnet durch ein belastendes Gefühl atypischer Müdigkeit und Schwäche auf körperlicher, emot. und kogn. Ebene, die nicht in Zshg. mit erhöhter körperlicher oder geistiger *Beanspruchung* steht und durch Ausruhen oder Schlaf nicht wesentlich gebessert werden kann. Fatigue führt zu starken Einschränkungen der Funktionsfähigkeit im Alltag sowie der *Lebensqualität* der Betroffenen mit entspr. Auswirkungen auf die soziale Integration (*International Classification of Functioning, Disability and Health (ICF)*). Diagn. wird das CFS klassifiziert als *psychovegetatives Erschöpfungssyndrom* (*Neurasthenie*) (ICD F48.0; *Klassifikation psychischer Störungen*) oder *chronisches Müdigkeitssyndrom* (ICD G93) und muss mind. sechs Monate andauern. Je nach Zus.hängen wird das Erschöpfungssyndrom auch als *somatoforme Störung* angesehen. Fatigue ist ein unspezif. Beschwerdebild und kommt daher auch bei versch. chronischen psychischen Erkrankungen vor. Bei Tumorpat. ist die tumorassoziierte Erschöpfung eine der häufigsten Folgewirkungen der Erkrankung oder Behandlung, wobei auch hier ein pathogenetisches Erklärungsmodell nicht vorliegt (*Tumorerkrankung, psychosoziale Belastung*). Die tumorassoziierte Fatigue ist jedoch nicht als Krankheit klassifiziert, sondern als Symptom. Trotz intensiver Forschung fehlt es bislang an einer umfassenden Theorie zur Erklärung der Ursache-Wirkungs-Zus.hänge beim CFS, wobei von komplexen Wechselwirkungen sowohl von körperlichen als auch seelischen Faktoren ausgegangen wird. Eine differenzialdiagn. Abklärung ist erforderlich, um geeignete Behandlungsmaßnahmen in die Wege leiten zu können. Neben allg. Handlungsempfehlungen für die Pat. stehen heute als Therapieansätze die medikamentöse Behandlung, gestufte körperliche Aktivierungsprogramme sowie psychoth. Therapieansätze im Vordergrund. Henningsen & Martin 2013. *J. Weis*

Ersparnismethode [engl. *method of savings, relearning method*], *Gedächtnisprüfung*.

Erste Hilfe, psychologische (= E.) [engl. *psychological first aid*], [**KLI**], psychosoziale Hilfe für z. B. Opfer, Überlebende, Angehörige, Hinterbliebene, Zeugen und Vermissende. Inzw. wird es als selbstverständlich erachtet, dass nicht nur eine med., sondern auch eine psychosoziale Unterstützung nach traumatischen Ereignissen wie nach dem Zugunglück in Eschede, dem sog. Amoklauf in Erfurt oder der Panik auf der Love-Parade in Duisburg kurzfristig gewährleistet ist. E. ist ein modularer Ansatz, um Kindern, Jugendlichen, Erwachsenen und Familien in der Zeit unmittelbar nach einem traumatischen Ereignis (*Trauma*) helfen zu können. Das Ziel der E. besteht darin, die Belastung (*Belastung, psychische*) zu reduzieren, bei gegenwärtigen *Bedürfnissen* zu helfen und adaptives Verhalten kurz- und mittelfristig zu begünstigen. E. wird bei Betroffenen der Allg.bevölkerung und Einsatzkräften eingesetzt und ist damit Teil einer breiter angelegten Psychosozialen Notfallversorgung (PSNV; Bundesamt für Bevölkerungsschutz und Katastrophenschutz 2011). Inhaltlich orientiert sich die E. an fünf Prinzipien: (1) Sicherheit fördern, soweit es real möglich ist, (2) beruhigen und entlasten, (3) Selbstwirksamkeit (*Selbstwirksamkeitserwartung*) und Kontrolle der Einzelpersonen bzw. in der Gruppe fördern, (4) Kontakt und Anbindung fördern sowie (5) das Gefühl von Hoffnung stärken. Der gestufte Ablauf und die Gesprächsführung sollten in Simulationen eingeübt und später supervidiert werden. E. ist für den Einsatz in unterschiedlichen Situationen entwickelt worden. PSNV-Kräfte werden ggf. an Betreuungsplätzen und -stellen, mit Einschränkung zu Behandlungsplätzen und Totenablagen eingesetzt. Sie können aber auch zu Notunterkünften, Feldlazaretten, Hotlines und Bürgertelefonen, häuslichen Unglücken, Arbeitsunfällen, Schulen oder anderen Einrichtungen der Gemeinde gerufen werden. Besonderheiten einzelner Bevölkerungsgruppen (z. B. von Kindern und Jugendlichen, Menschen mit *Intelligenzminderung* oder Migrationshintergrund) sollten bei der Anwendung selbstverständlich berücksichtigt werden. Kröger 2013. *C. Kröger*

erster Eindruck *Eindruck, erster*.

Ersterinnerung *Erinnerungen, erste*.

Erwachsenenbildung (= E.) [engl. *adult education*], [**PÄD**], mit E. werden Bildungsmaßnahmen (*Bildung*) i. R. des *lebenslangen Lernens* wie *Weiterbildung* oder *Aus- und Fortbildung* bez. E. hat die mit zunehmendem Lebensalter größeren Varianzen in den *Lernvoraussetzungen* zu beachten (*Lernen im hohen Erwachsenenalter, Lernpotenziale im Alter*). Dies kann v. a. durch eine Individualisierung des Lernangebots und der Lernarbeit sowie durch eine gezielte *Motivation*sarbeit erfolgen. E. hauptsächlich i. S. von Weiterbildung wird als zentrale Aufgabe der Volkshochschulen (in Dt.) durchgeführt. Fortbildung wird i. Allg. von Arbeitgebern und (in Dt.) von der Arbeitsverwaltung motivational oder finanziell gefördert. Kruse 1997, Kruse & Rudinger 1997, Sarges & Fricke 1986. *W. Echterhoff*

Erwartung [engl. *expectancy*], [**EM, KOG, SOZ**], Erwartungen (= E.) sind *Kognitionen*, die in unseren Person-Umwelt-Interaktionen häufig vorkommen und auch Auswirkungen auf weitere psych. Prozesse haben. Sie drücken die Vorwegnahme von oder auch die Vorausschau auf künftige Ereignisse aus und implizieren oft eine Wahrscheinlichkeitseinschätzung ihres Eintretens. E. spielen bei versch. psychol. Themen eine Rolle. Für den Grundlagen- und Methodenbereich konnte gezeigt werden, dass sich die Vp (und sogar Versuchstiere) oft i. S. der E. des Vl verhalten (*Rosenthal-Effekt*). Auch der *Placebo-Effekt* beruht auf E. Personen können eine Maßnahme als wirksam erleben und sich gesund fühlen, obwohl sie eine unspezifische Behandlung oder ein chemisch unwirksames Medikament erhalten haben. Im Bereich der *sozialen Kognition* gibt es vielfältige Belege über die Auswirkungen von E. Eine Person, die vor der Interaktion als kühl vs. warmherzig eingeführt wurde, wird in Abhängigkeit von dieser Vorinformation gänzlich unterschiedlich wahrgenommen und bewertet, nämlich eher neg. vs. eher pos. E. können sich auch auf *Stereotype* beziehen, die über best. Gruppen der *Gesellschaft* gehegt werden. Über Mechanismen der *selektiven Wahrnehmung* und der *Scheinkorrelation* führen sie oft bei Begegnung mit einem Mitglied einer solchen Gruppe zur Bestätigung des Stereotyps. Sollten sie bei einer Person aus dieser Gruppe einmal nicht zutreffen, so werden situative Bedingungen als Ursache des (abweichenden) Verhaltens attribuiert, oder das wahrgenommene Verhalten wird als Ausnahme etikettiert. Ein weiterer auf E. basierender Effekt ist die sich selbst erfüllende Prophezeiung (*self-fulfilling prophecy*). Vorhersagen über zukünftige Handlungsresultate bei anderen Personen können das Verhalten der betreffenden Personen so stark beeinflussen, dass das Erwartete wirklich eintritt. Ein Bsp. stellt die klassische Rosenthal-Studie dar, in der dem Lehrer nach Zufall Schüler benannt wurden, bei denen mit Intelligenzzugewinnen (*Intelligenz*) in der Zukunft zu rechnen sei. Die E. traten ein: Die IQ-Werte (*Intelligenz*) dieser Schüler steigerten sich in der Zukunft. Diese Effekte waren dem Verhalten der Lehrer gegenüber genau diesen Schülern zuzuschreiben: sie widmeten ihnen mehr *Aufmerksamkeit*, lobten sie eher etc. Diese Prozesse waren den Lehrern allerdings wohl nicht bewusst. Auch innerhalb von *Motivation*sprozessen kommt E. große Bedeutung zu, nämlich in der Einschätzung, mit welcher Wahrscheinlichkeit ein best. angepeiltes Handlungsergebnis eintreten wird, wenn ich mich anstrenge (*Handlungsergebniserwartungen*). Es könnte aber auch sein, dass das Ergebnis allein aufgrund situativer Bedingungen ohne eigenes Zutun eintritt (*Situations-Ergebnis-Erwartung*). Der Lehrer hat sich bereits vor der Leistung ein Urteil über den Schüler gebildet. Dann braucht der Schüler nichts mehr zu tun. Auch dürfte für das Handeln entscheidend sein, ob das Handlungsergebnis weitere Folgen nach sich zieht (*Ergebnis-Folge-Erwartungen* oder *Instrumentalitäten*). Ein gutes Abschlussexamen erhöht die Wahrscheinlichkeit einer erfolgreichen Berufskarriere. Weiter werden sog. Kontrolle. angenommen und untersucht, etwa die generalisierte E. einer Person im Hinblick auf ihr Problembewältigungsverhalten (*Selbstwirksamkeitserwartung*) oder die generalisierte Erwartung künftiger pos. oder neg. Lebensentwicklungen (*Optimismus* oder *Pessimismus*). Kuhl 2001, Zimbardo & Gerrig 2004. *H. Metz-Göckel*

Erwartungsangst (= E.) [engl. *fear of anxiety*], syn. *antizipatorische Angst*, [**EM, KLI**], ist die *Angst* vor der Angst. E. tritt v. a. bei *Panikstörungen* auf, bei denen (meist körperliche) Anzeichen einer bevorstehenden Panikattacke intensive Angst auslösen. Die bloße Erwartung einer Panikattacke reicht für das Entstehen einer Angst aus, selbst wenn keine Panikattacke folgt. Die E. trägt jedoch zu der Entstehung einer Panikattacke bei, womit es zu einer *selbsterfüllenden Prophezeiung* kommt. Dieser *Teufelskreis* kann durch therap. Maßnahmen (z. B. Erlernen von realistischen Bewertungen von körperlichen Reaktionen) unterbrochen werden. Reis 1987. *A. Eder/K. Rothermund*

Erwartungs-Enttäuschungs-Paradigma [engl. *expectancy-disappointment/frustration paradigm*], [**EW**], mit diesem Untersuchungsparadigma lässt sich feststellen, ob bereits Säuglinge über Erwartungen zu eintretenden Ereignissen verfügen (*Säuglingsforschung*). Man geht dabei von der Annahme aus, dass die Erwartungen erkennbar werden, wenn etwas geschieht, das den Erwartungen widerspricht. So erwartet ein Säugling offenbar eine Synchronizität zw. den Lippenbewegungen seiner Mutter und ihren stimmlichen Äußerungen. Wenn beides asynchron ist, reagieren Säuglinge verunsichert. Auch bei unerwarteten physikal. Ereignissen (wie einem Ball, der hochgeworfen wird und in der Luft stehenbleibt), kann aus dem Verhalten des Säuglings erkennbar werden, dass offenbar eine andere Erwartung bestand (z. B. indem der Säugling dieses unerwartete Ereignis länger betrachtet). Lohaus 2007. *A. Lohaus*

Erwartungsfehler [engl. *expectancy error*], [**FSE, KOG, SOZ**], ein Fehlurteil, das durch eine best. Erwartungseinstellung zustande kommt. Das Erwartete wird i. Allg. nach den bisher bewährten Erfahrungen beurteilt. *Beobachtungsfehler*.

Erwartungsinduktion [engl. *induced expectancy*; lat. *inducere* einführen], [**GES**], die Erzeugung einer Erwartungshaltung in einer Person durch verbale *Suggestionen* oder Situationsbedingungen. Insbes. die suggerierte Wirkung einer Behandlung im therapeutischen oder med. Setting erzeugt eine Erwartung, die zu einem *Placebo-Effekt* oder *Nocebo-Effekt* führen kann. *K. Weimer/P. Enck*

Erwartungs-Induktions-Paradigma [engl. *expectancy-induction paradigm*; lat. *inducere* einführen], [**EW**], mit diesem Paradigma wird geprüft, ob ein Säugling *Kontingenzen* zw. Stimuli oder Kontingenzen zw. Stimuli und dem eigenen Verhalten erkennen kann. Dazu werden dem Säugling Reizserien gezeigt (z. B. alternierende Stimuluspräsentationen auf der rechten und linken Seite eines Bildschirms). Aus dem Verhalten des Säuglings (z. B. Zunahme der Blickgeschwindigkeit) lässt sich dann folgern, ob der Säugling die Kontingenzrelation innerhalb der Reizserie erkannt hat. Verhaltensabhängige Kontingenzen lassen sich bspw. überprüfen, indem ein Gegenstand so mit dem Bein des Säuglings verbunden wird, dass jede Beinbewegung zu einer Bewegung des Gegenstands führt. Wenn der Säugling den Zusammenhang erkennt, äußert sich dies in einer Zunahme der Strampelrate. *Säuglingsforschung*. Lohaus 2007. *A. Lohaus*

Erwartungsverletzungsparadigma [engl. *expectancy-disappointment/frustration paradigm*], *Säuglingsforschung*.

Erwartung-Wert-Prinzip (= E.) [engl. *expectancy-value principle*], syn. *Erwartung x Wert-Prinzip* oder *Prinzip der Maximierung des erwarteten Nutzens*, [**EW**], Das E. ist das Handlungsprinzip bzw. die Entscheidungsregel, das von *Erwartung-Wert-Theorien* der Motivation postuliert wird. Inhaltlich besagt das E., dass von mehreren in einer Situation möglichen Handlungsalternativen diejenige gewählt wird, die den höchsten Erwartungswert hat. Der Erwartungswert (oder erwartete Wert) einer Handlungsalternative H_i ist die Summe der Werte der von der Person berücksichtigten Folgen der Handlung F_j, jeder davon gewichtet (= multipliziert) mit der subj. Wahrscheinlichkeit, dass Hi zu Fj führt. Das E. entspricht vom Grundgedanken dem Prinzip des subj. erwarteten Nutzens in der Entscheidungstheorie für Entscheidungen unter Risiko (Jeffrey 1965; Savage 1954; *Entscheiden*; *Entscheiden unter Unsicherheit*). Allerdings wird in der klassischen Entwicklung der Entscheidungstheorie nur eine Art von Handlungskonsequenz (z. B. Geldgewinn oder -verlust) berücksichtigt, während in ps. Entscheidungstheorien (z. B. der Theorie des rationalen Handelns von Fishbein & Ajzen (1975); *Theorie des überlegten Handelns*) meistens zahlreiche Arten von Handlungskonsequenzen berücksichtigt werden. Feather 1982. R. Reisenzein

Erwartung-Wert-Theorien (= E.) [engl. *expectancy-value theories*], syn. Erwartung x Wert-Theorien, **[EM]**, sind eine Gruppe von psychol. Entscheidungs- oder Handlungstheorien, die das psychol. und (deshalb) deskriptive Pendant zu der in der Wirtschaftswiss. und Philosophie entwickelten, normativen Theorie des subjektiven erwarteten Nutzens (SEU-Theorie; z. B. Jeffrey 1965; Savage 1954) darstellen (*Entscheiden*). Ausgehend von Lewin et al. (1944) wurden E. u. a. in der Motivationsps. (*Motivation*; *Motivationstheorien*; z. B. die Theorie der Leistungsmotivation von Atkinson 1964), der Sozialps. (z. B. *Theorie des geplanten Verhaltens*; Ajzen 1985; Fishbein & Ajzen 1975) und der Arbeitsps. (z. B. Vroom 1964) entwickelt (Feather 1982; Heckhausen & Heckhausen 2010). Alle diese E. können als unterschiedliche Ausarbeitungen einer *Basisversion* der E. aufgefasst werden, die ihrerseits als Erweiterung und quant. Präzisierung der schon in der Alltagsps. enthaltenen *Glauben-Wunsch-Theorie der Motivation* verstanden werden kann. Die Glauben-Wunsch-Theorie der Motivation ist eine qual. Handlungstheorie, deren zentrale Annahme besagt, dass Personen versuchen, dasjenige zu tun, von dem sie glauben, dass es zu dem führt, was sie sich wünschen (Reisenzein 2006). Dem qual. Glaubensbegriff der Glauben-Wunsch-Theorie entspricht in der Basisversion der E. der quant. Begriff der subj. Wahrscheinlichkeit (SW) der Folgen der Handlung; dem Wunschbegriff entspricht der Begriff des Wertes (W) der Handlungsfolgen. Das Handlungsprinzip bzw. die Entscheidungsregel der Theorie, das *Erwartung-Wert-Prinzip*, besagt, dass von mehreren möglichen Optionen (Handlungsalternativen) diejenige für die Ausführung ausgewählt wird, deren Erwartungswert max. ist. Der Erwartungswert (oder *erwartete Wert*) der Handlungsalternative H_i, $W(H_i)$, ist die Summe der Werte der von der Person berücksichtigten Folgen F_j von H_i, $W(F_j)$, jeder davon gewichtet (= multipliziert) mit der subj. Wahrscheinlichkeit, dass H_i zu F_j führt, $SW(H_i \to F_j)$. Formal ausgedrückt:

$$W(H_i) = \sum_{j=1}^{n} SW(H_i \to F_j) \times W(F_j)$$

Dieses Handlungsprinzip beruht auf der Idee des entscheidungstheoretischen *Konsequentialismus*, wonach sich der Wert einer Handlung nach dem Wert ihrer Folgen bemisst. Bei *Entscheidungen unter Sicherheit*, d. h., wenn die Handlungsfolgen mit praktischer Sicherheit erwartet werden bzw. wenn $SW(H_i \to F_j) \simeq 1$, ist $W(H_i)$ einfach die Summe der $W(F_j)$. Im allg. Fall, also wenn $SW(H_i \to F_j) \leq 1$, wirkt sich der Wert einer Handlungsfolge F_j umso stärker auf den Wert der Handlung H_i aus, je sicherer sich die Person ist, dass H_i die Konsequenz F_j herbeiführen wird.

Speziellere E. sind unterschiedliche Ausarbeitungen der beschriebenen Grundversion der E. entweder für Handlungen i. Allg. oder für best. Handlungstypen, wie bspw. Leistungshandeln oder Hilfehandeln (Feather 1982). Weitere Entscheidungstheorien können als Modifikationen der Grundversion der E. verstanden werden. Z. B. wird in der *Prospect-Theorie* (Kahneman & Tversky 1979) angenommen, dass bei der Berechnung des Handlungswerts die Wahrscheinlichkeiten der Handlungsfolgen nicht linear verzerrt werden, bevor sie mit dem Wert der Konsequenzen multipliziert werden. In den Theorien der *Entscheidungsheuristiken* wird das Erwartung-Wert-Prinzip gegen einfachere Entscheidungsregeln ausgetauscht; aber auch diese Theorien gehen davon aus, dass Entscheidungen auf der Grundlage von Erwartungen über Handlungsfolgen und ihrem subjektiven Wert getätigt werden. *ökologische Rationalität*, *Organisationswahl*. Jungermann et al. 2005. R. Reisenzein

^Test^**Erweiterte Vorsorgeuntersuchung (EVU)**, 2003, P. Melchers, S. Floß, I. Brandt, K. J. Eßer, G. Lehmkuhl, H. Rauh & E. J. Sticker, [www.testzentrale.de], **[DIA, EW, BIO]**. Entwicklungsps.-neurops. Verfahren für Kinderärzte. Mithilfe der EVU kann die Diagnostik i. R. der Vorsorgeuntersuchungen U4 bis U9 erfolgen. Auf empirischer Grundlage kann entschieden werden, ob die Entwicklung unauffällig ist, einen Grenzbefund darstellt oder gefährdet ist. Die Bereiche *motorische Entwicklung*, *Sprachentwicklung* und *kogn. Entwicklung* werden durch vom Kinderarzt durchzuführende, standardisierte Untersuchungsschritte abgedeckt. Zum vierten Bereich, *früh auftretende Verhaltensauffälligkeiten*, wird den Eltern jew. ein Fragebogen vorgelegt. *Normierung*: N = 1743 Kinder aus dem gesamten Bundesgebiet für sechs Altersgruppen im Bereich vom 3. bis zum 64. Lebensmonat. Bearbeitungsdauer: 10 Min. (EVU4) bis 20 Min. (EVU9).

Erwerbslosigkeit [engl. *unemployment*], *Arbeitslosigkeit*.

erworben [engl. *acquired*]; *Anlage-Umwelt*, *Verhaltensgenetik*.

erworbene Eigenschaften [engl. *acquired characteristics/traits*], **[PER]**, nicht-vererbte *Eigenschaften*, die ein Organismus im Verlaufe seiner *Ontogenese* erst erwirbt und nicht genetisch an seine Nachkommen weitergibt. *Vererbung*.

Erythropsin [engl. *erythrosine*], **[BIO, WA]**, Sehpurpur (Rhodopsin), der lichtempfindliche rote Farbstoff in der Netzhaut (*Auge*).

Erzählmethode [engl. *narrative method*], **[DIA, KLI]**, Verfahren, bei denen die Ergänzung von Wörtern (*Wort*), Sätzen (*Satz*), Geschichten, Fabeln u. a. aufgegeben wird, um über eine Person oder einen best. Aspekt Aufschluss zu erhalten. Die *Wortassoziation*, die zuerst Galton mit einer Reizwortliste behandelte, führte über *Wundt*, *Kraepelin*, Aschaffenburg, *Ebbinghaus*, *Wertheimer*, *Jung*, Ziehen u. a. zur assoziationsmeth. *Tatbestandsdiagnostik*, zum Lügendetektor (*Polygraph*, *Lügendetektion*). Auch in der *Psychotherapie* hat die Wortassoziation noch einige Bedeutung, z. B. die Methoden von Jung und das *Association Adjustment Inventory* von Bruce mit der *Reizwortliste* von Kent und Rosanoff. Wichtiger für die psychol. *Diagnostik* sind Verfahren mit Satzanfängen, unvollst. Sätzen und angefangenen Geschichten, so die *Satzanfänge* nach J. Ungericht, der *Sentence Completions Test* von J. B. Rohde, der *Incomplete Sentences Blank* von J. B. Rotter (geschichtliches Bsp. Ziehen), dann die *Erzählanfänge* von Wartegg, die *Fabelmethoden* von Düss und Thomas, mit Abwandlungen von R. Fine, J. L. Despert (u. a.). Erzählen bzw. Ergänzen von Geschichten führte 1919 der Leipziger Lehrerverein ein; das *story-telling* vertieften u. a. Despert & Potter 1936. Hinzu kam die Konzeption des *Test des Trois Personnages* von M. Backes-Thomas (Backes-Thomas 1969). Es wurde auch versucht, durch Assoziationen Wünsche und Motive zu provozieren, z. B. mit der *Wunschprobe* von Wilde, dem *Tsedek-Test* von Baruk, dem *Insight Test* von Sargent. Schließlich ist der Test von Rosenzweig zu erwähnen, bei dem zur Diagnose der Frustrationsreaktionen die verbale Ergänzung von Situationen verlangt wird. Bildgeschichtenmethode, Thematische Apperzeptionsverfahren. Stern 1954, 1955.

Erzählschemata (= E.) [engl. *narrative schemata*], [**MD**], beinhalten die Erwartungen von Rezipienten an die prototypischen Bestandteile einer Geschichte. Hierzu zählen medienunabhängige Annahmen über den Ablauf einer prototypischen Erzählung, die sich i. d. R. aus einer Exposition (Vorstellung der Protagonisten und des Settings), einem Hauptteil (Aufbau einer Komplikation, Bedrohung sowie Lösungsversuche), einem Höhepunkt (Auflösung der Komplikation, Bedrohung) und einem Schluss zus. setzt. Neben diesen medienunabhängigen Annahmen zum Ablauf einer Erzählung verfügen Rezipienten in der Regel auch über Erwartungen an den Einsatz film- und genrespezifischer Darbietungsformen. Bspw. erwarten Rezipienten in einem Kriminalfilm, dass der Ermittler – zumeist nach einer Reihe von irreführenden Verdachtsmomenten – den Täter überführt. E. tragen zur Formulierung von Hypothesen über den weiteren Verlauf einer Handlung bei und führen durch eine ständige Testung dieser Hypothesen zu mehr Spannung und einem höheren Involvement der Rezipienten in die Geschichte. Weiterhin hat sich gezeigt, dass Erzählungen, die E. verletzen, schlechter verstanden werden. *M. Merkt*

Erzieher-Kind-Bindung (= E.) [engl. *teacher/educator-child attachment*], [**PÄD**], ist – wie jede andere Bindung – die besondere Form einer Beziehung, die sich durch emot. Sicherheit und Vertrautheit auszeichnet und mit nur wenigen Personen entsteht. Zwar werden Bindungen primär in der Familie erworben, können sich jedoch auch auf signifikante andere Personen im Umfeld des Kindes ausdehnen (*sekundäre Bindungen*). Zum Aufbau einer Bindung muss die Betreuungsperson jedoch wesentlich beitragen, wofür deren Verfügbarkeit und Sensitivität grundlegend sind. Richtet ein irritiertes Kleinkind sein Verhalten auf einen Erzieher in Form von Nähe-Suchen und Kontakt-Erhalten aus, so ist eine Bindung entstanden, die als sog. sichere Bindung bekannt ist und einen hohen Funktionswert insbes. für die Emotionsregulation, das Erkundungsverhalten, das Sozialverhalten des Kindes u. v. m. hat (Ahnert 2004). E. zeigen jedoch i. Ggs. zu Mutter-Kind-Bindungen einige Besonderheiten, die neben zuwendenden, sicherheitsgebenden und stressreduzierenden Aspekten auch Unterstützung und Hilfen beim kindlichen Erkunden und Erwerb von Wissen einschließen. Im Kontrast zu einer i. d. R. ungeteilten mütterlichen Aufmerksamkeit für das Kind muss der Erzieher jedoch eine Kindergruppe beaufsichtigen, innerhalb derer er dann Bindungsbeziehungen entwickeln kann. Dies erfordert jedoch einen völlig anderen Prozess des Bindungsaufbaus und seiner Aufrechterhaltung, als dies von einer Mutter bekannt ist (Eltern-Kind-Beziehung). Forschungsstudien zeigen (Ahnert 2010), dass sichere E. in jenen Kindergruppen entstehen, in denen die Gruppenatmosphäre durch ein empathisches Erzieherverhalten (Empathie) best. wird, das gruppenbezogen ausgerichtet ist und über prosoziale Interaktionen die Gruppendynamik reguliert. Die Bedürfnisse eines jeden einzelnen Kindes können dabei nur selektiv, müssen jedoch zum richtigen Zeitpunkt bedient werden. Weil darüber hinaus der kindliche Beitrag zum Bindungsaufbau mit zunehmendem Alter schwächer wird und auch geschlechtsabhängig ausfällt, gehen jüngere Kinder häufiger als ältere und Mädchen häufiger als Jungen sichere E. ein. Ahnert 2007. *L. Ahnert*

Erziehung (= E.) [engl. *education*], [**PÄD**], anthropologische Grundlage von E. ist die Tatsache, dass menschliche Gesellschaften sich spezif. kult. Umwelten als Lebensgrundlage geschaffen haben, wozu materielle Artefakte (z. B. Werkzeuge) und soziale Artefakte (z. B. Sprache, Normen) gehören. Deren Nutzung muss durch die nachfolgende Generation mittels E. stets neu erlernt werden. Dementsprechend werden unter E. soziale Handlungen zw. Personen verstanden, die darauf abzielen, Werte, Einstellungen und Persönlichkeitseigenschaften (Persönlichkeitsmerkmal) einer Person dauerhaft auszurichten, wobei diese Ausrichtung durch E.ziele *normativ* bestimmt wird. Auf der einen Seite schaffen Kulturen für die E. ihrer heranwachsenden Mitglieder spezif. Institutionen wie Familie und Schule, so dass zur E. neben den E.zielen auch die Vorstellungen von E. auf Seiten der Erziehenden und ihre (tradierten) E.praktiken gehören. Auf der anderen Seite sind Kinder für diesen E.prozess mit einer universalen Lernfähigkeit (Lernen) ausgestattet. Wie E. genau zu def. ist, wird allerdings kontrovers diskutiert, wobei das Spektrum an Def. von E. als begleitendes Wachsenlassen von Kindern und Jugendlichen bis E. als kult. Herstellen einer erwünschten Entwicklung durch Erziehungspersonen reicht.

E. lässt sich sowohl *normativ* (woraufhin und wie sollte erzogen werden) als auch *deskriptiv* (woraufhin und wie wird erzogen) analysieren. Die Analyse von E. ist Gegenstand versch. Wiss., wie (1) der E.wissenschaft, in der die kontroverse Diskussion insbes. um den normativen Gehalt von E. eine jahrhundertealte Tradition hat; (2) der Ps., die auf die psychol. und familiären Bedingungen von E. fokussiert; (3) der Sozialwissenschaften, die den Einfluss sozioökonomischer Strukturen auf E. analysieren, und (4) der Medienwissenschaft, die den Einfluss der Mediennutzung durch Kinder und Jugendliche, gerade auch der nicht erzieherisch intendierten Medieninhalte, fokussiert (Medienpädagogik). Dabei werden Medien als die heimlichen Miterzieher identifiziert, deren Wirkung allerdings durch die Art der familiären E. vermittelt ist, sodass sich pos. wie neg. Effekte kumulieren können. Denn E. führt nicht zwangsläufig zu den intendierten Effekten, sondern ebenso beachtenswert sind unerwünschte Nebeneffekte, folgenlose E.versuche oder retroaktive E.effekte, bei denen die «Zöglinge» die Erziehenden erziehen.

E. wird vornehmlich im Kontext von Familie und Medien verortet und wiss. untersucht, aber auch als Teilaufgabe von Schule gesehen. Bahnbrechend waren die Studien zum elterlichen E.stil, bei denen sich die Dimensionen elterliche Unterstützung und elterliche Kontrolle/Forderung als wesentlich erwiesen haben (*Erziehungsstile*). Durch deren Kombination ließen sich fünf E.stile identifizieren: der *autoritative, demokratische, autoritäre, laissez-faire* und *vernachlässigende* E.stil. Die Reihenfolge der Aufzählung spiegelt die Effektivität bzgl. ihrer Effekte auf die psych. Entwicklung Heranwachsender wider, die für die Teilhabe an einer demokratisch verfassten, postmodernen Gesellschaft erwünscht sind. Aus einer kulturpsychol. Perspektive betrachtet, gilt diese Reihenfolge nicht unbedingt für andere kult. Kontexte und E.ziele.

Abzugrenzen ist E. von dem weiter gefassten Konzept der *Sozialisation*, unter das auch solche Einflüsse eines soziokult. Umfeldes gefasst werden, die nicht erzieherisch intendiert sind, wie z. B. der Einfluss der sozialräumlichen Wohnstruktur auf die psych. Entwicklung. Ebenso abzugrenzen ist E. von *Bildung*. Ein weithin geteilter Abgrenzungsversuch schränkt Bildung auf solches erzieherische Handeln ein, das eine Person befähigt, selbständig und an vernunftbezogenen Urteilen ausgerichtet zu handeln und sich darüber hinaus selbständig weiterzubilden. In den öffentlichen und wiss. Diskussionen seit den ersten *PISA-Studien* Anfang des Jhd. hat der Bildungsbegriff den E.begriff fast gänzlich abgelöst. So spricht man heutzutage von *Bildung von Anfang an*, ohne dabei allerdings das Verhältnis von E. und Bildung näher zu klären. Fuhrer 2009, Schneewind 1994a, Schneewind & Pekrun 1994.

M. Holodynski

Erziehungsberatung (= E.) [engl. *child guidance*], [**KLI, PÄD**], erfolgt oft als institutionalisierte Beratung in Erziehungs- und Familienberatungsstellen als gesetzlich geregelte Leistung der Jugendhilfe. §§ 27 und 28 KJHG im SGB VIII) für Erziehungspersonen und deren Kinder. Es handelt sich dabei um niedrigschwellige, auch kurzfristig in Krisensituationen zur Verfügung stehende Angebote, die bei der Klärung und Bewältigung indiv. und familiärer Probleme, bei der Lösung von Erziehungsfragen (Medienkonsum des Kindes; Etablierung von Regeln; *Erziehungsstile*) sowie bei Trennung und Scheidung der Eltern unterstützen sollen. In diesem Kontext handelt es sich um ein kostenfreies Angebot, das i. d. R. von einem multidisziplinären Team (v. a. Psychologen, Sozialarbeiter, Sozial- und Dipl.-Pädagogen sowie Ärzte, Heilpädagogen und Psychotherapeuten) angeboten wird. Kennzeichnend für die Arbeit ist eine Orientierung an alltagspraktischen Problemfeldern, der Einbezug nicht nur der gesamten Familie, sondern auch des sozialen Umfeldes, eine stark präventive Ausrichtung (d. h., es muss keine psych. Störung vorliegen; *Prävention*) und ein partizipatives Vorgehen. Ein wesentliches Ziel ist es, gerade soziale Randgruppen zu erreichen. Das Themenspektrum ist sehr breit und spiegelt die gesellschaftlichen Problemlagen in der Erziehung wider. Inhaltlich stehen die diagn. Abklärung, Informationsvermittlung und Stärkung der *Kompetenzen* sowie *Ressourcen*, Vermittlung an weiterbehandelnde Einrichtungen (z. B. Psychotherapeuten) im Vordergrund. I. R. der E. richten sich die Angebote nicht ausschließlich an die Erziehungsberechtigten, sondern auch an die betroffenen Kinder und Jugendlichen (*Jugendberatung*). Ebenso vielfältig wie die Anlässe für die Inanspruchnahme sind das Methodenspektrum und die theoretische Orientierung. Zunehmend kann eine Spezialisierung auf best. Themenfelder (z. B. Medien; *chronische Erkrankungen*) oder Zielgruppen (z. B. Migranten) sowie die Etablierung von präventiven Angeboten (z. B. *Elterntrainings, präventive*) beobachtet werden. Neben *Face-to-Face*-Beratungen werden auch mediengestützte Beratungen (wie Telefon; Internet mit Chat-Rooms; Onlineberatung via E-Mail etc.) genutzt, um eine hohe Erreichbarkeit und Niedrigschwelligkeit des Angebots sicherzustellen. *Erziehungsberatung, Diagnostik und Beratungsprozess*. Warschburger 2009.

P. Warschburger

Erziehungsberatung, Diagnostik und Beratungsprozess [engl. *child guidance, diagnostics and counseling process*], [**KLI, PÄD**], während über lange Zeit Erziehungsberatungsstellen (*Erziehungsberatung*; = E.) überwiegend eine diagn. Funktion hatten, wurde dies zunehmend von einer stärkeren Interventionsorientierung abgelöst. Dennoch spielt in der E. die Diagnostik (= D.) immer noch eine entscheidende Rolle. D. hat nicht nur eine *deskriptive* Funktion (z. B. Eltern Rückmeldung geben, ob eine Störung vorliegt), sondern auch eine *steuernde* Funktion (z. B. Weiterempfehlung für eine *Psychotherapie*; Einbezug anderer Hilfsangebote; Steuerung des Beratungsgeschehens). D. wird darüber hinaus auch eingesetzt, um die Effekte des E.prozesses zu evaluieren und zu dokumentieren. Viele diagn. Instrumente haben per se auch eine therap. Funktion, indem sie den Betroffenen hilfreiche Rückmeldungen zu ihrem eigenen Verhalten geben und dadurch Ansatzpunkte für mögliche Veränderungen aufzeigen. Die D. ist eingebunden in den gesamten Beratungsprozess. Als Metakonzept der Beratung kann ein Problemlöseprozess (*Problemlösen*) zugrunde gelegt werden, den Berater und Klient gemeinsam mit unterschiedlichen konkreten Aufgaben durchlaufen. Vier Phasen werden dabei allg. unterschieden: (1) *Problemdef.*: Der Klient exponiert sein Problem und der Berater zieht u. U. zusätzliche Datenquellen zur genaueren Hypothesenbildung zum Problemhintergrund heran (*diagnostischer Prozess*). (2) *Zieldef.*: Auf der Grundlage der Problemdefinition(en) sollen gemeinsam konkrete, realistische *Ziele* erarbeitet werden. Gefolgt wird diese Phase von der (3) *Intervention*: Der Berater gibt Informationen, schlägt konkrete Interventionen vor, die der Klient im Alltag für sich umsetzen soll. Im letzten Schritt folgt (4) die *Evaluation*: Gemeinsam wird überprüft, ob die Interventionen dazu beigetragen haben, das angestrebte

Ziel zu erreichen. Insges. handelt es sich um einen interaktiven Problemlöseprozess, der durchaus auch mehrmals durchlaufen werden kann. Neben dieser makroanalytischen Betrachtung kann der E.prozess auch innerhalb einer Beratungssitzung (Eröffnung; inhaltliche Arbeit; Reflektion und Zus.fassung) betrachtet werden. Diagn. Instrumente, die zur Erfassung von Aspekten des Erziehungsverhaltens eingesetzt werden, sind im Verzeichnis diagn. Verfahren (Anhang II) im Index aufgeführt. Warschburger 2009. *P. Warschburger*

Erziehungskompetenzen [engl. *education competencies*], *Elterntrainings, präventive*.

Erziehungspsychologie (= E.) [engl. *educational psychology*], [**EW, PÄD**], E. befasst sich mit dem *Erleben* und *Verhalten* im Zusammenhang mit *Erziehung* als intentionaler Einflussnahme auf die *Persönlichkeitsentwicklung*. Erziehung ist Fremd- und Selbsterziehung (s. a. Schneewind & Pekrun 1994). Biol. einschließlich genetisch orientierte Ansätze (*Genetik*) lassen sich oftmals inhaltlich fortführen durch Phasen- oder Stufenmodelle (*Entwicklungsphasen, -stufen*, z. B. von Erikson oder von Kegan). Tiefenpsychol. (z. B. nach Freud) und lerntheoretisch fundierte Modelle (z. B. *Behaviorismus*, sozialkognitive Theorien) erklären Persönlichkeitsentwicklung und die Möglichkeiten intentionaler Einflussnahme. Von bes. Wichtigkeit ist die *emotionale Entwicklung* (Ulich 1994) sowie die *moralische Entwicklung*, z. B. Oser 1997). Normative Ansätze entwickelt die Ps. kaum selbst, sondern prüft Zielvorgaben z. B. aus der *Soziologie* oder der *Erziehungswissenschaft*. E. steht im Kontext von Lernfähigkeit (z. B. *Lernen lernen, Lernschwierigkeiten*, Weinert & Schrader 1997), soziales Angewiesensein (*Sozialisations*prozess), *Erfahrungsbildung* und interner Erfahrungsrepräsentation. Der Einfluss von kult. Strukturen auf *Bindungs*verhalten, Entwicklung von *Überzeugungssystemen*, s. a. Krampen 1994), von *Identität* und *Rollen* wird z. B. von Oerter (1994) beschrieben.

E. nutzt zur empir. Forschung (Schneider 1994) hauptsächlich *Beobachtungen* sowie Befragungen (*Interview*, bevorzugt in Längsschnitten (*Längsschnittuntersuchung*)) und mehrdimensionale Datenverarbeitungsverfahren wie *Faktorenanalyse*, *Clusteranalyse*, *Diskriminanzanalyse*, *Konfigurationsfrequenzanalyse (KFA)*, *multiple Regression*, «Kausalmodell»-Analysen (z. B. *Pfadanalyse*; *Kausalität*). Ein systemisches meth. Vorgehen zur Untersuchung von Stabilität und Variabilität erworbener Persönlichkeitseigenschaften (*Persönlichkeitsmerkmal*) am Bsp. der Typ-A-Persönlichkeit zeigt Schneewind (1994).

In der Praxis sind als Sozialisationsbedingungen, -inhalte und -instanzen von bes. Bedeutung die Lehrer-Schüler-Interaktion (Bromme 1997; Hofer 1997), die schulischen Kontextbedingungen (Helmke & Weinert 1997), die Annahme differenzierbarer *Erziehungsstile* und das Bildungssystem (Fend & Stöckli 1997); (*Bildung*).

W. Echterhoff

Erziehungsstile (= E.) [engl. *educational style*], [**PÄD**], Konstellation aus elterlichen *Einstellungen*, *Verhaltens*mustern und Ausdrucksformen gegenüber dem Kind, die das Klima der Eltern-Kind-Interaktion (*Eltern-Kind-Beziehung*) bestimmt. E. wird als Kontext konzeptualisiert, der den Einfluss von spezif. *Erziehung*verhalten auf das Kind moderiert (Darling & Steinberg 1993). Als Vorläufer der Erziehungsstilforschung sind Else Frenkel-Brunswik und ihre Kollegen zu nennen, die in den 1930er-Jahren die Grundlagen autoritärer Persönlichkeitsstrukturen (*autoritäre Persönlichkeit*) untersuchten. Zeitgleich zeigte Kurt Lewin, dass ein *demokratischer Führungsstil* im Ggs. zu *autoritären* oder *Laissez-Faire*-Stilen mit mehr Engagement und Kompetenz von Kindern zus.hängt. Alfred Baldwin differenzierte aufgrund seiner Untersuchungen zu E. zw. dem *warmen-demokratischen*, *systematisch-demokratischen*, *passiv-vernachlässigenden*, *aktiv-aggressiven* und *possessiv-nachgiebigen* E. Der warme-demokratische E. war mit einer pos. kindlichen Entwicklung (z. B. weniger Ängstlichkeit, bessere intellektuelle Entwicklung (*Entwicklung, kognitive*), aber aufgrund der Freiheit, die dem Kind zugestanden wurde, auch mit einem Anstieg antisozialen Verhaltens verbunden. In den 1960er-Jahren identifizierte Diana Baumrind als versch. Ausprägungen elterlicher Kontrolle den *autoritären*, den *autoritativen* und den *permissiven* E. (Maccoby 2007). Etwa zur selben Zeit kamen Forscher zu dem Schluss, dass die Isolierung einzelner Erziehungspraktiken für die Beschreibung von E. nicht ausreichend ist. So versuchte z. B. Earl S. Schaefer anhand von *Circumplex-Modellen* Attribute zu erstellen, die sowohl elterliche Einstellungen als auch elterliche Verhaltensweisen umfassten (Darling & Steinberg 1993). In den 1980er-Jahren fügten Eleanor Maccoby und John Martin zu Baumrinds Kontrolltypologie die Dimension *Akzeptanz/Responsivität* hinzu und erweiterten die *Typologie* um den *uninvolvierten* E. Der autoritative E. ist durch hohe Kontrolle/Anforderungen und hohe elterliche Akzeptanz/Responsivität gekennzeichnet. Der autoritäre E. umfasst hohe Anforderungen/Kontrolle, jedoch wenig Responsivität. Beim permissiven E. sind die Eltern akzeptierend und responsiv, zeigen aber kaum Kontrolle. Der uninvolvierte E. ist durch geringe Anforderungen/Kontrolle und geringe Akzeptanz/Responsivität gekennzeichnet (Darling & Steinberg 1993). Kinder autoritativer Eltern zeigen bessere Schulleistungen und verfügen über eine bessere *emotionale Kompetenzen* und *soziale Kompetenz*. Kinder von Eltern mit autoritären, permissiven oder uninvolvierten E. weisen häufiger schlechte Schulleistungen, Verhaltensprobleme und einen geringen Selbstwert (*Selbstwertgefühl*) auf (Maccoby 2007; Parke & Buriel 2006). Obwohl die Konzepte von Baumrind in der Literatur weitverbreitet sind, führten sie in der empirischen Forschung zu Problemen. So konnten viele Eltern den Stilen nicht zugeordnet werden. Zum anderen wurden die Prozesse, durch die sich der E. auf die kindliche *Entwicklung* auswirkt, zu wenig untersucht. Ein anderes Defizit ist der vernachlässigte aktive Einfluss, den Kinder auf Erziehung haben. So können Kinder mit best. *Persönlichkeitsmerkmalen* den E. der Eltern bestimmen. Ebenso ist eine Generalisierbarkeit der E. über versch. sozioökonomische und kult. Gruppen nicht gegeben. In ärmeren Familien wurden eher autoritäre E. nachgewiesen, was mit einer risikoreicheren Lebenssituation einhergeht. Studien zu E. wurden hauptsächlich mit angloamerikanischen Teilnehmern aus der Mittelschicht durchgeführt. Im kult. Kontext erwiesen sich die Effekte von E. jedoch nicht als universell. In zahlreichen kulturvergleichenden Studien (*Kulturvergleichende Psychologie*) konnten die neg. Zusammenhänge zw. autoritärem E. und kindlicher Entwicklung nicht gefunden werden oder es zeigte sich gar ein pos. Zusammenhang. Daher sind bei zukünftiger Forschung kontextuelle und kult. Faktoren sowie Prozesse der interaktiven Eltern-Kind-Beziehung unbedingt zu berücksichtigen (Maccoby 2007; Parke & Buriel 2006; Rothbaum & Trommsdorff 2007).

J. Ziehm/G. Trommsdorff/I. Albert

Erziehungswissenschaft (= E.) [engl. *educational science*], [**PÄD**], nach dem Zweiten Weltkrieg gegenüber der traditionellen Bez. *Pädagogik* bevorzugte Bez. für eine wiss. Disziplin, die in Abhebung von Nachbarwissenschaften wie Ps., *Soziologie*, *Philosophie* die Erziehungswirklichkeit erforscht. Die Begriffsbestimmung der „allg. Erziehungswissenschaft" (= a. E.) wird nach Seel und Hanke (2015) dabei über einen Vergleich zur allgemeinen Ps. vorgenommen: So wie die allg. Ps. ihr Forschungsinteresse auf psych. Prozesse, die alle Menschen teilen, richtet und sich somit als Grundlage für viele psychol. Spezialisierungen und auch für Nachbargebiete versteht, so stellt die a. E. die Prozesse der Erziehung und Bildung im Allgemeinen und für alle Menschen gültig in den Mittelpunkt. Sie befasst sich mit der Frage nach allg. päd. Aufgaben und Methoden der optimalen Erkenntnisgewinnung. Somit erhebt sie den Anspruch, die E. und ihre Teildisziplinen «im Hinblick auf ihre gemeinsame wiss. Bedeutung und Sinnhaftigkeit umfassend zu beschreiben und kritisch zu reflektieren». Dadurch soll sie u. a. der fortschreitenden Spezialisierung der E. in immer mehr spezialisierte Teildisziplinen als Korrektiv entgegenwirken und gemeinsame Aspekte erhalten. Des Weiteren beschreibt die a. E. begriffliche, historische und wissenschaftstheoretische Grundlagen und stellt interdisziplinäre Bezüge her, indem sie Erkenntnisse der Philosophie, Anthropologie, Soziologie, Ethnologie und Ps. aufgreift, diese systematisch auf die päd. Praxis bezieht und in Bezug auf *Erziehung* und *Bildung* analysiert.

Erziehungsziel (= E.) [engl. *educational goal*], [**PÄD**], E. sind von der gesellschaftlichen Wertorientierung und Verhaltensnormierung abhängig und zugleich als intentionale Momente des Erziehungsprozesses auf die instrumentalen Momente der Erziehungspraktiken bezogen. *Erziehung*, *Bildung*, *Lehrziel*, *Lernziel*.

Es [engl. *id*; lat. *id* es], [**EM, KLI, PER**], ist nach Freud (*Psychoanalyse*) eine der drei Instanzen des *psychischen Apparats*,*Instanzenmodell*). Das Es ist die älteste seelische Provinz, aus der sich die beiden anderen, das *Ich* und das *Über-Ich*, entwickeln. Das Es gilt als der triebhafte Teil der *Persönlichkeit*, als Reservoir ihrer Triebenergie (*Triebtheorie*). Zum Es gehört nach Freud «alles, was ererbt, bei Geburt mitgebracht, konstitutionell festgelegt ist, v.a. also die aus der Körperorganisation stammenden Triebe.» Im Es herrscht das *Lustprinzip*. Letztlich determinieren die Vorgänge im Es, dessen Triebregungen, das seelische Geschehen. Die Ich-Instanz kann sich dieser Determination nicht entziehen. Das Ich steht zeitlebens in der Abhängigkeit vom Es. Das Ich versucht die triebhaften, leidenschaftlichen Interessen des Es zu erfüllen, indem es sie mit den Ansprüchen des Über-Ichs und den Erfordernissen der Realität zu vereinbaren versucht. Freuds Idee, im Es ein entwicklungsgeschichtlich (ontogenetisch wie phylogenetisch) frühes System zu sehen, das letztlich unser Ich und unser Bewusstsein determiniert, scheint neueren neurowiss. Erkenntnissen, die das Es mit dem *limbischen System* vergleichen, zu korrespondieren. Neurobiologen gehen davon aus, dass das unbewusste limbische Erfahrungsgedächtnis unser Handeln stärker lenkt als unser bewusstes Ich (Roth & Strüber 2014) Andere Autoren reaktualisieren Freuds Konzept des Es als archaische Erbschaft auf eine historisch-kulturwiss. Weise und schlagen vor das Es als *kult. Gedächtnis* zu dechiffrieren. Freud 1923a, Mertens & Waldvogel 2008.

L. Bayer

escape behavior [engl.] Fluchtverhalten; *Vermeidungslernen*.

Escitalopram (= E.) [engl. *escitalopram*], [**PHA**], *Psychopharmakon* aus der Gruppe der *Antidepressiva* vom Typ der *Serotonin-Wiederaufnahmehemmer, selektive (SSRI)*. E. ist das S-Enantiomer des razemischen Gemischs *Citalopram* und ist der bislang selektivste SSRI. E. hat keine *anticholinergen* oder *antihistaminergen* Eigenschaften. Zugelassene Indikationen sind *Depression*, *Panikstörung*, *soziale Phobie* und *Zwangsstörungen*. Häufige *Nebenwirkungen* sind Übelkeit, Müdigkeit und Ruhelosigkeit bei insges. guter Verträglichkeit. Benkert & Hippius 2013.

H. Himmerich

Eskapismus [engl. *escapism* Wirklichkeitsflucht], [**KLI**], Flucht vor der Realität, ggf. als *Abwehrmechanismus*.

Esophorie [engl. *esophoria*; gr. ἔσω (eso) innen], [**WA**], nasale Abweichung der Sehrichtung eines Auges. *Phorie*.

esoterisch (= e.) [engl. *esoteric*; gr. ἐσωτερικός (esoterikos) nach innen gewandt], [**KLI**], Bez. einer Lehre, deren Inhalt nur nach bes. Vorbereitung erkannt werden kann, daher nur Eingeweihten zugänglich ist. Viele Menschen suchen in e. Ansätzen auch Hilfe bei psych. und anderen Problemen. Dies weist auf Schwierigkeiten im Zugang zu seriöser fachlicher Hilfe, etwa i. S. von *Psychotherapie*, sowie auf Defizite wiss. fundierter Angebote aus der Sicht der Hilfesuchenden hin. E. Ansätze entziehen sich der Erfolgskontrolle, sodass ihre behaupteten Wirkungen nicht mit derjenigen fundierter Psychoth. verglichen werden können. E. Hilfe wird zudem nicht selten von Einzelpersonen und Gruppen angeboten, welche Abhängigkeit in problematischer Weise fördern. Ggs. *exoterisch*, für Außenstehende best., i. ü. S. allg. verständlich.

F. Caspar

ESP-Karten [engl. *extrasensory perception (ESP) Außersinnliche Wahrnehmung (ASW)*], die von J.B. Rhine in die paraps. Forschung eingeführten Karten mit fünf geometrischen Symbolen (Kreis, Kreuz, Stern, Quadrat, Welle) zur Überprüfung der außersinnlichen Wahrnehmung (*Rhine & Pratt 1962*). Beloff 1993.

Essanfall (= E.) [engl. *binge eating, eating attack*], [**KLI**], bez. eine Episode von exzessiver Nahrungsaufnahme, in der innerhalb eines abgegrenzten Zeitraums eine Menge von Nahrungsmitteln zugeführt wird, die deutl. höher ist als von einer gesunden Vergleichsperson in einem ähnlichen Kontext verzehrt würde. *Bulimie, Bulimia nervosa*, *Essstörungen*.

essenzielle tau-Äquivalenz [engl. *essential tau-equivalence*], syn. *essenzielle τ-Äquivalenz*; *Reliabilität*.

Essstörungen (= E.) [engl. *eating disorders*], **[KLI]**, sind gekennzeichnet durch schwere Störungen des Essverhaltens. Auffälligkeiten des Essverhaltens finden sich bei einer Vielzahl von psych. und med. Erkrankungen. Die Besonderheiten bei der E. als psych. Störung sind, dass restriktives Essverhalten instrumentell eingesetzt wird, um Gewicht und Figur zu beeinflussen und durch Hungern, Essanfälle und Erbrechen emotionale Zustände zu beeinflussen. Charakteristisch für E. ist ein *Teufelskreis* zw. Nahrungsrestriktion und Kontrollverlust in Form von Essanfällen. Die Leitsymptome von E. sind *restriktives Essverhalten*, *Essanfälle* und *gegensteuerndes Verhalten* in Form von Erbrechen und anderen Verhaltensweisen, welche die Aufnahme von metabolischer Energie behindern. Hinweise auf *restriktives Essverhalten* sind bspw.: Vermeidung von hochkalorischen, fetthaltigen oder kohlenhydrathaltigen Nahrungsmitteln; Auslassen von Mahlzeitbestandteilen wie Beilagen, Nachtisch oder ganzer Mahlzeiten; genaue Bestimmung des Kaloriengehalts von Mahlzeiten, z. B. durch Abwiegen und Benutzung von Kalorientab.; Verwendung von Appetitzüglern oder Nikotin zur Appetitkontrolle; Beschränkung auf eine oder zwei Mahlzeiten pro Tag; Vermeidung von Essen in Gemeinschaft, um Ablenkung beim Essen zu vermeiden oder sozialem Druck ausgesetzt zu sein, mehr zu essen oder aus Scham über das eigene Essverhalten.

Ein *Essanfall* ist def. als eine Episode von Nahrungszufuhr, bei der die übliche Kontrolle verloren geht oder auch gezielt nicht ausgeübt wird. Bei obj. Essanfällen werden Nahrungsmengen zugeführt, die von ihrer Kalorienzahl den Rahmen einer normalen Mahlzeit deutlich überschreiten. Eine genaue Kaloriengrenze ist nicht def., in den meisten wiss. Arbeiten werden aber 1000 kcal als Grenze angenommen (eine Ausnahme von dieser Regel stellen Mahlzeiten dar, die an Tagen mit intensiver körperlicher Arbeit oder sportlicher Betätigung erfolgen). Episoden von Nahrungsmittelkonsum, die ungeplant oder unerwünscht sind, aber obj. keine aus dem Rahmen fallenden Mengen darstellen, können subj. ebenfalls als Essanfälle wahrgenommen werden, sind aber für die diagn. Eingruppierung als E. nicht relevant. Typischerweise werden bei E. Nahrungsmittel gegessen, die ansonsten «verboten» sind oder gemieden werden. Bei einer langzeitig bestehenden E. werden Essanfälle häufig genau geplant, das bedeutet, es werden für einen Essanfall geeignete Nahrungsmittel eingekauft und dafür gesorgt, dass niemand den Essanfall stört.

Gegensteuernde Maßnahmen dienen dazu, aufgenommene metabolische Energie rasch wieder aus dem Organismus zu entfernen oder durch Flüssigkeitsverlust eine Gewichtsabnahme zu erreichen: Erbrechen entweder automatisch, nach Reizung des Rachenraums oder unterstützt durch chemische Substanzen, wie Radix Ipecacuanha, Salzlösungen oder auch unterstützt durch Ekelvorstellungen; Missbrauch von pflanzlichen oder chemischen Laxanzien oder Diuretika sowie von Schilddrüsenhormonen, um den Grundumsatz zu erhöhen; exzessiver Sport, inklusive exzessiver isometrischer Übungen; exzessive Exposition gegenüber Kälte und Hitze, um Kalorien zu verbrauchen oder Flüssigkeit zu verlieren; Weglassen von Insulin bei Typ-1-Diabetes, um eine Glukosurie zu erzeugen

Folgende Symptome sind klin. charakteristisch und für die Behandlung relevant, werden aber nicht für die Diagnostik eingesetzt: *(1) Veränderungen der Aufmerksamkeitslenkung und Checking Behavior*: mehrfach tägliches Wiegen, um Veränderungen des Körpergewichts engmaschig zu kontrollieren; Selbstbetrachtung im Spiegel, um die eigene Figur zu überprüfen oder sich zu weiterem Diätverhalten anzuspornen; Abmessen von Körperumfängen mit einem Maßband (Bauch, Oberschenkel, Arme). Gelegentlich werden dazu Markierungen auf die Haut aufgebracht, um immer an derselben Stelle zu messen; Abschätzung der Dicke von Hautfalten (typischerweise mit zwei Fingern); Abtasten der Körperoberfläche (bspw. ob der Beckenkamm oder Rippen tastbar sind); soziale Vergleichsprozesse (z. B. Vergleich des eigenen Körpers mit dem der attraktivsten jungen Frau im Raum). *(2) Erworbene Furchtlosigkeit*: Fehlendes subj. Erleben von *Angst* oder *Furcht* bzgl. des eigenen Überlebens oder der eigenen körperlichen Unversehrtheit trotz schwerwiegender obj. Gefährdung durch Untergewicht oder med. Komplikationen der E.; Bagatellisierung der Gefährdung durch Untergewicht oder Übergewicht. *(3) Psychol. und med. Konsequenzen von kontinuierlicher oder intermittierender Nahrungsrestriktion*: Kontinuierliche kogn. Beschäftigung mit Nahrung oder nahrungsbezogene Themen; Amenorrhoe; reduzierte Libido; Kälte- und Wärmeempfindlichkeit; psychomotorische Unruhe oder Apathie; *Schlafstörungen*, Konzentrationsstörungen, Müdigkeit.

Bei etwa der Hälfte der Pat. ist die E. eingebettet in ein komplexes Muster von *Komorbidität* mit *Angststörungen*, depressiven Störungen (*Depression*), *Persönlichkeitsstörungen*, *Sexualstörungen*, Substanzgebrauch (*Sucht- und Substanzbezogene Störungen*) oder somatischen Belastungsstörungen.

Ätiologie: Als ursächlich oder für die Aufrechterhaltung der Störung relevant werden genetische, epigenetische, neurophysiol., neurochemische, neuroimmunologische, neuroendokrine, psychol. und Verhaltensfaktoren diskutiert (Treasure et al. 2010). Ein Konsens über die Gewichtung dieser Faktoren existiert nicht. Folgende psychol. und psychobiol. Mechanismen bedürfen besonderer Beachtung, da sie die Aufrechterhaltung der E. begünstigen: restriktives Essverhalten dient der Stabilisierung des Selbstwertgefühls; erfolgreiches Fasten erzeugt ein Gefühl von *Selbstkontrolle* und steigert das *Selbstwertgefühl*; restriktives Essverhalten dient der Emotionsvermeidung und der Erlebnisvermeidung; Emotionsvermeidung und Erlebnisvermeidung reduzieren kurzfristig die *Emotionsdysregulation*; restriktives Essverhalten und niedriges

Essstörungen: Subtypen gemäß DSM-5

Nach DSM-5 sind folgende Subtypen von Essstörung definiert. (Falkai et al. 2015)	
Diagnose	Schlüsselmerkmale
Anorexia nervosa	Untergewicht (BMI < 17,5 kg/m²)
	Restriktives Essverhalten motiviert durch psychologische Faktoren wie Angst zu dick zu sein und Emotionsvermeidung
	Fakultativ Essanfälle, Erbrechen, exzessive Bewegung
Bulimia nervosa	Große Essanfälle (> 1000 kcal innerhalb eines unbegrenzten Zeitraums) mit subjektivem Kontrollverlust, mindestens einmal pro Woche
	Gegensteuernde Maßnahmen in Form von Erbrechen, Laxanzien- oder Diuretikamissbrauch, exzessiver Sport
	Intermittierendes restriktives Essverhalten motiviert durch psychologische Faktoren wie Angst zu dick zu sein und Emotionsvermeidung, dabei kein Untergewicht
Binge-Eating-Störung	Große Essanfälle (> 1000 kcal), mit subjektivem Kontrollverlust, mindestens einmal pro Woche
	Keine regelmäßigen gegensteuernden Maßnahmen
	Häufig Übergewicht
Pica	Häufiger Verzehr nicht nutritiver Stoffe über mindestens einen Monat
Ruminationsstörung	Wiederholtes Hochwürgen von Nahrung über mindestens einen Monat. Die hochgewürgte Nahrung kann wieder gekaut, geschluckt oder ausgespuckt werden.
Störung mit Vermeidung oder Einschränkung der Nahrungsaufnahme	Desinteresse an Essen oder Nahrung; Vermeidung von Nahrung aufgrund sensorischer Merkmale; Sorge um aversive Folgen von Essen.
	Gewichtsverlust, Mangelerscheinungen, Beeinträchtigung des Funktionsniveaus
	Nicht besser durch Anorexia nervosa oder Bulimia nervosa zu erklären, keine Störung der Wahrnehmung von Figur und Körpergewicht
Sonstige Essstörung	Klinisch relevante Essstörung, die Kriterien der definierten Essstörungen werden aber verfehlt

Gewicht erhöhen über psychol. und psychobiol. Mechanismen das Risiko von Essanfällen; Erbrechen, Laxanzien und exzessiver Sport reduzieren kurzfristig die mit Essanfällen verbundenen aversiven emot. und körperlichen Folgen; Stressbelastung und die damit verbundenen Emotionen erhöhen das Risiko eines Essanfalles; die mit gestörtem Essverhalten verbundene physiol. Dysregulation erhöht langfristig über psychobiol. Mechanismen die emot. Dysregulation.

Klassifikation, Prävalenz, Verlauf: In der Tab. sind die Subtypen von E. gemäß DSM-5 aufgeführt. E. werden nach ICD-10 unter F 50.x (s. Anhang I) klassifiziert. Bei Frauen beträgt die Lebenszeitprävalenz der *Anorexia nervosa* etwa 1 %, der *Bulimia nervosa* etwa 2–4 %, der *Binge-Eating-Störung* etwa 5 %. Bei Männern ist die Lebenszeitprävalenz von Anorexia nervosa und Bulimia nervosa etwa um den Faktor 10 niedriger. Bei der Binge-Eating-Störung sind die Geschlechterverhältnisse

ausgeglichen. Anorexia nervosa und Bulimia nervosa beginnen am häufigsten in der Adoleszenz oder im jungen Erwachsenenalter, die Binge-Eating-Störung im jungen oder mittleren Erwachsenenalter.
Diagnostik: Mögliche *Screening*-Fragen zur Identifikation von E. sind: Sind Sie mit Ihrem Essverhalten zufrieden? Haben Sie ein Essproblem? Machen Sie sich Sorgen wegen Ihres Gewichts oder Ihrer Ernährung? Beeinflusst Ihr Gewicht Ihr Selbstwertgefühl? Machen Sie sich Gedanken wegen Ihrer Figur? Essen Sie heimlich? Übergeben Sie sich, wenn Sie sich unangenehm voll fühlen? Machen Sie sich Sorgen, weil Sie manchmal mit dem Essen nicht aufhören können? Wenn sich aus Screening oder anderen Beobachtungen der Verdacht auf eine klin. relevante E. ergibt, kann dies durch ein strukturiertes Interview bestätigt werden: Das *SKID* erfasst alle im DSM aufgelisteten diagnostischen Kategorien und die *Komorbidität*. Gleiches gilt für das *DIPS* und die Internationalen Diagnosechecklisten. Bei *Eating Disorder Examination (EDE)* und SIAB (*Strukturiertes Inventar für anorektische und bulimische Essstörungen nach DSM-IV und ICD-10 (SIAB)*) handelt es sich um Experteninterviews zur Erfassung der diagn. Merkmale und der spezif. *Psychopathologie* von Essstörungen. Die Fragebögen *Eating Disorder Inventory-2 (EDI-2)*, *Fragebogen zum Essverhalten (FEV)*, Eating Disorder Examination (EDE) sind zur Erfassung von Symptomintensität hilfreich. *Essstörungen, Präventionsansätze*, *Essstörungen, Psychotherapie*, *Essstörungen, Psychopharmakotherapie*. U. Schweiger/V. Sipos

Essstörungen, Präventionsansätze [engl. *eating disorders, prevention*], [**KLI**], aufgrund der steigenden Verbreitung (*Prävalenz*) von *Essstörungen* (= E.) und gestörtem Essverhalten und den damit verbundenen schwerwiegenden gesundheitsschädlichen Belastungen ist das Interesse an der *Prävention* (= P.) von E. seit den 90er-Jahren des letzten Jhd. stark angestiegen. Die Genese von E. (*Ätiologie*) ist multifaktoriell, neben genetischen Faktoren spielen indiv. psych. Faktoren wie geringer Selbstwert (*Selbstwertgefühl*) oder unzureichende Copingstrategien (*Coping*) eine Rolle. Zunehmend wird auch die Rolle der Medien (Idealisierung von Schlankheit) und des sozialen Umfelds (gewichtsbezogene Hänseleien) betont. Die Inhalte der P.programme haben sich über die Zeit verändert. Die ersten P.programme wurden v. a. im angloamerik. Raum als universelle und teils auch als indizierte Ansätze mit einem starken psychoedukativen Inhalt (*Psychoedukation*, Gefahren von E.) für das schulische Setting entwickelt. Im Mittelpunkt standen oft distale Merkmale wie Diätverhalten oder Körperunzufriedenheit. Dieser Ansatz ging zwar mit einer Steigerung des Wissens einher, aber erwies sich bezogen auf die langfristige Veränderung des gestörten Essverhaltens in vielen Arbeiten als nicht erfolgreich. Modelle der sog. zweiten Generation konzentrierten sich inhaltlich v. a. auf die soziokult. Faktoren wie den Einfluss der Medien und berücksichtigten damit stärker aktuelle ätiologische Modelle. In einer dritten Generation von Ansätzen werden v. a. interaktive Methoden zur Reduktion von Risikofaktoren (Steigerung der *Medienkompetenz*; Verbesserung des Selbstwerts) verwandt. Neuere Entwicklungen fokussieren einerseits stärker auf indizierte P.ansätze, andererseits auf spezif. Methoden (wie Dissonanzreduktion; *kognitive Dissonanz*) oder Settings (z. B. internetbasiert). Diskutiert werden auch gemeinsame Ansätze zur P. von E. und *Adipositas*. Mittlerweile liegen auch im dt.sprachigen Raum eine Reihe von evaluierten Programmen vor. Die *Wirksamkeitsüberprüfung* von P.ansätzen zeigt ermutigende Ergebnisse bezogen auf die Reduktion von Körperunzufriedenheit und gestörtem Essverhalten. V. a. Programme, die mit Hochrisikogruppen arbeiten und interaktiv gestaltet sind, gehen mit höheren Effekten einher. Stice et al. 2007. P. Warschburger

Essstörungen, Psychopharmakotherapie [engl. *eating disorders, psychopharmacotherapy*], [**KLI, PHA**], es gibt mehrere Cochrane Reviews zur Pharmakotherapie bei *Bulimia nervosa*. Dabei gibt es Hinweise auf günstige Wirkungen von SSRI (*selektiven Serotonin-Wiederaufnahmehemmern*) und SSNRI (*selektiven Serotonin- und Noradrenalinwiederaufnahmehemmern*) auf bulimische Symptomatik. Am besten evaluiert ist *Fluoxetin*. In Dt. ist nur diese Substanz zur Behandlung der Bulimie zugelassen. Dabei zeigen die verfügbaren Studien, dass – anders als in der Depressionstherapie – hohe Dosierungen (60 mg) besser wirksam sind als niedrige (20 mg). Auch die rezidivprophylaktische Wirkung ist belegt, wobei Unklarheit über die notwendige Dauer der Therapie besteht. In mehreren kontrollierten Studien wurde auch die Wirksamkeit des *Antikonvulsivums Topiramat* hinsichtlich der Reduktion der Zahl von Essanfällen und selbstinduziertem Erbrechen gezeigt. Die Substanz ist in dieser Indikation in Dt. jedoch nicht zugelassen. Pos. Studien liegen auch für andere *Antidepressiva* (*Amitriptylin*, *Imipramin*, *Fluvoxamin*, *Trazodon*) vor. Bei der *Binge-Eating-Störung* liegen ebenfalls die besten Erfahrungen für SSRI, und hier vor allem für *Sertralin*, vor. Auch hier gilt, dass höhere Dosierungen eine bessere Wirksamkeit aufweisen als niedrige. *Topiramat* ist, ebenso wie der selektive Noradrenalin-Rückaufnahmehemmer *Atomoxetin*, auch bei der Binge-Eating-Störung wirksam. Keine der genannten Substanzen ist jedoch in dieser Indikation zugelassen. Neuerdings wurde auch die Wirksamkeit von *Lisdexamphetamin* gezeigt. Die Zulassung bei Binge-Eating-Störung erfolgte bisher jedoch lediglich in den USA. Zudem wird die Anwendung wegen des Missbrauchspotenzials der Substanz kritisch gesehen. Bei der *Anorexia nervosa* liegen vier *randomisierte kontrollierte Studien* mit *Olanzapin* gegen *Placebo*, *Chlorpromazin* und *Aripiprazol* vor, die jew. Überlegenheit von Olanzapin zeigen. Auch hier ist die Behandlung jedoch *off-label*. Herpertz-Dahlmann & Hebebrand 2012. G. Gründer

Essstörungen, Psychotherapie [engl. *eating disorders, psychotherapy*], [**KLI**], Zur Behandlung von *Essstörungen* (= E.) gibt es eine dt. S3-Leitlinie (Herpertz 2011) sowie mehrere Cochrane Reviews zu *Psychotherapie* bei *Bulimia nervosa*, *Binge-Eating-Störung* und *Anorexia nervosa*. Insbes. für die *Verhaltenstherapie* liegt eine große Zahl von Wirksamkeitsnachweisen vor. Die *Wirksamkeit* von

Psychoth. ist für die Bulimia nervosa und die Binge-Eating-Störung sehr gut belegt, bei der Anorexia nervosa gibt es ein Evidenzdefizit mit fehlenden großen *randomisierten kontrollierten Studien (RCTs)*. Es sind mehrere dt.sprachige Manuale zur Behandlung von E. erhältlich. Neben dem gemeinsamen unmittelbaren Ansatzpunkt im Bereich des Verhaltens gibt es dabei heterogene zusätzliche Schwerpunktsetzungen im Bereich gestörter *Informationsverarbeitung*, Körperschemastörung (*Schematherapie*) oder *Emotionsregulation. Essstörungen, Präventionsansätze*. V. Sipos/U. Schweiger

Essverhalten [engl. *eating behavior*], **[GES]**, beschreibt einen biopsychosozialen Prozess. Der Begriff umfasst alle spezif. Verhaltensweisen (*Verhalten*), also motorisches (*Motorik*), emot. (*Emotionen*) und kogn. Verhalten (*Kognition*), die in Beziehung zur Aufnahme von Nahrungsmitteln stehen, d. h. Substanzen, die dem Organismus metabolische Energie, Baustoffe, Vitamine und Spurenelemente bereitstellen. Essverhalten nimmt in der Lieferkette zw. in Pflanzen gespeicherter Energie und Nahrungssuchverhalten (*foraging*) auf der einen Seite und Metabolismus und Verbrauch der Energie im *Gehirn* und in anderen Organe auf der anderen Seite eine entscheidende Schlüsselstellung ein. Wichtige Themen, die Essverhalten beschreiben, sind: Nahrungswahl, d. h. die Entscheidung best. Nahrungsmittel zu präferieren, Nahrungsmittelaversion, Geschmacksaversion, Vegetarismus, Veganismus, restriktives Essverhalten, d. h. eine intensive kogn. Kontrolle, um die Menge der zugeführten Kalorien zu kontrollieren, Essanfälle, induziertes Erbrechen, Abführmittelmissbrauch, Fasten, Diäten. Dovey 2010. U. Schweiger/V. Sipos

eta-Koeffizient (η), *eta-Quadrat*.

eta-Quadrat (η^2) [engl. *eta-squared*], **[FSE]**, Maße der *Effektgröße* der *Varianzanalyse* für einen Faktor oder Interaktionseffekt. Berechnung bspw. für den Faktor A über

$$\eta^2 = \frac{SS_{Faktor\ A}}{SS_{Total}}$$

wobei $SS_{Faktor\ A}$ die durch den Faktor erklärbare Quadratsumme und SS_{Total} die Gesamtquadratsumme darstellt. Cohen (1988) schlägt vor, diesen Kennwert in kleine ($\eta^2 = .01$), mittlere ($\eta^2 = .06$) und große Effekte ($\eta^2 = .14$) einzuteilen. Die Wurzel η (eta-Koeffizient) kann als Maß der Korrelation eines nominalskalierten und eines intervallskalierten Merkmals interpretiert werden. *Statistische Datenanalyseverfahren*. Leonhart 2013. R. Leonhart

eta-Verhältnis (= E.) [engl. *eta-quotient*], syn. *Korrelationsverhältnis*, **[FSE]**, stat. Kennwert für das Ausmaß der *Korrelation* zweier Variablen mit kurvilinearer Abhängigkeit (*Regression, nichtlineare*). Da bei vollkommener Linearität des Zusammenhangs (*linearer Zusammenhang*) das E. gleich dem Quadrat des Korrelationskoeffizienten (*Determinationskoeffizient*) ist, kann das E. zur Linearitätsprüfung einer Regression herangezogen werden. G. Mikula

Ethanol [engl. *ethanol*], syn. *Äthanol*; *Alkohol*.

Ethik (= E.) [engl. *ethics*; gr. ἔθος (ethos) Sitte, Gepflogenheit, Moral], **[PHI]**, Morallehre, die Lehre vom Guten/Richtigen und seinen Ggs., von den Prinzipien des sittlichen Handelns und von den sittlichen Werten. Die E. ist praktische Disziplin der Philosophie. Zur Ps. der E. gehören sittliches Wertbewusstsein (wie das Gewissen; *Gesinnungse*.) und verantwortungsbewusstes Verhalten (*Verantwortungse*.). Das Einhalten ethischer Prinzipien in der psychol. Praxis – u. a. in Psychoth. – wird von Berufsverbänden gefordert und überwacht. *Forschungsethik, empirische Sozialforschung, ethische Richtlinien*. Schuler 1980.

Ethinylestradiol (= E.), **[PHA]**, E. ist ein synthetischer Arzneistoff aus der Gruppe der Estrogene. Es ist ein Derivat des natürlich vorkommenden Estradiols mit verstärkter estrogener Wirkung und wird vor allem zur Empfängnisverhütung eingesetzt. *Östrogene*.

ethische Fragen arbeits- und organisationspsychologischer Forschung *arbeits- und organisationspsychologische Forschung, ethische Fragen*.

ethische Richtlinien [engl. *ethical guidelines*], *Ethik*, **[FSE, PHI]**, hrsg. von den Berufsverbänden der Ps. Für Dt.: Ethische Richtlinien der Dt. Gesellschaft für Ps. e. V. (*Deutsche Gesellschaft für Psychologie, DGPs*) und des Berufsverbandes Dt. Psychologinnen und Psychologen e. V. (*Berufsverband Deutscher Psychologen*, i. d. Fassung vom 29.09.1998, [http://www.dgps.de/dgps/kommissionen/ethik/]). Diese Richtlinien sollen berufsständisches Verhalten, Forschung und Praxis (Beratung, Therapie, Diagnostik, Gutachtenerstellung, Evaluation) von Diplom-Psychologen verantwortlich regeln. Bei der Dt. Gesellschaft für Ps. gibt es auch eine Ethikkommission für Forschung, die im Zweifelsfall einzelne Forschungsprojekte auf ihre moralische Verantwortbarkeit prüfen soll. *Diagnostik, gesellschaftliche und rechtliche Rahmenbedingungen Forschungsethik*. P. Day

ethnischer Konflikt (= e. K.) [engl. *ethnic conflict*; gr. ἔθνος *(ethnos)* Volk], syn. *ethnopolitischer Konflikt*. **[SOZ]**, wahrgenommene Divergenz und vermeintliche Inkompatibilität zw. Interessen von Gruppen, die sich durch ein Merkmal ethnischer Identität unterscheiden (z. B. Religion, Sprache, regionale Herkunft, Geschichte, soziale Symbole). Bsp. sind die K. in Burundi, Ex-Jugoslawien, Libanon, Nordirland, Sri Lanka, und Tschetschenien. Diese Vielfalt verdeutlicht die Unterschiedlichkeit der K., die unter dem Begriff e. K. zus.gefasst werden. Aus (sozial-)ps. Perspektive können e. K. als Intergruppenkonflikte (*Intergruppenbeziehungen*) beschrieben werden, die von der Unterscheidung zw. Fremd- und Eigengruppe ausgehen (*Identität und Selbst*). Solche Identitäten sind oft mit sozialer Ungerechtigkeit und ungleicher Verteilung von Ressourcen verknüpft, sodass Deprivation (*Deprivation, relative*) und die *Theorie des realistischen Gruppenkonflikts* wichtige psychol. Erklärungsansätze für e. K. darstellen. Oft sind auch kollektive Erinnerungen historischer Gewalt und Unterdrückung der Eigengruppe Mit-Auslöser für e. K. E. K. gehen mit der Verschärfung sozialer *Vorurteile* und der Delegitimisierung der Fremdgruppe einher, mit der sich die Eigengruppe im Konflikt befindet. Neben realistischer Bedrohung spielt im e. K. auch symbolische Bedrohung durch die Fremdgruppe eine Rolle: K. können nicht nur über materielle Dinge ausbrechen, sondern auch über symbolische (z. B. Sprache, Werte). Ein e. K. kann, muss aber nicht zu Gewalt führen. Destruktive Ideologien (wie z. B. *Autoritarismus*, *soziale Dominanz*, *Rassismus*) sowie der moralische Ausschluss der Fremdgruppe und moralische Absolution (*moral disengagement*) tragen zur Gewalttätigkeit in e. K. bei. Im Extremfall kann sich ein e. K. zu einem *Genozid* entwickeln, wie z. B. im Fall von Ruanda. Nach einem e. K. ist Versöhnung erstrebenswert, um das erneute Ausbrechen des K. und somit Gewaltspiralen zu verhindern. *Friedenspsychologie*. Fisher 1990, Tropp 2012. *J. R. Vollhardt*

Ethnografie [engl. *ethnography*; gr. ἔθνος *(ethnos)* Volk, γράφειν *(graphein)* schreiben], weitgehend syn. mit *Ethnologie*.

ethnografische Interviews [engl. *ethnographic interviews*; gr. ἔθνος *(ethnos)* Volk, γράφειν *(graphein)* schreiben], [**FSE, SOZ**], syn. *ero-epische Gespräche* (Girtler 2001), werden i. d. R. i. R. von ethnografischen und ethnomethodologischen Feldstudien (*Ethnomethodologie*) durchgeführt und sind somit in die «natürlichen» Alltagskommunikationen der Forschenden mit den Untersuchungssubjekten eingebettet. Das Forschungsinteresse zielt dabei auf den sinnverstehenden Nachvollzug fremder (Sub-)Kulturen und (sub-)kult., alltäglicher Handlungspraktiken, mit denen die Untersuchungssubjekte ihren Alltag führen, organisieren und bewerkstelligen. Das zentrale Gesprächsführungs- und Erkenntnisprinzip ist das der ethnomethodologischen Indifferenz bzw. das der ethnografischen Fremdheitsannahme (*Verfremdungshaltung*): Dahinter verbirgt sich die Annahme, dass der Sinn fremder kult. Praxen nur dann aus sich heraus verstanden werden kann, wenn der Forscher seine eigenen kult. Bezugs- und Relevanzsysteme für sich verfremdet, von ihnen Abstand zu gewinnen versucht (Hirschauer & Amann 1997). Das Prinzip der Fremdheitsannahme (*Fremdverstehen*) ist in diesem Zusammenhang ein grundlegendes Merkmal *qualitativer Sozialforschung* geworden. Spradley 1979. *J. Kruse*

Ethnokognitionsforschung [engl. *ethno-cognition research*; gr. ἔθνος *(ethnos)* Volk], *kognitive Kompetenzen, Kulturvergleich*.

Ethnologie [engl. *ethnology*; gr. ἔθνος *(ethnos)* Volk, λόγος *(logos)* Lehre], [**SOZ**], Völkerkunde wie Ethnografie, wobei Erstere mehr die vergleichende, Letztere die beschreibende Wissenschaft (vorwiegend von den naturvölkischen Gesellschaften) belegt. Forschungsgegenstand sind dabei u. a. soziale *Kultur*, Religion und Magie, Kunst und *Spiel*. *Völkerpsychologie*, *Ethnopsychologie*.

Ethnomethodologie (= E.) [engl. *ethnomethodolgy*; gr. ἔθνος *(ethnos)* Volk], [**FSE, KOG, SOZ**], Garfinkel (1967, 1973) geht davon aus, dass Menschen, d. h. im Prinzip grundsätzlich erst einmal einander fremde soziale Akteure (*Ethno-*), gleichgültig aus welchen Kulturen sie stammen, ihre alltagsweltliche Wirklichkeit nach best. meth. Praktiken (*methodo-*) regelgeleitet und stets sinnhaft konstruieren, um sich über soziale Situationen zu verständigen und damit Wirklichkeit herzustellen und den Alltag zu bewältigen. Die E. widmet sich der lehrenden Erforschung (*-logie*) jener alltäglichen Praktiken und Regeln, wobei sie davon ausgeht, dass diese ihren Sinn in sich selbst tragen. Die E. hat v. a. einen sprach- bzw. kommunikationstheoretischen Ausgangspunkt, den bereits der Philosoph Ludwig Wittgenstein (späte Werkphase) mit seiner Sprachphilosophie gelegt hatte und der sich auch in der Wissenssoziologie von Karl Mannheim (*Indexikalität*, *Dokumentarische Methode*) sowie Alfred Schütz (*Fremdverstehen*) wiederfindet: Kommunikative Verständigung und damit die interaktive Konstruktion des Sozialen läuft v. a. über Sprache, d. h. i. R. der Interaktion anhand von sprachlichen und nicht sprachlichen Symbolen (*symbolischer Interaktionismus*). Das Grundwesensmerkmal von Sprache ist jedoch ihre prinzipielle, unendliche und nicht vollst. auflösbare Vagheit in der Konstruktion von Bedeutung. Soziale Akteure müssen vor dem Hintergrund dieses Problems somit versch. Praktiken und Strategien entwickeln und anwenden und über diese sich selbst wiederum verständigen und einigen, um trotz der prinzipiellen Vagheit sprachlicher Kommunikation eine pragmatische Verständigung zu ermöglichen, um damit interaktionsfähig zu sein. Genau für diese kommunikativen Praktiken, die soziale Wirklichkeit überhaupt erst erzeugen (*Sozialkonstruktivismus*), interessiert sich die E. und bildet damit auch die Ausgangsbasis der *Konversationsanalyse* (Bergmann 1988). *J. Kruse*

Ethnopsychologie *Völkerpsychologie, Ethnopsychologie*.

Ethnorhetorik [engl. *ethnorhetoric*; gr. ἔθνος *(ethnos)* Volk], *interkulturelle Kommunikation*.

Ethnozentrismus (= E.) [engl. *ethnocentrism*; gr. ἔθνος *(ethnos)* Volk, κέντρον *(kentron)* Mittelpunkt], [**EW, SOZ**], von Sumner 1906 verwendetes Konzept zur Kennzeichnung der Zentrierung der eigenen Beurteilungsmaßstäbe an der Eigengruppe. E. führt zur Abwertung anderer Gruppen und der extremen Favorisierung der eigenen *Gruppe*. Die Entstehungsbedingungen lassen sich sowohl entwicklungsps. zurückverfolgen auf den kindlichen Egozentrismus (*Egozentrismus des Kindes*), aber auch auf ideologisch tradierte Muster von der bes. Wertigkeit der in-group. *Theorie der Sozialen Identität*. Lippert & Wakenhut 1983.

Ethogramm [engl. *ethogram*; gr. ἔθος *(ethos)* Sitte, Gepflogenheit], γράφειν *(graphein)* schreiben], [**KOG**], (biol.) Verhaltensinventar, die Gesamtheit der einem bestimmten Tier eigenen Verhaltensweisen. *Ethologie*.

Ethologie (= E.) [engl. *ethology*; gr. ἔθος *(ethos)* Sitte, Gepflogenheit, λόγος *(logos)* Lehre], [**BIO, KOG, PER, SOZ**], (1) Wiss. von den Sitten und Bräuchen eines Volkes, vom Charakter des Einzelnen; (2) Wissen vom Verhalten der Tiere: vergleichende Verhaltensforschung; (3) bisweilen syn. mit *Ethik*, bes. in der engl. Literatur.
Die E. als «klass.» vergleichende Verhaltensforschung oder auch Verhaltensbiologie ist ein Teilgebiet der *Biologie* und erforscht tierisches und weiterführend auch menschliches Verhalten aus biol. Sicht und mit entspr. Methoden. Als Begründer der E. i. d. S. können Charles O. Whitman und Oskar Heinroth angesehen werden, der das Wort «Ethologie» im heutigen Sinne erstmals in seinen 1910/11 publizierten Studien über das Verhalten von diversen Gänse- und Entenarten verwendete. Unabhängig voneinander

entdeckten sie um die Jhd.wende und nach der bekannten Kontroverse von Lamarckismus und Darwinismus, dass sich ein tierischer Organismus durch seine spezif. Bewegungen (*Ethogramm*) ebenso beschreiben lässt wie durch seine *Morphologie*. Ähnlich hatte bereits Charles Darwin weit früher erkannt, dass die häufig sehr komplexen Verhaltensweisen der Tiere aufgrund der gleichen Gesetzmäßigkeiten entstanden sein müssen wie ihre anatomischen Merkmale: nämlich aufgrund zufälliger Variabilität einzelner Merkmale und deren Selektion im Überlebenskampf ihrer Träger.

Aus dem Ergebnis detaillierter Beobachtungen an Tauben und Entenvögeln schlossen jene, dass «der Homologiebegriff der morphologischen *Phylogenese* anwendbar ist auf best. Verhaltensweisen». Deskriptives Erfassen von Verhaltensweisen durch Beobachten, systematisches Ordnen und physiol. Kausalanalyse wurden von Craig, Lorenz, Tinbergen u. a. als Methode der E. spezifiziert und entwickelt. Modifizierte Techniken aus Chemie, Physik und Mathematik sind für die moderne E. unerlässlich.

Die vergleichende Verhaltensforschung stellt sich heute als eine eigenständige Disziplin innerhalb der Naturwissenschaften dar. Eine zentrale Aufgabe der E. besteht darin, Verhalten als Anpassungsleistung des intakten Organismus in seiner natürlichen Umwelt zu verstehen. Wie in der klassischen Biologie werden die Ergebnisse der E. als artspezifische Befunde gewertet. Analogieschlüsse erfolgen i. R. definierter Vergleichsebenen. In der Soziologie wurde die Aussage der E. oftmals überschätzt, indem lediglich Lehrmeinungen interpretiert werden (*Reflexologie*, *Behaviorismus*, Lorenz und seine Schule usw.), die nur einen Teil des Gesamtkomplexes berücksichtigen. Die vergleichende Verhaltensforschung bemüht sich vielmehr, sämtlichen Aspekten wie Ursachen, zeitlichen Abläufen, Funktionen, *Ontogenese*, *Evolution* von Verhalten gerecht zu werden. Sie weist konsequent darauf hin, dass Verhalten sowohl endogen als auch exogen verursacht werden kann und sich das Ethogramm aus vererbten und erlernten Anteilen zusammensetzt (*Anlage-Umwelt*). In seiner Lehre von der *Umwelt* stellt Jacob v. Uexküll Verhalten als Wechselwirkung zw. Individuen und ihren Einzel-Umwelten dar (so auch J. Huxley). Erich v. Holst untersuchte Verhalten auf der Ebene der *Elektrophysiologie*. Durch Reizung des Stammhirns (*Gehirn*) von Hühnern konnte er bestimmte Verhaltensweisen auslösen. Er deutete Verhalten als einen best. Zustand umrissener Gehirnabschnitte. Ergebnisse neurophysiol. Versuche allein können jedoch den komplexen Vorgang eines Verhaltensmusters genauso wenig erklären wie ausschließlich Verhaltensbeschreibungen. Verhalten ist vielmehr als ein höchst kompliziertes Netz von Beziehungen zw. hormonaler Steuerung, verhaltensmäßigen und physiol. Veränderungen sowie äußeren Reizen zu verstehen.

Das folg. Modell versucht eine Erklärung für Verhaltensabläufe aus ethologischer Sicht zu liefern: Für jedes Verhalten besitzt der Organismus eine *Handlungsbereitschaft*. Sie wird durch äußere und/oder innere Reizmuster (*Schlüsselreiz*, *Hormone*) erhöht bzw. erniedrigt und führt bei Überschreiten einer *Reizschwelle* zum Erscheinungsbild des Verhaltens (*Endhandlung*). Durch innere Zustände bedingt, tritt ein Suchverhalten nach der reizauslösenden Situation (*Appetenzverhalten*) auf, das über einen Auslösevorgang zur Endhandlung führt. Diese Vorgänge sind nicht als reflexartige Abläufe zu verstehen. Exogene wie endogene Faktoren (Sinnesreize, Gedächtnis, Assoziationen usw.) wirken auf die Handlungsbereitschaft ein und passen das Verhalten an die jew. Umweltbedingungen an (*Akkommodation*, *Assimilation* nach Piaget; *Entwicklung, Stufentheorie nach Piaget*). Zunehmende Tageslänge im Frühling löst z. B. beim Stichling Fortpflanzungsstimmung aus. Die Fische wandern in Schwärmen von den Winterquartieren in das warme, flache Wasser. Solche *Biotope* erhöhen bei Männchen die Handlungsbereitschaft für das *Territorialverhalten*, das dann letztlich durch Umweltmerkmale und insbes. durch bunt gefärbte Artgenossen ausgelöst wird. Mit steigender Organisationshöhe wächst der Einfluss des Großhirns auf die Handlungsbereitschaft (*Enzephalisation*), d. h., der Anteil vererbter Verhaltenselemente beim Menschen ist nicht mehr ohne Weiteres erkennbar, weil sie von erlerntem Verhalten dominiert werden (*Humanethologie*). Durch Verschränken von angeborenen und erworbenen Verhaltenselementen gewinnt das *Ethogramm* eines Tieres an *Plastizität*, wie z. B. beim Werkzeuggebrauch. Schimpansen lernen, mithilfe von Halmen und Stöckchen Termiten zu angeln. In Laborversuchen konnte bei niederen Affen in Versuchen mit Hilfsmitteln sogar abstraktes Denken nachgewiesen werden. Zur Kommunikation mit seiner tierischen Umwelt bedient sich das Individuum vielfältiger *Signale*. Diese können intra- und/oder interspezifisch wirken und rufen eine pos., neg. oder neutrale Reaktion hervor. Wechselseitige Signale mit darauf folg. Reaktionen sind die Voraussetzung für jedes Zusammenleben. Sie ermöglichen die Besiedelung eines Biotops mit Individuen verschiedenster Art.

Auf diese Weise bilden sich Lebensgemeinschaften, die sich nach dem Grad ihrer Abhängigkeit klassifizieren lassen: (1) *Synökie*: die völlig neutrale Beziehung zw. Partnern; das Zusammenleben verschiedenartiger Huftiere in der Steppe. (2) *Kommensalismus*: eine «Tischgemeinschaft»; die Reste einer von Großraubtieren geschlagenen Beute werden von Hyänen, Schakalen, Geiern und Insekten vertilgt. (3) *Symbiose*: das Zusammenleben zum Vorteil beider Partner. Ein Fisch und ein Krebs bewohnen dieselbe Höhle. Während die Garnele die gemeinsame Wohnhöhle säubert, wird sie von der Grundel bewacht. (4) *Parasitismus*: eine Lebensgemeinschaft, in der ein Partner den anderen schädigt, ohne ihn zu töten. Der Kuckuck z. B. parasitiert Singvögel, indem er sein Ei in ein fremdes Nest legt und die Brutpflege (*Brutpflegeverhalten*) anderen überlässt.

(5) *Episitismus*: das Verhältnis zw. Beutegreifer und seiner Nahrung. Diese «Lebensgemeinschaft» ist durch einen hohen Grad an Anpassung gekennzeichnet. Während sich z. B. das Sehvermögen der Greifvögel im Laufe der Evolution immer mehr steigerte, entwickelte sich bei den Beutetieren unauffällige Körperfärbung. Verhaltensanpassun-

gen reichen vom *Totstellverhalten*, *Kataplexie* bis zu von den Nachtfaltern entwickelten «Störsendern» gegen die Echoortung der Fledermäuse.

Von bes. Interesse für die E. sind Verhaltensweisen, die ausschließlich von Artgenossen verstanden werden. Sie stehen im Dienste der Arterhaltung, selbst wenn sie aggressiven Charakter haben. Innerartliche Aggression gewährleistet, dass (1) die Art sich in dem ihr zur Verfügung stehenden Raum ausbreitet (*Territorialverhalten*) und dadurch mehr Ressourcen erschließen kann und (2) nur die Erbmasse (*Genetik*) der stärksten Individuen weitergegeben wird. *Ritualisierung* von aggressivem Verhalten und *Fluchtverhalten* verhindern eine lebensgefährliche Beschädigung des Unterlegenen und somit eine Selbstvernichtung der Art. Die innerartliche *Aggression* ist bei solitär lebenden Arten bes. groß. Im Verlauf des Fortpflanzungsverhaltens solitärer Spinnen wird nicht selten das Männchen vom Weibchen gefressen. In dem Maße, in dem Tiere in Gruppen leben, wird die Aggression verringert bzw. zu Sozialverhalten umfunktioniert. Lachmöwen sind während der Brutzeit sehr aggressiv, überwinden jedoch das *Kampfverhalten* gegenüber dem Brutpartner, indem das Paar gemeinsam gegen einen imaginären Eindringling droht. Innerartliche Vergesellschaftungen sind temporär oder können ein Leben lang andauern. Es gibt unorganisierte anonyme Schwärme (Heringsschwärme, Vogelschwärme), in denen sich die Individuen überhaupt nicht kennen, Sippen, die durch einen Geruch zus.gehalten werden (Rattenpopulationen), und hochorganisierte Familien, in denen jeder jedem bekannt ist. In einer Pavianhorde z. B. wird durch Kampfverhalten eine soziale *Rangordnung* geschaffen, die die Gruppe hierarchisch strukturiert.

Insektenstaaten nehmen eine Sonderstellung ein: Die morphologische und ethologische Differenzierung der Individuen ist ausschließlich auf genetische Dispositionen zurückzuführen und stellt eine verhältnismäßig starre Anpassung der gesamten Population dar. Altruistisches Verhalten einzelner Gruppenmitglieder sichert den Fortbestand des Verbandes und steht im Dienste der Arterhaltung. Wenngleich soziale Leistungen der Tiere stark an das menschliche Verhalten erinnern, sind Analogieschlüsse meistens unzulässig, denn die Voraussetzungen für solche Verhaltensweisen können von Art zu Art grundverschieden sein. In der E. wie Biologie wird jede *Art* als integrierender Bestandteil eines balancierten Systems (*Ökologie*) verstanden. Individuen, Populationen und Spezies unterliegen der *Selektion*. Morphologie wie Ethogramm stellen eine Momentaufnahme im Geschehen der Evolution dar.

So wie das Verhalten einzelner Tiere zum Gruppenverhalten integriert wird, setzt sich komplexes Verhalten aus einzelnen Teilabläufen zus. Diese werden auf versch. Niveaus integriert, wobei das allg. zu immer speziellerem Verhalten führt. Tinbergen nimmt an, dass diese hierarchische Ordnung einer vergleichbaren Struktur funktioneller Einheiten im Gehirn entspricht. Die motorische Einheit wird von Weiss als unterste Stufe der Zentren-

hierarchie postuliert. Meth. Probleme erschweren die Beschreibung und die Interpretation tierischen Verhaltens, z. B. erfolgen Zählen, Denken, Assoziieren und andere Gehirnleistungen stets unbenannt und können nur indirekt erschlossen werden. Auch ist die tierische Sinneswelt z. T. bereits auf der Ebene des Rezeptors (*Rezeptor*) der menschlichen so fremd, dass sie dem Experimentator nur über aufwendige technische Apparate zugänglich ist. Das in der Navigation verwendete Radar z. B. ist lediglich eine grobe Wiedergabe des Ortungssystems der Fledermäuse. Polyfaktorielle *Erbgänge* und langwierige quant. Verhaltensanalysen erschweren die Untersuchung der Genetik von Verhaltensweisen.

Dagegen bieten sich in der E. exp. Möglichkeiten, die in der Ps. und Humanethologie aus Gründen der Ethik abzulehnen sind. *Kaspar-Hauser*-Versuche werden in der E. durchgeführt, um zw. angeborenen und erlernten Verhaltensweisen differenzieren zu können. In der Humane. ist man auf transkulturelle Vergleiche und Befunde an taubblind geborenen Kindern angewiesen, um zu entspr. Resultaten zu gelangen. Dennoch haben sich viele in der Tiere. entwickelte Methoden als hilfreich für die Untersuchung des Menschen erwiesen. E. i. S. einer vergleichenden Verhaltensforschung kann als eine integrierende Wissenschaft verstanden werden. Sie ist in zahlreichen Disziplinen verwurzelt und reicht in viele Fachbereiche, z. B. *Neurophysiologie*, Hormonphysiologie, *Kybernetik*, *Ökologie*, vergleichende Ps. u. a. Die E. bietet eine noch im Werden begriffene Lehre vom Aufbau des Verhaltens an, die sich erstens vom Reiz-Reaktions-Modell i. S. der *Reflexologie* und zweitens von reinen *Lerntheorien* und Milieutheorien (*Milieutheorie*) frei macht. Die Beteiligung von Reflexen am Aufbau des Verhaltens, von Lernprozessen und Umgebungseinflüssen wird nicht etwa bestritten, doch bekommen alte Begriffspaare wie Reiz-Reaktion (*Reiz-Reaktions-Psychologie*), Begabung-Lernen, *Anlage-Umwelt* neue Inhalte (D. Ploog). *Humanethologie, Verhaltenssysteme.* Holst 1970, Lorenz 1965a, Lorenz 1992, Uexküll 1921, Hassenstein 2001. *C. Becker-Carus*

Etikettieren [engl.] *labeling.*

Etilefrin (= E.), **[PHA]**, E. ist ein Pharmakon aus der Gruppe der *Sympathomimetika*, einer Gruppe von Substanzen, die stimulierend auf den Sympatikus, einen Anteil des vegetativen *Nervensystems* wirken. E. wird eingesetzt zur Behandlung von Kreislaufregulationsstörungen mit *Hypotonie*, die im Stehtest mit Beschwerden wie *Schwindel*, Schwächegefühl, Blässe, Schweißausbruch, Flimmern oder Schwarzwerden vor den Augen sowie mit einem deutl. Blutdruckabfall ohne einen Anstieg der Herzschlagrate einhergehen. *M. Paulzen*

etisch [Herkunft *-etisch* als Endung von phonetisch], **[SOZ]**, bez. die Wahrnehmung kulturspezif. Aspekte durch dem kult. System nicht angehörige Außenstehende. Bei der Wahrnehmung muss die kulturelle Prägung und die *interkulturelle Kompetenz* des Außenstehenden berücksichtigt werden. *emisch.*

Etomidat [engl. *etomidate*], **[PHA]**, *Narkotikum*, das bei intravenöser Verabreichung rasch zu einem Bewusstseinsverlust führt. Kurze Wirkungsdauer. Keine *analgetische* Wirkung. I. d. R. zur Narkoseeinleitung in Kombination mit anderen Stoffen angewandt.

eu ... [gr. εὖ], in Wortverbindungen gut, schön, normal, typisch, gesund.

Eudaimonia *Unterhaltung.*

Eukolie, eukolisch [engl. *eucholia*; gr. εὖ *(eu)* schön, wohl, χολή *(chole)* Galle], [**EM**], Heiterkeit. Ggs. *Dyskolie, dyskolisch.*

Euler-Venn-Diagramm, Euler'sche Kreise [engl. *Venn diagram*], nach L. Euler (1707-1783), J. Venn (1834-1923), *Venn-Diagramm.*

eunuchoid, Eunuchoidismus [engl. *eunuchoid, eunuchoidism*; gr. εὐνή *(eune)* Bett, ἔχειν *(echein)* hüten, bewachen], [**BIO**], die krankhafte, unvollkommene Entwicklung der Geschlechtsorgane (*Geschlechtsmerkmale*) und die dadurch bedingte Änderung, ähnlich der bei der männlichen Kastration im Kindesalter, andere Körperfettverteilung, Fistelstimme.

Euphorie, euphorisch [engl. *euphoric*; gr. εὖ *(eu)* gut, wohl, φέρειν *(pherein)* tragen], [**EM**], Wohlbefinden, gesteigertes Lebensgefühl, heitere, glückliche Stimmung. Ggs. *Dysphorie, dysphorisch.*

Euphorisierung (= E.) [engl. *euphorization*; gr. εὖ *(eu)* gut, wohl, φέρειν *(pherein)* tragen], [**BIO, EM, PHA**], bez. Herbeiführung eines Zustandes von *Wohlbefinden*. Unter welchen natürlichen Bedingungen dies geschehen kann, ist Gegenstand hauptsächlich der Allg. und Differentiellen Ps., die grundlegenden neurophysiol. Vorgänge zu klären, ist Aufgabe der Biops. Dank der aufschlussreichen Studien an Ratten zur intrakraniellen Selbststimulation mittels implantierter Elektroden kennt man die anatomischen Strukturen dieses *mesotelenzephalen dopaminergen Belohnungssystems* (*Dopamin*) recht genau: Es sind Nervenbahnen, die vom vorderen Mittelhirn (Mesenzephalon) ausgehen und den im Endhirn gelegenen Nucleus accumbens erreichen (*Gehirn*). Ihre Stimulation, bspw. mittels dort eingebrachter Elektroden, ebenso aber durch psychotrope Substanzen oder natürlich vorkommende «lustvolle» Tätigkeiten, setzt Dopamin frei, welches an Rezeptoren in dieser Region ansetzt (Hernandez, Hoebel 1992). Auf welchem Wege natürliche *Verstärker* wie sexuelle Betätigung oder Nahrungsaufnahme diese Bahnen zum Feuern bringen, bleibt noch zu klären; die Angriffspunkte psychotroper Substanzen in diesem Belohnungssystem sind mittlerweile weitgehend verstanden: *Kokain* und *Psychostimulanzien* erhöhen durch *Reuptake*-Hemmung bzw. vermehrte präsynaptische Ausschüttung die Dopaminkonzentration an den Synapsen des Nucleus accumbens; *Opioide* (etwa *Heroin*) und *Nikotin* setzen sich an Bindungsstellen der besagten Neurone im Mittelhirn und veranlassen diese zum Feuern, was letztendlich vermehrte Dopaminausschüttung an ihren Endknöpfchen bewirkt. Die Angriffspunkte der ebenfalls euphorisierenden psychotropen Substanzen *Alkohol* und Cannabis (*Cannabinoide*) sind komplizierter; bei ihrem Konsum wird jedoch ebenfalls der Nucleus accumbens angeregt. Köhler 2013b. *T. Köhler*

Eurobarometer [engl. *eurobarometer*], [**SOZ**], eine im Auftrag der Europ. Kommission regelmäßig durchgeführte Meinungsbefragung über Einstellungen der Bürger von EU-Mitgliedsstaaten zu Sachverhalten von transnationalem Interesse (z. B. Integration von Minderheiten, Kultur, Euro, europäische Einigung, Gesundheit, Informationstechnologie, Institutionen der EU, Militäreinsätze, Politik, soziale Lage, Umweltschutz) und nationale Stereotypen gegenüber Mitgliedsstaaten. Danckwortt & Danckwortt 1986. *G. Winter*

European Addiction Severity Index (EuropASI) [engl.] «Europäischer-Sucht-Schwere-Index»; *Sucht- und substanzbezogene Störungen.*

European Federation of Psychologists Association (EFPA), [engl. Europäische Föderation der ps. Gesellschaften], europäische Vereinigung nationaler Gesellschaften der Ps. 2012 waren unter diesem Dach 35 Einzelgesellschaften vereinigt, in denen insges. 300000 Psychologen organisiert waren. Schwerpunkte bilden die Förderung und Weiterentwicklung der Ps. als professionelle, integrative Disziplin, die die Verknüpfung von Forschung und Anwendungspraxis anstrebt. [www.efpa.be]

Eustress [engl. *eustress*; gr. εὖ *(eu)* schön, gut], [**EM, GES, KLI**], anregender, angenehmer, pos. *Stress.*

Euthanasie (= E.) [engl. *euthanasia*; gr. εὖ *(eu)* schön, gut, θάνατος *(thanatos)* Tod], [**EW, GES, RF**], Erleichterung des Sterbens durch entspr. Hilfen. Herbeiführung des Lebensendes bei unheilbaren, schmerzgequälten Kranken. Gnadentod. Zu Unrecht wurde mit E. die in der Zeit des Nationalsozialismus geübte Vernichtung des sog. «lebensunwerten Lebens» bez. (Tötung geistig und körperlich schwerstbehinderter Insassen von Pflegeheimen). *Sterbehilfe.*

Evaluation (= E.) [engl. *evaluation*; lat. *valere* stark/wert sein], [**FSE**], beschreibt die systematische Untersuchung von Gegenständen oder Sachverhalten (z.B. Produkte, Objekte, Maßnahmen, Dienstleistungen oder Projekte) mit dem Ziel einer Bewertung. Die erzielten Ergebnisse, Schlussfolgerungen oder Empfehlungen müssen dabei nachvollziehbar auf empirisch gewonnenen qual. bzw. quant. Daten beruhen. Gegenüber einer alltäglichen Bewertung grenzt sich E. durch die explizite Verwendung sozialwiss. Forschungsmethoden (*empirische Sozialforschung*) ab. E. ist ein interdisziplinäres Forschungsfeld, in dem neben Psychologen z. B. auch Erziehungs-, Wirtschafts- und Politikwissenschaftler tätig sind. Seit den Anfängen der E.forschung in den 1960er-Jahren ist eine stetige Zunahme an E.ansätzen oder E.modellen festzustellen. Einige der bekanntesten Unterscheidungen sind die *formative Evaluation* und die *summative Evaluation*, die *externe Evaluation* oder *interne Evaluation*. *Evaluationsschwerpunkte* können die Bewertung des Programmkonzepts (Entspricht das Programm dem wiss. Erkenntnisstand?), der Implementierung (Wird das Programm wie geplant durchgeführt?) oder der Wirksamkeit (Ist das Programm effektiv?) eines E.-gegenstandes sein. Im Vergleich zur *Grundlagenforschung* befasst sich die E.forschung nicht mit der Entwicklung sondern der Bewertung und Opti-

mierung von Sachverhalten. Dabei werden unterschiedliche Evaluationskriterien eingesetzt, wie etwa die *Effektivität*, *Effizienz* (*Evaluation, ökonomische*), Akzeptanz oder Nachhaltigkeit. Evaluationen sind dem Prinzip der Nützlichkeit verpflichtet und können verschiedene Funktionen haben: Zum einen sollen Erkenntnisse über die Eigenschaften und Wirkungen von E.gegenständen gewonnen werden (*Erkenntnisfunktion*). Weiterhin werden E. auch mit dem Ziel durchgeführt, den Austausch der versch. Beteiligten über den E.gegenstand zu fördern (*Lern- und Dialogfunktion*). Eine weitere Funktion stellt die zielgerichtete Verbesserung des zu evaluierenden Sachverhaltes dar (*Optimierungsfunktion*). Häufig steht auch der Beitrag zu einer Entscheidung zw. zwei Alternativen im Vordergrund (*Entscheidungsfunktion*). E. werden auch im Zusammenhang mit der Legitimierung z. B. öffentlicher Maßnahmen (*Legitimationsfunktion*) durchgeführt, um eine sachgerechte Verwendung öffentlicher Mittel zu kontrollieren.
Eine weitere Aufgabe der E.forschung ist die Entwicklung und Prüfung von sog. *Programmtheorien* zur Wirkungsweise der zu evaluierenden Maßnahme. E. durchlaufen eine Abfolge von E.phasen (*Evaluation, Phasen der*), in denen jew. unterschiedliche Aufgaben bearbeitet werden. Von der Auftragsklärung und der Identifikation der *Stakeholder* über die Untersuchungsplanung, Datenerhebung und -auswertung bis zur Ergebnisrückmeldung und Einleitung der Ergebnisverwendung. Die qualifizierte Durchführung von E. erfordert über wiss. und methodologische Kompetenzen hinaus spezif. Kenntnisse in Theorie und Geschichte der E., Sozial- und Selbst-Kompetenzen, die v. a. in der Phase der Auftragsklärung und Ergebnisverwertung wichtig sind, aber auch Organisation- und Feldkenntnisse der spezif. E.gegenstände. Eine hohe Praxiserfahrung in E. wird ebenso vorausgesetzt. E. lassen sich hinsichtlich der Güte ihrer Durchführung an eigens entwickelten wiss. Standards der E. (*Evaluation, Standards der*) beurteilen. Diese umfassen Nützlichkeit, Durchführbarkeit, Fairness und Genauigkeit. *Evaluation komplexer Interventionen*, *Kirkpatrik-Modell*, *Trainingsevaluation*. Döring & Bortz 2016, Pawson & Tilley 1997.   R. Soellner

Evaluation, externe (= e. E.) [engl. *external evaluation*; lat. *externus* auswärtig], **[FSE]**, *Evaluation*; i. R. der e. E. steuern Personen, die nicht Mitglieder der entspr. Organisation sind, die E. (z. B. eine unabhängige Agentur). Diese E.form ergänzt die Innensicht der *internen Evaluation* um eine neutrale Expertensicht von außen. Vorteile einer e. E. liegen in der Unabhängigkeit der Evaluatoren vom Untersuchungsgegenstand und ihrer fachlichen Qualifikationen im Bereich der E.forschung/-praxis. Der höhere Einarbeitungsaufwand aufgrund fehlender Kenntnisse des zu evaluierenden Bereiches sowie die Gefahr, den Besonderheiten einer Organisation nicht gerecht zu werden, stellen Schwächen dieser Evaluationsform dar.   N. Benit

Evaluation, formative (= f. E.) [engl. *formative evaluation*; lat. *formare* formen, gestalten], **[FSE]**, Form der *Evaluation*, bei der die Gestaltung, Weiterentwicklung und Optimierung einer zu bewertenden Maßnahme (z. B. *Intervention*) im Mittelpunkt steht. Das Ziel besteht darin, aufgrund der i. R. der E. gesammelten Erkenntnisse, die zu evaluierende Maßnahme so zu verändern, dass die relevanten Ziele (z. B. Kompetenzerwerb, Gesundheit) bestmöglich erreicht werden können. *PDCA-Zyklus*, *Evaluation, summative*. Döring & Bortz 2016.

Evaluation, interne (= i. E.) [engl. *internal evaluation*; lat. *internus* innen befindlich], **[FSE]**, *Evaluation*, eine i. E. wird von Mitgliedern der zu evaluierenden Organisation durchgeführt. Diese sind jedoch nicht für den zu evaluierenden Gegenstand verantwortlich (z. B.: eine Arbeitsgruppe evaluiert die Studienzufriedenheit eines Studiengangs an einer Hochschule). Oftmals wird der Begriff der i. E. mit *Selbstevaluation* gleichgesetzt. I. R. einer Selbste. jedoch wird die E. von Mitgliedern der Organisation durchgeführt, die selbst für den E.gegenstand verantwortlich sind (z. B. eine Dozentin evaluiert ihr eigenes Seminar). Sowohl die Selbst- als auch die i. E. weisen gegenüber der *externen E.* spezif. Vor- und Nachteile auf. I. E. verfügen grundsätzlich über eine ausgeprägte Kenntnis des zu evaluierenden Bereichs, besitzen Zugang zu administrativen Daten bzw. Einblicke in informelle Abläufe und benötigen weniger Einarbeitungsaufwand. Allerdings fehlt es den Akteuren dieser E. formen oftmals an meth. Wissen bzw. Qualifikationen zur E.steuerung. Ebenso besteht die Gefahr der Parteilichkeit, der Betriebsblindheit und der Vernachlässigung schwierig einzubindender *Stakeholder*.   N. Benit

Evaluation, ökonomische (= ö. E.) [engl. *economic evaluation*, **[FSE]**, bei der ö. E. werden Kosten und *Outcome* von Technologien verglichen. Der Technologiebegriff ist dabei weit gefasst und beinhaltet diagn. Verfahren und therap. *Interventionen*, aber auch Präventionsprogramme und organisatorische Ansätze. I. R. der ö. E. können unterschiedliche Perspektiven (z. B. eine Perspektive der Gesamtgesellschaft, des Leistungsträgers oder des Leistungserbringers) eingenommen und je nach einbezogenen Kosten- und Nutzenfaktoren bewertet werden. In *Kostenstudien* werden ausschließlich die direkten Kosten einer Intervention betrachtet, während z. B. in *Krankheitskostenstudien* die gesamtgesellschaftlichen bzw. volkswirtschaftlichen Kosten analysiert werden. Daneben stellen die *Kosten-Minimierungs-Analyse*, die *Kosten-Effektivitäts-Analyse*, die *Kosten-Nutzwert-Analyse* und die *Kosten-Nutzen-Analyse* (*Kosten-Nutzen-Kalkulation*) grundsätzliche Studienformen der ö. E. dar, welche sich insbes. hinsichtlich der ausgewiesenen Outcome-Dimension unterscheiden. Bei der *Kosten-Minimierungs-Analyse* werden nur die Kosten der Interventionsalternativen untersucht. Hierbei wird implizit eine gleiche *Effektivität* der Interventionen angenommen. I. R. einer *Kosten-Effektivitäts-Analyse* wird hingegen das Verhältnis von Outcomes zu den entstehenden Kosten in realen Einheiten gemessen. Die Therapiewirkung wird z. B. nicht als monetärer, sondern als klinischer oder physikal. Parameter dargestellt. Neben körperlichen Gesundheitsparametern (z. B. Blutdruck, -werte) können auch patientenrelevante Outcomemaße (z. B. vermiedene Krankheitstage, gewonnene Lebensjahre) herangezogen werden. Die Berechnung der anfallenden Kosten pro zusätzlich gewonnenem Lebensjahr (engl. *cost per life-year gained*: *CLYG*) stellt einen geläufigen Ergebnisparameter dar. In *Kosten-Nutzwert-Analysen* können mehrere Outcomes hinsichtlich monetärer Kosten berücksichtigt werden. Neben den Kosten werden patientenbezogene Konsequenzen (z. B. *Lebensqualität*) als Nutzeneinheiten betrachtet. Entsprechende Ergebnisparameter werden durch eine Bewertungsvorschrift in diese Nutzeneinheiten überführt und sind damit aggregierbar. Bei *Kosten-Nutzen-Analysen* werden nicht nur die Kosten, sondern auch die Outcomes (also die Effekte) in monetären Einheiten bestimmt. Es können gleichzeitig mehrere Ergebnisparameter in der Analyse berücksichtigt werden, sodass Kosten und Nutzen direkt miteinander verglichen werden können. Zudem kann der Nettonutzen einer Intervention gegenüber einer Alternativintervention (als Differenz von Nutzen und Kosten) abgebildet werden. Die sog. qualitätsbereinigten Lebensjahre (*Quality-adjusted life year (QALY)*) stellen eine verbreitete Wirksamkeitsmaßeinheit bei gesundheitsökomischen Evaluationen dar, denen die dafür aufzuwendenden Kosten gegenübergestellt werden. *Psychotherapie, ökonomische Aspekte.*   *N. Benit*

Evaluation, Phasen der [engl. *evaluation phases*], **[FSE]**, eine *Evaluation* (= E.) lässt sich in mehrere Phasen untergliedern. Der Phase der Gegenstandsbestimmung folgen die Phase der Informationsgewinnung und die Phase der Ergebnisvermittlung. In der Phase der *Gegenstandsbestimmung* soll mit den Beteiligten der Zweck und Nutzen einer E. festgelegt und der E.gegenstand sowie die Bedingungen und Fragestellungen der E. geklärt werden. Während der Phase der *Informationsgewinnung* wird der Untersuchungsplan festgelegt und es werden Daten erhoben und ausgewertet. In der Phase der *Ergebnisvermittlung* schließlich werden auf der Basis der gewonnenen Daten Schlussfolgerungen gezogen, die Ergebnisse bewertet und an die Beteiligten zurückgemeldet. Ein weiterer Baustein dieser Phase ist die Einleitung der Ergebnisverwendung. *Evaluation komplexer Interventionen*, *Kirkpatrik-Modell*. Beywl et al. 2007.   *R. Soellner*

Evaluation, Standards der [engl. *evaluation standards*], **[FSE]**, Zur Bewertung einer *Evaluation* (= E.) hinsichtlich deren Güte können die Standards, wie sie von der Gesellschaft für E. (DeGEval) formuliert wurden, angewendet werden. Die insges. 25 S. beziehen sich auf vier Eigenschaften, die E. aufweisen sollen: *Nützlichkeit*, *Durchführbarkeit*, *Genauigkeit* und *Fairness*. Die *Nützlichkeitsstandards* sollen sicherstellen, dass die E. sich an den zuvor geklärten E.zwecken sowie am Informationsbedarf der vorgesehenen Nutzer ausrichtet. Die *Durchführbarkeitsstandards* beziehen sich darauf, dass eine E. realistisch, gut durchdacht, diplomatisch und kostenbewusst geplant und ausgeführt wird. In den *Fairnessstandards* wird ein respektvoller und fairer Umgang mit den betroffenen Personen und Gruppen innerhalb einer E. gefordert. Unter den *Genauigkeitsstandards* sind methodologische Kriterien zu finden, die garantieren sollen, dass eine E. gültige Information und Ergebnisse zu dem jew. E.gegenstand und den E.fragestellungen hervorbringt und

vermittelt. [www.degeval.de/publikationen/standards-fuer-evaluation].   *R. Soellner*

Evaluation, summative (= s. E.) [engl. *summative evaluation*; lat. *summa* Gesamtheit], **[FSE]**, Form der *Evaluation*, bei der die Zielerreichung einer Maßnahme (z. B. *Intervention*) geprüft und bewertet wird. Ziel ist es, zu bewerten, ob und in welchem Maße sich eine Maßnahme hinsichtlich der Zielkriterien als wirksam erweist (*Efficacy*). Zur Prüfung eignen sich Untersuchungsdesigns mit hoher *interner Validität* (*randomisierte kontrollierte Studie*). Des Weiteren sollten Fragen der Wirksamkeit in natürlichen Settings (*Effectiveness*, *Validität, externe*) und der *Effizienz* berücksichtigt werden. *Evaluation, formative*, *Evaluation komplexer Interventionen*, *Evidenz*. Döring & Bortz 2016.

evaluation apprehension [engl. Bewertungserwartung, -besorgnis, -bewusstsein], **[FSE, KOG]**, das Bemühen einer Vp, sich so zu verhalten, dass sie eine pos. Bewertung vom Vl erfährt oder zumindest keinen Anlass für eine neg. Bewertung gibt.

Evaluation komplexer Interventionen (= E. k. I.) [engl. *evaluation of complex interventions*], **[FSE]**, zur E. k. I. bedarf es bes. Standards, da bei k. I. wesentliche Elemente im E.verlauf konzipiert, formativ optimiert (*Evaluation, formative*) und an den spezif. Anwendungskontext adaptiert werden müssen. Zudem muss eine begründete Aussage über den Gesamteffekt und -nutzen der evaluierten I. erfolgen (*Evaluation, summative*). Das E.modell von Campbell et al. (2000, 2007) bietet hierfür eine ideale Grundlage, da alle Einzeltätigkeiten vor dem Hintergrund einer umfassenden Rahmenvorstellung begründet, beurteilt und aufeinander abgestimmt werden können. Dieses Modell basiert auf dem Konzept des *PDCA-Zyklus*, der Integration vielfältiger Methoden (insbes. qual. und quant. Methoden) sowie theoriegenerierender (*Induktion*), theorieprüfender (*Deduktion*) und nutzenorientierter Prinzipien. Es formuliert die Notwendigkeit einer umfassenden Theorie des E.gegenstands, der Identifikation praxisgerechter Handlungsoptionen, der Prüfung der Wirksamkeit sowie der optimalen I. der evaluierten Maßnahme als zentrale Ziele einer E. k. I. Um diesen vielfältigen Ansprüchen gerecht zu werden, wird der E.prozess in fünf sukzessiv zu durchlaufende Phasen eingeteilt.

Vorklinische Phase: Es werden Informationen dazu identifiziert, welche (Teil-)Maßnahmen nach dem vorliegenden Kenntnisstand zu einer Verbesserung des Ist-Zustands beitragen können. Systematische Literaturrecherchen und Experten-Befragungen (z. B. *Delphi-Technik*) werden typischerweise zur Sichtung theoretischer Grundlagen und empirischer Erkenntnisse eingesetzt.

Phase I Definition der I.komponenten (Modellierung): In dieser Phase wird das Theorie- und Praxisverständnis empirisch fokussiert. Aufbauend auf den vorliegenden Erkenntnissen werden isolierbare Prozesselemente und Wirkzusammenhänge identifiziert und – wenn möglich – empirisch untersucht. Durch die strukturierte Beobachtung von Zusammenhängen und Abläufen in der Praxis und die Analyse von Effekten nach der Umsetzung von Einzelmaßnahmen werden Erkenntnisse zu relevanten

Wirkprozessen identifiziert, erweitert oder spezifiziert. Zudem sind Aspekte der praktischen Umsetzbarkeit (z. B. Barrieren bei der Umsetzung von I.elementen, notwendige Ressourcen zur adäquaten Umsetzung) Gegenstand der Evaluation.

Phase II Definition des Versuchsplans und des I.designs (exploratorische Studien): Die als wirksam identifizierten oder angenommenen Einzelmaßnahmen werden zu einer komplexen, praktisch umsetzbaren Gesamtintervention integriert. Zentral sind hierbei Fragen nach der bestmöglichen Konzeption der k. I. (Integration von Einzelkomponenten, Dauer und Intensität), der Implementierbarkeit der I. und des Studiendesigns (ggf. Machbarkeitsstudien) und der Akzeptanz der I. durch Anwender (z. B. Lehrkräfte, Therapeuten; ggf. Aufklärungs- und Schulungsbedarf) und Adressaten (z. B. Schüler, Pat.). Des Weiteren muss geklärt werden, wie eine adäquate Kontrollbehandlung gestaltet sein sollte und die Datenerhebung erfolgen kann (z. B. Entwicklung und Pilotierung von validen Outcome-Maßen).

Phase III Methodologische Aspekte der Hauptstudie (kontrollierte (randomisierte) Studie): In dieser Phase wird die Wirksamkeit (*Efficacy*) der k. I. geprüft. Dies sollte möglichst durch eine exp. Studie (*randomisierte kontrollierte Studie*) erfolgen, damit eine hohe *interne Validität* gewährleistet wird und der Effekt der I. begründet geschätzt werden kann. Die Standards kontrollierter Studien (insbes. transparente Dokumentation, die eine Replikation ermöglicht, standardisierter und validierter Assessmentverfahren, adäquate stat. Datenanalyse, Kalkulation optimaler Stichprobenumfänge, adäquate Hypothesenprüfung und Effektstärkenstimmung) sind in dieser Phase zu berücksichtigen (*CONSORT statement*).

Phase IV Langzeit-Implementation: Nachdem in Phase III die Wirksamkeit der k. I. geprüft wurde, werden langfristige Interventionseffekte und Möglichkeiten der optimalen Implementation in der Praxis wiss. untersucht. Natürliche Rahmenbedingungen (z. B. Qualitätsunterschiede bei der Programmdurchführung durch unterschiedliche Leistungserbringer oder aufgrund von variierender Akzeptanz und Compliance) werden hinsichtlich ihrer Bedeutung für die Umsetzbarkeit und die Wirksamkeit analysiert. Es werden I.-möglichkeiten zur Behebung von Implementationsbarrieren identifiziert und evaluiert.

Die E. k. I. ist nach Durchlaufen dieser Phasen nicht als abgeschlossen anzusehen: Vielmehr ist ein kontinuierliches, zyklisches Durchlaufen der fünf Modellphasen (i. S. eines übergreifenden PDCA-Zyklus) notwendig, um langfristig ein qual. hochwertiges, praxisgerechtes und wirksames I. konzept zur Verfügung stellen zu können. Zur Erreichung der vielfältigen Evaluationsziele ist die kompetente und optimale Auswahl von Forschungsmethoden aus einem umfassenden Repertoire, das qual. und quant. Verfahren beinhaltet, entscheidend, um die Potenziale angemessen auszuschöpfen. *Evaluation, Kirkpatrik-Modell*.

Evaluationsmodelle (= E.) [engl. *evaluation models*], [FSE], in der Evaluationsforschung (*Evaluation*) gibt es viele versch. Evaluationsansätze. Einige der bekanntesten Unterscheidungen sind die der *formativen Evaluation* und der *summativen Evaluation* sowie die der *externen Evaluation* und der *internen Evaluation*. Mit der Wahl eines best. Evaluationsansatzes ist auch eine Entscheidung für ein best. E. verbunden. E. lassen sich hinsichtlich ihrer theoretischen Verankerung unterschiedlichen methodologischen Schulen zuordnen und spiegeln wissenschaftstheoretische Grundorientierungen wider (*Wissenschaftstheorie*). E. beinhalten Regeln über die Verwendung best. Untersuchungsdesigns (*Forschungsdesign*), Erhebungsmethoden (*Datenerhebungsverfahren*) und Auswertungsverfahren (*Datenanalysemethoden*) sowie den Ablauf einer Evaluation. E. lassen sich wiederum in unterschiedliche Kategorien einteilen. Vorgeschlagen wurde bspw. eine Dreiteilung in methoden-, bewertungs- oder nutzenorientierte E. Methodenorientierte Modelle stellen die Verfahren und Methoden, die zur Durchführung einer Evaluation eingesetzt werden, in den Mittelpunkt. Hierunter fallen *Wirksamkeitsprüfungen* von Maßnahmen mit (quasi-)exp. Ansätzen (*Quasi-Experiment*) ebenso wie die Feststellung einer Zielerreichung im therap. Setting z. B. über das *Goal Attainment Scaling* oder im Bildungsbereich über *Large Scale Assessments* wie *PISA-Studien*. Methodenorientierte E. werden auch häufig ergebnisorientierte E. genannt. Bewertungsorientierte Modelle beschäftigen sich vorrangig mit dem Prozess der Bewertung. Hier steht die Einbeziehung der Interessen aller Akteure bei der Planung, Durchführung und Ergebnisverwertung im Vordergrund. Ziel ist die intersubjektive Einigung und Bewertung nach einem dialogischen Austausch von Perspektiven. Aufgabe der Evaluatoren ist es, die Beteiligten während des Evaluationsprozesses zu begleiten, sie regelmäßig zu informieren, in alle Entscheidungen einzubeziehen und ihnen beratend zur Seite zu stehen. Bewertungsorientierte Evaluationen werden begleitend zu einer Maßnahme durchgeführt und gelegentlich auch Prozessmodelle genannt. Nutzenorientierte Modelle gehen insbes. der Frage nach, unter welchen Bedingungen Evaluationsergebnisse genutzt werden können. Im Vordergrund steht die praktische Verwertbarkeit der Evaluationsergebnisse für alle *Stakeholder*. Nutzenorientierte E. wurden als Antwort auf die häufig rein quant. vorgehenden bewertungsorientierten E. entwickelt, die mit (quasi-)exp. Designs arbeiteten und deren Ergebnisse oftmals nicht befriedigend genutzt wurden. In den Bereich der Nutzenmodelle fällt neben der Erfassung des ökonomischen Nutzens (*Evaluation, ökonomische*) auch der indiv. Nutzen der Evaluation für die einzelnen Beteiligten. Sie werden daher auch häufig Stakeholder-Modelle genannt. Döring & Bortz 2016, Alkin 2004, Soellner 2010.

R. Soellner

Evaluationsschwerpunkte [engl. *evaluation focus*], [FSE], Evaluationen (= E.; *Evaluation*) lassen sich hinsichtlich der zeitlichen Abfolge sowie ihres inhaltlichen Schwerpunktes unterscheiden. E. können das Konzept eines E.gegenstandes, die Ein- und Durchführung (*Implementation*) sowie das Ergebnis z. B. einer Maßnahme sein. Wird das Konzept evaluiert, findet die Evaluation noch vor der «Inbetriebnahme» der Maßnahme statt (*ex-ante*). Steht hingegen die Ein- und Durchführung im Vordergrund, wird

die Evaluation währenddessen durchgeführt (*interim*). Ist das Ergebnis der Maßnahme von vordergründigem Interesse, findet die Evaluation erst nach der Durchführung der Maßnahme statt (*ex-post*). Entsprechend der Schwerpunkte spricht man auch von Konzept-, Implementations- oder Prozess- und Ergebnis. *Evaluation komplexer Interventionen*.
R. Soellner

Eve, [**PHA**], *Ecstasy*-Tabletten enthalten überwiegend MDMA oder MDE, *3,4-Methylendioxyethylamphetamin (MDMA)*. In Anlehnung an die frühe Bez. «Adam» für MDMA wird MDE auch als «Eve» (Eva) bez.

Event Segmentation Theory (= EST), [**KOG, MD, WA**], die EST (Zacks et al. 2007) beschreibt grundlegende Prozesse der *Wahrnehmung* und *Kognition* dynamischen Geschehens. Dabei adressiert die EST sowohl einfache dynamische Stimuli (*Perceptual Animacy*) als auch komplexes, dynamisches Alltagsgeschehen sowie Narrationen. Die EST geht dabei von der Beobachtung aus, dass Menschen dynamische Ereignisse in distinkte bedeutungshaltige Ereignisse segmentieren (*Ereignissegmentierung*). Diese sind hierarchisch organisiert; mehrere feine Ereignisse sind in einem groben Ereignis angeordnet. Die Wahrnehmung eines Ereignisses wird durch *Repräsentationen* im *Arbeitsgedächtnis*, die das aktuelle Geschehen repräsentieren (Ereignismodelle, engl. event models) geleitet. Ereignismodelle sind multimodal und multidimensional. Sie sind konzeptuell ähnlich zu Situationsmodellen (*construction integration model*). Zentral ist die Annahme, dass Menschen basierend auf diesen Ereignismodellen Vorhersagen über die nahe Zukunft machen. Ein Mechanismus vergleicht permanent, inwieweit die Vorhersagen mit dem tatsächlich beobachteten Geschehen übereinstimmen (Fehlerentdeckung). Wird hierbei eine bestimmte Schwelle überschritten, nehmen Menschen eine Ereignisgrenze wahr. Danach werden alle sensorischen Informationen verwendet, um Informationen über das neue Ereignis zu sammeln. Darauf wird ein neues Ereignismodell im Arbeitsgedächtnis gebildet (Aktualisierung, engl. *Updating*). Die EST beschreibt sowohl *bottom-up* (z. B. saliente Wechsel in der Objektbewegung bei einfachen Animationen) als auch *top-down* Einflüsse (wie beispielsweise *Erwartungen* und *Expertise* der Beobachter) auf die Wahrnehmung von Ereignisgrenzen.
M. Huff

Event-Volunteering [engl.] ehrenamtliche Arbeit bei Veranstaltungen, *Freiwilligenarbeit*.

Evidence-Based-Practice [engl.] evidenzbasierte Praxis; *evidenzbasierte Methoden der Unterrichtsdiagnostik und -entwicklung*.

Evidenz (= E.) [engl. *evidence*; lat. *evidens* augenscheinlich, einleuchtend], [**KOG, WA**], Augenscheinlichkeit; höchste Gewissheit, einleuchtende Erkenntnis, unmittelbare Einsicht in das Gegebene mit der Gewissheit der Richtigkeit. Es gibt für mentale Strukturen mind. drei Formen der verfügbaren E.: die des Verhaltens *(behavioral)*, die phänomenale und die physiol. (erlebnismäßig aus der Selbstwahrnehmung stammend). Häufig wird diese Basis, spez. in der Ps., als genügender Beweis für die Richtigkeit der Erkenntnis eines Vorgangs hingenommen. *Optische Täuschung* zeigt aber, dass z. B. metrisch obj. gleich lange Strecken evident verschieden lang erlebt werden (*Müller-Lyer'sche Täuschung*). Ebenso kann einem phänomenalen Kausalzusammenhang, z. B. Verschiebung eines Gegenstandes durch einen anderen (Michotte), kein faktischer Zusammenhang entsprechen (wie auch viele Geschicklichkeitsspiele der Zauberer zeigen). Dies impliziert, dass in einer empirischen Wissenschaft wie der Ps. die Phänomene einer Analyse unterzogen werden müssen, damit gesichert wird, ob dieser Evidenz eine funktionale Abhängigkeit entspricht. *common sense*.

[**FSE, KLI, PÄD, PHA**], *Evidenzbasierung*. Heider 1927, Laucken 1974, Michotte 1954.

evidenzbasierte Behandlung (= e. B.) [engl. *evidence-based treatment*], [**GES, KLI**], ist ein Paradigma in der Gesundheitsversorgung, nach dem *patientenorientierte* Behandlungsentscheidungen auf Basis empirisch belegter *Wirksamkeit* (*Evidenzbasierung*) erfolgen sollen. Der Begriff wurde Anfang der 1990er-Jahre in der Med. geprägt [*evidence-based medicine*], ist aber zunehmend auch für die psychoth. Versorgung bedeutsam. Ziel ist, Pat. bzw. Angehörige unter Nutzung des akt. wiss. Forschungsstandes über Diagnose- und Behandlungsmöglichkeiten zu informieren und damit eine informierte und *partizipative Entscheidungsfindung* zu ermöglichen. E. B. verlangt vom Behandler hohe klin. Fachkompetenz wiss. Methodenkompetenz, um die Passung von Empfehlungen aus *Behandlungsleitlinien* für den Einzelfall prüfen oder die bestverfügbare *Evidenz* durch Literaturrecherche und -bewertung selbst bestimmen zu können. Abhängig von der Güte der Befunde klin. Studien werden Evidenzebenen unterschieden, die sich in der Qualität der Wirksamkeitsnachweise unterscheiden. Diese Nachweise können von systematischen Überblicksarbeiten zu RCTs (*randomisierte kontrollierte Studie*) über einzelne RCTs bis hin zu Fallberichten oder Expertenurteilen reichen. Sie sind die Grundlage für die Bestimmung der Empfehlungsstärke für eine Therapie. Systematisch zus.gefasst sind diese Behandlungsempfehlungen in Behandlungsleitlinien. Kritikpunkte an der e. B. sind die Überbewertung von *Forschungsdesigns* mit randomisierten kontrollierten Studien und ihre unzureichende Realisierbarkeit bei komplexen Behandlungen (*Evaluation komplexer Interventionen*) wie der *Psychotherapie*, die Unterschätzung der Bedeutung klin. Erfahrung bei der Entscheidungsfindung, die Verzerrung von Befunden aufgrund des *publication bias* sowie die ggf. kritische praktische Bedeutsamkeit e. Empfehlungen für komplexe Fallkonstellationen. Sackett 1999.
J. Klein-Heßling

Evidenzbasierte Methoden der Unterrichtsdiagnostik und -entwicklung (EMU) [engl. *evidence-based methods of diagnosis and improvement of instruction*], [**DIA, FSE, PÄD**], EMU wurde im Auftrag der Kultusministerkonferenz für die Schulpraxis entwickelt. Das Ziel war, Schulen und Studienseminaren, aber auch der universitären Lehrerausbildung sowie der Lehrerfortbildung ein wiss. fundiertes, im Alltag nutzbares, robustes Verfahren zur Verfügung zu stellen, um auf der Grundlage empirischer Daten (d. h. evidenzbasiert, *Evidenzbasierung*) über *Unterricht* zu reflektieren und ihn weiterzuentwickeln. Gegenstand der Unterrichtdiagnostik mit EMU sind ausgewählte Aspekte der *Unterrichtsqualität* (wie Klarheit und Strukturierung, Motivierung (*Motivation*) und Schülerorientierung, *Klassenführung*); hinzu kommen frei wählbare Zusatzbereiche (wie Umgang mit Vielfalt, Lehrersprache, Orientierung an den Bildungsstandards, Qualität des *kooperativen Lernens*. EMU umfasst versch. Komponenten: (1) *Fragebogen* zur kriteriengeleiteten Einschätzung einer konkreten Unterrichtsstunde aus drei Perspektiven (unterrichtende Lehrperson, hospitierende Lehrperson und Klassenschüler), (2) Software für die Visualisierung der Ergebnisse, zus. mit Handreichungen für alle Durchführungsschritte, von der Dateneingabe bis hin zu Ergebnisinterpretation, (3) Informationen, Hilfestellungen und Vertiefungen in Textform (1-seitiges Infoblatt, 11-seitige EMU-Broschüre, vertiefende und weiterführende Texte) sowie (4) Videos authentischer Unterrichtsstunden samt kompletter Daten (Unterrichtsbeurteilung aus drei Perspektiven) zu der jeweiligen Stunde. Aus Gründen der Praktikabilität ist EMU modular aufgebaut, d. h., je nach Sachlage und Interesse können spezif. Aspekte der Unterrichtsqualität sowie best. Perspektiven ausgewählt werden. Die EMU-Materialien sind seit Januar 2011 im Internet unter www.unterrichtsdiagnostik.info frei verfügbar und können dort uneingeschränkt und kostenlos heruntergeladen und genutzt werden. *Unterrichtsdiagnostik*. Helmke et al. 2013, Helmke et al. 2012.

G. Pham Hong/A. Helmke

Evidenzbasierung (= E.), [engl. *evidence-based* auf Nachweise gegründet, nachweisorientiert; lat. *evidens* augenscheinlich, einleuchtend], [**FSE, GES, KLI, PÄD, PHA**], bez. die Berücksichtigung und Nutzung der besten verfügbaren Informationen, wenn Entscheidungen getroffen oder Empfehlungen gegeben werden. E. fordert die systematische Begründung und Integration möglichst aller empirischer Befunde aus hochwertiger Forschung, wenn eine definierte Fragestellung beantwortet werden soll. Im Kontrast zur klassischen Entscheidungsbegründung (insbes. durch Expertenmeinungen (despektierlich: «Eminenzbasierung») werden gezielt identifizierte empir. Nachweise als Grundlage von Entscheidungen eingefordert. Zudem wird der Anspruch formuliert, die empirische Befundlage möglichst vollst. als Informationsbasis zu berücksichtigen. Dabei werden jedoch vorzugsweise diejenigen Befunde berücksichtigt, die maximale Aussagekraft besitzen (höchste Evidenz (= Ev.)).

Als primäre Kriterien maximaler Aussagekraft werden klassische forschungsmeth. *Gütekriterien* verwendet. Der Nachweis der Wirksamkeit einer Maßnahme setzt ein Forschungsdesign mit möglichst hoher *interner Validität* (*Kausalität*) voraus: Exp. Befunde (*Experiment*; *randomisierte kontrollierte Studie* (RCT)) bzw. die Zusammenfassung der Befunde aus mehreren exp. Studien gelten als beste Basis für evidenzbasierte Entscheidungen. Ausgehend von der Designqualität werden durch das GRADE-System (*Grading of Recommendations Assessment, Development and Evaluation*) Ev.klassen für Studienbefunde definiert:

Klasse Ia: Ev. aufgrund wenigstens einer *Metaanalyse* auf der Basis meth. hochwertiger RCTs.
Klasse Ib: Ev. aufgrund mind. einer meth. hochwertigen RCT.
Klasse IIa: Ev. aufgrund mind. einer hochwertigen kontrollierten, jedoch nicht randomisierten Studie.
Klasse IIb: Ev. aufgrund einer hochwertigen quasi-exp. Studie (*Quasi-Experiment*).
Klasse III: Ev. aufgrund meth. hochwertiger, nicht exp. deskriptiver Studien, z. B. Korrelationsstudie (*Korrelation*), *Fall-Kontroll-Studie*.
Klasse IV: Ev. aufgrund von systematisch integrierter Expertenmeinungen; beschreibende Studien.
Klasse V: Fallserie oder eine oder mehrere Expertenmeinungen

Die Ev. nimmt mit abnehmender Klassenstufe zu. Neben der internen Validität muss die Passung der Studieninhalte zu der Entscheidungssituation berücksichtigt werden. Zudem sollte nicht nur die kontrollierte geprüfte Wirksamkeit (*Efficacy*), sondern auch die Wirksamkeit in der Routinepraxis (*Effectiveness*) berücksichtigt werden. Die Prüfung in unterschiedlichen Anwendungskontexten erhöht i. d. R. die *externe Validität* der integrierten Befundbeurteilung.

Zunächst fand das Konzept E. Anwendung im Bereich der Med. (EbM = *Evidence-based Medicine* (evidenzbasierte Med.); EbHC = *Evidence-based Health Care* (evidenzbasierte Gesundheitsversorgung)) und wurde zunehmend auch in anderen empirischen Disziplinen, wie z. B. der empirischen Bildungsforschung (*Evidence-based Practice*), als forschungsmeth. orientiertes Paradigma eingeführt. Ausgehend von der EbM wurden weitere Kriterien für angemessene E. formuliert: (1) Die Nutzer der Entscheidungen (z. B. Schüler, Pat.) müssen in ihrer indiv. Besonderheit betrachtet werden; (2) Ev. erforderte einen mehrstufigen Prozess: (a) Für den betrachteten empirischen Fall muss eine beantwortbare Fragestellung formuliert werden (z. B. Soll ein Schüler mit ADHS eine Unterstützungsmaßnahme X erhalten?), (b) Literaturrecherche i. d. R. mithilfe elektronischer Datenbanken (z. B. *PsycINFO*, MEDLINE) mit kritischer Prüfung der Aussagekraft (insbes. aufgrund des verwendeten Forschungsdesigns; (c) Integration der Befunde (Synthese aller relevanten Befunde aus der Primärliteratur; Metaanalyse) und Bewertung der Ev. (z. B. *Health Technology Assessment*, *Leitlinie*); (d) Anwendung auf den Einzelfall; (3) Die indiv. Expertise des Entscheiders (z. B. Wissen des Lehrer bzgl. der Besonderheiten der Situation des Schülers) und der externen E. (relevante Forschungsbefunde) muss simultan berücksichtigt werden; inzw. existieren öffentlich zugängliche Metaanalysen für vielfältige Fragestellungen in der Med. und der Med. Ps. (z. B. [www.cochrane.de]). (4) Der indiv. Nutzer der Entscheidung (z. B. Schüler, Eltern, Pat.) soll in die Lage versetzt werden, reflektiert zw. Alternativen entscheiden zu können (*Partizipative Entscheidungsfindung*; informierte Entscheidung).

Als wichtige Kritikpunkte an evidenzbasierten Entscheidungen gelten u. a.: (1) Mögliche unrepräsentative Berücksichtigung der empirischen Daten (Primärstudien;

s. Probleme der *Metaanalyse*; z.B. *publication bias*); (2) Mögliche meth. Mängel von Primärstudien (z.B. *selection bias, attrition bias*); Validität der Variablenoperationalisierungen (*Surrogatkriterium*, *Beurteilungsfehler*); (3) Überschätzung von Effekten aufgrund von Implementationsproblemen (Lösungsansatz: *Intention-to-Treat-Analyse*); (4) Favorisierung leichter zu untersuchender Maßnahmen mit einfachen Wirkungsannahmen (z.B. Benachteiligung systemischer gegenüber verhaltensorientierten Ansätzen in der *Psychotherapieforschung*); (5) Die Forderung nach Integration einer möglichst großen Studienbefundlage widerspricht ggf. der Forderung nach Identifikation für den Einzelfall relevanter empirischer Daten; (6) Die Entscheidungsfindung ist sehr aufwendig, sodass individualisierte Einzelfallentscheidungen oft nicht realisiert werden können; (7) Die Integration der individuellen Expertise des Entscheiders und der externen Ev. bleibt intransparent und ist fehleranfällig. [www.ebm-netzwerk.de]. Sackett et al. 2000, Guyatt et al. 1992.

evokative Tests [engl. *evocative tests*; lat. *evocare* entlocken, hervorrufen], [DIA], Tests, die Gedanken, Erinnerungen, Vorstellungen, Empfindungen wachrufen (evozieren) sollen.

Evolution [engl. *evolution*; lat. *evolvere* entfalten, sich entwickeln], [BIO, PER], meist verwendet im Rahmen der *Evolutionstheorie* im Sinne der Entstehung und Veränderung von biologischen *Arten* im Verlauf der *organismischen Evolution* (syn. *genetischen Evolution*). Daneben auch verwendet im Sinne der Entstehung und Veränderung von Kulturen im Verlauf der *kulturellen Evolution*.

evolutionäre Rationalität [engl. *evolutionary rationality*], *Ökologische Rationalität*.

Evolutionspsychologie (= E.) [engl. *evolutionary psychology*], syn. *Evolutionäre Psychologie*, [BIO, PER], von John Tooby, Leda Cosmides und David M. Buss begründeter Ansatz, grundlegende psychol. Funktionen und deren interindividuelle Variation als evolutionäre Anpassungsleistung an die Umweltbedingungen der evolutionären Vergangenheit zu verstehen («ultimate Erklärung»). In Abgrenzung von der *Soziobiologie* wird neben ultimaten Erklärungen des Verhaltens auch die Umsetzung durch konkrete physiologische und psychol. Mechanismen gefordert («proximate Erklärung» durch *evolvierte psychologische Mechanismen*). Buss 1995, Cosmides et al. 1992.

evolutionspsychologische Paradigma der Persönlichkeit [engl. *evolutionary-psychological paradigm of personality*], *Persönlichkeit*.

Evolutionstheorie (= E.) [engl. *theory of evolution*; lat. *evolvere* sich entwickeln, entfalten], [BIO, PER], veraltet auch *Abstammungslehre*, von Charles Darwin (1859) begründete biol. Theorie. Sie beschreibt und erklärt die Entstehung der heutigen biol. *Arten*, eingeschlossen der heutige Mensch (*Homo sapiens sapiens*), im Verlauf der Erdgeschichte durch langsame Veränderungen (*Variation*) und Anpassung an die jew. Umweltbedingungen dadurch, dass die besser angepassten Varianten bei gleichem Energieaufwand mehr fortpflanzungsfähige Nachfahren haben (*natürliche Selektion*). Dieser Veränderungsprozess wird *Evolution* genannt. Darwin nahm i. Ggs. zu Vorgängern wie Jean-Baptiste de Lamarck an, dass im Verlauf des Lebens erworbene Merkmale nicht vererbt werden, wobei Darwin die heutige Erklärung der Vererbung durch die *Genetik* noch nicht kannte. Erst nach seinem Tod wurde die Genetik in die E. integriert zur Erklärung der Vererbung von Merkmalen und der Entstehung neuer Gen-Varianten (*Allele*) durch *Mutation* und *sexuelle Rekombination* elterlicher Allele bei der Fortpflanzung. Die E. befasst sich nicht nur mit der Entstehung und Veränderung von Arten und arttypischem Verhalten (*Verhaltensbiologie*, *Evolutionspsychologie*), sondern auch mit der Entstehung und Veränderung genetischer Unterschiede innerhalb von Arten, insbes. beim Menschen. Damit ist sie relevant für die Erklärung von Unterschieden in der *Persönlichkeit* (s. auch *Anlage-Umwelt*). Im *evolutionspsychol. Paradigma* der Persönlichkeitsps. wird versucht, in allen Kulturen vorhandene Persönlichkeits- und Geschlechtsunterschiede, aber auch manche kult. Unterschiede, durch best. Prozesse der natürlichen Selektion innerhalb der Art zu erklären, insbes. intra- und intersexuelle Selektion, frequenzabhängige Selektion und Selektion konditionaler Entwicklungsstrategien.
J. B. Asendorpf

Evolvierter psychologischer Mechanismus (EPM) [engl. *evolved psychological mechanism*], [BIO, PER], in der *Evolutionspsychologie* ein bereichs- und kontextspezif. psychol. Mechanismus, der als Anpassungsleistung an die Umwelt unserer Vorfahren im Verlauf der *Evolution* verständlich ist. Der Begriff wurde von Leda Cosmides et al. (1992) eingeführt und von David M. Buss (1995) zur Abgrenzung der Evolutionsps. von der *Soziobiologie* genutzt, die sich mit Überlegungen zur optimalen Anpassung von Verhalten begnügte, ohne die vermittelnden Mechanismen zu spezifizieren. *Angst*.

^{Test}**Evozierte Diagnostik grammatischer Fähigkeiten für mehrsprachige Kinder (ESGRAF-MK)**, 2011, H.-J. Motsch, [www.testzentrale.de], [DIA, KOG]. Sprachscreening. AA 4–10 Jahre. ESGRAF-MK ist ein softwaregestütztes diagn. Sprachscreening für fünf wichtige Migrantensprachen in Dt.: Türkisch, Russisch, Polnisch, Italienisch und Griechisch. Mit dem Screening wird überprüft, ob Kinder, die Deutsch als Zweitsprache erwerben, in ihrer Herkunftssprache spracherwerbsgestört sind. Dies geschieht anhand von jew. ca. 20 Test-Items zum Erwerb der frühen grammatischen Regeln der jeweiligen Muttersprache. Die Testleiter müssen hierfür die Migrantensprachen nicht selbst beherrschen.

Ewert, Otto M. (1928–2012), [EW, HIS, KOG, PÄD], Otto Maximilian Ewert studierte u. a. bei *Albert Wellek* in Mainz, wo er sich 1962 mit einer Arbeit über «Phantasie und Intelligenz bei Jugendlichen» habilitierte. Er lehrte dann in Düsseldorf und Bochum; 1974 nahm er einen Ruf an die Johannes Gutenberg-Universität in Mainz auf einen neu eingerichteten Lehrstuhl für Entwicklungs- und Pädagogische Ps. an, den er bis zu seiner Emeritierung 1996 behielt. Zu den Arbeitsgebieten von Ewert gehörten die Entwicklungsps. und Pädagogische Ps. (*Instruktionspsychologie*), empirische Untersuchungen führte Ewert

u. a. zur vorschulischen Erziehung, zu den Veränderungen der Selbstkonzepte in der Reifezeit, zum Arbeitsgedächtnis und zu Planungsleistungen älterer Erwachsener durch. Ewert 2004, Trautner 2013. *H. E. Lück*

exakte Tests [engl. *exact tests*], **[FSE]**, *G*power*, *Statistik*.

exaltiert [engl. *exaltation*; lat. *exaltare* erhöhen], **[KLI]**, übersteigert, aufgeregt, *hysterisch*.

Examensstupor [lat. *stupere* betäubt sein], **[KLI]**, nicht mehr gebräuchl. Bez.; Sperrung des Gedankengangs durch die Prüfungserregung. *Prüfungsangst*.

Exazerbation [engl. *exacerbation*; lat. *exacerbare* aufbringen], **[KLI]**, die Verschlechterung eines Krankheitsbildes durch das Wiederaufbrechen eines (zumeist ungeten) Zustandes, der überwunden schien, z. B. Wiederkehr einer *Depression*.

Excellence *EFQM Excellence Modell*.

exchange theory [engl.] Austauschtheorie. *Interaktion*, *Nettoergebnis*, *sozialer Austausch*.

Excitantia [lat. *excitare* aufscheuchen], syn. *Stimulanzien*, **[PHA]**, anregende, belebende Drogen.

excitation transfer (= e. t.) [engl.] Erregungstransfer, **[EM, MD]**, ist ein Konstrukt aus der *Mood-Management-Theorie* von Zillmann (1988). Ausgangspunkt ist das konzeptuelle Problem der Beliebtheit spannender Filme, obwohl diese unangenehme Stimmungen hervorrufen. Dem e. t. liegt die Grundannahme der *Emotionstheorie* von Schachter & Singer (1962) zugrunde. Eine emotionsunspezifische Erregung ist die Basis für die anschließende kogn. Interpretation der erregungsauslösenden Situation. Nach Zillmann (1988) führt eine spannende Filmsequenz zu einer physiologischen Erregung, die als unangenehm empfunden wird. Da diese Erregung jedoch nur langsam abgebaut wird, kann das darauffolg. glückliche Ende einer Handlung nun dazu führen, dass die physiol. Erregung uminterpretiert und als angenehm empfunden wird. Dieses glückliche Ende wird aufgrund der erhöhten Erregung als angenehmer empfunden, als es ohne eine vorausgehende spannende Szene der Fall gewesen wäre. *M. Huff*

executive search [engl.] geleitete Suche; *Direktsuche*.

exekutive Dysfunktion (= e. D.) [engl. *executive dysfunction*; lat. *exsecutio* Ausführung, gr. δυσ- *(dys-)* miss-], **[BIO, EM, KOG]**, die e. D. ist ein Oberbegriff, der die Fehlfunktion verschiedenartiger kogn. (*Kognition*), emot., affektiver (*Emotionen*, *Affekt*) und motivationaler (*Motivation*) Funktionen beschreibt. Um Unschärfen und Missverständnisse zu vermeiden, sollte er im klin. Kontext unbedingt durch weitere Spezifizierungen konkretisiert werden. Häufig werden die Begriffe *Störungen der Exekutivfunktionen* und *dysexekutives Syndrom* syn. mit e. D. verwandt. E. D. stellt dabei häufig die Folge von Schädigungen des präfrontalen Kortex (*Hirnschädigung*) oder seiner Verbindungen dar. Beim Vorliegen einer e. D. kommt es oft nicht nur zu kogn. oder geistigen Veränderungen, sondern auch zu Verhaltensauffälligkeiten (*Verhaltensstörungen*; Müller 2013a) sowie Persönlichkeitsänderungen (v. a. in den Bereichen *Impulskontrolle*, *Antrieb* und Affekt). Dies kann sich in einer Antriebsminderung oder Antriebslosigkeit (*Antriebsmangel*, *Störungen des Antriebs und Affekts*) äußern oder auch in mangelnder emot. Kontrolle, Impulsivität oder einer Enthemmung des Verhaltens. Die Symptomatik geht häufig mit einer mangelnden Störungseinsicht (*unawareness*) einher.

«Exekutivfunktionen» (= E., *exekutive Funktionen*) ist ein aus dem Englischen entlehnter Begriff, der i. d. R. mit «Steuerungs»- oder «Leitungsfunktionen» übersetzt wird. In der klin. *Neuropsychologie* werden E. als metakognitive Prozesse (*Metakognition*) bez., die zum Erreichen eines def. Ziels die flexible Koordination mehrerer Subprozesse steuern bzw. ohne Vorliegen eines definierten Zieles an der Zielerarbeitung beteiligt sind. E. sind *Regulations* und Kontrollmechanismen, die zielorientiertes und situationsangepasstes Verhalten ermöglichen. E. regulieren top-down (*Top-down-Verarbeitung*) domänenspezif. *Fähigkeiten* und kommen ins Spiel, wenn die Situation ein Abweichen von eingeschliffenen Handlungsroutinen erfordert. E. und somit auch ihre D. stellen eine sehr heterogene Gruppe von Prozessen dar. Die meisten Autoren gehen letztlich davon aus, dass E. ein psychol. Konstrukt sind, welches versch. unabh. Prozesse umfasst, die selektiv gestört sein können. Die dabei auftretenden klin. Symptome können sich neben den kogn. Störungen auch in sehr unterschiedlichen Verhaltensstörungen präsentieren.

Störungen der E. wurden in der Vergangenheit mit unterschiedlichen ps. Modellen erklärt: Aus kognitionsps. Perspektive war das Modell eines «*Supervisory Attentional System*» (*Supervisory Attentional System (SAS)*) von Norman & Shallice (1980) bzw. Shallice (1982) das erste, das zur Erklärung der Störung von Exekutivfunktionen herangezogen wurde. Etwas später wurde das «*Working Memory Modells*» von Baddeley (1986) als Modell für den Aufbau der E. und zur Erklärung ihrer Störungen entwickelt. Weiterhin können handlungstheoretische Ansätze oder das «Test-Operate-Test-Exit-Modell» (*TOTE-Einheit*) von Miller et al. (1960) herangezogen werden, wonach das inflexible Verhalten der Pat. durch die Aktivierung alter, inadäquater Aktionsschemata zu erklären ist. Smith & Jonides 1999.

S. V. Müller/M. Friedrich/S. Lautenbacher

exekutive Funktionen (= e. F.), [engl. *executive functions*; lat. *exsecutio* Ausführung], **[BIO, KOG]**, Funktionen, die kognitive Verarbeitung steuern, bspw. den Wechsel von einer Form der Aufgabenbearbeitung zu einer anderen (*Aufgabenwechsel*, *task shift*), die *Hemmung* dominanter, aber nicht aufgabenangemessener *Reaktionen* oder die Koordination mehrerer kogn. Funktionen bei der Mehrfachtätigkeit. E. F. realisieren die kogn. Flexibilität des Menschen, indem sie den Einsatz der Elementarfunktionen zielgerichtet steuern. Das zentrale anatomische Substrat sind die *Frontallappen*. *exekutive Dysfunktion*. *H. Heuer*

Exenatid (= E.), **[PHA]**, E. ist ein Pharmakon, das zur Gruppe der Antidiabetika und hier spez. zur Gruppe der Inkretinmimetika gehört. Hinsichtl. seiner *pharmakodynamischen* Wirkung ist E. ein Glucagon-like-Peptide-(GLP-1)-Rezeptoragonist, der versch. antihyperglykämische Wirkungen des Glucagon-like-Peptide-1 (GLP-1) zeigt. In Abhängigkeit vom Blutglukosespiegel erhöht Exenatid die Ausschüttung von Insulin durch die Betazellen des Pankreas. M. Paulzen

Exhaustion [engl. *exhaustion*; lat. *ex* aus, *haurire* schöpfen], **[KOG, WA]**, Erschöpfung und die damit verbundene Reizschwellenerhöhung (*Reiz*, *Reizschwelle*) bzw. Reaktionsverminderung (*Reaktion*) (Exhaustionsschwelle). Kriterium bei der Bewertung von Sätzen, Konstrukten und Theorien: ihre Exhaurierbarkeit (Ausschöpfbarkeit) mithilfe von Zusatzannahmen, wenn neu beobachtete Tatsachen zunächst mit ihnen nicht erklärt werden. May 1949.

Exhibitionismus [engl. *exhibitionism*; lat. *exhibere* zeigen, darbieten], **[KLI, PER]**, das übersteigerte ich-bezogene Zur-Schau-Stellen und Preisgeben von Überzeugungen (*Überzeugungssystem*), *Gefühlen*, *Fertigkeiten* und Schwächen, vorwiegend mit Überschreiten der sozialen Konvention. Motive bilden u. a.: Erregen von *Aufmerksamkeit*, Kokettieren mit Besonderem, Mitleiderregen u. ä. Sex. Lustgewinn durch Zurschaustellen (Entblößen) der Genitalien (insbes. gegenüber dem anderen Geschlecht). Begriff wurde von dem frz. Arzt Lasegue 1877 eingeführt.

Existenz (= E.) [engl. *existence*; lat. *existere* heraustreten, vorhanden sein], **[PER, PHI]**, das Dasein im weitesten Sinne, wobei die menschliche E. als Aufgabe oder als das Aufgegebensein und die Forderung der Daseinsbewältigung betrachtet wird. Bei der E.philosophie, die sich um 1930 ausbildete und auf sog. lebensphil. Ansätze (Dilthey, Nietzsche, *dialektische Theologie*) stützte, traten v. a. Karl Jaspers und Martin Heidegger hervor. Die Ps. und *Tiefenpsychologie* nahm diese Tendenzen durch weitergehende Deutungen und zur Begründung neuer oder neu ausgerichteter therap. Methoden auf. So entstanden die Systeme der *Existenzanalyse*, *Daseinsanalyse*, *Schicksalsanalyse*, existenziellen *Psychoanalyse* und andere. Über die Genannten hinaus wurde die E. in der gesamten Tiefenps. zum Grundthema. Bollnow 1955, Boss 1957.

Existenzanalyse (= E.) [engl. *existential analysis*; lat. *existere* vorhanden sein, hervortreten], **[KLI, PER, PHI]**, die existenzialistische Sicht der *Persönlichkeit* gründet auf den Ideen europäischer Existenzphilosophen: Sören Kierkegaard (1813–1855), Karl Jaspers (1883–1969), Edmund Husserl (1859–1938), Martin Heidegger (1889–1980), Jean-Paul Sartre (1905–1980). Nach diesen def. der Mensch sein Dasein durch *Handlungen*, und der Sinn der einzelnen Existenz liegt in solchen Def.bemühungen. Viktor E. Frankl verband dieses Prinzip mit der psychoanalytischen Therapie (*Psychoanalyse*). Er verwendet den Begriff E. für die von ihm in tiefenpsychol. Ausrichtung entwickelte Durchforschung (Analyse) der den Lebenslauf bestimmenden Daten und Zus.hänge aus der Perspektive des Sinnes und Wertes für den Pat. Frankl stellt so neben den *Willen zur Macht* nach Adler oder auch den *Willen zur Lust* nach Freud den *Willen zum Sinn*. Der unerfüllte oder falsch verstandene Sinn (die existenzielle Frustration bei Frankl) ist dabei der Ansatz zur Therapie (*Logotherapie*). Es liegen keine fundierten Wirksamkeitsbelege vor. *Daseinsanalyse*. Soucek 1948. F. Caspar

Existenzskala, individuelle [engl. *individual existence scale*], *Schicksalsanalyse* (Szondi).

ex iuvantibus [lat. *ex* aus, *iuvare* helfen], **[DIA, KLI]**, Schlüsse auf die Art einer Störung (Erkrankung) aus der Wirksamkeit spezif. Methoden, die zur Beseitigung der Störung angewandt worden sind. Begriff wurde aus der Med. in die Klin. Ps. übernommen. *Diagnose*.

Exklusion, moralische [engl. *moralic exclusion*; lat. *excludere* ausschließen], *soziale Beziehungen*.

Exkretion (= E.) [engl. *excretion*, lat. *excernere* ausscheiden], **[BIO, PHA]**, die E. umfasst alle Prozesse, durch die Fremdstoffe und ihre Metaboliten nach außen befördert werden. Ausscheidungsorgane sind die Nieren, die Leber im Verbund mit der Gallenflüssigkeit, die Lunge, die Haut und der Speichel. Für mehr als 90 % der *Psychopharmaka* stellt die Niere das Hauptausscheidungsorgan dar. Sowohl an der E. über die Niere als auch an der sog. biliären E. sind i. d. R. Transportproteine beteiligt, über die z. B. Psychopharmaka bzw. deren Metaboliten unter Energieverbrauch entsorgt werden. Gründer & Benkert 2012. M. Paulzen

Exkulpation [engl. *exculpation*; lat. *ex* aus, *culpa* Schuld], **[RF]**, Zuschreibung von Schuldunfähigkeit nach § 20 StGB, vgl. *Schuldfähigkeit*. Scholz & Schmidt 2008. A. F. Schmidt

Exner-Spirale [engl. *Exner spiral*], nach S. Ritter v. Exner (1846-1926), *Bewegungsnachbild*.

Exogamie [engl. *exogamy*; gr. ἔξω (exo) außen, γάμος (gamos) Ehe], **[SOZ]**, die im Totemismus vertretene Eheregel, wonach ein Mitglied eines Clans oder dessen Totemgruppe nur Angehörige eines anderen Clans heiraten darf.

exogen [engl. *exogeneous*; gr. ἔξω (exo) außen, γένεσις (genesis) Geburt, Entstehung], **[KLI]**, von außen entstanden, dem Körper aufgeprägt, Ggs. *endogen*. Bes. in der *Psychopathologie* werden nach exogen und endogen die Krankheiten eingeteilt, z. B. endogene *Psychose* und e. *Depression*.

exogener Wandel (= e. W.) [engl. *exogenous change*; gr. ἔξω (exo) außen, γένεσις (genesis) Geburt, Entstehung], **[FSE]**, programmexterner Störfaktor bei Evaluationsstudien (*interne Validität, Bedrohungen für die, Evaluation*). Bez. die Veränderung der *abhängigen Variable* aufgrund natürlicher Prozesse, struktureller Trends und langfristiger Entwicklungen, denen Einflussvariabeln unterliegen. Bspw. können konjunkturelle Trends Einfluss auf die Arbeitsplatzsicherheit und damit auf die Mitarbeiterzufriedenheit haben. Wird die Veränderung der Mitarbeiterzufriedenheit aufgrund einer Maßnahme evaluiert, so muss der e. W. aufgrund konjunktureller Trends kontrolliert werden. Dies kann i. d. R. durch eine adäquate Kontrollgruppe sichergestellt werden. *endogener Wandel, historische Ereignisse*. Rossi & Freeman 1999.

exokrine Drüsen [engl. *exocrine glands*; gr. ἔξω (exo) heraus, κρίνειν (krinein) absondern], **[BIO]**, *Drüsen* mit äußerer Sekretion (Schweißdrüsen, Talgdrüsen, Salzdrüsen u. a.). *Drüsen, Sekretion*. Ggs. *endokrine Drüsen*.

Exophorie [engl. *exophoria*; gr. ἔξω (exo) heraus], *Phorie*.

Exophthalmus [engl. *exophthalmus*; gr. ἔξω (exo) außen, ὀφθαλμός (ophtalmos) Auge], **[BIO]**, ein- oder beidseitiges Hervortreten des Augapfels mit Einschränkung seiner Beweglichkeit, u. U. mit unvollständigem Lidschluss. Beruht auf versch. Ursachen wie entzündlichen Erkrankungen und Durchblutungsstörungen im Bereich der Augenhöhle,

Tumoren, Missbildungen und v. a. Schilddrüsenüberfunktion. *Basedow-Krankheit*.
Exorzismus [engl. *exorcism*; gr. ἐξορκισμός *(exorkismos)* Heraufbeschwören], «Austreiben» böser Geister aus sog. Besessenen. Vielfach religionsps. Erscheinung, v. a. bei Bekehrungen, Taufen usw. *Besessenheit*.
exosomatische Potenziale [engl. *exosomatic potentials*; gr. ἔξο (exo) außen, σῶμα (soma) Körper], *elektrodermale Aktivität, Kennwerte*.
Expectation-Maximization-Verfahren (= E.) [engl. Erwartung, Maximierung]. **[FSE]**, Methode zur *Imputation* durch eine stochastische Regressionsimputation (*Regressionsersetzung*) mithilfe des Expectation-Maximization-Algorithmus (EM-Algorithmus). In zwei Schritten werden die fehlenden Werte ersetzt. Im ersten *Expectation-Schritt* werden mittels der anderen Variablen des Datensatzes die fehlenden Werte durch eine Regression (*Regressionsanalyse*) geschätzt. Im zweiten *Maximization-Schritt* wird die *Likelihood-Funktion* maximiert. Dieses schrittweise Verfahren wird durchlaufen, bis eine stabile Lösung gefunden ist bzw. der Schätzalgorithmus konvergiert. Vorteil dieses Verfahrens ist, dass Mittelwerte, Varianzen und Kovarianzen des vervollständigten Datensatzes weder unter- noch überschätzt werden. E. führt auch im Falle von *Missing at Random (MAR)* (*Missing-Data-Prozesse*) zu unverzerrten Schätzungen. Lüdtke et al. 2007, Leonhart 2013. R. Leonhart
experiencing [engl.] Erfahren/-leben], **[KLI]**, Selbsterleben, Beachten von (Körper-)Signalen. Erfahrungen machen, die von persönlicher Bedeutung sind. Meth. Prinzip erlebnisorientierter Therapie.
Experiment (= E.) [lat. *experimentum* Versuch, Probe, Erfahrungsbeweis; lat. *ex* aus, *mens* Verstand, *peri* Elfen (gottähnliche Wesen) der persischen Mythologie], **[FSE]**, syn. *randomisierte kontrollierte Studie*. Ein E. ist eine empirische Untersuchung, bei der die Untersuchungseinheiten den Untersuchungsbedingungen zufällig zugeordnet werden (*Randomisierung*). Die Zufallszuweisung dient der Sicherstellung, dass sich die Vergleichsgruppen hinsichtlich keines anderes Merkmals als der Teilnahme an den Untersuchungsbedingungen unterscheiden (Vermeidung von *Konfundierung*). Ein Experiment wird i. d. R. durchgeführt, um zu prüfen, ob eine wiss. Ursache-Wirkungs-Hypothese (*Kausalität*) in einer best. Anwendungssituation gültig ist. Dazu muss mind. ein angenommener Ursachenfaktor (*Variable, unabhängige*, UV) in mind. zwei Ausprägungen hergestellt oder ausgewählt werden (Variation der Untersuchungsbedingungen, *Treatment*), in denen die Werte der *abhängigen Variable*, AV, als Indikator für die angenommene Wirkung) erhoben werden. Alle anderen möglichen Einflüsse müssen möglichst ausgeschaltet werden (Kontrolle von Störvariablen zur Sicherung der internen Validität; *interne Validität, interne Validität, Bedrohungen für die*).
Schematisch werden die versch. Experimentalbedingungen in einem Versuchsplan (*design*; *Forschungsdesign*) dargestellt. Werden unabhängig voneinander mehrere Aspekte der Situation verändert, umfasst der Versuchsplan mehrere Faktoren (*factorial design*). Werden die Personen nacheinander unter mehreren Bedingungen oder zu wiederholten Gelegenheiten untersucht, liegt ein Versuchsplan mit Messwiederholung vor (*repeated-measures design*). Zur Kontrolle anderer Einflüsse wird die Reihenfolge der Bedingungen möglichst bei jeder Person zufällig bestimmt.
Durch die Spezifikation von Versuchsplan, -einheiten und -situation wird eine konkrete Anwendung geschaffen, für die aus der allg. wiss. *Hypothese* konkrete empirische Vorhersagen und stat. Hypothesen abgeleitet werden können. Über Letztere kann mithilfe von *Signifikanztests* entschieden werden. Angewendet werden typ. weise *Varianzanalyse* (*Allgemeines Lineares Modell*), wobei bei mehrfaktoriellen Designs sowohl die Haupteffekte der Faktoren als auch ihre Interaktion geprüft werden. Insbes. im Falle von Faktoren mit mehr als zwei Ausprägungen erlauben *Kontraste* die gezielte Prüfung spez. Unterschiedshypothesen. Werden mehrere abhängige Variablen verwendet, können sie sowohl einzeln analysiert werden (mit Problemen durch überlappende Informationen und kumulierende Fehlerwahrscheinlichkeiten) als auch simultan durch multivariate Testverfahren (mit Problemen durch zu unspezifische Informationen).
Als wesentliche Kennzeichen des E. sind weiterhin zu nennen: (1) *Planmäßigkeit* (auch *Willkürlichkeit, Absichtlichkeit* genannt), (2) *Wiederholbarkeit* (*Replikation*) und (3) *Variierbarkeit*. Planmäßigkeit bedeutet, dass man es in der Hand hat, den Vorgang, auf dessen Eintreten man sonst u. U. lange warten müsste, zu einem beliebigen und passenden Zeitpunkt hervorzurufen, und dies unter günstigsten, weil möglichst genau kontrollierten Verhältnissen. Damit verbindet sich die Möglichkeit, Hilfsmittel der Beobachtung rechtzeitig vorzubereiten und störende Einflüsse fernzuhalten. Die *Wiederholbarkeit* (die aus der Planmäßigkeit folgt) ermöglicht die Ausschaltung von Zufallsergebnissen und die spätere Nachprüfung der Resultate durch andere Beobachter. Die *Variierbarkeit* (die aus der Beherrschung der Bedingungen und der Wiederholbarkeit folgt) bedeutet, dass bei mehrfacher Ausführung des E. die Klassen der unabhängigen Variablen weiter verändert werden und auch weitere unabhängige Variablen in das Geschehen eingeführt und ihrerseits verändert werden können. Indem diese Variationen in geeigneter Weise isoliert und kombiniert werden, lassen sich die Wirkungen der versch. Bedingungen auf die abhängige Variable (bzw. auf mehrere abhängige Variablen) erkennen und auch quant. bestimmen. *Cluster-randomisierte Studie, Evidenzbasierung, Experimentum crucis, Quasi-Experiment*. Shadish et al. 2001, Westermann 2000, Huber 2005. R. Westermann
Experimentalgruppe [engl. *experimental group*], **[FSE]**, Gruppe, die i. R. eines *Experiments* einer Bedingung (*Variable, unabhängige, Intervention*), deren Wirkung auf eine Zielgröße (*Variable, abhängige*) ermittelt werden soll, ausgesetzt wird. Aufgrund der zugrunde gelegten Theorieannahmen wird erwartet, dass durch die aktiv manipulierte Bedingung ein vorhersagbarer Unterschied in einem Ziel-

merkmal im Vergleich zu einer *Kontrollgruppe*, die dieser Bedingung nicht ausgesetzt wurde, resultiert.

Experimentalismus [engl. *experimentalism*], *Wissenschaftstheorie*.

experimentelle Ästhetik *Ästhetik, experimentelle*.

experimentelle Neurose [engl. *experimental neurosis*], **[KOG]**, in Tierversuchen künstlich hervorgerufene Verhaltensauffälligkeit (neuroseartige Erscheinungen, *Neurose*). Sie werden erzeugt, indem die Versuchstiere vor für sie unlösbare Aufgaben gestellt werden, denen sie sich jedoch nicht entziehen können. Die Konsequenzen des Verhaltens können nicht durch das Tier systematisch beeinflusst werden (*Kontingenz*). Sie reagieren darauf oft mit schweren motorischen Störungen und sozialer Isolierung. Zimbardo & Gerrig 2004.

Experimentelle Psychologie (= e. Ps.) [engl. *experimental psychology*], **[FSE]**, das *Experiment* ist eine bes. Verfahrensweise, die e. Ps. nicht ein eigenes Gebiet, sondern lediglich eine Ps., die sich dieser Methode bedient, wo es angezeigt erscheint. Andererseits ist die e. Ps. auch keine «Richtung» in der gebräuchlichen Bedeutung des Wortes, denn das Experiment wird in ganz versch. Richtungen mit einander z. T. sogar widersprechenden Grundanschauungen angewendet (*Assoziationspsychologie* und *Gestaltpsychologie*, introspektive Ps. und *Behaviorismus*). E. Ps. ist also die Bez. für eine Forschungsweise und das Insgesamt ihrer Ergebnisse. Seit ihrer Begründung durch Fechner (1907; *Fechner, Gustav Theodor*) hat sich die e. Ps. rasch entwickelt; ihre Verfahren haben sich auf alle Gebiete der psychol. Forschung und Praxis (hierzu kann man auch die Testps. rechnen) ausgebreitet. Die bis in die Gegenwart erhobenen Einwände, dass die komplexen psych. Vorgänge (bes. *Denken* und *Wollen*) sowie Fragestellungen der Persönlichkeitskunde (*Persönlichkeitspsychologie*) nicht exp. erforschbar seien, sind durch die Entwicklung widerlegt. Die Grenzen der Anwendbarkeit des psychol. Versuchs sind v. a. da gegeben, wo die exp. Einflussnahme nicht möglich ist (z. B. schicksalhafte Einflüsse) oder wirkungslos bleibt oder aus ethischen Gründen (*Ethik, Forschungsethik*) zu unterbleiben hat. Die wichtigste Fehlerquelle und Grenze des psychol. Experiments, der Einfluss der Versuchssituation auf die Vp, lässt sich in vielen Fällen durch wirklichkeitsgemäße Gestaltung des Versuchs umgehen. Historisch ausgesprochen exp. orientierte Psychologen oder Richtungen sind z. B.: *W. Wundt* und dessen zahlreiche, bedeutende Schüler, die Denkps., der Behaviorismus. Boring 1929, 1950, Crafts et al. 1950, Fraisse & Piaget 1963, 1966, Selg & Bauer 1971.

experimentelle Psychose [engl. *experimental psychosis*]; *Modellpsychose*.

Experimenter-Effekt *Pygmalion-Effekt*.

Experimentierraum [engl. *experiment space*], *Problemraum*.

experimentum crucis (= e.) [lat.] Entscheidungsexperiment, **[FSE, PHI]**, *Experiment*, das die Entscheidung über eine oder zw. zwei und mehr *Hypothesen* oder *Theorien* herbeiführen soll. Die Suche nach dem e. spielt in der Geschichte der Naturwissenschaften eine erhebliche Rolle. Heute wird die wissenschaftstheoretische Auffassung: «es gibt keine entscheidenden Experimente» (Lakatos 1974), kaum noch bestritten, da Hypothesen prinzipiell nicht verifizierbar und durch ein einzelnes Datum auch nicht falsifizierbar sind. *Falsifikation, Kritischer Rationalismus*. W. Glaser

Experteninterview (= E.) [engl. *expert interview*], **[FSE, SOZ]**, stellt keine eigene *Interview*form dar, da es eine anwendungsfeldbezogene Variante von Leitfadeninterviews (*Qualitative (Leitfaden-)Interviews*) ist. Das Spezifische dieses Interviewtypus ist weniger die meth. Form seiner Durchführung als vielmehr die Zielgruppe: Experten. Diese stehen i. d. R. nicht vor dem Hintergrund eines sinnverstehenden Ansatzes als «ganze Person» im Fokus des Forschungsinteresses. Vielmehr gelten sie i. R. eines informationsorientierten Ansatzes als Repräsentanten für die Handlungs-, Sichtweisen und Wissenssysteme einer best. Expertengruppe bzw. eines fachlichen Feldes. Damit können viele E. von ihrer Grundkonzeption wie das Einholen mündlicher Gutachten, Stellungnahmen oder Expertisen betrachtet werden. Aufgrund des expertiseartigen, informationsorientierten Sinnverstehens und Forschungsinteresses hat beim E. der Interviewleitfaden meistens eine noch stärker steuernde und strukturierende Funktion: Es werden sehr konkrete, teilweise sogar direktive Fragen hinsichtlich eines spezif. Themas formuliert, über das die Einschätzungen und Beurteilungen von befragten Experten eingeholt werden sollen. Damit realisieren sich E. oftmals auch weniger als Interviews, sondern vielmehr als Fachgespräche. *Delphi-Technik*. Bogner et al. 2005. J. Kruse

Experten-Laien-Kommunikation [engl. *communication between experts and laypersons*], *Wissenschaftskommunikation*.

Expertenscoring [engl. *expert scoring*; *scoring* Punktvergabe], *soziales Verständnis*.

Expertensystem (= E.) [engl. *expert system*], **[KOG]**, Computerprogramm, das Inferenzen (*Inferenz*) auf der Grundlage von *Wissen* ausführen kann und damit zu Schlussfolgerungen (Diagnosen, Entscheidungen) kommt, die sonst nur durch einen menschlichen Experten oder Praktiker möglich wären. E. gehören zu den wichtigsten Anwendungsgebieten der *Künstlichen Intelligenz*, sie werden praktisch eingesetzt zur med. und technischen Diagnose, Konstruktion, Konfiguration von technischen Systemen (z. B. Rechneranlagen). Eine Sonderform der E. sind *Entscheidungsunterstützungssysteme*. Harmon & King 1986. A. Engemann

Expertise (= E.) [engl./frz. *expertise*], **[KOG, PÄD, PER]**, bez. das Vorhandensein auffälliger sozial erwünschter *Kompetenzen* in einem Wissens- oder Lebensbereich (z. B. Schachspiel). E. wird über einen längeren Zeitraum durch systematische *Erfahrungsbildung* erworben (*Begabung, Lernen, lebenslanges; Leistungsexzellenz*). E. ermöglicht es, das vertretene Gebiet unter Berücksichtigung vieler Gesichtspunkte systematisch und zielgerichtet zu bearbeiten. *Expertise-Erwerb*. Waldmann 1996a. W. Echterhoff

Expertise-Erwerb (= E.) [engl. *acquisition of expertise*], **[KOG, PÄD]**, bez. den Prozess des Entstehens der herausragenden Leistung einer Person (Experte) in einem best., meist professionellen Gebiet (Domäne) und umfasst einen langen Zeitraum, meist von zehn oder mehr Jahren. Das Verständnis von E. erfordert eine Analyse der indiv. *Informationsverarbeitungs*prozesse exzellenter Personen (allgemeinpsychol.), der Entwicklung von Domänen und der Vernetzung von Experten darin (soziokulturell) sowie der instruktionalen Unterstützung (*Instruktion*) der indiv. Überprozesse (*Üben*) und der sozialen Integration (päd.-ps.). E. wird als erfahrungsbasierte *Adaptation* an die typischen Anforderungen der Domäne aufgefasst. Im Fokus der Forschung, die oft mit der Methode des *lauten Denkens* arbeitet, stehen bislang kogn. Adaptationen (Verbesserung der *Gedächtnis*leistung, *Wissenserwerb*, Wissens-Restrukturierung, *Problemlösen*), neuerdings - v. a. in Domänen wie Sport oder Musik – auch physiol. oder motorische Adaptationen (*Physiologie*, *Motorik*). Da die Adaptationen domänenspezifisch sind, können sie nicht ohne Weiteres auf andere Domänen übertragen werden (*Transfer*). Durch die Domänenspezifität und die lange Dauer des E. entstehen sehr große Effekte in der Leistungsstärke beim *kontrastiven Vergleich*, dem Vergleich von Experten mit Novizen (Anfängern), die meist weitaus größer sind als dispositionelle (*Disposition*, z. B. *Intelligenz*) oder Altersunterschiede.

E. beruht darauf, dass domänenspezifische Informationseinheiten durch umfangreiche *Erfahrung* in immer größere, bedeutungsvolle Informationseinheiten (*chunk*) zus. gefasst werden und aufgrund der elaborierten Organisationsprozesse beim Speichern und *Abruf* schnell zugänglich und auf typische Fälle in der Domäne anwendbar sind. Dies geht mit einer Restrukturierung des Expertenwissens einher. Bspw. wird in der Med. während des Umgangs mit vielen Pat.fällen während des E. das deklarative biomed. Fachwissen durch den Prozess der *Enkapsulierung* in Wissen transformiert, das in Form von generalisierten, fallbezogenen *Schemata* repräsentiert wird. Enkapsuliertes *Wissen* integriert deklaratives Wissen mit episodischem Erfahrungswissen und ist daher schnell zugänglich und flexibel anwendbar.

Beim E. stehen Prozesse des Übens im Vordergrund. Das Konzept des zielgerichteten Übens (*Deliberate Practice*) erwies sich in allen bisher untersuchten Domänen als bedeutsam. *Deliberate Practice* ist eine bes. effektive Form des Übens; sie umfasst strukturierte Aktivitäten, deren ausdrückliches Ziel (*Lernziel*) die Verbesserung der Leistungsstärke ist. Hierbei werden genau diejenigen Bereiche trainiert, die das Individuum noch nicht beherrscht. Die gezielte Arbeit der Verbesserungswürdigem unterscheidet *Deliberate Practice* von Arbeit oder *Spiel*, beides Aktivitäten, die ebenfalls zur Erfahrung eines Individuums beitragen. *Deliberate Practice* wird oft als anstrengend und wenig freudvoll wahrgenommen, weswegen dritten Personen wie Trainern, Lehrern, Mentoren oder Meistern, die hinter dem E. der leistungsstarken Individuen stehen (*persons in the shadow*), eine bes. Rolle zukommt. Diese Personen müssen sowohl über Kenntnis der Aufgabenanforderungen in der Domäne als auch über instruktionale Kenntnisse (Sequenzierung von Übungen, Zusammenspiel von Leistungskomponenten, Ermöglichen von Erfahrungen, Vernetzung mit anderen Experten, Leistungsbewertung) verfügen. Die Rolle der *persons in the shadow* wird v. a. aus soziokultureller Sicht in Studien zum *professional learning* und zur Vernetzung von Experten analysiert. Die *persons in the shadow* stellen das Bindeglied zw. den Anforderungen in der Domäne und der indiv. Adaptation des Experten dar und sichern damit, dass E. mit der Entwicklung von Professionen einhergeht und dass Wissensbestände, Regelwerke und Standards weitergegeben und zugleich weiterentwickelt werden. Ericsson et al. 2006, Gruber 2007, Hakkarainen et al. 2004, Reimann 1998. *H. Gruber*

expertise-reversal (= e.) [engl.] Expertise-Umkehr, syn. *expertise reversal effect*, [**KOG, PÄD**], bezieht sich auf die expertiseabhängige Wirkung instruktionaler Unterstützung (*Instruktionsmethoden*) auf den *Lernerfolg* und bez. somit eine Art von *aptitude-treatment interaction* (ATI). E. steht für das Phänomen, dass der Einsatz instruktionaler Hilfen im *Lernmaterial* auf das Lernen (*Lernen*) von Personen mit geringem Vorwissen (Novizen) pos. wirkt, während der *Wissenserwerb* von Personen mit hohem Vorwissen (Experten, *Expertise-Erwerb*) nicht unterstützt bzw. sogar behindert wird (Kalyuga et al. 2003). Die Autoren erklären diesen Effekt auf der Basis der *Cognitive Load Theory (CLT)* damit, dass das *Arbeitsgedächtnis* der Experten durch den Einsatz instruktionaler Unterstützung belastet anstatt entlastet wird. Instruktionale Unterstützungsmaßnahmen sind für Experten demnach nicht nur überflüssig: Die Verarbeitung dieser redundanten Informationen kann den Wissenserwerb stören. E. schränkt somit den Einsatzbereich instruktionaler Gestaltungsprinzipien ein: Viele Gestaltungsempfehlungen für Lernmaterial, die aus der *Cognitive Load Theory* abgeleitet wurden (z. B. Kontiguitätsprinzip, Kohärenzprinzip) sind nur für Lerner mit geringem Vorwissen lernförderlich. *S. Malone*

Expertise-Umkehr-Effekt *Expertise-Reversal.*

Explikation [engl. *explication*; lat. *explicare* auseinanderfalten], [**PHI**], Erklärung, ausführende Darlegung. Nach Carnap die Präzisierung der Bedeutung eines in der Umgangssprache vage und mehrdeutig gebrauchten Begriffs. Explizit: ausführlich dargestellt, ausdrücklich. *Implikation.* *D. Dörner*

explizit [engl. *explicit*; lat. *explicatus* geordnet, deutlich], syn. *ausdrücklich*, *klar*. Ggs. *implizit*.

^{Test}**Explojob**, 2006, von S. Jörin und F. Stoll. [**AO, DIA, PER**], [www.testzentrale.de], auf der *Berufswahltheorie* Hollands basierendes Instrument zur Erfassung von Arbeitsplatzmerkmalen. Es handelt sich um eine angepasste und überarbeitete Fassung des amerikanischen Originals von Gottfredson und Holland (1991, *Position Classification Inventory, PCI*) und bildet das arbeitsplatzbezogene Pendant zum *Explorix*-Verfahren. Eine konkrete Berufstätigkeit oder eine Arbeitsstelle kann damit nach den sechs Holland-Dimensionen (*RIASEC*) charakterisiert werden. Es werden insges. 84 Items mit dreistufigem Antwortformat vorgegeben. Die Bearbeitung benötigt 10 bis 15 Min. *Reliabilität*: Die internen Konsistenzen (*Cronbachs Alpha*)

betragen zw. α = .80 und α = .96. Normwerte liegen nicht vor. Zur Ergebnisinterpretation reichen nach Angabe der Autoren Rohwertprofile und Codes. Für Forschungszwecke steht eine Kurzversion mit 60 Items zur Verfügung.

D. Üstünsöz-Beurer

Exploration (= E.) [engl. *exploration*; lat. *explorare* erkunden], [**KLI**], ein aus der med. Fachsprache stammender Begriff für das Eruieren psychopathol.Erscheinungen mittels Befragung des Pat.
[**DIA**], in die Ps. wurde dieser Begriff für die Ermittlung normaler psych. Vorgänge mittels Befragung des Pb übertragen. Im angloamerik. Sprachraum wird die E. als *interview* bez. Je nachdem, für welche Zwecke die E. verwendet wird, unterscheidet man zw. (1) der in der Meinungsforschung verwendeten E. (auch *Interview* genannt), welche persönliche Daten oder Tatbestände ermitteln soll, (2) der E., bei der Unklarheiten, Widersprüche und Lücken einer diagn. Untersuchung beseitigt werden sollen, um weitere Hinweise zur Interpretation von Testergebnissen zu erhalten, und (3) der E. als diagn. Methode zur Untersuchung von Persönlichkeitseigenschaften (*Persönlichkeitsmerkmal*), *Interessen*, Werthaltungen (*Werte*), *Einstellungen*, Problemen und Denkweisen des Pb. Wird die E. als diagn. Methode verwendet, so lässt sich die allg. oder informierende E., welche Tatsachenmaterial, Daten etc. liefern soll und evtl. Hinweise für die Gestaltung der Untersuchung, der Auswahl der Tests ergibt, von der gezielten E. zur Aufhellung best. Probleme und Zusammenhänge unterscheiden. *Anamnese*. Daseking & Petermann 2006.

H. O. Häcker

Explorationsprozedur [engl. *exploration procedure*], *Tastbewegung*.

explorative Datenanalyse (EDA) [engl. *explorative data analysis*; lat. *explorare* erkunden], *Datenanalysemethoden*, *Mustererkennung*, *Statistik*.

Test Explorix, 2013, S. Jörin Fux, F. Stoll, C. Bergmann & F. Eder, [www.testzentrale.de], [**DIA, AO**], beruflicher Interessentest. AA Jugendliche ab 15 Jahren und Erwachsene. Der Explorix ist die für den dt.sprachigen Raum übersetzte und überarbeitete Fassung des Self-Directed-Search (SDS) von Holland (1994). Genau wie dieser basiert er auf der *Berufswahltheorie* Hollands (*Interessen, hexagonales Strukturmodell*) und bietet wertvolle Entscheidungshilfen (*Entscheiden*) zur Berufswahl und Laufbahnplanung. Der Test ist als Selbsterkundungsverfahren konzipiert und besteht aus einem Testheft, in dem alle für die selbstständige Bearbeitung, Auswertung und Interpretation erforderlichen Informationen enthalten sind. Zur Ermittlung des persönlichen Interessencodes sind 228 Items zu vier versch. Bereichen (Tätigkeiten, *Fähigkeiten*, Sympathien für Berufe und Selbsteinschätzung von Fähigkeiten im Vergleich zu anderen Personen) mit dichotomem Antwortformat (gern/ungern oder ja/nein) zu bearbeiten. In einem zugehörigen Berufsregister (eigene Versionen für die Schweiz, Österreich und Dt.) können passende Berufe nachgeschlagen werden. Ebenfalls enthalten ist eine Checkliste zur Berufswahl-Situation (18 Items zu beruflichen Entscheidungsschwierigkeiten). Der Explorix kann auch als diagn. Instrument i. R. einer professionellen *Berufsberatung* eingesetzt werden. Die Bearbeitung der Items dauert ca. 20 Min., die Bearbeitung des gesamten Testheftes inkl. Selbstauswertung und Berufssuche zw. 30 und 60 Min. Neben einer Papier-Bleistift-Fassung stehen auch kostenpflichtige Online-Versionen zur Verfügung (jew. eigene Angebote für die Schweiz, Österreich und Dt.). Die Auswertung und Interpretation erfolgt ausschließlich auf der Basis von Rohwerten. Normwerte liegen für die Skalen bislang nicht vor. Die internen Konsistenzen (*Reliabilität*; *Cronbachs Alpha*) liegen für die sechs Gesamtskalen zw. α = .86 und α = .91 und für die einzelnen Subskalen zw. α = .70 und α = .84. Die Retest-Reliabilität einer Kurzform (Skalen Tätigkeiten und Fähigkeiten) im Zeitraum von eineinhalb Jahren wird für Berufstätige (N = 70) mit durchschnittlich rtt = .80 und für Gymnasiasten (N = 63) mit rtt = .73 angegeben. Muck 2005, Laube & Deller 2006.

D. Üstünsöz-Beurer

Explosivreaktion [engl. *explosive reaction*], [**KLI**], abnorm heftiger, dem Anlass nicht angemessener *Affekt* mit *Affekthandlung*. *Affektinkontinenz*.

Exponentialverteilung (= E.) [engl. *exponential distribution*], [**FSE**], theoretische *Verteilung*, die wegen ihrer math. Handlichkeit oft bei der Formalisierung kogn. Vorgänge benutzt wird und deren math. Gleichung $f(t) = a \cdot e^{-at}$ lautet, wobei t ≥ 0 die Zeit und a ≥ 0 ein freier Parameter – Rate oder Intensität genannt – ist. Mittelwert und *Standardabweichung* dieser Verteilung sind identisch, d. h., μ = σ = 1/a. Die E. kann man auch als das kontinuierliche Analogon der geometrischen Verteilung betrachten. Die wichtigste math. Eigenschaft der E. ist ihre «Gedächtnislosigkeit»; diese kann man folgendermaßen beschreiben: die Dauer T eines Prozesses sei exponential verteilt mit der Dichte $f_T(t) = a \cdot e^{-at}$. Ist der Prozess bis zu einem beliebigen Zeitpunkt c noch nicht abgeschlossen, so ist die noch verbleibende Dauer T* ebenfalls exponential verteilt mit $f_{T*}(t) = a \cdot e^{-at}$. Die Summe unabhängiger exponential verteilter Zufallsvariablen folgt der allg. Erlang'schen Verteilung. Townsend & Ashby 1983.

R. Ulrich

Exposition [engl. *exposition (therapy)*; lat. *exponere* aussetzen, offen hinstellen], [**KOG**], in der Exp. Ps. das Darbieten einer Vorlage (z. B. Zeichnung, Test), zu der dann später Angaben zu machen sind. Expositionszeit ist die Zeitdauer der Darbietung. [**KLI**], syn. *Expositionstherapie*; das Konfrontieren mit dem furchteinflößenden Gegenstand (z. B. Spinne). *Interozeptive Exposition*, *Systematische Desensibilisierung*, *Konfrontation mit Reaktionsverhinderung*.

expressed emotions [engl.] «ausgedrückte Emotionen»; *Schizophrenie*.

Expressivität [engl. *expressivity*; lat. *exprimere* ausdrücken], [**PER, SOZ**], die indiv., von Begabung, Temperament, Lernprozessen etc. abhängige und daher unterschiedliche (mitmenschliche) *Ausdruck*sfähigkeit. *Geschlechtsrollen-Selbstkonzept*, *Personal Attributes Questionnaire (PAQ)*.
[**BIO**], der Ausprägungsgrad bei Erbanlagen. *Erblichkeit*, *Verhaltensgenetik*.

Expropriozeption [engl. *exproprioception*; lat. *ex* aus], [**KOG, WA**], Differenzierung des Begriffs der *Propriozeption* i. S. Gibsons; Propriozeption wird eingeschränkt auf die Wahrnehmung von Haltungen und Bewegungen relativ zum eigenen Körper, Expropriozeption bez. die Wahrnehmung von Haltungen und Bewegungen relativ zur Umwelt. *H. Heuer*

Exstirpation [engl. *exstirpation*; lat. *exstirpare* «mit der Wurzel» herausreißen], [**BIO, KOG**], operative Entfernung von Organen (Organteilen), insbes. Herausnahme eines Teils des Gehirns zur Feststellung der Funktion dieses Teils aufgrund der Verhaltensausfälle (Verhaltensänderungen), die durch die operative Entfernung entstehen. *Ablation*. Solche Versuche wurden zuerst von S. I. Franz 1902 ausgeführt (Lashley). Guttmann 1981, Lashley 1929.

Extensionsreflex [engl. *extension reflex*; lat. *extendere* ausdehnen], [**BIO**], Streckreflex (z. B. bei Gliedern). *Reflex*.

extensive Käufe [engl. *extensive purchases*; lat. *extendere* ausdehnen], *Kaufentscheidungen, Modelle*.

extensive metabolizer (= EM), [**PHA**], das Cytochrom-P450-Isoenzym 2D6 zählt bis heute zu einem der am besten untersuchten Isoenzyme, und es hat eine bes. Bedeutung für die Pharmakologie sowie Interaktionskunde von Arzneistoffen und insbes. von *Psychopharmaka*. CYP2D6 kommt in zahlreichen polymorphen Modifikationen vor. Es ist mittlerweile eine Vielzahl unterschiedlicher Allele bekannt, die sich vom Wildtyp unterscheiden und durch Mutationen unterschiedliche Genotypen hervorbringen: PM (*poor metabolizer*), IM (intermediate metabolizer), EM und UM (*ultrarapid metabolizer*). Die versch. Metabolisierertypen korrelieren mit der Anzahl (0, 1, 2 oder > 3) der aktiven Allele. Träger des Wildtypgens von CYP2D6, die den Regelpat. charakterisieren, werden als EM bez. In der europäischen Bevölkerung verfügen ca. 50 % der Menschen über eine normale CYP2D6-Funktion und werden somit als EM bez. Greiner 2010, Greiner 2009. *M. Paulzen*

Externalisation [engl. *externalisation*; lat. *externus* außerhalb], ausdehnen, nach außen verlegen. Eigene Prozesse auf die Umwelt verlegen.
[**EM**], der Vorgang, durch den ein Antrieb eher durch eine äußere Reizung als durch eine innere ausgelöst wird.
[**EW**], der Prozess, durch den ein Kind allmählich zw. sich und der äußeren Umwelt unterscheiden lernt.

Externalisierungsprobleme [engl. *externalizing problems*], [**EW, PER**], als problematisch angesehene Verhaltensweisen, die oft gemeinsam vorkommen, nämlich *Impulsivität*, *Aggressivität*, *antisoziales Verhalten* und Drogenkonsum. Das Konzept wird vor allem in Bezug zum Verhalten im Kindes- und Jugendalter verwendet.

external political efficacy [engl.] externale politische Wirksamkeit; [lat. *externus* außerhab, *Selbstkonzept eigener politischer Kompetenzen*.

externer Speicher [engl. *external storage*; lat. *externus* außerhalb], [**KOG**], bez. in der Gedächtnisps. die Verlagerung aufzunehmender und später wiederzugebender Informationen nach «außen» in Form des Anlegens von Notizen, Tonbandaufzeichnungen und dgl. *Gedächtnis*. Muthig & Schönpflug 1981.

externe Validität *Validität, externe*.

exterozeptiv, Exterozeptoren [engl. *exteroceptive, exteroceptor*; lat. *exter* außen], *Rezeptor, Oberflächensensibilität*.

Exterozeptivreflex [engl. *exteroceptive reflex*; lat. *extero* außen], [**BIO**], Fremdreflex, z. B. Pupillenreflex. *Eigenreflex. Reflex.*

Extinktion [engl. *extinction*; lat. *extinguere* auslöschen], [**KOG**], das Auslöschen (Schwächen) von Gedächtnisinhalten, z. B. bei mangelnder Bekräftigung (*Verstärkung*) oder Aufhören der Abhängigkeit beim *bedingten Reflex*. *Auslöschung*.

Extinktion, wahrnehmungspsychologisch (= E.), [engl. *extinction*; lat. *extinctio* Auslöschung, Tilgung], [**BIO, WA**], die E. bez. eine Störung der *Aufmerksamkeit*, bei dem ein Pb bei gleichzeitiger bilateraler Darbietung von zwei Reizen nur einen Reiz beachtet bzw. wahrnimmt, obwohl beide Reize beachtet werden sollen. Die E. tritt häufig als Folge einer *Läsion* des *Parietallappens* auf, betrifft meist kontralateral zur Läsion dargebotene Reize und ist ätiologisch mit dem *Neglect* verwandt. Bender et al. 1948. *P. Wühr*

Extrapolation [engl. *extrapolation*], [**FSE**], Bestimmung eines außerhalb einer Wertreihe gelegenen Wertes durch Weiterführen der innerhalb der Wertreihe gefundenen Gesetzmäßigkeit. Bsp.: Vorausgesetzt eine Person legt eine gerade Strecke von 1 km in 10 Min. zurück. Wenn angenommen wird, dass die Person ihre Geschwindigkeit nicht verändert, so kann man linear extrapolieren und berechnen, an welchem Ort sich die Person nach 13 Min. befinden wird. Da aber zusätzliche Annahmen erforderlich sind, um das weitere Verhalten über den ursprünglichen Verlauf hinaus zu beschreiben (z. B. die Annahme, dass die Person im weiteren Verlauf nicht müde und daher langsamer wird), ist eine Extrapolation ggf. mit einer großen Unsicherheit behaftet. *Interpolation*.

extrapyramidales System (= e. S.) [engl. *extrapyramidal system*], syn. *extrapyramidales motorisches S., striopallidäres S., striäres S., myostatisches S.*, [**BIO**], der nicht über die Pyramidenbahnen verlaufende Teil des efferenten motorischen Systems (*Gehirn*). Die e. *Efferenzen* entspringen in etwa den gleichen motorischen Arealen des Kortex wie die Pyramidenbahn (= *Tractus cortico-spinalis*) und verbinden diese ebenfalls mit dem Hirnstamm. Die Unterscheidung beider ist im Wesentlichen rein anatomisch, da funktional offenbar keine greifbaren Unterschiede zu bestehen scheinen.

Das e. S. umfasst eine Reihe von Gebieten des Gehirns und *Leitungsbahnen*, die außerhalb der Pyramide in das *Rückenmark* absteigen. Hierzu gehören vom Kortex und von den Basalganglien kommende Strukturen. Weiterhin funktionell die Mittelhirnkerne (*Nucleus ruber, Substantia nigra* sowie Teile der *Formatio reticularis*). Die Fasern des e. S., die in mehr oder weniger deutlich geschlossenen Bahnen in das Rückenmark laufen, sind hier im Ggs. zur Pyramidenbahn i. d. R. mehrfach unterbrochen und z. T. miteinander verkoppelt und enden überwiegend an den spinalen Schalt*Neuronen*, deren Erregung dort auf die motorischen Vorderhornzellen übertragen wird. Funktionell wird das e. S. in einen die Vorderhornzellen hemmenden und einen bahnenden Anteil gegliedert. Die nur z. T. dem Willen unterstehenden e.-motorischen Bahnen vermitteln willkürliche sowie die unwillkürlichen, angeborenen und erlernten automatischen Bewegungen (*Motorik*) des Körpers und ihre unbewusste Steuerung (Regelung des *Muskel*), Koordinierung durch Agonisten-Antagonisten-Spiel, Körperhaltung). Störungen des e. S. liegen bei der *Parkinson'schen Erkrankung* vor (Transmitter-Defekt). Schmidt & Birbaumer 2006. *C. Becker-Carus*

Extrapyramidalmotorische Störungen (EPMS) [engl. *extrapyramidal symptoms, extrapyramidal side-effects*], auch *extrapyramidalmotorische Nebenwirkungen*, *extrapyramidale Nebenwirkungen*, Abk. EPMS, im Engl. auch EPS, [**PHA**], unerwünschte Wirkungen, die durch *Antipsychotika*/D2-*Dopaminrezeptor-Antagonisten* ausgelöst und durch die Verminderung der *dopaminergen* Neurotransmission im extrastriatalen System durch diese Substanzen erklärt werden. Es werden fünf versch. *Syndrome* voneinander abgegrenzt: *Frühdyskinesien*, *Akathisie*, *Parkinsonoid*, *malignes neuroleptisches Syndrom* (NMS), *Spätdyskinesien*. NMS und Spätdyskinesien sollten besser als Komplikationen denn als unerwünschte Wirkungen einer Therapie mit Antipsychotika bez. werden. Frühdyskinesien treten i. d. R. innerhalb der ersten 24–48 Std., immer jedoch innerhalb der ersten Woche, nach Beginn der Behandlung mit einem Antipsychotikum auf. Es handelt sich um unwillkürliche, dystone, choreatische, athetoide oder torsionsdystone Bewegungsabläufe, i. d. R. der Muskulatur des Kopfes, des Halses oder der oberen Extremitäten. Es kommt zu Kontraktionen der Zunge und der mimischen Muskulatur, typisch sind auch Blickkrämpfe. Als *Opisthotonus* wird ein Krampf der Streckmuskulatur des Rückens bez. Spasmen der Larynx- (= Kehlkopf) und Pharynx- (= Schlund) Muskulatur können lebensbedrohlich sein. Bes. sensibel für die Entwicklung von Frühdyskinesien sind junge Männer. Frühdyskinesien werden bes. häufig bei Behandlung mit hochaffinen klass. Antipsychotika (z. B. *Haloperidol*) beobachtet, generell nimmt die *Inzidenz* mit der verabreichten Dosis des Antipsychotikums zu. Die Behandlung besteht in der Verabreichung von *Anticholinergika*, ggf. initial intravenös.

Unter *Akathisie* versteht man eine subj. als quälend empfundene Unruhe, die mit der Unfähigkeit verbunden ist, ruhig sitzen zu bleiben, und dem Drang sich zu bewegen. Eine Akathisie tritt meist in der ersten Behandlungswoche auf, bei sehr empfindlichen Personen kann schon eine Einmalgabe zur Akathisie führen. Auch hier steigt das Risiko dosisabhängig, bes. häufig ist eine Akathisie unter hochaffinen klassischen Antipsychotika. Wichtigste therap. Maßnahme ist die Dosisreduktion, ggf. kann vorübergehend ein Betablocker versucht werden. Das Parkinsonoid ist ein medikamentös induziertes Parkinson-Syndrom, dessen Symptomatik von einem *Morbus Parkinson* ununterscheidbar sein kann. Bei älteren Pat. ist er gelegentlich eine wichtige *Differenzialdiagnose*. Es entwickelt sich meist innerhalb von einigen Tagen bis wenigen Wochen nach Beginn der Behandlung mit einem Antipsychotikum. Wie der M. Parkinson ist es charakterisiert durch Bradykinese (= Verlangsamung der Bewegungen) bis zur Akinese, kleinschrittigen Gang, Hypo- und Amimie, Hypersalivation, Rigor und von Tremor, i. d. R. der oberen Extremitäten. Ausgeprägte Blockade von D2-Dopaminrezeptoren durch hohe Antipsychotika-Dosierungen und/oder Gabe hochaffiner klassischer Antipsychotika erhöht auch das Risiko für ein Parkinsonoid. Unter Antipsychotika, die einen sehr schwachen Antagonismus von D2-Rezeptoren entfalten (z. B. *Clozapin* und *Quetiapin*) kommt ein Parkinsonoid (wie auch Frühdyskinesien) praktisch gar nicht vor. Differenzialdiagnosen sind neben dem M. Parkinson eine Neg.symptomatik oder ein i. R. einer *Schizophrenie* auftretendes depressives Syndrom. Wichtigste Behandlungsmaßnahme ist auch hier die Dosisreduktion, ggf. die Umstellung auf ein anderes Präparat, vorübergehend können Anticholinergika gegeben werden. Zum malignen neuroleptischen Syndrom siehe dort. Spätdyskinesien sind Komplikationen einer längerfristigen, mind. mehrmonatigen, i. d. R. aber mehrjährigen, antipsychotischen Therapie. Im höheren Lebensalter treten sie manchmal auch spontan, d. h. ohne antipsychotische Behandlung, auf. Meist beginnen sie als unwillkürliche, stereotype Bewegungen im Bereich der Zungen-, Mund- und Gesichtsmuskulatur. Wird die antipsychotische Behandlung unverändert fortgesetzt, sind später auch die Extremitäten- und Rumpfmuskulatur betroffen. Spätdyskinesien verschwinden im *Schlaf*, ihre Intensität kann bei emot. Erregung zunehmen. Die *Inzidenz* nimmt mit dem Alter deutlich zu, wobei Frauen häufiger betroffen sind. Spätdyskinesien sind schwer zu behandeln und oft irreversibel. Ihrer *Prävention* durch rationale und möglichst niedrig dosierte Behandlung kommt daher die wichtigste Bedeutung zu. *extrapyramidales System*. Gründer & Benkert 2012. *G. Gründer*

Extraversion (= E.) [engl. *extraversion*; lat. *extra* außen, *vertere* (zu)wenden), [**PER**], manchmal falsch als *Extroversion* bez.; wurde von *C. G. Jung* eingeführt als Ggs. zu *Introversion*. Die *Dimension Extraversion – Introversion* findet sich in fast allen faktorenanalytischen Persönlichkeitsmodellen (*Persönlichkeit, klassische/neuere faktorenanalytische Ansätze*). Im *Fünf-Faktoren-Modell* ist E. eine breite Persönlichkeitsdimension. Hohe Ausprägungen sind gekennzeichnet durch Aktivität, Abenteuerlust, Fröhlichkeit, Herzlichkeit, Geselligkeit und Dominanz; niedrige Ausprägungen (Introversion) durch Trägheit, Bedächtigkeit, Ernsthaftigkeit, Zurückhaltung, Distanziertheit und Unterwürfigkeit. Die jew. Unterfaktoren sind nur mäßig miteinander korreliert. E. sagt stärker als die anderen *Big Five* geselliges Verhalten, Größe des sozialen Netzwerks, pos. Stimmung, Führungsqualität und erfolgreichen Kundenkontakt vorher.

Extremerlebnis (= E.) [engl. *extreme experience*], [**KLI**], ein E. kann durch ein Extremereignis (z. B. Unfall) eintreten und zu einer psych. Beeinträchtigung (auch zu einer Störung mit Krankheitswert; *Posttraumatische Belastungsstörung (PTBS)*) führen. Durch eine solche Beeinträchtigung ist das Verhalten (als Erleben und Handeln) der betroffenen

Personen nach einem Extremereignis nicht mehr so frei wie vor dem Extremereignis und kann somit als Psychotrauma krankheitswertig werden. Ein E. kann die Illusion von Kontrolle zerstören, in die psych. Abläufe destruktiv eingreifen und möglicherweise psych. Strukturen auf Dauer negativ verändern. Die Akutphase (in ICD-10 F43.0 und DSM-5 F43.0 näher beschrieben; *Klassifikation psychischer Störungen*) umfasst psychol. gesehen den Zeitraum vom E. bis zum spontanen Abklingen der psych. Beeinträchtigungen oder bis zum Eintreten einer Verfestigung dieser Beeinträchtigungen (in ICD-10 F43.1 und DSM-5 ebenfalls F43.1). Psychol. *Erste Hilfe* und psychoth. Behandlung sind Ziel der *Unfallnachsorge*. Echterhoff 2013.   W. Echterhoff

Extremgruppenmethode [engl. *extreme groups approach*], **[DIA]**, stat. Methode zur Ermittlung eines *Validität*skennwertes. Man vergleicht dabei zwei Gruppen von Vpn, bei denen die eine Gruppe das zu validierende Merkmal in extrem hohem Grade und die andere Gruppe das Merkmal in extrem niedrigem Ausmaß besitzt.

Extremismus, politischer (= p. E.) [engl. *political extremism*; lat. *extremum* das äußerste], **[SOZ]**, ist gekennzeichnet durch Ablehnung des demokratischen Verfassungsstaates und seiner Werte, durch Zurückweisung des Pluralismus, durch einen rigiden Alleinvertretungsanspruch für politische Deutungsmuster (*Dogmatismus*). P. E. ist vielfach mit *Gewalt*bereitschaft verbunden. Indiv. Merkmale wie Autoritätsorientierung (*autoritärer Charakter*), geringes Niveau kogn. Differenziertheit und begrifflicher Komplexität auf der einen Seite und gesellschaftliche Strukturen wie als ungerecht empfundene Lebensumstände, Unfreiheit und staatliche Willkür auf der anderen Seite dienen als Erklärungsansätze für p. E. In welcher Form gesellschaftliche Bedingungen die Entstehung von p. E. beeinflussen, hängt von indiv. Bewertungs- und Verarbeitungsprozessen ab. Preiser 2008.   S. Preiser/C. Beierlein

Extremitätseffekt [engl. *extremity effect*; lat. *extremum* das äußerste], *Eindruck, erster*.

Extremscheueffekt, **[FSE, KOG]**, *Beurteilungsfehler*, bei dem die Tendenz zu mittleren Urteilen (zentrale Tendenz) auf eine Scheu vor Härte und Eindeutigkeit zurückgeführt wird. *Tendenz zur Mitte*. Ggs. *Tendenz zu Extremwerten*.

extrinsisch [engl. *extrinsic*; lat. *extrinsecus* von außen], **[EM]**, aus äußerem *Antrieb*. Ggs. *intrinsisch*. *extrinsische Motivation*.

extrinsische Belohnung [engl. *extrinsic reward/gratification*; lat. *extrinsecus* von außen], *Schutzmotivation, Theorie der*.

extrinsische Motivation [engl. *extrinsic motivation*; lat. *extrinsecus* von außen], *Lernmotivation, intrinsische und extrinsische, Motivation, autochthone Dynamik, autotelisch*.

extrospektiv [engl. *extrospective*; lat. *extra* außen, *spectare* betrachten], **[KOG]**, auf Fremd- bzw. Ausdrucksbeobachtung beruhend, Fremdbeobachtung betreibend. Ggs. introspektiv. *Beobachtung, Introspektion*.

Exzellenzinitiative des Bundes und der Länder, **[PÄD]**, finanzielles Förderprogramm des dt. Bundes und der Länder, das im Jahr 2005 beschlossen wurde und voraussichtlich bis 2017 mit dem Ziel der nachhaltigen Verbesserung der dt. Hochschulen im Hinblick auf die internat. Wettbewerbsfähigkeit des Forschungsstandortes Dt. durchgeführt. In der zweiten Phase von 2009 bis 2012 wurde ein Gesamtfördervolumen von 2,7 Mrd. Euro zur Verfügung gestellt wird. Förderlinien sind (1) Graduiertenschulen zur Förderung des wiss. Nachwuchses, (2) Exzellenzcluster zur Förderung der Spitzenforschung und (3) Zukunftskonzepte zum projektbezogenen Ausbau der universitären Spitzenforschung.   M. Heinecke-Müller

Exzess (= E.) [engl. excess; lat. *excedere* überschreiten], **[FSE]**, gibt die Differenz der *Wölbung* einer Werteverteilung (*Verteilung*) und der Wölbung einer *Normalverteilung* (Wölbung = 3) an. Werte von E < 0 indizieren eine breitgipflige Verteilungsform im Vergleich zur Normalverteilung (*platykurtische* Verteilung). Werte von E > 0 indizieren eine schmalgipflige Verteilungsform im Vergleich zur Normalverteilung (*leptokurtische* Verteilung). Verteilungen mit gleicher Wölbung wie die Normalverteilung (E = 0) werden als *mesokurtisch* bez. *Verteilungsparameter*.

Exzitabilität, Exzitation [engl. *excitability, excitation*; lat. *excitare* antreiben], Reizbarkeit, Erregung, Aufregung.

eye tracking [engl.] *Blickbewegungsmessung. Augenbewegung.*

Eysenck, Hans-Jürgen (1916–1997), **[HIS, PER]**, verließ Dt. aus politischen Gründen 1934 und studierte in Dijon und Exeter. Erste Ps.-Vorlesungen 1935 in London. 1940 Ph. D., anschließend (mit Unterstützung von A. Lewis) Chair am *Maudsley Hospital/Institute of Psychiatry*. Prof. in London. Erste Ausbildung Klinischer Psychologen in GB im von ihm gegründeten *Dept. of Psychology*, erste Anwendung der noch neuen Verhaltenstherapie. Mit strikter naturwiss. Ausrichtung Forschungsschwerpunkte im Bereich der Persönlichkeitstheorien (*Persönlichkeit*), *Intelligenz, Einstellung, Verhalten* – unter Kombination versch. Forschungstraditionen. Zahlreiche Publikationen, wobei seine z. T. sehr nonkonformen Theorien häufig kontroverse Diskussionen provozierten. Eysenck 1960, Eysenck 1975, Eysenck 1970, Eysenck 1980.

^Test^**Eysenck Personality Inventory (EPI)**, 1964, H. J. Eysenck und S. B. G. Eysenck. AA ab ca. 16 Jahren, [www.testzentrale.de], **[DIA, PER]**. Persönlichkeitsfragebogen zur Messung der Dimensionen *Extraversion-Introversion* und emot. Stabilität-Labilität (*Neurotizismus*) nach der Eysenck'schen Persönlichkeitstheorie. Die dt. Version dieses Tests ist das Eysenck-Persönlichkeits-Inventar (EPI), 2. Aufl. 1983 von D. Eggert. 1. Aufl. 1974. AA ab ca. 14 Jahren. Das Verfahren umfasst 57 Items, von denen je 24 die Ausprägung der Dimension Extraversion-Introversion bzw. Neurotizismus messen. Die Lügenskala umfasst neun Items. Als Normwerte liegen (geschlechtsspezif.) Mittelwertsangaben (mit Streuungen) für verschiedene normale und klin. Gruppen vor. Umfangreiche Angaben zur Validität. Reliabilitäten liegen überwiegend im unteren Bereich (um $r = .70$ oder darunter). Der Test liegt in zwei parallelen Formen A und B vor. Veränderter Durchführungsmodus bei blinden bzw. leseschwachen Pbn. Durchführungszeit ca. 10–20 Min. Es liegt ein modifiziertes Verfahren für Kinder und Jugendliche vor: das *Junior Eysenck Personal-*

ity Inventory (JEPI), 1965, von S. B. G. Eysenck. AA von 7 bis 16 Jahren. Eine dt. Version dieses Tests wurde von F. Buggle, K. Gerlicher und F. Baumgärtel 1968 entwickelt. AA von 10 bis 15 Jahren. Der Fragebogen umfasst insges. 60 Items, je 24 Fragen erfassen die Subskalen *Extraversion* und *Neurotizismus* und 12 Fragen die *Lügenskala*. Mittelwerte, Streuungen und Normalverteilungswahrscheinlichkeiten der drei Subskalen sind für 10 Unterstichproben mit insges. 1755 Ober-, Mittel- und Volksschülern der 5. bis 9. Klassen ausgewiesen. Verschiedene Reliabilitätsschätzungen ergaben Werte zw. $r = .56$ und $r = .89$ für die Extraversionsskala, zw. $r = .78$ und $r = .91$ für die Neurotizismusskala und zw. $r = .50$ und $r = .84$ für die Lügenskala. Retest-Reliabilitäten für die versch. Skalen zw. $r = .48$ und $r = .87$. Durchführungszeit zw. 20 und 45 Min. Auswertungszeit ca. 5–10 Min.

E-Z-Reader-Modell [engl. *E-Z Reader model of eye movement control*], *Sprachwahrnehmung*.

Face-to-Face-Kommunikation [engl.] «Kommunikation von Angesicht zu Angesicht», [**SOZ**], unmittelbare, vermittelte *Kommunikation*.

Facettentheorie (= F.) [engl. *facet theory*], [**FSE**], eine Methodologie für Entwurf und Analyse wiss Fragen. Grundbaustein der F. ist das *Item*, eine Frage (echte Frage, Testaufgabe, Stimulus) aus einem best. Inhaltsbereich, zus. mit einem Bildbereich (oft ausformuliert als *Antwortskala*), auf die die Person (oder allg.: der Beobachtungsgegenstand) abgebildet wird. Bsp. *Intelligenztest*-Items: Diese werden abgrenzt von anderen Items durch ihren bes. Bildbereich, der von «sehr richtig bis sehr falsch i. S. einer obj. Regel» reicht. Alle Items, deren Antworten in diesem Sinn bewertet werden, werden damit zu Intelligenz-Items (Guttman & Levy 1991). Den Def.bereich von Intelligenz-Items (d. h. den Stimulus und die Person) kann man z. B. facettieren durch Unterscheidung der Items in (1) geometrische, verbale und algebraische Aufgaben (Facette F1 = {G, V, A}) und (2) in Aufgaben, zu deren Lösung man in der Regel ableiten oder anwenden muss (Facette F2 = {B, N}). Damit wird das Item-Universum konzeptionell geschichtet in Items vom Typ GB, GN, VB usw. Neben den Aufgaben kann man auch die Personen facettieren, z. B. mit der Facette F3 = {männlich, weiblich} oder mit F4 = «Alter in Jahren». Die zu testende Hypothese ist dann, dass diese Facetten bei entspr. konstruierten oder ausgesuchten Items empirisch «greifen», d. h., dass sie sich stat. in den Daten zeigen (z. B. in einer *Diskriminanzanalyse*). Wenn das der Fall ist, sind diese Facetten «nützlich». Borg & Shye 1995. *I. Borg*

face validity [engl.] *Augenscheinvalidität*.

Fächereffekt [engl. *fan effect*], [**KOG**], bez. den Anstieg der *Reaktionszeit*, der mit zunehmender Zahl von Fakten einhergeht, die mit einem Begriff assoziiert sind. Er wurde deshalb so benannt, weil die Reaktionszeit ansteigt, wenn der «Fächer» von Fakten größer wird, der von der Netzwerkrepräsentation eines Begriffes aufgespannt ist. [**PÄD, PER**], *Stabilität*. Anderson 1974, Anderson 2013.

Fachinformation, pharmakologische (= p. F.) [engl. *summary of product characteristics*, *SPC*], [**PHA**], die p. F. enthält die wesentlichen Informationen über ein *Fertigarzneimittel*. Sie wird von den pharmazeutischen Unternehmern erstellt. Auf 2–14 Seiten wird mit ähnlicher Gliederung wie in der Roten Liste und im *Beipackzettel* über Anwendungsgebiete, *Nebenwirkungen*, *Arzneimittelwechselwirkungen*, Warnhinweise, Inkompatibilitäten, Dosierung, Notfallmaßnahmen, *Pharmakokinetik* und *Pharmakodynamik* des Arzneimittels informiert. Das für die Erstellung verwendete wiss. Material entstammt i. d. R. aus Studien, die für die Zulassung durchgeführt wurden. Durch Spontanerfassung von unerwünschten Arzneimittelwirkungen und -wechselwirkungen kann es dazu kommen, dass neue Informationen aufgenommen werden müssen, entweder eigeninitiativ durch den Hersteller oder veranlasst durch die Zulassungsbehörde. Von wiss. Originalarbeiten unterscheiden sich die p. F. im Wesentlichen dadurch, dass die Datenquellen für die Erstellung der Inhalte i. d. R. nicht angegeben werden. Die Richtigkeit der Angaben wird allerdings durch die Zulassungsbehörde überprüft. Darüber hinaus werden bei der Abfassung der Texte auch rechtliche Aspekte berücksichtigt, um den Hersteller haftungsrechtlich zu schützen. P. F. sind eine wesentliche Quelle für Arzneimittelinformationen. Die Angaben werden in Lehrbüchern, d. h. in Sekundär- und Tertiärliteratur, übernommen. Fachinformationen sind über das Internet einsehbar. [www.fachinfo.de] *C. Hiemke*

Facial Action Coding System (FACS), [**EM**], das FACS von Ekman & Friesen (1978) ist ein umfassendes *Kategoriensystem*, das alle visuell unterscheidbaren Gesichtsbewegungen erfasst. Die Beobachtungseinheit ist die *Action Unit (AU)*, die aus der Bestimmung der Muskeln, die unabhängig voneinander inerviert werden können, resultiert. Die Kennzeichnung der *Action Units* erfolgt durch ein System von Nummern, die keine suggestiven Implikationen wie «freundliches Lächeln» oder «Kummerfalten» u. ä. verbalsprachlichen Benennungen haben, wie sie in anderen Systemen verwendet werden. Da die Def. der *Action Units* auf Begriffen der funktionellen Anatomie basiert, kann das Verfahren bei Individuen mit ganz unterschiedlicher Physiognomie (*Physiognomik*) angewendet werden. Mit FACS können Fotografien oder Videoaufnahmen von Gesichtern codiert werden. Für die Codierung von Videoaufnahmen wird das Band zunächst in Realzeit abgespielt, bis eine mimische Bewegung erkennbar ist. Danach wird das Band im Slow-Motion-Betrieb mehrmals vor- und zurückgespielt, um die Bewegung genauer zu analysieren. Zur Codierung gehört die Bestimmung der vorliegenden AU oder AU-Kombination, die Angabe, ob eine *Action Unit* einseitig oder auf beiden Seiten vorliegt, sowie die Angabe des Anfangs- und Endzeitpunktes, der anhand eines ins Bild eingespielten Zeitsignals auf 4/100 genau bestimmt wird (bei 25 Bildern pro Sekunde für PAL). Bei einzelnen *Action Units* werden auch 5 Intensitätsgrade (a-e) codiert. Mit diesen Codierschritten kann in einer Feinanalyse prinzipiell die zeitliche Organisation eines Kontraktionsmusters hinsichtlich Aufbau, Höhepunkt und Ausklingen beschrieben werden. *Mimikanalyse*. *S. Kaiser/T. Wehrle*

TestFacial Affect Scoring Technique (FAST), 1971, Ekman, Friesen & Tomkin, [**DIA, EM, SOZ**], Emotionen-Kategorisierungs-Mimik-Test, bei dem Fotografien der durch die Gesichtsmotorik verursachten Veränderungen (*Mimik*) mit Standardbildern der Stirn-, Augen- und Mundpartien bei sieben Affektkategorien verglichen werden. Das Verfahren wird bei *Interaktionsanalysen* eingesetzt, erfordert aber einen großen apparativen Aufwand und viel Zeit für die Beobachtung. Ottensmeyer & Zimolong 1980.

Facial Expression Analysis Tool (FEAT), **[EM]**, ist ein Verfahren zur automatischen Codierung mimischer Verhaltens in *Mensch-Computer-Interaktionen*, das auf *Facial Action Coding System (FACS)* basiert (Kaiser & Wehrle 2008; Wehrle 1992, 1996). Der erste Schritt dieser automatischen Codierung besteht darin, die mimischen Daten einem Digitalisierer zugänglich zu machen. Dies geschieht mithilfe kleiner reflektierender Punkte, die an vordefinierten Stellen im Gesicht der Vp angebracht werden. Ein spez. Muster-Erkennungs-Algorithmus erlaubt die Identifizierung der Punktmuster in der digitalisierten Videosequenz. In einem zweiten Schritt wird das Punktmuster mithilfe eines künstlichen neuronalen Netzes in der Terminologie von FACS klassifiziert. FEAT ist ein situiertes Verfahren für den Einsatz in exp. Mensch-Computer-Interaktionen – und noch spezif. i. R. der mit dem *Geneva Appraisal Manipulation Environment* (GAME, Wehrle 1996) entwickelten Computerspielinteraktionen (Kaiser & Wehrle 2001). *Mimikanalyse*. *S. Kaiser/T. Wehrle*

Facial-Feedback-Hypothese [engl. *facial* Gesichts-], mimische Rückmeldung; *Gefühle, Selbstwahrnehmung*.

facialis [lat.], zum Gesicht gehörend, mimisch.

Facialisparese [engl. *facial paralysis*; lat. *facialis* Gesichts-, gr. πάρεσις *(paresis)* Lähmung], Facialislähmung. *Dysglossie*.

Facies (= F.) [lat.], **[EM, GES]**, Gesicht, insbes. auch Gesichtsausdruck des leidenden Menschen (*F. dolorosa*). Bsp.: *F. composita* (das gesunde Gesicht), *F. decomposita*, syn. *hippocratica* (das kranke Gesicht, das schon von Hippokrates beschrieben wurde), *F. mongolica* (Gesichtsausdruck bei *Down-Syndrom*), *F. tetanica* (Starrkrampfgesicht), *F. gastrica* (Ausdruck bei chronisch Magenkranken mit tiefen Nasolabialfalten).

faciobuccolinguale Apraxie [engl. *faciobuccolingual apraxia*; lat. *facies* Gesicht, *bucca* Backe, *lingua* Zunge], *Apraxie*.

fading [engl.] Ausblenden, **[KLI]**, *operante Konditionierungsmethode* der *Verhaltenstherapie*, bei der verhaltensauslösende Reize graduell abgebaut bzw. ausgeblendet werden, sodass bereits min. Reize (z. B. soziale Reize, die Kommunikationsbereitschaft signalisieren) genügen, das gewünschte Verhalten auszulösen. *Prompting*.
[PÄD], eine sog. Schwundtechnik, Prinzip abnehmender Lernhilfen beim *programmierten Unterricht*. Innerhalb einer Reihe von Lerneinheiten werden anfänglich gegebene Lernhilfen allmählich reduziert und bleiben schließl. aus. *reciprocal teaching*.

Fähigkeit (= F.) [engl. *ability, capability*], **[AO, KOG, PÄD, PER]**, die Gesamtheit der zur Ausführung einer best. *Leistung* erforderlichen personalen Bedingungen. In der Lebensgeschichte entstandene, komplexe Eigenschaften, die als verfestigte Systeme verallgemeinerter psychol. Prozesse den Tätigkeitsvollzug steuern (Hacker 1978). Eine F. wird operationalisiert durch eine bestimmte Leistung in einem *Test*, wobei man davon auszugehen hat, dass die F. im Test nur unvollständig erfasst wird. Zum Zwecke der Einteilung der Tests fasst Cronbach (1970) den Begriff der F. etwas enger. Von Tests für F. würde man demnach sprechen, wenn der Pb den für ihn max. erreichbaren Testwert erhalten möchte. *ability*. *H. O. Häcker*

Fähigkeits-Bedarf-Perspektive [engl. *capability-demand perspective*], *Organisationswahl*.

Fähigkeitskonzeption, intra- und interindividuelle [engl. *concpetion of ability*], *Lerner, aufgabenorientiert und egoorientiert*.

Fähigkeitsselbstkonzept (= F.) [engl. *self-concept of ability, academic self-concept*], syn. Selbstkonzept der Begabung, schulisches/akademisches Selbstkonzept, **[EM, PÄD]**, Gesamtheit der kogn. Repräsentationen eigener Fähigkeiten. Eingeschlossen sind Annahmen über Höhe, Struktur und Stabilität der eigenen Fähigkeit. Je nach Auffassung aus dem Konstrukt ein- oder ausgeschlossen sind affektive Bewertungen. Das F. ist u. a. abzugrenzen von *Selbstwert* und *Selbstwertgefühl*, Selbstwirksamkeit (*Selbstwirksamkeitserwartung*) und *Selbstvertrauen* sowie von Leistungseinschätzungen. Das F. ist Teil des *Selbstkonzepts* einer Person. F. sind hierarchisch aufgebaut und können auf allen Hierarchieebenen erfasst werden (z. B. allg. schulisches F., fachspezifisches F.). Die Erfassung erfolgt zumeist über Selbstberichtskalen. Es liegen eine Reihe nicht normierter Verfahren für Forschungszwecke sowie einige wenige normierte Verfahren für die Einzelfalldiagnostik vor (derzeit aktuellstes normiertes Verfahren: *SESSKO*). Das F. speist sich aus Erfahrungen mit eigener Leistung (z. B. erfolgreiche Aufgabenbearbeitung, Noten), sowie direkten/indirekten Fähigkeitsmitteilungen anderer Personen. Bei der Verarbeitung dieser Informationen spielen Vergleichsprozesse unter Nutzung versch. *Bezugsnormen* sowie *Kausalattributionen* eine wesentliche Rolle. Diese Prozesse und Einflussfaktoren bieten zugleich Ansatzpunkte für Interventionen. Das F. wirkt sich aus auf Erfolgserwartungen und stellt somit eine vorauslaufende Bedingung für *Motivation* dar (*Erwartung-Wert-Theorien*). Das F. beeinflusst eine Vielzahl weiterer lern- und leistungsrelevanter Faktoren, darunter *Prüfungsangst*, Attribution und Aufgabenwahl. Vermittelt über solche Variablen, wirkt es sich zudem nachfolgend auf Leistung aus. In der Päd. Ps. gilt das F. als relevant zur Erklärung von Leistungsunterschieden, als hilfreich für die Aufklärung erwartungswidriger Leistung (*Underachievement*) und als generell bedeutsam für Lernerfolg. *Selbstkonzeptmodell*. Stiensmeier-Pelster & Schöne 2008. *C. Schöne*

Fähigkeitsselbstkonzept, Förderung [engl. *self-concept of ability/academic self-concept; promotion*], **[EM, PÄD, PER]**, aufgrund der positiven Auswirkungen eines hohen Fähigkeitsselbstkonzepts (= F., *Fähigkeitsselbstkonzept*; auch *akademisches Selbstkonzept* genannt) auf Lern- und Leistungsverhalten (*Lernen, Leistung*) werden versch. Ansätze zu dessen Förderung diskutiert. Dazu zählen Attributionstrainings (*Kausalattribution*), die Personen dazu anleiten sollen, eigene Erfolge auf die eigene *Fähigkeit* und *Anstrengung* zurückzuführen. Zudem erwies sich indiv. Lob und pos. Leistungs*feedback* als förderlich zur Steigerung des F. (*Verstärkung*). Weiter sollen Maßnahmen zur Förderung des F. eine indiv. bzw. temporale *Bezugsnorm* zur Leistungsbewertung und eine *Lernzielorientierung* nahelegen. Aufgrund der Multidimensionalität des Selbstkonzepts (*Selbstbild*) sollen die Fördermaßnahmen inhaltlich auf die Selbstkonzeptfacetten abgestimmt sein, die durch die jew. Maßnahmen gesteigert werden sollen. *Interventionen* zeigen die stärksten Effekte auf solche Selbstkonzeptfacetten, die inhaltlich logisch mit dem Inhalt der jew. Intervention zus.hängen (z. B. math. ausgerichtete Interventionen zeigen die stärksten Effekte auf das Selbstkonzept in Mathematik). Mittelstarke Effekte zeigen sich für solche Selbstkonzeptfacetten, die eine gewisse inhaltliche Überschneidung mit den Fördermaßnahmen aufweisen und für die somit *Transfer-Effekte* angenommen werden können (z. B. math. ausgerichtete Interventionen zeigen schwache pos. Effekte auf die globale F.). Keine Effekte zeigen Interventionsmaßnahmen auf solche Selbstkonzeptfacetten, die in keinem inhaltlichen Zusammenhang zur Fördermaßnahme stehen (z. B. math. ausgerichtete Interventionen zeigen keine Effekte auf das Selbstkonzept in Sport). Aufgrund des reziproken, sich gegenseitig verstärkenden Zusammenhangs zw. Selbstkonzept und Leistung gilt zudem die Empfehlung, Selbstkonzept- und Leistungsfördermaßnahmen zu integrieren. Bei der Implementation von Maßnahmen zur Steigerung des F. im Kontext von Schulklassen stieß man auf das Problem von sog. *Diffusionseffekten*. Solche treten auf, wenn innerhalb der Klasse die Schüler in eine *Experimentalgruppe* und eine *Kontrollgruppe* aufgeteilt werden. Eine Verbesserung des F. kann dann auch für Schüler der Kontrollgruppe verzeichnet werden. Dies lässt sich dadurch erklären, dass Lehrer die Maßnahmen zur Förderung des Selbstkonzepts nicht nur gezielt auf die Schüler der Experimentalgruppe anwenden, sondern auch (bewusst oder unbewusst) auf die Schüler der Kontrollgruppe. Zur Kontrolle und zum Nachweis von Diffusionseffekten bietet sich der gleichzeitige Einsatz von klassenexternen und klasseninternen Kontrollgruppen an. Die Wirksamkeit von Maßnahmen zur Förderung des F. scheint zudem von der Person des Durchführenden abzuhängen. Während ältere *Metaanalysen* die Wirksamkeit von lehrerbasierten Maßnahmen kritisch betrachten (z. B. Hattie 1992), kommen neuere Metaanalysen zu positiveren Schlussfolgerungen (z. B. O'Mara et al. 2006). Die Wirksamkeit hängt zudem von Merkmalen der Zielgruppe ab, da die stärksten Effekte dann verzeichnet werden, wenn sich die Interventionsmaßnahmen an Schüler mit einem niedrigen Ausgangswert im Selbstkonzept richten. Zur Prüfung von langfristigen Effekten von Interventionsmaßnahmen sollten Follow-up-Testungen (*Follow-up-Studie*) realisiert werden. Follow-up-Testungen erlauben zudem die Feststellung von sog. *Sleeper-Effekten*, d. h. Interventionseffekten, die sich nicht unmittelbar im Anschluss an die Durchführung der Intervention, sondern erst bei verzögerter Testung zeigen und die dadurch erklärt werden können, dass Fördermaßnahmen erst mit fortschreitender Zeit ihre Wirkung entfalten. *K. Arens*

Fahrtauglichkeit, Fahrtüchtigkeit [engl. *fitness to drive, roadworthiness*], syn. Fahreignung; *Psychopharmaka, Fahrtüchtigkeit, Verkehrspsychologie*.

Fahrtüchtigkeit, Einfluss von Psychopharmaka *Psychopharmaka, Fahrtüchtigkeit*

Fail-Safe-N-Methode (= F.) [engl. *fail* ausfallen, *safe* absichern], **[FSE]**, Methode zur Kontrolle eines möglichen *publication bias* i. R. einer *Metaanalyse*. Wenn vermutet wird, dass Studien mit nicht signifikantem Ergebnis mit geringerer Wahrscheinlichkeit publiziert wurden als Studien mit signifikantem Befund, so wird bestimmt, wie viele nicht signifikante Studien aufgrund nicht nachgewiesener *Signifikanz* ungerechtfertigterweise nicht hätten publiziert werden dürfen, damit der geschätzte Gesamteffekt (integrierter Effekt über alle Primärstudien) gerade eben nicht mehr signifikant würde. Je mehr Studien aufgrund mangelnder Signifikanz nicht hätten publiziert werden müssen, damit der Gesamteffekt verschwindet, desto robuster ist das signifikante Ergebnis einer *Metaanalyse* gegenüber einem möglichen *publication bias*. Döring & Bortz 2016.

Fairness (= F.) [engl.] Gerechtigkeit, **[AO, SOZ, WIR]**, umfasst sowohl die Verteilung von *Ressourcen* (*distributive F.*), das Verfahren zur Entscheidungsfindung (*Entscheiden, prozedurale Fairness*), die Zur-Verfügung-Stellung relevanter Information (*informationale Fairness*) und den sozialen Umgang der Beteiligten miteinander (*interpersonale Fairness*). Ein verwandter Begriff ist *Gerechtigkeit*. Neben der Ps. befassen sich auch andere Wissenschaftsdisziplinen, v. a. die Rechts-, Politik- und Sozialwissenschaft, mit dem Thema der F. Die Omnipräsenz des Strebens nach Gerechtigkeit ist vielfach belegt. Zwar ist das Gerechtigkeitsstreben universell, aber was als Recht oder Unrecht bez. wird, variiert zw. Kulturen, Kontexten und Individuen (Montada 2011). Wenn Bedingungen als fair wahrgenommen werden, treten pos. Effekte auf die Zufriedenheit (z. B. *Arbeitszufriedenheit, Kundenzufriedenheit*), die affektive *Bindung*, das *Vertrauen*, auf freiwilliges Arbeitsengagement und die Leistung auf. Außerdem fördert F. das kooperative Verhalten, wie die *Metaanalyse* von Cohen-Charash und Spector (2001) zeigt. Demgegenüber führt geringe F. zu einer Vielzahl von ungünstigen Konsequenzen (z. B. *Ärger*, Hilflosigkeit, emot. Rückzug, Kündigungsabsicht, höhere Fehlzeiten, Diebstahl, mehr Stresserleben, stärkerer Widerstand gegen Veränderungen, Sabotage und *Aggression*). Die Herstellung fairer Bedingungen stellt insofern einen bedeutenden situationalen Einflussfaktor dar.

Distributive F. bez. die wahrgenommene F. von Ergebnissen wie die Verteilung von Gütern. Sie trägt zur Strukturierung von sozialen Austauschprozessen bei (*sozialer Austausch*). Eine Verteilung wird dann als fair wahrgenommen, wenn sie unter Berücksichtigung best. Spielregeln zustande gekommen ist. Das *Equity-Modell* (Adams 1965; Walster et al. 1973) nimmt an, dass ein Ergebnis als fair eingeschätzt wird, wenn das Verhältnis des eigenen Inputs (z. B. Arbeitsleistung) zum eigenen Output (z. B. Bezahlung) dem entspricht, was relevante Bezugspersonen erreichen (= relative Gleichheit). Der *Mehrprinzipienansatz der F.* geht davon aus, dass neben der Equity-Norm auch versch. andere (konkurrierende) Normen einer fairen Verteilung zugrunde gelegt werden können. An erster Stelle ist die Norm der absoluten Gleichheit (*equali-*

ty) zu nennen. Außerdem spielt die Bedürftigkeit (*need*) eine große Rolle (Schwinger, 1986). Im Berufsleben wird die Bezahlung i. d. R. durch eine Kombination von relativer und absoluter Gleichheit bestimmt. Die Gewichtung von relativer und absoluter Gleichheit bei der Herstellung der Bezahlungsverteilung lässt sich math. modellieren, sodass ein obj. Bezugsystem für die Zuteilung von Belohnungen bei unterschiedlichen Leistungen zur Verfügung steht (Bierhoff & Rohmann 2011). Ein Bsp. verdeutlicht die Plausibilität unterschiedlicher Gerechtigkeitsargumente (Montada 2011): Wenn ein Erbe unter den Kindern aufgeteilt wird, kann es gleich verteilt werden, es kann unter Berücksichtigung der Vorleistungen jedes einzelnen Erben verteilt werden oder es kann nach der Bedürftigkeit der Erben verteilt werden.

Prozedurale F. bez. die F. des Entscheidungsverfahrens. Nach Thibaut & Walker (1975) lässt sich in diesem Zusammenhang zw. Prozesskontrolle und Entscheidungskontrolle unterscheiden. Liegt die Entscheidungskontrolle z. B. bei einer Autorität, erweisen sich die Bedingungen der Prozesskontrolle für die Betroffenen als bes. bedeutsam. Leventhal (1980) postulierte sechs Regeln der prozeduralen F.: (1) Die verwendeten Regeln und Entscheidungsprozesse sollten auf alle Personen gleichermaßen und für die gesamte Dauer des Verfahrens angewendet werden (*Konsistenz*); (2) die Entscheidung sollte nicht durch persönliche Interesse oder Voreingenommenheit der Entscheidungsträger beeinflusst werden (*Neutralität*); (3) für die Entscheidungsfindung sollten genaue Informationen gesammelt werden (*Akkuratheit*); (4) es sollte eine Möglichkeit geben, dass fehlerhafte oder unangemessene Entscheidungen rückgängig gemacht werden können (*Revidierbarkeit*); (5) das Verfahren sollte den persönlichen Wertvorstellungen der Betroffenen bzw. ethischen Werten entsprechen (*Ethik*) sowie (6) die *Bedürfnisse* und Meinungen aller betroffenen Parteien sollten berücksichtigt werden (*Repräsentativität*). Eine zentrale Komponente der prozeduralen Fairness ist die Chance für die Betroffenen, ihre Meinung zur Sache und zum Verfahren zu äußern (*voice*).

Informationale F. betrifft den transparenten Umgang mit Information. Die informationale F. ist hoch, wenn den Betroffenen alle relevanten Informationen zur Verfügung gestellt werden. Ein modernes Bsp. ist die Dokumentation aller wichtigen Schritte der Durchführung eines Projekts in einer Internetdatei, die der interessierten Öffentlichkeit zur Verfügung steht.

Hohe *interpersonale F.* ist durch den respektvollen, freundlichen und würdevollen Umgang mit den Betroffenen durch die Entscheidungsträger gekennzeichnet. Dazu zählen das Aufgreifen von Sorgen und Befürchtungen der Betroffenen und die Vermittlung von Verständnis und Unterstützung.

Da es keine obj. Wahrheit über die F. gibt, kann man sich nur auf subj. Überzeugungen und *Einstellungen* stützen. Das führt dazu, dass an die Stelle des empirischen Beweises der Diskurs tritt, durch den Gerechtigkeitskonflikte beigelegt werden können. Ein Bsp. dafür ist die *Mediation* als Verfahren zur Analyse und Aufklärung von interpersonellen oder interorganisationalen Konflikten (*Konflikt, sozialer*, Montada & Kals 2007). Bei Streitigkeiten ist es die Regel, dass beide Konfliktparteien ihren Standpunkt als fair einschätzen. Konflikte werden verringert, wenn ähnliche Einstellungen der Konfliktparteien vorliegen oder wenn Vertrauen in die Rechtsprechung als staatliche Institution der Konfliktbeilegung besteht. Generell kommt es auf die Konvergenz zw. den Gerechtigkeitserwartungen der Streitparteien an. F. kann auch als *Persönlichkeitsmerkmal* betrachtet werden. In diesem Zusammenhang wird der *Gerechte-Welt-Glaube* (Dalbert 2001) und die Sensibilität für Ungerechtigkeit (Thomas et al. 2011) hervorgehoben. Erstere kann für Menschen i. Allg. oder für den Beurteiler im Besonderen beurteilt werden. Letztere wird aus der Perspektive des Beobachters, des Opfers, des Täters und des Nutznießers bewertet. *Organisationale Fairness*.

H.-W. Bierhoff

Faktor (= F.) [engl. *factor*; lat. *facere* machen, herstellen], [**FSE, PER**], Einflussgröße, Bestimmungsgröße; (1) Kenngröße in der Versuchsplanung: Versuchsbedingung, die im Versuch variiert wird; (2) faktorenanalytisch: math. Größe, die aus der Matrix der Interkorrelationen gewonnen wird. Der F. stellt ein hypothetisches *Konstrukt* dar, welches selbst nicht beobachtbar ist (*Variable, latente*). Da sich die stat. Beziehungen zw. einzelnen Variablen (*Korrelation*) auch geometrisch als Winkelfunktion darstellen lassen, spricht man von den Faktoren auch als den *Dimensionen*. Dem F. wird unterschiedliche Bedeutung zugeordnet. Vom Modell her sind es Abstraktionen, die durch nicht gegebene Voraussetzungen oder Fehlervarianz als deskriptive Konstrukte noch eingeschränkt werden müssen. Während manche faktorenanalytisch orientierte Persönlichkeits- bzw. Intelligenzforscher die Replizierbarkeit identischer F.strukturen über versch. Stichproben, Variablen und Situationen hinweg als einen Hinweis für die Bedeutung des F. als verursachende Größe ansehen, wird man aufgrund der Ergebnisse der faktorenanalytisch gewonnenen Dimensionen die F. eher dazu heranziehen, um Hypothesen für weitere Untersuchungen zu gewinnen. *Faktorenanalyse*, *Varianzanalyse*, *Intelligenzfaktoren*, *Persönlichkeit*, *klassische faktorenanalytische Ansätze*.

[**WA**], *Gestaltgesetze*, *Gestaltfaktoren*. Pawlik 1982, Überla 1968.

H. O. Häcker

Faktor, allgemeiner [engl. *general factor*], [**FSE**], ein aus der *Faktorenanalyse* gewonnener Faktor, auf dem alle Variablen substanziell laden. *g-Faktor*.

Faktorenanalyse [engl. *factor analysis*; lat. *facere* machen, herstellen], [**FSE**], stat. Verfahren zur Identifikation informationsähnlicher Variablen (hoch korrelierender Variablengruppen) mit dem Ziel der Daten- bzw. Variablenreduktion oder der Identifikation unterliegender *latenter Variablen* (analytische Zielsetzung). Bildet häufig die Basis der Skalenanalyse (*Testkonstruktion*), wenn diese gemäß der Annahmen der Klassischen Testtheorie erfolgt. *Faktorenanalyse, dreimodale*, *Faktorenanalyse, exploratorische*, *Faktorenanalyse, konfirmatorische*.

Faktorenanalyse, dreimodale (= d. F.) [engl. *three-mode factor analysis*], [**FSE**], bez. eine Klasse von multivariaten

Verfahren (*multivariate Statistik*), die der Analyse dreimodaler Daten dient. Dreimodale Daten umfassen eine Menge von m Merkmalsvariablen, die an einer Stichprobe von n Individuen unter l versch. Untersuchungsbedingungen erhoben wurden. Der zugeordnete Datenkörper umfasst in diesem Fall drei unterscheidbare Modi, nämlich Merkmalsvariablen, Individuen und Untersuchungsbedingungen, und besteht aus l × m × n erhobenen Daten. Wie auch in den Standardverfahren der *Faktorenanalyse* besteht das Ziel in der Rückführung der Menge von gemessenen Variablen auf wenige latente Faktoren (*Variable, latente*); im Unterschied zu den Standardverfahren ist zusätzlich zu den Merkmalsvariablen die Rückführung der Individuen und der Untersuchungsbedingungen auf zugrunde liegende Faktoren von Interesse. Aus einer d. F. resultieren somit drei Arten von Faktoren: (1) Merkmalsfaktoren, (2) Faktoren, die die Individuen repräsentieren, und (3) Faktoren, die die Bedingungen repräsentieren. Auf der Grundlage dieser versch. Faktoren für die drei Modi gibt die Analyse Aufschluss zu der Frage, durch welche Merkmalsfaktoren die einzelnen Personfaktoren unter welchen Bedingungsfaktoren charakterisiert sind. Z. B. könnte jedes Individuum einer Stichprobe auf einer Reihe von Ratingskalen die persönlichen Reaktionen (z. B. Erröten, Zittern) in sozialen Situationen (z. B. Sprechen vor einer Gruppe, Prüfung, Ausflug) einstufen. Aus der d. F. resultieren in diesem Fall Personfaktoren (z. B. Typ A, Typ B), Reaktionsfaktoren (z. B. Spannung, Wohlbefinden) und Situationsfaktoren (z. B. Beruf, Freizeit) sowie Aussagen darüber, welcher Persontyp im Beruf (bzw. in der Freizeit) mit Spannung (bzw. Wohlbefinden) reagiert. Zur Extraktion der Faktoren stehen mehrere spezielle Verfahren zur Verfügung, von denen das Tucker'sche Modell und CANDECOMP die bekanntesten sind. Verfahren der d. F. sind im Vergleich zu Standardverfahren der F. seltener angewendet worden und über die Eigenschaften der den Verfahren zugeordneten Algorithmen ist wenig bekannt. Tucker 1966, Law et al. 1984. S. Krolak-Schwerdt/T. Hörstermann

Faktorenanalyse, exploratorische (= e. F.) [engl. *exploratory factor analysis*; lat. *explorare* erkunden], [**FSE**], bez. eine Gruppe multivariater Analyseverfahren (*multivariate Statistik*; *Statistische Datenanalyseverfahren*), mit denen aus der Messung manifester Merkmale (*Variable, manifeste*; z. B. Persönlichkeitsmerkmale wie «gesellig» und «lebhaft») auf wenige zugrunde liegende, latente *Variablen*, genannt *Faktoren*, geschlossen werden kann. Die e. F. beruht auf der Annahme, dass die gemessenen, miteinander zus.hängenden Merkmale aus Faktoren (z. B. «Extraversion») erklärbar sind, die selbst nicht direkt messbar sind, aber den Zusammenhängen zw. den beobachteten Merkmalen zugrunde liegen. Mit der e. F. werden die Fragen beantwortet, (a) wie viele Faktoren angemessen sind, um die Zusammenhänge zw. den gemessenen Merkmalen zu erklären, und (b) welche Faktoren jedes einzelne Merkmal beeinflussen.

Die e. F. ist ein heuristisches Verfahren, das die explorative Analyse eines noch wenig vorstrukturierten Merkmalsbereichs gestattet. Sie liefert Hypothesen dazu, welche Struktur die Zusammenhänge zw. den Merkmalen haben. Die e. F. ist daher sinnvoll einsetzbar, wenn in dem zu untersuchenden Merkmalsbereich noch keine elaborierte Theoriebildung vorliegt und die gemessenen Merkmale hinsichtlich zugrunde liegender linearer Strukturen (*linearer Zusammenhang*), den Faktoren, exploriert werden sollen. Dabei wird den Merkmalszusammenhängen eine möglichst einfach strukturierte Ordnung aus einer geringen Anzahl an Faktoren unterlegt. Hiermit kommt das Ökonomieprinzip der e. F. zum Ausdruck; eine befriedigende Darstellung der gemessenen Merkmale liegt vor, wenn die Merkmalszusammenhänge mit einer kleinen Anzahl an Faktoren erfasst werden können. Geometrisch werden Faktoren als Koordinatenachsen dargestellt, die ein Bezugssystem für eine räumliche Darstellung der Merkmalszusammenhänge liefern. In der e. F. wird untersucht, wie viele Koordinatenachsen zur Erfassung der Merkmale benötigt werden.

Ausgangspunkt einer e. F. ist die Bestimmung der Merkmalszusammenhänge z. B. mittels einer Korrelationsmatrix R der gemessenen Variablen. Auf der Grundlage der Korrelationsmatrix erfolgt die Faktorenextraktion, d. h. die Bestimmung der Faktoren, die das Muster der Merkmalszusammenhänge erklären. Formal wird dies in dem *fundamentalen Faktoren-Theorem* ausgedrückt: R = FF', wobei F eine Matrix ist, die die Faktoren repräsentiert und F' die Transponierte von Matrix F bedeutet. Die Korrelationen der Merkmale sind also eine lineare Funktion der nicht beobachtbaren latenten Faktoren. Zur Extraktion der Faktoren stehen eine Reihe spez. Verfahren zur Verfügung, von denen die Maximum-Likelihood-Faktorenanalyse (*Maximum-Likelihood-Methode*) und die Hauptfaktorenanalyse (*principal factor analysis*) die bekanntesten sind. Die Faktorenextraktion erfolgt sukzessive und stets nach dem Prinzip, dass jeder Faktor so viel *Varianz* der gemessenen Merkmale erklärt wie möglich und jeder neue Faktor nur die Varianz erfasst, die von den zuvor extrahierten Faktoren nicht erklärt wurde. Anschließend ist die Zahl der Faktoren zu bestimmen, die den beobachteten Merkmalen zugrunde liegen. Zu den bekanntesten Entscheidungskriterien gehören u. a. das «Kaiser-Guttman-Kriterium» und das «Scree-Plot-Kriterium». Nach dem Kaiser-Guttman-Kriterium sollte ein Faktor mehr Varianz aufklären, als ein einzelnes Merkmal besitzt. Ungeachtet des verwendeten Extraktionsverfahrens sind Faktoren als Koordinatenachsen im faktorenanalytischen Raum bzgl. ihrer Orientierung unterbestimmt und können daher im Anschluss an die Extraktion rotiert werden (*Rotation*). Inhaltlich dienen Faktorrotationen der verbesserten begrifflichen Interpretation der Faktoren. Rotationen erfolgen häufig nach dem Prinzip der *Einfachstruktur*, welches gewährleistet, dass einzelne Faktoren nur eine begrenzte Anzahl an Merkmalen und versch. Faktoren auch unterschiedliche Merkmale repräsentieren. Eine inhaltliche Interpretation eines jeden Faktors erfolgt aufgrund der begrifflichen Gemeinsamkeiten der Merkmale, die der Faktor repräsentiert.

Während die klass. Schätzverfahren auf der Annahme der Intervallskaliertheit (*Intervallskala*) der Indikatorvariablen beruhen, erlauben moderne faktorenanalytische Schätzverfahren (z. B. *Weighted Least Squares Means and Variance Adjusted (WLSMV)*-Algorithmus auch die Analyse ordinaler (*Ordinalskala*) und dichotomer (*Dichotomie*) Variablen. Diese Verfahren sind z. B. in der Software Mplus implementiert (Geiser 2011). Krolak-Schwerdt & Spinath 2010, Mulaik 1972.   S. Krolak-Schwerdt/T. Hörstermann

Faktorenanalyse, konfirmatorische (= k. F.), [engl. *confirmatory factor analysis*; lat. *confirmare* absichern, bestätigen], [**FSE**], Spezialfall von *Strukturgleichungsmodellen*; ist ein multivariates Analyseverfahren (*multivariate Statistik, Statistische Datenanalyseverfahren*) zur stat. Überprüfung einer beobachteten Merkmalen zugrunde liegenden angenommenen latenten Faktorenstruktur. Im Vergleich zur *exploratorischen F.* besteht das Ziel der k. F. nicht in der Datenreduktion und Hypothesengenerierung, sondern in der *Hypothese*ntestung. Aus theoret. Erwägungen oder früheren Forschungsbefunden wird a priori eine Anzahl latenter Faktoren (*Variable, latente*) abgeleitet und die Zuordnung der beobachteten Merkmale zu diesen Faktoren festgelegt. Die Spezifikation der angenommenen Faktorenstruktur erfolgt durch Restriktion der zu schätzenden Modellparameter, z. B. der Faktorladungen und der Faktorinterkorrelationen. Die stat. Absicherung der postulierten Faktorenstruktur erfolgt über die Abweichung zw. der empirischen Varianz-Kovarianzmatrix der beobachteten Merkmale und der durch die angenommene Faktorenstruktur implizierten Varianz-Kovarianzmatrix. Aus diesem Vergleich abgeleitete Indizes (Goodness-of-fit-Indizes, Informationskriterien) sowie der Vergleich mit alternativen Faktorenstrukturen geben Hinweise auf die Passung der angenommenen Faktorenstruktur. I. R. von Strukturgleichungsmodellen entspricht die k. F. der Messmodellkomponente des Strukturgleichungsmodells. Kline 2010, Bühner 2010.   S. Krolak-Schwerdt/T. Hörstermann

Faktorenaustausch, syn. *Rekombination* [engl. *recombination*], [**BIO, PER**], Umlagerung von Erbgut im Rahmen der Zellteilungsvorgänge. *Meiose* erfolgt durch Umkombination ganzer homologer *Chromosomen* durch Austausch von Bruchstücken homologer (*crossing-over*) oder heteroleger Chromosomen (Translokation). *Vererbung, geschlechtsgebundene.*

Faktoren-Theorem, fundamentales (= f. F.) [engl. *fundamental theorem of factor analysis*], [**FSE**], ist die der *Faktorenanalyse* zugrunde liegende formale Annahme, dass beobachtete, miteinander zus.hängende Merkmale aus *latenten Variablen*, den Faktoren, erklärbar sind, die selbst nicht direkt messbar sind, aber den Zusammenhängen zw. den beobachteten Merkmalen (*Variable, manifeste*) zugrunde liegen. Erfolgt die Bestimmung der Merkmalszusammenhänge mittels einer *Korrelation*smatrix R, so lautet das fundamentale Faktoren-Theorem R = FF'. Dabei ist f. F. eine Matrix, die die Faktoren repräsentiert. Die Faktoren werden durch die Ausprägungen der Variablen auf jedem einzelnen Faktor, genannt die Faktorladungen der Variablen, repräsentiert. F' ist die Transponierte von Matrix F. Die Korrelationen der Merkmale sind demnach eine lineare Funktion (*linearer Zusammenhang*) der latenten Faktoren. Bspw. lassen sich Zusammenhänge zw. Persönlichkeitsbegriffen wie «gesellig» und «lebhaft» durch den Faktor «Extraversion» modellieren bzw. erklären. Bühner 2010.   S. Krolak-Schwerdt/T. Hörstermann

Faktorentheorien der Persönlichkeit *Persönlichkeit, klassische faktorenanalytische Ansätze, Persönlichkeit, neuere faktorenanalytische Ansätze.*

faktorielle Validierung *Konstruktvalidität.*

Faktorreliabilität (= F.) [engl. *factor reliability*], *Reliabilität*, [**FSE**], Maß für die konvergente *Validität* der Schätzung eines latenten *Konstrukts* (*Variable, latente*) in einer *konfirmatorischen Faktorenanalyse*. F. gibt an, wie hoch der Anteil systematischer gemeinsamer Varianz in einer Indikatorgruppe ist, die zur Schätzung eines latenten Konstrukts verwendet wird. Es wird gefordert, dass die F. größer .6 ist und somit weniger als 40 % der Varianz auf Konstruktebene durch unsystematische Fehlervarianzanteile determiniert ist. *Strukturgleichungsmodelle.* Bagozzi & Baumgartner 1994.

Fallazien [engl. *fallacies*; lat. *fallacia* Täuschung], [**KOG, PHI**], Fehlschlüsse, d. h., formal unrichtige Schlüsse, die entweder auf einem Irrtum beruhen (*Paralogismen*) oder zum Zweck der Täuschung konstruiert sind (*Sophismen*). *Schließen, logisches.*

Fallibismus (= F.) [engl. *fallibilism*; lat. *fallibilis* der Fehlerhaftigkeit unterworfen], [**PHI**], die Auffassung, dass alle menschlichen Erkenntnisversuche (Theorie, Beobachtung) und darüber hinaus alle Problemlösungsversuche grundsätzlich fehlbar sind. Der F. schließt sog. Letztbegründungen aus. Er ist zentraler Bestandteil des *Kritischen Rationalismus.*

Fall-Kontroll-Studie (= F.) [engl. *case-control study*], [**FSE**], in F. werden Personen (Fälle), die ein best. Merkmal aufweisen, mit Personen verglichen, die dieses Merkmal nicht aufweisen (Kontrollen). Es werden Merkmale untersucht, hinsichtlich derer sich die Gruppen in der Vergangenheit unterschieden haben bzw. denen die Gruppen differenziell ausgesetzt waren (Exposition). Die Assoziation mit dem Expositionsmerkmal wird mittels *Odds Ratio* quantifiziert. *Epidemiologie.* Ressing et al. 2010.

Fallkonzeption (= F.) [engl. *case conceptualization*], [**KLI**], psychoth. F. sind die Basis für ein auf den Einzelfall zugeschnittenes therap. Vorgehen. Bsp. dafür sind verhaltenstherap. *funktionale Verhaltensanalysen*, die *Plananalyse* oder die explizite psychoanalytische F. Im Allg. geht es dabei sowohl um eine *Problemanalyse* i. e. S. als auch um das Herausarbeiten von Besonderheiten in der therap. Beziehung.   *F. Caspar*

Fallmanagement (= F.), syn. *Case Management, Casemanagement, Fallführung,* [**KLI**], bez. ein Ablaufschema i. R. *sozialer Arbeit.* Die Methode des F. entstammt ursprünglich der Sozialarbeit und wurde zunächst als Erweiterung der Einzelfallhilfe [engl. *case work*] in den USA seit 1990 entwickelt. Das in Dt. vorwiegend nach Arbeiten von Wendt (2010) entstandene F. zielt auf eine strukturierte, organisierte und bedarfsgerechte soziale Interventionsstrategie im Gesundheitswesen. F. wird im stationären Bereich (Akutkliniken), der med. und beruflichen *Rehabilitation*, der kommunalen Sozialfürsorge und in der Arbeitsvermittlung eingesetzt. Das F. spielt auch eine Rolle bei der Umsetzung der Hartz-IV-Gesetze im Hinblick auf die Betreuung und Arbeitsintegration der ALG-II-Empfänger. Im derzeitigen Gesundheitssystem wird F. als eine am Einzelfall orientierte Arbeitsweise verstanden, in deren Rahmen vorhandene Ressourcen der Person, Versorgungsoptionen und benötigte Versorgungsleistungen im med., psych., sozialen und beruflichen Bereich gesucht, geplant, verbessert, koordiniert, überwacht und bewertet werden. Es wird in erster Linie geklärt, welche Dienstleistungen zur indiv. Bedarfsdeckung notwendig sind und wie dieses Ziel im Hinblick auf die verfügbaren Ressourcen qualitäts- und kostenbewusst erreicht werden kann. Das F. orientiert sich dabei eng an den Bedürfnissen und erhobenen Notwendigkeiten des Betroffenen, wobei dieser am kooperativen F. stets beteiligt ist. F. stellt damit einen zentralen Lösungsansatz für die vielfältigen Versorgungs- und Steuerungsprobleme in komplexen und hochgradig arbeitsteiligen Sozial- und Gesundheitssystemen dar. Auf diese Weise soll eine Interpretation in den Alltag (Familie, soziales Umfeld) und ins Arbeitsleben erreicht werden. Zur Erreichung der genannten übergeordneten Ziele werden folg. Teilziele formuliert: (1) Entwicklung und Umsetzung von *Motivation*sstrategien und *Anreiz*systemen, (2) Koordination und Optimierung einer kontinuierlichen und angemessenen Pat.-versorgung im gegliederten Sozialversicherungssystem (*Versorgungsforschung*), (3) Unterhaltung und Fortentwicklung des *sozialen Netzwerks* (Arbeitgeber, Familie, Facharzt, Psychotherapeut) durch Kommunikation, Fallkonferenzen und Initialisierung von Rückmeldeschleifen, (4) kooperative Entwicklung und Stabilisierung indiv. *Bewältigungsstrategien* der Versicherten, (5) kooperative Einschätzung von Ist-Soll-Diskrepanzen unter Berücksichtigung sozialmed. und sozialrechtlicher Aspekte sowie (6) *Evaluation* und Qualitätskontrolle (*Qualitätssicherung*). Besteht ein Unterstützungsbedürfnis, bestimmt der Fallmanager kooperativ mit dem Kunden (Pat.) Ziele, erhebt und dokumentiert die für die Zielerreichung relevanten Bereiche, sucht Problemlösestrategien und -instrumente und wählt daraus die effizientesten Mittel zur Bewältigung der vorliegenden Probleme des Pat. aus. Der Erfolg des F. hängt dabei entscheidend von der fachkundigen Berücksichtigung und wechselseitigen Kombination der persönlichen Eigenschaften und Voraussetzungen des Pat., der vorhandenen Informationsquellen und des professionellen Netzwerkes sowie von den zur Verfügung stehenden finanziellen Mittel ab. Dabei muss ein Fallmanager Kompromisse finden: So treffen die spez. Bedürfnisse und Hilfserfordernisse des Pat. auf Beschränkungen im Angebot der gewünschten Hilfen. In manchen Fällen bestehen auch Diskrepanzen zw. den Wünschen der Pat. und den Einschätzungen der tatsächlichen Erfordernisse seitens der Leistungsträger. Der Fallmanager übernimmt drei miteinander in Konkurrenz stehende Funktionen, wenn er zum einen als Interessenvertreter des Pat.

auftritt, gleichzeitig bedarfsgerechte Hilfeleistungen unterschiedlicher Leistungsträger organisieren, koordinieren und optimieren und zum anderen den Zugang zu diesen Leistungen steuern soll. Dem Fallmanager fällt dadurch eine Schlüsselposition als Koordinator von Zielen, sozialen Dienstleistungen und Informationen sowie Qualitätsmanager der Leistungen in Bezug auf inhaltliche und formale *Qualität* sowie für deren Kosten-Nutzen-Relation (= *Gesundheitsökonomie*) zu. Das F. findet seine gesetzliche Grundlage vorwiegend in den Sozialgesetzbüchern (SGB), bspw. im SGB II für die Wiedereingliederung in die Beschäftigung, SGB V für die Betreuung von Pat. in der integrierten Versorgung, SGB VIII als steuernde Fachkraft mit Garantiestellung i. R. der Hilfen zur Erziehung (= Jugendhilfe; *Frühe Hilfen*) als Fallmanager des Jugendamts, SGB XI i. R. der Pflegeberatung bzw. in den Pflegestützpunkten und SGB XII für die Wiedereingliederung in das Arbeitsleben. Wendt 2010. *F. Petermann*

Fallstab *Reaktionszeit.*

Fallstudie [engl. *case study*], [**FSE, KLI, PER**], eine Untersuchungsmethode vornehmlich der Persönlichkeits- und der Klinischen Ps, mit dem Ziel, die indiv. Eigenart eines Menschen oder spez. komplizierte Fragestellungen zu erfassen. «(Sie) ist … ein umfassender Rahmen, in den alle relevanten und bedeutsamen Daten, die sich auf eine Einzelpersönlichkeit beziehen, zusammengefasst und eingeordnet werden müssen» (Allport 1970). Dies erfordert ein bes. eingehendes Studium der Einzelperson, Sammeln und Verarbeiten aller erreichbaren Daten (z. B. anamnestische-biografische Daten, diagn. Testdaten etc.). Die Ergebnisse werden entweder qualitativ (interpretativ-hermeneutisch) i. S. der «verstehenden Ps.» (*Hermeneutik, Verstehen, verstehende Psychologie*) oder quant.-stat. (N = 1) i. S. des Wissenschaftsbegriffes der exakten Natur- und Sozialwissenschaften verwendet (Dukes 1965; *Einzelfallexperiment*). Unter den F. befinden sich so bekannte wie die von Ebbinghaus «Über das Gedächtnis», die Wahrnehmungsexperimente von Stratton, die «Krankengeschichte Frl. *Anna O. …*» von Breuer und Freud, die Studie zur exp. Neurosenforschung von Watson und Rayner oder der Bericht von Jacobson über die neuromuskuläre Aktivität und das Empfinden bei einem Amputierten. Manche von diesen Studien waren Anstöße für große Entwicklungen auf dem Gebiet der Forschung und Theorienbildung, womit schon angedeutet ist, dass es weitere, meist umfangreichere Arbeiten brauchte, um die jew. aufgeworfenen Fragen zu klären oder um die Ergebnisse auf eine breitere Basis stellen zu können.

In der Klinischen Ps. hat sich wegen der Mängel der Gruppenuntersuchung seit Langem die exp. Einzelfallstudie angeboten. Damit aber therap. Effekte auf die angewendeten Interventionen zurückführbar sind, müssen Alternativerklärungen ausgeschaltet werden können (externe oder interne Entwicklung, Sensibilisierung durch die Messung, stat. Fluktuation u. a.). Dies geschieht dadurch, dass man die Herstellbarkeit therapeutischer Effekte durch willkürliches Ein- und Absetzen der Intervention versucht nachzuweisen. Nach einer Grundlinie (*baseline*), die so lange fortgeführt wird, bis die Veränderung sich aufgrund der Sensibilisierung durch die Messung und Fluktuationsphänomene stabilisiert hat, wird die therapeutische Intervention eingeführt, bis ein deutlicher Effekt sichtbar wird. Danach wird sie wieder abgesetzt, um zu zeigen, dass der Effekt auf die Intervention zurückging, um sie später wieder einzuführen und allmählich auslaufen zu lassen *(withdrawal design)*. Eine Variante dieser Versuchsanordnung ist das *reversal design*, in dem vorzugsweise in lerntheoretisch orientierten Therapieformen therapeutische Kontingenzen nach der Grundlinie zunächst auf das Zielverhalten und dann auf ein dem Zielverhalten entgegengesetztes Verhalten (z. B. Aufmerksamkeit oder Störverhalten) angesetzt wird. Erweisen sich die Therapieeffekte als nicht reversibel, bietet sich das sog. *multiple-baseline design* an, in dem dieselbe therapeutische Maßnahme entweder auf versch. Ausschnitte des Verhaltensspektrums, auf versch. Situationen oder versch. Individuen einer Klientel angewendet wird.

Ergebnisse solcher Einzelfallexperimente erlauben streng genommen keine Generalisierung über die untersuchte Person hinaus, können aber für sie als repräsentativ angesehen werden. Um trotzdem verallgemeinerungsfähige Befunde zu erhalten, bedient man sich der *Replikation* und genauen Beschreibung der untersuchten Personen und stützt sich auf die Möglichkeit der logischen Generalisierung. Derartige Untersuchungen dienen nicht nur der Forschung, sondern auch der Therapiekontrolle im praktischen Einzelfall. Es ist auch möglich, derartige Ergebnisse stat. abzusichern, wenn über den gesamten Therapieverlauf wiederholte Messungen vorliegen. Zur Auswertung lässt sich die übliche Statistik (z. B. t-Werte zw. versch. Therapiephasen) nicht verwenden, da die Voraussetzung der Unabhängigkeit der Messwerte innerhalb der Phasen nicht gewährleistet ist. Die *Zeitreihenanalyse* stellt diese sequenzielle Abhängigkeit der Daten einer Person in Rechnung, indem sie ein Modell dafür findet (z. B. Box ARIMA-Modell) und dieses Modell eliminiert. Es verbleiben dann sequenzielle unabhängige Residuen, auf die die üblichen Statistiken (z. B. *Korrelation*, *Varianzanalyse*) angewendet werden können. Vielfach erübrigt sich die stat. Analyse von Einzelfalldaten, weil die Effekte so deutlich sind, dass sie keiner weiteren Absicherung bedürfen. Darüber hinaus sind undeutliche Effekte, die nunmehr stat. hervortreten, für die klin. Praxis oft irrelevant. Hier kann die Statistik jedoch eine «Lupe» darstellen, mit deren Hilfe Wirkungstendenzen aufgespürt werden können, die mit veränderten Maßnahmen verstärkt werden können. Unabhängig vom Nachweis von Effekten hat die Einzelfallstudie in der explorativen, hypothesenbildenden Phase von Forschung eine große Bedeutung (*Forschungsprozess*). Auch hier haben sich jedoch gegenüber frühen Studien die Ansprüche gewandelt. So werden neben der Sicht der Therapeuten diejenige der Pat. und unabhängiger Beurteiler, quant. Daten und Videobänder einbezogen, und es wird auf sophistizierte Methoden der qual. Forschung *Qualitative Sozialforschung*) zurückgegriffen. Yin 2003, Döring & Bortz 2016. *D. Revenstorf/F. Caspar*

Fallsucht [engl. *falling sickness*], umgangssprachl. für *Epilepsie*.

Falltachistoskop *Tachistoskop*.

fallweiser Ausschluss (= f. A.) [engl. *listwise deletion*], [**FSE**], Verfahren zum Umgang mit der Problematik fehlender Werte (*missing data*). Personen mit fehlenden Werten werden vollst. aus der Datenauswertung ausgeschlossen. Kann, falls kein *missing completely at random* vorliegt, in Abhängigkeit vom Anteil fehlender Werte zu einer starken Verzerrung der Analyseergebnisse führen, da sich in allen anderen Fällen Personen mit fehlenden Werten von den Personen ohne fehlende Werte systematisch unterscheiden. F. A. reduziert immer die Größe der Analysestichprobe und somit die *Teststärke*. *Imputation*. Leonhart 2013. *R. Leonhart*

falscher Alarm [engl. *false alarm*], *Signaldetektionstheorie*.

falscher Konsensus-Effekt [engl. *false consensus effect*; lat. *consensus* Übereinstimmung], [**SOZ**], *Attributionsfehler*. Mit diesem erstmals von Ross et al. (1977) nachgewiesenen und inzw. vielfach replizierten Effekt wird die Urteilstendenz von Personen gekennzeichnet, dass die eigenen Einstellungen und Verhaltensweisen auch von der Mehrheit der anderen geteilt wird. *B. Six*

Falschinformationseffekt (= F.) [engl. *misinformation effect, postevent information effect*], [**KOG, RF**], bez. das Phänomen, dass Fehlinformation, die zw. dem Encodieren (*Encodierprozesse*) und dem *Abruf* eines Ereignisses präsentiert wird, die Erinnerung an das vorausgegangene Ereignis beeinflussen kann. In einem typischen Falschinformations-*Experiment* werden Teilnehmern zunächst Fotos oder Videos gezeigt und anschließend wird einigen Teilnehmern falsche Information zu dem zuvor gesehenen Material gegeben, anderen nicht. In der Abrufphase machen Teilnehmer in der Experimentalgruppe signifikant mehr fehlerhafte Angaben als die Kontrollgruppe, weil sie die fehlerhaften Informationen in ihre *Erinnerung* an das gesehene Material integrieren. In einer einflussreichen Untersuchung demonstrierten Loftus et al. (1978), dass nachträgliche Fehlinformation auch einen Effekt auf zentrale Details hat (in diesem Fall, ob in einer Diaserie über einen Unfall ein Stopp- oder ein Vorfahrtschild zu sehen war) und damit eine Erinnerung an ein Ereignis regelrecht umbilden kann. Der F. wurde in einer Vielzahl von anschließenden Untersuchungen repliziert und es wurde gezeigt, dass nachträgliche Falschinformation die Erinnerung an ein vorausgegangenes Ereignis bes. dann beeinflusst, wenn sie beiläufig, bspw. in Form einer Fragevoraussetzung, präsentiert wird. Eine Zeitlang wurde kontrovers erörtert, ob es bei dem F. zu einem Auslöschen oder Überschreiben der ursprünglichen Gedächtnisspur kommt oder ob beide Gedächtnisspuren gleichzeitig existieren, sich jedoch in ihrem Abruf behindern, oder ob der F. durch spezif. Antworttendenzen zu erklären ist bzw. als Lückenfüller für nicht existente Erinnerungen an die Originalinformationen fungiert. Mittlerweile wird davon ausgegangen, dass versch. Verläufe möglich sind: Falsche Informationen können in die Erinnerung integriert werden, wenn die Erinnerung an die ursprüngliche Information verblasst ist; die intensive Beschäftigung mit der Falschinformation kann aber auch zu *Suggestionseffekten* führen, obwohl die Originalinformation zunächst noch gespeichert war (Loftus 2005). *R. Volbert*

falsch Negative [engl. *false negative*], **[DIA]**, Fälle, die ein neg. Testergebnis erhalten haben, obwohl das zu diagnostizierende Merkmal vorliegt. Bspw. fälschlicherweise nicht erkannte Berufseignung oder fälschlicherweise nicht diagnostizierte Störung. *Vierfeldertafel*, *Signalentdeckungstheorie*, *Fehler zweiter Art*.

falsch Positive [engl. *false positive*], **[DIA]**, Fälle, die ein pos. Testergebnis erhalten haben, obwohl das zu diagnostizierende Merkmal nicht vorliegt. Bspw. fälschlicherweise diagnostizierte Berufseignung oder fälschlicherweise diagnostizierte Störung. *falscher Alarm*, *Vierfeldertafel*, *Signalentdeckungstheorie*, *Fehler erster Art*.

false alarm [engl. falscher Alarm], *Gedächtnisprüfung*.

false photograph task [engl.] Falsche-Fotographie-Aufgabe, *Bildverstehen*, *Entwicklung*.

Falsifikation (= F.) [engl. *falsification*; lat. *falsum* Unwahrheit, *facere* herstellen], **[FSE, PHI]**, Beweis der Falschheit einer singulären oder allg. Aussage. Nach Popper (1966) sind realwiss. *Hypothesen*, Gesetze und *Theorien* logisch gesehen unbeschränkte *Allaussagen*, d.h. in der Ps. z.B. Aussagen mit allquantifizierten Individuenvariablen über je einen potenziell unendlichen Bereich zumindest für Zeit, Ort, Person und Situation (*Population*). Solche Aussagen können aus logischen Gründen niemals als wahr (*Verifikation*), sondern nur als falsch erwiesen werden. Hypothesen sind deshalb nie verifiziert, sondern immer nur in dem Maße *bewährt*, wie sie strenge Prüfungen, d.h. F.versuche erfolgreich überstanden haben. Dieser F.ismus ist seit Ende der 1960er-Jahre weitgehend meth. Allg. gut der empirisch arbeitenden Ps. *Empirische Sozialforschung*, *Fortschritt, wissenschaftlicher*, *Wissenschaftstheorie*. Andersson 1988, Westermann 2000. *W. Glaser*

Falsifikationismus [engl. *falsificationism*; lat. *falsum* Unwahrheit, *facere* herstellen], *Wissenschaftstheorie*.

Falsumpräparat [lat. *falsum* Unwahrheit], *Leerpräparat*. *Placebo-Forschung*.

familiäres Unbewusstes [engl. *family unconscious*], (Szondi) *Schicksalsanalyse*.

Familiarisierung [engl. *familiarisation*; lat. *familiaris* vertraut, bekannt], *Gedächtnisprozesse im Säuglingsalter*, *Habituierungsmethode*.

familiarity (= f.) [engl.] Vertrautheit, **[KOG]**, eine Eigenschaft, die in der Sprachps. Einheiten wie *Silbe* oder *Wort* zugeschrieben wird (*Psycholinguistik*). Die f. eines Items wird konstituiert durch eine hohe subj. Auftretenswahrscheinlichkeit und durch eine i.d.R. damit einhergehende pos. Bewertung dieser Einheit. Die f. eines Items beeinflusst die Erkennens- und Behaltensleichtigkeit. *Sprachrezeption*, *Lernen*, *Lernforschung*. J. *Engelkamp*

Familie (= F.) [engl. *family*; lat. *familia von famulus*, *Haussklave*], **[SOZ]**, (1) In einem klass. Verständnis das Elternpaar mit den unselbstständigen Kindern als Einheit des Haushalts. (2) In den Rechtswissenschaften: Eltern mit mind. einem Kind. (3) Geschlecht, Sippe. (4) In der biol. Systematik der Lebewesen: die natürliche Gruppe, in der mehrere nächstverwandte Gattungen zus.gefasst werden. (5) In der Mathematik eine Menge, die mit Elementen einer Menge indiziert ist. Soziolog. ist die F. als Grundgebilde des menschlichen Zusammenlebens zugleich die verbreitetste soziale *Gruppe*. Ihre Form mit vater- oder mutterrechtlicher Ordnung sowie ihre unterschiedliche Einbettung in umfassendere Zusammenhänge wie Großfamilie, Sippe, Geschlecht, Nachbarschaft ist abhängig von der Struktur der Gesellschaftsordnung wie auch der Wirtschaftsverfassung innerhalb der jew. kult. und historischen Situation. Die F. kann als differenziertes soziales System mit einer komplexen Rollenstruktur (*Rolle*) begriffen werden. Im Vordergrund stehen gegenwärtig Fragen über die Bedeutung der F. als Gruppe, in der sich grundlegende Erziehungsprozesse abspielen. Durch die Sozialisation des Nachwuchses leistet die F. die «zweite soziokulturelle Geburt» des Menschen (R. König). In ihrer personellen und räumlichen Isolierung als Gruppe der Ehepartner und ihrer unmündigen Kinder (Kernfamilie, Kleinfamilie) ist F. erst in den hochindustrialisierten Gesellschaften der Gegenwart in Erscheinung getreten. Der F. werden – nicht ohne Kritik – etliche biol. und soziale Funktionen zugesprochen: die biol. Reproduktion und Sicherung der Generationsfolge; die Sozialisations- und erzieherische Funktion; die wirtschaftliche Schutz- und Fürsorgefunktion; die politische Funktion und Platzierung in der jew. Gesellschaft; die religiösen Sozialisierungsfunktionen mit Bräuchen und Ritualen (Tischgebet, Familienfeste); die rechtlichen Funktionen (Vormundschafts-, Adoptions- und Erbrecht); Freizeit- und Erholungsfunktionen. Gegenwärtig werden z.T. etliche dieser Funktionen auch auf andere gesellschaftliche Institutionen (Staat, Versicherungsanstalten, Schule) übertragen. Soziologen weisen auf diesen «Funktionsverlust» der F. hin, durch den die F. immer mehr die Aufgaben der wirtschaftlichen Erhaltung, der Daseinsvorsorge bei Krankheiten, Invalidität, Alter u.a. verloren habe und auf die Funktionen der Zeugung des Nachwuchses und seiner Sozialisation und auf die Pflege der innerfamiliären Intim- und Gefühlsbeziehungen beschränkt sei (H. Schelsky, W. J. Goode). Darin wird sowohl eine Entlastung als auch eine erhöhte Gefahr für die Stabilität der F. als Institution gesehen. Heute kennt die F.soziologie mehrere typische Formen. Zwar hat die F. nach wie vor eine hohe Wertigkeit und gehört fest in den Lebensplan vieler junger Menschen, doch die Formen der F. entsprechen immer seltener dem Familienideal der bürgerlichen Familie. Empirisch ist der Wandel der F.strukturen u.a. feststellbar an: einer Schrumpfung der Haushaltsgröße (zahlreiche kinderlose oder Ein-Kind-Familien), einem Rückgang der Eheschließungen (nicht notwendigerweise auch der Paarbindungen), der Zunahme der Scheidungen, einem Rückgang der durchschnittlichen Geburten pro Frau, einer Zunahme der Frauenerwerbsarbeit, verkürzter Dauer partnerschaftlicher und familiärer Bindung und oft erneutem Vollzug in entspr. Intervallen (serielle Monogamie). Biol. beschreibt F. (1) eine taxonomische Kategorie s.o., (2) einen zeitlich begrenzten oder lebenslangen Verband von Geschlechtspartnern vorwiegend im Dienste der Brutpflege. *Brutpflegeverhalten. Patchwork-Familie, Regenbogenfamilie, Stieffamilie.* Hill & Kopp 2004, König 1967, 1974.

C. Becker-Carus

^{Test}**Familie in Tieren**, 8. Aufl. 2001, L. Brem-Gräser. Erstauflage 1957, [www.testzentrale.de], **[DIA, KLI]**. Projektiver Zeichentest (*projektive Tests*). Diagn. Verfahren in der Ehe-, Partner- und Familientherapie. AA hauptsächlich Kinder, jedoch auch bei Erw. (mit veränderter Instruktion) anwendbar. Thematisches Zeichnen bei Kindern mit der Instruktion, die eigene Familie (Familiensituation), einschließlich der eigenen Person, in Tiergestalten darzustellen. Anschließend wird der Pb über seine Vorstellungen zu den gezeichneten Bildern gefragt. Es werden Häufigkeiten der gewählten Tiere und ihrer Zuordnung zu den Familienmitgliedern sowie schematische Eigenschaftszuschreibungen zu den «Tiercharakteren» angegeben. *Gütekriterien*: Keine Angaben zu Objektivität und Reliabilität. Validität umstritten. Die Autorin gibt an, bei 301 von 372 neurotisch gestörten Kindern eindeutige Korrelate zw. Testergebnis und ps. Gutachten ermittelt zu haben.

Familien, Hochkonflikt- (= H.) [engl. *high conflict families*], **[RF, PER, SOZ]**, sind Trennungs- und Scheidungsfamilien in der Extremphase der Konfliktentwicklung (*Konflikt, sozialer*) mit einem Komplex von schwer korrigierbaren Verhaltensweisen Konfliktbeteiligter, der eine sinnvolle Lösung von Familienrechtsstreitigkeiten, wie z. B. Umgangs- oder Sorgerechtskonflikte (*Sorgerecht: Regelung nach Trennung und Scheidung*), dauerhaft beeinträchtigt. Obwohl nur circa 5 % der Trennungs- und Scheidungspaare H. sind, binden sie unverhältnismäßig viel Helferkapazitäten, weil das *Konfliktmanagement* aufwendig ist und oft die Grenze zur *Kindeswohl*gefährdung erreicht wird und Folgeschäden für Kinder zu verhindern sind.

Mangels aussagekräftiger *Längsschnittuntersuchungen* orientieren sich Def.versuche – häufig mit Bezug auf das Stufenmodell von Glasl (2011) – an unterschiedlichen mentalen, verbalen und aktionalen Indikatoren *destruktiver Streitmuster* mit lediglich unterschiedlicher Auftretenswahrscheinlichkeit in jeder Etappe einer Konfliktentwicklung. Nur wenige empirische Ergebnisse, meist basierend auf den Vergleich von Stichproben unterschiedlichen Konfliktniveaus, liegen vor. Danach zeigten z. B. hochkonflikthafte Eltern geringere *Verträglichkeit* (inkl. Kooperativität, Nachgiebigkeit, *Vertrauen*), weniger *Offenheit*, d. h. weniger Interesse an neuen Erfahrungen, stattdessen Dominanz verfestigter Ansichten. Interventionsstrategien werden kritischer bewertet als von anderen Eltern. Mit dem Konfliktniveau verminderte sich das Selbstwirksamkeitserleben (Fichtner et al. 2010; *Selbstwirksamkeitserwartung*). Zu der Annahme, dass Persönlichkeitsbesonderheiten oder *Persönlichkeitsstörungen* der Eltern die Hochkonflikthaftigkeit verursachen, liegen internat. sehr widersprüchliche und deshalb nicht verwertbare Ergebnisse vor. Soziodemografische Unterschiede wurden bisher nur selten gefunden: So verfügen H. z. B. über geringere ökonomische Ressourcen, waren vor der Trennung kürzer zus. und auch seltener verheiratet. Insgesamt liegen instabilere Kontextfaktoren vor (Bröning 2011).

Durch Orientierung auf reales, beobachtbares Konfliktverhalten ist die Spezifik von H. am besten diagnostizierbar und abgrenzbar von niederen Konfliktstadien wie Wortkonflikten oder basalem Konflikthandeln. Spezifische Verhaltensweisen (Eskalationskriterien) bei H. sind: (1) *Schikanehandeln* (z. B. gezieltes Provozieren durch grob ungerechtes Verhalten, Degradierungszeremonien, Demütigungen, nachteilige Informationen an Arbeitsstelle des Konfliktpartners, Arbeitsamt, Versicherungen); (2) gegenseitiges Drohverhalten mit Ultimatum (*Eskalationsdialog*); (3) Allianzbildung (Einbeziehen Dritter, Koalitionsdruck); (4) Behinderung der Kommunikation (Nichtbeantworten von E-Mails, Geheimhalten von Telefonnummern. Verweigern von Gesprächen); (5) überhöhte Kontrollansprüche in Bezug auf das Verhalten des Konfliktpartners; (6) Verharren im Vorwurfskreislauf; (7) Gewaltanwendung in der jüngeren Vergangenheit; (8) Psychopathologisierung oder Kriminalisierung des Konfliktpartners; (9) Selbstschädigung (*Verlustignoranz*), d. h. Inkaufnehmen von Schäden/Nachteilen, die größer sind als der angestrebte Nutzen; (10) häufig wechselnde Rechtsvertretung; (11) ausgeprägte Gerichtsanhängigkeit (mehrere offene und abgeschlossene familiengerichtliche Verfahren); (12) Ignorieren gerichtlicher Anordnungen, Vereinbarungen; (13) mangelnde Bereitschaft zur Nutzung professioneller Hilfe (Ablehnung, Scheinakzeptanz); (14) Drohverhalten gegenüber professionellen Dritten; (15) Belastung des Kindes bei Abwesenheit oder bei Anwesenheit des Konfliktpartners. Die einzelnen Kriterien unterscheiden sich in Gewicht und prognostischer Bedeutsamkeit. Schlussfolgerungen sind aus der Gesamtheit aller Indikatoren abzuleiten (*Prinzip der Aggregation von Daten*).

Die Interventionsbedingungen sind mit dem Ausmaß des Hochkonflikts aus folg. Gründen zunehmend beeinträchtigt: (1) Infolge der extrem verfestigten Streitpositionen ist die Wahrscheinlichkeit gemindert, dass die Interessen aller Beteiligten berücksichtigt werden können und sich alle Beteiligte in einer vereinbarten Regelung repräsentiert sehen, was wiederum die Erfolgschancen einer Regelung mindert. (2) Die Erfolgschancen des Hinwirkens auf Einvernehmen im familiengerichtlichen Verfahren nach § 156 FamFG sinken. (3) Abnehmende Akzeptanz von Interventionen seitens der Konfliktparteien; (4) Die Bereitschaft zu gemeinsamen Gesprächen sinkt. Deshalb wird meist mit Einzelangeboten begonnen, bevor mit beiden Elternteilen gemeinsam gearbeitet wird. (5) Wirksam werden v. a. einfachere Lernformen (Verhaltenskonditionierung (*Konditionierung*) durch Belohnung oder Strafe, Vermeiden neg. Folgen). Höhere Lernformen wie *Einsicht*slernen treten in den Hintergrund. (6) In der Folge verändern sich weniger die vorhandenen Einstellungen und Verhaltensbereitschaften, sondern das äußere Verhalten wird vor allem durch Kontrolle und Sanktionsfurcht aufrechterhalten. (7) Das ordnungsrechtliche Instrumentarium und die Wächterfunktion des Staates wird zunehmend genutzt, damit auch

Maßnahmen mit Zwangscharakter wie z. B. begleiteter Umgang, Umgangspflegschaft, Androhung und Festsetzung von Ordnungsmitteln, Änderungen der Sorgerechtsregelung umgesetzt werden können. (8) Das Risiko der Kindeswohlgefährdung steigt. Es wird schwieriger, die Kinder vor Überforderungen und Belastungen zu schützen und den Eltern dies zu verdeutlichen. Als Konsequenz formuliert Bröning (2011, 34): «Hochstrittige glauben, dass sie selbst am meisten leiden, wünschen, dass der ehemalige Partner mehr leiden soll, und reden sich häufig ein, dass die Kinder wenig oder gar nicht leiden». *H. Dettenborn*

Familienähnlichkeit [engl. *family similarity*], [**PER**], beobachtbare Ähnlichkeiten zw. Familienangehörigen. Werden bei kontinuierlichen Merkmalen i. d. R. durch Korrelationen, bei diskreten Merkmalen durch Konkordanzmaße angegeben. *Verhaltensgenetik*.

Familienaufstellung [engl. *family constellation*], *Organisationsaufstellung*.

Familienbeziehung (= F.) [engl. *family relationship*], [**EW, SOZ**], bez. die Qualität des Verhältnisses der Mitglieder einer Familie. Dabei kann man sowohl die Beziehungen innerhalb der Kernfamilie als auch die Beziehungen zu Mitgliedern der erweiterten Familie betrachten. Hinsichtlich der Beziehungen innerhalb der Kernfamilie werden *Eltern-Kind-Beziehungen*, Beziehungen zw. den Eltern sowie *Geschwisterbeziehungen* unterschieden. Im Fall der Beziehungen innerhalb der erweiterten Familie geht es z. B. um Beziehungen zw. nicht direkt aufeinanderfolgenden Generationen einer Familie wie das Verhältnis von Kindern zu Großeltern oder das Verhältnis erwachsener Kinder zu ihren alternden Eltern, die nicht mehr einen gemeinsamen Haushalt teilen. Die Qualität der Beziehungen wird u. a. unter der Perspektive von Unterstützungs- und Austauschprozessen eingeschätzt. Dabei kann man materielle, instrumentelle, informationelle und emot. Unterstützung unterscheiden. Weitere Beschreibungsdimensionen beziehen sich auf *Macht*, Kontrolle, Abgrenzung sowie *Offenheit*, *Vertrauen*, *Emotionalität* und *Kooperation*. Akt. Forschungsthemen im Bereich F. sind z. B. die intergenerationale Weitergabe von *Werten*, *Einstellungen* sowie konkreten Verhaltensweisen etwa bei der *Erziehung*. Kulturvergleichende und Migrationsstudien (*Kulturvergleichende Psychologie*) geben darüber hinaus interessante Einblicke in verallgemeinerbare Aspekte von F. und kult. Besonderheiten. Hofer et al. 2002. *B. Kracke*

Test Familien-Beziehungs-Test (F-B-T), 2010, J. G. Howells & J. R. Lickrish, [www.testzentrale.de], [**DIA, EW**]. Projektives Verfahren. AA Kinder an. sieben und zwölf Jahren und Erwachsene (Eltern). Verfahren zur Ermittlung der Beziehungsformen zw. Familienmitgliedern. Der Test setzt sich aus 40 mehrdeutigen Bildern zu Situationen in der Familie zus. Es wird angenommen, dass der Pb die Bilder gemäß seiner Familiensituation beschreibt. Die Auswertung ist zeitaufwendig.

Familienbildung (= F.) [engl. *family education*], [**EW, PÄD**], die F. in Dt. hat ihre Vorläufer in sog. Müttterschulen, die auf eine Grundidee von Friedrich Fröbel zurückgehen und vor rund 100 Jahren vielerorts in Dt. gegründet wurden, um der damals hohen Säuglingssterblichkeit entgegenzuwirken und bürgerliche Vorstellungen von *Familie* und *Erziehung* auch in unteren sozialen Schichten (*Status, sozioökonomischer*) zu verbreiten. Seit der Reform des Kinder- und Jugendhilfegesetzes (SGB VIII) ist die F. in § 16, Abs. 2 SGB VIII rechtlich verankert. F. wird als eigenständiger, mit anderen Arbeitsfeldern der Kinder- und Jugendhilfe verbundener Bereich verstanden, der Familien und ihren Mitgliedern unter Berücksichtigung ihrer *Bedürfnisse*, *Interessen* und *Erfahrungen* in ihren jew. Lebenslagen Hilfen anbietet. Im Mittelpunkt steht die Förderung der Erziehung in der Familie. Familien als primäre *Sozialisations*-, Erziehungs- und *Bildungs*instanz für Kinder sind aufgrund veränderter Erwartungen und Anforderungen an Erziehung, veränderter Rollenbilder (*Rolle*) und der Pluralisierung familialer Lebensformen heute vor bes. Herausforderungen gestellt, deren Bewältigung durch F. unterstützt werden soll. So wurden mit der gesetzlichen Ächtung von *Gewalt* in der Erziehung (Neufassung § 1631 im BGB im Jahr 2000) auch wesentliche Impulse für den Ausbau von Angeboten der F. gesetzt. Eine zentrale Aufgabe der F. ist es, Eltern in ihrer Funktion als Erzieher, Bildungsförderer und Arrangeure kindlicher Entwicklungsgelegenheiten zu fördern und zu unterstützen. F. ist eine präventive Leistung (*Prävention*), die sich an alle Familien wendet und nicht als Einzelfallhilfe angedacht ist. Sie zielt darauf ab, dass Familien ihre *Kompetenzen* nutzen und erweitern, um (1) eine selbstbestimmte Lebensplanung und Alltagsgestaltung innerhalb ihrer *sozialen Netzwerke* zu realisieren sowie (2) ihre Erziehungs- und Bildungsaufgaben zu erfüllen. Hierzu sollen Projekte der Eltern- und F. nicht nur Erziehungsstrategien vermitteln, sondern vorrangig *Ressourcen* der Eltern aktivieren und ihre Handlungsoptionen erweitern.

Ein Merkmal der F. in Dt. ist ihre Heterogenität. Dies betrifft sowohl die inhaltliche Ausrichtung und Form ihrer Angebote als auch ihre vielgestaltete Landschaft versch. Akteure, Trägerstrukturen und Organisationsformen. Es kann zw. Angeboten für unterschiedliche Aufgaben und Phasen der Familienentwicklung und unterschiedliche Familienformen, Angebote für spezif. Belastungssituationen und zielgruppenbezogene Ansätze unterschieden werden (Lösel et al. 2006). Zur Erreichung ihrer *Ziele* verfügt die F. über eine entspr. vielfältige Angebotspalette, die sich auf unterschiedliche Aufgabenbereiche bezieht. Diese umfasst u. a. die Unterstützung bei der Pflege und Versorgung von Säuglingen, die *Erziehungsberatung* für Eltern verhaltensauffälliger Kinder, Hilfestellungen bei elterlichen Überforderungsgefühlen, schulische Probleme, Fragen der *Sexualität*, der Gestaltung der Partnerschaft und der Familienplanung. Auch hochkomplexe Themen wie (sexuelle) Gewalt in der Familie, *Sucht*verhalten und Armut werden behandelt. Beratung für Eltern zum Vereinbarkeitsmanagement und zum Wiedereinstieg nach der Elternzeitphase sind ebenfalls Teil des Aufgabengebietes.

Es lassen sich vier versch. Formen der F. differenzieren, die jeweils unterschiedliche Zugänge zu Familien nutzen (vgl. Heitkötter & Thiessen 2009). Neben der *institutionellen* F., die über Familienbildungsstätten angeboten wird, finden sich auch Formen der *informellen* F., der *medialen* F. (z. B. das Online-Familienhandbuch, s. www.familienhandbuch.de) und der *mobilen, aufsuchenden* F. Um das vielfach dokumentierte Problem der Mittelschichtsorientierung von Angeboten der F. zu überwinden und auch bildungsferne Schichten sowie Familien mit Migrationshintergrund zu erreichen, werden eine Reihe von Strategien diskutiert. Hierzu gehören eine systemübergreifende Vernetzung und Koordination der versch. Förderangebote und Hilfen, um Zugänge zu passenden Angeboten zu erleichtern und eine bessere Abstimmung der Programme zu erreichen, eine Verbesserung der Attraktivität der Angebote für diese Zielgruppen durch stärkere Niedrigschwelligkeit und Bedarfsorientierung, eine intensivere Qualifizierung und Professionalisierung des Personals sowie eine Stärkung der *Wirkungsforschung*, die über die bewirkten Veränderungen und Erfolge der Angebote informiert. *S. Walper*

Familienentwicklungsaufgaben (= F.) [engl. *family developmental tasks*], [**EW, SOZ**], F. werden i. R. der Familienentwicklungstheorie analog zu *Entwicklungsaufgaben* des Individuums als Anpassungserfordernisse gesehen, die sich im Zuge von Übergängen im Familienzyklus ergeben, um der jew. neu entstehenden Situation gerecht zu werden, und nicht nur einzelne Familienmitglieder, sondern auch die *Familie* als Gesamt betreffen. Zumeist werden – als i. d. S. bedeutsam – Übergänge festgemacht an einer Veränderung der Anzahl der Familienmitglieder (z. B. Geburt eines Kindes, Tod eines Familienmitglieds) sowie an indiv. Übergängen des ältesten Kindes von Tragweite für die Familie (z. B. Einschulung, Auszug aus dem Elternhaus). F. sollen Entwicklungen auf indiv. und familialer Ebene anstoßen, können aber auch bei Überlastung der Bewältigungskapazitäten zu Krisen mit entspr. Konsequenzen führen. Der normative Charakter des Konzepts und seine teilweise Bindung an ein epochetypisches Familienideal blieben trotz aktualisierten Ergänzungen und Neuformulierungen Gegenstand von Kritik, da es nur eingeschränkt Raum für die Diversität von Familienformen und ihrer Entwicklung lässt. Dennoch ist es weiterhin ein wichtiger Bezugspunkt als Suchraum und Interpretationsrahmen in der familienpsychol. Forschung wie auch im praktischen Feld etwa der Familienberatung. Carter & McGoldrick 1980. *P. Noack*

^(Test)**Familien-Identifikations-Test (FIT)**, 1999, H. Remschmidt & F. Mattejat, [www.testzentrale.de], [**DIA, EW, RF**], Familienverfahren. AA Kinder ab 7 Jahre, Jugendliche, Erwachsene. Der FIT dient der Erfassung der familiären Identifikationsmuster von Kindern und Erwachsenen. Die Familienmitglieder werden getrennt voneinander aufgefordert, zunächst sich selbst und dann die anderen Mitglieder der Familie über 12 vorgegebene Adjektive zu beschreiben. Die Einschätzungen erfolgen über eine fünfstufige Antwortskala. Die Selbstbeschreibungen werden in die Beschreibung des Real-Ichs (wie ich bin; *Real-Selbst*) und des Ideal-Ichs (wie ich sein möchte; *Ideal-Selbst*) differenziert. Einsatzbereich: Familientherapie, familienbezogene Begutachtungsfragen (z. B. Sorge- und Umgangsrecht), allg. klin. Diagnostik und Forschung. *Normierung*: Vorläufige Prozentrangnormen für kinder- und jugendpsychiatr. Pat., Schüler aus der Normalbevölkerung und für Mütter und Väter von psychiatr. Pat. Bearbeitungsdauer: ca. 10 bis 20 Min.

Familienlebenszyklus (= F.) [engl. *family life cycle*], [**EW, SOZ, WIR**], beschreibt traditionell eine systematische Sequenz von *Familien*konstellationen. Frühe Modelle des F. postulierten eine lineare Abfolge von Phasen, orientiert an traditionellen Familienformen (z. B. Heirat, Geburt der Kinder). Modernisierte Modelle betonen die Vielfalt an Lebensentwürfen (z. B. Singles, *Patchwork-Familie*, *Regenbogenfamilie*) sowie die Möglichkeit nicht-linearer Abfolgen (z. B. Wiederverheiratung). Damit verändert sich auch die Terminologie von Phasen hin zu Kategorien, von F. zu Haushaltslebenszyklus oder Lebensverlauf. Die unterschiedlichen Konstellationen werden entlang von Dimensionen wie Alter, Beziehungsstatus (z. B. alleinlebend vs. verheiratet), Vorhandensein von Kindern im Haushalt (z. B. «full nest» vs. «empty nest») und deren Alter differenziert. Ereignisse (z. B. Heirat, *Scheidung*, Auszug der Kinder (*Ablösung*)) werden als Auslöser für Übergänge zw. Konstellationen gesehen. Ps. relevant sind dabei Veränderungen in den *Rollen* (z. B. Eltern-, Geschlechtsrollen (*Geschlechtsrollen-Selbstkonzept*)) und den spezif. Anpassungsleistungen (s. a. *Lebensereignisse, kritische*). Der F. hat einerseits Bedeutung für die Familienps. (*Familienentwicklungsaufgaben*) und die Beziehungszufriedenheit (*Modell ehelicher Stabilität*). Während frühere Querschnittsdaten einen u-förmigen Verlauf der Zufriedenheit über die Dauer einer Partnerschaft nahelegten, zeigen neuere Längsschnittsdaten eher linear abnehmende Verläufe (Van Laningham et al. 2001). Andererseits ist der F. für die Wirtschaftsps. relevant, da sowohl die Art der Ausgaben (etwa für Haushaltsprodukte oder Freizeitaktivitäten) als auch deren Höhe deutlich mit Kategorien des F. zus.hängen (z. B. Wilkes 1995). Damit ist der F. wichtig für *Marktsegmentierung* im Konsum- oder Finanzsektor und für die Vorhersage von Konsumverhalten (Bauer & Auer-Srnka 2012). *E. Hölzl*

Familienmarkenstrategien [engl. *family branding, family brand strategies*], *Markenarchitektur*.

Familienrechtspsychologie (= F.) [engl. *family law psychology*], [**RF, SOZ**], ist eine Teildisziplin der *Rechtspsychologie*. Gegenstand sind Erleben und Verhalten beim Auf- und Abbau familiärer Beziehungen, soweit sie der rechtlichen Einflussnahme bedürfen. Zwar ist das auf alle Phasen der familiären Entwicklung zu beziehen. Im Mittelpunkt stehen aber Abbau bzw. Reorganisation bestehender familiärer Beziehungen, weil hier die Wahrscheinlichkeit überfordernder Konfliktverläufe (*Familien, Hochkonflikt-*, *Konflikt, sozialer*) am größten ist und weil in der Rechtspraxis v. a. bei konflikt- und stressbelasteten Beziehungsverläufen ps. Sachverstand beigezogen wird. Einbezogen sind Erleben und Verhalten sowohl der Konfliktbetroffenen, z. B. die *Bewältigungsstrategien* von Kindern oder das Streitverhalten von Eltern in Trennungsfamilien, wie auch der beteiligten Konfliktmanager, z. B.

Richter, Jugendamtsmitarbeiter oder Gutachter. Aktionsfeld und Bezugsrahmen sind sowohl geltendes Familien-, Verfahrens- und Jugendhilferecht wie auch notwendiges wünschenswertes Recht, d. h., es wird auch de lege ferenda gearbeitet und dazu beigetragen, Recht zu entwickeln. Neben der Verankerung in der Rechtsps. bestehen enge Beziehungen zur Familien-, Entwicklungs- und Sozialps. sowie zur Klinischen und Päd. Ps.

Spezif. Arbeitsgegenstände der F. sind z. B. (1) Dysfunktionale Familienbeziehungen, Stresserleben, Coping und Interventionsbedürftigkeit; (2) Konfliktverläufe in Trennungsfamilien, Konfliktmanagement, Voraussetzungen und Grenzen von Beratung, Mediation, Therapie, Möglichkeiten der Ressourcenentwicklung der Eltern zur besseren Kooperation; (3) Psychopathol. Devianzen im Trennungsgeschehen; (4) Bindungen und emot. Beziehungen des Kindes zu seinen Bezugspersonen; (5) Belastungserleben und Verlustängste von Kindern im Trennungsstreit von Erwachsenen; (6) Stressbewältigung von Trennungskindern; (7) kindliches Zeitempfinden in Trennungsverläufen und familienrechtliche Intervention; (8) Manipulation und Einbeziehung von Kindern in den Trennungsstreit (*Parental Alienation Syndrom (PAS)*); (9) Erziehungskompetenzen von Eltern; (10) Rolle von Geschwisterbeziehungen in Trennungsverläufen; (11) Diagnostik von Bindungen und Beziehungen, Konfliktverläufen, *Persönlichkeitsstörung*; Spannungsfeld von Diagnostik und Intervention; (12) Entscheidungsfindung in Familienrechtskonflikten und bei den beteiligten Professionellen.

Ein wichtiger Anwendungsbereich ist die *Sachverständigentätigkeit*. Die oben genannten Arbeitsgegenstände fließen hier ein in gerichtliche Fragestellungen, z. B. nach der Regelung des Sorgerechts, des Umgangs, der Herausgabe eines Kindes (*Sorgerecht, Herausgabe eines Kindes*), nach der Erziehungsfähigkeit inkl. Bindungstoleranz von Eltern, nach dem Vorliegen einer Kindeswohlgefährdung inkl. eines Verdachts auf sexuellen Missbrauch und Kindesmisshandlung (*Kindeswohl, sexueller Missbrauch*), nach der Notwendigkeit bzw. den Folgen eines Sorgerechtsentzugs oder Umgangsausschlusses, nach der Notwendigkeit einer Fremdunterbringung oder einer Adoption eines Minderjährigen.

Dass Spannungsfeld von Diagnostik und Intervention ist dadurch belebt worden, dass das Familiengericht nach § 163 Abs. 2 FamFG beschließen kann, dass der Sachverständige auf Einvernehmen hinwirken soll. Dies kommt dem Bestreben nach solider modifikationsorientierter Diagnostik entgegen und ändert nichts an der weisungsgebundenen Gehilfenstellung des Sachverständigen gegenüber dem beauftragenden Familiengericht (§ 404a ZPO, § 15 Abs. 1 FGG). Die familienrechtspsychol. Sachverständigentätigkeit ist wegen ihrer Bedeutsamkeit Forschungsgegenstand und Objekt ständiger Bemühung um Qualitätssicherung (Salzgeber 2011).

Die familienrechtspsychol. Forschung und Praxis ist wesentlich mitbestimmt durch gesellschaftlichen Wandel (*Zeitgeist*) und entspr. Veränderungen in Rechtsdenken und Rechtspolitik. Dazu gehören z. B. der radikale Perspektivenwechsel von den Eltern(rechten) hin zum Vorrang des Kindeswohls, die Tendenz, die Gestaltung von Familienbeziehungen immer mehr der Autonomie der Beteiligten zu überlassen, der Wandel vom reaktivem Eingriff hin zur fördernden Gestaltung inkl. der akt. Tendenz zum deeskalierenden Intervenieren in Familiengerichtsverfahren, aber auch in der Intensivierung des Kinderschutzes. Die Effekte in der Gesetzgebung und Rechtsprechung betreffen dann insbes. die ps. Sachverständigentätigkeit, so z. B. Rechtsnormen zur Einbeziehung von Gutachtern in die Konfliktvermittlung, die rechtliche Gleichstellung ehelicher und nicht ehelicher Kinder, die Reformierung der Stellung von Lebensgemeinschaften, inkl. gleichgeschlechtlichen, die veränderten Regelungen zu nicht verheirateten Kindeseltern, aber auch modifizierte Rechtsvorschriften zur Prüfung von Kindeswohlgefährdung.

Diese Bewegungen erhöhen die Komplexität und bergen Widersprüche, die nicht mehr allein mit rechtlichen Mitteln bewältigt werden können, sondern den Bedarf an familienrechtspsychol. Kompetenz erhöhen. Unscharf sind z. B. die Grenzen zw. grundgesetzlich gebotener Autonomie der Familie inkl. größtmöglicher Freiheit von staatlichen Eingriffen und der Wahrnehmung des *staatlichen Wächteramt*s (Art. 6 Abs. 2 GG) auch gegen die Eltern oder die Grenzen zw. dem Interpretationsprimat der Eltern für das Kindeswohl und dem Eingriffsrecht des Staates bei gefährdender Kindeswohlinterpretation der Eltern. In der Sachverständigentätigkeit hat dies z. B. Folgen bei der Begutachtung von Risiken für das Kindeswohl wie Misshandlung oder Missbrauch. Die Tendenz, den Konfliktbeteiligten immer mehr Autonomie und indiv. Entscheidungsraum zuzugestehen, erzeugt zwangsläufig Widersprüche. Sie kann Schwächeren schützende, ordnende Bestimmungen entziehen und Beratungsnot erzeugen. Der Widerspruch zw. Autonomie und Hilfebedarf wird noch verschärft, wenn Konfliktbeteiligte nach jahrelangem Streit zu der begründeten Erkenntnis kommen, dass eine vernünftige Konfliktlösung aus eigener Kraft nicht möglich ist, aber statt eine gerichtlichen Entscheidung zu treffen autonomes Anstreben von Einvernehmen verlangt wird (*verweigerter Rechtsgewährungsanspruch*). Eng damit verbunden ist die mögliche Kluft zw. dem Anspruch von Beteiligten, ihre Angelegenheiten selbstständig zu regeln, und dem wirklichen Vermögen dazu. Westhoff et al. 2000, Dettenborn & Walter 2002.   H. Dettenborn

Familiensystem, Interaktion [engl. *family system, interaction*], [**EW, PÄD, SOZ**], Interaktionen innerhalb des Familiensystems sind Handlungen (*Handlung*) der Beteiligten, die aufeinander bezogen sind und sich so wechselseitig beeinflussen (*Interdependenz, soziale*). Sie sind von den bestehenden sozialen Beziehungen geprägt und tragen zur weiteren Gestaltung und Entwicklung der Beziehungen bei, etwa in der *Adoleszenz*phase der Kinder durch Aushandlungsprozesse zw. den Jugendlichen und ihren Eltern, die das Ausmaß des *Macht*gefälles und die Balance von Autonomie (*Autonomieentwicklung*) und Verbundenheit (*Bindung, Ablösung*) betreffen. Dabei ist das wesentliche Medium die *Kommunikation*. Wechselseitige Einflüsse auf Wahrnehmungen, Deutungsmuster und *Verhalten* können situativer Natur sein oder nachhaltiger mit Auswirkungen, die über die Situation hinaus weisen, wie etwa in Prozessen der familialen *Sozialisation*. Aus Sicht der *Familiensystemtheorie* ist neben der grundsätzlich gegebenen Wechselseitigkeit in Interaktionen hervorzuheben, dass neben den in anderen Ansätzen typischerweise fokussierten Interaktionen zw. Individuen, also den einzelnen Familienmitgliedern, auch solche mit und zw. Systemelementen auf höheren Ebenen postuliert werden, bspw. zw. der Elterndyade und einem Kind oder zw. der Elterndyade und den Kindern (Geschwisterdyade, -triade, ... (*Eltern-Kind-Beziehung, Geschwisterbeziehungen*)). Sie sollen gleichzeitig immer auch Rückwirkungen auf die jew. nicht direkt beteiligten Systemelemente haben, wie etwa Eheprobleme auf das Erziehungsverhalten (*Erziehung*) der Elternteile gegenüber ihrem Kind. Ein weiteres Postulat betrifft die homöostatische Tendenz des Familiensystems; es wird angenommen, dass Interaktionen bis zu einem gewissen Punkt dem Erhalt des gegebenen Systemzustands dienen und erst dann, wenn diese Schwelle durch die auftretenden Herausforderungen überschritten wird, eine Umgestaltung einsetzt, die in einen neuen Balancezustand mündet; ein Bsp. wäre bei hochbelasteten Ehebeziehungen die Trennung der Eltern und der Auszug eines Elternteils aus der Haushaltsgemeinschaft (*Modell ehelicher Stabilität*). Neben ihrer Bedeutung innerhalb der Familienforschung haben die familiensystemtheoretische Perspektive und der Fokus auf Familieninteraktionen einen bedeutsamen Einfluss auf Familien- und *Erziehungsberatung* sowie in der *Familientherapie*. P. Noack

Test Familiensystemtest (FAST), 1998, T.M. Gehring, [www.testzentrale.de], [**DIA, EW**]. Systemisches Verfahren. AA ab 6 Jahre. Der FAST ist eine aus der klin. Praxis entwickelte Figurentechnik für die Darstellung von *emotionaler Bindung (Kohäsion)* und *hierarchischen Strukturen in der Familie* oder in ähnlichen Sozialsystemen. Das quant. und qual. verwendbare Verfahren basiert auf der strukturell-systemischen Familientheorie (*Systemische Therapie*). Es wird davon ausgegangen, dass gesunde Familien eine balancierte Beziehungsstruktur (kohäsiv und ausgewogen hierarchisch), deutliche Generationengrenzen und eine flexible Organisation aufweisen. Die Familiendarstellungen können Beziehungsstrukturtypen zugeordnet werden. Mittels der halbstrukturierten Nachbefragung lassen sich zusätzlich prozessorientierte Informationen für die Planung von diagn.-therap. Interventionen gewinnen. Anwendung als Einzeltest oder als Gruppentest mit Familien. Bearbeitungsdauer: Einzeltest 5 bis 10 Min.; Gruppentest 10 bis 30 Min.

Familientherapie (= F.) [engl. *family therapy*], [**KLI**], kann auf der Basis unterschiedlicher therap. Richtungen stehen (z. B. *humanistische Therapien, Systemische Therapie, Verhaltenstherapie*), doch enthalten die meisten F. systemische Elemente. Typ. ist die Auffassung, dass u. U. einzelne Familienmitglieder «Symptomträger» sind, die Probleme aber eigentlich in der Familieninteraktion (*Familiensystem, Interaktion*) liegen. Konsequenterweise wird die Therapie direkt möglichst mit allen wichtigen Familienmitgliedern durchgeführt, was aber bei mangelnder Bereitschaft zur Teilnahme nicht immer möglich ist. F. ist in mancher Hinsicht komplexer als *Einzeltherapie*, da eine Familie aber ohnehin einen starken Einfluss auf die Therapie eines ihrer Mitglieder haben kann, ist es oft einfacher, diese von Anfang an direkt einzubeziehen. F. wird in der Praxis oft durch Einzeltherapie ergänzt. Das Betonen familiärer Zus.hänge erfordert oft ein starkes Umdenken der Beteiligten, das durch Vermeiden einseitiger Schuldzuweisungen und Betonung der Stärken (*Ressourcenorientierung*) einer Familie erleichtert wird. Anwendungen erfolgen oft bei Vorliegen von Ablösungsproblemen, die mit familiären Konflikten zus.hängen können. Eine bes. Anwendung mit gesicherter Wirkung ist die Rückfallprophylaxe bei *Schizophrenie, Bipolaren Störungen* und *Essstörungen*. Schlippe & Schweitzer 1997. F. Caspar

Test Familien- und Kindergarten-Interaktions-Test (FIT-KIT), 2000, D. Sturzbecher, R. Freytag, [www.testzentrale.de], [**DIA, EW, PÄD**]. Päd. Verfahren. AA 4–8 Jahre. Der FIT-KIT ist ein spielbasierter interaktionsdiagnostischer Test für Einzelfalluntersuchungen. Er erfasst – auf der theoretischen Grundlage soziokognitiver, skriptorientierter Konzepte i. S. von Nelson – über versch. Untertests (Problem-, Kooperations-, Konflikt-, Ideen-, Kummer- und Spaßsituationen) sowohl typische *Verhaltensdimensionen von Erziehungspersonen* (Kooperation, Hilfe, Abweisung, Restriktion, Bekräftigen kindlicher Ideen, Trösten, Emotionale Abwehr sowie Faxen und Toben) *als auch von Kindern* (Hilfesuche, Diplomatie und Renitenz) und ermöglicht so die Darstellung von Interaktionsprofilen. Zur Untersuchung der vom Kind perzipierten Qualität der Interaktion zw. sich selbst und Erziehungspersonen (z. B. Eltern, päd. Personal) in Kindergärten und Hort, in der Erziehungs- und Familienberatung, in der forensisch-psychol. Begutachtung. *Normierung*: Stanine-Normen für die Altersgruppen von vier bis acht Jahren ($N = 761$). Bearbeitungsdauer: 20 bis 30 Minuten.

Family Daycare Rating Scale (FDCRS) *Kinderbetreuung, Struktur-, Prozess- und Orientierungsqualität.*

Test Family Relations Test (FRT-C), 1976 (Erwachsene) bzw. 1985 (Kinder), E. Bene & J. Anthony, [www.testzentrale.de], [**DIA, KLI**]. Diagn. Verfahren in der Ehe-, Partner- und *Familientherapie*. AA Kinder von 3 bis 15 Jahren, Erwachsene. Der FRT erfasst die Beziehungen versch. Familienmitglieder zueinander. Mithilfe des Testmaterials wird ein Abbild der Familie aufgebaut. Dazu werden standardisierte Fragen gestellt, die in zwei Versionen für jüngere (3 bis 7 Jahre) und ältere (7 bis 15 Jahre) Kinder vorliegen. *Normierung*: Für den dt.sprachigen Bereich liegen Quartilangaben für 6- bis 11-jährige Kinder vor. Interpretation der Testergebnisse stark vom ps. Grundkonzept des Auswerters abhängig. Bearbeitungsdauer: ca. 30 Min. Gesamtzeitaufwand für Auswertung und Interpretation der Testergebnisse: ca. 60 Min.

Fanatismus [engl. *fanatism*; lat. *fanaticus* rasend, von einer Gottheit verzückt], [**EM, SOZ**], zumeist eifernde, «besessene» und sehr nachhaltig wirksame, vom Träger (z. B.

einem Wahrheitsfanatiker) überwiegend pos. motivierte, ideologisch begründete Form der unbedingten Überzeugung (*Überzeugungssystem*). I. d. R. begleitet von dem Willen andere von der nach eigner Einschätzung unbedingt wahren Meinung zu überzeugen bzw. «zu bekehren». Hieraus kann Aggressions- und Gewaltbereitschaft resultieren (*Aggression, Gewalt, Rassismus*). Mit pos. Konnotation gebraucht, wenn eine hohe emot. Verbundenheit und unbedingte Identifikation mit einem Objekt oder einer Tätigkeit besteht (z. B. fanatischer Briefmarkensammler).

Fangdurchgang [engl. *catch trial*], *Reaktionszeit*.

Fantasie (= F.) [engl. *fantasy, imagination*; gr. φαντασία (*phantasia*) Vorstellung, Erscheinung, Gespinst], gleichbedeutend mit *Vorstellung*skraft, [**KOG, PER**], ebenso die Vorstellungen, die neu in unser Bewusstsein treten und sich mit den vorhandenen Bewusstseinsinhalten verbinden. Entscheidend ist das Neuartige der F.kombinationen. Sie enthalten meist weder *Erinnerung* noch Wiedererkennen, wenn sie auch die Neuorganisation von Erfahrenem sein können. Die F. kann absichtlos schweifen (passiv) oder planvoll (aktiv), mehr reproduzierend oder rein kombinatorisch geartet sein. Sie kann im *Traum*, durch *Drogen* erzeugt, bei sensorischer *Deprivation*, im *Aberglauben* und vor allem bei *Psychosen* überhandnehmen und die Persönlichkeit beeinträchtigen. Freud ordnete die F. den Primärprozessen (*Primärvorgang*) zu.

Fantasierealisierung, Theorie der [engl. *fantasy realization theory*], *Fantasie*, [**EM, KOG**], erklärt, wie Zukunftsdenken in Form von Fantasien oder Tagträumen für Anstrengung und Erfolg bei der Zielerreichung nutzbar gemacht werden kann. Demnach führt die Selbstregulationsstrategie (*Selbstregulation, Informationsverarbeitung*) der mentalen Kontrastierung einer erwünschten Zukunft (z. B. eine gute Note zu bekommen) mit Hindernissen der gegenwärtigen Realität (z. B. sich ablenken lassen) zu einer effektiven Zielverfolgung: Personen binden sich bes. stark an ein Ziel, wenn sie hohe Erfolgserwartungen haben, das Hindernis zu überwinden und die erwünschte Zukunft realisieren zu können; sie lösen sich jedoch von ihrem Ziel ab, wenn sie niedrige Erwartungen haben. Das Schwelgen über eine erwünschte Zukunft, Grübeln über die gegenwärtige Realität sowie die reverse Kontrastierung von Realität und Zukunft führen dagegen zu einer unveränderten und moderaten Zielbindung, unabhängig von den Erwartungen.

Mentale Kontrastierung ist eine bewusste Problemlösestrategie, die über nicht bewusste Prozesse das Setzen, Verfolgen und Ablösen von Zielen auslöst. Dabei handelt es sich um motivationale Prozesse (z. B. Energetisierung und Planen) und um kogn. Prozesse (z. B. mentale Verbindungen zw. Zukunft und Realität sowie zw. der Realität und den instrumentellen Mitteln zum Realisieren der Zukunft). Mentale Kontrastierung geht mit Aktivität in Hirnregionen einher, die für die Handlungsvorbereitung, Aufrechterhaltung von Intentionen, bildliche Vorstellung, sowie Arbeits- und episodisches *Gedächtnis* verantwortlich sind. Kontextfaktoren wie z. B. Stimmung beeinflussen die spontane Generierung von mentaler Kontrastierung: Personen neigen in trauriger Stimmung mehr als in fröhlicher oder neutraler Stimmung zur mentalen Kontrastierung, vermutlich weil eine traurige Stimmung Problemlöseaktivitäten anregt. Die mentale Kontrastierung wird alleine oder in Kombination mit *Implementierungsintentionen* als kosten- und zeiteffektive metakognitive Intervention zur Verhaltensänderung in vielen Bereichen eingesetzt (z. B. im gesundheitlichen, schulischen oder beruflichen Bereich). Oettingen 2012, Oettingen et al. 2001.   G. Oettingen/A. T. Sevincer

Féré-Effekt [engl. *Fere effect*], nach C. S. Féré (1852-1907), *psychogalvanische Reaktion*.

Farbatlas [engl. *colour atlas*], *Farbsysteme, anschauliche*.

Farbe (= F.) [engl. *color*], [**WA**], alle durch das Auge vermittelten Erlebnisse sind «Licht», und dieses ist immer in einer best. *Qualität*, «Farbe» gegeben. Beide Begriffe bez. einen schmalen Bereich von elektromagnetischen Schwingungen und deren Strahlungsenergien (*Spektrum*). Unter psychophysischem Aspekt stellen diese physikal. Größen den für Licht- und Farberlebnisse adäquaten *Reiz* dar. Über die singuläre Qualität «Rot» lassen sich keine beschreibenden Aussagen machen. Erst durch den Vergleich vieler F. offenbart sich ein phänomenologischer Zusammenhang (Ähnlichkeit) zw. F., der ein best. Ordnungsprinzip erkennen lässt. Es gibt zu einem best. Rot z. B. ähnliche F., von denen sich eine Reihe mit stetigen Übergängen über Purpur dem Blau und eine andere über Orange dem Gelb nähert. Man erkennt, dass es. F. gibt, die sowohl rot als auch gelb sind, und andere, die nur rot, gelb, grün, blau sind. Die vier so ausgezeichneten F. heißen «Urfarben» (Hering). Da andere F. immer zwei Urfarben ähnlich sind, ist es zwingend, die Gesamtheit aller F. ihren Ähnlichkeitsbeziehungen gemäß i. S. einer geschlossenen Kurve (Kreis, Viereck, Dreieck u. a.) topologisch anzuordnen. Eine solche Anordnung der Farben umfasst offensichtlich nur die «bunten» und schließt die «unbunten» aus. Letztere bilden eine Mannigfaltigkeit in stetigen Übergängen von Schwarz über Grau nach Weiß, die man geometrisch auf einer Geraden mit den Endpunkten «Schwarz» und «Weiß» darstellen kann (Unbuntreihe, Grauskala). Es finden sich aber für jede beliebige bunte F. zweierlei Ähnlichkeitsbeziehungen zur Unbuntreihe: (1) Rot z. B. kann in allen Übergängen zw. Schwarz und Weiß vorgefunden werden (Schwarzverhüllung, Weißverhüllung) bzw. bei gleicher Buntheit dunkler oder heller sein, und es kann (2) bei jedem best. Verhüllungs- oder Helligkeitsgrad alle Übergänge von Bunt nach Unbunt darstellen. Es lässt sich also die Gesamtheit der bunten und unbunten F. nach den Ähnlichkeitsbeziehungen, die sie unter sich zeigen, anordnen: (1) Farbton, *hue* (die zyklische Beziehung rot-purpur-blau-blaugrün-grün-grüngelb-gelb-orange-rot); (2) Sättigung, *satiation* (Übergang von dem jew. ausgeprägtesten Buntheitsgrad einer beliebigen F. über «verweißlichte» Pastelltöne zu Unbunt); (3) Helligkeit, *lightness* (jeder Farbton kann bei gegebener Sättigung mehr oder weniger schwarz- bzw. weißverhüllt, d. h., heller oder dunkler sein). Es ist bemerkenswert, dass sich ein dreidimensionaler Farbkörper wegen der zyklischen Struktur der Farbtonfolge nicht i. S. von drei einfachen Erstreckungsrichtungen für die Qualitätsreihen Farbton, Sättigung und Helligkeit aufbauen lässt, sondern immer von einer Ebene ausgeht, auf deren äußerster Begrenzung die gesättigsten Farben liegen und auf deren Zentrum als Unbuntpunkt die Helligkeitsachse senkrecht steht (*Farbsysteme, anschauliche*). Aus dem gleichen Grund gibt es auch keine einfache Entsprechung der beiden physikal. Dimensionen Wellenlänge und Energie und den Merkmalen Farbton, Sättigung, Helligkeit. Eine sinnvolle Beziehung zw. Reizgrößen und dem Gesamt der anschaulichen Beziehungen zw. F. ergibt sich erst durch Vermittlung der Gesetze des Farbenmischens (*Farbenmischung*). I. S. der klass. *Psychophysik* gibt es nur zw. Strahlungsenergie und Helligkeit Funktionen, die angenähert nach dem Weber-Fechner'schen Gesetz verlaufen. Zu Wellenlängen oder Schwingungsfrequenzen gibt es keine phänomenale Größe mit monotoner Abhängigkeit (*spektrale Unterschiedsempfindlichkeit*, spektrale Sättigungskurve, Hellempfindlichkeit). Aus der Verteilung der Unterschiedsempfindlichkeit lassen sich lediglich Angaben über die Zahl der unterscheidbaren Farben ableiten. Die Schätzungen schwanken für das Spektrum unter Einschluss der Purpurfarben zw. 250 und 500, für alle Farben liegen sie bei 7,5 Mio. (nach Schober). F. üben in ausgeprägter Weise Wirkungen aufeinander aus und zwar: örtliche (F.mischungen), außerörtliche (*Kontrast*, Angleichung) und zeitliche Wirkungen (*Nachbilder*). *Farbenlehre, Farbtheorie*.

Farbe, Erscheinungsweisen [engl. *color, appearance*], [**WA**], die bes. Beschaffenheit der *Farben* in komplexen *Wahrnehmung*ssituationen, in denen die Farben außer durch die Momente Farbton, *Helligkeit* und Sättigung durch Feldfaktoren bestimmt sind, die in den räumlichen und zeitlichen Verhältnissen der gesamten Reizung begründet sind. Katz unterschied: (1) *Flächenfarben*. Sie sind räumlich nicht genau lokalisierbar, haben ein «lockeres Gefüge» (man kann scheinbar in sie hineinsehen). Bsp.: himmelsblau, Farbe im Spektralapparat. (2) *Oberflächenfarben*. Sie werden dort lokalisiert, wo der sie tragende Gegenstand sich befindet. Sie haben ein «festes Gefüge». Bsp.: farbiges Papier. (3) *Raumfarben*, die den Flächenfarben verwandt sind. Bsp.: farbige Flüssigkeiten. Als weitere Erscheinungsweisen unterscheidet man: gespiegelte Farben, Leuchten, Glühen, Durchsichtigkeit, Glanz. *Kontrast, Angleichung, Konstanz*. Kanizsa 1966, Katz 1911.

Farbe-Form-Forschung (= F.) [engl. *colour-form research*], [**WA**], dieser Forschungszweig der Ps. beschäftigt sich mit Problem und Verteilung von Form- bzw. *Farb*enreaktionen (*Farbenlehre*). Eine hierfür entwickelte Versuchsanordnung ist folg.: Aus einer Reihe versch. geformter Figuren in jew. versch. Farbe, die der Vp mittels eines Projektionsapparates 2/10 dargeboten werden, ist eine zuvor 10 gezeigte Figur von best. Farbe und best. Form wiederzuerkennen. Zum Entscheidungsexperiment wird der Versuch dadurch, dass die betreffende Figur jetzt eine andere Farbe hat, während die ihr ursprünglich zugehörige Farbe bei einer anderen Form erscheint. Wird bei Darbietung der Figurengruppe die Form wiedererkannt = *Formreaktion* – wird nur die Farbe herausgefun-

den = *Farbreaktion*. Entsprechend: *Formseher – Farbseher*. Diese Differenzierung wurde vielfältig untersucht. So von der Tierps. (Ergebnisse z. B. bei Hühnervögeln und Bienen überwiegt die Farbbeachtung, bei niederen Affen die Formbeachtung), von der Entwicklungsps. (Ergebnisse z. B. Überwiegen der Farbbeachtung bei Kindern, allmähliche Abnahme mit zunehmendem Alter), von der Typenps. (Ergebnisse z. B. Farbseher sind überwiegend zyklothym und integriert, Formseher schizothym und desintegriert, *Typologie*). Von Bedeutung waren die Ergebnisse der F. auch für persönlichkeitspsychol. Fragestellungen (*Persönlichkeitspsychologie*) und Testmethoden wie z. B. *Rorschach-Test*, Pfister-Farbpyramiden-Test u. Ä. Lindberg 1938, Scholl 1927.

Farben, polyphäne [engl. *polyphene colors*; gr. πολύς (*polys*) mehrere, φαίνειν (*phainein*) scheinen], *Fechner-Benham-Farben*.

Farbenblindheit [engl. *color blindness*], *Achromatopsie, Dyschromatopsie*.

Farbendreieck [engl. *color triangle*], [**WA**], eine geometrische Darstellung der Farbarten (*Farbe, Farbspektrum*) zur Veranschaulichung ihrer Beziehungen (s. Abb.).

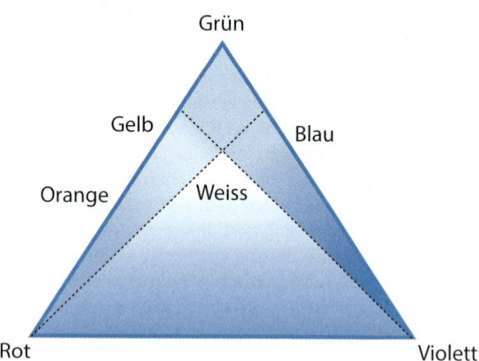

Farbendreieck

Farbenfibel, [**WA**], die Darstellung der von dem Chemiker W. Ostwald (1917) für praktische Zwecke vorgenommenen Normung (und Reihung) der *Farben*.

Farbenhören [engl. *hearing colors*], [**WA**], Erscheinung, dass dazu veranlagte Personen beim Hören zugleich bestimmte Farbvorstellungen haben, z. B. das C blau oder rosa, das G gelb, den Klang der Flöte blau, der Trompete rot, A-Dur grün empfinden. *Synästhesie*.

Farbenkreis [engl. *color circle*], [**WA**], (Hering, Ostwald), die natürliche Anordnung der (bunten) Farben (*Farbe*) in der dem Spektrum entspr. Reihe oder Farbenlinie vom Rot über Orange, Gelb, Grün, Grünblau, Indigo zum Violett. Lässt sich zum Kreis schließen, indem zw. Violett und Rot die im Spektrum nicht vorkommende Mischfarbe Purpur mit ihren verschiedenen Tönungen eingefügt wird.

Farbenkreisel [engl. *color spinner*], [**WA**], Apparat zur Herstellung aller Mischfarben (*Farbe*) durch additive *Farbenmischung*. Auf einer Achse werden kreisförmige, versch.farbige Pappscheiben befestigt, die radial geschlitzt sind, sodass zwei oder mehrere ineinandergesteckt werden können (*Maxwell'sche Scheiben* 1853). Bei schneller Umdrehung verschmelzen die versch.farbigen Felder zum einheitlichen Eindruck der Mischfarbe. Nach J. C. Flugel wurden rotierende Scheiben zur Demonstration der Farbenmischung schon 1820 von Murschenbroek eingeführt. *Masson'sche Scheibe*, *Musil, Robert Edler von*.

Farbenkugel [engl. *color globe*], **[WA]**, ein Ordnungssystem der bunten und unbunten Farben (*Farbe*, *Farbspektrum*) ähnlich dem *Farbenoktaeder*.

Farbenlehre, Farbtheorie [engl. *chromatics, color theory*], **[WA]**, die gegenüber anderen Sinnesgebieten ausgezeichnete Bedeutung von Begriffen wie «Farbenlehre» und «*Farbe*» ergibt sich aus der wahrscheinlich nur historisch zu verstehenden Auseinandersetzung um die Frage nach dem «Wesen» der Farben, die sich in der Tradition Goethes über Schopenhauer, Hering bis in die Gegenwart erhalten hat. Dabei ist heute nicht strittig, ob Newton oder Goethe recht hatte, sondern ob vorwiegend reizorientierte (*Reiz*) oder phänomenologische (*Phänomen, Phänomenologie*) Ansätze fruchtbarer seien. Im Bereich der Theorien des Farbensehens hat sich der ursprünglich zw. Herings und Helmholtz' Auffassung bestehende Ggs. weitgehend nivelliert, und man versucht, die physiol. Befunde je nach ihrer bes. Beschaffenheit mehr i. S. der einen oder anderen Theorie zu interpretieren. Schwieriger gestaltet sich die Entscheidung zw. dem, was physikal. begründbar ist und was nicht. Extrem physikorientierte Positionen nehmen die *Kolorimetrie* und *Photometrie* ein. Die Kolorimetrie versteht sich als Farbreizmetrik, die mit rein physikal. Maßstäben misst und die Farbempfindung meth. und sachlich entbehren kann. Hierbei muss zw. Def. unterschieden werden, die die *Empfindung* in ihrer Variation zugunsten der Messgenauigkeit einschränken, und der Behauptung, die Kolorimetrie ließe sich von der Physik aus aufbauen. Soweit *Farbenmischungen* ihre Grundlage sind, kann davon keine Rede sein, denn es gibt keinen physikal. Ausdruck, der mithilfe von Strahlungsgrößen (Wellenlängen, Schwingungsfrequenz, Strahlungsenergie) den Vorgang der Farbenmischung beschreiben könnte. Eine Farbgleichung in Form einer Vektoradditionsgleichung rR + gG + bB reduziert sich, physikal. gesehen, auf eine Energiegleichung, in der lediglich die von den Komponenten r, g, b ausgedrückten Energiebeträge summiert werden. Die Vektoren R G B bez. zwar die zu mischenden Strahlungen, diese aber bleiben im Gemisch unverändert, es entsteht keine andere Wellenlänge, von der sich das Aussehen des Gemisches als physikal. Gründen herleiten ließe. Welche neue Farbe das Gemisch hat, kann nur eine Vp aussagen, wobei die Beschränkung auf das kolorimetrische Gleichurteil einen spez. Fall psychophysischer Methode darstellt, aber keineswegs bedeutet, dass man auf die Farbenempfindung verzichtet habe. Der aus Farbmischversuchen hergeleitete Farbraum hat infolgedessen auch keinen physikal. Sinn. Die Verwendung physikal. Maße und Einheiten hat praktische Gründe in Gestalt einer eindeutigen Fixierung der Ausgangsgröße als Strahlungen betreffender Wellenlängen in einem best. Energieverhältnis. Auf den Empfindungsvergleich kann auch die Photometrie nicht verzichten, und die Schwierigkeit bzgl. der Additivität von Helligkeiten versch. aussehender Farben ist ein rein psychol. Problem des Vergleiches (*Hellempfindlichkeit*), nicht der Additivität der Strahlungsgrößen. Es ist dabei legitim, das Problem der Helligkeit versch. Farben für alle praktischen Bedürfnisse durch Vereinbarung zu lösen, soweit aber «Licht» und «Farbe» Gegenstand der Erkenntnis sind, können keine Def. aufrechterhalten werden, die dem Phänomen nicht gerecht werden. Die Kolorimetrie und Photometrie haben nicht das Ziel, theoretische Sätze zu formulieren. Insofern man aber die Farbenmischungen und den Helligkeitsbegriff der Photometrie als konstituierende Momente einer Farbentheorie gelten lässt, darf nicht übersehen werden, dass sie nicht als physikal. Vorgänge ausdrücken lassen. Dies gilt z. B. für die *Psychoakustik* weit weniger, denn wegen der größeren strukturellen Entsprechung der Frequenzen von Druckwellen einerseits und Tonhöheerlebnissen andererseits lassen sich die Abfolgen aller reinen Töne mithilfe der physikal. Frequenzskala als logarithmische Funktion ausdrücken. Auf dem Gebiet der Farben gibt es keine entspr. physikal. Variable und den Farbenmischungen entspricht kein strukturgleicher physikal. Vorgang. Andererseits haben Psychologen ebenso wie Physiologen die Gesetze der Farbenmischungen zur Entwicklung physiol. Hypothesen aufgegriffen (G. E. Müller u. a.), aber nicht versucht, die Farbgeometrie zum Gegenstand ps. Sätze zu machen. Eigentlich psychol. Untersuchungen beziehen sich meist auf *Kontrast*, *Nachbilder* und Farbkonstanz oder phänomenologisch beschreibend auf die Erscheinungsweisen der Farben (Katz, Helson, Kanizsa). Es gibt aber auch moderne Versuche, die – sich direkt an Goethe anlehnend – in phänomenologischer Schau den gesamten Zusammenhang der Farberlebnisse, ihre Wirkungen und ihre Bedeutungen zum Gegenstand machen (Heimendahl). *Farbwahrnehmung*. Goldstein 2007.

Farbenmetrik [engl. *color metrics*], *Kolorimetrie*.

Farbenmischung (= F.) [engl. *color mixture*], **[WA]**, additive F., jede Kombination von zwei oder mehr Farben, aus der eine best. neue Farbe entsteht. Solche Kombinationen können auf versch. Weise erzeugt werden: (1) Verschiedenfarbige Lichter werden an der gleichen Stelle gleichzeitig erzeugt (*Farbenmischapparat*, Projektoren mit farbigen Lichtern); (2) verschiedenfarbige Lichter werden nacheinander in so schneller Folge an der gleichen Stelle erzeugt, dass ein ruhender Lichteindruck entsteht (*Flimmerverschmelzungsfrequenz, Talbot'sches Gesetz*. Geräte: *Flimmergeräte*, Farbkreisel); (3) verschiedenfarbige Punkte werden so dicht nebeneinander gesetzt, dass bei Betrachtung aus hinreichender Entfernung eine einheitliche Farbe gesehen wird (Buntdruck, Computermonitor). Für alle diese Mischoperationen gelten die gleichen Gesetze in Bezug auf das Aussehen des Gemisches (s. u.). Von *subtraktiver F.* spricht man, wenn das Aussehen eines Lichtes durch Fortnehmen best. Strahlungskomponenten verändert wird. So wird z. B. ein aus allen Lichtern des Spektrums zus.gesetztes Weiß farbig, wenn es durch einen Filter geschickt wird oder auf eine best. geartete Oberfläche fällt. In beiden

Fällen werden je nach Beschaffenheit des Filters oder der Oberfläche Strahlungen absorbiert und andere durchgelassen bzw. zurückgeworfen. Die verbleibenden Strahlungen lassen sich wieder als Gemisch nach dem Prinzip der additiven F. auffassen.

Gesetze der F.: Mit der F. lässt sich ein Ortesystem herstellen, das alle Farbarten nach Maßgabe ihres Aussehens enthält und eindeutig bestimmt. Hierzu sind drei Ausgangsfarben notwendig und hinreichend. Aus einem solchen System ist nach geometrischen Regeln herzuleiten, welche Farbe sich bei Mischung beliebiger anderer ergibt. Newton (1704) hat als Erster das geometrische Prinzip angegeben, nach dem man eine Mischfarbe «durch Konstruktion» finden kann (Newton'sche Schwerpunktkonstruktion). Grassmann hat die in Newtons Angaben enthaltenen Voraussetzungen in Form von drei Gesetzen explizitiert (*Grassmann'sche Gesetze*). Sie besagen: (1) dass jeder Farbeneindruck sich in drei Momente zerlegen lässt: «den Farbton, die Intensität der Farbe und die Intensität des beigemischten Weiß»; (2) dass, «wenn man von den beiden zu vermischenden Lichtern das eine stetig ändert (während das andere unverändert bleibt), auch der Eindruck der Mischung sich stetig ändert»; (3) dass «zwei Farben, deren jede konstanten Farbenton, konstante Farbenintensität und konstante Intensität des beigemischten Weiß hat, auch konstante Farbenmischung ergeben, gleichviel aus welchen homogenen Farben jene zus.gesetzt seien» (Grassmann 1853). In der modernen Literatur finden sich die Grassmann'schen Gesetze häufig in anderem Wortlaut. Grassmann explizitiert seine Sätze, indem er zeigt, dass sich F. wie Vektoradditionen verhalten. Dabei geht er in seinen Erläuterungen von vier Grundfarben aus. Erst später hat der britische Physiker Maxwell die heute übliche Farbtafel in Dreiecksform eingeführt, indem er sich ausdrücklich auf die physiol. *Dreikomponententheorie von Young* beruft (*Farbwahrnehmung*) und mittels der Newton'schen Schwerpunktkonstruktion die erste Darstellung der Spektralfarben aufgrund von Mischungen vornahm. Dabei muss berücksichtigt werden, dass Spektralfarben sich nicht durch Mischungen erzeugen lassen (*Spektrum*), sondern nur nach dem Prinzip der «uneigentlichen F.» geometrisch darstellen lassen. Zur Darstellung eines Gemischsystems geht man heute nicht mehr von einer Farbebene, sondern von einem Farbraum aus. Dieser ergibt sich aus den drei Einheitsvektoren R G B (Rot, Grün, Blau), die aus Gründen der Einfachheit senkrecht aufeinander stehen. Eine beliebige Farbe lässt sich als Summe dieser Vektoren mit der zu ihrer Mischung benötigten Intensitäten als Komponenten ausdrücken, parallele Schnitte durch den Farbraum ergeben Farbdreiecke, die sich nur in der Helligkeit unterscheiden. Allgemein gilt für Gemischsysteme, dass sie sich beliebig linear ineinander transformieren lassen, man also durch Rechnung das Ergebnis einer F. finden kann oder aber auch ein anderes Farbsystem, das sich bei unterschiedenen Ausgangsfarben ergibt. Arens 1957, Goldstein 2007.

Farbenoktaeder [engl. *color octaeder*; gr. ὀκτώ (*okto*) acht, ἕδρα (*hedra*) Basis, Fläche], [**WA**], ein dreidimensionales System der Ordnung aller bunten und unbunten Farben

(*Farbe*). Auf der Außenfläche sind die Farbqualitäten zu denken in der größten Sättigung, die ihnen auf der jew. Helligkeitsstufe (*Helligkeit*) zukommt.

Farbenquadrat [engl. *color square*]; *Urfarbenkreis*.

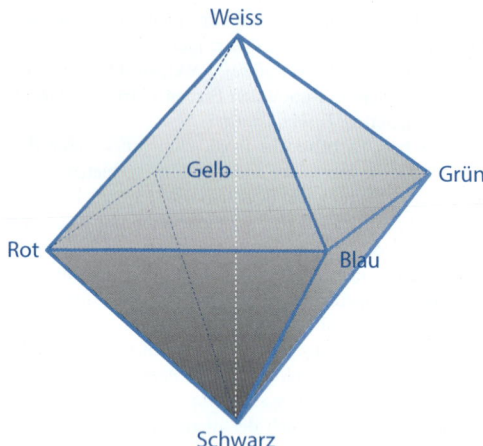

Farbenquadrat

Farbensichtigkeit *Achromatopsie*, *Dyschromatopsie*.

Farbensinn [engl. *color sense*], [**WA**], das Farbensehen, die Farbenwahrnehmung, die Unterscheidungsfähigkeit für Farben, das ästhetische Verständnis für das Zueinanderpassen von Farben in Farbkombinationen. *Farbwahrnehmung*.

Farbensymbolik [engl. *color symbolism*; gr. συμβάλλειν (*symballein*) zusammenfügen], zu allen Zeiten und bei allen Völkern haben Farben symbolische Bedeutung. Allerdings fehlt Einheitlichkeit. Z. B. ist im Abendland Schwarz, in Japan aber Weiß die Farbe der Trauer. Es gilt für die westliche Kultur folg. Zuordnung: Rot (Farbe des pulsierenden Blutes) = Gefühl, Leidenschaft, Mut, Wut. Gelb (Farbe der Licht bringenden Sonne) = Intuition, Logos, Glauben, Enttäuschung, Kontaktnehmen. Grün (Farbe der Gewächse) = Freude, Empfindung, Beziehung zur Wirklichkeit. Blau (Farbe des klaren Himmels) = Denken, Geist, Weisheit (Narrheit), Wahrheit, Treue, heitere Ruhe. Weiß = Reinheit, Verlassenheit, Kälte, Unfruchtbarkeit. Schwarz = Trauer, Leid, geheimnisvolle Macht.

Farbentest, Fantasietest 1928, E. Heckmann, [**DIA, PER**], *projektive Tests*. Veraltetes Verfahren. Eine dem *Rorschach-Test* ähnliche, aber im Ggs. dazu das Vorlageblatt ganz ausfüllende, wahllos gemischte Farbkombination (Farbkleckse). Der Test wurde zur Bestimmung der Integration nach Jaenesch herangezogen. Zuerst wurde durch Fixation eines markierten Punktes ein Nachbild von der Kleckszeichnung erzeugt, dann erfolgte die Betrachtung der Zeichnung durch den Pbn unter den für den Rorschach-Test charakteristischen Bedingungen.

Farbentherapie [engl. *color therapy*], [**KLI**], die Verwendung der Farben zu therapeutischen bzw. psychohygienischen Zwecken. Beruht auf der Annahme, dass gewisse

Farben best. Wirkungen erregender, anregender oder beruhigender Art haben.
Farbentüchtigkeit *Achromatopsie*, *Dyschromatopsie*.
Farbenwirkung [engl. *effect of colors*], [**EM, WA**], den versch. Farbqualitäten (*Farbe*, *Farbwahrnehmung*) zugeschriebene emot. Wirkung (*Emotionen*). Grün, Blau, Violett, Indigo sollen beruhigen, Rot, Orange, Gelb, Purpur erregen. *Farbensymbolik*. Die ästhetische Wirkung von Farbenkombinationen. Zusammenstellungen von Kontrastfarben (Gelb – Blau, Rot – Grün) werden meist als wohlgefällig beurteilt, Kombinationen von im Spektrum nahe benachbarten Farben (Blau – Violett) dagegen oft missfällig gefunden. Die Wohlgefälligkeit einzelner Farben ist interindividuell sehr unterschiedlich.
Farbe-Tonforschung [engl. *color-sound research*], *Synästhesie*.
^Test^**Farbe-Wort-Interferenztest (FWIT)**, 1985, G. Bäumler, [www.testzentrale.de], [**DIA, KOG, WA**]. Leistungs- und Fähigkeitstest. AA 10–85 Jahre. Als mehrdimensionaler Leistungstest misst der FWIT elementare Fähigkeiten der Informationsverarbeitung (Auswahl, Codierung und Decodierung) im optisch-verbalen Funktionsbereich. Mit dem Test werden Verarbeitungsgeschwindigkeiten der «Sensu-Konzepto-Motorik» erfasst (Wahrnehmung, begriffliche Umsetzung und verbale Wiedergabe von Reizen durch das Lesen bzw. Benennen). Mittels des Farbe-Wort-Inkongruenzprinzips nach J. R. Stroop (*Stroop-Verfahren*) wird zudem die Stressbelastung und damit die konzentrative Beanspruchung variiert. Die mit dem Test messbaren kogn. Leistungsfunktionen sind: *Nomination* (Geschwindigkeit der Namenfindung, Benennung), *Selektivität* (konzentrativer Widerstand gegenüber dominierenden Reaktionstendenzen oder Interferenzneigung), *Alertness* (Grundgeschwindigkeit der Informationsverarbeitung) sowie – unter best. Voraussetzungen – die *Lesegeschwindigkeit*. Die Auswertung liefert ein dreidimensionales Leistungsprofil. *Normierung*: Allgemeine und altersspezif. Normen, zusätzlich Normen für Angestellte bzw. Akademiker sowie für Testwiederholungen. Bearbeitungsdauer: 10 Min.
farbige Schatten [engl. *colored shadows*], [**WA**], zwei verschiedenfarbige Lichter werfen je einen Schatten. Wenn diese dicht genug stehen und etwa gleich hell sind, erscheint jeder in der Komplementärfarbe (*Komplementärfarben*) des von ihm beschatteten Lichtes. *Kontrast*.
Farbmechanismen (= F.) [engl. *color mechanisms*], [**WA**], sind eine abstrakte Beschreibung eines Teils der Prozesse auf denen die *Farbwahrnehmung* beruht. Ein Mechanismus ist univariant, d. h., er reagiert auf ein multivariates Eingangssignal mit einer univariaten Ausgabe. Ein Bsp. für einen Farbmechanismus sind die Zapfen in der Retina (*Netzhaut*), die auf Licht mit einer Spannungsänderung reagieren, also einer eindimensionalen Signaländerung; es gibt drei Zapfentypen mit unterschiedlichen Absorptionsspektren, sodass sich die F. auf der Ebene der *Photorezeptoren* durch drei Zapfenmechanismen charakterisieren lassen. Die weiteren Stufen der F. lassen sich z. T. durch die Transformation der drei Zapfenmechanismen in drei Paare von *kardinalen Farbmechanismen* und eine Vielzahl von *kortikalen Farbmechanismen* höherer Ordnung (*higher order color mechanisms*) beschreiben. Stockmann & Brainhard 2009. *K. R. Gegenfurtner/T. Hansen*
Farbmechanismen, kardinale (k. F.) [engl. *cardinal color mechanisms*; lat. *cardinalis* Haupt-, bedeutsam], [**WA**], *Farbmechanismen*, *Photorezeptoren*; beschreiben die retinale Transformation der drei Zapfenmechanismen in drei Gegenfarbmechanismen [engl. *cardinal mechanisms, second-order mechanisms, post-receptoral mechanisms*]. Jeder k. F. besteht aus einem Paar von unipolaren Mechanismen, die pos. und neg. Kontraständerungen bezogen auf einen neutralen Graupunkt signalisieren. Es gibt drei Paare von kardinalen Farbmechanismen, ein Paar *achromatischer Mechanismen* und zwei Paare *chromatischer zapfenopponenter Farbmechanismen* [engl. *cone-opponent color mechanisms*]: (1) ein Paar achromatischer Mechanismen (+L +M, −L, −M) ein Paar chromatischer Mechanismen, das die Differenz zw. den S-Zapfen und M- und L-Zapfen signalisiert (S − (L + M), −S + (L + M)); (2) ein Paar chromatischer Mechanismen, das die Differenz zw. L- und M-Zapfen signalisiert (L − M, M − L). Im dualen Farbraum (*Farbenlehre, Farbtheorie*) gibt es drei kardinale Achsen. Die kardinalen Achsen im Farbraum sind diejenigen Farben, auf die jeweils zwei Paare von Mechanismen nicht reagieren (Nullebene). Es gibt eine achromatische Achse (L/M/S) und zwei chromatische Achsen (S und L/M). Die Farben entlang der kardinalen Achsen variieren zw. schwarz/weiß (L/M/S), violett/hellgrün (S) und rotviolett/türkis (L/M). Die chromatischen kardinalen Achsen stimmen nicht mit den Hering'schen Gegenfarbachsen blau-gelb bzw. rot-grün überein. Stockmann & Brainhard 2009, Krauskopf et al. 1982.
K. R. Gegenfurtner/T. Hansen
Farbmechanismen, kortikale (= k. F.) [engl. *cortical color mechanisms, higher order color mechanisms*], [**WA**], sind *Farbmechanismen* höherer Ordnung, die für eine Vielzahl von Farbrichtungen sensitiv sind. Eine Gruppe von *Neuronen* mit ähnlichen Farbpräferenzen ist ein mögliches neuronales Korrelat k. F. *Evidenz* für k. F. liefern physiol. Messungen kortikaler Affenneurone, bei denen eine Vielzahl unterschiedlicher Farbpräferenzen gefunden wurde, sowie psychol. Experimente, deren Ergebnisse sich bisher nur mit einem Modell erklären lassen, das auf k. F. beruht. Für eine Ebene im Farbraum beschreiben Modelle mit 8–16 Mechanismen die Ergebnisse psychophysischer Experimente recht gut; im gesamten Farbraum existieren möglicherweise viele Hundert versch. Mechanismen. Die Existenz, Anzahl und die Farbpräferenzen k. F. sind weiterhin Gegenstand aktueller Forschung. Eskew 2009, Hansen & Gegenfurtner 2013, Krauskopf 1999. *K. R. Gegenfurtner/T. Hansen*
Farbnacheffekte [engl. *color after effect*], *Nacheffekte*.
Farbreaktion [engl. *color reaction*], *Farbe-Form-Forschung*.
Farbspektrum [engl. *color spectrum*], [**WA**], Farbenspektrum, auch *Spektrum*, Beschreibung des Lichts (*Licht*) in Abhängigkeit von der Wellenlänge. *Spektralfarben*.

Farbsysteme, anschauliche [engl. *descriptive colour-systems*], **[WA]**, Farb(muster-)sammlungen mit gefärbten Farbkärtchen, die übersichtlich angeordnet sind bzw. die anschauliche Ordnung der Farben optimal wiedergeben. Man bemüht sich, die einzelnen Muster so zu graduieren, dass sie empfindungsgemäß gleiche Abstände untereinander haben. In Dt. ist die DIN-Farbenkarte am gebräuchlichsten. Sie wurde auf farbvalenzmetrischer Grundlage ausgearbeitet und stellt eine empfindungsgemäße Abstufung der Farbenmuster nach 24 Farbtönen dar, von denen jeder nach ebenso gleichabständigen Stufen von Sättigungen und Dunkelstufen vorkommt. Ostwald ging von dem Vollfarben-, Schwarz- und Weißgehalt jeder Farbe aus. Als Farbkörper ergibt sich dabei ein Doppelkegel mit den Spitzen Schwarz und Weiß und einer gemeinsamen Basis in der Gestalt des Vollfarbenkreises. Die Sättigung aller Farben nimmt von der Schwarz-Weiß-Achse zur Peripherie hin zu. Um empfindungsgemäße Abstände zu erhalten, wurden die Unbuntstufen und die Weißbeimischung für die Sättigungsreihen logarithmisch graduiert. Der Vollfarbenkreis wurde in der Hälfte Gelb bis Rot – Blau (warme Farben) nach konstanter Zahl von Unterschiedsschwellen angeordnet, und die Abstände der zweiten Hälfte ergaben sich als *Komplementärfarben* der ersten. Das Ostwald-System findet sich in dem gängigen amerikanischen *Color Harmony Manual* realisiert. Ferner ist in Amerika bes. der Munsell-Atlas, der sich nach ähnlichen Prinzipien aufbaut, geläufig.

Farbtests [engl. *color-blindness test*], **[WA]**, Verfahren zur Untersuchung der Farbtonunterscheidung auf der Grundlage isochromatischer Farbtafeln; häufig verwendet werden Ishihara- oder Velhagen-Tafeln bzw. der *Dvorine Color Vision Test*. Diese Verfahren sind zur Feststellung peripherer Farbwahrnehmungsstörungen (*Achromatopsie*, *Dyschromatopsie*) geeignet; für die Untersuchung zerebral verursachter Farbwahrnehmungsstörungen hat sich der *Farnsworth-Munsell 100 hue Test* als bes. sensitiv erwiesen, da die in diesem Test verwendeten Farbtöne nicht nur gleiche Farbsättigung, sondern auch gleiche Grauwerte aufweisen, und deshalb Grauwerteunterschiede nicht zur Unterscheidung farbiger Reize beitragen können. Karnath & Thier 2012. *J. Zihl*

Farbtests, projektive [engl. *projective color tests*], *projektive Tests, projektive Verfahren*.

Farbvalenz [engl. *color valence*; lat. *valere* wert sein], *Kolorimetrie (Farbenmetrik)*.

Farbwahrnehmung (= F.) [engl. *color perception*], **[WA]**, *Farbe* ist eine Sinnesempfindung, die in einem komplexen neuronalen Verarbeitungsprozess im *Gehirn* entsteht (*visuelle Wahrnehmung*). Der Prozess beginnt, wenn Licht ins *Auge* fällt und in der Netzhaut (Retina) von Photozeptoren absorbiert wird und durch weitere retinale Neuronen (*Neuron*) in Nervenimpulse umgewandelt wird, die an das Gehirn weitergeleitet werden. Farbe erlaubt es uns Objekte unterschiedlicher Reflektanz weitgehend unabhängig von der Beleuchtung schnell und effizient zu unterscheiden und dabei gleichzeitig durch Farbkategorien in versch. Objektklassen einzuteilen. Es gibt in der Retina drei Typen von Zapfenfotorezeptoren, die Licht absorbieren, also elektromagnetische Strahlung zw. ca. 380 und 780 nm. Die drei Zapfentypen begründen die Trichromatizität des menschlichen Farbensehens (*Farbmechanismen, kardinale*), nach der sich jede Farbe durch drei Größen charakterisieren lässt (z. B. durch die RGB-Werte beim Monitor oder durch Farbton, Sättigung und *Helligkeit* in einem perzeptuellen Farbraum). Die Aktivitätsmuster der einzelnen Zapfentypen sind stark korreliert und werden noch in der Retina in sog. Gegenfarbkanälen (*Gegenfarben*) dekorreliert. Die retinalen Aktivitätsmuster werden über den lateralen genikulären Nucleus (LGN, seitlicher Kniehöcker) im Thalamus an das primäre visuelle Areal V1 weitergeleitet (*Sehbahn*). Die weitere kortikale Verarbeitung erfolgt in versch. Arealen, insbes. in den visuellen Arealen V2–V4 im *Okzipitalkortex*. Dabei werden aus den drei subkortikalen Kanälen eine Vielzahl von Mechanismen gebildet, die spezif. auf best. Farbkombinationen reagieren. Auf einer höheren kogn. Ebene wird aus den Farben dann eine kleine Anzahl von Kategorien gebildet, wie z. B. schwarz, weiß, rot, grün, gelb, blau, braun, orange, violett, rosa oder grau. Bei der F. spielen viele Faktoren eine Rolle, wie z. B. benachbarte Farben und deren räumlichen Auflösung (Farbkontrast (*Kontrast*), Farbassimilation) oder höhere kogn. Faktoren wie z. B. die *Erinnerung* an die Farbe, in der ein Objekt oft gesehen wurde (*Gedächtnisfarbe*). Menschen können Mio. versch. Farben unterscheiden (über 500 Helligkeitswerte, 200 Farbtöne und 20 Sättigungsstufen). Die häufigste Ursache für Störungen der Farbwahrnehmung ist der genetisch bedingte Ausfall eines Zapfentypen (*Rot-Grün-Blindheit*). Snowden et al. 2012, Gegenfurtner & Sharpe 1999. *K. R. Gegenfurtner/T. Hansen*

Faschismus [engl. *fascism*; ital. *fascismo* rechtsgerichtete politische Bewegung in Italien unter B. Mussolini], *Autoritarismus*.

Faszination [engl. *fascination*; engl. *fascinare* verzaubern], **[EM, KLI]**, das Hingerissensein und Gefesselt bzw. Gebanntsein durch bes. eindrucksvolle Ereignisse. In der *Psychoanalyse* Bez. für die Anziehung und Aktivierung der *Libido* durch ein Symbol oder einen *Archetyp*. In der *Hypnose* auch *Kaptation* (Kaptivation) genannt. Der Zustand eines Gebundenseins an den Hypnotiseur.

Faszinationsmethode (= F.) [engl. *hypnotic fascination*], **[KLI]**, Einleiten der *Hypnose* durch Anstarren eines hellen und glänzenden Gegenstandes (Metall- oder Glaskugel oder der Augen des Hypnotisierenden). F. wurde zuerst von Braid (*Braidismus*) angewandt.

Fatalismus [engl. *fatalism*; lat. *fatalis* durch das Schicksal bestimmt], **[EM, PER]**, Anschauung, dass alles Geschehen unabänderlich, schicksalhaft vorausbestimmt ist, sodass der menschliche Wille dem ohnmächtig gegenübersteht. *Kontrollüberzeugungen, internale vs. externale Kontrolle*.

fatigue [engl.] Ermattung, Ermüdung; *Erschöpfungssyndrom, chronisches*.

FAUSTLOS, **[SOZ]**, der Begriff FAUSTLOS steht sinnbildlich für einen gewaltfreien Umgang bei Konflikten und emot. schwierigen Situationen unter Kindern und Jugendlichen (*Konflikt, sozialer*). Es ist ein *Zivilcourage*-Training, das v. a. für Kinder und Jugendliche konzipiert wurde. Gemeinhin versteht man unter Zivilcourage, seinen Unmut über etwas ohne Rücksicht auf mögliche Nachteile gegenüber Obrigkeiten, Vorgesetzten o. Ä. zum Ausdruck zu bringen und dabei Dritten zu helfen. Doch weitere Situationen, in denen zivilcouragiertes Handeln notwendig ist, stellen bspw. aggressive oder gewalttätige Verhaltensweisen unter Kindern und Jugendlichen (Frey et al. 1999; *Aggression, klinische Perspektive, Gewalt*) dar. Da aggressives und gewaltbereites Verhalten wesentlich aus einem Mangel an *sozialen Kompetenzen* resultiert, haben Maßnahmen zur Steigerung der sozialen Kompetenz von Kindern i. R. von *Gewaltprävention* einen zentralen Stellenwert. Durch das Zivilcourage-Training FAUSTLOS lernen Kinder prosoziale Verhaltensweisen auf die gleiche Weise wie sie lernen, sich unsozial zu verhalten, nämlich über Vorbilder, Erfahrung und Verstärkung. *Verstärkungen* durch Lob und Belohnungen als auch durch erfolgreiche Problemlösungen fördern das Lernen dieser Fähigkeiten. Das Training, das in Kindergärten und Schulen einen gewaltfreien, empathischen Umgang der Kinder untereinander fördert, wurde von Cierpka (2005) am Universitätsklinikum Heidelberg mitentwickelt und wird heute vom Heidelberger Präventions-Zentrum betreut. Einer der Hrsg. von Unterrichtsmaterialien ist Andreas Schick. In den Materialien werden altersangemessene Inhalte für Kindergärten, Kindertagesstätten und den Grund- und Mittelschulbereich bereitgestellt und Verhaltensweisen in Konfliktsituationen teils spielerisch eintrainiert oder anhand von Bildern diskutiert. Cierpka 2005.

D. Niesta Kayser/D. Frey

Featuretheorie, semantische [engl. *semantic feature theory*; *feature* Merkmal], *Sprachwahrnehmung*.

Fechner, Gustav Theodor (= F.) (Pseudonym: Dr. Mises) (1801–1887), **[HIS, KOG, PHI]**. Bedeutender Physiker und Gelehrter des 19. Jahrhunderts; Mitbegründer der *experimentellen Psychologie* und der *Psychophysik* (Brozek & Gundlach 1988, Gundlach 1993, Heidelberger 1993, Kuntze 1892, Lennig 1994). F. wurde in Großsärchen (heute Żarki Wielki, Polnische Republik) bei Muskau, Niederlausitz, geboren. Er entstammte der Familie eines Pfarrers, der früh verstarb. F. begann, noch nicht 16 Jahre alt, das Studium der Med. in Leipzig, das er bis zum Abschluss im Jahr 1819 führte. Vermutlich aus finanziellen Gründen erfolgte jedoch nicht die übliche feierliche Promotion, so dass F. den Doktortitel nicht führen durfte. Den Arztberuf übte F. nicht aus. Nach seinen eigenen Aussagen lernte F. weniger durch Vorlesungen als durch das Literaturstudium; von seinen Professoren schätzte er den Physiologen *Ernst Heinrich Weber*, den er als «Vater der Psychophysik» bezeichnete, und den Mathematiker und Astronom Carl Brandan Mollweide. F. veröffentlichte unter dem Pseudonym Dr. Mises mehrere kleinere Schriften: Gedichte, Rätsel, Satiren zur Med. usw. Obwohl sehr bald bekannt war, wer hinter diesem Namen steckte, benutzte F. dieses Pseudonym mehrere Jahrzehnte.

Durch die Lektüre von Lorenz Okens *Lehrbuch der Naturphilosophie* wurde das phil. Interesse von F. geweckt. 1823 habilitierte sich F. in der Philosophischen Fakultät. In seiner knappen, programmatischen Habilitationsschrift betonte F. die Notwendigkeit, für alle Wissenschaften allg. Grundlagen zu finden. Vermutlich unter Bezug auf *Herbart* begründete F. die Bedeutung der Mathematik für die Wissenschaften. F. finanzierte sich durch Unterrichtsstunden und kleinere Schriften für Studierende. Es folgten Übersetzungen von Lehrbüchern aus dem Französischen wie J. B. Biots *Lehrbuch der Experimental-Physik* (4 Bände, 1824/25) und L. J. Thénards *Lehrbuch der theoretischen und praktischen Chemie* (6 Bände, 1825–27), die F. erheblich überarbeitete. Ebenso leitete 1834–1838 die Herausgabe eines achtbändigen Hauslexikons, für das F. mehr als ein Drittel der Eintragungen selbst verfasste, der Sicherung seiner Einkünfte. Von 1831 bis 1839 gab F. zudem das *Pharmazeutische Centralblatt* heraus. Im Jahr 1834 wurde F. in Nachfolge von H. W. Brandes (1777–1834) o. Professor der Physik an der Philosophischen Fakultät der Universität Leipzig. F. hielt Vorlesungen, u. a. zur Philosophie und Physik, und er experimentierte in seinem privaten Laboratorium über Galvanismus und Fragen der Optik. Viele Befunde sind noch heute mit seinem Namen verbunden (*Erinnerungsnachbild*, *Fechner'sches Paradox*, *Fechner-Benham-Farben*).

Überanstrengungen, vor allem bei physikal.-optischen Versuchen, führten 1840 zu einer schweren, drei Jahre dauernden Krankheit. Lange Zeit verbrachte F. allein in einem abgedunkelten Raum. Zu dem Augenleiden kamen eine Störung der Ernährungsorgane und die Unfähigkeit, klare Gedanken zu fassen. Über die Ursachen dieser ungewöhnlichen Erkrankung gibt es mehrere psychol.-geschichtlich-med. und psychoanalytische Arbeiten. Schon vor der Erkrankung hatte F. seine Professur aufgegeben. Mitbedingt durch die Erfahrungen der Erkrankung verfasste F. philosophische Schriften wie Nanna. Oder: Das Seelenleben der Pflanzen (1848). 1851 folgte das dreibändige Werk *Zend-Avesta oder Über die Dinge des Himmels und des Jenseits*. F. nahm an, das Universum sei ein beseeltes Wesen. Das Weltganze strebe einer höheren Ordnung zu, und nicht nur der Mensch, auch Tiere, Pflanzen, Steine usw. seien als lebendige Glieder in diesen kosmischen Organismus eingeschlossen.

Erst nach dieser Zeit begann F. mit den Arbeiten, die die Psychophysik und die *Leipziger Schule* begründeten und für die F. Name in der Ps. in erster Linie steht. Im Jahr 1860 erschien *Elemente der Psychophysik* in zwei Bänden (Fechner 1860, 1907). Schon neun Jahre vor dem Erscheinen der Elemente tauchte die Fundamentalformel in seinem Buch Zend-Avesta auf. Wesentlich für die allg. Anerkennung seiner Fundamental- und Maßformel waren seine auf Anraten seines Lehrers Weber durchgeführten Versuchsreihen, die er für versch. Sinne (Helligkeit, Temperatur, Gewicht usw.) in Selbstversuchen durchführte (*Fechner'sches Gesetz* als Weiterentwicklung des *Weber'schen Gesetzes*). Merkmal aller Versuche war die Bestimmung der Unterschiede im Vergleich z. B. zweier eben noch unterscheidbarer Gewichte. F. Buch *Elemente der Psychophysik* erscheint heute als umfangreiches, aber wenig strukturiertes Buch mit Daten aus der Astronomie, Medizin und anderen Gebieten. Gleichwohl ist es mit seinem Ziel der Metrisierung psych. Erscheinungen ein Klassiker der Ps. Die von ihm begründete experimentelle Ästhetik sah F. als Teilgebiet der Psychophysik an. Beginnend mit einer eher kritischen Bewertung des Goldenen Schnitts setzte sich F. mit Fragen der Ästhetik auseinander und ergriff Partei in künstlerisch-ästhetischen Diskussionen seiner Zeit.

Erst postum, 1897, erschien seine *Kollektivmaßlehre* (Fechner 1897). F. hatte erkannt, dass nicht alle Naturgesetze durch direktes Messen erfassbar sind, sondern dass die Werte der einzelnen Exemplare eines Kollektivgegenstandes in best. Weise verteilt sind. Die Gesetze der Kollektivmaßlehre sind daher Wahrscheinlichkeitsaussagen. F. gab Hinweise, wie diese Gesetze zu erkennen sind, und eröffnete damit die Bedeutung der Probabilistik für die Naturwissenschaften im 20. Jhd. (Heidelberger 1993, 360ff.). Zu den Ehrungen, die F. erhielt, zählen der med. Ehrendoktor seiner Universität (ca. 1873), die Ehrenbürgerschaft der Stadt Leipzig (1884) und die Mitgliedschaft in vielen wiss. Akademien und Vereinigungen. Gustav Theodor Fechner starb am 18.11.1887 in Leipzig. Die Grabrede hielt *Wundt*. Kuntze 1892, Fechner 2004.

Fechner-Benham-Farben [engl. *Fechner-Benham colors*], [WA], von *Fechner, Gustav Theodor* (1838) und C. E. Benham (1895) entdeckte subjektive Farben, die beim Flimmern von schwarz-weißen Wechselreizen entstehen. Sie werden auch als *polyphäne Farben* bez. (R. Pauli und A. Wenzl 1924, V. v. Weizsäcker 1948). Bei Rotation einer schwarz-weiß gefelderten Scheibe werden unterhalb der Flimmerverschmelzungsfrequenz in Abhängigkeit von der Wechselfrequenz und der Beleuchtungsstärke blaue, gelbe, rote und grüne Farben wahrgenommen. Cohen & Gordon 1949.

Fechner'sches Gesetz, syn. *Weber-Fechner'sches Gesetz* [engl. *Weber–Fechner law*], nach *Fechner, Gustav Theodor*, *Weber, Ernst Heinrich*; *psychophysische Maßformel*, [WA], Bez. für die 1860 von G. T. Fechner aus dem *Weber'schen Gesetz* abgeleitete Gesetzmäßigkeit über das Verhältnis von Reiz und Empfindung. Demnach entspricht die Intensität der Empfindung dem Logarithmus des Reizes, bzw. das Anwachsen der Reizstärke in geometrischer Reihe bewirkt einen Anstieg der Empfindung in arithmetischer Reihe.

Fechner ging von der Weber'schen Formel aus, nach der der ebenmerkliche Empfindungsunterschied proportional konstant bleibt:

$$\frac{\Delta R}{R} = k$$

k = Proportionalitätskonstante.

Unter der Voraussetzung, dass die einzelnen ebenmerklichen Empfindungsunterschiede untereinander gleich sind, drückt sich die Beziehung zw. Reiz und Empfindung in Fechners *Fundamentalformel* aus:

$$\Delta E = k \frac{\Delta R}{R}$$

Die Integrierung der Gleichung ergibt den Wert für die Empfindung:

E = k log R + C

(C = Integrationskonstante)

Diese Formel gestattet also, für jede Reizgröße die ihr entspr. Empfindungsstärke zu berechnen. Für R wird der Wert der Schwelle eingesetzt, die Empfindung an der Schwelle = 0. Eine Allgemeingültigkeit des Fechner'schen Gesetzes besteht insofern nicht, als es für extrem große und kleine Reizstärken nicht zutrifft. Besser als die Fechner'sche Formel entspricht den empirischen Ergebnissen nach Lysinski ein *berichtigtes Empfindungsgesetz*:

$$E = \frac{log(a \cdot R + 1)}{log(b)}$$

(darin sind a und b Konstanten, die aus den relativen Unterschiedsschwellen zu bestimmen sind). *Psychophysik*, *Psychophysische Methoden*. Stevens 1960, Fechner 1897, Fechner 1860, 1907, Pauli 1920.

Fechner'sches Paradox [engl. *Fechner's paradoxon*], nach *Fechner, Gustav Theodor*, [WA], besteht darin, dass man z. B. beim Betrachten einer Landschaft einen hellen Gesamteindruck erhält, wenn man ein Auge mit einer leicht berußten Glasscheibe vollst. abdeckt, also einen Teil des Lichtes fortnimmt. *Helligkeit*.

Fechner-Skalierung (= F.) [engl. *Fechner scaling*], [FSE], *Fechner, Gustav Theodor*; eine Familie von Skalierungsmodellen, die postulieren, dass die Wahrscheinlichkeit, mit der ein Reiz *i* von einem anderen Reiz *j* unterschieden (diskriminiert) wird (p_{ij}), eine Funktion der subj. Distanz dieser Reize ist. Den *ps. Raum*, in dem diese Distanz entsteht, will man mithilfe der F. entfalten. Dazu kann man zunächst die Dimensionalität des Raums (*m*) wählen und dann die Werte $abs(p_{ij} - 0.5)$ mithilfe der *multidimensionalen Skalierung* vom Typ *f = ordinal* (oder mit *f* als einer analytischen, monoton steigenden Funktion) optimal skalieren. Die Skalierung gelingt nur dann akzeptabel gut (in einem Raum kleiner Dimensionalität *m*), wenn die Daten i. S. der Wahrscheinlichkeit-Distanz-Hypothese der Fechner-Modelle zus.passen. Die Modelle sind also testbar, d. h., Skalierbarkeit im Fechner-Sinn ist eine nicht triviale Beobachtung. *Skalierung, Methoden der*. Borg & Staufenbiel 2007. *I. Borg*

Feedback [engl.], [BIO, KOG, SOZ], Begriff der *Kybernetik*. Rückführschaltung, Rückkoppelung. In der Computertechnik (bei Automaten) der vom Ausgang zum Eingang rückführende Signalfluss. Im biol. Bereich und in der Ps. i. ü. S. die rückmeldenden Signale (z. B. *Blutdruck*, Körpertemperatur, sensorische Empfindungen) propriozeptiver bzw. kinästhetischer Art. Ähnlich in der Sozialps. jede Art von Gegenverhalten, das «rückmeldend» zu einem Ausgangsverhalten erfolgt. *kybernetische Feedbackschleifenmodelle*, *Reafferenzprinzip*, *Regelkreis*, *Regelung*, *Homöostase*.

Feeling-of-Knowing-Urteil (= F.) [engl. *Fühlen/Einschätzen des Wissens*], [EW, KOG, PÄD], F. sind metakognitive Einschätzungen (*Metakognition*, vgl. auch *Judgement-of-Learning-Urteil*) darüber, inwieweit ein gerade nicht erinnerbares Item in einem späteren Rekognitionstest (*Gedächtnisprüfung*) identifiziert werden kann. Die Untersuchung von F. geht auf Hart (1965) zurück. In einem typischen Untersuchungsparadigma werden den Teilnehmern zunächst allg. Wissensfragen (*Wissen*) gestellt. Wird die Antwort nicht gewusst, wird nachgefragt, ob die Person die richtige Antwort herausfinden kann, wenn sie in einem Wiedererkennungstest zus. mit anderen Antworten (Multiple-Choice-Test) vorgegeben wird.

I. Allg. können Personen relativ gut einschätzen, ob eine Antwort im *Gedächtnis* vorhanden ist, auch wenn sie gerade nicht abgerufen werden kann. Entgegen der traditionellen Sichtweise zur Erklärung dieses Phänomens, nach der wir direkten Zugang zu Inhalten des Gedächtnisses haben (*trace access view*), nehmen aktuellere heuristische (*Heuristik*) Ansätze an, dass die Existenz des gesuchten Zielbegriffs auf der Grundlage versch. Faktoren erschlossen wird. Bspw. geht der *accessibility view* davon aus, dass die Quantität der zum Zielbegriff assoziierbaren Information entscheidend für das F. ist. Im Hinblick auf Entwicklungstrends deuteten ältere Studien zunächst auf einen Anstieg der Genauigkeit von F. von der mittleren Kindheit bis zum Jugendalter (*Adoleszenz*) hin. In neueren, meth. verbesserten Studien zeigten sich jedoch keine oder teilweise sogar entgegengesetzte Entwicklungstrends in der Genauigkeit der F. Bereits junge Grundschulkinder besitzen demnach ein gewisses Gespür dafür, welche Begriffe sie später wiedererkennen können und welche nicht (Schneider & Lockl 2008). Die ausgeprägte Überzeugung etwas zu wissen, obwohl der Zielbegriff gerade nicht abrufbar ist, wird als *Zungenspitzphänomen* (*tip-of-the-tongue state*) bez. *K. Lockl/W. Schneider*

feeling rules (= f.) [engl.] Gefühl, Empfindung; Regeln, [**EM, SOZ**], f. regeln die kulturspezifische Angemessenheit des Erlebens von *Emotionen*. Sie bestimmen, welche Emotionen bei den Mitgliedern einer Gesellschaft überhaupt entstehen und erlebt werden dürfen. Hierbei handelt es sich um kult. Einflüsse auf die emotionsgenerierenden Prozesse, die als f. bez. werden (Hochschild 1979; *Interkulturelle Psychologie*). Sie werden z. B. immer dann aktiviert, wenn eine best. soziale *Rolle* eingenommen wird. Auch wenn das daraus resultierende Verhalten aus einer theoretischen Perspektive nicht mehr als authentisch oder spontan angesehen werden kann, wird es vom Protagonisten soweit als authentisch erlebt, wie er mit der eingenommen sozialen Rolle identifiziert ist. Die kult. Verankerung der f. wird durch den japanischen Begriff *makoto* bes. deutlich. Wörtlich als *Aufrichtigkeit* übersetzt, bez. er im Japanischen nicht etwa den authentischen Ausdruck einer Emotion, wie es für westliche Kulturen gelten würde. Benedict (1946) schreibt in einem Handbuch für Kriegsteilnehmer in Japan, dass *Aufrichtigkeit* im Japanischen nicht bedeutet, seine tatsächlichen Gefühle zu zeigen, sondern sich im Einklang mit den sozialen Pflichten zu verhalten. Die Kunst des *makoto* besteht darin, dass erst gar keine Konflikte mit den eigenen Gefühlen auftreten sollen. Diese müssen so gestaltet sein, dass Emotionen, die der Gemeinschaft schaden, gar nicht erst auftreten. Dies kann z. B. dadurch erreicht werden, dass Einzelne indiv. Ziele zugunsten von kollektiven Zielen zurückstellen und damit der kogn.-affektive Bewertungsprozess zu für die Gesellschaft verträglicheren Emotionen führt. *Kulturstandards*. Hochschild 1983. *J. Merten*

Fehler (= F.) [engl. *error, fault, mistake, lapse*], [**KOG**], nicht erwünschte Bestandteile oder Folgen von psychischen Prozessen (z. B. sog. Denkfehler, *Denken*) und von Handlungen (*Handlung*, z. B. Daneben-Greifen), die das Erreichen expliziter oder impliziter *Ziele* verhindern (*Fehlleistung*). Fehlerforschung ist nach ersten systematischen Ansätzen (z. B. Weimer 1922) lange Zeit vernachlässigt worden.

[**FSE**], Abweichung eines Resultates von einem wahren oder bestmöglichen Resultat. In der empirischen Forschung werden alle jene Veränderungen in der *abhängigen Variable*, die nicht auf Veränderungen in den exp. kontrollierten *unabhängigen Variable* zurückgeführt werden können, als F. interpretiert (*Validität, interne*). F. können verschiedenartige Ursachen haben: in der Beobachtung und den dazu verwendeten Hilfsmitteln (z. B. Messinstrumente), im untersuchten Geschehen selbst bzw. im Aufbau der Untersuchung sowie der weiteren Verarbeitung der unmittelbaren Befunde. Zu unterscheiden sind *systematische* (konstante) und *zufällige* (variable) F. Die systematischen F. verschieben alle Einzelresultate (und damit das Gesamtresultat) in eine best. Richtung. In der Versuchsplanung kann ihnen durch Methoden der *Kontrolle* vorgebeugt werden. Die nach Ausschaltung konstanter F. verbleibenden variablen F. heben einander bei einer größeren Anzahl von Beobachtungen in deren Mittelwert annähernd auf. Sie sind überdies durch Fehlerberechnung in ihrem Ausmaß bestimmbar, wodurch Aussagen über den Grad der *Signifikanz* von Ergebnissen möglich werden. Die Tatsache, dass in psychol. Untersuchungen stets variable unbekannte Faktoren (Fehlerfaktoren) in die Ergebnisse eingehen, macht die Anwendung stat. Verfahren in der Ps. erforderlich. *Raumfehler*, *Zeitfehler*. In der *Messtheorie* wird der Einfluss des F. auf die empirischen Messgrößen modelliert (*Gütekriterien*, *Item-Response-Theorie (IRT)*, *Klassische Testtheorie*).

[**AO**], Ein bedeutsames Untersuchungsfeld in der *Arbeits- und Organisationspsychologie* (Wehner 1992) sowie im Gebiet der *Mensch-Computer-Interaktion* (Frese & Zapf 1992) ist die Erforschung menschlicher Fehler bei der Bewältigung von Arbeitsaufgaben. Als F. werden Ereignisse bez., in denen eine geplante Abfolge mentaler und physischer Aktivitäten nicht zu dem intendierten Ergebnis führt, und dies nicht dem Einfluss einer dritten Einfluss nehmenden Größe zugeschrieben werden kann (Reason 1990). Es wird davon ausgegangen, dass Fehler nur bei zielorientiertem Verhalten (*Zielorientierung*) auftreten, potenziell vermeidbar sind und das Nichterreichen eines Handlungsziels oder Teilziels beinhalten (Rasmussen 1986, Reason 1990, Frese & Zapf 1992). Als an der Fehlerentstehung beteiligte Bestandteile menschlicher *Informationsverarbeitung* werden insbes. *Aufmerksamkeit*, *Gedächtnis* und Denken genannt (Reason 1990). Aus ingenieurpsychol. Sicht werden F. als das Ergebnis einer fehlenden Passung (*Mismatch*, s. Rasmussen 1986) zw. technischer Systemkomponente und deren Nutzer verstanden. Treten häufig Fehler in einem *Mensch-Maschine-System* auf, stellt sich die Frage, wie man diesen durch verbesserte Gestaltung des technischen Systems bzw. durch Trainingsmaßnahmen auf Nutzerseite entgegentreten kann. Da menschliche F. in der Mensch-Maschine Interaktion – wie auch im alltäglichen Handeln – nie grundsätzlich ausgeschlossen werden können und selbst erfahrene und kompetente Computer-Anwender häufig Fehler begehen, wird als praktische Konsequenz bei der Gestaltung technischer Systemkomponenten neben Ansätzen zur Fehlervermeidung (Lewis & Norman 1986) das Prinzip der *Fehlerfreundlichkeit* gesehen (Wehner 1992). Letzteres beinhaltet, dass risikoarme Fehler zugelassen bzw. die nutzerseitige Fehlerentdeckung und -bearbeitung unterstützt werden (vgl. auch *Software-Ergonomie*). Trainingsmaßnahmen richten sich insbes. auf die Förderung der personalen Voraussetzungen zum erfolgreichen Fehlermanagement. In der Ausbildung von Computer-Laien in der Benutzung komplexer Softwareprogramme haben sich ps. fundierte Programme des Fehlertrainings oder Lernen aus Fehlern bewährt (Greif 1989, Keith & Frese 2005). Zimolong 1990.

K.-C. Hamborg

Fehler, mittlerer [engl. *mean error*], **[FSE]**, dieser Ausdruck wird einerseits als Synonym für den Begriff «wahrscheinlicher Fehler», ein früher häufig verwendetes Maß der fehlerbedingten Variabilität von Messwerten (± 0.67σ), benutzt, andererseits wird darunter manchmal auch die durchschnittliche Abweichung (*AD*) oder mittlere Variation von Messwerten verstanden. *Varianz*. *G. Mikula*

Fehler erster Art (= F. e. A.), syn. *Alpha-Fehler, Typ-I-Fehler* [engl. *alpha/type-I-error*]. **[FSE]**, Als F. e. A. werden stat. Fehlentscheidungen bez., bei denen die *Nullhypothese* verworfen wird, obwohl sie zutrifft. Der F. e. A. hängt von der für den stat. Test (*Signifikanztest*) gewählten *Signifikanzniveau* α ab. Beträgt dieses z. B. α = 0.05, so resultiert daraus, dass die Nullhypothese in 5 % aller Fälle, in denen sie zutrifft, fälschlicherweise verworfen wird. *Fehler zweiter Art*. *G. Mikula*

Fehlertraining [engl. *error training*], *Aus- und Fortbildung, Fehler*.

Fehlervarianz (= F.) [engl. *error variance*], **[FSE]**, unterwirft man jede von zwei oder mehr Stichproben unterschiedlichen exp. Bedingungen, so lässt sich die Gesamtvarianz der aus dem *Experiment* resultierenden Messwerte in zwei Komponenten unterteilen: systematische *Varianz* und F. (auch «Versuchsfehler» genannt).
In korrekt durchgeführten Experimenten spiegelt die systematische Varianz den Einfluss der versch. exp. Bedingungen wider und erlaubt somit Aussagen über deren Wirkung (vgl. aber *bias*). Die F. resultiert aus den zufälligen Unterschieden der Versuchsobjekte (in der Ps. meist der Vpn). Die Wirkungen der Versuchsbedingungen dürfen nur dann als gesichert angesehen werden, wenn die systematische Varianz um ein Mehrfaches größer ist als die F. (*Signifikanztest*). Daher wird ein Experimentator darauf achten, durch geschickte Versuchsplanung die F. möglichst klein zu halten. *Allgemeines Lineares Modell*, *Max-kon-Min-Regel*, *Varianzanalyse*, *Varianzzerlegung*.

Fehler zweiter Art (= F. z. A.), syn. *Beta-Fehler, Typ-II-Fehler*, [engl. *beta/type-II-error*], konservativer Fehler. **[FSE]**, von einem F. z. A. wird gesprochen, wenn die Nullhypothese aufgrund eines stat. Tests (*Signifikanztest*) aufrechterhalten wird, obwohl sie falsch ist. Der F. ist umso größer, je geringer die Signifikanzgrenze α (*Signifikanzniveau*) und damit auch der *Fehler erster Art* ist, und hängt u. a. auch von der Stichprobengröße und von der *Teststärke* des verwendeten Verfahrens ab. *G. Mikula*

Fehlhandlungen [engl. *erroneous/spurious actions*], **[KOG]**, Störungen oder Abweichungen im Vollzug an sich fehlerfrei durchführbarer Leistungen (z. B. Versprechen, Verlesen, Verschreiben, Verlegen, Verlieren). Sie werden verursacht durch Abgelenktheit, Ermüdung, Erregtheit. *Fehlleistung*.

Fehlleistung [engl. *blunder, slip*], **[KOG]**, Produktion einer nicht intendierten Lautkette bei sprachgesunden Personen aufgrund einer vorübergehenden Störung im Sprachsystem (*Sprache, Sprachproduktion*), bspw. aufgrund von Müdigkeit oder Nervosität; häufig Ähnlichkeit zum intendierten Wort in der Bedeutung und/oder Wortform vorhanden; auch in anderen sprachlichen Modalitäten möglich (Verhörer, Verleser, Verschreiber); von psych. bedingter Fehlleistung (*Fehlleistung, Freud'sche*) und pathologischen sprachlichen Fehlleistungen (Paraphasie) zu differenzieren. *S. Abel*

Fehlleistung, Freud'sche (= F. F.) [engl. *Freudian slip, parataxis*], **[KLI]**, ist ein von Freud (*Psychoanalyse*) eingeführter Begriff, der eine fehlerhafte und unbeabsichtigte *Leistung* oder *Handlung* bez., die auf einem unbewussten psych. *Konflikt* beruht. Eine F. F. kann in Form eines *Versprechens, Vergessens, Verlesens, Verhörens, Verlegens* oder *Verlierens* zum Vorschein kommen. Hinter der F. F. vermutet die handelnde Person keine Absicht, sondern erklärt sich dessen Erscheinung als eine «Unaufmerksamkeit» oder «Zufälligkeit», die es verhindert hat das Handlungsziel zu erreichen. Ein wichtiges Merkmal einer F. F. ist, dass die Person in der Lage ist die beabsichtigte Handlung korrekt auszuführen oder sie bereits zuvor fehlerlos ausgeführt hat. Es handelt sich nicht um eine F. F., wenn die urhebende Person etwas willentlich überhört oder liegen lässt. In der 1901 veröffentlichten Schrift «Zur Psychopathologie des Alltagslebens» widmet sich Freud monografisch der psychodynamischen Untersuchung der F. F. Seine zentrale These lautet, dass in der F. F. verdrängte psych. Regungen zum Ausdruck kommen (*Verdrängung*). Auf dem Umweg der F. F. erlangen diese Zugang zum *Bewusstsein* und setzen sich gegen das «Abgedrängtwerden» durch. Entstehung und Ursache der F. F. sind der urhebenden Person nicht bewusst. In einem von Freud zit. Bsp. beginnt eine Person folgendermaßen von Geschehnissen zu berichten: «Dann sind aber Tatsachen zum Vorschwein gekommen» (Freud 1901, 65). Somit drückt die Person aus, dass es sich dabei für ihn innerlich um «Schweinereien» handelt. Das Unterdrückte hat sich nicht abdrängen lassen, sondern einen Weg mittels des Versprechers ins Bewusstsein gebahnt und die beabsichtigte Handlung modifiziert. Freud führt drei wichtige Aspekte an, die charakteristisch für eine F. F. sind: (1) Die (fehlerhaft ausgeführte) Handlung liegt im Bereich des «Normalen», d. h., sie beeinträchtigt keine wichtigen Lebensleistungen wie die Nahrungsaufnahme oder die Ausübung eines Berufes. (2) Die F. F. ist lediglich eine vorübergehende Störung, die Person ist prinzipiell dazu in der Lage die Handlung fehlerfrei auszuführen. (3) Bei der Wahrnehmung einer F. F. wird diese als zufällig oder absichtslos eingeschätzt. Härlin 1976. *L. K. Hartmann/V. Neubert*

Fehlreaktion [engl. *false reaction*], **[KOG]**, Fehlhandlung bei *Reaktionsversuchen* bzw. Handeln entgegen der Instruktion. *Reaktionszeit*.

Fehlregulation [engl. *dysregulation*], *Selbstregulationsfehler*.

Fehlschluss, individualistischer [engl. *fallacy*], **[FSE, KOG, PER]**, auch atomistischer Fehlschluss, Umkehrung des *ökologischen Fehlschlusses*, fehlerhafte Schlussfolgerung von Beziehungen, welche zw. den Daten auf der Ebene von Individuen beobachtet werden, auf Beziehungen zw. Kollektiven von Individuen. *K.-H. Stapf*

Fehlsichtigkeit *Ametropie*.

Fehlversorgung (= F.) [engl. *inappropriate healthcare services, misuse*], **[GES, KLI]**, die Situation einer F. im Bereich der Therapie psych. Störungen liegt vor, wenn ein Pat. mit einer solchen Störung nicht in med. notwendigem Umfang mit indizierten psychoth. oder medikamentösen Verfahren leitliniengerecht (*Leitlinie, Behandlungsleitlinie, Psychotherapie*) behandelt wird. Diese Def. schließt somit nicht nur eine Mangel- bzw. Unter-, sondern auch eine Überversorgung ein. Ursachen für eine F. können auf allg. sozioökomischer Ebene (z. B. Nord-Süd-Einkommensgefälle), aber auch im indiv. Krankheitsverhalten (z. B. *doctor shopping* bei Pat. mit *somatoformen Störungen*) liegen. *T. Klauer*

Fehlwahrnehmungen, kompetitive und kooperative [engl. *competitive and cooperative misperceptions*; lat. *competere* wetteifern, *cooperari* mitwirken], **[SOZ]**, der Konzept der kompetitiven und kooperativen Fehlkonzepte (= F.) geht auf die Konflikttheorie von Morton Deutsch zurück, wonach Konflikte (*Konflikt, sozialer*) – je nachdem, ob sie als kompetitive (*Win-Lose-Modell*) oder als kooperative Situation (*Win-Win-Modell*) verstanden werden – dazu neigen, entweder einen destruktiven oder einen konstruktiven Verlauf zu nehmen.

Destruktive Konflikte gehen mit kompetitiven F. einher, die zugleich zu einem Motor der Konflikteskalation werden, da sie ein Framing des Konfliktes bewirken, das die Widersprüche zw. den Konfliktparteien betont, die eigenen *Ziele* und Handlungen (*Handlung*) als angebrachter und berechtigter erscheinen lässt als die der Gegenseite und die Bereitschaft zu *Empathie* für die Anliegen des Gegners ebenso untergräbt wie die *Fähigkeit* zur Aufnahme von Informationen, welche die vorurteilsbeladenen Interpretationen des gegnerischen Handelns korrigieren könnten.

Konstruktive Konflikte werden durch kooperative F. begünstigt, welche die Sensibilität für Widersprüche abschwächen und die Sensibilität für das Wohlwollen des Partners stärken. Die kooperativen F. haben oft die Wirkung, den Konflikt einzudämmen und eine Eskalation unwahrscheinlich zu machen. Sie tragen aber auch die Gefahr in sich, dass Konfliktgegenstände übersehen werden oder dass sich die Partner auf eine verfrühte *Kooperation* einlassen und deshalb zu keiner stabilen Übereinkunft kommen, weil sie sich nicht genügend mit ihren Widersprüchen beschäftigt oder mit den Streitfragen nicht gründlich genug auseinandergesetzt haben. Deutsch 2000. *W. Kempf*

Fehlwerte (= F.) [engl. *missing data*], **[FSE]**, Designeffekt bei Evaluationsstudien (*interne Validität, Bedrohungen für die*). Eine Verletzung der internen Validität durch F. liegt vor, wenn strukturelle Ungleichheiten zw. den Vergleichsgruppen bestehen (*Konfundierung*) oder im Verlauf der Studie Teilnehmer aus Experimental- und Kontrollgruppe aufgrund gruppenspezifischer *Missing-Data-Prozesse* ausscheiden. *attrition bias, Missing-Data-Diagnostik*.

Fehlzeitenanalyse (= F.), **[AO]**, beschreibt ein quant. Analyseverfahren, das den Gesundheitsstand der Mitglieder einer *Organisation* anhand einer ökonomischen Kennzahl (Krankenfehlstandquote) bewertet. Die Berechnung kann unterschiedlich erfolgen, je nachdem welche Faktoren (Beschäftigtenstruktur, Betrachtungszeitraum, Def. von Abwesenheit) berücksichtigt werden. Mithilfe der F. können Gruppen hinsichtlich Alter, Geschlecht, Unternehmensbereich oder anderen Merkmalen verglichen werden. Solchermaßen durchgeführte Analysen bilden die Grundlage für Maßnahmen des betrieblichen Gesundheitsmanagements. Eine sinnvolle, da notwendige Erweiterung der F. aus arbeits- und organisationspsychol. Sicht (Sonntag et al. 2012), ist die Kombination der auf ökonomischen Kennzahlen beruhenden F. mit Maßen *psychischer Belastung* und *psychischer Beanspruchung*. Ursachen für die Fehlzeiten werden dann auf einer breiten empirischen Basis ermittelt: aus obj. Analysen psych. Belastung und subj. Einschätzungen der Mitarbeiter zu psych. Beanspruchung sowie neg. Beanspruchungsfolgen wie Stress (*Stress am Arbeitsplatz*), psychosomatische Störungen, allg. Erschöpfungszustände (*Burn-out, Erschöpfung*).

Auf dieser Grundlage können Ursachen für die Fehlzeiten ermittelt werden. Turgut et al. (2012) konnten in einer Studie mit ca. 1800 Mitarbeitern regressionsanalytisch nachweisen, dass arbeitsorganisatorische Probleme, geringer Handlungsspielraum, schlechtes Teamklima, geringes gesundheitsbezogenes Führungsverhalten und eine mangelnde Unterstützung durch die Sozialberatung den Krankenfehlstand signifikant beeinflussen. Die Ergebnisse bestätigen, dass die Fehlzeiten als obj. Maß durch versch. Belastungsfaktoren und Ressourcen auf unterschiedlichen Ebenen (Arbeitsplatz, Individuum, Team, Führung und Organisation) beeinflusst werden. *Arbeitsabwesenheit*. *S. Turgut/A. Michel/K. Sonntag*

Feindbildabbau [engl. *reduction of enemy image*], **[SOZ]**, aus sozialpsychol. und politikwiss. Forschung ergeben sich die folgenden Strategien zum Abbau von *Feindbildern*: (1) (Wieder-)Aufnahme von Kontakten auf unterschiedlichsten Ebenen: Individuen, Gruppen, Kommunen, Institutionen, gesellschaftliche Meinungsführer; Beziehungen aufbauen. (2) (Wieder-)Aufnahme einer angemessenen Informationssuche, -verarbeitung und -verbreitung: sich nicht unangemessen von gesellschaftlich dominierenden Quellen und der akt. Deutungshoheit beeinflussen lassen, auch alternative Informationsquellen nutzen, z. B. kritische Massenmedien, Publikationen aus Friedenswissenschaft und -bewegung, relevante und zuverlässige Internet-Quellen. (3) Gemeinsame Aufgaben bzw. Probleme identifizieren, sodass eine Kooperation mit dem «Feind» erforderlich ist, z. B. Friedenssicherung, Bekämpfen von Armut und Umweltzerstörung, Wirtschaft. (4) Relevante Organisationen und Institutionen, Politiker, Wissenschaftler und Prominente nehmen gegen das Feindbild Stellung. Neben diesen eher pragmatischen Hinweisen gibt es weitergehende Strategien: Sozialisation zu Empathie, Toleranz, Solidarität und Achtung der *Menschenrechte* (*Menschenrechtsbildung*); kritischer Umgang mit gesellschaftlichen Grundüberzeugungen, wie u. a. die Überlegenheit der eigenen Kultur, Religion und Gesellschaftsordnung sowie die Überzeugung von der Friedfertigkeit von Rüstung und Militär; die eigene «Sicherheitspolitik» hinsichtlich aggressiver und imperialer Komponenten analysieren. Das Selbstbild der eigenen Gruppe und Nation sollte so differenziert sein, dass auch neg. Anteile wahrgenommen und psych. integriert werden, sodass es weniger erforderlich wird, neue Feindbilder konstruieren zu müssen. Psychologists for Social Responsibility 2002, Sommer 2004. *G. Sommer*

Feindbilder (= F.) [engl. *enemy images*], [**SOZ**], sind neg. *Vorurteile*, die sich u. a. auf Gruppen, Ethnien, Staaten und Ideologien beziehen. F. können einen «wahren Kern» haben, neg. Wahrnehmung und Bewertung aber werden übertrieben. Ausgeprägte F. sind oft mit Fantasien und/oder Handlungen zur Schädigung und Vernichtung des Gegners verbunden. F. sind wichtige Indikatoren für eine Konflikt-Eskalation hin zum Krieg (*Friedenspsychologie*). Bei der F.-Entstehung sind soziale (Zugehörigkeit zu einer *Gruppe*) und insbes. politische Bedingungen entscheidend: Relevante Personen, Gruppen, Organisationen und Institutionen erzeugen und intensivieren durch gezielte Handlungen und (Des-)Informationen Konflikte und Feindschaft. Große Bedeutung haben dabei Medien (*Friedensjournalismus*, *Kriegspropaganda*). F. treten häufig wechselseitig auf. Bsp.: Im Ost-West-Konflikt hatten die UdSSR und die USA ähnliche neg. Bilder voneinander. F. können durch eigenes Verhalten – i. S. einer *self-fulfilling prophecy* – das erwartete Verhalten des anderen produzieren. F. können zu einer ungewollten Konflikteskalation führen: Eine Seite kann etwas zu ihrer vermeintlichen Verteidigung tun, was von der anderen Seite aber als Bedrohung wahrgenommen wird.

F.-Eskalation: Bei Konflikten und Krisen können F. zunehmen, insbes. bei wahrgenommener materieller und kult. Bedrohung und tatsächlicher Gewalt. Die Fremdgruppe wird pauschal neg. bewertet: Allein die Nennung des *Feind*-Namens (z. B. «Christen», «Muslime», «Juden», «Ungläubige», «Asylanten», «Ausländer», «Kapitalisten», «Kommunisten») führt zu einem Bündel neg. Bewertungen und Gefühle. Bei der F.-Eskalation werden Emotionen zunehmend neg., Informationsaufnahme und -verarbeitung rigider, in der Eigengruppe steigt der *Konformitäts*druck – wer das F. nicht teilt, wird als Tor oder Verräter beschuldigt –, und die Gegnerschaft wird als total erlebt. Ausgeprägte F. enthalten folg. zentrale Merkmale: (1) *Negative Bewertung*, insbes. als aggressiv, böse und unmoralisch, häufig auch minderwertig; dazu tragen wesentlich selektive Wahrnehmungen und Erinnerungen bei. (2) *Entmenschlichung und Verweigerung von Empathie*: Der Gegner wird zu «Ratte», «Schwein», «Hund» o. Ä. Moralische Normen gelten nicht mehr: Dem anderen dürfen Leid und Tod zugefügt werden. Mit der Entmenschlichung des Gegners geht somit – häufig unbemerkt – die eigene Menschlichkeit verloren. (3) *Schuldzuschreibung* (*Attribuierung*): Dem Gegner wird einseitig die Schuld zugeschrieben für neg. Ereignisse und Konflikte bis hin zum Krieg. (4) *Doppelter Standard*: Vergleichbare Handlungen werden unterschiedlich bewertet. Bsp.: Die eigene Rüstung dient der Verteidigung, die des Gegners bedeutet Kriegsvorbereitung; Opfer der eigenen Seite sind Helden, Märtyrer und «unschuldig», die der anderen Seite sind feige, Verbrecher oder aber kaum beachtenswert (z. B. «Kollateralschäden»). (5) *Nullsummendenken*: Für die eigene Seite wird als gut bewertet, was dem Gegner schadet, und schlecht, was ihm nutzt. Gemeinsamer Nutzen und gemeinsamer Schaden werden nicht mehr wahrgenommen. Bsp. Ost-West-Konflikt: Die zunehmende Rüstung gefährdete nicht nur den Gegner, sondern bei einem Atomkrieg auch das eigene Land und die Menschheit; zudem werden durch militärische Ausgaben zivile Bereiche (Bildung, Soziales, Umwelt) vernachlässigt. (6) *Gruppendenken*: politische Führer umgeben sich bei intensiven Spannungen häufig mit Personen, die ihre Meinung und Ideologie teilen; dadurch können verzerrte Bewertungen und ungünstige Problemlösungen zunehmen.

F. können große Bedeutung erhalten (*Feindbild-Funktionen*). Wegen dieses vielfältigen Nutzens erscheint es einfacher, Feindbilder auf-, als sie abzubauen (*Feindbildabbau*). Flohr 1991, Psychologists for Social Responsibility 2002, Sommer 2004, Sommer et al. 1972, 1987, 1992. *G. Sommer*

Feindbild-Funktionen [engl. *functions of an enemy image*], [**SOZ**], die Entwicklung eines ausgeprägten Feindbildes (*Feindbilder*) kann eine Reihe von Funktionen erfüllen: Das indiv. und kollektive *Selbstbild* kann – durch Kontrast zu einem «bösen» und «minderwertigen» anderen – pos. erhöht werden; Aggressionen und Gewalt (bis hin zu Folter und Mord) erscheinen eher gerecht(fertigt); Meinungen können manipuliert werden. Feindbilder können dazu beitragen, dass Gesellschaften stabilisiert, «zusammengeschweißt» (Patriotismus), und Herrschaft gesichert wird; (internat.) Probleme werden vereinfacht und «erklärbar»; die gesellschaftliche Bedeutung des Militärs kann durch Feindbilder erhöht werden und militärische Aktionen (bis hin zum Völkermord) können besser legitimiert werden. *G. Sommer*

feindselige Aggression [engl. *hostile aggression*], *Aggression*.

Feindseligkeit (= F.) [engl. *hostility*], [**EM, GES, PER, SOZ**], ist eine Persönlichkeitsdisposition (*Persönlichkeitsmerkmal*). Die kogn. Komponente (*Kognition*) von F. besteht aus neg. getönten Annahmen über die soziale Umwelt und v. a. das *Verhalten* anderer Menschen, die häufig auf die eigene Person bezogen und dabei als vorsätzlich schädigend attribuiert wird (*Kausalattribution*). *Gefühle* wie *Ärger*, Verachtung oder Verbitterung charakterisieren die emot. Komponente, während offenes und/oder verdecktes aggressives Verhalten die Verhaltenskomponente ausmacht. F. gilt als eines der Kernkonstrukte des Typ-A-Verhaltensmusters (*Typ-A-, Typ-B-Persönlichkeit*), das neben hoher F. durch starke Wettbewerbsorientierung, Anerkennungsbedürfnis, Zeitdruck und hohe Irritierbarkeit gekennzeichnet ist und das lange Zeit als wichtiger Prädiktor für *koronare Herzerkrankungen* angesehen wurde. Akt. wird F. losgelöst vom Typ-A-Verhaltensmuster als Risikofaktor für eine erhöhte Krankheitsanfälligkeit (*Krankheit*), sowohl allg. als auch insbes. für koronare Herzerkrankungen, diskutiert. Dabei werden direkte Wirkwege vorgeschlagen, bei denen das häufige *Erleben* von neg. Emotionen eine permanente Aktivierung des Organismus und die damit verbundene dauerhaft schädigende Erhöhung der kardiovaskulären und neuroendokrinen Reaktivität hervorrufen soll. Als indirekte Wirkwege werden u. a. ungünstige Bewältigungsstrategien (z. B. *Substanzmissbrauch*, fortgesetzte gedankliche Beschäftigung mit einem Stressor) und fehlende *soziale Unterstützung* untersucht. *Stressbewältigung*. Insges. ist die Befundlage zur Bedeutsamkeit von F. bei der Entstehung und im Verlauf (kardiovaskulärer) Krankheiten im Vergleich zu anderen Risikofaktoren uneinheitlich. Smith 1992. *C. Salewski*

Feindverhalten [engl. *hostile behavior*], [**KOG**], (biol.) aggressive Verhaltensweisen, die sich gegen einen Artgenossen oder einen Artfremden richten können, mit dem Ziel, ihn zu vertreiben oder zu unterdrücken. *Aggression*, *Territorialverhalten*.

Feinkoordination [engl. *fine coordination*], [**KOG**], geübte, flüssige, differenzierte *Koordination* (Ggs. *Grobkoordination*). *Psychomotorik*, *psychomotorische Faktoren*.

Feinmotorik [engl. *fine motor skills*], *Entwicklung, motorische*.

Feld (= F.) [engl. *field*], [**BIO, KOG, PHI**], ein Begriff, der häufig, bes. in der älteren Ps. (der Umgangssprache folgend), als Ausdruck für Bereich, Gebiet, Raum, z. B. Hörfeld, Sehfeld, Bewusstseinsfeld (*Bewusstsein*), gebraucht wird. Im strengen Sinn ist ein F. das Ergebnis von Kräften, die den ihn umgebenden Raum best. dynamische Beschaffenheit verleihen. So besitzt z. B. das Gebiet um einen Magneten für ein Stück Eisen eine best. Struktur, indem es an jedem Punkt versch. Kraftwirkungen erfährt. Die Verbindungslinien aller Punkte mit entspr. Kraftwirkungen sind Kraft- oder Feldlinien. Verändert man eine Einzelheit, entsteht ein neues F., das mit dem vorigen keine identischen Punkte hat. Das F. reagiert also als Ganzes, d. h., es ist eine Gestalt oder dynamische Ganzheit.

Analog lassen sich in der Ps. alle Prozesse und Verhaltensweisen, die nicht mechanischen Zwangsbedingungen gehorchen (Stoß und Druck, eindeutig festgelegte Nervenbahnen (*Nerv*)), als Feldwirkungen darstellen. Jede *Wahrnehmung* kann als Feldgeschehen bez. werden. Eine Mehrzahl optisch wahrgenommener Dinge (phänomenales F.) gliedert sich in best. Weise und erfährt bei jeder Veränderung eines einzelnen Momentes vollst. Neugliederung. Ästhetisch unbefriedigende Gebilde werden in sich selbst gespannt erlebt und enthalten phänomenale Kräfte (Feldvektoren) auf einen ausgeglicheneren Zustand hin (*Prägnanz*). Das Erinnern (*Gedächtnis*) wird als ein Vorgang im Spurenfeld, das einen Bereich von best. dynamischer Struktur darstellt, angesehen. Die Bewegungen des *Denkens* kann man sich in einem F. vorstellen, dessen Struktur durch die Auffassung der Aufgabenstellung, Denkmöglichkeiten, Widersprüche, fehlendes *Wissen* usw. als Feldkräfte gegeben ist. Jedes Verhalten kann als durch ein F. bedingt angesehen werden, dessen Struktur von Bedeutungen, Bedürfnissen, Aufforderungscharakteren usw. als wirksamen Kräften abhängt (Verhaltensfeld, Koffka; Lebensraum, Lewin).

Dabei gibt es in der Ps. zwei Annahmen: (1) Das F. wird verstanden als im Hirnrindengebiet (*Gehirn*) lokalisiertes physikal. F., gleichbedeutend mit: physiol. F., zentrales F., Hirnfeld (Koffka, Köhler, Wertheimer), und die psych. Vorgänge werden gefasst als die ihnen entspr. Nervenerregungsvorgänge, also als Feldwirkungen zw. elektrochemischen Kräften (*Gestalttheorie*). (2) Das phänomenale oder Verhaltensfeld wird direkt in math. Begriffe übertragen, indem in stetiger Abb. jedem psychol. Begriff ein math. zugeordnet wird (*topologische und Vektor-Psychologie*).

Felddiagnostik (= F.) [engl. *ambulatory assessment*], [**DIA, KLI**], *Assessment, ambulantes* bzw. ambulantes Monitoring. F. in Abgrenzung zur traditionellen Diagnostik (meist in Form von Tests) zeichnet sich dadurch aus, dass die interessierenden Variablen im Alltagsetting der Person registriert werden (z. B. am Arbeitsplatz, in der häuslichen Situation). Auch das beobachtete Verhalten und Erleben ist im Ggs. zu einer induzierten Testsituation natürlich, d. h. nicht instruiert und die Aufzeichnung des Erlebens und Verhaltens erfolgt direkt, d. h. ohne zeitliche Distanz zum interessierenden Geschehen. Zwischenzeitlich sind eine Reihe von unterschiedlich komplexen Verfahren entwickelt worden zur Erfassung von Erleben und Verhalten unter Alltagsbedingungen (z. B. Paper-Pencil-Tests für Tagebuchaufzeichnungen, computerunterstütze Ansätze, elektronische Geräte). Erfasst werden können z. B. Selbstberichte, offenes Verhalten, psychometrische Daten oder physiol. Daten. Vorteile: u. a. vielfältige Einsatzmöglichkeiten unter naturalistischen Bedingungen, exaktere Daten als unter herkömmlichen Testbedingungen (u. a. keine Erinnerungseffekte); Nachteile: u. a. großer Aufwand bei Realisierung, *compliance* notwendig. Baumann et al. 2003. *R.-D. Stieglitz*

Feldexperiment [engl. *field experiment*] *Feldstudie, Feldforschung*.

Feldstudie, Feldforschung (= F.) [engl. *field study/trial/research*], [**FSE**], Oberbegriff für psychol. und soziologische Untersuchungen unter «wirklichen Lebensbedingungen» (*Lewin*) oder im Lebensraum. Im Unterschied zum Feldexperiment, in dem vom Vl kontrollierte Bedingungen in den Lebensraum eingeführt und variiert werden und in dem stets neben den Versuchsgruppen eine *Kontrollgruppe* steht, ist die F. darauf beschränkt, durch Datenerhebung (*Datenerhebungsverfahren*) und *Beobachtung* die im wirklichen Gruppenleben (in Gemeinde, Schule, Industrie, Verein etc.) vorkommenden sozialen Vorgänge und Gegebenheiten zu beschreiben oder zugrunde liegende Kausalzusammenhänge (*Kausalität*, *Validität, interne*, *Validität, externe*) zu erhellen. Lewin hat Entscheidendes für die Einführung der in der Soziologie entwickelten F. in die Sozialps. geleistet. Die wichtigsten Methoden sind neben der *Fragebogen*erhebung das *Interview* und die (z. T. teilnehmende) *Beobachtung*. Da die Bedingungen des sozialen Geschehens im Feld nicht vom Vl eingeführt oder hergestellt, sondern von ihm vorgefunden werden, ist die Genauigkeit der Kontrolle eingeschränkt. Wenn Maßnahmen von sozialen Agenten (Gemeindeverwaltung, Schulbehörde, Firmenleitung etc.) auf ihre Wirksamkeit untersucht werden, spricht Lewin von *Aktionsforschung* (*action research*). *empirische Sozialforschung*. Patry 1981, Döring & Bortz 2016. *R. Bergius*

Feldtheorien, psychologische (= ps. F.) [engl. *psychological field theories*], [**EM**], theoretische Ansätze in der Ps., die den Begriff des *Feldes* als grundlegende Erklärung einführen. Ps. F. haben durchweg Bezug zum physikal. Feldbegriff, ferner gehen sie von der Annahme des ganzheitlichen Charakters und des dynamischen Zusammenhangs von *Wahrnehmung*, *Erleben* und *Verhalten* aus (Mey 1965). Erklärungen von Zusammenhängen durch elementaristische Verbindungsweisen wie Assoziationen und Reflexe werden als unangemessen zurückgewiesen. Die F. sind überwiegend in der ersten Hälfte des 20. Jhd. entstanden, sie gehen historisch von der *Gestaltpsychologie* aus oder sind kraft des gemeinsamen Ausgangspunktes mit ihr verwandt. So wird gelegentlich M. Wertheimer (1912) durch seine Deutung des *Phi-Phänomens* als Begründer des feldtheoretischen Denkens angesehen. Dessen Ansatz wurde von *Köhler*, *Koffka* und *Lewin* weitergeführt (*Gestalttheorie*). Die später entstandene *Zeichen-Gestalt-Theorie* [engl. *sign-gestalt theory*] von *Tolman* und die physiol. Formulierungen von *Lashley* u. a. können als behavioristische F. (*Behaviorismus*) angesehen werden. Weitere, den ps. F. nahe stehende feldtheoretische Ansätze finden sich in Soziologie, Politikwiss. und Erziehungswiss.

Die bekannteste und wohl auch wirkungsgeschichtlich bedeutsamste F. geht auf K. Lewin (1890–1947) zurück (*topologische und Vektor-Psychologie*), wobei sich der Begriff der F. [engl. *field theory*] erst nach seinem Tod durchgesetzt hat. In Weiterentwicklung der Gestalttheorie hat sich bei Lewin und seinen Schülern durchgesetzt, dass nicht nur menschliche Wahrnehmung, sondern auch menschliches Handeln Gestaltcharakter hat. So werden z. B. nach den Untersuchungen der Lewinschülerin Zeigarnik (1927) nicht vollendete Handlungen besser behalten als abgeschlossene Handlungen (sog. *Zeigarnik-Effekt*). Nach Lewins F. sieht sich die Person in einem Lebensraum, fühlt sich zu Objekten, Personen, Werten durch deren sog. Aufforderungscharakter [engl. *valence*, rückübersetzt als *Valenz*] hingezogen.

Bereits in einer kürzeren, phänomenologisch angelegten Arbeit über die Kriegslandschaft (Lewin 1917) finden sich Begriffe und Betrachtungsweisen, mit denen die spätere Feldtheorie vorweggenommen wird. In einer Arbeit von 1931 unterscheidet Lewin die ältere aristotelische (a. D.) von der von ihm geforderten galileischen Denkweise (g. D.) in Biologie und Ps. An der a. D. kritisiert Lewin das Denken in Kategorien (gesund – krank, Stufen der Entwicklung usw.); Lewin fordert dagegen die Dynamisierung durch Reihenbegriffe, das Ausgehen von der Gesamtsituation und die Entwicklung von Theorien, die auch die Gesetzlichkeit des Einzelfalls (nicht i. S. von stat. Häufigkeiten) einschließen. Dies bedeutet auch für sein exp. Vorgehen die Einbeziehung der Umwelt gemäß seiner universellen Verhaltensformel V = f(P,U), nach der das Verhalten (V) immer eine Funktion (f) der Wechselbeziehung von Person (P) und Umwelt (U) ist. Gemäß der Feldtheorie ist das Feld so zu erfassen, wie es für das Individuum in der gegebenen Zeit existiert («Wirklich ist, was wirkt»).

Mithilfe der Topologie strebt Lewin eine «logisch zwingende und zugleich mit den konstruktiven Methoden übereinstimmende» Sprache an. Topologisch bildet eine Jordankurve den Lebensraum, der durch Bereiche, Barrieren usw. gekennzeichnet sein kann. Die Person ist Teil dieses Lebensraums, Valenzen werden topologisch als Vektoren dargestellt. Die Bewegung im Lebensraum sieht Lewin als *Lokomotion*. Mit dem feldtheoretisch-topologischen Vorgehen ist Lewin in der Lage, so versch. Themenbereiche wie Ehekonflikte, Wirkungen von Führungsstilen, kult. Unterschiede im Erziehungsverhalten usw. zu erklären (Lewin 1981, 2009, Lück 2001, Schönpflug 2007). Die F. hat sich als Metatheorie, als Theorie und als Methode in vielen Bereichen der Ps. und Sozialwiss. (insbes. *Persönlichkeit*, *Entwicklung*, *Erziehung*, *Gruppendynamik*, *Motivation*, *Einstellungsänderung*, *Organisationspsychologie*, *Ökologische Psychologie*) bewährt. *H. E. Lück*

Femininität (= F.) [engl. *femininity*; lat. *femina* Frau], [**GES, PER, SOZ**], F. beinhaltet versch. Attribute, die als typischer für Personen des weiblichen Geschlechts angesehen werden. Dazu gehören (*expressive* oder *kommunale*) Persönlichkeitseigenschaften (z. B. «einfühlsam», «gefühlvoll»), Einstellungen und Werte (z. B. «familienorientiert»), Verhalten (z. B. «für andere sorgend») und Merkmale der äußeren Erscheinung (z. B. «lange Haare» oder «gut angezogen»).

Früher wurde F. als das eine Ende einer bipolaren Dimension angesehen, deren anderes Ende *Maskulinität* darstellte. Von Frauen wurde dementsprechend erwartet, dass sie möglichst feminin und wenig maskulin sein sollten. Erst in den 1970er-Jahren kam Kritik an dieser eindimensionalen Konzeption auf, v. a. durch Anne Constantinople, die postulierte, dass F. und Maskulinität zwei voneinander unabhängige Dimensionen seien. Demnach können Frauen und Männer unabhängig von ihrem biol. Geschlecht hohe

oder niedrige Werte an F. (wie auch Maskulinität) aufweisen. Dieser Anregung wurde Rechnung getragen durch die Entwicklung versch. Instrumente wie dem *Bem Sex Role Inventory (BSRI)* und dem *Personal Attributes Questionnaire (PAQ)*, die F. und Maskulinität als zwei unabhängige Dimensionen erfassten. Damit einhergehend wurde das Konzept der *Androgynie* populär.
Die neuere Forschung betrachtet F. und Maskulinität als multidimensionale Konstrukte (*Konstrukt*), die nicht nur Persönlichkeitseigenschaften beinhalten. Die Erfassung von F. über Prototypen ist ein Versuch, die Multidimensionalität des Konstruktes adäquater abzubilden. Thomas Eckes identifizierte z. B. die «Karrierefrau» oder die «Hausfrau» als zwei versch. Prototypen von F., wobei sich zeigte, dass die «typische Frau» größere Ähnlichkeit zur Hausfrau aufwies.
Die Rolle von F. und Maskulinität wurde auch in Zusammenhang mit gesundheitsrelevantem Verhalten und Gesundheit untersucht. Eine hohe F. (im Sinne einer Selbstbeschreibung mit kommunalen Persönlichkeitseigenschaften) wurde in neueren Studien als Schutzfaktor für die Gesundheit identifiziert, interessanterweise bei Männern stärker als bei Frauen. Athenstaedt & Alfermann 2011, Eckes 1997. *A. Fleischmann/M. Sieverding*

Feministische Therapie (= F. T.) [engl. *feministic therapy*; lat. *femina* Frau], **[KLI]**, aus der Kritik an der traditionellen T. Mitte der 1960er-Jahre i. R. der f. Bewegung entstanden. Kritisiert wird, dass die theoretischen Modelle der traditionellen *Psychotherapie* auf die Bedürfnisse von Männern zugeschnitten und stark von gesellschaftlichen Vorurteilen wie sexistischen Vorstellungen geprägt seien. Die F. T. ist in erster Linie als eine ethische Sichtweise zu verstehen, die eine Vielzahl an Positionen, Techniken und Methoden subsumiert. Die Idee, Aspekten, die mit dem biol. Geschlecht und damit zus.hängenden Rollenvorstellungen etc. zus.hängen, bes. Bedeutung zu geben, kann grundsätzlich in versch. T.formen beachtet werden. Sie wird im Übrigen unter dem Begriff *gender-sensitive therapy* auch auf die T. mit Männern übertragen. Die unterschiedlichen therap. Positionen haben eine Reihe von Wertvorstellungen und Gewichtungen gemeinsam (die allerdings von vielen nicht f. Therapeuten ebenfalls geteilt werden): Die *Therapiebeziehung* wird als eine gleichberechtigte angesehen; Def. und Möglichkeiten der *Geschlechterrollen* werden weiter gefasst; die persönliche Verantwortung für Veränderung wird bes. betont; mit der Geschlechtsrolle zus.hängende Faktoren, die als ursächlich für die Schwierigkeiten angesehen werden, und deren Trennung von internalen Problemen werden als bes. wichtig betrachtet. Da f. Therapeuten unterschiedliche Orientierungen vertreten, unterscheiden sich auch ihre Methoden. So kommen je nach Orientierung gestalttherap. (*Gestalttherapie*), humanistische (*Humanistische Therapien*) oder verhaltenstherap. Techniken (*Verhaltenstherapie*) zum Einsatz. Die orthodoxe *Psychoanalyse* Freuds allerdings gilt als unvereinbar mit den Grundvorstellungen der f. Philosophie. Die therap. Ansätze kommen als Einzel-, Paar- und Familientherapie v. a. bei Problemen der *Sexualität*, *Depression* und Gewalttätigkeit zum Einsatz. Wirksamkeitsbelege liegen nicht vor. *F. Caspar*

Fenetyllin [engl. *fenetylline*], **[PHA]**, *Amphetamin*derivat aus der Klasse der *Psychostimulanzien*, fällt unter das Betäubungsmittelgesetz.

Fenfluramin [engl. *fenfluramine*], **[PHA]**, *Psychopharmakon* aus der Klasse der *Appetitzügler*, wirkt über Erhöhung von *Serotonin* im *Gehirn*. In den meisten Industrieländern wegen Toxizität nicht mehr im Handel.

Fentanyl [engl. *fentanyl*], **[PHA]**, kurz wirksames *Analgetikum* aus der Reihe der Opiat-*Analgetika*, chem. mit *Pethidin* verwandt. Intravenös bei Operationen und postoperativ zur Schmerzausschaltung verwendet. Auch über Hautpflaster appliziert. Stärker als *Morphin* (bis 500-fach). Missbrauch in der Drogenszene (*China white*) wegen seiner euphorisierenden Effekte. Zacny et al. 1992. *W. Janke*

Fernald-Probe, ethische Einstellung [engl. *Fernald task*, *ethical attitude*], **[DIA, PER, SOZ]**, um 1920, von L. D. Fernald. Wohl erster Versuch der testmäßigen Erfassung der ethischen *Einstellung*. Nach Art und Schwere sind versch. Vergehen und Verbrechen in eine Rangreihe zu bringen. Es gibt versch. Abwandlungen des Tests, z. B. «Wohltätigkeitstest» von v. Rohden, bei dem ein Stiftungsbetrag unter versch. schweren Notzuständen zu verteilen ist.

Fernheilung (= F.) [engl. *distant healing*], syn. *Gebetsheilung*, *spirituelles Heilen*. Unter F. verstehen wir den Versuch, allein durch pos. *Intention* den Gesundheitszustand eines Kranken pos. zu beeinflussen und im Idealfall Heilung zu erwirken (*Gesundheit*). F. hat uralte Wurzeln, weil bereits in der Antike und bei schamanischen Heilritualen indigener Völker Elemente des Glaubens an die Wirkung von Intentionalität auszumachen sind. Moderne F. ist indes häufig transkulturell. Heiler, die F. anwenden, sind der Meinung, dass es egal ist, ob die zu heilende Person persönlich gegenwärtig ist oder nur symbolisch, etwa durch ein Foto, repräsentiert ist. Phänomenologisch scheint eine gewisse mentale Offenheit und gleichzeitige Konzentration auf den erwünschten Zielzustand zentral zu sein. Dies wird meist durch die visuelle Vorstellung der Gesundheit des Pat., die Extraktion der *Krankheit* oder den Zustrom von Licht erreicht. Viele, aber nicht alle Heiler, die F. betreiben, unterhalten ein spirituelles Konzept von Heilung. Sie sind der Meinung, sie würden göttliche oder andere spirituelle Kräfte kanalisieren. Andere wiederum haben eher ein technisches Verständnis und gehen davon aus, dass sie spez. *Heilenergien* vermitteln. Wiss. gibt es hierfür kaum Anhaltspunkte. Verschiedene Versuche, solche «Energien» nachzuweisen, sind gescheitert oder waren nicht eindeutig. Naturwiss. Erwägungen – die Feldstärke von elektromagnetischer Strahlung nimmt mit dem umgekehrten Quadrat der Entfernung ab – machen klassische Erklärungen von F. nach heutigem *Wissen* unwahrscheinlich. Klinische Studien haben keinen Beleg für F. erbracht. Es gibt eine Fülle von Grundlagenstudien, aber auch hier zeigen sorgfältig kontrollierte Studien i. d. R. paradoxe Effekte. Es existieren keine Belege für die Wirkung von F. Einzelne spektakuläre Fälle und manche Studien zeigen jedoch: mind. der Glaube dessen, der behandelt wird, scheint hin und wieder einen Einfluss zu haben. Walach 2006, Benor 2001. *H. Walach*

Fernsehen *Massenmedien.*

Fernsehwirkung [engl. *effect of watching TV*], *Kultivierungshypothese.*

Fernsinne [engl. *distance senses*], **[BIO, WA]**, die *Sinne*, mit denen das weiter Entfernte wahrgenommen wird (Gesichtssinn und Gehör), im Ggs. zu den Nahsinnen (Hautsinne, Geschmack). (1) Angenommener, bes. Sinn, der Blinden die Orientierung im Raum ermöglicht. Vermutlich gesteigerte Leistung der übrigen, intakten Sinne. (2) Bes. Sinn, durch den sich manche Tiere, bes. Zugvögel, im Raum orientieren. *Heimkehrfähigkeit.* (3) Spekulativ angenommener, sog. «sechster» Sinn, mit dem angeblich weit entfernte Gegenstände oder Geschehnisse wahrnehmbar sind.

Fernunterricht, Fernstudium [engl. *correspondence courses*], **[PÄD]**, beruht auf einer Form der *Unterrichtsorganisation*, die die örtliche und zeitliche Gebundenheit des *Unterrichts* an eine Lerngruppe durch mediale Unterstützung minimiert. Lernende erhalten die Lernmaterialien von einer Zentrale ins Haus gesandt. Der Kontakt zum Dozenten erfolgt hauptsächlich schriftlich. Oftmals werden Präsenzphasen (Lernen in Gruppe mit Dozent) mit angeboten. Die Lernmaterialien verwenden Prinzipien des programmierten Lernens, des Lernens mit audiovisuellen Medien (*Medienpsychologie*). Als Vorteile gelten z. B.: indiv. Art des Lernens; berufsbegleitende Möglichkeit der Weiterbildung. Mögliche Probleme sind: manchmal zu große Materialmengen; Einschränkungen im Fächerangebot; Durchhaltemotivation. Das Fernstudium unterscheidet sich graduell vom Selbststudium, bei dem die Organisation, Durchführung und Kontrolle des Lernens vollst. in der Verantwortung des Lerners liegt. Informationen bei: FernUniversität, Hagen; Staatliche Zentralstelle für Fernunterricht, Köln; Bundesinstitut für Berufsbildung, Bonn. Einige Hochschulen oder Hochschulverbünde entwickelten in den letzten Jahren separate Fernstudiengänge. *W. Echterhoff*

Fertigarzneimittel [engl. *proprietary medicinal products*], **[PHA]**, sind im Ggs. zu den Rezepturen, die durch den Apotheker hergestellt werden, Arzneimittel, die von pharmazeutischen Unternehmen zur Abgabe an den Verbraucher hergestellt werden. Für das Inverkehrbringen eines Arzneimittels ist eine Zulassung der zuständigen Zulassungsbehörde notwendig, in Dt. das Bundesinstitut für Arzneimittel und Med.produkte (BfArM) und das Paul-Ehrlich-Institut. In Europa sind die meisten Arzneimittel, die vom Arzt verschrieben werden, Fertigarzneimittel. Benkert et al. 2012. *C. Hiemke*

Fertigkeit (= F.) [engl. *skill*], **[AO, KOG]**, (1) beschreibende Bez. für aufgabenbezogene (*Aufgabe*) menschliche Aktivitäten; gebräuchliche Unterteilungen sind (senso-)motorische Fertigkeiten (z. B. Radfahren, Schwimmen, aber auch elementare Bewegungen wie *Zielbewegungen*), kogn. Fertigkeiten (z. B. Kopfrechnen, *Problemlösen*), kogn. motorische Fertigkeiten (z. B. *Schreiben*, Musizieren), soziale Fertigkeiten, sprachliche Fertigkeiten, perzeptive Fertigkeiten. I. d. R. schließt der Begriff ein Gütekriterium für die *Leistung* ein: Fertigkeiten werden beherrscht bzw. erworben. (Der dt. Begriff F. erlaubt nicht die Verwendung als Adjektiv, die dem engl. Ggs. *skilled – unskilled* entspricht.) Gelegentlich kommt zum Aspekt der Beherrschung/Gekonntheit auch der der Stereotypie (*Stereotyp*) und Verfestigung hinzu. (2) Erklärender Begriff für menschliche Leistungen; erworbene spez. Strukturen für die Steuerung best. *Handlungen* (z. B. Gehen, Werfen), die dann weitgehend automatisch (*Automatisierung*) vollzogen werden können. F. i. d. S. ist einem generalisierten *Bewegungsprogramm* ähnlich. (3) Als Ggs. zu *Fähigkeit*: F. als Leistung bei einer best. Aufgabe, die sich auf dem Hintergrund aufgabenübergreifender, personenspezif. Fähigkeiten durch Übung (*Üben*) herausbildet. Holding 1989. *H. Heuer*

Fertigkeitserwerb (= F.) [engl. *skill acquisition/development*], **[AO, KOG, PÄD]**, F. bezieht sich auf Verhaltensänderungen (*Verhalten*), die das Resultat längerfristiger Übung (*Üben, Übung*) darstellen. Es kann sich sowohl um motorische (*Motorik*, z. B. Fahrradfahren) als auch um kogn. Fertigkeiten (*Kognition*, z. B. Rechnen) handeln. Zentral ist die mit zunehmender Übung zu beobachtende Automatisierung der Tätigkeit. Theorien der frühen 70er- und 80er-Jahre gingen von der sog. *Zwei-Prozess-Annahme* aus (z. B. Shiffrin & Schneider 1977). Diese postuliert eine klare Dichotomie zw. kontrollierter (ungeübter) und automatischer (geübter) Handlungsausführung auf der Basis der Ressourcen-Abhängigkeit: Kontrollierte Verarbeitung ist langsam und kapazitäts- und intentionsabhängig (*Intention*), während automatische Verarbeitung als schnell, parallel (kapazitätsunabhängig) und intentionsunabhängig betrachtet wurde. Seit Mitte der 1980er-Jahre wird diese strenge Dichotomie infrage gestellt. Wesentliche Einwände stammen aus der neueren *Aufmerksamkeits*forschung, die zunehmend von der Kapazitätssichtweise der Aufmerksamkeit abwich (z. B. Neumann 1984). Entsprechend wird in aktuellen Theorien zum F. auf die strenge Annahme der Aufmerksamkeitsunabhängigkeit verzichtet. Wesentlicher Unterschied zw. ungeübten *Handlungen* und *Fertigkeiten* ist, dass Erstere eine Abfolge von Verarbeitungsschritten zw. *Reiz* und *Reaktion* erfordern, während bei Letzteren einzelne Verarbeitungsschritte bis hin zum direkten Gedächtnisabruf (*Abruf*) der finalen Reaktion zus.gefasst sind (*single-step direct-access*, Newell & Rosenbloom 1981, *Instanzmodell der Automatisierung*, Logan 1988). Die Reduktion der Verarbeitungsschritte bedingt die raschere Aufgabenbearbeitung und die geringere Beanspruchung kogn. Ressourcen. Zusätzlich wird die Verarbeitung der Information selektiver (Haider & Frensch 1996, Haider & Frensch 2002). *H. Haider*

Fertigkeitstraining *Skill-Training.*

Festinger, Leon (1919–1989), **[HIS, SOZ]**, amerik. Sozialpsychologe, Sohn russisch-jüdischer Einwanderer; Studium der Ps. in Iowa bei Lewin (*Lewin, Kurt*), 1940 MA und 1942 Promotion, 1941–1943 dort Assistent, Forschung zu Anspruchsniveau und Statistik, 1943–1945 während des Zweiten Weltkriegs Tätigkeit als Statistiker an der *University of Rochester* für das *Committee on Selection and Training of Aircraft Pilots*. 1945 Eintritt als Assistenzprof. in Lewins Arbeitsgruppe am *Research Center for Group Dy-*

namics am *Massachusetts Institute of Technology*. Nach Lewins Tod 1947 geht Festinger 1948 an die *University of Michigan*, 1951 an die *University of Minnesota*, dann 1955 an die *Stanford University*. In den 1950er-Jahren leistet Festinger bedeutende Beiträge zur sozialpsychol. Theoriebildung durch die Untersuchung informaler sozialer Kommunikation, durch die Entwicklung der Theorie sozialer Vergleichsprozesse (*sozialer Vergleich*) und insbes. durch seine Theorie der *kognitive Dissonanz* (*Balance-Theorien, Gleichgewichtstheorien*). Diese Ansätze waren stark beeinflusst durch Lewin und Heider und trugen zur Überwindung behavioristischen Denkens (*Behaviorismus*) in der Ps. bei. Festinger entwickelte mit seinen Schülern einfallsreiche Experimente, u. a. zur Herstellung von Dissonanzen durch *forced compliance*, oft auch mit Täuschungstechniken. Festingers Dissonanztheorie ist eine der meistgenutzten psychol. Theorien, sie fand Resonanz auch in Nachbardisziplinen, wie u. a. der Konsumentenps. 1964 verließ Festinger das Gebiet der Sozialps. und wandte sich der Ps. der Farbwahrnehmung zu. 1968 kehrte er in seine Geburtsstadt New York zurück, arbeitete an der *New School*, 1979 beendete er die exp. ps. Forschung und begann mit archäologischen und historischen Arbeiten und Publikationen. Festinger 1983, Schachter 1994. *H. E. Lück*

Fetalisationstheorie [engl. *fetalisation theory*; lat. *fetus* Fötus], *Retardation, Retardierung*.

Fetisch, Fetischismus (= F.) [engl. *fetish(ism)*; frz. *fétiche* Zauber], völkerps. Bez. für den Glauben an die geheimnisvolle, übersinnliche, dämonische Macht lebloser Gegenstände. Im Fetisch ruht ein gebannter Dämon. Amulett ist passiv-schützend (z. B. gegen Unfall), Talisman aktiv-helfend (z. B. Stein der Weisen, der alles zu Gold verwandelt). F. ist die ursprünglichste Form eines Kultes.
[EM], (Sexualps.) Perversion der Libido, *Paraphilie*, mit Hinwendung zu Körperteilen neben den Sexualzonen bzw. auf Gegenstände wie Schuhe, Unterwäsche. Meist ersetzt dabei der Fetisch die Person.

Fettsäuren (= F.) [engl. *fatty acids*], **[BIO]**, langkettige Carbonsäuren, darunter drei essenzielle F., die mit der Nahrung aufgenommen werden müssen (Arachidonsäure, Linolsäure, Linolensäure). Unveresterte F. heißen freie Fettsäuren. Abk. FFA *(free fatty acids)*. FFA werden häufig in Zusammenhang mit *Stress* untersucht. Patterson 1995. *W. Janke/P. Weyers*

Fetus, Fötus [engl. *fetus*; lat. *fetus* das Gezeugte, Fötus], **[BIO, EW]**, die Leibesfrucht beim Menschen vom 3. Schwangerschaftsmonat an. Adj.: fetal, fötal (bis zum 3. Monat: Embryo). *Embryonalentwicklung, Entwicklung, pränatale*.

fidelity, Fidelität [engl; lat. *fidelitas* Zuverlässigkeit], **[DIA]**, Bez. für Wiedergabegenauigkeit bzw. Präzision. Eine aus der *Informationstheorie* (Informationsübertragung) in die ps. Diagnostik übertragene Bez. für die Eigenschaft eines Tests, sehr präzise, aber wenig umfassende Messwerte zu liefern. *Bandbreite*.

Fight-Flight-Freezing-System (FFFS) [engl.] «Kampf-Flucht-Erstarrungs-System»; *Persönlichkeit, neurowissenschaftliche Ansätze*.

figurale Nachwirkung (= f. N.) [engl. *figural after-effect*], **[WA]**, Klasse von *Nacheffekten* in der visuellen Wahrnehmung, bei denen eine Figur durch eine vorher für einige Min. beobachtete benachbarte Figur verschoben, vergrößert oder verkleinert erscheint; der Nacheffekt ist lokal, d. h., die Verschiebung kann z. B. in versch. Teilen des *Gesichtsfeldes* verschieden sein. Neben den von Köhler & Wallach (1944) beschriebenen f. N. i. e. S. wird der Begriff manchmal in einem weiteren Sinne verwendet und schließt ähnliche Nacheffekte ein, z. B. die Änderung der scheinbaren Krümmung nach längerer Betrachtung einer gekrümmten Linie (Gibson 1933), die Änderung der scheinbaren Neigung nach längerer Betrachtung einer geneigten Linie, die Änderung der scheinbaren *Ortsfrequenz* nach längerer Betrachtung eines Streifenmusters mit best. Ortsfrequenz. Ein wesentliches Merkmal f. N. (und der ähnlichen Nacheffekte) ist das *Distanz-Paradox*: Der Nacheffekt steigt zunächst an, wenn der im Test verwendete Reiz dem länger beobachteten Reiz unähnlicher wird (weiter entfernt, größer, kleiner, stärker in Krümmung, Neigung oder Ortsfrequenz abweichend); bei noch weiter zunehmender Unähnlichkeit sinkt der Nacheffekt auf null. *Köhler* erklärte f. N. als Folge von Sättigung best. Hirnareale; dadurch soll dann eine «Abstoßung»/Verzerrung der nachfolgenden Erregungsströme erfolgen (*Gestalttheorie, Isomorphismus*). Eine moderne Variante der Sättigungstheorie ist die Hypothese der *selektiven Adaptation*. Zumindest bei einigen der Nacheffekte spielen weitere Prozesse eine Rolle (*Normalisierung*). Gibson 1933, Goldstein 2007. *H. Heuer*

figurative Sprache *Sprache, figurative*.

TestFigure Reasoning Test (FRT), 2004, J.C. Daniels & J. Booth, [www.testzentrale.de], **[DIA, KOG]**. Sprachfreier Test zur Erfassung des allg. intellektuellen Niveaus. AA Kinder und Jugendliche von 10 bis 15 Jahren (FRT-J) und Jugendliche und Erwachsenen ab 14 Jahren (FRT). Der FRT-J besteht aus zwei Bsp.aufgaben und 25 Testaufgaben und liegt in zwei Parallelformen vor. Aufgrund der größeren Komplexität der schwierigeren Aufgaben besteht der FRT aus drei Bsp.aufgaben und 45 Testaufgaben. Die Aufgaben bestehen aus einer 3 x 3-Matrix mit geometrischen Strukturen, wobei eine Figur in der rechten unteren Ecke fehlt. Aus sechs vorgegebenen Antwortalternativen ist diejenige herauszusuchen, die anstelle der fehlenden eingesetzt werden kann. *Normierung*: FRT-J: Prozentränge für die Altersgruppen von 10 bis 14 Jahren. FRT: für die Durchführungszeit von 20 Min. Prozentränge für die Gesamtgruppe und nach Schulbildung differenziert; für die Durchführungszeit von 30 Min. Prozentränge für versch. Alters- und Bildungsgruppen (ab 15 Jahren) getrennt für die beiden Testformen A und B. Bearbeitungsdauer: FRT: 20 bis 30 Min., FRT-J: 15 bis 20 Min.

Figur-Grund-Verhältnis [engl. *figure-ground relationship*], **[WA]**, der zuerst von E. Rubin (1921) gebrachte Hinweis, dass das Gesichtsfeld nicht als ungegliedert, sondern als gegliedert und in sich abhebbar erlebt werde, hat in der Ps. sehr nachhaltig gewirkt. Viele Forscher griffen das Problem auf – Arbeiten von Ehrenstein und W. Metzger sind bes. bekannt. Zuerst wurde das Problem im Optischen beachtet (*Reversion, geometrisch-optische Täuschung*). Rubin glaubt, auf den Begriff *Aufmerksamkeit* verzichten zu können, da der Effekt der Aufmerksamkeit genuin durch die Figur-Grund-Differenzierung gegeben sei (*Rubin-Vase*). Man lernte auch die Bedingungen für die Figur-Grund-Differenzierung beachten: (1) Bedingungen des Außenreizes, wenn z. B. eine Reizfeldstelle von der Umgebung stark versch. ist; (2) Bedingungen somatisch-physiol. Funktionsart der *Sinnesorgane*; (3) Bedingungen der Struktur der Person; (4) Bedingungen des Lernens sekundärer Motivation (*Schaefer-Murphy-Effekt*). Die Figur-Grund-Differenzierung bedeutet in phänomenaler Hinsicht Scheidung und in funktionaler Hinsicht Zusammenfassung zw. dem, was die Rolle des Grundes, und dem, was die Rolle der Figur übernimmt. Der Figur-Grund-Zusammenhang gehört deshalb nicht zu den phänomenalen, sondern zu den «funktionalen Ganzheiten» (Ehrenstein). Das Figur-Grund-Prinzip hat neben der optischen auch für die akustische Wahrnehmung (*Hören*), für die *Motorik* (z. B. Rechts-Linkshändigkeit), die *Gefühle* und nicht zuletzt (hier sogar mit bes. Erfolgen) für das *Denken* Bedeutung. *amodal, amodale Vervollständigung, Ehrenstein-Täuschung, Kanizsa-Dreieck*. Metzger 1936/1953, Goldstein 2007, Ehrenstein 1930, Kanizsa 1979.   *H. O. Häcker*

Fiktion (= F.) [engl. *fiction*; lat. *fingere* erdichten, ersinnen], [**PHI**], «Erdichtung», im wiss. *Denken* eine Annahme, die wahrscheinlich oder sogar gewiss nicht zutrifft, die aber als Hilfsmittel des Denkens gebildet und beibehalten wird, bis sie durch Tatsachen ersetzt werden kann (z. B. leerer Raum). Das Denken in der F. entspricht (sprachlich ausgedrückt) einem «als ob». *Hypothese, scripted reality*.

Fiktionalismus (= F.), [**PHI**], phil. Lehre, nach der wesentliche Erkenntnisbegriffe als Fiktionen (d. h. «als ob» sie wahr wären, *Fiktion*) angesehen werden. Der F. ist in vielen phil. Systemen zu finden.

Fiktionsspiel [engl. *fictional game*; lat. *fingere* erdichten, ersinnen], *Spiel*.

Filehne-Täuschung [engl. *Filhene ilusion*], [**WA**], scheinbare Bewegung stationärer Reize in Gegenrichtung, wenn ein bewegter Reiz mit den Augen verfolgt wird (*Aubert-Fleischl-Paradox*).

Filmverstehen, Entwicklung [engl. *understanding of films/movies, development*], [**EW, KOG, MD**], die Entwicklung des Filmverstehens beginnt, wenn Kinder verstehen, dass Medien nicht nur materielle Objekte sind, sondern darüber hinaus etwas anderes repräsentieren (*Repräsentation*, also gleichzeitig Zeichenträger und *Zeichen* sind). Empirisch zeigt sich dies, wenn mit ca. 1,5 Jahren die manuelle Exploration von Bildschirmoberflächen durch Zeigegesten abgelöst wird. Aber die Imitation eines gefilmten Modells fällt schwerer als die eines realen Modells (sog. *Videodefizit*, *Modelllernen, Beobachtungslernen*). Mit 2,5 Jahren können Filme als Repräsentationen realer Gegebenheiten beim *Problemlösen* genutzt werden: Kinder finden Objekte in einem realen Raum, deren Lokalisation vorher in einem Film gezeigt wurde. Ab vier Jahren erkennen Kinder das Format Werbung, später u. a. Cartoons, Nachrichten, Erwachsenenshows. Die persuasive Intention von Werbung wird aber erst ab acht Jahren verstanden. Im Vorschul- und Grundschulalter entwickeln Kinder ein tieferes Verständnis fiktionaler Filme. Ab acht Jahren beginnt ein zunehmendes Verständnis, dass im Film dargestellte Ereignisse in der realen Welt faktisch unwahr sind, also nur inszeniert wurden. Ein analoges Verständnis bei nicht fiktionalen Inhalten entwickelt sich noch später, z. B. ein *Wissen* darüber, dass auch Fernsehnachrichten Inszenierungen von Journalisten darstellen. Das Verständnis von Filmmontagetechniken nimmt zw. dem 4. und 10. Lebensjahr deutlich zu, wobei zuerst Techniken verstanden werden, die geringere kogn. Anforderungen stellen (z. B. Ransprung). Nach dem Modell des aktiven Verstehens sind Fluktuationen in der *Aufmerksamkeit* von Kindern zum Film Teil aktiver Verstehensstrategien, wobei formale Merkmale des Films (z. B. hohe Schnittfrequenz) in ihrer «Markerfunktion» für relevante Inhalte genutzt werden. Beim Verstehen von Textinhalten sind Filme im Vor- und Grundschulalter auditiven Medien häufig überlegen. Bes. profitieren Kinder von Bildungsprogrammen. *Entwicklung, kognitive, Bildverstehen, Entwicklung*. Nieding & Ohler 2012.   *P. Ohler/G. Nieding*

Filter (= F.) [engl. *filter*], [**KOG, WA**], Baustein eines *Systems* (*Kybernetik*) mit einer regelhaften Bez. zwischen Ausgangssignal und Eingangssignal. Funktionelle Komponenten von *Wahrnehmungs*systemen, auch einzelne Nervenzellen (*Neuron*), lassen sich als F. beschreiben: Das begrenzte räumliche und zeitliche Auflösungsvermögen lässt sich z. B. als Tiefpassfilter darstellen, der hohe Frequenzen oder *Ortsfrequenzen* unterdrückt (*Fourier-Analyse*); Detektoren lassen sich oft als Bandpassfilter beschreiben, die nur in einem best. Bereich von Frequenzen (oder einer anderen Dimension wie Ortsfrequenzen, Richtungen) antworten. Der Begriff des Filters findet sich auch in Theorien der *Aufmerksamkeit* (*Aufmerksamkeit, Filtertheorie*).

Filter-Theorie der Aufmerksamkeit [engl. *filter theory/model of attention*], *Aufmerksamkeit*.

Finalattribution [engl. *final attribution*; lat. *finis* Ziel], *Attribuierung, Attribution*.

Finalität [engl. *finality*; lat. *finis* Ziel], [**PHI**], Zweckbestimmtheit, Zweckgerichtetheit. Im Bes. ist die finale Erklärung von Erscheinungen, Vorgängen usw. gegensätzlich zur kausalen Erklärung. Der Vorgang wird vom Ziel, vom Ende, vom Endzweck her wesensmäßig gedeutet. *Kausalität*.

Finanzpsychologie (= F.) [engl. *financial psychology, psychology of finance*], [**AO, KOG, SOZ, WIR**], die F. wird von manchen Autoren mit ökonomischer Ps. (*Ökonomische Psychologie*) oder *Wirtschaftspsychologie* gleichgesetzt (Schulz-Hardt et al. 2015), während andere eine engere Begriffsabgrenzung vorschlagen und Finanzentscheidungen im Haushalt (Geldmanagement, Ausgaben, Sparen, Kredit, Schulden, Investitionen), v. a. an der Börse, sowie die Ps. des Geldes und des Steuerverhaltens (*Steuerpsychologie*) als zentrale Themen der F. ansehen (Schmölders 1966). Kernthemen betreffen das Erleben und Verhalten an der Börse (Kirchler 2011). An der Börse werden systemat. Abweichungen des menschlichen Verhaltens vom ökonomischen Rationalmodell untersucht. Ökonomische Entscheidungen (*Entscheidungstheorie*) von Händlern und Investoren sind aufgrund begrenzter Informationsverarbeitungskapazität, geringer Motivation und Zeitknappheit manchmal suboptimal (*bounded rationality*). Stimmungen und *Affekte* trüben den Blick, *Heuristiken* werden angewandt und der Einfluss anderer Marktteilnehmer auf die eigenen Entscheidungen führen häufig zu fehlerhaften Entscheidungen, zu sog. *biases* (*Fehler*). Montier (2010) teilt Urteilsfehler und -verzerrungen an der Börse in drei Kategorien.

(1) *Selbstüberschätzung* aufgrund von Überoptimismus, Kontrollillusion (*Kontrollüberzeugung*), Wissensillusion, übersteigertem *Selbstvertrauen* oder dem Rückschaufehler (*hindsight bias*) sind Ursachen von Urteilsfehlern aus der ersten Kategorie des Selbstbetruges. Anleger können bzgl. ihrer Investitionen weit optimistischer sein, als es sachlich gerechtfertigt ist, meinen, die Entwicklungen an der Börse antizipieren und ihre Investitionen kontrollieren zu können, überschätzen ihr Wissen im Verhältnis zu anderen Akteuren und die Richtigkeit ihrer Entscheidungen und glauben im Nachhinein, die eingetretenen Ereignisse vorhergesehen zu haben. Selbstbetrug kann die Handelsaktivitäten anheizen. Viele Käufe und Verkäufe an der Börse sind aber mit Transaktionskosten verbunden, die nicht entspr. berücksichtigt werden, den Gewinn jedoch schmälern. Über- und Unterreaktionen treten häufig auf und je nach Trend, dem die Börsenkurse folgen, kann es zu übermäßigem Kauf oder Verkauf von Wertpapieren kommen.

(2) Heuristiken, Framingeffekte und Verlustaversion (*Prospect-Theorie*). Der sog. *home-bias* ist ein Bsp. für die *Verfügbarkeitsheuristik*: V. a. Papiere aus dem eigenen Land werden bevorzugt gekauft, was eine ungünstige Risikostreuung im Portfolio eines Anlegers zur Folge haben kann. Die *Rekognitionsheuristik* wird als Ursache dafür angeführt, dass Aktien von bekannten Unternehmen gegenüber jenen von unbekannten bevorzugt werden. Die *Repräsentativitätsheuristik* kann Anleger dazu verführen, die Eintrittswahrscheinlichkeit von Ereignissen falsch einzuschätzen. Die *Ankerheuristik* beschreibt den Effekt, wonach Investments auf unterschiedliche Größen wie den Ankaufswert oder höchsten erzielten Wert in der Vergangenheit bezogen werden und je nach Referenzwertsetzung eine Veränderung des Wertes als Gewinn oder Verlust wahrgenommen wird. Aus der in der *Prospect-Theorie* beschriebenen Risikoaversion in Gewinnsituationen und Risikoneigung in Verlustsituationen resultiert der *Dispositionseffekt*, wonach Aktien je nach Wertveränderung zu früh verkauft oder zu lange gehalten werden: Verliereraktien werden oft zu lange gehalten, um einen Verlust nicht zu realisieren, während Gewinnaktien vorzeitig verkauft werden.

(3) *Urteilsfehler aufgrund sozialer Dynamik am Markt*. Soziale Ansteckung, Informationskaskaden und Herdenverhalten können nicht nur zu suboptimalen Entscheidungen von Einzelnen führen, sondern das gesamte Marktgeschehen neg. beeinflussen. Wenn Gerüchte – auch von unzuverlässigen Quellen – gestreut werden oder Massenmedien selektive Information verbreiten, können soziale Ansteckung und Herdenverhalten die Folgen sein. Anleger haben Schwierigkeiten, sich gegensätzlich zum Verhalten von Mehrheiten zu entscheiden. Die eigene Reputation ist bes. gefährdet, wenn indiv. Entscheidungen im Kontrast zu anderen gefällt werden und weniger gefährdet, wenn die «Herde» in eine Entscheidungsfalle läuft. Prozesse der Informationsweitergabe und Aneignung von Informationen im Sozialkontakt werden als Informationskaskaden bez. Herdenverhalten bez. das Phänomen, dass dem Verhalten anderer Investoren (blindlings) gefolgt wird. Auswirkungen von Fehlern aus Sozialkontakten sind u. a. Ursachen für spekulative Blasen, bei denen es aufgrund sozialer Ansteckung und Herdenverhalten zu einer deutlichen Differenz zw. Fundamentalwert und Marktpreis eines Wertpapieres kommt. Wenn eine Spekulationsblase platzt und der Großteil der Anleger verkauft, verfallen Preise oft innerhalb kurzer Zeit, und Verluste sind die Folge. Beispiele spekulativer Blasen sind die «Dotcom-Blase» der 2000er-Jahre und die «Immobilien-Blase» des Jahres 2008. *E. Kirchler/K. Gangl*

Fingeragnosie [engl. *finger agnosia*], [**BIO, WA**], Verlust der Fähigkeit, die eigenen Finger (bei offenen oder geschlossenen Augen) zu unterscheiden, zu benennen und zu zeigen (auch Autotopagnosie genannt). *Agnosie*. Karnath & Thier 2012. *J. Zihl*

Fingersprache [engl. *fingerspelling*], *Gebärdensprache*, *Zeichensprache*.

Finnegan-Score (= F.), [**DIA, EW, GES**], der F. stellt ein gängiges Beobachtungsinstrument (*Beobachtung*) zur Diagnose und Beurteilung des neonatalen Abstinenzsyndroms (NAS, *neonatales Abstinenzsyndrom*) bei Neugeborenen in der Neonatologie dar (*Neugeborenen-Diagnostik*). Der Score umfasst 20 klin. *Symptome*, darunter z. B. übermäßiges Schreien, marmorierte Haut, ausgeprägter *Moro-Reflex*, *Tremor* oder *Krampf*anfälle, die während des NAS auftreten können und denen je nach Ausprägung der Symptomatik ein Schweregrad von 1 bis 5 zugeordnet werden kann. Ein Höchstwert von 45 Punkten ist erzielbar, meistens ist ab dem Erreichen von mehr als 10 Punkten eine medikamentöse Therapie des NAS indiziert. Finnegan et al. 1975. *N. Gawehn/V. Schürmann*

Fischteich-Effekt [engl. *Big-Fish-Little-Pond-Effekt*].

Fisher, Sir Ronald Aylmer (1890–1962), [**FSE, HIS**], Genetiker und Statistiker an der *Rothamsted Exp. Station* für Agrikulturforschung. London, Cambridge. Fisher wurde bekannt für die Entwicklung stat. Verfahren (*Statistik*), wie *Varianzanalyse*, Analysetechniken, *Nullhypothese*, Signifikanzniveau (*Signifikanztest*).

Fishers Z-Transformation (= F.) [engl. *Fisher z-transformation*], [**FSE**], da der Pearson'sche *Korrelation*skoeffizient nicht als intervallskalierte Maßzahl interpretiert werden kann, muss z. B. zur Signifikanzprüfung (*Signifikanztest*) oder zur Berechnung von durchschnittlichen Korrelationen eine Transformation der Korrelation *r* erfolgen. F. führt eine asymptotische Normalisierung durch, wobei die Verteilung der Korrelationskoeffizienten approximativ in eine *Normalverteilung* überführt wird. Je größer die zugrunde liegende Stichprobe und je näher der Erwartungswert r der Verteilung bei 0 liegt, desto besser ist die Verteilung der Normalverteilung angenähert. Bei Korrelationen nahe null unterscheiden sich r und Z nur geringfügig. Bei Korrelationen, die im Betrag größer sind, sollte hingegen immer einer Z-Transformation eingesetzt werden. Transformationsformel:

$$Z = \frac{1}{2} \cdot \ln\left(\frac{1+r}{1-r}\right)$$

ln = natürlicher Logarithmus
r = Pearson'scher Korrelationskoeffizient
Z kann gemäß folgender Formel

$$r = \frac{e^{2 \cdot Z} - 1}{e^{2 \cdot Z} + 1}$$

e = Euler'sche Zahl 2.7172
in r rücktransformiert werden. Während der Wertebereich von r auf das Intervall [–1; +1] beschränkt ist, kann Z Werte im Intervall $(-\infty; +\infty)$ annehmen. Leonhart 2013.

R. Leonhart

Fisher-Yates-Test (= F.) [engl. *Fisher-Yates test*], **[FSE]**, ein nichtparametrisches stat. Verfahren (*nichtparametrische Tests (Verfahren)*) zur Prüfung der Wahrscheinlichkeit des Auftretens einer beobachteten (und aller extremeren) Vierfelder-Häufigkeitsverteilungen (*Vierfeldertafel*). Der F. kann i. Ggs. zum Vierfelder-χ2-Test (*Chi-Quadrat-Tests, Phi-Koeffizient*) auch dann angewendet werden, wenn die Erwartungswerte in einzelnen Zellen > 5 sind. *Statistische Datenanalyseverfahren* Eid et al. 2013.

Fiske, Donald (1916–2003), [**HIS, FSE**], 1948 Promotion in Ps. an der *University of Michigan*, 1948–1986 Prof. an der *University of Chicago*, 1968–1969 Präsident der *Society for Multivariate Experimental Psychology*. Er hat sich intensiv mit wissenschafts- und messtheoret. Grundfragen der Ps., insbes. der Differentiellen und Diagn. Ps., beschäftigt. Zus. mit *Donald Campbell* hat er 1959 die Arbeit *Convergent and discriminant validation by the multitrait-multimethod matrix* publiziert, die zu einer der meistzit. und einflussreichsten Arbeiten der Ps. geworden ist. In dieser Arbeit weist er auf die Bedeutung von Methodeneffekten bei der Messung psychol. Merkmale hin und schlägt eine Methode zur Untersuchung der *Konstruktvalidität*, insbes. der *konvergenten Validität* und der *diskriminanten Validität* vor, die sich zu einer Standardmethode in der Ps. entwickelt hat. *Multitrait-Multimethod-Analyse*.

M. Eid

Fitts'sches Gesetz (= F.G.) [engl. *Fitts's law, Fitts' law*], nach P. M. Fitts (1912–1965), [**BIO, KOG**], je präziser die geforderte Genauigkeit einer zielgerichteten Bewegung, desto größer ist die Reaktions- und Bewegungszeit. So dauert die Initiierung und Ausführung einer Bewegung zu einem kleinen Ziel (z. B. einen kleinen Kasten treffen) länger als eine Bewegung zu einem größeren Ziel (einen größeren Kasten treffen). Des Weiteren spielt der Abstand zum Ziel eine entscheidende Rolle: Je länger die Entfernung, desto mehr Zeit wird für die Durchführung der Bewegung benötigt. Ein klassischer Versuchsaufbau wird in der ersten Abb. dargestellt. Die Aufgabe besteht darin, so schnell und so genau wie möglich, auf einem Digitalisierungstablett von einem Startpunkt (X) in ein vorgegebenes Ziel (Kästen unterschiedlicher Größe) zu gelangen. Die Kästen befinden sich hierbei in unterschiedlicher Distanz zum Startpunkt.

Fitts (1954) gelang es für die Initiierung und Durchführung solcher zielgerichteter Bewegungen eine logarithmische Funktion aufzustellen, das F. G. Nach dem F. G. ist die Bewegungszeit abhängig von einem Schwierigkeitsindex, der durch den dualen Logarithmus der Relation von Bewegungsamplitude und Zielweite charakterisiert ist:

$$MT = a + b \times ID$$

$$ID = \log_2 \cdot \frac{A}{ZW}$$

MT = Bewegungszeit
ID = Schwierigkeitsindex
A = Amplitude
ZW = Zielweite

Das F. G. impliziert somit, dass je größer der Schwierigkeitsindex ist, desto weiter die auszuführende Bewegung und desto kleiner ist das zu erreichende Ziel ist (s. zweite Abb.).

Für die klin. Neurops. eignet sich das Fitts'sche Paradigma in hervorragender Weise für die Diagnostik sensomotorischer Störungen nach Hirnverletzungen. Denn hierdurch ist es möglich, eine rein motorische Verlangsamung eines Bewegungsablaufs von einer Verlangsamung der gesamten sensomotorischen Informationsverarbeitung zu differenzieren. Bspw. wurde in einer Versuchsreihe Pat. mit Morbus Parkinson (*Parkinson'sche Erkrankung*), Huntington-Risikopersonen und Pat. mit Morbus Huntington (*Huntington-Chorea*) am Fitts'schen Paradigma getestet (Halsband et al. 1990). Die Ergebnisse zeigten starke Beeinträchtigungen in beiden Pat.gruppen. Obwohl die Fitts'sche Regel eingehalten wurde, so waren die Parkinson-Pat. und die Pat. mit Morbus Huntington erheblich motorisch verlangsamt. Die Pbn mit Huntington-Risiko waren signifikant weniger stark beeinträchtigt als die beiden Pat.gruppen, die Ergebnisse unterschieden sich jedoch von denen der gesunden Kontrollpersonen. Fitts 1954.

U. Halsband

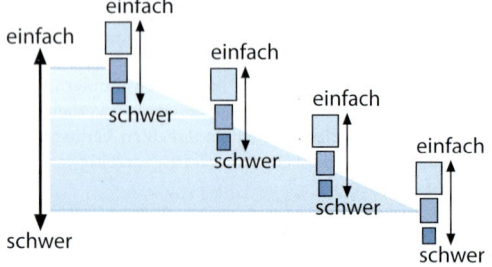

Fitts'sches Gesetz: Versuchsanordnung

Zielgröße (in mm)	Zielweite (Abstand zum Ziel in mm)			
	25	45	85	170
15	0,74	1,58	2,50	3,50
10	1,26	2,14	3,10	4,13
5	2,17	3,09	4,03	5,04

Fitts'sches Gesetz: Bewegungsdauer in Abhängigkeit von Zielgröße und Zielentfernung

^{Test}**Five Points Test**, 2006, 3. Aufl., E. Strauss, E. M. S. Sherman & O. Spreen. Urversion von Regard et al., 1986, [**BIO, DIA**]. Neuropsychol. Testverfahren zur Erfassung von neuropsychol. Defiziten nach Hirnschädigung, bes. nach frontalen Läsionen. AA Erw. und Kinder. Papier- und-Bleistift-Test zur Erfassung der figuralen Flüssigkeit als ein Maß für *divergentes Denken*. Es wird die spontane kognitive Flexibilität, die den *exekutiven Funktionen* zugerechnet wird, erfasst. Es besteht Ähnlichkeit mit dem *Ruff Figural Fluency Test (RFFT)*. Durchführungsdauer ca. 5 bis 7 Min. *S. V. Müller*

Fixation, fixieren [engl. *fixation*; lat. *figere* befestigen], *Auge*, *Fixationspunkt*, *Bewegungswahrnehmung*, *Sakkade*.

Fixationsbewegung [engl. *fixation movement*], [**WA**], die Koordinationsbewegung der Augen (*Auge*) beim Fixieren. *Bewegungswahrnehmung*, *Sakkade*.

Fixationsdisparität [engl. *fixation disparity*], [**WA**], geringe *Querdisparation* des mit den *Augen* fixierten *distalen Objekts*; Fehler der *Konvergenz*.

Fixationspause [engl. *fixation pause*], [**WA**], der kurze Zeitabschnitt der Ruhestellung der Pupille, während dessen die genaue Erfassung von Formen möglich ist. *Augenbewegung*, *Sakkade*.

Fixationspunkt [engl. *fixation point*], [**WA**], der Punkt in der Umwelt, an dem sich die *Blicklinien* beider Augen kreuzen; das *Netzhautbild* des Fixationspunktes fällt in beiden Augen auf die *Fovea (centralis retinae)*. Die Fixation eines vorgegebenen Punktes ist i. d. R. nicht völlig exakt (*Augenbewegung*, *Fixationsdisparität*). *H. Heuer*

fixed role therapy [engl.], [**KLI**], basiert auf den Prinzipien der Ps. der personalen Konstrukte von G. A. Kelly (1955) und ist eine Form der Kurzpsychotherapie (*Psychotherapie*), in welcher Persönlichkeitsveränderung aktiv über das therapeutische Experimentieren mit Rollen angestrebt wird (*Psychodrama*). Hierzu spielt der Klient mehrere Wochen lang die festgelegte («*fixed*») Rolle einer hypothetischen Person. Während der Spielphase treffen sich Therapeut und Klient mehrfach, um die jeweiligen «Experimente» und deren Ergebnisse zu besprechen und zu bewerten. Wirksamkeitsbelege fehlen. Kelly 1955. *F. Caspar*

fixed-trial procedure [engl.] «Methode mit fester Anzahl von Durchgängen»; *Habituierungsmethode*.

Fixierung (= F.) [engl. *fixation*; lat. *figere* befestigen], [**KLI**], unter F. versteht Freud (*Psychoanalyse*) das Festhaften der *Libido* an infantilen Triebzielen und Triebobjekten. Im psychosexuellen Entwicklungsverlauf (*Entwicklung*, *psychosexueller Ansatz nach Freud*) können best. Triebregungen (*Trieb*) auf einer infantil-archaischen Stufe verharren. Diese F.punkte stellen für die weitergereifte Trieborganisation und für die reife Libido Attraktionen dar. Wenn das *Ich* die Sexualerregung bzw. die Triebansprüche, etwa aufgrund äußerer Versagung, nicht adäquat abführen und erledigen kann, strebt die Libido die alten F.stellen an, um sich auf regressive, infantile Weise Abfuhr und Befriedigung zu verschaffen. F. und Regression sind wichtige metapsychol. Begriffe, mit deren Hilfe psychodynamische Abläufe beschrieben werden. *Abwehrmechanismen des Ich*. Freud 1916/1917b. *L. Bayer*

Flagellantismus [engl. *flagellantism*; lat. *flagellare* geißeln], [**KLI**], Misshandlung des eigenen Körpers aus religiösen Gründen oder zur geschechtl. Erregung (beides auch zuweilen vermischt), wobei die Schmerzen lustbetont erlebt werden.

Flankerreiz [engl. *flanker stimulus*], *Eriksen-Flanker-Aufgabe*.

Flaschenhals der Informationsverarbeitung [engl. *bottleneck of information processing*], [**KOG, WA**], ein Flaschenhals ist ein prozeduraler oder struktureller Engpass bei der *Informationsverarbeitung*, der zur Erklärung von quant. oder qual. Grenzen der Verarbeitung, bspw. zur Erklärung der *psychologischen Refraktärperiode* postuliert wurde. Häufig wird der Prozess der Reaktionsauswahl als Engpass vermutet; es werden jedoch auch (höhere) Wahrnehmungsprozesse und Prozesse der *Reaktionsinitiierung* diskutiert. *Aufmerksamkeit*. Olson 1971. *P. Wühr*

flashback [engl.] Rückblende, Flammenrückschlag; *Posttraumatische Belastungsstörung (PTBS)*.

Flashback-Psychose (= F.), [**KLI, PHA**], Wiedererleben psychotischer *Symptome* (*Psychose*) nach früherem drogeninduziertem psychotischem Erleben, ohne dass erneut die Droge konsumiert wurde. Wird vor allem nach *Halluzinogenen* wie LSD, *Mescalin* oder *Psilocybin* beobachtet, kann aber auch nach *Cannabis* auftreten. F. werden manchmal noch Monate nach der letzten Drogeneinnahme beobachtet. Der Begriff gilt heute als veraltet, ist aber umgangssprachlich noch weitverbreitet. Er wurde in DSM-IV und *DSM-5* ersetzt durch die *Halluzinogeninduzierte Persistierende Wahrnehmungsstörung*. – In der Ps. bez. der Begriff Flashback allg. das Wiedererleben früherer emot. Erlebnisse oder Gefühle, z. B. als Intrusionen i. R. einer *Posttraumatischen Belastungsstörung* (PTBS). *G. Gründer*

flatternde Herzen [engl. *fluttering hearts*], [**WA**], bewegt man farbige, z. B. rote herzförmige Gebilde vor einem blauen Hintergrund, so entsteht eine eigenartige Bewegungsillusion der roten Gebilde. Die Illusion beobachtete schon Helmholtz und führte sie auf die versch. lange Nachdauer der Farben Rot und Blau zurück. *Scheinbewegungen*.

Fleck, Ludwik (1896–1961), [**HIS, PHI**], Mediziner, Biologe und Wissenschaftstheoretiker polnisch-jüdischer Herkunft, im galizischen Lemberg geb. (damals Habsburger Monarchie, ab 1918 wieder polnisch, Lwów), Studium der Med. in Lemberg und Wien; Forschungsinteressen in der Bakteriologie und Serologie, Publikation von Forschungsergebnissen u. a. in dt. med. Zeitschriften, wechselnde Tätigkeiten an Kliniken bzw. in einem von ihm begründeten bakteriologischen Laboratorium. Mit dem Angriff Dt. auf das inzw. russisch besetzte Lemberg 1941 gerät Fleck in das Ghetto und dann in das KZ Buchenwald, das er überlebt; Rückkehr nach Polen, Habilitation 1946 in Breslau, Forschungs- und Leitungsfunktionen in Warschau und Lublin, dann 1956 Übersiedlung nach Israel. Für die Ps. ist Flecks Buch zur Entstehung und Entwicklung einer wiss. Tatsache (1935) von Interesse, weil hier – Jahrzehnte vor Thomas Kuhn – auf die Bedeutung der Wissenschaftlergruppen (*Denkkollektive*) und die gruppendynamischen Prozesse in diesen Gruppen aufmerksam gemacht wird. Die sog. Denkstile in diesen Gruppen beruhen nach Flecks Beobachtungen z. T. auf unbewiesenen und unbewussten (aber möglicherweise falschen) Annahmen. H. E. Lück

flexibilitas cerea [lat. wächserne Biegsamkeit]; *Katatonie*, *Schizophrenie*.

Flexibilität (= F.) [engl. *flexibility*; lat. *flexibilis* biegsam, geschmeidig], **[KOG, PER]**, Persönlichkeitsmerkmal bei hoher *Offenheit* i. S. von *Umstellungsfähigkeit*. Die Bereitschaft und *Fähigkeit*, das *Verhalten* an veränderte Umstände anzupassen (syn. *Anpassungsfähigkeit*). Umstellungsfähigkeit beim Problemlösen, also die Fähigkeit zum Umstrukturieren (*Denken*) und zum Wechsel der Lerneinstellung (*Einstellungseffekt*). Das Fehlen starrer Einstellungen und Meinungen, die Bereitschaft, *Vorurteile* und Gesinnungen zu ändern (open mindedness, Rokeach). *Plastizität*. Ggs. *Dogmatismus*. *Dysfunktion, exekutive*. R. Bergius

Flexibilität von Beschäftigungsverhältnissen (= F. v. B.) [engl. *flexible working*], **[AO]**, die F. v. B. umfasst Maßnahmen hauptsächlich aus dem Bereich *Human Resource Management*, bei denen Beschäftigungsverhältnisse von einer unbefristeten Vollzeitbeschäftigung abweichen. F. v. B. kann in fünf Dimensionen unterteilt werden: (1) zeitlich (z. B. Teilzeitbeschäftigung, Jahresarbeitszeit, Schichtarbeit, flexible *Arbeitszeit*), (2) aufgabenbezogen (z. B. Polyvalenz), (3) räumlich (z. B. *Telearbeit*, mobile Arbeit), (4) lohnrelevant (z. B. Leistungslohn, Benefits), (5) numerisch (z. B. befristete Beschäftigung, Zeitarbeit, Outsourcing, Heimarbeit).

Alternativ wird F. unterschieden, die über den internen oder über den externen Arbeitsmarkt geregelt wird. Bsp. für F. über den internen Arbeitsmarkt sind flexible Arbeitszeit, Leistungslohn oder Polyvalenz. Externe Flexibilität betrifft immer die Anstellungsverhältnisse z. B. in Form befristeter Beschäftigung oder Zeitarbeit. F. v. B. wird von Unternehmen eingesetzt, um auf Anforderungen schneller reagieren zu können und Kosten zu verringern, z. B. durch den Einsatz von Zeitarbeit bei Auftragsspitzen oder um die Attraktivität als Arbeitgeber zu erhöhen. F. v. B. wird von Mitarbeitenden genutzt (z. B. zeitliche und räumliche), um Privat- und Berufsleben besser vereinbaren zu können (*Work-Life-Balance*). Kritisch gesehen werden bes. solche Formen der F., die die Sicherheit des Arbeitsplatzes betreffen (z. B. befristete Beschäftigung, Outsourcing). Die arbeits- und organisationspsychol. Forschung vergleicht v. a. Formen der F. v. B. hinsichtlich Verhalten, Einstellungen, Emotionen oder Gesundheit der Beschäftigten. Reilly 1998, Stavrou 2005. S. Raeder

Flexion [engl. *flection*; lat. *flectere* beugen], **[KOG]**, Muskelbewegung, die den peripheren Körperteil dem Stamm des Körpers bzw. bei Extremitäten das distale Glied dem proximalen nähert, z. B. Unterarm dem Oberarm. Der umgekehrte Vorgang ist Extension (Streckung). *Motorik*, *Wortbildung*.

Flicker-Aufgabe [engl. *flicker task*], **[KOG, WA]**, Methode zur Untersuchung der visuellen *Aufmerksamkeit*, bei der zwei ähnliche Bilder abwechselnd dargeboten werden und ein Unterschied zw. ihnen entdeckt werden soll. P. Wühr

Fließmuster, optisches [engl. *optic flow pattern*], **[WA]**, veränderliche optische Anordnung (*optic array*), *ökologische Optik*. Das Fließmuster enthält wahrnehmungsrelevante Merkmale, die in der stationären optischen Anordnung nicht enthalten sind (z. B. *Bewegungsparallaxe*; wenn sich der Beobachter fortbewegt, indiziert der stationäre Punkt im Fließmuster seinen Zielpunkt). Gibson 1950, Goldstein 2007. H. Heuer

Flimmerfotometrie [engl. *flicker photometry*], **[WA]**, Verfahren zur Messung der *Helligkeit* von *Farben*, wobei zwei verschiedenfarbige Flächen in raschem Wechsel (durch den *Farbenkreis*) dem *Auge* dargeboten werden. Die Flächen sind als gleich hell zu betrachten, wenn die Flimmererscheinung ein Minimum erreicht, da das Flimmern bei der Umdrehung hauptsächlich durch den Helligkeitsunterschied bedingt ist.

Flimmergeräte [engl. *flicker apparatus*], **[DIA, WA]**, Apparate versch. Bauweise zur Darbietung kurz dauernder, einfacher Lichtreize in wählbarer, schneller Aufeinanderfolge zur Bestimmung der *Flimmerverschmelzungsfrequenz*. Pauli & Arnold 1957.

Flimmern [engl. *flicker*], **[WA]**, diejenige Abfolge von Hell und Dunkel (auch von versch. *Farben*), die vom *Auge* nicht mehr getrennt, aber auch nicht voll verschmolzen wahrgenommen wird. *Flimmerverschmelzungsfrequenz*. Bracken 1951, Haack 1927.

Flimmern, farbiges [engl. *colored flicker*], *Fechner-Benham-Farben*.

Flimmerskotom [engl. *scintillating scotoma*; gr. σκότος (*skotos*) dunkel], **[BIO, EST]**, visuelle Reizerscheinung, häufig bei Migräne vor Einsetzen der Kopfschmerzattacken; beginnt im Gesichtsfeldzentrum meist als sehr heller Lichtpunkt und breitet sich dann allmählich über das gesamte *Gesichtsfeld*, oft auch in Spiralenform aus. J. Zihl

Flimmerverschmelzungsfrequenz (= F.) [engl. *flicker fusion frequency*], **[WA]**, die Frequenz, bei der schnell aufeinanderfolg. Lichtreize mit über die Zeit konstanter Helligkeit erlebt werden (Grenze der zeitlichen Auflösung). Auf diesem Prinzip beruht die Kinematografie (16–20 Bilder pro Sekunde). Je höher die F., umso leistungsfähiger der Sehapparat. Faktoren, die die Farbe beeinflussen, sind u. a.: die Helligkeit der pos. Phasen, die Differenz beider Phasen, die Zeitproportion, die Ausdehnung des flimmernden Feldes, der Bereich der gereizten Retina, das Alter, der Typus und der Ermüdungszustand (*Ermüdung*). Der Flimmerversuch, der sich mit der Abfolge von Hell und Dunkel (z. B. mithilfe eines *Flimmergerätes*) als Reiz bedient, bietet Einblick in den Ermüdungszustand. Bracken 1955, Bredenkamp 1966, Landis 1953.

Flooding [engl.] *Überflutungstherapie.*

Floor effect [engl.] Bodeneffekt, **[DIA]**, Testuntergrenzeneffekt, tritt auf, wenn die Schwierigkeit eines Tests so groß ist, dass auch Individuen mit einer extremen Ausprägung des im Test gemessenen Merkmals nur niedrige Testwerte erzielen. Daraus resultiert, dass zw. diesen Individuen und solchen mit einer weniger extremen Merkmalsausprägung aufgrund dieses Tests nicht differenziert werden kann. *Ceiling effect.*   G. Mikula

Floppy-Infant-Syndrom (= F.) [engl. *floppy infant syndome*; floppy schlapp, infant Kind], aus dem Engl., wörtl. «schlaffes Kind», **[PHA]**, beschreibt ein Kind, i. d. R. ein Neugeborenes, mit einem schlaffen Muskeltonus. Ursachen können vielerlei neurologische und internistische Erkrankungen sein. In der Psychopharmakologie bedeutsam als Folge einer Behandlung einer schwangeren oder stillenden Mutter mit *Benzodiazepinen* (seltener auch anderer *Psychopharmaka*, z. B. *Lithium*), die auf den Fetus bzw. Säugling übergehen und bei diesem ihre muskelrelaxierende Wirkung entfalten. Ein F. kann zudem mit *Lethargie*, abgeschwächten Saugreflexen und Trinkschwierigkeiten einhergehen.   G. Gründer

Flow [engl. *flow* fließen, strömen], *Flow-Theorie (Csikszentmihalyi).*

Flow-Theorie (Csikszentmihalyi), **[EM, PÄD]**, die von Csikszentmihalyi (1985, 1990) entwickelte Flow-Theorie liefert eine wichtige Erklärung für das Durchführen intrinsisch motivierter Handlungen (*Lernmotivation, intrinsische und extrinsische*). Csikszentmihalyi konnte zeigen, dass Personen, die eine offenbar intrinsisch motivierte Tätigkeit ausüben, ein charakteristisches Erleben zeigen. Dieses Erleben wurde als «Flow» gekennzeichnet und beinhaltet im Kern ein vollkommenes Aufgehen in der Tätigkeit (Absorbiertsein). Weitere Aspekte dieses Erlebens sind die Selbstvergessenheit, das Verschmelzen von *Handlung* und *Bewusstsein* und das Gefühl von Kontrolle. Aus den Forschungsarbeiten von Csikszentmihalyi ist zu schließen, dass das Flow-Erleben – neben *Kompetenz-* und Selbstbestimmungsgefühlen – einen zentralen *Anreiz* intrinsisch motivierter Tätigkeiten darstellt. Die subj. Passung von Fähigkeit und Handlungsanforderung stellt dabei die wichtigste Bedingung des Flow-Erlebens dar. Flow wird vor allem dann erlebt, wenn die handelnde Person weder unter- noch überfordert ist. Rheinberg 1995, Csikszentmihalyi 2004.   U. Schiefele

Flucht in die Krankheit (= F.) [engl. *escape into illness*], **[KLI]**, nach Freud (*Psychoanalyse*), das (mehr-minder unbewusste) Ausweichen vor einer als untragbar erlebten Realität in das Kranksein (*Neurose*). Auch die (älteren) Ausdrücke «Flucht in die *Psychose*» und «Flucht in die neurotische Krankheit» gehen auf Freud zurück. F. wird in versch. Therapieformen etwas neutraler betrachtet: Viele Krankheiten haben auch offene oder versteckte Vorteile, die zur Aufrechterhaltung beitragen können. *Krankheitsgewinn, primärer, sekundärer bzw. tertiärer.*

Fluchtmöglichkeit [engl. *escapism, opportunity to escape*], *Empathie-Altruismus Hypothese.*

Fluchtverhalten (= F.) [engl. *flight behavior*], **[KOG]**, Abwenden von einem bedrohenden Reizmuster (*Reiz*). Das F. beendet z. B. häufig das *Kampfverhalten. Angst.*

fluency [engl.] *Wortflüssigkeit.*

Fluktuation (= F.) [engl. *turnover*; lat. *fluere* fließen, strömen], **[AO]**, bezeichnet den Wechsel des Personals durch ausscheidende Mitarbeiter, insbes. Kündigungen durch diese selbst. Für die *Organisation* ist eine hohe F.rate mit erheblichen Kosten für das Einwerben und Einarbeiten neuen Personals verbunden. F. lässt sich nach einem Modell von Mobley et al. (1978) nicht nur auf Unzufriedenheit mit der Arbeit (*Arbeitszufriedenheit*) zurückführen, sondern hängt auch vom Alter und der Wahrscheinlichkeit ab, eine akzeptable alternative Tätigkeit zu finden. Dementsprechend zeigen sich unterschiedlich enge Zusammenhänge zur Höhe der *Erwerbslosigkeit* in der jew. Branche. Studien belegen, dass weggehende Kollegen andere zur Nachahmung anregen können. Zur Verringerung der F. sind deshalb umfassende Maßnahmen der *Organisationsanalyse* und *Organisationsentwicklung* empfehlenswert. Um die Mitarbeiter im Wettbewerb mit anderen Unternehmen gewinnen und halten zu können, empfiehlt und beschreibt Wucknitz (2000) die Anwendung analoger Untersuchungs- und Interventionsmethoden, wie sie beim Marketing eingesetzt werden. Landy & Conte 2007.   S. Greif

fluktuierende Aufmerksamkeit [engl. *fluctuating attention*], *Aufmerksamkeitsschwankungen, Typologie* (Aufmerksamkeitstypen).

Flumazenil (= F.) [engl. *flumazenil*], **[PHA]**, chemische Substanz, *Antagonist* der *Tranquillanzien* vom Typ der *Benzodiazepine*. F. blockiert Benzodiazepin-Rezeptoren des $GABA_A$-Komplexes (*GABA*-Antagonist) und verhindert damit Wirkungen von Benzodiazepinen. Die Antagonisierung scheint aber nicht Gedächtnisbeeinträchtigungen zu betreffen. F. hat Bedeutung als Forschungswerkzeug, so als *Reaktivitätstest* zur Beteiligung von Benzodiazepinrezeptoren bei Panikangst (*Panikstörung*) und als *Antidot* bei Benzodiazepinvergiftung. Nutt & Lawson 1992.   W. Janke

Flunitrazepam (= F.) [engl. *flunitrazepam*], **[PHA]**, *Psychopharmakon* aus der Klasse der *Hypnotika* vom Typ der *Benzodiazepine*. F. bindet spezif. am $GABA_A$-Benzodiazepin-Rezeptorkomplex. Sehr lang wirksam. Anders als bei anderen Benzodiazepinen zeigen sich bei niedriger Dosierung nur geringe Wirkung auf den REM-*Schlaf* (zeitl. Verteilung und Dauer).   W. Janke/M. Reuter

Fluoxetin (= F.) [engl. *fluoxetin*], **[PHA]**, *Psychopharmakon* aus der Klasse der *Antidepressiva* vom Typ der selektiven *Serotonin-Wiederaufnahmehemmer*. Sehr lange Eliminationshalbwertszeit (1–3 Tage, der aktive Metabolit Norfluoxetin 5–7 Tage). F. regte die Suche nach weiteren Substanzen mit spezif. Wiederaufnahmehemmung von *Serotonin* an und war über Jahre das meistverschriebene Antidepressivum weltweit. Zugelassen außer bei *Depression* auch zur Behandlung von *Zwangsstörungen* und *Bulimie*. Riederer et al. 1993.   W. Janke

Flupentixol (= F.) [engl. *flupentixol*, auch *flupenthixol*], [**PHA**], *Psychopharmakon* aus der Klasse der trizyklischen *Antipsychotika* vom Typ der Thioxanthene. F. zeigt eine etwa gleich starke Blockade von D1-, D2- und D3-Dopamin- sowie von 5-HT2A-Serotoninrezeptoren. Ferner blockiert es in geringerem Umfang α1-adrenerge, H1-Histamin- und in einem sehr geringen Umfang muskarinische Acetylcholinrezeptoren. F. ist als orales Präparat oder als ein, intramuskulär zu verabreichendes, Depot-Präparat (Flupentixoldecanoat) verfügbar. Das orale Präparat setzt sich jeweils zur Hälfte aus dem aktiven Cis(Z)- und dem inaktiven Trans(E)-Isomer zusammen, während das Depot-Präparat zu 100 % aus dem Cis-Isomer, das mit Dekansäure verestert ist, besteht. Orales F. entfaltet seine maximale Wirkung nach 3–6 Stunden, die *Eliminationshalbwertszeit* liegt bei 20 bis 40 Stunden, die *Bioverfügbarkeit* beträgt 40-50 %. Die maximale Wirkung des Depot-Präparats wird nach ca. 7 Tagen erreicht, die Halbwertszeit liegt bei 2–3 Wochen. Die *Metabolisierung* erfolgt bevorzugt über CYP2D6, wobei keine aktiven Metaboliten gebildet werden. F. ist zur Akut- und Langzeitbehandlung schizophrener Psychosen (*Schizophrenie*, *Schizophrenie, Psychopharmakotherapie*) zugelassen. Belegt ist auch die Wirksamkeit gegen Negativsymptomatik, insbesondere in niedrigeren Dosierungen. Unerwünschte Wirkungen sind i. d. R. dosisabhängig und beinhalten sehr häufig Müdigkeit (insbesondere zu Beginn der Behandlung), *Akathisie*, *Frühdyskinesien*, Parkinsonsyndrom (Hypomimie, *Tremor*, *Rigor*, orthostatische Dysregulation, *Hypotonie*, *Tachykardie*, Mundtrockenheit, Hyper- und *Hypokinesien*) sowie weitere EPS (bei geringer Dosierung 0,5–1 mg seltener). Zu den erforderlichen Routineuntersuchungen bei Verabreichung von F. gehören neben Labor- und Gewichtskontrollen auch regelmäßige *EKG*-Ableitungen (wegen möglicher *QTc-Zeit-Verlängerungen*). Für orales F. ist für die Akutbehandlung eine Dosierung zwischen 10 und 60 mg/d, verteilt auf 2-3 Einnahmezeitpunkte, zugelassen. Zur Langzeitbehandlung chronischer Schizophrenie werden i. d. R. 4–20 mg/d eingesetzt. Diese Dosierungen gelten heute jedoch als in der Regel zu hoch. Bei vorherrschender Negativsymptomatik werden noch niedrigere Dosierungen empfohlen. Das Depot-Präparat ist als eine 2 % (20 mg/1 ml) und eine 10 % (100 mg/ml) Injektionslösung verfügbar. In der Regel werden 20 bis 100 mg Flupentixoldecanoat alle 2 bis 4 Wochen verabreicht, wobei gelegentlich auch höhere Dosierungen angewendet werden. Der therapeutische Referenzbereich für das cis-Isomer wird mit 0,5–5 ng/ml (1-10 ng/ml für das Racemat) angegeben. Relevante Interaktionen können u. a. bei Kombinationen mit anderen QTc-Zeit verlängernden Präparaten, mit *Lithiumsalzen* (erhöhtes Risiko für EPS) sowie mit Inhibitoren von CPY2D6 (z. B. *Paroxetin*; möglicher Anstieg des Wirkspiegels). *T. Veselinović*

Fluphenazin (= F.) [engl. *fluphenazine*], [**PHA**], trizyklisches *Antipsychotikum* aus der Gruppe der Phenothiazine, das in erster Linie D2-Dopamin-, 5-HT2-Serotonin-, α1-adrenerge und H1-Histaminrezeptoren antagonisiert. Muskarinische Acetylcholinrezeptoren werden nicht wesentlich geblockt. Es sind Präparate zur oralen und zur parenteralen, d.h intramuskulären (Depotpräparat: Fluphenazindecanoat), Verabreichung verfügbar. Für das orale Präparat liegt die *Eliminationshalbwertszeit* bei 16 h. Beim Depotpräparat kommt es zu einem schnellen Plasmaspiegelanstieg mit Plasmaspiegelspitze nach 8–36 h und zu einem raschen Abfall ab dem 2. Tag, mit einer Halbwertszeit von 7–10 h. Die *Metabolisierung* erfolgt bevorzugt über CYP2D6. Bei parenteraler Verabreichung besteht eine wesentlich höhere *Bioverfügbarkeit* im Vergleich zur oralen Gabe (20–50 %). Der therap. Referenzbereich für die Plasmakonzentration liegt zwischen 1 und 10 ng/ml. F. ist in folgenden Indikationen zugelassen: akute psychotische Syndrome mit *Wahn* (*Wahnhafte Störung*), *Halluzinationen*, Denkstörungen, Denkzerfahrenheit, Ich-Störungen; bei katatonen Syndromen; bei chronisch verlaufenden endogenen Psychosen (Symptomsuppression und Rezidivprophylaxe) sowie bei psychomotorischen Erregungszuständen. Die empfohlene Dosierung von F. bei ambulanter Behandlung liegt zu Beginn bei 2 × 0,25 mg/Tag. Dosissteigerungen sollten langsam und in Abhängigkeit von der Verträglichkeit erfolgen. Die empfohlene Erhaltungsdosis beträgt 2,5–10 mg /Tag. Im stationären Rahmen wurden lange Zeit höhere Dosierungen (10–20 mg/Tag, jeweils verteilt auf 2 – 3 Einzeldosen), empfohlen, diese gelten jedoch heute als zu hoch. Das Depot-Präparat wird in der Regel in Abständen von 3 (2 – 4) Wochen in einer Dosis von 12,5–100 mg verabreicht. Die maximale Einzeldosis sollte 100 mg nicht überschreiten. Zur Rezidivprophylaxe reichen häufig niedrigere Dosen (12,5–25 mg alle 3 (2 – 4) Wochen) aus. Das Nebenwirkungsprofil entspricht dem Nebenwirkungsprofil anderer Antipsychotika der ersten Generation. Kardiale Nebenwirkungen (*QTc-Zeit-Verlängerung*) sind beschrieben, so dass bei Kombination mit anderen, die QTc-Zeit verlängernden, Arzneimitteln Vorsicht geboten ist. Ferner muss, bei Kombination mit CYP2D6-Inhibitoren, mit einem Anstieg des Plasmaspiegels gerechnet werden. *T. Veselinović*

Flurazepam (= F.), [**PHA**], *Benzodiazepin-Hypnotikum*, zugelassen zur Kurzzeitbehandlung von *Schlafstörungen* von klin. bedeutsamem Schweregrad. F. ist eine *Prodrug*. Sie wird in der Leber zu mehreren aktiven Metaboliten umgewandelt. Der Metabolit Desalkylflurazepam hat eine *Eliminationshalbwertszeit* von bis zu über 100 Std., weshalb es zu Überhangeffekten und Tagesmüdigkeit kommen kann, bei Mehrfachgabe besteht Gefahr der *Kumulation*. *G. Gründer*

Fluspirilen [engl. *fluspirilene*], [**PHA**], *Psychopharmakon* aus der Klasse der *Antipsychotika* vom Typ der Diphenylbutylpiperidinabkömmlinge. Als Depotantipsychotikum (Injektion) verwendet zur ambulanten Behandlung (*Eliminationshalbwertszeit* von 7 Tagen). Die Verwendung als *Antidepressivum* oder *Anxiolytikum* gilt heute wegen der unerwünschten Wirkungen als obsolet. Ayd 1989.

Flüstersprache [engl. *whispered voice*], *Sinnesfunktionen*.

Fluvoxamin (= F.) [engl. *fluvoxamine*], [**PHA**], *Psychopharmakon* aus der Klasse der *Antidepressiva* vom Typ der selektiven *Serotonin-Wiederaufnahmehemmer*. Indikationen sind *Depression* und *Zwangsstörungen*. Es hat ein hohes *pharmakokinetisches* Interaktionsrisiko und kann bei Kombination z. B. mit *Clozapin*, *Clomipramin*, *Imipramin*, *Methadon* zu erhöhten *Plasmakonzentrationen* von diesen Medikamenten führen. Benkert & Hippius 2013. *H. Himmerich*

Flynn-Effekt *Säkulärer Trend.*

fMRT *funktionelle Magnetresonanztomografie.*

Focusing (= F.) [engl.; lat. *focus* Feuerstätte], [**KLI**], das Konzept des F. nach Gendlin 1962 ist vor dem Hintergrund der Existenzialphilosophie und der klientenzentrierten Tradition von Rogers (*Gesprächspsychotherapie*) entstanden. Die Betonung liegt auf der inneren *Erfahrung* (*Introspektion*). Der Klient richtet seine *Aufmerksamkeit* auf das körperliche Erleben eines Problems, das den Zugang zu sonst schwer zugänglichen *Gefühlen* und Problemen erleichtern soll. Die Theorie des F. def. Aktivitäten, die zu Persönlichkeitsveränderungen führen sollen: z. B. das *Experiencing* als oftmals implizite, vertiefte Erfahrung von Gefühlen und Bedeutungen, die körperliche Gefühlsqualität (*felt sense*) des mit einer Situation oder Person verbundenen Experiencing, die fokale Komplettierung als Voranschreiten eines Lebensprozesses u. a. Klient und Therapeut haben beim F. die Aufgabe, sich auf das eigene gefühlsmäßige Erleben zu konzentrieren. Der Therapeut unterstützt den Prozess durch einfühlsames Verstehen, Achten auf Signale des Klienten (klientenzentriertes Zuhören). F. wird oft eingebettet in der Gesprächspsychotherapie verwendet. Wirksamkeitsbelege für F. als eigenständige Technik stehen aus. Gendlin & Wiltschko 2007. *F. Caspar*

focus interview (= f. i.) [engl.; lat. *focus* Feuerstätte], syn. *Fokussiertes Interview*, [**FSE, MD, SOZ**], wurde bereits in den 1940er-Jahren u. a. von Merton und Kendall (Merton et al. 1956) i. R. der Kommunikations- und Medienforschung entwickelt. Das f. i. basiert auf spezif. Gesprächsführungsregeln und wird leitfadengestützt (*Qualitative (Leitfaden-)Interviews*) geführt. Diese Interviewform erhielt deshalb ihre Bez. «fokussiert», da das Forschungsinteresse insbes. auf die Wirkungen von medialen Kommunikationsprozessen und Mediendokumenten zielt. Am Anfang des Interviews steht somit i. d. R. die Präsentation eines Mediendokuments, z. B. eines Werbespots, eines Filmausschnitts, eines Zeitungsartikels etc., das im Fokus des weiteren Interviews (oder auch einer Gruppendiskussion) steht. Die Interviewfragen beziehen sich dann auf das subj. Sinnverstehen der Befragten in Bezug auf jenes (Medien-)Dokument. Der Grundansatz des f. i., nicht nur verbale Stimuli zu nutzen, sondern auch mediale bzw. visuelle, hat sich allg. in der *Qualitativen Sozialforschung* etabliert, da er sich als äußerst fruchtbar erwiesen hat. So wird diese Stimulustechnik heutzutage in unterschiedlichen Variationen als Grundreiz für den Kommunikationsprozess in versch. Interviewsettings und Gruppendiskussionsverfahren eingesetzt. Merton 1987. *J. Kruse*

Föderation Deutscher Psychologenvereinigungen (= F. D. P.), Zusammenschluss des *Berufsverbands Deutscher Psychologen (BDP)* und der *Deutschen Gesellschaft für Psychologie (DGPs)*, die national und internation. den Berufsstand der Psychologen vertritt (z. B. Formulierung von Berufsrichtlinien, Ethikrichtlinien, Qualitätssicherung, Weiterbildungscurricula). Durch die F. werden die Interessen von ca. 15 000 Psychologen in Forschung, Lehre und Praxis vertreten. 2012 war die F. D. P. insbes. in folgenden Arbeitsgremien und Kommissionen aktiv: «Föderative Richtlinienkommission Ethik», «Testkuratorium» (*Teststandards*), «Personenlizenzierung für berufsbezogene Eignungsbeurteilung nach *DIN 33430*», «Akkreditierungsausschuss Rechtsps.», «Nationale Anerkennungskommission (NAK) Europsy», «Nationale Anerkennungskommission (NAK) Psychotherapy» und «Gremien der EFPA (*European Federation of Psychologists Association (EFPA)*)». [www.psychologie.de].

fokal [engl. *focal*; lat. *focus* Herd, Brennpunkt], den Kern betreffend.

Fokalanalyse [engl. *focal analysis*], [**KLI**], psychoanalytische Bez. für die einem einzelnen (wichtigen) Komplex zugewandte Analyse. *Fokaltherapie.*

Fokaltherapie (= F.) [engl. *focal therapy*; lat. *focus* Brandstätte], [**KLI**], die psychoanalytische F. ist das Ergebnis eines Forschungsprogramms der Tavistock-Klinik in London. Bei der F. konzentriert sich die Behandlung auf einen umschriebenen (neurotischen) *Konflikt* (Fokus). Die Arbeit mit *Übertragung* und *Widerstand* orientiert sich an diesem Fokus; die psychoanalytische Therapie kann als eine Kette von F. konzipiert werden. Es handelt sich um eine aktive Behandlungstechnik: Der Pat. selbst sucht die Konfliktlösungen (Reaktionen auf Objektverlust, narzisstische Kränkbarkeit, Angewiesenheit auf Schlüsselfiguren, emot. Ohnmacht). Der Therapeut deutet, sucht den roten Faden und fasst zus. Durch ihre Konzentration auf einen Hauptkonflikt ist diese Behandlungsform kürzer als die klassische *Psychoanalyse*. Wirkung zeigt sich v. a. bei neurotischen, weniger bei psychosomatischen Pat. *Tiefenpsychologisch fundierte Psychotherapie*. Lachauer 1999, Thomä & Kächele 2006a. *F. Caspar/H. Kächele*

Fokusgruppe [engl. *focus group*; lat. *focus* Brandstätte], *Marketing*, *Qualitative Forschungsmethoden*.

Fokussiertes Interview *focus interview*.

Folgerichtigkeit [engl. *congruity, consistency*], [**FSE**], Kriterium für die Adäquatheit von Interpretationen. *Interpretation.*

Folgetracking [engl. *sequential tracking*], *tracking*.

folie à deux [engl. *shared psychotic disorder*; frz. Geistesstörung zu zweit]; *induziertes Irresein*.

folk psychology [engl.] *Populärpsychologie*.

Follikelhormon (= F.) [engl. *follicle hormone*], [**BIO**], ein im reifenden Follikel des Ovars, aber auch im Corpus luteum und in der Plazenta gebildetes *Hormon*. Das F. bewirkt das Wachstum der Uterusschleimhaut während des weiblichen *Menstruations*zyklus. *Östrogene.*

follikelstimulierendes Hormon [engl. *follicle-stimulating hormone*], Abk. FSH, [**BIO**], Hormon des Hypophysenvorderlappens, mit dem *luteinisierenden Hormon* (LH) zu den *Gonadotropinen* gehörend. Fördert bei Frauen das Wachstum des Follikels und die damit verbundene Freisetzung von *Östrogenen*. Beim Mann wirkt FSH auf die Testes und fördert die damit verbundene Freisetzung von Testosteron. Beteiligt an der Regulation der generativen Gonadenfunktion (Spermatogenese, Follikelreifung); wird bei Sterilitätsbehandlung benutzt. *W. Janke*

Follow-up-Studie (= F.) [engl. *follow-up study* Nachuntersuchung], **[FSE, KLI]**, da bei Behandlungen v. a. anhaltende Effekte interessieren, ist es wichtig, Therapieerfolge nicht nur zum Zeitpunkt des Abschlusses, sondern in gewissen Abständen danach wieder zu messen. F. gehören zum Standard bei Wirksamkeitsuntersuchungen, oft sind die berücksichtigten Zeiträume aber sehr kurz, da langfristigere Untersuchungen i.Allg. sehr aufwendig sind. Ergebnisse zeigen, dass Psychoth. generell anhaltende Effekte haben kann, diese aber nicht vorausgesetzt werden können, sondern für versch. Verfahren und Pat.gruppen stets neu zu belegen sind. *F. Caspar*

Folsäure (= F.) [engl. *folic acid*], **[PHA]**, essenzielles Vitamin (auch Vitamin B9). Kommt in zahlreichen Gemüsen und Obst (vor allem Hülsenfrüchte und Getreide) vor, aber auch in Fisch und Fleisch. F. spielt eine zentrale Rolle im Kohlenstoff-Metabolismus und bei der DNA-Replikation. Sein Bedarf ist bes. hoch in sich schnell teilenden Geweben, z. B. im Knochenmark. Ein Mangel in der Schwangerschaft begünstigt die Entstehung von Neuralrohrdefekten. Zusätzl. zur Nahrung eingenommener F. werden kardio- und v. a. neuroprotektive Wirkungen zugeschrieben, diese sind jedoch nicht unumstritten. *G. Gründer*

Foot-in-the-door-Technik [engl.] «Fuß-in-die-Tür-Technik», **[SOZ, WIR]**, eine Beeinflussungsstrategie, die darin besteht, von jemandem zunächst eine kleine Bitte erfüllt zu bekommen, die i. d. R. nur selten abgeschlagen wird, um dann eine größere Anforderung zu stellen. (Freedman & Fraser 1966). Eine einmal eingegangene Verpflichtung aktiviert ein pos. *Selbstbild* einer hilfreichen Persönlichkeit, von der man sich in der Situation nur schwer trennen kann. *Door-in-the-Face-Technik*, *That-is-not-all-Technik*, *Verkaufstechniken*. *B. Six*

forced choice item, forced choice method [engl.] Methode/Item mit erzwungener Wahl, **[DIA, FSE]**, eine Testaufgabe, bei der dem Pb zwei Antwortmöglichkeiten vorgegeben werden. Er hat diejenige zu wählen, die für ihn (am ehesten) zutrifft. Er muss auch dann wählen, wenn ihn keine der beiden Antwortmöglichkeiten befriedigt. *Mehrfachwahlantwort*, *Gedächtnisprüfung*, *Paarvergleich*, *paarweiser Vergleich*, *Skalierung, Methoden der*.

forced compliance [engl.] erzwungene Einwilligung, **[KOG, SOZ]**, bezeichnet eine herbeigeführte Einwilligung: eine Person wird (nicht erzwungen, sondern z. B. durch eine Bitte oder eine kleine Belohnung) dazu gebracht, eine best. Einstellung zu kommunizieren, die eigentlich nicht die ihre ist (z. B. jemandem, der eine best. Aufgabe erfüllen soll, zu erzählen, dass die Aufgabe sehr spannend sei, obwohl sie von der Person selbst in Wirklichkeit als langweilig empfunden wurde). Hierdurch kommt es zu einer *kognitiven Dissonanz* bei der Person. In Experimenten konnte schließlich gezeigt werden, dass die betroffenen Personen die Dissonanz u. a. dadurch auflösen, dass die Tätigkeit von ihnen anschließend selbst als weniger langweilig eingestuft wird (quasi als Rechtfertigung dafür, dass sie diese Meinung öffentlich vertreten haben). Festinger 1978.

Förderdiagnostik (= F.) [engl. *promotional diagnostics*], **[DIA, PÄD]**, der Begriff wird etwa seit Mitte der 70er-Jahre des letzten Jhd. verwendet (Kornmann 2003). Er entstammt der sonderpäd. Diskussion um die Legitimation der Überweisung behinderter oder von *Behinderung* bedrohter Kinder und Jugendlicher in spez. Sonderschulen. F. wurde als Gegenkonzept zur konventionellen typologischen Diagnostik (ein Kind ist z. B. «lernbehindert», «geistig behindert», «erziehungsschwierig») etabliert. Ziel ist die Beschreibung konkreter Stärken und Schwächen eines Kindes, um daraus seinen konkreten Bedarf an Fördermaßnahmen abzuleiten und den bestmöglichen Ort der Förderung zu identifizieren. Meth. lehnen die Befürworter der F. i. d. R. den ausschließlichen Einsatz standardisierter Verfahren als unangemessen ab, weil sie annehmen, dass diese der Individualität eines Kindes und seiner spezifischen sozialen Umwelt nicht in vollem Umfang gerecht werden kann. Vielmehr fordern sie eine stärker individuumszentrierte sowie prozess- und ressourcenorientierte Herangehensweise an das einzelne Kind. *H. P. Langfeldt*

Forensische Psychologie [engl. *forensic psychology*; lat. *forum* Marktplatz, Gerichtsstätte], **[RF]**, s. a. Einleitung Gebietsüberblick «I.16 Rechtspsychologie und Forensische Psychologie». Teil der Angewandten Ps., in dem psychol. Methoden und Erkenntnisse, insbes. die diagn. Möglichkeiten der Ps., der Rechtspflege zur Verfügung gestellt werden, damit diese in den Stand versetzt wird, «richtiges Recht» (Larenz 1979) zu sprechen. Sie behandelt die wiss. Grundlagen des ps. Sachverständigen in Gerichtsverfahren. Im Bereich der Strafrechtspflege werden Ps. als Sachverständige zugezogen, v. a. zur Beurteilung der *Glaubhaftigkeit* von Zeugenaussagen, der Zuverlässigkeit einer Wiedererkennung, der Beurteilung der *Verantwortungsreife* bei Jugendlichen, des Entwicklungsstandes bei Heranwachsenden und der *Schuldfähigkeit*, gelegentlich auch für die Identifizierung des Urhebers eines anonymen oder pseudonymen Schreibens (*Schriftexpertise*). Im Bürgerlichen Recht sind es v. a. familienrechtliche Fragen (Sorgerechtszuerteilung, Besuchsrechtsregelung) und die Frage nach dem Vorliegen der subj. Voraussetzungen der *Deliktsfähigkeit*. Im Verwaltungsrecht werden Psychologen zugezogen zur Beurteilung der Kraftfahreignung. *Aussagepsychologie*, *Familienrechtspsychologie*, *Kriminalpsychologie*. Undeutsch 1967, Volbert & Steller 2008. *U. Undeutsch (†)*

Forer-Effekt (= F.), syn *Barnum-Effekt*, *Täuschung durch persönliche Validierung* [engl. *personal validation fallacy*], **[KOG, PER, SOZ]**, Selbsttäuschungseffekt bei der Beurteilung von testpsychol. Ergebnissen und zwar i. d. R. von persönlichkeitsorientierten Verfahren (*Persönlichkeitsfragebogen*). Die wiss. Erstdokumentation erfolgte von Forer 1949. Die Bez. *Barnum-Effekt* bezieht sich auf den Gründer des gleichnamigen Zirkus und Kuriositätenkabinetts (Motto: *A little something for everybody*). Der F. beschreibt die Neigung vieler Personen, vage und vermeintlich allg.gültige pos. Aussagen über die eigene Person als zutreffend zu akzeptieren. Diesen Effekt machen sich bspw. auch die Verfasser von Horoskopen in Zeitschriften zunutze. Bei den verwendeten Formulierungen wird i.d.R. auf Bedürfnisse, Wünsche und Befürchtungen Bezug genommen, welche die meisten Menschen beschäftigen. Die gemachten Aussagen sind bei genauerer Betrachtung häufig Allg.-plätze, Mehrdeutigkeiten und «Sowohl-als-auch»-Formulierungen. Es werden Feststellungen getroffen, die nahezu allen Menschen gemeinsam und die kaum überprüfbar oder widerlegbar sind. Häufig werden auch Eigenschaften angesprochen, die Personen sich selbst gern zuschreiben (Bsp.: «Sie sind stolz darauf, sich ihre Meinung unabh. zu bilden und sie akzeptieren ohne nachvollziehbare Argumente nicht einfach so die Aussagen anderer Personen.»). *R. Hossiep*

formal [engl. *formal*; lat. *formalis* förmlich], **[PHI]**, auf die Form (nicht auf den Inhalt) bezogen. Formale Wissenschaften befassen sich mit den Formen des *Denkens* (Logik, Mathematik, *Erkenntnistheorie*) oder benutzten Formeln und vereinbarte *Zeichen*. Auch in der Ps. findet sich solcher Formalismus bzw. formalisierte *Sprache*.

formal-operatorische Entwicklungsstufe (= f.E.) [engl. *formal-operatoric phase*; lat. *operatio* Betätigung, Wirken], **[EW, KOG]**, die f.E. stellt die vierte Hauptstufe nach dem Entwicklungsmodell von *Piaget* (*Entwicklung, Stufentheorie nach Piaget*) dar. Sie folgt auf die *sensu-motorische Entwicklungsstufe*, die *prä-operatorische Entwicklungsstufe* und die *konkret-operatorische Entwicklungsstufe*. Laut Piaget wird sie etwa mit der *Pubertät* erreicht, aber oft bis zum Tod nicht voll entwickelt. Das Wesentliche an dieser Stufe ist, dass die Realität auf einen Zeichensatz mit Verknüpfungsregeln abstrahiert wird und dass mit den *Zeichen* umgegangen werden kann, auch wenn die Zeichen aktuell gar keine Bedeutung erkennen lassen. Natürlich lernt ein Kind schon im ersten Lebensjahrzehnt zählen und rechnen, es kann seine Rechnungen sogar konkret auf die konkrete Welt anwenden. Das geschieht aber meistens gleich mit Bezug auf die bez. Realität und weitgehend auch routinehaft. Das Entscheidende ist nun, Umgangsregeln mit Zeichensystemen nicht nur zu lernen, sondern auch zu verstehen (*Einsicht*), zunächst ohne irgendeinen Bezug zu einer anderen Realität, wohl aber bei Bedarf mit definiertem Bezug darauf. Algebra und die Lösung von Gleichungen sind dafür klass. Bsp. Bes. wirksam werden diese Operationen, wenn sie helfen, Realitäten zu ordnen, die sonst fast unübersichtlich sind. Das ist etwa der Fall beim Studium komplexer Zusammenhänge durch Abb. auf Kombinatorik-Tabellen: Eine vollständige 2 × 2 × 2 × 3-Kombinatorik ist auf dem Papier leicht zu überblicken, aber alle 24 Möglichkeiten sich in der Realität simultan mental vorzustellen (*Vorstellung*), ist praktisch unmöglich. Mithilfe der Kombinatorik aber lässt sich aus einer fast unübersichtlichen Menge von Ereignissen ein kausaler Zusammenhang (*Kausalität*) verlässlich eruieren. Ähnliches passiert, wenn ein Ingenieur allein mit zahlenmäßigen Berechnungen die Tragfähigkeit einer Brücke vorhersagt. Wie auf allen *Repräsentationsstufen* geht es auch hier um die Bildung von logisch schlüssigen, sog. reversiblen Strukturen (*Strukturgenese*). Die ursprüngliche formallogische Beschreibung des Erwerbs der formal-logischen Strukturen, wie Piaget sie versuchte, hat sich nicht recht durchgesetzt; überzeugend geblieben ist, dass der logische Umgang mit Zeichen diese Stufe kennzeichnet. Flammer 2009a. *A. Flammer*

Formalstufentheorie [engl. *formal stages of instruction*], **[PÄD]**, von Herbart entwickelte Lehre von der systematisch gestuften *Unterricht*sgestaltung wie Vorbereitung, Einführung, Darbietung des Neuen, Verknüpfung mit Bekanntem, Zusammenfassung und Gesamtbeurteilung. In der Arbeitsunterweisung des *TWI* neu aufgegriffen. Einzelne Aspekte des Ansatzes finden sich auch heute noch in versch. Unterrichtskonzeptionen wieder, insges. wurde der Ansatz im Kontext der Reformpädagogik jedoch deutlich kritisiert – u.a. wegen seiner großen Lehrerzentriertheit. *heuristische Regeln, Lehren*.

Formanten (= F.) [engl. *formants*; lat. *formare* formen], **[BIO, KOG]**, person- und phonem-spezif. Obertöne der menschlichen Sprache, die durch Resonanz des oralen (1. F.) und/oder pharyngealen (2. F.) Hohlraumes entstehen.

Formatio reticularis (= F. r.) [lat.] «netzförmiges Gebilde», syn. *Retikulärformation*, **[BIO]**, netzförmiger, den Hirnstamm (*Gehirn*) durchziehender Teil des *Zentralnervensystems*; ist wichtige Station des aufsteigenden unspezif. extralemniskalen Systems, d.h., die F.r. erhält unspezif. afferente Zuströme aus praktisch allen Sinnesorganen, die hier zu einer unspezif. Erregung führen (*ARAS*). Afferente (*Afferenz*) Zugänge kommen auch aus anderen Hirnarealen wie dem sensorischen und motorischen Kortex, dem Thalamus sowie dem Hypothalamus. Ihre Efferenzen führen absteigend zum Rückenmark, aufsteigend über die unspezif. Thalamuskerne zum Kortex des Gehirns, zum Hypothalamus und zum *limbischen System*. Zu den vielfältigen Aufgaben der F.r. gehören: (1) Steuerung der *Bewusstsein*slage durch Aktivierung kortikaler *Neuron*e und damit Teilnahme am *Schlaf*-Wach-Rhythmus, (2) Vermittlung affektiv-emot. (*Emotionen*) Wirkungen sensorischer Reize, (3) Regulation vegetativ-motorischer Prozesse (Atmung, Vasomotorik, sowie Schluck-, Husten-, Niesreflexe). Offenbar hat das retikuläre Aktivierungssystem eine dienzephale Fortsetzung im Nucleus reticularis des Thalamus, der Verbindungen zu fast allen Regionen des Thalamus aufweist. Seiner Fähigkeit, hier lokale Aktivierungen bzw. Hemmungen einzelner thalamischer Kerne zu bewirken, wird die Steuerung der reflektiven Aufmerksamkeit (*gating*) zugeschrieben. Seine allg. Aktivierungsfunktion beruht dagegen darauf, dass er die thalamischen Kerne auch tonisch unspezif. zu «wecken» vermag. *C. Becker-Carus*

formative Messung *Messung, formative vs. reflektive*.

Formdeute-Tests [engl. *form interpretation tests*], *Rorschach-Test, projektive Tests, projektive Verfahren*.

formicatio [engl. *formication*; lat. *formica* Ameise], **[WA]**, Empfindung des Ameisenlaufens, Kribbelns.

forming [engl.] Formierung, Gestaltung; *Gruppenentwicklung*.

Formkonstanz [engl. *form constancy*], **[WA]**, Dingkonstanz, Gestaltkonstanz, *Konstanz*.

Test**Form-Lege-Test (FLT)**, 1958, G. A. Lienert, [www.testzentrale.de], **[DIA, KOG, PER]**. Kognitiver Test. AA 13–18 Jahre. Der FLT erfasst räumliches Denken i. S. des *Space Factor* der 7 Primärfaktoren nach Thurstone. Der Test besitzt eine enge Beziehung zur praktischen und v. a. auch zur kreativen Intelligenz und erfordert weder Sprach- noch Wissensvoraussetzungen. Der FLT besteht aus vier Pappteilen, die nach 20 vorgegebenen Figuren auszulegen sind. Das Verfahren liegt in zwei Parallelformen vor. *Normierung*: Standard- und Prozentrangwerte nach Alters- und Berufsgruppen in den Altersklassen 13 bis 18 Jahre. Bearbeitungsdauer: 20 Min.

Formreaktion *Farbe-Form-Forschung.*

Formulierung, sprachliche [engl. *linguistic phrasing*], *Sprachproduktion.*

Fornell-Larcker-Kriterium (= F.) [engl. *Fornell-Larcker criterion*], **[FSE]**, Maß für die diskriminante *Validität* oder die Trennbarkeit von latenten Konstrukten (*Konstrukt*) in einer konfirmatorischen Faktorenanalyse (*Faktorenanalyse, konfirmatorische*). Es wird gefordert, dass ein zu schätzendes latentes Konstrukt im Durchschnitt einen höheren Varianzteil mit den jeweiligen Indikatoren teilt (*durchschnittlich erfasste Varianz*) als mit jedem anderen latenten Konstrukt innerhalb des Modells. Nur wenn das F. erfüllt ist, kann davon ausgegangen werden, dass die modellierten Konstrukte zuverlässig separierbar bzw. unterscheidbar sind. *Strukturgleichungsmodelle.* Fornell & Larcker 1981.

Forschungsdesign (= F.) [engl. *research design*], Untersuchungsdesign, Studiendesign, Studientyp, Untersuchungsart, Untersuchungsplan, **[FSE]**, charakterisieren allg. die meth. Anlage und Vorgehensweise von empirischen Studien (*empirische Sozialforschung*). Die Entscheidung, welches F. zu wählen ist, muss am Anfang eines empirischen Forschungsprozesses (*Forschungsprozess*) getroffen werden und ist auf die Anforderungen des zu lösenden Forschungsproblems sowie auf die vorhandenen Ressourcen (z. B. Zeit, Geld, Personal, Laborräume, Geräte) abzustimmen. Auch Fragen der *Forschungsethik* können im konkreten Fall für oder gegen die Wahl eines F. sprechen. Ein einheitliches Klassifikationssystem für F. fehlt, jedoch haben sich mehrere Beschreibungsdimensionen zur Kennzeichnung von F. etabliert, die teilweise in einem hierarchischen Verhältnis zueinander stehen. Innerhalb eines konkreten Untersuchungsdesigns können unterschiedliche Arten von *Stichproben*, *Datenerhebungsverfahren* und *Datenanalysemethoden* zum Einsatz kommen.

In der empir. Sozialforschung bezieht sich die erste grundlegende Entscheidung zum F. auf die Wahl des wissenschaftstheoret. Ansatzes (*Qualitative Sozialforschung*, quant. oder *Mixed Methods*). In der quant. Forschung spielt der Nachweis von Ursache-Wirkungs-Relationen eine wichtige Rolle (z. B. Nachweis der Wirksamkeit psychoth. oder päd. Interventionen, *Kausalität*). Die *randomisierte kontrollierte Studie* bzw. das *Experiment* gilt hierfür aufgrund hoher interner Validität als «Goldstandard» (*Evidenzbasierung*). Innerhalb der exp. und quasiexp. Forschung (*Quasi-Experiment*) existieren zahlreiche Varianten von Untersuchungsplänen in Abhängigkeit von der Anzahl der *unabhängigen Variablen*; z. B. dreifaktorielles Design: drei unabhängige Variablen) sowie weiterer Merkmale des Studienablaufs. Neben exp. Studien ist der *Längsschnittuntersuchung*, die mittel- und langfristige Veränderungen über die Zeit hinweg misst, ein hoher Erkenntniswert zuzuschreiben, allerdings wird sie aufgrund des großen Aufwandes selten realisiert. Bes. wichtig i. S. kumulativen Erkenntnisfortschritts ist der Studientyp der *Metaanalyse*, da hier zu einer best. Untersuchungsfrage die Befunde aller vorliegenden empirischen Studien systematisch zus.gefasst werden. Zur Bez. konkreter Studientypen werden nicht alle möglichen Beschreibungsdimensionen in der Tab. angeführt, sondern einige wenige Merkmale des Untersuchungsdesigns herausgegriffen. Creswell 2003, Döring & Bortz 2016, Montero & Leon 2007, Shadish et al. 2001. *N. Döring*

Forschungsethik (= F.) [engl. *research ethics*], **[FSE, PHI]**, bez. als Oberbegriff alle ethischen Aspekte (*Ethik*) der wiss. Forschung, insbes. die in der Wissenschaftsgemeinschaft (*scientific community*) geteilten Werte und Normen richtigen bzw. guten Handelns von Forschenden sowie Maßnahmen ihrer Sicherstellung. Bei der ethischen Bewertung von Handlungen werden einerseits die Motive und Intentionen der Handelnden betrachtet («Ist ihr Tun gut gemeint?» *Gesinnungsethik* bzw. *deontologische Ehtik*) und andererseits die Folgen der Handlungen («Haben die Handlungen ethisch pos. Konsequenzen?» *Verantwortungsethik* bzw. *teleologische Ethik*). In der Ps. bzw. der *empirischen Sozialforschung* allg. lassen sich v. a. drei Bereiche der F. unterscheiden:

(1) *Ethische Verantwortung der Wissenschaft in der Gesellschaft*: Ps. Forschung soll zum Erkenntnisfortschritt beitragen, durch ihre Fragestellungen und Befunde sozialen und gesellschaftlichen Nutzen stiften und bspw. den Abbau von *Diskriminierung*, *Unterdrückung* oder *Gewalt* unterstützen (anstatt derartige Missstände zu tolerieren oder zu unterstützen). Die Frage nach der ethischen Verantwortung der Wissenschaft in der Gesellschaft wird v. a. in der *Wissenschaftstheorie* diskutiert. Es geht dabei u. a. um die verantwortungsvolle Auswahl von relevanten Fragestellungen sowie um die Rolle der Forschenden im Erkenntnisprozess: Sollen sie eine anwaltschaftliche Haltung gegenüber benachteiligten Bevölkerungsgruppen einnehmen, die herrschenden Verhältnisse grundlegend kritisieren und gezielt emanzipatorisches Wissen produzieren (*kritische Theorie*)? Oder sollen sie eine objektive Prüfung von Theorien anhand von Daten anstreben, um soziale Gesetzmäßigkeiten aufzudecken und einzelne soziale Problemstellungen zu bearbeiten (*Kritischer Rationalismus*)?

(2) *Ethischer Umgang mit Teilnehmern empirischer Studien*: Weder Menschen noch Tiere dürfen für wiss. Zwecke (d. h. v. a. durch die verwendeten *Forschungsdesigns* und *Datenerhebungsverfahren* in unethischer Weise missbraucht oder geschädigt werden. Dass im Nationalsozialismus (*Nationalsozialismus, Psychologie im*) in Konzentrations- bzw. Vernichtungslagern sog. «Humanexperimente» bzw. «Menschenversuche» durchgeführt wurden, die im Grun-

Forschungsdesigns *(Fortsetzung n. S.)*

Kennzeichen d. Forschungsdesigns	Varianten von Forschungsdesigns
Wissenschaftstheoretischer Ansatz der Studie	• Qualitative Studie [engl. qualitative study]: Die Studie folgt in ihrem Forschungsprozess einem qualitativen Wissenschaftsverständnis (Qualitative Sozialforschung), oft auf der Basis des Konstruktivismus. • Quantitative Studie [engl. quantitative study]: Die Studie folgt in ihrem Forschungsprozess einem quantitativen Wissenschaftsverständnis, meist auf der Basis des kritischen Rationalismus (kritischer Rationalismus). • Mixed-Methods-Studie [engl. mixed methods study]: Die Studie kombiniert qualitative und quantitative Forschungsstrategien, oft auf der Basis des Pragmatismus.
Ziel der Studie	• Grundlagenwissenschaftliche Studie [engl. basic research study]: Die Studie will Forschungsprobleme lösen, die wissenschaftlich relevant sind. • Anwendungswissenschaftliche Studie [engl. applied research study]: Die Studie will Forschungsprobleme lösen, die in der Praxis relevant sind. • Unabhängige Studie [engl. non-commercial research study, independent research study, researcher-initiated study]: Die Studie ist praxisorientiert, aber nicht durch Geldgeber aus der Praxis finanziert. • Auftragsstudie [engl. contract research study, commercial research study]: Die Studie ist praxisorientiert und durch Geldgeber aus der Praxis finanziert.
Gegenstand der Studie	• Theoriestudie [engl. theoretical study, research/literature review]: Die Studie erhebt keine eigenen Daten, sondern basiert auf vorliegenden Studien. • Narrativer Forschungsüberblick [engl. review of research]: Die Studie fasst den Forschungsstand in einem Themengebiet verbal-narrativ bilanzierend anhand der Fachliteratur zusammen. • Metaanalyse [engl. meta analysis]: Die Studie fasst den Forschungsstand in einem Themengebiet numerisch zusammen, indem die statistischen Ergebnisse vergleichbarer Studien zu einem Gesamtwert verrechnet werden. • Systematischer Forschungsüberblick [engl. systematic review]: Die Studie fasst den Forschungsstand in einem Themengebiet sehr systematisch verbal zusammen und enthält zudem oft eine Metaanalyse. • Methodenstudie [engl. methodological study]: Die Studie untersucht theoretisch und/oder empirisch die Merkmale einer Forschungsmethode und/oder entwickelt sie weiter. • Empirische Studie [engl. empirical study]: Die Studie klärt eine inhaltliche Forschungsfrage mit Hilfe empirischer Daten. • Originalstudie [engl. original study]: Die Studie wird in der vorliegenden Form erstmalig durchgeführt. • Replikationsstudie [engl. replication study]: Die Studie wiederholt in möglichst identischer Weise eine frühere Studie.
Datengrundlage bei empirischen Studien	• Primäranalyse [engl. primary analysis]: In der Studie werden eigene Daten erhoben und ausgewertet. • Sekundäranalyse [engl. secondary analysis]: In der Studie werden bereits vorliegende Daten einer anderen Studie erneut ausgewertet. • Metaanalyse [engl. meta analysis]: In der Studie werden die Daten vieler vorliegender Studien zur selben Fragestellung zusammenfassend ausgewertet.
Erkenntnisinteresse bei empirischen Studien	• Explorative Studie [engl. exploratory study]: Die Studie zielt auf die Bildung neuer Hypothesen bzw. einer neuen Theorie ab. • Deskriptive Studie [engl. population descriptive study]: Die Studie ist darauf ausgerichtet, einen Untersuchungsgegenstand bzw. einzelne seiner Merkmalsausprägungen zu beschreiben. • Explanative Studie [engl. explanatory study]: Die Studie ist theorie- bzw. hypothesenprüfend angelegt.

Forschungsdesigns *(Fortsetzung)*

Kennzeichen d. Forschungsdesigns	Varianten von Forschungsdesigns
Bildung und Behandlung von Untersuchungsgruppen bei explanativen empirischen Studien	• Experimentelle Studie [engl. experimental study, true experiment]: Im Rahmen der Studie findet eine unterschiedliche Behandlung der Untersuchungsobjekte statt, nachdem sie per Zufallsprinzip in mindestens zwei vergleichbare Gruppen aufgeteilt wurden. • Quasi-Experimentelle Studie [engl. quasi-experimental study]: Im Rahmen der Studie findet eine unterschiedliche Behandlung der Untersuchungsobjekte statt, nachdem sie ohne Zufallsverfahren in mindestens zwei möglichst vergleichbare Gruppen aufgeteilt wurden. • Nicht-Experimentelle Studie [engl. non experimental study]: Im Rahmen der Studie findet keinerlei unterschiedliche Behandlung der Untersuchungsobjekte statt.
Untersuchungsort bei empirischen Studien	• Laborstudie [engl. laboratory study]: Die Studie findet in einem Forschungslabor, d.h. unter standardisierten und kontrollierten Bedingungen statt. • Onlinestudie [engl. online study]: Die Studie findet internetgestützt statt (z.B. Online-Experiment oder Online-Befragung auf einem Forschungsserver). • Feldstudie [engl. field study]: Die Studie findet im natürlichen Lebensumfeld der Untersuchten statt (z.B. am Arbeits- oder Ausbildungsplatz, in der häuslichen Umgebung, in einem Mehrpersonen-Online-Spiel).
Anzahl der Untersuchungszeitpunkte bei empirischen Studien	• Studie ohne Messwiederholungen [engl. cross-sectional design]: Es werden an einem Messzeitpunkt alle Daten erhoben. • Studie mit Messwiederholungen [engl. repeated measurements design]: Es werden an mindestens zwei, relativ kurz aufeinander folgenden Messzeitpunkten Daten erhoben (z.B. Vorher-Nachher-Messung in einem Laborexperiment). • Längsschnittuntersuchung [engl. longitudinal design]: Es werden an mindestens zwei, zeitlich relativ weit auseinander liegenden Messzeitpunkten Daten erhoben (z.B. biografische Entwicklungsstudie über eine Zeitspanne von 30 Lebensjahren).
Anzahl der Untersuchungsobjekte bei empirischen Studien	• Einzelfallstudie [engl. single participant study]: Es wird nur ein Untersuchungsobjekt (z.B. eine Person, ein Unternehmen) untersucht. • Gruppenstudie [engl. group study]: Es wird eine Gruppe von Untersuchungsobjekten untersucht. • Stichprobenstudie [engl. sample study]: Die untersuchte Gruppe von Untersuchungsobjekten stellt eine Auswahl aus der interessierenden Population dar. • Vollerhebung [engl. population study]: Die untersuchte Gruppe von Untersuchungsobjekten entspricht der Population.

de auf Foltermethoden hinausliefen und nicht selten zum Tod führten, nahmen im Gefolge der Med. schließlich auch alle anderen human- und sozialwiss. Disziplinen zum Anlass, ausdrückliche Ethikrichtlinien zum Umgang mit Untersuchungsteilnehmenden zu verabschieden (*ethische Richtlinien*). Die Frage nach dem ethischen Umgang mit den Teilnehmern einer konkreten empirischen Studie muss bei jedem Forschungsvorhaben reflektiert werden. Diese Reflexion mündet in entspr. Entscheidungen und Maßnahmen, die in der Publikation der Studie zu begründen sind. Drei ethische Prinzipien sind im Umgang mit Untersuchungsteilnehmenden bindend: (1) *Freiwilligkeit* und *informierte Einwilligung* (*informed consent*), (2) *Schutz vor Beeinträchtigung oder Schädigung*, (3) *Anonymisierung und Vertraulichkeit der Daten* (*Datenschutz*).

Dahinter steht jew. der *Schutz der Menschenwürde*, der *Menschenrechte*, der Persönlichkeitsrechte sowie der Integrität der Teilnehmenden. Verletzungen dieser ethischen Prinzipien können im Extremfall zivil- oder strafrechtlich relevant sein. Auch die Regelungen für Tierversuche (z.B. rechtliche Bestimmungen der artgerechten Haltung von Versuchstieren im Labor) sind zu beachten. Die einzelnen human- und sozialwiss. Fachdisziplinen haben nach dem Zweiten Weltkrieg fachspezifische Ethikrichtlinien ausformuliert, die von den jew. wiss. Fachgesellschaften herausgegeben wurden und u.a. über deren Websites zugänglich sind. Sie befassen sich neben der F. auch mit berufsständischem Verhalten. Die privatwirtschaftliche Markt- und Meinungsforschung als angewandte empirische Sozialforschung orientiert sich an Ethik-Kodizes ihrer Branchen-

verbände (z. B. Rat der Dt. Markt- und Sozialforschung e. V.: [www.rat-marktforschung.de]). Die Richtlinien der Dt. Gesellschaft für Ps. DGPs (*Ethische Richtlinien*) orientieren sich eng an den Richtlinien zur F. der *American Psychological Association (APA)*. Diese geben u. a. auch jene Ausnahme-Bedingungen vor, unter denen z. B. eine ausdrückliche schriftliche Einwilligungserklärung verzichtbar ist oder unter denen man die Vpn über den eigentlichen Sinn eines psychol. Experiments zunächst im Unklaren lassen oder täuschen darf (*Cover Story*), bevor sie am Ende der Studie in jedem Fall umfänglich aufzuklären sind. Ethikrichtlinien entwickeln sich mit der Veränderung der Untersuchungsbedingungen fortwährend weiter. So stellen sich im Bereich der *Internet-Forschung* (*internetbasierte Methoden*) spezif. ethische Fragen (z. B.: Muss für eine wiss. Auswertung von Online-Diskussionsbeiträgen die Einwilligung der Autoren eingeholt werden?).
(3) *Ethische Produktion, Veröffentlichung und Verwertung von Forschungsergebnissen*: Wiss. Ergebnisse dürfen nicht überinterpretiert, manipuliert, erfunden oder gestohlen werden. Dass dies in der Praxis immer wieder vorkommt, ist v. a. durch spektakuläre Wissenschaftsskandale auch an die breite Öffentlichkeit gelangt. Die Frage nach der ethischen Produktion, Veröffentlichung und Verwertung von Forschungsergebnissen wird – in Abgrenzung zur F. i. e. S., welche die Untersuchungsteilnehmenden im Blick hat – auch als *Wissenschaftsethik* bez., weil sie das Wissenschaftssystem betrifft. Die ethischen Regeln guter wiss. Praxis beziehen sich auf eine Vielzahl von Teilaspekten (inkl. z. B. Verantwortung der Gutachtenden im *Peer-Review*-Prozess) und sind in Dt. u. a. von der Dt. Forschungsgemeinschaft DFG ausformuliert worden (www.dfg.de/foerderung/rechtliche_rahmenbedingungen/gwp/). Sie fordern nicht zuletzt, dass jede Forschungseinrichtung ihre eigenen Regeln guter wiss. Praxis expliziert (inkl. der Verfahrensweisen und Sanktionen bei Verletzungen) und alle ihre Mitglieder regelmäßig entspr. schult. Eklatante Verletzungen der Wissenschaftsethik, welche die Dimension von Wissenschaftsskandalen annehmen können, sind u. a. *Plagiarismus* (d. h. bei einem Fremdplagiat die planmäßige Übernahme von Ideen oder Textteilen anderer Autoren ohne Zitation der Originalquelle bzw. bei einem Selbstplagiat der Rückgriff auf eigene frühere Texte ohne Zitation) sowie Wissenschaftsfälschungen bzw. Wissenschaftsbetrug (Publikationen mit manipulierten oder frei erfundenen Daten). Plagiarismus ist teilweise durch Plagiatserkennungs-Software aufzudecken. Da Wissenschaftsfälschungen am ehesten durch Überprüfung des Datenmaterials zu bestätigen oder zu widerlegen sind, verlangt die gute wiss. Praxis eine sorgfältige Dokumentation und Archivierung. Ein weiteres Verfahren zum Aufdecken von Wissenschaftsfälschungen sind *Replikation*sstudien. Wissenschaftsethisch relevant ist nicht zuletzt die korrekte Angabe der wiss. Autorenschaft (z. B. sachlich angemessene und faire Entscheidung darüber, welcher Beitrag zur Vorbereitung einer Publikation i. R. wiss. Teamarbeit zur Mitautorschaft qualifiziert und welche Autorenreihenfolge anzugeben ist; auch Sponsoren einer Studie und Interessenskonflikte der Autoren sind transparent zu machen). *Diagnostik, gesellschaftliche und rechtliche Rahmenbedingungen*. [www.apa.org/ethics]. Buchanan & Williams 2010, Nagy 2010, Döring & Bortz 2016.   N. Döring

Forschungsprogramm (= F.) [engl. *research program*], [**PHI**], zentraler Begriff in Lakatos' *Methodologie wiss. F.*; ein F. dient der Forschung in einem Wissenschaftsbereich als Grundlage und Orientierung. Es ist best. durch theoretische Grundannahmen (*harter Kern*), die vor *Falsifikation* bewahrt werden (*neg. Heuristik*), und eine Menge von Hilfsannahmen (*Schutzgürtel*), die verändert werden, um empirischen Ergebnissen Rechnung zu tragen; zum F. gehören weiterhin Pläne (*pos. Heuristik*) zur Entwicklung des Schutzgürtels und zur Anwendung der theoretischen Annahmen. Je nachdem, wie gut sich Letztere bewähren und zur Entdeckung neuer Phänomene sowie zu höherem *Gehalt* führen, gilt das F. als progressiv oder degenerativ. Nach Herrmann ist ein psychol. F. bestimmt durch einen von einer Forschergruppe akzeptierten Annahmekern; dieser enthält auf der Grundlage gemeinsam vorausgesetzter Annahmen eine Problemstellung sowie Ideen bzw. Pläne über Lösungsmöglichkeiten. Forschungsmethoden und v. a. Theorien sind Mittel zur Problemlösung, die nach ihrer Tauglichkeit beurteilt werden. Herrmann unterscheidet grundlagenwiss. und technologische F. Erstere sind entweder durch ein Sachproblem bestimmt (z. B. Leistungsmotivation, Angst, Tiefensehen), zu dessen Bearbeitung versch. Theorien herangezogen oder neu entwickelt werden (*Domainprogramme*); oder das Interesse gilt einer best. theoretischen Idee (*Hedonismus*, *Isomorphismus*), die zu nomologischen Aussagen weiterentwickelt und zu Erklärungszwecken empirisch angewendet wird (*quasi-paradigmatische Programme*). Technologische F. sind der Entwicklung standardisierter Techniken (Tests, Therapietechniken usw.) gewidmet oder der Erarbeitung operativen Wissens. F. sind auf komplexe Weise vernetzt, insbes. durch Import und Export von Theorien (*Theorie*). F. unterliegen auch externalen Einflüssen, z. B. Moden, Politik, Administration. *Wissenschaftstheorie*. Herrmann 1976, Lakatos 1974.   V. Gadenne

Forschungsprozess (= F.) [engl. *research process*], [**FSE, PHI**], empirisches Forschen dient in der Ps. i. d. R. der Entwicklung, Verbesserung oder Prüfung von Theorien (*Theorie*) oder Modellen, die insbes. die Beziehungen zw. zentralen Merkmalen bzw. die Wirkprozesse eines Inhaltsbereichs formal beschreiben (*empirische Sozialforschung*; *Forschungsprogramm*). Zur empirischen Fundierung und kritischen Prüfung von Theorien können unterschiedliche Ziele im Mittelpunkt stehen: (1) *Vorwiegend induktiv orientierte, Theorie generierende Forschungsziele* (*Induktion*): Diese stehen im Mittelpunkt, wenn für ein bisher unzureichend theoretisch beschreibbares Inhaltsgebiet neue Erkenntnisse (z. B. beteiligte Variablen, relevante Zusammenhänge, Gültigkeitsbereich) gewonnen werden sollen, die das Verständnis des Gegenstandsbereichs und somit die Entwicklung eines adäquaten Theoriemodells (s. Qualitätsmerkmale einer *Theorie*) unterstützen. In dieser Forschungsphase werden Forschungsmethoden i. d. R. explorativ und nicht hypothesenprüfend (*Hypothese*) eingesetzt, sodass insbes. qual. Verfahren aufgrund ihrer Offenheit gegenüber neuen Informationen (*Prinzip der Offenheit*) gewinnbringend eingesetzt werden können. Der Prozess der induktiv orientierten Forschung kann als zirkluär oder besser spiralförmig bez. werden. Ausgehend von offenen Fragestellungen (unbekannte Elemente oder «blinde Flecken» des Wissens zum Gegenstandsbereich) werden für die Fragestellung optimale Methoden identifiziert (*Gegenstandsangemessenheit*), die einen möglichst umfassenden Erkenntnisgewinn vermuten lassen. Ausgehend von den gewonnenen Erkenntnissen werden Forschungsfragen weiter spezifiziert oder differenziert und empirische Erkenntnisse ermittelt. Dieser Kreislauf von Forschungsfrage, Datenerhebung und theorieorientierten Dateninterpretation wird durchlaufen, bis ein in sich konsistentes, widerspruchsfreies und gehaltvolles Theoriemodell identifiziert wurde, das in Einklang mit allen verfügbaren empirischen Befunden steht. *Gütekriterien qualitativer Forschungsprozesse*.

(2) Vorwiegend deduktiv orientierte (*Deduktion*), theorieprüfende Forschungsziele: Diese stehen im Mittelpunkt, wenn die Gültigkeit einer hinreichend weit entwickelten Theorie auf Basis kritischer Hypothesen geprüft werden sollen. Zur Prüfung der Hypothesen wird ein *Forschungsdesign* identifiziert, es erfolgt eine Datenerhebung (*Datenerhebungsverfahren*) und die stat. Prüfung der Hypothesen (*Signifikanztest*). Dieses hypothesenbasierte Vorgehen kann als linearer F. charakterisiert werden: Stützen die Ergebnisse die Theorie, so kann daraus die Nützlichkeit und vorläufige Bewährung der Theorie abgeleitet werden. Die Theorie sollte aber weiterhin Gegenstand kritischer Prüfung sein, da diese auch bei pos. Befund grundsätzlich nicht als verifiziert gelten kann (*Kritischer Rationalismus*). Können die Hypothesen nicht bestätigt werden, so bedarf es einer Modifikation der Theorie und entspr. induktiver, theoriebildender Forschungsschritte. I. d. R. werden in der Theorie spezifizierte kausale Zusammenhänge (*Kausalität*) getestet, sodass Forschungsdesigns eingesetzt werden sollten, die eine möglichst hohe *interne Validität* gewährleisten. Exp. Designs (*Experiment*) und eine Orientierung an den Kriterien der *Evidenzbasierung* sind für theorieprüfende Verfahren i. d. R. adäquat. Darüber hinaus ist insbes. die *externe Validität* der Studie zu berücksichtigen, um den Geltungsbereich von Aussagen adäquat einschätzen zu können.

Die Abb. zeigt das Ineinandergreifen theorieentwickelnder und -prüfender F.: In der Phase induktiver Erkenntnisgewinnung wird in einem Wechsel zw. der Identifikation von Informationsbedarf und der Gewinnung von empirischen Erkenntnissen der Gehalt einer Theorie sukzessive angereichert. Gilt die Phase der Theoriebildung als abgeschlossen, so muss eine intern valide Prüfung a priori formulierter Hypothesen erfolgen, die eine Entscheidung über die Nützlichkeit der Theorie und etwaigen Modifikationsbedarf ermöglicht. Im Mittelpunkt dieser Abläufe stehen insbes. die Fragen der Gegenstandsangemessenheit, Konsistenz, Bewährung und Nützlichkeit der Theorie. *Fortschritt, wissenschaftlicher*. Wirtz & Schulz 2012, Campbell et al. 2007, Döring & Bortz 2016, Shadish et al. 2001.

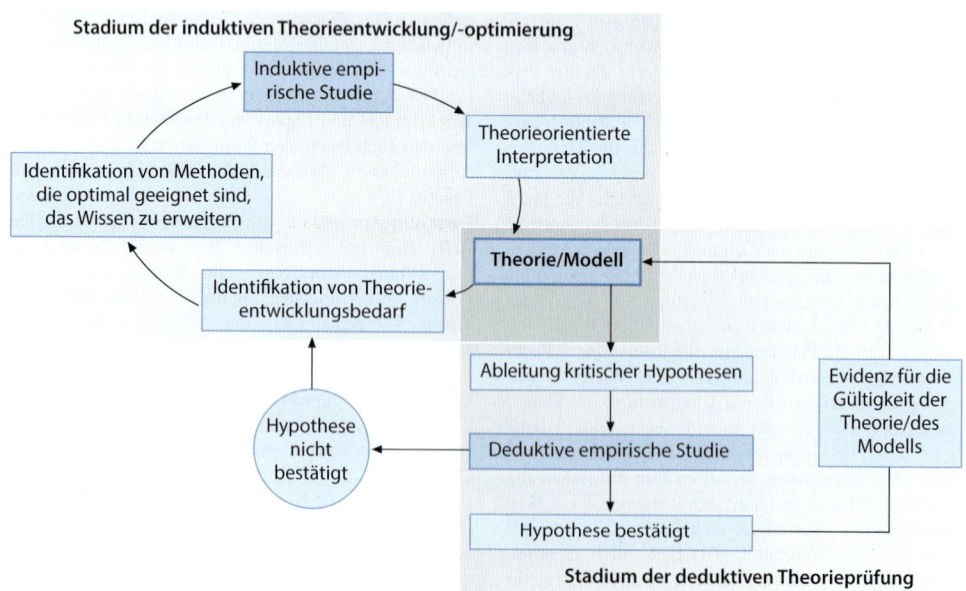

Forschungsprozess: Zusammenwirken und Integration theoriegenerierender und -prüfender Schritte empirischen Arbeitens (aus: Wirtz & Schulz 2012)

Forschungswerkzeuge (= F.) [engl. *research tools*], [**FSE**], Methoden, die zur Gewinnung von Erkenntnissen innerhalb eines ps. Forschungsbereiches angewendet werden, entgegen ihrer ursprünglichen oder intendierten Anwendung (z. B. Pharmaka als F. der Ps. zur Aufklärung psych. Vorgänge).

Fortpflanzungsverhalten (= F.) [engl. *reproductive behaviour*], syn. *Paarungsverhalten*, [**KOG**], das F. umfasst alle Verhaltenselemente (*Verhalten*), die der Vermehrung und somit der Erhaltung der Art dienen. Wesentliche Bestandteile sind die Paarbildung, die Begattung und das *Brutpflegeverhalten*. Das F. ist oft an ein *Territorialverhalten* gebunden. *Sexualität*.

Fortschritt, wissenschaftlicher (= w. F.) [engl. *scientific progress*], [**FSE, PHI**], inwieweit wiss. Entwicklungen und Veränderungen progressiv, statisch oder degenerativ sind, kann je nach fachwiss. und erkenntnistheoret. Position unterschiedlich bewertet werden. Aus Sicht des logischen *Empirismus* i. S. von Rudolf Carnap schreitet die Wiss. induktiv voran, indem zuverlässig beobachtete Regelmäßigkeiten allmählich generalisiert und zu Theorien abstrahiert werden (*Induktion*). In Karl Poppers *Kritischem Rationalismus* dagegen entsteht w. F. durch eine deduktive Methodologie: Mutige *Hypothesen* (*bold conjectures*) werden strengen Prüfungen (*severe tests*) unterzogen, nach denen sie entweder einen hohen Grad an Bewährung (*corroboration*) erhalten oder falsifiziert werden, was Anlass dazu sein soll, die Hypothese so zu modifizieren, dass sie auch den zunächst abweichenden Befund miterklären kann und somit der Wahrheit näher kommt. Nach Kuhn und Lakatos sind normalwiss. *Forschungsprogramme* progressiv, indem sie die betrachteten Sachverhalte genauer beschreiben und zutreffender erklären, während wichtige Grundannahmen (im *Paradigma* bzw. dem harten Kern) nicht zur Disposition stehen. Dagegen ist der (revolutionäre) Wechsel von einem Paradigma oder Forschungsprogramm zu einem anderen (z. B. von der behavioralen zur kogn. Gedächtnisps.) nicht eindeutig als w. F. zu identifizieren, da alte und neue Ansätze schwer vergleichbar oder gar inkommensurabel sind. Dementsprechend beschränkt sich der wissenschaftstheoret. *Strukturalismus* auf die Differenzierung von theoretischem und empirischem w. F. und Rückschlägen innerhalb eines theorieorientierten *Forschungsprozesses*. Jede Verfeinerung eines Theorie-Netzes, d. h., die neue Formulierung, Spezifizierung oder Modifikation theoret. Begriffe und Zusammenhänge ist ein theoret. Fortschritt. Jede Ausdehnung der Menge der erfolgreichen Anwendungen für ein Theorie-Element ist ein empir. Fortschritt, ebenso die präzisere Abgrenzung zu den nicht erfolgreichen Anwendungsbereichen. Ein empir. Rückschlag entsteht, wenn sich die Theorie wider Erwarten auf eine best. Situation oder Fragestellung nicht erfolgreich anwenden lässt. Ein theoretischer Rückschlag tritt ein, wenn ein Theorie-Element aufgegeben werden muss, weil sich keine oder nicht genügend erfolgreiche Anwendungen finden lassen. *Wissenschaftstheorie*. Niiniluoto 2011, Westermann 2000.

R. Westermann

Forum Friedenspsychologie, Erg. *Bewusstsein für den Frieden*, [**SOZ**], gegründet 1982 im Zusammenhang mit der Atomkriegsgefahr und der Aufrüstung der NATO mit atomaren Mittelstreckenraketen. Ziel ist es, friedensps. Forschung und Anwendung zu fördern. Von 1983–1987 (als *Friedensinitiative Ps. * Psychosoziale Berufe*) Kongresse, ab 1988 jährliche Fachtagungen. Mithrsg. der Z. «Wissenschaft & Frieden», Herausgabe von Büchern, insbes. des «Handbuch der Konflikt- und Friedensps.» (Sommer, Fuchs 2004) und der Buchreihe «Politische Ps.», Stellungnahmen zu friedenspolitischen Themen, Verleihung des Gert-Sommer-Preises für Friedensps. [http://www.friedenspsychologie.de]

Fötalphase *Entwicklung, pränatale*.

fotochromatisches Intervall [engl. *photochromatic interval*; gr. φῶς (*phos*) Licht, χρῶμα (*chroma*) Farbe], syn. *achromatisches Intervall*, (v. Helmholtz), [**WA**], alle farbigen Lichter erscheinen bei sehr geringer Helligkeit farblos. Der Helligkeitsbereich zwischen der absoluten Empfindungsschwelle für Lichtreize bis zur «Farbschwelle» heißt achromatisches oder fotochromatisches Intervall. Seine Erklärung findet diese Erscheinung im Zusammenhang mit der *Duplizitätstheorie*, indem bei sehr geringen Lichtstärken nur die Stäbchen gereizt werden, deren Leistung das farblose «Dämmerungssehen» hervorbringt (*Retina*).

Fotometer [engl. *photometer*; gr. φῶς (*phos*) Licht, μέτρον (*metron*) Maß], [**WA**], Vorrichtung zur Licht-(stärke-)messung oder zum Vergleich der Lichtstärken verschiedener Lichtquellen. *Licht, lichttechnische Maße*.

Fotometrie (= F.) [engl. *photometry*; gr. φῶς (*phos*) Licht, μέτρον (*metron*) Maß], [**WA**], die vorwiegend im Dienste der Lichttechnik stehenden Maßsysteme und Messtechniken, die es möglich machen, die physikal. Strahlenmaße so abzuändern, dass sie einen menschlichen *Bedürfnissen* angepassten Sinn von *Licht* und *Helligkeit* def. Die Grundidee der F. geht von der Tatsache aus, dass Licht entweder monochromatisch (*Spektrum*) ist oder sich in monochromatische Bestandteile zerlegen lässt. Da sich Strahlungen versch. Wellenlängen ihrer Leistung (Watt) nach additiv verhalten, liegt die Annahme nahe, dass dies auch dann gilt, wenn die Strahlungen einzeln gemäß der *Hellempfindlichkeit des menschlichen Auges* bewertet sind. Die internat. normierte *spektrale Hellempfindlichkeitskurve* transformiert somit das gesamte System der physikal. Größen in fotometrische. Es gibt dann für jede aus beliebigen Strahlungen versch. Wellenlängen zus.gesetzte Größe immer eine zugehörige fotometrische Größe. Reeb 1962.

fotopisches Sehen [engl. *photopic vision*], [**WA**], Sehen bei hellem Tageslicht; unter dieser Bedingung erreichen die fovealen Sehfunktionen (*Fovea (centralis retinae)*) ihre höchste Leistung. *Fotorezeptoren*, *visuelle Wahrnehmung*. *J. Zihl*

Fotorezeptoren (= F.) [engl. *photoreceptor*; gr. φῶς (*phos*) Licht; lat. *recipere* aufnehmen], [**BIO, WA**], sind neuronale Sensoren in der *Netzhaut* (Retina), die auf Licht mit einer Spannungsänderung reagieren. Diese Spannungsänderungen werden durch ein Netzwerk von Neuronen in der Retina in Nervenimpulse (*spikes*) umgewandelt und über die Sehbahn an das zentrale *Nervensystem* weitergeleitet und bilden damit die Grundlage für das Sehen (*visuelle Wahrnehmung*). Es gibt zwei Klassen von F.: die *Stäbchen* und die *Zapfen*. Die sehr zahlreichen Stäbchen (ca. 100 Mio. pro Netzhaut) sind extrem lichtempfindlich und ermöglichen das Sehen bei Nacht (*skotopisches Sehen*); Zapfen (ca. 6 Mio. pro Netzhaut) sind weniger lichtempfindlich und ermöglichen das Sehen, wenn genügend Licht vorhanden ist, wie z. B. bei Tage oder künstlicher Beleuchtung (*fotopisches Sehen*). In der Dämmerung und bei schwacher Beleuchtung sind beide Klassen von F. aktiv (mesopisch). Der Mensch hat einen Typ von Stäbchen und drei Typen von Zapfen. F. können als Photonenzähler aufgefasst werden, d. h., die Information über die Wellenlänge der absorbierten Photonen geht verloren (*Univarianz*); *Farbwahrnehmung* wird erst durch den Vergleich der Aktivierungen der versch. Zapfentypen möglich. Da es nur einen Typ von Stäbchen gibt, ist allein mit den Stäbchen kein Farbensehen möglich; daher sind nachts alle Katzen (und auch alle Blumen) grau. Die drei Zapfentypen haben unterschiedliche Absorptionsspektren: S-Zapfen absorbieren Licht im kurzwelligen Bereich von ca. 400 bis 500 nm, L- und M-Zapfen über fast den gesamten Bereich des sichtbaren Spektrums. Die Absorptionsspektren von L- und M-Zapfen sind stark korreliert (r = 0.86), während die *Korrelation* zw. S- und L- bzw. M-Zapfen nur schwach ist (r = -0.26 bzw. -0.15). Die Maxima der Absorptionsspektren liegen bei ca. 570, 543 und 442 nm (*long, medium und short*). Nach der Lage dieser Maxima werden die Zapfen heute meist als L-, M- und S-Zapfen bezeichnet. Die L- und M-Zapfen sind gonosomal auf dem X-Chromosom codiert und haben sich evolutionsgeschichtlich erst vor relativ kurzer Zeit aus einem gemeinsamen Zapfentyp entwickelt; die S-Zapfen sind autosomal codiert. Die Fotorezeptoren sind nicht gleichmäßig über die Retina verteilt. Die Zapfendichte außerhalb der nahen Peripherie ab ca. 10° liegt relativ konstant bei ca. 10 000 Zapfen pro mm² und steigt in der Fovea steil auf 140 000 an. In der Fovea liegt die Dichte der Stäbchen bei null und steigt außerhalb der Fovea kontinuierlich auf einen Maximalwert von ca. 140 000 Rezeptoren pro mm² bei ca. 20°, um dann zur Peripherie hin wieder zu fallen. Die frühere Bez. als der Zapfen als Rot-, Grün- und Blau-Zapfen ist aus drei Gründen irreführend: Erstens liegen die Absorptionsmaxima nicht bei diesen Farben, sondern bei Gelb, Grüngelb und Violett. Zweitens sind die Absorptionsspektren sehr breit und nicht nur auf eine Farbe beschränkt. Drittens sagt die Aktivierung eines Fotorezeptors aufgrund der Univarianz nichts über die Wellenlänge der absorbierten Photonen aus. Auch die heute übliche Bezeichnung als L-, M-, und S-Zapfen ist aus drei Gründen irreführend: Erstens suggeriert die Bez. drei voneinander ähnlich versch. Zapfentypen, obwohl L- und M-Zapfen sehr ähnlich sind und sich stark von S-Zapfen unterscheiden. Zweitens liegen die Absorptionsmaxima von L- und M-Zapfen beide im mittleren Bereich des sichtbaren Spektrums. Drittens gehören L- und M-Zapfen phylogenetisch beide zu derselben Klasse von L-Zapfentypen, die ihre Absorptionsmaxima bei den großen Wellenlängen haben; ein Zapfentyp aus der phylogenetischen Klasse der M-Zapfen existiert bei Menschen nicht. Stockman & Sharpe 1999, Coren et al. 1993.

K. R. Gegenfurtner/T. Hansen

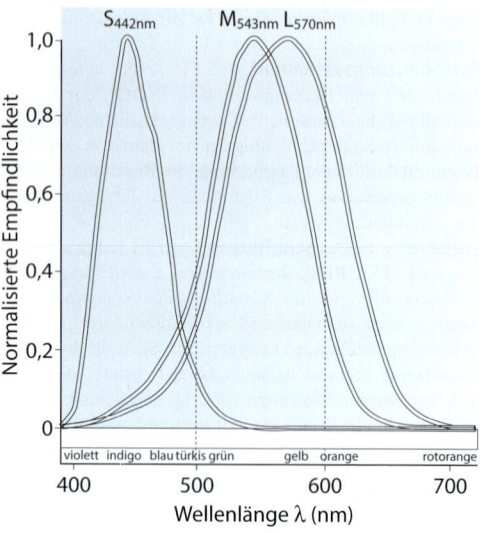

Fotorezeptoren: Die Absorptionsspektren der drei Zapfentypen des Menschen

Fototaxis [engl. *phototaxis*], durch Licht ausgelöste *Taxis*.
Fötus *Fetus*.
four branch ability model of emotional intelligence (= F.) [engl.] «Vier-Zweige-Fähigkeits-Modell der emotionalen Intelligenz», **[EM, PER]**, Mayer & Salovey 1997; ist ein integratives und hierarchisches Modell, das *emotionale Intelligenz* (= e. I.) als globales Fähigkeitskonstrukt aus vier zus.hängenden Fähigkeitsbereichen [engl. *branches*] (s. Abbildung) beschreibt: (Branch 1) *Emotionswahrnehmung* [engl. *perceiving emotions*] ist die Fähigkeit, die eigenen *Emotionen* und die Emotionen anderer sowie Emotionen in Objekten, Kunst, Geschichten, Musik und anderem Stimulusmaterial wahrzunehmen. (Branch 2) *Emotionsnutzung* [engl. *facilitating thought*] ist die Fähigkeit, Emotionen hervorzurufen und zu nutzen, um Gefühle zu kommunizieren und Denkprozesse zu fördern. (Branch 3) *Emotionsverständnis* [engl. *understanding emotions*] ist die Fähigkeit, die Entstehung, Veränderung und den Zusammenhang von Emotionen zu verstehen. (Branch 4) *Emotionsmanagement* [engl. *managing emotions*] ist die Fähigkeit, die eigenen Emotionen sowie die Emotionen anderer zu regulieren und zu steuern (*Emotionsregulation*). Empir. Evidenz bezieht das Modell primär aus Studien zur Validität des *Mayer-Salovey-Caruso Emotional Intelligence Test (MSCEIT)* sowie seiner Vorgängerversion, den *Multi-Factor Emotional Intelligence Scales (MEIS)*. Der MSCEIT besteht aus acht Untertests, je zwei für jede der vier Branches. Bei den Subtests zur Emotionswahrnehmung bspw. besteht die Aufgabe darin, Emotionen in Gesichtern, Landschaften und grafischen Darstellungen zu erkennen.

Befunde zur faktoriellen Struktur unterstützen einerseits die Annahme eines generellen Faktors. Die Korrelationen der Untertests untereinander (*Validität, konvergente*) waren verschiedentlich aber geringer als der Zusammenhang einzelner Subtests mit kogn. Fähigkeitstests (*Validität, diskriminante*). Auch die Separierbarkeit von Emotionswahrnehmung und Emotionsverwendung wurde wiederholt infrage gestellt. Das F. ist ein fähigkeitsbasiertes Modell (*ability-based emotional intelligence*) und kann von persönlichkeitsbasierten und gemischten Modellen (*trait emotional intelligence*) abgegrenzt werden. Fähigkeits- und persönlichkeitsbasierte e. I.-Tests sind nur gering korreliert. Erstere korrelieren stärker mit kogn. Fähigkeiten (*Kognition*), Letztere mit *Persönlichkeitsmerkmalen*. Mayer et al. 2008, Neubauer & Freudenthaler 2006.

K. Conzelmann/H.-M. Süß/S. Weis

four components instructional design model (4C/ID) [engl.] «Vierkomonentenmodell des *instructional design*», [**MD, PÄD**], bei dem 4C/ID handelt es sich um eine Instruktionsdesigntheorie (*instructional design*), die Empfehlungen zur Gestaltung von Lehreinheiten zur Vermittlung komplexer *Fertigkeiten* (z. B. wiss. Literaturrecherche) gibt (van Merriënboer et al. 1992). Nach dem 4C/ID erfordern komplexe Fertigkeiten die Integration und Koordination von immer wiederkehrenden, automatisierten sowie nicht wiederkehrenden, domänenspezifischen Sub-Fertigkeiten. Für die Aneignung komplexer Fertigkeiten sind vier Komponenten zentral: (1) *Learning Tasks*. Zu Beginn des *Lernprozesses* sollten sehr einfache, aber authentische Versionen der Lernaufgabe dargeboten werden (z. B. Literaturrecherche in gut definiertem Suchraum), im Verlauf des Lernprozesses sollte ihre Komplexität zunehmen. Lernaufgaben gleichen Komplexitätsgrads werden in Aufgabenklassen zus.gefasst. Innerhalb der Aufgabenklassen wird zu Beginn ein hohes Maß an Unterstützung bereitgestellt, welches dann innerhalb der Aufgabenklasse langsam abnimmt. (2) *Supportive Information*. Unterstützende Informationen dienen der Aneignung nicht wiederkehrender Fertigkeiten, also domänenspezifischen, oftmals konzeptuellen Wissens (*Wissen*) (z. B. Informationen über geeignete Suchwörter in einer Domäne) und werden für Lernaufgaben innerhalb einer Aufgabenklasse bereitgestellt. (3) *Just-in-Time Information*. Dieser Informationstyp unterstützt die Aneignung immer wiederkehrender Fertigkeiten und wird dargeboten, sobald er das erste Mal zur Bearbeitung einer Lernaufgabe benötigt wird (z. B. Syntax für Literaturrecherche). (4) *Part-task Practice*. Die Übung von Teilaufgaben dient der Aneignung von hoch automatisierten, immer wiederkehrender Fertigkeiten (z. B. Anwendung von Suchoperatoren). Die Übungen werden zw. den Lernaufgaben dargeboten, sind allerdings nur dann notwendig, wenn die Automatisierung durch die Bearbeitung der Lernaufgaben allein nicht erreicht werden kann. van Merriënboer et al. 2002.

A. Schüler

Fourier-Analyse (= F.) [engl. *fourier analysis*], nach J. B. J. Fourier (1768–1830), [**FSE**], jede integrierbare periodische Funktion lässt sich durch eine trigonometrische Reihe, d. h. eine unendliche Summe von Sinus- und Kosinusfunktionen darstellen, deren Frequenzen bezogen auf die Grundfrequenz, f_i/f_0, in der Folge der natürlichen Zahlen 1, 2, 3, … ansteigen (Fourier-Reihe). Schwingungen, z. B. als Töne oder Klänge wahrgenommene Luftdruckschwankungen, sind periodische Veränderungen der entspr. Variablen. Sie können deshalb mit den Summanden der zugehörigen Fourier-Reihe, die man für $f_i/f_0 \leq 2$ auch als Oberschwingungen, harmonische oder reine Teilschwingungen bez., math. beliebig genau beschrieben werden. Die Bestimmung der harmonischen nach Betrag und Phase für eine gegebene Schwingung wird F. genannt. In der Praxis stehen dafür fest verdrahtete elektronische Messgeräte (Fourier-Analysatoren) und Rechnerprogramme für digitalisierte Variablen (A/D-Wandler; *Fast-Fourier transformation*, FFT n. Tukey) zur Verfügung. In der Ps. hat die F. überall da Bedeutung, wo Schwingungen als Reize (*Psychoakustik*) oder als Verhaltensdaten (Physiologische und Klinische Ps.) vorkommen. Die FFT und ihre Inverse ist in den gängigen Programmpaketen für Mathematik (z. B. MathCad) oder Messdatenverarbeitung (z. B. ASYST) enthalten. Press et al. 1989.

W. Glaser

Fovea (centralis retineae) [engl. *fovea (centralis)*; lat. *fovea* Grube], [**WA**], Stelle des besten/schärfsten Sehens unter Tageslichtbedingungen; *Auge*, *Gesichtsfeld*, *Fotorezeptoren*.

J. Zihl

Fragealter (= F.), [**EW**], das in der ps. Entwicklung des Kindes hervortretende Fragen nach dem Namen der Dinge (sog. 1. F. um das 2. Lebensjahr) und nach dem Warum der Dinge (sog. 2. F., eigentliches F. ab 3. Lebensjahr). *Entwicklungspsychologie*, *Kind*.

Fragebogen (= F.) [engl. *inventory*, *questionnaire*], [**DIA, FSE, PER**], Sammlung von Fragen, die meist in einer Liste zus.gestellt und für eine systematische Befragung von Personen konzipiert sind. Mit dem F. sollen Informationen über einen Befragungsgegenstand über die Beurteilung durch Personen gesammelt werden. F. werden mit dem meth. Ziel konstruiert, mit einem strukturierten Set von Fragen standardisierte Bedingungen mittels identisch strukturierter, verbaler Statements bei allen befragten Personen zu schaffen. Wenn zusätzlich die Antworten noch vorgegeben sind und die Bewertung dieser auch noch mit einem entspr. *Antwortformat* möglich ist, so sind die Kriterien für einen standardisierten F. erfüllt. Mit den vorgegebenen Fragen wird bei den befragten Personen zunächst ein kogn. Prozess des Verstehens der Frage provoziert; der Inhalt der Frage leitet den Vorgang der Reflexion ein und mit der Entscheidung bzw. mit der Auswahl (z. B. aus vorgegebenen Antwortalternativen), die auch als Bewertungsdeklaration bez. werden kann, ist die Beantwortung abgeschlossen. Zu einem Befragungsgegenstand werden i. d. R. eine ganze Reihe von Fragen aufgelistet und ein Fragebogen kann auch Fragen zu mehreren Befragungsgegenständen enthalten. Mit der F.-Auswertung werden die zu einem Befragungsgegenstand gehörenden Antworten zus.gefasst und stat. aufbereitet.

F. als wiss. Datenerhebungsinstrumente grenzen sich von den in allem Lebensbereichen anzutreffenden Trivial-Befragungen dadurch ab, dass sie bei der Konzeption, der

Entwicklung und der Konstruktion des F. die o. g. Phasen der Provokation, der Reflexion und der Deklaration berücksichtigen und somit erst einen gültigen Schluss von der Frage zur Antwort zulassen, bzw. diesen Schluss überprüfbar machen.

F. können versch. Kategorien zugeordnet werden (Rammstedt 2006). Je nach Grad der Standardisierung unterscheidet man zw. vollstandardisierten, teilstandardisierten und nicht standardisierten F. Beim Gültigkeitsbereich der aus dem F. gewonnen Aussagen wird zw. individual- und gruppenbezogenen Aussagen unterschieden. Über den Befragungsmodus lassen sich schriftliche von mündlichen Befragungen unterscheiden. Je nach Befragungsobjekt und Fragestellung sind auch die in den Fragen thematisierten Inhalte unterschiedlich. Dementsprechend wird zw. Wissensfragen, Einstellungsfragen, Interessensfragen und personbezogenen Eigenschaftsfragen unterschieden. Der Fragebogen ist als sozialwiss. Untersuchungsinstrument in der empirischen Sozialforschung weitverbreitet. Mit ihm sollen Einstellungen, Meinungen, Gepflogenheiten, Präferenzen usw. bei der Bevölkerung bzw. Gruppen von Personen ermittelt werden. Die inflationäre Anwendung von wenig sorfältig konstruierten F. mithilfe digitaler Medien und die Beobachtung, dass zum selben Befragungsgegenstand häufig konträre Ergebnisse vorgelegt werden, hat die Fachwissenschaften veranlasst, die dafür verantwortlichen Ursachen zu ermitteln (Kaase 1999). Ein gewichtiger Faktor für diesen Zustand wurde beim Inhalt, beim Aufbau und bei der Formulierung der Fragebogen identifiziert. Mit der Feststellung, dass F. häufig eine «unangemessene Komplexitätsreduktion» aufzuweisen haben, wird darauf hingewiesen, dass es an Indikatorensystemen fehlt, die Grundlage für F. sind, und die komplexe Befragungsgegenstände erst untersuchbar machen. Auch die Nichtbeachtung bekannter Antworttendenzen (*response-set*) wird angemahnt.

In der empir. Persönlichkeitsforschung und in der psychol. Diagnostik haben F. als *Persönlichkeitstests* eine gewisse Sonderstellung. Sie sind an *Konstrukten* der Persönlichkeitsforschung orientiert und müssen die Testgütekriterien (*Gütekriterien, Psychometrie, Testtheorie*) der psychol. Diagnostik erfüllen. *Datenerhebungsverfahren, Teststandards.* Mummendey & Grau 2008, Bühner 2010. H. O. Häcker

Fragebogenkonstruktion *Testkonstruktion.*

Fragebogenmethode *Datenerhebungsverfahren, Fragebogen.*

Test Fragebogen zu Dissoziativen Symptomen (FDS), 2005, C. Spitzer, R.-D. Stieglitz & H.-J. Freyberger, [www.testzentrale.de], [DIA, KLI]. AA ab 18 Jahren. Klinisches Verfahren. Der FDS ist ein Screening-Instrument zur Erfassung versch. dissoziativer Phänomene einschließlich *Depersonalisation* und *Derealisation*. Sein Einsatz empfiehlt sich i. R. der dimensionalen Diagnostik *Dissoziativer Störungen*. Darüber hinaus sind dissoziative Symptome als Bestandteil der entspr. diagn. Kriterien bei den schizophrenen Störungen, den phobischen und anderen Angststörungen, der posttraumatischen Belastungsstörung und der Borderline-Persönlichkeitsstörung von bes. Bedeutung. Der FDS basiert auf der Methode der Selbstbeurteilung und erfasst die Subskalen *Amnesie, Absorption, Derealisation* und *Konversion*. *Normierung*: Es wurde eine Vielzahl unterschiedlicher klin. und nicht klin. Pat.- und Pbn.stichproben untersucht. Bearbeitungsdauer: Die Durchführungszeit des FDS liegt bei 5 bis 15 Min., die des FDS-20 bei weniger als 10 Min.

Test Fragebogen zu Kompetenz- und Kontrollüberzeugungen (FKK), 1991, G. Krampen, [www.testzentrale.de], [DIA, KOG, PER]. Persönlichkeitspsychol. Verfahren. AA ab 14 Jahre. Mit dem FKK können (1) das *generalisierte Selbstkonzept eigener Fähigkeiten*, (2) *Internalität in generalisierten Kontrollüberzeugungen*, (3) *sozial bedingte Externalität* und (4) *fatalistische Externalität* erfasst werden. Neben Profilauswertungen nach diesen vier Primärskalen sind Auswertungen nach Sekundär- und Tertiärskalen möglich (generalisierte Selbstwirksamkeit; generalisierte Externalität; Internalität vs. Externalität in Kontrollüberzeugungen). *Normierung*: T-Werte und Prozentrang-Normen für Erw. ($N = 2028$) und Jugendl. (14–17 Jahre, $N = 248$). Bearbeitungsdauer: ca. 10 bis 20 Min.

Test Fragebogen zu Konfliktbewältigungsstrategien (FKBS), 1998, U. Hentschel, M. Kießling & M. Wiemers, [www.testzentrale.de], [DIA, KLI]. Klinisches Verfahren, Persönlichkeitstest. Dt. Adaptation des *Defense Mechanism Inventory*, von Gleser und Ihilevich aus dem Jahre 1969. Der Test dient der Erfassung von Bewältigungsverhalten in Konfliktsituationen. Er besteht aus 10 Beschreibungen konflikthafter, sozialer Situationen. Es liegt eine Form für Männer und eine für Frauen vor. Den Vpn. liegen jew. fünf Antworten vor, wie man sich in der Situation fühlen und verhalten kann. Die Antworten werden in fünf *Konfliktbewältigungsstrategien* eingeteilt. *Normierung*: Geschlechts- und altersspezifische Normierung ($N = 671$). Die Interpretation erfolgt im Wesentlichen über T-Werte, angegeben sind aber auch z-Werte und Prozentränge. Bearbeitungsdauer: ca. 30–40 Min.

Test Fragebogen zu körperbezogenen Ängsten, Kognitionen und Vermeidung (AKV), 2001, A. Ehlers, J. Margraf & D. Chambless, [www.testzentrale.de], [DIA, KLI]. Klinisches Verfahren. AA Erwachsene. Der AKV ist ein Verfahren zur Diagnostik, Therapieplanung und Erfolgskontrolle bei Pat. mit Ängsten und nicht organisch begründeten körperlichen Symptomen sowie ein Screeninginstrument für Paniksyndrom, Agoraphobie und somatoforme Beschwerden. Durch Kombination der drei Fragebogen können *interne Angstauslöser*, die *zentralen Befürchtungen* des Patienten und das *Muster des Vermeidungsverhaltens* differenziert diagnostiziert werden. Das Instrumentarium ist sensitiv zur Messung von Therapieeffekten. *Normierung*: Mittelwerte, Stanine- und Perzentilwerte für versch. klin. Gruppen, insges. über 1000 Pat. Bearbeitungsdauer: für alle drei Fragebogen 10 bis 20 Min.

Test Fragebogen zum aggressiven Verhalten von Kindern (FAVK), 2011, A. Görtz-Dorten & M. Döpfner, [www.testzentrale.de], [DIA, KLI, SOZ]. Mehrdimensionaler klin. *Persönlichkeitstest* mittels Selbst- und Fremdeinschätzung (*Selbstbeurteilungsverfahren, Fremdbeurteilungsver-*

fahren). AA Selbstbeurteilung 9 bis 14 Jahre, Fremdbeurteilung 4 bis 14 Jahre. Der FAVK dient der Erfassung auslösender und aufrechterhaltender Komponenten aggressiven Verhaltens (*Aggression*) bei Kindern und Jugendlichen. Es wird zw. aggressiven Verhaltensweisen und *Kognitionen* gegenüber Gleichaltrigen und Erw. unterschieden. Es werden vier Dimensionen erfasst: *Störungen sozial-kognitiver Informationsverarbeitung, Störungen der Impulskontrolle, Störungen sozialer Fertigkeiten* und *Störungen sozialer Interaktionen*. Der Fragebogen eignet sich zur Eingangsdiagnostik, als Basis einer differenziellen Therapieplanung sowie zur Verlaufskontrolle in der klin.-psychol. Forschung und Praxis. Durchführungszeit ca. 10 Min. Auswertungszeit ca. 3 Min.

Test Fragebogen zum erinnerten elterlichen Erziehungsverhalten (FEE), 2000, J. Schumacher, M. Eisemann & E. Brähler, [www.testzentrale.de], [**DIA, EW**], Erziehungsinventar. AA ab 18 Jahre. Der FEE basiert auf dem in Schweden entwickelten EMBU-Fragebogen («*Egna Minnen Beträffande Uppfostran*», dt. «Meine Erinnerung an die Erziehung»). Auf der Basis von Erhebungsdaten, die sowohl an klinischen als auch gesunden Untersuchungsstichproben gewonnen wurden, konnten drei replizierbare EMBU-Dimensionen ermittelt werden. Diese liegen den Beurteilungen des mütterlichen und des väterlichen Erziehungsverhaltens zugrunde. In der vorliegenden Form umfassen die drei, jew. getrennt für die Mutter und Vater zu beantwortenden Skalen des FEE (*Ablehnung und Strafe, Emotionale Wärme* sowie *Kontrolle und Überbehütung*) jew. acht Items. *Normierung*: Es liegen nach Geschlecht und Altersgruppe differenzierende Normen vor. Darüber hinaus existieren separate Normwerte für Einwohner der alten sowie der neuen Bundesländer (N = 2871, 18–92 Jahre). Bearbeitungsdauer: ca. 5 bis 10 Min.

Test Fragebogen zum Eßverhalten (FEV), 1989, V. Pudel & J. Westenhöfer, [www.testzentrale.de], [**DIA, KLI**]. Klinisches Verfahren. AA Jugendliche und Erwachsene. Der FEV prüft auf drei Subskalen bedeutsame Dimensionen des menschlichen *Essverhaltens*: (1) *Kognitive Kontrolle des Essverhaltens, gezügeltes Essen*, (2) *Störbarkeit des Essverhaltens* und (3) *Erlebte Hungergefühle*. Die kogn. Kontrolle des Essverhaltens bzw. das gezügelte Essen hat sich einerseits zunehmend als entscheidender Bedingungsfaktor für die Entstehung und Aufrechterhaltung von Essstörungen herausgestellt und gilt andererseits als angestrebtes Wunschziel der Adipositastherapie. Entscheidende Bedeutung kommt hierbei der Störbarkeit des Essverhaltens durch emot. oder situative Auslöser zu. Dieses Fragebogenverfahren stellt die dt. Version des *Three-Factor-Eating-Questionnaire* von Stunkard und Messick (1985) dar und liefert somit Ergebnisse, die eine direkte Vergleichbarkeit mit der internat. Forschungsliteratur zu Essstörungen und Adipositas zulassen. *Normierung*: Vorläufige Normen, v. a. für weibliche Pbn, Angabe der Perzentile (Werteverteilungen) für versch. Validierungsstichproben (N = 91491). Bearbeitungsdauer: ca. 15 Min.

Test Fragebogen zum Gesundheitsverhalten von Kindern (GEKI), 2013, von S. Meier, H. Eschenbeck & C.-W. Kohlmann, [www.testzentrale.de], [**DIA, GES**], AA Kinder zw. 8 und 12 Jahren. Diagnostik gesundheitsrelevanter Verhaltensweisen sowie potentieller Risikoverhaltensweisen. Der GEKI besteht aus zwei Teilen A und B mit insges. 29 Items. Teil A zum Schutzverhalten erfasst, inwiefern Kinder in den Bereichen Sicherheit im Straßenverkehr, Sonnenschutz und Zahnhygiene gesundheitsförderliches Verhalten zeigen. Teil B zum Ernährungsverhalten erhebt mit Hilfe der Subskalen Ungesunde Ernährung, Gesunde Ernährung und Schulfrühstück, inwiefern Kinder sich gesundheitsförderlich ernähren bzw. am Einkauf von Lebensmitteln und deren Zubereitung beteiligt sind. *Normierung* an 2506 Kindern, alters- und geschlechtsspezif. Normwerte. Durchführungsdauer ca. 20 bis 30 Min.

H. Eschenbeck/C.-W. Kohlmann

Test Fragebogen zum Gesundheitszustand (SF-36), 2011, von M. Morfeld, I. Kirchberger, M. Bullinger, [www.testzentrale.de], [**DIA, GES**], Verfahren zur Erfassung gesundheitsbezogener *Lebensqualität*. AA Jugendliche ab 14 Jahren und Erw. (für gesunde und erkrankte Personen). Der krankheitsübergreifende Fragebogen besteht aus 36 Items, die acht Skalen zugeordnet sind: *Körperliche Funktionsfähigkeit, Körperliche Rollenfunktion, Körperliche Schmerzen, Allgemeine Gesundheitswahrnehmung, Vitalität, Soziale Funktionsfähigkeit, Emotionale Rollenfunktion* und *Psychisches Wohlbefinden*. Es ist möglich daraus zwei Summenskalen zu generieren: *Körperliche* und *Psychische Lebensqualität*. *Normierung*: Es liegen Normdaten für Deutschland aus der repräsentativen Bevölkerungsstichprobe von 1994 (N = 2.914), aus dem Bundesgesundheitssurvey von 1998 (N = 6.967) sowie nur für den SF-12 für Österreich aus der Steirischen Gesundheitsbefragung von 1999 (N = 5.169) vor. Weiterhin stehen umfangreiche Vergleichsdaten für versch. Patientengruppen zur Verfügung. *Reliabilität*: Die internen Konsistenzen (Cronbachs α) für die einzelnen Subskalen liegen bei versch. Stichproben zwischen r = .57 und r = .94. Deutsche Version des SF-36 liegt in einer Selbst- und Fremdbeurteilungsform und als Interviewversion vor. Kurzform SF-36 mit 12 Items.

M. Morfeld

Test Fragebogen zum Hyperkinetischen Syndrom und Therapieleitfaden (HKS), 1993, L. Klein, [www.testzentrale.de], [**DIA, KLI, PÄD**]. Klinisches Verfahren zur Diagnose eines hyperkinetischen Syndroms. AA 5–10 Jahre. Der HKS stellt ein differenzialdiagnostisches Verfahren dar, das auf indiv. Ebene eine Zuordnungsgenauigkeit erreicht, die im Einzelfall verantwortliche Entscheidungen für den Einsatz päd. oder therapeutischer Maßnahmen erlaubt. Der ergänzende Therapieleitfaden stellt Therapieformen zur Behandlung des Hyperkinetischen Syndroms (*Aufmerksamkeitsdefizit-/Hyperaktivitätsstörung*) zus., die sich in der Praxis bewährt haben und deren Effizienz nachgewiesen wurde. *Normierung*: Mittelwerte und Standardabweichungen einer Symptomgruppe und zweier Kontrollgruppen (jew. N = 125), bei denen der Anteil von Jungen und Mädchen innerhalb jeder Altersstufe parallelisiert wurde. Bearbeitungsdauer: Ausfüllen des Fragebogens durch die Bezugsperson des Kindes sowie Interpretation jew. nur wenige Min.

Test Fragebogen zur Analyse Motivationaler Schemata (FAMOS), 2002, M. Grosse Holtforth & K. Grawe, [www.testzentrale.de], [**DIA, KLI**]. AA ab 18 Jahren. Dient der Klärung/Planung der therapeutischen Beziehungsgestaltung und Intervention, Klärung/Aktivierung von Pat. ressourcen. 94 Items erfassen motivationale Ziele von Psychotherapiepat.: *Annäherungsziele* (14 Skalen, z. B. Intimität/Bindung, Status und Leistung), *Vermeidungsziele* (9 Skalen, z. B. Alleinsein/Trennung, Geringschätzung und Versagen). Selbstbeschreibungsbogen und Fremdbeschreibungsbogen für Therapeuten. *Normierung*: Normen für die Selbstbeschreibungen, $N = 417$ Pat., $N = 1087$ unauffälligen Personen, $N = 210$ Studierenden und Fremdbeschreibungen ($N = 409$) liegen vor. Bearbeitungsdauer: ca. 10 bis 20 Min.

Test Fragebogen zur Arbeit im Team (FAT), 2004, S. Kauffeld, [www.testzentrale.de], [**AO, DIA**]. Berufsbezogenes Verfahren für Teams. AA Erwachsene. Der FAT ist ein Teamdiagnoseinstrument zur Ableitung des Teamentwicklungsbedarfs auf unterschiedlichen hierarchischen Ebenen und in versch. Unternehmensbereichen. Er bietet einen Überblick über den Stand der Gruppenentwicklung im Unternehmen, kann Stärken und Schwächen von Teams identifizieren und Teamentwicklungsprozesse initiieren und begleiten. Veränderungen über zwei Messzeitpunkte können sichtbar gemacht werden. Der Fragebogen besteht aus vier Subskalen (*Zielorientierung, Aufgabenbewältigung, Zusammenhalt* und *Verantwortungsübernahme*) mit insges. 24 Items, von denen zwei Items die *soziale Erwünschtheit* erfassen. *Normierung*: Zur Interpretation können Vergleichswerte herangezogen werden, die grafisch in den Ergebnisdarstellungen der Skalen und den Aussagepaaren angezeigt werden. Als Voreinstellung kann zw. Führungsteams, Projektgruppen und Arbeitsteams gewählt werden. Das Programm bietet zudem die Möglichkeit, eigene Vergleichswerte zu nutzen. Bearbeitungsdauer: ca. 10 Min.

Test Fragebogen zur Arbeitsanalyse (FAA), 1978, Frieling & Hoyos, [**AO, DIA**]. Dt. Bearbeitung des *Position Analysis Questionnaire (PAQ)* von McCormick, Jeannert und Mecham 1969. Arbeitswiss. Verfahren für alle manuellen und geistigen Arbeitstätigkeiten. *Anforderungsanalyse* und *Tätigkeitsanalyse*. Skalen zu den Bereichen *Informationsaufnahme und -verarbeitung, Arbeitsausführung* (Arbeitsmittel, Bedienelemente, manuelle Tätigkeiten) sowie *Umgebungseinflüsse und Arbeitsbedingungen*. Ergebnisse: quant. und qual. Beschreibung der Arbeitstätigkeiten. Profilvergleiche mit versch. Berufen, Ermittlung von Eignungsvoraussetzungen sowie Anforderungen für Aus- und Weiterbildungsprogramme. Das Verfahren wird als Beobachtungsinterview durchgeführt.

Test Fragebögen zur Beurteilung der Behandlung (FBB), 1998, F. Mattejat & H. Remschmidt, [www.testzentrale.de], [**DIA, KLI**], multiperspektiv. Verfahren zur Beurteilung des psychiatr. und psychoth. Behandlungserfolgs bei Kindern, Jugendl. und deren Familien. Geeignet zur Therapieevaluation und *Qualitätssicherung*. Liegt in 3 Versionen vor: (1) Beurteilung durch den Therapeuten (26 Items, 5 Hauptskalen zu Therapieerfolg und Kooperation sowie eine Gesamtskala), (2) Beurteilung durch Pat. (20 Items, 3 Hauptskalen zu Behandlungserfolg, Beziehung zum Therapeuten und Rahmenbedingungen sowie Gesamtskala) und (3) Beurteilung durch Eltern (2 Hauptskalen zu Erfolg und Verlauf sowie eine Gesamtskala). *Reliabilität*: *Cronbachs Alpha* für alle Skalen > . 8, Retest-Reliabilität (17 Monate): .36–.79. *Validität*: Faktorielle Struktur bestätigt. *Korrelation* mit anderen Ratings des Therapieerfolgs im Bereich .50. *Normierung*: Prozentrangtab. liegen vor. PC-gestützte Auswertung. Durchführungs- und Auswertungszeit jew. ca. 5 bis 10 Min.

Test Fragebogen zur Depressionsdiagnostik nach DSM-IV (FDD-DSM-IV), 1997, C. Kühner, [www.testzentrale.de], [**DIA, KLI**]. Klinisches Verfahren. AA ab 16 Jahre. Der FDD-DSM-IV ist die dt.sprachige adaptierte Kurzform des *Inventory to Diagnose Depression* von Zimmerman et al. (1986). Der Fragebogen besteht aus 18 Symptomitems, die für die *Einschlussdiagnose einer typischen Depressiven Episode nach DSM-IV* (*Depression*) relevant sind. Neben dem Summenwert als Maß der Depressionsschwere kann anhand einer spez. Auswerteanweisung (DSM-IV-Algorithmus) die Fragebogendiagnose als qual. Kriterium berechnet werden. Der Fragebogen liegt in einer Lang- und Kurzform vor: Version A enthält pro Symptomitem eine Zusatzfrage zur Symptomdauer (2-Wochen-Kriterium nach DSM-IV), Version B nur die 18 Symptomitems. Der Fragebogen kann therapiebegleitend zur indiv. Eingangs-, Verlaufs- und Abschlussdiagnostik herangezogen werden und eignet sich für die epidemiologische und klin. Verlaufsforschung. *Normierung*: Prozentränge des Summenscores einer klin. Stichprobe von depressiven Pat. ($N = 301$) bei stationärer Aufnahme und nach der Entlassung sowie einer Studentenstichprobe ($N = 135$). Bearbeitungsdauer: Kurzform etwa 10, Langform etwa 15 Min.

Test Fragebogen zur direktiven Einstellung (F-D-E), 1971, R. Bastine, [**DIA, PER, SOZ**]. Persönlichkeitsverfahren. AA ab 14 Jahren. Fragebogen mit 32 Items zur Messung der direktiven Einstellung und Extraversion. Direktive Einstellung wird als Komponente des autoritären Verhaltens verstanden, das sich verhaltensmäßig in dem Versuch äußert, Handlungen und Erlebnisweisen anderer nach eigenen Vorstellungen zu lenken und zu kontrollieren. Durchführungszeit: ca. 10 bis 20 Min.

Test Fragebogen zur Erfassung der Kommunikation in Organisationen (KOMMINO), 2007, M. Sperka & J. Rózsa, [www.testzentrale.de], [**AO, DIA**]. Verfahren zur Erfassung der organisationsinternen Kommunikation aus Sicht der Beschäftigten. Erfasst werden die sieben Skalen: *Bedeutung der Kommunikation für die eigene Arbeit, Kommunikationsqualität* (Subskalen Genauigkeit erhaltener Informationen, Zugang zu Informationen bei Bedarf, Informationsmangel, Zufriedenheit mit der Kommunikation), *Quantitative Verwertbarkeit von Informationen, kommunikatives Vertrauen in den Kommunikationspartner, Feedback bzgl. der eigenen Arbeit, Informationsweitergabe-Umfang* und *Informationsweitergabe-Kanaloffenheit*. Es wird jew. unterschieden gemäß der Kommunikation mit dem direkten Vorgesetzten, mit den Kollegen der eigenen Abteilung sowie mit den jew. unterstellten Mitarbeitern. Ergebnis: differenzierter Überblick zur Kommunikation aus Sicht der Beschäftigten. Anwendungsbereich: sowohl zur *Organisationsanalyse* und *Organisationsentwicklung* als auch in einzelnen Abteilungen einsetzbar.

Test Fragebogen zur Erfassung der Schmerzverarbeitung (FESV), 2001, E. Geissner, [www.testzentrale.de], **[DIA, KLI]**. Klinisches Verfahren. AA 18–80 Jahre. Der FESV dient der Erfassung des Bewältigungsrepertoires (*Coping*) sowie der in Zusammenhang mit Schmerzen (*Schmerz*) stehenden psych. Beeinträchtigungen bei Pat. mit einer länger andauernden oder häufig wiederkehrenden Schmerzproblematik. Basierend auf modernen, internat. gültigen Konzepten zu Schmerzerleben und -verarbeitung sowie auf einem eigenen »Mikro-/Makromodell persistenter bzw. intermittierender chronischer Schmerzen«, wurden für die Schmerzverarbeitung drei Grundkomponenten und neun Einzeldimensionen ermittelt: *Kogn. Schmerzbewältigung, behaviorale Schmerzbewältigung* sowie *schmerzbedingte psych. Beeinträchtigung*. Primärer Anwendungsbereich: Praxis der Schmerztherapie und -diagnostik bei einem breiten Spektrum von med. Krankheitsdiagnosen und klin. Gruppen, auch bei *Somatoformen Störungen*. Explizit ist der FESV auch für Verlaufsuntersuchungen/Mehrzeitpunkterhebungen intendiert (Untergrenze für Messwiederholungen bei »Bewältigung« ca. 1 Woche, bei »Psychischer Beeinträchtigung« ca. 3–4 Tage). Der Einsatz sowohl bei Einzelpersonen als auch Gruppen ist möglich. *Normierung*: Getrennt für jede der neun Verarbeitungsdimensionen liegen T-Wert-Normen und Prozentränge vor ($N = 401$ Schmerzpatienten). Darüber hinaus sind kritische Differenzen, etwa zur Interpretation von interventionsbezogenen Messwertunterschieden, angegeben. Bearbeitungsdauer: ca. 10 Min.

Test Fragebogen zur Erfassung emotionaler und sozialer Schulerfahrungen von Grundschulkindern erster und zweiter Klassen bzw. dritter und vierter Klassen (FEESS 1-2, FEESS 3-4), 2004 FEESS 1–2 bzw. 2003 FEESS 3–4, W. Rauer & K.-D. Schuck, [www.testzentrale.de], **[DIA, EM, EW, PÄD]**. AA zweites Halbjahr der 1. und 2. Klasse der Grundschule bzw. zweites Halbjahr der 3. und 4. Klasse der Grundschule und entspr. Stufen der Sonderschule. (1) Der FEESS 1–2 dient der Erfassung grundlegender emot. und sozialer Erfahrungen von Schulkindern der ersten beiden Klassen. Die 7 Skalen der beiden Teilfragebogen beziehen sich auf ps. Konstrukte, die mit allg., nichtkognitiven Zielen der Grundschullehrpläne der Bundesländer korrespondieren. Mit dem ersten Teilfragebogen (SIKS) werden die folg. Dimensionen des Sozialklimas und des Fähigkeits-Selbstkonzepts erfasst: Kompetenzzuschreibungen der Schüler (*Selbstkonzept der Fähigkeit*), die erlebte eigene soziale Integration in die Klasse (*Soziale Integration*) und die wahrgenommenen sozialen Beziehungen in der Klasse (*Klassenklima*). Mit dem zweiten Teilfragebogen (SALGA) werden versch. Aspekte des Schul- und Lernklimas erhoben: Wohlbefinden in der Schule (*Schuleinstellung*), die Wahrnehmung der Gefühle beim Lernen (*Lernfreude*), die

Bereitschaft sich schulisch Neuem und Anstrengendem zu öffnen (*Anstrengungsbereitschaft*) und die Wahrnehmung der Lehrer (*Gefühl des Angenommenseins*). Es können Profile für einzelne Kinder und ganze Klassen ermittelt werden. Der FEESS 1–2 kann zus. mit dem FEESS 3–4 bei der Entwicklung und Evaluation auch mehrere Jahre umfassender, indiv. und auf Klassen bezogener Förderkonzepte eingesetzt werden. (2) Der FEESS 3–4 besteht aus zwei Teilfragebogen (TF-SIKS; TF-SALGA) und erfasst bes. im unteren Messbereich emot. und soziale Erfahrungen. Sieben Skalen erfassen die *Kompetenzzuschreibungen (Selbstkonzept), Soziale Integration in der Klasse, Klassenklima, Wohlbefinden in der Schule, Lernfreude, Anstrengungsbereitschaft, Gefühl des Angenommenseins* entspr. den allg. Zielen der Grundschullehrpläne. Auswertung auf Schüler und Klassenebene möglich. *Normierung*: (1) FEESS 1–2: Es liegen Individualnormen getrennt für Schüler der ersten ($N = 781$) und zweiten Klassen ($N = 864$) vor. Zusätzlich gibt es gesonderte Normen für ganze Klassen der beiden Schulstufen. (2) FEESS 3-4: Individualnormen getrennt für dritte ($N = 1116$) und vierte Klassen ($N = 1214$) sowie gesonderte Normen für ganze Klassen. Bearbeitungsdauer: ca. 30 Min. pro Test. *J. M. Müller*

Test Fragebogen zur Erfassung kindlicher Steuerung (FEKS), 1991, H. Pauls, M. Reicherts und A. Johann, [www.testzentrale.de], **[DIA, KLI]**. AA von 8 bis 12 Jahren. Verhaltensskala im Bereich der Klinischen Ps. Der Fragebogen untersucht Merkmale konstruktiver bzw. problematischer Einflussnahme 8- bis 12-jähriger Kinder auf ihre Eltern in typischen Problemsituationen. Der steuernde Umgang mit den Eltern wird in Form von Verhaltensalternativen in Situationen alltäglicher Kind-Eltern-Interaktionen rekonstruiert. Angegeben werden auf die aktiv-konstruktive Steuerung bezogene Stanine-Werte und Prozentrangnormen für 8- bis 10-jährige ($N = 190$) und 11- bis 12-jährige Kinder ($N = 209$). Die Beantwortung der Items nimmt ca. 20 bis 45 Minuten in Anspruch. Die Auswertung beansprucht nur wenige Min.

Test Fragebogen zur Erfassung telischer und metatelischer Orientierungen in revidierter Form (TEMEO-R)
Zweidimensionales Modell metatelischer Orientierungen.

Test Fragebogen zur Erfassung von Aggressivitätsfaktoren (FAF), 1975, R. Hampel & H. Selg, [www.testzentrale.de], **[DIA, PER]**. Persönlichkeitspsychol. Verfahren. AA ab 15 Jahren. Der FAF ermöglicht Aussagen zu folgenden Aggressionsbereichen: (1) *Spontane Aggressivität*, (2) *Reaktive Aggressivität*, (3) *Erregbarkeit* (mit den Qualitäten Wut und Ärger), (4) *Selbstaggression* und (5) *Aggressionshemmungen*. Die Testwerte der ersten drei Skalen können zu einem «Gesamtwert Aggressivität» zus.gefasst werden. Der FAF enthält außerdem eine Kontrollskala, die die Bereitschaft zur offenen Fragebogenbeantwortung misst. Er kann als Einzel- und Gruppentest bei Gesunden, Straftätern, Drogenabhängigen, psychosomatischen und psychoneurotischen Pat. verwendet werden. *Normierung*: Prozentrang-, Stanine- und T-Werte ($N = 630$). Bearbeitungsdauer: 10 bis 20 Min. *Kurzfragebogen zur Erfassung von Aggressivitätsfaktoren (K-FAF).*

Test Fragebogen zur Erfassung von Empathie, Prosozialität, Aggressionsbereitschaft und aggressivem Verhalten (FEPAA), 2005, H. Lukesch, [www.testzentrale.de], [**DIA, PÄD, PER, SOZ**]. Persönlichkeitsps.-päd. Verfahren. AA 6.–10. Jahrgangsstufe. Mit dem FEPAA werden vier Skalen zur Kennzeichnung pos. und neg. Sozialverhaltens erfasst: *Empathie, Prosozialität, Aggressionsbereitschaft* und *aggressives Verhalten*. Empathie wird dabei als Antagonist zur Aggressionsbereitschaft verstanden (Dispositionsebene), während Prosozialität als Gegenstück zu aggressivem Verhalten gilt (Verhaltensebene). Die Skalen beruhen z. T. auf der Vorgabe von Situationen, bei denen vorgegebene Handlungsalternativen ausgewählt oder eingeschätzt werden können (Empathie, Aggressionsbereitschaft), und z. T. auf Selbstbeschreibungsitems (Prosozialität, aggressives Verhalten). Es liegen zwei echte Parallelformen vor, mit denen Wiederholungsmessungen vorgenommen werden können. Die Erfassung dieser Dispositionen bzw. Handlungstendenzen kann für Beratungs- und Therapiefälle, zur Diagnose von Ausgangsbedingungen und zur Erfolgskontrolle wichtig sein. Mit dem Verfahren kann auch der Therapieerfolg bei Interventionsstudien geprüft sowie eine Evaluation von entspr. Maßnahmen im schulischen Bereich (Gewaltprävention, Anti-Gewalt-Programme) vorgenommen werden. *Normierung*: Getrennte Normen für Fragebogenform A und B (Stichproben jew. ca. $N = 1400$), gesamt und getrennt für Jungen und Mädchen. Bearbeitungsdauer: ca. 30 Min.

Test Fragebogen zur Erfassung von Lehrerzielen (FELZ), 2012, C. Rüprich & D. Urhahne, [**DIA, PÄD, PER**]. Berufsbezogener Persönlichkeitstest, Selbsteinschätzung. AA Lehrkräfte, Referendare, Lehramtsstudierende und Studienanwärter. Der FELZ basiert auf einem qual.-induktiven Forschungsansatz und dient der Erfassung von sozio-emot., aufgabenbezogenen und selbstbezogenen Zielen, die im Lehrerberuf angestrebt werden (*Lehrerprofessionalisierung*). Mit insges. 52 Items werden die 13 Dimensionen *Freude am Lehrerberuf, Beziehungen zu Kollegen, Lehrstrategien, Berücksichtigung individueller Unterschiede, Schülerengagement, Beziehungen zu Schülern, Karriere, Fachwissen, Planung/Organisation, Lerneinfluss, Steuerung des Schülerverhaltens, Persönliche Ziele* sowie das *Verhältnis von Berufs- und Privatleben* erfasst. Der Fragebogen eignet sich für diagn. Zwecke sowie zur Beratung von Studienbewerbern. *Reliabilität*: Cronbachs α der Skalen zw. $r = .67$ und $.82$ (Lehrerstichprobe) bzw. $r = .75$ und $.86$ (Studierendenstichprobe). *Validität*: Interne Validierung durch explorative Faktorenanalysen; externe Validierung an den Maßen Lehrerselbstwirksamkeit bis zu .58, Lebenszufriedenheit bis zu .40, Selbstwert bis zu .34 sowie emot. Erschöpfung bis zu -.38. Durchführungszeit: ca. 10 Min.
C. Rüprich/D. Urhahne

Test Fragebogen zur Erfassung von Ressourcen und Selbstmanagementfähigkeiten (FERUS), 2007, M. Jack, [www.testzentrale.de], [**DIA, KLI**]. Klin. Verfahren. AA Erw. Der FERUS erfasst gesundheitsrelevante Ressourcen und Selbstmanagementfähigkeiten. Er besteht aus 7 Skalen (*Veränderungsmotivation, Selbstbeobachtung, aktives und passives Coping, Selbstwirksamkeit, Selbstverbalisation, Hoffnung* und *Soziale Unterstützung*) und einem Gesamtwert. Insgesamt umfasst der Test 66 Items. Der Pb. füllt selbstständig den Fragebogen aus. Die Testung kann als Einzel- oder als Gruppentestung durchgeführt werden. Der FERUS kann bei Erwachsenen in ambulanter oder stationärer psychoth. Behandlung eingesetzt werden. Zudem ist der Einsatz bei Beratungsklienten, nicht akut psychotischen Psychiatriepatienten und Mitarbeitern i. R. einer betrieblichen Gesundheitsförderung denkbar. *Normierung*: Die Rohwerte können mithilfe von Tab. in T-Werte und Prozentränge transformiert und mit einer stationären Psychosomatikstichprobe ($N = 545$) verglichen werden. Des Weiteren liegt eine Gesundenstichprobe ($N = 86$) vor. Bearbeitungsdauer: ca. 20 bis 30 Min.

Test Fragebogen zur Erhebung der Emotionsregulation bei Kindern und Jugendlichen (FEEL-KJ), 2009, A. Grob & C. Smolenski, [www.testzentrale.de], [**DIA, EM, EW, PÄD**]. Entwicklungsps. Verfahren. AA 10;0 bis 19;11 Jahre. Der FEEL-KJ erfasst mehrdimensional und emotionsspezifisch *Emotionsregulationsstrategien* für die Emotionen Angst, Trauer und Wut. Es werden sowohl *adaptive* Strategien (*Problemorientiertes Handeln, Zerstreuung, Stimmung anheben, Akzeptieren, Vergessen, Umbewerten* und *Kognitives Problemlösen*) als auch *maladaptive* Strategien (*Aufgeben, Aggressives Verhalten, Rückzug, Selbstabwertung* und *Perseveration*) erfasst. Zusätzlich werden Strategien erhoben, die keiner der zwei Sekundärskalen zugeordnet werden: *Ausdruck, Soziale Unterstützung* und *Emotionskontrolle*. Die mit dem FEEL-KJ erfassten Kennwerte geben Hinweise auf das Risiko für die Entwicklung psychopathologischer Auffälligkeit. Der FEEL-KJ ist nicht auf Störungsbilder beschränkt, sondern berücksichtigt auch die psychosozialen Kompetenzen. Er kann deshalb auch zur Erstellung eines Ressourcenprofils eingesetzt werden. Individual- und Gruppentest. Verwendung in der Psychoth. und Erziehungsberatung, für schulpsychologische Untersuchungen, Primär- und Sekundärprävention sowie in der klin.-psychol. und päd.-psychol. Praxis und Forschung. *Normierung*: T-Werte, T-Wertbänder und Prozentrangwerte ($N = 800$). Bearbeitungsdauer: altersabhängig zw. 10 und 30 Min.

Test Fragebogen zur Erhebung von Kontrollüberzeugungen zu Krankheit und Gesundheit (KKG), 1989, A. Lohaus und G. M. Schmitt, [www.testzentrale.de], [**DIA, GES, PER**]. Test zur Gesundheitseinstellung. Basiert auf der sozialen Lerntheorie von Rotter *(locus of control)*. Drei wesentliche gesundheits- bzw. krankheitsbezogene *Kontrollüberzeugungen* werden unterschieden: (1) Die Einstellung, dass Gesundheit und Krankheit durch die eigene Person kontrollierbar sind, (2) die Einstellung, dass sie durch andere außenstehende Personen kontrollierbar sind und (3) die Einstellung, dass sie nicht kontrollierbar sind (Zufalls- bzw. Schicksalsabhängigkeit des eigenen Gesundheitszustandes). *Reliabilität*: Interne Konsistenz (Cronbachs α) der Subskalen zw. $r = .66$ und $r = .76$, Re-Test-Reliabilität zw. $r = .72$ und $r = .77$. *Validität*: Es liegen heterogene Validitätskoeffizienten vor. *Normierung* an

N = 1092 Jugendlichen und N = 420 Erwachsenen (z-Werte, T-Werte, Prozentränge). Durchführungsdauer 10 bis 15 Min.

Test Fragebogen zur Erhebung von Stress und Stressbewältigung im Kindes- und Jugendalter (SSKJ 3-8), 2006 A. Lohaus, H. Eschenbeck, C.-W. Kohlmann & J. Klein-Heßling, [www.testzentrale.de], [**DIA, GES, KLI**]. Stressfragebogen. AA Klassenstufen 3 bis 8. Das Verfahren bezieht sich auf die folg. Aspekte des Stressgeschehens: Im ersten Fragebogenbereich wird die *Vulnerabilität für potenzielle Stressoren* erhoben. Da die Fähigkeit, mit vorhandenen Anforderungen umzugehen, entscheidend durch die vorhandenen Bewältigungsmechanismen (*Stressbewältigung*) best. ist, erfasst das Instrumentarium im zweiten Fragebogenbereich das *vorhandene Stressbewältigungspotenzial*, wobei hierzu fünf Skalen zum Einsatz gelangen, die als Strategien die *Suche nach sozialer Unterstützung, die problemorientierte Bewältigung, die vermeidende Bewältigung sowie die konstruktiv-palliative und destruktiv-ärgerbezogene Emotionsregulation* umfassen. Als dritter Fragebogenbereich wird die mit dem Erleben von Stress potenziell verbundene *physische und psychische Symptomatik* erhoben. *Normierung*: Es liegen geschlechtsspezifische Stanine-Werte und Prozentränge für drei versch. Altersgruppen vor. Hierzu wurden Vergleichsdaten von ca. 2000 Kindern und Jugendlichen erhoben. Bearbeitungsdauer: ca. 30 bis 40 Min. *H. Eschenbeck*

Test Fragebogen zur frühkindlichen Sprachentwicklung (FRAKIS; FRAKIS-K), 2009; 1. Aufl. von Szagun, Stumper & Schramm für Kinder von 18–30 Monaten, [www.testzentrale.de], [**DIA, EW, KOG**]. Der Elternfragebogen besteht aus einer sprachproduktiven Wortschatz-Checkliste über 22 Wortfelder (insges. 600 Wörter), von denen 10 ausschließlich Nomen betreffen, einem Grammatikteil und Fragen zum persönlichen Hintergrund. Der Grammatikteil umfasst eine Skala *Flexionsmorphologie* mit 5 Subskalen und eine Skala zur *Satzkomplexität* mit 2 Subskalen. Bearbeitungsdauer: 15 bis 45 Min. Der Elternfragebogen soll insbes. in der pädiatrischen Vorsorgeuntersuchung U7 (Kinder im Alter von 21–24 Monaten) Anwendung finden, weswegen eine Kurzform existiert (FRAKIS-K; Bearbeitungsdauer: 5–10 Min.), bestehend aus einer Wortschatzliste (102 Wörter) und 3 Fragen zum Stand der Grammatik. Ein mit FRAKIS-K identifizierter *Late Talker* soll 6 Monate später bzw. spätestens im Alter von 30 Monaten mit dem FRAKIS untersucht werden, sofern nicht schon andere Maßnahmen veranlasst. FRAKIS ermöglicht auch ein indiv. Spracherwerbsprofil zu Stärken und Schwächen der Grammatik. *Reliabilität*: 95 % der internen Konsistenzen (Cronbachs α) für den Summenwert der einzelnen Wortfelder mit dem Gesamtwortschatzwert der Checkliste liegen über .70, darunter 63 % über .90 und 5 % zw. .60 und .69. Korrelationen der 5 Subskalen für Flexionsmorphologie mit der Gesamtskala: .86-.95. Korrelationen der 2 Subskalen für Satzkomplexität mit der Gesamtskala: .92-.96. Halbierungs-Reliabilität Wortschatz-Checkliste: .99 (Spearman-Brown). Retest-Reliabilität (nach 8-10 Tagen): Wortschatz: .99; Flexionsmorphologie: .97; Satz-

komplexität: .96. Übereinstimmungsvalidität des Sprechverhaltens in freien Spielsituationen (Anzahl der Wörter) mit dem Ergebnis in der Wortschatz-Checkliste: .93. Übereinstimmungsvalidität des Sprechverhaltens in freien Spielsituationen (mittlere Äußerungslänge in Phonemen) mit dem Ergebnis der Flexionsmorphologie: .92. Übereinstimmungsvalidität des Sprechverhaltens in freien Spielsituationen (mittlere Äußerungslänge in Phonemen) mit dem Ergebnis der Satzkomplexität: .90. *Normierung* (N = 1240 primär aus dem nordt. Raum): für 13 Altersgruppen in Monatsschritten von 18–30 Monaten, geschlechtsspezifisch und insges. (Perzentilränge plus für den Grammatikteil zusätzliche Angabe der mittleren Leistung [SD] pro Lebensmonat). *C. Kiese-Himmel*

Test Fragebogen zur Lebenszufriedenheit (FLZ), 2000, J. Fahrenberg, M. Myrtek, J. Schumacher & E. Brähler, [www.testzentrale.de], [**DIA, GES, PER**]. Persönlichkeitsps. Verfahren. AA ab 14 Jahre. Der FLZ dient der Erfassung relevanter Aspekte der *Lebenszufriedenheit* (*Lebensqualität*) in 10 Lebensbereichen (*Gesundheit, Arbeit und Beruf, Finanzielle Lage, Freizeit, Ehe und Partnerschaft, Beziehung zu den eigenen Kindern, Eigene Person, Sexualität, Freunde/Bekannte/Verwandte, Wohnung*). Jede der 10 Subskalen umfasst sieben Items, welche auf einer siebenstufigen Antwortskala (von «sehr unzufrieden» bis «sehr zufrieden») beantwortet werden müssen. Neben der Erfassung der bereichsspezifischen Lebenszufriedenheit gestattet der FLZ die Abschätzung der allg. Lebenszufriedenheit, wobei diese als Summenwert von sieben der zehn Skalen berechnet wird (nicht berücksichtigt werden die Skalen «Arbeit und Beruf», «Ehe und Partnerschaft» sowie «Beziehung zu den eigenen Kindern»). *Normierung*: Es liegen aufgrund einer bevölkerungsrepräsentativen Erhebung Normen (Stanine-Werte) von 2870 Personen (14 bis 92 Jahre) vor. Neben den Normen für die Gesamtstichprobe liegen geschlechtsspezifische und nach sieben Altersgruppen gegliederte Normen vor. Bearbeitungsdauer: ca. 5 bis 10 Min.

Test Fragebogen zur Messung der Patientenzufriedenheit (ZUF-8), 1989, J. Schmidt, F. Lamprecht & W. W. Wittman, Originalversion *Client Satisfaction Questionnaire (CSQ-8)*, [www.gfqg.de/assessment/zuf-8.html], [**DIA, GES, KLI**], eindimens. Selbstbeurteilungsverfahren zur Erfassung der Pat.zufriedenheit bzgl. Aspekten der Klinik und der Behandlung. AA ab 16 Jahre. Wurde für die Anwendung in der *psychosomat. Rehabilitation* entwickelt, ist aber auch für psychoth. Settings geeignet. Auf vierstufigen Ratingskalen werden acht Aspekte eingeschätzt: *Qualität der Behandlung, Passung der Behandlung zum Behandlungswunsch, Bedürfniserfüllung, Weiterempfehlungsbereitschaft, Ausmaß an Hilfe, Hilfe beim Umgang mit Problemen, globale Behandlungzufriedenheit, Bereitschaft zu erneuter Behandlung*. Linksschiefe Datenverteilung. *Objektivität*: Standardisierte Durchführung und Auswertung. *Reliabilität: Cronbachs Alpha* im Bereich .87 bis .93. *Validität*: Eindimensionlität wird durch starke erste Hauptkomponente in der *Faktorenanalyse* gestützt: 54 % bis 60 % Varianzaufklärung. Hohe Zus.hänge mit konvergenten Fragebogenitems (z. B. *Korrelation* von .76 mit der Nutzenbeurteilung in der

PsyBado), moderate Zus.hänge mit Maßen der direkten Veränderung im Behandlungsverlauf. Schwache Zus.hänge mit Behandlungsoutcomes in der 12-Monats-Katamnese. *Normierung*: Liegt nicht vor. Bearbeitungsdauer: ca. 3 Min.

^(Test)**Fragebogen zur Messung der Psychotherapiemotivation (FMP)**, 1989, W. Schneider, H.-D. Basler & B. Beisenherz, [www.testzentrale.de], [**DIA, KLI**]. Klinisches Verfahren. AA Erwachsene. Der FMP basiert auf der Theorie, dass sich die *Therapiemotivation* über den Prozess des Krankheitserlebens und der Krankheitsverarbeitung konstituiert. Krankheitserleben wird operationalisiert über den Leidensdruck und den Krankheitsgewinn, die als primär affektive Komponenten der Motivation angesehen werden. Die Krankheitsverarbeitung wird operationalisiert über die Laienätiologie, die psychoth. Vorerfahrungen und die Behandlungserwartungen als primär kogn. Komponenten der Motivation. Die versch. Aspekte der Psychotherapiemotivation werden im FMP über vier Subskalen operationalisiert: *Krankheitserleben* (Leidensdruck und Krankheitsgewinn); *Laienätiologie*; *allg. Behandlungserwartungen und -einstellungen*; *Erfahrungen mit psychoth. Behandlungsmodellen*. Diese ergeben ein Testprofil. *Normierung*: T-Werte, Prozentrangwerte und Stanine-Werte getrennt für Männer und Frauen (N = 480 Pat. mit psychosom. und psychoneurotischen Störungen); Vergleichswerte für unterschiedliche klin. Gruppen. Bearbeitungsdauer: 20 bis 30 Min.

^(Test)**Fragebogen zur Messung von Einstellungen zu Schwangerschaft, Sexualität und Geburt (SSG)**, 1976, H. Lukesch und M. Lukesch, [**DIA, GES**]. Einstellungstest. Das Verfahren erfasst fünf Einstellungsbereiche zur Schwangerschaft: *Offene Ablehnung der Schwangerschaft*, *Verletzungsangst gegenüber dem Kind*, *Ablehnung des Stillens*, *Geburtsangst* und *Einstellung zur Sexualität*. *Reliabilität*: Die Homogenitätskoeffizienten (nach Hoyt) liegen für die fünf Subskalen für Frauen zw. r = .62 bis r = .85 und für Männer zw. r = .62 bis r = .88. *Normierung* für Frauen und Männer. Durchführungsdauer: ca. 10 bis 15 Min.

^(Test)**Fragebogen zur Partnerschaftsdiagnostik (FPD)**, 1996, K. Hahlweg, [www.testzentrale.de], [**DIA, GES, SOZ**]. Diagnostisches Verfahren in der Ehe-, Partner- und Familientherapie. AA von 18 bis 65 Jahren. Der FPD umfasst die Instrumente (1) Partnerschaftsfragebogen (PFB), (2) Problemliste (PL), (3) Fragen zur Lebensgeschichte und Partnerschaft (FLP). Der PFB besteht aus 30 Items, aus denen Werte für die Skalen (1) *Streitverhalten*, (2) *Zärtlichkeit* und (3) *Gemeinsamkeit/Kommunikation* berechnet werden. *Normierung*: N = 225 Frauen und Männer der untersuchten Therapiegruppe. Bearbeitungszeit 5 bis 10 Min. Der FLP ist ein Fragebogen zur Anamneseerhebung mit insges. 55 Fragen (zur Person, zur Partnerschaft, zum Streitverhalten und zur Sexualität). Bearbeitungsdauer: 20 bis 30 Min.

^(Test)**Fragebogen zur Psychotherapiemotivation (FPTM)**, 1995, H. Schulz, R. Nübling & H. Rüddel, [www.gfqg.de/assessment/fptm.html], [**DIA, KLI**], multidimens. Selbstbeurteilungsverfahren. AA Psychoth. und *psychosom. Rehabilitation*. Basiert auf der Annahme, dass Behandlungsdisposition (z. B. Wissen, Erfolgserwartung), -bereitschaft (z. B. Veränderungsbereitschaft, Wissen, behandlungsbezogene Einstellungen) und -aktivität (z. B. Eigeninitiative) zentrale Aspekte der Behandlungsmotivation darstellen. Erfasst mittels 39 Items und vierstufigem Antwortformat («stimmt», «stimmt eher», «stimmt erher nicht», «stimmt nicht»), die die *Konstrukte* Psych. Leidensdruck (10 Items), *Hoffnung* (7 Items), *Verleugnung psych. Hilfsbedürftigkeit* (7 Items), *Wissen* (5 Items), *Initiative* (4 Items), *Symptombezogene Zuwendung durch andere* (6 Items). *Objektivität* wird durch standardisierte Durchführung und Auswertung unterstützt. *Reliabilität* gemäß *Cronbachs Alpha* zw. .71 (Wissen) und .92 (Psych. Leidensdruck). *Validität*: 6-faktorielle Struktur konnte mittels *exploratorischer Faktorenanalyse* mehrfach bestätigt werden. Zus.hänge mit Fremdeinschätzung zu Psychoth.motivation, dem *Fragebogen zur Messung der Psychotherapiemotivation (FMP)* und mit Prozess- (z. B. Inanspruchnahme von Maßnahmen) und Ergebniskriterien. *Normierung* liegt nicht vor, aber es existieren mehrere große Vergleichsstichproben aus der psychosomat. Rehabilitation. Bearbeitungsdauer ca. 10 Min.

^(Test)**Fragebogen zur sozialen Kommunikation – Autismus Screening (FSK)**, 2006, S. Bölte & F. Poustka, [www.testzentrale.de], [**DIA, KLI**]. Klinisches Screeningverfahren. AA Eltern von Kindern ab 4 Jahren. Der FSK ist ein 40 Items umfassendes Instrument, das als komplementäre Skala zur Diagnostischen Beobachtungsskala für Autistische Störungen (ADOS) sowie zum Diagnostischen Interview für Autismus – Revidiert (ADI-R) konstruiert wurde und den diagn. Leitlinien von ICD-10 und DSM-IV-TR folgt. Es liegen eine Lebenszeitversion und eine Form zur Erfassung des aktuellen Verhaltens vor. Die Auswertung erfolgt über den Summenwert der als auffällig codierten Items. Der Elternfragebogen FSK dient der Erfassung von abnormen sozialen Interaktions- und Kommunikationsmustern sowie stereotypen Verhaltensweisen im Vorfeld einer eingehenderen klin. Diagnostik. Der Einsatz des FSK, früher unter der Bez. Fragebogen über Verhalten und soziale Kommunikation (VSK) bekannt, erfolgt bei Personen mit Verdacht auf Autismus oder eine andere Störung des autistischen Spektrums (*Autismus-Spektrum-Störung*) ab einem Alter von 4;0 Jahren bzw. einem Entwicklungsalter von mind. 2;0 Jahren. *Normierung*: Es liegen differenzierte Cut-off-Werte (inkl. deren Sensitivität und Spezifität) für die Abgrenzung von Autismus/autistisches Spektrum und anderen psych. Störungen sowie Normalität vor. Bearbeitungsdauer: Durchführung und Auswertung insges. ca. 20 Min.

^(Test)**Fragebogen zur sozialen Kompetenz (FSK)**, 2000, H. Schule und U. Funke, [**AO, DIA, SOZ**]. Der FSK soll die Fähigkeit zu sozial angemessenem Handeln in Service-, Verkaufs- und Beratungssituationen messen. Das Verfahren ist vornehmlich für die Eignungsauswahl (*Personalauswahl*), den Personaleinsatz sowie die *Personalentwicklung* von Beratungs- und Verkaufskräften bestimmt. Die *soziale Kompetenz* wird durch den FSK als situationsspezif. bestimmt und nach 10 Hinsichten (z. B. soziale Wahrnehmungsfähigkeit, soziale Interessen und Aktivitäten, Verkaufsinteresse) durch biografische, verhaltensbezogene und persönlichkeitsorientierte Items erfasst. *soziale Kompetenzen, Diagnostik.*

^Test^**Fragebogen zur sozialen Unterstützung (F-SOZU)**, 2007, T. Fydrich, G. Sommer & E. Brähler, [www.testzentrale.de], [**DIA, GES, KLI, SOZ**]. Basierend auf kogn. Konzepten der sozialen Unterstützung (*soziale Unterstützung*) erfasst der F-SozU die subj. Überzeugung (*Überzeugungssystem*), von anderen Unterstützung und Hilfe zu erhalten und auf *Ressourcen* im sozialen Umfeld zurückgreifen zu können. Der F-SOZU umfasst zwei Teile. Teil A der Langform (54 Items) beinhaltet 4 Hauptskalen (*Emotionale Unterstützung, Praktische Unterstützung, Soziale Integration, Belastungen aus dem sozialen Netzwerk*) sowie 3 ergänzende Skalen (*Reziprozität, Verfügbarkeit einer Vertrauensperson, Zufriedenheit mit sozialer Unterstützung*). Interne Konsistenzen (*Cronbachs Alpha*) liegen je nach Skala zw. .7 und .93, die Skalen korrelieren (*Korrelation*) relativ hoch miteinander. Die Faktorenstruktur (*Faktorenanalyse*) ist primär für die Hauptskalen nachgewiesen. Die *Validität*, u. a. Zusammenhänge mit psychopatholog. *Symptomen*, aber auch Persönlichkeitsfaktoren (*Persönlichkeitsmerkmal*) und *sozialer Kompetenz*, ist gut belegt. Die Items sind als Aussagen formuliert, der Grad der Zustimmung wird mit einer 5-stufigen *Likert-Skala* erfasst. Mittels *Itemanalyse* und Faktorenanalyse wurden zwei Kurzformen mit 22 (K-22) bzw. 14 (K-14) Items und einer entspr. reduzierten Anzahl von Subskalen entwickelt. Mit Teil B kann die konkrete personelle Zusammensetzung des sozialen Netzwerks einer Person sowie die Qualität und Quantität sozial unterstützender wie auch belastender Verhaltensweisen der einzelnen Personen des *sozialen Netzwerks* erfasst werden, die Auswertung erfolgt qual. und indiv. Für Teil A und die Kurzversionen sind Normwerte (*Normierung*) einer repräsentativen Bevölkerungsstichprobe und jew. getrennt für ältere (61–96 Jahre) und jüngere (16–60 Jahre) Teilnehmer dieser Stichprobe erhältlich, Vergleichswerte für klin. Stichproben liegen ebenfalls vor. Eine PC-Version ist verfügbar. *C. Hermann*

^Test^**Fragebogen zur subjektiven Arbeitsanalyse (SAA)**, 1980, Udris und Alioth, [**AO, DIA**]. Arbeitswiss. Verfahren für alle geistigen und manuellen Arbeitstätigkeiten. Standardisierter Fragebogen zur Tätigkeitsanalyse mit den Skalen: *Handlungsspielraum, Transparenz, Verantwortung, Qualifikation, soziale Struktur, Arbeitsbelastung*. Ergebnisse: Skalenwerte zur Beschreibung der Arbeitstätigkeit in den genannten Merkmalsbereichen.

^Test^**Fragebogen zu sozialer Angst und sozialen Kompetenzdefiziten (SASKO)**, 2009, S. Kolbeck & R. Maß, [www.testzentrale.de], [**DIA, KLI**]. AA ab 18 Jahren. Mit dem SASKO können klin. relevante soziale Ängste und soziale Defizite erfasst werden, wie sie typischerweise bei *Sozialen Phobien*, aber auch bei der Ängstlichen (vermeidenden) Persönlichkeitsstörung bzw. Vermeidend-Selbstunsicheren *Persönlichkeitsstörung* auftreten. Soziale Ängste und soziale Defizite werden unabhängig voneinander als zwei verschiedene Störungskomponenten erfasst. Mithilfe eines Angst-Defizit-Profils kann entschieden werden, ob es einen vorherrschenden Störungsbereich gibt. SASKO besteht aus insgesamt 40 Items, die sich auf vier Skalen (*Sprech- und Mittelpunktsangst, Angst vor Ablehnung, Interaktionsdefizite, Informationsverarbeitungsdefizite*) verteilen sowie eine Zusatzskala mit 4 Items (*Einsamkeit*). *Normierung*: Es stehen Prozentränge, z-Werte und T-Werte für gesunde Erwachsene ($N = 413$, 18–78 Jahre) sowie für Patienten mit Sozialphobie ($N = 68$, 22–62 Jahre) zur Verfügung. Es liegen Cut-off-Werte für das wahrscheinliche Vorliegen einer Sozialphobie vor. Bearbeitungsdauer: Bearbeitung ca. 5 bis 10 Minuten; Auswertung ca. 5 Min.

Frageformen (= F.) [engl. *question types*], [**EW, KOG**], F. werden in *generative Transformations-Grammatiken* über *Transformationen* eingeführt. Dabei werden im Grundsätzlichen zwei versch. Wege beschritten: (1) Die Frageoperation operiert auf der Basiskette, d. h. der grammatischen (*Grammatik*) Grundstruktur; (2) schon im tiefenstrukturellen *P-Marker* wird ein Interrogativelement eingeführt, das die entspr. Transformationsregel auslöst. Die letzte Möglichkeit scheint heute die anerkanntere zu sein. Es lassen sich zwei Frageformen unterscheiden: die Ja/Nein-Frage und die W-Wort-Frage; diese weisen eine unterschiedliche *Intonation* auf: Bei der Ja/Nein-Frage ist der Frageton am Satzende höher als am Satzanfang und bleibt auch oben; bei der W-Wort-Frage geht er am Satzende herunter. Die weiteren Operationen, die zur Interrogation führen, sind die Wortumstellung (Verb geht vor Nomen) und die Ersetzung einer Satzkonstituenten durch ein W-Wort (wie, warum, wo, was usw.). In der *Sprachentwicklung* wird die Frageform zuerst nur mittels der Operation der Intonation (als Addition), dann mittels der Intonation plus einer entspr. Wortumstellung gebildet (Grimm 1973). Die ersten und häufigsten Fragen des kleinen Kindes sind nach dem Namen von Dingen (Was?) und nach dem Ort (Wo?) ausgerichtet. Erst später, nach dem Auftreten von Ja/Nein-Fragen, werden zeitliche (Wann?) und kausale (Warum?) Fragen gestellt. *H. Grimm*

Frage nach dem Sinn des Lebens [engl. *question about the meaning of life*], *Sinn des Lebens.*

Fragiles-X-Syndrom *Entwicklungsstörungen tiefgreifende, Genetische Syndrome.*

Fraktionierung (= F.) [engl. *fractionation*; lat. *frangere* zerbrechen], [**FSE, KOG**], Gliederung, z. B. eines Versuchsmaterials in zwei und mehr Gruppen (überdurchschnittliche Leistungen, gute, mittlere, schlechte Beobachtungen u. a.). Eine bei den Untersuchungen der Würzburger Schule von Watt eingeführte Methode, die die Ergebnisse der *Introspektion* zuverlässiger machen sollte, indem immer nur über einen kleinen Ausschnitt des zu berichtenden Erlebnisses von der Vp referiert wurde. Beim Lernen (*Lernen, Lernforschung*) ist F. die Gliederung in kleinere Einheiten.

frame (= f.) [engl.] Rahmen, [**KOG, PÄD**], Programmeinheit, Lernschritt innerhalb eines Lernprogramms (*Lernen, programmiertes*). Beim Verstehen natürlicher Sprache sind f. die Wissensstrukturen, die an Sätze herangetragen werden und die damit eine Interpretation erlauben, die über nur wörtliches Verständnis hinausgeht (Bsp.: «Ich liebe Äpfel» wird als «Ich esse gern Äpfel» verstanden, weil an «Äpfel» das Handlungsschema «essen» herangetragen wird; Minsky 1975). *Schema*. Rumelhart 1975.

Framing (= F.) [engl.] Rahmung, [**SOZ**], das Konzept des F. geht ursprünglich auf den Soziologen Erving Goffman zurück. Seine heute wohl gebräuchlichste Def. stammt von Entman (1993). Man versteht darunter, dass in einem Kommunikationstext (*Kommunikation*) best. Aspekte der Wirklichkeit ausgewählt und in einer Weise salient gemacht werden, die eine best. Problemdefinition, Ursachenzuweisung, moralische Bewertung und/oder Umgangsweise mit dem dargestellten Gegenstand fördert. Entmann 1993. W. Kempf

^(Test)**Frankfurter Aufmerksamkeits-Inventar 2 (FAIR-2)**, 2011, H. Moosbrugger, J. Oehlschlägel & M. Steinwascher, [www.testzentrale.de], [**DIA, KOG**]. Aufmerksamkeitstest. AA 9–85 Jahre. Das FAIR-2 ist die zweite, überarbeitete und ergänzte Aufl. des FAIR, eines Verfahrens zur Erfassung interindividueller Unterschiede in *Aufmerksamkeitsleistung* und *Konzentrationsfähigkeit*. Das FAIR ist ein Paper-Pencil-Test und erfordert die genaue und schnelle Diskrimination visuell ähnlicher Zeichen unter gleichzeitiger Ausblendung aufgabenirrelevanter Information. Ein Vorteil des FAIR ist, dass die Testitems kulturunabhängig sind. Mit vier Testwerten können folg. Aspekte der Aufmerksamkeit erfasst werden: Der Markierungswert M gibt Hinweise zum *Instruktionsverständnis*; mit dem Leistungswert L wird ein fehlerkorrigierter Testwert des *Arbeitstempos* berechnet, der über die Menge der konzentriert bearbeiteten Testitems informiert; der Qualitätswert Q weist den *Anteil der konzentrierten Urteile* an allen abgegebenen Urteilen auf und zeigt die *Sorgfalt* und relative Fehlerfreiheit der Bearbeitung an; der Kontinuitätswert K berücksichtigt, wie *kontinuierlich* die *Konzentration* aufrechterhalten werden kann. Das FAIR-2 enthält zwei parallele Testformen A und B. *Normierung*: Aktualisierte Normierungsstichproben mit einem Gesamtumfang von $N = 2993$. Bearbeitungsdauer: ca. 6 Min., zzgl. 4 bis 6 Min. zum Lesen der Instruktion und zur Bearbeitung einer Übungszeile.

^(Test)**Frankfurter Körperkonzeptskalen (FKKS)**, 1998, I. M. Deusinger, [www.testzentrale.de], [**DIA, GES, KLI**]. Klinisch-gesundheitsps. Verfahren. AA ab 12 Jahren. Die FKKS dienen der Bestimmung des jew. Bildes oder des Selbstkonzeptes, das das Individuum in dem wichtigen, auf den Körper bezogenen Bereich des Selbst von der eigenen Person entwickelt hat. Sie bestehen aus 64 Items, die neun Skalen zugeordnet sind: (1) *Gesundheit, körperliches Befinden*; (2) *Pflege des Körpers*; (3) *Körperliche Effizienz*; (4) *Körperkontakt*; (5) *Sexualität*; (6) *Selbstakzeptanz des Körpers*; (7) *Akzeptanz des Körpers durch andere*; (8) *Aspekte der äußeren Erscheinung* und (9) *Dissimilatorische Körperprozesse*. Die Skalen erfassen ein System von Einstellungen i. S. von Attitüden zum eigenen Körper, das als zur Persönlichkeit gehörend verstanden wird. *Normierung*: Es liegen nach Alter (20 bis 93 Jahre) und Geschlecht getrennte Mittelwerte und Prozentrang-Werte ($N = 3480$) für die Gesamtform und die einzelnen Skalen vor. Darüber hinaus enthält das Manual Normwerte für Jugendliche, Schüler, Studenten sowie Personen mit Essstörungen. Bearbeitungsdauer: ca. 15 bis 25 Min.

^(Test)**Frankfurter Leseverständnistest für 5. und 6. Klassen (FLVT)**, 2008, E. Souvignier, I. Trenk-Hinterberger, S. Adam-Schwebe & A. Gold, [www.testzentrale.de], [**DIA, PÄD**]. Päd. Verfahren. AA Klassenstufen 5 und 6. Der FLVT 5-6 besteht aus einem Leseverständnistest zu einer Geschichte und aus einem Leseverständnistest zu einem Sachtext (*Lesekompetenz*). Zu beiden Texten (ca. 560 Wörter) sind jew. 18 Fragen im Multiple-Choice-Format zu beantworten. Anhand der Ergebnisse können Schüler einem best. *Fertigkeitsniveau des sinnentnehmenden Lesens* zugeordnet werden. Der FLVT 5-6 existiert in zwei Parallelformen (A und B). Die beiden Testformen sind hinsichtlich ihres Schwierigkeitsgrads und ihrer Reliabilität vergleichbar. Der Test kann als Gruppentest oder als Einzeltest durchgeführt werden. *Normierung*: Gesicherte Normen liegen für das zweite Halbjahr des Schuljahres 5 und 6 vor. Für die beiden Testformen liegen Prozentrangnormen, z- und T-Äquivalenzwerte für die fünften und sechsten Jahrgangsstufen der versch. Schularten vor (Form A: $N = 1239$; Form B: $N = 1237$). Zusätzlich können die Schüler anhand des Gesamtwertes einer Niveaustufe des Leseverständnisses zugeordnet werden. Bearbeitungsdauer: Die Durchführungszeit des Tests beträgt inkl. Instruktion ca. eine Schulstunde. Für jeden Testteil sind 20 Min. reine Bearbeitungszeit vorgesehen.

Frankfurter Schule *Kritische Theorie*, *Adorno, Theodor W.*

^(Test)**Frankfurter Selbstkonzeptskalen (FSKN)**, 1986, I. M. Deusinger, [www.testzentrale.de], [**DIA, KOG, PER**]. Selbstkonzeptinventar. AA ab 13 Jahren. Die FSKN bestehen aus 10 eindimensionalen Skalen zur Bestimmung des jew. Bildes oder der *Selbstkonzepte*, die das Individuum in wichtigen Bereichen des Selbst von der eigenen Person entwickelt hat. Die Skalen sollen ein System von Einstellungen zur eigenen Person erfassen, die als Aspekte der Identität der Person interpretiert werden. Die Skalen sind als Gesamttest, aber auch in Einzelversionen anwendbar. Die Art der Selbstbeschreibung mithilfe der FSKN-Skalen können Hinweise auf die psych. Gesundheit oder die Störung des Pb entnommen werden. *Normierung*: Prozentrangnormen für versch. Alters- und Statusgruppen sowie für versch. klin. Gruppen. Bearbeitungsdauer: 15 bis 25 Min.

Frankl, Viktor E. (1905-1997), [**HIS, KLI, EM**], Viktor Emil Frankl gilt als Begründer der *Logotherapie* und *Existenzanalyse*. Er wurde in Wien geb., studierte Med. und kam früh mit *Sigmund Freud* und *Alfred Adler* in Kontakt. Bereits als Student gab er eine eigene Zeitschrift «Der Mensch im Alltag. Zeitschrift zur Verbreitung und Anwendung der Individualpsychologie» heraus. 1926 verwendete F. zum ersten Mal den Begriff «Logotherapie». Später sah er diese als dritte *Wiener Schule* der *Tiefenpsychologie* neben der Psychoanalyse Freuds und der Individualps. Adlers an. F. blieb aus familiären Gründen in Wien und geriet für mehrere Jahre in versch. Konzentrationslager. Viele seiner Angehörigen, darunter seine junge Frau, wurden ermordet. F. Buch über seine Erlebnisse im Konzentrationslager (Frankl 1946) erreichte vor allem in den USA sehr große Verbreitung. Frankls Beobachtung war, dass Menschen die Qualen des Konzentrationslagers eher überlebten, wenn sie auf einen Sinn hin orientiert waren, dessen Erfüllung sie in der Zukunft anstrebten. Kern der Logotherapie ist daher, Menschen bei der Sinnfindung zu helfen. Die Logotherapie steht in der christlich-jüdischen Tradition, obwohl F. seinen therap. Ansatz nicht als Ideologie verstand. In den theoretischen Grundlagen knüpfte F. an die Existenzphilosophie an und sprach daher von Existenzanalyse, mit der er eine Anthropologie meinte, die den Bedürfnissen den Menschen gerecht wird. Zu Frankls therapeutischen Techniken gehören die *Dereflexion* und die *paradoxe Intervention*. F. erhielt zahlreiche Ehrungen. Er starb in seiner Geburts- und Heimatstadt Wien. Seit 2015 gibt es in Wien ein Viktor-Frankl-Museum. Frankl 1973. *H. E. Lück*

Fraser-Täuschung [engl. *Fraser illusion, Fraser's spiral*], nach Sir James Fraser (1863 – 1936), **[WA]**, Fraser 1908; in der Abb. erscheinen die Kreise spiralförmig zu verlaufen, zudem entsteht ein Tiefeneindruck. Durch das Streifenmuster in den Kreisen und den Kontrast an den Kanten werden orientierungssensitive Zellen (*rezeptive Felder*) im *Okzipitalkortex* erregt, sodass der Eindruck eines konzentrischen Verlaufs entsteht. *geometrisch-optische Täuschung, Kaffeehaus-Täuschung, Zöllner'sche Täuschung.*

Frazer-Täuschung, Frazer-Spirale (Frazer 1908)

free recall [engl.] freie Erinnerung; *Gedächtnisprüfung*.
Frege-Prinzip [engl. *Frege's principle, principle of semantic compositionality*], syn. Kompositionalitätsprinzip, Fregesches Prinzip der Bedeutung, nach G. Frege (1848-1925). *Semantik.*
Test**Freiburger Beschwerdenliste (FBL)**, Form FBL-G und revidierte Form FBL-R, 1994, J. Fahrenberg. Erste Aufl. (FBL) 1975, [www.testzentrale.de], **[DIA, GES, KLI]**. Die Skala sollte den 1965 von Fahrenberg entwickelten VELA-Fragebogen ersetzen. Beschwerdenliste. AA Jugendliche ab 16 Jahren und Erwachsene. Selbstbeurteilungsskala zur Erfassung subj. erlebter körperlicher Beschwerden. Die Gesamtform FBL-G enthält 78 Items, die in 11 Unterskalen zus.gefasst sind, welche für die Beschreibung und zum Vergleich psychosomatisch auffälliger Gruppen geeignet sind. Die rev. Form FBL-R enthält 71 Items in neun Subskalen. Für die FBL-G und die FBL-R liegen geschlechts- und altersbezogene (4 Altersstufen) Stanine-Normen vor ($N = 2041$). Es existieren eine Wiederholungsform (FBL-W) und eine Kurzform (FBL-K) mit zwei daraus abgeleiteten parallelen Halbformen (FBL-KA, FBL-KB). PC-Version vorhanden. Durchführungsdauer: 5 bis 15 Min. Auswertungszeit sehr kurz.

Test**Freiburger Fragebogen zur Krankheitsverarbeitung (FKV)**, 1989, F. A. Muthny, [www.testzentrale.de], **[DIA, GES, KLI]**, Klinisches Verfahren. AA ab 16 Jahren. Der FKV erfasst ein breites Spektrum an *Krankheitsverarbeitungsmodi* auf den Ebenen von Kognition, Emotion und Verhalten. Der FKV besteht aus einem ausführlichen Instrument (FKV 102) mit 102 Items und 12 Skalen sowie zwei Kurzformen zur Selbst- und Fremdeinschätzung (FKV-LIS-FE und -SE) mit je 35 Items und 5 Skalen. Die Kurzformen eignen sich bes. für Verlaufsmessungen (der Verarbeitungsprozesse). Durch die variablen Instruktionen lässt sich die Def. eines belastenden Ereignisses dem jew. Untersuchungsansatz anpassen (Fokussierung der Krankheitsverarbeitung auf die jew. Diagnose). Einsatz bei v. a. körperlich chronisch Kranken bzw. bei Personen mit Folgeerscheinungen akuter Erkrankungen; auch anwendbar in der Remissionsphase im Hinblick auf befürchtete künftige Komplikationen, erwartete operative Eingriffe o. Ä. sowie für Verlaufsuntersuchungen. *Normierung*: Verteilungswerte großer klin. Stichproben. Bearbeitungsdauer: Kurzformen: ca. 5 bis 15 Min.; Langform: 10 bis 30 Min.

Test**Freiburger Persönlichkeitsinventar (FPI-R)**, 2010, J. Fahrenberg, R. Hampel & H. Selg, [www.testzentrale.de], 1. Aufl., FPI, 1970, **[DIA, PER]**. Mehrdimensionaler klin. Persönlichkeitstest, Selbsteinschätzung. AA ab 16 Jahre. Das Freiburger Persönlichkeitsinventar ist ein faktorenanalytisch und itemmetrisch begründetes Verfahren. Seine Konstruktbereiche sind nicht nach theoretischen Vorentscheidungen oder im Hinblick auf eine festgelegte Anzahl von Dimensionen ausgewählt, sondern pragmatisch als Konstruktbereiche, die den Autoren aufgrund ihrer Erfahrungen und aufgrund der Literatur interessant und wichtig erschienen. Die rev. Fassung FPI-R umfasst 138 Items und erfasst 12 Dimensionen der Persönlichkeit: *Lebenszufriedenheit, soziale Orientierung, Leistungsorientierung, Gehemmtheit, Erregbarkeit, Aggressivität, Beanspruchung, Körperliche Beschwerden, Gesundheitssorgen, Offenheit,* sowie die Sekundärfaktoren nach *Eysenck Extraversion* und *Emotionalität* (Neurotizismus). *Validität*: Die Skalen geben relevante Konzepte in den Selbstbeschreibungen der Durchschnittsbevölkerung mit hoher interner Validität wieder und sind durch zahlreiche empirische Validitätshinweise belegt. Keine Zeitbegrenzung. *Normierung*: Die nach Geschlecht und sieben Altersgruppen differenzierten Normen wurden 1999 in einer bevölkerungsrepräsentativen Erhebung in West- und Ostdeutschland (N = 3740) gewonnen. Die Informationsdatenbank zum FPI-R enthält außerdem Statistiken von Vergleichsgruppen. Bearbeitungsdauer: Durchführung ca. 20 bis 50 Min., Auswertung ca. 3 Min.

Freiburger Stresspräventionstraining für Paare *PaarLife*.

freie Assoziation *Assoziationen, freie*.

freie Reproduktion [engl. *free recall*], Methode der behaltenen Glieder/Elemente. *Gedächtnisprüfung*.

freigemeinnützige Arbeit [engl. *voluntary work*], *Freiwilligenarbeit*.

Freiheitsgrade (= F.) [engl. *degrees of freedom*], [**DIA, FSE**], Höchstzahl der frei und unabhängig voneinander variablen Größen eines Systems, das aus veränderlichen Größen besteht. Angenommen bei einem Pokerspiel haben von drei Personen zwei 20 EUR bzw. 10 EUR verloren. Ist nun bekannt, dass sich Gewinne und Verluste zu Null aufaddieren müssen, so ist der Wert der dritten Person (+ 30 EUR) festgelegt. Ist die Summe oder der Mittelwert von N Summanden festgelegt, so können nur N−1 Summanden frei variieren und somit ist die Anzahl der F. gleich N−1. Die Problematik von F. muss v. a. berücksichtigt werden, wenn von Stichprobenergebnissen auf Eigenschaften der *Population* geschlossen wird (z. B. *Varianz*), da Stichprobenkennwerte durch direkte Verrechnung der Messwerte festgelegt sind, aber die Werte von Populationsparametern nicht von den erhobenen bzw. zur Schätzung verwendeten Messwerten best. wird.

Freiheitsgradeproblem [engl. *degrees-of-freedom problem*], [**KOG**], ein durch den russischen Physiologen N. A. Bernstein betontes Problem der *Bewegungssteuerung*. Grundfage dabei ist, wie es dem Gehirn gelingen kann, ein komplexes System aus einer großen Anzahl an Muskeln sowie losen und festen Kopplungen zu koordinieren. So müssen z. B. beim Greifen einer Kaffeetasse adäquate Vorgänge in mind. drei versch. Systemen mit jew. vielen unterschiedlichen Möglichkeiten (Bewegungssteuerung in Schulter-, Ellbogen- und Hand- bzw. Fingergelenk) gleichzeitig koordiniert und sinnvoll zus.gebracht werden. Die Erklärung der Steuerung dieser extremen Flexibilität und Variabilität beschreibt dabei ein essenzielles Problem jeder Theorie der Bewegungssteuerung. *motorische Äquivalenz*.

Freitod *Suizid*.

Freiwilligenarbeit (= F.) [engl. *volunteering*], [**AO, EM, SOZ, WIR**], wurde als bes. Form prosozialen Handelns (*prosoziales Verhalten*) v. a. in der *Sozialpsychologie* untersucht und zeichnet sich durch vier Merkmale aus (Penner 2002): (1) F. ist i. d. R. auf einen längeren Zeitraum hin angelegt (wenngleich einmalige Einsätze, sog. *Event-Volunteering*, möglich ist); (2) F. ist geplant und wohlüberlegt, im Ggs. zum spontanen Helfen in Notsituationen (*helfendes Verhalten*); (3) es besteht keine persönliche Verpflichtung zur F., etwa im Ggs. zur Arbeit in der Familie (die allerdings im Unterschied zur F. auch nicht zum Gemeinwesen zählt); (4) F. findet zumeist im Kontext von *Organisationen* statt. Während der angelsächsische Sprachraum mit *Volunteering* einen allg. akzeptierten Begriff kennt, reicht im dt.sprachigen Raum die Vielfalt der Begriffe vom *Ehrenamt* über *Freiwilligenarbeit* bis hin zum *bürgerschaftlichen Engagement*. Zahlreiche nationale und internat. vergleichende repräsentative Erhebungen bilden die gesellschaftliche Bedeutung der F. ab. Der *Freiwilligensurvey* dokumentiert für Dt. und das Jahr 2009, dass 36 % der Bevölkerung ab 14 Jahren freiwillig und ohne Bezahlung Aufgaben z. B. in Vereinen übernimmt. Pro freiwillig tätiger Person ergibt sich ein durchschnittlicher Zeitaufwand von 16 Std. im Monat (für die jeweils zeitaufwendigste Tätigkeit). Am häufigsten wird F. geleistet in den Bereichen Sport und Bewegung (10,1 % der Bevölkerung), Kirche und Religion (6,9 %), sowie Schule und Kindergarten (6,9 %). Das stärkste Engagement wird mit 43 % bei Personen im Alter zw. 40 und 49 Jahren beobachtet – nach Erikson während der Entwicklungsaufgabe der Generativität (*Entwicklung, psychosozialer Ansatz nach Erikson*). Der *funktionale Ansatz* in der Sozialps. beschäftigt sich mit der motivationalen Grundlage der F. (*Motivation, Motiv*). Das *Volunteer Functions Inventory*, das bekannteste Instrument zur Messung der Motive freiwillig tätiger Personen, unterscheidet sechs Funktionen (Clary et al. 1998): (1) Lernen und das Sammeln von Erfahrung (*understanding*); (2) Nutzen für die berufliche Karriere (*career*); (3) Schutz vor neg. Gefühlen (*protective*); (4) Verbesserung des eigenen Selbstwertgefühls (*enhancement*); (5) Anpassung an das soziale Umfeld (*social*); (6) Ausdruck eigener Wertvorstellungen (*values*). Zentral ist die Annahme der Multifunktionalität; durch dieselbe F. lassen sich sehr unterschiedliche *Bedürfnisse* aktualisieren und gleichzeitig versch. *Ziele* verfolgen. Der *funktionale Ansatz* betrachtet die Passung zw. Motivfunktionen und den Inhalten der F. als Erfolgsfaktor für nachhaltiges Engagement. Während der funktionale Ansatz die Motive Freiwilliger fokussiert, setzt sich der sog. *Rollenidentitätsansatz* stärker mit dem sozialen Kontext und der Struktur der *Rollen* im Bereich der F. auseinander. Organisationale Faktoren und Erfahrungen gewinnen im Verlauf des Engagements an Bedeutung, indem sie die Entwicklung der Rollenidentität Freiwilliger fördern (*Identität*); diese gilt nach Penner (2002) als die stärkste unmittelbare Einflussgröße nachhaltigen Engagements. Grube & Piliavin (2000) unterscheiden dabei zwei Arten von Rollenidentität, die zueinander in Konflikt geraten können: eine generelle Identität als Freiwillige(r) und eine spezif. Identität, die auf die jew. Organisation bezogen ist, für die man freiwillig tätig ist. In jüngerer Zeit wird eine Zunahme kurzfristiger und projektartiger Formen des freiwilligen Engagements beobachtet (Hustinx et al. 2010). Im Schnittfeld zw. indiv. Engagement und der sozialen Verantwortung von Unternehmen ist *Corporate Volunteering*, das gemeinnützige Engagement von Organisationen unter Einbeziehung der Mitarbeitenden (Wehner & Gentile 2012), angesiedelt. *T. Wehner/S. T. Güntert*

Freizeit (= F.) [engl. *leisure (time)*], [**AO, GES**], wird oft als die Restzeit angesehen, die übrig bleibt, wenn von der Lebenszeit die Erwerbsarbeit abgezogen wird (Kasper & Heinrich 2006). Nach (Stengel 1996) liegt sie dann vor, wenn eine Aktivität frei gewählt und um ihrer selbst Willen ausgeführt werden kann. Da es auch außerhalb der Erwerbsarbeit Arbeitstätigkeiten gibt, die nicht freiwillig ausgeführt werden müssen (z. B. Haus- und Pflegearbeiten für die Familie, vgl. den erweiterten Begriff der *Arbeit* sowie notwendige Erholungs- und Schlafzeiten), wären diese jedoch zusätzlich von der Lebenszeit abzuziehen. Nach Konzepten zur *Work-Life-Balance* gilt eine gute Abgrenzung zw. Arbeit und F. und ein ausgewogenes Verhältnis zw. beiden Bereichen gemeinhin als förderlich für die *psychische Gesundheit* und *Lebenszufriedenheit*. Es kommt dabei nicht nur darauf an, dass die Person regelmäßig genügend F. hat, sondern auch darauf, dass sie mit persönlich befriedigenden und körperlich gesunden Freizeitaktivitäten ausgefüllt wird. Computergestützte Kommunikationstechnologien verbunden mit *Telearbeit* können zur problematischen Auflösung der Grenzen zw. Arbeit und Freizeit führen. *S. Greif*

Fremdbeobachtung [engl. *observation by independent observers/raters*], *Beobachtung*.

Fremdbericht (= F.) [engl. *other report, informant rating, observer rating*], syn. *Fremdurteil*, [**DIA, PER**], ist eine Methode der Persönlichkeits- und Verhaltensbeurteilung zu diagn. oder Forschungszwecken durch mehr oder weniger informierte Beurteiler, d. h. Personen, die Gelegenheit hatten, eine Zielperson zumindest über kurze Zeit zu beobachten (Eltern, Partner, Freunde, Kollegen, Bekannte, Experten). F. können diverse Formate besitzen (Persönlichkeitsbeurteilungen, Häufigkeitseinschätzungen, Verhaltenscodierungen, Interviews). F. werden eingesetzt, wenn *Selbstberichte* nicht möglich oder unzuverlässig scheinen und können u. a. zur Prüfung der *Validität* von Eigenschaftsmessungen genutzt werden. Ihre Validität wird auch als Akkuratheit bez. und geprüft über die Korrelation mit anderen F. (*Beurteilerübereinstimmung*), Selbstberichten (Konsens zw. F. und Selbsturteil), Expertenurteilen, Verhaltensbeobachtungen oder einem operationalen Kriterium (z. B. Leistung im Beruf, Erfolg bei Partnerwahl). I. d. R. sind die Korrelationen zw. versch. F. und mit Selbstberichten mittelhoch, d. h. zw. $r = .30$ und $r = .60$. Die Korrelation mit den anderen Kriterien ist variabel und hängt u. a. davon ab, wie stark die konzeptuelle Überlappung ist. Die Akkuratheit (*Beurteilerakkuratheit*) von F. hängt von der Kompetenz der Beurteiler (Wissen, Fähigkeit, Motivation), der Beurteilbarkeit der Zielperson (Bekanntheitsgrad, Verhaltenskonsistenz), Merkmalen der zu beurteilenden Eigenschaft (Relevanz, Valenz) und der Qualität der Information (Informationsgehalt eines Beurteilungsdatums) ab. F. können wie Selbstberichte durch *Beurteilungsfehler* verzerrt werden, z. B. durch differenzielle Antworttendenzen (*soziale Erwünschtheit*, *Akquieszenz*, *Tendenz zur Mitte*, *Tendenz zu Extremwerten*), Reaktivität, *Halo-Effekt* und *implizite Persönlichkeitstheorie*. Z. T. können diese Fehler reduziert werden durch angemessene Itemkonstruktion und *Beurteilertraining*. Weiterhin kann durch Aggregation über mehrere F. oder mit Selbstberichten der Einfluss indiv. Urteilsverzerrungen reduziert und so die *Reliabilität* i. S. der internen Konsistenz (*Cronbachs Alpha*; s. auch *Intraklassenkorrelation*) von Persönlichkeits- und Verhaltensbeurteilungen erhöht werden. Die Effekte der Aggregation auf die interne Konsistenz lassen sich durch die *Spearman-Brown-Formel* vorhersagen. Voraussetzung ist, dass die indiv. Beurteilungsfehler versch. F. unkorreliert sind. I. d. R. erscheint eine Aggregation über 4 Urteile angemessen. Von Urteilern geteilte Beurteilungsfehler werden durch Aggregation insofern kompensiert, als indiv. Unterschiede zw. zu beurteilenden Personen dadurch nicht verfälscht werden. Neyer 2006, Asendorpf & Neyer 2012. *F. J. Neyer*

Fremdbestimmtheit (= F.) [engl. *heteronomy*], [**EM, PER**], ist eine Form von Willenshemmung (*Wille*), die vorliegt, wenn das Verhalten nicht durch selbstkongruente Ziele (*Regulation*, identifizierte, integrierte) gesteuert wird, sondern durch äußeren Druck (z. B. die Aufforderung einer anderen Person oder das Näherrücken eins Termins; Regulation, externale) oder innere Zwänge (z. B. Schuldgefühle; Regulation, introjizierte). Personen mit einer Neigung zur prospektiven Lageorientierung (*Handlungskontrolltheorie*) sind unter Belastung auf diese (eher) externale Energetisierung des Verhaltens angewiesen, da sie sich schlecht selbst motivieren können (*Selbstmotivierung*, positive) und in Lustlosigkeit und Zögerlichkeit verharren. Deci & Ryan 2000, Baumann & Kuhl 2005.
N. Baumann/J. Kuhl

Fremdbeurteilungsverfahren (= F.) [engl. *observer assessment*], syn. *Fremdratingskala* [engl. *observer rating scale*], [**DIA, KLI**], Fremdeinschätzungskala; in Abgrenzung zu *Selbstbeurteilungsverfahren* Verfahrensgruppe, bei der die Bewertung der interessierenden Bereiche durch einen trainierten Urteiler (Rater) oder andere Dritte (z. B. Partner) erfolgt. Die Einschätzung von Phänomenen (z. B. Depressivität) basiert dabei auf den Aussagen des Pat. und eigenen Beobachtungen bzw. zuverlässigen Angaben Dritter. F. sind in Therapiestudien i. d. R. das Hauptoutcomekriterium. Vorteile: u. a. änderungssensitiv, auch bei schwerer gestörten Pat. einsetzbar, erfassen psychopathologische Bereiche differenzierter, Nachteile: u. a. Training notwendig, Urteilsfehler möglich (z. B. *Halo-Effekt*; *Beurteilertraining*). Müssen wie Selbstbeurteilungsverfahren die Kriterien psychol. Tests erfüllen und sind bes. im Kontext einer *multimodalen Diagnostik* von Bedeutung. *Fremdbericht*. Stieglitz et al. 2001. *R.-D. Stieglitz*

Fremdbild [engl. *image of others, perception by others*], *interpersonale Wahrnehmung*, *Selbstbild*.

Fremdeln *Fremdenreaktion*.

Fremdenreaktion (= F.) [engl. *child's fear of strangers*], [**EM, EW**], Reaktion eines Kindes auf das Auftauchen einer fremden Person, die sich je nach Intensität in den folg. Verhaltensweisen manifestieren kann: scheues, befangenes Lächeln, Versteifen des Körpers, Abwenden des Blickes, sicherheitssuchender Blick zu einer Bezugsperson (*Bindung*), Erstarren der *Mimik*, alarmiertes, furchtsames Anschauen der fremden Person (*Furcht*), Flucht zu einer Bezugsperson, Anklammern an eine Bezugsperson, Weinen, Schreien, anhaltende Verstörung. Mind. in einer milden Form ist die F. bei nahezu allen Kindern irgendwann zw. sechs Monaten und zwei Jahren zu beobachten. I. d. R. tritt sie ziemlich plötzlich um den achten Lebensmonat herum auf, weshalb sie auch *Achtmonatsangst* genannt wird. Erklärt wird das Auftreten der F. häufig mit neu erworbenen kogn. Fähigkeiten (*Entwicklung, kognitive*) wie einer veränderten Verarbeitung von Diskrepanz aufgrund verbesserter Gedächtnisleistungen (*Gedächtnis*, Kagan 1980, Schaffer 1974), mit einer Sensibilisierung des Kindes aufgrund früherer unangenehmer Erfahrungen mit Fremden (Sroufe 1977, Bronson 1978) oder als Reaktion auf das Versagen der vorsprachlichen *Kommunikation* (Bower 1979). Daneben gibt es auch Hinweise darauf, dass es sich bei der F. um eine angeborene Reaktion handelt, die im Zusammenhang mit der Möglichkeit zu eigener *Lokomotion* (*Entwicklung, motorische*) reift und die Funktion hat, zu verhindern, dass sich das Kind in Gefahr begibt (Bowlby 1974, Bischof-Köhler 1994). Außerdem wird die F. häufig mit der *Trennungsangst* gleichgesetzt (Spitz 1967) oder es werden für beide Phänomene zumindest teilweise gleiche Entwicklungsvoraussetzungen vermutet (Kagan 1980). Tatsächlich tritt die Trennungsangst aber etwa ein bis zwei Monate vor der F. auf. *M. Schneider*

Fremde Situation oder Fremde Situations Test (FST) [engl. *strange situation procedure, SSP*], [**DIA, EM, EW**], ist ein standardisiertes Verfahren zur Erfassung der *Bindungsqualität* von Kindern im Säuglings- und Kleinkindalter. Der FST wurde von Ainsworth entwickelt und soll durch die Induktion von Angst und Verunsicherung durch einen unbekannten Raum, durch den Einbezug einer fremden Person und durch kurzzeitige Trennungen von der Bindungsperson (*Bindungspersonen*) das *Bindungsverhaltenssystem* des Kindes aktivieren, und so die *Bindungsqualität* beobachtbar machen. Der FST ist durch eine feste Abfolge an Episoden gekennzeichnet, in denen zunächst Kind und Bindungsperson einen unbekannten Raum betreten, eine fremde Person hinzukommt, die Bindungsperson zweimal den Raum verlässt und nach max. drei Min. zurückkommt. Anhand des Bindungs- und Explorationsverhaltens des Kindes wird klassifiziert, welche organisierte Bindungsqualität vorliegt, und ob *Bindungsdesorganisation* vorliegt. Ainsworth et al. 1978, Grossmann & Grossmann 2012. *P. Zimmermann*

Fremdhypnose [engl. *heterohypnosis*]; *Heterohypnose*.

Fremdreflex [engl. *extraneous reflexes*], Ggs. Eigenreflex. *Reflex*.

Fremdsprachenerwerb (= F.) [engl. *foreign language acquisition*], [**KOG, PÄD**], bez. den Prozess des Erlernens einer oder mehrerer anderer Sprachen (L2, *Sprache*) zusätzlich zur Erstsprache (L1). Nach Auffassung der *Inside-Out-Theorien* basiert der F. auf der Existenz eines genetischen Programms, das durch Sprachangebote der Außenwelt angestoßen wird. *Outside-In-Theorien* nehmen an, dass der Spracherwerb stärker das Ergebnis des Kontaktes mit der Außenwelt ist u. ä. Entstehungsprozesse durchläuft wie andere kogn. Funktionen. F. erfolgt laut Krashen (1982) entweder als *Zweitspracherwerb* (ZE, engl. *second language acquisition*) oder als *Fremdsprachenlernen* (FL, engl. *foreign language learning*). ZE erfolgt primär für Minderheiten in einem Land, in dem ihre L2 für die Mehrheit der Bevölkerung Verkehrssprache ist. Die sprachpraktische Intensität in der Begegnung mit Erstsprachlern in authentischen Situationen fördert den Erwerb hoher pragmatischer (*Pragmatik, Pragmalinguistik*) und prosodischer (*Prosodie*) Kompetenzen. Da der grammatikalische Regelerwerb eher *implizit* erfolgt, ist der Sprachgebrauch häufig grammatikalisch (*Grammatik*) korrekt, ohne dass Personen die entspr. Regeln explizieren können. FL erfolgt primär im schulischen *Unterricht* angeleitet durch Lehrkräfte, deren L1 meist nicht die Fremdsprache ist. Im traditionellen lehrgangsorientierten Fremdsprachenunterricht werden (lehrbuchgeleitet) v. a. Sprachregeln systematisch gelernt, auf kommunikative (*Kommunikation*) und prozedurale *Fertigkeiten* wird in letzter Zeit verstärkt Wert gelegt. Als Alternative zum lehrgangsorientierten Fremdsprachenunterricht etablieren sich in jüngster Zeit national wie internat. *bilinguale Unterrichtsprogramme*. Erfolgreicher FE. i. S. einer hohen Fremdsprachenkompetenz wird durch Eigenschaften der L1 (z. B. Ähnlichkeit zur L2), durch den in der L1 erreichten Entwicklungsstand, durch die Qualität und Quantität des L2-Inputs (z. B. schulorganisatorische Faktoren, Alter zu Beginn des FE) sowie durch kogn. (z. B. *Intelligenz*, *Lernstrategie*) und motivationale Faktoren (*Motivation*, *Selbstbild*, *Einstellung*) beeinflusst. *Spracherlernen*. Möller & Zaunbauer 2008.
A. Zaunbauer-Womelsdorf/S. K. Gebauer/J. Möller

Fremdsuggestion, syn. *Heterosuggestion* [engl. *heterosuggestion*]; *Suggestion*.

Fremdurteil [engl. *external assessmnet/judgement*], *Fremdbericht*.

Fremdverstehen (= F.) [engl. *understanding of others*], [**FSE, SOZ**], das Konzept des F. hat maßgeblich Alfred Schütz (1974) in seiner theoretischen Betrachtung von Verstehensprozessen innerhalb alltäglicher Kommunikationssituationen herausgearbeitet (*Kommunikation*): Innerhalb dieser nimmt ein Kommunikant (*ego*) stets eine Deutung dessen vor, was ihm von einem anderen Kommunikanten (*alter*) mitgeteilt wird. Jeder der beiden Kommunikanten kommuniziert dabei auf der Basis des eigenen Wissenshintergrundes (Relevanzsystems), das semantisch-indexikal angelegt ist (*Indexikalität*): Die zu verstehende Mitteilung, die der eine Gesprächsbeteiligte kommuniziert, kann der andere Gesprächsbeteiligte nur verstehen, indem sie an das eigene Relevanzsystem adaptiert wird. Verstehen ist kognitionspsychol. betrachtet also die Übersetzung des zu Verstehenden in das eigene, semantisch-indexikale Relevanzsystem. Verstehen stellt damit immer das Verstehen von Fremdem dar, denn alles, was außerhalb unseres eigenen Relevanzsystems existiert, ist uns grundsätzlich fremd. Genau diese Tatsache wird jedoch in alltäglichen Kommunikationsprozessen bewusst ausgeblendet: Wie Alfred Schütz (1974) betont hat, wird nur mit der *Reziprozität der Perspektiven*, welche zwei idealisierende Unterstellungen umfasst, nämlich die *Idealisierung der Vertauschbarkeit der Standpunkte* und die *Idealisierung der Kongruenz der Relevanzsysteme*, Kommunikation praktisch möglich. Alfred Schütz hat in diesem Zusammenhang pointiert, dass F. somit stets eine Selbstauslegung bleibt, da wir eben nur mit unserem Relevanzsystem verstehen können. Verstehen ist damit immer nur als eine relative Annäherung an das Fremdzuverstehende aufgrund von Idealisierungen sowie Annahmen in Hinblick auf eine sozial geteilte Welt und von praktischen Aushandlungen sowie akzeptierten kommunikativen Basisregeln möglich. Kruse 2009a, Hitzler 1993.

J. Kruse

Frequenzeffekt [engl. *frequency effect*; lat. *frequentia* Häufigkeit], *Schriftsprache*.

Frequenzmethode [engl. *frequency method*; lat. *frequentia* Häufigkeit] *psychophysische Methoden*.

Frequenzpolygon [engl. *frequency polygon*], [**FSE**], syn. *Häufigkeitsvieleck*, *Häufigkeitsverteilung*.

Freud, Anna (1895–1982), [**KLI**], *Psychoanalyse*, Psychoanalytikerin und jüngste Tochter Sigmund Freuds (*Freud, Sigmund*), wurde am 3.12.1895 in Wien geb. und starb am 9.10.1982 in London. Anna Freud arbeitete zunächst als Lehrerin, war aber nach ihrer Lehranalyse, die sie bei ihrem Vater absolvierte, als Psychoanalytikerin tätig. Anna Freud emigrierte 1938 mit ihrer Familie nach Großbritannien. In London gründete sie das heute unter dem Namen Anna Freud Centre bekannte Institut für Kinder- und Jugendlichenpsychotherapie. Nach dem Tod Sigmund Freuds kam es zw. Anna Freud und der einflussreichen Psychoanalytikerin *Melanie Klein* zu einer vielbeachteten wiss. Auseinandersetzung, die unter dem Namen *Freud/Klein-Kontroversen* bekannt wurde. In den Diskussionen ging es sowohl um Fragen der Konzeptualisierung der kindlichen Entwicklung, der Technik der kinderanalytischen Behandlung als auch um allg. psychoanalytische Konzepte. Die Kontroversen führten zu einer bis heute bestehenden Fraktionsbildung innerhalb der britischen psychoanalytischen Vereinigung. Ihre größten wiss. Verdienste erlangte Anna Freud im Bereich der Kinderpsychoanalyse und im Bereich der sog. Ich-Ps. Aufbauend auf Sigmund Freuds psychosexueller Phasenlehre (Freud 1905; *Libido*, *Triebtheorie*) beschrieb Anna Freud in einem ihrer Hauptwerke «Wege und Irrwege in der Kinderentwicklung» (Freud 1968) typische Entwicklungslinien Heranwachsender: «von der infantilen Abhängigkeit zum erwachsenen Liebesleben», «vom Egoismus zur Freundschaft und Teilnahme an einer menschlichen Gemeinschaft» und «von der Autoerotik zum Spielzeug und vom Spiel zur Arbeit». Es ging ihr insbes. darum, den psych. Beitrag hervorzuheben, den «das Ich zur Wahl und zur Gestaltung der Objektbeziehung beisteuert». Neben der Beschreibung der normalen kindlichen Entwicklung beschäftigte sich Anna Freud mit typischen Entwicklungsstörungen (*Entwicklungsstörungen, tiefgreifende*, *Entwicklungsstörungen, umschriebene*). Ihre Arbeiten auf diesem Gebiet sind bis heute in der psychoanalytischen Kinder- und Jugendlichenpsychotherapie klin. relevant. Ihr Werk «Das Ich und die Abwehrmechanismen» (Freud 1936) gilt als eines der Grundlagenwerke der modernen Ich-Ps. Während bei Sigmund Freud v. a. die *Abwehrmechanismen des Ich* unter dem Aspekt der Triebverdrängung untersucht wurden, betonte Anna Freud die entwicklungsfördernde Anpassungsfunktion des Ichs und seiner Abwehrmechanismen. Freud 1973.

S. Bayer

Freud, Sigmund (1856–1939), [**HIS, KLI, PER**], Schöpfer der *Psychoanalyse*. Geb. in Freiberg, 1860 Umzug nach Wien, 1873 Medizinstudium in Wien. 1881 Promotion. Durch ein Stipendium (1885) lernte er Charcot in Paris und dessen Hysterieforschung und Hypnosearbeit kennen. Zusammenarbeit mit J. Breuer (*Anna O.*). 1895 Publikation der für die Psychoanalyse grundlegenden «Studien über Hysterie», 1900 «Die Traumdeutung», 1923 mit «Das Ich und das Es» Schaffenshöhepunkt. 1902 Prof. für *Psychiatrie* (Neuropathologie). 1938 Emigration nach London.

Freude (= F.) [engl. *joy*], [**EM**], F. ist eine pos. *Emotion*, die im mimischen Ausdruck kulturübergreifend gezeigt und erkannt wird und deshalb oft als zu den Basisemotionen gezählt wird. In der Mimik zeigt sich F. häufig durch ein Lächeln oder Lachen und wird anders als *Wohlbefinden* durch konkrete Situationen oder Ereignisse ausgelöst.

R. M. Puca

Freud'sche Fehlleistung *Fehlleistung, Freud'sche*.

Freundschaft, Entwicklung im Jugendalter [engl. *friendship, development in adolescence*], [**EW, SOZ**], Freundschaften (= F.) sind wichtige soziale Beziehungen im Jugendalter (*Adoleszenz*) wie annähernd über die gesamte Lebensspanne (*Lebensspannenpsychologie*) hinweg. Mit der körperlichen und *kognitiven Entwicklung*, sich wandelnden *Bedürfnissen* und neuen Herausforderungen im Übergang zur Jugendzeit verändern sich aber der Charakter und die Bedeutung von F. Gegenüber den v. a. aktivitätsbasierten und vergleichsweise weniger stabilen F. zw. Kindern treten die Aspekte der Intimität und des Vertrauens (*Vertrauen*) sowie der wechselseitigen Unterstützung (*soziale Unterstützung*) auch emot. Art (*Emotionen*) im Übergang zum Jugendalter stärker in den Vordergrund, deutlicher noch bei F. zw. Mädchen als unter Jungen. Diese Entwicklung schreitet von der frühen zur späten Adoleszenz weiter voran. Durch sie nimmt das gemeinsame Unterhalten neben anderen Aktivitäten eine wichtigere Rolle unter den Freundschaftsaktivitäten ein als noch in der vorangehenden Entwicklungsphase. Typischerweise ergänzen und erweitern F. trotz ihres im Vergleich mit der Kindheit eigenständigeren Charakters gegenüber der *Familie* die Beziehungen und Interaktionen mit den Eltern, wobei Freunde für einzelne Themenfelder wie Freizeit und *Sexualität* oft die wichtigeren Ansprechpartner Jugendlicher sind. Eine wesentliche Besonderheit von F. gegenüber Familienbeziehungen und eigene Herausforderung ist ihre im Prinzip gegebene Freiwilligkeit und damit Aufkündbarkeit. Der Wunsch, die als wichtig erachteten Freundschaftsbeziehungen aufrechtzuerhalten, und die ins Jugendalter hinein gewachsenen *sozialen Kompetenzen* und kogn. *Kompetenzen* führen in Konfliktfällen (*Konflikt, sozialer*) eher als bei Kindern zu erfolgreichen Aushandlungsprozessen, wodurch die F. Jugendlicher dauerhafter sind und auch ein Übungsfeld für Auseinandersetzungen zw. Gleichrangigen bieten. Neben diesem und weiteren Potenzialen von F. als Bedingung einer pos. Entwicklung ist aufgrund der wechselseitigen Beeinflussung auch ein gewisses Risiko von F. als Kontext für die Herausbildung unerwünschter *Einstellungen* und Verhaltensweisen (*Verhalten*) gegeben, abhängig davon, mit wem Jugendliche Freundschaften eingehen. Angesichts der verbreiteten *Homophilie* (Gesellung Gleichartiger) in der Freundschaftsgenese sind solche normverletzenden Einflüsse (*Normen, soziale*) nicht zuletzt dann wahrscheinlich, wenn die Familienbeziehungen problembelastet sind und Freunde komplementär dazu gesucht werden. Wegen ihrer vielfältigen Bedeutung i. R. der Entwicklung im Jugendalter sind sie neben den Beziehungen zu den Eltern jene, die das stärkste Interesse in der Jugendforschung gefunden haben. *Peergroup*. Hogg & Hains 1998. *P. Noack*

Freundschaft, Entwicklung im Kindesalter [engl. *friendship, development in childhood*], [**EW, SOZ**], Freundschaft (= F.) kann als ein auf Gegenseitigkeit und Zuneigung beruhendes Verhältnis von Menschen zueinander bezeichnet werden, das sich durch positives *Erleben*, *Sympathie* und *Vertrauen* auszeichnet. Die Frage, wann aus einer Beziehung zu einem gleichaltrigen Spielpartner eine F. wird, ist dabei nicht einfach zu beantworten. Nach Selman (1984) sind Veränderungen im F.konzept dabei vorrangig auf die sich entwickelnde Fähigkeit zur Perspektivübernahme und -koordination zurückzuführen (*soziale Kognition, Entwicklung*), wobei die versch. Abstufungen des gemeinsamen Spielens bzw. der F. wie folgt beschrieben werden können: Für Kinder im Vorschulalter kann F. mit Spielpartnerschaft oder Augeblicksf. gleichgesetzt werden. Zentral sind die physische Nähe, körperliche Attribute sowie die Funktion des anderen Kindes als Spielkamerad. F. sind dabei zunächst eher einseitig auf die Befriedigung der eigenen *Interessen* und *Bedürfnisse* ausgerichtet. Etwa mit Beginn des Grundschulalters erkennen Kinder schließlich zunehmend, dass auch die anderen Kinder Interessen und Bedürfnisse in die Interaktions- oder Spielsituation hineinbringen und dass diese ggf. mit den eigenen Interessen und Bedürfnissen koordiniert werden müssen. Nach wie vor kann eine F. auf diesem Niveau jedoch leicht in die Brüche gehen, da die eigene Perspektive nach wie vor dominant und das Verständnis für die des anderen Kindes instabil und weitgehend kontextgebunden ist (sog. «Schönwetterkooperationen»). Erst nach und nach werden F. schließlich als enge, dauerhafte, gegenseitige und auf Vertrauen und Verlässlichkeit basierende Beziehungen begriffen (*Freundschaft, Entwicklung im Jugendalter*). Lohaus & Vierhaus 2013.

Friedensdiskurs [engl. *peace discourse*], *konfliktbezogene Diskursformen*.

Friedensjournalismus (= F.) [engl. *peace journalism*], [**MD, SOZ**], F. bez. einerseits eine als Reaktion auf den Golfkrieg und die post-jugoslawischen Bürgerkriege entstandene journalistische Schule, die dem Propaganda-Bias der Konfliktberichterstattung in den Medien entgegenzuwirken versucht, und andererseits ein Teilgebiet der friedenspsychol. Grundlagenforschung, das die sozialpsychol. Bedingungen und Möglichkeiten einer *konstruktiven Konfliktberichterstattung* untersucht. Gemeinsame Grundlage ist der bis auf die UN-Menschenrechtserklärung von 1948 zurückreichende und in einer Vielzahl an internat. Verträgen und Abkommen festgeschriebene Friedensauftrag der Medien. Kontrovers diskutiert wird dagegen die Frage, wie dieser zu erfüllen sei. Während Vertreter der journalistischen Schule dazu tendieren, den F. als eine Form des Meinungsjournalismus zu propagieren, den Journalisten eine aktive Rolle als Konfliktmanager zuzuweisen und/oder die Qualitätsnormen des Journalismus (insbes. Distanziertheit und Objektivität) infrage zu stellen, sieht die ps. Grundlagenforschung die Problemlage eher darin, wie diese Qualitätsnormen auch unter den Bedingungen von Konflikt und Krise erfüllt werden können. Entsprechend wird die Aufgabe des F. darin gesehen, die als Motor der Konflikteskalation wirkenden Fehlwahrnehmungen der Akteure zu konterkarieren und damit einer Eskalation des öffentlichen Diskurses entgegenzusteuern bzw. dort, wo der Diskurs bereits eskaliert ist, ihn wieder zu deeskalieren und schrittweise von einem Kriegsdiskurs in einen Friedensdiskurs und schließlich in einen Versöhnungsdiskurs überzuführen (*konfliktbezogene Diskursformen*). Zu diesem Zweck untersucht sie sowohl die Bedingungen der Nachrichtenproduktion als auch die Prozesse der Nachrichtenselektion und des Framings von Nachrichten sowie auch die daraus resultierenden *Medienwirkungen*. Als Untersuchungsfeld und Anwendungsgebiet hat der F. dabei nicht nur die Kriegsberichterstattung, sondern auch die Berichterstattung im Vorfeld eskalierender Konflikte (Vorkrieg) und insbes. auch den möglichen Beitrag der Medien zu Peace-Building, Demokratisierung und Versöhnung in Nachkriegsgesellschaften im Auge. Kempf 2012. *W. Kempf*

Friedenskultur *Kultur des Friedens*.

Friedenspsychologie (= F.) [engl. *peace psychology*], [**SOZ**], befasst sich mit psychol. Aspekten von Frieden, Konfliktaustragung (*Konflikt, sozialer*) und Krieg. Grundlegend sind eine normative Komponente – das Ideal des Friedens mit zunehmender Verwirklichung von *Menschenrechten* – und eine prozedurale Komponente: Konflikte sind – gemäß der Charta der Vereinten Nationen von 1945 – (möglichst) gewaltfrei auszutragen (*Pazifismus*). F. kann in vier Themenbereiche aufgeteilt werden: Bildung, Forschung, Praxis und Einflussnahme auf politische Prozesse. Ps. Organisationen, die sich schwerpunktmäßig mit F. befassen, sind u. a. *Committee for the Psychological Study of Peace*, *Forum Friedenspsychologie*, Peace Psychology, Division 48 der *American Psychological Association (APA)* und *Psychologists for Social Responsibility (PsySR)*. F. kann analytisch (*Forschung über Frieden*) und praktisch (*Forschung und Engagement für Frieden*) orientiert sein. Beim Friedensbegriff werden neg. Frieden (Abwesenheit von Krieg) und pos. Frieden unterschieden, insbes. (zunehmende) Verwirklichung von Menschenrechten und sozialer Gerechtigkeit, Befriedigung grundlegender menschlicher Bedürfnisse. Frieden und Krieg sind komplexe Phänomene, bei denen unterschiedliche Ebenen relevant sind: vom Individuum über Gruppen, gesellschaftliche Organisationen und Institutionen, Staaten bis zu internat. Systemen. Ps. bedeutsam sind u. a. grundlegende Überzeugungen wie *Autoritarismus*, *Militarismus*, Nationalismus, Gefühl der eigenen höheren Wertigkeit vs. *Pazifismus*, *Empathie*, Respekt, Toleranz und Solidarität. F. erforscht Kriege, um die oft vernachlässigten psych., sozialen und ökonomischen Kosten von Kriegen zu verdeutlichen, das durch Kriege verursachte menschliche Leid bewusst zu machen, das Vorbereiten und Führen von Kriegen zu analysieren und Möglichkeiten gewaltfreier Konfliktaustragung allg. oder bei konkreten Konflikten aufzuzeigen (*Friedenspsychologie und militärische Gewalt*; *Kultur des Friedens*). Konflikte sind (mind. von einer Partei) wahrgenommene unvereinbare Erwartungen, Interessen, Bedürfnisse oder Handlungstendenzen. Relevante Inhalte können (Über-) Leben, Macht(ansprüche), (Staats-)Grenzen, Ökonomie (Besitzverhältnisse, Rohstoffe, Absatzmärkte, Arbeitskräfte und deren Entlohnung), kult. und religiöse Werte, aber auch Würde, (verletzte) Ehre und Stolz sein. In der F. geht es um Konflikte zw. Großgruppen, insbes. Klans, Ethnien, Religionsgemeinschaften und Staaten. Es ist zu unterscheiden zw. (obj.) *Konfliktinhalt*, *Konflikterleben* (Kognitionen und Emotionen) und *Konfliktverhalten*. Bei einer *Konfliktanalyse* sind versch. Komponenten zu differenzieren, u. a. Gegenstand/Inhalt, direkt und indirekt beteiligte Parteien, Ebenen, aktuelle Auslöser und strukturelle Ursachen, Ziele der Konfliktparteien, Konfliktstrategien und -austragungsformen, (wahrscheinliche, kurz- und langfristige, intendierte und nicht intendierte) Folgen von angestrebten Konfliktzielen und praktizierten Konfliktstrategien. Beim *Konfliktverhalten* und der zugrunde liegenden Strategie ist bedeutsam, ob die Akteure neben den eigenen Interessen auch die des anderen berücksichtigen bzw. als legitim ansehen. Es ist zu unterscheiden zw. (vordergründigen) Positionen und (zugrunde liegenden) Interessen. Handlungen sind perspektiv- und kontextabhängig; daher können auch pos. gemeinte Handlungen vom Gegner als aggressiv wahrgenommen werden und zu einer («autonomen») Konflikteskalation führen. Ziel der F. ist nicht, Konflikte zu vermeiden, sondern sie gewaltfrei zu regulieren bzw. zu lösen und bereits gewaltförmige Konflikte zu transformieren. Dazu werden in der F. versch. Strategien diskutiert, vom Engagement der Bevölkerung bis zum GRIT-Modell (*Friedenspsychologie, Strategien*). Christie 2012, Sommer & Fuchs 2004, Tropp 2012. G. Sommer

Friedenspsychologie, Genderfragen [engl. *peace psychology, gender aspects*; *gender* Geschlecht], **[SOZ]**, der pos. Friedensbegriff nach Galtung umfasst nicht nur die Abwesenheit direkter, sondern auch struktureller *Gewalt*. Hierzu zählt zudem eine wichtige Dimension zur Analyse gewaltförmiger Konflikte. Folgende Themen sind an der Schnittstelle von *Friedenspsychologie* und Geschlechterforschung zentral (Schroer 2010): (1) Frauen werden als Akteurinnen in Kriegs- und Friedensprozessen untersucht, und zwar Erfahrungen und Strategien als Opfer direkter und struktureller Gewalt während und nach Kriegen, (2) das friedenspolitische Engagement von Frauen und Frauengruppen sowie (3) die Rolle von Täterinnen, z. B. im Nationalsozialismus oder als minderjährige Soldatinnen. Geschlechtsspezifische Erfahrungen von Männern, z. B. die Rekrutierung als Soldaten, männliche Opfer- und/oder Tätererfahrungen, werden in neueren Studien männlichkeitstheoretisch erforscht. Methoden der Konfliktbearbeitung wurden zudem kritisiert und weiterentwickelt, da sie häufig zum Ausschluss von Frauen als Verhandelnde beitrugen und hinsichtlich der Ergebnisse auf eine ungleiche Teilhabe hinausliefen.

Zu den stärker theoretisch ausgerichteten Beiträgen gehört die Erforschung der Zusammenhänge zw. Geschlecht und *Aggression*. Die zahlreichen Untersuchungen erstrecken sich von der personalen Ebene bis hin zu kollektiv ausgeübter Kriegsgewalt. Theoretische Grundlage bildet die Dekonstruktion von Geschlecht als natürlicher Kategorie, wodurch essenzialistische Zusammenhangsannahmen von Männlichkeit (*Maskulinität*) und Gewalt bzw. Weiblichkeit (*Feminininät*) und Gewaltlosigkeit obsolet wurden. Beeinflusst durch gendertheoretische Untersuchungen zu Geschlecht und Nation sowie durch Männlichkeitstheorien wurden zudem Intersektionen sozialer Kategorien stärker einbezogen, z. B. zw. Geschlecht, Heterosexualität und Nation (*Intersektionalität*). Untersucht wurden Entstehungsdynamiken von Nationalismen, ihre Verwobenheit mit normativen Vorstellungen von Geschlecht und (Hetero-)Sexualität sowie die damit verbundene Herstellung von Überlegenheitsansprüchen und vergeschlechtlichten Gewaltlegitimationen. Butler 1990, Galtung 1969. M. Schroer-Hippel

Friedenspsychologie, Geschichte der [engl. *peace psychology, history*], **[HIS, SOZ]**, seit Beginn der modernen Ps. forschen Psychologen zum Thema Frieden (= F.). Bis 1920 wird, ausgehend von der *Völkerpsychologie, Ethnopsychologie* und *Massenpsychologie*, F. und Krieg überwiegend als Ergebnis kollektiver historischer Prozesse untersucht. In der Verankerung des Krieges im kollektiven Bewusstsein wird ein entscheidendes Hindernis für F. gesehen (James 1910, Le Bon 1908). Feldstudien aus dem Ersten Weltkrieg beschreiben die Veränderungen der indiv. Wahrnehmung von Landschaften (Lewin 1917) sowie der sozialen Werte und Beziehungen (Dessoir 1926) an der Front (*Wehrpsychologie*). Mit der Etablierung der empir. *Sozialpsychologie* nach dem Ersten Weltkrieg konzentriert sich die *Friedenspsychologie* in den USA darauf, durch indiv. Verhaltensänderungen Feindbilder abzubauen (Allport 1927) und internat. Beziehungen zu verbessern (McDougall 1927). Mit der *SPSSI (Society for the Psychological Study of Social Issues)* wird ein organisatorischer Rahmen für diese Forschungen geschaffen. Schwerpunkt in den 1930er-Jahren ist die Messung pazifistischer und militaristischer Einstellungen (*Einstellungsskalen*; Dudycha 1942). Daneben erscheinen etliche psychoanalytische Arbeiten, die davon ausgehen, dass ein angeborener *Aggressionstrieb* einen dauerhaften F. verhindert. Nach *Freud* könnte allerdings in ferner Zukunft ein dauerhafter F. möglich werden, wenn der Aggressionstrieb durch Kulturentwicklung und die Schaffung einer internat. Zentralgewalt eingedämmt wird (Einstein & Freud 1933). Während des Zweiten Weltkrieges entwickeln US-amerikanische Sozialwissenschaftler und Psychologen Strategien, wie nach Kriegsende (z. B. durch Care-Pakete) der ehemalige Feind zum Freund gemacht werden kann (Spence 1942, Mead 1942, Murphy 1942). In den 1960er-Jahren bekommt die *Friedenspsychologie* neue Impulse durch Experimente wie *prisoner-dilemma game*, Untersuchungen zu *mirror images* (*Projektion*) und Experimente zur *Aggression* als Reaktion auf best. Reize (Berkowitz 1964). Das *Milgram-Experiment* und das *Stanford-Prison-Experiment*, zeigen, dass die Macht der Situation ganz normale Menschen dazu bringen kann, sich grausam zu verhalten. In der dt. Nachkriegsps. ist F. – mit wenigen Ausnahmen (Bergius 1967, Kroner 1971, Thomae 1966) – bis 1980 kein Thema. Angesichts der zunehmenden Gefahr eines Atomkriegs im Zusammenhang mit der US-Außenpolitik unter Ronald Reagan wurde die Verhinderung eines Atomkrieges Schwerpunkt friedenspsychol. Forschung (White 1986; Bolm et al. 1983). In Dt. werden – angestoßen durch die Friedensbewegung und die Gründung des «Forums Friedensps.» – Mitte der 1980er-Jahre etliche quant. und qual. Untersuchungen zur Kriegsangst (Boehnke et al. 1989), zu Feindbildern (Sommer et al. 1987), zu gewaltfreier Konfliktlösung und zum Entscheidungsverhalten in Krisensituationen (Dörner et al. 1983) durchgeführt. Seither hat sich die *Friedenspsychologie* auch in Dt. zu einem festen Bestandteil der Ps. entwickelt. M. Müller-Brettel

Friedenspsychologie, Strategien [engl. *strategies of peace psychology*], [**SOZ**], in der *Friedenspsychologie* (= F.) werden u. a. die folg. Prozeduren bzw. Strategien diskutiert, um Konflikte gewaltfrei auszutragen: (1) Ein breites Engagement der Bevölkerung für friedliche Ziele und Mittel (vs. Gewaltakzeptanz in der Gesellschaft; *Militarismus*). Das Engagement hängt u. a. von den folg. Faktoren ab: indiv. Wertorientierung (z. B. *Gewaltfreiheit*; *Gerechtigkeit*), erwarteter Nutzen, subj. Erfolgswahrscheinlichkeit, aber auch gesellschaftliche Bedingungen wie pos. Modelle sowie konkrete und attraktive Angebote für kollektives Handeln. (2) Beim gewaltfreien Widerstand geht es um aktiven Widerstand und um Vertrauensaufbau. (3) *Friedensjournalismus* kann neg. Effekten von Mediendarstellungen (*Feindbilder*; *Kriegsführung, psychologische*) in Konflikten entgegenwirken; er hat das Ziel, bei eskalierenden Konflikten und bei (Bürger-)Kriegen den Einfluss der Medien zur konstruktiven, gewaltfreien Austragung von Konflikten zu untersuchen und zu nutzen. (4) *Verhandlungen* sind die übliche offizielle Austragungsform von Konflikten. (5) Wenn insbes. bei lang anhaltenden, schweren Konflikten die Konfliktparteien zu direkten, konstruktiven Gesprächen nicht (mehr) bereit oder in der Lage sind, bietet sich das Vorgehen der *Mediation* an, bei der eine dritte Partei die Betroffenen bei der Konfliktbearbeitung unterstützt. (6) Die Methode interaktives Problemlösen (*Problemlösen, interaktives*) setzt unterhalb der Ebene offizieller Diplomatie an und versucht dadurch, Verhandlungen vorzubereiten und sie pos. zu beeinflussen. (7) Als Gegenmodell zur Konflikteskalation und zur Rüstungsspirale, wie sie real z. B. im Ost-West-Konflikt auftraten, entwickelte Osgood sein Modell der graduierten und reziproken Initiativen zur Spannungsreduktion (GRIT), Die hier genannten Strategien können dann genutzt werden, wenn die Konfliktparteien grundsätzlich an gewaltfreien Lösungen interessiert sind oder wenn sie von relevanten Dritten (z. B. UNO, Verbündete, Hegemonialmächte) dazu ermutigt bzw. gedrängt werden. Bei asymmetrischen Konflikten – eine Konfliktpartei ist politisch, wirtschaftlich und/oder militärisch deutlich überlegen - ist die Gefahr groß, dass bei der Konfliktbearbeitung die Ursachen (z. B. Streben nach oder Verteidigen von wirtschaftlicher, kult. oder militärischer Vorherrschaft) nicht angemessen berücksichtigt und bearbeitet werden. Nach der Beendigung von Kriegen sind – neben dem materiellen Wiederaufbau – versch. – hoch komplexe und langwierige – psychosoziale Interventionen erforderlich, um einen Rückfall in Gewalt zu verhindern. Dazu gehören u. a. Heilen psych. und sozialer Kriegswunden, Versöhnen durch Wahrheitskommissionen, Anerkennen des begangenen Unrechts, Bemühen um Gerechtigkeit und Entwickeln einer lebenswerten Perspektive (*Gerechtigkeit*). Bei innerstaatlichen und internat. gewaltförmigen Konfliktaustragungen werden Macht-, ökonomische und kult. Konflikte als zentral angesehen, u. a. soziale Ungerechtigkeit, kult. Unterdrückung. Diese werden auch psychol. hergestellt und vermittelt, insbes. durch die kogn. und emot. Repräsentation des Konfliktes in der Bevölkerung und bei deren Repräsentanten. Die Gefahr einer psychol. Verkürzung (*Psychologisierung*) von Friedensthemen besteht dann nicht, wenn die gesellschaftlichen und politischen Grundlagen mitberücksichtigt werden. F. ist ein junges Gebiet in Forschung und Praxis. Ihr Beitrag zum Frieden besteht derzeit eher in exemplarischen Projekten als in breiter Akzeptanz und Anwendung. Christie & Louis 2012, Sommer 2006, Sommer & Fuchs 2004, Tropp 2012, Wessels 2004. G. Sommer

Friedenspsychologie und militärische Gewalt [engl. *peace psychology and military force*], [**SOZ**], in der *Friedenspsychologie* (= F.) wird militärische Gewalt abgelehnt oder – i. S. der Charta der Vereinten Nationen von 1945 – als Ultima Ratio angesehen. Das Militär ist eine gesellschaftliche Organisation, in der Menschen für Kriegsführung sozialisiert werden. Dabei wird u. a. das kult. universell gültige Tötungstabu aufgehoben und die Fähigkeit zu töten systematisch trainiert; zudem lernen Soldaten, das eigene Leben notfalls zu opfern. Regierungen betonen, dass die wesentliche Aufgabe des eigenen Militärs die (territoriale) Verteidigung sei; zudem wird die Notwendigkeit von Kriegen behauptet, um Frieden und Gerechtigkeit herzustellen (*gerechter Krieg*, *humanitäre Intervention*, *Schutzverantwortung*). Genauere Analysen zeigen, dass bei Kriegen diese friedensorientierten Ziele häufig mit begleitenden Interessen in Zusammenhang stehen. So können sie dadurch mitbegründet sein, dass eigene Interessen durchgesetzt werden sollen, insbes. kult., ökonomische (Rohstoffe, Absatzmärkte, Handelswege) und militärische Dominanz. Daher ist eine wichtige Aufgabe der F., die kogn. und emot. Repräsentation von Verfassungen, Sicherheitspolitik, Militärstrategien und Waffensystemen hinsichtlich ihrer Orientierung auf offensive Kriegsführung zu analysieren – und zwar in der Bevölkerung und bei deren Repräsentanten. Die Existenz von Armeen belegt, dass Krieg und Gewalt selbstverständliche Optionen der Konfliktaustragung sind. Die Entscheidung, beträchtliche Mittel ins Militär zu investieren und Menschen im Gebrauch von Waffen zu trainieren, erleichtert und fördert die Entscheidung, dies in Krisensituationen auch zu nutzen. Der Zivilisierung von Konfliktaustragungen kommt in der F. daher eine große Bedeutung zu. Eine psychol. Neubewertung von Kriegen wäre eine bedeutsame kult. Aufgabe (*Kultur des Friedens*). Danach könnten Kriege nicht als Fortsetzung der Politik mit anderen Mitteln, sondern als Scheitern der Politik bewertet werden. Kriege werden – sofern sie nicht Verteidigungskriege sind – psychol. insbes. mit dem Aufbau von *Feindbildern* begründet. Mit *psychologischer Kriegsführung* sollen im Vorfeld oder während eines Krieges u. a. der Siegeswille des eigenen Militärs erhöht und die Bevölkerung mobilisiert werden, den Krieg zu unterstützen. In Kriegen werden global akzeptierte moralische Standards aufgehoben – übliche Verhaltensweisen sind Töten und Zerstören, auch Morden und Erniedrigen. Kriege führen neben der Zerstörung von Infrastruktur in den betroffenen Ländern (u. a. Häuser, Verkehrswege, Fabriken, Wasser- und Stromversorgung) zu vielen Toten, zu schwersten körperlichen Verletzungen und psych. Störungen (u. a. *Posttraumatische Belastungsstörung*), zu psych. Leid und sozialem Elend. Davon sind Soldaten, in erheblich größerem Ausmaß aber die Zivilbevölkerung betroffen. Kriege lösen nicht die zugrunde liegenden Probleme, sie provozieren häufig neue Gewalt und neue Kriege. So tritt z. B. in Nachkriegsgesellschaften ein erhöhtes Ausmaß an familiärer und gesellschaftlicher Gewalt auf. Darüber hinaus fehlen durch die Ausgabe von Geld und Ressourcen in Militär und Krieg diese für zivile Aufgaben, u. a. im Bildungs-, Gesundheits- und Sozialsystem. Die Folgen und Kosten von Kriegen werden bislang kaum umfassend und obj. untersucht. Physicians for Social Responsibility 2007, Sommer 2008, Sommer & Fuchs 2004. *G. Sommer*

Friedmann'sche Krankheit [engl. *Friedman's disease*], **[BIO, GES]**, Pyknolepsie. Anfallserkrankung bei Kindern *Epilepsie*.

Friedman-Test (= F.) [engl. *Friedman test*], syn. *Rangvarianzanalyse*, **[FSE]**, ein nicht parametrisches Prüfverfahren zum Vergleich von mehr als zwei (k) *abhängigen Stichproben* hinsichtlich ihrer zentralen Tendenz (*Maße der zentralen Tendenz*). Die Anwendung des F. setzt Ordinalvariablen (*Ordinalskala*) voraus. Die k abhängigen Messwerte werden für die N Messobjekte getrennt gereiht, d. h., für jeden Pb wird die indiv. Rangreihe der Werte auf den k Messstufen bestimmt. Anschließend werden die Rangplatzsummen R_j für die k Faktorstufen getrennt berechnet. Die *Nullhypothese* besagt, dass sich die Summe der Rangplätze bzw. die durchschnittlichen Rangplätze zw. den k Messstufen nicht unterscheiden. Die Prüfgröße wird nach

$$\chi^2 = \frac{12}{N \cdot k \cdot (k+1)} \cdot \sum R_j^2 - 3 \cdot N \cdot (k+1)$$

berechnet und ist χ^2-verteilt (df = k - 1; *Chi-Quadrat-Verteilung*). *Statistische Datenanalyseverfahren.* Friedman 1937.

Fromm, Erich (1900–1980), **[HIS, PER]**, psychodynamischer Persönlichkeitsforscher, der v. a. die biol. Vergangenheit und die sozialen Bedingungen der menschlichen *Persönlichkeit* erkundete.

frons, frontal [engl. *frontal*], [lat.] Stirn, kopfseitig, **[BIO]**, Ggs. *caudal*.

Frontalebene [engl. *frontal plane*; lat. *frons* Stirn], **[BIO]**, Körperebene parallel zur Stirn.

Frontalhirnsyndrom [engl. *frontal lobe syndrome*; lat. *frons* Stirn], *Dysfunktion, exekutive*.

Frontallappen [engl. *frontal lobe*; lat. *frons* Stirn], *Gehirn*.

^Test^**Frostigs Entwicklungstest der visuellen Wahrnehmung – 2 (FEW-2)**, 2008, G. Büttner, W. Dacheneder, W. Schneider & K. Weyer, [www.testzentrale.de], **[DIA, WA]**. Wahrnehmungstest. AA 4–9 Jahre. Der FEW-2 ist die dt. Bearbeitung des *Developmental Test of Visual Perception 2 (DTVP-2)*. Insbes. die explizite Trennung in motorikfreie (motorikreduzierte) und motorikabhängige Anteile erlaubt eine differenzierte Beurteilung der kindlichen Entwicklung zur *visuellen Wahrnehmung* mithilfe von insges. acht Subtests: (1) Auge-Hand-Koordination, (2) Lage im Raum, (3) Abzeichnen, (4) Figur-Grund, (5) Räumliche Beziehungen, (6) Gestaltschließen, (7) Visuo-motorische Geschwindigkeit, (8) Formkonstanz. Jeder der acht Subtests misst einen Typ visueller Wahrnehmungsfähigkeit – klassifizierbar als Lage im Raum, Formkonstanz, räumliche Beziehungen oder Figur-Grund. *Normierung*: N = 1436 Kinder in Dt. und Österreich. Nach Stadt-Land-Verhältnis, Ausländeranteil und Händigkeit repräsentativ. Altersgruppen von 4–7;11 Jahren in Halbjahresschritten, für die 8-Jährigen im Einjahresschritt; für Mädchen und Jungen getrennte Referenzwerte. Bearbeitungsdauer: 30–50 Min.; durchschnittl. 40 Min.

^Test^**Frostigs Entwicklungstest der visuellen Wahrnehmung - Jugendliche und Erwachsene (FEW-JE)**, 2012, F. Petermann, H.-C. Waldmann, M. Daseking & L. Werpup, [www.testzentrale.de], **[DIA, EW, WA]**. Erfassung visueller Wahrnehmungsstörungen und visuo motorischer Störungen, die Ableitung gezielter Fördermaßnahmen, AA 9–90. Dt. Bearbeitung des *Developmental Test of Visual Perception (DTVP-2)*, s. auch *Frostigs Entwicklungstest der visuellen Wahrnehmung – 2 (FEW-2)*. Der FEW-JE besteht aus insges. sechs Untertests: (1) *Abzeichnen*, (2) *Figur-Grund*, (3) *Visuo-motorische Suche*, (4) *Gestaltschließen*, (5) *Visuo-motorische Geschwindigkeit* und (6) *Formkonstanz*. Jeder der sechs Untertests erfasst eine oder mehrere Formen visuell-perzeptueller Fähigkeiten, welche sich den Wahrnehmungsprozessen Raum-Lage-Position, Formkonstanz, räumliche Beziehungen und Figur-Grund-Unterscheidung zuordnen lassen. Bei der Auswertung werden die drei Skalenwerte *Motorik-reduzierte visuelle Wahrnehmung (MRVW)*, *Visuo-motorische Integration (VMI)* und *Allgemeine visuelle Wahrnehmung (AVW)* gebildet. Durchführungsdauer ca. 20 Minuten, beim Testen von Menschen mit Behinderungen kann diese aufgrund von (motorischen, visuellen) Einschränkungen etwas erhöht sein. Die Auswertung der Testergebnisse dauert etwa 10 Min.

Frühdyskinesien [engl. *early dyskinesia*]; *extrapyramidalmotorische Störungen*.

Frühe Hilfen (= F. H.) [engl. *early childhood interventions*], [**KLI**], sind sowohl primär präventive Strategien i. S. der universellen Vorsorge als auch sekundär präventive Maßnahmen zum Kinderschutz. Diese Maßnahmen im frühkindlichen Alter setzen überwiegend an der Unterstützung der *Familie* an. Da die seelische *Entwicklung* und die damit korrespondierende Strukturierung des kindlichen *Gehirns* in den ersten Lebensjahren stark beeinflussbar sind, muss sich die *Prävention* auf die Förderung der Reifungsbedingungen für die Kinder am Anfang ihres Lebens konzentrieren. Dies gilt insbes. für diejenigen Kinder, die in sog. *Risikofamilien* (*Familien, Hochrisiko-*) aufwachsen. F. H. bilden lokale und regionale Unterstützungssysteme mit koordinierten Hilfsangeboten für Eltern und Kinder ab Beginn der Schwangerschaft und in den ersten Lebensjahren mit einem Schwerpunkt auf der Altersgruppe der 0- bis 3-Jährigen und ihren Familien. Der Wiss. Beirat des Nationalen Zentrums F. H. (NZFH) hat F. H. wie folgt def.: «F. H. zielen darauf ab, Entwicklungsmöglichkeiten von Kindern und Eltern in Familie und Gesellschaft frühzeitig und nachhaltig zu verbessern. Neben alltagspraktischer Unterstützung wollen F. H. insbes. einen Beitrag zur Förderung der Beziehungs- und Erziehungskompetenz von (werdenden) Müttern und Vätern leisten. Damit tragen sie maßgeblich zum gesunden Aufwachsen von Kindern bei und sichern deren Rechte auf Schutz, Förderung und Teilhabe.» (*Eltern-Kind-Beziehung, Erziehungsstile*). F. H. umfassen vielfältige sowohl allg. als auch spezif., aufeinander bezogene und einander ergänzende Angebote und Maßnahmen. Grundlegend sind Angebote, die sich an alle (werdenden) Eltern mit ihren Kindern i. S. der Gesundheitsförderung richten (universelle/primäre Prävention). Darüber hinaus wenden sich F. H. insbes. an Familien in Problemlagen (selektive/sekundäre Prävention). F. H. tragen in der Arbeit mit den Familien dazu bei, dass Risiken für das Wohl und die Entwicklung des Kindes frühzeitig wahrgenommen und reduziert werden. Wenn die Hilfen nicht ausreichen, eine Gefährdung des *Kindeswohls* abzuwenden, sorgen F. H. dafür, dass weitere Maßnahmen zum Schutz des Kindes ergriffen werden. F. H. basieren v. a. auf multiprofessioneller Kooperation, beziehen aber auch bürgerschaftliches Engagement und die Stärkung sozialer Netzwerke von Familien mit ein. Zentral für die praktische Umsetzung von F. H. ist deshalb eine enge Vernetzung und Kooperation von Institutionen und Angeboten aus den Bereichen der Schwangerschaftsberatung, des Gesundheitswesens, der interdisziplinären *Frühförderung*, der Kinder- und Jugendhilfe und weiterer sozialer Dienste. F. H. haben dabei sowohl das Ziel, die flächendeckende Versorgung von Familien mit bedarfsgerechten Unterstützungsangeboten voranzutreiben, als auch die Qualität der Versorgung zu verbessern. Für die F. H. wurden in Dt. *Interventionen* zur Stärkung der problembelasteten Familien und zum Kinderschutz in einer Reihe von Modellprojekten in den Bundesländern erprobt [www.fruehehilfen.de/fruehe-hilfen/modellprojekte-fruehe-hilfen/]. Die Erfahrungen aus diesen Projekten mündeten in der *Bundesinitiative F. H.*, einem Bestandteil des am 1.1.2013 wirksam gewordenen *Bundeskinderschutzgesetzes*. Zu den für die F. H. maßgeblichen Gesetzen zählen inzw. dieses Gesetz, die Sozialgesetzbücher und landesgesetzliche Bestimmungen. Die vorwiegend internat. Literatur dokumentiert in zahlreichen Evaluationsstudien moderate Effekte durch F. H. im Hinblick auf die Entwicklung des Kindes, den Belastungen der Bezugspersonen und der Beziehung zw. dem Kind und den Bezugspersonen. [www.fruehehilfen.de] Cierpka 2012, Nationales Zentrum Frühe Hilfen 2009. *M. Cierpka*

Frühförderung (= F.) [engl. *early intervention*], [**EW, PÄD**], auch *interdisziplinäre Frühförderung*, bezeichnet die Förderung und Entwicklungsbegleitung von Kindern zw. dem Säuglings- und Schulalter entspr. der Arbeitsprinzipien Ganzheitlichkeit, Interdisziplinarität, Familienorientierung und Vernetzung unter Beachtung indiv. kindlicher Entwicklungsbedürfnisse (*Entwicklungsaufgaben*), mit dem Ziel der Förderung gesellschaftlicher Teilhabe (SGB IX) bzw. Partizipation (ICF-CY). Frühförderung verfolgt sowohl kindbezogene Ziele (Aufbau von *Kompetenzen*, Förderung der Entwicklung von *Selbstwertgefühl* (*Selbstwertregulation*) und Selbsterleben, Hilfen zur Integration) als auch elternbezogene Ziele (Stärkung und Erweiterung elterlicher Kompetenzen im Umgang mit dem Kind, Unterstützung der Eltern in der Auseinandersetzung mit ihrer Situation; *Eltern-Kind-Beziehung, Elterntrainings, präventive*). Einen inhaltlichen Schwerpunkt der F. bilden versch. heilpäd. Methoden und Konzepte zur Entwicklungsförderung, durch welche das Kind Entwicklungsimpulse erfährt. Neben Heilpädagogen arbeiten auch Ergotherapeuten, Physiotherapeuten, Logopäden, Psychologen, Sozialpädagogen, Sozialarbeiter und Fachärzte für Kinder- und Jugendmedizin mit spezif. Schwerpunkt in der F. entwicklungsbegleitend mit einem Kind und seiner *Familie* (*Familienbeziehung, Familienbildung*). Zielgruppe von F. sind gleichermaßen Kinder mit manifesten *Behinderungen*, d. h. Kinder, deren körperliche und/oder geistige Funktionen und *Fähigkeiten* oder die seelische *Gesundheit* mit hoher Wahrscheinlichkeit länger als sechs Monate von dem für das Lebensalter typischen Zustand abweichen und daher die Teilhabe am Leben in der Gemeinschaft beeinträchtigen, sowie Kinder, die von der Entwicklung her derartigen Beeinträchtigung «bedroht» sind (vgl. SGB IX, § 2). I. e. S. gelten u. a. Säuglinge und Frühgeborene (*Frühgeburt*) mit Entwicklungsrisiken, mehrfachbehinderte Kinder, Kinder mit Verhaltensbesonderheiten und Lern-, Leistungsstörungen (*Lernstörungen*), Kinder verunsicherter Eltern sowie entwicklungsgefährdete Kinder aus sozial benachteiligten Familien zu den Zielgruppen präventiver Angebote (*Prävention*). Thurmair & Naggl 2000. *N. Gawehn*

Frühgeburt (= F.) [engl. *prematurity*], [**EW**], die F. wird definiert als eine Geburt vor der 37. Gestationswoche und ist weltweit die primäre Ursache für Neugeborenensterblichkeit und -morbidität. Die *Prävalenzrate* der F. bewegt sich in Europa aktuell bei ungefähr 10 %, ein Anstieg ist zu erwarten. Neuere Studien zeigen ein graduell steigendes kindliches Entwicklungsrisiko bei zunehmender Schwere der F. (Boyle et al. 2012), daher wird eine Einteilung in folg. Gestationsgruppen vorgeschlagen: (1) Extrem frühe Geburt [engl. *extremely preterm birth*]: Gestationsalter (= G.) weniger als 28 Wochen; (2) Sehr frühe Geburt [engl. *very preterm birth*]: G. 28–31 Wochen; (3) Moderat frühe Geburt [engl. *moderately preterm birth*]: G. 32–33 Wochen; (4) Späte frühe Geburt [engl. *late preterm birth*]: G. 34–36 Wochen; (5) Frühe reife Geburt [engl. *early term birth*]: 37–38 Wochen; (6) Reife Geburt [engl. *full term birth*]: G. mehr als 38 Wochen. Zusätzlich zum G. stellen ein niedriges Geburtsgewicht (< 2500 g: untergewichtig, < 1500 g: sehr untergewichtig, < 1000 g: extrem untergewichtig) sowie eine SGA-Geburt [engl. *small for gestational age*] Risikofaktoren dar. Trotz gravierender Verbesserungen in der med. Versorgung Frühgeborener in den letzten zwei Dekaden wachsen Frühgeborene weiterhin mit einem erhöhten Risiko für langfristige Probleme auf. Regelmäßige multidisziplinäre Nachuntersuchungen bis zum Schuleintritt sind empfehlenswert, um Entwicklungsprobleme frühzeitig zu identifizieren und notwendige Unterstützung anzubieten. *Entwicklung, pränatale, Neugeborenen-Diagnostik.* A. Schölmerich/J. Jäkel

frühkindliches, exogenes Psychosyndrom [engl. *exogeneous psychosyndrome of early childhood*; gr. ἔξω *(exo)* außen, γένεσις *(genesis)* Entstehung], *Psychosyndrom.*

Frustration (= F.) [engl. *frustration*; lat. *frustratio* Enttäuschung], **[EM, SOZ]**, F. tritt auf, wenn das Erreichen eines *Ziels* oder die Befriedigung eines *Bedürfnisses* behindert wird. Sie stellt einen unlustvoll erlebten Zustand dar, der mit der *Motivation* einhergeht, ihn zu beenden oder zu mildern. Hierzu kommen nach Bischof versch. Strategien infrage: ein Umweg, um zum Ziel zu gelangen, das Herbeirufen von Hilfe oder die Beseitigung des Hindernisses durch *Aggression*. In einer frühen Untersuchung von Barker et al. (1941a) hatte sich auch gezeigt, dass regressives Verhalten eine Folge von F. sein kann. Wenn die Erwartung von Kindern, mit reizvollen Spielsachen spielen zu können, enttäuscht wurde, dann spielten sie weniger konstruktiv, wenn sie endlich mit ihnen spielen durften. Dies wurde von den Autoren als Rückfall in ontogenetisch frühere, unreife Stufen der Entwicklung interpretiert. Dass Aggression eine Folge von F. sein kann, war eine bekannte Annahme über die Ursachen von Aggression i. R. der *Frustrations-Aggressions-Hypothese*, die allerdings heute mit psychol. Zusatzannahmen vertreten wird. In der ursprünglichen Form postulierte die Hypothese, dass Aggression stets eine Folge von F. sei. In der modifizierten Variante wurde nur noch angenommen, dass F. versch. Reaktionen auslösen kann, von denen eine in Aggression besteht. Letztere Annahme konnte Berkowitz (1989) noch spezifizieren: Sie trifft nur zu, wenn zw. Auslöser und Reaktion neg. affektive Zustände (z. B. *Ärger*) und best. kogn. Bewertungen (etwa ausgelöst durch Waffen im Versuchsraum) zw. geschaltet sind. Barker et al. 1941b, Gollwitzer & Schmitt 2006, Bischof 2009. H. Metz-Göckel

Frustrations-Aggressions-Hypothese [engl. *frustration–aggression hypothesis*], *Frustration, Katharsis.*

Frustrationstoleranz (= F.) [engl. *frustration tolerance*; lat. *frustratio* Enttäuschung, *tolerare* erdulden], **[EM, KOG, PER]**, Rosenzweig 1938; die Fähigkeit, Frustration über eine längere Periode auszuhalten i. d. S., dass weder der Versuch gemacht wird, die Spannungen indirekt zu mildern, noch das *Motiv* auf ursprüngliche Weise zu befriedigen. Prinzipiell handelt es sich um eine erlernbare Fähigkeit, wenn auch konstitutionelle Faktoren eine erhebliche Rolle bei dem beschriebenen Verhalten spielen. Weil eine niedrige F. eine Ursache problematischen Verhaltens, wie Drogenabusus, sein kann, wird eine Erhöhung der F. v. a. in der kogn. *Verhaltenstherapie* angestrebt.

F-Skala *autoritäre Persönlichkeit, Autoritarismus.*

F-Test [engl. *F-test*], **[FSE]**, *Signifikanztest*; ein parametrisches Verfahren zur Prüfung der Gleichheit von Varianzen (*Varianz*). Der F-Wert ist gleich dem Quotienten zweier Varianzen. (1) Prüfung der *Varianzhomogenität* zweier unabhängiger Stichproben beim *t-Test*. (2) Prüfung der Signifikanz von Mittelwertsunterschieden aufgrund vom Varianzschätzungen i. R. der *Varianzanalyse*. Ein kritischer Wert F_{krit}, der von den Zähler- und Nennerfreiheitsgraden des Quotienten der Varianzen bzw. Varianzschätzungen abhängt, muss überschritten werden, damit die *Nullhypothese* (Erwartungswert von F gleich 1) gleicher Varianzen/Varianzschätzungen verworfen werden kann. Eid et al. 2013. G. Mikula

fugue [frz.], **[KLI]**, Flucht, plötzl., unerwartetes Verlassen der gewohnten oder momentanen Umgebung, häufig im Kontext eines Schocks oder epilept. Dämmerzustands (*Epilepsie*). *Poriomanie, Dissoziative Störungen.*

Fühlen, **[EM]**, [engl. *feeling*], ein *Gefühl* i. S. des Lust- oder Unlust-Erlebens. *Emotionen.*

[WA], [engl. *sensation*], Wahrnehmungen (*Wahrnehmung*) durch die Hautsinne (Druck, Schmerz, Temperatur), Vibrationssinn. *Hautsinne (Tast-, Temperatur-, Schmerzsinn).*

Fühlfunktion (= F.) [engl. *feeling function*], **[KLI]**, eine der vier Hauptfunktionen der Seele nach C. G. Jung (*Analytische Psychologie*). Die F. zählt ebenso wie die Denkfunktion zu den rationalen Funktionen, da beide Funktionen Bewertungen vornehmen und somit Urteile fällen, die F. ist jedoch im Unterschied zur Denkfunktion impulsiv, subjektiv und spontan. *Hauptfunktionen.* Jung 1957.

Führung (= F.) [engl. *leadership*], **[AO, SOZ]**, ist ein Sammelbegriff für alle Interaktionsprozesse (*Interaktion*), in denen die absichtliche soziale Einflussnahme von Personen auf andere Personen zur Erfüllung gemeinsamer Aufgaben im Kontext einer strukturierten Arbeitssituation zugrunde liegt (Wegge & Rosenstiel 2007, weitere Def. s. Neuberger 2002). Die Einflussnahme kann nicht nur direkt durch Arbeitsaufträge oder Vorgaben erfolgen, die der zu beeinflussenden Person von anderen Personen (z. B. Inhaber von Vorgesetztenpositionen) durch mündliche oder schriftliche Kommunikation übermittelt werden. Einfluss kann auch indirekt über Strukturen ausgeübt werden, die als sog. Führungssubstitute wirken. Bsp. hierfür sind Stellenbeschreibungen oder Softwareprogramme, die festlegen, was die Mitarbeiter wie zu tun haben.

Das Hauptanliegen ps. F.theorien besteht darin, Bedingungen und Merkmale zur Verbesserung des F.erfolgs zu formulieren. Erfolgskriterien sind dabei i. d. R. beobachtete oder eingeschätzte Leistungen der geführten *Arbeitsgruppe* oder zurechenbare Kosten und Gewinne. Zur Auswahl von F.kräften werden in der Praxis *Einstellungsinterviews* oder *Assessment-Center* eingesetzt (*Einzel-Assessment*). F.kräfte werden in F.- und Managementseminaren aus- und weitergebildet (*Aus- und Fortbildung*). Die Umsetzung des Gelernten und die Karriereentwicklung wird durch *Coaching* gefördert.

In den bekannten Ohio-Untersuchungen wurden durch Fragebogenerhebungen zur Beschreibung des F.verhaltens zwei F.stile gefunden, die *Aufgabenstrukturierung* oder *Leistungsorientierung* (*Initiating Structure*) und *Mitarbeiterorientierung* bzw. *Rücksichtnahme* (*Consideration*). Mitarbeiterorientierung korreliert (*Korrelation*) häufig pos. mit *Arbeitszufriedenheit*, aber kaum signifikant mit Leistungskriterien. Aufgabenstrukturierung zeigt in mehreren Untersuchungen, aber keineswegs durchgängig mäßige Korrelationen mit Leistungskriterien. Ein *kooperativer F.stil* (Information und Einbeziehung der Mitarbeiter bei Fragen, die ihre Arbeit betreffen) kann jedoch auch unabhängig von der Zielsetzung direkte Leistungsverbesserungen zu erzielen, bei Vereinbarungen und Veränderungen von F.-grundsätzen in der Organisation zur Verbesserung des Arbeitsklimas und zur Förderung der Bereitschaft der Mitarbeiter zweckmäßig sein, ihr Erfahrungswissen zur Steigerung der *Effizienz* und *Effektivität* oder *Kundenzufriedenheit* beizusteuern. Es gibt Fragebogeninstrumente zur Erfassung des F.stils und Verhaltens aus der Sicht der Mitarbeiter.

Die *Wege-Ziel-Theorie der F.* von House & Mitchell (1974) basiert auf Grundannahmen der Erwartung × Wert-Theorie der Arbeitsmotivation von Vroom (1964, *Arbeitsmotivation, Erwartung-Wert-Theorien*). Danach kann der Vorgesetzte, der die Ziele, Werte und Erwartungen seiner Untergebenen kennt und über genügend Kontrolle verfügt, deren Leistungsverhalten beeinflussen, indem er Zusammenhänge (Kontingenzen) zw. den von ihm gewünschten Leistungen und den Zielen der Untergebenen herstellt. Wie Landy & Conte (2007) feststellen, ist es beim F.erfolg bes. schwierig, eindeutige Erfolgskriterien zu def.. Der Erfolg hängt nicht allein von der F.kraft ab, er ist je nach F.aufgabe und Organisation sowie Sicht des Unternehmens oder der Mitarbeiter unterschiedlich und stellt sich mitunter erst um Jahre zeitversetzt ein, wenn die F.kraft bereits einen anderen Job übernommen hat. Nach klassischen Eigenschaftstheorien kann der F.erfolg durch *Eigenschaften* wie Intelligenz oder soziale Eigenschaften vorhergesagt werden. Durchgängig starke empirische Zusammenhänge zw. einzelnen Fähigkeits- oder Persönlichkeitstests und Erfolgskriterien konnten allerdings in *Metaanalysen* nicht nachgewiesen werden. Landy & Conte (2007) halten es für aussagekräftiger, zu erforschen, wie sich F.kräfte entwickeln und welche Eigenschaften F.kräften dabei förderlich sind. Positive Korrelationen finden sich hier durchgängig bei Personen mit Persönlichkeitseigenschaften wie *emotionale Stabilität, Labilität, Extraversion* und *Offenheit* für Erfahrungen (Judge et al. 2001). Untersuchungen über Unterschiede zw. weiblichen und männlichen Führungskräften (Hyde 2005, Chin et al. 2007, Landy & Conte 2007) ergeben, dass Frauen einen eher partizipativen F.stil bevorzugen und sich fürsorglicher verhalten und bewusster mit interpersonellen Fragen umgehen. Ausgeprägter ist dies jedoch in frauendominierten Unternehmen und weniger in männerdominierten Organisationen – anscheinend aber, im Unterschied zu Männern, zulasten ihrer *psychischen Gesundheit*. Zaccaro (2007) kritisiert, dass in dieser F.forschung meist nur einzelne Eigenschaften der F.kräfte überprüft wurden. Nach seiner neueren Eigenschaftstheorie hängt der F.erfolg je nach Situation davon ab, ob die F.kraft gleichzeitig mehrere Merkmale mitbringt. Als allg. distale Merkmale nennt er die angesprochenen Persönlichkeitseigenschaften und intellektuellen Fähigkeiten sowie hohe Machtmotivation und führungsrelevante Werte sowie als konkretere proximale Merkmale Problemlösefähigkeiten, soziale und Beurteilungsfähigkeiten, Expertise und implizites Wissen. Beim Führen von Veränderungen (*Veränderungsmanagement*) werden bes. F.merkmale gefordert, wie Überzeugung, inspirierende Motivierung der Mitarbeiter, intellektuelle Anregung und indiv. Rücksichtnahme, wie sie in Fragebogenskalen zur transformationalen F. (*Führung, charismatische, transformationale*) erfasst werden (Subskala im *Multifactor Leadership Questionnaire (MLQ)*). Zeiten ungewisser Veränderungen und Krisen erfordern F.persönlichkeiten, denen ihre Mitarbeiter vertrauen können und die sie für eine loyale Unterstützung einer realistischen Zukunftsvision begeistern und aktivieren können. In diesem Zusammenhang ist das klassische Konzept der charismatischen F.persönlichkeit wieder aktuell geworden, das ursprünglich vom dt. Soziologen Max Weber entwickelt wurde (den Hartog & Koopman 2001, Neuberger 2002).

Nach vergleichenden interkult. Untersuchungen in zehn Ländern von Aycan et al. (2000) unterscheidet sich das F.verhalten in versch. Kulturen in der Machtdistanz (*Macht*), im Paternalismus und in der von den Mitarbeitern erwarteten Loyalität. Die bisher umfangreichste interkulturelle Erhebung zu F.stilen wurde i. R. des *Global Leadership and Organizational Behavior Effectiveness Research Program*, kurz *GLOBE study* von House et al. (2004; *Kulturdimensionen*) an 18 000 F.kräften mittlerer Ebenen aus 62 Ländern durchgeführt. Untersucht wurden neun kult. Dimensionen (Unsicherheitsvermeidung, Machtdistanz, institutioneller Kollektivismus, gruppenbezogener Kollektivismus, Gleichbehandlung der Geschlechter, Durchsetzungsverhalten, Zukunftsorientierung, Leistungsorientierung und humane Orientierung) und sechs F.stile (charismatische, teamorientierte, auf Selbstschutz ausgerichtete, partizipative, humane und autonomieorientierte F.). Gefragt wurde jeweils, welches F.verhalten im Land existiert und welches ideal wäre. Die Ergebnisse liefern differenzierte Unterschiedsprofile für die versch. Länder sowie Gemeinsamkeiten kult. enger verbundener Ländergruppen. Die dt. F.kräfte unterscheiden sich von anderen insbes. durch «geringes Mitgefühl, aber hohe Leistungsorientierung» wie Brodbeck et al. 2002 im Titel ihrer Analyse herausstellen. Vroom & Jago (2007) postulieren, dass generell Merkmale der Situation und *Aufgabe* ausschlaggebend dafür sind, welches F.verhalten angemessen ist. In der empirisch überprüften Entscheidungstheorie der F. von Vroom & Yetton (1973) wird angegeben, in welcher Situation welche Form der Partizipation der Mitarbeiter effizient ist. F. ist kein indiv. Phänomen, sondern besteht auf einer Dreiecksbeziehung zw. Führendem, Geführten und Situation (Neuberger 2002). Die vereinfachende Vorstellung von F.erfolgstheorien, dass es möglich sei, das Leistungsverhalten der Arbeitsgruppe durch trainierbares F.verhalten zu verändern, ist oft kritisiert worden (Neuberger 2002). Konzepte der *symbolischen F.* postulieren, dass die Hauptfunktionen der F. nicht in einer Leistungskontrolle oder -steigerung der Untergebenen zu sehen ist, sondern darin, dass durch F. sinnstiftende Kommunikationsprozesse (Sprache, Handlungen und Rituale: *Kommunikation*) Bedeutungen und Sprachregelungen vermittelt werden. Dadurch kann *Vertrauen* in die F. und Orientierung für die Mitarbeiter ermöglicht werden. (Pfeffer 1981). Sternberg (2007) entwickelt einen *systemischen Ansatz*, wonach er erwartet, dass eine Synthese der grundlegenden F.eigenschaften *Weisheit*, *Intelligenz* und *Kreativität* nützlich ist, wenn entspr. Anforderungen der Situation vorliegen. Nach der *Leader-Member-Exchange-Theorie* (*LMX*, Dansereau et al. 1975) entwickeln F.kräfte unterschiedliche Verhaltensmuster in der Interaktion mit einzelnen Mitarbeitern, je nachdem, ob sie zur In-Group oder Out-Group (*Gruppe*) gezählt werden und wie die Qualität der gegenseitigen Beziehungen eingeschätzt wird (Landy & Conte 2007). Im Zuge der Einführung selbstorganisierter *Gruppenarbeit* ändern sich die Aufgaben von F.kräften. Nicht mehr der Manager ist gefragt, der als Entscheider und Überwacher seinen Untergebenen die auszuführenden Beschlüsse vorgibt und ihre Ausführung kontrolliert, sondern ein Moderator und Förderer oder Berater weitgehend selbstständig zus.arbeitender Mitarbeiter. F.kräfte sollen danach typische Aufgaben aus dem Bereich der *Personalentwicklung* übernehmen und eine Art Beratung für ihre Mitarbeiter übernehmen (etwa durch regelmäßige *Zielvereinbarungsgespräche*, vgl. die Zielsetzungstheorie *Arbeitsmotivation*). Bennis 2007. *S. Greif*

Führung, charismatische, transformationale [engl. *leadership, charismatic, transformational*; gr. χάρισμα (*charisma*) göttliche Gabe, Ausstrahlungskraft, lat. *transformare* umwandeln], [AO, SOZ], Führungsforschung wurde durch House (1977) das Konzept der charismatischen *Führung* (= F.) in die *Organisationspsychologie* eingeführt (Felfe 2005). In der neueren Literatur werden die klass. F.dimensionen (wie z.B. aufgabenorientierte F., mitarbeiterorientierte F.) als *transaktionale F.* beschrieben, während die neuere F.forschung als *charismatisch* oder *transformational* gekennzeichnet wird, wobei transformational der weitere Begriff ist. Sehr bald haben sich in diesem Bereich unterschiedliche Konzeptionalisierungen ergeben, die sich jedoch in einer Weise überlappen, sodass nach wie vor von einer transformationalen F.konzeption gesprochen werden kann. Die z.T. faktoranalytisch ermittelten Dimensionen sind zwar hinsichtlich ihrer Anzahl und ihrer inhaltlichen Beschreibung unterschiedlich, weisen trotz allem aber ein hohes Maß an Gemeinsamkeiten auf. Stellt man die Dimensionen charismatischer F. von Conger & Kanungo (1988, 1998) den Merkmalen transformationaler F. von Bass & Avolio (1994) und Bass (1998) gegenüber, wird dies offensichtlich. Nach Conger & Kanungo (1998) sind *glaubwürdige und überzeugende Kommunikation, politisches Gespür und Sensibilität, unkonventionelles Verhalten, persönliche Risikobereitschaft, Sensibilität für Mitarbeiterbedürfnisse* und *Empowerment* die relevanten Dimensionen, während es in der Zusammenstellung von Bass (1999) die sog. «vier Is» sind, die transformationale Führung bestimmen: (1) *Idealized influence or Charismatic leadership*, (2) *Inspirational motivation*, (3) *Intellectual stimulation* und (4). *Individual consideration*. Als Formen transaktionaler Führung kommen dann noch hinzu (5) *Contingent reward* (leistungsorientierte Belohnung), (6) *Management by exception – active* (Führung durch proaktive Kontrolle), (7) *Management by exception – passive* (reaktives Eingreifen im Bedarfsfall), (8) *Laissez-faire* (Verzicht auf Führung). Eine kritische Auseinandersetzung mit diesen neueren Konzepten findet sich u.a. bei Neuberger (2002). Zur Erfassung transformationaler F. wurden mehrere Messverfahren entwickelt, von denen das am weitesten verbreitetste Verfahren der *Multifactor Leadership Questionnaire (MLQ)* (Bass 1985, 1995) ist. Eine dt. Variante dieses Verfahrens wurde von Felfe (2005) entwickelt.

Führung, gesundheitsförderliche [engl. *health-promoting leadership*], [AO, GES], beschreibt das *Verhalten* einer Führungskraft (*Führung*), das die *Gesundheit* der Mitarbeiter berücksichtigt und fördert. Eine Führungskraft, die gesundheitsförderlich führt, zeichnet sich dadurch aus, dass sie Verantwortung für die Gesundheit der Mitarbeiter übernimmt, Gesundheitsthemen aktiv kommuniziert, Maßnahmen betrieblicher Gesundheitsförderung (*Gesundheitsförderung in Organisationen*) unterstützt und Mitarbeiter motiviert (*Motivation*), an diesen teilzunehmen (Gurt et al. 2011). Längsschnittstudien in der Automobilindustrie belegen eindeutig, dass Führungskräfte durch Unterstützung, Vorbildfunktion und transformationalen Führungsstil (*Führung, charismatische, transformationale*) bei ihren Mitarbeitern die Zufriedenheit mit der Vereinbarkeit von Arbeit und Privatleben fördern (Sonntag, Becker et al. 2012). Darüber hinaus zeigten weitere Analysen, dass Vorbild- und Unterstützungsfunktion der Führungskräfte auch einen bedeutsamen Einfluss auf allg. Erschöpfungszustände (*Ermüdung, Erschöpfungssyndrom, chronisches*), *Wohlbefinden* und Kündigungsabsicht haben. *A. Michel/C. Nohe/K. Sonntag*

Führung, innovationsförderliche [engl. *promoting innovation through leadership*], [AO], um die *Innovationsbereitschaft*, aber auch innovative Verhaltensweisen zu fördern,

haben sich im Bereich der *Führung* (= F.) generelle und spezif. F.verhaltensweisen sowohl in Einzelstudien als auch in Metaanalysen (*Metaanalyse*) als funktional erwiesen. Zu den generellen, innovationsförderlichen F.verhaltensweisen zählt dabei die *transformationale F.* Transformationale F. (Rafferty & Griffin 2004) konkretisiert sich dabei (1) in einer Vision (Darstellung eines idealisierten Zukunftsbildes basierend auf organisationalen Werten), (2) der intellektuellen Stimulierung der Mitarbeiter (Steigerung des Interesses und der Wahrnehmung des Mitarbeiters an/von Problemen, Erhöhung der Fähigkeit des Mitarbeiters, über Probleme in einer neuen Art und Weise nachzudenken), (3) in inspirierender Kommunikation (Ausdruck pos. und ermutigender Informationen über die Organisation und Statements, die Motivation und Zuversicht vermitteln), (4) persönlicher Anerkennung der Mitarbeiter (Vermittlung von Belohnungen wie Lob und Bestätigung für Bemühungen des Mitarbeiters, ein spezif. Ziel zu erreichen) und (5) unterstützender F. (Ausdruck der Besorgnis um den Mitarbeiter und Berücksichtigung der indiv. Bedürfnisse des Mitarbeiters). I. R. der spezif., innovationsförderlichen F.verhaltensweisen hat sich insbes. eine einflussbasierte F. als bedeutsam erwiesen. Dabei werden fünf innovationsförderliche Einflussformen unterschieden (Krause 2010): (1) Einflussbasierte F. durch persönliche Ausstrahlung wirkt dadurch, dass die F.kraft für den Mitarbeiter eine positive Identifikationsperson darstellt, sie also als Person z. B. als bes. überzeugend, inspirierend, sympathisch oder attraktiv wirkt, weshalb der Mitarbeiter ihr in Einstellungen und/oder Verhaltensweisen ähnlich sein will. (2) Einflussbasierte F. durch Expertenwissen beruht auf überlegenem Wissen oder Fähigkeiten der F.kraft im Vergleich zum Mitarbeiter. (3) Einflussbasierte F. durch die Gewährung von Freiheitsgraden und *Autonomie* findet im Innovationsprozess dann statt, wenn die F.kraft – i. S. einer partizipativen F. – dem Mitarbeiter Mitsprachemöglichkeiten einräumt und – i. S. einer delegativen F. – die zur Innovation nötigen Freiräume und Entscheidungskompetenzen gewährt. (4) Mit einflussbasierter F. durch innovationsbezogene Unterstützung ist Fehlertoleranz gemeint, denn Innovationen sind per se mit Unsicherheit in Bezug auf das Ergebnis, die erforderliche Zeit, die anfallenden Kosten behaftet. Ferner schließt innovationsbezogene Unterstützung Anerkennung und Lob für innovationsbezogene Aktivitäten sowie Kompromissbereitschaft ein. (5) Einflussbasierte F. durch Offenheit im Entscheidungsprozess ist durch integres Verhalten der F.kraft charakterisiert und damit als das Gegenteil manipulativer Interessendurchsetzung bei Entscheidungen im Innovationsprozess. Krause 2004. D. Krause

Führung, Kontingenzmodell [engl. *contingency model of leadership*], *Kontingenz-Modell der Gruppeneffektivität*.
Führung, passiv-vermeidende [engl. *passive-avoiding leadership*], *Multifactor Leadership Questionnaire (MLQ)*.
Führung, transaktionale [engl. *transactional leadership*; lat. *transigere* durchführen], *Multifactor Leadership Questionnaire (MLQ)*.
Führung, transformationale [engl. *transformational leadership*; lat. *transformare* umwandeln], *Multifactor Leadership Questionnaire (MLQ)*, *Führung, innovationsförderliche, Führung*.

Führungsstil (= F.) [engl. *leadership (style)*], [**AO, SOZ**], sozialpsychol. Kategorie für unterschiedliche, in sich stimmige Ausprägungsformen und -grade von Verhaltensstrukturen eines oder mehrerer Gruppenmitglieder, die positions- oder funktionsmäßig herausgehoben sind und die Gruppenaktivität und Gruppenatmosphäre nachhaltig beeinflussen (*Führung, Gruppe*). Im Anschluss an die Untersuchungen von Lewin et al. (1939) mit ihrer Unterscheidung von autokratischem, demokratischem und Laissez-Faire-F. hat sich eine ausgedehnte Forschungstätigkeit zu den Problemkreisen Führung und F. i. R. der Kleingruppenforschung entwickelt, die auch auf die Päd. Ps. und Entwicklungsps., die Betriebsps. und die Psychoth. übertragen wurde. *Erziehungsstile, Unterrichtsstil, LPC-Score*. Bastine 1972, Schuler & Marcus 2006.

Fullerton-Cattellsches Gesetz [engl. *Fullerton-Cattell law*], nach J. M. Cattell (1860-1944), G. S. Fullerton (1859–1925), [**WA**], die Annahme, dass die Größe des Beobachtungsfehlers bzw. des ebenmerklichen Unterschieds proportional zur Quadratwurzel der Reizgröße zunimmt. Alternative zu: *Weber'sches Gesetz*.

Fullerton Longitudinal Study (= F.) [engl.] *Fullerton Längsschnittsstudie*, [**EW, PER**], eine 1979 an der *California State University*, Fullerton, initiierte Längsschnittstudie (*Längsschnittuntersuchung*) zur Charakterisierung der Entwicklung (kogn. und motivationaler Variablen, schulische Leistungen, Temperament und psychosoziale Anpassung) und familiärer Entwicklungsbedingungen intellektuell Hochbegabter (*Hochbegabung, intellektuelle*). 130 Familien mit gesunden Einjährigen aus dem Umkreis der Universität wurden rekrutiert und in regelmäßigen Abständen (1–5 Jahre: halbjährlich; 6–17 Jahre: jährlich) untersucht (weitere Befragungen erfolgten in größeren Abständen). $N = 20$ intellektuell Hochbegabte (IQ ≥ 130) wurden mit acht Jahren identifiziert; der erhöhte Anteil (19 % der reduzierten Ausgangsstichprobe von $N = 107$) ist vermutlich v. a. dem höheren sozioökonomischen Hintergrund der Stichprobe geschuldet. Im Vergleich zu den nicht Hochbegabten erreichten diese im Mittel – bei hoher Variabilität indiv. Entwicklungsverläufe – bereits im Kleinkindalter höhere Werte in kogn. Testverfahren. Während sich keine Nachteile der Hochbegabten gegenüber den nicht Hochbegabten in der psychosozialen Anpassung ergaben, zeigten sich Vorteile in den Schulleistungen und damit verknüpften affektiv-motivationalen Variablen (*Affektivität, Motivation*). Die familiäre Umwelt der Hochbegabten zeichnete sich früh durch einen höheren Anregungsgehalt aus. Später fokussierten die Autoren zusätzlich auf die Entwicklung einer Subgruppe hoch intrinsisch motivierter Jugendlicher (*motivationally gifted*; *intrinsische Motivation*). Einige meth. Einschränkungen der F. (u. a. nicht repräsentative Ausgangsstichprobe, sehr kleine Hochbegabtengruppe) werfen die Frage nach der Generalisierbarkeit auf. Insgesamt stehen die Befunde aber im Einklang mit Ergebnissen größerer Längsschnittsstudien zur Entwicklung Hochbegabter (*Genetic Studies of Genius*, Marburger

Hochbegabtenprojekt). Gottfried et al. 1994, Gottfried et al. 2006. *S. R. Buch/J. R. Sparfeldt/D. H. Rost*

Full-Information-Maximum-Likelihood-Verfahren (FIML) [engl. «vollständige-Information-maximale Wahrscheinlichkeit»], **[FSE]**, Maximum-Likelihood-basiertes Verfahren (*Maximum-likelihood-Methode*) zum Umgang mit fehlenden Werten (*Missing Data*). Allerdings findet keine *Imputation* der fehlenden Werte auf Personenebene statt, sondern es werden nur die interessierenden Parameter für die Stichprobe geschätzt (z. B. *Kovarianz*, *Varianz*). Diese Schätzung erfolgt durch eine Maximierung der Likelihoodfunktion. Es werden jene Werte als Schätzung gewählt, deren Verteilung für die beobachteten Daten am plausibelsten erscheinen. Vorteil des FIML ist die Ermittlung von Standardfehlern für die geschätzten Parameter, durch welche die Unsicherheit durch die Ersetzung fehlender Werte bewertbar wird. Leonhart 2013, Lüdtke et al. 2007. *R. Leonhart*

Full-Listening-Modelle [engl. *full-listening models*; «vollständiges Zuhören»], *Wortbildung*.

^Test^**Functional Assessment Staging (FAST)** *Reisberg-Skalen GDS, BCRS, FAST*.

fundamentaler Attributionsfehler [engl. *fundamental attribution error*], *Attributionsfehler*.

fundierte, fundierende Inhalte [engl. *funded, funding contents*; lat. *fundus* Grund, Boden], *Österreichische Schule, Grazer Schule*.

Fundierungsgesetze *Phonologie*.

Fünf-Faktoren-Modell (= F.) [engl. *five-factor-model*], **[PER]**, eine Taxonomie fünf grundlegender Persönlichkeitsdimensionen (die *Big Five*, Abk. B5): (1) *Neurotizismus* [engl. *neuroticisim* oder umgepolt *emotional stability*, Abk. N]: Tendenz zu Ängstlichkeit und Nervosität; (2) *Extraversion* [engl. *extraversion*, Abk. E]: Tendenz zu Geselligkeit, Dominanz und Frohsinn; (3) *Offenheit* für neue Erfahrungen bzw. Intellekt bzw. Kultur [engl. *openness*, Abk. O]: Tendenz zu Beschäftigung mit tiefsinnigen und schöngeistigen Themen; (4) *Soziale Verträglichkeit* [engl. *agreeableness*, Abk. A]: Tendenz zur Freundlichkeit und Harmonie; (5) *Gewissenhaftigkeit* (engl. *conscientiousness*, Abk. C): Tendenz zu langfristigem Planen, Selbstdisziplin und Fleiß.

Im Engl. ergeben die Anfangsbuchstaben auch die einprägsame Abk. OCEAN. Die B5 sind breite Persönlichkeitsdimensionen (*Persönlichkeit*), mit denen sich Persönlichkeitsunterschiede in allen Kulturen beschreiben lassen. Historisch wurden immer wieder ähnliche fünf Faktoren in versch. Datensätzen gefunden (Überblick: John et al. 2008), sodass man sie alle als B5 interpretieren und eine Fünf-Faktoren Struktur als sehr robust ansehen kann. Die B5 sind die bekannteste und in der Persönlichkeitsforschung meist genutzte Trait-Taxonomie (*Trait*, *Persönlichkeitsmerkmal*, *Taxonomie*). Sie erwiesen der Persönlichkeitsps. einen großen Dienst, da sie ermöglichten, eine «gemeinsame Sprache» für die Benennung und Kommunikation über grundlegende Trait-Dimensionen zu haben. Daher wirken sie integrierend und richtungsweisend für das Feld, welches mittlerweile zahlreiche Studien zur Vorhersagekraft (*Validität, prädiktive/prognostische/Vorhersage-*), genetischen Verankerung (*Verhaltensgenetik*), transkulturellen Äquivalenz (*Äquivalenz, kulturübergreifende*), zeitlichen *Stabilität* und Entwicklung über die gesamte Lebensspanne (*Lebensspannenpsychologie*) der B5 verzeichnen kann. Einige über die B5 hinausgehende Ansätze finden sich unter *Persönlichkeit, neuere Faktorenanalytische Ansätze*.

Obwohl die Bezeichnungen B5 und FFM oft als austauschbar verwendet werden, so rühren diese eigentlich von zwei separaten Forschungstraditionen her: (1) *Big Five (B5)*: Lexikalische Studien (*lexikalischer Ansatz*), die die alltägliche «Persönlichkeitssprache» sparsam zus.fassen, führen in germanischen Sprachen (Englisch, Deutsch, Holländisch) regelmäßig zu den B5 (in vielen anderen Sprachen konnten sie jedoch lexikalisch nicht repliziert werden). Der Begriff *Big Five"* wurde erstmals von Goldberg (1981) benutzt, auch wenn frühere Studien bereits ähnliche Faktoren fanden. Diese Tradition nutzt Adjektive zur Erfassung der B5, wie z. B. im *Big Five Inventar (BFI)*. (2) *Five-Factor Model (FFM)*: Hierarchische Beschreibung von Persönlichkeitsfaktoren in Haupt- und Unterdimensionen (Domänen und Facetten), ursprünglich auf die Dimensionen N, E und O begrenzt. Unter dem Einfluss der B5 wurde diese Taxonomie später durch Hinzunahme von A und C zum FFM ausgebaut. Durch zusätzliche Annahme einer biol. Verankerung und hohen zeitlichen Stabilität der B5 wurde dem FFM von McCrae & Costa (2008) der Status einer Theorie der Persönlichkeit zugesprochen (*Five-Factor Theory*, Abk. FFT). Diese Tradition nutzt Aussagesätze zur Erfassung der B5, wie z. B. im *NEO Persönlichkeitsinventar (NEO-PI-R)* oder seiner Kurzform *NEO-Fünf-Faktoren-Inventar (NEO-FFI)*. *Persönlichkeit, neuere faktorenanalytische Ansätze*. *J. Rauthmann*

Fungizide [engl. *fungicides*], **[BIO]**, Chemikalien zur Bekämpfung von Pilzen. Gehören zu den *Pestiziden*. Viele sind in höheren Dosen neurotoxisch. Einige haben antiandrogene Wirkung (*Antiandrogene*) und hemmen daher u. a. die pränatale Geschlechtsdifferenzierung. Kelce & Wilson 1997.

Funktion (= F.) [engl. *function*; lat. *functio* Verrichtung], **[BIO, EM, KLI, KOG, PHI]**, (1) Tätigkeit, v. a. die auf die Erreichung eines best. Zweckes gerichtete Tätigkeit, dann aber auch die Zweckbestimmung einer Tätigkeit. (2) *Leistung*, v. a. der Erfüllung einer best. *Aufgabe* zweckdienliche Leistung, dann aber auch die durchzuführende Aufgabe selbst. Mit solchen Aufgaben sind komplizierte Anpassungsvorgänge verbunden, Systeme mit sich ständig ändernden weiteren F. (die F. des Verdauens reguliert z. B. laufend die F. der Magen-, Darmdrüsen, des Gallezuflusses etc.). (3) Noch kompliziertere F.systeme liegen bei den sog. «höheren» psych. F. vor. F. ist eine Größe, die gesetzmäßig von einer anderen Größe abhängt. Dieses Abhängigkeitsverhältnis zw. Größen lässt sich math. folgendermaßen darstellen: y = f(x). Die Formel besagt, dass mit einer Veränderung der Werte von x jew. auch eine definierte Veränderung der Werte von y einhergeht. Während der F.begriff i. S. der 3. Def. innerhalb der Ps. zur Darstellung funktionaler Gesetze verwendet wird, dient der F.begriff i. S. der beiden ersten Def. zur Kennzeichnung best. einzelner psych. Vorgänge, Tätigkeiten und Leistungen, wobei u. a. vegetative, sensorische, motorische (*Motorik*) und psych. F. unterschieden werden.

funktionale Fixierung [engl. *functional fixation*; lat. *figere* befestigen], *heterogene funktionale Gebundenheit*.

funktionales Messen [engl. *functional measurement*], **[FSE, KOG]**, eine i. R. der *Informationsintegrationstheorie* von N. H. Anderson entwickelte (Skalierungs-)Methode (*Skalierung, Methoden der*), die sich den Befund zunutze macht, dass Menschen Informationen aus versch. Faktoren oft nach einfachen algebraischen Regeln verknüpfen (integrieren). Diese *kognitive Algebra* dient der Validierung bei der Bestimmung subj. Skalen. Es geht somit darum herauszufinden, welche subj. Stimuluswerte und welche Integrationsregeln der Bewertung eines Reizes zugrunde liegen. Das funktionale Messen verlangt einen mind. zweifaktoriellen Versuchsplan mit jeweils mind. dreistufigen Reizvariationen und eine mehrstufige Urteilsskala (*rating*). Anderson 1982. *F. Wilkening*

funktionale Verhaltensanalyse (= f. V.) [engl. *functional behavioral assessment*], **[GES, DIA, KLI, KOG]**, wesentliches Merkmal der *Verhaltensdiagnostik*. Die f. V. bemüht sich, Variablen und ihre Verknüpfung miteinander zu ermitteln, die für die Entstehung, das Aufrechterhalten und die Veränderung von Verhalten und Erleben eines Menschen bedeutsam sind. Sie basiert auf dem *SORKC-Modell*. Das Augenmerk ist bei der f. V. auf die Beziehung zw. Umwelt und Verhalten gerichtet: wie die Umwelt einerseits den Pat. beeinflusst und wie der Pat. andererseits als Mitglied versch. sozialer Systeme (Familie, Freundes- und Kollegenkreis) auf seine Umwelt einwirkt. Die funktionale Analyse stützt sich auf die Annahme, dass die Beschreibung des problematischen Verhaltens, seiner kontrollierenden Faktoren und der Mittel, durch die es verändert werden kann, die beste Erklärung für das Problem abgeben. Die funktionale Verhaltensanalyse ist so gesehen problem- und nicht persönlichkeitsorientiert. Neben die klassische lerntheoretische Verhaltensanalyse sind inzw. neuere Formen der *Problemanalyse* getreten. Schulte 1974, 1976, Petermann 2009. *P. F. Schlottke*

Funktionalismus (= F.) [engl. *functionalism*; lat. *functio* Ausführung], **[PHI]**, in Amerika entstandene ps. Richtung, die ihre explizite Formulierung in den ersten Jahren des 20. Jhd. durch Angell erfuhr. F. umfasste die gesamte junge amerikanische Ps. und trat in Opposition zu der damals stark vertretenen dt. Tradition der Wundt'schen Schule (*Wundt, Wilhelm*), die in Amerika fast nur noch von Titchener aufrechterhalten wurde. Letztere wurde im Ggs. zum F. *Strukturalismus* (*structuralism*) genannt, womit das Bestreben, das *Bewusstsein* seinem Inhalt nach in letzten Elementen (*Empfindung*) darzustellen, gemeint war. F. betont im Ggs. zu den (statisch aufgefassten) Bewusstseinsinhalten die ps. Funktionen, die mehr umfassen, als im Bewusstsein introspektiv vorfindbar ist. So die spontane Aktivität eines Selbst, die Bedeutung des Psychischen im biol. Zusammenhang als Anpassungsfunktion (*adjustment*) des Gesamtorganismus (Darwin). Einflüsse von Galton machen sich in einem starken Interesse an Differentieller Ps. geltend. Deweys *Pragmatismus* lenkt zu früher Beschäftigung mit angewandter Ps. bes. auf dem Gebiet der Pädagogik hin. Der F. hat der jungen amerik. Ps., die aus der Wundt'schen Schule hervorgegangen war, an ihren Ursprüngen bereits die Prägung gegeben, die für ihre ganze weitere Entwicklung charakteristisch geblieben ist. Für den F. ist nicht die Innenwelt wichtiger, sondern der Zusammenhang und die wechselseitige Abhängigkeit von Innen und Außen, zw. Individuum und Gesellschaft. Die Hauptvertreter waren J. R. Angell, J. M. Baldwin, J. M. Cattell, G. S. Hall, W. James, in der Schweiz E. Claparede. Dem Begriff F. liegt keine grundlegende Def. von «Funktion» zugrunde, er bez. summarisch die angedeuteten Tendenzen. F. dient auch als Bez. für den *funktionalen Materialismus*. Boring 1933, Wertheimer 1925, 1963.

Funktionalwert [engl. *functional value*], *Funktionscharakter*.

funktionelle Magnetresonanztomografie (fMRT) [engl. *functional magnetic resonance imaging (fMRI)*], **[BIO, DIA]**, ist eines der zurzeit gebräuchlichsten *bildgebenden Verfahren* (*Magnetresonanztomografie, MRT*) zur Messung von Veränderungen physiol. Hirnfunktionen, die während kogn., emot., sozialer etc. Aktivitäten auftreten. Während einer fMRT-Untersuchung wird die Person in das starke Magnetfeld eines Scanners platziert, wobei sich die dipolartige Struktur der Wasserstoffatome des Körpers meist längs der Magnetfeldrichtung ausrichtet. Ein wiederkehrender elektromagnetischer Impuls dient dazu, die Wasserstoffatome aus ihrer Lage auszulenken und in einen höheren energetischen Zustand zu versetzen. Endet dieser Impuls, schwingen die Atome wieder zurück (*Relaxation*), wobei Energie als elektromagnetische Strahlung abgegeben wird (*Resonanz*). Je nach Durchblutungszustand des Gehirns wird dieses Echo unterschiedlich ausfallen. fMRT beruht auf einer nicht invasiven Messung der Sauerstoffextraktion im Blut des aktiven Hirngewebes. Hämoglobin, welches seinen Sauerstoff abgegeben hat, hat andere magnetische Eigenschaften als das sauerstoffreiche Oxyhämoglobin. Die nach ca. 1 bis 2 s auftretende Extraktion von Sauerstoff in aktiven Hirnregionen (sog. *Blood Oxygen Level Dependent Response, BOLD*) führt zu einem kurzen Anstieg des Gehalts an paramagnetischem Desoxyhämoglobin, dessen räumliche Verteilung auf den Aktivierungsgrad der jeweiligen Hirnregion schließen lässt. Die räumliche Auflösung der fMRT ist gut, jedoch sind der zeitlichen Auflösung durch die sauerstoffabhängigen Reaktionszeiten Grenzen gesetzt. fMRT-Untersuchungen können durch mehrere Störeffekte beeinträchtigt werden: Eigenschaften des eingesetzten Scanners bzw. der genutzten Sequenz, Instabilitäten des Systems, Inkonsistenzen der Datenerfassung, Verzerrungen und Verluste des Signals in best. Hirnregionen, physiol. Artefakte, Bewegungsartefakte, sowie nicht intendierte, überlagernde kogn. Aktivitäten. Karnath & Thier 2012, Gauggel & Hermann 2008. *M. Peper*

funktionelles System [engl. *functional system*], **[KOG]**, physiol. Entsprechung (Korrelat) des Verhaltens (Bez. nach Anochin). Äußere Reize (auslösende Afferenzen) führen zu Erregungen in Rezeptoren, Subkortex und Kortex (Afferenzsynthese). Es folgen Handlungsziel und Handlungsprogramm. Bei Übereinstimmung wird die Erregung gelöscht. *TOTE-Einheit*.

funktionelle Störungen (= f. S.) [engl. *functional disorders*], **[KLI]**, Sammelbegriff für meist flüchtige S. des integrativ verflochtenen psychophysiol. Gesamtsystems (*Psychophysiologie*) ohne erkennbaren Befund im organischen Substrat (Ggs. organische S., bei denen stets ein ursächlicher organischer Defekt nachweisbar ist). Im Vordergrund stehen starke subj. Beschwerden einzelner Körperfunktionen, meist Organsensationen, die auch als psychosomatische Störungen (*Psychosomatik*) bez. werden. Sie entstehen meist auf neurotischer Grundlage (*Neurose*), wobei eine allg. Regulationsschwäche des VNS mitverantwortlich sein kann. Hier können sowohl konstitutionelle Faktoren wie auch dispositionelle Momente beteiligt sein. So können *Angst*, *Konflikt*, Überforderungen wie auch Fehlkonditionierungen (*Konditionierung*) zur Manifestation der f. S. führen. Eine weitverbreitete f. S. von Organen, die durch eine Labilität von Regelmechanismen im VNS, spez. des Vagus und Sympathikus, zustande kommt, ist die *vegetative Dystonie*. Sie äußert sich durch mangelnde Anpassung der Blutverteilung, des Blutdrucks, der Herzaktion und der Atmung an best. körperliche Anforderungen. Es treten Herzklopfen, Beklemmung, Unruhe, Kopfschmerz, Schwindelgefühl, Magendruck u. Ä. auf. Als Ursache finden sich neben durch Zivilisation bedingten Schäden (bewusste und unbewusste) seelische Belastung, Schlafmangel, familienbedingte Anlage, Herdinfektionen, Allergien. Weitere Symptome: vollst. funktionelle Anästhesie und Lähmung eines einzelnen Gliedes, Tics (*Tic-Störungen*), Bewegungsanomalien. Klin. heute auch Syn. für *vegetative Dystonie*, hier körperliche Beschwerdebilder, bei denen die zugrunde liegenden pathophysiol. Abweichungen nicht auf anatomischen Strukturveränderungen beruhen. F. S. werden häufig durch psych. Faktoren bedingt (aktuelle Belastungssituation, endogene *Depression*). Ehlert 2003. *C. Becker-Carus*

Funktionsanalyse (= F.) [engl. *functional analysis*; lat. *functio* Ausführung], **[KOG]**, Suche nach Zusammenhang, Hintergründen und Bedeutung von Handlungen, Prozessen, Teilen eines Funktionsgefüges und Ereignissen. F. ist oft Motiv für die Theorienbildung. *Handlung*, *TOTE-Einheit*, *funktionale Verhaltensanalyse*. **[SOZ]**, Freier oder an Raster bzw. skalierende Verfahren gebundener Versuch, die persönlichen und sozialpsychol. Aspekte eines Gruppenverlaufes, meist einer zeitlichen Einheit, zu beschreiben, etwa in Kategorien von Sympathie, Vertrauen, Machtausübung, Entwicklung von Kohäsion, Kooperationsfähigkeit etc.

Funktionscharakter (= F.) [engl. *functional property*], **[EM, KOG]**, Zweckbestimmung eines Gegenstandes, welcher zunächst einen indifferenten Charakter besitzt, aber dadurch, dass er in einem best. Handlungsablauf einem best. Zweck dient, einen spezif. Funktionscharakter erhält.

Funktionsindifferenz (= F.) [engl. *functional indifference*; lat. *functio* Ausführung, *in-* un-, *differentia* Unterschied], **[BIO]**, nach dem Prinzip der ursprüngl. F. des Gehirns (*Wundt, Wilhelm*) hängen alle Unterschiede sinnlicher Bewusstseinsinhalte (Empfindung, Gefühl) von der Art der peripheren Funktion (*Nervensystem*) ab. Zunächst sind die Gehirnfelder sozusagen ein unbeschriebenes Blatt. Daher auch Ausgleich bei Verletzungen und Ausfall von Funktionen bei Blinden sowie Taubstummen möglich, ohne dass das Gehirn der Form nach «verkümmert». *Plastizität*.

Funktionspotenzen (= F.), **[EM, EW, KOG]**, Fähigkeitsmuster, die die Voraussetzung für best. Funktionserfüllung sind. Gelegenheit und Interesse sind schließlich weitere Voraussetzungen für die Realisierung der F. im *Können*.

Funktionsreifung (= F.) [engl. *maturation of functions*], **[EW]**, Voraussetzung zur Vollbringung einer Leistung, z. B. für das Sprechenlernen die *Reifung* des sprechmotorischen Apparats etc. Reifungsvorgänge, die ohne nennenswerten Umwelteinfluss auftreten, sind z. B. Greifen und Gehen. F. bildet auch die notwendige Voraussetzung für die *Differenzierung* und Zentralisation, Verfestigung, *Kanalisierung*, Strukturierung innerhalb des Entwicklungsvorganges. *Entwicklung*. Oerter 1980.

Funktionsspiele [engl. *functional games*]; *Spiel*.

Funktionsteilung (= F.) [engl. *functional division, division of functions*], **[AO, SOZ]**, die Aufteilung der Aufgaben in einer Gruppe. Die F. ist abhängig von der vorgegebenen oder der sich entwickelnden Struktur, den *Funktionspotenzen* der Gruppenmitglieder und der inneren Struktur der Aufgabe. *Arbeitsteilung*, *Mensch-Maschine-Funktionsteilung*, *Mensch-Technik-Organisationsanalyse (MTO)*.

Funktionstests (= F.) [engl. *function tests*], **[BIO, DIA, KLI]**, Tests, die dazu dienen, best. anatomisch, physiol. oder biochem. gekennzeichnete (Teil)-Systeme in ihrer Intaktheit/Funktionsfähigkeit zu überprüfen. Sie stellen eine spez. Klasse von *Reaktivitätstests* dar. F. dienen der Diagnose und Prognose von Störungen. Am häufigsten werden als Reizbedingungen chem. Stoffe (Hormone, Pharmaka) oder physische Belastungen benutzt, als Indikatoren dienen Maße von Hormon- und Transmittersystemen, weniger ZNS- und VNS-Maße. Sternbach et al. 1982. *W. Janke*

Funktionswort (= F.) [engl. *function word, structural (structure) word*], **[KOG]**, ist in der Grammatik (*Grammatik, Grammatiktheorie*) Bez. v. a. für Artikel, Pronomina, Präpositionen, Konjunktionen, Partikeln usw., d. h. für Wörter, denen im Ggs. zu den sog. Inhaltswörtern nur mit Mühe (oder gar nicht) eindeutig «lexikalische» *Bedeutung* (als direkter Bezug auf etwas) zugeordnet werden kann, deren Funktion vielmehr darin besteht, die Inhaltswörter im *Satz* bzw. Text aufeinander zu beziehen und mit ihnen den Satz/Text zu konstituieren. Sie signalisieren «strukturelle» Bedeutung. Die F. bilden eine relativ geschlossene Klasse, sind sprachgeschichtlich alt, gering an Zahl (Fries (1957) fand in seinem Korpus engl. Konversation nur 154 F.), kommen aber sehr häufig vor (nach Fries ist durchschnittlich jedes dritte Wort im Text ein F.). Der satz-/textstrukturellen Funktion der F. entsprechen u. a. folgende exp. Befunde: Zw. sinnlosen Silben wurden F. besser gelernt als Inhaltswörter; innerhalb eines Textes wurden F. aus im Text weiter entfernten Wörtern besser erraten als Inhaltswörter. *Pivot-Grammatik*, Pivot-Wort. *Sprache*. Herriot 1974.

Funnel-Plot (= F.) [engl.] Trichter-Darstellung, **[FSE]**, eine grafische Darstellung der stichprobengrößenabhängigen Schätzungen desselbe Effekts (z. B. Unterschied in einem abhängigen Merkmal zw. einer *Experimentalgruppe* und einer *Kontrollgruppe*) aus mehreren Primärstudien i. R. von *Metaanalysen*. In einem zweidimensionalen Koordinatensystem wird auf der Abszisse die Stärke des Effekts (z. B. *Cohens d* bei Vergleich zweier Gruppen; *Effektgröße*) in den Einzelstudien und auf der y-Achse die Stichprobengröße der Einzelstudien abgetragen. Da der *Standardfehler* mit wachsender Stichprobengröße systematisch abnimmt, liegen die Effektstärken mit zunehmenden Werten in y-Richtung näher an der tatsächlich zugrunde liegenden Effektstärke (umgekehrte Trichterform der resultierenden Punktwolke). Voraussetzung hierfür ist jedoch, dass alle Studien denselben Effekt schätzen. Da dies für eine aussagekräftige Integration von Befunden i. R. einer Metaanalyse erforderlich ist, kann durch die umgekehrt trichterförmige Gestalt die Homogenität der Einzelstudien (Schätzung desselben Effekts in allen eingeschlossenen Primärstudien) auf Plausibilität getestet werden. Liegt keine umgekehrt trichterförmige Verteilung vor, so kann dies als Indiz für die Inhomogenität der Studien gewertet werden. Zudem kann der F. zur Identifikation des *publication bias* eingesetzt werden. Ein publication bias wird z. B. dadurch angezeigt, dass bei kleinen Stichprobengrößen unerwartet selten geringe Effekte publiziert wurden. Döring & Bortz 2016.

Furcht (= F.) [engl. *fear*], **[EM]**, F. ist eine neg. Emotion (*Emotionen*), die im mimischen Ausdruck (*Mimik*) kulturübergreifend gezeigt und erkannt wird und die deshalb oft zu den *Basisemotionen* gezählt wird. Es handelt sich um eine Erwartungsemotion (*Erwartung*), die entsteht, wenn man erwartet, dass etwas Negatives eintreten wird. F. geht mit dem subj. Gefühl des Bedrohtseins sowie mit einer Vielzahl physiol. Reaktionen wie z. B. einem Anstieg der *Herzfrequenz* und des *Blutdrucks* einher. Die physiol. Reaktionen (*Physiologie*) setzen den Körper in Verhaltensbereitschaft und erleichtern so z. B. Fluchtverhalten oder Abwehrreaktionen. F. kann sowohl bei der Bedrohung der körperlichen Unversehrtheit als auch bei der Bedrohung des Selbstwerts (*Selbstwertgefühl*) entstehen. Anders als *Angst* bezieht sich F. immer auf konkrete Situationen. In der Motivationsps. (*Motivation*) ist F. mit den Meidenkomponenten (*Konflikttheorie*) der *Motive* verbunden: *Furcht vor Misserfolg*, *Furcht vor Zurückweisung*, Furcht vor Kontrollverlust. *R. M. Puca*

Furchtappell (= F.) [engl. *fear appeal*], **[EM, WIR]**, ein F. in der Werbung (*Werbung, emotionale*) stellt eine Bedrohung für eigenes oder anderes Leben dar und i. d. R. eine Maßnahme zur Bewältigung der Bedrohung dar. Hierdurch sollen Rezipienten motiviert werden (*Motivation*), die dargestellte Bedrohung durch die Anwendung der Maßnahme zu kontrollieren. Drei Theorien machen Vorhersagen über die Wirkung der durch die dargestellte Bedrohung erzeugten *Furcht*. Die erste Theorie nimmt an, dass Furcht für das Befolgen einer empfohlenen Maßnahme schädlich ist, weil Rezipienten allein die Furcht verdrängen. Die zweite Theorie nimmt an, dass ein gewisses Maß an Furcht notwendig ist, um sich mit der Bedrohung auseinanderzusetzen. Ohne Furcht wären Rezipienten nicht motiviert zu handeln und zu starke Furcht würde sämtliche gedanklichen Ressourcen zur Bewältigung der Furcht binden. Die dritte Theorie nimmt ebenfalls an, dass ein gewisses Maß an Furcht für die Beschäftigung mit der Bedrohung notwendig ist. Rezipienten bewerten zuerst, ob die dargestellte Bedrohung für sie relevant ist. Ist dies der Fall, erzeugt die Bedrohung Furcht. Nun wird bewertet, ob die empfohlene Maßnahme effektiv und zu bewältigen ist. Im pos. Fall wird die Bedrohung durch Anwendung der Maßnahme kontrolliert, im neg. Fall durch Leugnen oder Abwendung vom Inhalt der Bedrohung. *A. Mattenklott*

Furchtappelltheorien [engl. *fear appeal theories*], *Schutzmotivation, Theorie der*.

Furchtstarre (= F.) [engl. *freezing*], **[EM]**, eine in Bedrohungssituationen gezeigte Verhaltensstarre, in der eine muskulär angespannte, defensive (meist gebückte) Körperhaltung eingenommen wird. Eine F. tritt v. a. dann ein, wenn die räumliche Distanz zu einer Bedrohung gering ist (Vermeidungsmotivation). Die körperliche Anspannung während einer F. unterstützt die Vorbereitung einer Flucht oder Attacke. Bolles 1979.
A. Eder/K. Rothermund

Furcht vor Misserfolg (= F. v. M.) [engl. *fear of failure*], **[EM, PÄD]**, F. v. M. ist neben *Hoffnung auf Erfolg* eine von zwei antagonistischen Komponenten des *Leistungsmotivs*. Personen mit stark ausgeprägter F. v. M. gehen pessimistisch an Aufgaben in Lern- und Leistungssituationen heran und vermeiden Herausforderungen. Heckhausen hat in seinem Selbstbewertungsmodell drei Teilkomponenten beschrieben, die der F. v. M. zugrunde liegen (*Leistungsmotivation, Selbstbewertungsmodell*). Dabei handelt es sich erstens um *unrealistische Zielsetzungen* (Wahl von zu leichten oder zu schwierigen Aufgaben), zweitens um *ungünstige Attributionen* (*Kausalattribution*; Misserfolge werden mangelnder Fähigkeit zugeschrieben, Erfolge variablen Ursachen wie Glück) und drittens um die affektive *Selbstbewertung* (stark beeinträchtigende Emotionen bei Misserfolg, kaum Stolz über eigene Erfolge). Die drei Teilprozesse sind nicht unabhängig, sondern greifen ineinander und bilden ein sich selbst stabilisierendes System. Zur Erfassung von F. v. M. stehen zwei unterschiedliche Arten von Testverfahren zur Verfügung, nämlich *projektive Tests* wie der TAT (*Thematischer Apperzeptionstest (TAT)*) sowie Selbstbericht-Skalen wie die *Achievement Motives Scales*. *Zielorientierung*. Heckhausen & Heckhausen 2010. *B. Spinath*

Furcht vor Zurückweisung (= F. v. Z.) [engl. *fear of rejection*], **[EM]**, ist – neben *Hoffnung auf Anschluss* und *Machtmotiv* – eines der Motive (*Motiv*), das in Situationen aktiviert wird, in denen mit fremden oder wenig bekannten Personen Kontakt aufgenommen werden kann. Das allg. Ziel der dann angeregten *Motivation* ist in der Vermeidung einer Ablehnung durch andere Personen zu sehen. Dies führt bei mittleren Ausprägungen zu vorsichtigem, zurückhaltendem Verhalten im Umgang mit Fremden. Wenn jedoch das Motiv hoch ausgeprägt ist, entstehen in den Gedanken Zweifel daran, durch das eigene aktive Verhalten anderen Menschen näher zu kommen und von ihnen gemocht zu werden. Der insges. eher pessimistische Umgang mit Fremden führt auch zu einer erhöhten Sensibilität, mehrdeutige oder undeutliche Signale des Gegenübers als Ablehnung oder Desinteresse zu interpretieren (*Kommunikation*). So entsteht dann schnell der Eindruck, mit der Situation überfordert zu sein, und daraus resultieren Gefühle von Verspanntheit, Hilflosigkeit und *Stress*. Hinzu kommt, dass bei angeregter F. v. Z. die Unterscheidungsfähigkeit zw. sozialer Anerkennung und Ablehnung verloren geht, und in beiden Fällen erhöht sich das Erleben von Stress und Unsicherheit – verbunden mit der Ausschüttung von Stresshormonen (Glukokortikoiden; *Hormone*). Wenn dies dann im Verhalten sichtbar wird, kommt es zur Ansteckung und Verunsicherung des Gegenübers – ein Teufelskreis der Rückmeldungen entsteht. So kommt es quasi zu einer *selbsterfüllende Prophezeiung*, und die hohe F. v. Z. stabilisiert sich selbst. Sokolowski & Heckhausen 2010. *K. Sokolowski*

Furchung [engl. *cleavage*], [**BIO**], synchron erfolgende Zellteilung bei der *Keimesentwicklung*. Aus der *Zygote* entsteht durch Einschnürungen ein 2-, 4-, 8-, 16- ... zelliges Stadium, das sich danach bei den höheren Tieren zu den drei «Keimblättern» Ektoderm, Mesoderm und Entoderm differenziert.

fusiform face area (= f.) [engl.; lat. *fusiformis* spindelförmig], [**BIO, WA**], ist eine Region des menschlichen *Gehirns* und Teil des *ventralen Pfads* des visuellen Systems. Sie ist vermutlich beteiligt an und spezialisiert auf *Gesichtserkennung* und wurde u. a. von Kanwisher et al. (1997) beschrieben. Auch die Unterscheidung anderer, sehr wohlbekannter Objekte kann eine verstärkte Aktivität dieser Hirnregion verursachen, z. B. die Identifizierung von Vögeln durch Ornithologen. Hierzu gibt es jedoch widersprüchliche Studienergebnisse. Die Aktivierung der f. wird durch bildgebende Verfahren wie *Positronen-Emissions-Tomografie* und (funktionelle) Magnetresonanztomografie (*Magnetresonanztomografie, MRT, funktionelle Magnetresonanztomografie*) gemessen. Dabei sehen Vpn meist Bilder von intakten Gesichtern und als Kontrolle Bilder von Objekten, Körpern, Orten und verfremdeten Gesichtern. Die Aktivität der f. korreliert dabei stark mit der Identifizierung von Gesichtern. Die f. liegt im *Cortex cerebri* des Temporallappens (*Temporallappen*). Sie tendiert zu anatomischer und funktioneller Asymmetrie, meist zugunsten der rechten Gehirnhälfte: bei vielen Pbn ist die f. der rechten Hemisphäre größer und wird stärker aktiviert. Die Existenz der f. wird zugunsten der Hypothese der Domänenspezifität ausgelegt. *H. Bülthoff/I. Bülthoff*

Fusion (= F.) [engl. *fusion*; lat. *fusio* Verschmelzen], [**AO, WIR**], Fachausdruck [nach dem engl. *merger*] für eine rechtliche und wirtschaftliche Verschmelzung zweier Unternehmen. Bei F. schließen sich i. d. R. zwei oder mehr Unternehmen zus. Die F. wird als engste Form des Zusammenschlusses gesehen, während eine *Akquisition* lediglich in einem Kauf einer relativ selbstständig bleibenden Einheit beruhen kann. Als Gründe für F. werden oft angestrebter Zuwachs an Marktanteilen im Kerngeschäft, mehr geografische Präsenz und angestrebte Synergien genannt. Die Erfolgsfaktoren sind ähnlich wie bei Akquisitionen eine nicht zutreffende wirtschaftliche Unternehmensbewertung i. R. der sog. Due-Diligence-Prüfung. Psychol. relevant sind Schwierigkeiten und Konflikte durch Vorbehalte der Mitarbeiter bei unterschiedlichen *Unternehmenskulturen* (Jöns 2002) in der Integrationsphase. Bühner & Tuschke 2006. *S. Greif*

Fusion, binoculare [engl. *binocular fusion*; lat. *bi-* zwei, *occulus* Auge], [**WA**], Verschmelzung der Netzhautbilder beider Augen zu einem Wahrnehmungsbild. *Auge, Konvergenz, räumliches Sehen*.

Fusion, tonale [engl. *tonal fusion*; lat. *fusio* Verschmelzung], Tonverschmelzung. *Ton, Hören, tonales Hören*.

Fuß-in-der-Tür-Technik *Foot-in-the-door-Technik*.

Futurologie [engl. *futurology*; lat. *futurum* Zukunft], *Zukunftserleben*.

fuzzy set [engl.] unscharfe Menge, [**KOG**], eine Klasse von Elementen, die der Menge in versch. Ausprägungsgraden angehören können. Im Unterschied zur klassischen Mengenlehre wird also nicht davon ausgegangen, dass ein Element der Menge nur zugehören oder nicht zugehören kann, sondern dass die Zugehörigkeit graduell abgestuft ist. In der Ps. wird diskutiert, inwieweit natürliche Begriffe wie Möbel, Fahrzeug usw. i. R. der Theorie unscharfer Mengen darstellbar sind. Medin & Smith 1984, Zadeh 1965.

F-Verteilung [engl. *F-distribution*], [**FSE**], theoretische *Verteilung* von Quotienten aus Varianzen (*Varianz*). *F-Test*. Eid et al. 2013.

F-Wert [engl. *F-value*], *F-Test, F-Verteilung, Mathematische Psychologie, Varianzanalyse*.

G

GABA (= G.) [engl. *gamma-aminobutyric acid*], Abk. für *Gamma-Aminobuttersäure*, [**BIO, PHA**], biogen aus *Glutaminsäure* gebildet, wichtigster hemmender *Neurotransmitter*, wirkt an zwei Rezeptorenarten, $GABA_A$- und $GABA_B$-Rezeptoren. Während eine Aktivierung von $GABA_A$-*Rezeptoren* zu einer Öffnung des Chloridkanals führt, führt eine Aktivierung der $GABA_B$-Rezeptoren über *Second-Messenger*-Systeme zu einer Modulation von Kalzium- und/oder Kaliumkanälen. $GABA_A$-Rezeptoren kommen häufiger vor als $GABA_B$-Rezeptoren. Praktisch alle zentralen Neuronen enthalten in ihrer Membran $GABA_A$-Rezeptoren. Der $GABA_A$-Rezeptorkomplex besteht aus fünf Untereinheiten mit Bindungsstellen für GABA, *Benzodiazepine*, *Picrotoxin*, *Barbiturate* und *Neurosteroide*. Auch *Alkohol* greift hier an. Ferner scheint G. ein Gegenspieler des *HPA-Systems* zu sein. Das GABAerge System wird u. a. mit der Verminderung von *Angst* und *Stress* in Verbindung gebracht. Paredes & Agmo 1992, Wilson 1996. *M. Reuter/W. Janke*

GABA-A-Rezeptor (= G.) [engl. *gaba a receptor*], [**BIO, PHA**], ionotrope Rezeptoren, aufgebaut als Transmembranproteine, die sich aus 5 Untereinheiten zus.setzen (bis jetzt bekannt: α1-6, β1-3, γ1-3, δ, ε, π, θ, ρ1-3–ρ3), meistens nach dem Schema 2αi, 2βj, 1γk. Die Untereinheiten bilden einen Kanal, der Cl-Ionen gemäß ihrem Konzentrationsgradienten in die Zelle einströmen lässt, wodurch es zu einer Hyperpolarisierung kommt. Dabei ist die Präsenz best. Untereinheiten für die Vermittlung unterschiedlicher Wirkungen erforderlich (z. B. α2- und oder α3 – Sedierung; α1-, α2- und α3 – Muskelrelaxation). Eine Reihe klin. wichtiger Pharmaka wirken auf die G. *Benzodiazepine* wirken als «pos. Modulatoren» über eine spezif. BZD-Bindungsstelle, von der sie kompetitiv durch *Flumazenil* (wird daher als *Antidot* genutzt) verdrängt werden können. *Barbiturate* und andere *Anästhetika* können in höheren Dosen direkt die G. aktivieren (agonistische Wirkung, unabhängig von *GABA*) und dadurch eine Narkose, aber auch lebensbedrohliche Intoxikationen auslösen. Ferner wird angenommen, dass einige *Phytopharmaka* (z. B. Lavendelöl) ihre Wirkung (teilweise) über die G. entfalten. Außerdem wirkt 4-Hydroxybuttansäure (GHB) als Partialagonist an G. des Typs α4β1δ. *T. Veselinović*

gain-framed messages [engl.] «Nutzen-gerahmte Mitteilung», *Gesundheitskommunikation*.

Galanin (= G.) [engl. *galanin*], [**BIO, PHA**], Substanz aus der Reihe der Neuropeptide mit inhibitorischer G-Protein-vermittelter Wirkung. Es hat eine für Neuropeptide seiner Größe unüblich lange Halbwertszeit von 60 Min. und G. gehört keiner bekannten Klasse von Neuropeptiden an. Rezeptoren finden sich zentralnervös hauptsächlich in der *Amygdala*, im Hypothalamus, im Hirnstamm und im basalen Vorderhirn (*Gehirn*). G. hat vielfältige Verhaltenswirkungen wie Stimulation des Essverhaltens (insbes. erhöhte Fettaufnahme) durch Hemmung der Glukose-induzierten Insulinausschüttung, Verringerung der Schmerzwahrnehmung als Substanz-P-Antagonist sowie die Verschlechterung von Gedächtnisleistungen (*Gedächtnis*). *Agonisten* wie *Antagonisten* sind synthetisch verfügbar. Agonisten könnten als *Antioxidanzien* für das ZNS, als potente Stimulatoren der GH-Ausschüttung sowie als Hilfsanalgetika (G. verlängert die Wirkdauer von Morphin 4–8-fach) zum Einsatz kommen. Antagonisten werden diskutiert bei *Alzheimer'scher Erkrankung*, gegen *Depression* sowie bei *Essstörungen*. Bartfai 1995. *W. Janke*

Galantamin (= G.), [**PHA**], *Antidementivum* aus der Gruppe der *Acetylcholinesterasehemmer* (AChE-I), wirkt in erster Linie durch selektive Hemmung der Cholinesterase. Darüber hinaus werden eine zusätzliche allosterische Aktivierung nikotinischer *Acetylcholinrezeptoren* sowie ein neuroprotektiver Effekt diskutiert. G. ist in Dt. für die Behandlung leichter bis mittelschwerer *Alzheimer-Demenzen* zugelassen. Es existieren zudem Hinweise auf pos. therap. Effekte bei schwerer Alzheimer-Demenz, vaskulären und gemischten Demenzformen sowie bei leichter kognitiver Störung (*mild cognitive impairment – MCI*). Auf dem dt. Markt sind aktuell folg. G.-Präparate verfügbar: Reminyl® (Retardkapseln oder Lösung), Galnora® (Retardkapseln) sowie unterschiedliche Generika. Die Dosierungsempfehlungen beinhalten einen Beginn mit 8 mg/d (Retardkapseln) zum Essen und eine langsame Dosissteigerung um 8 mg alle 4 Wochen bis zum Erreichen der Erhaltungsdosis von 16 mg/d bzw. 24 mg/d. In nicht retardierter Darreichungsform (Lösung) sollte das Präparat zur Verbesserung der Verträglichkeit auf zwei Dosen aufgeteilt werden. Bei Pat., die eine Beeinträchtigung der Leberfunktion haben, sollte eine angepasste, geringere Dosis verabreicht werden. Die Wirkung ist dosisabhängig, sodass die Behandlung mit der höchsten verträglichen Dosis erfolgen sollte. Bei Pat., die unter einer schweren Leber- oder Niereninsuffizienz leiden, darf das Medikament nicht verordnet werden. Außerdem ist bei Herzrhythmusstörungen, Asthma bronchiale oder obstruktiven Lungenerkrankungen Vorsicht geboten. G. wird bei ordnungsgemäßer Eindosierung i. d. R. gut vertragen, dennoch werden bei einigen Pat. gastrointestinale Beschwerden (Appetitminderung, Übelkeit, Erbrechen), aber auch Kopfschmerzen, *Schwindel*, Schlaflosigkeit, Erschöpfung, Verwirrtheit, *Depression*, Stürze, Agitation sowie *QTc-Zeit-Verlängerung* beobachtet. Bei der Verabreichung zus. mit anderen Medikamenten sollten mögliche Interaktionen berücksichtigt werden. In klin. Zulassungsstudien wurde gezeigt, dass G. den Erkrankungsverlauf bei Alzheimer-Demenz verzögern kann und pos. Effekte auf die Kognition und die Erhaltung der Alltagskompetenzen hat. G. ist im Übrigen ein Naturstoff, der initial aus Schneeglöckchen (Galanthus nivalis) isoliert wurde. *T. Veselinović*

Gallup-Methode [engl. *Gallup poll*], nach G. Gallup (1901-1984), [**SOZ**], Verfahren zur Erforschung der öffentlichen Meinung durch die Herstellung eines Miniaturmodelles eines Landes (z. B. Stadt/Land) und seiner Bevölkerung (nach Alter, Geschlecht, Bildung usw.). Wird seit 1935 durchgeführt. Meinungsbefragung, Meinungsforschung.

Galton, Francis, Sir (1822–1911), [**HIS, PER**], Vererbungsforscher, Psychologe, London. Studium *Cambridge University*, Mitglied der *Royal Society*. Zahlreiche Arbeiten zur Psychometrie, Statistik, Genetik. Mitbegründer der Zeitschrift *Biometrika*, 1904 Gründung der *Galton Laboratory of the University of London* als Zentrum für differential-ps. Fragestellungen, für Genetik und Statistik (erstes Institut für Eugenik). Galton gilt als Begründer der Differentiellen Psychologie.

Galvanisation [engl. *galvanisation*], [**BIO**], nach dem ital. Anatomen Galvani (Bologna, 1737–1798) benannt, Reizstrombehandlung, die diagn. und therap. Anwendung von Gleichstrom.

galvanische Hautreaktion [engl. *galvanic skin response*], psychogalvanische Reaktio (PGR).

game based learning (= G.) [engl.] spielbasiertes Lernen, [**KOG, MD, PÄD**], ist die Vermittlung von Wissen durch Videospiele. G. lässt sich in die Bereiche *Lernsoftware* und *Serious Games* unterteilen. Im Bereich *Lernsoftware* werden für den spezif. Lernkontext (Schulfach) konzipierte Spiele verwendet, um ausgewählte Inhalte, z. B. des Chemie- oder Physikunterrichts, zu vermitteln. Diese Spiele sollen den Lernenden Handlungsspielräume eröffnen, Problemlösestrategien behandeln und das allg. Verständnis die Lernenden fördern. Der Bereich *Serious Games* beschäftigt sich damit, welche Fähigkeiten mit Videospielen in Form von Simulationen erlernt werden können. Neuere wiss. Erkenntnisse zeigen, dass Krebspatienten nach Intervention mit einem spez. gestalteten Videospiel im Vergleich zu einer Kontrollgruppe verbesserte Selbstmedikation und höhere Selbstwirksamkeit zeigen. Zudem verfügen sie über ein höheres Wissen über die Krankheit. Kato et al. 2008, Prensky 2005. *M. Huff*

game playing [engl.] spielen; Steuerpsychologie.

Gameten [engl. *gametes*], [**BIO**], Keimzellen: weibliche Eizelle, männliche Spermien.

Gamma-Bewegung [engl. *gamma movement*], [**WA**], Bewegungseindruck der Ausdehnung und des Zusammenziehens, der bei einer Figur auftritt, wenn diese in dunklem Umfeld ansteigend erhellt oder abfallend wieder verdunkelt wird. Scheinbewegungen.

Gamma-Enzephalografie [engl. *gamma-encephalography*], Enzephalografie.

Gamma-GT (= G.) [engl. *Gamma GT*], Abk. für Gamma-Glutamyl-Transferase, Gamma-Glutamyl-Transpeptidase, [**BIO**], ein zellständiger Biokatalysator, der z. B. in Niere, Pankreas und Leber zu finden und ständig im Blut nachzuweisen ist. Die G. tritt bei einer Beeinträchtigung von Zellfunktionen, etwa bei einer degenerierten Leber oder Fettleber, vermehrt ins Blut über und wird deshalb als internistisches Diagnostikum alkoholbedingter Leberschädigungen verwendet (Normbereiche: Männer 6–28 U/l, Frauen 5–18 U/l, gemessen bei 25 °C). I. R. der psychodiagn. Eignungsbegutachtung für Straßenverkehrsbehörden und Verwaltungsgerichte wird die Gamma-GT in jüngerer Zeit verstärkt als obj. Indikator bei der Beurteilung anamnestischer Angaben v. a. wiederholt alkoholbedingt verkehrsauffälliger Kraftfahrer verwendet. Geiselbrecht et al. 1978, Grosse-Aldenhövel 1984.

K.-H. Stapf

Gammazismus [γ (*gamma*) gr. Buchstabe «g»], [**KOG**], fehlerhafte Artikulation des Lautes «b», z. B. Garten wie «Darten». Sprachstörungen.

Gang [engl. *walk*], [**KOG**], rhythmische Bewegungen der Beine (begleitet von Bewegungen anderer Körperteile) zum Zweck der Lokomotion. In Abhängigkeit von der Geschwindigkeit lassen sich charakteristische Gangarten beobachten, die durch unterschiedliche Koordinationen der beteiligten Gliedmaßen gekennzeichnet sind sowie durch unterschiedliche Zeitverhältnisse innerhalb des einzelnen Schrittzyklus; beim Menschen erfolgt der Wechsel vom Gehen zum Laufen z. B. bei ca. 7 km/h. (beim Gehen mit zunehmender Geschwindigkeit steigt der Energieverbrauch rapide an; durch den Wechsel der Gangart wird eine höhere Ökonomie erreicht). Zur Analyse des Gangs werden verschiedenartige Methoden der Bewegungsanalyse eingesetzt; bes. häufig sind optische Methoden zur Erfassung von Variablen wie Schrittweite, Dauer des Schrittzyklus usw. sowie Kraftplattformen, die die Messung der vom Fuß gegen den Boden gerichteten Kräfte erlauben. Der einzelne Schrittzyklus wird i. Allg. in Stemmphase (Fuß auf Boden) und Schwingphase (Fuß in der Luft) unterteilt. Sowohl in der Stemmphase wie auch in der Schwingphase wird das Kniegelenk des Menschen zunächst gebeugt und dann wieder gestreckt; die Minima der Kniegelenk-Winkels können zu einer weiteren Unterteilung benutzt werden (Philippson-Schrittzyklus mit vier Phasen). Die Bewegungssteuerung beim Gang umfasst autonome Strukturen (oft als zentrale Mustergeneratoren bez.) und Einflüsse von Information aus Körperperipherie und Umwelt. Für die psychol. Analyse von bes. Interesse ist die Anpassung des Gangs an die visuell wahrgenommene Umwelt (z. B. die Platzierung des Fußes auf unebenem Boden oder das Treffen des Absprungbalkens beim Weitsprung). Für die Unterscheidung von männlichem und weiblichem Gang reicht es auch, wenn der Beobachter wenige bewegte helle Punkte sieht (z. B. an Schulter, Hüfte, Armen, Beinen); ein wichtiger Faktor bei dieser Unterscheidung scheint der Geschlechtsunterschied im Verhältnis von Schulter- und Hüftbreite zu sein, der zu unterschiedlichen Bewegungsmustern auch der Arme und Beine führt. Rosenbaum 1990. *H. Heuer*

Ganglienblocker [engl. *ganglion(ic) blockers*], [**PHA**], Begriff für Stoffe, die die Reizübertragung an den präganglionären nikotinergen Synapsen des VNS hemmen, so

Tetraethylammonium und Hexamethonium. Wegen starker *Nebenwirkungen* nur noch bei schweren hypertonen Krisen (*Hypertonie*) in Gebrauch, früher interoperativ zur kontrollierten Blutdrucksenkung verwendet.

W. Janke/H. Schröder

Ganglienzellen (= G.) [engl. *ganglion cells*; gr. γάγγλιον (*gagglion*) das Knötchen], syn. *Neurozyten, Neurone, Nervenzellen*, [BIO], die syn. Namensgebung (G. und *Ganglion*) rührt daher, dass in den neben dem ZNS (*Nervensystem*) liegenden Knötchen (Spinalganglien) die Nervenzellen bes. gehäuft gefunden werden (*Nerv*). G. sind Zellen des Nervengewebes, deren Plasma erregungsleitende Neurofibrillen, Neurosomen und einen deutlichen Golgi-Apparat enthält. Zus. mit ihren oft verzweigten Fortsätzen (*Dendrit, Axon*) werden sie einzeln als *Neuron* bez.

C. Becker-Carus

Ganglion (= G.) [engl. *ganglion*; gr. γάγγλιον (*gagglion*) das Knötchen], [BIO], Nervenknoten, bei Mensch und mehrzelligen Tieren eine Anhäufung von Nervenzellen, die auch den Namen *Ganglienzellen* tragen (*Nerv*). Die G. liegen mit Ausnahme der Basalganglien außerhalb des ZNS (*Nervensystem*). Die Ganglienzellen der Retina (*Netzhaut*) bilden eine Schicht von Zellen in der Retina, die den Signalfluss der darunter liegenden Fotorezeptoren über die Bipolarzellen aufnimmt und diesen über ihre Axone (die den Augapfel als Sehnerv verlassen) und über das *Chiasma opticum* zum *Corpus geniculatum laterale* weiterleiten (*Sehbahn*). Die Spinalg. der Wirbeltiere liegen als kleine Knötchen neben dem *Rückenmark* in den Zwischenwirbellöchern. Ihre (pseudounipolaren) G.zellen entsenden einerseits efferente Fortsätze in das Rückenmark («hintere Wurzel»), andererseits afferent leitende Fortsätze in den Körper als reizaufnehmende (sensible) Fasern. Die autonomen G. befinden sich an versch. Stellen des autonomen NS im Körper. Sie vermitteln die vom Willen unabhängige Erregungsübertragung zw. Eingeweiden und NS. Sie liegen im Kopfbereich, den Grenzsträngen sowie im Bauch- und Beckenbereich. In der Chirurgie wird der Begriff G. (Überbein) für zystenartige Ausstülpungen der Gelenkkapsel oder Sehnenscheide verwendet. Abb. *Reflex*. Pinel 1997, Schmidt et al. 2000.

C. Becker-Carus

Ganser-Syndrom (= G.) [engl. *Ganser syndrome*], [KLI], nach S.J.M. Ganser (1853–1931), Psychiater, Dresden, psychogene Erkrankung mit halluzinatorischer Verwirrtheit. Die Symptome sind: Vorbeireden (*Paraphasie*), Vorbeihandeln (*Parapraxie*), Desorientiertheit mit nachfolg. ängstlich-halluzinatorischer *Amnesie*, bes. auf optischem Gebiet. Anlagemäßige Disposition und schwere Belastung (z. B. Krieg, Gefangenschaft) werden als Auslöser des G. angenommen.

Ganzfeld, homogenes (= h. G.) [engl. *homogeneous visual field, homogeneous Ganzfeld*], [WA], schwer zu erzeugende Reizsituation, die dadurch gekennzeichnet ist, dass in ihr keine Inhomogenität (Ungleichartigkeit) gegeben ist, also keine Figuren, Konturen, kein adäquater Reiz für *Detektoren*. Bei Betrachtung des h. G. erhält die ganze Netzhaut (*Retina*) einheitlich diffuses Licht, wie in dichtem Nebel. Entweder werden vor den Augen je halbe Zelluloidbälle angebracht, oder man sieht durch eine kleine Öffnung in zwei sich schneidende Kugeln von 1 m Durchmesser oder sitzt in geeignetem Abstand vor einer entspr. Halbkugel; in Kugeln und Halbkugeln muss das Licht gut integriert sein, meist ist es auch herabgesetzt. Der Beobachter sieht keine gekrümmten Flächen, sondern «leeren Raum». Der G.eindruck wird durch die Einführung von Inhomogenitäten (Grenzen, Konturen) aufgehoben. Die G.forschung lieferte Stützen für die gestaltpsychol. Wahrnehmungstheorie. *Gestaltpsychologie*. Metzger 1936/1953, Goldstein 2007.

R. Bergius

Ganzheit (= G.) [engl. *wholeness*], [KOG, WA], die sachliche und bedeutungshafte Geschlossenheit, Vollständigkeit, Unversehrtheit eines Gegenstandes, i. e. S. ein Gebilde, dessen Eigenart nicht durch Zusammensetzen der Eigenschaften seiner Teile abgeleitet werden kann. Das Ganze weist vielmehr andere Eigenschaften als seine einzelnen Komponenten auf. So ist der Satz zu verstehen, dass «das Ganze anders als die Summe seiner Teile» sei. Als Beispiel dient die Melodie, ein einzelner Ton erhält seinen Ausdruckswert erst durch den Zusammenhang von Tönen, in den er eingeordnet ist. Der Charakter der Melodie ist wiederum nicht aus den Qualitäten ihrer einzelnen Töne (jeder Ton für sich betrachtet) zu verstehen, sondern er wird gebildet durch die Stellung der Töne zueinander, er besteht in der *Struktur* der Melodie (*Gestalt, Ehrenfels-Merkmale*). Die Glieder der G. bedingen sich gegenseitig in ihrer Eigenart. Wird eines von ihnen verändert, so verändern sich auch die anderen, und damit ändert sich wieder das Wesen der G., in der sie existieren. Änderung oder Wegfall eines Gliedes kann auch Zerfall der G. bedeuten. Ggs. zur G. ist das beziehungslose und zufällige, anorganische Nebeneinander von Teilen, die additive Anhäufung unverbundener Gegenstände (z. B. ein Haufen Steine, Namen in einem Adressbuch). Ganzheitlich best. sind insbes. die organischen und psych. Vorgänge; bei der Vielzahl ihrer wirksamen Bedingungen stehen sie in einem ungemein komplizierten Wirkungszusammenhang, sodass die G.sbetrachtung als eine meth. Forderung in Biologie (bzw. Med.) und Ps. angesehen werden kann. Ganzheitliche Betrachtungsweise findet sich (neben entgegengesetzten Standpunkten) in der abendländischen Geistesgeschichte seit den gr. Philosophen. Im 18., 19. und noch zu Beginn des 20. Jhd. wurde sie in der Ps., in den Naturwiss. und auch in der Philosophie stark vernachlässigt, zugunsten einer mehr elementaristischen Betrachtungsweise. Nach der vorletzten Jhd.wende erhielt das G.denken neuen Auftrieb, in der Naturphilosophie und Biologie durch Driesch (hier in Verbindung mit einem Zurückgreifen auf den aristotelischen Begriff der *Entelechie*), in der Ps. durch Dilthey, Krueger u. a. *Ganzheitspsychologie, geisteswissenschaftliche Psychologie, Gestaltpsychologie*.

ganzheitliche Bestimmtheit (= g. B.) [engl. *holistic determinateness*], [PHI], Terminus der *Ganzheitspsychologie*, wie sie bes. von W. Ehrenstein vertreten wurde. Seelische Vorgänge einfachster und komplexer Art unterliegen der

g. B.: «Ein Erlebnis haben ist also gleichbedeutend mit: ein vom Ganzen her best. Erlebnis haben.». Ehrenstein 1935, Ehrenstein 1954.

Ganzheitskausalität *Kausalität.*

Ganzheitspsychologie (= G.) [engl. *holistic psychology*], eine von Chr. v. Ehrenfels (als erstem Anreger), darauf fußend von F. Krueger u. a. begründete Schule, die die Notwendigkeit der Ganzheitsbetrachtung in der Ps. bes nachdrücklich betont (*Ganzheit, Struktur, Leipziger Schule, Gestalt*). Die G. befasst sich mit den Erscheinungsweisen psych. Ganzheit auf allen Gebieten seelischen Lebens. Ehrenfels 1890, Sander & Volkelt 1962, 1967, Klemm 1934.

Ganzlernmethode, [**PÄD**], syn. *analytische Methode* [engl. *analytic method*], Verfahren, sich einen einzuprägenden Stoff als Gesamtheit anzueignen und erst dann zur Analyse fortzuschreiten. Ggs. Lernen in Teilen = Teillernmethode. *Instruktionsmethoden.*

Ganzqualität, Ganzbeschaffenheit (= G.) [engl. *holistic quality, property of wholeness*], [**WA**], ein 1906 von F. Krueger und später von seinem Schüler H. Volkelt verwendeter Begriff. Er bez. die Qualität des Erlebnistotals und schließt darum sowohl die wichtige Gestaltqualität als auch die *Komplexqualität* ein.

Die G. ist eine Eigenschaft, die nur aus diesem Gesamt, das über die Ganz-Teil-Relation hinausgeht, zu verstehen ist, wie z. B. die Gefühlszustände in best. Situationen. Das Vorhandensein von Gestaltqualitäten ist nur ein ausgezeichneter Fall, in dem die Figur-Grund-Abhebung (*Figur-Grund-Verhältnis*), spez. die Gestaltdominante, sichtbar wird. Die G. ist aber auch ohne derartige Abhebung vorhanden, wie in einem Geruch, einem Ahnen, einer Gestimmtheit usw. Die G. unterscheidet sich von dem Begriff Komplexqualität dadurch, dass sie nicht die Mehrheit von Sonder- und Einzelqualitäten im Komplex, sondern im Unterschied zu ihr die Einmaligkeit der Qualität, die sich aus dem Gesamt aller Beteiligten konstituiert, betont. *Gestaltpsychologie.* Volkelt 1922.

Garden-Path-Modell [engl. *garden-path model; to lead someone up the garden path* jemanden aufs Glatteis führen], *Sprachwahrnehmung.*

Garner-Interferenz (= G.) [engl. *Garner interference*], [**KOG, WA**], G. bez. die Unfähigkeit, bei der Verarbeitung von mehrdimensionalen Reizen eine Variation auf einer irrelevanten Merkmalsdimension zu ignorieren. Die G. tritt beim Vergleich der *Reaktionszeiten* in zwei Bedingungen einer *Wahlreaktions*aufgabe mit mehrdimensionalen Reizen auf. In beiden Bedingungen muss die Vp die Merkmalsausprägung jedes Reizes auf der relevanten Dimension (z. B. Farbe) per Tastendruck berichten. In der Standardbedingung (*baseline task*) weisen alle Reize auf einer irrelevanten Dimension dieselbe Ausprägung auf. In der Selektionsbedingung (*selective-attention task* oder *filtering task*) variieren die Reize dagegen auf einer irrelevanten Dimension in zufälliger Weise. G. liegt vor, wenn die Reaktionszeit in der Selektionsbedingung länger ausfällt als in der Standardbedingung. G. deutet darauf hin, dass zwei perzeptuelle Dimensionen nicht unabhängig voneinander verarbeitet werden können; man spricht dann von *integralen Dimensionen* (z. B. Farbton und Helligkeit). Ein Ausbleiben von G. spricht für die getrennte Verarbeitung von zwei perzeptuellen Dimensionen (z. B. Farbe und Größe). G. stellt ein wichtiges Kriterium für die perzeptuelle Trennbarkeit zweier Merkmalsdimensionen dar. Garner & Felfoldy 1970, Marks 2004. *P. Wühr*

Gastrin (= G.) [engl. *gastrin*], [**BIO, PHA**], ein von den G-Zellen (APUD-Zellen) der Schleimhaut des Magenantrums produziertes und den Drüsen des Magenfundus und -korpus auf dem Blutweg zugeführtes Peptidhormon aus 17 Aminosäuren. Es regt die Absonderung von Magensäure (in hohen Dosen aber Hemmung) an. G. wird über VNS (Nervus vagus, *Acetylcholin*) und lokale (mechanische, chem.) Faktoren reguliert. Über die nervöse Regulation ist eine Beteiligung psych., insbes. emot. Prozesse an der Säuresekretion gegeben. Für die Ulcusbildung wird ein Zus.hang mit G.-Produktion und Sekretion vermutet, dies ist jedoch schwer nachweisbar, da noch weitere Peptide beteiligt sind. Löffler & Petrides 1997.

W. Janke/P. Weyers

Gate-Control-Therapie [engl. «Schleusentorkontrolle»]; *Schmerz.*

gatekeeper [engl.] Türhüter, Informationsregulator; *qualitative Rekrutierungsverfahren.*

Gattungsgleichheit (= G.), [**WA**], nach Helmholtz besteht die G. bei *Empfindungen*, sobald kontinuierliche Übergänge möglich sind. Im Ggs. zu Empfindungen ohne Übergänge (z. B. zw. *Farben* und *Tönen*).

Gauß'sche Kurve (= G. K.) [engl. *Gaussian normal distribution*], syn. *Gauß'sche Normalverteilung*, [**FSE**], Darstellung des von dem Mathematiker C. F. Gauß (1777–1855) entwickelten Fehlergesetzes. Die Kurve in Form einer Glocke ist durch drei Merkmale charakterisiert: (1) Sie hat nur einen Gipfel; (2) Sie ist symmetrisch; (3) Sie steigt von beiden Seiten kontinuierlich nach der Mitte an. Sie wird durch folg. Funktion beschrieben:

$$y = f(x) = \frac{N}{\sigma\sqrt{2 \cdot \pi}} \cdot e^{-\frac{1}{2} \cdot \left(\frac{x-\mu}{\sigma}\right)^2}$$

μ = Erwartungswert, Zentrum der Verteilung
σ = *Standardabweichung*

Für $\mu = 0$ und $\sigma = 1$ ergibt sich die *Standardnormalverteilung,* für die die kumulierten Wahrscheinlichkeiten tabelliert vorliegen.

Bedingung für die Entstehung dieser sog. *Normalverteilung* ist, dass der Gegenstand der Messung von vielen zufälligen, voneinander unabhängigen, additiv wirkenden Faktoren bestimmt wird. Anschauliche Demonstration der Kurve mittels des Galton-Brettes; über ein Nagelbrett rollen von einem Punkt aus Kugeln herab, die sich unten in Form der G. verteilen. *Normskalen, Normenskalen, Quinkunx, t-Verteilung.* Eid et al. 2013.

Gebärde (= G.) [engl. *gesture*], [**KOG, SOZ**], Bewegung (*Motorik*), die ein seelisches Geschehen ausdrückt. Wundt unterscheidet hinweisende, nachbildende, mitbezeichnende, symbolische G. Auch willkürliche und unwillkürliche G. sind zu trennen. *Gebaren, Gesten, Gestik.*

Gebärdensprache (= G.) [engl. *sign language*], [**KOG, SOZ**], Verständigungssysteme, bei denen statt lautlicher oder grafischer Symbole (*Symbol*) Haltungen und Bewegungen des Körpers bzw. von Körperteilen (*Motorik, Mimik*), speziell der Hände und des Mundes, zur *Kommunikation* verwendet werden. Gehörlose (*Gehörlosigkeit*) bedienen sich best. G. (1770 eingeführt von Charles Michel Abbé de L'Epee), wobei teils einzelne Buchstaben nachgebildet werden (Finger-Alphabet), teils mit einzelnen Gebärden komplexere Bedeutungseinheiten bez. werden. G. wurde (z. B. von Wundt) als eine phylogenetische Vorstufe lautsprachlicher Kommunikationssysteme des Menschen angesehen. *Sprache, nicht verbale Kommunikation.* G. Kaminski

Gebaren [engl. *demeanor, mien*], [**EM, KOG, SOZ**], Bez. für den seelischen, expressiven Gehalt der Körperbewegungen und -haltungen (*Pantomimik*, Gebärde). Der Begriff umfasst alle Ausdrucksformen wie Mienen, Gesten und Gebärden. Argyle 1975, Kiener 1961, Strehle 1956.

Gebetsheilung [engl. *prayer healing*], *Fernheilung.*

Gebundenheit, funktionale *heterogene funktionale Gebundenheit.*

Geburtstrauma [engl. *birth trauma*], [**KLI**], Theorie des Psychoanalytikers O. Rank, dass die Geburt als solche bereits ein traumat. Erlebnis sei und spätere neurotische Ängste hierin ihre Wurzeln haben könnten. Andere psychoanalytische Ansätze teilen diese Auffassung jedoch nicht oder nur z. T. (Annahme der Entwicklung von Selbst und Bewusstsein erst nach der Geburt). *Traumatheorie, psychoanalytische.* Thomä 1990.

Gedächtnis (= G.) [engl. *memory*], [**BIO, KOG**], bez. die Fähigkeit von Organismen, Informationen aufzunehmen, zu speichern und später wieder abzurufen (*Abruf*). Der vorliegende Beitrag beschränkt sich auf die durch H. Ebbinghaus (1885) begründete psychol. Gedächtnisforschung. Die biol. Grundlagen des G. behandelt ausführlich Kandel (2009).

Maßgeblich beeinflusst wurde die neuere ps. G.forschung durch das *Mehr-Speicher-Modell* von Atkinson und Shiffrin, das sich Ende der 60er-Jahre im vorigen Jhd. als Konsequenz vieler Forschungsbemühungen ergeben hatte. Laut Modell sind drei seriell angeordnete G.systeme Träger von G.leistungen. Zunächst werden die Informationen für sehr kurze Zeit in modalitätsspezifischen *Ultrakurzzeitspeichern (UKZS)* gehalten. Für visuelle Informationen ist der ikonische, für auditive Informationen der echoische, für Informationen aus anderen Sinneskanälen sind andere UKZS zuständig. Ihre Kapazität ist groß, während die Lebensdauer sehr gering ist. Diese Systeme halten die Informationen für kurze Zeit für weitere Analysen präsent, die im *Kurzzeitspeicher (KZS)* durchgeführt werden. Da dieser nachgeschaltete KZS eine geringere Kapazität hat, gehen Informationen auf dem Weg der Übertragung von den UKZS zum KZS verloren. Die Aufmerksamkeitszuwendung (*Aufmerksamkeit*) entscheidet darüber, welche Informationen in den KZS übertragen werden. Durch ständiges *Memorieren* kann die Information beliebig lange im KZS gehalten werden. Wird das Memorieren unterbunden, tritt nach etwa 20 s vollst. *Vergessen* ein, das z. T. auf den autonomen Zerfall der Gedächtnisspur, z. T. auf *Interferenz* zurückgeführt wurde. Das Memorieren sorgt neben der Präsenthaltung der Information für ihre Übertragung in den *Langzeitspeicher (LZS)*, der eine sehr große Kapazität hat. Ist die Information in den LZS gelangt, verbleibt sie dort für immer. Kann sie dennoch nicht erinnert werden (*Erinnerung*), liegt das daran, dass sie aus irgendwelchen Gründen nicht abgerufen werden kann.

Später stellten sich Befunde ein, die kritisch für dieses Modell waren. Diesen Befunden kann eine Konzeption, die mit dem Konstrukt des G.speichers arbeitet, nur gerecht werden, wenn sowohl KZS wie LZS weiter differenziert werden. Eine Differenzierung des KZS leistet die Theorie des *Arbeitsg.* (AG; *Arbeitsgedächtnis*) von A. Baddeley. Das Kurzzeitgedächtnis wird in dieser Theorie, deren neueste Version den KZS in vier Komponenten auffächert (Baddeley 2000), als AG aufgefasst, das nicht nur für kurzfristiges Erinnern, sondern auch für die Bewältigung mannigfacher kogn. Aufgaben zuständig ist (z. B. Sprachverstehen, Kopfrechnen). Baddeleys Theorie hat viel Forschung angeregt, hat aber auch ihre Probleme, sodass weitere Konzeptionen des AG existieren. Auf E. Tulving (1985) geht die Differenzierung des LZS in versch. Komponenten zurück. Im *episodischen LZS* sind räumlich und zeitlich datierbare Ereignisse des eigenen Lebens abgespeichert. Im *semantischen LZS* ist das Wissen ohne Bezug zu best. Episoden des Lebens abgespeichert (z. B. Rom ist Hauptstadt Italiens). Im *prozeduralen LZS* ist Wissen über Prozeduren und Fertigkeiten (z. B. Fahrradfahren) abgelegt, das meistens nicht verbalisiert werden kann. Episodisches und semantisches G. werden häufig unter der Bez. des *deklarativen G.* zus. gefasst, während das prozedurale G. nicht deklarativ ist. Diese Differenzierungen werden u. a. Befunden aus der Amnesieforschung (*Amnesie*) gerecht. Bei organischen Amnesien ist das deklarative G. gestört, während das nicht deklarative G. unbeeinflusst bleibt. Das im deklarativen G. verankerte Wissen kann bewusst erinnert und genutzt werden, was für das nicht deklarative G. nicht gilt. In dieses System gelangen Informationen nicht nur über den KZS, der für die bewusste Verarbeitung zuständig ist.

Ein wesentlicher Forschungszweig der G.ps. ist mit der Frage befasst, in welchem Format Informationen langfristig gespeichert sind. Insbes. beim semantischen G. liegen zu diesem Repräsentationsproblem (*Repräsentation*) umfangreiche Forschungen vor. Auf die empir. Probleme des klass. *Mehr-Speicher-Modells* wurde von anderer Seite so reagiert, dass man auf die Konzeption des Gedächtnisspeichers völlig verzichtete und die Verarbeitungsprozesse in das Zentrum gedächtnispsychol. Bemühungen rückte. Anfang der 70er-Jahre im vorigen Jhd. entwickelten Craik und Lockhart den sog. *Levels-of-Processing-Ansatz (lop)*. Danach entscheidet die *Verarbeitungstiefe* von Informationen darüber, ob sie langfristig behalten werden. Verschiedene Analyseprozesse (Beachtung physikal. Aspekte bis zur semantischen Bedeutung) laufen bei der *Informationsverarbeitung* ab, wobei die semantische (tiefe) Verarbeitung zur besten Gedächtnisleistung führt. Allerdings hat sich der IoP-Ansatz in dieser Form nicht halten lassen. Er beachtet nur die Prozesse während der Informationsaufnahme und nicht die während ihres Abrufes. Inzw. hat sich herausgestellt, dass die G.leistung dann ausgeprägt ist, wenn sich die Verarbeitungsprozesse während der Aufnahme der Information und ihres Abrufes überlappen (sog. transferangemessenes Verarbeiten, TV). Dasselbe gilt für die Überlappung von Kontext-Merkmalen (z. B. räumliche Umgebung) bei Aufnahme und Abruf der Information (Hypothese der *Encodierspezifität*). Während sich letztere Hypothese auf externe Merkmale bezieht, stehen innere Verarbeitungsprozesse im Zentrum der TV. Insbes. im Lichte dieser zuletzt genannten Hypothese werden Dissoziationen zw. versch. G.maßen verständlich. So kann nach oberflächlicher Verarbeitung ein direkter Test (*Gedächtnisprüfung*) fälschlich anzeigen, es liege kein G.besitz vor, während ein indirekter Test Gegenteiliges indiziert (*Encodierprozesse*, *Item-Order-Hypothese*).

Die Fokussierung auf Verarbeitungsprozesse besagt nicht, dass Termini wie Kurzzeitg., episodisches Langzeitg. usw. überflüssig werden. Diese beziehen sich auf Beobachtbares (z. B. episodisches Wissen). Die Konstrukte KZS, episodischer LZS usw. sind dagegen nicht der Beobachtung zugänglich und in theoretischen Ansätzen verankert, die der Erklärung von Sachverhalten dienen. Gegen einen derartigen Ansatz (klassisches Mehr-Speicher-Modell) richtete sich die Theorie, die auf Verarbeitungsprozesse fokussiert. Vaterrodt-Plünnecke & Bredenkamp 2006.

J. Bredenkamp

Gedächtnis, Absichts- [engl. *intentional memory*], *Willensbahnung*, *Willenshemmung*.

Gedächtnis, episodisches (= e. G.) [engl. *episodic memory*], [KOG], ist das *Gedächtnis* für persönlich erfahrene Ereignisse (*Erfahrung*), die sich an einem best. Ort zu einem best. Zeitpunkt ereignet haben, also das Gedächtnis für spezif. Episoden wie z. B. den gestrigen Kinobesuch. Im Ggs. zum *impliziten Gedächtnis* wird die Lernepisode (*Lernprozess*) bewusst erinnert (*Erinnerung*), d. h. wieder erfahren. Das e. G. wird häufig mit dem autobiografischen Gedächtnis, dem Gedächtnis für die Ereignisse des eigenen Lebens, gleichgesetzt. Die nicht unstrittige Unterscheidung zw. einem e. und semantischen Gedächtnissystem (*Gedächtnis, semantisches*), in dem kontextunabhängiges *Wissen* von der Welt gespeichert ist, z. B. was ein Kino überhaupt ist, geht auf Tulving (1972) zurück. Eine Hauptursache für *Vergessen* ist das Fehlen geeigneter Abrufschlüssel. Als solche eignen sich Teile der abgespeicherten Lernepisode. Es wird mehr erinnert, wenn der Umgebungskontext bei der *Encodierung* mit dem beim *Abruf* übereinstimmt, als wenn dies nicht der Fall ist. Das e. G. arbeitet also nach dem auch in der *Wahrnehmung* wichtigen Prinzip der Musterergänzung. Das e. G. registriert fortlaufend und meist automatisch, was wir gerade getan oder erfahren haben, z. B. wann und wo wir etwas eingekauft haben. Es ermöglicht uns mentale Zeitreisen, d. h., frühere Ereignisse wieder zu erleben (das letzte Treffen mit einer Freundin) und zukünftige Ereignisse zu antizipieren (das morgige Treffen). Seine Relevanz für unsere *Identität*, unser subj. Zeitempfinden (*Zeitwahrnehmung*) und unser Funktionieren im Alltag wird deutlich an Amnestikern (*Amnesie*), die aufgrund einer *Hirnschädigung* ihr e. G. verloren haben. Diese Personen leben nur im Hier und Jetzt, sind unfähig, neue spezif. Episoden zu speichern, können weder ihre Vergangenheit erinnern noch sich ihre Zukunft vorstellen. Tulving 2002.

S. Mecklenbräuker/C. Frings

Gedächtnis, explizites [engl. *explicit memory*], [KOG], Gedächtnisinhalte, an die man sich bewusst erinnern kann. *Gedächtnis, implizites*.

Gedächtnis, implizites (= i. G.) [engl. *implicit memory*], [KOG], ist ein deskriptives Konzept, das verwendet wird, wenn frühere *Erfahrungen* das *Verhalten* bei einer Aufgabe beeinflussen, deren Bewältigung keine beabsichtigte oder bewusste *Erinnerung* dieser Erfahrungen erfordert. Demgegenüber bezieht sich das explizite *Gedächtnis* auf die beabsichtigte und bewusste Nutzung früherer Erfahrungen. Bei impliziten Gedächtnisaufgaben werden Nachwirkungen spezif. Erfahrungen erfasst, ohne einen Bezug zu einer Lernepisode (*Lernen*) herzustellen. Eine Aufgabe, wie z. B. Wörter identifizieren, soll so gut und/oder schnell wie möglich ausgeführt werden. Ein Effekt des i. G. zeigt sich darin, dass alte Wörter aus einer vorgeschalteten Phase des Versuchs (der Lernepisode) häufiger und/oder schneller korrekt identifiziert werden als vergleichbare neue Wörter. Praktisch jede Aufgabe, die von früherer Erfahrung profitiert, eignet sich als impliziter Gedächtnistest. I. G. zeigt sich z. B. auch im schnelleren Wiederlernen von Informationen, selbst wenn man sich an das erste Lernen überhaupt nicht erinnern kann. Bemerkenswert sind weitgehend normale Effekte des i. G. bei organischen *Amnesien*, kaum alterskorrelierte Unterschiede sowie Effekte nach Anästhesie. Strittig ist allerdings, ob die beobachteten Unterschiede zw. impliziten und expliziten Gedächtnisleistungen i. S. funktional unterschiedlicher Gedächtnissysteme interpretierbar sind. In diesem Zusammenhang wird diskutiert, ob das i. G. (bzw. explizite Gedächtnis) dem nondeklarativen (bzw. deklarativen) Gedächtnis gleichzusetzen ist. Das i. G. ist auch von erheblicher Relevanz im Alltag, da hier das Gedächtnis häufig als Hilfsmittel zur Bewältigung von Aufgaben wie der Abgabe von Präferenzurteilen dient. Auch neg. Effekte sind möglich, wenn etwa eine Person der festen Überzeugung ist, einen neuen Song komponiert zu haben, sich aber tatsächlich nur an einen zuvor gehörten erinnert. Buchner & Frensch 2000, Buchner & Wippich 2000.

S. Mecklenbräuker/C. Frings

Gedächtnis, semantisches [engl. *semantic memory*; gr. σημαίνειν (semainein) bezeichnen], [KOG], bez. unser generelles (Fakten-)*Wissen* über die Welt, unabhängig vom eigenen *Erleben* (*Erfahrung*). Dieses Wissen besteht aus grundlegenden Bedeutungen von Wörtern (*Wort*), Begriffen sowie den Beziehungen zw. ihnen. *Gedächtnis*. Tulving & Madigan 1970, Oberauer et al. 2006.

Gedächtnis, transaktives (= t. G.) [engl. *transactive memory*; lat. *transigere* vollführen], [AO, KOG, SOZ], das t. G. ist in einer Gruppe oder einem Team das Metawissen eines jeden Gruppenmitgliedes über das eigene Objektwissen und über das Objektwissen der jeweilig anderen Gruppenmitglieder. Das ursprünglich in Familien und Paaren untersuchte t. G. wurde später auf Teams, Gruppen und Organisationen ausgeweitet. Das t. G. entsteht u. a. durch *soziale Wahrnehmung* und *soziale Interaktion*: Informationen über eine andere Person werden in einer Situation verbal wie nonverbal aufgenommen, zu einer kogn. Repräsentation enkodiert, im *Gedächtnis* gespeichert und bei Bedarf abgerufen. Zentraler Bezugspunkt stellt dabei die *Kommunikation* zw. den Gruppenmitgliedern dar, die ihre gespeicherten Informationen austauschen und teilen. Über das dann entstehende transaktive Wissenssystem haben die Gruppenmitglieder nicht nur Zugriff auf die eigenen Gedächtnisinhalte, sondern auch auf die Gedächtnisinhalte ihrer Gruppenmitglieder, die somit als externe Speicher dienen. Für die Entstehung des t. G. ist Zeit eine wesentliche Voraussetzung, da nur bei Kooperationen über einen längeren Zeitraum Wissen über die Expertise des anderen entstehen kann. Wegner 1985. B. Kopp

Gedächtnisentwicklung [engl. *memory development*], *Entwicklung, kognitive*.

Gedächtnisfarbe [engl. *memory color*], (nach Hering), [WA], die Farbe, in der man einen Gegenstand am häufigsten bzw. unter normalen Lichtverhältnissen gesehen hat und in der er daher auch unter veränderten Beleuchtungsbedingungen (künstliches Licht) wahrgenommen wird. Katz 1911.

Gedächtnisgesetze (= G.) [engl. *laws of memory*], [KOG], i. e. S. die schon von Ebbinghaus (1885) entdeckten Gesetzmäßigkeiten des Verlaufs des *Lernens* und des *Vergessens*, die sich in der Form von Kurven (*Gedächtnis*, *Lernkurve*) darstellen lassen. Demgemäß ist der Lernerfolg bei der ersten Einprägung am größten und wird bei den folg. fortschreitend kleiner. Für die Menge des Behaltens ergibt sich eine Kurve, die zunächst steil ansteigt, dann aber immer flacher wird. Umgekehrt nimmt beim Vergessen die Menge des Behaltenen über die Zeit zunächst sehr rasch, dann fortschreitend langsamer ab. I. w. S. bez. man als G. einzelne spez. Regeln, z. B.: (1) Die Gedächtniswirkung steigt mit der Intensität des Reizes. (2) Sinnfreies Material wird weniger schnell gelernt als sinnvolles, das durch innere Beziehungen verbunden ist. (3) Die größte Leistungsfähigkeit besitzt das Gedächtnis in der Jugend. *Ebbinghaus-Gesetz*.

Gedächtnishemmung [engl. *memory inhibition*], *Gedächtnis*, *Hemmung*, *Vergessen*.

Gedächtnishilfen, externe (= e. G.) [engl *external memory aids*], [KOG, KLI], als e. G. werden alle Hilfsmittel eingesetzt, mit denen Erinnerung und Abruf von Informationen unterstützt wird (*Gedächtnis*). Hierzu gehören alle Arten von Notizzetteln und Kalendern, in letzter Zeit jedoch zunehmend auch elektronische Erinnerungshilfen wie Handys, Diktiergeräte oder mobile Kalender. Sie eignen sich v. a. für prospektive Erinnerungsanforderungen, bei denen zu einem best. Zeitpunkt oder bei Eintreten einer best. Situation eine Aufgabe erledigt werden soll. Während in traditionellen Erinnerungshilfen lediglich gespeichert wird, dass etwas behalten werden soll («Knoten im Taschentuch») oder was erinnert werden soll («Notizzettel») können elektronische G. zum relevanten Zeitpunkt durch ein Wecksignal den Abruf und die Handlungsausführung initiieren. Die Nutzung e. G. ist in der gesunden Bevölkerung sehr weit verbreitet, in der Therapie von Pat. mit *Gedächtnisstörungen* oder *Amnesien* sind sie Kompensationsmethode der Wahl. Für ihre Wirksamkeit gibt es eine hohe wiss. *Evidenz*. Sie verringern zwar das Handicap aufgrund der Gedächtnisstörungen, führen jedoch nicht zu einer Verbesserung der Gedächtnisleistung selbst. E. G. zum Erhalt oder zur Verbesserung retrospektiver Gedächtnisleistungen sind z. B. Tagebuch oder Fotoalbum. Diese finden z. B. in der Biografiearbeit mit Demenzpat. (*Demenz*) eine breite Verwendung. Auch moderne soziale Netzwerke können als elektronische Gedächtnishilfe retrospektiver Erinnerung genutzt werden. Darüber hinaus gibt es moderne Entwicklungen wie die *Sense cam*, die die Pat. um den Hals tragen und die regelmäßig im Tagesverlauf Fotos macht, um die spätere Erinnerung an Erlebnisse zu erleichtern. Fish et al. 2010. A. Thöne-Otto

Gedächtnismethoden *Gedächtnisprüfung*.

Gedächtnisprotokoll (= G.) [engl. *memory protocol*], [KLI], die Niederschrift eines Ereignisses aus der Erinnerung. Effekte wie Präzisierung, Logifizierung, Auslassung u. a. müssen beachtet werden. In der *Psychotherapieforschung* werden G. von Therapeuten für die meisten wiss. Fragestellungen nicht als hinreichend valide (*Validität*) betrachtet.

Gedächtnisprozesse im Säuglingsalter [engl. *memory processes in infancy*], [EW, KOG], bei Säuglingen wird v. a. das Langzeitgedächtnis (*Gedächtnis*) studiert, wobei eine Gedächtnistaxonomie von Schacter & Tulving (1994) forschungsleitend ist, in der nicht deklarative von deklarativen Gedächtnisprozessen unterschieden werden. Während in Erwachsenenstudien häufig Verhaltensindikatoren Maße für das nicht deklarative Gedächtnis bilden (z. B. motorische Expertise wie das Tennisspiel, *Motorik*) und das deklarative Gedächtnis über verbale Indikatoren erfasst wird (z. B. Weltwissen; Erinnern von eigenen Erlebnissen, *Erinnerung*), liegt die Besonderheit der Säuglingsforschung darin, dass alle Gedächtnisprozesse über das *Verhalten* operationalisiert werden müssen. Es wird kontrovers diskutiert, welche Verhaltensweisen von Babys die beiden Gedächtnisarten dieser Taxonomie anzeigen. Nicht *deklaratives Gedächtnis* von Säuglingen wird über Verhalten operationalisiert, dem meist eine ausgedehntere *Erfahrung* mit dem *Lernmaterial* zugrunde liegt (z. B. Familiarisierung mit Personen, Objekten bzw. Habituierung, *Habituierungsmethode*), wobei der Gedächtniseintrag zudem häufig modalitätsspezifisch analysiert wird (z. B. *visuelle Habituierung* bzw. *visuelle Vertrautheit* bzw. *visuelle Diskrimination*) und der Gedächtniseintrag inkrementell erfolgt (z. B. sukzessive Steigerung des Strampelns durch *Verstärkung* in der *Mobile-Aufgabe* bzw. viele Durchgänge in einer Habituierungsaufgabe). Von deklarativen Gedächtnisprozessen wird demgegenüber ausgegangen, wenn Verhalten vergleichsweise schnell erworben wird (z. B. durch Beobachtung und nicht durch sukzessiven Aufbau), das Verhalten modalitätsübergreifend verfügbar ist (z. B. die kindliche

Beobachtung einer Handlung erlaubt die Handlungsausführung) und wenn das neu erworbene Verhalten auch nach einem längeren Zeitraum erstmals abgerufen werden kann. Eine Gedächtnisaufgabe, von der seit Piaget (1975c) angenommen wird, dass sie diese Eigenschaften erfasst, ist die *verzögerte Imitationsaufgabe* (*Paradigma der verzögerten Nachahmung*). Akt. wird angenommen, dass deklaratives Gedächtnis zumindest ab dem 6. Lebensmonat vorliegt, während nicht deklaratives Gedächtnis bereits früher nachweisbar ist. M. Knopf

Gedächtnisprüfung (= G.) [engl. *memory examination/testing*], [KOG], die Feststellung, wie viel und was von Gelerntem erinnert wird. Unterschieden wird zw. einer direkten und indirekten G. Bei einer direkten G. wird in der Instruktion Bezug genommen auf die vorangegangene Lernepisode (z. B. «Reproduzieren Sie so viele Wörter, wie Ihnen noch einfallen»), bei der indirekten G. fehlt dieser Bezug. Statt dieser Terminologie verwenden manche Autoren die Begriffe *explizites Gedächtnis* und *implizites Gedächtnis*. Diese Begriffe scheinen aber unterschiedliche *Gedächtnis*systeme statt versch. G. zu bez, sodass sie hier nicht verwendet werden.

Zu den direkten G. gehören die Ermittlung der Wiedererkennungs- bzw. Rekognitionsleistung sowie der freien und geförderten Reproduktionsleistung (*Reproduktionsaufgabe*). Bei der Prüfung der Rekognitionsleistung (*recognition*) wird zw. dem Verfahren der erzwungenen Wahl (*forced choice*) und der Ja-Nein-Aufgabe unterschieden. Sind in der Lernphase z. B. Wörter dargeboten worden, wird bei ersterem Verfahren in der Rekognitionsphase jedes Wort mit mind. einem nicht präsentierten Wort, dem *Distraktor*, dargeboten, und die Pbn haben zu entscheiden, welches Wort Bestandteil der Lernepisode war. Bei der Ja-Nein-Aufgabe werden während der G. dargebotene Wörter und Distraktoren meistens in zufälliger Folge nacheinander gezeigt, und zu jedem Wort sollen die Pbn angeben, ob es zuvor dargeboten wurde. Hier können zwei Fehler entstehen. Von einem Verpasser (*miss*) wird gesprochen, wenn der Pbn fälschlich ein tatsächlich dargebotenes Wort als nicht dargeboten bez. Falscher Alarm (*false alarm*) entsteht, wenn ein nicht dargebotenes Wort als dargeboten bez. wird. Diese Fehler sind bei der Ermittlung der Gedächtnisleistung zu berücksichtigen, was häufig über die Verwendung der *Signalentdeckungstheorie* (*theory of signal detection*) und manchmal der sog. Threshold-Modelle geschieht. Beide Methoden ermöglichen die Feststellung der Gedächtnisleistung unabhängig von der Ja-Sage-Tendenz.

Bei der freien Reproduktion (*free recall*) soll ein Pb so viele Wörter in beliebiger Reihenfolge reproduzieren, wie ihm noch einfallen (*Lernen, verbales*). Hinweise werden den Pbn bei der geförderten Reproduktion (*cued recall*) geboten. Sind die Wörter z. B. unter versch. Kategorien subsumierbar (z. B. Städte, Tiere, Länder, Flüsse), können die Kategorienamen als Hinweise verwendet werden. Die geförderte übertrifft die freie Reproduktionsleistung, und meistens liegt die Rekognitionsleistung am höchsten. Allerdings kann die geförderte Reproduktionsleistung die Rekognition auch übertreffen. Eine Erklärung dieses Befundes leistet die Hypothese der Encodierspezifität (*Gedächtnis*).

H. Ebbinghaus, der Begründer der psychol. Gedächtnisforschung, hat mit der Ersparnismethode schon 1885 die indirekte Erfassung der Gedächtnisleistung begründet. Er verglich die Zeit, die er zum Wiederlernen einer Reihe sinnloser Silben benötigte, mit der beim ersten Lernen benötigten Zeit. Beim Wiederlernen wurde weniger Zeit benötigt (Ersparnis). Später wurde gezeigt, dass Ersparnisse auch bei nicht reproduzierbaren und nicht rekognizierbaren Informationen zu verzeichnen sind (indirekter Test). Die heute verwendeten indirekten Maße beziehen sich häufig auf sog. *Priming*-Effekte. Hierbei handelt es sich um die pos. Auswirkungen, die die Verarbeitung eines Reizes zu einem früheren Zeitpunkt auf die jetzige Verarbeitung hat. Ein Priming-Effekt liegt z. B. vor, wenn die Pbn eine Buchstabenanordnung, die schon einmal sehr kurz präsentiert worden war, schneller als Wort oder Nonwort erkennen als Pbn, die diese Anordnung beim Test erstmals sehen. Hier handelt es sich um einen direkten Priming-Effekt früherer Erfahrungen mit diesem Reiz. Von einem indirekten Priming-Effekt spricht man, wenn die zu verarbeitende Information assoziativ oder semantisch auf den Testreiz bezogen ist. So wird der Wortanfang «Stu» eher zu «Stuhl» ergänzt, wenn vorher «Tisch» dargeboten wurde.

Neben den vielfältigen Priming-Maßen sind auch andere Maße zur indirekten G. verwendet worden. Manchmal finden sich Dissoziationen zw. direkten und indirekten Maßen. Eine Dissoziation liegt z. B. vor, wenn sich Amnestiker und Gesunde bzgl. der Reproduktions- und Rekognitionsleistung unterscheiden, nicht jedoch bzgl. der indirekt erfassten Gedächtnisleistung. Aus einer solchen Dissoziation ist manchmal auf versch. Gedächtnissysteme geschlossen worden. Allerdings unterliegt ein solcher Schluss Voraussetzungen, die meistens nicht zu prüfen sind. *Prozessdissoziation*, *Vergessen*, *Gedächtnistests*. Bredenkamp 1996. J. Bredenkamp

Gedächtnisspanne [engl. *memory span*], *Behaltensspanne*, *Entwicklung der*, *Aufmerksamkeitsumfang*, *Gedächtnis*, *unmittelbares Behalten*.

Gedächtnisstörungen (= G.), syn. *mnestische Störungen* [engl. *memory/mnestic disorders*; gr. μνῆστις (*mnestis*) Erinnerung, Gedächtnis, das Sich-Erinnern], [KLI, KOG], während der Begriff *Amnesie* eine schwere globale G. impliziert, ist der Begriff G. allg. D. h. jede Form der Störung des Lernens und Behaltens (*Gedächtnis*), unabh. vom Schweregrad kann hierdurch beschrieben werden. G. haben unterschiedliche *Ätiologien*: Sie werden bei Erkrankungen des ZNS (*Nervensystem*) oder psychiatrischen Erkrankungen (z. B. *Demenz*, *Epilepsie*, *Parkinson'sche Erkrankung*, *Depression*, *Schizophrenie*) ebenso gefunden wie nach Unfällen (z. B. *Schädel-Hirn-Trauma*), als Folge von Mangelversorgungen des Gehirns (*zerebrovaskuläre Erkrankungen*, z. B. Hypoxie), in Zus.hang mit intrakranialen Tumoren (*Hirntumor*) wie als Ergebnis traumatischer Erlebnisse (*Trauma*) oder als Folge langjährigen schweren Drogenmissbrauchs (*Alkoholismus*, *Substanzmissbrauch*,

z. B. Wernicke-Korsakow-Syndrom). Demzufolge haben G. ganz unterschiedliche Verläufe: Sie können *progredient* sein (z. B. bei altersbedingten Demenzen), permanent gleichbleibend oder sich (auch nach kurzer Dauer) wieder zurückbilden (z. B. transiente, globale Amnesien). Sie können organisch oder psychogen bedingt sein, sie können unterschiedliche Gedächtnisfunktionen betreffen und in ihrem Schweregrad erheblich variieren. Im Alltag können G. als Probleme mit dem Erinnern von Namen bekannter Personen, das Verlieren von Gegenständen oder auch das Verpassen von Terminen auffallen. Einzelne Gedächtnissubsysteme können selektiv betroffen sein, sodass z. B. episodische oder semantische, verbale oder visuo-räumliche Gedächtnisinhalte selektiv betroffen sein können.

Eine differenzierte *neuropsychologische Diagnostik* kann die Art der G. genauer differenzieren (ob z. B. *Enkodierung*, *Konsolidierung* oder *Abruf* betroffen ist) und feststellen, ob es sich um eine primäre G. handelt oder ob andere kogn. Störungen (z. B. Störungen der *Aufmerksamkeit*, Sprache oder *exekutive Funktionen*). Ursache der G. sind. In diesem Fall spricht man von sekundärer G. Klassifikationssysteme (*Klassifikation*) von G. orientieren sich häufig an Unterscheidungen, die in der Gedächtnisps. existieren und stützen ein systemisches Gedächtnismodell: G. können einzelne Gedächtnissysteme betreffen (z. B. Störungen des episodischen Gedächtnisses), spezif. Gedächtnisinhalte (z. B. Störungen des Zahlengedächtnisses) oder spezif. Verarbeitungszeitpunkte (vor oder nach dem schädigenden Ereignis). Differenzialdiagn. bedeutsam ist, G. von anderen kogn. Störungen, wie bspw. der Sprache (*Aphasien*), des Erkennens (*Agnosie*) oder des Handelns (*Apraxie*) abzugrenzen. *Amnesie und Gedächtnisstörungen, Therapie.* Baddeley et al. 2002, Mack & Knopf 2006. M. Knopf

Gedächtnissysteme nach Tulving [engl. *memory systems*], [**KOG**], Tulving (1985) nimmt an, das *Gedächtnis* sei keine einheitliche Funktionseinheit, sondern bestehe aus drei monohierarchisch verschachtelten Systemen: dem prozeduralen System (Verbindungen zw. *Stimuli* und *Responses* erzeugend und bewahrend), dem semantischen System (innere Repräsentationen von Weltzuständen, die nicht permanent gegenwärtig sind, ermöglichend) und dem episodischen System (für den Erwerb und das Bewahren von persönlich erfahrenen Ereignissen). *Episode.* In weiteren Veröffentlichungen nennt Tulving weitere ähnliche (erweiterte) Ansätze. R. Bergius

Gedächtnistests (= G.) [engl. *memory tests*], [**DIA, KOG**], Testverfahren zur Messung der *Gedächtnisleistung* von Pbn. Die Testdesigns entsprechen denjenigen der Gedächtnisforschung: der Pb muss Lernaufgaben bewältigen. Die Qualität und die Quantität der Reproduktionsleistung wird nach längerer oder kürzerer Zeit geprüft. Entsprechend den mehr oder weniger unabhängigen Dimensionen des Gedächtnisses (assoziatives Gedächtnis, Gedächtnis für räumliche und zeitliche Anordnungen, kurzfristiges – mittelfristiges – langfristiges Gedächtnis, visuelles Gedächtnis, akustisch-motorisches Gedächtnis) werden unterschiedliche Aufgaben in den Test einbezogen. Obwohl parallel zur Gedächtnisforschung der Allg.

Ps. schon sehr lange Gedächtnistests konstruiert werden, weisen diese keine bes. befriedigenden Testgütekriterien (*Gütekriterien*) auf. Die *Reliabilität* der G. hat sich als relativ niedrig erwiesen. Die *Korrelationen* zw. versch. G. ist außerdem sehr niedrig. Da die intellektuelle Leistungsfähigkeit (*Intelligenz*) durch das Gedächtnis mitbestimmt wird, enthalten diejenigen Intelligenzsysteme, welche die Intelligenzleistung aufgrund versch. Untertests messen (z. B. IST, HAWIE), Untertests zur Gedächtnisprüfung. Zum Zwecke der Diagnose (*psychologische Diagnostik*) psychopathologischer Symptome werden ebenfalls Gedächtnistests eingesetzt. Das Reproduzieren kurzzeitig dargebotener geometrischer Figuren (Benton) soll sich zur Ermittlung zerebraler Schäden eignen, da bei gewissen Ausfällen die visuelle Merkfähigkeit herabgesetzt ist. *Gedächtnisprüfung.* H. O. Häcker

Gedanken (= G.) [engl. *thoughts*], [**KOG**], G. sind Inhalte und Ergebnis des *Denkens* und somit eine Auffassung, eine Meinung, eine Idee, eine Frage oder ein Begriff. Bewusst werden G. typischerweise in sprachlichen Form (*Worten*) oder in bildlicher Form (Vorstellung).

Gedankeneingebung, Gedankenentzug [engl. *thoughts suggestion*], [**KLI**], Denkstörung, bei der eigene Gedanken als fremd und von außen aufgezwungen oder entzogen erlebt werden. Phänomen z. B. bei *Schizophrenie*, *Ich-Störung*.

Gedankenfehler (= G.) [engl. *cognitive distortions*], syn. auch: kognitive Fehler, [**KLI**], sollen im *Denken* von Menschen mit psych. Störungen bes. häufig auftreten und für neg. *Emotionen* wie z. B. Depressivität verantwortlich sein. Die Identifikation von G. wird i. R. der *kognitiven Um-/Restrukturierung* genutzt, um Pat. die z. B. an einer *Depression* leiden, dabei zu helfen, pathologische Überzeugungen zu identifizieren und durch rationale und hilfreiche Alternativgedanken zu ersetzen. Als G. werden üblicherweise *Alles-oder-nichts-Denken*, übertreibende Verallgemeinerung, geistiger Filter, Abwehr des Pos., voreilige Schlussfolgerungen, Gedankenlesen, falsche Vorhersagen, Über- und Untertreibung, Katastrophisieren, emotionale Beweisführung, Muss/Soll-Aussagen und *Etikettierung* aufgelistet. *Spaltentechnik*, *Verhaltenstherapie*. A. L. Gerlach

Gedankenflüssigkeit (= G.) [engl. *ideational fluency*], [**KOG**], Bestandteil des divergenten Denkens (*divergentes Denken*). Als Test wird G. z. B. durch folg. Operationalisierungen gemessen: Aufzählung von Anwendungsmöglichkeiten von Gegenständen u. a. *Kreativität*. Ggs. *konvergentes Denken*. Guilford 1956.

Gedankenstopp [engl. *thought stopping*], [**KLI**], in der *Verhaltenstherapie* Technik zur Unterbrechung unerwünschter persistierender Gedanken (z. B. Grübeln, Katastrophisieren) durch «Stopp»-Verbalisationen, nachdem die Gedanken herbeigeführt wurden. *Selbstkontrollverfahren.*

Gedankenübertragung [engl. *transmission of thoughts*], *Parapsychologie.*

Gefährdungsbeurteilung (= G.) [engl. *risk assessment*], [**AO, DIA, GES**], bez. die systematische Analyse und Bewertung von Arbeitsbedingungen unter Sicherheits- und Gesundheitsaspekten (*Gesundheit*), um so Hinweise für präventive Maßnahmen des Arbeitsschutzes und Gesundheitsmanagements zu erhalten (*Arbeitssicherheit und Gesundheitsschutz*). Je nach Arbeitsplatz und Arbeitstätigkeit kann eine Betrachtung biol. (z. B. Allergene), chemischer (z. B. toxische Stoffe), elektrischer (z. B. elektrostatische Auflagung), mechanischer (z. B. bewegte Maschinenteile) oder physikal. (z. B. Lärm) Gefährdungen sowie physischer Belastung (z. B. ungünstige Körperhaltung) erfolgen. Die Ergebnisse der G. dienen der Ableitung von Arbeitsschutzmaßnahmen, durch die Personen vor Unfällen, Verletzungen, Beeinträchtigungen oder Berufskrankheiten geschützt und somit deren Gesundheit erhalten werden sollen. Neuere Ansätze gehen dazu über, neben physikal., chemischen und biol. Dimensionen der G. um psych. Belastungsfaktoren (*Belastung, psychische*) zu erweitern (*Gefährdungsbeurteilung psychischer Belastung (GPB)*).

N. Seiferling/K. Sonntag

Gefährdungsbeurteilung psychischer Belastung (GPB) [engl. *risk assessment of psychic strain*], [**AO**], ein obj., konsensorientierter Analyseansatz zur Identifizierung und Bewertung kritischer Belastungskombinationen am Arbeitsplatz (Michel et al. 2009; Michel et al. 2011; Sonntag et al. 2012; *Belastung, psychische*, *Stress am Arbeitsplatz*).
Objektiver Zugang: Im Ggs. zu der üblichen Erfassung der subj. Wahrnehmung beanspruchungsrelevanter Tätigkeitsmerkmale durch den Stelleninhaber mittels standardisierter Fragebogen, liegt mit der GPB ein obj. Zugang vor (*Objektivität*). Damit sollen der sog. *self-report bias*, d. h. die Verzerrung der Bewertung von Arbeitsbedingungen durch das Individuum (*soziale Erwünschtheit*), und der sog. *common-method bias* vermieden werden. Letzterer Effekt tritt auf, wenn sowohl Tätigkeitsmerkmale als auch die psych. Beanspruchungsfolgen mit dem gleichen Verfahren erfasst werden. Durch den Einsatz eines Analyseteams (bestehend aus Arbeitsmediziner, Arbeitspsychologen, Vorgesetzte, Fachreferent und Betriebsrat) wird mit dem GPB die psych. Belastung am Arbeitsplatz fremdeingeschätzt und dadurch obj. erfasst. Zunächst wird das Analyseteam (von einem Arbeitspsychologen) in der Handhabung des Instruments geschult (*Beurteilertraining*). In der folg. Beobachtungsphase beobachtet jedes Mitglied des Analyseteams die ausgewählten Arbeitsplätze direkt vor Ort. Im Anschluss daran erfolgt die Einstufung, zunächst durch jedes Mitglied des Analyseteams, danach mit dem Analyseteam (Konsensphase).
Konsensorientierung: Um die Objektivität der Einschätzungen zu gewährleisten, werden die endgültigen Bewertungen des Analyseteams im Konsens getroffen. Hierfür werden in der Konsensphase die versch. Perspektiven und Gesichtspunkte jedes Mitgliedes so lange erörtert werden, bis eine gemeinsame Bewertung erreicht ist (*Beobachtungsfehler*, *Beurteilerakkuratheit*, *Beurteilerübereinstimmung*, *Beurteilerübereinstimmung*, *Verbesserung der*).
Kritische Kombinationen: Theoretischer Hintergrund ist das aus der Belastungs- und Stressforschung bekannte Anforderungs-Kontrollmodell (*Demand-Control-(Support-)Modell*) von Karasek (1979). Dieses Modell stellt zwei Dimensionen gegenüber: Arbeitsanforderungen (*job demand*) einerseits, Handlungs- und Entscheidungsspielraum (*decision latitude*) andererseits. Dem Modell zufolge nimmt psych. Fehlbeanspruchung mit steigenden Anforderungen (z. B. Aufgabenkomplexität) bei gleichzeitig sinkendem Handlungs- und Entscheidungsspielraum (z. B. geringes Ausmaß an Autonomie bei zu treffenden Entscheidungen) zu. Eine solche kritische Kombination der Belastungsfaktoren bedingt psych. Fehlbeanspruchung und stellt ein erhöhtes Gesundheitsrisiko für das Organisationsmitglied dar. I. R. der Entwicklung der GPB wurde das Modell um Dimensionen erweitert, die sich in arbeits- und organisationspsychol. Forschung als relevant für die Erfassung psych. Belastung am Arbeitsplatz gezeigt haben. Die GPB umfasst 10 Anforderungsdimensionen, welche teilweise auf erprobten Skalen zur Arbeitsanalyseverfahren (*Arbeitsanalyse*) und selbstentwickelten Skalen basieren: Arbeitskomplexität (Ak), Handlungsspielraum (Hs), Variabilität (Va), Zeitspielraum (Zs), Verantwortungsumfang (Vu), Arbeitsunterbrechungen (Au), Konzentrationserfordernisse (Ke), Kooperationserfordernisse (Koop), Kundenorientierung (Ko), Emotionsregulation (Er).
Zur Operationalisierung der Skalen stehen 61 Items zur Verfügung, die je nach den spezif. Gegebenheiten des Unternehmens zus.gestellt/angepasst werden können. Die Einstufung erfolgt auf einer fünfstufigen *Likert-Skala* (nie – selten – manchmal – häufig – ständig). Die Auswertung und Ermittlung kritischer Kombinationen psych. Belastungen erfolgt über ein EDV-gestütztes Tool. Die GPB setzt sich aus drei Teilen zus. Im ersten Abschnitt werden allg. stellenbezogene Daten (z. B. Einarbeitungszeit, Kompetenzen) erfasst. Die in Teil B aufgeführten Inhalte und Verrichtungen werden i. S. eines Aufgabeninventars (*task analysis inventory*) erfasst und nach Häufigkeit und Bedeutsamkeit beurteilt. Diese aufgabenspezif. Operationalisierung dient dazu, potenziell kritische Belastungskombinationen fachinhaltlich präzise zu beschreiben und einzelnen Aufgaben zweifelsfrei zuzuordnen.

K. Sonntag/A. Michel/N. Seiferling

Gefährlichkeitserkenntnis [engl. *recognition of dangerousness/hazardousness*], *Deliktshaftung*, *Deliktfähigkeit*.

Gefangenendilemma-Spiel (= G.) [engl. *prisoner-dilemma-game*], [**SOZ**], Häftlingsdilemmaspiel, eine Unterform der Zwei-Personen-Rivalitätsspiele (*Theorie der Spiele*). Ohne Kenntnis der Entscheidung des Mitspielers kann sich der Spieler für *Kooperation* oder für rivalisierendes Verhalten entscheiden. Paradigma: Zwei Gefangene in Einzelhaft im Verhör über ihre Komplizenschaft. Je nach Entscheidung der beiden Spieler können entweder beide Spieler ziemlich hoch gewinnen (bei Kooperation), beide mäßig verlieren (wenn beide rivalisieren) oder jew. der eine (der Rivalisierende) am höchsten gewinnen und der andere (der kooperativ Handelnde) am meisten verlieren. Die Summe aller Verluste und Gewinne ergibt nicht null, daher auch *Nicht-Nullsummenspiel*. Vgl. die Situation der wettrüstenden Staaten. Konzeptuell ist das G. ein *soziales Dilemma*spiel, bei dem der indiv. Nutzen (*Kosten-Nutzen-Kalkulation*) für die egoistische Entscheidung größer ist, wenn ein Einzelner sie wählt, während der Nutzen deutlich geringer ist, wenn beide die egoistische Variante wählen. Rapaport 1965, Samuelson & Messick 1986. *R. Bergius*

Gefühl (= G.) [engl. *feeling, emotion, sensation*], **[EM]**, der Begriff G. wird umgangssprachlich mit dem Emotionsbegriff gleichgesetzt. Auch in phil. und frühen psychol. Abhandlungen verstand man unter G. häufig das, was man heute unter Emotionen versteht. Aus heutiger Sicht sind G. die Erlebnisqualität (*Erleben*) und somit die subj. Komponenten von *Emotionen*. Man kann sie nicht vollst. bei anderen beobachten, sondern nur durch Befragung (*Interview*, *Fragebogen*) und *Selbstbericht* erfassen. *R. M. Puca*

Gefühle, Selbstwahrnehmung [engl. *self-perceptions of emotions/feelings*], **[EM]**, aus der *Selbstwahrnehmungstheorie* von Bem (1972) abgeleitete Annahme, dass Personen durch Beobachtung ihres Körpers (z. B. Gesichtszüge (*Mimik*) oder Körperhaltung) Informationen über ihre Gefühlslage (*Gefühl*, *Emotionen*) erschließen können. Die Annahme, dass Veränderungen im Gesichtsausdruck nachfolgend Veränderungen in der persönlichen Wahrnehmung von Gefühlen auslösen können, wird als *Facial-Feedback-Hypothese* (FFH) bez. Bspw. nehmen Personen wahr, dass sie lächeln, und schließen daraus, dass sie fröhlich sind oder eine gerade gehörte Geschichte lustig ist. Als Erster testete Laird (1974) die FFH, indem er den teilnehmenden Personen mitteilte, es gehe in dem Experiment um die Erforschung von Aktivitäten der Gesichtsmuskeln. Die Teilnehmer wurden gebeten, während sie Cartoons beurteilten, ihre Gesichtsmuskeln derart anzuspannen, dass sie entweder ein Lächeln oder einen finsteren Blick zeigten. Wie von der FFH vorhergesagt, beurteilten die Personen die Cartoons als lustiger, wenn sie lächelten, als wenn sie finster blickten. Laird erklärte diese Ergebnisse mithilfe der Selbstwahrnehmungstheorie: «Ich lächele, also finde ich die Cartoons lustig». Eine andere Erklärung geht davon aus, dass Bewegungen der Gesichtsmuskeln direkt physiol. Veränderungen im *Gehirn* auslösen und dadurch die Emotionen entstehen. Nicht nur best. Gesichtszüge können die *Wahrnehmung* von Gefühlen beeinflussen, sondern auch die Stimmlage mit der man spricht, best. Bewegungen oder die Körperhaltung. Stepper & Strack (1993) konnten z. B. in einem Experiment zeigen, dass Personen, die instruiert wurden aufrecht auf einem Stuhl zu sitzen, stolzer auf ihre eigene pos. *Leistung* in einem *Test* waren, als Personen die instruiert wurden zus.gesunken auf einem Stuhl zu sitzen.
M.-A. Reinhard

Gefühlsansteckung (= G.) [engl. *emotional contagion/infection*], **[EM, EW, SOZ]**, G. bezeichnet das Phänomen, dass die Wahrnehmung einer best. Emotion (z. B. Traurigkeit) bei anderen Personen bei der beobachtenden Person die gleiche Emotion auslöst. Sehr deutlich ist dies z. B. bei kleinen Kindern zu beobachten, die sich häufig vom Weinen anderer Kinder anstecken lassen. Die Def. der *Empathie* baut schließlich auf der Idee der G. auf, wobei unterschiedliche Theorien unterschiedliche Abgrenzungen vornehmen. G. beschreibt auch den spontanen, in der Massen- oder Paniksituation oft epidemisch anwachsenden Vorgang, bei dem Individuen schnell und in deutlichem Ausmaß in die gleiche Gefühlslage geraten können wie die Personen in ihrem Umfeld. *Ansteckung, psychische*, *Echothymie*, *Affektaustausch*.

Gefühlsantizipation [engl. *anticipation of emotions*; lat. *anticipare* vorwegnehmen], *Werbung, emotionale*.

Gefühlsdarstellung, Regeln [engl. *presentation of emotions, rules*], *Emotionsarbeit*.

Gefühlsheuristik [engl. *emotional heuristic*], *Entscheidungsheuristiken*.

Gefühlsirradiation [engl. *emotional irradiation*; lat. *irradiare* bestrahlen, ausstrahlen], **[EM]**, Ausbreitung von Lust (Unlust) aufrund eines Einzelvorgangs auf die Gesamtheit anderer, z. T. zeitlich nahestehender Inhalte. *Irradiation*.

Gefühlssynästhesie [engl. *emotional synesthesia*], *Synästhesie*.

Gefühlsübertragung (= G.) [engl. *transmission of emotions*], **[EM, KLI]**, die *Übertragung* der emot. Anmutung von einem Obj. (Person oder Sache) auf andere Obj. Z. B. die G. der Abneigung gegen eine Person auf ihr befreundete Personen oder auf Gegenstände, die sie besitzt. In der Psychoth. überträgt der Pat. vielfach Gefühle auf den Therapeuten und erlebt sie so, als gingen sie von diesem aus. Als G. wird bisweilen auch die *Gefühlsansteckung* bez.

Gefühlsverkehrung [engl. *emotional reversal*], *Parathymie*.

Gegenfarben [engl. *complimentary colors*], Hering'scher *Urfarbenkreis*, *Hering'sche Gegenfarbentheorie*, *Komplementärfarben*.

Gegenkonditionieren (= G.) [engl. *anti-conditioning*], **[KLI]**, eine Technik in der *Verhaltenstherapie*, die auf die Theorie der Gegenreaktion nach E. R. Guthrie und W. K. Estes gegründet ist, nach der bei der *Auslöschung* einer konditionierten Response diese durch eine andere, nicht mit ihr vereinbare (inkompatible) Response «verdrängt» wird. G. wird als *systematisches Desensibilisieren* zur Angstreduktion und bei der stimuluszentrierten *Aversionstherapie* (gegen Alkoholismus, Rauchen u. a. Abhängigkeiten) eingesetzt. *R. Bergius*

Gegenstandsnähe, Prinzip der [engl. *principle of closeness/proximity to objects/topics*], *Datenanalysemethoden*, *Datenerhebungsverfahren*.

Gegenteils- bzw. Kontrastrelation [engl. *contrast relation, ironic contrast*], *Ironie*.

Gegenüberstellung [engl. *confrontation*], *Wiedererkennung*.

Gegenübertragung (= G.) [engl. *countertransference*], **[KLI]**, die unbewussten Reaktionen des Therapeuten auf den Pat. und dessen Übertragung werden in der *Psychoanalyse* als G. bez. (Laplanche & Pontalis 1972). Nach Freud ergibt sich aufgrund des Einflusses des Pat. auf die unbewussten Gefühle des Psychoanalytikers die Notwendigkeit der persönlichen Analyse, um Beschränkungen der Behandlung durch eigene Widerstände zu beseitigen. Während Freud die *Übertragung* zunächst als Widerstand gegen die Behandlung betrachtet, erkennt er sie später als wichtiges Hilfsmittel jeder Analyse an. In seiner Konzeptualisierung der G. bleibt er jedoch bei der Annahme eines Behandlungshindernisses, das die Möglichkeiten der Behandlung begrenzt, indem sie dem Ideal des Analytikers als obj. Beobachter widerspricht. Mit der zunehmenden Betonung der Bedeutung der intersubj. Beziehung zw. Pat. und Analytiker ist der Begriff der G. nach Freud verstärkt in den Fokus der psychoanalytischen Theorie und Praxis gerückt. Im Zuge des Wandels von einer Ein-Personen-Ps. über die Objektbeziehungstheorie (z. B. Paula Heimann) hin zu einer bifaktoriellen, intersubj. Zwei-Personen-Ps. kommt der G. eine zentrale Bedeutung für das Verständnis der Behandlung zu (Thomae 2001). Die G. wird dabei als wichtiges Instrument für das Verständnis der Übertragung des Pat. betrachtet. Laplanche und Pontalis unterscheiden entspr. drei Variationen zum Umgang mit der Übertragung: (1) die möglichst umfassende Reduktion der G. durch persönliche Analyse, (2) die weitgehende Kontrolle der G.reaktion in gleichschwebender Aufmerksamkeit, (3) die G. als Hilfsmittel durch Deutung eigener *Emotionen*. Letztere beschreibt die Abwendung von einem intrapsych. Modell der Übertragung/G. und fokussiert die intersubj. Interaktion zw. zwei Personen und ihrem Unbewussten. In Übertragung und G. verdichten sich die zentralen lebensgeschichtlichen Zus.hänge des Pat. *N. Teuber*

Gegenwahrscheinlichkeit (= G.) [engl. *complementary probability*], **[FSE]**, bez. p die *Wahrscheinlichkeit* des Eintretens von Ereignis A, so bez. die G. die Wahrscheinlichkeit des Nicht-Eintretens von A: $p(\overline{A}) = 1 - p(A)$.

Gehalt (= G.) [engl. *content*], **[PHI]**, der G. einer Aussage T gibt den Reichtum an Information an, den T vermittelt, und ist damit ein Gütekriterium einer *Theorie*. G. kann syntaktisch def. werden als Menge aller Sätze, die aus T ableitbar sind, semantisch als Klasse aller Fälle, in denen T nicht erfüllt ist, die also durch T logisch ausgeschlossen werden. Der empir. G. einer Theorie T ist die Klasse der Beobachtungssätze, die durch T logisch ausgeschlossen werden; die mit T vereinbaren Beobachtungssätze bilden den Spielraum von T. *V. Gadenne*

Gehemmtheit [engl. *inhibition*], **[EW, PER]**, Ggs. *Ungehemmtheit*; Tendenz zur Hemmung spontaner Reaktionen überwiegend in sozialen Situationen. G. ist ein Merkmal des *Temperaments* und im *Fünf-Faktoren-Modell* gekennzeichnet durch *Introversion* und *Neurotizismus*. Nach der *Reinforcement Sensitivity Theory* von Gray (1972; *Persönlichkeit, neurowissenschaftliche Ansätze*) beruhen interindiv. Unterschiede in G. auf der Stärke des *Behavioral Inhibition System (BIS)*, das eine Verhaltenshemmung in unbekannten Situationen und bei der Erwartung von Bestrafung oder frustrierender Nichtbelohnung bedinge. Kagan et al. (1984) bez. G. bei Kleinkindern in unbekannten Situationen als *behavioral inhibition to the unfamiliar*. Asendorpf (1989, 1990) verknüpfte die Konzepte von Gray und Kagan zu einem *Zweifaktorenmodell der G.* bei Kindern und Erwachsenen, wonach G. auf ein starken BIS, aber auch auf häufiger Ablehnung oder Ignorierung durch wichtige Bezugspersonen (Eltern, Gleichaltrige) beruht und konnte dies in der *LOGIK-Studie* bestätigen. Die Stabilität von G. zw. Kindheit und Erwachsenenalter ist vgl.weise gering bedingt durch Erfahrungen von Ablehnung oder Ignorierung durch Gleichaltrige im Jugendalter (Asendorpf et al. 2008).

Gehen [engl. *walking*], *Gang*.

Gehirn (= G.) [engl. *brain*; lat. *cerebrum*, gr. ἐγκέφαλον *(enkephalon)*], **[BIO]**, bei Wirbeltieren und Mensch der innerhalb der Schädelkapsel gelegene Teil des *Nervensystems*. Während die *Nerven* vornehmlich zur Erregungsleitung dienen, übernimmt das G. die Aufgabe, die auf diesen Bahnen als bioelektrische Erregungen einlaufenden Informationen «sinnvoll» zu verknüpfen, zu verarbeiten und auf entspr. Bahnen resultierende Informationen auszugeben (einschließlich der bewusst erlebten Bewusstseins- und Erlebnisinhalte, die an das Funktionieren best. Hirnanteile gebunden sind, deren Wechselwirkung aber wiss. noch nicht geklärt ist). Zus. mit dem kaudal anschließenden *Rückenmark*, das zw. Nerven und G. vermittelt, bildet es das ZNS. In der *Keimesentwicklung* wird das ZNS aus dem Ektoderm als ein einfaches stabförmiges Hohlorgan (Neuralrohr) angelegt, dessen vorderer Teil sich unter Bildung dreier Bläschen (primäres Vorder-, Mittel und Rautenhirn) und unter Verengung des Hohlraums der Hirnkammern bzw. Hirnventrikeln (*ventriculus* Ausbuchtung) zum G. entwickelt. Bei Würmern kommt es nur zur Anhäufung von Nervenzellen in der Kopfgegend, von denen die Nervenfortsätze ausgehen. Bei Insekten hat das Oberschlundganglion gehirnähnliche Größe und Form, eine bläschenartige Erweiterung findet sich erst bei den niedersten Wirbeltieren. Bei den höheren Wirbeltieren kommt es nach der primitiven Dreiteilung durch erneute Teilung von Vorder- und Rautenhirn zu fünf Abschnitten: Vorderhirn (*Telencephalon*), Zwischenhirn (*Diencephalon*) – bestehend aus Hypothalamus, Thalamus, Meta- und Epithalamus –, Mittelhirn (*Mesencephalon*), Hinterhirn (*Metencephalon*) und Nachhirn (*Myelencephalon*, verlängertes Mark, *Medulla oblongata*). Das Vorderhirn, bei niederen Wirbeltieren vornehmlich ein Riechhirn, differenziert sich bei den höheren Wirbeltieren zum Großhirn und überwölbt beim Menschen mit zwei Ausstülpungen (Hemisphären) oben und nach beiden Seiten als Großhirn (*Cerebrum*) das Zwischen- und Mittelhirn, sodass diese innerhalb des Großhirns zu liegen kommen (Abb. 1).

Das Großhirn ist beim Menschen zum Zentrum für alle Sinnesempfindungen und Willkürhandlungen geworden. Es gilt als Sitz des *Bewusstseins*, des *Gedächtnisses* und aller geistigen und seelischen Leistungen. Die äußere, mehrfach gefaltete, etwa 2,5 mm dicke Randzone, die Hirnrinde *(Cortex cerebri)* ist mit mächtigen Ganglienzellgruppen angefüllt und sieht daher grau aus: Graue Substanz, die insges. etwa 10 bis 14 Mrd. Zellen umfasst. Diese sind durch Assoziationsbahnen untereinander, durch Projektionsbahnen mit dem Rückenmark und der Peripherie verbunden (Abb. 2).

Diese Fasermassen des Gehirns erscheinen durch die Markhaltigkeit der Nervenfasern weißlich: Sie bilden die weiße Substanz. Graue und weiße Substanz werden als «Hirnmantel» *(pallium)* von den tieferen Kernen *(Nucleus caudatus* und *putamen*, zus. = Streifenhügel = *Corpus striatum* = Basalganglien) unterschieden. Die Faltungen des Hirnmantels führen an seiner Oberfläche zu charakteristischen Windungen *(Gyri)* und Furchen *(Sulci)*. Durch die

Zentralfurche *(Sulcus centralis)* und die Sylvische Furche *(Fossa sylvii)* sind in jeder Hirnhälfte ein Stirn-, Scheitel- und Schläfenlappen *(Lobus frontalis, parietalis* und *temporalis)* abgrenzbar sowie ferner dorsal ein Hinterhauptslappen *(Lobus occipitalis)*. Die Hirnrinde zeigt deutlich eine Schichtung von versch. Zellarten, von denen die großen Pyramidenzellen, Ausgangspunkt der *Pyramidenbahnen*, die bekanntesten sind. In best. Arealen des Kortex befinden sich spezif. Projektionszentren für Muskelbewegungen (vordere Zentralwindung), Wahrnehmung von *Empfindungen* (hintere Zentralwindung) sowie für das *Sprechen* (motorisches Sprachzentrum, sensorisches Sprachzentrum), *Hören* und *visuelle Wahrnehmung* (Abb. 3).

Die beiden Großhirnhalbkugeln (Hemisphären) sind durch den Balken miteinander verbunden. Nach hinten, z. T. vom Großhirn überlagert, folgt das Kleinhirn *(Cerebellum)*. Es dient der Koordination aller Bewegungen und der Aufrechterhaltung des statischen Gleichgewichts mithilfe der Informationsafferenzen vom statischen Organ (*Ohr*). Alle erregenden Zuflüsse in das Kleinhirn werden nach höchstens zwei Synapsen in Hemmung überführt. Es wird vermutet, dass dieses automatische «Löschen» v. a. für die Mitarbeit des Kleinhirns bei schnellen Bewegungen wichtig ist. Nach der Entfernung des Großhirnmantels und des Kleinhirns verbleibt der Hirnstamm (Abb. 4). Im Thalamus [gr. *thalamos* Gemach, Höhle], dem paarigen dorsalen Kerngebiet des Zwischenhirns (Eintrittsstelle des «Sehnerven», der einschließlich der Retina Bestandteil des Gehirns ist; *Sehbahn*), sammeln sich alle sensorischen Bahnen, wo sie das letzte Mal vor den Projektionsfeldern der Großhirnrinde umgeschaltet werden, wo sie emot. (*Emotionen*) gefärbt werden, ehe sie dann im Großhirn zum Erlebnis («Wärme», «Ärger» u. a.) werden. Auch die elektrische Aktivität des Großhirns und damit auch die Aufmerksamkeits- und Wachheitsfunktionen werden vom Thalamus aus gesteuert (*Aufmerksamkeit, Vigilanz (Wachsamkeit)*). Der ventrale Teil des Zwischenhirns, der Hypothalamus, umfasst das höchste Zentrum des autonomen (vegetativen) NS. Hier vollzieht sich die Koordination und Integration der vegetativen Körperfunktionen sowie des Hormonhaushaltes (*Hormone*, Kohlehydratstoffwechsel, Wasser- und Salzhaushalt, Wärmegleichgewicht und Sexualfunktionen). Hier finden sich auch Zentren der motivationalen Bekräftigung (Hunger, Sexualität u. a.; *Motivation*). Indirekt über Kerne der Medulla werden auch Herzschlag und Atmung beeinflusst. Hier liegt auch das *limbische System*, das u. a. Teile des *Hippocampus* und des Großhirns umfasst, dem ebenfalls vegetativ emot. psych. Steuerfunktion zukommt. Zwei Anhänge des Hypothalamus sind oben die Zirbeldrüse (Epiphyse), nach unten die Hypophyse, *Drüsen* mit innerer Sekretion, regeln Wachstum, Geschlechtsreife und Blutdruck in wechselseitiger Zusammenarbeit mit dem Zwischenhirn. In der Zirbeldrüse wurde vor Zeiten der «Sitz der Seele» vermutet. Die Hypophyse *(Glandula pituitaria)* ist zweigeteilt: Vorderlappen oder Adenohypophyse und Hinterlappen oder Neurohypophyse. Sechs bedeutsame *Hormone* werden von der Adenohypophyse abgegeben, zwei bedeutsame von der Neurohypophyse. Diese wird durch den Hypothalamus gesteuert. Mittelhirn, beim Menschen urtümlich geblieben, und Rautenhirn *(Rhombencephalon)* mit der Brücke *(Pons)* und der *Medulla oblongata* leiten zum Rückenmark über. Das Rautenhirn umfasst den größten Teil des unspezifischen Aktivierungszentrums, der *Formatio reticularis*. Das gesamte G. wird beim Menschen umgeben von den Hirnhäuten *(Meninges)*. Am Schädel liegt die der Knochenhaut entspr. harte Hirnhaut *(Dura mater)*. Darunter liegen die Flüssigkeit enthaltende polsternde Ader- oder Spinnwebenhaut *(Arachnoides)* und die weiche Hirnhaut *(Pia mater,* fromme Mutter, d. h., die Hirnhaut als ernährende Mutter des Gehirns), die dem Gehirn unmittelbar aufliegt und in alle Furchen eindringt.

Zerebrale Geschlechtsunterschiede: Sowohl in der Anatomie als auch in den Hirnfunktionen wurden in den letzten Jahren geschlechtsspezifische Unterschiede nachgewiesen. So sind die Hirne von Männern rund 15 % größer (Pinel 1997). Funktional ist der Grundwert der Stoffwechselaktivität bei Frauen im *Gyrus cinguli* (unter dem *Corpus callosum*) vergleichsweise eher höher, während dies bei Männern eher im Bereich der Temporallappens und des limbischen Systems der Fall ist. Derlei zerebrale Geschlechtsunterschiede werden offenbar durch die perinatale (kurz vor und nach der Geburt) Anwesenheit von Testosteron hormonell gesteuert. Seine Anwesenheit führt zur Entwicklung männlicher, seine Abwesenheit zur Entwicklung weiblicher Gehirnmerkmale, unabhängig von der genetischen Geschlechtsbestimmung.

Hirngröße und Oberflächenentfaltung wurden vielfach zur «geistigen Leistung» in Beziehung gebracht, allerdings ohne klare Gesetzmäßigkeit. Das Gehirn des Menschen mit 1300 bis 1800 g Gewicht ist weder überhaupt noch verhältnismäßig das größte: Hirngewicht beim Elefanten 5000 g. Hirngewicht zu Körpergewicht verhalten sich bei: Elefanten 1:560, Schimpansen 1:75, Menschen 1:35–40, niederen Affen 1:15–26. Bsp. für Hirngewicht beim Menschen: Bismarck 1807 g, Kant 1650 g, Schiller 1580 g, Haeckel 1550 g, Helmholtz 1440 g, Liebig 1260 g, Anatole France 1017 g. Pinel 1997, Thompson 2001.

C. Becker-Carus

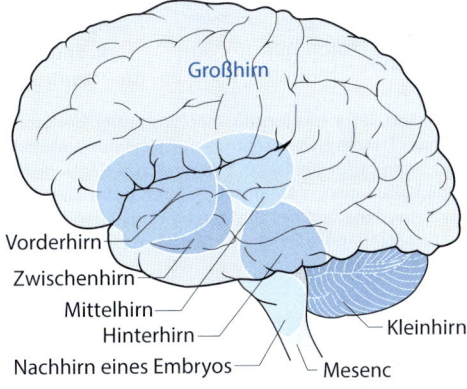

Gehirn, Abb. 1: Schematischer Aufbau des menschlichen Gehirns (Sagittalschnitt).

Gehirn, strukturelle und funktionelle Geschlechtsunterschiede

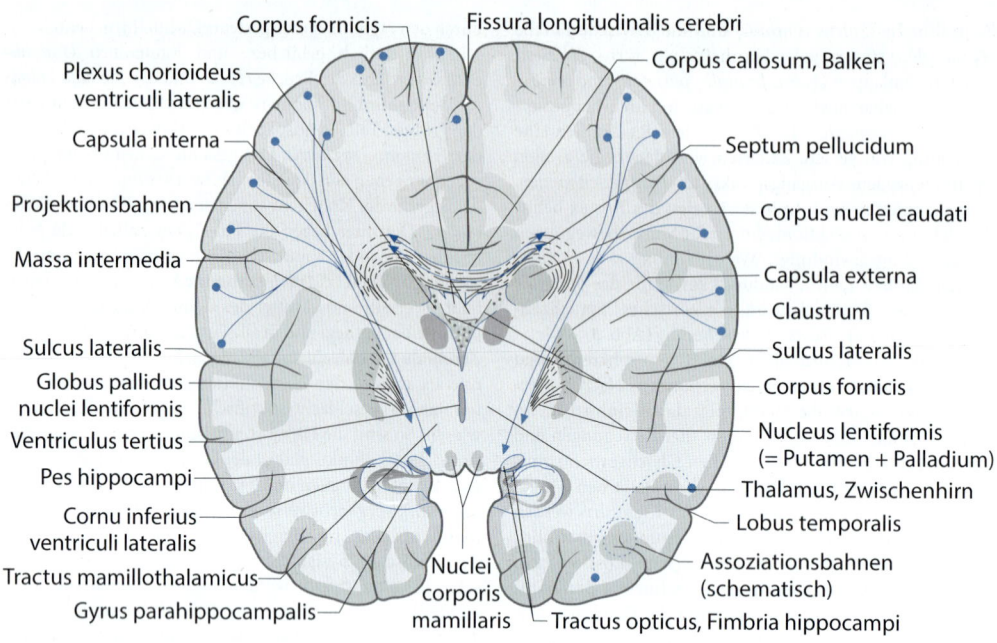

Gehirn, Abb. 2: Frontalschnitt des Gehirns auf Höhe des III. Ventrikels

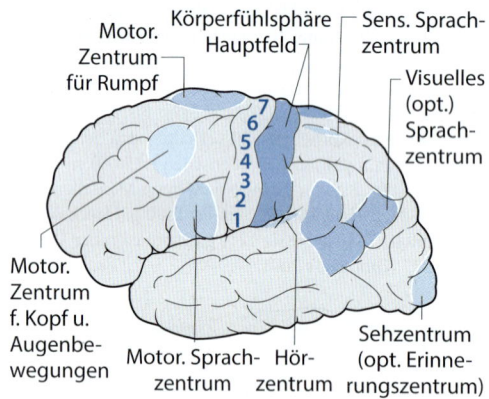

Gehirn, Abb. 3: Schema funktionaler Hirnzentren der Großhirnrinde. 1 Motorisches Zentrum für Schlund, 2 Motorisches Zentrum für Kehlkopf, 3 Motorisches Zentrum für Zunge, Vokalisation, 4 Motorisches Zentrum für Gesichtsmuskulatur, 5 Motorisches Zentrum für Finger, Hand, 6 Motorisches Zentrum für Schulter, 7 Motorisches Zentrum für Rumpf, Hüfte, Bein.

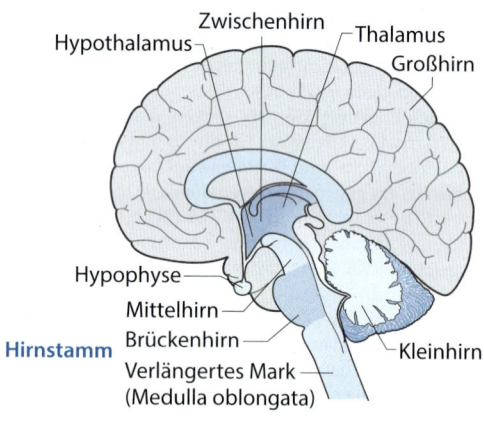

Gehirn, Abb. 4: Schematisierte Darstellung der Teilbereiche des Hirnstamms.

Gehirn, strukturelle und funktionelle Geschlechtsunterschiede (= s.G. bzw. f.G.) [engl. *brain, sexual dimorphisms*], [**BIO, KOG**], s.G. meint die hirnanatomischen und f.G. die hirnfunktionellen Unterschiede zw. Männern und Frauen. S.G. zeigen sich sowohl makroskopisch als auch mikroskopisch. Das männliche *Gehirn* ist durchschnittlich ca. 15 % größer und schwerer als das weibliche. Ein Unterschied bleibt auch nach Berücksichtigung der Körpergröße bestehen. S.G. in subkortikalen Strukturen, wie insbes. dem Hypothalamus, werden mit

Geschlechtsunterschieden in sex. und reproduktivem Verhalten in Verbindung gebracht. Im Neokortex zeigt das männliche Gehirn 15,5 % mehr *Neurone* als das weibliche. Außerdem weist der männliche Kortex in allen vier Hirnlappen eine höhere Anzahl und Dichte von Neuronen auf sowie ein größeres kortikales Volumen. Die kortikale Komplexität ist dagegen stärker bei Frauen ausgeprägt. Zu den s. G. in kortikalen Substrukturen zählen u. a. das Planum temporale (Teil des Wernicke-Areals), das mit Sprachfunktionen assoziiert ist. Die typische linksseitige Asymmetrie dieser Struktur scheint bei Frauen reduziert zu sein. Weitere Bsp. sind der weniger asymmetrische Verlauf der Sylvischen Furche und Zentralfurche sowie ein größeres kommissurales Fasersystem bei Frauen, und hier insbes. des posterioren Teils des Corpus callosums (Isthmus und Splenium), der die Interaktion zw. den visuellen Arealen sicherstellt. S. G. für das Planum temporale und Corpus callosum konnten jedoch nicht immer repliziert werden. Inwieweit s. G. mit potenziellen Geschlechtsunterschieden in *Intelligenz* und spezif. kogn. Fähigkeiten (z. B. *Denken*, *Problemlösen*) zus.hängen, ist weitestgehend unklar. Die Befunde sprechen jedoch dafür, dass das männliche und weibliche Gehirn funktionell unterschiedlich organisiert sind. Z. B. wird für Frauen eine stärkere interhemisphärische Interaktion sowie eine reduzierte funktionelle Hirnasymmetrie angenommen, die z. T. durch Sexualhormone (*Hormone*) moduliert werden. *M. Hausmann*

Gehirnasymmetrie *Hirnasymmetrie*.
Gehirnatrophie *Hirnatrophie*.
Gehirnerschütterung [engl. *concussion*], *Schädel-Hirn-Trauma*.
Gehirnmetapher/Konnektionismus (= G.) [engl. *neuron metaphor/connectionism*], [**KOG**], die G. drückt aus, dass mentale Phänomene als emergente Eigenschaften (*Emergenz*) in einem Netzwerk aus einfachen Einheiten entstehen (vergl. *Computermetapher*). In konnektionistischen Netzwerken (auch neuronale Netze, *Netzwerk, verteiltes*, oder *parallel verteilte Prozessmodelle, PDP*) sind simulierte *Neuronen* i. d. R. in Schichten angeordnet (z. B. *input layer, hidden layer, output layer*). Durch *Lernen* verändern sich die Verbindungsstärken zw. den simulierten Neuronen, sodass z. B. versch. Reize korrekt in vorgegebene Antwortklassen sortiert werden können. Berechnungen und Speichern laufen nach der G. parallel und verteilt ab. Explizite Regeln und Symbole werden in der G. vermieden. Stattdessen bestehen Repräsentationen aus Aktivierungsmustern im Netzwerk. Die sind auch robust, wenn einzelne Neurone ausfallen. Das gleiche Netzwerk kann viele versch. Muster speichern. Konnektionistische Netzwerke können beeindruckende Ergebnisse erzeugen. Z. B. haben Sejnowski und Rosenberg schon 1986 NETtalk vorgestellt, das mit Training zunehmend besser in der Lage ist, einen engl. Text in gesprochene Sprache umzuwandeln [Tonbeispiel: www.salk.edu/Media/nettalk.mp3]. Konnektionistische Netzwerke können also Verhalten produzieren, das Regeln gehorcht (denen der engl. Aussprache), ohne explizit Regeln zu benutzen. Gallistel & King (2009) argumentieren, dass die G. plausibel erscheint, weil sie zum Konzept der *Assoziation* passt, das in der Ps. seit über 100 Jahren (oft stark unterspezifiziert) existiert. Diese Unterstützung gilt auch umgekehrt. Wesentliches Merkmal der G. sei, dass kein Zugriff auf Inhalte möglich ist, ohne dass andere assoziierte Inhalte mit aktiviert/verändert werden. Alternativ können sich die *Computermetapher* und die Konzeption des mentalen Systems als *Informationsverarbeitungssystem* gegenseitig stützen. *R. Gaschler*

Gehirnprellung *Schädel-Hirn-Trauma*.
Gehirnquetschung [engl. *compression of the brain*], *Schädel-Hirn-Trauma*.
Gehirnschädigung *Hirnschädigung*.
Gehirntumor *Hirntumor*.
Gehirnwäsche [engl. *brainwashing*], [**KOG, RF**], Anwendung von Methoden mit extremer körperlicher oder psych. Belastung (z. B. Dauerverhör, Schlafentzug, Isolation, sensorische *Deprivation*, emot. Desorganisation, Betäubung bis zu leiblicher und seelischer Folterung), um Geständnisse, Geheimnis- bzw. Personenverrat u. a. zu erzwingen oder um Manipulationen im Hinblick auf Einstellungen zu erreichen.
Gehör [engl. *sense of hearing*], *Ohr*.
Gehör, absolutes [engl. *absolute pitch*], [**WA**], Bez. für die bes. Gehörleistung, die Höhe eines einzelnen (ohne Vergleichston) mit einem Musikinstrument (meist Klavier) dargebotenen Tones zu bestimmen oder einen Ton mit best. Frequenz stimmlich zu erzeugen. Bei reinen Sinustönen (unter Fortfall von Klangfarben, Obertonschwingungen und taktil-kinästhetischen Empfindungen) besteht keine Möglichkeit, die «absolute» Tonhöhe zu identifizieren. Wellek 1938.
Gehörlosigkeit [engl. *deafness*], [**GES, KOG**], angeborene oder vor dem Spracherwerb (*Sprachentwicklung*) eintretende völlige Gehörlosigkeit verhindert den Spracherwerb ohne Hilfe (Gehörlosenbeschulung nach optischem und taktilem Prinzip). Ein Spracherwerb ist möglich, früher Taubstummensprache durch Fingeralphabet (*Gebärdensprache*), jetzt durch Lautsprache ersetzt (Gehörlosenschule). Spätertaubung im Kindesalter kann bei fehlender Hilfe zum Verlust der bereits erworbenen Sprache führen. *Hörstörungen*. Löwe 1979.
Gehorsam, bedenkenloser [engl. *obedience*], [**SOZ**], auch destruktiver Gehorsam in der exp. sozial-ps. Forschung zuerst von Milgram 1963 untersuchte interpersonale Erscheinung, die Ursache für die Verwendung von Personen zur Ausführung schädigender Verhaltensweisen mit herabgesetzter oder verfälschter ethischer Kontrolle ist. *autoritäre Persönlichkeit*, *Autoritätsgehorsam*, *Konformität*.
Gehörvorstellungen [engl. *auditory imaginations*], [**WA**], auditive Vorstellungen, die auf akustische Eindrücke zurückgehenden Vorstellungen, als Erinnerungsbilder von Gehörwahrnehmungen oder Fantasievorstellungen. *Hören, tonales Hören*.
Geist (= G.) [engl. *mind, spirit*], [**PHI**], ursprünglich ein phil. vieldeutiger Begriff (*Philosophie*). In der metaphysi-

schen Gegenüberstellung von G. und Stoff ist G. das Lebendig-Göttliche, belebte und belebende Prinzip (*Weltgeist*). Später in der spekulativen phil. Ps. meint G. die menschliche Seele (*Geistseele*), die sich von der tierischen Seele charakteristisch unterscheidet. Die eigentliche phil. Wurzel liegt im *nous* (Anaxagoras) und im *logos* (Heraklit) als dem Vernünftigen, d. h. einem vernünftig waltenden Ordnungsprinzip in Welt, Leben und Denken. In der Ps. teils gleichbedeutend mit seelisch (seelisch-geistig bez. den Unterschied zum Körperlich-Stofflichen), teils Inbegriff höherer, nur dem Menschen als Person zukommender Fähigkeiten: *Denken* (z. B. in der Reflexion, Objektivierung und dem Werten) und *Wollen* (im bewussten, ziel- und mittelbestimmten, planmäßigen Handeln).
Grundformen des (substanzialisiert gedachten) G. (Hegel, N. Hartmann, Spranger, R. Meister) sind: (1) subj.-persönlicher G. (ans *Bewusstsein* der Einzelperson gebunden); (2) der obj. G. (das sich in Staat, Recht, Sitte, Gesellschaft, Erziehung und Bildungswesen, Religion, Kunst, Wiss., Sprache u. a. Kulturbereichen niederschlagende überindiv. Geistesleben); (3) der objektivierte G. (die geistigen Schöpfungen, kult. Werke, in denen sich der Geist manifestiert, fixiert); (4) Hegels absoluter G. (der sich in Geistesleben und Weltgeschichte bewusst werdende göttliche G.).

Geisteskrankheit [engl. *mental disease*], [**KLI**], veraltete Bez. für eine pathologische Störung der psych. Funktion (*Psychose*). Juristisch noch genutzte Bez. für jede psych. Störung erheblichen Ausmaßes (*Schizophrenie*, *Persönlichkeitsstörungen*, u. U. *geistige Behinderung* etc.). *Intelligenzminderung*.

Geistesschwäche [engl. *amentia, imbecility*], [**KLI**], veraltete Bez. für *psychische Störung* leichteren Ausmaßes.

Geisteswissenschaft [engl. *the arts, the humanities*], [**PHI**], Kulturwissenschaft oder idiografische Wissenschaft. Den Begriff prägte Windelband, der gegen den *Positivismus* in Geschichts-, Literatur- und Religionswissenschaft, Ps. und Soziologie die Eigengesetzlichkeit des «Geistes» betonte, die nicht mit Naturgesetzen zu erfassen sei. Extreme Gegenposition z. B. Skinner, *Behaviorismus*. Dilthey 1973.

geisteswissenschaftliche Psychologie (= g. Ps.), [**PHI**], die von Dilthey (1894) und Spranger (1914) im Ggs. zur naturwiss.-empirisch gerichteten Ps. entwickelte Darstellung des Seelischen, bezogen auf die Wertverwirklichungen des *objektiven Geists*. Sinn und Wert des ps. Daseins bilden den Mittelpunkt auch der Erlebnisbetrachtung. In dieser Beziehung spricht die g. Ps. von «Struktur». Auch leitet sie «Lebensformen» der Menschen ab. Das Individuelle wird zielgemäß gerichtet gesehen und erscheinungsgemäß durch Ausdeutung (*Interpretation*) und «*Verstehen*» bestimmbar gemacht. Mit bes. Erfolg hat sich die g. Ps. historischen Erscheinungen zugewandt. *Hermeneutik*. Dilthey 1973, Oelrich 1950.

geistige Behinderung (= g. B.) [engl. *intellectual/mental disability*], [**KLI**], bez. v. a. eine deutliche Beeinträchtigung der intellektuellen Leistungsfähigkeit (*Intelligenz*, *Intelligenzquotient*). Früher häufig verwendete Begriffe für g. B.: *Debilität*, *Idiotie*, *Oligophrenie*, Schwachsinn. Heute spricht man von *Intelligenzminderung* (ICD-10; *International Classification of Diseases (ICD)*). Nur bei ca. 25 % der Betroffenen kann eine eindeutige Ursache der g. B. festgestellt werden, z. B. in der Schwangerschaft aufgetretene Chromosomenanomalie (z. B. Trisomie 21 oder *Down-Syndrom*, Fragile-X-Syndrom; *Genetische Syndrome*), Substanzkonsum während der Schwangerschaft (z. B. Drogen oder Alkohol), Infektionen während der Schwangerschaft (z. B. Toxoplasmose, Röteln), eine rezessiv erbliche Stoffwechselstörung des Kindes (z. B. Phenylketonurie), Unfälle oder Vergiftungen in der Kindheit (z. B. Quecksilber, Blei). Diagn. Instrumente, die zur Erfassung von Aspekten der g. B. eingesetzt werden, sind im Verzeichnis diagn. Verfahren in Anhang II aufgeführt. *Geistige Behinderung, Mythen*.

K.-H. Stapf/C. Heil

geistige Behinderung, Mythen (= M.) [engl. *myths of intellectual disability*], [**SOZ, RF**], falsche Annahmen über Menschen mit *geistiger Behinderung* (*Intelligenzminderung*) werden mangels Realitätsbezugs als M. bez. (Senn 1988). Hierzu werden bspw. die Fehlannahmen (*Stereotyp*) gezählt, Menschen mit geistiger Behinderung würden keinen Anteil an dem nehmen, was um sie herum geschehe, oder sie seien geschlechtslose, asexuelle Wesen. Den meisten M. liegt eine Infantilisierung, d. h. die Vorstellung zugrunde, geistige Behinderung schließe Erwachsensein aus. In Verknüpfung mit M. sexueller Gewalt, welche sexuelle Gewalt weniger als Machtmissbrauch denn als Ausleben einer durch die Attraktivität des Opfers ausgelösten aggressiven Form normaler Sexualität sehen, für die Menschen mit geistiger Behinderung die vermeintlich notwendige Attraktivität abgesprochen wird, können unterschiedliche M. eine Vorstellungswelt erzeugen, in der die Wahrscheinlichkeit sexueller Gewalt gegen Menschen mit geistiger Behinderung unterschätzt wird. *Opferzeugen mit Intelligenzminderung, Intelligenz*. Krüger et al. 2014, Senn 1988.

S. Niehaus

Gelatophobie (= G.) [engl. *gelotophobia*; gr. γέλως (*gelos*) Lachen, φοβία (*phobia*) Furcht, Angst)], [**EM, KLI**], die *Angst* vor dem Ausgelachtwerden. Personen mit dieser Angst missverstehen freundliches *Lachen* oft als feindseliges. Eine Überzeugung, lächerlich zu sein, führt zum Screenen der Umgebung nach Signalen von Spott. G. umfasst drei Unterkomponenten: (1) paranoide Sensibilität gegenüber antizipiertem Spott, (2) unverhältnismäßige neg. Reaktionen auf Ausgelachtwerden und die Bewältigung von Spott durch Selbstschutz, indem die Situation kontrolliert wird und durch Rückzug oder *Internalisierung*, dass man ein echtes Ziel des Spottes ist. G. überschneidet sich mit Cluster A der *Persönlichkeitsstörungen*, vor allem mit paranoider Persönlichkeitsstörung und schizoiden und schizotypen Persönlichkeitsstörungen und zeigt eine Überlappung mit Sozialangst (*soziale Phobie*). G. wird über den Selbstberichtfragebogen *Geloph* erfasst, der über empirisch abgeleitete *Cut-Off*-Punkte verfügt, welche Personen mit keiner, leichter, deutlicher und extremer G. entlang eines Kontinuums def. Dieses Instrument ist in 42 versch. Sprachversionen verfügbar. Versch. Länder (insges. 75) unterscheiden sich deutlich in Bezug auf die mittlere Ausprägung des G-Werts sowie im Prozentsatz der G. in dem Land. Ein dynamisches Modell der Ursachen und Folgen legt nahe, dass es Mikro- (z. B. die Person, Familie, Nachbarschaft), Meso- (z. B. Städte, Organisationen) und Makroebenen (z. B. Nation, Gesellschaft) gibt, die wahrscheinlich durch affektive *Dispositionen* (d. h. Neigung zu *Scham*, Angst und wenig Freude), spezif. Persönlichkeitseigenschaften (z. B. Verklemmtheit, *Ängstlichkeit*) oder globalere Persönlichkeitseigenschaften (d. h. *Neurotizismus*, *Introversion*) begünstigt werden. G. ist eine der drei Dispositionen zum Auslachen und Ausgelachtwerden, zus. mit *Gelatophilie* (Freude am Ausgelachtwerden) und *Katagelastizismus* (Freude am Auslachen anderer), die Verhaltensreaktionen auf *Humor* und Lachen darstellen. Ruch & Proyer 2008, Platt et al. 2013. *T. Platt/W. Ruch*

Gelb, Adhémar Maximilian Maurice (1887–1936), [**BIO, HIS, WA**], dt. Gestaltpsychologe (*Gestaltpsychologie*). Gelb wurde in Moskau geb., Studium in München, 1910 Promotion bei Stumpf (*Stumpf, Carl*) in Berlin mit einer Arbeit über Gestaltqualitäten, 1909–1912 in Berlin Volontärassistent, 1912–1914 Assistent in Frankfurt, 1919 Habilitation, 1924 a. o. Prof., 1929 o. Prof. und gemeinsam mit *Wertheimer* Direktor des Frankfurter Ps. Instituts, 1931 Annahme eines Rufes nach Halle, 1933 dort aus rassistischen Gründen mit geringen Bezügen entlassen. Berufungsverhandlungen mit der Universität Stockholm kommen wegen einer Lungentuberkulose nicht zum Abschluss. Gelb stirbt in Schömberg (Schwarzwald). Er war führend tätig im Bereich der Wahrnehmungs- und Sprachstörungen durch Hirnverletzungen. Bergius 1964b. *H. E. Lück*

Gelbkörperhormon, *Corpus-Luteum*-Hormon, *Progesteron*. *Hormone*.

Gelb'sches Phänomen *Tau-Phänomen*.

Geldillusion (= G.) [engl. *money illusion*; lat. *illudere* täuschen, betrügen], [**KOG, WIR**], bezeichnet die Tendenz bei der *Geldwahrnehmung* den Zahlenwert (nominaler Geldwert, *Wert*) und nicht den realen Geldwert zur Beurteilung des Wertes von Geld zugrunde zu legen. Der Geldwert wird als stabil wahrgenommen, wenn der in Zahlen ausgedrückte Wert konstant bleibt. So wird ein Euro z. B. auch bei einer Inflationsrate von 3 % weiterhin als ein Euro und nicht als 97 Cent wahrgenommen. Dies kann dadurch erklärt werden, dass ein Sachverhalt meist in demjenigen Bezugssystem repräsentiert wird, das salienter (*Salienz*), einfacher, natürlicher oder gewohnter erscheint (hier: der Zahlenwert). Die G. zeigt sich z. B., wenn eine 4 %-ige Verzinsung bei einer Inflationsrate von 3 % einer 2 %-igen Verzinsung bei einer Inflationsrate von 1 % vorgezogen wird. Empirisch konnte gezeigt werden, dass bei Währungsalternativen (z. B. DM vs. EUR) eine Währung mit höheren (bzw. kleineren) Zahlenwerten bei Einnahmen (bzw. Ausgaben) bevorzugt wurde, obwohl der reale Geldwert währungsunabhängig identisch war. Shafir et al. 1997, Schulz-Hardt et al. 2015. *F. Vogelgesang*

Geldwahrnehmung (= G.) [engl. *perception of money*], [**KOG, WIR**], beschreibt die Wahrnehmung und Beurteilung der Bedeutung und des Wertes von Geld. Geld erfüllt dabei zum einen ökonomische Funktionen, zum anderen hat es versch. symbolische Bedeutungen. Ökonomisch betrachtet fungiert Geld als Wertmaßstab, Werterhaltungsmittel sowie Tausch- und Zahlungsmittel. Als symbolische Bedeutungen (*Symbol*) können sozial-kommunikative Aspekte (soziale Differenzierung, Erfolg, *Macht*, Status) sowie weitere psychol. Aspekte (Sicherheit, Wohlbefinden) genannt werden. Geld hat somit die Funktion eines sekundären Verstärkers (*sekundärer Verstärker*), mit dem Bedürfnisse befriedigt werden können. Mit Geld ist ein u. a. sozial geteiltes *Wertversprechen* verbunden, dass der Wert des Geldes konstant bleibt (Einnahmewert = Ausgabewert). In der psychol. Forschung steht die Diskrepanz des realen Geldwertes (Kaufkraft) und der G., die durch persönliche geldwerte Bedürfnisse moderiert und mit determiniert wird (z. B. temporäre und soziale Vergleiche), im Mittelpunkt. *Geldillusion*, *Preiswahrnehmung*. Burgoyne et al. 1999, Schulz-Hardt et al. 2015. *F. Vogelgesang/C. Ehrling*

Gelegenheitsausdrücke *Indexikalität*.

gelernte Hilflosigkeit *Hilflosigkeit, gelernte/erlernte*.

Geltungsstreben, Geltungstrieb (= G.) [engl. *need/craving for recognition/prestige*], [**EM, PER**], im Bereich der nach Richtung und Stärke sehr vielgestaltigen, charakterlichen Strebungen mit dem Ziel, das Ich gegenüber der Umwelt abzugrenzen, zu sichern und auszubreiten (Formen des *Egoismus*, des Selbstwertstrebens (*Selbstwertregulation*) und des Machtstrebens), hat der Geltungstrieb – vorwiegend durch die *Psychoanalyse* und die *Individualpsychologie* Adlers – bes. Beachtung gefunden. Sein gesunder und normaler Gehalt ist darauf gerichtet, dem *Ich* Beachtung, Anerkennung, Lob oder auch (gesteigert) Ruhm, Ehre, Beifall zu verschaffen. G. findet sich auch als Eigenschaft in faktoranalytischen Persönlichkeitsfragebogen als *Dominanzstreben* oder Bedürfnis nach Beachtung.

Gemeindepsychiatrie [engl. *community psychiatry*], syn. kommunale *Psychiatrie*, [**KLI**], psychiatr. Versorgung in vernetzten Systemen in der Gemeinde, um Ausgrenzung und institutionelle Unterbringung von psych. Kranken zu vermeiden. Krisor & Pfannkuch 1997.

Gemeindepsychologie (= G.) [engl. *community psychology*], [**KLI**], auf dem Hintergrund von Bürgerrechtsbewegungen und psychosozialen Reformen entstandenes Teilgebiet oder Perspektive der Ps., das sich mit der Analyse und Modifikation von indiv. menschlichem Leid und *Wohlbefinden* in seinen kontextuellen Beziehungen und den sie prägenden Werten beschäftigt. Das Verhältnis von Person und Umwelt wird dabei in i. S. Beziehungsverhältnisse gebracht, z. B. i. S. von Bronfenbrenners sozialökologischem Modell mit den Ebenen Mikro-, Meso-, Exo- und Makrosystem (*Entwicklung, ökologischer Ansatz nach Bronfenbrenner*), Barkers *behavior setting*, das determinierende Verhaltensströme vorgibt, oder als Kontext i. S. der ökologischen Metapher von Kelly, welcher lebensweltliche, historisch def. und interdependente Strukturen als mehr oder weniger adaptiv wirksamen Umfluss von *Ressourcen* begreift. Im Mittelpunkt stehen Maßstäbe, die sich aus den allg. *Menschenrechten* ableiten und welche den kollektiven und zugleich selbstbest. Charakter der menschlichen Existenz betonen. Mit diesen Konzepten wird die Bedeutung des Individuums relativiert, aber auch obj. bzw. subj. Perspektiven mitgedacht. Eine für die G. zentralste subj. Kategorie ist in dem von Sarason geprägten Begriff des *Sense of Community* gefasst; als sinnstiftendes Gefühl und *Kognition* der *Bindung* an Orte und soziales Gebilde. Die Handlungsprinzipien der G. sind v. a. auf die *Prävention* biopsychosozialer Probleme und die Förderung einer entspr. *Gesundheit* ausgerichtet. Der Schwerpunkt liegt auf sozialen Veränderungen mithilfe von Machtumverteilungen (*Empowerment*), *Partizipation*, kult. Wachstum und gemeinschaftsdienlicher Kapazitätsbildung. Als Perspektive ist die G. theoretisch und meth. pluralistisch orientiert, sie versteht sich aber auch, u. a. eingebettet in best. sozialphil. Traditionen wie z. B. dem Kommunitarismus, als eine kritische Instanz gegenüber der Mainstream-Ps. Kagan et al. 2011, Röhrle & Sommer 1995. *B. Röhrle*

Gemeingefühl (= G.), [**EM**], *Allgemeingefühl*, syn. *vitaler, psychosomatischer Sinn*. Eng verwandt mit *Stimmung*, aber auch *arousal*, Erregung, *Aktivierung*. Das aus einer Reihe von inneren *Empfindungen* entspringende Totalgefühl (Koinästhesie). Kretschmer (1975) betonte hierbei das diffuse Zusammenfließen aller (auch der fast unmerklichen) Empfindungsqualitäten, womit das G. erlebbarer Gesamtquerschnitt unseres Befindens, d. h. zugleich Empfindungssumme und Affektlage ist. In der älteren Ps. gebräuchlicher Begriff, der eine Äußerung der «*Lebenskraft*» im Bereich der Sinnlichkeit bedeutet, die G. ist das Resultat der Einwirkung aller sensiblen *Nerven* auf das *Gehirn* (Waitz 1849). Danach sind alle Sinnesempfindungen, sofern sie alle oder in großer Menge zur *Perzeption* drängen, Teile des G. E. H. Weber definiert das G. als das *Bewusstsein* von unserem Empfindungszustand, das alle mit Empfindungsnerven versehenen Teile vermitteln, abgesehen von spezif. Sinnesempfindungen, die uns außerdem manche von ihnen verschaffen. Wundt (1862) unterscheidet Empfindungen, die wir auf äußere Objekte beziehen (obj. Empfindungen), von Empfindungen, die wir auf Zustände unseres eigenen Leibes beziehen (subjekte Empfindungen oder *Gefühle*). Die Letzteren setzen vorzugsweise das G. zus., aber nicht ursprünglich als Empfindungen, sondern erst nachdem die *Vorstellung*stätigkeit erwacht ist. Danach ist es auch ein Totalgefühl, in dem der gesamte Zustand unseres sinnlichen *Wohlbefindens* und Übelbefindens zum Ausdruck kommt, jedoch erst nach der bewussten Reflektion über die Trennung von obj. und subj. Empfindungen (Wundt 1862). In der späteren Ps. verlor der Begriff zunehmend an Bedeutung. *R. Bergius*

gemeinsamer Aufmerksamkeitsfokus [engl. *common focus of attention*], *Scaffolding*.

Gemeinsamer Bundesausschuss (G-BA) [**KLI**], ist das oberste Beschlussgremium der gemeinsamen Selbstverwaltung der Ärzte, Zahnärzte, Psychotherapeuten, Krankenhäuser und Krankenkassen in Dt. [www.g-ba.de]

Gemeinschaft (= G.) [engl. *community*], [**MD, SOZ**], die G. ist im sozialwiss. Verständnis ein strukturiertes soziales Gebilde bestehend aus einer Menge an Personen, die auf der Basis gemeinsamer Merkmale oder Interessen ein Zusammengehörigkeits- bzw. Wir-Gefühl empfinden (*Gemeinschaftsgefühl*) und oft auch miteinander kommunizieren und kollaborieren, um gemeinsame Ziele zu erreichen. Es werden v. a. ortsbezogene Gemeinschaften (*community of place, spatial community*), deren Mitglieder als Merkmal denselben Ort teilen (z. B. Dorfgemeinschaft) von interessensbezogenen Gemeinschaften (*community of interest*) differenziert, deren Mitglieder best. Interessen teilen (z. B. Fangemeinschaft). Es besteht in der *Sozialpsychologie* eine Überschneidung mit dem Konzept der *Gruppe*, d. h., manche soziale Gebilde (z. B. *Familie*) werden sowohl als Gruppe (Primärgruppe) als auch als G. (Familieng.) bez. Meist wird der G.begriff heute verwendet in Abgrenzung zur Kleingruppe als dem in der Sozialps. meistuntersuchten Gruppentypus. Während eine Kleingruppe aus max. 30 Personen besteht, die sich an einem Ort treffen und face-to-face interagieren können, ist mit einer G. meist eine interessensbezogene, geografisch verstreute Großgruppe angesprochen, etwa eine Religionsg., ethnische G., Fang. oder auch Lebensstilg. (z. B. LBGTYI Community) und nicht zuletzt die Wissenschaftsg. (*scientific community*).

Aufgrund ihrer Mitgliederzahl und geografischen Verstreutheit sind interessensbezogene G. i. d. R. auf mediale Kommunikation angewiesen, wobei die *computervermittelte Kommunikation* über das *Internet* eine Schlüsselrolle einnimmt. Aus medialer Perspektive spricht man von Online-G. oder Online-Communitys, wenn G. sich v. a. über eine Internet-Plattform organisieren (z. B. Online-Selbsthilfegruppe in einem Webforum). Dabei definiert aber nicht die Technologie die G., sondern es sind weiterhin die sozialen Merkmale (v. a. Abgrenzung der G. von der Umwelt, Verhaltensregeln, Rollenverteilungen). Viele soziale Gruppen und G. nutzen heute sowohl Online- als auch Offline-Kommunikation (z. B. Mitglieder einer Online-Selbsthilfegruppe treffen sich regelmäßig persönlich zu einem Stammtisch; Mitglieder einer Sportgruppe vernetzen sich über eine Mailingliste oder Social-Networking-Plattform), sodass die Dichotomisierung sozialer Gebilde in *Online-G.* und *Offline-G.* oder *Online-Gruppe* und *Offline-Gruppe* im konkreten Fall zu hinterfragen ist. *N. Döring*

Gemeinschaftsfähigkeit *Gemeinschaftsgefühl*.
Gemeinschaftsgefühl *Individualpsychologie*.
Gemeinschaftssinn *Gemeindepsychologie*.
Gemini [lat. *geminus* doppelt], *Zwillinge*.
Gemischte Modelle [engl. *mixed models*], [**FSE**], *statistische Datenanalyseverfahren*, die sowohl feste als auch zufällige Effekte modellieren. Dabei wird eine genestete Datenstruktur analysiert, die der versch. Datenebenen unterschieden werden (z. B. Ebene 1: Pat., Ebene 2: Stationen, Ebene 3: Krankenhaus; Ebene 1: Personen, Ebene 2: Messzeitpunkte). Jedes Objekt einer niedrigeren Datenebene ist eindeutig einer Einheit höherer Datenebene zugeordnet, sodass jeder Pb in Bezug auf eine höhere Datenebene einem Cluster angehört (*Mehrebenenanalyse*). Von zufälligen Effekten spricht man, wenn sich stat. Parameter (z. B. Regressionsgewichte für den Vorhersagewert der Behandlungsmotivation auf den Therapieerfolg) zw. Clustern (z. B.

Gruppen von Pat., die jew. auf versch. Stationen behandelt werden) unterscheiden. Feste Effekte sind clusterinvariant. Hox 2002.

Gemüt (= G.) [nicht übersetzbar], **[EM]**, das Insgesamt der Gefühle und Strebungen (*Emotionen, Motivation*); die Gefühlsseite des Seelenlebens im Ggs. zur rationalen und intellektuellen Seite (*Denken, Kognition*); früher auch Bez. für die *Seele* überhaupt. G.zustand beschreibt die aktuelle emot. und motivationale (Gesamt-)Situation einer Person. Eine eigene Thymologie (Lehre vom G.) wurde von Friedmann im Jahre 1956 entwickelt. Ebenso wurde von Strasser (1956) das G. aus der bes. Sicht der phänomenologischen Philosophie beachtet. Lersch & Thomae 1968, Albrecht 1961.

Gen [engl. *gene*], syn. *Erbfaktor*, **[BIO, PER]**, Erbeinheit, Erbanlage, Cistron, Baustein der Erbsubstanz, die in den Chromosomen linear aneinandergereiht sind. Einheit des *Genoms*, die die genetische Information für ein Genprodukt enthält. Biochemisch besteht ein Gen aus mehreren tausend Bausteinen der *Desoxyribonucleinsäure* (DNS), es bewirkt immer zunächst die Ausbildung eines spezif. *Proteins*, durch welches eine Reaktionskette in Gang gesetzt wird, die letztlich zu einer best. Merkmalsausprägung führt. Im einfachen Fall steuert ein Gen die Ausbildung eines Merkmals, von Polygenie der Merkmale spricht man, wenn mehrere Gene bei der Ausbildung eines Merkmals beteiligt sind, von Polyphänie der Gene, wenn ein Gen die Ausbildung mehrerer Merkmale bewirkt. Die Bez. Gen wurde 1909 von W. Johannsen für die Erbeinheit nach den Mendel'schen Regeln eingeführt. *Genetik, Verhaltensgenetik.*

Gender [engl. soziales Geschlecht], *Geschlechtsrolle.*

Gendominanz [engl. *dominance*; lat. *dominare* beherrschen], **[PER]**, interaktiver Effekt der beiden *Allele* am gleichen Genlocus (von denen eines von der Mutter und eines vom Vater stammt). *Verhaltensgenetik.*

General Aggression Model (= G.) [engl.] «Allgemeines Modell der Aggression», **[EM, SOZ]**, das G. stellt eine Integration versch. Erklärungen aggressiven Verhaltens dar und umfasst u. a. die Ansätze der kognitiv-neoassoziationistischen Theorie, sozialkogn. *Lerntheorien* und der Theorie der Erregungsübertragung. Es beschreibt die Entstehung von *Aggression* auf der Ebene spezifischer Situationen und über die Zeit (Anderson & Bushman 2002). Auf der Episodenebene wird eine Wechselwirkung personaler (z. B. Geschlecht, Trait-Aggressivität, *Einstellungen, Werte, Ziele,* Wissensstrukturen wie *Schemata* und *Skripts*) und situativer (z. B. *Frustration,* Provokation, *aggressive Hinweisreize,* aversive Zustände) Input-Variablen postuliert. Diese löst über drei netzwerkartig miteinander verbundene Routen des kogn. *Primings* (*Feindseligkeit*), des neg. Affekts (*Ärger*) und der physiol. Erregung einen automatischen oder kontrollierten Bewertungs- und Entscheidungsprozess aus, der zu aggressivem Verhalten führen kann. Die Aggression ist Teil einer *sozialen Interaktion*), die als situative Variable eine neue Episode auslösen kann. Zur Entwicklung und Aufrechterhaltung von Aggression über die Zeit postuliert das G., dass die Aktivierung aggressiver Wissensstrukturen (*Wissen*) durch wiederholte einzelne aggressive Episoden langfristig zur Chronifizierung und Automatisierung aggressiver Kognitionen, *Verstärkung* aggressionsbezogener Einstellungen sowie Wahrnehmungsverzerrung in sozialen Interaktionen (z. B. *Attributionsstil, feindseliger*) und Desensibilisierung führen. Diese Prozesse erhöhen die Trait-Aggressivität (*trait*), die wiederum als personale Variable Einfluss auf eine neue Episode nimmt. Das G. wurde bislang angewendet auf die Erklärung der aggressionserhöhenden Wirkung des Konsums von *Mediengewalt,* extremen Temperaturen, Schmerz etc. und wurde kürzlich theoretisch erweitert, u. a. bzgl. seiner Anwendbarkeit auf *Gewalt* in intimen Beziehungen und Gewalt zw. Gruppen (DeWall et al. 2011).

Generalfaktor [engl. *general factor*], **[FSE]**, allg. bzw. übergreifender *Faktor. Intelligenzfaktoren.*

Generalisation (= G.) [engl. *generalisation*; lat. *generalis* allgemein], **[KOG]**, Verallgemeinerung, Schluss von einem Teil auf das andere Ganze. I. S. von Pawlow wird mit G. das primitivere Erststadium bei der Herstellung eines *bedingten Reflexes* bez. Die bedingte Reaktion ist noch nicht eindeutig auf eine eng abgegrenzte Reizgröße erfolgt, sondern auf einen gewissen Bezirk aus dem Reizkontinuum. Nach dem Stadium der G. erfolgt das der Differenzierung, d. h., die bedingte Reaktion tritt nur noch auf einen best. Reiz hin ein. Neurologisch soll der G. eine Ausbreitung der Erregung im ZNS entsprechen (Pawlow u. a.). Ist z. B. die *psychogalvanische Reaktion* auf einen Ton von best. Schwingungszahl konditioniert und erfolgt die bedingte Reaktion auf mehrere ähnliche Töne auch, so zeigt sich, dass die Intensität der bedingten Reaktion auf den zum Konditionieren (*Konditionierung*) benutzten Ton am stärksten ist und in Richtung auf höhere und niedere Töne schwächer wird bis zu ihrem völligen Ausbleiben (*Generalisations-Gradient*). Solche Töne können wegen ihrer Fähigkeit, dieselbe Reaktion hervorzurufen, *äquivalente Reize* bzw. konvergierende Reize genannt werden. Bezieht sich die G. wie im beschriebenen Fall auf die Reize, spricht man von Reiz-G. (*stimulus g.*). Davon zu unterscheiden sind Reaktions-G. (*response g.*) und die Reizreaktionen-G. (*stimulus response g.*), wenn auf einen Reiz jew. unterschiedliche Reaktionen erfolgen oder wenn (im zweiten Fall) jeder Reiz eines best. Bereiches des Reizkontinuums eine best. Reaktion aus einem Bereich von ähnlichen Reaktionen hervorrufen kann. Von sekundärer G. spricht man, wenn Reize best. Sinnesgebiete dieselbe Reaktion hervorrufen. So kann z. B. sowohl die Stimme (akustischer Reiz) als auch das Gesicht (optischer Reiz) einer Person der Erinnerung an ihren Namen hervorrufen. Hier handelt es sich nicht eigentlich um G., sondern um gelernte Reizreaktionsverbindungen.

Der Begriff der G. ist auch zur Erklärung von Übertragungseffekten (*Transfer*) herangezogen worden, anstelle der Annahme von identischen Elementen. Zeigt z. B. ein Mensch in versch. Reizsituationen dieselbe konstante Verhaltensweise, etwa i. S. einer Charaktereigenschaft, spricht Dewey von generalisierten oder übertragbaren Gewohnheiten (*generalized habits*).

[KLI], Im Zusammenhang mit *Psychotherapie* bedeutet G. das Ausweiten bzw. Übertragen einer pos. oder neg. Veränderung auf andere Bereiche. Hovland 1937.

Generalisation, semantische (= s. G.) [engl. *semantic generalisation*; gr. σημαίνειν *(semainein)* bezeichnen], [KOG], die Übertragung der konditionierbaren Bedeutungsanteile (*bedingter Reflex*) von einem Wort auf ein anderes. Diese geschieht entlang der Ähnlichkeit der denotativen (*Denotation*) bzw. kogn. Bedeutung der Wörter und nicht entlang der Ähnlichkeit der lautlichen oder schriftlichen Form der Wörter. So überträgt sich z. B. der konditionierbare Bedeutungsanteil von «Stil» auf «Mode», aber nicht auf «Stiel». Hörmann 1967, 1977. *J. Engelkamp*

Generalisierbarkeitstheorie (= G.) [engl. *generalizability theory*; lat. *generalis* allgemein], [**DIA, FSE**], die G. bietet einen messtheoretischen Ansatz, der es erlaubt für definierte Inhaltsbereiche und Anwendungen psychometrischer Instrumente reliable Messungen zu generieren bzw. deren *Reliabilität* zu bestimmen. Die G. nimmt an, dass die Items einer Skala eine Zufallsauswahl des «Universums» aller möglichen Items darstellen, die den jew. Inhaltsbereich erfassen. Dabei kann jedes Item Bestandteil versch. «Universen» oder Inhaltsbereiche sein und die *Reliabilität* desselben Items kann je nach untersuchtem Inhaltsbereich variieren. Die bestimmbaren G-Koeffizienten geben an, wie zuverlässig von einem zufällig selektierten Itempool auf das Universum aller möglichen Skalenitems verallgemeinert werden kann. Bei Anwendung der G. wird bei der Skalenkonstruktion das zu messende Konstrukt expliziert, indem seine Facetten (vergleichbar mit Faktoren i. S. der *Varianzanalyse*) und Bedingungen (vergleichbar mit Faktorstufen) theoretisch begründet festgelegt werden. Hierdurch wird nicht nur gefordert, dass hinreichend systematische *Varianz* erfasst wird (Kriterium der *Reliabilität*), sondern auch dass die erfasste Varianz der Varianz des zu messenden Konstrukts entspricht (Kriterium der *Validität*). Dadurch, dass das zu messende *Konstrukt* bei der Itemselektion explizit mit in Rechnung gestellt wird, wird somit bei Anwendung der G. die Trennung zw. Reliabilität und Validität aufgehoben. Anstelle dieser Begriffe werden *Abhängigkeit* (*dependability*) und *Generalisierbarkeit* (*generalizability*) als zentral angesehen (Brennan 2001). *Abhängigkeit* bedeutet hierbei, dass Items dem zu messenden Universum entstammen sollen, und *Generalisierbarkeit* beschreibt die Güte des Schlusses auf die Population aller möglichen Skalenitems.

Es können beliebig komplexe Modellvarianten gewählt werden, die sich im Wesentlichen durch die Anzahl der systematisch untersuchten Varianzquellen ergibt. Im *one-facet design* ist man daran interessiert den *universe score* auf Basis der Auswahl an Items zu schätzen. D. h., nur eine Facette (Bedingungen wären hier z. B. die Schwierigkeiten der Items) ist die interessierende Informationsquelle bzgl. der ein verallgemeinernder Schluss gezogen werden soll. Im *two-facet design* würden zusätzlich zu den Skalenitems z. B. Beantwortungen derselben Items in versch. Situationen oder Wahl versch. Darbietungsformen oder Antwortformate untersucht. Durch die G. können im Ggs. zur *Klassischen Testtheorie* durch die Verwendung unterschiedlicher Designvarianten (je nach intendierter Verwendung der gewonnenen Daten) unterschiedliche Varianzkomponenten flexibel als Teil der Merkmals- oder aber der Fehlervarianz betrachtet werden.

Als beispielhafte Anwendungsmöglichkeit kann die Analyse der *Beurteilerübereinstimmung* genannt werden. I. R. der Beurteilerübereinstimmung kann mithilfe der G. geschätzt werden, aus welchen Informationsanteilen oder Varianzkomponenten sich eine indiv. Einschätzung zus. setzt. Beurteilen etwa Pat. die Zufriedenheit mit einer stationären Behandlung in einer Klinik mittels einer intervallskalierten Ratingskala, so könnte analysiert werden, welche Urteilsanteile auf die Facetten Klinik- oder Stationszugehörigkeit, behandelnder Arzt etc. zurückgeführt werden können. Der Generalisierbarkeitskoeffizient bzgl. der Facette Stationszugehörigkeit gibt Hinweise darauf, wie zuverlässig Aussagen für den Vergleich versch. Stationen aufgrund der Ratings von Pat. sind. Zusätzlich lässt sich z. B. bestimmen, wie viele Pat. pro Station befragt werden müssen, um zuverlässige Aussagen über einzelne Stationen sicherstellen zu können. Eine beispielhafte Anwendung i. R. von Mitarbeiterbefragungen in Organisationen findet sich bei Trost & Bungard (2004). Hoyt (2000) zeigt, wie durch die G. *Beurteilungsfehler* systematisch analysiert werden können.

generalisierte Angststörung (= g. A.) [engl. *generalized anxiety disorder*; lat. *generalis* allg.], [**KLI**], die g. A. bez. eine psych. Störung in der Kategorie der *Angststörungen*, die durch anhaltende, nicht an spezif. Situationen gebundene *Ängste* und Sorgen gekennzeichnet ist. Die g. A. wird diagnostiziert, wenn die betroffene Person über einen Zeitraum von mind. sechs Monaten an der Mehrzahl der Tage übermäßige Angst und Sorge bzgl. mehrerer Ereignisse oder Tätigkeiten erlebt (z. B. zu spät zur Arbeit zu kommen, in der Schule zu versagen, zu verunglücken), sie diese Sorgen nur schwer kontrollieren kann, die Sorgen deutliches Leiden oder Beeinträchtigungen in wichtigen Bereichen verursachen und die Sorgen mit mind. drei der folg. Symptome verbunden sind: (1) Ruhelosigkeit oder ständiges Auf-dem-Sprung-Sein, (2) leichte Ermüdbarkeit (*Ermüdung*), (3) Konzentrationsschwierigkeiten (*Konzentration*) oder Leere im Kopf, (4) Reizbarkeit, (5) Muskelspannung, (6) *Schlafstörungen*. Die *Symptome* der g. A. müssen von den Symptomen anderer psych. Störungen (v. a. anderer Angststörungen) abgegrenzt werden und dürfen nicht durch einen med. Krankheitsfaktor oder eine Substanz verursacht sein.

5 % der Allg.bevölkerung erkranken im Lauf ihres Lebens an einer g. A. (mehr Frauen als Männer). Der Verlauf ist meist chronisch, mit Schwankungen. Es wird angenommen, dass sowohl eine genetische *Disposition* (*Genetik*, *Verhaltensgenetik*) als auch ungünstige Umweltfaktoren für den Ausbruch der Störung notwendig sind (*Vulnerabilitäts-Stress-Modell*). *Angststörungen, diagnostische Verfahren*. Hoyer 2010. *M. Hautzinger/C. Heil*

generalisierte Gewohnheit *Generalisation*.

Generalisierungsgradient (= G.) [engl. *generalization gradient*; lat. *gradus* Stufung], **[KOG]**, Funktion der Generalisierungsstärke in Abhängigkeit der Ähnlichkeit von gelerntem *Reiz* und neuem Testreiz. R. N. Shepard hat für G. aus Tier- und Humanexperimenten festgestellt, dass es sich um neg. beschleunigte exponentielle Funktionen in Abhängigkeit von der wahrgenommenen Distanz zw. den beiden Reizen handelt. Daraus folgt für die *Generalisation*, dass es sich um einen Zufallsprozess handelt. Dies stimmt mit den Modellen sich ausbreitender Aktivierung (*spreading activation*, *Repräsentation*) in assoziativen Netzwerken überein, soweit konfigurale Faktoren vernachlässigt werden können. *HAM-Modell*.   A. Zimmer

general problem solver (GPS) [engl.] «allgemeiner Problemlöser», **[KOG]**, ein von Newell und Simon aus dem *Logical Theorist* (LT) weiterentwickeltes Computerprogramm zur Simulation von Problemlösungen mit dem Rechenautomaten mit im Wesentlichen zwei heuristischen Methoden: der Mittel-Ziel-Analyse und der Vereinfachung des Problems auf seine Struktur zur Bildung einer Lösungsstrategie. Es wurde mit dem Anspruch der Nachbildung menschlicher Problemlöseaktivität (*Simulation*) konstruiert. *Problemlösen*, *Artifizielle Intelligenz*. Newell & Simon 1972.

Generation (= G.) [engl. *generation*; lat. *generare* erzeugen, abstammen], **[EW, PER]**, die Zeugungsfolge als Summe der Nachkommen etwa eines best. Vorfahren, aber auch die Gesamtheit der Menschen einer best. Altersstufe (daraus z. B. «die junge G.»). *Generationsprobleme*. In der Vererbungslehre werden Parentalg. und erste, zweite, dritte usw. Filialgeneration unterschieden. Biol. wird G. als der vollst. Lebenszyklus eines Organismus von der befruchteten Eizelle (Zygote) bis zum geschlechtsreifen Individuum, das wiederum Geschlechtszellen ausbildet und Nachkommen erzeugt, verstanden. *Altersidentität*, *Verhaltensgenetik*.

Generationsprobleme [engl. *generation problems*], **[EW, SOZ]**, allg. alle Probleme, die sich zw. den Angehörigen versch. *Generationen* aufgrund ihrer unterschiedl. entwicklungsabhängigen Vernetzung in den jew. Zeitabschnitten ergeben. Von diesen epochalen Konflikten sind innerfamiliäre G. zu unterscheiden, die zw. Parental- (= Eltern) und Filial- (= Kinder)Generation auftreten können, z. B. bei der Ablösung der Kinder vom Elternhaus.

generative Grammatik (= g. G.) [engl. *generative grammar*; lat. *generare* erzeugen], **[KOG]**, wird eine Grammatik (*Grammatik, Grammatiktheorie*) genannt, wenn sie nicht nur schon vorhandenen Sätzen einer Sprache eine best. grammatikalische Struktur zuweist, sondern darauf abzielt, explizit vorauszusagen, welches die möglichen Sätze einer Sprache sind und welches nicht, d. h., wenn sie auf der Grundlage eines Systems von Regeln in der Lage ist, alle (und nur die) grammatikalischen (*Grammatikalität*) Sätze einer Sprache zu erzeugen (generieren), und ihnen automatisch eine best. Strukturbeschreibung zuweist. I. e. S. heißt spez. die *generative Transformations-Grammatik* auch g. G., da der Begriff von ihr geprägt wurde. *Satzlernen*.

generative Semantik (= g. S.) [engl. *generative semantics*; lat. *generare* erzeugen, σημαίνειν (*semainein*) bezeichnen], **[KOG]**, hat sich aus der *generativen Transformationsgrammatik* entwickelt. Nach dieser wird (bis etwa 1970) die Bedeutung eines *Satzes* durch die Anwendung semantischer Regeln (*Semantik*) auf die syntaktische Basis, die syntaktische *Tiefenstruktur* gewonnen (*Syntax*). Die g. S. plädiert dagegen für eine semantische Tiefenstruktur. Nach der g. S. wird zunächst eine Bedeutungsstruktur (semantische Tiefenstruktur) erzeugt und diese dann direkt in die *Oberflächenstruktur* transformiert. Die g. Semantiker machen die Tiefenstruktur damit noch «tiefer», noch abstrakter und versuchen, sie möglichst dicht an eine Repräsentation der Satzbedeutung heranzubringen. Entsprechend wird der Transformationsprozess in der g. S., d. h. die Ableitung der Oberflächen- aus der Tiefenstruktur, länger und komplizierter. Steinberg & Jakobovitz 1971.   J. Engelkamp

generative Transformationsgrammatik (= g. T.) [engl. *transformational generative grammar*; lat. *generare* erzeugen, *transformare* umformen], syn. *Transformationsgrammatik*, **[KOG]**, im Zusammenhang mit Fragen der maschinellen Verarbeitung von Texten 1957 von Chomsky begründet (Chomsky 1957), 1965 erheblich verändert (Chomsky 1965, z. B. Aufgabe der *Kernsätze*), befindet sich die g. T. bei eminentem Einfluss auf die ges. Sprachwissenschaft einschließlich der *Psycholinguistik* in ständiger Weiterentwicklung. Ihr Ziel ist im Ggs. zur zuvor statischen *Grammatik* die Beschreibung der sprachlichen *Kompetenz* des *idealen* Sprechers/Hörers (*native speaker*). Insofern ist sie eine *generative Grammatik*. Zu erreichen sucht sie ihr Ziel durch die Einführung eines komplizierten Systems von Regeln, nach denen in einer syntaktischen «Basis» die *Tiefenstruktur* der Sätze einer Sprache gebildet und mittels Transformation in ihre *Oberflächenstruktur* überführt wird. Insofern ist sie eine T. Die g. T. soll kein Sprechermodell und kein Hörermodell sein, also kein Modell der *Performanz*, soll aber wiederum doch von mentaler Realität sein, die dem aktuellen Verhalten zugrunde liegt.
Grundsätzliche Einwände gegen die g. T. sind folg.: (1) Sie übernimmt in der syntaktischen Basis die Prinzipien der *IC-Analyse* der *Phrasenstruktur-Grammatik* mit all ihren Schwächen. (2) Eine syntaktisch orientierte Tiefenstruktur wird den semantischen Tiefenbezügen nicht gerecht (*generative Semantik*). (3) Man kann Sprache nicht «unabhängig von ihrem Gebrauch erklären» (Oller 1974), d. h., die sprachliche Kompetenz darf nicht nur wie bei Chomsky formalsprachlich auf Sätze bezogen sein, sie muss darüber hinaus auch handlungsbezogen (d. h. text-, situations-, kommunikations- und gesellschaftsbezogen) sein und damit variabel. *Satzlernen*, *Textlernen*. Schmidt 1974, Brinker 1972.

Generatorpotenzial (= G.) [engl. *generator potential*; lat. *generare* erzeugen], **[BIO]**, syn. *Rezeptorpotenzial*, das auf einen *Reiz* folgende Potenzialgefälle in einer Rezeptorzelle (nicht-myelinisierte Nervenendigung, *Rezeptor*). Das G. aktiviert die sensiblen Nervenfasern (*Nerv*), die den Rezeptor mit dem ZNS (*Nervensystem*) verbinden.

Generosity-Effekt *Leniency-Effekt*.

Genese, genetisch [engl. *genesis, genetic*; gr. γένεσις (*genesis*) Ursprung, Entstehung], [**BIO, EW, PER**], bedeutet allg. Ursprung, Entstehung oder Entwicklung von Erscheinungen und Strukturen bzw. diese betreffend, spez. Entwicklung des Einzelwesens (*Ontogenese*), der Art oder des Stammes, psychol. auch der Menschheit (*Phylogenese, Phylogenie*), des psychischen Aktes (*Aktualgenese*), auch Entwicklung als verändernde Neubildung auf komplexerem Niveau (*Epigenese*) im Ggs. zur bloßen Entfaltung des vorgegeben Angelegten (*Präformation*). In vergleichender Betrachtung werden Zusammenhänge zw. Phylo- und Ontogenese festgestellt: (1) nach Art des *biogenetischen Grundgesetzes*, E. Haeckel) von der *Rekapitulationstheorie* (geraffte chronologische Wiederholung der Entwicklungsstadien der Menschheitsentwicklung in der Entwicklung des Einzelwesens; bes. G. S. Hall), (2) nach Art der *Evolutionstheorie* gemäß den Prinzipien der Variation (Mutation) und Selektion (C. Darwin) von der *Nützlichkeitstheorie* (Wiederauftauchen nützlicher Funktionen, Strukturen und Inhalte bei ähnlicher Bedingungslage; bes. nach E. L. Thorndike) und (3) nach Art der *Differenzierungs- und Integrations-(Zentralisations-)Hypothese* von der Übereinstimmungstheorie (H. Werner), die eine (bloß) formale Ähnlichkeit der «Baupläne» aller Entwicklung und ihrer Stadien behauptet. *Anlage-Umwelt*, *Verhaltensgenetik*.

genetic studies of genius (GSG) [engl.] «*genetische Studie des Genius*», [**EW, KOG, PÄD, PER**], eine von Lewis M. Terman (1877–1956) im Jahr 1921 initiierte *Längsschnittuntersuchung* zur Charakterisierung Hochbegabter (*Hochbegabung, intellektuelle*) und deren Entwicklung über die Lebensspanne (*Hochbegabung, frühe Indikatoren*, *Hochbegabung, Entwicklungskonstanz*). Die Ausgangsstichprobe bildeten von ihren Lehrkräften als bes. intelligent (*Intelligenz*) bzw. leistungsfähig eingeschätzte Schüler, die – ergänzt um u. a. die jew. jüngsten Schüler der Klasse – einen *Intelligenztest* (Gruppen- und/oder Einzeltest) bearbeiteten und ab IQ > 135 in GSG aufgenommen wurden (*Intelligenzquotient*). Im Jahr 1928 umfasste die (unsystematisch erweiterte) *Stichprobe* N = 1528 Schüler (davon 672 weiblich), die längsschnittlich begleitet wurden (anvisiertes Studienende: Ausstieg aus der Studie bzw. Tod des letzten Pb). Erstmalig konnte damit an einer großen Hochbegabten-Stichprobe für eine breite Palette versch. Variablen u. a. zur intellektuellen, körperlichen und sozio-emot. Situation (Testungen (*Test*) bzw. Befragungen u. a. der Kinder, Eltern und Lehrer) eine – im Vergleich zu nicht vorselegierten Schülern – pos. Ausprägung bei Hochbegabten gezeigt werden, was dem (damaligen) Stereotyp «problembehafteter Hochbegabter» widersprach. In mehreren Follow-up-Erhebungen (*Follow-up-Studie*) erwiesen sich Hochbegabte u. a. als gesünder sowie schulisch-akademisch und beruflich erfolgreicher als Durchschnittsamerikaner der Zeit, zeigten also einen ausgesprochen pos. Entwicklungsverlauf (insbes. in «intelligenznäheren» Variablen). GSG ist u. a. aufgrund der breiten Anlage und langen Laufzeit in der ps. Forschung einmalig. Dem damaligen Kenntnisstand geschuldet, ergeben sich aus heutiger Sicht einige meth. Schwächen (u. a. Stichprobenselektionseffekte, Fehlen einer Vergleichsgruppe im Längsschnitt, teilweise einzelfallbasierte Unterstützung und Förderung der Studienteilnehmer, *Validität*, *Validität, interne*, *interne Validität, Bedrohungen für die*). Die GSG-Hauptergebnisse ließen sich nichtsdestotrotz in späteren Studien replizieren. *Marburger Hochbegabtenprojekt*, *Study of Mathematically Precocious Youth (SMPY)*. Terman 1925.

J. R. Sparfeldt/S. R. Buch/D. H. Rost

Genetik (= G.) [engl. *genetics*; gr. γένεσις (*genesis*) Ursprung, Entstehung], [**BIO, PER**], Vererbungslehre, Forschungsrichtung der Biol., die sich mit der Weitergabe, Struktur und Funktion der Erbanlagen beschäftigt. Die Beobachtungen von G. Mendel begründeten im 19. Jh. die klassische G., Avery, Watson und Crick die moderne. *Anlage-Umwelt*, *Erblichkeit*, *Humangenetik*, *Mendel'sche Regeln*, *multivariate genetische Analysen*, *Verhaltensgenetik*.

Genetik, psychiatrische [engl. *psychiatric genetics*], [**KLI**], Arbeitsrichtung der *Psychiatrie*, die den Einfluss genet. Faktoren (*Genetik*, *Verhaltensgenetik*) auf psych. Störungen untersucht (bes. Stoffwechsel- und Chromosomenanomalien).

genetische Ähnlichkeit [engl. *genetic similarity*], [**PER**], Ausmaß, in dem Verwandte herkunftsgleiche Gene teilen (*Genetik*). Die genetische Ähnlichkeit von eineiigen Zwillingen beträgt 100 %, die von Verwandten ersten Grades (Elternteil-Kind, Geschwister, zweieiige Zwillinge) 50 %, die von Verwandten zweiten Grades (Großelternteil-Enkel) 25 % usw. *Erblichkeit*, *Zwillingsstudien*, *Anlage-Umwelt*.

genetische Beratung, historische Entwicklung [engl. *history of genetic counselling*], [**GES, PER**], die genetische Beratung folgte im Lauf der historischen Entwicklung drei zentralen Paradigmen: (1) Das *eugenische Paradigma* hatte seine Wurzeln in der ersten Hälfte des 20. Jhd. Grundlage war die Idee einer Verbesserung des Genpools und der Gesundheit der Bevölkerung. Je nach politischem Umfeld wurden diese Ziele mithilfe von mittelbarem oder unmittelbarem Zwang durchgesetzt. (2) Dieses Paradigma wurde durch das *präventivmed. Paradigma* abgelöst. Ziel dieses Paradigmas war die Minderung von indiv. Leid durch Verhinderung genetisch bedingter Erkrankungen oder Behinderungen. Hintergrund war die rationale Überlegung, die knappen Ressourcen im Bereich der med. Versorgung ökonomisch zu verteilen. Das Mittel zur Erreichung dieses Zieles war eine wohlmeinende, paternalistische Arzt-Pat.-Beziehung. (3) Ziel des heute vertretenen *bio-psycho-sozialen Paradigmas* ist die indiv. Hilfe für Personen in einer Problemsituation, die durch das Auftreten einer genetisch (mit)bedingten Erkrankung oder durch ein Risiko hierfür entstanden ist. Mittel ist nicht direktive, patientenorientierte Kommunikation als Basis für die Bewältigung der Problemsituation. *humangenetische Beratung*.

K. Kufner

genetische Korrelation [engl. *genetic correlation* genetischer Zusammenhang], [**PER**], Ausmaß, in dem überlappende Gene die Ausprägung zweier Merkmale beeinflussen. *Korrelation*, *multivariate genetische Analysen*.

Genetische Syndrome (= G. S.) [engl. *genetic syndromes*], [**KLI**], bei G. S. handelt es sich um anlagebedingte Entwicklungsstörungen, die durch eine Kombination von körperlichen Merkmalen def. sind. Bei einem Teil der G. S. ist die Lokalisation der Genveränderung bekannt, sodass eine molekulargenetische Diagnose möglich ist. Bei anderen G. S. wird die Diagnose aufgrund des körperlichen Phänotyps gestellt. Für einen Teil der G. S. sind spezif. Entwicklungs- und Verhaltensmerkmale charakteristisch, die den sog. *Verhaltensphänotyp* ausmachen. Dazu kann auch eine intellektuelle Behinderung (*Intelligenzminderung*) gehören. I. d. R. handelt es sich um eine partielle Spezifität, d. h. die Entwicklungs- und Verhaltensmerkmale treten nicht ausschließlich bei Kindern, Jugendlichen oder Erwachsenen mit diesem G. S. auf, wohl aber mit einer höheren Wahrscheinlichkeit und stärkeren Ausprägung als bei Kindern und Erwachsenen mit einer Behinderung anderer Ursache. Diese Besonderheiten sind als genet. *Disposition* zu verstehen, die die Verarbeitung von Informationen und die Bewältigung sozialer Anforderungen der Umwelt erschweren können. Wie gut die Bewältigung von Anforderungen gelingt, ist jedoch nicht ausschließlich genetisch determiniert, sondern z. T. davon abhängig, wie gut es Eltern und Pädagogen gelingt, die Anforderungen an die spezif. Hilfebedürfnisse der Kinder, Jugendlichen und Erwachsenen anzupassen. Für Jungen mit *Fragilem-X-Syndrom* sind z. B. Probleme der Selbstregulation von Aktivität und Affekten charakteristisch. Sie können sich in vertrautem Kontext gut anpassen, reagieren jedoch auf soziale Anforderungen, die sie zu überfordern drohen, mit ausgeprägter Impulsivität, Hyperaktivität, sozialem Rückzug, sprachlichen Perseverationen sowie *selbstverletzendem Verhalten*. Kritisch können dabei z. B. eine Überforderung durch die Vielfalt sensorischer Reize in der Umgebung oder die Fremdheit eines sozialen Gegenübers sein. Gut untersucht ist der Verhaltensphänotyp beim *Down-Syndrom*, Fragilen-X-Syndrom, Williams-Beuren-Syndrom, Prader-Willi-Syndrom, *Rett-Syndrom*, Smith-Magenis-Syndrom, Cri-du-Chat-Syndrom, Cornelia-de-Lange-Syndrom, Angelman-Syndrom und Turner-Syndrom. Bei anderen G. S. liegen bisher aufgrund der geringen Häufigkeit ihres Auftretens nur wenige empirische Untersuchungen vor. Das Wissen um spezif. Entwicklungs- und Verhaltensmerkmale bei G. S. ist bedeutsam für die Planung päd. Fördermaßnahmen und die Planung psychol. Interventionen bei auffälligem Verhalten. Die anlagebedingt veränderte Toleranz für Umweltanforderungen und reduzierte Verarbeitungsfähigkeit muss bei der *funktionalen Verhaltensanalyse* berücksichtigt werden. Interventionen bei G. S. müssen sich deshalb in vielen Fällen sowohl auf die Modifikation von Auslösebedingungen für auffällige Verhaltensweisen bei Kindern und Erwachsenen richten wie auf die systematische Förderung kompensatorischer Kompetenzen zur Bewältigung sozialer Anforderungen im Alltag. Sarimski 2003, Dykens & Hodapp 2001. *K. Sarimski*

genetische Varianz [engl. *genetic variance*], [**PER**], Beitrag genetischer Unterschiede zw. Personen zur Merkmalsstreuung; *Verhaltensgenetik*, *Erblichkeit*.

genetische Vermittlung [engl. *genetic mediation*], *multivariate genetische Analysen*.

Genfer Deklaration *Hippokratischer Eid*.

Genfer Schule (= G. S.), [**HIS**], Bez. für die seit Beginn des 20. Jh. in Genf (Institut Jean-Jacques Rousseau) hervorgetretenen Psychologen (Flournoy, Claparède u. a.) mit Leistungen zur *Angewandten Psychologie*. Heute ist G. S. auch Bez. für die Arbeiten von *Piaget*, *Inhelder* u. a. zur Entwicklungsps. (*Intelligenz* und *Wahrnehmung* ab 1921, *genetische Epistemologie* ab 1950).

genitale Phase (= g. P.) [engl. *genital stage*; lat. *genitale* Genitalien], *genitale Stufe*, *genitale Organisation*, [**KLI**], in der Theorie Freuds (Freud 1924) die psychosexuelle Entwicklungsstufe, die zwei Abschnitte umfasst: *phallische Phase* und g. P. i. e. S. (dazw. liegt die Latenzphase, *Latenzperiode*). Die libidinöse (*Libido*) Besetzung der Genitalien werde auf der phallischen Stufe durch das Missverhältnis zw. den ödipalen Forderungen und dem Grad der biol. Entwicklung gekennzeichnet. Die g. P. i. e. S. gibt in der *Pubertät* ein neues Sexualziel und ist Endstufe der Sexualentwicklung nach der Freud'schen Theorie. Die Objektfindung führe von der Selbstbefriedigung zum Geschlechtspartner.

Genmutation [engl. *gene mutation*], *Mutation*.

Genogramm (= G.) [engl. *genogram*; gr. γενεά (*genea*) Abstammung, γράφειν (*graphein*) schreiben], [**KLI**], im G. werden als Teil psychoth. *Fallkonzeptionen* übersichtl. Beziehungen und Besonderheiten in der Herkunftsfamilie von Pat. dargestellt. *Systemische Therapie*.

Genom [engl. *genome*; gr. γενεά (*genea*) Abstammung], [**BIO, PER**], Gesamtheit der in einem *Organismus* vorhandenen Erbanlagen. *Genetik*, *Verhaltensgenetik*.

Genommutation [engl. *genome mutation*], *Mutation*.

Geno-Motive [engl. *geno-motives*; gr. γενεά (*genea*) Abstammung], *Phäno-Motive*.

Genom-Umwelt-Interaktion [engl. *genome-environment interaction*], syn. *Genotyp-Umwelt-Interaktion*, [**BIO, PER**], Abhängigkeit des Effekts von Umwelteinflüssen auf Persönlichkeitsmerkmale oder Krankheiten vom *Genom*. Bspw. variiert bei adoptierten Jugendlichen der Einfluss von Risikofaktoren seitens der erziehenden Eltern für *antisoziales Verhalten* mit den Risikofaktoren seitens der biol. Eltern, auch wenn die Adoption sehr früh erfolgte; Risiken auf Seiten sowohl der erziehenden als auch der biol. Eltern haben einen deutlich stärkeren Effekt als die Summe der Effekte der erziehenden Eltern und der Effekte der biol. Eltern (Cadoret et al. 1983). Interpretiert wird dies oft als Beleg für eine Genom-Umwelt-Interaktion, obwohl der Effekt der biol. Eltern auch prä- und perinatale Umwelteffekte enthält.

Genom-Umwelt-Korrelation (= rGU) [engl. *genome-environment covariance*], syn. *Genom-/Anlage-Umwelt-Kovarianz*, [**BIO, PER**], von Plomin et al. (1977) eingeführtes Konzept, wonach best. Genome sich in best. Umwelten häufen können, sodass *Korrelationen* zw. genetischen und Umweltmerkmalen entstehen. Unterschieden werden drei Arten von rGU: (1) *Passive rGU* liegt vor, wenn Personen mit unterschiedlichen Genomen in unterschiedliche

Umwelten hineingeboren werden (z. B. häufen sich intelligenzförderliche Genome schon deshalb in intelligenzförderlichen Umwelten, weil die Eltern intelligenter sind und deshalb eine anregendere Umwelt für ihre Kinder darstellen). (2) *Aktive rGU* liegt vor, wenn Personen mit unterschiedlichen Genomen aus genetischen Gründen unterschiedliche Umwelten auswählen oder herstellen (z. B. suchen intelligentere Personen intelligentere Partner, sodass die genetische Ähnlichkeit von Partnern ähnlich hoch ist wie die genetische Ähnlichkeit von Eltern und ihren biol. Kindern). (3) *Reaktive rGU* liegt vor, wenn Personen mit unterschiedlichen Genomen unterschiedliche Reaktionen bei anderen hervorrufen und dadurch andere Umweltbedingungen haben (z. B. bei Selektionsprozessen in Bildung und Arbeitswelt). Reaktive und aktive rGU dürften mit dem Alter zunehmen und dazu beitragen, dass der genetische Einfluss auf den IQ mit dem Alter zunimmt. *Anlage-Umwelt*, *Verhaltensgenetik*.

Genomweite Assoziationsstudien [engl. *genome-wide association studies*], Abk. GWAS, [**BIO, PER**], Methode, um korrelative Zusammenhänge (*Korrelation*) zw. genetischen Varianten in Form von *Einzelnukleotid-Polymorphismen (SNPs)* einerseits und Persönlichkeitsmerkmalen und Neigungen zu best. Krankheiten andererseits zu untersuchen. Um überzufällige Zusammenhänge aufdecken zu können, werden wegen der sehr großen Zahl von SNPs sehr große Stichproben von Personen benötigt (typischerweise Tausende), sodass eine GWAS meist von mehreren Forschungsgruppen durchgeführt wird. Mittels GWAS konnten z. B. Davies et al. (2011) IQ-Unterschiede zw. älteren Briten zu 51 % auf Unterschiede in ihren SNPs zurückführen. *Anlage-Umwelt*.

Geno-Tropismus [engl. *geno-tropism*; gr. γενεά (*genea*) Abstammung], *Tropismus*.

Genotyp [engl. *genotype*; gr. γενεά (*genea*) Abstammung, τύπος (*typos*) Form, Gepräge], [**BIO, PER**], die Gesamtheit der Erbanlagen (*Genom*). Derselbe Genotyp kann durch Umwelteinflüsse zur Ausbildung verschiedener *Phänotypen* führen. *Anlage-Umwelt*.

Genozid (= G.) [engl. *genocide* Völkermord; gr. γενεά (*genea*) Abstammung, Herkunft, Volk, lat. *caedere* morden], [**SOZ**], seit 1948 von der UN-Konvention über die Verhütung und Bestrafung des Völkermordes definiert als die Intention «eine nationale, ethnische, rassische oder religiöse Gruppe als solche ganz oder teilweise zu zerstören»; der Begriff wurde vom polnisch-jüdischen Juristen Raphael Lemkin geprägt, um den Massenmord der Armenier zu benennen. Sozialpsychol. Erklärungen für G. gehen von der Unterscheidung zw. Fremd- und Eigengruppe aus (*Identität und Selbst*), die in Krisenzeiten (z. B. Krieg, plötzliche Verarmung oder drastischer sozialer Wandel und Zusammenbruch des Staates) verschärft wird. Die Fremdgruppe wird als Sündenbock herangezogen und es wird eine destruktive Ideologie verbreitet – u. a. durch *Propaganda* – die über *Stereotype* und *Vorurteile* hinausgeht und auf Abwertung, Ausgrenzung und *Diskriminierung* dieser Gruppe hinausläuft (s. a. *Antisemitismus*, *Rassismus*). Dadurch werden konkrete *Feindbilder* kreiert, und

die Auslöschung dieser Gruppe wird als einfache Lösung für komplexe gesellschaftliche Probleme dargestellt. Auf diese Weise wird das ps. Bedürfnis nach Kontrolle, die in Krisenzeiten angegriffen ist, (scheinbar) erfüllt. Die *Dehumanisierung* der Opfergruppen ist eine der letzten Stufen, die den G. vorbereiten und die Massengewalt begleiten. Zugleich erleichtert die *De-Individuation* unter Mitgliedern der Tätergruppen ebenfalls die Ausübung von Gewalt.
Sozialpsychol. Forschung über Prozesse bei Mitläufern hat *Autoritarismus* und Gehorsam (*Gehorsam, bedenkenloser*) untersucht und den Anstoß für die berühmten *Milgram-Experimente* gegeben. Forschung in der Klin. Ps. hat sich hauptsächlich mit Täterprofilen und der Psychopathologie von Führungspersönlichkeiten im G. befasst sowie auf Opferseite mit dem extremen *Trauma* sowie der *Posttraumatischen Belastungsstörung* bei Überlebenden. Staub 1989, Newman & Erber 2002.

J. R. Vollhardt

genuin [engl. *genuine*; lat. *genus* Geburt], angeboren, selbstständig, eigentlich, ursprünglich.

Gen-Umwelt-Interaktion [engl. *gene-environment interaction*], [**BIO, PER**], Abhängigkeit des Effekts von Umwelteinflüssen auf Persönlichkeitsmerkmale oder Krankheiten von den *Allelen* eines best. Gens. Bspw. variiert der Einfluss von Misshandlungen in der Kindheit auf antisoziales Verhalten im jungen Erwachsenenalter mit den Allelen des *MAOA-Gens* (Caspi et al. 2002).

genus proximum [lat.] nahes Geschlecht; *Definition*.

geometrisches Mittel [engl. *geometric mean*], x_{geo} [**FSE**], ist ein *Maß der zentralen Tendenz*, das bei verhältnisskalierten Daten (*Skalenniveau*) berechnet werden kann. Verändern sich aufeinanderfolgende Merkmalsausprägungen um einen zufällig schwankenden Faktor (z. B. exponentielles Wachstum oder exponentieller Zerfall), so lässt sich die durchschnittliche Veränderung durch das geometrische Mittel schätzen. Für n Messwerte $x_1...x_n$ gilt: $\bar{x}_{geo} = \sqrt[n]{x_1 \cdot ... \cdot x_n}$. Wirtz & Nachtigall 2012.

geometrisch-optische Täuschung (= g. T.) [engl. *geometrical-optical illusion*], [**WA**], *Sinnestäuschung* bei einfachen geometrischen Figuren; es gibt eine Vielzahl g. T., deren Benennung variiert und die oft Varianten anderer Täuschungen sind. Eine grobe Klassifikation stammt von Boring (1942): (1) Täuschungen in der Größe bzw. Länge (z. B. *Delboeuf-Täuschung*, *Sander'sche*, *Müller-Lyer'sche*, *Oppelsche*, *Ponzo'sche*, *Jastrow'sche*, *Titchener-Täuschung*), (2) Täuschungen in der Richtung (z. B. *Zöllner'sche Täuschung*, *Hering'sche Sternfigur*, *Poggendorff'sche Täuschung*, *Fraser-Täuschung*, *Kaffeehaus-Täuschung*), (3) nicht einzuordnende Täuschungen; eine befriedigende Klassifikation, v. a. auch unter Berücksichtigung der Ursachen der Täuschungen, existiert nicht. Bisweilen werden auch *Kippfiguren* zu den geometrisch-optischen Täuschungen gerechnet.

Ursache der Täuschung ist meist die Einordnung des der Täuschung unterliegenden Teils in den gesamten figuralen Zusammenhang, der die *Wahrnehmung* des Ganzen (*Ganzheit*) bestimmt. Weiterhin kommen Erfahrungs-

einflüsse in Betracht (z. B. bei *Perspektiventäuschungen*) und einzelne andere Gesetzmäßigkeiten (z. B. Überschätzung der Vertikalen gegenüber der Horizontalen, *Vertikalen-Täuschung*, Vertikal-Horizontal-Täuschung, Mittelsenkrechtentäuschung).
Die Beschäftigung mit den g. T. setzte um die Mitte des 19. Jhd. ein. Nach Rausch (1966) stehen die Untersuchungen von J. J. Oppel am Anfang, und ein zweites Stadium leitete im Jahre 1889 Müller-Lyer ein, dessen Täuschungsmuster stark beachtet wurde und die Bearbeitung des Gebiets sehr erweiterte (in der Zeit 1895–1915). Nach dem Ersten Weltkrieg wurde die *Gestaltpsychologie* bestimmend, die die g. T. zu weitreichenden allg. Annahmen heranzog. *Ehrenstein-Täuschung*, *Kanizsa-Dreieck*, *Penrose-Gabel*. Metzger 1936/1953, Goldstein 2007, Karnath & Thier 2012.

Geophagie [engl. *geophagia*; gr. γῆ (ge) Erde, φάγειν (phagein) essen], [**KLI**], das Essen von Erde als patholog. Symptom. *Pica-Syndrom*.

Geotaxis [engl. *geotaxis*; gr. γῆ (ge) Erde], *Taxis*.

Gepiron [engl. *gepirone*], [**PHA**], *Tranquilizer* vom Typ der *Azapirone* mit von den *Benzodiazepinen* abweichendem Wirkungsmechanismus. 5-HT1A-*Serotonin*-Rezeptor-*Agonist*, aber auch *dopaminerger* Wirkmechanismus, wahrscheinlich bei versch. Dosierungen unterschiedl.

Geräuschagnosie, [**WA**], nicht verbale *auditive Agnosie*; Verlust des Erkennens für natürliche (z. B. Wasserrauschen) oder technische Geräusche (z. B. fahrender Zug) trotz erhaltener auditiver Funktionen. Gesprochene Sprache kann jedoch verstanden werden. *J. Zihl*

Geräusche [engl. *noise*], [**AO, WA**], diejenigen Gehörwahrnehmungen, die durch nichtperiodische Schwingungen hervorgerufen werden, im Unterschied zu den Tönen und Klängen, die durch periodische Schwingungen bedingt sind. Geräusche sind z. B. Krach, Knall, Schlag («explosive» Geräusche), Sausen, Dröhnen, Zischen (kontinuierliche Geräusche). Zw. Geräusch und Ton besteht keine scharfe Grenze: Sehr kurz dauernde Töne werden als Geräusch wahrgenommen, andererseits enthalten viele Geräusche Tonkomponenten. Geräuschvariatoren sind Apparate zur Erzeugung abstufbarer Geräusche.

gerechte Gemeinschaft (= g. G.) [engl. *just society*], [**SOZ**], ein Demokratisierungsansatz, der auf die moralisch relevante Selbsterziehung zur demokratischen Mitwirkung innerhalb einer Institution abzielt. Die g. G. geht von der moralischen Natur menschlicher *Interaktion* und *Kommunikation* aus und betont die Rechtfertigung und Entwicklung eines moralischen Standpunktes: moralisches Argumentieren in realen Lebenssituationen. Die Haupteinwände gegen den G. G.-Ansatz des Harvard-Kreises um Kohlberg beziehen sich auf die ethische Differenz zw. institutioneller und sozialer Gerechtigkeit, d. h. auf den Transfer von g. G. in Schule oder Anstalt auf die gerechte Gesellschaft des politischen Zusammenlebens aller Bürger. Insofern verweisen die sozial-ethischen Probleme unserer Gesellschaft auf Problembereiche, die i. R. institutioneller *Moralpsychologie* nicht lösbar erscheinen. Dennoch wird der Ansatz der g. G. z. T. auch heute noch praktiziert (z. B. als Partizipationsansatz für Schülerinnen und Schüler in Schulen). *Gerechtigkeit, Gerechtigkeitsprinzip*. Kohlberg 1969.

Gerechter Krieg (= G. K.) [engl. *just war*], [**SOZ**], römisches Konzept (*Bellum iustum*), u. a. von Thomas von Aquin weiterentwickelt, zur Rechtfertigung von Gewaltanwendung zw. Staaten. Behandelt das ethische Dilemma, ob (militärische) Gewalt eingesetzt werden darf, um Gewalt, Ungerechtigkeit u. Ä. zu beenden. Wesentliche Kriterien des G. K. für ein Recht zum Krieg (*ius ad bellum*) sind: (1) legitime Autorität (heute der UN-Weltsicherheitsrat), (2) gerechter Grund (insbes. Selbstverteidigung, Notwehr, aber auch Nothilfe und Befreiungskrieg), (3) gerechte Absicht (insbes. Ziel des Friedens), (4) letztes, äußerstes Mittel (friedliche Mittel haben Vorrang, insbes. Verhandlungen, Mediation, zivile Intervention) und (5) begründete Aussicht auf Erfolg. Zudem sind Kriterien für die Kriegsführung (*ius in bello*) wichtig: Verhältnismäßigkeit der Mittel (unnötige Schäden und Leiden sind zu vermeiden) und Diskriminierungsgebot zw. Kämpfern und Zivilisten (Zivilpersonen und zivile Infrastruktur dürfen nicht angegriffen werden). Kritik am G.-K.-Konzept umfasst folg. Punkte. (1) Es besteht eine Diskrepanz zw. Ziel (Frieden) und Mittel (Krieg); (2) das Tötungstabu wird aufgehoben; (3) Kriege führen immer zu Unrecht und Menschenrechtsverletzungen; (4) Krieg als Mittel der Politik wird moralisch legitimiert; (5) Gefahr des Missbrauchs, u. a. durch das Verschleiern egoistischer Motive und Irreführen der Öffentlichkeit; (6) durch moderne Kriegsführung ist das Prinzip der Verhältnismäßigkeit infrage gestellt: Opfer sind zunehmend Zivilpersonen; (7) unter Berufung auf G. K. wurden viele Kriege geführt. Neuere Varianten des G. K. sind *humanitäre Intervention* sowie *Schutzverantwortung*. Haspel & Sommer 2004. *G. Sommer*

Gerechte-Welt-Glaube (= G.) [engl. *belief in a just world*], [**PER, SOZ**], das von Lerner (1980) formulierte und in Dt. v. a. von Dalbert (1996) eingeführte Konzept eines Glaubens an eine gerechte Welt beinhaltet die Überzeugung, dass es auf der Welt grundsätzlich gerecht zugeht und dass jeder letzten Endes das bekommt, was er verdient hat. Der G. leitet sich aus dem Wunsch nach *Gerechtigkeit* ab, der wiederum dem Bedürfnis nach Sicherheit und Kontrolle über das eigene Leben entspringt. In einer als gerecht erlebten Welt sind die «Spielregeln» klar, durchschaubar und antizipierbar. Eine ungerechte Welt erschiene dagegen als bedrohlich und unkontrollierbar, da zu befürchten wäre, dass erlittene Nachteile nicht durch ein gerechtes Schicksal oder durch eigenes Handeln ausgeglichen werden. Sowohl das Gerechtigkeitsmotiv als auch der daraus resultierende G. sind als sozialisationsbedingt interindiv. variierende *Persönlichkeitsmerkmale* konzipiert. In Kombination mit Hilflosigkeitserfahrungen und geringer Selbstwirksamkeit kann ein starker G. dazu beitragen, dass man Opfer abwertet, ihnen eine Mitschuld an ihrem Schicksal zuspricht, Benachteiligungen bagatellisiert oder rechtfertigt (*Viktimisierung, sekundäre*). Durch diese kogn. Uminterpretation wird *kognitive Dissonanz* vermieden und der G. sowie die damit verbundene emot. Sicherheit aufrechterhalten. In Kombination mit wahrgenommenen

Handlungsmöglichkeiten kann ein stark ausgeprägter G. dazu führen, dass man die Opfer beobachteter Ungerechtigkeit ausgleichend unterstützt, um so Gerechtigkeit wiederherzustellen. S. Preiser/C. Beierlein

Gerechtigkeit, Gerechtigkeitsprinzip (= G.) [engl. *justice, fairness*; lat. *justitia*], **[AO, RF, SOZ, PHI, WIR]**, G. ist ein Idealzustand ausgeglichener Interessen ohne Benachteiligung von Einzelnen (*Individuum*) oder *Gruppen*. G. gilt in allen Kulturen als zentraler *Wert* und Gebot indiv. und kollektiven Handelns. Ihre Bedeutung wurde bereits in der Antike erkannt (Aristoteles). *Distributive G.* (*Distribution*) gewährleistet die faire Verteilung materieller (z. B. Geld) und symbolischer Güter (z. B. Anerkennung). Wichtigste Prinzipien sind Gleichheit (jedem das Gleiche), *Leistung* (jedem nach seinen Leistungen) und *Bedürfnis* (jedem nach seinen Bedürfnissen). *Retributive G.* regelt die *Bestrafung* von Vergehen. Verhältnismäßigkeit ist ihr wichtigstes Prinzip. Prinzipien der Verfahrensgerechtigkeit (Konsistenz, Unparteilichkeit, Genauigkeit, Korrigierbarkeit, Repräsentativität, Übereinstimmung mit ethischen Prinzipien) gewährleisten faire Entscheidungsprozesse (*Entscheiden*). Die *Organisationspsychologie* verweist auf die Bedeutung *interaktionaler G.* (Respekt, Aufrichtigkeit) und *informationaler G.* (Bekanntheit relevanter Fakten) für *organisationale Fairness*. Verstöße gegen Prinzipien der G. sind die häufigste Ursache *sozialer Konflikte*. Sie erzeugen moralische Emotionen (*moralisches Urteil, Ärger*, Empörung, Schuld) und motivieren zur Wiederherstellung von G. Auch Rache und Vergeltung erfüllen diese Funktion. Ungerechtfertigte Nachteile im sozialen Vergleich def. einen psych. Zustand der *relativen Deprivation* (RD), ungerechtfertigte Vorteile einen Zustand der relativen Privilegierung (RP). Beide Zustände sind emot. belastend (RD: Ärger, Empörung; RP: existenzielle Schuldgefühle) und motivieren zu Ausgleichshandlungen (RD: Protest; RP: Wohltätigkeit). Menschen unterscheiden sich in der Stärke ihres Bedürfnisses nach G., ihrem Glauben an eine gerechte Welt, ihren Einstellungen zu Prinzipien der G. und ihrer Sensibilität für Ungerechtigkeit (*Opfersensibilität, Beobachtersensibilität, Nutznießersensibilität, Tätersensibilität*). *Ungerechtigkeitssensibilität.* Sabbagh & Schmitt 2014. M. Schmitt

Gerechtigkeits-Kontroll-Theorie [engl. *justice-control theory*], *Vandalismus.*

Geriatrie (= G.) [engl. *geriatry*; gr. γέρων (geron) Greis; ιατρεία (iatreia) Heilkunde], **[BIO, EW, GES]**, med. Altersforschung, die in den 1930er Jahren durch M. Bürger und E. Abderhalden zur Wiss. Disziplin erhoben wurde. G. ist das Teilgebiet der Gerontologie (*Altersforschung*), das sich mit den Alterskrankheiten befasst. (Gegenstück zur *Pädiatrie*.). *Psychologie des Alterns.*

Geriatrika [engl. *geriatric drugs*; gr. γέρων (geron) Greis; ιατρεία (iatreia) Heilkunde], syn. *Gerontopharmaka*, **[PHA]**, Arzneimittel zur Förderung der psychophysischen Funktionstüchtigkeit im Alter. Die diskutierten Stoffgruppen sind u. a. *Hormone, Nootropika, Antidepressiva*. Coper & Herrmann 1988.

geringere Variabilität-Heuristik [engl. *lower/reduced variability heuristic*; lat. *variare* verschieden sein], **[KOG]**, Entscheidungsheuristik, bei der die Alternative gewählt wird, die zw. der höchsten und der niedrigsten Bewertung auf den Dimensionen die geringste Differenz aufweist. *Heuristik, Entscheidungsheuristiken, Entscheiden, Entscheidungstheorie.*

Geringes-Involvement-Hierarchie [engl. *low-involvement hierarchy*], *Hierarchie von Effekten Modelle.*

germinal, germinativ [engl. *germinal*; lat. *germen* Spross, Keim], den Keim betreffend. *Entwicklung, pränatale.*

Germinalphase [engl. *geminal stage*; lat. *germen* Spross, Keim], *Entwicklung, pränatale.*

Gerontologie [engl. *gerontology*; gr. γέρων (geron) Greis, λόγος (logos) Lehre], *Altersforschung, Gerontopsychologie, Psychologie des Alterns.*

Gerontopsychologie [engl. *gerontopychology*; gr. γέρων (geron) Greis], **[BIO, EW, GES]**, Alten-Ps. Gegenstand gerontologischer Forschung ist nicht bloß das hohe Alter, sondern der Gesamtprozess des Alterns, des Älter- und Altwerdens. *Altersforschung, Psychologie des Alterns.*

Gerstmann-Syndrom [engl. *Gerstmann's syndrome*], **[BIO]**, neurops. Verlustsyndrom (Luria 1970) mit *Fingeragnosie*, Störung der Rechts-Links-Orientierung, Dysgrafie bis *Agrafie*, Dyskalkulie (*Dyskalkulie, Rechenschwäche*) bis *Akalkulie*. Von Gerstmann 1924 und 1930 erstmals beschrieben, mehrfach angezweifelt, jedoch faktorenanalytisch (*Faktorenanalyse*) bestätigt (Gloning et al. 1967).

Geruch (= G.) [engl. *smell*], **[WA]**, *Wahrnehmung* verschiedenartiger Duftstoffe. Formen der G.empfindung: (1) ätherische Gerüche (Apfel, Wein); (2) aromatische G. (Kampfer, Terpentin, Anis); (3) balsamische G. (Jasmin, Orange, Veilchen); (4) Moschusg. (Ambra, Patschuli); (5) Lauchartige G. (Zwiebel, Fisch, Jod, Chlor); (6) brenzlige G. (Tabak, Teer, Karbol); (7) Kaprylg. (Käse, Schweiß); (8) widerliche, betäubende G. (Opium, Wanzen); (9) ekelhafte, gestankähnliche G. (Fäulnis, Kot). Diese Einteilung gab Zwaardemaker. Juhasz entdeckte bei best. G. und vergleichender Betrachtung noch G.höhen. Henning unterschied sechs Grundqualitäten: würzig, blumig, fruchtig, harzig, brenzlig, faulig. Eine Ordnung dieser Grundgerüche wurde mit dem Schema des Geruchsprismas angestrebt. Die sechs Qualitäten sind demnach an den sechs Ecken eines Prismas stehend zu denken, dazw. die Übergänge. Viele Teilerscheinungen erinnern an Vorgänge auf akustischem Gebiet; ein Zusammenfassen obj. nacheinander folg. G. tritt nicht ein. Das den G. aufnehmende Organ (*Regio olfactoria*) ist die in der obersten der drei Nasenmuscheln liegende, bräunlich gefärbte Riechschleimhaut mit sensiblen Nervenendigungen. Die mit dem Atemzug emporströmenden Gase werden hier als G. bemerkt. Die absolute *Reizschwelle* ist sehr klein: für Schwefelwasserstoff z. B. 1/5000 mg in 1 l Luft. Das Riechzentrum hat seinen Sitz beim Menschen im *Hippocampus* und Uncus (*Gehirn*). Zum Geruchsorgan führen über den *Bulbus olfactorius* die *Filia olfactoria*. Genetisch ist wahrscheinlich, dass der G.sinn ältester, urtümlichster Sinn auch des Menschen ist. G. und Gefühlsleben bleiben entspr. nahe gebunden: der tiefere Sinn in dem Wort, dass man «jemanden nicht riechen könne»! Auch dass bei mehreren Gerüchen nicht nur der stärkere, sondern auch der gefühlsbetontere Reiz siegt, gehört hierher. *Sinnesfunktionen.*

Gerücht (= G.) [engl. *rumor*], [**SOZ**], eine nicht verifizierte, meist mündliche Mitteilung über ein angebliches Ereignis oder über Motive (*Motiv*) und Intentionen (*Intention*) anderer. Somit ist die Ungewissheit über seinen Wahrheitsgehalt ein Kernmerkmal des G. Bei der Weiterverbreitung treten oft charakteristische Veränderungen auf, die *Nivellierung, Assimilation, Pointierung* (Bartlett). Das G. entsteht leicht in mehrdeutigen sozialen oder angstbesetzten Situationen (*Angst*), oder es wird zu best. (aggressiven, *Aggression*) Zwecken erfunden. *Kommunikation.* Fleischer & Schmolke 2007.

Gesamtschule, integrierte [engl. *integrated comprehensive school*], [**PÄD**], diejenige bes. Organisationsform der Gesamtschule, in der die Auflösung der bisherigen Schulzweige (Hauptschule, Realschule, Gymnasium) am weitesten vorgenommen, nämlich in ein Kern-/Kurs-System übergeführt ist. Die Schüler werden nur in best. (oft in drei Hauptfächern und den naturwiss. Fächern) nach *Leistung* differenziert (Kurse), während sie in allen anderen Fächern unabhängig vom Leistungsniveau in einem Klassenverband zus. (integriert) bleiben (Kernbereich). Zusätzlich sind Neigungskurse in größerem Ausmaß möglich. Auch die Einrichtung in Ganztagsform ist Teil des Konzepts. Die den meisten Gesamtschulen angegliederte sog. gymnasiale Oberstufe (Jahrgangsstufen 11 bis 13) ist von den strukturellen Neuerungen bisher nicht betroffen und unterscheidet sich i. Allg. nicht von der des Gymnasiums. Die integrierte Gesamtschule gilt als die konsequenteste Realisierungsform der eigentlichen Schulkonzeption (während additive und kooperative Gesamtschulen nur Vorstufen oder Abschwächungsformen hiervon darstellen). *Differenzierung.* *W. Klapp*

Geschehenswahrnehmung (= G.) [engl. *perception of event(s)*], [**WA**], von Johansson zum Unterschied von der Ruhewahrnehmung benutzte Bez. für die Wahrnehmungen, die dadurch gekennzeichnet sind, «dass sich während der Zeit des Wahrnehmens etwas ändert» (Johansson 1966). Das Geschehen, d. h. jede Veränderung in der Zeit, kann aperiodisch plötzlich, aperiodisch kontinuierlich, periodisch plötzlich, periodisch kontinuierlich und plötzlich bei kontinuierlich konstantem Verlauf (*quasistationärer Prozess*) sein. An der G. sind Gesicht, Gehör und Hautsinne beteiligt. Es gibt Änderungen der Intensität, Übergänge von einer Qualität zur anderen und räumliche Änderungen (Bewegungen). *Bewegungssehen, Lissajous-Figuren.* *R. Bergius*

geschichtete Stichprobe [engl. *stratified sample*], *Stichprobe.*

Geschicklichkeit [engl. *dexterity*], [**KOG**], derjenige komplementäre Anteil bei Leistungen, der neben den grundsätzlich erforderlichen Voraussetzungen zur bestmöglichen (geschickten) Leistungsbewältigung führt. Sie kann auch als Fähigkeit besonders zielgerichtet und zielführend zu agieren bezeichnet werden. Insbes. Kennzeichen bei Hand und Körper (Handgeschick, Körpergeschick). *Fertigkeit, Intelligenz, praktische, Psychomotorik, Sinnesfunktionen.*

Geschlecht, biologisches (= biol. G.) [engl. *sex*], [**BIO, PER**], genetisch festgelegtes G. Früher wurde es durch das Vorhandensein des männlichen Geschlechts-*Chromosoms* Y bestimmt: beim weiblichen G. ist das weibliche G.-Chromosom X doppelt vorhanden (1 von der Mutter, 1 vom Vater), beim männlichen G. ist das X der Mutter gepaart mit dem Y des Vaters. Bei ca. 0,2 % der Bevölkerung hat jemand nur ein X Chromosom (*Turner-Syndrom*) oder mehr als 2 Geschlechts-Chromosome (z. B. XXY, *Klinefelter-Syndrom*). Heute ist das genetische G. definiert durch das Vorhandensein des SRY-Gens (*sex determining region*) auf dem Y-Chromosom (in sehr seltenen Fällen auch auf anderen Chromosomen, z. B. X oder 21).

Geschlecht, soziales [engl. *gender*]; *Geschlechterrolle.*

Geschlechterrolle (= G.) [engl. *sex/gender role*], [**PER, SOZ**], der Begriff der G. ist im Kontext der Unterscheidung von *sex* (Geschlecht als biol. Merkmal) und *gender* (Geschlecht als soziales Merkmal) entstanden und bezieht sich darauf, dass weiblichen und männlichen Personen Eigenschaften und Verhalten zugeschrieben werden, die kult. vermittelt sind und nicht auf schlichten biol. Notwendigkeiten basieren. Traditionell wird Frauen die *Familienarbeitsrolle* (Haushalt, Kinder) und Männern die *Erwerbsarbeitsrolle* (bezahlte Erwerbsarbeit) zugeschrieben. Wenn sich auch diese Zuschreibungen im Zuge der vermehrten Erwerbsbeteiligung von Frauen in Bezug auf konkretes Verhalten etwas verschoben haben, so sind mit der G. doch immer noch Best. Zuschreibungen über die «typischen» Eigenschaften von Frauen und Männern verbunden. Erstere, stereotyp *feminine* Eigenschaften sind eher *kommunal* (fürsorglich, warmherzig, liebevoll), letztere, stereotyp *maskuline* Eigenschaften sind eher *agentisch* (durchsetzungsfähig, führungsstark, entscheidungsfreudig). Studien zeigen, dass diese *Geschlechterstereotype* sehr änderungsresistent sind, obwohl sich das *Selbstbild* von Frauen und Männern im Laufe des letzten Jhd. stark angenähert hat. Abele 2003, Athenstaedt & Alfermann 2011, Twenge 1997. *A. E. Abele*

Geschlechterstereotype (= G.) [engl. *gender stereotypes, sex-role stereotypes*], [**PER, SOZ**], G. sind *Stereotype*, die sich auf die soziale Kategorie Geschlecht beziehen. G. bestehen aus als wünschenswert angesehenen Attributen, die «der» Mann oder «die» Frau haben soll, je nach herrschendem Leitbild von Männlichkeit (*Maskulinität*) oder Weiblichkeit (*Femininität*). Daneben enthalten sie auch neg. Festlegungen, welche Attribute nicht entwickelt werden sollen. Die Attribute beinhalten vorwiegend Persönlichkeitseigenschaften (wie *dominant* oder *sanft*), daneben aber auch äußere Merkmale, Verhaltensweisen sowie Interessen. G. sind wie andere Stereotype auch einerseits deskriptiv, d. h., sie beschreiben, wie Männer und Frauen in einer best. Gesellschaft wahrgenommen werden, andererseits sind sie auch präskriptiv, d. h., sie def., wie Männer und Frauen sein sollten. Werden präskriptive G. verletzt, können Ablehnung oder soziale Sanktionen wie z. B. *backlash* folgen. G. sind eng mit Geschlechterrollen verknüpft, die Entstehung von G. wird u. a. mit der Sozialen *Rollentheorie* erklärt.

G. werden oft über Eigenschaftsfragebogen wie den *Bem Sex Role Inventory (BSRI)* oder den *Personal Attributes Questionnaire (PAQ)* erfasst. Ein alternativer Ansatz besteht darin, männliche und weibliche Prototypen oder Substereotype zu erfassen. G. können geschlechtsstereotype Verhalten hervorrufen. Das Modell von Deaux & Major (1987) beschreibt, wie in der sozialen Interaktion die eigenen Stereotype, aber auch die des Gegenübers dazu führen, ob geschlechtsstereotyp gehandelt wird oder nicht. Auch *Stereotype Threat* kann dazu führen, dass Menschen geschlechtsstereotyp handeln und damit vorherrschende G. noch weiter verstärken. G. sind relativ robust und weisen auch kulturübergreifend große Ähnlichkeiten auf. Im Vergleich zum maskulinen G. hat sich das feminine G. im Laufe der Zeit stärker verändert; aufgrund der höheren Teilnahme von Frauen an der Arbeitswelt werden Frauen zunehmend auch maskuline Eigenschaften zugeschrieben. Prentice & Carranza 2002. *A. Fleischmann/M. Sieverding*

Geschlechtsidentität, Entwicklung Entwicklung der Geschlechtsidentität.

Geschlechtsidentität, Störung der [engl. *disturbance of gender identity, gender identity disorder*], *Transsexualität*.

Geschlechtsmerkmale, Geschlechtscharaktere (= G.) [engl. *sexual characteristics*], **[BIO]**, das Unterscheidende beim männlichen bzw. weiblichen Geschlecht. Primäre G. sind die Geschlechtsorgane, sekundäre G. sind z. B. Haarwuchs, Stimmlage, Körperproportionen. Beide weiter gegliedert nach äußeren, inneren, akzessorischen, auch tertiären Organen bzw. Organabweichungen.

Geschlechtsrollen-Selbstkonzept (= G.) [engl. *gender (role) identity/orientation*], syn. *Geschlechtsrollenidentität, geschlechtsbezogenes Selbstkonzept*, **[GES, PER, SOZ]**, ist die Selbstbeschreibung mit Persönlichkeitseigenschaften, die als typisch *männlich* (*Maskulinität*) bzw. typisch *weiblich* (*Femininität*) gelten und damit die Ähnlichkeit des Selbstkonzeptes mit gesellschaftlichen *Geschlechterstereotypen* in Bezug auf Persönlichkeitseigenschaften. Das G. wird meistens über den *Personal Attributes Questionnaire (PAQ)* oder den *Bem Sex Role Inventory (BSRI)* operationalisiert. Dabei erfasst man die Selbstbeschreibung einer Person mit Persönlichkeitseigenschaften, die *instrumentell* (oder *agentisch* bzw. *maskulin*) und *expressiv* (oder *kommunal* bzw. *feminin*) sind. Instrumentelle Eigenschaften sind z. B. «sehr unabhängig» und «fälle leicht Entscheidungen», expressive Eigenschaften «sanft» und «verständnisvoll gegenüber anderen». Instrumentalität (*Maskulinität*) und *Expressivität* (*Femininität*) sind zwei voneinander unabhängige Dimensionen. Je nachdem, mit welchen Eigenschaften Menschen sich beschreiben, kann man sie in vier G.-Typen einteilen: *feminin* (hohe Expressivität, niedrige Instrumentalität), *maskulin* (niedrige Expressivität, hohe Instrumentalität), *androgyn* (hohe Expressivität und Instrumentalität) und *undifferenziert* (niedrige Expressivität und Instrumentalität). Für viele Erlebens- und Verhaltensbereiche ist das G. wichtiger als das biol. Geschlecht. Z. B. hat G. über das biol. Geschlecht hinaus eine hohe prädiktive Kraft für physische und *psychische Gesundheit*: Hohe Instrumentalität führt zu geringeren Selbstberichten von Stress, aber höherer physiologischer *Stressreaktivität* bei Männern und Frauen. Sieverding & Alfermann 1992, Sieverding et al. 2005. *A. Fleischmann/M. Sieverding*

Geschlechtsvererbung [engl. *inheritance of sex*], *Chromosom*.

Geschmack (= G.) [engl. *taste*], **[WA]**, Schmecksinn, wahrgenommen durch Zungenrand, Zungenspitze, Zungenwurzel und weichen Gaumen. Das Gebiet ist ringförmig ausgebreitet. Die Nervenenden der Geschmacksnerven sind sog. Geschmacksknospen *(Calicula gustatorii)*, auch Geschmacksbecher, Geschmackszwiebeln genannt. Knospenartige Epithelgebilde. *Geschmacksnerven, Geschmacksqualitäten*. G. ist i. ü. S. Wertung auf künstlerischem und ästhetischem Gebiet, und schließlich bedeutet G. noch Vorliebe, Gefallen. *Sinnesfunktionen*.

Geschmacksaversion, konditionierte [engl. *conditioned taste aversion*; lat. *aversatio* Abneigung], **[KOG]**, erworbene Vermeidung von Substanzen mit best. Geschmack. Geschmacksaversion entsteht durch Übelkeit einige Zeit nach der Nahrungsaufnahme. Aus versch. Gründen fällt der Erwerb von Geschmacksaversionen aus den üblichen Prinzipien des *Lernens* heraus: Es genügt einmaliges Auftreten der Übelkeit, die Übelkeit kann Stunden nach der Nahrungsaufnahme auftreten, das Lernen ist selektiv, indem (1) die Aufnahme best. Nahrung vermieden wird, anderes Verhalten vor dem Auftreten der Übelkeit aber nicht betroffen ist, und (2) nur Übelkeit zur Geschmacksaversion führt, nicht andere *aversive Reize. Konditionierung.* *H. Heuer*

Geschmacksknospen (= G.) [engl. *taste buds*], **[BIO, WA]**, als G. werden die Nervenendigungen der Geschmacksnerven *(Geschmack)* bez., die sich vornehmlich an Zungenrand, -wurzel und Weichgaumen befinden. Sie liegen in den Wänden und Gräben der Geschmackspapillen (Pilz-, Blätter-, Wallpapillen) (Abb.). Ihre Gesamtzahl beim Erwachsenen beträgt etwa 2000 bis 4000, wobei die Wallpapillen oft mehr als 100 enthalten, die anderen weit weniger. Jede Geschmacksknospe enthält 10–50 eigentliche Geschmackssinneszellen wie Orangenschnitze angeordnet, an denen sich die für die Reizaufnahme verantwortlichen Geschmacksrezeptoren (Rezeptorproteine) befinden. Jede Papille ist für mehrere, meist alle vier Geschmacksqualitäten empfindlich. Selbst einzelne Schmeckzellen reagieren zumeist spezif. auf mehrere Geschmacksqualitäten, wobei die Zelle proportional zur ansteigenden Konzentration erregt wird. *Geschmacksnerven.* *C. Becker-Carus*

Geschmacksnerven [engl. *taste nerves*], **[BIO, WA]**, sind nachgeschaltete afferente Fasern von Hirnnerven (*Gehirn, Nerv, Nervensystem*) und dienen der Weiterleitung der Erregung aus den Geschmackssinneszellen (*Geschmack*) der Zunge und des Rachenbereichs. Die Geschmackssinneszellen sind, in versch. Typen von Papillen eingebettet, in Geschmackknospen auf der Zunge repräsentiert. Als sekundäre Sinneszellen werden sie von afferenten Hirnnervenfasern (*Nucleus facialis, Nervus glossopharyngeus, Nervus vagus*) versorgt, die Information zum *Nucleus solitarius* der *Medula oblongata* leiten. Von dort ziehen Fasern zum *Gyrus postcentralis* und zum Hypothalamus, wo sie gemeinsame Projektionsgebiete mit olfaktorischen

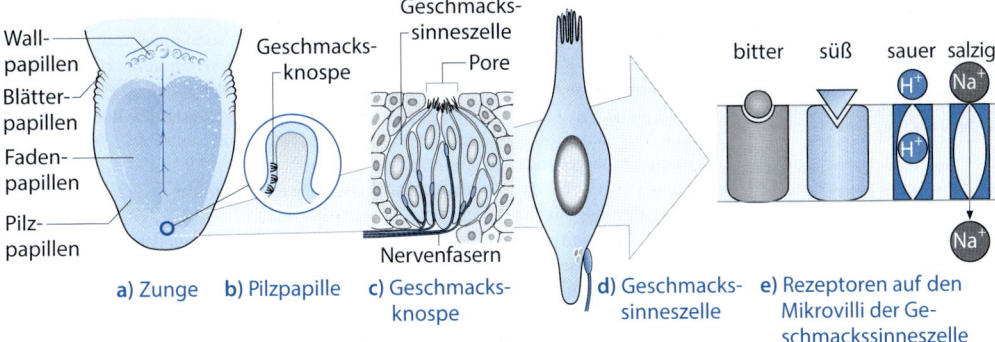

a) Zunge   b) Pilzpapille   c) Geschmacksknospe   d) Geschmacks-
sinneszelle   e) Rezeptoren auf den
Mikrovilli der Ge-
schmackssinneszelle

Geschmacksknospen: (a) Zunge mit den vier Arten von Papillen; (b) Eine Pilzpapille auf der Zunge; (c) Querschnitt durch eine Geschmacksknospe; (d) Geschmackssinneszelle; (e) Nahdarstellung der Membran der Mikrovilli der Geschmackssinneszelle mit den Geschmacksrezeptoren. Aus: Schmidt, Thews & Lang (2000).

Eingängen haben. Diese Verbindungen sind bes. wesentlich für die emot. Komponente der Geschmacksempfindungen. An einer Geschmacksknospe enden bis zu 50 Fasern. Jede Nervenfaser kann durch Verzweigungen viele Sinneszellen in einer Geschmacksknospe versorgen, sodass häufig einzelne Sinneszellen von mehreren Nervenfasern innerviert werden. Dieses Verschaltungsmuster bleibt auch bei der wöchentlichen Zellerneuerung gewahrt.

Da einzelne Schmeckzellen auf versch. Geschmacksqualitäten reagieren können und eine einzelne afferente Faser die Erregung von versch. Geschmacksknospen weiterleitet, kommt es in diesen zu spezif. Erregungsmustern, «Geschmacksprofilen». Diese geschmacksspezifisch unterschiedliche Erregung in versch. Fasergruppen enthält die Information über die *Geschmacksqualität*. Die Gesamterregung aller entspr. Fasern enthält die Information über die Konzentration (Reizintensität). Pinel 1997.

C. Becker-Carus

Geschmacksqualitäten (= G.) [engl. *taste qualities*; lat. *qualis* wie beschaffen], [**BIO, WA**], die von der Zunge etc. wahrgenommenen Qualitäten (*Qualität*) süß, sauer, salzig, bitter (hinzugerechnet werden manchmal noch metallisch und alkalisch, *Geschmack*). Im Ggs. zu den Farben (*Farbe, Farbwahrnehmung*) bilden die G. keine Übergänge. In den Geschmackswahrnehmungen ist fast stets der *Geruch* wesentlich beteiligt (z. B. beim Schmecken einer Speise), wodurch erst die feineren Unterschiede der *Wahrnehmung* entstehen. Die absolute *Reizschwelle*, bezogen auf Anteile wässriger Lösung, beträgt für Zucker 1 : 80, für Schwefelsäure 1 : 10 000, für Sacharin 1 : 200 000, für Strychnin 1 : 2 000 000. Die *Perzeption* erfolgt für die Qualität salzig am schnellsten, für bitter am langsamsten.

Geschmackszentren [engl. *taste center*], [**BIO, WA**], Endpunkt der afferenten Geschmacksbahnen im lateralen Bereich des *Gyrus postcentralis* der Großhirnrinde in der Nähe der somato-sensorischen Repräsentation der Zunge (*Gehirn*). Die zunehmend mehr auf eine enge Geschmacksspezifität ansprechenden *Neuron*e sind hier entspr. der wirksamen Geschmacksqualität räumlich an-

geordnet. Weitere Geschmacksareale finden sich im kortikalen Bereich der Insula (*Geschmacksnerven*) sowie als Geschmacksbahn zum Hypothalamus (affektiv-lustvolle Geschmackswahrnehmung). Die Organisierung und Differenzierung des Geschmackssinns ist bei allen Säugetieren offensichtlich sehr einheitlich, jedoch gibt es auch artspezifische Anpassungen. Bei Katzen werden «Wasserfasern» gefunden, die allein auf Wasser ansprechen. *Geschmacksnerven*.

C. Becker-Carus

Geschwindigkeit, anschauliche [engl. *perceived speed*], [**WA**], erlebte Geschwindigkeit eines bewegten Reizes (*Reiz*), die in systematischer Weise von der physikal. Geschwindigkeit abweicht. Sie hängt von der *Bewegungswahrnehmung*, der *Augenbewegung* und der Entfernung des Reizes ab; wenn bei festem Fixationspunkt die Geschwindigkeit des retinalen Bildes konstant ist, aber die Entfernung des *distalen Objekts* versch., so ist die anschauliche Geschwindigkeit des ferneren Objekts größer (Geschwindigkeitskonstanz; *Konstanz*). Ferner hängt die anschauliche Geschwindigkeit vom visuellen Kontext ab: Ein Objekt, das sich durch ein kleineres Feld bewegt, hat bei gleicher physikal. Geschwindigkeit eine höhere anschauliche Geschwindigkeit als ein Objekt, das sich durch ein größeres Feld bewegt (oder: Wenn die Szene vergrößert wird, bleibt die anschauliche Geschwindigkeit näherungsweise gleich, Prinzip der Geschwindigkeits-Transposition). Eine abrupt einsetzende konstante Geschwindigkeit erscheint anfangs anschaulich größer als nach kurzer Zeit der Betrachtung. Brown 1961, Brown 1928.

H. Heuer

Geschwindigkeits-Genauigkeits-Abgleich [engl.] *speed-accuracy tradeoff*.

Geschwindigkeitstests [engl.] *speed tests*.

Geschwisterbeziehungen [engl. *sibling relationships*], [**EW**], die Geschwisterbeziehung (= G.) ist zumeist die zeitlich längste Beziehung im Leben eines Menschen und neben der *Eltern-Kind-Beziehung* die zweitstärkste emot. Verbindung (Furman & Buhrmester 1985). Gemeinsame Herkunft und Entwicklungsgeschichte haben prägenden Einfluss und bilden eine tiefe Verbindung. Geschwister unterstützen sich gegenseitig bei vielfältigen Sozialisationsprozessen (*Sozialisation, Sozialisierung*) und *Entwicklungsaufgaben* (Frick 2009). Ihre umfassende Bedeutung für die *emotionale Entwicklung, soziale Entwicklung* und *kognitive Entwicklung* wurde mehrfach dargelegt (Jung 2001, Hofer et al. 2002). Die G. gibt die Möglichkeit, Beziehungsmuster auszuprobieren und damit einhergehende *Gefühle* kennenzulernen. Die Beziehung von Geschwistern entwickelt sich stetig weiter und hat Einfluss auf ihr gesamtes weiteres Leben und die *Persönlichkeitsentwicklung* (Schmidt-Denter 2005). G. können sehr unterschiedlich gestaltet sein und sich im Laufe der Zeit verändern. Die G. ist gekennzeichnet von ambivalenten Gefühlen und bewegt sich zw. den Polen von Liebe, Verbundenheit und Nähe sowie Rivalität, Konflikt (*Konflikt, sozialer*) und Distanz (Kasten 1998). *U. Ravens-Sieberer*

Gesell, Arnold (1880–1961), **[EW, HIS]**, Entwicklungspsychologe, der v. a. die Methode der Verhaltensbeobachtung und der Verhaltensmessung für entwicklungsps. Fragen eingeführt hat. Ph.D. an der *Clarke University* (1906). Gesells Interesse für die Entwicklungsps. wurde durch *Hall* geweckt. Gründung des *Gesell Institute of Child Development* an der *Yale University*.

Geselligkeit (= G.) [engl. *sociability*], **[PER, SOZ]**, Unterdimension von *Extraversion* sowie hohe Ausprägung dieser Dimension (Ggs. *Ungeselligkeit* [engl. *unsociability*]). G. ist das *Persönlichkeitsmerkmal*, soz. Kontakt zu suchen, zu mögen und ihn auch herstellen zu können (Kontaktfähigkeit). G. ist verwandt mit dem *Anschlussmotiv*. Bei *Gehemmtheit* ist die Kontaktfähigkeit beeinträchtigt, nicht aber unbedingt das Motiv, Anschluss zu suchen.

Gesellschaft (= G.) [engl. *society*], **[SOZ]**, (1) die Menschheit insgesamt; (2) die soziale Struktur, Beziehungen und Positionen in einer Vielfalt von Gruppierungen von Personen, aber als übergeordnete Einheit funktionierend; (3) eine dauerhafte Vereinigung von Personen mit einer best. Rechtsform (z. B. Aktiengesellschaft). Der soziologische Begriff (2) wird möglichst von dem Begriff der *Kultur* unterschieden. Die G. hat eine best. Kultur, d. h., in einer G. gelten best. Gebräuche, Verhaltensnormen und -gesetze. (Gesellschaft und Gemeinschaft, Tönnies). Über die Entwicklung des soziologischen Begriffs G. unterrichtet präzise Bülow (1955). *Gemeinschaft.* *R. Bergius*

Gesellschaft für experimentelle Psychologie [engl. *society of experimental psychology*], **[HIS]**, am 20. April 1904 in Gießen gegründete wiss. Gesellschaft, die nach 25jährigem Bestehen 1929 in Wien in *Deutsche Gesellschaft für Psychologie (DGPs)* umbenannt wurde. Die Gründung der Gesellschaft für exp. Ps. geht auf *Georg Elias Müller* zurück, der die Satzung erarbeitet und zu einem ersten Kongress für exp. Ps. nach Gießen eingeladen hatte. Dieser Kongress fand vom 18.–21. April 1904 unter internat. Beteiligung statt. Die Gesellschaft vereinigte die führenden Vertreter der dt.sprachigen Ps., wobei die Mitglieder der Gesellschaft versch. Disziplinen angehörten und nicht nur exp. arbeiteten. Voraussetzung für die Mitgliedschaft war die Veröffentlichung einer Arbeit «von wiss. Werte aus dem Gebiet der Ps. oder deren Grenzgebieten» (§ 2). Erster Vorsitzender des Vorstands war Georg Elias Müller. Die weiteren Vorstandsmitglieder waren *Sommer, Robert, Ebbinghaus, Hermann,* Hofrat Siegmund Exner, *Külpe, Oswald, Meumann, Ernst* und *Schumann, Friedrich*. Weitere Vorsitzende des Vorstands waren 1927–1928 *Marbe, Karl* und 1928–1931 *Bühler, Karl*. Schumann 1904. *H. E. Lück*

gesellschaftliches Disengagement [engl. *social disengagement*], *Disengagement*.

Gesellschaftslehre, Gesellschaftswissenschaft *Soziologie*.

Gesetz (= G.) [engl. *law*], **[PHI]**, eine empirisch bestätigte gesetzesartige (nomologische) Hypothese; manchmal meint G. auch den durch eine solche Aussage dargestellten Variablenzusammenhang, die Gesetzmäßigkeit als strukturelle Eigenschaft der Realität. Als schwierig explizierbar hat sich der Begriff der G.artigkeit erwiesen. Er umfasst strikte Universalität der Aussage, nach einer vielfach vertretenen Auffassung darüber hinaus die (Natur-) Notwendigkeit des Variablenzusammenhanges, im Unterschied zur bloßen Korrelation. G. können deterministischer oder stat. Art sein. *Ablaufg.* beschreiben eine Abfolge best. Ereignisse, *Zustandsg.* ein gleichzeitiges Bestehen best. Variablenwerte. Kausalgesetze (*Kausalität*) werden i. Allg. als Ablaufgesetze aufgefasst. G. sind Bausteine einer *Theorie*, in der besten. G. die Rolle von Grundannahmen haben (*Axiom, Postulat*), während andere aus ihnen deduzierbar sind (*Deduktion*). Armstrong 1983, Hüttemann 2007, Lewin 1927. *V. Gadenne*

Gesetz der großen Zahl [engl. *law of great numbers*], **[FSE]**, besagt, dass mit wachsender Größe einer *Stichprobe* die Größe der zufällig bedingten Messfehler abnimmt (Theorem von Bernoulli). *Standardfehler, Vertrauensintervall*.

Gesetz der konstanten Figurzeit [engl. *law of constant figural time*], **[KOG]**, Bez. für das Phänomen, dass gleiche Figuren unterschiedlicher Größe in derselben Zeit gezeichnet werden. Das «Gesetz» beschreibt jedoch eher eine ausgeprägte Tendenz als eine strenge Gesetzmäßigkeit. Derwort 1938. *H. Heuer*

Gesetz des Effekts (= G.) [engl. *law of effect*], **[KOG]**, folgt einem Verhalten R bei Anwesenheit eines Reizes S eine angenehme bzw. unangenehme Konsequenz O, so wird die Assoziation zw. S und R gestärkt bzw. geschwächt. Das G. geht auf die Arbeiten von E.L. Thorndike (1911) zur Konditionierung instrumentellen Verhaltens zurück. *Konditionierung, operante*. Thorndike 1911.

Gesetz des geringen Aufwandes [engl. *law of minimal effort*], **[WA]**, Grundannahme der klassischen Physik, auf die sich Phänomene der Störungsmechanik bis zur Optik (Snellius'sches Gesetz der Lichtbrechung) zurückführen lassen. Die von W. Köhler (1920) postulierten «physischen Gestalten» (z. B. Seifenblasen) basieren auf dieser Tendenz zum min. Aufwand für die Aufrechterhaltung eines Zustandes; in Analogie dazu wird von W. Köhler die *Prägnanztendenz* erklärt (*Zipfsches Gesetz*).

Gesetzeswissenschaft [engl. *nomothetic sciences*], **[PHI]**, *nomothetische* Wiss., Erkenntnisbemühung um allg.gültige

(Natur-)Gesetze, d. h. um Gesetze, die unter eindeutig und vollst. definierten Bedingungen stets gültig sind.
Gesetz von Ahnerbe *Regressionsprinzip*.
Gesichtsempfindungen *visuelle Wahrnehmung*.
Gesichtserkennung (= G.) [engl. *face recognition*], [**KOG, WA**], ist das Identifizieren von Personen anhand ihres Gesichts (vgl. *Objekterkennung*). Die Gesichtswahrnehmung umfasst darüber hinaus das Herauslesen anderer Merkmale (z. B. das Alter) und einer Vielzahl sozialer Informationen (*Emotionen*, *Intentionen*) aus Gesichtern. Gesichter bilden eine sehr homogene Gruppe mit derselben Grundstruktur. Daran gemessen ist das *Gehirn* sehr viel besser darin, Gesichter voneinander zu unterscheiden als Objekte vieler vergleichbar homogener Klassen. Das gilt allerdings v. a. für Gesichter, die eine bekannte Physiognomie (*Physiognomik*) aufweisen – Gesichter einer unbekannten Ethnie (bspw. asiatische Gesichter für einen Beobachter aus einem europäischen Umfeld) werden meist schlechter wiedererkannt. Das Gleiche gilt für auf dem Kopf präsentierte Gesichter und ganz allg. für Gesichter von unbekannten Personen. Während unbekannte Gesichter eher anhand der äußeren Form und Haarlinie verglichen werden, registriert das Gehirn in gelernten Gesichtern subtile Unterschiede sowohl in den einzelnen Merkmalen als auch in der Relation dieser Merkmale zueinander. Dies führt zu guter Wiedererkennung selbst nach Frisurveränderungen oder Alterungsprozessen. Eine der Hauptfragen der Forschung zur G. ist, ob es einen angeborenen, spezif. Mechanismus für die Identifizierung von Gesichtern gibt. Die alternative Erklärung wäre, dass allg. Objekterkennungsmechanismen in besonderem Maße für Gesichter trainiert werden, da das Erkennen anderer Personen eine der wichtigsten sozialen Fähigkeiten überhaupt ist. Unabhängig davon ist sicher, dass es Gehirnareale gibt, die immer dann aktiv sind, wenn Gesichter analysiert oder wiedererkannt werden. Läsionen dieser Gehirnareale können zu partiellem oder völligem Verlust der Fähigkeit der G. (*Prosopagnosie*) führen. *Thatcher-Täuschung*. Schweinberger & Burton 2011, Kanwisher et al. 1997.   H. Bülthoff/I. Bülthoff
Gesichtsfeld (= G.) [engl. *visual field*], [**WA**], Bereich des simultanen Sehens bei ruhiger Blickrichtung (Fixation). Bei Blick geradeaus ist die ein- und beidäugige G.ausdehnung am größten; sie beträgt in der beidäugigen Bedingung ca. 90 Grad nach links und rechts, 50 Grad nach oben und 60 Grad nach unten. Im zentralen G.bereich (*Fovea (centralis retinae)*) erreichen *Sehschärfe*, *Kontrastsensitivität*, Farbtonunterscheidung und *Stereopsis* ihre besten Werte.   J. Zihl
Gesichtsfeldausfall [engl. *visual field loss*], [**BIO, WA**], Verlust des Sehens in einem umschriebenen Teil des Gesichtsfelds (*Gesichtsfeld*; (z. B. Halbfeld oder Quadrant) für alle visuellen Reizkategorien (vollst. Ausfall) oder für selektive Kategorien (z. B. für Farbe, Form oder Bewegung; *Hemiachromatopsie*).   J. Zihl
Gesichtslinien [engl. *lines of sight*], *Blickfeld*, *Fixationspunkt*, *Richtungslinie*, *Richtungsstrahl*.
Gesichtsnervenlähmung [engl. *facial nerve paralysis*], [**BIO**], syn. *Facialislähmung*, die vollst. (*Paralyse*) oder partielle (*Parese*) Lähmung der mimischen Muskulatur, soweit sie vom N. facialis versorgt wird. Herabhängende Oberlider und Mundwinkel, Mundverziehen, mangelhaftes Mundspitzen u. a. sind die besonderen Merkmale. *Dysglossie*.
Gesichtsschwindel [engl. *rotary vertigo*], [**BIO, WA**], Dreh- und Tastschwindel bei rascher Eigenumdrehung des Körpers, Scheinbewegung der Umgebung, entgegengesetzt zur eigenen (*Ohr*, *Drehschwindel*).
Gesichtssinn [engl. *visual perception*], [**WA**], Gesamtbez. für die *Wahrnehmung* des Auges = Helligkeit (Intensität), Farben (Qualität), Tiefen- und Bewegungswahrnehmung. Grüsser & Grüsser-Cornehls 1987.
Gesichtswahrung [engl. *saving face*], *Eindrucksmanagement*, *Entschuldigungen*.
Gesichtswinkel (= G.) [engl. *visual angle*], [**WA**], Winkel, unter dem die Randstrahlen eines beobachteten Gegenstandes im *Auge* eintreten. Je ferner ein Gegenstand, desto kleiner der G. Unter 1/60° vermag das Auge nicht mehr «aufzulösen» (d. h. zwei Strahlen getrennt zu erkennen). *Sehwinkel*.
Gesinnung [engl. *ethos, disposition*], [**PER**], heute nur noch selten verwendete Konstruktbezeichnung. Dem Ursprung nach eine (jew. erwerbbare) Form affektiver Organisation mit Dispositionscharakter (*Disposition*), die sich im Verhalten und Handeln als richtende Kraft meist mit betont moralischem Akzent zeigt. Begründet der geistig-ethische Gesamthaltung des Menschen. *Einstellung*.
Gesinnungsethik, syn. *deontologische Ethik* [engl. *deontological ethics*], *Forschungsethik*.
Gespräch (= G.) [engl. *conversation, talk*], [**KOG, SOZ**], derjenige zwischenmenschliche Kontakt, bei dem über das *Sprechen*, Hören, *Verstehen* eine Begegnung, Verständigung und (wechselseitige) Einwirkung (*Einfluss, sozialer*) erzielt wird. Die Einwirkung kann z. B. Beeinflussung zum Zweck der Befolgung eines Rates oder auch das Aktivieren der *Einsicht* des G.partners sein. In der Ps. ist das G. von eminenter Bedeutung, z. B. *Exploration*, Beratungsg. (*Beratung, psychologische*), heilpädagogisches Erziehungsgespräch (*Heilpädagogik*, *Erziehung*), analytisch-therapeutisches G. *Gesprächspsychotherapie*.
Gesprächsanalyse *Konversationsanalyse*.
Gesprächspsychotherapie (= GPT.), [**KLI**], Internat. lautet die Bez. dieses Psychotherapieverfahrens *Personzentrierte Psychotherapie* [engl. *person-centered psychotherapy*]. Den Begriff Gesprächspsychotherapie gibt es nur in Dt., er wurde in der 60er-Jahren aus berufspolitischen Gründen von R. Tausch vorgeschlagen, als er das Verfahren hier einführte. In Dt. wurde die GPT. zu den vom *Wissenschaftlichen Beirat* im Psychotherapiegesetz zur Approbation anerkannten Psychotherapieverfahren. In Österreich und der Schweiz besteht eine ähnliche, wenn nicht ausgeprägtere Anerkennung und Verbreitung; in der DDR war die GPT. das vorherrschende Psychotherapieverfahren. Der amerik. Psychologe Carl Rogers entwickelte das Verfahren in den 40er- und 50er-Jahren an der Universität Chicago zus. mit der Einführung der empirischen *Psychotherapieforschung*. Diese Pioniertaten gelten, zus.

mit A. Maslows Werk, zugleich als Begründung der Humanistischen Ps. mit ihrem pos., entwicklungsorientierten und auf Sinnerfahrung ausgerichteten Menschenbild. Sehr schnell wurden die Methoden der GPT. auf angrenzende Anwendungsgebiete wie *Gruppentherapie*, Kinder- (als Spieltherapie), *Paartherapie* und *Familientherapie* sowie in diverse psychosoziale und päd. Praxisfelder übertragen.
Krankheitsverständnis: Symptome und seelische Probleme werden als Folge innerer Spannungen, ambivalenter *Motivationen* und eines unklaren Selbstbildes aufgefasst. Das *Selbst* der Person ist gespalten (Fachbegriff: *inkongruent*). Sie sucht *Bindung* und sie formt unbewusst ein *Selbstbild*, das die *Wertschätzung* bedeutender anderer findet, insbes. die der Eltern. Zugleich erlebt die Person in ihrem Alltag ständig Gefühle, Motivationen, Gedanken und Verhaltensimpulse (Fachbegriff: *organismische Erfahrungen*), die nicht voll zu diesem Selbstbild passen (z. B. Risikofreude, Schwäche, Machtwille). Das ist normal und geschieht fortlaufend im Fluss der Wahrnehmungen. Krankheitswertig wird Inkongruenz, wenn die Person ihre Erfahrungen in Teilen abspaltet, das bedeutet, sie nimmt ihre Gefühle nicht mehr korrekt wahr, weil sie für das Selbstbild zu bedrohlich wären (z. B. das Erleben von *Aggression* hätte die Wertschätzung der Eltern stark beschädigt, nach Jahrzehnten subtiler Botschaften dieser Art erlebt die Person in sich keine Aggression). Außerdem, wenn sie ihr Selbstbild nicht mehr den organismischen Erfahrungen auf eine Weise anpassen kann, dass das Bedürfnis nach Bindung und die organismischen Erfahrungen in einem stimmigen Selbstbild versöhnt werden können. Das Selbstbild ist dann zu starr, Veränderungen bedrohen seine Struktur zu grundlegend (z. B. bei rigiden moralischen, religiösen oder politischen Einstellungen). Idealerweise wertschätzen Eltern das Kind so, wie es ist, mit dem vollen Spektrum seiner Existenz, tatsächlich kann sich diese Wertschätzung aber immer nur auf Teile der kindlichen Erfahrungswelt richten, ein oft unbewusster und subtiler Prozess: «nur wenn du so-und-so bist, wertschätze ich dich». Je einseitiger die Person solche bedingte Wertschätzung erfährt, desto schädigender entsteht Inkongruenz zw. dem Selbstbild, das sich an den Bedingungen für Wertschätzung ausrichtet, und den organismischen Erfahrungen. Es kommt zu inneren Zerreißproben und einem Abspalten von Erleben. Die Person erlebt Inkongruenz als innere Spannung, Unzufriedenheit, sich selbst oft nicht verstehen können, Unklarheit über Lebensziele, Ambivalenzen in Beziehungen, körperl. Stresssymptome und in Form umschriebener psych. Symptome wie *Angst, Depression* usw. Jüngere theoretische Überlegungen der GPT. beschreiben Inkongruenz auf der Grundlage der Schematheorie als konfligierende sozial-emotionale Schemata (*Schematherapie*).
Behandlungstheorie: Träger des Therapiegeschehens sind Face-to-Face-Gespräche, in denen die Patientenperson (Pt) Erfahrungen exploriert, die in Zshg. mit ihren Belastungen stehen könnten. Die Therapeutenperson (Tp) lenkt und bewertet diese Erfahrungen nicht, sie schafft – dies ist der Kernpunkt – ein Gesprächsklima mit Abwesenheit von jeglicher Bewertung. Sie zeigt *unconditional positive regard* *(UPR)* ([engl.] unbedingte pos. Wertschätzung). Diese bedingungsfreie Wertschätzung eines bedeutenden Anderen, der Tp, wirkt den Bedingungen für Wertschätzung entgegen, wie sie zumeist den Familienalltag subtil bestimmen. Die Pt kann sich ohne Bedrohung durch Bewertungen dem Fluss ihrer organismischen Erfahrung zuwenden. Das sind im Therapiegeschehen meist Gefühle, Motive oder Gedanken im Zshg. mit der Problemexploration der Pt (z. B. Wie verstehe ich mein widersprüchliches Verhalten/Gefühle in einer best. Situation? Was steht hinter meiner Angst, Wut, Scham? Was blockiert mich/nimmt mir Selbstkontrolle?). Durch UPR hilft die Tp der Pt, ein breites Spektrum ihrer Erfahrungsfähigkeit wiederherzustellen. Diese ist bei inkongruenten Personen eingeschränkt: Erfahrungen werden verzerrt oder abgespalten (z. B. die Pt nähme freundliche Zuwendung als Bestechung, krasses Übergangen-Werden als Vergesslichkeit wahr). Die Wahrnehmung und emot. Verarbeitung von Reizen folgt starren Schemata. In einer bewertungsfreien Beziehung zur Tp und auf dem Weg zur Kongruenz erlebt die Pt immer mehr Gefühle, Assoziationen, neue Aspekte. Dies geschieht oft während des Therapiegesprächs: die Pt erlebt neue Erfahrungen in sich und kann diese dann auch besser organisieren. Ihr Erleben wird durchlässiger. Ihre sozial-emot. Schemata differenzieren und verändern sich leichter.
Behandlungsmethoden: Die Behandlungsmethoden der GPT verfolgen das Ziel, die Fähigkeit zum emot. Erleben zu erweitern. Die Pt soll die organism. Erfahrungen zum Bezugspunkt nehmen können, wenn sie sich den Herausforderungen der sozialen Umwelt stellt. (1) Die *empathische Reaktion* [engl. *empathic response*]: Die Tp fasst die Erfahrungen der Pt in Worte, wenn diese über ihre Probleme spricht. Dabei erfasst sie das hinter dem Offenkundigen subtil mitschwingende, welches die Pt selbst noch nicht in Worte fassen kann: Erfahrungen, die gleichsam am Rande der Wahrnehmungsschwelle liegen. Das sind z. B. Schambesetztes, Werte oder Motive, die die Selbstschemata der Pt verändern würden, die aber nicht mehr voll abgewehrt werden und dadurch für die Tp wahrnehmbar werden. Spricht die Tp diese Erfahrungen bewertungs- und bedrohungsfrei an, kann die Pt sie oft als wahr und als zu ihr gehörend identifizieren. Der dt. Fachbegriff für diese Methode ist *Verbalisierung emotionaler Erlebnisinhalte (VEE)*. Die Methode ist nicht zu verwechseln mit empathischen *Paraphrasierungen*, die das vom Pt offenkundig Gesagte einfühlsam zus.fassen, um die therap. Beziehung zu fördern; gleichfalls nicht mit Interpretationen, die Sinnzusammenhänge auf kogn. Ebene vorschlagen und ein kogn. Selbstverstehen der Pt fördern sollen. Empathische Reaktionen erfassen manifest im *Hier und Jetzt* mitschwingende Erlebnisinhalte der Pt an der Schwelle zur Gewahrwerdung. Die Schwierigkeit dieser Intervention wird oft unterschätzt. Sie ist der Königsweg jeder personzentrierten Arbeit und wird auch bei den folg. Methoden immer begleitend eingesetzt. (2) Das *interaktionelle Vorgehen*: Die Tp fasst ihre eigenen Erfahrungen in Worte oder fördert solches bei Mitgliedern einer Gruppentherapie. Die Pt erhält Rückmeldungen, was sie bei anderen auslöst.

Die Fachbegriffe lauten Kongruenz [engl. *congruence*]; widerspruchsfreies, aufrichtiges Kommunizieren und Selbstoffenbarung [engl. *self-disclosure*; das Mitteilen eigener Gefühle]. Es folgt dann ein vertiefendes und durch zusätzliche empathische Reaktionen möglichst bedrohungsarmes Gespräch über die unterschiedlichen Erfahrungen und ihre Auslöser durch das Pt-Verhalten. Dies modifiziert das Selbsterleben der Pt. Sozial-emot. Schemata werden durch unmittelbare neue Beziehungserfahrungen direkt verändert. Bedeutende Vertreter sind u. a. J. Finke., M. Cooper. D. Mearns. Gruppentherapiekonzepte gibt es u. a. von G. Lietaer, P. Schmid. (3) *Focusing* ([engl.] Fokussierung). Den Pt wird vorgeschlagen, ihre Wahrnehmung den organismischen Erfahrungen in einem entspannten Trance-Zustand zuzuwenden. Dies kann gesprächsbegleitend im Sitzen erfolgen, oft wird eine Tranceinduktion im Liegen vorgeschlagen. Es folgt einer der Tp begleitete, aber meist selbstgesteuerte Phantasiereise, bei der die Pt Repräsentationen von Problemen, Ereignissen, Personen, Traumbildern, sprachlichen Metaphern usw. mit dem Körpererleben abgleichen und Veränderungen der organismischen Erfahrungen nachspürt. Eine noch unklare organismische Erfahrung ([engl. *felt sense*; z. B. ein Druck auf den Schultern) kann so mit einem Problem-Thema (z. B. am Arbeitsplatz oder in der Paarbeziehung) verbunden und bei Passung eine körperliche Veränderung [engl. *felt shift*] erfahrbar werden (z. B. Druck ist weg, oder Hände werden warm). Begründer ist Rogers Mitarbeiter E. Gendlin. (4) Das *emotions-fokussierte Vorgehen*: Emot. Schemata werden durch Übungen differenziert, die die Tp vorschlägt. Ambivalente Gefühle, Motive, Selbstanteile, manchmal auch bedeutende andere Personen, werden jew. durch leere Stühle oder Symbolgegenstände dargestellt. Dann wird die Pt unterstützt, diese in ein Gespräch miteinander zu bringen, und zwar szenisch, indem die Pt sich jew. auf den Stuhl setzt oder hinter den Gegenstand stellt. Dieses Vorgehen modifiziert emot. Schemata durch sehr intensive, quasi-reale Interaktionserfahrungen. Hauptvertreter sind u. a. R. Elliott, L. Greenberg, G. Lietaer, G. Vanaershot. Diese berichten auch die bislang bedeutendsten Konzepte und Forschungen zum schematheoretischen Verständnis des gesprächstherap. Geschehens. (5) *Kreative Medien*: Zumeist bildgebendes Gestalten (z. B. Malen, Töpfern) von Problemthemen, bedeutenden Erfahrungsfeldern, Traumbildern oder realen Situationen aktivieren die organismischen Erfahrungen der Pt. Die zusätzliche Ebene neben der Sprache erweitert die Erfahrungsmöglichkeiten und stiftet neue Perspektiven für Gespräche. Vertreterin ist u. a. N. Rogers. (6) *Prä-Therapie*: Psychiatr. Pt, die über ein Gesprächsangebot oder übliche Beziehungsaufnahmen wie z. B. Blickkontakt oder Begrüßung nicht erreicht werden können, werden mit spiegelnden sprachlichen Äußerungen oder körperlichen Aktionen der Tp konfrontiert (Fachbegriff: [engl. *contact reflexions*]). Z. B. benennt die Tp Real-Ereignisse wie «Die Sonne scheint herein», «Ihre Augen werden feucht». Oder sie setzt sich im Stationsgruppenraum der Pt gegenüber auf die andere Seite und spiegelt deren körperl. Ausdruckssignale, so streckt sie z. B. ein Bein weg, wenn die Pt das auch tut. Oft wird so überhaupt eine Beziehungsaufnahme durch die Pt erreicht. Begründer ist G. Prouty, Vertreter ist u. a. D. van Werde. (7) *Spieltherapie*: Kindern bis zum Alter von ca. 10–12 Jahren wird ein reich ausgestattetes Spielzimmer angeboten. Wenn sie dort selbstgesteuert spielen, aktualisieren sie ihre Problemthemen durch gestaltende (z. B. Malen, Bauen) oder szenische Darstellung (z. B. Puppenspiel, Tierfigurenspiel). Die Behandlungstheorie der Spieltherapie schlägt vor, dass die Beschäftigung des Kindes mit sich selbst und mit seinem sozialen Umfeld vornehmlich über von ihm selbst initiierte Spielprozesse erfolgt. Auch sein Beziehungsangebot an die Tp zeigt die Beziehungsschemata, nach denen es sich im Alltag verhält. Das bewertungsfreie Beziehungsangebot der Tp ermöglicht dem Kind nun neue Beziehungserfahrungen. Die Tp kommentiert das Geschehen dazu paraphrasierend und mit empathischen Reaktionen zu den Rollenspielfiguren oder außerhalb des Rollenspiels zum Kind selbst. Beim interaktionellen Vorgehen spielt die Tp gemeinsam mit dem Kind. Sie überlässt diesem weiterhin die Führung und richtet ihre Spielhandlungen an denen des Kindes aus: sie tut etwas Ähnliches, das dem Geschehen aber keine neue Richtung gibt (Fachbegriff: *Interaktionsresonanz*). Während des Spiels kann das Kind seine sozial-emot. Erfahrung organisieren und es erlebt neue Beziehungsschemata im Zusammenspiel mit der Tp. Begründerin ist V. Axline, Vertreter sind u. a. G. Landreth und M. Behr. (8) *Jugendtherapie*: Je älter Jugendliche sind, desto eher nähert sich der Therapieprozess dem Geschehen der GPT. an. Jüngeren Jugendlichen hilft im Gespräch oft ein zeitgleiches Brettspiel, damit können sie ihre Nähe zur Tp und zum Problem regulieren. Die Glaubwürdigkeit der Tp ist für sie von überragender Bedeutung, sie benötigen eine authentische, sich selbst einbringende Tp: neben empathischen Reaktionen suchen sie auch Meinungen, Auseinandersetzung und persönliche Erfahrungen der Tp. Auch auf kreative Medien oder die Methoden des emotionsfokussierten Vorgehens sprechen Jugendliche sehr gut an. Vertreter sind u. a. S. Weinberger und M. Behr. *Indikation*: Die Persönlichkeits- und Behandlungstheorie der GPT. schlug in ihrer Gründungszeit zunächst vor, als ein Breitbandverfahren unabhängig von bes. Symptomausprägungen auf psychostruktureller Ebene zu wirken: ein gestörtes, inkongruentes Selbsterleben wird klarer, bewusster und widerspruchsfreier, als Folge davon lösen sich Symptome auf. Seit dem späten 20. Jhd. gibt es nun auch diverse störungsspezif. Behandlungskonzepte und eine störungsspezif. empirische Wirksamkeits-Forschung. Alle großen Symptomgruppen können erfolgreich behandelt werden. Bei psychiatrischen Krankheitsbildern kann eine begleitende GPT. den Pt zu einem entlastenden Verständnis ihrer Selbst und zur Bewältigung der Folgen ihrer Erkrankung verhelfen. GPT. ist vor allem dann indiziert, wenn Pt zumindest in Ansätzen erleben, dass ihre Symptome in einer Wechselbeziehung zu grundlegenden Fragen ihrer Lebensführung, ihres Selbstbildes und zu existenziellen Themen stehen. In der Behandlungspraxis wird GPT. häufig mit anderen, insbes. *verhaltenstherapeutischen*

Methoden ergänzt, insbes. dann, wenn neben den grundlegenderen Themen eine bes. rasche Symptomveränderung drängt.

Wirksamkeit: Grawe, für die Erwachsenenpsychoth., und Beelmann, für die Kinder- und Jugendlichenpsychoth., bez. aufgrund von vergleichenden Psychoth.-Wirksamkeitsstudien die GPT. als das neben der *Verhaltenstherapie* am erfolgreichsten evaluierte Psychoth.verfahren. Die Wirksamkeitsscores liegen ca. zw. .60 und 1.30 Standardabweichungen (*Cohens d*), im Mittel ca. bei .80 bis .90, damit etwas niedriger als bei der Verhaltenstherapie, dies wird aber oft auf die Evaluationsmethode zurückgeführt, die für verhaltensther. Programme besser passt als für psychostrukturell ansetzende Verfahren.

Vernetzung: Größter Verband ist in Dt. die *Gesellschaft für personzentrierte Psychotherapie und Beratung* [www.gwg-ev.org], in Österreich die *Österreichische Gesellschaft für wissenschaftliche klientenzentrierte Psychotherapie* [www.oegwg.at], in der Schweiz die *Schweizer Gesellschaft für den personzentrierten Ansatz* [www.pca-acp.ch]. Internat. die *World Association for Person-Centered and Experiential Psychotherapy and Counselling* [www.pce-world.org]. Die bedeutendsten dt.sprachigen Fachzeitschriften sind *PERSON* und *Gesprächspsychotherapie und Personzentrierte Beratung*, engl.sprachig *Person-centered and experiential Psychotherapies*. Behr 2012, Finke 2010, Stumm & Keil 2014. M. Behr

Gestagene (= G.) [engl. *gestagens*], [**BIO**], weibliche *Gonadenhormone*, die mit den *Östrogenen* den Menstruationszyklus regulieren. Nach Ovulation in der zweiten Hälfte des Zyklus (Lutealphase) werden G. im *Corpus luteum* gebildet und dienen v. a. zur Vorbereitung und Aufrechterhaltung der Schwangerschaft, während der Schwangerschaft auch durch die Placenta. Sie besitzen auch eine schwach androgene Wirkung. Wichtigstes G. ist *Progesteron*. Synthetische G. sind in den meisten *Kontrazeptiva* enthalten. W. Janke/P. Zimmermann

Gestalt (= G.) [engl. *gestalt*], [**WA**], ein Ganzes, das zu seinen Teilen in best. Relationen steht. Für die Ps. bedeutsam wurde der G.begriff durch die Untersuchungen von v. Ehrenfels über G.qualitäten (Ehrenfels 1890; *Österreichische Schule, Grazer Schule*). Für diese gelten die G.kriterien der *Übersummativität* und *Transponierbarkeit*. Diese bedeuten, dass z. B. eine Melodie sich nicht aus einer einfachen Zusammenfassung (Summe) ihrer Einzeltöne ableiten lässt, sondern als Neues zu den Elementen hinzutritt. Ferner ist sie von den absoluten Reizwerten (Tönen) unabhängig, denn sie bleibt auch erhalten, wenn diese verändert werden, wie dies geschieht, wenn eine Melodie in eine andere Tonart transponiert wird. Wie G.wahrnehmungen ihrem Wesen nach entstehen, war Gegenstand mehrerer theoret. Erörterungen. *Meinong, Benussi*, Witasek nahmen einen eigentlich zum sensorischen Vorgang hinzutretenden «außersinnlichen Produktionsvorgang» an, während *Köhler* und *Koffka* G. bereits in der Natur der sensorischen Organisation gegeben fanden. Je nach besonderen Auffassungen haben sich aus dem G.begriff versch. psychol. Richtungen abgeleitet.

Die radikalste und bedeutendste ist die 1912 von Wertheimer begründete und gemeinhin als *Gestaltpsychologie* bezeichnete Berliner Schule. Diese entwickelte eine *Gestalttheorie* in Form best. physiol. Annahmen (physische G.). Die auf der Produktionstheorie der G.wahrnehmung fußende Grazer Schule wurde von Meinong 1894 begründet (Österreichische Schule). Ebenfalls von dem G.begriff ausgegangen ist die *Leipziger Schule* der Ganzheits- und Strukturps. von F. Krueger. *Ehrenfels-Merkmale, Gestaltgesetze.*

Gestaltgesetze, Gestaltfaktoren [engl. *gestalt laws, gestalt grouping, gestalt principles*], [**WA**], bez. eine Gruppe von Regeln, die beschreiben, wie wir perzeptuelle Eindrücke (*Wahrnehmung*) zu Objekten organisieren. Die Beschäftigung mit dieser Frage führte zur Gründung der *Gestaltpsychologie* durch *Wertheimer* und Kollegen, die sich von den Ideen des *Strukturalismus* (das Ganze setzt sich aus einzelnen elementaren *Empfindungen* zus.) abgrenzten und annahmen, dass das Ganze mehr sei als die Summe seiner Teile (Wertheimer 1912). Die heutige Sichtweise ist dabei, dass man nicht mehr von Gesetzen, sondern von Prinzipien oder Heuristiken ausgeht. Dennoch haben die Gestaltprinzipien (= G.) das Verständnis über die Prozesse, die zur Wahrnehmung kohärenter Objekte führen, bis heute beeinflusst. Einige prominente G. sind die *Prinzipien der Nähe, der Ähnlichkeit, des guten Verlaufs, des gemeinsamen Schicksals, der Vertrautheit, der Verbundenheit* von Elementen und der zeitlichen Synchronizität. So werden z. B. Elemente, die sich ähnlich sehen (Prinzip der Ähnlichkeit), die räumlich nahe beieinander angeordnet sind (Prinzip der Nähe), die durch weitere Reize miteinander verbunden sind (Prinzip der Verbundenheit von Elementen) oder die zus. an ein bedeutungshaltiges Reizmuster erinnern (Prinzip der Vertrautheit), zus. gruppiert (vgl. Abbildung). Neben diesen Prinzipien gilt das zentrale Prinzip der Einfachheit, das besagt, dass alle Reizmuster so gesehen werden, dass die resultierende Struktur so einfach wie möglich ist.

G. ermöglichen keine präzisen Vorhersagen, da in einer konkreten Situation versch. G. durchaus in Konkurrenz zueinander stehen können (z. B. die Prinzipien der Nähe und Verbundenheit von Elementen). Deswegen wird heutzutage argumentiert, dass G. heuristisch arbeiten (*Heuristik*), d. h., in best. Situationen liefern G. sehr schnell Informationen, welche Elemente gruppiert werden sollten. Dies führt meistens (aber nicht immer) zu korrekten Objektrepräsentationen (*Repräsentation*). Diese Vorstellung von heuristisch arbeitenden G. kann erklären, warum die G. eben keine Gesetzte sind, die präzise Vorhersagen machen. Die G. wurden ursprünglich vornehmlich auf die Verarbeitung visueller Reize angewendet (*visuelle Wahrnehmung*, z. B. Koffka 1935, Köhler 1930); es hat sich jedoch gezeigt, dass sich die G. auch auf die Verarbeitung akustischer (*Hören*, Bregman 1990) und taktiler Reize (*Hautsinne (Tast-, Temperatur-, Schmerzsinn)*; Gallace & Spence 2011) übertragen lassen. Somit scheint die Aussage gerechtfertigt, dass die G. grundlegende, amodale Prinzipien unserer Wahrnehmung beschreiben. C. Frings

Gestaltpsychologie

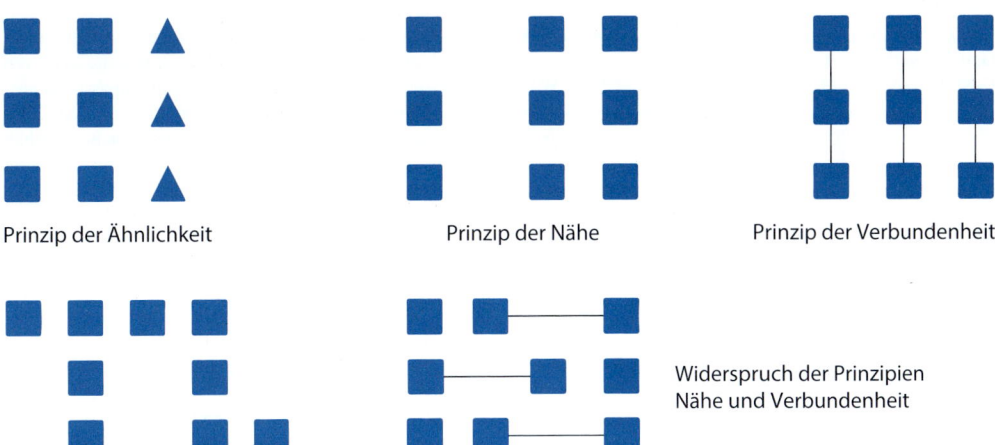

Prinzip der Ähnlichkeit   Prinzip der Nähe   Prinzip der Verbundenheit

Widerspruch der Prinzipien Nähe und Verbundenheit

Prinzip der Vertrautheit

Gestaltgesetze: Gruppierung von Elementen durch Gestaltprinzipien sowie ein Beispiel für widersprüchliche Wirkung zweier Prinzipien

Gestaltkonstanz [engl. *Gestalt constancy*], Formkonstanz, *Konstanz*.

Gestaltpsychologie (= G.) [engl. *Gestalt psychology*], [**PHI, WA**], eine ps. Richtung, die 1912 durch *Wertheimer* (*Berliner Schule*) mit seinen Untersuchungen über das stroboskopische Sehen begründet wurde, nachdem der Begriff der *Gestalt* 1890 von v. Ehrenfels in die Ps. eingeführt worden war (Ehrenfels 1890). Die bedeutendsten Vertreter der G. sind *Köhler*, *Koffka*, *Lewin*. Die hauptsächlichen Anschauungen der G. können mit Vorteil an ihrer Gegensätzlichkeit zu den Grundsätzen der folgenden Auffassungen deutlich gemacht werden: (1) *Elementenpsychologie*, (2) *Assoziationspsychologie*, (3) *Maschinentheorie*, (4) *Österreichische Schule, Grazer Schule*, (5) herkömmliche Methodik. Im Ggs. zur Elementenps. zeigt die G., dass das Psychische sich nicht aus einzelnen Elementen zus.setzt, sondern sich ursprünglich immer als Gestalt vorfindet. So ist z. B. die Erscheinungsweise eines grauen Farbflecks ganzheitlich bestimmt, d. h., der Farbfleck kann je nach *Helligkeit* des Umfeldes alle Nuancen von fast weiß bis fast schwarz annehmen. – Im Ggs. zur Assoziationsps. macht die G. geltend, dass *Ganzheit* nicht durch ein räumliches oder zeitliches Zusammentreffen ihrer Teile entsteht, sondern sich nach ganz best. *Gestaltgesetzen* organisiert. – Im Ggs. zur Maschinentheorie entwickelt die G. die Auffassung einer sich spontan regulierenden dynamischen Ganzheit des Psychischen. Danach werden die Teile durch ganzheitliche Kräfte zu einer Ganzheit zus.geschlossen und nicht im mechanischen Sinne durch einzelne Kraftwirkungen wie Druck oder Zug zus.gehalten. Diese Anwendung des Grundprinzips der G. auf die psych. Dynamik findet ihre treffendste Kennzeichnung in dem aus der Physik übernommenen Begriff des *Feldes*. – Im Ggs. zum Gestaltbegriff der Österreichischen Schule wies die G. nach, dass die Gestalt nicht zu den einzelnen Elementen hinzutritt, sondern genetisch und funktional vor diesen gegeben ist. – In meth. Hinsicht ist für die G. der phänomenologische Aspekt kennzeichnend (*Phänomen*, *phänomenologische Methoden*). Prinzipiell wird von den im *Erleben* unmittelbar gegebenen *Erscheinungen* ausgegangen und niemals von Annahmen, die aus anderen Wissensgebieten abgeleitet sind. Die theoret. Grundbegriffe der G. wurden zunächst vorwiegend auf dem Gebiet der *Wahrnehmung* entwickelt, wurden aber später auf alle anderen Gebiete der Ps. übertragen: *Gedächtnis* (Köhler, v. Restorff), *Denken* (Wertheimer, *Duncker*), *Lernen* (Köhler, Lewin), *Entwicklung* (Koffka), *Handlung* (Lewin, Koffka). Zur Anwendung gestaltpsychol. Gesichtspunkte auf das Handeln durch Lewin wurde v. a. der Begriff des Lebensraumes als einer dynamischen Ganzheit aller für das Handeln wirksamen Momente bedeutsam (*topologische und Vektor-Psychologie*). Die Übertragung gestaltpsychol. Gesichtspunkte auf die *Physiologie* und vor allem Hirnphysiologie (*Neurophysiologie*) wurde von Wertheimer und Köhler vorgenommen. Die gestaltpsychol. Hypothesen im Bereich der Physiologie werden dabei allg. als Gestalttheorien bezeichnet. Aufgrund der gestaltpsychol. Interpretation physiol. und hirnphysiologischer Prozesse (*phänomenales Feld*) kann der Zusammenhang zw. psych. und neurophysiol. Prozessen nach dem Isomorphieprinzip verstanden werden, das besagt, dass sich die psych. und physiol. Prozesse in ihrer ganzheitlichen Struktur entsprechen.

Insbes. *Kanizsa* hat die Tradition der G. fortgeführt. Die durch ihn beschriebenen Phänomene (*Kanizsa-Dreieck*, *Täuschungskonturen, -kontrast, -helligkeit*; Kanizsa 1979) und deren systematische theoret. Aufarbeitung haben vielfältige Anstöße für die psychol. und neurowiss. Forschung geliefert, da diese die Bedeutung der perzeptuellen und kogn. Bildorganisation auf elementarer und komplexer Ebene eindrucksvoll veranschaulichen. Katz 1948, Koffka 1950, Köhler 1947, Köhler 1971, Sander 1932, Wertheimer 1925, 1963, Kanizsa 1979, Smith 1988.

Gestaltqualität [engl. *Gestalt quality*], *Ganzqualität, Ganzbeschaffenheit, Gestalt.*

Gestalttheorie (= G.) [engl. *Gestalt theory*], [**BIO, WA**], die Anwendung gestaltpsychol. Gesichtspunkte (*Gestaltpsychologie, Gestaltgesetze*) in der *Physiologie*, v. a. der *Neurophysiologie*. Die Entwicklung der G. wurde von der *Berliner Schule* (*Wertheimer, Koffka, Köhler*) vorangetrieben. Die grundlegenden Annahmen besagen, dass den einander entspr. psych. und psychophysischen Vorgängen gewisse formale Eigenschaften gemeinsam sind, die keine konkreten Qualitäten darstellen, sondern abstrakte Relationen und *Strukturen* sind. Die Strukturgleichheit zw. psych. und psychophysischen Prozessen heißt *Isomorphie*. Als Bsp. einer solchen Isomorphie seien die Entsprechungen zw. best. Figur-Grund-Beziehungen (*Figur-Grund-Verhältnis*) im Bereich der *Wahrnehmung* und best. elektrischen Potenzialunterschieden innerhalb der Großhirnrinde (*Gehirn*) genannt. *Elektrophysiologie, Feldtheorien, psychologische, figurale Nachwirkung*. Köhler 1947, Köhler & Wallach 1944.

Gestalttherapie (= G.) [engl. *Gestalt therapy*], [**KLI**], ein von Friedrich Salomon Perls (auch Frederick S. Perls, «Fritz» genannt; geb. 08.07.1893 in Berlin – gest. 14.05.1970 in Chicago) zus. mit seiner Frau Lore Perls, Paul Goodman und R. F. Hefferline begründetes Verfahren, das er selbst mit einer Kurzdefinition als «I and Thou – Here and Now» charakterisierte. Die G. wird sowohl im Bereich der Erwachsenenpsychotherapie, der Kinder- und Jugendlichenpsychotherapie, der Beratung und der Sozialen Arbeit (z. B. Suchthilfe) mit Einzelnen, Paaren, Familien und Gruppen praktiziert. Nach Abkehr von der *Psychoanalyse* und beeinflusst von der «Charakteranalyse» von Reich, der ihn durch sein körperbezogenes und aktives, sich mit dem Klienten auseinandersetzendes Therapeutenverhalten beeindruckte, wandten sich Fritz Perls und seine Frau Lore Möglichkeiten der direkteren und aktiveren psychotherap. Arbeit zu. Der neue Ansatz wurde befruchtet durch das *Psychodrama*, die *Gestaltpsychologie* (Konstruktion der indiv. Wirklichkeit i. R. der *Gestaltgesetze*) sowie die Existenzphilosophie und *Hermeneutik* (existenzielle Entscheidungsfähigkeit, Freiheit, Verantwortung; auch: dialogisches Prinzip, phänomenologische Orientierung) und die Humanistische Ps. (Beziehung, Selbstentfaltung, Authentizität, Wachstum; *Humanistische Therapien*).

Wie die Perls'sche Kurzdef. anzeigt, findet therap. Veränderung i. R. des Kontaktes und der Begegnung zw. Therapeut und Klient und den Erlebensprozessen im Hier und Jetzt statt. *Psychische Störung* ist wesentlich eine Kontaktunterbrechung (zw. Innen und Außen sowie im Begegnungsprozess der Beziehung – modelliert als *Kontaktzyklus*) und ein (unfreiwilliger) Mangel an Fähigkeiten zur Differenzierung und Integration von Erlebensprozessen (Beziehungsstörungen zw. «Teilen» und ihrem «Ganzen»). Psych. Symptome sind Folge und zugleich momentan bestmögliche Bewältigung eines (mittels versch. Abwehrformen) abgewehrten unerfüllten (unbewussten) Bedürfnisses, unbewussten *Konflikts* oder einer Traumatisierung (*Trauma*). Sie sind ein «sinnvoller Irrtum» des Organismus, in dem ein blockierter oder verzerrter Impuls zur Lösung erkannt werden kann. Die G. fokussiert dabei nicht primär die pathologischen Aspekte, sondern die adaptiven und regulatorischen Potenziale gestörter Anpassungsmuster (*Ressourcenorientierung*). *Widerstände* und auffällige Erlebens- und Verhaltensweisen müssen der Bewusstheit (*awareness*) zugänglich gemacht werden, damit sie wieder mit der gegenwärtigen Realität des Selbst-in-der-Welt in Kontakt kommen und das Individuum durch eine gelingende Integration abgewehrter und abgespaltener Selbst- und Erlebensmuster Verantwortung übernehmen kann. Der Klient verlässt dysfunktionale Muster, öffnet sich für bisher blockierte und abgewehrte Bedürfnisse und Gefühle und kann durch die neuen Erfahrungen vor allem auch im Kontakt zum Therapeuten (*Therapiebeziehung*) neue und bisher vermiedene Lösungen einüben. Durch die übenden Elemente gibt es auch eine Brücke zur *Verhaltenstherapie*.

Perls, Hefferline und Goodman konzipierten den Ansatz als Kontakt- und Aktionstherapie, die zwei Elemente vereint: (1) Begegnung / Beziehung von Person zu Person und (2) Aufgabenbearbeitung mittels spezif. Interventionen. I. R. der authentischen und sicheren Beziehung zw. Therapeut und Klient, die von (i. Ggs. zur Psychoanalyse) Deutungsabstinenz und bestmöglicher Vermeidung einer Übertragungsbeziehung (*Übertragung, Gegenübertragung*) gekennzeichnet ist, fördert der Therapeut die *Awareness* (heute auch als *Gewahrsein* bekannt) für Emotions- und Sinneserfahrungen, Bedürfnisse und Impulse mittels erlebnisaktivierender Techniken. Die Arbeit an der Transformation dysfunktionaler bzw. maladaptiver, kontaktunterbrechender, selbstunterdrückender Reaktionsmuster und der Förderung gesunder *Emotionsregulation* und eines adäquaten Gefühls- und Bedürfnisausdrucks ist durch «Experimente» gekennzeichnet, die neue Erfahrungen ermöglichen. Der Therapeut leitet dazu mittels einfühlsamem und flexiblem Wechsel zw. prozessdirektiven Interventionen und *sokratischer* (*sokratischer Dialog*) und empathischer Haltung (*Empathie*) an – z. B. durch Dialogarbeit, Imagination, Arbeit mit «Polaritäten» des Erlebens, Einsatz kreativer Medien, körperbezogene Übungen. Populär geworden ist die Arbeit mit dem *leeren Stuhl* (*Stuhldialoge*), z. B. als Symbolisierung eines internalisierten *significant other*, von Perls als Dialog zw. *top dog* und *under dog* bezeichnet. Bspw. entdeckt der Klient, wie er – in der Rolle des *top-dog-Teils* – sich selbst beschämt, und kann im Dialog – in der Rolle des *under-dog-Teils* – die bisher blockierte Wut spüren und zum Ausdruck bringen. Dies führt zur Abgrenzung vom *top dog* (der beschämenden/abwertenden Instanz) und zu einem kongruenteren Bedürfnisausdruck beider Seiten. Auf den kathartischen Ausdruck (*Katharsis*) blockierter Wut folgt das Zulassen von Schmerz und Trauer über Verlassenheit und Verlust – sowie zur Öffnung für neuen Kontakt durch bessere Integration der Teilfunktionen.

War in der klass. G. ein konfrontatives Vorgehen en vogue (der sog. «Ostküstenstil»), so fördert die moderne G. das Wieder-in-Gang-Setzen der Selbstentwicklung durch empathische Präsenz und feinfühlige prozessdirektive (evozierende, anleitende, unterstützende, begrenzende) Resonanz des Therapeuten, auch durch die empathische Würdigung von Angst, Hilflosigkeit und Ärger, ohne das Prinzip der *experiential confrontation* aufzugeben. Dies ermöglicht das Durchleben einer *sicheren Krise*, d. h. einer therap. Situation, in der der Klient sich sicher genug fühlt, seine ihn ängstigenden, bedrohenden, ungelösten Konflikte, Bedürfnisse und Nöte wahrzunehmen, zuzulassen, zum Ausdruck zu bringen und zu bearbeiten. Die moderne G. kennt auch ein Zulassen von *Regression*, den Aufbau förderlicher innerer Instanzen und den therap. Aufbau von Grenzen (strukturaufbauend) als Voraussetzung für neuen Kontakt mit der Welt, was heute auch G. mit sog. frühgestörten und strukturlabilen Menschen ermöglicht. Die G. hat mit ihren kreativen erlebnisaktivierenden Techniken viele Therapieverfahren befruchtet. So bildet sie z. B. einen zentralen Teil der *Integrativen Therapie* nach Petzold. Eine Weiterführung durch die Integration von G., *Gesprächspsychotherapie*, moderner Emotionsforschung und Elementen Kognitiver Therapie bildet die *Emotion Focused Therapy (EFT)* (Greenberg, Rice & Elliott).

Die Forschung belegt die *Wirksamkeit* der G. u. a. bei Abhängigkeitserkrankungen (*Sucht- und Substanzbezogene Störungen*), *Persönlichkeitsstörungen*, *Depression*, *Phobischen Störungen*, Traumata (*Posttraumatische Belastungsstörung (PTBS)*, *Essstörungen*, Beziehungsproblemen sowie in der präventiven psychosozialen Gesundheitsvorsorge (*Prävention*). Die Vielzahl von kontrollierten empirischen Prozess- und Outcomestudien zur EFT sind ein weiterer Beleg für die Wirksamkeit der G., die als zur Grundrichtung prozess- und erfahrungsorientierter Therapien gehörig anzusehen ist, welche wohl mit zu den wirksamsten Verfahrensgruppen gezählt werden kann. Hartmann-Kottek 2012, Perls et al. 2006. *H. Pauls*

Gestaltungstherapie (= G.) [engl. *creative therapy*], [**KLI**], in der G. wird v. a. unter Verwendung kreativer Medien wie Malen, Bildhauen etc. ein Zugang zur Psyche geschaffen (s. auch *Kunsttherapie*). Dies scheint v. a. bei Menschen, die damit Probleme haben, eine gute Ergänzung zum rein verbalen Zugang zu sein. Unabh. davon kann das Erlebnis eigener Kreativität und Gestaltungsfähigkeit vermittelt werden, das u. a. in der Therapie von Depressionen einen hohen Wert hat. Wirksamkeitsbelege für G. als separates Vorgehen liegen nicht vor, sie ist aber integriert in umfassendere Behandlungspläne an Kliniken verbreitet.

Gestaltwandel [engl. *changing shape*], *Morphogenese*, *Reifung*.

Geständnis [engl. *confession*], *Geständnisse, falsche*.

Geständnisse, falsche (= f. G.) [engl. *false confessions*], [**RF**], von Kassin & Wrightsman (1985) wurde eine Taxonomie f. G. eingeführt: (1) freiwillige f. G. [*voluntary confessions*], (2) erzwungene und wissentlich f. G. [*coerced-compliant confessions*], (3) erzwungene und internalisierte f. G. [*coerced-internalized confessions*]. Freiwillige f. G. kommen ohne Zutun von Ermittlungsbehörden zustande, Personen melden sich selbst und gestehen ein oft schwerwiegendes Delikt. Als Gründe hierfür werden ein pathologisches Streben nach Berühmtheit, ein bewusstes oder unbewusstes Bedürfnis nach Selbstbestrafung aufgrund von Schuldgefühlen oder eine krankheitsbedingte Beeinträchtigung der Realitätskontrolle diskutiert. In einem nicht unerheblichen Teil dieser Fälle erscheinen die Hintergründe aber auch rationaler; freiwillige Geständnisse werden ggf. abgelegt, um den eigentlichen Täter zu decken. Bei den durch *Befragungsdruck erzeugten und wissentlich f. G.* bildet die polizeiliche Vernehmung den Ausgangspunkt für das f. G. Dieses wird abgelegt, um die Beendigung einer aversiven Vernehmungssituation zu erreichen, um ein angedrohtes oder befürchtetes Übel zu vermeiden, um eine versprochene oder vermutete Vergünstigung zu erhalten oder weil man den Eindruck gewonnen hat, dass ein Bestreiten ohnehin nicht akzeptiert werden wird. Bei den *erzwungenen bzw. durch Befragungsdruck erzeugten und internalisierten f. G.* ist der Ausgangspunkt ebenfalls die Vernehmungssituation, ein f. G. wird jedoch nicht wissentlich abgelegt, sondern die Beschuldigten sind infolge einer suggestiven Befragung (*Suggestion*) subj. überzeugt, die Straftat begangen zu haben. Zu unterscheiden sind dabei Fälle, in denen sich lediglich eine falsche Überzeugung von der eigenen Täterschaft einstellt, und solche, bei denen Personen eine regelrechte *Pseudoerinnerung* ausbilden. Es wird davon ausgegangen, dass f. G. i. d. R. nicht durch einzelne, sondern durch eine Kombination von Faktoren ausgelöst werden. Bei den Risikofaktoren für f. G. ist zw. situativen und personalen Faktoren zu unterscheiden (Kassin et. al. 2010). *Situative Risikofaktoren* sind: (in den USA erlaubte, in Dt. verbotene) *Präsentation falscher Beweise*, *Minimisierung* (wie Signalisieren von Verständnis für die Tat, Herunterspielen der Verantwortlichkeit des Täters), *Maximisierung* (Hinweise darauf, dass Leugnen zwecklos sei und man dem Beschuldigten die Tat ohnehin werde nachweisen können), *einfache Bluffs und Deals* (Versprechungen im Hinblick auf die Folgen). Wahre Geständnisse werden dadurch zwar gefördert, zugleich aber auch die Wahrscheinlichkeit von f. G. erhöht. Diese Vernehmungstechniken haben also eine Beeinträchtigung der Diagnostizität (Verhältnis von wahren und f. G.) zur Folge. Als personale Risikofaktoren gelten v. a. jugendliches Alter, *Intelligenzminderung* und psychiatrische Erkrankungen. *R. Volbert*

Gestationsalter [engl. *gestational age*; lat. *gestare* an sich tragen], *Frühgeburt*.

Gesten, Gestik [engl. *gesture*; lat. *gestus* Gebärde], [**EM, SOZ**], die Ausdrucksbewegungen der Gliedmaßen, besonders der Hände. *Ausdruck*, *Kommunikation*, *nicht verbale Kommunikation*.

Gesundheit (= G.) [engl. *health*], [**KLI**], eine Untersuchung der Alltagsvorstellungen macht bereits deutlich, dass die G. ein mehrdimensionales Konzept ist. Schmerzfreiheit sowie die anatomisch-strukturelle Unversehrtheit des Körpers und die Funktionsfähigkeit seiner Organe sind wichtige Indizien der körperlichen G. Von einem psych. gesunden Menschen (*Gesundheit, psychische*) erwartet man hingegen nicht nur Schmerzfreiheit und die Abwesenheit von Leidenszuständen, sondern darüber hinaus auch ein best. Ausmaß an *Wohlbefinden*, Anpassungs- und Kommunikationsfähigkeit, Stresstoleranz (*Stress*) und geistiger Leistungsfähigkeit (*Gesundheit, Dimensionen der, Gesundheit, Modelle der*). In diesen Kriterien, die in der psychol. Behandlung als globale Therapieziele eine wichtige Rolle spielen, kommt die prägende Kraft einer soziokult. best. G.norm zum Ausdruck. Nach Auffassung der *World Health Organization (WHO)* ist G. ein «Zustand vollkommenen körperlichen, psych. und sozialen Wohlbefindens und nicht allein das Fehlen von *Krankheit* und Gebrechen». Zweifellos handelt es sich hierbei um eine Idealnorm, die einen gesundheitspolitischen Appellcharakter besitzt. Die G.konzeption der WHO ist jedoch auch insofern forschungsstrategisch relevant, als sie eine ganzheitliche Betrachtung einfordert, die einer biopsychosozialen Orientierung (*Krankheitsmodelle*) Rechnung trägt. Es ist unumstritten, dass zw. «gesund» und «krank» fließende Übergänge bestehen. Im Ggs. zu einer häufig anzutreffenden pathogenetischen Sicht hat Antonovsky (1979) in seinem salutogenetischen Modell (*Salutogenese*) versucht, jene Faktoren zu identifizieren, die zur Erhaltung und Förderung der G. beitragen. Die salutogenetischen Schlüsselbegriffe sind das *allg. Widerstandspotenzial* (GRR = *generalized resistance resources*) und der *Kohärenzsinn* (*sense of coherence*). Das allg. Widerstandspotenzial eines Menschen ergibt sich u. a. aus seiner genetischen Ausstattung, seiner materiellen Situation, seinen kogn. (*Kognition*) und emot. (*Emotionen*) Voraussetzungen, seinem Repertoire an Stressbewältigungsstrategien (*Coping*) sowie aus seiner psychosozialen Einbettung und soziokult. Zugehörigkeit (*soziale Unterstützung*). Der Kohärenzsinn lässt sich am besten als Bewältigungszuversicht (*Selbstwirksamkeitserwartung*) charakterisieren; sie äußert sich im *Vertrauen* auf die partielle Vorhersagbarkeit interner und externer Vorgänge und stellt damit einen Gegenpol zum Seligmann'schen Begriff der *erlernten Hilflosigkeit* dar. Wenn sich best., salutogenetisch relevante Verhaltensweisen als zeitlich relativ stabil erweisen, ist man auch geneigt, diesen Umstand einem *Persönlichkeitsmerkmal* zuzuschreiben. Auf der Suche nach den varianzstärksten Persönlichkeitsmerkmalen fand Becker (1995) tatsächlich einen Faktor höherer Ordnung, der sich als seelische G. interpretieren lässt. Als Persönlichkeitseigenschaft repräsentiert seelische G. im Wesentlichen die Kompetenz (*Gesundheitskompetenz*) eines Menschen, ein Gleichgewicht zw. äußeren Anforderungen und inneren *Bedürfnissen* herzustellen. Diagn. Instrumente, die zur Erfassung des Gesundheitszustands eingesetzt werden, sind im Verzeichnis diagn. Verfahren in Anhang II aufgeführt. *Ressource, Resilienz, Gesundheit, Dimensionen der, Gesundheit, Laienkonzepte, Gesundheit, Modelle der*. H. Huber

Gesundheit, berufliche Bedingungen [engl. *working health conditions*], **[AO, KLI, WIR]**, *Gesundheit* (= G.) im beruflichen Kontext wird durch unterschiedliche wiss. Zugänge betrachtet und wird insbes. durch stresstheoretische Ansätze untersucht. *Epidemiologische Ansätze* (*Epidemiologie*) setzen versch. Indikatoren von Krankheit in Verbindung mit Merkmalen der Arbeitsumgebung und suchen – ohne zugrunde liegende wiss. Konzepte – nach bedeutsamen Zus.hängen. Es werden Zus.hänge zw. *Inzidenzen* arbeitsbedingter Erkrankungen und riskanten Arbeitsbedingungen untersucht, wie z. B. Lärm, Schichtarbeit oder psych. Belastungen. *Soziologische Ansätze* stellen Modelle über den Zus.hang zw. G. und Arbeitsbelastungen auf, die sie empirisch zu belegen versuchen. Zu nennen sind hier v. a. das Anforderungs-Kontroll-Modell (*job demand-control model*) des amerik. Soziologen Robert A. Karasek (Karasek, Theorell 1990) und das Modell der beruflichen *Gratifikationskrisen* des dt. Med.soziologen Johannes Siegrist aus dem Jahre 1996. Wiss. Ansätze der Arbeitswiss. und Arbeitsps. operieren mit Belastungs-Beanspruchungs-Konzepten, um den Zusammenhang zw. G. und Arbeitsbelastungen zu erklären. Unter dem Begriff der *arbeitsbedingten Belastung* wird die Summe aller auf den Menschen einwirkenden Einflüsse aus der Arbeitsaufgabe, der Arbeitsumgebung und der Arbeitsorganisation verstanden, die Auswirkungen auf den Menschen haben können. Die *Belastung* (*stress*) ist in ihrer Wirkung auf den Menschen neutral, bewirkt jedoch je nach Konstitution der Person einen Anstieg oder eine Verminderung der *Beanspruchung* (*strain*) als gesundheitlicher Folge oder langfristiger Beeinträchtigung. Neben Risiken und Belastungen werden gesundheitliche *Ressourcen* (*Resilienz*) untersucht, die bedeutsam für die Bewältigung von Belastungen (*coping*) und damit für den Erhalt und die Wiederherstellung von G. sind (Antonovsky 1979; *Salutogenese*). Innere Ressourcen liegen in Form protektiver Überzeugungen oder Persönlichkeitseigenschaften vor, externe Ressourcen finden sich in der Organisation, der Arbeitsaufgabe und dem sozialen (Arbeits-)Umfeld, z. B. in den Kontrollspielräumen oder der *sozialen Unterstützung am Arbeitsplatz*. *Burn-out*. Ducki 2003, Faltermaier 2005a. T. Faltermaier/R. Dietrich

Gesundheit, Dimensionen der (= D. d. G.) [engl. *dimensions of health*], **[GES]**, wird *Gesundheit* als mehr als die Abwesenheit von Krankheit verstanden, dann wird sie meist als mehrdimensionales *Konstrukt* beschrieben (*Gesundheit, Modelle der*). Bereits die Weltgesundheitsorganisation (WHO) formulierte in ihrer Gründungspräambel von 1948 eine körperliche, seelische und soziale D. von G. und fasste sie mit dem Konzept des *Wohlbefindens*. Die interdisziplinären G.wissenschaften gehen inzw. selbstverständlich von den körperlichen, psych. und sozialen D. von G. und ihren Wechselwirkungen aus. Aus *biomed.* Sicht wird G. weitgehend auf eine körperliche Ebene reduziert und als Zustand des Organismus gesehen. Der Organismus wird aus naturwiss. Sicht betrachtet und in Hinblick auf mögliche körperliche Störungen oder Erkrankungen bis in die kleinsten Einheiten analysiert. Dabei wird G. neg. def. und als *Schweigen der Organe* (Schmerzfreiheit, Beschwerdefreiheit) verstanden. Pos. betrachtet beinhaltet eine körperliche D. von G. die Erhaltung der Funktionen des Körpers, den «normalen» Zustand des Körpers und seiner Funktionen sowie die physische Leistungsfähigkeit. Subj. kann G. dann über das Erleben eines körperlichen Wohlbefindens oder eines Gefühls körperlicher Stärke erfasst werden. Die *psych. D.* von G. lässt sich neg. durch das Fehlen psych. Probleme (oder def. psych. Krankheiten) und pos. durch seelisches Wohlbefinden und psych. Handlungsfähigkeit verstehen. Psych. Wohlbefinden kann über Attribute wie «ausgeglichen» und «zufrieden» oder als Lebensfreude, Verwirklichung persönlicher Ziele und Sinnfindung beschrieben werden. Sie umfasst aber auch geistige Leistungsfähigkeit und kann sich in einem Gefühl psych. Stärke und Widerstandsfähigkeit zeigen. *Psychosomatische* Zus.hänge zw. körperlichen und psych. Prozessen sind wiss. vielfach belegt und legen eine Zus.schau der körperlichen und psych. D. von G. nahe. Mit der *sozialen* D. von G. werden die Ausfüllung von sozialen Rollen (z. B. die Arbeitsfähigkeit) und die Teilhabe an der Gesellschaft verstanden (*International Classification of Functioning, Disability and Health (ICF)*, *Rehabilitation*, *Assessmentverfahren*). *Soziologisch* wird G. oft als die optimale Leistungsfähigkeit für die Erfüllung gesellschaftlicher Aufgaben und Rollen def. (Parsons). Soziale G. zeigt sich in der Integration in soziale Netzwerke, in der Kontaktfähigkeit und dem sozialen Wohlbefinden (Erleben von Harmonie) innerhalb von sozialen Beziehungen. Die D. von G. können nicht losgelöst voneinander betrachtet werden (etwa Trennung von Körper und Seele), denn sie beeinflussen sich wechselseitig und sind für eine vollst. Beschreibung von G. notwendig. Die G. einer Person kann in ihren körperlichen, psych. und sozialen D. unterschiedlich ausgeprägt sein und in ihrem Befinden und ihrer Handlungsfähigkeit jew. variieren. Faltermaier 2009, Faltermaier 2005a.

T. Faltermaier

Gesundheit, Laienkonzepte [engl. *health, concepts of laypersons*], [GES], neben dem Expertenbegriff gibt es auch einen Laienbegriff von *Gesundheit* (= G.). Was med. Laien über G. denken, stellt nicht einfach ein Abbild des Expertenwissens dar. Laien entwickeln im Laufe ihres Lebens über ihre Sozialisation (in *Familie*, Schule etc.) und aus persönlichen Erfahrungen, Vorstellungen über G. und *Krankheit*, die sie in ihrem gesundheitlichen Handeln leiten. Dieses Alltagswissen von Laien ist sehr bedeutsam für die professionelle Praxis in *Prävention*, Behandlung und G.versorgung, weil es eine Orientierung für Experten darstellen kann, an welchen Konzepten sich gesunde und kranke Menschen (Pat.) ausrichten und wie man sie folglich erreichen kann (*Compliance*). Es stellt die Wissensbasis des «Laiengesundheitssystems» dar, die alltägliche Organisation des Umgangs mit G. und Krankheit, die außerhalb und parallel zum professionellen G.system erfolgt und viele Funktionen z. B. in der Vorsorge, der Selbstbehandlung, im Zugang zum Expertensystem und in der Betreuung kranker Menschen in den Familien erfüllt. Das Laienkonzept umfasst das Verständnis von G., d. h., wie med. Laien G. persönlich def. Es wurde in interdisziplinären Forschungen mit quant. und qual. Methoden bei Kindern, Jugendlichen und Erwachsenen in unterschiedlichen Ländern untersucht, sodass wir heute gute Erkenntnisse über Laienkonzepte haben. Als Pionierarbeit gilt die Studie der frz. Sozialpsychologin Herzlich (1973). Die Studienergebnisse konvergieren darin, dass G. in der erwachsenen Bevölkerung weitgehend pos. best. wird und dass Konzepte wie psych. *Wohlbefinden*, funktionale Leistungsfähigkeit und körperliche Fitness dominieren. Neben diesen inhaltlichen Bestimmungen von G., die oft multidimensional sind, werden im Laienkonzept auch Prozesse formuliert, wie sich G. im Lebenslauf verändert. Vom Laienkonzept der G. werden Laientheorien zu G. und Krankheit unterschieden und auch wiss. untersucht; sie erfassen darüber hinausgehende Vorstellungen von Laien (subj. Theorien) über wahrgenommene Einflussfaktoren auf die G. sowie Vorstellungen von gesunden oder kranken Menschen über Krankheiten, ihre *Symptome*, Ursachen und Folgen. Faltermaier 2005b, Faltermaier 2005a.

T. Faltermaier

Gesundheit, Modelle der [engl. *health models*], syn. ressourcenorientierte Modelle, [GES], Gesundheitsmodelle (= G.) sind theoretische Modelle, welche die Erklärung und Bedingungen von *Gesundheit* in den Vordergrund stellen. Sie lassen sich abgrenzen von Krankheitsmodellen, in denen die Erklärung und die Bedingungen von Krankheiten (*Krankheitsmodelle*) im Mittelpunkt stehen. Die G. versuchen die Frage nach den Faktoren und Prozessen, die einen Menschen trotz vielfacher Risiken und Belastungen (*Belastung, psychische*, *Stress*) gesund erhalten, zu beantworten. Sie bilden damit eine Perspektivenerweiterung zu den ätiologischen Modellen (*Ätiologie*), in denen Risikofaktoren für spezif. Krankheiten und Funktionsbeeinträchtigungen betrachtet werden. I. d. R. basieren G. auf stresstheoretischen Ansätzen, stellen dabei aber die Bewältigung von Belastungen und die dafür verfügbaren *Ressourcen* in den Mittelpunkt.

Als Ursprung der G. kann das von Aaron Antonovsky (1979, 1987) entwickelte Modell der *Salutogenese* gesehen werden. Er hat erstmals die Frage nach der Entstehung von Gesundheit (Salutogenese) gestellt und der *Pathogenese* gegenübergestellt. Auf der Basis der vorliegenden Erkenntnisse formulierte er ein theoretisches Modell, das Gesundheit erklären und entspr. empirische Forschung stimulieren soll. Zentrale Komponenten dieses Modells waren eine Konzeption von Gesundheit als Kontinuum mit den beiden Extrempolen Gesundheit und Krankheit, die Annahme, dass Gesundheit wesentlich bedingt ist von der erfolgreichen Bewältigung von Belastungen auf der Basis von Widerstandsressourcen, und die Konzeption einer zw. der *Stressbewältigung* und den Ressourcen vermittelnden Lebensorientierung, dem *Kohärenzgefühl*. Durch das Verlassen der dichotomen Einteilung in Gesundheit und Krankheit werden in das G. alle Menschen einbezogen, nicht nur kranke Menschen, sondern auch Personen ohne bzw. mit wenigen gesundheitlichen Beeinträchtigungen; alle haben auch die Möglichkeit, sich in Richtung auf Gesundheit zu bewegen. Andere G. verwenden die salutogenetische Perspektive und erweitern das Modell konzeptionell und empirisch: Das *Anforderungs-Ressourcen-Modell* nutzt den stressorientierten Belastungs- und Ressourcenansatz für eine systemische Erklärung von Gesundheit. In Modellen der subj. und sozialen Konstruktion von Gesundheit wird der Gesundheitszustand nicht nur durch die Reaktion eines Individuums auf Belastungen konzipiert, sondern zudem als aktiver, durch das Subjekt und die sozialen bzw. gesellschaftlichen Verhältnisse bedingter Herstellungsprozess. G. haben eine hohe Bedeutung für die Praxis, bes. für die Gesundheitsförderung. Durch sie lassen sich konzeptionelle Überlegungen und Maßnahmen in dem Feld auch theoretisch fundieren und ressourcenorientierte Praxisansätze begründen. Faltermaier 2005a.   T. Faltermaier/I.-M. Schulz

Gesundheit, psychische (= psych. G.) [engl. *mental/psychic health*], [**GES, KLI**], Überwiegen der protektiven, kompensatorischen Anteile und der Umweltstabilisierungen im indiv. System einer *Persönlichkeit* gegenüber den konstitutionellen *Vulnerabilitäten* und den Umweltbelastungen. Diese Def. kommt ohne die von der *World Health Organization (WHO)* eingeführten, an der Idealnorm orientierten Forderungen nach «vollkommenem» *Wohlbefinden* aus. Becker & Minsel (1986) nennen eine Reihe von Kriterien bzw. Indikatoren, die zur psych. Stabilisierung oder zur Krankheitsentstehung beitragen. Solche Kriterien orientieren sich u. a. an Persönlichkeitstheorien und unterliegen der ständigen Auseinandersetzung mit den Grundwerten und Normen von Gesellschaften und deren Veränderungen. Die lebenslange, aber auch die Punktprävalenz (*Prävalenz*) stärkerer Abweichungen von der psych. G. ist sehr groß. Dadurch wird die Forderung nach *Prävention* einerseits und psychol. fundierter *Intervention* andererseits unterstrichen. Prävention und Versorgung von psych. Störungen und Krankheiten unterliegen einer bes. Vielfalt von oft divergierenden Interessen, da neben den gesellschaftlichen die berufsständischen Normen mit eingehen. *Gesundheit, Resilienz*.   L. R. Schmidt

Gesundheit im Vorschulalter [engl. *health in pre-school age*], [**GES**], das Kindesalter gehört zu den gesündesten Altersbereichen in der Bevölkerung. Im Vergleich zum Erwachsenenalter weist es deutlich geringere Krankheitshäufigkeiten auf. Im Kindesalter werden zugleich entscheidende Grundlagen für das *Gesundheitsverhalten* im Jugend- und Erwachsenenalter gelegt. Viele gesundheitsrelevante Verhaltensweisen (wie Ernährungsgewohnheiten, Sport, Zahnpflege oder Stressbewältigung) werden bereits im Vorschulalter erworben. Eltern oder andere Bezugspersonen tragen dabei zu einer geringeren oder höheren Ausprägung von Gesundheitsrisiken bei. Sie prägen Verhaltensautomatismen, die die spätere Entwicklung körperlicher und psych. Erkrankungen fördern oder hemmen können.

Weil Eltern diese Form der (Gesundheits-)Erziehung oft nicht leisten können, werden von Einrichtungen der Kleinkindbetreuung entspr. Erziehungsmaßnahmen erwartet. Kinderkrippe und Kindergarten sind daher ein bevorzugtes Setting der Krankheitsprävention und Gesundheitsförderung im Vorschulalter. In der Interaktion mit Gleichaltrigen und Erwachsenen können dort neben konkreten gesundheitsbezogenen Verhaltensweisen insbes. *soziale Kompetenzen* als gesundheitsprotektive Verhaltensweisen eingeübt und stabilisiert werden. Lohaus & Klein-Heßling 2009.   J. Klein-Heßling

Gesundheitsbegriff, Geschichte [engl. *concept/definition of health*], [**GES, KLI**], der Gesundheitsbegriff (= G.) ist gesellschaftlich und kult. geprägt, damit unterliegt er einem historischen Wandel. Die jew. Sicht der Menschen auf die Welt und auf ihr Zusammenleben hat Auswirkungen auf ihre *Vorstellungen* vom menschlichen Körper sowie von *Gesundheit* und *Krankheit*. In historisch frühen Epochen war der G. über Jahrhunderte religiös geprägt. Gesundheit und Krankheit wurden als göttliche Fügung gesehen. Menschen können sich durch ein gottgefälliges Leben ihre Gesundheit erhalten, ein sündiges Leben wird mit Krankheiten verbunden, die als Strafe Gottes gesehen werden. Ein drastischer Wandel dieses G. erfolgt im Übergang vom Mittelalter zur Neuzeit. In dieser Phase einer allmählichen Säkularisierung des Weltbildes wird Gesundheit zunehmend als vom Menschen beeinflussbar gesehen. Er könne mithilfe seiner Vernunft und entspr. *Verhalten* Gesundheit erhalten, Krankheiten vermeiden bzw. heilen. Im Zeitalter der Aufklärung wird also die Selbstverantwortung des Menschen für die Gesundheit propagiert, mithilfe seiner *Vernunft* können Krankheiten verstanden und beeinflusst werden. Im 18. Jhd. wird Gesundheit zunehmend als Thema des aufstrebenden Bürgertums entdeckt und in med. Schriften erklärt. Dem Ideal des Natürlichen (Rousseau) folgend wird Gesundheit als «natürlicher» Zustand verstanden; durch schädliche Einflüsse der Zivilisation (Luxus, Laster und maßlose Lebensweise der Wohlhabenden sowie übermäßige Arbeit und Armut der arbeitenden Schichten) wird sie neg. beeinflusst, dadurch entstehen Krankheiten und die Gesundheit wird zum gesellschaftlichen Problem. In aufklärerischen Schriften von Ärzten wird Gesundheit als über die Vernunft beeinflussbar beschrieben, die Menschen sollten möglichst natürlich leben, Selbstdisziplin zeigen und sich in allen Lebensbereichen mäßigen.

Mit dem Siegeszug der Naturwissenschaften endet um die Mitte des 19. Jhd. diese Phase des G.. Mit der Etablierung der Med. als Naturwissenschaft wird der Körper zunehmend als obj. messbar (*Messen*) angesehen und in seinen Bestandteilen analysiert; er wird in immer kleinere Einheiten (*Organ*, *Zelle*, Molekül) aufgeteilt, um Krankheiten zu verstehen. Der G. wandelt sich in Richtung Krankheit, die als Störung des *Organismus* verstanden wird, analog dem Defekt einer Maschine. Gesundheit ist nur die Abwesenheit von Krankheit. Damit bildet sich ein biomed. Krankheitsmodell (*Krankheitsmodelle*) heraus, das bis heute die Grundlage eines med. geprägten Gesundheitssystems darstellt und die med. Kontrolle des kranken Körpers in den Mittelpunkt stellt.

Erst im späten 20. Jhd. erweitert sich der G. um psych. und soziale Dimensionen (*Dimension*), sie werden zunächst auf Krankheit bezogen (biopsychosoziales Krankheitsmodell), dann auch auf Gesundheit. Im G. der *World Health Organization (WHO)* aus dem Jahre 1948 wurde ein starker Impuls gesetzt, Gesundheit pos. zu formulieren, als körperliches, seelisches und soziales *Wohlbefinden*. In der folg. wiss. Auseinandersetzung um einen angemessenen G. wird Gesundheit als Zustand auf mehreren Dimensionen definiert (als Wohlbefinden und Handlungspotenzial) und als Prozess gesehen, d. h., Gesundheit muss immer wieder neu hergestellt werden und Person und Umwelt in eine Balance gebracht werden. Der G. der *Salutogenese* konzipiert ein Gesundheits-Krankheits-Kontinuum und betont damit sowohl das Prozesshafte als auch die vielen Variationen zw. Gesundheit und Krankheit. *Gesundheit, Dimensionen der, Gesundheit, Laienkonzepte, Gesundheit, Modelle der.* Faltermaier 2005a. T. Faltermaier

Gesundheitserwartungen (= G.) [engl. *health expectancies*], [**KLI**], (1) Indikator zur Beschreibung und Operationalisierung des Gesundheitszustands (*Gesundheit*) von Individuen oder Bevölkerungsgruppen. G. beziehen sich auf den Anteil des Lebens, der voraussichtlich ohne *Krankheit* und *Behinderung* erlebt wird. Im Ggs. zu anderen Indikatoren des Gesundheitszustandes, die wie z. B. *Mortalität* und *Morbidität* auf die Begleiterscheinungen und Folgen von Krankheit und Behinderung fokussieren, steht bei den G. die gesunde Lebensspanne im Mittelpunkt. (2) Gesundheitsbezogene *Handlungsergebniserwartungen*, die sich darauf beziehen, dass best. Verhaltensweisen in der Förderung und Erhaltung von Gesundheit resultieren (z. B. «Wenn ich regelmäßig die Zähne putze, werde ich Karies und Parodontose verhindern»). Den Annahmen der *sozialkognitive Theorie* A. Banduras nach wirken in einer gegebenen Situation Handlungsergebniserwartungen und *Selbstwirksamkeitserwartungen* bei der Handlungssteuerung zus. Gesundheitsförderliches Verhalten setzt demnach sowohl G. als auch gesundheitsbezogene Selbstwirksamkeitserwartungen (z. B. «Ich bin in der Lage, auch unter ungünstigen Bedingungen regelmäßig meine Zähne zu putzen») voraus. C. Salewski

Gesundheitsförderung, schulische (= s. G.) [engl. *health promotion in schools*], [**GES, PÄD**], umfasst eine Reihe von Maßnahmen und Aktivitäten auf mehreren Ebenen, die zum Ziel haben, alle Mitglieder einer Schulgemeinschaft zu einem verantwortungsbewussten Umgang mit der eigenen *Gesundheit* und der ihrer Mitmenschen zu befähigen. Die s. G. orientiert sich an einem ganzheitlichen Gesundheitsverständnis und richtet sich an den Prinzipien der Gesundheitsförderung gemäß Ottawa Charta aus: *Partizipation*, Befähigung zum selbstbestimmten Handeln, Ressourcenorientiertheit (*Ressource*), langfristige Wirkung und Chancengerechtigkeit bzgl. Geschlecht sowie sozialem und kult. Hintergrund. Schulen gelten als Schlüsselsettings zur Herstellung der gesundheitlichen Chancengleichheit, da hier frühe familiär bedingte Sozialisationsdefizite kompensiert werden können.

In der s. G. stehen u. a. die Rahmenbedingungen der Schule im Blickpunkt, z. B. das Gebäude, die Umgebung, Unterrichts- und Pausenzeiten, das Mobiliar oder die Verpflegung. Ziele in der s. G. sind bspw. Bewegungspausen im *Unterricht*, gesundes Schulfrühstück, Thematisierung relevanter Gesundheitsthemen im Unterricht, Streitschlichtungsverfahren, Stress- und Zeitmanagement (*Stress, Stressbewältigung*), Lärmreduktion oder Gestaltung der Räume und Arbeitsplätze.

Die «Gesundheitsfördernde Schule» ist das zentrale Konzept der Gesundheitsförderungsstrategie der WHO (*World Health Organization (WHO)*) im Schulbereich. Vier Handlungsfelder liegen diesem Konzept zugrunde: *Lehren und Lernen, Schulleben und schulische Umwelt, Kooperationen und Dienste* und *schulisches Gesundheitsmanagement*. Aus diesem Setting-Ansatz heraus hat sich das Konzept der «gesunden Schulen» entwickelt. Der Fokus liegt hier auf der engeren Verzahnung der s. G. mit den Bildungs- und Erziehungsaufträgen der Schulen (*Bildung, Erziehung*). Die Bildungsqualität der Schule soll insges. verbessert und die spezif. Gesundheitsbildungsziele effizienter erreicht werden. Paulus 2011, Altgeld 2011. U. Ravens-Sieberer

Gesundheitsförderung in Organisationen (= G. i. O.) [engl. *health promotion in organisations*], [**AO, GES**], der Ansatz der G. i. O. betont insbes. die Notwendigkeit zur Durchführung von betrieblichen Programmen zur Gesunderhaltung der Betroffenen i. S. des Aufbaus und der Stärkung gesundheitsbezogener Ressourcen und Kompetenzen i. R. des Arbeits- und Gesundheitsschutzes (*Arbeits- und Gesundheitsschutz*). Von zentraler Bedeutung ist die aktive direkte oder indirekte Mitbestimmung aller Organisationsmitglieder bei der Analyse und Veränderung gesundheitsbezogener Bedingungen (Bamberg et al. 1998). Eine Form der direkten Beteiligung von Mitarbeitern stellen die sog. *Gesundheitszirkel* dar. Gesundheitszirkel sind betriebliche Arbeitsgruppen, in denen das Erfahrungswissen von Mitarbeitern genutzt wird, um Gesundheitsrisiken in der Arbeit aufzudecken und Veränderungsvorschläge zum Abbau von Arbeitsbelastungen zu entwickeln.

Insges. unterscheidet sich die G. i. O. wie das umfassende Verständnis des Arbeits- und Gesundheitsschutzes (Horst 1997) explizit von traditionellen gesundheitsbezogenen Interventionen, die sich mithilfe korrektiver und präventiver Strategien weitgehend auf die Reduzierung oder Vermeidung von Erkrankungen beschränken. G. i. O. als gesamtorganisationaler Lernprozess (*Lernende Organisationen*) weist damit Bezüge zu Maßnahmen der *Organisationsentwicklung* (Westermayer 1998) auf. *Return on investment (ROI), Stress am Arbeitsplatz.* Zimolong 2001. A. Krone

Test Gesundheitsfragebogen für Patienten *Patient Health Questionnaire (PHQ).*

Gesundheitskommunikation (= G.) [engl. *health communication*], [**GES, SOZ**], G. bezeichnet ein interdisziplinäres Forschungs- und Anwendungsfeld, das sich aus den *Gesundheit*swiss., den *Kommunikation*swiss. und der Ps. zus.setzt. Hauptgegenstand sind allg. Gesundheitsthemen (z. B. Gesundheitsförderung, *Prävention*). Hinzu kommen kommunikative Aspekte, die sich mit der Aufbereitung und Vermittlung von gesundheitsrelevanten Informationen beschäftigen. G. dient der Identifikation und Lösung gesundheitsbezogener Probleme. Ziel ist die Befähigung von Menschen, *Bedürfnisse* in Bezug auf die eigene Gesundheit benennen und Informationen (z. B. über Behandlungsmethoden) erhalten zu können. Darüber hinaus sollen der Informationsbedarf erfasst und *Strategien* entwickelt werden, einen gesundheitsbewussteren Lebensstil zu führen. Wissensvermittlung und *Risikokommunikation* stellen herkömmliche Methoden der G. dar. Der Furchtappell (*Furchtappelltheorien*) als klassische Form der Risikokommunikation zeigt die Gefahren eines Risikoverhaltens auf (*Risikoverhalten, gesundheitsbezogenes*). Solche Botschaften beschreiben neg. Konsequenzen eines Verhaltens (neg. *Handlungsergebniserwartungen*). Ein Risiko sollte in Kombination mit möglichen Ressourcen (*Ressource*) kommuniziert werden. Dabei werden die pos. Konsequenzen eines Verhaltens (pos. Handlungsergebniserwartungen) angesprochen. Auch die Rahmung (*Framing*) einer Botschaft kann variieren. Bei gewinnbetonten Botschaften (*gain-framed messages*) werden die Vorteile eines Gesundheitsverhaltens kommuniziert, bei verlustbetonten Botschaften (*loss-framed messages*) die Nachteile eines Risikoverhaltens. Auf der Empfängerseite spielen Faktoren wie die *Persönlichkeit* oder die *Selbstwirksamkeitserwartung* eine Rolle. G. sollte passend auf die Zielgruppe zugeschnitten sein. Die moderne G. nutzt interaktive Informationstechniken (z. B. Internet), um personalisierte Angebote mit großer Reichweite anzubieten. G. umfasst neben der Individualkommunikation (z. B. *Arzt-Patienten-Interaktion*) auch vielfältige Gesundheitsangebote, wie z. B. gesundheitliche Berichterstattung, *Erziehung*, Beratung und Aufklärung im Kontext von Gruppen-, Organisations- und Massenkommunikation. *D. Lange*

Gesundheitskompetenz (= G. k.) [engl. *health literacy*], **[GES]**, wird von der WHO als *Konstrukt* def., das kogn. und soziale *Fertigkeiten* (*skills*) umfasst, die die *Motivation* und *Fähigkeiten* von Menschen bestimmen sich Informationen, die der Aufrechterhaltung und Förderung von *Gesundheit* (= G.) dienen, zu beschaffen, sie zu verstehen und zu nutzen. Nutbeam (2000) differenziert theoriebasiert drei Stufen von G. k. *Stufe 1*: *funktionale G. k.* bez. basale kogn. Fähigkeiten grundlegende g.bezogene Informationen zu verstehen und umzusetzen. *Stufe 2*: *Kommunikative, interaktive G. k.* bez. kogn. und soziale Fähigkeiten, die die aktive soziale Teilhabe ermöglichen. *Stufe 3*: *Kritische G. k.*: Fähigkeit zur kritischen Reflexion und Auseinandersetzung mit g.bezogenen Informationen und dem Gesundheitssystem. Auf Basis von Experteneinschätzungen konnten neun Inhaltscluster (Kompetenzaspekte) mittels *multidimensionaler Skalierung* ermittelt werden (Soellner et al. 2010): (1) die Fähigkeit zu *Selbstregulation* und Selbstdisziplin; (2) die Fähigkeit zur Wahrnehmung der eigenen Bedürfnisse und Gefühle sowie ein hohes Körperbewusstsein; (3) die Bereitschaft zur Verantwortungsübernahme für die eigene G.; (4) g.bezogene Grundfertigkeiten (insbes. Fähigkeit, g.relevante Texte lesen und verstehen zu können (*literacy*) und g.relevante math. Aufgabenstellungen lösen zu können (*numeracy*); (5) die Fähigkeit, g.relevante Informationen interpretieren und nutzen zu können (inkl. med.-biol. Grundwissen); (6) die Fähigkeit, sich g.relevante Informationen beschaffen zu können; (7) die Fähigkeit, innerhalb des G.systems navigieren und handeln zu können, sowie über das dazu notwendige Systemwissen zu verfügen; (8) die Fähigkeit zur *Kommunikation* und *Kooperation* bzgl. g.relevanter Inhalte; (9) förderliche Persönlichkeitseigenschaften. Soellner et al (2010, 210) def. auf die Basis: «G.k. wird …als ein Netz aus grundlegenden Fertigkeiten (*literacy/numeracy*), Handlungskompetenz, Wissen und Motivation verstanden. Handlungskompetenz kann in die vier Kompetenzbereiche (1) Navigieren und Handeln im G.system, (2) Kommunikation und Kooperation, (3) Informationsbeschaffung und -verarbeitung sowie (4) Selbstwahrnehmung und Selbstregulation unterteilt werden.» *Kompetenz*.

Gesundheitsökonomie [engl. *health economics*], *Evaluation, ökonomische, Fallmanagement, Psychotherapie, ökonomische Aspekte.*

Gesundheitspsychologie [engl. *health psychology*], s. Einleitung Gebietsüberblick «*I.7 Gesundheitspsychologie und Medizinische Psychologie*».

Gesundheitsrisiken, migrationsspezifische (= m. G.) [engl. *migration related health risks*], syn. *migrationsspezifische Belastungsfaktoren* (= m. B.), **[GES]**, unter m. G. werden die Belastungsfaktoren im Zusammenhang mit Migration zus.gefasst, die die Entstehung und den Verlauf somatischer Erkrankungen und/oder psych. Störungen bei Menschen mit Migrationshintergrund beeinflussen können. Neben den direkten Auswirkungen auf die *Gesundheit* haben kult. und migrationsbezogene Faktoren auch einen Einfluss auf die Einstellung zur Gesundheitsversorgung und deren Nutzung. Obschon der häufig postulierte kausale Zusammenhang zw. Migration und somatischen Erkrankungen bzw. psych. Störungen nicht nachweisbar ist, führen m. B. häufig zu kumulierenden Benachteiligungen gegenüber vergleichbaren einheimischen Bevölkerungsgruppen. Sprachliche Schwierigkeiten oder fehlende Kenntnisse der Sprache des Aufnahmelandes werden hierbei als bedeutendste Belastungsfaktoren gesehen. Aber auch für diejenigen, die die Sprache des Aufnahmelandes gut beherrschen, sind Verständigungsprobleme ein häufiges Phänomen i. R. der Gesundheitsversorgung. Neben unsicheren Zukunftsperspektiven und häufigeren kritischen *live events* (z. B. Identitätskrisen, prekärer Arbeits-/Wohnsituation) sind eine unsichere Aufenthaltssituation und geringe bis fehlende *soziale Unterstützung*ssysteme weitere Faktoren, die sich negativ auf die Gesundheit von Menschen mit Migrationshintergrund auswirken können. Nicht minder bedeutsam sind auch ein hoher Segregationsgrad (auch bei nachfolgenden Generationen), die belastende Spannungssituation zw. Rückkehr-, Verbleib- und Einbürgerungsentscheidung sowie durch ethnische-kult. Diversifizierung verstärkte Generationenkonflikte. Wie sich m. B. im Einzelfall auswirken, hängt auch von den vorherrschenden Vorstellungen von Krankheiten, Körper, Psyche und Umwelt ab, wobei die indiv. Auffassungen von Krankheit (*Krankheitsmodelle*) in Abhängigkeit von kult. Hintergrund und Migrationserfahrungen variieren können. Bhugra 2005, Machleidt & Heinz 2011. *I. Bermejo Bragado*

Gesundheitsrisiken in der Pubertät *Pubertät, Gesundheitsrisiken.*

Gesundheitsüberzeugungen (= G.) [engl. *health beliefs*], **[GES]**, sind Komponenten des *Modells gesundheitlicher Überzeugungen* (*Health Belief Model*). Dieses Modell versucht das gesundheitsbezogene *Verhalten*, v. a. die Initiierung von Verhalten, zu erklären. Zentrale Komponente des Modells und wichtigster Prädiktor für Verhalten ist die wahrgenommene Bedrohung durch eine Gesundheitsgefährdung. Die Höhe der Bedrohung resultiert aus der Einschätzung des Schweregrads der Gefährdung und der eigenen Verwundbarkeit (*Vulnerabilität*). Weitere wesentliche G. in dem Modell sind Kosten-Nutzen-Abwägungen, die direkt auf das Gesundheitsverhalten wirken und bei denen versch. Kosten (z. B. Unbequemlichkeit, Preis) eines *Gesundheitsverhaltens* mit dem erwarteten Nutzen abgeglichen werden. Andere Einflussgrößen sind interne und externe Handlungsanreize (*Anreiz*, z. B. Informationsmaterial) und Personenmerkmale. Das Modell gesundheitlicher Überzeugungen war lange Zeit eines der einflussreichsten Modelle in der Gesundheitsps. Kritik an dem Ansatz bezieht sich u. a. darauf, dass Verhalten nicht überwiegend durch Bedrohung motiviert wird (*Motivation*) und dass das Modell v. a. die Initiierung, aber nicht die Aufrechterhaltung von Verhalten oder Rückfallprozesse erklären kann. Rosenstock 1966. *C. Salewski*

Gesundheitsüberzeugungen, kompensatorische (= CHBs) [engl. *compensatory health beliefs*; lat. *compensare* ausgleichen], [**KLI**], bez. den Glauben, dass man ein ungesundes Verhalten dadurch kompensieren kann, dass man ein anderes gesundes Verhalten ausführt. Z. B.: «Es ist in Ordnung, wenn ich ein Stück Kuchen esse, solange ich morgen Sport treibe.» CHBs zählen zu den sog. kogn. Rechtfertigungsstrategien. Sie werden in Situationen aktiviert, in denen Personen einen motivationalen Konflikt zw. langfristigen Gesundheitszielen (*Ziele, gesundheitsbezogene*) und kurzfristigen, hedonistischen Zielen, auch als *kognitive Dissonanz* bez., erleben. Gemäß dem CHB-Modell kann durch die Aktivierung von CHBs der aversive Zustand der Dissonanz reguliert werden. CHBs erscheinen daher als ideale Strategie zur Lösung des motivationalen Konflikts, da sie es ermöglichen, sich entgegen der eigenen Gesundheitsziele zu verhalten, ohne dabei ein schlechtes Gewissen zu haben. Bei der Erfassung von CHBs unterscheidet man eine generelle und eine verhaltensspezif. Erhebung, wobei Letztere empfohlen wird. CHBs können inhaltlich richtig, teilweise richtig oder falsch sein. Die Klassifizierung ist jedoch schwierig, da med. Forschung zu Kompensationsmöglichkeiten von ungesundem Verhalten durch gesundes Verhalten selten oder keine klare Schlussfolgerung zulässt. CHBs sollten zudem von tatsächlichem Kompensationsverhalten differenziert werden, da eine Aktivierung von CHBs nicht notwendigerweise bedeutet, dass eine Person das intendierte gesunde Verhalten auch tatsächlich ausführt (vgl. Intentionsverhaltenslücke). Zudem konnte bisherige Forschung zeigen, dass CHBs *Intentionen* zur Gesundheitsverhaltensänderung sowie *Gesundheitsverhalten* neg. vorhersagen. CHBs stellen damit eine Barriere bei der Verhaltensänderung in versch. Gesundheitsbereichen dar. Radtke & Scholz 2012. *S. Lippke*

Gesundheitsverhalten [engl. *health behavior*], *health action process approach*, *health belief model*, *Vorsorgeverhalten*.

Gesundheitsverhaltensänderung, multiple (= m. G.) [engl. *multiple health behavior change*], [**GES**], bez. die Änderung von zwei oder mehr *Gesundheitsverhalten*sweisen. Eine Person kann Gesundheitsverhaltensweisen gleichzeitig (d. h. simultan) oder nacheinander (d. h. sequenziell) ändern. Zur Erklärung von m. G. gibt es versch. Ansätze, die bisher jedoch kaum empirisch untersucht wurden. Gleichzeitig regelmäßig joggen zu gehen und auf eine fettarme Ernährung zu achten, kann zu einer Erschöpfung von selbstregulativen *Ressourcen* führen (*ego-depletion*). Daher kann es erfolgsversprechender sein, mit seinen Ressourcen zu haushalten und zunächst nur ein Verhalten zu ändern (Hagger et al. 2010) und es zur Gewohnheit zu machen (Fleig et al. 2014). Ähnlich geht das Konzept *Transfer* davon aus, dass erfolgreich eingesetzte Strategien und Ressourcen zur Änderung eines Verhaltens auf die Änderung eines nachfolg. Verhaltens angewandt werden können. Im Ggs. dazu können kompensatorische Gesundheitsüberzeugungen («Es ist in Ordnung Süßigkeiten zu essen, solange ich regelmäßig körperlich aktiv bin», kompensatorische *Gesundheitsüberzeugungen*, *Health Belief Model*) bewirken, dass eine Person erst gar nicht die Absicht bildet, mehr als ein Gesundheitsverhalten zu ändern. Die m. G. kann unterschiedlich erfasst werden (Prochaska et al. 2008). Beim traditionellen Ansatz werden Veränderungen in jedem Verhalten einzeln analysiert. Alternativ können Veränderungswerte von versch. Verhaltensweisen aufsummiert werden. Darüber hinaus kann ein Indexwert berechnet werden, der angibt, wie viele Verhaltensempfehlungen (z. B. «fünf Portionen Obst am Tag essen») eine Person erfüllt. Letztendlich können umfassendere Prüfmaße wie z. B. *Lebensqualität* herangezogen werden. Zur Förderung von m. G. gibt es versch. Interventionsformen: Erhält eine Person gleichzeitig Unterstützung für mehrere Verhaltensweisen, spricht man von einer simultanen Intervention. Wird zuerst nur ein Gesundheitsverhalten und zu einem späteren Zeitpunkt ein anderes angesprochen, liegt eine sequenzielle Intervention vor. *Health Action Process Approach*, *Transtheoretisches Modell*. Schwarzer 2004. *L. Fleig*

Gesundheitswissenschaften, transkulturelle (= t. G.) [engl. *transcultural health sciences*], [**GES**], t. G. sind begründet auf der Einsicht, dass in einer global vernetzten Welt sowohl konzeptionell wie praktisch «reinrassige» Begriffe von *Gesundheit* und Praxis von Therapie (*Psychotherapie*) nicht mehr existieren können und de facto auch nicht mehr vorhanden sind. Vielmehr ergibt sich eine vielfältige Durchmischung von Theorie und Praxis aus dem Neben-, Mit- und Durcheinander von kult. Einflüssen (*Interkulturelle Psychologie*). Bes. deutlich wird dies derzeit in der Med. Hier herrscht in unseren westlichen, industriellen Kulturen v. a. das biomedizinische Modell, das auf Kausalanalyse und pharmakol. kausale Einflussnahme auf Rezeptoren durch spez. wirksame Moleküle basiert (*Psychopharmakologie*). Daneben haben sich ältere Vorstellungen, aus der Naturheilkunde oder der Homöopathie kommend, erhalten und werden zunehmend durch Vorstellungen aus anderen Kulturen, etwa aus der traditionellen chinesischen Med. und dem indischen Ayurveda modifiziert. Unter dem Begriff *integrative Med.* entsteht gerade eine neue Form der Med., die transkult. ist, weil solche fremdkulturellen Einflüsse in unser Med.system zunehmend integriert werden. Umgekehrt verändern sich aber auch solche Systeme aus anderen Kulturen, wenn sie mit unserer Denk- und Lebensweise in Berührung kommen. Insofern bezeichnet der Begriff der *Transkulturalität* die gegenseitige Veränderung von Kulturen, wenn sie sich begegnen und das daraus entstehende Neue (*interkulturelle Kommunikation*).

T.G. beschäftigen sich mit diesem Prozess des gegenseitigen Durchdringens und mit dem Nutzen oder den möglichen Konsequenzen der therapeutischen Anwendungen, die daraus entstehen. Ein analoger Prozess lässt sich in der klin. Ps. beobachten, wo Konzepte, die aus dem Buddhismus importiert wurden, wie etwa *Achtsamkeit*, eine neue Bedeutung erlangen, integriert werden und so auch die Praxis der Psychoth. verändern und gleichzeitig auf ihre ursprüngliche Herkunftstradition zurückwirken. Schröder 2010. *H. Walach*

Gesundheitszirkel [engl. *health circles*], *Gesundheitsförderung in Organisationen, Stress am Arbeitsplatz.*

Gesundheitszustand, funktionaler [engl. *functional health state*], **[GES]**, ausgehend vom Modell der *International Classification of Functioning, Disability and Health (ICF)* ist eine Person funktional gesund, wenn (1) ihre körperlichen (inkl. mentalen) Funktionen definierten Normen entsprechen, (2) wenn sie sich so verhalten kann, wie es von einer Person ohne Gesundheitsprobleme erwartet werden kann (*Aktivitäten*), und (3) wenn sie ihr alltägliches Leben in der für sie bedeutsamen Art und Weise so gestalten kann (*Partizipation*), wie dies einer Person ohne Schädigung der *Körperstrukturen* und *Körperfunktionen* sowie Aktivitätseinschränkungen möglich ist. World Health Organisation 2001.

geteilte Aufmerksamkeit [engl. *split attention*], *Scaffolding.*

geteilte Umwelt [engl. *shared environment*], *gemeinsame Umwelt.*

Gewalt (= G.) [engl. *violence*], **[RF, SOZ]**, G., abgeleitet von walten bedeutet *Macht* oder das Recht, über Dinge und Menschen zu herrschen. Meistens wird G. im Zusammenhang mit physischem und/oder psych. Zwang verwendet, durch den Menschen und Dinge einer fremden Herrschaft unterworfen und geschädigt werden. G. kann von Individuen (Schläger), Kollektiven (Staaten), gesellschaftlichen Institutionen (Militär), sozialen Strukturen (Armut) oder Ideologien (Totalitarismus) ausgehen. Sie kann ein Dauerzustand (Polizeistaat), ein längerfristiges (Krieg) oder einmaliges Ereignis (Geiselnahme) sein. G. kann physisch (sexuelle Vergewaltigung) und/oder psych. (Sexismus) ausgeübt werden, ordnend (Staatsg.) oder zerstörend (Terrorismus) sein, als legitim (G.monopol des Staates) oder illegitim (Diktatur) empfunden werden. Bis Mitte der 1970er-Jahre bezog sich der G.begriff meist auf direkte *physische G.* Galtung (1975) entwickelte das Konzept der *strukturellen G.* Sie liegt vor, wenn gesellschaftliche Strukturen wie ungleiche Güterverteilung oder Diskriminierung verhindern, dass Menschen sich ihren Fähigkeiten entspr. entwickeln können. Eine weitere Differenzierung ist die *kulturelle G.* Damit werden Ideologien bez., die direkte oder strukturelle G. legitimieren wie Rassismus oder religiöser Fundamentalismus. Häufig werden die Begriffe G. und *Aggression* synonym verwendet. Phänomene wie sexuelle G., *Gewalt in der Schule* und in den Medien (*Mediengewalt*), Fremdenhass oder Krieg sind aber keine spontanen, einer inneren Triebquelle (*Trieb*) entspringende Reaktionen. Eine hohe *Aggressivität* kann G.handlungen begünstigen, aber auch behindern (z. B. wird im Militär bei Soldaten hohe Aggressivität neg. bewertet). G.handlungen entstehen in sozialen Situationen. Sie sind bedingt durch gesellschaftliche Strukturen, haben eine Geschichte (Historizität), beruhen auf mehr oder weniger bewussten Entscheidungen (*Entscheiden*) und können wie Kriege langfristig geplant sein. Im Unterschied zur Aggression, die zur biol. Ausstattung jedes höheren Lebewesens gehört, sind G.handlungen keine Naturtatsache, sondern Ergebnis der gesellschaftlichen Entwicklung. Entsprechend gibt es gewaltarme Kulturen und Kulturen, die auf G. fußen. Die Einschätzung der Legitimität von G. reicht vom erlaubten Mittel, um politische oder religiöse Ziele zu erreichen (Lehre vom *gerechten Krieg*)) über mehrheitlich akzeptierte G. (G.monopol des Staates) bis hin zur vollst. Ablehnung von G. (*Pazifismus*). Die Bewertung von G. hängt zum einen von indiv. Merkmalen wie *Persönlichkeit*, *sozialem Status*, religiösen und ideologischen Überzeugungen, zum anderen von den jew. gültigen gesellschaftlichen Normen (*Normen, soziale*) ab. Entsprechend unterschiedlich kann G. zu best. Zeitpunkten bewertet werden. War bis Mitte des 20. Jhd. körperliche Züchtigung als Erziehungsmittel akzeptiert, so ist sie heute in einigen Ländern verboten. Auch die Einstellungen gegenüber kriegerischer G. änderten sich in Dt. im Laufe des letzten Jhd. von der Verherrlichung des Krieges 1914 über die Ächtung von Kriegen nach 1945 bis hin zur partiellen Tolerierung militärischer G. seit Ende des 20. Jhd. G. ist eine Quelle der Macht. Kollektive G. stiftet *Identität* (Sémelin 2004). Häufig wird mit G. versucht, Identitäts-, Kontroll- und Machtverlust zu kompensieren: Der Jugendliche, der sich als Versager fühlt, schließt sich einer gewalttätigen Bande an; eine Regierung versucht durch einen Krieg von inneren Problemen abzulenken; in gesellschaftlichen Umbruchssituationen wird Sicherheit und Identität in der kollektiven G. (Bürgerkrieg, Massaker, Genozid) gesucht. Sémelin 2007, Klockhaus & Trapp-Michel 1988, Rauchfleisch 1992, Schwind & Baumann 1990. *M. Müller-Brettel*

Gewaltdarstellung, mediale *Mediengewalt.*

Gewaltdelikt, sexuelles (= s. G.) [engl. *sexual assault/violence*], **[RF]**, fasst strafrechtlich als *Vergewaltigung* und als *sexuelle Nötigung* bez. Delikte zus. Essenziell ist die Gewaltanwendung (*Gewaltdelinquenz*) bzw. Drohung mit Gewalt gegenüber dem Opfer unter sexueller Zielsetzung. Vergewaltigung wird spezifiziert durch Vollzug oder Versuch der Penetration. Schorsch (1971) beschrieb in seiner inzw. replizierten Beobachtung den asozialen Notzuchttäter, der aus ungünstigem sozialem Milieu stammend durch bes. brutale und demütigende Behandlung des Opfers auffällt, den von innerer Spannung belasteten retardierten Spätentwickler (*Retardation*), der gelegentlich nach der Tat sein Verhalten gegenüber dem Opfer zu verharmlosen versucht, und den Täter «infolge geschlechtsspezif. Situationsverkennung», der nach zunächst einvernehmlichem Kontakt mit dem späteren Opfer zum s. G. übergeht und hernach die Einwilligung des Opfers reklamiert (*date raping*). Diese Typologie bedarf der Ergänzung durch die selteneren Formen des s. G. als Ausdruck von Triebdeviation und des s. G. im Zuge einer anderen Straftat, meist Raub oder Einbruch (*felony rape*), wobei diese Delikte von anderen s. G. durch die *Motivation* (*Motiv*), nicht durch das Tatmuster, zu unterscheiden sind. Als bes. verschärfende Bedingung des s. G. ließ sich die gemeinschaftliche Ausführung durch mehrere Täter nachweisen. Egg 2008. *P. Steck*

Gewaltdelinquenz (= G.) [engl. *violent crime*; lat. *delinquere* Schuld auf sich laden], [**PER, RF, SOZ**], dient als Oberbegriff für strafrechtlich sanktionierte körperliche Aggressivität. G. schließt Formen impulsgesteuerter und instrumenteller *Aggression* ein, ebenso die Drohung mit *Gewalt*. Aus der Vielfalt von G. hat der psychol. Forschung vornehmlich solche Tatmuster herausgegriffen, die häufig Gegenstand psychol. Expertise sind, nämlich Tötungsdelikte (*Beziehungstat*, *Raubmord*, *Sexualmord*) und sexuelle G. (*Gewaltdelikt, sexuelles*). In der kriminalpsychol. Theorie ist neben die ursprünglich dominierende täterbezogene Perspektive die tatzentrierte, situationsbezogene getreten. Diese Entwicklung trägt der Tatsache Rechnung, dass auch für einen gewaltbereiten Menschen G. ein eher seltenes Ereignis darstellt (*Kriminalstatistik*). Sind *Korrelationen* zw. *Persönlichkeitsmerkmalen* und G. nachgewiesen, so zw. G. und mangelhafter *Impulskontrolle*, *Empathie*mangel und Sozialisationsdefiziten, dann bedarf es zur Erklärung der Tat doch der Erfassung konstellativer Faktoren in der Tatsituation. Als wiederkehrende Einflüsse dieser Art wurden u. a. interpersonale Konflikte (*Konflikt, sozialer*) sowie steigender Problemlösungsdruck nach Frustration (*Frustrations-Aggressions-Hypothese*) identifiziert, wobei geschwächter *Handlungsregulation* z. B. infolge Alkoholisierung besondere Bedeutung beizumessen ist. Als charakteristisch für schwere G. kann eine Eigendynamik von anfänglich diffuser zu gezielter Aggression gelten. Diesem Vorgang entspricht wachsender Handlungsdruck und Verengung der kogn. Abläufe beim Täter. Steck 2008. *P. Steck*

gewaltfreier Widerstand [engl. *nonviolent resistance*], [**SOZ**], Konzept, das prototypisch bei Gandhis Wirken beim Unabhängigkeitskampf Indiens erkennbar wurde. Neben dem expliziten Verzicht auf Gewalt ist dieses u. a. gekennzeichnet durch öffentliches Eintreten gegen ungerecht empfundene Verhältnisse, Offenlegen der eigenen Absichten, Bemühen um Kommunikation mit der Gegenseite sowie Bereitschaft, neg. Folgen des eigenen Handelns zu ertragen (*Konflikt, sozialer*). Es geht um aktiven Widerstand und um Vertrauensaufbau. Die Methoden gewaltfreien Widerstandes reichen vom Protest (z. B. Flugblätter verteilen, demonstrieren) über Verweigern der Zusammenarbeit (z. B. Streik, Verbraucherboykott) bis hin zum zivilen Widerstand (Verkehrsblockade, Anketten an relevante Objekte). Das Vorgehen kann dadurch erfolgreich sein, dass der Gegner – u. a. aufgrund des konsistenten Verhaltens und der Leidensbereitschaft des Gewaltfreien – seine bisherigen Überzeugungen problematisiert und ändert oder dass er – aufgrund der veränderten Machtverhältnisse – sein Verhalten ändert. *Pazifismus*. Bläsi 2004. *G. Sommer*

Gewaltfreiheit [engl. *non-violence*, *ahimsa*; Sanskrit अहिंसा (*ahimsa*) Prinzip der Gewaltfreiheit im Hinduismus], *Kultur des Friedens*, *Pazifismus*.

Gewaltprävention (= G.) [engl. *violence prevention*], [**KLI, PÄD, SOZ**], G. zielt auf die direkte oder indirekte Verhinderung bzw. Reduzierung aggressiven und gewalttätigen Handelns ab (*Aggression, klinische Perspektive*, *Gewaltdelinquenz*). Je nachdem, ob es sich um eine universelle *Prävention* handelt oder um eine gezielte Prävention i. S. einer selektiven oder indizierten Prävention, kombinieren die Maßnahmen unterschiedlicher Methoden und Hilfsangebote. Dabei setzt G. an versch. Lebensbereichen an: (1) G. in der Schule: meist primäre Prävention; die Maßnahmen können wie folgt unterteilt werden: (a) strukturelle und organisatorische Maßnahmen (z. B. Kooperationen mit anderen Einrichtungen), (b) lehrerzentrierte Ansätze (z. B. Fortbildungen zur Förderung gewaltpräventiver Kompetenzen), (c) schülerzentrierte Ansätze (z. B. systematische Unterrichtsprogramme für den Klassenverband, Streitschlichterprogramme), (d) multimodale Konzepte (Beelmann & Raabe 2007; Petermann & Reuber 2009). (2) Außerschulische G.: vor allem i. R. der Jugendhilfe. (3) G. in der Partnerschaft: meist Sekundär- und Tertiärprävention. (4) G. in der *Familie*. *U. Petermann*

gewichten [engl. *weighting*], *Gewichtszahlen*.

gewichtete Pros [engl. *weighted pros*; lat. *pro* für, zugunsten von], [**EM, KOG**], gemäß der für jede Alternative die Anzahl der «Pro-Dimensionen», also der Dimensionen, auf denen die Alternative besser bewertet wird als alle anderen, ermittelt wird. Dann werden die Gewichte der «Pro-Dimensionen» für jede Alternative zu einem Gesamtwert addiert, und die mit dem höchsten Gesamtwert wird gewählt. *Entscheiden*, *Entscheidungstheorie*, *Heuristik*.

gewichtetes Cohens Kappa [engl. *weighted Cohen's kappa*], syn. *Cohens κ_w*, *Cohens Kappa*.

Gewichtsillusion [engl. *weight illusion*], [**WA**], von drei Gewichten gleicher Schwere (Carpentier 1891) erscheint das mit dem kleinsten Volumen als schwerstes. Eine ähnliche Täuschung tritt ein, wenn bei gleichem Volumen, aber versch. Material (Holz, Metall) versch. Gewicht erwartet wird.

Gewichtskontrolle (= G.) [engl. *weight control*], [**GES**], unter Strategien zur G. werden angemessene und unangemessene Maßnahmen zur intentionalen Regulierung des Gewichtsstatus verstanden. Gerade im Jugendalter wird ein Anstieg von unangemessenen gewichtsregulierenden Maßnahmen im Kontext von gestörtem *Essverhalten*, aber auch von *Adipositas* verzeichnet. Das Spektrum der eingesetzten Strategien ist sehr breit und umfasst Maßnahmen zur Verringerung der Energiezufuhr, aber auch zur Erhöhung des Energiebedarfs. Zu den unangemessenen G.strategien, die zur Gewichtsreduktion eingesetzt werden, zählen bspw. rigides Diätverhalten mit einseitiger und/oder unzureichender Energiezufuhr, exzessives Sporttreiben (mit zwanghaftem Charakter; Ausübung trotz körperlicher Schädigungen oder sozialer Einschränkungen), Einnahme von psychoaktiven Drogen zur Erhöhung des Energieverbrauchs (Koffein, Nikotin), sich nach dem Essen erbrechen, Einnahme von Laxanzien, Emetika oder Diuretika oder rigide kogn. Strategien (wie restriktives Essverhalten mit Kalorienzählen, fester Diätgrenze oder Einteilung in erlaubte und verbotene Nahrungsmittel). Weitere Maßnahmen können auch das Verzichten auf einzelne Mahlzeiten (*dinner cancelling*; Verzicht auf Frühstück), das Herbeiführen von ständigem Frieren (z. B. zu leichte Kleidung tragen), das ständige Wiegen/Protokollieren des Gewichtsstatus oder die Fokussierung auf die Einnahme von Light-Produkten sein. Solche G.strategien sind Kennzeichen für *Essstörungen* wie *Anorexia nervosa* oder *Bulimie, Bulimia nervosa*. Neben ihrer gesundheitsgefährdenden Wirkung ist vor allem auch hervorzuheben, dass viele Strategien langfristig zu einer Gewichtszunahme statt der erwünschten -abnahme führen (z. B. Jojo-Effekt von Diäten).

Angesichts der Ominipräsenz von Nahrung ist der Einsatz von G.strategien aber auf der anderen Seite wünschenswert, da eine übermäßige Gewichtszunahme verhindert werden soll. Im Kontext der Adipositasbehandlung liegt der Fokus der G.strategien auf der Stabilisierung des bereits erzielten Gewichtsverlusts. Neben einer flexiblen kogn. Kontrolle des eignen Ernährungsverhaltens (z. B. keine Essverbote), wird hierbei u. a. auch auf regelmäßige Mahlzeiten, ausreichende körperliche Bewegung aber auch bewusste Kontrolle emot. und sozialer Auslöser von Essverhalten fokussiert. *Gewichtsreduktion, verhaltenstherapeutische Elemente*. Warschburger et al. 2005, Neumark-Sztainer et al. 2002. *P. Warschburger*

Gewichtsreduktion, verhaltenstherapeutische Elemente [engl. *weight reduction, elements from behavioral therapy*], [**GES, KLI**], in der Therapie von Übergewicht und *Adipositas* wird eine Reihe von verhaltenstherap. Elementen (*Verhaltenstherapie*) eingesetzt. Zu den bewährten Techniken zählt zum Ersten die *Psychoedukation*. Hier geht es darum, alltagsrelevantes *Wissen* über die Entstehung und Aufrechterhaltung der Adipositas zu vermitteln und das Krankheitsverständnis zu fördern. *Stimuluskontrolle* beruht auf dem Prinzip der *klassischen Konditionierung* und versucht die Auslöser für unangemessenes Essverhalten/Bewegungsverhalten zu identifizieren und die Frequenz dieser Situationen zu senken (z. B. keine übervollen Kühlschränke). Gleichzeitig kann Stimuluskontrolle zum Aufbau förderlichen Verhaltens eingesetzt werden, indem bewusst günstige Umweltbedingungen hergestellt werden (z. B. geschnittenes Obst bereitstellen; Erinnerungshilfen). Bes. häufig werden *Selbstkontrollstrategien* eingesetzt. Hierzu gehören z. B. Gewichts- oder Ernährungsprotokolle, die die Selbstwahrnehmung schulen und den Betroffenen ein *Feedback* zu ihrem *Verhalten* ermöglichen. Die Verstärkung von erzielten Erfolgen spielt eine wesentliche Rolle. Neben Selbst- und Fremdverstärkung (*Verstärkung*, *Selbstverstärkung*, z. B. Lob des Trainers) werden auch Tokenprogramme (*token-economy-system*) eingesetzt. Diese ermöglichen eine zeitgleiche Fokussierung auf versch., v. a. auch komplexe Zielverhaltensweisen (*Ziele*), die nur schrittweise verändert werden können. Verhaltensübungen (z. B. Rollenspiele, Übungen zum langsamen Essen) werden eingesetzt, um neue komplexe Verhaltensweisen einzuüben. In Form von Kontrakten werden Absprachen zum Zielverhalten und den damit verbundenen Verhaltensänderungen getroffen. Hier geht es nicht nur um Transparenz des Vorgehens, sondern auch um die Etablierung verbindlicher Vereinbarungen. Verhaltensverträge werden oftmals an Tokenprogramme gekoppelt. Selbstinstruktionstrainings (*Selbstinstruktion*) fokussieren auf die Veränderung ungünstiger Kognitionen (z. B. *Alles-oder-Nichts-Denken*) und bauen realistische, motivationsfördernde (*Motivationsförderung*) und hilfreiche Gedanken auf. Darüber hinaus werden auch Elemente wie *Stressbewältigungstraining* (Aufbau angemessener Copingstrategien; *Coping*) und Problemlösetechniken (*Problemlösen*, z. B. Orientierung an den fünf Schritten einer Problemlösung: Problem benennen, Alternativen suchen, Alternativen bewerten, beste Alternative auswählen, Effekte der Anwendung evaluieren) eingesetzt, gerade auch i. R. der Rückfallprophylaxe. In komplexen Schulungsprogrammen werden diese Techniken erfolgreich miteinander kombiniert. *Gewichtskontrolle*. Warschburger et al. 2005, Warschburger 2005. *P. Warschburger*

Gewichtszahlen [engl. *numerical weights*], [**DIA**], numerische Werte, die bei einzelnen oder best. Größen multiplikativ zugefügt werden, um Stichprobenverzerrungen auszugleichen. Durch eine G. größer 1 kann die Unter- [bzw. kleiner 1 die Über-]repräsentiertheit von Subgruppen in der Gesamtstichprobe korrigiert werden.

Gewichtszunahme unter Psychopharmaka (= G.) [engl. *weight increase due to psychotropic drugs*], [**PHA**], G. stellt eine wichtige unerwünschte Begleiterscheinung der Behandlung mit unterschiedlichen Arzneimittelgruppen (am häufigsten: *Antidepressiva*, *Antipsychotika* und *Phasenprophylaktika*) dar. Daraus resultiert einerseits häufig eine verminderte *Compliance*, andererseits kann die G. mit der Entwicklung eines *metabolischen Syndroms* und einer Reihe weiterer organischer Komplikationen verbunden sein. Unter den Antidepressiva tritt eine G. am häufigsten unter Behandlungen mit trizyklischen Antidepressiva (insbes. *Amitriptylin*) auf. Die Therapie mit *SSRIs* ist meistens nicht mit einer relevanten G. verbunden, allerdings fanden sich in einzelnen Untersuchungen auch gegenteilige Ergebnisse. Darunter wurde am häufigsten eine relevante G. für *Paroxetin* berichtet. Ferner ist eine Behandlung mit *Mirtazapin* relativ häufig mit einer G. verbunden. Bzgl. der G. unter der Behandlung mit Antipsychotika konnten deutliche Unterschiede zw. versch. Substanzen nachgewiesen werden. Bes. problematisch dabei sind *Olanzapin* (mittlere Gewichtszunahme nach 1 Jahr: 11–17 kg), *Amisulprid* (10 kg), *Clozapin* (10 kg) und Quetiapin (10 kg). Etwas geringere durchschnittliche Gewichtszunahmen finden sich für *Risperidon* (8–9 kg) und *Haloperidol* (4–11 kg). Bei einer Umstellung auf *Ziprasidon* oder *Aripiprazol* wurden Gewichtsabnahmen berichtet. Trotz des eindeutigen Risikos einer G. unter antipsychotischer Behandlung steht diese dennoch in inverser *Korrelation* mit der *Mortalität* bei Pat., die unter einer *Schizophrenie* leiden. Unter den Phasenprophylaktika wird eine relevante G. insbes. bei Behandlungen mit *Lithium*, *Valproinsäure*, aber auch unter *Carbamazepin* beobachtet. Die genauen Mechanismen der psychopharmakainduzierten Gewichtszunahme sind nicht abschließend geklärt. U. a. wird sie mit dem 5-HT2- und H1-Rezeptorantagonismus in Verbindung gebracht, aber auch mit einer Einflussnahme über die Neuropeptide Leptin, Ghrelin und Adiponectin. Eine psychopharmakainduzierte Gewichtszunahme darf nicht unkritisch in Kauf genommen werden. Um dieser entgegenzuwirken, sollten zunächst verhaltenstherap. (*Verhaltenstherapie*) und diätetische Maßnahmen ergriffen werden. Bei deren Unwirksamkeit muss das Nutzen/Risiko-Verhältnis sorgfältig abgewogen werden, sodass ggf. auch eine Umstellung in Erwägung gezogen werden sollte. *T. Veselinović*

Gewichtungsverfahren [engl. *weighting procedures*], *Datenqualität*.

Gewinnaufteilung [engl. *profit apportionment*], *Aufteilungsgerechtigkeit*.

Gewinn-Gewinn-Strategie [engl. *win-win strategy*], *Konflikt, sozialer*, *Spieltheorie*.

Gewinnmaximierungsinteressen [engl. *win-maximization interests*], *Koalitionsspiele*.

Gewinn-Verlust-Strategie [engl. *win-lose strategy*], *Konflikt, sozialer*, *Spieltheorie*.

Gewissen [engl. *conscience*], *Moralpsychologie*, *Entwicklung, moralische*, *Gerechtigkeit, Gerechtigkeitsprinzip*, *Ethik*.

Gewissenhaftigkeit [engl. *conscientiousness*], [**PER**], ist eine breite Persönlichkeitsdimension (*Persönlichkeit*) im *Fünf-Faktoren-Modell*. Hohe Ausprägungen sind gekennzeichnet durch Umsichtigkeit, Ordentlichkeit (in extremer Ausprägung Perfektionismus), Pflichtbewusstsein, Ehrgeizigkeit, Selbstdisziplin und Besonnenheit; niedrige Ausprägungen durch Planlosigkeit, Nachlässigkeit, Leichtfertigkeit, Unmotiviertheit, Undiszipliniertheit und Spontaneität bei Entscheidungen. Die jew. Unterfaktoren sind nur mäßig miteinander korreliert. G. sagt stärker als die anderen *Big Five* Leistungen vorher, insbes. Schul- und Studienleistungen und Berufserfolg. Verwandt mit G. ist die engere Dimension der Vertrauenswürdigkeit (Integrität, [engl. *integrity*]; *integrity tests*).

Gewohnheit (= G.) [engl. *habit*], [**GES, KOG, EM**], bezeichnet die erlernte Reaktionstendenz einer Person, in einer best. Situation eine best. automatische *Reaktion* (meist: *Handlung*) zu zeigen. Das *Lernen* der Situations-Reaktions-Verknüpfung («wenn-dann»-Verknüpfung) erfolgt durch wiederholtes Ausführen der Reaktion (z. B. Zähne putzen) unter den spezif. Situationsbedingungen (z. B. immer nach dem Frühstück). Die Situation kann dabei über verschiedenste Merkmale determiniert sein (z. B. Zeit, Ort, körperliche *Empfindungen*). Bei Bestehen von G. wird die Reaktion in der spezif. Situation automatisch, d. h. ohne gezieltes *Denken*, ausgelöst. Dies führt zu kogn. Entlastung, da die Auslösung der Reaktion keine bewusste Entscheidung (*Intention*sbildung) mehr benötigt. G. weisen konzeptionelle Nähe zu Implementierungsintentionen (*Implementierungsintention*) auf, die ebenfalls i. S. von «wenn-dann»-Verknüpfungen mental repräsentiert sind (*Repräsentation*). Implementierungsintentionen müssen im Unterschied zu G. jedoch willentlich, d. h. durch kogn. Kontrolle, gestützt werden und laufen nicht automatisch ab (vgl. Verplanken 2007). *L. Krämer*

Gewohnheitspotenzial, Gewohnheitsstärke (= G.) [engl. *habit strength*], [**KOG**], die von C. L. Hull (1884–1952) vertretene Theorie der Verstärkung von Reaktionstendenzen unterstellt ein G. als bestimmend (neben der Bedürfnisspannung) für Wahrscheinlichkeit und Schnelligkeit einer Reaktion. Durch wiederholte Durchführung und Verstärkung einer Handlung bildet sich ein G. «Die Bedürfnisspannung aktiviert die Gewohnheitspotenziale zum Reaktionspotenzial.» Bsp.: Wer den Weg zu einer Gaststätte gelernt hat, wird ihn umso eher einschlagen und umso schneller durchmessen, je hungriger er ist und je öfter und erfolgreicher er den Weg bereits eingeschlagen hat (Hofstätter). *habit*. Hull 1951.

gezielte Bewegung *Zielbewegung*.

g-Faktor [engl. *g factor, general intelligence factor*], [**KOG, PER**], G-Faktor, genereller Faktor, Allgemeinfaktor. Bei Spearman der im Aufbau der *Intelligenz* angenommene allg. Faktor *(general factor)*. *s-Faktor*, *Intelligenzfaktoren*.

Gf-Gc-Theorie *Intelligenz, praktische*.

GH *Growth Hormone*.

GH-Freisetzungshormon [engl. *growth-hormone-releasing-hormone*], [**BIO**], Abk. GH-RH, Hypothalamushormon, das die Freisetzung von Wachstumshormonen (*Wachstumshormon*) bewirkt. *Hormone*.

GH-Hemmungshormon [engl. *growth hormone-inhibiting hormone*], [**BIO**], Abk. GH-IH, Hypothalamushormon, das die Freisetzung von Wachstumshormonen (*Wachstumshormon*) hemmt. *Hormone*.

Gibson-Gradient [engl. *Gibson's texture gradient*; lat. *gradus* Abstufung], nach J. J. Gibson (1904–1979), [**WA**], Texturgradient beim *räumlichen Sehen* (Tiefenwahrnehmung); die sichtbaren Elemente (Textur) auf einer Oberfläche verändern ihre *Sehwinkel* (retinale Größe, Größe in der optischen Anordnung, *ökologische Optik*) in systematischer Weise in Abhängigkeit von der Entfernung (horizontale und vertikale Ausdehnung werden mit der Entfernung kleiner, Höhe im Gesichtsfeld wird größer); Textur-Gradienten führen auch dann zu einem Tiefeneindruck, wenn die sichtbaren Elemente zufällig angeordnet sind. Der Unterschied zw. Gibson-Gradient und linearer *Perspektive* ist unscharf; lineare Perspektive impliziert i. Allg. sichtbare Umrisse, während es sich beim Gibson-Gradienten um regelmäßig oder unregelmäßig angeordnete Oberflächenelemente handelt, die aber natürlich auch den Regeln der linearen Perspektive folgen; die Unterscheidung wird unscharf, wenn die Oberflächenelemente klare Umrisse haben (z. B. Schachbrettmuster). Gibson 1982, Goldstein 2007. *H. Heuer*

Giese, Fritz (1890–1935), [**HIS**], tätig in der *Arbeitswissenschaft*, *Psychotechnik*;, Leipzig, Halle, Stuttgart, Begründer des *Ersten deutschen Wörterbuches* (1921) und Vorläufer des Ps. Wörterbuches von *Dorsch, Friedrich Karl Georg*

«Dorsch – Psychologisches Wörterbuch» bzw. des vorliegenden «Dorsch – Lexikon der Psychologie».

TestGießener Beschwerdebogen für Kinder und Jugendliche (GBB-KJ), 2009, C. Barkmann & E. Brähler, [www.testzentrale.de], **[DIA, GES, KLI]**. Verfahren zur Messung körperlicher Beschwerden. AA 4 bis 18 Jahre. Der GBB-KJ ist ein mehrdimensionaler psychometrischer Fragebogen zur systematischen, differenzierten und umfassenden Messung körperlicher Beschwerden im Selbst- und Fremdurteil. Das Verfahren erfasst die Beschwerdeskalen (1) *Erschöpfung*, (2) *Magenbeschwerden*, (3) *Gliederschmerzen*, (4) *Kreislaufbeschwerden* und (5) *Erkältungsbeschwerden*. Die Items der fünf Beschwerdeskalen werden außerdem zu einem Gesamtwert Beschwerdedruck aggregiert. Es existieren eine Langform (59 Items) und eine Kurzform (35 Items) sowohl für die Selbst- als auch für die Fremdeinschätzung. Das Verfahren empfiehlt sich für Ps., Mediziner, Pädagogen und andere gesundheitsbezogene Berufsgruppen, die mit psych., psychosomatisch und/oder somatisch auffälligen Kindern und Jugendlichen arbeiten. Der Test ist in der klin. Praxis und in der Forschung anwendbar. *Normierung*: Es werden bundesweit repräsentative, alters- und geschlechtsspezifische Perzentil- und T-Werte für das Selbsturteil von 11- bis 18-Jährigen ($N = 1027$) und das Elternurteil von 4- bis 18-Jährigen ($N = 1950$) angeboten. Bearbeitungsdauer: Langform ca. 15 Min., Kurzform ca. 10 Min. Die Auswertung erfordert ca. 25 Min.

TestGießener Beschwerdebogen (GBB), 1995, von E. Brähler und J. W. Scheer, [www.testzentrale.de], 1. Aufl. 1983, **[DIA, GES]**. Klinischer Test; Beschwerdenliste. AA ab 16 Jahren. Fragebogen zur Erfassung von Einzelbeschwerden. Er umfasst 57 Items aus den Bereichen *Allgemeinbefinden*, *Vegetativum*, *Schmerzen* und *Emotionalität*. Subskalen sind: *Erschöpfung*, *Magenbeschwerden*, *Gliederschmerzen*, *Herzbeschwerden* und *Beschwerdedruck*. *Normierung* an $N = 1601$. Itemmittelwertsprofile und Prozentrangwerte sind angegeben. Studien zu verschiedenen Aspekten der Validität liegen vor. Durchführungszeit ca. 10 bis 15 Min. Es kann eine Fremdbildform eingesetzt werden. Mit dem GBB-24 liegt eine Kurzform vor. Für Kinder und Jugendliche existiert der *Gießener Beschwerdebogen für Kinder und Jugendliche (GBB-KJ)*.

TestGießen-Test II (GT-II), 2012, D. Beckmann, E. Brähler & H.-E. Richter, [www.testzentrale.de], **DIA, KLI, PER**]. Verfahren zur Erfassung von Selbst-, Fremd- und Idealbildern. AA ab 14 Jahren. Der GT-II ist ein mehrdimensionaler Fragebogen, der *Selbstbild*, *Fremdbild* und *Idealbild* erfassen kann. Bei seiner Konstruktion standen psychoanalytische und sozialps. Konzepte im Vordergrund. Mit insg. 40 bipolar formulierten Items werden die sechs Standardskalen *Soziale Resonanz* (neg. sozial resonant vs. pos. sozial resonant), *Dominanz* (dominant vs. gefügig), *Kontrolle* (unterkontrolliert vs. zwanghaft), *Grundstimmung* (hypomanisch vs. depressiv), *Durchlässigkeit* (durchlässig vs. retentiv) und *Soziale Potenz* (sozial potent vs. sozial impotent) erhoben. Zwei Kontrollskalen erfassen des Weiteren die Zahl der Mittel- bzw. Extremankreuzungen. Der GT-II kann sowohl auf Skalen- als auch auf Itemebene aus-gewertet werden. Das Verfahren kann sowohl als Einzel- wie auch als Gruppentest durchgeführt werden. *Normierung*: Als Normwerte werden T-Werte und Prozentränge aufgeführt. Die Normierung beruht auf einer bevölkerungsrepräsentativen Stichprobe im Alter von 14 bis 92 Jahren ($N = 5036$). Bearbeitungsdauer: Durchführung ca. 15 Min., Auswertung ca. 10 Min.

Gilbreth, Frank B. (1868–1924), **[AO, HIS]**, Arbeits- und Betriebswissenschaftler, der durch seine Untersuchungen zur Bewegungsanalyse bekannt wurde, Fairfield (Maine), Montclair (NY).

Gilbreth-Bewegungsstudie [engl. *Gilbreth's motion study*], **[AO]**, bei den Bemühungen Taylors um *Rationalisierung* der Industriearbeit waren Bewegungsstudien (Ausrichtung der Arbeitsmotorik auf «Bestbewegung») belangvoll. F. G. Gilbreth (1868-1924) und seine Ehefrau Lillian (1878-1972) suchten mit Kinoaufnahmen, Lichtspurverfahren (*cyclegraphy*) und Drahtmodellen diesen *one best way* für viele handwerkliche und industrielle Arbeiten festzulegen. *Bewegungsstudie*, *Psychomotorik*. Buytendijk 1956.

Gilbreth-Uhr (= G.) [engl. *Gilbreth's stop-watch*], nach F.G. Gilbreth (1868-1924), **[AO]**, veraltetes Verfahren; Vorrichtung zum Messen kleinster Bewegungen bei kinematografischen Aufnahmen. Die G. besitzt ein großes Zifferblatt, das, ähnlich dem *Chronoskop*, kleinste Zeiteinheiten angibt und mitfotografiert wird.

Gilles-de-la-Tourette-Syndrom (= G.), **[KLI, PHA]**, neuropsychiatrische Erkrankung, die durch motorische und/oder verbale Tics versch. Art gekennzeichnet ist. Der Beginn ist i. d. R. im Grundschulalter, in der *Pubertät* kann es zu einer weiteren Verschlechterung kommen. Bei einigen Pat. lassen die Tics im Verlauf des jungen Erwachsenenalters nach, die Mehrheit behält die *Symptome* jedoch lebenslang. Bei vielen Pat. wird parallel zum G. eine Zwangssymptomatik (*Zwangsstörung*) beobachtet. Außerdem treten häufig begleitend Aufmerksamkeitsprobleme, Lernschwierigkeiten, Schwierigkeiten bei der *Impulskontrolle*, *Schlafstörungen* und *Depressionen* auf. Eine spezif. medikamentöse Therapie existiert nicht. Als *Off-label*-Therapie werden meistens D2-Rezeptor-*Antagonisten* in niedriger Dosierung eingesetzt (z. B. *Risperidon* 0,5–4 mg, *Sulpirid* 2–6 × 200 mg sowie Tiaprid 3 × 100–200 mg). Für die folg. Substanzen existieren pos. kontrollierte Studien, jedoch keine Zulassung: *Clonidin*, *Benzodiazepine*, *Baclofen*, *Clomipramin*, *Pergolid* und *L-Dopa*. Eine offizielle Zulassung für *Tic-Störungen* existiert ausschließlich für *Haloperidol*, allerdings sollte dessen Anwendung aufgrund des Nebenwirkungsprofils und verfügbarer Alternativen kritisch geprüft werden. *T. Veselinović*

Ginkgo biloba (= G.) [engl. *Ginkgo extracts*], **[PHA]**, Substanzen aus der Stoffklasse der *Phytopharmaka* und *Nootropika*, die aus den Blättern des G.-Baumes gewonnen werden. G. werden zur Beeinflussung von alters- und krankheitsbegleitenden kogn. Leistungsminderungen zusätzl. oder statt *Nootropika* in umfangreichem Maße eingesetzt. Ihre psych. Wirkungen sind nicht überzeugend nachgewiesen. Riederer et al. 1992. *W. Janke*

gist [engl.] Kernaussage, Quintessenz, **[WA]**, der Szenen-G. bez. den globalen «Eindruck» oder auch die Quintessenz einer (visuellen) Szene. *U. Ansorge*

Gitter-Technik (= G.), syn. *Gridtechnik*, **[DIA, EM, PER]**, die G. wurde zur Messung *impliziter* (unbewusster) *Motive* entwickelt. Der Name «Gitter» leitet sich aus dem Konstruktionsprinzip her, indem bildlich dargestellte Situationen mit motivspezifischen Aussagen gittermäßig kombiniert werden. Wie der TAT (*Thematischer Apperzeptionstest (TAT)*) basiert das Prinzip der G. auf der Vermutung, dass individuelle Motive bestimmen, wie Menschen Situationen und somit die Bilder interpretieren. Anders als beim TAT sollen zu den Bildern aber keine Geschichten geschrieben werden, sondern es soll für die unter den Bildern stehenden Aussagen entschieden werden, ob sie zu den bildlich dargestellten Situationen passen oder nicht. Die Art und Anzahl der angekreuzten Aussagen lässt dann Aussagen über die Ausprägung einzelner Motivdispositionen zu. Instrumente, die auf der G. basieren, sind das *Leistungsmotivationsgitter* für Kinder sowie das *Multi-Motiv-Gitter (MMG)* zur Erfassung der drei großen Motive («big three») *Leistungsmotiv*), *Machtmotiv* und *Hoffnung auf Anschluss*. Es werden jeweils die Annäherungs- und Meidenkomponenten (*Annäherungs-Vermeidungs-Konflikt, Konflikttheorie*) der Motive erfasst. Unterdessen liegen zu den Testgütekriterien (*Gütekriterien*) unterstützende Befunde in vielfältiger Form vor, sowohl aus laborexp. Untersuchungen (*Laborexperiment*) als auch aus der Feldforschung (*Feldstudie*). *H.-D. Schmalt*

glandotrop [engl. *glandotropic*], **[BIO]**, Bez. für Wirkart von Hormonen (*glandotrope Hormone*), bes. des HVL, d. h. endokrine *Drüsen* anregend.

glandotrope Hormone (= g. H.) [engl. *glandotropic hormones*; lat. *glandula* Drüse, gr. τροπη (*trope*) Wendung, Einwirkung], **[BIO]**, *Hormone* des Hypophysenvorderlappens, auch als Tropine bezeichnet, die die Freisetzung von Hormonen in endokrinen Drüsen anregen. Die wichtigsten g. H. sind: (1) *adrenokortikotropes Hormon* (Abk. ACTH), die Ausschüttung der Nebennierenrindenhormone (*Kortiko(stero)ide*) anregend; (2) thyreotropes Hormon (Abk. TSH), die Ausschüttung von *Schilddrüsenhormonen* anregend; (3) gonadotrope Hormone (*Gonadotropine*), die Ausschüttung von *Gonadenhormonen* anregend. Die Ausschüttung der g. H. wird von vielen Faktoren bestimmt, bes. durch die sich im Blut befindlichen, von den peripheren Drüsen produzierten Hormone (neg. Rückkopplung) und durch Freisetzungshormone des Hypothalamus. Einige g. H. haben zentrale Wirkungen. *Hormone*. *W. Janke*

glandula, glandulär [engl. *glandular* drüsig, **[BIO]**, [lat.] Drüse, zur Drüse gehörend. Ps. wichtig sind fast alle Drüsen mit innerer Sekretion. *Hormone*.

glandula pituitaria [lat. *glandula* Drüse, *pituita* Schleim], **[BIO]**, die *Hypophyse* (Hirnanhangdrüse). *Gehirn*.

Glanz [engl. *gloss*], **[WA]**, eine Lichtreflexion an Gegenständen mit glatten Oberflächen, die deren Farbe an Helligkeit übertrifft und als Licht aufgefasst wird, das nicht eigentlich zur Farbe des Dinges gehört. Von manchen Autoren wird Glanz als eigene Empfindungsqualität betrachtet. *stereoskopischer Glanz*.

Glaskörper [engl. *vitreous body*], *Auge*.

Glass delta [engl. *Glass's delta/Δ*], **[FSE]**, Maß der *Effektgröße*, das von *Cohens d* abgeleitet wurde. Es wird zur Standardisierung der Mittelwertsdifferenz zweier unabhängiger Stichproben die Merkmalsstreuung (*Standardabweichung*) in der *Kontrollgruppe* verwendet. Dieser Kennwert erlaubt einen Vergleich der Mittelwerte mehrerer Experimentalguppen mit dem Mittelwert einer Kontrollgruppe, wobei dann diese Differenzen an der identischen Streuung relativiert werden. Leonhart 2013. *R. Leonhart*

Glaube (= G.) [engl. *belief, faith*], **[KOG]**, subj. Fürwahrhalten, wobei weder eine obj. Begründung noch eine obj. Geltungsabsicherung erwartet wird. I. S. der Religionswissenschaft ist G. ein irrationaler Verstehensentwurf des Daseins, der den personalen Kern des Menschen berührt. *Aberglaube, Überzeugungssystem, Glaubenssystem, Religionspsychologie*.

Glauben-Wunsch-Theorie der Motivation [engl. *belief-desire(-intention) model*], *Erwartung-Wert-Theorien*.

Glaubhaftigkeit [engl. *credibility*], **[RF]**, Beweiswert der Zeugenaussage. Hängt ab von der Aussagetüchtigkeit des Zeugen und seiner Bereitschaft, die Wahrheit zu sagen. *Aussagepsychologie, Glaubhaftigkeitsbegutachtung*.

Glaubhaftigkeitsbegutachtung (= G.) [engl. *appraisal/assessment of credibility*], **[DIA, RF]**, bei der Begutachtung der *Glaubhaftigkeit* geht es um die Frage, ob eine Person im spezif. Fall eine Aussage tätigt, die auf einem tatsächlichen Erlebnis basiert. Da es keine Merkmale gibt, die i. S. nomologischer Gesetze mit wahren oder unwahren Aussagen verknüpft sind, besteht das diagn. Vorgehen im kontrastierenden Vergleich versch. Modelle, die alternative Erklärungen für die vorhandenen Daten anbieten. D. h., es ist zu prüfen, ob die infrage stehende Aussage anders als durch einen tatsächlichen Erlebnishintergrund erklärt werden kann. Im Wesentlichen geht es dabei um zwei Gegenhypothesen zur *Wahrannahme*, nämlich um (1) eine absichtliche Falschaussage und (2) um eine auf einer *Pseudoerinnerung* basierende obj. falsche Darstellung, die subj. für wahr gehalten wird.

Wahr versus erfunden: Es stellt eine schwierige Aufgabe mit hoher Anforderung an die kogn. Leistungsfähigkeit eines Zeugen dar, eine Aussage über ein komplexes Handlungsgeschehen ohne eigene Wahrnehmungsgrundlage zu erfinden. Dies gilt umso mehr, wenn die Aussage wiederholt i. R. einer unmittelbaren Befragungssituation produziert werden muss, in der Nachfragen gestellt werden können. Während eine wahr aussagende Person auf ereignisspezifische autobiografische Repräsentationen zurückgreifen kann, die episodischen Charakter (*episodisches Gedächtnis*) haben und bildhaft vorstellbare Informationen über spezif. raum-zeitlich lokalisierbare Ereignisse enthalten, muss der lügende Zeuge auf kogn. *Schemata* rekurrieren, die definitionsgemäß typische Merkmale einer Ereigniskategorie aufweisen. Erlebnisbasierte Aussagen sind deswegen im Vergleich zu erfundenen i. d. R. elaborierter und stärker indiv. durchzeichnet. Zudem versucht eine lügende Person den falschen Eindruck eines aufrichtigen Kommunikators zu erzeugen. Deswegen werden Äußerungen vermieden, die den Alltagsvorstellungen nach gegen ihre Glaubwürdigkeit sprechen könnten. Außerdem werden kogn. Ressourcen verbraucht, wenn lügende Personen mit der Kontrolle der Wirkung ihrer Täuschung beschäftigt sind, was wiederum die Leistung beeinträchtigt und zu weniger elaborierter Aussagequalität führt. Daher wird die Qualität der Aussage auf der Basis der indiv. Kompetenzen, Vorerfahrungen, dispositionellen Besonderheiten unter Beachtung der Aussagebereitschaft und unter Berücksichtigung der relevanten situativen Bedingungen bewertet. Zur Operationalisierung der inhaltlichen Qualität einer Aussage wurden versch. Kriteriologien entwickelt, die 1989 von Steller und Köhnken zu einer Liste von sog. Realkennzeichen zus.gestellt wurden (Steller & Köhnken 1989; *Merkmalsorientierte Inhaltsanalyse*). Der Qualitäts-Kompetenz-Vergleich (Steller 2008) ermöglicht eine Schlussfolgerung darüber, ob der Aussagende in der Lage war, die vorliegende Aussage zu erfinden oder nicht.

Wahr versus Pseudoerinnerung: Anders als eine lügende Person ist eine auf der Basis einer Pseudoerinnerung aussagende Person vom Wahrheitsgehalt der eigenen Aussage überzeugt und daher nicht mit Täuschungsverheimlichung und damit verbundener strategischer Selbstpräsentation beschäftigt und konstruiert auch nicht absichtlich eine falsche Darstellung, sondern nimmt Bezug auf ihre vermeintliche Erinnerung. Unterschiede in der Aussagequalität zu erlebnisbasierten Aussagen lassen sich nicht oder allenfalls in geringem Umfang finden, jedenfalls dann nicht, wenn es zur Ausbildung von komplexen Pseudoerinnerungen gekommen ist. Unterschiede bestehen aber im Hinblick auf den Verlauf der Aussageentstehung und -entwicklung. Erinnerungen an tatsächliche autobiografisch bedeutsame Ereignisse beziehen sich auf in der Vergangenheit gemachte Erfahrungen, die abgeschlossen und durch die Erfahrung begrenzt sind, und sind i. d. R. kontinuierlich. Pseudoerinnerungen sind demgegenüber immer diskontinuierlich, treten i. d. R. als Reaktion auf suggestive Befragungen oder auf eine aktive Suche nach vermuteten aktuell nicht erinnerbaren Erinnerungen an traumatische Erlebnisse auf, können Muster aufweisen, die gedächtnispsychol. Gesetzmäßigkeiten nicht entsprechen, sind nicht durch Erfahrung begrenzt und können sich deswegen immer weiterentwickeln. In der Begutachtung erfolgt daher eine genaue Rekonstruktion der Aussageentstehung und -geschichte, um etwaige suggestive Einflüsse feststellen oder ausschließen zu können.

Abschließend wird bei der G. geprüft, inwieweit sich die vorhandenen Daten mit den jew. Erklärungsmodellen ps. sinnvoll vereinbaren lassen oder nicht und ob sich die Gegenannahmen zur *Wahrannahme* ausschließen lassen oder nicht (Volbert et al. 2010). *R. Volbert*

Glaubhaftigkeitsmerkmale [engl. *content criteria*], *Realkennzeichen*.

Glaubwürdigkeit [engl. *credibility*], [**RF**], angenommene Eigenschaft der Zeugenpersönlichkeit. Veraltetes Konstrukt, da es für die Rechtsprechung nur auf die *Glaubhaftigkeit* der Aussage ankommt. Undeutsch 1967.

Glaubwürdigkeit, wirtschaftspsychologisch (= G.) [engl. *credibility*], [**SOZ, WIR**], ist das Ausmaß, wie hoch der Wahrheitsgehalt von Botschaften eingeschätzt wird. Dabei kommt der Quelle bzw. dem Sender (*Kommunikation*) eine starke Rolle zu, etwa in dem Ausmaß, in dem er motiviert erscheint, die Wahrheit zu sagen, wie kompetent er eingestuft wird, wie attraktiv er ist, und welche *Einstellungen* zum Sender vorliegen. Die Botschaft selbst hat ebenfalls einen erheblichen Einfluss auf die G., z. B. durch starke Argumente sowie wenig Widerspruch und Dissonanz (*Emotionsarbeit, kognitive Dissonanz*). Auch Vertrautheit mit der Botschaft durch mehrfache Wiederholung erhöht die Glaubwürdigkeit. Das Medium, das eine Botschaft vermittelt, beeinflusst die G. indem es etwa als seriös gilt oder als besonders kompetent. Der Empfänger mit seinem Vorwissen und seiner *Persönlichkeit* ist selbst eine Einflussgröße auf die G., die er einer Botschaft zuschreibt. Als letztes spielt auch der weitere Kontext eine Rolle für die G., etwa die Reaktionen anderer Personen auf eine Botschaft. Man denke an zustimmende oder ablehnende Reaktionen des Publikums in einer Polit-Talkshow. *F. Becker*

Glaubwürdigkeitsattribution (= G.) [engl. *attribution of credibility*], [**RF**], als G. wird der Prozess der *Eindrucksbildung* bezeichnet, bei dem der Aussage eines Senders durch einen Empfänger subj. Glaubwürdigkeit zugeschrieben wird, wobei diese Zuschreibung nicht auf einer systematischen Verhaltensanalyse beruht, sondern einfachen Entscheidungsregeln folgt. *Heuristik, Lügenstereotyp*. Köhnken 1990, Niehaus 2008b. *S. Niehaus*

Gleichgewicht, autonomes [engl. *equilibrum state, autonomous*], [**BIO**], die zwischen sympathischem und parasympathischem *Nervensystem* vermutete (aber auch bestrittene) autonome Ausgleichstendenz. Eysenck 1952.

Gleichgewichtsorgan [engl. *equilibrium organ*], *Ohr*.

Gleichgewichtstheorien *Balance-Theorien, Gleichgewichtstheorien*.

Gleichheitspassung [engl. *identity fit*], *soziale Beziehungen*.

Gleichheitsstreben [engl. *equality/egalitarian motive*], *Organisationswahl*.

gleichwertige Gruppen [engl. *equal groups*], *Parallelgruppen, Parallelstichproben*.

Glia *Neuroglia*.

Global Deterioration Scale (GDS) *Reisberg Skalen GDS, BCRS, FAST*.

global divide [engl.] globale Kluft; *digital divide*.

globale Anpassung, Maße [engl. *measures of global-fit*], [**FSE**], Gruppe von Gütemaßen zur Prüfung der Qualität (Daten-Modellpassung) von Strukturgleichungsmodellen (*Strukturgleichungsmodelle*).

globale Aphasie (= g. A.) [engl. *global aphasia*], [**BIO, KOG**], bezeichnet eine Störung der *Sprache* (*Sprachstörungen*), die nach Hirnschädigungen (*Hirnschädigung*) auftreten kann. G. A. zählt zu den Standardsyndromen der Aphasie (zum *Syndrom*begriff, s. auch *Wernicke-*

Aphasie). Weitere Standardsyndrome sind *Broca-Aphasie*, Wernicke-Aphasie und *amnestische Aphasie*. G. A. ist die schwerste Form der *Aphasie*, bei der alle sprachlichen Modalitäten, d. h. *Sprechen* (*Sprachproduktion*) und Verstehen von Sprache (*Sprachrezeption*) sowie *Lesen* und *Schreiben*, schwer beeinträchtigt sind. *Artikulation*, Satzintonation und -betonung sind ebenfalls schwer gestört. Infolge dieser Beeinträchtigungen ist eine *Kommunikation* kaum noch möglich. In den Fällen, in denen es zu sprachlichen Äußerungen kommt, ist der Verlauf stockend und der Pat. zeigt eine erhebliche Sprech- oder Schreibanstrengung. Der Satzbau ist grundlegend eingeschränkt und Äußerungen bestehen oft nur aus Einzelwörtern mit grob abweichenden inhaltlichen Entstellungen (*Paraphasien*), aneinandergereihten Einzelsilben («tatatatata») oder floskelhaften Äußerungen, die ständig wiederholt werden (Sprachautomatismen). Im akuten Stadium machen Pat. mit g. A. kaum noch den Versuch, mit ihrer Umwelt zu kommunizieren und verstehen nur einfachste Aufforderungen oder Fragen. Poeck 1994. *F. Burchert*

globales Lernen [engl. *global learning*], *Lernen*, *Lernforschung*.

GLOBE *Kulturdimensionen*.

Glossolalie (= G.) [engl. *glossolalia*; gr. γλῶσσα (*glossa*) Zunge, λαλεῖν (*lalein*) sprechen], **[KLI]**, Zungenreden. In Ausnahmezuständen (*Ekstase*) auftretendes Sprechen mit gehobener Stimme in einer scheinbaren Fremdsprache, die aber in pseudosprachlichen Lautgebilden besteht. Wurde häufig als religiöse Offenbarung betrachtet. G. bez. auch *schizophrenes*, nicht der *Kommunikation* dienendes Produzieren von unverständlichen Lauten (*Dysphrasie*), die wie regelhafte fremdsprachige Phonemfolgen anmuten, weil sie häufig wiederholt werden und eine Prosodie aufweisen. Die Klangformen dieser Stereotypien stehen damit zw. denen echter Sprachgebilde (*Verbigeration*) und Geräuschen. Obschon diese Klangformen eine gewisse Konstanz in ihrer Wiederkehr aufweisen, scheint ihnen eine semantische und pragmatische Zeichenfunktion zu fehlen.

Glück [engl. *joy, happiness*], *Wohlbefinden*.

Glücksspielbezogene Störung [engl. *gambling disorder*]; *Glücksspielsucht*.

Glücksspielsucht (= G.) [engl. *gambling addiction*], **[KLI]**, der Begriff G. wird im Zus.hang mit der exzessiv-destruktiven Teilnahme am Glücksspiel (z. B. Automatenspiel, Roulette, Poker, Sportwetten) verwendet und beschreibt in Analogie zu stoffgebundenen Suchterkrankungen (*Sucht- und Substanzbezogene Störungen*) den Prototyp einer *Verhaltenssucht*. Dabei sind die Betroffenen dem Glücksspiel verfallen und setzen nicht selten «Haus und Hof» aufs Spiel, um ihren Bedürfnissen nachzukommen. Im Vordergrund der Symptomatik einer G. bzw. eines pathologischen Glücksspielverhaltens [engl. *pathological gambling*] steht der subj. erlebte Kontrollverlust im Umgang mit Glücksspielen gepaart mit einer zunehmenden Einengung der allg. Lebensführung. Weitere formal-diagn. Kriterien umfassen nach dem *DSM-5* u. a. *Toleranzentwicklung*, *Abstinenz*unfähigkeit, das Weiterspielen trotz Folgeschäden sowie entzugsähnliche Erscheinungen. Zudem bilden das

sog. *Chasing-Verhalten* (Versuche des Verlustausgleichs) und das sog. *Bail-Out* (finanzielle Aushilfen durch andere Personen) glücksspielspezif. Symptome ab. Bes. das Fehlen eindeutiger Krankheitsanzeichen – die G. wird daher auch als *Hidden Addiction* ([engl.] verborgene Sucht) charakterisiert – begünstigt Verheimlichungstendenzen, sodass die Entwicklung und Manifestation glücksspielbezogener Probleme gewöhnlich einen langjährig andauernden Prozess bedeutet. Da Betroffene nur selten bzw. i. d. R. erst bei gravierenden Problemlagen professionelle Hilfen in Anspruch nehmen, erweisen sich die neg. Auswirkungen einer G. als mannigfaltig. Hierzu zählen u. a. Verschuldungen einschließlich der Privatinsolvenz, massive emot. Belastungen, Persönlichkeitsveränderungen, intrafamiliäre Konflikte, Probleme am Arbeits- oder Ausbildungsplatz, Beschaffungsdelinquenz sowie *Suizidalität*.

Abgesehen von den diagn. Leitlinien und den gängigen Erlebnisschilderungen der Betroffenen sprechen zahlreiche weitere Sachargumente für die nosologische Verortung dieses Störungsbildes als Suchterkrankung. Zum einen belegen neurowiss. Studien, dass Glücksspiele vergleichbare Hirnstrukturen aktivieren wie psychotrope Substanzen (z. B. *Alkohol*, *Kokain*); zum anderen zeigen sich offensichtlich Ähnlichkeiten in den Persönlichkeitsprofilen von pathologischen Glücksspielern und Substanzabhängigen sowie erhebliche Überschneidungen mit Blick auf handlungswirksame Risiko- und Schutzfaktoren (Meyer & Bachmann 2011). Vor diesem Hintergrund erfolgte im DSM-5 eine Reklassifikation des Krankheitsbildes weg von der *Impulskontrollstörung* hin zur Kategorie *Substance Related and Addictive Disorders* und damit eine prinzipielle Gleichstellung der G. mit stoffgebundenen Suchterkrankungen. Zugleich wurde das Label *Gambling Disorder* ([engl.] Störung durch Glücksspielen) zum Zwecke einer wertneutralen Beschreibung dieser Störungsentität eingeführt. Jener Schritt lässt sich als Türöffner für eine generelle Etablierung von Verhaltenssüchten verstehen; allerdings besteht vor der Aufnahme von weiteren stoffungebundenen Suchterkrankungen noch erheblicher Klärungsbedarf. Im wiss. Fokus steht derzeit vor allem die *Internet Gaming Disorder* ([engl.] Störung durch Spielen von Internetspielen), die sich als Forschungsdiagnose im Anhang des DSM-5 wiederfindet, verbunden mit dem zwingenden Aufruf nach weiterführender wiss. Evidenz (*Evidenzbasierung*).

Obwohl die Forschung zur G. als Teilbereich der Klin. Ps. hierzulande eine vgl.weise junge Wissenschaftsdisziplin verkörpert, liegen mittlerweile robuste Befunde zu einzelnen Aspekten vor. So können in Dt. im Jahre 2013 103 000 bis 300 000 Personen als glücksspielsüchtig bez. werden. Weitere 123.000 bis 347.000 Individuen gelten als sog. *Problemspieler* mit deutlichen glücksspielbedingten Belastungen, ohne jedoch die Kriterien einer G. zu erfüllen. Werden beide Kategorien zus.gelegt, erleben zw. 0,44 % und 1,20 % aller erwachsenen Dt. glücksspielbezogene Probleme, vornehmlich bei der Nutzung von Geldspielautomaten, die in Spielhallen und gastronomischen Betrieben aufgestellt sind. Ein erhöhtes *Risiko* besteht für Männer,

Personen bildungsferner Schichten, Migranten und Arbeitslose. Grundsätzlich fußt die Genese einer G. immer auf dem komplexen Wechselspiel von individuums-, umgebungs- und glücksspielbezogenen Risikobedingungen, wobei unterschiedliche Subtypen von Betroffenen und distinkte Entwicklungspfade zu beobachten sind. Darüber hinaus scheinen Prozesse der Selbstheilung bzw. Spontanremissionen bei pathologischen Glücksspielern keineswegs unüblich zu sein. Schließlich konstituieren Jugendliche ein bes. vulnerables Populationssegment, was wiederum den Bedarf an möglichst frühzeitig einsetzenden Maßnahmen der *Prävention* und *Intervention* verdeutlicht (Hayer 2012).   *T. Hayer*

Glukagon (= G.) [engl. *glucagon*], [**BIO**], in den α-Zellen der Langerhans'schen Inseln der Bauchspeicheldrüse produziertes Polypeptid-*Hormon*; direkter Gegenspieler von Insulin. Freisetzung bei Absinken des Blutzuckers. Stimulation des Glykogenabbaus in der Leber, Hemmung der Glykogensynthese und Förderung der Lipolyse im Fettgewebe, was zur Erhöhung des Blutzuckerspiegels führt, wodurch die Sicherstellung ausreichender Versorgung des Gehirns mit Glukose erfolgt. G. wird therap. bei schweren hypoglykämischen Zuständen (*Hypoglykämie*) eingesetzt. Im Zus.spiel mit Insulin ist G. wahrscheinlich an der Regulation von Hunger und Sättigung beteiligt.
W. Janke/P. Zimmermann

Glukokortikoidrezeptor (= G.) [engl. *glucocorticoide receptor*], [**BIO**], vermittelt die Wirkung von natürlichen (*Kortisol*) und synthetischen *Glukokortikoiden* (z. B. Prednisolon und Dexamethason). G. finden sich an fast allen Zellen im Körper und beeinflussen eine große Anzahl unterschiedlicher Prozesse, u. a. anti-inflammatorische und immunsupressive Reaktionen, aber auch den Metabolismus von Glukose, Fett und Proteinen. Aktivierte G. wirken direkt im Zellkern, wo sie die Expression best. Gene und somit die Proteinsynthese regulieren. I. R. der Kortikosteroidrezeptor-Hypothese der *Depression* wird einer Funktionsänderung der G. sowie der Mineralokortikoidrezeptoren eine wichtige Rolle bei der Entstehung der Depression zugeschrieben. Die Expression und Funktion von G. kann u. a. durch Verabreichung von *Antidepressiva* moduliert werden, wodurch es mittels neg. Rückkoppelung zu einer Normalisierung der Überaktivität i. R. des *HPA-Systems* kommt.   *T. Veselinović*

Glukokortikoidrezeptorantagonisten [engl. *glucocorticoide receptor antagonists*], [**PHA**], werden intensiv beforscht, mit dem Ziel, neue Behandlungsstrategien für Erkrankungen mit einer übermäßigen *Kortisol*-Produktion oder generellen Überaktivität im *HPA-System* zu entwickeln. Die meisten Substanzen (ORG 34850, ORG 34116, ORG 34517) fanden bis jetzt nur Anwendung in Tierexperimenten. Lediglich der gemischte Glukokortikoid-/Progesteronrezeptorantagonist *Mifepriston* (RU-486) wurde in humanen Studien eingesetzt, und zwar in exp. Behandlungen von psychotischen *Depressionen*, PTSD (*Posttraumatische Belastungsstörung*), Alkohol- und Kokainabhängigkeit (*Sucht- und Substanzbezogene Störungen*) sowie im Management von *Gewichtszunahme unter Psychopharmaka*.

Trotz pos. Einzelberichte belegen die Ergebnisse in keiner der genannten Indikationen den eindeutigen Nutzen von Mifepriston, insbes. wenn das Risiko der möglichen *Nebenwirkungen* mit einbezogen wird.   *T. Veselinović*

Glukokortiko(stero)ide (= G.) [engl. *glucocorticoids*], [**BIO**], *Hormone* der Nebennierenrinde (*Zona fasciculata*) mit Wirkungen auf den Kohlenhydratstoffwechsel. Das wichtigste G. beim Menschen ist das *Kortisol*. Daneben sind *Kortison* und *Kortikosteron* wichtig. Bei Tieren ist die hauptsächl. nachweisbare Substanz Kortikosteron. G. haben auch direkte neurotrope Effekte. Im NS sind G.-Rezeptoren nachgewiesen. Von bes. Bedeutung ist dabei der *Hippocampus*. Fehm-Wolfsdorf 1994, Holsboer 1995.
W. Janke/M. Reuter

Glukose (= G.) [engl. *glucose*], syn. *Traubenzucker*; einfacher Zucker (Monosaccharid), zentraler Energieträger des menschlichen Stoffwechsels, wobei *Gehirn* und Erythrozyten absolut glukoseabhängig sind. G.-Utilisation im Gehirn kann sichtbar gemacht werden durch *Positronen-Emissions-Tomografie* (PET) unter Verwendung radioaktiver Isotope. Bei vielen psych. und somatischen Störungen sind mit PET Veränderungen der zentralen G.-Utilisation nachgewiesen, so z. B. bei der *Alzheimer-Krankheit* vermindert. Glukoseverfügbarkeit muss auch innerhalb und außerhalb des *Nervensystems* innerhalb best. Bereiche liegen, wenn es nicht zu Störungen kommen soll. Löffler & Petrides 1997.   *W. Janke/P. Weyers*

Glukosetoleranz (= G.) [engl. *glucose tolerance*], [**BIO, PHA**], eine reguläre G. bedeutet, dass oral zugeführte Glukose vollst. im Dünndarm resorbiert wird und eine Erhöhung des Blutzuckers verursacht, die jedoch nicht sehr ausgeprägt und nach einer gewissen Zeit wieder rückläufig ist. Voraussetzung dafür ist eine ausreichende Freisetzung von Insulin und eine ungestörte Empfindlichkeit der peripheren Zellen (v. a. der Muskulatur) für die Insulinwirkung. Für die Überprüfung der funktionierenden G. wird der orale Glukosetoleranztest (oGTT) eingesetzt. Dabei trinkt der Pb nach achtstündiger Nahrungskarenz eine Standardlösung aus 75 g Traubenzucker und 300 ml Wasser innerhalb von 5 Min. Als normwertig gelten Nüchternblutzuckerwerte (vor dem oGTT) von unter 110 mg/dl sowie Blutzuckerwerte (BZ), gemessen 2 Std. nach Zufuhr der Glukoselösung, von unter 140 mg/dl. Auffällige Werte im oGTT sprechen für eine gestörte G. (nüchtern BZ zw. 120 und 126 mg/dl bzw. BZ nach zwei Std. zw. 140 und 199 mg/dl) oder bei darüber liegenden Werten für das Vorliegen eines *Diabetes mellitus*. Eine gestörte G. wird häufig im Zus.hang mit der Einnahme von atypischen *Antipsychotika* beobachtet, aber auch unabhängig davon, bei Pat., die an einer *Schizophrenie* leiden. Dabei ist bis jetzt unklar, ob dies ein Effekt einer ungesünderen Lebensführung ist oder auch im Zus.hang mit genetischen bzw. biol. Faktoren steht.   *T. Veselinović*

Glutamat (= G.) [engl. *glutamate*], [**BIO, PHA**], biogene Aminosäure, auch Vorstufe von *GABA*, Salz der Glutaminsäure, gilt als wichtigster exzitatorischer *Aminosäuren-Transmitter* im ZNS (*Nervensystem*). Bei längerer Exposition neurotoxische Wirkung. Glutamatrezeptoren (drei Typen: *NMDA*, AMPA, metabotrope Rezeptoren) sind über die gesamte Hirnrinde verteilt und gekoppelt mit CA1-Zellen im *Hippocampus*. NMDA-Rezeptoren sollen mit der synaptischen Plastizität und mit dem Behalten (Langzeitpotenzierung, *long-term potentiation* = LTP) zu tun haben. Da die Substanz *Phencyclidin* (*Psychotomimetika*) den NMDA-Rezeptor blockiert, wurde die *Glutamathypothese* der *Schizophrenie* aufgestellt. Als Glutaminsäure war in den 1950er-Jahren eine Zubereitung im Handel erhältlich, die bei Langzeitverabreichung kogn. Leistungen bei niedrig intelligenten Personen steigern sollte. Zahlreiche Untersuchungen lassen wegen meth. Mängel eine Interpretation nicht zu. Bei einmaliger Verabreichung zeigt G. keine Effekte. *Neurotransmitter*. Bunney et al. 1995, McEntee & Crook 1993. *W. Janke*

Glutamathypothese [engl. *glutamate hypothesis*, **[BIO]**, Hypothese, wonach verminderte Aktivität von *Glutamat* im Verhältnis zur Dopaminaktivität (*Dopamin*) bei paranoid-halluzinatorischen *Psychosen* eine Rolle spielt. Bunney et al. 1995.

Glutaminsäure [engl. *glutamic acid*]; *Glutamat*.

Glycin (= G.) [engl. *glycine*], **[BIO, PHA]**, kleinste (einfachste) Aminosäure, neben *GABA* der wichtigste hemmende *Neurotransmitter*, im Rückenmark und Hirnstamm nachgewiesen. Antagonistische Wirkungen hat *Strychnin*, eine zu Konvulsionen führende Substanz aus der Gruppe der *Analeptika*. *Agonisten* und *Antagonisten* von G. werden in der pharmakol. Angstforschung am Tier verwendet. G. ist zudem Ko-Transmitter am NMDA-Glutamatrezeptor. Meyer & Quenzer 2005. *W. Janke*

Gnosis, Gnostizismus [engl. *gnosis, gnosticism*; gr. γνῶσις (*gnosis*) Erkenntnis], **[PHI]**, geistige Bewegung innerhalb des Hellenismus, die die im Glauben verborgenen Geheimnisse durch phil. Denken zu erkennen und denkend zur Erlösung vorzudringen suchte.

Gnothi Sauton [gr. γνῶθι σεαυτόν (*gnothi seauton*) erkenne dich selbst; Inschrift des Apollotempels in Delphi], **[HIS]**, «ΓΝΩΘΙΣΑΥΤΟΝ oder Magazin zur Erfahrungsseelenkunde» gilt als erste psychol. Zeitschrift in Dt. Sie wurde 1783 erstmal von Moritz (*Moritz, Karl Philipp*) veröffentlicht.

Goal Attainment Scaling (GAS) [engl.] Skalierung der Zielerreichung, **[DIA, KLI]**, gehört zur Gruppe der Verfahren, bei denen es um die Bewertung von Therapiezielen geht. Methode zur Evaluation psychoth. Maßnahmen, die im Einzelfall eingesetzt wird und eine zielorientierte Erfolgsmessung beinhaltet. Die versch. Ansätze i. R. des GAS haben die Gemeinsamkeit, dass Therapieziele vom Pat. und Therapeuten formuliert und hinsichtlich ihrer Relevanz gewichtet werden. Das GAS sieht den Pat. dabei als aktiven Partner im diagn.-therap. Prozess an. Meist werden drei Therapieziele festgelegt, die auf einer fünfstufigen Skala (−2 bis +2; *Likert-Skala*) mit der mittleren Kategorie 0 (= erwartetes Ergebnis) definiert werden, «−» signalisiert weniger als erwartet, «+» mehr als erwartet. Die Stufen sollten so operationalisiert sein, dass sie direkt beobachtbar, d. h., auf der Verhaltensebene bewertbar sind. Je nach Verlauf einer Therapie können diese Ankerpunkte überprüft werden, ob sie erreicht worden sind oder nicht. Beim GAS handelt sich um ein für die Beteiligten sehr durchsichtiges und klares Festlegen von Therapiezielen, was jedoch hinsichtlich der Erarbeitung oft mit einem hohen Zeitaufwand veranschlagt werden muss. *Psychotherapieforschung*. Stieglitz & Baumann 2001. *R.-D. Stieglitz*

goal setting [engl.] Zielsetzung, **[AO, EM]**, eine von Locke und Latham (1984) im industriellen Bereich entwickelte Motivationstechnik, die zur Verbesserung von Leistung entwickelt und eingesetzt wurde. *Zielsetzungsmethoden*.

Goldberg-Paradox [engl. *Goldberg's paradoxon*; gr. παράδοξον (*paradoxon*) wider Erwarten], **[DIA]**, bezeichnet das Phänomen, dass formalisierte diagn. Entscheidungsmodelle (*paramorphe Modelle*, *Diagnostik, operationalisierte*), die auf Daten von Diagnostikern beruhen, eine höherer Validität der Entscheidungen aufweisen können, als die Entscheidungen der Diagnostiker selbst. Mögliche Gründe: (1) *Konsistenz*: Diagnostiker verändern Gewichtungen von Prädiktorinformationen von Fall zu Fall; (2) *Interindividualität und Zuverlässigkeit*: formalisierte diagn. Entscheidungsmodelle identifizieren Prädiktoren, die sich über viele Fälle hinweg als stat. stabil erweisen. (3) *Transparenz*: Diagnostiker sind z. T. nicht in der Lage, ihre Entscheidungsregeln zu explizieren bzw. sind sich dieser nicht bewusst; (4) Ausprägungsmuster (ggf. in Kombination mit irrelevanten Randinformationen) werden von Diagnostikern z. T. zu stark gewichtet. *diagnostischer Prozess*. Krohne & Hock 2007, Westen & Weinberger 2004, Grove et al. 2000.

goldener Schnitt [engl. *golden ratio*], **[WA]**, elementarästhetisches Teilungsverhältnis von Strecken. Die Teilung muss so erfolgen, dass das Ganze sich zum größeren Teil verhält wie dieser zum kleineren. Nach Fechner hat sich dies an einfachen geometrischen Figuren als wohlgefälligste Proportion herausgestellt.

Goldstein, Kurt (1878–1965), **[BIO, HIS, WA]**, dt. bzw. amerik. Neurologe und Psychiater jüdischer Herkunft. In Kattowitz, Oberschlesien (heute Polen) geb., Studiensemester der Philosophie und Literaturwissenschaften in Heidelberg, dann Med. in Breslau, 1903 Promotion in Med. mit einer Arbeit über «Die Zusammensetzung der Hinterstränge», 1906–1914 Tätigkeit in der Psychiatrischen Klinik Königsberg, ab 1914 in der neuropathologischen Abteilung am Senckenbergischen Institut in Frankfurt/Main, 1930 Berufung an die Universität Frankfurt. Noch im gleichen Jahr wechselte Goldstein nach Berlin, wo er eine neu eröffnete neurologische Abteilung am Krankenhaus Moabit übernahm. Goldstein stand der *Gestaltpsychologie* nahe und arbeitete ab 1915 zus. mit *Adhémar Gelb*), der Assistent und später Prof. an der Universität Frankfurt/Main war. Ab 1915 arbeiteten Goldstein und Gelb in einem Frankfurter Lazarett für hirnverletzte Soldaten. Goldstein war Mitherausgeber der Zeitschrift «Psychol. Forschung». Nach der «Machtergreifung» Festnahme durch die SA, dann Emigration über die Schweiz und Niederlande in die USA. 1940 amerik. Staatsbürgerschaft, Lehre u. a. an der Harvard University. *H. E. Lück*

Golgi-Mazzonische Körperchen [engl. *Golgi-Mazzoni corpuscles*], **[BIO, WA]**, sensible Druckrezeptoren in Gelenknähe und an Sehnenansatzstellen sowie besonders in Fingerhaut und Genitallappen, die in ihrer Form den *Vater-Pacini-Lamellenkörperchen* ähneln.

Golgi-Sehnenorgan [engl. *Golgi tendon receptors*], syn. *Sehnenorgane*, **[BIO]**, Dehnungsrezeptoren, die (ähnlich wie die *Muskel*spindeln) als *Sinnesorgane* in den Sehnen aller Warmblütermuskeln nahe dem muskulären Ursprung vorkommen. Sie registrieren vorwiegend die Muskelspannung (bei isometrischer Kontraktion).

Gonaden [engl. *gonads*; gr. γωνη (*gone*) Erzeugung, Samen, ἀδήν (*aden*) Drüse], Geschlechtsdrüsen. *Keimdrüsen*.

Gonadendysgenesie [engl. *gonads*; gr. γωνη (*gone*) Erzeugung, Samen, ἀδήν (*aden*) Drüse, δυσ- (*dys-*) miss-, γένεσις (*genesis*) Entstehung], **[BIO]**, Gonadenmissbildung (Gonade = Geschlechtsdrüse), Fehlen funktionstüchtiger Keimzellen.

Gonadenhormone (= G.) [engl. *hormones of the gonads*; gr. γωνη (*gone*) Erzeugung, Samen, ἀδήν (*aden*) Drüse], syn. *Keimdrüsenhormone*, *Sexualhormone*, **[BIO]**, Geschlechtshormone, in den Testes (Mann), den Ovarien und der Plazenta (Frau) gebildet, von grundlegender Bedeutung für die Bildung und Entwicklung der Geschlechtsmerkmale sowie für das allg. Wachstum. Nach den Wirkungen werden weibliche (*Östrogene* und *Gestagene*) und männliche (*Androgene*) Geschlechtshormone unterschieden. Androgene werden nicht nur in den Testes gebildet, sondern auch in der Nebennierenrinde (*Kortiko(stero)ide*) und zu einem geringen Teil auch in den Ovarien. Umgekehrt synthetisieren auch die Testes weibliche G. Die Bildung wird angeregt durch die gonadotropen Hormone (*Gonadotropine*) des HVL (*glandotrope Hormone*). Beziehungen zur Körper- und Persönlichkeitsentwicklung sind unumstritten, soweit sie auf relativ grobe Parallelitäten bezogen werden. Der Einfluss der G. auf das Sexualverhalten ist bei Primaten geringer als bei niedrigen Säugetieren. Solange beim Mann eine Mindestmenge an Androgenen vorhanden ist, wird die Frequenz sexueller Reaktionen kaum beeinflusst. Sinkt der *Testosteron*spiegel allerdings darunter, tritt Impotenz auf, die durch Testosterongaben behoben werden kann. Die sexuelle Aktivität der Frau wird auch mehr von Androgenen als von Östrogenen beeinflusst. Östrogene und Androgene haben einen Anteil an der allg. Aktiviertheit eines Individuums. Darauf weist auch die Erhöhung des *Noradrenalin*gehalts im ZNS nach Östrogen- und Androgengaben hin. G. haben Einfluss auf sensorische Schwellen. Eine bedeutsame Rolle spielen G. während der pränatalen und kindlichen Entwicklung, insbes. für die Geschlechtsdifferenzierung. Hypo- oder Hyperfunktion der Gonaden bzw. der Hypophyse führen zu Entwicklungsstörungen. Collaer & Hines 1995, Knussmann et al. 1986. *W. Janke/P. Zimmermann*

Gonadoliberin [engl.] *gonadotropin releasing hormone*.

gonadotrop, gonadotrope Hormone [engl. *gonadotropic (hormones)*; gr. τροπη (*trope*) Wendung, Einwirkung], **[BIO]**, auf die *Keimdrüsen* wirkend. *Gonadotropine*.

Gonadotropine (= G.) [engl. *gonadotropins*; gr. γωνη (*gone*) Erzeugung, Samen, ἀδήν (*aden*) Drüse, τροπη (*trope*) Wendung, Einwirkung], syn. *gonadotrope Hormone*, **[BIO]**, *glandotrope Hormone* des Hypophysenvorderlappens, die unter Kontrolle von Hypothalamushormonen (Gn-RH) freigesetzt werden und die Ausschüttung von Keimdrüsenhormonen anregen. Die wichtigsten G. sind das follikelstimulierende Hormon (FSH) und das luteinisierende Hormon (LH). Man geht davon aus, dass das gleiche Hypothalamushormon FSH und LH stimuliert. Bei der Frau regen LH und FSH die zyklische Ovarfunktion mit Follikelreifung, Ovulation und *Corpus-luteum*-Phase und genau aufeinander abgestimmt die Produktion von Östrogenen, Progesteron, Androgenen sowie Inhibin an. Beim Mann kommt es zur gonadalen Synthese von Testosteron und zur Spermatogenese. Androgene werden zu Östrogenen metabolisiert. Beim Kind wird durch die G. die Pubertät eingeleitet. Durch Anstiege von *CRH* und β-*Endorphinen* im *Hypothalamus* und in der *Hypophyse* in Belastungssituationen wird die Ausschüttung von G. gehemmt. Dies kann zu vielfältigen Störungen führen (z. B. Amenorrhoe, Libidoverlust). Im Tierbereich haben G. einen bedeutenden Einfluss auf das Paarungsverhalten. *W. Janke/P. Zimmermann*

gonadotropin-releasing hormone [engl. Gonadotropin freisetzendes Hormon], **[BIO]**, Abk. Gn-RH, syn. Gonadoliberin, Hormon des Hypothalamus, das die Ausschüttung der *Gonadotropine* durch den Hypophysenvorderlappen (HVL) anregt (Freisetzungshormon). *Hormone*. *W. Janke*

Goniometrie [engl. *goniometry*; gr. γωνία (*gonia*) Winkel, μέτρον (*metron*) Maß], **[DIA, KOG]**, Winkelmessung (*Bewegungsanalyse*), Erfassung von Gelenkwinkeln durch geeignete mechanische Anordnungen und Wandler, z. B. Potentiometer, bei denen ein best. Winkel einem best. elektrischen Widerstand entspricht.

Good-Enough-Level-Modell (GEL) [engl.]; «Hinreichend-gutes-Niveau-Modell». *Therapieaufwand*.

Goodness-of-Fit-Index (GFI) [engl.] «Güte-der-Passung-Index»; *Faktorenanalyse, konfirmatorische, Strukturgleichungsmodelle*.

good old days bias [engl.] «Gute-alte-Zeiten-Fehler»; *Supernormalität*.

[Test]**Göppinger sprachfreier Schuleignungstest (GSS)**, 1998, A. Kleiner & J. Poerschke, [www.testzentrale.de], **[DIA, EW, PÄD]**. Erstauflage 1953. Schulreife- und Einschulungstest. AA Kinder im Vorschul- bzw. Schulalter. Der Test erfasst sprachfrei den kogn. und motorischen Entwicklungsstand von Vorschulkindern (*Entwicklung, kognitive, Entwicklung, motorische*). Das Ziel des Tests ist, nicht nur die Schuleignung zu prüfen, sondern auch wesentliche Aspekte der Schülerpersönlichkeit systematisch zu erfassen. In der Erstauflage wurden mittels 10 Untertests u. a. erfasst: Entwicklungsstand, Leistungsbereitschaft, soziale Reife etc. *Normierung* an insges. $N = 2191$. Bearbeitungsdauer: ca. 50 Min. (inkl. einer kurzen Pause von 5 bis 8 Min.).

Gosset, William Sealy (1876–1937), **[FSE, HIS]**, englischer Statistiker (*Statistik*). Studium der Chemie und

Mathematik an der Oxford University, Tätigkeit für eine Brauerei in Dublin, die ihm untersagte, seine Forschungsergebnisse zur Streuung der Ergebnisse von Brauprozessen unter seinem Namen zu veröffentlichen. Daher veröffentlichte Gosset unter dem Pseudonym Student 1908 einen Aufsatz, in dem er zeigte, dass bei kleinen Stichproben das Verhältnis von Mittelwert zu Standardfehler (*Stichprobenfehler*) nicht normalverteilt ist. Die Prüfgröße t, heute für den Vergleich von Mittelwertsunterschieden bei kleineren Stichproben verwendet, geht auf Gosset sowie auf R. A. *Fisher* zurück (*t-Verteilung, t-Test*). Der Buchstabe t wurde vermutlich gewählt, weil das Pseudonym Student mit t endet.
H. E. Lück

Gott, Götter (= G.) [engl. *god(s)*], Personifikation übernatürlicher heiliger Macht sowie Inbegriff der Vollkommenheit und *Weisheit* wie auch des Schreckens und der Güte zugleich. Ps. ist bedeutsam, dass der religiöse Mensch nur *anthropomorph* von G. zu sprechen und zu denken vermag, dabei aber jene übermenschliche Macht der Ausschließlichkeit meint, von der er sich im Leben und im Tode betroffen weiß und der gegenüber er im *Glauben* ein geistiges Wagnis eingeht.

^{Test}**Göttinger Entwicklungstest der Taktil-Kinästhetischen Wahrnehmung (TAKIWA)**, 2003, C. Kiese-Himmel, [www.testzentrale.de], [**DIA, EW**]. Entwicklungstest. AA Kinder ab 3;6 bis 6 Jahre. Der TAKIWA ist ein nach der klassischen Testtheorie konstruierter Entwicklungstest, der die Beurteilung versch. Facetten der taktil-kinästhetischen Wahrnehmung sowie des taktil-kinästhetischen Entwicklungsstands insges. ermöglicht. Die Aufgabensammlung prüft sowohl versch. passiv-taktile als auch haptische Aspekte (sieben Funktionsbereiche). *Reliabilität*: Innere Konsistenz: *Cronbachs Alpha* = .81. Die korr. Halbierungsreliabilität liegt bei .87. *Validität*: Verschiedene Validierungsstudien (entwicklungsps. Perspektive, kriterienbezogene Validitäten) weisen den Test als valide aus. Das Manual enthält Angaben zur inhaltlichen und faktoriellen Validität. Die erwartete Zuordnung der Items fand sich in der empirischen Ladungsverteilung der Variablen wieder. *Normierung*: Normwerte liegen für die einzelnen Funktionsbereiche wie auch für den Gesamttest vor. Bearbeitungsdauer: ca. 45 bis 60 Min. Die Untersuchung jüngerer Kinder dauert i. d. R. etwas länger.

^{Test}**Göttinger Formreproduktions-Test (GFT)**, 1977, H. Schlange, B. Stein, I. v. Boetticher & S. Taneli, [www.testzentrale.de], [**BIO, DIA**]. Neurops. Verfahren. AA von 6 bis 15 Jahren. Test, der Hinweise für hirnorganische Schädigungen liefert, die med.-diagn. abzusichern sind. Die neun Items sind geometrische Figuren, die aus dem Visual-Motor-Gestalt-Test (Bender) übernommen wurden. *Reliabilität*: Interne Konsistenz (Kuder-Richardson Formel 8) von *r* = .96. *Normierung*: Es liegen Altersnormwerte als Prozentrangnormen in Halbjahresschritten und als normalisierte *T*-Werte in Jahresschritten vor (1355 Protokolle von Pbn). Durchführungsdauer zw. 5 und 20 Min.

Göttinger Zivilcourage-Training (GZT), [**SOZ**], dem Erlernen von *Zivilcourage* (= Z.) kommt große Bedeutung zu, da Menschen befähigt werden, Ansatzpunkte für ihr Handeln zu erkennen und Verhaltensweisen einzuüben, mit denen sie andere Menschen vor Gewalt und Diskriminierung schützen können, ohne sich selbst in allzu große Gefahr zu bringen. Zu den wiss. fundierten Trainingsprogrammen zählen das GZT (Jonas et al. 2007). Ziel dieses und anderer Z.-Trainings ist es, die Sensibilität für entspr. Situationen zu verbessern und zivilcouragiertes Handeln zu fördern. Das GZT besteht aus kogn. und handlungsorientierten Trainingselementen, die das Ziel verfolgen, den Blick für bedrohliche Situationen zu schärfen und qualifizierte Teilnehmer zu Multiplikatoren auszubilden. Die einzelnen Trainingselemente des GZT umfassen sieben Teilübungen zu denen die investigative Befragung zählt, bei der es darum geht, eine Notsituation richtig zu erkennen und zu interpretieren. Ferner zählen dazu Rollenspiele, die dazu dienen, das eigene Verhalten und das der anderen zu reflektieren und zu bewerten und Handlungsmöglichkeiten aufzuzeigen. Einen weiteren Teil stellt das Erspüren von Bedrohung wie die Richtung und die Anzahl von Personen dar sowie Stimmübungen, bei denen die Stimme bewusst moduliert wird, die Aspekte von Atemtechnik erprobt werden, die Länge der verwendeten Sätze trainiert wird und die Körperhaltung und Schlagfertigkeit geschult werden. Außerdem zählen zum GTZ Selbstverteidigung mittels erfahrener Selbstverteidigungslehrer, Notrufübungen und Gruppenbildungsübungen, die die Fähigkeit trainieren sollen, weitere Helfer zu suchen und zu aktivieren. Die empirische Evaluation dieses Z.-Trainings belegt die Wirksamkeit des GZT. Durch die Vermittlung von Faktenwissen und das Einüben von Handlungsstrategien werden das Selbstvertrauen, die persönliche Kompetenz und damit die Z. gefördert. *Zivilcourage, Förderung*.
D. Niesta Kayser/D. Frey

Gottschaldt, Kurt (1902–1991), [**EW, HIS, WA**], neben *Metzger* und Rausch einer der Gestalttheoretiker (*Gestaltpsychologie*) der zweiten Generation. Gottschaldt studierte an der Universität Berlin zunächst Physik und Chemie, wandte sich dann, angeregt durch Vorlesungen von *Köhler*, der Philosophie und Ps. zu, 1926 promovierte er bei Köhler mit einer Arbeit «Über den Einfluß der Erfahrung auf die *Wahrnehmung* von Figuren. 1. Die Wirkung gehäufter Einprägung von Figuren auf ihre Sichtbarkeit in umfassenden Konfigurationen»; im gleichen Jahr wurde er Assistent in Berlin, 1929 erhielt er an der Rheinischen Provinzialanstalt für seelisch Abnorme in Bonn eine Anstellung und leitete dort die Ps. Abteilung. In dieser Zeit entstand seine Habilitationsschrift «Der Aufbau des kindlichen Handelns», mit der er sich 1932 an der Universität Bonn bei E. Rothacker habilitierte. Ab 1935 war Gottschaldt ao. Prof. an der Universität Berlin, er leitete dort die Abteilung Erbps. am Kaiser-Wilhelm-Institut für Anthropologie und führte Längsschnittstudien an Zwillingen durch, die er nach Kriegsende fortsetzen konnte. Gottschaldt war Gegner des Nationalsozialismus; wiederholt wurde ihm die frühere KPD-Mitgliedschaft nachgesagt (Ebisch 2012). 1946 wurde Gottschaldt an die Friedrich-Wilhelms-Universität

Berlin zum o. Prof. und Direktor des Ps. Instituts berufen, das er in den Folgejahren erheblich ausbauen konnte. Viele Ps.prof. der DDR waren Schüler von Gottschaldt. 1961 erhielt Gottschaldt einen Ruf der Universität Göttingen, den er 1962 annahm. Er lehrte dort bis 1970.

H. E. Lück

Gottschaldt-Figuren [engl. *Gottschaldt figures*], [**DIA, KOG, WA**], 1926 von K. Gottschaldt für gestaltpsychologische Versuche entwickelte z. T. komplexe grafische Figuren, in denen Teilfiguren «eingebettet» sind, die erkannt werden müssen. Als Test dienen die Figuren zur Diagnose der räumlichen Visualität.

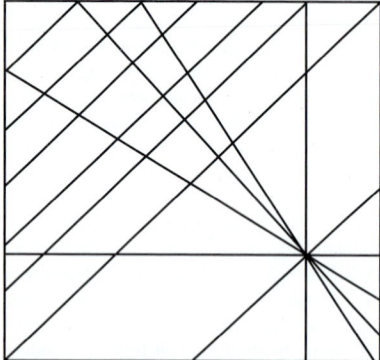

Gottschaldt-Figur

TestGottschalk-Gleser-Sprachinhaltsanalyse (GGSA), 1980, G. Schöfer, [**DIA, KLI**]. Deutsche Bearbeitung der *Content Analysis of Verbal Behavior* von Gottschalk und Gleser. Klinisches Verfahren. AA Jugendliche und Erwachsene. Das für den dt. Sprachraum adaptierte Verfahren verfügt über zwei Skalen, die eine differenzierte Aussage über Affekte von Angst und Aggressivität gestatten. Dabei wird unterschieden zw. «Todesangst», «Verletzungsangst», «Trennungsangst», «Schulangst», «Angst vor Scham und Schande» und «diffuser oder unspezifischer Angst» bzw. zw. «nach außen gerichteter Aggressivität», «nach innen gerichteter Aggressivität» und «ambivalenter Aggressivität». Die Retest-Reliabilität ist relativ niedrig, Split-Half-Reliabilität (N = 48) der Aggressionsskalen zw. r = .25 und r = .63, der Angstskala zw. r = .37 und r = .72.

G*power [**FSE**], G*Power ist ein Computerprogramm zur Bestimmung der *Teststärke* für die gebräuchlichsten stat. Tests in der Ps. (*Signifikanztest*; ausgewählte z-, t-, F-, χ^2- und exakte Tests). Es wird in zwei versch. Versionen für das Windows- und das MacOS-Betriebssystem zur Verfügung gestellt und kann für nicht kommerzielle Zwecke kostenfrei von der Internetseite [www.psycho.uni-duesseldorf.de/abteilungen/aap/gpower3/] heruntergeladen werden. G*Power ist rechnerisch sehr genau und bietet numerische sowie grafische Ausgabeoptionen, die ggf. in andere Programme exportiert werden können. Zusätzlich zu den in der Praxis am häufigsten verwendeten A-priori- und Post-hoc-Teststärkeanalysen beinhaltet G*Power nützliche Ergänzungen. Hierzu zählen insbes. *Kompromiss-Poweranalysen* (Identifikation der Fehlerwahrscheinlichkeiten α und β, die bei gegebenem Stichprobenumfang und gegebener Effektstärke ein gewünschtes Fehlerratenverhältnis q = β/α sicherstellen) und *Sensitivitäts-Poweranalysen* (Identifikation der Populationseffektstärke, die bei gegebenem Stichprobenumfang und α-Niveau eine gewünschte Teststärke 1-β garantiert). *Fehler erster Art, Fehler zweiter Art*. Faul et al. 2009.

E. Erdfelder

G-Proteine (= G.) [engl. *g proteins*], [**BIO, PHA**], Membranproteine vieler Neurorezeptoren, den sog. G. gekoppelten Rezeptoren, die sich bei vielen Neurotransmittersystemen (*Neurotransmitter*) finden lassen. G. bilden mit einem Rezeptor eine funktionelle Einheit. Bindet ein agonistischer Stoff an den Rezeptor, wird das zugehörige G. aktiviert. Unter Beteiligung des Energielieferanten Guanosintriphosphat (GTP) wird eine Subeinheit von G. dissoziiert, wodurch ein Effektorprotein aktiviert wird, das einen intrazellulären Transmitter *(second messenger)* stimuliert oder hemmt (z. B. Adenylylzyclase, Phosphokinase C). Der intrazelluläre Transmitter bewirkt schließlich die Öffnung von Ionenkanälen zur Induktion des postsynaptischen Potenzials. Die Signaltransduktion über diesen Mechanismus dauert deutlich länger als bei Rezeptoren mit direkter Ionenkanalsteuerung. G. spielen auch eine Rolle bei adaptiven Sensitivitätsveränderungen von Rezeptoren bzw. der Signaltransduktion allg., die z. B. als wirkungsvermittelnd bei längerfristiger Antidepressivagabe (*Antidepressiva*) diskutiert werden. Meyer & Quenzer 2005, Riederer et al. 1993.

W. Janke/M. Ising/R. Küffner

GRADE-System Abk. f. *Grading of Recommendations Assessment, Development and Evaluation*. *Evidenzbasierung*.

360-Grad-Feedback [engl. *360-degree feedback*; *feedback* Rückmeldung], [**AO**], unter einem 360-Grad-Feedback wird die formalisierte Rückmeldung an Führungskräfte auf der Basis sozialer Wahrnehmungsprozesse im Arbeitsalltag verstanden (*Führung*). Die Rückmeldung findet durch Personen der relevanten internen (in eher seltenen Fällen auch externen) Kundensegmente (Vorgesetzte, Mitarbeiter, Kollegen) idealerweise zeitgleich statt. Das Ziel eines solchen Feedbacksystems besteht darin, den eingeschätzten Personen die Möglichkeit zur Selbstentwicklung zu geben, indem eine indiv. Lernumgebung geschaffen bzw. transparent gemacht wird. Den Durchbruch erzielte dieses Feedbacksystem Mitte der 80er-Jahre durch Studien des *Centers of Creative Leadership*. Mittlerweile setzen nahezu alle Großunternehmen 360-Grad-Feedback-Systeme, wenn auch in jeweils eigener Form und Ausgestaltung, ein. Sehr nützlich erscheint die Methode, wenn sie wiederholt zur gezielten *Evaluation* und Verbesserung von Kompetenzen eingesetzt wird, insbes. in Verbindung mit indiv. *Coaching* (Greif 2007b). Kontraindiziert ist sie dagegen als Ansatz zur Auflösung von Konflikten oder zur Identifikation «kompetenzschwacher» Führungskräfte, da die Analysen und das Feedback gegenseitiges Vertrauen und Wertschätzung voraussetzen. Scherm & Sarges 2002.

B. Runde

Gradient [engl. *gradient*; lat. *gradus* Abstufung], **[KOG]**, Gefälle, Maß für die graduelle Änderung (gradweise Zu- oder Abnahme) einer Größe im zeitlichen oder räumlichen Verlauf. *Zielgradient*, Bez. für die graduelle Aktivierung (Geschwindigkeits- oder Intensitätssteigerung, Fehlerrückgang) des *Verhaltens* bei Zielannäherung. Bez. stammt von Hull aus Tierversuchen.

graduierte Konfrontation [engl. *graduated confrontation*; lat. *gradus* Abstufung]; *Konfrontation mit Reaktionsverhinderung.*

grafische Darstellung (= g. D.) [engl. *graphic representation*], **[FSE]**, die Veranschaulichung von Zahlenverhältnissen durch ihre Übertragung in räumliche Beziehungen (Diagramm, *plot*). Ähnlich wie bei der Darstellungsform der Tab. kann die g. D. auch bei großem Zahlenmaterial die Übersichtlichkeit gewährleisten. Allg. wird die g. D. so angeordnet, dass auf der Waagerechten (Abszisse) das qual. oder quant. Merkmal und auf der Senkrechten (Ordinate) die auf die einzelnen Merkmalsgrößen oder Kategorien entfallenden Häufigkeiten abgetragen werden. *Häufigkeitsverteilung, Profil, Profilmethode, Säulendarstellung, Säulendiagramm*. Eid et al. 2013.

Grafologie (= G.) [engl. *graphology*; gr. γράφειν *(graphein)* schreiben, λόγος *(logos)* Lehre], **[PER]**, Vertreter der G. gehen davon aus, dass die Handschrift eines Menschen Aussagen über seine *Persönlichkeit*, Begabungen, Motive u. ä. enthält. Hierzu betrachtet man in der klassischen G. einzelne Schriftmerkmale (z. B. Größe der Buchstaben, Neigung der Schrift nach links oder rechts, Strichbreite, Druckstärke) und versieht sie mit best. Deutungen (z. B. *Extraversion*). Andere Strömungen der G. lehnen dieses analytische Vorgehen ab und lassen die Schrift auf den Betrachter wirken. Dabei soll sich beim geübten Betrachter ein realitätsgetreues Abbild der Persönlichkeit des Verfassers ergeben. Die G. ist abzugrenzen von der Arbeit von Schriftsachverständigen. Letztere deuten nicht die Handschrift, sondern vergleichen Handschriften miteinander, um z. B. zu klären, ob eine Unterschrift gefälscht wurde. Die G. wird heute zur Lebensberatung und von manchen Unternehmen zur *Personalauswahl* eingesetzt. Die Verbreitung nimmt immer mehr ab. Bislang liegen mehr als 200 Studien vor. Insgesamt sprechen die Befunde gegen die Thesen der G.. Die wichtigsten Einwände: (1) Es existiert keine Begründung dafür, warum best. Merkmale mit bestimmten Eigenschaften korreliert sein sollen. (2) Störvariablen, die das Schriftbild beeinflussen können (z. B. Art des verwendeten Papiers oder des Schreibgerätes) werden nicht berücksichtigt. (3) Bei der gleichen Handschrift kommen versch. Grafologen zu unterschiedlichen Interpretationen. (4) Die Gutachten sind oft so allg. und widersprüchlich gehalten, dass nahezu jeder Mensch sich darin wiederfinden kann. (5) Bei der Deutung handschriftlicher Lebensläufe interpretieren Grafologen nicht die Handschrift, sondern den Inhalt des Lebenslaufes. Die *Validität* dieser Deutung ist nicht höher als die eines grafologischen Laien. Legt man Grafologen handschriftliche Diktate vor, sinkt die Validität auf Null. Kanning 2010a, Knobloch 1971. *U. P. Kanning*

Grafometrie [engl. *graphometry*; gr. γράφειν *(graphein)* schreiben, μέτρον *(metron)* Maß], **[DIA]**, Methode zur Messung von Merkmalen bei Schreibbewegungen. *Grafologie.*

Grafomotorik [engl. *graphomotorics*; gr. γράφειν *(graphein)* schreiben], *Schreibmotorik.*

[Test]**Grafomotorische Testbatterie (GMT)**, 1986, H. Rudolf, [www.testzentrale.de], **[DIA, EW, PÄD]**. Verfahren zur Schreibdiagnostik. AA 4;6 bis 6;11 Jahre. Die Anwendung der GMT gestattet Aussagen über den Entwicklungsstand der Grafomotorik und ermöglicht damit auch eine Diagnose der Schulreife. Die Testbatterie besteht aus folg. Teiltests: Labyrinth-Test, Task-Test (Messung der Differenzierfähigkeit), Symmetrie-Zeichen-Test, Synergie-Schreibversuch (Reproduktion eines vorgegebenen Symbols aus dem Gedächtnis), Graphestesia-Test (Fähigkeit, Entfernungen und Längen einzuschätzen), grafomotorischer Test, Form- und Gestalttest. *Normierung*: T- und Prozentrangwerte für Halbjahresgruppen. Bearbeitungsdauer: ca. 45 Min.

Grain-Size-Hypothese [engl. *grain* Einzelkorn, *size* Größe], **[KOG, PÄD]**, Ziegler & Goswami 2005; postuliert eine theoretische Grundlage für empirisch beobachtete Unterschiede im *Lesen* und insbes. im Lesenlernen in Abhängigkeit davon, welches orthografische System erworben wird (*Schriftspracherwerb*). Sie besagt, dass Leseverarbeitung u. a. davon abhängt, welche linguistische Einheit durch ein Schriftsystem am konsistentesten abgebildet wird. In der dt. Orthografie wird die Ebene des Phonems (*Phonematik*) konsistent abgebildet, daher kommt dem Phonem im Leseerwerb eine zentrale Bedeutung zu. In der engl. Orthografie finden sich konsistente Beziehungen zw. Sprache und Schrift oft eher auf für Silbenreime (= Vokal + nachfolgende(r) Konsonant(en), z. B. *night, light, fight*), daher spielt dieses linguistische Segment im Erwerb der engl. Orthografie eine größere Rolle. Prozesse auf der Phonemebene wie etwas das *phonologische Dekodieren* von Pseudowörtern werden daher von engl.sprachigen Kindern deutlich später erworben als von dt.sprachigen. *K. Landerl*

-gramm [engl. *-gram*; gr. γράμμα *(gramma)* Buchstabe, Geschriebenes, γράφειν *(graphein)* schreiben], bedeutet in zus.gesetzten Wörtern «Aufgezeichnetes», «Bild», «Sinneseindruck».

Grammatik, Grammatiktheorie [engl. *grammar*; gr. τέχνη γράμματική *(techne grammtike)*/lat. *ars grammatica* Fertigkeit des Schreibens/Lesens], **[KOG]**, Grammatik (= G.) ist die Beschreibung der Formeigenschaften einer *Sprache*. Grammatiktheorie (= G. t.) ist die Explikation der Prinzipien, von denen die gemeinsamen grammatischen Eigenschaften aller natürlichen Sprachen und nur dieser bestimmt sind. Die G.forschung arbeitet mit empirischen Methoden; im Zentrum steht die systematische Analyse sprachlicher Daten, sog. Belege. Die G. einer Sprache beschreibt die Klassen lautlicher, morphologischer und syntaktischer Einheiten dieser Sprache sowie die linearen und strukturellen Beziehungen zw. ihnen. Angesichts der je Sprache spezif. Formeigenschaften lassen sich Klassen von Lauten (*Phonetik*), Wörtern (*Morphologie*), von Kombinationen von Wörtern, sog. Phrasen, und die Klasse der max. Phrasen, den Sätzen einer Sprache (*Syntax*), ermitteln und def. Die Möglichkeiten, sprachliche Einheiten miteinander zu größeren Einheiten zu verbinden, sind offensichtlich nicht unbeschränkt. In jeder Sprache zeigen sich Einschränkungen in der Verknüpfbarkeit in der linearen Kette von Lauten, /klas/ ist eine im Deutschen zulässige Lautfolge, wenn auch kein Wort; /klsa/ ist nicht zulässig. Ebenso bestehen Einschränkungen hinsichtlich der Verbindung von Wörtern; *Wagner war zeitweise ein Revolutionär* ist eine zulässige Wortfolge, *War ein zeitweise Wagner Revolutionär* verletzt die Einschränkungen der Wortreihenfolge des Deutschen; der *Satz* ist nicht wohlgeformt, wie man sagt. Schließlich gibt es auch Einschränkungen in der strukturellen Verknüpfung; *Wagner war eine Revolutionär* verletzt die strukturellen Einschränkungen des Deutschen; *Wagner war eine Revolution* ist syntaktisch wohlgeformt, wenn auch die Bedeutung vielleicht befremdet (*Semantik*). Aus diesen Gegebenheiten ergibt sich die Aufgabe der G.forschung. Die G. einer Sprache soll Antwort geben auf die Frage: Welche Klassen von Einheiten weist die Sprache auf, sodass daraus (1) alle wohlgeformten Ketten, (2) alle wohlgeformten Teilstrukturen und (3) alle wohlgeformten Sätze dieser Sprache gebildet werden können? Die G. t. beantwortet die entsprechende universale Frage: Welches sind die universalen *Kategorien*, d. h. diejenigen, auf die sich die grammatischen Klassen und Gliederungseigenschaften aller Einzelsprachen zurückführen lassen? Nach gegenwärtigem Stand der G.forschung können fünf Formklassen von grammatischen Einheiten als gesichert gelten; (1) phonologische Klassen, die sog. *Phoneme*, (2) morphologische Klassen, *Wörter*. Ein Wort kann verstanden werden als die Menge aller seiner Wortformen; aller, alle, allen, allem...= /all/. (3) Lexikalische syntaktische Klassen, die Menge aller Wörter, die best. Eigenschaften in der Wortkette und in der Struktur von Sätzen gemeinsam haben; haus, brot, papier ... = Nomen, auf, unter, neben ... = Präposition etc. (4) Phrasale syntaktische Klassen, das sind die (Teil-)Ketten und (Teil-)Strukturen, die durch Kombination komplexere Einheiten bilden können. Präposition – Artikel – Nomen (unter dem Tisch) = Präpositionalphrase. (5) Die Kategorie aller Sätze. Das ist die Menge aller wohlgeformten Ketten und Strukturen von endlicher Länge, die grammatisch vollst. sind, in sich geschlossen, und die keine grammatischen Beziehungen nach außen, d. h. zu einem anderen Satz aufweisen, in dessen Nachbarschaft sie stehen können. Die leitende Frage die durch eine G. t. beantwortet werden soll, ist: Gibt es eine endliche Zahl von Kategorien zur Beschreibung aller Einheiten sowie der linearen und strukturellen Gliederungsgesetze aller natürlichen Sprachen und nur dieser und keiner anderen? Zur Illustration: Es gibt eine endliche Zahl von Klassen zur Beschreibung aller Laute aller – bisher bekannten – Sprachen, das Inventar der sog. phonetischen Merkmale; konsonantisch, sonorant, plosiv, frikativ, gerundet, nasal usw. (Pompino-Marschall 1995). Weniger schlüssig ist die G. t.forschung in der Bestimmung der Grundlage aller syntaktischen Klassen, ihrer strukturellen und linearen Gesetzmäßigkeiten. Das ist besonders sichtbar, weil die Untersuchung der Gliederung der Phrasen innerhalb des Satzes, die Syntax, einen besonders forschungsintensiven Bereich der G.t.forschung bildet. Die derzeit forschungsproduktiven, konkurrierenden G. t.-Konzeptionen sind geprägt von je einer Grundannahme, der universalgrammatischen, rein syntaktischen Annahme, postuliert von der sog. Universalgrammatik-Theorie (*Universalien, universelle Grammatik*, UG.), und der funktionalen Annahme, postuliert von der Funktionalen G. t. Die UG-Konzeption macht zum zentralen Gegenstand der sprachlichen Strukturgesetze die dem Menschen genetisch gegebene artspezifische und unbewusste Kenntnis von sog. grammatischen Prinzipien. Das sind strukturelle, in grammatischen Kategorien formulierte Einschränkungen über die strukturellen Eigenschaften aller Sprachen. Eine empirisch stark bestätigte Einschränkung ergibt sich aus drei grammatischen Prinzipien: (1) Jede (syntaktische) Phrase hat einen Kopf. Dabei ist das Kopfelement das Wort, das die syntaktischen Eigenschaften der Struktur bestimmt, der es als Bestandteil angehört; in der oben erwähnten Präpositionalphrase z. B. ist das Wort *unter* das Kopfelement. Das erklärt strukturelle Eigenschaften innerhalb und außerhalb der Phrase *unter dem Tisch*; die enthält neben der Präposition *unter* die Nominalphrase *dem Tisch*, die ihrerseits, leicht vereinfachend gesagt, aus dem Artikel *dem* und dem Nomen *Tisch* besteht. Im Innenverhältnis erklärt der Kopf *unter*, dass die Nominalphrase *dem Tisch* das *Merkmal* Dativ aufweist; das Nomen *Tisch* erklärt, dass der Artikel *dem* das Merkmal maskulin aufweist. Im Außenverhältnis erklärt die Präposition *unter*, dass die gesamte Phrase syntaktisch kombinierbar ist mit z. B. *wohnen*. Das Bsp. illustriert auch ein weiteres universales Prinzip: (2) Jeder Nichtkopf ist eine Phrase. Wie gezeigt, ist *dem Tisch* Bestandteil der Präpositionalphrase, aber kein Kopf, sondern eine Phrase, nämlich eine Nominalphrase (zur Einführung s. Stechow & Sternefeld 1988, zur Vertiefung Borsley 1997, zum Deutschen: Haider 2010, zur Theoriediskussion: Müller 2013b). Die Architektur der UG-Theorie hat sich empirisch bedingt mehrfach verändert; aktuell (Chomsky 2005, 2006) wird die Sprachfähigkeit des Menschen gesehen als ein Wissensbestand, der strukturell von drei Faktoren bestimmt ist: genetisch bedingte Strukturprinzipen (Faktor I; s. o., *Genetik*, *Verhaltensgenetik*), die jew. einzelsprachliche, externe Umgebung (Faktor II) und generelle biol. Eigenschaften des menschlichen *Organismus* (Arbeitsspeicherkapazität (*Arbeitsgedächtnis*), *Gedächtnis*strukturen, Hör- (*Hören*) und Sehfähigkeit (*visuelle Wahrnehmung*); Faktor III)). Die Funktionale Konzeption geht von dem Axiom aus, dass Sprache ein System von Formen ist und jeder Form und Formenkombination eine sprachliche Funktion entspricht. Unter einer Funktion, ursprünglich ein math. Konzept, versteht man eine Relation zw. Elementen von zwei Mengen von Elementen so, dass jeder Teilmenge der ersten Menge, dem Vorbereich der Funktion, genau eine Teilmenge der zweiten Menge, dem Nachbereich fest zugewiesen ist. Den Vorbereich bilden in der Funktionalen Grammatik alle sprachlichen Funktionen, den Nachbereich die Mittel, mit denen jede dieser Funktionen sprachlich ausgedrückt wird. Als sprachliche Funktionen gelten syntaktische, semantische und pragmatische Konzepte. Bsp. syntaktischer Funktionen sind Satzgliedkonzepte wie Subjekt, Objekt, Prädikat, Apposition, Attribut. Semantische Funktionen sind u. a. die semantischen Rollen Agens, Patiens, Lokativ, Rezipient, ferner Bezugnahme auf zeitliche Intervalle, Zeitreferenz, Orte, Ortsreferenz, Personen, Sprecher, Adressat und schließlich Handlungstypen, also z. B. versprechen, mitteilen, empfehlen, fragen usw. (*Kommunikation*). Eine funktionale Beschreibung des Deutschen i. d. S. gibt Zifonun et al. (1997). Angesichts der jüngsten Fortschritte der UG-Theorie ist eine Vereinigung der beiden theoretischen Konzeptionen zu einer einheitlichen kohärenten Erklärung der Sprachfähigkeit des Menschen durchaus aussichtsreich. *R. Dietrich*

Grammatikalität (= G.) [engl. *grammaticality*; gr. τέχνη γράμματική *(techne grammtike)*/lat. *ars grammatica* Fertigkeit des Schreibens/Lesens], [**KOG**], das Ausmaß, in dem ein *Satz* als nach den Regeln der *generativen Transformations-Grammatik* (Chomsky 1965) «wohlgeformt» («grammatikalisch», *Grammatik*) erscheint. Die Entscheidung über den Grad der G. trifft der *native speaker* aufgrund seiner sprachlichen *Kompetenz*. Grammatikalische Sätze können unterschiedliche Grade der Akzeptabilität haben, sie können völlig natürlich und unmittelbar verständlich sein oder hiervon abweichen. Die Zuordnung best. Grade von G. zu best. Sätzen im psycholinguistischen Experiment hängt u. a. ab von der Art der Verletzung syntaktischer, aber auch semantischer Regeln (*Semantik*) bei der Erzeugung dieser Sätze. Je höher der Grad der G. bei Sätzen, umso leichter sind sie zu lernen. *Satz*. Leuninger et al. 1972.

grand mal [frz.] großes Übel, [engl. *grand mal seizure*], syn. tonisch-klonischer Anfall; *Epilepsie*.

grand-mean-centering [engl.] Zentrierung am Gesamtmittelwert; *Zentrierung*.

Graph (= G.) [engl. *graph*; gr. γράφειν *(graphein)* schreiben, zeichnen], Plural: die Graphen, [**FSE, KOG**], (1) Bez. für die *grafische Darstellung* einer Funktion $y = f(x)$ (meist als Linie in einem ebenen Koordinatensystem). (2) Bez. für ein spez. Relationsgebilde (X, σ), d. h. eine Menge X von Elementen x und eine Menge σ von zweistelligen Relationen R, die auf X definiert sind. Die zeichnerische Darstellung von G. hat eine besondere Bedeutung als Veranschaulichung sonst schwer überschaubarer zweistelliger Prädikationen über einer gegebenen Menge von Objekten. Die $x \in X$ werden *Knoten* genannt und als Punkte gezeichnet; symmetrische Relationen werden *Kanten* genannt und als Verbindungslinien zw. den Knoten gezeichnet, zw. denen sie gelten. Asymmetrische Relationen heißen *gerichtete Kanten* oder *Bögen* und werden als Pfeile zw. zwei Knoten dargestellt. Verläuft eine (gerichtete oder ungerichtete) Kante von einem Knoten aus in diesen selbst zurück, nennt man sie *Schlinge*. Enthält ein G. nur Kanten, nennt man ihn *ungerichtet*; enthält er nur Bögen, heißt er *gerichtet*. Ein G. mit Kanten und Bögen wird *gemischt* genannt. Strecken und Winkel sind in einem G. nicht definiert; der durch einen G. aufgespannte Raum ist topologisch, nicht metrisch, enthält also nur Orte und Wege, aber keine euklidischen Distanzen. Die math. G.-theorie leitet die für G. gültigen Sätze ab; sie gehört zur kombinatorischen Topologie. G. eignen sich als Modelle für psychol. Prozesse und Strukturen, in denen metrische Distanzen und Winkel (z. B. Korrelationen) nicht definiert werden können oder sollen. G. werden in der Ps. in den Netzwerkmodellen des semantischen Gedächtnisses (*Netzwerkmodelle*), in denen Konzepte als Knoten, Relationen zw. Konzepten als Kanten aufgefasst werden (Norman & Rumelhart 1975), angewandt. Die neuronalen Netze des PDP-Ansatzes (*parallel distributed processing*; Rumelhart 1986) nutzen die G.theorie und werden mit Hilfe von G. veranschaulicht. Schließlich ist das *Soziogramm* ein G., in dem die Personen auf die Knoten, die Wahlen auf die Kanten abgebildet werden.

Linguistische Bez. für unterscheidbare Schriftzeichen als kleinste Einheiten geschriebener oder gedruckter Sprache vor der Kategorisierung als Buchstaben (z. B. sind a und A zwei Graphe, aber ein Buchstabe). Steger 2001. *W. Glaser*

Graphästhesie [engl. *graphesthesia*; gr. γράφειν *(graphein)* schreiben, αἴσθησις *(aisthesis)* Wahrnehmung, Empfindung], [**WA**], taktiles Symbolverstehen, Fähigkeit, (von einer anderen Person) auf die Haut geschriebene Symbole ohne Sicht zu erkennen. *C. Kiese-Himmel*

Graphem-Phonem-Korrespondenz [engl. *grapheme-phoneme correspondence*], *Lesen*.

Graßmannsche Gesetze [engl. *Grassmann's law*], nach H. Graßmann (1809–1877), *Farbenmischung*.

Gratifikationskrise (= G.) [engl. *gratification crisis*; lat. *gratificari* sich gefällig erweisen], [**AO, GES**], das Modell der beruflichen G. [engl. *Effort-Reward Imbalance Model*; *Effort-Reward-Imbalance Modell*] wurde vom Medizinsoziologen Johannes Siegrist entwickelt. Es postuliert gesundheitliche Risiken bei einem Ungleichgewicht zw. Verausgabungen, die sich aus externalen Anforderungen und Verpflichtungen sowie einer internalen (übersteigerten) Verausgabungsneigung (auch als *Overcommitment* bezeichnet; *Commitment*) und Belohnung auf der anderen Seite (Lohn, Aufstiegsmöglichkeiten/Sicherheit, Wertschätzung) ergeben können. Zahlreiche Studien belegen den Zusammenhang zw. G. und psych. Beanspruchungsfolgen (*Burn-out*) sowie Herz-Kreislauf-Erkrankungen. *Gesundheit, berufliche Bedingungen*. Siegrist et al. 2004, Siegrist 1996. *T. Rigotti*

Gratioletsche Sehstrahlung [engl. *Gratiolet's optic radiation*], nach L. P. Gratiolet (1815-1865), [**BIO, WA**], Anteil der Fasern des zentralen (postchiasmatischen) visuellen Systems vom seitlichen Kniehöcker (*Corpus geniculatum laterale*, CGL) zur primären Sehrinde (*Area striata*, Brodmann Areal 17, V1); auch *Radiatio optica* genannt. Karnath & Thier 2012. *J. Zihl*

Gratton-Effekt (= G.) [engl. *Gratton effect*], [**KOG, WA**], der G. bezeichnet die sequenzielle Modulation von Kongruenzeffekten (*Kongruenzeffekte*; z. B. Flankierreiz-Effekt (*Eriksen-Flanker-Aufgabe*, *Simon-Effekt*; *Stroop-Verfahren*), wobei der Kongruenzeffekt (= Differenz zw. einer kongruenten und einer inkongruenten Bedingung) nach einem kongruenten Vorgängerdurchgang größer ausfällt als nach einem inkongruenten Vorgängerdurchgang. Verguts & Notebaert 2008. *P. Wühr*

Graumann, Karl-Friedrich (1923–2007), [**HIS, SOZ, PHI**], wurde in Köln geb. In der NS-Zeit galt er als sog. «Vierteljude». Als Angehöriger des Afrika-Korps geriet er 1941 in El Alamein in Kriegsgefangenschaft, landete in einem Kriegsgefangenenlager in Kanada, wo er bereits 1943/44 ein Fernstudium für amerik. Literatur und (überwiegend behavioristische, *Behaviorismus*) Ps. an der University of Saskatchewan beginnen konnte. An den Universitäten Köln und Bonn setzte er sein Studium der Ps., Philosophie und Physiologie fort. Seine Promotion in Ps. erfolgte an der Universität zu Köln im Jahr 1952 bei Maria Krudewig. Von besonderem Einfluss auf Graumann war aber Hans Thomae. Die Habilitation an der Universität Bonn absolvierte Graumann 1959. Von 1963 bis zu seiner Emeritierung 1991 war Graumann o. Prof. an der Universität Heidelberg. Graumann rechnete sich nie einer Schule der Ps. zu, wenngleich viele seiner Arbeiten durch phänomenologische Ansätze geprägt sind. Sein vielseitiges Werk umfasst allgemeinps., wissenschaftstheoretische und psachol.geschichtliche Arbeiten, sprachpsychol. Untersuchungen sowie Auseinandersetzungen mit der Ökologie menschlichen Erlebens und Verhaltens. Gemeinsam mit seinem Freund Serge Moscovici führte Graumann Arbeiten zu Führung und zum historischen Wandel der Sozialps. durch. Zu den Ehrungen zählen die Ehrenmitgliedschaft und die Auszeichnung für sein Lebenswerk durch die DGPs (*Deutsche Gesellschaft für Psychologie*). Graumann 2004. *H. E. Lück*

Grauskala [engl. *gray scale*], [**WA**], Spektrum der unbunten, neutralen Farben zwischen Weiß und Schwarz. *Farbe*.

Grawe, Klaus (1943–2005), [**KLI**], war ein einflussreicher Hochschullehrer und Forscher der Klinischen Ps. und *Psychotherapie* (= P.). Er vertrat eine schulenübergreifende Auffassung von P., nach der es um wiss. Verständnis psychoth. Veränderungsprozesse, dessen Umsetzung in die Praxis, ihre empirische Überprüfung und der ständige Weiterentwicklung von Theorie und Praxis der Ps. geht. Er studierte Ps. in Hamburg und Freiburg i. Br. (Diplom, 1968), promovierte (1976) und habilitierte (1979) in Hamburg. Er erhielt 1976 einen Ruf an die Universität Bern, wo er eine Psychotherapeutische Praxisstelle sowie 1992 und 1999 in Zürich postgraduale Studiengänge aufbaute. Wesentliche Beiträge sind die vertikale *Verhaltensanalyse*, die *Schematheorie*, die Figurationsanalyse, die Berner Therapievergleichsstudie, eine *Metaanalyse* zur Wirksamkeit von Ps., eine Übersicht zu empirischen Zusammenhängen zw. Therapieprozess und -ergebnissen, die Formulierung allg. Wirkfaktoren der P. sowie die Formulierung einer schulenübergreifenden Allgemeinen P., die Wirkfaktorenanalyse (WIFA, *Wirkfaktoren in der Psychotherapie*), die Einteilung in therapeutische Ansätze der 1., 2. und 3. Generation, eine wirkfaktorenbasierte Vergleichsstudie sowie zuletzt ein Werk zur Neurop. Die Metaanalyse trug maßgeblich zum dt. *Psychotherapeutengesetz (PsychThG)* bei. Grawe wirkte als (Mit-)Herausgeber (Zeitschrift für Klinische Psychologie, Psychotherapy Research, Fortschritte der Psychotherapie), war Präsident der *Society for Psychotherapy Research (SPR)* und Vorstandsmitglied der *Deutschen Gesellschaft für Psychologie (DGPS)* und erhielt verschiedene Ehrungen. Caspar & Grosse Holtforth 2010. *M. Grosse Holtforth*

Grazer Schule *Österreichische Schule, Grazer Schule*.

Greensporn-Verfahren [engl. *Greensporn procedure*], *Verbalkonditionierung*.

Greifen, Greifbewegungen, frühkindliche(s), [**EW, KOG**], man unterscheidet zwischen dem Ergreifen eines Objektes [engl. *grasping*] und dem Greifen nach einen Objekt [engl. *reaching*]. Gezielt nach einem stationären Gegenstand greifen können Babys ab einem Alter von 4 Monaten; gleichzeitig entwickeln sie auch die Fähigkeit, nach sich bis 30 cm/s bewegenden Objekten zu greifen (8 Monate: bis 125 cm/s). Die Objektbewegung wird dabei antizipiert, und die Greifgeschwindigkeit hängt mit der Objektgeschwindigkeit zus. Hofsten & Lindhagen 1979, Smeets & Brenner 1995.

Greifreflex [engl. *grasping reflex*], syn. *Handgreifreflex*, [**EW, KOG**], wird die Handfläche eines Kindes bis zu 3 Monaten oder eines Erwachsenen mit Frontalläsion mit einem länglichen Gegenstand berührt, so wird dieser unbewusst umklammert und festgehalten. Der Reflex ist bei Kleinkindern normal und bei Erwachsenen einem subkortikalen Mechanismus zuzuschreiben, der durch einen Herd im Frontalhirn enthemmt ist. Er wird als Rückstand aus einer älteren Entwicklungsstufe betrachtet (Anklammern des Neugeborenen an den Körper der Mutter).

Grenze (= G.) [engl. *border*], [**KOG, WA**], erlebte G., ein wesentliches Kriterium der Gliederung der phänomenalen Welt. (1) Als Kontur hebt sie die Figur vom Grund ab, als Kante und Ecke betont sie die Flächen an Gegenständen, und als Farbsprung trennt sie die Farben voneinander (*Figur-Grund-Verhältnis*, *Objekterkennung*). Die G. hat innerhalb der Figur sowohl die Funktion der Bindung (dem Strukturaufbau zugehöriges Moment) als auch die der einseitigen Trennung. Umgekehrt grenzt sie den Grund nicht gegen die Figur ab. Im Falle des Farbensprungs übernimmt sie die doppelte Grenzfunktion, die eine gegen die andere Fläche abzugrenzen. (2) Im Erinnern (*Gedächtnis*) und *Denken* spielt die G. eine ähnlich wesentliche Rolle wie in der *Wahrnehmung*. Z. B. ist im Denken häufig die Einbindung von Teilen als lösungserschwerender Grenzverlauf, der aufgelockert werden muss, wenn die Lösung (*Problemlösen*) gefunden werden soll, von Bedeutung. (3) Die G. der Sinne sind einmal durch die Minima der Unterschiedsschwellen und zum anderen durch die Breite (z. B. der Tontiefen und -höhen) des betreffenden Sinnes gegeben. Sie sind Ausschnitt einer best. Zone aus einer größeren Skala physikal. Erscheinungen. Sie variieren von Lebewesen zu Lebewesen. Während dem Hund noch bei 35 000 Schwingungen ein Tonerlebnis gegeben ist, liegt für den Menschen die G. bei etwa 20 000 Schwingungen pro Sekunde. Damit sind gleichzeitig behaviorale G. gesetzt. Witte 1952a.

Grenzkontrolle, Grenzregulation (= G.) [engl. *boundary regulation*], [**SOZ**], von Altmann 1975 eingeführtes Rahmenkonzept, das best. Wechselbeziehungen zw. dem Individuum (bzw. einer Gruppe) und seiner (bzw. ihrer) unmittelbaren räumlich-sozialen Umgebung beschreiben und interpretieren helfen soll. Zugleich sollen damit einige separat entstandene ökopsychol. Teilkonzepte *(privacy, personal space, territory, crowding)* integriert werden. *Privacy* (Privatheit; Kruse 1980) wird darin zunächst als ein spezif. Sollzustand aufgefasst, in dem Wünsche nach Häufigkeit und Intensität des Kontakte-Empfangens und des Kontaktaktivitäts-Aussendens in ein best. Verhältnis zueinander gesetzt sind. Die jew. realen (Privatheits-)Gegebenheiten können zu dem jew. erwünschten Idealzustand mehr oder weniger in Diskrepanz stehen. Unter *Crowding*-Bedingungen («Beengtheits»-Erlebnissen) erscheinen übliche Mechanismen zur G., d. h., zur Veränderung der Individuum-Umgebungs-Beziehungen in Richtung idealer Privatheit, nicht mehr oder nur noch begrenzt verfügbar. Sonst dienen das Beanspruchen von Territorien bzw. eines «personalen Raums» *(personal space*; Sommer 1969) der G. im Sinne einer Abwehr unerwünschter Kontakte. G. im entgegengesetzten Sinne würde der Vermeidung oder Beseitigung unerwünschter Isolation dienen. *G. Kaminski*

Grenzmethode, Grenzverfahren [engl. *method of limits*], *psychophysische Methoden*.

Grenzstrang [engl. *(sympathetic) trunk*], *Nervensystem*.

Gridtechnik *Gitter-Technik*.

griechisch-lateinisches Quadrat, [**FSE**], als Ausweitung des *lateinischen Quadrats* können mit dem griechisch-lateinischen Quadrat vier Variationsquellen untersucht werden. Das Prinzip dieses varianzanalyt. Versuchsplanes ist dasselbe wie das des lateinischen Quadrats. Wie dort können auch hier nur die Haupteffekte (Zeilen, Spalten, lateinische und griechische Buchstaben) stat. überprüft werden, nicht aber die Wechselwirkungen (*Interaktionseffekt*) zwischen den untersuchten Variablen. Bortz & Schuster 2010. *G. Lüer*

grief [engl.] *Trauer, Trauern*.

^Test^**Griffiths-Entwicklungsskalen (GES)**, 2001, I. Brandt & E. J. Sticker, [www.testzentrale.de], [**DIA, EW, KLI**]. Verfahren zur Erfassung des Entwicklungsstands. AA 1–24 Monate sowie ältere Kinder mit Retardierungen oder Behinderungen. Mit den GES lässt sich der Entwicklungsstand (*Entwicklungsdiagnostik*) insges. und nach fünf Funktionsbereichen differenziert feststellen: (1) *Motorik*, (2) *Persönlich-Sozial*, (3) *Hören und Sprechen*, (4) *Auge und Hand* sowie (5) *Leistungen*. Es wird ein Gesamt-Entwicklungsquotient (EQ) sowie ein Entwicklungsquotient für jede Unterskala berechnet, woraus sich ein Entwicklungsprofil ergibt. Die GES sind so angelegt, dass sie bei Vorliegen von Teilausfällen, Retardierung oder geistiger Behinderung konkrete Hinweise zur Beratung der Eltern sowie für Planung und Durchführung gezielter Frühfördermaßnahmen liefern. Durch wiederholte Untersuchungen ist eine Beurteilung des Entwicklungsverlaufs, z. B. bei Kindern aus Spezialambulanzen und eine Überwachung des Therapieerfolgs möglich. *Normierung*: Die Normierung basiert auf insges. 1750 Untersuchungen von 102 Kindern (51 Jungen und 51 Mädchen, Längsschnitt, entspr. 90–95 Pbn pro Altersgruppe); die Items wurden gemäß der 50. Perzentile platziert. Bearbeitungsdauer: Bei gesunden Kindern werden im ersten Lebensjahr ca. 20 bis 30 Min. benötigt, danach bis zu etwa 45 Min. sowie bei schüchternen/ängstlichen Kindern bis zu 60 Min.

GRIT (graduated and reciprocated initiatives in tension reduction) [engl.] «graduierte und reziproke Initiativen zur Spannungsreduktion», [**SOZ**], ein von Charles E. Osgood 1962 entwickeltes Modell, wonach durch einseitige Initiativen (z. B. einseitige Abrüstung bei gleichzeitiger Aufforderung an den Gegner, Gleiches zu tun) Schritt für Schritt eine Atmosphäre gegenseitigen Vertrauens zw. den Gegnern geschaffen wird. Osgood 1962.

Grobgriff, Kraftgriff [engl. *power grip*], [**KOG**], globaler Faustschluss durch Bildung einer Klammer zw. dem Daumen in Opposition mit der Handfläche und den vier Fingern; zum sicheren Greifen, z. B. für große, schwere Objekte. *C. Kiese-Himmel*

Grobkoordination [engl. *gross (motor) coordination*], [**KOG**], ungeübte, weniger flüssige und differenzierte *Koordination* (Ggs. *Feinkoordination*). *Psychomotorik*, *psychomotorische Faktoren*.

Grobmotorik *Entwicklung, motorische*.

Größe, relative [engl. *relative size*], [**WA**], monokularer Raumhinweis, bei dem der Vergleich von Objektgrößen es dem Betrachter ermöglicht, die Größe, Entfernung oder Form von Bildinhalten genauer einzuschätzen (*visuelle Raumhinweise*). *M. May*

Größen-Distanz-Paradox [engl. *size-distance paradoxon*], *Mondtäuschung*.

Größen-Gewichts-Täuschung [engl. *size-weight illusion*], *Charpentier-Täuschung*.

Größengradient [engl. *size gradient*], [**WA**], monokularer Raumhinweis, bei dem die zunehmende Verkleinerung von Bildelementen zum Horizont hin es dem Betrachter ermöglicht, die Größe, Entfernung oder Form von Bildinhalten genauer zu bestimmen (*visuelle Raumhinweise*). *M. May*

Größenkonstanz (= G.) [engl. *size constancy*], [**WA**], ist ein Begriff aus der visuellen *Raumwahrnehmung*, der besagt, dass die wahrgenommene Größe eines realweltlichen Gegenstands (*distales Objekt*) im Vergleich zur Größe seiner optischen Abb. auf der Netzhaut (Proximalreiz) überschätzt wird. Gleichfalls werden Größenveränderungen der Netzhautabbildung, die aus Bewegungen des Beobachters oder des Gegenstandes resultieren, tendenziell unterschätzt (d. h., die wahrgenommene Objektgröße bleibt trotz Veränderungen des proximalen Reizes relativ konstant). G. ist eines von mehreren sog. *Konstanz*-Phänomenen der Wahrnehmung und wird zur Erklärung von geometrisch-optischen Täuschungen (*geometrisch-optische Täuschung*) oder Fehlern beim *Entfernungssehen* herangezogen. G. hängt nicht davon ab, ob der einzuschätzende Gegenstand durch die wahrnehmende Person erkannt wird, ist somit weitgehend unabhängig von Vorwissen über den Gegenstand. Bischof 1966b, 1974b, Goldstein 2007. *M. May*

Größenschätzung [engl. *magnitude estimate*], *Skalierung, Methoden der, Bezugssystem*.

Größentäuschung [engl. *size illusion*], *geometrisch-optische Täuschung*.

Größenwahn, Megalomanie [engl. *delusion of grandeur, megalomania*; gr. μεγάλως *(megalos)* großartig, μανία *(mania)* Raserei, Wahnsinn], **[KLI]**, wahnhafte Selbsterhöhung (*Wahn, wahnhafte Störung*), wobei der Betroffene sinnlos übertriebene Eigenschaften, überhöhte soz. Stellungen u. a. m. sich zuschreibt. Vorkommen: *Schizophrenie, Manie*, progressive *Paralyse*.

Größenwahrnehmung [engl. *perception of size*], *Konstanz, Skalierung, Methoden der*.

große Zahl, **[FSE]**, das «Gesetz der großen Zahl» [engl. *law of great numbers*] besagt, dass mit wachsender Größe einer Stichprobe die Größe der zufällig bedingten Messfehler abnimmt (Theorem von Bernoulli).

Großhirn [engl. *cerebrum*]; *Gehirn*.

Grounded Theory (= G. T.) [engl. *grounded* geerdet, verankert], syn. *gegenstandsverankerte/gegenstandsnahe/gegenstandsbezogene Theoriebildung*, **[FSE]**, methodologisches Konzept zur systematischen Strukturierung und Auswertung v. a. qual. Daten mit dem Ziel der sukzessiven Erarbeitung einer empirisch begründeten Theorie. In den 1960er-Jahren von Glaser & Strauss (1967) in der Tradition des *Symbolischen Interaktionismus* begründet und von beiden anschließend unterschiedlich weiterentwickelt. Der Begriff G. T. bezeichnet weniger eine best. Theorie oder Methode als vielmehr ein umfassendes Forschungsparadigma mit einer Reihe konkreter Strategien zur Datenerhebung und -auswertung. Die typischen Arbeitsschritte sind: (1) die Erhebung erster Daten, (2) das Kodieren (Suchen nach Kategorien und deren Eigenschaften in den Daten), (3) das Erstellen von Memos (Erinnerungshilfen) mit dem Ziel, Überlegungen zu Verbindungen zw. einzelnen Kategorien als Ansatz zu einer vorläufigen Theorie festzuhalten, (4) das Vergleichen oder Kontrastieren von Fällen zum Zweck der Überprüfung der bisher entwickelten Theorie, (5) das *theoretical sampling*, d. h. die Auswahl weiterer zu untersuchender Fälle mit max. unterschiedlichen Merkmalsausprägungen mit dem Ziel, die vorläufige Theorie durch Vergleichen und Kontrastierung zu überprüfen (*qualitative Fallauswahl*), und (6) schließlich das Abbrechen des Vergleichsprozesses und die Formulierung einer Theorie bei Erreichen eines Zustands *theoretischer Sättigung*, d. h., neue Fälle bringen keine substanziellen zusätzlichen Erkenntnisse, es kommen keine neuen Kategorien mehr hinzu. Die G. T. ist eine der verbreitetsten Forschungsstrategien in der *Qualitativen Sozialforschung*. Sie wird u. a. in soziol., psychol. und gesundheitswiss. Forschungskontexten sowie in der Informatik angewendet. *M. Petrucci*

Grounding [engl.] Erdung, Fundament, **[KOG, SOZ]**, Techniken zur Herstellung einer gemeinsamer Wissensbasis (*Common Ground*) in einer *Kommunikation*. *M. Huff*

group awareness (= G. A.) [engl.] Gruppenbewusstsein, **[MD, SOZ]**, bezeichnet die Wahrnehmung von und das Wissen über soziale Kontextinformationen in einer *Gruppe*. Das Konzept entstammt dem Forschungsbereich *computer-supported cooperative work* (CSCW) und dient insbes. der Entwicklung von Software (G. A.-Tools), die interaktionsbegleitend soziale Kontextinformationen bereitstellt, die i. R. *computervermittelter Kommunikation* nicht oder nur schwierig zu erlangen sind. Dazu gehören insbes. Informationen über Anwesenheit, Aussehen und Verhalten anderer Personen. In neueren Ansätzen werden darüber hinaus Informationen bereitgestellt, die auch Face-to-Face-Gruppen nicht zur Verfügung stehen, wie z. B. Informationen über Wissen und Meinungen der Kooperationspartner. G. A.-Tools können effiziente, strukturierte und adaptive Wissensaustauschprozesse fördern. Da sie während der Kooperation, im Ggs. zu instruktionalen Maßnahmen, optional genutzt werden können, unterstützen sie v. a. selbstgesteuerte (*Selbststeuerung*) Lernszenarien. Buder & Bodemer 2008, Gutwin & Greenberg 2002. *D. Bodemer/F. W. Hesse*

group-mean-centering [engl.] Zentrierung am Gruppenmittelwert, *Zentrierung*.

group think [engl.] *Gruppendenken*.

Growth Hormone (= GH), syn. *Somatotropes Hormon, Human Growth Hormone*, Wachstumshormon, Somatropin, **[BIO]**, GH wird vom Hypophysenvorderlappen vor allem während des *Schlafes* gebildet. GH ist essenziell für ein normales Wachstum. Verminderte Produktion oder vermindertes Ansprechen der Zellen auf GH führt zu einem Minderwuchs. Eine Überproduktion in der physiol. Wachstumsphase führt zu einem Riesenwuchs. Kommt es zu einer Überproduktion von GH im Erwachsenenalter, entsteht das Störungsbild einer *Akromegalie* (übermäßiges Wachstum an den noch nicht verknöcherten Zonen in den Akren wie Nase, Kinn, Finger und dem Schädelknochen sowie bei allen Weichteilen (z. B. Kardiomegalie)). Bei Erwachsenen mit einer erniedrigten GH-Produktion wurde eine Reihe psych. Beeinträchtigungen beschrieben (erhöhte *Prävalenz* von *Depressionen*, emot. Instabilität, subj. empfundene verminderte *Lebensqualität* sowie kogn. Beeinträchtigungen). *T. Veselinović*

Grübelzwang *Zwangsstörungen*.

Grünblindheit [engl. *green blindness*], *Achromatopsie, Dyschromatopsie*.

Grundeigenschaft (= G.) [engl. *source trait*], **[PER]**, in faktorenanalytischen Ansätzen (*Persönlichkeit, klassische faktorenanalytische Ansätze*) als grundlegend verstandener Faktor (z. B. im Ansatz von Raymond Cattell) der *Persönlichkeit*. Dagegen besteht eine *Oberflächeneigenschaft* aus mehreren Grundeigenschaften. *H. O. Häcker*

Grundemotionen [engl. *basic emotions*], *Emotionen, primäre*.

Grundgesamtheit *Population*.

^Test**Grundintelligenztest (CFT 1/2/20-R/3)** [Original: *Culture Fair Intelligence Test (CFT) von Cattell*]; CFT 1: 5., revidierte Aufl. 1997, R. H. Weiß & J. Osterland; CFT 2: 1972, R. B. Cattell & R. H. Weiß, CFT 20-R: 2008, R. H. Weiß; CFT 3: 1971, R. B. Cattell & R. H. Weiß; [www.testzentrale.de], **[DIA, KOG, PER]**. Multidimensionale Intelligenztests, *Intelligenz*. Der CFT gilt als kulturfair, da er auf sprachfreien und anschaulichen Testaufgaben basiert. Er erfasst die grundlegende geistige Leistungsfähigkeit (*general mental capacity*, *g-factor*) unabhängig von soziokulturellen und ausbildungsbedingten Einflüssen. Cattell unterscheidet zwei allg. Grundfaktoren der *Intelligenz*, nämlich die *general fluid ability* (*Intelligenz, kristalline und fluide*) und die *general crystallized ability*. Der CFT misst zu einem hohen Anteil die *general fluid ability*. Diese kann umschrieben werden als Fähigkeit, figurale Beziehungen und formal-logische Denkprobleme mit unterschiedlichem Komplexitätsgrad zu erkennen und innerhalb einer best. Zeit zu verarbeiten.

CFT 1: AA von 5;3 bis 9;5 Jahren. Gibt Auskunft über die Grundintelligenz des Kindes und den Komplexitätsgrad, den das Kind erfassen kann. Er besteht aus fünf Untertests, die erfassen, inwieweit das Kind in der Lage ist, nonverbale Probleme zu identifizieren und zu lösen. *Reliabilität* der Untertest zw. r = .65 und r = .86. *Validität*: Koeffizienten für den Summenwert der drei letzten Untertests zw. r = .90 und r = .96. *Kriterienbezogene Validität*: mittlere Korrelation zw. CFT 1-Gesamtleistung und HAWIK (*Hamburg-Wechsler-Intelligenztest für Kinder - IV (HAWIK-IV)*). *Normierung*: Normierung für die 5. Aufl. an N = 1500. PC-Version vorhanden.

CFT 2: AA 9–15 Jahre. Der Test ist aus zwei Testteilen mit je 46 Items aufgebaut und ist in 4 Untertests aufgeteilt: Untertest 1 (*series*, Reihenfortsetzen) 12 Items, 2 (*classification*, Klassifikation) 14 Items, 3 (*matrices*, Matrizen) 12 Items, 4 (*topology*, topologische Schlussfolgerungen) 8 Items.

CFT 20-R: Weiterentwicklung des CFT 2 bzw. 20. AA Kinder und Jugendliche von 8;5 bis 19 Jahren; Erwachsene von 20 bis 60 Jahren. Der CFT 20-R besteht aus zwei gleichartig aufgebauten Testteilen mit den vier Untertests (1 *series*, Reihenfortsetzen; 2 *classification*, Klassifikation; 3 *matrices*, Matrizen; 4 *topology*, topologische Schlussfolgerungen). Der Teil 1 umfasst 56 Items, Teil 2 umfasst 45 Items. Mit den beiden Ergänzungstests *Wortschatz– (WS)* und *Zahlenfolgenaufgaben (ZF)* können verbale und numerische Elemente des Faktors Verarbeitungskapazität erfasst werden. Der *Wortschatztest* misst den über den Grundwortschatz der dt. Sprache hinausgehenden Wortschatz aus der Umgangssprache und liefert damit Anhaltspunkte zum Status der *Allgemeinbildung*. Mit dem *Zahlenfolgentest* kann das Erkennen von Regeln und Gesetzmäßigkeiten bei einfachen bis komplexen numerischen Aufgabenstellungen diagnostiziert werden. WS und ZF ermöglichen eine Profilanalyse des zentralen Intelligenzfaktors Verarbeitungskapazität nach Jäger in einer Testprozedur. Die beiden Ergänzungstests stellen jedoch eigenständige Teiltests dar, die auch unabhängig vom CFT 20-R angewendet und bezogen werden können. Bearbeitungsdauer: ca. 60 Min.

CFT 3: AA ab 14 Jahren. Der Test ist nach derselben g-Faktor-Theorie wie die Originalskala von Cattell aufgebaut. Er enthält die Untertests *series*, Reihenfortsetzen; *classification*, Klassifikation; *matrices*, Matrizen und *topology*, topologische Schlussfolgerungen. Die beiden Testteile bestehen jew. aus 50 Items. *Normierung* an N = 3476 Vpn. Normtabellen liegen für 16- bis 19-Jährige sowie für versch. Schularten vor, außerdem Vergleichswerte für zehn Hochschulfachrichtungen (N = 409) und eine Alterskorrekturtabelle für 28- bis 80-Jährige. *Validität*: Studien zu versch. Aspekten der Validität liegen vor, z. B. Zusammenhang zum *Intelligenz-Struktur-Test 2000 R (I-S-T)* zw. r = .61 und r = .74, zum *Prüfsystem für Schul- und Bildungsberatung für 6. bis 13. Klassen – revidierte Fassung (PSB-R 6–13)* zw. r = .61 und r = .66 und zum Verfahren *Mathematische Denkaufgaben (MDA 10+)* bei r = .51. Reliabilität: Testhalbierungsreliabilität für den Gesamttest bei rtt =.91. Split-Half-Reliabilitäten der Subtests der ersten Testhälfte um r_{tt} =.66 (N = 129 Unterprimaner). Bearbeitungsdauer: ca. 40 bis 50 Min. Cattell & Cattell 1963.

Grundlagenforschung [engl. *basic/fundamental research*], *Empirische Sozialforschung*.

Grundmotiv (= G.) [engl. *basic motive*], **[EM]**, *Handlungen* werden unternommen, um *Ziele* zu erreichen bzw. um Wünsche zu erfüllen. Die unmittelbaren Handlungsziele werden jedoch i. d. R. nicht um ihrer selbst willen angestrebt, sondern deshalb, weil man glaubt, dass sie andere, gewünschte Zustände herbeiführen oder zumindest die *Wahrscheinlichkeit* ihres Eintretens erhöhen. Die Ziele, die man mit Handlungen unmittelbar anstrebt, sind also typischerweise nur Mittel zum Zweck; oder anders formuliert: Die Wünsche bzw. *Motive*, die Handlungen unmittelbar zugrunde liegen, sind typischerweise aus anderen, grundlegenderen Wünschen bzw. Motiven (mithilfe von *Mittel-Ziel-Überzeugungen*) abgeleitet. Z. B. ist der Wunsch nach Geld abgeleitet; denn Geld besitzen (Ziel Z) will man, weil man glaubt, dass man sich damit versch. andere Wünsche erfüllen kann wie z. B. den Wunsch, einen Wagen zu besitzen. Auch diese mittelbaren Wünsche sind meist wieder aus anderen Wünschen abgeleitet: Z. B. will man den Wagen besitzen, um bequemer zur Arbeit fahren oder Einkäufe leichter erledigen zu können. Um einen unendlichen Regress bei der Ableitung von Motiven zu vermeiden, scheint es jedoch unvermeidbar, anzunehmen, dass es grundlegende Wünsche oder G. gibt, also Motive (Wünsche), die nicht aus anderen Motiven bzw. Wünschen abgeleitet sind. G. sind somit die letztendlichen psychischen Quellen der *Motivation*.

Allerdings ist bis heute nicht geklärt, welche und wie viele G. es gibt. *Monistische Theorien* der G. behaupten, dass es nur ein einziges G. gibt. Der plausibelste Kandidat dafür ist das Hedonismus-Motiv (*Hedonismus, psychologischer*), der Wunsch nach dem Erreichen von Lust (angenehmen Gefühlen, *Emotionen*, *Gefühl*) und dem Vermeiden von Unlust (unangenehmen Gefühlen). *Pluralistische Theorien* der G. postulieren dagegen zahlreiche G. Eine neuere pluralistische Motivtheorie, die 16 G. postuliert, wurde von Reiss (2000) vorgeschlagen und faktorenanalytisch validiert (*Faktorenanalyse*, *Validierung*). Die 16 G. umfassen u. a. den Wunsch nach Nahrung, Sex, körperlicher Bewegung, Familienleben (*Familie*), Freiheit von *Angst* und *Schmerz* (ein Aspekt des hedonistischen Motivs); den Wunsch nach Erkenntnis, *Autonomie*, Ordnung, Geselligkeit, und sozialer Zugehörigkeit (*Hoffnung auf Anschluss*); und den Wunsch nach Dominanz, Prestige und Loyali-

tät gegenüber der eigenen *Bezugsgruppe*. Die Inhalte von G. – die Sachverhalte, die die G. erfüllen – kann man als Grundwerte betrachten (Reiss 2000). Deshalb sind Theorien der Grundwerte (z. B. Schwartz 1992) und Theorien der G. eng miteinander verwandt.
Abgeleitete Motive sind erlernt: Sie werden erworben, indem man Mittel-Ziel-Überzeugungen erwirbt, die sie mit den G. oder mit anderen, schon vorhandenen abgeleiteten Motiven verknüpfen. Die entspr. Lernerfahrungen (*Lernen*) umfassen persönliche *Erfahrungen* mit Handlungen und ihren Folgen (*Konditionierung, klassische, Konditionierung, operante*); mind. ebenso wichtig ist jedoch das soziale Lernen: das Lernen durch die Beobachtung anderer Personen (*Beobachtungslernen*) und durch verbale *Kommunikation*. G. können dagegen per Def. nicht erlernt werden. Deshalb wird gewöhnlich angenommen, dass die G. zur angeborenen Grundausstattung der Psyche gehören. D. h., die G. bzw. die ihnen zugrunde liegenden psych. Mechanismen sind im Laufe der biol. Evolution (durch den Prozess der natürlichen Selektion) entstanden. Reisenzein 2006, Sober & Wilson 1998, Heckhausen & Heckhausen 2010. *R. Reisenzein*

Grundrate *Basisrate*.
Grundstimmung [engl. *basic/prevailing mood*], **[PER]**, die überwiegende Stimmungslage, die sich als Haltung zu sich und der Umwelt äußert. Die «Klangfarbe», das *timbre* des Verhaltens. Erklärungen gehen auf vorgeburtliche, auf frühkindliche oder später erworbene Bedingungen zurück. *endogen*, *Gefühl*, *Grundeigenschaft*, *Grundfunktionen*, *Stimmung*, *Persönlichkeit*, *Temperament*, *Urvertrauen*.
Grundton [engl. *fundamental tone*], **[WA]**, der tiefste (Ausgangs-)*Ton* eines tonischen Dreiklangs in Normallage. Grundton heißt auch der erste Teilton einer Obertonreihe. *Akustik*, *Hören, tonales Hören*.
Gruppe (= G.) [engl. *group*], **[SOZ]**, Anordnung von Dingen und Menschen, zugleich Ausdruck einer inneren Beziehung. In den Sozialwissenschaften sind G. ein Spezialfall der «menschlichen Plurale». Es genügt nicht das bloße Beisammensein von Personen als Menge bzw. als «soziales Aggregat» (Parsons) oder die Gleichartigkeit von definierenden Merkmalen (Klassen), auch nicht, wenn im letzteren Fall das Def.merkmal «gemeinsames Ziel» (*Ziele*) handlungsrelevant geworden ist (Verband). Um zwei oder mehr Personen die Bez. G. zukommen zu lassen, müssen entweder zw. ihnen – wenigstens ansatzweise – Interaktionen (*soziale Interaktion*) vorhanden sein oder sich eine Strukturierung, d. h. Ansätze zu einer Rollenverteilung (*Rolle*), eingeleitet haben. Indem die Aktion zw. den G. mitgliedern zum Kriterium gemacht wird, kann sogar die gleichzeitige (*vis-à-vis*) Anwesenheit der Mitglieder vernachlässigt werden. Als Arbeitsdefinition für G. ist vorgeschlagen worden (Proshansky & Seidenberg 1965): «Zwei oder mehr Individuen, die kollektiv wie folgt charakterisiert werden können: Sie haben gemeinsame Normen (*Normen, soziale*, *Gruppennorm*), Überzeugungen und *Werte* und sie unterhalten implizit oder explizit definierte Beziehungen zueinander, sodass das Verhalten eines jeden Folgen für den anderen hat. Diese Merkmale (Eigenschaften) entstehen aus der Interaktion der Individuen und haben für sie Konsequenzen, wobei die Individuen hinsichtlich irgendeines spezif. G.ziels ähnlich motiviert sind». In diese Def. ist die Organisation oder Struktur nicht aufgenommen, obwohl diese meist auch in funktionalen G. (in Interaktion) entsteht.

Soziologische Unterscheidungen von G. sind *Primär*- und *Sekundär*-G. (Cooley), d. h. *natürliche* G. wie die Familie gegenüber *willkürlichen* Zusammenschlüssen; *Klein*- vs. *Groß*-G.; *formelle* vs. *informelle* G. (mit fließendem Gebrauch der Begriffe), für G. innerhalb einer planmäßigen Organisation oder für *künstlich zusammengestellte* G. gegenüber *spontan sich bildenden* G. sehr versch. Art (Irle 1963).

Eine eher sozialpsychol. Unterscheidung bezieht sich auf die Funktion der G. für das Individuum: *Mitgliedschafts*- vs. *Bezugs*-G. (*Reference*-G., Hyman 1942), die entweder eine normative oder eine Vergleichsfunktion hat, d. h., die Bezugs-G. setzt für das *Verhalten* und das Meinen des Individuums Normen oder das Individuum, das selbst unsicher ist, vergleicht sein Verhalten mit der Bezugs-G. Letztere kann eine Mitgliedschafts-G., der das Individuum tatsächlich selbst angehört, sein oder eine Nichtmitgliedschafts-G., der es aber gerne angehören möchte. Eine ebenfalls psychol. Beziehung wird gemeint, wenn *Eigen*- und *Fremd*-G. (*ingroup-outgroup*, Summer 1907) unterschieden werden. Als Dimensionen der G. gelten neben der Größe die Stabilität, Intimität, Kohärenz, Attraktivität und viele andere. Die G.struktur kann nach dem Vorbild von Moreno grafisch dargestellt werden (*Soziogramm*). Als Beobachtungsverfahren zur Analyse von G.strukturen werden in vielen Fällen sog. Interaktionsprozessverfahren verwendet, die im Kern auf Bales (1950, 1950b) zurückgehen. Eines der aufwendigsten und sowohl theoretisch wie meth. ausgefeiltesten Verfahren ist das *System for Multiple Level Observation of Groups (SYMLOG)*.

Theorien der G. (Mullen & Goethals 1987, Frey & Irle 1985) gibt es vor allen Dingen zu Themen wie *Führung*, *Macht*, Konflikt (*Konflikt, sozialer*) und Entscheidung (*Entscheiden*), aber auch zum Minderheiteneinfluss (*Minorität*) und zur Relation zw. G. In den neueren Publikationen zur Sozialps. der G. werden zunehmend Fragestellungen der sog. Intergruppenbeziehungen aufgegriffen. Intergruppenbeziehungen lassen sich als Schnittstelle von Themen aus den Bereichen der *Vorurteils*-, *Stereotypen*- und Minderheitenforschung auf der einen Seite und der Sozialps. der G. kennzeichnen. Themen, die in der aktuellen Forschung dominieren und z. T. auf eine lange Tradition zurückblicken können, sind Leistungsverhalten in G., einschließlich der Gründe und Ursachen für Leistungsvorteile und Leistungsverluste *soziale Dilemmata*, G.polarisierung (die Polarisierung von Einstellungen und Entscheidungen durch G.prozesse, *Gruppenentscheidung*). Themen, die eher einer Angewandten Sozialps. der G. zuzurechnen sind, wie die Analyse sozialer Netzwerke (*Soziale Netzwerke im Internet*), *Stress* in G., G. in versch. Lebensbereichen wie Arbeit, Sport, Freizeit, im Bereich der

Erziehung, der Justiz und in therap. Kontexten sowie für die Probleme nationaler und internat. Konflikte sind zwar zum einen Standardthemen der *Soziologie* der G., variieren aber im Aufmerksamkeitsbereich der Forschung ganz beträchtlich. *Arbeitsgruppe*. Bales & Cohen 1982, Baron et al. 1992, Lawler 1984, Paulus 1989, Sedikides et al. 1998, Stangor 2004, Forsyth 1999, Sader 2002. *B. Six*

Gruppe, geschlossene (= g. G.) [engl. *closed group*], [**KLI**], bez. ein Setting von *Gruppentherapie*, bei dem nach dem Beginn der G.therapie keine neuen Mitglieder mehr aufgenommen werden. Alle Teilnehmer müssen sich verpflichten, eine best. Zahl von G.sitzungen zu absolvieren und nur in Notsituationen fernzubleiben. G. G. werden in versch. Therapieverfahren (*Verhaltenstherapie*, Psychodynamische Psychoth. (*Psychoanalyse*), *Humanistische Therapien*) und im Kontext von *Psychoedukation* beschrieben. G. G. können themenoffen und einzelfallorientiert sein, störungsspezif. oder auf best. Zielgruppen ausgerichtet. Vorteile von g. G. sind der günstige Einfluss auf die instrumentellen G.bedingungen und die rasche Entwicklung einer gemeinsamen Erfahrungs- und Wissensgrundlage in der Therapie. Die Nachteile bestehen in der eingeschränkten zeitlichen Flexibilität und der Wartezeit, die für die meisten Pat. hierdurch entsteht. G. G. werden deshalb nur selten im stationären Bereich, häufiger dagegen im ambulanten Bereich angeboten. Sipos & Schweiger 2013. *U. Schweiger/V. Sipos*

Gruppe, indikationsbezogene (= i. G.) [engl. *indication-related group*], [**KLI**], beschreibt eine Kategorie von gruppentherap. Psychoth.methoden (*Gruppentherapie*), die spezif. auf die Bedürfnisse von Pat. mit def. psych. Störungen ausgerichtet sind. Für die meisten großen, in *DSM-5* und *ICD-10* def. psych. Störungen existiert mind. eine indikationsbasierte manualisierte Therapiemethode, die einen gruppentherap. Schwerpunkt hat: Depressive Störungen (*Depression*), bipolare Störungen, Alkoholabhängigkeit (*Alkoholismus*), Abhängigkeit von illegalen *Drogen*, Schizophrenie, Panikstörung, soziale Phobie, Posttraumatische Belastungsstörung, Zwangsstörungen, Essstörungen, Borderline-Störung, antisoziale Persönlichkeitsstörung und weitere. Die Mehrheit dieser Methoden ist der *Verhaltenstherapie* zuzuordnen, es existieren aber auch indikationsbezogene Methoden mit psychodynamischem Hintergrund. Der Einsatz i. G. ist in den vergangenen Jahrzehnten im dt. Sprachraum zum führenden Paradigma der stationären Psychoth. in der *Psychosomatik* und *Psychiatrie* geworden. I. G. richten sich an den «typ. Pat.», der häufig einen mittleren Schweregrad der Symptombelastung aufweist, und vermitteln *Wissen* und *Fertigkeit*, die für die Bewältigung der jew. Störung hilfreich sind. Die Ähnlichkeit der zugrunde liegenden Störung erhöht die *Gruppenkohäsion* und erleichtert das Lernen am Modell (*Beobachtungslernen*) der anderen Pat. Eine wesentliche Limitation der i. G. ist, dass Pat. mit komorbiden Störungen (*Komorbidität*) und ungewöhnlichen indiv. Anliegen nur schwer integriert werden können. Wenn die G. ausschließlich im stationären Setting stattfinden, sind sie häufig bzgl. der zur Verfügung stehenden Zeit sehr eingeschränkt. Bieling et al. 2006. *U. Schweiger/V. Sipos*

Gruppe, informelle [engl. *informal group*], [**SOZ**], auch: informale Gruppe, entsteht durch sich spontan bildende Sozialkontakte. Hierbei sind Ähnlichkeiten der Einstellungen, der Interessen, der Werte und Meinungen, der Herkunft, des Alters usw. förderlich. In Unternehmen und Behörden werden informelle Gruppen von formalen (Arbeits-)Gruppen (*Arbeitsgruppe*) unterschieden, die durch den Organisationsplan und die Arbeitsaufgaben bestimmt werden. *Gruppe*.

Gruppe, offene (= o. G.) [engl. *open group*], [**KLI**], bez. ein Setting von *Gruppentherapie*, bei dem bei jeder G.sitzung neue Mitglieder hinzukommen können bzw. Mitglieder ausscheiden können. O. G. werden in versch. Therapieverfahren (*Verhaltenstherapie*, psychodynamische Psychoth. (*Psychoanalyse*, *Tiefenpsychologisch fundierte Psychotherapie*), *Humanistische Therapien*) und im Kontext von *Psychoedukation* und *Selbsthilfegruppen* beschrieben. O. G. können themenoffen und einzelfallorientiert sein, störungsspezif. oder auf best. Zielgruppen ausgerichtet. Der Vorteil von o. G. ist die rasche Verfügbarkeit eines intensiven, breit gefächerten therap. Angebots bspw. für neu aufgenommene Pat. bei einer stationären Behandlung oder für akut erkrankte Menschen im ambulanten Bereich. Die instrumentellen G.bedingungen *Vertrauen*, *Offenheit*, Zus.-gehörigkeitsgefühl und kooperative Arbeitshaltung (*Kooperation*) sind dagegen in einer o. G. schwieriger herzustellen. Um o. G. erfolgreich zu führen, ist deshalb die Aufmerksamkeit des G.leiters für diese G.bedingungen bes. bedeutsam. Lindenmeyer 2010, Sipos & Schweiger 2013. *U. Schweiger/V. Sipos*

Gruppe, zieloffene (= z. G.) [engl. *group without defined goals*], [**KLI**], ist die Bez. einer Methode der *Verhaltenstherapie*, in der die Bearbeitung indiv. Anliegen des einzelnen Pat. im Vordergrund der G.arbeit steht, im Ggs. zu *indikationsbezogenen Gruppen* oder psychoedukativen G. (*Psychoedukation*), bei denen der Erwerb vorgegebener *Fertigkeiten* oder spezif. Informationsvermittlung im Vordergrund stehen. Alternative Begriffe sind die *einzelfallorientierte G.* oder die *Problemlöseg.* (*Problemlösen*). Problemlöseg. wurden ursprünglich von den nordamerik. Psychotherapeuten Thomas D'Zurilla und Donald Meichenbaum beschrieben, der Begriff der z. G. wurde im dt.sprachigen Raum geprägt, ein internat. gleichbedeutender Begriff besteht nicht. Z. G. erfordern auf der Ebene der instrumentellen G.bedingungen eine hohe Ausprägung von kooperativer Arbeitshaltung und *Offenheit*. *Gruppentherapie*. Fiedler 2005, D'Zurilla & Nezu 2010. *U. Schweiger/V. Sipos*

Gruppenanspruchsniveau *Anspruchsniveau*.

Gruppenarbeit (= G.) [engl. *group work*], [**AO**], wird i. Allg. als Oberbegriff für Organisationen (*Organisation*) mit flacher Managementhierarchie verwendet, in denen kleine, eng zus.arbeitende Arbeitsgruppen (Teams; *Arbeitsgruppe*) von etwa acht bis zehn Mitgliedern zugewiesene Aufgaben weitgehend selbstständig organisieren, bearbeiten und kontrollieren. Ziele sind eine humane *Ar-*

beitsgestaltung und Verbesserung der *Effizienz* (v. a. durch Verringerung der Bürokratie und Managementebenen) und höhere Flexibilität der Gruppen bei der Umstellung auf veränderte oder neue Aufgaben, insb. bei Kleinserienfertigung für kleinere, dynamische Märkte oder bei Einzelfertigung für Kunden mit Sonderwünschen.

G. wird auch als Kurzbezeichnung für *teilautonome Arbeitsgruppen* verwendet. Historisches Vorbild teilautonomer Arbeitsgruppen ist hier der soziotechnische Systemansatz des Tavistock-Instituts (Trist & Bamforth 1951). Er ist nach einer Untersuchung der Arbeitsorganisation einer Gruppe von Bergleuten in der engl. Kohleindustrie entstanden. Im Schacht South Yorkshire hatten die Bergleute im Unterschied zu anderen Schächten die mit der Mechanisierung des Kohlebergbaus eingeführte Arbeitsteilung und Auflösung von Arbeitsgruppen vermieden und eine optimale Kombination ihrer traditionellen G. mit der damals neuen mechanisierten Bergbautechnik gefunden. Die selbstorganisierte G. ermöglichte eine Verringerung der Arbeitsteilung in der Gruppe und führte zu geringeren Abwesenheitsraten, niedrigeren Unfallrisiken und höheren Leistungen. Nach dem soziotechnischen Systemansatz (*soziotechnische Systeme und Systemgestaltung*) genügt es nicht, die Arbeitsorganisation in technischer Hinsicht zu optimieren. Das soziale und das technische System sollen gemeinsam mit dem Ziel einer besseren Passung zw. beiden Subsystemen gestaltet werden.

Teilautonome Arbeitsgruppen, wie sie insbes. in den skandinavischen Ländern und in Projekten zur «Humanisierung der Arbeit» in Dt. i. R. des Programms des Bundesforschungsministeriums zur «Humanisierung der Arbeit» sowie in den Niederlanden eingeführt wurden, basieren auf dem soziotechnischen Systemansatz. Selbstorganisierte G. wird oft durch regelmäßige Teambesprechungen zur Lösung offener Probleme oder *Qualitätszirkel* begleitet. Nach Dunckel & Krause (2003) unterscheiden sich erfolgreiche und nicht erfolgreiche teilautonome Gruppen durch größere Identifikation mit der G., größere Zufriedenheit mit ihren Vorgesetzten, die sich mitarbeiterorientierter und sozial unterstützender verhalten, größere Zufriedenheit mit den Kollegen in der Gruppe, Wir- und Teamgefühl sowie größere Fähigkeiten zur Lösung von Konflikten. Bungard & Antoni 2007, Cherns 1989, Ulich 2011. *S. Greif*

Gruppenbildung (= G.) [engl. *grouping, group formation*], [**KOG**], bei wahrgenommenen Mannigfaltigkeiten entsteht durch Nähe, Ähnlichkeit oder strukturelle Merkmale der Glieder G., Gruppierung oder Bündelung (*chunk, chunking*). Es ist ein Teilprozess der *Informationsverarbeitung*, der die Speicherung und das *Problemlösen* beeinflusst. *Gruppierung*.

[**SOZ**], G. ist auch eine Bez. für den sozialpsychol. Prozess der Umformung sozialer Aggregate zu *Gruppen* durch Interaktionen der Individuen. G. begünstigende Faktoren – soweit empirisch untersucht – sind (1) räumliche Nähe (z. B. Festinger et al. 1954), (2) Ähnlichkeit der Attitüden, (3) Ähnlichkeit der indiv. *Ziele* und *Bedürfnisse*, bes. bei funktionalen Gruppen. Die G. führt zuerst zu folg. Merkmalen der Gruppe: (1) gemeinsame Ziele, (2) gemeinsame Normen (*Normen, soziale*), (3) Strukturierung durch Differenzierung der Mitglieder für die Besetzung best. Positionen und damit Übernahme der zugeordneten Rollen (*Rolle*) und (4) Entstehung des sog. Wir-Gefühls oder der *Kohäsion*. *Gruppenentwicklung.* *R. Bergius*

Gruppendenken (= G.) [engl. *group think*], [**SOZ**], das Konzept wurde erstmals innerhalb der Entscheidungsforschung von Janis (1971) eingeführt, um damit das Zustandekommen unangemessener und fehlerhafter Entscheidungen in *Gruppen* zu erklären. Zur Unterdrückung abweichender Positionen zugunsten einer favorisierten Gruppenharmonie kommt es nach Janis (1972) vor allem dann, wenn die Gruppen sehr kohäsiv (*Gruppenkohäsion*) sind, Personen mit abweichenden Meinungen isoliert werden und es eine direktive Führung oder Führungsperson (*Gruppenstruktur*) gibt. Bei einer Analyse von zahlreichen politischen Fehlentscheidungen z. B. bei der verlustreichen amerik. Invasion der Schweinebucht, dem japanischen Angriff auf Pearl Harbour zeigen sich mehr oder weniger gut nachweisbar folg. Gruppenmerkmale: (1) die Illusion der Unverwundbarkeit, (2) eine nicht in Zweifel zu ziehende Gruppenmoral, (3) eine kollektive Rechtfertigung der Entscheidungen, (4) eine stereotype Wahrnehmung der Gegner bzw. der gegnerischen Position, (5) hoher Konformitätsdruck innerhalb der Gruppe, (6) Selbstzensur innerhalb der Gruppe, (7) die Illusion vollst. Einigkeit und Übereinstimmung, (8) Informationsbarrieren durch sog. Mindguards, die dafür sorgen, dass die Gruppe von Informationen abgeschnitten werden, die die Entscheidung in Frage stellen könnten.

Eine krit. Diskussion der Ergebnisse zum G. findet sich u. a. bei Schulz-Hardt (1997). Als Strategien zur Vermeidung von Gruppendenken werden vorgeschlagen (1) dass alle Gruppenmitglieder zu Beginn der Entscheidungsphase ihre Positionen darlegen (Mojzisch & Schultz-Hardt 2010), (2) man vergebe die Rolle eines permanenten Gegenspielers (des Teufels Advokat, Nemeth et al. 2001) oder (3) man teile die Gruppe und lade Experten ein, die nicht selbst Gruppenmitglieder sind. *B. Six*

Gruppendynamik (= G.) [engl. *group dynamics*], [**SOZ**], G. ist sowohl ein Forschungs- als auch ein Anwendungsgebiet der *Sozialpsychologie* (= S.). Ihr Beginn ist eng mit der sozialen Situation in den USA in der Mitte der 1940er-Jahre und den damit verbundenen gesellschaftlichen Herausforderungen (z. B. Arbeitslosigkeit, verstärkte Einwanderung, Veränderungen in beruflichen Anforderungen) verknüpft. 1946 gründete *Kurt Lewin* das Forschungszentrum für G. am Massachusetts Institute for Technology (Lewin 1978). Neben ihm ist der österreichische Psychiater Jacov Moreno zu nennen, der den Begriff *group dynamics* schon vor Lewin benutzte (Moreno & Jennings 1938). In der aktuellen sozialpsychol. Literatur findet sich der Begriff in mind. drei unterschiedlichen Bedeutungen: (1) als Bez. für die in jeder Gruppe ablaufenden Prozesse; (2) als Bez. des Teilbereichs der S., dessen Anliegen die wiss. Erforschung solcher Prozesse und ihrer Entwicklungsgesetze, der Interdependenzen zw. Gruppenmitgliedern, der Beziehung zw. *Grup-*

pe und einzelnem Mitglied, der Beziehungen zu anderen Gruppen usw. ist. Die geläufige Bez. *Kleingruppenforschung* resultiert aus einer Einengung auf den Gegenstandsbereich «kleine Gruppen». (3) Als Bez. für Verfahren, mit deren Hilfe Gruppenprozesse verdeutlicht und beeinflusst werden sollen. Zu (1): In dieser Bedeutung bezeichnet G. die Kräfte, durch die sog. *Lokomotionen* (d. h. alle Arten psychol. beschreibbarer Veränderungen) hervorgerufen werden. Diese können darin bestehen, dass Individuen «einander näher durch Kommunikation kommen, durch Angleichung von Haltungen und Meinungen, oder dass Gruppen sich ihren Zielen nähern, soziale Hindernisse beseitigt werden oder dergleichen» (Lewin 1936, 49). Phänomene wie Gruppenbildung, *Führung*, *Macht*, *Beeinflussung*, *Beeinflussbarkeit* usw. fallen unter diese Begriffsbedeutung. Zu (2): Zu Beginn der sozialpsychol. Erforschung von Gruppensituationen wurde die Konstellation *Gruppe* auf die bloße Anwesenheit anderer reduziert, und man ist davon ausgegangen, dass sich die Mitglieder genauso verhalten würden, als seien sie alleine (Allport 1924). Erst in der Folge der arbeitswiss. orientierten *Hawthorne-Untersuchung* (Roethlisberger & Dickson 1939) setzte sich die Erkenntnis durch, dass die zw.menschlichen Beziehungen in einer Gruppe von weitreichender Bedeutung sind und für das Verstehen von Vorgängen in ihr nicht nur die Eigenarten, Fähigkeiten, Ziele usw. der Gruppenmitglieder wichtig sind, sondern auch das spezif. System der Normen (*Normen, soziale*), *Rollen* und Kommunikationsstrukturen dieser Gruppe. Zu (3): Die umgangssprachlich gebräuchlichste Bedeutung bezieht sich auf Techniken zur Verdeutlichung und Beeinflussung des Geschehens in Gruppen, wie z. B. *Prozessanalyse*, *Rollenspiele*, *Kommunikation*stechniken. Solche Methoden werden in mehr oder weniger ausgefeilter Form in den versch. Trainingsverfahren der *angewandten G.* eingesetzt. Diese spielen nach wie vor eine bedeutende Rolle in der beruflichen und sozialen Weiterbildung – sowohl im Profit- als auch in Non-Profit-Bereich; die Vorstellungen darüber, was in entspr. Veranstaltungen angestrebt wird und geschieht, sind allerdings häufig eher durch Gerüchte und Fantasien, denn durch fundierte Kenntnisse geprägt. G. wird häufig mit der Vorstellung intensiver zw.persönlicher Beziehungen in Verbindung gebracht (*Bindung*). Tatsächlich jedoch sind diese in Trainingsveranstaltungen nur sehr eingeschränkt persönlich und besitzen – mit Ausnahme der Arbeit mit Realgruppen (i. d. R. aus der Arbeitswelt) – Stellvertretercharakter und sind gegenüber den persönlichen Beziehungen des Alltags scharf abgegrenzt (Rechtien 2009). Rechtien 2007, Rechtien 1997. W. Rechtien

gruppendynamisches Laboratorium (= GDL) [engl. *group-dynamic laboratory*], [**AO, SOZ**], der Begriff des GDL wird uneinheitlich verwendet: Gelegentlich ist er Oberbegriff für alle gruppendynamischen Veranstaltungen, gelegentlich ein Synonym für *Sensitivity-Training*, Organisationsentwicklungstrainings (*Organisationsentwicklung*) u. a. Im eigentlichen Sinne bez. GDL keine Trainingsform, sondern eine komplexe Organisationsform für Trainingsveranstaltungen, die in Klausurform stattfindet und so von äußeren Einflüssen weitgehend freigehalten wird. Innerhalb des GDL gibt es mehrere Kleingruppen, die sich mehr oder weniger regelmäßig in einem Plenum zus.finden. Dieser Wechsel zw. Kleingruppen- und Plenumsarbeit soll zusätzliche soziale Prozesse ermöglichen und ist ein zentrales Merkmal der Laboratoriumsform. Nicht alle gruppendynamischen Trainings finden in Laboratoriumsform statt. *Gruppendynamik*, *Trainingsgruppe*. Rechtien 2007. W. Rechtien

Gruppeneffektivität (= G.) [engl. *effectivity of groups*], *Effektivität*, [**SOZ**], Gruppenproduktivität wird gelegentlich syn. gebraucht, meist jedoch soll G. auch gleichzeitig die Arbeitszufriedenheit und das Gruppenklima berücksichtigen (*Arbeitsgruppe*). G. ist von vielen Faktoren abhängig, wie z. B. von der Anwesenheit anderer (*Soziale Leistungsaktivierung*), aber auch von sog. Motivations- und Koordinationsverlusten (*Ringelmann-Effekt*, *soziales Faulenzen*).

Gruppenentscheidung (= G.) [engl. *group decisions*], [**SOZ**], die nach Interaktion in der *Gruppe* getroffene Entscheidung (*Entscheiden*). Ein Teil der seit Lewins Anregungen auf G. bezogenen Forschungen betrifft den *Risikoschub-Effekt*. Verteilung und Auswahl der Informationen, Kommunikationswege, Status und Rolle der Gruppenmitglieder und deren Beziehung zur Bewertung ihrer Beiträge, Zufriedenheit mit der G. sind weitere Probleme der Forschung. *Konflikt, sozialer*. Davies 1979, Stasser et al. 1980, Schulz-Hardt 2006, Mojzisch & Schulz-Hardt 2006. R. Bergius

Gruppenentwicklung (= G.) [engl. *group development*], [**SOZ**], im Laufe ihres Bestehens entwickeln Gruppen Strukturen (*Gruppenstruktur*) und Beziehungen, verändern sich und lösen sich schließlich wieder auf. Obwohl dieser Entwicklungsprozess für jede *Gruppe* ein besonderer ist, stellt sich die Frage, ob sich bei aller Unterschiedlichkeit nicht auch gewisse Gemeinsamkeiten finden. Als Antwort auf diese Frage sind eine Reihe von Modellen entwickelt worden. Eines der bekanntesten ist das Modell von Tuckman mit den Phasen *Forming* (Gruppenbildung und Ausformung), *Storming* (Auseinandersetzung um Macht und Einfluss), *Norming* (Normbildung) und *Performing* (Leistungsphase), das für die Analyse von Trainings- und Therapiegruppen (*Trainingsgruppe*) erstellt wurde. Häufig wird ein auf *Kurt Lewin* zurückgehendes Modell mit den drei Phasen *Unfreezing*, *Change* und *Refreezing* zitiert. Bei genauem Hinsehen stellen sich diese Phasen jedoch eher als prozessbezogene Interventionsstrategien dar (*three step procedure*).
Ein sozialpsychol. orientiertes Modell von Rechtien unterscheidet fünf Phasen in den Beziehungen der Gruppenmitglieder und stellt Bezüge zur sozialpsychol. Theoriebildung und Kleingruppenforschung her: (1) *Fremdheit*: Gruppenbildung, Suche nach Sympathie/Antipathie, Konkurrenten usw. In dieser Phase wird der Grundstein für die späteren Beziehungen innerhalb der Gruppe gelegt. (2) *Orientierung*: Entstehen pos. und neg. Beziehungen, Machtkämpfe und Selbstbehauptung, Normbildung, Rollenentwicklung (*Gruppenrollen, Quasi-Rollen*); (3) *Vertrautheit*: Bildung von Untergruppen und Paarbezie-

hungen, deutliche Norm- und Rollenstruktur (*Gruppenstruktur*), Leistungsbereitschaft. (4) *Konformität*: hohes Wir-Gefühl, u. U. hoher Gruppendruck, Entstehung von Außenseitern, Gefahr des *group think*; Abgrenzung gegen andere Gruppen. (5) *Auflösung*: Abschied; bei aufgabenorientierten Gruppen Erfolgs- und Misserfolgserlebnisse, Trauer v. a. bei identitätsorientierten Gruppen; Krisen und Krisenbewältigung. Dauer und Ausprägungsgrad dieser Phasen sind gruppenspezifisch, ihre Reihenfolge ist keineswegs gradlinig; eine Rückkehr zu früheren Phasen ist eher die Regel und findet z. B. bei relevanten Änderungen in Gruppenaufgaben, in der Zusammensetzung der Mitglieder oder von äußeren (Leistungs-)Bedingungen statt. Phasenmodelle stoßen auf berechtigte Vorbehalte, bei kritischer Nutzung besitzen sie jedoch heuristischen Wert für die Betrachtung von Gruppenprozessen. *Gruppennorm*, *Gruppenrollen und Quasi-Rollen*, *Konformität*, *Leistung*. Tuckman 1965, Lewin 1947a, Rechtien 2007. *W. Rechtien*

Gruppenhomogenität [engl. *homogeneity of groups*; gr. ὅμοῖος (*homoios*) gleich], [**SOZ**], Übereinstimmung der Gruppenmitglieder (*Gruppe*, *ingroup*) in ihren Merkmalen (z. B. Alter, Geschlecht, *Interessen*, *Einstellungen*, *Fähigkeiten*).

Gruppenintegration (= G.) [engl. *group integration*; lat. *integrare* wieder herstellen], [**SOZ**], Prozess des Zusammenschlusses von Einzelpersonen zu einer Gruppe. Der Grad der G. wird Kohäsion bzw. Kohärenz genannt (*Gruppenkohäsion*). Erleichtert wird die G. durch Nähe, Anziehung, Sympathie, aber auch durch gegenseitige Ergänzung und damit durch ein ausgewogenes Verhältnis von Gewinn der Gruppe durch die Mitgliedschaft Einzelner und deren Gewinn durch die Mitgliedschaft in der Gruppe. *Gruppenbildung*.

Gruppenkohäsion (= G.) [engl. *group cohesion*; lat. *cohaerere* zusammenkleben], [**SOZ**], G. beschreibt die Stärke der Beziehungen, die die Mitglieder einer *Gruppe* an die Gruppe bindet und damit ein indirektes Maß der Attraktivität und Bedeutung einer Gruppe insges. und für die einzelnen Gruppenmitglieder (Forsyth 1999). Historisch gehen die ersten Untersuchungen auf die Arbeiten von *Kurt Lewin*, *Leon Festinger*) und ihren Kollegen am Research Center for Group Dynamics am MIT zurück. Eine formale Def. findet sich bereits bei Festinger et al. (1950), die G. als das «gesamte Feld der Kräfte, die auf einzelne Mitglieder der Gruppe einwirken, damit diese in dieser Gruppe bleiben» beschreiben. Eine summarische Aufstellung von Def.ansätzen bei Forsyth (1999) unterscheidet Def., die G. als soziale Beeinflussung (*social force*, *Einfluss*, *sozialer*) oder als Merkmal der Gruppeneinheit (*group unity*) oder als Attraktivität der Gruppe (*attraction*) oder als Ursache für gemeinsames Arbeiten (*teamwork*) ansehen. Verfahren zur Erfassung der G. finden sich bei Forsyth (1999). Unterscheidet man *aufgabenbezogene* G. (Attraktivität der Gruppe aufgrund des Gruppenprogramms, ihrer *Ziele* und der interessanten Aufgaben) von der *interpersonellen* G. (basierend auf *Sympathie*beziehungen innerhalb der Gruppe), dann zeigt sich, dass nach einer *Metaanalyse* von Mullen & Copper (1994) Gruppenleistung nur positiv mit der aufgabenbezogenen *Leistung* korreliert. Brown 2000, Mullen et al. 1994. *B. Six*

Gruppenkonflikt [engl. *group conflict*], *Mediation bei Intergruppenkonflikten*, *Theorie des realistischen Gruppenkonflikts*.

Gruppennorm (= G.) [engl. *group norm*; lat. *norma* Maßstab, Regel], [**SOZ**], für die Dynamik innerhalb einer *Gruppe* besitzt die Analyse der Normstruktur (*Normen, soziale*) – neben derjenigen der Rollenstruktur (*Rolle*) – einen hohen Erklärungswert. G. sind soziale Erwartungen an die Gruppenmitglieder, anders als Rollen besitzen sie jedoch kein komplementäres Gegenstück (Rollenpartner, *Gruppenrollen, Quasi-Rollen*) und sind daher nicht Teil der Beziehungsstruktur. Sie dienen der Stabilisierung des Verhaltens in Gruppen und der Orientierung der Mitglieder, allerdings sind die meisten dieser Verhaltenserwartungen nicht explizit ausformuliert und werden erst sichtbar, wenn sie verletzt werden. Die «Unsichtbarkeit» der Normen führt oft zu personalistischer *Attribuierung* von Verhaltensweisen (als «Charaktereigenschaft», *Persönlichkeitsmerkmal*), außerdem erschwert oder verhindert sie eine rationale Auseinandersetzung über ihren Inhalt, Sinn und Anspruch. Die Normstruktur einer Gruppe ist (ebenso wie die der Gesellschaft oder einer *Organisation*) im Regelfall keineswegs einheitlich und widerspruchsfrei, sodass Normkonflikte eher die Regel als die Ausnahme sind. Die Unmöglichkeit, im Konfliktfall allen Verhaltensanforderungen gleichermaßen gerecht zu werden, wird oft als persönliches Versagen erlebt. *Gruppenstruktur*, *Konflikt*, *sozialer*. Sader 2002. *W. Rechtien*

Gruppenparadigma, minimales [engl. *minimal group paradigm*], *Minimal-Group-Untersuchungen*.

Gruppenpolarisation (= G.) [engl. *group polarisation*], [**SOZ**], in der Sozialps. ist G. die Tendenz einer *Gruppe* nach einer Gruppendiskussion extremere *Gruppenentscheidungen* zu fällen, als dies vor der Gruppendiskussion (definiert über den *Mittelwert* der Entscheidungen der jew. einzelnen Gruppenmitglieder) der Fall war. Die Extremisierung der Entscheidungen folgt dem Mittelwert der Entscheidungen vor der Diskussionsphase (Moscovici & Zavalloni 1969). Je nach Ausgangsposition der *Einstellung* in einer Gruppe wird die Gruppenentscheidung also entweder extremer in Richtung auf eine pos. Entscheidungsposition oder in Richtung auf eine ablehnende, neg. Entscheidungsposition verschoben. Die zahlreichen Erklärungsversuche dieses Phänomens, das seit über 40 Jahren Forschungsgegenstand ist, lässt sich im Prinzip auf zwei Varianten reduzieren (Brown 2000, Hewstone & Martin 2007): (1) Die Erklärung durch den Austausch persuasiver Argumente (*Persuasion*) macht geltend, dass in der Diskussion neue Argumente zur Sprache kommen, wobei solche Argumente pos. bewertet werden, die mit der dominanten Position (*soziale Dominanz*) übereinstimmen. (2) Die Erklärung durch *soziale Vergleichsprozesse* (*sozialer Vergleich*) basiert auf Ergebnissen in Gefolge der Arbeiten zur Theorie des sozialen Vergleichs (Festinger 1954). Gruppenmitglieder vergleichen sich innerhalb einer Gruppe nicht nur untereinander, sondern sind auch daran interessiert, von anderen pos. beurteilt zu werden. Sobald die Position der anderen Gruppenmitglieder (in der Diskussion) bekannt wird, schließt man sich eben dieser Position an und vetritt evtl. noch eine extremere Position. (3) Die Erklärung durch die *Selbstkategorisierung* geht davon aus, dass Personen sich über die Zugehörigkeit zu einer Gruppe identifizieren und sich gleichzeitig von anderen Gruppen unterscheiden wollen (*ingroup*, *outgroup*). Die Polarisierung von Entscheidungen erfolgt zum einen durch die Abgrenzung der möglichen Entscheidungen von Fremdgruppen, aber auch durch die starke Identifikation mit den Mitgliedern der eigenen Gruppe, wobei man sich v. a. der Position prototypischer Mitglieder der eigenen Gruppe anschließt. *B. Six*

Gruppenpsychologie [engl. *psychology of groups*], *Gruppe*.

Gruppenrallye [engl. *group rallye*; *rallye* Wettrennen], *Lehrstrategien, kollaborative*.

Gruppenrollen, Quasi-Rollen [engl. *group/quasi-roles*; lat. *quasi* (gleich) wie], [**SOZ**], Rollen sind Verhaltenserwartungen an die Mitglieder eines sozialen Kontextes, etwa der Gesellschaft, einer Organisation oder eben einer *Gruppe* (= G.). Ebenso wie *Gruppennormen* sind sie Bestandteil der *Gruppenstruktur*, anders als diese richten sie sich jedoch nicht an alle G.mitglieder, sondern an Inhaber einer best. Position, die sie von anderen G.mitgliedern unterscheidet (z. B. Teamleiter, Schriftführer, Mutter, Schüler). I. d. R. haben Personen gleichzeitig versch. Rollen inne und stehen damit unterschiedlichen Erwartungen gegenüber, die nicht selten zu Rollenkonflikten führen (*Interrollenkonflikte*). Außerdem gehört zu jeder Rolle (mind.) ein Gegenstück: Einen Vorgesetzten gibt es nicht ohne Untergebenen, einen Trainer nicht ohne Trainees usw. Die Beachtung dieses Aufeinanderbezogenseins von Rolle und Komplementärrolle ist wichtig für das Verständnis von Prozessen in G. und *Organisationen*. I. d. R. gibt es zu jeder Rolle mehrere Komplementärrollen mit unterschiedlichen, ggf. auch gegensätzlichen Verhaltenserwartungen, die zu Intrarollenkonflikten führen können: Zum Lehrer gehören z. B. Schüler, Eltern, Schulleiter. Rollenverhalten wird nicht nur durch die gegenseitigen Erwartungen bestimmt, sondern auch durch die Vorstellung des Rolleninhabers darüber, wie seine Rolle auszufüllen ist, wie unterschiedliche Erwartungen zu gewichten sind usw. (*Rollenselbstbild*). Neben diesen formellen Rollenerwartungen gibt es auch Erwartungen, die nicht an Positionen gebunden sind, sondern sich aus häufig gezeigtem Verhalten entwickeln und quasi Rollencharakter gewinnen (z. B. die Quasirollen von Gruppenclown oder «grauer Eminenz»). Auch Quasirollen haben jew. ein Gegenstück: Einen Vielredner gibt es nicht ohne diejenigen, die den Redefluss über sich ergehen lassen. Unstimmigkeiten zw. offizieller und inoffizieller Rollenstruktur sind häufig Ursache von ernsthaften Krisen, z. B. wenn *Führung*sverhalten an eine offizielle Rolle gebunden ist, zugleich aber von einer «grauen Eminenz» als Träger einer Quasi-Führungsrolle gezeigt und erwartet wird. Das Rollenkonzept bietet ein Bsp. dafür, dass es sinnvoll sein kann, Konzepte aus versch. psychol. (Teil-)Disziplinen wie Sozialps. und Klin. Psychologie miteinander zu verbinden: Persönliche Krisen, die durch den Verlust wichtiger Bezugspersonen entstehen, können als Verlust der Komplementärrolle mit Fortfall von verhaltenssteuernden Erwartungen und Orientierungsverlust verstanden werden. *Konflikt, sozialer*, *Rollentheorie, rollentheoretische Persönlichkeitsauffassung*. Rechtien 2006, Rechtien 2007. *W. Rechtien*

Gruppenseele (= G.) [engl. *group mind*], [**SOZ**], Ausdruck der (von den Individuen, die eine Gruppe bilden) unabhängigen Existenz einer Gruppe. Sie können denken, entscheiden, Solidarität zeigen. Von McDougall (1921) formuliert, hat diese eigene Realität der Gruppe ebenso Parallelen zum *kollektiven Unbewussten* (*Jung, Carl Gustav*) und zum *Eros* (*Freud, Sigmund*), wie im *Wir-Gefühl* und der *Syntalität* (*Cattell, Raymond Bernard*) der heutigen *Gruppendynamik*. Heftige Kritik übte Allport (1962), die bei Moore (1969) und Wallace (1961) zum Kompromiss der «begrifflichen Realität der G.» führte. *System, soziales*.

Gruppensolidarität (= G.) [engl. *group solidarity*; lat. *solidaritas* Verbundenheit], [**SOZ**], ist eine Form der *Solidarität*, die auf eine *Gruppe* bezogen ist. Sie kann durch die Theorie der G. erklärt werden (Hechter 1987). G. trägt zur Herstellung von kollektiven Gütern bei, deren Konsum auf Mitglieder einer Solidaritätsgruppe beschränkt wird. Die Theorie der G. nimmt an, dass die Stärke des Verpflichtungsgefühls (*Commitment*) gegenüber der Gruppe eine direkte Funktion der Abhängigkeit der Mitglieder von der Gruppe ist. Grundlage ist das *Prinzip der rationalen Entscheidung* (*Gruppenentscheidung*; Coleman 1990). G. bezieht sich auf exklusive Gruppen, deren Mitglieder einen privilegierten Zugang zu kollektiven Gütern haben. Die Attraktivität der Gruppe hängt von ihrer *Fähigkeit* ab, begehrte kollektive Güter herzustellen und sie angemessen unter den Gruppenmitgliedern zu verteilen. Rationale Egoisten werden den Gruppen beitreten, die kollektive Güter bereitstellen, die sie haben wollen. Je größer die Vorteile der eigenen Gruppe im Vergleich zur nächstbesten Gruppe sind, desto stärker ist die Abhängigkeit des Mitglieds von der gewählten Gruppe. Der Grad der Abhängigkeit wird zudem durch die Kosten bei Verlassen der Gruppe bestimmt.

G. ist eine Funktion von Kontrolle, die in der Gruppe ausgeübt wird. Eine effiziente Kontrolle der Gruppenmitglieder, die absichert, dass sich diese loyal verhalten, verstärkt die G. Geringe Kontrolle ist ein Prädiktor für geringe G.: Ist die Kontrolle zu schwach, wird ein rationaler Egoist dazu neigen, sich als Trittbrettfahrer zu betätigen, weil die Versuchung groß ist, keinen Beitrag zu leisten, während die anderen Gruppenmitglieder zum kollektiven Gut beitragen. Dieses Problem tritt häufig in großen Gruppen auf. Während die Mitglieder kleiner Gruppen Schwierigkeiten haben, Trittbrettfahren zu verbergen, werden die Mitglieder großer Gruppen i. d. R. nicht so schnell als Trittbrettfahrer enttarnt. Denn je größer die Gruppe ist, desto geringer ist die Wahrscheinlichkeit der Entdeckung unkooperativen Verhaltens (*Kooperation*, Olson 1965). Das Phänomen des *sozialen Faulenzens* lässt sich in diesen Zusammenhang einordnen. Unter sozialem Faulenzen (*social loafing*) versteht man die Tendenz, andere arbeiten zu lassen, während man selbst Zurückhaltung übt. *Metaanalysen* zeigen, dass sich Personen in kleinen Gruppen mehr anstrengen, um eine Aufgabe zu bewältigen, als Personen in großen Gruppen (Karau & Williams 1993). *H.-W. Bierhoff*

Gruppenstruktur [engl. *group structure*], [SOZ], die Mitglieder einer *Gruppe* leben nicht beziehungslos nebeneinander, sondern in überdauernden, nicht zufälligen Bezügen: z. B. *Sympathie*, Konkurrenz, *Kooperation*, *Macht*. Im Laufe ihrer Existenz entwickeln Gruppen eine mehr oder minder ausgeprägte Struktur, die einerseits relativ überdauernd, andererseits auch dynamisch ist. Zu den besonders bedeutsamen Strukturaspekten gehören die kommunikativen Beziehungen (z. B. wer kommuniziert mit wem, worüber, wie oft; *Kommunikation*) und die Rollenbeziehungen (*Rolle*). Für die Zufriedenheit der Gruppenmitglieder und – vor allem bei Problemlösegruppen – die Flexibilität und die Leistungsfähigkeit ist das Ausmaß von *Zentralität* bzw. *Dezentralität* der Struktur von Bedeutung. Wenn Gruppen ihre Kommunikations- und Kooperationsstruktur selbst wählen können, findet man in einem Stadium der Aufgabenklärung eher eine dezentrale Struktur; ist die Aufgabe klar, tendiert die Gruppe zu einer eher zentralen Struktur mit einer mehr oder weniger deutlich ausgeprägten Führungsrolle. *Gruppenentwicklung*, *Gruppenrollen und Quasi-Rollen*. Bavelas 1950, Leavitt 1951. *W. Rechtien*

Gruppentest [engl. *group tests*], [DIA], Bez. für jeden *Test*, der so aufgebaut ist, dass er gleichzeitig einer größeren Pbn-Zahl vorgelegt werden kann (Gruppenprüfung). Ggs. *Individual-Tests*.

^{Test}**Gruppentest für die soziale Einstellung (S-E-T)**, 3. Aufl. 1981, K. Joerger. Erstauflage 1968, [www.testzentrale.de], [DIA, EW, PER, SOZ]. Sozialer Einstellungstest, Persönlichkeitstest zum Sozialverhalten. AA von 8 bis 15 Jahren. Über 10 Skalen, die aus der Beurteilung von 16 fotografisch dargestellten sozialen Entscheidungssituationen (Kindergruppen bei Freizeit- und Schulbeschäftigungen) über vier Antwortalternativen resultieren, werden die Komponenten der Sozialisierung und die Art der Anpassung und der Selbstbehauptung erfasst. Die Auswertungsskalen werden unterschieden in zwei «quant.» Skalen (Soziale Reife und *soziale Erwünschtheit*) und acht sog. «qual.» Skalen. *Normierung* an $N = 2157$, Roh-, Ipsativ- und Standardwerte für die Geschlechter, verschiedene Altersstufen und Schulformen liegen vor. *Reliabilität*: Split-Half-Kennwerte bei sozialer Erwünschtheit von $r = .85$ und bei sozialer Reife von $r = .80$. Retest-Reliabilitäten (nach 14 Tagen) für die qual. Skalen zw. $r = .43$ und $r = .72$. Durchführungszeit: 30 bis 45 Min. Auswertungszeit: 3 bis 4 Min. pro Person.

Gruppentherapie (= G.) [engl. *group therapy*], [KLI], Form der *Psychotherapie*, die heute i. R. versch. Therapieansätze (*Humanistische Therapien*, *Tiefenpsychologie*, *Verhaltenstherapie*) praktiziert wird. G. wird dabei nicht allein deshalb eingesetzt, weil sie – gleich gute Wirkung vorausgesetzt – ökonomische Vorteile gegenüber *Einzeltherapie* hat, sondern weil in ihr ganz spezif. Faktoren zum Zuge kommen. In Abhängigkeit vom zugrunde liegenden Ansatz wird u. a. auf freie Diskussion bzw. Interaktion, das Soziogramm, die *Soziometrie* und Rollenspiele zurückgegriffen. Der gruppentherap. Prozess kennzeichnet sich (in Abgrenzung zur Einzeltherapie) durch eine Reihe spezif. Faktoren. Zu den instrumentellen Gruppenbedingungen zählen Kohäsion, *Offenheit*, *Vertrauen*, Arbeitshaltung. Konkrete Techniken bzw. wirksame Faktoren sind u. a.: Rückmeldung empfangen, Rückmeldung geben, Unterstützung, *Modelllernen*, *Rollenspiele*, *Psychodrama*, *Lernen*, *interpersonelles*.

Es existieren vielfältige und versch. Ausprägungsformen von Gruppen: homogene (nach sozialen Merkmalen, Symptomatik usw.) und heterogene Gruppen; artifizielle (klin., zum Zweck der G. gebildete) und präformierte (auch außerhalb der Gruppe bestehende) Gruppen; *Gruppe, geschlossene* (mit konstanter) und *Gruppe, offene* (mit wechselnder Zus.setzung); *Gruppe, zieloffene*; *Gruppe, indikationsbezogene*; ambulante und stationäre Gruppen. Die *Wirksamkeit* kann wegen dieser Unterschiedlichkeit der Gruppen nicht generell beurteilt werden, es gibt aber viele Hinweise, dass G. vergleichbaren Einzeltherapiebedingungen mind. ebenbürtig sind. Während einzelne Pat. anfänglich gelegentlich Mühe damit haben, in der G. nicht einen Therapeuten allein für sich zu haben, ist G. i. Allg. bei Pat. u. a. wegen der Möglichkeit des Austausches mit mehreren Mitpat. beliebt. Tschuschke 2001, Yalom 2010. *F. Caspar*

Gruppierung (= G.) [engl. *grouping*], [KOG], Vorgang, bei dem unterscheidbare Einzelheiten zu Gesamtheiten (Gestalten) zus.gefasst werden. Die Fähigkeit zur G. ist Lernvoraussetzung und erfordert *Flexibilität* des *Denkens* sowie *Abstraktion* (*Abstraktionsvermögen*). Nach Piaget (1947) ist G. «… eine best. Gleichgewichtsform der (Denk-)Operationen, d. h. der verinnerlichten und zu Gesamtstrukturen organisierten Tätigkeiten …». Die G. bewirkt ein Gleichgewicht «… zwischen der Assimilation der Dinge an die Tätigkeit des Subjekts und der Akkomodation der subjektiven Schemata an die Veränderung der Dinge …» (Piaget 1947). *Äquilibration*. Der für die Mathematik zentrale Begriff «Gruppe» (Poincaré) wird auf Denkprozesse angewandt, indem best. Verknüpfungen von Operationen angenommen werden. Piaget beschreibt vier Systeme der G.: (1) die *logischen Operationen* (Klassifizierung oder hierarchische Verschachtelung der Klassen, qual. Seriation, Substitution, Reziprozität, Multiplikation der Klassen, genealogischer Stammbaum von Klassen und von Relationen); (2) *infra-logische Operationen* zur Konstruktion von Gegenständen und zur Erzeugung der Begriffe von Raum und Zeit; (3) G. von Operationen, die Beziehungen zw. Mitteln und Zwecken betreffen; (4) Gesamtheit der drei Operationssysteme, ausgedrückt in einfachen Aussagen. Die fünf Gleichgewichtsbedingungen der qual. G. sind: *Komposition*, *Assoziativität*, *Identität*, *Reversibilität* und *Tautologie*.

[FSE], *Faktorenanalyse*, *Clusteranalyse*, *Latente Klassenanalysen*. Montada 1970. *R. Bergius*

Guanfacin (= G.), [PHA], α2-Adrenozeptor-*Agonist*, als Retardpräparat (Intuniv®) in den USA und Kanada für

Kinder und Jugendliche mit *ADHS* im Alter von 6 bis 17 als Monotherapeutikum oder als Begleitmedikation mit *Stimulanzien* zugelassen. In Zulassungsstudien konnte eine Verbesserung von Unaufmerksamkeit und Impulsivität nach 2-wöchiger Behandlung gezeigt werden. Empfohlen wird eine Dosierung von 1 bis 7 mg am Tag (Beginn mit 1 mg/Tag, Dosiserhöhung um max. 1 mg/Woche). Als häufigste *Nebenwirkungen* wurden Hypotension, *Bradykardie*, Somnolenz, *Sedierung*, *Lethargie* sowie gastrointestinale Beschwerden berichtet. G. wird hauptsächlich über CYP3A4 metabolisiert, sodass beachtliche Interaktionen mit Induktoren und Inhibitoren von CPP3A4 zu erwarten sind. Der Hersteller von Intuniv® hat im März 2014 einen Antrag auf Zulassung für den europäischen Markt gestellt. *T. Veselinović*

Guanxi-Verständnis [engl. *Guanxi principle*], [**SOZ**], Netzwerk persönlicher Beziehungen in China. Grundlage gesellschaftlicher bzw. gesellschaftsbezogener Entscheidungen. *Indigene Psychologie.*

guidance (= g.) [engl.], [**KLI**], Führung, Anleitung, Oberbegriff für vielseitige, differenzierte, angewandt-psychol. Fürsorge- und Sozialarbeit, vor allem in vom Form von Beratung und Therapie. Spez. institutionalisiert sind: *educational g., vocational g.* und *child guidance*.

guidance fading effect [engl. *guidance* Anleitung, *fading* Abklingen, Ausblenden], [**PÄD**], Lernende – so sie auf dem jew. Lerngebiet nicht schon ein gutes Stück zur Expertise fortgeschritten sind – brauchen für den effektiven und effizienten Erwerb von *Wissen* und *Fertigkeiten* Anleitung (*guidance*). Unterschiedliche theoretische und instruktionale Ansätze betonen dabei versch. Arten der Anleitung. Zwei prototypische Ansätze können danach unterschieden werden, ob sie (1) *Anleitung* eher auf die Darbietung von zu erlernenden Information beziehen (im Ggs. dazu, dass sich die Lernenden das Wissen selbst erarbeiten, etwa durch Methoden des *entdeckenden Lernens*, oder (2) auf die Anleitung des Vorgehens (im Ggs. dazu, dass auf die *Selbststeuerung* der Lernenden gebaut wird). *Fading* bezieht sich auf das graduelle Zurücknehmen derartiger Anleitung, wenn die Lernenden im Wissens- und Fertigkeitserwerb fortschreiten. Dieses *Fading* ist insofern von Bedeutung, als für Lernende beim Einstieg in ein Lerngebiet viel Unterstützung optimal ist, diese Unterstützung aber zunehmend weniger Wirkung zeigt. Bei fortgeschrittenen Lernenden ist Unterstützung sogar abträglich. *Guidance fading* dient der adaptierten Anpassung der Anleitung an den Fortschritt der Lernenden. *Informationsbezogenes Fading* kann dadurch realisiert werden, dass Lernenden zu Beginn ausgearbeitete Lösungsbeispiele bekommen, die dann immer unvollständiger werden (teilweise ausgearbeitete Lösungsbeispiele) bis die Lernaufgaben vollst. selbst zu lösen sind. *Vorgehensbezogenes Fading* kann darin bestehen, dass man zu Beginn die Lernaktivitäten der Lernenden über Anregungen beeinflusst (z. B. über *Prompts* wie etwa «Überlege dir ein Bsp., das diese Annahme bestätigt oder ihr widerspricht»); die Anregungen, die die Lernenden dann in ihr spontanes Vorgehen übernehmen, werden allmählich ausgeblendet. Sweller et al. 2011. *A. Renkl*

Guidelines for the Assessment Process (GAP) [engl.] Richtlinien für den Beurteilungsprozess. *Diagnostik, Qualitätssicherung.*

Guilford, Joy Paul (1897–1987), [**PER, HIS**], Persönlichkeits- und Intelligenzforscher; faktorenanalytischer Forschungsansatz (*Faktorenanalyse*). Ph. D. an der Cornell University (1927). Zusammenarbeit mit Titchener und Koffka (*Koffka, Kurt*). Präsident der APA (1949).

Guilty Knowledge Test (GKT) [engl. Test schuldhaften Wissens], *Lügendetektion*.

Gültigkeit *Validität*.

Gummihand-Täuschung *rubber hand illusion*.

Gurren (= G.) [engl. *cooing*], [**EW, KOG**], frühe konsonanten- und vokalartige Vokalisationsform in der prälinguistischen Entwicklung (*Sprachentwicklung*), die eine strukturelle Ähnlichkeit zur Lautsprache hat (velopharyngeale Produktionen «ng» ; «grr» sowie «a»; «o»). Sie beginnt zw. der 6. und 8. Lebenswoche. Verzögert auftretendes Gurren ist z. B. ein wichtiger Prädiktor für retardiertes Sprechen bei Kindern mit *Zerebralparese*. *Sprachentwicklungsstörung.* *C. Kiese-Himmel*

Guru [engl. *guru*; Sanskrit गुरु bedeutsam, gewichtig], im Indischen der Seelenführer. Heilslehrer, geistiger Führer im Hinduismus.

gustativ [engl. *gustative*; lat. *gustus* Geschmack], [**WA**], auf *Geschmack* bezogen.

Güstrow, Ernst *Hellpach, Willy Hugo*.

Gutachten, psychologisches *psychologisches Gutachten*.

gute Gestalt [engl. *pregnant Gestalt*], *Gestaltgesetze, Gestaltfaktoren.*

Gütekriterien (= G.) [engl. *psychometric quality criteria*], syn. *psychometrische/testtheoretische G.*, [**DIA**], zur Sicherung der Produktqualität psychol.-diagn. Verfahren (insbes. *Beobachtung*, *Fragebogen*, *Test*) etablierte die psychol. *Testtheorie* sog. G. Sie umfassen *Objektivität*, *Reliabilität* (Messgenauigkeit), *Validität*, Skalierung (*Skalierung, testtheoretisches Gütekriterium*), Eichung/*Normierung*, *Testökonomie*, *Nützlichkeit*, *Zumutbarkeit*, *Unverfälschbarkeit* und *Testfairness* (Kubinger 2009a; s. auch *Änderungssensitivität*).

Objektivität zielt darauf ab, dass versch. Durchführende bei ein und derselben Testperson zum selben Ergebnis gelangen; genauer ist zu unterscheiden zw. (1) Testleiterunabhängigkeit, (2) Verrechnungssicherheit und (3) Interpretationseindeutigkeit eines psychol.-diagn. Verfahrens. Diese drei Aspekte betreffen die Vorgabe des Verfahrens, seine Auswertung und die Interpretation der erhaltenen Testwerte. Mit *Messgenauigkeit* (eigentlich, aber missverständlich «Reliabilität»; aus dem Englischen besser übersetzt als «Beständigkeit» bei z. B. Wiederholungsmessung) ist der Grad der formalen Exaktheit der Merkmalserfassung (Präzision der Messung) gemeint. *Validität* bedeutet, dass ein psychol.-diagn. Verfahren tatsächlich diejenige Eigenschaft misst, die es zu messen beabsichtigt; häufig geht es dabei darum, dass ein Verfahren eine richtige *Prognose* in Bezug auf ein best. Kriterium (Verhalten in der Zukunft) gewährleistet. Unter *Skalierung* als Gütekriterium ist zu verstehen, dass die in einem psychol.-diagn. Ver-

Psychometrische Gütekriterien			
Hauptgütekriterien			**Nebengütekriterien**
↗ **Objektivität** - Durchführungso. - Auswertungso. - Interpretationso.	↗ **Reliabilität** - Retest-R. - Paralleltest-R. - Split-Half-R. - Interne Konsistenz	↗ **Validität** - V., inhaltliche - Konstruktv. - Kriteriumsv.	↗ **Änderungssensitivität** ↗ **Normierung** ↗ **Nützlichkeit** ↗ **Skalierung** ↗ **Testökonomie** ↗ **Testfairness** ↗ **Unverfälschbarkeit** ↗ **Zumutbarkeit**

Gütekriterien fahren definierten Vorschriften, wie alle möglichen (Re-) Aktionen einer Person in Testwerte zu verrechnen sind, empirische Verhaltensrelationen entspr. wiedergeben. *Eichung* (*Normierung*) bedeutet die Relativierung der indiv. Ergebnisse eines Verfahrens in Bezug auf die Ergebnisse in einer wohl definierten Population (sog. Referenzpopulation); dabei müssen letztere aktuell sein. Mit *Ökonomie* (*Testökonomie*) ist gemeint, dass ein psychol.-diagn. Verfahren (in Relation zu Konkurrenzprodukten) wirtschaftlich ist, indem es den finanziellen Aufwand und die zeitlichen Ressourcen (sowohl seitens der getesteten Person/ des Auftraggebers als auch seitens des Untersuchers/der Institution) gering hält, wobei allerdings eine höhere Wirtschaftlichkeit nicht ohne Weiteres auf Kosten eines der anderen G. gehen darf; eine besondere Möglichkeit ökonomischen Vorgehens stellt sog. *Adaptives Testen* dar, womit trotz relativ weniger Aufgaben relativ genau gemessen werden kann. Unter *Nützlichkeit* ist zu verstehen, dass für ein psychol.-diagn. Verfahren insofern praktischer Bedarf besteht, als es eine relevante Eigenschaft misst, diese aber nicht auch durch ein anderes Verfahren erfasst werden kann, das alle übrigen G. mind. gleichwertig erfüllt. Die *Zumutbarkeit* eines Verfahrens bezieht sich auf den in Relation zum Nutzen seiner Anwendung möglichen Grad an Schonung der getesteten Person in Bezug auf deren physische und psych., also energetisch-motivationale und emot. Beanspruchung. *Unverfälschbarkeit* eines Verfahrens bedeutet, dass die untersuchte Person nicht durch gezieltes Verhalten die konkrete Ausprägung ihres Testwerts steuern bzw. kontrollieren kann; dem widersprechend können *Persönlichkeitsfragebogen* immer sozial erwünscht (*soziale Erwünschtheit*) bzw. in Richtung eigenen Vorteils beantwortet werden. *Fairness* zielt darauf ab, dass eine untersuchte Person nicht infolge ihres soziokulturellen Hintergrunds systematisch hinsichtlich verfahrensimmanenter Bedingungen wie Instruktion (z.B. sprachliche Verständlichkeit), technische Handhabung (z.B. Eingabemedium am Computer) sowie inhaltliche Details des Testmaterials (z.B. religiöse Wertmaßstäbe) diskriminiert wird. Rechtsverbindlich werden diese G. jedoch erst mit der *DIN 33430* («Anforderungen an Verfahren und deren Einsatz bei berufsbezogenen Eignungsbeurteilungen»; DIN Deutsches Institut für Normung e. V., 2000) als derzeit rechtsnächster Norm. *Gütekriterien qualitativer Forschungsprozesse, Teststandards*. Eid & Schmidt 2014.   *K. D. Kubinger*

Gütekriterien qualitativer Forschungsprozesse [engl. *quality criteria of qualitative research processes*], [**FSE**], wiss. und forschungsmethodische Gütekriterien (= G.) dienen allg. der Sicherstellung, der Transparenz, Verlässlichkeit und Aussagekraft wiss. Erkenntnis. Im Vergleich zur quant. Forschung (*Gütekriterien*), erweist sich die Festlegung klar formulierter, einheitlicher G. für die *Qualitative Sozialforschung* als wesentlich schwieriger: qual. Forschung zeichnet sich i. d. R. durch ein geringeres Maß an Standardisierung (*Forschungsprozess*) aus, um dem paradigmatischen Anspruch insbes. auf Offenheit, Gegenstandsangemessenheit und Prozesshaftigkeit gerecht werden zu können (Flick 2008): Die einzelfallorientierte, flexible und dynamische Forschungsanlage steht z. T. im Kontrast mit der Sichtweise, dass einheitlich zu berücksichtigende Forschungsstandards die wiss. Qualität der Forschung angemessen reflektieren können. Entsprechend sind G. qual. Forschung eher als Anforderungen an die Reflektiertheit, Strukturierung und Dokumentation des Forschungsprozesses anzusehen: Anders als in der quant. Forschung sind keine z. B. psychometrisch begründeten Standards zu erfüllen, sondern es bedarf eher einer schlüssigen Begründung durch die Studienleiter, die die Vorgehensweise als angemessen nachweist. Steinke (1999) legt bspw. 7 zentrale G. fest: (1) *Intersubjektive Nachvollziehbarkeit*: Explizite und transparente Dokumentation, die dem Rezipienten der Forschung eine angemessene Bewertung der Studienqualität ermöglicht; (2) *Indikation des Forschungsprozesses*: Begründung aller Entscheidungen im Forschungsprozess unter bes. Berücksichtigung der Problemangemessenheit; (3) *Empirische Verankerung*, insbes. überzeugende Exemplifizierung aller Interpretationsergebnisse an konkreten Datenbeispielen; (4) *Limitation*: Benennung der Grenzen und Ambiguitäten in der Übertragbarkeit und der Stabilität der gewonnenen Befunde; (5) *Reflektierte Subjektivität*: Klärung der Bedeutung etwaiger Vorannahmen und subj. Sichtweisen insbes. in Bezug auf interpretative Schritte; (6) *Kohärenz*: Widerspruchsfreiheit der Befunde und theoretische Integration; (7) *Relevanz*: Bedeutsamkeit der Befunde bzgl. der untersuchten Fragestellung. Mayring

(2002) nennt die Kriterien (1) *Verfahrensdokumentation*; (2) *Interpretationsabsicherung mit Argumenten*; (3) *Regelgeleitetheit*; (4) *Nähe zum Gegenstand*, (5) *kommunikative Validierung*, (6) *Triangulation*. Gemäß Mayring ist dabei die Angabe von der *Beurteilerübereinstimmung* bei interpretativem Vorgehen von bes. Bedeutung für die Dokumentation der Daten- und Ergebnisqualität. Obwohl inzw. – orientiert an quant. Forschungsstandards (insbes. *CONSORT statement für randomisierte kontrollierte Studien*) – Checklisten (Tong et al. 2007, Schou et al. 2012) formuliert wurden, die Gütestandards für Forschungsstudien und Zeitschriftenbeiträge differenziert auflisten, so sind diese Gegenstand krit. Kontroversen. Für die Akzeptanz qual. Forschung in der Ps. ist die Orientierung an G. von hoher Bedeutung.

Guthrie, Edwin R. (1886–1959), [**HIS, KOG**], Lerntheoretiker, der durch seine Arbeiten zur Kontiguitätstheorie bekannt wurde. Ph.D. an der University of Pennsylvania (1914). *Kontiguität*, *Kontiguitätsgesetz*.

Guttman, Louis H. (1916–1987), [**HIS, SOZ**], Sozialpsychologe, 1942 Ph.D. Minnesota University, dann Cornell University, anschließend Prof. an der Harvard University, Mitglied des Center for Advanced Study in Behavior Sciences, Hebrew University, Israel. Bekannt durch seine psychometrischen Arbeiten, Entwicklung von Methoden der non-parametrischen Analysen sowie sozialpsychol. Arbeiten.

Guttman-Skala (= G.) [engl. *Guttman scale*], [**DIA, FSE**], *Guttman, Louis H.*, eine *Skala*, auf der Aufgaben nach Schwierigkeit und Personen nach *Fähigkeit* so geordnet sind, dass für jede Person gilt, dass sie alle Aufgaben links von ihr auf der Skala löst und alle Aufgaben rechts von ihr nicht löst. Alle Aufgaben und alle Personen sind dann vergleichbar: Sie sind linear geordnet. Verallgemeinerungen der G. sind Halbordnungen (*partial orders*). Bei der G. gilt die Über-/Unter-Relation deterministisch (ja/nein); das *Rasch-Modell* ist eine probabilistische Variante der G. Borg & Staufenbiel 2007.   *I. Borg*

Gynäkokratie [engl. *gynocracy*; gr. γυνή *(gyne)* Frau, κρατία *(kratia)* Macht], [**SOZ**], Frauenherrschaft, Matriarchat. *Mutterrecht*.

Gynandromorphie, Gynandrie [gr. *gynandry*; gr. γυνή *(gyne)* Frau, ἀνήρ *(aner)* Mann, μορφή *(morphe)* Gestalt], [**BIO**], zwitterhaftes Auftreten männlicher oder weiblicher *Geschlechtsmerkmale*, Ausbildung weiblicher Körpermerkmale beim Manne.

Gyrus [engl. *gyrus*; gr. γύρος *(gyros)* Kreis], Hirnwindung *Gehirn*.

Haab-Reflex [engl. *Haab's reflex*], [**BIO**], der auch als ideomotorischer bzw. kortikaler bezeichnete *Pupillenreflex*, wonach im verdunkelten Raum die Pupillen sich stark zus.ziehen, wenn seitlich von den Augen (*Auge*) eine Lichtquelle aufleuchtet und die *Aufmerksamkeit* (nicht die Blickrichtung) der Lichtquelle zugewendet wird.

Haarfolikel [engl. *hair follicles*], *Mechanorezeption, Mechanosensorik*.

Haarzelle [engl. *hair cell*], syn. *Haarsinneszelle*, [**BIO, WA**], sekundäre Sinneszelle, die mechanische Reize in Nervenaktivität umwandelt, z.B. beim Hören (*Hören, tonales Hören*). *Wanderwelle*. *K. N. Spreckelmeyer*

habit (= h.) [engl. *Gewohnheit*; lat. *habitare* lat. habitare wohnen, heimisch sein], [**KOG**], (1) latente Verhaltenstendenz, (2) kleinste Lerneinheit, gleichbedeutend mit *Reflex*. Die ursprüngliche Bedeutung des Begriffes wird in der amerik. Ps. wegen der Festlegung der Def. i.S. von (1) kaum noch verwendet: *Gewohnheit*, gewohnheitsmäßige Reaktion, also eine offenbare oder zu erschließende *Handlung*, die in ähnlichen Situationen immer wiederkehrt. Schon James meinte, dass die meisten *instincts* (von denen nach seiner Terminologie die Menschen sehr viele hätten) schon bei der ersten Wiederholung ihres Auftretens zu *h.* werden. In der Pädagogik von Dewey bezeichnet h. alles das im Menschen, was i. S. von Erfahrung als aktive und passive Anpassung im Laufe des menschlichen Lebens zu der ursprünglichen biol. Ausstattung hinzu erworben wird. Hull 1951, Thorndike 1932, 1971. *R. Bergius*

Habitat [engl. *habitat*; lat. *habitare* wohnen, heimisch sein], [**SOZ**], ökologischer Begriff für einen Lebensraum bei Organismen, i. ü. S. Umwelt menschl. *Gemeinschaft*.

habitualisierte Käufe [engl. *habitualized purchases*; lat. *habitus* äußere Erscheinung, Gehabe, Gewöhnung], *Kaufentscheidungen, Modelle*.

Habitualisierung [engl. *habitualisation*; lat. *habitare* wohnen, heimisch sein], [**KOG**], Bez. für das Zur-Gewohnheit-Werden (Habituell-Werden) eines best. Verhaltens. *habit, Gewohnheit*.

Habituation (= H.) [engl. *habituation*; lat. *habitare* wohnen, heimisch sein], [**KOG, WA**], die H. ist eine einfache (meist unbewusste) Lernform (*Lernen*): Wird ein Organismus wiederholt einem unbedeutenden *Reiz* ausgesetzt, kann dies mit steigender Anzahl an Wiederholungen graduell zu einer zentralnervös bedingten Abschwächung der (motorischen *Motorik*) oder sensorischen (*Wahrnehmung*) Reaktionsbereitschaft des Organismus führen bzw. sogar zum Ausbleiben der *Reaktion* (asymptotischer Zusammenhang zw. Stimulusdarbietung und Reaktion). Die H. ist stimulusspezifisch (d.h., die Abschwächung bezieht sich nur auf einen best. Reiz), reaktionsspezifisch (d.h., es habituiert nur eine best. Reaktion), und tritt ausschließlich bei unbedingten (d. h. angeborenen bzw. reflexartigen (*Reflex*)), nicht aber bei bedingten (erlernten) Reaktionen auf (*bedingter Reflex*). Wird ein spezif. Reiz über längere Zeit nicht dargeboten, kann eine Erholung der abgeschwächten Reaktion eintreten. Lassen die Effekte der H. nach wenigen Stunden bereits nach, wird von Kurzzeit-H. gesprochen (*Spontanerholung*), sind längere Zeiträume (Wochen bis Monate) notwendig, liegt Langzeit-H. vor. H. kann bei nahezu allen lebenden Organismen auftreten. Beim Menschen erfolgt die H. schon früh im Kindesalter und wird bspw. zur Untersuchung der Wahrnehmungsentwicklung in der exp. Säuglingsforschung eingesetzt (*Habituierungsmethode*, s. a. *Habituations-Dishabituations-Paradigma*). Die H. wird erfolgreich in der *Verhaltenstherapie* zur Behandlung von Angststörungen eingesetzt (*Konfrontation mit Reaktionsverhinderung*). Häufig syn. gebrauchte Begriffe für die H. sind Habituierung, Gewohnheitslernen und Reizgewöhnung. Die H. ist abzugrenzen von *Adaptation*, *Ermüdung* und *Auslöschung* (Extinktion). Das Antonym zur Habituation ist *Sensitivierung*. Eine ausführlichere Def. der H. liefern Thompson & Spencer (1966), eine rev. Def. liefert Rankin (2009). *A. U. Wiedemann*

Habituations-Dishabituations-Paradigma (= H.) [engl. *habituation-dishabituation paradigm*; lat. *dis-* un-, weg-, *habitus* Gewöhnung], [**EW**], wird genutzt, um Erkenntnisse über die Unterscheidungsfähigkeit eines Säuglings zw. Reizen oder Reizklassen zu erhalten. Dazu wird den Säuglingen eine Serie von Reizen solange gezeigt, bis eine Reizgewöhnung bzw. *Habituation* eingetreten ist. Wenn nun ein neuer Reiz (oder eine neue Reizklasse) präsentiert wird, der der Säugling als abweichend wahrnimmt, kommt es zu einer *Orientierungsreaktion*. Dies zeigt sich an physiol. Reaktionen (z. B. einem Absinken der Herzrate), aber auch an Verhaltensreaktionen (z. B. einer erhöhten Betrachtungsdauer des als neu wahrgenommenen Stimulusmaterials). Mit diesem Paradigma kann nicht nur die Unterscheidungsfähigkeit zw. Einzelreizen geprüft werden. Es ist darüber hinaus auch möglich, die Klassifikationsleistungen von Säuglingen zu analysieren (z. B. die Fähigkeit zur Differenzierung zw. Tierklassen). *Säuglingsforschung*. Lohaus 2007. *A. Lohaus*

Habituationstraining [engl. *habituation training*]; *Konfrontation mit Reaktionsverhinderung*.

habituell [engl. *habitual*; lat. *habitare* wohnen, heimisch sein], gewohnheitsmäßig, regelmäßig, bleibend.

habituelle Lernmotivation *Lernmotivation, aktuelle und habituelle*.

Habituierungsmethode (= H.) [engl. *habituation method*; lat. *habitare* heimisch sein, gewohnt ein], [**DIA, EW**], exp. Methode der *Säuglingsforschung*, die sich zunutze macht, dass Säuglinge auf neue, unerwartete *Reize* mit vermehrter *Aufmerksamkeit* reagieren (*Orientierungsreaktion*), während sie vertrauten, erwarteten Reizen weniger Beachtung schenken. Das Nachlassen der Aufmerksamkeitszuwendung bei wiederholter oder andauernder Darbietung eines Reizes (oder mehrerer Reize) bezeichnet man als Gewöhnung oder *Habituation*. Am häufigsten untersucht wurde die visuelle Habituation. Sie drückt sich in der Abnahme der Häufigkeit und Dauer der Blickzuwendungen aus. Bei der H. folgt einer Habituierungsphase eine Testphase. In der Testphase wird üblicherweise geprüft, ob der Säugling zw. einem neuen und einem vertrauten Reiz diskriminiert, d. h., ob er dem neuen Reiz mehr Beachtung schenkt als dem vertrauten. Hierbei werden die beiden Reize mehrmals abwechselnd nacheinander oder gleichzeitig dargeboten. Die Habituierungsphase kann ebenfalls unterschiedlich realisiert werden. Die beiden wichtigsten Habituierungsverfahren sind die *fixed-trial procedure* und die *infant-control procedure*. Bei der *fixed-trial procedure* wird der Habituierungsreiz gemäß eines festgelegten Designs wiederholt für eine best. Zeit dargeboten. Man spricht in diesem Fall auch von *Familiarisierung*. Anders als bei der *fixed-trial procedure* hängt die Dauer und Anzahl der Habituierungstrials bei der *infant-control procedure* vom (Blick-)Verhalten des Säuglings ab. Außer in Untersuchungen zur Wahrnehmungsentwicklung (*Wahrnehmung, Entwicklung, sensorische*) im Säuglingsalter wurde die H. auch erfolgreich eingesetzt, um frühe kognitive Kompetenzen zu diagnostizieren (z. B. *Objektpermanenz*). Bornstein 1985. *H. Krist*

Hackordnung [engl. *pecking order*], [**KOG, SOZ**], beim Haushuhn ist bspw. eine soziale Rangordnung festzustellen, vom Hackhiebe austeilenden «Despotenhuhn» bis zum Hackhiebe nur einsteckenden «Aschenputtel». *Rangordnung, soziale*.

Haemorrhagica histrionica [gr. αἷμα *(haima)* Blut, ραγία *(ragia)* Riss, lat. *histrio* Schauspieler], [**KLI**], selbsterzeugter Blutverlust. *Münchhausen-Syndrom*.

Haftpsychose (-neurose) [engl. *prison's neurosis/psychosis*], [**KLI**], erlebnisreaktiver Persönlichkeitswandel durch den (meist ungewohnten) Freiheitsentzug und den damit erzwungenen Verzicht auf die bisherige Lebensführung. Je nach Veranlagung des Häftlings treten neben depressiven Zuständen (*Depression*) mit mehr oder weniger anankastischen (*Zwanghafte Persönlichkeitsstörung*) wie auch phobischen (*Phobische Störungen*) Zügen versch. Grade der Auflehnung und des Demonstrationsbedürfnisses in Erscheinung: z. B. Haftknall mit Wutanfall, Schreien und Umsichschlagen, Haftstupor (*Emotionsstupor*), Simulation (*Ganser-Syndrom*), Begnadigungswahn. Vor allem Lagerhaft (*Lagerneurose(-psychose)*) bietet die Einzel- bzw. Zweipersonenhaft bes. Möglichkeiten zur Querulanz und zu Beschwerden. *Deprivation*.

Hakemp-Fragebogen *Handlungsorientierung*.

Halbierungsmethode [engl. *split-half method*], [**FSE, WA**], eines der direkten Verfahren der *Skalierung*. Die subj. Metrik, die einem physikal. Reizkontinuum entspricht, wird dadurch ermittelt, dass vorgegebene physikal. Größen, wie z. B. Längen von Strichen, (sequenziell mehr-fach) zu halbieren (fraktionieren) sind. *Skalierung, Methoden der*, *Psychophysik*. *P. Day*

Hall, Granville Stanley (1844–1924), [**EW, HIS, PER**], bedeutender amerik. Psychologe. G. Stanley Hall entstammte einer amerik. Farmerfamilie aus der Nähe von Boston. Er studierte u. a. in Bonn, Berlin und Heidelberg Theologie, entdeckte dann sein Interesse für die Ps. Zunächst war er tätig als Dozent an der *Harvard University*, wo er bei James seine Doktorprüfung ablegen konnte. Dies war die erste Promotion in der Philosophischen Fakultät der *Harvard University*. Dann reiste er nach Dt., studierte zwei Jahre lang Physiologie bei Helmholtz und Kronecker in Berlin und an dem neuen Laboratorium von *Wundt* sowie bei Carl Ludwig und anderen in Leipzig. Nach seiner Rückkehr 1880 hielt er Vorlesungen an der *Harvard University*, bekam 1881 eine Lecturer-Stelle an der *Johns Hopkins University* und begründete 1883 dort das erste Ps. Laboratorium der USA. 1887 begründete er das «American Journal of Psychology», die erste Ps.-Zeitschrift in engl. Sprache. Weitere Fachzeitschriften, die durch ihn mitbegründet wurden, folgten. 1888 wurde G. Stanley Hall Präsident der neu gegründeten *Clark University*. Unter seiner Führung wurde diese Hochschule ein Zentrum der Ps. in den USA. 1892 war Hall die treibende Kraft bei der Gründung der *American Psychological Association (APA)*, deren erster Präsident er wurde. 30 Jahre später wurde er erneut zum Präsidenten dieser inzwischen beträchtlich gewachsenen Gesellschaft gewählt. 1909 lud er mehrere Psychologen und Psychoanalytiker aus dem dt. Sprachbereich an die *Clark University* ein. *Stern*, *Freud* und *Jung* wurden dort mit Ehrenpromotionen ausgezeichnet. Durch die Vorträge von Freud und dessen Schülern wurde so die *Psychoanalyse* früh in den USA bekannt. Hall wurde stark durch die *Evolutionstheorie* geprägt und war besonders an Kinderps. interessiert. Er nahm ein *psychogenetisches Grundgesetz* an, nachdem nicht nur die *Phylogenese*, sondern auch die psych. Entwicklung des Menschen die Entwicklungsgeschichte des Menschen im Individuum wiederholt. Hall nutzte die von *Galton* eingeführte Methode der Befragung. Zu seinen Forschungsinteressen gehörten religiöse Erfahrungen wie z. B. Bekehrungserlebnisse. *H. E. Lück*

Halluzination (= H.) [engl. *hallucinations*; lat. *hallucinari* träumen, faseln], Sinnestäuschung, Trugwahrnehmung, [**KLI, WA**], Wahrnehmungen ohne entspr. Reize von außen, nach K. Jaspers «die nicht aus realen Wahrnehmungen durch Umbildung, sondern völlig neu entstanden sind und gleichzeitig mit realen Wahrnehmungen (neben diesen herlaufend) auftreten». Alles Wahrnehmbare kann zu H. werden. Daher sind sowohl akustische wie optische, haptische, kinästhetische H. möglich und ebenso H. des Geruchs- und Geschmackssinnes, der Leibgefühle, des Gleichgewichtssinnes. Wichtig ist, dass die versch. H. auf versch. Erkrankungen schließen lassen. Optische H. belegen z. B. mehr die toxische *Hirnschädigung* als akustische H., die zu sog. Symptomen der *Schizophrenie* gehören.

Halluzinogene (= H.) [engl. *hallucinogens*; lat. *hallucinari* träumen, faseln, gr. -γενής *(-genes)* verursachend], [**BIO, PHA**], psychotrope Substanzen, die in meist schon geringer

Dosierung die sensorische Wahrnehmung verändern und/oder psychot. Symptome ohne stärkere Beeinträchtigungen des *Bewusstseins* und kogn. Prozesse hervorrufen, z. B. *LSD*, *Meskalin*. Chemisch ähneln einige H. *Serotonin*, andere den *Catecholaminen*. H. wurden als Hilfsmittel der psychopathologischen Forschung zur Induktion *exp. Psychosen (Modellpsychosen)* sowie auch als Hilfe in der *Psychotherapie* benutzt. Jacobs 1984, Snyder 1994. *W. Janke*

Halo-Effekt [engl. *Halo effect*; gr. ἅλως *(halos)* (Licht)hof], *Hof-Effekt*.

Haloperidol (= H.) [engl. *haloperidol*], **[PHA]**, das klassische *Antipsychotikum* aus der Gruppe der Butyrophenone ist seit seiner Markteinführung Ende der 50er-Jahre in der Akutpsychiatrie, aber auch in anderen Disziplinen in Notfallsituationen, praktisch unverzichtbar. Das Medikament führt hauptsächlich zu einer Blockade von D2-Dopamin-, aber auch α1-adrenergen Rezeptoren, während die Blockade von D1- und D3-Dopamin-, muskarinischen Acetylcholin-, H1-Histamin- und 5-HT2-Serotoninrezeptoren wesentlich schwächer ausgeprägt ist. Verfügbar sind Präparate zur oralen und parenteralen (intramuskulären) Verabreichung. Haloperidoldecanoat wird als Depot-Präparat eingesetzt. Oral verabreichtes H. erreicht schnell sein Plasmaspiegelmaximum (Tmax: 1,5–3,5 Stunden), die *Bioverfügbarkeit* beträgt ca. 60 %, die *Eliminationshalbwertszeit* beträgt 12-36 Stunden. Bei dem Depot-Präparat wird das Plasmaspiegelmaximum nach ca. 1–7 Tagen beobachtet, die durchschnittliche Halbwertszeit liegt bei 3 Wochen. Die *Metabolisierung* erfolgt bevorzugt durch CYP3A4 und CYP2D6, der Hauptmetabolit zeigt eine geringe antidopaminerge Aktivität. Die therap. Plasmakonzentration liegt zwischen 1 und 10 ng/ml. H. ist in folgenden Indikationen zugelassen: Akute und chronische schizophrene Syndrome (*Schizophrenie*, *Schizophrenie, Psychopharmakotherapie*), organisch bedingte Psychosen, akute manische Syndrome (*Manie*), akute psychomotorische Erregungszustände. Nach Ausschöpfung aller anderen Behandlungsmöglichkeiten besteht eine Zulassung für *Tic-Erkrankungen* (*Tic-Störungen, Psychopharmakotherapie*) und Erbrechen. Eine intramuskuläre Verabreichung kann in Akutsituationen erfolgen, wenn eine orale Therapie nicht möglich ist, bei akuten und chronischen schizophrenen Syndromen sowie bei psychomotorischen Erregungszuständen psychotischer Genese. Das Depotpräparat wird zur Erhaltungstherapie und Rezidivprophylaxe bei chronischen schizophrenen und maniformen Zuständen eingesetzt. Aufgrund der gesicherten Beobachtungen, dass höhere Dosen sowie die intravenöse Gabe von H. das Risiko von QT-Verlängerungen und *Torsades de pointes* (TdP) erhöhen, wird eine intravenöse Verabreichung von H. seit 2010 nicht mehr empfohlen. Dies darf nur noch unter strengen Sicherheitsvorkehrungen (kontinuierliches *EKG*-Monitoring) erfolgen. Die bereits vor Jahrzehnten zugelassenen und auch gebräuchlichen Dosierungen gelten heute als erheblich zu hoch. Bei oraler Verabreichung wird eine Dosierung zwischen 4–8 mg/d empfohlen. Laut Fachinformation der Hersteller sollte eine Tagesdosis von 30 mg H. nicht überschritten werden, wobei im extremen Ausnahmefall eine Verabreichung bis zu 100 mg am Tag möglich wäre. Solche Dosierungen sind heute obsolet. Auch früher empfohlene Erhaltungsdosen von 3–15 mg H. pro Tag, bei therapieresistenten Fällen auch mehr, müssen heute als in den meisten Fällen als zu hoch gelten. Schon Dosierungen von unter 5 mg haben sich sowohl in der Akuttherapie als auch in der Rezidivprophylaxe als wirksam erwiesen. Bei akuten Erregungszuständen können 5–10 mg i. m. innerhalb der ersten 24 h (laut Zulassung max. 60 mg parenteral oder 100 mg oral) verabreicht werden. Das Depotpräparat wird in einer Dosis von 100–200 mg (max. 300 mg) i. m. alle 4 Wochen zur Symptomsuppression, bzw. 25–150 mg alle 4 Wochen zur Rezidivprophylaxe, verabreicht. Bei älteren Pat. ist eine Dosisreduktion erforderlich. H. gilt in der täglichen Praxis, aufgrund der langjährigen Erfahrung, als potenziell einsetzbar bei akuten Erregungszuständen auch bei intoxikierten Pat. Dennoch ist eine akute *Intoxikation* (Alkohol, illegale Drogen, Pharmaka) auch für die Verabreichung von H. eine relative Kontraindikation, so dass in Situationen, in denen eine Anwendung unerlässlich wird, eine anschließende engmaschige Überwachung des Pat. erfolgen muss. Das Nebenwirkungsprofil entspricht dem Nebenwirkungsprofil anderer Antipsychotika der ersten Generation. Die erforderlichen Routineuntersuchungen bei Verordnung von H. müssen, neben Laborkontrollen, auch regelmäßige EKG-Ableitungen umfassen. Kombinationen mit Arzneimitteln, die zu einer *QTc-Zeit Verlängerung* oder zu Hypokaliämie führen können, dürfen nur unter sorgfältiger Kontrolle erfolgen. Bei Kombination mit Inhibitoren von CPY2D6 und CYP3A4 ist mit einem Anstieg der Plasmakonzentrationen von H. zu rechnen. Hingegen wird diese durch CYP3A4-Induktoren reduziert.
T. Veselinović

Haltung (= H.) [engl. *position*], **[KOG]**, der gesamtkörperliche, durch *Muskel*innervation hervorgerufene Spannungszustand, der einen «Haltetonus» (die muskuläre Grundlage der H.) erzeugt.
[SOZ], i. ü. S. bedeutet H. auch die innere Grundeinstellung, die das Wahrnehmen, Denken, Erleben und Handeln einer Person prägt (z. B. *Werte*, *Einstellungen*, *Gesinnung*, *Überzeugungssysteme*).

Haltungskontrolle [engl. *postural control*], *Bewegungskontrolle*.

TestHamburger Begabtenauslese, 1918, **[DIA, PER]**, von R. Peter und W. Stern (*Stern, William Louis*). Der Erste Weltkrieg mit seinen Verlusten förderte stark die von der angewandten Ps. entwickelten *Intelligenz*-Ausleseverfahren. Zu den bekanntesten der Zeit gehörte neben der Berliner Begabtenauslese von Moede-Piorkowski (für Hochbegabte von 13 Jahren (*Hochbegabung, intellektuelle*)) die Hamburger Auslese (für 9- bis 10-jährige Volksschüler) mit Begriffsreihenordnen, Definitionen, Lückentest, Dreiwortmethode, Fabeltest, Kritiktest, Analogiebildung. *Begabtenauslese*, *Begabtenförderung*.

TestHamburger Burnout-Inventar (HBI) *Burn-out*.

TestHamburger Lesetest für 3. und 4. Klassen (HAMLET 3–4), 2006, R.H. Lehmann, R. Peek & J. Poerschke, [www.testzentrale.de], **[DIA, EW, PÄD]**. Lesetest. AA

Ende der 3. und Ende der 4. Klasse. Der HAMLET besteht aus einem *Worterkennungs*-Test (40 Wortzuordnungen zu je 4 Bildern) und aus einem *Leseverständnis*-Test, der sich aus 10 Texten mit Fragen im Multiple-Choice-Verfahren zusammensetzt. Mit dem Worterkennungstest werden grundlegende Informationen zur *Lesefertigkeit und -geschwindigkeit* erhoben. Die Ergebnisse aus dem Leseverständnis-Test erlauben die Zuordnung von Schülerinnen und Schülern zu einer bereits erreichten Stufe des sinnverstehenden, stillen Lesens. Der Test liegt in zwei Parallelformen vor. *Normierung*: Es liegen nach Klassenstufen und Testform getrennte Prozentrangwerte und -bänder vor. Darüber hinaus werden kriteriumsorientierte Schwellenwerte angegeben, die eine Bestimmung der bereits erreichten Stufe des Leseverständnisses ermöglichen. Bearbeitungsdauer: 2 Schulstunden à 45 Min.

Test*Hamburger Neurotizismus- und Extraversionsskala für Kinder und Jugendliche (HANES-KJ)*, 1975, F. Buggle & F. Baumgärtel, [www.testzentrale.de], [DIA, EW, PER]. Mehrdimensionaler Persönlichkeitstest. AA von 8 bis 17 Jahren. Der Test basiert auf der Eysenckschen Persönlichkeitstheorie und wurde aus dem Junior *Eysenck Personality Inventory (EPI)* entwickelt. Er umfasst 68 Items, die eine *Neurotizismus*-Skala (Kurz- und Langskala) und eine *Extraversions*-Skala konstituieren. Die Extraversions-Skala ist in eine Geselligkeitskomponente und eine Aktivitätskomponente aufgeteilt. Der Test enthält außerdem noch eine L-Skala zur Messung der Bereitschaft, den Fragebogen ehrlich zu beantworten. *Normierung*: alters- und geschlechtsspezifische Stanine-Werte, Prozentrangbereiche und verbale Klassifikationen (N = 6333). Bearbeitungsdauer: ca. 30 bis 40 Min. bei 8- bis 10-Jährigen und ca. 15 bis 20 Min. bei 11- bis 17-Jährigen (Gesamtform).

Test*Hamburger Persönlichkeitsfragebogen für Kinder (HAPEF-K)*, 1978, H. Wagner, F. Baumgärtel, [www.testzentrale.de], [DIA, EW, PER]. Persönlichkeitsfragebogen. AA 9–13 Jahre. Der HAPEF-K ist ein mehrdimensionales Verfahren und lässt eine mehrstufige Beantwortung von Fragen zu. Er liegt für unterschiedliche Anwendungsfelder in zwei Formen vor: Teil (1) umfasst die Skalen *Emotional bedingte Leistungsstörungen* (EL), *Initiale Angst/Somatische Beschwerden* (AS) sowie *Aggression* (AG); Teil (2) des Fragebogens umfasst die Skalen *Neurotizismus* (NE), *Reaktion auf Misserfolg* (RM) und *Extraversion* (EX). Um bei katamnestischen oder anderen wiss. Untersuchungen auch Parallel- oder Wiederholungsuntersuchungen zu ermöglichen, enthalten beide Teile zwei nach Inhalt und Itemkennwerten parallele Skalen zum *Neurotizismus*. *Normierung*: Alters- und geschlechtsdifferenzierende Normen. Bearbeitungsdauer: pro Testform ca. 25 Min.

Test*Hamburger Schmerz-Adjektiv-Liste (HSAL)*, 1991, F. Hoppe, [www.testzentrale.de], [DIA, GES]. Schmerzskala. AA Erwachsene. Die HSAL wurde zur mehrdimensionalen Erfassung des Schmerzerlebens bei Erwachsenen mit akuten und chronischen *Schmerzen* entwickelt. Sie erfasst affektive und sensorische Schmerzqualitäten anhand von 37 Adjektiven für Schmerzen. Die Items verteilen sich auf die vier Dimensionen Schmerzleiden, Schmerzangst, Schmerzschärfe und Schmerzrhythmik. Es liegen Mittelwerts- und Streuungsangaben für versch. Stichproben vor. Studien zu versch. Aspekten der Validität liegen vor. Cronbachs α der vier Subskalen zwischen r = .78 und r = .88, Retest-Reliabilität zwischen r = .71 und r = .83. Bearbeitungszeit: ca. 5 bis 10 Min. Auswertungszeit: wenige Min.

Test*Hamburger Schreib-Probe 1–9 (HSP 1–9)*, 2012, P. May, [www.testzentrale.de], [DIA, PÄD]. Rechtschreibtest. AA Mitte der 1. bis Ende der 9. Klasse; geeignet für alle Schulformen; Gruppen- und Einzeltest. Die HSP dient der Erfassung des Rechtschreibkönnens (*Rechtschreibungstests*) von Schülern im Grundschulalter sowie in der Sekundarstufe I. Sie ist sowohl für die Einschätzung indiv. Lernstände als auch für die Erhebung klassenbezogener Leistungen geeignet. Die zu schreibenden Testwörter bzw. -sätze werden vom Lehrer vorgelesen und in den Testheften begleitend, anhand von Illustrationen veranschaulicht. Neben der Zahl richtig geschriebener Wörter wird im ersten Schritt der Auswertung auch die Zahl richtig geschriebener Grapheme ermittelt (Graphemtreffer). Im zweiten Schritt können anhand einer differenzierten Betrachtung richtig und falsch angewandte Rechtschreibstrategien der Kinder bestimmt werden. Die Testergebnisse liefern eine sichere Grundlage sowohl für differenzierte Maßnahmen im Unterricht als auch für die gezielte Einzelförderung von Schülern mit Rechtschreibschwierigkeiten. Durch ihre Differenzierung im unteren Leistungsbereich ist die HSP B (B steht für Basisanforderung) auch im sonderpädagogischen Rahmen einsetzbar. Für die Erhebung von Leistungen im oberen Bereich liegt mit der 6. Aufl. außerdem ein Verfahren zur Erfassung «erweiterter Kompetenzen (EK)» im Sekundarbereich vor. *Normierung*: Das Verfahren wurde bundesweit für die Klassen 1–9 normiert. Es werden Prozentränge und T-Werte sowie Prozentrangbänder und T-Wert-Bänder angegeben. Bearbeitungsdauer: meist unter 30 Min.

Test*Hamburger Schulleistungstest für 4. und 5. Klassen (HST 4/5)*, 2001, G. Mietzel, H. Willenberg, J. Poerschke & R. Peek, [www.testzentrale.de], [DIA, PÄD]. Verfahren zur Beurteilung schulischen Lernens. AA Ende der 4. und Anfang der 5. Klasse. Mit insges. 14 Subtests werden die Bereiche *Sprachverständnis*, *Leseverständnis*, *Rechtschreibung*, *Informationsentnahme* aus Karten, Tab. und Diagrammen sowie *Mathematik* erfasst, aus denen wiederum der Gesamttestwert ermittelt werden kann. *Normierung*: Es liegen Prozentränge, Prozentrangbänder und Quartile für die versch. Schulformen (N = 1770) vor. Bearbeitungsdauer: Die Gesamtbearbeitungszeit beträgt ca. zwei Stunden. Das Verfahren sollte an zwei Tagen (eine Doppelstunde am ersten Tag und eine Einzelstunde am Folgetag) durchgeführt werden.

Test*Hamburger-Zwangsinventar (HZI)*, 1983, W. Zaworka, I. Hand, G. Jauernig & K. Lünenschloss, [www.testzentrale.de], [DIA, KLI]. Klinischer Test. AA Jugendliche ab 16 Jahren und Erwachsene. Das HZI bildet Denk- und Handlungszwänge differenziert ab und besteht aus sechs Subskalen: A (*Kontrollhandlungen, Wiederholungen von*

Kontrollhandlungen und gedankliches Kontrollieren nach einer Handlung), B (*Waschen und Putzen*), C (*Ordnen*), D (*Zählen, Berühren und Sprechen*), E (*Gedankenzwänge*) und F *(zwanghafte Vorstellung, sich selbst oder anderen ein Leid zuzufügen)*. Alle HZI-Skalen sind unabhängig von Symptomdauer und Alter der Pat. (*Zwangsstörungen*). Es liegt eine Kurzform HZI-K, eine Ultrakurzform HZI-U und eine PC-Version der Kurzform HZI-CK vor. *Normierung*: Stanine-Normen für die HZI-Skalen A-F, für die Gesamtskala sowie für vier Prüfskalen ($N = 121$ Zwangsneurotiker). Bearbeitungsdauer: 20 Min.

Test Hamburg-Wechsler Intelligenztest für Erwachsene – Revision 1991 (HAWIE-R), 1991, U. Tewes. Deutsche Version der *Wechsler Adult Intelligence Scale* (WAIS), 1955, D. Wechsler. [**DIA, KOG, PER**]. Ersetzt die *Wechsler-Bellevue Intelligence-Scale* von Wechsler, 1939. Intelligenztest. AA von 16 bis 74 Jahren. Wie auch der HAWIK-III versteht der HAWIE-R *Intelligenz* nach dem Intelligenzkonzept von Wechsler als eine allg. Fähigkeit, die Welt zu verstehen und sich in ihr zurechtzufinden. Der Test umfasst einen Verbalteil (VT, z. B. allgemeines Wissen, Zahlennachsprechen) mit sechs Subtests und einen Handlungsteil (HAT, z. B. Bilderergänzen, Bilderordnen) mit fünf Subtests. *Normierung* an $N = 2000$, es werden altersspezifische, bildungsspezifische und übergreifende Wertpunktäquivalente für die Rohwerte angegeben. Durchführungsdauer von 60 bis 90 Minuten. *Hamburg-Wechsler-Intelligenztest für Kinder – IV (HAWIK-IV).*

Test Hamburg-Wechsler-Intelligenztest für Kinder – IV (HAWIK-IV), 2010, F. Petermann & U. Petermann, [www.testzentrale.de], [**DIA, KOG, PER**]. Intelligenztest zur Erfassung allg. und spezif. intellektueller Fähigkeiten (*Intelligenz*). AA 6;0 bis 16;11 Jahre. Der HAWIK-IV enthält insg. 15 Untertests. Die Erfassung der fünf Intelligenzwerte *Sprachverständnis, Wahrnehmungsgebundenes Logisches Denken, Arbeitsgedächtnis, Verarbeitungsgeschwindigkeit* sowie des *Gesamt-IQ-Wertes* ermöglichen es dem Anwender, ein fundiertes und differenziertes Bild des kogn. Entwicklungsstandes zu erstellen. Zusätzlich können auf der Untertestebene weitere Analysen vorgenommen werden. So ermöglicht die Profilanalyse differenzierte Aussagen über Stärken und Schwächen eines Kindes. Zusätzlich liefern Prozessanalysen Hinweise für eine gezielte Therapieplanung. *Normierung*: $N = 1650$ Kinder aus der Bundesrepublik Dt., Österreich und der dt.sprachigen Schweiz. Bearbeitungsdauer: zw. 60 und 90 Min. *Wechsler-Intelligence Scale for children – fourth edition (WISC-IV).*

Test Hamilton Angst Skala (HAMA), 1959, M. Hamilton, [*Internationale Skalen für Psychiatrie*], [**DIA, KLI**], Fremdbeurteilungsverfahren zur Feststellung der Schwere der *Angst* nachdem bereits eine *Angststörung* diagnostiziert wurde. AA 18 bis 65 Jahre. Anwendung durch geschulte Kliniker. 14 Items zu psych. und somatischen Aspekten werden bzgl. des Auftretens in der vorangehenden Woche auf einer 5-stufigen Ratingskala eingeschätzt: *Ängstliche Stimmung, Spannung, Furcht, Schlaflosigkeit, intellektuelle Lesitungsbeeinträchtigung, depressive Stimmung, somatische Symptome* (muskulär, sensorisch, kardiovaskulär, repiratorisch, gastrointestinal, urogenital, neurovegetativ), *Verhalten während des Interviews* (Motorik, Mimik, Gestik, Ausdruck). Skalen: *Psychische Angst, Somatische Angst* und Gesamtskala. *Reliabilität*: Intraklassenkorrelation $=,89$ (*Beurteilerübereinstimmung*), *Cronbachs alpha*:,83-,87. *Validität*: *Korrelation* mit anderen Angstmaßen zw.,32 und,93. Zweifaktorielle Struktur konnte nicht bestätigt werden. *Normierung*: Bisher fehlend. Dauer: Interviewdurchführung und Beurteilung insges. ca. 30 min.

Test Hamilton Depression Skala (HAMD), 1959, M. Hamilton, [www.neuro24.de], [**DIA, KLI**], Fremdbeurteilungsverfahren zur Feststellung der Schwere einer diagnostizierten *Depression*. AA 16 bis 75 Jahre. Anwendung durch geschulte Kliniker i. d. R. i. R. einer ambulanten oder stationären psychoth. oder psychiatr. Behandlung. 17-Item-Version (3- bis 5-stufige Ratingformate): Depressive Stimmung, Schuldgefühle, Suizidneigung, Ein- und Durchschlafstörungen, Schlafstörungen am Morgen, Beeinträchtigungen bei der Arbeit, depressive Hemmung, Erregung, psych. Angst, somat. Angst, körperl. Symptome (gastrointestinale, Schmerzen, Erschöpfung, Vitalgefühl), Genitalsymptome, Hypochondrie, Gewichtsveränderungen, Tagesschwankungen. In der 21-Item-Version werden zusätzl. eingeschätzt: Derealisation/Depersonalisation, paranoide Symptome, Zwangssymptome, Krankheitseinsicht. Auswertung durch Summenwertbildung (Wertebereich 0 bis 82 in der 21-Item-Version. Erwarteter Wertebereich bei depressiven Pat.: 24 bis 35 (21-Item-Version) bzw. 19 bis 26 (17-Item-Version). Erwarteter Wertebereich bei nicht depressiven Pat.: 0 bis 10 (17-Item-Version). *Reliabilität*: *Cronbachs Alpha* .52 und .95 (21-Item-Version) bzw. .73 bis .88 (17-Item-Version). Paarweise *Beurteilerübereinstimmung*: .52 bis .98. *Validität*: *Korrelation* mit dem *Beck-Depressions-Inventar* zw. 16 und .82 bzw. mit Klinikerurteilen zw. .70 und .95. *Faktorenanalysen* legen eine zweifaktorielle Struktur nahe: *Allg. Schweregrad der Depression* und *Angst/Somatisierung*. *Normierung*: Normwerte liegen nicht vor. Empfehlungen für *Cut-off-Werte* liegen vor (s. o.). Dauer der Interviewdurchführung ca. 30 Min., Beurteilung 5–10 Min.

HAM-Modell, Abk. für *human associative memory*, [**KOG**], ein menschliches assoziatives Gedächtnismodell von Anderson und Bower (1973), auch *Netzwerk-Modell*: Konzepte (abstrakte «Ideen») und ihre Beziehungen und Assoziationen untereinander sollen durch Sprachzergliederung (im *linguistic parser*) der eingehenden Propositionen (Sätze) in hierarchisch geordnete Netzwerke übersetzt werden. *mentales Lexikon*. Bredenkamp & Wippich 1977, Anderson 2013.

hämodynamische Reaktion [engl. *haemodynamic response*; gr. αἷμα *(haima)* Blut, δύναμις *(dynamis)* Kraft], [**BIO**], bei der neurophysiol. Aktivierung kortikaler und subkortikaler Hirngebiete (*Gehirn*, z. B. durch externe Stimulation) verändert sich der Blutfluss in dem erregten Hirngewebe. Zunächst nimmt die Konzentration des deoxigenierten Blutes zu, da die neurophysiol. Erregung Energie verbraucht und dazu Sauerstoff benötigt wird. Sauerstoff wird vom Hämoglobin abgespalten, sodass in dem aktivierten Gewebe die Konzentration von Deoxyhämoglobin zunimmt. Dies findet in den ersten 500 ms nach der neurophysiol. Aktivierung statt. Danach nimmt die Konzentration von sauerstoffreichem Blut in dem aktivierten Gewebe kompensatorisch zu. Diese kompensatorische Zunahme von sauerstoffreichem Blut führt zu einem Überschuss von sauerstoffreichem (oxygeniertem) Blut in dem Gewebe. Die max. Zunahme des oxygenierten Blutes tritt ca. 4–8 s nach der Stimulation bzw. Aktivierung ein. Nach ca. 8 s nimmt die Konzentration des oxygenierten Blutes wieder ab. Nach ca. 12–15 s ist wieder ein normaler Blutfluss vorhanden. Die hämodynamische Reaktion ist die Grundlage des BOLD-Effektes (auch *BOLD-Reaktion* genannt), der in der *funktionellen Magnetresonanztomografie* zur Signalgebung ausgenutzt wird. *L. Jäncke*

Test**Hamster-Test (HT)**, 1988, G. Deegener, M. Alt, B. Janthur, E. Engel-Schmitt & S. Lambert, [www.testzentrale.de], [**DIA, EW, PER**]. Verfahren zur Persönlichkeitsdiagnostik. AA Kinder ab 4 Jahren. Der Hamster-Test, ein illustrierter projektiver Fragebogen zur Untersuchung der *Emotionalen Stabilität* (*emotionale Stabilität, Labilität*) von Kindern, ist ein siebdiagnostisches, der Prophylaxe dienendes Verfahren. Das Verfahren erfasst jene Gebiete, in denen sich Symptome emot. Labilität von Kindern besonders deutlich abzeichnen. In Form einer vorgelesenen, von einem Kind farbig gezeichneten Bildergeschichte werden den Kindern insges. 19 Fragen gestellt, die den folg. Themenbereichen zugeordnet werden können: Ängste, kindliche Gewohnheiten und Interessen, Verhalten bei Frustration, Beziehungen zu anderen Kindern und Erwachsenen. Bearbeitungsdauer: 15 bis 20 Min.

Hand (= H.) [engl. *hand*], in vieler Hinsicht psychol. bedeutsam: Als Ausdruckshand, d.h. als gestenbildendes und gebärdendarstellendes Organ, ist die H. ein Mittel der Verständigung sowie der Darstellung seelischer Zustände. Eine besondere Form des Ausdrucks bringt die H. in der Schrift hervor (*Grafologie*). Als *Arbeitshand* ist die H. Gegenstand arbeits- und berufspsychol. Forschung. Hierbei sind z. B. von Bedeutung: H.kraft, H.ruhe, Ziel- und Treffsicherheit der Bewegungen, Feinmotorik und Sinnesfunktionen der H. (Tast-, Druck-, Temperatur-, Vibrations-, Schmerzempfindungen), die z. T. bes. hohe Leistungsfähigkeit (z. B. bei der Unterscheidung von Papierdicken, Prüfung von Oberflächen) erreichen können. In der Funktion und Ausbildung der menschlichen H. liegt eine Bedingung für die gesamte Entwicklung des Menschen zu Kultur und Zivilisation. Auch Rechts- und/oder Linkshändigkeit lassen hierbei heute noch manche Frage offen. So ist Beidhändigkeit (Ambidextrie) als Geschickt-Sein mit beiden Händen nur durch Übung erreichbar. I. d. R. ist eine H. Führungshand, die andere Hilfshand. Aristoteles bez. die H. als «Organ der Organe» und Carus als «merkwürdigstes Kapitel der Symbolik menschlicher Gestalt».

Test**Hand-Dominanztest (H-D-T)**, 2010, H.-J. Steingrüber, [www.testzentrale.de], [**DIA, EW, KOG**]. Händigkeitstest. AA Kinder von 6 bis 10 Jahren sowie Jugendliche und Erwachsene zw. 11 und 70 Jahren. Der H-D-T erlaubt Aussagen über den Ausprägungsgrad der *Händigkeit*. Er überprüft die Leistungsüberlegenheit einer Hand und besteht aus drei Untertests: Spuren nachzeichnen, Kreise punktieren und Quadrate punktieren. Die Leistungsüberlegenheit einer Hand wird rechnerisch bestimmt, wobei die Handdominanz theoretisch von −100 (extreme Linkshändigkeit) bis +100 (extreme Rechtshändigkeit) variieren kann. *Normierung*: Es liegen geschlechtsspezifische Standard- und Prozentrangwerte ($N = 1307$) vor. Bearbeitungsdauer: bei jüngeren Kindern ca. 10 Min. (Einzelprüfung) bis 15 Min. (Gruppenprüfung). Bei älteren Kindern und Erwachsenen halbieren sich die Bearbeitungszeiten.

Handgeschicklichkeit [engl. *manual dexterity*], *Sinnesfunktionen*.

Handgeschicklichkeitstest (= H.) [engl. *test of manual dexterity*], [**KOG**], Test zur Prüfung der psychomotorischen Faktoren der Handgeschicklichkeit (*Psychomotorik*). Die psychomotorischen Funktionen der Hand umfassen hauptsächlich die Schnelligkeit und die Genauigkeit der Arm-Hand-Koordination. Auf der Grundlage der Augenscheinvalidität (*face validity*) solcher Verfahren wurden auch ohne Kenntnis der voneinander empirisch abgrenzbaren Geschicklichkeitsdimension versch. apparative Verfahren konstruiert. Als solches kann z. B. der *Tapping-Test* genannt werden. Über ein sog. Tremometer, bei dem geometrische Figuren in einer Metallplatte mit einem Kontaktstift zu durchlaufen sind, wird die Ruhe und die Treffsicherheit der Hand gemessen. Für viele motorische Tätigkeiten ist die Koordination beider Hände von Wichtigkeit. Die Prüfung dieser Funktionen wird z. B. durch Zweihandprüfer, Unterstiftzeichnen oder Drahtbiegeproben quant. bestimmt. Für die Leistungsmessung der visuell-motorischen Koordination wird hauptsächlich der *pursuit rotor* verwendet. Die häufig nicht einheitlich konstruierten Apparate zur Messung der Handgeschicklichkeit haben dazu geführt, dass heute nur wenige standardisierte und auch mit ausreichenden Normen versehene H.s vorliegen. Die Möglichkeit der Anwendung elektronischer Steuerung und Registrierung bei der Konstruktion von H.s führte in letzter Zeit zu Neukonstruktionen solcher Verfahren. Schoppe 1974. *H. O. Häcker*

Händigkeit [engl. *handedness*], [**KOG**], beschreibende Bez. für die funktionelle Asymmetrie im Gebrauch der Hände. Diese kann sich in der Bevorzugung oder in der Leistungsüberlegenheit einer Hand für best. Bewegungsaufgaben zeigen. Bei Beidhandtätigkeiten übernimmt beim Rechtshänder die linke Hand sehr häufig die Haltefunktion (links Nadel halten, rechts einfädeln; links Nagel halten, rechts mit Hammer einschlagen). Linkshändigkeit, die abhängig vom Bestimmungsverfahren bei ca. 10 % der Bevölkerung gegeben ist (Steingrüber: H-D-T, *Hand-Dominanztest*), ist kein Zeichen für körperliche oder psych. Insuffizienz. Kovariationen von Händigkeit mit Persönlichkeitsmerkmalen werden kontrovers diskutiert. Es gibt Personen, Ambidexter genannt, die mit beiden Händen annähernd gleich gute Leistungen (z. B. schreiben) vollbringen können. Mögliche Ursachen von Händigkeit werden vielfältig kontrovers diskutiert. Der überwiegend vorkommenden Rechtshändigkeit entsprechen «Standard»-Werkzeugausformungen (z. B. Schere) und z. T. Tätigkeitsrichtungen. Ein Bsp. für vernetzte Abhängigkeiten von Handgebrauch, Werkzeug, Aufgabe und Arbeitsumfeldgestaltung sei skizziert: Rechtshändiges Schreiben erfolgt mit Federhalter von links nach rechts, weil sonst die Feder ins Papier sticht und die frische Tintenspur verwischt wird. Lichteinfall ist von links günstiger, damit die Schreibhand keinen Schatten auf den Schreibort wirft, was wiederum best. Sitzanordnungen zur Tageslichtquelle erfordert. Linkshänder (oder Rechtshänder, z. B. fürs Nägelschneiden an der rechten Hand) müssen sich im Bedarfsfall eigene Werkzeuge beschaffen. Da insbes. handschriftliches Schreiben üblicherweise rechts erfolgt, wurden und werden Kinder immer noch umtrainiert, was zu erheblichen generalisierten Verhaltensproblemen führen kann. Hilfestellung bei solchen Problemen bieten Selbsthilfegruppen und (schulps.) Beratungsstellen auch über das Internet an (z. B. [www.linkshaenderseite.de]). Kulturabhängig werden best. Praktiken (z. B. Begrüßen, Hygienehandlungen, Essen) jew. einer Hand oder Seite zugewiesen. Dabei kann auch eine generelle neg. Wertung der «linken» Seite erfolgen, was sich dann u. a. auch in sprachlichen Wendungen, (magischen) Vorstellungen, bildlichen Metaphern niederschlägt. *Lateralität*, *Hand*, *Hemisphärenspezialisierung*.

P. Day

Handlesekunst, Handlinien *Chirognomik, Chirologie, Chiromantik*.

Handlung (= H.) [engl. *action*], [**AO, EM, KOG**], im allg. Sprachgebrauch gleichbedeutend mit Bewältigung von Aufgaben. In der arbeitspsychol. Handlungstheorie (oder *Handlungsregulationstheorie*, Volpert 1992) werden die Begriffe Tätigkeit (*Arbeitstätigkeit*) und H. in Anlehnung an Rubinstein und Leontjew systematisch aufeinander bezogen. Volpert (1974) definiert eine H. als bewusstes, zielgerichtetes *Verhalten*. Sie stellt einen durch ein best. *Ziel* ausgrenzbaren Tätigkeitsabschnitt von beschränkter Dauer dar. *Handlungssteuerung*, *Handlungstheorie*.

S. Greif

Handlung, epistemische (= e. H.) [engl. *epistemic action*; gr. ἐπιστήμη, (*episteme*)] Wissen, Erkenntnis], [**KOG, MD**], e. H. dienen dazu, mentale Prozesse zu erleichtern, zu beschleunigen oder deren Genauigkeit zu erhöhen. Der Begriff geht auf D. Kirsh und P. Maglio (1994) zurück, die e. H. anhand des Videospiels «Tetris» untersuchten. Im Ggs. zu pragmatischen Handlungen, die auf die Annäherung an einen Zielzustand abzielen, scheinen E. häufig unvorteilhaft in Bezug auf den Zustand zu sein. Stattdessen dienen e. H. dazu, die für eine kogn. Aufgabe notwendigen Gedächtniskapazitäten (*Gedächtnis*) und Anzahl der Verarbeitungsschritte zu reduzieren sowie die Fehleranfälligkeit kogn. Prozesse (*Kognition*) zu verringern.

H. S. Meyerhoff

Handlungen, multiple [engl. *multiple actions*], *Aufmerksamkeit, Theorie der späten Selektion*, *multiple Handlungen, Kapazitätsbegrenzungen*, *multiple Handlungen, Kapazitätsmodelle*, *multiple Handlungen und Übung*.

Handlungsabsicht (= H.) [engl. *action intentions*], [**EM, KOG**], eine H. ist ein spez. motivationaler psych. Zustand (*Motivation*). Sie kann als Wunsch aufgefasst werden, eine Handlung H auszuführen. Dieser Wunsch ist die unmittelbare psych. Ursache der Handlung H in dem Sinn, dass die Realisierung von H nur noch die erfolgreiche Ausführung der H. erfordert. In diesem Sinn wird der Begriff H. z. B. in der Theorie des rationalen Handelns von Fishbein & Ajzen (1975; *Theorie des überlegten Handelns*) verwendet. Dieser H.-Begriff ist weitgehend äquivalent zum Begriff der *Handlungstendenz* etwa in der Motivationstheorie von Atkinson (1964) und mit dem Begriff des Erwartungswertes von Handlungen in den *Erwartung-Wert-Theorien*. In neueren *Motivationstheorien* sind H. dagegen mehr als bloße Handlungstendenzen bzw. Wünsche, eine Handlung auszuführen: Sie sind zusätzlich durch eine Selbstverpflichtung (*commitment*) zur Durchführung der Handlung gekennzeichnet. Z. B. wird in der Glauben-Wunsch-Absicht-Theorie (*belief-desire-intention, BDI*) der Motivation – einer qual. Entscheidungstheorie, die in der Künstlichen-Intelligenz-Forschung eine wichtige Rolle spielt (Bratman et al. 1988) – angenommen, dass ein Agent, der die Absicht hat, H auszuführen, diese Absicht erst eine Zeit lang zu verwirklichen versucht, bevor er erneut berechnet, ob H nach wie vor die beste Option ist. Dadurch wird eine vernünftige Balance zw. Handeln (Ausführen von H.) und Entscheiden (Auswahl der besten Option; *Entscheiden*) erreicht. Eine ähnliche Konzeption von Absicht findet sich in der Motivationstheorie von Kuhl (1987): Nach Kuhl ist eine Absicht ein aktivierter Handlungsplan, zu dem man sich verpflichtet hat. Nach Kuhl werden Absichten durch spez. Handlungskontrollprozesse gegenüber konkurrierenden Handlungstendenzen «abgeschirmt» und so aufrechterhalten (*Handlungskontrolltheorie*). *Volition*.

R. Reisenzein

Handlungsbereitschaft (= H.) [engl. *preparedness/readiness to act*], [**EM, KOG, PER**], bezeichnet ausgehend von der *Ethologie* die momentane Bereitschaft eines Individuums, auf einen *Reiz* hin eine best. Verhaltensweise (*Verhalten*, auch Erbkoordination) zu zeigen. Erbkoordinationen (wie z. B. Kampfverhalten) sind durch gleiche Reize zu versch. Zeiten unterschiedlich stark auslösbar. Die Auslösbarkeit und Reaktionsstärke ist also nicht nur von dem Auslöser, sondern auch von einem inneren Bereitschaftszustand des Individuums sowie weiteren exogenen (z. B. Jahreszeit) und endogenen (z. B. *Hormone*) Faktoren abhängig. Die H. wird allg. auch als *Motivation* bezeichnet und weitgehend syn. auch als *Trieb*, *Drang*, *Stimmung* oder *Tendenz* (u. a. Becker-Carus et al. 1972).

C. Becker-Carus

Handlungsergebniserfahrungen [engl. *experiences of action outcome*], *Konsequenzerfahrungen, gesundheitsbezogene*.

Handlungsergebniserwartungen (= H.) [engl. *outcome expectancy*], [**GES, KOG**], ist die Erwartung einer Person, dass ein Verhalten best. Konsequenzen zur Folge haben wird. Anders gesagt: Es ist die perzipierte *Kontingenz* zw. Handeln und antizipierter Reaktion. Sie stellt in der sozial-kogn. Theorie von Albert Bandura (1986) eine Determinante von Intentionen und Verhalten dar. Als Synonym werden oft die Begriffe «Ergebniserwartung» und

Konsequenzerwartung verwendet. H. können kogn., motivationale, emot. sowie aktionale Prozesse steuern und werden meistens in Form von «Wenn-dann»-Sätzen formuliert. Die wahrgenommenen pos. Konsequenzen (Vorteile, z. B. «Wenn ich regelmäßig körperlich aktiv bin, dann bleibe ich länger gesund») und neg. Konsequenzen des eigenen Handelns (Nachteile, z. B. «Wenn ich mit dem Rauchen aufhöre, dann werde ich nervös und unausgeglichen sein.») werden gegeneinander abgewogen. Abhängig davon, ob pos. oder neg. H. überwiegen, wird das Verhalten direkt oder indirekt über Ziele (*Ziele, gesundheitsbezogene; Verhaltensintention*) beeinflusst. Es werden körperliche (z. B. bessere Fitness oder Schmerzen), soziale (z. B. Leute kennenlernen oder weniger Zeit für die Familie haben) und selbstbewertende H. (z. B. Stolz oder Selbstunzufriedenheit) unterschieden. Nach Bandura (1986) erwarten Personen mit hoher *Selbstwirksamkeit* eher pos. Ergebnisse und Personen mit geringer Selbstwirksamkeit eher neg. Ergebnisse. Beide Erwartungskonzepte werden klar voneinander differenziert.
L. Parschau

Handlungsfehler (= H.) [engl. *slip*], [**AO, KOG**], präziser: Handlungsausführungsfehler, eine *Handlung*, die nicht so verläuft, wie vom Handelnden intendiert; abzugrenzen von Irrtümern, bei denen die Ausführung der Intention entspricht, jedoch nicht zu den gegebenen situativen Bedingungen passt. Man befindet sich folglich im Irrtum – unterliegt irrtümlich unzutreffenden Annahmen – und wird im Falle eines Fehlers von einer Abweichung der eigenen Handlungsausführung überrascht. Seit Anbeginn einer wiss. Ps. steht die Frage im Zentrum, ob diese Abweichungen willkürlich verlaufen oder einer Ordnung folgen. Methodisch betrachtet sind H. damit besondere analytische Zugänge, die einen Einblick in die Mechanismen und Gesetzmäßigkeiten der psych. Handlungsregulation (*Handlungsregulationstheorie*) erlauben. Ihre Funktion als «windows to the mind» wird jedoch durch ihr eher seltenes, «unstandardisiertes» Auftreten erschwert. Dabei finden sich die unterschiedlichsten theoret. Perspektiven. Die *Assoziationstheorie* sah in H. die Wirksamkeit durch Wiederholungen entstandener Bindungen zw. abgrenzbaren Handlungsteilen, die eine Handlung vom willentlichen Pfad ablenken. Die gestalttheoret. Schule (*Gestalttheorie*) konnte diese Sicht widerlegen und zeigen, dass fehlerhafte Verläufe Ordnungen folgen, die sich nicht durch die Anzahl der Wiederholungen erklären lassen. Die psychoanalytische Sicht *Freuds* sah hingegen unbewusste *Motive*, die das Geschehen im Falle eines H. (ab-)lenken. In zeitgenössischen kogn. Arbeiten zum Thema stehen Klassifikationsvorschläge im Mittelpunkt, in denen H. nach dem Ort ihrer Entstehung unterschieden werden, wie etwa (1) der Ebene der Zielbildung, (2) der Aktivierung und (3) der Ausführung (*Handlungsplanung*). Der sicherheitskritische Aspekt von H. führte zu intensiven und breiten Beschäftigungen im Bereich der *Arbeits- und Organisationspsychologie*, spez. in der *Ergonomie* und der Human-Factor-Forschung. Dort finden sich bspw. vielfältigste Berichtsysteme oder auch Implementierungen einer fehlerfreundlichen Kultur. Wehner et al. 2010.
T. Wehner/K. Mehl

Handlungsforschung [engl.] *action research*.
Handlungskompetenz *berufliche Handlungskompetenz, Gesundheitskompetenz, Selbstverstärkung.*
Handlungskontrolle (= H.) [engl. *action control*], [**EM**], die H. dient der Umsetzung von schwer realisierbaren Verhaltenszielen (*Ziele*), indem sie zielkongruentes *Verhalten* unterstützt (z. B. durch strategische Aufrechterhaltung der *Motivation*) und gegen konkurrierende Handlungstendenzen abschirmt (z. B. Kuhl 1983; *Handlungskontrollmechanismen*). Als wesentliche Prozesse der H. nennt Kuhl die *Aufmerksamkeitskontrolle* (z. B. *Aufmerksamkeit, selektive* für förderliche Informationen), die Enkodierkontrolle (z. B. tiefere Verarbeitung *intentions*kongruenter Informationen), die *Emotionsregulation* (z. B. Unterdrücken ungünstiger *Emotionen*), die Motivationskontrolle (z. B. Bewusstmachen pos. Handlungskonsequenzen), die Umweltkontrolle (z. B. *Stimuluskontrolle*) als auch eine sparsame *Informationsverarbeitung* (z. B. Beenden der Informationssuche nach Intentionsbildung) sowie die Misserfolgsbewältigung (z. B. Zielentbindung).
Die H. ist somit ein volitionales Konstrukt (*Volition*), das herangezogen wird, um Befunde zu erklären, nach denen eine ausgeprägte Zielbindung (*Commitment*) noch keine Zielerreichung garantiert (*Intentions-Verhaltens-Lücke*). Die Prozesse der H. haben jedoch nach Kuhl auch motivationale Anteile, da bereits während des Prozesses der Zielbildung bedeutsame Absichtstendenzen gegenüber weniger wichtigen priorisiert werden. Nach Kuhl laufen die Prozesse der H. sowohl aktiv (bewusst) als auch automatisch (unbewusst) ab (*Bewusstsein*). Der Einsatz dieser Prozesse hängt laut Kuhl von der *Handlungsorientierung* bzw. *Lageorientierung* einer Person ab, wobei Handlungsorientierung die Persönlichkeitseigenschaft (*Persönlichkeitsmerkmal*) beschreibt, die *Aufmerksamkeit* sowohl auf die gegenwärtige Lage als auch auf die Handlungsalternativen auszurichten. Die Lageorientierung ist u. a. gekennzeichnet durch eine Tendenz zur Rumination und resultiert häufig in der Unfähigkeit, einen Entscheidungsprozess (*Entscheiden*) abzuschließen. Kuhl 1983a.
A. U. Wiedemann

Handlungskontrollmechanismen (= H.) [engl. *action control mechanisms*], [**EM, KOG**], unterstützen die Umsetzung einer *Handlung*, sobald eine schwierige, d. h. nicht mit der dominanten Handlungstendenz vereinbare, Absicht (*Absichtskomponenten*) gefasst wurde. Dabei wirken die H., indem sie dominante Verhaltenstendenzen unterdrücken, wenn diese absichtsinkongruent sind. Zudem leiten sie absichtsrelevantes Verhalten ein und erhalten es aufrecht. Werden die H. angewendet, liegt *Handlungskontrolle* vor. Wirken die H. einer Person und wird demzufolge die Absicht umgesetzt, befindet sich diese Person im handlungsorientierten Zustand (*Handlungsorientierung*). Sie ist in der Lage, die Umsetzung dominanter Verhaltenstendenzen zu hemmen und gefasste Absichten umzusetzen (Umsetzungskontrolle: *Willensbahnung*). Auch konzentriert sie sich auf absichtsrelevante Reize (*Aufmerksamkeitskontrolle*) und speichert nur diese (*Enkodierungskontrolle*), sie reguliert hemmende Emotionen (*Affektregulation*), steigert

die Attraktivität der Absicht (*Motivationskontrolle*) und gestaltet ihre Umwelt ablenkungsarm (*Umgebungskontrolle*). Zudem beendet sie den Entscheidungsprozess, sobald die Absicht gebildet wurde (*sparsame Informationsverarbeitung*). Kuhl 1984, Kuhl & Beckmann 1985.
M. R. Quirin/J. Kuhl/J. Lindemann
Handlungskontrolltheorie (= H.) [engl. *action control theory*], [**EM, KOG**], die H. behandelt Mechanismen, die die Umsetzung von schwierigen *Handlungen* unterstützen. Während *Erwartung-Wert-Theorien* die Umsetzung der jew. stärksten, dominanten Handlungstendenz (mit dem höchsten Produkt aus *Erwartung* und *Anreiz*) annehmen, beschreiben H. wie auch nicht dominante (also schwierige) Handlungstendenzen umgesetzt werden können, die wir als bewusste Absichten formulieren (z. B. der Neujahrsvorsatz einer Diät). Eine Handlung ist umso schwieriger, je weniger die einzelnen Teilschritte automatisiert sind, je mehr Teilschritte nötig sind und je weniger Lust man zu deren Ausführung hat. Bsp. für aktive, nicht notwendigerweise bewusste Handlungskontrollmechanismen sind Umgebungs- (z. B. nichts Süßes kaufen), *Aufmerksamkeit*s- (z. B. achtsam Essen), *Motivation*s- (z. B. sich schlankere Figur vorstellen) und *Emotion*skontrolle (z. B. sich pos. einstimmen oder beruhigen) sowie Misserfolgsbewältigung (z. B. sich von Gedanken an vergangenen Misserfolg lösen, *Coping*).
Indiv. Unterschiede in der *Effektivität* der Handlungskontrolle unter *Stress* werden mit dem Konstrukt der *Handlungsorientierung* vs. *Lageorientierung* per Fragebogen erfasst, der drei Komponenten differenziert. (1) Misserfolgsbezogene Handlungsorientierung (HOM) ist die Fähigkeit, neg. *Affekt* aufgrund von Bedrohung (z. B. durch einen Misserfolg oder andere neg. Erlebnisse) selbstgesteuert herabzuregulieren (d. h. ohne Abwehrmechanismen wie Beschönigen, Leugnen etc.), sich dadurch nachhaltig von neg. *Gedanken* zu lösen und dadurch handlungsfähig zu bleiben. Misserfolgsbezogene Lageorientierung (LOM) ist die Unfähigkeit, neg. Affekt selbstgesteuert zu bewältigen, sodass unkontrollierbares Grübeln das Handeln funktional beeinträchtigt, auch wenn kogn. (*Kognition*, z. B. subj. Erfolgserwartung) oder motivational (z. B. erfragtes Ausmaß des Wollens) kein Defizit vorliegt. (2) Prospektive Handlungsorientierung (HOP) ist die Fähigkeit, pos. Affekt auch unter Belastung (z. B. durch hohe Aufgabenschwierigkeit, Zielkonflikte, Hindernisse) selbstgesteuert heraufzuregulieren und dadurch Initiative zeigen zu können. Prospektive Lageorientierung (LOP) ist die Unfähigkeit, pos. Affekt selbst zu generieren, sodass Zögerlichkeit die Umsetzung eigener Absichten funktional beeinträchtigt. (3) Tätigkeitsbezogene Handlungs- (HOT) vs. Lageorientierung (LOT) beschreibt die hohe (Persistenz) vs. niedrige (Flüchtigkeit) Fähigkeit, in einer einmal begonnenen, angenehmen Tätigkeit aufzugehen (*Flow-Theorie (Csikszentmihalyi)*). Beeinträchtigungen in der Handlungskontrolle wurden für Lage- im Vergleich zu Handlungsorientierten ausschließlich unter Stress (z. B. Belastung, Bedrohung) in Form von Leistungseinbußen, verringertem *Wohlbefinden* sowie körperlichen und psychosomatischen Beschwerden nachgewiesen. *Regulation*. Kuhl & Beckmann 1994.
N. Baumann/J. Kuhl
Handlungskosten [engl. *costs of action*], *Schutzmotivation, Theorie der*.
^Test^**Handlungsorganisation und Tagesplanung (HOTAP)**, 2010, A. Menzel-Begemann, [www.testzentrale.de], [**BIO, DIA, KLI**]. Neurops. Verfahren. AA 19 bis 90 Jahre. Mit dem Verfahren HOTAP können Defizite im Bereich alltagsorientierter Planungs- und Organisationsfähigkeit erfasst werden. Dabei werden die kogn. Aspekte exekutiver Funktionen (*Exekutive Funktionen*) quantifiziert. Das Verfahren gliedert sich in drei Untertests (HOTAP-A: «Einzelhandlungen» ; HOTAP-B: «vorstrukturierter Tagesplan»; HOTAP-C: «teilstrukturierter Tagesplan»). Die Anforderung aller drei Verfahrensteile besteht in der korrekten Sortierung von Fotokarten, auf denen einzelne Teilschritte alltagstypischer Handlungen (z. B. Kaffeekochen) abgebildet sind. Die Untertests unterscheiden sich hinsichtlich ihrer Komplexität. Der HOTAP ist für den Einsatz bei Patienten mit erworbenen Hirnschädigungen und deutlichen Defiziten konzipiert. Für leistungsstärkere Personen empfiehlt sich der Einsatz des O-P-A. *Normierung*: Es liegen Normen für Personen zw. 19 und 90 Jahren vor ($N = 166$). Für die Beurteilung der Leistung von stationär aufgenommenen Pat. existieren eine «Klinik»-Norm ($N = 82$ orthopädischer Pat. einer Reha-Klinik zw. 19 und 60 Jahren). Bearbeitungsdauer: HOTAP-A («Einzelhandlungen») ca. 5 Min.; HOTAP-B («vorstrukturierter Tagesplan») ca. 10 Min.; HOTAP-C («teilstrukturierter Tagesplan») ca. 15 Min.

^Test^**Handlungsorientierte Module zur Erfassung und Förderung beruflicher Kompetenzen Version 4.0 (hamet 2)**, 2001, M. Dieterich, M. Goll, G. Pfeiffer, J. Tress, F. Schweiger & F. Hartmann, [www.testzentrale.de], [**AO, DIA**]. Berufstest. AA Jugendliche und Erwachsene. Hamet 2 besteht aus vier Modulen, die unterschiedliche Aspekte beruflicher Kompetenzen erfassen und fördern (*Berufseignungsdiagnostik*). Modul (1) ist ein handlungsorientiertes Verfahren für Berufe mit vorwiegend manueller Tätigkeit. Es erlaubt Aussagen zu den sechs Basisfaktoren «*Routine und Tempo*», «*Werkzeugeinsatz und Werkzeugsteuerung (einfach)*», «*Wahrnehmung und Symmetrie*», «*Instruktionsverständnis und Instruktionsumsetzung*», «*Werkzeugeinsatz und Werkzeugsteuerung (komplex)*» und «*Messgenauigkeit und Präzision*». Neben den quant. Ergebnissen können auch qual. Daten erhoben werden. Modul (2) erfasst die indiv. Lernmöglichkeiten bzgl. der beruflichen Basiskompetenzen, und es können Empfehlungen für die weitere Förderung gegeben werden. Modul (3) ermöglicht eine Diagnostik der *sozialen Kompetenz*. Das Verfahren orientiert sich an der Assessment-Center-Methode. Erfasst werden hierbei die Merkmale «*Zusammenarbeit mit Kollegen*», «*Zusammenarbeit mit Vorgesetzten*», «*Umgang mit Kunden*», «*Umgang mit Kritik*», «*Kommunikationsregeln*», «*äußeres Erscheinungsbild*», «*Wertehaltung*», «*soziale Zuverlässigkeit*», «*informelle Kontakte*». Die Beurteilung der Verhaltensweisen des Pbn erfolgt über Fremd- und Selbsteinschätzung. Modul (4) dient zur Überprüfung der Fehlererkennung bei visuellen Kontrollaufgaben als Teilaspekt des vernetzten Denkens. Es ist spez. auf Berufe mit einfacherem Qualifikationsniveau ausgerichtet. *Normierung*: Für Modul 1 liegen Normen für eine repräsentative Stichprobe von Berufsschuleinmündern vor. Zusätzlich stehen für Modul 1 und 4 Normen einzelner Gruppen, nach Geschlecht und Schulabschluss (Förderschule, Hauptschule, Realschule) getrennt sowie Normen Erwachsener zur Verfügung. Die Ergebnisse können weiterhin mit einer Vergleichsgruppe geistig behinderter Menschen im Berufsbildungsbereich der WfbM als Prozentrang (Quartildarstellung) in Bezug gesetzt werden. Die Ergebnisse der Aufgaben von Faktor A (Routine und Tempo) können mit Vorgabezeiten nach MTM (Method Time Measurement) verglichen werden. Bearbeitungsdauer: Die Bearbeitungsdauer für Modul 1 beträgt etwa 5 bis 6 Stunden. Für Modul 2 richtet sie sich nach dem Umfang des Trainingsprogramms, am günstigsten ist der Einsatz i. R. von mehrtägigen Assessments, Erprobungen und Lehrgängen. Die Bearbeitungszeit für Modul 3 beträgt 4 Stunden, Modul 4 dauert etwa 45 Min.

Handlungsorientierung (= H.) [engl. *action orientation*], [**EM, PER**], bezeichnet die chronische oder momentane Fähigkeit, Affekte (*Affektregulation*) flexibel zu regulieren, sodass das Individuum handlungsfähig und nicht in der augenblicklichen emot. Lage verhaftet bleibt (*Lageorientierung*). Es lassen sich zwei Formen unterscheiden, die mit dem *Hakemp-Fragebogen* gemessen werden: Die *bedrohungsbezogene* (oder misserfolgsbezogene) H. und die *belastungsbezogene* (prospektive) H. Bedrohungsbezogene H. bezieht sich auf die Bewältigung von neg. Emotionen, die in Reaktion auf vergangene oder augenblickliche Bedrohungen wie Stress- oder Misserfolgserfahrungen auftreten. Durch diese Bewältigung stehen zugleich mehr Ressourcen für die Aufrechterhaltung handlungsrelevanter Absichten bereit. Es wird davon ausgegangen, dass handlungsorientierte Personen (im Unterschied zu Verdrängern) neg. Erlebnisse in Netzwerke (*Netzwerkmodelle*) bestehender selbstrelevanter Repräsentationen integrieren. Diese konfrontative, effiziente Verarbeitung des Erlebten hat zur Folge, dass bei zukünftigen Bedrohungen zur Bewältigung hilfreiche Informationen besser abgerufen oder auf kreative Weise zu Lösungsmöglichkeiten zus. gesetzt werden können. Prospektive H. hingegen bezieht sich auf die Fähigkeit, rasche Entscheidungen zu treffen und die entspr. Absichten in konkrete Handlungen umzusetzen. *Belastungsstress*, der mit der Anzahl unerledigter Absichten steigt, senkt den pos. Affekt. Prospektive (belastungsbezogene) H. ermöglicht durch die Generierung pos. Affekts eine Gegenregulierung dieser Senkung pos. Affekts und unterstützt damit die genannten handlungsorientierten Prozesse (z. B. pos. Affekt mit einer gewählten Alternative zu verbinden, um die Wahrscheinlichkeit zu verringern, dass die Entscheidung wieder rev. wird, und um die Zielverfolgung zu bekräftigen). Nach der *Absichtsbildung* sind prospektiv Handlungsorientierte zudem in der Lage, die jew. Absicht bis zur Ausführung aufrechtzuerhalten (ohne sie sich ständig bewusst machen zu müssen), um sie im geeigneten Moment zu erinnern und umzusetzen. Diese Fähigkeit schont kogn. Ressourcen und erhöht dadurch die Wahrscheinlichkeit der letztendlichen Ausführung. Kuhl 2001. M. R. Quirin/J. Kuhl/J. Lindemann

Handlungspläne *Implementierungsintention*.

Handlungsplanung (= H.) [engl. *action planning*], [**BIO, EM, KOG**], unter H. versteht man die Planung (*Planen*) und Vorbereitung eines zielgerichteten *Verhaltens*. Hierbei kann es sich um eine einzelne motorische (*Motorik*, *Psychomotorik*) Bewegung handeln (z. B. eine Taste drücken) oder auch um eine Kette einzelner Bewegungen, die in einer best. Reihenfolge ausgeführt werden müssen (z. B. Kaffee kochen). Wichtig ist, dass das Verhalten auf ein best. *Ziel* hin ausgerichtet ist; in den genannten Bsp. könnte das Ziel sein, die Instruktion des Vl zu befolgen bzw. einen Gast mit Kaffee zu versorgen. Das Verfolgen eines Ziels setzt auch die Konfiguration eines entspr. *mentalen Sets* voraus.

Theorien der H. in der kogn. Ps. gehen davon aus, dass das Handlungsziel mental repräsentiert ist und eine Aktivierung dieser mentalen *Repräsentation* die Voraussetzung für das Ausführen einer Handlung ist. Diese Theorien bauen auf dem von William James und anderen formulierten *ideomotorischen Prinzip* auf, das besagt, dass Handlungen durch die *Antizipation* ihrer sensorischen Effekte gesteuert werden. Das ideomotorische Prinzip impliziert, dass geplante Handlungen auf der gleichen Repräsentationsebene kodiert werden wie wahrgenommene Reize (Prinzip des *common coding*; vgl. Prinz 2000). Die genannten Theorien der H. gehen weiterhin davon aus, dass die Assoziationen (*Assoziation*) zw. Handlungen und Effekten im Laufe des Lebens eines Individuums gelernt werden (*Lernen*).

Auf neuronaler Ebene wird ein sog. Spiegelneuronensystem (*Spiegelneurone*) postuliert (*mirror-neuron system*; vgl. Rizzolatti & Craighero 2004), das an der H. und Handlungssteuerung beteiligt ist. Hiermit ist ein Netzwerk von prämotorischen und parietalen Hirnarealen (*Gehirn*) gemeint, die sowohl bei der Planung und Ausführung einer Handlung als auch beim Beobachten und Verstehen der Handlung einer anderen Person aktiviert sind. Verletzungen in diesen Hirnarealen können zu Störungen der H. führen. *Apraxie*-Pat. können bspw. einfache Handlungen zwar verbal benennen, aber nicht mehr pantomimisch ausführen, oder sie machen Reihenfolgefehler bei der Ausführung von Handlungssequenzen. S. Schuch/I. Koch

Handlungsprogramm [engl. *action program*], Verhaltensentwurf, *TOTE-Einheit*.

Handlungsraum, normativer [engl. *normative action space*; lat. *norma* Regel, Maßstab], *Soziotop*.

Handlungsregulation [engl. *action control*; lat. *regere* lenken, beherrschen], [**EM, KOG**], bez. Mechanismen, die die Planung (*Planen*), Aufrechterhaltung und Ausführung von zielgerichteten *Handlungen* unterstützen. *Handlungskontrolltheorie*, *Persönlichkeits-System-Interaktion*, *Theorie der*, *Regulation*.

Handlungsregulationstheorie (= H.) [engl. *action-control theory*; lat. *regere* lenken, beherrschen], [**AO, EM, KOG**], bes. von Hacker und Volpert für die Arbeitstätigkeit nützlich gemachte Handlungstheorie. Sie geht von folg. Grundannahmen aus: (1) In jeder Tätigkeit setzt sich der Mensch mit seiner Umwelt auseinander und verändert sie nach seinen *Zielen*. (2) Handeln (*Handlung*) wird durch die Bedingungen der Umwelt mitbestimmt. Somit ist Handeln weder allein durch *Denken* noch durch Reagieren (*Reaktion*) geleitet. (3) Menschliches Handeln ist in gesellschaftliche Zusammenhänge eingebunden. (4) Handeln hat prozessualen Charakter. *H. O. Häcker*

Handlungsrudimente [engl. *rudiments of action*; lat. *rudimentum* Anfang], [**EM, KOG**], angefangene und nicht weitergeführte bzw. beendete Handlungen (*Handlung*); auch *Initialhandlungen* genannt.

Handlungsspiel [engl. *action game*], *Texttheorie*.

Handlungssteuerung [engl. *action regulation/control*], *Handlungsplanung*, *intermodale Integration*, *Steuerung, psychologische*.

Handlungstendenz (H.) [engl. *action tendency*], [**EM**], eine H. ist ein spez. motivationaler psych. Zustand (*Motivation*). Sie kann als *Motiv* oder Wunsch aufgefasst werden, eine Handlung H auszuführen. Die H. ist in vielen *Motivationstheorien* die unmittelbare psych. Ursache von Handlungen in dem Sinn, dass die Realisierung von H nur noch die erfolgreiche Ausführung der H. erfordert (Atkinson 1964). Dieser H.-Begriff ist weitgehend äquivalent zum Begriff der *Absicht* in der Theorie des rationalen Handelns von Fishbein & Ajzen (1975; *Theorie des überlegten Handelns*) und mit dem Begriff des Erwartungswerts von Handlungen in den *Erwartung-Wert-Theorien*. (Eine alternative Deutung des Erwartungswerts ist, dass dieser ein Werturteil der Person repräsentiert, das erst im Prozess der Entscheidung für die Handlung mit max. Wert einen Handlungswunsch erzeugt). In neueren Motivationstheorien sind Handlungsabsichten dagegen eine Unterform von H.: H., zu denen sich die Person verpflichtet hat (*Absicht*). *R. Reisenzein*

Handlungstests [engl. *action tests*], [**DIA**], Bez. für alle Tests, bei denen die Ausführung einer Handlung (z. B. Ausführen von Besorgungen, Figurenlegen, Aufbauten) gefordert wird. Insbes. stehen die Handlungs-Tests denjenigen Tests gegenüber, die sprachliche Formulierungen fordern. *Leistungstest*.

Handlungstheoretisches Partialmodell der Persönlichkeit [engl. *action theoretical partial model of personality*], *Selbstkonzept eigener politischer Kompetenzen*.

Handlungstheorie (= H.) [engl. *action theory*], [**EM, KOG, PHI**], ein System von Begriffen und fundamentalen Annahmen, das zur Interpretation von *Handlung*) eingesetzt wird. Da das Konzept «Handlung» nicht nur in der Ps. verwendet wird, sind H. i. R. versch. Disziplinen entwickelt worden (Lenk 1984). Phil. H. bemühen sich um die gedankliche Analyse der allgemeinsten Implikationen des Handlungsbegriffs. H. in Sozialwissenschaften wie Wirtschaftswissenschaft, *Soziologie*, Politologie beziehen sich auch auf *Gruppen, Organisationen*, Institutionen als Akteure. In handlungstheoret. Konzeptionen der Ps., *Pädagogik, Linguistik*, Arbeits- und Sportwissenschaft erscheint dagegen zumeist primär das *Individuum* als Akteur. H. konzentrieren sich teilweise auf die strukturellen Voraussetzungen von Handlungen (wobei dann Begriffe wie Situation, Lebensraum, Entscheidung (*Entscheiden*) im Vordergrund stehen), teilweise auf den Prozess, den organisierten zeitlichen Ablauf der Verwirklichung einer Handlung (mit Kernbegriffen wie *Regulation, Ebene, Hierarchie*). Die mit H. zu leistende Interpretation wird teilweise als wertneutrale, deskriptiv-explanative Gegenstandsaufschließung verstanden, teilweise aber auch, bspw. in der Pädagogik, als eine den Interpreten normativ orientierende und somit sein päd. eingreifendes Handeln vorbereitende (Kaminski 1979). «Handeln» wird dann als eine werthaft-ausgezeichnete, anstrebenswerte Geschehensart verstanden, die gegenüber anderen, minder wertvollen zu bevorzugen ist. *Lernende Organisationen*. Cranach et al. 1986, Kaminski 1990, Kuhl & Beckmann 1985. *G. Kaminski*

Handlungsunterbrechungen (= H. H.) [engl. *interruptions/discontinuity of actions*], [**AO**], werden Unterbrechungen genannt, die den Ausführenden vor der Beendigung einer *Handlung* zwingen, zunächst etwas anderes zu tun, bevor er sich wieder der unterbrochenen Handlung zuwenden kann. Bsp. sind Unterbrechungen durch Telefongespräche oder Besucher sowie Aufgaben mit vorrangiger Dringlichkeit. Auch systembedingte Wartezeiten (*Systemresponsezeiten*) gelten als H. H. beeinträchtigen die Effizienz der Arbeitsorganisation und können zu psych. und physiol. Beanspruchungen führen. In der *Arbeitspsychologie* werden sie durch Verfahren der *Aufgabenanalyse* erfasst (spez. Verfahren zur Analyse der *Regulationshindernisse in der Arbeitstätigkeit (RHIA)*. *S. Greif*

handlungsvermittelnde Selektion (= h. S.) [engl. *selection for action*], [**KOG, WA**], ist ein Ansatz zur Erklärung *selektiver Aufmerksamkeit*. Selektive Aufmerksamkeit beschreibt demnach die adaptive *Fähigkeit* eines *Organismus*, jene Informationen aus einer komplexen Umgebung zu selektieren, die bedeutsam für die effektive Umsetzung aktueller Handlungsziele sind (Allport 1987). Angenommen, *Ziel* eines Organismus sei es, eine best. Tasse aus einem mit weiteren Tassen gefüllten Regal zu nehmen. H. S. dient hier der Koordination der intendierten Greifbewegung, indem sie dem Organismus die Fokussierung auf den relevanten *Reiz* (der ausgewählten Tasse) ermöglicht, auch auf Kosten der Verarbeitung handlungsirrelevanter Reize (aller anderen Tassen). Dem Ansatz der h. S. zufolge ist selektive Aufmerksamkeit also ein funktionaler Prozess, bei dem die selektive Verarbeitung einer Teilmenge aller zur Verfügung stehenden Information (im Dienst der Handlungssteuerung) das vorrangige Konstrukt ist. Diese Sichtweise steht in Widerspruch zu den bis Mitte der 1980er-Jahre vorherrschenden Aufmerksamkeitstheorien, die Selektion (vor allem bei der *Wahrnehmung*) als Mechanismus betrachten, welcher der Kompensation der beschränkten Verarbeitungskapazität (*limited-capacity*) eines Organismus dienen (*Aufmerksamkeit, Kapazitätstheorie der*). Das Postulat einer solchen systembedingten Kapazitätsbegrenzung, die der Selektion vorgeschaltet ist, braucht der Ansatz der h. S. nicht. Im Gegenteil wird Selektion hier als Leistung des kogn. Systems betrachtet, welche die Brücke zw. den begrenzten Möglichkeiten der *Motorik* und der (beinahe) unbegrenzten Menge an Wahrnehmungseindrücken schlägt.

A.-K. Wesslein/F. Mast/C. Frings

Handlungs-Wahrnehmungs-Kompatibilität (= H.) **[KOG, WA]**, bezieht sich auf den Einfluss einer geplanten oder ausgeführten Handlung auf die *Wahrnehmung*. Traditionelle Modelle der menschlichen *Informationsverarbeitung* beginnen ihre Analyse i. d. R. mit Umweltreizen, deren Auswirkungen auf das menschliche Wahrnehmen, *Denken* und Handeln sie bis hin zu einer evtl. motorischen Reaktion verfolgen. Handlungen beeinflussen aber auch die Wahrnehmung, wie ökologische Ansätze und sensomotorische Kognitionstheorien betonen. Effekte dieser Art sind vielfältig: (1) Die Ausführung einer Handlung führt zur Abschwächung des Erlebens ihrer sensorischen Effekte, weswegen wir uns z. B. nicht selbst kitzeln können. (2) Die Planung einer Handlung (*Handlungsplanung*) mit best. Merkmalen (z. B. das Drücken einer rechten Taste) kann die Wahrnehmung handlungsunabhängiger Reize mit überlappenden Merkmalen (z. B. eines nach rechts weisenden Pfeiles) erleichtern oder erschweren, im Extremfall sogar verhindern. (3) Die Planung und Ausführung einer Handlung orientiert die Aufmerksamkeit auf handlungsrelevante Reizdimensionen; Greifbewegungen erleichtern z. B. die Wahrnehmung von Formmerkmalen und Zeigebewegungen die Wahrnehmung von räumlichen Reizen. Ähnlich wie Effekte der *Reiz-Reaktions-Kompatibilität* zeigen Phänomene der H., wie Wahrnehmung und Handlung miteinander verwoben sind. Hommel 2010, Aschersleben 2008.

B. Hommel

^(Test)Handpräferenztest für 4- bis 6-jährige Kinder (HAPT 4–6), 2011, J. Bruckner, P. Deimann & U. Kastner-Koller, [www.testzentrale.de], **[DIA, EW]**. Verfahren zur Erfassung der *Händigkeit*. AA 4 bis 6 Jahre. Der HAPT 4-6 liefert Informationen über die *Handpräferenz* eines Kindes sowie über die Eindeutigkeit hinsichtlich der Bevorzugung einer Hand (*Handkonsistenz*). Es werden 14 Tätigkeiten zur Erfassung der Handpräferenz herangezogen, die jew. drei Mal im Testablauf vom Kind ausgeführt werden. Somit kann festgestellt werden, welche Hand ein Kind für eine best. Tätigkeit und über versch. Tätigkeiten hinweg bevorzugt. Der Testablauf hat spielerischen Charakter, die Kinder machen eine Abenteuerreise durch den Raum. Die Instruktion wird standardisiert per CD vorgegeben, während die Testleiterin oder der Testleiter nach Beobachtungsrichtlinien die jew. verwendete Hand kodiert. *Normierung*: Mit der repräsentativen Normierung für Dt. und Österreich (N > 600) liegen differenzierte Vergleichswerte vor. Bearbeitungsdauer: ca. 25 Min.

Handschrift [engl. *handwriting*], *Grafologie*.

Hang-over-Effekt [engl. *hang over* andauern, zurückbleiben], **[PHA]**, Nachwirkungen von Pharmaka, bes. von *Schlafmitteln*, meist Müdigkeit und vegetative sowie motor. *Symptome*.

haploid [engl. *haploid*; gr. ἁπλόος (*haploos*) einfach], **[BIO, PER]**, einen einfachen Chromosomensatz (*Chromosom*) enthaltend. Bei Wirbeltieren sind nur die Geschlechtszellen haploid.

Haploskop [engl. *haploscope*; gr. ἁπλόος (*haploos*) einfach, σκοπεῖν (*skopein*) betrachten], von E. Hering (1834-1918), **[WA]**, Vorrichtung zur Vereinigung zweier getrennt beobachteter Sehobjekte in ein gemeinsames Sehfeld. Ein *Stereoskop* ohne Linsen und Prismen.

Haptik [engl. *haptics*; gr. ἅπτειν (*haptein*) berühren], **[KOG, WA]**, Gesamtheit der Tastwahrnehmungen ohne visuelle Kontrolle, insbes. zur Erkennung dreidimensionaler Objekte. Hierbei arbeiten mehrere Systeme zusammen: die *Hautsinne (Tast-, Temperatur-, Schmerzsinn)*, das motorische System (*Motorik*) inkl. Wahrnehmung der Eigenbewegung (*Propriozeption*) sowie das kogn. System (*Kognition*), das die Informationen der beiden anderen Systeme mit dem Ziel des taktilen Erkennens integriert. Grunwald 2008.

C. Kiese-Himmel

Hard-to-get-Effekt [engl. schwer zu erreichen], **[EM, SOZ]**, sozialps. Begriff, der besagt, dass Liebe, die schwer zu erringen und unerfüllbar ist, zu einer Intensivierung der Liebesgefühle führt.

Harlow, Harry F. (1905–1981), **[HIS, EW, SOZ]**, Harry Frederick Harlow wurde im US-Staat Iowa als Harry Israel geb. und nahm 1930 wegen des verbreiteten Antisemitismus den Namen Harlow an. In diesem Jahr promovierte er in Ps. an der *Stanford University* und wechselte dann an die *University of Wisconsin* in Madison, wo er bis zur Emeritierung 1973 blieb. In Madison baute Harlow ein Primatenlabor auf und führte seine viel beachteten Primatenuntersuchungen durch. Zunächst ging es Harlow um Gedächtnisleistungen von Primaten (*Diskriminationslernen, Lerneinstellung*). Weit mehr Beachtung fanden die ab 1957 durchgeführten Experimente mit jungen Rhesusaffen, die sechs oder zwölf Stunden nach ihrer Geburt von den Elterntieren getrennt wurden und ohne Elterntiere aufwuchsen. Diese Tiere wiesen Defizite in der Entwicklung auf: Stereotype Bewegungen, unmotiviert aggressives Verhalten, fehlentwickelte Sexualität und später gestörtes Verhalten in der Rolle als Elterntiere (*Sozialisierungsphase*). In einem dieser Experimente gab man den Tieren zwei versch. «Ersatzmütter». Die eine bestand aus einem Drahtgestell und lieferte über einen Sauger Nahrung, die andere «Mutter» bestand aus Schaumstoff, war mit Kunstfell überzogen und leicht geheizt. Systematische Beobachtungen zeigten die starke Bevorzugung der Fell-Mutter. Harlow und andere interpretierten die Ergebnisse für die Sozialisationsforschung, *Bindungsverhalten* (*Bowlby, John*) und für psychoth. Arbeit. Harry F. Harlow wurde vielfach ausgezeichnet; er starb im Alter von 75 Jahren. Harlow 1950, Harlow 1958.

H. E. Lück

Harman (= H.) [engl. *harman*], **[PHA]**, Substanz aus der Reihe der Carboline, die zu den Alkaloiden gehören, die aus *Neurotransmittern* durch Kondensation entstehen. Nach Tierversuchen beeinflusst H. die Aktivität des *N. accumbens*, der eine wichtige Struktur des dopaminergen Belohnungssystems (*Dopamin*) darstellt.

W. Janke

Harmin (= H.) [engl. *harmine*] [**PHA**], Substanz, in südamerik. Lianen (Banisteriopsis caapi, Ayahuasca, Yage) vorkommend. Wegen seiner *psychodelischen* Wirkungen früher von Indianern benutzt. H. ist ein Stoff aus der Reihe der *Serotonin*-beeinflussenden *Psychotomimetika*. Balick & Cox 1997.

Harmonische (= H.) [engl. *harmonic*; gr. ἁρμονία *(harmonía)* Fügung), [**WA**], auch Teil- oder Oberschwingung genannte, einer reinen Sinusfunktion entspr. additive Komponente einer beliebigen Schwingung (*Klang*). Für eine vorgegebene Schwingung werden die H. mit der *Fourier-Analyse* gewonnen; ihre Frequenzen sind ganzzahlige Vielfache der Grundfrequenz. W. Glaser

harmonisches Mittel [engl. *harmonic mean*], x_{harm}, [**FSE**], ist ein *Maß der zentralen Tendenz*, das bei verhältnisskalierten Daten (*Skalenniveau*) berechnet werden kann (z. B. zur Ermittlung einer durschnittlichen Geschwindigkeit). Für n Messwerte $x_1 ... x_n$ gilt:

$$x_{harm} = \frac{n}{\frac{1}{x_1} + ... + \frac{1}{x_n}}.$$

HAROLD-Modell *Kognitive Veränderungen im Alter, biologische Korrelate.*

Hartmann, Nikolai (1882-1950), Vetreter des Kritischen Rationalismus (*Kritischer Rationalismus*), der insbes. zur *Metaphysik* und *Ethik* forschte. *Kategorie.*

Haschisch (= H.) [engl. *hashish*; arab. ḥašīš Gras, Kraut], [**PHA**], orientalisches Rauschmittel (bzw. Suchtstoff), das aus dem Harz des *Cannabis sativa* gewonnen wird. H. führt indiv. unterschiedl. zu Dämmerzuständen, *Euphorie*, Unruhe, Wahrnehmungsveränderungen, *Halluzinationen*. *Marihuana.*

Hase-Ente-Täuschung [engl. *duck-rabbit illusion*], J. Jastrow (1863-1944), [**WA**], instabile Wahrnehmung (*Kippfigur, Reversion*) der Darstellung des Umrisses eines Hasen- bzw. Entenkopfs. Ähnlich wie bei den Darstellungen *Necker'scher Würfel* und *Schroeder'sche Treppe* wechselt die Wahrnehmung bei längerer Betrachtung alternierend zw. zwei Bildinterpretationen. Brugger 1999.

Hase-Ente-Täuschung (Brugger 1999)

Hass (= H.) [engl. *hate*], [**EM, SOZ**], intensives (intentionales) *Gefühl* der Abneigung, *Feindseligkeit*. Steigerung bis zur Vernichtung (tödlicher H.) möglich. H. wird üblicherweise als Gegenpol der Liebe bez.

Häufigkeit (= H.) [engl. *frequency*], [**FSE**], in der deskriptiven *Statistik* die Anzahl der Elemente einer *Population* (oder *Stichprobe*), die in eine best. Merkmalsklasse fallen (*absolute H.*). Setzt man die H. *f(xi)* einer Klasse *i* der Variablen *x* zur Gesamtzahl von *N* Beobachtungen in Beziehung, erhält man die *relative H.*: $h(x) = h(x)/N$. *Häufigkeitsverteilung.*

Häufigkeitsverteilung (= H.) [engl. *frequency distribution*], [**FSE**], aus der H. ist zu ersehen, wie häufig (*Häufigkeit*) eine Klasse oder Ausprägung einer Variablen in einem Datensatz vorkommt. Eine H. entspricht der Menge der Paare von Merkmalsausprägungen und deren Auftretenshäufigkeiten.

$[(x_1, n_1), ...(x_m, n_m)]$ heißt *absolute H.*
$[(x_1, h_1), ...(x_m, h_m)]$ heißt *relative H.*, wobei
$h_i = n_i/(n1 + ... + n_m).$

Es gibt versch. Möglichkeiten der *grafischen Darstellung* von H. Handelt es sich bei dem untersuchten Merkmal um eine Nominalvariable (*Nominalskala*), ist das *Säulendiagramm* die geeignete Form der grafischen Darstellung. Über jede Klasse der Variablen ist eine Säule gezeichnet, die durch ihre Höhe die Häufigkeit ihres Vorkommens angibt. Die Säulen berühren sich untereinander nicht. Auch das *Sektorendiagramm* oder *Kreisdiagramm*, das die Häufigkeit der Klassen durch unterschiedlich große Sektoren eines Kreises veranschaulicht, ist bei Nominalvariablen üblich. Ab Intervallvariablen (*Intervallskala*) ist das *Histogramm, Treppenpolygon* oder *Stufendiagramm* (alles syn. Bez. für denselben Sachverhalt) üblich, bei dem die einzelnen Klassen eines Merkmals nicht (wie im Säulendiagramm) durch Zwischenräume getrennt, sondern direkt miteinander verbunden sind. Verbindet man die Klassenmittelpunkte eines Histogramms miteinander, so entsteht das *Frequenzpolygon*. Addiert man die Häufigkeit jeder Klasse zu jeder der vorangegangenen Klassen und zeichnet man die Summen in die Klassenmitten ein, so erhält man durch Verbindung dieser Punkte das Summenfrequenzpolygon (*kumulierte H.*). Wirtz & Nachtigall 2012.
G. Lüer

haunted swing [engl.] «spukender Schwung», *induzierte Bewegung.*

Hauptachsenmethode [engl. *principal component analysis (PCA)*], [**FSE**], von Hotelling für die *explorative Faktorenanalyse* eingeführte Methode zur Extraktion einer Matrix von Faktoren aus einer vorliegenden Interkorrelationsmatrix von *n* Variablen. Die Summe der Quadrate der «Ladungen» eines Faktors *a* in den *n* Variablen $a_1^2 + a_2^2 + ... + a_n^2$ wird bei jeder Extraktion maximiert. *Centroid-Methode.* Eid et al. 2013.
E. Mittenecker

Hauptfarben [engl. *main/principal colors*], [**WA**], die als rein/einfach erlebten *Farben* (*Farbwahrnehmung*); die anderen Farben sind dann *Zwischenfarben*. Helmholtz nennt drei: rot, grün und blau (die Ecken des *Farbendreiecks*), Hering dagegen vier: rot, grün, gelb, blau (Basis des *Farbenoktaeders*). Die Zonentheorie versucht, die trichromatische Theorie und die Theorie der Gegenfarben zu vereinen.

Hauptfunktionen [engl. *basic functions*], [**KLI**], nach Jung (*Analytische Psychologie*) *Denken*, *Fühlen*, *Intuieren* (Erschauen; *Intuitionsfunktion*), *Empfinden*. Auch als *Grundfunktionen* bez. Gegliedert in zwei rationale, zwei irrationale Funktionen mit *Introversion* und *Extraversion* als Einstellungsarten.

Hausarbeit [engl. *domestic work, household chore*], *Arbeit, Arbeit, geschlechtsspezifische Aspekte*.

Haushaltsentscheidungen (= H.) [engl. *household decisions*], [**KOG, SOZ, WIR**], H. werden von zwei oder mehr Personen in einer engen Beziehung von (Ehe-)Partnern und Kindern getroffen. Abhängig von der Zufriedenheit mit der Beziehung und von der Machtverteilung reicht das Verhalten von marktähnlichem Austausch bis zu spontanem altruistischem Handeln (*Altruismus*). Klassifikationen von H. konzentrieren sich auf Güterarten (Gebrauchsgüter, Dienstleistungen) oder auf Aspekte des Entscheidungsprozesses (kogn. *Skripts*, finanzielle Mittelbindung, soziale Sichtbarkeit des Gutes). Im Alltag sind H. mit versch. Aktivitäten in der Partnerschaft verknüpft, sodass eine Entscheidungsgeschichte entsteht, wobei der nachgebende Partner in einer H. in der folg. H. oft einflussreicher ist als der Partner, der in der Vergangenheit eine H. bestimmt hat (*Entscheiden*). Traditionell hängt der Einfluss von Partnern in finanziellen H. von der Art des Produkts (Frau: Küchengeräte; Mann: Finanzprodukte) und dessen Eigenschaften ab (Frau: Design; Mann: Zahlungsweise) sowie von der Kompetenz der Partner und dem Interesse an der H. Studien zeigen, dass H., bei denen ein Partner allein entscheidet, selten sind und dass der Einfluss der Partner ungefähr ausgeglichen ist. Partner verwenden abhängig von der Qualität der Beziehung (*Vertrauen*: kooperative Taktiken; Misstrauen: egoistische Nutzenmaximierung) und dem Geschlecht (Frauen: emot. Taktiken; Männer: sachorientierte Taktiken) unterschiedliche Einflusstaktiken, um Probleme zu lösen, den Partner zu überzeugen, zu verhandeln oder mit traditionellen Rollensegmentierung Konflikte zu vermeiden. Der Einfluss von Kindern hängt von der Produktart (Spielsachen, Eis, Sportschuhe), ihrem Alter (Ältere sind einflussreicher), ihrer Position innerhalb der Geschwister (Erstgeborene) und von der Familiensituation (Kinder von Alleinerziehern) ab. Da Beobachtungen und Fragebogenstudien oft zu systematischen Fehlern führen, werden *Tagebücher* als Forschungsmethode empfohlen. Kirchler 2000.

E. Kirchler/E. Hofmann

Hautkrebsprävention (= H.) [engl. *skin cancer prevention*], [**GES**], H. bezieht sich auf die *Prävention* von Hautkrebserkrankungen, und zwar des malignen Melanoms und von Nicht-Melanom-Karzinomen (Basaliom, Spinaliom). Für die Entstehung beider Hautkrebstypen spielt die ungeschützte Exposition mit ultravioletten Strahlen (UV-Strahlen) eine bedeutsame Rolle (*Sonnenschutzverhalten*). Während für die Nicht-Melanom-Karzinome v. a. die UV-Lebenszeitdosis relevant ist, scheint für das maligne Melanom eher die intermittierende UV-Exposition (kurzfristige, intensive UV-Exposition), die UV-Strahlung in der Kindheit und weitere Faktoren (Hauttyp, Anzahl von Muttermalen, genetische Faktoren) von Bedeutung zu sein. Die primäre Prävention setzt daher am Aufbau von *Sonnenschutzverhalten* an. Da das maligne Melanom, wenn es früh erkannt wird, gute Heilungschancen, bei zu später Diagnose jedoch ein hohes Mortalitätsrisiko aufweist, ist auch die sekundäre Prävention von großer Relevanz. Die verhaltensorientierte H. bedient sich versch. Methoden: Aufklärungsschriften und -filme, Sofortbilder von Hautschädigungen, Sun-Scanner, Hautmikrotopografie, Unterrichtsprogramme und lerntheoretisch fundierte Methoden (z. B. *Modelllernen*). Verhältnisorientierte H. zielt darauf ab, Sonnenschutzmaßnahmen in der Umwelt zu etablieren (z. B. Sonnensegel, Bepflanzung mit Bäumen). Eid & Mallach 2009.

M. Eid

Hautleitfähigkeit [engl. *skin conductance*], *Elektrodermale Aktivität, Kennwerte*.

Hautpotenzial [engl. *skin potential*], [**BIO**], die zwischen verschiedenen Stellen der Körperoberfläche bestehenden elektrischen Potenzialdifferenzen, die, wie der Hautwiderstand, sich ändern (im Tagesablauf, auf emot. u. a. Einflüsse). *Elektrodermale Aktivität, Kennwerte*, *Hautwiderstand*, *psychogalvanische Reaktion*.

Hautreaktion, Hautreflex [engl. *skin reaction*], *Hautpotenzial*, *Hautwiderstand*, *psychogalvanische Reaktion (PGR)*.

Hautscheinwiderstand, Hautscheinleitwert *Elektrodermale Aktivität, Kennwerte*.

Hautsinne (Tast-, Temperatur-, Schmerzsinn) [engl. *skin senses (touch, temperature, cutaneous pain)*], syn. *taktiles System* [engl. *tactile system*], [**WA**], alle Empfindungen, die durch die Rezeptorsysteme für Berührung, Druck und Oberflächenschmerz vermittelt werden. Birbaumer & Schmidt 2010, Schmidt et al. 2010.

C. Kiese-Himmel

Hautwiderstand [engl. *skin resistance*], [**BIO, DIA**], der elektrische Widerstand der Haut gegenüber einem durchfließenden schwachen Gleich- oder Wechselstrom. Ps. bedeutsam sind die rasch eintretenden und kurz dauernden Änderungen des Hautwiderstands (*psychogalvanische Reaktion (PGR)*). *Elektrodermale Aktivität, Kennwerte*.

Hawthorne-Effekt (= H.) [engl. *Hawthorne effect*], [**FSE**], benannt nach den Ergebnissen der *Hawthorne-Untersuchungen* von E. Mayo und seinen Mitarbeitern T. N. Whitehead, F. J. Roethlisberger, W. J. Dickson u. a. Im sog. *Relay Assembly Test Room* montierten Arbeiterinnen Telefon-Relais. Obwohl in der *Kontrollgruppe* die *unabhängige Variable* (z. B. Beleuchtungsstärke, Pausenlänge u. a.) konstant gehalten und in der Experimentalgruppe systematisch variiert wurde (bessere oder schlechtere Beleuchtung, kürzere oder längere Arbeitspausen), zeigte sich in beiden Gruppen ein stetiger Anstieg der abhängigen Variablen, also eine Erhöhung der Arbeitsleistungen. Die Leistungen fielen erst bei «Mondlicht»-Beleuchtung ab. Erklärt wurde dieser H. durch die den Arbeiterinnen während der Untersuchung zuteil gewordene Aufmerksamkeit durch die Untersucher. Maßgeblich für die Arbeitsleistung waren mithin nicht die intendierten Variationen der unabhängigen Variablen, sondern die Veränderungen als solche und

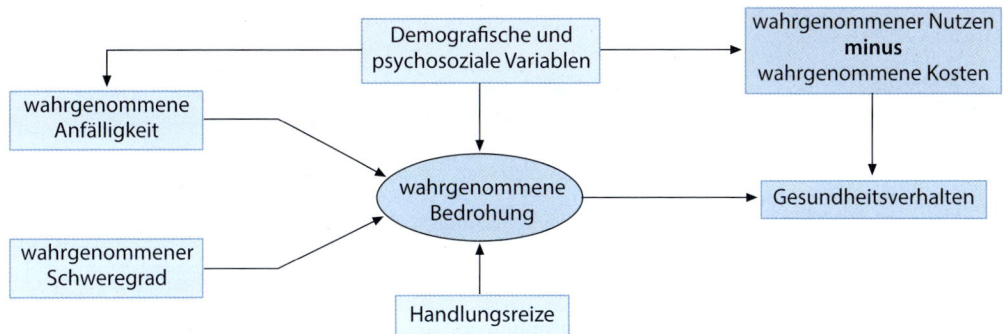

Health-Action-Modell nach Schwarzer (1992)

das Wissen der Arbeiterinnen, Gegenstand einer wichtigen betrieblichen Untersuchung zu sein. *Beurteilungsfehler. Validität, interne*. K.-H. Stapf

Hawthorne-Untersuchungen (= H.) [engl. *Hawthorne studies*], [**AO**], betriebssoziologische Untersuchungen in den Hawthorne-Werken der *Western Electric Company* in Chicago (USA), die 1924 von dem Ingenieur George A. Pennock begonnen und 1927 von einem Forscherteam unter der Leitung des Psychologen Elton Mayo fortgesetzt wurden; 1932 wurden die H. aus Geldmangel wegen der Weltwirtschaftskrise abgebrochen. In Feldexperimenten in dafür geschaffenen Versuchsarbeitsräumen (*Relay Assembly Test Room, Mica Splitting Test Room, Bank Wiring Observation Room*) sowie mit Befragungsaktionen wurden alle Faktoren, die psychol. und physiol. den Arbeitsverlauf beeinflussen, erhoben und variiert. Aus der Vielzahl der Ergebnisse ist als bes. bedeutsam der Primat der Sozialbeziehungen hervorzuheben (Roethlisberger & Dickson 1939); das sozialpsychol. Klima (Betriebsklima) ist wichtiger als äußere Faktoren wie Pause, Arbeitszeit, Beleuchtung u. a. Die Bedeutung der «informellen Gruppe», des Sicherheitsbedürfnisses, des persönlichen Ansehens, der «inneren» Beteiligung an der Arbeit u. a. wurde gefunden bzw. erhärtet. Im Anschluss an die H. erfolgte eine Neuorientierung der Betriebssoziologie mit durchschlagenden Auswirkungen auf die betriebliche Personal- und Sozialpolitik. K.-H. Stapf

Hazard-Funktion (= H.) [engl. *hazard function*], syn. *Ausfallrate*, [**DIA, FSE, KLI, WA**], wichtiges, modernes Konzept in der *Reaktionszeit*forschung. Die H. findet vielfältige Anwendungen u. a. in der *Epidemiologie* und der *Klinischen Psychologie* sowie der *Psychotherapieforschung*. H. lassen sich bei sog. *Survival Analysen* berechnen, um Verläufe (z. B. Wiederauftreten einer Erkrankung, Stabilität der Therapieerfolgs) über die Zeit darzustellen. Allg. gibt die H. die Stärke der Tendenz an, dass ein Ereignis (z. B. eine Reaktion auf einen Reiz) zu einem best. Zeitpunkt t auftritt, falls das Ereignis bis zu diesem Zeitpunkt noch nicht aufgetreten ist: Die H. gibt sozusagen die momentane Reaktionstendenz an. Die H. ist für $t > 0$ definiert als

$$\lambda(t) = \frac{f(t)}{1 - F(t)}.$$

Dabei ist $f(t)$ die *Dichtefunktion* und $F(t)$ die *Verteilungsfunktion* der Reaktionszeit. Die H. ist daher durch ihre Verteilung eindeutig festgelegt. Auch wenn sich manche *Verteilung* in ihrer Form nicht bes. unterscheiden, können sich ihre H. erheblich unterscheiden. Luce 1986. R. Ulrich

head hunting [engl.] Beschäftigten-/Talentsuche; *Direktsuche*.

Head'sche Zonen [engl. *areas of Head*], [**BIO**], diejenigen Zonen der Haut, deren sensible Nervenfasern (*Nerv*) mit demselben Rückenmarksegment verbunden sind wie die eines best. inneren Organs (*Organ*). Bei der Erkrankung solcher Organe treten in den Hautzonen reflektorische Schmerzen (*Schmerz*) als Hauthyperalgesie und -hyperästhesie auf.

health action process approach (= H.) [engl.] sozialkogn. Prozessmodell des Gesundheitsverhaltens, [**EM, GES**], der H. ist eine Gesundheitsverhaltenstheorie, die zw. präintentionalen *Motivation*sprozessen und postintentionalen *Volition*sprozessen unterscheidet. In der motivationalen Phase steht die *Intentionsbildung* (*Zielsetzung*) im Vordergrund. Sie wird durch die Risikowahrnehmung, Handlungsergebniserwartung und motivationale Selbstwirksamkeitserwartung beeinflusst. Danach folgt die volitionale Phase, in der es um die *Initiierung und Aufrechterhaltung* des Verhaltens geht (*Zielverfolgung*). Wichtige Prädiktoren sind hier die Planung und die Selbstwirksamkeitserwartung. Das Modell vereint kontinuums- und stadientheoretische Annahmen. Als *Kontinuumsmodell (Mediatormodell)* eignet es sich für die Analyse und Vorsage von Verhaltensänderungen. Für die Entwicklung von Interventionen werden drei Stadien gebildet (Stadium als Moderator): *Non-Intender* (Unmotivierte), *Intender* (Motivierte) und *Actor* (Aktive). Diese Unterteilung ermöglicht es, Interventionen auf die Variablen maßzuschneidern, die in dem jeweiligen Stadium relevant sind. *Transtheoretisches Modell*. Schwarzer 1992, Schwarzer 2011.

R. Schwarzer

health belief model (= HBM) [engl.] Modell gesundheitlicher Überzeugungen, [**GES**], das HBM ist eines der ersten Modelle zur Erklärung und Vorhersage von *Gesundheitsverhalten* (Rosenstock 1966). Gesundheitsverhalten im Sinne des HBM kann dabei die Aufnahme einer präventiven Maßnahme (z. B. Grippeschutzimpfung, *Präven-*

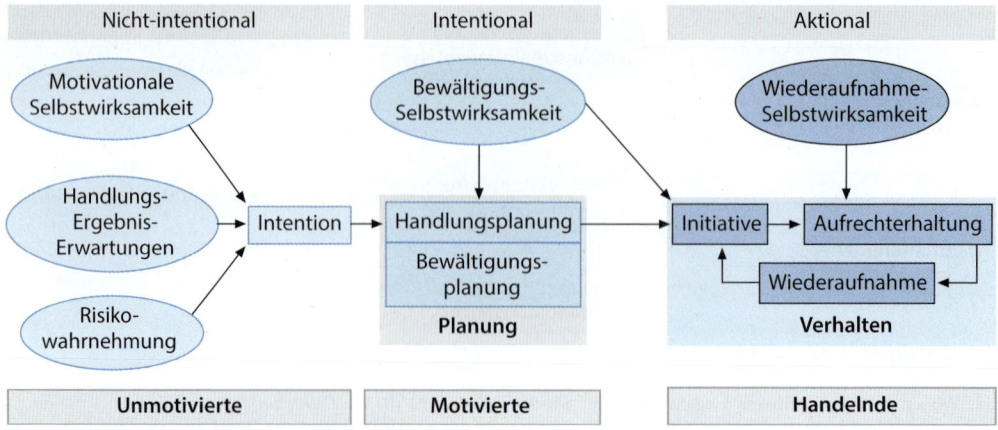

Health-Belief-Modell (nach Becker & Maiman, 1975)

tion von *HIV*, *Hautkrebsprävention* (*Vorsorgeverhalten*)) oder sonstiger med. Angebote sein (z. B. Befolgen von Behandlungsempfehlungen; *Compliance*). Die Wahrscheinlichkeit, dass eine Person ein best. Gesundheitsverhalten ausführt, hängt laut HBM zum einen von der erlebten Bedrohung durch die betreffende Erkrankung ab, zum anderen von den *Erwartungen* an die präventive Maßnahme. Das Bedrohungserleben ist umso größer, je anfälliger sich die Person für die Erkrankung erlebt (z. B. Anfälligkeit für Grippeerkrankung; *Vulnerabilität*; *Risikowahrnehmung*) und je schwerwiegender sie die Erkrankung einschätzt (z. B. Grippe gegenüber leichter Erkältung). Die Erwartungen an die Maßnahme setzen sich zus. aus dem wahrgenommenen Nutzen (*Kosten-Nutzen-Kalkulation*, z. B. zuverlässiger Schutz vor einer Grippeinfektion) und den wahrgenommenen Barrieren, d. h. den wahrgenommenen Kosten der Maßnahme (z. B. finanzielle Kosten, Nebenwirkungen; *Barrieren, gesundheitsbezogene*). Die mentale Verrechnung der Bedrohungserlebens und der Erwartungen führt zu einer best. Wahrscheinlichkeit das Verhalten auszuüben. Zusätzlicher Einfluss auf die Prozesse geht von demografischen (z. B. Alter), psych. (z. B. *Persönlichkeit*), sozialen Faktoren (z. B. Gruppendruck) sowie spezif. Handlungsreizen aus (z. B. Impfkampagne am Arbeitsplatz). Mit dem HBM wurde bereits Mitte des 20. Jhd. ein Modell erarbeitet, das die Auswirkungen von gesundheitsbezogenen Wahrnehmungen (*Wahrnehmung*) und Überzeugungen (*Überzeugungssystem*) auf die Verhaltensausführung systematisch darstellt. Die Grundannahmen finden sich noch heute in vielen Theorien der Gesundheitsverhaltensänderung wieder (*Schutzmotivation, Theorie der*; *health action process approach*; *Theorie des geplanten Verhaltens*). Becker & Maiman 1975. L. Krämer

Healthismus (= H.) [engl. *health* Gesundheit], syn. *Healthism*, [**GES**], überwertiges *Gesundheitsverhalten*; Bez. für eine extreme Form der Gesundheitsorientierung, die ideologische Züge aufweist, i. d. S., dass die Beschäftigung mit *Gesundheit* und gesundheitsförderlichen Verhaltensweisen langfristig in dominanter Weise das Denken und Verhalten von Menschen prägt und die Beschäftigung mit Gesundheit ein wesentliches Element der emot. Stabilität darstellt. Die Ursachen hierfür werden u. a. in einer zunehmend stärkeren gesundheitlichen Verantwortung des Einzelnen, in umfassenderen Informations-/-smöglichkeiten durch Medien und durch kommerziell orientierte Vermarktungsstrategien von Anbietern im Gesundheitssektor gesehen. Der Begriff H. wird auch vereinzelt mit einer pos. Konnotation i. S. einer sich günstig auswirkenden umfassenden Gesundheitsorientierung verwendet. Schröder 2009.

heat maps [engl. *heat* Hitze, *map* Karte], *Blickbewegungsmessung*.

Heautoskopie [engl. *heautoscopy*; gr. αὐτός (*autos*) selbst, σκοπεῖν (*skopein*) betrachten], [**KLI**], bei *Schizophrenie* oder *Epilepsie* auftretende halluzinatorische Wahrnehmung des eigenen Körpers aus der Distanz. Mögl. Ursache des *Doppelgängerwahns*.

Hebb, Donald O. (1904–1985) [**HIS, BIO, KOG**], Donald Olding Hebb war ein kanadischer Psychologe und Neurophysiologe, der unter dem Einfluss von *Pawlow, Watson, Hull* und anderen nach neurophysiol. Grundlagen des Gedächtnisses und des Lernens (*Primärlernen*) suchte (*Hebb'sches Prinzip*). Hebb wurde in Chester, Neuschottland, geb. Seine Eltern waren Ärzte. Er selbst strebte den Beruf des Schriftstellers an, für den er Anglistik (Abschluss 1925), Philosophie und Ps. (ab 1928 als Teilzeitstudium während seiner Tätigkeit als Lehrer) studierte (Abschluss als M. A. 1932). Gemeinsam mit *Lashley* forschte H. an der University of Chicago und der Harvard University (Promotion 1936), arbeite dann in Ontario, ab 1942 wieder gemeinsam mit Lashley im Primatenlaboratorium in Orange Park (Florida) und wurde 1947 an die McGill University in Montreal als Professor für Ps. berufen, wo er sein Studium begonnen hatte. Sein Buch *The organization of behavior* (Hebb 1949) enthielt neben Befunden zur Neurophysiologie und -ps. eine Reihe von Annahmen über die Aktivität von Gehirnzellen und Zell-Ensembles (*cell assemblies*), die erst später empirisch belegt werden konnten. In den Fünfzigerjahren führte H. an der *McGill University* exp. Untersuchungen über die Wirkungen sensorischer *Deprivation* durch, die nach seinen Befunden zu *Halluzinationen* führten. 1977 setzte sich Hebb an seinem Geburtsort in Neuschottland zur Ruhe. Er starb hochgeehrt 1985 im Alter von 81 Jahren. Glickman 1996. *H. E. Lück*

Hebb'sches Prinzip [engl. *Hebb's principle*], [**BIO**], Donald O. Hebb (1904–1985) beschrieb in seinem Lehrbuch «The Organization of Behavior» 1949 erstmals die Idee, dass dann, wenn ein Axon einer Nervenzelle (*Neuron*) über seine *Synapsen* eine andere Nervenzelle wiederholt erregt und dadurch vermehrt zur Erzeugung von Aktionspotenzialen in dieser Zelle beiträgt, dies zu Stoffwechseländerungen und Wachstum in einer oder in beiden Zellen führt, wodurch es dann wiederum langfristig zu einer verstärkten Konnektivität und Beeinflussung zw. diesen Neuronen kommt. Später wurde gefunden, dass neuronale Prozesse des Lernens wie *neuronale Plastizität*, Langzeitpotenzierung, Langzeitunterdrückung *(long term potentiation, long term depression)* und *kindling* (*Sensitivierung*) mit der Hebb'schen Regel in Einklang stehen. Hebb 1949.

H. J. Markowitsch

Hebeltest *Intelligenz, praktische*.

Hebephrenie [engl. *hebephrenia*; gr. *ἥβη (hebe)* Jugend, *φρήν (phren)* Zwerchfell, Seele], [**KLI**], veraltete Bez. für Form der *Schizophrenie*, vorwiegend im Pubertätsalter einsetzend (Jugendirresein). Die hebephrene Schizophrenie ist gekennzeichnet durch inhaltliche *Denkstörungen*, also spez. *Wahn* und *Halluzinationen*, eine untergeordnete Rolle, während *formale Denkstörungen* wie Zerfahrenheit und v. a. affektive Besonderheiten das Störungsbild prägen. Die Stimmung ist laut *ICD-10* (Dilling et al. 2010, 116) «flach und unpassend, oft begleitet von Kichern oder selbstzufriedenem, selbstversunkenem Lächeln oder von einer hochfahrenden Umgangsweise, von Grimassieren, Manierismen, Faxen, hypochondrischen Klagen und immer wiederholten Äußerungen (Reiterationen)». Das Verhalten sei «verantwortungslos und unvorhersehbar». Der Kranke neige dazu, «sich zu isolieren», sein Verhalten erscheine «ziellos und ohne Empfindung». Diese Schizophrenieform, die typ.weise zw. dem 15. und 25. Lebensjahr auftritt und vornehmlich das männliche Geschlecht betrifft, hat nach ICD-10 wegen der «schnellen Entwicklung einer Neg.symptomatik, bes. von *Affektverflachung* und Antriebsverlust, eine eher schlechte Prognose». *T. Köhler*

Heckhausen, Heinz (1926–1988), [**EM, HIS**], geboren in Barmen (heute Wuppertal), Studium an der Universität Münster, dort 1954 Promotion bei *Wolfgang Metzger* mit der Dissertation über «Aufgabenhaltung und Leistung. Eine exp. Untersuchung», die an die Arbeiten *Lewins* und seiner Schüler zur *Leistungsmotivation* anknüpfte. 1953–1962 Assistent bei Metzger, 1962 Habilitation, 1964–1982 Prof. für Ps. an der Universität Bochum, ab 1982 Leitung des Max-Planck-Instituts für Ps. Forschung in München. Heckhausens Forschungsschwerpunkte, die ihn internat. bekannt machten, waren die Erforschung der Leistungsmotivation und deren Entwicklung im Kindesalter. Später wandte er sich der *Volitionspsychologie* zu und entwickelt gemeinsam mit Peter M. Gollwitzer das *Rubikonmodell der Handlungsphasen*. Heckhausen erhielt die Ehrendoktorwürde der Universität Oslo; er war Mitglied im Deutschen Wissenschaftsrat (Vorsitzender 1985–1987) und wurde 1988 ordentliches Mitglied der Bayerischen Akademie der Wissenschaften. Heckhausen erhielt 1988 das Bundesverdienstkreuz 1. Klasse. *H. E. Lück*

Hedges g [engl. *Hedges' g*], [**FSE**], Maß der *Effektgröße*, das von *Cohens d* abgeleitet wurde. Hierbei wird die Merkmalsstreuung zur Standardisierung der Mittelwertsdifferenz über diese Gleichung für die gepoolte Merkmalsstreuung geschätzt:

$$\hat{\sigma} \approx \sqrt{\frac{(n_1 - 1) \cdot \hat{\sigma}_1^2 + (n_2 - 1) \cdot \hat{\sigma}_2^2}{n_1 + n_2 - 2}}.$$

n_i, σ_i^2 = Stichprobengröße, geschätzte Populationsvarianz (*Varianz*) in Gruppe i. Leonhart 2013. *R. Leonhart*

Hedonic Adaptation Prevention Model *Positive Psychologie*.

Hedonismus, philosophisch [engl. *hedonism, philosophical*; gr. *ἡδονή (hedone)* Lust, Vergnügen], [**PHI**], philos. Lehre (Aristipp), die den Sinnengenuss zum höchsten Ziel setzt.

Hedonismus, psychologischer (= p.H.) [engl. *hedonism, psychological*; gr. *ἡδονή (hedone)* Lust, Vergnügen], [**EM, PER, SOZ**], bezeichnet die Auffassung, dass Personen so handeln, dass sie das Auftreten belohnender oder angenehmer Bedingungen oder von Gewinnen maximieren und das Auftreten nicht belohnender oder unangenehmer Bedingungen oder von Verlusten minimieren (Insko & Schopler 1972). P.H. ist von dem *philosophischen Hedonismus* zu unterscheiden, der auch als ethischer H. bez. wird, weil es beim p.H. um Verhaltensdeterminanten geht und nicht um die ethische Bewertung des Verhaltens. Grundsätzlich lassen sich drei Varianten des p.H. unterscheiden: (1) Der p.H. der Vergangenheit behauptet, dass indiv. Reaktionen, die in der Vergangenheit Belohnungen maximiert und Verluste minimiert haben, bevorzugt ausgeführt werden. Diese Annahme liegt klass. *Lerntheorien* wie der von Hull und Skinner indirekt oder direkt zugrunde (*Behaviorismus*). Sie wird auch in der sozialen Austauschtheorie berücksichtigt (*sozialer Austausch*). (2) Der p.H. der Gegenwart behauptet, dass Individuen so handeln, dass ihre unmittelbaren Gewinne in der aktuellen Situation maximiert werden, während die Verluste minimiert werden. Diese Annahme entspricht am ehesten dem phil. H., wie er in dem Motto *carpe diem* zum Ausdruck gebracht wird. Sie spielt aber in der Ps. eine untergeordnete Rolle. (3) Der H. der Zukunft hingegen liegt versch. persönlichkeits- und sozialpsychol. Theorien zugrunde. Nach dieser Annahme streben Individuen danach, langfristig belohnende, angenehme Bedingungen zu maximieren und nicht belohnende, unangenehme Bedingungen zu minimieren. Diese Annahme steht mit der Planung von Handlungen i. S. von Austausch und Reziprozität, *Belohnungsaufschub, Befriedigungsaufschub*, Selbstwirksamkeit (*Selbstwirksam-*

keitserwartung) und der Entscheidung zw. Alternativen, die Implikationen für die Zukunft haben, in Übereinstimmung. *H.-W. Bierhoff*

Heerespsychologie *Wehrpsychologie.*

Test**Heidelberger Auditives Screening in der Einschulungsuntersuchung (HASE)**, 2008, 2. überarb. u. erw. Aufl. von Schöler & Brunner, [www.testzentrale.de], [**DIA, EW, KOG**]. AA für Kinder im Alter von 4 bis 6 Jahren. Ziel des Screenings ist die Identifizierung von Kindern mit Sprach- bzw. *Sprachentwicklungsstörungen*. Das *Screening* enthält vier theoretisch und empirisch fundierte Aufgabengruppen (mit jew. bis zu 10 Einzelitems): (1) Nachsprechen von Sätzen; (2) Nachsprechen von Kunstwörtern; (3) Wiedergeben von Zahlenfolgen; (4) Erkennen von Wortfamilien. *Reliabilität*: Interne Konsistenz aufgabengruppenabhängig von .71 bis .83. *Objektivität*: Durchführungs- und Auswertungsobjektivität bei Aufgabenvorgabe durch CD oder PC. *Validität*: Die prognostische Validität wurde durch eine Längsschnittstudie (Vorschulalter bis Ende 3. Grundschulklasse) bestimmt. Inhaltliche Validität ist gegeben. Korrelationsstudien zeigen deutliche Zusammenhänge zw. den HASE-Items im Vorschulalter und den Lese-/Rechtschreibleistungen von über 1000 Schulkindern bis zum Ende des 3. Schuljahres. *Normierung*: Krit. Punktwerte für jede Aufgabengruppe (sie def. die Grenze zu unterdurchschnittlichen/auffälligen Leistungen, d. h. Prozentrang. *C. Kiese-Himmel*

Test**Heidelberger Inventar zur Lehrveranstaltungs-Evaluation (HILVE-II)** [engl. *Heidelberg Inventory for Evaluation of Teaching*], 2004, H. Rindermann, 1. Auflage, 1994, H. Rindermann & M. Amelang, [**DIA, FSE, PÄD**]. Multidimensionaler Fragebogen zur Beurteilung von Lehre und Lehrqualität (*Lehrevaluation*) durch Studierende, Lehrende und Fremdeinschätzer. Dimensionen werden eingeteilt in *Dozentenskalen* (Strukturierung, Auseinandersetzung, Verarbeitung, Lehrkompetenz, Engagement, Klima/Freundlichkeit, Betreuung, Interaktionsmanagement), *Studentenskalen* (Referate, Fleiß, Beteiligung, Anomie, Fähigkeiten, Vorinteresse), *Rahmenbedingungen* (Thema, Redundanz, Anforderungen) und *Lehreffektivität* (Interessantheit, Lernen-quant., Lernen-qual., Interessenförderung, Allgemeineinschätzung). Die Dozentenskalen wiederum lassen sich unterteilen in *didaktische Kompetenz* und *soziale Kompetenz* (1–4, 5–8). Veranstaltungs- und Prozessmerkmale (Vorlesung vs. Seminar, kommunikative Unterrichtsformen, Teilnehmerzahl) und mögliche Bias- und Fairnessvariablen (Besuchsgrund, Geschlecht, Alter, Abiturnote und Dozentenmerkmale), die entweder das Urteil der Studierenden oder auch das Veranstaltungsgeschehen weitgehend unabhängig von der Lehrkraft beeinflussen, werden mit erhoben. Der HILVE-II enthält mehr Skalen als der HILVE. Die grobe Einteilung wird in Faktorenanalysen (*Faktorenanalyse*) repliziert, Interrater-Reliabilitäten (Aussagekraft des Mittels; *Beurteilerübereinstimmung*) betragen im Schnitt $r = .81$, die Testwiederholungsstabilität in einem Semester $r = .67$ und die Generalisierbarkeit (Korrelationen der dozentenbezogenen Urteile über versch. Veranstaltungen) $r = .47$. Studentische und Fremdraterurteile korrelieren im Schnitt zu $r = .57$, mit Vorinteresse $r = .21$. Die Autoren empfehlen, Evaluationen in mehreren verschiedenen Veranstaltungen vorzunehmen, falls es Ziel ist, die Lehrqualität als personenbezogene Lehrbefähigung zu bestimmen. Durchführungszeit: ca. 10 Min., Auswertung über Beleggleser und EDV-basierte Feedbacksysteme (mit Normwerten; *Normierung*). *H. Rindermann*

Test**Heidelberger Kompetenz-Inventar für geistig Behinderte (HKI)**, 2005, K.-L. Holtz, G. Eberle, A. Hillig & K. R. Marker, 1. Aufl. 1984, [**DIA, GES, PÄD**]. Fremdeinschätzungsbogen zur Erfassung von Kompetenzen von geistig behinderten (*geistige Behinderung*) Kindern und Jugendlichen. AA 7 bis 16 Jahre. Erwachsene Personen, die mit dem einzuschätzenden Kind oder Jugendlichen vertraut sind, schätzen auf 4-Punkte-Skalen («gar nicht, nie» bis «voll und ganz») *praktische Kompetenzen* (z. B. Nahrungsaufnahme, Sicherheitsverhalten), *kogn. Kompetenzen* (z. B. zeitliche Orientierung, Sprachverstehen) sowie *soziale Kompetenzen* (z. B. Selbstkontrolle, Kooperation/Soziale Regeln) ein. Mit dem Verfahren wird das Verhaltensinventar geistig behinderter Kinder und Jugendlicher differenziert und umfangreich beschrieben. *Reliabilität*: Interrater-Korrelationen um .90; Rerate-Korrelationen (Intervall 12 Monate) .70 bis .90. *Validität*: Inhaltsvalidität wird beansprucht. Korrelation mit IQ in der Binet-Simon-Intelligenzprüfung, Binetarium je nach Kompetenzbereich .60 bis .70. *Normierung*: Prozentrang-Intervalle (Prozentrangnorm). Normierungsstichprobe $N = 1368$. Durchführungszeit: Idealerweise beobachtet der Beurteiler das Kind bzw. den Jugendlichen gezielt über einen Zeitraum von sechs Wochen.

[Universitätsverlag Winter, Heidelberg; https://www.innovativmedia.de/winter/deutsch/frame.htm].

H. P. Langfeldt

Test**Heidelberger Rechentest (HRT 1-4)**, 2005, J. Haffner, K. Baro, P. Parzer & F. Resch, [www.testzentrale.de], [**DIA, KOG, PÄD**]. Test zur Erfassung math. Grundlagenkenntnisse. AA Ende der 1. bis Anfang der 5. Klassenstufe. Der HRT 1-4 gibt einen Überblick über die Beherrschung math. Grundlagen, die eine notwendige Voraussetzung für den Erwerb math. *Wissens* und komplexerer math. *Fertigkeiten* darstellen. Er umfasst elf Untertests und drei Skalenwerte für die Bereiche: (1) *Rechenoperationen* (sechs Untertests): Addition, Subtraktion, Multiplikation, Division, Ergänzungsaufgaben, Größer-Kleiner-Vergleiche, (2) *Numerisch-logische und räumlich-visuelle Fähigkeiten* (fünf Untertests): Zahlenreihen, Längenschätzen, Würfelzählen, Mengenzählen, Zahlenverbinden; drei Skalenwerte für 1. Rechenoperationen, 2. räumlich-visuelle Leistung und 3. Gesamtleistung. Zusätzlich wird vorab die Schreibgeschwindigkeit als Kontrollvariable geprüft. Anhand der Testprofile ergeben sich Hinweise auf Förderbedarf und gezielte Interventionsmaßnahmen. Der HRT eignet sich aufgrund der weitgehend sprach- und lehrplanunabhängigen Messinhalte auch im Bereich internat. Vergleichs- und Grundlagenforschung. *Normierung*: Die Eichstichprobe umfasst

N = 3075 Grundschulkinder aus vier Bundesländern sowie zusätzlich Kinder aus Sprachheilschulen und Förderschulen. Für die Normenberechnungen wurde der Anteil der Sonderschüler entspr. der Verteilung im Primarbereich in Dt. gewichtet. Für alle Untertests liegen Prozentrang- und T-Wert-Normen für vier Quartale pro Schuljahr ab Ende der 1. Klasse bis Ende der 4. Klasse vor. Bearbeitungsdauer: in Schulklassen ca. 50 bis 60 Min., als Einzeltest ca. 45 Min.

Test Heidelberger Sprachentwicklungstest (HSET), 1991, H. Grimm & H. Schöler, [www.testzentrale.de], [**DIA, EW, KOG, PÄD**]. Sprachtest. AA 3 bis 9 Jahre. Der HSET ist ein spez. Entwicklungstest zur Erfassung der sprachlichen Fähigkeiten. Er besteht aus 13 theoretisch und empirisch fundierten Untertests, die über die Diagnose des beobachtbaren Sprachverhaltens hinaus ermöglichen, Aussagen über die dem Verhalten zugrunde liegenden Wissensvoraussetzungen und Verarbeitungsmechanismen zu treffen. Bei Kindern mit Entwicklungs- und Lernstörungen kann er auch noch in höheren Altersstufen eingesetzt werden. *Normierung*: Altersnormen in Form von T-Werten und Prozenträngen (N = 791). Bearbeitungsdauer: je nach Altersgruppe 40 bis max. 80 Min.

Heider, Fritz (1896–1988), [**HIS, SOZ**], österreichisch-amerikanischer Sozialpsychologe. Heider entstammte der liberalen Familie eines österreichischen Architekten. Er studierte kurze Zeit Architektur an der TU Graz, dann kurze Zeit Jura; schließlich begann er ein Studium generale, u. a. in München und Innnsbruck. Dann vertiefte sich Heider in Graz in die Philosophie und promovierte dort bei *Meinong* mit einer Arbeit über Ding und Medium, reiste durch Europa, arbeitete in Berlin zusammen mit den dortigen Gestaltpsychologen und schloss Freundschaft mit *Lewin*. Ab 1927 war er Assistent von *Stern* in Hamburg. 1930 emigrierte Heider in die USA, um an der Clark School und am Smith College mit *Koffka* zus. zu arbeiten. 1938 nahm Heider die amerikanische Staatsbürgerschaft an. Heider entwickelte u. a. Konzepte einer sog. Naiven Ps., die Alltagswissen einbezieht. In diesem Kontext begründete er seine Balancetheorie der *Einstellung* und seine Attributionstheorie (*Kausalattribution*). Diese Theorien wurden von seinen Schülern und anderen Autoren weiterentwickelt. 1957 wechselte Heider an die University of Kansas. Kurz darauf erschien Heiders Hauptwerk über interpersonelle Beziehungen (Heider 1958), das heute zu den meistzitierten psychol. Fachbüchern zählt. 1983 verfasste Heider seine Lebenserinnerung (Heider 1984). Zu den Ehrungen, die Heider erhielt, zählt die Ehrendoktorwürde der Universität Graz. *H. E. Lück*

Heilpädagogik [engl. *curative education*], *Sonderpädagogik*.

Heilschlaf [engl. *curative sleep*], [**KLI**], durch Schlaf- und Dämpfungsmittel erreichter Schlafzustand – oft über mehrere Tage (Dämmerschlaf) bis Wochen (Dauerschlaf) – zum Zwecke der Herabsetzung des Stoffwechsels. Ziel ist die Unterbrechung eines *Circulus vitiosus* (*Teufelskreis*) von Erregungs- und Erschöpfungszuständen, z. B. bei *Tetanus*, Hirnverletzungen, *Schizophrenie*, *Alkoholismus*.

Heimkehrfähigkeit, [**KOG**], die bei Tieren zu beobachtende *Fähigkeit*, aus größeren Entfernungen wieder an einen best. Punkt (Nest) zurückkehren zu können.

Heiß, Robert (1903–1974), [**DIA, HIS, PER**], Promotion in Philosophie an der Universität Göttingen, Habilitation an der Universität Köln, dort apl. Prof. und Leiter des Instituts für exp. Ps., ab 1943 Lehrstuhl für Philosophie und Ps. an der Universität Freiburg. Neben seinem phil. Werk wurde er durch seine Beiträge zur *Persönlichkeit*sps. und zur psychol. Diagnostik bekannt. In seiner «Lehre vom Charakter» und der programmatischen Schrift «Person als Prozess» entwickelte Heiß eine für jene Zeit ungewöhnliche Sicht der Persönlichkeit, nicht die Eigenschaftsstruktur, sondern den *Verfestigungsprozess* der Eigenschaften zu beschreiben, d. h. deren fortdauernde Entwicklung durch Selbstregulation, soziale und situative Einflüsse, dynamisch-unbewusste Antriebe und die willentliche und intelligente Kontrolle von Erlebnissen und Affekten. Heiß bezog sich auf Antrieb und Hemmung, auf die Krisen und Umbrüche der Persönlichkeit, auf Entwicklungen mit Rückbildung, Zerstörung und Umschichtung der Persönlichkeit sowie auf Grenzformen wie das Zwangsverhalten. In diesen dynamischen Abläufen sind durch Methoden der *Verlaufsanalyse* indiv. Prozesseigenschaften zu erkennen. Die damals neben der biografischen *Anamnese* verwendeten *projektiven Tests* und die *Grafologie* sind heute unüblich geworden, doch bleiben die grundsätzliche Forderung nach Prozessforschung, Zeitreihenforschung und viele der meth. Regeln der psychol. *Interpretation* bestehen. Fahrenberg 2011. *J. Fahrenberg*

heißer Stuhl *Hot-Seat-Technik*.

heldenhaftes Verhalten [engl. *heroic behavior*]; *Selbstkontrolle*.

helfendes Verhalten [engl. *auxilliary behavior*], [**SOZ**], freiwilliges Verhalten, um eine andere Person zu unterstützen. *prosoziales Verhalten*, *Altruismus*.

Heliotropismus [engl. *heliotropism*; gr. ἥλιος (*helios*) Sonne, τροπή (*trope*) Wendung, dt. Hinwendung zur Sonne], Bewegung auf Lichtreize zu (z. B. bei Pflanzen). *Tropismus*.

Helladaptation [engl. *light adaptation*], [**WA**], Anpassungsfähigkeit des visuellen Systems an eine (plötzliche oder allmähliche) Zunahme der Umgebungshelligkeit. Der Verlust nach peripherer oder zentraler Schädigung des Sehsystems führt zu Blendungsgefühl selbst bei normalem Tageslicht. *J. Zihl*

Hellempfindlichkeit des menschlichen Auges [engl. *brightness sensitivity of the human eye*], [**WA**], wird ein *Spektrum* mit gleicher Energie für alle Wellenlängen ausgestrahlt, so erscheinen die an den Enden liegenden Farben (blauviolett (ca. 400 nm) bzw. rot (ca. 700 nm) deutlich dunkler als die übrigen und verlieren sich schließlich ins Schwarz, das der Grenze des sichtbaren Spektrums entspricht. Der Begriff «gleiche Helligkeit für versch. Farben» ist also nicht allg. durch gleiche Strahlungsenergien ihrer Wellenlängen auszudrücken (*Helligkeit*).

Helligkeit [engl. *brightness*], [**WA**], die Intensität einer visuellen Wahrnehmung, die von der Leuchtdichte, Beleuchtungsstärke oder dem Lichtstrom und der Wellenlänge der Strahlung abhängig ist. Die Unterschiedsempfindlichkeit für Helligkeitsänderungen ist groß; Intensitätszunahmen von ungefähr 1/100 werden noch bemerkt. *Hellempfindlichkeit des menschlichen Auges.*

Helligkeit, spezifische [engl. *specific brightness*], (E. Hering 1889), [**WA**], die Ähnlichkeit einer Farbqualität (*Farbe, Farbwahrnehmung*) mit Weiß bzw. Schwarz. Ein gesättigtes Gelb wirkt heller als ein gesättigtes Blau. Bei gleicher Helligkeit von Blau und Gelb erscheint entweder das Gelb schmutzig olivgrün oder das Blau ausgebleicht. Hering ordnet die Farben nach ihrer spezif. Helligkeit in folg. Reihe: Weiß, Gelb, Rot, Grün, Blau, Schwarz. *Farbsysteme, anschauliche, Photometrie, Hellempfindlichkeit des menschlichen Auges.*

Helligkeitskonstanz [engl. *brightness constancy*], *Konstanz.*

Helligkeitstäuschungen [engl. *brightness illusions*], *Adelsons Helligkeitstäuschungen, Bressan'sche Täuschung, Chevreul-Täuschung, Kontrast, Logvinienko-Täuschung, Mach'sche Bänder, Schlangentäuschung, White-Täuschung.*

Hellpach, Willy Hugo (Pseudonym: Ernst Güstrow) (1877–1955), [**HIS, SOZ**], studierte in Greifswald Medizin (1903 Dr. med. in Heidelberg) und in Leipzig Philosophie, promovierte bei *Wundt*; Dr. phil. 1899), ab 1904 Niederlassung als Nervenarzt in Karlsruhe, 1906 Habilitation in Heidelberg für die Technische Hochschule Karlsruhe, wo er 1911 ao. Prof. wurde und 1920 als o. Prof. das erste Institut für Sozialps. an einer deutschen Hochschule gründete. 1924–1926 Badischer Staatspräsident, 1925 Kandidat der Deutschen Demokratischen Partei für das Amt des Reichspräsidenten, 1928–1930 Reichstagsmitglied. Umfangreiche publizistische Tätigkeit. In der NS-Zeit arbeitete Hellpach in Heidelberg zurückgezogen als Lehrbuchautor im Themenspektrum *Sozialpsychologie, Völkerpsychologie, Kulturpsychologie* und *Religionspsychologie*. Diese Tätigkeit setzte er nach 1945 fort. Lehrtätigkeit an der Universität Heidelberg. Durch sein Buch «Die geopsychischen Erscheinungen» (später unter dem Titel «Geopsyche») sowie durch weitere Schriften gilt Hellpach als Mitbegründer der *ökologischen Psychologie*. Mit seinen Thesen zum Einfluss des Klimas auf die menschliche Persönlichkeit sowie der von ihm als sog. *Ideo-Realgesetz* genannten Annahme der körperlichen und seelischen Mitbewegung in Erweiterung des *Carpenter-Effekts* gab Hellpach Impulse für empir. Forschung. Sein eigenes Vorgehen war dagegen beobachtend-beschreibend und historisierend. Zahlreiche Ehrungen, u. a. *Wilhelm-Wundt-Medaille* der DGPs (*Deutsche Gesellschaft für Psychologie (DGPS)*), Großes Verdienstkreuz mit Stern der Bundesrepublik Dt., Paracelsus-Medaille. Hellpach 1991, Stallmeister & Lück 1991.   *H. E. Lück*

Hellsehen [engl. *clairvoyance*], in der *Parapsychologie* die paranormale Erfassung von Gegenständen oder Sachverhalten, die niemandem bekannt sind und sich auf vergangene, gegenwärtige oder zukünftige Vorgänge beziehen können. Nicht Gegenstand der wiss. Ps., es liegt kein empir. Nachweis vor. Bender 1971, Beloff 1993.

Helmholtz, Hermann von (1821–1894), [**BIO, HIS, KOG**], Hermann Ludwig Ferdinand von Helmholtz war Physiologe und Physiker. Er gilt als bedeutender Naturwissenschaftler des 19. Jhd. mit Wirkungen auf die Ps. vor allem in den Bereichen der *Neurophysiologie* und der *Wahrnehmung*. Ab 1838 studierte er am Medicinisch-chirurgischen Friedrich-Wilhelm-Institut in Berlin und promovierte 1842 bei dem Physiologen Johannes Müller, zu dessen Schülerkreis er gemeinsam mit Ernst von Brücke, Emil Du Bois-Reymond und Carl Ludwig gehörte. Dieser Forscherkreis überwand das metaphysische *Denken* in der Physiologie durch exakt-naturwiss. Denken. Alle vier Genannten können als Vorläufer der *Experimentellen Psychologie* gelten. Direkte Einflusslinien sind erkennbar dadurch, dass *Freud* bei Brücke gearbeitet hat, *Pawlow* bei Ludwig studiert hat und *Wundt* Student von Du Bois-Reymond war und 1858–62 als Assistent von Helmholtz gearbeitet hat. Folgende Professuren hatte von Helmholtz inne: 1847–54 in Königsberg, 1855–58 in Bonn, 1858–70 in Heidelberg und 1871–1894 in Berlin. Zu seinen Leistungen zählen eine grundlegende Abhandlung über die Erhaltung der Energie (heute «Energiesatz» genannt), die Erfindung des *Augenspiegels*, des *Ophthalmometers* und die Entwicklung einer *Resonanztheorie des Hörens*. Besondere Bedeutung für die Ps. hatte seine Entdeckung der «Fortpflanzungsgeschwindigkeit der Nervenreizung» (1850). Diese Entdeckung wurde die Grundlage für weitere exp. Untersuchungen von Wundt und anderen. Koenigsberger 1902, Stock & Lemmerich 2014.   *H. E. Lück*

Helmholtz'sche Quadrate, [**WA**], zeichnet man ein umrandetes, leeres Quadrat neben zwei weitere gleich große Quadrate, deren Fläche durch waagerechte bzw. senkrechte Parallelen erfüllt ist und bei denen die entsprechenden Quadratseiten nicht ausgezogen wurden, so erscheint die Fläche dieser zwei Quadrate größer als die des leeren. *geometrisch-optische Täuschung.*

TestHelping Alliance Questionnaire (HAQ), 1995, M. Bassler, B. Pongratz & H. Krauthauser, [**DIA, KLI**], Originalversion: 1986, L. B. Alexander & L. Luborsky, [www.med.upenn.edu/cpr/documents/HAQ2QUES.pdf]. Erfasst Merkmale der *Therapiebeziehung* und kann insbes. zur Therapieevaluation (Prozess und Outcome; *Psychotherapieforschung*) eingesetzt werden. Sie kann sowohl zur Erhebung der Therapeuten- als auch der Pat.perspektive eingesetzt werden. 12 Items (z. B. «Ich habe das Gefühl, dass der Therapeut mich versteht.», «Ich glaube, dass mir die Behandlung hilft» mit 6-stufigen Antwortformat («1» – «sehr unzutreffend» bis «6» – «sehr zutreffend»). Es können ein Gesamtwert und zwei Subskalenwerte *Pat.seitige Beziehungszufriedenheit* und *Pat.seitige Erfolgszufriedenheit* berechnet werden. *Objektivität* wird durch standardisierte Bearbeitung und Auswertung unterstützt. *Reliabilität* (Pat.daten): Cronbachs Alpha für den Gesamtwert .89, für die beiden Subskalen .89 (Beziehungszufriedenheit) und .84 (Erfolgszufriedenheit). *Validität* (Pat.daten): Zweifaktorielle Stuktur wird faktorenanalyt. gestützt. Insbes. die Erfolgsskala ist ein guter Prädiktor für den Therapieerfolg bzw. Kriterien des Therapieerfolgs (z. B. Angst,

Depressivität). *Normierung* liegt nicht vor. Bearbeitungsdauer max. 10 Min.

Helson, Harry (1898–1977), [**HIS, KOG, WA**], US-amerik. Wahrnehmungspsychologe. Helson studierte an der *Harvard University* und promovierte 1924 bei *Boring*. Er war stark an der *Gestaltpsychologie* orientiert, die er in längeren Darstellungen 1925 und 1926 für amerikanische Fachkollegen bekannt machte. Helsons Untersuchungen zur *Farbwahrnehmung* und Gewichtschätzung brachten ihn dazu, dass sich Personen bei der Schätzung einer Reizgröße an früheren Schätzungen (*Ankerreiz*) und an allg. Schätzerfahrungen orientieren, die insges. das *Bezugssystem* (*frame of reference*) bilden. Helson führte daher das Konzept des *Anpassungsniveaus* (*adaptation level*) ein. Helson 1964. *H. E. Lück*

Hemeralopie [engl. hemeralopia, hemeralopsia; gr. ἡμέρα (hemera) Tag, ὤψ (ops) Auge], [**BIO, WA**], Nachtblindheit als Folge der Störung der *Dunkeladaptation*. Ursachen sind tapetoretinale Degenerationen, hohe *Kurzsichtigkeit*, Linsentrübung, Schädigung des zentralen visuellen Systems. *J. Zihl*

hemi ... [gr. ἡμι- (hemi-) halb-], in Wortverbindungen «halb».

Hemiachromatopsie (= H.) [engl. hemiachromatopsia], *Achromatopsie*, [**BIO, WA**], Verlust des Farbsehens in einer *Gesichtsfeld*hälfte bei gleichzeitig erhaltener Licht- und Formwahrnehmung. Die homonyme H. tritt typ.weise nach einer occipito-temporalen Schädigung auf. *J. Zihl*

Hemianope Lesestörung [engl. hemianopic dyslexia; gr. ἡμι- (hemi-) halb-, αν- (an-) ohne, ὄψις (opsis) Sehvermögen], [**KOG**], auch hemianope *Dyslexie* genannt. Beeinträchtigung des *Lesens* auf der Ebene der Textverarbeitung durch Verlust des parafovealen *Gesichtsfelds* links oder rechts von der *Fovea (centralis retinae)*. Aufgrund unserer Leserichtung von links nach rechts ist ein Gesichtsfeld von mind. 5 Grad links und 8 Grad rechts von der Fovea für eine flüssige und akkurate Textverarbeitung erforderlich. *J. Zihl*

Hemianopsie (= H.) [engl. hemianopia, hemianopsia; gr. ἡμι- (hemi-) halb-, αν- (an-) ohne, ὄψις (opsis) Sehvermögen], [**BIO, WA**], Verlust der Sehfähigkeit in einer *Gesichtsfeld*hälfte. Prächiasmatische Schädigungen sind durch sog. heteronome H. gekennzeichnet (z. B. Verlust der beiden nasalen oder temporalen Gesichtsfeldhälften), während postchiasmatische Schädigungen immer die jew. kontralateral gelegenen, korrespondierenden Gesichtsfeldhälften betreffen (z. B. die beiden linken oder rechten Hälften); letztere werden deshalb als homonyme H. bez. *J. Zihl*

Hemiparese [engl. hemiparesis; gr. ἡμι- (hemi-) halb-, πάρεσις (paresis) Lähmung], [**BIO**], einseitige Parese (leichte *Lähmung*), unvollständige Halbseitenlähmung infolge einer Läsion (*Schädel-Hirn-Trauma*).

Hemiplegie [engl. hemiplegy; gr. ἡμι- (hemi-) halb-, πληγή (plege) Schlag], [**BIO**], einseitige *Lähmung* des Körpers, meist durch Erkrankungen oder Blutung im Hirnstamm (*Zerebrovaskuläre Erkrankungen, Schädel-Hirn-Trauma*) ausgelöst.

Hemisphäre [gr. ἡμι- (hemi-) halb-, σφαίρα (sfaira) Kugel], [**BIO**], Halbkugel; Hälfte z. B. des Gehirns. *Gehirn*.

Hemisphärenspezialisierung (= H.) [engl. hemispheric specialization], [**BIO, KOG**], unterschiedliche Informationsverarbeitung durch die beiden Hirnhälften (*Gehirn*). Bei 95 % der Rechtshänder und 60 % der Linkshänder ist die linke/rechte Hirnhälfte «zuständig» für: Sprache/räumliche Vorstellung; logisch-assoziatives/intuitiv-ganzheitliches Denken und Fühlen; Zeit/Raum; Vergangenheit und Zukunft/Gegenwart. Der Dominanzannahme der linken Hirnhälfte tritt die Auffassung von der gegenseitigen Ergänzung entgegen. Die *Split-Brain-Forschung* von Sperry u. a. hat die systematische Einsicht in die H. gefördert. *Lateralität, Sprachlateralisierung*.

Hemispheric Asymmetry Reduction in Old Adults Kognitive Veränderungen im Alter, biologische Korrelate.

Hemmung (= H.) [engl. inhibition], syn. Inhibition, [**KOG**], Störung des normalen Ablaufs psych. oder auch körperlicher Funktionen. (1) H. des *Vorstellung*sverlaufs bzw. der *Gedächtnis*tätigkeit, im Einzelnen als *assoziative Hemmung* (nach Ebbinghaus: reproduktive), *retroaktive (rückwirkende), proaktive (vorwirkende) Hemmung*. Eine Form der zuletzt genannten Gedächtnish. ist die bes. von Rohracher beschriebene *affektive* H., die auftritt, wenn nach der Informationsaufnahme oder nach dem *Lernen* ein starker *Affekt* erregt wird. Das *Ranschburg'sche Phänomen* ist eine Ähnlichkeitshemmung. (2) Ein *Reflex* kann durch den Einfluss höherer Zentren gehemmt werden, ebenso durch gleichzeitig auftretende andere Reize. Während die unter (1) genannten Beeinträchtigungen von Reproduktionsprozessen durch *Interferenz* von assoziativen Prozessen erklärt werden (neg. *Transfer*), sollen die unter (2) aufgezählten H. selbstständige Prozesse sein. Die zentrale H. besteht allerdings nach Pawlow in einer Erregung, die sich als H. auswirkt. Die *konditionierte* H. (*Pawlow*) soll durch neutrale *Stimuli* ausgelöst werden, die wiederholt mit dem *konditionierten Stimulus* ohne *Verstärkung* (*unkonditionierter Stimulus*) geboten worden sind (auch *externe* oder *äußere* H.). Aus der *internen* H. (Pawlow), einem physiol. Gegenprozess zur Erregung durch den konditionierten Stimulus, der bei häufiger Darbietung des konditionierten Reizes ohne Verstärkung kumuliert und die *Auslöschung* der konditionierten Reaktion bewirkt (auch *auslöschende* H.), wird in Hulls Theorie die *reaktive Hemmung*, ein formalneutrales (nicht physiol. gemeintes) Konstrukt, das auch als neg. *Antrieb* oder als konditionierter neg. Antrieb bezeichnet wird. Beim Konditionieren (*Konditionierung*) mit verzögerter Darbietung der Verstärkung (UCS) entsteht die *zeitliche* oder *Verzögerungs*-H. (Pawlow), *inhibition of delay* (Hull). Die reziproke H. erklärt nach Wolpe die *Gegenkonditionierung. bedingter Reflex.*

[**BIO, WA**], die sog. *örtliche* H. (auch *räumliche* H. genannt) oder die *laterale Hemmung* ist eine sensorische H. und wird zur Erklärung scharfer visueller Umrisse durch *Kontrast* in der *Neurophysiologie* postuliert (H.felder). Erregung in einer Region der Retina (*Auge*) wirkt als H. in der Nachbarregion. Davon abzuheben sind die von Hernandez-Peon wahrscheinlich gemachten selektiven zentralen

H.mechanismen zur Erklärung der *Aufmerksamkeits*prozesse (*Aufmerksamkeit, selektive*, durch Filterung (*Aufmerksamkeit, Filtertheorie*)). Zur kollateralen H. und *Habituation* s. a. Sokolov et al. (1970), Becker-Carus (1981) und Birbaumer (1975). Wenn bei der *antagonistischen* H. von Beuge- und Streckmuskeln (*Muskel*) die hemmenden *Synapsen* auf die Zellen zurückwirken, von denen sie erregt werden, bezeichnet man diese H. als *Feedback*-H. Ein Bsp. für derartige hemmende Schaltkreise von Motoneuronen ist die *Renshaw*-H. Angeborene-Auslöse-Mechanismen (*Ethologie*) haben auch eine H.funktion (Block). Kling & Riggs 1971, Pawlow 1953. *R. Bergius/H. O. Häcker*

Hemmung, Gesetz der homogenen [engl. *law of homogeneous inhibition*], *Ranschburg, Pal (auch: Paul), Ranschburg'sches Phänomen*.

Hemmung, konditionierte [engl. *conditioned inhibition*], *Hemmung*.

Hemmung, reaktive [engl. *reactive inhibition*], **[KOG]**, nach der Lehre von Hull eine hypothetische Variable, die die Reduktion der Intensität und der Häufigkeit bei Reaktionen erklären soll. Je mehr Energie in ein best. Verhalten investiert wird, je kürzer die letzte Wiederholung zurückliegt und häufiger das Verhalten aufgebracht werden soll/muss, desto stärker fällt die reaktive Hemmung aus. *Reaktionspotenzial*.

Hemmung, reziproke [engl. *reciprocal inhibition*; lat. *reciprocare* hin- und herbewegen], *Konfrontation mit Reaktionsverhinderung*.

Hemmungsdefizit *kognitive Hemmung*.

Hemmungsneurose [engl. *inhibitory neurosis*], **[KLI]**, nicht mehr gebräuchl. Bez. für *Soziale Phobie*.

Hemmungstheorie der Aufmerksamkeit [engl. *inhibition theory of attention*], nach *Wundt, Wilhelm*, **[KOG]**, die Erklärung der *Aufmerksamkeit* (Konzentration) als Hemmung aller dem beachteten Inhalt nicht zugehörigen Eindrücke.

Henning, Hans (1885–1946), **[FSE, HIS, KOG, WA]**, ist für seine Untersuchungen zum *Geruch* bekannt. Er studierte in Freiburg, Straßburg und Zürich, arbeitete kurze Zeit in Berlin und promovierte 1910 in Straßburg zum Dr. phil.; 1914–1922 arbeitete er als Assistent an der Universität Frankfurt, wo er sich 1916 habilitierte. 1922 wurde H. a. o. Professor an der TH Danzig, wo er noch im gleichen Jahr o. Professor wurde und die Leitung des Instituts für Ps. und *Psychotechnik* übernahm. 1933 wurde Henning aus rassistischen Gründen beurlaubt und kurz darauf emeritiert. In seinen Versuchen zur Klassifizierung von Gerüchen baute H. auf Linnaeus und Zwaardemaker auf und entwickelte 1916 das sog. Geruchsprisma («Henning-Prisma») mit den sechs Ecken würzig, blumig, fruchtig, harzig, brenzlig und faulig. Später versuchte Henning auch für den Geschmack ein entspr. System zu entwickeln; er suchte zusätzlich nach den chemischen Entsprechungen für seine Systeme. *H. E. Lück*

Heranwachsender [engl. *adolescent*], **[RF]**, im Strafrecht durch das Jugendgerichtsgesetz definierte Altersgruppe der 18- bis 20-Jährigen. *Verantwortungsreife, strafrechtliche*.

Herbart, Johann Friedrich (1776–1841), **[HIS, PÄD]**, dt. Pädagoge und Philosoph, 1794–1797 Studium der Rechtswiss. und v. a. der Philosophie bei Fichte in Jena, 1797–1800 Tätigkeit als Hauslehrer in Interlaken (Schweiz), Anfang 1800 Umzug nach Bremen und Vorbereitung auf eine akademische Laufbahn mithilfe seines Studienfreundes Johann Smidt, ab 1802 Studium in Göttingen, noch im gleichen Jahr Promotion und Habilitation, sodass Herbart ab Wintersemester 1802/03 Vorlesungen halten darf; 1805 Ablehnung eines Rufes nach Heidelberg und Ernennung zum ao. Prof. in Göttingen, 1809 Annahme eines Rufes nach Königsberg auf eine Professur für Philosophie und Pädagogik. Hier entstehen seine wichtigsten Werke mit Bezügen zur Ps.: 1813 erscheint die erste Aufl. des *Lehrbuchs zur Einleitung in die Philosophie*, 1816 die erste Ausgabe des *Lehrbuchs zur Ps.*, 1824–25 die *Ps. als Wissenschaft, neu gegründet auf Erfahrung, Metaphysik und Mathematik in zwei Teilen*. 1833 Berufung nach Göttingen. Als Dekan der Phil. Fakultät distanziert sich Herbart 1837 von den Protestaktionen der «Göttinger Sieben». Herbart gilt als Begründer einer wiss. Pädagogik. Nach seinem Tod wird seine Philosophie bzw. Pädagogik von seinen Schülern in ein strenges Regelwerk für den Unterricht umgesetzt. Dieser sog. *Herbartianismus* wird später von der Reformpädagogik kritisiert. Auf die Entwicklung der Ps. als Wissenschaft hat Herbart im 19. Jhd. erheblichen Einfluss (Eckardt 2010). Zum einen setzt er sich mit seiner Auffassung von einem substanziellen Seelenbegriff von seinem Königsberger Amtsvorgänger Kant ab, zum anderen will er die Erkenntnisse der aufkommenden Naturwissenschaften nutzen und fordert eine Seelenforschung, die der Naturwissenschaft gleicht. Eckardt 2010. *H. E. Lück*

Herbartianismus [engl. *herbatianism*], *Herbart, Johann Friedrich*.

Herbizide [engl. *herbicides*; lat. *herba* Kraut, Gras, *caedere* töten], Substanzen zur Unkrautvernichtung, die in größeren Konzentrationen bei Mensch und Tier neurotoxisch wirken. Verbreitung durch Grundwasserverunreinigung.

Herdenverhalten [engl. *herd behavior*], *Finanzpsychologie, Geselligkeit, Gesellungsbedürfnis, Sozialverhalten*.

Hering, Ewald (1834–1918) (= H.), **[HIS, KOG, WA]**, Physiologe. Karl Ewald Konstantin Hering studierte 1853–1858 in Leipzig Medizin und interessierte sich für die Forschungsthemen seiner Lehrer Ernst Heinrich Weber und Gustav Theodor Fechner. Nach seiner Promotion (1858) arbeitete er als Assistenzarzt und habilitierte sich bei Weber über das beidäugige Sehen. 1865 wurde H. nach Wien berufen, wo er mehrere hatte. Entdeckungen zur Atmung machte. 1870 wurde H. nach Prag berufen und 1895 nach Leipzig, wo seine Arbeiten über Licht- und Farbsinn entstanden sind (*Hering'scher Farbenkreis*, *Hering'sche Gegenfarbentheorie*). In der Wahrnehmungsps. sind mehrere von Hering beschriebene optisch-geometrische Täuschungen nach ihm benannt (*Hering'sche Sternfigur*, 1861). Ein Verfahren zur Untersuchung der Tiefenwahrnehmung ist der *Hering'sche Fallversuch*. H. hat ferner eine ganze Reihe von Geräten entwickelt, die z. T. nach ihm benannt wurden.

H. E. Lück

Hering'sche Gegenfarbentheorie [engl. *opponent-process theory of color vision*], nach E. Hering (1834–1918), [**WA**], geht aus von der phänomenalen Farbordnung (*Urfarbenkreis*), in der Ur- und Gegenfarben anschaulich ausgezeichnet sind. Jew. zwei sich gegenseitig ausschließende Urfarben bilden ein Gegenfarbenpaar (Gelb-Blau, Rot-Grün). Diesen beiden und dem Farbenpaar Schwarz-Weiß werden drei antagonistisch wirksame Sehsubstanzen zugeordnet, von denen jede zwei entgegengesetzte *Empfindungen* vermittelt. Bei Zersetzung (Dissimilierung) der Sehsubstanz entstehen die Empfindungen Weiß, Gelb, Rot, bei Aufbau (Assimilierung) Schwarz, Blau und Grün. Mischfarben resultieren aus der Dissimilierung bzw. Assimilierung zweier versch. Substanzen, während Gleichgewicht zw. den antagonistischen Prozessen zur Empfindung Grau führt (*Eigenlicht der Netzhaut*). Obwohl derartige Substanzen nicht bekannt sind, sprechen elektrophysiol. nachweisbare retinale Aktivierungs- und Hemmungsmechanismen an den Synapsen für die Hering'sche Theorie (Kuffler 1953). *Farbe, Farbenlehre, Farbtheorie*. Jung & Kornhuber 1961.

Hering'scher Fallversuch [engl. *Hering's test with falling balls*], nach E. Hering (1834-1918), [**WA**], Kugelfallversuch. Ein Verfahren zur Untersuchung der *Tiefenwahrnehmung*. Der Beobachter sieht in einem sog. Tiefenwahrnehmungsapparat bei ein- und zweiäugiger Betrachtung Kugeln fallen, deren Entfernung er anzugeben hat.

Hering'scher Farbenkreis *Urfarbenkreis*.

Heringsches Gitter *Kontrast*.

Hering'sche Sternfigur [engl. *Hering illusion*], nach E. Hering (1834-1918), [**WA**], *geometrisch-optische Täuschung*. In der Abb. erscheinen die beiden Parallelen in der Mitte ausgebogen.

Heritabilitäts-Index [engl. *heritability index*; lat. *herditas* Erbschaft], [**FSE, PER**], zur Abschätzung der quant. Anteile von Anlage und Umwelt wurden im Laufe der Geschichte der *Anlage-Umwelt*-Relation unterschiedlich einfache bzw. komplexe Maße vorgeschlagen. Sie sollen das Verhältnis des Einflusses von Anlagen zu Umwelten auf ein best. Merkmal beim Vergleich der Mitglieder einer Population erfassen (die *Erblichkeit* des Merkmals in der Population). *Gottschaldt* hat z. B. dafür den einfachen Quotienten von Unterschieden zw. zweieiigen und eineiigen Zwillingen vorgeschlagen. Heute wird der Heritabilitäts-Index h^2 verwendet, der Anteil der genetischen Varianz des Merkmals an der Gesamtvarianz des Merkmals in der betrachteten Population. Zur Schätzung von h^2 gibt es versch. Methoden der *Verhaltensgenetik*, wobei die Ähnlichkeit von Personen-Paaren unterschiedlichen genetischen Verwandtschaftsgrades herangezogen wird (z. B. ein- und zweieiige Zwillinge, Adoptivgeschwister, Halbgeschwister). Die Ähnlichkeit wird hierbei mittels *Intraklassenkorrelation* bestimmt.

Hermann-Gitter *Kontrast*.

Hermaphroditismus verus [engl. *hermaphroditism*; von gr. Göttern Hermes und Aphrodite; lat. *verus* echt], echtes Zwittertum. Männliche und weibliche Keimdrüsen sind zugleich in einem Individuum (beim Menschen sehr selten).

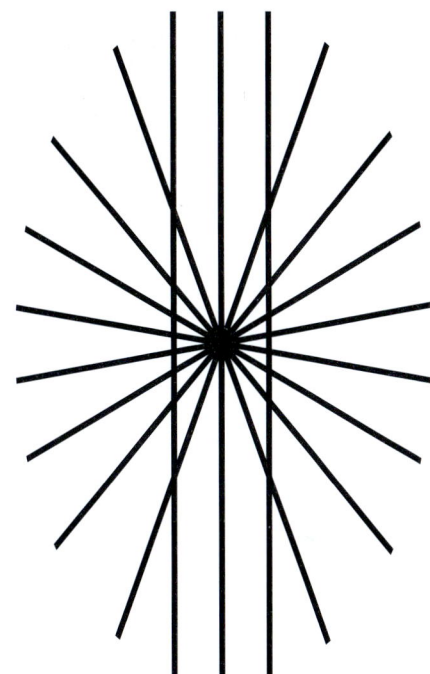

Hering'sche Sternfigur

Hermeneutik (= H.) [engl. *hermeneutics*; gr. ἑρμηνεύειν (*hermeneuein*) erklären, auslegen], [**FSE, PHI**], Aristoteles hatte in seiner Schrift (*Peri hermeneias*, lat. *De interpretatione*) dargelegt, dass die Schriftzeichen (*Zeichen*) und die *Sprache* der Übertragung des Inneren (des Seelischen bzw. der *Gedanken*) in äußere Zeichen dienen, wobei die seelischen Vorgänge, die sie eigentlich bedeuten sollen, bei allen die gleichen sind. Die Begriffe H., *Interpretation, Deutung* sowie Auslegung (*ars interpretandi*) werden vielfach ähnlich oder syn. gebraucht. Wenn der Götterbote Hermes die Botschaft der Götter mitteilt oder wenn die göttliche Offenbarung der biblischen Schriften theologisch ausgelegt wird (Exegese), war damit ein *Wahrheits*anspruch verbunden. In der neueren Tradition, in den Geschichts- und Sprachwissenschaften, geht es nicht mehr um die dogmatisch richtige Auslegung, sondern um die ursprüngliche Absicht des Autors, um den eigentlichen Sinn, um die tiefere phil. Wahrheit eines Textes. Die oft als universelle Methodik der Geisteswiss. bez. H. führt zum *Verstehen*, d. h. zur Aufdeckung und Erhellung eines Sinnzusammenhanges geistiger Prozesse. Deren Dimensionalität und Beziehungsmuster sind unerschöpflich: als geistige Tradition (*Historizität*), in der Zielsetzung (*Finalität*) und als Daseinsdeutung in Lebens- und Wertbezug (*Existenzialität*). Die H. ist grundsätzlich auf alle Produkte, also auf alle «Objektivationen»

des menschlichen *Geistes* anzuwenden: historische Urkunden, schriftliche Überlieferungen, Märchen, Literatur, Erzählungen, Gesprächsprotokolle, Biografien, Werke der darstellenden Kunst und kult. Zeugnisse verschiedenster Art.
Der Philosoph und Theologe Friedrich Schleiermacher (1838), der Philologe August Boeckh (1877) sowie der Philosoph Wilhelm Dilthey gelten als wichtige Begründer der «Universalh.», d. h. der allg. Interpretationslehre der Geisteswiss. In seiner *Kunstlehre des Verstehens* betonte Schleiermacher den Unterschied zu einer einfachen Auslegungspraxis: Der Sinn (die Wahrheit) der Texte wird durch eine Herstellung der Gleichheit mit dem Autor, durch kongeniales Verstehen, erreicht. Sein Anspruch, einen Schriftsteller besser zu verstehen, als er sich selber verstanden habe, ist häufig kommentiert worden (Gadamer 1990). Dilthey verwies auf den erworbenen Zusammenhang des Seelenlebens: das Prinzip des hermeneutischen Textverstehens gilt allg. für den Lebenszusammenhang und für Geschichtliches. Wesentliche Erkenntnisbedingungen sind: die Sympathie für den Text (den Autor), das Verstehen von Ausdruck und das Hineinversetzen in den Autor. «Das Verstehen ist ein Wiederfinden des Ich im Du» (Dilthey 1910). Vor allem auf Dilthey beriefen sich später die Anhänger der verstehenden Ps. in Abgrenzung von anderen Richtungen der Ps. (Idiografik (*idiografisch*) und Nomothetik (*nomothetisch*). Gadamer (1960, 1990) schilderte in seinem vielzitierten Buch *Wahrheit und Methode* die Entwicklung der H. als Methode der *Geisteswissenschaften* und interpretierte die Auffassungen von Schleiermacher, Dilthey, *Husserl* und Heidegger. Er stellte dabei infrage, ob es eine solche Kunstlehre des Verstehens, einen Kanon oder ein Organon der Auslegung in den Geisteswissenschaften geben könnte. Daneben existieren viele ältere und neuere «Stationen der H.geschichte», viele Sichtweisen und Kontroversen. Demgegenüber vermag *Popper* keine Sonderstellung der H., keinen Erkenntniszugang mit einer besonderen Art «hermeneutischer Wahrheit» (*Evidenz*) zu erkennen. Im generellen Schema des *Problemlösens* habe die H. ihren Platz in der teilweise noch spekulativen Entwicklung vorläufiger *Theorien* durch gedankliche *Hypothesen* und krit. Prüfung. – In paradoxer Weise stehen gerade die Namen «H.» und «Verstehen» für vieldeutige Wortfelder und Missverständnisse. Die geisteswiss. H. hat sich nur zögernd für die Methodik der *Psychoanalyse* (Symptomdeutung, Traumdeutung) und kaum für meth. Kriterien und Kontrollen aus psychol. Sicht geöffnet.
Die philologische und historische H. folgt bestimmten Grundsätzen der Materialprüfung, beachtet den Kontext, verbindet Teil und Ganzes in einer Hin- und Herbewegung der Interpretation und kehrt im *hermeneutischen Zirkel*, d. h. im spiralförmig fortschreitenden Prozess des Verstehens, zur früher entwickelten Auffassung zurück, um diese tiefer gehend auszugestalten, wobei letztlich eine «hermeneutische Differenz», d. h. ein Abstand zw. Text und Interpret bleiben wird. Diese und andere Prinzipien führen zu hermeneutischen Regeln (Danner 1998), die auch für die allg. *Interpretation*slehre in der Ps. grundlegend sind. *J. Fahrenberg*

hermeneutischer Zirkel (= h. Z.) [engl. *hermeneutic circle*; gr. ἑρμηνεύειν *(hermeneuein)* erklären, auslegen], **[FSE]**, wenn ein Mensch einer Sache (subj. plausiblen) Sinn verleihen möchte, muss er diese – so paradox es klingen mag – zuvor schon im Prinzip für sich im Stück weit verstanden haben. Sinnverleihung ist nur möglich, indem das zu Verstehende vor dem Hintergrund des eigenen subj. Relevanzsystems verstanden wird, womit das Problem des *Fremdverstehens* beschrieben ist: Wenn jemand etwas verstehen möchte, also etwas Sinn verleihen möchte, kann er dies nur auf der Basis seiner bisherigen Verstehensleistungen vollziehen, die ein subj. Sinn- bzw. Relevanzsystem ausgebildet haben. Und diesen Aspekt des notwendigen Vor-Verständnisses beschreibt der h. Z. Es ist bereits ein Vor-Verständnis von dem notwendig, was erst verstanden werden soll, um es überhaupt verstehen zu können. Dieser h. Z. ist grundlegend für jeden (Fremd-)Verstehensprozess. Die Notwendigkeit von Vor-Wissen, um überhaupt erst zu neuem Wissen zu gelangen, birgt aber auch eine Gefahr für das hermeneutische Verstehen (*Hermeneutik*): Denn das Vor-Wissen kann dazu führen, dass das neu zu Verstehende zu selektiv aus dem Vor-Wissen heraus verstanden wird. Es erfolgt dann kein Bemühen um eine Sinnrekonstruktion, sondern es kommt lediglich zu einer vorschnellen, tautologischen Sinnkonstruktion auf der Basis des Vor-Wissens (*Sozialkonstruktivismus*). Es wird dann nicht versucht, den Sinn des neu zu Verstehenden zu rekonstruieren, sondern Sinn wird in das zu Verstehende hineingelegt (*Prinzip der Offenheit*). Dieses Problem des h. Z. erfordert somit eine reflexive Kontrolle des Fremdverstehens (*Prinzip der Reflexivität*). Ziel muss es dabei sein, den h. Z. über die Iteration von Erkenntnisprozessen in eine h. Spirale zu überführen (*Prinzip der Prozessualität*), um tatsächlich neue Erkenntnisse zu generieren, um das eigene Relevanzsystem zu erweitern. Kruse 2013. *J. Kruse*

hermeneutische Wissenssoziologie [engl. *hermeneutic sociology of knowledge*], *Sozialphänomenologie*.

Herniation [engl *herniation*; lat. *hernia* Bruch], *Schädel-Hirn-Trauma*.

Heroin (= H.) [engl. *heroine*; gr. ἡρωίς *(herois)* Heldin], **[PHA]**, chem. Diacetylmorphin, halbsynthetisches Morphinderivat mit stark schmerzhemmender und euphorisierender Wirkung. H. führt schnell zu *Drogenabhängigkeit*. *Opioide*, *Morphin*, *Morphium*.

Herrmann, Theo (1929–2013), [**HIS, KOG, PÄD, PER, PHI**], wuchs in einem anthroposophisch geprägten Elternhaus auf. Nach seinem Studium (1950–1954) bei *Albert Wellek* in Mainz arbeitete er kurze Zeit als Personalleiter und Betriebspsychologe in Norddeutschland. Nach seiner Habilitation in Mainz (1963) erhielt er zunächst einen Ruf an die TU Braunschweig (1964), dann einen Ruf an die Universität Marburg (1968) und schließlich einen weiteren an die Universität Mannheim (1977) wo er zwanzig Jahre lang bis zu seiner Emeritierung lehrte. Von 1970 bis 1972 war er Vorsitzender *Deutsche Gesellschaft für Psychologie (DGPs)* und seit 1998 deren Ehrenmitglied. 2006 wurde er von der DGPs für sein wiss. Lebenswerk ausgezeichnet. Theo Herrmann arbeitete in mehreren Forschungsgebieten: Erziehungsps., Sprachps. und *Wissenschaftstheorie* der Ps. Von seinen ca. 30 Büchern fand das «Lehrbuch der empirischen Persönlichkeitsforschung» (1969) weite Verbreitung. In späteren Jahren verfolgte Herrmann psychologiegeschichtliche Interessen in Verbindung mit der Problematik des Nationalsozialismus. So interessierte er sich für die Lebensläufe und Arbeiten von Psychologen, die ideologisch verstrickt waren, wie auch für Widerstandskämpfer. Herrmann 2004. *H. E. Lück*

Herstellungsverfahren [engl. *production method*], *psychophysische Methoden*.

Hertz, [**WA**], nach dem deutschen Physiker H. Hertz benannte Maßeinheit der Schwingungszahl pro Sekunde (Frequenz), Abk. Hz. *Isophone*.

Hervorhebungen [engl. *principle identifiers of salience*], *Interpretation*.

Herzerkrankung, koronare (= KHK) [engl. *coronary heart disease*; lat. *corona* Herz], [**BIO, GES**], als KHK bezeichnet man pathologische Verengungen, sog. Stenosen, der Herzkranzgefäße aufgrund von Arteriosklerose. In der Folge kann es zu einer mangelnden Sauerstoffversorgung in betroffenen Herzmuskelarealen kommen. Die Symptomatik und der Verlauf von KHK sind sehr variabel, es können akute koronare Syndrome wie ein Myokardinfarkt auftreten. Neben Alter, Geschlecht sowie pos. Familienanamnese gibt es eine Reihe von modifizierbaren Risikofaktoren für KHK wie Bluthochdruck (*Hypertonie*), Hypercholesterinämie, Diabetes mellitus, erhöhtes Fibrinogen, Adipositas, Rauchen, *Stress* und *Depression*, die sich neben medikamentöser Behandlung auch durch verhaltensbasierte psychol. Interventionen deutlich reduzieren lassen. *C. Hermann*

Herzfrequenz (= H.) [engl. *heart rate*], [**BIO**], Begriff entstammt der Medizin, in der *Psychophysiologie* meist: Herzrate. Anzahl an Kontraktionen der kardialen Ventrikel (= Herzschläge) pro Min., im Englischen: *beats per minute* (= bpm). Die H. entsteht durch den systolischen Blutauswurf des Herzens und setzt sich im Kreislauf als Druck- und Volumenschwankung fort. Es handelt sich um einen psychophysiologischen Parameter, der meist aus dem Rohsignal des EKGs (*Elektrokardiogramm*) berechnet wird. Dabei wird die charakteristische R-Zacke (= Herzkammererregung) als Indikator eines mechanischen Herzschlags benutzt. H. kann zu einem best. Zeitpunkt gemessen werden, wobei der Abstand zweier aufeinanderfolgender R-Zacken auf die Schläge pro Min. extrapoliert wird, oder als Durchschnittswert über einen längeren Zeitraum. Steht mit dem Abstand zweier R-Zacken im EKG (RR-Intervall: in ms) in inverser Beziehung: H. = 60000/RRI. Die H. kann bei physischer Aktivität, bei sympathischer Aktivierung (chronotrope Wirkung) oder affektiven Prozessen (z. B. Angst) ansteigen. Als Indikator für sympathische Aktivierung ist die H. dennoch nur bedingt geeignet, da Hirnstamm-gesteuerte neg. Feedback-Schleifen (arterieller Baroreflex) die H. bei Blutdruckveränderungen entspr. gegenregulieren. Die H. kann im arteriellen Gefäßsystem an verschiedenen Körperstellen ermittelt werden. Die H. beträgt im Durchschnitt bei Erwachsenen (ohne Erregung oder Belastung) 65–80/Minute (Ruhepuls), bei Kindern und Senioren ist die H. etwas höher. *A. Schulz*

Herzratenvariabilität (HRV) [engl. *heart rate variability*], [**BIO**], beschreibt Schwankungen in der *Herzfrequenz*/ Herzrate. Grundprinzip der Methode ist, dass Schwankungen mit unterschiedlicher Geschwindigkeit (= Frequenz) auf versch. physiol. Prozesse zurückgehen (z. B. Sympathikus und Parasympathikus; *Nervensystem*), meistens unabhängig von der absoluten Höhe der Herzfrequenz oder der Richtung der vorliegenden Schwankungen. Methode erfordert ein psychophysiologisches Signal, das kontinuierliche Indikatoren für die Herzkammererregung (z. B. EKG; *Elektrokardiogramm*) oder das Auftreten arterieller Pulswellen (z. B. Photopletysmografie) liefert. Im Falle des EKGs werden die zeitlichen Abstände zw. den R-Zacken in Millisekunden gemessen und in eine neue Zeitreihe übertragen (= Tachogramm). Einige Parameter werden direkt aus dieser Zeitreihe berechnet (z. B. *Root Mean Square of Successive Differences/RMSSD*) und daher als Parameter im Zeitbereich bezeichnet. Am häufigsten wird das Tachogramm jedoch einer Spektralanalyse unterzogen, die Informationen darüber liefert, welche Frequenz mit welcher Amplitude im Originalsignal vorhanden ist. Man unterscheidet die Frequenzbänder *Ultra Low Frequency* (ULF; < 0,003 Hz; zirkadiane, metabolische Effekte), *Very Low Frequency* (VLF; 0,003–0,04 Hz; thermoregulatorische und sympathische Effekte), *Low Frequency* (LF; 0,04–0,15 Hz; sympathische und parasympathische Effekte) und *High Frequency* (HF; 0,15–0,4 Hz; parasympathische, bzw. respiratorische Effekte). Für die aussagekräftige Bestimmung von LF- und HF-Power werden mind. fünfminütige Abschnitte von artefaktfreien EKG-Messungen benötigt, für VLF und ULF z. T. erheblich längere. Aktivierung und Stress kann bspw. zu einer sympathischen Aktivierung führen, die in einer Reduzierung der Power im HF- und einer Erhöhung im LF-Band resultiert. Die HRV im HF-Band gilt als Indikator für Adaptivität und Regulationsfähigkeit und daher als Prädiktor für psych. und somatische Gesundheit. Task Force 1996. *A. Schulz*

Herzzeitvolumen [engl. *cardiac output*], [**BIO**], meist angegeben in ml/min, Blutvolumen, das pro Zeiteinheit (zumeist pro Min. = Herzminutenvolumen) vom Herzen in die arteriellen Blutgefäße ausgeworfen wird. Produkt aus Schlagvolumen (in ml) und Herzrate (in Schlägen pro Min.). Herzzeitvolumen kann durch periphere sympathische Erregung (z. B. Adrenalin-Zirkulation) signifikant ansteigen, indem Schlagkraft (inotrope Wirkung) und Herzrate (*Herzfrequenz*; chronotrope Wirkung) erhöht werden. Typische Werte in Ruhe: 5–8 l/min und während Aktivität: 8–12 l/min. *A. Schulz*

^Test **Heterarchische Aufgabenanalyse (HAA)**, 1991a, Greif, [**AO, DIA**]. Arbeitswiss. Verfahren für vorwiegend Büroaufgaben am Computer in ergonomischen Laborstudien. Personenbezogene *Aufgabenanalyse* zum

Software-Design. *Analyseergebnisse*: Individuelle Verhaltensprotokolle der Eingaben des Benutzers mit genauen Zeitwerten, subj. Struktur der Arbeitsschritte und bevorzugte Begriffe für Teilschritte, qual. Beschreibung der handlungsbegleitenden Emotionen und Überlegungen, Probleme und Vorschläge zur indiv. aufgabenbezogenen Menügestaltung. *Methode*: Lockfile-Protokolle und Videoaufzeichnungen mit drei Kameras (Bildschirm, Finger auf der Tastatur, Gesicht) und Mischbild. Analyse der Protokolle mit Videokonfrontationstechnik im Anschluss an die Aufgabenbearbeitung. Verkürzte Formen sind möglich.

hetero-, heter- [engl. *hetero-*; gr. ἕτερος (*heteros*) anders, fremd], in Wortzusammensetzungen Bez. für fremd, verschieden, ungleich, Ggs. homo-, homoio-.

heterogen, Heterogenität [engl. *heterogeneous, heterogenity*; gr. ἕτερος (*heteros*) anders, fremd, γένεσις (*genesis*) Ursprung], ungleichartig, versch. Bestandteile enthaltend. Ggs. homogen, Homogenität.

heterogene funktionale Gebundenheit (= h. f. G.) [engl. *heterogeneous functional fixation*], [**KOG**], nach Duncker (1935) fehlt die *Verfügbarkeit* über einen Gegenstand, der in einer best. Weise zur Problemlösung (*Problemlösen*) verwendet werden müsste, wenn er im selben Zusammenhang vorher schon einmal in einer anderen (heterogenen) Weise (Funktion) als gegenwärtig gefordert benutzt worden ist. Die Aufhebung der h. f. G. ist nur durch Umzentrieren oder Umstrukturieren möglich.

Heterogonie [engl. *heterogony*], [**PHI**], Entstehen von Neuem, Nichtangelegtem. *Prinzip der Heterogonie der Zwecke*.

Heterohypnose [engl. *hetero-hypnosis*; gr. ἕτερος (*heteros*) fremd, ὕπνος (*hypnos*) Schlaf], [**KLI**], syn. *Fremdhypnose*; hypnotischer Zustand (*Hypnose*), der fremdsuggestiv erreicht werden kann. Ggs. zu Autohypnose.

Heteronomie [engl. *heteronomy*; gr. ἕτερος (*heteros*) fremd, νόμος (*nomos*) Gesetz], Fremdgesetzlichkeit, Fremdbestimmtheit. Ggs. Autonomie.

Heteroscedastizität [engl. *heteroscedasticity*], syn. *Varianzheterogenität*. Homoscedastizität.

heterosensoriell [engl. *heterosensory*; gr. ἕτερος (*heteros*) anders, fremd, lat. *sensus* Empfindung], Assoziationsformen.

Heterosexualität [engl. *heterosexuality*; gr. ἕτερος (*heteros*) anders, fremd], sex. Beziehung zw. Individuen unterschiedl. Geschlechts.

Heterosis-Effekt [engl. *heterosis effect*; gr. ἑτέρωσις (*heteros*) auffällige Veränderung], *Bastard*.

Heterostase [engl. *heterostasis*; gr. ἕτερος (*heteros*) anders, fremd], Homöostase.

Heterostereotyp [engl. *heterostereotype*; gr. ἕτερος (*heteros*) anders, fremd], *Stereotyp, stereotyp*.

Heterozygotie [engl. *heterocygoty*; gr. ἕτερος (*heteros*) anders, fremd, ζυγωτός (*zygotos*) durch Joch verbunden], [**BIO, PER**], die erbliche Konstitution von diploiden Zellen oder Individuen, die dadurch geprägt ist, dass mindestens ein Gen durch zwei versch. *Allele* im Genlocus der zwei homologen *Chromosomen* vertreten ist.

Hetzer, Hildegard (1899–1991), [**EW, HIS, PÄD**], geb. in Wien, Ausbildung zur Fürsorgerin, ab 1922 Hortnerin, Studium der Ps. bei *Karl Bühler* und *Charlotte Bühler*, Mitwirkung an entwicklungspsychol. Untersuchungen, Studien zur Kinderarmut und zum Kinderspiel, 1927 Promotion zur Dr. phil.; 1931 als Prof. an die Pädagogische Akademie in Elbing (heute Elbląg, Polen) berufen, dort i. R. der Lehrerbildung tätig, im März 1934 Entlassung aufgrund des Gesetzes zur Wiederherstellung des Berufsbeamtentums, jedoch ohne Begründung. Übersiedlung nach Berlin, Arbeit und Forschung im «Verein zum Schutze der Kinder vor Ausnutzung und Misshandlung» und in einem vom Jugendamt geführten Sonderkindergarten für psych. auffällige Kleinkinder; mit Kriegsbeginn Auflösung des Berliner Sonderkindergartens und Übernahme des «Vereins zum Schutze der Kinder vor Ausnutzung und Misshandlung» durch die Nationalsozialistische Volkswohlfahrt (NSV). Am 1.3.1942 wurde Hetzer von der NSV nach Posen, damals zum sog. Reichsgau Wartheland gehörend, versetzt. Vom 1.3. bis 15.5.1942 war sie «auf Anordnung des Reichsführers Heinrich Himmler, Reichskommissars für die Festigung dt. Volkstums, i. R. von Maßnahmen zur Eindeutschung (Germanisierung) polnischer Kinder als ps. Gutachterin in einem Gauaufnahmeheim tätig» (Herrmann & Zeidler 2012, S. 135). Dieses Heim war in Bruckau (heute Bruczków, Wojewodschaft Wielkopolskie, dt. Großpolen). Hetzer untersuchte dort Kinder, die «eingedeutscht» werden sollten. Die genaue Tätigkeit dort und die Frage, was Hetzer über die Ziele dieser Maßnahmen wusste, werden unterschiedlich beschrieben. Nach zweieinhalb Monaten wurde Hetzer nach Posen zurückversetzt. Ende 1944 wurde sie nach einem Nervenzusammenbruch krankgeschrieben, zum Kriegsende war sie im Sanatorium in Ballenstedt im Harz, im Herbst 1946 erfolgte die Übersiedlung aus der sowjetischen Zone in den Westen. Ab Oktober 1947 war Hetzer Dozentin für Ps. am Pädagogischen Institut in Weilburg an der Lahn, 1950 dort außerplanmäßige, 1953 außerordentliche und 1959 ordentliche Prof.; 1948–57 zusätzlich Lehrauftrag für Kinder- und Jugendps. an der Universität Marburg, beteiligt am Aufbau von Erziehungsberatungsstellen in Hessen. Da 1960 das Pädagogische Institut Weilburg aufgelöst wurde, erhielt Hetzer im Januar 1961 ein Ordinariat für Pädagogische Ps. an der Universität Gießen, 1967 erfolgte die Emeritierung. Hetzer lehrte jedoch noch bis ins hohe Alter. Ehrungen: 1972 Bundesverdienstkreuz 1. Klasse der BRD, 1979 Ehrendoktorat der Universität Marburg, 1982 Ehrenmitgliedschaft *Deutsche Gesellschaft für Psychologie (DGPS)*, 1984 *Berufsverband Deutscher Psychologen* (BDP). Hetzer 1988, Herrmann 2012. *H. E. Lück*

Heuristik (= H.) [engl. *heuristic* Finderegel; gr. εὑρίσκειν (*heuriskein*) entdecken], [**KOG**], meint allg. Begriffe und Methoden, die unsere Erkenntnis erweitern, aber selbst noch keine Beweise oder Lösungen geben, bspw. bei einer ps. *Interpretation* oder einer anderen Problemlösung (*Problemlösen*). Es sind Annahmen, Arbeitshypothesen, vermutete Zusammenhänge oder Modelle, die einen heuristischen Wert als Entwürfe oder Finderegeln haben.

Insbes. nach G. Polya besteht eine H. aus vereinfachenden Annahmen, mit deren Hilfe ein Problem schneller gelöst werden kann als ohne Vereinfachung. Die Nachteile einer solchen Vereinfachung bestehen darin, dass eine H. zwar schnell ist, aber nicht mit Sicherheit zur korrekten Lösung führt (Ggs. zu Lösungsalgorithmus). Verallgemeinerte und in das Verhaltensinventar bei Urteilsprozessen fest eingegangene H. sind z. B. die von D. Kahneman und A. Tversky systematisch untersuchten H. der Repräsentativität und Zugänglichkeit (*representativeness* und *availability*). Der Repräsentativitätsh. liegt die implizite Annahme zugrunde, dass Ereignisse, die für einen Prozess typischer sind, auch wahrscheinlicher sind (z. B. beim Roulette die Sequenz «RRSRSS» gegenüber «RRRSSS»). Die Zugänglichkeitsh. basiert darauf, dass leichter erinnerbare Ereignisse als wahrscheinlicher angenommen werden. D. Kahneman und A. Tversky setzen diese H. in Beziehung zu Täuschungen (*geometrisch-optischen Täuschungen*). Ein Spezialfall der Repräsentativität ist die Monte-Carlo-Täuschung. *Denken*, *heuristische Methoden*, *Forschungsprogramm*, *Monte-Carlo-Effekt*, *Entscheidungsheuristiken*, *heuristische Regeln*, *Risikokompetenz*. Kahneman et al. 1982.   *A. Zimmer/J. Fahrenberg*

Heuristiken, räumliche *räumliche Heuristiken*.

heuristische Regeln (= h. R.) [engl. *heuristic rules*], *Heuristik*, *Entscheidungsheuristiken*, **[AO, KOG, PÄD]**, unter h. R. sind denkpsychol. Hilfen (*Denken*) bei der Planung (*Planen*), Realisierung und Kontrolle (*Handlungskontrolle*) komplexer Arbeitstätigkeiten zu verstehen. H. R. oder Verfahrensvorschriften basieren auf der Formulierung und Vermittlung von möglichst knappen, aber eindeutigen Anweisungen (*Instruktion*), die den Lernenden zu einer präziseren Situationsanalyse, zum Bestimmen problemadäquater Denk- bzw. Handlungsalternativen und zur *Reflexion* und Bewertung bereits vollzogener Handlungs- und Denkschritte auffordern (z. B. «Erfasse das Ziel», «Mache dir gedanklich ein Bild von der Steuerung» usw.). H. R. werden als Trainingsmethodik i. R. von *kognitiven Trainings* eingesetzt (z. B. zur Vermittlung von *Strategien* der Fehlersuche in komplexen steuerungstechnischen Schaltungen. Schaper & Sonntag 1997.   *N. Schaper*

Heuristisch-Systematisches Modell (HSM) (= HSM) [engl. *heuristic-systematic model*], **[KOG, SOZ]**, das HSM ist eine von Shelly Chaiken (Chaiken et al. 1989) entwickelte Theorie der *Persuasion* (s. a. *Zweiprozessmodelle der Persuasion*). Sie unterscheidet zwei idealtypische Wege der Verarbeitung persuasiver Botschaften: (1) Bei geringer *Motivation* oder *Verarbeitungskapazität* kommt die wenig aufwendige heuristische Verarbeitung zum Einsatz; hierbei werden augenfällige Hinweisreize (*cue*) zu leicht abrufbaren *Heuristiken* (z. B. «die Mehrheit hat meistens Recht») in Beziehung gesetzt. (2) Bei hoher Motivation und Kapazität findet zusätzlich systematische Verarbeitung statt; hierbei werden alle relevanten Informationen, darunter v. a. die Argumente einer Botschaft, kritisch geprüft und zum eigenen Vorwissen in Beziehung gesetzt (*Cognitive Response Approach*).

Nach dem HSM dient die Verarbeitung persuasiver Botschaften drei breit angelegten *Motiven*: dem Streben nach Korrektheit (*accuracy*), der Verteidigung bestehender Einstellungen (*defense*) und dem Eindrucksmanagement (*impression management*). Vier i. R. des HSM postulierte Hypothesen spezifizieren versch. Arten des Zusammenspiels der beiden Verarbeitungswege: *attenuation* (Abschwächung heuristischer Effekte durch systematische Verarbeitung), *additivity* (additives Zusammenwirken beider Verarbeitungswege), *bias* (in Richtung heuristischer Hinweisreize verzerrte systematische Verarbeitung) und *contrast* (im Kontrast zu einer heuristischen Erwartung verzerrte systematische Verarbeitung; Bohner et al. 1995). Auch Randbedingungen der einzelnen Hypothesen werden angegeben: So tritt *bias* eher bei mehrdeutigen Argumenten auf, *contrast* hingegen bei eindeutig erwartungsdiskrepanten Argumenten. Neben dem *Elaborations-Wahrscheinlichkeit-Modell* ist das HSM eine der einflussreichsten Persuasionstheorien. Fundamentale Kritik an der Grundannahme zweier Verarbeitungswege findet sich im *Unimodel of Persuasion*. *Einstellungsänderung*.
                                                                G. Bohner

HEXACO-Modell *Persönlichkeit*, *neuere faktorenanalytische Ansätze*.

Hexobarbital (= H.) [engl. *hexobarbital*, *hexobarbitone*], **[PHA]**, Injektionsnarkotikum (*Narkotika*), nicht mehr im Handel. Mit H. wurde die intravenöse Narkose eingeführt, die die Inhalationsnarkose weitgehend verdrängt hat, da der Bewusstseinsverlust beim Pat. ohne Exzitationen noch während der Narkose erfolgt. Aktories et al. 2005.

Heymans'sches Hemmungsgesetz [engl. *Heymans' law of inhibition*], nach G. Heymans (1857–1930), **[WA]**, der Schwellenwert für einen *Reiz* (z. B. für einen Schallreiz) wird erhöht, wenn gleichzeitig ein anderer Reiz (z. B. ein elektrischer) gegeben wird.

Heymans-Wiersma-Typen [engl. *typology of Heymans and Wiersma*], nach G. Heymans (1857–1930), E. D. Wiersma (1858–1940), *Typologie*, *Primärfunktion*.

Hick'sches Gesetz, Hick-Hyman'sches Gesetz (= H.) [engl. *Hick–Hyman law*], nach W. E. Hick (1912–1974), R. Hyman (geb. 1928), **[KOG]**, variiert man in einem Wahlreaktionszeit-Experiment die Zahl gleich wahrscheinlicher *Reiz*- und Reaktionsalternativen, so erhält man einen linearen Zusammenhang zw. dem Logarithmus der Alternativenzahl und der *Reaktionszeit*, der H. genannt wird (Hick 1952). Da sich in der *Informationstheorie* für den durchschnittlichen Informationsgehalt eines mit allen seinen Alternativen gleich wahrscheinlich übertragenen Zeichens der (duale) Logarithmus der Mächtigkeit des Zeichenvorrates ergibt, wurde das H. als linearer Zusammenhang von Informationsgehalt der Wahlreaktionsaufgabe und Reaktionszeit gedeutet und auf einen i. S. der Informationstheorie optimalen mentalen Reiz-Reaktions-Code geschlossen. Hyman (1953) zeigte den gleichen Zusammenhang in Experimenten, in denen der Informationsgehalt nicht durch Variation der Zahl gleich wahrscheinlicher Alternativen, sondern durch Variation der Einzelwahrscheinlichkeiten bei konstanter Alternativenzahl kontrolliert wurde. Für stark überlernte, automatistische und/oder hoch kompatible Reiz-Reaktions-Zuordnungen (z. B. *Lesen* von Wörtern oder einstelligen Ziffern) gilt das H. nicht; die Reaktionszeit ist hier von der Alternativenzahl unabhängig. Mittenecker & Raab 1973. *W. Glaser*

hidden addiction [engl.] verborgene Abhängigkeit; *Glücksspielsucht.*

hidden profile (= h. p.) [engl.] verstecktes Profil, [**SOZ**], h. p. ist ein sozialpsychol. Paradigma, das in Gruppenentscheidungsprozessen (*Gruppe*) das Phänomen beschreibt, dass Gruppenmitglieder einzelne ungeteilte Informationen, die für die Lösung eines Problems (*Problemlösen*) benötigt werden und über die nur sie exklusiv verfügen (ungeteilt), nicht nennen. Vielmehr äußern die Gruppenmitglieder oft lediglich die geteilten Informationen, also die Informationen, über die alle oder mehrere Gruppenmitglieder verfügen. Da die Gruppe die richtige Entscheidung ohne die ungeteilten Informationen nicht treffen kann, ist das Zusammenführen der ungeteilten Informationen (*information pooling, Information-Pooling-Paradigma*) notwendig. Drei Gründe werden für dieses Phänomen angeführt: Zum einen findet aufgrund des Nennungsvorteils geteilter Informationen ein verzerrter Informationsaustausch zw. den Kooperationsteilnehmern statt. Zum zweiten weisen geteilte Informationen häufig einen Akzeptanzvorteil auf, da diese im Ggs. zu ungeteilten Informationen von den anderen Gruppenmitgliedern validiert werden können, wodurch sie an Glaubwürdigkeit gewinnen. Und als dritte Ursache kann eine präferenzkonsistente Informationsverarbeitung angeführt werden. Das bedeutet, dass die vor der Gruppendiskussion anhand best. Informationen gefällten indiv. Entscheidungspräferenzen die spätere Gruppenentscheidung bzw. -lösung maßgeblich beeinflussen. Schulz-Hardt 2006, Wittenbaum & Stasser 1996. *B. Kopp*

Hiebsch, Hans (1922–1990), [**EW, HIS, SOZ**], führender Entwicklungs- und Sozialpsychologe der DDR. Studium der Ps. in Prag. 1946–1949 Tätigkeit als Leiter einer Grundschule in Mühlanger. 1951–1956 Aspirant am Institut für Ps. an der Karl-Marx-Universität Leipzig, 1954 Promotion in Leipzig mit einer Arbeit über die «Phänomenologie des Sprechgeschehens», 1956–1960 Dozent in Leipzig, 1960 Habilitation, 1962–1966 Prof. mit Lehrauftrag am Institut für Ps. an der Friedrich-Schiller-Universität Jena, 1966 dort Lehrstuhlinhaber, 1969 dort o. Prof. für Allgemeine Ps. Mit der Berufung von Hans Hiebsch wurde das Institut zum Zentrum der Sozialps. in der DDR ausgebaut. Hiebsch versuchte eine Sozialps. zu entwickeln, deren theoretisch-phil. Grundlagen im dialektischen und historischen *Materialismus* lagen, wobei Hiebsch, der Mitglied und zeitweise Vorstandsmitglied der *Europan Association of Experimental Social Psychology* (heute EASP) war, westliche Sozialps. rezipierte. Dumont 1999. *H. E. Lück*

Hierarchie (= H.) [engl. *hierarchy*; gr. ιεραρχία (hierarchia) heilige Führung, Amt des Oberpriesters], Rangordnung (z. B. von Personen, Dingen, Begriffen), wobei jeder Rang dem nächsthöheren untergeordnet ist; das variable Ordnungskriterium bleibt innerhalb einer H. gleich. Formen der H.:

[**PER**], Persönlichkeitsmodelle als H. von Motiven (*Motiv*), Eigenschaften (*Persönlichkeitsmerkmal*) oder Faktoren (erster und höherer Ordnung).

[**EM**], Zentren-H.: Verhaltensmuster werden nach Tinbergen (1951) von hierarchischen Instinkten beeinflusst (Hull 1952: Reaktions-H.). Stimmungs-H.: Das Verhalten auf den gleichen Reiz hängt von der jew. Stimmung ab. Bedürfnis-H., *Motivations-H.*: Das vorausgegangene Bedürfnis muss erst abklingen, bevor das neue eine dominante Rolle spielt (*Persönlichkeitstheorien, humanistische*).

[**AO, SOZ**], Organisation nach z. B. Kompetenzbereichen mit meist autoritärer Rangordnung (z. B. nach *Macht*, Information). *Führung, Organisationswahl.*

[**KOG**], In der Grammatik (*Grammatik, Grammatiktheorie*) gilt allg. die *Sprache* als hierarchisch strukturiert. Die von den versch. grammatischen Richtungen vertretenen unterschiedlichen Auffassungen von der hierarchischen Struktur der Sätze (*Satz*) werden oft mithilfe von Baumdiagrammen verdeutlicht. Nach Miller et al. (1960) ist die gesamte Organisation des Verhaltens wie die Grammatik einer Sprache hierarchisch strukturiert.

Hierarchie-von-Effekten-Modelle (= H.) [engl. *hierarchy of effects models*], *Werbepsychologie*, [**WIR**], nehmen an, dass die Wirkung einer Werbemaßnahme (*Werbewirkung* = WW.) durch die Abfolge von mehreren Wirkungskomponenten erklärt werden kann, die hierarchisch unterschiedlich angeordnet sein können. Die Grundannahme dieser Modelle besteht darin, dass der kommunikative Effekt von Werbung (= W.) mehrere Komponenten umfasst. Dabei wird zw. kogn. Komponenten (z. B. *Aufmerksamkeit, Lernen*), affektiven Komponenten (z. B. *Interesse, Einstellung*) und konativen Komponenten (z. B. *Verhaltensintention, Verhalten*) unterschieden. Die H. nehmen an, dass sich die WW. durch eine sequenzielle Abfolge dieser Komponenten vollzieht, wobei die Anordnung der Komponenten vom *Involvement* der Rezipienten sowie der Unterscheidbarkeit von Alternativen abhängt. Insgesamt nimmt Ray (1973) drei mögliche hierarchische Anordnungen der Wirkungskomponenten an.

(1) Die WW. entfaltet sich bei der *Lernhierarchie* zunächst durch einen Lerneffekt hinsichtlich des Produkts und seiner Eigenschaften (kogn. Komponente), gefolgt von einer Einstellungsänderung der Rezipienten (affektive Komponente; *Einstellungsänderung, werbepsychologisch*) und schließlich erfolgt eine Verhaltensänderung (konative Komponente). Diese Lernhierarchie tritt insbes. bei hohem Involvement der Rezipienten und klar unterscheidbaren Alternativen ein. (2) Die *Dissonanz-Attributions-Hierarchie* geht davon aus, dass eine Änderung der Einstellung und Lerneffekte erst nach einer Verhaltensänderung auftreten. Die Rezipienten entscheiden sich für eine Handlungsalternative und erleben eine Dissonanz zwischen Verhalten und Einstellung (*Dissonanz, kognitive*); z. B. werden erst nach dem Kauf neg. Merkmale des erworbenen Produkts offensichtlich. Eine Möglichkeit, diese Dissonanz zu reduzieren, besteht darin, sich auf Argumente zu konzentrieren, die für den bereits erfolgten Kauf sprechen. Das gezeigte Verhalten wird nachträglich gerechtfertigt bzw. erklärt (*at-*

tribution), indem z. B. pos. Eigenschaften des erworbenen Produkts aufgewertet bzw. neg. Eigenschaften abgewertet werden. Schließlich erfolgt ein Lernen auf selektiver Basis, d. h., es werden hauptsächlich solche Informationen verarbeitet, welche die bestehende Einstellung unterstützen. Dieses Modell wird durch hohes Involvement der Rezipienten und kaum unterscheidbare Alternativen begünstigt. (3) Die *Geringes-Involvement-Hierarchie* unterstellt die folg. Abfolge der Wirkungskomponenten: Lernen, Verhalten, Einstellung. Es erfolgt unmittelbar nach der Wahrnehmung eine Verhaltensänderung (z. B. bei einem Probekauf). Schließlich resultiert aus der direkten Erfahrung mit dem Produkt eine Einstellung. Ein Bsp. ist der Kauf eines neuen Schokoriegels. Auf Grundlage einer Werbekampagne entscheidet sich der Rezipient für den Kauf und bildet sich erst nach dem Kauf ein Urteil über das Produkt. Dieses Modell wird vor allem bei geringem Involvement der Rezipienten und kaum unterscheidbaren Alternativen relevant. Im Vergleich zu *Stufenmodellen* der WW. zeichnen sich die H. dadurch aus, dass sie keine starre Abfolge von Wirkungskomponenten annehmen, sondern unter Berücksichtigung unterschiedlicher Randbedingungen versch. Wirkzusammenhänge zulassen. *R. Soucek*

Hierarchische Lineare Modelle (HLM) [engl. *hierarchical linear models*], *Mehrebenenanalyse*.

High-Amplitude-Sucking-Prozedur (= H.) [engl. *Saugen mit hoher Amplitude*], **[EW]**, ein Messverfahren, das zur Analyse der Diskriminationsfähigkeit von Säuglingen für akustische Reize (Töne, Laute, Wörter, gesprochene Sprache) eingesetzt wird. Neugeborene können sowohl die Intensität ihres Saugens als auch die Saugrate steuern und saugen keineswegs nur zur Nahrungsaufnahme (z. B. Saugen am Schnuller oder am Finger). Diese spontane Saugtendenz wird in der Säuglingsforschung genutzt, indem ein Baby über einen Schnuller eine Apparatur (z. B. Tonband) anschalten kann, insofern es eine best. Saugintensität erreicht. Das Baby kann dadurch bspw. einen Ton anschalten. Wenn die Saugintensität nachlässt und unterhalb das kritische Niveau abfällt, das die Apparatur am Laufen hält, wird dies als Indikator interpretiert, dass das Baby auf diesen Ton habituiert ist (*Habituations-Dishabituations-Paradigma*). Wenn das habituierte Baby einen neuen Ton hört und die Saugrate daraufhin wieder intensiver wird, wird angenommen, dass das Baby zw. dem erstpräsentierten Ton und dem neuen unterscheidet. Eimas et al. (1971) setzen diese Prozedur bspw. ein, um festzustellen, ob ein und vier Monate alte Babys zw. den Phonemen «pa» und «ba» unterscheiden. *M. Knopf*

high context cultures [engl. *high* hoch, *context* Zusammenhang, Kontext, *cultures* Kulturen], *Kommunikation*.

high stakes testing [engl. *high* hoch, *stakes* Beteiligung, Einsatz, *testing* Testung], **[DIA]**, Testung, bei der die Ergebnisse relevante Konsequenzen zur Folge haben können. *Testschutz*.

Hilfeleistung [engl. *assistance, salvage*], *Altruismus, Empathie-Altruismus-Hypothese*, *Soziale Verantwortung*.

Hilfesuchverhalten (= H.) [engl. *help-seeking behavior*], **[GES]**, der Begriff des H. bezeichnet Formen der der Inanspruchnahme professioneller med. oder psychol. Hilfe vorausgehenden Prozesse bei subj. empfundenen Beschwerden bzw. Symptomen. Diese Prozesse umfassen u. a. Selbstbehandlungsversuche, den Symptombericht an Bezugspersonen, die Inanspruchnahme informeller Hilfen (*soziale Unterstützung*) und schließlich den Erstkontakt zu professionellen Behandlungseinrichtungen. Häufig werden *Symptomwahrnehmung* und H. auch gemeinsam dem Begriff *Krankheitsverhalten* subsumiert. Wie auch Symptomwahrnehmung und -interpretation verläuft die daran anschließende Hilfesuche potenziell fehlerhaft bzw. dysfunktional. Während nahezu alle Pat. in med. Versorgung Beschwerden beklagen, führen bei weitem nicht alle subj. Symptome zu einer Inanspruchnahme. Zu einer solchen Unterbeanspruchung professioneller Hilfe tragen Abwehrprozesse und unangemessene Selbstmedikation ebenso bei wie soziale Netzwerke (*soziale Netzwerke im Internet*), in denen Partner oder Freunde über längere Zeit offenkundig vorliegende psych. Störungen «aufzufangen» versuchen. Interindiv. Unterschiede im H. werden u. a. im *Health Belief Model* (Becker 1974) oder im Common-Sense-Modell von Krankheit und Gesundheitsverhalten (*Common-Sense-Selbstregulationsmodell (CSM)*; Leventhal et al. 1980) erklärt. *T. Klauer*

Hilflosigkeit, gelernte/erlernte [engl. *learned helplessness*], **[EM, KLI, KOG]**, von Seligman 1975 begründeter Versuch, die Entstehung der reaktiven *Depression* zu erklären, der ursprünglich Beobachtungen aus Tierexperimenten von N. Maier (und Replikationen davon) benutzt: Versuchstiere können sich aversiven Reizen (Schocks) nicht entziehen und reagieren auf diese Erfahrung «hilflos» mit Fixierung von nicht adaptivem Verhalten. In der humanpsychol. Theorie wird mit kognitivistischen Annahmen operiert, z. B. mit der, dass Personen die Abhängigkeit oder Nicht-Abhängigkeit der Ereignisse (Konsequenzen), auf die ihre *Handlung* gerichtet ist, von ihren Handlungen wahrnehmen. Wiederkehrende Wahrnehmungen von Nicht-Abhängigkeit werden generalisiert. Es handelt sich also um Nicht-Attribuierung von interner Kausalität (*Kausalattribution*). Sauer & Müller (1980) liefern kritische Argumente gegen die Brauchbarkeit der Theorie. Kann i. R. der kogn. *Verhaltenstherapie* der Depression recht gut behandelt werden. Der Ansatz wird i. R. der Attributions- und Selbstwirksamkeitskonzepte (*Selbstwirksamkeitserwartung*) zunehmend bedeutsamer. *Konditionierung, operante.* Seligman 2004.

Hilfsbereitschaft [engl. *willingness to help*], *Altruismus, prosoziales Verhalten*.

Hilfsfunktion [engl. *auxiliary function*]; *Hauptfunktionen*

Hilgard, Ernest R. (1904–2001), **[HIS, KLI]**, Ernest Ropiequet Hilgard war ein erfolgreicher amerik. Lehrbuchautor, dessen Bücher (Hilgard 1948, 1953) hohe Aufl. erreichten und in viele Sprachen übersetzt wurden. Hilgard wurde in Belleville, Illinois geb., studierte Chemieingenieurwissenschaften an der *University of Illinois*, wechselte zur Ps. und promovierte 1930 an der *Yale University* mit einer Arbeit über *Konditionierung*. Ab 1933 lehrte er als Professor mehrere Jahrzehnte an der *Stanford Uni-*

versity und amtierte als Dekan. Hilgard wurde in den 1950er-Jahren durch seine exp. Hypnoseforschung bekannt (*Hypnose*), die er z. T. gemeinsam mit seiner Frau Josephine R. Hilgard (1906–1989) durchführte. Hierdurch wurde der Themenbereich der Hypnose erstmals Gegenstand systematischer Forschung. Hilgard suchte u. a. nach Möglichkeiten der Schmerztherapie. Seine Auffassung war, dass ein «verborgener Beobachter» in der hypnotisierten Person wirksam ist. So könne dieser in der Situation der Hypnose u. a. bemerken, dass die Person Schmerzen habe, ohne selbst Schmerzen zu empfinden. Hilgard war maßgeblich an der Entwicklung der *Stanford Hypnotic Susceptibility Scale* beteiligt (*Stanfordskalen zu Messung der hypnotischen Suszeptibilität (SHSS)*). Hilgard hatte viele Leitungsfunktionen inne, wurde vielfach geehrt und starb 2001 im Alter von 97 Jahren in Palo Alto.

H. E. Lück

hill climbing [engl.] «Bergsteigen»; *Strategie*.

hindsight bias [engl.] *Rückschaufehler*.

hinreichende Bedingung (= H.) [engl. *sufficient condition*], **[FSE]**, A ist eine H. für B, wenn B immer vorliegt, wenn A gegeben ist. Im Falle einer H. folgt aus der Bedingung A notwendigerweise Konsequenz B. Wenn jemand an AIDS erkrankt (Konsequenz B), so muss eine HIV-Infektion stattgefunden haben (H.). Sowohl die Infektion beim Sexualverkehr als auch die Infektion durch verunreinigte Injektionsnadelns sind jew. H., jedoch ist keine dieser beiden eine *notwendige Bedingung*, *Bedingung(en)*.

Hinterhauptlappen [engl. *occipital lobe*], Occipitallappen. *Gehirn*.

Hinterhirn [engl. *hindbrain*], *Gehirn*.

Hinweisreiz [engl.] *cue*. *aggressive Hinweisreize*, *Konditionierung, operante*.

Hinweisreizparadigma, Cueing-Paradigma (= C. P.) [engl. *cueing paradigm*], **[KOG, WA]**, ist ein exp. Aufbau, der zur Untersuchung räumlicher, visueller *Aufmerksamkeit* eingesetzt wird. Entwickelt wurde das Paradigma von Michael I. Posner (1980). Im C. P. wird Pbn ein ortsbezogener *Hinweisreiz* präsentiert, der die Position des nachfolg. *Zielreizes* mit einer best. *Wahrscheinlichkeit* vorhersagt. Der Zielreiz kann an einer von zwei räumlich entgegengesetzten Positionen erscheinen. In validen Durchgängen zeigt der Hinweisreiz die Position des Zielreizes korrekt an, in invaliden hingegen nicht. In neutralen Experimentaldurchgängen liefert der Hinweisreiz keine Informationen über die Position des nachfolgenden Zielreizes. Aufgabe der Experimentalteilnehmer ist es, möglichst schnell auf das Erscheinen des Zielreizes mit einer einfachen Identifikationsreaktion (Tastendruck) zu reagieren. Verglichen mit neutralen Experimentaldurchgängen wird in validen Durchgängen schneller reagiert, in invaliden Durchgängen wird meist langsamer reagiert. Die Lichtkegel-Metapher der Aufmerksamkeit (*Aufmerksamkeit, Scheinwerfermetapher*) besagt, dass der Hinweisreiz Aufmerksamkeit auf eine best. Position allokiert. Erscheint der Zielreiz bereits an dieser Stelle, wird er schneller identifiziert und eine schnellere Reaktion ist möglich; wird aber – wie in invaliden Durchgängen – ein Ortswechsel der Aufmerksamkeit nötig, kommt es zu langsameren Reaktionszeiten. Eine wichtige Unterscheidung in diesem Paradigma ist die Art der Hinweisreize. Zentrale Hinweisreize (z. B. Pfeile) erfordern die willentliche Lenkung der Aufmerksamkeit, während periphere Hinweisreize (z. B. Lichtblitze an den möglichen Zielreizpositionen) Aufmerksamkeit unwillentlich lenken können. Der Informationsgehalt (die Wahrscheinlichkeit, mit der die Hinweisreize den Zielreiz vorhersagen) der Hinweisreize moduliert in Abhängigkeit der Hinweisreizart den Cueing-Effekt. Diese führte zum Postulat zweier Aufmerksamkeitssysteme (endogen versus exogen).

F. Mast/C. Frings

Hippies [engl. Blumenkinder], *Peergroup*.

Hippocampus (= H.) [engl. *hippocampus*; lat. Seepferdchen], syn. *Ammonshorn*, **[BIO]**, Teil des Gehirns (*Gehirn*), der sich von der Innenseite des Schläfenlappens bis in das Unterhorn des Seitenventrikels erstreckt. Der hippocampale Komplex kann funktional als Teil der neokortikalen Assoziationsrinde aufgefasst werden. Zugleich Teil des *limbischen Systems*. Funktional wird dem H. eine zentrale Rolle bei der Gedächtniskonsolidierung zugesprochen, spez. bei der Umkodierung und Übertragung von Informationen aus dem primären Kurzzeit- in das sekundäre Langzeitgedächtnis, ferner auch spez. für das Behalten räumlicher Orientierungen. So führt zunehmende Zerstörung des H. steigend zur vollst. Unfähigkeit, neues verbales *Lernmaterial* zu behalten. In neuerer Zeit konnte elektrophysiol. (bei *klassischer Konditionierung, klassische*) die Entwicklung eines *Engramms* in Zellen des H. sowie im *N. interpositus* des Cerebellums versch. Tiere nachgewiesen werden. Bei Primaten ist für komplexere Lernvorgänge der intakte H. eine notwendige Voraussetzung. Auch bei Korsakoff-Pat., bei denen weit gestreute Läsionen im limbischen System angetroffen werden können, ist der H. immer betroffen. Im H. besteht offenbar auch eine enge Verbindung zw. *Gedächtnis*, *Stressbewältigung*, Alter und *Schlaf*. Glukokortikoide, die bei *Stress* freigesetzt werden, führen, wenn sie im Tierversuch für längere Zeit gegeben werden, zur Zerstörung hippocampaler *Neurone*. Auch im Alter findet sich generell ein Anstieg der Serum-Glukokortikoide, was mit der Reduktion der ersten Tiefschlafphase im Alter, aber auch mit dem Anstieg von Gedächtnisdefiziten einhergeht. Im Alter wird bei Tier und Mensch die Feedback-Regelung der Hypophysen-Nebennierenrindenachse schwächer (*Hypophyse*). Dadurch bleibt nach Stressreizen (Aufregung) die hormonelle Reaktion länger bestehen, die neg. auf das H.gewebe zu wirken scheint, denn im Tierversuch lässt sich diese Alterung des Gedächtnisses durch Entfernung der Nebennieren verhindern. Der ganze Prozess scheint zudem einem *Circulus vitiosus* (aus: Altern – Stressanstieg – Gedächtnisverlust) zu entsprechen, da der H. (bei voller Funktion) einen hemmenden Einfluss – über das Kortikotropin-Releasing-Hormon (CRH, *Hormon*) – auf den Glukokortikoidanstieg hat und dieser folglich im Alter oder bei fehlendem Tiefschlaf weniger gebremst wird. Becker-Carus 1981.

C. Becker-Carus

Hippokrates, [GES], gr. Philosoph, um 460 v. Chr. (Insel Kos) – 377 v. Chr. (Larissa, Thessalien), «Vater der Heilkunde». *Hippokratischer Eid*.

Hippokratischer Eid (= H.) [engl. *hippocratic oath*], [GES], ist ein Dokument med. Berufsethik (*Ethik*). Der Ursprung wird dem gr. Arzt *Hippokrates von Kos* zugeschrieben, ohne dass die genaue Urheberschaft geklärt ist, die Datierung auf 400 v. Chr. vermutet. Er hat die sittliche Haltung der Ärzte während Jahrtausenden mitbestimmt. Ursprünglich wurde er zu Beginn der Lehrzeit abgelegt, seit der Neuzeit erst nach abgeschlossenem Studium. Heute wird er in Dt. nicht mehr abgeleistet. Inhaltlich enthält er versch. ethische Vorgaben, wie die Schweigepflicht, das Gebot, Kranken nicht zu schaden, Verbot sexueller Handlungen, die bis heute gültig sind und z. B. auch Eingang in das Strafgesetzbuch gefunden haben. Andere Verhaltensweisen, wie z. B. Schwangerschaftsabbruch und aktive Sterbehilfe, die durch den Eid des Hippokrates ausdrücklich untersagt werden, werden heute kontrovers diskutiert oder sind legalisiert. Insges. drückt sich in dem Text ein hoher Anspruch an eigene Fähigkeiten und Haltungen und Respekt dem zu behandelnden Pat., aber auch den professionellen Lehrern und Schülern gegenüber aus. Darüber hinaus wendet er sich gegen Selbstüberschätzung und den Einfluss von Eigennutzen in der Behandlung und beschreibt Folgen von Wohl- oder Fehlverhalten. Der ursprüngliche Text ist nicht eindeutig und wurde im Laufe der Jhd. immer wieder unterschiedlich übersetzt und interpretiert. Eine zeitgemäße Weiterentwicklung stellt die Genfer Deklaration dar, die 1948 vom Weltärztebund verabschiedet wurde. In Dt. wird in der Muster-Berufsordnung für Ärzte, die von der Bundesärztekammer erarbeitet wurde, und bei der Aufnahme in die Ärztekammer in den Mitglieds-Unterlagen ausgeteilt wird, eine eigene moderne Anpassung unternommen.

Ein ethischer Aspekt, der im Hippokratischen Eid noch nicht erwähnt und heute zunehmend diskutiert wird, ist das Spannungsfeld zw. ethischer Verantwortung dem Pat. gegenüber und dem zunehmenden ökonomischen Druck im Gesundheitswesen. *Professionalismus, ärztlich*. Lichtenthaeler 1984, Deutsches Ärzteblatt o. J. *G. Lutz*

Hirnanhang [engl. *pituitary*], *Hypophyse*.

Hirnasymmetrie (= H.) [engl. *brain/hemispheric asymmetry*], [BIO], die H. ist ein fundamentales Organisationsprinzip des menschlichen *Gehirns*, findet sich aber auch bei vielen anderen Spezies. H. bezeichnet die strukturellen und funktionellen Unterschiede der linken und rechten zerebralen Hemisphäre. Anatomisch weist die linke Hemisphäre u. a. ein größeres spezif. Gewicht auf, relativ mehr graue Substanz und eine längere Sylvische Furche. Das *Planum temporale* (Teil des *Wernicke'schen Zentrums*) ist in der linken Hemisphäre größer und erlaubt wegen seines spez. kortikalen Aufbaus eine komplexe Verarbeitung von Sprachlauten. Die rechte Hemisphäre ist u. a. schwerer, hat ein längeres Schädelinnenmaß und weist eine Verdoppelung des Heschl'schen Gyrus (auditorischer Kortex) auf. Funktionell dominiert die linke Hemisphäre bei Sprach- und motorischen Prozessen. Die rechte Hemisphäre hat Vorteile bei der *Raumkognition*, *Gesichtserkennung* und der emot. Verarbeitung. Generell wird von einem pos. Zusammenhang zw. der Stärke der H. und der kogn. Leistung ausgegangen. Dieser konnte allerdings bis heute nicht eindeutig belegt werden. Die H. ist ein relatives, kein absolutes Maß, da beide Hemisphären an der Kontrolle fast jeden Verhaltens beteiligt sind. Funktionelle H. sind nicht statisch, sondern können dynamischen Veränderungen unterliegen (z. B. durch hormonelle Faktoren). H. zeigen starke interindiv. Unterschiede, die u. a. vom Alter, dem Geschlecht (siehe strukturelle und funktionelle Geschlechtsunterschiede) und der Handpräferenz abhängen. Atypische, d. h. reduzierte oder invertierte H. werden mit versch. psych. Störungen in Verbindung gebracht, wie z. B. der *Schizophrenie* und neuronalen Entwicklungsstörungen (z. B. *Aufmerksamkeitsdefizit-/Hyperaktivitätsstörung*, *Dyslexie*). H. lassen sich im gesunden Gehirn mit spez. neuropsychol. Techniken nachweisen (z. B. dichotisches Hören; *dichotisch*) sowie mit elektrophysiol. (*Elektrophysiologie*) und *bildgebenden Verfahren*. *M. Hausmann*

Hirnatrophie (= H.) [engl. *brain atrophy*], [BIO, KLI], *Atrophie, atrophisch*; unter H. versteht man Verlust von Hirngewebe (*Gehirn*). Auch wenn von vornherein Hirnregionen nur unzureichend ausgebildet sind, wie etwa bei vielen Pat. mit *Schizophrenie* schon vor Ausbruch der auffälligen Symptomatik, wird teilweise in der Literatur dieser Ausdruck verwendet. Eine solche Atrophie kann sowohl Kortexgewebe als auch subkortikale Strukturen betreffen, insbes. die weiße Substanz; sie zeigt sich mit *bildgebenden Verfahren* (*Computertomografie, Magnetresonanztomografie, MRT*) durch erweiterte Ventrikel, vergrößerten äußeren Liquorraum und Verlust der charakteristischen Fältelung der Kortexoberfläche (Verstreichen von Furchen und Gräben). H. kann bei vielen Erkrankungen bzw. psych. Störungen auftreten und führt oft diagn. nur sehr bedingt weiter. Auch ist nicht immer klar, ob die atrophischen Veränderungen der Störung vorausgehen oder – wie im Falle der Anorexia nervosa (*Anorexie*) wahrscheinlicher – ihre Folge darstellen. Zuweilen kann die Lokalisation des Gewebeschwunds gewisse Aufschlüsse liefern: So ist die Atrophie bei der *Alzheimer-Krankheit* eher diffus, wenn auch mit bes. Betonung des Temporallappens mit dem dort lokalisierten *Hippocampus*, während bei den frontotemporalen *Demenzen*, spez. der *Pick'schen Krankheit*, der Schwund des Gewebes nicht nur temporale, sondern in bes. Maße auch frontale Regionen betrifft. Die – nach wie vor kontrovers eingeschätzte – H. bei *Schizophrenie* ist vornehmlich im frontodorsalen Stirnlappen lokalisiert, spez. dem präfrontalen Kortex. Köhler 2005. *T. Köhler*

Hirnblutung [engl. *cerebral hemorrhage*]; *zerebrovaskuläre Erkrankungen*.

Hirnentwicklung [engl. *development of the brain*], *Gehirn*.

Hirninfarkt *Apoplexie*. *zerebrovaskuläre Erkrankungen*.

Hirnläsion [engl. *brain lesion*; lat. *laedere* verletzen], *Hirnschädigung*.

Hirnreizung [engl. *brain stimulation*], [BIO], Bez. für die elektr. Auslösung von Verhaltensweisen über ins *Gehirn* implantierte Mikroelektroden.

Hirnschädigung (= H.) [engl. *brain injury*], [**BIO**], Sammelbez. für Störungen im *Zentralnervensystem* versch. Genese und Auswirkung, z. B. vor der Geburt: durch Viren, Gifte, Medikamente, Vitaminmangel; bei der Geburt: durch Verletzung, Sauerstoffmangel; im weiteren Lebensablauf: durch Schädelbruch, Zerebralsklerose. Frühkindliche H., Bez. für Schäden nach Einwirkungen zw. 6. Schwangerschaftsmonat und Ende des 1. Lebensjahres. Psychische Symptome auf dem Boden funktioneller Hirnschäden bilden sich mit Erholung des Gehirns spontan zurück. Eine Verbesserung der psych. Symptomatik auf dem Boden struktureller Hirnschäden ist durch die sog. Plastizitätsreserve des Gehirns (*Plastizität*) ebenfalls möglich. Im Einzelfall können mehrere Jahre vergehen, ehe sich im Zusammenwirken von Primärpersönlichkeit, psych. Schädigung organischer Genese und Krankheitsverarbeitung ein neues Gleichgewicht eingestellt hat und der bleibende Schaden fassbar wird. Psychische Dauerschäden können kogn. Ausfälle (Gedächtnis, Aufmerksamkeit, Ausdauer, Schnelligkeit, Flexibilität) und Störungen des Verhaltens und Erlebens (Stimmung, Antrieb, Erregbarkeit, Selbstwahrnehmung, Psychomotorik) sein.

Therap. Maßnahmen, meist im interdisziplinären Team, setzen je nach Art der Störung an unterschiedlichen Stellen an (u. a. Übungen zur Sprache, Konzentration, Problemlösen, Umgang mit Emotionen, Verarbeitung des Verlustes von Funktionen, Vermitteln von Informationen an Pat. und Angehörige). Die Beeinträchtigungen haben auch Konsequenzen für die Art der Therapie: Bei sprachlichen Problemen können Musik- und Maltherapie eingesetzt werden, und oft ist das Vorgehen sehr strukturiert. Der Einbezug von Angehörigen und die Unterstützung einer oft notwendigen neuen Rollenverteilung ist essenziell. Rehabilitationsmaßnahmen beziehen sich auf soziale, familiäre und berufliche Reintegration. Das Ergebnis ist abhängig von der Primärpersönlichkeit, Ausmaß und Lokalisation der Hirnschädigung, Lebensalter, familiärer und sozialer Integration sowie der versicherungsrechtlichen Absicherung. Während die Wirksamkeit einzelner Therapieansätze gesichert ist, steckt eine umfassendere, alltagsrelevante Wirkungskontrolle noch in den Anfängen. *Identität.* F. Caspar

Hirnstimulation, tiefe *Tiefe Hirnstimulation.*

Hirntumor (= H.) [engl. *brain tumor*; lat. *tumor* Geschwulst, Schwellung], [**BIO, GES**], ist ein innerhalb des Schädels bzw. oberen Spinalkanals durch abnorme und unkontrollierte Zellteilung auffallendes Gewebe. Primäre, d. h. hirneigene H. (*Inzidenz* ca. 7 pro 100 000 Einwohner pro Jahr) umfassen u. a. die Tumoren des Hirngewebes (z. B. Astrozytome und Gliome), der peripheren Nerven, der Hirnhäute (z. B. Meningeome), sowie Lymphome und Tumoren der Schädelbasis (z. B. Hypophysenadenome). Die häufigsten primären H. sind Meningeome (ca. 33 %), Glioblastome (ca. 17 %) und Hypophysentumore (ca. 12 %). Sekundäre H. entsprechen den Hirnmetastasen, die ihren Ursprung in Krebserkrankungen außerhalb des ZNS haben. H. werden nach Zelltyp und -zusammensetzung und Wachstumsverhalten klassifiziert. Aufgrund histologischer bzw. zytologischer Untersuchungen lassen sich H. nach WHO klassifizieren. Je nach Wachstumsverhalten werden gutartige (Grad I) bis zu schnell wachsenden Tumoren (Grad IV) unterschieden, was für die Wahl der Therapie und die Abschätzung des Krankheitsverlaufs von Bedeutung ist. Jeder H. stellt im Allgemeinen aufgrund der raumfordernden Wirkungen eine schwere und lebensbedrohliche Erkrankung dar, deren langfristige Folgen jedoch sehr von der Art und dem Entwicklungsstand des Tumors, seiner Lage im *Nervensystem* und seiner Größe abhängen. Bei manchen H. wird eine intraoperative Diagnostik *neuropsychologischer Störungen* durchgeführt, um die Grenzen der zu entfernenden Hirngebiete abschätzen zu können. Auch im Verlauf der Behandlung ist eine *neuropsychologische Diagnostik* sinnvoll, um Informationen für die Anschlussheilbehandlung zu gewinnen. Begleitend ist eine psychoonkologische Betreuung und Beratung der Betroffenen und ihrer Angehörigen von Bedeutung, um diese in ihrer *Krankheitsbewältigung* zu unterstützen (*Psychoonkologie*). Sturm et al. 2009. M. Peper

Histamin (= H.) [engl. *histamine*], [**BIO, PHA**], Gewebshormon (*Hormone*), Neurohormon. H. spielt eine Rolle bei der Entstehung von *Schmerz* und *Allergien*. Wirkungen des H. sind eine Erweiterung der Kapillaren, damit eine Senkung des *Blutdrucks*, Kontraktion der glatten Muskulatur und eine Anregung der Salzsäureproduktion des Magens. Weiterhin bewirkt es eine Ausschüttung von *Catecholaminen* aus dem Nebennierenmark. Eine Reizung sensibler Nervenendigungen durch H. erzeugt einen Juckreiz bzw. Schmerz. *Antihistaminika* sind H1-Rezeptorantagonisten, unterdrücken die meisten der Wirkungen von H. und kommen deshalb bei allergischen Erkrankungen zum Einsatz. H. fungiert in geringsten Mengen auch als *Neurotransmitter*. Meyer & Quenzer 2005, Schwartz et al. 1995. W. Janke

Histogramm [engl. *histogram*; gr. ἱστός Mastbaum], *Häufigkeitsverteilung.*

historische Ereignisse (= h. E.) [engl. *history* Geschichte], [**FSE**], programmexterner Störfaktor bei Evaluationsstudien (*interne Validität, Bedrohungen für die, Evaluation*). Treten im Verlauf einer zu evaluierenden Maßnahme bedeutsame Ereignisse auf, so können diese die Wirkung der Maßnahme verzerrt erscheinen lassen. Wird z. B. die Auswirkung der Einführung einer neuen Organisation von Studienfächern auf die Zufriedenheit der Studierenden evaluiert, so würde die Einführung oder Abschaffung von Studiengebühren im Evaluationsverlauf die valide Messung des Maßnahmeeffekts ggf. beeinträchtigen. Die Effekte von h. E. können durch eine adäquate *Kontrollgruppe* i. d. R. kontrolliert werden, es sei denn, dass h. E. steht in *Interaktion* mit der zu evaluierenden Maßnahme und wirkt sich für de Vergleichsgruppen unterschiedlich aus. Rossi & Freeman 1999.

histrionische Persönlichkeitsstörung [engl. *histrionic personality disorder (HPD)*; lat. *histrio* Schauspieler], [**KLI**], übermäßige, patholog. *Emotionalität* und Geltungsstreben. *Persönlichkeitsstörungen.*

HIV, Abk. für [engl.] *human immunodeficiency virus*, *AIDS*.
HLM *Mehrebenenanalyse*.
Hobbits-und-Orks-Problem (= H.) [engl. *hobbits-and-orcs problem*; *Hobbits*, *Orks* Figuren (Halblinge vs. Diener des Bösen) aus J. R. R. Tolkiens «Herr der Ringe»], **[KOG]**, die Aufgabenstellung des H. ist folgendermaßen definiert: Drei Hobbits und drei Orks befinden sich gemeinsam auf einer Flussseite (s. Abb.). Durch Zuhilfenahme eines Boots sollen alle Individuen auf die andere Flussseite gebracht werden. Dabei sind folg. drei Regeln zu beachten: (1) Es dürfen sich zu keiner Zeit mehr Orks als Hobbits auf einer Flussseite befinden. In diesem Falle würden die Hobbits von den Orks aufgefressen. (2) Das Boot kann immer nur zwei Individuen aufnehmen und (3) das Boot muss wenigstens einen Passagier bewegen. Beim H. handelt es sich um ein *einfaches Problem*, das zur Untersuchung von Problemlösestrategien verwendet worden ist. Es zeigte sich, dass Problemlöser zunächst die *Methode der Unterschiedsreduktion (hillclimbing)* erfolgreich verwenden (Thomas 1974). Z. B. ist Zustand 6 in der Abb. dem Ziel schon sehr ähnlich, allerdings sind danach Züge erforderlich, die sich scheinbar wieder weiter vom Zielzustand entfernen. Es zeigte sich, dass genau diese Übergänge viel Zeit erfordern, fehleranfällig sind und einige Problemlöser an diesen Stellen wieder von vorne beginnen. *Problemlösen*. Knoblich & Öllinger 2008. M. Öllinger

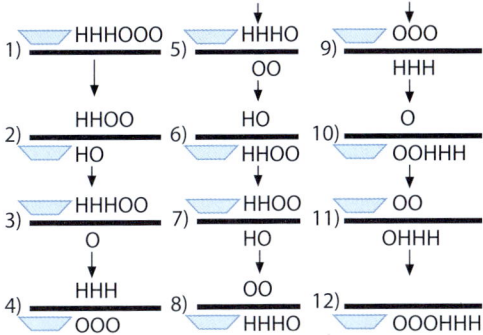

Lösungssequenz des Hobbits-und-Orks-Problems

Hochaltrigkeit [engl. *longevity*], *Lebensalter, drittes und viertes*.
Hochbegabung, Entwicklungskonstanz [engl. *giftedness, developmental constancy*], **[EW, KOG, PER]**, bei der Entwicklungskonstanz (= E.) *intellektueller Hochbegabung* werden drei Perspektiven unterschieden: (1) *Qualitative E.* als *Stabilität* der Intelligenz-/Begabungsstruktur. Diese ist bis zum 6. Lebensjahr kaum gegeben. Mit zunehmendem Alter/ansteigender Begabungshöhe differenziert sich die Begabung aus. Im Alter wird eine Strukturvereinfachung (Dedifferenzierung) beobachtet. (2) *Intraindividuelle E.* als Stabilität des bis zum 20./25. Lebensjahr neg. akzeleriert ansteigenden (absoluten) Begabungspotenzials (Niveau). Sein stärker biol. verwurzelter fluider Teil fällt danach progredient ab, der kulturnähere kristalline bleibt für Jahrzehnte unverändert (*Intelligenz, kristalline und fluide*). Im höheren Alter stellt sich – bei großer interindiv. *Varianz* und weniger ausgeprägt bei Hochbegabten – ein biol. bedingter Begabungsabbau ein. (Bei spezif. Talenten, z. B. im Schachspiel, wird i. d. R. nur die E. des absoluten Leistungsniveaus, das stark von der Übungsquantität und -qualität abhängt [Expertise], betrachtet.) (3) *Interindiv. E.* als Stabilität der begabungsbezogenen Position (z. B. IQ) innerhalb einer Bezugsgruppe (oft: Altersgleiche). Im Vorschulalter wird diesbezüglich kaum E. beobachtet. Nach dem Eintritt in die Grundschule ist bei Hochbegabten schon eine für prognostische Zwecke (kurz- bis mittelfristig) brauchbare Positionskonstanz vorhanden. Sie nimmt dann schnell zu. Ab dem Alter von 12 bis 14 Jahren liegt eine über Jahrzehnte hinweg hohe Rangordnungskonstanz von Intelligenz/Begabung vor (*differentielle Stabilität*). Aus stat. Gründen (u. a. *Regression zur Mitte*; Messfehlerbehaftetheit der Tests) kann man bei wiederholter Messung keine identischen Extremwerte erwarten. Aus (1) und (3) sowie dem Mangel an einschlägigen zuverlässigen und gültigen Tests für Vorschulkinder folgt, dass in diesem Altersbereich eine über Jahre hinweg zuverlässige Prognose von Hochbegabung problematisch ist (*Hochbegabung, frühe Indikatoren*). Rost 2010, Grow et al. 2011.

D. H. Rost/S. R. Buch/J. R. Sparfeldt

Hochbegabung, frühe Indikatoren (= H.) [engl. *giftedness, early indicators*], **[DIA, EW, KOG, PÄD, PER]**, als H. werden insbes. Aspekte akzelerierter *kognitiver Entwicklung* diskutiert. Die empir. Befundlage zu H. ist insges. schwach, Untersuchungen weisen häufig gravierende meth. Probleme auf (z. B. retrospektive Befragungen, nicht *repräsentative* Stichproben, geringer Stichprobenumfang). Insbes. mangelt es an prospektiv angelegten größeren *Längsschnittuntersuchungen*. Die Ergebnisse der wenigen einschlägigen längsschnittlich angelegten Untersuchungen (z. B. *Fullerton Longitudinal Study*) weisen auf eine frühe akzelerierte kogn. (insbes. sprachliche) Entwicklung Hochbegabter hin. Allerdings ist die prognostische *Validität* von frühen Indikatoren kogn. Entwicklung auf die spätere *Intelligenz* für individualdiagn. Fragestellungen nicht ausreichend. Dies dürfte zum einen der Dynamik bzw. der hohen interindividuellen Variabilität indiv. Entwicklungsverläufe im Kleinkind- und Vorschulalter geschuldet sein. Hinzu kommen meth. Schwierigkeiten (z. B. geringere *Reliabilität* der Testverfahren in diesem Altersbereich, fragliche Stabilität der Struktur der untersuchten Konstrukte; *Hochbegabung, Entwicklungskonstanz*). Weitere mutmaßliche H. – nicht kogn. Merkmale und Verhaltensweisen (z. B. geringes Schlafbedürfnis, erhöhte Sensibilität) – finden sich häufig in «Checklisten» zur Identifikation von Hochbegabten. Allerdings fehlt es an empirischer Evidenz für ihre Validität, sodass sie für diagn. Zwecke kaum brauchbar erscheinen. *Hochbegabung, intellektuelle*. Perleth et al. 2000, Stöger et al. 2008.

S. R. Buch/D. H. Rost/J. R. Sparfeldt

Hochbegabung, intellektuelle (= H.) [engl. *intellectual giftedness*; lat. *intellectus* Erkenntnisvermögen], **[KOG,

PÄD, PER], kann definiert werden als eine sehr hohe Ausprägung der allg. *Intelligenz* i. S. einer indiv. *Disposition*, wobei jew. versch. spezif. Intelligenzfaktoren (z. B. verbale, numerisch-math., räumlich-abstrakte) in unterschiedlichem Ausmaß vorhanden sein können. Neben diesem psychometrisch orientierten Ansatz werden auch kognitionspsychol. ausgerichtete, mehrdimensionale Konzepte der H. diskutiert, so u. a. Sternberg 1986, Heller et al. 1993. Zum besseren Verständnis des Begriffes der H. ist eine Klärung der ps. Konstrukte *Begabung* und *Intelligenz* erforderlich. Bei Begabung handelt es sich um einen Fähigkeitsbegriff, der oft syn. oder sinnverwandt mit Intelligenz verwendet wird. Der begrifflichen Klarheit wegen ist es jedoch vorteilhaft, Intelligenz und Begabung voneinander abzugrenzen, zumal eine Vielfalt von menschlichen Begabungen in versch., voneinander relativ unabhängigen Leistungsbereichen vorzufinden ist. Es lassen sich fünf Begabungsbereiche abgrenzen, die wiederum versch. Fähigkeitsdimensionen enthalten können, die auf inhaltlich unterscheidbare Leistungsbereiche bezogen sind: (1) *Intellektuelle Begabung* (= Intelligenz), (2) *soziale Begabung* (= interpersonale Kompetenz), (3) *musische Begabung* (= Musikalität), (4) *bildnerisch-darstellende Begabung*, (5) *psychomotorische (praktische) Begabung*. Hierbei wird Intelligenz gleichgesetzt mit intellektueller Begabung, deren spezif. Fähigkeitsdimensionen (Intelligenzfaktoren) wie verbale und math. Intelligenz, räumlich-abstraktes Vorstellungsvermögen usw. am bekanntesten sind (vgl. auch *Intelligenzen, multiple*).

Die Annahme einer relativen Unabhängigkeit der fünf Begabungsbereiche bedeutet, dass z. B. ein Kind in einem, in mehreren, in allen oder keinem Bereich hoch begabt sein kann. So kann es musisch und intellektuell hochbegabt sein, nur bildnerisch-darstellend hoch begabt oder sozial und psychomotorisch hoch begabt bei gleichzeitig über-, unter- oder durchschnittlicher Ausprägung der jew. anderen Begabungsbereiche. Im Unterschied zu einer Begabungskonzeption von Heller & Hany (1996) wird hier *Kreativität* nicht als eigener Begabungsbereich angenommen, da kreative Leistungen bzw. Produkte, die als Ausdruck von Kreativität gewertet werden, in allen fünf genannten Leistungsbereichen auftreten können. Bezüglich der intellektuellen Begabung zeigen *Intelligenzfaktoren* wie Einfallsreichtum, Flexibilität des Denkens oder Wortflüssigkeit, dass divergenten oder kreativen Denkfähigkeiten innerhalb des Konstruktes Intelligenz Rechnung getragen wird.

I. S. eines Bedingungsmodells kann postuliert werden (Stapf & Stapf 1988), dass dispositionellen Fähigkeiten für herausragende Leistungen nur notwendige, aber nicht hinreichende Bedingungen darstellen. Ob es zu außergewöhnlichen Leistungen kommt, hängt neben den dispositionellen Bedingungen von dem Einfluss vielfältiger Faktoren ab, wie z. B. Erfahrungen in der sozialen und physischen Umwelt wie Familie oder Schule. Diese Faktoren, die zw. Dispositionen und Leistungen vermitteln, können sich förderlich oder hemmend auf die Persönlichkeitsentwicklung auswirken. Auf welchen Gebieten überragende Leistungen erbracht werden, hängt neben den spezif. Fähigkeiten (z. B. math. oder sprachliche Begabung, Einfallsreichtum) von den Interessen, der Motivation sowie den spez. Sozialisationsbedingungen in Familie, Kindergarten und Schule einschließlich biografischer Zufälle ab. Hier wird schon deutlich, dass es nicht schlechthin «die Hochbegabten» gibt. Vielmehr sind versch. Gruppen von Hochbegabten zu unterscheiden, die einerseits in der Intelligenzausprägung (z. B. Hoch- und Höchstbegabte) und andererseits in ihrem Intelligenzprofil mit den spezif. Fähigkeitsdimensionen Unterschiede aufweisen. Daher ist es verständlich, dass über das Merkmal der sehr hohen Intelligenz als äußerst effizienter Informationsaufnahme und Informationsverarbeitungsfähigkeit hinaus nur wenige gemeinsame, für alle Hochbegabten geltende Eigenarten angeführt werden können.

Unter Beachtung des Einflusses der oben genannten vermittelnden Faktoren wird verständlich, warum bspw. ein Kind im Vorschulalter von den Eltern oder Psychologen als hochbegabt erkannt wird, in der Schule vom Lehrer jedoch seine außergewöhnlichen Fähigkeiten nicht bemerkt werden, weil best. hemmende Faktoren (z. B. Angst vor fremden Personen, zu leichte, unterfordernde Aufgaben) ein Zeigen herausragender Leistungen behindern. *Hochbegabung, frühe Indikatoren*, *Hochbegabung, Entwicklungskonstanz*, *Hochbegabungsberatung*, *Study of Mathematically Precocious Youth (SMPY)*. Preckel et al. 2010, Stapf 2010, Preckel & Baudson 2013. *A. Stapf/K.-H. Stapf*

Hochbegabungsberatung (= H.) [engl. *counseling the gifted*], [**KOG, PÄD, PER**], (1) *Traditionelle* H. besteht in der *Diagnostik* von *Begabung* und einer Beratung zu anschließbaren Fördermöglichkeiten (meist Platzierung des Klienten in eine passende Lernumgebung, z. B. besondere Klasse/Schule). 2. *Zeitgemäße* H. hingegen ist wesentlich dynamischer und ganzheitlicher: Sie ist weniger an Personenmerkmalen und Defiziten orientiert, sondern fokussiert die Optimierung von *Lernprozessen* und bezieht Umweltvariablen wesentlich stärker ein. Somit richtet sie sich nicht mehr nur an Kinder/Jugendliche, sondern auch an Institutionen und Gruppen (Universitäten, Lehrkräfte, Schulpolitik). Die Diagnostik betrachtet Begabungen im Spannungsfeld von *Persönlichkeit* und Umwelt und der Beratungsprozess geht direkt mit Förderung einher, indem Lernprozesse durch versch. *Ressourcen* auf unterschiedl. Organisationsebenen (indiv., schulisch, Bildungssystem) unterstützt werden. Ziegler et al. 2012. *B. Harder*

Hochkonfliktfamilien *Familien, Hochkonflikt-*.

Hodologie [engl. *hodology*; gr. ὁδός *(hodos)* Weg, λόγος *(logos)* Lehre, Vernunft], [**KOG**], Lehre vom Weg. Von *Kurt Lewin* eingeführter Begriff. *topologische und Vektor-Psychologie*, *Umweghandlung*.

Hodometer (= H.) [engl. *odometer*; gr. ὁδός *(hodos)* Weg, μέτρον *(metron)* Maß], [**FSE**], eine apparative Vorrichtung, die das Umherlaufen von Vpn in einem Raum registriert. Unter den Fußbodenplatten sind in kleinen Abständen elektr. Schalter installiert, die auf den Druck durch das Betreten reagieren. In Kombination mit einer Uhr kann der von einer Vp zurückgelegte Weg exakt registriert werden. Das H. wurde z. B. in umweltps. Studien zur Feststellung der Wege und der Verweildauer vor Bildern von Besuchern in einem Museum eingesetzt.

K.-H. Stapf

Hof-Effekt [engl. *halo-effect*; gr. ἅλως *(halos)* (Licht)hof]; systematischer *Beobachtungsfehler*, [**DIA, FSE**], nach Allport, Thorndike u. a. die *Überstrahlung* einzelner (insbes. markanter, hervorstechender) Eigenschaften (z. B. der Gesamteindruck, best. Strukturmerkmale; Attraktivität, Höflichkeit, Sympathie) auf andere Eigenschaften. Ein guter Gesamteindruck bewirkt demnach eine positivere Einschätzung anderer Eigenschaften bzw. macht andere Eigenschaften weniger bedeutsam für die Eindrucksbildung (*Eindruck, erster*). Oberflächliche und schnelle Beurteilungen verstärken den H. Sensibilisierende Bsp. können zur Verringerung des H. beitragen. Bei der Einschätzung mehrerer Merkmale von Pbn kann dem H. entgegengewirkt werden, indem nicht alle Merkmale eines Pb in direkter Folge für jeden einzelnen Pb beurteilt werden, sondern jedes Einzelmerkmal in separaten Durchgängen für die einzelnen Pbn beurteilt wird. *Fremdbericht, Fremdbeurteilungsverfahren, interpersonale Wahrnehmung, Urteilsbildung, Dimensionen.*

Hoffmann-Reflex (H-Reflex) [engl. *Hoffmann reflex*], nach P. Hoffmann (1884–1982), [**BIO**], syn. Fingerreflex, Knipsreflex, ein *Eigenreflex*, der gesteigerten *Muskel*tonus, evtl. auch pyramidale Schädigung nachweisen kann. *Reflex.*

Hoffnung auf Anschluss (= H.) [engl. *hope of affiliation*], [**EM, PER, SOZ**], H. ist – neben der *Furcht vor Misserfolg* und dem *Machtmotiv* – eines der Motive (*Motiv*), die in Situationen aktiviert werden, wenn mit fremden oder wenig bekannten Personen Kontakt aufgenommen werden kann. Das *Ziel* der dann angeregten *Motivation* ist die Herstellung einer wechselseitigen pos. Beziehung, d. h. Bekanntschaften zu machen, Harmonie herzustellen und mit anderen zu kooperieren (*Kooperation*). Personen mit einer starken Ausprägung des Motivs haben, im Ggs. zu solchen mit einer schwachen, höhere Erwartungen an das Erreichen des anschlussthematischen Ziels. Dies gilt sowohl bzgl. der Einschätzung der Situation selbst als auch der Einschätzung, durch eigenes Handeln das Ziel zu erreichen. Begleitet werden diese Erwartungen durch angenehme, freudige *Gefühle* und Selbstvertrauen. Zudem lässt sich zeigen, dass sie sich ihren Gesprächspartnern als ähnlicher wahrnehmen, diese in einem besseren Licht sehen und sie mehr mögen – aber sie werden auch von den anderen mehr gemocht. Ihre freundliche Art wirkt also ansteckend. Der optimistische Umgang mit Fremden führt allerdings nicht zu einer realitätsfernen Einschätzung, denn Personen mit hoher H. können zw. Signalen der sozialen Anerkennung und solchen der Ablehnung genau unterschieden, und reagieren darauf auch jew. angemessen. Es gibt Belege dafür, dass H. mit Ausschüttungen des Neurotransmitters *Dopamin* korrespondiert. Die entspannende Wirkung des dopaminergen neuroendokrinen Systems (*Neuroendokrinologie*) im Kontext von Anschlussverhalten kann als pos. *Verstärkung* angesehen werden. *Intimitätsmotiv.* Sokolowski & Heckhausen 2010, Sokolowski 1992.

K. Sokolowski

Hoffnung auf Erfolg (= H.) [engl. *hope for success*], [**EM, PÄD, PER**], H. ist neben der *Furcht vor Misserfolg* eine von zwei antagonistischen Komponenten des Leistungsmotivs (*Leistungsmotiv*). Personen mit stark ausgeprägter H. gehen optimistisch an Aufgaben in Lern- und Leistungssituationen heran und suchen Herausforderungen aktiv auf, statt sie zu vermeiden. Heckhausen hat in seinem *Selbstbewertungmodell* drei Teilkomponenten beschrieben, die der H. zugrunde liegen. Dabei handelt es sich erstens um realistische Zielsetzungen (Wahl von mittelschweren Aufgaben), zweitens um günstige Attributionen (Erfolge werden der eigenen Tüchtigkeit zugeschrieben, Misserfolge variablen Ursachen (*Kausalattribution*)) und drittens um die affektive (*Affekt*) Selbstbewertung (starker Stolz bei Erfolg, keine beeinträchtigenden Emotionen bei Misserfolg). Die drei Teilprozesse sind nicht unabhängig, sondern greifen ineinander und bilden ein sich selbst stabilisierendes System. Zur Erfassung von H. stehen zwei unterschiedliche Arten von Testverfahren zur Verfügung, nämlich *projektive Tests*, wie der Thematische Apperzeptionstest (*Thematischer Apperzeptionstest (TAT)*), sowie Selbstbericht-Skalen, wie die *Achievement Motives Scales. Zielorientierung.* Heckhausen & Heckhausen 2010.

B. Spinath

Hoffnungslosigkeit (= H.) [engl. *hopelessness*], [**KLI, KOG**], eine Folge eines wahrgenommenen Kontrollverlusts (*Verstärkerkontrolle*). *Hilflosigkeit, gelernte, Anomie.*

Hofstätter, Peter Robert (1913–1994), [**DIA, FSE, HIS, SOZ**], wurde in Wien geb., begann 1932 ein Studium der Physik, Chemie und Mathematik mit dem Ziel, Mittelschullehrer zu werden. Beeindruckt von *Bühlers* Vorlesungen und ermutigt durch *Brunswik*, wechselt er zur Ps. mit dem Abschluss der Promotion. Er hört nebenbei u. a. Vorlesungen in der Med. und schließt sich einem «Akademischen Verein für med. Ps.» an. Auf diese Weise lernt Hofstätter führende Psychoanalytiker kennen. Bereits 1935 wird er Mitarbeiter am Bühler-Institut. Im gleichen Jahr unternimmt er eine Studienreise nach Korea und Japan. Im heutigen Nordkorea führt er für seine Dissertation Untersuchungen an Kindern mit den *Bühler-Hetzer-Kleinkindertests* durch. Nach der Promotion zum Dr. phil. im Jahr 1937 beginnt er die Tätigkeit als (einziger) Heerespsychologe an der «Heerespsychologischen Stelle Wien», kurze Zeit nach dem «Anschluss» Österreichs an das Deutsche Reich setzt er seine Arbeit als Heerespsychologe fort, nunmehr an der Prüfstelle XVII der Deutschen Wehrmacht in Wien, ab 1939 in Berlin. Hofstätter kann sich habilitieren, erhält jedoch erst nach Kriegsende die Venia Legendi in Graz, 1949 Forschungsstipendium in den USA, dort Lehrtätigkeit am MIT sowie an der *Catholic University of America* in Washington D.C.; 1956 Annahme eines Rufes an die Hochschule für Sozialwissenschaften in Wilhelmshaven, dort 1958/59 Rektor, 1959 Berufung nach Hamburg, dort tätig bis zur Emeritierung 1997. Vielseitige Lehr- und Forschungstätigkeit; Entwicklung und Erprobung neuerer Erhebungs- und

Auswertungsmethoden, so zum *semantischen Differenzial*. Hofstätters ungewöhnlich erfolgreiche Publikationstätigkeit – sein Fischer Lexikon Ps. erreicht eine Aufl. von über 600000 Exemplaren – schafft in der frühen Bundesrepublik das Bewusstsein für die empirische Ps., Sozialps. und Gruppendynamik (Rösgen, 2008). Hofstätter war aktiv an einer Kontroverse mit *Wellek* beteiligt, die als *Methodenstreit* gilt, zugleich aber als Auseinandersetzung mit der älteren Wissenschaftlergeneration zu sehen ist (Métraux 1985). Zu einem «Fall Hofstätter» (Hofstätter 1992) kam es, als er im Juni 1963 in einem Aufsatz in der «Zeit» für eine Generalamnestie der Nazi-Verbrechen eintrat. *H. E. Lück*

Hogrefe, Carl Jürgen (1924–2007), **[HIS]**, besuchte die Offiziersschule in Posen. Nach Kriegsjahren an der Ostfront begann er das Studium der Ps. in Göttingen und wurde dort Assistent von Allesch (*Allesch, Johannes von*). Den Verlag für Ps. gründete Hogrefe 1949 mit der neubegründeten Zeitschrift «Psychologische Rundschau». Der Verlag wurde kontinuierlich ausgebaut, u. a. 1984 der Verlag Hans Huber übernommen. Mit einem breiten Literaturspektrum und Testangebot entstand ein internat. bedeutender Verlag mit Niederlassungen in Nordamerika und vielen europäischen Ländern [www.hogrefe.com]. C. J. Hogrefe wurde wegen seiner Verdienste um die Wiederbegründung der DGPs (*Deutsche Gesellschaft für Psychologie (DGPS)*) 1947/48 sowie für seine Aktivitäten zur nationalen und internat. Verbreitung wiss. Ergebnisse des Fachs im Jahr 1998 mit der Ehrenmitgliedschaft der DGPs ausgezeichnet. *H. E. Lück*

Höhe, relative [engl. *relative height*], **[WA]**, monokularer Raumhinweis, bei dem die relative Höhe eines Gegenstandes im Gesichtsfeld es dem Betrachter ermöglicht, die Größe, Entfernung oder Form von Bildinhalten genauer einzuschätzen (*visuelle Raumhinweise*). *M. May*

Höhendisparation (= H.) [engl. *vertical disparity*; lat. *disparare* trennen], **[WA]**, vertikale Abweichung der beiden Netzhautbilder eines *distalen Objekts* von *korrespondierenden Netzhautpunkten*. Bei geringer H. findet sich *Einfachsehen*, bei größerer Höhendisparation *Doppeltsehen* (*Panum-Areal*). Im Ggs. zur *Querdisparation* führt H. nicht zu einem Tiefeneindruck (*räumliches Sehen*); das Vorliegen einer Höhendisparation führt aber zu einer geringeren Wirkung der Querdisparation auf die wahrgenommene Tiefe. Tyler 1983. *H. Heuer*

hohes Alter [engl. *high/senior age*], *Lebensalter, drittes und viertes*.

Holismus [engl. *holism*; gr. ὅλος (holos) vollständig], **[PHI]**, Ganzheits- und Zweckbetrachtung allen biol. Geschehens. Meyer-Abich 1934.

holo ... [gr. ὅλος (holos) vollständig], in Wortverbindungen ganz, unversehrt.

Holografie [engl. *holography*; gr. ὅλος (holos) vollständig, γράφειν (graphein) schreiben], **[WA]**, in den 1950er-Jahren entwickeltes Verfahren, auf normalem fotografischem Schwarz-Weißfilm hoher Auflösung oder auf einer Kunststofffolie mit mikroskopisch feiner Rasterprägung räumliche Bilder von räumlichen Gegenständen ohne die in der Fotografie übliche Linsenoptik zu speichern. Ein normal entwickeltes holografisch belichtetes Filmstück oder eine Filmkopie davon wird *Hologramm* genannt. Die H. basiert auf den folg. physikal. Ansatz. Derjenige Teil des von einem beleuchteten Körper reflektierten *Lichts*, der eine Ebene durchdringt, die senkrecht zu einer durch den Körper verlaufenden Geraden steht, reicht zur Rekonstruktion eines räumlichen Bildes aus jeder durch die Ebene hindurch möglichen Perspektive aus, wenn man für jeden Ebenenpunkt Amplitude und Phasenlage des reflektierten Lichtes kennt. Wird ein Körper mit kohärentem Licht (d. h. Licht mit gleichphasigen Schwingungen in der gesamten Apertur, durch Laser erzeugbar) beleuchtet, so lassen sich Intensität und Phasenlage des reflektierten Lichts für jeden Punkt der fraglichen Ebene durch Interferenz mit einem zweiten kohärenten Lichtstrahl gleicher Frequenz sichtbar machen und auf einem in ihr angebrachten Film fotografisch registrieren. Die Helligkeitsverteilung (*Helligkeit*) auf dem Hologramm hat, unter normalem Licht betrachtet, keinerlei manifeste Ähnlichkeit mit dem abgebildeten Gegenstand. Durchleuchtet man das Hologramm jedoch mit einem kohärenten Lichtstrahl der bei der Aufnahme benutzten Frequenz, so entsteht hinter dem Film die gleiche räumliche Interferenzstruktur wie bei der Aufnahme, die als virtuelles räumliches Bild des ursprünglichen Gegenstandes für einen Betrachter auf der dem Lichtquelle abgewandten Seite durch den Film hindurch sichtbar wird. Zu den besonderen Eigenschaften dieses Bildes gehört es, dass sich beim Ortswechsel des Betrachters die Perspektive exakt wie bei der Wahrnehmung (*visuelle Wahrnehmung*) eines räumlichen Gegenstandes verschiebt (was mit keiner anderen stereoskopischen Technik möglich ist, *Stereoskop*). Jedes Teil eines zerschnittenen Hologrammes erlaubt es, das ganze Bild zu rekonstruieren, wenn auch mit verringerter Auflösung (Schärfe) und Helligkeit. Die Ähnlichkeit dieses Phänomens mit best. Eigenschaften des menschlichen *Gedächtnisses* (*Vergessen* von Details und *Behalten* des Wesentlichen, Erhaltung vieler Funktionen und Gedächtnisinhalte bei lokalen Schädigungen) war einer der Anstöße für die *Hologrammtheorie des Gedächtnisses*. Beim sog. Weißlichthologramm wird das Schwärzungsmuster eines Filmhologramms mikroskopisch fein in eine Kunststofffolie eingeprägt. Bei Beleuchtung mit einer punktförmigen Lichtquelle wird das virtuelle, räumliche Bild auch ohne Laserlicht sichtbar. Weißlichthologramme können nur mit sehr teuren Präzisionsmaschinen hergestellt werden. Sie lassen sich deshalb als Fälschungsschutz in das Papier für Geldscheine, Scheckkarten oder Dokumente einarbeiten. Eichler & Ackermann 1993. *W. Glaser*

Hologrammtheorie des Gedächtnisses (= H.) [engl. *holographic theory of memory*], **[BIO, KOG]**, Theorie aus den 1970er-Jahren, die das Einlesen, Speichern und Reproduzieren, aber auch das Recodieren und Vergleichen von Informationen in Neuronennetzwerken wie dem Kortex mit der gleichen math. Struktur erklärt, die auch für die physikal. (Licht-)*Holografie* gilt. Die H. basiert auf dem anatomischen und physiol. Nachweis, dass die kortikale

Erregungsausbreitung durch räumlich-zeitlich periodische Funktionen mittels der *Fourier-Analyse*, also letztlich durch sich überlagernde Sinusschwingungen analog den elektromagnetischen Schwingungen im Lichthologramm, zureichend beschrieben werden kann. Die für holografische Prozesse charakteristischen *Interferenzen* sind im Nervengewebe (*Nervensystem*) grundsätzlich möglich. Die H. vermag wichtige kogn. Phänomene mit neurophysiol. Gegebenheiten in Einklang zu bringen: z. B. schnelle Vergleichsprozesse, Invariantenbildung bei der *Mustererkennung*, *Abstraktion* (*Abstraktionsvermögen*) und Speicherung des Wesentlichen bei komplexen Reizen (etwa Bildern und Texten), Scheitern des Versuches, Speicherplätze für best. *Gedächtnis*inhalte physiol. zu lokalisieren, Aufrechterhaltung von Funktionen bei Hirnschädigungen usw. Die H. ist inzwischen von der Theorie der neuronalen Netze und der verteilten Parallelverarbeitung (PDP) verdrängt worden, die diese Phänomene ebenfalls erklären können und einen wichtigen Grundansatz der allg. Kognitionswissenschaft darstellen. Pribram 1971, McClelland et al. 1986. *W. Glaser*

Holophrase (= H.) [engl. *holophrasis*; gr. ὅλος (*holos*) vollständig, φράσις (*phrasis*) Redeweise], **[EW, KOG]**, holophrastische Äußerung, nach Werner (1959) vorlinguistische Form einer sprachlichen Äußerung bei Kleinkindern, best. Völkern und psych. erkrankten Personen, die aus einem einzigen sprachlichen Zeichen besteht. Dieses steht noch nicht konstant für einzelne abgegliederte Gegenstände oder Tätigkeiten, sondern drückt jew. eine konkrete Gesamtsituation aus, die Gegenstände und Handlungsabläufe ebenso umfasst wie emot. Qualitäten; es sollte daher weder als Wort noch als Satz – also auch nicht als *Ein-Wort-Satz* – bez. werden. Z. B. äußert ein Kind «Ball» dann, wenn es seinen verlorenen und dem Gesichtsfeld entschwundenen Ball wiedererlangen möchte; aber auch beim Anblick des Mondes, auf den es hinweisen möchte. Zum Verständnis einer H. ist die Gesamtsituation, in der sie geäußert wird, als vereindeutigender *Kontext* (*Bedeutung*) erforderlich; zu ihrer Übersetzung in die Sprache des Erwachsenen wird ein ganzer Satz benötigt. Ein ebenfalls nur aus einem einzigen Wort bestehender Befehl (z. B. «Geh!») ist daher weder eine H. noch ein *Agrammatismus*. Entwicklungs-psycholinguistische Aspekte (*Sprachentwicklung*) der H. wie auch des *Telegrammstils* und einer *Pivot-Grammatik* bespricht Brown (1973). Er betont die Überlegenheit einer *rich interpretation* (der Einbeziehung auch semantischer und pragmatischer Relationen, z. B. durch Bloom 1970) gegenüber einer *lean characterisation* (der ausschließlichen Annahme einer Basis von grammatikalischen Regeln i. S. von Chomskys Kompetenz, z. B. durch McNeill 1970) bei der Erklärung dieser kleinkindlichen Sprachäußerungen.

holotop [engl. *holotopic*; gr. ὅλος (*holos*) ganz, τόπος (*topos*) Ort], bez. die Lage eines Teiles (z. B. Organs (*Organ*)) zum Ganzen.

^Test^**Holtzman Inkblot Technique (HIT)**, 2. Aufl. 1972, W. H. Holtzman, J. S. Thorpe, J. D. Swartz & E. W. Herron, Erstauflage 1961, [www.pearsonclinical.com], **[DIA, PER]**. Neuentwicklung des *Rorschach-Tests*. Projektives Formdeuteverfahren zur Persönlichkeitsdiagnostik. AA von 5 bis 65 Jahren. Gegenüber dem Rorschach-Test unterscheidet sich die HIT in folg. Punkten: Es wurden zwei gleichartige Tafelserien über Itemanalyse geschaffen. Die Zahl der Klecksbilder wird auf 45 je Serie erhöht. Pro Tafel wird nur eine Antwort zugelassen. Die Testinstruktion und die Befragung sind völlig standardisiert. Jede Merkmalsdimension wird quant. und eindimensional erfasst. Normwerte sind für unterschiedliche amerikanische Stichproben angegeben. Studien zur *Validität* (Schmeiser, 1980) und *Reliabilität* liegen vor. Die HIT liegt in zwei Parallelformen vor.

Holzkamp, Klaus (1927–1995), **[HIS, PHI, SOZ]**, führende Persönlichkeit der Kritischen Ps. in Deutschland. Holzkamp forscht und lehrt seit 1949 an der Freien Universität Berlin, zunächst zum Ausdrucksverstehen (Dissertation 1956), dann mit *Sodhi* und *Bergius* zu nationalen Vorurteilen und *Stereotypen* sowie zur *sozialen Wahrnehmung*. Beginnend mit seiner Habilitationsschrift «Theorie und Experiment in der Psychologie» (1964) und stark geprägt durch die *Kritische Theorie* in der Soziologie sowie durch die Studentenbewegung in der zweiten Hälfte der 1960er-Jahre entwickelt Holzkamp die Kritische Ps., die sich nicht als Teilgebiet oder Schule der Ps. versteht. Ziele sind die Kritik an der Forschungspraxis der vorherrschenden, «bürgerlichen» Ps., Kritik an deren vorgeblichem Verzicht auf Werturteile, Diskussion des Verhältnisses von Gesellschaft und Wissenschaft und schließlich Entwicklung einer Ps. auf der Grundlage einer marxistischen Gesellschaftstheorie. *H. E. Lück*

^Test^**Homburger ADHS-Skalen für Erwachsene (HASE)**, 2007, M. Rösler, P. Retz-Junginger, W. Retz, R.-D. Stieglitz, G. Hengesch, M. Schneider, E. et al., [www.testzentrale.de], **[DIA, KLI]**. Klinisches Verfahren. AA ab 18 Jahren. Das Verfahren dient der Diagnostik der ADHS (*Aufmerksamkeitsdefizit-/Hyperaktivitätsstörung*) im Erwachsenenalter und ermöglicht diagn. Entscheidungen auf versch. Ebenen. Einzelne Bausteine können zum Screening oder der Schweregradbeurteilung bzw. zur Diagnostik der Subtypen nach DSM-IV eingesetzt werden. Das Instrument besteht aus vier Einzelverfahren: (1) Die Wender Utah Rating Scale – dt. Kurzform (WURS-K) dient der retrospektiven Diagnostik kindlicher ADHS-Symptome. (2) Die ADHS-Selbstbeurteilungsskala (ADHS-SB) beinhaltet die 18 diagn. Kriterien von DSM-IV und der ICD-10-Forschungsversion. Die einzelnen Merkmale können von 0 bis 3 skaliert werden. (3) Die ADHS-Diagnostische Checkliste (ADHS-DC) ist eine Fremdbeurteilungsskala für Experten auf der Basis der 18 diagn. Kriterien von DSM-IV und der ICD-10-Forschungsversion. Von der ADHS-DC gibt es zwei Versionen. Jedes Merkmal kann auf einer Likert-Skala von 0 bis 3 gewichtet werden. (4) Das Wender-Reimherr-Interview (WRI) ist ein strukturiertes Interview mit 28 psychopathologischen Merkmalen, die sich im Bereich der Diagnostik der ADHS des Erwachsenenalters als wichtig herausgestellt haben. *Normierung*: Cut-off-Werte, Referenzwerte zur

Schweregradbestimmung sowie Entscheidungsregeln für die kategoriale Diagnostik liegen vor. Bearbeitungsdauer: für die einzelnen Verfahren zw. 10 und 30 Min.

home-bias [engl.] Bevorzugung von Heimatmärkten/-produkten, *Finanzpsychologie*.

homo (= h.) [lat. Mensch, Mann], der Mensch im umfassenden Sinne. In der anthropologischen Systematik ist *h. sapiens* der heutige Menschentypus, *h. primigenius* der Urmenschentyp des Diluviums (*h. heidelbergensis, h. mousteriensis, h. neandertalensis*).

homo-, homoio-, homöo-, homeo- [gr. ὁμός (homos), ὁμοῖος (homoios) gleich, ähnlich], Vorsilben, die die Gleichartigkeit (Gleichheit, Ähnlichkeit) anzeigen. Ggs. *hetero-, heter-*.

Homocystein [engl. homocysteine], [**BIO**], exzitatorischer *Aminosäuren-Transmitter*.

homogen (= h.) [engl. homogeneous; gr. ὁμοῖος (homoios) gleich], [**FSE**], gleichartig, in der Ps. wird h. sprachgebräuchlich benutzt, z. B.: h. Tests (*Test*), h. nach Mittelwerten, h. nach Varianz. *Homogenität*.

Homogenität (= H.) [engl. homogeneity; gr. ὁμοῖος (homoios) gleich], [**DIA, FSE**], Gleichartigkeit. In der *Statistik* wird der Begriff der H. bzw. Heterogenität zur Kennzeichnung der Gleichartigkeit bzw. Ungleichartigkeit von stat. Kennwerten (z. B. *Varianz*) benutzt. In der *Testkonstruktion* bezieht sich die Gleichartigkeit bzw. Ungleichartigkeit auf die einzelnen Testaufgaben bzw. auf einen gesamten *Test*. H. bedeutet dabei inhaltliche Einheitlichkeit bei vollkommen erhaltener Unabhängigkeit der einzelnen Aufgaben voneinander. Mit homogenen Tests lassen sich i. Allg. nur ganz best. Merkmale erfassen. Umfangreichere Konstrukte wie *Intelligenz* oder *Persönlichkeitsmerkmale* lassen sich nur mit heterogenen Aufgaben bzw. heterogenen Untertests erfassen. Als ein quant. Maß für die H. hat Loevinger einen H.index entwickelt. Er stellt eine Art *Korrelations*koeffizienten dar, bei dem versch. Varianzen miteinander verglichen werden. Während die *innere Konsistenz* nur einen Aspekt der *Reliabilität* darstellt, ist bei der H. der Bezug zum *Konstrukt*, das gemessen werden soll, hergestellt. *H. O. Häcker*

Homogenitätsindex (= H.) [engl. homogeneity index], [**DIA, FSE**], Maßzahl zur quant. Bestimmung der *Homogenität* eines Tests. Ein *Test* wird dann als homogen bez., wenn er sich aus gleichartigen Aufgaben zus.setzt. Während die *Konsistenz* (*Konsistenz, innere*) als instrumentelle *Reliabilität* bez. werden kann, spricht man von der Homogenität als der *funktionalen Reliabilität*. Bei einem homogenen Test würden also alle Aufgaben die gleiche Dimension messen. Ein Maß für die quant. Ausprägung der Homogenität eines Tests stellt der H. dar. Über die Methode der *Faktorenanalyse* oder der *Item-Response Theorie (IRT)* der Aufgaben kann man ebenfalls ermitteln, ob der Test homogen oder heterogen ist. *Eindimensionalität*. Lienert & Raatz 1994. *H. O. Häcker*

Homograph [engl. homograph; gr. ὁμοῖος (homoios) gleich, γράφειν (graphein) schreiben], [**KOG**], identisch geschriebene Wörter mit unterschiedlicher Bedeutung. *Homonymie*.

homolog [engl. homologous; gr. ὁμοῖος (homoios) gleich, λόγος (logos) Wort, Überlegung], übereinstimmend.

homo ludens [lat. *ludens* spielend], [**PHI**], der spielerische Mensch, bei dem zugleich die schöpferischen, explorativen (*Exploration*) Interessen betont sind. Huizinga 1938.

Homomorphie [engl. homomorphy; gr. ὁμοῖος (homoios) gleich, μορφή (morphe) Gestalt], [**FSE**], ein System A ist einem System B homomorph, wenn von jedem Bestandteil von A und von jeder Relation zw. Bestandteilen von A auf einen Bestandteil von B bzw. auf eine Relation zwischen Bestandteilen von B geschlossen werden kann, jedoch nicht umgekehrt. *Homomorphismus*. Klir 1972.

D. Dörner

Homomorphismus (= H.) [engl. homomorphism; gr. ὁμοῖος (homoios) gleich, μορφή (morphe) Gestalt], [**FSE**], eine Abbildung heißt homomorph, wenn jedem Element x aus einer Ursprungsmenge X in der Menge Y genau ein Element y zugeordnet ist. Zudem müssen die Relationen R, die zw. einzelnen Elementen in der Ursprungsmenge X gelten, auch für die Relationen S in der Abbildmenge Y gelten. Besteht zw. den Elementen in der Ursprungsmenge eine Urbildrelation (z. B. $x1$ ist schwerer als $x2$), so gilt für die Elemente in der Abbildmenge des H. (z. B. H = Gewicht in kg) die zugeordnete Abbildrelation s (z. B. $H(x1) = y1 = 80$ kg, $H(x2) = y2 = 70$ kg, $y1 > y2$). Somit müssen bei einem H. die Relationen erhalten bleiben, d. h., die Objekte der Ursprungsmenge nach ihrem Gewicht geordnet ergeben die gleiche Reihenfolge in der Abbildmenge. Die H.relation ist asymmetrisch und kein *Isomorphismus*, d. h., ihre Umkehrung ist nicht möglich und es können mehrere Objekte der Ursprungsmenge auf identische Objekte der Abbildmenge abgebildet werden (z. B. sind $x1$ und $x3$ gleich schwer). Deshalb kann von einem Element aus der Abbildmenge nicht mehr eindeutig auf ein Element der Ursprungsmenge geschlossen werden. *Messtheorie*. Leonhart 2013. *R. Leonhart*

Homonymie (= H.) [engl. homonymy; gr. ὁμοῖος (homoios) gleich, νόμος (nomos) Gesetz], [**KOG**], bezieht sich auf die Zuordnung von *Zeichen* und Bezeichnetem bzw. *Bedeutung* (*Semiotik*). H. liegt vor, wenn zwei oder mehr Bezeichnete bzw. Bedeutungen dieselbe Form haben (z. B. Bergpass und Reisepass als Pass). H. ist damit in gewisser Weise ein Gegensatz zur *Synonymie*. Schwierigkeiten bereitet die Abgrenzung der H. von der *Polysemie*, jenem Fall, in dem die zwei oder mehr Bedeutungen derselben Form als Varianten einer Grundbedeutung aufgefasst werden (z. B. Amt als Institution und Amt als Berufsrolle). In diesem Fall werden beide Bedeutungen im Lexikon (*Wörterbuch*) einem Eintrag zugeordnet, im Falle der H. jedoch zwei Einträgen. Die Grundlage für die Zuordnung zweier oder mehrerer Bedeutungen zu einem bzw. mehreren lexikalischen Eintragungen bildet die etymologische Analyse der Bedeutungen. Statt von Homonymen spricht man bei lautlicher Realisierung der Sprachkörper auch von *Homophonen* und bei schriftlicher Realisation von *Homografen*. Leech 1974. *J. Engelkamp*

homo oeconomicus (= H.) [lat.] der haushaltende/wirtschaftende Mensch, **[KOG, PHI, SOZ, WIR]**, der H. – manchmal auch *rationaler Agent* genannt (*Rationalität*) – beschreibt i. R. der Wirtschaftswissenschaft, der S-R-Verstärkertheorie (*S-R-Theorie, Verstärkung*) und der Theorie des *sozialen Austauschs* einen (theoret.) Akteur zur Verdeutlichung des menschlichen Handelns (*Menschenbilder*). Der H. wird dabei als Nutzenmaximierer (*Kosten-Nutzen-Kalkulation*) verstanden, und es wird angenommen, dass er bei einer anstehenden Entscheidung (*Kaufentscheidungen, Modelle*) eine klare Präferenzordung über mögliche Alternativen bilden kann und sich dann für die nach seinen Präferenzen beste Alternative entscheidet. Somit ist er das Modell eines ausschließlich in wirtschaftlichen Interessen denkenden und handelnden Menschen und der Idealtyp eines Entscheidenden, der zu uneingeschränkt rationalem und wirtschaftlich richtigem *Verhalten* in der Lage ist (*Kaufentscheidungen, Rationalität von*). Dabei gilt er als eigeninteressiert (d. h. er handelt entspr. seinen eigenen Interessen und Präferenzen) und als rational (er ist – bei gegebenen Ressourcen – in der Lage, das Maximum bzw. ein *Ziel* mit möglichst wenig Ressourcenverbrauch zu erreichen). Gleichzeitig ist er in der Lage, auf strukturelle äußere Bedingungen (vorhandenes Einkommen, geltende Preise, rechtliche Rahmenbedingungen, weitere Akteure) angemessen zu reagieren, und er verfügt über (vollst.) Informationen bezüglich relevanter Situationen (vollst. Informiertheit über Handlungsmöglichkeiten sowie über zu erwartende Auswirkungen, z. B. Informiertheit über alle Preise eines Produkts an versch. Verkaufsstandorten). Da ein solches menschliches Verhalten jedoch als nicht realistisch einzustufen ist (da es z. B. soziale, emot. sowie nichtwirtschaftliche motivationale Aspekte vollst. unberücksichtigt lässt, stößt der H. als Menschenbild auf umfassende Kritik, und es wird gefordert, den H. durch ein realistischeres Bild wirtschaftlich handelnder Menschen zu ersetzen. Rost 2008.

Homöostase (= H.) [engl. *homeostasis*; gr. ὁμοῖος (*homoios*) gleich, στάσις (*stasis*) das Stehen, Stillstand], **[BIO, KOG]**, syn. *Selbstregulation*, Bez. für das Prinzip, dass alle Organismen gegenüber den sich verändernden Lebensbedingungen die Tendenz zeigen, das von ihnen erreichte Gleichgewicht (Fließgleichgewicht nach v. Bertalanffy) zu erhalten oder wiederherzustellen. So werden z. B. trotz dauernd wechselnder äußerer und innerer Bedingungen die Körpertemperatur oder der Zuckerspiegel des Blutes oder der osmotische Druck in engen Grenzen konstant gehalten. Die für die H. erforderlichen Regulierungen (Wärmehaltung, Sauerstoffbedarf, Wasserbedarf usw.) erfolgen auch über psychol. relevante *Bedürfnisse* wie Hunger, Durst, Schlaf usw. Das Prinzip wurde oft erkannt, so von G. T. Fechner als *Princip der Tendenz zur Stabilität* (1873) mit der Formulierung, dass jede Entwicklung einem Maximum an Stabilität zustrebe. Claude Bernard nannte schon früher (1859) den gleichen Vorgang Konstanterhaltung des inneren Milieus. W. B. Cannon hat das Prinzip mit seiner Arbeit *The Wisdom of the Body* (Cannon 1932) zeitlich angepasst. Er führte auch den Begriff *homeostasis* ein. Mit *Heterostase* werden die dem homöostatischen Verhalten entgegenstehenden Tendenzen benannt, die irreversibel vom Status quo wegleiten und zu neuen, sei es wieder gefestigten oder auch ungefestigten Zuständen führen (letztlich zu Abbau, Verfall, Tod). *kybernetische Feedbackschleifenmodelle, Selbstregulationsmodell*. Menninger 1968.

Homophon (= H.) [engl. *homophony*; gr. ὁμός (*homos*) ähnlich, φωνή (*phone*) Ton, Laut], **[EM, KOG, WA]**, mnemische H. ist ein von Semon eingeführter Begriff für das Zusammenklingen einer mnemischen und einer aktuellen Erregung (Erinnerung und Empfindung) als Voraussetzung für das Wiedererkennen bzw. Unterschiedsempfinden. *Homonymie*.

Homoscedastizität (= H.) [engl. *homoscedasticity*], syn. *Varianzgleichheit*. **[FSE]**, Gleichheit der *Varianz* eines Merkmals Y in allen Gruppen oder Wertebereichen eines Merkmals X. Voraussetzung für versch. parametrische Verfahren: z. B. *t-Test, Varianzanalyse*. Liegt keine H. vor, spricht man von *Heteroscedastizität*. Eid et al. 2013.

Homosexualität (= H.) [engl. *homosexuality*; gr. ὁμοῖος (*homoios*) gleich], **[PER]**, Ausrichtung des sexuellen Begehrens auf Personen des gleichen Geschlechts. Neben der Hetero- und der Bisexualität stellt die H. eine Variante der sexuellen Orientierung dar und hat selbst nichts mit Gesundheit oder Krankheit zu tun. Homosexuelle Männer bez. sich als Schwule, homosexuelle Frauen als Lesben. Die Häufigkeit in der Gesamtbevölkerung beträgt mind. 10 %. Die Ursachen der sexuellen Orientierungen generell sind weitgehend unbekannt. Eine hereditäre (*Heredität*) Komponente ist wahrscheinlich. Für eine gesunde Entwicklung ist ein erfolgreicher Coming-out-Prozess wichtig, zu dem die Selbstakzeptanz der H. und das offene Leben als Lesbe oder Schwuler gehören. In vielen europäischen Ländern ist heute eine rechtliche Absicherung der gleichgeschlechtlichen Partnerschaft möglich (Partnerschaftsgesetz), die aber nicht in allen Ländern sie der heterosexuellen Ehe gleichgestellt ist. In den vergangenen Jahren ist die Situation von gleichgeschlechtlichen Paaren mit Kindern (*Regenbogenfamilie*) Gegenstand der öffentlichen Diskussion. *Bisexualität, Heterosexualität*. Rauchfleisch 2011.

U. Rauchfleisch

Homovanillinsäure [engl. *homovanillic acid*], Abk. HVS, engl. HVA, **[BIO]**, Endstufe beim endogenen Abbau von *Dopamin*. Nachweisbar als Sulfat in Liquor (Liquor cerebrospinalis) und Urin.

Homozygotie [engl. *heterocygoty*; gr. ὁμός (*homos*) gleich, ähnlich, ζυγωτός (*zygotos*) durch Joch verbunden], *Allele*.

Homunkulus (= H.) [engl. *homunculus*; lat. *homunculus* Menschlein], **[KOG, PHI]**, eine imaginäre Person, die im *Gehirn* sitzt, dort die Aktivität des Gehirns wahrnimmt und darauf Entscheidungen (*Entscheiden*) trifft. Eine solche *Hypothese* besitzt keinen Erklärungswert, da man wiederum einen Homunkulus im Gehirn des Homunkulus annehmen müsste, um zu verstehen, wie dessen Gehirn funktioniert. Diese Erklärung führt zu einem unendlichen Regress und ist daher vollkommen unbrauchbar. Es wird oft kritisiert, dass zeitgenössische kogn. Theorien (*Kognition*) nicht erklären, wie Information verarbeitet (*Informa-*

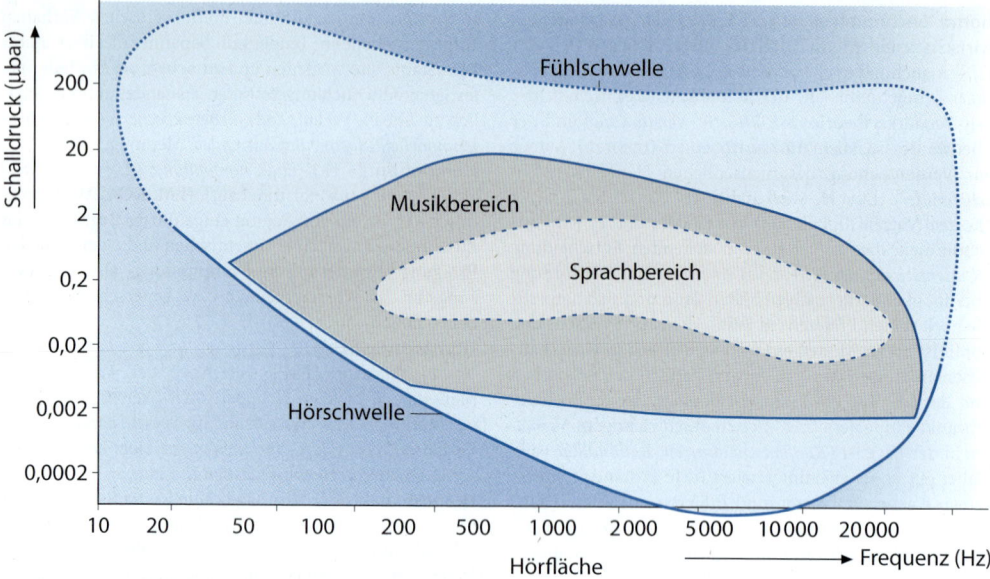

Hörfläche: Beziehungen zwischen Frequenz und Schalldruck

tionsverarbeitung) wird, und so den Kontrollmechanismus kogn. Prozesse nicht spezifizieren, sondern diese Kontrolle einer imaginären Instanz (wie dem H.) überlassen. Solche H.-Theorien sind manchmal schwer als solche zu entlarven.

hooked [engl.] am Haken, [**KLI**], abh. von harten Drogen.

Hoppe, Ferdinand (1904–1960), [**EM, HIS**], wird als Begründer der Leistungsmotivationsforschung (*Leistungsmotivation*) angesehen. Studium in Münster und Berlin. Promotion 1930 in Berlin mit der Dissertation «Erfolg und Mißerfolg», die im gleichen Jahr in *Kurt Lewins* Untersuchungen zur Handlungs- und Affektps. in der *Psychologischen Forschung* erschien. In dieser Arbeit schloss sich Hoppe an die vorausgegangenen Arbeiten zur *psychischen Sättigung* an und beobachtete Vp unbemerkt bei lebensnahen Aufgaben, um herauszufinden, unter welchen Bedingungen Personen eine Arbeit wieder aufnehmen. Hoppe konnte bestätigen, dass das Erleben einer *Leistung* als Erfolg oder Misserfolg nicht allein von der obj. Güte, sondern von der Erreichung des *Anspruchsniveaus* abhängig ist. In weiteren Versuchen prüfte er die Herausbildung des Anspruchsniveaus und die Verschiebung des Anspruchsniveaus durch Erfolg und Misserfolg bei versch. Aufgaben («Realziel» und «Idealziel», *Ziel*) unter Berücksichtigung der Eigenarten der Person und der Zielstruktur der Aufgabe. *H. E. Lück*

Horde [engl. *horde*], [**SOZ**], Anfang der (Volks-)Gruppenbildung (*Gruppe*). Nach Wundt analog dem Begriff Tierhorde ein Zusammenschluss ohne spezif. innere Bindungen (*Bindung*) im Ggs. zum Stamm oder Clan.

Hören, tonales Hören [engl. *audition, hearing*], [**WA**], die durch die Funktion des *Ohres* vermittelte *Wahrnehmung*sart. Zu unterscheiden sind *Ton*- und Geräuschempfindungen (*Geräusche*). Die sie auslösenden Reize (*Reiz*) sind die Schallwellen (Luftschwingungen). Merkmale der Gehörempfindungen sind: (1) *Intensität* (*Lautstärke*). Sie ist bestimmt durch die Schwingungsweite (Amplitude) der Schallwellen. (2) Qualität (Höhe, Klangcharakter). Sie wird durch die Frequenz der Schwingungen bzw. durch die Überlagerung mehrerer Frequenzen bedingt. (3) Dauer. *Gehörvorstellungen, räumliches Hören, Grundton*, Obertöne, *Hörschwelle. Musikpsychologie, Tonpsychologie.* Goldstein 2007.

Hören-Lauschen-Lernen *Entwicklungsförderung, vorschulische.*

Hörfläche (= H.) [engl. *auditory sensation area*], [**WA**], werden in ein Koordinatensystem auf der Abszisse die Tonfrequenz (Hz) und auf der Ordinate der Schalldruck (Mikrobar) abgetragen und werden weiterhin *Hörschwelle* und Fühlschwelle (Übergang in Schmerzempfindung) eingezeichnet, so entsteht zw. diesen beiden Kurven die H., die den Bereich menschlichen Hörens veranschaulicht. *Lautstärke.* *G. Lüer*

Hörigkeit [engl. *bondage*], [**KLI**], bis zur Selbstaufgabe gehende Abhängigkeit von anderen Menschen.

Horizontalen-Orientierung [engl. *horizontal orientation*], *Raumorientierung.*

Hörmann, Hans (1924–1983), [**HIS, KOG**], Studium in Tübingen und Göttingen; Lehrtätigkeit in Göttingen und an der Freien Universität Berlin. 1969, zur Zeit der Studentenunruhen, Wechsel an die Ruhr-Universität in Bochum, weil Hörmann in Berlin keine Forschungsmöglichkeiten mehr sah. Hörmanns Forschungsschwerpunkt war die Sprachps. *H. E. Lück*

Hormone (= H.) [engl. *hormones*; gr. ὁρμᾶν (*horman*) antreiben, in Bewegung setzen], [**PHA**], Substanzen, die in den Drüsen mit innerer Sekretion (glanduläre) oder in best. Zellsystemen gebildet werden (Gewebs- bzw. Zellh.) (endokrine Drüsen). Die glandulären H. werden von des jew. endokrinen Drüsen direkt in den allg. Blutkreislauf abgegeben und in best. Organsystemen wirksam oder regen die Ausschüttung anderer H. in best. Drüsen an (glandotrope H.). Die Gewebs- und Zell-H. wirken i. d. R. unmittelbar an ihren Bildungsorten. Zell-H. meist nur in der Zelle, in der sie gebildet werden. Wichtige Gewebsh. sind solche des Magen-Darm-Systems (Cholecystokinin, Gastrin, Sekretin, Gastric Inhibiting Polypeptid = GIP, Vasodilatierendes Intestinales Polypeptid = VIP, Neurotensin, Bombesin), der Niere (u. a. Renin, Erythropoetin, Dihydroxy-Vitamin D3), des Herzens (Atriales Natriuretisches H. = ANH), der Plazenta (Human Choriogonadotropin = HGG), des Endothels (Endothelin) und des *Immunsystems* (u. a. Zytokine, Interleukine). Die meisten dieser H. haben als Neuropeptide neurotrope Wirkungen und sind an psych. Vorgängen beteiligt. Die klassischen endokrinen Drüsen sind: Hypophysenvorderlappen HVL (Adenohypophyse), Hypophysenhinterlappen HHL (Neurohypophyse), Zirbeldrüse (Epiphyse), Schilddrüse, Nebenschilddrüse (Epithelkörperchen, Parathyreoidea), Thymus (Briesdrüse), Pankreas (Langerhans'sche Inseln der Bauchspeicheldrüse), Nebennierenmark, Nebennierenrinde, Eierstöcke (Ovarien), Hoden (Testes). Eine weitere Bildungsstätte ist der Hypothalamus, der die Freisetzungs- und Hemmungsh. (*releasing/inhibiting hormones*) produziert, die durch ein spez. Gefäßsystem zum HVL transportiert werden. Periphere H.drüsen, Hypophysenvorderlappen und Hypothalamus können in Regelkreisen organisiert sein und bilden als Achsen bez. Systeme (CRH-ACTH-Nebennierenrinde, TRH-TSH-Schilddrüse, Gn-RH/FSH-LH/Gonaden). Mehrere H. werden nicht nur in spez. Drüsen, sondern zusätzlich in anderen Systemen gebildet, insbes. *Nervensystem*. Alle bekannten H. sind Steroide (Neurosteroide, *Steroidhormone*), Peptide oder Aminosäurenderivate. Viele H. sind synthetisch herstellbar und können von außen in den Kreislauf oder ins *Gehirn* (auch lokalisiert, «intrazerebral») eingebracht werden. Viele peripheren H. passieren nicht die *Blut-Hirn-Schranke* oder Leber-Schranke. Andererseits ist dies bei H. aus der Reihe der Steroide der Fall, weshalb etwa Gonadenh. oder Kortiko(stero)ide auch direkte neurotrope Wirkungen haben.

H. regulieren das Gleichgewicht der verschiedensten Organsysteme und erfüllen, global charakterisiert, vorwiegend folg. Aufgaben: (1) Regulation des Stoffwechsels (z. B. Kohlehydrate, Fett und Eiweiß), (2) Morphogenese, d. h. Wachstum und Reifung, (3) Erregung und Dämpfung des VNS und ZNS, (4) Regulation des inneren Milieus im Hinblick auf eine Umweltanpassung (zus. mit Nervensystem).
Wirkungen und Wirkungsmechanismen: H. üben einen tiefgreifenden Einfluss auf physiol. und psych. Prozesse aus. Die biochemischen Wirkungsmechanismen dieser Einflüsse sind bislang nur z. T. aufgeklärt. Als sicher gilt, dass H. lokalisiert an den Rezeptoren oder in den Zellen angreifen, indem sie etwa die Permeabilität der Zellen verändern oder die Synthese oder den Abbau von Enzymen beeinflussen. Der Analyse der Wirkungsart auf der biochemischen Ebene stellen sich zahlreiche meth. Schwierigkeiten entgegen. Viele Befunde stützen sich lediglich auf tierexp. Untersuchungen (z. T. in vitro), beim Menschen oft nur auf indirekte Manipulationen (z. B. mit Pharmaka) oder auf pathologische Erscheinungen bei Unter- oder Überproduktion spezif. H. sowie deren Veränderung bei Substitution. Erschwert wird die Untersuchung von Wirkungen dadurch, dass Interaktionen zw. den versch. H.systemen bestehen. Die versch. H. verhalten sich z. T. antagonistisch (z. B. *Adrenalin* – Insulin), synergistisch (Glukagon – Adrenalin) oder bilden einfache oder komplexe Regelkreise. Nach dem Prinzip des Regelkreises mit neg. Rückkopplung ist die Beziehung zw. den H. des Hypothalamus, des HVL (glandotrope Hormone) und den peripher ausgeschütteten H. zu sehen, indem Ausschüttung der glandotropen H. zur Ausschüttung der peripheren Drüsen-H. führt, die ihrerseits die weitere Bildung der glandotropen H. blockieren.

Hormone und Nervensystem: Zw. VNS und ZNS und Hormonsystem bestehen enge, allerdings in den Einzelheiten noch (vielfach) unaufgeklärte Beziehungen, die den Forschungsgegenstand der sog. Neuroendokrinologie darstellen. Einigermaßen geklärt sind bislang nur die Beziehungen zw. Hypothalamus (*Gehirn*) und der Hypophyse: In spezif. Neuronen des Hypothalamus werden die H. Vasopressin (Adiuretin) und Oxytocin gebildet und auf nervösem Wege zum HHL (Neurohypophyse) gebracht und von dort aus in die Blutbahn abgegeben. Auch die Ausschüttung der glandotropen H. des HVL wird unter Beteiligung des Hypothalamus vollzogen (*releasing hormones* bzw. *inhibiting hormones*). So wurde in Reizversuchen gezeigt, dass lokalisierte Hypothalamusreizungen zur Ausschüttung spezif. glandotroper H. führen. Weiterhin muss nach Reiz- und Ausschaltungsversuchen angenommen werden, dass die periphere Ausschüttung der H. des Nebennierenmarks (Adrenalin, *Noradrenalin*) mit neuronalen Erregungen im reticulo-thalamischen und limbischen System (z. B. *Nucleus amygdalae*) zus.hängt. Beteiligung limbischer Strukturen (*Amygdala, Hippocampus*) auch an der Regulation der Freisetzung von Nebennierenrinden und Gonadenh. sind nachgewiesen. Damit ist die früher vertretene Ansicht, dass der Hypothalamus und die Hypophyse allein die Bindeglieder zw. H. und NS darstellen, falsch. Die Beeinflussung hirnelektrischer Aktivität durch periphere und zentrallokalisierte H.zufuhr oder durch hormonelle Störungen kann als gesichert gelten; der diesen Veränderungen zugrunde liegende Wirkungsmechanismus ist ungeklärt. Bes. deutlich wird die Beziehung von NS und H. im Wirkungsmechanismus der Neuroh., des Hypothalamus (CRH, TRH u. a.) und der Neurotransmitter Noradrenalin, *Dopamin*, Acetylcholin u. a. (Hypothalamus als «Fenster» zum Nervensystem). Alle Hypothalamus-H. stehen unter Kontrolle jew. mehrerer *Neurotransmitter*.

Hormone und psych. Erkrankungen: Über- oder Unterfunktionen der peripheren H.drüsen, bedingt etwa durch Tumoren, sind fast ausnahmslos nicht nur mit physiol.,

Hormone

Wichtige Funktionen und krankhafte Veränderungen bei Hormonen

Hypothalamus	Hypophyse	Periphere Hormondrüsen	Wichtige Funktionen	Krankhafte Veränderungen bei	
				Unterfunktion	Überfunktion
GH-RH GH-IH	HVL: Somatotropin (GH, STH)	keine (effektorischer Stoff)	Regul. v. Wachstum, Eiweiß- u. Fettstoffw. (mit Androgenen/Östrogenen, Schilddrüsenh., Insulin), Förderg. d. RNS-Synthese	vor Wachstumsabschluss: hypophysärer Zwergwuchs	vor Wachstumsabschluss: Gigantismus; nach Wachstumsabschluss: Akromegalie
TRH	HVL: Thyreotropin (TSH)	Schilddrüse: Tetrajodthyronin T4 (Thyroxin), Trijodthyronin T3	Regul. d. Grundumsatzes (Erhöhg. oxidativer Prozesse), Beteilig. an Proteinsynthese u. Thermoregul.	Hypothyreose, Myxödem, Kretinismus bei angebor./früh erworb. Unterfunkt.	Hyperthyreose, Basedowsche Krankheit, Übererregtheit
		C-Zellen der Schilddrüse: Calcitonin	Erniedg. d. Blut-Calciumspiegels, Antagonist z. Parathormon		
		Nebenschilddrüse: Parathormon (PTH)	Erhöhg. d. Blut-Calciumspiegels, Antagonist z. Calcitonin	Hypoparathyreodismus, Tetanie	Hyperparathyreodismus
CRH	HVL: Adrenocorticotropes H. (ACTH)	Nebennierenrinde (Zona fasciculata): Glucocorticoide, z.B. Cortisol, Cortison, Corticosteron	Regul. d. Kohlenhydrat- u. Aminosäurenstoffwechsel, Herz-Kreislauf-Anregg. (Katecholaminverstärkung), Magensaftproduktion, Immunsuppression	Adrenogenitales Syndrom	Cushing-Syndrom
		Nebennierenrinde (Zona glomerulosa): Mineralcorticoide, z.B. Aldosteron, Desoxycorticosteron	Regul. d. Natrium/Kalium-Haushalts	Hypoaldosteronismus	Hyperaldosteronismus, Conn-Syndrom
		Nebennierenrinde (Zona reticularis): Androgene, z.B. Androsteron, Androstendion	Synergistische Wirk. zu männl. Gonadenh.		Adrenogenitales Syndrom, Pubertas präcox
Gn-RH	HVL: Gonadotropine, FSH, LH	Ovarien: Östrogene, z.B. Östradiol, Östron, Östripl Gestagene, z.B. Progesteron	FSH: Wachstum u. Reifg. d. Follikels, Östrogenbildg.; LH: Ovulation, Gelbkörper-, Östrogen- u. Progesteronbildg, FSH-Potenzierg.; Östrogene: Reifg. u. Wachstum prim. u. sek. Geschlechtsmerkmale i.d. Pubertät, Zyklusregul., Induktion d. Menopause; Gestagene: Vorbereitg./Erhaltg. d. Schwangerschaft, Zyklusregul.	Gonadotropine: Sek./Tert. Hypogonadismus, Amenorrhoe Östrogene, Gestagene: Zyklusstörg. prim. Hypogonadismus	Gonadotropine: Pubertas praecox; Östrogene, Gestagene: Zyklusstör., Hypergonadismus

Wichtige Funktionen und krankhafte Veränderungen bei Hormonen

Hypothalamus	Hypophyse	Periphere Hormondrüsen	Wichtige Funktionen	Krankhafte Veränderungen bei	
				Unterfunktion	Überfunktion
		Testes: Androgene, z.B. Testosteron	FSH: Anreg. d. Spermiogenesebildg., FSH-Potenzierg.; Androgene: Pränat. Geschlechtsdifferenzierung, Reifung u. Wachstum prim. u. sek. Geschlechtsmerkmale i. d. Pubertät, Wachstumsförderg. (mit Somatotropin, Insulin, Schilddrüsenh.)	Gonadotropine: Sek./Tert. Hypogonadismus, Störg. d. Spermiogenese; Androgene: Prim. Hypogonadismus (späte Pubertät, Unterentwicklg. prim. u. sek. Geschlechtsmerkmale)	Gonadotropine: Pubertas praecox; Androgene: Hypergonadismus (z.B. sex. Hyperakt; bei frühem Einsetzen: Pubertas präcox)
		Plazenta: Choriogonadotropin (HCG), Progesteron	Ausschüttg. nur während Schwangerschaft, Wirkungsunterstützg. für LH		
PIH (=Dopamin)	HVL: Prolaktin (PRL)	keine (effektorischer Stoff)	Steigerg. d. Progesteronbildg. durch Gelbkörper, Wirkg. auf Milchdrüsen, Genese v. Brutpflegeverh., %: unklar		Hyperprolaktinämie
MRH MIH	HML: Melanotropin (MSH)	keine (effektorischer Stoff)	Pigmentierg. d. Haut durch Stimul. d. Melaninsynthese		
	HHL: Antidiuret. H. (ADH)/ Vasopressin	keine (effektorischer Stoff)	Harnbildungshemmg, Gefäßverengung	Diabetes insipidus (Polyurie)	Hyponaträmie, Antidiabetes insipidus
	HHL: Oxytocin	keine (effektorischer Stoff)	Uteruskontrakt. (Geburt), Milchausstoßg., Bindungsverhalten	Störg. d. Gebärvorgangs	
		Nebennierenmark: Adrenalin, Noradrenalin	Verstärkg. d. Sympathikuswirkg		häochromozytom
		Langerhans-Inseln der Pankreas: Insulin, Glukagon	Insulin: Senkg. d. Blutzuckerspiegels, Beeinflg. v. Eiweiß-, Fett-, Kohlenhydratstoffwechsel u. Wachstum; Glukagon: Erhöhg. d. Blutzuckerspiegels	Diabetes mellitus	Hyperinsulinismus

sondern auch mit psych. Störungen verbunden. Auch endokrine Störungen sind neben allg. (bes. Deaktiviertheit) mit spezif. psych. *Symptomen* (z. B. sensorische Schwellen) verknüpft. Umgekehrt ist es für praktisch alle psych. Erkrankungen auf der Basis von in Urin, Speichel oder Blut ausgeschütteten H. nicht gelungen, eindeutige endokrine Variationen nachzuweisen. Allenfalls bestehen hinsichtlich der Aktiviertheitsdimension (Antrieb, Aktivierung) und der Stimmungslage bei einigen endokrinen Störungen relativ klare psych. Veränderungen. Ansätze und Hypothesen haben in den vergangenen vier Jahrzehnten die Neuroendokrinologie und Psychopharmakologie geliefert.

Hormone und Verhalten: Aus den z. T. drastischen psych. Änderungen bei hormonellen Störungen kann nicht geschlossen werden, dass klare Beziehungen zw. H. und Normalverhalten bestehen. Meth. bieten sich zwei Wege an: die Untersuchung von Verhaltensänderungen nach H.zufuhr oder die Analyse der Ausschüttung best. H. in Urin oder Blut in Abhängigkeit von systematisch variierten Reizbedingungen. Beide Zugänge sind theoretisch problematisch. Oral oder intravenös zugeführte H. induzieren zwar reproduzierbare Verhaltensänderungen, es ist jedoch fraglich, ob damit mehr als Hypothesen über die Beziehung zw. körpereigenen H. und Verhalten gewonnen werden können. Wirkungsmechanismen und Konzentrationsverhältnisse sind bei externer H.zufuhr und interner H.bildung nicht vergleichbar. Da die meisten in den Blutkreislauf eingebrachten H. die Blut-Hirn-Schranke nicht passieren, sind viele der beobachteten Verhaltensänderungen wahrscheinlich z. T. indirekt auf periphere Veränderungen zurückzuführen. Untersuchungen, in denen die H.ausschüttung als abhängige Variable benutzt wurde, liegen v. a. für die Katecholamine, Kortiko(stero)ide und Androgene vor. Stressoren erhöhen (Adrenalin, Kortikoide) oder erniedrigen (Testosteron) die Sekretion. Alle anderen H. sind in ihrer Bedeutung als Indikatoren psych. Zustände noch nicht hinreichend untersucht. Auch bei signifikanten Korrelationen zw. H. und Verhalten ist eine Generalisierung schwierig, weil i. d. R. mit üblichen Bestimmungsmethoden nur geringe Anteile der biol. aktiven H. nachweisbar sind, sodass die Menge der gemessenen H. keinen Rückschluss auf die Menge der im Organismus wirksamen H. zulässt. Hinzu kommt, dass der Ursprung der nachgewiesenen H. nicht eindeutig aufzuklären ist. Eine bedeutsame Schwierigkeit sind sehr große ind. Differenzen. *endokrines System.* Hellhammer & Kirschbaum 1998, Netter 2008. *W. Janke*

Hornbostel, Erich Moritz von (1877–1935), [**HIS, WA**], war österreichischer Musikethnologe und -psychologe. Nach dem Studium der Chemie, Physik und Philosophie, das er 1900 in Wien mit der Promotion zum Dr. phil abschloss, nahm von Hornbostel das Studium der Musikwissenschaft in Berlin auf und arbeitete bei *Stumpf, Carl* zunächst als Assistent am Phonogramm-Archiv der Universität Berlin, dann ab 1905 als Assistent des Psychol. Instituts, schließlich 1906–1933 als Leiter des Phonogramm-Archivs. Während des Ersten Weltkriegs entwickelte von Hornbostel zus. mit *Wertheimer, Max* den Richtungshörer für die militärische Anwendung. 1923 wurde von Hornbostel Privatdozent und 1925 a. o. Prof. für Musikwissenschaft. 1933 wurde ihm als «Halbjude» die Lehrbefugnis entzogen; er emigrierte in die Schweiz, schließlich 1934 nach England. Neben musikwissenschaftlichen Arbeiten wie einer Systematik der Musikinstrumente verdankt die Psychologie von Hornbostel Beiträge zur *Tonpsychologie* und *Musikpsychologie*.

H. E. Lück

Horner'scher Symptomenkomplex [engl. *Horner's syndrome*], nach J. F. Horner (1831-1886), [**BIO**], die Symptomentrias mit Herabhängen des Augenlides (Ptosis), verengter Pupille (Miosis) und zurückgesunkenem Auge (Enophthalmus). Ausgelöst durch Schädigung des Hals- oder Brustsympathikus.

Horney, Karen D. (1885–1952), [**HIS, KLI**], *Psychoanalyse*; dt.-amerik. Psychoanalytikerin, die die Freud'sche *Libido*-Theorie (postulierte den *Gebär-Neid* im Kontrast zum *Peniseid*) kritisierte und die Bedeutsamkeit von soz. Faktoren (insbes. Eltern-Kind-Beziehung) betonte.

Hornhaut [engl./lat. *cornea*], [**BIO, WA**], die durchsichtige, gewölbte Haut an der Vorderfläche des Augapfels. *Auge*.

Horopter (= H.) [engl. *horopter*; gr. ὅριον (*horion*) Grenze, ὄψις (*opsis*) Sehen], [**WA**], Menge der Punkte in der Umwelt, die bei gegebenem *Fixationspunkt* auf *korrespondierende Netzhautpunkte* abgebildet werden. Theoretisch besteht der H. (bei geometrisch entspr. korrespondierenden Netzhautpunkten) aus einem Kreis durch den *Fixationspunkt* und die Knotenpunkte der beiden Augen (*Knotenpunkt des Auges*) (Vieth-Müller-Kreis) sowie einer vertikalen Linie (vertikaler H.); wenn der Fixationspunkt nicht in der Horizontalen geradeaus vor dem Beobachter liegt, finden sich kompliziertere Kurven. Der empirisch bestimmte H. weicht vom theoretischen ab (z. B. nimmt die Krümmung des horizontalen H. mit der Entfernung des Fixationspunktes ab; Hering-Hillebrand'sche Horopterabweichung). Bei der empir. Bestimmung des H. können versch. Kriterien verwendet werden, die sich auf die Eigenschaften korrespondierender Netzhautpunkte beziehen: (1) gleiche Distanz (*Querdisparation*) aller Punkte auf dem H. ist null; bei gegebenem Konvergenzwinkel (*Konvergenz*) sollten sie in gleicher Distanz erscheinen); (2) *identische Sehrichtung*; (3) *Einfachsehen* (dadurch wird ein Bereich bestimmt, *Panum-Areal*; als H.punkte werden die Bereichsmitten verwendet). Tyler 1983, Goldstein 2007. *H. Heuer*

Horoskop [engl. *horoscope*; gr. ὥρα (*hora*) (Geburts-)Stunde, σκοπεῖν (*skopein*) beobachten], *Astrologie*.

Horrortrip (= H.), [**KLI, PHA**], *angst-* und panikbesetzter, sehr neg. erlebter Drogenrausch. Dabei treten häufig Verfolgungserleben, Wahnvorstellungen, aber auch depressive *Symptome* auf (*Depression*). Im schlimmsten Fall kommt es sogar zu Suizidversuchen. Wird am häufigsten durch Einnahme von *Halluzinogenen* (LSD, *Psilocybin*, *Mescalin* sowie stark wirkenden pflanzlichen Drogen wie Engelstrompete oder Stechapfel) verursacht. H.-ähnliche Zustände können auch durch hohen Konsum von *Cannabis*, *Ecstasy*, *Amphetamin*, *Kokain* auftreten. Die

Entwicklung eines H. wird durch ungünstige Umgebungsumstände (z. B. Party, hoch frequentierte Orte, unvorhergesehene Ereignisse) sowie die psych. Verfassung des Konsumenten (emot. Instabilität, sonstige psych. Erkrankungen, Schlafmangel) beeinflusst (schlechtes «Set und Setting»). *T. Veselinović*

Hörschwelle (= H.) [engl. *audibility limit* Hörgrenze], [**WA**], die niedrigste und die höchste Frequenz (untere und obere Hörschwelle), die als Ton vernommen wird (*Hören*). Zw. diesen Grenzen liegt der Bereich des hörbaren Schalls, darunter der Infra-, darüber der Ultraschall. Beim Menschen liegt die untere H. bei ungefähr 16 Hz, die obere bei 20000 Hz. Diese wird im Lauf des Lebens niedriger (bei 60 Jahren liegt sie bei 5000 Hz). Der wichtigste Frequenzbereich für das Hören liegt zw. 30 Hz und 4000 Hz. Die obere H. vieler Tiere liegt höher als die des Menschen, wie durch Versuche mit dem *bedingten Reflex* von der Pawlowschen Schule festgestellt wurde (z. B. beim Hund 38000 Hz). *Presbyakustisches Gesetz.* Rohracher 1963, 1971.

Hörstörungen [engl. *auditory/hearing disorders*], [**BIO, GES, WA**], man unterscheidet nach Mittelohrschwerhörigkeit (Schallleitungsschwerhörigkeit), bedingt durch Verlegung des Gehörganges, Belüftungsstörungen des Mittelohres, Mittelohrentzündung, Otosklerose und Innenohrschwerhörigkeit, Schallempfindungsschwerhörigkeit, bedingt durch Schäden an der Schnecke und am Hörnerv. Kompletter Ausfall des Gehörs = *Gehörlosigkeit*. Angeborene oder frühkindlich erworbene Schwerhörigkeit führt zur Verzögerung der *Sprachentwicklung*, d. h. audiogener *Dyslalie*. Bei Gehörlosigkeit wird ohne Hilfe die *Sprache* nicht erworben (frühe Taubstummheit). Die Spätertaubung (Eintritt der Gehörlosigkeit nach Erwerb der Sprache) führt ohne Therapie im Kindesalter zum Verlust der Sprache. *Akustische Agnosie* (*Auditive Agnosie*) = sensorische Hörstummheit: Sprache wird gehört, aber nicht verstanden. Beziehungen zur sensorischen *Aphasie* nach Spracherwerb. *Partielle Lautagnosie* = Phonematische Differenzierungsschwäche = Unterscheidungsschwäche für einzelne Laute. *Audiometrie, Behinderung.*

Hörstummheit (= H.) [engl. früher *developmental aphasia*, akt. *developmental dysphasia*], syn. *Audimutitas* [engl. *audimutitas*], [**EW, KLI, KOG**], ältere Bez. für das Ausbleiben der *Sprachentwicklung* bis über das 3. Lebensjahr hinaus bei Kindern, die in sprachfördernder Umgebung aufwachsen und bei denen weder periphere Hörbehinderungen noch *Anarthrie* noch *Oligophrenie* noch Autismus (*Autismus-Spektrum-Störung*) nachweisbar ist; Unterformen nannte man *sensorische* bzw. *motorische* H. Diese Bez. werden als in sich widersprüchlich, vor allem aber als irreführend und unexakt kritisiert (nicht weil, sondern obwohl diese Kinder hören, erwerben sie so spät Sprache, und einige von ihnen sind keinesfalls völlig stumm, nur sind ihre lautlichen Äußerungen (*Sprachstörungen*) verstümmelt, völlig unverständlich und formen sich nicht zu konstantisierten Zeichengestalten). Das klin. Erscheinungsbild der hiermit bez. Störungen wird umfassender und neutraler beschrieben als *Sprachentwicklungsverzögerung*. Zur differenzierten Eingrenzung des funktionalen Störungsbildes (keine soziokult. Benachteiligung, keine Hörbehinderung, *Anarthrie* oder *Oligophrenie*, kein Autismus (*Autismus-Spektrum-Störung*) im Hintergrund) verwendet man heute die Bez. (kongenitale) *Dysphasie* mit den Unterformen *perzeptive* bzw. *motorisch-expressive* Dysphasie (Dys- meint in der dt.sprachigen *Neurologie* ein Erwerbsdefizit; *Aphasie* hingegen das Verlustsyndrom). Leischner 1979.

^Test Hospital Anxiety and Depression Scale – Deutsche Version (HADS-D), 2011, C. Herrmann-Lingen, U. Buss & R.P. Snaith, [www.testzentrale.de], [**DIA, GES, KLI**]. Klinisches Verfahren. AA ab 15 Jahren. Die HADS-D dient der Erfassung von *Angst* und *Depression* bei Pat. mit körperlichen Erkrankungen oder (möglicherweise psychogenen) Körperbeschwerden. Das Verfahren kann als Screeningverfahren sowie zur dimensionalen Schweregradbestimmung, auch in der Verlaufsbeurteilung, eingesetzt werden. Zusätzlich zu den bei kardiologischen Patienten erhobenen Normen werden in der vorliegenden Neuauflage auch repräsentative Bevölkerungsnormen zur Verfügung gestellt. Erfasst wird mittels Selbstbeurteilung die Ausprägung ängstlicher und depressiver Symptomatik während der vergangenen Woche, die auf zwei Subskalen mit je sieben Items erfasst wird. Der Gesamtsummenwert kann als Maß für die allg. psych. Beeinträchtigung eingesetzt werden. Itemauswahl und -formulierung berücksichtigen bes. die spezif. Anforderungen eines durch körperliche Krankheit bestimmten Settings. Dabei wird gezielt nur auf psych. Angst- und Depressionssymptome fokussiert, um eine Konfundierung durch somatische Komorbidität zu vermeiden. *Normierung*: Es liegen Normen aus Bevölkerungsstichproben (N = ca. 2000) sowie aus kardiologischen Patientenkollektiven (N = über 5000) vor. Bearbeitungsdauer: Bearbeitungszeit beträgt ca. 5 Min., Auswertung ca. 1 Min.

Hospitalismus (= H.) [engl. *hospitalism*], [**KLI**], die durch Krankenhaus-, Heimaufenthalt oder Inhaftierung bedingten neg. körperl. und psych. Begleitfolgen bei Kindern und auch Erw.

Hospitalsucht [engl. *hospital addiction disorder*]; *Münchhausen-Syndrom.*

Hostile-Media-Effekt (= H.) [engl. *hostile* feinselig], [**MD**], bezeichnet das Phänomen, dass die Anhänger einer best. Position bzgl. eines Themas dazu tendieren, die mediale Berichterstattung zum betreffenden Gegenstand als unfair wahrzunehmen. Vallone et al. (1985) zeigten, dass zwar häufig eine Mehrheit der Mediennutzer die Berichterstattung als ausgewogen empfindet, diejenigen Rezipienten allerdings, die die mediale Darstellung als einseitig wahrnehmen, haben überwiegend den Eindruck, sie sei zu Ungunsten ihrer eigenen Meinung verzerrt. Auf diese Weise entsteht die Situation, dass sich die Anhänger unterschiedlicher Positionen gleichermaßen durch denselben Bericht als benachteiligt empfinden. Der H. tritt bei einer neutralen medialen Darstellung eines Themas auf, wenn es sich um einen strittigen Inhalt handelt und eine stark polarisierte Anhängerschaft involviert ist (Giner-Sorolla & Chaiken 1994). Krämer 2008. *J. Kimmerle*

hot cognitions, hot constructs [engl. *hot* heiß], [**EM, KOG**], Abelson 1963, der Einfluss von Affekten, Emotionen, Präferenzen, Erregung etc. auf kogn. Prozesse (*Wahrnehmung*, *Informationsverarbeitung*).

Hot Deck [engl. *hot* heiß, *deck* Stapel], [**FSE**], Methode zur Ersetzung (*Imputation*) von *Missing Data*. Hierbei werden die Daten einer Person durch die vorhandenen Daten einer anderen Person, welche der betroffenen Person in anderen, vorliegenden Variablen möglichst ähnlich ist. Es wird hierbei im gleichen (*Hot Deck*) oder einem anderen Datensatz (*Cold Deck*) ein stat. Zwilling für die Person mit fehlenden Daten gesucht. Nur bei großen Datensätzen empfehlenswert, da im Allgemeinen nur die ähnlichste Person nicht aber eine identische Person bestimmt werden kann. Lüdtke et al. 2007. *R. Leonhart*

Hot-Seat-Technik [engl. *heißer Stuhl*], [**KLI**], Übungsform i. R. der *Gestalttherapie*, bei der ein Gruppenmitglied auf dem «heißen Stuhl» etwas bearbeitet und über Rückmeldungen (*Feedback*) durch die anderen Gruppenmitglieder eine neue Sicht- oder Verhaltensweise überprüft.

Hoyos, Carl Graf (1923–2012), [**HIS, GES, AO**], Carl Graf Hoyos war ein Vertreter der Angewandten Ps. – insbes. der Arbeits-, Ingenieur- und Verkehrspsychologie. Die Familie von Carl Graf Hoyos kam ursprünglich aus Spanien; ein Teil der Familie ging nach Schlesien, ein anderer nach Österreich. Graf Hoyos wurde in Schlesien geboren. Er wurde 1940 Soldat, geriet 1945 in russische Kriegsgefangenschaft, studierte in Berlin und ab 1947 in Hamburg Ps. Er erwarb 1951 das Diplom, hatte dann fünf Jahre lang eine Assistentenstelle bei Curt Bondy in Hamburg, wo er 1954 promovierte. Graf Hoyos arbeitete dann u. a. beim Technischen Überwachungsverein Hannover, beim Max-Planck-Institut für Arbeitsphysiologie in Dortmund und am Institut für Ergonomie an der TH München. 1968 nahm er einen Ruf an die neu gegründete Universität Regensburg an; 1972 wechselte er auf einen neu geschaffenen Lehrstuhl in der Technischen Universität München, den er bis zu seiner Emeritierung im Jahre 1989 innehatte. Die Forschungsinteressen von Graf Hoyos lagen im Bereich der Sicherheit, besonders der Arbeits- und Verkehrssicherheit (*Arbeitssicherheit und Gesundheitsschutz*). Graf Hoyos entwickelte standardisierte Verfahren zur Arbeitsanalyse (*Fragebogen zur Arbeitsanalyse (FAA)*) und zur Sicherheitsdiagnose (*Fragebogen zur Sicherheitsdiagnose (FSD)*). Er war auch in Fragen der Profession engagiert. Mit seiner Denkschrift (Hoyos 1964) gab er einen genauen Überblick über die insges. unbefriedigende Lage der Ps. an westdt. Universitäten zu dieser Zeit. Diese Bestandsaufnahme wurde zur Basis des Ausbaus in den Folgejahren. Als geschäftsführender Herausgeber gestaltete Graf Hoyos die Zeitschrift *Arbeit und Leistung* zu einer führenden Zeitschrift für Arbeits- und Organisationspsychologie. Graf Hoyos wurde mit der *Hugo-Münsterberg-Medaille* und der Ehrendoktorwürde der Universität Dortmund ausgezeichnet. Er starb im Alter von 89 Jahren 2012 in seinem Heimatort Icking. Hoyos 1992. *H. E. Lück*

Hoytscher Konsistenzkoeffizient [engl. *Hoyt's (consistency) coefficient*], *Konsistenzkoeffizient, Konsistenzindex*.

HPA-System [engl. *HPA system*], [**BIO**], syn. HPA-Achse, Abk. für Hypothalamus (*Hormon*: CRH)-Pituitary (= Hypophyse, Hormon: ACTH)-adrenal cortex (= Nebennierenrinde, Abk. NNR, Hormon: Glukokortikoide)-System, das einen Regelkreis aus den Hormonen CRH-ACTH-Glukokortikoide impliziert. Es wird angenommen, dass das HPA-System eine grundlegende Bedeutung für die Regulation von chron. *Stress* darstellt. Als gesichert gilt, dass die HPA-Achse bei *Depression* gestört ist. Holsboer 1995. *W. Janke*

HPT-Achse, [**BIO**], Abk. für Hypothalamus-Hypophysen-Thyreoid-Achse [engl. *hypothalamic-pituitary-thyroid (HPT) axis*].

h-Quadrat h^2, [**BIO, PER**], Abk. für *Heritabilitäts-Index*, der das Verhältnis von genetischer Varianz (genotypischer Varianz) zum Gesamt der beobachtbaren bzw. phänotypischen Varianz benennt. *Erblichkeit*, *Verhaltensgenetik*. [**FSE**], *Kommunalität*.

H-Test [engl. *H test*], *Kruskal-Wallis-Test*.

Huber, Kurt (1893–1944), [**HIS**], studierte in München Musikwissenschaften und promovierte 1917 zum Dr. phil. Er war 1918–1937 Assistent am Psychologischen Institut der Universität München. 1937 war er kurze Zeit in Berlin tätig, kehrte dann nach München zurück. Er habilitierte sich dort 1940 für Philosophie und Ps. Seine Forschungsinteressen und Lehraufträge behandelten Ps., Volksmusikforschung und Musikästhetik. Als Mitglied der Widerstandsbewegung «Weiße Rose» wurde Huber 1943 verhaftet, zum Tode verurteilt und am 13. Juli 1944 hingerichtet. Guski-Leinwand 2012. *H. E. Lück*

Hugo-Münsterberg-Medaille, wird seit 1981 auf den Kongressen des BDP (*Berufsverband Deutscher Psychologen (BDP)*) für bes. Verdienste um die *Angewandte Psychologie* verliehen. Erster Inhaber: Helmut von Bracken.

Hull, Clark Leonard (1884–1952), [**HIS, KOG**], Psychologe und Lerntheoretiker (*Lerntheorien*), der heute dem Neobehaviorismus (*Behaviorismus*) zugerechnet wird. Clark Hull arbeitete zunächst als Lehrer, schloss begleitend sein Studium der Ps. an der *University of Wisconsin* 1918 mit der Promotion ab. H. lehrte 1927–1928 an der *Harvard University*, dann 1929–1952 an der *Yale University*. Er verfasste Bücher über die Wirkungen des Rauchens auf motorische Leistungen, über Eignungstests, über Hypnose und Suggestion sowie mehrere Bücher über Lernen und Verhalten. Auf der Basis der S-R-Annahmen (*S-R-Theorie*) versuchte Hull, parallel zu *Skinner* eine komplexe Theorie menschlichen Verhaltens auf der Grundlage quant. Forschung zu entwickeln, die Verhaltensvorhersagen erlauben sollte. Während er in seinen frühen Arbeiten vom Streben nach Triebbefriedigung ausging, betonte H. später die Bedeutung der sekundären Verstärkung (*sekundärer Verstärker*). Am *Institute for Human Relations* der *Yale University* zählten u. a. *Dollard, John*, *Miller, Neal Elgar*, *Mowrer, O. Hobart* und Robert Sears zu den Schülern von Hull. 1936 war H. Präsident der *American Psychological Association (APA)*. *H. E. Lück*

Hull'sches Gesetz [engl. *Hull's law*], C.L. Hull (1884–1952), [**KOG**], Bez. für die These, dass die Stärke eines

Verhaltens bzw. einer Verhaltenstendenz (*habit*) u. a. mit der Anzahl bekräftigter Reiz-Reaktions-Verbindungen einhergeht. *Verstärkung*.

human [engl. *human*; lat. *humanus*], menschlich, menschenfreundlich.

human engineering (= h. e.) [engl. *human* menschlich, *engineering* Entwickeln, technisch Ausführen], **[AO]**, aus der amerik. Betriebswelt erwachsener Begriff für das Wissenschaftsgebiet, auf dem Psychologen und Ingenieure gemeinsam die Beziehungen von Mensch und Arbeit bei der Betriebsausrüstung, der Auslese (*Personalauswahl*), dem Anlernen und der psychophysischen Anpassung zu verbessern suchen. *Ergonomie*. Nach der geschichtlichen Entwicklung ging in den USA dem h. e. das *social e.* (d. h. das ingenieurmäßige Behandeln der sozialen Gegebenheiten) voraus. Die Entwicklung hat mit dem Aufkommen und der Beobachtung weiterer betriebspsychol. Probleme die Begriffe *personnel mangement* (Führungsfragen) und *human relations* (die mitmenschlichen Beziehungen) befördert.

Humanethologie (= H.) [engl. *human ethology*], **[EW, KOG, PER]**, ist ein Teilgebiet der Verhaltensforschung, *Ethologie*, das sich im Unterschied zur Ps. vornehmlich mit solchen menschlichen Verhaltensweisen befasst, die im Zusammenhang mit der stammesgeschichtlichen Entwicklung des Menschen stehen und erforscht insbes. solche Verhaltensweisen, die als angeb. gelten können, bzw. deren angeb. Grundlagen (*Anlage-Umwelt*, *Verhaltensgenetik*).

Dabei werden die in der Tierethologie (*Ethologie*) gewonnenen Methoden auch hier angewandt. Angeborene Verhaltensweisen können aus ethischen Gründen zumeist nur indirekt erschlossen werden; z. B. mithilfe des Kulturvergleichs (*Kulturvergleichende Psychologie*) oder durch Untersuchungen an «erfahrungsfreien» (taub-blind-geborenen) Kindern und Befunden bei verhaltensgeschädigten Menschen. Ziel der H. ist es, den Menschen seinem biol. Evolutionsstand entspr. zu verstehen und dieses Bild in die kult. Entwicklung zu integrieren. So bezieht die moderne H. sowohl die Ergebnisse der klassischen Ethologie, der Soziologie sowie der *Lerntheorie* mit ein (Eibl-Eibesfeld & Lorenz 1974). Die Suche und Entdeckung von Verhaltensweisen des Menschen, die in unterschiedlichsten Kulturen in annähernd gleicher Ausprägung vorkommen, hat immer wieder temperamentvoll geführte Auseinandersetzungen provoziert. Denn sie widerspricht schon im Ansatz jenen zeitweise populären Anschauungen (*Behaviorismus*), denen zufolge der Mensch einzig und allein durch Erziehung (also durch Lernen) in seiner Entwicklung bestimmt werde. Inzwischen hat sich jedoch die Einsicht weithin durchgesetzt, dass angeborene (z. B. die typische *Mimik* und der Gesichtsausdruck beim Lächeln) und erlernte Verhaltensmuster gemeinsam das menschliche Verhalten bilden: Durch Erziehung und Kultur werden angeborene Grundlagen, die sozial und psychohygienisch vorteilhaft sind, z. T. verstärkt; andere dagegen, die das soziale Zusammenleben erschweren können, werden häufig kult. abgeschwächt oder ganz unterdrückt. Solche Interaktionen mit kult. Lernprozessen wurden von N. Tinbergen als *Instinkt-Kulturverschränkungen* bez.

Als angeborene Verhaltenskomponente konnte bei Neugeborenen bspw. nachgewiesen werden, dass sie ohne jede Vorerfahrung, die durch Lernen erklärbar wäre, spontan atmen, sich an dünnen Gegenständen (sogar an frei hängenden Wäscheleinen!) mit den Händen festklammern oder einen dargebotenen Finger umklammern. Bei taubblind geborenen Kindern konnte der Nachweis geführt werden, dass sie wie sehende und hörende Kinder lachen, weinen, erröten und die charakteristische Mimik des Verlegenseins beherrschen – auch diese Verhaltensweisen sind ohne Lernen im Verhaltensrepertoire des Menschen enthalten. Das Gleiche gilt für best. Formen der Gestik, bei der es sehr viele Übereinstimmungen bei Menschen versch. Kulturen gibt. So drücken sich übereinstimmend z. B. Hochmut und Verachtung in aufrechter Haltung, Anheben des Kopfes, in Rückwärtsbewegung, Blick von oben herab, geschlossener Mundspalte und Ausatmen durch die Nase aus, also durch ritualisierte Bewegungen der Abkehr und Abweisung. Als allg.gültige Geste der Ergebenheit erweist sich die Verbeugung, mit Unterschieden nur im Ausmaß.

Untersuchungen zum angeborenen Erkennen von best. Verhaltensäußerungen (speziell: der Mimik von anderen Personen) haben es sehr wahrscheinlich gemacht, dass Menschen best. Reizmerkmale (z. B. die relative Höhe der Nase im Verhältnis zu den Augen) ohne spez. Vorerfahrung in best. Weise interpretieren – und dass daher das Kamel als «hochmütig» eingeschätzt wird, weil es die Nase in Relation zu den Augen sehr weit oben am Kopf trägt. Eibl-Eibesfeldt 1997, Hassenstein 2001. *C. Becker-Carus*

Humangenetik (= H.) [engl. *human genetics*], **[BIO, DIA, PER]**, als H. wird die Wissenschaft von der erblich bedingten Verschiedenartigkeit des Menschen bezeichnet. In der praktischen Anwendung der H. stehen u. a. Diagnostik und Prognose von genetisch bedingten Erkrankungen und Entwicklungsstörungen (*Entwicklungsstörungen, tiefgreifende*, *Entwicklungsstörungen, umschriebene*) im Mittelpunkt. Neben Krankheiten, die auf Chromosomenanomalien beruhen, beschäftigt sich die H. mit Auffälligkeiten oder Krankheiten, die auf Mutationen einzelner bzw. mehrerer Gene zurückzuführen sind. Genetische Diagnostik dient der Feststellung bzw. Diagnosesicherung einer Krankheit sowie der Feststellung oder dem Ausschluss einer *Disposition* zu einer Erkrankung oder auch der vorgeburtlichen Diagnostik (*Diagnostik, pränatale*). Jede genetische Diagnostik sollte i. R. einer indiv. genetischen Beratung durchgeführt werden, in der neben med. Informationen v. a. die psychosozialen Aspekte genetischer Diagnostik bedeutsam sind (Enquete-Kommission 1987). *humangenetische Beratung*, *Erblichkeit*, *Verhaltensgenetik*. *K. Kufner*

humangenetische Beratung (= h. B.) [engl. *(human) genetic counselling*], **[GES, PER]**, die h. B. ist ein ärztliches Angebot für Personen, die eine genetisch bedingte Erkrankung haben oder ein genetisch bedingtes Risiko für sich oder Angehörige befürchten. Sie ist Grundlage für eine ggf. durchzuführende genetische Diagnostik und dient der

Zielklärung für Ratsuchende im Prozess einer möglichen genetischen Diagnostik. Sie umfasst sowohl die Abschätzung eines evtl. Krankheitsrisikos, die Aufklärung über mögliche Testverfahren und die damit verbundene Diagnosestellung als auch die Vermittlung von und den Umgang mit diagn. Testergebnissen. Allg. Ziele der h. B. liegen demnach in der Aufklärung und Information sowie in der individuen- oder familienbezogenen Umsetzung der Information unter Berücksichtigung der zentralen Prinzipien der Nichtdirektivität (*Gesprächspsychotherapie*), informierten Zustimmung (*informed consent*) und Wertneutralität des Betrachters. Indikationen für eine h. B. im Zusammenhang mit der Zeugung von Kindern sind: (1) vorherige Geburt eines Kindes mit angeborener Erkrankung oder Entwicklungsstörung, (2) höheres elterliches Alter, (3) habituelle Aborte oder Totgeburten, (4) erbgutschädigende (mutagene) und fruchtschädigende (teratogene) Einflüsse wie Exposition mit ionisierenden Strahlen, Infektionen, Medikamente, Alkohol oder andere Drogen vor und während einer Schwangerschaft, (5) Schwangerschaft innerhalb einer Verwandtenehe (Konsanguinität). Weiterhin sind familiäre Erkrankungen oder Erkrankungen mit einer möglichen genetischen Ursache Anlässe für eine h. B. Häufige Anlässe sind: (1) eine Erkrankung oder Entwicklungsstörung bei einem oder mehreren Angehörigen oder bei dem/der Ratsuchenden selbst mit einem möglichen genetischen Zusammenhang, (2) prädiktive Diagnostik zur Abklärung einer möglichen späteren Erkrankung (z. B. Chorea Huntington, Brustkrebs), (3) Fertilitätsstörungen oder Sterilität. *Humangenetik*. Ad hoc Committee on Genetic Counseling of the American Society of Human Genetics 1975, Fischer 2012. *K. Kufner*

Humanistische Therapien [engl. *humanistic therapies*; lat. *humanus* menschlich], [**KLI**], der humanistische Ansatz umfasst ein ganzes Spektrum an Therapieverfahren, insbes. *Psychodrama*, die *Gestalttherapie*, *Gesprächspsychotherapie*, *Encounter-Gruppen*, *Transaktionsanalyse*, *Musiktherapie*, bewegungs- und körperorientierte *Therapie*, *Tanztherapie*, *Kunsttherapie*, *Bioenergetik*. Gemeinsam ist den Ansätzen die Annahme, dass Blockaden oder Abspaltungen die Weiterentwicklungstendenz eines Menschen und sein volles Funktionieren behindern, sowie das Bemühen um eine ganzheitliche Sicht des Menschen (*Persönlichkeitstheorien, humanistische*). *F. Caspar*

humanitäre Intervention (= h. I.) [engl. *humanitarian intervention*; lat. *humanus* menschlich], [**SOZ**], h. I. wird verstanden als bewaffneter Eingriff einer fremden Macht in einen Staat – ohne Zustimmung dessen Regierung – mit dem Ziel, schwere Menschenrechtsverletzungen zu beenden (*Gerechter Krieg*). Begründung insbes. beim Krieg der NATO gegen Jugoslawien im Jahre 1999 ohne Zustimmung des Weltsicherheitsrates (*Friedenspsychologie*). Trotz des unstrittigen Ziels wird h. I. kritisiert: Sie rechtfertige Angriffskriege und widerspreche dem Grundprinzip der Souveränität von Staaten; sie widerspreche geltendem Völkerrecht; wegen unklarer Kriterien bestehe die Gefahr des Missbrauchs und der selektiven Anwendung. *Schutzverantwortung*. *G. Sommer*

Humanitätsepoche [engl. *epoch of humanity*], [**SOZ**], nach der völkerpsychol. Theorie Wundts (*Völkerpsychologie, Ethnopsychologie*) die sich an das «Heldenzeitalter» anschließende Zeit. Weltreiche, Weltkulturen, Weltreligion, Weltgeschichte gehören dazu.

Humankapital (= H.) [engl. *human capital*], [**AO, PER, SOZ, WIR**], beschreibt diejenigen Merkmale einer Person, die ihr ermöglichen, wirtschaftlich produktiv zu handeln. Der Begriff geht auf Arbeiten der Wirtschaftswissenschaftler Jacob Mincer, Theodore W. Schultz und Gary S. Becker zurück. Das Konzept dient der Erklärung von indiv. Unterschieden im ökonomischen Erfolg (mikroökonomisch, etwa Einkommensunterschiede) und von nationalen Unterschieden im ökonomischem Erfolg (makroökonomisch, etwa im durchschnittlichen Pro-Kopf-Bruttonationaleinkommen). Daneben wird H. zum Verständnis von *Gesundheitsverhalten, Erziehung* und Fertilität herangezogen. I. d. R. wird *Bildung* als Indikator für H. verwendet, konkret der höchste Abschluss einschließlich tertiärer Bildung oder der Umfang an Bildungsjahren (Schule, Berufsschule und Hochschule zus.).

Den H.begriff und seine typische Verwendung in der wirtschaftswiss. Forschung begleiten vier Probleme: (1) Der Begriff lässt unklar, was am Humanvermögen relevant ist. Es fehlt eine ps. Explikation. (2) Es bleibt bei den üblichen stat. Analysen mit Grobindikatoren unklar, was wirkt und wie etwas wirkt. (3) Der Ausschluss der Bedingungsfaktoren für H., auch von genetischen Faktoren, führt zu verfälschenden Interpretationen. (4) Die in den wirtschaftswiss. Analysen gängigen unstandardisierten Koeffizienten und *Signifikanztests* machen es schwierig, Effekte (*Effektgröße*) zu bewerten und über versch. Studien zu vergleichen. Um herauszufinden, was an H. relevant ist, ließen sich anforderungs- und tätigkeitsanalytisch die in den versch. Berufen relevanten Personenmerkmale herausarbeiten. Dabei wurde auffällig, dass die korrelativ im indiv. oder makrosozialen Vergleich relevanten Merkmale wie *Intelligenz* und Wissen zwar relevant sind, aber grundlegende Personenmerkmale übersehen werden. So müssen Lehrer auch hören, Architekten sehen und Verkäufer gehen können. Da dies aber nahezu alle Personen können, fallen diese Merkmale in korrelativen Studien heraus, auch in eignungsdiagn. Analysen.

Die Verwendung von Bildungsmaßen kaschiert, dass nicht Bildungstitel und verbrachte Jahre in der Schule relevant sind, sondern kognitive Kompetenz (*kognitive Kompetenzen, Kulturvergleich*) (Intelligenz, also Denkvermögen, Wissen und seine intelligente, verstehende Nutzung), leistungsförderliche Persönlichkeitsmerkmale (Gewissenhaftigkeit, Motivation, Anpassungsfähigkeit) und allg. Gesundheit, die insges. brauchbar durch Bildungsmaße abgedeckt, aber nicht benannt werden. Und für deren Entstehung sind neben Bildung auch genetische, kult. und familiäre Faktoren bedeutsam. Bildung könnte für diese alle auch Indikatorfunktion, nicht nur Entwicklungsfunktion haben (Spence 1973).

Wirtschaftswiss. Publikationen verwenden Formelexplikationen und Regressionsmodelle mit unstandardisierten Koeffizienten (*Regressionsanalyse*). Pfadmodelle, die Wirkfaktoren und deren Abhängigkeit untereinander darstellen und prüfen, und *Effektstärke*maße (etwa *Korrelationen*) fehlen aber häufig. Für die zukünftige Forschung wäre es notwendig, in theoretischen Modellen die hinter psychol. Bedingungsfaktoren relevanten Determinanten und deren Verschränkung untereinander und ihre Effekte auf Zielgrößen wie Berufserfolg, Einkommen und Wohlstand abzudecken. Auf makroökonomischer Ebene wären wie auf indiv. Ebene Längsschnittanalysen (*Längsschnittuntersuchung*) notwendig, um Wechselwirkungen zw. (indiv. oder aggregierten) Personenmerkmalen und ökonomischen und politischen Zielgrößen abzubilden. Kognitive Kompetenz führt nicht nur zu Wohlstand, sondern Wohlstand trägt auch zu Kompetenz bei, nicht aber zu leistungsförderlichen Persönlichkeitsmerkmalen. Becker 1993, Pechar 2006, Rindermann & Thompson 2011.

H. Rindermann

human potential movement [engl. *human* menschlich, *potential* Potenzial, *movement* Bewegung], *transpersonale Psychologie*.

human relations [engl.] (zwischen)menschliche Beziehungen, [**AO**], aus dem amerikanischen Sprachgebrauch übernommene Bez. für die besonderen menschlichen Beziehungen und Verbindungen, die sich im Arbeits-, Betriebs- und Wirtschaftsleben bilden. Zuerst enger gefasst und i. R. der Industriesoziologie entwickelt (die *Hawthorne-Untersuchungen* von E. Mayo waren hierbei ein entscheidender Schritt), wird die Bez. heute recht breit und für vielerlei Beziehungen verwendet. *Führung*, *Humankapital*, *Human Resource Management*, *Sensitivity-Training*.

human resource management (= h.) [engl. *human* Mensch, *resource* Einsatzmittel, Quelle, *management* Leitung] syn. *Personalmanagement*, [**AO**], das h. umfasst alle Richtlinien und Maßnahmen, die in Organisationen angewendet werden, um Mitarbeitende zu gewinnen, zu entwickeln, zu motivieren und zu binden. Zielsetzung des h. ist es, die Leistung der Mitarbeitenden und der *Organisation* sicherzustellen. Das h. sollte mit der Strategie der Organisation abgestimmt werden und diese im Idealfall mitgestalten, damit es seine Aufgabe erfüllen kann, den zur Umsetzung der Strategie notwendigen Personalbedarf zu decken. Unterschieden werden der quant. Personalbedarf, der die notwendige Anzahl von Mitarbeitenden plant, und der qual. Personalbedarf, der die notwendigen Kompetenzen der Mitarbeitenden abschätzt. Ausgehend von der Personalplanung dient die Personalbeschaffung dazu, einen ausreichenden Pool von Bewerbern für freie Stellen zu finden. Indirekt wird die Personalbeschaffung durch die Steigerung der Arbeitgeberattraktivität sowie durch Employer Branding, durch Schaffung einer «Arbeitgebermarke», unterstützt. Diese helfen später auch die Bindung der Mitarbeitenden ans Unternehmen zu fördern. Im Trend liegen E-Recruiting und Social Media Sourcing, bei denen der Personalgewinnungsprozess elektronisch bzw. über Online-Netzwerke abgewickelt wird (*Personalmarketing*). Anschließend wird in Prozessen der *Personalauswahl* die Eignung von qualifizierten Bewerbern aus dem Bewerberpool festgestellt. Der qual. Personalbedarf wird auch durch Maßnahmen der *Personalentwicklung* gesteuert. Neben der *Weiterbildung* und dem *Training* dienen auch geplante Stellenwechsel zur Qualifizierung. Die Abstimmung der Personalentwicklungsmaßnahmen mit dem qualitativen Personalbedarf erfolgt zunehmend durch das Kompetenzmanagement, bei dem die Kompetenzen der Mitarbeitenden und die für Stellen notwendigen Kompetenzen erfasst und verglichen werden (s. a. *Kompetenzmodelle, arbeits- und organisationspsychologische*). Schnittstelle dafür ist ein indiv. Entwicklungsplan, der i. R. des jährlich stattfindenden Mitarbeitergesprächs (*Mitarbeitergespräch*) von Mitarbeiter und Vorgesetztem erstellt wird. Durch Talent-Management und die Nachfolgeplanung wird sichergestellt, dass kritische Stellen besetzt werden können. Das Mitarbeitergespräch dient auch der *Personalbeurteilung*, die je nach Lohnsystem mit leistungsabhängigen Lohnanteilen oder materiellen oder nicht materiellen Anreizen verknüpft werden kann. Die quant. Personalplanung berücksichtigt neben dem Aufbau von Personal auch die Beendigung von Arbeitsverhältnissen durch Pensionierung oder Kündigung sowie den Abbau von Personal in Abhängigkeit von wirtschaftlichen Anforderungen. Weitere Aufgaben des h. sind, die Partizipation der Mitarbeitenden sicherzustellen und Arbeitsplätze und Arbeitszeitmodelle zu gestalten.

Im Zuge der Internationalisierung sind das Management von organisationalen Veränderungsprozessen, das Diversity Management zum Umgang mit *Diversität in Teams und Organisationen*, die Umsetzung von Maßnahmen in interkulturellen und virtuellen Kontexten sowie die soziale und ethische Verantwortung i. R. der Corporate Social Responsibility für das h. wichtiger geworden. Zentrales Anliegen der Forschung ist es, den Beitrag des h. zum Unternehmenserfolg zu belegen. Diskutiert wird, in welcher Kombination Maßnahmen des h. vorliegen sollten, um wirksam zu sein. Solche Maßnahmenbündel legen bspw. den Schwerpunkt darauf, das *Commitment* oder die Leistung in der Arbeitsorganisation zu fördern, mit dem langfristigen Ziel des Erfolges der Organisation. Die *Personalpsychologie* befasst sich mit Teilbereichen des h., z. B. mit der Auswahl und der Entwicklung von Mitarbeitenden. *Unternehmensstrategien*. Jackson & Schuler 1995, Boselie et al. 2005, Wright & Boswell 2002.

S. Raeder

human resource marketing [engl. *human* Mensch, *resource* Einsatzmittel, Quelle, *marketing* Marktpflege]; *Personalmarketing*.

human resources (= h.), [engl.] menschliche Quellen/Einsatzmittel, [**AO**], die *Effizienz* und *Effektivität* der *Organisation* hängt nach verbreiteter Auffassung entscheidend von den Leistungs- und Entwicklungspotenzialen der Organisationsmitglieder ab. Sie werden in vielen Unternehmen, wie im Englischen gebräuchlich, auch als Human-Ressourcen [lat. oder frz. Schreibweise *ressources*, engl. *resources*] bezeichnet. Die Förderung der h. wird auch als eine Organisationsphilosophie oder Unternehmenspolitik gesehen, die den Menschen und seine Potenziale durch Maßnahmen der *Personalentwicklung* «in den

Mittelpunkt stellt» (*Personalmarketing*). Das praktische Arbeitsfeld wird *Human-Ressourcen-Management* (HRM, *Human Resource Management*) genannt. Auch in dt.sprachigen Unternehmen erhalten Führungskräfte in diesem Gebiet die engl. Funktionsbezeichnung *Human Resources Manager (HRM)*. Neuberger (1997) setzt sich kritisch mit den meist oberflächlich und plakativ formulierten Positionen zum HRM auseinander, die eher auf Plausibilitätserwägungen beruhen als auf wiss. Erkenntnissen und Theorien.
S. Greif

Humor (= H.) [engl. *humor*; lat. *umor* Feuchtigkeit], [**EM, GES, KLI, PER, PHI**], Körpersaft, auch Säftemischung. Daraus Humoral-Ps., Humoral-Pathologie als Begriff für die Ableitung des allg., psych. und bes. des charakterlichen Gefüges bzw. der Krankheiten aus dem Blut und den Körpersäften. Schon Hippokrates und Galen begründeten diese Anschauung. Übertragen bildete sich das Wort H. im 18. Jhd. zur Bez. von fröhlicher, ausgelassener Laune und Stimmung. Goethe gebrauchte H. noch als *Stimmung* schlechthin. H. ist nach Lersch die «Einstellung zum Leben, die die Menschen und menschlichen Verhältnisse, aber auch sich selbst in den Unzulänglichkeiten und Schwächen» versteht und verzeiht. Während H. geschichtlich im dt. Sprachraum (z. B. in der Ästhetik) als eine Kategorie des Komischen verstanden und von anderen Phänomenen wie *Witz*, *Ironie*, Satire, Spaß abgegrenzt wird, dient H. in der gegenwärtigen angloamerik. Literatur als Sammelbegriff für alle Phänomene des Komischen – Produktion *(humor creation)* und Rezeption *(humor appreciation)* eingeschlossen.

Für die Erklärung des komischen, Erheiterung und Lachen erregenden Effekts wurden Faktoren wie die willkürliche Verbindung zweier sonst getrennter Ideen und Vorstellungen *(Inkongruenztheorie)*, die Überlegenheit gegenüber dem Belachten *(Superiority/Disparagement*-Theorie) sowie das Ausleben unbewusster sexueller und feindseliger Impulse (*Psychoanalyse*) geltend gemacht. Neuere faktoranalytische Untersuchungen von Urteilen über Witze und Cartoons legen nahe, dass die strukturellen Aspekte wichtiger als Inhalte sein könnten, wobei relativ stabile Präferenzen für humoriges Material mit weitgehend auflösbarer Inkongruenz (Inkongruenz-Lösung) bzw. verbleibender Inkongruenz (Nonsens), die eine generelle Vorliebe für Informationshaltigkeit vs. Redundanz ausdrücken, aufzufinden sind. In Experimenten erweist sich die Form der Beziehung zw. Grad der Inkongruenz und erzielter Erheiterung (umgekehrt u-förmig bis neg. beschleunigend) hingegen als abhängig vom Untersuchungsmaterial. Der sog. «Sinn» für H. bez. relativ stabile interindiv. Unterschiede in der Reaktion auf und Produktion von H. sowie eine heiter-gelassene Lebenseinstellung oder Grundgestimmtheit. Als Alltagsbegriff durch hohe *soziale Erwünschtheit* und mangelnde begriffliche Schärfe gekennzeichnet, erweist sich Sinn für H. als mehrdimensionales *Konstrukt* und seine Erfassung z. T. als noch methodenabhängig. In den vergangenen 20 Jahren wurde bes. der Komponente von H. als *Coping*-Mechanismus und dessen Konsequenzen für *Stressbewältigung* und *Gesundheit* Forschungsinteresse zuteil. *Faktorenanalysen* von Aussagen (Q-Sort) zu alltäglichen humorigen Umgangsformen und Verhaltensweisen erbringen fünf bipolare H.-Stile, von denen nur zwei mit Sinn für H. korrelieren. McGhee & Goldstein 1983, Ruch 1998.
W. Ruch

humoral [engl. *humoral*; lat. *umor* Feuchtigkeit], [**BIO**], die Körperflüssigkeiten betreffend. *Hormone*, *Immunsystem*.

Humphrey'sches Prinzip [engl. *Humphrey's requirements uncertainty principle*], nach W. S. Humphrey (1927–2010), [**KOG**], Humphrey-Paradoxon, ein allg. Prinzip, das sich auf sinngemäß gleiche Reaktionen bei variierenden Umweltbedingungen und geänderten Reizgegebenheiten bezieht. Humphrey 1933.

Hunger (= H.) [engl. *hunger*], [**EM**], ein primäres physiol. *Bedürfnis* bzw. ein Antriebszustand (*Antrieb*, allerdings weitgehend erlebnis- und gefühlsmäßig überlagert und gesteuert), der in der Ps. bedeutsam ist, weil er in vielfältigen Zusammenhängen kontrolliert, gemessen und manipuliert werden kann. Die operationale Def. für die H.antriebsstärke ist die Dauer des Nahrungsentzugs abzüglich eines mit größerer Zeitdauer zunehmenden Schwächekoeffizienten (Hull). H. ist Defizit-*Motivation*. Zusammen mit Durst wird er verwendet, um die Bedeutung der Motivation überhaupt, die meist sehr komplexen Antriebs-, Bedürfnis- und Triebzustände (*Trieb*) wie auch Lernvorgänge zu erschließen.
I.ü.S. bedeutet H. Erlebnish., H. nach Abwechslung etc. *sensation-seeking*. Birbaumer & Schmidt 2010.

Hunt, Earl *kognitive Kompetenzen, Kulturvergleich*.

Huntington, Samuel *kognitive Kompetenzen, Kulturvergleich*.

Huntington-Chorea *Chorea*.

Husserl, Edmund (1859–1938), [**HIS, PHI**], Philosoph, Begründer der phänomenologischen Richtung innerhalb der Philosophie. Geburt in Mähren, daher Österreicher, 1896 Annahme der preußischen Staatsangehörigkeit. Studium der Astronomie, Mathematik, Physik und Philosophie (u. a. bei *Wundt, Wilhelm*) in Leipzig, dann in Berlin, 1882 Promotion in Wien mit einer Arbeit über die Theorie der Variationsrechnung. Durch eine Empfehlung seines wichtigsten Lehrers, Brentano, gelangt Husserl zu *Stumpf* nach Halle, wo er sich habilitieren kann. 1901 erhält Husserl einen Ruf nach Göttingen, 1916 tritt er die Nachfolge von Rickert in Freiburg an. Dort bleibt er bis zu seiner Emeritierung 1928. Seine erste Assistentin ist Edith Stein, zu seinen Schülern gehört Heidegger, der auch sein Nachfolger in Freiburg wird. Husserl wendet sich mit seiner Phänomenologie (*Phänomen, Phänomenologie*) gegen den *Psychologismus* in der Philosophie der Jhd.wende. Ziel der Phänomenologie ist nach Husserl die Erfassung des Wesens von Gegenständen, Sachverhalten usw. durch unvoreingenommenes Herangehen ohne vorschnelle Deutungen. Hierzu entwickelt er die Methode der phänomenologischen Reduktion. Husserls Einstellung zur Ps. seiner Zeit ist kritisch, da er die empirische psychol. Forschung nicht als unvoreingenommen akzeptieren kann. Für eine «exakte» empir. Ps. forderte er eine phänomenologisch reine Ps. als Grundlage. Der Einfluss Husserls auf die Ps. war beträchtlich (Ash 1995), so z. B. auf die *Würzburger Schule*. Ash 1995. *H. E. Lück*

Hybrid, Hybride [engl. *hybrid*; lat. *hybrida* Mischling], *Bastard*.

Hybridation [engl. *hybridization*; lat. *hybrida* Mischling], **[PER]**, Kreuzung von Individuen mit unterschiedlichen Erbanlagen. *Bastard*, *Genetik*, *Verhaltensgenetik*.

Hybrid-Modell, psychometrisch [engl. *hybrid models, psychometric*], *Mixed-Rasch-Modell*.

Hydrocortison (= H.) [engl. *hydrocortisone*], **[PHA]**, verabreichte Form von *Kortisol*, H.verabreichung in physiol. Dosen hat nur geringe psych. Effekte, exp. induzierte *Emotionen* werden jedoch verstärkt. Born & Debus 1998.

Hydromorphon [engl. *hydromorphone*], **[PHA]**, *Psychopharmakon* aus der Gruppe der *Analgetika* vom Typ der *Opioide*, analget. Wirkung ca. fünfmal stärker als bei *Morphium*. Schneller Wirkungseintritt, 2–3 Std. Wirkungsdauer. Anwendung als *Antitussiva*.

Hydrotropismus [engl. *hydrotropism*; gr. ὕδωρ *(hydor)* Wasser], *Tropismus*.

5-Hydroxytryptamin, Abk. 5-HT, chem. Bez. für *Serotonin*.

5-Hydroxytryptophan, **[BIO]**, Neurotransmitter, gebildet aus Tryptophan, zugleich Präcursor von *Serotonin* (5-Hydroxytryptamin).

Hydroxyzin (= H.), **[PHA]**, sehr potentes *Antihistaminikum* (H1-Rezeptor-*Antagonist*) mit zusätzlich adrenolytischer und anticholinerger Aktivität. Wirkt vor allem *sedierend* und *anxiolytisch*. Die max. Wirkung entfaltet sich nach ca. 2 Std., die *Eliminationshalbwertzeit* liegt bei ca. 7 bis 20 Std., wozu auch der aktive Metabolit Cetirizin (HWZ 7–10 Std.) beiträgt. Die wichtigsten *Indikationen* sind *Angst*- und Spannungszustände sowie Ein- und Durch*schlafstörungen*. In den somatischen Disziplinen wird es auch als Antiallergikum sowie zur Prämedikation genutzt. Die empfohlene Dosis liegt bei 37,5 bis 75 mg/Tag. *Nebenwirkungen* (z. B. *Schwindel*, Benommenheit, Konzentrationsstörungen, verlängerte Reaktionszeit, Unruhe, Anspannung, *QTc-Zeit-Verlängerung*) werden relativ häufig beobachtet. Zudem muss auf Interaktionen mit anderen Medikamenten (sedierende Substanzen, Antiarrhytmika, *Anticholinergika*, QTc-Zeit verlängernde Substanzen, CYP3A4-Inhibitoren, über CYP2D6 zu metabolisierende Präparate) geachtet werden. In der Summe gilt H. als Mittel der 2. Wahl bei den o. g. Indikationen. Im Februar 2015 veröffentlichte der Ausschuss für Risikobewertung (PRAC) der Europäischen Arzneimittel-Agentur (EMA) eine Empfehlung zur Anwendungseinschränkung für H. insbes. bei älteren Pat. aufgrund des Risikos einer QTc-Zeit-Verlängerung. *T. Veselinović*

Hylozoismus (= H.) [engl. *hylozoism*; gr. ὕλη *(hyle)* Materie, Stoff, ursprüngl. Wald, ζωή *(zoe)* Leben], **[PHI]**, Lehre der gr. Naturphilosophie von einem belebten Urstoff, der Hyle. Der englische Philosoph R. Cudworth (1617–1688) prägte den Begriff H. für die Annahme, dass auch anorganischen Vorgängen Leben und Seelisches eigen ist. *Monismus*.

HYPAG-Struktur *Hypothesenagglutinierung (HYPAG)*.

hyper- [engl. *hyper-*; gr. ὑπέρ *(hyper)* über], in Wortverbindungen über, übermäßig.

Hyperaktivität *Aufmerksamkeitsdefizit-/Hyperaktivitätsstörung*.

Hyperakusie [engl. *hyperacusia, hyperacusis*; gr. ὑπέρ *(hyper)* über, ἀκούειν *(akouein)* hören], **[BIO]**, (pathologisch) gesteigerte Hörwahrnehmung, z. B. bei gesteigerter Erregbarkeit des peripheren oder zentralen Hörsystems.
J. Zihl

Hyperaldosteronismus [engl. *hyperaldosteronism*], syn. Aldosteronismus, **[BIO]**, abnorme Hypersekretion des Nebennierenrindenhormons *Aldosteron* mit resultierenden Störungen des Wasser- und Elektrolythaushalts. Symptome u. a. Blutdruckerhöhung, psych. Kopfschmerzen, Müdigkeit, Parästhesien. Primäre Form, als Conn-Syndrom bez., Folge eines *Aldosteron*-produzierenden Adenoms, sekundäre Form meist zurückzuführen auf Überaktivität des Renin-Angiotensinsystems. *Hormone*. *W. Janke*

Hyperalgesie [engl. *hyperalgesia*; gr. ὑπέρ *(hyper)* über], Ggs. *Hypalgesie*.

Hyperämie [engl. *hyperaemia*; gr. ὑπέρ *(hyper)* über, αἷμα *(haima)* Blut], **[BIO, GES]**, Blutüberfüllung eines Organs (*Organ*), Blutreichtum.

Hyperarousal *Schlafstörungen*.

Hyperästhesie [engl. *hyperesthesia*; gr. ὑπέρ *(hyper)* über, αἴσθησις *(aisthesis)* Empfindung], **[BIO]**, Überempfindlichkeit auf Druck- und Berührungsreize der Haut, die auch mit Schmerzen verbunden sein kann. *Dysästhesie*.
J. Zihl

Hypercalcämie [engl. *hypercalcaemia*, **[BIO, GES]**, Störung, die durch überhöhte Verfügbarkeit von Calcium bestimmt ist, etwa bei Überfunktion der *Nebenschilddrüse*, verbunden mit Hypersekretion von *Parathormon*. Somatische Symptome u. a. Nierenfunktionsstörungen, Skelettveränderungen (Knochenabbau), Überfunktion der Verdauungsdrüsen mit Tendenz zu Gastritis und Ulcera; psychische Folgen: Antriebsarmut, Depressivität. *Hormone*. Gebert & Thomas 1992. *W. Janke*

Hyperergie [engl. *hyperergy*; gr. ὑπέρ *(hyper)* über, ἔργον *(ergon)* Werk, Tätigkeit], **[BIO, GES]**, Überempfindlichkeit, Reizreaktion von sensibilisiertem Gewebe bei Kontakt mit einem Antigen (*Antigen-Antikörper-Reaktion*).

Hyperforin (= H.), **[PHA]**, H. ist einer der Hauptinhaltsstoffe des *Johanniskrauts* (s. Hypericum-Extrakte). Der komplexe Wirkmechanismus beruht auf einer Wiederaufnahmehemmung von 5-Hydroxytryptamin, *Noradrenalin* und *Dopamin* und gleichzeitiger Verstärkung der Wirkung von *GABA* und *Glutamat*. Zudem konnte eine Modulation von Ionenkanälen sowie Beeinflussung der Stresshormonachse nachgewiesen werden. Auf dem dt. Markt finden sich mittlerweile mehrere H.-haltige Arzneimittel (u. a. Laif®, Kira®, Neuroplant®, Psychotonin®, Hypericium N®, Texx®), die bei depressiven Störungen eingesetzt werden können. In mehreren Studien konnte eine Wirksamkeit bei leichten bis mittelgradigen *Depressionen* nachgewiesen werden. Die Akzeptanz von pflanzlichen Präparaten ist bei den Betroffenen häufig relativ hoch, sodass dabei oft das hohe Interaktionspotenzial vernachlässigt wird. H. ist ein starker Induktor von CYP2C9, CYP2C19 und CYP3A4 sowie des Effluxtransporters P-Glykoprotein. Dadurch kann es zur Senkung der Wirkspiegel und Wirkabschwächung zahlreicher gleichzeitig eingesetzter Medikamente kommen. Ein verminderter Medikamentenspiegel wird auch noch eine Woche nach Absetzen von Johanniskraut-Präparaten beobachtet. *T. Veselinović*

Hypergenitalismus [engl. *hypergenitalism*; gr. ὑπέρ (*hyper*) über, *genitale* Geschlechtsorgane], [**BIO, EW**], die übernormale Entwicklung der Geschlechtsorgane und -merkmale (schon im Kindesalter). *Pubertas praecox*.

hypergeometrische Verteilung [engl. *hypergeometric distribution*], [**FSE**], Verallgemeinerung der *Bernoulli-Verteilung* für endliche Grundgesamtheiten (*Population*). Eid et al. 2013.

Hyperglykämie [engl. *hyperglycaemia*; gr. ὑπέρ (*hyper*) über], [**BIO**], Bez. für die überhöhte Verfügbarkeit von *Glukose*, Entstehung bei Insulinmangel (Insulin, z. B. *Diabetes mellitus*), vielerlei neurotoxische Auswirkungen aufgrund von Mikro- und Makroangiopathien.

Hypergonadismus [engl. *hypergonadism*], [**BIO**], *endogene* Überfunktion der Keimdrüsen (Gonaden) (z. B. durch Tumore).

Hyperhedonie [engl. *hyperhedonia*; gr. ὑπέρ (*hyper*) über, ἡδονή (*hedone*) Freude, Lust], abnormale Steigerung der Lustempfindung.

Hyperhidrosis unter Psychopharmakotherapie (= H.) [engl. *hyperhidrosis during pharmacotherapy*], [**PHA**], übermäßige, oft anfallartige Schweißproduktion als unspezif. Begleiterscheinung einer Psychopharmakotherapie. Wird im Zus.hang mit unterschiedlichen Substanzklassen beobachtet und kann sich nachteilig auf die *Compliance* auswirken. Tritt bes. häufig bei Therapie mit *Antidepressiva* auf (bei ca. 5 bis 14 %). Die genauen zugrunde liegenden Mechanismen sind nicht bekannt; angenommen werden ein Einfluss sowohl von *Noradrenalin* als auch von 5-Hydroxytryptamin auf die sympathische Aktivität und die zentrale Thermoregulation. Hilfreich kann eine Dosisreduktion sein, ggf. muss ein Präparatewechsel erfolgen. Eine Linderung wurde durch Zugabe folg. Präparate beschrieben: Benzatropin (*Anticholinergikum*, in Dt. nicht erhältlich), *Cyproheptadin* (*Antihistaminikum*), Terazosin (Alphaadrenorezeptorblocker), *Clonidin* und *Mirtazapin*. Eine H. kann außerdem ein Teil der Absetz-/ Entzugssymptomatik sowie der Symptomatik bei einem *malignen neuroleptischen Syndrom* sein. *T. Veselinović*

Hypericum-Extrakt [engl. *hypericum extract*]; *Johanniskraut*.

Hyperkinetische Störung, Hyperkinese [engl. *hyperkinetic disorder/hyperkinesis*; gr. ὑπέρ (*hyper*) über, κίνησις (*kinesis*) Bewegung]; *Aufmerksamkeitsdefizit-/Hyperaktivitätsstörung*.

Hyperkinetische Störung mit Intelligenzminderung und Bewegungsstereotypien [engl. *hyperkinetic disorders with impairment of intelligence and stereotyped movements*]; *Entwicklungsstörungen, tiefgreifende*.

Hyperkortisolismus [engl. *hypercortisolism*], [**BIO, GES**], syn. für *Cushingsyndrom*, abnorme Sekretion des Nebennierenrindenhormons *Kortisol* mit resultierenden vielfältigen psych. und somatischen Störungen, u. a. Blutdruckerhöhung, Diabetes mellitus, Magengeschwüre. *Endokrinologie, Hormone*. *W. Janke*

Hyperlipidämie [engl. *hyperlipidemia*], [**BIO, PHA**], Hyperlipidämie oder Hyperlipoproteinämie (HLP) bez. eine erhöhte Konzentration von Cholesterin, Triglyceriden und/oder Lipoproteinen im Blut. Als Unterformen werden Hypertriglyceridämie (Triglyceride im Blut über 180 mg/dl), Hypercholesterinämie (Gesamtcholesterin über 225 mg/dl) und kombinierter HLP def. Ursächl. wird zw. primären (genet. bedingt) und sekundären HLPs unterschieden. Sekundäre HLPs werden u. a. als unerwünschter Effekt einer Behandlung mit *Psychopharmaka* beobachtet. *T. Veselinović*

Hypermasculinity Inventory *Macho-Personality*.

hypermedia (= h.) [engl.], [**MD**], bezeichnet über den Computer dargebotene netzwerkartige Informationsstrukturen, bei denen einzelne Informationseinheiten (*Knoten*) über elektronische Verknüpfungen (*Links*) miteinander verbunden sind und darüber aufgerufen werden können. Die Inhalte der Knoten können dabei aus versch. Multimedia-Komponenten bestehen (z. B. Text, Animation, Video, Audio-Dateien). Werden die Informationen nur in Form von geschriebenen Texten dargeboten, spricht man von Hypertext. In Abgrenzung zu der überwiegend linearen Anordnung von Informationen in Multimedia-Anwendungen, ermöglicht h. einen nicht linearen Zugriff auf einzelne Informationseinheiten, indem der Nutzer Inhalte entspr. seiner eigenen Bedürfnisse und Ziele auswählen kann. Damit bedingt h. ein höheres Ausmaß an Lernerkontrolle. Ein eindeutiger Nachweis der Effektivität von h. zur Unterstützung von Wissenserwerbsprozessen liegt bislang nicht vor (Dillon & Gabbard 1998; Shapiro & Niederhauser 2004). Probleme beim Lernen mit h. bestehen v. a. darin, dass Lernende leicht abgelenkt werden, Schwierigkeiten haben, sich in dem Informationsnetzwerk zu orientieren, und durch die Vielzahl an Entscheidungen bzgl. des Informationsabrufs kogn. überlastet sind. Lernende mit guten Lernvoraussetzungen sind eher in der Lage, mit den erhöhten Anforderungen effektiv umzugehen und profitieren daher eher vom Lernen mit h. (Scheiter & Gerjets 2007). *computer-supported collaborative learning, Medienpsychologie*. *K. Scheiter*

Hypermetropie [engl. *hypermetropia*], syn. *Hyperopie, Hyperopsie*, [**BIO, WA**], sog. *Übersichtigkeit*. Die parallelen Lichtstrahlen vereinigen sich nach Akkomodation erst hinter der Netzhaut (*Auge*). Weitsichtigkeit des Alters (Presbyopie).

Hypermnesie [engl. *hypermnesia*; gr. ὑπερ (*hyper*) über, μνήμη (*mneme*) Gedächtnis], [**KLI**], verstärkte und z. T. lebhafte Erinnerungen, u. a. im *Traum*, Fieber, ggf. auch bei organischen *Psychosen*.

Hypermotilität [engl. *hypermotility*], pathologisch gesteigerte Beweglichkeit der unwillkürlichen Muskelbewegungen z. B. im Bereich des Darms.

Hyperonym [engl. *hyperonym*; gr. ὑπερ *(hyper)* über, ὄνομα *(ónoma)* Name], *Struktur, sprachliche, Semantik (Semiologie)*.

Hyperosmie [engl. *hyperosmia*; gr. ὑπέρ *(hyper)* über, ὀσμή *(osme)* Geruch], **[KLI]**, gesteigertes Geruchsvermögen (z. B. bei *Epilepsie*, *Psychose*).

Hyperparathyreoidismus [engl. *hyperparathyroidism*], **[BIO]**, Störung, die durch abnorme Hypersekretion des Nebenschilddrüsenhormons (Parathormon) bedingt sind. Psych. Folgen sind u. a. Verwirrtheit, Verstimmung, Antriebsarmut.

hyperpersonale Kommunikation [engl. *hyperpersonal communication*; gr. ὑπέρ *(hyper)* über], *Theorie der sozialen Informationsverarbeitung*.

Hyperplasie [engl. *hyperplasia*], **[BIO]**, die Gewebsvergrößerung durch Zellvermehrung (nicht Zellvergrößerung) im Ggs. zu *Hypertrophie*.

Hyperprolaktinämie [engl. *hyperprolactinemia*, **BIO, PHA**], hormonelle Störung mit Überschuss von *Prolaktin*, häufigste hypothalamisch-hypophysäre Störung. Ursachen vielfältig, so Hypophysentumor, vermehrte/verminderte hypothalamische Stimulation/Hemmung, so durch Pharmaka, die die neuronale Synthese von *Dopamin* hemmen, z. B. *Antipsychotika (Prolaktinerhöhung unter Psychopharmakotherapie)*. Folgen bei Frauen: Zyklusstörungen, Amenorrhoe, bei Männern: Libidoverlust und *Erektionsstörungen*. Therapie u. a. mit dopaminbeeinflussenden Substanzen wie *Bromocriptin*. *Hormone*. *W. Janke*

Hypersomnie (= H.) [engl. *hypersomnia*; gr. ὑπέρ *(hyper)* über, lat. *somnus* Schlaf], **[KLI]**, vermehrte Tagesschläfrigkeit, verbunden mit ungewolltem Einschlafen und nicht erfrischendem Tagschlaf. Der Nachtschlaf kann von normaler Dauer oder verlängert (> 10 h) sein. Beginn meist in der späten *Adoleszenz*. Neben idiopathischen Formen kann die H. auch symptomatisch sein, z. B. bei Drogen- oder Medikamentenmissbrauch (*Substanzmissbrauch*). In der 3. Aufl. der ICSD wurde der Begriff H. durch *Hypersomnolenz* ersetzt, wenn es um das Symptom der ausgeprägten Tagesschläfrigkeit geht, während die spezif. Störungen weiterhin H. heißen. *Schlafstörungen*. American Academy of Sleep Medicine 2014. *H. Schulz*

Hyperthyreose [engl. *hyperthyroidism*], **[BIO, KLI]**, patholog. erhöhte Verfügbarkeit der *Schilddrüsenhormone*, u. a. *Basedow-Krankheit*, vielfältige Störungen wie *Tachykardie*, erhöhter Grundumsatz, Hyperhydrosis, Diarrhoe, Gewichtsabnahme und psych. Veränderungen wie Unruhe, Erregtheit, *Ängstlichkeit*, Schlaflosigkeit (*Schlafstörungen*). *W. Janke*

Hypertonie (= H.) [engl. *hypertension*; gr. ὑπέρ *(hyper)* über, τόνος *(tonos)* Spannung], **[BIO, GES]**, vermehrter und verstärkter Tonus, spez. Muskeltonus bzw. eine Erhöhung des systolischen (≥ 160 mmHg) und/oder diastolischen Blutdrucks (≥ 95 mmHg, *Blutdruck*). Als oberer Normwert gilt ein Blutdruck (systolisch/diastolisch) von < 140/95 mmHg. Die Grenzwerte für eine H. wurden festgelegt, da bei Blutdruckwerten oberhalb 160/95 mmHg das Risiko für kardiovaskuläre Erkrankungen und insbes. *koronare Herzerkrankungen* deutlich erhöht ist und

eine *Intervention* erforderlich macht. Man unterscheidet die *essenzielle Hypertonie*, bei der keine unmittelbare Ursache für die H. feststellbar ist, von der *sekundären H.*, bei der die H. durch eine organische Erkrankung wie z. B. eine Nierenerkrankung bedingt ist. Ggs. *Hypotonie*. *C. Hermann*

Hypertonie, essenzielle (= e. H.) [engl. *essential hypertension*; lat. *essentia* Wesen], *Hypertonie*, **[BIO, GES]**, häufigste kardiovaskuläre Erkrankung der Industriestaaten im 20. Jhd. mit vorwiegend psychischen Ursachen. Labile und stabile e. H. werden aufgrund des peripheren Gefäßverhaltens unterschieden: In der labilen Phase kommt es v. a. in unvorhersagbaren und unkontrollierbaren Leistungssituationen zu kurzfristigen Erhöhungen des systolischen *Blutdrucks*. In der stabilen Phase meist chronische Erhöhung des diastolischen Blutdrucks durch periphere Gefäßverengung ohne Veränderung der *Herzfrequenz* und oft unabhängig von bestehenden psych. Konflikten. Beteiligung renaler (Nieren) Faktoren umstritten. An e. H. sind Fettsucht, Typ A-Verhalten (*Typ A-, Typ B-Persönlichkeit*), genetische Faktoren, Barorezeptorenzentren u. a. beteiligt; psychol. Therapien der e. H. sind *Entspannung*, *Meditation* und *Biofeedback*. Bluthochdruck ist einer der Risikofaktoren für die *koronare Herzerkrankung*, woraus sich ein hinreichender Anlass für eine Behandlung ergibt. Für eine medikamentöse Behandlung fehlt oft die *Compliance*, da sich der Bluthochdruckpatient subj. mit seiner Erkrankung besser fühlt als ohne sie. Neben der Verbesserung der Compliance setzen psychol. Interventionen an der Modifikation von Wahrnehmungs- und Beurteilungsprozessen sowie an der Änderung kompensatorischen Leistungsverhaltens an, die beide als mitursächlich für die Entstehung einer H. angesehen werden. Erfolgreich eingesetzt werden auch Entspannungstechniken, die aktivierungsdämpfend wirken. Weiner 1977. *N. Birbaumer/F. Caspar*

Hypertrophie [engl. *hypertrophy*; gr. ὑπέρ *(hyper)* über, τρέφειν *(trephein)* ernähren], **[BIO]**, Vergrößerung eines Organs (*Organ*) oder Gewebes (z. B. eines Muskels (*Muskel, Muskeltonus*)) durch Vergrößerung (nicht durch Vermehrung) seiner Zellen. Ggs. Hypotrophie, Atrophie. *Hyperplasie*.

Hyperventilation *Hyperventilationstetanie*.

Hyperventilationstetanie [engl. *hyperventilation-induced tetany*; gr. ὑπέρ *(hyper)* über, lat. *ventilatio* Belüftung], **[BIO, KLI]**, tetanische Krämpfe infolge psychogen bedingter Hyperventilation (*respiratorischer Alkalose*) und daraus resultierender Abnahme der Serumkonzentration des ionisierten Calciums. Therapie durch kurzfristige Rückatmung in eine Plastiktüte (Erhöhung des alveolären pCO_2). Hyperventilationsübungen werden i. R. der biol. Provokation (*Konfrontation mit Reaktionsverhinderung*) als Therapiemaßnahme bei *Panikstörungen* eingesetzt. Wird i. R. der Therapie von *Phobien* bewusst geübt, um die Kontrollierbarkeit und Harmlosigkeit zu demonstrieren. *Interozeptive Exposition*.

hypnagoge Halluzinationen [engl. *hypnagogic hallucinations*; gr. ὕπνος *(hypnos)* Schlaf, ἄγειν *(agein)* führen, lenken], **[KLI, KOG]**, Schlummerbilder, lebhafte optische

Vorstellungen, die oft vor dem Einschlafen auftreten und die Art der folg. Träume bestimmen.

hypn(o) [engl. *hypno-*; gr. ὕπνος *(hypnos)* Schlaf, Gott des Schlafes, Sohn der Nacht, Zwillingsbruder des Todes], **[KLI]**, in Wortverbindungen Hinweis auf *Schlaf* und Zustände herabgesetzter Bewusstseinsklarheit.

Hypnoanalyse [engl. *hypnoanalysis*; gr. ὕπνος *(hypnos)* Schlaf], **[KLI]**, eine Diagnose bzw. *Psychoanalyse* durch Befragung des Pb im Dämmerzustand. Letzterer wird durch Hypnose – bei der sog. *Narkoanalyse* durch Betäubungsmittel – erzeugt.

Hypnose (= H.) [engl. *hypnosis*; gr. ὕπνος *(hypnos)* Schlaf], **[KLI]**, der hieraus abgeleitete Begriff H. stammt wahrscheinlich von James Braid 1843, ein bereits von Mesmer Ende des 18. Jhd. angewandtes Verfahren zur Beeinflussung des Verhaltens und versch. Erkrankungen, bes. zur Erzeugung von Anästhesie durch «Magnetismus», «Trance» und andere postulierte psych. «Kräfte» des Hypnotiseurs (= Hr.). Erst seit den 1950er-Jahren unseres Jhd. von Exp.psychologen, v. a. Hilgard & Barber systematisch erforscht. H. wird über Instruktionen des Hr. induziert: Mit monotoner Stimme wiederholt dieser z. B. Augenschwere und Verschwimmen, während die Vp einen Punkt angestrengt fixiert. Da die vorhergesagte Reaktion («Schwere») tatsächlich eintreten muss, kommt es zu *klassischer Konditionierung* an die Instruktion des Hr. («Glaube» und pos. «Erwartung», dass vorhergesagte Reize und Reaktionen eintreten werden). Danach folgt meist Instruktion von Müdigkeit und Schwere bei erhaltener Konzentration auf den Hr. Bei tiefer H. sind posthypnotische Aufträge für künftiges Verhalten außerhalb der H. mögl. Etwa 50–60 % aller Menschen sind hypnotisierbar, der Rest benötigt unterschiedlich lange Trainingszeiten. *Neurotizismus*, ideomotorische Tendenz und pos. Beziehungen zum Hr. begünstigen die Tiefe der H., die über die *Stanford Susceptibility Scale* standardisiert gemessen werden kann.

Die Tiefe der H. wurde von H. Bernheim 1884 in neun, von A. A. Liebeault 1891 in sechs und von A. Forel in die lange Zeit gebräuchlichen drei Stufen eingeteilt: *Somnolenz* (nur Schläfrigkeit) – *Hypotaxie* (mit *Katalepsie, Analgesie, Halluzination*) – *Somnambulismus* (mit denselben Phänomenen, doch nach dem Erwecken *Amnesie*). Braid trennte nur in *aktive H.* mit normalem oder suggestiv erhöhtem Muskeltonus und *passive H.* mit schlaffem Tonus. Stokvis schlägt wegen der Schwierigkeit detaillierter Graduierung die Einteilung nach *oberflächlicher* und *tiefer H.* vor (Ruhezustand, Schlafzustand). Die Hypnotisierbarkeit ist eine normale Eigenschaft des gesunden Menschen, doch in unterschiedlicher Intensität. Mit Tests (u. a. Pendelversuch) und «Rückfallversuch» (*Suggestion* des Rückwärtsfallens führt zu Schwanken) kann sie geprüft werden. Es können posthypnotische Aufträge ohne oder mit Zeitsetzung (Termineingebung) bis zu einem Jahr erteilt werden. Der Auftrag ist dem Pb in der Zw.zeit unbewusst und die Handlung wird ad hoc «begründet». Das Ich-Ideal setzt der Ausführung des posthypnotischen Auftrags Grenzen, d. h., Verbrechen werden z. B. nicht begangen, wenn die Pb nicht auch ohne H. dazu hätte gebracht werden können. Die Strafprozessordnung verbietet, Verbrechen durch H. der Tatverdächtigen aufzuklären. Ärzte wie J. H. Schultz, Stokvis und Langen, die H.therapie anwenden, betonen, dass die H. nur die Autosuggestion des Hypnotisierten wecken könne.

Nach Barber (1974) besteht die H. aus vier Phänomenen: (1) der erhöhten Reaktionsbereitschaft auf «Suggestionen» (Forderungen) wie Hitzegefühl, Armleichtigkeit, Analgesie, Halluzinationen, Amnesien, Regressionen; (2) einem tranceartigen Erleben und Gefühl; (3) Änderungen des Körpergefühls; (4) der subj. Aussage, hypnotisiert worden zu sein. Die genannten Effekte sind auf die Wirkungen von neun Eingangs- und Induktionsvariablen aus zwei Gruppen von intervenierenden Größen zurückzuführen, die noch nicht näher untersucht worden sind: (1) pos. Einstellung, Motivation mit Erwartungen; (2) «Mitdenken» und lebendige Vorstellung der suggerierten Effekte. Neun Variablen bewirken die erhöhte Reaktionsbereitschaft auf Test-Suggestionen: (1) Def. der Situation als H.; (2) Abbau von Angst und Fehlvorstellungen über H.; (3) Sicherung der Kooperationsbereitschaft; (4) Schließen der Augen; (5) Suggerieren von Entspannung, Schlaf und H.; (6) Maximieren der sprachlichen und stimmlichen Charakteristiken der Suggestion (z. B. permissiv wirksamer als autoritär); (7) Paaren der Suggestion mit real auftretenden Ereignissen (z. B. «Verschwimmen des Fingers» u. Ä.); (8) Anregung zielgerichteter Vorstellungen (z. B. Vorstellung einer realen Situation, in der es heiß, schwer oder ruhig ist); (9) Vermeiden oder Neuinterpretation von mangelndem Suggestionserfolg.

Ein spezif. Trancezustand ist für die H. weder notwendig, noch physiol. nachweisbar; das *EEG* ist z. B. leicht verlangsamt, wie bei anderen entspannten Zuständen auch. Die Effekte, die mit H. erzielbar sind, können wahrscheinlich auch ohne H. bei Vorhandensein der oben angeführten intervenierenden Größen (Erwartung und Mitdenken) erzielt werden (*Placebo*). Therap. wird hypnotische Trance i. R. med. Therapien (Schmerzkontrolle) eingesetzt und kommt zudem – als H. deklariert oder nicht – eingebettet in versch. Therapieformen zur Anwendung, z. B. als Imaginationsübung. In der *Hypnotherapie* steht sie im Vordergrund. Empirische Ergebnisse legen nahe, H. nicht als mit seriöser Ps. unvereinbar anzusehen. Es ist davon auszugehen, dass H. für best. Indikationen (*Hypnotherapie*) ein brauchbarer Zugang zur Veränderung von Leidenszuständen ist, der zudem in der einen oder anderen Form in vielen Kulturen genutzt wird (Revenstorf 1996). Nach der psychoanalytischen Theorie (*Psychoanalyse*) der H. ist die Einstellung des Hypnotisierten vergleichbar mit der eines Kindes, das sich vertrauensvoll von den Eltern führen lässt. Dies gebe dem Hr. die Möglichkeit, die Rolle des «autoritären Vaters» oder der «begütigenden Mutter» zu übernehmen. Hirnanatomisch-physiol. Annahmen (Völgyesi 1950) sprechen von einem bedingten Reiz (i. S. von Pawlow), der den Intellekt vermeidet und unmittelbar die Vorstellungen, Gefühle, Affekte, Instinkte und das Vegetativum beeinflusst; die H. als eine «reversible Dezerebration» (Ausschaltung des Großhirns). Fromm & Shor 1979. *N. Birbaumer/F. Caspar*

Hypnoseübung, fraktionierte, [KLI], in der Erkenntnis, dass in der *Hypnose* einfache Grundfaktoren enthalten sind (Entspannungsfaktor, Konzentrationsfaktor, Schlaffaktor), hat E. Kretschmer eine Übungsform eingeführt, die von der Entspannung durch das autogene Training (konzentrative Selbstentspannung) ausgeht, über das Fixieren (z. B. eines leuchtenden Punktes) weiterschreitet und zum vollen hypnoiden Bewusstseinszustand gelangen kann.

Hypnotherapie (= H.) [engl. *hypnotherapy*; gr. ὕπνος *(hypnos)* Schlaf], [KLI], H. ist eng mit dem Namen M. Erickson verbunden. Durch *Trance*-Induktion (zumeist verbale Suggestionen, manchmal verbunden mit dem Einsatz z. B. eines Pendels) wird der Pat. in einen veränderten Bewusstseinszustand versetzt, der eher mit konzentrierter *Aufmerksamkeit* als mit Schlaf zu charakterisieren ist. Angestrebt wird, beim Pat. einen inneren Suchprozess anzuregen. Die H. enthält einige Elemente, die auch ohne explizite Trance anwendbar sind, wie das Sich-Einstellen des Therapeuten auf das System des Pat. und das Hervorheben der pos. Möglichkeiten. Als mögliche Ziele werden genannt: Veränderung physiol. Prozesse (Entspannung, Kreislauf), Aktivierung von visuellen, akustischen und somatosensorischen Vorstellungen, Veränderungen des Zeiterlebens, Dissoziation zur Abschwächung hinderlicher oder unangenehmer Erfahrungen, Assoziation von hilfreichen Erfahrungen, Regression und Progression. Die H. lässt sich den Kurztherapien zuordnen. Sie kommt häufig i. R. eines breiter angelegten Behandlungsprogrammes zum Einsatz. Die nachgewiesene Wirksamkeit der H. beschränkt sich auf die behandelte Symptomatik. Eine gute *Wirksamkeit* ergab sich bei der Behandlung von Schmerzzuständen, *Schlafstörungen* und psychosomatischen Beschwerden (z. B. Asthma und *Hypertonie*). Revenstorf 1996. *F. Caspar*

Hypnotika (= H.) [engl. *hypnotics*; gr. ὕπνος *(hypnos)* Schlaf], syn. *Schlafmittel*, [PHA], *Psychopharmaka*, die *Schlaf* herbeiführen, erzwingen oder fördern. H. stammen v. a. aus den Gruppen der *Benzodiazepine* oder der *Barbiturate*. Die Wirkungen von H. sind denen der *Narkotika* und *Tranquillanzien* sehr ähnlich bei entspr. Dosierung. Der Schlaf ist in seiner Struktur meist nicht dem natürlichen vergleichbar (geringere Schlaftiefe, Unterdrückung von REM-Schlaf), wie viele Schlafmessungen mit dem EEG und Aktivitätsindikatoren zeigen. Darüber hinaus haben H. meist Nachwirkungen (*Hang-over-Effekt*) i. S. von Leistungsbeeinträchtigungen am Morgen. Die Wirkungen von H. sind intra- und interindiv. sehr variabel. Länger dauernde Einnahme von H. birgt das Risiko der Entwicklung von *Toleranz* und Abhängigkeit (*Benzodiazepin-Abhängigkeit*). Riederer et al. 1998, Spiegel 1995. *W. Janke*

hypo-, hyp-, hyph- [gr. ὑπό *(hypo)* unter], in Wortverbindungen unter, darunter.

Hyp(o)algesie [engl. *hyp(o)algesia*; gr. ὑπό *(hypo)* unter, ἄλγος *(algos)* Schmerz], [BIO, WA], Herabsetzung der Schmerzempfindlichkeit (*Schmerz*). Ggs. *Hyperalgesie* (Form der *Hyperästhesie*).

Hyp(o)ästhesie [engl. *hyp(o)esthesia*; gr. ὑπό *(hypo)* unter, αἴσθησις *(aisthesis)* Empfindung], [BIO, WA], allg. oder spezif. Verminderung der Empfindlichkeit (Sensibilität) auf Druck- und Berührungsreize der Haut; ist nur eine Körperhälfte betroffen, spricht man von Hemihypästhesie. *Dysästhesie*. *J. Zihl*

Hypochondrie (= H.) [engl. *hypochondria*; gr. ὑποχόνδρια *(hypochondria)* Bereich unter den Rippen], [KLI], Form der *Somatoformen Störungen*. Ein Zustandssyndrom, das mit gedrückter Stimmungslage (*Angst* und *Depression*), meist auch übersteigerter *Selbstbeobachtung* und unbegründeten Krankheitseinbildungen einhergeht. Die H. wurde erstmals von Galen in seiner Melancholie-Lehre als eigene Krankheit beschrieben. Freud (*Psychoanalyse*) deutete sie als *narzisstische Neurose*. H. wird zumeist nicht mehr als eigene Krankheit betrachtet, sondern als krankhafte psych. *Disposition*, die bei *Depression*, *Schizophrenie* u. a. Störungen vorliegen kann. Bei H. wird psychoth. Hilfe gewöhnlich abgelehnt, da der Kranke ja gerade vom somatischen Ursprung seiner Erkrankung überzeugt ist. Wird psychoth. Hilfe gesucht, besteht immer die Gefahr einer Fehldiagnose: Es ist schwer auszuschließen, dass es sich doch um eine somatische Erkrankung handelt. Deshalb spielt die Verlässlichkeit med. Diagnostik und die Zus.arbeit zw. somatischer Med. und Psychoth. eine wichtige Rolle (*Psychosomatik*). Effektivitätsstudien für psychoth. Verfahren gibt es bisher kaum. Hypochondre Vorstellungen als Teil von *Panikstörungen* können verhaltensthrap. (*Verhaltenstherapie*) erfolgreich behandelt werden. *hypochondrischer Wahn*. Bleichhardt & Weck 2007. *F. Caspar*

hypochondrischer Wahn [engl. *hypochondric delusion*], syn. *Krankheitswahn*, [KLI], *wahnhafte Störung*, bei der die Überzeugung vorliegt, schwer krank zu sein. Die Krankheit wird als unheilbar und die eigene Situation als hoffnungslos empfunden. Durch rationale Argumentationen nicht zu entkräften. Tölle 2007.

Hypocretin [engl. *hypocretin*], [BIO], Hypocretine sind Neuropeptide des dorsolateralen Hypothalamus (*Gehirn*) mit wesentlicher Funktion für die Regulation der *Vigilanz* (Wachsamkeit) und des Wachseins am Tage. Ein Mangel an Hypocretin ist kennzeichnend für *Narkolepsie* mit *Kataplexie*. *H. Schulz*

Hypogenitalismus [engl. *hypogenitalism*; gr. ὑπό *(hypo)* unter, lat. *genitale* Geschlechtsorgane], [BIO], die unternormale Entwicklung der Geschlechtsorgane und -merkmale durch endokrine Störung (*Endokrines System*).

Hypogeusie [engl. *hypogeusia, hypoageusia*; gr. ὑπό *(hypo)* unter, γεύση *(geuse)* Geschmack], [BIO], Verminderung der Geschmackswahrnehmung bzw. -empfindung nach einer Schädigung des peripheren oder zentralen Geschmackssystems (gustatorisches System, *Geschmack*) oder infolge einer Medikamentennebenwirkung. *J. Zihl*

Hypoglykämie (= H.) [engl. *hypoglycaemia*; gr. ὑπό *(hypo)* unter, γλυκύς *(glykys)* süß], [BIO], Bez. für das Absinken des Blutzuckerspiegels unter Normalwerte mit

vielerlei psych. Begleiterscheinungen (z. B. Gereiztheit, Konzentrationsstörungen, Kopfschmerzen, Heißhunger, Schwitzen, Zittern, innere Unruhe). H. tritt auf bei Unterernährung und Hunger, bei Erkrankungen von Bauchspeicheldrüse, Leber, Hypophysenvorderlappen, *Nebennierenrinde*, bei Schwangerschaft und Stillperiode oder nach starken körperlichen Anstrengungen und kann zu Bewusstlosigkeit, Krämpfen und zum Tod führen. Zuführung von *Glukose* führt zu einer schnellen Aufhebung des hypoglykämischen Zustands. H. kann bei Diabetikern infolge einer Überdosierung mit Insulin auftreten. Löffler & Petrides 1997.
W. Janke/M. Ising

Hypogonadismus [engl. *hypogonadism*; gr. ὑπό *(hypo)* unter], [**BIO**], die Unterfunktion der Keimdrüsen (Gonaden; *Gonadenhormone*).

Hypokalzämie [engl. *hypocalcaemia*], [**BIO**], Störung, die durch verminderte Verfügbarkeit von Kalzium bestimmt ist. Ursachen u. a. zu geringe Verfügbarkeit des Nebenschilddrüsenhormons Parathormon. Somat. *Symptome*: Krampfneigung der Muskulatur. *Hormone*.

Hypokinese [engl. *hypokinesia*; gr. ὑπό *(hypo)* unter, κίνησις *(kinesis)* Bewegung], [**BIO, GES**], Bewegungsarmut bei Lähmungen oder Systemerkrankungen (z. B. Parkinson). *Dysarthrie*.

Hypokrisie [engl. *hypocrisis*; gr. ὑπό *(hypo)* unter, κρίνειν *(krinein)* (ent)scheiden, *Hypokrit* Heuchler], Verstellung, Unaufrichtigkeit.

hypologisches Denken [engl. *hypological thinking*; gr. ὑπό *(hypo)* unter, λόγος *(logos)* Vernunft, [**EW, KOG**], Bez. für vorsprachliches Denken bzw. das Denken des noch nicht sprachfähigen Kleinkindes und der höheren Tiere, das keinen sprachlichen Ausdruck finden kann.

Hypomanie (= H.) [engl. *hypomania*; gr. ὑπό *(hypo)* unter, μανία *(mania)* Besessenheit], [**KLI**], bez. ein psych. Störungsbild, das eine schwächere Ausprägung der Symptome der *Manie* darstellt. Wie die Manie tritt H. in Form von abgrenzbaren Episoden auf, hauptsächlich im Verlauf einer *bipolaren Störung*, v. a. Bipolar II, kann auch im Verlauf einer *schizoaffektiven Störung* auftreten oder durch einen med. Krankheitsfaktor oder die direkte Wirkung einer Substanz (Droge, Medikament) verursacht sein. Die Symptome der H. entspr. denen der Manie, mit dem Unterschied, dass die Symptome weniger stark ausgeprägt sind, die Diagnose bereits nach einer Dauer der Symptomatik von vier Tagen gestellt werden kann, die Symptome nicht in klin. bedeutsamer Weise Leiden oder Beeinträchtigungen in wichtigen sozialen, beruflichen oder zw.menschlichen Bereichen verursachen. Hautzinger & Meyer 2011.
M. Hautzinger/C. Heil

Hypometrie [engl. *hypometry*; gr. ὑπό *(hypo)* unter], Form der *Dysmetrie*.

Hypomnesie [engl. *hypomnesia*; gr. ὑπό *(hypo)* unter, μνήμη *(mneme)* Erinnerung], [**BIO, KOG**], mangelhafte Erinnerung, Gedächtnisschwäche (Ursache z. B. organische Psychose). *Amnesie*.

Hyponym [engl. *hyponymy*; gr. ὑπό *(hypo)* unter, ὄνομα *(onoma)* Name], *Struktur, sprachliche, Semantik (Semiologie)*.

Hypoparathyreodismus [engl. *hypoparathyroidism*], [**BIO, GES**], Störung, die durch verminderte biol. Verfügbarkeit des Nebenschilddrüsenhormons *Parathormon* bedingt ist. *Endokrinologie, Hormone*.

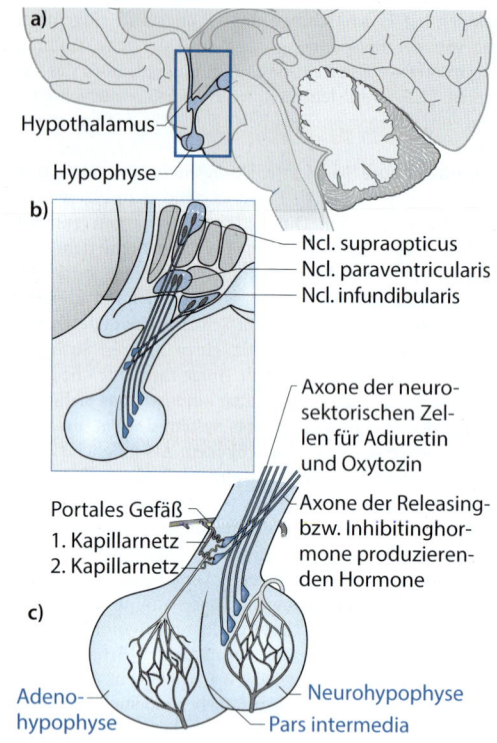

Hypophyse: Überblick über Lage und Aufbau des hypothalamisch-hypophysären Systems

Hypophyse (= H.) [engl. *hypophysis*; gr. ὑπό *(hypo)* unter, φύσις *(physis)* Natur, Wuchs], [**BIO**], *Glandula pituitaria*, Hirnanhangsdrüse, die etwa bohnengroße endokrine Drüse an der Hirnbasis in der sog. Sattelgrube *(Sella turcica)* ist durch das Infundibulum (H-Stiel) direkt mit dem Hypothalamus verbunden und stellt mit diesem eine morphologische und funktionelle Einheit dar (*Gehirn*). Das «hypothalamisch-hypophysäre System» ist damit die entscheidende Nahtstelle (Schaltstelle) zw. den neuronalen und hormonellen Regelprozessen. Die H. ist zweigeteilt: H.vorderlappen (HVL) oder Adenoh. und H.hinterlappen (HHL) oder Neuroh. Dazwischen die *Pars intermedia*. Sechs bedeutsame *Hormone* neben einigen weniger wichtigen werden von der Adenoh. abgegeben, zwei bedeutsame von der Neuroh. Diese Tätigkeit wird durch den Hypothalamus gesteuert. Der HVL produziert und speichert sechs Hormone: Das *Wachstumshormon* (STH, Somatotropin), zwei gonadotrope Hormone (*Gonadotropine*) (FHS, follikelstimulierendes Hormon; LH (luteinisierendes Hormon), das Prolaktin (HPr), das Thyreotropin (TSH) und das Adrenokortikotropin (ACTH). Sie regen

die Funktion von peripheren Drüsen an. Die Freisetzung der Hormone wird ihrerseits von Neurohormonen aus dem *Nucleus infundibularis* gesteuert, die über das hintereinander geschaltete Doppelkapillarnetz als Releasing- und Inhibitionshormone den HVL erreichen (s. Abb). H.vorderlappen, Hypothalamus und periphere Hormondrüsen (z. B. Nebennierenrinde) können in rückgekoppelten Regelkreisen organisiert sein und bilden so als «Achsen» bez. Funktionssysteme. *Hippocampus*.
Die HHL-Hormone *Oxytocin* und antidiuretisches Hormon (ADH, Adiuretin, *Vasopressin*) sind wasserlösliche Polypeptide. Sie werden im *Hypothalamus* gebildet und im HHL gespeichert, und zwar in den präsynaptischen axonalen Verbindungen der die Hormone produzierenden hypothalamischen Neurone. Pinel 1997.

C. Becker-Carus

Hypophysenhormone (= H.) [engl. *hypophyseal/pituitary hormones*], [**PHA**], von der *Hypophyse* gebildete und freigesetzte *Hormone*. H. sind zum großen Teil auch Neuropeptide, die extrahormonelle Wirkungen direkt auf das *Nervensystem* ausüben. Der Vermittlung solcher neurotroper Wirkungen dienen spezif. Rezeptoren. Zu unterscheiden sind H. des Hypophysenvorderlappens, Adenohypophyse (HVL) und des Hypophysenhinterlappens (HHL, syn. Neurohypophyse). HVL-Hormone sind einmal sog. glandotrope Hormone, die die Hormonbildung in best. Hormondrüsen anregen, nämlich gonadotrope Hormone (Gonadotropie) FSH (follikelstimulierendes Hormon) und LH (luteinisierendes Hormon), TSH (Thyreotropin), ACTH (adrenokortikotropes Hormon) und nicht glandotrope H., nämlich STH (somatotropes H., *Wachstumshormon*) und *Prolaktin*. HHL-Hormone sind *Oxytocin* und *Vasopressin* (antidiuretisches Hormon, ADH).

W. Janke

Hypoplasie [engl. *hypoplasia*; gr. ὑπό (hypo) unter, πλάσσειν (plassein) bilden], [**BIO**], unvollständige, verkümmert gebliebene Ausbildung einzelner Organe (*Organ*) und Gewebe, aber auch der gesamten Konstitution. *dysplastisch*.

Hyposmie [engl. *hyposmia*; gr. ὑπό (hypo) unter, ὀσμή (osme) Geruch], [**BIO, WA**], unvollständiger Verlust der Geruchswahrnehmung nach einer Schädigung des peripheren oder zentralen Geruchssystems (olfaktorisches System), bei Diabetes mellitus, *Parkinsonsche Erkrankung*, Demenz vom Alzheimer-Typ (*Alzheimer-Krankheit*) oder infolge einer Medikamentennebenwirkung (z. B. *Antidepressiva*).

J. Zihl

Hypostase, hypostasieren (= H.) [gr. *hypostasis*; gr. ὑπό (hypo) unter, στάσις (stasis) Stillstand, Standpunkt], [**PER, PHI**], verwesentlichen, d. h. verdinglichen. Nach Kant «seine *Gedanken* zu Sachen machen», bloße Vorstellungen (*Vorstellung*) «als wahre Dinge außer sich setzen». In der Ps. sind viele Begriffe hypostatisch gebraucht, d. h., für abstrakte Qualitäten werden «substanzielle» Grundlagen unterstellt. In der Medizin ist H. die Überfüllung mit Blut (Senkungsblutfülle). Genetisch ist H. die Überdeckbarkeit einer Erbanlage durch eine nicht zum Erbanlagepaar gehörende Anlage (*Genetik*).

Hypotaxie [engl. *hypotaxis*; gr. ὑπό (hypo) unter, τάξις (taxis) Ordnung], [**KLI**], die der *Ataxie* nahekommenden Koordinationsmängel bei willkürl. Bewegungen, auch als *Charme* bez. zweiter Hypnosegrad (*Hypnose*).

hypothalamisch-hypophysäres System [engl. *hypothalamic-pituitary system*], *Hypothalamus-Hypophysen-Nebennieren-Achse (HHN-Achse), endokrines System*.

Hypothalamus [engl. *hypothalamus*; gr. ὑπό (hypo) unter, θάλαμος (thalamos) Kammer]; *Gehirn*.

Hypothalamushormone [engl. *hypothalamic hormones*], [**BIO**], im Hypothalamus gebildete und freigesetzte *Hormone*, die als *releasing hormones* oder *Inhibiting-Hormone* die Freisetzung von *Hypophysenhormonen* anregen oder hemmen.

Hypothalamus-Hypophysen-Nebennieren-Achse (HHN-Achse) (= H.) [engl. *hypothalamus pituitary adrenal (HPA) axis*], [**BIO, PHA**], Hormonsystem, das durch Zellen des Hypothalamus gesteuert wird, die *Kortikotropin-Releasing-Hormone (CRH)* produzieren, und das in der *Hypophyse* die Sekretion des *adrenokortikotropen Hormons* anregt, das wiederum stimulierend auf die Bildung von Glukokortikoiden in der Nebennierenrinde wirkt (*Hormone*). Die Glukokortikoide, wie bspw. *Kortisol*, spielen eine wichtige Rolle im Glukosestoffwechsel und hemmen i. S. einer Feedback-Wirkung im Hypothalamus die Bildung von CRH. Das H. wird auch *Stresshormonsystem* genannt, weil es bei psych. und körperlichem *Stress* heraufreguliert ist. Es wird aber typischerweise auch bei psych. Erkrankungen wie der *Depression* oder der *Anorexie* durch proinflammatorische *Zytokine* i. R. von entzündlichen Erkrankungen oder bei Absinken des Glukosespiegels im Blut aktiviert. Erkrankungen der H. mit überhöhter Glukokortikoidproduktion führen zum *Cushing-Syndrom*, das zum Auftreten affektiver Störungen führen kann.
Mitte der 1960er-Jahre wurde erstmals beobachtet, dass während der Erkrankungsphase einer schweren Depression signifikant erhöhte Kortisolkonzentrationen im Blut nachweisbar sind; ein Befund, der sich in engem zeitlichem Zus.hang mit der klin. Besserung wieder normalisiert. Bei Pat. mit einer Depression ist wahrscheinlich die Glukokortikoidrezeptor-Funktion verändert, weshalb es zu einer verringerten Feedback-Wirkung der Glukokortikoide im Hypothalamus kommt. Zur Messung der Glukokortikoidrezeptorsensitivität wird der sog. Dexamethason/CRH-Stimulationstest (Dex/CRH-Test); *Dexamethason-Suppressionstest*) verwendet. Der Dex/CRH-Test hat sich inzw. in einigen Kliniken als *Surrogat*marker der Depression etabliert. Möglicherweise ist die Überaktivität der H. auch kausal in die Pathogenese der Depression involviert, weswegen potenzielle *Antidepressiva* entwickelt wurden, die Hormone der H. hemmen. Mittlerweile gibt es pos. Studien zur antidepressiven Wirksamkeit eines CRH-1-Rezeptor-*Antagonisten* (R121919), Inhibitoren der Kortisolsynthese (Ketoconazol, Metyrapon) und einem Glukokortikoidrezeptorantagonisten (Mifepriston-RU486/C-1073). Keines dieser Medikamente wurde jedoch bisher als Antidepressivum zugelassen. Himmerich & Schneider 2012a.

H. Himmerich

Hypothese (= H.) [engl. *hypothesis*; gr. ὑπόθεσις *(hypothesis)* Unterstellung], **[FSE, PHI]**, eine Aussage, die eine noch nicht bestätigte Vermutung ausdrückt, meist zum Zweck der Erklärung eines Sachverhalts. Nach der Form unterscheidet man singuläre vs. allg. H., deterministische vs. stat. gesetzesartige (nomologische) vs. Korrelations-H. An eine empirisch-wiss. H. wird die Forderung nach empirischer Prüfbarkeit erhoben. Der Begriff «hypothetisch» drückt die Ungewissheit bzgl. der Wahrheit aus. Da nach der heute überwiegenden Auffassung keine Sicherheit der Erkenntnis erreichbar ist, bleibt jede Aussage mit Informationsgehalt (*Gehalt*) auch nach empirischer Bestätigung prinzipiell hypothetisch. Der *Signifikanztest* dient der stat. Prüfung von H. auf Basis empirischer Daten: Als *Nullh.* wird die Annahme bez., dass empirische Datenstrukturen (z. B. Gruppenunterschiede oder Zusammenhänge) zufallsbedingt auftreten. Als *Alternativh.* wird die Annahme bez., dass empirische Datenstrukturen systematisch (i. S. von nicht zufallsbedingt) auftreten. Gadenne & Oswald 1986. *V. Gadenne*

Hypothesenagglutinierung (HYPAG) [engl. *hypotheses agglutination*; gr. ὑπόθεσις *(hypothesis)* Unterstellung, Vermutung, lat. *agglutinare* ankleben], **[DIA]**, Spezialfall konfigurationaler Modelle bei der diagn. Entscheidungsfindung (*paramorphe Modelle*). Ausgehend von diagnostizierten Fällen befragt ein Interviewer den Diagnostiker nach der Begründung für das diagn. Urteil. Es werden *Wenn-Dann-Regeln* formuliert (z. B. wenn Merkmal A und Merkmal B kleiner einem kritischen Wert, dann wird ein Bewerber abgelehnt), die i. d. R. zunächst einzelne Elemente des impliziten Entscheidungsmodells des Diagnostikers explizieren. Das Modell wird auf Basis neuer Fälle so lange erweitert bzw. modifiziert, bis eine hinreichend differenzierte Modellstruktur erreicht ist bzw. bis keine Inkonsistenzen mehr in der Modellstruktur vorliegen. Das resultierende Modell wird bzgl. seiner Passung für alle analysierten Fälle geprüft. Als ein Validitätskriterium gilt, dass das formalisierte Modell in 95 % aller Fälle das tatsächliche Urteil des Diagnostikers korrekt vorhersagen sollte. Nach Abschluss der Modellentwicklung sollte eine *Kreuzvalidierung* erfolgen. Krohne & Hock 2007, Wottawa 1987.

Hypothesenraum [engl. *hypothesis space*], *Problemraum*.

Hypothesentheorie (= H.) [engl. *hypothesis theory*], **[KOG, SOZ, WA]**, Erklärung von Wahrnehmungs- und Denkvorgängen in kognitivistischen Ansätzen von Brunswik, Bruner u. a. *Denken*. Die H. der sozialen Wahrnehmung von Bruner & Postman (1951) berücksichtigt v. a. die soziale Determination der *Wahrnehmung*. Jeder Wahrnehmungsvorgang ist gemäß dieser Konzeption der Versuch der Bestätigung einer *Erwartung* oder *Hypothese*. Wie sehr das Ergebnis einer Wahrnehmung durch eine Hypothese (i. S. einer Wahrnehmungseinstellung oder einer kogn. Prädisposition) bestimmt wird, darüber entscheidet die Stärke der Hypothese. Lilli & Frey 1993.

Hypothyreose [engl. *hypothyroidism*; gr. ὑπό *(hypo)* unter], **[KLI]**, Störungen, die durch verminderte biol. Verfügbarkeit von *Schilddrüsenhormonen* bedingt sind. Vielfältige Symptome wie Müdigkeit und erhöhtes Schlafbedürfnis (*Schlafstörungen*), Gewichtszunahme, Verstopfung und psych. Veränderungen wie depressive Verstimmungen (*Depression*).

Hypotonie [engl. *hypotonia*; gr. ὑπό *(hypo)* unter, τόνος *(tonos)* Spannung], **[BIO, GES]**, verminderter Tonus, speziell Herz, Muskel (*Muskel, Muskeltonus*), Blutniederdruck. Ggs. *Hypertonie*.

Hysterie (= H.) [engl. *hysteria*; gr. ὑστέρα *(hystera)* Gebärmutter], **[KLI]**, veraltete Bez. (z. B. Freud 1985) für einen psych. Zustand, bei dem neben seelischen Störungen bes. auch mannigfaltige Symptome auftreten können, ohne dass körperliche Ursachen hierfür nachweisbar sind. Heute wird statt der Verwendung des Begriffs H. unterschieden zw. der Bez. für psychogene somatoforme Störung i. S. einer *Konversionsstörung* (mit sensorischen Symptomen oder Ausfällen, Anfällen oder Krämpfen, Ohnmachten, Seh- und Sprechstörungen, Lähmungen, verminderter Koordination oder Balance etc.) und (nach *DSM*-IV) der *histrionischen Persönlichkeitsstörung* mit übermäßiger *Emotionalität* (z. B. Theatralik), Egozentrismus und Geltungsstreben.

Hz *Hertz*.

iatrogen [engl. *iatrogenic*; gr. ἰατρός *(iatros)* Arzt, γένεσις *(genesis)* Entstehung], **[GES, KLI]**, durch den Arzt verursacht (z. B. neg. Auswirkung von Diagnose- oder Therapiemaßnahmen). I. ü. S. die nicht nur vom Arzt, auch von einem Berater oder Psychotherapeuten bewirkte Verschlimmerung eines Zustandes. *Therapieerfolg*.

IBM SPSS Statistics **[FSE]**, ein Paket von Computerprogrammen, die zur Datenaufbereitung (*Datenqualität*) und stat. Datenanalyse verwendet werden. Nachfolger von *SPSS*. Leonhart 2010.

IC-Analyse [engl. *immediate constituent analysis* unmittelbare Konstituentenanalyse], **[KOG]**, grundlegendes Verfahren der *Phrasenstruktur-Grammatik* zur Aufdeckung der Hierarchie der Sätze einer *Sprache*. Jeder Satz (S) wird schrittweise in seine i. d. R. jew. zwei «unmittelbaren Konstituenten», d. h. jew. unmittelbar zus.gehörenden Bestandteile, zerlegt. Zuerst in eine Nominalphrase (NP) und eine Verbalphrase (VP). Die NP enthält immer das Subjekt des Satzes, die VP immer das Prädikat sowie ggf. Objekte und adverbiale Bestimmungen. In weiteren Zerlegungsschritten werden die NP und die VP unter nur geringer Berücksichtigung der *Bedeutung* des Satzes quasi mechanisch weiter aufgegliedert. Die grafische Darstellung geschieht häufig in einem *Baumdiagramm*.
Die IC-Analyse wurde von Bloomfield (1933) begründet und insbes. von Wells (1947) und Nida (1966) weiterentwickelt. Als Mängel der IC-Analyse gelten: (1) die mechanische, vorwiegend binäre Zerlegung der Sätze, (2) der Mangel an eindeutigen Zerlegungsregeln, (3) die Schwierigkeit, «diskontinuierliche», d. h. durch andere Wörter unterbrochene, Konstituenten darzustellen, (4) die ausschließliche Berücksichtigung der *Oberflächenstruktur* der Sätze. *Grammatik, Grammatiktheorie*.

ICD, Abk. für *Internat. Klassifikation der Krankheiten*. *Klassifikation psychischer Störungen*.

ICF *International Classification of Functioning, Disability and Health (ICF)*.

ICF Core Sets [engl. *core* Kern, *set* Zusammenstellung], **[DIA, GES]**, systematisch entwickelte, standardisierte Erhebungsinstrumente, die die für einzelne Erkrankungen und Gesundheitsstörungen bedeutsamen der insges. 1495 Kategorien der ICF (*International Classification of Functioning, Disability and Health (ICF)*) enthalten. Grundlage bilden i. d. R. empirische Evidenzen und Expertenmeinungen. Bickenbach et al. 2012.

Ich [engl./lat. *ego*], **[PER, PHI]**, etymologisch ist *Ich* ein germanisches Pronomen, das auf die Einheit der Person und des Selbst abhebt. *Ich* ist Indikator für den Urheber einer Handlung. Nach phil. Interpretation ist Ich (1) das Subjekt aller Wahrnehmungen, Vorstellungen, Gedanken, Gefühle, Handlungen (= *Subjekttheorie*, Augustinus, Kant), (2) eine immaterielle Substanz (= *Substanztheorie*, Berkeley, Descartes, J. S. Mill), (3) eine Summe oder eine Verknüpfung von Wahrnehmungen und Vorstellungen (= *Komplexionstheorie*, Hume, Husserl).
W. James stellte *Ich (ego)* und *Mich (me)* sowie die neuere Gliederung des Ich über die Antriebsseite in *propulsives Ich* (Drang, Sehnsucht u. Ä.), *impulsives Ich* (Regulationen, Triebe u. Ä.) und *prospektives Ich* (vorausschauende Initiative u. Ä.) von Thomae. *Identität und Selbst*, *Individuation*, *Person*, *Selbst*.
[KLI], *Psychoanalyse*; in der sog. *Strukturlehre*, die Freud 1923 in «Das Ich und das Es» (Freud 1923a) entwickelte, gilt das *Ich* als eine von drei Instanzen des *psychischen Apparats*. Das Ich ist v. a. eine Vermittlungsinstanz. Sie muss nicht nur zw. der Instanz des *Es*, die die Triebe beinhaltet, und der Instanz des *Über-Ichs*, die die verinnerlichten Normen und Verbote umfasst, vermitteln, sondern auch die Forderungen der Realität beachten und integrieren. Das *Ich*, das sich aus der Freud'schen Konzeption nach unter dem Einfluss der Außenwelt aus dem Es entwickelt, wird zum wichtigsten Anpassungsorgan des psych. Apparats. Der Selbsterhaltung dienend, kontrolliert das *Ich* mehr oder weniger erfolgreich, z. T. bewusst, z. T. unbewusst die Funktionen der Wahrnehmung, des Bewusstseins, des Gedächtnisses, der Motorik, der Affektsteuerung, der Realitätsprüfung, der Abwehr (*Abwehrmechanismen des Ich*) usw. Es vertritt die Interessen der Gesamtpersönlichkeit und ist mit libidinöser Energie besetzt (*Libido*). Trotz dieser fundamentalen Bedeutung des *Ichs* hielt Freud zeitlebens an der Grundüberzeugung fest, dass es eher ein «armes Ding» als «Herr im eigenen Haus» ist (Freud 1917). In seiner Vermittlerrolle und seiner nicht hintergehbaren Abhängigkeit zu den anderen Instanzen des psych. Apparats bleibt das *Ich* ständigen *Konflikten*, strukturellen Widersprüchen und überlegenen inneren und äußeren Gegenkräften ausgesetzt.
Die wiss. Erforschung des *Ichs* und seiner Funktionen wurde ab 1936 unter dem Sammelbegriff *Ich-Psychologie* zu einem wichtigen Teilgebiet der Psychoanalyse nach Freud (Freud, A. 1936). Neben Freud wurde die *Ich-Analyse* v. a. von folg. Autoren weitergeführt: *Anna Freud* vervollständigte die Lehre von den Abwehrmechanismen, Ferenczi beschrieb die Stadien der *Ich*-Entwicklung, Federn analysierte die versch. *Ich*-Stadien und entwickelte den Begriff der *Ich*-Grenzen. Hartmann beschrieb die primär und sekundär autonomen *Ich*-Funktionen. *Szondi* unterschied zw. den *elementaren Ich-Funktionen* (Projektion, Inflation, Introjektion, Negation) und den *dialektischen Ich-Funktionen* (Egosystole und Egodiastole).
[WA], die *Gestaltpsychologie* gibt mit ihren Gestaltgesetzen eine Erklärung über die Entstehung des «anschaulichen

Ich» und der «anschaulichen Ich-Begrenzung», indem die Prinzipien der Figur-Grund-Relation (*Figur-Grund-Verhältnis*) auf den Körper in seiner Beziehung zur Umwelt angewandt werden. Hartmann 1939. L. Bayer

Ich-Anachorese, Ich-Mythisierung (= I.) [engl. *ego anachoresis*; gr. ἀναχωρεῖν *(anachorein)* sich zurückziehen], [**KLI**], psychoanalytisches (*Psychoanalyse*) Konzept, Abwehrmaßnahmen zur Entlastung von unerträglichen Schuldgefühlen, die aber zugleich best. schizophrene Formalsymptome (*Schizophrenie*) zur Folge haben. Zu Ersterem gehört der Rückzug des *Ich* vor nicht assimilierbaren Bewusstseinsinhalten. Bei der Mythisierung besteht die Schuldentlastung in der Identifizierung mit einer archetypischen, mythischen Figur. Das Ich entrückt in eine «kollektivmythische, schuldfreie Existenz». *Abwehrmechanismen des Ich*. Winkler 1954.

Ich-Analyse (= I.) [engl. *ego analysis*], [**KLI**], stellt eine Modifikation der klassischen *Psychoanalyse* dar: Es wird hier die Bedeutung und Eigenständigkeit des *Ich* stärker betont. *Kreativität* und konstruktive *Aggression* werden als Funktionen gesehen, die dem Ich primär konfliktfrei gegeben sind. Größere Bedeutung kommt auch *sozialen Interaktionen* zu, sie stellen eine eigene Art von Befriedigung dar. Stärker als in der Psychoanalyse Freuds wird die Fähigkeit des Menschen hervorgehoben, Kontrolle über seine Umwelt auszuüben. Aus diesem Grund sind in der Therapie mehr die gegenwärtigen Lebensbedingungen von Bedeutung und Interesse. Über spezif. therap. Techniken der I. liegen in der Literatur kaum Beschreibungen vor. Für den klin. Nutzen der ich-analytischen Therapie gibt es keine befriedigenden Belege. Zu den einflussreichsten Autoren mit ich-analytischer Orientierung gehören K. Horney, A. Freud, E. Erikson, D. Rapaport und H. Hartmann.

Ich-Beteiligung, syn. *ego-involvement*.

Ich-Bezogenheit [engl. *ego-relatedness*], *Egoismus*.

Ich-Erschöpfung (= I.) [engl. *ego depletion*], syn. volitionale (willentliche) Erschöpfung, [**EM, KLI, PER**], beschreibt das Phänomen, dass bei aufeinanderfolg. Aufgaben, die alle eine willentliche Anstrengung (*Ich*-Kontrolle, syn. *Selbstkontrolle*) erfordern, die Leistung in den späteren Aufgaben verringert ist. Die zentrale Annahme des I.-Modells besagt, dass alle willentlichen Anstrengungen (z. B. Ausdauer bei schwierigen Aufgaben, Impulse unterdrücken, eine Diät einhalten, eigene Gefühle regulieren) auf eine allg., innere Ressource (*Volition*, Wille) zugreifen, deren Kapazität begrenzt ist und daher durch Gebrauch kurzfristig erschöpft. Wer z. B. beim Betrachten eines lustigen Films nicht lachen darf, ist anschließend weniger ausdauernd bei einer schwierigen Puzzleaufgabe, weil er im Vergleich zu jemandem ohne Lachverbot schon mehr Willenskraft verbraucht hat. Der Wille wird mit einem Muskel verglichen, der durch Gebrauch (Ich-Kontrolle) kurzfristig erschöpft, langfristig aber gestärkt wird. Ängstliche *Selbstmotivierung* und Selbstdisziplin sind Bsp. für diese anstrengende, erschöpfende Form willentlicher Steuerung. Das I.-Modell ignoriert allerdings die anstrengungsarme Form der Selbststeuerung, die schwierige Anforderungen und sogar Rückschläge so bewältigt, dass Willenshandlungen nicht ermüden, sondern beflügeln. *Gesundheitsverhaltensänderung, multiple*. Baumeister et al. 2000.

N. Baumann/J. Kuhl

Ich-Funktionen (= I.) [engl. *ego functions*], [**KLI, PER**], Sammelbez. für die Leistungen des *Ich* wie *Denken*, Wahrnehmen (*Wahrnehmung*), *Gedächtnis*. In der *Psychoanalyse* (nach Hartmann) wird zw. primär autonomen und sekundär autonomen I. unterschieden, wobei letztere die Funktionen der Reaktion, der Abwehr (*Abwehrmechanismen des Ich*) und Bewältigung in Konfliktsituationen bes. hervorheben.

Ich-Ideal-Diskrepanz (= I.) [engl. *ego-ideal discrepancy*], [**KLI, PER**], *Psychoanalyse*; Nichtübereinstimmen von Ich-Ideal und *Ich*, vom idealen Selbstbild und erfahrenem Personenbild. Die I. ist oft Ausgang zu neurotischen Spannungen. *Ideal-Selbst*.

Ich-Integrität [engl. *ego integrity*; lat. *integer* unbeschädigt], *Lebensbewältigung im Alter*.

Ich-Lähmung, Ich-Leere [engl. *ego paralysis*], [**KLI**], Formen von Ich-Erlebensstörungen, wobei der eigene Körper oder auch die eigenen Gedanken, Gefühle u. a. als fremd empfunden werden. *Entfremdung*, Entfremdungserlebnis, *Depersonalisation*.

Ich-Libido [engl. *ego libido*], [**KLI**], nach Freud die auf das Ich, die eigene Person, bezogene *Libido*.

Ich-Psychologie [engl. *ego psychology*]; *Ich*, *Psychoanalyse*.

Ich-Stärke (= I.) [engl. *ego strength*], [**KLI, PER**], in der *Psychoanalyse* Grad der Regulationskompetenzen über versch. *Ich-Funktionen*. Kernberg (1993) – aufgrund eigener Untersuchungen – hat die *Identitätsdiffusion* (als mangelnde Integration des *Selbstkonzeptes* oder des Konzeptes von bedeutsamen Anderen; *Identität und Selbst*) als den zentralen Störungsbereich identifiziert, der für die I. bzw. Ich-Schwäche entscheidend ist. (*Realitätsprinzip*). Kernberg ermittelte *faktorenanalytisch* drei Komponenten der I.: (1) Grad der Integration, Stabilität und Flexibilität der Person (Abwehr-Zus.setzung, Angsttoleranz, Impulskontrolle, Denkorganisation, Sublimierungsfähigkeit). (2) Grad der Realitätsnähe und Triebbefriedigung sozialer Beziehungen. (3) Grad der symptomatischen Äußerung von innerpersönlichen Fehlfunktionen. In der Persönlichkeitsps. ist I. die Fähigkeit, das Ich oder *Selbst* zu bewahren und durchzusetzen gegenüber Widerständen von außen.

Ich-Störung (= I.) [engl. *ego disorder*], [**KLI**], nach psychoanalytischer Auffassung (*Psychoanalyse*) eine psych. Störung der *Ich-Funktion*, bei der die Synthese zw. Ansprüchen von *Es* und *Über-Ich* und die Abgrenzung gegenüber der Außenwelt gestört sind (*Ich-Schwäche*). I. repräsentieren außerdem eine Kategorie in psych. Befund, wo sie die Auflösung der Grenzen der eigenen Person bez. Sie umfassen *Depersonalisation*, *Derealisation*, *Gedankenausbreitung* (Überzeugung, dass andere Menschen die eigenen Gedanken lesen können), *Gedankenentzug* (Überzeugung, dass die eigenen Gedanken von äußeren Mächten entzogen werden), *Gedankeneingebung* (Überzeugung, dass eigene Gedanken von außen eingegeben werden) und andere Fremdbeeinflussung. I. können bei versch. psych. Störungen auftreten, z. B. Gedankeneingebung oder -aus-

breitung bei *Schizophrenie* oder Depersonalisation und Derealisation bei dissoziativen Störungen (*Dissoziative Identitätsstörung*). Oder sie können durch die direkte Wirkung einer Substanz (Droge, Medikament) oder durch das Vorliegen eines med. Krankheitsfaktors ausgelöst werden.
M. Hautzinger/C. Heil

Ich-Triebe (= I.) [engl. *ego instincts*]; *Psychoanalyse*, *Abwehrmechanismen des Ich*, **[EM, KLI, PER]**, in Freuds erster, bis 1920 Gültigkeit beanspruchender *Triebtheorie* stehen sich Sexualtriebe und I. konflikthaft gegenüber. Der *Konflikt* zw. diesen beiden grundlegenden Triebkräften soll das psych. Leben bestimmen. Klin. drückt sich dieser Konflikt bspw. so aus, dass best. sexuelle Triebwünsche auf eine innere Gegenkraft, eine verdrängende, abwehrende Tendenz stoßen. Die Abwehrseite beinhaltet *soziale Normen* und Konventionen sowie moralische und ethische Vorstellungen. Diesem Abwehrpol sprach Freud in seiner ersten Triebtheorie eine eigene Triebgrundlage zu. Da er das *Ich* als Sitz der Abwehrkräfte erkannt hatte, sprach er von I. Da er dem Ich auch die Funktion der Selbsterhaltung zugeschrieben hatte, verwendete er ab 1910 die Begriffe I. und Selbsterhaltungstrieb als Synonyme. Freud 1910a.
L. Bayer

idea... [lat. *idea* Bild, Abbild, Urbild, Gestalt], in Wortverbindungen Bez. für den Zusammenhang mit *Bild*, *Gestalt*, *Begriff*, *Idee*.

ideagen [engl. *ideagenous*; lat. *idea* Abbild, gr. -γενής *(-genes)* bewirkt, verursacht], **[EM, KOG]**, durch *Vorstellungen* entstanden, im Ggs. zu *thymogen*, durch Gemütsbewegungen, *Affekte* entstanden.

Ideal [engl. *ideal*; lat. *idea* Urbild, Idee], **[EM, KOG]**, Leitbild, Vorbild, Inbegriff der Vollkommenheit. Ein vom Individuum bes. bevorzugter und gepflegter Bewusstseinsinhalt (*Bewusstsein*). Schließlich nur das abstrakt Erdachte im Ggs. zur *Wirklichkeit*.

Idealbild [engl. *ideal image/picture*], **[EM, SOZ]**, Entwurf, wie eine Person selbst sein möchte (*Ideal-Selbst*) oder wie eine andere Person gewünscht wird (z. B. Partnerideal).

Idealisierung [engl. *idealization*; lat. *idea* Urbild, Idee], **[PHI]**, Annahme, die den tatsächlichen Sachverhalt, auf den sie sich bezieht, vereinfacht darstellt, daher nur annäherungsweise zutrifft, jedoch die Ausarbeitung oder Anwendung einer *Theorie* oder Methode erleichtert bzw. erst möglich macht. Der vereinfacht konzipierte Gegenstand heißt auch ideales Modell. Bsp.: Massenpunkte; der freie Fall; rationale Individuen; der ideale Sprecher bzw. Hörer; eine ausschließlich (intrinsisch) leistungsmotivierte Person.
V. Gadenne

Idealismus (= I.) [engl. *idealism*; lat. *idea* Urbild, Idee], **[PHI]**, allg. Lebensauffassung, die durch Ideen und Ideale bestimmt ist und uneigennützig den selbstgesetzten Idealen dient. Dabei sind Spielformen der ethische, der praktische und der schwärmerische I. Phil. Lehre, nach der alles Wirkliche Idee ist. Auf diesem Grundsatz haben sich sehr versch. Bedeutungen des Begriffes aufgebaut. Mit dem Satz: *esse est percipi* (Sein ist Wahrgenommenwerden oder Vorgestelltsein) hat Berkeley eine Formulierung des I. gegeben. Metaphysisch ist der theoretische I. mit der Annahme, dass nur geistige Prinzipien das Wirkliche sind, dem Spiritualismus verwandt. Kant suchte mit seinem kritischen oder transzendentalen I. nicht nur die Dinge als bloße Erscheinungen von den «Dingen an sich» zu trennen, sondern stellte zugleich auch den Prozess des Erkennens über die a priori in uns vorhandenen anschaulichen und begrifflichen Formen der Ordnung der Empfindungen (Kategorienlehre) klar. Ggs. *Materialismus*.

I-Deals, (I)diosyncratic-Deals [engl.] idiosynkratische Abmachung; gr. ιδιο- *(idio-)* eigen-, συν- *(syn-)* zusammen-, κράσις *(krasis)* Mischung, **[AO]**, sind indiv., freiwillige und nicht-standardisierte Aushandlungen von Arbeitsbedingungen zw. Arbeitnehmer und der *Organisation*, die sich von jenen der Kolleginnen und Kollegen unterscheiden und i. d. R. beiden Parteien Vorteile bringen. I-Deals können sich u. a. auf Tätigkeitsinhalte, Karrieremöglichkeiten oder flexible Arbeitszeiten beziehen. Rousseau 2005.
T. Rigotti

Ideal-Selbst (= I.) [engl. *ideal self*; lat. *idea* Urbild, Idee], syn. Ich-Ideal, **[KLI, PER, SOZ]**, ist ein Bereich des *Selbst*, der sich qual. durch Normen (*Normen, soziale*), *Werte*, *Ziele* etc. kennzeichnen lässt. Diese werden vom Individuum im Laufe der Sozialisation *Sozialisationspsychologie* verinnerlicht, werden von ihm als wünschenswert erachtet und haben als emot. getönte Selbstbilder eine Leitfunktion bei der Selbstregulation (*Selbstregulationsmodell*). I. ist Gegenstand versch. Wissenschaftsdisziplinen.

Das I. steht seit längerer Zeit im Fokus psychoanalytischer Forschung (*Psychoanalyse*), wobei mit dem Aufkommen selbstpsychol. und objektbeziehungspsychol. Ansätze (Kohut, Kernberg) das *Ich-Ideal* (Freud) eine konzeptuelle Modifizierung erfährt und sich in die Theorie narzisstischer Selbstregulation integrieren lässt.

Das I. steht auch im Blickwinkel sozialpsychol. Forschung: Einerseits geht es darum, Differenzen (*Selbstdiskrepanz*) zw. *Real-Selbst* und I. zu betrachten. Diese Differenzen werden bei hohem Selbstfokus bewusster als bei niedrigem Selbstfokus (Wicklund & Frey 2001). Außerdem fällt bei hohem Selbstfokus die Motivation höher aus, die Diskrepanz zw. Realselbst und I. zu reduzieren, als bei niedrigem Selbstfokus. Die Wahrnehmung von Diskrepanzen zw. Real-Selbst und I. wird aversiv erlebt. Typische begleitende Emotionen sind Niedergeschlagenheit und Unzufriedenheit (Higgins et al. 1986)

Was die narzisstische Selbstregulation (*Narzissmus*) betrifft, zeigen Befunde, dass Narzissten (im Vergleich zu Nicht-Narzissten) mehr Kongruenz zw. realem und idealem Selbst wahrnehmen. Die Idealisierung bedeutsamer Anderer hängt mit dem Bindungsstil zus. (*Bindung*). Empirische Ergebnisse zeigen: Je bindungsängstlicher eine Person ist, desto mehr neigt sie zur Idealisierung (Bierhoff & Herner 2009; Campbell & Miller 2011).
M. J. Herner/H.-W. Bierhoff

ideatorisch [engl. *ideatoric*], *Apraxie*.

Idee (= I.) [engl. *idea*], **[PHI]**, in der Philosophie bei Plato das eigentlich Wirkliche, die Dinge sind Abbilder der Ideen. Bei Descartes und Locke ist die Idee so viel wie Vorstellung. Kant bezeichnet mit Idee einen metaphysischen

Vernunftbegriff, der sich vom Verstandesbegriff (*Kategorie*) und der sinnlichen Anschauung unterscheidet. Nach Hegel ist die Idee das allein wahre und reale Sein. In der Biologie ist I. der als Urbild, Urgestalt allen Organismen zugrunde liegende Plan (Portmann 1950). Einerseits Abstraktion, andererseits Ordnungsprinzip. Goethes Urpflanze gehört hierzu.

Umgangssprachlich bedeutet I. Gedanke, Vorstellung, Einfall.

Ideen, überwertige (= ü. I.) [engl. *grandiose ideas*], syn. *fixe I.*, **[KLI]**, die infolge Affektbesetzung so übergewichtig und einseitig sich darbietenden Ideen, dass anders gerichtete Einstellungen nicht aufkommen. Der Unterschied zu einer paranoiden Haltung (*Paranoia*) besteht darin, dass bei einer ü. I. immer noch Tendenzen zur realen Einsicht – und wenn auch nur vorübergehend – geweckt werden können. Deshalb sind ü. I. weder Zwangsvorstellungen noch Wahnideen. Meist sind sie Ausdruck neurotischer Fehlhaltung oder von *Psychopathie*. *Wahn*, *Zwangsstörungen*.

Ideenassoziation *Assoziation*.

Ideenflucht (= I.) [engl. *flight of ideas*], **[KLI]**, rascher, zus.hangloser Ablauf von Gedanken und Vorstellungen, wobei Leit- bzw. Zielvorstellungen für den Gedankenablauf mehr oder weniger fehlen und (extreme) Klangassoziationen die Gedanken bestimmen. I. ist noch nicht Ideenzerfahrenheit, Ideenjagd oder i. Verwirrtheit bei *Delir* und *Manie*.

Ideengenerierung [engl. *generation of ideas*], *Innovationsverhalten*.

Ideenjagd [engl. *chasing ideas*], **[KLI]**, eine *Denkstörung*, bei der das Verhältnis der Person zum eigenen Denkablauf als abnorm, als den sich jagenden Gedanken ohnmächtig ausgeliefert, empfunden wird.

Identifikation *Identifizierung*.

Identifikation, soziale [engl. *social identification*], *Nachahmung*, *Imitation*, *Commitment*.

Identifizierung [engl. *identification*; lat. *idem* derselbe, *facere* machen], **[BIO, PER, RF]**. Die biol. Identifizierung eines Menschen kann anhand von morphologischen Kennzeichen (u. a. Gebiss, Papillarlinien der Fingerkuppe), polymorphen Serumgruppen, Enzymvarianten, in immunologischen Merkmalen (HLA-Antigene) und in der DNA-Analyse, d. h. Markierung der Nukleotid-Sequenzen (Chromosomen-Strichcode, Gentest) vorgenommen werden. Diese Aufgabe stellt sich in der kriminalistischen Täter- oder Opfer-Spurenkunde, in der Rechtsmedizin oder bei Vaterschaftsnachweisen (Schleyer et al. 1995). Die Einmaligkeit eines Menschen wird auch in seiner immunologischen *Individualität* deutlich. Das auf dem Chromosom 6 lokalisierte humane Leukozytenantigen-System (HLA-Genkomplex, *Human Leukocyte Antigen*) ermöglicht einen millionenfachen Formenreichtum (Polymorphismus) von HLA-Phänotypen. Die Immunreaktionen und Histokompatibilitätsantigene bilden sich lebenslang in ständiger «antigener» Auseinandersetzung durch «Erfahrung von Fremdem» und von Körpereigenem zu einem «biol. Selbst» heraus. Insofern kann hier eine Entsprechung zum psych. *Ich* gesehen werden, das sich ebenfalls aus angeborenen Grundlagen ausdifferenziert und durch Erfahrung zur Selbsterkennung gelangt (*Erkennen als geistiger und molekularer Prozess*, Cramer 1991; *Organisms and the Origin of Self*, Tauber 1991). *Humangenetik* und Immunologie haben zu einem neuen Verständnis der biol. Einmaligkeit, Unverwechselbarkeit und «Selbsterkennung» geführt.

[KLI], psychoanalytisches Konzept; die I. bezeichnet einen psych. Vorgang, durch den sich das *Ich* herausbildet, indem es Eigenschaften eines bedeutsamen anderen (des sog. Triebobjekts) assimiliert und sich nach diesem umbildet. Die I. kann sowohl Teile dieses Objekts als auch das ganze Objekt betreffen. Freud hatte in seiner Schrift «Trauer und Melancholie» das klin. Phänomen beschrieben, dass der Melancholiker das verlorene Objekt (z. B. den Verstorbenen) im Ich wieder aufrichtet, dass also eine Objektbesetzung durch eine I. abgelöst wird. Er generalisierte diese Einsicht und stellte die allg.gültige These auf, dass das Ich der Niederschlag der aufgegebenen Objektbesetzungen ist. Beim Untergang des *Ödipuskomplexes* wird die Identifizierung zum wesentlichen Mechanismus in der Bildung der Geschlechtsidentität und der Objektwahl: Die Entwicklungsaufgabe des Jungen lautet: Er soll die Objektbesetzung der Mutter aufgeben und an ihre Stelle eine Vateridentifizierung setzen. In analoger Weise soll das Mädchen die Vaterbesetzung aufgeben und eine Mutteridentifizierung an deren Stelle setzen. Die Einverleibung ist entwicklungsgeschichtlich gesehen ein Vorläufer der I. Sie kann als das psychosomatische Vorbild der I. betrachtet werden. Freud 1921, Freud 1916/1917a, Loch 1975, Seidler 2000.   J. Fahrenberg/L. Bayer

Identifizierungsbeweis [engl. *identification evidence*], *Personenidentifizierung*.

identische Elemente (= i. E.) [engl. *identical elements*], **[KOG, PER]**, das Erlebnis der *Ähnlichkeit* zwischen visuell wahrgenommenen Figuren soll nach der *Assoziationspsychologie* darauf beruhen, dass diese i. E. (Winkel, Krümmungen, Farben usw.) enthalten. Gleicherweise werden die Erscheinungen der Übertragung des Lern- und Übungseffektes von einem Sachgebiet auf ein anderes (*Mitübung*, *Transfer*) dadurch erklärt, dass beide i. Teilinhalte besitzen (Müller 1911, Thorndike 1932). Weitergehend wird die Konsistenz von Verhaltensweisen (*Verhalten*) bzw. Charaktereigenschaften (*Persönlichkeitsmerkmal*) in der Weise erklärt, dass eine best. Reaktion hinsichtlich einer best. Situation gelernt wird, wobei aber jede Situation, die mit der ursprünglichen identische Elemente hat, auch die ursprünglich gelernte Reaktion hervorruft. Vielfach werden die Phänomene auch mit dem von Pawlow stammenden Begriff der *Generalisation* erklärt. Die historisch wichtigste Kritik an dieser Theorie wird durch die *Gestaltpsychologie* geleistet. Allport (1949) verneint die Theorie, weil die Suche nach Elementen endlos werde, da immer schwerer fassbare i. Teilinhalte gesucht werden müssten oder auf sehr allg. Elemente wie «Verlangen nach Wahrheit» oder «eine Einstellung, jeder Frage auf den Grund zu gehen» zurückgegriffen werden müsse. Die Theorie sei im Ggs. zu ihrem ausdrücklichen Anspruch niemals instande, die genaue Natur oder Lage irgendeiner *Identität* festzustellen.

identische Lokalisierung [engl. *identical localization*; lat. *locus* Ort], **[WA]**, Bez. dafür, dass das, was in den Netzhäuten (*Auge*) auf geometrisch ähnliche Punkte fällt, räumlich als am gleichen Ort befindlich wahrgenommen wird. *visuelle Wahrnehmung*.

identische Netzhautstellen, **[WA]**, auch Deckpunkte (Helmholtz) oder *korrespondierende Netzhautpunkte*. *Auge*. Goldstein 2007.

Identität (= I.) [engl. *identity*; lat. *idem* derselbe], **[BIO, PER, SOZ]**, beschreibt die Art und Weise, wie Menschen sich selbst aus ihrer biografischen Entwicklung (*Biografie*) heraus in der ständigen Auseinandersetzung mit ihrer sozialen Umwelt wahrnehmen und verstehen. Wichtige Bestimmungsstücke, die in die Konstitution der eigenen I. eingehen, sind z. B. Geschlecht, Alter und soziale Herkunft, Ethnizität, Nationalität und Gruppenzugehörigkeiten, Beruf und sozialer Status, aber auch persönliche Eigenschaften und Kompetenzen. Die I.konstitution verlangt die Abgleichung einer reflexiven Betrachtung des eigenen Selbst mit den Rückmeldungen des sozialen Umfelds (*Identität und Selbst*, *organisationale Identifikation*, *SIDE-Modell*); um eine best. I. für sich beanspruchen zu können, muss der Mensch sie in *sozialen Interaktionen* aushandeln. Weitere wichtige Herausforderungen für die I.arbeit bestehen in der Notwendigkeit einer Ausbalancierung von Kontinuität und Veränderung der eigenen Person, in der Aufgabe, sowohl einzigartig als auch gleich wie andere sein zu sollen, und in dem Bedürfnis, sich in der Auseinandersetzung mit der Welt als handlungsmächtig zu erleben. Dies bedeutet auch, dass I. unter wechselnden Lebensbedingungen immer wieder neu angepasst werden muss und I.konstitution eine lebenslange Aufgabe ist (*Identitätsentwicklung*). *Hirnschädigungen* und ihre Folgen können mit schweren I. krisen einhergehen. Durch die Verluste kogn. und *sozialer Kompetenzen* und die Einschränkung von psych. und alltagspraktischen Anpassungsleistungen, die körperl. Einbußen und die erzwungene Aufgabe von Rollen und Aktivitäten kann es zu Selbstwerteinbußen und Sinnverlust kommen. Auch die Rückmeldungen des sozialen Umfeldes können belastend und kränkend werden, wenn zw. der Selbstwahrnehmung und den Verweisen der Angehörigen auf die Einschränkungen und Defizite Diskrepanzen entstehen, die zu Konflikten und einer tiefgreifenden Verunsicherung der I. führen. *G. Lucius-Hoene*

Identität, berufliche (= I.) [engl. *vocational identity*], **[AO, PER]**, die I. ist Teil der Gesamtidentität einer Person und bezieht sich auf den Lebensbereich Beruf und *Arbeit*. I. ist die Innensicht der Person im Ggs. zu *Persönlichkeit* als Außensicht. Für I. sind Fragen der Gleichheit und Verschiedenheit in der Zeit, in Lebensbereichen und im sozialen Vergleich wesentlich. Dazu gehört es, Kontinuität und Veränderbarkeit der eigenen Person in Arbeit und Beruf im Verlauf der Zeit zu erleben, Konsistenz und Verschiedenheit in versch. Lebensbereichen zu erfahren und Einzigartigkeit und Gleichwertigkeit gegenüber Vergleichspersonen in Beruf und Arbeit wahrzunehmen. Zudem spielt das Erleben personaler Kontrolle in Beruf und Arbeit eine Rolle. Das I.erleben muss dabei nicht mit den tatsächlichen Ereignissen im Lebensbereich Arbeit übereinstimmen. Bspw. kann auch in einer sehr wechselhaften beruflichen Biografie hohe Kontinuität erlebt und durch Verhaltensmuster erklärt werden. *Identität*, *Identität und Selbst*. Hoff 1990, Raeder & Grote 2008. *S. Raeder*

Identität, diffuse; Identitätsdiffusion (= I.) [engl. *identity diffusion*; lat. *diffundere* auseinanderfließen lassen], **[EW, PER]**, das von Erikson (1968) vorgeschlagene Kontinuum der Identitätsfindung (*Identitätsentwicklung*) erstreckte sich von der I. bis hin zur erreichten Identität (*Entwicklung, psychosozialer Ansatz nach Erikson*). Erikson meinte, dass das Individuum auf der Suche sei und eine gewisse Rollen- oder I. erleben müsse, um Entscheidungen (*Entscheiden*) i. S. der Identitätsbildung treffen zu können. In der Kategorisierung von Marcia (1966) sind Jugendliche im diffusen Identitätsstatus nicht auf der Suche. Sie haben tiefe *Werte* sowohl in Exploration als auch in der Verpflichtungsdimension. Sie haben sich wie Jugendliche in der *kritischen Identität*) noch nicht festgelegt, was ihre Wahlen und Werte in vielen Bereichen betrifft. Jugendliche mit I. haben aber keine ausgeprägten Interessen und können resp. wollen sich für nichts entscheiden. Sie wirken eher desorientiert, Jugendliche mit I. weisen tiefere kogn. Leistungen auf als Jugendliche mit *erarbeiteter Identität* (Marcia 1966). Sie sind mit ihren Eltern unzufrieden, ziehen sich von sozialen Kontexten zurück und projizieren aggressive Gefühle auf andere. Sie zeigen auch mehr Hoffnungslosigkeit als andere. Letzteres entspricht ihrem Zustand der Unentschiedenheit und des Desinteresses (Flammer & Alsaker 2002). Zusätzlich fanden Zimmermann & Becker-Stoll (2002) einen Zusammenhang zw. dem unsicher-distanzierten Bindungstyp (*dismissive*; *Bindung*) und I. Bei der Gruppe der Jugendlichen mit I. kommt die Frage auf, ob es sich nicht um eine spez. belastete Gruppe handelt, die von vielen Problemen gezeichnet ist, und dementsprechend über wenig Ressourcen verfügt, die vorhanden sein müssten, um sich auf die Suche nach identitätsrelevanten Werten zu begeben. *F.ço. D. Alsaker*

Identität, dimensionale [engl. *dimensional identity*], *Entwicklungspsychologie, personenorientierte*.

Identität, entwicklungspsychologische Perspektive (= I.) [engl. *identity, developmental psychological perspective*], **[EW, PER]**, I. beschreibt in der Ps. die erlebte, stabile Einheit der eigenen Person. Dieses Erleben personaler Kontinuität über verschiedene Situationen entsteht durch den Vergleich mit und die Abgrenzung von anderen Personen (Stabilität). Neben physischen bilden soziale und psychol. Merkmale relevante Kriterien für die I. In Abgrenzung zu Konzepten des *Selbst* betonen Konzepte der I. das Kontinuitätserleben; dynamische und prozessuale Aspekte spielen eine untergeordnete Rolle.

Systemat. Diskussionen über I. begannen in den 1950er-Jahren, als Erikson sein Modell der Entwicklung präsentierte, in dem der Aufbau der I. eine zentrale Rolle spielte (*Entwicklung, psychosozialer Ansatz nach Erikson*). Erikson schrieb einerseits von einem bewussten *Gefühl der Identität* (*sense of identity*), das dem Gefühl der eigenen Einmaligkeit entspricht, und andererseits von dem unbewussten

Verlangen des Menschen nach Kontinuität über die Zeit. In diesem Sinn kann die I. als existentielles Erlebnis des *Mit-sich-selber-eins-Seins* verstanden werden. Erikson (1968) betrachtete die I. als das Produkt der Interaktion zw. Psyche, Körper und dem soziokulturellen Kontext und meinte, dass ein optimales Gefühl der I. mit psychosozialem Wohlbefinden einhergeht. Die optimale I. äußert sich dadurch, dass eine Person sich im eigenen Körper zu Hause fühlt, klare *Repräsentationen* über die eigene Zukunft hat und dafür mit der Anerkennung von signifikanten Anderen rechnen kann. Waterman (1985) beschrieb die I. als eine Selbstdefinition, die eigene Ziele, *Werte* und Überzeugungen enthält, denen sich eine Person verpflichtet fühlt.

Die Adoleszenz ist in Eriksons Entwicklungstheorie die Phase, in der die *Identitätskrise* gelöst werden muss. Die I.findung wird i. d. S. zur zentralen Aufgabe der Adoleszenten. Diese Aufgabe verlangt einerseits, dass die Adoleszenten sich auf die Suche nach Inhalten ihrer I. begeben, und andererseits, dass sie entspr. identitätsrelevante psychosoziale Verpflichtungen (*commitments*) eingehen. Die Suche (auch *Exploration*) bedeutet häufig ein Experimentieren mit versch. Inhalten der I. Der Grad der Verpflichtung gegenüber best. Werten und Inhalten wird auch als Grad der *Entschiedenheit* im dt. Sprachraum bezeichnet. Die Begriffe *Exploration* und *Verpflichtung* nehmen auch im Modell der I.bildung von Marcia (*Identitätsmodell von Marcia*) sowie in anderen Ansätzen einen prominenten Platz ein. Marcia postulierte vier Phasen der I.bildung, die sich aufgrund des Grads der Exploration und Verpflichtung beschreiben lassen, nämlich: die *übernommene Identität* (*foreclosure;*), die *kritische Identität* (*moratorium*), die *diffuse Identität* (*identity diffusion*) und die *erarbeitete Identität* (*identity achievement*). Obwohl diese ursprünglich als Phasen der I.bildung konzipiert wurden, ist ihre zeitliche Abfolge unklar und sie werden heute eher als Typen, Kategorien, Zustände oder Status der I. bez.

Einige Forscher richten heute den Fokus direkt auf die Prozesse der I.findung. Bspw. ist bei Berzonsky (2004) die Art und Weise, wie Jugendliche i.relevante Information suchen, verarbeiten und entspr. Entscheidungen treffen, zentral. Es ist hier die Rede von indiv. I.verarbeitungsstilen (*Identitätsstil*).   *F.ço. D. Alsaker/T. Loepthien/R. Mößle*

Identität, erarbeitete (= e. I.) [engl. *identity achievement*], [**EW, PER**], Jugendliche, die eine e.I. aufweisen, haben sich normalerweise nach einer Periode der Suche gewissen Werten (*Werte*) verpflichtet. D. h., sie haben hohe Ausprägungen in den Dimensionen *Verpflichtung gegenüber identitätsrelevanten Werten* und *Exploration*. Dieser Zustand zeichnet sich aus durch einen festen Standpunkt, Zielstrebigkeit, Ruhe, Bestimmtheit sowie Freundlichkeit. Dass Jugendliche mit einer e.I. häufig sicher gebunden sind, scheint heute auch gut belegt zu sein. Dieser Befund ist in Übereinstimmung mit der Bindungstheorie (*Bindung*), aufgrund der man annehmen kann, dass sicher gebundene Jugendliche mehr explorieren würden, da sie in den Eltern eine sichere Base haben, zu der sie immer zurückgehen können, um u. a. ihre Erfahrungen zu diskutieren (Alsaker & Kroger 2007).

Jugendliche mit e.I. sind stressresistent in Bezug auf intellektuelle Leistungen, sie weisen große Ausdauer auf, haben ein realistisches Anspruchsniveau und geringfügig tiefere Autoritarismus- (*autoritäre Persönlichkeit*) und Verletzbarkeitswerte als Jugendliche in anderen *Identitäts-Status* (Marcia 1966, *Identitätsmodell von Marcia*). Sie zeigten sich in Untersuchungen als resistenter gegen soziale Beeinflussung in Gruppensituationen (*Konformität, Gruppennorm*). Sie haben einen höheren Selbstwert und sind offen für Neues (Flammer & Alsaker 2002). In ihrer Moralentwicklung (*Entwicklung, moralische*) sind sie vermehrt auf der postkonventionellen Stufe zu finden (Skoe & Marcia 1991). Wenn man werktätige Jugendliche mit Studierenden vergleicht, so findet man, dass Jugendliche, die bereits im Arbeitsleben integriert sind, häufiger im Zustand der e.I. sind, im Vergleich zu ihren studierenden Gleichaltrigen. Dieser Befund entspricht der Tatsache, dass Lehrlinge und junge Arbeiter sich früher ein klares Bild über ihren beruflichen Wert und ihre beruflichen Ziele machen müssen. Da ihre soziale Umgebung altersheterogener ist, sind sie auch früher aufgefordert, sich zu versch. Sachinhalten eine Meinung zu bilden und diese zu vertreten (Flammer & Alsaker 2002). Junge heranwachsende Menschen müssen heute in westlichen Kulturen den Inhalt ihres Lebens zu einem sehr großen Anteil selbst gestalten. Es stellt sich allerdings die Frage, ob alle tatsächlich die gleichen Wahlmöglichkeiten der *Selbstdefinition* haben und ob die Verantwortung für die Identitätsbildung nicht oft eine Überforderung darstellt (Alsaker & Kroger 2007). In letzter Zeit finden viele Autoren, dass der Status der e.I. sich trotz der vielen Möglichkeiten der Selbstdefinition als schwer erreichbar zeichnet. Hohe Prozentanteile von älteren Jugendlichen und jungen Erwachsenen haben diesen Status nicht erreicht und befinden sich im Status der *kritischen Identität*, der *übernommenen Identität* oder auch der *diffusen Identität* (Kroger 2007). *Identitätsentwicklung*.   *F. D. Alsaker*

Identität, klassische kognitionspsychologische Perspektive (= I.) [engl. *identity, cognitive psychological perspective*], [**KOG, PHI**], in der Ps. ist I. (phänomenale) das Fortbestehen eines anschaulich Ausgesonderten in *Raum* und *Zeit*. So erfasst das I.erleben z. B. die Gleichheit von Objekten oder Bewusstseinsinhalten im Zeitverlauf. Neben der phil. Bearbeitung dieses Problems durch M. Heidegger haben Metzger und Ternus exp. Untersuchungen im Hinblick auf die phänomenale Vorfindbarkeit von I. im schlichten *Erleben* durchgeführt. Es besteht vollst. funktionale Verknüpfung zw. der Zusammengefasstheit von Teilen eines räumlichen Ganzen einerseits und der I. einer in der Zeit wiederholt antreffbaren Gesamtfigur andererseits, d. h., es gibt den *Gestaltgesetzen* analoge I.prinzipien. Dabei entspricht im Einzelnen (1) dem Gruppierungsfaktor der Nähe das I.prinzip der geringsten Verschiebung, (2) dem Faktor der Gleichheit (bzw. Ähnlichkeit) das Prinzip der Form-, Farb-, Größenkonstanz, (3) dem Faktor des Aufgehens ohne Rest das Prinzip, dass alles Spätere aus Früherem hervorgeht, (4) dem Faktor der durchgehenden Kurve das Prinzip der glatten Bewegungsbahn sowie der stetigen Geschwindigkeit. Daneben spielen Gestalteigenschaften des Gesamtgeschehens wie Geschlossenheit, Gleichgewicht, Symmetrie eine Rolle. Die unter strenger Wahrung phänomenologischer Methodik experimentalpsychol. nachgewiesene gesetzmäßige Funktion der I. als elementare Erlebnisbedingung bietet den Ansatz zu einer dem Umfang nach noch nicht abzusehenden Revision der phil. Fassung des Begriffs. Z. B. müssen Interpretationen der I. als *Setzung des Denkwillens* o. Ä. als zweifelhaft erscheinen.

Der entwicklungspsychol. bzw. phylogenetische Aspekt der I. drückt sich darin aus, dass I.verhältnisse bei Naturvölkern – im Ggs. zum Zivilisierten, für den sie vornehmlich in Bezug auf die zeitliche Folge auftreten – auch weitgehend in der räumlichen Ordnung gültig sind. So etwa besteht I. zw. den Gliedern einer Gruppe, sodass z. B. durch Verletzung eines Mitglieds via Beeinflussungszusammenhang grundsätzlich alle betroffen werden. Heidegger 1927, Metzger 1934, Ternus 1926.

Identität, kritische (= k. I.), syn. *Moratorium* [engl. *moratorium*], **[EW, PER]**, Jugendliche im Status einer k. I. weisen eine niedrige Ausprägung auf der Dimension *Verpflichtung* (Entschiedenheit) gegenüber i.-relevanten Werten auf, eine hohe hingegen auf der Dimension *Exploration*. Jugendliche mit einer k. I. sind wie Jugendliche mit einer *diffusen Identität* keinen klaren *Werten* verpflichtet. Sie sind jedoch aktiv auf der Suche nach Werten und deren Ausdrucksweisen, was bei den Jugendlichen mit diffuser I. nicht zutrifft. Der Status der k. I. kennzeichnet somit die I. in aktiver Krise (Erikson 1968, *Entwicklung, psychosozialer Ansatz nach Erikson*). Jugendliche mit einer k. I. sind sehr engagiert, aber ambivalent in ihren Freundschaften (ihre sozialen Beziehungen sind eher von kurzer Dauer), zu ihrer Berufsorientierung, gegenüber ihren Eltern etc. Sie sind wenig autoritätsorientiert, offen für Experimente und zeigen hohe Ängstlichkeit: Insgesamt haben sie wenig «Festes» im Ggs. zu Jugendlichen im Status der *übernommenen Identität* (Alsaker & Kroger 2007), die wenig Ängstlichkeit zeigen. Wenn man Studierende mit werktätigen Jugendlichen vergleicht, so findet man, dass sich Studierende relativ häufiger im Status der k. I. befinden als ihre bereits arbeitenden Gleichaltrigen, die sich dafür häufiger im Status der *erarbeiteten Identität* befinden. Dieser Befund ist ein Indikator dafür, dass für Studierende der Druck zur Entschiedenheit – bes. im beruflichen Bereich – geringer ist (Flammer & Alsaker 2002). *Identitätsmodell von Marcia*. *F. D. Alsaker*

Identität, personale [engl. *personal identity*], *SIDE-Modell*, *Organisationale Identifikation*.

Identität, übernommene (= ü. I.) [engl. *foreclosure*], **[EW, PER]**, aufgrund seiner empirischen Studien betrachtete Marcia (1966) die ü. I. als eine wenig entwickelte Stufe unter den I.status. Dies beruhte darauf, dass die Jugendlichen in diesem Status wenig Exploration zeigten. Jugendliche im Status einer ü. I. sind nämlich hoch im Bereich der Verpflichtung (auch Entschiedenheit genannt) gegenüber identitätsrelevanten Werten, aber tief im Bereich der Exploration. D. h., dass sie identitätsrelevante Werte haben, aber sie haben diese nicht exploriert. Sie haben ihre Werte meistens durch Identifikation von anderen (meistens ihren Eltern) übernommen (*Identitätsentwicklung*). Dementsprechend haben sie sich nicht aktiv mit der Passung ihrer Interessen und Werten an die Gegebenheiten ihrer Kultur auseinander gesetzt. Empirische Studien haben gezeigt, dass sie *Autorität* und Gehorsam befürworten, weniger Stress aushalten als Jugendliche mit einem erarbeiteten Identitätsstatus (*Identität, erarbeitete*), wenig offen für Neues sind, dass ihr Selbstwert leicht verletzbar ist (*Selbstwertstabilität*) und dass ihre moralische Argumentation als präkonventionell oder konventionell eingestuft wird. Dafür scheint ihre Autoritätsgläubigkeit, ihre Entschiedenheit und geringe Exploration sie vor Ängstlichkeit zu schützen (Alsaker & Kroger 2007).

Die Tatsache, dass ü. I. als ein relativ unreifer Status der I. (*Identität, entwicklungspsychologische Perspektive*) betrachtet wird, ist historisch und kult. zu relativieren. Die Freiheit, die dem Einzelnen bei der Selbstdefinition gewährt wird, hat sich mit dem gesellschaftlichen Wandel geändert. In Zeiten, in denen das Individuum über den sozialen Rang und die Familienzugehörigkeit definiert wurde und in denen religiöse Dogmen nicht infrage gestellt wurden, wie etwa im Mittelalter (Baumeister 1986), war die Frage der Selbstdefinition, wie sie von Erikson diskutiert wurde, kaum aktuell. *F. D. Alsaker*

Identitätsdiffusion [engl. *identity diffusion*; lat. *diffundere* auseinanderströmen lassen], *Ich-Stärke*, *Identität, diffuse*.

Identitätsentwicklung (= I.) [engl. *identity development*], **[EW, PER]**, *Identität* wird laut Erikson (1968) durch *Interaktion* mit anderen und im Kontext der eigenen Kultur gebildet. Sie umfasst u. a. versch. Bereiche der *Selbstwahrnehmung* wie bspw. Geschlecht, Gruppenzugehörigkeiten, persönliche Eigenschaften (*Persönlichkeitsmerkmal*) oder eigenen *Kompetenzen*, wird während der gesamten *Entwicklung* gebildet und ist somit als ein Prozess zu verstehen, der lebenslang dauert (*Lebensspannenpsychologie*). Die Identitätsfindung war laut Erikson (1968) eine zentrale Aufgabe der Adoleszenten (*Adoleszenz*). Trotzdem war es klar, dass sie in dieser Entwicklungsperiode nicht alleinig befestigt ist. Erikson selber meinte, dass Jugendliche experimentieren, explorieren und versch. Erw.rollen und Werte auf ihre Bewertung für sich selbst testen müssen, um identitätsrelevante Verpflichtungen einzugehen. Viele Autoren teilen Eriksons Auffassung in groben Zügen. Grotevant (1987) schlug bspw. vor, die Identitätsbildung als eine lebenslange Aufgabe zu betrachten, die ihre Wurzeln in der frühen Kindheit hat. Er sagt aber auch, dass sich dieses Gefühl der I. in der Adoleszenz verändert, wenn neue kogn. Fähigkeiten und andere typische entwicklungsbedingte Veränderungen eintreten. Als Vorläuferformen der «klassischen» I. in der Adoleszenz können versch. (verwandte) Entwicklungsprozesse der frühen und mittleren Kindheit genannt werden. Hierunter können u. a. die Entwicklung des (Fähigkeits-)*Selbstkonzepts*, die Entwicklung der Geschlechtsidentität, die Entwicklung des sozialen Wissens und des sozialen Verstehens (*Entwicklung, soziale*), u. a. der *Theory of Mind*, *deklarativ-metakognitives Wissen*,

Vorläufer), die Entwicklung von Freundschaften oder auch das Ausbilden *individueller Interessen* gefasst werden. Im mittleren und späten Erwachsenenalter treten wiederum andere identitätsbezogene Aspekte in den Mittelpunkt wie bspw. die berufliche (Weiter-)Entwicklung, Familiengründung und Annahme der Elternrolle, der Umgang mit dem Ausscheiden aus dem Beruf (*Ruhestand, Anpassung an*) oder dem Auszug erwachsener Kinder aus dem Elterhaus. Zusammenfassend kann man sagen, dass die I. i. S. eines Gefühls der Einmaligkeit und der Kontinuität nicht erst in der Adoleszenz entsteht, dass aber die bewusste Auseinandersetzung mit der *Selbstdefinition* in der heutigen westlichen Kultur in dieser Lebensphase eintritt und einen besonderen Platz bekommt (Alsaker & Kroger 2007). Der Prozess der Identitätsfindung impliziert einerseits, dass sich der heranwachsende Mensch mit seinen früheren Selbstdefinitionen auseinandersetzt, um herauszufinden, welche Werte und Inhalte er als eigene behalten möchte. Andererseits spielt auch die Abgrenzung von dem, was der Jugendliche nicht sein will, eine wichtige Rolle; dieser Teil des Prozesses wurde als *neg. I.* bezeichnet (Erikson 1968). Fuhrer & Trautner 2005. *F. D. Alsaker*

Identitätskrise (= I.) [engl. *identity crisis*], **[EW, PER]**, der Begriff der I. stammt von Eriksons Entwicklungsmodell (*Entwicklung, psychosozialer Ansatz nach Erikson*). Eine Krise ist in Eriksons Terminologie als ein Wendepunkt und nicht als ein einschneidendes Lebensereignis zu verstehen. Die Krise kann i. d. S. auch als Aufgabe verstanden werden, die auf jeder von Eriksons acht Entwicklungsstufen zu bewältigen ist (Erikson 1959). Die I. steht im Fokus auf der fünften Entwicklungsstufe. Die Adoleszenz ist in Eriksons Theorie die Phase, in der die I. gelöst werden muss, d. h. die Krise zw. Identität (*Identität und Selbst*; *Identität, entwicklungspsychologische Perspektive*) und Identitätsdiffusion (*Identität, diffuse*; *Identitätsdiffusion*). In dieser Phase der Entwicklung entstehen neue Typen von Veränderungen, die den jugendlichen Menschen dazu bewegen, seine Selbstdefinition zu überarbeiten. Obwohl die I. wie die gesamte Entwicklung nach Erikson genetisch festgelegt ist, ist sie in starkem Maße gesellschaftlich und historisch modifizierbar (Flammer & Alsaker 2002). *F. D. Alsaker*

Identitätslehre, **[PHI]**, phil. Lehre von der *Identität* der seelischen und der körperlichen Vorgänge. Körperliches und Seelisches sind versch. Erscheinungsweisen derselben Wirklichkeit. Diesen *Monismus* vertraten z. B. Spinoza, Schelling, Hegel, Fechner.

Identitätsmodell von Marcia (= I.) [engl. *Marcia's identity status model*], nach J. E. Marcia, **[EW, PER]**, das I. stellt eine Weiterentwicklung und Ausdifferenzierung des psychosozialen Entwicklungskonzepts Eriksons (*Entwicklung, psychosozialer Ansatz nach Erikson*) dar, wobei v. a. die empirische Herangehensweise Marcias (Einsatz klin. Interviews, *Interview*) den Bereich der Identitätsforschung maßgeblich mitbestimmt hat. Das I. versucht, den aktuellen Identitätsstatus einer Person mithilfe versch. Fragen zu unterschiedlichen, im Jugendalter (*Adoleszenz*) typischerweise relevanten Themen zu ermitteln. Marcia rückt dabei v. a. berufliche Pläne, die Entstehung einer eigenen Weltanschauung und moralischer Überzeugungen (Entstehung politischer und religiöser *Werte*) sowie den Bereich der *Sexualität*, Heirat und Elternschaft in den Mittelpunkt. Der tatsächlich vorliegende Identitätsstatus einer Person lässt sich anhand der beiden Dimensionen *Commitment* (Selbstverpflichtung bzw. Anerkennung best. Werte) und *Exploration* (Suche nach Möglichkeiten und Alternativen) bestimmen. Durch die Kombination der beiden Dimensionen ergeben sich vier versch. Identitätsstatus bzw. -typen, die sich jew. durch ein geringes oder hohes Ausmaß an Selbstverpflichtung gegenüber best. Wertvorstellungen sowie durch ein geringes oder hohes Ausmaß an Explorationsverhalten auszeichnen: (1) die *übernommene Identität*, (2) die *diffuse Identität*, (3) die *kritische Identität* bzw. das sog. *Moratorium* sowie (4) die *erarbeitete Identität*. Dabei werden die übernommene und die diffuse Identität von den meisten Forschern als eher ungünstiger bzw. niedriger, die kritische und die erarbeitete Identität eher als günstiger bzw. reifer Identitätszustand beschrieben. Die Idee, die einzelnen Status als Stadien einer festen Entwicklungsabfolge zu begreifen (*Entwicklungsphasen, -stufen*), erwies sich jedoch als unangemessen, da die Beziehungen der einzelnen Status untereinander noch immer weitgehend unklar sind. Das I. kann daher vielmehr als eine typologische Konzeption (*Typologie*) verstanden werden, wobei die einzelnen Status weder als generalisiert (auf alle relevanten Bereiche gleichermaßen bezogen) noch als statisch (ohne Wechsel, Rückfälle oder Veränderungen) aufgefasst werden sollten. Im Laufe seiner weiteren Arbeiten stellte Marcia zudem Überlegungen zu günstigen (bzw. ungünstigen) identitätsbezogenen Entwicklungsverläufen sowie zu versch. Formen der diffusen Identität an. *Identität, entwicklungspsychologische Perspektive*, *Identitätsentwicklung*, *Identität*. Flammer & Alsaker 2002, Fend 2005.

Identitätsoperation [engl. *identity operation*], konkret-operatorische Entwicklungsstufe.

Identitätssinn *Identität, entwicklungspsychologische Perspektive.*

Identitätsstil (= I.) [engl. *identity style*], **[EW, PER]**, im Ggs. zu den Identitätsstatus, wie sie von Marcia beschrieben wurden (*Identitätsmodell von Marcia*) und in denen sowohl die Suche nach als auch die Entschiedenheit oder Verpflichtung gegenüber identitätsrelevanten Werten die Basis für die Kategorisierung bildeten, war für Berzonsky (2004) v. a. die Art und Weise, wie Jugendliche identitätsrelevante Information suchen, verarbeiten und entspr. Entscheidungen treffen, zentral. Es ist hier die Rede von indiv. *Identitätsverarbeitungsstilen*. Berzonsky unterscheidet zw. drei solchen I.: dem informationsorientierte, der normative und der diffuse/vermeidende Verarbeitungsstil. Jugendliche mit einem *informationsorientierten I.* suchen aktiv nach identitätsrelevanter Information. Sie werden als selbstreflektiert, gewissenhaft, offen für neue Erfahrungen und problemorientiert bezeichnet. Jugendliche mit einem *normativen I.* orientieren sich eher an den Erwartungen von signifikanten Anderen. Sie sind gewissenhaft und zielstrebig, aber auch verschlossen gegenüber Informationen, die nicht mit ihren Werten übereinstimmen. Jugendliche mit einem eher *diffusen/vermeidenden Stil* tendieren dazu, Entscheidungen zu verschieben und vermeiden Identitätsfragen. Ihr Verhalten ist eher hedonistisch geprägt.

Der Grad der Entschiedenheit und Verpflichtung gegenüber identitätsrelevanten Werten variiert in Abhängigkeit der Verarbeitungsstile. So ist die Parallelität des *Identitätsverarbeitungsmodells von Berzonsky* mit dem Modell des Identitätsstatus von Marcia trotz des ursprünglich versch. Fokus eindeutig vorhanden. Jugendliche, die sich in einem Status der *erarbeiteten Identität* oder der *kritischen Identität* in Marcias Terminologie befinden, entsprechen bei Berzonsky einem informationsorientierten Stil. Sie sind alle auf der Suche. Die *übernommene Identität* bei Marcia entspricht in vielem dem normativen Stil in Berzonskys Modell. Und der Status der *difusen Identität* entspricht mehrheitlich dem diffusen/vermeidenden Stil. Diese theoretische Konvergenz erhielt auch empirische Unterstützung (Schwartz et al. 2000). Bspw. hatten Jugendliche in einem erarbeiteten Identitätsstatus die höchsten und diejenigen in einem diffusen Status die tiefsten Werte bzgl. der möglichen Klassifizierung in einem informationsorientierten I. Marcia 1966. *F. D. Alsaker*

Identitätstransfer [engl. *identity transfer*], [**AO, SOZ, WIR**], Menschen können sich mit ihren Gruppen (*Arbeitsgruppe*), besonders Teams und Organisationen in der Arbeitswelt mehr oder weniger stark identifizieren, wobei stärkere Identifikation meist mit mehr Zufriedenheit und Leistung einhergeht. Verschiedene Studien im Feld und im Labor belegen, dass sich Identifikation von den Führungskräften auf die Mitarbeiter und von den Mitarbeitern auf die Kunden übertragen kann. Der Transfer von der Führungskraft auf die Mitarbeiter ist besonders stark, wenn Führungskraft und Mitarbeiter länger zus.arbeiten und der Zusammenhang durch transformationale Führung vermittelt wird. *Führung, charismatische, transformationale, organisationale Identifikation, Messung, organisationale Identifikation.* Wieseke et al. 2009, Schuh et al. 2012. *R. van Dick*

Identitätsverarbeitungsmodell von Berzonsky [engl. *Berzonsky's identity processing model*], *Identitätsstil*.

Identität und Selbst [engl. *social identity theory*; lat. *idem* derselbe], [**PER, SOZ**], die Theorie der sozialen Identität (TSI) wurde von Tajfel (1978) und Tajfel & Turner (1979, 1986) als ein theoret. Rahmenkonzept zur Analyse von Intergruppenprozessen konzipiert. Die Theorie wurde zwar mehrfach modifiziert, blieb aber in ihrem Kern erhalten. Zunächst noch mit dem exp. Paradigma der min. Gruppen (*Minimal-Group-Untersuchungen*) verbunden, in dem sich zeigen ließ, dass Personen sehr schnell bereit waren, aufgrund einer beliebigen und nichtssagenden Zugehörigkeit zu einer Gruppe ihre Präferenz zur Eigengruppe gegenüber der Fremdgruppe sehr deutlich zum Ausdruck zu bringen, ist die TSI inzwischen zu einer der wichtigsten Theorien des Intergruppenverhaltens innerhalb der Sozialps. überhaupt geworden. Individuen def. sich gemäß dieser Theorie nicht nur über ihr *Selbstkonzept* als Teil ihrer personalen Identität, sondern auch über ihre soziale *Identität*. Dieser Teil des Selbstkonzepts wird bestimmt durch die bewusste Zugehörigkeit zu einer best. Gruppe oder Kategorie von Personen, die als wesentlich erlebt wird, wobei personale und soziale Identität eher ein Kontinuum und nicht eine Dichotomisierung meinen.

Zentraler Bestandteil der Theorie sind folg. vier miteinander zus.hängenden Konzepte: soziale Kategorisierung, sozialer Vergleich, soziale Identität und positive Distinktheit. Die *soziale Kategorisierung* unserer Umwelt führt nicht nur zu einer Unterscheidung von Fremd- und Eigengruppen, sondern gleichzeitig sind mit jedweder Kategorisierung im sozialen Raum Bewertungsprozesse verbunden, die primär danach ausgerichtet sind, für die eigene Gruppenzugehörigkeit (*in-group*; *Gruppe*) möglichst viele pos. Merkmale zu finden. Diese Bewertungsprozesse sind im Prinzip nichts anderes als *soziale Vergleiche* zw. Gruppen, denen man selbst angehört oder angehören möchte, und solchen, die man ablehnt. Sie haben zum Ziel, möglichst viele *pos. Vergleiche* auf möglichst vielen selbstwertrelevanten Dimensionen zu finden, auf denen man selbst bzw. die *in-group* gut abschneidet, um auf diese Weise eine möglichst pos. *soziale Identität* zu erreichen. Diese pos. Distinktheit i. S. einer pos. Abgrenzung der Eigengruppe von der Fremdgruppe kann auf versch. Weise erreicht werden. Zum einen durch direkten sozialen Wettbewerb oder aber auch durch eine Abwertung der Fremdgruppe, zum anderen durch «soziale Kreativität» (Tajfel & Turner 1986), indem einfach neue Vergleichsdimensionen eingeführt werden, auf denen man besser abschneidet als die konkurrierende Fremdgruppe. (So vergleiche ich mich als Student mit anderen Gruppen nicht über mein Einkommen, sondern über meine relativ freie Verfügbarkeit über Zeit und Bildung.)

Die *Selbstkategorisierungstheorie* [engl. *self-categorization theory*, SCT] wird zwar historisch gesehen erst später publiziert (Turner et al. 1987), ist aber ihrer grundlegenden Bedeutung für eine Theorie der Intergruppenprozesse von fundamentaler Bedeutung. Persönliche oder indiv. bzw. soziale oder kollektive Identität sind nach dieser Theorie das Ergebnis von Selbstkategorisierungsprozessen. Diese Kategorien werden von der Person in ihrem sozialen Kontext als relevant angenommen, sodass eine irgendwie geartete Präferenz für eine best. Art der Kategorisierung nicht existiert. Ein derartiger Kategorisierungsprozess hat damit u. a. zur Folge, dass Ähnlichkeiten innerhalb von Kategorien und Unähnlichkeiten zw. Kategorien akzentuiert werden. Z. B. werden andere innerhalb der ihnen zugeordneten Kategorie ähnlicher wahrgenommen. Diese Depersonalisierung der eigenen Person als bloßes Gruppenmitglied ist laut SCT Kernprozess aller Gruppenphänomene. Ellemers et al. 1999. *B. Six*

ideo- [lat. *idea* Urbild, Idee], in Wortverbindungen auf eine *Idee* hin, durch *Vorstellung* ausgelöst.

ideokinetisch [engl. *ideokinetic*; lat. *idea* Urbild, Idee, gr. κινεῖν *(kinein)* in Bewegung versetzen], *Apraxie*.

Ideologie [engl. *ideology*; lat. *idea* Idee, λόγος *(logos)* Lehre], [**SOZ**], Lehre von den Ideen. Ausdruck für wirklich-

rückgezogen aufgrund fehlender Daten in Zulassungsstudien, deren Vervollständigung vom Hersteller angekündigt wurde. *T. Veselinović*

Image (= I.) [engl. *image* Bild], **[AO, KOG, SOZ, WIR]**, auf gesammelten Eindrücken basierendes, sozial geteiltes Vorstellungsbild, das Angehörige von Gruppen (z. B. Konsumenten oder Wähler) von einem Meinungsgegenstand haben, insbes. von Marken (Bsp. Nivea), Firmen (Bsp. Lufthansa), Institutionen (Bsp. Greenpeace), Persönlichkeiten (Bsp. Bono) und Konzepten (Bsp. Bio). I. ist ähnlich zum Imago in der *Psychoanalyse*, aber überwiegend bewusst und nicht auf Personen beschränkt. Der Ursprung des I.-Begriffs gründet in der erkenntnistheoretischen Annahme (*Erkenntnistheorie*), dass dem Menschen bspw. aufgrund der Eigenschaften kogn. Prozesse (*Kognition*) keine gänzlich obj. Betrachtung seiner Umwelt möglich ist – eine Idee, die sich schon bei Heraklit, später in Platos Höhlengleichnis und auch in Kants *Kritischem Idealismus* zeigt. Das akt. Verständnis von I. widerspiegelt seine heuristische Funktion (*Heuristik*), welche die Orientierung in einer komplexen *Umwelt* erleichtert; es umfasst im Ggs. zu früheren Konzeptionen nicht nur weiche, schwer messbare Residualfaktoren, sondern auch die mentale *Repräsentation* von Fakten wie z. B. Preis («Preisimage»). I. kann im Ggs. zum verwandten Begriff des Prestiges (*Prestige*) auch eine neg. Bewertung ausdrücken. Als Synonym gebräuchlicher ist daher *Reputation*.

Der I.-Begriff wurde 1955 von Gardner und Levy in die ökonomische Debatte eingeführt, um zu verdeutlichen, dass Produkte nicht rein faktenbasiert bewertet werden, sondern auch anhand von subj. *Wahrnehmungen*, *Gefühlen* und *Einstellungen* (Gardner & Levy 1955). Dies ist vor dem damaligen marktwirtschaftlichen Hintergrund zu sehen: Handelsgüter begannen sich ab 1950 hinsichtlich ihrer sachhaltigen Eigenschaften immer ähnlicher zu werden, und es wurde nach neuen Differenzierungsmöglichkeiten zur Markenpositionierung gesucht. Bestrebungen zur Begründung einer I.-Theorie scheiterten an uneinbaren Def.versuchen und Überlappung mit verwandten Theorien und Konzepten, innerhalb derer sich I.-Phänomene verorten lassen, insbes. *Schemata*, Zwei-Prozess-Modelle der *Informationsverarbeitung* und Heuristiken. Dessen ungeachtet hat sich I. im allg. Sprachgebrauch ebenso fest etabliert wie in der angewandten Forschung, hier insbes. in Form von I.-Analysen für *Marketing* und *Kommunikation*. Die Ähnlichkeit zu verwandten Theorien eröffnete Wege zur empir. Erschließung von I. Zuerst wurden *qualitative Methoden* bevorzugt, später quant. Heute wird meist eine Methodenkombination gewählt, bei der zunächst mittels überwiegend qual. Verfahren das Spektrum der für den jew. Meinungsgegenstand relevanten I.-Attribute definiert und dieses dann in ein quant. Messinstrument überführt wird. Mit den damit erhobenen Daten lassen sich schließlich die wesentlichen I.-Dimensionen identifizieren, etwa mittels *Faktorenanalyse*. Es existieren kaum standardisierte *Skalen* zur Messung von I., weil die Untersuchungsobjekte sich in ihren spezif. relevanten I.-Attributen unterscheiden.

Nebst zahlreichen unveröffentlichten, anwendungsorientierten I.-Studien in der Marktforschung existiert eine Reihe von grundlagenorientierten I.-Studien. Bspw. zeigten Fichter & Jonas (2008) durch Manipulation des I. bei ansonsten identischen Produktmerkmalen einen dominierenden Effekt von I. auf das Qualitätsurteil von Konsumenten. Einen Überblick über Entstehung und Operationalisierung insbes. von Marken-I. geben Dobni & Zinkhan (1990). *Imagetransfer*. *C. Fichter*

imagery (= i.) [engl.] bildliche Darstellung, Symbolik, **[KOG]**, die Instruktion, sich nicht vorhandene, aber wahrnehmbare Objekte oder Szenen in den einzelnen Sinnesmodalitäten vorzustellen (*Vorstellung*), wird als sinnvolle Aufgabe verstanden. Entsprechend instruierte Personen berichten introspektiv, dass sie Vorstellungen hervorbringen können, die in einer wahrnehmungsähnlichen Form, wenn auch in gewisser Weise «schwächer» und «blasser» als gegeben erlebt werden. Das Erzeugen dieser inneren Gegebenheiten und das Operieren mit ihnen wird i. genannt. Es ist für die visuelle Sinnesmodalität am besten untersucht. Deshalb werden hier die anderen Modalitäten ausgeklammert. Das klass. Demonstrationsexperiment dazu geht auf Shepard zurück. Er bat seine Vpn, die Zahl der Fenster auf einer best. Seite des Hauses, in dem sie wohnten, aufzuschreiben. Die meisten Personen berichteten, sie hätten diese Aufgabe dadurch gelöst, dass sie sich das Haus visuell vorgestellt und dann in diesem Vorstellungsbild die Fenster gezählt hätten. Es ist unbestritten, dass praktisch alle Menschen das Erlebnis dieser inneren Vorstellungsbilder haben. Hinsichtlich der theoretischen Erklärung werden zwei Extrempositionen vertreten. Kosslyn (1981) vertritt die Auffassung, dass diese Vorstellungsbilder in einem internen, analogen Arbeitsspeicher auf der Basis abstrakter Wissensbestände im Langzeitgedächtnis (*Gedächtnis*) wie auf einem Bildschirm aufgebaut werden und dann vom Wahrnehmungssystem (*Wahrnehmung*) in der gleichen Weise verarbeitet werden wie Gegebenheiten der Außenwelt. Kosslyn unterscheidet vier versch. i.-Prozesse: die Erzeugung der Vorstellungsbilder, ihre Betrachtung oder Auswertung, ihre Transformation (z. B. *mentale Rotation* oder Translation) und die Entscheidung, sie zur Beantwortung von Wissensfragen (*Wissen*) oder zum Lösen von Problemen (*Problemlösen*) zu erzeugen. Pylyshyn (1981) vertritt die Gegenposition, dass die introspektiven Berichte ohne einen inneren, wahrnehmungsanalogen Prozess entstehen. Die nach ihren Vorstellungsbildern befragten Personen beschreiben seiner Auffassung nach aus ihrem «stillschweigenden Wissen» (*tacit knowledge*) heraus Wahrnehmungen, die sie zwar bei der Befragung nicht haben, von denen sie aber wissen, dass sie sie haben könnten und welche Eigenschaften sie dann hätten. Angesichts der eindrucksvollen Resultate obj., chronometrischer Analysen von Operationen mit mentalen Vorstellungsbildern dürfte Pylyshyns Position die schwächere sein. *W. Glaser*

Imagetransfer (= I.) [engl. *image transfer*], **[WIR]**, ist der Übergang des *Images* eines Meinungsgegenstands auf einen anderen; im Anwendungsbereich der *Werbepsychologie* typischerweise durch Verwendung desselben *Mar-*

kennamens. Durch I. versuchen Hersteller von Gütern ein bereits etabliertes, pos. *Markenimage* auf neue Produkte zu übertragen, damit Konsumenten diese sogleich pos. einschätzen. Bspw. wurde die Marke der ursprünglichen Nivea Crème erfolgreich auf neue Produkte transferiert. I. ist auch bei der *Prominentenwerbung* erwünscht. So wird häufig angestrebt, das pos. Image von Schauspielern mit einem Markennamen zu verbinden. Varianten von I. finden sich beim *Country-of-Origin-Effect*, bei dem das Image einer Herstellerregion auf deren Produkte übergeht (z. B. steht Bordeaux für Qualitätswein), und beim Event-Sponsoring, bei dem das Image des Events auf den Sponsor übertragen wird. I. kann auch unerwünschte Wirkungen haben: Muss z. B. ein neues Produkt aufgrund wesentlicher Mängel öffentlichkeitswirksam zurückgerufen werden, so färbt das Image des schlechten Produktes unvorteilhaft auf die ursprüngliche Marke ab. Ein anderes Bsp. für unerwünschten I. ist der Radsport, aus dem sich nach Dopingskandalen zahlreiche Markenhersteller als Sponsoren zurückgezogen haben. Erklären lässt sich I. insbes. anhand der *Schematheorie*, nach der Marken als übergeordnete Wissensstrukturen verstanden werden können, in die neue Objekte eingebettet werden. Als wichtigste Faktoren für erfolgreichen I. identifizierte Völckner (2004) den Aufwand für das *Marketing* sowie die Ähnlichkeit von Produkt und Muttermarke. *C. Fichter*

Imagination [engl. *imagination*; lat. *imaginari* sich vorstellen], [KLI, KOG], Einbildungskraft, die Fähigkeit, sich «Nichtpräsentes» zu vergegenwärtigen. *Elaborationsstrategien*, *Emotionsinduktion*.

Imaginationsstrategie *Elaborationsstrategien*.

Imaginationstechniken [engl. *imagination techniques*; lat. *imaginare* sich vorstellen], [KLI], die Gemeinsamkeit imaginativer Verfahren besteht darin, dass mit Lenkung, Deutung und Änderung von induzierten, evozierten oder spontan geäußerten Bildern des Pat. gearbeitet wird, um Erlebnisse zu verarbeiten oder Bewältigungsmöglichkeiten aufzubauen. Die Grenzen zur *Hypnose* sind manchmal fließend. *F. Caspar*

Imaginatives Überschreiben (= I. Ü.) [engl. *imagery rescripting*; lat. *imaginari* sich vorstellen], [KLI], mentale Bilder wie belastende Erinnerungen, Flashbacks, Albträume oder angstbesetzte Zukunftsphantasien stellen bei vielen psych. Störungen ein Korrelat des problematischen emot. Erlebens dar. Das I. Ü. ist eine Technik, die sich der Modalität mentaler Bilder bedient, um mentale Bilder und die damit verbundenen belastenden *Emotionen* zu behandeln. Ähnliche Techniken wurden in versch. Therapieschulen, insbes. manchen Strömungen der *Psychoanalyse* und der humanistischen Therapien entwickelt. Die beste *Evidenz* liegt zum Vorgehen sensu Hackmann et al. (2012) vor. Bei der Durchführung wird der Pat. gebeten, sich ausgehend von einem aktuell belastenden Gefühl in seiner Vorstellung in eine biografische Situation (häufig Situationen aus der Kindheit, aber auch die Verwendung anderer Situationen ist möglich) zu begeben. In der Folge werden die Bedürfnisse des Pat. in der i. Situation erfragt und erfüllt. Auf diesem Weg können die affektive Verbindung zw. biografischen Erfahrungen und aktuellen Gefühlen verdeutlicht und zugrunde liegende Grundüberzeugungen verändert werden. Das Ziel dieser Technik ist es nicht nur, zugrunde liegende Erinnerungen und innere Bilder zu aktivieren und die Emotionen zu prozessieren, sondern diese durch das Hinzufügen korrektiver Informationen auch zu verändern. Das Vorgehen beim I. Ü. lässt sich in mehrere Schritte unterteilen. In Schritt 1 wird eine sog. *Affektbrücke* zw. einer aktuell belastenden Situation und einer in der Vergangenheit traumatisch erlebten Situation hergestellt. Der Pat. soll die biografische Situation aus der Perspektive des damaligen Ichs/Kindes erleben, um die damit assoziierten Gefühle und Bedürfnisse zu aktivieren. In Schritt 2 betritt entweder der erwachsene Pat. oder eine Hilfsperson die Szene und verändert sie. Die Intervention wird geleitet von den Gefühlen und Bedürfnissen des Kindes in dieser Situation. Typischerweise äußern Pat. dabei den Wunsch, die von dem Täter ausgehende Bedrohung, Vernachlässigung o. Ä. zu reduzieren und ein Gefühl von Sicherheit oder Geborgenheit zu erfahren. Wirksamkeit: Es konnte gezeigt werden, dass bei Pat. mit einer *Posttraumatischen Belastungsstörung (PTBS)* I. Ü. einer bloßen i. Exposition der traumatischen Situation für die Arbeit an Emotionen wie Scham, Schuld, Feindseligkeit und Ärgerkontrolle überlegen war. Da in der *Schematherapie* viel mit I. Ü. gearbeitet wird, kann auch die gute *Wirksamkeit* dieses Ansatzes für die meisten *Persönlichkeitsstörungen* als Hinweis auf die Wirksamkeit von I. Ü. bei diesen Pat. verstanden werden. Zusätzlich weisen Pilotstudien auf eine gute Anwendbarkeit und Wirksamkeit von I. Ü. bei versch. *Achse-I-Störungen* einschließlich *Depressionen*, sozialer *Phobie* und anderen *Angststörungen* sowie *Essstörungen* hin (Arntz 2012). Allerdings stehen hier größere Studien noch aus, insbes. *RCTs* zu I. Ü. als Stand-alone-Treatment gegen aktive Kontrollbehandlungen. *L. Seebauer/G. Jacob*

Imago [engl. *imago*; lat. Urbild], [KLI], in der *Tiefenpsychologie* hat Jung (*Analytische Psychologie*) den Begriff eingeführt für ein die Entscheidungen und Handlungen des Erw. stark beeinflussendes inneres Bild. Abbild von Personen der frühkindl. Umwelt, zu denen eine triebhafte Beziehung bestanden hat. Die größte Bedeutung haben *Vaterimago* und *Mutterimago*. Bei neurotischen Personen spielen nach Jung die Grenzwerte der extremen Ablehnung oder Abhängigkeit von den Eltern-Imagines vielfach eine entscheidende Rolle.

Imbezillität [engl. *imbecility*; lat. *imbecilis* schwächlich, kränklich], [KLI], veralt. Bez. für mittelgradige *geistige Behinderung*. *Intelligenzminderung*.

Imidazopyrone (= I.) [engl. *imidazopyridines*], [PHA], Substanzklasse von *Psychopharmaka* aus der Gruppe der *Hypnotika*. I. weichen in der chemischen Struktur von *Benzodiazepinen* ab. Vertreter ist *Zolpidem*. I. werden auch für die anästhesiologische Prämedikation eingesetzt. Aktories et al. 2005.

Imipramin (= I.) [engl. *imipramine*], [PHA], *Psychopharmakon* aus der Reihe der trizyklischen *Antidepressiva*. Erstes Antidepressivum im Jahre 1957, Standard- und Referenzsubstanz für Antidepressiva. Stärker *noradrenerg* als *sero*-

tonerg wirksam durch Hemmung der Wiederaufnahme, daneben auch antihistaminerge (*Histamin*) und starke *anticholinerge* Wirkungen. W. Janke/M. Reuter

Imitation [engl. *imitation*; lat. *imitare* nachahmen], *Nachahmung*.

Imitationstherapie (= I.) [engl. *imitation therapy*; lat. *imitare* nachahmen], **[KLI]**, Anwendung von Modellierungsprozeduren bei der Modifikation unangepasster Verhaltensweisen und bei der Erweiterung des Verhaltensrepertoires. Obwohl erste Ansätze zur Heranziehung von Nachahmungsvorgängen (*Nachahmung*) bei der Verhaltensmodifikation schon früh zu finden sind (Miller & Dollard 1941), ist die I. erst aufgrund der Arbeiten von Bandura und seinen Mitarbeitern in den 1960er-Jahren (*Beobachtungslernen*) zu einem festen Bestandteil der *Verhaltenstherapie* geworden. Bei der I. beobachtet der Pat., wie ein Modell (*in vivo* oder im Film) die von ihm zu lernende Verhaltensweise ausführt. Auf diese Weise kommt der Pat. oft bald selbst in die Lage, die neue Verhaltensweise zeigen zu können. Anwendungsmöglichkeiten: (1) Erweiterung des Verhaltensrepertoires: Spracherwerb (*Spracherlernen*, *Sprachentwicklung*), Aufbau sozialer Verhaltensweisen, Erwerb motorischer Verhaltensweisen. (2) Elimination von inadäquaten Angstreaktionen (*Angststörungen*) durch stellvertretende *Systematische Desensibilisierung* (*Gegenkonditionieren*): Der Pat. hat Gelegenheit, ein Modell in zunehmend intensivem Kontakt mit dem von ihm gefürchteten Objekt zu betrachten. Meth. Variante: *Kontaktdesensitivierung*.

imitative Bewegungen [engl. *imitative motions*], **[KOG]**, nachahmende Bewegungen, die schon bei Tieren zu beobachten sind. *Imitation*.

immanent, Immanenz [engl. *immanent, immanence*; lat. *immanere* darin bleiben], **[PHI]**, darin bleibend, nicht auf einen anderen Bereich hinübergreifend; in der *Erkenntnistheorie* gleichbedeutend mit innerhalb des Bereichs der *Erfahrung* bleibend. Ggs. transzendent, *Transzendenz*.

Immersion (= I.) [engl. *immersion*; lat. *immergere* eintauchen, versenken], syn. *Immersivität*, **[MD]**, bezeichnet den Grad des Eintauchens in eine *virtuelle Realität* (VR). Die I. ist ein wesentliches Medienmerkmal und wird definiert als das Ausmaß, in dem die eingesetzte Technologie in der Lage ist, eine einschließende, intensive, umfassende und lebendige Illusion der Realität zu liefern. Ein VR-System ist umso immersiver, je mehr Sinnesmodalitäten angesprochen werden, ferner je höher die Geschwindigkeit der Informationsverarbeitung und je größer die Anzahl bereitgestellten Verhaltensmöglichkeiten ist. Moreno & Mayer 2002. M. Huff

Immersionsunterricht [engl. *immersion teaching*; lat. *immergere* eintauchen, versenken], *Unterrichtsprogramme, bilinguale*.

Immunisierung [engl. *immunisation*; lat. *immunis* befreit, verschont], **[BIO]**, Herbeiführung einer Immunität des Organismus (z. B. Impfung). *Immunsystem*.

Immunsystem (= I.) [engl. *immune system*; lat. *immunis* befreit, verschont], **[BIO, GES]**, das I. besitzt eine für das Überleben unabdingbare Eigenschaft: Es kann zw. Fremdkörpern und körpereigenen Strukturen unterscheiden. Die wichtigsten Organe des I. sind das Knochenmark, der Thymus, die Milz, die Lymphknoten, die Tonsillen und die Lymphfollikel des Dünndarms (Peyer'sche Plaques). Die Aufgabe der Zellen des I. (Immunozyten) besteht in der Abwehr und Beseitigung von Antigenen, also von Substanzen, die vom Organismus als Fremdkörper identifiziert werden (z. B. Bakterien, Viren oder Pilze). Durch die Reaktion der Immunzellen auf Fremdkörper (Immunantwort) entsteht Immunität. Man unterscheidet zw. einer unspezif. (angeborenen bzw. natürlichen) und einer spezif. (erworbenen) Immunität. Sowohl die spezif. als auch die unspezif. Abwehr kann entweder zellulärer oder humoraler (*humoral*) Natur sein. Während sich die zelluläre (zellvermittelte) Immunantwort gegen intrazelluläre Pathogene (z. B. Viren) richtet, besteht die Aufgabe der humoralen Abwehr in der Beseitigung extrazellulärer Pathogene (z. B. von Bakterien und Parasiten). Alle Immunzellen gehören zur Population der weißen Blutkörperchen (Leukozyten), die im Verlauf der Hämatopoese (Blutbildung) aus den Stammzellen des Knochenmarks entstehen. Zu den Zellen des immunhämatologischen Systems zählen (1) die Phagozyten (Monozyten/Makrophagen und neutrophile Granulozyten), (2) die Lymphozyten (B-Lymphozyten, T-Helferzellen und zytotoxische T-Lymphozyten sowie die natürlichen Killerzellen) und (3) die dendritische Zellen, die gemeinsam mit den Makrophagen zu den antigenpräsentierenden Zellen gerechnet werden.

Die einzelnen Immunzellen verfügen über unterschiedliche Kompetenzen. Dementsprechend erfüllen sie i. R. der Immunantwort sehr unterschiedliche Aufgaben und Funktionen. Die erste Barriere, auf die ein Antigen stößt, wird i. R. der unspezifischen Abwehr in der Hauptsache von den Phagozyten und NK-Zellen (*natürliche Killerzellen*) gebildet. Die unspezifische Abwehr erfolgt rasch und unabhängig von früheren Antigenkontakten. Ist die unspezifische Abwehr überfordert, dann wird die spezif. Abwehr aktiviert. Diese Aufgabe wird vorwiegend von den B- und T-Lymphozyten (B- und T-Zellen) geleistet. Die Immunreaktion nach dem ersten Kontakt mit einem bislang unbekannten Antigen wird als Primärantwort bezeichnet. Im Ggs. zu den NK-Zellen können die B- und T-Zellen langlebige Gedächtniszellen bilden. Dadurch kann bei einem wiederholten Antigenkontakt die Immunabwehr schneller als beim Erstkontakt erfolgen. Die durch Gedächtniszellen vermittelte Immunreaktion nennt man Sekundärantwort.

Das I. bildet mit dem *Nervensystem* und dem endokrinen System ein komplexes immunoneuroendokrines Netzwerk. Es ist daher nicht verwunderlich, wenn psych. Belastungen auch Auswirkungen auf das I. besitzen (Huber 2008): Akute Stressoren (*Stress*) aktivieren v. a. die unspezifische Immunabwehr, was unter dem Aspekt der *Kampf-Flucht-Reaktion* auch biol. sinnvoll ist; kurzfristige naturalistische Stressoren verändern das Zytokinmuster derart, dass die humorale Immunität zulasten der zellulären Immunität gestärkt wird; chronische Stressoren (z. B. Arbeitslosigkeit, Pflege chronisch Kranker) bewirken eine umfassende Immunsuppression, die sowohl die unspezifische als auch die spezif. Immunität betrifft. Erstaunlicherweise scheint die Immunantwort auf Stressoren vom Geschlecht weitgehend unabhängig zu sein. Alterseffekte dürften nur bei kurzfristigen naturalistischen Stressoren (z. B. Prüfungen) eine Rolle spielen. Die genannten Befunde beziehen sich allerdings ausschließlich auf Untersuchungen, die an gesunden Frauen und Männern durchgeführt wurden (Segerstrom & Miller 2004). *H. Huber*

impact factor (= i.) [engl.] Einflussfaktor; der i. ist ein Maß für die Häufigkeit, mit der Artikel einer Zeitschrift durchschnittlich zitiert werden. Je größer der i. einer Zeitschrift ist, desto häufiger werden Artikel aus dieser Zeitschrift in wiss. Zeitschriften aufgegriffen. Der i. einer Zeitschrift des Jahres X berechnet sich als Quotient (Z/P) folg. Größen: Z = Zitationshäufigkeit im Jahr X aller in den Jahren X-1 und X-2 in dieser Zeitschrift erschienen Artikel. P = Anzahl, der in den Jahren X-1 und X-2 in der Zeitschrift veröffentlichten Artikel. Werden z. B. die 50 in den Jahren 2012 und 2013 in einer Zeitschrift erschienen Artikel im Jahr 2014 100-mal zitiert, so beträgt der i. 2. Der i. spiegelt den Einfluss von Fachzeitschriften auf wiss. Diskurse wider und ist ein indirekter Indikator für die Bedeutsamkeit einer Fachzeitschrift. Obwohl der i. für versch. Disziplinen oder Publikationsdomänen nur eingeschränkt vergleichbar ist und nur ein indirektes Maß der Veröffentlichungsqualität ist, hat sich der i. als wichtigster Indikator für die Veröffentlichungsleistung von Wissenschaftlern an Hochschulen etabliert. Auch Suchmaschinen wie Google verwenden den i. als Kriterium zur Beurteilung der Wertigkeit wiss. Veröffentlichungen. Brähler et al. 2004.

Impedanzkardiographie [engl. *impedance cardiography (ICG)*; lat. *impedire* hemmen, hindern], *Elektrokardiogramm, kardiovaskuläre Aktivität.*

Implementierungsintention (= I.) [engl. *implementation intentions*; lat. *intendere* auf etw. achten, etw. anstreben], syn. *Handlungspläne*, **[EM, SOZ]**, das Formulieren von I. bezeichnet eine Strategie der *Selbstregulation* von zielgerichtetem Verhalten (bzw. kogn., emot.oder Aufmerksamkeitsreaktionen). Den Begriff I. prägte P. M. Gollwitzer (Gollwitzer 1999), der I. den Zielintentionen (z. B. «Ich möchte Verhalten Y ausführen») unterordnet. Zielintentionen signalisieren den Abschluss von Zielsetzungsprozessen (*Motivation*; *Rubikonmodell der Handlungsphasen*). Ihre Umsetzung in Verhalten scheitert jedoch häufig trotz hoher Motivation, z. B. am Verpassen günstiger Gelegenheiten oder an Handlungskonflikten (*Intentions-Verhaltens-Lücke*). Das Formulieren von I. unterstützt die Zielrealisierung (*Volition*): Im Wenn-Dann-Format wird in I. eine zielführende Reaktion mental an Hinweisreize einer antizipierten Handlungssituation (z. B. Event, Zeit und/oder Ort) geknüpft, z. B. «Wenn Situation X auftritt, dann werde ich Verhaltensweise Y ausführen» (für Verhaltensinitiierung) oder «Wenn Situation X auftritt, dann werde ich Verhalten Z anstelle von Verhalten Y ausführen» (für die Unterdrückung oder Substitution unerwünschten Verhaltens). Als Resultat entstehen mentale *Situations-Verhaltens-Assoziationen* (*Repräsentation*). Unter der Voraussetzung von Zielintentionen werden diese Repräsentationen bei Auftreten der spezifizierten Hinweisreize (Situation) aktiviert und begünstigen u. a. das Identifizieren der Handlungssituation und eine fast automatisierte Verhaltensinitiierung. Da die Kontrolle über diese Initiierung durch die Situations-Verhaltens-Verknüpfung in I. absichtsvoll vom Individuum an Hinweisreize delegiert wird, spricht man auch vom *strategischen Automatismus*. Dieser Effekt von I. wird vermittelt über aufmerksamkeits-, wahrnehmungs- und gedächtnisspezifische Prozesse (Gollwitzer 1999). Im Ergebnis wird in I. spezifiziertes Verhalten deutlich häufiger und schneller gezeigt. Metaanalysen bestätigen mittlere bis starke Effekte von I. auf die Zielerreichung über Effekte bloßer Zielintentionen hinaus (z. B. Gollwitzer & Sheeran 2006). *Handlungsplanung, Transtheoretisches Modell.* *A. U. Wiedemann*

^Test^**Implicit Positive and Negative Affect Test (IPANAT)**, **[DIA, EM]**, ist ein standardisiertes Verfahren zur Erfassung des affektiven Zustands und der überdauernden *Affektivität*, das die Urteilsverzerrung im Selbstbericht umgeht. Es werden dabei Nichtwörter aus einer vermeintlichen Kunstsprache präsentiert, die von den Pbn auf einer Rating-Skala danach beurteilt werden, inwieweit sie best. Emotionen ausdrücken (z. B. inwiefern hört sich «PIRWU» nach «hilflos» an?). Basierend auf dem Prinzip der affektiven Bahnung wird davon ausgegangen, dass momentane Affekte und Stimmungen sowie die chronische kogn. Zugänglichkeit entspr. Begriffe die Beurteilung der Nichtwörter in Richtung des jew. Affekts beeinflusst. Es existieren Versionen zur Erfassung pos. und neg. Affekts sowie diskreter Affekte wie *Freude*, *Angst*, *Trauer* und Ärger. Der IPANAT weist im Vergleich zu vielen anderen indirekten Messverfahren hohe *Reliabilität* und angemessene *Validität* auf. Quirin et al. 2009. *M. R. Quirin/J. Lindemann*

Implikation [engl. *implication*; lat. *implicere* verknüpfen, umschlingen], **[KOG, PHI]**, das Mitenthaltensein eines Sachverhalts in einem anderen. In der Logik Bez. für eine Aussage von der Form «wenn a, dann b» (*Schließen, logisches*).

implizit [engl. *implicit*; lat. *implicere* verknüpfen, umschlingen], inbegriffen, mitgemeint, unausdrücklich mit enthalten. Ggs. *explizit*.

implizite Konzepte/Theorien [engl. *implicit concepts/theories*], *Alltagstheorien, covert response, covert behavior, implizite Persönlichkeitstheorie.*

implizite Persönlichkeitstheorie (= IPT) [engl. *implicit personality theory*; lat. *implicere* verknüpfen, umschlingen], **[PER, SOZ]**, Spezialfall sog. *impliziter Theorien* (Wegner & Vallacher 1977) oder sog. *Laientheorien* (Furnham 1988, Six & Six-Materna 2006), die als Konzept auf Cronbach (1955) zurückgehen und in den frühen Arbeiten von Asch (1946) erstmals exp. auf der Ebene der sozialen *Eindrucksbildung* untersucht werden. IPT sind die subj. Vorstellungs- und Bewertungsmuster, die Personen zur Beschreibung und Beurteilung anderer Personen in Form von Konfigurationen von Merkmalen, Verhaltensbeschreibungen und Verhaltensbegründungen verwenden. Die empirischen Untersuchungen der IPT von Lehrern,

Studenten, aber auch von literarischen Texten und Filmen oder von Personen mit klin. Symptomatologie erfolgen i. d. R. über Verfahren der *Multidimensionalen Skalierung*, um *Persönlichkeit* auf diese Weise durch die indiv. Strukturen und deren Dimensionalitäten möglichst präzise abzubilden. Gilbert 1998, Six & Wolfradt 2004. *B. Six*

Impliziter Assoziationstest (IAT) [engl. *Implicit Association Test*], [**DIA, SOZ, PER**], von Greenwald et al. (1998) eingeführtes *objektives Testverfahren*, bei dem aus der *Reaktionszeit* zu vielen Paaren von Worten oder Bildern *implizite Einstellungen* und *Vorurteile*, implizite *Motive* und *implizite Selbstkonzepte* erhoben werden sollen. IATs weisen im Vergleich zu anderen Reaktionszeit-Verfahren wie bspw. *Priming* eine oft hohe *innere Konsistenz* auf, wobei jedoch ihre zeitliche Stabilität (*Retest-Methode*) deutlich niedriger und ihre *Validität* umstritten ist, sodass ihr Einsatz in der psychol. Diagnostik problematisch ist. *Persönlichkeitstheorien, psychoanalytische*.

implizite Reaktion [engl. *implicit response*], nicht sichtbare, innere Reaktion, reiner Stimulusakt, *covert response, covert behavior*.

implizites Gedächtnis *Gedächtnis, implizites*.

implizites Lernen (= i. L.) [engl. *implicit learning*; lat. *implicere* verknüpfen, umschlingen], [**KOG**], i. L. beschreibt unabsichtliche Lernprozesse (*Lernen, intentionales*, *Lernen, inzidentelles*), bei denen Menschen nicht bewusst ist, dass sie Wissen erwerben (*Implizites Lernen, Mechanismen*). Das erworbene Wissen kann unbewusst bleiben (z. B. nicht verbal berichtbar) und trotzdem Verhalten beeinflussen. In unserer Umwelt und unseren Handlungen gibt es viele Merkmale, die häufig gemeinsam oder in regelhafter Abfolge auftreten (Revans 1999). Sie haben evtl. nie absichtlich darauf geachtet, welche Position das rote Licht an einer Ampel hat, dennoch haben sie Wissen darüber gesammelt (rot = oben). Die Erfassungsmethoden sind vielfältig (*implizites Lernen, Operationalisierung*). Ein typischer Versuchsaufbau ist die serielle Reaktionsaufgabe (*Lernen, serielles*). Pbn wird erläutert, auf welchen von vier Reizen schnellstmöglich mit welcher von vier Tasten reagiert werden soll. Die Aufgabe ist leicht lösbar. Es werden mehrere hundert Durchgänge innerhalb von einer Std. absolviert. Reize und Antworten folgen einer sich ständig wiederholenden Sequenz (z. B. Bildschirmpositionen 1,2,1,4,2,3,4,1,3,2,4,3). Pbn werden darüber nicht informiert. Lernen ist nicht notwendig, um die Aufgabe zu absolvieren. Trotzdem wird Wissen über die Sequenz erworben. Das lässt sich z. B. an Reaktionsverlangsamungen zeigen, wenn nach hunderten Übungsdurchgängen auf eine andere Sequenz gewechselt wird. Die Verlangsamung zeigt an, dass implizit gelernt wurde. Denn sie tritt auch auf, wenn Pbn weder beschreiben können, dass sie etwas gelernt haben, noch was sie gelernt haben. *R. Gaschler*

implizites Lernen, Mechanismen [engl. *implicit learning, mechanisms*], [**KOG**], es wird angenommen, dass *implizites Lernen* (= i. L.), wie von Hebb vorgeschlagen (*Hebb'sches Prinzip*), auf der Verknüpfung von gleichzeitig aktiven Inhalten beruht. Wenn Teile von Abfolgen bzw. kovariierende Merkmale gleichzeitig im *Arbeitsgedächtnis* repräsentiert sind, werden die Assoziationen zw. diesen Inhalten im Langzeitgedächtnis gestärkt. Es konnte gezeigt werden, dass i. L. insofern automatisch ist, als dass sich weder das Lernen, noch der Abruf des Wissens willentlich steuern lässt (z. B. bei Phobien). Eine weitere wichtige Frage ist, ob/welche Form von *Aufmerksamkeit* i. L. benötigt. In Experimenten zu i. L. unter Doppelaufgabenbelastung (*Multitasking*) wurde untersucht, ob i. L. in gleichem oder vermindertem Umfang stattfindet, wenn Aufmerksamkeitsressourcen (*Aufmerksamkeitsumfang*) durch eine Zweitaufgabe belegt sind. Die Ergebnisse machen deutlich, dass in dem Fall i. L. durchaus unvermindert stattfinden kann – allerdings führt die Belastung durch die Zweitaufgabe oft dazu, dass sich das Wissen im Verhalten nicht äußert. Das tut es z. T. erst, wenn die Zweitaufgabe weggelassen wird (*latentes Lernen*). Alternativ zu der Rolle von Aufmerksamkeitsressourcen wird auch die Rolle von *selektiver Aufmerksamkeit* untersucht. Dabei wird geprüft, ob i. L. v.a. die beachteten Merkmale der Aufgabe betrifft. Dies scheint der Fall zu sein. Bspw. lernen Vpn, denen die Zuordnung von grauen Symbolen zu Farb-Tasten anhand der Farbe der Tasten erläutert worden ist (z. B. Quadrat → grüne Taste drücken, Fünfeck → gelbe Taste drücken) implizit die Farbreihenfolge der sich ständig wiederholenden Sequenz. Pbn, denen die gleiche Zuordnung von Stimuli zu Tasten anhand der Position der Tasten erläutert wird, lernen keine Tasten-Farbsequenz, sondern nur die Tasten-Positionssequenz. *R. Gaschler*

implizites Lernen, Operationalisierung [engl. *implicit learning, operationalization*]. [**KOG**], *implizites Lernen* (= i. L.) wird durch eine Kombination von direkten und indirekten Wissenstests festgestellt. Wenn Menschen implizites Wissen über die Struktur des Lernmaterials erworben haben, dann sollten sie bspw. schneller und korrekter weiteres Material bearbeiten können, das eine ähnliche Struktur aufweist (im Vergleich zu Material mit einer ähnlichen Struktur). Das Lernen ist implizit, weil es unabsichtlich und ohne Wissen darum, dass gelernt wird, abläuft. Es ist ein unbeabsichtigter Nebeneffekt der Beschäftigung mit einer Aufgabe, die unerwähnte Strukturen enthält. Zudem ist das erworbene Wissen in direkten Wissenstests meist nicht zugänglich. Während die Verhaltensmaße zeigen, dass Wissen erworben wurde, kann dieses auf direkte Nachfrage hin meist nicht verbal beschrieben werden. Oft können Menschen auch nicht absichtlich verhindern, dass das erworbene Wissen ihr Verhalten beeinflusst. I.L. wird mit versch. Strukturen untersucht: z. B. mit festen Abfolgen von Reizen und Reaktionen (*implicit sequence learning*), nach einer künstlichen Grammatik generierten Buchstaben, Tönen oder Bildern (*artificial grammar learning*), festen Beziehungen zw. (1) der Verteilung von Ablenkkreisen in einem Suchdisplay und (2) der Position des Zielreizes (*contextual cueing*), komplexen math. Verknüpfungen in einer simulierten Kontrollaufgabe (*complex systems control*) sowie dem gemeinsamen Auftreten von

Ausprägungen von relevanten (Ampelfarbe = rot) und irrelevanten Merkmalen (Position des Ampellichtes = oben; *implicit covariance learning*). *R. Gaschler*

Implosionstherapie [engl. *implosive therapy*]; *Überflutungstherapie*.

Imponiergehabe, -gebaren (= I.), [**KOG, SOZ**], auch *Imponierverhalten* [engl. *imposing behavior, overawing*], *Ausdrucksbewegung* mit Signalfunktion. Als I. wird in der Verhaltensforschung ein (meist angeborenes) Droh- und Lockverhalten bezeichnet, das bei rivalisierenden Geschlechtsgenossen eine einschüchternde und auf das andere Geschlecht anziehende Wirkung auszuüben vermag. Fische z. B. können durch Spreizen der Flossen und Farbänderung des Körpers dem Rivalen Kampfintention (*Kommentkampf*) und dem Geschlechtspartner Paarungsbereitschaft (*Balzverhalten*) signalisieren. Je nach Stärke des gleichzeitig aktivierten Angriffs- und Fluchttriebes zeigt die Lachmöwe versch. Imponierhaltungen. Das Imponieren ist bei vielen Tieren zugleich ein wichtiges äußeres Geschlechtsmerkmal. Drohverhalten (Imponieren) wirkt wie reines Angriffsverhalten distanzvergrößernd. Es kann wie dieses Gegenaggression auslösen (provozierende Wirkung) oder Flucht (demoralisierende Wirkung). Unterlegene Tiere zeigen oft Signalhaltungen, deren Aufgabe darin besteht, die Aggressionsbereitschaft des Gegners zu vermindern. Solche Verhaltensweisen werden als Beschwichtigungs- oder Befriedungshandlungen (*Beschwichtigungsgebärde*) oder auch als Demutstellungen bezeichnet.
Auch beim Menschen findet sich das I. bei versch. Völkern in recht ähnlicher Weise. Solche Beeindruckung wird erreicht durch aufrechte Haltung, grimmiges Gesicht und häufig mit künstlicher Betonung der Körpergröße und der Schulterbreite: Die einen setzen sich Federkronen aufs Haupt, die anderen Bärenfellmützen oder Hüte, man prunkt mit Waffen oder bunter Tracht (Eibl-Eibesfeld 1997). Im Alltagssprachgebrauch werden auch ritualisierte menschliche Verhaltensweisen (insbes. von Männern) als Imponierverhalten oder I. bezeichnet, die beim Gegenüber eine beeindruckende Wirkung erzielen sollen: wie bspw. dreistes – vermeintlich mutiges – Verhalten und das Protzen mit prestigeträchtigen Statussymbolen. Die so gezeigte Zugehörigkeit zu einer best. Sozialschicht (*sozialer Status*) erfüllt den gleichen Zweck wie körpersprachliches Verhalten. Kappeler 2006. *C. Becker-Carus*

Impression [engl. *impression*; lat. *imprimere* (hin)eindrücken, einprägen], [**WA**], unzergliederter *Eindruck*, Sinnesempfindung.

impression management (= i. m.) [engl.] Eindrucksmanagement, [**PER, SOZ**], stellt ein zentrales Konzept zur systematischen *Eindruckssteuerung* dar und bezeichnet jedes Verhalten einer Person oder einer Gruppe, das darauf abzielt, den Eindruck, den sich andere Menschen von dieser Person oder dieser Gruppe bilden, in erwünschter Weise zu steuern (wird in Bezug auf Einzelpersonen auch als *Selbstdarstellung* [engl. *self-presentation*] bezeichnet). Es werden pos. (Ziel: direkte Erzeugung eines pos. Eindrucks) und neg. (indirekte Erzeugung eines pos. Eindrucks durch z. B. Herabsetzen der eigenen Person) Formen des i. m. unterschieden. «Pos. Formen» umfassen z. B. Betonung eigener Vorzüge [engl. *self-promotion*], Signalisierung gehobener Ansprüche [engl. *entitlements*], Selbstwerterhöhung [*self-enhancement*, *Selbstwert*, *Selbstwertregulation*], Übertreibung [engl. *overstatement*], Aufwertung über Kontakte mit Dritten (*Basking in Reflected Glory*) und Anbiederung [engl. *ingratiation*). «Neg. Formen» umfassen z. B. Untertreibung [engl. *understatement*], Verleugnung der Verantwortungsfähigkeit [engl. *self-handicapping*], Signalisierung von Hilfsbedürftigkeit [engl. *supplication*], Einschüchterung [engl. *intimidation*] oder Abwertung [engl. *blasting*] anderer. Weiterhin werden assertive Techniken (zum Erhalt von Vorteilen) und defensive Techniken (zur Verteidigung des Selbst) sowie Taktiken (zur Erreichung kurzfristiger Ziele) und Strategien (zur Erreichung langfristiger Ziele) unterschieden. Die I.-M.-Forschung hatte ihre Ursprünge Anfang der 1970er-Jahre in der Sozialps. (s. hierzu v. a. die Impression-Management-Theorie von Tedeschi et al. und deren Kritik an Untersuchungen zur Dissonanztheorie, *Dissonanz, kognitive*) und wurde später auch auf andere Bereiche der Ps. ausgeweitet. Mummendey 2006, Mummendey 1995, Tedeschi 1981, Leary & Kowalski 1990. *K.-H. Stapf/C. Heil*

Improvisationsübungen (= I.) [engl. *improvisation exercises*], [**KLI**], freies Experimentieren aus der Situation heraus; *experiencing*. In der Psychoth. dienen I. zumeist der Auflockerung, z. B. bei ängstl. und pedant. Klienten.

Impuls, Impulshandlung [engl. *impulse, impulsive action*; lat. *impellere* anstoßen], [**KOG, EM**], affektiv-triebhaft ausgeführte Handlung (*Affekt, Trieb*), bei der die rationale (*Rationalität*) Billigung (Ablehnung oder Zustimmung) – zumindest im Zeitpunkt der Ausführung – fehlt.

Impulsivität [engl. *impulsivity*; lat. *impellere* anstoßen], [**KLI, KOG, PER**], Tendenz zu spontaner Reaktion, Ggs. *Reflexivität*. Ggs. *Reflexivität*. *Aufmerksamkeitsdefizit-/Hyperaktivitätsstörung*.

Impulskauf [engl. *impulse buying/purchase*], *Kaufentscheidungen, Modelle*.

Impulskontrolle *Impulskontrollstörungen*.

Impulskontrollstörungen (= I.) [engl. *impulse control disorders*], [**KLI**], sind dadurch charakterisiert, dass Impulsen, die wohl in gewissem Maße bei jedem vorhanden sind, denen man aber aus Rücksicht auf die Mitmenschen, in Beachtung der Gesetze und schließlich auch wegen weiterer neg. Konsequenzen i. Allg. nicht nachgibt, in Handlungen umgesetzt werden. Dabei kann es sich um situativ unangemessene Gewalttätigkeiten handeln, Zerstörung oder Aneignung fremden Eigentums, Selbstschädigungen, daneben um pathologisches Glücksspiel mit der Gefahr des Selbstruins.

Ätiologie: Außer bei den hier nicht behandelten *Störungen des Sozialverhaltens*, bei denen schlechte familiäre Vorbilder, eine inkonsequente, oft mit Gewalt einhergehende Erziehung sowie genetische Faktoren eine nicht unbedeutende Rolle spielen, sind die Ursachen der unten beschriebenen Störungen weitgehend unbekannt, was nicht zuletzt an ihrer Seltenheit liegt. Immerhin gibt es Hinweise, dass bei Parkinson-Pat. (*Parkinson'sche Erkrankung*), welche mit Dopaminagonisten (*Dopamin*) behandelt werden, nicht nur – wie bekannt – das Sexualverhalten abnorm gesteigert ist, sondern auch pathologisches Glücksspielen (*Glücksspielsucht*) vielfach häufiger als in der Normalbevölkerung beobachtet wird (Gallagher et al. 2007); insofern liegt es nahe, diese I. mit Dysregulationen dieses Transmittersystems in Verbindung zu bringen. *Kleptomanie*, bei der eine hohe *Komorbidität* mit *Zwangsstörungen* und *affektiven Störungen* vorliegt, dürfte hingegen eher mit einer serotonergen Dysfunktion (*Serotonin*) einhergehen. Zur häufigen *Trichotillomanie* sind erstaunlicherweise bisher so gut wie gar keine ätiologischen oder pathogenetischen Hypothesen in der Literatur formuliert worden.

Klassifikation: Mangelnde Impulskontrolle i.w.S. findet sich u.a. unter Demenzpat. (*Demenz*), während Episoden affektiver Störungen, bei *Substanzmissbrauch* (z.B. Alkoholrausch), zudem einige *Persönlichkeitsstörungen* kennzeichnet, etwa die *dissoziale* und die *emotional instabile* (F.60.2 und F60.3 nach ICD-10; *Klassifikation psychischer Störungen*; s. Anhang I) sowie die diversen *Störungen des Sozialverhaltens* (F91). Daneben kennt ICD-10 eine eigene Subkategorie *abnorme Gewohnheiten und Störungen der Impulskontrolle* (F63). «In dieser Kategorie», heißt es, «sind versch. nicht an anderer Stelle klassifizierbare Verhaltensstörungen zus.gefasst. Charakteristisch sind wiederholte Handlungen ohne vernünftige Motivation, die i. Allg. die Interessen der betroffenen Person oder anderer Menschen schädigen. Die Betroffenen berichten von unkontrollierbaren Impulsen.» Weiter wird ausgeführt: «Die Ursachen dieser Störungen sind unbekannt; sie sind wegen gewisser Ähnlichkeiten in der Beschreibung, nicht wegen wesentlicher anderer gemeinsamer Charakteristika hier zus. aufgeführt.» (ICD-10, 258). Zunächst wird hier *pathologisches Spielen* (F63.0) angeführt, dessen Hauptmerkmal, gemäß den diagn. Leitlinien, «beharrliches, wiederholtes Glücksspiel» ist, «das anhält und sich oft noch trotz neg. sozialer Konsequenzen, wie Verarmung, gestörte Familienbeziehungen und Zerrüttung der persönlichen Verhältnisse steigert.» (ICD-10, 259) Die pathologische Beschäftigung mit anderen Videospielen, bei denen kein materieller Gewinn oder Verlust impliziert ist, (etwa Kampfspielen) oder die generelle Neigung, in elektronischen Medien übermäßig Zeit zu verbringen (*Internetsucht*; *Verhaltenssucht*), hat in ICD-10 noch keinen Eingang gefunden – anders als in DSM-5, wo die Störung unter *Klinische Erscheinungsbilder mit weiterem Forschungsbedarf* einen Platz zugewiesen bekommen hat. Die anschließend in ICD-10 aufgeführte Unterform F63.1 ist die *pathologische Brandstiftung (Pyromanie)*, deren Hauptmerkmale in den diagn. Leitlinien folgendermaßen charakterisiert sind. «1. Wiederholte Brandstiftung ohne erkennbare Motive wie materieller Gewinn, Rache oder politischer Extremismus. 2. Starkes Interesse an der Beobachtung von Bränden. 3. Die betreffende Person berichtet über Gefühle wachsender Spannung vor der Handlung und starker Erregung sofort nach ihrer Ausführung.» Als nächste «abnorme Gewohnheit» bzw. «Störung der Impulskontrolle» wird mit der Codenummer F63.2 *pathologisches Stehlen (Kleptomanie)* eingeführt: Diese Störung wird «charakterisiert durch häufiges Nachgeben gegenüber Impulsen, Dinge zu stehlen, die nicht zum persönlichen Gebrauch oder der Bereicherung dienen. Die Gegenstände werden häufig weggeworfen, weggegeben oder gehortet.» (ICD-10, 261). In den diagn. Leitlinien wird ergänzt: «Die betroffene Person beschreibt gewöhnlich eine steigende Spannung vor der Handlung und ein Gefühl während und sofort nach der Tat.» (ICD-10, 261) Schließlich wird die *Trichotillomanie* (F63.3) genannt, charakterisiert «durch einen sichtbaren Haarverlust» und zwar «infolge einer Unfähigkeit, ständigen Impulsen zum Haareausreißen zu widerstehen.» Ergänzt wird: «Vor dem Haareausreißen besteht meist eine zunehmende Spannung, danach folgt ein Gefühl der Entspannung oder Befriedigung.» Anzufügen ist, dass der Haarverlust nicht selten ausgesprochen entstellend wirkt und dass die Betroffenen oft aufwändige Verfahren praktizieren, ihn möglichst zu verbergen, weiter dass nicht wenige die ausgerissenen Haare verschlucken, wobei durch deren Zusammenballen im Darm lebensbedrohliche Verschlüsse entstehen können. Deutlich anders ist die Klassifikation nach DSM-5: Im Kapitel *Disruptive, Impulskontroll- und Sozialverhaltensstörungen* werden *Störung mit oppositionellem Trotzverhalten*, *Intermittierende Explosible Störung* und *Störung des Sozialverhaltens* aufgeführt, die z.T. in ICD-10 fehlen, z.T. dort unter F91 zu kodieren sind. Weiter enthält diese DSM-5-Kategorie – hierin ICD-10 entspr. – Pyromanie und Kleptomanie, während das pathologische Spielen unter dem Begriff *Gambling Disorder* in nachvollziehbarer Weise den Süchten zugerechnet wird (und zwar als einzige nicht substanzbezogene Sucht). Die Trichotillomanie wird jetzt dem Zwangsspektrum zugeordnet, was ebenfalls angesichts der Symptomatik plausibel wirkt.

Prävalenz und Verlauf: Die Häufigkeit pathologischen Spielens ist wahrscheinlich nicht unbeträchtlich, insbes. wenn man die große Dunkelziffer bedenkt. Allem Anschein nach trifft dies Kinder, Jugendliche und jüngere Erwachsene spez. männlichen Geschlechts häufiger; unter Personen mit *Substanzmissbrauch* finden sich solche Störungen wesentlich häufiger öfter. Pyromanie ist sehr selten. Die Lebenszeitprävalenz der wesentlich weiter gefassten Brandstiftung wird nach DSM-5 (656) mit etwa 1% angegeben, wobei unter diesen Personen wiederum nur etwa gute 3% die strengen Kriterien der Pyromanie erfüllen; somit würde deren Häufigkeit deutlich unter 1:1000 Personen liegen. Unstrittig ist, dass bei Männern diese Störung deutlich häufiger als bei Frauen vorkommt, «bes. bei solchen mit gering ausgeprägten *sozialen Kompetenzen* und *Lernschwierigkeiten*». Bzgl. *Komorbidität* weisen die Autoren darauf hin, dass Pyromanie häufig gemeinsam «mit Substanzkonsumstörungen, Störung durch Glücksspielen, depressiven und bipolaren Störungen» sowie mit diversen anderen I. und Sozialverhaltensstörungen auftritt. Auch über Erstmanifestationsalter und Verlauf liegt wenig Gesichertes vor. Zwar sind Kinder und Jugendliche weit überrepräsentiert unter den wegen Brandstiftung polizeilich aufgefallenen Personen; Pyromanie im strengen

Sinne dürfte aber nach den Autoren des DSM-5 in der Kindheit selten vorkommen. Die Prävalenz der Kleptomanie – die klar von dem der Bereicherung dienenden «gewöhnlichen» Ladendiebstahl unterschieden werden muss – wird in DSM-5 mit 0,3%–0,6% angegeben, wobei Frauen dreimal so häufig betroffen sind. Die Störung tritt oft in der Adoleszenz zum ersten Mal auf, manchmal aber schon in der Kindheit und ebenso zuweilen erst spät im Erwachsenenalter. Der Verlauf ist häufig chronisch, und das gestörte Verhalten wird vielfach trotz Verurteilungen wegen Ladendiebstahls nicht eingestellt. Unter Komorbiditäten werden u. a. *affektive Störungen*, *Angststörungen* und *Essstörungen* genannt, weiter die Tatsache herausgestellt, dass «*Zwangsstörungen*» bei Verwandten ersten Grades von Personen mit Kleptomanie» häufiger vorzukommen scheinen als in der Normalbevölkerung (DSM-5, 658 f.). Anders als die letztgenannten Störungen ist die Trichotillomanie recht häufig, spez. unter Jugendlichen und jungen Erwachsenen In der sehr gründlichen Übersicht von Franklin et al. (2011) werden Prävalenzraten von 1%–3,5% in dieser Population angegeben; es ist davon auszugehen, das weibliche Personen mind. doppelt so häufig betroffen sind. Oft beginnt die Symptomatik bereits in der Kindheit, verliert sich zuweilen wieder, setzt sich aber häufig ins Jugend- und Erwachsenenalter fort, wo dann zusätzlich weitere psych. Störungen hinzutreten (so affektive Störungen, Substanzmissbrauch, Angst- und *Essstörungen*).

Diagnostik: Sie erfolgt bei den erstgenannten Störungen üblicherweise anhand der klin. Symptomatik, wobei noch einmal betont sei, dass Neigung zu Brandstiftung und Diebstahl nicht mit Pyromanie und Kleptomanie identisch sind und dass bei den meisten Pyro- und Kleptomanen noch weitere psychiatrische Diagnosen gestellt werden müssen. Zur Erfassung der Trichotillomanie wurden im amerik. Raum zahlreiche elaborierte Instrumente entwickelt, während in Dt. weniger dazu vorliegt. Diese Inventare fragen nicht nur nach der Häufigkeit und Schwere der Symptome, sondern auch gezielt danach, ob das Ausreißen der Haare eher automatisch-beiläufig geschieht oder ob ein regelrechter Impuls dazu vor Ausführung der selbstschädigenden Handlung verspürt wird. Es gibt nämlich Grund zur Annahme, dass die erste Variante verhaltenstherap. leichter anzugehen ist, indem man einfach trainiert, den Vorgang reflektierter zu betrachten. Auch gibt es Verfahren, anhand von Fotografien der Kopfhaut das Fortschreiten des Prozesses zu dokumentieren. *T. Köhler*

Impulskontrollstörungen, Psychopharmakotherapie [engl. *impulse control disorders, psychopharmacotherapy*], [**KLI, PHA**], überzeugende Therapiestudien sind insbes. wegen geringer Fallzahlen (zumindest jener Pat., die nicht noch wegen einer weiteren psychiatrischen Erkrankung behandelt werden) selten. Für *Verhaltenssüchte*, wozu eben auch das patholog. Spielen zählt, nennen Benkert & Hippius (2015, 667) eine ganze Reihe von pharmakol. Therapieansätzen, u. a. Opiatantagonisten, *Stimmungsstabilisierer* und diverse *Antidepressiva*. Für die *Pyromanie* gibt es «pos. Berichte» (ebd., 793) für das *Antikonvulsivum* und *Phasenprophylaktikum* Valproat sowie für das atypische Antipsy- chotikum Olanzapin; *selektive Serotonin-Wiederaufnahmehemmer (SSRI)* sind laut diesen Autoren «eher unwirksam». Die Opiatantagonisten *Naltrexon* und *Nalmefen* haben sich inzw. in mehreren *doppelblinden Studien* gegen *Placebo* bei pathologischem Spielen auch bei der *Kleptomanie* als wirksam erwiesen. Der Nutzen von SSRI – obwohl angesichts der vermuteten serotonergen Dysfunktion zu erwarten – wird widersprüchlich beurteilt. Bei der *Trichotillomanie* wurden bisher vor allem serotonerge Antidepressiva, (atypische) *Antipsychotika*, Opiatantagonisten und neuerdings Glutamatmodulatoren versucht. Während sich versch. SSRI überwiegend als nicht wirksam erwiesen haben, war das serotonerge *Clomipramin* sowohl Placebo als auch dem noradrenergen *Desipramin* – nicht jedoch der kognitiven Verhaltenstherapie – signifikant überlegen. Nachdem das repetitive Haarausreißen auch Ähnlichkeiten zur Symptomatik von *Tic-Störungen* zeigt, kommen hier auch Dopaminantagonisten zum Einsatz. Am besten geprüft ist das atypische Antipsychotikum *Olanzapin*, das im doppelblinden Vergleich Placebo überlegen war. Allerdings müssen dessen gravierende metabolische Nebenwirkungen bedacht werden. Nachdem auch Opiatantagonisten ein gewisser Effekt auf das zuweilen Suchtcharakter aufweisende Verhalten bei Trichotillomanie zugeschrieben wurde, war Naltrexon in einer neuen Doppelblindstudie Placebo nicht signifikant überlegen. Ein neuer und vielversprechender therap. Ansatz ist die Gabe von Substanzen, welche die *NMDA*-Rezeptoren für *Glutamat* modulieren, damit wohl in gewissem Maße ebenfalls dopaminantagonistisch (*Dopamin*) wirken und nach gegenwärtigem Erkenntnisstand nur geringe Nebenwirkungen aufweisen. Allerdings liegen aus den beiden verfügbaren placebokontrollierten Studien mit dem Glutamatmodulator *N-Acetylcystein* gegensätzliche Ergebnisse vor. *T. Köhler*

Impulskontrollstörungen, Psychotherapie [engl. *impulse control disorders, psychotherapy*], [**KLI**], insbes. wg. des schnelleren Wirkungseintritts ist die *Verhaltenstherapie* bei *Impulskontrollstörungen* die Methode der Wahl. Deren *Effizienz* ist allerdings lediglich bei der *Trichotillomanie* gründlicher untersucht: In den Verfahren wird zunächst die *Achtsamkeit* geschärft, indem die Pat. die Stimuli besser beachten, welche dem Haareausreißen vorausgehen (im einfacheren Fall eher beiläufiger Kontakt der Hände mit den Haaren, im komplizierteren Fall imperativ auftretende Impulse, diese Handlung vorzunehmen), *Stimuluskontrolle* und schließlich die Entwicklung von Verhaltensweisen, die mit Haareausreißen inkompatibel sind und beim Auftreten der auslösenden Reize eingesetzt werden sollen (*habit reversal training*). Die *Wirksamkeit* ist nach Franklin et al. (2011) nicht schlecht, die Rückfallrate aber eher hoch; nicht zuletzt deshalb wird oft begleitende medikamentöse Therapie (*Impulskontrollstörungen, Psychopharmakotherapie*) empfohlen. *T. Köhler*

Impulsvariabilität [engl. *impulse variability*; lat. *variare* verschieden sein], [**KOG**], grundlegende Eigenschaft einfacher Bewegungen. Der Impuls (im physikal. Sinne) ist das Produkt von Kraft und Zeit (allg.: die Fläche unter einer Kraft-Zeit-Kurve); wenn die mittlere Kraft oder die mittlere Dauer/Zeit ansteigen, steigen auch die entspr. Standardabweichungen (linear über einen großen Bereich mittlerer Dauer und Kräfte). Theorien der Impulsvariabilität erklären den *speed-accuracy tradeoff* durch die bei zunehmendem Impuls steigende Variabilität. Sie gehen von einer prototypischen Kraft-Zeit-Kurve aus, die mithilfe von Skalenfaktoren für beide Achsen (Parameter) variiert werden kann; die prototypische Kraft-Zeit-Kurve definiert ein generalisiertes *Bewegungsprogramm*.

impunitiv [engl. *impunitive*; lat. *punire* strafen], [**EM, SOZ**], (Rosenzweig), das Verhalten nach Frustrationen, mit dem weder anderen noch sich selbst Vorwürfe gemacht werden.

Imputation (= I.) [engl. *imputation*; lat. *imputare* in Rechnung stellen, anrechnen], [**FSE**], eine Gruppe von stat. Verfahren, mit welchen (1) *missing data* in einem Datensatz ersetzt werden (z. B. *Expectation-Maximization-Verfahren*) oder (2) optimale Zusammenhangsstukturen auf Ebene der Kovarianzmatrix geschätzt werden (z. B. *Full-Information-Maximum-Likelihood-Verfahren*). Durch I. können (1) eine optimale *Teststärke* gewährleistet und (2) im Falle bedingt zufällig fehlender Werte (*missing at random*) Auswertungsverzerrungen aufgrund von fehlenden Angaben vermieden werden. Bei der einfachen I. wird i. Ggs. zur multiplen I. (*multiple Imputation*) nur einmalig ersetzt. Klassische Verfahren sind hierbei die *Mittelwertsersetzung* und die *Regressionsersetzung*. [http://methodology.psu.edu/pubs/books/missing#soft]. Leonhart 2013, Lüdtke et al. 2007.   R. Leonhart

inattentional blindness [engl.] *Unaufmerksamkeitsblindheit*.

inattentional deafness [engl.] *Unaufmerksamkeitstaubheit*.

incentives [engl.] Anreize, Anreizsysteme (= A.), [**AO, EM**], unter A. versteht man die Summe aller im Wirkungsverbund bewusst gestalteten und aufeinander abgestimmten Stimuli (Arbeitsbedingungen i. w. S.), die best. Verhaltensweisen (durch pos. Anreize, *Belohnung*) auslösen bzw. verstärken, die Wahrscheinlichkeit des Auftretens unerwünschter Verhaltensweisen dagegen mindern (durch neg. Anreize, *Sanktionen*) sowie die damit verbundene Administration. A. sind Bestandteil jeder Managementkonzeption und dienen als deren Teilelement instrumentell zur Erreichung der betrieblichen Ziele. Mit ihnen wird versucht, direkt oder indirekt Mitarbeiter zu motivieren, zielgerichtetes Verhalten zu zeigen. Als Führungsinstrumente oder als Instrument der strukturellen Mitarbeiterführung sind sie Objekt strategischer Gestaltungsmaßnahmen und von daher zentraler Teil der Unternehmens- und Personalpolitik (*Führung*). Sie setzen die Rahmenbedingungen zur *Motivation* der Mitarbeiter, deren konkrete Umsetzung dann noch zusätzlich durch die direkte Führung modifiziert werden kann. Die generelle Funktion der Mitarbeiterführung kann zum einen durch unmittelbaren Kontakt zw. Vorgesetzten und untergebenen Mitarbeitern sowie zum anderen durch eine nur mittelbar wirkende Gestaltung der Bedingungen erfüllt werden.   M. Liebig

INDCLUS, [**FSE**], Abk. für *Individual Differences – Clustering*, Verfahren der MDS (*Multidimensionale Skalierung*), ähnlich *ADCLUS*, das auch die Analyse individueller Unterschiede ermöglicht.

independente, elterliche Strategie [engl. *independent paternal strategy*; lat. *in-* un-, *dependere* abhängig sein], [**EW, PÄD, PER, SOZ**], bez. eine *elterliche Strategie*, die an dem kult. Modell der ps. Autonomie orientiert ist (*Autonomie, Autonomieentwicklung*). Das Baby wird dabei von Anfang an als eigenständiges Individuum mit eigenem Willen verstanden. Die *Erziehung* ist auf das einzelne Individuum mit all seinen Wünschen und Bedürfnissen ausgerichtet, auf deren Erfüllung jedes Kind ein Recht hat. In exklusiven dyadischen Interaktionssituationen lernt das Baby früh, sich selbst als Handlungszentrum zu erleben und das Verhalten anderer zu lenken und zu kontrollieren. Dies geschieht bes. im Modus des Blickkontaktes mit vielfältigen mimischen kommunikativen Regulationen (*Kommunikation, Mimik*). Eine weitere wesentliche Dimension ist die frühe Hinwendung zu Objekten und der Bezug zur nicht personalen Welt, u. a. auch, um zu lernen, alleine zu sein, was als frühes *Sozialisationsziel* verstanden wird. Weiterhin wird damit Stimulierung der frühen kogn. Entwicklung (*Entwicklung, Informationsverarbeitungsansätze*) verbunden und die Schulung analytischer Fähigkeiten der Kategorisierung von Objekten. Elaborierte Konversationen mit dem Baby in dyadischen Interaktionssituationen bestätigen auch durch stimmliche Modulationen und Phrasierungen den dialogischen Charakter der Interaktionen. Die Mutter als Hauptbezugsperson erklärt und erläutert dem Baby seine Gefühle, Wünsche, die Vergangenheit und die Zukunft, womit eine frühe Ausbildung eines autobiografischen Gedächtnisses und damit eines narrativen Selbsts (*narrative Rekonstruktion*) unterstützt wird. Der Ausdruck von Emotionen wird von früh an unterstützt. Es besteht eine Kontinuität über die ersten Lebensjahre in der kindzentrierten Haltung, in der die Bezugspersonen die Initiativen der Babys unterstützen und ihnen folgen. Der Begriff der *Independenz*, der diese Strategie zus.fasst, entstammt der Konzeption eines independenten Selbsts, wie es von Markus & Kitayama (1991) als kult. Selbstdefinition der euroamerikanischen Lebensweise formuliert wurde. *interdependente, elterliche Strategie*. Keller 2007.
H. Keller

Indeterminismus [engl. *indeterminism*; lat. *in-* un-, *determinare* bestimmen], [**EM, PHI**], die phil. Anschauung (*Philosophie*), dass das *Wollen* nicht kausal (durch Ursachen) bestimmt sei bzw. dass das Handeln (*Handlung*) nicht durch den *Charakter* und die gerade wirksamen *Motive* bestimmt sei, sondern dass der Mensch über sein Wollen und Handeln jederzeit frei entscheiden könne (daher auch «Autodeterminismus» genannt). Ggs. *Determinismus*, vgl. *Willensfreiheit*.

Index (= I.) [engl. *index*; lat. Anzeiger], [**FSE**], Liste, statistische Messziffer, Maßzahl für einen Wirkungsgrad. Ein aus mehreren Einzelwerten aggregierter Gesamtwert. Die I.bildung beruht i. d. R. auf Basis einer gut begründeten Plausibilitätsbetrachtung oder Expertenübereinkunft

(z. B. *Body-Mass-Index*; der Deutsche Aktienindex (DAX) als gewichtetes Aggregat der Börsenwerte der dreißig umsatzstärksten Unternehmen als Indikator der Wirtschaftslage). Im Unterschied zu einem Skalenwert (*Skala*) wird ein I. i. d. R. nicht durch ein psychometrisches Modell (*Psychometrie*) begründet.

Indexikalität (= I.) [engl. *indexicality*; lat. *index* Anzeiger] [**FSE, KOG, SOZ**], I. menschlicher *Sprache* und *Kommunikation* ist ein Grundkonzept sowohl in der Sprachwissenschaft (Auer 1999, Linke et al. 2004) als auch in der *Ethnomethodologie* von Harold Garfinkel und in vielen wissenssoziologischen Ansätzen (*dokumentarische Methode*). I. R. des Problems der I. kann eine situativ-kontextuelle und eine begrifflich-referenzielle Dimension unterschieden werden. Bereits Garfinkel hat sich im Zusammenhang seiner ethnomethodologischen Studien mit der I. von Begriffen umfassend auseinandergesetzt und diese in Anlehnung an *Husserl* als «Gelegenheitsausdrücke» bezeichnet (Kruse 2009b), um die situative Vagheit eines jeden Begriffs zu betonen. Innerhalb der situativ-kontextuellen Dimension von I. zeigt sich, dass die Bedeutung eines Begriffes für sich immer nur in seinem konkreten Verwendungskontext verstehbar wird. Die anschaulichsten Bsp. hierfür sind die klass. Deiktika, also Zeigewörter wie z. B. «hier», «da», «dort». Neben diesen Deiktika weisen jedoch alle Begriffe und gerade auch ganze Äußerungen eine situativ-kontextuelle I. auf. Die Bedeutung eines sprachlichen Ausdrucks bzw. einer Äußerung – hierauf hat bereits Karl Mannheim i. R. seines wissenssoziologischen Ansatzes und seiner dokumentarischen Methode hingewiesen (Mannheim 2004) – wird immer nur durch seinen situativen Zeichengebrauch im Kontext einer historisch gewachsenen bzw. lebendigen, kommunikativen Szene verständlich. Ein anschauliches Bsp. hierfür ist die *Ironie* und alle anderen Formen uneigentlicher Rede: Nur über die Analyse des kommunikativen Kontextes solcher Äußerungen und der Art und Weise ihrer Versprachlichung (*Prosodie, Mimik*, Gestik; *nicht verbale Kommunikation*) wird der indexikale Sinn verständlich. Neben der situativ-kontextuellen Dimension von I. weist aber jeder Begriff an sich auch eine begrifflich-referenzielle Dimension von I. auf. D. h., dass die Bedeutung eines Begriffes immer nur verständlich wird in einem semantischen Netzwerk von weiteren Begriffen, mit denen er in Relation steht (*Index*). Der Begriff «Dorf» kann z. B. in seinem konkreten Gebrauch ganz Unterschiedliches bedeuten, je nachdem, ob er in dem semantischen Netzwerk von «langweilig», «nur eine Straße», «die Kirche steht in der Mitte», «Jauchegeruch» und «Kaff» steht, oder in dem semantischen Netzwerk von «Gemeinschaft», «Ordnung», «Besinnlichkeit» und «Ruhe». Die soziale Genese dieser referenziellen I. von Begriffen hat wiederum Mannheim bereits herausgearbeitet: Er unterscheidet – vergleichbar mit der Differenzierung in denotativ und konnotativ – einen *generalisierten* bzw. *immanenten* (oder auch obj.) Sinngehalt und einen *konjunktiven* bzw. *dokumentarischen* Sinngehalt eines Begriffes. Dieser Ansatz ist innerhalb der rekonstruktiven Forschung durch Ralf Bohnsack (dokumentarische Methode) bekannt geworden. In der *Qualitativen Sozialforschung* hat Garfinkel die Problematik der I. menschlicher Sprache und Kommunikation i. R. seiner ethnomethodologischen Studien insbes. weit über seine Krisen- bzw. Brechungsexperimente bekannt gemacht. *J. Kruse*

Index-Zeichen [engl. *index sign*; lat. *index* Anzeiger], [**KOG**], gemeinsame Bez. für Zeigzeichen und Anzeichen (*Zeichen, Semiotik*). Zeigzeichen sind z. B. hinweisende Gesten (*Gesten, Gestik*) und in natürlichen Sprachen sog. *Demonstrationspronomina* (dieser, jener, da, dort usw.; Brekle 1972). Ihre Verbindung zu dem Bezeichneten wird durch den aktuellen Verweis in der konkreten Situation hergestellt; sie richten die Aufmerksamkeit des Zeichenempfängers auf das Bezeichnete. Sie unterscheiden sich von ikonischen Zeichen (*Ikon, ikonisches Zeichen*) dadurch, dass die Zeichenform hier nicht Eigenschaften des Bezeichneten enthält, sondern nur Informationen über den Ort des Bezeichneten vermittelt. Anzeichen sind solche Zeichen, bei denen eine natürliche Verbindung zw. der Zeichenform und dem Bezeichneten besteht und die Zeichenform zugleich als Erklärung oder Index für das Bezeichnete angesehen wird, gleichgültig, ob das Bezeichnete auch beobachtbar ist (z. B. bei Rauch und Feuer) oder nicht (z. B. bei Erröten und Verlegenheit). Kallmeyer 1974. *J. Engelkamp*

Indifferenz, Zone der [engl. *zone of indifference*; lat. *in-* un-, *differentia* Unterschied], *soziale Urteilstheorie*.

Indifferenzpunkt [engl. *point of indifference*; lat. *indifferens* gleichgültig], syn. *indifferenter Bereich*, [**KOG, WA**], z. B. für die Zeitauffassung als Größe, bei der eine Zeitstrecke weder über-, noch unter-, sondern annähernd obj. richtig geschätzt wird. *Zeitwahrnehmung*.

Indigene Psychologie (= I.) [engl. *indigenous psychology*; lat. *indigenus* eingeboren/-heimisch], [**PER, SOZ**], hat sich als Teildisziplin neben der *Kulturvergleichenden Psychologie* und der *Kulturpsychologie* etabliert. In der I. werden psychol. Konzepte, Prinzipien und Theorien in ihrem soz., kult. und ökologischen Kontext untersucht und mit Methoden und Begrifflichkeiten erfasst, die aus dem jew. kult. Kontext stammen und für diesen relevant sind. Damit lässt sie die I. abgrenzen von einer allg. Ps., die davon ausgeht, dass es a priori universelle, kontextunabhängige Gesetzmäßigkeiten des menschlichen Erlebens und Verhaltens gibt, die dann an Personengruppen in unterschiedlichen kult. Kontexten getestet werden können. Sie teilt mit der Kulturps. das Verständnis von Kultur als einer komplexen, historisch gewachsenen transformativen Beziehung zw. Person und Umwelt und der Vorstellung vom Menschen als aktiv handelndem Subjekt, das in der Interaktion mit anderen seiner Umwelt Bedeutung gibt und Sinn verleiht. Weiterhin teilt sie mit der Kulturps. die Kritik an einer kulturvergleichenden Ps., in der Kultur als eine unabhängige, isolierbare Variable betrachtet wird.

Während die Kulturps. als Ansatz stärker in westlichen Ländern, resp. in Dt. verankert ist, wird die I. v. a. von «nicht westlichen» Forschern vertreten bzw. von Forschern, die an westlichen Universitäten ausgebildet wurden und bei der Rückkehr in ihre Herkunftskultur feststellten, dass die erlernten Theorien, Konzepte und Methoden einen begrenzten Erklärungswert für den anderen kult. Kontext besassen. Insofern ist die I. auch als Reaktion auf ein Machtungleichgewicht in der psychol. Forschungslandschaft zu verstehen, in der insbes. westliche Theorien und Methoden dominierten. In einem Manifest zur I. formulieren Kim et al. (2006, S. 6–11) folg. zehn Thesen zur Bestimmung der I.: (1) I. befasst sich mit psych. Phänomenen in ihrem Kontext. (2) I. meint nicht die Erforschung von Eingeborenen bzw. Menschen aus Ländern der Dritten Welt, sondern bezieht sich auf alle kult. und ethnischen Gruppen. Insofern ist die I. eher als Überkategorie aller Ps. zu verstehen und weniger als eine Subdisziplin. (3) In der I. wird ein multimethodischer Ansatz gepflegt, um ein möglichst umfassendes Verständnis psych. Phänomene herzustellen. (4) I. sollte sowohl von indigenen als auch von externen Forschern betrieben werden, um zu einem vollständigeren Verstehen zu gelangen. (5) In der I. besteht die Rolle des Forschers darin, den Untersuchungssubjekten mit kontextangemessenen Methoden zu helfen, das für ihr Selbstverständnis spezif. episodische und handlungspraktische Wissen zu explizieren und einer analytischen Betrachtung zugänglich zu machen. (6) I. bedeutet die Einnahme von multiplen Perspektiven auf ein ps. Phänomen. Sie redet nicht einem extremen Kulturrelativismus das Wort, sondern kann vielmehr dazu beitragen, kult. Universalien auf einer aussagekräftigeren Grundlage zu belegen. (7) I. ist nicht gleichzusetzen mit geistes- bzw. religionsgeschichtlichen Denkweisen, wie z. B. Konfuzianismus, Hinduismus, Katholizismus o. Ä. Vielmehr muss überprüft werden, welche Relevanz best. Weltanschauungen für das psych. Erleben und Handeln von Individuen in einem spezif. Kontext entfalten. (8) Die I. propagiert nicht nur die Einnahme einer unbeteiligten Beobachterperspektive bei der Untersuchung psych. Phänomene, sondern v. a. auch ein subjektorientiertes meth. Vorgehen sowie eine genaue Analyse der sozialen Aushandlungsprozesse in Gruppen. (9) I. ist interdisziplinär angelegt. Um psych. Phänomene in ihrem kult. Kontext zu verstehen, ist phil., historisches, religiöses und sprachliches Wissen notwendig. (10) I. kann «von außen» betrieben werden, in dem existierende psychol. Theorien, Konzepte, Methoden an einen best. kult. Kontext angepasst werden. Sie kann ebenso «von innen» betrieben werden, wenn Theorien, Konzepte und Methoden aus dem zu untersuchenden kult. Kontext heraus entwickelt werden. Typische Bsp. für die Erforschung indigener psychol. Konzepte sind das chinesische *Guanxi*-Verständnis als Grundlage der zw.menschlichen Beziehungs- und Selbstdefinition oder das japanische *Amae*-Konzept, das ebenfalls enge interpersonale Beziehungen beschreibt. *Idiozentrismus-Allozentrismus*. Chakkarath 2007, Kim et al. 2006. S. Kammhuber

Indigenisierung (= I.) [engl. *indigenization*; lat. *indigenus* eingeboren/-heimisch], [**SOZ**], bez. den Prozess der Anpassung und Modifikation von Theorien, Ansätzen und Methoden für eine neue Kultur. Als historisches Bsp. kann die exp. Ps. *Wilhelm Wundts* gelten, die in den USA in Richtung auf vielfältige Anwendungen umgestaltet wurde (Danziger 2006). Ein neueres Bsp. ist die *Personzentrierte Psychotherapie* nach Carl R. Rogers, deren direkte Anwendung sich in Ländern wie China als schwierig erwiesen hat, weil diesem Ansatz Annahmen best. Bedürfnisse der Klienten zugrunde liegen. *Indigene Psychologie*. Danziger 2006. H. E. Lück

Indikation (= I.) [engl. *indication*; lat. *indicare* anzeigen], [**KLI**], das, was sich als das Geeignete (für einen zu ändernden Sachverhalt) ergibt. Im Zus.hang mit Psychoth. wurde die I. in dem Maße wichtiger, wie gesicherte Erkenntnisse zur (selektiven) *Wirksamkeit* psychoth. Maßnahmen bei versch. Störungen vorliegen. Zunächst geht es um die Frage, ob überhaupt eine Wirkung von Psychoth. erwartet werden kann, und dann um die Frage, welche Art von Therapie welche Effekte verspricht. Davon ausgehend, dass nicht eine best. Form von Psychoth. bei allen Problemen und Pat. optimal hilft, versucht die *differentielle Psychotherapieforschung*, die Basis für rationale Entscheidungen zu liefern. In der *selektiven I.* wird eine Zuordnung von therap. Prozeduren bzw. Therapeuten zu einzelnen Pat. vorgenommen, bei der *adaptiven I.* geht es um die Anpassung des Vorgehens im Detail an einzelne Pat. im Therapieverlauf. Basis für I.prozesse ist die Diagnostik bzw. die indiv. *Fallkonzeption*. Für immer mehr psych. Störungen werden störungsspezif. Vorgehensweisen entwickelt und in ihrer Wirksamkeit überprüft, andererseits spielen aber für den Therapieerfolg auch andere Faktoren wie störungsunabhängige Eigenarten der zw.menschlichen Beziehungsgestaltung eines Pat. eine Rolle, die bei der I. berücksichtigt werden sollten (*Psychotherapie*). F. Caspar

Indikator [engl. *indicator*; lat. *indicare* anzeigen], i. R. der *Testtheorie* und *Messtheorie* werden manifeste messbare Merkmalsausprägungen (z. B. Antwort auf eine Fragebogenitem) als I. bez., wenn diese als in direktem Zusammenhang mit einer zugrunde liegenden *latenten Variable* stehend angenommen werden. I. sind messbare Anzeichen oder Aspekte eines *Konstrukts*. *Item-Response-Theorie (IRT)*, *Klassische Testtheorie*, *Konstruktvalidität*, *Messung, formative vs. reflektive*, *Operationalisierung*, *Testkonstruktion*.

Test Indikatoren des Rehabilitationsstatus (IRES-3), 2005, B. Bührlen, W. H. Jäckel & N. Gerdes, [www.psychometrikon.de], [**DIA, GES**]. Mehrdimensionales Selbstbeurteilungsverfahren. AA Rehabilitanden aller Indikationsbereiche, ab 18 Jahren. Der IRES-3 ist an der *International Classification of Functioning, Disability and Health (ICF)* orientiert, die durch die Ergänzung der Dimensionen Krankheitsbewältigung und Gesundheitsverhalten zu einem Theoriemodell der *Rehabilitation* erweitert wurde. Der IRES dient zur Unterstützung der Eingangsdiagnostik und Therapiezieldefinition (diagn. Funktion) und zur Bewertung von Effekten (evaluative Funktion) in der Rehabilitation. Er erfasst acht Konstrukte: *Somatische Gesundheit, Schmerzen, Funktionsfähigkeit im Alltag, Funktionsfähigkeit im Beruf, Psychisches Befinden, Soziale Integration, Gesundheitsverhalten, Krankheitsbewältigung*. Zudem kann ein zus.fassender Summenscore gebildet werden (Indikator des *Reha-Status*). Der Bogen liegt für drei Erhebungszeitpunkte in unterschiedlicher Länge vor (z. B. Reha-Beginn: 144 Items). Für den IRES-3 wurden zahlreiche psychometrische Gütekennwerte ermittelt und es liegen Normierungsdaten für eine bevölkerungsrepräsentative Referenzstichprobe vor. Bearbeitungszeit: 23 bis 32 Min., PC-Auswertung möglich. Die Kurzversion IRES-24 (Wirtz et al. 2005) wurde nach den Annahmen des ordinalen Rasch-Modells entwickelt und erfasst mit 24 Items die Konstrukte Funktionsfähigkeit im Alltag, Psychisches Befinden, Somatische Gesundheit und Schmerzen.

Indikatorreliabilität (= I.) [engl. *indicator reliability*], *Reliabilität*, **[FSE]**, Maß für die konvergente *Validität* der Schätzung eines latenten Konstrukts in einer *konfirmatorischen Faktorenanalyse*. Die I. eines Items entspricht der quadrierten Ladung des Items auf dem entprechenden Faktor und kann als der Varianzanteil des Items interpretiert werden, der durch den Faktor erklärbar ist (*Determinationskoeffizient*). Die Verwendung eines Items als Indikator für ein latentes Konstrukt ist nach dieser Maßzahl unkritisch, wenn mehr als 40 % der Varianz des Items durch das jew. unterliegende latente Konstrukt vorhergesagt werden können (I. > .4). *Strukturgleichungsmodelle*, *Durchschnittlich erfasste Varianz*, *Faktorreliabilität*, *Kommunalität*. Bagozzi & Baumgartner 1994.

indirekte Testverfahren *Objektiver Test*.

indirekte Verfahren in der Rechtspsychologie *Rechtspsychologie, indirekte Verfahren in der*.

Individualdistanz (= I.) [engl. *individual distance*], **[KOG]**, Bez. für den charakteristischen Abstand, der von Tieren zw. zwei Partnern eingehalten wird. Die Weite der I. ist von der jew. Aktivität abhängig. *Territorialverhalten*. In der *Proxemik* (Hall) werden die versch. Bedeutungen und Größen der zw. Menschen beobachteten Abstände bei versch. Gelegenheiten behandelt.

Individualismus [engl. *individualism*; lat. *individuus* unteilbar], **[PER, PHI]**, die Weltanschauung und Lebensform, die die Interessen des Einzelnen überordnet bzw. sie für primär betrachtet. Hervortreten oder starke Betonung persönlicher Eigenart in Werthaltungen, ästhetischem Geschmack, Verhaltensweisen und dgl. Die phil. Auffassung, dass nur das Individuelle als selbstständige Wirklichkeit existiere. Ggs. Kollektivismus (*Kollektivismus-Individualismus*).

Individualität (= I.) [engl. *individuality*; lat. *individuus* unteilbar], **[PER, SOZ]**, ist aus psychol. Sicht die Eigenart des Handelns (*Handlung*) und *Verhaltens*, Agierens und Reagierens eines Menschen. Indiv. Unterschiede zeigen sich in den Persönlichkeitseigenschaften (*Persönlichkeitsmerkmal*, *Eigenschaften*), in den *Einstellungen*, *Interessen* und Wertorientierungen (*Werte*), religiösen, phil. und politischen Überzeugungen (*Überzeugungssystem*), in den Selbstkonzepten (*Selbstbild*), im Sozialverhalten (*soziale Interaktion*) und Kommunikationsstil (*Kommunikation*). I. w. S. umfasst I. auch die persönlich gestaltete Wohn- und Arbeitswelt und andere Eigenheiten. Mit der systematischen Beschreibung aller psychol. Merkmale befasst sich die Differenzielle Ps. I. bedeutet hier eine sehr seltene oder einmalige Kombination vieler (bzw. auffälliger) Einzelmerkmale eines Menschen oder eines menschlichen Werkes. Auch das körperliche Aussehen und die körperliche *Attraktivität* sind ein wichtiger Teil dessen, was die I. eines Menschen ausmacht. Es gibt eine Vielfalt anatomischer, physiologischer und biochemischer Kennzeichen der körperlichen *Konstitution* (*Individualität, somatische*), die als Mitursachen von Krankheiten (*Krankheit*) oder für die Forensik wichtig sind (*Identifizierung*).

Eine andere Sichtweise der I. geht vom *Bewusstsein* des Einzelnen aus. Von Einzigartigkeit und Einmaligkeit des *Individuums* ist also v. a. dann zu sprechen, wenn es um Innerlichkeit und Befindlichkeit (*Emotionen*, *Wohlbefinden*), Subjektivität und Intentionalität (*Intention*) des Menschen geht. Im persönlichen Befinden, im *Erleben* des eigenen Körpers, bei der *Wahrnehmung* der äußeren Welt ist uns eine innere *Wirklichkeit* gegeben. Sie hat eine besondere Beschaffenheit, eine eigene phänomenale *Qualität*, denn sie wird gefühlt und erlebt und ist nur uns direkt zugänglich. Dieser Ichbezug ist ein Aspekt der Subjektivität neben den persönlichen Erinnerungen, dem Innewerden von Absichten (Intentionalität) und der *Einsicht*, in selbstbestimmter Weise handeln zu können (*Selbstbestimmungstheorie*). Der Verlust dieses Ichbezugs, d. h. ein anhaltendes Erleben von Fremdheit, Fremdsteuerung, und andere Ich-Störungen (Depersonalisation), gelten als auffällige Anzeichen der *Psychopathologie* bei best. psychiatrischen Erkrankungen. In der Selbstreflexion ist zweierlei gegeben: das unmittelbare und unbedingte *Wissen*, sich von anderen Menschen zu unterscheiden, und die Gewissheit, trotz aller, u. U. tiefreichender Veränderungen, mit sich selbst im Laufe der Zeit identisch zu sein (*Identität*). I. bedeutet hier die unverwechselbare Bewusstseinswelt (Subjektivität) des Einzelnen und die Einmaligkeit jeder menschlichen Persönlichkeit und ihrer *Biografie*: Durch das Bewusstsein wird das Individuum zur I.

Die in der Reflexion gegebene I. schließt das Selbstverständnis und die gesamte indiv. Lebensauffassung einer Person mit ein, potenziell also das Gesamt aller für sie wesentlichen Aspekte ihres Lebens: Individuum als Welt für sich (Thomae 1968). In diesem Sinn ist die in der Lebensgeschichte geformte Biografie eines Menschen einmalig. Dennoch gilt es, die charakteristischen Züge und die Subjektivität eines Individuums in allg. psychol. Begriffen zu beschreiben – eine Aufgabe, die wissenschaftstheoret. Diskussionen (*Wissenschaftstheorie*) nahelegt. Zweifellos haben die Individuen viele fundamentale Gemeinsamkeiten durch ihre sozialen und kult. Entwicklungsbedingungen und aufgrund ihrer biol. Artzugehörigkeit. Ob jenseits dieser I. ein unbeschreibbares Innerstes, ein metaphysisches Prinzip, eine *Seele*, existiert oder nicht, bleibt eine phil. und theologische Frage. *J. Fahrenberg*

Individualität, somatische [engl. *somatic individuality*; lat. *individuus* unteilbar, gr. σῶμα (soma) Körper], **[BIO, GES, KLI, PER]**, bereits Neugeborene unterscheiden sich in ihrem Aussehen und regen deshalb ihre Eltern zu Überlegungen an, welchen Verwandten sie am ähnlichsten sehen: die Gesichtsform, Augenfarbe, Haarfarbe usw. Die morphologische (anatomische) Variabilität zeigt sich in der äußeren Erscheinung von Körperbau, Gesichtsbildung (*Physiognomik*), der Beschaffenheit von Haut und Haaren u. a. Merkmalen, existiert jedoch nicht weniger auch hinsichtlich des Knochenbaus und der inneren Organe sowie der Feinstruktur des Gewebes. Während die Atlanten der menschlichen Anatomie i. d. R. nur die Anatomie des durchschnittlichen Menschen wiedergeben, stellte Anson (1963) auch die Häufigkeit wichtiger Varianten dar, z. B. den Verlauf der großen Arterien, Lage und Gestalt von Herz, Leber, Magen und Darm. Auch das *Gehirn* weist in der Lage und Furchung der Hirnlappen und in der Anordnung einzelner Strukturen eine große Variabilität auf. Die physiol.-neuroendokrine Variabilität zeigt sich u. a. in Sensorik (*Wahrnehmung*), *Motorik*, Kreislauf, Atmung, Stoffwechsel, Hormonsekretion (*Hormone*), Bewegungsaktivität (*Aktivität, körperliche*) und Schlafverhalten (*Schlaf*, bereits bei Neugeborenen) und in der gesamten Anpassung (*Adaptation*) an alltägliche Belastungen. Die biochemisch-immunologische Variabilität (*Immunsystem*) ist in der Zusammensetzung der Körperflüssigkeiten (Serum, Liquor, Urin, Schweiß u. a.), in den Blutgruppen, Immunreaktionen, allergischen Reaktionen (*Allergie*), Transplantationsreaktionen usw. zu erkennen. In vielen Tausenden von morphologischen (*Morphologie*) und funktionellen Merkmalen des menschlichen *Organismus* existiert eine biol. (natürliche) Variation, die sich unter versch. Gesichtspunkten beschreiben lässt (u. a. Fahrenberg 1995).

Viele Modelle zur Entstehung von Krankheiten (*Ätiologie, Pathogenese*) enthalten die Annahme, dass es im Organismus Orte geringeren Widerstandes bzw. erhöhter Irritierbarkeit (lat. *locus minoris resistentiae sive majoris irritatione*) gibt, welche die spez. *Vulnerabilität* erklären («Konstitutionspathologie»). Verwandte Konzepte sind die «angeborene Funktionsschwäche» und die in der *Psychophysiologie* eingehend untersuchten «individualspez. Reaktionsmuster». Die teils genetisch bedingte, teils erworbene biochemische Individualität (*Anlage-Umwelt*, Williams 1998) kann Konsequenzen für die optimale Gestaltung von med. Maßnahmen sowie für die Auswahl und die Dosierung von Medikamenten haben, außerdem für mögliche *Nebenwirkungen*, Allergien und für die Ernährungsgewohnheiten einschließlich spez. Nahrungspräferenzen und Unverträglichkeiten (Aversionen). Als *Idiosynkrasie* (gr. *idios* eigen und *synkrasis* Mischung) wird eine auffällige Erlebnisweise, eine Verhaltensweise oder eine körperliche Reaktionsweise bez., die relativ selten und hochspezifisch ist: eine spez. sensorische Überempfindlichkeit, eine ungewöhnliche motorische Reaktionsweise, eine Unverträglichkeit oder hochgradige Abneigung (Intoleranz, Aversion). In der Med. werden konstitutionelle Unterschiede als Mitursachen von Erkrankung und indiv. Heilungsverlauf gesehen: Unterschiede der Reaktivität (*Empfindlichkeit*, Reagibilität) und der Anpassungsfähigkeit (Adaptivität) des gesamten Organismus bzw. einzelner Organsysteme, Unterschiede der Verletzlichkeit (Vulnerabilität) und Empfänglichkeit (Suszeptibilität) bzw. der Widerstandskraft (Resistenz, Immunität) gegenüber schädlichen Einwirkungen, d. h. *Infektionen, Intoxikationen*, Verletzungen, Überforderung, *Stress* usw. Jeweils ist eine Wechselbeziehung zw. genetischen Faktoren und Umweltfaktoren anzunehmen, auch bei der tatsächlichen Auswirkung der angeborenen Stoffwechselstörungen (*inborn error of metabolism*). Durch Vorsorgeuntersuchungen zur Früherkennung (*Vorsorgeverhalten*) von *Krankheit*en sind somatische Risikofaktoren und Vulnerabilitätsmarker zu erkennen. – Während die traditionelle Konstitutionsforschung unter dem Aspekt Körperbau (*Körperbautypen, Typologie*) und *Temperament* zum Stillstand gekommen ist, lebt das Konzept biopsychol. *Dispositionen* u. a. in der Kleinkind-Forschung und in Krankheitsmodellen fort. *J. Fahrenberg*

Individualpsychologie (= I.) [engl. *individual psychology*; lat. *individuus* ungeteilt, unteilbar], [**KLI, PER**], eine von Alfred Adler (1870–1937) begründete Richtung der *Tiefenpsychologie* und Psychoth., die bes. Betonung auf die sozialpsychol. Aspekte der Entwicklung und Veränderungen legt. *Persönlichkeitsentwicklung* vollzieht sich bei Adler stark im Spannungsfeld von indiv. Gegebenheiten und sozialen Anforderungen. Anstelle einer topischen Gliederung der Psyche in versch. Bereiche und Instanzen (*Apparat, psychischer bzw. seelischer, Instanzenmodell*) hebt die I. die unteilbare [lat. *individuus*] Einheit und Ganzheit einer Person und die Einmaligkeit eines Menschen hervor. Betont wird bes. die Fähigkeit des Menschen zu Wachstum und Entfaltung. Der Mensch ist nach Adler aus seinem *Lebensplan* heraus zu verstehen. Dieser besteht im Bestreben, soziale Anerkennung zu erreichen und v. a. *Minderwertigkeitsgefühle* auszugleichen, die dem Menschen von früher Kindheit an (durch seine Hilflosigkeit, Entmutigungen, körperliche Mängel, sog. *Organminderwertigkeit*, soziale oder wirtschaftliche Benachteiligung, tatsächliche oder vermeintliche Geringschätzung etc.) eigen sind. Diese Minderwertigkeitskomplexe versucht das Geltungs- und Machtstreben durch Erfolge zu überwinden und zu «kompensieren». In diesem Prozess entwickelt sich die Charaktermerkmale, wie auch neurotische Erscheinungen, die teils als *Überkompensation* zu verstehen sind. Ziel einer pos. psychosozialen Entwicklung und einer Psychoth. ist das *Gemeinschaftsgefühl*. Gemeint ist damit die Fähigkeit eines Individuums, an einer Gemeinschaft teilzuhaben und mitzugestalten, wie auch die Fähigkeit zur Mitmenschlichkeit. Neurotische Symptome werden nicht wie bei Freud (*Psychoanalyse*) als Folge der Verdrängung von Triebansprüchen ins Unbewusste verstanden, sondern kommen infolge der Abwehr von Anforderungen der Umwelt zustande (*Triebtheorie*). Sie werden als ein kult. verfehlter Versuch gesehen, sich aus dem Gefühl der Minderwertigkeit zu befreien und ein Gefühl der Überlegenheit zu gewinnen, und entstehen, wenn der Lebensplan fehlerhaft ist oder die Kompensation nicht gelingt. Die Ermutigung des Klienten nimmt in der Therapie eine zentrale Stellung ein, mit dem Ziel, *Selbstvertrauen* und Kompetenzgefühle aufzubauen. Die therap. Arbeit verläuft v. a. auf der kogn. Ebene und zielt auf die Aufdeckung und Bewusstmachung eines «falschen» Lebensplans, i. S. eines mangelhaften Gemeinschaftsgefühls, ab. Häufig werden auch Methoden anderer Therapieansätze integriert, mit denen der Adler'sche

Ansatz auch konzeptuell gut vereinbar ist, wie z. B. die *Klientenzentrierte Psychotherapie*, *Psychodrama* oder *kognitive Verhaltenstherapie*. Die klin. *Wirksamkeit* ist nicht belegt. Adler 1930. *F. Caspar*

individualspezifisches Reaktionsmuster (ISR) [engl. *individual-specific response pattern*], **[EM, KOG, PER]**, bei der *Aktivierung*, reaktionsstereotype, habituelle *Disposition* einer Person, auf versch. Reize (*Reiz*) oder Situationen ein gleichartiges Reaktionsmuster zu zeigen (*Reaktion*). *Reaktionsspezifitäten.*

Individualtests [engl. *individual tests*], **[DIA]**, Bez. der für die individuelle Anwendung bestimmten Tests. *Gruppentests.*

Individualtherapie [engl. *individual/single therapy*], **[KLI]**, (1) Einzeltherapie (unterschieden von *Gruppentherapie*); (2) A. Adlers therap. Ansatz, *Individualpsychologie*; (3) nach C. G. Jung ein therapeutisches Vorgehen, um den *Individuationsprozess* zu fördern.

Individuation (= I.) [engl. *individuation*], **[KLI, PER]**, als Prinzip der Herausdifferenzierung des Allg. zum Indiv. phil. schon bei Aristoteles, Albertus Magnus, Leibniz, Spinoza u. a. zu finden. Psychol. die Entwicklung eines Menschen zur eigen- und selbstständigen *Persönlichkeit*. Die *Analytische Psychologie* (Jung) versteht unter I. einen autonom gesteuerten, länger dauernden innerseelischen Prozess, in dem bisher unbewusste Inhalte des persönlichen und kollektiven Unbewussten von der bewussten Psyche durch Verarbeitung assimiliert werden. Der I.prozess kann spontan und durch *Große Psychoth.* konstelliert erfolgen. Die I. hebt die Persönlichkeit einmal vom Kollektiv ab und verstärkt zugleich die soziale Verantwortlichkeit für dieses Kollektiv. Bei der I. werden Entwicklungsstufen durchlaufen. Die erste Lebenshälfte (nach Jung) dient der *Ich-Entwicklung* und *-Bildung*. Mit Beginn der zweiten um das 40. Lebensjahr setzt die Entwicklung des Menschen zum psych. integrierten *Selbst* ein. *Individuationsprozess.* Jacobi 1965.

Individuationsgesetz [engl. *individuation law*], **[BIO, KOG]**, bei embryologischen Untersuchungen an Salamanderlarven fand Coghill (1929), dass die ersten Verhaltensäußerungen hoch integrierte Ganzbewegungen sind, die sich allmählich differenzieren (Prinzip der Individuation) und nicht umgekehrt Einzelbewegungen, die zu höherer Integration aufsteigen.

Individuationsprozess (= I.) [engl. *individuation process*], **[PER]**, der Vorgang der *Individuation* nach der Konzeption von C.G. Jung, bei dem sich das *kollektive Unbewusste*, das durch die *Archetypen* konstituiert wird, in das *Selbst* wandelt.

Individuationstheorie (= I.) [engl. *individuation theory*], **[EW, PER, SOZ]**, in seiner I. postuliert der Psychoanalytiker Peter Blos einen das Jugendalter (*Adoleszenz*) prägenden Prozess einer emot. *Ablösung* der Kinder von den Eltern. Das Konzept der sekundären Individuation wurde formuliert in Anlehnung an den Begriff der frühkindlichen Individuation, der Auflösung der Mutter-Kind-Symbiose, bei Margaret Mahler. Es steht im Zentrum von Blos' theoretischem, fünf Phasen differenzierendem Modell der Entwicklung im Jugendalter. Während die Auflösung kindlicher Abhängigkeiten im Jugendalter mit äußeren Konflikten (*Konflikt, sozialer*) zw. Eltern und Kindern einhergehen kann, sind diese jedoch für einen erfolgreichen Individuationsprozess nicht unabdingbar. Eine erfolgreiche Ablösung wird als wichtige Voraussetzung für den Übergang zum Erwachsenenalter betrachtet. Die nicht zuletzt über klin. Einblicke entwickelte Sichtweise konnte inzwischen akkumulierte empirische Ergebnisse nur schlecht integrieren, hat jedoch neuere theoretische Formulierungen des Beziehungswandels während der Jugendjahre von Söhnen und Töchtern maßgeblich beeinflusst. *B. Kracke*

individuell [engl. *individual*], **[PER]**, einem einzelnen Wesen zukommend, einzelne Wesen betreffend, vereinzelt. Ggs. generell.

individuelle Rationalität [engl. *individual rationality*; lat. *ratio* Vernunft], *Koalitionsspiele.*

Individuum (= I.) [engl. *individual*; lat. *individuus* ungeteilt, unteilbar], **[PER]**, das Unteilbare, Einmalige in raumzeitlicher und qual. Hinsicht. I. kann Einzelding und Einzelwesen (z. B. Tier, Pflanze) sein, insbes. wird I. aber bezogen auf den Einzelmenschen: *Individualität* bedeutet Heraushebung aus der Masse der Individuen (vergleichbar dem Verhältnis von *Persönlichkeit* zu Person) und ist die höhere Stufe des Individuums.

Indizienverfahren, **[DIA]**, das Verfahren, eine Ausdrucksdeutung aufgrund der Analyse einzelner Ausdruckserscheinungen vorzunehmen, im Ggs. zur Ausdrucksdeutung nach dem bloßen unreflektierten Eindruck.

Indolamine [engl. *indolamines*], **[PHA]**, Substanzen der Klasse der Amine mit einer Indolstruktur. Wichtigstes Indolamin ist *Serotonin*.

Indolenz [engl. *indolence*; lat. *indolentia* das Freisein von Schmerzen], **[KLI]**, Schmerzlosigkeit, Gleichgültigkeit.

INDSCAL, Abk. für *Individual Scaling* [engl. individuelle Skalierung], **[FSE]**, Verfahren bzw. Computer-Programm für *MDS*, das auch die Analyse indiv. Differenzen ermöglicht. *Skalierung, Methoden der.*

Induktion (= I.) [engl. *induction*; lat. *inducere* einführen, herbeiführen, veranlassen], **[FSE, KOG, PHI]**, Terminus für sehr versch. einzelwiss. Begriffe. (1) Physik: Entstehung einer elektrischen Spannung in einer geschlossenen Leiterschleife bei Änderung der magnetischen Durchflutung. (2) Genetik: Auslösen der Verwirklichung genetischer Information, z. B. induziert Licht die Bildung von Blattgrün. (3) Vererbungslehre: Nachwirkungen von Modifikationen in der Elterngeneration auf die folg. Generation. (4) Psychopathologie: seelische Beeinflussung durch Suggestion (Induktionskrankheiten). (5) Mathematik: vollst. I.: Lässt sich ein Satz für die Zahl 1, eine beliebige natürliche Zahl n und n + 1 beweisen, so gilt er für alle natürlichen Zahlen. Logisch ist die vollst. I. ein deduktiver Schluss, da sie die Bildungsgesetze der natürlichen Zahlen (Peano-Axiome) als Obersatz verwendet. (6) Logik: wahrheitskonservierender Erweiterungsschluss, d. h. Schluss von beobachteten Gegebenheiten auf die potenziell unendliche Menge nicht beobachteter gleichartiger Gegebenheiten, also von Besonderem auf Allgemeines oder von Beobachtungen auf Gesetzmäßigkeiten. I.schlüsse lassen sich nicht mit einem mechanisch anwendbaren Regelsystem wie dem der deduktiven Logik (*Deduktion*) begründen oder beweisen. Das führt zu dem I.problem der Erfahrungswissenschaften: Wie können – wenn nicht logisch – wiss. Allgemeinaussagen gewonnen und ihre Geltung begründet werden? Während der logische Empirismus die Realwissenschaften als induktive Wissenschaften verstand und induktive Methoden zu entwickeln suchte, ist heute Poppers (Popper 1966) Lösung der Theoriegewinnung durch kreative, intuitive Verallgemeinerung und der Theorieprüfung durch Vergleich deduktiver Folgerungen mit Erfahrungsdaten weithin anerkannt. *Aussagen, wissenschaftliche, Forschungsprozess, Schlussprozesse.* Stegmüller 1974. W. Glaser

Induktionsproblem [engl. *induction problem*], *Erkenntnistheorie, Induktion, Sprachentwicklung.*

Induktivismus [engl. *inductivism*; lat. *inducere* einführen, herbeiführen, veranlassen, **[PHI]**, eine Methodologie, die Regeln der *Induktion* oder induktiven *Wahrscheinlichkeit* (induktiven Bestätigung) enthält. *Deduktivismus.*

Industriepsychologie (= I.) [engl. *industrial psychology*], **[AO]**, umfasst die drei Bereiche der *Arbeitspsychologie*, der *Berufspsychologie* und der *Betriebspsychologie* (soweit sie industriebezogen sind), wobei I. selbst Teil der Angewandten Ps. ist.
Der Begriff der I. stammt wohl aus dem angloamerikanischen Sprachraum *(industrial psychology)* und beinhaltet das Studium des menschlichen Verhaltens in jenen Lebensbereichen, die mit Produktion, Verteilung und Nutzung von Gütern und Dienstleistungen zus.hängen. In dieser weiten Fassung entspricht I. im dt. Sprachgebrauch eher der *Wirtschaftspsychologie* (Verhalten des Menschen als Produzent und Konsument). I. klammert aber das Konsumverhalten aus. Hacker 1978.

induzierte Bewegung [engl. *induced motion/movement*; lat. *inducere* herbeiführen, veranlassen], **[WA]**, eine *Bewegungstäuschung*, bei der ein stationäres Objekt (z. B. ein Punkt) in einem bewegten Umfeld bewegt erscheint (jew. in Gegenrichtung zum Umfeld); im Alltag als Bewegung des Mondes hinter rasch ziehenden Wolken zu beobachten.
Neben der Bewegung eines Objektes kann auch eine erlebte Eigenbewegung induziert werden *(vection):* In einer rotierenden Streifentrommel scheint sich ein Beobachter nach kurzer Zeit in Gegenrichtung zu drehen; vor einer rotierenden Scheibe scheint sich der Beobachter seitlich zu drehen (bei gleichzeitigem Eindruck einer leicht seitlich geneigten Position); auch Muskelreaktionen lassen sich auslösen, die besonders bei Kindern zum Hinfallen führen können (z. B. in der Hexenschaukel, *haunted swing*, einem Raum, dessen Wände «schaukeln» und in dem der Beobachter den Eindruck bekommt, selbst zu schaukeln).

induziertes Irresein (= i. I.), **[KLI]**, syn. *folie à deux, symbiotische Psychose,* veralteter Begriff für «übertragenes», angestecktes «Irresein». Für das Zustandekommen eines i. I. wurde der Kontakt mit einem psych. Kranken (insbes. *Schizophrenie*) als Voraussetzung angenommen. Induziert kann für kürzere oder längere Zeit das gesamte Krank-heitsbild sein, auch können große Gruppen die Wahnideen (*Wahn*) einzelner übernehmen (religiöse Flagellation im Mittelalter; *Flagellantismus*).

Inertia-Effekt, Inertia-Psi-Effekt [engl. *inertia effect*; lat. *inertia* Trägheit], **[KOG]**, Trägheitseffekt, die einmal begünstigten Entscheidungsalternativen (*Entscheiden, Entscheidungstheorie*) sind durch Anpassung von subj. Wahrscheinlichkeiten gegen widersprechende Informationen immun. Durch den Trägheitseffekt werden bei der Verknüpfung von Wahrscheinlichkeiten Resultate der multiplikativen Berechnung hervorgebracht, die von der math. Wahrscheinlichkeitslehre abweichen: Je kleiner die Ausgangswahrscheinlichkeiten sind, desto mehr wird das Ergebnis der Und-Verknüpfung überschätzt. *naiver Statistiker.* Cohen et al. 1972. R. Bergius

infant-control procedure [engl. *infant* Kind, *control procedure* Kontrollmethode], *Habituierungsmethode.*

Infant Directed Speech (IDS) [engl.] «Kind-gerichtete Sprache»; *Motherese.*

infantile Amnesie [engl. *infantile amnesia*], **[KLI]**, Bez. von Freud für die Unfähigkeit von älteren Kindern, Jugendl. und Erw., sich an Ereignisse aus den eigenen ersten Lebensjahren zu erinnern.

Infantilismus [engl. *infantilism*; lat. *infans* Kind, **[KLI]**, Kindlichkeit, das Stehenbleiben auf kindl. Entwicklungsstufe in körperl. und/oder seel. Hinsicht mit Unterentwicklung des ges. Körperbaues oder einzelner Organe, bes. der Geschlechtsorgane, der Behaarung, der Stimme und/oder Zurückbleiben der psych. Entwicklung (im Denken und Gefühlsleben).

Infantizid (= I.) [engl. *infanticide*; lat. *infans* Kind, *caedere* töten], **[KOG]**, *Kindestötung,* das Töten von Jungtieren durch die Eltern wird unter schlechten Ernährungsbedingungen beobachtet. Eine weitere Form des I. kommt bei haremsbildenden Säugetieren (z. B. Löwen) vor, wenn ein fremdes Männchen den bisherigen Haremsinhaber besiegt und die von diesem abstammenden Jungtiere nach der Haremsübernahme tötet. K.-H. Stapf

Infant/Toddler Environment Rating Scales (ITERS) *Kinderbetreuung, Struktur- Prozess- und Orientierungsqualität.*

Infektion [engl. *infection*; lat. *inficere* hineinbringen], **[BIO, GES]**, Ansteckung. Das Eindringen von Mikroorganismen (Viren, Bakterien, Pilzen u. a.) in einen Makroorganismus (Pflanze, Tier, Mensch) und die Vermehrung in ihm. Psychische Infektion: *Ansteckung, psychische.*

Infektionspsychose [engl. *infection psychosis*], **[KLI]**, psych. Störung, die während oder nach schweren Infektionskrankheiten auftritt, meist halluzinatorische Verwirrtheit (z. B. bei Pocken, Typhus, Cholera, Scharlach, Kindbettfieber, Pneumonie, hervorgerufen durch Bakteriengifte (*Toxine*).

Inferenz (= I.) [engl. *inference*; lat. *inferre* hineintragen, schließen], **[KOG]**, ein auf andere Urteile gegründetes Urteil bzw. logischer Schluss (*Schließen, logisches*). Sprachverstehen (*Sprachrezeption*) ist manchmal nur durch I. möglich, d. h., es muss eine I.regel angewandt werden, damit ein metaphorischer Satz richtig gedeutet werden kann. Außer dem logischen Schluss wird unter I. auch der Vorgang des Ableitens von Urteilen, das Schließen, verstanden. Bock 1978.

Inferenzstatistik [engl. *inference statistics*; lat. *inferre* hineintragen, schließen], **[FSE]**, Teil der *Statistik* mit dem Ziel, aus Stichprobenkennwerten auf die entspr. Populationswerte oder -verhältnisse zu schließen, insbes. Bereichsschätzungen (*Konfidenzintervall*) und Prüfung von *Hypothesen* (z. B. Zusammenhangs-, Veränderungs- oder Unterschiedshypothesen). *Deskriptivstatistik*.

infertil [engl. *infertile*; lat. *infertilis*], **[BIO, GES]**, unfruchtbar, unfähig, eine Frucht auszutragen.

INFIT *Itemanalyse*.

Inflation (= I.) [engl. *inflation*; lat. *inflare* aufblasen], **[KLI, PER]**, nach Jung (*Analytische Psychologie*) Zustand einer Art «Aufgeblasenheit» bzw. Überschwemmung der Persönlichkeit mit überpersönl., nicht indiv. psych. Inhalten. In der *Deflation* besteht dagegen ein Zustand von Gleichgültigkeit.

Information-Pooling-Paradigma [engl.] «Paradigma der Informationsvereinigung», **[SOZ]**, beschreibt nach Wittenbaum & Stasser (1996) das Phänomen, dass Gruppenmitglieder geteilte Informationen oder Ressourcen sehr viel häufiger in die Gruppendiskussion einbringen als ungeteilte Informationen, die häufig ebenfalls für die richtige Lösung notwendig sind. Den geteilten Informationen fällt dabei bereits ein rein stochastischer Vorteil zu: Indem geteilte Informationen von mehreren Gruppenmitgliedern genannt werden können, erhöht sich die Nennungswahrscheinlichkeit derselben im Vergleich zu ungeteilten Informationen, die nur einem Mitglied der Gruppe bekannt sind. Sobald für die richtige Lösung einer Aufgabe ungeteilte Informationen notwendig sind, entsteht ein sog. *hidden profile*. *B. Kopp/H. Mandl*

Informationsgehalt, relativer (= H) [engl. *relative information content/entropy*], syn. *Entropie*; Maß der *Dispersion* einer Werteverteilung, das ab Nominalskalenniveau (*Skalenniveau*) verwendet werden kann (*Informationstheorie*). Kommen alle Messwerte gleich häufig vor, ist H maximal. Kommt nur ein Messwert vor, ist H minimal. Es gilt:

$$H = -\frac{1}{ln(k)} \cdot \sum_{j=1}^{K} h_j \cdot ln(h_j)$$

k = Anzahl der Merkmalsausprägungen
h_j = rel. Häufigkeit der Merkmalsausprägung j

Informationsintegration (= I.) [engl. *information integration*], **[KOG]**, theoretisches Konzept der Urteilsbildung (*Urteilsbildung, Dimensionen*), demzufolge ein Urteiler jeden Teilaspekt eines komplexen Urteilsgegenstandes zunächst bewertet und danach mit unterschiedlichem Gewicht in einem Urteil vereinigt. Am häufigsten wurden Experimente zur *Personwahrnehmung* herangezogen, in denen der subj. Skalenwert der Beurteilung einzelner Eigenschaften der Person in Beziehung gesetzt wurden. Eine Reihe einfacher algebraischer Modelle der I., wie Summierung oder Mittelung der gewichteten Informationen, wurde auf diese Weise überprüft, keines davon scheint jedoch allg.gültig zu sein. *Informationsintegrationstheorie*. Anderson 1974. *E. Mittenecker*

Informationsintegrationstheorie (= I.) [engl. *information integration theory*], **[KOG]**, eine von N. H. Anderson in den vergangenen Jahrzehnten verfeinerte und erweiterte Theorie, die den Prozess der *Informationsintegration* vorwiegend mit der Methode des *funktionalen Messens* untersucht. Die I. hat sich in sehr versch. Inhaltsbereichen bewährt, z. B. *Psychophysik*, *Entwicklung, kognitive*, *soziale Kognition*, *moralisches Urteil*. Anderson 1991, Anderson 1995. *F. Wilkening*

Informationspflicht *Patientenrechtegesetz*.

informationsreduzierende Strategien [engl. *information reduction strategies*], *Organisieren*.

Informationsrepräsentation, multiple (= m. I.) [engl. *multiple external representations*, MERs], syn. *multiple Repräsentationen*, **[PÄD]**, meint, dass zur Verdeutlichung eines Sachverhaltes unterschiedliche Darstellungsformen kombiniert werden (z. B. verbale Beschreibungen, Gleichungen, Bilder, Graphen). Vom Einsatz m. I. statt einfacher Informationsrepräsentationen im Lehr-Lern-Material (*Lehr-Lern-Forschung*) wird nach Mayer (2005b) erwartet, dass Lerner ein tieferes Verständnis entwickeln, weil sie die relevanten Beziehungen zw. den versch. Repräsentationen erkennen. Dieser Schritt stellt sowohl das Potenzial als auch eine Schwierigkeit beim Umgang mit m. I. dar. Hierbei spielen auch indiv. Faktoren wie kogn. Fähigkeiten und Lernerpräferenzen i. S. einer *aptitude-treatment interaction* eine Rolle. Da es sich gezeigt hat, dass m. I. nicht immer lernförderlich ist, sollte ihr Einsatz im Lehr-Lern-Material gezielt im Hinblick auf andere Designfaktoren, die spezifischen Funktionen der einzelnen Repräsentationen sowie die Aufgabenstellung erfolgen (Ainsworth 2006). Mayer (2005b) empfiehlt zudem, die Lerner beim Umgang mit den m. I. und insbes. beim Verstehen ihrer Verbindungen zueinander (*Kohärenzbildung*) zu unterstützen. Mayer 2005a. *S. Malone*

informationstheoretische Maße (= i. M.) [engl. *information criteria*], **[FSE]**, i. M. wie der *AIC (Akaike's information criterion)* oder das *Bayes information criterion (BIC)* sind Maße, mit denen man die Gültigkeit eines stat. Modells für einen gegebenen Datensatz kontrollieren kann. Versch. Gründe waren für ihre Entwicklung ausschlaggebend: Die inferenzstatistische Entscheidung über die Geltung einer stat. Nullhypothese (*Signifikanztest*) stößt an ihre Grenzen, wenn die assymptotischen Voraussetzungen der Stichprobengröße nicht erfüllt sind, bei der es so viele alternative stat. Modelle gibt, dass man mit einer unkontrollierten Inflation des Alpha-Fehlers (*Fehler erster Art*) rechnen muss, oder wenn es nur Sinn macht, die relative Gültigkeit eines Modells im Vergleich zu anderen Modellen zu bewerten.

Die i. M. wurden vor dem Hintergrund der Maximum-Likelihood-Theorie (*Maximum-Likelihood-Methode*) entwickelt, zu der auch die *likelihood-ratio tests (LRT)*, gehören. In einem LRT wird aus den Maxima zweier miteinander konkurrierender Modelle ein Quotient gebildet, dessen asymptotische Verteilung die *Chi-Quadrat-Verteilung* ist. Aus denselben Bausteinen, der logarithmierten Likelihood und der Parameteranzahl, wird im AIC eine

Art Straf-Funktion gebildet, in der die Likelihood des Modells mit der benötigten Anzahl von zu schätzenden Modellparametern gegengerechnet wird. Der AIC bezieht sich immer nur auf ein Modell und wird zw. den Modellen verglichen:

$$AIC = 2 \cdot (n \cdot p - log(L))$$

Je kleiner der Wert des AIC ist, desto besser passt das Modell auf die Daten. Der Anstieg des Maximums der Log-Likelihood-Skala um einen Punktwert darf nur einen Modellparameter kosten. Der *BIC (Bayes information criterion)* «bestraft» den Einsatz weiterer Modellparameter mit dem Logarithmus von N:

$$BIC = log(N) \cdot n_p - 2 \cdot log(L)$$

Er bestraft also Überparametrisierung stärker als der AIC. Ob mit diesen Informationskriterien wirklich eine Alternative zur Inferenzstatistik geboten wird, bleibt offen: Es bleibt die Frage offen, wie groß denn der Unterschied zw. zwei AIC sein darf, um das eine Modell dem anderen vorzuziehen, oder wie die Straf-Funktion idealerweise aussieht, d. h., wie stark der *penalty term* sein darf oder sollte. Rost 2004. *J. Rost*

Informationstheorie (= I.) [engl. *information theory*; lat. *informare* gestalten, darstellen, unterrichten], [**KOG, SOZ**], math. Theorie, mit deren Hilfe Gesetzmäßigkeiten zu der Menge von Informationen, die von einem Sender (im weitesten Sinn) ausgeht, durch einen «Kanal» übertragen wird und bei einem Empfänger eintrifft, sowie Bedingungen, die für eine optimale Codierung (Verschlüsselung, *Code*) von Informationen gelten, dargestellt werden. Die I. entstand ursprünglich aus dem Bedürfnis von Nachrichtentechnikern, Probleme wie die max. Anzahl von Nachrichteneinheiten, die ein *Kommunikation*smittel unter gegebenen Umständen in der Zeiteinheit übertragen kann (*Kanalkapazität*), exakt zu behandeln. Die Ausarbeitung einer math. Theorie von Kommunikation durch Shannon & Weaver (1949, nach Vorarbeiten von Hartley, Nyquist, Küpfmüller u. a.), welche den Fall diskontinuierlicher (diskreter) Signale (*Signal*) ausführlich behandelt, regte sehr bald Psychologen, Pädagogen (*Pädagogik*), Neurophysiologen (*Neurophysiologie*) und Soziologen (*Soziologie*) zur Anwendung der I. auf Kommunikationsprobleme i. w. S. an. Dies führte zu Versuchen, Vorgänge der Aufnahme und Verarbeitung von Wahrnehmungsreizen (*Wahrnehmung*), der Begriffsbildung, der sprachlichen und nicht sprachlichen Verständigung als Informationsverarbeitungsprozesse (*Informationsverarbeitung*) zu deuten und kommunikationstheoretische Modelle psych. Prozesse zu entwickeln (*Kybernetik*).

Einfachster Anwendungsfall der I. diskreter Signale in der Ps. ist die Darstellung des Informationsgehalts einer univariaten Verteilung der relativen Häufigkeiten (als Schätzung der Wahrscheinlichkeiten p_i) von Beobachtungsdaten (z. B. die versch. Antworten in einer Mehrfachwahlaufgabe). Da der Informationsgehalt einer einzigen Nachrichtenklasse i proportional dem Kehrwert ihrer Wahrscheinlichkeit ist, ist der durchschnittliche Informationsgehalt H umso größer, je größer die Zahl i der Klassen (z. B. der möglichen Antwortarten) und je ausgeglichener die Wahrscheinlichkeiten der einzelnen Klassen sind (z. B. gleiche Häufigkeit der versch. Alternativen einer Mehrfachwahlaufgabe bei Beantwortung durch eine definierte Gruppe von Personen). Das adäquate Maß liefert die Shannon-Formel:

$$H = \sum_{i=1}^{n} p_i \cdot log \frac{1}{p_i}$$

Bei Benutzung des Zweierlogarithmus in der Shannon-Formel wird H bei zwei unterscheidbaren Beobachtungsklassen mit Wahrscheinlichkeiten von je 0,5 genau 1,0; diese Informationseinheit wird als 1 bit bezeichnet. Auch bivariate Verteilungen (wie Kontingenz von Reiz- und Reaktionsklassen als Bsp. von «Informationsübertragung») und multivariate Verteilungen können informationstheoretisch behandelt werden, wobei Parallelen zu *Varianzanalyse* und zur *Regressionsanalyse* bestehen.

In der Ps. wird die I. diskreter Signale auf vielen Teilgebieten der allgemeinen Ps. (*Wahrnehmung*, *Lernen*, Begriffsbildung), aber auch in der differentiellen, angewandten und Sozialps. angewendet. Besondere Bedeutung haben die Methoden der I. im Bereich der *Sprache* erlangt. Jede sprachliche Mitteilung ist eine durch Codierung entstandene Zeichenabfolge, die vom Sprechenden (*Sprachproduktion*; bzw Schreibenden) erzeugt, zum Hörenden (*Sprachrezeption*; bzw. Lesenden) übertragen und dort decodiert (*Decodierung*) wird. Wichtige Übertragungs-Kennwerte (z. B. Geschwindigkeit und Störanfälligkeit) stehen in direktem Zusammenhang mit dem Informationsgehalt der Sprachzeichen und ihrer Kombinationen. Garner und Attneave waren die ersten, die I.maße zur Beschreibung der Struktur (des Ordnungsgrades) einsetzten, wobei v. a. der Begriff der *Redundanz* (Abweichung von der max. möglichen Information) eine große Rolle spielt.

Die I. kontinuierlicher Signale, der ursprünglich häufigere Anwendungsfall in der elektrischen Nachrichtentechnik, enthält als ein Grundtheorem den Satz, dass ein kontinuierlich variierendes Signal von T Sek. Dauer (z. B. die Amplitude einer in einem best. Frequenzbereich $W = f_{max} - f_{min}$ variierenden elektrischen oder mechanischen Größe) durch eine Stichprobe von zwei WT-Werten vollkommen charakterisiert ist. Da auch bei genauestmöglicher Bestimmung (durch Messinstrumente (*Messen*) oder *Beobachtung*) nur eine endliche Zahl von Amplitudenstufen einer Größe unterschieden werden kann, lassen sich Probleme der I. kontinuierlicher Signale teilweise auch mit den Mitteln der I. diskreter Signale bearbeiten. In der Ps. wird die I. kontinuierlicher Signale z. B. bei der Behandlung des motorischen Verhaltens (*Motorik*, wie Ziel-Verfolgungsaufgaben (*Zielmotorik*)) angewendet. Attneave 1965, 1974, Garner 1974. *E. Mittenecker*

Informationsüberflutung (= I.) [engl. *information overload*], [**AO, MD, WIR**], I. wird in zwei Gebieten der Arbeits-, Organisations- und Wirtschaftsps. untersucht. Zum einen ist es ein Thema der Qualität von Konsumentenentscheidungen. Untersucht wird, ob zu viele Informationen zu unzulänglicher Verarbeitung führen, Entscheidungen

(*Entscheiden*) suboptimal sind oder wann sich Entscheider als Lösungsmöglichkeit Urteilsheuristiken (*Entscheidungsheuristiken*) oder einer vereinfachenden *Entscheidungsstrategie* bedienen (Moser & Wolff 2007). Zum anderen ist I. als spezif. Stressor im Kontext «Neuer Medien», insbes. der E-Mail-Kommunikation, untersucht worden. Große Mengen von, aber auch schlecht strukturierte und intransparent organisierte Daten führen zu Überforderung, mangelnder Kontrollierbarkeit oder auch Verunsicherung. Verschiedene Ansätze zur Verbesserung der *Medienkompetenz* wurden aufgezeigt (Soucek & Moser 2010). *K. Moser*

Informationsverarbeitung (= I.) [engl. *information processing*], [**KOG**], Untersuchungsansatz, der zur Erforschung kogn. Prozesse Computerprogramme als Modell benutzt. Die I. geht vom Menschen als Informationsinterpret, Mehrdeutigkeitslöser und Hochrechner aus: Ziele der I. sind, bei nicht hinreichender Information ein Problem zu lösen und aus gegebenen Einzelinformationen brauchbare Schlüsse zu ziehen. Geistige Väter der I. sind die *Kybernetik* (*Feedback*-Modelle wie z. B. das TOTE-Modell, *TOTE-Einheit*), die Informationstheorie und die Computersimulation (Newell, Shaw & Simon). *Entwicklung, Informationsverarbeitungsansätze, Informationsverarbeitungssystem, Kognition, Wissenschaftskommunikation.* Dörner 1976, Lindsay & Norman 1977, Ueckert & Rhenius 1979.

Informationsverarbeitung, bedrohungsbezogene (= b. I.) [engl. *information processing, threat-related*], [**GES, KLI, KOG**], die Untersuchung der b. I. weist i. R. des *Repression-Sensitization*-Konstrukts eine lange Forschungstradition auf. Während frühe Konzeptionen von einer *Kontinuitätsannahme* ausgegangen sind, der zufolge sich Bewältigungsstrategien in versch. Phasen der b. I. (Aufmerksamkeitsorientierung, Enkodierung, Speicherung, Erinnerung) in jew. gleichartiger Weise (Zuwendung oder Abwendung) niederschlagen, indizieren neuere Befunde auch Diskontinuitäten zw. versch. Phasen der b. I. So sind z. B. Personen mit kogn. vermeidender *Angstbewältigung* (*Represser*, *Vermeidung, kognitive*) in frühen Phasen der I. durchaus sensitiv für b. Situationsmerkmale, was eine *Zwei-Phasen-Konzeption* verlangt. Einer initialen Aufmerksamkeitszuwendung zur Bedrohung folgt die Abwendung der *Aufmerksamkeit*; die Bedrohung wird nicht weiter beachtet und evtl. sogar vergessen (*repressive discontinuity*). Für Personen mit vigilanter Angstbewältigung (*Vigilanz, Bewältigungsstrategie*) trifft dagegen die Kontinuitätsannahme zu, da sich diese Personen bedrohlichen Informationen zuwenden und diese Informationen aktiv aufrechterhalten (*sensitive maintenance*). Peters et al. 2012. *M. Hock/C.-W. Kohlmann*

Informationsverarbeitungsgeschwindigkeit, altersbedingte [engl. *speed of information processing, age-related*], [**EW, KOG**], Informationsverarbeitungsgeschwindigkeit meint die Schnelligkeit, mit der Umgebungsreize aufgenommen und verarbeitet werden. Eine Grundannahme ist, dass Verarbeitungsprozesse mit einer best. Basisprozessrate ausgeführt werden können, die sich indiv. und über die Lebensspanne (*Lebensspannenpsychologie*) hinweg unterscheidet. Diese Basisrate hat einen limitierenden Einfluss auf die Ausführung kogn. Operationen und dadurch auch auf die *Leistung* in intellektuellen Aufgaben und Lernanforderungen (*Lernen*). Timothy Salthouse ist der bekannteste Vertreter der Annahme einer im höheren Alter reduzierten Geschwindigkeit der *Informationsverarbeitung* (z. B. Salthouse 1996). Die herabgesetzte I. beeinflusst die kogn. Leistung im Alter in Form der *Mechanismen der limitierten Zeit* und der *Simultanität*. Der Mechanismus der limitierten Zeit verhindert bei einer zeitbegrenzten Aufgabe, dass Aufgabenschritte in einer vorgegebenen Zeit zu Ende geführt werden. Bei unbegrenzter Aufgabenbearbeitungszeit kann dagegen der Simultanitätsmechanismus dazu führen, dass die geistigen Produkte früherer Verarbeitungsschritte bereits verloren sind, wenn diese für spätere Schritte zur Aufgabenlösung benötigt werden. Wenngleich die Verarbeitungsgeschwindigkeit der stat. bedeutsamste *Prädiktor* für Altersunterschiede in intellektuellen Anforderungen ist, wiesen Verhaeghen & Cerella (2008) in einer metaanalytischen (*Metaanalyse*) Integration nach, dass die Annahme einer allg. Verlangsamung nicht gerechtfertigt ist. Vielmehr sind versch. Verlangsamungsgradienten für einfache Entscheidungsaufgaben, räumliche Anforderungen und Doppelaufgaben anzunehmen (mit in Aufzählungsreihenfolge ansteigender Verlangsamung), während für lexikalische Aufgaben i. d. R. keine Verlangsamung vorliegt. *C. Titz*

Informationsverarbeitungsparadigma der Persönlichkeit [engl. *infomation processing paradigm of personality*], *Persönlichkeit.*

Informationsverarbeitungssystem (= I.) [engl. *information processing system*], [**KOG**], ein I. muss mind. aus einem Speicher und einem Prozessor als Elementarkomponente bestehen. Damit seien die notwendigen und hinreichenden Mittel gegeben, um *Intelligenz* zu erzeugen bzw. zu simulieren, behaupteten Newell & Simon (1972). Heute ist Information ein alltäglicher Begriff. Es scheint naheliegend, das mentale System des Menschen als I. aufzufassen. Die Ps. hat sich jedoch in früheren Epochen anderer (oft der Physik der Zeit entlehnter) Metaphern bedient (*Computermetapher*). Zudem ist zu beachten, dass neben einer informellen Auffassung von Information (Inhalt von Text o. ä.) die eingegrenzte Sicht vorkommt. Nach dieser ist Information das Ausmaß an Sicherheit über das Eintreten von einem Ereignis. Psych. Prozesse werden im I. als Rechenprozesse aufgefasst. Diese bestehen entweder in der Manipulation von Symbolen in einem Regelwerk oder lassen sich durch sie nachbilden. So hat bspw. Dörner (1999) zuspitzend formuliert, Liebe sei nichts weiter als eine Abfolge von Einsen und Nullen. In einer Erwiderung wies Metzinger (1999) darauf hin, dass nicht nur psych. Prozesse mit Zahlen und Algorithmen beschreibbar seien, sondern auch physische, bspw. der Regenbogen, dass die Nullen und Einsen aber nicht unbedingt den Kern der Prozesse träfen. Gallistel & King (2009) argumentieren, dass bspw. auch Ameisen und Bienen, ähnlich wie Computer, symbolische Information auslesen, manipulieren und speichern. Auch das Verhalten dieser Tiere lässt sich als Resultat von Berechnungsprozessen konzeptualisieren (z. B. Berechung der Himmelsrichtung aus dem Sonnenstand; Berechnung des kürzesten Rückweges nach erfolgreicher Futtersuche). Die physikal. Grundlage dieser Speicher- und Rechenprozesse wird in der Forschung spezifiziert und mit mechanischen Analogien veranschaulicht [http://woodgears.ca/marbleadd/]. Als informationsverarbeitende Systeme gelten auch systemwiss. Darstellungen sozialer Akteure (Individuen, Kleingruppen, Kollektive oder Organisationen) unter Berücksichtigung der in ihnen erfolgenden Entscheidungen und Problemlösungen. Die Kleingruppe ist – anders als das Individuum – fähig, Informationen nicht nur sequenziell, sondern auch parallel zu verarbeiten. Bei Organisationen als informationsverarbeitende Systeme sind die formelle *Kommunikation* und die Struktur von Kommunikationskanälen von bes. Interesse. R. Gaschler

informed consent [engl.] informierte Einwilligung; *Forschungsethik*, *Partizipative Entscheidungsfindung*.

Infotainment (= I.) [engl.], **[MD, PÄD]**, aus den Wörtern *Information* und *Entertainment* zusammengesetzter Begriff zur Bez. unterhaltsam gestalteter Informationen oder der Vermischung von Unterhaltung und Information in Nachrichtenmedien. Heute wird unterschieden zw. I. und *Edutainment*.

Infrarot [engl. *infrared*; lat. *infra* unterhalb], *Licht*.

Infraschall [engl. *infrasound*; lat. *infra* unterhalb], *Hörschwelle*.

Ingenieurpsychologie (= I.) [engl. *engineering psychology*], **[AO]**, Teilgebiet der angewandten Ps., das sich mit der ps. Erforschung der Wechselwirkungen zw. Mensch und Technik am Arbeitsplatz beschäftigt (*Mensch-Maschine-System*, *Mensch-Computer-Interaktion*). Die I. hat sich im Zuge der Differenzierung der Anwendungsfelder v. a. in den USA und der früheren UdSSR mit einem experimentalpsychol. ausgerichteten Forschungsprogramm entwickelt und grenzt sich dabei teilweise von der *Industrial and Organizational Psychology* bzw. *Organisationspsychologie* mit ihren Felderhebungsmethoden ab. Enge Bezüge ergeben sich zur *Arbeitspsychologie* und zur interdisziplinären Forschung im Gebiet der *Arbeitswissenschaft*, *Ergonomie* und Mensch-Computer-Interaktion. Zimolong 2006, Hoyos & Zimolong 1990. S. Greif

ingratiation [engl.] Einschmeicheln, **[EM, SOZ]**, instrumentelle *Konformität* bzgl. eines minderwichtigen Einstellungsobjekts (*Einstellung*) als Taktik zur Erreichung einer auf ein bedeutsameres Einstellungsobjekt bezogenen *Einstellungsänderung* bei der Person, der geschmeichelt wird. Jones 1965.

ingroup [engl.], **[SOZ]**, Eigen-Gruppe, Wir-Gruppe, Ggs. *outgroup*, Fremdgruppe. *Gruppe*, (*Identität und Selbst*).

Inhaltsanalyse (= I.) [engl. *content analysis*], syn. *Contentanalyse*, *Textanalyse*, gelegentlich auch *Bedeutungsanalyse*, *Aussagenanalyse*, **[FSE, KOG]**, Sammelbez. für eine Reihe von Techniken zur systematischen Nutzung freier *Sprachproduktion* (Texte) als Beobachtungsbasis unter Beachtung allg. Grundsätze der analytisch-empirischen Forschungsmethodologie. Im typ. Fall werden unter dem Gesichtspunkt der jew. Fragestellung (1) zwei oder mehr Vergleichsstichproben von Texten ausgewählt, (2) Textteile als Einheiten der Analyse festgelegt, (3) semantische (*Semantik*) oder – seltener – grammatische (*Grammatik*) Merkmalskategorien definiert, (4) das Vorkommen der definierten Merkmale pro Textteil codiert (*Code*), (5) die Gesamthäufigkeiten gleicher Codierfälle pro Text ermittelt und (6) daraus quant. Indizes, im einfachsten Falle Häufigkeitsprozente, errechnet (*Sprachstatistik*). Aus dem Vergleich der Indizes versch. Texte bzw. Textstichproben werden (7) unter dem Gesichtspunkt der Forschungsfrage Schlüsse gezogen. Verwertbar sind geschriebene oder schriftlich protokollierte mündliche Texte, die entweder frei (ohne Kenntnis eines späteren Auswertungszwecks) oder unter Testbedingungen produziert wurden und eine jew. notwendige Mindestlänge haben. Semantische Merkmalskategorien könnten Lexeme (Wörter und Wortfügungen) oder Aussagen sein (semantisch interpretierte Textstücke mehr oder weniger großen Umfangs). Auch können grammatische Merkmale wie Wortart (Adjektiv, Verb) oder Aktionsart (Aktiv, Passiv) für eine I. relevant werden. Unerlässlich ist ein Mindestmaß an *Objektivität* der Merkmalcodierungen, worüber quant. Informationen zur Intercodierer-Reliabilität (*Beurteilerübereinstimmung*) Aufschluss geben. Schwierigkeiten der I. ergeben sich mit der Kontextabhängigkeit der aus dem Text herauszulösenden sprachlichen Einheiten (*Kontext*) und mit der Unüberschaubarkeit der die Textproduktion jew. mit bedingenden unabhängigen Faktoren, v. a. bei nicht unter Testbedingungen geschriebenen Texten. Den Auswertungsaufwand kann der Computer erheblich reduzieren (s. Programmfamilie *General Inquirer* von Stone, Dunphy, Smith et al.). Die I. wird meth. fruchtbar u. a. in der Motivations- (*Motivation*) und Persönlichkeitsps., in der Sozialps. (sprachliche Interaktionsforschung), in der *Psychotherapie* (*Arzt- bzw. Therapeut-Patient-Interaktion*), in der Politikwiss. (z. B. Genese internat. Konflikte), Publizistik (Medienforschung) und Literaturwiss. (Stilforschung und Autorschaftsbestimmung). Die I. ist der sprachwiss. orientierten und meist nur bestandsaufnehmenden Sprachstatistik benachbart. Berelson 1971.

Inhaltsaspekt [engl. *content aspect*], *Beziehungsaspekt*, *Kommunikationsmodell von Watzlawick et al.*, *Vier-Seiten-Modell der Kommunikation von Schulz von Thun*.

Inhaltsexpertise [engl. *content expertise*], *Therapiebeziehung*.

Inhaltsvalidität *Validität, inhaltliche*.

Inhelder, Bärbel (1913–1997), **[EW, HIS]**, Schweizer Entwicklungspsychologin. Studium in Genf, 1935 Diplom, 1936–1938 Assistentin von Piaget (*Piaget, Jean*), Promotion 1943, 1948 Professorin für Ps. für Kinder und Jugendliche. 1971–1983 ist sie Piagets Nachfolgerin. 1961 Gastbesuch bei Jerome Bruner an der Harvard University, in den 1970er-Jahren Leitung eines interkulturellen Forschungsprojektes in Westafrika, 1974 gründet Inhelder die Jean-Piaget-Archiv-Stiftung, 1980–1987 ist sie Direktorin der Zeitschrift «Archives der Psychologie». Inhelder arbeitete viele Jahre mit Piaget zusammen, so an Arbeiten zum räumlichen Vorstellungsvermögen von Kindern, Mengenvorstellungen, Gedächtnis und Intelligenz usw. – Inhelder erhielt viele Ehrungen, so Ehrentitel von etwa einem Dutzend Universitäten. Volkmann-Raue 1997, Tryphon 2011. *H. E. Lück*

Inhibin [engl. *inhibin*; lat. *inhibere* hemmen], **[BIO]**, *Hormon*, das in den Ovarien und Hoden gebildet wird. Hemmt nach dem Rückkopplungsprinzip die Sekretion des *follikelstimulierenden Hormons* FSH im Hypophysenvorderlappen, das die Produktion von Spermatozoen in den Sertoli-Zellen des Hodens stimuliert.

Inhibiting-Hormone, -Faktoren [engl. *inhibiting hormones/factors*; lat. *inhibere* hemmen], **[PHA]**, *Hormone* des Hypothalamus, die die Freisetzung von Hormonen des Hypophysenvorderlappens hemmen. *Hypothalamus-Hypophysen-Nebennieren-Achse (HHN-Achse)*.

Inhibition [engl. *inhibit, inhibition*; lat. *inhibere* hemmen, hindern]; *Hemmung*.

inhibition of return (= I.) [engl.] «Hemmung der Rückkehr», **[KOG]**, beschreibt das Phänomen, dass die Verarbeitung eines *Zielreizes* vorübergehend beeinträchtigt ist, wenn an seiner Position kurz vorher ein irrelevanter Stimulus erschienen ist. I. wird häufig durch einen Mechanismus erklärt, der die Rückkehr der *Aufmerksamkeit* zu bereits abgesuchten Positionen inhibiert und dadurch die visuelle Suche unterstützt. Posner & Cohen 1984, Klein 2000. *P. Wühr*

Inhibitionshemmung [engl. *inhibition of inhibition*; lat. *inhibere* hemmen], *bedingter Reflex, bedingte Reaktion*.

Inhomogenitätskorrelation [engl. *inhomogeneity correlation*], **[FSE]**, Zusammenhang (*Korrelation*), der dadurch zustande kommt, dass sich in der bivariaten Verteilung zwei getrennte, in sich homogene Pbn-Gruppen befinden, die – getrennt betrachtet – in den beiden Merkmalen keine Korrelation aufweisen, in der Zusammenfassung innerhalb der bivariaten Verteilung jedoch zu einem bedeutsamen Zusammenhang führen können. Z. B. könnte eine Korrelation zw. Schuhgröße X und Gehalt Y resultieren, dass Männer sowohl in X und Y höher ausgeprägt sind als Frauen. *Innerhalb* der Gruppe der Frauen und *innerhalb* der Gruppe der Männer können die Merkmale dann unkorreliert sein (*lokale stochastische Unabhängigkeit*). *ökologischer Fehlschluss, Latente Klassenanalyse*.

initial [engl. *inital*; lat. *initium* Anfang], anfänglich. Anfangs- bzw. Initialerscheinungen werden die ersten Anzeichen von Krankheiten genannt.

Initialhandlung [engl. *initial action*; lat. *initium* Anfang], *Handlungsrudimente*.

Initien, Initiation [engl. *initiation*; lat. *initiare* einweihen, den Anstoß geben], **[SOZ]**, bei den Naturvölkern heute noch mit versch. Praktiken verbundene Einführung junger Menschen in die Erwachsenenwelt (Mutproben, Askese, Meditation, Mannbarkeitszauber, Beschneidung).

Inklusion [engl. *inclusion*; lat. *includere* einschließen]; *Behindertendiagnostik im Kindes- und Jugendalter*.

Inklusion, moralische [engl. *moralic inclusion*; lat. *includere* einschließen], *soziale Beziehungen*.

Inklusionsschluss [engl. *inclusion inference*; lat. *includere* einschließen], **[PHI]**, direkter Schlus; Schluss von einem Ganzen auf einen Teil. *Transponierungsschluss*.

inklusive Bildung *Bildung, inklusive*.

Inkohärenz der Ideen [engl. *incoherence of ideas/thoughts*; lat. *in-* un-, *cohaerere* zus.hängen], **[KLI]**, *Ideenflucht*, Verwirrtheit, Aufeinanderfolge von Bewusstseinsinhalten ohne sachl.-log. Zus.hang, bes. bei *Psychose. Denkstörungen, formale*.

Inkommensurabilitätsthese [engl. *incommensurability thesis*; lat. *in-* un-, *commensurabilis* mit gleichem Maß gemessen, vergleichbar], *Wissenschaftstheorie*.

Inkongruenz *Gesprächspsychotherapie*.

^(Test)**Inkongruenzfragebogen (INK)**, 2004, M. Grosse Holtforth, K. Grawe & Ö. Tamcan, [www.testzentrale.de], **[DIA, EM, KLI]**. Klinisches Verfahren. AA ab 18 Jahren. Der INK und seine Kurzversion, der K-INK, sind Selbstbeurteilungsinstrumente, die unzureichende Umsetzung motivationaler Ziele (Inkongruenz) von Psychotherapiepat. erheben. Die Umsetzung von Annäherungs- und Vermeidungszielen wird im INK auf 14 bzw. 9 Skalen mit insges. 94 Items erfasst. Iteminhalte und Skalenstruktur sind vom *Fragebogen Motivationaler Schemata* (FAMOS; Grosse Holtforth & Grawe 2002) übernommen. Der INK erfasst den Grad unzureichender Umsetzung motivationaler Ziele (Zufriedenheit mit der Umsetzung von Annäherungszielen bzw. Eintreffen von Vermeidungszielen). Annäherungsziel-Skalen sind *Intimität/Bindung, Geselligkeit, Anderen helfen, Hilfe bekommen, Anerkennung/Wertschätzung, Überlegensein/Imponieren, Autonomie, Leistung, Kontrolle haben, Bildung/Verstehen, Glauben/Sinn, Das Leben auskosten, Selbstvertrauen/Selbstwert und Selbstbelohnung*. Vermeidungsziel-Skalen sind *Trennung, Geringschätzung, Erniedrigung/Blamage, Vorwürfe/Kritik, Abhängigkeit/Autonomieverlust, Spannungen mit anderen, Sich verletzbar machen, Hilflosigkeit/Ohnmacht und Versagen*. Drei zus.fassende Werte werden aus den Skalen des INK gebildet: Inkongruenz bzgl. Annäherungszielen (INK-A) und Inkongruenz bzgl. Vermeidungszielen (INK-V) sowie der Inkongruenz-Gesamtwert (INK-G). *Normierung*: Es liegen nach Alter und Geschlecht differenzierte T-Wert-Normen für 707 Kontrollpersonen vor. Bearbeitungsdauer: 10 bis 20 Min.

Inkongruenzhypothese [engl. *incongruence hypothesis*; lat. *in-* un-, *congruens* übereinstimmend]; *Arbeitslosigkeit*.

Inkorporierung der Seele [engl. *incorporation of the soul*; lat. *incorporari* zum Körper werden], die weltanschaulich-religiöse Annahme des Übergangs des Menschen in ein anderes Lebewesen, v. a. beim Tod (z. B. in Schlange, Baum, Fisch). *Seele*.

inkrementelles Lernen *Lernen, inkrementelles*.

inkrementelle Sprachproduktion [engl. *incremental speech production*; lat. *incrementum* Wachstum], **[KOG]**, geht davon aus, dass die grundlegenden Prozesse der Sprachproduktion (Konzeptualisierung, Formulierung und *Artikulation*; Garrett 1980) nicht sukzessiv, sondern zeitlich versetzt parallel verlaufen. Sprecher können bereits beginnen, erste Teile einer Äußerung zu artikulieren, bevor sie die konzeptuelle und sprachliche Planung einer Äußerung im Detail abgeschlossen haben. *Sprechen*.

Inkret [engl. *incretum*; lat. *in-* hinein; *cernere* trennen, sich erkennen lassen], **[BIO]**, von *endokrinen Drüsen* (*Hormo-*

ne), der in die Blut- oder Lymphbahn abgegeben wird. *Innere Sekretion*, Ggs. Exkret, *Exkretion*.

Inkubation (= I.) [engl. *incubation*; lat. *incubare* liegen, brüten], **[BIO, GES]**, (allg.) die Zeit der Keimentwicklung bzw. bei Infektionskrankheiten die Zeit von der Keimübertragung bis zum Krankheitsausbruch.

[KOG], In der Denkps. nach Poincaré die zweite Phase des *Problemlösens*. Der Begriff I. wurde von Eysenck u. a. herangezogen beim Erklärungsversuch für die Zunahme der Häufigkeit bedingter Reaktionen (CS, *bedingter Reflex*) ohne *Verstärkung* durch unbedingten Reiz (UCS) im Ggs. zur *Auslöschung*. Dieser Vorgang (auch als *Napalkow-Phänomen* bezeichnet) steht offenbar in Zusammenhang mit Erregung, *Furcht* und *Angst*. Eysenck 1968.

innere Konsistenz *Konsistenz, innere*.

innere Kündigung (= i. K.) [engl. *inner/mental dismissal/resignation*], **[AO]**, stille Distanzierung eines Arbeitnehmers von den Arbeitsaufgaben oder vom Betrieb unter Aufrechterhaltung des förmlichen Arbeitsverhältnisses (*Arbeitspsychologie*, *Arbeitszufriedenheit*): Die Motivation, sich i. R. des Arbeitsverhältnisses zu engagieren, ist so reduziert, dass frühere pos. Erwartungen an das Arbeitsverhältnis nicht mehr handlungsrelevant werden; eine Identifikation mit dem Betrieb (*corporate identity*) ist kaum noch vorhanden. Bei i. K. behält der Arbeitnehmer das förmliche Arbeitsverhältnis bei, um materielle Einbußen oder das Risiko einer Veränderung zu vermeiden. Im Ggs. zur konstruktiven Arbeitsunzufriedenheit (Bruggemann 1976) kann i. K. als *destruktive Arbeitsunzufriedenheit* bezeichnet werden. I. K. kann thematisch zus.hängen mit der aktuellen Tätigkeit, mit dem Vorgesetzten, mit dem Betrieb, mit dem gewählten Beruf oder mit dem gesellschaftlich-ökonomischen System. Bsp. für Gründe der i. K.: (1) Erwartung (bei entspr. Einsatz und entspr. Leistung) und erhaltener Wert (persönliche Anerkennung, finanzielle Vergütung) werden nicht in einem angemessenen Verhältnis gesehen (*Entscheidungstheorie*; *Erwartung-Wert-Theorien*), (2) Misserfolgserwartung, (3) Kontrollverlust (*locus of control*, *Hilflosigkeit, gelernte/erlernte*), (4) Vergebliche Suche nach Gestaltungsmöglichkeiten (*Bedürfnishierarchie*). Bsp. für Folgen der i. K.: verstärkte Freizeitorientierung (insbes. im Öffentlichen Dienst), *Ironie*, Zynismus (*Zyniker*), Deprimiertheit, *Burn-out* und Frühverrentung. Der Begriff der i. K. stammt von R. Höhn und F. Raidt (Faller 1991, Raidt 1993). W. Echterhoff

inneres Modell *internes (inneres) Modell*.

innere Spur [engl. *inner trace*], *Orientierungsreaktion*.

inner scribe [engl.] «innerer Schreiber»; *Arbeitsgedächtnis im Kindesalter*.

Innervation [engl. *innervation*], **[BIO]**, nervale Versorgung von Körpergeweben und Organen. Auch Zuleitung der Impulse durch die Nerven zum Organ. *Nerv*.

innocence project [engl.] «Unschuld Projekt», **[RF]**, Projekt, das v. a. in den USA durchgeführt wird und sich mit Fällen beschäftigt, in denen durch DNA-Beweise fälschlich Beschuldigte entlastet wurden (Scheck et al. 2001; [www.innocenceproject.org]). Bis April 2013 gab es 306 Fälle unschuldig Verurteilter, die im Durchschnitt ca. 12 Jahre im Gefängnis verbrachten. In drei Vierteln dieser Fälle spielte das fälschliche Wiedererkennen des Beschuldigten eine zentrale Rolle (*Personenidentifizierung*), insbes. von Personen anderer ethnischer Gruppen durch «Weiße». Aber auch andere Ursachen, wie z. B. (durch unangemessene Polizeitaktiken) hervorgerufene falsche Geständnisse, Irrtümer bei Sachbeweisen (Tatortspuren, Fingerabdrücke) scheinen vielfach mitverantwortlich zu sein. Meist wirken diese Fehlerquellen zus., bis es zu einem Justizirrtum kommt. S. Sporer

Innovation (= I.) [engl. *innovation*; lat. *innovare* erneuern], bez. allg. die Einführung und Verbreitung neuer (dem sog. Fortschritt zugeschriebener) Produkte, Inhalte, Methoden, Medien, Leistungsformen und Verhaltensmuster. *Innovationen in Organisationen*.

[PÄD], im päd.-psychol. Bereich erweist sich die Unterscheidung der instrumentell-technologischen, institutionell-politischen, inhaltlich-curricularen (*Curriculum*) und verhaltensbezogen-sozialen Dimension als zweckmäßig. Der Begriff I. sollte definitorisch präzisiert werden und nur die geplante und kontrollierte Veränderung eines Systems umgreifen, durch die in Auswertung einer oder mehrerer Erfindungen und Entdeckungen neuartige Möglichkeiten realisiert und praktiziert werden. Die Innovationsforschung analysiert die *Effizienz* solcher Veränderungen und Maßnahmen und entwickelt I.strategien für die vorausweisende Planung. Bauer & Rolff 1978.

Innovationen in Organisationen (= I.) [engl. *innovations in organizations*; lat. *innovare* erneuern], **[AO]**, I. werden als «bewusste Einführung und Anwendung von Ideen, Prozessen, Produkten oder Verfahren zur Veränderung von Rollen, Gruppen oder Organisationen, die für die relevante Anwendungseinheit neu sind und für Individuen, Gruppen, Organisationen oder die allg. Gesellschaft bedeutsame Vorteile erbringen sollen» (West & Farr 1990, 9). Nach dieser Def. werden I. auf Veränderungen von indiv. *Rollen*, *Gruppen* oder *Organisationen* bezogen. Der Begriff «neu» oder «innovativ» wird dabei nicht im Sinne von «noch nie da gewesen» oder «in allen Bestandteilen ohne bekannte Vorläufer» verwendet. Auch wenn sehr ähnliche Lösungen bereits in anderen Organisationen oder Abteilungen realisiert wurden, spricht man dennoch von I. Was «neu» ist, lässt sich insofern immer als relativ neu, bezogen auf eine Organisationseinheit beschreiben. Übereinstimmend nennen die Fachautoren die Nützlichkeit als wichtiges Zusatzkriterium. Die Ps. untersucht, welche Strukturen und Prozesse (z. B. Arbeitsveränderungen) oder Netzwerke für I. förderlich sind und wie sie sich durch gezielte psychol. Trainings- oder Personalauswahlverfahren (*Personalauswahl*), Integration von neuen Mitgliedern mit anderem kult. Erfahrungshintergrund oder kontinuierliche Verbesserungsprozesse (*Kontinuierliche Verbesserungen*) steigern lassen oder wie neues Wissen produziert werden kann. *Führung, innovationsförderliche*, *Innovationsbereitschaft*, *Innovationserfolg*, *Innovationsverhalten*. Scholl 2004. S. Greif

Innovationsbereitschaft (= I.) [engl. *inclination to innovate*], **[AO, WIR]**, ist eine grundlegende Voraussetzung für das Innovationsverhalten (*Innovationen in Organisationen*). Aus kogn. Sicht ist die I. an Wahrnehmungsprozesse der Person gebunden (zur emot. und motivationalen I., Krause, 2010). Innovationsgeneigt ist ein Mitarbeiter dann, wenn er die betriebliche Situation als veränderungsbedürftig und gleichzeitig als veränderungsfähig einstuft. Einen Veränderungsbedarf erkennt der Mitarbeiter, wenn er eine Divergenz zw. einem Soll- und einem Ist-Zustand (z. B. die bisherige Weise der Problembewältigung) in der betrieblichen Praxis erlebt, was er u. a. als Bedrohung oder als Herausforderung beurteilen kann (*primary appraisal*). Die eingeschätzte Veränderungsfähigkeit der betrieblichen Situation (*secondary appraisal*) hängt demgegenüber davon ab, inwieweit die Person meint, entweder selbst über ausreichend Ressourcen (z. B. Handlungsvollmachten, Entscheidungskompetenzen, Mitarbeiter, Wissen, Budget, Zeit) zur Problembewältigung zu verfügen oder aber diese Ressourcen aus anderen Quellen beschaffen zu können (z. B. durch den nächsthöheren formalen Vorgesetzten). Das Ergebnis dieser Einschätzungen bestimmt das Ausmaß, in dem sich der Mitarbeiter Situationskontrolle zuschreibt und insofern die betriebliche Situation als grundsätzlich veränderungsfähig einschätzt. Zu bedenken ist eine pos. Rückkopplung: Mit der Zunahme der Situationskontrolle (*Kontrollwahrnehmung*) steigt das Anspruchsniveau des Mitarbeiters in Bezug auf die betriebliche Situation, sodass der Soll-Zustand angehoben, der Ist-Zustand hingegen abgesenkt wird. Deshalb ist die Zunahme der wahrgenommenen Veränderungsfähigkeit der Situation an eine Zunahme der wahrgenommenen Veränderungsbedürftigkeit gebunden. Diese kombinierten Wahrnehmungen der betrieblichen Realität haben zur Folge, dass innovative Verhaltensweisen der Ideengenerierung/-prüfung zunehmen. *Führung, innovationsförderliche*, *Innovationserfolg*, *Innovationsverhalten*. Krause 2010. *D. Krause*

Innovationserfolg (= I.), [engl. *success of an innovation*], [AO, WIR], bislang hat sich keine einheitliche Beschreibung und Messkonvention des I. etabliert. Die Probleme, welche die empirische Innovationsforschung bislang nicht zu beseitigen vermochte, beziehen sich auf den Bereich, die Kriterien, den Beurteilungszeitpunkt, die Referenzgrößen und das Beurteilungssubjekt (Hauschildt 2011). Die Frage nach dem geeigneten Bereich für die I.beurteilung betrifft die Mikroebene (einzelnes Innovationsprojekt) bzw. die Makroebene (Aggregation mehrerer Projekte auf der Unternehmens-, Branchen- oder Landesebene). Bzgl. der Erfolgskriterien werden direkte und indirekte technische Kriterien, ökonomische Kriterien (z. B. Umsatz, Rentabilität durch den Return on Investment, Deckungsbeiträge, Kosten, Subventionen, Wachstum im Vergleich zur Konkurrenz, Rationalisierungsgewinn), indiv. Kriterien (z. B. Anerkennung in der Scientific Community) und sonstige Kriterien (z. B. Lernerfolge, Schwachstellenerkenntnis, Bildung von Erfahrungswerten, mehr Autonomie, mehr Kontrolle durch das Management) verwendet. Die Bewertung des I. erfolgt stets durch einen Vergleich des erreichten Zustandes mit einer Referenzgröße (z. B. andere Innovationen, angestrebte Ziele oder frühere Zeitpunkte). Ein weiteres Problem der Bestimmung des I. betrifft das Subjekt, das zur Beurteilung herangezogen wird (z. B. Insider, externe Experten oder eine Kombination aus Insidern und externen Experten). *D. Krause*

Innovationsverhalten (= I.), [engl. *innovative behavior*], [AO, KOG, WIR], wird als gelerntes Verhalten verstanden. Es beinhaltet zwei Komponenten: die Ideengenerierung/-prüfung und die Implementierung. Die Ideengenerierung/-prüfung umfasst Prozesse der Suchfeldbestimmung (Problemformulierung und *Problemanalyse*), der Ideenfindung (Ideenneukombination, Ideenentwicklung, mentale Probehandlung) und den resultierenden Ideenvorschlag. Für die Ideengenerierung ist es entscheidend, dass Informationen in einer neuen Art und Weise kombiniert werden, was häufig durch Analogiebildung zu Bekanntem passiert. Die Person muss darüber hinaus ihre Idee einer entscheidungsbefugten Instanz mitteilen, um die nötige Ressourcenfreigabe für das Innovationsprojekt zu erhalten. Die Ideengenerierung/-prüfung schließt also die Auswahl der generierten Ideen ein, wobei die Idee in technischer, ökonomischer und/oder sozialer Hinsicht auf ihre Angemessenheit zur Problemlösung geprüft wird, um eine Entscheidung für oder gegen die Implementierung der Innovation zu treffen. Die Implementierung umfasst die Einführung der Neuerung und ihre potenzialgemäße Nutzung durch die Arbeitseinheit, sodass sie nachfolgend in die tägliche Routine überführt wird. Die Implementierung kann über die Konsistenz und die Qualität der Nutzung der Innovation durch die Beteiligten beschrieben werden. Implementierungsbezogen kommt es darauf an, eine zeitliche Priorisierung und Selektion der generierten Ideen vorzunehmen und daher die generierten Ideen kollektiv auf ihre potenzielle Brauchbarkeit hin einzustufen. Dies geschieht im Prozess der Transformation von der Ideengenerierung/-prüfung hin zur Implementierung, der Konfliktgehalt aufweist. Durch die Implementierung erhöht sich die Wahrscheinlichkeit, neues Wissen über die Innovation zu gewinnen, wodurch eine pos. Rückkopplung von der Implementierung auf die Ideengenerierung/-prüfung entsteht. *Innovationserfolg*. Krause 2010. *D. Krause*

Inokulation (= I.) [engl. *inoculation*; lat. *inoculare* einpflanzen], [SOZ], in der ps. Bedeutung eine von McGuire (1966) entwickelte exp. Methode zur Stärkung des Widerstandes gegen gezielte *Einstellungsänderung* durch Überredung (Immunisierung, immun-machen). Vor dem Einstellungsänderungsversuch werden die Gegenargumente und ihre Widerlegung geboten.
[KLI], Stress-I. ist ein von D. Meichenbaum entwickelter Ansatz innerhalb der kogn. *Verhaltenstherapie*, bei dem gelernt wird, Stress zu bewältigen und auszuhalten.

inotrope Wirkung [engl. *inotropic effect*; gr. τροπή (*trope*) Wendung, Einwirkung], *Blutdruck*.

input [engl.] Eingang(sgröße), [KOG], Informationseingang, Begriff der *Informationstheorie*. Allgemeine Bez. für die Energie, die in ein *System* einfließt bzw. für aufgenommene Reize. *Informationsverarbeitung*.

Insektizide [engl. *insecticides*; lat. *caedere* töten], [**PHA**], natürl. oder synthetische chem. Substanzen zur Insektenbekämpfung, u. a. Wirkungsmechanismus unter Hemmung des Enzyms *Cholinesterase*. Von Bedeutung für den Menschen, weil viele Stoffe toxisch wirken, oft aktivierende Wirkung auf den *Parasympathikus* (*Parasympathikomimetika*). Psych. Effekte wegen ihrer neurotoxischen Wirkungen. Aktories et al. 2005. *W. Janke/M. Hüppe*

In-sensu-Exposition [engl. *exposure in sensu*; lat. *sensus* Gedanke], [**KLI**], *Expositionstherapie*, *Spezifische Phobien*, *systematische Desensibilisierung*, *VR-Behandlungen*.

Inside-Out-Theorien [engl. *inside-out* von innen nach außen], *Sprachentwicklung*.

Insomnie (= I.) [engl. *insomnia*; lat. *in-* un-/nicht, *somnium* Schlaf], syn. *Insomnia*; *Schlafstörungen*.

Inspiration [engl. *inspiration*; lat. *inspirare* einatmen], [**KOG**], Eingebung, z. B. ein schöpferischer, künstlerischer oder wiss. Einfall, der scheinbar unvermittelt, spontan ins Bewusstsein tritt.

Instanzenmodell (= I.) [engl. *structural model, topographic model*], [**KLI, PER**], Freud führt das I. 1923 in seiner berühmten Schrift *Das Ich und das Es* ein. Das Modell beschreibt den gegliederten Aufbau der *Persönlichkeit* bzw. des *psychischen Apparats*. Das Modell, das bis heute innerhalb wie außerhalb der *Psychoanalyse* große Bedeutung hat, wird auch als *zweites topisches System* bzw. als *Strukturmodell der Persönlichkeit* bez. In diesem Modell werden drei Instanzen mit unterschiedlichen Funktionen und Eigenschaften eingeführt: Das *Es* bez. die triebhafte Seite der Persönlichkeit, das *Über-Ich* vertritt die gesellschaftlichen Konventionen und ist durch Verinnerlichung elterlicher Forderungen und Verbote entstanden. Das Ich hat die Aufgabe, die gegensätzlichen inneren Forderungen zu vermitteln, eine Art Gesamtinteresse zu synthetisieren und mit den Erfordernissen der Außenwelt in Einklang zu bringen. Das Instanzenmodell löste das erste topische (d. h. räumlich orientierte) Modell der Psyche ab, in dem Freud die Systeme *Unbewusstes*, *Vorbewusstes* und Bewusstes unterschieden hatte. *L. Bayer*

Instanzenraum [engl. *instance space*; lat. *instantia* inständiges Bitten/Drängen], *Problemraum*.

Instase, Instasis [lat./gr.], hineintreten, Innenschau, Verinnerlichungsprozess des Erlebens (*Erleben*). Ggs. *Ekstase*.

Instinkt (= I.) [engl. *instinct*; lat. *instiguere* anstacheln, antreiben], [**KOG, PER**], Bez. für die bis in die Antike reichende Annahme eines angeborenen Verhaltens bzw. einer grundlegenden Steuerung (endogene Automatismen) desselben im Tierreich (*Instinkttheorie*). C. Darwin verstand unter «Instinkthandlungen» Verhaltensweisen, die vollkommen ohne Erfahrung schon beim erstmaligen Ausführen beherrscht werden.
Die seit den 1930er-Jahren aus der Tierps. hervorgegangene *Ethologie* sah es als eines ihrer wesentlichen Forschungsziele an, die äußerlich sichtbaren Auswirkungen von I. zu untersuchen. Heute vermeiden die Ps. und die *Verhaltensbiologie* weitgehend diesen nie eindeutig definierten Begriff und ersetzen ihn durch «angeborenes Verhalten». I. spielen allenfalls noch als Metapher für funktionale Zusammenhänge eine Rolle, deren physiol. Grundlagen noch nicht geklärt sind. So definierte der Ethologe N. Tinbergen (1951) I. als einen «hierarchisch organisierten nervösen Mechanismus, der auf best. innere und äußere, vorwarnende, auslösende und richtende Impulse anspricht und sie mit koordinierten, lebens- und arterhaltenden Bewegungen beantwortet»: also ein komplexes System aus Schlüsselreizen (*Schlüsselreiz*), hierdurch verursachten inneren Zustandsänderungen (*Auslösemechanismus*, «AAM») und nachfolgenden Verhaltensweisen, was heute besser auch als *Erbkoordination* bezeichnet wird. Karnath & Thier 2012, Craig 1918, Tinbergen 1951. *C. Becker-Carus*

Instinkt-Dressur-Verschränkung (= I.) [engl. *instinct dressage entanglement*], [**KOG**], (biol.), bezieht sich auf Verhaltensweisen (*Verhalten*), bei denen angeborene und erworbene Anteile zus.wirken. Wie starr die einzelnen Bewegungsmuster einer Verhaltensweise festgelegt sind, hängt von der jew. Art ab und wechselt selbst innerhalb einer Art in verschiedenen Funktionskreisen. Die jew. Anteile von *Lernen* und *Reifung* können exakt nur exp. dargestellt werden. Meist wird i. S. der I. dazugelernt, was die *Plastizität* von Verhalten erhöht. So müssen z. B. Buchfinken bei ihrem Artgesang, der genetisch vorgegeben ist, die charakteristische Gliederung in drei Strophen erst (durch Nachahmung) lernen. Ebenso kann die Strophenfolge exp. vertauscht werden. Durch neue Kombination ihrer angeborenen Verhaltensweisen des Nahrungserwerbs lernten in England Meisen Milchflaschen zu öffnen, eine Gewohnheit, die sich dann geografisch ausbreitete. *Anlage-Umwelt*. Eibl-Eibesfeldt 1967. *C. Becker-Carus*

Instinkttheorie [engl. *instinct theory*], [**EM, KOG**], Bez. für die in der angloamerik. Ps. bis etwa 1920 hervorgetretene Auffassung, dass menschliches Verhalten letztlich auf eine Anzahl best. angeborener Handlungsschemata komplexer Art zurückgeführt werden könne. Solche Handlungsschemata sind *Triebe* oder *Instinkte*. Über deren Anzahl und Art herrschten sehr versch. Auffassungen. So fand z. B. Carr in sieben bekannten Lehrbüchern insges. 38 Triebe aufgeführt; Bernard fand in der Literatur 14046 menschliche Verhaltensweisen, die als angeborene Triebe verbucht wurden. Am bekanntesten ist die Lehre von McDougall, der 18 versch. Grundtriebe anführte, auf die alles menschliche Verhalten zurückgeführt werden könne. *Motivation*.

Instinkt-Umweltverschränkungen [engl. *instinct environment entanglement*], *Humanethologie*.

Institution (= I.) [engl. *institution*; lat. *instituere* einrichten, organisieren], [**SOZ**], soziologischer Begriff für ziemlich versch. *Systeme* kult. *Werte* und Verhaltensnormen (*Normen, soziale*), die Probleme des Zusammenlebens regeln; daher oft ähnlich wie Sitte oder Brauch benutzt. So geregelte Probleme sind z. B. die Güterverteilung (Marktformen), *Erziehung* oder Regelungen wie das Gastrecht oder versch. Herrschaftsformen. I. ist hier ein abstraktes Normensystem. Daneben ist sie auch ein spezifisches Gebilde, wie ein Verein, eine Regierung oder Gefängnis, Universität etc. Letztere werden *behavior settings* genannt, wenn nur die entspr. ökologischen Gegebenheiten gemeint sind. Beide Formen der I. induzieren institutionalisiertes Verhalten (F. H. Allport 1933). *J-Kurvenhypothese*. I. ist jedoch nicht gleichzusetzen mit einer aus Personen bestehenden *Organisation*, sondern sie ist ein System von Sinnzusammenhängen, dem kult. Geltung zukommt und das durch Recht und Sitte gestützt wird. I. sind für die Entstehung einer *Kultur* von großer Bedeutung, sie neigen aber mit der Zeit zur Erstarrung. Der Begriff wurde von G.W. Allport (1968) als modern verkleideter Nachkomme der «*Gruppenseele*» (group mind) angesehen. *R. Bergius*

instructional design (= ID.) [engl.] Lehrdesign, [**PÄD**], ist eine wiss. Disziplin, die sich mit der systematischen Planung, Entwicklung und *Evaluation* von Lernumgebungen befasst. I. Ggs. zur allg. *Didaktik* basieren Modelle des ID. auf Erkenntnissen der empirischen *Lehr-Lern-Forschung* und haben oft einen starken Fokus auf den Einsatz neuer *Kommunikations-* und Informationstechnologien. Modelle des ID. können auf drei Ebenen unterschieden werden. Auf der Makroebene stehen Prozessmodelle des ID. Diese machen Vorschläge zum systematischen Vorgehen bei der Planung, Implementation und Evaluation von Lernumgebungen. Bekanntestes Prozessmodell ist das *ADDIE-Modell* (Seel & Hanke 2011), welches die zentralen Phasen der Analyse, Design, Development, Implementation und Evaluation bei der Entwicklung von Lernumgebungen umfasst. Prozessmodelle des ID. können somit als *Projektmanagement*ansätze zur didaktischen Gestaltung von Lehr-Lern-Arrangements gesehen werden. I. Ggs. zu Prozessmodellen beschreiben ID.-Modelle der Mesoebene weniger das Vorgehen bei der Planung und Umsetzung, sondern vielmehr die Gestaltung komplexer Lehr-Lern-Umgebungen basierend auf Erkenntnissen der Lehr-Lern-Forschung, um effektives Lernen zu ermöglichen. Das Spektrum dieser ID.-Modelle reicht von Ansätzen der direkten Instruktion wie dem *4C/ID-Model* (van Merrienboer & Kirschner 2001) bis hin zu soziokonstruktivistischen Ansätzen wie z. B. dem computergestützten kooperativen Lernen (*computer-supported collaborative learning*). Allerdings geben diese Modelle oft nur wenige Hinweise zur Gestaltung spezif. Lernmaterialien. ID.-Modelle der Mikroebene geben dagegen präzise Vorschläge, wie einzelne Lernmaterialien innerhalb einer Lernumgebung gestaltet sein sollten. Bekannte Methoden sind bspw. *advance organizers* oder ausgearbeitete Lösungsbeispiele. Bislang stehen in Ansätzen des ID. vorwiegend kognitive Aspekte (*Kognition*) des *Wissenserwerbs* im Vordergrund. Motivationale (*Motivation*) und emot. (*Emotionen*) Aspekte des Lernens wurden bislang nur wenig integriert.
A. Lachner/M. Nückles

Instruktion (= I.) [engl. *instruction*; lat. *instruere* vorbereiten, unterrichten], [**KOG, PÄD**], jede zw. mind. zwei Personen stattfindende, eigens dem Zweck des *Lehrens* und *Lernens* dienende, im voraus geplante, in ihren Zielen, Inhalten und Verfahren von der Gesellschaft oder einzelnen ihrer Gruppen beeinflusste und in zunehmendem Maße an Institutionen gebundene Maßnahme. I. entspricht einer Methode oder einer Vorgehensweise, die im *Unterricht* durchgeführt wird, der eine entspr. I.veranstaltung darstellt. Die vom Lehrenden beabsichtigte Förderung der Lernenden wird dabei weniger im Bereich des emot. und sozialen Erlebens und Verhaltens gesehen (s. a. *Erziehung*) als vielmehr im Bereich kogn. Funktionen, gedächtnismäßigen Wissens und motorischer Funktionen (*Instruktionsmethoden, Instruktionsmodelle, Instruktionspsychologie*). Die I.- oder Unterrichtsforschung befasst sich mit den Strukturmomenten solcher Maßnahmen und mit zugehörigen zw. menschlichen Prozessen und Dimensionen sowie dem komplexen Wirkungsgefüge dieser beiden. In ihr können alle empirischen psychol. und sozialwiss. Methoden zur Anwendung kommen (*Pädagogische Psychologie*). I.- oder Unterrichtstechnologie bez. Verfahren und Theorien der Entwicklung und des Einsatzes von Medien im Unterricht. Sie bezieht sich auf jedes zweckrationale Vorgehen bei der Planung und Konstruktion von Unterricht unter Einbeziehung wiss. Erkenntnisse und Methoden. Ebenso wie *Didaktik* ist I.technologie bestrebt, I.maßnahmen in ihrer Gesamtheit systematisch zu planen, zu steuern und zu evaluieren. *instruktionale Erklärungen*. Weinert 1996.

instruktionale Erklärungen (= i. E.) [engl. *instructional explanations*], [**PÄD**], Erklärungen, die in Lehr-Lern-Kontexten gegeben werden, um das *Wissen* oder Verstehen der Lernenden zu erweitern, werden i. E. genannt. Wenn von i. E. gesprochen wird, meint das i. d. R. nicht längere expositorische Texte (Lehrtexte), sondern kürzere Darlegungen einer Lehrkraft, eines Tutors oder eines Lernprogramms zu einer implizit oder explizit aufkommenden Frage. Z. B. kann eine i. E. die Begründung für einen Lösungsschritt in der Mathematik beinhalten oder den Vorteil von schwarz-gelben Streifen für Schwebfliegen darlegen, indem ein allg. Prinzip herangezogen wird (*Mimikry*). Obwohl i. E. ein ubiquitäres Element in Lehr-Lern-Kontexten darstellen, zeigen kontrollierte Untersuchungen, dass i. E. oftmals keine lernförderlichen Effekte haben und vielfach weniger produktiv sind als Alternativen (z. B. die Lernenden aufzufordern, sich selbst etwas zu erklären; *Selbsterklärungen*). Bei kooperativen Lernformen (*Lernen, kooperatives*) zeigt sich z. B., dass v. a. diejenigen Lernenden von Erklärungen bei der Gruppenarbeit profitieren, die sie geben; diejenigen, die die Erklärungen bekommen, profitieren nur unter spez. Umständen davon. Die fehlende oder eingeschränkte Wirkung von i. E. kann an einer Vielzahl von Faktoren liegen. Von besonderer Bedeutung sind die beiden folg. Defizite: (1) Die i. E. sind oft nicht an das Vorwissen der Lernenden angepasst, sodass sie etwas bereits Bekanntes oder aber nicht Verstehbares darlegen. (2) Die i. E. werden, selbst wenn sie vorwissensangepasst sind, oft von den Rezipienten nur «angehört», aber nicht weitergehend genutzt, um eigene Verständnislücken zu schließen oder anstehende Probleme zu lösen. Wittwer & Renkl 2008. *A. Renkl*

Instruktionsmethoden (= I.) [engl. *instructional methods*], [**KOG, PÄD**], auf Instruktionsmodellen (*Instruktionsmodelle*) basierende verfahrensmäßige Anwendungen von Ergebnissen verhaltenswiss. Grundlagenforschung zu *Lernen* und *Wissenserwerb* bzw. *Lehren* und Wissensvermittlung. Der lerntheoret. Ursprung des Instruktionsbegriffs führte dazu, dass in diesem Zusammenhang lange eher von Methoden der Unterweisung und des Unterrichts ausgegangen wurde, während konstruktivistisch orientierte Ansätze und Methoden dem Instruktionsbegriff entgegenstanden. In neuerer Zeit und mit der steigenden Bedeutung der effektiven Aneignung von *Wissen* über die gesamte Lebensspanne (*Lernen, lebenslanges*) werden als I. verallgemeinert Instrumente und Vorgehensweisen bezeichnet, die zielgerichtetes Lernen im Hinblick auf eine spezif. *Kompetenzentwicklung* (z. B. in der beruflichen *Aus- und Fortbildung*) unterstützen sollen und der verhaltenswiss. Ursprung auf eine begriffliche Akzentuierung reduziert. Dazu gehören nicht mehr nur die direkte Instruktion, bei der das Lerngeschehen weitgehend external gesteuert ist (durch Festlegung eines angemessenen *Lehrziels* durch den Instrukteur, die Zerlegung der Lerninhalte in überschaubare Einheiten und die Einleitung, Kontrolle und Prüfung des *Übens* sowie der Lehrzielerreichung), sondern auch Methoden wie adaptive Instruktion (bei der die Unterweisung an Merkmalsunterschiede wie kogn. Entwicklungsstand der Lernenden angepasst wird (*Lernvoraussetzungen*), tutoriell unterstütztes Lernen (*tutorielle Systeme*), kooperatives Lernen (das auf unterschiedlichen Kooperationsformen in meist leistungsheterogenen Kleingruppen abzielt) und selbstständiges Lernen (*Lernen, selbstgesteuertes*). Der Ertrag einer solchen Selbstinstruktion hängt allerdings wiederum von der Diskrepanz zw. der indiv. Wissensbasis und den Aufgabenanforderungen ab. Zur Verringerung dieser Diskrepanz werden wiederum direkte I. mit autonomen Formen der Wissensvermittlung und -aneignung kombiniert. *Instruktion*, *Instruktionspsychologie*, *instruktionale Erklärungen*. M. Heinecke-Müller

Instruktionsmodelle (= I.) [engl. *instructional models*], [**KOG, PÄD**], Konzepte mit Ursprung in der verhaltenswiss. Grundlagenforschung, die Methoden und Verfahrensweisen (*Instruktionsmethoden*) zu *Lehren* und Wissensvermittlung bereitstellen, um effektives Lernen und *Wissenserwerb* zu unterstützen. I. ziehen im Allgemeinen systematisch präskriptive Schlussfolgerungen für die Lernoptimierung (*Lernförderung*) aus deskriptiven und explikativen Postulaten von *Lerntheorien*. Zu den wichtigsten auf diese Weise gewonnenen Instruktionsprinzipien gehört die Voraussetzung der Berücksichtigung interindiv. Differenzen (*Lerndeterminanten*) bei der Festlegung von Zielen und Anforderungen, die Notwendigkeit der Aktivierung vorhandener oder Substituierung von *Motivation*, die Herstellung inhaltsspezifischer Wissenssysteme als notwendige Voraussetzung für komplexe kogn. Leistungen, die Ergänzung der Wissensvermittlung um metakognitives Wissen (*Metakognition*), um das Lernen selbst zu erlernen (*Lernen lernen*), die Ausrichtung von Zielen und Inhalten am anzunehmenden künftigen Nutzwert, das Unterstützen tieferen Verstehens von Gelerntem unabhängig davon, ob das primäre Lehrziel eine entspr. Verarbeitungstiefe vorsieht, das Einbeziehen systematischer Rückmeldungen als notwendige Steuerungskomponente von Lernprozessen (*Anforderungsbewältigung*) und die Auswahl der Wissensrepräsentationsform anhand des anzunehmenden Nutzungszwecks.

Seit den 1960er-Jahren haben sich Lern- und Instruktionsforschung zunehmend wechselseitig beeinflusst, sodass der Begriff der Instruktion heute häufig auch zur Akzentuierung der Zielorientierung von *Lehren und Lernen* genutzt wird, was unter anderem auf gesellschaftlichen Entwicklungen wie der steigenden Bedeutung effektiven und zielbezogenen Lernens (*Lernen, lebenslanges*, *Bildung*, *Aus- und Fortbildung*) für aktive gesellschaftliche Teilhabe beruht. *Instruktion*, *Instruktionspsychologie*, *instruktionale Erklärungen*. M. Heinecke-Müller

Instruktionspsychologie [engl. *instructional psychology*; lat. *instruere* vorbereiten, unterrichten], [**KOG, PÄD**], befasst sich mit *Instruktionsmodellen* und Instruktionspraxis (Ewert & Thomas 1996) auf der Basis von *Lerntheorien* (Weinert 1996) und kann wiss. als Unterrichtsforschung (Hesse & Wottawa 1997, Helmke 2012) oder *Lehrevaluation* bearbeitet werden. Es geht im Einzelnen um indiv. oder kollektive *Lernvoraussetzungen* (*Lerndiagnostik*), Lernsteuerung bzw. *Instruktionsmethoden* (Schiefele & Pekrun 1996), Lernleistung (Steiner 1996) Instruktionsmedien bzw. Unterrichtstechnologie (Weidenmann 1994, 1996, 1997, Holmberg & Schuemer 1997, Mandl et al. 1997), Lehrer-/Schülerverhalten (Steiner 1996, Bromme 1997, Hofer 1997, Reinmann-Rothmeier 1997), *Unterrichtsorganisation* und Schulklasseneffekte (Jerusalem 1997). *Instruktion*, *Instruktionsmethoden*, *instruktionale Erklärungen*. W. Echterhoff

Instrumentalismus (= I.) [engl. *instrumentalism*; lat. *instrumentum* Werk-/Rüstzeug], [**PHI**], die Auffassung, dass wiss. *Theorien* Instrumente zur Vorhersage (und damit auch Kontrolle) beobachtbarer Ereignisse sind; als solche würden sie sich nicht, wie der wiss. *Realismus* annimmt, auf reale, zu Erklärungszwecken postulierte Sachverhalte (hypothetische *Konstrukte*) beziehen und könnten daher auch nicht wahr oder falsch, sondern nur mehr oder weniger nützlich sein (*Pragmatismus*). Gegen den I. wurde eingewendet, dass er den Vorhersageerfolg von Theorien nicht erklären könne und überdies die inzw. als problematisch erkannte Unterscheidung zw. Beobachtungs- und theoretischer *Sprache* voraussetze. V. Gadenne

Instrumentalität [engl. *instrumentality*; lat. *instrumentum* Werk-/Rüstzeug], [**EM, KOG**], Eignung einer Handlungsalternative zur Erreichung eines gesetzten Zieles, wichtiger Aspekt für die Bewertung der möglichen Handlungen bei Problemlösungen (*Problemlösen*) und Entscheidungen (*Entscheiden*). Urteilsbildung, Dimensionen, *Personal Attributes Questionnaire (PAQ)*.

^Test**Instrument zur stressbezogenen Tätigkeitsanalyse (ISTA)**, 1984, Semmer, [**AO, DIA**]. Arbeitswissenschaftliches Verfahren für gewerbliche Beschäftigte ohne Vorgesetztenfunktionen. Skalen und Indizes zum Bereich (1) *Belastungen oder Stress in der Arbeitstätigkeit* (Skalen: Intensität, Unsicherheit, arbeitsorganisatorische Probleme, Umgebungseinflüsse, einseitige Belastung, Arbeitsplatzunsicherheit) sowie (2) *allg. Regulationsanforderungen und Ressourcen* (Skalen: Handlungsspielraum, Komplexität, Variabilität, Kooperation, Kommunikation). Ergebnisse: Skalenwerte und Indizes (*Index*, *Skala*). Das Verfahren kann mit nahezu übereinstimmenden Fragen sowohl als Fragebogenversion durch die Beschäftigten wie auch als Beobachtungsinterview (durch trainierte Beobachter) durchgeführt werden. Zapf 1989.

Insuffizienz [engl. *insufficiency*; lat. *in-* un-, *sufficere* genügen], ungenügende Leistungsfähigkeit, Unzulänglichkeit. *Minderwertigkeitsgefühl*.

Insula [engl. *insula(ry cortex)*; lat. *insula* Insel], *Gehirn*.

Insulin (= I.) [engl. *insulin*], **[BIO]**, Hormon, das in den Langerhans'schen Inseln der Bauchspeicheldrüse produziert wird und den Glukosetransport in die Zellen anregt. Insulingabe führt zu *Hypoglykämie*, die zur Stimulation der HPA-Achse (*HPA-System*) führt. Überproduktion ist mit Hunger gekoppelt. Mangel führt zu Hyperglykämie, chronischer Mangel zu Diabetes mellitus. I. hat auch neurotrope und neurotrophe Wirkungen. Rezeptoren im *Gehirn* sind nachgewiesen. *Hormone*. Baskin et al. 1987, Patterson 1995. W. Janke

insulin-like growth factors [engl.] insulinähnlicher Wachstumsfaktor, **[BIO]**, Abk. IGFs, identisch mit Somatomedine.

Insulinschock [engl. *insulin shock*], *Schocktherapie*.

Insult (= I.) [engl. *insult, seizure*; lat. *insultare* wild/taumelnd tanzen], Anfall (epileptischer, apoplektischer, eklamptischer; Tobsuchtsanfall), Verletzung, Belästigung, Beleidigung. *Trauma*.

intangible Kostenfaktoren [engl. *intangible assets*; lat. *in-* un-, *tangere* berühren], *Psychotherapie, ökonomische Aspekte*.

Integration (= I.) [engl. *integration*; lat. *integrare* wieder aufnehmen, ergänzen], (allg.) Zusammenschluss, Vereinigung, Vervollständigung, Vereinheitlichung, Vorgang der Ganzheitsbildung.

[SOZ], soziale I. bez. die elementare psychol. Tatsache, dass die Menschen in der Interaktion (*soziale Interaktion*) eine partielle Gleichartigkeit (Homogenisierung) erleben. Spezif. Formen der sozialen I., die z. B. Parsons (1964) nennt, sind: (1) die Prozesse, durch die der Einzelne sich an Standards der *Gruppe* anpasst und durch die er sich harmonisch einfügt, sowie (2) die Integration von Minderheiten (*Minorität*) in Wohngegenden im Ggs. zur Segregation oder der Minderheiten-Trennung. *Integrationspsychologie*.

[KLI], im Bereich der Psychotherapie ist die I. (Hinzunehmen von Techniken und Konzepten aus anderen Richtungen) versch. Ansätze ein verbreitetes Phänomen. Dabei gibt es versch. Formen der I.: Eine Form ist der an Theorien wenig interessierte technische *Eklektizismus*, eine andere Form der weit schwierigere Versuch, versch. Elemente unter dem Dach einer neuen Theorie zu integrieren. Der derzeit vielleicht befriedigendste Mittelweg ist, nach wirksamen Faktoren und Prinzipien zu suchen, die von Theorien unabhängig sind und in unterschiedlicher Weise konkret umgesetzt werden können. Ein Problem ist, dass für Pat. Widersprüche in den vermittelten Konzepten entstehen können und dass insbes. Anfängertherapeuten durch die Komplexität eines integrativen Ansatzes überfordert sein könnten. Der Psychotherapie-I. haben sich auch Verbände und Fachzeitschriften explizit verschrieben. *Allgemeines Modell der Psychotherapie*. F. Caspar

Integrationspsychologie (= I.) engl. *integration psychology*; lat. *integrare* wieder aufnehmen, ergänzen], **[PER]**, eine von Jaensch (*Jaensch, Erich Rudolf*) begründete Richtung der *Charakterologie*. Nach dem Grad der *Integration* der psych. Vorgänge wurde versucht, die Menschen in versch. Typen einzuteilen (*Typologie*).

integrative Medizin [engl. *integrative medicine*; lat. *integrare* ergänzen, wieder aufnehmen], *Gesundheitswissenschaften, transkulturelle*.

Integrität [engl. *integrity*; lat. *integer* unversehrt], Unversehrtheit, Makel-/Tadellosigkeit. *Argumentationsintegrität*.

integrity tests (= i. t.) [engl.] Integritätstests, syn. *honesty tests*, **[AO, DIA, PER]**, Bez. für Testverfahren, die v. a. die Ehrlichkeit von Arbeitnehmern erfassen sollen. Eine erste Gruppe von Verfahren bezieht sich auf Befragungsinventare, die Ehrlichkeit und Betriebsloyalität von Arbeitspersonen und Bewerbern am Arbeitsplatz erheben. Die Items beziehen sich auf Einstellungen, Werthaltungen und biografische Daten. Sie wurden bes. im Bereich des Militärs und anderen Arbeitsplätzen mit hohem Sicherheitserfordernis erprobt. Die Validierung wurde mit polygrafischen Methoden bzw. über Extremgruppen (Strafgefangene) vorgenommen. Diese Tests gehören in die Gruppe der *overt* i. t. Die zweite Gruppe von i. t. ist aus den klassischen persönlichkeitspsychol. Fragebogenverfahren entwickelt worden. Sie beziehen sich auf integritätsnahe Dimensionen aus Faktoren von Persönlichkeitsfragebogen wie z. B. aus dem *California Psychological Inventory*. Solche i. t. werden auch als «personality-oriented» bezeichnet. *Persönlichkeit*. Die i. t. werden mit dem Ziel eingesetzt, *kontraproduktives Verhalten* im Arbeitsprozess zu verhindern. Markus & Schuler 1997, Berry et al. 2007. H. O. Häcker

Intellekt (= I.) [engl. *intellect*; lat. *intellectus* Einsicht, Innewerden, Erkenntnis], **[KOG, PER]**, wird zum einen als Synonym für Verstand und Denkvermögen und damit für *Intelligenz* verwendet, zum anderen für die *Disposition* interindiv. Unterschiede in Erleben und Verhalten, das in Zusammenhang mit intellektuellen Leistungen steht. Letzteres bezieht sich somit auf ein nicht kogn. Persönlichkeitsmerkmal und beinhaltet Verhaltensweisen wie Freude am Problemlösen und Lernen, an kreativen Leistungen (*Kreativität*) oder der Informationssuche. I. als *Persönlichkeitsmerkmal* wird als Subdimension dem Faktor *Offenheit für Erfahrungen* des *Fünf-Faktoren-Modells* zugerechnet. P. Mussel

Intellektualismus (= I.) [engl. *intellectualism*; lat. *intellectus* Einsicht, Innewerden, Erkenntnis], **[PHI]**, die Anschauung, dass der Verstand, das reine *Denken* und nicht das *Gefühl* oder der *Wille* im Seelenleben maßgebend seien bzw. sein sollten. Intellektualistisch nennt man daher Theorien, die zur Erklärung seelischer Erscheinungen (z. B. der *Aufmerksamkeit*) die Verstandestätigkeit heranziehen (*Kognitive, kognitivistische Psychologie*) oder die (in der *Ethik*) dem Denken, der Verstandeserkenntnis, grundlegende Bedeutung für das sittliche Handeln beimessen, ferner Lehren, die in der Erziehung für die Ausbildung des Intellekts bes. eintreten. Als I. wird auch die seelische Haltung bezeichnet, in der das Denken gegenüber dem Gefühlsleben einseitig hervortritt. Die Bez. I. ist mitunter abwertend gemeint.

intellektuelle Fähigkeiten, Dedifferenzierung [engl. *intellectual ability/aptitude/capability, dedifferentiation*], **[EW, KOG, PER]**, die Differenzierung-Dedifferenzierung der *Intelligenz* über die Lebensspanne beschreibt entwicklungsbedingte Veränderungen in der Stärke des Zusammenhangs zw. versch. intellektuellen Leistungen. So nimmt die Stärke des Zusammenhangs intellektueller Leistungen während der Kindheit ab und im höheren Erwachsenenalter wieder zu (*Entwicklungstheorien, kompetenzorientierte; spätes Erwachsenenalter*). Der Grundgedanke zur Erklärung dieses Phänomens ist, dass die Bedeutung eines bereichsübergreifenden Generalfaktors der Intelligenz für versch. Leistungen im Verlauf der Entwicklung variiert (*Intelligenzfaktoren*). Während in der frühen Kindheit intellektuelle Leistungen v. a. von der Ausprägung des bereichsübergreifenden Faktors bestimmt werden (was den stärkeren Zusammenhang zw. den einzelnen Leistungen begründet), wird die Bedeutung dieses Generalfaktors mit zunehmendem Alter aufgrund der Reifung des Gehirns und des zunehmenden Erwerbs bereichsspezifischen Wissens geringer und die Bedeutung bereichsspezifischer Intelligenzfaktoren nimmt zu. Im höheren Alter (ab ca. 80 Jahren) führen biol. basierte Veränderungen im Gehirn zu vielfältigen Einschränkungen in der Informationsverarbeitung, was die Leistung übergreifend beeinträchtigt, sodass die Bedeutung eines Generalfaktors wieder ansteigt. Der Begriff der *Richtungsdedifferenzierung* zeigt an, dass es im hohen Alter zu einer generalisierten, linearen Abnahme sowohl von Fähigkeiten kommt, die der *Mechanik* der Intelligenz zuzurechnen sind als auch von solchen, die der Pragmatik der Intelligenz angehören (Kray & Lindenberger 2007). Neben einer intrasystemischen Dedifferenzierung im Sinne eines für ältere im Vergleich zu jüngeren Erwachsenen höheren Zusammenhangs zwischen intellektuellen Leistungen ist auch eine intersystemische Dedifferenzierung beobachtbar. Sensumotorische und sensorische Leistungen kovariieren bei älteren Erwachsenen stärker mit intellektuellen Leistungen als bei jüngeren (Lindenberger & Staudinger 2012). C. Titz

intellektuelles Engagement, typisches (= t. i. E.) [engl. *typical intellectual engagement*], **[PER]**, ein Persönlichkeitskonstrukt (*Persönlichkeitsmerkmal, Konstrukt*), das von P. Ackerman vorgeschlagen wurde. Es beschreibt eine *Disposition*, die Vorhersagen über typische (im Vergleich zu max,) Leistung einer Person macht. Personen mit hohen Werten sind an einer Vielzahl von Dingen interessiert, haben den Wunsch, komplexe Probleme zu durchdringen und präferieren intellektuell herausfordernde Aktivitäten, wohingegen Personen mit geringer Ausprägung eine Aversion gegenüber intellektuell herausfordernden Aufgaben haben. Das Konstrukt wurde über ein Selbsteinschätzungsinventar operationalisiert, das in der engl. sprachigen Form 59 Items enthält. Mittels *Faktorenanalyse* konnten die drei Faktoren *problembezogenes Denken, abstraktes Denken* und *Lesen* unterschieden werden. Die ins Deutsche übersetzte und adaptierte Version beinhaltet 18 Items, die jew. einer der drei Dimensionen *intellektuelle Neugier, Kontemplation* und *Lesen* zugehörig sind. *Kriteriumsbezogene Validität* konnte bspw. für Zusammenhänge mit Schul- und Studienerfolgsindikatoren nachgewiesen werden, darüber hinaus korreliert t. i. E. erwartungsgemäß höher mit kristallisierter als mit fluider Intelligenz (*Intelligenz, kristalline und fluide*). Das Konstrukt zeigt keine diskriminante Validität gegenüber den Konstrukten *need for cognition*, epistemische *Neugier* und *Intellekt*, d. h., diese Merkmale sind sich sehr ähnlich. Im *Fünf-Faktoren-Modell* ist t. i. E. dem Faktor *Offenheit* für Erfahrungen zuzurechnen, auf Ebene der Subdimensionen der Big Five dem Aspekt *Intellekt* sowie auf Facettenebene Offenheit für Ideen. Goff & Ackerman 1992. P. Mussel

^Test **Intelligence and Development Scales (IDS)**, 2009, A. Grob, C. S. Meyer & P. Hagmann-von Arx, [www.testzentrale.de], **[DIA, EW, KOG, PER]**. Entwicklungsbezogener *Intelligenztest*. AA 5;0 bis 10;11 Jahre. Die IDS stehen in der Tradition von Alfred Binet und Josefine Kramer, orientieren sich aber an einem modernen Entwicklungsverständnis: Im Fokus stehen bereichsspezifische Stärken und Schwächen des Kindes. Diese werden sowohl zum indiv. Entwicklungsprofil als auch zu jenem der Altersgruppe in Beziehung gestellt. Die IDS erfassen sechs Funktionsbereiche mit insges. 19 Untertests. *Kognitive Entwicklung*: (1) *Kognition* (Wahrnehmung visuell, Aufmerksamkeit selektiv, Gedächtnis phonologisch, Gedächtnis räumlich-visuell, Gedächtnis auditiv, Denken bildlich und Denken konzeptuell); *Allgemeine Entwicklung*: (2) *Psychomotorik* (Grob-, Fein-, und Visuomotorik), (3) *Sozial-Emotionale Kompetenz* (Emotionen erkennen, Emotionen regulieren, soziale Situationen verstehen und sozial kompetent handeln), (4) *Mathematik* (Denken logisch-math.), (5) *Sprache* (Sprache expressiv und Sprache rezeptiv) und (6) *Leistungsmotivation* (Durchhaltevermögen und Leistungsfreude). In der Auswertung wird zw. kogn. und allg. Entwicklungsstand unterschieden. Alle kogn. Leistungen können zu einem Intelligenzwert (*Intelligenz*) verrechnet werden. *Normierung*: 2007 und 2008 in Dt., der dt.sprachigen Schweiz und Österreich mit $N = 1330$ Kindern normiert. Bearbeitungsdauer: Durchführung zw. 90 und 120 Min. Um eine der individuellen Abklärungssituation entspr. Testung zu ermöglichen, können die IDS modular eingesetzt werden: Durchführung Kognition (zur Intelligenzberechnung) ca. 45 Min., Psychomotorik ca. 10 Min., sozial-emot. Kompetenz ca. 15 Min., Mathematik ca. 10 Min., Sprache ca. 10 Min.

Intelligenz (= I.) [engl. *intelligence*], [lat. *intellegere* erkennen, einsehen, verstehen], **[KLI]**, kognitionspsychol. *Konstrukt* (*Kognition*), das nach Wechsler die zus.gesetzte Fähigkeit bez. «zweckvoll zu handeln, vernünftig zu denken und sich mit seiner Umgebung wirkungsvoll auseinanderzusetzen» (Wild et al. 2001). I. ist ein Persönlichkeitsmerkmal mit hoher indiv. Stabilität (*Persönlichkeitsmerkmale, Stabilität der*) insbes. ab dem Jugendalter. Dabei handelt es sich um ein theoretisch postuliertes latentes Konstrukt, das sich nur indirekt über die Bearbeitung von Items manifest schätzen lässt. Damit von der Bearbeitung von I.testitems auf die I.ausprägung geschlossen werden kann, ist es insbes. notwendig (1) eine I.def. inhaltlich und in Form eines I.strukturmodells zu explizieren, (2) inhaltsvalide (*Validität, inhaltliche*) Items zu generieren, die von einer möglichst repräsentativen *Stichprobe* bearbeitet werden, und (3) anschließend empirisch die Gültigkeit, ein psychometrisches Messmodell (*Messtheorie*) zu prüfen, das die Beziehung zw. Konstruktausprägungen und der Lösung der Testitems beschreibt. Letzteres kann bspw. durch Anwendung von Methoden der *Item-Response-Theorie* (alternativ: *Klassischen Testtheorie*) erfolgen, die postulieren, dass I. (bzw. eine Unterfacette der I.) ein kontinuierlich verteiltes, latentes Merkmal (*Variable, latente*) darstellt, das die Lösungswahrscheinlichkeit für I.testitems determiniert. In der Ps. wurden versch. I.strukturmodelle entwickelt, die die Basis von I.tests und deren adäquater Interpretation darstellen. *Intelligenzfaktoren*, *Intelligenz, emotionale*, *Intelligenz, kulturelle*, *Intelligenzen, multiple*, *Intelligenz, praktische*, *Intelligenz, soziale*. Vock & Holling 2006, Funke 2006.

Intelligenz, emotionale (= e.I.) [engl. *emotional intelligence*], **[EM, KOG, PER]**, wird als eine multidimensionale Fähigkeit zum Erkennen von Gefühlen, zum Umgang mit Gefühlen einschließlich ihrer Nutzung und zum angemessenen Ausdruck von Gefühlen verstanden (*Emotionen, Gefühl*). Das ursprünglich von Salovey und Mayer 1990 (Mayer & Salovey 1997) eingeführte Fähigkeitskonstrukt war theoretisch nicht unproblematisch, da Erkennen und Ausdruck verbunden wurden (*appraisal and expression of emotion*). Für Erkennen wurde der Begriff *appraisal* (statt z.B. *perception, understanding, recognition*) verwendet, der mit Wertschätzungen und *Einstellungen* assoziiert ist. Erkennen von Emotionen bei einem selbst wurde in *verbal* und *nonverbal* unterschieden, was psychol. kaum möglich ist. Auch wurde zw. *Empathie* vs. nonverbalem Erkennen von Emotionen bei anderen (*empathy* vs. *nonverbal perception*) differenziert, die eine Einheit bilden. Die Dimensionen *Nutzen* oder *emotionale Förderung des Denkens* sind in sich heterogen und stellen eher *abhängige Variablen* e.I. dar. Salovey und Mayer und andere Autoren haben deshalb versucht, das Konstrukt zu revidieren. Petrides unterscheidet zwischen einer *Trait-e. I.* (eher persönlichkeitsorientierte Messung über Fragebogen) und einer *Ability-e. I.* (eher fähigkeitsorientierte Messung über Leistungstests). Andere Autoren empfehlen den Begriff *emotionale Kompetenz* (= e.K.), da e.I./e.K. nicht zu den kogn. Fähigkeiten i. engeren Sinne (Abstraktion, *Denken, Problemlösen*) i.e.S. gehöre. Zudem betone K. eher als ein *Intelligenz-* oder Persönlichkeitsbegriff die Möglichkeit der Veränderung.

E. I. und e. K. werden über Fragebogen in der Selbst- und Fremdeinschätzung, über Leistungstests und in «Mixed»-Verfahren erhoben (z.B. Bar-On 1997; Aufforderung in einem Leistungstest, das typische Verhalten zu zeigen; Freudenthaler & Neugebauer 2005). Fragebogenergebnisse zeigen höhere *Validität* (auch über Persönlichkeitsska-len hinausgehend), allerdings korrelieren sie hoch mit der Eysenck'schen Persönlichkeitsdimension *Neurotizismus* (die als Effekt geringer e.I./e.K. verstanden werden kann) und unterliegen der Gefahr der Verfälschbarkeit. Leistungstests wie dem MSCEIT passen theoretisch besser zu einem Fähigkeitskonstrukt, sind aber wenig aussagekräftig für lebensweltliche Kriterien. *Trait Emotional Intelligence Questionnaire (TEIQue)*. Schulze & Freund 2006.

H. Rindermann

Intelligenz, gnostische [engl. *gnostic intelligence*; gr. γνῶσις *(gnosis)* (Er-)kenntnis], *Intelligenz, praktische*.

Intelligenz, kristalline und fluide [engl. *crystalline and fluid intelligence*; gr. κρύσταλλος *(kristallos)* Eis, Kristall, lat. *fluidus* flüssig], **[KOG, PER]**, *Intelligenz* (= I.) lässt sich in die zwei Faktoren *fluide* und *kristalline* I. aufspalten. Die Relevanz der zunächst von Horn & Cattell (1966) vorgeschlagenen Konzeption fluider und kristalliner (auch: kristallisierter) I. zeigte sich auch in späteren Studien (Carroll 1993). *Fluide I.* umfasst grundlegende Prozesse des *Denkens* und ist weitgehend unabhängig von Erfahrung, d.h., wird als genetisch determiniert angenommen. *Kristalline I.* umfasst die *Fähigkeit*, erworbenes *Wissen* anzuwenden; sie gilt als überwiegend kulturabhängig. Für die beiden Faktoren der I. konnten unterschiedliche Entwicklungsverläufe im Verlauf des Lebens gezeigt werden: Die kristalline I. steigt bis zum 25. Lebensjahr stark an, bleibt danach konstant oder steigt noch weiter leicht an; die fluide I. steigt bis zum 25. Lebensjahr an und sinkt danach wieder kontinuierlich ab (*Mechanik, Pragmatik, Lernpotentiale im Alter*). *Intelligenzfaktoren*.

M. Händel

Intelligenz, kulturelle *kulturelle Intelligenz*.

Intelligenz, Mechanik (= M.) [engl. *mechanical intelligence, fluid intelligence*], **[EW, KOG, PÄD, PER]**, Bez. für wissensfreie, fluide *Intelligenz*. Die M. der Intelligenz beschreibt biol. basierte, bereichsunspezif. und inhaltsarme (wissensfreie) Prozesse der *Informationsverarbeitung* wie die Schnelligkeit, Genauigkeit und Koordination der Informationsverarbeitung. Die M. der *Kognition* zeigt relativ früh entwicklungsbedingte Einbußen. So ist bereits etwa ab Mitte des dritten Lebensjahrzehnts eine Verlangsamung der Wahrnehmungsgeschwindigkeit nachweisbar. Andere fluide Funktionen wie die Koordination simultaner Anforderungen verändern sich etwa ab dem fünften Lebensjahrzehnt. Individuelle Unterschiede in der Intelligenz zeigen einen starken Zusammenhang zu indiv. Unterschieden im *Lernerfolg*. Eine abnehmende Effizienz der M. im hohen Alter erschwert das *Lernen im späten Erwachsenenalter*. In Hinblick auf die Entwicklung der Intelligenz über die Lebensspanne (*Lebensspannenpsychologie*) betonte bereits Cattell (1943), dass die Resultate von *Intelligenztests* über alle Altersstufen hinweg eine Kombination aus fluiden und kristallisierten *Fähigkeiten* widerspiegeln (*Intelligenz, kristalline und fluide*). In der Kindheit dominieren aber die fluiden Fähigkeiten, während im späteren Erwachsenenalter aufgrund eines Abbaus fluider Fähigkeiten die Leistungen stärker durch die kristalline Intelligenz bestimmt seien. Zur Beschreibung dieser *kognitiven Entwicklung* über die Lebensspanne führte Baltes (1987) die Begriffe der Mechanik für die fluide Intelligenz und der *Pragmatik* für die kristallisierte Intelligenz ein. *C. Titz*

Intelligenz, mechanische [engl. *mechanical intelligence*], *Intelligenz, praktische*.

Intelligenz, Niveaustabilität (= N.) [engl. *absolute stability of intelligence*], [**EW, KOG, PER**], die N. beschreibt den intraindiv. Entwicklungsverlauf, d. h. Konstanz, Zunahme oder Abnahme intellektueller Fähigkeiten (*Intelligenz*) über eine vorgegebenen Zeitraum hinweg. Im Ggs. zur Positionsstabilität der Intelligenz (*Intelligenz, Positionsstabilität*) fokussiert die Frage nach der N. auf die Veränderung der Absolutwerte indiv. Intelligenzleistungen. Für die fluide und die kristalline Intelligenzkomponente (*Intelligenz, kristalline und fluide*) finden sich jew. differenzielle Entwicklungsverläufe. Beide Intelligenzkomponenten sind durch einen starken Anstieg in den ersten beiden Lebensjahrzehnten geprägt. Fluide Intelligenz erreicht ihren Höchstwert um das 20. Lebensjahr und nimmt ab dem frühen Erwachsenenalter langsam, aber kontinuierlich wieder ab. Kristalline Intelligenz wächst noch bis ins spätere Erwachsenenalter an und weist einen vergleichsweise langsameren und geringeren Rückgang auf. Starke Intelligenzeinbußen im *hohen Alter* finden sich unabhängig vom Intelligenzniveau aufgrund von *Neurodegenerativen Erkrankungen*. Umweltfaktoren, die entscheidend über den Intelligenzzuwachs im Kindes- und Jugendalter (*Adoleszenz*) bestimmen, sind sowohl der Anregungsgehalt des familiären Kontexts als auch die Qualität und Quantität der Beschulung. Belege für substanzielle Steigerungen der fluiden Intelligenz von Kindern durch ein kogn. Trainingsverfahren finden sich z. B. für das Denktraining von Klauer. Die Effekte einzelner Trainingsverfahren des *Arbeitsgedächtnisses* bzw. *Exekutiver Funktionen* auf Maße der fluiden Intelligenz von erwachsenen Pbn wurden bislang noch nicht konsistent repliziert. Psychopharmakol. Effekte (*Psychopharmaka*, z. B. von Stimulanzien) lassen sich für gesunde Personen bislang nur für Teilaspekte von fluider Intelligenz, v. a. für inhibitorische Kontrolle nachweisen. Rost 2009. *R. Segerer*

Intelligenz, operative (= o. I.) [engl. *operative intelligence*], [**PER**], die Kritik an der klass. Intelligenzmessung über die *Intelligenztests*, die an psychometrisch orientierten Faktormodellen (*Psychometrie*) vorgenommen wird, hat zu einer Ausweitung des Konstrukts der *Intelligenz* in Richtung o. I. geführt. Während in traditionellen Intelligenztests unter den vorgegebenen Items nur eine richtige Antwort gültig ist, werden bei der o. I. der Prozess der Informationsgewinnung und -integration, die Zielausarbeitung und -balancierung sowie die Maßnahmenplanung und der Vorgang des Entscheidungsprozesses als wesentliches Merkmal der Intelligenz betrachtet. Unter o. I. wird dabei all das verstanden, was die Verlaufsqualitäten von geistigen Prozessen determiniert. *Intelligenz, praktische*. Dörner 1986.

Intelligenz, Positionsstabilität (= P.) [engl. *positional stability of intelligence*], [**EW, KOG, PER**], P. bez. den interindiv. Entwicklungsverlauf der *Intelligenz* einer Person im Vergleich zu einer *Bezugsgruppe* und bezieht sich damit auf die relative *IQ-Konstanz* bzw. *IQ-Labilität*. Diese relative Stabilität beschreibt, ob eine Person zum Zeitpunkt t1 eine ähnliche Position in der Bezugsgruppe einnimmt wie zum Zeitpunkt t2. Die interindiv. Stabilität der Intelligenz ist dabei v. a. im Kindes- und Jugendalter abhängig vom Alter der Erstmessung (je älter die Personen bei t1, desto höher die *Korrelation* mit dem IQ zu t2) sowie dem Abstand zw. den Messzeitpunkten (je kürzer der Abstand zw. t1 und t2, desto höher die Stabilität). Die interindiv. Intelligenzunterschiede sind im Säuglings- und frühen Kindesalter noch sehr instabil und Vorhersagen von späteren Intelligenzunterschieden daher wenig verlässlich. Ab Ende der Grundschulzeit sind die Intelligenzunterschiede hingegen relativ konstant und bleiben auch bis ins hohe Alter und über längere Zeitperioden hinweg stabil (z. B. Befunde der *LOGIK-Studie*: verbale Intelligenz zw. dem 4. und 23. Lebensjahr $r = .26$, zw. dem 7. und 23. Lebensjahr $r = .54$, zw. dem 13. und 23. Lebensjahr $r = .66$, vergleichbare Werte für die nonverbale Intelligenz). P. kann auch bei fehlender Niveaustabilität (*Intelligenz, Niveaustabilität*) gegeben sein, da es möglich ist, dass z. B. alle Personen im Laufe der Zeit einen Intelligenzzuwachs verzeichnen, die Position der Person innerhalb der Intelligenzverteilung der Bezugsgruppe aber konstant bleibt. Schneider 2007. *S. Schmiedeler*

Intelligenz, praktische (= p. I.) [engl. *practical intelligence*], [**PER**], p. I. hat zwei sehr unterschiedliche Bedeutungen. Traditionell bezeichnet p. I. motorisch-koordinative, manuell-mechanische, technisch-konstruktive und planerisch-organisatorische Fähigkeiten (Thurstone 1949, Vernon 1949, Fleishman 1967). Thorndike (1920) definiert noch spezif. *mechanische I.* als die Fähigkeit, konkrete Objekte der physikal. Welt zu verstehen und zu handhaben. Stern (1928) grenzt p. I. von *Geschicklichkeit* und *gnostischer I.* ab. In Abgrenzung zu Geschicklichkeit erfordert, so Stern, p. I. auch (schlussfolgerndes) *Denken*, im Unterschied zu gnostischer I. ist Denken nur eines der Mittel, um das Handlungsziel zu erreichen. Zur Diagnostik werden Papier-und-Bleistift-Aufgaben verwendet, z. B. im *Mannheimer Test zur Erfassung des physikal.-technischen Problemlösens (MTP)*, aber auch Aufgaben, bei denen die Lösung des Problems unter Verwendung von konkret-gegenständlichem Material zu erbringen ist. Beim *Hebeltest* von Meili (1962) ist bspw. ein Mechanismus zu konstruieren, bei dem sich zwei Stäbe in vorgegebener Weise bewegen lassen. P. I. ist demnach eine Fähigkeit, die v. a. für technische Berufe von Bedeutung ist. Praktisches Problemlösen und mechanisches Wissen bilden in der erweiterten *Gf-Gc-Theorie* (Horn & Blankson 2005) einen Primärfaktor, der dem generelleren Konstrukt (Sekundärfaktor) *akkulturiertes Wissen* (Gc) zugeordnet ist. In der *CHC-Theorie* (McGrew 2009) wird ein vergleichbarer Primärfaktor nicht benannt. Enge Zusammenhänge konnten zwischen p. I. und dem Sekundärfaktor *visuelle Fähigkeiten* (Gv) sowie den Primärfaktoren *Visualisierungsfähigkeit und Raumvorstellung* (VZ) und *räumlichen Beziehungen* (SR) aufgezeigt werden.

Sternberg & Wagner (1986) definieren p. I. neu als *Kompetenz* für die Bewältigung von (komplexen) Alltagsproblemen [engl. *competence in the every-day world*], als praktisches Know-how, worunter *allg. Problemlösefähigkeiten* (*Problemlösen*), *soziale Kompetenzen* sowie *Interesse an Lernen und Kultur* subsumiert wurden. P. I. entspricht hier in etwa dem Laienverständnis von I. Nach Sternberg und Wagner sind Alltagsprobleme schlecht definiert. Nicht alle zur Problembewältigung notwendigen Informationen stehen zur Verfügung, sondern relevante Informationen müssen zuerst beschafft werden. Es gibt oft mehrere oder keine richtige Lösung, und mehrere Wege können zu einer akzeptablen Lösung führen. Die Bestandteile dieser Def. stimmen mit den Merkmalen überein, die Dörner (1986) dem Konstrukt der *operativen Intelligenz* zugrunde legte. P. I. nach Sternberg und Wagner ist die Fähigkeit, *stilles Wissen* [engl. *tacit knowledge* (= T.)] zu erwerben. T. ist (gruppenspezifisches) *soziales Wissen*, das nicht explizit vermittelt, sondern implizit, d. h. durch Erfahrung und Nachahmung, erworben wird und oft nur schwer verbalisierbar ist (*implizites Wissen*). T. wird in vielen Berufen gebraucht und von Berufsanfängern erwartet. T. hat praktischen Wert als Wissen über effektives Verhalten in einer gegebenen Situation. T. kann mit *Situational Judgement Tests* erfasst werden, z. B. mit dem *Tacit Knowledge Inventory for Managers (TKIM)*. P. I. nach Sternberg und Wagner wurde wiederholt in Frage gestellt: Kritisiert wurde, dass die Annahme eines generellen Fähigkeitskonstrukts aufgrund der Spezifität des Wissens nicht gerechtfertigt sei. Ferner, dass nur für wenige Berufe empirische Befunde vorliegen und die vorgelegten *Validität*sbefunde (höhere Kriteriumsvaliditäten als die allg. Intelligenz; inkrementelle Validität bei der Vorhersage von Berufserfolgskriterien gegenüber der allg. *Intelligenz*) substanzlos sind. Süß & Beauducel 2011, Sternberg et al. 2000. *H.-M. Süß/K. Conzelmann/S. Weis*

Intelligenz, soziale [engl. *social intelligence*], *interpersonale Kompetenz*, *soziale Flexibilität*, *soziale Kompetenz*, *soziales Verständnis*.

Intelligenz, theoretische [engl. *theoretical intelligence*], [**PER**], eine wiss. unverbindliche, doch zur Personcharakterisierung für best. Entscheidungen (z. B. Berufswahl) brauchbare Abgrenzung der *Intelligenz*, die vorzugsweise auf das begriffliche *Denken*, auf abstraktes und systematisches *Erkennen* gerichtet ist. Die *praktische Intelligenz* zielt auf Konkretes und auf das Handeln (*Handlung*).

Intelligenz-Abbau (= I.-A.), [engl. *intellectual deterioration, intellectual decline*], [**EW, DIA, KOG, PER**], Wechsler versteht darunter den nicht auf Mangel an Übung zurückzuführenden Abfall oder den Verlust der intellektuellen Fähigkeiten (*Intelligenz*). Kriterium ist dabei der Verlust des Funktionsniveaus im Hinblick auf Geschwindigkeit und Genauigkeit der Testleistung (*Intelligenztests*). Eine quant. Bestimmung des I.-A. versucht Wechsler durch einen Vergleich der Wertpunkte der «beständigen Tests» mit denjenigen der «nicht beständigen Tests». Beständige Tests sind solche, die vom zunehmenden Alter am wenigsten beeinträchtigt werden (allg. *Wissen*, allg. Verständnis, Figuren legen, Bilder ergänzen, *Wortschatz*test). Nicht beständige Tests sind solche, die vom zunehmenden Alter betroffen werden (Zahlennachsprechen, rechnerisches *Denken*, Zahlensymboltest, Mosaiktest, Gemeinsamkeiten finden). Wird die Differenz zw. beständigen und nicht beständigen Tests in Prozentwerten ausgedrückt, so handelt es sich um den *Abbau-Quotienten*. Der Wert kann aber auch als Differenz beider Untertest-Wertpunktesummen berechnet werden. Diese von Wechsler vorgelegten Befunde konnten bereits vor mehreren Jahrzehnten als Untersuchungs-Artefakte aus *Querschnittuntersuchungen* aufgedeckt werden. Aber selbst bei längsschnittlich gewonnen Daten (*Längsschnittuntersuchung*) aus dem Wechsler-Test sind die in einem Vergleich vom 20. bis 64. Lebensjahr - zumindest im Verbalteil – stat. nicht signifikant. Auch nachfolgende Untersuchungen (mit dem Wechsler-Test) anderer Autoren, die mit der Längsschnittmethode durchgeführt wurden, zeigen erst ab dem 70. Lebensjahr signifikante Leistungsverschlechterungen, die somit die Altersdefizitannahme der Intelligenz zurückweisen. Da bei Querschnittuntersuchungen altersbedingte Veränderungen mit Generationsunterschieden konfundiert sind, kann der Nachweis altersbedingter Veränderungen nur mit der Längsschnittmethode zuverlässig geprüft werden. In mehreren, sorgfältig geplanten Längsschnittuntersuchungen, bei denen Pb mit kardiovaskulär bedingten Defiziten ausgeschlossen wurden, und unter Verwendung von Intelligenztests mit bekannter faktorieller Struktur (z. B. *primary mental ability tests*; *Primärfaktoren der Intelligenz*) konnte K. W. Schaie die Frage nach der Veränderung der Intelligenz im Alter zuverlässig überprüfen. Die Ergebnisse solcher Untersuchungen zeigten, dass erst ab dem 60. Lebensjahr in diesen Tests ein leichter (nicht signifikanter) Rückgang der Intelligenz zu verzeichnen ist. Erst ab dem 80. Lebensjahr konnte bei allen Pbn in allen kogn. Funktionen ein bedeutsamer Abbau gefunden werden. Da bekannt ist, dass bei Testaufgaben, die schnelle Reaktionen erfordern, auch schon in früheren Lebensjahren die Testleistungen leicht reduziert sind, hat Schaie in einer Trainingsstudie nachweisen können, dass Pbn mit einem Durchschnittsalter von über 70 Jahren diese Defizite wieder aufholen können. Wechsler et al. 1964, Schaie 1996. *H. O. Häcker*

Intelligenzalter [engl. *intelligence age*], (Binet), Abk. IA, [**EW, KOG, PER**], der Stand der *Intelligenz* eines Individuums (Kindes) bezogen auf die geistige Leistungsfähigkeit des altersgemäßen Intelligenzdurchschnitts. So kann z. B. ein über- bzw. unterdurchschnittlich intelligentes Kind von 10 Jahren ein IA von 12 bzw. 8 Jahren haben (Ermittlung durch Tests). Solche Kennzeichnung wurde durch den *Intelligenzquotienten* abgelöst. *Binet-Simon-Test*, *Binet-Simon-Prüfung*, *Entwicklungsalter*.

Intelligenzdiagnostik (= I. d.) [engl. *assessment of intelligence*], [**DIA, FSE**], die Diagnostik des *Konstrukts Intelligenz* (= I.) orientiert sich an Strukturmodellen der I. und bildet den Schwerpunkt der psychol. *Leistungsdiagnostik*. Sie ermöglicht durch die Darstellung eines normbasierten und ressourcenorientierten Leistungsprofils die Feststellung der kogn. Leistungsfähigkeit einer Person. Aussagen über die kogn. Leistungsfähigkeit spielen auch in vielen klin. Anwendungsbereichen eine wichtige Rolle. Bei der differenzialdiagn. Abklärung bei *Verhaltensstörungen* kann die I. d. Informationen über mögliche Ursachen (wie z. B. Über- oder Unterforderung in der Schule) liefern, wobei sich Verhaltensprobleme als Folge einer Diskrepanz zw. emot. und kogn. Entwicklung entwickeln können. Darüber hinaus sind einige psych. Störungen mit kogn. Defiziten assoziiert (z. B. spezif. Probleme in *Aufmerksamkeit* und *Gedächtnis* bei depressiven Störungen, die sich auch über einen Intelligenztest abbilden lassen). Auch für die Abklärung von Verhaltens- und *Persönlichkeitsstörungen*, die sich als Begleitsymptome einer neurologischen Erkrankung (wie *Schlaganfall, Demenz, Epilepsie*) einstellen können, stellt die I. d. einen wichtigen Baustein dar (Holling et al. 2004). Mithilfe einer breiten Intelligenztestbatterie lässt sich dabei aber auch herausarbeiten, welche indiv. kogn. Defizite als Folge der Hirnschädigung auftreten können und welche Bereiche unbeeinträchtigt geblieben sind. Daher kann gerade in diesem Kontext die Abb. eines Profils der kogn. Stärken und Schwächen einer Person hilfreich sein und i. R. einer anschließenden neurologischen Rehabilitationsmaßnahme genutzt werden, auch um Therapieziele in der Behandlung festzulegen. Hier erscheint es gleichzeitig von Bedeutung, das prämorbide Leistungsniveau abzuschätzen. Bes. in der sozialmed. *Rehabilitation* steht die Feststellung und Wiederherstellung von Berufsfähigkeit oder die Frage nach alternativen Maßnahmen (Umschulung, Verberentung) zur Diskussion, für die ebenfalls Informationen einbezogen werden sollten, die sich auf das kogn. Niveau eines Pat. vor und nach der Erkrankung beziehen. Bei Kindern und Jugendlichen stehen hingegen Fragen im Umfeld der schulischen und beruflichen Bildung im Vordergrund. I. R. einer Indikationsstellung tragen die Ergebnisse der I. d. außerdem dazu bei, die Passung zw. Pat. und Psychoth.form sicherzustellen. Dabei kann die Psychoth. an das kogn. Niveau des Pat. adaptiert werden (z. B. kogn. Therapie bei *Depression*). Aber auch für die Zuweisung zu einer passenden Behandlungsmaßnahme ist es erforderlich, die kogn. Fähigkeiten einzuschätzen. Eine bes. Rolle spielt die I. d. bei Kindern und Jugendlichen. Das *Multiaxiale Klassifikationsschema für psych. Störungen des Kindes- und Jugendalters (MAS,* Remschmidt et al. 2012) sieht eine eigene Bewertungsachse (Achse III) für die Einschätzung der I. vor, für die i. R. einer multiaxialen Beurteilung Informationen einzuholen sind. Die Feststellung der kognitiven Fähigkeiten erfolgt mit dem Ziel, vorliegende psych. Probleme und Verhaltensstörungen einzuordnen, ein angemessenes psychoth. Vorgehen auszuwählen und gleichzeitig eine Prognose über den Therapieverlauf und die weitere Leistungsentwicklung abgeben zu können. So werden psych. Auffälligkeiten im Kontext einer *Intelligenzminderung* anders bewertet als bei Kindern und Jugendl. mit mind. durchschnittlichen kogn. Fähigkeiten. Für die Diagnosestellung einer *umschriebenen Entwicklungsstörung* gehört die Einschätzung des kogn. Niveaus zu den zentralen Kriterien. Hierbei ist zu klären, welches Erhebungsverfahren sich am besten eignet, da als Voraussetzung für die Wahl gilt, dass die umschriebene Teilleistungsstörung sich nicht auf die kogn. Fähigkeiten auswirken soll. Daher sollte bei der Diagnostik von umschriebenen Entwicklungsstörungen des Sprechens und der Sprache oder der *Lese-Rechtschreib-Störung* ein sprachfreies Verfahren (*Nonverbaler Intelligenztest (SON-R 2½-7* bzw. *Nonverbaler Intelligenztest für Kinder und Erwachsene im Alter von 6;0 bis 40;11 Jahren (SON-R 6-40), Wechsler Nonverbal Scale of Ability (WNV)*) gewählt werden. Dies gilt auch für Personen und Fragestellungen, bei denen soziale oder kult. Benachteiligungen einen Einfluss auf das Testergebnis ausüben können, wie bei Personen mit einem anderen muttersprachlichen Hintergrund. Um aus den Ergebnissen einer I. d. angemessene Schlussfolgerungen ziehen zu können, sind versch. Voraussetzungen zu beachten. Dazu gehören neben der Auswahl des passenden Erhebungsverfahrens auch ein Blick auf die *Gütekriterien* und die Vergleichswerte (*Normierung*). Eine hohe Messgenauigkeit (*Reliabilität*), die Unabhängigkeit der Ergebnisse vom Testleiter (*Objektivität*), der Nachweis, dass das ausgewählte Erhebungsverfahren für die gewählte Fragestellung geeignet ist, sowie eine aktuelle und repräsentative Normstichprobe stellen wichtige Kriterien für die Aussagekraft der erzielten Ergebnisse dar (*Teststandards*). Die Auswahl des passenden Erhebungsverfahrens orientiert sich am indiv. Leistungsniveau einer Person und an weiteren Variablen, die einen Einfluss auf das Testergebnis haben können. Dazu gehören vor allem die sprachlichen Fähigkeiten, aber auch sensorische Defizite (Beeinträchtigungen im Hören oder Sehen) oder andere körperliche Merkmale (wie z. B. halbseitige Lähmung nach Schlaganfall). Diagn. Instrumente, die zur Erfassung von I. eingesetzt werden, sind im Verzeichnis diagn. Verfahren im Index aufgeführt.   M. Daseking/F. Petermann

Intelligenzen, multiple (= m. I.) [engl. *multiple intelligences*], [**PER**], Bez. für ein von H. Gardner um 1980 postuliertes Bündel von modularisiert-unabhängigen geistigen Fähigkeiten, die seiner Meinung nach an die Stelle der «klassischen», psychometrischen *Intelligenz* (= I.) treten sollten, weil sie für Schul-, Bildungs- und Lebenserfolg wesentlich relevanter als der IQ sein sollen. Als Ergebnis einer Literatursichtung (einschließlich der Biografien berühmter Persönlichkeiten wie T. Eliot, A. Einstein, P. Picasso, I. Stravinsky, M. Graham, M. Gandhi, S. Freud) destillierte Gardner folg. m. I.: *linguistische I., logisch-mathematische I., visuell-räumliche I., musikalische I., körperlich-kinästhetische I., interpersonale I., intrapersonale I., naturalistische I., existenzielle I.* 2004 ergänzte er die Liste der m. I. durch *mentale Suchscheinwerfer-I.* und *Laser-I.* sowie 2007 um folg. m. I. (jetzt als *minds* bezeichnet): *disziplinierte I., synthetisierende I., kreative I., respektvolle I., ethische I.* Jede dieser m. I. soll sich durch spezif. Wahrnehmungs- und Gedächtnisprozesse sowie durch eigene neuronale Ressourcen von den anderen m. I. abheben. Eine übergeordnete mentale Funktionseinheit, welche die unterschiedlichen m. I. integrativ verknüpft, oder eine hierarchisierte I.-Struktur lehnt Gardner ab, wie auch ein generelles Arbeitsgedächtnis. Gardner versteht seine Theorie der m. I. prinzipiell als offen, also jederzeit erweiterbar. Die m. I. sind in den vergangenen Jahren recht populär geworden (besonders bei psychol. Laien, vor allem in der Pädagogik), wurden jedoch von vielen I.forschern mit u. a. folg. Argumenten massiv kritisiert (selbst wenn man die Theorie der m. I. lediglich als Erweiterung des traditionellen, aber etablierten mehrdimensional-hierarchischen I.-Konzepts versteht): teilweise geringer Neuigkeitswert (die drei ersten m. I. entsprechen bekannten I.-Gruppenfaktoren), hohe Subjektivität der Theorie, Vernachlässigung wichtiger Befunde der psychometrischen I.-Forschung, konzeptwidrig bedeutsame Interkorrelationen einzelner m. I., konzeptwidrige – z. T. hohe – Korrelationen diverser m. I. mit der allg. Intelligenz g, defiziente Zusammenfassungen von Forschungsbefunden zur *Validität* des IQs, psychometrisch unzulängliche Diagnoseinstrumente zur Erfassung der m. I. und deren nicht belastbar belegte Gültigkeit. Zudem erfolgt die «Messung» der m. I. zumeist lediglich durch Selbst- und Fremdeinschätzungen mittels Fragebogen (vor allem durch Interessen- und Selbstkonzeptitems), ist dann also keine Leistungsmessung (*Leistungstests zur Persönlichkeitsmessung*) im eigentlichen Sinne. Rost 2008, Gardner 1983, Gardner 1991.   *D. H. Rost/J. R. Sparfeldt/S. R. Buch*

Intelligenzfaktoren (= IF.) [engl. *intelligence factor*; lat. *facere* erzeugen, herstellen], **[DIA, KOG, PER]**, die mit der stat. Methode der *Faktorenanalyse* (= FA.) gewonnene Beschreibung der Struktur des Konstrukts *Intelligenz* (= I.) mithilfe von *Dimensionen* (*Faktoren*, *Variable, latente*) intelligenten Verhaltens. Datengrundlage ist eine an einer möglichst repräsentativen *Stichprobe* erhobene Vielzahl von Leistungsvariablen, die im Idealfall aus inhaltlich und formal unterschiedlichem Aufgabenmaterial (figural, numerisch, verbal) bestehen. I. d. R. handelt es sich dabei um Testitems und -skalen (*Testkonstruktion*, *Psychometrie*), nur selten um Problemlöseindikatoren aus Experimenten bzw. aus Steuerungsleistungen komplexer Systeme (Mikrowelten). Die Faktorisierung von Leistungsvariablen stellt neben derjenigen von Persönlichkeitsvariablen ein Hauptanwendungsgebiet der FA. dar (*Persönlichkeitsfaktor*). Historisch betrachtet, ist die I.forschung eng mit Pionieren der *Korrelation*srechnung bzw. FA. verbunden (K. Pearson, C. Spearman, C. Burt, L. L. Thurstone) und wurzelt in den Anfängen der empirischen Ps. Innerhalb der I.forschung existieren zahlreiche unterschiedliche Faktormodelle, die z. T. die historische Entwicklung der FA. widerspiegeln, aber auch auf meth.-stat.. begründbare Unterschiede zurückgehen. Während bis in die 1990er-Jahre fast ausschließlich sog. explorative Methoden (diverse Varianten der FA. sowie die Hauptkomponentenanalyse; *Faktorenanalyse, exploratorische*) zur Dimensionierung von erhobenen Variablen eingesetzt wurden, wird heute zunehmend *konfirmatorische Faktorenanalysen* benutzt, wenn man theoretisch-empirisch wohlbegründete Annahmen über die zugrunde liegenden I.dimensionen überprüfen will.

1. Geisteswissenschaftliche Dimensionierung: Prototypisch für einen nicht empirischen Ansatz zur Aufgliederung der I.struktur in unterscheidbare Komponenten steht die A-priori-Theorie der Begabung von A. Wenzl (1957; 1. Aufl. 1934: «Entwurf einer Intelligenzkunde»). Der Autor postuliert drei I.dimensionen: Eine Tiefendimension K1 (*Erfassung des Wesentlichen aus Intuition und Anschauung*), eine Höhendimension K2 (*Abstraktionsfähigkeit, logisch-wiss. Denken*) und eine Breitendimension K3 (*intellektuelle Kapazität i. S. der Vielfalt bedachter Sachverhalte*). Diese dreidimensionale Struktur wird durch vier I.temperament *Ansprechbarkeit auf Sinngehalte, Spontaneität, Denktempo* und *Nachhaltigkeit*) sowie durch drei psych. *Dispositionen* (*Gedächtnis, Fantasie und Vorstellungsvermögen, willentliche Beherrschung intellektueller Fähigkeiten*) ergänzt. Wenzels I.dimensionen, seine Temperamentsfacetten und die psych. Dispositionen finden sich teilweise auch in den nachfolgend vorgestellten empirisch fundierten I.modellen, wenn auch in anderer Terminologie und vor einem anderen theoretischen Hintergrund sowie konzeptuell modifiziert.

2. Generalfaktor g (C. Spearman): Der Generalfaktoransatz geht auf den britischen Psychologen Spearman (1904, 1927, Spearman & Jones 1950) zurück. Ihm war zu Anfang des 20. Jahrhunderts während seines Studiums in Leipzig bei W. W. *Wundt* aufgefallen, dass Schulleistungen und exp. Variablen, die nach dem Augenschein inhaltlich nur wenig gemeinsam haben (z. B. Latein/Griechisch, Französisch, Englisch, Mathematik, Tonhöhenunterscheidung, Musikalität), dennoch untereinander nennenswert pos. zusammenhängen. Er formulierte deshalb die Hypothese, alle Aufgaben, zu deren Bewältigung intellektuelle Leistungen erforderlich sind, würden stets pos. – wenn auch nicht vollst. – miteinander korrelieren. Diese pos. Mannigfaltigkeit intellektueller Leistungen gehört inzwischen zu den am besten gesicherten Befunden der mehr als hundertjährigen I.forschung. Zur Erklärung entwickelte Spearman mithilfe einer von ihm entwickelten Vorläufermethode der FA. (*Tetradenanalyse*) die Theorie, dass sich jede intellektuelle Leistung stets aus dem General-IF. *g* (in allen kogn. Leistungen jew. in unterschiedlichem Ausmaß vertreten) und einem für jede Leistung spezif. IF. (*s*) zus. setzt. Seine Theorie wird deshalb als *Zwei-Faktoren-Theorie der I.* bez. (treffender wäre: Ein-Faktor-Theorie der allg. I. oder Ein- und Viel-Faktor-Theorie der I.). Nach Spearman charakterisieren drei basale Operationen die (von ihm metaphorisch als *mentale Energie* bezeichnete) allgemeine Intelligenz *g*: *Auf- und Begreifen von Erfahrungen, Ableiten von Beziehungen* und *Entdecken von Zusammenhängen*. I.tests, die aus möglichst versch. Aufgabengruppen (verbal, numerisch, figural) bestehen und die

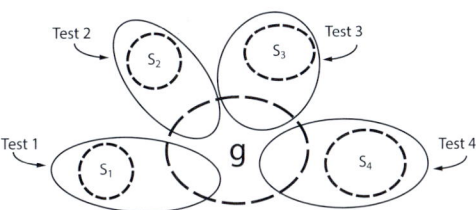

Intelligenzfaktoren, Abb. 1: Generalfaktortheorie der Intelligenz (nach P. R. Hofstätter 1972, modifiziert; aus Rost 2013, 45)

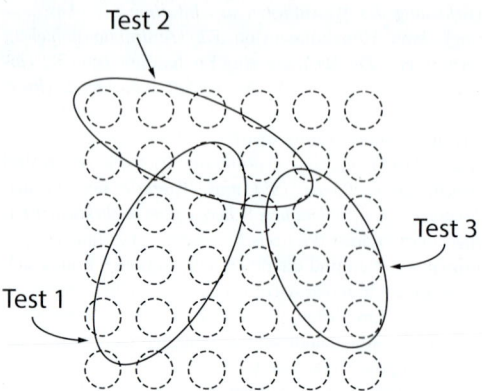

Intelligenzfaktoren, Abb. 2: Sampling-Theorie der Intelligenz (nach P. R. Hofstätter 1972; modifiziert; aus Rost 2013, 96)

Bildung eines Gesamtwerts erlauben (wie die I.tests von D. Wechsler, der *Berliner Intelligenz-Struktur-Test (BIS4)* oder der *Intelligenz-Struktur-Test 2000R (IST2000R)*), erfassen mit dem IQ ziemlich gut die allg. I. sensu C. Spearman. Auch Matrizentests (z. B. *Advanced Progressive Matrices (APM)* oder *Figure Reasoning Test (FRT)*) werden als brauchbare Instrumente zur Messung von *g* angesehen. Die latente Variable *g* ist indikatorenindifferent: Die aus unterschiedlichen Breitband-I.tests gewonnenen latenten Werte für *g* korrelieren im Allgemeinen extrem hoch ($r > .90$). Die Abb. 1 veranschaulicht das Modell von Spearman.

3. *Stichproben-Theorie (G. H. Thomson)*: Als Alternative zu C. Spearmans *g*-Theorie versuchten Thomson (1923/24) und etwas später Thorndike, Bregman, Cobb und Woodward (1927) die pos. Mannigfaltigkeit intellektueller Leistungen durch das Zusammenwirken einer Vielzahl unabhängiger informationsverarbeitender Elemente (*bonds*) zu erklären. Jede Leistung beruht dabei auf dem Zusammenwirken einer Stichprobe (*sample*) dieser Elemente (Abb. 2; Hofstätter 1972). Die Korrelation von Leistungen wird in dieser *Sampling*-Theorie durch die Anzahl der von Aufgaben gemeinsam beanspruchten *bonds* bedingt. Sowohl Spearmans *g*-Theorie wie auch Thomsons *Sampling*-Theorie können faktorenanalytisch zu sehr ähnlichen Resultaten führen, weshalb das Problem «Spearman vs. Thomson» durch FA. nicht zufriedenstellend geklärt werden kann. Resultate der Hirnforschung (z. B. Duncan et al. 2000) sprechen gegen die Hypothese, dass *g*-typische Aufgaben mir diffuser neuraler Aktivierung assoziiert sind, stützen also eher die *g*-Theorie.

4. *Sieben Primärfaktoren (L. L. Thurstone)*: In Chicago faktorisierte Thurstone (1938) die Interkorrelationen von 56 an Studenten erhobenen – bzgl. der Inhalte und Fähigkeiten ein breites Feld abdeckenden – Leistungstests. Als Ergebnis resultierten sieben Primärfähigkeiten (*seven primary mental abilities*) der I., die theoret.-meth. als voneinander völlig unabhängig konzipiert worden waren, empirisch aber nennenswert korrelierten: Gedächtnis (M: *memory*), Rechenfertigkeit (N: *number*), Wahrnehmungsgeschwindigkeit (P: *perceptual speed*), schlussfolgerndlogisches Denken (R: *reasoning*), Raumvorstellung (S: *space*), Sprachverständnis (V: *verbal comprehension*) und Wortflüssigkeit (W: *word fluency*). Später anerkannte L. L. Thurstone die zusätzliche Existenz eines übergeordneten allg. IF. (*g*), und C. Spearman akzeptierte unterhalb von *g* und oberhalb der spezif. IF. noch breite korrelierte Gruppen-IF.). Diverse I.tests wurzeln in der Theorie der Primärfähigkeiten, so z. B. der *Wilde-Intelligenz-Test 2 (WIT-2)*, der *Intelligenz-Struktur-Test 2000 R (I-S-T 2000 R)* oder das *Leistungsprüfsystem (L-P-S)*.

5. *Struktur des Intellekts (J. P. Guilford)*: Ein theoretisch extrem ausdifferenziertes A-priori-Strukturmodell des Intellekts hat J. P. Guilford (1956; letzte Modifikation: 1985) entworfen (*Structure-of-Intellect Model*, SOI). Es nimmt 150 (= 5×5×6) voneinander unabhängige I.faktoren an, die aus der systematischen Kombination von *fünf Inhalten* (visuell, auditiv, symbolhaft, semantisch, verhaltensbezogen), *fünf Denkoperationen* (Kognition, Gedächtnis, divergente Produktion, konvergente Produktion, Evaluation) und *sechs Denkprodukten* (Einheiten, Klassen, Relationen, Systeme, Transformationen, Implikationen) resultieren (Abb. 4). In diversen FA. wurden zahlreiche der postulierten Faktoren extrahiert; allerdings erwiesen sie sich mehrheitlich als inhaltlich sehr eng und von nur geringem praktisch-prädiktivem Nutzen. Das SOI-Modell ist mit 150 IF. als überdifferenziert kritisiert und empirisch mehrfach widerlegt worden. Insbes. das Postulat der unabhängigen IF. erwies sich als nicht haltbar. Inzwischen sind auch zahlreiche hierarchisch höhere IF. im SOI-Ansatz belegt worden. Der heuristisch interessante SOI-Ansatz (Morphologischer Kasten, Zwicky, 1966) eignet sich dazu, weiße Flecken auf der I.landkarte aufzuspüren. Zum SOI-Modell existieren viele I.aufgaben, jedoch (mit Ausnahme von zwei Verfahren zur Messung von Facetten der *sozialen Intelligenz* keine eigenständigen I.tests. Heute ist das SOI-Modell mehr von historischem Interesse und wird weniger beachtet.

6. *Prozessfaktoren (R. Meili)*: Der Schweizer *Meili (1981)* definierte, auf denkpsychol.-gestaltpsychol. Überlegungen basierend (*Denken*, *Gestaltpsychologie*), vier breite prozessuale Hauptdenkfaktoren, die beim Problemlösen eingesetzt werden («psychol. Bedingungen der Denkprozesse»); diese sind K: *Komplexität* (Beziehungen erkennen und anwenden), P: *Plastizität* (Umstrukturieren), G: *Globalisation* (Ganzes aus Einzelteilen konstruieren) und F: *Fluency* (mehrere Lösungen im Sinne divergenten Denkens finden). Der Autor konstruierte einen auf seiner Theorie basierenden *Analytischen Intelligenztest (AIT)*. Seine Theorie ist allerdings empirisch nicht hinreichend abgesichert und wird kaum mehr beachtet.

7. *Acht Intelligenzfaktoren (L. Buse & K. Pawlik)*: Der Versuch von Buse & Pawlik (1982) zur empirischen Integration faktorenanalytischer Untersuchungen zur Struktur der I. führte zu acht orthogonalen IF.: visuelle Wahrnehmung, konvergentes Denken, divergentes Denken, divergenter Verbalfaktor, Rechenfertigkeit, Assoziationsgedächt-

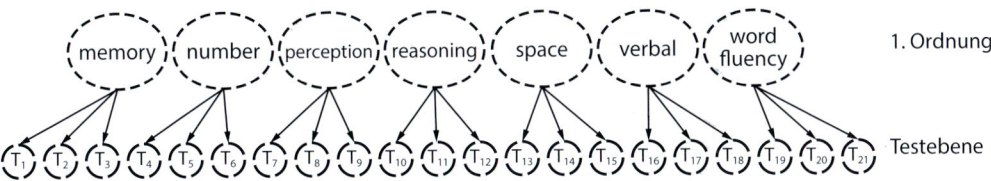

Intelligenzfaktoren, Abb. 3: Theorie der sieben Primärfaktoren der Intelligenz (nach P. R. Hofstätter 1972; modifiziert; aus Rost 2103, 50)

nis und *Gedächtnisumfang*. Die IF. *gf* und *gc* sensu Cattell wurden nicht gefunden. Dieses Modell ähnelt sehr einem Modell von Royce (1973), abgesehen vom IF. divergentes Denken, der bei J. R. Royce fehlt. Beide Modelle werden heute wenig diskutiert, vermutlich auch deshalb, weil die acht IF. als orthogonal postuliert wurden und keine auf diese Theorien zugeschnittenen I.tests entwickelt wurden.
8. Hierchische Intelligenzstruktur der «Englischen Schule» (*P. E. Vernon*): Die von C. Burt angestoßene und von *Vernon (1950)* ausgearbeitete *Englische Schule* hat ein hierarchisches I.modell vorgeschlagen, das auf den verschiedenen Ebenen in Zahl und Art unterschiedliche IF. beinhaltet. Viele korrelierende spezif. IF. (*specific factors*) bilden die unterste Modellebene. Eine Hierarchiestufe darüber sind korrelierende enge Gruppen-IF. (*minor group factors*) angesiedelt. Darüber stehen zwei korrelierende breite Gruppen-IF. (*major group factors*): v:ed (*verbal-educational*), der in den Anforderungen unseres Schulsystems wurzelt, und k:m (*practical-mechanical*), durch Leistungen in zeichnerischen, handwerklichen und technischen Bereichen charakterisiert. An der Spitze der Hierarchie befindet sich die allgemeine I., Spearmans *g* entspr. (Abb. 5). Vernons Ansatz ist durch Johnson & Bouchard (2005) empirisch zum *Verbal-Wahrnehmungs-Bildrotationsmodell* (VPR: *verbal-perceptional-image rotation*) erweitert worden. Unterhalb von *g* befinden sich in diesem Modell die IF. *verbal* (Unterfaktoren: *verbal, scholastic, fluency, identify, number* und *content memory*), *perceptual* (Unterfaktoren: *perceptual speed, counting, 2d rotation, paths*) sowie *speed* of rotation.
9. Flüssige und kristallisierte Intelligenz (*R. B. Cattell*): Auf R. B. Cattell (z. B. 1987), einem Schüler von C. Spearman, geht die Unterscheidung von *flüssiger (fluid)* I. (*gf*: eher biol. verankerte Grund-I.) und *kristallisierter oder kristalliner (crystallized)* I. (*gc*: kult. ausgeformte kogn. Leistungsfähigkeit) zurück (*Intelligenz, kristalline und fluide*). Beide I. korrelieren hoch. Als stärker angeborene intellektuelle Grundfähigkeitbestimmt *gf* in der Kindheit das intellektuelle Leistungs- und Lernvermögen. Später wird *gf* zunehmend mehr in kult. bestimmte Aufgabenstellungen und Wissensinhalte eingebracht (*Investment-Theorie*): *gf* ist in dieser Theorie also die grundlegende Voraussetzung zum Wissenserwerb und zur Anwendung des erworbenen Wissens, also für die Herausbildung von *gc*. *gf* steigt bis etwa zum Alter von 20 bis 25 Jahren an und fällt danach zunehmend progressiv ab, *gc* erreicht in diesem Alter ein Plateau und bleibt bis ins höhere Alter hincin stabil. Baltes et al.

(1995) kennzeichnen *gf* metaphorisch als *kogn. hardware* und *gc* als *kogn. software*. *Horn & Noll (1997)* differenzierten Cattells Theorie von *gf* und *gc* weiter aus. Als zusätzliche breite IF. führten sie an: *Kurzzeitgedächtnis, Langzeitgedächtnis, visuelle Informationsverarbeitung, auditive Informationsverarbeitung, Verarbeitungsgeschwindigkeit, Entscheidungsgeschwindigkeit, quant. Wissen, Lesen* und *Schreiben*. Einen übergeordneten generellen IF. im Sinne von Spearmans allg. Intelligenz *g* wurde von ihnen jedoch abgelehnt. Einige Autoren sehen *gf* als mit der Spearmanschen allg. I. *g* identisch an (Undheim, Gustafsson 1987).
10. Drei Intelligenzschichten (*J. C. Carroll*): *Carroll (1993)* reanalysierte 461 I.datensätze aus den Jahren 1925 bis 1987 mit insges. mehr als 130000 Personen und entwickelte daraus sein heute weithin akzeptiertes hierarchisches *Modell der Drei I.schichten*. In der ersten, untersten Ebene (*stratum I*) sind rund 70 primäre IF. angesiedelt. Aus ihren Interkorrelationen ergeben sich in der zweiten, mittleren Ebene (*stratum II*) acht sekundäre IF.: *Flüssige I. (fluid*

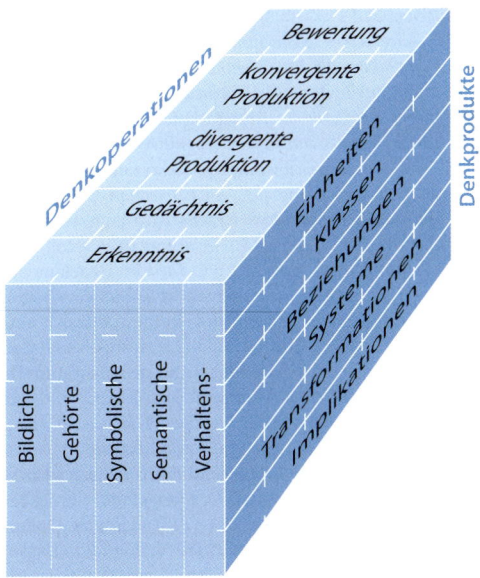

Intelligenzfaktoren, Abb. 4: SOI-Modell der Intelligenz (nach J. P. Guilford 1985; modifiziert, aus Rost 2013, 59)

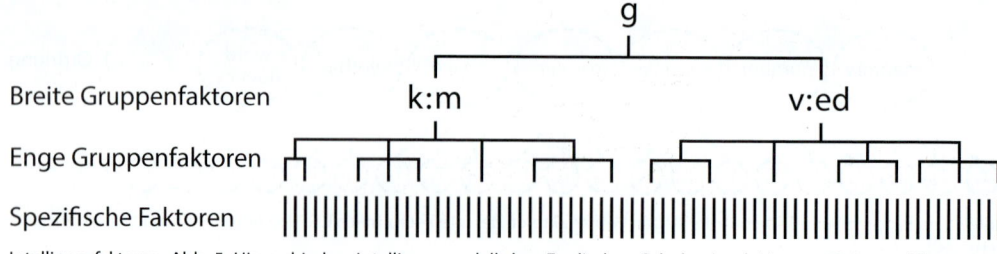

Intelligenzfaktoren, Abb. 5: Hierarchisches Intelligenzmodell der «Englischen Schule» (nach Vernon 1961; modifiziert; aus Rost 2013, 65)

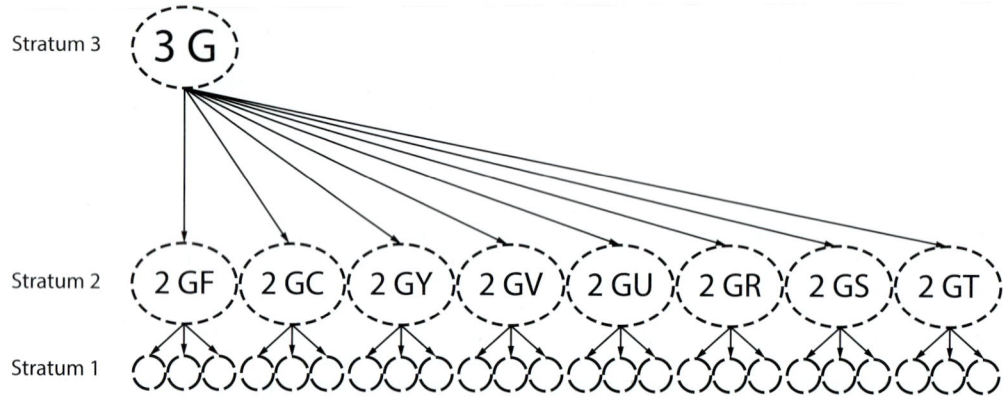

Intelligenzfaktoren, Abb. 6: Drei-Schichten-Intelligenzmodell (nach J.C. Carroll 2003; modifiziert; aus Rost 2013, 65)

intelligene: 2GF), Kristalline I. (cristallized intelligence: 2GC), Allgemeines Gedächtnis (general memory ability: 2GY), breite visuelle Wahrnehmung (broad visual perception: 2GV), breite auditive Wahrnehmung (broad auditory perception: 2GU), breite Abruffähigkeit (retrieval ability: 2GR), breite kogn. Schnelligkeit (cognitive speediness: 2GS) und Verarbeitungsgeschwindigkeit bzw. Entscheidungsgeschwindigkeit (processing speed – RT detection speed: 2GT). Die Spitze bildet g (stratum III). Es wird angestrebt, die Modelle von R. B. Cattell, J. J. Horn und J. C. Carroll zum Cattell-Horn-Carroll-Modell (CHC-Theorie: 10 sekundäre IF. und 75 primäre IF.) zu vereinen (z. B. McGrew 2009). Im dt. Sprachraum existiert noch kein I.test, der sich umfassend an der CHC-Theorie orientiert, wohl aber in den USA (z. B. Woodcook-Johnson III: g und sieben Stratum II-IF.; Reynolds Intellectual Assessment Scale RIAS: g und drei Stratum II-IF.; Stanford-Binet Intelligence Scale – 5th ed.: g und fünf Stratum II-IF.).

11. Berliner Intelligenzstrukturmodell: Ein neuer vielsprechender Ansatz ist das auf A. O. Jäger (1984) zurückgehende Berliner I.-Strukturmodell (BIS), das vier Operations-IF. (K: Verarbeitungskapazität, E: Einfallsreichtum, G: Gedächtnis, B: Bearbeitungsgeschwindigkeit) mit drei Inhalts-IF. (V: sprachgebundenes Denken, N: zahlengebundenes Denken, F: anschauungsgebundenes Denken) systematisch kombiniert. So resultieren 4×3 = 12 Zellen, in denen sich die entspr. I.items befinden. Das BIS stellt im Grunde genommen einen Versuch dar, die Kernbestandteile der durch nicht saubere Aufgabenanalysen (fehlende analytische Trennung von Inhalten und Operationen) bedingte Vielfalt der I.theorien in einem Modell zu integrieren. Eine gewisse strukturelle Ähnlichkeit zu Guilfords SOI-Modell ist nicht zu übersehen. Das BIS ist jedoch wesentlich spar-

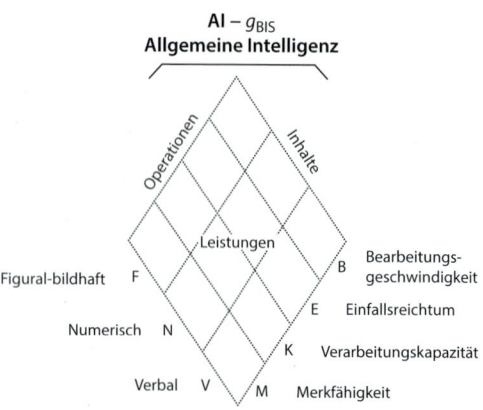

Intelligenzfaktoren, Abb. 7: Berliner Intelligenzstrukturmodell (nach A. O. Jäger et al. 2006)

samer und empirisch mehrfach durch FA. erfolgreich konstruktvalidiert worden (*Konstruktvalidität*). Zudem sieht es einen General-IF. (*g*) als Integral des Universums intellektueller Fähigkeiten vor. Anders als im SOI-Ansatz von J. C. Guilfords befinden sich in den Zellen des BIS-Modells aber keine IF. (sondern I.-aufgaben). Ebenfalls im Ggs. zum SOI-Modell existieren zum BIS-Modell auch psychometrisch gut überprüfte und zur Individualdiagnostik geeignete standardisierte I.tests (*Berliner Intelligenzstruktur-Test – Form 4 (BIS-4)*; *Berliner Intelligenzstrukturtest für Jugendliche: Begabungs- und Hochbegabungsdiagnostik (BIS-HB)*). Rost 2013. D. H. Rost/H. O. Häcker

Intelligenzforschung, kulturvergleichende [engl. *cultural-comparative intelligence research*], *kognitive Kompetenzen, Kulturvergleich*.

Intelligenzminderung (= I.) [engl. *intellectual disabilities*], **[KLI]**, sind die häufigsten Formen der Intelligenzstörung nach der ICD-10 (*Klassifikation psychischer Störungen*). Das Äquivalent trägt im DSM-5 (Falkai & Wittchen 2015) die Bez. *Intellektuelle Beeinträchtigung (Intellektuelle Entwicklungsstörung)* [engl. *Intellectual Disability (Intellectual Developmental Disorder)*], hierdurch wurde die ursprüngliche dt.sprachige Bez. der *geistigen Behinderung* (bis DSM-IV-TR in Verwendung) ersetzt. Für das ICD-11 wird ebenfalls die Änderung der Störungsbezeichnung in *Intellektuelle Entwicklungsstörung* diskutiert. Historisch sind die Begriffe *Oligophrenie* oder *Debilität* eng mit dem Konzept der I. bzw. ihren Schweregraden verknüpft, finden jedoch in der klin.-diagn. Terminologie aufgrund ihrer teils stigmatisierenden Wirkung keine Verwendung mehr. In der ICD-10 und dem DSM-5 ist eine verlangsamte oder unvollständige Entwicklung eines Kindes mit Beginn in der frühen Kindheit eine Grundvoraussetzung für die Diagnose. Später erworbene kogn. Beeinträchtigungen, bspw. infolge *neurodegenerativer Erkrankungen* im Erwachsenenalter, sind andernorts (z. B. DSM-5: *Neurokognitive Störung*) zu kodieren. I. können in unterschiedlichen graduellen Ausprägungen vorliegen. Eine I. ist eine sich in der Entwicklung manifestierende Beeinträchtigung von *Fertigkeiten*, welche zum Intelligenzniveau (*Intelligenz*) beitragen. Von zentraler Bedeutung sind dabei die kognitiven Fertigkeiten wie bspw. Schlussfolgern, abstraktes *Denken*, *Lernen*, Urteilen, *Planen* und *Problemlösen*. In der ICD-10 sind neben kogn. Leistungen explizit auch die Sprache, die Motorik und soziale Fähigkeiten als möglicherweise beeinträchtigte Bereiche aufgeführt (*Entwicklungsstörungen, umschriebene*). Die Störung kann isoliert oder in Kombination mit anderen Störungen (z. B. emot. oder *Verhaltensstörungen*) auftreten. Das Risiko für die Erkrankung an weiteren psychiatrischen *Syndromen* ist für Menschen mit I. gegenüber der Allgemeinbevölkerung um das Drei- bis Vierfache erhöht. Grundsätzlich sind in der Folge von I. Beeinträchtigungen bei lebenspraktischen Anforderungen zu beobachten, deren Ausmaß zumeist mit dem Grad der I. einhergeht. So liegen typischerweise eine eingeschränkte Selbstständigkeit oder verringerte *soziale Kompetenzen* vor, woraus dann zumeist Kommunikationsprobleme sowie eine Einschränkung der Teilhabe an Aktivitäten des täglichen Lebens resultieren. Diese Einschränkungen erstrecken sich auf versch. Lebensbereiche wie die Familie, Schule und Ausbildung sowie das soziale Umfeld und machen eine Unterstützung der Person erforderlich.

Ätiologie: I. weisen keine spezif. Ätiologie auf, sondern gehen grundsätzlich mit bestehenden endogenen oder exogenen Grunderkrankungen einher. Häufige pränatale Erkrankungen sind *genetische Syndrome* (z. B. *Trisomie 21*, *Fragiles-X-Syndrom*, Prader-Willi-Syndrom, Williams-Beuren-Syndrom), Syndrome nach Intoxikation (z. B. Embryopathien infolge Drogenkonsums, insbes. fetales Alkoholsyndrom; *Alkoholembryopathie*), intrauterine Infektionen (z. B. Rötelnembryopathie) oder Ischämien (z. B. vorgeburtliche Schlaganfälle oder infolge einer Nabelschnur-Umschlingung). Vielfach führen auch perinatale und neonatale Komplikationen, insbes. bei frühgeborenen Kindern, zu anhaltenden Schädigungen. In diesem Zusammenhang können bspw. Atemnot-Syndrome, perinatale Hirnblutungen oder eine Sepsis zu organischen Schädigungen führen und einer I. zugrunde liegen. Postnatale Risiken bestehen bspw. infolge neurologischer Erkrankungen wie *Epilepsie*, *Hirntumor*, sklerotischen Erkrankungen, Infektionen (z. B. *Enzephalitis*, *Meningitis*) oder *Schädel-Hirn-Trauma* sowie im Vorliegen einer psych. Störung (z. B. Autismus). Auch schwere, anhaltende soziale *Deprivation* kann zu I. führen. In der jüngeren Zeit gelingen infolge der sich stetig entwickelnden med.-diagn. Verfahren im Einzelfall zunehmend Nachweise der organischen Ursachen einer I. Häufige komorbide psych. Störungen sind *Aufmerksamkeitsdefizit-/Hyperaktivitätsstörung*, depressive (*Depression*) und *bipolare Störungen*, *Angststörungen*, *Autismus-Spektrum-Störungen*, stereotype Bewegungsstörungen sowie *Impulskontrollstörungen*.

Klassifikation: I. werden in der ICD-10 in Abhängigkeit vom vorliegenden Schweregrad unter F7 klassifiziert (s. Anhang I). Die Diagnosestellung wird erleichtert, wenn standardisierte Intelligenztests angewendet werden können, in diesem Fall sind die Schweregrade durch den Intelligenzquotienten definiert; andernfalls ermöglichen Beschreibungen typ. Entwicklungsprobleme eine Diagnose. Eine *leichte I.* (F70; IQ: 50–69) geht typischerweise mit verzögertem Spracherwerb (Sprachverständnis und Sprachgebrauch) sowie mit einer verzögerten Selbstständigkeitsentwicklung einher, es werden jedoch im Entwicklungsverlauf zumeist ausreichende Fertigkeiten der Alltagskommunikation sowie eine vollständige Unabhängigkeit in der Selbstversorgung (Nahrungsaufnahme, Hygiene, Kleidung, Darm- und Blasenkontrolle) sowie in Bezug auf grundlegende häusliche Tätigkeiten erlangt. Es bestehen gute Potenziale für den Erwerb von Fertigkeiten, die für die selbstständige Ausübung einfacher Arbeitstätigkeiten (Anlerntätigkeiten) qualifizieren. Eine *mittelgradige I.* (F71; IQ: 35–49) geht mit so ausgeprägter Entwicklungs- bzw. *Sprachentwicklungsverzögerung* einher, dass zumeist eine lebenslange Beaufsichtigung und Begleitung erforderlich wird. Als Erwachsene können Menschen mit einer mittelgradigen I. bei ausreichender Strukturierung und Beaufsichtigung einfache praktische Tätigkeiten verrichten. Die Betroffenen sind zumeist körperlich aktiv und in der Lage, sozial-kommunikative Fertigkeiten zu erwerben. Eine *schwere I.* (F72; IQ: 20–34) geht zumeist mit so ausgeprägten Beeinträchtigungen der Sprachentwicklung einher, dass die sprachliche Kommunikation im Alltag sehr stark eingeschränkt oder sogar unmöglich wird. Die meisten Betroffenen weisen zusätzlich deutliche motorische Einschränkungen auf, die eine intensive Betreuung erfordern. Bei einer *schwersten I.* (F73; IQ < 20) sind die betroffenen Personen kaum in der Lage, Aufforderungen zu verstehen oder gar zu befolgen. Es bestehen starke Einschränkungen der Bewegungsfähigkeit, häufig bis hin zur Immobilität. Kommunikation erfolgt nur noch sehr rudimentär, es sind ständige Hilfe und Beobachtung notwendig. Eine *sonstige Intelligenzminderung* (F78) wird diagnostiziert, wenn der Schweregrad einer I. aufgrund von sensorischen Beeinträchtigungen (z. B. Blindheit, Gehörlosigkeit), schweren Verhaltensstörungen oder Körperbehinderungen nicht bestimmt werden kann. Das DSM-5 nimmt eine Graduierung der *intellektuellen Beeinträchtigung* (*Intellektuellen Entwicklungsstörung*) nach den Schweregraden leicht, mittel, schwer und extrem vor. Die drei notwendigen Hauptkriterien für die Diagnose sind erhebliche intellektuelle Einschränkungen (Kriterium A), Einschränkungen der alltäglichen Anpassungsfähigkeit (Kriterium B) sowie der Beginn in der frühen Entwicklung (Kriterium C). Dabei wird unter Berücksichtigung der eingeschränkten *Reliabilität* zwar der Einsatz von Intelligenztests für das Grenzwertkriterium (IQ < 70) diskutiert, die Ableitung der Schweregrade erfolgt jedoch ausschließlich durch die qual. Erfassung der vorliegenden kogn., sozialen und alltagspraktischen Beeinträchtigungen. Eine zu starre Anwendung der IQ-Werte wird auch vom ICD-10 kritisch bewertet.

Prävalenz und Verlauf: Das DSM-5 schätzt die empirische *Prävalenz* der *Intellektuellen Beeinträchtigungen* (*Intellektuellen Entwicklungsstörungen*) auf etwa 1 %. Hiervon erfüllen wiederum etwa 85 % die Kriterien des leichten, etwa 10 % die Kriterien des mittelgradigen, etwa 3–4 % die Kriterien des schweren und etwa 1–2 % die Kriterien des extremen Grades. Männliche Personen sind in etwa eineinhalbmal häufiger betroffen als weibliche. Kinder mit mittelgradiger oder deutlicherer Intelligenzminderung fallen i. d. R. schon im ersten Lebensjahr durch das verspätete Erreichen von Entwicklungs-Meilensteinen im kogn., sprachlichen, motorischen und sozialen Bereich auf. Eine leichte I. wird gelegentlich erst mit dem Schuleintritt diagnostiziert. Der Verlauf ist abhängig von etwaigen komorbiden Grund- und Folgeerkrankungen, dem Grad der Beeinträchtigung, den indiv. Förderpotenzialen sowie der tatsächlich geleisteten Förderung und Therapie. Frühe und anhaltende Interventionen können vielfach die Anpassungsfähigkeit in der Kindheit und darüber hinaus verbessern, sodass die Diagnose einer I. nicht weiter zutrifft. Aus diesem Grund wird die Diagnose einer leichten I. im Kindesalter vielfach hinausgezögert, sodass ein stigmatisierender Einfluss vermieden wird.

Diagnostik: Zur Beurteilung der intellektuellen Leistungsfähigkeit ist, falls möglich, ein valider Intelligenztest (*Intelligenzdiagnostik*) durchzuführen. Solche Verfahren stehen für das Kindesalter ab etwa drei Jahren zur Verfügung, bei deutlichen Beeinträchtigungen sind Intelligenztests jedoch häufig erst ab dem Schulalter praktikabel. Bei jüngeren Kindern und Kindern mit starken Beeinträchtigungen empfiehlt sich die Durchführung eines standardisierten *Entwicklungstests*. Zusätzlich ist das Ausmaß der sozialen und lebenspraktischen Beeinträchtigungen sowie der Anpassungsfähigkeit zu erheben (z. B. mit der ICF-CY; [www.dimdi.de/static/de/klassi/icf]). Zusätzlich ist eine umfangreiche *Anamnese* einschließlich einer Familienanamnese sowie grundsätzlich eine prä- und perinatale Anamnese durchzuführen. Die med. Untersuchung sollte neben einer körperlichen Untersuchung bei hinreichenden Anhaltspunkten (z. B. dem physischen Erscheinungsbild) auch *bildgebende Verfahren*, eine *humangenetische* Analyse sowie ein metabolisches Screening einschließen. Differenzialdiagn. ist zu berücksichtigen, dass vielfach Mehrfachdiagnosen vorliegen. Es ist somit sorgsam abzuwägen, ob die Merkmale des Verhaltensphänotyps auf eine I. oder eine komorbide Störung zurückzuführen sind. Bei dem Verlust bereits erworbener kogn. Funktionsfähigkeit ist die Zusatzdiagnose *Neurokognitive Störung* zu stellen. *Intelligenzminderung, Psychotherapie*, *Intelligenzminderung, Psychopharmakotherapie*.

T. Macha/F. Petermann

Intelligenzminderung, Psychopharmakotherapie [engl. *intellectual disabilities, psychopharmacotherapy*], [**KLI, PHA**], eine medikamentöse Therapie bezieht sich im Zusammenhang mit einer *Intelligenzminderung* grundsätzlich auf komorbide Störungen. Hier sind bes. die Behandlung von motorischer Unruhe, einer *Aufmerksamkeitsdefizit-/Hyperaktivitätsstörung*, impulsiv-aggressiver Symptome (*Impulskontrollstörungen*), von *Depressionen*, *Angststörungen*, *Zwangsstörungen*, *Autismus-Spektrum-Störungen* sowie *Epilepsien* zu berücksichtigen.

T. Macha/F. Petermann

Intelligenzminderung, Psychotherapie (= I.) [engl. *intellectual disabilities, psychotherapy*], [**KLI**] eine frühe psychotherap. Intervention bein *Intelligenzminderung* (= I.) zielt zunächst grundsätzlich auf eine *Entwicklungsförderung*, d. h. auf Maßnahmen, die auf eine Beschleunigung des Entwicklungstempos hinwirken. Hierfür eignen sich intensive allg. Interventionen wie die interdisziplinäre *Frühförderung*, die in der kindzentrierten Behandlung zumeist Elemente der päd. Förderung aufgreift und an mehreren Entwicklungsbereichen gleichzeitig ansetzt. Treten spezif. Beeinträchtigungen in den Vordergrund, kann durch eine gezielte Therapie wie bspw. Physio-, *Ergotherapie* oder *Sprachtherapie* auf die Harmonisierung des Entwicklungsstatus hingewirkt werden. Dabei hat es sich als bes. sinnvoll erwiesen, die familiär-häuslichen Ressourcen (*Ressourcenorientierung*) zu nutzen und die Eltern zunächst in die Förderarbeit einzubeziehen und, falls möglich, Therapieelemente zunehmend bis vollst. an die Eltern zu delegieren. Zeigt eine Entwicklungsförderung nur noch wenig Erfolg, können dem Kind kompensierende Strategien zur Bewältigung von Alltagsanforderungen vermittelt werden. Wichtige Elemente stellen dabei die Vermittlung eines ruhigen, ausdauernden Problemlöse- und Arbeitsverhaltens sowie Hilfen zur strukturierten Handlungsplanung und -ausführung dar (vgl. Hasmann et al. 2015). Liegen schwere Formen fremd- oder selbstgefährdenden Verhaltens (z. B. *selbstverletzendes Verhalten*) vor, können akute, zumeist zeitlich beschränkte physische Schutzmaßnahmen notwendig werden. Eine *Psychotherapie* i. e. S. zielt häufig auf den Verhaltensbereich, bspw. auf die Wahrnehmung und Bewertung sozialer Situationen sowie die Steuerung sozialer Verhaltensweisen. Personen mit einer I. erlangen häufig im Schulalter ausreichende kogn. Fähigkeiten, um z. B. verhaltensther. Trainings (*Verhaltenstherapie*) für jüngere Kinder erfolgreich zu absolvieren. Ergänzend können Eltern Erziehungstechniken, insbes. die Techniken kontingenten Verstärkungsverhaltens (*operante Konditionierungsmethoden*), vermittelt werden (vgl. Göpel & Schmidt 2009). *T. Macha/F. Petermann*

Intelligenzquotient (= IQ) [engl. *intelligence quotient*], [**DIA, KOG, PER**], Maß für intellektuelle Leistungsfähigkeit (*Intelligenz*) einer Person. Da es bis jetzt keine Absolutmaße intellektueller Leistungsfähigkeit gibt, hat man sich mit Relativmaßen beholfen: W. Stern führte 1912 den IQ als Maß zur Quantifizierung von Intelligenzergebnissen ein (*klass. IQ*, Stern 1912). Er wird berechnet als Quotient von Intelligenzalter (IA) zu Lebensalter (LA). Das IA ist ein Äquivalent zur Anzahl der Aufgaben, die ein Pb in einem *Intelligenztest* (Stufentest nach Binet) gelöst hat. Der Wert des IA sagt aus, in welchem Lebensalter die jew. aktuelle Leistung eines Pbn als durchschnittliche Leistung erbracht wird. Wegen versch. Nachteile des Maßes IQ (Bestimmung nach der Jugendzeit, Vergleich zw. versch. Altersstufen nicht möglich) wurden andere Maße eingeführt: Abweichungsmaße, die nicht mehr auf der Altersachse messen, sondern auf der Leistungsachse. Diese Maße geben die relative Stellung der Leistung eines Pbn in der Verteilung der Leistungen seiner (Alters-)Gruppe an. Hier sind mehrere, linear ineinander überführbare Maße üblich geworden (von denen eines – trotz vollst. anderer Konzeption – ebenfalls *IQ* heißt): *Normierung, Standardwert, Wertpunkt*.

Intelligenz-Struktur [engl. *intelligence structure*], [**PER**], Bez. für das aus Tests (*Test*) u. a. erschlossene Gefüge der Faktoren, die die intellektuelle Leistung (*Intelligenz*) bestimmen. Eine eigene Intelligenz-Struktur-Theorie hat Guilford (1967) aufgestellt. Er unterscheidet Operationen mit versch. Inhalten, die an best. Produkten vollzogen werden. *Intelligenzfaktoren*.

^{Test}**Intelligenz-Struktur-Test 2000 R (I-S-T)**, 2007, D. Liepmann, A. Beauducel, B. Brocke & R. Amthauer, [www.testzentrale.de], [**DIA, KOG, PER**]. *Intelligenztest*. AA ab 15 Jahren. Der I-S-T 2000 R ist ein Intelligenztest, der in der 2. Aufl. durch eine echte Parallelform erweitert wurde. Gegenüber dem ursprünglichen I-S-T 70 bleiben weiterhin sechs der ursprünglich neun Aufgabengruppen in überarbeiteter Form erhalten (*Satzergänzung, Analogien, Gemeinsamkeiten, Zahlenreihen, Figurenauswahl* und *Würfelaufgaben*), die durch drei Aufgabengruppen (*Rechenaufgaben ohne verbalen Anteil, Vorzeichenaufgaben* und *Matrizenaufgaben*) sowie einen Test zum Allgemeinwissen ergänzt wurden. Mit dem I-S-T 2000 R können elf Fähigkeiten erfasst werden: *verbale Intelligenz, figural-räumliche Intelligenz, rechnerische Intelligenz, Merkfähigkeit, schlussfolgerndes Denken, verbales Wissen, figural-bildhaftes Wissen, numerisches Wissen* und *Wissen (Gesamt)* sowie *fluide und kristallisierte Intelligenz*. *Normierung*: Es liegen Standardwert-Normen für die Formen A, B und C auf der Basis von mehr als 5800 Personen im Alter zw. 15 und 60 Jahren vor (Gymnasiasten, Nicht-Gymnasiasten). Für eine nach Schulbildung gewichtete Gesamtstichprobe wurde eine Zufallsauswahl von 2020 Pbn vorgenommen. Bearbeitungsdauer: in Abhängigkeit von der verwendeten Module zw. ca. 77 (Grundmodul) und 130 Min. (einschließlich Wissenstest).

Intelligenztests (= I.) [engl. *intelligence tests*], [**DIA, KOG, PER**], eine Gruppe von *Tests*, die auf der Grundlage unterschiedlicher Intelligenzmodelle und Intelligenztheorien (*Intelligenz*) die indiv. intellektuelle Leistungsfähigkeit messen und auch die intraindiv. kogn. Schwerpunkte erfassen können. Die heute verwendeten I. gehen z. T. auf Entwicklungen, die am Anfang des 20. Jhd. begonnen haben, zurück. Sie sind aber überwiegend an Ergebnissen der neueren psychol. Forschung der kogn. Strukturen orientiert bzw. adaptiert worden. Während Sir Francis Galton zusätzlich zu seinen anthropometrischen und genetischen Untersuchungen auch die «geistige Vorstellungskraft» analysierte, sich dabei an den Untersuchungen über «geniale Personen» orientierte, hat James McKeen Cattell «geistige Prozesse» zu erfassen versucht. Parallel zur Entwicklung der stat. Verfahren der *Korrelation* und der *Faktorenanalyse* wurden erste Strukturmodelle der kogn. Funktionen geschaffen. In Dt. gingen die Bemühungen der Analyse intellektueller Leistungen zunächst von Psychiatern aus. Der Schwerpunkt lag dabei in der qual. Analyse von psychopathologisch bedingten Intelligenzstörungen (z. B. *Intelligenzminderung*). Die Ergebnisse der denkpsychol. Analysen (*Denken*) haben die Intelligenzforschung nachhaltiger beeinflusst. Mit Binet begann in Frankreich eine Phase der systematischen, an schulischen Leistungen orientierten Testentwicklung (*Testkonstruktion*). Gegen das von Binet entwickelte Verfahren wurde eine Reihe von praktischen und theoretischen Einwänden geäußert, die jedoch nicht zur Ablösung, sondern zur Weiterentwicklung dieser Stufentests führten. Die bekanntesten sind die Stanford-Revisionen. *Stern* hat bereits 1912 darauf aufmerksam gemacht, dass es in den Phasen der frühen *kognitiven Entwicklung* wichtig ist, die intellektuellen Leistungen auf das Lebensalter zu beziehen und damit den *Intelligenzquotient* eingeführt. Um die Ökonomie der Intelligenzmessverfahren zu steigern, wurden Gruppenverfahren konstruiert. Die bekannteste Version solcher Gruppenverfahren ist die «Group Examination Alpha» (Yerkes) und die «Group Examination Beta» (*Army Alpha Test, Army Beta Test, Army General Classification Test*). Diese Verfahren wurden für Massenauslesen in der amerik. Armee eingesetzt. Neue Anregungen für die Konstruktion von I. kamen von der faktoriell orientierten Intelligenzforschung (*Intelligenz-*

faktoren). Mit der multiplen Faktorentheorie entwickelte Thurstone die Primary Mental Ability Tests. Diese Testkonstruktion wurde auch in eine dt.sprachige Version überführt (*Leistungsprüfsystem (L-P-S)*). Unter der Konzeption des g-Faktors hat R. B. Cattell versch. Skalen zur allg. Intelligenz und hier spez. zur fluiden (nicht verfestigten) Komponente entwickelt. Ein mehr auf eine globale Intelligenz hin orientierte Testentwicklung stellen die Verfahren von Wechsler (*Hamburg-Wechsler Intelligenztest für Erwachsene – Revision 1991 (HAWIE-R)*) dar. Mit der Aufteilung nach Verbal- und Handlungsteil hat die Wechslerkonzeption eine Ähnlichkeit mit der Zwei-Faktoren-Theorie. Da der Anteil der sprachgebundenen Tests bei I. relativ hoch ist, wurden sprachfreie I. konstruiert (z. B. *Standard Progressive Matrices (SPM)*), um eine Konfundierung mit bes. Sprachbegabung zu umgehen.

Trotz der als sehr gut zu bezeichnenden prognostischen *Validität* von I. für sehr viele Außenkriterien (z. B. Schulerfolg, Ausbildungserfolg), – und dies auch im Vergleich zu diagn. Methoden anderer Fachdisziplinen –, hat die psychol.-diagn. Forschung die Herausforderung der weiteren Verbesserung aufgenommen und in versch. Richtungen weiterentwickelt. Da bei I. i. d. R. reproduktive Leistungen gefordert werden und sog. *konvergentes Denken* dabei eine Rolle spielt, wurden Tests zum *divergenten Denken* entwickelt (*Kreativitätstests*). Auch die Erweiterung der konventionellen Intelligenzkonzepts wie z. B. die *emotionale Intelligenz* oder die *operative Intelligenz* hat bislang zu keinen substanziellen Erhöhungen der Prognoseleistung von I. geführt.

Für den nationalen und internat. Bereich kann festgestellt werden, dass I. einen sehr hohen Qualitätsstandard haben und im Vergleich zu anderen Verfahren der Einschätzung intellektueller Eigenschaften mit I. die gültigsten Diagnosen und auch die sichersten *Prognosen* gestellt werden können. *Intelligenzdiagnostik*. Vock & Holling 2006, Brähler et al. 2002, Süß & Beauducel 2011. *H. O. Häcker*

Intension [engl. *intension*; lat. *intendere* anspannen, umspannen], **[EM, KOG]**, Anspannung, Eifer, Sinn eines Begriffes, seine Verbindungen mit anderen Begriffen und mit Bedeutungsstrukturen.

Intensionsbewegung (= I.) [engl. *intentional motion/movement*], **[KOG]**, (biol.) Verhaltensweisen, die infolge geringer *Handlungsbereitschaft* nur in sehr geringer Intensität auftreten und zumeist nur von erfahrenen Tierbeobachtern erkannt werden. Sie sind nicht scharf abgrenzbar. Von ihnen bis zur vollst. *Handlung* gibt es alle gleitenden Übergänge. So ruft bei nur mittelstarker Bereitschaft unzureichende Reizung unvollständige Antworten hervor. Hunde zeigen z. B. im Kampfspiel ein gehemmtes Beißen, das als Beißintension bezeichnet werden kann. Sehr oft ist die I. der erste Beginn einer Fortbewegung am Ort. So deuten Vögel Aufflugstimmung durch «Langwerden», d. h. Anlegen des Gefieders, Nackenstreckung und Einknicken in den Intertarsalgelenken an. Ähnliches gilt für viele andere Fälle. Eine Reihe von I. wurden im Laufe der *Evolution* ritualisiert. Drohhandlungen sind oft ritualisierte I. des Angriffs. Auch das drohende Anstarren vieler Primaten leitet sich von den ersten I. ab, die einen wirklichen Angriff einleiten. Auch der Mensch verfügt über ein ähnliches Drohsignal. Fixieren wird auch von uns in den meisten Fällen als Bedrohung empfunden, weshalb wir den direkten Blickkontakt meiden. Tinbergen 1951. *C. Becker-Carus*

Intensität (= I.) [engl. *intensity*; lat. *intensus* heftig, stark], **[EM, WA]**, Stärke, Stärkegrad, Anspannung. In der Ps. die Stärke eines seelischen Prozesses, z. B. einer *Empfindung* (Grad der *Helligkeit* bei *Licht-*, der Lautheit der Tonempfindungen usw.) oder eines *Gefühls* (Grad der Annehmlichkeit oder Unannehmlichkeit). Die I. der Empfindung hängt u. a. von der Stärke des *Reizes* ab (bei Licht- und Tonwahrnehmungen von der Wellenlänge der elektromagnetischen bzw. mechanischen Schwingungen, bei Geruchsempfindungen von der Menge des Riechstoffes, bei Tastempfindungen vom den auf die Haut ausgeübten Druck usw.). Daneben wird die Empfindungsintensität noch durch andere zentrale Faktoren mitbestimmt (z. B. Adaptationszustand, das Unterdrücken einer *Schmerz*empfindung bei starker *Konzentration* auf anderes). Den Zusammenhang zw. Reizintensität und Empfindungsintensität beschreibt das *Fechner'sche Gesetz*. Neben der I. ist die *Qualität* ein allg. Bestimmungsmerkmal psych. Prozesse.

Intention (= I.) [engl. *intension*; lat. *intendere* sein Streben/ seine Aufmerksamkeit auf etw. richten], **[EM]**, eine I. ist die Absicht bzw. ein Vorsatz, eine best. Handlung durchzuführen bzw. ein best. Ziel (*Ziele*) zu erreichen. I. implizieren mentale Repräsentationen (*Repräsentation*), die bewusst oder unbewusst sein können. Sie haben handlungsleitenden Charakter. Nach Lewin (1926a) wird durch I. (bzw. Vorsätze) das psych. System unter Spannung gesetzt. Es entspannt sich erst, wenn die I. bzw. der Vorsatz erledigt ist. I. haben einen anderen Status im *Gedächtnis* als andere Inhalte. Sie zerfallen nicht einfach, sondern bleiben i. d. R. bestehen, bis die I. erledigt ist (*Zeigarnik-Effekt*). I. sollen zudem dazu führen, dass Reize (*Reiz*), die der I.realisierung dienlich sind, schneller bzw. bevorzugt wahrgenommen werden. I. spielen in versch. Willens- bzw. Volitionstheorien (*Wille*, *Volition*) eine zentrale Rolle.

Im *Rubikonmodell der Handlungsphasen* markiert die I. die Grenze zw. der Phase des Abwägens zw. versch. Zielen oder Handlungsalternativen und der Phase des Planens (*Planen*) der notwendigen Handlungsschritte. Die I.bildung ist dabei bildlich gesehen die Überschreitung des Rubikons. Nach der I.bildung wird das *Denken* und Handeln (*Handlung*) in den Dienst der I.realisierung gestellt. In diesem Zusammenhang unterscheidet Gollwitzer (1999) zw. Zielintentionen und Durchführungs- bzw. *Implementierungsintentionen*. Zielintentionen beziehen sich auf das Erreichen best. Endzustände, während Durchführungsintentionen verbindlich bestimmen, welches Verhalten genau zu welcher Gelegenheit durchgeführt werden soll.

Nach der *Handlungskontrolltheorie* von Kuhl (1987) bestehen I. aus unterschiedlichen Komponenten. Es gibt ähnlich wie bei der Durchführungsintention eine Objektkomponente (Art der durchzuführenden Handlung) und eine Kontextkomponente (Gelegenheit, bei der gehandelt werden soll). Zudem bestimmt die Subjektkomponente, dass man selbst die handelnde Person sein wird, und die Relationskomponente legt die Art der Zielbindung fest. Eine I. setzt Handlungskontrollprozesse in Gang, wenn der in der I. spezifizierte Handlungsplan durch die ebenfalls darin spezifizierten Bedingungen aktiviert wird und gleichzeitig eine *Zielbindung* besteht. Die Kontrollprozesse sollen der Verwirklichung der I. dienen und den aktivierten Handlungsplan gegen konkurrierende Pläne abschirmen. Der Einsatz von Handlungskontrollprozessen ist erschwert, wenn die I. degeneriert ist, d.h., wenn einzelne Komponenten der I. fehlen. *R. M. Puca*

intentionale Bindung [engl. *intentional linking*], *Zeitwahrnehmung*.

intentionale Inexistenz [engl. *intentional inexistence*], **[KOG, PHI, WA]**, phil. Konzept des Phänomenologen Franz Brentano (*Phänomen, Phänomenologie, Brentano, Franz von*), nach dem jeder geistig bewusste Zustand durch einen (inexistenten, nur geistigen) Gegenstand und eine geistige Bezugnahme (z. B. Wahrnehmen, Erinnern, Vorstellen) gekennzeichnet ist. *Bewusstsein.* *U. Ansorge*

intentionales Lernen *Lernen, intentionales.*

Intentionstheoretischer Ansatz [engl. *intention theoretical approach*], **[EM]**, wird *Verhalten* aus einer *Handlungs*perspektive (*Handlungstheorie*) heraus untersucht, unterscheidet man zw. Prozessen, die das Setzen von *Zielen* betreffen, und Prozessen, welche die Realisierung von Zielen bewirken. Erstere sind motivationale (*Motivation*), letztere volitionale Prozesse (*Volition, Rubikonmodell der Handlungsphasen*). Im Ggs. zum *Behaviorismus* bedeutet eine handlungspsychol. Perspektive das Beachten von *Selbstregulation*sstrategien. Die motivationspsychol. orientierte Handlungsps. untersucht die Selbstregulation des Zielstrebens. Das ist wichtig, weil eine starke Motivation, ein best. Ziel zu erreichen, häufig nicht ausreicht, dass zielführendes Handeln auch wirklich durchgeführt wird. Somit erfordert die Realisierung eines Ziels oft den Einsatz von Selbstregulationsstrategien wie bspw. das Fassen von Vorsätzen oder Durchführungs*Intentionen* (Gollwitzer 1999). Ziele (oder Zielintentionen) def. nur Endzustände, die noch nicht erreicht wurden, die aber wünschenswert und wichtig erscheinen (*Ich will X erreichen!*). Vorsätze sind dagegen Wenn-Dann-Pläne, die im Dienste der Realisierung von Zielintentionen stehen. Dabei wird eine Situation spezifiziert, bei deren Eintreten ein zielführendes Verhalten gezeigt werden soll (*Wenn Situation X eintritt, dann will ich Verhalten Y ausführen!*). Das Auslösen dieses Verhaltens erfolgt dann automatisch, sobald diese Situation eintritt. Dies erlaubt eine effektivere Realisierung von Zielintentionen, die mit Vorsätzen ausgestattet sind. So wurde bspw. gezeigt, dass selbst bei intensiver Beschäftigung mit anderen Dingen die im Vorsatz definierte Situation sofort zur Zielrealisierung genutzt wird, was eine Zielintention alleine nicht zustande bringt. Weiterhin löst ein Vorsatz bei subliminaler Präsentation seines Wenn-Teils (der spezifizierten Situation) die zielführende Verhaltensweise (spezifiziert im Dann-Teil) aus, ohne dass bewusste Prozesse erforderlich sind. Vorsätze erleichtern u. a. auch die Unterdrückung spontaner ablenkender *Aufmerksamkeit*sreaktionen, stereotyper Reaktionen, nachteiliger Selbstzustände, neg. Gedanken und *Emotionen* (Achtziger & Gollwitzer 2010). *A. Achtziger/P. M. Gollwitzer*

Intentionstremor [engl. *intention tremor*], **[BIO]**, das beim Ansetzen einer intendierten willkürlichen Bewegung auftretende Zittern bei Erkrankungen des zerebralen Systems.

Intentions-Verhaltens-Lücke (= I.-V.-L.) [engl. *intention-behaviour gap*], **[EM, KOG, SOZ]**, die I.-V.-L. beschreibt das Phänomen, dass Angaben zu Verhaltensintentionen (*Absicht*) und zur Ausführung des Zielverhaltens häufig nicht übereinstimmen. Diese Diskrepanz lässt sich v. a. zurückführen auf Personen mit *Verhaltensintention*, die an der Ausführung des Zielverhaltens scheitern (Orbell & Sheeran 1998). Entsprechend führen auch mittlere bis große Veränderungen in Intentionen nach Interventionen im Durchschnitt nur zu kleinen bis mittleren Veränderungen im Verhalten. Unterschiede in der *Motivation* (o. *Zielbindung*) können die I.-V.-Diskrepanz nicht erklären. Ursächlich für die I.-V.-L. sind Probleme bei der Zielverfolgung (s. a. *Volition*), die auf internen, oft selbstregulativen Faktoren (*Selbstregulation*), aber auch externen (z. B. Zeit) Faktoren beruhen können. Selbstregulationsprobleme bspw. können in Form von Unterregulation (fehlende Selbstregulation) und Misregulation (fehlgeleitete Selbstregulation) auftreten, und je mit Problemen bei der Initiierung (z. B. durch Zielkonflikte, Verpassen günstiger Gelegenheiten) bzw. Vollendung des Zielverhaltens (z. B. mangelnde Aufmerksamkeitsregulation, Kontrolle von Störfaktoren) zum Auftreten der I.-V.-L. beitragen. Theorien zur Vorhersage von Verhalten, die v. a. Intentionen als Determinanten von Verhalten spezifizieren (z. B. *Theorie des geplanten Verhaltens*), erlauben keine Aussage über die ps. Prozesse, die zur Überbrückung der I.-V.-L. beitragen. Intentionen sind zwar beste Prädiktoren von Verhalten, lassen aber ca. 70 bis 80 % der Verhaltensvarianz unerklärt. Empirisch konnten best. Moderatoren einen Teil zur Überbrückung der I.-V.-L. beitragen (z. B. *Selbstwirksamkeit, Handlungskontrolle*), sie sind jedoch in ihrer Moderatorfunktion nicht explizit theoret. verankert. Volitionale Interventionsstrategien (z. B. Formulieren von *Implementierungsintentionen*, Förderung der *Selbstregulation*) können gezielt die Umsetzung von Intentionen in Verhalten fördern. *Transtheoretisches Modell.*

A. U. Wiedemann

Intention-to-treat-Analyse (= I.) [engl. *intention to treat* beabsichtigte Behandlung], **[FSE, GES, KLI]**, bezeichnet eine Auswertungsmethodik, die v. a. bei RCTs (*Randomisierte kontrollierte Studie*) empfohlen wird, um die *interne Validität* von Studienbefunden und die Bewertbarkeit der *efficacy* einer *Intervention* zu verbessern. Eine I. erfordert, dass die Studienteilnehmer als Mitglieder der Gruppe betrachtet werden, der sie zu Studienbeginn zugewiesen wurden. Sollten Studienteilnehmer aufgrund des Studiendesigns (*Randomisierung*) z. B. eine Intervention erhalten, brechen die Intervention aber im Verlauf der Studie ab oder weigern sich überhaupt, an der Intervention teilzunehmen, so wird bei der I. bei ihnen trotzdem die Zielvariable nach der Interventionsphase (*Variable, abhängige*) best. oder geschätzt. Diese Studienteilnehmer werden zus. mit denjenigen, die die Intervention regulär durchlaufen haben, als Interventionsgruppe betrachtet. Ist die Intervention wirksam, so verringert sich die Wirksamkeitsschätzung i. d. R., da auch Mitglieder der Interventionsgruppe betrachtet werden, für die die ggf. ausbleibende Wirkung berücksichtigt wird. Wird bei *Angststörungen* z. B. eine *Exposition* empfohlen und sind Patienten mit extremen Ängsten nicht bereit, an dieser Behandlung teilzunehmen, oder brechen diese frühzeitig ab, so wird deren Veränderung im Interventionsintervall ebenfalls dokumentiert. Würden nur die Veränderungen derjenigen berücksichtigt, die die Intervention komplett durchlaufen, so würde der Behandlungserfolg, der sich bei Empfehlung der Behandlung tatsächlich erwarten lässt, überschätzt. Faller 2004.

Interaktion (= I.) [engl. *interaction*; lat. *interactio* Wechselwirkung], wechselseitige Beeinflussung.
[**FSE**], *Wechselwirkung*.
[**BIO**], von C. L. Hull wurde die Bez. *interaction principle* für die gegenseitige Beeinflussung afferenter Nervenimpulse eingeführt, womit er teilweise die Entdeckungen der *Gestaltpsychologie* berücksichtigte und die elementaristische Auffassung isolierter Stimuluswirkungen aufgab.
[**GES**], *Arzt- bzw. Therapeut-Patient-Interaktion*.
[**PER**], *Gen-Umwelt-Interaktion*.
[**SOZ**], *Familiensystem, Interaktion, parasoziale Interaktion, soziale Interaktion*.

Interaktion, Themenzentrierte *Themenzentrierte Interaktion*.

Interaktionalismus [engl. *interactionalism*; lat. *interactio* Wechselwirkung], [**SOZ**], sozialps. Richtung: Das Individuum wird in der Wechselwirkung (durch die *Interaktion*) mit den anderen zum *Selbst* (oder zur Person), die *Gesellschaft* ist nichts als die Gesamt der verschiedenartigen wechselseitigen Beziehungen zw. den Individuen.

Interaktionismus (= I.) [engl. *interactionism*; lat. *interactio* Wechselwirkung], [**PER, SOZ**], I. bezeichnet eine Sichtweise, der zufolge menschliches Erleben und Verhalten nicht mit Persönlichkeitsmerkmalen oder Situationsmerkmalen alleine erklärt werden kann, sondern nur mit dem Zusammenwirken (der Interaktion oder Wechselwirkung) beider. Der I. ist als Reaktion auf die situationistische Kritik (*Situationismus*) am Eigenschaftsmodell (*Eigenschaften, Persönlichkeit*) der Persönlichkeitsps. entstanden. Seine Kernannahme besagt, dass Merkmale der Person den Einfluss der Situation und Merkmale der Situation den Einfluss der Persönlichkeit einer Person auf deren Erleben und Verhalten moderieren (*Moderatorvariable*). Der empirische Nachweis von Person x Situation-Interaktionen erfordert ein spez. Design: Die zur Erklärung eines Verhaltens als relevant erachteten Persönlichkeitsmerkmale müssen gemessen werden. Zudem müssen die relevanten Situationsmerkmale entweder gemessen oder exp. manipuliert werden. Wegen des großen Aufwands interaktionistischer Studien sind sie trotz ihres anerkannt hohen Erklärungswertes sel-

ten. Zur Erklärung von Person x Situation-Interaktionen sind versch. Wirkmechanismen vorgeschlagen worden: (1) Als *reaktive Interaktion* wird der Sachverhalt bezeichnet, dass Menschen eine obj. identische Situation aufgrund ihrer unterschiedlichen Persönlichkeit unterschiedlich wahrnehmen und deshalb unterschiedlich reagieren. (2) Eine *evokative Interaktion* liegt vor, wenn Akteure aufgrund ihrer Persönlichkeit bei Mitmenschen unterschiedliche Reaktionen auslösen, die ihrerseits das Verhalten der Akteure in spezif. Weise beeinflussen. (3) Von *proaktiver Interaktion* spricht man, wenn Menschen aufgrund ihrer Persönlichkeit best. Situationen gezielt aufsuchen und sich somit unterschiedlichen Situationseinflüssen aussetzen. (4) Mit *manipulativer Interaktion* wird das Phänomen bezeichnet, dass Menschen Situationen (Kontexte, Umwelten) abhängig von ihrer Persönlichkeit in spezif. Weise gestalten. Schmitt 2005. M. Schmitt

Interaktionsanalyse [engl. *interaction analysis*; lat. *interactio* Wechselwirkung, wechselseitige Beeinflussung], [**DIA, SOZ**], ein von Bales (1950a, 1950b) entwickeltes Kategoriensystem zur standardisierten Verhaltensbeobachtung von kleineren Gruppen. Die Beobachter klassifizieren das Verhalten nach zwölf Kategorien. Ziel der Analyse ist es, Kennwerte über den Interaktionsprozess der Gruppe zu erhalten. Bales konzentrierte sich v. a. mit dieser Methode auf sog. «beschlussfassende und problemlösende Konferenzgruppen». Es gibt Weiterentwicklungen mit Berücksichtigung versch. Kommunikationskanäle (*nicht verbale Kommunikation*); für die Mimik: *Facial Affect Scoring Technique (FAST)*, *System for Multiple Level Observation of Groups (SYMLOG)*. In der klin.-psychol. Anwendung wird die sequenzielle Struktur der Kommunikation beim Menschen, z. B. die von Partnern oder von Klient und Therapeut untersucht. Dazu wird das nonverbale und das verbale Verhalten in intersubjektiv eindeutige Beobachtungskategorien eingeteilt und codiert. Dies geschieht entweder nach einem Zeitraster (etwa in 10 s) oder nach Sinn-Einheiten (abgeschlossene Sätze, Wechsel des Wortführers u. a.). Die resultierenden Interaktionssequenzen werden daraufhin untersucht, ob best. Muster wiederkehren, z. B. Eskalationsmuster (wie alternierende Kritik der Partner), ob sich best. Kategorien durch Intervention verändern (z. B. Pflegeverhalten bei Affen nach einem Dominanzwechsel oder pos. Eingehen auf den anderen nach einem entspr. Training). Außerdem kann der Informationsfluss von Interesse sein, um die Redundanz der Kommunikation und die Transinformation zw. den Partnern zu bestimmen. Typ. Anwendungsgebiete sind: Verhaltensforschung (Altmann 1965), Paartherapie (Reisner et al. 1980), *Therapiebeziehung*. *Konversationsanalyse*. Revenstorf 1979. D. Revenstorf

Test Interaktions-Angstfragebogen (IAF), 1997, P. Becker, [www.testzentrale.de], [**DIA, KLI, PER**]. Persönlichkeits- und klin. Test zur Angsterfassung. AA 18 bis 65 Jahre. Der IAF wurde zur ökonomischen Erfassung bereichsspezif. *Angst*neigungen entwickelt. Er unterscheidet sich damit in seiner Zielsetzung sowohl von Tests zur Messung momentaner Angstzustände als auch von Tests zur Messung einer globalen Angstneigung wie auch von Furchtinventaren bzw. Angstlisten. Der IAF erfasst folg. Bereiche: *Angst vor* (1) *physischer Verletzung*, (2) *Auftritten*, (3) *Normüberschreitung*, (4) *Erkrankungen und ärztlichen Behandlungen*, (5) *Selbstbehauptung*, (6) *Abwertung und Unterlegenheit*, (7) *physischer Schädigung*, (8) *Bewährungssituationen* und (9) *Missbilligung*. Zusätzlich kann in einer zehnten Skala die *globale Angstneigung* gemessen werden. Einsatz im klin. und medizinpsychol. Bereich zur Differenzialdiagnostik sowie zur Indikation spezifischer Angstbehandlungsmethoden, in der Sport- und päd. Ps. sowie in der psychol. Grundlagenforschung. *Normierung:* N = 861 Frauen und Männer. T- und Stanine-Werte sowie Prozentränge liegen getrennt für Männer und Frauen aus versch. Altersstufen vor. Referenzwerte für klin. und nicht klin. Gruppen. Bearbeitungsdauer: ca. 15 Min.

Interaktionseffekt (= I.) [engl. *interaction effect*; lat. *interactio* Wechselwirkung], **[FSE]**, i. R. insbes. der *Regressionsanalyse* und *Varianzanalyse* Bez. eines Effekts auf die *abhängige Variable*, der nur durch die simultane Berücksichtigung bzw. die Kombination der Ausprägungen von zwei oder mehreren *unabhängigen Variablen* modelliert werden kann. Ein I. von A (z. B. Alkoholkonsum) und B (z. B. Medikamenteneinnahme) liegt vor, wenn die gemeinsame Präsenz von A und B einen Effekt auf C (z. B. Reaktionszeit) hat, der durch die Summe der Einzeleffekte von A und B nicht vorhergesagt werden kann. Eid et al. 2013.

Interaktionsresonanz *Gesprächspsychotherapie.*

Interaktionssituation, kritische [engl. *critical interaction situation*], *kulturelle Überschneidungssituation.*

Interaktionsstörungen im Kindes- und Jugendalter (= I.) [engl. *interaction disorders*, aber auch *relational disorders* oder *relationship problem*], **[KLI]**, I. beziehen sich auf eine Vielzahl von Formen gestörter *Interaktion* und *Kommunikation* in Familie und Partnerschaft. In der aktuellen Diskussion geht es vor allem um die Bedeutung von I. für die Entstehung und den Verlauf psych. Störungen im Kindes- und Jugendalter. I. sind in der *ICD-10* und im *DSM-5* nur begrenzt berücksichtigt, wobei eine Reihe von psych. Problemen im Kindesalter als entwicklungsabhängige I. bes. gut def. werden können. Bsp. für entwicklungsabhängige I. sind: *Fütterstörungen* (ICD-10 F 98.2), *reaktive Bindungsstörungen im Kindesalter* (ICD-10 F 94.1), *induzierte Schlafstörungen* (ICD-10 F 62.0), *Emotionale Störung mit Geschwisterrivalität* (ICD-10 F 93.3) und eine auf den familiären Rahmen beschränkte *Störung des Sozialverhaltens* (ICD-10 F 91.0). Darüber hinaus sind versch. Formen der emot. und körperlichen Vernachlässigung und Misshandlung i. d. R. Ausdruck einer I. und können sich als massive psych. Störungen auf der Ebene des Kindes äußern. I. können genetisch bedingt sein, wobei sie jedoch i. d. R. durch komplexe psychosoziale Ursachen ausgelöst und aufrechterhalten werden. Zur Verhinderung von I. existieren kaum manualisierte Präventionsprogramme, allerdings kann man Weiterentwicklungen bekannter Programme zur Förderung der Erziehungskompetenz (z. B. Triple P Stepping Stones) einsetzen. Bei der psychoth. Betreuung von Familien mit I. bietet sich eine Kombination von *systemischer Therapie* und *Verhaltenstherapie* sowie lernpsychol. fundierte *Elterntrainings* an. Der Einsatz videounterstützter Interaktionstrainings in Familien ist zwar zeitintensiv, aber i. d. R. sehr erfolgreich. Bei bes. belastenden psychosozialen (familiären) Umständen kann eine Kombination therap. Ansätze mit Jugendhilfe-Maßnahmen (multisystemische Therapie) angemessen sein; alternativ ist in Extremfällen eine stationäre Eltern-Kind-Psychoth. in einer kinder- und jugendpsychiatrischen Einrichtung erforderlich. Schmidt 2013. *F. Petermann*

Interaktionstheorie [engl. *interaction theory*], *Metapher.*

interaktive Störungsprävention [engl. *interactive prevention of disruptions*], *Unterrichtsstörungen, Prävention von.*

interaktives Verstehen [engl. *interactive understanding*], *sprachliche Verständigung.*

Interaktivität (= I.) [engl. *interactivity*; lat. *interactio* Wechselwirkung], **[KOG, MD, PÄD]**, der Begriff bezeichnet die Möglichkeit des Lerners, die Darbietung dynamischer Repräsentationsformate (z. B. Video, Animation, gesprochener Text) zu beeinflussen. Einfache Formen der I. beziehen sich auf das Starten, Anhalten und Zurück- und Vorspulen der Darbietung, während komplexere Interaktionsformen eine Veränderung des Dargestellten ermöglichen. Bspw. können in Simulationen Variablenwerte geändert werden, die über den Output auf dem Bildschirm entscheiden. Vor allem die Verfügbarkeit einfacher Formen der I. gelten als Voraussetzung, damit mit dynamischen Repräsentationsformaten effektiv gelernt werden kann (Betrancourt 2005). *K. Scheiter*

interaurale Lautstärkedifferenz [engl. *interaural intensity difference (IID)*; lat. *inter* zwischen, *auris* Ohr], **[BIO, WA]**, entsteht dadurch, dass der Schall auf dem Weg zum abgewandten *Ohr* durch den dazwischenliegenden Kopf gedämpft wird, sodass zw. beiden Ohren eine interaurale Lautstärkedifferenz entsteht. Dient dem Richtungshören. *Außenohrübertragungsfunktion, Lokalisation, räumliches Hören. K. N. Spreckelmeyer*

interaurale Zeitdifferenz [engl. *interaural time difference (ITD)*], **[WA]**, entsteht dadurch, dass Schall einer Schallquelle, die sich näher an dem einen als am anderen Ohr befindet, das zugewandte Ohr früher erreicht als das abgewandte. Dient dem Richtungshören. *Außenohrübertragungsfunktion, Lokalisation, räumliches Hören. K. N. Spreckelmeyer*

intercept-only-model [engl. *intercept* Y-Achsenschnittpunkt, *only* nur], *Mehrebenenanalyse.*

intercepts- and slopes-as-outcomes model [engl. *intercept* Y-Achsenschnittpunkt, *slope* Steigung, *outcome* Ergebnis], *Mehrebenenanalyse.*

Intercultural Sensitizer Training [engl. *intercultural* interkulturell, *sensitizer* Sensibilisierer], *Aus- und Fortbildung.*

interdependente, elterliche Strategie [engl. *interdependent parental strategy*; lat. *inter* zwischen, *dependere* voneinander abhängen], **[EW, PÄD, SOZ]**, bez. eine *elterliche Strategie*, die an dem kult. Modell der relationalen Verbundenheit orientiert ist. Das Baby wird in ein *soziales Sys-*

tem geboren, das es zunächst verstehen lernen muss, um möglichst bald seinen Platz darin einzunehmen und auszufüllen. Seine *Rolle* ist dabei die eines Lehrlings, der von erfahrenen Mitgliedern des sozialen Systems kult. Lektionen erteilt bekommt. Die Rolle des Babys ist in diesem System naturgemäß eher passiv und die Erzieher kontrollieren das System. Erzieher steht für eine multiple Betreuungsgemeinschaft, die aus mehreren Personen von Geburt an besteht, wobei die Mutter eine besondere Rolle innehaben kann oder auch nur eine unter anderen. Babys erfahren viel Körperkontakt und körperliche Regulationen, was die Verbundenheit unterstreicht. Durch antizipatorische körperliche Regulationen, wie z. B. Stillen bei dem leisesten Anzeichen motorischer Unruhe, werden die Grenzen zw. dem Baby und anderen zunächst verwischt, wodurch die soziale Identität und die Verbundenheit mit dem sozialen System, i. d. R. die Großfamilie, gestärkt wird. Kinder lernen also von Anfang an, soziale Verpflichtungen und *Rollenerwartungen* zu erfüllen. Diese stellen primäre Motivations- und Verstärkungssysteme dar. Babys sind nie alleine, aber auch nie das Zentrum – zumindest der distalen – Aufmerksamkeit. Mit vielfältigen Systemen motorischer Stimulation, sowohl durch interaktive Techniken als auch sonstige Trainingseinheiten zur Akzeleration grobmotorischer Fertigkeiten, lernen Babys früh physische Unabhängigkeit und haben damit die Möglichkeit ihre Aufgaben in der Familie zu erfüllen, wie Feuerholz sammeln, Wasser holen, auf jüngere Geschwister aufpassen u. a. m. Natürlich spielt auch die verbale *Kommunikation* eine Rolle, die jedoch anders als im independenten Modus (*independente, elterliche Strategie*) konfiguriert ist, nämlich eher synchron als dyadisch – das Baby soll primär lernen, Teil einer Gemeinschaft zu sein, und sich weniger als einzelnes Wesen wahrnehmen. Durch die Synchronisation verbal/vokaler mit motorisch/rhythmischen Elementen wird die Gemeinschaft weiter gestärkt. Die verbalen Botschaften beziehen sich in erster Linie auf Verhalten (nicht auf mentale Zustände) und auf das Hier und Jetzt (und nicht auf Vergangenheit und Zukunft). Der Kommunikationsstil ist direkt und fokussiert eher auf Aufforderungen und moralische Botschaften, als dass er kindzentriert-fragend wäre. Emotionaler Ausdruck ist kult. nicht erwünscht. Der Begriff der *Interdependenz*, der diese Strategie zus.fasst, entstammt der Konzeption eines *interdependenten Selbsts*, wie es von Markus & Kitayama (1991) als kult. Selbstdefinition der nicht euroamerikanischen Lebensweise formuliert wurde. Diese Sichtweise ist hier aber weiter eingegrenzt auf ökosoziale Kontexte mit einem niedrigen Grad formaler Bildungserfahrungen– mit den entspr. Konsequenzen für die Familienbildung (späte Erstschwangerschaft, wenig Kinder, Kernfamilie) und damit für die kult. Modelle. Auf Cigdem Kağıtcıbaşi (2007) gehen Modelle zurück, die Kombinationen dieser Modelle für die nicht westliche, hoch formal gebildete Familie konzeptionalisieren. Keller 2008. H. Keller

Interdependenz [engl. *interdependence*; lat. *inter* zwischen, *dependere* voneinander abhängen], [**SOZ**], wechselseitige Abhängigkeit. *Interaktion*.

Interdependenz, soziale (= I.) [engl. *social interdependence*], [**SOZ**], ist die wechselseitige Abhängigkeit zweier oder mehrerer Personen im Kontext sozialer *Interaktionen* und zw.menschlicher Beziehungen. Interaktion i. S. der *Interdependenztheorie* (Thibaut & Kelley 1978) beschreibt *Bedürfnisse*, *Gedanken*, *Motive* und *Verhalten*sweisen zweier Personen im Kontext der spezif. Interdependenzsituation, in der die Interaktion stattfindet. I. gilt als zentrales Merkmal interpersoneller Interaktionen und unterscheidet zw. versch. Formen wechselseitiger Abhängigkeit. *Interdependenz*. Van Lange & Rusbult 2011. S. Macher

Interdependenzanalyse [engl. *interdependence analysis*; lat. *inter* zwischen, *dependere* voneinander abhängen], [**FSE**], Bez. für eine Methode zur Ermittlung von Abhängigkeiten zw. Variablen. *Korrelation*, *Dependenzanalysen*.

Interdependenzstruktur (= I.) [engl. *interdependence structure*; lat. *inter* zwischen, *dependere* voneinander abhängen], [**SOZ**], beschreibt die Eigenschaften einer Situation, in der zwei oder mehrere Personen wechselseitig voneinander abhängig (interdependent, *Interdependenz*, *Interdependenz, soziale*) sind. Die *Interdependenztheorie* (Thibaut & Kelley 1959) beschreibt I. formal anhand einer Taxonomie dieser Eigenschaften: *Ausmaß der Abhängigkeit* (inwiefern eine Person auf ihren Interaktionspartner angewiesen ist), *wechselseitige Abhängigkeit* (inwiefern zwei Personen in gleichem Maße voneinander abhängig sind), *Korrespondenz von Interessen* (inwiefern die Ergebnisse der Interaktionspartner korrespondieren vs. im Konflikt zueinander stehen), *Basis der Abhängigkeit* (inwiefern Interaktionspartner ihre Ergebnisse gegenseitig beeinflussen), *zeitliche Struktur* (inwiefern z. B. *Selbstkontrolle* oder Verzicht auf unmittelbare Belohnung zur Erreichung längerfristiger Ziele eingesetzt werden) und *Verfügbarkeit von Information* (inwiefern die Interaktionspartner Informationen haben über (1) den Einfluss (*Einfluss, sozialer*) ihres *Verhaltens* auf die Ergebnisse des jew. anderen, (2) die *Ziele* und *Motive*, die das Verhalten beider steuern, und (3) die Möglichkeiten, die durch ihr Handeln eröffnet bzw. eingeschränkt werden). Van Lange & Rusbult 2011. S. Macher

Interdependenztheorie (= I.) [engl. *theory of social interdependence*; lat. *inter* zwischen, *dependere* voneinander abhängen], syn. Theorie sozialer Interdependenz (Kelley & Thibaut 1978), [**SOZ**], zählt zu den Theorien des *sozialen Austauschs* und beschreibt als eine der fundamentalen sozialpsychol. Theorien intra- und interpersonelle Prozesse im Kontext *sozialer Interaktionen*. I. identifiziert die wichtigsten Eigenschaften interpersonaler Situationen mittels umfassender Analysen ihrer *Interdependenzstruktur* und beschreibt die Auswirkungen der strukturellen Merkmale auf interpersonelle und intrapersonelle Prozesse, wie z. B. *Motiv*, *Kognition*, *Affekt*, *Verhalten*, Motivationstransformation (*Motivation*), *Adaptation*, *Kommunikation*, *Attribuierung* und *Selbstpräsentation*. Eine zentrale Annahme der I. ist, dass Individuen grundsätzlich bestrebt sind, ihre Ergebnisse zu maximieren. Das subj. erlebte Ergebnis einer Interaktion ist das Resultat des Vergleichs von Belohnungen (pos. Konsequenzen der Interaktion; *Belohnung*) und Kosten (neg. Konsequenzen der Interaktion). Der Vergleich des Ergebnisses mit den eigenen Erwartungen (Vergleichsniveau, (*comparison level, CL*)), ergibt das Ausmaß der Zufriedenheit mit der Interaktion; der Vergleich des Ergebnisses mit dem antizipierten Ergebnis der besten zur Verfügung stehenden Alternative (Vergleichsniveau für Alternativen, (*comparison level for alternatives, CLalt*)) ergibt das Ausmaß der Abhängigkeit vom Interaktionspartner, um möglichst gute Ergebnisse zu erhalten. Die I. beschreibt nicht nur, warum größere Zufriedenheit und Abhängigkeit zur Wiederholung von Interaktionen führen, sondern auch Mechanismen, die u. a. erklären, weshalb Personen nicht zufriedenstellende Interaktionen wiederholen oder von der Verfolgung unmittelbarer Eigeninteressen absehen (*Motivationstransformation*; *MaxJoint*, *MaxJoint*, *MinDiff*). Interdependenztheoret. Annahmen und Prinzipien dienten und dienen der wiss. Auseinandersetzung mit den Themen *Macht*, soziale Regeln und *soziale Normen*, *Koordination* und *Kooperation*, *Vertrauen*, Liebe und *Commitment*, *Konflikt* und *Kommunikation*, *Risikoverhalten* und *Selbstregulation* u. v. m. Van Lange & Rusbult 2011.   S. Macher

TestInterdisziplinäres Testsystem zur Diagnostik und Evaluation bei Adipositas und anderen durch Ess- und Bewegungsverhalten beeinflussbaren Krankheiten (AD-EVA), 2010, E. Ardelt-Gattinger & M. Meindl, [www.testzentrale.de], [**DIA, GES, KLI**]. Klinisches Verfahren. AA 8–18 Jahre. Einzel- und Gruppendiagnostik von psychol. sowie ernährungs- und sportwiss. Einflussfaktoren auf Adipositas/Übergewicht und deren Folgen. Evaluation von *Adipositas*-Präventionsmaßnahmen, -Beratungen und -Therapien. Das AD-EVA Modul 1 umfasst zehn (Kinder- und Jugendlichenversion) bzw. neun (Erwachsenenversion) Skalen. Für Kinder und Jugendliche liegt zudem ein Test für die Erfassung der physischen Fitness vor (Modul 2). Es werden folg. Merkmale erfasst: *pathogenes und salutogenes Essverhalten, Hungerwahrnehmung und Umgang mit Nahrungsmitteln, Körperbild, Craving nach und Abhängigkeit von übermäßigem Essen, vorklinische und klin. Essstörungen* (inkl. Differenzierung von Big Eating und Binge Eating), *allg. Lebensqualität* sowie *Lebensqualität im Bereich Adipositas, extrinsische und intrinsische Bewegungsmotivation, Nahrungsmittelpräferenzen, physische Fitness* (Modul 2). Zusätzlich ermöglicht ein an das internat. eingesetzte System BAROS angelehntes Auswertungssystem den einfachen Prä-/Postvergleich für Praktiker. *Normierung*: an unterschiedlich großen repräsentativen Stichproben von Erw. (mind. 1600) und Kindern/Jugendl. (mind. 2000). Bearbeitungsdauer: zw. 30 und 60 Min. Die Durchführung der Physischen-Fitness-Testbatterie (PFTB; nur Kinder- und Jugendversion) dauert ca. 90 Min.

Interdisziplinarität (= I.) [engl. *interdisciplinarity*; lat. *inter* zw.], [**GES, KLI**], bez. die gemeinsame Arbeit von Experten aus unterschiedlichen Disziplinen an einer wiss. Frage- bzw. Problemstellung. Def., Begriffe, Methoden und Instrumente werden mit der Erwartungshaltung aufeinander abgestimmt, Ergebnisse zu erzielen, die über das rein disziplinär Erzielbare hinausgehen. Von der I. abzugrenzen ist die *Multidisziplinarität*. In einem multidisziplinären Kontext arbeiten Experten aus unterschiedlichen Disziplinen nicht gemeinsam, sondern vielmehr nebeneinander an einer wiss. Fragestellung. Im Vergleich zu einer interdisziplinären erfordert eine multidisziplinäre Arbeitsweise keine inhaltliche Kooperation oder Vernetzung unter den Disziplinen. Ebenfalls von dem Begriff der I. abzugrenzen ist der Begriff der *Transdisziplinarität*. Während I. eine konkrete Zus.arbeit auf Zeit bedeutet, ist mit Transdisziplinarität eine andauernde, enge Kooperation der Disziplinen gemeint, die bis hin zu der Entwicklung einer neuen Disziplin reichen kann (Jungert et al. 2010). Im Gesundheitswesen wird zunehmend interdisziplinär gedacht und geforscht. So sind integrative Paradigmen zur *Ätiologie* psych. Krankheiten wie das *Diathese-Stress-Modell* (*Vulnerabilitäts-Stress-Modell*; *Krankheitsmodelle*) heute weitverbreitet und unter Psychologen und Medizinern allg. akzeptiert. Entspr. diesem Wandel haben sich aus der Klin. Ps. auch Teildisziplinen entwickelt, die selbst im interdisziplinären Kontext stehen (z. B. *Versorgungsforschung*). Bsp.: *Verhaltensmedizin* ist die Anwendung verhaltensthrap. Techniken (*Verhaltenstherapie*) im med. Kontext. Im Fokus der verhaltensmed. Forschung stehen Zus.hänge zw. biol., psychol. und sozialen Faktoren bei der Entstehung und Aufrechterhaltung körperlicher Erkrankungen und Funktionsstörungen (Ehlert 2003).   U. Kübler

Interesse (= I.) [engl. *interest*; lat. *inter esse* dazwischen sein, inmitten], [**AO, EM, PÄD, PER**], das Beachten eines Gegenstandes, dem im subj. *Wert* zugeschrieben wird und der eine (theoret. oder prakt.) Bedeutung für die persönlichen *Bedürfnisse* hat. I. bezieht sich somit sowohl im Alltagsverständnis als auch in den meisten wiss. Konzeptionen auf eine Person-Gegenstands-Relation sowie auf die kogn. Anteilnahme oder *Aufmerksamkeit*, die eine Person an einer Sache oder einer anderen Person zeigt. Nach Krapp (1992) stellt eine Person in einer I.handlung eine Beziehung zu einem Gegenstand her und erweitert oder verändert ihr diesbezügliches Wissen. I. zeichnet sich durch versch. charakteristische Merkmale wie z. B. «pos. emot. Erleben» während der I.handlung oder eine «pos. Wertschätzung» des I.gegenstands aus (*Interessenkonstrukt, Merkmale*). Von I. als Disposition und *Persönlichkeitsmerkmal* (I.-Trait, *Interesse, individuelles*) lässt sich I. als Zustand i. S. eines angeregten I. (I.-State, *Interesse, situationales*) unterscheiden. Während I. als «State» vornehmlich Gegenstand der Päd. Ps. ist, steht I. als «Trait» bei der Differentiellen Ps. und i. R. der *Berufseignungsdiagnostik* im Vordergrund. Ein zentrales Modell im Zusammenhang mit indiv. I. ist das sog. «Hexagonale Strukturmodell» der (beruflichen) I. von Holland (*Interessen, hexagonales Strukturmodell (Holland)*), das auch als RIASEC-Modell bezeichnet wird. Zur Messung von I. stehen versch. *Interessentests* (z. B. *Allgemeiner Interessen-Struktur-Test mit Umwelt-Struktur-Test - Revision (AIST-R/UST-R)*) zur Verfügung.

Interesse, individuelles (= i. I.) [engl. *individual interest*], syn. *persönliches I.*, [**AO, EM, PÄD, PER**], bez. eine dispositionale Präferenz für die Auseinandersetzung mit einem best. Themengebiet oder Gegenstandsbereich (z. B. Wissensgebiet; berufliches Tätigkeitsfeld). Aus der Sicht

kens, des Urteilens, des Empfindens und des Handelns zu verstehen, in das eigenkulturelle Orientierungssystem zu integrieren und auf ihr Denken und Handeln im fremdkulturellen Handlungsfeld anzuwenden. I. L. bedingt neben dem Verstehen fremdkultureller Orientierungssysteme eine Reflexion des eigenen kult. Orientierungssystems. I. L. ist erfolgreich, wenn eine handlungswirksame Synthese zw. kulturdivergenten Orientierungssystemen erreicht ist, die erfolgreiches Handeln in der eigenen und der fremden Kultur erlaubt.

I.L. vollzieht sich über versch. aufeinander aufbauende Stufen: (1) gewahr werden, konfrontieren lassen und akzeptieren von kult. bedingten Unterschieden im Wahrnehmen, Denken, Empfinden und Handeln (*Fremdverstehen*); (2) Informieren und Reflektieren über eigenkulturelle und fremdkulturelle Orientierungssysteme und über Unterschiede und Übereinstimmungen zw. diesen versch. Orientierungssystemen und den unterschiedlichen Kulturstandards, die dem Erleben und Verhalten zugrunde liegen; (3) Entwicklung kult. Wertschätzung, kulturäquivalenter Varianten interkultureller Kooperation und von Verfahren zur kult. adäquaten Nutzung von Lernmöglichkeiten und -methoden; (4) generelle Fähigkeit zum *Kultur-Lernen* und *Kultur-Versteh*en und zur Aneignung generellen Kulturwissens zum schnellen und effektiven sich Zurechtfinden in bislang unbekannten Kulturen (*interkulturelles Training*).

Evaluationsstudien haben gezeigt, dass die Ergebnisse des i. L. bes. dann handlungswirksam sind, wenn sie in kulturell bedingte kritische Interaktionssituationen eingebunden sind, die für den Lernenden nachvollziehbar sind. Thomas 2003. A. Thomas

interkulturelles Management (= i. M.) [engl. *intercultural learning*], [**AO, SOZ**], in Konzernen mit Tochterunternehmen in versch. Ländern arbeiten Menschen unterschiedlicher nationaler Herkunft und Religion zus. Auch in Ländern mit vielen Migranten gibt es nationale Unternehmen, in denen Menschen aus vielen Ursprungsländern tätig sind. Sie werden pluri-, multi- oder interkult. zus.gesetzte *Organisationen* genannt. Durch die kult. Unterschiede können in der Kommunikation und Zusammenarbeit Missverständnisse oder Konflikte entstehen, die zu Einbußen in der *Effizienz* und *Effektivität* führen. Anderseits werden plurikult. Gruppen, die lernen, sich gegenseitig besser zu verstehen und neue Wege der Zusammenarbeit zu finden, auch als Chance für *Innovationen in Organisationen* gesehen. Das *Management* multikult. Gruppen und Organisationen, verbunden mit einer Förderung pos. interkult. Beziehungen und einer Verbesserung der Zusammenarbeit ist eine neue Managementaufgabe und wird als i. M. bezeichnet. Allgemein formuliert umfasst es das Managen von Arbeitskontexten und -situationen, in denen versch. kult. Orientierungssysteme (*Kulturstandards*) aufeinander treffen. Typische Aufgabengebiete in diesem Zusammenhang sind bspw. das Management durch einen Expatriat (Auslandsentsandter), die Betreuung ausländischer Partnerorganisationen, das Managen plurikultureller *Arbeitsgruppen* in internat. Projekten oder innerhalb einer Organisation. Hier wird die inhaltliche Differenziertheit des Begriffs deutlich: Abhängig von der Art der Aufgabe variieren die mit dem i. M. verbundenen Anforderungen. So stellt das Managen einer plurikult. Arbeitsgruppe durchaus andere Ansprüche an eine Führungskraft als die Tätigkeit als Expatriat (Stumpf 2005). Als Voraussetzung für i. M. werden zusätzlich zu *sozialen Kompetenzen* spez. interkult. Kompetenzen und kulturangepasste *Führung*sstile () gefordert, wobei zentrale Komponenten interkult. Kompetenz, wie Empathiefähigkeit, der Fähigkeit zur Perspektivenübernahme und kommunikative Fähigkeiten gleichzeitig Kernelemente sozialer Kompetenz darstellen. Im Unterschied zur sozialen Kompetenz beinhaltet allerdings *interkulturelle Kompetenz* zudem das Wissen um kulturspezif. Werte und Normen eigener und fremder Kultur(en) sowie Ambiguitätstoleranz als eine Fähigkeit, Mehrdeutigkeit, Verunsicherung und «Nicht-Wissen» (als typische Merkmale interkultureller Begegnungssituationen) auszuhalten. Zur Aus- und Weiterbildung werden u. a. interkult. Sensibilisierungstrainings eingesetzt (*interkulturelles Training*). Dabei werden typische interkult. konflikthaltige Begegnungsepisoden (erhoben mit der *Critical Incident Technique*) analysiert und mit Rollenspielübungen alternatives Verhalten erlernt. *interkulturelle Kommunikation, Interkulturelle Psychologie, interkulturelles Lernen*. Thomas 2012. S. Greif

interkulturelles Training (= i. T.) [engl. *intercultural training*], [**PÄD, KOG, SOZ**], *interkulturelle Kompetenz* als eine zentrale Schlüsselqualifikation ergibt sich nicht von selbst und entwickelt sich auch nicht so nebenbei durch das Zusammenleben und die Zusammenarbeit mit fremdkult. geprägten Partnern. Sie ist vielmehr das Ergebnis von Lern- und Entwicklungsprozessen im Verlauf von i. T. Diese dienen dazu (1) eine allg., auf keine spezif. Kultur bezogene Sensibilisierung für kult. Unterschiede und den adäquaten Umgang mit ihnen zu erzeugen, und (2) ein Verständnis und eine Handlungskompetenz im Umgang mit kult. bedingten Verhaltensunterschieden in Bezug auf eine best. Zielkultur zu ermöglichen. Lerndidaktisch fokussieren einige i. T. auf eine best. *Lehr-Lern-Methode*, andere sind stark erfahrungsorientiert, also auf entdeckendes und selbstgesteuertes Lernen (*Lernen, selbstgesteuertes*) zentriert. Evaluationsstudien haben gezeigt, dass mit i. T. auf der Basis des *interkulturellen Lernzirkels* (Kammhuber 2009), basierend auf dem *situierten Lernkonzept* (*situiertes Lernen*) zur Bewältigung kult. Überschneidungssituationen die erfolgswirksamsten Lernresultate zu erzielen sind. Dabei erfolgt der i. T.process in sieben aufeinander aufbauenden Stufen: (1) Präsentation einer authentischen, für den Trainee nachvollziehbaren kult. bedingt kritischen Interaktionssituation, (2) eigene Interpretation des Handlungsgeschehens, (3) Kennenlernen und Generierung multipler Interpretationsperspektiven, (4) Reflexion der Interpretationsperspektiven, (5) Generierung multipler Handlungsperspektiven, (6) Reflexion der Handlungsfolgen, (7) Metakontextualisierung. Neben ersten Orientierungstrainings vor einem Auslandseinsatz sind einsatzbegleitende Trainings, in denen selbst erlebte kult. bedingt

kritische Interaktionssituationen präsentiert, analysiert und im Hinblick auf kulturadäquate Lösungsstrategien diskutiert werden, bes. wirksam zum Abbau von *Stress* sowie zum Aufbau handlungswirksamer interkult. Kompetenz. Thomas ab 2001, Thomas 2009. *A. Thomas*
intermediär [engl. *intermediate*; lat. *inter* zwischen, *medium* Mitte]. **[BIO, PER]**, intermediär heißt eine *Vererbung*, bei der aus zwei versch. Merkmalen der Eltern in der Filialgeneration ein mittleres Merkmal entsteht (z. B. aus den Blütenfarben Weiß und Rot die Farbe Rosa).
Intermittent-Instruction-Paradigma [engl. Paradigma der intermittierenden Instruktion; lat. *intermittere* dazwischensetzen, unterbrechen, *instruere* unterrrichten], *Aufgabenwechsel*.
Intermittenz, intermittierend [engl. *intermittence*, *intermitting*; lat. *intermittere* dazwischensetzen, unterbrechen], **[KOG]**, zeitweiliges Aussetzen, zw.zeitliches Nachlassen. In der Ps. wird der Begriff in versch. Zusammenhängen gebraucht: (1) für eine durch (meist sehr kurze) Pausen unterbrochene Darbietung eines Reizes (*Interstimulusintervall (ISI)*), (2) für Unterbrechungen (Schwankungen) im Verlauf psych. Prozesse, wie sie besonders bei der *Wahrnehmung*, bei der Konzentrationstätigkeit (*Konzentration*) und auch beim *Denken* nachweisbar sind, (3) für mehr oder weniger regelmäßig auftretende Unterbrechungen im Ablauf einer *Handlung*, (4) für vorübergehendes Absetzen einer Substanz bei bestehender *Substanzabhängigkeit*.
intermittierende Verstärkung [engl. *intermitting reinforcement*; lat. *intermittere* dazwischensetzen], *Verstärkerpläne*.
intermodale Integration (= i. I.) [engl. *intermodal integration*; lat. *inter* zwischen, *modus* Art, Weise], **[WA]**, unter i. I. versteht man den Prozess der Verknüpfung mentaler Inhalte aus unterschiedlichen (z. B. Sinnes-)Kanälen mit dem Ziel der ganzheitlichen *Repräsentation*. Ein Bsp. hierfür ist die ganzheitliche Wahrnehmung eines Apfels, bei der charakteristische Geschmacksmerkmale sowie visuelle und akustische Merkmale zu einem einheitlichen Wahrnehmungskomplex integriert werden. In Bezug auf Aufmerksamkeitsprozesse (*Aufmerksamkeit*) spricht man auch von crossmodaler Aufmerksamkeit (*crossmodal attention*; Spence & Driver 2004; *Aufmerksamkeit, crossmodale*), in Bezug auf die *Handlungssteuerung* wird auch von crossmodaler Handlungssteuerung (*crossmodal action*, Huestegge & Hazeltine 2011) gesprochen. Die i. I. sowie auch die intramodale I. (z. B. die Integration von Form- und Farbinformation innerhalb der visuellen Modalität) werden oft in Zusammenhang mit dem *Bindungsproblem* diskutiert. Letzteres thematisiert die Diskrepanz zw. der räumlich separierten Verarbeitung versch. Objektmerkmale (z. B. Farbe, Form, Geschmack) im Gehirn einerseits und der phänomenalen Einheit eines wahrgenommenen Objekts andererseits. *L. Huestegge*
intermodale Qualitäten [engl. *intermodal qualities*; lat. *inter* zwischen, *modus* Art, Weise], **[WA]**, Bez. für Wahrnehmungs- oder Vorstellungsqualitäten, die keinem einzelnen Sinnbereich zugehören. Synonym verwendeter Begriff für *Synästhesie*.

intermodale Skalierung, intermodaler Vergleich (= i. S.) [engl. *intermodal scaling/comparison*; lat. *inter* zwischen, *modus* Art und Weise], **[WA]**, auf Interaktion der Sinneskanäle beruhende Methode, den Wert auf einer Dimension eines Sinneseindrucks (z. B. Schmerz) auf einer Dimension eines anderen Sinneseindrucks (z. B. Länge einer Strecke) auszudrücken (oder z. B. Farbhelligkeit – Tonhöhe). Die i. S. ist zur Stützung des Potenz-Gesetzes (*Potenz-Gesetz*) benutzt worden.
intermodale Transferleistung von Säuglingen (= i. T.) [engl. *intermodal transfer in infants*], **[EW, WA]**, bez. die *Fähigkeit*, Informationen etwa über die Form oder Oberflächenbeschaffenheit eines Objekt, die in der einen Sinnesmodalität gewonnen werden, mit den entspr. Informationen abzugleichen, die über das Objekt in einem anderen Sinnesmodalität erfasst werden (*Objektwahrnehmung, Entwicklung*). *Piaget* war der Auffassung, dass für den jungen Säugling visuelle, haptische und auditive Sinnesinformationen voneinander unabhängig sind. Im Verlauf des ersten Lebensjahrs werden die unterschiedlichen Informationen bzw. modalitätsspezifischen Verarbeitungskanäle miteinander kombiniert und es entsteht eine einheitliche Objektrepräsentation. Neuere Forschungsbefunde zeigen allerdings, dass Säuglinge bereits in den ersten Lebenswochen Informationen, die sie in einer Sinnesmodalität wahrgenommen haben, später in einer anderen wiedererkennen können. Die Forschung konzentriert sich hierbei auf die Übertragung haptischer (*Haptik*) Informationen in den visuellen (*visuelle Wahrnehmung*) Bereich und umgekehrt. Bereits im Neugeborenenalter lassen sich i. T. nachweisen. I. T. verbessern sich jedoch über das Säuglingsalter hinweg kontinuierlich. *M. Kavšek*
intermodale Wahrnehmung [engl. *intermodal perception*], *intermodale Integration*, *intermodale Qualitäten*.
internale Arbeitsmodelle (= i. A.) [engl. *internal working models*; lat. *internus* innerlich, inwendig; ital. *modello* Muster, Entwurf], **[KOG, EM, EW]**, sind kogn. Strukturen (*internes (inneres) Modell*), die Wissen über die eigene Person und über die *Bindungspersonen* beinhalten. Sie sind primär Steuerinstanzen des *Bindungsverhaltenssystems* und dienen zur Erklärung der Auswirkungen von *Bindungs*erfahrungen auf das Interaktionsverhalten gegenüber den Bezugspersonen (z. B. *Fremde Situation oder Fremde Situations Test (FST)*) oder in anderen Beziehungen, auf das Verhalten und Erleben in emot. belastenden Situationen und auch auf die Entwicklung von Selbstwert (*Selbstwertgefühl*). I. A. beinhalten, in einer Informationsverarbeitungskomponente, Wissen über die eigene Person und über die Bindungspersonen, welches die Wahrnehmung, Interpretation und Vorhersage von *sozialem Interaktionsgeschehen* beeinflusst. Die Steuerung des Emotionsausdrucks (*Emotionsregulation*) und des Bindungs- und Explorationsverhaltens erfolgt über eine Emotionsregulationskomponente. I. A. entstehen im Kontakt mit Fürsorgepersonen aufgrund von Erfahrungen von emot. Verfügbarkeit (bei sicherer *Bindungsorganisation*), Zurückweisung (bei unsicher-vermeidender Bindungsorganisation) oder ineffektiver, nicht beruhigender Emotionsregulation (bei unsicher-ambivalenter Bindungs-

organisation). Erste i. A. sind bereits im Säuglingsalter durch spezif. Aufmerksamkeitslenkung oder im Verhalten erkennbar. Diese sind jedoch durch spätere Beziehungserfahrungen noch modifizierbar. I. A. steuern die Organisation des Bindungsverhaltens in der jew. Umwelt und beeinflussen die Art und Weise, wie eng emot. Beziehungen im Lebenslauf gestaltet werden. I. A. haben willentlich aus dem *Gedächtnis* abrufbare Elemente, jedoch auch implizit-prozedurale Elemente. Zimmermann 1999, Bretherton & Munholland 2008.   P. Zimmermann

Internalisierung (= I.) [engl. *internalization*; lat. *internus* innerlich, inwendig], **[KLI, SOZ]**, Verinnerlichung, Vorgang des Eingliederns (sich zu eigen machen) fremder Auffassungen, Werte, Normen, Erwartungen. Insbes. ist I. auch die Regelform der Anpassung an die gegebene sozio-kult. Situation (*Sozialisation*). Psychoanalyt. (*Psychoanalyse*) ist I. weitgehend syn. mit *Introjektion*, und auch mit *Identifikation* besteht ein Zus.hang. *Abwehrmechanismen des Ich*.

Internalisierungsprobleme [engl. *internalizing problems*], **[EW, PER]**, als problematisch angesehene Verhaltensweisen, die oft gemeinsam vorkommen, nämlich neg. *Selbstwertgefühl*, Einsamkeit und *Depression*. Das Konzept wird vor allem in Bezug auf Verhalten im Kindes- und Jugendalter verwendet.

Internal Political Efficacy [engl. *internale politische Wirkung(skraft)*], *Selbstkonzept eigener politischer Kompetenzen*.

International Affective Picture System (IAPS), **[EM]**, das IAPS wurde entwickelt mit dem Ziel, einen umfangreichen Satz standardisierter, farbiger, statischer, visueller Reize zu entwickeln, die internat. zugänglich sind, zuverlässig *Emotionen* auslösen können und möglichst viele semantische Kategorien abdecken. Aus meth. Sicht sollte damit erreicht werden, dass exp. Befunde in der Emotionsforschung sich auch in versch. Forschungslaboratorien replizieren lassen und so Forschungsergebnisse aufeinander aufbauen und schließlich zu einem systematischen Wissenszuwachs führen, wie es in anderen Naturwissenschaften üblich ist. Inzwischen liegen über 1800 Fotografien vor, die hinsichtlich ihrer emotionsauslösenden Qualitäten auf versch. Reaktionsebenen an großen Stichproben (*Stichprobe*) internat. evaluiert wurden (*Evaluation*). Theoretische Basis dieser empirischen Arbeiten ist ein *dimensionales Emotionsmodell*, das davon ausgeht, dass sich Emotionen systematisch in einem Raum begrenzter Dimensionen einordnen lassen. Diejenigen Dimensionen, die dabei die meiste *Varianz* des emot. Erlebens (*Erleben*) ruhig bis erregt aufklären, sind die *Valenz* (von unangenehm bis angenehm) und die Erregung (von ruhig bis erregt).

Die Abb. zeigt die Verteilung der IAPS Bilder im affektiven Raum. Ausgehend von den wenig erregenden neutralen Reizen links werden unangenehme und angenehme Reize mit ansteigender Erregung als zunehmend angenehm oder unangenehm eingestuft. Genau diese Verteilung würde ein Modell annehmen, das von einer motivationalen Verankerung (*Motivation*) emot. Erlebnisse ausgeht. Die *Korrelationen* zw. den Einstufungen der Bilder durch amerikanische und dt. Pbn sind hoch ($r = .94$ für die Valenz und $r = .78$ für die Erregung) und zeigen die hohe internat. Übereinstimmung. Die Erregungseinstufungen kovariieren sehr hoch mit den elektrodermalen Orien-

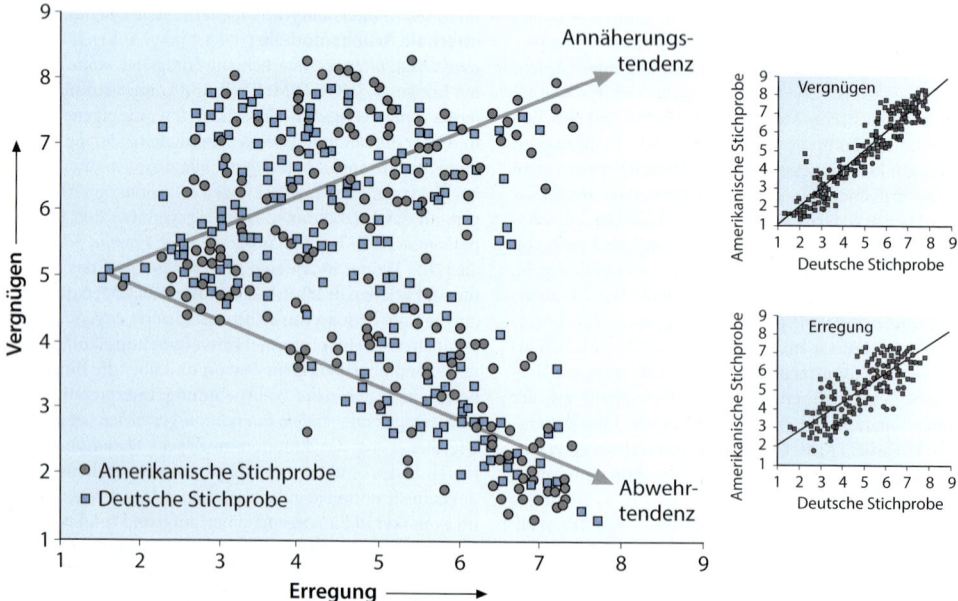

International Affective Picture System (IAPS): Verteilung der IAPS-Bilder im affektiven Raum

tierungsreaktionen und mit langsamer parietaler Positivierung ereigniskorrelierter Potenziale (*ereigniskorrelierte Hirnpotenziale, EKP*), *Evidenz* dafür, dass die erregenden Reize automatisch mehr *Aufmerksamkeit* auf sich ziehen. Die Valenzeinstufungen der Reize zeigen sehr hohe Korrelationen mit der EMG-Aktivität (*Elektromyogramm (EMG)*) versch. Gesichtsmuskeln (*Mimikanalyse*; pos. Valenz ist mit verstärkter Aktivität der M. zygomaticus assoziiert, neg. Valenz mit verstärkter Aktivität des M. corrugator). Außerdem sind protektive Reflexe (*Reflex*, z. B. die *Schreck*reaktion potenziert, wenn diese in Gegenwart unangenehmer Bilder ausgelöst werden. Die Bilder des IAPS sind für wiss. Arbeiten frei erhältlich unter dem Link: [http://csea.phhp.ufl.edu/Media.html]. Lang et al. 1993, Bradley et al. 2001. *A. Hamm*

International Classification of Diseases (ICD) *Klassifikation psychischer Störungen*.

International Classification of Functioning, Disability and Health (ICF) [engl.] Internationale Klassifikation der Funktionsfähigkeit, Behinderung und Gesundheit, [**DIA, GES**], ausgehend von dem *Krankheitsfolgenmodell* von der WHO (2001) entwickeltes System zur internat. standardisierten Klassifikation der Auswirkungen chronischer Krankheit, Unfall und angeborenem Leiden oder hohem Lebensalter auf die indiv. und soziale Lebenssituation bzw. den *funktionalen Gesundheitszustand*. Die ICF ergänzt die med. Perspektive der *International Classification of Diseases (ICD)* durch die Erfassung von Krankheitsfolgen für die funktionale und soziale Gesundheit.

Das biopsychosoziale Modell der ICF definiert als zentrale Aspekte: (1) *Körperstrukturen* (*body structures*): anatomische Teile des Körpers (Organe, Gliedmaßen und ihre Bestandteile), deren Vorhandensein die Voraussetzung adäquater Körperfunktionen darstellt. (2) *Körperfunktionen* (*body functions*): elementare physiol und psychol. Funktionen von Körpersystemen. (3) *Aktivitäten* (*activities*): Fähigkeit, von Personen mit Behinderungen selbstständig alltägliche Aktivitäten (z. B. Körperhygiene, Selbstversorgung) durchzuführen. Beeinträchtigungen der A. werden als *activity limitations* bezeichnet. (4) *Partizipation, Teilhabe* (*participation*): Eingebundensein einer Person in das alltägliche Leben in einem gesellschaftlichen Kontext und Fähigkeit, Rollenfunktionen (z. B. beruflich, familiär) auszufüllen. Einschränkungen in diesem Bereich werden als *participation restrictions* bezeichnet. Eingeschränkte *Körperstrukturen* und *-funktionen* bedingen Aktivitätseinschränkungen (*Aktivitäten*), wodurch die Fähigkeit zur sozialen und gesellschaftlichen *Partizipation* beeinträchtigt wird. Das Ausmaß an *Behinderung* wird wesentlich durch die Partizipation bestimmt, da diese die subj. erlebten Störungen der gesundheitlichen Integrität und die alltagsrelevanten Folgen der Behinderung am besten widerspiegelt. Als weitere Einfluss- und moderierende Faktoren werden *Umwelteinflüsse* (z. B. behindertengerechter Lebensraum, *soziale Unterstützung*) und *Personenmerkmale* (z. B. Lebensstil, *Bewältigungsstrategien*) berücksichtigt.

Die ICF ist in neun Kapitel eingeteilt: (1) Lernen und Wissensanwendung, (2) allg. Aufgaben und Leistungsanforderungen, (3) Kommunikation, (4) Mobilität, (5) Selbstversorgung, (6) Haushalt, (7) Interpersonelle Interaktionen und Beziehungen, (8) Hauptlebensbereiche, (9) Gemeinschaft, soziales und staatsbürgerliches Leben. Die insges. 1495 Kategorien der ICF werden max. 6-stellig, hierarchisch codiert: z. B. «b1» = «Mentale Funktionen», «b114» = «Funktionen der Orientierung», « b1142» = «Orientierung zur Person, «b11421» = «Orientierung zu anderen Personen». 493 Kategorien codieren «Körperfunktionen», 310 «Körperstrukturen», 393 «Aktivitäten & Partizipation» und 258 «Umweltfaktoren». «Personenmerkmale» werden nicht codiert. [www.dimdi.de/static/de/klassi/icf/index.htm]. *ICF Core Sets*. World Health Organisation 2001, DIMDI 2004.

International Classification of Sleep Disorders (ICSD) [engl.] Internationale Klassifikation der *Schlafstörungen*.

Test Internationale Diagnosen Checkliste für Persönlichkeitsstörungen (IDCL-P), 1995, T. Bronisch, W. Hiller, W. Mombour & M. Zaudig, [www.testzentrale.de], [**DIA, KLI**]. Klinisches Verfahren. Die IDCL-P dient der Erfassung der *Persönlichkeitsstörungen* nach ICD-10 und DSM-IV. Die diagn. Kriterien sind in knapper und übersichtlicher Form angeordnet, der Wortlaut der einzelnen Kriterien ist mit dem vom Klassifikationssystem vorgegebenen Text identisch. Die Diagnostik mithilfe der IDCL-P basiert auf Fremdbeurteilung; die Art der Erhebung ist frei. Als Informationsquellen kommen Angaben des Pat., Verhaltensbeobachtungen und Angaben dritter Personen in Betracht. Die ICDL-P wird zur praktischen psychiatr. und klin.-psychol. Alltagsdiagnostik herangezogen und dient gleichzeitig der Ausbildung und Forschung. Die IDCL-P wurde hinsichtlich Praktikabilität und Reliabilität überprüft.

Internationale Klassifikation der Krankheiten *Klassifikation psychischer Störungen*.

Internationale Richtlinien für computerbasiertes und internetgestütztes Testen [engl. *International Guidelines on Computer-Based and Internet-Delivered Testing*], *Computergestütztes Testen, ITC-Richtlinien, International Test Commission (ITC)*.

Internationale Richtlinien für die Testanwendung [engl. International Guidelines for Test Use], *Computergestütztes Testen, ITC-Richtlinien, International Test Commission (ITC), Teststandards*.

Test Internationale Skalen für Psychiatrie, 5. überarb. und erw. Aufl., vom Collegium Internationale Psychiatriae Scalarum (CIPS), 1. Aufl. 1977, [**DIA, KLI**]. Zusammenstellung der gebräuchlichsten klin. Skalen und Messverfahren zur Wirksamkeits- und Verträglichkeitsbeurteilung von Intervention in der psychiatr. und psychopharmakologischen Forschung. Die dargestellten Skalen und Verfahren sind nach versch. Indikationsgebieten wie Angst, Demenz, Psychosen etc. zus.gefasst.

Test International Personality Disorder Examination/ICD-10 Modul – Deutschsprachige Ausgabe (IPDE), 1996, A. W. Loranger, i. A. der WHO und NIH, [www.testzentrale.de], [**DIA, KLI**], klin. Persönlichkeitstest. AA Erw. *Strukturiertes Interview*, um *Persönlichkeitsstörungen* i. S. der *ICD-*

10- und *DSM-IV*-Klassifikationssysteme zu diagnostizieren. Anwendung eines Selbstbeurteilungsfragebogens als Screeningverfahren (*Screening*) sowie Computerauswertung möglich. *Beurteilerübereinstimmung*: Interraterreliabilität überwiegend über $r = .70$, die Retest-Reliabilität ist geringer. Bearbeitungsdauer: zw. 70 und 150 Min.

International Test Commission (ITC) [engl.] Internationale Testkommission, [**DIA**], ist ein gemeinnütziger Verein, der sich der Verbreitung von allg. anerkannten Richtlinien für psychol.-diagn. Testen (*Teststandards*) und der fachangemessenen Entwicklung, Bewertung und Anwendung päd. und psychol. Instrumente verpflichtet. Die ITC wurde 1978 gegründet. Ihre Mitglieder sind nationale psychol. Berufsverbände, Testkommissionen, Verlage und andere Organisationen. Bsp.hafte ITC-Richtlinien, die auch in einer auf Deutsch übersetzten Version vorliegen, sind die *Internationalen Richtlinien für die Testanwendung* und die *Internationalen Richtlinien für computerbasiertes und internetgestütztes Testen* (*Computergestütztes Testen, ITC-Richtlinien*). [www.intestcom.org].

P. M. Muck/D. Klinck

International Union of Psychological Science (IUPsyS) [engl.] Internationale Union der psychol. Wissenschaft, Gesellschaft, in der nationale psychol. Gesellschaften als Mitglieder vereinigt sind. Sie nimmt die Interessen des Faches Ps. als akademisches Fach und als berufliche Tätigkeit wahr. Sie bereitet die Weltkongresse vor und fördert mit internat. Austausch- und Forschungsprojekten die Ps. auf internat. Ebene. [www.iupsys.net/]

internes (inneres) Modell (= i. M.) [engl. *internal model*], [**KOG**], *Repräsentation* eines Sachverhalts durch ein lebendes oder künstliches kogn. System in Form eines internen Objekts, das in einer best. Struktur- oder Funktionsanalogie zum repräsentierten Sachverhalt steht und dem kogn. System als Mittel zur Orientierung über diesen Sachverhalt dient. Der hier verwendete Modellbegriff lehnt sich an den der *Kybernetik* an, wo man unter einem Modell ein *System* versteht, das hinsichtlich seiner *Struktur* und/oder seines *Verhaltens* dem modellierten Sachverhalt analog ist. Beim kogn. System des Menschen bezeichnet man solche (hypothetischen) internen Modelle im Allg. als *mentale Modelle*. Diese können sowohl aufgrund von *Wahrnehmungen* als auch aufgrund des Verstehens von Sprachäußerungen (*Sprachrezeption*) konstruiert werden (Van Dijk & Kintsch 1983). Man sieht in solchen Modellen temporäre analoge Repräsentationen, die in Abhängigkeit von den bisherigen Erfahrungen des Individuums auf der Grundlage kogn. *Schemata* konstruiert werden und deshalb jew. typ. Sachverhalte repräsentieren (*Prototyp*). I. M., die dem Individuum zur Planung (*Planen*) von Handlungsabläufen durch inneres *Probehandeln* dienen, werden auch als *operative Abbildsysteme* (Hacker 2005) bezeichnet. I. M. müssen keineswegs interne Bilder des repräsentierten Sachverhalts sein. Vielmehr können – ähnlich wie bei einem Analogrechner, wo z. B. eine best. elektrische Schaltung als Modell für einen qual. ganz anderen Erkenntnisgegenstand dient – repräsentierende und repräsentierte Merkmale durchaus voneinander versch. sein. Das Konzept des mentalen Modells ist insofern weiter gefasst als das der *Vorstellung* oder das der kogn. Landkarte (*cognitive map*, *kognitive Karte*, Tolman 1926), das seinerzeit einer rein behavioristischen Sichtweise (*Behaviorismus*) der räumlichen Orientierung entgegengesetzt wurde.

Eine analoge Repräsentation in Form eines i. M. unterscheidet sich grundlegend von einer symbolischen Repräsentation (*Symbol*) in Form von internen Propositionen. Während eine propositionale Repräsentation aus *Prädikat-Argument-Strukturen* besteht, durch die der dargestellte Sachverhalt beschrieben wird, besitzen i. M. – ähnlich wie beim Bsp. eines Analogrechners – inhärente Struktur- oder Funktionseigenschaften, die mit denen des dargestellten Sachverhalts übereinstimmen. Dementsprechend unterschiedlich sind auch die Prinzipien, durch die jew. neue Informationen gewonnen werden. Während anhand einer propositionalen Repräsentation durch Anwendung von Symbolverarbeitungsregeln aus vorhandenen Propositionen neue Propositionen generiert werden, gewinnt man anhand eines i. M. neue Informationen, indem man das Modell entspr. best. Angaben manipuliert und dann die gesuchten Modellmerkmale abliest. Zwar sind hier regelgeleitete Konstruktions- und Ableseprozesse erforderlich, doch handelt es sich dabei nicht um *Inferenz*regeln i. S. eines *logischen Schließens*. Das Konstrukt der i. M. bietet somit die Möglichkeit, Phänomene des Verstehens und *Denkens* bzw. *Problemlösens* aus einer einheitlichen theoret. Perspektive zu betrachten. Gentner & Stevens 1983, Johnson-Laird 1983.

Internet (= I.) [kurz für engl. *internetwork* bzw. *interconnected computer networks*], [**MD**], ist ein mittlerweile globales Computernetzwerk, dessen Vorläufer bereits Ende der 1960er-Jahre in den USA in Betrieb genommen wurde. Über das I. werden digitale Daten mittels des I.protokolls IP weltweit ausgetauscht und unterschiedliche Informations- und Kommunikationsdienste zur Verfügung gestellt wie z. B. Web (World Wide Web) und E-Mail, Telefon- und Videokonferenzen, aber auch Radio und Fernsehen. Das I. bietet somit eine Infrastruktur für diverse Typen der medialen *Kommunikation*: dyadische interpersonale Kommunikation findet ebenso statt wie Kommunikation in Klein- und Großgruppen, zudem Organisationskommunikation, Werbung und Massenkommunikation. Das I. ist weder ausschließlich ein Medium der interpersonalen noch der Massenkommunikation und wird deswegen auch als Hybrid-Medium bezeichnet. Zusammenfassend wird von I.-Kommunikation, Online-Kommunikation oder *computervermittelte Kommunikation* gesprochen, an der seit Mitte der 1990er-Jahre große Bevölkerungsgruppen in Dt. und internat. teilnehmen. Seit Mitte der 2000er-Jahre ist vom *Web 2.0* bzw. von *Social Media* die Rede, um solche I.dienste zu adressieren, die eine aktive Mitwirkung der I.nutzenden fordern und fördern (z. B. Social Networking Sites wie Facebook, Online-Communities wie YouTube).

Ps. Forschung ist gefragt, um die psychosozialen Besonderheiten der Online-Kommunikation zu beschreiben und zu erklären, etwa Phänomene wie *Cybermobbing*, Online-Partnersuche, I.-*Pornografie* (*Pornografisierung*), Online-Identitäten oder Online-Gemeinschaften (*Gemeinschaft*, *Online-Gruppe*). Große Bedeutung hat das I. in fast allen Anwendungsfeldern der Ps., so befasst sich die *Pädagogische Psychologie* u. a. mit Online-Lernen, die *Klinische Psychologie* u. a. mit ps. Online-Beratung und Internet-Sucht (*VR-Behandlungen*), die Wirtschaftsps. u. a. mit *e-Recruiting* und Online-Werbung. Schließlich haben sich i.basierte wiss. Untersuchungsdesigns (z. B. Online-Experiment; *Untersuchungsdesigns*) und *Datenerhebungsverfahren* (z. B. Online-Fragebogen, Online-Interview) in der Grundlagen- und Anwendungsforschung etabliert und werden fortlaufend weiterentwickelt (Reips 2006b, *internetbasierte Methoden*). Nicht zuletzt hat das Internet auch die Kommunikation und Kollaboration innerhalb der *Scientific Community* nachhaltig verändert, etwa das wiss. Publikationswesen (z. B. Initiativen zu Open Access und Open Science). Döring 2003.   N. Döring

Internet, neue Medien in der Marktforschung [FSE, MD, WIR], das *Internet* (= I.) und verbundene technologische Entwicklungen (z. B. Smartphones) eröffnen der *Marktforschung* neue Möglichkeiten. Vorzüge des I. für die Marktforschung sind die Kostengünstigkeit der Datenerhebung (*Datenerhebungsverfahren*), die Automatisierbarkeit von Verfahren, die Multimedialität, die Interaktivität und die wachsende Verknüpfung des I. mit allen Lebensbereichen. Grundsätzlich lassen sich zwei Gruppen von Verfahren unterscheiden: *traditionelle Verfahren*, die auf das I. übertragen wurden, und *neue Verfahren*, die erst durch das I. möglich wurden.
Gängiges Bsp. für traditionelle Methoden, die ins Internet übertragen wurden, sind Befragungen. *Fragebogenforschung* lässt sich im I. sehr kostensparend realisieren. Hierbei sind das Einbinden multimedialer Inhalte (z. B. Videos), das Durchführen von *Experimenten* (z. B. zufällig variiertes Werbematerial) und die Nutzung interaktiver Inhalte (z. B. dynamisch verschiebbare Ranglisten) leicht realisierbar. Vl.effekte (*Versuchsleiter-Erwartungseffekte*) werden überdies umgangen. Während die *Datenqualität* meist vergleichbar ist, müssen erhöhte Abbruchraten und Repräsentativitätseinbußen in Kauf genommen werden. Hybridansätze, die Offline- und Onlinebefragung mischen, können dies abfangen. Teilnehmerdatenbanken, sog. *Online Access Panels*, erleichtern die Ziehung von *Stichproben*. Access Panels bestehen aus selbstrekrutierten oder von den Forschern selegierten Personen, die von Zeit zu Zeit an Studien teilnehmen möchten. Die Teilnahme an den Panels wird meist vergütet. Weitere übertragene traditionelle Methoden der psychol. Marktforschung sind text-, audio- oder videobasierte *Interviews* und Fokusgruppen (Gruppen zur werbe- oder produktbezogenen Diskussion).
Neue Verfahren im I. lassen sich in vier Bereiche unterteilen. (1) Verhaltenserfassung während der I.nutzung durch Online-Tracking: Das Nachvollziehen der Bewegung eines Nutzers über versch. Seiten hinweg durch spezialisierte Anbieter (Adnetworks) sowie die Erfassung von Suchanfragen und Seiteninhalten erlauben einen thematischen Zuschnitt z. B. von Werbebannern. (2) Die sozialen Medien im *Web 2.0* und insbes. soziale Netzwerke eröffnen Marktforschern den Zugriff auf Profil- und Beziehungsdaten der Nutzer. Zudem können Meinungsbildungsprozesse zu Marken und Produkten durch Social-Media-Monitoring besser nachvollzogen werden. Ebenso existieren Gemeinschaften, die eigens zu Marktforschungszwecken erschaffen werden (*Market Research Online Communities* (MROCs)). (3) Das Einkaufen von Dienstleistungen und Produkten im Internet (E-Commerce) ermöglicht die einfache und nichtreaktive Erfassung des Kaufverhaltens. Die E-Commerce-Unternehmen können hierdurch Kunden zielgenauere Vorschläge unterbreiten und die Produktpalette passender gestalten. (4) Neue Endgeräte bedeuten zugleich neue Arten von Daten und neue Erhebungskontexte. Besonders relevant sind mobile Endgeräte wie Tablets und Smartphones. Marktforscher erhalten dadurch Zugriff auf Positions-, Bild- und Audiodaten. Wenn Nutzer via Smartphone mit ihrer Umgebung interagieren, erhalten Marktforscher ggf. auch kontextbezogene Daten. Die Erhebung dieser Daten erfolgt häufig über Anwendungen (Apps), denen die Nutzer (manchmal unwissentlich) entspr. Rechte erteilt haben. Singh et al. 2015.   A. S. Göritz/R. Singh

Internetabhängigkeit [engl. *internet addiction*]; *Verhaltenssucht*.

Internetangst [engl. *internet anxiety*], *Computerangst*.

internetbasierte Methoden (= i. M.) [engl. *internet-based (research) methods*], [FSE, MD], finden in der psychol. Forschung seit Anfang der 1990er-Jahre nach der Erfindung des World Wide Web immer weitere Verbreitung. I. M. bieten neue Möglichkeiten für die Forschung, die über diejenigen computerbasierter Methoden hinausgehen. Dazu gehören die Vergrößerung der Reichweite der psychol. Forschung und die Validierung anderer Methoden. I. M. können in vier Spielarten unterschieden werden: (1) nicht reaktive Datenerhebung, (2) Online-Befragung, (3) *Web-Experiment* und (4) internetgestützter Test. Allen Verfahren gemeinsam ist die technische Basis und eine Anzahl neu entwickelter Methoden, z. B. zu Fragen der Teilnehmerrekrutierung, Authentifizierung, Sampling, Datenaufbereitung, Kontrolle und Messung. Techniken wie Ernsthaftigkeitscheck, Subsampling, Warm-up, *multiple site entry, instructional manipulation check, meta tagging, one-item-one-screen* (OIOS) *design* und andere wurden entwickelt, um die Qualität der Daten zu sichern. Tabelle 1 zeigt fünf Chancen und häufige Probleme in internetbasierten Studien, sowie mögliche Lösungen. Das Internet beinhaltet eine ständig wachsende Vielzahl an interaktiven Diensten für Forschende zur Umsetzung internetbasierter Methoden. Bsp. sind der interaktive Web-Experimente-Generator *WEXTOR* (http://wextor.org), das Twitter-Mining-Tool *iScience Maps* (http://tweetminer.eu) und die Applikation *SurveyMonkey* (http://surveymonkey.com) zur Durchführung von Online-Befragungen. Generell kann die wiss. Gemeinschaft durch den Einsatz des Internets viele Prozesse optimieren und beschleunigen sowie mithilfe von Informationsportalen und internetbasierten Forschungswerkzeugen einen freieren und flüssigeren Forschungsprozess organisieren. Reips 2002a, Reips 2006a, Reips 2012, Reips & Krantz 2010. *U.-D. Reips*

internetbasierte Psychotherapie [engl. *internet-based psychotherapy*], *VR-Behandlungen*.

Internetforschung [engl. *internet-based research*], *internetbasierte Methoden*.

Internetgebrauchsstörung [engl. *internet use (gaming) disorder (IUD)*]; *Verhaltenssucht*.

Internet-Intervention (= I.), syn. *internetbasierte Intervention, Internet-Therapie, Online-Therapie, Online-Intervention, Web-basierte Intervention, Blended Treatment* [engl. *gemischte Behandlung*], *Online-Selbsthilfe*, **[KLI]**, Software-Programme, die in der Behandlung von Personen mit vorwiegend psych. Beschwerden oder Störungen eingesetzt werden. Der Begriff I. überlappt mit ähnlichen Termini; eine einheitliche Nomenklatur liegt bisher nicht vor. Oft werden ähnliche *Interventionen* bspw. als *Web-basiertes Behandlungsprogramm, Online-Therapie* oder *Internet-Selbsthilfe* bez. (*VR-Behandlungen*). Der Begriff I. wird von Fachgesellschaften wie der *International Society for Research on Internet Interventions* oder der Fachzeitschrift *Internet Interventions* favorisiert. I. zielen darauf ab, therap. Inhalte zumindest z. T. per Software via Internet zu vermitteln. Unterschieden wird zw. Interventionen, die das Internet primär als Kommunikationsmedium nutzen (z. B. um Therapeut-Pat.-Kontakt via E-Mail oder Video herzustellen) versus I. i. e. S., bei denen therap. intendierte Inhalte von der Software transportiert und per Internet

Fünf Chancen und fünf häufige Probleme in internet-basierten Studien (Reips, 2006).

Chancen	Beschreibung/Folge	Sinn
Dropout nutzen	Dropout kann wegen der hohen Teilnahmefreiwilligkeit gut als abhängige Variable genutzt werden.	Eine neue generell nutzbare abhängige Variable
Motivationale Konfundierungen entdecken	In faktoriellen Between-Subjects-Designs vorliegende konfundierte Teilnahmemotivation kann wegen der hohen Teilnahmefreiwilligkeit über unterschiedliche Dropoutraten entdeckt werden.	Vermeidung von Fehlinterpretationen, Erhöhung der Datenqualität
Datenqualität erhöhen	Demografische Fragen am Anfang verringern wegen einer Erhöhung des Commitments mehrere Formen der Nicht-Beantwortung.	Verbesserung der Datenqualität
Techniken nutzen	Warm-up, Hohe Hürde, Subsampling, multiple site entry, Passworttechniken, Identifikatoren, verschleiernde Benennung, etc. (zur Erläuterung siehe Reips, 2000, 2002b)	Vermeidung von methodischen Problemen, Erhöhung der Kontrolle
Web Services nutzen	Bewahrt automatisch vor einigen der genannten Probleme und spart Zeit, setzt Vorteile der internetbasierte Forschung um, beispielsweise Massenrekrutierung	Nutzung der Vorteile, Vermeidung von Problemen, Erhöhung der Datenqualität
Probleme		**Lösung**
Ungeschützte Verzeichnisse	Vertrauliche Versuchspersonendaten werden weltweit sichtbar, die Struktur der Studie wird erkennbar.	Einfügen einer Seite namens «index.html», Servereinstellung
Weitergabe von Daten	Bei einer der beiden Standardmethoden der Weiterleitung der Daten von Webseiten können diese in die Logdateien fremder Websites geschrieben werden.	Einfügen einer Refresh-Seite vor Ende der Studie, keine Links zu anderen Webservern
Erkennbarmachung der Struktur der Studie	Offensichtliche Benennung von Dateien (A1.html, A2.html, B1.html …) erlaubt das Springen in den Materialien, auch zwischen Versuchsbedingungen. Erkennbare Struktur kann zu Verzerrungen führen.	Kombination von logischen und zufälligen Zeichen bei der Benennung von Dateien
Ignorieren der technischen Varianz	Versuchspersonen im Internet benutzen unterschiedliche Hardware und Software, die Inhalte verschiedenen erscheinen lassen. Sogar die Funktionen können variieren. Ebenso die Qualität und Geschwindigkeit von Netzverbindungen.	Vortests auf verschiedenen Systemen unter unterschiedlichen Bedingungen, vergleichende Auswertung nach Technik
Unbedachte Nutzung von Formelementen	Voreingestellte Antworten in Drop-Down-Menüs, Verbindung nicht zusammen gehörender Antwortoptionen etc.	Vorauswahl von Optionen wie «Hier auswählen», Vortests

vermittelt werden. I. unterscheiden sich z. T. erheblich im inhaltlichen Fokus, in der Niedrigschwelligkeit des Zugangs, der Darreichungsform (z. B. Text, Audio, Video), der Interaktivität, der Personalisierung (Tailoring bzw. inhaltliches Maßschneidern) und der Integration flankierender Elemente (z. B. Verlaufserhebungen, Arbeitsblätter, SMS). Inhaltlich basieren die meisten I. auf Methoden der kognitiven *Verhaltenstherapie*, allerdings nutzen einige I. auch andere Ansätze, inkl. tiefenpsychol. (*Tiefenpsychologie*) fundierte und interpersonelle Modelle, integrative und transdiagn. Konzepte, oder Techniken wie *Cognitive Bias Modification (CBM)*. Einige I. können als alleinstehende Interventionen, ohne vorherigen oder begleitenden Kontakt mit einem Behandler oder Berater genutzt werden. Ein solcher Einsatz i. S. einer *Online-Selbsthilfe* gilt als bes. niederschwellig, da Versorgungssystem-Ressourcen kaum oder gar nicht in Anspruch genommen werden und Betroffene effizient erreicht werden können. Darüber hinaus können einige I. auch i. S. einer unterstützten Behandlung [engl. *guided* oder *supported*] mit Kontakt vor oder während der Behandlung («Face-to-Face», per E-Mail oder Telefon) kombiniert werden, was mit Vorteilen in Bezug auf Sicherheit (z. B. Erkennen und Umgang mit Krisen) und möglicherweise gesteigerter Wirksamkeit verbunden ist, jedoch mehr Ressourcen erfordert und somit weniger effizient ist. Im *blended treatment* ([engl.] gemischte Behandlung) werden internetbasierte Elemente und persönlicher Kontakt bes. intensiv miteinander kombiniert. Zu den Problemen und Risiken eines ausschließlich unbegleiteten Einsatzes von I zählen: (1) oftmals mangelnde Abklärung der Nutzer-Eignung, Diagnostik und Risiko, (2) Fehlen der *therapeutischen Beziehung* in der Behandlung, (3) inadäquates Krisenmanagement, (4) höhere Interventions-Abbruchraten und (5) berufsrechtliche Bedenken (ausschließl. Fernbehandlung ist nach ärztlichen und psychoth. Berufsordnungen i. d. R. nicht zulässig). Aus ethischen, berufsrechtlichen und *evidenzbasierten* Perspektiven erscheint ein Einsatz von nachgewiesen wirksamen I. nach einer initialen Abklärung der Diagnostik und Eignung unter regelmäßigem Verlaufs-Monitoring angemessener als eine unbegleitete Nutzung, die vor allem in unterversorgten Regionen vorstellbar ist, in denen eine persönliche Begleitung nicht möglich ist. Unabhängig vom Ausmaß der persönlichen Begleitung durch Ärzte, Psychotherapeuten oder Berater bietet der Einsatz von I. versch. potenzielle Vorteile wie: (1) Überwindung von Zugangsbarrieren (z. B. bei eingeschränkter Mobilität oder geografischer Isolation), (2) Reduktion von Versorgungsdefiziten, (3) Flexibilität des Zugangs, da I. insbes. mit Smartphone-Technologie fast immer und überall genutzt werden können, (4) Ergänzung und Unterstützung traditioneller Behandlungsmethoden (z. B. als Add-on zu *Antidepressiva*, Psychoth., ambulanter oder (teil-)stationärer Behandlung), (5) Wirksamkeitssteigerung der Behandlung (z. B. durch Synergie mit anderen Behandlungselementen), (6) *Effizienz*-Steigerung (z. B. durch Auslagerung best. Behandlungselemente an die I., wie *Psychoedukation* oder Einüben von *Entspannungsverfahren*). Anwendungsfelder von I. sind aktuell v. a. *Depressionen* und *Angststörungen*, aber auch *Essstörungen*, *Sucht- und Substanzbezogene Störungen*, *psychosomatische* und somatische Erkrankungen (z. B. chronischer Schmerz, Kopfschmerz, Reizdarmsyndrom, Fatigue bei multipler Sklerose, Tinnitus), sowie einige *Persönlichkeitsstörungen*. I. können auch in der Nachbehandlung z. B. nach stationärer oder ambulanter Behandlung oder zur Überbrückung von Wartezeiten eingesetzt werden. Die Wirksamkeit einiger I. gilt insbes. bei Depressionen und Angststörungen als robust abgesichert; einige I. erreichen im Vergleich zu Kontrollgruppen insbes. bei begleitetem Einsatz mittlere bis starke Effektstärken, die mitunter mit der Wirksamkeit etablierter, evidenzbasierter Behandlungsmethoden vergleichbar sind. Zu bemängeln ist jedoch, dass die meisten I. nicht evidenzbasiert sind bzw. keine Studien durchgeführt werden, um Sicherheit und Wirksamkeit zu überprüfen. Als Pioniere in der Entwicklung und Erforschung von I. gelten Arbeitsgruppen in Australien und Schweden sowie in den Niederlanden und Großbritannien, wo I. z. T. Eingang in nationale Versorgungsleitlinien gefunden haben. Im dt. sprachigen Raum sind mehrere Arbeitsgruppen und Unternehmen an der Entwicklung und Erforschung von I. beteiligt. Kritisiert werden weiterhin meth. Schwächen einiger Wirksamkeitsstudien, insbes. der Einsatz von Selbsteinschätzungsinstrumenten, kurze *Katamnese*-Zeiträume sowie kaum vorliegende gesundheitsökonomische Untersuchungen. Nach Andersson & Titov (2014) können best. evidenzbasierte I. dennoch schon jetzt von Ärzten und Psychotherapeuten eingesetzt werden, um die Versorgung von Personen mit psych. Störungen zu verbessern. Berger 2015, Andersson & Titov 2014. *B. Meyer*

Internetsucht (= ISU.) [engl. *internet addiction*], [**KLI, MD**], eine wiss. Auseinandersetzung mit dem Konzept ISU. wurde Ende der neunziger Jahre vor allem durch die Psychologin Kimberly Young initiiert. Bis heute gibt es eine anhaltende Diskussion über eine geeignete *Klassifizierung* und *Operationalisierung* der ISU., welche global pathologische Nutzungsformen des *Internets* umfasst. Als häufiger Referenzpunkt wird die Einordnung von Young (1998) angeführt, welche fünf Formen einer pathologischen Nutzung differenziert: Computerspielsucht (*Computer Addiction*), suchtartiges Surfen im Netz (*Information Overload*), Online-Glücksspiel oder auch exzessives Onlineshoppen (*Net Compulsion*), eine suchtartige Nutzung pornographischer Inhalte (*Cybersexual Addiction*) sowie ein suchtartiges Involvement in soziale Beziehungen online (*Cyber-Relationship Addiction*). Kritisiert wurde Youngs Systematisierung vor allem aufgrund der mangelnden Trennschärfe zw. den einzelnen Suchtformen sowie dem Fehlen einer spezif. Onlinekomponente. Alternative Einordnungsversuche verweisen daher bspw. auf eine notwendige Unterscheidung zw. einer pathologischen Nutzung spez. Anwendungen im Internet sowie einer pathologischen Nutzung multipler Anwendungen im Internet, die dann wiederum mit einer tatsächlichen Internetsucht gleichzusetzen wäre (Davis 2001). Viele Studien berufen sich wiederum auf eine weitere Art der Klassifizierung, i. R. derer allg. Kriterien einer (Verhaltens-)Sucht auf eine spezif. pathologische Nutzung von Onlinekommunikation übertragen werden (Griffiths 1998). Neben einer herausragenden Bedeutung des jew. *Verhaltens* im Leben des Handelnden (Salience), umfasst diese Systematisierung weiter mögliche Stimmungsveränderungen durch das Verhalten (*Mood Modification*), eine Intensivierung des Verhaltens aufgrund auftretender Gewöhnungseffekte (*Tolerance*), Entzugserscheinungen während einer Nicht-Ausübung des Verhaltens (*Withdrawal Symptoms*) sowie einen Rückfall in frühere (exzessive) Verhaltensmuster nach einer Phase der Verhaltenskontrolle (*Relapse*). Außerdem werden auftretende Konflikte mit der sozialen Umwelt sowie zeitliche Konflikte mit konkurrierenden Tätigkeiten (z. B. Hausaufgaben) als Kriterium für eine pathologische Nutzung definiert. Auch wenn nach wie vor kein endgültiger Konsens hinsichtlich der relevanten Suchtkriterien existiert, stimmen die Forscher darin überein, dass die reine Nutzungsdauer, trotz eines häufig vorliegenden exzessiven Ausmaßes, als Maßstab für eine ISU. zu kurz greift und eine größere Zahl an Charakteristika bedacht werden muss. Bisherige *Prävalenzzahlen* zur Verbreitung der ISU. schwanken je nach betrachteter Bevölkerungsgruppe sowie des gewählten Instruments. Allerdings bewegen sich die Verbreitungszahlen in bevölkerungsrepräsentativen Studien zumeist im niedrigen einstelligen Bereich. T. Quandt/R. Festl

interne Validität *Validität, interne.*

interne Validität, Bedrohungen für die (= B.) [engl. *threats to internal validity*], [**FSE**], meth. kann die *interne Validität* von Schlussfolgerungen aus Studienbefunden durch exp. Evaluationsdesigns sichergestellt werden (*Experiment*, *Randomisierte kontrollierte Studie*). Wird dieses Designs nicht adäquat umgesetzt oder wird ein schwächeres Design gewählt, so können versch. B. die Zulässigkeit der Ableitung einer kausalen Beziehung zw. *unabhängiger Variable* und *abhängiger Variable* infrage stellen. Diese können durch Effekte, die unabhängig von der Studiendurchführung auftreten (*programmexterne Störfaktoren*), und durch Effekte, die durch die Studiendurchführung entstehen (*Designeffekte*) oder durch Veränderungen der Interventions-/Treatmentdurchführung als Reaktion der Studienteilnehmer auf das Kontrollgruppendesign (*Treatmentverunreinigen*) bedingt sein. Wichtige Effekte in diesen drei Bereichen:
(1) *Programmexterne Störfaktoren*: *endogener Wandel*, *exogener Wandel*, *historische Ereignisse*, *Reifeprozesse*, *unkontrollierte Auswahl*. (2) *Designeffekte*: Mängel bzgl. der *Reliabilität* und *Validität* der Messvariablen, Wahl inadäquater abhängiger Variablen (z. B. *Surrogatkriterium* statt Zielkriterium), *Konfundierung* der Zugehörigkeit zu den Vergleichsgruppen mit verzerrenden Drittvariablen, *attrition bias*, *Regression zur Mitte*, *Hawthorne-Effekt*. (3) *Treatmentverunreinigen*: *Treatmentdiffusion*, *empörte Demoralisierung*, *kompensatorischer Ausgleich*, *kompensatorischer Wettstreit*. Besteht die Gefahr von Treatmentverunreinigen, so kann die Wirksamkeit einer Maßnahme ggf. nur durch eine *cluster-randomisierte Studie* exp. adäquat geprüft werden. Shadish et al. 2001, Rossi & Freeman 1999, Döring & Bortz 2016.

Interozeption (= I.) [engl. *interoception*; lat. *internus* innen, *capere* ergreifen, sich aneignen], [**GES, WA**], I. bedeutet: *Wahrnehmung* innerorganismischer Prozesse. Bisweilen wird unterschieden zw. *Viszerozeption*, also *Eingeweidewahrnehmung*, und *Propriozeption*, der Wahrnehmung muskulärer Stellungen bzw. Abläufe. Zu diesen beiden Unterbegriffen sind nicht klar zuordenbar Wahrnehmungen der *Hautsinne* und der Schmerzwahrnehmung. Im klin. Kontext spricht man statt von I. überwiegend von *Symptomwahrnehmung*, etwa der Wahrnehmung der Darmmotilität, eines schnelleren oder unregelmäßigen Herzschlags (*Herzfrequenz*), der Empfindung von Atemnot oder *Schmerzen* in best. Organen. Exp. untersucht wurden bisher v. a. die Wahrnehmung von Schmerz, Herzschlag (etwa im Zusammenhang mit Panikanfällen (*Panikstörung*)), und Atemwegsverengung (Obstruktion), wie sie typisch für Asthma und die *chronisch obstruktive Lungenerkrankung* (COPD) ist. Viele innerorganismische Zustände und Prozesse sind jedoch (eher) «stumm», z. B. Blutdruckveränderungen (*Blutdruck*). Die Zuverlässigkeit (*Reliabilität*) und Gültigkeit (*Validität*) der I. bzw. Symptomwahrnehmung ist daher intra- und interindividuell eher gering. Sie kann bei einigen innerorganismischen Vorgängen verbessert werden, wenn etwa die subj. Schätzungen innerer Vorgänge mit Messungen (*Messen*) von deren Indikatoren verglichen werden, etwa des Herzschlages oder der Atemwegsobstruktion, und diese Messgrößen an die Person rückgemeldet werden (*Biofeedback*). In der *Asthmaschulung* und der *COPD-Schulung* wird mit entspr. Geräten ein systemat. I.training betrieben. Täglich mehrmals erhobene Schätzurteile der aktuellen Atemwegsobstruktion werden mit nachfolgenden Messungen der Einsekundenkapazität (*forced expiratory volume in the first second, FEV1*) oder der exspiratorischen Spitzengeschwindigkeit (*peak expiratory flow, PEF*) verglichen und dem Pat. die Messungen rückgemeldet. Die Güte des I.trainings wird bestimmt über das Ausmaß der in einem Lernprozess erreichten intraindiv. *Korrelation* subj. und obj. Messwerte. Dabei werden oft große interindividuelle Unterschiede im Ausgangszustand und auch nach einem Lernprozess gefunden. Vaitl 2000, Dahme et al. 2000. B. Dahme/T. Ritz/A. v. Leupoldt

Interozeptive Exposition (= I. E.) [engl. *interoceptive exposure*; lat. *internus* innen, *capere* ergreifen, sich aneignen, *exponere* aus(einander)setzen], [**KLI**], ist eine spez. Form der *Konfrontationstherapie*, mit dem Ziel, die von einer *Angststörung* betroffenen Personen mit angstauslösenden Körpersymptomen (interozeptiven Reizen; *Interozeption*) zu konfrontieren. Die Behandlungsmethode wurde vor dem Hintergrund i. Konditionierungsmodelle (*Konditionierung*) der *Panikstörung* zu Beginn der 1970er-Jahre entwickelt. Die ursprüngl. Idee sah vor, dass durch wiederholte Konfrontation mit panikauslösenden Körpersymptomen (CS; [engl. *conditioned stimulus*]) eine Extinktion der durch diese Reize (z. B. Herzklopfen, Schwitzen, Schwindel) ausgelösten Panikreaktion (CR; [engl. *conditioned response*]) herbeigeführt werden kann. Ursprünglich erfolgte die Erzeugung von Körpersymptomen durch die Infusion von Natriumlactat oder das Einatmen von CO_2-angereicherter Atemluft. Diese Methodik war jedoch für den klin. Alltag nicht praktikabel. Der Durchbruch für die Verwendung von I. E. erfolgte deshalb erst, nachdem Barlow & Czerny (1988) ihre Pat. mit einfachen Übungen Körpersymptome erzeugen ließen. Heute ist der Einsatz von Übungen wie *Hyperventilation*, «durch einen Strohhalm atmen», «Atem anhalten», «auf der Stelle drehen», «auf der Stelle laufen», «Treppen steigen» etc. in vielen Behandlungsansätzen zur Behandlung von Angststörungen enthalten. Als Wirkmechanismen werden neben Habituation inzw. auch diskutiert, dass Pat. durch I. E. eine höhere Toleranz für unangenehme Körperempfindungen aufbauen können oder, dass – i. S. eines *Verhaltensexperiments* – die Übungen zur Überprüfung körperbezogener *katastrophisierender* Kognitionen dienen können («Atemnot ist ein Hinweis darauf, dass ich gleich ersticke» vs. «Atemnot kann auch auf harmlose Ursachen wie Hyperventilation zurückgeführt werden und ist nicht gefährlich»). Bei der Behandlung der Panikstörung werden I. E.übungen auch i. R. der Diagnostik/*Psychoedukation* eingesetzt. Hier kann z. B. das Ziel sein, herauszufinden, welche Rolle Hyperventilation bei den indiv. Panikattacken von Betroffenen spielt, und den Pat. zu vermitteln, dass auch harmloses Überatmen (Hyperventilation) zu Symptomen führen kann, die einer Panikattacke sehr ähnlich sind. Gerlach & Neudeck 2012.   *A. L. Gerlach*

Interozeptor *Interozeption*, *Propriozeptor*, *Rezeptor*.

interpersonale Beziehungen [engl. *interpersonal relations*], *soziale Beziehungen*.

interpersonale Kompetenz (= i. K.) [engl. *interpersonal competence*], [**SOZ**], auch soziale Intelligenz, wird die Fähigkeit genannt, Aufgaben, die im Umgang mit Personen auftreten, zu bewältigen (Weinstein 1969). Sie läuft auf eine (wertfrei gemeinte) Manipulation des Verhaltens anderer hinaus, sowohl zugunsten eigener Zwecke als auch in psychoth. oder sozialisierenden Bemühungen. I. K. kann rollenspezifisch oder spezifisch für bestimmte soziale Beziehungen sein. *soziale Kompetenzen*, *Selbstsicherheit*, *Selbstbehauptung*.

Interpersonale Psychotherapie (= IPT) [engl. *interpersonal psychotherapy*], [**KLI**], der Ansatz in der *Psychotherapie* und Psychiatrie geht auf Sullivan (1953) zurück. Im Ggs. zu biol. oder intrapsychisch orientierten Ansätzen wird die Bedeutung zwischenmenschlicher Beziehungen hervorgehoben. Konzepte wie die Komplementarität der Interaktionsstile von Menschen spielen konsequenterweise eine wichtige Rolle. Versch. spezielle Messmittel zur Erfassung von Interaktionsstilen und daraus entstehenden Problemen wurden entwickelt. Der *Interpersonale Ansatz* erlebt derzeit erneut besondere Beachtung, wobei Verbindungen insbes. zur kogn. *Verhaltenstherapie* und zur *Psychoanalyse* bestehen. I. e. S. wird als IPT ein Ansatz nach Klermann et al. (1984) bez., der zur Behandlung von *Depressionen* entwickelt wurde, aber für versch. weitere Störungen (z. B. *Essstörungen*) weiterentwickelt wurde.

Die IPT geht von der Grundannahme aus, dass Depressionen in dem jew. interpersonalen Kontext entstehen, d. h. infolge des Verlustes einer wichtigen Bezugsperson oder infolge eines aktuellen interpersonalen Konflikts. Sie ist ausdrücklich nicht einsichts-, sondern bewältigungsorientiert, d. h., die konkrete interpersonale Gegenwart, nicht intrapsychische Phänomene und Abwehrmechanismen stehen im Vordergrund. Sie zielt u. a. auf den Aufbau verbesserten Kommunikationsverhaltens, die Entwicklung neuer Problemlösestrategien, einen besseren Umgang mit zwischenmenschlichen Stresssituationen, auf die Überwindung veralteter Beziehungsmuster etc. Die Behandlung ist zeitlich limitiert und klar strukturiert. Elemente sind Diagnostik und Abklärung, Information des Pat. über Epidemiologie, Symptomatik, klin. Verlauf und Prognose von Depressionen, klare Formulierung von Therapiezielen und Prozedur, Bearbeitung von Verlusten, aktuellen zw. menschlichen Konflikten, Übergängen zw. sozialen Rollen und konkreter interpersonaler Defizite. Für versch. Problembereiche liegen Behandlungsmanuale (Einzeln-, Paar- und Familientherapie) vor.

Hinsichtlich der Behandlung von Depressionen und Essstörungen kann die IPT als ein sehr wirksames Therapieverfahren angesehen werden. Untersuchungen zur *Paartherapie* sprechen für eine Kombination von bewältigungs- und klärungsorientiertem Vorgehen. Ihre Wirksamkeit als Familientherapie kann aufgrund der mangelhaften Befundlage noch nicht als gesichert gelten.   *F. Caspar*

interpersonale Wahrnehmung (= i. W.) [engl. *interpersonal perception*], [**SOZ**], gegenseitige Wahrnehmung und Beurteilung von interagierenden Personen. Das klassische Experiment von Asch (1946) betonte als zentrale Dimension der Eindrucksbildung die *Warm-Cold*-Variable. Heiders Attributionstheorie (Heider 1958; *Attribuierung*) berücksichtigt die Bedeutung der Absichten, Motive und Gründe des Verhaltens, die angenommen werden. Das Konzept der *impliziten Persönlichkeitstheorie* betont die Bedeutung des angenommenen Zusammenhangs zw. Persönlichkeitsdimensionen. Weitere Bereiche der Untersuchung der i. W.: Primacy-Effekt (*Eindruck, erster*), Halo-Effekt, Entwicklung der i. W. und kogn. Kompetenz. *Interaktion*, *soziale Wahrnehmung*. Jahnke 1975, Bierhoff & Frey 2006, Kenny 1994.

[Test]**Interpersonal Reactivity Index (IRI)**, 2012, M. Neumann, C. Scheffer, D. Tauschel, G. Lutz, M. Wirtz, F. Edelhäuser. Engl. Original von Davis (1983), [**DIA, EM, GES**]. Einschätzung der eigenen empathischen Fähigkeiten, Selbsteinschätzung. AA Erwachsene. Die IRI-Skala beinhaltet 28 Items, die sowohl die kogn. als auch die emot. Dimension von *Empathie* erfassen. Die IRI-Skala besteht aus den vier Subskalen: (1) *Perspektive-Taking*: bewertet die Neigung einer Person, eine Situation auch aus der Sicht des Anderen und nicht nur aus der eigenen zu sehen. (2) *Fantasy*: bewertet die Neigung einer Person, sich mit der Situation und den Gefühlen der Charaktere in einem Buch, Film oder Theaterstück zu identifizieren. (3) *Empathic Concern*: bewertet die Neigung einer Person, sich um die Gefühle und Bedürfnisse anderer zu sorgen. (4) *Personal Distress*:

bewertet die Neigung einer Person, in schwierigen sozialen Situationen Distress und Unwohlsein zu empfinden. Die IRI-Skala ist ein Instrument, das in der internat. med., psychol. und medizinpsychol. Forschung sehr häufig eingesetzt wird. Durchführungszeit: ca. 6 bis 10 Min., Auswertungszeit: ca. 15 bis 30 Min. Neumann et al. 2012. M. Neumann

interpersonelle Kontamination (= i. K.) [engl. *interpersonal contamination*; lat. *contaminare* verderben, entweihen], [**EM**], das Konzept der i. K. bzw. des interpersonellen Ekels bezieht sich auf die Vorstellung, dass es durch den Kontakt mit anstößigen Personen auf körperlicher oder auch symbolischer Ebene zur Übertragung deren unerwünschter Eigenschaften auf die eigene Person bzw. auf die eigene *Bezugsgruppe* kommen kann. Dieser Ekeltypus hat die Funktion, Distanzierung, Vermeidung bzw. Abgrenzung zu initiieren, um damit *soziale Systeme* bzw. deren Regeln und *soziale Normen* zu sichern. I. Ekel wird z. B. darin deutlich, wenn wir es als widerlich empfinden, müssten wir den zuvor desinfizierten Pullover von Adolf Hitler anziehen. I. K.befürchtungen gehen damit über die bloße Angst vor Ansteckung durch Krankheitserreger hinaus, die für den Basisekel relevant ist. Sie beeinflussen Gruppeneinstellungen, wie sie im Bereich der Religion, Politik und Rechtsprechung zu finden sind, und führen u. U. zu Vorurteilen (*Vorurteile*). Rozin et al. 2000. A. Schienle

Interpersonelle Psychotherapie (IPT) [engl. *interpersonal psychotherapy*], syn. Interpersonale Psychotherapie, [**KLI**], psychoth. Verfahren, das die Bedeutung zw.menschlicher Beziehungen für Entstehung, Symptomatik, Verlauf und Therapie psych. Störungen betont: «Gestörte zw.menschliche Beziehungen oder soziale Belastungen leisten einen wesentlichen Beitrag zur Entwicklung psych. Störungen. Umgekehrt beeinflusst die psych. Störung die interpersonellen Beziehungen und sozialen Rollen der Betroffenen» (Hautzinger 2007, 228). Die IPT basiert zwar auf psychodynamischen Annahmen (frühkindliche Erfahrungen prägen das Interaktionsverhalten im Hier und Jetzt), jedoch steht nicht die analytische Aufarbeitung dieser Erfahrungen (vgl. *Psychoanalyse*), sondern die Identifikation und Modifikation aktueller Wahrnehmungen, Erwartungen, Handlungsalternativen und Verhaltensmuster, die die i. Probleme des Pat. betreffen, im Mittelpunkt. I. R. des Therapieprozesses soll der Pat. lernen bzw. dabei unterstützt werden, störungsbezogene i. Aspekte zu erkennen und Kompetenzen und Strategien zu entwickeln, dysfunktionale Verhaltensweisen/-muster zu modifizieren oder diese durch funktionale Verhaltensweisen/-muster zu ersetzen. Dabei werden insbes. Methoden der *Tiefenpsychologie*, *Gesprächspsychotherapie* und *Verhaltenstherapie* angewendet. Typische Strategien der IPT sind: (1) *Trauer*: Bewältigung von Verlusterlebnissen und Wiederaufbau hilfreicher Erlebens- und Verhaltensweisen. (2) *I. Auseinandersetzung*: Identifikation und Klärung i. *Konflikte*, konfliktrelevante Rollenerwartungen, Entwicklung modifizierender Handlungspläne. (3) *Rollenwechsel*: Identifikation und Modifikation störungsrelevanter Verhaltensmuster und i. Rollen des Pat. Trauerarbeit bzgl. des ggf. erforderlichen Rollenverlusts, Wiederherstellung des *Selbstwertgefühls*. (4) *Soziale Defizite*: Verringerung der sozialen Isolation durch Aufbau neuer sozialer Beziehungen; Unterstützung funktionaler i. Kompetenzen. Die IPT wurde als Kurzzeitintervention bei unipolarer *Depression* entwickelt, findet aber auch bei Dysthymien, bei *Trauer* und *Bulimie* Anwendung. Der Einsatz bei hirnorganischen Störungen, *Schizophrenien*, *Substanzabhängigkeit* sowie Störungen im Kindesalter wird nicht empfohlen. Hautzinger 2007.

interpersonelles Vertrauen (= i. V.) [engl. *interpersonal trust*], [**SOZ**], Konstrukt aus der sozialen Lerntheorie von Rotter. I. V. stellt eine generalisierte Erwartungshaltung bei Individuen oder Gruppen (*Gruppe*) dar, sich auf Worte und Versprechen (mündlich oder schriftlich) verlassen zu können. *Vertrauen*.

Interpolation [engl. *interpolation*; lat. *inter* zwischen, *polare* glätten, gestalten], [**FSE**], Bestimmung eines zw. zwei anderen Werten gelegenen Wertes entweder durch eine grafische oder durch eine rechnerische Methode. Bsp.: Vorausgesetzt eine Person legt eine gerade Strecke von 1km in 10 Min. zurück. Wenn angenommen wird, dass die Person ihre Geschwindigkeit nicht verändert hat, so kann man linear interpolieren und berechnen, an welchem Ort sich die Person nach 3 Min. befunden hat. *Extrapolation*.

Interpretation (= I.) [engl. *interpretation*; lat. *interpretatio* Auslegung, Übersetzung], [**DIA, FSE, PHI**], die Übersetzung einer Aussage mit beziehungsstiftenden Erläuterungen ist eine grundlegende Methode des *Denkens* und der Verständigung – so fundamental wie Begriffsbildung und Urteilsbildung. Eine Aussage, eine Beobachtung oder ein Untersuchungsergebnis werden in einen Zusammenhang mit anderem Wissen gebracht, um etwas zu verstehen oder zu erklären. Die I. folgt – im Unterschied zum ungeübten oder nur spekulativen Denken – best. Prinzipien, Regeln und Konventionen. Auch exp. und stat. Untersuchungsergebnisse werden interpretiert, indem sie auf die zugrunde liegenden *Hypothesen* und auf andere Ergebnisse bezogen und im Zusammenhang der Fachliteratur, Methodenkritik und Anwendungsperspektive diskutiert werden. Dementsprechend sind auch Texte, Werke, Verhaltensbeobachtungen, psychol. Testergebnisse, biografische Daten und grundsätzlich alle psychol. Befunde zu interpretieren. Allgemeine Lehrbücher der psychol. Methodenlehre stellen hauptsächlich die Regeln und Standards des exp.-stat. Bereichs dar und gewinnen hier ihre Maßstäbe (Döring & Bortz 2014), während im Bereich der sog. qual. Methoden (Mey & Mruck 2010; *empirische Sozialforschung*, *qualitative Forschungsmethoden*, *qualitative Sozialforschung*) zwar vielfältige methodologische Reflexionen, aber kaum eine zus.fassende I.lehre existiert. Im Fokus steht hier, ohne auf typisierende oder stat. Auswertungen völlig verzichten zu müssen, zunächst ein einzelner Text (als Oberbegriff für alle genannten psychol. Quellen und Befunde). Die I. übersetzt, erschließt noch verborgene Zusammenhänge und stiftet neue Beziehungen. Sie durchdringt den Zusammenhang zw. den Textelementen und dem gesamten Text sowie zw. dem Text und seinen Kontexten, sodass sich die Bedeutungen der Teile zum verständlichen Ganzen verbinden.

Diese *beziehungsstiftende, heuristische Funktion* ist ein wesentliches Merkmal der I.

Die erste und kaum beachtete I.lehre der Ps. wurde von Wundt in seiner Logik (1921) dargelegt. «Als Interpretation bez. wir daher allg. den Inbegriff der Methoden, die uns ein Verständnis geistiger Vorgänge und geistiger Schöpfungen verschaffen sollen.» Wundt bestand darauf, dass erklärende und verstehende Methodik logisch nicht grundverschieden sind, er wies deshalb Diltheys Auffassungen über das Verstehen zurück. Die I.methodik ist, Wundt zufolge, durch eine eigentümliche Verbindung von induktiven und deduktiven Operationen (Induktion, Deduktion) zu einem einheitlichen Verfahren gekennzeichnet, wobei die Erkenntnisfunktionen des Interpreten und dessen Fehlerquellen zu untersuchen sind. Zum I.prozess gehören das «Hineindenken in das psych. Objekt», die Aufstellung leitender Hypothesen und ein «Prozess allmählicher Vervollkommnung der Interpretation durch Kritik», d.h. der I. entgegengesetztes Verfahren, den hergestellten Zusammenhang durch ps. Analyse zu zerlegen. Sie geht äußeren oder inneren Widersprüchen nach, sie soll die Echtheit geistiger Erzeugnisse bewerten und ist außerdem Wertkritik und Kritik der Meinungen (*Prinzip der Reflexivität*). Die typischen Irrtümer der intellektualistischen, individualistischen und unhistorischen I. geistiger Vorgänge haben «sämtlich in der gewöhnlich der subj. Beurteilung zugrunde liegenden vulgären Ps. ihre Quelle» (Wundt 1921).

Die Methodik der psychol. I. in der Diagnostik und Biografik hat in vierfacher Weise eine Sonderstellung gegenüber der geisteswiss. *Hermeneutik*: (1) I.d.R. sind außer dem zu interpretierenden Text noch andere wichtige Informationen über den Verfasser vorhanden. (2) Im Unterschied zur konventionellen Textanalyse kann die I. auch interaktiv geschehen, sodass zusätzliche wichtige Aspekte gewonnen werden. (3) Die psychol. I. hat häufig einen berufspraktischen Zweck und führt damit zu Fragen nach dem Nutzen, nach Qualitätskontrolle und berufsethischen Aspekten. (4) Mit psychol. Methoden können die intersubjektive Konvergenz und andere Aspekte der Gültigkeit untersucht werden (*Triangulation*). Wiss. Standards der psychol. Text-(Werk-)-I., analog zur exp. Versuchsplanung (*Experiment*) und stat. Datenanalyse (z.B. *Gütekriterien*, *CONSORT statement für randomisierte kontrollierte Studien*, *Teststandards*), fehlen bisher, doch können allg. Richtlinien für eine adäquate I. aufgeführt werden. Psychol. I. ist eine lehr- und lernbare Methodik im Grundstudium der Ps.

Prinzipien: Allg. *Prinzipien* als Grundsätze des meth. Vorgehens werden hier von den als Verfahrensweisen bewährten *Strategien* und von den spez. *Regeln* als Strategieelementen eines best. Anwendungsgebiets unterschieden. Auch die Prinzipien stehen nicht am Anfang, sondern sie folgen ihrerseits aus allgemeinsten Annahmen über die Beziehungen zw. Zeichen und Bedeutungen unter erkenntnistheoretischen, sprachphil. und auch sprachpsychol. Perspektiven (*Psycholinguistik*, *Semiotik*). Die *Grundannahme* lautet, dass ein gegebener Text (oder ein anderes menschliches Werk) Bedeutungen hat, die auf nachvollziehbare Weise in ps. Begriffe übersetzt werden können. (1) Das Prinzip der *Partizipation* betont die Teilhabe am gemeinsamen soziokulturellen System (Sprache, Lernen von Werten und Bedeutungen) und liefert die Begründung, weshalb solche Übersetzungen grundsätzlich möglich sind, auch wenn dabei einige Einzelheiten unzugänglich bleiben können. (2) Texte sind als *Kommunikation* verfasst (*Prinzip der Kommunikation*). Ihr Inhalt (das Gemeinte, der Sinn) muss übersetzt, erläutert und ausgelegt werden, damit er richtig verstanden wird, d.h. nicht nur als Mitteilung an die Empfänger wie in der Tradition der Hermeneutik, sondern möglichst in einem zweiseitigen Prozess. (3) Der Text hat viele engere und weitere, zur Erläuterung dienliche *Kontexte*, d.h. den unmittelbaren textlichen Zusammenhang von Teil und Ganzem, die Entstehungsbedingungen, den Zweck des Vorgehens, frühere I.ansätze, die Einstellungen des Autors und der Interpreten. (4) Grundsätzlich steht am Beginn einer I. ein *Vorverständnis*, denn jeder Interpret wird sich einem Text mit einer indiv. Einstellung und Kompetenz nähern. Während in der geisteswiss. Tradition durchaus Schulunterschiede und bekannte Parteilichkeiten der I. hingenommen werden, sind von der psychol. I.methodik Kontrollmaßnahmen und Prüfungen der Konvergenz zu erwarten (*Fremdverstehen*). (5) Das Prinzip der *Mehrdeutigkeit* besagt, dass die Bedeutungen von Texten und Textelementen nicht eindeutig festgelegt sind – so wie ein Begriff mehrere *Konnotationen* (ein Bedeutungsfeld) hat. Der geschriebene Text hat einen *manifesten* Inhalt, unter dessen Oberfläche weitere und in psychol. Hinsicht vielleicht interessantere Bedeutungen verborgen sein könnten. Wie tief eine I. in diese *latenten* Beziehungen eindringen kann, ohne zur Spekulation und Erfindung zu werden, ist eine Grundfrage der I.lehre. (6) Das Prinzip der *Heuristik* meint, dass solche multiplen Bedeutungen und Zusammenhänge zunächst beziehungsstiftend entfaltet werden müssen. Anschließend gilt es dann, wieder einengend, die zutreffendste I. zu finden. (7) Das Prinzip der *Konstruktion und Rekonstruktion* drückt aus, dass jede I. eine mehr oder minder vorläufige, hypothetische Konstruktion ist. Sie muss durch geeignete Strategien an der Gesamtheit der vorhandenen Informationen überprüft werden.

Strategien: Der Sichtung des Materials und der Materialkritik folgen Überlegungen zum eigenen *Vorverständnis*, zur möglichen Voreingenommenheit und Befangenheit sowie zur Aufgabenstellung. An eine Darlegung des *ersten Eindrucks* und des Vorentwurfs schließt sich die *Durchgliederung des Textes* an, und im rekursiven Durchlaufen des Textes werden – divergent und konvergent – neue Zusammenhänge einbezogen und weniger überzeugende ausgeklammert (*hermeneutischer Zirkel*). Eine I. kann eine größere Tiefe erreichen, wenn sie vielfältige Konnotationen und Kontexte einbezieht. In heuristischer Weise sind latente Bedeutungen zu erschließen und mit «tiefenpsychol.» Methodik vielleicht auch verborgene, unbewusste Tendenzen. Je weiter die Kontexte und je tiefer die Bedeutungen gesucht werden, desto eher werden versch. Interpreten voneinander abweichen. *Interpretationstiefe* und zunehmende *Interpretationsdivergenz* hängen zus.

Die psychol. Übersetzung von Textelementen kann unter mehreren Gesichtspunkten systematisiert werden: Der *Kontext* ist der Zusammenhang des Themas; die *Latenz* ist die Verborgenheit einer noch zu erschließenden Sinnstruktur; die *Singularität* zeichnet Einzelfälle besonderer Relevanz aus; die *Präsenz* meint das Erscheinen oder das auffällige Nicht-Erscheinen von Themen. Von anderen Pionieren der *Inhaltsanalyse* wurden dagegen die folg. Dimensionen bevorzugt, die eher eine Skalierung und damit auch eine stat. Auswertung von Inhalten ermöglichen: *Frequenz* ist die Häufigkeit des Themas; *Valenz* ist die pos. oder neg. Wertigkeit; *Intensität* ist die Ausprägung; *Kontingenz* ist der auch stat. beschreibbare Zusammenhang mit anderen Themen (Ritsert 1972). Bsp. latenter Bedeutungen sind einerseits indiv., unbewusste Tendenzen oder die gesellschaftlichen Konnotationen eines Textes, die sich ohne bewusste Absicht des Verfassers im Text ausdrücken.

Bsp. für *Interpretationsregeln* sind die *Dominantentechnik*, die bei dem auffälligsten Thema ansetzt, oder die *Analyse von Widersprüchen*, d. h. von ambivalenten Aussagen oder Gegensätzen von Inhalt und Form. Aufschlussreich sind *Hervorhebungen* (*principle identifiers of salience*, Alexander, 1988): *Primacy* – das erste Thema (Eröffnung, Übersicht und Schlüssel), *Frequency* – die Häufigkeit (Wiederholungen und Variationen), *Uniqueness* – das Besondere (das Einmalige am Ereignis und an der Formulierung), *Negation* – die Verneinung (und Abwehr), *Emphasis* – die Betonung (Überbetonung oder Unterbetonung), *Omission* – die Auslassung (von inhaltlichen Aspekten oder von zugehörigen Affekten), *Error of Distortion* – die Verzerrung (Fehler, Versprecher, Irrtümer), *Isolation* – das Unpassende (aus der Kommunikationssequenz herausfallend), *Incompletion* – die Unvollständigkeit (Unterbrechungen, abruptes Ende).

Überzeugungskraft und Gültigkeit: Besteht zw. dem *exp., psychometrisch-stat. Paradigma* und dem *interpretativen Paradigma* der Ps. ein fundamentaler Gegensatz? In jedem Fall stellt sich die Aufgabe einer geeigneten «Qualitätskontrolle der qual. Verfahren» (*Forschungsprozess, Mixed-Methods-Ansatz*). Interpretationen sind falsch, wenn die Quellen- und Textkritik Fehler oder sprachliche und begriffliche Irrtümer aufzeigt. Darüber hinaus ist es angebracht, anstelle der Begriffe «richtig» und «falsch», von mehr oder minder großer *Überzeugungskraft* und *Adäquatheit* der I. zu sprechen. *Folgerichtigkeit* bezieht sich einerseits auf die historisch-genetische Anknüpfung an Früheres und andererseits auf die Plausibilität der angeführten Gründe. *Triftigkeit* bezieht sich auf den Inhalt und den Kontext, also den in der Auslegung gegebenen Sinn- und Bedeutungszusammenhang. Die I. ist triftig, wenn alles seinen Platz findet, wobei die Elemente durchaus Komponenten eines in sich widerspruchsvollen Musters sein können: Eine Substruktur wird einer Struktur eingefügt und erweitert diese. Eine I. gilt zweitens als triftig, wenn heuristisch erschlossen, evtl. sogar vorhergesagt werden kann, welche anderen Elemente an diesem oder jenem Platz des Musters zu erwarten sind (Kaplan 1964). Psychol. lässt sich das *Evidenzgefühl* als eine eigentümliche Erlebnisqualität beschreiben, die eine gelungene Problemlösung begleitet, wenn bisher verborgene Beziehungen oder best. Muster hervortreten.

Die I.lehre der *Psychoanalyse* hat eine Sonderstellung, denn sie versucht, Erlebnisse und unbewusste Prozesse mit dem neurotischen Symptom (*Neurose*) auf der *Verhaltensebene* zu verbinden, gestützt auf Einfälle und *freien Assoziationen*. Eine Deutung ist dann zutreffend, wenn sich beim Pat. eine Wirkung zeigt: verbale Zustimmung (Aha-Erlebnis) oder emot. *Widerstand* gegen diese Deutung. Ein wichtiges Indiz kann «die Mitsprache des Symptoms» sein. «Ist die Konstruktion falsch, so ändert sich nichts beim Pat., wenn sie aber richtig ist oder eine Annäherung an die Wahrheit bringt, so reagiert er auf sie mit einer unverkennbaren Verschlimmerung seiner Symptome und seines Allgemeinbefindens. … Nur die Fortsetzung der Analyse kann die Entscheidung über Richtigkeit oder Unbrauchbarkeit unserer Konstruktion bringen» (Freud 1937).

Evidenz (lat. Augenschein) und subj. Überzeugtsein, den Sinn eines Textes verstanden zu haben, können im wiss. Vorgehen nicht genügen. Eine I. ist jedoch nicht einfach nach dem Prinzip intersubjektiv kontrollierter Beobachtung als richtig oder falsch zu beurteilen oder auf einfache Weise zu validieren (*Qualitative Sozialforschung*). Inwiefern kann eine I. an einer konkurrierenden I. scheitern? Es gibt in diesem Bereich keine einfachen Maßstäbe für *Reliabilität* und *Validität*, die der meth. Eigenart von I. adäquat sind. Diskutiert wurden u. a. die Untersuchung von *Konvergenz und Konsens in einer I.gemeinschaft*, die *kommunikative Validierung* in einem gleichberechtigten Diskurs von Untersucher und Untersuchtem oder die Kombination von mehreren eigenständigen Methoden, wobei das Verfahren der *Triangulation* den Multimethod-Ansatz des psychol. Assessments nachbildet. In der Fachliteratur mangelt es jedoch an exemplarischen Methodenstudien und an kritischer Evaluation der Divergenz oder Konvergenz versch. Interpreten. Die I.gemeinschaft als eine mögliche Instanz zur Entwicklung von konvergenten I. spielt kaum eine Rolle. Wichtige Konzepte der allg.psychol. Forschung scheinen nur zögernd aufgenommen zu werden: Schemata und Fehlerquellen der *Eindrucksbildung*, Bewertungen, *Attributionsprozesse* und andere Verzerrungen der *Urteilsbildung* (*Beurteilungsfehler, Beurteilerübereinstimmung*). Wesentliche Kriterien der intersubj. Überzeugungskraft einer psychol. I. sind: Inwieweit geschieht die I. nach deutlichen Strategien und Regeln? Bleibt dieser Prozess durchsichtig und nachvollziehbar? Sind die anfänglichen I.ansätze absichtlich divergent angelegt, also an heuristischen Varianten interessiert, um viele Aspekte zu bedenken und einzubeziehen? Werden systematische Gegenentwürfe entwickelt und diskutiert? Gibt es auch eine Systematik und eine theoret. Analyse der Diskrepanzen und der Fehler? Wird die Überzeugungskraft der I. im Kontext, im interaktiven Verfahren oder in einer I.gemeinschaft geprüft? Oder ist das Vorgehen eher sprunghaft, in den Urteilen undurchsichtig und durch andere Interpreten nicht reproduzierbar? (Danner 2006).

Die *strukturelle Subjektivität* psychol. I. ist offensichtlich. Aber sie wird vielleicht nur einen Teil der I. beeinflussen, während für andere Teile eine intersubjektive Übereinstimmung erzielt werden kann. Es besteht ein Kontinuum mit graduell versch. Ausprägung der *Nachvollziehbarkeit* eines I.prozesses, der *methodenkritischen Reflexion* und der entspr. *Kontrollstrategien*. *Psychologie, sozialwissenschaftliche*. Fahrenberg 2002. J. Fahrenberg

Interpretationseindeutigkeit [engl. *uniqueness of interpretation*], *Gütekriterien*.

Interpretationstests [engl. *interpretation tests*], *Deutungs-Tests*.

Interpsychologie, [SOZ], Bez. von G. Tarde (1895) für die *Soziologie* bzw. Sozialps. als Wissenschaften vom (zwischen-)menschlichen *Verhalten*.

Interpunktion [engl. *punctuation*; lat. *inter* zwischen, *punctio* Stich, Punkt], *Kommunikationsmodell von Watzlawick et al.*

Interquartilabstand [engl. *interquartile range*], [FSE], in einer univariaten Datenverteilung die Differenz zw. dem 3. und 1. *Quartil*. Maß für die Variabilität in den Messwerten, das von Ausreißern (*Ausreißerwert*) nicht beeinflusst wird. Wird bspw. bei der Darstellung von Daten durch ein *Box-Plot* (*Boxplot, Box-Whisker-Plot*) benötigt. Leonhart 2013. R. Leonhart

Interraterreliabilität *Beurteilerübereinstimmung*, *Intraklassenkorrelation*.

Interrollenkonflikte [engl. *inter-role conflicts*; lat. *inter* zwischen], *Gruppenrollen, Quasi-Rollen*.

Intersektionalität [engl. *intersectionality*; *intersection* Kreuzung], [SOZ], Konzept aus der feministischen Theorie zur Analyse der Überkreuzungen bzw. der wechselseitigen Konstruktion sozialer Kategorien. Im Mittelpunkt standen zunächst «gender», «race» und «class», im Deutschen häufig als Geschlecht, Ethnizität und soziale Schicht diskutiert, später je nach Fragestellung weitere wie (Hetero)sexualität, Staatsbürgerschaft oder Behinderung. Das Konzept wurde von schwarzen, nordamerik. Feministinnen zur Analyse multipler Formen der *Diskriminierung* entwickelt. Diskriminierungserfahrungen schwarzer Frauen konnten, so ihre Kritik, weder durch die damalige feministische Theorie erfasst werden, die implizit auf weiße Mittelschichtsfrauen bezogen war, noch durch die Critical-Race-Theorie, die implizit die Situation schwarzer Männer priorisierte. Das interdisziplinäre Konzept verbindet psychol., soziol. und kulturwiss. Perspektiven. McCall (2005) unterscheidet inzw. drei Herangehensweisen: (1) *Antikategoriale Ansätze* dekonstruieren soziale Kategorien, indem sie deren historische Gewordenheit und die damit verbundene Herstellung von Differenz und Ungleichheit aufzeigen. (2) *Intrakategoriale Ansätze* erkennen die materielle und diskursive Relevanz von Kategorien an, sehen jedoch ihre Vielfalt nicht abgebildet. Anhand von Fallstudien untersuchen sie, wie spezif. Gruppen die ihnen zugeordneten Kategorien aktiv aushandeln. (3) *Interkategoriale Ansätze* vergleichen unter vorläufiger Verwendung der Kategorien komplexe soziale Gruppen anhand komparativer Multigruppendesigns. Einen Beitrag zu psychol. Debatten (z. B. über *Identität, Kultur* oder *Friedenspsychologie, Genderfragen*) kann die intersektionale Analyse indiv. und kollektiver Aushandlungsprozesse sozialer Kategorien leisten (Magnusson 2011). Methodologisch greifen einige Autoren auf stat. Beziehungen zw. Identitätskategorien zurück (Cole 2009), während andere diese Vorgehensweise radikal infrage gestellt sehen. Sie knüpfen an Traditionen der Diskursps. und interpretativen Sozialforschung an (Magnusson 2011; *Sozialkonstruktivismus*). M. Schroer-Hippel

intersensorische Erleichterung (= i. E.) [engl. *intersensory facilitation*; lat. *inter* zwischen, *sentire* empfinden, wahrnehmen], [KOG, WA], Reaktionszeiteffekt, der sich bei einer bimodalen Stimulation nachweisen lässt. Die i. E. lässt sich folgendermaßen induzieren: In jedem Versuchsdurchgang eines *Reaktionsversuchs* werden einer Vp entweder ein visueller Reiz, ein auditiver Reiz oder beide Reize gleichzeitig dargeboten. Die Vp soll reagieren, sobald sie den visuellen Reiz entdeckt hat, jedoch nicht reagieren, wenn der auditive Reiz einzeln dargeboten wird (Fangdurchgang; *Reaktionszeit*). Interessanterweise lassen sich schnellere Reaktionszeiten für bimodale Reize als für den visuellen Reiz beobachten. Dieser Reaktionszeitunterschied nennt sich i. E. R. Ulrich

Intersexualität [engl. *intersexuality*; lat. *inter* zwischen], [BIO, PER], Störung der sexuellen Differenzierung, bei der sich die Geschlechtsorgane in unterschiedlich starker Ausprägung entgegen dem chromosomalen Geschlecht entwickeln. *Chromosom*.

Interstimulusintervall (ISI) [engl. *interstimulus interval*], [KOG], Zeitintervall zw. Reizdarbietungen; bezeichnet die Zeit vom Ende oder Offset eines ersten Reizes bis zum Beginn oder Onset eines zweiten Reizes (*Stroop-Verfahren, Priming*; vgl. dagegen *stimulus-onset asynchrony (SOA)*). In der Lernforschung wird beim Erwerb eines bedingten Reflexes der Zeitabstand zw. dem Erlöschen des konditionierten Stimulus (CS) und dem Beginn des unkonditionierten Stimulus (UCS) als ISI bezeichnet. *bedingte Hemmung*. Kantowitz 1974. C. Bermeitinger/W. Glaser

intersubjektiv, Intersubjektivität [engl. *intersubjective, intersubjectivity*; lat. *inter* zwischen], [FSE, PHI], dasjenige, was mehreren Personen gemeinsam gegeben ist bzw. in ihnen vorgeht, wiewohl es jeder für sich erlebt. Alles *Erleben* ist jew. *intrasubjektiv*, jedoch insofern, als mehrere Personen Gleiches wahrnehmen, sind Erlebnisse intersubjektiv. Bei allen «objektiven» Beobachtungen handelt es sich in Wirklichkeit um intersubjektive Beobachtungen. Der Begriff der Intersubjektivität ist besser geeignet als der mehrdeutige Objektivitätsbegriff (*Objektivität*), wenn empirische Tatsachen gemeint sind. *sensitizing concepts*.

Intervall (= I.) [engl. *interval*; lat. *intervallum* Zwischenraum, Zwischenzeit], [FSE], sehr allg. Ausdruck für den Abstand zw. räumlichen, zeitlichen oder zahlenmäßigen Gegebenheiten. (1) In der *Statistik* Kennzeichnung einer Strecke auf dem Zahlenstrahl, innerhalb deren ein Parameter aufgrund von Stichprobendaten und best. Wahrscheinlichkeitsüberlegungen (I.schätzung) erwartet wird (*Vertrauensintervall*). Oft auch gleichbedeutend mit Maßzahlklassenbreite (*Maßzahlklassen*), d. h., dem Abstand zw.

oberer und unterer Maßzahlklassengrenze auf dem Kontinuum der reellen Zahlen. Werden z. B. natürliche Zahlen 1, 2, 3, …, n, … zur Kennzeichnung von Maßzahlklassen verwendet, so repräsentiert n das I. von [n − 0,5 bis n + 0,5], dessen Mitte es darstellt. (2) In der Nachrichtentechnik bzw. Physiologie bez. es den Zeitabstand zw. zwei Impulsen in einem Schaltkreis bzw. zw. zwei Aktionspotenzialen (*Aktionspotenzial*) einer Nervenzelle. (3) In der Musik für Tonhöhenunterschied, definiert durch Frequenzenverhältnis oder Abstand auf der Tonleiter (Terz, Quinte usw.). (4) In Ps., Med. und Sport lern-, übungs- oder trainingsfreie Zwischenzeit bei periodisch verteiltem Lernen, Üben oder Trainieren. W. Glaser

Intervallplan [engl. *interval plan*], *Verstärkerpläne*.

Intervallschätzung (= I.) [engl. *interval estimation*], [FSE], Bestimmung der Grenzen eines aus einer gegebenen Stichprobe berechneten Intervalls, in dem ein gesuchter Parameter der Grundgesamtheit mit einer vorgegebenen Wahrscheinlichkeit zu erwarten ist. Das aus der I. resultierende Intervall wird als *Konfidenzintervall* oder *Vertrauensintervall* bezeichnet. Vgl. auch *Punktschätzung*. Eid et al. 2013. D. Krampen

Intervallskala (= I.) [engl. *interval scale*], [DIA, FSE], *Skala*, bei der gleiche Zahlenabstände gleichen Unterschieden in den Merkmalsausprägungen entsprechen (*Äquidistanz*). Wie bei der *Verhältnisskala* handelt es sich um eine metrische Skala, jedoch ist für eine I. der Nullpunkt beliebig def. Bei der Intelligenzmessung wird z. B. i. d. R. die durchschnittliche Merkmalsausprägung der Population auf 100 per Vereinbarung festgelegt. Würde der Mittelwert auf 50 festgelegt, so würde sich die Bedeutung des Nullpunkts verändern. In der Diagnostik wird i. d. R. I.niveau angestrebt, da dies Datenanalysen mittels parametrischer Verfahren (*Statistik*) erlaubt und insbes. die Anwendung von Standardmethoden der *Normierung* ermöglicht. *Skalenniveau*.

Intervariation [engl. *intervariation*; lat. *inter* zwischen, *variare* verschieden sein], [FSE], Abweichungen z. B. der Eigenschaften oder Leistungen zw. versch. Personen.

Intervention (= I.) [engl. *intervention*; lat. *intervenire* dazwischentreten, während eines Vorgangs hinzukommen], [FSE], eine I. ist eine Maßnahme (z. B. Schulung, Behandlung), deren Wirkung auf ein Zielmerkmal untersucht wird. Hierbei wird ein kausaler Zusammenhang (*Kausalität*) der Maßnahme (*Variable, unabhängige*) auf die *abhängige Variable* angenommen. Zur Prüfung sollten exp. Designs (*Experiment*) verwendet werden, da diese aufgrund der hohen *internen Validität* geeignet sind, die ursächliche, gerichtete Wirkung nachzuweisen. I. dienen der Prüfung theoriebasierter Wirkmechanismen: Führt eine I. zu einem theoretisch prädizierten Effekt, so stützt dies die Theorieannahmen (*Deduktion*). In der Evaluationsforschung werden i. d. R. *komplexe Intervention* hinsichtlich der Wirkung der darin enthaltenen komplexen Maßnahmenbündel untersucht. Die Wirkung der I. wird als *Effektivität* bezeichnet. Döring & Bortz 2016.

Intervention, komplexe (= k. I.) [engl. *complex intervention*], [FSE], ist eine besondere Form der *Intervention*, die aus mehreren Teilkomponenten (z. B. Module, zeitlich gestaffelte Elemente) besteht und i. d. R. vielfältige Effekte für unterschiedliche Betroffenengruppen (*Stakeholder*) hat (z. B. Einführung eines innovativen päd. Konzepts in einer best. Schulform, Optimierung einer multidisziplinären Behandlung chronisch kranker Pat.). K. I. müssen zwar genau wie einfache Interventionen theoriebasiert geplant werden, jedoch stellen die formative Optimierung (*Evaluation, formative*) und die Adaptation an den spezif. Anwendungskontext eine zentrale Notwendigkeit dar. K. I. werden im Verlauf der Evaluation modifiziert und adapiert. *Evaluation komplexer Interventionen*.

Interventionseffekt bei dichotomen Zielgrößen (= I.) [engl. *intervention effects for dichotomous outcomes*], *Intervention*, [FSE], wurde die Effektivität einer Maßnahme in einer Studie, in der die Zielgröße dichotom (*Dichotomie*) operationalisiert wurde (z. B. Erfolg: ja vs. nein), bestimmt, so kann die Überprüfung der *Signifikanz* des Interventionseffekts mittels der *logistischen Regression* erfolgen. Im Falle nicht randomisierter Studien können Verzerrungseffekte durch die Berücksichtigung relevanter *Kovariaten*, hinsichtlich der sich die Vergleichsgruppen systematisch unterscheiden, kontrolliert werden (*propensity score*) und die ermittelten *Odds Ratios* als Maß der *Effektstärke* verwendet werden. Im Falle einer *randomisierten kontrollierten Studie*, werden in der *evidenzbasierten Forschung* zusätzlich i. d. R. als Maße *Relatives Risiko*, *Relative Risiko-Reduktion*, *absolute Risiko-Reduktion* und *number needed to treat* angegeben. *ROC, ROC-Kurve*. *Epidemiologie*. Ressing et al. 2010, Döring & Bortz 2016, Benesch & Raab-Steiner 2013.

Interview (= I.) [engl. *interview*; frz. *entrevue* Begegnung, Unterredung], [FSE, DIA], ein psychol. I. ist ein Gespräch zw. einem oder mehreren Interviewern auf der einen und einem oder mehreren Interviewten auf der anderen Seite, das nach impliziten und expliziten Regeln abläuft und dazu dient, Informationen zur Beschreibung, Erklärung oder Vorhersage indiv. Verhaltens oder der Beziehung zw. Personen zu erheben oder Informationen zu den Bedingungen zu gewinnen, die indiv. Verhalten oder die Beziehung zw. Personen ändern oder aufrechthalten können. Implizite Regeln sind die allg.gültigen Regeln des Umgangs bei Gesprächen im Alltag. Alle Anweisungen und Fragen eines Leitfadens bilden die expliziten Regeln. Das I. ist die in der ps. *Diagnostik* am weitesten verbreitete Methode zur Gewinnung von Informationen und wird in allen Anwendungsbereichen der Ps. verwendet. Alle I.konzeptionen, die auch gute psychometrische Kennwerte (*Gütekriterien*) für ihre I. nachweisen können, zeichnen sich durch eine explizite Planung, Durchführung und Auswertung aus, die zu (teil-)strukturierten bis hin zu standardisierten Gesprächen führen.

Ein unstrukturiertes Gespräch wird ohne Vorgaben zu Durchführung und Auswertung geführt, während bei einem teilstrukturierten Interview zumindest die zu stellenden Fragen explizit vorliegen, etwa in Form eines Leitfadens. Bei einer völligen Strukturierung wird häufig zusätzlich die Reihenfolge der Fragen festgelegt. Werden dem Interviewten auch die Antwortmöglichkeiten vorgelesen und hat der Interviewte sich nur zw. ihnen zu entscheiden, dann entspricht der Leitfaden einem vom Interviewer vorgelesenen *Fragebogen*. Ist zusätzlich auch jeder Schritt der Auswertung und Interpretation der so erhobenen Informationen festgelegt, so liegt ein standardisiertes Interview vor. Zu einer expliziten strukturierten Planung gehören die Anforderungsanalyse und die Überlegungen zu den zu stellenden Fragen. Verhaltensbeschreibende Anforderungen sind in allen Anwendungskontexten die Grundlage für möglichst valide I. Auf ihnen gründet der Leitfaden für die Durchführung und das Kategoriensystem für die Auswertung.

Die zu stellenden Fragen sowie notwendige zusätzliche Informationen befinden sich im Leitfaden. I. Allg. enthält er folg. Aspekte: (1) notwendige Informationen für den Beginn des I. (Begrüßen, Vorstellen, Funktionen der Beteiligten, Ziele und Dauer des I., Übersicht über die Vorgehensweise, Erklärungen zum Umgang mit den zu erhebenden Informationen), (2) alle potenziell zu stellenden Fragen, ausformuliert, (3) erklärende Überleitungen zu einzelnen Abschnitten, (4) notwendige Erklärungen nicht vermeidbarer Fachbegriffe, (5) Vorschriften, wie der Interviewer bei jeder anstehenden Entscheidung vorzugehen hat, (6) alle vorgesehenen Informationen für den Interviewten, (7) Informationen zum Gesprächsabschluss.

Für eine strukturierte, valide Datenerhebung werden im I. Fragen verwendet, die den Interviewten nicht in eine Richtung lenken oder ihn unnötig einschränken, d. h., es wird offen, konkret, verhaltensbezogen, respektvoll und verständlich gefragt, ohne Suggestivfragen zu verwenden. Eine strukturierte I.durchführung zeichnet sich dann dadurch aus, dass der Interviewer den Leitfaden flexibel anwendet sowie die Gesprächsinhalte festhält, um eine unverzerrte Auswertung zu ermöglichen. Im Gespräch werden Informationssammlung und Bewertung voneinander getrennt. Die Gesprächsauswertung erfolgt wiederum kriterienorientiert nach vorher festgelegten expliziten Regeln. Fragen in I. sind suggestiv, wenn die vom Interviewer «erwünschte» Antwort aus der Frage erkennbar ist, weil mind. eine der folg. Bedingungen erfüllt ist: Vorausgeschickte Informationen verdeutlichen die erwünschte Antwort; in der Frage ist bereits eine Bewertung des erfragten Verhaltens enthalten; es wird etwas als gegeben vorausgesetzt, was nicht vorausgesetzt werden kann, weil es auch anders (gewesen) sein kann; Antwortalternativen werden unvollständig aufgezählt; bei vollst. Antwortalternativen oder bei Ja-Nein-Antworten ist eine der Antworten für den Interviewten näherliegend; es sind hinweisgebende Füllwörter wie «sicher», «etwa» usw. enthalten. Wird das Vorgehen im I. dem Interviewer vorgeschrieben, mit ihm eingeübt und dazu regelmäßig indiv. Feedback gegeben, sodass alle Interviewten in der gleichen Weise befragt, die Ergebnisse (auf Tonträger) aufgezeichnet und gemäß vor dem I. festgelegten Regeln ausgewertet und interpretiert werden, so können solchermaßen strukturierte I. eine *Reliabilität* (= Messgenauigkeit) und *Validität* (= Güte) aufweisen wie sehr gute psychometrische Tests. Die Ergebnisse solcher I. korrelieren dann nicht mit dem Alter, Geschlecht und der ethnischen Herkunft von Interviewer oder Interviewtem, was bei teil- oder nicht strukturierten I. i. d. R. der Fall ist. *ethnografische Interviews*, *Experteninterviews*, *focus interview*, *narratives Interview*, *qualitative (Leitfaden-)Interviews*, *Problemzentriertes Interview (PZI)*. Westhoff & Strobel 2011. K. Westhoff/A. Strobel

Interview, biografisches (= b. I.) [engl. *biographical interview*], [**AO, DIA, FSE**], orientiert sich ähnlich wie andere Interview-Konzepte des eignungsdiagn. Bereichs (*Interview, eignungsdiagnostisches*) wesentlich an der *Biografie* des Kandidaten – gemäß der Maxime «The best prophet of the future is the past». Theoretische Basis ist die Annahme von Konsistenz im *Verhalten*. Allerdings ist die Biografieorientierung des b. I. umfassender und tiefer gehend als die anderer *Interview*-Konzepte. Um das zu erreichen, ist es hinsichtlich Aufbau und Thematiken in besonderer Weise strukturiert, nicht jedoch in Fragenformulierungen und Antwortenauswertungen standardisiert. Die Konzeption des b. I. wurde von Sarges (1990, 2013c) vorgeschlagen, weil zur Eignungseinschätzung von Kandidaten für komplexere Funktionen in Management- oder Experten-Positionen standardisierte Fragen nur noch teilweise funktional und darüber hinaus dieser Klientel nicht mehr zumutbar sind.

Zur mangelnden Funktionalität standardisierter/direkter Fragen: In der *Management-Diagnostik* geht man von einer hohen Bedeutsamkeit von Motiven aus, da Wollen-Faktoren (*Motiv*) gegenüber Können-Faktoren (*Fähigkeit*, *Fertigkeit*) umso einflussreicher werden, je unabhängiger ein Funktionsträger über das «Ob», «Was» und «Wie» seiner Handlungen bestimmen kann. Ein prominentes Bündel einflussreicher Motive in diesen Tätigkeitsbereichen ist die Trias von *Leistungsmotiv*, *Machtmotiv* und Bindungsmotiv (Sarges 2013e). Diese Motive bestehen jew. aus zwei Schichten: Die obere Schicht beherbergt die expliziten (dem *Bewusstsein* zugänglichen) Motivanteile; direkte Fragen können i. d. R. unverfälscht beantwortet werden. Die untere Schicht beherbergt die impliziten (dem Bewusstsein nicht unmittelbar zugänglichen) Motivanteile, die sich nur mit indirekten Methoden zutage fördern lassen. Im Interview erfolgt dies durch indirekte Gesprächssteuerung und unstandardisiertes Nachfragen (Sarges 1995a). Es kommt also nicht nur auf die expliziten, sondern auch und bes. auf die impliziten Motive (*Motivationsdiagnostik*) an, denn es gibt zur prognostischen *Validität* dieser beiden Motivfacetten eine beachtenswerte Befundlage: *Implizite Motive* sagen selbstinitiatives Verhalten in offenen Situationen auch über längere Zeiträume vorher, *explizite Motive* eher nur vorgabenorientiertes Verhalten in umgrenzten, stärker regulierten Arbeitssituationen (z. B. Brunstein 2003). Offene, schwach strukturierte Situationen wie z. B. bei Management-Funktionen von derart zentraler Bedeutung, dass man auf Verhaltensprognosen in dieser Hinsicht gar nicht verzichten kann. Zusätzlich sind natürlich auch bei höherrangigen Kandidaten neben Motiven (*Wollen-Faktoren*) die zumindest gleichermaßen wichtigen Fähigkeiten/Fertigkeiten (*Können-Faktoren*) zu berücksichtigen. Doch sind diese i. d. R. leichter zu explorieren.

Zur Zumutbarkeit (Akzeptanz) von standardisierten Fragen: Sie sinkt in dem Maße, wie der Rang der Positionen, für die ausgewählt oder entwickelt werden soll, steigt. Gerade höherrangige Kandidaten legen auch in formaleren Gesprächen gesteigerten Wert darauf, in besonderer Weise als Individuen angesehen und behandelt zu werden. D. h., dass man ein differenzierteres Vorgehen wählen und die nötigen Informationen weitgehend idiografisch beschaffen sollte. Diese Personen bevorzugen indiv. abgestimmte Fragen und Nachfragen und wertschätzen eine verstehensgeleitete *Exploration* ihres ausbildungsmäßigen und beruflichen Lebenslaufs. Aus den Antworten «werden als bedeutsam erachtete Aussagen und Themen sowie inhaltliche Zusammenhänge extrahiert, die entweder als nur für die einzelne Person gültig oder aber als für definierte Gruppen repräsentativ interpretiert werden» (Weber 2005, 129). Zu dieser Art der Bewertung von Antworten in mehr explorativen Interviews informiert Westhoff (2009).

Gesteigerte Funktionalität und Akzeptanz durch nicht standardisiertes Frageverhalten, das allerdings hochgradig ziel- und regelgeleitet ist, dürften sich pos. auf die *Validität* auswirken. Für die *Konstruktvalidität* des b. I. lässt sich dies begründet annehmen (Sarges 2013d), für seine prognostische Validität liegen aber noch keine empirischen Daten vor. *Personalauswahl.*   W. Sarges

Interview, diagnostisches (= d. I.) [engl. *diagnostic interview*], *Diagnostik*, **[DIA, KLI]**, während es sich allg. bei einem *Interview* um eine zielgerichtete Interaktion von mind. zwei Personen handelt, umfasst das d. I. spez. die Erhebung von Informationen meist mit dem Ziel eine psychiatrische Diagnose nach einem Klassifikationssystem wie ICD-10 oder DSM-5 (*Klassifikation psychischer Störungen*) abzuleiten. I. R. der psychiatrischen Diagnostik lassen sich strukturierte und standardisierte Interviews unterscheiden. Die strukturierten Interviews (z. B. SKID-I) haben einen festen Algorithmus, in welcher Reihenfolge die Fragen zu stellen sind, und geben Hinweise, wie die Antworten einer Person zu bewerten sind. Die standardisierten Interviews gehen im Formalisierungsgrad noch einen Schritt weiter und legen auch fest, wie konkret eine Antwort des Pat. zu gewichten ist. Als Bsp. zu nennen ist das *DIA-X*. Strukturierte und standardisierte Interviews haben gegenüber dem *klinischen Interview* den Vorteil, dass der Grad der Zuverlässigkeit der Erhebung der Informationen deutlich höher ist (höhere *Beurteilerübereinstimmung*). Daher sind sie mittlerweile z. B. in Therapiestudien Standard. In der klin. Praxis haben sich jedoch d. I. noch nicht durchgesetzt. Vorteile: u. a. zuverlässige Diagnose, Nachteile: u. a. Training notwendig, zeitaufwendig. Wittchen et al. 2001.
                                    R.-D. Stieglitz

Interview, eignungsdiagnostisches [engl. *aptitude diagnostic interview*], **[AO, DIA]**, ist im arbeits- und organisationspsychol. Kontext ein Gespräch zw. mind. einem Interviewer und einem zu Beurteilenden zur Erhebung jobrelevanter Informationen bei Fragen der beruflichen Auswahl, Platzierung und Entwicklung. Es verfolgt das Ziel, Informationen zu erheben, die es erlauben, anforderungsbezogenes Verhalten möglichst gut zu beschreiben, zu erklären und vorherzusagen (Westhoff & Strobel 2011). Interviews (= I.; *Interview*) sind in der Eignungsdiagnostik die weltweit verbreitetste diagn. Verfahrenskategorie und bei Interviewern wie Interviewten sehr beliebt – nicht zuletzt wegen des positiven Gefühls auf beiden Seiten, selbst eine angemessene Kontrolle über diesen sozialen Prozess der – wenn auch asymmetrischen – gegenseitigen Einschätzung zu behalten. Bis in die 1980er-Jahre galt die empirisch ermittelte prognostische *Validität* von Interviews als niedrig (Ø $r = .20$). Anschließend haben große Metaanalysen (*Metaanalyse*) zur kriterienbezogenen Validität (*Validität*) von I. aus den 1990er-Jahren bei Reanalyse der bis dahin vorhandenen Datensätze generalisierbare Validitätswerte zw. .47 und .63 erbracht (Sarges 2013c) – so hoch wie bei anderen Top-Prädiktoren (z. B. *Intelligenztest*). I. können als eine der hauptsächlichen Validitätskomponenten in Auswahlprozessen angesehen werden, zumal sich inzwischen auch das Führen von I. durch geeignete Trainings weiter verbessert hat. Der Haupteinflussfaktor für die pos. Beeinflussung der prognostischen Validität durch Trainings ist die Strukturierung von I. Sie wird wesentlich von drei Säulen getragen (Campion et al. 1997): (1) Das I. muss inhaltlich auf gründlicher jobbezogener *Anforderungsanalyse* basieren, (2) es muss bezogen auf Ablauf, Fragen- und Antwort-Behandlung stringent konzipiert und strukturiert sein und (3) die Interviewer müssen entspr. kogn. und verhaltensbezogen trainiert worden sein.

Nachfolgend werden vier wiss. basierte I.konzepte skizziert (Sarges 2013c), die eine größere Verbreitung gefunden haben. Die entscheidenden Unterschiede dieser Konzepte liegen allerdings weniger bei der Ermittlung der jobbezogenen Anforderungen, sondern in der Art der Evokation von berichteten Inhalten durch Fragen und deren Bewertung (nomothetisch vs. idiografisch).

(1) Das *Behavior-description-I. (BDI)* sucht herauszufinden, wie sich ein Pb in früheren realen Situationen, die für den Job erfolgskritisch sind, tatsächlich verhalten hat. Es ist also biografiebezogen, ganz nach der Maxime «The best prophet of the future is the past». Seine theoretische Basis ist die Annahme behavioraler Konsistenz. Ihm recht ähnlich sind: das Behavioral-Event-I. (BEI) von McClelland, das Structured-Behavioral-I. (SBI) von Motowidlo und Kollegen und das Experience-based-I. (EBI) von Pulakos und Schmitt.

(2) Das *situative I. (SI)* (*Interview, situatives*) geht gegensätzlich vor. Statt sich auf die Vergangenheit zu beziehen und früheres reales Verhalten anzusprechen, wendet es sich der Zukunft zu und sucht zu ermitteln, was man in anforderungsbezogen besonders kritischen Situationen, die verbal geschildert werden, am ehesten zu tun beabsichtige. Seine theoretische Basis ist die *Zielsetzungstheorie* (Zielsetzungsmethoden) und damit die Annahme, dass Verhaltensintentionen geeignete Prädiktoren für späteres reales Verhalten sind.

(3) Das *multimodale I. (MMI)* (*multimodale Einstellungsinterviews*) nimmt bzgl. der beiden vorgenannten Kon-

zepte gewissermaßen eine Mittlerfunktion ein. Es enthält sowohl real vergangenheitsbezogene Fragen als auch hypothetisch zukunftsbezogene, um die Validitätsvorteile beider Ansätze zu nutzen. Darüber hinaus will es Monomethodenfehler, die durch das alleinige gesprächsbasierte Frage-Antwort-Format gegeben sein können, überwinden, indem es auch andere Methodenkomponenten wie Verhaltenssimulationen u. ä. einbaut. Seine meth. Basis ist die Multimodalität der Informationsbeschaffung, die allerdings bei allen anderen der hier aufgeführten Konzepte als «Add-on» ebenso möglich ist und auch praktiziert wird – und zwar v. a. mit geeigneten Aufgabensimulationen, um nicht nur das Reden über, sondern auch ein Zeigen von relevantem Verhalten zu veranlassen: Einzelarbeiten (z. B. Präsentationen, Kurzfallstudien, Postkörbe) oder Rollenspiele (z. B. Vorgesetzten-Mitarbeiter-Gespräche).

(4) Das *biografische I.* (BI) (*Interview, biografisches*) nimmt, genau wie das BDI, die Vergangenheit in den Blick, orientiert sich aber umfassender bzw. tiefer gehend als das BDI an der Biografie des Kandidaten. Die für die Anforderungen kritischen Situationen in der Biografie werden nicht beim Kandidaten «abgefragt», sondern vom Interviewer «aufgespürt», und zwar im Berichten des Kandidaten über seinen ausbildungs- und berufsrelevanten Lebenslauf. Seine meth. Basis ist ein idiografischer Zugang bei der Datenbeschaffung und die Evokation auch tiefer liegender (sog. impliziter) Gedächtnisinhalte durch zur Narration und Reflexion führende Nachfragen.

Die ersten beiden Konzepte stammen aus den USA und werden dort wie im dt.sprachigen Raum seit ca. 30 Jahren in der Praxis angewendet, die letzten beiden stammen aus Dt. und werden im dt. Sprachraum seit gut 20 Jahren genutzt. Die ersten drei Konzepte – BDI, SI und MMI – bieten zwar nicht nur, aber unübersehbar große Anteile standardisierter Fragen an. Das Konzept des BI enthält kaum vorformulierte Fragen, ist aber bei narrativer *Exploration* stark strukturiert im Hinblick auf seine Ziel- und Regelbezogenheit der Informationsbeschaffung durch diverse Nachfragetechniken. Aus dem dt.sprachigen Raum kommen noch zwei weitere Konzepte hinzu: (5) das *verhaltensbasierte I.* (VI; Kirbach & Wottawa 2008) und (6) das *entscheidungsorientierte Gespräch* (*EOG*; Westhoff 2009). Das erste (5) kombiniert zum I. anforderungsabgestimmte psychometrische Verfahren, das zweite (6) will als «Werkzeugkasten» mehr instrumentell als inhaltlich von Nutzen sein. Gemeinsam ist beiden die Empfehlung, in größerem Umfang standardisierte Fragen heranzuziehen.

Diese Konzepte basieren auf empirischen Befunden ps. Forschung und sind fraglos geeignet für Selektions- wie Entwicklungszwecke. Allerdings bestehen Tauglichkeitsunterschiede im Hinblick auf das organisationshierarchische Niveau der Positionen, mit Bezug auf die ausgewählt, platziert oder entwickelt werden soll. Für weniger komplexe Jobs (den häufigsten Fall) – wie Berufe der unteren Stufen (Auszubildende, Arbeiter/Sachbearbeiter, untere Führungsebene) – kann man mit weitgehend standardisierten Fragen im I. arbeiten, für komplexere Jobs – wie Berufe der mittleren bis oberen Stufen (Manager, aber auch Professionals bzw. Experten) – empfiehlt sich aber ein differenzierteres Vorgehen. Zu Fragen der Planung und des Ablaufs von I., der Bewertung der Antworten sowie der nötigen Trainings informieren Schuler (2002) und Westhoff (2009). *W. Sarges*

Interview, klinisches (= k. I.) [engl. *clinical interview*], [**DIA, KLI**], beim k. I. handelt es sich um ein *Interview*, das zwar durch eine Zielführung gekennzeichnet ist, jedoch dem Erheber der interessierenden Informationen viel Spielraum lässt. Bezogen auf das Ziel einer *Diagnose*stellung obliegt es dem Interviewer, welche Fragen er zur Erhebung der jew. diagn. Kriterien stellt und wie er die Reihenfolge festlegt, ebenso liegt die Bewertung der Antworten beim Interviewer. Im klin. Alltag ist das I. die Methode der Wahl, ist jedoch aufgrund der großen Variabilität und Freiräume bzgl. der Durchführung als weniger zuverlässig als strukturierte und standardisierte I. anzusehen. Dieser Nachteil kann durch den gleichzeitigen Einsatz von diagn. Checklisten reduziert werden, erfordert jedoch auch dann klin. Erfahrung und Kompetenzen in der Gesprächsführung. Vorteile: u. a. flexibel einsetzbar, Nachteile: u. a. weniger zuverlässig. *Interview, diagnostisches.* Wittchen et al. 2001. *R.-D. Stieglitz*

Interview, problemzentriertes *Problemzentriertes Interview (PZI).*

Interview, situatives (= s. I.) [engl. *situational interview*], [**AO, DIA**], ist eine spezif. Form eines strukturierten *Einstellungsinterviews*, das in der *Personalauswahl* eingesetzt werden kann. Im deutschen Sprachraum wird es auch als eine Komponente eines multimodalen Einstellungsinterviews verwendet. Das s. I. wurde 1980 von Latham et al. erstmals vorgestellt. Die einzelnen Fragen im s. I. (meist 5 bis 15) beschreiben jew. hypothetische erfolgskritische Arbeitssituationen, und die Bewerber werden gefragt, wie sie sich in diesen Situationen verhalten würden. Die Arbeitssituationen werden vorher i. R. einer *Anforderungsanalyse* mittels der *critical incident technique* ermittelt. Die Bewertung der Antworten erfolgt anhand von Skalen mit vorgegebenen Bsp.antworten oder Verhaltensankern (*verhaltensverankerte Skala*). Als theoretische Grundlage des s. I. wird die Zielsetzungstheorie herangezogen, die u. a. annimmt, dass Verhaltensintentionen zu tatsächlichem Verhalten führen. Für das s. I. wird dabei angenommen, dass die Antworten der Bewerber Verhaltensintentionen darstellen. Durch das strukturierte Vorgehen und den klaren Tätigkeitsbezug weist das s. I. eine gute *Reliabilität* und *Validität* auf. So berichten einschlägige *Metaanalysen* Interraterreliabilitäten von .79 (*Beurteilerübereinstimmung*) und Kriteriumsvaliditäten bzgl. der Vorhersage von beruflicher Leistung von .45 (korrigiert für Varianzeinschränkung bzgl. der Interviewleistung und Unreliabilität des Kriteriums, *Minderungskorrektur*). Mussel 2007. *K.G. Melchers*

Interview, standardisiertes *Interview*, *Interview, diagnostisches.*

Interview, strukturiertes *Interview*, *Interview, diagnostisches.*

Interviewer-Training *Interview, eignungsdiagnostisches, Meinungsbefragung, Meinungsforschung.*

Interviewleitfaden [engl. *interview guide*], *Qualitative (Leitfaden-)Interviews.*

Interviews, ethnografische *Ethnografische Interviews.*

Interviews, qualitative *Qualitative (Leitfaden-)Interviews, Interview, Interview, biografisches, Narratives Interview.*

^(Test)**Interviews zu Belastungsstörungen bei Kindern und Jugendlichen (IBS-KJ)**, 2005, R. Steil, G. Füchsel, [www.testzentrale.de], **[DIA, KLI]**. Klinisches Verfahren. AA 7 bis 16 Jahre. Mit dem IBS-P-KJ liegt ein strukturiertes klin. Interview vor, welches das Vorhandensein einer Traumatisierung i. S. des DSM-IV, einer PTBS (*Posttraumatische Belastungsstörung*) sowie Häufigkeit und Intensität der Symptome der Störung laut DSM-IV erfasst. Ein Vorteil des Instrumentes besteht darin, dass das Kind selbst befragt wird. Kindgerecht formulierte Fragen sorgen für eine gute Verständlichkeit. Alternativformulierungen sind dem unterschiedlichen Verständnis der Kinder angepasst und werden vom Interviewer entspr. dem Entwicklungsstand bzw. dem situativen Verständnis ausgewählt. Spezielle einführende Übungen mit Bsp. machen das Kind mit Ablauf und Struktur des Interviews vertraut. Zudem erleichtern kindgerechte visuelle Analogskalen zur Symptomeinschätzung dem Kind das Verständnis des Frageformats. *Normierung*: Vergleichswerte für die Gesamtschwere der Symptomatik (PTB; $N = 113$). Bearbeitungsdauer: Je nach Ausprägung der Symptomatik ca. 30 bis 60 Min.

Intervision (= I.) [engl. *intervision*; lat. *inter* zwischen, *videre* sehen], **[AO]**, der Begriff der I. wurde zuerst von dem Niederländer Jeroen Hendriksen im Jahre 2000 geprägt. I. steht für eine Methode der systematischen Problemlösung, die eine große Nähe zu der im dt. Sprachraum praktizierten *kollegialen Beratung* aufweist. Mitarbeiter werden durch berufserfahrene und in Moderationstechniken ausgebildete Kollegen beraten. Der Schwerpunkt von I. liegt auf der Unterstützung bei beruflichen Problemen und beinhaltet für den beratenden Kollegen, den Intervisor, v. a. eine problem- und ergebnisorientierte Kommunikation, um den Kollegen dabei zu helfen, Schwierigkeiten im täglichen Arbeitsablauf zu überwinden und Verhalten zu optimieren. Typische Kennzeichen der I. sind: (1) angeleitete, zielgerichtete kollegiale Beratung bei beruflichen Problemen (2) in einer Gruppe von Gleichgestellten innerhalb einer Organisationseinheit (3) zur Lösungsfindung in einem autonomen, an Erfahrung orientierten Lernprozess. *Supervision.* Brinkmann 2002. *R. Brinkmann*

Intimitätsmotiv (= I.) [engl. *intimacy motive*; lat. *intimus* der Vertrauteste], **[EM, SOZ]**, umfasst sowohl das Bestreben als auch die Fähigkeit, mit anderen Menschen enge Beziehungen aufzubauen und aufrechtzuerhalten. Im Ggs. zu *Hoffnung auf Anschluss* und *Furcht vor Zurückweisung*, die im Kontakt mit Fremden aktiviert werden, wird das I. erst beim Umgang mit gut bekannten Personen angeregt. Der angestrebte Zielzustand des *Motivs* kann als das Erleben einer wechselseitig vertrauten und «warmen» Zweisamkeit beschrieben werden. In der Konzeption des I. gingen sowohl theologisch-phil. als auch psychiatrische und psychol. Überlegungen und Erkenntnisse ein, wobei die Gegenseitigkeit und der Austausch zw. nahestehenden Personen die zentrale Rolle spielen. Allein die Begegnung mit einer vertrauten Person wird als sich selbst genügender *Wert* erlebt. Dabei entstehen *Emotionen* der geteilten *Freude* und empfundener Harmonie. Die beobachtbare *Kommunikation* stellt sich als ausgewogen dar und ist durch Offenheit und Aufnahmebereitschaft zu kennzeichnen, ohne dass einseitige Überlegenheit oder manipulative Kontrolle auftreten. Begleitet wird dies von Gedanken, die von Interesse bis hin zur Sorge um das Wohlergehen des Anderen beschreibbar sind. Im *Verhalten* lassen sich einige Gemeinsamkeiten zw. Personen mit hohem I. und solchen mit hoher Hoffnung auf Anschluss beobachten, allerdings gibt es einen zentralen Unterschied: Hoch Intimitätsmotivierte vertrauen in hohem Maße ihren bekannten Sozialpartnern und liefern sich ihnen damit aus. So lassen sich auch enge Zusammenhänge zw. dem angeregten I. und der Ausschüttung des Neurotransmitters *Oxytocin*, das als «Hormon der Mutterliebe» und des Vertrauens gilt, finden. Sokolowski & Heckhausen 2010. *K. Sokolowski*

Intimsphäre (= I.) [engl. *private sphere*; lat. *intimus* der Vertrauteste], **[SOZ]**, alltagssprachl. Bez. für den Eigenbereich, den der Mensch meist sorgfältig abschirmt. Dieser Bereich wird dabei umso mehr zum Intimen, je stärker Scheu, Takt, Scham oder Tabus jeden fremden Einblick und jede Profanierung verbieten. *Privatheit, Kinsey-Report.*

Intoleranz [engl. *intolerance*; lat. *in* ohne], *Toleranz.*

Intonation (= I.) [engl. *intonation*; lat. *intonare* erschallen], **[KOG]**, melodisches Ablaufmuster bei der *Sprachproduktion*, das durch Tonhöhenunterschiede im Redefluss zustande kommt. I.konturen (*intonation contours*) sind z. T. einzelsprachspezifisch, jedoch kann die I. unabhängig hiervon auch paralinguistische (*Paralinguistik*) Information über die Gestimmtheit des einzelnen Sprechers oder über Bedeutungsaspekte der einzelnen Mitteilung liefern: z. B. über den gemeinten Modus einer Äußerung (Aussage, Frage, Aufforderung) oder darüber, welche Mitteilungsinhalte der Sprecher gegenüber anderen hervorheben will; schließlich kann I. eine Verstehenshilfe bei sprachlich mehrdeutigen Äußerungen sein (*Sprachrezeption*).

Intoxikation [engl. *intoxication*; gr. τοξίνη (*toxine*) Gift], *Vergiftung.*

intraindividuell [engl. *intraindividual*; lat. *intra* innerhalb], innerhalb des selben Individuums. Ggs. *interindividuell.*

intraindividuelle Differenzen [engl. *intraindividual differences*; lat. *intra* innerhalb, *differentia* Unterschied], **[PER]**, die Merkmale (*Persönlichkeitsmerkmal*), die ein Individuum kennzeichnen und seinem *Verhalten* zugrunde liegen, wandeln sich. Die gleichen Menschen verhalten sich zu versch. Zeiten und in unterschiedl. Situationen versch. *interindividuelle Differenzen.* Roth 1969.

Intraklassenkorrelation (= ICC) [engl. *intraclass correlation*], **[DIA, FSE]**, umfasst eine Gruppe von Korrelationskoeffizienten, die zur Abschätzung der Stärke des

Zusammenhangs für gepaarte Beobachtungen oder zur Abschätzung der Reliabilität von Messwertreihen verwendet werden kann. Die Def. der Koeffizienten lehnt sich eng an die Varianzzerlegung der *Varianzanalyse* an. Speziell in der Forschung über eineiige Zwillinge wird dieses Maß zur Schätzung der Umwelteinflüsse benutzt. Es existieren sechs Varianten der ICC, die die wichtigsten Maßzahlen zur Bestimmung der *Beurteilerübereinstimmung* darstellen. Die Interpretation der ICC als Reliabilitätsmaß ist an die Annahmen der klassischen *Testtheorie* geknüpft. Hier wird insbes. angenommen, dass sich die gemessenen Werte als additive Verknüpfung der wahren Merkmalsausprägung der beurteilten Personen, ggf. der indiv. Strenge des Beurteilers und einer zufälligen Fehlerkomponente ergeben. Die Reliabilität von Beurteilungen ist definiert als Anteil der Varianz der Beurteilungsdaten, der durch die wahre Merkmalsvarianz der beurteilten Personen erklärt werden kann. Die ICC schätzt erwartungstreu die Reliabilität der Urteile beliebig vieler Rater. Wird verlangt, dass die von versch. Beurteilern vergebenen Werte absolut übereinstimmen, so muss entweder die ICC(unjust,einfak) oder die ICC(unjust) berechnet werden. Müssen lediglich die relativen Abweichungen vom indiv. Mittelwert der einzelnen Beurteiler ähnlich ausgeprägt sein, weil Mittelwertsunterschiede zw. den Beurteilern die Datenqualität nicht beeinträchtigen, sollte die ICC(just) bestimmt werden. Alle drei genannten ICCs schätzen die Zuverlässigkeit des Urteils *eines* beliebigen Beurteilers. Die ICC(unjust,einfak,MW), ICC(unjust,MW) und die ICC(just,MW) können zur Bestimmung des Mittelwerts mehrerer Beurteiler verwendet werden. Eine ICC im Bereich von 0 zeigt zufälliges Beurteilungsverhalten an, ein Wert von 1 eine perfekt zuverlässige Merkmalseinschätzung durch die Beurteiler. Werte größer .7 werden im Allgemeinen als Indikator für gute Beurteilerübereinstimmung angesehen. *Mehrebenenanalyse*. Wirtz & Caspar 2002.

intrakranielle Selbstreizung [engl. *intracranial self-stimulation*; lat. *intra* innerhalb, *cranium* Schädel], *Euphorisierung*.

intrapsychische Ataxie [engl. *intrapsychic ataxia*; lat. *intra* innerhalb, gr. ἀταξία *(ataxia)* Unordnung, Verwirrung], [**EM, KLI**], Störung bzw. Aufhebung des Zusammenhangs zw. Vorstellungen und den zugehörigen Affekten. Das Störungsbild gilt als charakteristisch für Schizophrenie.

Intrarollenkonflikte [engl. *intra-role conflicts*; lat. *intra* innerhalb], *Gruppenrollen, Quasi-Rollen*.

intrasubjektiv, Intrasubjektivität [engl. *intrasubjective, intrasubjectivity*; lat. *intra* innerhalb], [**PER**], Bez. für dasjenige, was dem einzelnen Subjekt gegeben ist bzw. sich in ihm abspielt. Ggs. *intersubjektiv, Intersubjektivität*.

Intravariation [engl. *intravariation*; lat. *intra* innerhalb, *variare* verschieden sein], [**PER**], Abweichungen z. B. der Eigenschaften oder Leistungen einer Person zu versch. Situationen, Zeiten usw. *Intervariation, Stabilität*.

intra vitam, intravital [lat.], innerhalb des Lebens(ablaufs).

intrinsisch [engl. *intrinsic(al)*; lat. *intrinsecus*], [**EM**], innerlich, wesentlich, von innen heraus. Ggs. *extrinsisch*.

intrinsische Belohnung [engl. *intrinsic reward*], *Schutzmotivation, Theorie der*.

intrinsische Datenanalyseverfahren *Datenanalyseverfahren, intrinsische*.

intrinsische Motivation [engl. *intrinisic motivation*; lat. *intrinsecus* innerlich, von innen heraus], *Lernmotivation, intrinsische und extrinsische, Motivation, Motivation, intrinsische; Theorien, autochthone Dynamik, autotelisch*.

Introjektion (= I.) [engl. *introjection*], [**EM, PER**], Aufnahme fremder Anschauungen, Motive und dgl. in das *Ich*. Grundvorgang der *Identifizierung*. Der Begriff der I. wurde von Ferenczi eingeführt und als Einbeziehung des Objektes in den subj. Interessenkreis, als Verinnerlichung eines äußeren Objektes definiert. Ggs. *Projektion*. Nach *Freud* (*Psychoanalyse*) steht die I. auch in einem Ggs. zur *Verdrängung*, da bei der Abtrennung von einem äußeren libidobesetzten Objekt im Falle der I. dieses Objekt im Ich wieder aufgerichtet wird, im Falle der Verdrängung aber dieses Objekt ins Unbewusste versinkt. *Selbstinfiltration*.

Introspektion [engl. *introspection*; lat. *introspicere* hineinsehen], wörtlich In-sich-hinein-Sehen, syn. *Selbstbeobachtung*, Erlebnisbeobachtung. J. Fahrenberg

Introversion (= I.) [engl. *introversion*; lat. *intro* nach innen; *vertere* wenden, richten], [**PER**], Persönlichkeitseigenschaft (*Persönlichkeitsmerkmal*), die sich auf die Dimension Ich-Umwelt bezieht und als bipolares Konstrukt mit den Polen I. und *Extraversion* (= E.) psychometrisch konzipiert ist (z. B. im *Fünf-Faktoren-Modell*). C. G. Jung hat dieses Konstrukt bei der Darstellung seiner psychol. Typen ausführlich beschrieben. Bei Extraversion liegt der Schwerpunkt auf der Umweltaufgeschlossenheit und der Kontaktsuche mit der Umwelt. Bei dem Pol der I. handelt es sich um gesteigerte Ichbetonung und mangelnde Beziehung zur Außenwelt. Während Eysenck die I. auf dem Typenniveau mittels Fragebogenitems misst, setzt sich die I.dimension bei R. B. Cattell (auf Fragebogenebene) aus fünf Komponenten zus. Cattell fasst die Fragebogenfaktoren zu einem Faktor 2. Ordnung zus. Auf der Basis obj. Tests konnte Cattell ebenfalls einen Intro-/Extraversionsfaktor (U. I. 32) identifizieren. *Persönlichkeit, klassische faktorenanalytische Ansätze, Persönlichkeit, neurowissenschaftliche Ansätze*. Pawlik 1968, Rammsayer 2006. H. O. Häcker

introvertierter Typ [engl. *introverted type*; lat. *intro* nach innen, *vertere* wenden], [**PER**], Einstellungstyp nach C. G. Jung, komplexe Grunddimension in Faktorentheorien der Persönlichkeit (*Persönlichkeit, klassische faktorenanalytische Ansätze*), dadurch charakterisiert, dass die psych. Energie auf die Innenwelt gerichtet und das *Denken, Fühlen* und Handeln (*Handlung*) durch die Innenwelt determiniert sind. *Typologie* (Einstellungstypen). Die Dimension der *Introversion* (bzw. *Extraversion*) ist auch vielfach gesichertes Konstrukt in den faktorenanalyt. Systemen von *Eysenck, Cattell* und *Guilford*. Während Eysencks Introversions-(Extraversions-)Faktor einen Faktor auf dem Typenniveau (Faktor 2. Ordnung) darstellt, hat Cattell mit Fragebogendaten 4 bis 5 Primärfaktoren der Extraversion bzw. Introversion identifizieren können: nämlich A, E, F, H und Q2.

Introvision (= I.) [engl. *introvision*; lat. *intro* nach innen, *videre* schauen], **[GES, KLI]**, syn. *Innenschau*; ist eine verhaltenstherap. (*Verhaltenstherapie*) orientierte Therapie- und *Coaching*-Methode, die vor allem bei angstassoziierten Erkrankungen wirksam ist. Theoretische Annahme der I. für die Ursache von Problemen ist, dass schmerzhafte, neg. Erfahrungen in starre Sollvorstellungen bzw. innere *Selbstbefehle* (= S.) transformiert werden, die als «Muss-darf-nicht-Syndrom» erlebt werden. Die Aufdeckung ursächlicher innerer S. erfolgt in zwei Schritten. Im ersten Schritt werden innere S. identifiziert, indem erwartbare neg. Konsequenzen expliziert werden (z. B. «Was ist eigentlich schlimm daran, einen Vortrag zu halten?»). Eine Analyse der z. B. mit der Vortragsangst verbundenen inneren S. führt schließlich zu den Ursachen der Vortragsangst (*Prüfungsangst*). Im zweiten Schritt wird mithilfe des sog. *Akzeptierenden Wahrnehmens* (AW) die dauerhafte Auflösung der mit dem Problem verbundenen inneren S. angestrebt. AW ist der Implosion (*Exposition* in sensu) sehr u. ä. und fördert ein Annehmen der mit dem inneren S. verbundenen neg. Gefühle. Im Falle der Vortragsangst kann z. B. die Vorstellung, dass Zuhörer kritisch nachfragen könnten, mit Gefühlen wie *Angst*, *Panik* oder Herzklopfen verbunden sein (*Erwartungsangst*). Mithilfe des akzeptierenden Wahrnehmens der Möglichkeit, dass es *theoretisch* sein *kann*, dass in der Situation kritische Nachfragen kommen *könnten*, versucht man, dem «Schlimmen ins Auge zu sehen», ähnlich wie in der Implosion (Exposition in sensu). Diese innerliche Freigabe oder Akzeptanz, dass etwas, was man selbst nicht möchte, ggf. passieren *könnte*, kann im ersten Moment zu einer Erstverschlimmerung führen, bei der die emot. und/oder körperliche Anspannung kurzfristig ansteigt. Nach einer Wiederholung des AW (z. B. 1- bis 2-mal täglich) löst sich diese innere Erregung nach und nach auf und die Vortragsangst wird gelindert oder ggf. vollst. aufgelöst. Die pos. Wirkung wird – neben den bestehenden verhaltenstherap. Erkenntnissen zu Expositionstechniken – auch darauf zurückgeführt, dass man durch die Anwendung des AW nicht mehr mit großem emot. und körperlichen Kraftaufwand gegen die theoretische Möglichkeit arbeitet, dass kritische Nachfragen kommen könnten. Vielmehr wird diese unangenehme Möglichkeit nun innerlich akzeptiert, und es können alternative situationsgerechte Reaktions- und Handlungsstrategien fokussiert werden. Darüber hinaus ist die Einsicht über die Ursache für das eigene indiv. Problem entlastend und erleichternd. Wagner 2011. *M. Neumann*

Introzeption [engl. *introception*; lat. *intro* (nach) innen, *capere* sich aneignen], **[SOZ]**, der Begriff stammt von W. Stern für den Vorgang, dass kult. Normen (*Normen, soziale*), Konventionen, Ideale, Moralgebote u. a. in das persönliche System der Motive, Interessen, Werte eingebaut werden. Der religiöse Mensch «introzipiert» die Lehren seines Glaubens – macht sie sich zu eigen. Das Äußerliche und vorerst Fremde wird innerlich und dynamisch. *Identifizierung*, *Internalisierung*, *Introjektion*, *Nachahmung*, Imitation. Allport meint, dass dieser Begriff kein psychol. sei, sondern ein ethischer, weil er die Verwandlung von *Heterotelesis* in *Autotelesis* bezeichne. Allport 1949, Stern 1935, 1950.

Intuition [engl. *intuition*; lat. *intuere* (genau) hinsehen], **[KOG]**, ursprünglich Anschauung, Betrachtung, später geistige Schau, eingebungsartige, nicht durch Erfahrung oder Überlegung, sondern durch unmittelbares Erfassen des Wesens einer Wirklichkeit gewonnene, der Offenbarung ähnliche Einsicht (*Inspiration*). In anderem Sinn wird unter Intuition auch ein Erfahrungsdenken verstanden, dessen einzelne Stationen nicht mehr voll bewusst werden, wie dies z. B. bei der med. *Diagnose* der Fall sein kann (sog. klin. Blick). Häufig wird auch von «intuitivem Denken» gesprochen. Solche Denkvorgänge werden im Ggs. zum logischen, *diskursiven Denken* gesehen.

Intuitionsfunktion [engl. *intuition function*], *Intuition* **[KLI, PER]**, eine von C.G. Jung angenommene psych. *Hauptfunktion*, die von der *Empfindungsfunktion* unterschieden ist, aber gleich ihr als irrational bezeichnet wird. Ihr soll die Welt durch *unbewusste* Wahrnehmung erkennbar werden, auch soll sie die eigentliche Traumfunktion (*Traumdeutung*) sein.

Intuitionstypus, intuitiver Typus [engl. *intuition type*], **[PER]**, bei Jung Bez. für einen Funktionstypus, der vorrangig vom Intuieren (Ahnen; *Intuition*) bestimmt ist. *Typologie*.

intuitive Biologie [engl. *intuitive biology*; lat. *intuere* (genau) anschauen], **[EW]**, fasst die Entwicklung des Alltagswissens über Leben, Menschen, Tiere und Naturphänomene zus. Es werden auch Prozesse wie Ernährung, Wachstum, Reproduktion, Vererbung, Krankheit und Tod dazu gezählt. Eine der grundlegenden Fragen ist diejenige nach der Entwicklung der Fähigkeit zur Unterscheidung zw. lebenden Wesen und nicht lebenden Objekten. Tiere und Menschen können von Kleinkindern schon am Ende des ersten Lebensjahres einerseits voneinander und andererseits von Pflanzen und nicht lebenden Objekten unterschieden werden. Pflanzen werden von Kindern im Grundschulalter von unbelebten Objekten unterschieden, bis zum Alter von 10 Jahren herrscht allerdings Unklarheit über die Lebendigkeit von Pflanzen. Mähler 1999, Hatano & Inagaki 1994. *M. Daum*

intuitive Physik [engl. *intuitive physics*; lat. *intuere* (genau) anschauen], **[EW, KOG]**, Gesamtheit des (nicht auf formale Belehrung zurückgehenden) Alltagswissens über die physikal. Welt. Die intuitive Physik umfasst neben verbalisierbaren *Konzepten* und Erklärungsmustern (intuitive Physik i. e. S., syn. naive Physik) auch perzeptive (*Perzeption*) und perzeptiv-motorische Komponenten. Die intuitive Physik weicht in versch. Hinsicht systematisch von der Schulphysik ab. Bspw. ist die an die mittelalterliche Impetustheorie erinnernde Fehlvorstellung verbreitet, dass jeder Bewegung eine Kraft zugrunde liegt. Die Frage, ob die intuitive Physik eine theorieähnliche Wissensstruktur darstellt oder eher als Konglomerat lokaler Wissensbestände zu sehen ist, wird kontrovers diskutiert. Die Ursprünge der intuitiven Physik lassen sich bis ins frühe Säuglingsalter zurückverfolgen. *Objektpermanenz*, *intuitive Biologie*, *theory of mind*. Anderson & Wilkening 1991, McCloskey 1983, Wilkening et al. 2006. *H. Krist*

intuitives Denken [engl. *intuitive thinking/reasoning*], [**KOG**], eingebungsartiges, einfallsartiges Denken (*Intuition*). Ggs. *diskursives Denken*.

INUS-Bedingung, Abk. für [engl. *insufficient but necessary part of an unnecessary but sufficient condition* nicht hinreichender, aber notwendiger Teil ist nicht notwendigen, aber hinreichenden Bedingung]. *Kausalität*.

Invarianz (= I.) [engl. *invariance*; lat. *in* ohne, *variare* verschieden sein], syn. *Unveränderlichkeit, Beständigkeit*, [**KOG, WA**], z. B. wie Gegenstände ihre Raum- und Ortswerte konstant halten trotz aller Blickbewegungen und Kopfneigungen (*Konstanz*). In der *Psychomotorik* werden invariante Merkmale (z. B. zeitliche Struktur) bei Variation anderer Bewegungsmerkmale (z. B. Dauer) untersucht. I. wird auch ungenau gebraucht für die relative Konstanz der Größe, Helligkeit, Form und Farbe unter wechselnden Umfeld- und Wahrnehmungsbedingungen.
[**EW**], Piaget spricht von I. oder «Erhaltung» (*conservation*) nach Transformationen der Form und Anordnung von Menge, Gewicht, Volumen etc. als Ergebnis der *Äquilibration*, die Kindern erst in einem best. Alter gelingen soll (*Entwicklung, kognitive, Gruppierung, konkret-operatorische Entwicklungsstufe*). *R. Bergius*

Invarianzproblem [engl. *invariance problem*], *Sprachwahrnehmung*.

Inventar [engl. *inventory*; lat. *inventarium* Besitztum], [**DIA**], (1) der persönliche Bestand an Wissen, Verhaltensweisen u. a., wie er durch Exploration, Test und Beobachtung erhoben wird. (2) Begriff der Testps. für eine Zusammenstellung (Katalog, Liste) von Aufgaben (Items).

^Test^**Inventar berufsbezogener Einstellungen und Selbsteinschätzungen (IBES)**, 2006, B. Marcus, [www.testzentrale.de], [**AO, DIA, PER**]. Verfahren zur Berufseignungsdiagnostik. AA ab 16 Jahren. Mit dem IBES liegt ein Persönlichkeitsverfahren vom Typus sog. Integrity Tests vor, die sich in Nordamerika seit langem als eine valide Methode zur *Personalauswahl* bewährt haben. Das IBES ist ein Selbstberichtsverfahren, das aus 115 Items in neun Subskalen besteht, die sich teils der einstellungs-, teils der eigenschaftsorientierten Variante von Integrity Tests zuordnen lassen. Zum ersten Teil gehören die Facetten *Vertrauen, Verbreitung unerwünschten Verhaltens, Nicht-Rationalisierung* und *Verhaltensabsichten*, zum zweiten Teil *Gelassenheit/Selbstwertgefühl, Zuverlässigkeit/Voraussicht, Vorsicht, Zurückhaltung* und *Konfliktmeidung*. *Normierung*: Für den Gesamtwert und die einzelnen Skalen stehen einheitliche Normen zur Verfügung, die ausschließlich bei externen Bewerbern aus unterschiedlichen Branchen und Berufsgruppen erhoben wurden ($N = 332$). Bearbeitungsdauer: ca. 25 Min. inkl. Instruktion.

^Test^**Inventar Klinischer Persönlichkeitsakzentuierungen (IKP)**, 2006, B. Andresen, [www.testzentrale.de], [**DIA, KLI**]. Klinisches Verfahren zur Erfassung von Persönlichkeitsakzentuierungen. AA ab 16 Jahren. Das Grundinventar IKP-G erfasst elf offizielle Diagnoseeinheiten nach DSM-IV und ICD-10. Jede Einheit wird durch zehn Items pro Skala erfasst. Das Ergänzungsmodul IKP-Eg dient der Einbeziehung aller traditionellen Persönlichkeitsakzentuierungen nach Kurt Schneider. Darüber hinaus erschließt es Persönlichkeitsakzentuierungen, die differenzialdiagnostische Entscheidungen zw. DSM-IV und ICD-10 ermöglichen (z. B. furchtsame/körperlich bedrohungssensible, riskierend-abenteuerlustige). Außerdem werden weitere subaffektive, psychosenahe, borderline- und angst-/aggressionsbezogene Persönlichkeitsakzentuierungen einbezogen. *Normierung*: Nicht-repräsentative Normen für IKP-G/IKP-Eg: 1500/750 nicht klin. Pbn für den Altersbereich 16 bis 75. Bearbeitungsdauer: ca. 20 bis 25 Min. für IKP-G/IKP-Eg.

^Test^**Inventar sozialer Kompetenzen (ISK)**, 2009, U. P. Kanning, [www.testzentrale.de], [**AO, DIA, SOZ**]. Mehrdimensionaler berufsbezogener Persönlichkeitstests zur Selbsteinschätzung. AA ab 16 Jahren. Das ISK ist faktorenanalytisch begründet und unterscheidet 17 Primärfaktoren *sozialer Kompetenzen*: Prosozialität, Perspektivenübernahme, Wertepluralismus, Kompromissbereitschaft, Zuhören, Durchsetzungsfähigkeit, Konfliktbereitschaft, Extraversion, Entscheidungsfreudigkeit, Selbstkontrolle, emot. Stabilität, Handlungsflexibilität, Internalität, Selbstdarstellung, direkte Selbstaufmerksamkeit, indirekte Selbstaufmerksamkeit, Personenwahrnehmung. Diese lassen sich zu vier Faktoren zweiter Ordnung gruppieren (soziale Orientierung, Offensivität, Selbststeuerung, Reflexibilität). Das ISK erfasst mit 108 Items alle Primär- und Sekundärskalen, die Kurzform (ISK-K) mit 33 Items nur die Sekundärskalen. Die *Reliabilität* sowie die *Konstruktvalidität* und kriterienbezogene *Validität* werden durch zahlreiche Studien belegt. Keine Zeitbegrenzung. Durchführungszeit: ca. 20 Min. (ISK) bzw. 10 Min. (ISK-K). Auswertungszeit: ca. 10 Min. (ISK) bzw. 5 Min. (ISK-K). Die Normierung erfolgt auf Basis einer Stichprobe von 4208 Personen (Prozentrang, Stanine, Standardwerte). *U. P. Kanning*

^Test^**Inventar zur Erfassung der Lebensqualität bei Kindern und Jugendlichen (ILK)**, 2006, F. Mattejat & H. Remschmidt, [www.testzentrale.de], [**DIA, GES, PÄD**]. Klinisch-päd. Screening-Instrument. AA 6 bis 18 Jahre. Das ILK ist ein ökonomisch einsetzbares Screening-Instrument zur Erfassung der Lebensqualität (*Lebensqualität im Kindesalter*) bei gesunden sowie Kindern und Jugendlichen mit einer psych. Störung oder körperlichen Erkrankung und kann in einer Therapie hinsichtlich Indikationsstellung, Planung und Zielbestimmung sowie zur Therapie-Evaluation und Qualitätssicherung eingesetzt werden. Es erfasst Informationen vom Pat. selbst, dessen Eltern und seinen Ärzten oder Therapeuten. Die Lebensqualität wird in versch. Bereiche gegliedert, die im ILK getrennt erfasst werden: (1) *Schule*, (2) *Familie*, (3) *soziale Kontakte zu Gleichaltrigen*, (4) *Interessen und Freizeitgestaltung*. Hinzu kommen die beiden gesundheitsbezogenen Bereiche: (5) *körperliche Gesundheit* und (6) *psych. Gesundheit*. Neben den Einzelbereichen wird auch eine (7) Gesamtbeurteilung der Lebensqualität erhoben. Als zusätzliche Bereiche, die nur für erkrankte Personen relevant sind, werden Maße für die (8) *Belastung durch die aktuelle Erkrankung* und für die (9) *Belastung durch die diagn. und* therap. Maßnahmen erhoben. *Normierung*: Repräsentative Normwerte. Schulstichproben Kinder und Jugendliche: *N* = 9327; Eltern: *N* = 1122; Klinische Stichprobe Kinder und Jugendliche: *N* = 620; Eltern: *N* = 599. Bearbeitungsdauer: jeweils 5 bis 15 Min.

^(Test)**Inventar zur Erfassung interpersonaler Probleme – Deutsche Version (IIP-D)**, 2000, L. M. Horowitz, B. Strauß & H. Kordy, [www.testzentrale.de], [**DIA, KLI, PER**]. Verfahren zur Selbsteinschätzung interpersonaler Probleme. AA Erwachsene. Das IIP-D ist ein Fragebogen zu Problemen im Umgang mit anderen Menschen (*interpersonale Kompetenz*). Erfragt werden interpersonale Verhaltensweisen, (1) die dem Pb schwer fallen und (2) die ein Pb im Übermaß zeigt. Der Fragebogen erlaubt eine differenzierte Diagnostik interpersonaler Probleme primär im klin. Kontext. Er liegt in einer Lang- und einer Kurzform vor. Die Auswertung kann über acht faktorenanalytisch gebildete Skalen erfolgen, die den Oktanten des interpersonalen Kreismodells entsprechen. Daneben wird ein Gesamtwert gebildet, der das Ausmaß an interpersonaler Problematik charakterisiert. *Normierung*: Stanine-Werte für eine gemischte Population (Psychotherapiepat., *N* = 506; Rehabilitanten nach Herzerkrankungen, *N* = 368 und Studenten, *N* = 461). In der 2., überarbeiteten und neu normierten Aufl. werden Repräsentativnormen für die Altersgruppe von 18 bis 90 Jahren (*N* = 3047) dokumentiert. Bearbeitungsdauer: Langform ca. 20 Min., Kurzform ca. 10 Min.

^(Test)**Inventar zur Erfassung von Impulsivität, Risikoverhalten und Empathie bei 9- bis 14-jährigen Kindern (IVE)** (IVE), 2004, C. Stadler, W. Janke & K. Schmeck, [www.testzentrale.de], [**DIA, EW, KLI**]. Klinisches Verfahren für Kinder und Jugendl. (Selbstbeurteilungsfragebogen) von 9 bis 14 Jahren. Einzel- und Gruppentest. Basiert auf dem Impulsivitätsfragebogen von Eysenck und Eysenck. Je 16 Items zur Impulsivität, Risikoverhalten und Empathie. Cronbachs alpha für Impulsivität bei Jungen alpha = .82 und Mädchen alpha = .80; Risikoverhalten Jungen alpha = .85 und Mädchen alpha = .81; Empathie Jungen alpha = .86 und bei Mädchen alpha = .77. Faktorielle Validität gegeben. Belege zur externe Validität (Diskriminierung von ADHS gesunder Kontrollgruppe) und Störung des Sozialverhaltens liegt vor. *Normierung* (T-Werte und Prozentrangnormen) an *N* = 896 Kindern (Normalpopulation). Bearbeitungsdauer: ca. 5 bis 15 Min.

^(Test)**Inventar zur Gedächtnisdiagnostik (IGD)**, 2006, G. Baller, M. Brand, E. Kalbe & J. Kessler, [www.testzentrale.de], [**BIO, DIA, KLI**]. Neuropsychol. Verfahren. AA 18 bis über 65 Jahre. Das IGD ist eine umfangreiche Gedächtnistestbatterie, die die in den etablierten Gedächtnismodellen beschriebenen zeitlichen und inhaltlichen Dimensionen sowie verarbeitungsspezifische Gedächtnisprozesse erfasst (*Gedächtnisstörungen*). (1) Testmodul A überprüft die *Lern- und Merkfähigkeit* mit unmittelbarer und verzögerter Abfrage. Das Modul besteht aus zwölf Untertests zur Erfassung prospektiver Gedächtnisleistungen, Arbeitsgedächtnis, Lern- und Merkfähigkeit für visuelles und verbales Material sowie Priming. Dieses Modul differenziert im mittleren bis hohen Leistungsbereich. (2) Testmodul B prüft das *semantische Altgedächtnis*. Mit seinen vier Untertests erfasst es die Komponenten Objekt- und Konzeptwissen, Wortkenntnis und Faktenwissen. (3) Testmodul C besteht aus zwei Selbstbeurteilungsskalen zur Einschätzung der *Erinnerungsfähigkeit und -qualität autobiografischer Ereignisse und Fakten*, bezogen auf vier Lebensabschnitte von der Kindheit bis zum Erwachsenenalter. Die Testmodule B und C differenzieren im niedrigen bis mittleren Leistungsspektrum. Anwendung sowohl als Gruppen- als auch als Einzeltest möglich. Haupteinsatzbereich ist die neurops. Diagnostik. *Normierung*: Testmodul A wurde an 405 Gesunden normiert. Es werden Prozentränge und T-Werte für vier Altersgruppen (18–35; 36–50; 51–65; über 65 Jahre) angegeben. Testmodul B wurde an 250 Gesunden normiert. Für dieses Modul werden Prozentränge und T-Werte für drei Altersgruppen (Altersgruppen 18–30; 31–60; über 60 Jahre), unterteilt nach Bildungsgraden, vorgelegt. Testmodul C wurde an 247 Gesunden normiert. Es werden Prozentränge und T-Werte für fünf Altersgruppen (18–30; 31–40; 41–50; 51–60; über 60 Jahre) vorgelegt. Für die Module B und C werden zudem Cut-off-Werte für Beeinträchtigungen angegeben. Bearbeitungsdauer: durchschnittlich für das Testmodul A 50 Min., für die Testmodule B und C jew. 20 Min.

Inversion [engl. *inversion*; lat. *inversus* umgekehrt], Umkehr, Umkehrbarkeit, [**WA**], die Umkehrbarkeit (syn. *Reversion*) von Figuren bei den geometrisch-optischen Täuschungen (z. B. *Schrödersche Treppe*; *geometrisch-optische Täuschung*).

[**BIO**], Genetisch die Umkehrung eines Chromosomenstücks mit evtl. Veränderungen im Phänotypus.

Investitionsmodell [engl. *investment model*; lat. *investire* bekleiden], *Beziehungscommitment*, *sozialer Austausch*.

In-vivo-Exposition [engl. *exposure in vivo*; lat. *vivus* lebendig], [**KLI**], Methode der Konfrontationstherapie (*Konfrontation mit Reaktionsverhinderung*). *Expositionstherapie*.

Involution [engl. *involution*; lat. *involvere* einwickeln], [**BIO, EW**], die Rückbildung des Organismus, auch einzelner Organe und der psych. Funktionen mit dem Alter. Ggs. *Evolution*.

Involutionspsychose [engl. *involution psychosis*; lat. *involvere* einwickeln] syn. *Rückbildungspsychose*, [**KLI**], heute nicht mehr gebräuchl. Bez. für eine in den Rückbildungsjahren (bei der Frau in und nach dem Klimakterium, beim Mann i. d. R. ab dem sechsten Lebensjahrzehnt) erstmals und zumeist einmalig auftretende psych. Störung vorwiegend *depressiver* Art.

Involvement (=I.) [engl.] Beteiligung, [lat. *involvere* einwickeln], [**EM, KOG, MD, SOZ, WIR**], das I. beschreibt die affektive und kogn. Bedeutung eines Einstellungsobjektes (*Einstellung*) für eine Person. Dabei kann es sich um I. in Bezug auf best. Objekte handeln, etwa *Produktinvolvement* oder *Medieninvolvement*, bzw. Prozesse wie etwa Konsum oder Situationen (*Involvement, situatives*). Zudem lässt sich *affektives Involvement* (z. B. wie aufregend und faszinierend ein Objekt erlebt wird) und *kogni-*

tives Involvement; z. B. die Bewertung der Wichtigkeit eines Objektes) abgrenzen. I. wirkt sich unter anderem auf *Wahrnehmung, Aufmerksamkeit, Emotionen, Motivation* und *Verhalten* von Personen aus. Daher ist I. ein wichtiges *Konstrukt* in der Anwendung von Ps. im *Marketing*kontext. Zaichkowsky 1985. *F. Becker*

Involvement, affektives (=a.I.) [engl. *affective involvement*; lat. *affectus* Stimmung, Leidenschaft, Begierde], [**EM, WIR**], das a. I. beschreibt die a. Bedeutung eines Einstellungsobjektes für eine Person. Mit a. I. lassen sich Begriffe wie z. B. aufregend und faszinierend verbinden. A. I. ist eine Facette von generellem *Involvement*. *F. Becker*

Involvement, kognitives (=k.I.) [engl. *cognitive involvement*], [**SOZ, WIR**], das k. I. beschreibt die kognitive Bedeutung (*Kognition*) eines Einstellungsobjektes für eine Person. Mit k. I. lassen sich Begriffe wie z. B. wichtig und notwendig verbinden. K. ist eine Facette von generellem *Involvement*. *F. Becker*

Involvement, situatives (=s.I.) [engl. *situative involvement*], [**EM, KOG, WIR**], das s. I. beschreibt die affektive und kogn. Bedeutung einer Situation für eine Person. S. I. ist eine spezif. Art von generellem *Involvement*. *F. Becker*

Inzest (= I.) [engl. *incest*; lat. *incestus* moralisch und religiös unrein, Blutschande], [**KLI**], geschlechtl. Beziehung zw. unmittelbar verwandten Personen (Eltern – Kinder, Bruder – Schwester). In symbol. Hinsicht stellt der I. ein Sinnbild der Vereinigung mit dem eigenen Wesensgrund dar, was v. a. C.G. Jung (*Analytische Psychologie*) für die *Individuation* als wesentl. erachtet. *Inzestverbot, Inzestwunsch*.

Inzestverbot (= I.) [engl. *prohibition of incest*], [**KLI**], das Verbot der sex. Beziehung zw. Vater–Tochter (Stieftochter), Mutter–Sohn und Bruder–Schwester (*Inzest*). Über die Gründe des I. bestehen mehrere Theorien, zur Berechtigung des I. gegensätzl. Auffassungen. Nach Freud (*Psychoanalyse*) stellt das I. das schwerstwiegende Verbot der frühkindl. Entwicklung dar. Sowohl *Inzestwunsch* (*Ödipuskomplex, Elektrakomplex*) als auch das I. versinken später ins *Unbewusste*.

Inzestwunsch (= I.) [engl. *desire for incest*], [**KLI**], der Wunsch nach Begehung des *Inzestes*. Dieser Wunsch, der schon bei den ältesten Völkerstämmen durch *Inzestverbote* verdrängt wird, entsteht nach der *Psychoanalyse* bei jedem Menschen im Laufe seiner frühkindlichen Entwicklung. Der I. richtet sich dabei auf den gegengeschlechtlichen Elternteil, da dieser im Allg. den ersten gegengeschlechtlichen Partner überhaupt darstellt. Zugleich mit dieser Liebe entsteht aber ein Hass und Todeswunsch gegenüber dem gleichgeschlechtlichen Elternteil, in der Ödipus- bzw. Elektra-Situation (*Ödipuskomplex, Elektrakomplex*) seinen allg.gültigen Ausdruck findet. Mit dem *Inzestverbot* wird damit auf das Engste das Verbot des Vater- bzw. Muttermordes gekoppelt. In heutigen psychoanalytischen Diskussionen steht der Einfluss realer Missbrauchserfahrungen anstatt eines triebhaften konzipierten I. im Vordergrund. Hirsch 2000.

inzidentelles Lernen *Lernen, inzidentelles*.

Inzidenz (= I.) [engl. *incidence*; lat. *incidere* vorfallen, sich ereignen], [**DIA, FSE, KLI**], Anzahl von Neuerkrankungsfällen einer best. Erkrankung in einem best. Zeitraum; epidemiologisches Maß zur Charakterisierung des Krankheitsgeschehens in einer best. *Population*. Die I. wird typischerweise im Rahmen einer *Kohortenstudie* bestimmt. Die *kumulative I.* (auch lebenslanges Risiko, *life-long risk*) gibt das Risiko einer nicht erkrankten Person an, dass in einem definierten Zeitraum die Krankheit auftritt. Sie ist definiert als Quotient der Anzahl der Neuerkrankungen im Zeitraum mal 100000 (Zähler) und der Anzahl der Personen zu Untersuchungsbeginn (Nenner). Hierbei wird die I. in Bezug zu 100000 Personen in der Population gesetzt. Die *I.rate* berücksichtigt hingegen, dass u. U. nicht alle Personen über den gesamten Zeitraum dem Risiko ausgesetzt sind. Sie wird als der Quotient der Anzahl der Neuerkrankungen im Zeitraum mal 100000 (Zähler) und der Anzahl der Jahre, die Personen tatsächlich durchschnittlich untersucht werden können (Nenner), berechnet. Bei der Bestimmung der I.rate von Lungenkrebs in einer Raucherpopulation wird bspw. berücksichtigt, dass Populationsmitglieder aufgrund anderer Todesursachen im Studienzeitraum ausscheiden und deswegen das abhängige Merkmal nicht mehr entwickeln können. Es wird nur der Zeitraum berücksichtigt, in dem es möglich war, dass das Ereignis eintritt. Verbleiben alle Personen über den gesamten Untersuchungszeitraum in der Studie, so ist die kumulative I. gleich der I.rate. Angenommen, 1000 nicht demente 80-Jährige werden über zehn Jahre hinsichtlich des Eintritts einer Demenz untersucht. Entwickeln in diesem Zeitraum 90 Personen eine dementielle Erkrankung, so liegt die kumulative I. für diesen Jahreszeitraum bei $(((90 * 100000) / 1000) = 9000)$. Es kann erwartet werden, dass 9000 von 100000 nicht dementen 80-Jährigen in den kommenden zehn Jahren an Demenz erkranken. Verbleiben die Personen im Durchschnitt nur sieben Jahre in der Studie, da ein gewisser Anteil das 90. Lebensjahr nicht erreicht, so beträgt die *Inzidenzrate*: $((90 * 100000) / (1000 * 0.7)) = 12857$. Dies kann als Schätzung dafür angesehen werden, wie viele an Demenz erkranken würden, wenn alle Untersuchungsteilnehmer das 90. Lebensjahr erreichen würden. *Epidemiologie*. Ressing et al. 2010.

Inzidenzrate [engl. *incidence rate*], [**DIA, FSE, KLI**], Anzahl von Personen mit Neuerkrankung in der betrachteten Zeitspanne im Verhältnis zur Anzahl der exponierten Personen. *Inzidenz, Prävalenz*.

Ionenkanal (= I.) [engl. *ion channel*], [**BIO**], Molekül in der Membran einer Zelle, das als Kanal für spezif. Ionen fungieren kann. Transmittergesteuerte I. spielen eine wichtige Rolle bei der schnellen Informationsübertragung auf die postsynaptische Membran einer *Synapse*. Der andere (langsamere) Weg erfolgt über die Rezeptortypen, die über *G-Protein*-vermittelte *Second-Messenger*-Systeme arbeiten. Meyer & Quenzer 2005. *W. Janke/M. Ising*

TestIPC-Fragebogen zu Kontrollüberzeugungen, 1981, G. Krampen, [**DIA, PER**]. Persönlichkeitsfragebogen zur Messung des Konstrukts *locus of control* (generalisierte

Kontrollüberzeugung). Kontrollüberzeugungen werden in dem Fragebogen mit Hilfe von drei Dimensionen gemessen: (1) Internalität, (2) Externalität (Machtlosigkeit), (3) Externalität (Fatalismus). Der IPC-Fragebogen stellt die dt. Bearbeitung der IPC-Scales von Levenson dar.

Iproniazid (= I.) [engl. *iproniazid*], [**PHA**], *Psychopharmakon* aus der Gruppe der *Antidepressiva* vom Typ der nicht selektiven *Monoaminooxidase-Hemmer*, chem. Hydrazinderivat. I. hat histor. Bedeutung, wird wegen seiner Wirkung auf alle Monoamin-Transmittersysteme und wegen seiner kardiovaskulären Wirkung in der Depressionstherapie nicht mehr verwendet. *W. Janke*

Ipsapiron [engl. *ipsapirone*], [**PHA**], Substanz, die selektiv auf *Serotonin* wirkt und nach bisherigen Erkenntnissen spezif. $5-HT_{1A}$-Rezeptoren stimuliert und deshalb in der exp. Chemops. als Forschungswerkzeug verwendet wurde. Vielfältige Verhaltenswirkungen. Verwandte Stoffe sind *Buspiron* und *Gepiron*. Meyer & Quenzer 1995.

Ipsativierung [engl. *ipsativation*; lat. *ipse* selbst], syn. *Ipsatisierung*, [**DIA, FSE, PER**], Standardisierung von Daten innerhalb einer Person, sodass die Mittelwerte aller Personen identisch sind. Eine I. kann bereits bei der Datenerhebung erfolgen durch eine erzwungene Verteilung der Daten (z. B. gleich häufiges Vorkommen vorgegebener Antwortalternativen bei manchen Formen der *Q-Sortierung*). Eine I. kann aber auch später erfolgen, indem die Daten jeder Person um ihren Mittelwert zentriert werden (*Zentrierung*). Dies ist Standard bei Moderatoranalysen (*Moderatorvariable*) und manchen Anwendungen der *Mehrebenenanalyse*. Die I. wird auch verwendet, um in Fragebögen interindiv. Unterschiede in Antworttendenzen (*response set*) zu kontrollieren und so die *Validität* der Daten zu erhöhen. Hierbei entsteht das Problem, dass die meist auch vorhandenen validen Mittelwertsunterschiede ignoriert werden, was die Validität der Daten beeinträchtigt. *kulturübergreifende Äquivalenz*.

ipsilateral [engl. *ipsilateral*; lat. *ipse* selbst, *latus* Seite], [**BIO**], anatomische Lagebezeichnung für Objekte oder Körperteile, die sich auf der gleichen Seite des Körpers befinden wie das Referenzobjekt.

IPSP, [**BIO**], Abk. für *inhibitory postsynaptic potential* [engl. postsynaptisches Hemmungspotenzial]. *Synapse*.

IQ [engl. IQ *intelligence quotient*; frz. QI *quotient intellectuel*], [**DIA, PER**], Abk. für *Intelligenzquotient*.

IQ-Konstanz, IQ-Labilität *Intelligenz, Niveaustabilität, Intelligenz, Positionsstabilität.* *W. Schneider*

Iris [engl. *iris*], Regenbogenhaut des Auges, *Auge*.

Irle, Martin (1927–2013), [**HIS, SOZ**], Irle hat die Sozialps. der Bundesrepublik Deutschland stark geprägt. Nach Kriegsdienst und Kriegsgefangenschaft studierte er ab 1948 in Göttingen, legte 1952 die Diplomprüfung ab und promovierte 1955 mit einer Arbeit zur Bestimmung beruflicher Interessen zum Dr. rer. nat. Aus dieser Untersuchung ging der *Berufs-Interessen-Test* hervor. 1957 ging Irle als wiss. Assistent nach Mannheim an die Wirtschaftshochschule. 1962 folgte die Habilitation in den Fächern *Soziologie* und Sozialps. Im Januar 1964 wurde Irle zum Professor der Sozialps. an der Wirtschaftshochschule (ab 1967 Universität) ernannt. Als Initiator und Sprecher des Sonderforschungsbereichs für «Sozial- und wirtschaftspsychologische Entscheidungsforschung» (SFB 24) war Irle treibende Kraft für eine exp. Sozialps., die sich an aktuellen sozialpsychol. Theorien wie der Theorie der *kognitiven Dissonanz* orientierte. 1970 war Irle Mitbegründer der Zeitschrift für Sozialpsychologie; 1976 bis 1978 war er Präsident der *Deutschen Gesellschaft für Psychologie (DGPs)*. Mit einem Lehrbuch der Sozialps. sowie Monographien und Aufsatzsammlungen prägte er die Ausbildung im Fach Sozialps. Irle war Ehrenmitglied der DGPs. *H. E. Lück*

Ironie (= I.) [engl. *irony*; lat. *ironia*, gr. εἰρωνεία (*eironeia*) Verstellung, vorgetäuschte Unwissenheit], [**KOG, SOZ**], die psychol. Forschung zu I. behandelt diese als rhetorische Figur der Alltagskommunikation, bei der das Gesagte nicht mit dem Gemeinten übereinstimmt (*Kommunikation*). Sie stellt damit einen paradigmatischen Fall für die kogn. Konstruktivität dar, die beim Gebrauch hochkomplexer Sprachformen besonders auffällig ist. Das zentrale sprach- und denkpsychol. Problem besteht darin, wie die Relation von Gesagtem und Gemeintem strukturell und prozessual zu modellieren ist. Damit sind Bezüge außerhalb des Sprachlichen («I. des Schicksals») und innerhalb von größeren (fiktionalen) Texten (*literarische I.* als verfremdend-gebrochene Grundhaltung des Erzählens) nicht unmittelbar thematisch.

In Bezug auf die Relation von Gesagtem und Gemeintem besteht als (einzige) Übereinstimmung zw. allen Theorieansätzen die Annahme, dass deren Auseinanderfallen eine «offene Verstellung» ist, also vom Hörenden erkannt werden soll. Damit liegt ein nur scheinbarer Verstoß gegen das Kooperationsprinzip der Konversationsmaximen (Grice) vor, der zu einer «konversationellen Implikatur» führt, d. h. zu einer vom Kontext ausgehenden Inferenz des eigentlich Gemeinten (was gerade keine logisch zwingende Implikation ist). Diese Implikatur steht im Mittelpunkt der Vorspiegelungstheorie (*pretense theory*, Clark & Gerrig), die allerdings auch nicht mehr als die durchsichtige Vorspiegelung von Sprechereinstellungen erklären kann. Eine sprachakttheoretische Modellierung (*Sprechakttheorie*) präzisiert darüber hinausgehend, dass es sich beim Auseinanderfallen von Gesagtem und Gemeintem auf jeden Fall um eine Dissoziation auf Ebene der Propositionen (*uneigentliches Sprechen*) handelt («Welch wunderbarer Tag!» bei Regenwetter), die auch mit einem Wechsel auf der Illokutionsebene (*indirekter Sprechakt*) verbunden sein kann, aber nicht muss (Bundespräsident Heuß zu den Soldaten des ersten Bundeswehr-Manövers 1956: «Nun siegt mal schön!» – *Illokution: Ablehnen durch Propagieren*). Auch die These, dass es sich bei I. um eine Form von echoartiger Erwähnung (einer durch die I. konterkarierten Äußerung) handelt (Sperber & Wilson), trifft nicht auf alle ironischen Sprechakte zu (vgl. den wunderbaren Tag). Deshalb wird der Komplexität und Flexibilität von I. am ehesten ein Konzept prototypischer Begriffsbildung gerecht, bei der die Kernbedeutung möglichst viele Merkmale auf sich vereint, aber auch Randbedeutungen mit weniger Merk-

malen akzeptiert werden. Neben den Merkmalen der (offenen) Vorspiegelung, der propositionalen und ggf. illokutiven Dissoziation sowie der expliziten oder impliziten Erwähnung vorhergehender Äußerungen gehören noch die linguistischen Merkmale der Realisierung auf Wort-, Satzteil- oder Satzebene dazu. Außerdem lassen sich (wie schon von der klassischen Rhetorik postuliert) für das Verhältnis von Geäußertem und Gesagten sowohl eine Gegenteils- als auch Kontrast-Relation sichern (nicht das Gegenteil wie beim wunderbaren Tag, sondern nur etwas Anderes ist gemeint: Bsp. «Nun siegt mal schön!»). Inhaltlich gibt es ein Übergewicht von *neg.* Sprechakten (*Tadel durch Lob* gegenüber dem jedoch auch vorkommenden pos. *Lob durch Tadel*), die sich von ihrer kommunikativen Funktion her in vier Klassen einteilen lassen: sich wehrende I., kritisch-konstruktive I., arrogante I. und liebevolle I. (Groeben & Scheele 2003).
In Bezug auf den Kommunikationsprozess von I. hat es eine lang andauernde Kontroverse zw. dem sprechakttheoretischen Standardmodell und dem Modell des direkten Zugangs gegeben. Nach der sprechakttheoretischen Modellierung (v. a. Searle) muss zuerst die Unangemessenheit der wörtlichen Äußerung konstatiert werden, um dann die gemeinte Implikatur zu inferieren, was einen größeren und länger andauernden kogn. Aufwand bedeutet. Dieser wird von der *These des direkten Zugangs* (Gibbs) bestritten, die sich allerdings i. R. der die Kontroverse konstruktiv auflösenden Salienz-Theorie (Giora) nur für konventionalisierte I. («Das hat uns gerade noch gefehlt!») als zutreffend erwiesen hat. Bei kreativen (kühnen) ironischen Äußerungen ist die sprechakttheoretische Modellierung adäquater, die auf die Dauer allerdings auch noch durch die Analyse der emot.-ästhetischen Qualität solcher figurativer Sprechakte zu komplettieren ist. *Humor*, *Witz*. Gibbs & Colston 2007. *N. Groeben*

Irradiation [engl. *irradiation*; lat. *irradiare* ausstrahlen], Ausstrahlung, Ausstreuung, Kontrastphänomen, [**WA, WIR**], *optische Täuschung*, bei der bspw. ein helles Objekt auf dunklem Grund (z. B. weiße Scheibe auf Schwarz) größer als ein dunkler Gegenstand auf hellem Hintergrund erscheint. In der Markt- und Werbeps. wird I. i. S. von «Ausstrahlung» oder auch «Einfärbung» von Urteilen über Gegenstände oder Sachverhalte durch Kontextmerkmale verwendet. Bspw. beeinflusst der Geruch von Reinigungsmitteln deren wahrgenommene Reinigungskraft oder die Farbe des Verpackungspapiers den Geschmack des damit eingepackten Brots.
[**EM**], Ausstrahlen von Gefühlswerten (*Stimmung*) von einem Bewusstseinsinhalt auf andere. *Gefühlsirradiation*.
[**GES**], Ausstrahlung von Schmerzen auf benachbarte Körperregionen.
[**KOG**], das Übergreifen bei Reizen, verbunden mit der Aktivierung von nicht angesprochenen bzw. nicht intendierten Reaktionen. *Generalisation*. *K. Moser*

irrational [engl. *irrational*; lat- *in-* un-, *ratio* Vernunft], durch den Verstand nicht erfassbar, den Gesetzen der Logik nicht unterstehend, vernunftwidrig, unvernünftig, übervernünftig.

Irrealitätsebene [engl. *layer of irrationality*], [**KLI**], Begriff der *topologischen und Vektor-Psychologie*. Mit ihm werden *Tagträume*, die als solche nicht realitätsgebunden sind, lokalisierbar und damit formal repräsentierbar. Im Verhältnis zur Realitätsebene sind die Barrieren fließender.

irreduzibles Minimum [engl. *irreducible minimum*; lat. *in-* un-, *reducere* zurückführen], *Reaktionszeit*.

irreversibel [engl. *irreversible*; lat. *in-* un-, *revertere* umkehren], nicht umkehrbar. Bez. für Vorgänge, die nur in einer Richtung ablaufen können, z. B. der menschliche Lebensablauf.

Irrgartenversuch *Labyrinthverfahren*, *Tier-Labyrinthversuch*.

irritabel, Irritabilität [engl. *irritable*, *irritability*; lat. *irritare* reizen], reizbar, Reizbarkeit. *Erregbarkeit*, *Irritation*.

Irritation (= I.) [engl. *irritation*; lat. *irritare* reizen], syn. *Reizung*, *Gereiztsein*; [**AO, GES**], beschreibt einen Zustand psych. Befindensbeeinträchtigung in der Folge von Stresserleben im Arbeitskontext (*Stress am Arbeitsplatz*) und beinhaltet die Komponenten emot. I. (gereizt reagieren) und kogn. I. (*Rumination*: wiederkehrende Gedanken um Probleme bei der Arbeit, die den Erholungsprozess beeinträchtigen). I. konnte als Vorläufer weiterer psych. Beeinträchtigungen nachgewiesen werden. *T. Rigotti*

Irrtum [engl. *error*] *Fehler*. *Handlungsfehler*, *Versuch und Irrtum*.

Irrtumswahrscheinlichkeit [engl. *error probability*], *Signifikanztest*, *Vertrauensintervall*.

IRT, [**KOG**], Abk. für *interresponse time* (Skinner), *Verstärkerpläne*. [**DIA, FSE**], Abk. für *Item-Response-Theorie (IRT)*.

Ischämie (= I.) [engl. *ischemia*; gr. ἴσχειν (*ischein*) zurückhalten, hemmen, αἷμα (*haima*) Blut], [**BIO, GES**], Blutleere eines Organs oder Organteiles infolge Drosselung der Blutzufuhr. Intermittierende zerebrale I. kommt oft als Frühsymptom eines drohenden Schlaganfalles (*Apoplexie*) vor.

Ischophonie [engl. *ischophonyia*; gr. ἴσχειν (*ischein*) zurückhalten, hemmen, φωνή (*phone*) Ton], *Stottern*, *Stammeln*, *Dyslalie*, *Dysarthrie*, *Anarthrie*.

Ishihara-Tafeln [engl. *Ishihara plates*], nach S. Ishihara (1879-1963), *Achromatopsie*, *Dyschromatopsie*.

ISI *Interstimulusintervall (ISI)*.

ISO, Abk. für *International Standards Organisation* [engl. Organisation für internationale Standards]. 1956 gegründetes internat. Standardisierungsgremium mit Hauptsitz in Genf für alle Bereiche mit Ausnahme der Elektronik [www.iso.org].

Isokortex [engl. *isocortex*; gr. ἴσος (*isos*) gleich], [**BIO**], phylogenetisch jüngster Teil des Cortex, der in sechs Schichten (= S.) aufgebaut ist. Lamina (S.) I-VI: Molekulars., äußere Körners., äußere Pyramidens., innere Körners., innere Pyramidens., polymorphe S. *Gehirn*.

Isolation (= I.) [engl. *isolation*; lat. *solare* einsam machen], [**KLI, SOZ**], (1) Zustand geringsten sozialen Kontaktes bzw. größter Distanz. Absonderung, Vereinzelung von Individuen (z. B. Einzelgänger, Psychopathen, Kranke, Verbrecher) und ganzer Bevölkerungsgruppen (z. B. Angehörige best. Glaubens oder politischer Überzeugungen). Neben der frei gewählten I. steht die erzwungene I. (z. B. Vertreibung, Ghettozwang, Apartheid). (2) Eine Population ist isoliert, wenn ihre Mitglieder sich ausschließlich untereinander paaren können. (3) I. als psychoth. Methode wurde von Suedfeld 1980 bei einer Reihe von Verhaltens- und Suchtstörungen unter dem Stichwort REST *(restricted environment stimulation)* erfolgreich erprobt.   N. Birbaumer

Isolationsfurcht [engl. *fear of isolation*], *Schweigespirale*.

isolierende Variation (= I.) [engl. *isolating variation*], **[FSE]**, Wesensmerkmal des *Experiments*; es besteht in der Abänderung jeweils einer Bedingung bei der Wiederholung von Versuchen; somit können die Wirkungen der einzelnen am Gesamtgeschehen beteiligten Bedingungen (nach Möglichkeit quant.) bestimmt werden. *Validität, interne, interne Validität, Bedrohungen für die, Max-Kon-Min-Regel, Kausalität.*

Isolierung (= I.) [engl. *isolation*; lat. *solare* einsam machen], **[KLI]**, ein von Freud beschriebener *Abwehrmechanismus des Ich*: Eine bestehende psych. Verbindung soll bedeutungslos gemacht werden, indem diese durch Einfügen eines künstlichen Abstandes (einer Unterbrechung, einer Pause) scheinbar getrennt wird. So soll z. B. die Verbindung von Vorstellung und *Affekt* verborgen oder eine Vorstellung oder eine Handlung aus dem Zus.hang gerissen werden. Freud sah in diesem Mechanismus einen Ausdruck *magischen Denkens*, eines «Berührungstabus»: «Die I. ist aber Aufhebung der Kontaktmöglichkeit, Mittel, ein Ding jeder Berührung zu entziehen, und wenn der Neurotiker auch einen Eindruck oder eine Tätigkeit durch eine Pause isoliert, gibt er uns symbolisch zu verstehen, daß er die Gedanken an sie nicht in assoziative Berührung mit anderen kommen lassen will» (Freud 1926). Die I. wird zus. mit *Ungeschehen-Machen* und Reaktionsbildung als ein bes. für die «Zwangsneurose» (*Zwangsstörungen*) charakteristischen Abwehrmechanismen beschrieben. Im Ggs. zur *Verdrängung* bleibt bei der I. die abgelehnte Vorstellung im Bewusstsein. Bei der *Affekti.* wird bspw. ein aggressiver Inhalt mitgeteilt, der Wutaffekt wird jedoch isoliert, und es wird eine gleichgültige Haltung an den Tag gelegt. Nach *Verschiebung* des Affekts kann dieser an anderer Stelle zum Ausdruck kommen.   B. Pütz

Isomorphie [engl. *isomorphy*; gr. ἴσος *(isos)* gleich, μορφή *(morphe)* Gestalt], *Gestalttheorie*.

Isomorphismus (= I.) [engl. *isomorphism*; gr. ἴσος *(isos)* gleich, μορφή *(morphe)* Gestalt], **[FSE]**, ist eine homomorphe Abbildung (*Homomorphismus*), wenn sie umkehrbar eindeutig (= bijektiv) ist. Eine Abbildung heißt bijektiv, wenn zu jedem Element der Ursprungsmenge ein Element in der Abbildungsmenge eindeutig gefunden werden kann. Somit ist ein I. auch umkehrbar homomorph, d. h., für jedes Element der Abbildungsmenge kann auch eindeutig ein Element der Ursprungsmenge gefunden werden. I. Allg. ist allerdings in der sozialwiss. Forschung die Verwendung eines I. für die Operationalisierung einer *Messung* nicht zielführend. Hier sollte ein Homomorphismus vorliegen.

[WA], die in die *Gestaltpsychologie* von W. Köhler eingeführte Hypothese, «dass die konkrete Ordnung gegebener Erlebnisse die getreue Wiedergabe einer dynamisch-funktionellen Ordnung der zugehörigen physiol. Hirnprozesse ist».
[BIO], Gleichheit des Erscheinungsbildes, Gestaltgleichheit. *Phänotypus*. Leonhart 2013.   R. Leonhart

ISO-Norm 10667 *Diagnostik, Qualitätssicherung.*

Isophone (= I.) [engl. *equal-loudness contour*; gr. ἴσος *(isos)* gleich, φωνή *(phone)* Ton], **[WA]**, ist ein Begriff aus der *Psychoakustik* und bezeichnet eine Kurve, die den Zusammenhang zw. der physikal. Lautstärkeeinheit Dezibel (dB) und der subj. Lautstärkeempfindung in *Phon* repräsentiert. Das menschliche Gehör ist für unterschiedliche Frequenzen unterschiedlich empfindlich. Bspw. müssen sehr tiefe und sehr hohe Töne mit einem stärkeren Schalldruckpegel dargeboten werden als Töne mittlerer Frequenz, damit sie genauso laut wahrgenommen werden. Die Abhängigkeit der Lautstärkewahrnehmung von der Frequenz fällt darüber hinaus für unterschiedliche Lautstärkepegel unterschiedlich aus. Um die wahrgenommene Lautstärke unabhängig von der Frequenz angeben zu können, wird die Angabe in Phon verwendet. Alle Punkte, die auf einer I. liegen, haben den gleichen Phon-Wert. Phon ist damit ein Maß für die subj. empfundene Lautstärke. Def. gemäß stimmen Phon- und Dezibel-Werte bei 1000 Hertz überein (d. h. 60 Phon entsprechen 60 Dezibel, 70 Phon 70 Dezibel usw.). Um Isophone zu erfassen, werden Hörer gebeten, die Lautstärke eines dargebotenen Sinustons so anzupassen, dass die wahrgenommene Lautstärke der eines mit 1000 Hertz dargebotenen Referenztons entspricht. Die Isophone, bei der für jede Frequenz der Schalldruckpegel in Dezibel (dB) aufgetragen wurde, ab dem der Ton gerade eben gehört wurde, bezeichnet man als Hörschwellenkurve. Die erste standardisierte Erfassung von Isophonen erfolgte 1933 (Fletcher 1933). Später veröffentlichte die International Organization for Standardization (ISO) Standard-Isophonen für das menschliche Gehör (ISO 226), die weltweit als Grundlage für Forschung und Entwicklung im Audiobereich dienen. Seit 2003 liegt eine aktualisierte Version von ISO 226 vor (ISO 226:2003). [http://www.iso.org/iso/home/store/catalogue_tc/catalogue_detail.htm?csnumber=34222]   K. N. Spreckelmeyer

Isoproterenol [engl. *isoproterenol*], **[PHA]**, VNS-Pharmakon aus der Klasse der *Sympathikomimetika* vom Typ der *Beta-Rezeptorenblocker*. Kann bei best. Personen panikartige *Angst* (*Panikattacke*) auslösen.   W. Janke

Istwert [engl. *actual value*], der Wert, den eine Größe in einem betrachteten Zeitpunkt aufweist (Normblatt DIN 19226 des dt. Normenausschusses). *Regelkreis*.

Item [aus dem Engl. übernommen], **[DIA, PER]**, Aufgabe, Einzelaufgabe (bes. bei Tests und Experimenten), Einzelheit, einzelne Posten. Aussagen in einem *Fragebogen* oder Aufgaben in *Leistungstests* werden als Item bezeichnet. *Itemanalyse, Klassische Testtheorie, Item-Response-Theorie (IRT).* Bühner 2010.

Itemanalyse (= I.) [engl. *item analysis*], syn. *Aufgabenanalyse*, **[DIA, FSE]**, *Items* bilden die elementaren Informati-

onseinheiten *psychometrischer Skalen*, die der Schätzung der Pb-Ausprägungen auf einem latenten *Konstrukt* dienen (*Messtheorie*). Die Qualität und die Anzahl der Items determiniert die Ausprägung der *Gütekriterien* einer Skala (insbes. die *interne Konsistenz*). Während i. R. der *Testkonstruktion* die Itementwicklung v. a. nach Methoden zur Sicherstellung der Inhaltsvalidität erfolgt, bez. I. die stat. Datenanalyse der Itembeantwortung durch eine möglichst repräsentative *Stichprobe*. Vor Durchführung einer I. sollte eine Dimensionsanalyse (*Faktorenanalyse*, *Item-Response-Theorie*) erfolgen, um die stat. Voraussetzungen der Folgeanalysen sowie die *Homogenität* bzw. *Eindimensionalität* der Itemgruppen sicherzustellen. Die Basisanforderung an Skalenitems besteht darin, dass sie in der Lage sind *Varianz* bzgl. des latenten Merkmals zu erfassen: Hierzu müssen die Items (1) zw. Pbn diskriminieren und (2) in systematischem, eindeutigem und hinreichend starkem Zus.hang mit dem unterliegenden latenten Konstrukt stehen. Der Begriff *Itemschwierigkeit* (= IS) bez. das durchschnittliche Antwortniveau bzgl. eines Items. Sie kann deskriptiv und modellbasiert def. werden. Deskriptiv entspricht die IS bei dichotomen Daten dem Prozentsatz von z. B. korrekt gelösten oder mit «ja» beantworteten Items. Bei ordinalen Daten ist die IS def. als der *Median*, bei intervallskalierten Daten als das *arithmetische Mittel* des Items. Der Median bzw. das arthmetische Mittel werden i. d. R. am potenziell erreichbaren Minimum und Maximum auf den Wertebereich IS(-Minimum) = 0 bis IS(-Maximum) = 1 standardisiert. Die modellbasierte IS entspricht der Schätzung der Pb-Fähigkeit (*Personenparameter*) auf einer unterliegenden latenten, intervallskalierten Merkmalsdimension. Modellbasierte Schätzungen der IS werden insbes. bei Nutzung der *Item-Response-Theorie (IRT)* vorgenommen. Während Items mittlerer Schwierigkeit (IS im Bereich von 0,5 bei dichotomen Daten) aufgrund ihres höheren Informationsgehalts nach dem Analyseansatz der *Klassischen Testtheorie* bevorzugt werden und Items extremer Schwierigkeit (IS < 0,2 bzw. >.8) in Bezug auf die Modellannahmen als problematisch betrachtet werden müssen (*Bodeneffekt* bzw. *Deckeneffekt*; Lienert & Raatz 1994), ermöglichen Modelle der IRT die angemessene Modellierung von Items in allen Schwierigkeitsbereichen (van der Linden & Hambleton 1995). Bei Letzteren muss lediglich berücksichtigt werden, dass sich die Schätzgenauigkeit bei extremen Schwierigkeiten systematisch verringert.
Der Begriff *Itemtrennschärfe* (= r_{it}) ist ein deskriptives Maß der Stärke des Zus.hangs eines Items mit den aggregierten Werten aller Items der entspr. Skala. Die r_{it} entspricht der *Produkt-Moment-Korrelation* des Items mit dem Summenwert aller Skalenitems. Da der Wert des jew. Items den Summenwert der Skala als Summand mit bestimmt, sollte – insbes. bei Skalen mit geringer Itemanzahl – die korr. $r_{it,c}$ bevorzugt werden, die der Korrelation des Items mit dem Summenwert der übrigen Skalenitems entspricht. Orientierungskriterium: Werte von > .4 können als hinreichend gelten. Modellbasierte Indikatoren des Zus.hangs eines Items und dem unterliegenden Konstrukt können durch faktorenanalytische Methoden und Modellierung mittels IRT ermittelt werden. Bei der *exploratorischen Faktorenanalyse* gelten i. d. R. Faktorladungen von > .5, bei der *konfirmatorischen Faktorenanalyse* gelten i. d. R. Faktorladungen von > .63 (entspricht einer *Faktorreliabilität* von .40) als Hinweis auf hinreichende Item-Konstrukt-Asssoziation. Die Anwendung der konfirmatorischen Faktorenanalyse erlaubt zudem eine strengere Prüfung der Eindimensionalität von Skalen auf Itemebene (keine Residualkorrelationen, keine bedeutsam höhere Assoziation zweier Items, als aufgrund des latenten Konstrukts erwartet würde; d. h. lokale stochastische Unabhängigkeit). I. R. von IRT-Analysen werden *Item-Fit-Maße* als Passung der Information einzelner Items zu der Modellvorhersage bestimmt: INFIT- und OUTFIT-Maße sind bspw. Maße der durchschnittlichen quadrierten Residuen (Differenz der gemessenen Werte und der modellbasierten Erwartungen). Werte von 1 zeigen an, dass das Ausmaß an stochastischen Informationskomponenten demjenigen entspricht, das bei Geltung des Modells erwartet werden kann. Werte < 1 (vs. >1) indizieren, dass weniger (vs. mehr) stochastische Informationen in den Daten enthalten sind, als aufgrund des Modells erwartet werden können. INFIT und OUTFIT-Werte im Bereich [0.8–1.2] werden i. d. R. als hinreichend modellkompatibel akzeptiert (Bond & Fox 2007). Werte > 1.2 zeigen an, dass eine zu große Diskrepanz von Daten und Modellvorhersage besteht. Die Signifikanz der Abweichung vom Erwartungswert 1 kann alternativ als Kriterium verwendet werden, jedoch muss das systematische Anwachsen der *Teststärke* mit wachsender Stichprobengröße berücksichtigt werden. Mittels *Differential Item Functioning (DIF)* oder des *Mixed-Rasch-Modells* kann die psychometrische *Testfairness* von Items beim Einsatz in unterschiedlichen Teilpopulationen geprüft werden. Eid & Schmidt 2014.

Itembank (= I.) [engl.] Itemsammlung, syn. *Itempool*, [**DIA**]; Sammlung einer Gruppe von Items, die valide Indikatoren desselben Konstrukts (*Konstrukt*) sind. I. d. R. muss die Eindimensionalität (Skalierung) einer I. empir. durch die Passung der Items zu den Annahmen eines Modells der *Item-Response-Theorie (IRT)* nachgewiesen sein und eine Schätzung des Itemparameters (bzw. Itemschwierigkeit) jedes Items vorliegen. I. ermöglichen z. B. (1) durch die fixe Selektion von Itemgruppen (z. B. Substests für geringe, mittlere und hohe Belastung) oder (2) durch die flexible Einzelitemselektion i. R. des *tailored testing* (*Adaptives Testen*) eine ökonomische Datenerfassung (*Testökonomie*), da versch. Fähigkeits- oder Belastungsniveaus flexibel fokussiert werden können und trotzdem die Vergleichbarkeit in Bezug auf dieselbe latente Merkmalsdimension gewährleistet bleibt. I. erfordern einen aufwändigen Entwicklungsprozess. Frey et al. 2011.

Item-Bias (= I.) [engl. *item bias*], [**DIA, PER, SOZ**], Eigenschaft eines Test-Items (*Test*, *Testkonstruktion*), in unterschiedlichen Populationen unterschiedliche Korrelate aufzuweisen. I. verletzt die *Messinvarianz*. Die Analyse und Korrektur von I. ist vor allem in kulturvergleichenden Studien wichtig, um die Vergleichbarkeit der gemessenen Konstrukte zu sichern (*Testfairness*). Hierzu gibt es versch.

Methoden (*Differential Item Functioning (DIF)*). Äquivalenz, kulturübergreifende, Äquivalenz, psychometrische.
Iteminformation [engl. *item information*]; *Adaptives Testen, Itemanalyse, Rasch-Modell*.
Itemkonstruktion *Testkonstruktion*.
item nonresponse [engl.] Nichtbeantwortung eines Items; *Längsschnittuntersuchung*.
Item-Order-Hypothese (= I.) [engl. *item-order hypothesis*; *order* Reihenfolge], [**KOG**], die I. besagt, dass Reihenfolgeinformation beim Abruf aus dem Langzeitgedächtnis eine wichtige Rolle spielt und dass Encodierbedingungen sich darin unterscheiden, wie viel Item- und wie viel Abfolgeinformation sie bereitstellen (Nairne et al. 1991; *Gedächtnis*). Anhand dieser Hypothese lässt sich zum einen erklären, dass best. Encodierbedingungen wie das Generieren der Items im Vergleich zu bloßem Lesen zu besserer Leistung im Free Recall (*Gedächtnisprüfung*) führen. Zum anderen erklärt die I., warum dieser Behaltensvorteil nur dann auftritt, wenn die beiden Encodierbedingungen innerhalb derselben Liste verglichen werden, wohingegen sich die Leistung im Free Recall für gelesene und generierte Items (oder auch für häufige und seltene Wörter) dann nicht unterscheidet, wenn die Bedingungen zw. Personen oder zw. Listen manipuliert wurden. Die Erklärung anhand der I. ist, dass die eine Bedingung (z. B. Generieren) eher Iteminformation bereitstellt und die andere (z. B. Lesen) eher Abfolgeinformation. In gemischten Listen ist der Zugriff auf Abfolgeinformation insges. erschwert, sodass in diesem Fall die Wiedergabeleistung im Wesentlichen auf der Iteminformation beruht. Die bessere Verfügbarkeit der Abfolgeinformation wirkt sich nur dann pos. aus, wenn die Encodierung exp. zw. Listen oder zw. Personen manipuliert wurde. In diesem Fall verbessert die eine Bedingung die Verfügbarkeit von Iteminformation (Generieren) und die andere die von Abfolgeinformation (Lesen). Rekognition sollte unabhängig vom Design für eine Bedingung wie Generieren besser gelingen, weil dieser Gedächtnistest v. a. auf itemspezifischer Information basiert. Die Ergebnisse aus Experimenten, die kurze und längere Listen vergleichen, sprechen allerdings dafür, dass die von der I. postulierte abfolgeorientierte Abrufstrategie nur dann eingesetzt wird, wenn die Listen sehr kurz sind (Engelkamp & Dehn 2000). J. Schweppe/R. Rummer

Itemparameter (= I.) [engl. *item parameter*], [**DIA**], bei Anwendung der *Item-Response-Theorie (IRT)* die Ausprägung/der Wert eines Items auf einer latenten, metr. Fähigkeitsdimens. (interpretierbar i. S. der *Itemschwierigkeit*). Entspricht die I. der Fähigkeit einer Testperson (*Personenparameter*), so beträgt die Lösungswahrscheinlichkeit 0.5.

Item-Response-Theorie (IRT) [engl. *item* Einheit, Element, *response* Antwort], [**DIA**], die IRT kann als bes. Teilgebiet der psychol. *Testtheorie* aufgefasst werden, indem sie reglementiert, wie psychol. Tests (*Test*; und andere psychol.-diagn. Verfahren) zu konstruieren sind. Genauer betrachtet modelliert die IRT das Zustandekommen einer Reaktion (Antwort) auf eine Aufgabe, Frage oder Feststellung (Oberbegriff: *Item*). Anders als die *Klassische Testtheorie* fokussiert sie auf die einzelnen Items, nicht auf den Test als solchen. Allen Modellen gemeinsam ist die Annahme, dass den beobachtbaren (manifesten) Reaktionen (*Variable, manifeste*) eine nicht beobachtbare (latente; *Variable, latente*) Eigenschaft zugrunde liegt. Letztere steht mit ersterer in wahrscheinlichkeitsfunktionalem Zusammenhang. Es geht dabei um die *Wahrscheinlichkeit* für das Auftreten einer best. Reaktionskategorie in Abhängigkeit sowohl von der fraglichen Eigenschaft der untersuchten Person als auch von gewissen Charakteristika des betroffenen Items. Der Funktionstyp ist dabei zumeist logistischer Art (*Regression, logistische*).

Für den Fall, dass bei den Reaktionen nur zw. zwei Möglichkeiten (z. B. zw. gelöst und nicht gelöst) unterschieden wird, ist folg. Modell zentral; es beschreibt die Wahrscheinlichkeit, dass Person ν Aufgabe i löst (+), in Abhängigkeit vom Personenparameter ξ_ν, das ist das (wahre) Fähigkeits-

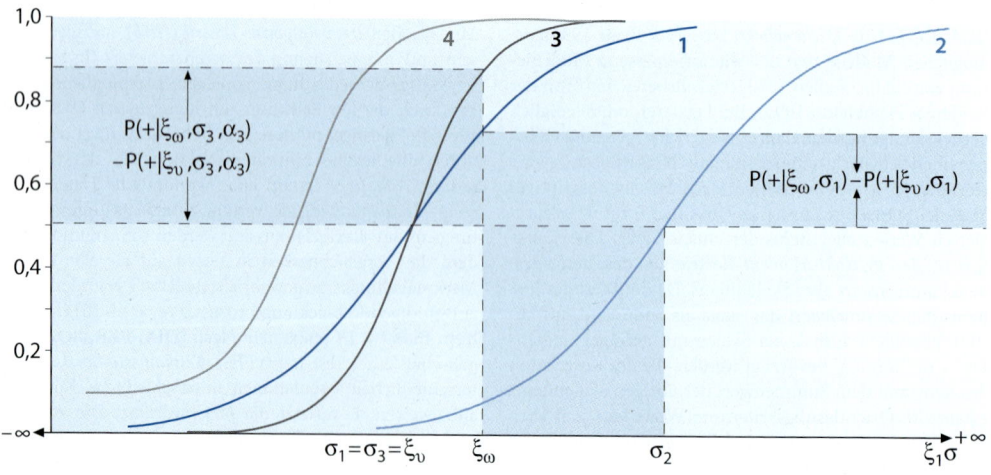

ausmaß von ν, und dreier Aufgaben- bzw. Itemparameter, nämlich σ_i, das ist der (wahre) Schwierigkeitsgrad von i, α_i, das ist die sog. Diskriminationsstärke von i, und β_i, das ist das Erfolgsausmaß beim Versuch des Lösungerratens:

$$P(+|\xi_\nu; \sigma_i, \alpha_i, \beta_i) = \frac{\beta_i + e^{\alpha_i(\xi_\nu - \sigma_i)}}{1 + e^{\alpha_i(\xi_\nu - \sigma_i)}}.$$

Die Wahrscheinlichkeit für «–», also dafür, dass Person ν Aufgabe i nicht löst, resultiert als Komplementärwahrscheinlichkeit. Aus der Formel ist unmittelbar abzuleiten: (1) Die Wahrscheinlichkeit für die Lösung einer Aufgabe strebt mit immer größerem Erfolgsausmaß beim Versuch des Lösungerratens (bei *Multiple-Choice-Antwortformat*) gegen 1 ($0 \leq \beta_i \leq 1$), was praktisch heißt, dass alle Distraktoren so unrealistisch gewählt sind, dass selbst Personen mit extrem niedrigem Fähigkeitsausmaß zur Lösung finden. (2) Die Wahrscheinlichkeit für die Lösung einer Aufgabe strebt mit immer größerem ξ_ν und/oder mit immer kleinerem Schwierigkeitsgrad σ_i gegen 1 ($-\infty \leq \xi_\nu \leq +\infty; -\infty \leq \sigma_i \leq +\infty$). (3) Die Wahrscheinlichkeit für die Lösung einer Aufgabe strebt im umgekehrten Fall, das ist bei immer kleinerem Fähigkeitsausmaß ξ_ν und/oder bei immer größerem Schwierigkeitsgrad σ_i gegen 0 – sofern $\beta_i = 0$. (4) Wenn für zwei Aufgaben zwar der Schwierigkeitsgrad gleich, aber die Diskriminationsstärke ($\alpha_i \geq 0$) versch. ist, so unterscheiden sich die Wahrscheinlichkeiten für die Lösung zw. zwei Personen mit unterschiedlichem Fähigkeitsausmaß mehr in Bezug auf die Aufgabe mit der höheren Diskriminationsstärke (s. Abb). Das Modell geht auf den US-amerikanischen Statistiker Alan Birnbaum (1923–1976; Birnbaum 1968) zurück und wird heute 3-PL-Modell genannt – von *3 parameter logistic* (es modelliert drei versch. Itemparameter). Postuliert man für alle Aufgaben den Rateparameter $\beta_i = 0$, so vereinfacht sich das 3-PL- zum 2-PL-Modell (ebenfalls von Birnbaum). Dieses Modell muss notwendigerweise gelten, wenn die Testleistungen in einem Test als gewichtete Summe der gelösten Aufgaben verrechnet werden sollen; dabei müssen die Gewichtungen den Diskriminationsparametern α_i entsprechen. Passen empirische Daten eines psychol. Tests nicht zu diesem Modell bzw. werden einfach andere Gewichte verwendet, so bilden die resultierenden Testwerte versch. Personen deren empirische Verhaltensrelationen nicht adäquat ab (*Skalierung, testtheoretisches Gütekriterium*). Umgekehrt, postuliert man für alle Aufgaben den Diskriminationsparameter $\alpha_i = 1$, vereinfacht sich das 3-PL- zum *Difficulty plus Guessing*-PL-Modell (Kubinger & Draxler 2006a). Für beide Modelle mit Rateparametern $\beta_i \neq 0$ existiert keine erschöpfende Statistik, d. h. kein aus den Daten unmittelbar bestimmbarer Testkennwert, der versch. Testleistungen überhaupt in Relation stellen könnte; vielmehr benötigt man dazu gleich die Parameterschätzungen der Personenparameter über komplizierte math. Schätzalgorithmen. Postuliert man für alle Aufgaben den Rateparameter $\beta_i = 0$ und den Diskriminationsparameter $\alpha_i = 1$, so vereinfacht sich das 3-PL zum *Rasch-Modell*; man spricht auch vom 1-PL-Modell. Es geht auf den dänischen Statistiker Georg Rasch (1901–1980; Rasch 1960) zurück. Dieses Modell muss notwendigerweise gelten, wenn die Testleistungen in einem Test als Anzahl der gelösten Aufgaben verrechnet werden sollen.

Alle genannten Modelle setzen implizit voraus, dass die Lösungswahrscheinlichkeit jew. unabh. davon ist, welche anderen Aufgaben die betreffende Testperson bereits gelöst hat bzw. noch lösen wird. D. h. insbes., dass weder Lernprozesse stattfinden, noch die einzelnen Aufgaben derart aufeinander aufbauen dürfen, dass die Lösung einer Aufgabe die Lösung bei einer vorausgehenden Aufgabe voraussetzt (sog. *lokale stochastische Unabhängigkeit* der Reaktionen). Und alle genannten Modelle eigenen sich für *Adaptives Testen*.

Grundsätzlich ist in der IRT zw. Modellen zu unterscheiden, die «spezifisch objektive Vergleiche» ermöglichen, und solchen, die das nicht tun. Vereinfacht bedeutet das, dass für den Vergleich beliebiger Objekte (Aufgaben bzw. Personen) jew. nur spezif. diejenige Information der Daten eingeht, die dafür auch relevant ist, und nicht auch Daten von nicht involvierten Objekten (Aufgaben bzw. Personen). Wie sich zeigen lässt, erfüllt dieses Prinzip das Rasch-Modell (Fischer 1995), nicht aber die anderen genannten Modelle (Kubinger 1989). Das hat zur Konsequenz, dass das Rasch-Modell mit einem Modelltest per se prüfbar ist, für die anderen Modelle aber nur die Feststellung der Güte der Passung von Daten an das Modell möglich ist (sog. *goodness-of-fit*).

An Erweiterungen des Rasch-Modells unter Beibehaltung des Prinzips spezif. obj. Vergleiche ist v. a. das *lineare-logistische Test-Modell* (*linear-logistisches Testmodell (LLTM)*; Fischer 2005, Kubinger 2009d) zu nennen. Es beschreibt die im Rasch-Modell angesetzten Schwierigkeitsparameter aufgabenspezifisch als Linearkombination von vergleichsweise wenigen, hypothetisch angenommenen sog. Basisparametern; d. h., die Schwierigkeit jeder Aufgabe wird je nach Art und Anzahl lösungsnotwendiger Teiloperationen als gewichtete Summe der Schwierigkeiten dieser Operationen postuliert. Es bietet aber auch die Möglichkeit, durch Festlegung versch. sog. virtueller Items mit jew. demselben Aufgabenstamm, aber in unterschiedlicher Weise administriert, die Effekte voneinander abweichender Vorgabeweisen (z. B. Lern- und Positionseffekte, Effekte versch. Antwortformate) zu modellieren und zu prüfen (Kubinger 2009d). Notwendige Voraussetzung für die Geltung des LLTM ist die Geltung des Rasch-Modells. Schließlich sei die Verallgemeinerung in Form eines mehrdimensionalen Rasch-Modells erwähnt; dieses sieht vor, dass jede Aufgabe nicht nur eine einzigen, und zwar derselben (Fähigkeits-)Dimension misst, sondern auf mehreren, untereinander korrelierten (Adams et al. 1997; *Rasch-Modell, mehrdimensionales*; *Rasch-Modell, mehrdimensionales nominales*).

Für den Fall, dass bei den Reaktionen zw. mehr als zwei Möglichkeiten (z. B. zw. *gelöst, teilweise gelöst* und *nicht gelöst*) unterschieden wird, kommt das *ordinale Rasch-Modell* (*Rasch-Modell, ordinales*) bzw. *Partial-Credit-Modell* zum Tragen. Es beruht auf der Annahme, dass inhaltlich geordnete Kategorien vorliegen, zu denen jede Testperson im Bearbeitungsprozess pro Item schrittweise nacheinander, eben bis zur jew. manifest werdenden kommt. Gilt das Modell, so ist die über alle Items summierte Anzahl erfolgter Schritte ein geeigneter Testwert: er schöpft die gesamte relevante Information in Bezug auf das fragliche Eigenschaftsausmaß einer Person aus. Impliziert ist damit eine bei allen Items gleiche, und zwar äquidistante Punktvergabe über die einzelnen Kategorien. *K. D. Kubinger*

Itemschwierigkeit *Itemanalyse*.

Iteration [engl. *iteration*; lat. *iterare* wiederholen], **[KOG]**, Wiederholung von *Silben*, Wörtern oder Teilhandlungen. Zeichen (1) eines noch einfachen, aber normalen Reifungsgrades der kindlichen Sprache und Motorik (Seeman 1969), (2) einer primitiv-motorischen Basis zum Ausfüllen von Unterbrechungen (*Sprechpausen*) im Sprechfluss durch *Kloni* (*Stottern*) bei Sprachschwäche, (3) von postenzephalitischen, oligophrenen oder psychotischen (*Verbigeration*) *Sprachstörungen*.

[FSE], Math. Bez. für das mehrmalige Anwenden von Näherungswerten (bei einer Aufgabenlösung).

Jackknifing [engl.] Knickbewegung, [**FSE**], Resampling-Verfahren, um die Zufallstreuung für eine Kenngrößen zu schätzen. Bei diesem Verfahren wird durch sukzessives Ausschließen dieser Teilstichproben (ggf. nur N = 1), die Fehlerhaftigkeit bzw. Ungenauigkeit eines Modells bestimmt. Durch die mehrfache Anwendung der Modellschätzung auf die sukzessive ausgeschlossenen Fälle kann insbes. der *Standardfehler* geschätzt werden. *Bootstrapping*, *Monte-Carlo-Methode*, *MCM*.

Jackson'sches Gesetz [engl. *Jackson's law*], [**KOG**], besagt, dass die Erinnerungen an Ereignisse unmittelbar vor Beginn der Gedächtniseinbußen am ehesten verloren gehen. Der Verlust an Gedächtnis verläuft somit entgegengesetzt seinem Erwerb.

Jacobsen, Walter (1895–1986), [**HIS**], Kriegsdienst, 1920–1926 in Norwegen im väterlichen Geschäft tätig, seit 1926 Mitglied der Deutschen Demokratischen Partei (DDP), Studium der Ps. in Hamburg, 1933 Promotion bei *Stern*, Tätigkeit als Berufsberater, 1935 «wegen politischer Unzuverlässigkeit» aus dem Dienst entlassen. Seit 1934 war Jacobsen Mitglied der «Robinsonsohn-Strassmann-Gruppe», einem Hamburger Widerstandskreis, in dem v. a. DDP- und SPD-Mitglieder mitarbeiteten. Jacobsen gehörte auch der linksliberalen Widerstandsgruppe Gruppe Q, der späteren Gruppe Freies Hamburg an. 1937 Emigration nach Stockholm, dort 1940 Gründung eines Instituts für praktische Ps., 1942 Rückkehr nach Dt., kurze Zeit Tätigkeit am Arbeitswiss. Institut der Deutschen Arbeitsfront in Berlin, 1943–1945 Personalchef eines Hamburger Unternehmens, 1946 in Hamburg Gründungsmitglied und Erster Vorsitzender des *Berufsverbands Deutscher Psychologen (BDP)*, Tätigkeit als Gutachter; 1952 bis zur Pensionierung 1960 Tätigkeit an der Bundeszentrale für Heimatvertriebene (seit 1963 Bundeszentrale für politische Bildung); 1958 Gründung der Sektion «Politische Ps.» im BDP. Aufgrund seiner Verdienste um die *Politische Psychologie* wurde 1987 die Walter-Jacobsen-Gesellschaft gegründet, um das Lebenswerk und das Vermächtnis von Jacobsen weiterzuführen. *H. E. Lück*

Jaensch, Erich Rudolf (1883–1940), [**HIS, WA**], Wahrnehmungspsychologe und Wahrnehmungstypologe, der für seine Arbeiten zur eidetischen Wahrnehmung (*Eidetik*) bekannt wurde. Jaensch promovierte 1909 bei G. E. *Müller* in Göttingen. Bereits ein Jahr später habilitierte er sich mit der Arbeit «Über die Wahrnehmung des Raumes» in Straßburg. 1913 wurde Jaensch – erst 29-jährig – als o. Prof. für Philosophie an die Universität Marburg berufen. Diese Berufung bewirkte im Wintersemester 1912/13 einen überregionalen Hochschulkonflikt, in dem sich Geisteswissenschaftler gegen die weitere Besetzung von Philosophielehrstühlen mit Experimentalpsychologen wehrten. 1921 richtete Jaensch den Kongress der Gesellschaft für Exp. Ps. in Marburg aus, 1933 trat er in die NSDAP und den NS-Lehrerbund ein und unterzeichnete das Bekenntnis der dt. Prof. zu Adolf Hitler; 1937–1939 war Jaensch Erster Vorsitzender der *Deutschen Gesellschaft für Psychologie (DGPS)* als Nachfolger von F. Krueger. Aus der Beobachtung, dass sich Personen in ihren Anschauungsbildern unterschieden, entwickelte Jaensch seine «Integrationstypologie». In seinem bekanntesten Werk, «Der Gegentypus» (Jaensch 1938), erhielt dieser Ansatz rassistische Tendenzen (Lück & Wolfradt 2012). Jaensch starb unerwartet an den Folgen einer Operation. Jaensch 1926, Jaensch 1929. *H. E. Lück*

Jahoda, Marie (1907–2001), [**HIS, SOZ**], britische Sozialpsychologin österreichischer Herkunft aus einer liberal-jüdischen Familie Wiens. Nach der Matura 1926 Beginn einer zweijährigen Ausbildung zur Volksschullehrerin, parallel dazu Studium der Ps. an der Universität Wien bei *Charlotte Bühler* und *Karl Bühler*. 1927 Eheschließung mit *Paul F. Lazarsfeld*; 1901–1976), Scheidung jedoch bereits 1934. 1932 Promotion zum Dr. phil bei Karl Bühler mit einer Arbeit über «Anamnesen im Versorgungshaus. (Ein Beitrag zur Lebenspsychologie)». In dieser Arbeit wurde der biografische Ansatz von Charlotte Bühler auf Personen unterer sozialer Schichten übertragen. 1928/29 Studienaufenthalt in Paris. 1929 Projektmitarbeiterin bei Gustav Ichheiser in Wien. Seit 1931 gelegentliche Mitarbeiterin, seit 1932 Angestellte der von ihrem Mann initiierten, mit dem Ps. Institut der Universität Wien verbundenen «Österreichischen Wirtschaftspsychologischen Forschungsstelle» in Wien; 1931/32 war Jahoda führend an der Planung, Durchführung und Auswertung der Studie «Die Arbeitslosen von Marienthal» beteiligt. 1933/34 Aushilfslehrerin, 1934–1936 illegale politische Untergrundarbeit für die Sozialdemokratie, im November 1936 verhaftet und Inhaftierung bis Juli 1937; vorzeitige Freilassung unter der Bedingung, Österreich zu verlassen, und unter Aberkennung der österreichischen Staatsbürgerschaft. 1937 Emigration nach England, wo sie für versch. Unternehmen arbeitete. Danach Emigration in die USA, wo sie u. a. mit Max Horkheimer, Adorno und anderen an der Studie über die autokratische Persönlichkeit zus.arbeitete; akademische Lehre, Lehrbuchautorin; 1958 Rückkehr nach England, Lehre am Brunel College (später Universität), ab 1965 an der Universität von Sussex, wo sie 1973 emeritiert wurde. Wacker 1998, Jahoda & Greffrath 1979, Jahoda 1997. *H. E. Lück*

James, William (1842–1910), [**HIS, EM, PHI**], James war die führende Persönlichkeit in der frühen US-amerik. Ps., er war Theoretiker des *Pragmatismus*, Begründer des ersten psychol. Laboratoriums in den USA und prägender Lehrbuchautor. James wurde in New York als Sohn eines

muss insbes. darauf geachtet werden, dass der Startpunkt des analysierten Ereignisses eindeutig definiert ist. Beim Vergleich versch. Erkrankungen sollte bspw. der Erkrankungsbeginn und nicht der Studieneintritt als Ausgangszeitpunkt def. werden (*lead time*). Der KMS kann auch bei trunkierten Daten (nicht bei allen Pbn muss zu Beobachtungsende das zu analysierende Ereignis eingetreten sein) eingesetzt werden. Die Analyse basiert neben grafischen Darstellungen (Kaplan-Meier-Überlebenskurve: x-Achse: Zeit; y-Achse: kumulierte Überlebensrate; Verlauf: von (x = 0; y = 1) monton fallend; *Überlebenskurven*) auf *Signifikanztests* (Log-Rank-Test, Breslow-Test, Tarone-Ware-Test; zur Auswahl s.: Hosmer et al. 2008), die systematische Gruppenunterschiede prüfen.

Kappa-Effekt [engl. *kappa effect*], [**KOG, WA**], Bez. für die bei der Schätzung eines zeitlichen Intervalls auftretende Abhängigkeit von der räumlichen Distanz der Reize (*Reiz*). *Tau-Phänomen, Zeitwahrnehmung*.

Kappa-Koeffizient *Cohens Kappa*.

Kappazismus [engl. *kappacism*], [**KOG**], fehlende oder gestörte Artikulation der k-Laute (*Stammeln*); häufig ersetzt durch «t». *Paralalie*.

Kaptation [engl. *captation*; lat. *captatio* eifriges Greifen, Haschen], *Faszination*.

kaptative Hemmung (= K.) [engl. *captative inhibition*; lat. *captare* eifrig nach etw. fassen/greifen], [**EM, KLI**], nach Schultz-Hencke eine Hemmung des Besitzstrebens (*retentive Hemmung*). Der Begriff «kaptativ» beinhaltet das Gleiche wie der Begriff «oral» bei Freud (*orale Phase*), ist jedoch unabhängig von der Freud'schen Theorie zu verstehen. Die K. äußert sich in einer Einschränkung der Strebungen des Haben-Wollens. Schultz-Henke 1951.

Kaptivation [engl. *captivation*; lat. *captivus* gefangen], [**KLI**], schlafähnlicher Zustand zu Beginn der *Hypnose*, auch Pseudohypnose genannt. *Faszination*.

kardiale Reaktivität, copingassoziierte [engl. *coping-related cardiac reactivity*], *Active-Coping-Ansatz*.

Kardinaleigenschaft (= K.) [engl. *cardinal characteristic*; lat. *cardinalis* Haupt-], [**PER**], nach *G. W. Allport* eine die *Persönlichkeit* beherrschende Eigenschaft. Man hat die K. auch «maßgebende Gesinnung», «beherrschende Leidenschaft», «hervortretenden Zug» der Persönlichkeit genannt. I. d. R. sind mehrere K. erkennbar. Weniger wesentliche Eigenschaften bezeichnet man als Sekundäreigenschaften. Sie sind nicht kennzeichnend für die Person und treten auch nicht deutlich in Erscheinung. Allport 1949.

kardiovaskuläre Aktivität [engl. *cardiovascular activity*], [**BIO**], alle physiol. Vorgänge, die Teil des Herz-Kreislauf-Systems (= *kardiovaskuläres System*) sind, werden als kardiovaskuläre Aktivität bezeichnet. Dazu gehören die Aktivität des Herzmuskels, der Gefäße und deren Muskulatur sowie die neuronalen (z. B. Sympathikus und Parasympathikus) und endokrinen Kontrollmechanismen (z. B. zirkulierende Katecholamine) des kardiovaskulären Systems. Die Aktivität des Herzmuskels und der Gefäße wird im Wesentlichen durch die antagonistische Wirkung von sympathischem (eher aktivierend) und parasympathischem Nervensystem (eher dämpfend; *Parasympathikus*) reguliert. Körperliche Anstrengung (*Aktivität, körperliche*) oder *Stress* können eine verstärkte Aktivierung des sympathischen Nervensystems bewirken, was auch als erhöhte kardiovaskuläre Aktivität bezeichnet werden kann. Indikatoren hierfür können z. B. sein: (1) erhöhte Herzfrequenz/Herzrate, (2) erhöhter Blutdruck, (3) erhöhtes *Schlagvolumen des Herzens*, (4) erhöhtes Herzzeitvolumen, (5) erhöhte Reizüberleitungsgeschwindigkeit [engl. *pre-ejection period*] sowie (6) erhöhte Power im Low-Frequency-Band der spektralen Herzratenvariabilität. Psychophysiol. Methoden zur Erfassung kardiovaskulärer Aktivität sind z. B. *Elektrokardiogramm* (zur Errechnung von Herzfrequenz/Herzrate sowie *Herzratenvariabilität*), Impedanzkardiogramm (zur Errechnung von Schlagvolumen, Herzzeitvolumen), Photoplethysmografie (*Plethysmograf*) sowie Blutdruckmessung. *A. Schulz*

Karma (= K.) [engl. *karma*; Sanskrit कर्म Tun, Tat], das durch Taten im vorangegangenen Seinsablauf bewirkte Schicksal. Die indische K.lehre hängt mit der Seelenwanderungstheorie (*Reinkarnation*) zus.

Karriereorientierung (= K.) [engl. *career orientation*], [**AO**], bezeichnet die berufsbezogenen *Einstellungen*, *Werte* und *Interessen* eines Individuums. Diese betreffen Aspekte wie beruflichen Aufstieg, *Autonomie*, *Kompetenzentwicklung* und *Sicherheit* (Moser 2004). Aufgrund gesellschaftlicher und wirtschaftlicher Entwicklungen haben sich *Berufslaufbahnen* verändert und beinhalten mehr Wechsel zw. Organisationen, Tätigkeiten und Berufen. Gleichzeitig haben sich Interessen und Bedürfnisse der arbeitenden Individuen verändert, was sich in ihren K. ausdrückt. Neben traditionellen K., die an beruflicher Sicherheit und Aufstieg in einer *Organisation* ausgerichtet sind, bestehen K., die eigenverantwortlichen Kompetenzerwerb mit nötigenfalls häufigeren Organisationswechseln oder auch die Ausgewogenheit von Arbeit und nicht arbeitsbezogenen Lebensbereichen betonen. Neben indiv. Unterschieden in K. sind auch kult. und wirtschaftlich bedingte Unterschiede gefunden worden (Gerber et al. 2009). *berufliche Entwicklung*. *G. Grote*

Karsten, Anitra (1902-1988), [**HIS, EM**], als Schwedin in Finnland geb´., studierte Karsten in Dt. Ihre von *Lewin, Kurt* betreute und bei *Koffka, Kurt* 1928 in Gießen abgeschlossene Dissertation über *psychische Sättigung* zählt zu den wichtigen exp. Beiträgen der Handlungs- und Affektpsychologie. Karsten arbeitete u. a. in Berlin, Ann Arbor, Stockholm, Helsinki und ab 1960 wieder in Dt., wo sie an den Universitäten Erlangen, Marburg und Frankfurt vor allem gerontologisch tätig war. Karsten 1979. *H. E. Lück*

Kaspar Hauser (= K. H.), [**EW, KLI, KOG, SOZ**], der Name dieses nach Herkunft und Schicksal rätselhaften jungen Mannes (1812–1833) ist für das Phänomen der gesellschaftlichen Absonderung und ihrer Auswirkung herangezogen worden. K.-H.-Komplex. Die von A. Mitscherlich beschriebene Entwicklungsstörung, die durch Isolierung und fehlende soziale *Bindung* hervorgerufen ist, fällt durch Gemütsarmut sowie Kontaktschwierigkeiten auf. K.-H.-Versuche spielen in der *Verhaltensforschung* der

Tierps. eine Rolle. Tiere werden in strenger Isolierung (mit Entzug jeder Erfahrungsbildung) aufgezogen. Die Versuche sollen erlauben (Lorenz), genetisch bedingte Verhaltenskomponenten zu erkennen (*Verhaltensgenetik*). Mitscherlich 1950.

Test Kasseler-Konzentrations-Aufgabe für 3- bis 8-Jährige (KKA), 2007, G. Krampen, [www.testzentrale.de], [**DIA, EW, KOG**]. Verfahren zur Aufmerksamkeits- und Konzentrationsdiagnostik. AA 3 bis 8 Jahre. Die KKA erfasst die kurzzeitige *selektive Aufmerksamkeits-* und Konzentrationsleistung (Leistungsmenge in vorgegebener Zeit). Es handelt sich bei der KKA um einen Durchstreichtest, bei dem die Kinder die Aufgabe haben, in mehreren Reihen mit versch. Abbildungen die jew. Zielobjekte anzustreichen, wobei die Bearbeitungszeit pro Testreihe auf 10 Sek. festgelegt ist. Zeitnahe oder zeitferne Wiederholungsmessungen sind durch sechs Parallelformen der KKA möglich. Neben dt.sprachigen Testinstruktionen stehen die Instruktionstexte auch in türkischer, russischer, engl., portugiesischer und luxemburgischer Sprache zur Verfügung. *Normierung*: Basierend auf einer Stichprobe von 5314 Vorschul- und Primarschulkindern (der ersten und zweiten Klasse) aus Dt. und Luxemburg mit unterschiedlichen Primärsprachen (Deutsch, Englisch, Luxemburgisch, Portugiesisch, Russisch und Türkisch). Getrennte Normwerte für die Altersgruppen der 3-Jährigen, der 4-Jährigen, der 5-Jährigen und der 6- bis 8-Jährigen. Bearbeitungsdauer: 6'30 Min. bei erstmaliger und ggf. einmaliger Durchführung einer KKA-Parallelform (davon etwa 5 Min. für Instruktion und die Bearbeitung des Übungsbeispiels). Zwischen 8'30 und 16'30 Min. bei Durchführung einer KKA-Testserie (zu einem Testzeitpunkt).

Kastrationskomplex (= K.) [engl. *castration complex*; lat. *castrare* entmannen], [**KLI**], nach Freud (*Psychoanalyse*) entstehen in der Ödipusphase bei Jungen und Mädchen Kastrationsfantasien als eine Antwort auf das Rätsel, das der anatomische Geschlechtsunterschied ihnen aufgibt: Vorhandensein des Penis oder Penislosigkeit. Dem Mädchen ist der Penis genommen, dem Jungen kann er genommen werden. Der Junge fürchtet die Kastration als Realisierung einer väterlichen Drohung und als Antwort auf seine sexuelle Aktivität; daraus entsteht bei ihm eine heftige Kastrationsangst. Beim Mädchen wird die Penislosigkeit als erlittener Nachteil empfunden, den es zu verleugnen, zu kompensieren oder zu reparieren sucht. Der K. hat enge Beziehungen zum *Ödipuskomplex* und dessen Normen und Verboten. Weitere Beziehung hat der K. zum *Virilitätskomplex* der Frau, mit der Angst, nicht oder nicht ausreichend «reif» zu sein. Gerlach 2000a.

Kasuistik (= K.) [engl. *casuistics*; lat. *casus* Fall], [**KLI**], eine Sammlung von prakt. Bsp. (z. B. Krankheitsfällen, gerichtl. Entscheidungen), die bei der Beurteilung ähnl. Fälle Hilfe leisten soll. Während sich mit K. keine gesetzmäßigen Aussagen belegen lassen, sind sie doch in der klin. Praxis bzw. Ausbildung von hohem Wert beim Beziehen allg. Sichtweisen und Regeln auf konkrete Situationen.

Kasusgrammatik (= K.) [engl. *case grammar*; lat. *casus* Fall], [**KOG**], die K. geht davon aus, dass der propositionelle Kern des einfachen Satzes aus einem *Prädikat* besteht, mit dem ein oder mehrere Konzepte (*Konzept*) mit der semantischen Funktion von Argumenten (semantischen Kasus) verbunden sind. Diese sind für jedes Prädikat zu spezifizieren. Fillmore (1968) unterscheidet folg. Argumente (Zimmermann 1972): (1) den Initiator einer Handlung (*agent*); (2) denjenigen, der einen ps. Vorrang erhält (*experiencer*); (3) das Objekt, das einer Veränderung oder Bewegung unterzogen wird, das eine Empfindung auslöst oder ein Ergebnis darstellt (*object*); (4) das Mittel, mit dem ein Handelnder etwas tut (*instrumental*); (5) den auslösenden Faktor für ein Ergebnis (*causae*); (6) den Ursprung eines Prozesses oder einer Handlung (*source*); (7) das Ziel eines Prozesses oder einer Handlung (*goal*); (8) die Lokalisierung eines Vorgangs (*place*); (9) die Zeitumstände eines Vorgangs (*time*).

Fillmore nimmt an, dass die Argumente aus einer Menge universaler, vermutlich angeborener Konzepte bestehen, die best. Urteilskategorien entsprechen, die der Mensch bei der Beurteilung seiner Umwelt verwendet. Über die Zahl der Kasus und ihre Benennung herrscht bis heute keine Einigkeit. *J. Engelkamp*

Katabolismus [engl. *catabolism*; gr. καταβολισμός *(katabolismos)* Kräfteverfall], [**BIO**], Abbaustoffwechsel, Proteinabbau (*Protein*); Ggs. *Anabolismus*, *Metabolismus*.

Katagelastizismus [gr. καταγελάειν *(katagalaein)* auslachen], [**KLI**], Freude am Auslachen anderer. *Gelatophobie*.

Katalepsie (= K.) [engl. *catalepsy*; gr. κατάληψις *(katalepsis)* Erfassen, Festhalten], [**BIO, KLI**], anhaltendes Verharren in einer best. Körperhaltung, Muskelspannung ohne aktive Bewegungsmöglichkeit und mit wechselndem Widerstand gegen passive Bewegungen. Kommt vor nach *Schädel-Hirn-Trauma*, *Enzephalitis*, bei *Epilepsie*, *Katatonie*. Suggestiv-K. bzw. k. Starre liegt vor, wenn der Pb auf Befehl des Hypnotiseurs (*Hypnose*) die Glieder in starrer Haltung belässt (*arc de cercle*).

kataleptische Starre [engl. *cataleptic rigor*], [**BIO, KLI**], auch kataleptische Brücke genannt. Eine der *Katalepsie* zugehörige, durch *Hypnose* (*Hysterie*) erzeugte starre Körperhaltung. *arc de cercle*.

Katamnese (= K.) [engl. *catamnesis*; gr. κατά *(kata)* völlig, μνησις *(mnesis)* Erinnern], [**DIA, KLI**], abschließender Bericht nach Krankenbehandlung; i. e. S. Zusammenstellung relevanter klin.-psychol. bzw. psychol.-diagn. Information nach Ende einer psychotherap. Behandlung (*Psychotherapie*); im professionellen Kontext müssen psychol.-diagn. Informationen psychometrische *Gütekriterien* erfüllen (Objektivität, Reliabilität, Validität); zentraler Bestandteil der klin. K. ist das (Nicht-)Vorliegen der psych. Störung, K. ist Bestandteil der psychol. *Qualitätssicherung*. *Anamnese*, *Follow-up-Studie*. *M. Grosse Holtforth*

Kataplexie (= K.) [engl. *cataplexy*; gr. καταπλήξειν erschrecken, erstarren lassen], syn. *affektiver Tonusverlust*, [**BIO, GES**], kurzdauernder Verlust des *Muskeltonus*), vorwiegend bilateral, ausgelöst durch plötzliche *Emotionen* wie *Lachen*, *Überraschung*, *Schreck*, Pointe eines Witzes; ohne Bewusstseinsverlust. Variable Ausprägung, von der Erschlaffung einzelner Muskelgruppen (z. B. veränder-

(einzelheitlich) zu lösen. Er setzt sich aus fünf Untertests zus., die fakultativ vorgegeben werden können: (1) Der Untertest *Aufmerksamkeit* erfasst die Fähigkeit des Kindes, seine Aufmerksamkeit auf visuelle Stimuli (menschliche Gesichter) zu fokussieren und aufrechtzuerhalten. (2) Der Untertest *Wortschatz* erfasst die lexikalischen Kenntnisse und das Allgemeinwissen. (3) Der Untertest *Sequenzielles Verarbeiten* misst die Fähigkeit, das auditive Kurzzeitgedächtnis zu nutzen, um eine Aufgabe mithilfe einer Schritt-für-Schritt-Strategie zu lösen. (4) Der Untertest *Simultanes Verarbeiten* bestimmt die Fähigkeit, das visuelle Kurzzeitgedächtnis zu nutzen, um eine Aufgabe auf integrative und ganzheitliche Weise zu lösen. (5) Der Untertest *Begriffsbildung* misst die Fähigkeit, komplexe Klassifikationsprobleme zu lösen. *Normierung*: N = 920 Kinder (10 Altersgruppen von 6;0 bis 10;11 Jahren). Bearbeitungsdauer: 60 bis 90 Min.

TestKaufman – Neuropsychologischer Kurztest (K-NEK), 2004, P. Melchers & M. Schürmann, [www.pearsonassessment.de], [**BIO, DIA**]. Neurops. Verfahren zur Einschätzung kogn. Funktionen. AA 11 bis 85 Jahre. Theoretischer Hintergrund ist die Denktheorie von Luria. Der K-NEK erfasst über vier Untertests drei Niveaus kogn. Komplexität: *Orientierung*; Gestaltschließen und Zahlennachsprechen, *Wortsuche* (Handlungs- und Planungsfunktionen der Exekutivfunktionen). Die Skalenwerte können zur Einschätzung eines Beeinträchtigungsindexes verwendet werden. *Normierung*: an über 3300 Personen. Bearbeitungsdauer: ca. 30 Min.
J. M. Müller

Kaufmotiv (= K.) [engl. *purchase motive*], [**EM, WIR**], K. sind *Motive*, die Kaufverhalten beeinflussen. Grundannahme ist, dass die Kaufwahrscheinlichkeit eines Produkts von der Passung des Befriedigungspotenzials des Produkts und einem K. sowie der aktuellen Stärke dieses K. abhängt. K. sind in versch. Forschungskontexten von Belang: (1) Ausgehend von einem bestehenden Produkt fragt sich, in welchen Zielgruppen kompatible Motive stark ausgeprägt sind. (2) Ausgehend von einer gegebenen Zielgruppe und ihrer Motivstruktur kann sich die Gestaltung von Produkten und Werbebotschaften daran orientieren. (3) Werbepsychologisch ist relevant, wie gewisse Motive durch Werbung aktiviert werden können, um ein kompatibles Produkt begehrenswerter erscheinen zu lassen. (4) Um Motive auf Produkte beziehen zu können, muss deren Befriedigungspotenzial erfasst werden. Dies kann durch Imageanalysen geschehen, also der Erfassung von Wahrnehmungen von Produkten und insbes. auch von Marken (*Markenimage*).
Rossiter & Percy (1997) schlagen acht K. in zwei Kategorien vor: a) *informationale Motive*, die mit Informationssuche zur Reduktion neg. Zuständen einhergehen wie (1) Problembeseitigung, (2) Problemvermeidung, (3) unvollständige Zufriedenheit, (4) gemischte Annäherung-Vermeidung (*Annäherungs-Vermeidungs-Konflikt*), (5) gewöhnliche Erschöpfung und b) *transformationale Motive*, in denen Menschen Veränderung hin zu einem noch besseren Zustand anstreben, wie (6) sensorische Gratifikation, (7) intellektuelle Stimulation oder Bewältigung und (8) soziale Anerkennung. Die Messung (*Messen*) von K. (Konsumentenseite) sowie Imageanalysen (Produkt-/Markenseite) nutzt häufig Befragungen, *Interviews* und Gruppendiskussionen (Fokusgruppen), implizite Methoden wie *projektive Tests*, Assoziationstechniken (z. B. Mindmapping) und Kreativtechniken (z. B. Collagen anfertigen) sowie obj. quant. Tests wie den *Impliziten Assoziationstest (IAT)*, welche die *Reaktionszeit* der Pbn bei Aufgaben interpretieren.
R. Singh/A. S. Göritz

Kaufsucht (= K.) [engl. *compulsive buying*], [**KLI, WIR**], früher syn. *Oniomanie* [gr. ὦνος (onios) (zu) kaufen, μανία (mania) Wahn]; *Impulskontrollstörung*, die sich in starker gedanklicher Beschäftigung mit Kaufhandlungen und wiederholten exzessiven Käufen ausdrückt. Der Kaufimpuls wird als unwiderstehlich und sinnlos wahrgenommen, die gekauften Güter werden meist nicht konsumiert oder verwendet. Zudem verursacht der Drang zum Kauf erhebliches Leiden und kann finanz. Beeinträchtigungen zur Folge haben. K. wird in klin. Klassifikationssystemen (*Klassifikation psychischer Störungen*) nicht als eigenständige Störung betrachtet, kann als nicht näher bez. Störung der Impulskontrolle klassifiziert werden und ist von Verhalten in manischen Phasen (*Manie*) abzugrenzen. Basierend auf Fragebögen zur K. schätzen Studien, dass zw. 2 % und 8 % der Bevölkerung kaufsuchtgefährdet sind, Frauen könnten hiervon stärker betroffen sein. *Verhaltenssucht*. Müller et al. 2014.
H.-G. Wolff

Kaufverhalten und Zahlungssysteme [engl. *buying/purchasing behavior and payment systems*], [**WIR**], mit Gründung der Reichsbank 1876 wurde in Dt. neben dem Barzahlungssystem der unbare Zahlungsverkehr eingeführt. Seitdem hat sich das System des bargeldlosen Geldtransfers von einfachen Überweisungen oder der Anwendung von Lastschriftverfahren auf die Zahlung mit EC-, Geld- und Kreditkarten ausgeweitet. Derzeit zahlt die Mehrheit der dt. Verbraucher bar, doch nimmt der Gebrauch unbarer Zahlungssysteme (= Z.) zu. Ein Vorzug unbarer Zahlungsmethoden ist die schnelle und leichte Verfügbarkeit auch größerer Geldbeträge, zudem ermöglichen sie den unkomplizierten Einkauf in Online-Stores. Gleichzeitig bergen diese Charakteristika aber auch Nachteile. Hierzu gehören u. a. die durch die Entkopplung von Konsum und Bezahlung evozierte erhöhte Ausgabenbereitschaft mit unbaren Zahlungsmitteln und die daraus potenziell resultierende *Verschuldung* der Verbraucher. Auch problematisches Kaufverhalten (= K.) wie kompensatorischer oder pathologischer Konsum (*Konsumverhalten*, *Konsumentenverhalten und Selbstregulation*, *Verhaltenssucht*) wird mit der Verwendung bargeldloser Zahlungsmittel wie EC- und Kreditkarten in Verbindung gebracht, da diese die Ausgabenkontrolle erschweren. Neben dem durch bargeldlose Zahlungsmittel vereinfachten Zugang zur Liquidität ist somit auch die fehlende mentale Kontrollierbarkeit der Ausgaben (*mental budgeting*) durch eine Zunahme des Abstrahierungsgrades von Bedeutung, welche eine adäquate Selbstkontrolle einschränken und das Ausgabevolumen unter kartengestützten Zahlungsmodalitäten erhöhen kann. *Selbstregulation* und *Selbst-*

kontrolle stellen somit einen wesentlichen Faktor dar, um in Kaufsituationen angemessene und den persönlichen Voraussetzungen entspr. Entscheidungen (*Kaufentscheidungen, Modelle*, *Kaufentscheidungen, Rationalität von*) zu treffen. Moderne bargeldlose Z. erschweren die erfolgreiche Selbstkontrolle in Bezug auf die Ausgabenhöhe in zweifacher Weise: Zum einen wird der Überblick über die zur Verfügung stehende Geldmenge durch die bargeldlose Zahlungsform erschwert, da kein externer und haptisch erfahrbarer Bezug zu der ausgegebenen Geldmenge vorliegt. Zum anderen erleichtern Formen der Kartenzahlung den Zugang zu monetären Mitteln deutlich und ermöglichen im Falle der Kreditkarten sogar die Verfügung über real teilweise nicht vorhandene Beträge. Vor allem Letzteres kann als eine Ursache für die steigende Verschuldung in modernen Konsumgesellschaften betrachtet werden.

Auf Verhaltensebene konnte ein gesteigertes Konsummuster unter bargeldlosen Zahlungsbedingungen nachgewiesen werden (*credit card premium*): Das Ausgabeverhalten steigt demnach unter Verwendung kartengestützter Zahlungssysteme an, unabhängig von interindiv. variierenden Merkmalen wie Geschlecht, Einkommen und K. Es werden höhere Ausgaben getätigt und eine Zunahme der Verschuldungsbereitschaft wird erkennbar. Erklärungsansätze hierfür sind u. a. die klassische Konditionierung (*Konditionierung, klassische*), die indiv. variierende Höhe des durch die Bezahlung ausgelösten Verlustempfindens (*pain of paying*) und die Bedeutung der Kreditkartensymbolik bei der mentalen Entkopplung von Konsum und Geldverlust und deren Auswirkung auf die kogn. Buchführung (*mental accounting, mentale Buchführung*). Zudem konnte gezeigt werden, dass sich diese Effekte von Kreditkarten auch auf Debitkarten (EC/Maestro-Karten) übertragen lassen. Hinter der feststellbaren erhöhten Zahlungsbereitschaft wird ein *Credit-card-release-Effekt* vermutet, wonach bargeldlose Zahlungsmodalitäten eine psych. Ausgabenentlastung bewirken. Zudem scheinen bargeldlose Zahlungsbedingungen die Produktbewertung zu verändern. Unter unbaren Zahlungsbedingungen wird mehr auf die Produktvorteile geachtet, wohingegen unter Barzahlung eher die Kostenaspekte eine Rolle spielen. Dies spiegelt sich auch in einer höheren Zahlungsbereitschaft unter bargeldlosen Zahlungsvoraussetzungen wider. Inwieweit diese Effekte auch auf das sog. *mobile payment* zutreffen, müssen künftige Untersuchungen zeigen. Baumeister 2002, Raab 1998a, Prelec & Simester 2001, Moore & Talor 2011, Feinberg.

G. Raab/L. A. Reisch

Kausalattribution (= K.) [engl. *causal attribution*; lat. *causa* Ursache, *attribuere* zuschreiben], [**EM, KOG, PÄD, SOZ**], K. sind subj. Ursachenzuschreibungen, die Personen zur Erklärung von Ereignissen vornehmen. Der Vorgang, an dessen Ende die K. steht, wird als (Kausal-) *Attribuierung* bez. Während *Attributionstheorien* das Zustandekommen von K. erklären, legen *attributionale Theorien* den Fokus auf die Folgen der K. In der Päd. Ps. werden attributionale Theorien insbes. zur Erklärung von *Motivation, Emotionen* und Lernverhalten verwendet. Im Lern- und Leistungskontext existieren Ursachenfaktoren, die bevorzugt zur Erklärung von Erfolg/Misserfolg herangezogen werden (u. a. Begabung, Anstrengung, Zufall). Diese Kausalfaktoren lassen sich auf Kausaldimensionen einordnen. Dazu zählen die *Lokation* (Ort der Ursache; innerhalb/außerhalb der handelnden Person), die *Stabilität* (zeitliche Stabilität/Variabilität der Ursache), die *Globalität* (Ausmaß der Generalisierung über Situationen) sowie die *Kontrollierbarkeit* des Ursachenfaktors. K. beeinflussen, wie sich Erfahrungen auf zukünftiges Lernverhalten auswirken. Motivationspsychol. bedeutsam sind hier die Beeinflussung der Erwartungs- und der Wertkomponente (*Erwartung-Wert-Theorien*): Die Stabilität wirkt sich auf Änderungen der Erfolgserwartung nach Erfolg/Misserfolg aus. Eine Kombination von Lokation bzw. Kontrollierbarkeit beeinflusst die Emotionen (Schuld, *Scham*, Stolz) und – durch die Speicherung dieser Emotionen im affektiven *Gedächtnis* und spätere *Antizipation* – auch den zukünftigen Aufgabenwert. Es zeigen sich zudem Effekte u. a. auf das *Fähigkeitsselbstkonzept, Selbstwertgefühl, Prüfungsangst* und schließlich auf *Leistung*. Die K. auf internal-variable-kontrollierbare Ursachen wie Anstrengung gelten aufgrund ihrer Steuerbarkeit durch die Person als motivationsförderlich. Ein ungünstiger Attributionsstil (internal-stabil-global-unkontrollierbar) kann zu *erlernter Hilflosigkeit* und depressiven Reaktionen (*Depression*) auf Misserfolg führen. Stiensmeier-Pelster & Heckhausen 2010, Hewstone 1989, Kelley & Michela 1980.

C. Schöne/S. Tandler

Kausalgie [engl. *causalgia*; griech. καῦσις (*kausis*) Brennen, ἄλγος (*algos*) Schmerz], *Schmerz*.

Kausalität (= K.) [engl. *causality*; lat. *causa* Ursache, Grund]. [**FSE, PHI**], Kausalaussagen (-hypothesen, -gesetze) betreffen Zusammenhänge zw. Ursachen und Wirkungen und dienen damit der wiss. Erklärung (*Erklären*) von Sachverhalten. Nach strengen, materiellen Vorstellungen von K. aus der klassischen Physik ist Ereignis *u* nur dann Ursache von *v*, wenn *u* das Ereignis *v* tatsächlich hervorbringt, d. h., wenn *v* zwangsläufig auf *u* folgen muss. Dies ist dann der Fall, wenn hinreichend Energie von *u* auf *v* übertragen wird. Wie bereits David Hume betonte, sind kausale Beziehungen nicht direkt beobachtbar, sondern eine Konstruktion. Wenn wir Ereignisabfolgen kausal interpretieren, subsumieren wir sie unter hypothetische *Gesetz* oder *Theorien*. Dies ist sowohl bei materiellen als auch bei nicht materiellen Prozessen und somit in allen Wissenschaftsbereichen möglich. Eine differenzierte Explikation (Definition) dieser nicht materiellen Vorstellung von K. besteht darin, eine Ursache als eine *INUS-Bedingung* für ein Ereignis zu bez., d. h. als ein «insufficient but necessary part of an unnecessary but sufficient condition». Bez. man bspw. den Heimaufenthalt als Ursache für die Straffälligkeit eines Jugendlichen, bedeutet dies: Der Heimaufenthalt ist allein nicht hinreichend (denn nicht alle Heimkinder werden straffällig), aber ein notwendiger Teil einer indiv. Bedingungskonstellation (den sog. Randbedingungen), die insges. zwar nicht notwendig für Straffälligkeit ist (denn auch Personen mit anderen Erfahrungen und Eigenschaften werden straffällig), im konkreten Fall aber offensichtlich hinreichend. Daraus folgen die sog. *kontrafaktische Explikation* von K. (Wenn der Jugendliche nicht im Heim gewesen wäre und wenn alle anderen Bedingungen gleich geblieben wären, dann wäre er nicht straffällig geworden.) und weiter die *manipulative oder interventionistische Explikation* von K. (Die Straffälligkeit hätte verhindert werden können, wenn der Jugendliche nicht ins Heim gekommen wäre und alle anderen Bedingungen gleich geblieben wären.). Nach der INUS-Explikation können für einen Sachverhalt durchaus mehrere Ursachen angegeben werden. Betrachten wir nur eine von ihnen, gehören die anderen zu den Randbedingungen. Die INUS-Explikation macht auch deutlich, dass die Annahme der Konstanz aller anderen relevanten Bedingungen ein wesentlicher Bestandteil jeder Kausalaussage ist. Diese sog. *Ceteris-paribus-Bedingungen* werden meist nicht explizit formuliert. Manifest werden sie bei jeder Prüfung einer Kausalhypothese im *Experiment* oder *Quasi-Experiment*, wenn versucht wird, den Einfluss aller anderen *Störvariablen* auszuschalten (*interne Validität*, *Konfundierung*). Die INUS-Explikation geht idealisierend von deterministischen Zusammenhängen aus. Im probabilistischen Fall ist dementsprechend ein Ereignis u nur dann eine Ursache von v, wenn die bedingte *Wahrscheinlichkeit* von v bei Vorliegen von u und den gegebenen Randbedingungen größer ist als bei nicht-u und gleich bleibenden Randbedingungen. Statt wie bei der INUS-Explikation idealisierend die vollst. Konstanz der Randbedingungen anzunehmen, kann man auch diese Ceteris-paribus-Bedingung probabilistisch abschwächen, indem man nur annimmt, dass die Ursachenvariable mit keiner anderen möglichen Einflussvariablen korreliert oder interagiert. Für die Forschungspraxis reicht es sogar oft anzunehmen, dass die Ursachenvariable mit der Gesamtwirkung aller anderen Variablen unkorreliert ist (schwache K.). *Evidenzbasierung*, *Randomisierte kontrollierte Studie*. Stegmüller 1983, Westermann 2000. R. Westermann

Kausalität, phänomenale [engl. *phenomenal causality*; φαινόμενον (phainomenon) Erscheinung], *Kausalität*, [**KOG**], bei best. Bewegungs- oder Handlungssituationen unterstellt der Beobachter entspr. Gegenständen (oder Personen) eine Ursachefunktion oder absichtliches Handeln. *Kausalitätswahrnehmung*.

Kausalität, psychische [engl. *psychic causality*], *psychische Verbindungen*, *Wundt, Wilhelm*.

Kausalitätswahrnehmung (= K.) [engl. *perception of causality*], *Kausalität*, [**KOG**], Bez. für die Frage, besonders ihre exp. Bearbeitung, wie der kausale Zusammenhang von einem Geschehen zu dem anderen (als bedingenden, beherrschenden) «erfahren» wird. Die *Gestaltpsychologie* hat bei der Ursache-Wirkung-Abfolge zur Erkenntnis geführt, dass «mechanische Kausalhandlungen» ebenso unmittelbar wie die Formen und Bewegungen (einschließlich Täuschungen) wahrgenommen werden. Mit den von Michotte eingeführten Experimenten, insbes. dem *Entraînement-Versuch* (Fort-Schieben), dem *Lancement-Versuch* (Fort-Stoßen) und anderen Tunnelphänomenen *Tunnelphänomen* wurde gezeigt, dass die K. mit globalen, «durch die gesamte Reizkonstellation best. Einheiten mit spezif. Eigentümlichkeiten» (Michotte 1966) erfolgt. Heider 1958.

Kausalmodelle, Theorie der (= T.) [engl. *causal model theory*], [**KOG, PÄD**], eine von M. Waldmann und K. Holyoak begründete Theorie des kausalen *Wissenserwerbs* (Waldmann & Holyoak 1992). Sie erklärt, wie Vorwissen über *Kausalität* mit *Lernen* interagiert. Solches Kausalwissen beinhaltet bspw. das Prinzip temporaler Priorität, das besagt, dass Ursachen zeitlich vor ihren Effekten vorhanden sind, und das Prinzip der kausalen Gerichtetheit (üblicherweise als *Kausalpfeil* dargestellt), nach dem Ursachen ihre Effekte beeinflussen und nicht Effekte ihre Ursachen. Kausalwissen beinhaltet außerdem *Wissen* über typische, sich aus diesen Prinzipien ergebende stat. Muster im Auftreten von Ereignissen. Z. B. wird Information über *Basisraten* bei prädiktivem Lernen (von Ursachen auf Effekte) anders verarbeitet als bei diagn. Lernen (von Effekten auf Ursachen; Reips & Waldmann 2008). Die T. nimmt an, dass abstrakte wissensgeleitete Faktoren den Kausalerwerb steuern. Damit ist gemeint, dass zumindest immer dann, wenn kein bereichsspezif. (*domain specific*) Wissen vorhanden ist, allg. Vorwissen beim Lernen genutzt wird. Die Theorie postuliert generell, dass das Wissen um strukturelle Eigenschaften von Ursachen und Effekten den Aufbau der kogn. Repräsentation des Lernmaterials und ihre spätere Nutzung beeinflusst. Bspw. erwarten Vpn keine *Korrelation* zw. zwei Ursachen des gleichen Effekts (*common-effect model*), aber durchaus eine Korrelation zw. zwei Effekten der gleichen Ursache (*common-cause model*). Die Theorie hat wichtige Implikationen für die Entwicklung kausalen *Denkens*. Waldmann 1996b, Waldmann et al. 2006, Waldmann et al. 1995. U.-D. Reips

Kausalversuch *Experiment*.

Kausalwissen [engl. *causal knowledge*], *Kausalmodelle, Theorie der*.

Kava-Kava [engl. *kava kava*], [**PHA**], früher als Arzneimittel eingesetzter Stoff aus der Gruppe der pflanzl. Arzneimittel bzw. *Phytopharmaka*. Gewonnen aus dem Wurzelstock Rhizoma. Gebraucht bei Riten polynesischer Völker. Wirkt wie die synthetischen *Tranquillanzien* vom Typ der *Benzodiazepine* erregungs- und anspannungsmindernd bei Angst-, Spannungs- und Unruhezuständen. Wegen hoher Lebertoxizität vom Markt genommen. *Phytopharmaka*. W. Janke

Keimdrüsen (= K.) [engl. *gonads*], [**BIO**], Geschlechtsdrüsen, Sexualdrüsen, Gonaden. Hoden und Eierstöcke (Testes, Testiculi oder Testikeln und Ovarien). Die Keimdrüsen sind *Drüsen* mit äußerer (hier: germinativer) Funktion, da sie Spermien bzw. Eier produzieren, und Drüsen mit innerer *Sekretion*, indem sie *Hormone* bilden. Die männlichen Keimdrüsenhormone sind der *Testosteron* und seine Ausscheidungsform Androsteron (Anregung der Samenbildung, Spermiogenese, Spermatogenese). Die weiblichen Hormone sind die Follikelhormone Östradiol, Östriol, Östron (sog. Brunsthormon), die die im Vierwochenzyklus verlaufende Ovulation (Eireifung und Eiausstoßung) regeln, und das antagonistische Gelbkörperhormon (Corpus-luteum-Hormon) *Progesteron*, das während der Schwangerschaft wirksam ist. Die Keimdrüsentätigkeit wird von den übergeordneten geschlechtsunspezifischen Hormonen des Hypophysenvorderlappens (*Gonadotropine*) gesteuert.

Manche Abhängigkeit zw. den K.hormonen, dem Geschlechtstrieb und der allg. Aktiviertheit des Individuums ist noch ungeklärt, wenn auch grundsätzlich jede Störung oder der Ausfall der K.funktion eingreifende seelische Veränderungen bewirken und die Entfernung der K. (vor der Pubertät) die Ausbildung der sekundären Geschlechtsmerkmale verhindert. *Gonadenhormone*, *Infantilismus*.

Keimesentwicklung [engl. *germinal development*], [**BIO**], (bei Wirbeltieren), im ursprünglichen Fall entsteht aus der *Zygote* durch Zellteilung zunächst eine Morula, die sich im Laufe weiterer Zellteilung zu einer einschichtigen Hohlkugel umbildet (Blastula). Diese stülpt sich (im Idealfall) handschuhfingerförmig ein, wodurch eine zweischichtige Blase mit einer Öffnung entsteht (Gastrula).

Der Vorgang der Einstülpung wird als *Gastrulation* bezeichnet. Die beiden Zellschichten (Keimblätter) der Gastrula bilden das primäre Ektoderm (äußere Schicht) und Entoderm (innere Schicht). Durch Prozesse, die bei den einzelnen Tiergruppen sehr versch. verlaufen können, wird zw. Ekto- und Entoderm eine 3. Schicht ausgebildet, das 3. Keimblatt oder Mesoderm. Aus dem Ektoderm entstehen während der Embryonalentwicklung z. B. die Oberhaut, das Zentralnervensystem und die Sinnesorgane. Das Entoderm entwickelt sich zum Darm und seinen Anhängen (z. B. Lunge, Leber). Aus dem Mesoderm entstehen z. B. die Muskulatur (*Muskel, Muskeltonus*) und das Skelett.

Kelley, Harold Harding (1921–2003), [**HIS, SOZ**], US-amerik. Sozialpsychologe. Studium der Ps. an der *University of California*, dann im Zweiten Weltkrieg Testpsychologe für die Air Force. Nach dem Krieg Studium bei *Lewin* am MIT, wo Kelley 1948 promovierte. Als das Institut 1948 nach Ann Arbor verlagert wurde, ging er für kurze Zeit mit; 1949 Assistenzprof. an der *Yale University*, Zusammenarbeit mit Carl Hovland und Irving Janis. 1955 ging Kelley nach Minnesota; es begann die über mehrere Jahrzehnte bestehende Zusammenarbeit mit John W. Thibaut; dann Wechsel zur *University of California* in Los Angeles, wo Kelley bis zur Pensionierung im Jahr 1991 blieb. Zu Harold H. Kelleys Leistungen zählt besonders die Weiterentwicklung der Attributionstheorie von Heider zu einem Kovariationsmodell (ANOVA) mit den Dimensionen Konsens, Distinktheit und Konsistenz (*Kausalattribution*).
H. E. Lück

Kelly, George Alexander (1905–1967), [**PER, SOZ**], amerikanischer Psychologe, Klinische Ps., Personalistik. Begründer der Theorie der personellen Konstrukte. Ph.D. 1938 an der *State University of Iowa*, dann *Ohio State University*, wo er sich dem Gebiet der Klinischen Ps. – zus. mit Rotter – widmete. Kelly hat v. a. die *Theorie der personellen Konstrukte* entwickelt. Das Verhalten einer Person resultiert aus der jew. indiv. Antizipation der Ereignisse. Die Antizipation lässt sich u. a. mithilfe der persönlichen Konstrukte ermitteln.

^Test^**Kelly-Test**, nach *Kelly, George Alexander*, *rep-test*.

Kendalls tau [engl. *Kendall's (tau) rank correlation*], syn. *Kendalls τ/Rangkorrelation*, nach M. G. Kendall (1907–1983), [**FSE**], ein nicht parametrisches *Korrelations*verfahren (Rangkorrelation), dessen Anwendung *Ordinalskalenniveau* voraussetzt. Die Berechnung erfolgt nach der Formel

$$\tau = \frac{2 \cdot (n_p - n_i)}{n \cdot (n-1)}.$$

n = Anz. der Fälle bzw. Wertepaare.
n_p = Anz. Proversionen (konkordante Paaranordnungen)
n_i = Anz. Inversionen (diskordante Paaranordnungen)
Eine Proversion liegt vor, wenn sich für zwei Fälle in X und Y die gleiche Ordnung ergibt; z. B.: Fall i hat sowohl in Variable X als auch in Variable Y einen höheren Rangplatz als Fall j. Eine Inversion in Y liegt vor, wenn sich für zwei Fälle in X und Y nicht die gleiche Rangordnung ergibt: Fall i hat in Variable X einen höheren [vs. niedrigeren] Rangplatz als Fall j, in Y ergibt sich aber eine inverse Rangplatzfolge. Stehen die beiden Variablen in pos. [vs. neg.] Zusammenhang, so ist die Anzahl der Proversionen höher als die Anzahl der Inversionen [vs. umgekehrt].

τ ist im Unterschied zu *Spearmans rho* ein reines Maß des ordinalen Zusammenhangs, da ausschließlich die Ranginformation der Daten verrechnet wird. Kendalls τ ist systematisch niedriger ausgeprägt als Spearmans ρ ($\tau \approx (2/3) \cdot \rho$). *Statistische Datenanalyseverfahren*. Wirtz & Caspar 2002.

Kendalls W, nach M. G. Kendall (1907-1983), *Konkordanzkoeffizient*.

Kenntnisse (= K.) [engl. *knowledge*], [**KOG, PÄD**], Bez. für gespeicherte und aktualisierbare Wissensbestände. K. ist ein Begriff, der mehr Bedeutung für die Pädagogik als für die Ps. hat, weil es kaum möglich sein dürfte, eine besondere Klasse von kogn. Strukturen als K. mit psychol. Kriterien von anderen abzugrenzen. Man kann versch. Arten von K. unterscheiden: (1) Sachk., bezogen auf Dinge und Sachverhalte, die als anschauliche Vorstellungen oder als begriffliche Beziehungen gegeben sein können; (2) Verhaltens- oder Verfahrensk., zu denen auch Fertigkeiten (*skills*) gehören und die sich auf so einfache Handlungen wie Radfahren oder Schreiben beziehen, aber auch auf komplizierte geistige Tätigkeiten wie Prozesse des *Problemlösens*; (3) Normk., die sich z. B. in einigen sozialen Fertigkeiten mit (2) überschneiden und die von der Kultur oder Subkultur, der man angehört, erwünschte und häufig praktizierte Verhaltensweisen bestimmen (meist wird die kogn. *Repräsentation* von Verhaltensk. und Regelk. «Wissen», dagegen die Fähigkeit sie anzuwenden «Können» genannt (*Kompetenz*); (4) Wertk., die das Gesamt der übermittelten religiösen, sozialen, ästhetischen, ökonomischen, politischen Werte umfassen. K. der Resultate (KR, auch: Kenntnis des Erfolgs) sind beim Lernen von Fertigkeiten wichtige Voraussetzungen, die die Lerngeschwindigkeit, die *Motivation* und die Qualität des *Lernerfolgs* beeinflussen (Ulich 1964, 1969). An K. können best. allg. Merkmale festgestellt werden: Richtigkeit, Allgemeinheit, Konkretheitsgrad, Eingebettetheit in

Systeme, Dauerhaftigkeit, Verfügbarkeit (Disponibilität) und Sinnhaftigkeit. *R. Bergius*

kephal *cephal.*

Kephalometrie [engl. *cephalometry*; gr. κέφαλη *(kephale)* Kopf, μέτρον *(metron)* Maß], [**BIO**], Messung der Kopf- und Schädelform. *Kraniologie.*

Kernneurose [engl. *core neurosis*], [**KLI**], eine *Neurose*, die nicht durch äußere Einflüsse, sondern durch die psych. Eigenart des Pat. bedingt ist, daher auch *charakterogene Neurose* genannt. Nicht mehr gebräuchliche Bez., heute subsumiert unter dem Begriff *Psychische Störung*.

Kernsatz (= K.) [engl. *core phrase*], [**KOG**], in der 1957er Version der generativen Transformationsgrammatik (*generative Transformationsgrammatik*, Chomsky 1957) Bez. für all jene Sätze, die unter Anwendung ausschließlich obligatorischer Transformationen (*Transformation*) gebildet werden, d. h. die «einfachen, deklarativen, aktiven Sätze» (z. B.: Der Junge sah den Schüler.), nicht dagegen z. B. die mittels fakultativer Transformationen gebildeten Passiv-, Negativ- und Fragesätze. Der Begriff K. hat seitdem viel an Präzision eingebüßt und ist für die Theorie praktisch bedeutungslos. Auch die psycholinguistischen Experimente (*Psycholinguistik*) zu den K. wurden durch die linguistische Theoriebildung überholt.

Kernspintomografie *Magnetresonanztomografie, MRT, Magnetenzephalografie.*

Kernwissen [engl. *core-knowledge (theories)*], [**EW, KOG**], eine in den 1990er-Jahren aufgekommene Sichtweise zur *kognitiven Entwicklung*, basierend auf Ergebnissen der Kleinkindforschung, nach der Babys mit einem begrenzten Set an angeborenem Wissen in Kernbereichen (Domänen) wie Raum, Zeit, Zahlen, Objekte, lebende vs. nicht lebende Welt ausgestattet sind, aufgrund dessen die Kinder in aktiven Erkenntnisprozessen informelle, intuitive Theorien bilden, die ihnen das Verständnis der zentralen Domänen erleichtern, insbes. i. R. einer *intuitiven Physik*, *intuitiven Biologie* und intuitiven Ps. (*theory of mind*). Betont werden dabei die frühen *Kompetenz* der Kinder sowie die Bereichsspezifität der kogn. Entwicklung, im Kontrast zu traditionellen bereichsübergreifenden Theorien wie derjenigen von Piaget (*Entwicklung, Stufentheorie nach Piaget*). Spelke 2000, Sodian 2002. *F. Wilkening*

Test Kestenberg Movement Profile (KMP) [engl. Kestenberg Bewegungsprofil], [**DIA, EW, GES, KLI, PER, SOZ**], wurde von Judith Kestenberg entwickelt und ist ein mikroanalytisches Forschungsinstrument zur Beschreibung, Notation, Kategorisierung und Untersuchung nonverbalen Bewegungs- und Ausdrucksverhaltens. Neben der psychol. und tanztherap. Diagnostik wird es zu Forschungszwecken zur Analyse und Interpretation entwicklungsps. Phasen, differenzieller Persönlichkeitsmerkmale und interaktiven Kommunikationsverhaltens einer Person eingesetzt. Komplexe Bewegungen werden in 9 Diagrammen mit 64 Einzelitems, die auch kombiniert auftreten, qual. und quant. erfasst. Spannungsflussbewegungen in «System 1», die zw. Spannung und Entspannung wechseln, geben Aufschluss über intrapsychische Prozesse wie Affekte und Bedürfnisse, Temperament, Lernstile und Bewältigungsmechanismen. Formenflussbewegungen in «System 2», die zw. Wachsen und Schrumpfen wechseln, verdeutlichen Objektbeziehungen und interpersonelle Kommunikation wie Selbstgefühle zum Körperbild, Reaktionen auf Stimuli, Beziehungsstile, Abwehrstrategien und Interaktionsstile. Das KMP bietet Interventionsmöglichkeiten zur Prävention und Behandlung für eine Vielzahl affektiver, physischer und kogn. Probleme. Vor allem bei Einschränkungen der Mobilität und der verbalen Ausdrucksfähigkeit von Gefühlen, Gedanken und inneren Zuständen bietet das KMP einen wichtigen Beitrag zur Diagnostik. Eine zufriedenstellende Interraterreliabilität konnte nachgewiesen werden (Koch 1999), die eine wesentliche Voraussetzung für die nonverbale Kommunikationsforschung ist. Z. B. können in Eltern-Kind-Dyaden (Bsp. postpartale Mutter-Kind-Interaktion) oder bei Paaren der Vergleich beider Profile wichtige Hinweise auf Interaktionsmuster von *Clashing*, *Harmonie* und *Matching* geben. Das KMP bietet Informationen zur Diagnostik und therapeutischen Interventionen und gibt Hinweise auf die Stärken und Ressourcen einer Person. Kestenberg & Sossin 1973/1979. *I. Bräuninger*

Ketamin (= K.) [engl. *ketamin*], [**PHA**], psychotroper Stoff aus der Reihe der (psychedelischen) *Narkotika*, strukturverwandt mit *Phencyclidin*. Person scheint eher geistig abwesend zu sein als zu *schlafen*. Anwendung i. R. der Chirurgie zus. mit *Benzodiazepinen*. K. wird in subanästhetischen Dosen zur Induktion von *Modellpsychosen* eingesetzt. Wirkungsmechanismus: Blockade von *NMDA*-Glutamatrezeptoren. K. wird vielfach missbraucht. Julien 1997. *W. Janke/H. Schröder*

Ketoazidose (= K.) [engl. *ketoacidosis*], [**BIO**], schwerwiegende Stoffwechselentgleisung bei absolutem Insulinmangel (i. d. R. bei *Diabetes mellitus* Typ I; häufig im Zs.hang mit fieberhaften Infektionen, bei denen der Insulinbedarf deutlich ansteigt). Infolge einer reaktiven Ausschüttung von Stresshormonen (z. B. *Kortisol*), kommt es zu einem intensiven Abbau von Fetten und Ketonkörpern, was zu einer Azidose (Übersäuerung), Exsikkose und ausgeprägter Entgleisung der Elektrolyte führt. Zudem werden sehr hohe Blutzuckerwerte gemessen. Zur klin. Symptomatik von K. gehören u. a. Durst, häufiges Wasserlassen, Übelkeit, Erbrechen, Schläfrigkeit, Teilnahmslosigkeit, Benommenheit, Acetongeruch der Atemluft, tiefes Atmen (Kussmaul'sche Atmung). Es können Bewusstseinsstörungen bis hin zum *Koma* («Coma diabeticum») auftreten. Die Grundpfeiler der Behandlung bestehen in der intravenösen Infusion von größeren Flüssigkeitsmengen und von *Insulin*. Dabei ist insbes. auf eine zeitgerecht einsetzende Zufuhr ausreichend hoher Mengen von Kalium zu achten, da dieses durch die Insulinwirkung aus dem Extrazellularraum in die Zellen verschoben wird. Wegen der Schwere des Krankheitsbildes ist eine stationäre Behandlung unbedingt erforderlich. *T. Veselinović*

Kettenreflex [engl. *chain reflex*], [**BIO, KOG**], zusammengesetzte Reflexbewegung (*Reflex*), wobei jede einzelne Bewegung den Reiz für die nächste auslöst. Nach älterer Auffassung wurden «Instinkthandlungen» zu den Kettenreflexen gerechnet.

Kettentheorie [engl. *chain theory*], **[WA]**, die im Ggs. zur Prägnanztheorie (*Prägnanztendenz*; *Gestalttheorie*) stehende (ältere, atomistische) Annahme, dass in der *Wahrnehmung* Gruppengebilde und Ganze dadurch zustande kommen, dass je zwei benachbarte Teile oder Elemente aufgrund ihres Sachverhältnisses sich zus.schließen und durch die Fortsetzung bzw. Häufung solcher Zusammenschlüsse, auch durch mehrfache Koppelungen beliebig ausgedehnte Ganze entstehen. Metzger 1936/1953.

KI *Konfidenzintervall*.

^Test^**KIDSCREEN** (= K.), **[DIA, GES]**, ist ein standardisierter, kulturübergreifend einsetzbarer generischer *Fragebogen* zur Erfassung der gesundheitsbezogenen *Lebensqualität* und des *Wohlbefindens* von Kindern und Jugendlichen (*Lebensqualität im Kindesalter*). K. ist sowohl bei gesunden als auch kranken Kindern und Jugendlichen im Alter von 8 bis 18 Jahren im Selbst- und Fremdurteil einsetzbar. Es stehen drei valide Fragebogenversionen zur Verfügung: KIDSCREEN-52 (Langform) erfasst zehn Dimensionen, KIDSCREEN-27 (Kurzform) deckt fünf Dimensionen ab und der KIDSCREEN-10-Index liefert ein globales Maß für Lebensqualität im Kindesalter. Normwerte (*Normierung*, T-Werte und Prozentränge) für zahlreiche europäische Länder stehen geschichtet nach Alter und Geschlecht zur Verfügung. K. wurde simultan in 13 europäischen Ländern entwickelt, wodurch ein direkter interkultureller Vergleich der gesundheitsbezogenen Lebensqualität möglich ist. Die Entwicklung erfolgte unter besonderer Berücksichtigung kindlicher Konzepte von *Gesundheit* und Wohlbefinden sowie moderner psychometrischer Methoden (*Item Resonse Theorie (IRT)*). K. wurde und wird in zahlreichen nationalen und internat. Studien eingesetzt. Die K.-Fragebögen können zu *Screening*-, Monitoring- und *Evaluation*szwecken verwendet werden. Sie liegen in zahlreichen Sprachversionen vor. [www.kidscreen.org]. Ravens-Sieberer & the European KIDSCREEN Group 2006, Ravens-Sieberer 2014, Ravens-Sieberer 2008.

U. Ravens-Sieberer

^Test^**Kieler Einschulungsverfahren (KEV)**, 1988, S. Fröse, R. Mölders & W. Wallrodt, [www.testzentrale.de], **[DIA, PÄD]**. Schulreife- und Einschulungstest. AA Schulanfänger. Erfasst wird neben dem kogn. auch der soziale, motivationale und emot. Entwicklungsstand des Kindes. Das Verfahren besteht aus drei Teilen: (1) Elterngespräch, (2) Unterrichtsspiel (zwei Lehrer mit max. sechs Kindern) und ggf. (3) Einzeluntersuchung. Es werden insges. elf Merkmalsbereiche geprüft. Eine *Normierung* liegt nicht vor. Zusammenhang der Beobachtungskategorien des Unterrichtsspiels mit dem Kriterium Lehrerurteil hinsichtlich der Schulfähigkeit von $r = .89$ (bzw. von $r = .95$ bei reduzierten und überarbeiteten Beobachtungskategorien) und mit dem Kriterium Schulerfolg (nach einem Schuljahr) von $r = .71$. Keine Angaben zur Reliabilität. Die Objektivität wurde bisher nicht quant. überprüft. Bearbeitungsdauer: Durchführungszeit Elterngespräch ca. 15 Min., Unterrichtsspiel ca. 75 Min., Einzeluntersuchung max. 20 Min.

^Test^**Kieler Schmerz-Inventar (KSI)**, 1994, M. Hasenbring, [www.testzentrale.de], **[DIA, GES]**. Schmerzskala. AA Erwachsene. Das KSI besteht aus drei voneinander unabhängigen Selbstbeurteilungsinstrumenten zur standardisierten Erfassung der indiv. Schmerzverarbeitung auf emot. (ERSS), kogn. (KRSS) und Verhaltensebene (CRSS) (*Schmerz*). *Normierung* an $N = 513$ (ERSS), $N = 405$ (KRSS) und $N = 352$ (CRSS) Pat. Es liegen Mittelwerte und Standardabweichungen unterschiedlicher klin. Teilstichproben vor. Studien zur *Validität* liegen vor, z. B. über Korrelationen zum Beck-Depressions-Inventar und anderen Verfahren. Durchführungszeit: 5 Min. (ERSS) bzw. 10 Min. (KRSS) bzw. ca. 20 Min. (CRSS).

Kinästhesie (= K.) [engl. *kinesthesia*; gr. κινεῖν (*kinein*) bewegen, αἴσθησις (*aisthesis*) Empfindung], *syn.* kinästhetischer, kinetischer Sinn, Muskelsinn, **[WA]**. Der Begriff K. wurde von Bastian 1880 für Bewegungswahrnehmung geprägt. Zweifellos gibt es (nicht visuelle, nicht taktile, nicht akustische) propriozeptiv (*Propriozeption*) vermittelte Bewegungswahrnehmungen (Stellung, Geschwindigkeit, Beschleunigung) des eigenen Körpers oder seiner Glieder als einheitliche Phänomene. Diesen Phänomenen unterliegt kein physiol. einheitliches Sinnessystem (*Sinn*, *Sinnesfunktionen*). Es wurden unterschiedliche Rezeptorsysteme (z. B. Golgi-Rezeptoren, Muskelspindeln, Gleichgewichtssinn, Gelenkstellungsrezeptoren) als Komponenten des kinästhetischen Sinnes angenommen. An der Entstehung der Wahrnehmung einer Körper- oder Gliedbewegung sind Funktionssysteme beteiligt, die efferente und afferente Information aufbereiten (*Reafferenzprinzip*). Zur Untersuchung von K. werden u. a. Aufgaben zum Wiederauffinden von visuell oder taktil vorgegebenen Raumpunkten verwendet. Faktorenanalytische Studien ergaben meistens geringe Interaufgabenkorrelationen bzw. versch. «kinästhetische» Komponenten. *psychomotorische Faktoren*.

P. Day

Kinästhesiometer [engl. *kinesthesiometer*], **[DIA, WA]**, Gerät zur Feststellung der *Bewegungsempfindungen* (des Muskelsinns; *Kinästhesie*) bzw. der kinästhetischen Genauigkeit. *Motorik*.

kinästhetische Halluzinationen [engl. *kinesthetic hallucinations*], **[KOG, WA]**, Täuschungen auf dem Gebiet des kinästhetischen Sinnes (*Kinästhesie*), z. B. der Eindruck, dass man sich in Bewegung befindet, der nach einer längeren Autofahrt auftreten kann.

Kind [engl. *child*], **[EW]**, Person während der Entwicklungsspanne um die Geburt (*perinatal*) bis zum Beginn der Erwachsenenreife (*Pubertät*). Früher nahm die *Entwicklungspsychologie* eine Einteilung nach *Lebensaltern* vor und konnte typische, altersabhängige Erscheinungsweisen beschreiben. Heute dienen Bez. wie Kind und Unterteilungen wie Säugling, Kleinkind, Kindergartenkind, Schulkind in der wiss. Literatur meist nur als Verständigungshilfen, weil die Entwicklung als «Prozess mit nahezu unendlich vielen Freiheitsgraden» (Oerter 1980) zu betrachten ist. Alterstypische Eigenschaften sind deshalb nicht mehr zwangsläufig gegeben, sondern werden als Ergebnis sich ständig mit den Ursachen ändernder, aufeinander aufbauender Funktionszusammenhänge angesehen, die von der umgebenden Kultur, der Struktur der Aufgaben (Probleme) und der Zukunftsorientierung des Individuums bestimmt werden. *Entwicklung.* Trautner 1978, 1992, 1997.

Kindchenschema (= K.) [engl. *baby (face) schema*], [**KOG**], die bei Menschen und bei vielen höheren Tierarten vorkommenden kindlichen Körper- und Gesichtsproportionen sowie auch Verhaltensmerkmale des kindlichen Organismus, die als *Schlüsselreiz* gedeutet werden und Kümmerungs- und Fürsorgeverhalten auslösen. Dadurch wird gerade im Tierreich gewährleistet, dass sich die Eltern um ihre Jungen kümmern, sie beschützen und groß ziehen. Dieser im Wesentlichen angeborene Mechanismus hat in der Evolution der höheren Arten, bei der immer länger dauernden Aufzucht der Jungtiere, seine Bedeutung in der hier notwendigen Eltern-Kind-Bindung. Zu dem K. gehören Merkmale wie große Augen, Pausbacken, hohe, vorgewölbte Stirn sowie ein (im Vergleich zum Erw.) gestauchter Körper mit einem überproportional großen Kopf und die zaghaft bis tollpatschigen Bewegungen des Kleinkindes. (K. Lorenz 1943) Das Gegenstück wird als das *Mutterschema* bez., das bei Kleinkindern *Vertrauen* und Klammern auslöst. In der Kosmetik, der Puppenindustrie wie auch im Zeichentrickfilm wird die Funktion des K. – hervorgerufen durch bes. groß gezeichnete Augen, überproportional große Köpfe und sehr kleine oder ganz fehlende Nasen – bes. gern eingesetzt, um die *Attraktivität* (die «Jugendlichkeit») zu erhöhen.

C. Becker-Carus

Kinderanalyse [engl. *child analysis*], *Klein, Melanie*.

ᵀᵉˢᵗKinder-Angst-Test II (KAT II), 2000, von F. Thurner und U. Tewes, [www.testzentrale.de], [**DIA, KLI**], Klinisches Verfahren. AA Kinder von 9 bis 15 Jahren. Das Verfahren ist eine erweiterte und neu standardisierte Version des *Kinder-Angst-Tests (KAT)* von Thurner und Tewes aus dem Jahr 1969. Drei Fragebogen in rev., neu standardisierter Fassung erfassen *Ängstlichkeit* und *Zustandsängste*. Der Test besteht aus drei Angstzustandsskalen: *dispositioneller Ängstlichkeitsgrad* (Form A), *erwartete Angst* (Form P) und *erinnerte Angst* (Form R). Innere Konsistenz der Skalen zw. $r = .77$ und $r = .81$. Retest-Reliabilität bei $r = .80$. PC-Version vorhanden.

ᵀᵉˢᵗKinder-Apperzeptions-Test (CAT), 1955, L. Bellak, S. S. Bellak & W. Moog, [www.testzentrale.de], [**DIA, EW, KLI, PER**]. Klinisch-persönlichkeitsps. Verfahren. AA 3 bis 10 Jahre. Der CAT geht auf den *Thematischen Apperzeptionstest (TAT)* von Murray zurück. Er besteht aus zehn mehrdeutigen Bildtafeln, auf denen Tiere in versch. Situationen dargestellt sind. Das Kind erzählt zu jedem Bild eine Geschichte. Das Verfahren verdeutlicht das Verhältnis des Kindes zu seinen wichtigsten Bezugspersonen sowie die für das Kind dominierenden Themen und Erlebnisweisen und lässt so Aufschlüsse über seine *Persönlichkeitsdynamik und -struktur* zu. Der CAT kann auch unmittelbar in der Therapie als Spieltechnik eingesetzt werden und ist relativ unabhängig von kult. Faktoren. Einzeltest. Verwendung in der Erziehungsberatung und in der allg. klin. Praxis. *Normierung*: Das Handbuch bietet zu jedem Bild eine Zusammenstellung der für Kinder typ. Themen.

Kinderaussagen [engl. *child witness statements*], Kinderzeugenaussagen. *Aussagepsychologie*.

Kinderbetreuung, Struktur-, Prozess-, und Orientierungsqualität [engl. *childcare; structure-, process- and outcome-quality*], [**EW, PÄD**], die Qualitätsmaßstäbe einer Betreuungspraxis für Kinder beziehen sich sowohl auf deren Zielstellungen («Was soll sie für die Kinder leisten?») wie auch auf eine Bewertung danach, wie gut diese Zielstellungen umgesetzt werden («Wie angemessen ist sie?»). Eine Betreuung gilt als angemessen, wenn sie Aufsichtspflicht wie Grundbedürfnisse des Kindes erfüllt, ein Beziehungsklima entwickelt, das Lernen und damit die kindliche Entwicklung unterstützt. Um Betreuungsqualität differenziert darstellen zu können, haben Harms & Clifford (1980) Maße in Bezug auf Struktur-, Prozess- und Orientierungsqualität (*Qualität, Qualitätssicherung*) vorgeschlagen. Während prozessorientierte Qualitätsmaße das aktuelle Betreuungsverhalten erfassen und von Disziplinierungsmaßnahmen über Lernangebote und Kommunikationsmöglichkeiten bis hin zur Gewährleistung emot. Geborgenheit reichen, beschreibt die Orientierungsqualität die Ziel- und Einstellungen des Betreuungspersonals. Strukturorientierte Maße beziehen sich dagegen auf die Rahmenbedingungen einer Betreuung und benennen einrichtungsinterne Organisationsprinzipien sowie Ausstattung, Raum- und Tagesregimegestaltung; sie verweisen v. a. auf Altersstruktur und Größe der Kindergruppen sowie den sog. Betreuer-Kind-Schlüssel (zahlenmäßiges Verhältnis von Betreuern zu den Kindern einer Gruppe). Die am häufigsten verwendeten Verfahren zur Bewertung der Betreuungsqualität sind die von Harms und Kollegen entwickelten *ECERS (Early Childhood Environment Rating Scales)* und *ITERS (Infant/Toddler Environment Rating Scales)* für Kindereinrichtungen sowie für die Kindertagespflege die *FDCRS (Family Daycare Rating Scale)*. Diese Verfahren liegen allesamt auch nach ihrer dt. Adaptation vor. Darüber hinaus können die zentralen Aspekte der Prozessqualität, die Erzieher-Kind- und die Kind-Kind-Interaktion, durch zusätzliche Verfahren noch differenzierter abgebildet werden. *Vorschulische Betreuungsformen, NICHD Early Child Care Network*. Ahnert & Lamb 2010.

L. Ahnert

ᵀᵉˢᵗKinder-DIPS — Diagnostisches Interview bei psychischen Störungen im Kindes- und Jugendalter (Kinder-DIPS), 2009, S. Unnewehr, S. Schneider & J. Margraf, [www.testzentrale.de], [**DIA, EW, KLI**]. Klinisches Verfahren. AA 6 bis 18 Jahre und Eltern. Das Kinder-DIPS bietet eine standardgemäße Diagnostik psychischer Störungen im Kindes- und Jugendalter (*Kinderverhaltenstherapie*) mit neuen Normen und aktualisierten Daten zu den Testgütekriterien. Das Kinder-DIPS ermöglicht die Klassifikation nach DSM-IV und ICD-10 (*Klassifikation psychischer Störungen*). Das Instrument ist so aufgebaut, dass auch Einsteiger sich schnell einarbeiten können, die Durchführung des Interviews ist einfach nachvollziehbar. Handbuch mit detaillierter Darstellung des diagn. Vorgehens und der Diagnosekriterien.

Kindergarten [engl. *kindergarten, playschool*], *Vorschulerziehung, vorschulische Betreuungsformen*.

Kinderpsychotherapie [engl. *children psychotherapy*], *Klinische Kinderpsychologie.*

Kinderschutzverfahren [engl. *child protection procedure*], *Kindeswille.*

^Test^**Kindersprachtest für das Vorschulalter (KISTE)**, 1994, D. Häuser, E. Kasielke & U. Scheidereiter, [www.testzentrale.de], **[DIA, EW, KOG, PÄD]**. Kindersprachtest. AA 3;3 bis 6;11 Jahre. Mit dem KISTE können unterschiedliche Aspekte der *Sprachentwicklung*, besonders bei entwicklungs- und sprachauffälligen Kindern, erfasst werden. KISTE ermöglicht die Diagnose sprachlicher Defizite im semantischen, grammatikalischen und kommunikativen Bereich und ist daher auch i. R. von Schulfähigkeitsuntersuchungen sowie der logopädischen Praxis einzusetzen. Das Verfahren besteht aus folg. fünf Untertests: (1) TEDDY-Test, der in Anlehnung an eine Vorform des TEDDY-Tests von G. Friedrich entwickelt wurde; (2) Erkennen semantischer und grammatikalischer Inkonsistenzen; (3) aktiver Wortschatz; (4) semantisch-syntaktischer Test und (5) Satzbildungsfähigkeit. Die Bewertung der Ergebnisse erfolgt anhand folg. Skalen: *Sprechfreudigkeit, Kommunikative, sprachstrukturelle und sprachliche Kompetenz, Semantik und Grammatik des Satzbildungstests* sowie *Erkennen semantischer und grammatischer Inkonsistenzen.* Normen: C-Werte für die Einzelskalen und die Gesamtskala, getrennt nach vier Altersgruppen. Der Test wurde an 543 Vorschulkindern aus den neuen und 151 Kindern aus den alten Bundesländern normiert. Bearbeitungsdauer: ca. 35 bis 50 Min., bei sprachentwicklungsgestörten oder geistig retardierten Kindern bis zu 70 Min.

Kindertagespflege [engl. *children's day-care*], *Vorschulerziehung, vorschulische Betreuungsformen.*

Kinder- und Jugendbericht [engl. *child and adolescents/youth report*], **[EW, PÄD, RF]**, mit dem Kinder- und Jugendbericht (= KJB) informiert die Bundesregierung den Deutschen Bundestag und den Bundesrat in jeder Legislaturperiode über die aktuelle Lage der Kinder und Jugendlichen sowie über die Leistungen und Angebote der *Kinder- und Jugendhilfe* in Dt. 1961. Der Bericht ist im Jugendbericht verankert am 11.8.1961. Der Bericht wird, so der gesetzliche Auftrag nach § 84 Sozialgesetzbuch (SGB VIII): Kinder- und Jugendhilfe (KJH), von einer unabhängigen, mind. aus sieben Sachverständigen bestehenden Expertenkommission erarbeitet und zus. mit einer Stellungnahme der Bundesregierung veröffentlicht. Das federführende *Bundesministerium für Familie*, Senioren, Frauen und Jugend (BMFSFJ) formuliert den Berichtsauftrag und beauftragt eine interdisziplinär zus.gesetzte Sachverständigenkommission mit der Erstellung des KJB. Die Mitglieder dieser Kommission setzen sich aus Vertretern der Wissenschaft, der freien Träger und der Fachpraxis zus.
Die Kommission wird seit dem 3. Jugendbericht 1972 durch eine Geschäftsstelle im *Deutschen Jugendinstitut (DJI)* unterstützt, die die erforderlichen personellen, organisatorischen und wiss. Ressourcen zur Verfügung stellt, damit die Expertenkommission die aktuellen Wissensbestände (*Wissen*) innerhalb und außerhalb des DJI nutzen kann. Die Geschäftsstelle im DJI bereitet verfügbare Datenbestände auf, lässt empirische Erhebungen durchführen und beauftragt die Erarbeitung von Expertisen für die Sachverständigenkommission.

Der erste Kinder- und Jugendbericht ist 1965 erschienen. Inhaltlich und thematisch unterscheiden sich die KJB in Grundsatzberichte (jeder dritte Bericht) und Berichte zu einem Einzelthema, z. B. «Gesundheitsbezogene Prävention und Gesundheitsförderung in der KJH» (*Gesundheit, Prävention*, 13. KJB). Der aktuelle, 14. KJB (2013) ist ein Grundsatzbericht, in dem es um die Analyse der aktuellen Lebensbedingungen des Aufwachsens von Kindern und Jugendlichen geht und um die Frage, welche Aufgaben, Probleme und Herausforderungen für die Zukunft daraus für die Kinder- und Jugendhilfe (KJH) und für die öffentliche Verantwortung insges. erwachsen. Die letztgenannte Frage wird mit einer ausführlichen Analyse der Angebote, Leistungen und der damit verbundenen zukünftigen Herausforderungen für die KJH erörtert. Die KJB werden mit der Formulierung von Empfehlungen abgerundet, die sich an die Fachöffentlichkeit und an die politischen Institutionen richten, die für die rechtlichen und fachlichen Grundlagen der KJH die Verantwortung tragen. Dem Bericht ist jew. eine Stellungnahme der Bundesregierung vorangestellt.

Die Aufmerksamkeit für die Ergebnisse des KJB reicht über deren Vorstellung durch die Bundesregierung im Deutschen Bundestag weit hinaus. Die Empfehlungen und Befunde des KJB sind Gegenstand einer Reihe von Debatten in Politik, Medien und Fachöffentlichkeit. Auf einer Vielzahl von Veranstaltungen der Träger und der Institutionen der KJH werden die im KJB erarbeiteten Befunde und Thesen aufgegriffen. (z. B. Wandel des Verhältnisses von öffentlicher und privater Verantwortung; demografischer Wandel; Armut; Kindertagesbetreuung; Mediatisierung). Die KJB können dazu beitragen, dass die KJH ihre fachlichen, rechtlichen und organisatorischen Standards angesichts der oben genannten Themen überdenkt. Die KJB bieten für diese Prozesse der Selbstvergewisserung eine unverzichtbare Grundlage. Kinder- und Jugendberichte Nr. 1–14 als Download (PDF): [www.dji.de/14_kjb].   *E. Sander*

Kinder- und Jugendlichenpsychotherapeut (KJP) [engl. *child and adolescents/youth psychotherapist*], *Psychotherapeutengesetz.*

Kinder- und Jugendpsychiatrie (= K. u. J.) [engl. *child and adolescent/youth psychiatry*], **[KLI]**, Spezialbereich der Psychiatrie für das Kindes- und Jugendalter (*Adoleszenz*). K. u. J. umfasst als zentrales Arbeitsfeld u. a. versch. psych. Erkrankungen im Kindes- und Jugendalter, kindliche Psychosen (*Psychose*), Entwicklungsstörungen (*Entwicklungsstörungen, tiefgreifende*, *Entwicklungsstörungen, umschriebene*) und *psychosomatische* Störungen, *Essstörungen*, einschließlich ihrer spez. Psychoth. unter Beteiligung versch. Therapieformen (*Psychoanalyse, Tiefenpsychologie, Verhaltenstherapie, Gesprächspsychotherapie* u. a.). Ein weiterer Schwerpunktbereich sind *Verhaltensstörungen* bei Kindern und Jugendlichen einschließlich Kriminalität (*Jugendkriminalität*). Bes. gutachterliche Aufgaben: kinder- u.

jugendpsychiatrische Fragestellung zur Frage weiterer päd. Maßnahmen, Sorgerechts- und Verkehrsregelungsfragen, strafrechtliche Fragen zu § 3 JGG und § 105 JGG (Strafreife und Jugendlichkeit), § 20 und § 21 StGB (Schuldfähigkeit), § 828 BGB (zivilrechtliche Schuldfähigkeit) oder Glaubwürdigkeit (*Glaubhaftigkeitsbegutachtung*). Das Fachgebiet der K. u. J. zeigt breite Berührungsflächen und Überschneidungen mit Nachbardisziplinen, insbes. der Pädiatrie (Neurologie und *Psychosomatik*), Erwachsenenpsychiatrie (*Psychiatrie* der Adoleszenz, *Sucht*, forensischen Psychiatrie), Psychoth. (Kinderpsychoth.), *Klinische Kinderpsychologie* und -therapie), Erziehungsberatung, Entwicklungsps., Päd. Ps., Neurops., Pädagogik, Sozialpädagogik. In K.-u.-J.-Einrichtungen findet sich daher i. d. R. eine größere Anzahl psychol., psychoth. und päd. Mitarbeiter. Lehmkuhl et al. 2012.

Kinderverhaltenstherapie (= KV.) [engl. *child behavior therapy*], **[KLI]**, entstand zu Beginn des 20. Jhd. i. R. der Behandlung von lerngestörten und ängstlichen Kindern. Die Therapie knüpft als zielgruppenspezif. Variante der *Verhaltenstherapie* (= V.) an Befunden der exp. Ps. und Lernps. an. Von bes. Bedeutung in der KV. sind soziale *Fertigkeitstrainings*, kompakte Trainingsprogramme einschließlich Eltern- und Familienberatung, *Selbstkontrollverfahren*, *Selbstbeobachtung* oder Modelldarbietung (*Lernen am Modell*). Die Unterschiede zw. KV. und Erwachsenenv. bestehen darin, dass das Vorgehen für Kinder in bes. Weise angemessen aufbereitet sein muss. Die V. mit Kindern muss sich am Alter und Entwicklungsstand orientieren, was zur Folge hat, dass die Komplexität in der Therapiesituation zu reduzieren ist. Dabei müssen Ergebnisse der *Entwicklungspsychopathologie* bei der Therapieplanung berücksichtigt werden und das Umfeld von Kindern, also Kindergarten, Schule und Familie, einbezogen werden. Werden diese min. Anforderungen nicht erfüllt, fehlen wichtige Voraussetzungen für eine effektive KV. Vorteile der KV. lassen sich in folg. vier Grundbegriffen zus.fassen: *Entwicklungsorientierung, Altersgruppenspezifität, Ressourcenorientierung* und *Umfeldorientierung*. Die Ausübung einer KV. i. S. eines Heilberufes setzt eine umfassende Ausbildung und die Approbation als Kinder- und Jugendlichenpsychotherapeut voraus (*Psychotherapeutengesetz*). Für solche Ausbildungen sind aktuell zugelassen: Ärzte, Psychologen und Pädagogen. Die Anwendungsgebiete der K. stellen auch die Frühförderung, Jugendhilfe und die Kinderheilkunde dar; letztere v. a. i. R. der *Bewältigung* von körperlich-*chronischen Erkrankungen*. Petermann 2011, Mattejat 2006. *F. Petermann*

^Test^**Kinderwelttest (KWT)**, 2006, I. Baulig & V. Baulig, [www.testzentrale.de], **[DIA, EW, KLI]**. Kindertherapeutisches Verfahren. AA 4 bis 13 Jahre. Beim KWT wird auf einer spielerischen Ebene ein Zugang zu den Kindern ermöglicht und hilft dabei, sie in ihrer Lebens- und Problemsicht besser zu verstehen. Das Testmaterial besteht vorwiegend aus handelsüblichen Playmobil®-Figuren. Die aus dem Testmaterial resultierenden neun Themenbereiche (Familie, Schule, Märchen, Science Fiction, Kämpfer, Wildtiere, heimische Tiere, Wasserwelt und Rettung/Helfer) motivieren zur spielerischen Gestaltung und repräsentieren kindliche Lebensweltbezüge. Die thematische Ausgestaltung durch die Kinder wird im sprachlichen Kontakt mit den Kindern erschlossen. Es werden drei Auswertungsdimensionen (handlungsorientiert, inhaltsorientiert, gestaltungsbezogen) angeboten, die einzeln, aber auch kombiniert angewendet werden können. Bearbeitungsdauer: Durchführungszeit max. 30 Min.; Auswertungszeit: einfache Auswertung ca. 15 Min., komplexe Auswertung ca. 45 Min.

Kinderzeichnung (= K.) [engl. *child's drawing*], **[EW]**, seit über hundert Jahren Forschungs- und Demonstrationsgegenstand als Teilgebiet der Ps. des Zeichnens. Historisch im Zusammenhang mit der reformpäd. Kunsterziehungsbewegung und der Kultur- und Kunstkritik zunächst (1) Sammeln und Massenuntersuchungen von K. (Fragestellungen: *Entwicklungsphasen, -stufen*, Geschlechtsunterschiede, Kulturvergleiche, Altersnormen bes. für *Intelligenz*), daneben etwa ab 1910 (2) allgemeinpsychol. sensomotorische und wahrnehmungspsychol., gestalt- und ganzheitspsyhol. Interpretationen, ab 1925 (3) diagn.: charakterologische und persönlichkeitspsychol. Systematik (in Anlehnung formal an grafologische, inhaltlich an psychoanalytische Deutungsprinzipien), übergehend in (4) phänomenologische und ausdruckspsychol. Theorien und «klinische» Diagnose- und Prognosemuster.

In der entwicklungspsychol. Theorie dient die K. anfangs der Darstellung von *Reifungs*vorgängen unter der Annahme, dass sie als naive Gestaltung direkte Rückschlüsse auf die Art der Erlebens- und Reaktionsweisen erlaube und diese bildhaft und beispielhaft belege. Seit Langem jedoch schränkt man diese *Ausdrucksthese* ein, indem man die K. als eine sich immer ausgeprägter verselbstständigende Zeichen- und Bildsprache auffasst. Damit ist auch die *Reifungsthese* (= gesetzmäßige Abfolge von Entwicklungsstufen z. B. bei Mensch- und Baumzeichnung) weitgehend suspendiert, weil die figuralen Differenzierungsreihen einer gestaltlogischen Strukturierung folgen, also objektbezogen und nicht personbezogen sind und mithin durchaus asynchron sein können. Wenn die frühen zeichnerischen Gestaltungen in ihrer Grundstruktur als nahezu unabhängig von kult. und historischen Einflüssen erscheinen (*Unabhängigkeitsthese*), so ist dies stärker durch die den motorischen Lernverlauf bestimmende Reduktion der Bewegungsvielfalt (Schematisierung) auf wenige Grundformen und nicht so sehr durch das von Umwelt und Erziehung vermittelte Auffassungs- und Bedeutungserleben bedingt. Zwar sind alle einfachen (z. T. auch archaischen) Gestaltungsstufen auf wichtige Gestaltungsmerkmale hin vergleichbar und in Differenzierungsstufen parallelisierbar (*Übereinstimmungsthese*), doch gilt dies nur hinsichtlich des Bauplanhaften und lässt nicht auf prinzipielle Gleichheit der Erlebens- und Erfahrungsstruktur schließen. Nicht belegbar ist, dass sich die künstlerische Darstellung im Übergang aus der kindlichen Gestaltung entwickelt (*Ursprungsthese*). Vielmehr bildet sie sich in der Begegnung mit der künstlerischen Tradition oder eigener, bereits erreichter Form. Dabei können, wie in der modernen

Kunst, naive oder primitive Gestaltungsweisen für diese Auseinandersetzung von hohem Wert sein. *Kunstpsychologie*, *orthoskopisches Zeichnen*. Mühle 1975. G. Mühle

Kindeswille (= K.) [engl. *child's will*], [**EM, EW, RF**], ist die altersgemäß stabile und autonome Ausrichtung des Kindes auf erstrebte, persönlich bedeutsame Zielzustände. K. wird im Familienrecht/Kindschaftsrecht sowie in der *Familienrechtspsychologie* auf Zielzustände in Familienrechtskonflikten (Lebensmittelpunkt bei Elterntrennung, Umgangsregelung, Herausgabe; *Sorgerecht, Herausgabe eines Kindes*) bezogen und gilt als wichtiges Kriterium zur Bestimmung des Kindeswohls (*Kindeswohl*). In der Begutachtungspraxis wird der Begriff genutzt mit Bezug auf allgemeinpsychol. Grundlagen zu volitiven Prozessen (*Volition*, *Volitionspsychologie*, *Wille*, *Wollen*; Kuhl 1996; Gollwitzer & Malzacher 1996). Zu unterscheiden ist zwischen einer *präintentionalen Phase* (Bedürfnishintergrund mit Leidensdruck im Trennungskonflikt der Eltern, unreflektiertes Verharren oder diffuses Streben nach Veränderung) und einer *intentionalen Phase* (inhaltliche Ziel- und Mittelintentionen (*Zielorientierung*) bzw. *Absicht* und Vorsätze, z. B. «Ich möchte bei Mama leben»). Es geht um vom Kind selbst definierte Intentionen, nicht um «vernünftigen» oder «begründeten» Willen, nicht um die stellvertretende Abwägung möglicher Zielzustände durch Professionelle und unterscheidet sich von dem erfolglosen Bemühen, einen emot. und einen rationalen Willen zu unterscheiden. Die Wahrscheinlichkeit von Zielintentionen steigt, (1) je ausgeprägter Bedürfnisspannungen, z. B. Trennungsschmerz in der präintentionalen Phase, sind, (2) je attraktiver ein potenzieller Endzustand erscheint (angemessenere Befriedigung von Bindungsbedürfnissen (*Bindung*) oder auch materielle Vorteile), (3) je leichter realisierbar eine Zielintention erscheint, (4) je ausgeprägter Kontrollüberzeugungen, v. a. Selbstwirksamkeitserwartungen, wahrgenommene Voraussehbarkeit und Beeinflussbarkeit von Ereignissen sind (*Kontrollüberzeugung*, *Selbstwirksamkeitserwartung*), (5) je mehr Druck von außen erzeugt wird durch Bedrängen des Kindes, sich zu entscheiden, z. B. durch Eltern, aber auch Richter oder Gutachter.

Mindestanforderungen an das Vorliegen eines juristisch beachtlichen K. sind: (1) *Zielorientierung* (handlungsleitende Ausrichtung auf erstrebte Zustände (z. B. Verbleib bei Pflegeeltern, keinen Umgang mit einem Elternteil). (2) *Intensität* (Nachdrücklichkeit und Entschiedenheit, Beharrungsvermögen bei Hindernissen und Widerständen). (3) *Stabilität* (Beibehalten über zeitliche Dauer, gegenüber versch. Personen und unter versch. Umständen). (4) *Autonomie* (K. als Ausdruck selbst initiierter Strebungen, als Baustein zur Selbstwerdung des Kindes und Beweis für Selbstwirksamkeitsüberzeugungen inkl. Kontrollillusionen, ohne dass Fremdeinflüsse völlig auszuschließen sind). Die Altersgrenze für das Vorliegen eines rechtlich relevanten K. wird in Literatur, Rechtsprechung und Gesetzgebung sehr unterschiedlich, relativ willkürlich und oft pragmatisch interpretiert. Für die ps. Begutachtungspraxis sind empirisch gesicherte entwicklungspsychol. Erkenntnisse zum Zeitpunkt des Neuerwerbs solcher psych. Kompetenzen relevant, die Voraussetzungen zur Willensbildung sind. Vor allem geht es um den Neuerwerb sozialkognitiver Fähigkeiten zur strukturierten Wahrnehmung, Speicherung und Beurteilung von Informationen (*Informationsverarbeitung*) über die eigene Person und über die soziale Umwelt und zur *Handlungssteuerung*. Vorliegende Untersuchungen zeigen, dass im Altersbereich von drei bis vier Jahren eine Reihe qual., sprunghafter Kompetenzerweiterungen auch i. S. der *theory of mind* (Astington et al. 1988; Sodian 1996; *deklarativ-metakognitives Wissen*, *Vorläufer*, *mentalistische Alltagspsychologie*, *soziale Kognition*, *Entwicklung*) abläuft, die Willensbildung ermöglichen. Deshalb ist der K. ab drei bis vier Jahren familienrechtlich bedeutsam und sollte in Personensorgeangelegenheiten ab diesem Alter festgestellt werden, z. B. durch Anhörung gemäß § 159 FamFG, wie auch durch spez. Diagnostik bei der Begutachtung.

Im Familienrecht hat der K. innerhalb des Titels *Elterliche Sorge* im BGB die Funktion eines Entscheidungskriteriums (Kindeswohl-Kriterium). Der Begriff ist direkt oder indirekt platziert im BGB §§ 1626 Abs. 2, 1631 Abs. 1, 1632 Abs. 2, 1671 Abs. 2, 1746 Abs. 1 (in anderen Zusammenhängen wie etwa der Umgangsregelung nach § 1684 oder der Herausgabe ist der K. zwar nicht Bestandteil des Gesetzestextes, wohl aber Kriterium der Rechtsprechung).

Übergreifende Intentionen in Gesetzgebung, Rechtsprechung und psychol. Beurteilung sind: (1) Selbstbestimmtes Handeln als Erziehungsziel wie auch die Persönlichkeitsrechte des Kindes sind gefährdet, wenn das Kind lediglich Objekt von Entscheidungen ist. (2) Selbstbestimmung soll Grenzen haben. Deshalb werden auch Teilmündigkeiten festgelegt, z. B. in § 1671(2) BGB (Widerspruchsrecht gegen Elternanträge) oder § 1746 BGB (Einwilligung zur Annahme). (3) Die formelle Entscheidungskompetenz liegt nicht beim Kind, sondern beim Richter: Die dem Kind zugestandene Selbstbestimmung und Mitwirkung ist ins Verhältnis zum Kindeswohl zu setzen. Für das Verhältnis von Kindeswohl und K. gilt: Soviel Akzeptierung des K. wie möglich, soviel staatlich reglementierender Eingriff wie nötig, um das Kindeswohl zu sichern. Gefährdungsfolgen sind sowohl bei Berücksichtigung wie auch bei Nichtberücksichtigung des K. zu prüfen. Die Selbstbestimmung des Kindes ist durch den *Schutzbedarf des Kindes* begrenzt. Würde die Umsetzung des K. dem Kindeswohl schaden, muss das Kindeswohl auch gegen den K. gesichert werden. Bei Konfliktlagen in Personensorgeangelegenheiten sind dazu v. a. zwei Konstellationen zu prüfen: (a) *Der selbstgefährdende K.*: Liegt v. a. in *Kinderschutzverfahren* nach §§ 1666, 1666a BGB vor, wenn z. B. misshandelte, sexuell missbrauchte oder grob vernachlässigte Kinder so weit psych. traumatisiert sind, dass die willentliche Selbstbestimmungsfähigkeit defizitär ist. Das Risikopotenzial des schädlichen Handelns der Bezugspersonen kann vom Kind nicht angemessen als Maßstab eigenen Wollens genutzt werden. Idealisieren gefährdender Bezugspersonen, Ängste um oder vor Bezugspersonen, verfehlte Nutzenerwartungen spielen eine Rolle. (b) *Der induzierter K.*: Die Beeinflussung von Kindern ist eine Begleiterscheinung familienrechtlicher Konflikte. Ist Einflussnahme mit deutlicher Manipulation des Kindes verbunden, wird die Voraussetzung der Autonomie des K. nicht erfüllt. Kontrovers wird die Frage diskutiert, ob es gerechtfertigt ist, jedwede mit Einflussnahme verbundene Willensbekundung eines Kindes als weniger bedeutsam einzuschätzen. Zu den Pro-Argumenten gehört z. B., dass beeinflusster K. eben eine Induktion eines fremden Willens und deshalb Manipulation sei, somit kein Indiz für Selbstbestimmung. Zu den Gegenargumenten gehört, dass jeder menschliche Wille beeinflussbar ist, dass Erziehung immer auch Einflussnahme ist und dass die Effekte nicht immer nur in äußerliche Anpassung, sondern auch in Verinnerlichung bestehen, d. h., dass Bewertungen der beeinflussenden Person in die eigenen Einstellungen (*Einstellungsänderung*), Gefühle und das *Selbstkonzept* des Kindes integriert worden sind und Initiatorstatus sowie schließlich Selbstwirksamkeitserleben begründen.

Die Funktion solcher kindlichen Reaktionen kann gut erklärt werden mit der Theorie der Kontrollüberzeugungen (z. B. Streben nach Voraussehbarkeit, Beeinflussbarkeit oder Erklärbarkeit kritischer Familienereignisse; *locus of control*, *Verstärkerkontrolle*). Kinder in Familienkonflikten erleben erheblichen Kontrollverlust (*Hochkonfliktfamilien*). Sie müssen eigene Gefühle verleugnen, Bindungsabbrüche hinnehmen und Konflikte anderer ertragen. Die neu entstandene psych. Realität als bloße Spiegelung fremder Einflüsse abzuwerten, kann das Kind in den Zustand zurückversetzen, aus dem es sich befreit hat, d. h., erneut zu Hilflosigkeit, Ohnmachtsgefühlen und Selbstwertlabilität führen. Unter juristischem Aspekt stellt dies einen Verstoß gegen die Persönlichkeitsrechte des Kindes dar.

H. Dettenborn

Kindeswohl (= K.) [engl. *child welfare*], [**RF**], ist ein unbestimmter Rechtsbegriff, mit dem der Schutz von Kindern und Jugendlichen als eines der zentralen rechtlichen Regelungsanliegen fixiert wird, und der Dreh- und Angelpunkt von familiengerichtlichen Entscheidungen (z. B. zu *Sorgerecht, Herausgabe eines Kindes*, Umgang, Befugnisse einer Pflegeperson, Annahme Minderjähriger, Namensänderung, Anspruch auf Hilfe zur Erziehung, Inobhutnahme) sowie der Aktivitäten von Jugendamt, *Verfahrensbeistand*, Umgangsbegleitern usw. ist. Meist ist der Begriff auch Kern der gerichtlichen Fragestellungen an ps. Sachverständige («Welche Sorgerechtsregelung dient dem K. am besten?», «Dient eine Adoption dem K.?», «Ist das K. durch Herausnahme gefährdet?»). Angemessen und nützlich ist deshalb, den Begriff in ps. Bezüge zu setzen. Als theoretische Basis sind Modelle geeignet, die auf die Balance zw. internen Kompetenzen/Ressourcen und externen Ereignissen abzielen, wie etwa das salutogenetische Paradigma von Antonovski (1997; *Salutogenese*) oder das Stressmodell von Lazarus (Lazarus & Launier 1981; *Emotionstheorien*). Solche Modelle erlauben, sowohl gesunde wie auch dysfunktionale Verläufe, hier K.-dienliche wie K.-gefährdende Konstellationen, zu erfassen. K. ist die für die Persönlichkeitsentwicklung eines Kindes oder Jugendlichen günstige Relation zw. seiner Bedürfnislage und seinen Lebensbedingungen. Lebensbedingungen werden den Bedürfnissen insoweit gerecht, als die sozialen und altersmäßigen Durchschnittserwartungen an körperliche, seelische und geistige Entwicklung erfüllt werden. K. ist kein imaginäres Fixum, sondern flexibles Attribut jew. spez. und veränderlicher Konstellation von personalen und sozialen Schutz- und Risikofaktoren.

K.kriterien sind Bezugspunkte für die psychol. Beurteilung des K. Kernelemente versch. Systematisierungen (Balloff 2004; Dettenborn & Walter 2002; Salzgeber 2011) sind: (1) *Elternbezogene K.kriterien*: Erziehungsfähigkeit/Förderkompetenz; Fähigkeit und Bereitschaft zur Kooperation und Kommunikation zw. den Eltern und zur Trennung zw. Paarebene und Elternebene; Bindungstoleranz. (2) *Kindbezogene K.kriterien*: Beziehung und *Bindung* des Kindes zu leiblichen und sozialen Eltern bzw. anderen Bezugspersonen; Geschwisterbeziehungen; *Kindeswille*; Bedürfnis des Kindes nach personaler und lokaler Kontinuität.

Die gerichtliche wie auch die psychol. Beurteilung des K.: Diese wird best. durch folg. Widerspruch: Einerseits ist das K. Entscheidungsmaßstab familiengerichtlichen bzw. kindschaftsrechtlichen Handelns bei der Auslegung kindlicher Interessen bzw. Bedürfnisse sowie einzige Legitimation zum Eingriff des Staats in die Familienautonomie («Wächteramt des Staates»). Andererseits mangelt es dem Begriff an schlüssiger Auslegung und an Def. im rechtlichen Regelwerk, was zu wolkigen Termini («Gestaltungsauftrag») oder zu harschen Abwertungen («Pauschalfloskel», als «Worthülse») führt. K. ist ein eher alltagstheoret. *Konstrukt*, das nicht richtig oder falsch, sondern mehr oder weniger nützlich ist und jenes Maß an Erklärungswert und Appellfunktion hat, das eine integrierende Wirkung gestattet und die inzw. unentbehrliche Funktion des Begriffs begründet.

H. Dettenborn

Kindheits-Ich [engl. *childhood ego*], [**KLI**], *phänomenologische Realität* der Person, ein *Ich*-Zustand, der die in früher Kindheit erfahrenen Ängste und Aggressionen ausdrückt. Die anderen Zustände im Persönlichkeitsentwurf der *Transaktionsanalyse* sind Eltern-Ich (kritisierend/stützend) und Erwachsenen-Ich (Informationen verrechnend).

kindliches Problemverhalten [engl. *childish/infantile problem behavior*], *Elterntrainings, präventive*.

Kindling (= K.), [**BIO, KLI**], das «K.-Phänomen» wurde initial in der *Epilepsie*-Forschung beschrieben. Es bez. eine fortschreitende Zunahme neuronaler Antworten auf eher seltene und schwache Stimulation von Gehirnarealen. Durch anhaltende Wiederholung der Stimulationen verstärken sich die Konvulsionen und weiten sich aus. In der psychiatrischen Terminologie wird der Begriff im Zus.hang mit *bipolaren Störungen* verwendet: Jede Krankheitsepisode macht das Auftreten weiterer Episoden, i. d. R. mit einer schwereren Ausprägung der Symptomatik, wahrscheinlicher. Das K.-Phänomen scheint auch zur Entstehung von *Rapid-Cycling*-Verlaufsformen beizutragen.

T. Veselinović

Kindstötung (= K.) [engl. *infanticide*], [**RF**], bezeichnete im älteren dt. Strafrecht (§ 217 StGB a. F.) die Tötung eines nicht ehelichen Neugeborenen durch die Mutter. Die jetzt Neonatizid genannte Tötungshandlung folgt gewöhnlich einer konfliktbelasteten, nicht selten geleugneten Schwangerschaft. Die enge strafrechtliche Def. von K. ist im modernen Sprachgebrauch abgelöst worden durch die allg. Bedeutung der Tötung kleiner Kinder. K. i. d. S. findet sich relativ häufig in Verbindung mit erweitertem Suizid oder mit Beziehungstat. Infantizid. Häßler et al. 2008. *P. Steck*

Kinem Kinesik, Artikulem, Phonem.

Kinematik [engl. kinematics; gr. κινεῖν (kinein) bewegen], [KOG], Teilgebiet der Mechanik; in der Psychomotorik Bez. für die raum-zeitlichen Eigenschaften von Bewegungen (Position, Geschwindigkeit, Beschleunigung). Als inverse Kinematik wird in Robotik und Psychomotorik die «rückläufige Bestimmung» von Teilbewegungen (z. B. an den Gelenken des Arms) für eine best. gewünschte Bewegung (z. B. der Hand) bezeichnet; die Lösung ist in der Regel uneindeutig (koordinative Struktur). *H. Heuer*

kinematische Analyse [engl. kinematic analysis; gr. κινεῖν (kinein) bewegen], syn. Bewegungsanalyse, [DIA, KOG], Registrierung und Beschreibung (menschlicher) Bewegungen und Haltungen. Dient der Untersuchung und Messung von Körperposition, allg. körperlicher Aktivität sowie Grob- und Fein-Motorik, Gang, Gesten, Mimik, bspw. der Grobmotorik beim Gehen und der Feinmotorik beim Schreiben oder beim Bedienen von Maschinen. U. a. Motografie, Motometrie, Motoskopie, Zeitstudie, Bewegungsstudie. Umfasst Beobachtungsverfahren wie Beobachtung, Erfassung einzelner Bewegungsmerkmale (z. B. Dauer, Genauigkeit) und kontinuierliche Registrierung von Bewegungsverläufen Trajektorie, Kinematik, Dynamik. Die spez. Art der Beschreibung (z. B. Segmentierung des kontinuierlichen Bewegungsverlaufs) ist abhängig vom Zweck der Untersuchung. Die kontinuierliche Registrierung von Bewegungen ist v. a. bei traditionellen optischen Verfahren (Reihenfotografie, Lichtspurverfahren) sehr zeitaufwändig; neuere optische Systeme erlauben die Online-Berechnung der Raumkoordinaten. Bei akustischen Verfahren werden die Laufzeitunterschiede eines Schallereignisses zu mehreren Mikrofonen benutzt, um die Position der Schallquelle zu berechnen; die Geschwindigkeit kann aus Änderungen der Frequenz (Doppler'scher Effekt) bestimmt werden. Auch elektromagnetische Verfahren werden zunehmend häufiger genutzt. Bei mechanischen Methoden werden Wandler wie Potentiometer, Akzelometer (Akzelerometrie) oder Dehnungsmessstreifen direkt am Körper angebracht; gemessen werden Gelenkwinkel (Goniometrie), Beschleunigungen oder Kräfte. Für spez. Bewegungsmuster wie Laufen oder Schreiben werden spez. Geräte benutzt (Kraftplattform, Digitizer, Schreibwaage). Schmidt & Lee 2011. *H. Heuer*

Kinesik (= K.) [engl. kinesics in Anlehnung an engl. linguistics gebildet; gr. κινεῖν (kinein) bewegen], [KOG, SOZ], K. ist eine best. Forschungsrichtung zur Untersuchung von Körperbewegungen (Motorik, Psychomotorik) in sozialen Interaktionen (Interaktion). In den 1950er-Jahren von dem Anthropologen Birdwhistell begründet, wird die K. von ihm definiert als «die Wissenschaft vom körperlichen Kommunikationsverhalten» (Kommunikation). Körperbewegungen werden als erlerntes codiertes kommunikatives System angesehen (nicht verbale Kommunikation, nonverbale Kommunikation), aufgebaut analog der Struktur der Sprache. Alle Mitglieder einer Gesellschaft müssen es beherrschen, um erfolgreich interagieren zu können. Meth. an die deskriptive Linguistik angelehnt, wird nach Basiseinheiten (Kine bzw. Kineme, z. B. Augenbrauen heben, Kopfnicken; Artikulem, Phonem) gesucht, aus denen dann größere Einheiten, hierarchisch strukturiert, gebildet werden. Diese Annahme einer der Sprache analogen Struktur körperlichen Kommunikationsverhaltens ist in der Forschung umstritten. Argyle 1975, Birdwhistell 1968, Birdwhistell 1971, Graumann 1972.

Kinesiologie [engl. kinesiology; gr. κινεῖν (kinein) bewegen, λόγος (logos) Lehre], [GES, KLI], Lehre von der Bewegung. Sämtl. Störungen werden hier als eine Blockade des Energiesystems verstanden. Solche Energieblockaden gilt es zu identifizieren und zu korrigieren, um so wieder eine Energiebalance herzustellen. Es werden hierzu ein Muskeltestverfahren und Heilmethoden der chin. Med. (Akupressur, Meridianmassage etc.) herangezogen. Die Methode findet ihre Anwendung v. a. als unterstützendes Heilverfahren. In der Öffentlichkeit werden oft weitreichende Erwartungen geweckt, ausreichende Wirksamkeitsbelege liegen nicht vor. *F. Caspar*

Kinesiotherapie [engl. kinesiotherapy; gr. κινεῖν (kinein) bewegen], [KLI], Sammelbez. für Bewegungstherapie (Bewegungs- und körperorientierte Therapien) versch. Art (Gymnastik, Atemübungen, Rhythmik).

kinetischer Sinn [engl. kinetic sense], Kinästhesie.

Kinsey, Alfred C. (1894–1956), [HIS, GES, SOZ], Alfred Charles Kinsey wurde in Hoboken, NJ geb. Er erwarb 1916 den BA in Biologie und Ps., promovierte dann 1920 an der Harvard-Universität in Biologie. Er verfasste einführende Lehrbücher zur Biologie; als Entomologe untersuchte er Gallwespen, über die er umfassend publizierte. 1929 wurde Kinsey Professor. In den 30er-Jahren gab er auch Ehekurse für Studentinnen und Studenten. Da es so gut wie keine sexualkundlichen Forschungen gab, begann er mit Befragungen, die schließlich ca. 20000 Interviews umfassten und 1948 und 1953 in den Bänden über das Sexualverhalten des Mannes und der Frau (Kinsey-Report) ihren Niederschlag fanden. Diese Untersuchungen erregten großes Aufsehen und wurden in vielen Ländern ein Verkaufserfolg. Kinseys Forschungsmethoden (Stichprobenbildung, Interviewtechnik usw.) wurden kritisiert. Kinsey selbst wurde diffamiert; bis heute ist Kinseys Biografie Gegenstand von Gerüchten. Seine Arbeiten gaben aber Anstoß zu differenzierterer Forschung und gelten inzwischen als ein Auslöser der sexuellen Revolution der 60er- und 70er-Jahre, die Kinsey nicht mehr erlebte. Kinsey starb 1956 im Alter von 62 Jahren. *H. E. Lück*

Kinsey-Report, [GES, SOZ], Bez. für die von Kinsey et al. (1948) an über 10000 Männern und Frauen durchgeführten Untersuchungen zum Sexualverhalten (Sexualität). Lutz 1957.

Kippfigur (= K.) [engl. *ambiguous/tilting figure*], [**WA**], Figur, die zwei zeitweilig stabile Wahrnehmungen erlaubt; bei längerer Betrachtung wechseln beide Wahrnehmungen einander ab: Das «Kippen» der Wahrnehmung (*Reversion*) ist in gewissem Maße willkürlich beeinflussbar. K. sind Bsp. für Reize, bei denen die *perzeptive Organisation* uneindeutig ist. Das Kippen betrifft das *Figur-Grund-Verhältnis* (*Rubin-Vase*) oder die Anordnung in der Tiefe (*Hase-Ente-Täuschung*, *Necker'scher Würfel*, *Schroeder'sche Treppe*, *Wundt'scher Serviettenring*). *H. Heuer*

Kirkpatrick-Modell (= K.) [engl. *Kirkpatrick model*], nach Donald L. Kirkpatrick (*1924), [**FSE, PÄD**], ein prominentes Vier-Ebenen-Evaluationsmodell (*Evaluation*, = E.), das sich spez. mit dem Produkt einer Lehr-/Lernhandlung befasst. Es wird dabei angenommen, dass jede aufeinanderfolgende E.stufe auf den Informationen basiert, die durch die unteren Ebenen bereitgestellt werden. So werden im vollständigen E.prozess alle vier Ebenen nacheinander durchlaufen. (1) Die Ebene (*reaction/Reaktion*) erfasst die Reaktion von Lernenden auf die Trainingsmaßnahme hinsichtlich Dimensionen wie *Akzeptanz*, *Zufriedenheit*, *Nutzung* oder *Nützlichkeit* im Anschluss an die Lehr-/Lernhandlung. E. auf dieser Ebene können für die weitere Entwicklung von Lernmaterialien hilfreich sein, liefern allerdings keine Informationen über den Inhalt des Gelernten oder den Lerntransfer in den Alltagskontext. (2) Auf der Ebene (*learning/Lernen*) soll anschließend der subj. oder obj. *Lernerfolg* der Teilnehmer geprüft werden. Insbes. werden Verbesserung der Kenntnisse und Fähigkeiten der Lernenden durch die Lehrhandlung/Lernmaterialien gemessen. Zur Überprüfung des Lernerfolgs sollte ein Prä-Post-Test-Design verwendet werden, sodass die Leistung vor dem Lernen mit dem Endresultat verglichen und der Zugewinn an Wissen und Fertigkeiten bestimmt werden kann. (3) Die E. (*behavior/Verhalten*) auf Ebene 3 umfasst eine Messung des Verhaltens der Lernenden im gewohnten Alltag, um die Transferleistung (*Transfer*) anhand von obj. Kennziffern wie Verkaufszahlen oder Fehlerquoten einschätzen zu können. Diese Kennziffern können qual. als auch quant. Kriterien entsprechen. Trotz der Zeit- und Kostenintensität dieser Verhaltense. werden bedeutsame Informationen über die Effektivität der Lehr-/Lernhandlungen, den Lerntransfer und mögliche Transferbarrieren im Arbeitsumfeld der Teilnehmer generiert. (4) Die E. auf der obersten Ebene (*results/Ergebnisse*) ermöglicht eine übergeordnete Betrachtung und Bewertung der Maßnahmenwirkung auf organisationaler Ebene, indem nicht nur der Nutzen für die Teilnehmer der Maßnahme berücksichtigt, sondern die *Effektivität* für die Organisation als Ganzes bewertet wird. Im Fokus steht infolgedessen, welche Ergebnisse die Maßnahme für die Organisation insges. erzielt. Der E.prozess wird mit jeder Ebene sukzessiv schwieriger umsetzbar und zeitaufwendiger. Gleichwohl liefert die Evaluation auf höheren Ebenen gehaltvollere Informationen zur Erfolgsbeurteilung einer Maßnahme. Durch Einbezug und Berücksichtigung aller Ebenen im E.prozess kann ein vollst. Bild der Maßnahmenwirksamkeit gezeichnet werden. I. R. einer *formativen Evaluation* werden insbes. die Ebenen 1 und 2 behandelt. E. auf den Ebenen 3 und 4 erscheinen meist nur im Zusammenhang mit einer *summativen Evaluation* sinnvoll, da Effekte auf den übergeordneten Ebenen erst nach einer Implementierung der Maßnahme im realen Arbeitsumfeld ermittelt werden können. Das Modell wurde inzwischen um eine weitere Ebene ergänzt (*return on investment/Rentabilitätsrechnung*). Der fünfte und abschließende E.schritt untersucht das Verhältnis zw. dem betrieblichen Aufwand für Weiterbildung (z. B. Programmkosten) und dessen Ertrag (z. B. Programmleistung, Programmnutzen; *Evaluation, ökonomische*). *Evaluation komplexer Interventionen*, *Trainingsevaluation*. *N. Benit/R. Soellner*

Kirschmann, August (1860–1932) [**HIS, WA**], Psychologe, bekannt durch das nach ihm benannte Kontrastgesetz (*Kirschmann'sches Kontrastgesetz*). Kirschmann war Volksschullehrer, studierte und promovierte 1890 bei *Wundt*; bei ihm war Kirschmann bis 1893 als Privatassistent tätig, denn emigrierte er nach Toronto, dort wurde er Direktor des Ps. Laboratoriums und 1902 Ordinarius. 1919 kehrte Kirschmann nach Dt. zurück, war Assistent in Leipzig, habilitierte sich 1919 und wurde 1922 Honorarprofessor für *Philosophie*. *H. E. Lück*

Kirschmann'sches Kontrastgesetz [engl. *Kirschmann's fourth law*], nach A. Kirschmann (1860-1932), [**WA**], die Sättigung einer *Farbe*, die durch Farbkontraste (*Kontrast*) induziert ist, ist dem Logarithmus der Sättigung der Kontrast induzierenden Farbe proportional.

Kitzel [engl. *titillation*], [**WA**], die bei sehr schwacher Reizung von Druckpunkten auftretende Empfindung. Von manchen Autoren wird die Kitzelempfindung auch zu den Schmerzempfindungen gerechnet.

Klages, Ludwig (1872–1956), [**HIS, PER**], Begründer der dt. *Charakterologie*, der v. a. für seine grafologischen Arbeiten bekannt wurde.

Klang [engl. *sound*], [**WA**], Bez. für das Gesamt eines Grundtons mit zugehörigen Obertönen, lässt sich im Ggs. zum *Ton* als periodische, nicht sinusförmige Welle darstellen. *Hören*.

Klanganalyse [engl. *sound analysis*], [**WA**], die Zerlegung eines *Ton*gemisches in seine Teiltöne durch das Gehör allein oder mit Unterstützung durch Hilfsmittel (Resonatoren). *Hören*.

Klärungsorientierte Psychotherapie (= K.) [engl. *clarification oriented psychotherapy* (COP)], [**KLI**], Ansatz in der Psychoth., der auf Elementen der kognitiven *Verhaltenstherapie* und *Gesprächspsychotherapie* aufbaut. Die K. folgt dem Ziel, durch Methoden der Gesprächspsychoth. (*Empathie*, Wertschätzung und *Echtheit*) unbewusste Schemata des Pat. zu identifizieren und dem Pat. bewusst zu machen. Von dieser Grundlage ausgehend werden die Schemata infrage gestellt und korr. *Schematherapie*. Sachse 2003.

Klasse (= K.) [engl. *class*], [**SOZ**], eine *Gruppe* mit gemeinsamen Merkmalen. In sozialer, auch sozialps. und massenps. Hinsicht wird K. als eine soziologisch relevante Vielheit von Menschen bezeichnet, deren gesellschaftliches Wesen eine weitgehende Gleichheit als Folge der Gleichheit ihrer Stellung im Produktionsprozess ausweist. *Klassifikation*.

Klassenführung (= K.), **[PÄD]**, auch als *Klassenmanagement* (Schönbächler 2008, Ophardt & Thiel 2008) oder *Classroom Management* (Kiel 2007, Haag & Streber 2012) bezeichnet. In früheren Darstellungen wurde K. v. a. assoziiert mit dem Herstellen von Disziplin und Ordnung im Klassenzimmer. Seit der kogn. Wende der 1970er-Jahre erfuhr das Verständnis von K. eine Demokratisierung und heute versteht man unter K. nach Kiel (2007, 337) die «Gestaltung, der auf Lernarbeit zielenden Interaktion zw. Schüler und Lehrer in dem institutionalisierten sozialen Rahmen der Schulklasse». K. ist somit nicht beschränkt auf die Reaktion der Lehrkraft auf *Unterrichtsstörungen*, sondern beinhaltet auch das proaktive Herstellen einer produktiven Lernatmosphäre durch Lehrer und Schüler. Laut der *Scholastik-Studie* ist K. von enormer Bedeutung für den *Lernerfolg*. Außerdem konnte die Wichtigkeit von K. für das Wohlbefinden von Lehrkräften und Schülern herausgestellt werden (u. a. Schönbächler 2008). Zur Verbesserung der Klassenführungskompetenz werden Trainings für Lehrkräfte angeboten, u. a. *COMP* (Ewertson et al. 2000), *PAUER* (Kiel et al. 2010) und KODEK-Training (Ophardt et al. 2009–2012). *Klassenführung, effiziente*, *Klassenführungsstile*.
E. Gärtner

Klassenführung, effiziente (= K.) [engl. *efficient classroom management*], **[PÄD]**, unter K. versteht man die Herstellung der für einen lernwirksamen *Unterricht* erforderlichen Rahmenbedingungen. Es handelt sich um ein Schlüsselmerkmal der *Unterrichtsqualität*, für das in vielen Studien hohe pos. Zusammenhänge mit dem *Lernerfolg* der Schüler nachgewiesen wurden. Zur K. gehört, dass die Unterrichtszeit so weit wie möglich für die Auseinandersetzung mit den Lerninhalten genutzt wird und der Unterricht so gestaltet wird, dass er reibungslos und flüssig abläuft und wenig Unterbrechungen, Ablenkungen und Störungen (*Unterrichtsstörungen*) vorkommen. Grundlage dafür ist die Einführung, Durchsetzung und konsequente Einhaltung eines Regelsystems, mit dem festgelegt wird, welches Verhalten von Schülern im Unterricht erwartet wird. Ein weiterer Aspekt einer wirksamen K. sind der Aufbau und der Einsatz von Handlungsroutinen, Signalen und Ritualen für häufig wiederkehrende Situationen, die auf diese Weise effizient und für alle Beteiligten gut vorhersehbar bewältigt werden können. Hinzu kommt ein effizienter, den Unterrichtsfluss wenig beeinträchtigender Umgang mit Störungen, die frühzeitig erkannt und schnell unterbunden werden. K. ist aber nicht mit Störungskontrolle und disziplinarischen Maßnahmen gleichzusetzen, sondern zielt darauf ab, Störungen gar nicht erst aufkommen zu lassen: Der präventive Aspekt (*Prävention*) der K. wird allg. als das zentrale Moment der K. angesehen. Eine wirksame K. ist eine wesentliche Voraussetzung, um einen didaktisch anspruchsvollen und lernförderlichen Unterricht zu gestalten. Umgekehrt erleichtert ein gut geplanter, auf die *Lernvoraussetzungen* der Schüler abgestimmter und interessanter Unterricht die K. (Helmke 2012, Helmke et al. 2010). *Effizienz*, *Klassenführung*, *Klassenführungsstile*.
F.-W. Schrader/A. Helmke

Klassenführungsstile (= K.) [engl. *classroom management styles*], **[PÄD]**, werden analog zur *Erziehungsstil*-forschung (, u. a. Helmke 2004, Schneewind & Böhmert 2010) differenziert. Unter K. werden Verhaltensweisen der Lehrkraft verstanden, die beobachtbar, zeitlich überdauernd den Umgang mit Schülern betreffen. Sie werden beeinflusst von Vorerfahrungen und Einstellungen der Lehrkraft (u. a. *Erziehungsziele*, Normen und *Werte*) sowie von der zu führenden Klasse. In Anlehnung an Hurrelmann (2002) kann das Führungsverhalten (*Führung*) durch zwei Dimensionen gekennzeichnet werden. Die eine bezeichnet die Intensität der Berücksichtigung der Bedürfnisse der Schüler und die andere das Ausmaß der Lenkung durch die Lehrkraft. Wubbels & Levy (1991), die ihre Ergebnisse durch Befragung von Lehrkräften erhielten, beschreiben die Dimensionen als Kontinuuum zw. den Begriffen *cooperation-opposition* und *dominance-submission*. Zur Benennung und Differenzierung von K. werden diese idealtypischen Dimensionen herangezogen. Empir. Untersuchungen zufolge können die Erziehungsziele *Selbstständigkeit*, *soziale Verantwortung* und *Leistungsfähigkeit* am besten mit einem K. erreicht werden, der alle vier Dimensionen enthält, jedoch nicht in den extremen Ausprägungen, sondern flexibel an die spez. Klasse und Aufgabe angepasst. *Klassenführung*, *Klassenführung, effiziente*.
E. Gärtner

Klassengröße (= K.) [engl. *class size*], **[PÄD]**, die K. wird von Lehrpersonen als einer der Hauptbelastungsfaktoren benannt, im Besonderen dann, wenn der Anteil schwieriger Schüler hoch ist bzw. viele Disziplinstörungen (*Unterrichtsstörungen*) auftreten. Es besteht ein als stabil zu bezeichnender Konsens subj. Theorien über die Vorteile kleiner Klassen. National gibt es jedoch kaum empirische Belege, die dies stützen würden, z. B. dahingehend, dass sich Unterricht in großen und kleinen Klassen nachhaltig unterscheidet. Lehrpersonen nutzen kleinere Klassengrößen meist nicht und unterrichten diese genauso wie große (Helmke 2004). Während nationalen Studien des Weiteren auch keine eindeutigen Effekte der Klassengröße auf die Leistungsentwicklung (*Leistung*, *Lernerfolg*) von Schülern feststellen, belegen internat. Studien recht eindeutig, dass eine kleine Klasse Einfluss auf die Schülerleistungen haben kann. Kleinere Klassen sind unverzichtbar für den Anspruch, inklusiv, also differenziert und individualisiert, zu unterrichten; die (*Unterrichtsqualität*) lässt sich u. a. durch einen angemessenen Grad an Individualisierung und *Differenzierung* fördern (Brophy & Good 1986). Zudem bestehen Befunde, dass kleinere Klassen u. a. ein besseres Eingehen auf Schüler, mehr indiv. Arbeitsaufträge und mehr Feedback ermöglichen sowie weniger Zeitaufwand für die Lösung von Disziplinstörungen erfordern. Ebenso führen kleinere Klassen zu Belastungsreduktion und größerem Wohlbefinden von Lehrpersonen.
S. Weis

Klasseninklusion (= K.) [engl. *class inclusion*; lat. *includere* einschließen], **[EW, KOG]**, bez. eine geistige Operation,

die *Piaget, Jean* (*Entwicklung, Stufentheorie nach Piaget*) den konkreten Operationen (*konkret-operatorische Entwicklungsstufe*) zuordnete. Es geht darum, zu erkennen, dass Unterklassen in Oberklassen eingeschlossen sind, dass also z. B. ein Kind, das in Basel wohnt, in der Schweiz wohnt. Ein voroperatorisches Kind aus Basel kann sich im Prinzip nur entweder als Basler oder als Schweizer bez. Entsprechend einem anderen berühmten Bsp. von Piaget meint ein voroperatorisches Kind, das vor einen Blumenstrauß mit drei roten und zwei weißen Rosen steht, auf die Frage, ob da mehr rote Rosen oder mehr Rosen seien, es seien mehr rote Rosen. Die korrekte geistige Verbindung des Ganzen und seiner Teile ist nach Piaget Voraussetzung für das Verständnis der Kardinalität und der Ordinalität der Zahlen (*Skala*).
A. Flammer

Klassenintervall [engl. *class intervall*], *Intervall*.

Klassenklima (= K.) [engl. *classroom climate*], **[PÄD]**, stellt denjenigen Bereich des *Schulklimas* dar, der sich auf das soziale Klima in der Klasse bezieht. Hierzu zählt sowohl das Klima in Unterrichtssituationen (*Unterrichtsklima, Unterricht*) als auch in Situationen, in denen kein Unterricht im eigentlichen Sinne in der Klasse stattfindet (z. B. Ausflüge, Exkursionen etc.). Das K. wird von der Qualität und Quantität der *Interaktionen* und der *Kommunikation* zw. Lehrern und Schülern sowie den Schülern untereinander beeinflusst. Zahlreiche Studien belegen einen Zusammenhang zw. dem K. und *Werten*, *Einstellungen* und *Normen* (*Normen, soziale*) von Schülern. Ferner gilt das K. als zentrale Einflussgröße für *Lernen* (*Lehr-Lern-Prozesse, Lernerfolg*), Engagement, Lehrer-Schüler- und Schüler-Schüler-Beziehungen sowie für adaptive Einstellungen und Verhaltensweisen. Goetz et al. 2008.
S. Lichtenfeld

Klassifikation (= K.) [engl. *classification*; lat. *classis* Bürgerklasse, Abteilung, *facere* herstellen], **[DIA. KLI]**, ist die Zuordnung von Objekten zu Klassen (*Kategorie*) anhand der Ähnlichkeit eines best. *Merkmals* (eindimensionale K.) oder mehrerer Merkmale (multidimensionale K.). In der einfachsten Form müssen für eine Klassifikation zwei Grundregeln erfüllt sein. Erstens muss das Merkmal, auf dem die Klassifikation beruht mind. zwei unterschiedliche Werte besitzen. Zweitens müssen die Klassen exhaustiv und sich gegenseitig ausschließend sein. K. bezeichnet aber nicht nur den Prozess der Zuordnung, sondern auch das Ergebnis dieses Prozesses wird K. genannt. Eine Klassifikation oder Systematik als Resultat ist eine planmäßige Zusammenstellung von Klassen oder Kategorien. Weiterhin können Merkmalsk. (z. B. Syndrombildung mittels multivariater Verfahren wie *Faktorenanalyse*) und Personenk. (z. B. Gruppenbildung von Personen mittels *Clusteranalyse, latenter Klassenanalyse*) unterschieden werden. Der Begriff der K. ist eng verbunden mit der psychiatrischen Diagnostik, d. h. der Einteilung oder Einordnung von best. gemeinsamen Merkmalen charakterisierender Phänomene in ein nach Klassen gegliedertes System. Heute aktuelle Klassifikationssysteme sind die ICD-10 und das DSM-5 (*Klassifikation psychischer Störungen*). Unter klassifikatorischer Diagnostik versteht man den Untersuchungs- und Entscheidungsprozess, der zur Erhebung des psychopathologischen Befundes und Ableitung einer oder mehrerer Diagnosen führt. Ziele der Klassifikation sind Kommunikation in Forschung und Praxis, Ausgangspunkt für Therapie sowie die Basis für Statistik im Gesundheitswesen. Klassifikationssysteme dienen zur Vereinfachung des Denkens und dadurch der Reduktion der Komplexität klin. Phänomene (Ordnung und Struktur), der Verbesserung der Kommunikation zw. Klinikern, die Grundlage der klin.-psychiatrischen Ausbildung, als Grundlage für den Beginn und die Indikationsstellung versch. Behandlungsmassnahmen, die Dokumentation von Pat. psychiatrischer Versorgungseinrichtungen sowie als Grundlage für kurz- und langfristige Prognosestellungen. In Forschungsprojekten dienen sie v. a. zur Deskription von Störungsgruppen somit ebenfalls zur Kommunikation von Forschungsergebnissen. In Studien zur Pathophysiologie und *Ätiologie* von Störungen dienen sie als Grundlage der Charakterisierung. In großen epidemiologischen Studien erfüllen sie die Funktion zur Fallidentifikation. *Diagnostik, kategoriale*. Stieglitz 2008a, Baumann & Stieglitz 2011.
R.-D. Stieglitz/P. Y. Herzberg

Klassifikation, kognitionspsychologisch (= K.) [engl. *classification in cognitive psychology*], **[KOG]**, Vollzug und Ergebnis einer *Abstraktion*, bei der Objekte und Sachverhalte übergeordneten Einheiten zugewiesen werden bzw. eine Menge nach best. Gesichtspunkten und unter Vernachlässigung von irrelevanten Nuancen und Details in Teilmengen aufgegliedert wird: natürliche K., wenn diese Gesichtspunkte in Merkmalen bestehen, die an den Dingen selbst beobachtbar sind (z. B. Gruppierung der Tiere nach ihren Arten); künstliche K., wenn die Prinzipien der Aufgliederung willkürlich und von außen an die Dinge herangetragen werden (z. B. Einteilung von Personen nach den Anfangsbuchstaben ihrer Namen). Auch die ganze Wahrnehmungs- und Orientierungstätigkeit enthält klassifikatorische Entscheidungen. Bei der *Sprachrezeption* z. B. werden akustische Signale nach einem Raster von distinktiven Merkmalen (*distinctive features*) in bedeutungsunterscheidende *Phoneme* sensorisch klassifiziert. Folgen von Phonemen wiederum sind durch erlernte Zuordnungen mit sprachlich repräsentierten Inhalten verbunden (*Zeichen*). In fortlaufenden K.operationen reduziert der Hörer die in akustischen Ereignissen enthaltene Mannigfaltigkeit auf diejenigen Gesichtspunkte, die für eine *Sprache* als System von bedeutungsvollen Zeichen wichtig sind. Sprachwiss. K. verfährt i. Allg. nach zwei Arten der Elementgruppierung: Paradigmatische Klassen (*Paradigma*) werden durch solche Einheiten gebildet, die an einer Sprache im sprachlichen *Kontext* hinsichtlich ihrer phonologischen, syntaktischen und/oder semantischen Funktion (*Semantik*) austauschbar sind; Elemente dagegen, die im Ablauf zus.hängender Sprache zueinander gehören, stehen in syntaktischer (*Syntax*) Beziehung zueinander.

Klassifikation psychischer Störungen [engl. *classification of mental disorders*], **[KLI]**, Klassifikation (= K.) bedeutet eine Einteilung oder Einordnung von Phänomenen, die durch best. gemeinsame Merkmale gekennzeichnet sind, in ein nach Klassen gegliedertes System. Eine K. *psychi-*

scher Störungen hat zum Ziel, nachvollziehbare und überprüfbare Ableitung von *Diagnosen* zu ermöglichen sowie vorliegende Fälle zu präzisieren, zu differenzieren und zu validieren. Hierdurch soll eine verbesserte und eindeutige Kommunikation in Forschung und Praxis, die Unterstützung von Entscheidungsprozessen (z. B. bei der Indikationsstellung, Therapieplanung, Prognosestellung oder der Spezifikation von Kontraindikationen), die Erleichterung der stat. Aufbereitung epidemiologischer Daten (*Epidemiologie*), der Ermittlung von Vorsorge- und Versorgungsbedarf sowie eine Unterstützung versicherungsrechtlicher, abrechnungsbezogener und juristischer Belange erreicht werden. Insgesamt kann bei K. zunächst ganz grundsätzlich zw. kategorialen, dimensionalen und typologischen Vorgehensweisen unterschieden werden. Kategoriale Vorgehensweisen nehmen dabei qual. unterschiedliche Phänomene an, die sich inhaltlich eindeutig voneinander abgrenzen lassen und durch klare Kriterien festgelegt sind. Dimensionale Vorgehensweisen gehen von einem Kontinuum des interessierenden Merkmals aus und stellen (meist mehrdimensional) die Frage nach dem differenzierten Ausprägungsgrad bzw. der Häufigkeit seines Auftretens. Typologische Vorgehensweisen gehen von prototypischer Konstellation versch. Merkmale aus, denen einzelne Fälle mehr oder weniger genau entsprechen – konstituieren sich i. Ggs. zur kategorialen Vorgehensweise jedoch nicht durch klare, notwendige und hinreichende Kriterien. Die Geschichte der K. psych, Störungen reicht weit zurück. Bis Mitte des 20. Jhd. existierten jedoch unzählige verschiedene K.systeme, die jew. unterschiedliche Einteilungskriterien, Beobachtungsschwerpunkte, Gewichtungen und Formulierungen in den Vordergrund stellten und sich zudem auf unterschiedliche ätiologische Ansätze gründeten – und somit weitgehend inkompatibel waren bzw. nicht zu verlässlichen und übereinstimmenden Ergebnissen führten. Als Wendepunkt dieser Problematik kann die Einführung sog. deskriptiver Klassifikationssysteme (um ca. 1980) genannt werden. Diese erfassen psych. Störungen über eine Beschreibung von Symptomkonstellationen, klar definierte Ein- und Ausschlusskriterien, Intensitätsangaben sowie Angaben zur Häufigkeit bzw. Dauer einer Symptomatik. Zudem werden Entscheidungs- und Verknüpfungsregeln formuliert. Sie beziehen sich somit auf klar beobachtbare Merkmale einer Störung und beziehen keine oder nur wenige theoretische Überlegungen zu *Ätiologie* und *Pathogenese* mit ein. Dem Komorbiditätsprinzip (*Komorbidität*) sowie dem Multimorbiditätsprinzip wird insofern Rechnung getragen, als die Komplexität konkreter Fälle durch versch. Betrachtungsebenen abgebildet werden kann. Aktuelle deskriptive K.systeme der klin. Forschung und Praxis sind die *Internationale Klassifikation der Krankheiten* der World Health Organization (International Classification of Diseases (ICD), aktuell in der 10. Revision) sowie das *Diagnostische und Statistische Manual Psychischer Störungen* der American Psychiatric Association (Diagnostic and Statistical Manual of Mental Disorders (DSM), aktuell in der 5. Revision).

Tabelle 1: Klassifikation psychischer Störungen nach ICD-10 (Dilling, Freyberger 2013) (*Fortsetzung n. Seite*)

Code-Diagnose nach ICD-10 (* = die weitere Differenzierung der Diagnosen ist unter den jeweiligen Einzelstichwörtern im Lexikon bzw. in Anhang I aufgeführt)	
F0 Organische, einschließlich symptomatischer psychischer Störungen	
F00	Demenz bei Alzheimer-Krankheit*
F01	Vaskuläre Demenz*
F02	Demenz bei anderenorts klassifizierten Krankheiten*
F03	nicht näher bezeichnete Demenz
F04	Organisches amnestisches Syndrom, nicht durch Alkohol oder andere psychotrope Substanzen bedingt
F05	Delir, nicht durch Alkohol oder andere psychotrope Substanzen bedingt*
F06	Andere psychische Störungen aufgrund einer Schädigung oder Funktionsstörung des Gehirns oder einer körperlichen Krankheit*
F07	Persönlichkeits- und Verhaltensstörung aufgrund einer Krankheit, Schädigung oder Funktionsstörung des Gehirns*
F09	nicht näher bezeichnete organische oder symptomatische psychische Störung
F1 Psychische und Verhaltensstörungen durch psychotrope Substanzen*	
F10	Psychische und Verhaltensstörungen durch Alkohol

Tabelle 1: Klassifikation psychischer Störungen nach ICD-10 (Dilling, Freyberger 2013) *(Fortsetzung n. Seite)*

F11	Psychische und Verhaltensstörungen durch Opioide
F12	Psychische und Verhaltensstörungen durch Cannabinoide
F13	Psychische und Verhaltensstörungen durch Sedativa oder Hypnotika
F14	Psychische und Verhaltensstörungen durch Kokain
F15	Psychische und Verhaltensstörungen durch andere Stimulanzien, einschließlich Koffein
F16	Psychische und Verhaltensstörungen durch Halluzinogene
F17	Psychische und Verhaltensstörungen durch Tabak
F18	Psychische und Verhaltensstörungen durch flüchtige Lösungsmittel
F19	Psychische und Verhaltensstörungen durch multiplen Substanzgebrauch und Konsum anderer psychotroper Substanzen
F2 Schizophrenie, schizotype und wahnhafte Störungen	
F20	Schizophrenie*
F21	Schizotype Störung
F22	Anhaltende wahnhafte Störungen*
F23	Akute vorübergehende psychotische Störungen*
F24	Induzierte wahnhafte Störung
F25	Schizoaffektive Störungen*
F28	Sonstige nichtorganische psychotische Störungen
F29	Nicht näher bezeichnete nichtorganische Psychose
F3 Affektive Störungen	
F30	Manische Episode*
F31	Bipolare affektive Störung*
F32	Depressive Episode*
F33	Rezidivierende depressive Störung*
F34	Anhaltende affektive Störungen*
F38	Andere affektive Störungen*
F39	Nicht näher bezeichnete affektive Störung
F4 Neurotische, Belastungs- und somatoforme Störungen	
F40	Phobische Störungen*
F41	Andere Angststörungen*
F42	Zwangsstörung*
F43	Reaktionen auf schwere Belastungen und Anpassungsstörungen*
F44	Dissoziative Störungen [Konversionsstörungen]*
F45	Somatoforme Störungen*
F48	Andere neurotische Störungen*

Tabelle 1: Klassifikation psychischer Störungen nach ICD-10 (Dilling, Freyberger 2013) (*Fortsetzung n. Seite*)

F5 Verhaltensauffälligkeiten mit körperlichen Störungen und Faktoren	
F50	Essstörungen*
F51	Nichtorganische Schlafstörungen*
F52	Sexuelle Funktionsstörungen, nicht verursacht durch eine organische Störung oder Krankheit*
F53	Psychische oder Verhaltensstörungen im Wochenbett, anderenorts nicht klassifiziert*
F54	Psychologische Faktoren oder Verhaltensfaktoren bei anderenorts klassifizierten Krankheiten
F55	Schädlicher Gebrauch von nichtabhängigkeitserzeugenden Substanzen*
F59	Nicht näher bezeichnete Verhaltensauffälligkeiten bei körperlichen Störungen und Faktoren
F6 Persönlichkeits- und Verhaltensstörungen	
F60	Spezifische Persönlichkeitsstörungen*
F61	Kombinierte und andere Persönlichkeitsstörungen*
F62	Andauernde Persönlichkeitsänderungen, nicht Folge einer Schädigung oder Krankheit des Gehirns*
F63	Abnorme Gewohnheiten und Störungen der Impulskontrolle*
F64	Störungen der Geschlechtsidentität*
F65	Störungen der Sexualpräferenz*
F66	Psychische und Verhaltensstörungen in Verbindung mit der sexuellen Entwicklung und Orientierung*
F68	Andere Persönlichkeits- und Verhaltensstörungen*
F69	Nicht näher bezeichnete Persönlichkeits- und Verhaltensstörung
F7 Intelligenzminderung	
F70	Leichte Intelligenzminderung*
F71	Mittelgradige Intelligenzminderung*
F72	Schwere Intelligenzminderung*
F73	Schwerste Intelligenzminderung*
F74	Dissoziierte Intelligenz*
F78	Andere Intelligenzminderung*
F79	Nicht näher bezeichnete Intelligenzminderung*
F8 Entwicklungsstörungen	
F80	Umschriebene Entwicklungsstörungen des Sprechens und der Sprache*
F81	Umschriebene Entwicklungsstörungen schulischer Fertigkeiten*
F82	Umschriebene Entwicklungsstörung der motorischen Funktionen*
F83	Kombinierte umschriebene Entwicklungsstörungen
F84	Tiefgreifende Entwicklungsstörungen*
F88	Andere Entwicklungsstörungen
F89	Nicht näher bezeichnete Entwicklungsstörung

Tabelle 1: Klassifikation psychischer Störungen nach ICD-10 (Dilling, Freyberger 2013) (*Fortsetzung*)

F9 Verhaltens- und emotionale Störungen mit Beginn in der Kindheit und Jugend	
F90	Hyperkinetische Störungen*
F91	Störungen des Sozialverhaltens*
F92	Kombinierte Störung des Sozialverhaltens und der Emotionen*
F93	Emotionale Störungen des Kindesalters*
F94	Störungen sozialer Funktionen mit Beginn in der Kindheit und Jugend*
F95	Ticstörungen*
F98	Andere Verhaltens- und emotionale Störungen mit Beginn in der Kindheit und Jugend*
F99 Psychische Störungen ohne nähere Angabe	

Tabelle 2: Klassifikation psychischer Störungen nach DSM-5 (Falkai, Wittchen 2015)

Hauptkategorien des DSM-5	
(1)	Störungen der neuronalen und mentalen Entwicklung
(2)	Schizophrenie-Spektrum und andere psychotische Störungen
(3)	Bipolare und verwandte Störungen
(4)	Depressive Störungen
(5)	Angststörungen
(6)	Zwangsstörung und verwandte Störungen
(7)	Trauma- und belastungsbezogene Störungen
(8)	Dissoziative Störungen
(9)	Somatische Belastungsstörungen und verwandte Störungen
(10)	Fütter- und Essstörungen
(11)	Ausscheidungsstörungen
(12)	Schlaf-Wach-Störungen
(13)	Sexuelle Funktionsstörungen
(14)	Geschlechtsdysphorie
(15)	Disruptive, Impulskontroll- und Sozialverhaltensstörungen
(16)	Störungen im Zusammenhang mit psychotropen Substanzen und abhängigen Verhaltensweisen
(17)	Neurokognitive Störungen
(18)	Persönlichkeitsstörungen
(19)	Paraphile Störungen
(20)	Andere Psychische Störungen
(21)	Medikamenteninduzierte Bewegungsstörungen und andere unerwünschte Medikamentenwirkungen
(22)	Andere klinisch relevante Probleme

Internationale Klassifikation der Krankheiten (ICD): Die ICD der Weltgesundheitsorganisation dient der weltweiten Vereinheitlichung der Beschreibung und Interpretation psych. Störungen. Sie ist das zentrale, diagn. K.system der Med. und bildet die Grundlage bei der Verschlüsselung von Diagnosen in der ambulanten sowie stationären Versorgung. In Dt. bildet dabei die ICD-10-GM (German Modification) die aktuelle amtliche Grundlage. Das Kernstück der ICD bildet eine ausführliche Systematik, welche in 22 Kapiteln den Bereich aller Krankheiten abdeckt. Jedes Kapitel umfasst dabei einen Codebereich, der durch einen oder mehrere Buchstaben gekennzeichnet ist. Einzelne Kapitel können weiter in einzelne Gruppen/Bereiche und schließlich in (Sub-)Kategorien unterteilt werden. Jede Diagnose kann somit durch einen Buchstaben sowie einen drei- bis fünfstelligen Code beschrieben werden, wobei zusätzlich Ein- und Ausschlussvermerke, Hinweise zu *Differentialdiagnosen* etc. vorhanden sind. Im ICD werden psych. Störungen im Kapitel F zus.gefasst, wobei auf Achse I u. a. psych. Störungen, Persönlichkeitsstörungen sowie Störungen durch psychotrope Substanzen abgebildet werden. Welche diagn. Gruppen/Bereiche hierbei genau erfasst werden, ist in Tab. 1 dargestellt. Eine Spezifikation/Differenzierung der Diagnose ist durch die dritte bis fünfte Ziffer möglich und kann im Anhang I eingesehen werden. Achse II erlaubt gleichzeitig eine Beurteilung der sozialen Funktionseinschränkungen auf Ebene der Selbstfürsorge (Körperhygiene, Kleidung, Ernährung), auf Ebene des Berufs (Arbeit, Studium, Hausarbeit), auf Ebene von Familie und Haushalt (Interaktion mit dem Partner, den Eltern, den Kindern oder anderen Verwandten), auf Ebene weiterer sozialer Kontexte (Gemeinde, soziale Aktivitäten) sowie auf Globalebene. Achse III erlaubt eine Erfassung der psychosozialen Belastungsfaktoren aus den Bereichen Kindheitserlebnisse, Erziehung und Bildung, Familie und primäre Bezugsgruppe, soziales Umfeld, Wohnsituation und finanzielle Situation, Berufstätigkeit, Umweltbelastungen, psychosoziale oder juristische Probleme, *Krankheit* oder *Behinderung* in der Familie sowie Lebensführung und -bewältigung. [http://www.dimdi.de/static/de/klassi/icd-10-gm/].

Diagnostisches und Statistisches Manual psychischer Störungen (DSM): Das K.system der American Psychiatric Association wird vorrangig in den USA eingesetzt und findet sich in vielen engl.sprachigen Lehr- und Handbüchern der Klinischen Ps. sowie in der klin. Forschung. Dabei war es lange Zeit (bis einschließlich DSM-IV) für seinen multiaxialen Ansatz bekannt, in dessen Rahmen Fälle auf 5 Achsen und somit auf versch. Ebenen beschrieben wurden. Die einzelnen Achsen umfassten dabei folg. Aspekte: Auf Achse I wurden alle klin. Störungen und andere klin. relevante Probleme außer den Persönlichkeitsstörungen und geistigen Behinderungen zus.gefasst. Auf Achse II wurden *Persönlichkeitsstörungen* (inkl. auffallender, unangepasster Persönlichkeitszüge) und geistige Behinderungen erfasst. Durch eine Erfassung dieser Aspekte auf einer separaten Achse sollte vermieden werden, dass diese Aspekte – z. B. bei Vorliegen einer auffälligen Achse-I-Störung – übersehen werden. Auf Achse III wurden zusätzliche med. Krankheitsfaktoren erfasst, die für den Umgang mit und das Verständnis von psych. Störung des Betroffenen relevant sind. Dabei wurde angenommen, dass die medizinischen Krankheitsfaktoren auf unterschiedliche Weise (ätiologische Ursache für die Ausbildung oder Verschlechterung einer psych. Störung sein oder aber in eher unklarer Beziehung zu dieser) verbunden sein können. Achse IV erfasste schließlich alle psychosozialen und umgebungsbedingten Probleme, die Diagnose, Therapie oder *Prognose* einer Achse-I- oder Achse-II-Störung beeinflussen können. Zuletzt wurde auf Achse V das psych., soziale und berufliche Funktionsniveau mithilfe der *Global Assessment of Functioning Scale (GAF)* erfasst, sodass eine umfassende Therapieplanung, Wirksamkeitsmessung und Prognosestellung ermöglicht wurde. Für die aktuelle Version (DSM-5) wird jedoch auf ein nicht axiales Beurteilungssystem zurückgegriffen, wobei die Störungsbilder von ehemals Achse I, II und III verbunden werden und im Fokus stehen. Eine zusätzliche K. psychosozialer und umgebungsbedingter Probleme (ehemals Achse IV) sowie des globalen Funktionsniveaus durch die Global Assessment of Functioning Scale (ehemals Achse V) wird hingegen nicht mehr vorgenommen. Stattdessen werden – bei Bedarf – entspr. ICD-Codierungen bzw. die *WHO Disability Assessment Schedule (WHODAS)* angewandt. Zudem wurden eine Neuanordnung der Störungsklassen sowie einzelner Störungen und erstmalig auch eine Anpassung der Diagnosen an bestehende ICD-Codes vorgenommen. Hierbei muss jedoch angemerkt werden, dass noch nicht immer ein entspr. ICD-Code für einzelne Diagnosen oder Diagnosegruppen vorliegt – die Zuordnung zu bestehenden Codes kann daher in einzelnen Fällen oft nur für Subtypen oder Zusatzcodierungen vorgenommen werden. Die Hauptkategorien des DSM-5 sind in Tab. 2 dargestellt. Aus Gründen der Übersichtlichkeit wird an dieser Stelle auf eine Darstellung aller DSM-5-Einzel-Codes und Diagnosen innerhalb der 22 Haupt-Kategorien verzichtet – die Entsprechung einzelner ICD- und DSM-5-Diagnosen können den Detailtabellen in den jew. Einzelstichwörtern entnommen werden. Dabei sind jedoch nur diejenigen DSM-5-Diagnosen in den Tab. aufgeführt, die eine direkte Code-Entsprechung ausweisen. DSM-5-Diagnosen, die inhaltlich einer ICD-Diagnose entsprechen, jedoch unter einem anderen, nicht dem ICD-Code entspr. Code (und somit an anderer Stelle) aufgeführt sind, werden in den Detailtabellen nicht aufgeführt.

Klassifikationsmethoden (= K.) [engl. *classification methods*], [**FSE**], Methoden der Zusammenfassung von Ereignissen in Kategorien oder Klassen. Klassifizieren von Beobachtungsdaten stellt den ersten Schritt bei der Datenverarbeitung dar. Nach Art der klassifizierten Merkmale lassen sich quantitative und qualitative K. (*qualitative Merkmale*, *quantitative Merkmale*) unterscheiden. *Klassifikation*.

G. Mikula

Klassische Testtheorie [engl. *classical test theory*, CTT], [**DIA, FSE**], Abk. *KTT* bzw. *KT*; die KTT stellt eine Sammlung von Methoden zur exakten und ökonomischen Erfassung interindiv. Unterschiede dar (Gulliksen 1950, Lord, Novick 1968, Zimmerman 1975). Eine Vielzahl der gebräuchlichen psychometrischen Testverfahren (*Test, Testkonstruktion, Testtheorie*) beruht auf den Annahmen und den Konstruktionsprinzipien der KTT. Das Attribut «klassisch» soll nicht nur auf das gereifte Alter dieser formalen Theorie verweisen, sondern auch darauf, dass mittlerweile mit der probabilistischen Testtheorie (*Item-Response-Theorie (IRT)*) ein modernerer Ansatz formuliert wurde, der versch. Nachteile der KTT zu vermeiden sucht.

Annahmen der Klassischen Testtheorie: Die Kernüberlegung der KTT besteht darin, dass sich die mit einem Test ermittelte, beobachtete Merkmalsausprägung X einer Person additiv aus zwei Komponenten zus.setzt, nämlich der tatsächlichen, wahren Merkmalsausprägung T (*true score*) sowie einem zufälligen Messfehler E:

X = T + E.

So setzt sich bspw. das Intelligenztestergebnis einer Person zus. aus ihrer wahren Intelligenz zzgl. unsystematischer, d. h. in Stärke und Richtung unklarer, Fehlereinflüsse (z. B. Schwankungen der Aufmerksamkeit oder Motivation). Die KTT geht davon aus, dass die wahre Merkmalsausprägung intraindiv. konstant ist und die Messfehler sich bei wiederholten Messungen ausgleichen («herausmitteln»). Der erwartete Mittelwert des Messfehlers ist demnach Null. Wenn der Messfehler Null ist, entspricht die beobachtete Merkmalsausprägung der wahren Merkmalsausprägung:

X = T + 0 = T.

Würde also bei einer Person immer wieder (unendlich oft) die Intelligenz gemessen, entspräche der Mittelwert dieser Messungen dem wahren Intelligenzwert. Das ist auch ein Grund dafür, warum i. R. der KTT zur Erfassung der Ausprägung eines Merkmals bei einer Person jew. mehrere *Items* verwendet werden, die dasselbe *Konstrukt* erfassen. Jedes dieser Items wird dabei als wiederholte Messung aufgefasst. Messfehler werden durch die Zusammenfassung der einzelnen Messungen zu einem Testwert ausgeglichen. Als Testwert der KTT, der als Schätzer der wahren Merkmalsausprägung gilt (*Punktschätzung*), wird zumeist die Summe der Antworten auf die Items verwendet, wobei Intervallskalierung (*Intervallskala*) der Antworten vorausgesetzt wird. Aus den Annahmen der KTT lassen sich Aussagen über die *Reliabilität* und weitere Eigenschaften eines Tests (*Gütekriterien*) ableiten (Moosbrugger 2012).

Kritik an der Klassischen Testtheorie: Die Vorzüge der KTT sind v. a. in der Einfachheit ihrer Annahmen sowie der daraus resultierenden leichten empirischen Realisierbarkeit zu sehen. Die nach den Prinzipien der KTT entwickelten Verfahren haben sich in der diagn. Handhabung vielfach bewährt, d. h., sie erlauben eine differenzierte Beschreibung interindiv. Unterschiede. Gegenüber der KTT sind allerdings auch Einwände hervorzubringen. Die Annahmen der KTT werden beweislos vorausgesetzt. Tatsächlich sind sie empirisch kaum überprüfbar, da sowohl wahrer Wert als auch Fehler nicht direkt beobachtbar sind (Steyer & Eid 2001). Die Annahme, dass sich der beobachtete Wert aus wahrem Wert und (zufälligem) Fehler zus.setzt, ist möglicherweise zu grob. Erweiterungen der KTT erlauben z. B. die Berücksichtigung versch. Arten von Messfehlern (*Generalisierbarkeitstheorie*; Latent-State-Trait-Theorie). Die Annahme einer intraindiv. Konstanz (*Invarianz*) des wahren Wertes einer Person ist nur für kurze Zeiträumen und auch nur für best. Merkmalsbereiche vertretbar. Die KTT setzt mind. Intervallskalenniveau voraus. Bei einigen Testverfahren ist fraglich, ob diese Qualität erreicht wird. Außerdem sind die Kenngrößen der KTT (Reliabilität, Itemschwierigkeit, Itemtrennschärfe etc. (*Itemanalyse*)) stichprobenabhängig. Je nach Zusammensetzung der herangezogenen *Stichprobe* können sie unterschiedlich ausfallen. Es stellt sich folglich die Frage nach der Verallgemeinerbarkeit und Verbindlichkeit von Ergebnissen. Zudem beschränkt sich die KTT hauptsächlich auf die Reliabilität eines Tests und trifft zur *Validität* kaum Aussagen. Angesichts dieser und weiterer Einwände ist die *probabilistische Testtheorie* () als maßgebliche Ergänzung zur KTT zu sehen, die in der Lage ist, Grenzen und Probleme der KTT zu überwinden.

[*Anmerkung des Herausgebers:* Steyer & Eid (2001) und Eid & Schmidt (2014) zeigen, dass die zentralen Annahmen der KTT durch die *konfirmatorische Faktorenanalyse* angemessen geprüft werden können. Ein grundlegender Vorteil probabilistischer Modelle gegenüber der KTT ist aufgrund der Prüfbarkeit der Modellannahme somit nicht mehr begründbar.]
D. Krampen

Klaustrophilie [engl. *claustrophilia*; lat. *claudere* zuschließen, φιλία *(philia)* Liebe, Zuneigung], [**KLI**], krankhafter Drang, sich einzuschließen oder eine Wohnung nicht zu verlassen.

Klaustrophobie (= K.) [engl. *claustrophobia*; lat. *claustros* Käfig, φόβος *(phobos)* Furcht], [**KLI**], Angst vor Aufenthalt in geschlossenen Räumen (z. B. Aufzügen). Umgangssprachl. wird K. als Platzangst bez., dies ist in der Ps. die *Agoraphobie*. K. zählt zu den *Angststörungen*. *Phobische Störungen.*

Klebrigkeit [engl. *viscousness*], [**KLI**], psychopathologischer Begriff für die im mitmenschl. Kontakt auffällige Zudringlichkeit, oft verbunden mit Unterwürfigkeit. Bes. Kennzeichen bei organischer *Hirnschädigung* (z. B. *Epilepsie*).

Klein, Melanie [**HIS, KLI**], *Psychoanalyse*, österreichisch-ungarische Psychoanalytikerin, wurde am 30.3.1882 in Wien geb. und starb am 22.9.1960 in London. Sie gilt als Pionierin der Kinderpsychoanalyse und der Objektbeziehungstheorie sowie als «originellste Neuerin der Psychoanalyse» (Kristeva, J.). Nach ihren Lehranalysen bei Sandor Ferenczi und Karl Abraham ließ sie sich 1926 in London nieder und begründete mit ihrem im selben Jahr erschienenen Sammelband *Die Psychoanalyse des Kindes* ihren Ruf als innovative Kinderanalytikerin. Sie entwickelte die psychoanalytische Spieltechnik, entdeckte das kindliche Spielen als Mittel der therap. Kommunikation und Äquivalent der *freie Assoziation*. Klein scheute sich nicht, sehr junge Kinder psychoanalytisch zu behandeln, d. h., ihre unbewussten *Konflikte* in der *Übertragung* zu erfassen und sie durch kindgerechte Deutungen bewusst zu machen. Entgegen der von *Sigmund Freud* und *Anna Freud* vertretenen Lehrmeinung, dass das neugeborene Kind innerlich in einem objektlosen, primärnarzisstischen Zustand lebt, geht Melanie Klein davon aus, dass der Säugling von Anfang an auf ein Objekt (die Brust, die Mutter) gerichtet ist. Gestützt auf ihre klin. Erfahrungen sowie auf systematische Säuglingsbeobachtung zeigte sie, dass die Objektbeziehungen und ihre inneren Repräsentationen von Anfang an im Zentrum des emot. Lebens stehen. Von dieser Prämisse ausgehend, entwickelte sie ihre innovativen, bis heute einflussreichen Grundkonzepte: Im kontinuierlichen Austausch mit seinen Objekten, insbes. der Mutter, entfaltet sich im Wechselspiel von *Introjektion* und *Projektion* die innere Objektwelt des Kleinkindes. Diese ist zunächst stark polarisiert, d. h. aufgespalten zw. guten und bösen, idealisierten und entwerteten inneren Objekten. Der Säugling ist nach Klein von destruktiven, sadistischen Triebregungen und Fantasien erfüllt, die er gegen seine inneren und äußeren Objekte richtet. Dadurch entwickeln sich massive Ängste, dass sich die angegriffenen Objekte i. S. der Vergeltung gegen das Ich des Säuglings wenden und dieses vernichten könnte. Diese Verfolgungs- und Vernichtungsangst wird im weiteren Entwicklungsverlauf zunehmend von schuldhaft depressiven Ängsten um das von den eigenen destruktiven Fantasien bedrohte Objekt überlagert. Im ersten Lebensjahr findet auf diese Weise der für die Klein'sche Entwicklungstheorie entscheidende Übergang von der paranoid-schizoiden zu der depressiven Position statt. Die theoretischen Konzepte Melanie Kleins haben u. a. zu einem tieferen psychoanalytischen Verständnis der sog. frühen Störungen, z. B. der *Psychosen* oder der *Borderline-Störung* geführt. Kristeva 2008, Klein 1995–2002, Freud 1975, Klein 1971, 1975. S. Bayer

Kleine-Levin-Syndrom [engl. *Kleine-Levin syndrome*], [**KLI**], nach seinen Erstbeschreibern benanntes Syndrom einer periodischen *Hypersomnie*. Die rezidivierenden *hypersomnischen* Episoden sind häufig begleitet von unterschiedl. psychopathol. Auffälligkeiten (z. B. Verhaltensauffälligkeiten, kogn. Beeinträchtigung, Hyperphagie, Hypersexualität). Beginn meist in der Pubertät und Besserung im Erw.alter. Betroffen sind meist Männer (ca. 80 %). Die hypersomnischen Episoden können Tage bis Wochen dauern; sie treten mind. einmal pro Jahr, aber auch bis zu monatl. auf. Zw. den hypersomnischen Episoden sind die Betroffenen unauffällig. Billiard 2011. H. Schulz

Kleiner Albert (*Little Albert*), [**KOG**], der 11 Monate alte Albert B. diente 1920 John B. Watson als Vp in einem Experiment, das eines der berühmtesten, jedoch nicht gerade rühmlichsten der Ps. ist: Das Kind wurde nach dem Prinzip der *klassischen Konditionierung* in Experimenten mit weißen Ratten so konditioniert, dass es schließlich (eine generalisierte) *Angst* vor allem Kuschligen, Fellartigen entwickelte. Watson wollte damit gegen die Psychoanalytiker (*Psychoanalyse*) beweisen, dass für die Entstehung von Ängsten und Phobien *Lernprozesse* von Bedeutung sind und die ps. Annahmen unberechtigt sind, dass Phobien und Ängste auf traumatische Kindheitserlebnisse zurückzuführen sind. Nach ethischen Aspekten (*Ethik, Forschungsethik*) ist das Experiment unverantwortlich, zumal man den Jungen anschließend nach Hause schickte, ohne ihm die Angst wieder zu nehmen. *Lernen*.

Kleingruppe (= K.) [engl. *small group*], [**SOZ**], nach soziologischem Vorbild auch Primärgruppe mit quant. und qual. unterscheidenden Merkmalen der Großgruppe (Sekundärgruppe) gegenübergestellt: Überschaubarkeit für die einzelnen Mitglieder, unmittelbare *(face-to-face)* Kontaktmöglichkeit, Gefühl der Zusammengehörigkeit und der gemeinsamen Verantwortlichkeit werden meist als Hauptmerkmale genannt. Die *Dyade* (Zweiergruppe) ist bes. auch qual. anders beschrieben worden als die Triade und alle darüber hinausgehenden Gruppengrößen. Als Grenze sind oben werden unterschiedliche Angaben gemacht, sie hängt von versch. Bedingungen ab (häufig 25 bis 30 Mitglieder). Über exp. K.forschung haben u. a. Witte & Melville (1982) berichtet. *Gruppe*. Baron et al. 1992.
R. Bergius

Kleinheitswahn [engl. *delusion of belittlement*], [**KLI**], syn. *Nichtigkeitswahn*; *Wahn*, *wahnhafte Störung*; Sammelbegriff für Formen des Wahns, bei der das Erleben von Kleinheit, Nichtigkeit und Ohnmacht prägend sind (z. B. *Schuldwahn*, *Armutswahn*, *hypochondrischer Wahn*). In extremer Form als nihilistischer Wahn, bei der die eigene Existenz (oder auch die von Angehörigen) geleugnet oder als irrelevant empfunden wird. Tölle 2007.

Kleinhirn [engl. *cerebellum*], syn. *Cerebellum*, *Gehirn*.

Kleinwuchs (= K.) [engl. *dwarfism, microsomia*], [**BIO, GES**], zurückgebliebenes Größenwachstum, Endgröße bis 130 cm. Bei K. häufig fehlende oder verzögerte oder atypische Pubertätsentwicklung (*Pubertät*). Antriebsstörungen (*Antrieb*). Besondere Empfindlichkeit. (1) Hypophysärer K. als Folge von Störungen im Vorderlappen der *Hypophyse* (Wachstumshormonmangel). Normale geistige Entwicklung (*Entwicklung, kognitive*). (2) Greisenhafter K. als Folge von Hormonstörungen (*Hormone*) mit Wachstumsstillstand und Vergreisung. Normale geistige Entwicklung. Syn. Guilford'sches Syndrom, Hutchinson'sches Syndrom, Variot'scher Kleinwuchs *(Nanismus senilis)*, Progeria, Senilismus. (3) Rachitischer K. als Folge von Stoffwechselstörungen (Mangel an Vitamin D). Normale geistige Entwicklung. (4) Chondrodystrophischer K. als Folge meist dominant-erblicher Störungen der Knorpel- und Knochenbildung. Normale geistige Entwicklung. Syn. Chondrodysplasie, Achondrodysplasie. (5) Hanhart-K. als Folge von Wachstums- und Ossifikationsstörungen ab 2. Lebensjahr. Normale geistige Entwicklung. Syn. Rezessiver K.

Klemm, Otto (1884–1939), [**HIS**], 1906 Dr. phil. in Leipzig bei *Wundt*, Assistent bei Wirth, 1909 Habilitation, 1914 n. pl. Prof., 1923 pl. ao. Prof. für angewandte Ps. und exp. Pädagogik. Umfangreiche Publikationstätigkeit, u. a. Autor eines in viele Sprachen übersetzten Buches zur Geschichte der Ps. (Klemm, 1911); 1933–1939 Vorstandsmitglied der *Deutschen Gesellschaft für Psychologie*. Klemm starb im Januar 1939 durch Suizid, dessen Gründe unklar geblieben sind. Loosch 2008. H. E. Lück

Kleptomanie [engl. *cleptomania*; gr. κλέπτειν *(kleptein)* stehlen, μανία *(mania)* Wahnsinn], **[KLI]**, selten gewordene Bez. für den krankhaften Antrieb zu stehlen ohne äußere Notlage, heute meist als patholog. Stehlen bez. Vereinzelt auch *Klopémanie* genannt. *Impulskontrollstörung, Manie.*

Klient (= K.) [engl. *client*; lat. *cliens* der Hörige, eigentlich der Schutzbefohlene], **[KLI]**, sprachübl. für den «Schutzbefohlenen» (beim Rechtsanwalt). K. wird auch der dem Therapeuten Anvertraute genannt und ist dann umfassender als der Begriff *Pat. Gesprächspsychotherapie.*

Klientenzentrierte Psychotherapie [engl. *client-centered (psycho)therapy*], *Gesprächspsychotherapie.*

Klimakterium [engl. *klimakter*; gr. κλιμακτήρ *(klimakter)* Stufe, Treppe], *Wechseljahre.*

Klimatologie [engl. *climatology*], Lehre von den Wirkungen des Klimas.

Klinefelter-Syndrom [engl. *Klinefelder syndrome*], **[GES]**, die von dem amerikanischen Arzt H. F. Klinefelter im Jahre 1942 erstbeschriebene Missbildung der Keimdrüsen durch *Chromosomen-Aberration*. Primärer Hypogonadismus, die Hoden bleiben klein, fehlende Spermiogenese, dadurch Sterilität. Ursache ist eine Trisomie der Geschlechtschromosomen (XXY, im Ggs. zum *Down-Syndrom*) oder eine Vermehrung nur der X-Chromosomen.

klinisch [engl. *clinical*; gr. κλίνη *(kline)* Bett], **[KLI]**, die Klinik (das Spezialkrankenhaus) betreffend bzw. zu diesem Bereich zugehörig sein (wie in *Klinische Psychologie*). *Clinic(al)* ist auch weiter gefasst: Man versteht darunter alle Institutionen, in denen Personen behandelt oder betreut (oder nur beraten) werden, die Störungen im Erleben und Verhalten aufweisen bzw. dafür gefährdet erscheinen (oder nur der «Führung» bedürfen). Dieser Wortgebrauch hat im dt. Sprachraum zu unterschiedlichem Begriffsverständnis Anlass gegeben.

Klinische Cyberpsychologie [engl. *clinical cyberpsychology*; *cyber* Internet], *VR-Behandlungen.*

Klinische Kinderpsychologie (= K.) [engl. *clinical child psychology*], **[KLI]**, beschäftigt sich mit der Entstehung (*Ätiologie*) und den Auswirkungen psychosozialer Belastungen sowie psych. Störungen und der Bewältigung körperlicher Krankheiten im Kindes- und Jugendalter sowie des familiären, kult. und gesellschaftl. Kontextes. Die Aufgabengebiete der K. umfassen dabei die *Diagnostik*, die *Prävention* und Gesundheitsförderung, die Kinderpsychoth. sowie die Kinderrehabilitation. Die K. weist damit enge Beziehungen zur Kinderheilkunde, zur Heil- und *Sonderpädagogik*, zur Kinderneurologie sowie *Kinder- und Jugendpsychiatrie* auf, die sich ebenso Problemstellungen der Diagnostik und *Intervention* im Kindes- und Jugendalter widmen. Ein wesentliches Merkmal der K. gegenüber der Klin. Ps. ist ihre *Entwicklungsorientiertheit*. So werden in der Erforschung, Diagnostik und Therapie von psych. Störungen im Kindes- und Jugendalter fundierte Erkenntnisse aus der *Entwicklungspsychologie* (= E.ps.) und *Entwicklungspsychopathologie* (= E.pp.) explizit mit einbezogen. Kenntnisse über Prozesse und Mechanismen, die der normalen *Entwicklung* zugrunde liegen, ermöglichen es erst, zu bestimmen, ab wann ein best. Verhalten auffällig und behandlungsbedürftig ist. Mit dem Wissen über spezif. Anforderungen und Aufgaben (*Entwicklungsaufgaben*), die Kinder zu einem gegebenen Alter erfolgreich bewältigt haben müssen, lassen sich zudem Phasen erhöhter Belastung und *Vulnerabilität* identifizieren und Ziele für eine entwicklungsorientierte Intervention ableiten. Befunde aus der E.ps. tragen demnach zu einem besseren Verständnis bei, wie E.abweichungen und psych. Störungen entstehen und wie ihnen wirksam entgegengewirkt werden kann. Die E.pp. liefert ergänzend empirisch fundierte Modelle über die Entwicklungsabfolge von psych. Störungen unter Berücksichtigung von Vorläufern und möglichen Ausdifferenzierungen, die ihrerseits als entscheidende Grundlage für die Diagnostik und Strategien dienen. Darüber hinaus untersucht die E.pp. systematisch den Einfluss von Risikofaktoren und Ressourcen (*Ressourcenaktivierung in der Psychotherapie*), die die Entwicklung von Kindern und Jugendlichen nachhaltig prägen. Die K. vertritt ein biopsychosoziales *Krankheitsmodell*, wonach *psychische Störungen* als Resultat komplexer Wechselbeziehungen von neurobiol., genetischen und psychosozialen Einflüssen erachtet werden. Die Diagnostik in der K. ist durch ein multimodales und multimethodales Vorgehen gekennzeichnet (*Diagnostik, multimodale*, *Diagnostik, multimethodale*). Das bedeutet, dass versch. Ebenen psych. Störungen (kogn., emot., physiol. und Handlungsebene) mit unterschiedlichen Methoden (z. B. Verhaltensbeobachtung, Testleistungen) erfasst und dabei versch. Informanten (Eltern, Erzieher/Lehrer) sowie versch. Lebensbereiche berücksichtigt werden. Eine entwicklungsorientierte Diagnostik zeichnet sich zudem dadurch aus, dass Erhebungsverfahren entspr. dem Entwicklungsstand und der Fähigkeiten des Kindes eingesetzt werden, eine altersbezogene Spezifizierung der diagnostizierten Störung vorgenommen wird und die Beschreibung des Verhaltens ebene sowie die Bewertung des gezeigten Verhaltens nach Altersangemessenheit erfolgt. Darüber hinaus erfordert eine differenzierte Diagnosestellung Kenntnisse zur psychosozialen Situation der *Familie*. Die Behandlung von psych. Störungen erfolgt im Kindes- und Jugendalter durch ein multimodales Vorgehen. Dieses umfasst neben der Kinderpsychoth. (evtl. auch Pharmakotherapie; *Psychopharmaka im Kindes- und Jugendalter*), dem Hauptanwendungsgebiet der K., auch den Einbezug des sozialen Umfeldes (Familie, Kita, Schule). Das Ziel einer entwicklungsorientierten Intervention ist es, Kinder und Jugendl. bei der Bewältigung ihrer alterstypischen Anforderungen zu unterstützen, Ressourcen zu aktivieren und zu fördern sowie Kompetenzen des sozialen Umfeldes (vornehmlich der der unmittelbaren Bezugspersonen) im Umgang mit den Betroffenen zu stärken.

Das Spektrum psych. Störungen im Kindes- und Jugendalter reicht von Entwicklungsstörungen (*Entwicklungsstörungen, umschriebene*, *Entwicklungsstörungen, tiefgreifende*), Verhaltensstörungen und emot. Störungen (z. B. *Emotionsdysregulation*) bis hin zu körperlichen Erkrankungen, Suchterkrankungen (*Sucht*) und *Somatoformen Störungen*. Wie auch im Erwachsenenalter werden diese Störungen anhand etablierter diagn. Klassifikationssysteme (*Klassifikation psychischer Störungen*) def. In der ICD-10 werden unter F8 (*Entwicklungsstörungen*) und F9 (*Verhaltens- und emotionale Störungen mit Beginn in der Kindheit und Jugend*) Störungen aufgeführt, die typischerweise im Kindes- und Jugendalter beginnen. Grundsätzlich können jedoch auch alle anderen Störungskategorien auf das Kindes- und Jugendalter übertragen werden. Im *DSM-IV* werden bei einzelnen Diagnosen für Kinder und Jugendliche zusätzlich spezif. Kriterien aufgeführt. Für den Altersbereich null bis drei Jahre liegt zudem ein rev. Klassifikationssystem vor, in dem spezif. entwicklungsbedingte Störungen im Säuglings- und Kleinkindalter (z. B. *Regulationsstörungen*) def. werden. Das Aufgabengebiet der K. geht jedoch weit über die von ICD-10 und DSM-IV def. psych. Störungen hinaus. Zu den wichtigen Anwendungsbieten zählen die *Klin. Kinderneurops.*, die sich mit den psychosozialen Auswirkungen von kindlichen Hirnfunktionsstörungen befasst, und die *Pädiatrische Psychologie*, die sich auf die Behandlung und Betreuung chronisch-körperlich Kranker konzentriert. Ein weiteres zentrales Anwendungsgebiet stellen *Prävention* und *Gesundheitsförderung* dar. Das Ziel ist es, psych. Störungen und körperl. Erkrankungen in versch. Settings (z. B. Familie, Kindergarten, Schule) vorzubeugen. Die Eingebundenheit des Verhaltens von Kindern und Jugendlichen in den familiären und gesellschaftlichen Kontext erfordert zudem eine enge interdisziplinäre Zus.arbeit (z. B. *Frühe Hilfen*, Jugendhilfe), die die Basis für weitere Spezialisierungen von Arbeitsfeldern und Tätigkeitsbereichen innerhalb der K. schafft. *Kinderverhaltenstherapie*. Petermann 2013.

F. Petermann

Klinische Organisationspsychologie (= K.) [engl. *clinical organizational psychology*], [**AO, KLI**], Problemfeld im Grenzbereich zw. *Arbeits- und Organisationspsychologie* und *Klinischer Psychologie*, das sich mit der Untersuchung und Intervention bei psych. oder psychosomatischen Störungen sowie der Förderung des Gesundheitsverhaltens beschäftigt. Typische Problembereiche sind Alkohol am Arbeitsplatz oder Tablettenabhängigkeit, aber auch Rauchen, Übergewicht, Bewegungsarmut und rheumatische Beschwerden oder Probleme aus dem Bereich der Arbeitssicherheit. Im Unterschied zur psychoth. oder med. Intervention beschränken sich die Maßnahmen der K. auf Interventionen, die nicht unter den Heilkundebegriff fallen. Beispiele sind Untersuchungen, Aufklärungskampagnen, Maßnahmen der *Arbeitsgestaltung*, Ausbildung von Vorgesetzten und Betriebsräten im angemessenen Umgang mit Problemfällen, Durchführung von Stressmanagementtrainings oder Gesundheitszirkeln (*Stress am Arbeitsplatz*) sowie *Gesundheitsförderung in Organisationen*. Greif & Wiedl 1998, Wiedl & Greif 1998, Schorr & Jilski 1987.

S. Greif

Klinische Psychologie [engl. *clinical psychology*], s. Einleitung Gebietsüberblick *Klinische Psychologie und Psychotherapie*.

klinische Studien [engl. *clinical studies*], *Evidenzbasierung*, *Versorgungsforschung*.

klinische Vorhersage [engl. *clinical prognosis*], *Prognose*.

Klisis [engl. *clisis*; gr. κλίσις *(klisis)* Neigung], [**EM**], ein von Monakow eingeführter Begriff für die Übertragung lustbetonter Gefühlsqualitäten auf das bei der Reizsuche (*Instinkt*) aufgefundene Triebobjekt. Ggs. Übertragung unlustbetonter Qualitäten (*Ekklisis*). Brun 1954.

Klix, Friedhart (1927–2004), [**KOG, HIS**], entging der britischen Gefangenschaft und wurde zunächst Junglehrer, trat in die SED ein, bemühte sich vorerst vergeblich um einen Studienplatz für Ps., studierte schließlich ab 1949 an der Humboldt-Universität in Berlin. Mit der Diplomarbeit «Über die Wirkungsweise der Zielspannung im Handelsgeschehen», in der er *Gottschaldts* Handlungsanalysen und *Dunckers* Problemlösungstheorien verband, legte Klix die Diplomprüfung bei Gottschaldt ab. Klix promovierte 1957 mit einer Arbeit über die *Größenkonstanz* der Sehdinge bei Eigenbewegung des Wahrnehmenden. Kurz vor Fertigstellung seiner wahrnehmungspsychol. Habilitationsschrift kam es zu einem Konflikt mit Gottschaldt. Klix und einige seiner Kollegen verließen das Berliner Institut; Klix konnte dann in Jena arbeiten und sich in Dresden habilitieren. Nachdem Gottschaldt einen Ruf nach Göttingen angenommen hatte, kehrte Klix nach Berlin zurück. Hier baute er ein interdisziplinär ausgerichtetes Institut auf, das der exp. kogn.-psychol. Forschung unter Einbeziehung der Kybernetik verpflichtet war. Klix selbst berichtete später (Klix 2004), dass 38 spätere Professoren aus dieser Einrichtung hervorgegangen seien. Durch seine Kontakte zu Parteifunktionären, aber auch zu internat. Einrichtungen und Verbänden konnte Klix eine Position erreichen, die in der DDR außergewöhnlich war. Klix verfasste sechs Bücher und über 200 Aufsätze. Er gab über 40 Jahre lang die *Zeitschrift für Psychologie* heraus. Klix war maßgeblich an der Ausrichtung des 22. Internationalen Kongresses für Psychologie 1980 in Leipzig beteiligt (Schönpflug & Lüer 2011). Klix erhielt Ehrendoktorwürden der Universitäten Salzburg und Dresden, war Mitglied mehrerer Wissenschaftsakademien und bekam die Auszeichnung der *Deutschen Gesellschaft für Psychologie* für sein wiss. Lebenswerk.

H. E. Lück

Klonus, klonisch [engl. *clonus*, *clonic*; gr. κλώνειν *(klonein)* schütteln, erschüttern], [**BIO, GES**], Schüttelkrampf mit rasch folgenden und kurzzeitigen Muskelzuckungen. *Krampf, Krampus*.

Kluger Hans [engl. *clever Hans*], [**KOG**], Bsp. für einen Versuchsleiter-Erwartungs-Effekt, der durch die Monografie von Pfungst (1907; *Pfungst, Oskar*) und Rosenthal (*Rosenthal-Effekt*) weit verbreitet wurde. Das vom Mathematiklehrer v. Osten «unterrichtete» bzw. dressierte Zirkuspferd Hans (1895–ca. 1916) «konnte» im Bereich der Grundrechenarten Rechnungen lösen, indem es das jew. Aufgabenresultat mit der entspr. Hufschlagzahl signalisierte. C. Stumpf (Philosophie- und Ps.-Prof. und Mitglied der preußischen Akademie) wurde beauftragt, dieses Phänomen zu untersuchen. Er entwickelte einen Versuchsplan, der unter versch. Bedingungen die Leistung des Klugen Hans überprüfte. Das Ergebnis war, dass das Pferd die Leistungen nur erbringen konnte, wenn das Ergebnis dem Vl bekannt war. Das Resultat bzgl. des Vl-Effekts bestand darin, dass das Tier unbewusste Bewegungen des Vl als Signal für den Beginn bzw. das Beenden des Hufschlags begriff. Da auch ähnliche «Leistungen» von anderen Tierarten bekannt wurden, entwickelten sich unter Leitung des Wuppertaler Juweliers Karl Krall eine Gesellschaft und eine Zeitschrift zur Analyse der «Tierseele». Es folgten weitere Versuche mit intelligenten Araberhengsten. Die sog. «Elberfelder Pferde» erlangten Ruhm in der Fachwelt. Pfungst 1907, Timaeus & Schwebcke 1970. *H. O. Häcker*

Klumpenstichprobe [engl. *clustered sample*], *Stichprobe*.

Kniesehnenreflex [engl. *knee-jerk reflex*], syn. *Patellarreflex*, [BIO], Eigenreflex des *Musculus quadriceps femoris*. Strecken des Unterschenkels bei Beklopfen des Kniescheibenbands. Der *Reflex* hat diagn. Bedeutung, da er bei best. Erkrankungen fehlt bzw. zu stark ausgeprägt ist. *Eigenreflex*.

Knochenmarkschädigung unter Psychopharmaka [engl. *bone marrow damage due to psychotropic drugs*], [PHA], diverse *Psychopharmaka* (aber auch zahlreiche andere Medikamentengruppen wie z. B. *Antihistaminika*, Mittel gegen Malaria, Antirheumatika, Thyreostatika, Zytostatika, Diuretika, kardiale Medikamente) können zu einer Knochenmarksuppression und dadurch zu sog. Blutbilddyskrasien (*Blutbildveränderungen*) führen. Pathophysiol. kommt es dabei zu einer direkten toxischen Suppression der hämatopoetischen Vorläuferzellen oder zu einer medikamenteninduzierten immunologischen Reaktion, bei der Autoantikörper gegen die eigenen reifen Blutzellen entstehen. Dadurch werden Neutropenien, Thrombozytopenien und wesentlich seltener *Agranulozytose*, Panzytopenie oder gemischte Neutro- und Thrombopenien verursacht. Derartige Blutbildveränderungen werden häufig in den ersten Behandlungswochen beobachtet, können aber auch im späteren Verlauf, nach längerer Anwendung der auslösenden Substanzen, auftreten (dies gilt insbes. für *Phenothiazine*, bei denen ein kumulativer Effekt beschrieben wurde). Zu den Psychopharmaka mit dem höchsten Risiko für Blutbilddyskrasien gehören: *Clozapin*, *Carbamazepin*, *Chlorpromazin*, *Mianserin*, *Perazin*, *Olanzapin*, *Doxepin* und *Valproinsäure*.
T. Veselinović

Knoten [engl. *node*], *Graph*.

Knotenpunkt des Auges [engl. *nodal point*], syn. *optischer Kardinalpunkt*, [WA], Schnittpunkt aller *Richtungslinien*. Lichtstrahlen durch den Knotenpunkt eines optischen Systems haben gleiche Austritts- und Eintrittswinkel, verändern also nicht ihre Richtung; wenn das optische System nur einen Knotenpunkt hat, findet sich auch keine Parallelverschiebung. Der einzelne Knotenpunkt des *Auges* stellt eine Vereinfachung dar. *H. Heuer*

knowledge of results [engl.] Kenntnis der Ergebnisse, [KOG], ein beim Lernen (*Lernen, Lernforschung*) wirksames Rückmeldungsprinzip als Urteil über die Richtigkeit der Antwort oder als eigene Beobachtung der Zielgerichtetheit einer Bewegung, also die Rückmeldung statischer Bewegungsergebnisse (zu unterscheiden von der dynamischen Bewegungsrückmeldung auf versch. Wegen). Fitts 1964.

Test Knuspels Leseaufgaben (KNUSPEL-L), 1998, H. Marx, [www.testzentrale.de], [DIA, KOG, PÄD]. Differenzierter Leistungstest zur Erfassung von Vorläuferfähigkeiten des verstehenden Lesens und des Leseverständnisses (*Lesekompetenz*). «Knuspel» ist ein Strichmännchen, das die Kinder durch den Test führt. AA 1. bis 4. Schuljahr. Vorläuferfähigkeiten des verstehenden Lesens werden operationalisiert durch Hörverstehen, Dekodieren und Rekodieren einzelner Wörter. Dies ergibt den Knuspel Score I; das Leseverständnis wird durch Dekodieren, Rekodieren und Lesevestehen operationalisiert: Knuspel Score II. *Reliabilität*: Retest-Reliabilitäten pro Klassenstufe (Intervall 1–3 Wochen) für Score I .70-.80, für Score II .80 und höher. *Validität*: mittlere Korrelationen mit einer Vielzahl einschlägiger konstruktnaher Leistungstests und Schulnoten in Lesen und Rechtschreiben. Umfangreiche und differenzierte *Normierung* (z. B. für Schulkassen mit hohem bzw. geringen Anteil von Kindern mit Migrationshintergrund): *Prozentränge* und T-Werte (*T-Norm*). Normierungsstichprobe insgesamt N = 3912. Durchführungszeit: ca. 1 Unterrichtsstunde. Klassenweise und indiv. Durchführung möglich. Papierversion. *H. P. Langfeldt*

Koadaptation [engl. *coadaptation*; lat. *co-* zusammen, *adaptare* anpassen], [BIO], gemeinsam-wechselseitige, korrelative (biol.) Anpassung an veränderte Lebensbedingungen. Z. B. gehen Veränderungen an einem Organ oder Organteil mit «sinnvoll ergänzenden» Veränderungen an anderen Organen einher.

Koaktionslage [lat. *co-* zusammen, *agere* handeln, tun], [KOG], angestrebte relative Phasenlage zweier gleichzeitiger Rhythmen. *Koordination*.

Koaktivierungsmodelle (= K.) [engl. *coactivation models*; lat. *co-* zusammen, *activus* tätig], [KOG], i. Ggs. zum *Wettlaufmodell* werden nach K. redundante Zielreize (*Redundanter-Zielreiz-Effekt*) nicht vollst. separat verarbeitet, sondern beide Reize erzeugen einen gemeinsamen neuronalen *Code*, der letztendlich die *Reaktion* auslöst. Das für eine Reaktion notwendige Kriterium wird nach diesen Modellen durch die gemeinsame Aktivierung schneller als durch einzelne Aktivierung erreicht. Mittlerweile wurden den spez. math. Modelle der Koaktivierung entwickelt, die sich durch eine neuronale Plausibilität auszeichnen und durch empirische Befunde aus Verhaltensstudien gestützt werden. Miller & Ulrich 2003, Miller 1982, Schwarz 1989, Schwarz 2006. *H. Schröter*

Koalitionsbildung (= K.) [engl. *coalition formation*; lat. *coalescere* sich verbinden, zusammenwachsen], [SOZ, WIR], ist der Prozess der Bildung von zeitlich begrenzten Bündnissen oder Zusammenschlüssen, die durch koordiniertes bzw. gemeinsames Handeln best. *Ziele* erreichen möchten. Solche Koalitionen können von zwei oder mehreren Einzelpersonen eingegangen werden oder auch auf der Ebene größerer sozialer Systeme, also bspw. von *Gruppen*, wirtschaftlichen *Organisationen*, politischen Parteien oder Nationen. Grundlage für die K. sind Gemeinsamkeiten bei den Zielen der Koalitionsmitglieder, doch gleichzeitig bestehen auch z. T. gegensätzliche Einzelinteressen, weshalb die psychol. Forschung hierzu dem Bereich *Mixed-Motive-Interaktionen* zugerechnet werden kann (Komorita & Parks 1995). Einerseits wird also in Koalitionen kooperiert, um Ziele zu erreichen, andererseits herrschen auch widerstreitende Interessen, bspw. wenn es um die Aufteilung erzielter Gewinne unter den Koalitionsmitgliedern geht. Exp. Grundlagenforschung zur K. nutzt in starkem Maße den Forschungsansatz exp. *Koalitionsspiele*, um zu untersuchen, welche Faktoren die Bildung von Koalitionen begünstigen und die Aufteilung der erzielten Ergebnisse bestimmen. Die K. wird dabei oft als *Verhandlungs*prozess verstanden, wobei die Ziele und Interessen sowie die *Ressourcen* und strategischen Optionen potenzieller Mitglieder sowohl die Bildung von Koalitionen als auch die Aufteilung der Gewinne innerhalb derselben beeinflussen. Bedeutende Anwendungsfelder der Forschung zur K. sind wirtschaftliche oder politische Koalitionen zw. Parteien, Organisationen oder Nationen. Die psychol. Forschung liefert hier Erklärungsansätze für Prozesse im Schnittbereich zu Ökonomie, *Soziologie* und Politikwissenschaften. Daneben stellt die Entstehung von Koalitionen aus Einzelpersonen in Gruppenprozessen einen wichtigen Bereich dar (Crott 1980). Die Analyse und gezielte Veränderung von innerfamiliären Koalitionen ist auch in der strukturellen systemischen Familientherapie (*Systemische Therapie*) von Bedeutung. R. Hansmann

Koalitionsspiele (= K.) [engl. *coalition games*; lat. *coalescere* sich verbinden, zusammenwachsen], [**SOZ**], sind der vorherrschende Ansatz zur exp. Erforschung von Prozessen der *Koalitionsbildung*. Hierbei werden den Spielern best. Ressourcen (*Ressource*) zugeordnet (z. B. Wahlstimmen, Landflächen o. Ä.), die dafür entscheidend sind, welche potenziellen Koalitionen erfolgreich sind. Die Spieler können dann Koalitionen bilden, um Gewinne zu erzielen, und verteilen diese unter den Mitgliedern der erfolgreichen Koalition. Diese Auszahlungen (*Präimputationen*) können als ein Vektor (x1, .., xn) beschrieben werden, der den n Mitgliedern der erfolgreichen Koalition jew. einen Teil ihres Gesamtertrags zuordnet. Ziel solcher Experimente ist zu analysieren, welche Koalitionen sich bilden und wie sich die Aufteilung der Gewinne vollzieht. Bei sog. einfachen K. erzielen alle möglichen erfolgreichen Koalitionen den gleichen Ertrag. Hier bilden sich häufig Koalitionen, die gerade stark genug sind, um erfolgreich zu sein, während *superadditive Spiele* die Bildung großer Koalitionen und *Apex-Spiele* den Spieler in der strategisch starken Position begünstigen. Die Aufteilung der Gewinne wird von *Gewinnmaximierungsinteressen*, strategischen Möglichkeiten zur Koalitionsbildung, Gerechtigkeitsprinzipien (*Gerechtigkeit*) und entspr. Aufteilungsnormen wie *Equity* (*Equity-Theorie*, Aufteilung gemäß Beiträgen) und *Equality* (Gleichaufteilung) beeinflusst. Oft lässt sich auf Basis von Annahmen der *ökonomisch-math. Spieltheorie* (*indiv. Rationalität, Teilgruppenrationalität, Pareto-Optimalität*) auch ein Kern rationaler Lösungsmöglichkeiten für die Gewinnaufteilung ableiten, der einen Raum plausibler Aufteilungen beschreibt. Für die Koalitionsbildung und Gewinn-

aufteilung wurden zudem psychol. Theorien und Modelle entwickelt. Neben den *Theorien der minimalen Ressourcen* und der *minimalen Macht* hat insbes. die *Verhandlungstheorie von Komorita und Chertkoff* hier einen hohen Erklärungswert (Komorita & Parks 1995). Zudem wurde auch der Einfluss von spezif. *Kommunikation*sbedingungen sowie strukturellen und personenbezogenen Variablen auf die Koalitionsbildung analysiert. Bspw. erwiesen sich private Kommunikationskanäle insbes. für Spieler mit strategisch schwächerer Verhandlungsposition als vorteilhaft (Bolton et al. 2003). Frauen zeigten eine stärkere Tendenz zur Gleichverteilung der Gewinne und es wurde eine Tendenz zu stabilen Koalitionen bei mehreren aufeinander folg. Spielen gefunden. R. Hansmann

Kodierer-Dekodierer-Modell [engl. *encoding-decoding model*; lat. *codex* Schreibtafel, Verzeichnis], *Kommunikation*.

Kodierung, Prozess der [engl. *coding process*], *Datenanalysemethoden, Qualitative Inhaltsanalyse, Qualitative Sozialforschung*.

Koedukation in der Schule, reflexive (= r. K.) [engl. *co-education in school*; lat. *co-* zusammen, *educare* erziehen, *reflectere* zurückwenden], [**PÄD, SOZ**], r. K. bedeutet im ersten Schritt, päd. Strukturen, *Interaktionen* und *Einstellungen* dahingehend zu untersuchen, ob sie bestehende Geschlechterverhältnisse eher stabilisieren und verstärken oder ob sie eine kritische Auseinandersetzung und damit Veränderung fördern (Faulstich-Wieland 1994). Darauf aufbauend verfolgt r. K. das Ziel, *Unterricht* und Schule so zu gestalten, dass sich Mädchen und Jungen gemeinsam all ihrer indiv. *Kompetenzen* bewusst werden und diese entwickeln können, ohne dabei Einschränkungen durch *Geschlechtsstereotype* zu erfahren (Spiel et al. 2011). Für den Unterricht bedeutet dies ganz konkret eine genauere *Wahrnehmung* und Förderung indiv. *Interessen* und Kompetenzen jenseits geschlechtsgebundener Zuweisungen sowie die systematische Berücksichtigung wiss. Erkenntnisse zur Entstehung und Verminderung von Geschlechtsunterschieden.

Wichtiger theoretischer Rahmen für r. K. ist das *Aktiotop*-Modell (Ziegler et al. 2006), das entwickelt wurde, um die Entstehung von Geschlechtsunterschieden im Leistungsverhalten von Schülern zu erklären und um Ansatzpunkte für Veränderungen zu liefern: Unter einer systemischen Perspektive wird der Handlungsraum einer lernenden Person analysiert, wobei Personenvariablen (z. B. *Wissen*, Kompetenzen, *Selbstwirksamkeitserwartung*, Einstellungen, *Stereotype*, Interessen, *Ziele*, Aspirationen) in ihrer Interaktion mit relevanten Umweltvariablen (z. B. Schule, *Peergroup*) berücksichtigt werden. Im Sinn einer r. K. gilt es daraus abgeleitet u. a. domänspezifische und selbstbezogene Kompetenzen von Schülern zu erweitern, ebenso wie ihr Wissen über Geschlechtsunterschiede, und ihnen somit Handlungsmöglichkeiten zu eröffnen. Dies kann jedoch nur in Kombination mit einer entspr. Gestaltung der (Schul-)Umwelt geschehen, die die indiv. Förderung bzw. Herstellung von Genderfairness systematisch fokussiert. Grundlage hierfür ist eine Reflexion von Einstellungen und unbewusst transportierten Stereotypen.   *M. Finsterwald/B. Schober/G. Jöstl/C. Spiel*

Koeffizient [engl. *coefficient*; lat. *co-* zus., *efficere* hervorbringen], **[FSE]**, ein stat. Kennwert, der z. B. Merkmale einer Merkmalsverteilung (*arithmetisches Mittel*, *Standardabweichung*) oder den Zus.hang zw. Merkmalen (*Korrelationskoeffizient*) repräsentiert. K. dienen der Berechnung von Verteilungsmerkmalen in einer *Stichprobe*. *Parameter* (z. B. μ) kennzeichnen Eigenschaften einer *Population* und können ggf. durch K. (z. B. $\bar{x}$) geschätzt werden. *Verteilungsparameter*.

Koevolution (= K.) [engl. *coevolution*; lat. *co-* zus., *evolvere* entwickeln], **[EW, KLI, SOZ]**, in der Verhaltensökologie: Prozess, durch den Individuen von zwei oder mehr Arten sich miteinander so entwickeln, dass die *Evolution* des einen von der Evolution des andern abhängt. Von Willi auf Paare und Familien übertragen als wechselseitige Beeinflussung der persönl. Entwicklung der Partner. Erwachsene Kinder versuchen das, was sie an Haltungen (Überzeugungssystem, Glaubenssystem) und Leitvorstellungen von ihren Eltern aufgenommen haben, mit ihrer Partnerbeziehung, Berufsarbeit oder Erziehung eigener Kinder weiterzuentwickeln oder zu korrigieren. *Kollusionen* sind pathogene Formen von K. Willi 2005.   *F. Caspar*

Koffka, Kurt (1886–1941), **[BIO, HIS, WA]**, gemeinsam mit *Wertheimer* und *Köhler* Begründer der Frankfurter/Berliner Schule der *Gestaltpsychologie*. In Berlin geb., Studium in Berlin und Edinburgh, 1909 Promotion bei *Stumpf* mit einer Arbeit zur Tonpsychologie. 1908/11 Assistent bei J. v. Kries, Freiburg, 1909/10 Assistent bei *Külpe* und *Marbe* in Würzburg, 1910/11 Assistent bei *Schumann* an der Akademie für Sozial- und Handelswiss. in Frankfurt, dort Mitwirkung an den ersten theoretischen und exp. Arbeiten zur Gestaltps. in Dt.; 1911 Habilitation in Gießen, während des Ersten Weltkriegs Arbeiten mit Hirnverletzten (*Hirnschädigung*) bei R. Sommer, Gießen, 1918 ao. Prof. in Gießen, 1921 Leiter des Instituts für exp. Ps. und exp. Pädagogik in Gießen. Mitbegründer der Zeitschrift *Psychologische Forschung*. In seinem Buch «Die Grundlagen der psych. Entwicklung» (Koffka 1925) wendet Koffka die Gestaltps. auf Fragen der Entwicklung und Erziehung an, 1922 erste Publikation über die Gestaltps. in engl. Sprache, Vortragstätigkeit in den USA, Gastprofessuren 1924/25 an der *Cornell University*, 1925 an der *Clark University* und 1926/27 an der *University of Wisconsin*, 1927 Professor für Ps. am *Smith College*. 1932 nimmt K. an der von A. Luria organisierten ps. Expedition nach Usbekistan teil. Ende der 1930er-Jahre arbeitet Koffka im Bereich der klin. Neurops. an der Universität Oxford (GB) (Harrower 1983, Cunningham & Bringmann 2001), Anwendung diagn. Verfahren und psychol. Behandlung; K. behandelt u. a. die Hitler-Verehrerin Unity Mitford (1914–1948) nach deren Suizidversuch. Kurz vor Beginn der Luftschlacht um England kehrt Koffka im Juni 1940 an das *Smith College* zurück. Koffka stirbt an den Folgen seines Herzleidens.   *H. E. Lück*

Kognition (= K.) [engl. *cognition*; lat. *cognoscere* erkennen, erfahren], **[KOG]**, ist ein Sammelbegriff für bewusste und unbewusste mentale Prozesse, die von *Wahrnehmung* bis *Denken* reichen. K. wird meist von *Emotion* und *Motivation* unterschieden, obgleich diese *Aufmerksamkeit* und damit K. beeinflussen. K. ist keineswegs ein Abbild der *Wirklichkeit*, sondern eine Inferenz aufgrund unsicherer Indikatoren (*cues*). Herrmann von Helmholtz hat daher davon gesprochen, dass Wahrnehmung auf unbewussten Schlüssen beruht. Für Helmholtz war Erfahrung die Basis dieser Schlüsse, für Gestaltpsychologen (*Gestaltpsychologie*) waren es eher angeborene Prinzipien. Wie Wahrnehmung wird auch *Erinnerung* nicht als Abbild der Wirklichkeit verstanden, sondern die Forschung konzentriert sich auf die Frage, wie Erinnerung im Nachhinein konstruiert wird – etwa aufgrund zw.zeitlicher Information oder suggestiver Fragen.

Die Kapazität von kogn. Prozessen ist begrenzt. Die klass. These ist, dass das Kurzzeitgedächtnis (*Gedächtnis*) 7 +/– 2 Einheiten (etwa Ziffern) behalten kann. *Testing-the-Limits*-Studien zeigen aber, dass diese Kapazität durch Übung (*Üben*) deutlich erhöht werden kann. Kognitive Begrenzungen, wie begrenzter Gedächtnisspeicher oder Vergessen, sind nicht einfach als Fehler des Systems anzusehen, sondern als funktionale Eigenschaften, die andere kogn. Leistungen erhöhen können. Der russische Psychologe Alexander Luria hat am Bsp. des Gedächtniskünstlers Schereschewski gezeigt, dass ein perfektes Gedächtnis, das anscheinend nicht vergessen kann, zu Beeinträchtigungen der *Fähigkeit* des Abstrahierens (*Abstraktion*), des Generalisierens und des Verstehens von *Analogien* führen kann. Kareev hat gezeigt, dass die Begrenzung «7 +/– 2» hilft, *Korrelationen* in der Umwelt besser zu entdecken. Gigerenzer & Brighton haben mittels des *Bias-Variance-Dilemmas* gezeigt, dass kognitive *Heuristiken*, die einen Teil der Information ignorieren (also mit sog. kogn. «Biases» arbeiten), zu besseren *Urteilen* führen können, insbes. wenn man aufgrund kleiner *Stichproben* Vorhersagen treffen muss.

Die der K. zugrunde liegenden *Inferenz*prozesse werden auf zweierlei Weise modelliert. Zum einen erfolgt dies durch stat. Optimierungsmodelle wie die *Signalentdeckungstheorie* und das *Bayes-Theorem*. Diese Modelle versuchen, den optimalen kogn. Prozess zu bestimmen, unter der Annahme, dass der Person alle notwendige Information zur Verfügung steht und die Umwelt stabil bleibt. Diese Voraussetzungen gelten aber nur für wenige, spezif. Situationen (etwa für Lotterien und andere bekannte Risiken). Bei den meisten anderen Entscheidungen (*Entscheiden,*), mit denen Menschen konfrontiert werden – welchen Job soll ich wählen? wen heiraten? wie Geld investieren? – sind jedoch selten alle Alternativen, Konsequenzen und *Wahrscheinlichkeiten* bekannt. In diesen Situationen kann K. per Def. nicht optimieren, sondern benötigt andere Werkzeuge wie Heuristiken und Analogien. Eine Heuristik ist eine Regel, die versucht, die wesentliche Information zu identifizieren und den Rest zu ignorieren. Ignorieren kann zu robusten Urteilen führen, wenn man das Optimale nicht berechnen kann. Bsp. für Heuristiken sind Entscheidungen, die nur auf einem guten Grund beruhen

(*Entscheidungsheuristiken*, «take the best»; «fast and frugal trees»), die Rekognitionsheuristik und soziale Regeln (*Normen, soziale*) wie «imitiere, was die Mehrheit macht». Heuristiken können schnell und genau Kategorisierungen, Inferenzen oder Entscheidungen treffen. Ein zweites Werkzeug, um sich in einer unsicheren Welt zu orientieren und neue Zusammenhänge zu sehen, sind Analogien. Sie stellen einen Bezug zw. einem bekannten Objekt (Prozess) und einem neuen, weniger gut verstandenen Objekt (Prozess) her und erlauben damit Schlussfolgerungen (*Schließen, deduktives*, *Schließen, induktives*).

Kogn. Prozesse, heuristisch oder stat., lassen sich nach drei Bausteinen untergliedern: *Informationssuche, Stoppregel* und *Entscheidungsregel*. Informationssuche kann intern (z. B. Suche im Gedächtnis) oder extern (z. B. im Internet) erfolgen und explorativ oder gerichtet sein. Die Stoppregel beschreibt, wann die Suche abgebrochen wird (etwa nachdem ein guter Grund gefunden ist oder aber nach einer best. Zeit). Die Entscheidungsregel schließlich beschreibt, wie aufgrund der gefundenen Information ein Urteil zustande kommt. Diese drei Prozesse können auf versch. Ebenen analysiert werden, von bewussten Entscheidungen bis hin zu neuronalen Prozessen. Eine Reduktion dieser versch. Ebenen aufeinander ist bisher nicht gelungen. Gigerenzer & Murray 1987, Gigerenzer & Brighton 2009, Luria 1968, Kareev 2000, Kliegl et al. 1989, Schooler & Hertwig 2005, Klintsch 1998. *G. Gigerenzer*

Kognition, Evolution der [engl. *evolution of cognition*; lat. *cognoscere* erkennen, erfahren], **[KOG]**, beschreibt die Entstehung und Veränderung der Grundlagen kogn. Prozesse (*Kognition*) in der Lebensgeschichte des Individuums (*Ontogenese*), aber auch in der Entwicklungsgeschichte der Art (*Phylogenese*). Eine Betrachtungsweise, die beide Aspekte kombiniert, schlägt Thomasello (2002) vor. Durch den Vergleich des Verlaufes und des Umfangs, in denen Menschen und andere Primaten kogn. Fertigkeiten erwerben, soll besser verstanden werden, welche besonderen Fertigkeiten Menschen als Individuum erwerben und als Art erworben haben.

Ein Vergleich von heutigen Menschen und den gemeinsamen Vorfahren von Menschen und Schimpansen ist für die o. g. Fragstellung nicht möglich, da Verhalten in diagn. Situationen verglichen werden soll. Vor dem zweiten Lebensjahr schneiden Schimpansen in vielen Leistungsbereichen besser ab als gleich alte (Menschen-)Kinder. Raum-, Zahl- und Kausalitätsbeziehungen werden von beiden Spezies mit zwei Lebensjahren gleich gut bearbeitet. Die Menschen schneiden jedoch viel besser ab als die Schimpansen ab, wenn es um das Herauslesen von Absichten, soziales Lernen und Kommunikation geht. Thomasello argumentiert, dass Menschen (im Vergleich zu Schimpansen) nicht nur sozial-kogn. Fertigkeiten (*Fertigkeitserwerb*) für Wettbewerb entwickelt haben, sondern auch Fertigkeiten und Motivation, die komplexe Formen der Kooperation und des Lernens möglich machen. Menschen können bspw. Werkzeuggebrauch imitieren sowie durch *Sprache* gemeinsame konzeptuelle Kategorien entwickeln, Wissen übermitteln oder Handlungsanweisungen (*Handlungskontrolltheorie*) per Instruktion austauschen. Der Vorsprung in den sozialkogn. Fertigkeiten hilft letztlich im Verlauf der Individualentwicklung, auch in anderen kogn. Anforderungen die Schimpansen weit zu übertreffen. *R. Gaschler*

Kognition, soziale *soziale Kognition*.

Kognitionen, dysfunktionale [engl. *dysfunctional cognition*; δυσ- (dys-) miss-], *Depression im Kindes- und Jugendalter*, *Emotionsdysregulation*, *Essstörungen*, *Schema*, *Schlafstörungen*.

Kognitionspsychologie s. Einleitung *Gebietsüberblick* «I.9 Kognitive Psychologie». Wimmer & Perner 1979.

kognitiv *Kognition*, **[KOG]**, erkenntnismäßig, auf die Erkenntnis bezogen.

Kognitive, kognitivistische Psychologie (= K. Ps.), **[KOG]**, s. Einleitung *Gebietsüberblick* «I.9 Kognitive Psychologie»; Richtung der Ps., die in Auseinandersetzung mit dem *Paradigma* des *Behaviorismus* entstand. Quellen: *kognitive Entwicklung*, Piaget 1941, Bruner et al. 1956, Bruner et al. 1971); kogn. Handlungstheorie (Miller et al. 1960, Kaminski 1964, Leontjew 1971), Stimulation kogn. Prozesse und Problemlösungsprozesse (*Problemlösen*; Neisser 1967, Dörner 1974). Sowohl der informationstheoretische (*Informationstheorie*) als auch der systemtheoretische (*Systemtheorie*) Ansatz innerhalb dieser Richtung weisen auf Kommunikationsbrücken zu anderen Paradigmen, auch in benachbarten Wissenschaften, hin. Die K. Ps. mit «Psychologie des Erkennens» zu def. ist nur z. T. für den Phänomenbereich richtig. Neisser, der 1967 mit seinem Buch *Cognitive Psychology* (Neisser 1974) dem Gebiet den Namen gab, meint mit der K. die Beschäftigung mit der «Sinnesinformation und deren Schicksal». *Kognition*. Anderson 2013.

kognitive Architektur (= k. A.) [engl. *cognitive architecture*; lat. *cognoscere* wissen, erkennen], **[KOG]**, ein als Computerprogramm lauffähiges Modell eines kogn. Systems. K. A. erstellen typischerweise *Repräsentationen* von Aspekten der Umwelt (und sich selbst), gleichen diese Repräsentationen mit Zielen ab und wählen daraufhin Handlungen aus. In der psychol. Forschung werden k. A. genutzt, um zu prüfen, ob psychol. Theorien in sich konsistent (d. h. als Computerprogramm lauffähig) sind, und um empirisch prüfbare Annahmen aus den Theorien abzuleiten (vergl. *Computermetapher*). Ein typ. Bsp. ist ACT-R (*www. act-r.psy.cmu.edu*; Anderson 2002). ACT-R kann als eine Computersprache + Laufumgebung interpretiert werden, die so aufgebaut und in ihrer Geschwindigkeit und Kapazität begrenzt ist, wie das bisherige empirische Befunde zu Struktur, Funktion, Dauer und Umfang von psych. Prozessen und Repräsentationen nahelegen (z. B. Dauer des *Abruf* eines Fakts aus dem Langzeitgedächtnis, Dauer der Selektion einer motorischen Reaktion). Es gibt Verknüpfungen zw. der Ebene von ACT-R (deklaratives Wissen, prozedurales Wissen, die sich jew. symbolisch beschreiben lassen; *Gedächtnis*) mit (1) der subsymbolischen Ebene und (2) neurophysiol. Kennwerten.

Zwei Nutzungen von k. A. haben einen besonderen Anwendungsfokus: k. A. als *Tutorensysteme* unterstützen Lernprozesse (z. B. Algebra oder eine Computersprache), indem sie, basierend auf diagn. Lösungsfehlern, Suchverhalten u. Ä., ein Modell des Wissens des Lernenden erstellen und aktuell halten. Dadurch kann das Tutorensystem gezielt Lernangebote und Feedback geben. K. A. können dazu genutzt werden, das Verhalten von Menschen in sicherheitskritischen Situationen der Mensch-Maschine-Interaktion vorherzusagen (z. B. zu erwartende menschliche Fehler beim gegenwärtigen Bedien-Interface eines Fahrzeuges oder einer großtechnischen Anlage). Es gibt Testaufgaben [Roboterfußball, www.robocup.org], bei denen unterschiedliche k. A. gegeneinander antreten und dadurch die jew. Vorzüge direkt deutlich werden.   R. Gaschler

kognitive Dissonanz (= k. D.) [engl. *cognitive dissonance*; lat. *dissonare* misstönen], [**EM, SOZ**], die Theorie der k. D. ist eine von *Festinger (1957)* entwickelte Theorie über die Verarbeitung relevanter Informationen nach einer Entscheidung (*Entscheiden*). und stellt eine Unterart der Konsistenz- und Gleichgewichtstheorien (*Balance-Theorien, Gleichgewichtstheorien*) dar. Den Kern der Dissonanztheorie bildet die Annahme, dass einander widersprechende *Kognitionen* oder nicht zueinander passende Kognitionen und *Verhaltensweisen* einen unangenehmen motivationalen Zustand (= Dissonanz) und eine gewisse Spannung hervorrufen. Somit wird davon ausgegangen, dass nach einer Entscheidung bevorzugt Informationen ausgewählt werden, die eine getroffene Entscheidung als richtig erscheinen lassen, und dass gegenteilige Informationen «abgewehrt» oder nicht beachtet werden. Sind jedoch eindeutig widersprüchliche Kognitionen und/oder Verhaltensweisen vorhanden, sind die betroffenen Personen bestrebt, diese miteinander vereinbar zu machen, wobei unterschiedliche Strategien benutzt werden, wie bspw. Verhaltensänderungen, *Einstellungsänderungen* oder das Hinzufügen neuer Kognitionen. Sehr starke k. D. (v. a. wenn sie mit einer Gefährdung des pos. *Selbstkonzepts* einhergeht) kann auch eine dauerhafte Änderung von Einstellungen und Verhalten herbeiführen. Falls nötig, werden hierbei auch grundlegende eigene Überzeugungen und *Werte* geändert. Frey & Gaska 1993, Oskamp 1991.

kognitive Entwicklung *Entwicklung, kognitive.*

kognitive Fehler *Gedankenfehler.*

kognitive Hemmung (= k. H.) [engl. *cognitive inhibition*], [**EW, KOG**], das Konzept der K. H. gilt in vielen Bereichen (z. B. *Aufmerksamkeit, Gedächtnis, Sprache*) als ein Schlüsselmechanismus zur Erklärung von Verhaltensphänomenen, die infolge kogn. Prozesse auftreten. Es bez. den Abbruch von *Informationsverarbeitung*sprozessen oder die Hemmung mentaler *Repräsentationen* im Gedächtnis, unabhängig davon, ob diese unter intentionaler Kontrolle stehen oder nicht (MacLeod 2007). Zum Bsp. wird zur Erklärung *selektiver Aufmerksamkeit* angenommen, dass die Repräsentation irrelevanter Informationen gehemmt wird, um die begrenzten Verarbeitungsressourcen auf relevante Zielreize zu fokussieren. Im Fall des sog. *Negativen Primings* (*Priming*) wird damit erklärt, dass die aktuelle Verarbeitung von zuvor irrelevanten *Reizen* zu verlangsamten *Reaktionen* führt. Die *Effizienz* von k. H.prozessen kann von versch. Faktoren moderiert werden. Dazu gehören *Motivation*smangel, emot. *Stress*, nicht optimaler Testzeitpunkt in Bezug auf den zirkadianen Arousalzyklus (*kognitive Leistungsfähigkeit, Tageszeitabhängigkeit*) und das Lebensalter. Man spricht in diesem Zusammenhang vom *Hemmungsdefizit im Alter*, da ältere Menschen immer weniger in der Lage sind, zielirrelevante Informationen von der aktiven Verarbeitung im *Arbeitsgedächtnis* auszuschließen. Zahlreiche Befunde zeigen, dass davon alle drei i. R. des Hemmungsdefizit-Ansatzes identifizierten Funktionen der k. H. betroffen sind – die Kontrolle des Zugangs zum Aufmerksamkeitsfokus (*access*), die Löschung nicht länger relevanter Informationen aus dem Arbeitsgedächtnis (*deletion*) und die Unterdrückung starker, nicht zielführender Antwortalternativen (*restrain*) (Lustig et al. 2007). Infolgedessen stehen alten Erwachsenen weniger Arbeitsgedächtnisressourcen für die Bewältigung von Problemlöse- oder Lernanforderungen zur Verfügung, obwohl bei alten und jungen Erw. relevante Informationen ähnlich gut aktivierbar sind (*Lernen im hohen Erwachsenenalter*).   J. Behrendt

kognitive Karte (= k. K.) [engl. *cognitive map*], *Kognition*, [**KOG, WA**], k. K. bez. eine räumliche Wissensstruktur, die durch Prozesse der *Raumwahrnehmung* (primärer Wissenserwerb) oder durch Nutzung von grafischen oder verbalen Raumdarstellungen (sekundärer Wissenserwerb) zustande kommt. Es handelt sich um Wissen im Langzeitgedächtnis (*Gedächtnis*), das es Menschen, Tieren oder auch Robotern ermöglicht, sich über den aktuell wahrnehmbaren Raumausschnitt hinaus in der Umwelt zu orientieren (*Raumorientierung*) und nicht sichtbare Ziele zu erreichen (*räumliches Navigieren*). Der Begriff der k. K. geht auf Edward C. Tolman (1948) zurück, der ihn zur Erklärung von latenten räumlichen Lernleistungen (*räumliches Lernen*) bei Ratten in Labyrinth-Experimenten einführte. Mit Etablierung der Kognitiven Ps. ab ca. 1970 wurde der Begriff durch exp. Forschung zum räumlichen *Gedächtnis* unter Nutzung von Vorstellungsprozessen theoretisch weiterentwickelt. Mit dem Aufkommen der kogn. Neurowiss. sind weitere Forschungsfortschritte zu verzeichnen, so z. B. die Entdeckung von topografisch angelegten neuronalen Repräsentationen (sog. Orts-, Ausrichtungs- und Grid-Zellen; *Raumrepräsentation*). Burgess 2008.   M. May

kognitive Kompetenzen, Kulturvergleich [engl. *cognitive competences, cross-cultural comparison*], [**KOG, PER, SOZ**], zu kogn. Kompetenzen (= k. K.) gehören *Intelligenz* (Denkfähigkeit, *Denken*), *Wissen* (Verfügung über relevante und wahre Inhalte) und die intelligent-verstehende Verwendung von Wissen. Kulturvergleich impliziert oft einen Vergleich über versch. Staaten, i. e. S. aber über versch. Kulturen, wobei die «Verschiedenheit» immer graduell und nicht frei von Akzentsetzungen ist (*Kulturvergleichende Psychologie*). Bekannt ist die Einteilung von Samuel Huntington: Westen (katholisch-protestantisches Europa, Nordamerika, Australien-Neuseeland), Osten (europäisch-orthodoxes Europa), Lateinamerika, Islam (von Marokko bis Indonesien), Indien, China, Japan und Subsaharaafrika. Die Trennung zw. China und Japan wird sonst nicht vorgenommen (Ostasien einschließlich Korea). Gröbere Einteilungen wären modern vs. vormodern nach versch. Kriterien (Schriftkultur, Industrialisierung, Säkularisierung) oder vornehmlich nach Wohlstand: Erste vs. Dritte Welt oder Industrie-, Schwellen- und Entwicklungsländer. Kulturvergleiche können auch innerhalb von Staaten vorgenommen werden.

Kulturvergleichende Denk- und Intelligenzforschung findet in fünf unterschiedlichen Paradigmen statt: (1) *historische Ethnokognitionsforschung* (alltagsnahe Aufgaben, Mythen, Denken; Lévy-Bruhl, Lurija, Hallpike), (2) *genetische Epistemologie* (alltagsnahe Experimente; Piaget, Oesterdiekhoff), (3) *Psychometrie* (*Intelligenztest*, vor allem figurale; Lynn), (4) *Schulleistungsstudien* (Literacy der kogn.-schulischen Moderne; *Schulleistungsstudien*, *Large Scale Assessment*, *PISA-Studien*, *TIMSS*) und (5) *Wirtschaftswissenschaften* (meist Bildungsindizes in Humankapitalforschung, *Humankapital*).

Hauptproblem ist, zw. k. K. und akzidentellen lokalen Variationen zu unterscheiden. Eine radikale, kulturrelativistische Position lehnt Kulturvergleiche ab, da Intelligenz und Wissen immer kulturspezifisch versch. und nicht auf einem weltweit einheitlichen Maßstab abbildbar seien. Die oben skizzierten Modelle haben über inhaltliche Begründungen, testdiagnostische Entwicklung (*Testkonstruktion*) und stat. Prüfungen versucht, dieser Kritik zu begegnen (*Testfairness*). Andere Autoren (Earl Hunt) verneinen nicht die Kulturrelativität, verweisen aber darauf, dass für die weltweit westlich geprägte Moderne best. Kompetenzen notwendig seien. Inhaltliche Begründungen def. Intelligenz oder relevantes Wissen (Fähigkeit zum Denken, kogn. Perspektivenwechsel (*Perspektivenübernahme*), unabhängige Variation von Faktoren, rational-empirisches Denken, induktives und deduktives Schlussfolgern (*Schließen, logisches*), *Literacy*). Figurale Intelligenztests versuchen, kulturspezifische Anforderungen zu vermeiden. Übersetzungen werden vor Ort geprüft. Übungsaufgaben sollen Testvertrautheit erhöhen. Statistische Prüfungen untersuchten Faktorenstruktur (*Faktorenanalyse, exploratorische*, *Faktorenanalyse, konfirmatorische*), Homogenität und *Validität*. Repräsentativität (*Repräsentativbefragung*) der Stichproben (*Stichprobe*) wird zu erreichen versucht, ist aber oft problematisch (etwa China in PISA 2009; OECD (Organisation for economic cooperation and development) 2010). Migranten verzerren z. T. Ländermittel (etwa in den Emiraten). Solange aber best. Kulturen *Bildung*, Denken, Wissenserwerb und günstige Entwicklungsumwelten mehr fördern als andere (Protestantismus vs. Katholizismus; Judentum vs. Islam; Konfuzianismus vs. Animismus etc.), werden sich in k. K. Unterschiede zeigen. In Studien liegen meist Ostasien und Finnland vorn, dann Nordwestmitteleuropa und Nordamerika sowie Australien-Neuseeland, dann Osteuropa, dann Südeuropa, dann Lateinamerika und ähnlich der arabisch-muslimische Raum bis Südwestasien, schließlich Schwarzafrika (Subsaharaafrika). Als Ursachen für Kompetenzunterschiede werden Bildung, Kultur, Gene, Wohlstand, Modernisierung, Politik, Geografie und Messartefakte diskutiert. Kausalfaktoren sind voneinander abhängig (so wirkt Kultur über Bildung und Erziehung). Lynn & Vanhanen 2012, Oesterdiekhoff 2012, Rindermann 2007.

H. Rindermann

kognitive Konstruktivität [engl. *cognitive constructiveness*; lat. *construere* erbauen, errichten], *Textverarbeitung*.

kognitive Landkarte *kognitive Karte*.

kognitive Leistungsfähigkeit, Tageszeitabhängigkeit [engl. *cognitive performance, time-of-day effect*], **[BIO, KOG, PÄD]**, die *Leistung*sfähigkeit von Menschen in einigen kognitiven Bereichen (*Kognition*) wie z. B. der *Aufmerksamkeit*skapazität, dem semantischen und episodischen *Gedächtnis*, der *Informationsverarbeitung*sgeschwindigkeit und den *exekutive Funktionen* ist beträchtlichen tageszeitlichen Schwankungen unterworfen. Die Gründe dafür liegen in der Interaktion zweier physiol. Prozesse (*Physiologie*, homöostatischer Schlafdruck, zirkadianer Rhythmus (*Aktivitätsperiodik*)), die den Schlaf-Wach-Zyklus (*Schlaf*) bestimmen und dabei das Funktionsniveau auf neuronaler Ebene modulieren (Schmidt et al. 2007). Die großen systematischen interindiv. Unterschiede, die sich im Zusammenhang mit dem zirkadianen Rhythmus beobachten lassen, haben zur Differenzierung von *Morgen-* und *Abendtypen* geführt. Diese Zuordnung verändert sich im Laufe der Lebensspanne (*Lebensspannenpsychologie*). Im Ggs. zu jungen Menschen, bei denen eher der Abendtypus vorherrscht, ist bei den meisten Menschen höheren Alters die Funktionstüchtigkeit von Aufmerksamkeits- und *Arbeitsgedächtnis*prozessen morgens am höchsten. Dieser Zusammenhang zeigt sich insbes. bei Aufgaben, die ein hohes Maß kogn. Kontrolle erfordern. Dagegen tritt bei impliziten Lernanforderungen ein paradoxer Effekt mit entgegengesetzter Tageszeitabhängigkeit indiv. Lern- und Behaltensleistung (*Lernerfolg*) auf. Bei jungen Erwachsenen erweist sich der Abendtypus dann als besonders erfolgreich, wenn die Anforderung am Morgen dargeboten wird, während bei älteren Studienteilnehmern der Morgentypus die besten Leistungen am Nachmittag zeigt. Insgesamt legen die Forschungsergebnisse zur tageszeitlichen Abhängigkeit nahe, dass bei einem Vergleich kogn. Leistungen alter und junger Erwachsener die indiv. optimale Testzeit zwingend berücksichtigt werden sollte, da es anderenfalls zu einer Über- oder Unterschätzung der Altersabhängigkeit der beteiligten Prozesse kommen kann (Hasher et al. 2005).

J. Behrendt

kognitive Meisterlehre [engl. *cognitive mastery learning*], *reciprocal teaching*.

kognitive Modellierung (= k. M.) [engl. *cognitive modeling*; lat. *modulari* melodisch erfassen/gestalten], *Kognition*, **[KOG]**, ist eine meth. Vorgehensweise der Kognitionswissenschaften und Informatik, bei der *Informationsverarbeitung*sprozesse beliebiger natürlicher Systeme formallogisch bzw. math. def. und in einem materiellen System (z. B. Computer) realisiert werden, sodass das Modell mit dem Ursprungssystem bzgl. Output und Leistung möglichst vergleichbar ist. Das kogn. Modell soll auch die gleichen Berechnungsvorgänge realisieren, sodass die k. M. ein isomorphes Abbild der modellierten k. Prozesse liefert. Vorteile dieser Vorgehensweise bestehen darin, dass komplexe Systeme mit zahlreichen Einflussgrößen und mehreren Ebenen angemessen repräsentiert werden können. Implizite Zusatzannahmen zu k. Teilprozessen müssen in Berechnungsvorschriften übersetzt werden, sodass die resultierende k. M. vollst., replizierbar, explizit sowie letztlich empirisch prüfbar ist. Um eine Beliebigkeit der Modellannahmen zu vermeiden, sind jedoch versch. Vorkehrungen zu treffen: (1) die zu modellierenden Eigenschaften sollten durch Metaanalysen belegt sein; (2) für viele natürliche Systeme einschließlich des Gehirns liegen bereits Informationen zur strukturellen und funktionellen Konnektivität vor, denen die Modellierung zumindest nicht widersprechen darf; (3) der zusätzliche Nutzen einer k. M., d. h. der Grad der empirischen Bestätigung bzw. deren Wert für die Vorhersage des Verhaltens oder physiol. Reaktionen, ist mit anderen multivariaten Analysetechniken (*Strukturgleichungsmodelle, Regression, multiple* etc.) zu vergleichen, um mögliche methodenabhängige Artefakte der Modellierung zu identifizieren; (4) die Falsifizierbarkeit (*Falsifikation*) bzw. empirische Bewährung der k. M. ist durch geeignete Prozeduren sicherzustellen. *reciprocal teaching, kognitive Simulation.* M. Peper

kognitive Operationen [engl. *cognitive operations*], konkret-operatorische Entwicklungsstufe.

kognitiver Anker [engl. *cognitive anchor*], *Lernen, problemorientiertes.*

^Test^**Kognitiver Entwicklungstest für das Kindergartenalter (KET-KID)**, 2009, M. Daseking, F. Petermann & J. Danielsson, [www.testzentrale.de], [**BIO, DIA, EW, KOG**], Verfahren zur Früherkennung kogn. und motorischer Teilleistungsstörungen sowie zur Erfassung von neurops. Basisfähigkeiten (*Entwicklungsstörungen, umschriebene*). AA 3;0 bis 6;6 Jahre. Im KET-KID werden kogn. Basiskompetenzen und Teilleistungen wie *visuelle Wahrnehmungsleistungen, auditive und visuelle Gedächtnisleistungen, expressive und rezeptive Sprache, Aufmerksamkeit* und *Psychomotorik* erfasst. Der Test ermöglicht zudem Aussagen zur Lateralität. Die Anwendung des Verfahrens erfolgt mit dem Ziel einer effektiven und frühen Interventionsplanung für Kinder, die best., den einzelnen Teilleistungen zuzuordnende Defizite aufweisen. In acht der insges. zehn Untertests werden Leistungen erhoben, die in einem Entwicklungsquotienten zus.fließen. Weiterhin lassen sich verbale und nonverbale Fähigkeiten getrennt bewerten. *Normierung*: Die Normen basieren auf den Leistungen von 622 Kindern aus versch. dt. Standorten. Bearbeitungsdauer: ca. 30 Min.

^Test^**Kognitiver Fähigkeitstest (KFT-K, KFT 1-3, KFT 4-12+)**, 1983 KFT-K und KFT-K 1-3 bzw. 2000 KFT 4-12+, K. Heller & H. J. Geisler bzw. K. A. Heller & C. Perleth, [www.testzentrale.de], [**DIA, EW, KOG, PER**], Intelligenztests, AA 5-6 Jahre (KFT-K), 1. bis 3. Klasse (KFT 1-3), 4. bis 12. Klasse (KFT 4-12+). (1) Der KFT-K dient der Erfassung schulisch relevanter, intellektueller Lern- und Leistungsvoraussetzungen. Die allg. Intelligenz wird über die vier Subtests (*Sprachverständnis, Beziehungserkennen, schlussfolgerndes Denken, rechnerisches Denken*) ermittelt. (2) Der KFT 1-3 dient der differenziellen Erfassung schulisch relevanter intellektueller Lern- und Leistungsvoraussetzungen. Er erfasst die gleichen vier Subtests wie der KFT-K. (3) Im KFT 4-12+ werden die Verarbeitungskapazität und das intellektuelle Gesamtleistungsniveau gemessen. Die neun Subtests beschränken sich auf die Bereiche *sprachliches Denken, quant. Fähigkeit* und *anschauungsgebundenes Denken. Normierung*: KFT 4-12+ N = 5000 Schüler. Bearbeitungsdauer: KFT-K mit Instruktionen ca. 85 bis 105 Min., auf mehrere Tage verteilt; KFT 1-3 ca. 45 bis 60 Min.; KFT 4-12+ ca. 2½ Zeitstunden bzw. drei Schulstunden à 45 Min.; jeder Testteil für sich ist (unabhängig von den anderen Testteilen) in max. 45 Min. bzw. einer Schulstunde durchführbar.

kognitiver Konflikt, kognitives Ungleichgewicht [engl. *cognitive conflict*], *Akkommodation, Äquilibration, Equilibration, Strukturgenese.*

kognitive Simulation (= k. S.) [engl. *cognitive simulation*; lat. *simulare* nachbilden], [**KOG**], ist das Ergebnis der Anwendung der Verfahren der *kognitiven Modellierung* zum Zweck der Prüfung der Adäquatheit der Modellannahmen oder zur Erstellung von Prognosen über den erwarteten Output des simulierten Systems. Eine k. S. ist ein für die Kognitionswissenschaften und Informatik typisches Vorgehen, bei dem die in einem materiellen System (z. B. Computer) realisierten *Informationsverarbeitungsprozesse* hinsichtlich Struktur und Output einem natürlichen Ursprungssystem entsprechen sollen. K. S. wird genutzt, um unter definierten Rand- und Ausgangsbedingungen und Verarbeitungsregeln Prognosen zum Output zu erstellen. Die Qualität des Ergebnisses der k. S. wird im Kontext der Forschung zu kogn. Modellierungen evaluiert. M. Peper

kognitives Selbstschema [engl. *cognitive self-schema*], [**KOG, PER**], verallgemeinerte Annahmen über Merkmale der eigenen kognitiven Zustände und Aktivitäten, also über Intelligenz, Problemlösungsverhalten und Wissen, einschließlich der Strategien der Veränderung von ihnen in der Zeit. Kluwe 1981. R. Bergius

kognitives Training (= k. T.) [engl. *cognitive training*], [**AO, KOG, PÄD**], k. T. werden eingesetzt, um Kompetenzen (*Kompetenz*) zur Bewältigung komplexer Arbeitsaufgaben zu trainieren, die Planungs- (*Planen*), Entscheidungs- (*Entscheiden*) und Problemlösefähigkeiten (*Problemlösen*) erfordern. Hierbei sollen nicht konkrete Tätigkeitsabläufe erlernt werden (z. B. mithilfe sensu-motorischer Trainings), sondern Denkleistungen (*Denken*) wie gedankliches *Probehandeln* und *Fähigkeiten* zum situationsangemessenen Planen und Entscheiden bei Arbeitsaufgaben (z. B. Fehlersuche in komplexen technischen Anlagen; vgl. Schaper & Sonntag 1997). Bei der Konzeption und Umsetzung von k. T. werden meist versch. Trainingsmethoden (*Training*) miteinander kombiniert (z. B. *heuristische Regeln* oder Selbstreflexionstechniken). Die beschriebenen kogn. (*Kognition*) und metakognitiven (*Metakognition*) *Leistungen* bzw. Kompetenzen werden dabei in realen bzw. realitätsnahen oder simulierten Aufgabenkontexten anhand der versch. Trainingsmethoden eingeübt und anwendungsbezogen trainiert. Die trainingsmethodische Gestaltung der k. T. sowie der einzelnen Trainingsverfahren beruht dabei auf Konzepten der *Handlungsregulationstheorie* und der Problemlöseps. sowie in der Praxis erprobten und wiss. evaluierten k. T.-Ansätzen (Schaper & Sonntag 2008). *N. Schaper*

Kognitive Therapie (= k. T.) [engl. *cognitive therapy*], [**KLI**], psychoth. Ansätze, die Aspekte der k. Informationsverarbeitung (*Kognition*; insbes. Wahrnehmung, *Gedächtnis*, *Denken*, Attributionen (*Kausalattribution*), *Problemlösen*, *Entscheiden*, *Handlungsplanung*, *Handlungskontrolle*, *Selbstkontrolle*, *Selbstregulation*) als wichtig für die Genese, Aufrechterhaltung und Behandlung psych. Störungen annehmen. K. Modelle wurde insbes. i. R. der sog. *k. Wende* [engl. *cognitive revolution*] in den 1970er-Jahren zum festen Bestandteil der *Verhaltenstherapie*, die bis dahin den Fokus auf sichtbare Verhaltensmerkmale und nicht auf die Beeinflussung bzw. (Mit-)determiniertheit des Verhaltens durch personinterne, kog. Verarbeitungsprozesse legte. Insbes. *Selbstkontrollverfahren*, Meichenbaums *Selbstinstruktionstherapie* (*Selbstinstruktion*), die *Rational-Emotive-Therapie*, die *Kognitive Therapie nach Beck* und *Problemlösetrainings* sind typ. k. T.ansätze. Hautzinger 2007.

Kognitive Therapie nach Beck, nach Aaron T. Beck (geb. 1912), [**KLI**], Psychoth.verfahren zur Behandlung *affektiver Störungen* (insbes. *Depression*), die insbes. auf die *kognitive Re-/Umstrukturierung* dysfunktionaler *Kognitionen* (Gedanken, Einstellungen, Attributionen) abzielt. Grundlegende Schritte: (1) Identifikation dysfunktionaler *automatischer Gedanken* (Methoden: z. B. Thematisierung von Stimmungsänderungen in der Therapie, Imaginieren, *Rollenspiel*, Tagesprotokoll/Selbstbeobachtung neg. Gedanken, Reflexion von Bedeutungszuschreibungen). (2) Identifikation verzerrter Wahrnehmungen, fehlerhafter Denkweisen, dysfunktionaler Einstellungen (Methoden: z. B. *Sokratischer Dialog*, Prüfung der logischen Struktur (logische Analyse) und von Konsequenzen (pragmatische Analyse), Realitätsvergleiche (empirische Analyse)). (3) Erarbeitung alternativer, «funktionaler» Kognitionen und Denkgewohnheiten (Methode: z. B. kognitives Neubenennen, Realitätstesten). (4) Anwendung der alternativen Kognitionen und Denkgewohnheiten im Alltag. *Rational-emotive Therapie*, *Verhaltenstherapie*. Hautzinger 2007, Beck et al. 1996.

kognitive Triade *Depression*.

kognitive Um-/Restrukturierung [engl. *cognitive restructuring*], [**KLI**], Methode der kognitiven Therapie (*kognitive Verhaltenstherapie*), die durch Identifikation *automatischer Gedanken*, der Analyse von *Gedankenfehlern*, der Formulierung von Alternativgedanken und der Einübung von Alternativgedanken das Ziel verfolgt, die patholog. relevanten automatischen Gedanken durch rationale und hilfreiche Alternativgedanken zu ersetzen. *Sokratischer Dialog*, *Spaltentechnik*. Beck et al. 2004. *A. L. Gerlach*

kognitive Veränderungen im Alter, biologische Korrelate [engl. *cognitive ageing, biological correlates*], [**BIO, EW, KOG**], unter biologischen Korrelaten altersbedingter kogn. (*Kognition*) Veränderungen versteht man strukturelle und funktionelle Veränderungen im *Gehirn*, die mit quant. oder qual. Veränderungen der kogn. Leistungsfähigkeit älterer Erw. im Vergleich zu jüngeren Erw. im Zusammenhang stehen. In den Gehirnen gesunder älterer Menschen zeigen sich sowohl globale als auch je nach Hirnregion spezif. Alterserscheinungen, die interindiv. stark variieren können. Während sich das semantische Gedächtnis und das verbal logische *Denken* als weniger anfällig für Alterseinflüsse erweisen, sind dagegen Hirnfunktionen, die mit dem episodischen Gedächtnis und der exekutiven Kontrolle (*exekutive Funktionen*) verbunden sind, am stärksten vom Altern (*Psychologie des Alterns*) betroffen (Raz & Nagel 2007). Dabei nimmt mit dem Alter die Aktivität im *Hippocampus* ab und die Aktivierungsmuster im präfrontalen Kortex verändern sich. Nach dem sog. *HAROLD-Modell* (*Hemispheric Asymmetry Reduction in Old Adults*) verringert sich zum Beispiel bei Älteren – i. Ggs. zu Jüngeren – die Hemisphärenspezifität (*Hemisphärenspezialisierung*, *Lateralität*) beim Enkodieren (*Encodierung*, *Enkodierprozesse*) und *Abrufen* von *Erinnerungen*. Als Ursache für altersbedingte Unterschiede im *Arbeitsgedächtnis* werden schwächere kortikale Verbindungen zw. den Gedächtnisregionen (*Kortikale Diskonnektions-Hypothese*) und eine nachlassende Funktionstüchtigkeit des *Dopamin*systems angesehen. Außerdem zeigen Ältere bei Arbeitsgedächtnisanforderungen eher eine Zunahme der präfrontalen Aktivierung, was dafür spricht, dass sie Schwierigkeiten bei der Bewältigung von Aufgaben durch Rekrutierung zusätzlicher Areale kompensieren. Diese zusätzliche Aktivierung geht häufig mit verbesserten Leistungen einher und ist daher weniger Ausdruck der Tendenz zur Dedifferenzierung intellektueller Funktionen (*intellektuelle Fähigkeiten, Dedifferenzierung*) im Alter (*Lebensalter, drittes und viertes*, *hohes Alter*, *Hochaltrigkeit*) als einer erhaltenen funktionellen Plastizität (*Lernpotenziale im Alter*, *Lernen im hohen Erwachsenenalter*; Eyler et al. 2011). *J. Behrendt*

Kognitive Verhaltenstherapie *Verhaltenstherapie, kognitive Verhaltenstherapie*.

kognitive Wende *Verhaltenstherapie, kognitive Verhaltenstherapie*.

Kohärenz [engl. *coherence*; lat. *cohaerere* zusammenhängen], [**GES, KOG, PER**], die Beziehung zw. Einzelheiten, die als zus.gehörig aufgefasst werden. In Abgrenzung von der zeitlichen und transsituativen *Konsistenz des Verhaltens* wird in der Persönlichkeitsforschung unter der *Kohärenz des Verhaltens* die *Korrelation* versch. Indikatoren desselben Merkmals über Personen, Situationen oder Zeitpunkte verstanden. *Informationsrepräsentation, multiple*, *Kohärenzfaktoren*, *Kohärenzgefühl*.

Kohärenzbildung [engl. *coherence formation*; lat. *cohaerere* zusammenhängen], *Multimedia-Effekt*, *Informationsrepräsentation, multiple*.

Kohärenz des Denkens *Autismus-Spektrum-Störungen*, *Entwicklungsstörungen, tiefgreifende*.

Kohärenzfaktoren [engl. *coherence factors*; lat. *cohaerere* zusammenhängen], [**WA**], von G. E. Müller 1917 festgestellte Faktoren, die bewirken, dass Einzelheiten als zus.gehörig aufgefasst werden. Sie können zur *Gestalt*bildung (*Gestaltgesetze*) führen. Es werden folg. Faktoren unterschieden: (1) räumliche Nachbarschaft: Es werden z. B. bei einer Reihe von Punkten mit versch. Abständen die einander nahen Punkte als zus.gehörig aufgefasst. (2) Gleichheit der Einzelheiten. (3) Ähnlichkeit der Einzelheiten. (4) Symmetrie von Form und Anordnung. (5) Kontur, die Abhebung der Figur vom Hintergrund. Je schärfer die Abgrenzung ist, desto stärker ist die Abhebung und desto fester die Kohärenz. Metzger 1936/1953.

Kohärenzgefühl (= K.) [engl. *sense of coherence*; lat. *cohaerere* zusammenhängen], [**GES**], das theoretische Konzept des K. wurde vom Med.soziologen Aaron Antonovsky (1979) entwickelt und ist das Kernstück des Modells der *Salutogenese*. Es beschreibt eine globale Orientierung, die ausdrückt, in welchem Maße man ein durchgehendes, überdauerndes und dennoch dynamisches *Gefühl der Zuversicht* hat, dass (1) die Ereignisse der inneren und äußeren Umwelt im Laufe des Lebens strukturiert, vorhersehbar und erklärbar sind; (2) die *Ressourcen* verfügbar sind, um den durch diese Ereignisse gestellten Anforderungen gerecht zu werden; und (3) diese Anforderungen als Herausforderungen zu verstehen sind, die es wert sind, sich dafür einzusetzen und zu engagieren (Antonovsky 1987). Diese drei Komponenten bestimmen den Inhalt dieser Lebensorientierung (Faltermaier 2005a). Das *Gefühl der Verstehbarkeit* ist ein kogn. Moment (*Kognition*) und bezieht sich auf die Wahrnehmung der inneren und äußeren Umwelt als verstehbar und geordnet. Das *Gefühl der Bewältigbarkeit* bezieht sich auf die subj. Kontrollierbarkeit der auf Menschen im Laufe ihres Lebens zukommenden Anforderungen. Das *Gefühl der Sinnhaftigkeit* beschreibt als motivationale Komponente (*Motivation*), inwiefern ein Mensch das eigene Leben und seine Umstände als persönlich wichtig, sinnvoll und emot. bedeutsam wahrnimmt. Das K. entsteht aus den Lebenserfahrungen der *Konsistenz*, der sozialen *Teilhabe* und der Balance von Anforderungen, die Menschen auf Basis der ihnen verfügbaren allg. Widerstandsressourcen machen. Es ist über die Wahrnehmung und Bewertung (*appraisal*) von Stressoren sowie die Mobilisierung geeigneter allg. Widerstandsressourcen an der Spannungsbewältigung (*Coping*) wirksam und nimmt über die Bewältigung Einfluss auf die *Gesundheit*. Das K. lässt sich mithilfe des von Antonovsky (1987) konzipierten Fragebogens zur Lebensorientierung messen. Obschon es kritische Diskussionen um die *Validität* des Instruments gibt, wird es (oder meth. Weiterentwicklungen) in der aktuellen salutogenetischen Forschung vielfach verwendet. Die empirische Fundierung des *Konstrukts* belegt pos. Zusammenhänge zw. dem K. und Indikatoren psych. sowie teilweise körperlicher Gesundheit (Bengel et al. 1998). Diese beruhen jedoch überwiegend auf Querschnittstudien und die Ergebnisse der noch wenigen Längsschnittstudien sind nicht immer eindeutig, wenn auch theoriekonform. Die von Antonovsky angenommene Stabilität des K. im Erw. alter kann nach der aktuellen Forschung nicht bestätigt werden. *T. Faltermaier/R. Dietrich*

Kohärenzkriterium [engl. *coherence* criterion; lat. *cohaerere* zusammenhängen], [**DIA**], in der Testps. ein Merkmal, aus dem der Vl erkennen kann, dass beim Pb die Einsicht in die ihm gegebenen Aufgaben voll erreicht ist.

Kohäsion (= K.) [engl. *cohesion*; lat. *cohaerere* zusammenhängen], [**SOZ**], Zusammenhalt, in der Sozialps. der Zusammenhalt von Gruppen als Resultante aller Kräfte, die ein Verbleiben in der *Gruppe* bewirken (Festinger 1950). Diese Kräfte sind Funktion der Attraktivität der Gruppe, der Attraktivität einzelner Mitglieder, der Aktivitäten und Ziele der Gruppe, der Befriedigung der indiv. Bedürfnisse durch Gruppenaktivitäten, der Erschwerung des Zugangs zur Gruppe u. a. Für das Wirken von Gruppentherapien ist K. zw. den Gruppenmitgliedern eine Bedingung.

Kohlberg, Lawrence (1927–1987) [**HIS, EW, KOG, PHI**], Kohlberg hat in Erweiterung der Theorie zur moralischen Entwicklung von *Jean Piaget* eine empirisch begründete *Stufentheorie* der *moralischen Entwicklung* entworfen, die Anstoß zu einem eigenen Forschungsgebiet, der Ps. der Moralentwicklung, gab. Kohlberg wurde in Bronxville, einem Vorort von New York als Sohn eines jüdischen Seidentuchhändlers dt. Herkunft geb. Nach dem Highschool-Besuch ging K. zur Handelsmarine, gelangte so nach Europa. Eins der Schiffe schmuggelte durch die britische Blockade Juden von Europa nach Palästina. Kohlberg wurde in Zypern interniert und konnte über Palästina in die USA zurückkreisen, wo er 1948 das Ps.studium in Chicago begann. 1958 promovierte K. mit einer Dissertation über das Thema *The development of modes of moral thinking and choice in the years 10 to 16*. Die Arbeit war unter dem Eindruck der Untersuchungen von Piaget zur moralischen Entwicklung des Kindes entstanden und war für die damalige Zeit ungewöhnlich, da Moral und Moralentwicklung in den USA als veraltete Themen galten und kaum von der empirischen Ps. entdeckt waren. Nach Tätigkeiten an den Universitäten Yale (1959–1961 als Assistenzprofessor), Palo Alto (als Fellow) und Chicago (1962–1965 als Assistenzprofessor, 1965–1968 als Associate Professor) wurde Kohlberg 1968 Professor für Erziehungswiss. und Sozialps. an der *Harvard University*. In dieser Zeit veröffentlichte Kohlberg seine kogn. Entwicklungsps. (Kohlberg 1974). Das schnell wachsende Interesse an der Stufentheorie Kohlbergs war begründet durch deren Plausibilität, die Erweiterung über das Kindesalter hinaus und durch die empirische Absicherung, es wurde aber auch durch gesellschaftliche Strömungen wie Bürgerrechtsbewegung, Vietnam-Krieg und Emanzipationsfragen (*gerechte Gemeinschaft*) gefördert. Kohlberg erkrankte 1972 unheilbar während eines Forschungsaufenthaltes in Belize und beging 1987 Suizid. Kohlberg wurde 59 Jahre alt. Rest et al. 1988, Garz 1996. *H. E. Lück*

Köhler, Wolfgang (1887–1967), [**HIS, KOG, WA**], gemeinsam *Wertheimer* und *Koffka* Begründer der Frankfurter/Berliner Schule der *Gestaltpsychologie*. Köhler wurde als Sohn des Direktors der dt. Domschule in Reval (heute Tallinn, Estland) geb.; nach der Übersiedlung nach Wolfenbüttel besuchte Köhler das dortige Gymnasium und hielt noch später Kontakt mit dem dortigen Studienrat Prof.

Hans Geitel. 1905–1909 Studium in Tübingen, Bonn und Berlin, 1909 Promotion bei *Stumpf* in Berlin, 1910–1913 Assistent bei *Schumann* an der Akademie für Sozial- und Handelswiss. in Frankfurt, dort Mitwirkung an den ersten theoret. und exp. Arbeiten zur Gestaltps. in Dt; 1913–1920 Direktor der Forschungsstelle für Anthropoiden der Preußischen Akademie der Wissenschaften auf Teneriffa; dort Durchführung von Versuchsreihen zu Intelligenzprüfungen von Schimpansen und Orang-Utans; 1921 o. Prof. für exp. Psych. und Philosophie in Göttingen, 1922 o. Prof. für Philosophie und Direktor des Psychologischen Instituts Berlin; Ausbau des Instituts zu einem internat. führenden Zentrum gestaltpsychol. Forschung mit Mitarbeitern wie *Rupp*, *Lewin*, *Gottschaldt*, *Metzger*, H. von Restdorff, *Duncker*; 1925–1926 sowie 1934–1935 Gastprofessuren in den USA. 1933 öffentlicher Protest von K. gegen die Entlassung jüdischer Hochschullehrer, Widerstand gegen Nazi-Übergriffe auf das von ihm geleitete Institut, 1935 Entpflichtung an der Universität Berlin auf eigenen Antrag und Emigration in die USA, 1935–1955 Prof. am *Swarthmore College*, Pennsylvania; dort Fortsetzung der Untersuchungen zum Isomorphieprinzip (*Isomorphismus*), 1958–1959 Präsident der *American Psychological Association (APA)*; zahlreiche Auszeichnungen, u. a. 1967 Ehrendoktor der Universität Münster, 1962 *Wilhelm-Wundt-Medaille* der *Deutschen Gesellschaft für Psychologie (DGPs)* und 1962 Ehrenbürger der Freien Universität Berlin. Henle 1971. *H. E. Lück*

Kohnstamm-Phänomen [engl. *Kohnstamm phenomenon*], nach O. Kohnstamm (1871–1917), [**KOG**], Nachkontraktion nach längerer Ausübung von Muskelkraft; drückt man z. B. den hängenden Arm für einige Zeit seitlich an die Wand, hebt er sich hinterher «automatisch», und beim willkürlichen Heben wird er als sehr leicht empfunden. Jüngere Untersuchungen zeigten einen oszillierenden Verlauf der Nachkontraktionen. Kohnstamm 1915. *H. Heuer*

Kohorte (= K.) [engl. *cohort*; lat. *cohors* zehnter Teil einer römischen Legion], [**EW, PER, SOZ**], umfassender Begriff für Personen, die im gleichen Zeitabschnitt geb. sind oder in deren Lebensverläufen ein best. kritisches Ereignis (*Life-Event, kritisches*) zum selben Zeitpunkt aufgetreten ist. K. ersetzt heute vielfach den Begriff *Generation*. Bestimmungsstücke einer K. sind: Geburtszeit (Monat, Jahr, Jahrzehnt), gemeinsame Ereignisse (wirtsch. Rezession, genetische Besonderheiten, Familienkonstellation, *Erziehung*). Baltes et al. 1978, Rudinger 1978.

Kohorteneffekte *Multi-Kohorten-Sequenz-Designs*.

Kohortenstudie [engl. *cohort study*; lat. *cohors* zehnter Teil einer römischen Legion, Menge], [**FSE**], Studiendesign (*Forschungsdesigns*), bei dem die Pbn. die best. Risikofaktoren ausgesetzt sind (*Kohorte*), mit einer Gruppe von Pbn verglichen werden, die dem Risikofaktor nicht ausgesetzt sind. Das Eintreten von Ereignissen (z. B. Rekonvaleszenz, Erkrankung, Todesfälle) wird in Abhängigkeit von der Kohortenzugehörigkeit untersucht. *Epidemiologie*, *Interventionseffekt bei dichotomen Zielgrößen*. *M. A. Wirtz*

Kohortentheorie, Kohortenmodell [engl. *cohort theory/model (of lexical access)*], [**KOG, WA**], Theorie der auditiven Worterkennung, die davon ausgeht, dass bei der Wahrnehmung des Beginns eines Wortes eine Kohorte von Wörtern aktiviert wird, die alle mit dem gehörten *Phonem* beginnen. Mit zunehmendem sprachlichen Input scheiden immer mehr Wortkandidaten aus, bis ein Punkt erreicht wird, an dem nur noch ein Kandidat, das erkannte Wort, übrig bleibt. *Sprachwahrnehmung*. *T. Pechmann*

Kohut, Heinz (geb. 1913 in Wien; gest. 1981 in Chicago), [**HIS, KLI**], stammt aus einer musikalischen Familie und wächst unter jüdisch-bürgerlichen Verhältnissen in Wien auf. Im Juni 1938 flieht Kohut aus Österreich über England in die USA, wo er die meiste Zeit seines Lebens verbringt und 1945 die amerik. Staatsangehörigkeit erhält. Kohut studiert Med. in Wien und ist bei August Aichhorn in Lehranalyse (später in den USA bei Franz Alexander). Nach seiner Ankunft in den USA unterrichter er zunächst *Neurologie* und schließt seine psychoanalytische Ausbildung (*Psychoanalyse*) am Chicagoer Institut ab; später wird er Präsident des Institutes (1963/4) und von 1965–73 Vizepräsident der Internat. Psychoanalytischen Vereinigung. Kohuts Weiterentwicklung der psychoanalyt. Narzissmustheorie legt er 1971 in «The Analysis of the Self», dt. «*Narzissmus*» vor, wo er noch auf dem Boden der Freud'schen Trieb- und Libidotheorie argumentiert (*Triebtheorie nach Freud*). Später löst er sich mehr und mehr von dieser Grundlage und schlägt, zunächst 1977 («The Restoration of the Self», «Die Heilung des Selbst»), dann 1984 («How does Analysis cure?», «Wie heilt die Psychoanalyse?») eine andere Betrachtungsweise vor, in der die Entwicklung des *Selbst*, seine fördernden Objekte («Selbstobjekte») und die Selbstobjekt-Übertragungen im Mittelpunkt stehen. Zunächst sieht er seine Theorie noch komplementär zur Triebtheorie, später werden sie dem zentralen Gesichtspunkt des Selbst untergeordnet. Kohut diskutiert die Rolle der *Empathie* neu, führt Begriffe wie *Größen-Selbst*, *Idealisierte Eltern-Imago*, narzisstische Wut und *Spiegel-Übertragung* ein und formuliert eine «gesunde» Entwicklungslinie des Narzissmus über Einfühlung, *Kreativität*, *Humor* und *Weisheit*. Kohut wurde durch seine selbstpsychol. Neubestimmung des Narzissmus zu einer der einflussreichsten und kontroversesten Personen der 1980er- und 1990er-Jahre der psychoanalyt. Bewegung. Butzer 1997, Kohut 1975, Kohut 1984, Kohut 1977. *R. Butzer*

Koinästhesie [engl. *coenaesthesia*; lat. *co-* zusammen, gr. αἴσθησις *(aisthesis)* Wahrnehmung], *Gemeingefühl*.

Kokain (= K.) [engl. *cocaine*; span. *coca* Kokastrauch], [**PHA**], K. bez. das Hauptalkaloid der Kokastraucharten *Erythroxylum coca* und *Erythroxylum novogranatense*. K. wirkt in kleineren Dosen erregend, in höheren Dosen hemmend. K. wird als *Rauschmittel* verwendet und führt zu *Drogenabhängigkeit*. K. ist ein fast transparentes, weißlich erscheinendes, kristallines Pulver, das geschnupft, injiziert oder (in basischer Form) geraucht werden kann. K. schmeckt bitter und hinterlässt am Zahnfleisch, auf der Zunge und auf den Lippen vorübergehend ein taubes Gefühl aufgrund seiner Eigenschaften als Lokalanästhetikum. Hammer et al. 1997, Spitz & Rosecan 1987.

M. Paulzen

Kokainabhängigkeit, Psychopharmakotherapie [engl. *cocaine, pharmacotherapy*], **[PHA]**, *Kokain* weist von allen Suchtstoffen die stärkste abhängigkeitserzeugende Wirkung auf und existiert in versch. Darreichungsformen. Die *Bioverfügbarkeit* ist abhängig von der Applikationsform. Bei 0,2 % der 18- bis 64-Jährigen besteht eine Kokainabhängigkeit. Die Akuttherapie erfolgt als qualifizierte Entzugsbehandlung. Wichtige Therapieelemente sind die Behandlung von Entzugssymptomen und med. Begleiterkrankungen sowie von psychiatrischen *Komorbiditäten*. Zusätzlich sollen psychosoziale Belastungen und Ressourcen (*Ressourcenaktivierung in der Psychotherapie*) evaluiert, die Einsicht bzgl. des problematischen Substanzkonsums gefördert, ein weiterer sozialer Abstieg verhindert und Hilfestellungen bei der Beantragung von Langzeitentwöhnungstherapien gegeben werden. Darüber hinaus kommen motivationale Therapien (*Motivational Interviewing*), die zur Aufnahme einer längerfristigen Drogentherapie motivieren sollen, zur Anwendung. Bei Kokainintoxikationen mit psychomotorischen Erregungszuständen und vegetativen Begleitreaktionen (z. B. *Hypertonie*, *Tachykardie*) sollte eine Behandlung mit *Benzodiazepinen* erfolgen. Bei psychotischen Symptomen sollte eine Therapie mit atypischen *Antipsychotika* eingeleitet werden. Die Postakutbehandlung kann abhängig von der Erkrankungsschwere des Pat. als stationäre Langzeitentwöhnungsbehandlung oder als hochfrequente ambulante Therapie durchgeführt werden. Der Schwerpunkt der Behandlung liegt hierbei auf psychoth. Maßnahmen. Ziele der psychoth. Behandlung sind: (1) *Psychoedukation* bzgl. der Abhängigkeitserkrankung, (2) Erarbeitung der indiv. Therapieziele, (3) Überprüfung der indiv. Abstinenzbereitschaft, (4) Training im Umgang mit Hochrisikosituationen, (5) Rückfallprophylaxe und Umgang mit Rückfällen. In der medikamentösen Rückfallprophylaxe der Kokainabhängigkeit wurden *Antidepressiva* (z. B. Trizyklika, *SSRIs*), *dopaminerg* wirksame Substanzen (z. B. *Amantadin*, *Methylphenidat*), *Disulfiram* und GABAerg (*GABA*) wirksame Pharmaka (z. B. Valproat, *Topiramat*) untersucht. Nach systematischen Cochrane-*Metaanalysen* kann für keine der Substanzgruppen eine generelle Behandlungsempfehlung ausgegeben werden. Disulfiram stellt laut Studienlage allerdings eine sinnvolle Behandlungsoption dar. Thomasius et al. 2004, Tutton & Crayton 1993. *A. Koopmann*

Kokonstruktion (= K.) [engl. *coconstruction*; lat. *co-* zusammen, *construere* errichten], **[EW, PÄD]**, anknüpfend an Grundannahmen des *Konstruktivismus* wird mit dem Begriff der K. die Bedeutung *sozialer Interaktionen* und (meist sprachlicher) Aushandlungsprozesse zw. zwei und mehr Personen für indiv. Lern- und Bildungsprozesse hervorgehoben. Über diese generelle Einordnung hinaus wird der Begriff der K. sehr breit und uneinheitlich verwendet. Der mitunter stark abweichende Wortgebrauch ist dabei hauptsächlich seiner Verwurzelung in unterschiedlichen Begriffstraditionen geschuldet. In Anschluss an J. Youniss werden Aushandlungs- und *Kooperation*sprozesse unter eher gleichberechtigten Interaktionspartnern (Freundschaftsbeziehungen (*Peergroup*) als K. bez., wenn diese durch wechselseitige Rückmeldungen (*Feedback*), Kompromisse, Austausch von Sichtweisen etc. für alle Beteiligten neue Perspektiven sozialen und moralischen Lernens eröffnen. Während in dieser Sicht die Möglichkeiten der K. unter konstitutiv ungleichen Interaktionspartnern (z. B. Erwachsener – Kind) als sehr begrenzt eingeschätzt werden, wird mit dem Begriff der K. auf der anderen Seite gerade auf die spezif. Bedeutung der Beziehungen zw. kompetenteren Anderen und dem Lernenden hingewiesen. So wird in Anschluss an L. S. Wygotzki (*Entwicklung, soziokultureller Ansatz nach Wygotski*) bes. die kult. Verankerung indiv. Entwicklungsprozesse betont. Lernprozesse (*Lernen, Lernforschung*) in kult. geprägten Handlungsstrukturen vollziehen sich demnach zunächst durch *Interiorisierung* von und zunehmend autonome und geläufige Teilnahme an kult. Diskursen. In Abgrenzung zum Begriff der indiv. *Selbstbildung* findet der Begriff der K. aktuell in der Elementarpädagogik (*Vorschulerziehung*) Verwendung, um neben der kindlichen Aktivität die unverzichtbare Rolle kompetenterer Personen (Eltern, Erzieherinnen und Lehrpersonen) für die *kognitive Entwicklung* und *soziale Entwicklung* zu betonen. I. d. S. wird die aktiv rekonstruierende K. als Schlüssel zur Umformung basaler psych. Funktionen in kult. geprägte höhere geistige Funktionen gesehen und setzt solche Interventionen (Vermittlung, Unterstützung, Anregung) durch kompetentere Interaktionspartner voraus. Youniss 1994. *F. Grell*

Kokonstruktion, sozialisatorische [engl. *socialisatoric co-construction*], *Lesesozialisation*, *Selbstbildung*.

kollegiale (Fall-)Beratung (= k. F.) [engl. *collegial counselling*], **[PÄD]**, ist eine wechselseitige Gruppenreflexion (*Reflexion, kognitionspsychologisch*) ohne formale Leitung. Sie zielt auf die berufsbegleitende Bearbeitung von Problemen aus der täglichen Lehrertätigkeit ab und basiert darauf, dass jeder Teilnehmer sein Fachwissen, seine Erfahrungen und Kompetenzen einbringt, wodurch synergetische Effekte i. S. sich wechselweise durchdringender *Lehr-Lern-Prozesse* entstehen. Durch die Tatsache, dass es keine direkte Leitung wie bspw. in der *Supervision* gibt und die Teilnehmer sich auf Augenhöhe begegnen, wird ein Experimentieren mit unterschiedlichen Denk- und Verhaltensmustern ermöglicht, die durch die Unterschiedlichkeit der Teilnehmer in solch einer Runde gewährleistet wird. K. F. schafft darüber hinaus Entlastung und leitet einen Austausch an, der wiederum die Selbstreflexion fördert. Versch. *Interaktion*s- und *Interpretation*smuster können durchdacht werden. Ein weiterer wichtiger Faktor ist die Schaffung eines Bewusstseins für die eigenen Stärken, Schwächen und *Ressourcen*, was zur Entwicklung neuer Handlungsperspektiven führt. K. F. dient so auch der Profilierung und Professionalisierung der Lehrerpersönlichkeit (*Lehrerprofessionalisierung*). Beim Ablauf der k. F. kann man, in Anlehnung an das Landesinstitut für Lehrerbildung und Schulentwicklung in Hamburg, neun Schritte unterscheiden: (1) Klärung der zeitlichen u. ä. Rahmenbedingungen, (2) Schilderung des Falls durch den Fallgeber, (3) Beantwortung von Verständnisfragen zum Fall, (4) Schilderung von Gefühlen zu dem Fall, (5)

Perspektivenwechsel (Einnehmen der Perspektiven (*Perspektivenübernahme*) der am Fall beteiligten Personen), (6) Rückmeldung durch den Fallgeber, (7) Formulierung der Beratungsfrage, (8) Sammlung von Lösungsideen und erste Schritte der Umsetzung, (9) Sharing/Rückmeldung der Teilnehmer. S. Weis

Kollektiv [engl. *collective*; lat. *colligare* zusammenbinden], **[FSE, SOZ]**, Anzahl von Lebewesen oder Gegenständen, die in mind. einem Merkmal vergleichbar sind und die (insbes. zur statistischen Auswertung) zusammengefasst werden. *Population*.

Kollektivbewusstsein [engl. *collective consciousness*; lat. *colligare* zusammenbinden], **[KOG, SOZ]**, die Bewusstseinsinhalte und Bewusstseinsakte (*Bewusstsein*), die dem Individuum als Teil einer Menschengruppe (*Gruppe*, Gruppenbewusstsein) oder als zugehörig zur Menschheit überhaupt (Menschheitsbewusstsein) zukommen und mehr oder weniger sozialbestimmte Bedeutung haben. *Masse, Massenpsychologie*. Blondel 1948.

kollektive Auffassung [engl. *collective concept*; lat. *colligare* zusammenbinden], **[KOG]**, die Tatsache, dass beim *Lernen* jew. mehrere Glieder, z. B. Silben, zus. aufgefasst werden, auch wenn sie gleichmäßig nach- oder nebeneinander dargeboten werden. Dabei sind die Silben eines solchen «Komplexes» später besonders fest im *Gedächtnis* verbunden. Je nach Art der Darbietung des Lernstoffes unterscheidet man dabei kollektive Simultan- und Sukzessivauffassung.

kollektives Aktivieren [engl. *collective activation*], *Unterrichtsstörungen, Prävention von*.

Kollektives Unbewusstes [engl. *collective unconscious*; lat. *colligare* zus.binden], *Analytische Psychologie, Unbewusstes*.

kollektives Verhalten (= k. V.) [engl. *collective behavior*; lat. *colligare* zusammenbinden], **[SOZ]**, in der Soziologie geprägter Begriff für Massenphänomene, die auch in der *Massenpsychologie* beschrieben werden. Grundlage des k. V. soll soziale Unruhe sein. Es tritt in sog. kritischen, undeterminierten und emot. Situationen auf: Kroner versucht Massenphänomene vom k. V. abzugrenzen, indem er Erstere auf das Verhalten von Personen in best. Situationen (*crowd*) und auf das Verhalten von Menschenmengen beschränkt, das individuumzentriert erklärt wird. Zum k. V. gehört auch die *soziale Bewegung. De-Individuation*. Prentice-Dunn & Rogers 1989. R. Bergius

Kollektivismus-Individualismus [engl. *collectivism-individualism*], *Idiozentrismus-Allozentrismus*.

Kollektivpsychologie [engl. *collective psychology*; lat. *colligare* zusammenbinden], **[SOZ]**, Vorläufer der heutigen *Sozialpsychologie*; Sachgebiet der Ps., das sich mit allen Erscheinungen des Menschen als Subjekt wie als Objekt der *Masse* bzw. der *Gruppe* befasste.

Kollektivseele (= K.) [engl. *collective mind/soul*; lat. *colligare* zusammenbinden], syn. *Kollektivpsyche*, **[KOG, SOZ]**, der im Ggs. zur Individualseele stehende Inbegriff für die der *Masse* (*Gruppe*) eigene Auffassungs-, Denk- und Verhaltensweise (*Denken*, *Verhalten*). Die erste Darstellung dieser Sonderartung der sog. K. stammt von E. Durkheim aus dem Jahre 1895. *Masse, Massenpsychologie, Gruppenseele*.

Kollusion (= K.) [engl. *collude* in heimlichem Einverständnis sein; lat. *colludere* zus.spielen], **[KLI]**, vom engl. Psychoanalytiker Henry Dicks in die *Paartherapie* eingeführt: K. als Wiederentdeckung und anschließende Verfolgung von abgespaltenen Selbstanteilen im Partner. Willi integrierte in seinem K.modell psychoanalytische (*Psychoanalyse*) und kybernetisch-systemische Aspekte (*Systemische Therapie*): K. als ein uneingestandenes, oft unbewusstes Zus.spiel von Partnern auf der Basis gleichartiger (neurotischer) Beziehungskonflikte. Es gelingt den Partnern, unreife Wünsche und übergroße Beziehungsängste unter Kontrolle zu halten, wenn jeder dem anderen jenes Beziehungsverhalten abfordert, das diesem zur Reduktion eigener Beziehungsängste dient. Wer bspw. aus Angst, nicht liebenswert zu sein, außergewöhnliche Ansprüche auf Verwöhnung und Umsorgung stellt, wird auf einen Partner bes. ansprechen, der motiviert ist, die Helferrolle zu übernehmen, die dessen Liebenswert bestätigt (orales K.modell oder Helferk.). Eine K. vermittelt ein Gefühl exklusiver Nähe und Unentbehrlichkeit füreinander und ermöglicht es manchen Personen, sich überhaupt eine Liebesbeziehung zuzutrauen. K. wird dann pathologisch, wenn sie die Partner nachhaltig auf eine Rolle verpflichtet, die keine abweichende, persönliche Entwicklung zulässt. Kollusive Konflikte gibt es nach Willi auch in Arbeits- und *Therapiebeziehungen*. Willi 1978. F. Caspar

Kolmogorov-Smirnov-Test (= K.) [engl. *Kolmogorov–Smirnov test*], nach A. N. Kolmogorov (1903–1987), N. W. Smirnov, syn. *KS-Anpassungstest*, **[FSE]**, ein nicht parametrisches Verfahren zur Prüfung der Güte der Anpassung zweier unabhängiger stetiger *Verteilungen*. Diese Verteilungen können entweder eine empirische oder eine theoretische sein («Einstichprobenfall»; z. B. *Normalverteilung*) oder zwei empirische Verteilungen («Zweistichprobenfall»). Als Index der Güte der Anpassung wird die größte beobachtete Differenz der beiden kumulierten Verteilungen bestimmt, die mit einer zufallsbedigt zu erwartenden krit. max. Differenz ($D_{max,krit}$) verglichen wird. Können im Einstichprobenfall der Populationsmittelwert und die Populationsvarianz nicht als bekannt vorausgesetzt werden, werden diese aus den Daten geschätzt. Dann muss eine strenge Prüfung erfolgen (*Lilliefors-Test*). *Statistische Datenanalyseverfahren, Überlebenskurven*. Eid et al. 2013.

Kolorimetrie [engl. *colorimetry*; lat. *color* Farbe, μέτρον (*metron*) Maß], syn. *Farbenmetrik*, **[WA]**, um eine Farbe messtechnisch zu kennzeichnen, bieten sich zwei Wege an: (1) Kennzeichnung durch die physikal. Eigenschaften der einer Farbempfindung korrespondierenden Strahlung (Wellenlänge und Energiebetrag), (2) ihre Darstellung als Gemisch durch drei definierte Ausgangsfarben in einem Farbenraum gemäß den Gesetzen der *Farbenmischung*. Insofern wesentlich am Aussehen von Farben interessiert, bietet der letztgenannte Weg den Vorteil, die Gesamtheit der bunten Farben gemäß ihrer psychol. Ordnung nach Farbton, Sättigung und Helligkeit darzustellen (*Farbe*).

Hierbei muss zw. höherer und niederer Kolorimetrie unterschieden werden. Gegenstand der höheren ist, die Abstände zw. den Farben geometrisch so abzubilden, wie es dem Empfindungsunterschied zw. ihnen entspricht. Diese Bedingung ist in einem Gemischsystem nicht gegeben, es genügt aber wegen seiner Eindeutigkeit der niederen Farbenmetrik. Da die Beziehungen zw. drei Ausgangsfarben und jeder beliebig anderen in Form linearer Gleichungen ausgedrückt werden können, entspricht eine solche Abb. vollkommen den Anforderungen, die an ein Maßsystem gestellt werden. Die internat. Beleuchtungskommission CIE *(Commission Internationale de L'Éclairage)* hat ein solches System zur Kennzeichnung von Farben festgelegt (Farbenvalenzmetrik). *Farbwahrnehmung*. Arens 1957, Schober 1964, Goldstein 2007.

kolumnare Organisation [engl. *columnar organization*; lat. *columna* Säule], *Okzipitalkortex*.

Koma (= K.) [engl. *coma*; gr. κῶμα *(koma)* tiefer Schlaf], [**BIO**], K. ist die schwerste Form einer quant. *Bewusstseinsstörung*, ein Zustand, in dem der Pat. auch durch starke äußere Stimuli, wie wiederholte Schmerzreize, nicht geweckt werden kann.

Kombination (= K.) [engl. *combination*; lat. *com-* zusammen, *bini* ein Paar], Vereinigung, Verknüpfung, Verbindung mehrerer Gegebenheiten, [**KOG**], in der Ps. ist die K.fähigkeit ein Faktor der intellektuellen Begabung. Man versteht darunter die Fähigkeit, gedankliche Beziehungen zu erfassen und mit ihnen zu operieren, die Fähigkeit zur «Zusammenschau» und folgerndem Denken, die eine gewisse Weite des Bewusstseins und geistige Beweglichkeit voraussetzt.

In der Linguistik und *Psycholinguistik* bezieht sich der Begriff auf die Kombinierbarkeit von sprachlichen Einheiten. Diese wird, sofern es um die Kombinierbarkeit von *Morphemen* und Wörtern in Sätzen geht, in erster Linie durch die *Syntax* geregelt. Es zeigt sich jedoch, dass hierbei auch die *generative Semantik* eine erhebliche Rolle spielt. Während die Verletzung von syntaktischen Regeln zu grammatisch inkorrekten Sätzen führt, beeinflusst die Verletzung semantischer Selektionsrestriktionen die Akzeptabilität sprachlicher Äußerungen (*Sprachstörungen*). Grob gesprochen regelt die Syntax die K. von Wortklassen und die Semantik die Selektion der einzelnen Items innerhalb dieser Klassen. K. lässt sich demnach auch unter dem Aspekt der *Selektion* betrachten. Bereits vorhandene Elemente selektieren andere Elemente, die in ihrem *Kontext* zulässig sind. Die Selektion in der Abfolge von Wortklassen findet in der syntagmischen Assoziation (*syntagm(at)ische Beziehung*) ihren Ausdruck, die Selektion innerhalb einer Wortklasse in der paradigmatischen Assoziation.

[**FSE**], ein Ausdruck aus der *Kombinatorik*. Er bezeichnet die Anzahl der versch. Möglichkeiten, aus insges. n Elementen jew. k Elemente zu kombinieren. Die Zahl der möglichen Kombinationen (ohne Zurücklegen) kann aus

$$\binom{n}{k} = \frac{n!}{k!(n-k)!}$$

berechnet werden.

Kombinationsanalgetika [engl. *combination analgesics*], *Mischanalgetika*.

Kombinationsbehandlung [engl. *combination therapy*], [**KLI**], der Begriff wird i. Allg. für die Kombination von medikamentöser (*Psychopharmakotherapie*) und *Psychotherapie* benutzt. Dabei wird von unterschiedlichen Annahmen zum Zus.wirken der Behandlungen ausgegangen: Es kann sich um eine Addition der Effekte oder um ein Schaffen der Voraussetzungen für die jew. andere Behandlung handeln. Die Regel dürften aber wesentlich kompliziertere Wechselwirkungen sein. Die *Indikation* kombinierter Behandlung ist vor dem Hintergrund der jew. Störung zu sehen. Bei einigen Störungen kommt ihr bes. Bedeutung zu. Bes. günstige Effekte werden u. a. berichtet bei *Sucht- und Substanzbezogenen Störungen*, *Schizophrenie*, *Bipolarer Störung*. F. Caspar

Kombinationston (= K.) [engl. *combination/sum tone*], [**WA**], gehörter Ton, der im Reiz (zwei Töne) nicht enthalten ist; K. können bei hinreichender Intensität des Reizes hörbar werden. Wenn $f1$ und $f2$ die *Schwingungszahlen* der beiden Primärtöne sind, können K. mit den Schwingungszahlen $f2 - f1$ (Differenzton) und aus der Menge der Töne mit Schwingungszahlen $f(n) = (n + 1)f1 - f2$ gehört werden. K. mit Schwingungszahlen oberhalb der Primärtöne werden nur selten gehört, sind aber indirekt nachgewiesen (z. B. $f1 + f2$, Summationston; $2f1 + f2$, $2f2 + f1$); die *Maskierung* durch die Primärtöne betrifft höhere Töne stärker als tiefere. K. entstehen wahrscheinlich durch nicht lineare mechanische oder elektrophysiol. Eigenschaften des Ohrs. H. Heuer

Kombinatorik (= K.) [engl. *combinatorics*; lat. *combinare* verbinden, vereinigen], [**FSE**], math. Teilgebiet, das sich mit den möglichen Anordnungen einer Anzahl versch. Elemente befasst. In der K. wird zw. *Permutation*, *Kombination* und *Variation* unterschieden. Kombinatorische Überlegungen bilden die wahrscheinlichkeitstheoret. Grundlage vieler *nichtparametrischer Tests*. *Statistik*. G. Mikula

kombinatorisches System [engl. *combinatoric system*], *System*.

^Test^**Kombinierter Lern- und Intelligenztest für 4. und 5. Klassen (KLI 4-5 R)**, 2005, H. Schröder, [www.testzentrale.de], [**DIA, EW, KOG, PÄD**]. Instrument zur Intelligenz- und Lerndiagnostik. AA 4. und 5. Klasse aller Schularten. Entsprechend der beiden Faktorenkomplexe *Lernen* und *Intelligenz* ist das Verfahren in zwei Teile gegliedert. Der Lernteil bezieht sich auf das *Erlernen und Anwenden von Regeln in der verbalen Kommunikation* (Geheimschrift lernen) und im *numerischen Bereich* (Zahlen umwandeln). Der Intelligenzteil ermittelt im Sprachbereich *Abstraktionsfähigkeit* (Gemeinsamkeiten finden) und *Leseverständnis* (Satzbestimmung), im Zahlenbereich *logisches Schließen* (Rechenaufgaben) und *Kritikfähigkeit* (Reihenkorrektur). Eine weitere Aufgabengruppe erfasst abschließend das *Behalten und die Anwendung des Gelernten über einen längeren Zeitraum* (Behaltenstest). Aus den ermittelten Ergebnissen kann ein indiv. Leistungsprofil verteilt über den Lern- und Intelligenzbereich erstellt werden, aus dem sich innerhalb der Fähigkeitsstruktur persönliche Schwerpunkte und Fördermöglichkeiten erschließen lassen. *Normierung*: Das Verfahren wurde in seiner ursprünglichen Form an einer Stichprobe von $N = 3.800$ erprobt. Im Verlauf der Neuerscheinungen wurden weitere 9200 Schülerinnen und Schüler erfasst. Vor Erscheinen der rev. Form KLI 4-5 R erfolgte eine zusätzliche Kontrolle ($N = 680$) und Korrektur der Richtwerte. Es stehen T-Werte, Prozentränge und Schul-Erwartungswerte zur Verfügung. Bearbeitungsdauer: ca. 90 Min.

Komfortverhalten [engl. *comfort behavior*; lat. *confortare* stärken, trösten], **[KOG]**, ein im Tierleben meist artspezifisches *Verhaltenssystem* (z. B. Behaglichkeitssuche, Sichputzen, Gähnen, Sichstrecken), das aber vielfach nicht bloß als *Bedürfnis* (auch ritualisiert), sondern ebenso als *Übersprungshandlung* hervortreten kann.

Kommensalismus [engl. *commensalism*; lat. *commensalis* Tischgenosse], *Ethologie*.

Kommentkampf (= K.) [engl. *comment fight*; lat. *commentus* erdichtet, erdacht], **[KOG]**, ein ritualisierter Kampf ohne ernsthafte Beschädigung des Gegners. Gehört in den Funktionskreis des *agonistischen Verhaltens* (*agonistisches Verhalten*, innerartliche *Aggression* und Flucht) und hat als *Signalhandlung* die Aufgabe, übermäßige Aggression zu verhindern. Gefährliche Kampfmethoden, die den Gegner verletzen können, werden vermieden. Im K. wird vorwiegend *Imponiergehabe* geäußert, und er wird i. d. R. durch eine *Demutsgebärde* beendet. Ggs. *Beschädigungskampf*. K. sind überall im Tierreich verbreitet, z. B. im Zusammenhang mit dem Festlegen der Rangfolge innerhalb einer Gruppe von Tieren oder im Zuge eines Balzrituals. Bei der Stirnstoßtechnik der horn- und geweihtragenden Huftiere stoßen die Männchen i. Ggs. zu den hornlosen Weibchen ihren Kopf niemals in die ungeschützte Flanke ihres Gegners. K. haben nicht die physische Ausschaltung des Gegners zum Ziel, sondern seine Unterwerfung. Daher handelt es sich oft nur um ein reines Kräftemessen. Kommentkämpfe können jedoch in Beschädigungskämpfe übergehen, wenn der Konflikt nicht mit einem Kommentkampf zu lösen ist. Das kann z. B. dann der Fall sein, wenn beide Kontrahenten ungefähr gleich stark sind. Eibl-Eibesfeldt 1967. *C. Becker-Carus*

Kommissur, Kommissurfasern [engl. *commissural/transverse fibers*; lat. *commissura* Verbindung], **[BIO]**, Nervenfasern, die analoge Stellen der beiden Hirnhemisphären miteinander verbinden. *Gehirn*.

Komm mit ins Zahlenland, **[PÄD]**, Programm zur *mathematische Frühförderung*, das den Zahlenraum als Lebensraum der Zahlen interpretiert, die personifiziert werden und menschliche Eigenschaften besitzen. *K. Krajewski*

Kommotion *Commotio*.

Kommotionsneurosen/-psychosen [engl. *commotion neurosis/psychosis*; lat. *commotio* Erregung], *Psychose, akute traumatische*.

kommunale Eigenschaften [engl. *communal characteristics*; lat. *communis* gemeinschaftlich], *Akteur-Beobachter-Unterschied*, *Femininität*, *Maskulinität*.

kommunales Teilen [engl. *communal sharing*; lat. *communis* gemeinschaftlich, öffentlich], *soziale Beziehungen*.

Kommunalität (= K.) [engl. *communality*; lat. *communis* gemeinsam], **[FSE]**, Gemeinsamkeit. In der *Faktorenanalyse* eingeführter Terminus (h^2) für denjenigen Anteil der gesamten *Varianz* einer Variablen, der auf gemeinsame Faktoren (*Variable, latente*) zurückgeführt werden bzw. durch die ermittelte Faktoren aufgeklärt werden kann:

$$h^2 = a_1^2 + a_2^2 + \ldots + a_n^2 = \sum_{i=1}^{n} a_i^2$$

n = Anzahl der Faktoren
a_i = Ladung der Variablen auf Faktor i.
Faktorenanalyse, exploratorische.

[KOG], in der Sprachps. die Übereinstimmung der assoziativen Reaktionen versch. Personen auf ein best. Reizwort (*Assoziation*). Das Ausmaß der K. wächst mit dem Anteil einzelner Responses, z. B. der Primär- und Sekundärreaktionen, an der Gesamtzahl der Responses auf ein Reizwort.
Der K.index wird benutzt, um die Gleichförmigkeit der Assoziationsvorgänge in einer Gruppe von Personen zu beschreiben. Das Ausmaß der K. kann dabei mit der Zeit sowie zw. versch. Personengruppen variieren. Besonders der letzte Gesichtspunkt verweist auf die Bedeutung dieses Maßes für die *Soziolinguistik*. Untersuchungen in den 1960er-Jahren zeigten, dass die K. von 1900 bis dahin angestiegen ist. Die Menschen assoziierten zunehmend das Gleiche. Jenkins (1960) führte das auf die wachsende Außengelenktheit (nach Riesman 1958) zurück. Auch der steigende Einfluss der Massenmedien und der Werbung wurde als mögliche Ursache angeführt (Hörmann 1967). *J. Engelkamp*

Kommunikation (= K.) [engl. *communication*; lat. *communicare* etwas mitteilen, sich besprechen], **[SOZ]**, bezeichnet einen Prozess, in dem ein Individuum bzw. eine Gruppe von Individuen Informationen über Ideen, Gefühle und Absichten einer anderen Person bzw. einer Gruppe von Personen übermittelt. Neben dem Informationsaustausch sind dabei motivationale, emot. und soziale Aspekte bedeutsam, sodass K. über die reine Übermittlung einer Botschaft hinausgeht. K. hat versch. Funktionen. Sie dient dazu, Informationen zu vermitteln, Entscheidungen vorzubereiten, Motivation zu erzeugen oder ein gewünschtes Image durch *Eindrucksmanagement* herzustellen. K. kann differenziert werden in verbale (mündliche, schriftliche K.) und nonverbale K. (z. B. Mimik, Gestik, Stimme, persönliche Erscheinung; *nicht verbale Kommunikation*).
Versch. sozialpsychol. Modelle bilden unterschiedliche Aspekte der K. ab. Ihnen allen liegt die Annahme zugrunde, dass K. zw. Sender und Empfänger in mehreren Stufen verläuft, auf denen die K. gestört werden kann (*Kommunikationsbarrieren*; Bovée & Thill 2008). Als Resultat der K. dekodiert der Empfänger die Botschaft. Wie die Dekodierung abläuft, wird in vier unterschiedlichen K.modellen dargestellt (nach Kraus & Chiu 1998):
I. *Kodierer-Dekodierer-Modell*, das die Bedeutung der Kodierung und Dekodierung des Inhalts der Botschaft in den

Vordergrund rückt. Bovée & Thill (2008) unterscheiden acht Schritte der K.: (1) Sender hat eine Idee, (2) enkodiert sie als Botschaft, (3) produziert die Botschaft in einem Medium und (4) übermittelt sie in einem Kanal. (5) Publikum empfängt Botschaft, (6) dekodiert sie, (7) antwortet und (8) gibt Feedback. Die Botschaft kann z. B. verbal, schriftlich, nonverbal oder elektronisch übermittelt werden. Für die Übermittlung steht eine Vielzahl von Techniken zur Verfügung (Telefon, E-Mail, SMS usw.), die ihre eigenen Gesetze haben. In dem Modell wird ferner davon ausgegangen, dass bei der Übermittlung der Botschaft ein «Rauschen» entstehen kann, das die Nachricht für den Empfänger entstellt oder es ihm erschwert, die Nachricht zu verstehen. Folglich kann es zu Missverständnissen oder Fehlinterpretationen des Inhalts der Botschaft kommen.

II. *Intentionalitätsmodell*: Konversation stellt ein kooperatives Anliegen von Sender und Empfänger dar, das von dem kooperativen Prinzip bestimmt wird. Erfolgreiche K. stellt den Austausch von kommunikativen Intentionen dar. Das Mittel dafür ist die Botschaft. Intention und Wörter weisen keine eindeutige Beziehung auf: Sprecher wählen aus mehreren möglichen Alternativen die aus, die ihre Intention am besten ausdrückt. Weiterhin gilt: Die Dekodierung des wörtlichen Sinns der Botschaft durch den Empfänger ist nur ein erster Schritt. Ein weiterer Schritt ist der Schluss auf die kommunikative Intention. Wenn der Empfänger die Intention des Senders richtig erschließt, ergibt sich eine sozial geteilte Bedeutung. Nach dem englisch-amerikanischen Sprachphilosoph Grice (1969) ist eine Nachricht intentional, wenn der Sprecher intendiert, einen Effekt zu erzeugen (die Sichtweise des Zuhörers zu beeinflussen), und wenn der Sprecher dieses Ziel erreichen will, indem der Zuhörer seine Intention erkennt. Damit die Konversation funktioniert, sollte die Botschaft nach best. Maximen aufgebaut sein, die den kooperativen Austausch in der K. zwischen Menschen erleichtern. Die Maxime der Qualität besagt z. B., dass ein Sprecher keine falschen Darstellungen geben und sich auf das beschränken sollte, was wichtig ist.

III. *Modell der Perspektivenübernahme*: Der Sprecher kann dann erfolgreich kommunizieren, wenn er die Perspektive des Zuhörers übernimmt. Es findet eine Abstimmung und damit eine Anpassung an das Publikum statt als Sicherinstellen auf die Kontextgegebenheiten, um das Verstehen der Nachricht zu erleichtern. Andererseits kann das Publikum die Nachricht besser deuten, wenn es die Perspektive des Senders einnimmt und ein «gemeinsames Wissen» unterstellt. Das gemeinsame Wissen verweist auf den von Sprecher und Publikum geteilten interpretativen Kontext. *Perspektivenübernahme* wird durch *Empathie* erleichtert. Darstellungen des Sprechers berücksichtigen die Vorlieben des Hörers und gehen auf sie ein. Dadurch entsteht eine einseitig verzerrte Sichtweise, die einen *saying is believing*-Effekt der Selbstüberzeugung zur Folge haben kann. Im Weiteren kann es zu einem *audience congruent memory bias* des Sprechers kommen (Echterhoff et al. 2008).

IV. *Dialogmodell*: betont die verbale *Interaktion*, in der Sprache verwendet wird. Die Face-to-Face-Interaktion ist der Zusammenhang, in dem *Sprache* in der Evolution des Menschen entwickelt wurde. Besonderheiten sind: *real-time constraints* für Produktion und Verstehen der Sprache sowie Responsivität. Damit verbunden ist die Anforderung, in einem kontinuierlichen Prozess in Echtzeit Inhalt zu konzipieren, die linguistische Struktur zu formulieren und die Botschaft nachzuvollziehen. Das Ziel der K. ist die Entwicklung von Intersubjektivität. In dem *kollaborativen Modell von Clark (1985)* wird der Aspekt der Koordination zw. den Beteiligten in einer Konversation hervorgehoben. Koordination beruht auf expliziter Übereinstimmung, Salienz, gemeinsamer Vorgeschichte, Konvention oder Abstimmung zw. Sprecher und Publikum, die sich gegenseitig versichern, dass sie eine gemeinsame Realität kreiert haben.

Das *Vier-Seiten-Modell der Kommunikation von Schulz von Thun* unterscheidet in seinem Vier-Seiten-Modell der K. aufbauend auf Watzlawick et al. (2011) vier Bedeutungen einer Botschaft: (1) die Darstellung des eigentlichen Sachverhalts (*Sachinhalt*); (2) ein Hinweis auf die subj. Def. zw. Sender und Empfänger (*Selbstoffenbarung*); (3) Selbstdarstellung des Senders einschließlich *Eindrucksmanagement* (*Beziehungsaussage*); und (4) eine Instruktion für den Empfänger (*Appell*). Bspw. enthält der an den Fahrer gerichteten Kommentar eines Beifahrers: «Du, da vorne ist rot!» vier Botschaften: (1) «Die Ampel ist rot.» (*Sachinhalt*), (2) «Ich bin vorsichtig.» (*Selbstoffenbarung*), (3) «Du brauchst meine Hilfestellung.» (*Beziehungsaussage*) sowie (4) «Bremse!» (*Appell*). I. S. des Kodierer-Dekodierer-Modells werden durch einen Sender somit unterschiedliche Inhalte kodiert, die der Empfänger seinerseits dekodiert. Damit eine K. erfolgreich ist, sollten nicht nur *Kommunikationsbarrieren* vermieden werden, sondern auch Regeln für die Bereitstellung überzeugender Botschaften beachtet werden: Die Nachricht sollte für den Empfänger nachvollziehbar sein, Sätze sollten kurz und verständlich sein, die Nachricht sollte gut strukturiert sein (vom Allgemeinen zum Besonderen) und auf dem Kanal übermittelt werden, der ihrer Komplexität entspricht (komplexe Inhalte eher schriftlich als mündlich mitteilen), und wichtige Sachverhalte sollten wiederholt werden (Herstellung von Redundanz). Außerdem sind die Gesetzmäßigkeiten einer erfolgreichen *Einstellungsänderung* zu beachten (Bierhoff 2008). Durch die Globalisierung kommt der *interkulturelle Kommunikation* (*Kommunikation, Globalisierung der*) bes. Bedeutung zu (Bovée & Thill 2008), die den Erfolg der K. erschweren kann, weil kult. Missverständnisse entstehen können. Man unterscheidet im Hinblick auf Organisationen zw. *low context cultures* (wie Dt, Skandinavien, USA, Frankreich, Großbritannien) und *high context cultures* (wie Japan, China, arabische Länder, Griechenland, Spanien, Italien). Während erstere auf zentral kontrollierte Information mit Betonung obj. Sachverhalte ausgerichtet sind, sind letztere durch allg. geteilte Information, Betonung subj. Beziehung und kurzfristige Absprachen gekennzeichnet. Zusätzlich sind auch kult. Unterschiede in der nonverbalen K. zu beachten. Frey & Bierhoff 2011.

H.-W. Bierhoff

Kommunikation, analoge [engl. *analog communication*; gr. ἀνάλογος *(analogos)* entsprechend], *Kommunikationsmodell von Watzlawick et al.*

Kommunikation, digitale [engl. *digital communication*; lat. *digitus* Finger] *Kommunikationsmodell von Watzlawick et al.*

Kommunikation, gewaltfreie (= g. K.) [engl. *nonviolent communication*], [**EM, SOZ**], auch *Einfühlsame Kommunikation*, ist ein Kommunikationsmodell von Marshall B. Rosenberg, das auf eine empathische (*Empathie*) und verständnisfördernde *Kommunikation* zielt. Kernelement des Modells ist die Realisierung der folg. vier Schritte. In *Schritt 1* ist die konkrete Beobachtung der aktuellen Situation zu benennen – in Abgrenzung zu Bewertungen, Analysen etc. *Schritt 2* umfasst, die in der aktuellen Situation erlebten *Emotionen* mitzuteilen – in Abgrenzung zu Gedanken und Interpretationen. In *Schritt 3* werden die *Bedürfnisse* benannt, die hinter den Emotionen stehen – in Abgrenzung zu Strategien. Letztlich wird in *Schritt 4* eine konkrete Bitte geäußert, die zur Erfüllung der Bedürfnisse beitragen kann – in Abgrenzung zur Forderung. Die Orientierung an diesen vier Schritten ermöglicht einerseits einen authentischen Selbstausdruck (*ich fühle, ich brauche*) und andererseits empathisches Zuhören (*fühlst du, brauchst du*). Hier wird die Nähe des Konzepts zur nicht direktiven *Gesprächspsychotherapie* nach Rogers deutlich. Grundpostulat der g. K. ist, dass Bedürfnisse das Erleben und Verhalten steuern. Konflikte (*Konflikt, sozialer*) zw. Menschen bestehen dabei nie auf Bedürfnisebene, sondern stets nur auf der Ebene der Strategien (i. S. v. Umsetzungen von Bedürfnissen in konkrete Verhaltensweisen, z. B. die Strategie Lesen zum Bedürfnis Entspannung). Mit der Prämisse, dass Bedürfnisse grundsätzlich immer miteinander vereinbar und zur Erfüllung jedes Bedürfnisses mehrere Strategien möglich sind, werden Konflikte anhand der g. K. gelöst, indem von den Strategien abgelassen, auf die Bedürfnisse dahinter fokussiert und dann nach neuen Strategien gesucht wird, die die Bedürfnisse aller erfüllen. Die g. K. wird entspr. als Methode in der Konfliktlösungsarbeit/*Mediation* z. B. in Paarberatung, Schulen, Wirtschaft, Politik etc. verwendet. *T. Altmann*

Kommunikation, Globalisierung der (= G.) [engl. *globalization of communication*], [**SOZ**], die *Kommunikation* (= K.) im Alltag zw. Menschen, die in derselben Kultur sozialisiert worden sind, funktioniert schnell und problemlos, weil sie bei allen indiv. Unterschieden doch über einen hohen Anteil an gemeinsam geteiltem Hintergrundwissen verfügen. Verbale und nonverbale Signale können so gedeutet werden, wie der K.partner sie verstanden wissen wollte. Der G.sprozess erzeugt in verstärktem Maße K.situationen zw. Personen, die eine unterschiedliche kult. Sozialisation erlebt haben und unterschiedlichen *Kulturstandards* folgen. Sie verfügen über nur wenig geteiltes Hintergrundwissen. Deshalb bilden sie unterschiedliche Erwartungen an Inhalte und an den Ablauf der K.situation und an den K.partner aus. Missverständnisse in interkult. K.situationen resultieren aus unterschiedlichen Normen (*Normen, soziale*), Werten, Traditionen, Regeln, Gewohnheiten etc., die sich in verbalem (Themen- und Wortwahl, Syntax, Argumentationsstruktur) sowie non- und paraverbalem Verhalten (Mimik, Gestik, Proxemik, Stimmklang, Sprechweise etc.; *nicht verbale Kommunikation*) äußern. Wenn z. B. ein deutscher Ingenieur seinen chinesischen Mitarbeiter wegen eines fehlerhaften Bearbeitung eines Werkstück «zur Rede stellt», dann erwartet er eine Antwort, eine Begründung, eine Entschuldigung, einen Verbesserungsvorschlag. Wenn der chinesische Mitarbeiter aber schweigt, z. B. um einen Gesichtsverlust zu vermeiden, dann interpretiert der dt. Ingenieur dieses Verhalten ggf. als Unfähigkeit («Der versteht mich einfach nicht!»), Verstocktheit («Der will mich einfach nicht verstehen!») oder Provokation («Der nimmt mich einfach nicht für voll und legt es darauf an!»). Ggf. zieht er daraus Konsequenzen: Der Mitarbeiter wird als nicht zuverlässig, nicht vertrauenswürdig, nicht kommunikationswillig und nicht kooperationsfähig beurteilt. Dabei folgt der chinesische Mitarbeiter nur seinen eigenen Kulturstandards «Gesicht wahren» und «Harmonieorientierung», weshalb er den Ärger seines dt. Vorgesetzten nicht verstehen kann.

Eine effektive globale K. bedarf der kulturreflexiven Gestaltung der K.prozesse, was durch ein *interkulturelles Training* oder *Coaching* gefördert werden kann. Thomas & Kammhuber 2006. *A. Thomas*

Kommunikation, hyperpersonale [engl. *hyperpersonal communiation*; gr. ὑπερ *(hyper)* über], *Theorie der sozialen Informationsverarbeitung*.

Kommunikation, interkulturelle *interkulturelle Kommunikation*.

Kommunikation, Multikanalmodell [engl. *multi-channel model of communication*], *Nichtverbale Kommunikation, nonverbale Kommunikation*.

Kommunikation, partnerzentrierte (= p. K.) [engl. *partner-centered/focused communication*; lat. *centrum* Mittelpunkt, *communicatio* Mitteilung, Unterredung], [**KLI, SOZ**], das Konzept der p. K. steht in enger Verbindung mit der personzentrierten Gesprächsführung (*client-centered counseling*; *Gesprächspsychotherapie*) von C. R. Rogers und dem sog. *Vier-Seiten-Modell der Kommunikation*. Sie lässt sich in drei Stufen beschreiben: (1) *passiv aufmerksames Zuhören*: Die *Aufmerksamkeit* wird so ungeteilt wie möglich auf die verbalen und nicht verbalen Mitteilungen des Gegenübers gerichtet. Hierdurch soll der Kommunikationsfluss gefördert und sichergestellt werden, dass die Informationen so genau wie möglich wahrgenommen werden; (2) *aktives Zuhören, Paraphrasieren*: Das, was die Wahrnehmung und Dekodierung einer Aussage beim Empfänger ergeben hat, wird ausgesprochen und zwar mit eigenen Worten (paraphrasiert). Eine bloße Wiederholung verweist lediglich auf gutes Gehör und Erinnerungsvermögen, nicht auf inhaltliches Verstehen; (3) *empathisches Kommunizieren* (*Empathie*): Während sich *Paraphrasieren* auf den expliziten Sachinhalt einer Äußerung bezieht, richtet sich empathisches Verstehen und Kommunizieren auch auf das, was nur angedeutet wird oder unausgesprochen mitschwingt. Neben der Verstehensfunktion richtet sich diese Stufe der

Gesprächsführung auch auf die Ebene der Beziehung zw. den Gesprächspartnern. *Beratung, psychologische.* Crisand & Crisand 2007.

W. Rechtien

Kommunikation, patientenzentrierte [engl. *patient-centered communication*], *Arzt-Patient-Interaktion, Partizipative Entscheidungsfindung (PEF).*

Kommunikation, tierische (= t. K.) [engl. *animal communication*], [**KOG, SOZ**], auch im Tierreich die wichtigste Form sozialer Interaktion und Verständigung zw. den Einzelindividuen und Voraussetzung der Koordination aller Aktivitäten im sozialen Verband (z. B. Vogelschwarm). Die vielfältigen Reize, die dieser Verständigung dienen, werden als *Signale* oder *Auslöser* bez. Sie können optischer, akustischer, geruchlich/chemischer, taktiler oder auch elektrischer Natur, und dabei einzelne Reize, ganze Muster oder Bewegungsabfolgen (Signalhandlungen) sein und stehen im Dienste des *Fortpflanzungsverhaltens,* der *Brutpflege,* der Gruppenbildung sowie des *Revierverhaltens.* Leuchtkäfer locken ihre Weibchen in der Dunkelheit mit Blinkzeichen herbei (optisch). Singvögel markieren ihr Territorium durch charakteristischen Gesang (akustisch), Seidenspinnerweibchen locken ihre Männchen durch Freisetzung von Duftstoffen (*Pheromone*) (chemisch), Kreuzspinnenmännchen balzen mit zupfenden Bewegungen am Netz des Weibchens (taktil), versch. Fische verständigen sich mit elektrischen oder Ultraschall-Impulsen. Den Signalen des Reiz sendenden Tieres (Sender) entspricht passgenau ein entspr. *Auslösemechanismus* beim Reiz empfangenden Tier. Dadurch ist die t. K. weitgehend festgelegt und eindeutig. Sowohl der Auslöser als auch der zugehörige Auslösemechanismus können an ihre kommunikative Funktion in der Stammesgeschichte angepasst sein. Eibl-Eibesfeldt 1967, Franck 1985.

C. Becker-Carus

Kommunikationsbarrieren (= K.) [engl. *barriers of communication*], [**SOZ**], ergeben sich aus Hindernissen, die die kommunikative Botschaft davon abhalten, das angezielte Publikum zu erreichen. K. hemmen den Informationsfluss. Sie können auf den folg. acht Stufen des Kommunikationsprozesses wirksam werden (Bovée & Thill 2008): (1) Sender hat eine Idee: Ideen sind unklar oder Ziele sind unklar; (2) Sender kodiert Idee in Botschaft: Nachricht ist nicht auf die Idee fokussiert und bringt Idee nicht auf den Punkt; (3) Sender produziert Botschaft in Medium: Entweder wird ein ungünstiges Medium für die Botschaft ausgesucht oder ein störendes Design lenkt vom Inhalt der Botschaft ab; (4) Sender übermittelt Botschaft durch Kanal: Lärmquellen stören, Ablenkung durch mehrere Botschaften verwirrt, Teile der Botschaft werden gefiltert oder der Kanal bricht zus.; (5) Publikum empfängt Botschaft: Wegen Unaufmerksamkeit oder Überbelastung wird Botschaft verpasst oder ignoriert (*Informationsverarbeitung*); (6) Publikum dekodiert Botschaft: Wegen *selektiver Wahrnehmung* kommt es zu Fehlinterpretation der Botschaft, emot. Untertöne verstellen die analytische Auswertung des Inhalts; (7) Publikum antwortet auf Botschaft: Die Antwort ist falsch oder wird vergessen zu verfassen; (8) Publikum liefert Feedback: Feedback wird vernachlässigt oder missverstanden, weil zu allg. oder zu persönlich formuliert wurde.

Generell gilt, dass Menschen frühere Erfahrungen und vorhandenes Wissen anwenden, um eine Botschaft zu interpretieren. Diese Strategie, die häufig erfolgreich ist, kann zu Fehlinterpretationen führen. Eigene widersprüchliche Erfahrungen des Empfängers und seine Emotionen interferieren mit dem Inhalt der Botschaft. Wie man Sprache benutzt, beeinflusst, wie Menschen eine Nachricht interpretieren. Täuschung und Wahrheit bestehen in der alltäglichen Kommunikation nebeneinander, wie Tagebuchstudien zeigen (DePaulo et al. 1996). Täuschung wird als eine kommunikative Handlung definiert, mit der intendiert wird, beim Empfänger einen Eindruck oder ein Verständnis hervorzurufen, den/das der Sender für falsch hält. Täuschung widerspricht den Maximen der offenen *Kommunikation.* Studierende gaben z. B. an, im Durchschnitt zweimal am Tag zu lügen. Es lassen sich zwei Typen von Lügen unterscheiden: Solche, die der Selbstdarstellung und den Eigeninteressen dienen, und solche, die andere vor neg. psychol. Implikationen schützen sollen (ihr Gesicht wahren, sie nicht bloßstellen etc.; *Eindrucksmanagement*). Selbst-orientierte Lügen überwiegen, außer wenn Frauen mit Frauen kommunizieren. In der Kommunikation von Männern mit Männern kommen sie bes. häufig vor. Durch nonverbale Indikatoren lassen sich Hinweise auf Täuschung finden (*nicht verbale Kommunikation, nonverbale Kommunikation*). Miller & Stiff 1993.

H.-W. Bierhoff

Kommunikationsmodell von Watzlawick et al. [engl. *communication model of Watzlawick et al.*], [**SOZ**], das von Paul Watzlawick (1921–2007; Psychoanalytiker und systemischer Familientherapeut) und seinen Mitautoren Janet H. Beavin und Don D. Jackson entwickelte Modell zw. menschlicher *Kommunikation* (= K.) beruht auf Erfahrungen bei der Erforschung der K. von schizophrenen Pat. Seine Grundlage wird von fünf pragmatischen Vorannahmen, sog. *Axiomen,* gebildet: (1) «Man kann nicht nicht kommunizieren»: Diesem Axiom liegt die Annahme zugrunde, dass jedes Verhalten, sobald es von anderen wahrgenommen wird, informativen Charakter hat, und es unmöglich ist, sich nicht zu verhalten. (2) «Jede K. hat einen Inhalts- und einen *Beziehungsaspekt,* wobei Letzterer den Ersteren bestimmt»: Zunächst stellt sich der Inhalt einer Mitteilung als Information über einen Sachverhalt dar. Gleichzeitig enthält sie aber auch einen weiteren Aspekt, der weniger augenfällig, aber ebenso wichtig ist – nämlich ein Hinweis darauf, wie der Kommunikator sie vom Rezipienten verstanden haben möchte, und kann als nicht intentionale und nicht explizite *Metakommunikation* aufgefasst werden. Diese K.ebene definiert in gewisser Weise die Beziehung zw. Sender und Empfänger. (3) «Die Natur einer Beziehung ist durch die Interpunktionen der K.abläufe seitens der Partner bedingt.»: Besonders in dieser Annahme zeigt sich Watzlawicks konstruktivistische Grundhaltung: K.partner können einen Gesprächsverlauf unterschiedlich gliedern und unterschiedliche Auffassungen darüber haben, was Anlass und was Reaktion z. B. in einer Auseinandersetzung ist. (4) «Menschliche K. bedient sich digitaler und analoger Modalitäten. Digitale K. haben eine komplexe und vielseitige logische Syntax, aber eine auf dem Gebiet der Beziehungen unzulängliche Semantik. Analoge K. hingegen besitzen dieses semantische Potential, ermangeln aber der, für die eindeutige K. erforderlichen, logischen Syntax»: Grundsätzlich gibt es zwei versch. Möglichkeiten, wie Objekte oder Sachverhalte kommunikativ dargestellt werden können: entweder durch eine Analogie (wie z. B. durch Gesten, Mimik, eine Zeichnung) oder durch einen Namen, einen Begriff. Die Worte der Sprache sind solche Namen, die – anders als Analogien – ihre Bedeutung durch Konventionen der Sprachbenutzer erhalten. Diese in Anlehnung an die elektronische Datenübertragung als digitale K. bezeichnete Informationsübertragung mithilfe vereinbarter Zeichen wie Wörtern, Buchstaben usw. dient in erster Linie der Übermittlung sachlicher Informationen. Die Benutzung von frei vereinbarten Zeichen ermöglicht die K. auch über Sachverhalte, die abstrakt und unanschaulich sind und daher nicht oder nur sehr begrenzt durch Analogien darstellbar sind. Mit der digitalen Datenübermittlung teilt sie deren Eindeutigkeit und Komplexität, außerdem ermöglicht sie logische Strukturen wie Wenn-dann-, Entweder-oder-Beziehungen. Allerdings: Bloßes Hören einer fremden Sprache (= *digitale K.*) führt nicht zum Verstehen, während oft weitreichende Informationen aus Gesten und Gebärden (= *analoge K.*) abgeleitet werden können. Zeichensprachen und Ausdrucksgebärden sind oft auch dann verständlich, wenn der jew. Kommunikator einer fremden Kultur angehört. Analoge K. dient nach diesem Modell in erster Linie der Übermittlung von Emotionen, Bewertungen usw. und der Def. der Beziehung zw. den K.partnern. Zusammen mit dem ersten Axiom ergibt sich eine bedeutsame Schlussfolgerung: In Face-to-Face-Situationen ist digitale Kommunikation immer von analoger Kommunikation begleitet. (5) «Zwischenmenschliche Kommunikationsabläufe sind entweder symmetrisch (gleichwertig) oder komplementär (ergänzend), je nachdem ob die Beziehung zwischen den Partnern auf Gleichheit oder Unterschiedlichkeit beruht»: Symmetrische Beziehungen zeichnen sich durch Streben nach Gleichheit und Verminderung von Unterschieden aus, in komplementären Beziehungen hingegen ergänzen sich Unterschiedlichkeiten. Obwohl die pragmatische K. theorie vor allem im Hinblick auf gestörte K.abläufe entwickelt wurde und diese aus einer klin. Perspektive betrachtet, bietet sie einen Analyserahmen auch für alltägliche (gelingende und gestörte) K. Wesentliche dieses Modells finden sich im *Vier-Seiten-Modell der Kommunikation von Schulz von Thun*. Watzlawick et al. 1967.

W. Rechtien

Kommunikationspsychologie [engl. *communication psychology*], s. Einleitung *Gebietsüberblick «I.17 Sozialpsychologie und Kommunikationspsychologie»*.

Kommunikationsstörungen [engl. *communication disorders*], *Entwicklungsstörungen, umschriebene.*

Kommunikationstheorie [engl. *communication theory*], *Informationstheorie.*

Kommunikationstherapie (= K.) [engl. *communication therapy*], [**KLI**], Behandlungsansatz von A. und K.H. Mandel, der indiv. Verhalten vorrangig als Strategie innerhalb eines Beziehungsnetzes begreift und weniger als historisch zu verstehendes Charakteristikum eines indiv. Menschen. Die Entstehung zw.menschlicher *Konflikte* wird nicht im Einzelnen gesucht, vielmehr in der Gruppe, bes. dem Paar, und deren *Kommunikation (Paartherapie)*. Eine Änderung der Regeln dieses Beziehungsnetzes soll die Aufgabe problematischer Verhaltensstrategien zugunsten neuer, befriedigenderer Lösungen ermöglichen. In gleicher Bedeutung die *Strategische Therapie* nach J. Haley und die *Systematische Therapie* nach M. Selvini. Die systemtheoretische Betrachtungsweise richtet den Blick auf das präsentierte Symptom sowie auf die Eigenschaften und Regeln des umgebenden Beziehungssystems. Die Therapie ist direktiv, gegenwartsorientiert und symptomorientiert. Veränderungen werden über pos. Neuerfahrungen erwartet. Bekannt geworden sind v. a. die Verfahren der *paradoxen Intention* nach V.E. Frankl oder *Symptomverschreibung* nach P. Watzlawick. Es wurden aber noch eine Reihe zusätzlicher Verfahren der Umattribuierung oder zum Einsatz von *Imaginationstechniken* entwickelt. Auch zur therap. Gesprächsführung, insbes. zum Einsatz der versch. Ebenen der Kommunikation im therap. Gespräch, existieren Arbeiten. In der K., verbunden mit Namen wie P. Watzlawick, A. & K. H. Mandel und J. Hayley, wird indiv. Verhalten aus dem Stellenwert in einem Beziehungsnetz verstanden und therap. angegangen. *Systemische Therapie.*

D. Zimmer/F. Caspar

Kommunikationstraining (= K.) [engl. *communication training*], [**SOZ**], zielt auf die Verbesserung der kommunikativen Kompetenz von Mitgliedern sozialer Systeme, z. B. Arbeitsgruppen oder Organisationen. Häufig beruhen sie auf dem *Kommunikationsmodell von Watzlawick et al.* und/oder dem sog. *Vier-Seiten-Modell der Kommunikation von Schulz von Thun*. Angestrebt wird eine Verbesserung im Umgang mit den versch. Aspekten einer Mitteilung, eine zielorientierte Vermittlung kommunikationstheoretischer Einsichten, emot. Selbsterfahrung und neuer kommunikativer Verhaltensweisen. Durchgeführt werden die Trainings häufig in Laboratoriumsform mit einer Dauer zw. drei Tagen und zwei Wochen. Kritische Einwände betreffen die Tatsache, dass K. oft mit einem situationsunspezifischen Konzept darüber antreten, welche Art und Weise der *Kommunikation* die richtige ist. *Metakommunikation, gruppendynamisches Laboratorium*. Schulz von Thun 1994, Watzlawick et al. 1967.

W. Rechtien

Kommutation, Kommutativität [engl. *commutation, commutativity*; lat. *commutare* austauschen], [**FSE**], Vertauschung, Vertauschbarkeit. Eigenschaft best. Operationen mit Zahlen, Mengen oder logischen Ausdrücken. Kommutativ ist z. B. die Addition: $a + b = b + a$.

Komorbidität (= K.) [engl. *comorbidity*; lat. *com* zus., *morbus* Krankheit], [**KLI**], syn. *Begleiterkrankung*; ist das gemeinsame Auftreten versch. psych. Erkrankungen bei einer Person in einen best. Zeitraum, also z. B. das gleichzeitige Leiden an einer *Angststörung* und einer depressiven Störung. Wenn eine psych. Störung gemeinsam mit einer körperlichen Erkrankung auftritt (z. B. eine Angststörung mit Diabetes), wird von *Multimorbidität* gesprochen. Der Begriff K. verweist in seiner Herkunft auf med. Krankheitsvorstellungen (*Krankheitsmodelle*), die davon ausgehen, dass es sich auch bei psych. Störungen um kategorial unterscheidbare Phänomene handelt, die voneinander unabhängig und klar abgrenzbar sind und die jew. für sich ein eigenständiges Entstehungs- und Verlaufsprofil haben (Krankheitsmodell psych. Störungen). Mit dem Begriff K. wird versucht, das unerwartet häufige gemeinsame Auftreten von psych. Störungen zu beschreiben: Wird ein Zeitraum von 12 Monaten zugrunde gelegt, treten Zwei- und Mehrfachdiagnosen bei psych. Störungen insges. etwa in 40 bis 50 % der Fälle auf. Bes. hohe K. weisen bei Erwachsenen Angststörungen, *affektive Störungen* (versch. Formen der *Depression*), *Substanzabhängigkeiten*, *somatoforme Störungen* und *Essstörungen* auf. Bei Kindern und Jugendlichen ist die K. ebenfalls sehr ausgeprägt, bspw. sind Mehrfachdiagnosen bei aggressiv-oppositionellen Verhaltensstörungen deutlich häufiger als die Einzeldiagnose. Das Ausmaß der K. variiert mit der Länge des Beobachtungszeitraums, von schwierigen persönlichen Lebensumständen, dem Geschlecht (bei Frauen höher), niedrigem Gesundheitszustand und dem Schweregrad der psych. Beeinträchtigung (je mehr Diagnosen, umso größere Beeinträchtigung und umso ungünstigere Prognose). Da die K. bei psych. Störungen eher die Regel als die Ausnahme ist, erscheint fraglich, ob sich psych. Störungen genauso wie körperliche Erkrankungen eindeutig kategorial unterscheiden lassen oder ob die Übergänge zw. versch. psych. Störungen eher fließend sind. Bastine 2012, Jacobi et al. 2004. *R. H. E. Bastine*

Kompatibilität *Handlungs-Wahrnehmungs-Kompatibilität, Reiz-Reaktions-Kompatibilität.*

Kompensation (= K.) [engl. *compensation*; lat. *compensare* ausgleichen], Ausgleich, Ersatz, wechselseitige Aufhebung entgegenwirkender Kräfte. **[SOZ]**, *Soziale K.* bez. die motivations- bzw. leistungssteigernde Wirkung während der Bearbeitung von Gemeinschaftsaufgaben bei Personen, die bei anderen Gruppenmitgliedern eine geringere Leistung oder Leistungsfähigkeit vermuten.
[KLI], aus psychoanalytischer Perspektive (*Individualpsychologie*) ist K. eine bewusste oder unbewusste Strategie, durch die das Individuum psych. Mängel auszugleichen versucht (z. B. das Streben nach Vollwertigkeit oder Überwertigkeit bei Minderwertigkeitsgefühlen). **[KOG]**, *Kognitive K.* bez. den Ausgleich eines obj. oder subj. erlebten Ungleichgewichts zw. verfügbaren Fähigkeiten und Umweltanforderungen. Die K. kogn. Defizite spielt insbes. bei Pat. mit Hirnschädigungen eine große Rolle.
[BIO], *Neuropsychol. K.* umfasst die therap. angeleitete Verwendung von Strategien (z. B. Gedächtnisstrategien), die Verbesserung der Realitätsanpassung und -überprüfung sowie die kogn. Bewältigung von Krankheitsfolgen. I. R. der K.therapie wird versucht, Defizite durch Investition von mehr Anstrengung, Substitution durch intakte Funktionen, Entwicklung neuer Fähigkeiten, Verände-

rung von Erwartungen oder Auswahl alternativer Ziele auszugleichen.
[EW], *Altern, erfolgreiches, Selektion, Optimierung und Kompensation, Modell der (SOK-Modell).* Sturm et al. 2009. *M. Peper*

Kompensationstracking [engl. *compensation tracking*; lat. *compensare* ausgleichen], *tracking.*

kompensatorische Modelle [engl. *compensatory models*; lat. *compensare* ausgleichen], *paramorphe Modelle.*

kompensatorischer Ausgleich (= K. A.) [engl. *compensatory compensation*; lat. *compensare* ausgleichen], **[FSE]**, Form der *Treatmentverunreinigung* bei *Evaluations*studien (*interne Validität, Bedrohungen für die*). Nimmt z. B. ein Therapeut an, dass ein Studienteilnehmer aufgrund seiner Zugehörigkeit zu einer Untersuchungsgruppe benachteiligt wird (z. B. weil ein innovatives Therapieelement vorenthalten wird), so liegt K. A. vor, wenn er zur Kompensation der Benachteiligung zusätzliche Behandlungselemente einführt. Hierdurch kann der messbare *Treatment*effekt verfälscht werden.

kompensatorischer Wettstreit (= k. W.) [engl. *compensatory rivalry*; lat. *compensare* ausgleichen], syn. *John-Henry-Effekt*, **[FSE]**, Form der *Treatmentverunreinigung* bei Evaluationsstudien (*interne Validität, Bedrohungen für die*). Nehmen Pbn einer *Kontrollgruppe* wahr, dass erwartet wird, dass diese z. B. bzgl. der Leistung von Pbn der *Experimentalgruppe* unterlegen sein sollen (z. B. weil in der Experimentalgruppe eine Neuerung eingeführt wird, die als vorteilhaft wahrgenommen wird), so kann eine bes. Motivation und Anstrengungsbereitschaft bei Teilnehmern der Kontrollgruppe entstehen. Der k. W. findet insbes. statt, wenn die Studienteilnehmer fälschlicherweise vermuten, dass die Studienbefunde Hinweise auf ihre persönliche Leistungsfähigkeit liefern sollen. *Hawthorne-Effekt.* Saretsky 1972, Shadish et al. 2001.

Kompetenz (= K.) [engl. *competence*; lat. *competere* zu etwas fähig sein, wetteifern], **[AO, EM, KOG, PÄD, PER]**, kontextspezifische(s) Leistungspotenzial oder -disposition; K. kann als eine «im Handeln aktualisierbare persönliche Handlungsdisposition» (*Disposition*) definiert werden (Bernien 1997), die die erfolgreiche Bewältigung von Leistungsanforderungen oder anspruchsvollen Aufgaben determiniert. K. bez. ein Leistungskonstrukt, das stärker als das *Konstrukt* der *Intelligenz* den Handlungsbezug in realen Kontexten berücksichtigt. Die Kontextspezifität von K. impliziert, dass die Def. und Einschätzung von K. die intendierte Anwendungssituation berücksichtigen muss. Bspw. ermöglicht ein Studium den Erwerb berufsbezogener allg. Kompetenzen: Aber erst die Kenntnis des Anforderungsprofils der tatsächlich anschließend ausgeführten beruflichen Tätigkeit best., ob der Beruf kompetent ausgeführt werden kann. K. werden durch *Erfahrung* erworben (*Lernen*) und sind durch Erfahrung (Interventionen, Bildungsprozesse; *Bildung*) veränderbar. Spezifischere Def. des K.begriffs variieren insbes. in Abhängigkeit der Inhaltsbereiche (z. B. *berufliche Kompetenzentwicklung, emotionale Kompetenz, Gesundheitskompetenz, Lesekompetenz, mathematische Kompetenzen, Entwicklungsmodell,* *soziale Kompetenzen*), und der – neben der kogn. Komponente – berücksichtigten Verarbeitungsaspekte (z. B. emot., motivationale, soziale). In der psychol. Forschung hat es sich für die Nützlichkeit des K.begriffs als kritisch erwiesen, dass dieser hinreichend genau operationalisiert und die theoriebasierte Annahme inbes. zur Dimensionalität und Struktur psychometrisch validiert werden muss. Kompetenzstrukturmodelle und Kompetenzniveaumodelle stellen typische Modellierungsansätze dar (*Kompetenzmodelle*).

Unscharfe Def. des K.begriffs werden für die K.diagnose und die differerenzierte Theorieformulierung und -prüfung als wenig hilfreich erachtet. So werden K. im päd. Diskurs z. T. als Persönlichkeitsdimension (*Persönlichkeitsmerkmal*) verstanden, die sich umfassend auf die «fühlenden, denkenden, wollenden und handelnden Individuen» (Erpenbeck & Heise 1999) während ihrer lebensbegleitenden Lern- und Entwicklungsprozesse bezieht. Diese sollen ein lebenslanges und zunehmend *selbstgesteuertes Lernen* ermöglichen, wobei der Lernende selbstverantwortlich in päd. gestalteten Lernumgebungen agieren soll. Ein solch umfassender Def.ansatz kann nur durch die Identifikation bedeutsamer Subdimensionen und differenzierbarer Zusammenhangsstrukturen empirisch zugänglich werden. I. d. S. ist K. eher als komplexer inhaltsbezogener Aspekt denn als analytisch zugängliches Konstrukt zu verstehen. Die in der Bildungsforschung (*Large Scale Assessment*, *Schulleistungsstudien*) häufig zugrunde gelegte Def. von Weinert (2001) ist i. Ggs. hierzu spezif. gefasst. Er fokussiert den kogn. Aspekt (*Kognition*) der K., der insbes. Kenntnisse, *Fertigkeiten*, *Strategien*, Routinen und bereichsspezif. *Fähigkeiten* beinhaltet. Affektive und motivationale Aspekte (*Affektivität*, *Motivation*) werden hierbei als notwendige Voraussetzungen oder Moderatorvariablen, nicht aber als Teilkomponenten des K.konstrukts aufgefasst. Diese Spezifizierung des K.begriffs ermöglicht (1) eine konzeptuelle Trennung von K. und nicht bzw. schwerer förderbarer allg. kogn. Leistungskonstrukte (*Intelligenz*; *Konstruktvalidität*; Prenzel et al. 2007), (2) eine besser dimensional abgrenzbare ein- oder mehrdimensionale Operationalisierung (*Item-Response-Theorie (IRT)*, *Skalierung*, *Gütekriterium*), (3) die konzeptuelle Trennung und unabhängige Modellierung von i. R. von Bildungsprozessen gut abgrenzbaren Einflussgrößen (insbes. Motivation, *Einstellung*) sowie (4) die Adaptation der Def. und Operationalisierung von K.konstrukten an den jew. Inhaltsbereich (Passung von spezif. Bildungszielen und Assessmentverfahren). Inwiefern die Ausgrenzung leistungsrelevanter Teilaspekte (wie z. B. motivationaler und affektiver Komponenten) aus der Kerndefinition des K.begriffs eine hilfreiche Fokussierung oder aber eine unzulässige Vereinfachung darstellt, ist Gegenstand der Forschung. *Bildungsforschung*. Klieme et al. 2007, Hartig & Klieme 2006.

Kompetenz, emotionale emotionale Kompetenz.
Kompetenz, interkulturelle interkulturelle Kompetenz.
Kompetenz, professionelle [engl. *professional competence*], *Professionalisierung von Lehrkräften*.

^Test^**Kompetenzanalyseverfahren (KANN)**, 2012, F. Petermann, M. H. Schmidt & M. Suing, [www.testzentrale.de], [**DIA, GES, PÄD**]. Fremdbeurteilungsverfahren zu personenbezogenen Ressourcen. AA 6–18 Jahre. Das KANN dient der differenzierten Beurteilung von aktuell verfügbaren Ressourcen. Die Beurteilung erfolgt durch eine nahe Bezugsperson, die den Alltag des Kindes/Jugendlichen gut einschätzen kann. Das KANN umfasst 58 Aussagen, die pos. Fähigkeiten und Verhaltensweisen beschreiben. Die Aussagen verteilen sich auf vier Skalen: (1) *Empathie und Fairness*, (2) *Freizeitverhalten und Gleichaltrige*, (3) *Leistungsverhalten* sowie (4) *Selbstständigkeit im Alltag*. Alle Aussagen beziehen sich auf einen Beurteilungszeitraum von sechs Monaten und sind verhaltensnah formuliert, um eine obj. Bewertung zu ermöglichen. Das Verfahren dient der Ableitung von Förder- und Therapiezielen, die sich auf gut lern- und trainierbare Kompetenzen beziehen. *Normierung*: Es liegen altersspezifische T-Werte und Prozentränge für eine Normstichprobe ($N = 975$) sowie für eine Vergleichsstichprobe von Kindern und Jugendlichen, die i. R. von Erziehungshilfen betreut wurden ($N = 430$), vor. Bearbeitungsdauer: ca. 5–10 Min., Auswertungszeit ca. 2–5 Min.

Kompetenzentwicklung (= K.) [engl. *competence development*], [**EW, KOG, PÄD, PER**], erweitert den Erlebens- und Verhaltensspielraum. Sie betrifft die *Wissen*, die *Selbstwahrnehmung* und *Selbstregulation* sowie den Umgang mit dem Umfeld in allen Persönlichkeits- und Leistungsbereichen (*Erfahrungsbildung*). Neue *Bildung*skonzepte mit Fokus auf beschreibbare Bildungs-Outcomes anstelle von Lehrinhalten betonen diesen übergreifenden Ansatz als Entwicklungsziel und gehen somit über die Verbesserung der kogn. bzw. rationalen Fähigkeiten (*Kognition*, *Fähigkeit*) hinaus (s. auch versch. Def. der *Kompetenz*). Als klass. Bereiche der K. werden unter anderem beschrieben: Rechtschreiben (*Schreiben*, Schneider 1997), *Lesen* (Scheerer-Neumann 1997), Texte verstehen und formulieren (Eigler 1997), Fremdsprachen beherrschen (*Fremdsprachenerwerb*, Krumm 1997), Informieren und Kommunizieren (*Kommunikation*, Schneewind, Pekrun 1994, Witte 1997), Mathematik und Naturwissenschaften verstehen und anwenden (Stern 1997), *Emotionen* verstehen und kultivieren (*Emotionsregulation*, Ulich 1994), Moralkonzepte aufbauen (*Entwicklung, moralische*, *Gerechtigkeit Ungerechtigkeitssensibilität*, Montada 1994, Preiser 1994, Oser 1997), *Gesundheit* fördern (Fuchs & Schwarzer 1994), Sport verstehen und anwenden (Nitsch & Singer 1997), Musik und Kunst gestalten und erleben (Oerter & Bruhn 1997), sich beruflich befähigen (Achtenhagen 1994, Prenzel et al. 1997), *Lernen, selbstgesteuertes* und *Lernen lernen* (Friedrich & Mandl 1997, Weinert & Schrader 1997). *berufliche Kompetenzentwicklung*. W. Echterhoff

Kompetenzerwartung *Selbstwirksamkeitserwartung*.

Kompetenzmodelle (= K.) [engl. *competence models*], [**DIA, PÄD**], bilden die Grundlage zur Erfassung und empirischen Analyse von *Kompetenzen*. Kompetenzniveaumodelle dienen der Spezifizierung von Fähigkeiten, über die ein Pb verfügt: Das Schwierigkeitsniveau von

Aufgaben, das von dem Pb gerade eben noch erfolgreich bewältigt werden kann, wird zur Charakterisierung der Kompetenzausprägung herangezogen. Hierbei gelten Modellierungen nach den Annahmen der *Item-Response-Theorie (IRT)* als optimale Grundlage. Mittels der IRT werden Aufgaben bestimmt, die sich auf derselben Dimension anordnen lassen (*Eindimensionalität*), sodass begründet davon ausgegangen werden kann, dass alle Aufgaben dieselbe latente Fähigkeit (Kompetenz) erfassen. Für jeden Pb kann nach Bearbeitung der Aufgaben eine quantitative Kompetenzausprägung bestimmt werden, die ihr Leistungsniveau repräsentiert. Aufgrund der zugrunde liegenden IRT-Modellierung kann für jede Kompetenzausprägung angegeben werden, welche Aufgabenschwierigkeiten unter- bzw. oberhalb des Fähigkeitsniveaus des Pb liegen. Anders als bei normorientiertem Testen, bei dem bestimmt wird, wie die Leistung eines Pb relativ zu anderen Populationsmitgliedern einzuordnen ist (*Normierung*), erlaubt diese Vorgehensweise eine kriteriumsorientierte Interpretation der Kompetenzschätzung: es kann angegeben werden, welche Aufgaben bzw. Leistungsanforderungen das Kompetenzniveau repräsentieren. Dies ist insbes. dann vorteilhaft, wenn aufgrund der Testbefunde abgeleitet werden soll, welcher indiv. Kompetenzentwicklungsbedarf besteht und welche Aufgaben geeignet sind diesen Entwicklungsbedarf zu fördern.

Zur praktisch besseren Verwertbarkeit der Testergebnisse werden i.d.R. inhaltlich möglichst gut interpretierbare und abgrenzbare *Kompetenzniveaus* oder *Kompetenzstufen* identifiziert. Nach Rangreihung der inhaltshomogenen Aufgabengruppe gemäß der Aufgabenschwierigkeiten, werden Skalenabschnitte bestimmt, für die angenommen werden kann, dass eine kritische Kompetenzausprägung notwendig ist, um Aufgaben dieser Stufe zu bewältigen. Kompetenzstufen repräsentieren also Schwierigkeitsbereiche auf der ursprünglich kontinuierlichen Skala. Die Grenzen oder Übergänge zw. benachbarten Stufen indizieren einen kritischen Kompetenzzuwachs, der aus fachinhaltlicher oder didaktischer Perspektive als bedeutsam angesehen wird. I.d.R wird in der Schulleistungsdiagnostik (z.B. *Large Scale Assessment*) eine Einteilung der ursprünglich kontinuierlichen Kompetenzskala in 3–6 Stufen vorgenommen.

Kompetenzstrukturmodelle dienen der Analyse der dimensionalen Struktur von Kompetenzen oder Kompetenzbereichen. Es werden entweder exploratorische Ansätze verfolgt (z.B. *Faktorenanalyse, exploratorische*) oder aber theoriebasiert entwickelte Strukturmodelle geprüft oder in einem konkurrierenden Modellvergleich verglichen (z.B. *Faktorenanalyse, konfirmatorische, informationstheoretische Maße*). Eine typische Fragestellung könnte hier lauten: Sind mathematische Kompetenzen eindimensional oder mehrdimensional strukturiert? Zeigen sich mehrere bedeutsame Subdimensionen, so muss zur empirischen Erfassung jeder identifizierten Dimension ein separates Kompetenzniveaumodell empirisch validiert werden (alternativ: multidimensionale IRT-Modelle). Kompetenzstrukturmodelle können (a) zur theorieorientierten empirischen Analyse eines Kompetenzbereichs (*Konstruktvalidität*) oder (b) als Basis für eine begründete dimensionale Diagnostik von Kompetenzniveaus verwendet werden. Klieme et al. 2007, Embretson 2006.

Kompetenzmodelle, arbeits- und organsationspsychologische (= a. K.) [engl. *competence model, work- and organisational psychological*], [**AO, DIA, PÄD**], a. K. dienen dazu, die für eine berufliche Aufgaben- bzw. Anforderungsdomäne erforderlichen *Kompetenzen* genauer zu bestimmen, um diese für unterschiedliche *Personalmanagement*aufgaben (insbes. zur Unterstützung von analytischen und diagn. Aufgaben im Bereich der *Personalentwicklung*) präzise und valide zu beschreiben und damit auch einer Messung bzw. Prüfung zugänglich zu machen (*Kompetenzmodelle*). A. K. sind das Kernelement eines betrieblichen Kompetenzmanagements, durch welches Kompetenzen auf indiv., teambezogener und organisationaler (*Organisation*) Ebene systematisch und strategieorientiert durch Personal(entwicklungs)maßnahmen auf- und ausgebaut werden sollen (Grote et al. 2008).

Ziel der Kompetenzmodellierung ist es, insbes. die leistungs- bzw. erfolgsrelevanten Kompetenzen und -facetten für betriebliche Aufgaben und Positionen zu identifizieren und zu beschreiben (Schaper 2004). Entsprechende Kompetenzbeschreibungen beinhalten meist eine spezif. Kombination von *Kenntnissen*, *Fähigkeiten*, *Fertigkeiten*, motivationalen Orientierungen (*Motivation*, *Motiv*) und Persönlichkeitseigenschaften (*Persönlichkeitsmerkmal*), welche die Kompetenz charakterisieren. In einem a.K. werden somit die Struktur und das Gefüge von Anforderungen und Leistungsvoraussetzungen beschrieben, deren Beherrschung von den Mitarbeitern in einem best. Organisations- oder Aufgabenkontext erwartet wird. Dabei können sich die Kompetenzen auf Anforderungen in einer Organisation als Ganzes, auf Tätigkeiten, die sich zu einer Funktions- oder Berufsgruppe (Job-Familie) zus.fassen lassen, oder eine spezif. Funktion, Tätigkeit oder Aufgabe beziehen. In einem a.K. werden außerdem nicht nur fachliche, sondern auch fach- und branchenübergreifende Kompetenzen abgebildet (z.B. Kompetenzen zur *Selbstorganisation*, *Problemlösung* und Entscheidungsfindung (*Entscheiden*) oder sozial-kommunikative Kompetenzen (*Kommunikation*).

Üblicherweise sind die im Modell enthaltenen Leistungsvoraussetzungen und Kompetenzmerkmale in Gruppen oder Clustern strukturiert – meist als *Dimensionen* bzw. Subdimensionen bezeichnet. Innerhalb der Kompetenzdimensionen werden außerdem oftmals versch. Kompetenzgrade unterschieden, da sich damit Kompetenzausprägungen von Beschäftigten auf unterschiedlichen Niveaustufen abbilden lassen. Die entspr. Kompetenzdimensionen, -facetten und -stufen sind anhand beobachtbarer und messbarer *Verhaltens*indikatoren zu beschreiben, da die präzise *Operationalisierung* eine Voraussetzung für die Diagnostik und das Management von Kompetenzen darstellt.

In der Personalpraxis werden unterschiedliche Ansätze bei der Kompetenzmodellierung praktiziert. Es werden vor allem folg. drei Perspektiven bzw. meth. Zugänge unterschieden (Briscoe & Hall 1999): (1) Beim *strategiebasierten Ansatz* werden die Kompetenzen der Mitarbeiter und Führungskräfte anhand der Unternehmensstrategie, also der zukünftigen strategischen Ausrichtung des Unternehmens, abgeleitet. Dies ermöglicht eine zukunftsbezogene Formulierung der Anforderungen, wobei solche Kompetenzbestimmungen und -beschreibungen versch. Fehlerquellen unterliegen können. (2) Beim *forschungsbasierten Ansatz* werden die erfolgsrelevanten Kompetenzen von betrieblichen Positionen mithilfe best. *Interview*techniken (insbes. Varianten der *critical incident technique*) identifiziert, indem durch den Vergleich von «Könnern» und «Durchschnittskräften» nach Zusammenhängen zw. best. Kompetenzmerkmalen und erfolgreichem Verhalten gesucht wird. Dieses empirische Vorgehen hat sich als valider erwiesen, wobei zukünftig zu erwartende Veränderungen der Kompetenzanforderungen mithilfe dieses Zugangs nicht erfasst werden und damit die strategische Ausrichtung der Personalentwicklung vernachlässigt wird. (3) Der *wertebasierte Ansatz* sieht als Ausgangspunkt der Kompetenzmodellierung die Betrachtung der unternehmenskult. Normen (*Normen, soziale*) und *Werte* vor, wobei insbes. die Geschäftsführung bzw. obere *Management*ebene Einfluss auf die Kompetenzformulierungen nimmt. Dieser Zugang ist somit in höherem Maße strategieorientiert, weist aber Nachteile in Bezug auf die Validität sowie Konkretheit und Präzision der Kompetenzformulierungen auf. In der Unternehmenspraxis wird der forschungsbasierte Ansatz auch häufig mit dem strategie- oder wertebasierten Ansatz kombiniert, um die Vorzüge beider Ansätze miteinander zu kombinieren.

Mit der Modellierung von Kompetenzen im Kontext der betrieblichen Personalarbeit wird eine wesentliche Basis für die systematische und strategisch orientierte Personalarbeit geschaffen. Mögliche Anwendungen von K. im Personalmanagement werden insbes. für die strategische Personalplanung, die Personalrekrutierung und -auswahl, die betriebliche Qualifizierung, die Karriere- und Laufbahnplanung sowie die *Leistungsbeurteilung* und das Leistungsmanagement beschrieben. Mit a. K. wird somit auch die integrative Betrachtung der genannten Personalfunktionen unterstützt. Gegenüber herkömmlichen arbeits- bzw. anforderungsanalytischen Methodiken (*Anforderungsanalyse*) sind Ansätze zur Kompetenzmodellierung meist breiter und tätigkeitsübergreifender bei der Anforderungsbestimmung ausgelegt, die Kompetenzbeschreibungen können leichter in die zu erfassenden *Konstrukte* oder zu trainierenden Leistungsmerkmale übersetzt werden und sie unterstützen wirkungsvoller die Integration und strategische Ausrichtung der Personalarbeit. Sie weisen allerdings Probleme in der empirischen Fundierung und der Validität der Konstrukte und Anforderungsbeschreibungen auf. Grundsätzlich sind auch an a. K. Anforderungen bzgl. ihrer Validierung zu stellen. Zur inhaltlichen sowie konstrukt- und kriteriumsbezogenen Validierung von betrieblichen a. K. liegen allerdings bisher kaum entspr. Studien vor. *N. Schaper*

Kompetenzmotiv [engl. *competence motive*; lat. *competere* zu etw. fähig sein, wetteifern], *Entwicklung, motivationale*.

Kompetenztraining (= K.) [engl. *competence training*], [**KLI**], Methode der *Verhaltenstherapie*, bei der insbes. Fähigkeiten im Umgang mit anderen Menschen vermittelt werden, weshalb insbes. von *Training sozialer Kompetenz (TSK)* die Rede ist. Letzteres ist nicht nur, wenn Defizite in *sozialer Kompetenz* im Vordergrund stehen, bedeutsam, sondern auch als Teil der Therapie der *Agoraphobie*, *Panikstörung* u. a. m., weil es dabei erstens um das Füllen von Wissens- und Fähigkeitsdefiziten geht, andererseits erlebte soziale Kompetenz ein Antagonist gegen *Angst* und *Depression* ist. K. ist verbunden mit Namen wie A. Salter, J. Wolpe, A. A. Lazarus sowie R. und R. Ullrich. Gegenstand sind die subj. Einstellung zu sich selbst, Wissen um Prozesse der sozialen Beeinflussung, Rechte gegenüber Behörden etc., Fähigkeiten zur adäquaten Wahrnehmung von sich selbst und anderen, soziale Fertigkeiten und die Fähigkeit, diese auch adäquat (nicht aggressiv, nicht zum Schaden anderer) einzusetzen, soziale Angst und Hemmung und der Abbau von Vermeidungsstrategien (*Selbstregulation*). In einem strukturierten Vorgehen, vorzugsweise in Gruppen, wird eine Reihe unterschiedlicher Techniken, wie z. B. *Verstärkung*, *Modelllernen*, *Rollenspiel*, Rückmeldung, kogn. Techniken, eingesetzt. Angestrebt wird dabei eine Veränderung abwertender *Selbstverbalisationen*, eine adäquate Wahrnehmung eigener und fremder Reaktionen und Situationen, ein adäquates soziales Verhalten, ein Aufbrechen des sozialen Rückzugs und eine Bewältigung der sozialen Angst durch schrittweisen Abbau von *Vermeidungsverhalten* und den Aufbau aktiven Bewältigungsverhaltens (*Coping*), um dem Pat. schließlich eine angstfreie und selbstsichere Interaktion zu ermöglichen. Das Therapieverfahren, oft auch Teil umfassenderer Therapien, hat sich bei einem großen Spektrum an Störungen als wirksam erwiesen. Die primäre Indikation sind *soziale Phobie*, Unsicherheit und Fähigkeitsdefizite. TSK wird aber auch bei *psychosomatischen* und anderen psych. Störungen (*Persönlichkeitsstörungen*, *Depressionen*) einzeln und in Gruppen, ambulant und stationär erfolgreich eingesetzt. Die *Wirksamkeit* ergibt sich aus der Summe der einzelnen Bestandteile, die einzeln schwer zu evaluieren sind. *Kompetenzentwicklung*. Hinsch & Pfingsten 2005. *F. Caspar*

Komplementäre Analyse und Gestaltung von Produktionsaufgaben in soziotechnischen Systemen (KOMPASS), 1999, G. Grote, T. Wäfler, C. Ryser, S. Weik, M. Zölch & A. Windischer, [**AO, DIA**], arbeitspsychol. Verfahren. Das Verfahren unterstützt die Analyse und Gestaltung von Arbeitssystemen mit bes. Berücksichtigung der optimalen Arbeitsteilung von Mensch und Technik. Drei Analyseebenen werden unterschieden: (1) Mensch-Maschine-Funktionsteilung, (2) indiv. Arbeitsaufgabe und (3) Arbeitssystem. Für jede Ebene sind Kriterien definiert, an denen sich die Analyse und Gestaltung orientieren. Übergeordnete Gestaltungsziele sind die Wahrung menschlicher Kontrolle über technische Systeme, die Förderung von Motivation durch Aufgabenorientierung und die Schaffung selbstregulierter Arbeitssysteme, basierend

auf dem Grundsatz des soziotechnischen Systemansatzes, gemäß welchem Schwankungen und Störungen in Arbeitsprozessen lokal bewältigt werden sollen. Im Verfahren werden detaillierte Anleitungen für die Nutzung der Kriterien in der Analyse- und Gestaltungsphase von Technikentwicklungsprojekten gegeben. *Mensch-Technik-Organisationsanalyse*. Grote et al. 1999, Wäfler et al. 1999.
G. Grote

Komplementärfarben (= K.) [engl. *complementary colors*; lat. *complere* ergänzen], syn. *Ergänzungsfarben*. [WA], in der Literatur findet man den Ausdruck K. (Gegenfarben, Ergänzungsfarben) für alle Paare von Farben, die, in jew. best. Verhältnis additiv gemischt, Weiß ergeben. Goldstein 2007.

Komplementarismus, binasaler [engl. *binasal complementarity*], [WA], das Sichaufheben zweier Gerüche (z. B. Rizinus – Vanille), die getrennt den zwei Nasenlöchern zugeführt werden, ohne dass chemisch ein geruchloser Körper entsteht. *Geruch*.

Komplementaritätsprinzip (= K. p.) [engl. *complementarity principle*; lat. *complere* ergänzen], [FSE, PHI], ist ein erkenntnistheoretischer Begriff für zwei gegensätzliche, einander ausschließende, nicht aufeinander reduzierbare Beschreibungsweisen oder Versuchsanordnungen, die aber zum Verständnis eines Phänomens oder Sachverhaltes im Ganzen notwendig sind. Häufig ist nur ein Sowohl-als-auch gemeint, doch gibt es auch methodologisch strengere Begriffsfassungen. Ähnliche Auffassungen und Vorläufer dieses Konzepts sind zu finden: in der chinesischen Philosophie mit dem *Yin-Yang-Prinzip*, in Baruch de Spinozas *Zwei-Attribute-Lehre* (Doppel-Aspekt-Lehre), nach welcher Geist und Materie zwei Seiten ein- und derselben Sache sind («una eademque res»), oder bei Gottfried Wilhelm Leibniz; in der Ps. bei *Fechner* und in der Erkenntnislehre *Wundts*.

Der Physiker Niels Bohr prägte 1927 den Begriff *Komplementarität* (= K.) für den Sachverhalt, dass das Licht in best. physikal. Versuchsanordnungen als Wellenphänomen erscheint, in anderen Versuchsanordnungen als Teilchenstrahlung. Diese Ergebnisse aus eigenständigen, einander ausschließenden Experimenten ergänzen sich wechselseitig zum Gesamtbild der Wirklichkeit und überwinden ihre jew. «meth. Blindheit» (C. F. von Weizsäcker) für an sich gleichzeitig bestehende Eigenschaften eines Sachverhalts. Eine Entsprechung des K. p. findet sich in Werner Heisenbergs quantenphysikalischer Unschärferelation, dass Ort und Impuls eines Teilchens nicht gleichzeitig zu erfassen sind.

In Niels Bohrs (1931, 1937) Begriffsbildung sind drei Varianten auseinanderzuhalten: Die Version 1 besagt, dass eine K. von Beschreibungen (Beobachtungen) auf derselben Ebene von *Kategorien* besteht, denn beide, Welle und Teilchen, sind elementare physikal. Konzepte. Bei Version 2 wird eine K. von Beschreibungen auf kategorial versch. Ebenen behauptet. Bohr nannte hier bereits den Ggs. von Beobachter und Beobachtetem (*Akteur-Beobachter-Unterschied*), Subjekt und Objekt (heute auch Erste- und Dritte-Person-Perspektive genannt) sowie das *Leib-Seele-Problem* u. a. Version 3 meint K. als universale Erkenntnishaltung und wiss. Programm (nach Bohrs Motto: «contraria sunt complementa» – Gegensätze ergänzen sich).

Das K. p. wurde in versch. Wissenschaftsbereiche übernommen, z. B. in die Komplementärmedizin, wird häufig nicht als Lösung eines Problems, sondern als Vermittlungsversuch verstanden und steht damit Konzepten wie Multiplismus, Perspektivität und Perspektivenwechsel, multi-referenzielles Konstrukt nahe. Kritisch wurde eingewendet, die Verallgemeinerung des ursprünglichen Begriffs auf andere Gegensätze liefere kaum mehr als eine *Metapher*. Der Begriff K. sei im Grunde überflüssig oder decke Widersprüche nur zu. Nicht jedes Paar von Gegensätzen, jedes Dilemma oder jede Dualität könne als komplementäre Relation bezeichnet werden. Andere Autoren behaupten eine heuristische, beziehungsstiftende Funktion und methodologische Fruchtbarkeit. Im Bereich der Ps. kann das vage Sowohl-als-auch auf eine striktere Fassung begrenzt werden: die Zuordnung von zwei in ihren Kategorien-Ebenen (Allgemeinbegriffen) grundverschiedenen, eigenständigen Bezugssystemen, insbes. im Hinblick auf das *Leib-Seele-Problem* und auf die subj. und neurophysiol. Sicht der *Willensfreiheit*.

K. in strikterer Fassung als mehrstelliger Relationsbegriff und Ebenen-übergreifendes Prinzip (angelehnt an Bohrs Version 2) besagt: (1) *erkenntnisbezogen (epistemologisch)* die Verbindung von zwei kategorial grundverschiedenen Erkenntniszugängen (Bezugssystemen, Beschreibungssystemen) zu einer ganzheitlichen Auffassung, (2) *methodologisch* die operative Geschlossenheit jedes dieser Bezugssysteme hinsichtlich Gültigkeitskriterien, Bestätigungs- und Falsifikationsweisen in einer konsistenten, scheinbar erschöpfenden Beschreibung, wobei die jew. typ. Methoden einander ausschließen, da sie nicht gleichzeitig, sondern nur im Wechsel genutzt werden können, (3) die Wirklichkeit ist erst dann repräsentiert, wenn beide Bezugssysteme bzw. Beschreibungen zum Gesamtbild kombiniert werden (wie die subj. und die physiol. Vorgänge während einer psychophysischen Emotion). Die Idee der K. ist kein Lösungsversuch des zugrunde liegenden Ggs., sondern eine Vermittlung, damit Kategorienfehler und inadäquater Reduktionismus erkannt und überwunden werden. Das K. p. würde im konkreten Forschungsfall eine ausdrückliche Begründung verlangen, wenn auf eines der beiden Bezugssysteme, dort wo es praktisch möglich ist, verzichtet wird. Für die Methodenlehre der Ps. und Neurops. folgt, dass die introspektiv-bewusstseinspsychol. Methoden «gleichberechtigt» mit den biol.-verhaltenswiss. Methoden sind: nicht entweder Selbstberichte und Selbstbeurteilungen oder physiol. Funktions- und Verhaltensmessungen, sondern eine zielstrebige Nutzung beider Erkenntniswege. Das K. p. setzt jedoch voraus, dass es sich extensional um «denselben» zugrunde liegenden Prozess, «dasselbe» Ereignis, handelt. Im Unterschied zum physikal. Phänomen «Licht» sind bei der Übertragung auf den psycho-physischen Prozess, z. B. einer Emotion (*Emotionen*), Aussagen auf zwei kategorial versch. Ebenen einander zuzuordnen, so dass sich empirisch-definitorische

Schwierigkeiten einstellen können, das Zusammengehörige hinreichend zu identifizieren. Die Diskussion über das K. p. wurde u. a. durch Walach & Römer (2000), Reich (2002) über *Relational and Contextual Reasoning and the Resolution of Cognitive Conflicts* sowie Hoche (2008) zum *Anthropological complementarism* weitergeführt. *Triangulation.* Fahrenberg 2008b. J. Fahrenberg

Komplementärrolle [engl. *complementary role*; lat. *complere* ergänzen], *Gruppenrollen, Quasi-Rollen*.

Komplex (= K.) [engl. *complex*; lat. *com-* zusammen, gr. πλεκτός *(plektós)* verflochten], **[KOG]**, Vereinigung mehrerer Glieder. In der Denkps. (*Denken*) eine Gruppe von einzelnen *Assoziationen* oder Inhalten, die sich zu ganzheitlichen Vorstellungen verbinden lassen. **[KLI]**, Ausdruck und Kernbegriff der Lehre C. G. *Jungs*, den er als «abgesprengte Teilpsyche» sieht (Jung, C. G. 1967, § 204); ein solcher «gefühlsbetonter K.» entsteht durch *Trauma*, emot. Schock oder moralischen Konflikt, wodurch nach Jung eine Spaltung entsteht, die diesem eine «ausgesprochene Unbewusstheit» und so zugleich eine «umso größere Aktionsfreiheit» verschafft. K. zeichnen sich nach Jung durch «einen relativ hohen Grad von Autonomie» (Jung, C. G. 1967, § 201, 115) aus. Den K. sieht er auch als «so etwas wie eine Nebenregierung zum Ich» (Jung 1971, § 196, 93). In seinen *Diagnostischen Assoziationsstudien* (1905, s. Jung 1957, GW2) konnte Jung K. exp. nachweisen, indem er i. R. eines *Assoziations*experimentes die Länge der *Reaktionszeiten* maß und aufgrund charakteristischer Hemmungen (Verzögerungen der Antwort) auf psychopathologisch wirksame Komplexeigenschaften schloss. Den Begriff des «Vorstellungskomplexes» findet man schon in den *Studien über Hysterie* (1895, s. Jung 1957) im Kapitel *Theoretisches* (das von Breuer allein verfasst wurde), wo darauf hingewiesen wird, dass die im K. vorhandenen Einzelvorstellungen «gelegentlich bewusst» gedacht werden können, jedoch: «nur die best. Kombination ist aus dem Bewusstsein verbannt» (Breuer & Freud 1907, 173, Anmerkung 12) Während bei *Freud* der Ausdruck nicht weiter Verwendung findet und theoretisch keine Rolle mehr spielt, entwickelt Jung aus dem K.-Begriff den des Archetypus und verwendet *Imago* syn. zu unbewusster K. Bei Freud kommt der Begriff später nur in der Zusammensetzung *Ödipuskomplex* und *Kastrationskomplex* vor; bei Adler findet sich der Minderwertigkeitsk. (*Minderwertigkeitsgefühl*). R. Butzer

Komplexe Psychologie [engl. *complex psychology*; lat. *com-* zusammen, gr. πλεκτός *(plektos)* verflochten], **[HIS, KLI]**, die von C. G. Jung seinen tiefenps.-psychoanalytischen Anschauungen gegebene Bez. (genau: *Ps. der Komplexe*), die sich aber nicht auf den Begriff *Komplex* bezieht, sondern die Komplexität der seelischen Zusammenhänge belegen soll. *Analytische Psychologie*.

Komplikation (= K.) [engl. *complication*; lat. *complicare* zusammenlegen], **[KOG]**, die Kombination von versch. Ursachen und Wirkungen, die schwer zu entwirren ist. Nach Herbart die Verbindung zweier *Vorstellungen* versch. Sinnesgebiete. Wenn z. B. beim Anblick einer Speise deren Geschmack erinnert wird. Wundt beschreibt K. ebenfalls als Assoziationsform (K. als Verbindungen zw. ungleichartigen psych. Gebilden). Als weitere Formen der *Assoziation* nennt er die Verschmelzung und die Assimilation.
[GES, KLI], eine zu einer bestehenden Erkrankung neu hinzukommende Erkrankung.

Komplikationsversuch [engl. *complication trial*; lat. *complicare* zusammenlegen], **[KOG]**, das Verfahren zur Bestimmung der «persönlichen Gleichung». Die Vp hat auf zwei *Reize* zu achten, z. B. an einer sog. Komplikationsuhr den Lauf des Zeigers zu verfolgen und anzugeben, wo sich dieser gerade befindet, als ein akustisches Signal gegeben wird. Hierbei treten Abweichungen i. S. der persönlichen Gleichung auf. *Reaktionszeit*.

Komponentenmodell (= K.) [engl. *component model*; lat. *componere* zusammenstellen], **[SOZ]**, Vorstellung, nach der Einstellungsobjekte hinsichtlich mehrerer Dimensionen eingeschätzt werden. Nach dem von H. Feger (1979) entwickelten K. für Einstellungsobjekte kann ein Einstellungsträger (die Vp) jedem Einstellungsobjekt eine beliebig große Zahl von Komponenten zuordnen. Aus den vorhandenen Komponenten sowie den Beziehungen zw. diesen Komponenten ergibt sich die Ähnlichkeit zw. den Einstellungsobjekten und aus ihrer Bewertung lässt sich schließlich die Präferenz für ein Einstellungsobjekt ermitteln. Der Vorteil dieser Konzeption besteht in seiner universellen Anwendbarkeit und der Möglichkeit, interindiv. und intraindiv. Strukturveränderungen festzustellen. *Einstellung, Einstellungsskalen*. B. Six

Komponenten-Prozess-Modell der Emotion (= K.) [engl. *component process model of emotions*], **[EM]**, während sich klass. *Emotionstheorien* vorwiegend auf eine Analyse der Emotionsreaktion (Ausdruck, Physiologie, Handlungstendenz oder Gefühlskomponente; *Emotionen*) beschränken, spezifizieren *Appraisal- (Einschätzungs-) Theorien* (Ellsworth & Scherer 2003) Kriterien oder Dimensionen, die dem emotionskonstituierenden Prozess (und damit auch der Emotionsreaktion) zugrunde liegen. Das K. (Brosch & Scherer 2009) beschreibt diesen Prozess anhand versch. *Stimulus Evaluation Checks (SECs)*, die die versch. Informationsklassen beinhalten, die ein Organismus benötigt, um adaptiv auf ein salientes Ereignis reagieren zu können. Es handelt sich dabei um: (1) *Relevanz*: Wie unmittelbar relevant ist dieses Ereignis für mich? Könnte es für mich oder meine soziale Referenzgruppe wichtige Konsequenzen haben? (2) *Implikationen*: Was sind die konkreten Implikationen oder Konsequenzen dieses Ereignisses, wie beeinflussen sie mein Wohlbefinden und meine unmittelbaren oder langfristigen Ziele? (3) *Bewältigungspotenzial*: Wie gut kann ich diese Konsequenzen bewältigen oder mich ihnen anpassen? (4) *Normative Signifikanz*: Wie wichtig ist dieses Ereignis in Bezug auf mein Selbstkonzept und soziale Normen und Werte?

Die Ergebnisse der SECs sind subj. und basieren auf indiv. Inferenzen, die nicht unbedingt mit den obj. Charakteristika einer gegebenen Situation übereinstimmen müssen. Indiv., kult. und situationelle Differenzen können einen Einfluss auf das Appraisal-Ergebnis ausüben. Dies erklärt, warum unterschiedliche Personen auf identische Ereignisse (und die gleiche Person auf ähnliche Ereignisse zu unterschiedlichen Zeitpunkten) mit unterschiedlichen Emotionen reagieren können. Der Appraisalprozess setzt die Interaktion multipler kogn. Funktionen auf unterschiedlichen Komplexitätsebenen voraus, wie z. B. den Vergleich von Stimuluseigenschaften mit gespeicherten Schemata, *Gedächtnis*repräsentationen und *Selbstkonzept*, sowie komplexe Problemlösungsfähigkeiten zur Einschätzung von Wahrscheinlichkeiten und Bewältigungspotenzial.

T. Brosch/K. R. Scherer

Komposition [engl. *composition*; lat. *componere* zusammenstellen], *Wortbildung*.

Kompromissbildung [engl. *compromise formation*], [**KLI**], Begriff aus der psychoanalyt. Schule (*Psychoanalyse*). Bez. einen Vorgang, bei dem das ins Unbewusste Verdrängte bis zur Unkenntlichkeit entstellt wird, um wieder Zutritt ins Bewusstsein erlangen zu können, z. B. als Traum (*Traumdeutung*), Symptom oder allg. in jeder Produktion des *Unbewussten*. Durch diese Bildung eines Kompromisses können der unbewusste Wunsch und die Abwehrforderung (*Verdrängung*) gleichzeitig befriedigt werden. *Abwehrmechanismen des Ich*.

Konation, konativ [engl. *conation, conative*; lat. *conari* streben, sich anstrengen], [**EM**], zielgerichtete ps. Aktivität, Strebung, *Trieb*, *Antrieb*, Wollen. konativ: strebend, antriebhaft, antriebsgesteuert. Im Ggs. zu kogn. (*Kognition*) und affektiven (*Affekt*) Vorgängen vorrangig das Handeln selbst betreffend.

Kondensation [engl. *codensation*; lat. *condensare* dicht zusammendrängen], *Verdichtung*.

Konditionalanalyse [engl. *conditional analysis*; lat. *conditio* Bedingung], *Längsschnittuntersuchung*.

Konditionalfaktoren [engl. *conditional factors*; lat. *conditio* Bedingung], [**PER**], Anlagen, ohne die andere nicht auftreten können. *Genetik*, *Anlage-Umwelt*.

konditionierte Hemmung [engl. *conditioned inhibition*], *Hemmung*.

konditionierte Reaktion (= k. R.) [engl. *conditioned response*], [**KOG**], k. R. bezeichnet in den Lernparadigmen *klassischer Konditionierung* und *evaluativer Konditionierung* die Reaktion, die der Organismus gegenüber dem *konditionierten Stimulus* (CS) als Folge der *Konditionierung* erwirbt, und ist die zentrale *aghängige Variable* dieser Lernparadigmen. Die Form der k. R. wird sowohl durch die Art des beteiligten *unkonditionierten Stimulus* (US) als auch des beteiligten CS determiniert. Ausführlichere Beschreibung und Darstellung weiterer Aspekte: *bedingter Reflex*.

G. Halbeisen

konditionierter Reflex *bedingter Reflex, bedingte Reaktion*.

konditionierter Stimulus (= k. S.) [engl. *conditioned stimulus*], [**KOG**], ein k. S. bezeichnet in den Lernparadigmen *klassischer Konditionierung, klassische* und *evaluative Konditionierung* einen neutralen Reiz, gegenüber dem sich die Reaktion des Organismus durch das gemeinsame Auftreten mit einem *unkonditionierten Stimulus* verändert. *konditionierte Reaktion, bedingter Reflex*.

G. Halbeisen

konditionierter Verstärker [engl. *conditioned reinforcer*; lat. *conditio* Bedingung], *sekundärer Verstärker*.

Konditionierung (= K.) [engl. *conditioning*; lat. *conditio* Bedingung], [**KOG, KLI**], die Herstellung bzw. das Entstehen einer *bedingten Reaktion*. K. wird in der traditionellen *Verhaltenstherapie* als Mittel zur Verhaltensveränderung eingesetzt. *Konditionierung, klassische*, *Konditionierung, operante*, *Konditionierung, evaluative*.

Konditionierung, emotionale; wirtschaftspsychologisch (= e. K.) [engl. *emotional conditioning in economic psychology*], [**WIR**], ist eine Methode der *emotionalen Werbung*, in der Marken mit angenehmen *Emotionen* verbunden werden sollen. In Untersuchungen werden unbekannte Marken als Namen oder Logos in räumliche oder zeitliche Nähe mit Objekten gebracht, deren Rezeption angenehme *Gefühle* auslöst. Die verwendeten Marken sind unbekannt, weil sie im Unterschied zu bekannten Marken noch nicht mit Bewertungen oder *Einstellungen* assoziiert sind. Angenehme Emotionen sollen zumeist durch Bilder z. B. von schönen Gesichtern oder Musik erzeugt werden. Angenommen wird, dass sich die räumliche oder zeitliche Nähe von solchen Bildern bzw. Musik und Marken günstig auf die Einstellungen gegenüber den Marken auswirken. Mit der K. erhält die zuvor unbekannte Marke Bedeutung und Bewertung. Daher wird sie auch als semantisch oder evaluativ bez. *Konditionierung, klassische, bedingter Reflex*.

A. Mattenklott

Konditionierung, evaluative (= e. K.) [engl. *evaluative conditioning*; lat. *valere* wert sein], [**KOG, SOZ**], die e. K. ist ein Effekt, der beobachtet werden kann, wenn ein neutraler Reiz (CS, *konditionierter Stimulus*) mit einem affektiv bedeutsamen Reiz (US, *unkonditionierter Stimulus*) wiederholt gemeinsam dargeboten wird und der CS durch diese *Kontiguität* ebenfalls eine dem US ähnliche, affektive Bedeutung erlangt. E. K. ist Teil der exp. Untersuchung von Einstellungsentstehung (*Einstellung*). Verändert sich bspw. in der Werbung die Bewertung gegenüber einem zunächst neutralen Produkt durch die wiederholte zeitlich-räumliche Nähe zu einer beliebten prominenten Person, so kann diese Bewertungsveränderung im Produkt als e. K. bezeichnet werden. Wie diese Bewertungsveränderung entsteht und ob e. K. von der klassischen K. (*Konditionierung, klassische*) versch. ist, ist wiss. bisher nicht geklärt. Typischerweise werden bei e. K. aber explizite oder implizite Einstellungen und weniger physiol. Maße gemessen, wie es bei der klassischen K. üblich ist. Ebenso offen ist die Frage, ob e. K. mit oder ohne *Bewusstsein* für die *Kontingenz* zw. CS und US auftritt. Hofmann et al. 2010.

E. Walther

Konditionierung, instrumentelle [engl. *instrumental conditioning*], [**KOG**], meist synonym gebrauchte Bezeichnung für *operante Konditionierung*. Einige Autoren unterscheiden jedoch zw. dem Verstärken oder Abschwächen von instrumentellem Verhalten (Verhalten als Mittel, Werkzeug zur Erreichung eines best. Ziels = instrumentelles Konditionieren) und von beliebigem (spontanem) Verhalten, das ohne best. Absicht gezeigt wird (= operantes Konditionieren). *bedingter Reflex, bedingte Reaktion*.

E. Walther

Konditionierung, klassische (= k. K.) [engl. *classical oder Pavlovian conditioning*; lat. *conditio* Bedingung], **[KOG]**, die k. K. ist ein Effekt, der beobachtet werden kann, wenn ein neutraler Reiz (CS, *konditionierter Stimulus*) mit einem affektiv bedeutsamen Reiz (US, *unkonditionierter Stimulus*) wiederholt gemeinsam dargeboten wird und der CS durch diese *Kontingenz* ebenfalls in vielen Fällen dem US ähnliche Reaktion hervorruft. Das berühmteste k.-K.-Experiment wurde von Pawlow (1927) beschrieben. Dabei wurden Hunde als Versuchstiere eingesetzt und als US wurde Futter verwendet, das bei Hunden zu der *unkonditionierte Reaktion* (UR) «Speichelfluss» führt. Pawlow konnte beobachten, dass nach mehrmaliger Paarung des Tons einer Glocke als CS mit dem Futter als US eine der UR ähnliche Reaktion schon bei dem Glockenton auftrat (die sog. *konditionierte Reaktion* (= CR)). K. K. wird auch als *Signallernen* bezeichnet, da nach einigen Theorien, wie dem Rescorla-Wagner-Modell, der CS zum Hinweissignal für das Auftreten des US wird. Als k. K. bezeichnet man neben dem Effekt auch eines der wichtigsten Paradigmen zum Nachweis basaler Formen des Lernens von Organismen. Typischerweise werden bei der k. K. physiol. Maße als *abhängige Variable* erfasst wie bspw. der Hautleitwert [engl. *skin conductance reaction*] im Humanbereich. *Lernen*. J. Wolter/E. Walther

Konditionierung, operante (= o. K.) [engl. *operant or instrumental conditioning*; lat. *operari* etw. betreiben/ausführen, *conditio* Bedingung], **[KOG]**, die o. K. bez. ein lernpsychol. Verfahren, in dem unter Anwesenheit best. Kontextreize (diskriminative *Hinweisreize* = SD) die Auftretenshäufigkeit von Verhaltensweisen (= R) dadurch erhöht oder reduziert wird (sog. *Verstärkung* bzw. *Bestrafung*), dass die Ausführung des Verhaltens mit angenehmen bzw. unangenehmen Konsequenzen (= O) einhergeht. Lernen innerhalb o. K. umfasst die Beziehungen von R-O, SD-R (*Gesetz des Effekts*), SD-O (*Konditionierung, klassische*) sowie der sog. Dreifachkontingenz SD-R-O. Die Häufigkeit von R in einer best. Situation (z. B. bettelt ein Kleinkind an der Supermarktkasse die Eltern um Süßigkeiten an) kann durch pos. Verstärkung (Eltern geben die Süßigkeit) oder neg. Verstärkung (Eltern geben keine Süßigkeit, erlassen dem Kind aber das unangenehme Aufräumen des Kinderzimmers) erhöht werden und durch pos. Bestrafung (Eltern verpflichten das Kind zum unangenehmen Küchendienst, sog. Bestrafung Typ I) oder neg. Bestrafung (Eltern nehmen dem Kind ein geliebtes Spielzeug weg, sog. Bestrafung Typ II) reduziert werden. O können auch als SD weiterer R-O Beziehungen dienen und somit die Verkettung (engl. *chaining*) versch. R erklären. Moderatoren der o. K. sind u. a. die Menge und Qualität von O, die Unmittelbarkeit von O auf R und das Muster der R-O-Beziehung (*Verstärkerpläne*).

Die Prinzipien der o. K. erlauben u. a. die Erklärung *abergläubischen Verhaltens* (z. B. wird «Münzenreiben» an Automaten durch das Akzeptieren der Münze verstärkt) oder dysfunktionaler Interaktionsmuster (z. B. kann Aufmerksamkeit als Konsequenz des Fehlverhaltens eines Kindes dieses Verhalten verstärken), da keine kausale Beziehung zw. R und O vorausgesetzt wird. O. K. kann das Erlernen neuer Verhaltensweisen durch *shaping* erklären. Die Prinzipien der o. K. finden Anwendung in der *Verhaltenstherapie* (*operante Konditionierungsmethoden*). Domjan 2009.
G. Halbeisen/T. Glaser

Konditionierung, rückwirkende [engl. *retroactive conditioning*], *bedingter Reflex, bedingte Reaktion*.

Konditionierung, verzögerte [engl. *delayed conditioning*], *bedingter Reflex, bedingte Reaktion*.

Konfabulation [engl. *confabulation*; lat. *confabulari* schwatzen, plaudern], **[KLI, KOG]**, sinnlos-fantastische Ausdeutung, Erdichtung (z. B. eines beobachteten Bildes). Gedächtnistäuschung in Form wechselnder Pseudoerinnerungen, zufällige Einfälle ohne Bezug zum jew. Gedankengang, oft zum Ausfüllen intellektueller Lücken bei beginnendem hirnorganischem Abbau. Vorkommen bei *Korsakow-Syndrom*, *Parkinson'sche Erkrankung*, *Demenz*, *Arteriosklerose* und anderen hirnorganischen Erkrankungen.

Konferenzmethode [engl. *conference method*], **[AO, SOZ]**, im Wesentlichen Versuche der Problemlösungen in Diskussionsgruppen mithilfe von Gruppenleitern, die im «demokratischen *Führungsstil*» trainiert sind, und zus.fassenden Berichten im Plenum. *Moderationstechniken, training within industry (TWI)*. Maier 1963.

Konfidenzgrenzen [engl. *confidence limits*], **[FSE]**, def. jenen Bereich um einen stat. Kennwert einer *Stichprobenverteilung*, in dem mit einer best. Wahrscheinlichkeit der entspr. *Parameter* der *Population* liegt. Die Größe dieses Bereichs (auch *Vertrauensintervall*) wird vom *Standardfehler* der Statistik (z. B. *arithmetisches Mittel*, *Standardabweichung*, *Korrelation*) und dem Stichprobenumfang bestimmt. Eid et al. 2013. G. Mikula

Konfidenzintervall [engl. *confidence interval*, CI], Abk. KI, *Vertrauensintervall*.

Konfiguration [engl. *configuration*; lat. *configurare* gleichförmig gestalten, anpassen], **[WA]**, Form, *Gestalt*, Gestaltung, räumliche Anordnung; eine aus Punkten, Linien und Ebenen bestehende Figur. Auch das Beziehungsgefüge innerhalb eines Wahrnehmungsinhaltes (*Wahrnehmung*).

Konfigurationsfrequenzanalyse (KFA) (= K.) [engl. *configuration frequency analysis*; lat. *configurare* gestalten], **[DIA, FSE]**, die K. ist ein multivariates Verfahren zur Analyse mehrdimensionaler Kontingenztafeln und dient der Auffindung von Typen oder *Syndromen* auf Basis von Antwortmustern. Dabei wird nach häufig vorkommenden Merkmalskombinationen gesucht. Können solche Merkmalskombinationen bzw. Muster vorgefunden werden, schließt man auf das Vorhandensein eines best. Typs. Im Ggs. zu der mit gleichem Ziel arbeitenden *Faktorenanalyse* (*Q-Technik*, s. a. *Cluster-Analyse*) muss bei der K. keine Voraussetzung an die Verteilung der Messwerte gestellt werden. Außerdem müssen die Ausgangswerte nicht ipsativ (*Messung, ipsative*) gewonnen sein. *Latente Klassenanalyse*. Krauth 1993, Lienert 1971.

Konfigurationsmodelle [engl. *configuration models*; lat. *configurare* gestalten], *paramorphe Modelle*.

Konflikt (= K.) [engl. *conflict*; lat. *confligere* zusammenstoßen], **[EM]**, das gleichzeitige Bestehen oder Anlaufen von

mind. zwei Verhaltenstendenzen (Hofstätter 1957, *Konflikttheorie*, *Annäherungs-Vermeidungs-Konflikt*).
[SOZ], eine Spannungssituation zwischen mehreren Parteien (*Konflikt, sozialer*).
[KLI], die *Psychoanalyse* betrachtet den K. als konstitutive Voraussetzung des psych. Geschehens bzw. des menschlichen Lebens schlechthin. Der psych. K. ist der Grundbegriff der psychoanalytischen Krankheitslehre. Die neurotischen Symptome gelten als Ausdruck eines intrapsychischen Kräftespiels, bei dem ein sexueller Wunsch auf eine abwehrende Gegenkraft, z. B. in Gestalt religiöser oder sittlicher Bedenken, trifft. Der sexuelle Wunsch kann hierbei verdrängt werden, d. h. ihm wird das Bewusstsein entzogen. Das neurotische Symptom (*Neurose*) entsteht aus dem Verdrängungsvorgang als Kompromissbildung zw. der abgewehrten Vorstellung und der abwehrenden Instanz. Obwohl Freud zeitlebens an der Zentralstellung des K.modells festgehalten hat, hat er die theoretische und metapsychol. Fassung der konfligierenden Kräfte mehrfach überarbeitet und neu konzeptualisiert. Während zu Beginn der psychoanalytischen Entdeckungen der K. zw. Abwehr und Abgewehrtem (*Abwehrmechanismen des Ich*) im Vordergrund des Freud'schen Interesses stand, fokussierte er in späteren Entwicklungsphasen den K. zw. Trieben (*Trieb, psychoanalytische Betrachtung*, *Triebtheorie nach Freud*; Sexualtrieb vs. Selbsterhaltungstrieb; Lebenstrieb vs. Todestrieb) und ab 1923 den K. zw. Instanzen (*Instanzenmodell*) und den ihnen zugeordneten Kräften. *Konflikt, sozialer*. Laplanche & Pontalis 1972, Freud 1915b.

L. Bayer/R. Bergius

Konflikt, sozialer [engl. *social conflicts*; lat. *configere* zusammenstoßen], [SOZ], ein Konflikt (= K.) wird als Spannungssituation aufgefasst, in der zwei oder mehrere Parteien, die voneinander abhängig sind, versuchen, scheinbar oder tatsächlich unvereinbare Handlungspläne bzw. inkompatible Handlungen bzw. Handlungstendenzen zu verwirklichen (*Ziele*). In einer K.situation wirken Kräfte auf eine Person ein, die von etwa gleicher Stärke sind, jedoch in entgegengesetzter Richtung ziehen. Daraus ergeben sich drei Grundsituationen: Appetenz-Appetenz- (Annäherungs-Annäherungs-)K. treten bei der Wahl zw. zwei als pos. wahrgenommenen Alternativen auf. Bei Aversions-Aversions- (Vermeidungs-Vermeidungs-)K. geht es um die Wahl zw. zwei Übeln. Der Appetenz-Aversions- (Annäherungs-Vermeidungs-) K. ergibt sich, wenn die Wahl der Alternativen sowohl pos. als auch neg. Konsequenzen beinhaltet (*Konflikttheorie*, *Annäherungs-Vermeidungs-Konflikt*).

K.ursachen: Auf der Ebene der Person können K.ursachen liegen, wenn diese z. B. ein ausgeprägtes *Machtmotiv* hat (*Macht, Einfluss, sozialer*). Auf der interpersonalen Ebene kann z. B. fehlende Anerkennung oder Respekt zu K. führen.

K. können zunächst unbemerkt entstehen (latenter K.). Diese Phase der Latenz ist beendet, wenn durch ein Auslöseereignis der K. für die Beteiligten offenbar wird – in der manifesten Phase besteht Klarheit über den Dissens. Bei der K.wahrnehmung kann es zu versch. Verzerrungen kommen, der K. wird z. B. unter- oder überschätzt. K. entwickeln zudem häufig eine eigene Eigendynamik, sie können eskalieren.

Bei der *K.bewältigung* geht es um das Beenden des manifesten Zustandes von K. Für die *Gewinn-Verlust-Strategie* ist typisch, dass eine Partei gewinnt, die andere verliert. Dies entspricht den Nullsummenspielen (*Nullsummenspiel*) aus der *Spieltheorie*. Einer kann nur auf Kosten des anderen gewinnen, Gewinne und Verluste versch. Teilnehmer addieren sich zu null. Die wichtigsten Methoden sind Autoritätsausübung, Machtanwendung, Indifferenz und Mehrheitsentscheid. So kann z. B. ein Vorgesetzter durch seine *Autorität*, die er aufgrund seiner Machtposition ausübt, eine Entscheidung (*Entscheiden*) durchsetzen. Wo Autorität oder Macht eingesetzt werden, herrschen Individualentscheide vor, während Mehrheitsbeschlüsse Gruppenentscheide (*Gruppenentscheidung*) sind. Sowohl Individuen als auch *Gruppen* können die Nichtbeachtung des K. als eine Form der Bewältigung wählen. Bei der *Verlust-Verlust-Strategie* verlieren beide Parteien. Zu den K.bewältigungsmethoden zählen Kompromiss, Kompensation und Hinzunahme eines Dritten. Die K.bewältigung durch einen Kompromiss zwingt die Kontrahenten jew., von ihren persönlichen Ansprüchen etwas zurückzunehmen – beide verlieren etwas. Durch eine Kompensation soll die K.partei bestochen werden, einen Verlust hinzunehmen. Dabei verliert aber auch die andere K.partei. Diese Kompensationen sind häufig mit hohen Kosten verbunden. Eine neutrale Drittpartei wird hinzugezogen, wenn sich die Kontrahenten in einem ergebnislosen Machtkampf befinden und ein Kompromiss unmöglich erscheint. Diese Drittpersonen können als Schlichter oder Vermittler auftreten (*Mediation*). Wenn diese dabei Autorität ausüben, verfahren sie nach der *Gewinn-Verlust-Strategie*. Die Vermittlungsarbeit ist nur dann wirksam, wenn die Kontrahenten die Rolle des Vermittlers akzeptieren und seine Entscheidung respektieren. Die *Gewinn-Gewinn-Strategie* schafft für die Beteiligten letztlich neue Lösungen oder Alternativen, die alle zufriedenstellen. Die Methoden zur K.lösung stammen aus Forschungen zum *Problemlösen* und umfassen Einigung, Konfrontation und integrative Entscheidungsfindung. Eine Einigung kommt dann zustande, wenn eine Lösung des Problems gefunden wurde, mit der alle einverstanden sind. Voraussetzung dafür ist eine ungezwungene Meinungsäußerung, gegenseitiges Vertrauen, freier Zugang zu den Informationen und Partizipation an der Entscheidungsfindung. Eine echte Einigung kann nicht erzwungen werden. Konfrontation ist das Gegenteil einer K.verleugnung. Die Methode der Konfrontation deckt k.schaffende Gegensätzlichkeiten auf, erkennt die zugrunde liegenden Bedürfnisse und versteht es, die entstandenen Gefühle auszudrücken. Konfrontation birgt jedoch ein Risiko der Verletzbarkeit in sich, da jeder freimütig und offen ist. Die integrative Entscheidungsfindung gilt als eine problemlösungsorientierte Methode. Auf diesem Wege wird versucht, die persönlichen Ziele und Werte der Kontrahenten im Zuge der Bewältigung zu integrieren.

Systemische Ansätze (*Systemtheorie*) zur K.regelung sind in der Praxis sehr verbreitet, sie legen auf das Wohlergehen eines größeren Systems Wert, von dem die K.parteien lediglich Teil sind. Zuletzt gibt es auch auf struktureller Ebene, z. B. in *Organisationen*, Konfliktregelungssysteme, die z. T. gesetzlich festgelegt sind, wie das Tarifvertragssystem, die Organisationsverfassung, spez. Beschwerderechte (Betriebsverfassungsgesetz §§ 81–86) und Schlichtungsinstanzen.

[**AO, WIR**], auch in Arbeitskontexten sind soziale Konflikte ein zentrales Thema. Bereits beim Einstieg in das Unternehmen können K. entstehen, weil die neuen Mitarbeiter andere Ziele verfolgen als die Ziele, die im Unternehmen vorherrschen. Da die ersten Monate im Unternehmen eine weitreichende Konsequenz für die spätere Bindung an das Unternehmen haben, ist der Umgang mit K. in dieser Phase sehr entscheidend. Dabei spielt die erlebte *soziale Unterstützung* eine große Rolle. K. im Zuge der Sozialisation stellen oftmals *Rollenkonflikte* dar, z. B. muss dieselbe Person gleichzeitig mehrere Rollen erfüllen. Besonders häufig sind hier K. zw. der Familienrolle und den Arbeitsanforderungen (*work-family conflict*, *work-life-balance*). Durch zunehmend flache Hierarchien und selbstorganisiertes Handeln können viele K. nicht mehr «per Weisung» gelöst werden, sondern es bedarf zunehmend kooperativer *Führung*skompetenz. Es gibt K. zw. Gruppen sowie die klassischen Parteienk. zw. Management und Gewerkschaft. Ebenso bildet *Mobbing* ein großes K.potenzial sowohl für das Individuum als auch für die Organisation. K. in Abhängigkeit von kult. Unterschieden nehmen gleichfalls angesichts der zunehmenden Globalisierung der Wirtschaft zu (*interkulturelle Kompetenz*). Der Ausstieg aus einem Unternehmen kann von K. begleitet sein. Besonders Entlassungen können bei dem betroffenen Mitarbeiter psych. Probleme und eine Störung seines Selbstwertgefühls auslösen. De Dreu & Gelfand 2008, Deutsch et al. 2006, Spieß 2007. *E. Spieß*

Konfliktanalyse [engl. *conflict analysis*; lat. *configere* zusammenstoßen], *Denken, heuristische Methoden*.

Konfliktberichterstattung, konstruktive [engl. *constructive conflict coverage*], [**MD, SOZ**], ist erstens ein Synonym für konfliktsensitiven Journalismus und zweitens der Name eines sozialps. Forschungs- und Entwicklungsprogramms, welches das Potenzial der Medien untersucht, als Mediator einer konstruktiven Transformation von Konflikten wirksam zu werden und eine friedliche Streitbeilegung zu fördern. Kempf 2003. *W. Kempf*

konfliktbezogene Diskursformen [engl. *conflict-related types of discourse*], *Friedensjournalismus*.

Konfliktlösefähigkeit [engl. *conflict-solving ability*], [**SOZ**], Fähigkeit, Konflikte wahrzunehmen und diese anzusprechen sowie angemessene Bewältigungsstrategien zu finden und anzuwenden. Fähigkeit, die eigene Rolle im und den eigenen Anteil am Konfliktgeschehen zu erkennen und entspr. zur Konfliktlösung beizutragen. Die wesentlichen Voraussetzungen bestehen in *Perspektivenübernahme*, *Empathie* und einer min. Gesprächsbereitschaft im Kontext *sozialer Konflikte*. *Mediation*. *U. Petermann*

Konfliktmanagement (= K.) [engl. *conflict management*; lat. *configere* zusammenstoßen], [**AO, SOZ**], unter K. werden alle meth. *Interventionen* verstanden, die zur Analyse, *Prävention* und Lösung interpersoneller Konflikte (*Konflikt, sozialer*) in *Organisationen* dienen. Um die Konfliktrisiken und -kosten für alle beteiligten Personen oder *Gruppen* zu vermindern, sollen im Idealfall Lösungen gefunden und ausgehandelt werden, die für alle vorteilhaft sind (Win-win-Lösung). Empfohlen werden dazu kooperative Strategien (*Kooperation*), bei denen gemeinsame *Ziele* oder gegenseitige Unterstützung der Ziele der anderen in den Vordergrund gestellt werden. Es gibt allerdings auch Konfliktkonstellationen, in denen ein Interessenausgleich nicht möglich ist, weil nur eine Person oder Gruppe Vorteile erzielen und gewinnen kann, während andere Nachteile haben und verlieren (Win-lose). Konflikte, die rechtzeitig erkannt, analysiert und gelöst werden, müssen keine neg. Folgen haben, sondern können auch Chancen für notwendige Veränderungen sein. Vollkommene Konfliktlosigkeit ist Bewegungslosigkeit. Konflikte können in Organisationen jederzeit durch Meinungsverschiedenheiten oder unterschiedliche Interessen bei alltäglichen Anlässen, insbes. aber in Veränderungsprozessen (*Veränderungsmanagement*) aufbrechen. Sie können zu einer Störung der Zusammenarbeit und Verringerung der *Effizienz* oder *Effektivität* führen. K. wird deshalb eine *Kompetenz* angesehen, die alle Führungskräfte (*Führung*) benötigen. Es beruht auf Gesprächen und *Verhandlungen* mit streitenden Personen und erfordert hohe kommunikative (*Kommunikation*) und *soziale Kompetenzen*. Um die Chancen für eine Einigung konfligierender Parteien oder Kompromisse zu verbessern, hat es sich oft bewährt, eine «neutrale» Person als Moderator für den Verhandlungsprozess einzuführen, die von beiden Seiten akzeptiert wird. Sie wird in der Fachliteratur als *Mediator* bezeichnet und der Prozess als *Mediation*. Geeignet sind hier auch spezielle Methoden zum Konfliktcoaching (Schreyögg 2002, *Coaching*). Berkel 2005, Glasl 2004, De Dreu & Beersma 2005, De Dreu & Gelfand 2008. *S. Greif*

Konflikttheorie [engl. *conflict theory*], [**EM**], aus motivationspsychol. Sicht (*Motivation*) entstehen *Konflikte*, wenn unvereinbare Verhaltenstendenzen miteinander konkurrieren. Lewin (1931) war in seiner *Feldtheorie* davon ausgegangen, dass *Ziele*/Objekte mit pos. *Valenz* anziehende und solche mit neg. Valenz abstoßende Kräfte auf den Organismus (Mensch oder Tier) ausüben. Mit anderen Worten: Positive Objekte/Ziele ziehen uns an und neg. stoßen uns ab. Ein *Annäherungs-Vermeidungs-Konflikt* entsteht, wenn ein Ziel/Objekt gleichzeitig und gleich starke pos. und neg. Valenz hat. Man wird davon dann gleich stark angezogen wie abgestoßen. Bei einem *Annähern-Annähern-Konflikt* sind unterschiedliche Ziele/Objekte, von denen man aber nur eines anstreben kann, gleich stark anziehend. Bei einem *Meiden-Meiden-Konflikt* sind unterschiedliche Objekte/Ziele, von denen man nicht alle gleichzeitig vermeiden kann, gleich stark abstoßend. Miller (1944) hat Lewins Grundgedanken aufgegriffen und vier Grundannahmen zu den sog. Annähern- bzw. Meidentendenzen formuliert. Die *Annäherntendenz* wird umso stärker, je näher man dem Ziel kommt. Dies wird als *Annäherngradient* bezeichnet. Die *Meidentendenz* wird umso stärker, je näher man dem zu vermeidenden Objekt oder der zu vermeidenden Situation kommt. Dies wird als *Meidengradient* bezeichnet. Der Meidengradient ist steiler als der Annäherngradient, d. h. er wächst mit steigender Nähe schneller als der Annäherngradient. Die Stärke der Gradienten ist unabhängig von der Zielnähe von den *Triebe* bzw. *Bedürfnissen*, auf denen sie basieren. So ist z. B. der Annäherngradient, der einen zu Nahrung hinzieht, bei großem Hunger insges. stärker als bei geringem Hunger. Aus den Grundannahmen, die sich empir. bestätigen ließen, hat Miller Annahmen bzgl. *Annähern-Meiden-Konflikten* abgeleitet. Solange der Annäherngradient höher ist als der Meidengradient, sollte es zu annäherndem Verhalten kommen. Dadurch, dass der Meidengradient aber steiler ist als der Annäherngradient, kann es vorkommen, dass sich beide schneiden und somit in einem best. Abstand zum Ziel gleich stark sind. Das annähernde Verhalten sollte in diesem Fall zum Stillstand kommen. Annäherndes Verhalten kann wieder in Gang gesetzt werden, wenn der Meidengradient dadurch gesenkt wird, dass die neg. Valenz des Ziels reduziert wird, oder wenn der Annäherngradient dadurch angehoben wird, dass die positive Valenz erhöht wird. Die neg. Aspekte des Ziels müssen also geringer oder die pos. Aspekte stärker werden. *R. M. Puca*

Konfliktverhalten [engl. *conflict behavior*; lat. *configere* zusammenstoßen], [**KOG**], werden zwei Verhaltensweisen durch einen *Reiz* gleichzeitig ausgelöst, so können sie pendeln (*ambivalentes Verhalten*), sich gegenseitig unterdrücken, fördern oder das Verhalten völlig umorientieren (Verhalten wird auf ein anderes Objekt umgelenkt).

^Test^**Konfliktverhalten situativ (KV-S)**, 2002, T. Klemm, [www.testzentrale.de], [**DIA, PER, RF**]. Persönlichkeitsps. Diagnostik zur Erfassung von Ressourcen und Defiziten im Umgang mit sozialen Konfliktsituationen. AA Jugendliche und Erwachsene. Der KV-S untersucht die Persönlichkeitsauffälligkeiten nach ICD-10 sowie 9 weitere Skalen zur Beschreibung der Persönlichkeit wie *Schuld- und Schamkomplexe, Musterübertragung, Problemlösebereitschaft, Psychopathologie, Nervosität, Empathie, Depressivität, Somatisierung* und *Selbstkontrolle*. Die insges. 17 Persönlichkeitsdimensionen werden in 6 versch. sozialen Konfliktsituationen erfasst. Der Fragebogen eignet sich zur Entwicklung therapeutischer Strategien und zur Evaluation von Behandlungsmaßnahmen, insbes. von Straftätern i. R. der Bewährungshilfe, des Justiz- und des Maßregelvollzuges. *Normierung*: Es liegen T-Werte differenziert nach Alters- und Deliktgruppen sowie für die Behandlungs- und Kontrollgruppen vor. Für Gewalt- und Sexualstraftäter ist der Vergleich mit nicht delinquenten Stichproben möglich. Außerdem werden Veränderungsnormen und KLA-Personentrennschärfen für die einzelnen Untergruppen dokumentiert.

Konformität (= K.) [engl. *conformity, yielding*; lat. *conformis* gleichförmig], [**SOZ**], umfasst sowohl intendierte als auch inzidentelle K. Unter *intendierter K.* wird die Tendenz der Person verstanden, mit den Normen (*Normen, soziale*) der Bezugsgruppe (*Gruppe*) übereinzustimmen. Diese Tendenz kann damit verbunden sein, dass die Normen persönlich internalisiert werden. Sie kann aber auch nur in einem öffentlichen Bekenntnis bestehen. Unter *inzidenteller K.* versteht man dagegen Übereinstimmung aufgrund der Einwirkung äußerer Faktoren (z. B. regnet es und alle spannen ihre Schirme auf). K. ist von *Opposition* zu unterscheiden. Darunter versteht man ein Verhalten, das einer Zielerreichung dient, die der Erfüllung normativer Erwartungen entgegengesetzt ist (vgl. *Reaktanz*). Außerdem ist K. von *Nachahmung* zu unterscheiden. Darunter versteht man das Zeigen eines Verhaltens, das mit dem einer anderen Person identisch oder ähnlich ist. Wenn die Nachahmung normativ bestimmt ist, handelt es sich um Konformität; Nachahmung kann aber auch spontan erfolgen. Einstellungsänderung betrifft die Änderung von Meinungen und Gefühlen, die durch eine Botschaft ausgelöst wird. Unter Gehorsam versteht man Konformität mit einem normativen Standard, der durch eine Autoritätsfigur vertreten wird.

Im Folg. geht es um intendierte K., die nicht unter Gehorsam fällt. Der Forschung über K. liegt die Annahme zugrunde, dass in Gruppen die Tendenz besteht, *Gruppennormen* zu entwickeln und zu befolgen. Das Bsp. dafür ist die *autokinetische Situation* nach Sherif (1935), die darauf beruht, dass Pbn in einem dunklen Raum einen feststehenden Lichtpunkt gezeigt bekommen. Aufgrund der fehlenden sensorischen Ankers entsteht in der subj. Wahrnehmung die Illusion, dass sich dieser Punkt bewegt. Jeder Pb entwickelt eine indiv. Norm hinsichtlich des Urteils über das Ausmaß dieser Bewegung. Pbn, die diese Beurteilungsaufgabe gemeinsam durchführen, bilden eine Gruppennorm, die dann auch auf indiv. Beurteilungssituationen übertragen wird. Gruppennormen, die in der autokinetischen Situation entstanden sind, überdauern mehrere Generationen von Gruppenteilnehmern, wenn diese kontinuierlich ausgetauscht werden.

Die Forschung wurde insbes. durch das Experiment von Asch (1956) angeregt. Pbn sollen beurteilen, welche von drei Vergleichslinien genauso lang ist wie eine vorgegebene Standardlinie. Die richtige Antwort ist eindeutig wahrzunehmen. In der Gruppensituation sitzt der Pb mit anderen vermeintlichen Teilnehmern (Verbündete des Vl) in einem Raum. Die Verbündeten geben übereinstimmend eine Antwort ab, die offensichtlich falsch ist, bevor der echte Pb die Linien einschätzt. In dem Experiment werden 12 Durchgänge durchgeführt. In vielen Durchgängen ignorierten die Pbn ihre eigene Wahrnehmung, um mit den Verbündeten konform zu gehen. 20–25 % der Pbn ließen sich kein einziges Mal beeinflussen. Ca. 50 % machten bis zu 3 Fehler (von 12 möglichen). Nur ca. 5 % verhielten sich in allen 12 Durchgängen konform. Eine *Metaanalyse* von Bond & Smith (1996) auf der Basis von 133 Asch-Experimenten in 17 Ländern ergab folg. Regelmäßigkeiten: (1) größere Beeinflussbarkeit von Teilnehmerinnen als von Teilnehmern, (2) mehr Einfluss bei größeren Gruppen einmütiger Verbündeter, (3) über die Zeit abnehmende Tendenz zur Konformität seit Beginn der Versuchsserie in den 1950er-Jahren sowohl in den USA als auch unter Einbeziehung der interkulturellen Studien, (4) geringere Nachgiebigkeit in westlichen Kulturen als in östlichen Ländern (z. B. China, Kuwait). *Einfluss, sozialer*. Aronson et al. 2004.   *H.-W. Bierhoff*

Konfrontation [engl. *confrontation*; lat. *confrontare* gegenüberstellen], *Exposition, Konfrontation mit Reaktionsverhinderung, Systematische Desensibilisierung, Konflikt, sozialer*.

Konfrontation mit Reaktionsverhinderung (= K. bzw. RV.) [engl. *confrontation with response prevention*; lat. *confrontare* gegenüberstellen], **[KLI]**, syn. *Reaktionsmanagement*; ist ein in der *Verhaltenstherapie* wichtiges Verfahren, bei dem Pat. unter therap. Anleitung lernen, diejenigen Situationen aufzusuchen (K.), die bisher starke emot. Reaktionen auslösen, und in der Situation ohne den Einsatz von Vermeidungsverhalten so lange zu verbleiben (RV.), bis die unangenehme emot. Reaktion zumindest deutlich abgeklungen ist. Das Prinzip ist im Grunde sehr alt (Antike!) und entspricht in gewisser Weise auch der alltäglichen Erfahrung, dass nämlich *Angst*, Unruhe etc. nur dann dauerhaft zu bewältigen sind, wenn sich der Pat. der Emotion stellt und sie bewältigt. Die Systematisierung des Verfahrens erfolgte i. R. der Entwicklung der Verhaltenstherapie: Wolpe hatte dazu die *Systematische Desensibilisierung* beschrieben und viele klin. Studien dazu durchgeführt und angeregt. Mit der angesprochenen Entwicklung war und ist eine nach wie vor heterogene Begriffsverwendung verbunden: Neben K. mit RV. werden Begriffe wie *Exposition, Überflutungstherapie*, Habituation, Löschung (*Auslöschung*) usw. verwendet. Gemeinsam sind den Bez. das Prinzip der Auseinandersetzung mit einer emot. relevanten Situation und das Ausbleiben (Verhinderung) von Vermeidungsverhalten (*Vermeidungslernen*).

Als theoretische Grundlage des Verfahrens muss auf Prinzipien des *Lernens* verwiesen werden: Demnach werden Ängste und andere problematische *Emotionen* dadurch im Repertoire des Individuums stabilisiert, dass die Person die Angst auslösenden Situationen vermeidet. Dadurch wird das Vermeidungsverhalten neg. verstärkt (*Verstärkung, Konditionierung, operante*, unmittelbares Ausbleiben oder Reduktion der Angst). Das Prinzip wird in der Verhaltenstherapie mit dem sog. *Zwei-Faktoren-Modell* (*Angst, Zwei-Prozess-Theorie*) beschrieben und erklärt. Die praktisch einzige Möglichkeit zur langfristigen Bewältigung von Angst (und anderen beeinträchtigenden Emotionen) besteht demnach darin, dass der Pat. lernt, sich in die gefürchtete Situation zu begeben (K.) und dort so lange zu verbleiben, bis die entspr. Emotionen auch ohne das Vermeidungsverhalten (RV.) abklingen.

Das wichtigste Prinzip ist das der *Löschung*: Gemeint ist damit, dass gelernte Reaktionen im Repertoire des Individuums dann langsam seltener werden, wenn sie unter Bedingungen der Nicht-Verstärkung sind (hier im Kontext des *klassischen Konditionierens*). Für das Prinzip der Löschung wurden in theoretischer Hinsicht mehrere alternative Erklärungen geltend gemacht, u. a. Aspekte der *Hemmung*, der Aufbau von alternativen Verhaltensmustern und insbes. auch kogn. Aspekte (*Kognition*) in Kombination mit dem konkreten Erleben des Pat. Hier wird darauf verwiesen, dass im Verfahren der K. mit RV. eine Veränderung der *Erwartung* des Pat. erfolgt (s. Abb.): Diese Veränderung besteht darin, dass der Pat. ganz konkret erlebt, dass mit dem Verzicht auf Vermeidungsverhalten zwar kurzfristig ein Anstieg aversiver Emotionen verbunden ist, dass aber die von ihm erwarteten Entwicklungen nicht eintreten, wenn er über längere Zeit in der Situation verbleibt. Entscheidend für die Wirksamkeit scheint zu sein, dass sich der Pat. tatsächlich mit den von ihm bes. gefürchteten Emotionen auseinandersetzt (*emotional processing*); das bedeutet, dass z. B. *kognitive Vermeidung* ein Hindernis für die Wirksamkeit darstellt. In der praktischen Umsetzung muss deshalb der Therapeut hier. Augenmerk darauf legen, dass vor allem die RV. konsequent umgesetzt wird – was gerade hinsichtlich der kogn. Vermeidung als bes. schwierig gilt. Im Verlauf der K. mit RV. kommt es zu Veränderungen in der neuronalen Vernetzung von emot. Inhalten betreffend Situationen, deren Bedeutung und eigenen Reaktionsmöglichkeiten.

In der praktischen Durchführung von K. mit RV. ergibt sich eine Reihe von Variationen. Die Auswahl dieser Möglichkeiten hängt von einer Reihe von zumeist praktischen Überlegungen hinsichtlich der konkreten Umsetzung ab (z. B. *Motivation*, Zielklärung; *Ziele*). Zu nennen sind insbes.: (1) *Umsetzung in der Vorstellung* (*in-sensu*): Hier erfolgt die K. nur im kogn. Modus, wie dies u. a. von Wolpe in der Systematischen Desensibilisierung realisiert wurde. (2) *Graduierte K.*: Die einzelnen Situationen werden anhand einer gemeinsam erstellten Hierarchie schrittweise dargeboten. (3) *Massierte K.*: Hier werden die sog. Top-Items zuerst dargeboten, der Pat. erlebt dabei zumeist ein deutliches Ansteigen von Emotionen, kann dabei aber auch die konkrete Erfahrung der Bewältigung selbst massiv gefürchteter Situationen machen. (4) *Unterstützung durch den Therapeuten*: Die ersten Schritte der K. erfolgen zumeist unter Anleitung (und in Anwesenheit) des Therapeuten; im weiteren Verlauf sollte die Verantwortung auf den Pat. übergehen (*Selbstmanagement*). (5) *Durchführung im natürlichen Setting*: Die Durchführung von K. mit RV. sollte nicht auf das therap. Setting beschränkt bleiben, sondern konsequent auf das natürliche Setting übertragen werden, weil hier die relevanten Auslöser der entspr. Emotionen vorliegen. Die Umsetzung von K. mit RV. ist immer in einen *therapeutischen Prozess* eingebettet zu sehen, deshalb ist auch eine «naive» Anwendung des Verfahrens bei Vorliegen einer Diagnose nicht gerechtfertigt. Bes. zu berücksichtigen sind dabei: (1) Gestaltung der *Therapiebeziehung*, (2) Aufbau von Vertrauen und Klärung von Rahmenbedingungen der Durchführung, (3) präzise indiv. *Problemanalyse*, i. d. R. reicht eine klassifikatorische Diagnostik (*Klassifikation*) nicht aus (Angst ist nicht gleich Angst!), (4) Klärung der Motivation des Pat., (5) Klärung und Vereinbarung der Ziele des Pat., (6) Vermittlung eines plausiblen Modells des therap. Vorgehens: Der Pat. sollte über die einzelnen Schritte genau informiert sein. Schwierigkeiten und Probleme in der Durchführung hängen zumeist nicht so sehr mit Problemen in der konkreten Umsetzung von K. mit RV. i. e. S. zus., sondern gerade von Schwierigkeiten hinsichtlich vorangehender Phasen des therap. Prozesses. Das Verfahren der K. mit RV. war ursprünglich auf die Bewältigung von *Angststörungen* beschränkt (insbes. *Phobie*). Mittlerweile wird das Verfahren neben dem sehr breiten Bereich der Angststörungen (z. B. auch *Generalisierte Angststörung, Posttraumatische Belastungsstörung, Zwangsstörungen*) mit großem Erfolg auch bei einer Reihe anderer Störungen angewendet, wenn es um die Bewältigung von emot. Bewertungen in Bezug auf eine komplexe interne oder externe Situation oder auch eigene Reaktionen geht. Zu nennen sind z. B. *Essstörungen, Impulskontrollstörungen,* Alkoholmissbrauch und *Alkoholabhängigkeit* (Alkoholismus), *Depression*. Neudeck & Wittchen 2004, Michael & Tuschen-Caffier 2009.

H. Reinecker

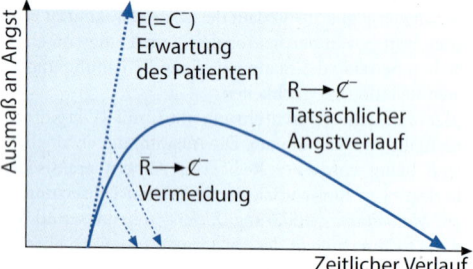

K. mit RV.: Schematische Darstellung. Zu Beginn der K. steigt bei der Person die Erwartung eines aversiven Zustandes, den sie zu vermeiden versucht. Durch RV. unterbleibt die Vermeidung, und die Person erlebt eine schrittweise Reduktion von Angst und Unruhe (tatsächlicher Angstverlauf).

Konfrontationstherapie [engl. *confrontation therapy*]; *Konfrontation mit Reaktionsverhinderung.*

Konfundierung (= K.) [engl. *confounding*; lat. *confundere* vermischen, zusammengießen, verwechseln], **[FSE]**, wird der Zusammenhang einer unabhängigen Variable (*Variable, unabhängige,* z. B. niedriger vs. hoher Fernsehkonsum) und einer abhängigen Variable (*Variable, abhängige,* z. B. Aggressivität) untersucht, so liegt eine Konfundierung vor, wenn eine Drittvariable (konfundierte Variable [engl. *confounder*], z. B. Geschlecht) existiert, die sowohl mit der unabhängigen als auch der abhängigen Variable in Zusammenhang steht (*Störvariablen*). Eine K. führt i. d. R. zur verzerrten Schätzung (Unter- oder Überschätzung) eines direkten Zusammenhangs (*Korrelation, Validität, interne*). Sind bspw. Jungen –unabhängig vom Fernsehkonsum – aggressiver als Mädchen und ist der Fernsehkonsum bei Jungen ebenfalls höher ausgeprägt, so würde die Konfundierung mit der Variable *Geschlecht* zu einer fehlerhaften Schätzung des direkten Zusammenhangs führen.

In der psychol. Forschung werden Experimente (*Experiment*), in denen mittels *Randomisierung* strukturgleiche Vergleichsgruppen gebildet werden, als Königsweg zur Vermeidung einer K. angewendet, sodass eindeutige Schätzungen direkter Merkmalszusammenhänge erfolgen können. Liegt in einer nicht exp. Studie eine K. vor, so kann mittels Adjustierung (vgl. auch *propensity score*) die durch eine K. verursachte Verzerrung zumindest partiell korr. werden. Um in multifaktoriellen Experimenten (mehrere unabhängigen Variablen) der K. von Versuchsbedingungen zu begegnen, benutzt man ausbalancierte komplexe Versuchspläne. *Varianzanalyse. Simpson-Paradoxon.* Shadish et al. 2001, Döring & Bortz 2016.

Konfusionsmatrix (= K.) [engl. *confusion matrix*; lat. *confusio* Verwirrung, Vereinigung], **[FSE, WA]**, Matrizen von beobachteten bedingten relativen Häufigkeiten, die als Schätzungen der Wahrscheinlichkeiten angenommen werden, dass auf Reiz Sj die Reaktion Rj erfolgt. Modelle zur Analyse von K. sind seit 1957 (s. Luce & Raiffa 1957) systematisch entwickelt worden und ermöglichen nicht nur die Bestimmung metrischer Beziehungen von Reaktionen und Reizen, sondern auch die Analyse systematischer Reaktionsverzerrungen. Townsend & Ashby 1983.

kongenital [engl. *congenital*; lat. *congenitus*], angeboren, d. h. ererbt oder intrauterin erworben.

Kongruenz, syn. *Echtheit*; *Gesprächspsychotherapie.*

Kongruenzeffekte [engl. *congruence effects*; lat. *congruere* entsprechen], *Priming-Paradigma.*

Konjunktionssuche [engl. *conjunction search*; lat. *coniugere* verknüpfen], **[KOG, WA]**, die visuelle Suche nach einem *Zielreiz,* der sich durch eine best. Kombination von Merkmalen (z. B. einer spezif. Farbe und Form) von Distraktoren unterscheidet. *Merkmalssuche.*

P. Wühr

Konkordanz [engl. *concordance*; lat. *concordare* übereinstimmen], **[FSE]**, Übereinstimmung zw. (z. B. von versch. Beobachtern vorgenommenen) Messungen und Schätzungen. *Beurteilerübereinstimmung.*

[PER], Übereinstimmung in den Erbanlagen, besonders bei eineiigen Zwillingen. Ggs. Diskordanz = Nichtübereinstimmung.

[GES, KLI], zentraler Aspekt der *Behandlungsmotivation,* der den Grad der Übereinstimmung zw. Pat. und Behandler bzgl. der Behandlungsschritte und -ziele bezeichnet.

Konkordanzkoeffizient [engl. *coefficient of concordance*; lat. *concordare* übereinstimmen], **[FSE]**, *Koeffizient* eines nicht parametrischen Verfahrens zur Feststellung des Grades der Übereinstimmung von mehr als zwei Rangreihen. Die Berechnung erfolgt nach

$$W = \frac{12 \sum D_i^2}{k^2 \cdot (N^3 - N)},$$

wobei k die Anzahl der Rangreihen, N die Zahl der Ränge und D_i die Abweichungen der Rangplatzsummen der einzelnen Elemente von der mittleren Rangplatzsumme bez. Eid et al. 2013.

G. Mikula

Konkretismus [engl. *concretism*; lat. *concretus* entstanden erstarrt], **[PHI]**, das Ausgerichtetsein (besonders des Denkens (*Denken*) und der Gefühle (*Gefühl*)) auf die sinnlich fassbare und anschauliche *Wirklichkeit.*

konkret-operatorische Entwicklungsstufe (= k. E.) [engl. *concrete operational stage of development*; lat. *concretus* entstanden, erstarrt, *operari* mit etw. beschäftigt sein],

[**EW, KOG**], die k. E. folgt in der Entwicklungstheorie von Jean Piaget (*Piaget, Jean, Entwicklung, Stufentheorie nach Piaget*) auf die *sensu-motorische Entwicklungsstufe* und die *prä-operatorische Entwicklungsstufe* und deckt im Wesentlichen das Kindesalter ab dem siebten Lebensjahr ab. Diese Stufe ist wie die prä-operatorische Stufe geprägt durch die *Fähigkeit* der mentalen *Vorstellung* (*Repräsentationsstufen*), die den auf der ersten Stufe auf die Sensu-Motorik beschränkten Umgang mit der Welt überhöht. Nach der k. E. folgt die *formal-operatorische Entwicklungsstufe*, in der die Repräsentationsmodi nochmals angereichert werden, und zwar durch eine zeichenhafte (*Zeichen*) oder abstrakte Repräsentation (*Repräsentation*).

Auf der k. E. werden mentale, auf Vorstellungen beruhende *Schemata* und Schemaverbünde zunehmend flexibel und «reversibel». Dadurch werden schließlich z. B. die viel besprochenen Operationen der Masse-, Menge- und Volumeninvarianz möglich. So kann z. B. ein prä-operatorisches Kind noch sagen, dass eine best. Quantität von Knetmasse mehr wird, wenn sie von einer Kugel zu einem Wurm ausgerollt wird, und dass sie wieder weniger ist, wenn der Wurm zur Kugel zurück zus.gedrückt wird. Das konkret-operatorische Kind hingegen erkennt, dass in beiden Formen die gleiche Menge vorhanden ist. Diese reife Erkenntnis basiert auf der sog. *Reversibilität* der in kogn. Strukturen eingebundenen Operationen, nämlich der Negation («man kann den Wurm ja wieder zur Kugel zurückformen»), der Identitätsoperation («man hat ja nichts dazugetan und nichts weggenommen») und der Kompensierbarkeit der Operationen («der Wurm ist zwar länger, aber dafür dünner»).

Ursprünglich meinte man (Piaget), mit etwa 6 oder 7 Jahren würden von den meisten Kindern (sozusagen intraindiv. simultan) alle konkreten Operationen erreicht. Später zeigte sich aber, dass sie für einige Inhaltsbereiche später erworben werden als für andere. So wird im Allgemeinen der Zahlbegriff schon mit 6 Jahren errungen, die sog. Flüssigkeitsinvarianz aber erst mit 7 oder 8 Jahren und die Gewichtsinvarianz gar erst mit 9 oder 10 Jahren. Diese zeitlichen Unterschiede nennt man i. Ggs. zu den vertikalen Unterschieden zw. den Entwicklungsstufen horizontale Verschiebungen (*décalages horizontaux, décalage*). A. Flammer

konnatal [engl. *connatal*; lat. *connatalis* zur Geburt gehörend], angeboren.

Konnektion, Konnektionismus [engl. *connection, connectionism*; lat. *connectere* zusammenknüpfen], [**KOG**], Verbindung, psychol. insbes. die Reiz-Reaktion-Verbindung. Bez. für die psychol. Richtung, die die Reiz-Reaktion-Verbindung als Grundlage allen Verhaltens ausgibt (*S-R-Theorie*; Thorndike). *Reiz-Reaktions-Psychologie*.

Können [engl. *ability, capability, proficiency*], [**KOG**], Bewältigung von Anforderungen (auch bei Änderung der Bedingungen). Grundlage sind Fähigkeiten und *Fertigkeiten*, aber auch Einflussgrößen wie *Motivation*, *Einstellung*, *Temperament*, Ermüdbarkeit, *Intention*. *Coping*, *Funktionspotenzen*, *Kenntnisse*, *Kompetenz*, *interpersonale Kompetenz*.

Könnensfaktoren [engl. *ability factors*], *Interview, biografisches*.

Konnotation, konnotative Bedeutung (= K., k. B.) [engl. *connotation*; lat. *con-* mit, *notare* kennzeichnen], [**EM, KOG**], wird unterschiedlich definiert: (1) als affektive (*Affekt*) und emot. (*Emotionen*) *Bedeutung*, (2) als eine Art Restklasse, die alles umfasst, was nicht *Denotation* ist, (3) als das, was das *semantische Differenzial* von Osgood (1952) misst. Nach Leech (1974) ist K. der kommunikative Wert (*Kommunikation*), den ein Wort kraft seiner Beziehung zu einem Referenten hat. Der wichtigste Aspekt der k. B. liegt darin, dass sie sich auf das Verhältnis von *Zeichen* und Zeichenbenutzer bezieht und damit der pragmatischen Komponente der *Semiotik* zuzuordnen ist (*Pragmatik*), im Ggs. zur Denotation, die ein Begriff aus der *Semantik* ist. Die wichtigste Dimension dieses Verhältnisses zw. Zeichenbenutzer und Zeichen bzw. Bedeutung scheint diejenige einer i. w. S. affektiven Bewertung der Bedeutung zu sein. Diese Dimension wird durch die Valenzskalen des semantischen Differenzials gemessen und ist konditionierbar (*Konditionierung, bedingter Reflex*). Die *Valenz* ist jedoch nur eine Dimension dieser Beziehung zw. Zeichenbenutzer und Bedeutung. J. Engelkamp

Konsens-Ansatz [engl. *consensus approach*; lat. *con-* zusammen, *sentire* eine Ansicht haben], *Minorität*.

Konsensheuristik [engl. *consensus heuristic*], *Preispolitik*.

Konsensscoring [engl. *consensus scoring*; *scoring* Feststellen des Punktestands], *soziales Verständnis*.

Konsensus [engl. *consensus*; lat. *con-* zus., *sentire* eine Ansicht haben], [**FSE, SOZ**], Übereinstimmung, gleiche Meinung, Einstellung oder gleiches Verhalten bei mehreren Gruppenmitgliedern. Konsensuelle Einschätzungen werden u. a. in der psychol. Forschung bei der Bestimmung von Merkmalen benutzt, bei denen die Einschätzung durch einen einzelnen Beurteiler unzuverlässig wäre. Die Konsensfindung erfolgt dann im Austausch der Beurteilenden. *Beurteilerübereinstimmung*.

Konsensusinformation *Kovariationsmodell*. Fiedler 1980.

Konsequenzerfahrungen, gesundheitsbezogene (= g. K.) [engl. *health related outcome experience*], syn. *Handlungsergebniserfahrungen, Ergebniserfahrungen*, [**EM, GES, KOG**], Bez. für die Konsequenzen, die eine Person während oder nach der Ausübung eines *Gesundheitsverhaltens* (= G.,) wahrnimmt. Das Konzept findet sich im *Phasenmodell der Verhaltensaufrechterhaltung* (Rothman et al. 2004) sowie im *Motivations-Volitions-Prozessmodell* (Fuchs 2007). Empir. Belege für die Bedeutung von g. K. im Prozess der G.änderung gibt es bisher nur wenige. Theoretisch können g. K. eine Rolle bei der *Motivation* zu einem G. und auch bei dessen Aufrechterhaltung spielen. Ob ein G. wiederholt ausgeübt wird, kann u. a. davon abhängen, wie eine Person die Konsequenzen des eigenen Verhaltens erlebt. Je pos. diese g. K. wahrgenommen werden, desto eher wird eine Person auch in Zukunft das entspr. Verhalten ausüben. Z. B. wird ein Pat., der pos. g. K. mit körperlicher Aktivität während eines Rehabilitationsaufenthaltes macht, auch nach der Behandlung eher aktiv bleiben. I. Ggs. dazu können angesammelte neg. g. K. dazu führen, dass ein neues

Verhalten aufgegeben wird (*Verstärkung, Bestrafung*). Es können *körperliche* (z. B. sich attraktiver fühlen), *soziale* (z. B. Leute kennen lernen) und *emot. g.K.* (z. B. sich wohler fühlen) unterschieden werden. Häufig werden g. K. in Form von «Wenn (ich körperlich aktiv war)-dann (habe ich erlebt, dass…)-Sätzen» formuliert und erhoben. G. K. sind zu unterscheiden von *Handlungsergebniserwartungen* (= H.) und der wahrgenommenen Zufriedenheit eines Individuums. Während H. die erwarteten, in der Zukunft liegenden Konsequenzen eines Verhaltens bezeichnet, beschreiben g. K. retrospektiv die erlebten Konsequenzen eines Verhaltens. Abhängig davon, ob die erlebten g. K. mit den bereits entwickelten H. übereinstimmen oder diese sogar übertreffen, kann sich bei der Person ein Gefühl der Zufriedenheit mit einem neuen G. einstellen. *L. Fleig/L. Parschau*
Konsequenzerwartung [engl. *consequence expectancy*], *Handlungsergebniserwartungen.*
Konservatismus, Konservativismus (= K.) [engl. *conservatism*; lat. *conservare* bewahren], [**PER, SOZ**], eine generalisierte *Einstellung* (Six 1996), die entweder als unipolares *Konstrukt* (z. B. Wilson 1973, je mehr K., desto weniger Liberalismus) oder als eine zweidimensionale Struktur (Kerlinger 1984) mit den beiden Faktoren Liberalismus und K. aufgefasst wird. Parallel zur Vielzahl von Verfahren zur Erfassung von K. (Robinson et al. 1999) sind auch die jeweiligen Konzepte höchst unterschiedlich. K. meint ein Einstellungs- und Wertesystem mit Komponenten wie z. B. religiösem *Dogmatismus, Konventionalismus, Militarismus, Rassismus* und Anti-*Hedonismus*, die nach Wilson (1973) ein *Konservatismus-Syndrom* bilden. Dieses Syndrom, das nach Wilson allen Einstellungen zugrunde liegt, hat die Funktion, die innere wie äußere Welt zu vereinfachen, zu kontrollieren und überschaubar zu machen, was am einfachsten dadurch geschieht, dass man sich an Regeln, Gesetze und Normen hält. Auf diese Weise lassen sich Angst und Unsicherheit reduzieren, die als Auslöser von K. angesehen werden. *B. Six*
Konsiliar- und Liaisonarbeit (= KLA), [engl. *consultation-liaison service*; lat. *consilium* Rat, Beratung, frz. *liaison* Verbindung], [**KLI**], ein der *Psychiatrie* entspringender, interdisziplinär ausgerichteter Fachbereich, der die psychodiagn. und psychoth. Tätigkeit von Psychiatern, Psychosomatikern, Klin. Psychologen. oder Psychol. Psychotherapeuten zur psychol. Betreuung von Pat. im akutmed. oder stationären Setting beschreibt. Nach Möglichkeit und Bedarf werden die Angehörigen der Pat. ebenfalls mitbetreut. Die KLA. entwickelte sich zu Beginn des 20. Jhd. mit dem zunehmenden Bewusstsein über bio-psycho-soziale Zus.hänge (*Krankheitsmodelle*) und der wachsenden Notwendigkeit einer psychiatr.-psychol. Versorgung somatisch erkrankter Pat. in den Allg.krankenhäusern. Je nach Intensität der Zus.arbeit zw. dem KL-Dienst und der jew. Krankenhausabteilung werden zwei Hauptmodelle unterschieden: Die *Konsiliararbeit* zeichnet sich dadurch aus, dass der Konsiliar vom somatisch behandelnden Arzt oder vom Pflegeteam für die Beratung von einzelnen Pat. auf Abruf beigezogen wird. Zusätzlich zur beratenden oder psychoth. Arbeit mit den Pat. kann der Konsiliar, wenn nötig, dem somatisch tätigen Arzt oder dem Pflegeteam Behandlungsempfehlungen abgeben. Die *Liaisonarbeit* hingegen ist durch eine regelmäßige Präsenz des Liaisonsmitarbeiters auf der jew. Abteilung oder Station charakterisiert, unabhängig von einem direkten ärztlichen Auftrag. Der Liaisonmitarbeiter sieht somit, im Unterschied zum Konsiliar, alle Pat. und erfährt direkt, welche von ihnen eine Beratung erhalten sollen. Die psychol. Fortbildung des med. Personals, bspw. in Form von Weiterbildungen oder Fallbesprechungen, gehört ebenfalls in den Tätigkeitsbereich des Liaisonmitarbeiters. Der im KL-Dienst tätige Mitarbeiter informiert den behandelnden Arzt und das Pflegeteam jew. über das Ergebnis des Beratungsgesprächs, berücksichtigt jedoch gleichzeitig auch die Vertraulichkeit der ihm entgegengebrachten privaten Inhalte. Die psychol. Interventionen richten sich nach der Liegedauer und den Anforderungen des Pat. und sind somit oft *Krisenintervenionen* oder Kurzzeitpsychoth. Ehlert 1998, Gosepath et al. 2011.
P. La Marca-Ghaemmaghami/B. Ditzen/U. Ehlert
Konsistentes Akaike-Informationskriterium (CAIC) [engl. *consistent Akaike information criterion*] *Informationstheoretische Maße.*
Konsistenz (= K.) [engl. *consistency*; lat. *consistere* feststehen], Festigkeit, bes. i. S. der Beständigkeit.
[**KOG**], *Konsistenz des Verhaltens.*
[**DIA**], *Konsistenz, innere.*
[**FSE**], ein stat. Test (*Signifikanztest*) wird als konsistent bez., wenn seine *Teststärke* $\varepsilon = 1 - \beta$ mit zunehmendem N gegen 1 konvergiert, er also bei zunehmender Stichprobengröße Unterschiede mit zunehmender Sicherheit erfasst. *Fehler zweiter Art.*
Konsistenz, innere [engl. *internal consistency*], [**DIA, FSE**], als «innere» *Konsistenz* eines Messverfahrens wird die Homogenität seiner einzelnen «Teile» (z. B. der Testelemente) bezeichnet. Sie drückt sich in der durchschnittlichen Höhe der Interkorrelationen und in der Höhe der Korrelationen der Einzelteile mit dem Gesamtscore aus. Der Konsistenzkoeffizient ist ein Reliabilitätsmaß, das von der Höhe der inneren Konsistenz berechnet wird (z. B. *Kuder-Richardson-Formel 20*). *Cronbachs Alpha, Reliabilität.* Ein statistischer Test wird als konsistent bezeichnet, wenn seine *Teststärke* $\varepsilon = 1 - \beta$ mit zunehmendem *N* gegen 1 konvergiert, er also bei zunehmender Stichprobengröße Unterschiede mit zunehmender Sicherheit erfasst. *Fehler zweiter Art.* Bühner 2010. *G. Mikula*
Konsistenzanalyse [engl. *consistency analysis*], [**DIA, FSE**], Methode zur Schätzung der inneren *Konsistenz* als Maß der *Reliabilität. Cronbachs Alpha, Klassische Testtheorie, Testkonstruktion.*
Konsistenz des Verhaltens [engl. *behavioral consistency*], [**PER**], bez. das Ausmaß, in dem gemessene Werte des *Verhaltens* (= V; inkl. Erleben) über Situationen hinweg erhalten bleiben. Innerhalb der größeren *Person-Situation Debatte*, ob eher Personenvariablen (*Persönlichkeitsmerkmal*) oder Situationsvariablen (*Situationismus*) V. erklären und vorhersagen, wurde auch eine Konsistenzdebatte geführt: Man argumentierte, dass V. konsistent über Situationen

hinweg sein müsse, um *Traits* als Quelle der Konsistenz anzunehmen. Hartshorne & May (1928) fanden bei Schülern jedoch nur geringe *Korrelationen* zw. unehrlichem V. (z. B. Lügen) in unterschiedlichen Situationen (z. B. Klassenzimmer vs. Hausaufgaben). Sie nahmen daher an, es gäbe keinen generellen Trait der (Un)Ehrlichkeit, sondern nur situativ bedingtes (un)ehrliches V. Auch weitere Studien schlugen in diese Kerbe; sie fanden immer wieder Korrelationskoeffizienten um ca. .30 für V. in versch. Situationen, was viele Autoren als zu gering erachteten (Mischel 1968). Allerdings ist solch eine Korrelation weder klein noch unbedeutend, und sie erhöht sich wenn man (1) nicht einzelnes, sondern aggregiertes V. korreliert und/oder (2) nicht irgendwelche Situationen, sondern funktional ähnliche wählt (Kenrick & Funder 1988). Ferner würden zu hohe Korrelationen eher behaviorale *Rigidität* anzeigen, was ein Zeichen von *Psychopathologie* sein kann.

In der Literatur wird der Begriff *Konsistenz* (= K.) nicht einheitlich benutzt. Erstens muss er von der zeitlichen Stabilität von Traits (*Persönlichkeitsmerkmale, Stabilität der; Stabilität, homotype; Stabilität, heterotype; Stabilität, normative*) abgegrenzt werden. Zweitens systematisierten Fleeson & Noftle (2008) umfassend 36 versch. K.konzepte in einer 3 × 3 × 4-Matrix, indem sie drei Dimensionen miteinander kreuzten: (1) *K.determinanten* (K. worüber?): K. kann über (a) Verhaltensinhalte vs. (b) Situationsinhalte vs. (c) Zeitintervalle hinweg existieren.(2) *K.definition* (K. wie erfasst?): Werte müssen (a) absolut (*Stabilität, absolute*) vs. (b) relativ zu anderen Personen (*Stabilität, normative*) vs. (c) ipsativ innerhalb der Person (*Messung, ipsative*) erhalten bleiben. (3) *Verhaltenserhebung* (K. worin?): V. tritt (a) einzeln vs. (b) zu einem Gesamtwert aggregiert vs. (c) konditional (d. h. abhängig von oder bezogen auf andere Variable) vs. (d) gemustert (d. h. komplexes Muster oder Profil an V.) auf. Bisher sind nur wenige dieser Konzepte formal erforscht (Übersicht bei *Stabilität*). Am bekanntesten ist die transsituative Konsistenz von einzelnem oder aggregiertem V. über Situationen hinweg, welche durch eine Korrelation ausgedrückt wird (d. h., die Rangreihe von V.-werten von Pbn in einer Stichprobe bleibt zw. den Situationen erhalten). Jede der 36 K.formen sagt etwas Anderes über *Persönlichkeit* aus; der Nachweis nur einer dieser Formen ist hinreichend, um die Existenz zugrunde liegender stabilitätsgenerierender Variablen (Traits) anzunehmen. Da mehrmals gezeigt werden konnte, dass Menschen in vielerlei Hinsicht bemerkenswert konsistent sind (Fleeson & Noftle 2008), ist das Konzept von Traits sinnvoll. Als Konsequenz des *Interaktionismus* wurden varianzanalytische Verfahren (*Generalisierbarkeitstheorie*) auch für breite Faktoren wie die Big Five (*Fünf-Faktoren-Modell*) angewendet, um Varianzanteile von Personen und Situationen sowie deren Interaktion zu untersuchen (van Heck et al. 1994). Hierbei werden Situationen und verhaltensbezogene Einzelfragen (*Items*) von Inventaren systematisch variiert. Es zeigt sich, dass Personen recht transsituativ konsistent sind, aber sich dennoch auch situationsspezif. verhalten.

J. Rauthmann

Konsistenzinformation *Kovariationsmodell.*

Konsistenzkoeffizient, Konsistenzindex [engl. *consistency coefficient/index*], **[DIA]**, Bez. für von verschiedenen Autoren (Cronbach, Hoyt, Kuder u. a.) entwickelte Maße für die *innere Konsistenz*, d. h. den Grad der Homogenität der Aufgaben eines Tests im Hinblick auf das Merkmal, das mit dem Test erfasst werden soll. *Beurteilerübereinstimmung, Cronbachs Alpha, Intraklassenkorrelation.* Lienert & Raatz 1994.

Konsistenzparadox [engl. *consistency paradox*; lat. *consistere* fest stehen], **[PER]**, Begriff für die Diskrepanz zw. subj. Erleben, dass die eigene *Persönlichkeit* über die Zeit hinweg bzgl. ihrer Eigenschaften in ihren Auswirkungen für *Erleben* und *Verhalten* hochkonsistent ist, und den empirischen Befunden, die eine solche *Konsistenz* nicht empirisch belegen können. Ähnliche Probleme ergeben sich in der von der Sozialps. analysierten Beziehung zwischen *Einstellung* und Verhalten.

Konsistenzprüfung, diagnostische [engl. *diagnostical assessment of consistency*], *Beschwerdenvalidierung, Beschwerdenvalidierungstests.*

Konsistenztheorie des psychischen Geschehens (= K.) [lat. *consistere* feststehen], **[KLI]**, ein von Grawe (2005) entwickeltes Rahmenmodell, das die theoretisch begründete *Fallkonzeption* und Planung eines Therapiekonzepts ermöglicht. Es soll die klientenspezif. Gestaltung der Behandlung bzw. die zielgerichtete Auswahl therap. Methoden unterstützen. Gemäß der *Cognitive-experiential Self Theory* von Epstein (1990) werden vier Grundbedürfnisse postuliert (s. Abb.), die psych. Aktivität des Organismus bedingen: *Bedürfnis nach Orientierung und Kontrolle, Bedürfnis nach Bindung, Bedürfnis nach Lustgewinn/Unlustvermeidung, Bedürfnis nach Selbstwerterhöhung/-schutz.* Der zentrale Begriff der *Konsistenz* bez. die Übereinstimmung/Vereinbarkeit der simultan ablaufenden neuronalen bzw. psych. Prozesse innerhalb eines Organismus. Die K. unterscheidet zwei Unterformen der Inkonsistenz: *Diskordanz* liegt vor, wenn zwei oder mehrere unvereinbare motivationale Tendenzen bedeutsam sind, *Inkongruenz* liegt vor, wenn die realen Erfahrungen und die motivationalen Ziele diskrepant sind. Entsteht Inkonsistenz, so setzen innerpsych. bzw. organismische Regulationsprozesse ein, die den Zustand der Konsistenz wiederherstellen (sollen). Die Konsistenzregulation wird wesentlich durch *Motive* und Ziele des Organismus mitbestimmt. Sie wird durch motivationale Schemata (Annäherungs- und Vermeidungsziele; *Motivationstheorien*) ausgelöst, die das situative Erleben und Verhalten bestimmen. Eine zufriedenstellende Konsistenzherstellung ist zudem von der Verfügbarkeit und der Anwendung funktionaler Verhaltensweisen sowie *Handlungsergebniserwartungen* abhängig. Diese sind in starkem Maße durch die Lerngeschichte des Organismus geprägt. Führt das Verhalten nicht zur Herstellung der Konsistenz, so entstehen neg. *Emotionen* und der neg. empfundene Zustand der Inkonsistenz bleibt erhalten bzw. wird ggf. verstärkt. Da das Streben nach Auflösung oder Vermeidung von Inkongruenz (als wichtigste Form der Inkonsistenz) die zentrale Bedingung für psych. Funktionieren dastellt, kann eine lang andauernde, bedeutsame Inkongruenz bzw. Inkonsistenz als zentrale Ursache für psych. Störungen angenommen werden. Diese werden als dysfunktionale neuronale Erregungsmusters aufgefasst, die durch wiederholte neuronale Bahnungsprozesse entstehen. Psych. Störungen gehen i. d. R. mit Defiziten in der Befriedigung aller vier Grundbedürfnsise einher. Zentrale Wirkfaktoren der *Psychotherapie* sind nach der K. die *Reduktion der wichtigsten Inkongruenzquellen* und *Bedürfnis befriedigende Erfahrungen*. Diese können insbes. durch auf Ziele und Motivationen des Pat. abgestimmte Beziehungsgestaltung (*Therapiebeziehung*), *Ressourcenaktivierung* sowie Unterstützung und Induktion von selbstwertförderlichen Erfahrungen, die pos. *Kontrollüberzeugungen* und *Handlungsergebniserwartungen* (i. S. einer funktionalen Kongruenz motivationaler Ziele und Wahrnehmungen) fördern, therap. unterstützt werden. Grawe 2005.

Konsistenztheorien [engl. *consistency theories*], *Konsonanztheorien*.

Konsolidierung (= K.) [engl. *consolidation*; lat. *con-* zusammen, *solidare* festigen, zusammenfügen], **[BIO, KOG]**, *Gedächtnis* wird als zeitabhängiger Prozess verstanden, der mit der (sensorischen) Aufnahme und Einspeicherung (*Wahrnehmung*, *Encodierung*) von Information beginnt, sich dann mit der weiteren Festigung – K. genannt – fortsetzt und in die Abspeicherung oder Ablagerung mündet. Über den *Abruf* wird demonstriert, was erfolgreich gespeichert worden ist. Der Prozess der Gedächtnisk. ist recht komplex und vielschichtig und vor allem in seiner Dauer umstritten. Rein auf neuronaler Ebene wird angenommen, dass hierbei bes. Strukturen des *limbischen Systems* (*Papez'scher Schaltkreis*) und des Neokortex (Hirnrinde) involviert sind. Auf der Ebene einzelner *Nervenzellen* kann es zu Änderungen in der Genexpression, zu Stoffwechseländerungen und zu strukturell-morphologischen Änderungen kommen. Auf Verhaltensebene wird heutzutage angenommen, dass insbes. *Schlaf* der Gedächtnisk. förderlich ist, wobei unterschiedliche Gedächtnissysteme mit unterschiedlichen Schlafphasen (REM-Schlaf, Slow-wave- oder Non-REM-Schlaf) gekoppelt sind. Biochemische Substanzen (z. B. Pharmaka, Drogen) können den Prozess der K. fördern oder stören.

Die Dauer der Gedächtnisk. hängt offensichtlich vom gelernten Material (*Lernmaterial*, *Lernen*) und von der jew. Tierart (und deren Lebensdauer) ab. Für manche Lernvorgänge wird von einer Dauer der K.phase im Bereich von Minuten bis Stunden ausgegangen, für andere K.vorgänge – insbes. beim Menschen – von Tagen, Wochen und Monaten. Gedächtnisk. hat einerseits mit synaptischen Vorgängen (*Synapse*) zu tun; hierzu zählen z. B. Langzeitpotenzierung und Langzeitdepression. Andererseits gibt es versch. Modelle, für die jew. eine Reihe exp. Evidenzen vorliegt. Generell wird von intrazellulären Proteinsynthesevorgängen ausgegangen, die die Genexpression verändern (können) und im Weiteren dann zu morphologi-

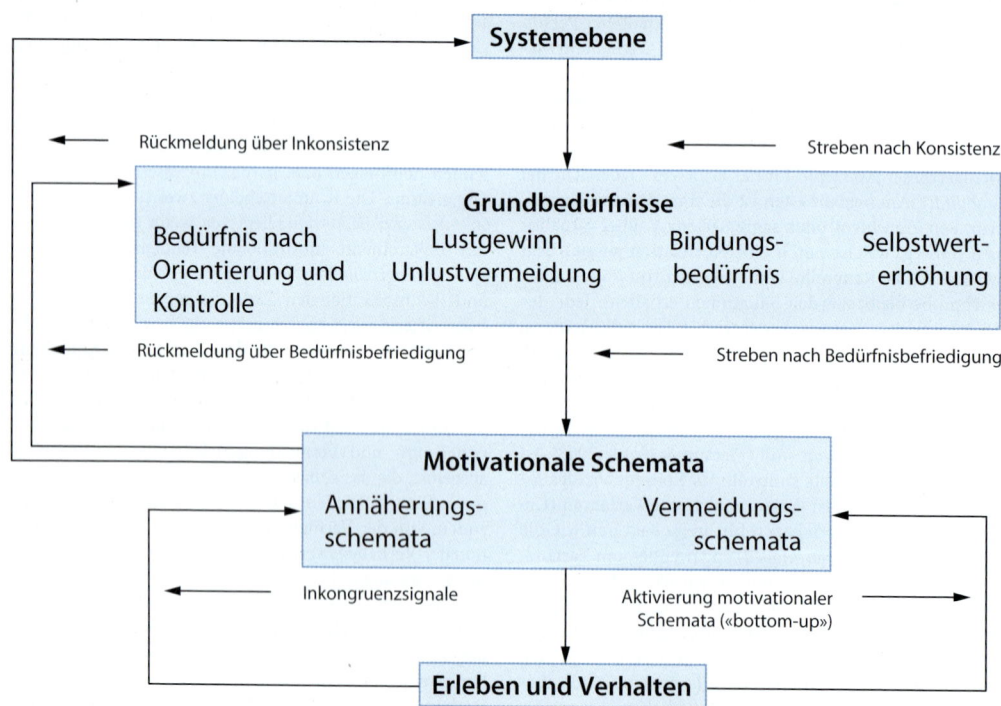

Konsistenztheorie des psychischen Geschehens (Grawe 2005)

schen Änderungen auf prä- und postsynaptischer Seite führen und somit ganze neuronale Netzwerke modifizieren können. Spezifischer gibt es zwei direkt konkurrierende Modelle (neben weiteren): das *Standardmodell* und die *Multiple-Trace-Theorie*. Im Standardmodell wird von einer initialen (aber dennoch Tage bis möglicherweise Wochen anhaltenden) K.phase in Strukturen und Schaltkreisen (Papez'scher Schaltkreis, basolateral limbischer Kreis) des limbischen Systems ausgegangen. Eine zentrale Rolle wird dabei spez. dem *Hippocampus* (oder der Hippocampusformation) zugedacht, indem angenommen wird, dass der Hippocampus langsam die neu und bewusst enkodierte Information (episodisch-autobiografisches Gedächtnis, Wissenssystem/semantisches Gedächtnis) der neokortikalen Großhirnrinde zuführt und dann nach Wochen dort eine permanente Ablagerung vollzogen ist (sog. Hippocampus-unabhängige Langzeitspeicherung). Das Multiple-Trace-Modell geht von einer bleibenden Bedeutung der Hippocampusformation für die Ablagerung (und den Abruf) aus. Aber auch in diesem Modell wird von einer starken Interaktion zw. neokortikalen Strukturen und dem archikortikalen Hippocampus ausgegangen. Grundsätzliche Kritik am Multiple-Trace-Modell kommt von Studien an Pat., die trotz bilateralen kompletten Hippocampusschäden noch über ein episodisch-autobiografisches Altgedächtnis verfügen.

Von Bedeutung ist auch, dass die K. von der Emotionalität (*Emotionen*) des aufgenommenen Ereignisses abhängt (z. B. ob stressreich (*Stress*), traumatisch (*Trauma*)) und vom Zustand der Person (zustandsabhängiges Einspeichern und Abrufen). Hier spielt dann insbes. die Aktivität der Amygdala eine Rolle (Markowitsch & Staniloiu 2011). Zustandsabhängigkeit bedeutet gleichzeitig, dass beim Abruf bereits gespeicherter Episoden eine Re-Enkodierung und damit auch eine Re-K. im gegenwärtigen Kontext (Zustand) erfolgt, was zu einer dynamischen Sichtweise von Gedächtnis führt. *Engramm*. Markowitsch & Staniloiu 2012. *H. J. Markowitsch*

Konsonantenstammeln, [KOG], die fehlerhafte Artikulation (*Stammeln*) von Konsonanten. Viel häufiger als das Vokalstammeln. Die genauere Bez. erfolgt jew. in Anlehnung an die gr. Namen der gestammelten Laute, z. B. Rhotazismus beim Phonem r.

Konsonanztheorien (= K.) [engl. *consonance theory*; lat. *con-* zusammen, *sonare* ertönen], syn. *Konsistenztheorien*, [SOZ], Theorien der Ausgewogenheit von *Einstellungen* und Meinungen. Zu den unter der Bez. *Balance-Theorien* genannten K. gehört auch die von Cartwright und Harary (1956) vorgestellte Variation, mit der unsymmetrische Beziehungen (z. B. P schätzt O; O schätzt P nicht), Beziehungen zw. mehr als drei Einheiten und andere Probleme behandelt werden. Eagly & Chaiken 1993, Fiske & Taylor 1991, Oskamp 1991.

Konstante [engl. *constant*; lat. *constans* fest, beständig], [FSE], unveränderliche Größe. In der Mathematik eine sich auszeichnende feste Größe; eine Größe, die im Verlauf einer Betrachtung als unveränderlich anzusehen ist, im Ggs. zu den veränderlichen Größen (*Variable*).

Konstanz (= K.) [engl. *constancy*; lat. *constans* fest, beständig], [WA], Invarianz, K.phänomene, Bez. für eine trotz Änderung des *proximalen Reizes* unveränderte Wahrnehmung, die i. Allg. dem *distalen Objekt* entspricht; bei Nichterfüllung von Rahmenbedingungen kann die K. zus. brechen.

Wichtige Formen der K.: (1) *Größenk.*: konstante anschauliche Größe, wenn sich die Größe des Netzhautbildes in Abhängigkeit von der Entfernung des *distalen Objekts* verändert (*Sehgröße*); (2) *Tiefenk.*: konstante anschauliche Tiefe eines Objekts (beim binokularen Sehen), wenn sich die *Querdisparation* in Abhängigkeit von der Entfernung verändert; (3) *Geschwindigkeitsk.*: konstante anschauliche Geschwindigkeit bei Änderung der Geschwindigkeit des retinalen Bildes in Abhängigkeit von der Entfernung (*Geschwindigkeit, anschauliche*); (4) Richtungs- und Positionsk.: konstante anschauliche Richtung/Position eines Objekts bei Bewegungen des Auges oder Kopfes (*Reafferenz*); (5) *Orientierungsk.*: konstante anschauliche Orientierung eines Reizes bei Kopfneigung (*Aubert'sches Phänomen*); (6) *Formk.*, *Dingk.*, *Gestaltk.*: konstante anschauliche Form eines Objekts z. B. bei Drehung (ein Kreis z. B. wird im Netzhautbild zur Ellipse, bleibt aber anschaulich ein Kreis); (7) *Helligkeits- und Farbk.*: konstante anschauliche Helligkeit/Farbe eines Objekts bei unterschiedlicher Beleuchtung (Gelb 1929).

K.phänomene werden durch zwei grundlegende Prinzipien erklärt: (1) Mit Veränderungen von Reizmerkmalen des Netzhautbildes gehen invariante sekundäre Merkmale der Reizung einher, es bleiben z. B. Verhältnisse konstant (*Psychophysische Theorie*, Gibson 1950). (2) Verarbeitung der unterschiedlichen Reizmerkmale auf höherer (kortikaler) Ebene führt zur Bildung von K., z. B. durch *Korrektur, Kompensation, Rekonstruktion* (*Verrechnungstheorien*, Epstein 1977). Goldstein 2007. *H. Heuer*

Konstanzanalyse [engl. *analysis of constancy*], *Aussagekonstanz*.

Konstanzannahme [engl. *constancy assumption*; lat. *constans* fest, beständig], [WA], nach ihr entspricht einem best. *Reiz* unter allen Umständen konstant dieselbe *Empfindung*. Zugrunde liegt die *Hypothese*, dass die der Reizung eines *Sinnesorgans* entspr. Erregung auf einer isolierten Nervenbahn ins bewusstseinsfähige Niveau des ZNS (*Nervensystem*) gelangt und dort in ihrer Wirkung örtlich begrenzt bleibt. Tatsächlich entspricht einem obj. gleichen Reiz durchaus nicht immer eine gleiche Empfindung. Ein gleich bleibendes Grau wird völlig versch. erlebt, je nachdem, ob es sich in einem hellen oder dunklen Umfeld befindet. Diesem Umstand trägt die *Gestalttheorie* Rechnung, indem sie überörtliche Wirkungen (Feldwirkungen) zw. den Erregungen annimmt, die dem Graureiz und dem Umweltreiz entsprechen. Metzger 1936/1953.

Konstanzer Trainingsmodell (KTM) von K.-C. Tennstädt, F. Krause, W. Humpert & H.-D. Dann, [PÄD], auf der Basis eines handlungstheoret. Modells (*Handlungstheorie*) wird eine systematische Darstellung unterschiedlicher, für das Lehrerhandeln wichtiger Teilprozesse vor-

gegeben, die je nach indiv. Situation zum Gegenstand des Trainings gemacht werden können. *Lehren.*
Konstanzer Wanne, [**PÄD**], in Konstanz untersuchte Auswirkung des sog. «Praxisschocks» bei Junglehrern bei Berufseinstieg. Während ihre päd. Haltung (*Werte, Einstellung*) bei Berufseinstieg noch ambitioniert und reformorientiert ist, fallen sie bei Konfrontation mit der Schul- und Unterrichtspraxis zunächst in konservative und eher pragmatische Denk- und Handlungsmuster (*Denken, Handlung*) zurück. Erst im Laufe der Zeit nehmen Lehrpersonen ihre ursprüngliche Haltung wieder an. *Professionalisierung von Lehrkräften.*
Konstanzverfahren [engl. *method of constant stimuli*], *psychophysische Methoden.*
Konstellationstheorie [engl. *constellation theory*; lat. *constellatio* Stellung der Sterne], [**KOG**], ein veralteter assoziationsps. Erklärungsversuch des Denkvorgangs. Zur heutigen Anschauung *HAM-Modell.*
Konstitution, Konstitutionslehre (= K.) [engl. *constitution*; lat. *constitutio* Beschaffenheit], [**PER**], Summe der physischen und ps. menschlichen Faktoren, die die physischen und ps. Eigenschaften von Individuen determinieren. Während in der älteren K.forschung der Schwerpunkt auf den Körperbauformen und den mit diesen kovariierenden psychol. Merkmalen gelegt wurde (*Körperbautypen*), versteht die moderne Anthropologie unter K. die relativ umweltstabilen und damit weitgehend irreversiblen und konstanten Anteile des menschlichen Phänotyps. Die K.forschung befasst sich entspr. mit den genotypisch verankerten und auf dauerhaften Modifikationen beruhenden Merkmalen. Sie untersucht die Zusammenhänge der Merkmale untereinander und ihre Beziehung mit äußeren und inneren Faktoren, die auf die Ausbildung der Merkmale und ihren wechselseitigen Zusammenhang von Einfluss sind. Zusätzlich wird die Abhängigkeit aktueller Zustände bzw. Zustandsänderungen des Organismus von derartigen Merkmalen und Merkmalskonstitutionen analysiert. Somit befasst sich die K.forschung mit jenen Merkmalen des Individuums, die sich i. Allg. nur langsam und dauerhaft verändern und dabei äußeren Einflüssen im geringeren Maße unterliegen als z. B. häufig fluktuierende Merkmale. Bereits zu Anfang des 20. Jhd. (Kraus 1926) wurde vermutet, dass sich aus der Summe der körperlichen Zustands- und Leistungseigenschaften psychol. Merkmale wie z. B. Beanspruchbarkeit, Widerstandsfähigkeit etc. ableiten lassen.
Aus heutiger Sicht muss jedoch festgestellt werden, dass der Begriff der K. zu unscharf ist, als dass sich eine umfassende K.forschung ableiten ließe. Die aus der K.forschung entstandenen K.typologien haben auch gezeigt, dass die Einteilungsversuche nach K.typen angreifbar sind. Somit haben sich auch die K.typologien wiss. als wenig produktiv erwiesen, obwohl sie die weiteren Entwicklungen zur Untersuchung der Beziehung zw. Körper und Psyche inspiriert haben und zu Überlegungen zur Einbeziehung von hormonellen und neuropsychol. Prozessen angeregt haben. *Verhaltensgenetik.* Zerssen 1973, Helwig 1949. H. O. Häcker

Konstriktoren [engl. *constrictors*; lat. *constringere* zusammenziehen], [**BIO**], Muskeln (*Muskel, Muskeltonus*), die Öffnungen verkleinern oder schließen. Ggs. *Dilatatoren.*
Konstrukt (= K.) [engl. *construct*; lat. *construere* gestalten, herstellen], [**FSE, PER, PHI**], hypothetisches, theoretisches K., ein nicht unmittelbar fassbarer Begriff, der sich auf nicht direkt beobachtbare Entitäten oder Eigenschaften bezieht. K. sind in der reinen Beobachtungssprache nicht definierbar, werden durch Postulate eingeführt und sind häufig nicht völlig interpretiert. K. sind nicht frei erfundene Vermutungen, sondern werden aus einem theoretischen Zusammenhang heraus sowie mithilfe von beobachtbaren Ereignissen erschlossen. Im Ggs. zu den hypothetischen K. sind *intervenierende Variablen* Begriffe, die Beziehungen zw. beobachtbaren Phänomenen herstellen. In der *Messtheorie* werden K. als *latente Variablen* modelliert, die indirekt über Messmodelle (s. a. *Messung, formative vs. reflektive*; *Strukturgleichungsmodelle*) operationalisiert werden (*Operationalisierung*).
Deskriptive K. versuchen, konkretes Verhalten etc. in begrifflichen Klassen beschreibend einzuordnen. *Explikative K.* suchen nach einer Erklärung des unterschiedlichen Verhaltens etc. von Individuen. *K.validierung* (*Konstruktvalidität*) ist Einordnung eines Begriffes in ein theoretisches Bezugssystem, aus dem empirisch prüfbare Hypothesen abgeleitet werden können.
[**PER**], (1), «Personales K.» (Kelly 1955) hat in Abhebung vom Persönlichkeits-K. die Bedeutung von integrativen Bestandteilen der *Persönlichkeit.* Es handelt sich dabei um nicht klar definierte Organisationsformen, deren Wirken nur durch die Aktivität des Individuums (z. B. in der Wahrnehmung) zum Tragen kommt. Die damit verbundene erkenntnistheoretische Auffassung gesteht den personalen K. eine subj. ordnende und interpretative Funktion des Universums zu. Das explizite oder implizite Raster der persönlichen K. besitzt für das Individuum den Charakter von Sichtweisen und Entscheidungshilfen im Kontakt mit der Umgebung (*rep-test*; *Theorie der persönlichen Konstrukte*).
(2) Persönlichkeit kann insges. als hypothetisches K. aufgefasst werden, von dem keine Existenzvoraussetzung gemacht wird, wenn man auf metaphysische Wesensaussagen verzichtet. Es stellt ein Ordnungsschema für die Empirie dar und wird von ihr bestätigt oder widerlegt. Eine endgültige begriffliche Bestimmung kann aufgrund des vorläufigen Charakters des K. erst am Ende der Persönlichkeitsforschung stehen. Asendorpf & Neyer 2012.
Konstruktäquivalenz [engl. *construct equivalence*], *kulturübergreifende Äquivalenz.*
Konstruktionismus, sozialer [engl. *social constructivism*; lat. *construere* gestalten, herstellen], [**PHI, SOZ**], moderne Form und Ausbau des *Rationalismus* in der Erkenntnistheorie: Sozialwiss. Erkenntnis ist nicht das Ergebnis von Induktion, sondern resultiert aus den Begriffen, die in sozialer Interaktion entstehen. Die Welt wird in Form von sozialen Artefakten verstanden und mithilfe von Begriffen, die in historisch best. Austauschprozessen zw. Personen gebildet worden sind. *Konstruktivismus, So-*

zialkonstruktivismus. Berger & Luckmann 1966, Gergen 1985. *R. Bergius*

Konstruktionshypothese [engl. *construction hypothesis*; lat. *construere* gestalten, herstellen], **[KOG]**, zuerst von Bartlett 1932 begründete, später von Bransford u. a. ausgebaute Erklärung des Behaltens von Texten: Nur vorherrschende Einzelheiten des dargebotenen Textes werden (z. T. in Form von *Schemata*) im Gedächtnis repräsentiert, die Reproduktion ist der Versuch, aus diesen Teilen den Originaltext neu aufzubauen (Konstruktion). *Textlernen*. Bredenkamp & Wippich 1977. *R. Bergius*

Konstruktions-Integrations-Modell [engl. *construction-integration model*], *Textverarbeitung*.

Konstruktion und Rekonstruktion, Prinzip der [engl. *principle of construction and reconstruction*; lat. *construere* gestalten, herstellen], *Interpretation*.

Konstruktivismus [engl. *constructivism*; lat. *construere* gestalten, herstellen], **[EW, KOG, PHI]**, ist eine erkenntnisphilosophische Position (*Sozialkonstruktivismus*). In die Ps. wurde sie vor allem durch Jean Piaget eingeführt. Nach Piaget (*Piaget, Jean, Entwicklung, Stufentheorie nach Piaget*) geht der Mensch aktiv auf die Welt zu, entweder verändernd oder erkennend. Auch die erkennende Aktivität besteht in erster Linie in der «einverleibenden», selektiven und «deformierenden» *Assimilation*. Der Mensch konstruiert sich also ein Modell der Welt. Dieses Modell behält er bei, solange es sich bewährt. Wenn es sich nicht bewährt, akkommodiert (*Akkommodation*) er seine Erkenntnis- oder Assimilationsschemata (*Assimilationsschema*). Schemata können also nicht Wahrheit beanspruchen, weil es keinen obj. oder nicht konstruktivistischen Standpunkt gibt, Wahrheit zu prüfen. *Konstruktionismus, sozialer*, *Konstruktivismus, radikaler*. *A. Flammer*

Konstruktivismus, radikaler (= r. K.) [engl. *radical constructivism*; lat. *radix* Wurzel], **[PHI]**, Form eines *Konstruktivismus*, der auf Erkenntnissen der Neurobiologie aufbaut. Personen sind autopoietische, selbstreferenzielle, operativ geschlossene Systeme (*Autopoiese*). Jeder neuronale Zustand ist das Resultat einer Interaktion früherer neuronaler Zustände; die Reaktion der Sinnesorgane lässt keinen Schluss auf die Beschaffenheit der Ursache zu (*spezifische Sinnesenergien*). Die Vorstellung von einer äußeren Welt sei eine vom Gehirn konstruierte, überlebensdienliche Fiktion. Es gebe kein Wissen i. S. des erkenntnistheoretischen *Realismus*. Gegen den r. K. wird vor allem eingewendet, dass er selbstwiderlegend sei: Wenn wir nichts über die Realität wüssten, dann auch nicht, dass wir autopoietische Systeme sind.

Konstruktvalidität (= K.) [engl. *construct validity*], **[DIA]**, K. ist der theoretisch anspruchsvollste Maßstab zur Beurteilung der Gültigkeit (*Validität*, *Gütekriterien*) eines Messinstruments. K. ist in dem Maße gegeben, in dem ein Instrument Daten erzeugt, die von einer empirisch bewährten oder überzeugenden Theorie vorhergesagt werden, in die das zu messende *Konstrukt* eingebunden ist. Bsp.: (1) Sagt eine Theorie vorher, dass das zu messende Konstrukt (z. B. *Leistungsmotivation*) der Aktivierung (durch Anreize) bedarf, um verhaltensrelevant zu werden, muss ein Messinstrument des Konstrukts den theoretisch erwarteten Aktivierungsprozess abbilden. (2) Sagt eine Theorie vorher, dass ein Merkmal (z. B. Autismus (*Autismus-Spektrum-Störung*)) stark genetisch veranlagt ist, bildet ein valides Instrument die erwartete Erblichkeit ab. (3) Sagt die Theorie vorher, dass ein Konstrukt (z. B. *Intelligenz*) mit einem anderen Konstrukt (z. B. *Kreativität*) in einer best. Höhe zus.hängt, bilden valide Instrumente zur Messung der Konstrukte den theoretisch erwarteten Zusammenhang ab. Auf dem Prinzip des letzten Bsp. beruht die *Multitrait-Multimethod-Analyse* (MTMM) von Campbell & Fiske (1959). Mehrere Konstrukte (*trait*) werden mit mehreren Methoden gemessen. Über den wahren Zusammenhang der Konstrukte müssen gesicherte Erkenntnisse oder plausible theoretische Hypothesen vorliegen. *Konvergente Validität* ist gegeben, wenn zwei Methoden (Test, Expertenurteil) zur Messung eines Traits (Intelligenz) in der Höhe ihrer Reliabilität korrelieren. Diskriminante Validität ist gegeben, wenn die *Korrelation* von zwei mit derselben Methode (Test) gemessenen Traits (Intelligenz, Kreativität) nur messfehlerbedingt geringer ist als die wahre Korrelation der Konstrukte. Strukturgleichungsanalyse (*Strukturgleichungsmodelle*) von MTMM-Kovarianzmatrizen erlauben die Zerlegung der Varianz eines Messinstruments in diejenigen Anteile, die durch das Konstrukt (*Validität*), unsystematische Messfehler (*Unreliabilität*; *Reliabilität*) und die Besonderheit der verwendeten Messmethode (*Methodenspezifität*) erklärt werden. Eid et al. 2006, Cronbach & Meehl 1955. *M. Schmitt*

Konsum, nachhaltiger *nachhaltige Entwicklung*, *nachhaltiger Konsum*.

Konsum, symbolischer (= s. K.) [engl. *symbolic consumption*; lat. *consummare* verbrauchen], **[WIR]**, zeichnet sich dadurch aus, dass die unmittelbare *Bedürfnisbefriedigung* nicht aus den genuinen Eigenschaften des (materiellen oder immateriellen) Guts gezogen wird, sondern aus der gesellschaftlichen Zurschaustellung desselben (*Positions- und Statuskonsum*) oder auch aus dem Prozess des Konsumierens selbst (Kompensation, Hedonismus, Kompetenz). In der K.forschung (*Konsumverhalten*) werden daher meist diese fünf Funktionen des s. K. unterschieden (Reisch 2002b). Obwohl bereits früher in der K.historik beschrieben – etwa am frz. oder engl. Hof des 16. Jhd. – hat sich der s. K. erst mit der Entwicklung zur modernen K.gesellschaft nennenswert entwickelt. Insbes. die K.soziologie hat mit Veblens «Theorie der feinen Leute» (1899) und Bourdieus «Die feinen Unterschiede» (1979) ein Forschungsfeld begründet, das von der K.ps., der K.historik sowie der K.ökonomik aufgegriffen wurde.

Der *Positions- und Statuskonsum* ist wohl die verbreitetste Form des s. K.: *Positionsgüter* sind nach Hirsch (1980) materielle und immaterielle Güter, die begehrt, knapp und vor allem nicht beliebig vermehrbar sind. Bsp.haft genannt seien originale Kunstwerke, ein Seegrundstück oder eine Führungsposition. Dass Positionsgüter nicht vermehrbar und damit nicht «demokratisierbar» sind, unterscheidet sie von materiellen *Statusgütern*, die zwar auch knapp, aber grundsätzlich jedem zugänglich sind, der sie sich leisten kann. Eine teure Uhr oder Villa kann sich jeder Reiche leisten; eine Führungsposition oder ein akademischer Titel muss dagegen i. d. R. erworben werden, und nur ein Einziger kann als Erster an einem exklusiven Geheimtipp Urlaub machen. Positionsgüter werden bei steigendem gesellschaftlichem Wohlstand immer stärker nachgefragt und daher knapper, der Wettbewerb – das «Rattenrennen» – um sie wird immer intensiver. Reisch 1995.

L. A. Reisch/G. Raab

Konsumentensouveränität (= K.) [engl. *consumer sovereignty*; frz. *souveraineté* darüber stehend, unabhängig entscheidungsfähig], **[WIR]**, ist ein grundlegendes Prinzip in der Ökonomie und den politischen Wissenschaften. Es beschreibt die Freiheit der Konsumenten, auf «freien» Märkten ihre Bedürfnisse gemäß eigenen Wünschen und Möglichkeiten zu befriedigen. In der Politischen Ökonomie wird hier besonders die Rolle der – machtvollen, rationalen, wohlinformierten – Nachfrager betont, bei Qualitätsproblemen des Angebots durch Abwanderung und Widerspruch (Hirschmann 1974) die Anbieterseite zu «disziplinieren» und Märkte «funktionsfähig» zu machen. Der «König Kunde», so die Vorstellung, könne damit die Qualität und Quantität von Gütern und Dienstleistungen auf Märkten steuern.

Der Ursprung des Prinzips liegt im klass. Liberalismus der Politischen Ökonomie: Adam Smith hat in seinem grundlegenden Werk «Der Wohlstand der Nationen» (1776) die Vorstellung entwickelt, dass Bedürfnisse am besten auf freien Märkten durch entspr. Nachfrage gedeckt würden. Der Begriff *K.* selbst wurde erst knapp 200 Jahre später (William H. Hutt: «The Concept of Consumers' Sovereignty», 1936) geprägt. K. wird hier als Macht definiert, die freie Individuen ausüben, indem sie die Ziele und die Verwendung knapper Ressourcen einer Gesellschaft kontrollierten. Mit der Entwicklung der westlichen Konsumkultur wurde das Konzept zunehmend mit *Wahlfreiheit*, *Kundenzentrierung* (*Kundenorientierung*) und *Nachfragemacht* verbunden.

Das Prinzip liegt bis heute als normatives Leitbild marktliberalen Ansätzen zugrunde. Es wird jedoch zunehmend kritisch gesehen, da zum einen Branchen und Märkte zunehmend «vermachtet» sind und Produktvielfalt und Geschwindigkeit der technologischen Entwicklung kaum mehr Marktexpertise bei einzelnen Nachfragern möglich machen; zum anderen haben die empirische Konsumverhaltensforschung (*Konsumverhalten*), die Ps. der Entscheidungsfindung (*Entscheiden*, *Entscheidungsheuristiken*) und die *Verhaltensökonomik* gezeigt, dass Konsumenten empirisch viel weniger rational agieren und gut informiert sind, als im Modell der neoklassischen Ökonomik angenommen wird. Insofern weicht das empirische Bild der Konsumenten deutlich vom normativen Leitbild ab. Daher kann letztlich nur von einer *eingeschränkten K.* gesprochen werden. Hutt 1990, 1. Aufl. 1936, Penz 2008, Reisch 2011.

L. A. Reisch/G. Raab

Konsumentenverhalten, Messung (= M.) [engl. *consumer behavior, assessment*], **[WIR]**, das Verhalten von Konsumenten (*Konsumverhalten*) kann mit den in der Ps. allg. etablierten Beobachtungs- und Messinstrumenten untersucht werden. Nebst wiss. Erkenntnissen ergeben sich dadurch Hinweise für die Praxis des *Marketings*, z. B. zum *Image*aufbau, zur Preisgestaltung (*Preispolitik*) oder zur M. der Werbewirkung (*AIDA-Modell*). Von Interesse sind bei der M. nicht nur das direkt beobachtbare, manifeste Verhalten von Konsumenten, sondern auch sämtliche weiteren psychol. Faktoren beim Konsum – sowohl Zustände (z. B. *Gefühl*, *Einstellung*, *Persönlichkeit*, *Normen, soziale*) als auch Prozesse (insbes. Aufnahme, Verarbeitung und Abruf von Informationen; *Gedächtnis*, *Informationsverarbeitung*).

Typ. und in der Praxis häufig eingesetzte Erhebungsverfahren zur M. sind *Beobachtung*, *Fragebogen*, *Interview* und Gruppendiskussion (*Fokusgruppen*), wobei Beobachtung und Fragebogen oft in Experimentalsettings (*Experiment*) eingesetzt werden. Neuere Instrumente sind z. B. *bildgebende Verfahren*, die Analyse von Webserver-Protokollen, *Eye-Tracking*, Text-Mining oder die Auswertung elektronisch erfasster Kundendaten. Trotz noch unsicherer *Validität* ruhen auf solchen Verfahren große Hoffnungen für die M., insb. wegen der im Vergleich zu Fragebogen und Interviews meist geringeren Reaktivität und der teilweise großen zur Verfügung stehenden Datenmengen (*Data Mining*, *Big Data*). Die M. wird in der betriebswirtschaftlichen Praxis oft als vergleichsweise ungenau eingeschätzt. Dem begegnen Autoren wie Trommsdorff (2011) mit der Empfehlung, trotz höherer Kosten zur M. stets mehrere Indikatoren heranzuziehen.

Deutliche Kritik zielt auf den Wissensvorsprung, den Anbieter durch M. gegenüber Konsumenten erhalten und der teilweise zu deren Ungunsten genutzt wird. Z. B. können Online-Shops in Abhängigkeit vom beobachteten Websurf-Verhalten indiv. Kunden höhere Preise anzeigen, was als unfair empfunden wird. Hingegen besteht eine von Kunden geschätzte Anwendung darin, wenn etwa Mobilfunkanbieter in Abhängigkeit der gemessenen Nutzung zu einem günstigeren Vertrag raten.

C. Fichter

Konsumentenverhalten und Selbstregulation [engl. *consumer behavior and self-regulation*], **[EM, KOG, WIR]**, die Beschäftigung mit Theorien und Methoden zur *Selbstregulation* (= S.) und *Selbstkontrolle* gewinnt in versch. Bereichen der Wirtschaftsps. wie z. B. der Organisationsps., dem *Sparverhalten* und dem Konsumentenverhalten (= Kv.) zunehmend an Bedeutung. Dies beruht auf der Erkenntnis, dass das Individuum über eine Reihe von Verhaltensweisen verfügt, die nicht durch die Umwelt und situative Rahmenbedingungen determiniert sind, sondern der Eigenkontrolle des Menschen unterliegen.

Unter S. verstehen Kanfer et al. (2012) die Tatsache, dass eine Person ihr eigenes *Verhalten* im Hinblick auf selbstgesetzte *Ziele* steuert, wobei die Regulation durch eine Modifikation des Verhaltens selbst oder durch eine Einflussnahme auf die Bedingungen des Verhaltens erfolgt. Eine ähnliche Auffassung von S. vertritt Karoly (1993). S. erfolgt jedoch nicht ausschließlich aufgrund einer inneren Vermittlungsinstanz, die vom Einfluss situativer Faktoren unabhängig ist, sondern aus einer dynamischen *Interaktion*

von externer Umgebung (*Alpha-Variablen*), Verhaltensweisen bzw. Prozessen der Person selbst (*Beta-Variablen*) und biol. Voraussetzungen (*Gamma-Variablen*).
Diese dynamische Interaktion zeigt sich auch im Kv. Ob eine Person ein Produkt kauft und welches sie kauft, hängt davon ab, inwieweit die Alpha-Variablen dies begünstigen, z. B. durch verlängerte Öffnungszeiten des klass. Einzelhandels, durch den Online-Handel, durch Möglichkeiten zur Finanzierung von Käufen mittels Kredit und durch die Vielfalt von Produktangeboten (*Kaufentscheidungen, Modelle*). Die Entscheidung für den Kauf eines Produkts hängt aber auch von den Gamma-Variablen ab, die u. a. den begrenzten biol. Ressourcen zur Verarbeitung von Informationen Rechnung tragen. Es geht hier z. B. um die Frage, inwieweit Konsumenten aufgrund dieser begrenzten Ressourcen in der Lage sind, Produktangebote, Produktbeschreibungen und Vertragsbestandteile zu verarbeiten. Baumeister et al. (2007) gehen i. R. der sog. *Strength Models* davon aus, dass der Glukosespiegel eine dieser begrenzten Ressourcen darstellt. Handlungen, die Selbstkontrolle verlangen, erschöpfen diese Ressource, womit nachfolgende selbstkontrollierte Entscheidungen (*Entscheiden*) und Handlungen beeinträchtigt werden (*Ego Depletion*). Darüber hinaus haben die Beta-Variablen, z. B. das *Wissen* über Produkte und die *Einstellung*, informierte Kaufentscheidungen zu treffen, einen Einfluss auf das Kv.
Selbstregulatorisches Verhalten ist dabei nach einem Modellansatz von Kanfer (1987) durch drei aufeinanderfolgende Phasen gekennzeichnet. Die erste Stufe wird *Selbstbeobachtung* genannt und beinhaltet die Informationsaufnahme und Überprüfung des eigenen Verhaltens. Die zweite Stufe dient dem Vergleich der aufgenommenen Informationen mit aufgestellten Kriterien bzw. Standards. Dieses Stadium wird Selbstbewertung genannt. Die dritte Stufe, die als *Selbstverstärkung* bezeichnet wird, beinhaltet in Abhängigkeit des Bewertungsprozesses pos. oder neg. Konsequenzen. Das Modell geht davon aus, dass selbstregulatorische Prozesse dann einsetzen, wenn ein Individuum darauf aufmerksam wird, dass sein Verhalten zu unerwarteten Konsequenzen führt oder eine Entscheidung darüber notwendig wird, wie es weitergeht. Die Wahrnehmung einer vom eigenen Standard abweichenden Verhaltenskonsequenz ist dabei entscheidend für die Aktivierung selbstregulatorischer Prozesse. Geht eine Person subj. davon aus, dass sie eine Situation kontrollieren kann, obwohl dies obj. nicht zutrifft (Kontrollillusion), dann fehlt eine der zentralen Voraussetzungen zur S. bzw. Selbstkontrolle.
Die Illusion von Kontrolle besteht darin, dass Individuen glauben, best. Ereignisse kontrollieren zu können, obwohl dies nicht der Realität entspricht. Demnach verhalten sich viele Menschen in obj. unkontrollierbaren Situationen so, als hingen die eintretenden Effekte von ihren *Leistungen*, ihren *Fähigkeiten* oder ihrem *Verhalten* ab. Die Forschung beschäftigt sich bis heute primär mit den pos. Effekten der Kontrollillusion. Den möglichen neg. Effekten einer Illusion von Kontrolle wird dagegen nur relativ wenig Beachtung geschenkt. Dabei lassen sich die neg. Konsequenzen und deren Relevanz auch im Zusammenhang des Kv. klar erkennen. So beruht wahrscheinlich auch ein Teil der Zerstörung unserer Umwelt auf einer Art von Kontrollillusion: die Illusion, die mit einem ständigen Wirtschaftswachstum verbundene Zerstörung unserer Umwelt kontrollieren zu können. Wie trügerisch und gefährlich diese Illusion sein kann, zeigen Bsp. wie die Nuklearkatastrophen in Tschernobyl oder Fukushima, die Vergrößerung des Ozonlochs, der anthropogene Treibhauseffekt und der weltweite Verlust von Nutzflächen durch Bodenerosion.
Die Theorien und Erkenntnisse zur S. und Selbstkontrolle besitzen eine hohe Relevanz für die Forschungen in dem Bereich Kv. und deren praktischen Implikationen für Konsumenten, Verbraucherpolitik und Unternehmen sowie in dem Bereich nachhaltiges Kv. Raab 1998b.

G. Raab/L. A. Reisch

Konsumklima (= K.) [engl. *consumer climate*; lat. *consumere* verbrauchen], [**KOG, WIR**],Entscheidungen (*Entscheiden*) und das *Verhalten* von Konsumenten und Produzenten hängen von deren Erwartungen an die Zukunft ab. Wenn pessimistisch angenommen wird, dass sich die wirtschaftliche Lage verschlechtert, ist das K. schlecht, und es ist ratsam zu sparen. Wenn optimistisch (*Optimismus*) angenommen wird, dass die Wirtschaft wächst, kann auch auf Kredit gekauft werden (*Verschuldung*). *Erwartungen* und *Stimmungen* determinieren das K., dieses determiniert das Verhalten, und vom Verhalten hängt die Entwicklung von Märkten ab. Deshalb ist es wichtig, das K. zu analysieren. Erwartungen und intendierte Handlungen von Konsumenten werden erfragt und in einem Index des K. oder der Konsumentenstimmung abgebildet, welcher der *Prognose* wirtschaftlicher Entwicklungen dient. Analog dem meteorologischen Klimabegriff werden *Einstellungen* und Erwartungen der Konsumenten als K. bez.. Katona (1951) legte nach dem Zweiten Weltkrieg am Survey Research Center in Michigan, USA, die meth. Grundlagen zur Messung (*Messen*) des K. erhoben, indem Fragen gestellt werden (1) zur allg. Wirtschaftslage im vergangenen Jahr; (2) zu Erwartungen über die allgemeine Wirtschaftslage im kommenden Jahr; (3) zur finanziellen Lage des eigenen Haushalts im vergangenen Jahr; (4) zu Erwartungen hinsichtlich der Entwicklung der finanziellen Lage des eigenen Haushalts im kommenden Jahr und (5) zur Meinung, ob es ratsam sei, aktuell größere Anschaffungen zu tätigen. Die Antworten auf diese Fragen ergeben den Konsumentenstimmungs-Index oder K.-Index oder Index des Verbrauchervertrauens. Mit Kenntnis des K. können wirtschaftliche Entwicklungen verlässlicher prognostiziert werden als ohne Berücksichtigung der Konsumentenstimmung. Der Index wurde kritisiert als grobes Maß der Stimmung von Konsumenten. Einstellungen und Erwartungen sind komplexer, als sie durch fünf Fragen gemessen werden können. Die Prognose von Wirtschaftsentwicklungen muss außer dem Klima auch Einkommensänderungen, Steueraufkommen und -änderungen berücksichtigen. Schließlich ist zu bedenken, dass der private Konsum auch von den Aktivitäten der Produzenten und Unternehmer, des Staates und der Außenwirtschaft abhängt. Kirchler 2011, Katona 1951. *E. Kirchler*

Konsumverhalten (= K.) [engl. *consumer behavior*; lat. *consumere* verbrauchen], **[KOG, SOZ, WIR]**, oft syn. verwendet zu *Konsums*. Kernthema der Konsumentenforschung; beschreibt die bei Bewertung, Kauf und Nutzung von Produkten und Dienstleistungen beteiligten ps. Prozesse. Bei der Erforschung des K. haben sich zunächst Theorien aus der *Sozialpsychologie*, später aus der *Kognitionspsychologie* als besonders fruchtbar erwiesen. Hoffnungen auf ein besseres Verständnis von K. dank *bildgebender Verfahren* (insbes. i. R. der Neuroökonomik) haben sich teilweise als verfrüht herausgestellt. Anbieter nutzen Erkenntnisse über K. im Rahmen ihres *Marketings* allg. zur Steigerung der *Kundenzufriedenheit* sowie spezif. zur Steigerung des Absatzes, etwa durch eine geeignete Gestaltung von Ladenflächen oder durch gezielte Einflussnahme auf den Prozess der Kaufentscheidung, z. B. durch künstliche Verknappung des Angebots, Zeit- oder *Konformität*sdruck. Damit verbunden ist eine ethische Problematik, da Konsumenten durch die Anwendung wiss. Erkenntnisse über K. zu Konsumentscheidungen verleitet werden können, die für sie nachteilig sind. *Kaufentscheidungen, Modelle, Konsumentensouveränität, Konsumentenverhalten, Messung, Verhaltensökonomik*. Simonson et al. 2001. *C. Fichter*

Kontakt (= K.) [engl. *contact*; lat. *contingere* berühren], **[EM, KOG, SOZ]**, das Zusammentreffen, In-Verbindung-Treten, die Beziehungsaufnahme überhaupt zw. zwei (oder mehreren) Lebewesen (*Interaktion*). K. ist dann gegeben, wenn sich eine Beziehungsverschränkung anbahnt, wobei die Mittel und Wege, durch die sie zustande kommt, physisch-körperliche Berührung, Ausdrucksvarianten (*Ausdruck*) oder sprachliche Äußerungen sein können (*Sprache, Kommunikation, nicht verbale Kommunikation*). Dabei reichen die K.varianten vom subliminal bleibenden Wahrnehmungs-K. bis zum manifesten, physischen Zugriffs-K. Zudem verwendet i. S. einer mitmenschlich-gegenseitigen, zumeist emot. (*Emotionen*) fundierten Verbindung, die sich bei einer Mindestzeit im Bei- und Miteinandersein einstellen, aber auch ausbleiben kann. Bühler hat den K. und seine Bedeutung v. a. bei der Affektübertragung (*Affekt*) beschrieben. Auch im Tierleben, insbes. im Dienst der Brutpflege, ist das K.verhalten meist deutlich und artspezifisch (mit Betonung des akustischen, optischen oder taktilen K.s) entwickelt. Harlow 1971.

Kontaktfähigkeit [engl. *ability/capability to establish contacts*], **[PER, SOZ]**, ein differentialpsychol. Begriff, der die Möglichkeit und Leichtigkeit einer mitmenschlichen Beziehungsaufnahme (*Kontakt, soziale Interaktion*) beschreibt. *Geselligkeit*.

Kontakthypothese (= K.) [engl. *contact hypothesis*], **[SOZ]**, die K. wurde 1954 von G. Allport entwickelt und besagt, dass häufiger Kontakt zu Mitgliedern anderer *Gruppen* (*ingroup, outgroup*) (z. B. ethnische *Minoritäten*) die *Vorurteile* gegenüber diesen Gruppen reduziert. Dies sollte nach Allport besonders dann der Fall sein, wenn die Personen in der Kontaktsituation (1) kooperative Ziele verfolgen (*Kooperation*), von (2) gleichem Status sind, (3) miteinander interagieren müssen, um ihre *Ziele* zu erreichen, und der Kontakt (4) von *Autoritäten* unterstützt wird. Pettigrew und Tropp konnten in einer *Metaanalyse* mit mehr als 250000 Befragten zeigen, dass der Effekt robust ist und auch auftritt, wenn die Bedingungen von Allport nicht oder nur teilweise erfüllt sind. Wagner et al. (2006) konnten in repräsentativen Surveys für Dt. zeigen, dass in Bezirken mit zunehmendem Ausländeranteil die Vorurteile sinken. In letzter Zeit wurden positive Effekte auch für nur vorgestellten Kontakt (*imagined contact*) und für indirekten Kontakt (*extended contact*, d. h. wenn man Freunde hat, die Kontakt haben) gefunden. Allport 1954, Pettigrew & Tropp 2006. *R. van Dick*

Kontaktstörung [engl. *contact disorder*], **[KLI]**, Beeinträchtigung der Fähigkeit, sich in der personalen Umwelt sozial adäquat zu verhalten bzw. *Affekte* zu erleben und zu äußern. *Störungen des Sozialverhaltens*.

Kontamination (= K.) [engl. *contamination*; lat. *contaminare* durch Berührung oder Vermischung verderben], **[KLI]**, Verschmelzung von zwei oder mehr Wörtern oder Sätzen zu einer meist unsinnigen Mischform; tritt bei Ermüdung, im Traum, ferner in abnormem Grade bei *Schizophrenie* auf. Diagn. wird die K. als Verdichtung heterogener Inhalte zu ausgefallenen Deutungen bei den Formdeuteverfahren (*projektive Tests, projektive Verfahren*) benutzt.

Kontemplation [engl. *contemplation*; lat. *contemplari* betrachten], Stufe des mystischen Heilwegs (*Mystik*), willensmäßige Hinwendung zur transzendentalen Wirklichkeit, ps. identisch mit *Meditation. Achtsamkeit, Kreativität*.

Kontext (= K.) [engl. *context*; lat. *contextus* verflochten], **[KOG]**, umgebende Umstände, die zur *Bedeutung* eines Ereignisses oder einer Mitteilung beitragen. Als sprachlichen K. bezeichnet man formal diejenigen Elemente (Laute, Silben, Wörter, Sätze), die einem Sprachzeichen (*Zeichen*) in gesprochener Äußerung oder geschriebenem Text vorangehen oder ihm folgen, und inhaltlich die Bedeutungsbezüge, die das Verständnis eines sprachlichen Zeichens bestimmen (*Sprachrezeption*).

[KLI], Nach C. G. Jung das Insgesamt an Angaben zum Trauminhalt. Der K. bildet das Material zur weiteren *Amplifikation* des Traumbildes.

Kontext, implizierter sozialer [engl. *implicit social context*; lat. *implicare* verwickeln], *emotions view/behavioral ecology view*.

Kontexteffekte (= K.) [engl. *context effects*; lat. *contextus* verflochten], **[FSE]**, bei der *Mehrebenenanalyse* (= M.) spricht man von K., wenn eine *Prädiktor*variable auf Individual- und Gruppenebene in unterschiedlichem Zusammenhang mit einer *Kriterium*svariable steht. Angenommen, der Zusammenhang zw. Einkommen und Selbstwertgefühl wird untersucht: Eine Person hat ein in Bezug auf die Gesamtbevölkerung überdurchschnittliches Einkommen, lebt jedoch in einem wohlsituierten Umfeld, sodass ihr Einkommen in Referenz zu Mitgliedern ihres Wohngebietes lediglich unterdurchschnittlich ausgeprägt ist. Bestimmt man den Mittelwert des durchschnittlichen Einkommens innerhalb des Wohngebietes und verwendet diesen als Ebene-2-Prädiktor in einer M., so ergäbe sich ggf. ein pos. Wert bei Vorhersage des Selbstbewusstseins durch das Einkommen auf Gruppenebene: Personen, die in besser situierten Wohngebieten wohnen, hätten demnach ein höheres Selbstwertgefühl. Auf Individualebene könnte jedoch ein neg. Effekt vorliegen. Da eine neg. Abweichung zum direkten sozialen Umfeld vorliegt (*Group-Mean-Zentrierung*), könnte sich für dieselbe Person ein negativer Wert bei Vorhersage des Selbstwertgefühls auf Individualebene ergeben: Die negative Abweichung vom Einkommen des direkten sozialen Umfeldes würde dann mit einem verringerten Selbstwertgefühl korrespondieren. Die M. erlaubt die simultane Modellierung derselben Variablen auf Individual- und Gruppenebene, sodass K. empirisch bestimmt werden können. Eid et al. 2013.

Kontextprinzip [engl. *context principle*], *Prinzip der beziehenden Analyse*.

Kontextualisierung von Persönlichkeitstests (= K.) [engl. *contextualization of personality tests*], [**AO, DIA, PER**], als Reaktion auf die begrenzte Kriteriumsvalidität (*kriteriumsbezogene Validität*) von *Persönlichkeitstests* in der *Personalauswahl* schlugen Schmit et al. (1995) vor, für die Beantwortung solcher Tests einen relevanten Kontext bzw. Bezugsrahmen (*frame of reference*) vorzugeben. So wird z. B. für die Vorhersage beruflicher Leistung ein Arbeitskontext oder für die Vorhersage von Studienleistungen ein Studiumskontext vorgegeben. Die Vorgabe des jew. Kontexts kann entweder durch eine entspr. *Instruktion* vor der Bearbeitung des Persönlichkeitstests erfolgen oder dadurch, dass der gewünschte Kontext für jedes einzelne *Item* ergänzt wird (z. B. durch das jew. Anfügen eines «… bei der Arbeit»). Als theoretische Grundlagen für die K. werden u. a. situationistische Persönlichkeitstheorien herangezogen (*Situationismus*). Diese gehen davon aus, dass Verhalten nur dann situationsübergreifend konsistent sein kann, wenn die betrachteten Situationen einander ähnlich sind. Durch die K. soll die Ähnlichkeit der Situationen, die in den Items des Persönlichkeitstests beschrieben werden, mit Situationen erhöht werden, die für das jew. Kriterium relevant sind (z. B. Verhalten bei der Arbeit). Empirisch kommt es durch die K. sowohl zur Verringerung von *Fehlervarianz* bei der Beantwortung des Persönlichkeitstests als auch zur Erhöhung der inhaltlichen Relevanz. Insgesamt erhöht die K. dadurch die Kriteriumsvalidität eines Persönlichkeitstests meist deutlich. *Interaktionismus*. Lievens et al. 2008. *K.G. Melchers*

Kontiguität (= K.) [engl. *contiguity*; lat. *contingere* benachbart sein, berühren], [**KLI, KOG**], das Zus.stehen, enge Aufeinanderfolgen (zeitlich und räumlich) von Reizen bzw. von Reiz und Reaktion. Eine Bedingung für das Lernen neben der Verstärkung (*reinforcement*; *S-R-Kontiguitäts-Theorie, S-R-Verstärker-Theorie*). K. bedeutet auch «Wenn-dann-» bzw. «Dann-wenn-Beziehung» (z. B. psychoth.: Wenn der Pat. ein best. Verhalten zeigt, dann reagiert der Therapeut in einer best. Weise). *Lernen, Lernforschung, Konditionierung, evaluative, SORKC-Modell*.

Kontiguitätsgesetz [engl. *law of contiguity*; lat. *contingere* benachbart sein, berühren], [**KOG**], die von konsequenten Assoziationstheoretikern und Behavioristen (z. B. Guthrie) behauptete ausschließliche Herstellung von Assoziationen oder Reiz-Reaktionsverbindungen durch räumliches oder zeitliches Zusammenvorkommen (Berührung). *Assoziationsgesetze, Postremitäts-Prinzip*.

Kontingenz [engl. *contingency*; lat. *contingere* benachbart sein, berühren], [**FSE**], der Zusammenhang, das Miteinanderauftreten zweier qual. Merkmale. *Verhaltensanalyse, Kontingenzkoeffizient*.
[**SOZ**], *Kontingenz-Modell der Gruppeneffektivität, soziale Beziehungen*.

Kontingenzanalyse [engl. *contingency analysis*; lat. *contingere* in verwandtschaftlicher Beziehung zu jemandem stehen], [**FSE**], *statistische Datenanalyseverfahren* zur Analyse des Zusammenhangs *nominalskalierter* Merkmale (z. B. Stressverarbeitungstyp, Berufssparte). Für kxl-*Kontingenztabellen* wird analysiert, ob das in den Zeilen angeordnete k-stufige Merkmal X und das in den Spalten angeordnete l-stufige Merkmal Y in Zusammenhang stehen; *Korrelation*). Zur Signifikanzprüfung kommen χ^2-Tests zum Einsatz (*Chi-Quadrat-Tests*). Soll der Zusammenhang eines nominalen Merkmals mit mehreren Merkmalen analysiert werden, können alternativ z. B. die *Konfigurationsfrequenzanalyse (KFA)* oder logistische Regressionsmodelle (*Regression, logistische, Regression, multinomiale*) angewendet werden. *Vierfeldertafel*. Field 2009.

Kontingenzkoeffizient [engl. *contingency coefficient*; lat. *contingere* in verwandtschaftlicher Beziehung zu jemandem stehen], [**FSE**], der Koeffizient einer nichtparametrischen Korrelationsmethode (*Korrelation*) zur Bestimmung des Ausmaßes der Wechselbeziehung zwischen zwei mehrklassigen, polytomen Variablen. Eine Art von K. lässt sich aus χ^2-Wert (*Chi-Quadrat-Wert*) bestimmen:

$$C = \sqrt{\frac{\chi^2}{n + \chi^2}}$$

n = Stichprobenumfang. *Statistische Datenanalyseverfahren*. Wirtz & Nachtigall 2012.

Kontingenzmanagement *operante Konditionierungsmethoden*.

Kontingenz-Modell der Gruppeneffektivität [engl. *Fiedler's contingency model of group effectiveness*; lat. *contingere* benachbart sein, berühren], [**AO, SOZ**], nach Fiedler (1967) ein Schema für die optimale Beziehung zw. (1) Führungsmerkmalen (beaufsichtigend/kontrollierend vs. permissiv/Rücksicht nehmend), (2) dem Grad der Strukturiertheit der Gruppenaufgabe und (3) der Macht des Gruppenführers. Die Kombinationen der versch. Werte für die drei Dimensionen sollen unterschiedliche Gruppenleistungen voraussagen lassen. Trotz z. T. massiver Kritik (Neuberger 1990) hat sich die Theorie in einer ganzen Reihe von Untersuchungen vergleichsweise gut bestätigen lassen. *LPC-Score, Führung*. Schuler & Marcus 2006, Fiedler 1964a, Fiedler 1964b. *R. Bergius*

Kontingenztabelle (= K.), [**FSE**], Wertetabelle, deren Zeilen bzw. Spalten durch die Ausprägungen zweier kategorialer Merkmale X und Y definiert sind. Die Notation kxl-K. gibt an, dass X k und Y l Ausprägungen aufweist

($x_1...x_k$; $y_1...y_l$). In den Zellen steht die Häufigkeit der jew. Kombination (x_i, y_j). Die Randspalte [bzw. Randzeile] enthält die Gesamthäufigkeit der jeweiligen Merkmalsausprägung x_i (Zeilensumme) [bzw. y_j (Spaltensumme)]. Für k = l = 2: *Vierfeldertafel. Kontingenzanalyse.*

Kontingenzurteil (= K.) [engl. *contingency judgment*; lat. *contingere* benachbart sein, berühren], **[KOG]**, darunter wird eine Aussage über den Zusammenhang von zwei oder mehreren Ereignisklassen verstanden (*Kontingenz*). Die *Fähigkeit* zum richtigen Erkennen von solchen Zusammenhängen gilt als zentrales Merkmal adaptiver *Intelligenz*. In den meisten Untersuchungen zum K. geht es um die Einschätzung des Zusammenhangs zw. genau zwei *Variablen* auf der Grundlage der beobachteten oder berichteten Häufigkeit des gemeinsamen bzw. nicht gemeinsamen Auftretens dieser beiden Variablen. Die Statistik bietet versch. *Kontingenzkoeffizienten* an, mit denen das K. verglichen werden kann. Dabei zeigt sich, dass das K. von Menschen häufig von der durch diese Koeffizienten vorgegebenen Norm abweicht. Wenn diese Abweichung systematisch erfolgt, z. B. ein Zusammenhang angenommen wird, der stat. nicht existiert, wird das auch als *illusorische Korrelation* bezeichnet. Ihre Untersuchung ist ein wichtiger Bestandteil des Themenbereichs *kognitive Täuschungen* der *Social-Cognition-Forschung* (*soziale Kognition*). *H. Plessner*

kontinuierliche Maßstäbe (= k. M.) [engl. *continuous measures*], **[DIA, FSE]**, Maßstäbe oder Messskalen, bei denen alle zw. zwei Grenzwerten liegenden Werte zumindest theoretisch vorkommen können. In der Ps. sind k. M. selten, wenngleich häufig angenommen wird, dass auch mittels diskreter Maßstäbe gemessene Variablen eigentlich (*Variable, latente*) kontinuierlich sind (z. B. Gedächtnisleistung in einem Test oder *Ratingskala*). Allgemein bezeichnet man messbare Variablen als kontinuierlich, bloß aus Zählungen hervorgehende als diskontinuierlich oder diskret. *Messtheorie, Variable, kontinuierliche.* *G. Mikula*

kontinuierliche Verbesserungen [engl. *continuous improvements*], **[AO, FSE]**, der kontinuierliche Verbesserungsprozess (KVP) ist eine Bez. für praktische Konzepte in Organisationen zur routinemäßigen Beteiligung der Mitarbeiter im Prozess der *Innovation in Organisationen*. Angeregt durch das japanische *Kaizen* (kleine Verbesserungen, Imai 1992) wurden auch in vielen anderen Ländern Mitarbeiter aktiviert, um gemeinsam praktisch nützliche Verbesserungsvorschläge auszuarbeiten. Beim KVP werden Problemlösegruppen gebildet, die unter Nutzung ps. Kreativitätstechniken (*Kreativität*) durch dafür ausgebildete Moderatoren (*Moderationstechniken*) angeleitet werden, gemeinsam Ideen und Lösungen zu entwickeln. Ausdrücklich sind auch kleine Verbesserungen erwünscht. KVP-Gruppen ähneln Qualitätszirkeln (*Qualitätszirkel*), ihr Einsatzfeld ist aber nicht auf best. Probleme eingeschränkt und ihre Zielsetzung ist, einen zeitlich nicht befristeten Verbesserungsprozess zu fördern. Im Ideal sollen die Mitarbeiter durch die Beteiligung an den Prozessen und Innovationen so sehr motiviert werden, dass eine kontinuierliche Zunahme der Verbesserungen resultiert. Empirisch wurde diese Forderung jedoch nicht nachgewiesen. Typisch sind vermutlich eher zyklische Aktivierungsprozesse oder durch Kundenunzufriedenheit (*Kundenzufriedenheit*) angestoßene Verbesserungen. Den KVP-Prozess ständig in Gang zu halten, gehört zu den wichtigsten Aufgaben des Managements. Anders als beim herkömmlichen betrieblichen Vorschlagswesen (BVW) werden Verbesserungsvorschläge nicht durch Einzelprämien belohnt. Die beim KVP resultierenden Verbesserungsvorschläge werden in manchen Betrieben als «Gruppenvorschläge» ähnlich wie beim BVW prämiert, empfohlen werden aber eher Belohnungen, die den Gruppenzusammenhalt fördern (z. B. Geld für gemeinsames Essen oder Verreisen). *PDCA-Zyklus, Qualitätssicherung.* Thom 2006. *S. Greif*

kontinuierliche Verstärkung [engl. *continuous reinforcement*], *Verstärkerpläne.*

kontrafaktisches Denken (= k. D.) [engl. *contrafactual thinking*; lat. *contra* gegen, *factum* Tatsache], **[KOG, SOZ]**, bez. i. R. der Simulationsheuristik (*Heuristik*) den Versuch, einzelne Aspekte eines Ereignisses mental umzuändern («Hätte ich..., wäre alles besser ausgegangen») und bezieht sich somit auf die Simulation alternativer Welten. Auslöser für k. D. sind häufig neg. Ereignisse sowie die Knappheit, mit der ein Ergebnis verfehlt wurde (Meyers-Levy & Maheswaran, 1992). Der Einfluss des Aspekts Knappheit zeigt sich etwa darin, dass eine Person, die ihren Zug verpasst, stärkeres Bedauern zeigt, wenn sie ihn um zwei Min. verpasst, als wenn sie ihn um 20 Minuten verpasst. Epstude & Roese (2008) unterteilen k. D. in drei Arten. Zum einen wird k. D. nach seiner Richtung in aufwärts gerichtetes *Denken* (pos. gerichtete gedankliche Verbesserung der Situation) und abwärts gerichtetes Denken (neg. gerichtete gedankliche Verschlechterung der Situation) eingeteilt. Zum anderen wird danach eingeteilt, ob Personen aktiv oder inaktiv gehandelt haben. Schließlich wird unterschieden, ob der Fokus eines Ereignisses auf der eigenen Person oder bei anderen Personen liegt («Ich hätte langsamer fahren sollen» oder «Der andere Fahrer hätte besser aufpassen sollen»).
Als ein Vermittlungsmechanismus von k. D. kann der Kontrasteffekt angesehen werden, der sich darin äußert, dass ein Ergebnis als verheerender wahrgenommen wird, wenn eine wünschenswertere Alternative möglich gewesen wäre, und als pos. wahrgenommen wird, wenn eine weniger wünschenswerte Alternative möglich gewesen wäre (vgl. Markman & McMullen, 2003). Der Kontrasteffekt wurde in der Studie von Medvec et al. (1995) bei Medaillengewinnern der Olympischen Spiele untersucht. Es zeigte sich, dass Silbermedaillengewinner mit ihrer Leistung weniger zufrieden waren als Bronzemedaillengewinner. Silbermedaillengewinner hatten aufwärts gerichtete kontrafaktische Gedanken und stellten sich vor, wie es wäre, die Goldmedaille gewonnen zu haben. Die Gewinner der Bronzemedaille dachten (abwärts gerichtet) eher darüber nach, aufgrund welcher Umstände sie gar keine Medaille hätten gewinnen können. *H.-W. Bierhoff*

Kontraformität [engl. *counterformity*; lat. *contra* gegen, *forma* äußere Erscheinung], **[SOZ]**, Unterform der *Kon-*

formität: ständige Negierung der Gruppenmeinung (*Gruppe, Gruppendenken*).

Kontraktion [engl. *contraction*; lat. *contrahere* Zusammenziehen], [**BIO**], Zusammenziehung, z. B. eines Muskels (*Muskel, Muskeltonus*) auf einen *Reiz*.

kontralateral [engl. *contralateral*; lat. *contra* gegenüber, *lateralis* seitlich], [**BIO**], anatomische Lagebezeichnung für Objekte oder Körperteile, die sich in Bezug auf ein Referenzobjekt auf der gegegenüber liegenden Seite des Körpers befinden. *P. Wühr*

kontraproduktives Verhalten (= k. V.) [engl. *counterproductive behavior*; lat. *contra* gegen, *producere* erzeugen], [**AO, WIR**], ist ein Verhalten, das die legitimen Interessen einer *Organisation* verletzt, wobei es prinzipiell deren Mitglieder oder die Organisation als Ganzes schädigen kann (Nerdinger 2008). Nach dieser Def. muss das Verhalten absichtlich ausgeführt werden; das Verhalten muss nur prinzipiell in der Lage sein, Schaden anzurichten (ohne dass dieser notwendig eintreten muss), und es darf nicht durch andere legitime Interessen begründet sein (z. B. Fernbleiben der Arbeit aufgrund von Krankheit). K. V. beschreibt einen sehr breiten Verhaltensbereich, u. a. zählen dazu Diebstahl, Beschädigung oder Zerstörung von Firmeneigentum, Missbrauch von Informationen, *Absentismus*, Alkoholmissbrauch sowie unangemessenes verbales und physisches Verhalten (*Aggression, sexuelle Belästigung*). Empir. Untersuchungen belegen, dass die versch. Arten des k. V. pos. korrelieren, sodass es gerechtfertigt wird, diese im übergeordneten Begriff des k. V. zus.zufassen. Die Forschung konnte drei Gruppen von Variablen als relativ gesicherte Einflussgrößen des k. V. belegen: K. V. als Reaktion auf erlebte Ungerechtigkeit; Persönlichkeitsmerkmale, wobei das Merkmal der Gewissenhaftigkeit in deutlich neg. Zusammenhang zu k. V. steht; *Selbstkontrolle* i. S. der Tendenz, Handlungen zu vermeiden, deren langfristig neg. Folgen den kurzfristigen Vorteil übersteigen. Als Maßnahmen zur Vermeidung von k. V. wird u. a. der Einsatz von *Integrity Tests* in der Bewerbungsphase empfohlen. *Produktivität*. *F. W. Nerdinger*

Kontrast (= K.) [engl. *contrast*; lat. *contra* gegen, *stare* stehen], [**KOG**], bezogen auf *Assoziationen* beschreibt der Begriff K. inhaltlich gegensätzlich belegte Informationen. *Ähnlichkeit, Ähnlichkeitsgesetz*.

[**WA**], in der Sinnesps. der verstärkt empfundene Ggs. zw. zwei versch. Wahrnehmungsinhalten des gleichen Sinnesgebietes. Z. B. erscheinen Streifen vom gleichen Grau auf dunklem Grund heller, auf hellem Grund dunkler (Grau-Skala von Hering). Eine graue Fläche erscheint auf rotem Grund grünlich, auf grünem rötlich (*Komplementärfarbe*). Diese Verstärkung der Farbempfindung und des Helligkeitseindruckes kann durch die gleichzeitige verschiedenartige Erregung benachbarter Netzhautstellen (gleichzeitiger K., Simultan-K.) oder durch eine vorangegangene Erregung der gleichen Netzhautstelle (*Nachbild*, Sukzessiv-K.) erfolgen. Hierzu werden auch die neg. *Nachbilder* gerechnet. Der erlebte Simultan-K. verstärkt sich, wenn die sich gegenseitig beeinflussenden Oberflächen mit einem durchscheinenden Papier oder Mattglas bedeckt werden (Flork.); der an Begrenzungsstellen (z. B. Hering'sches oder Hermann-Gitter; Schiller & Carvey 2005) auftretende K. heißt Randk. (s. Abb. Erscheinungen von dunklen Stellen bei den Kreuzungen der weißen Linien). Erklärungsansätze: (1) *Psychol. Kontrasttheorie* von Helmholtz: Sie erklärte den K. als eine Art Urteilstäuschung. (2) *Physiol. Theorie von Hering u. a.*: Hiernach beruhen die K.erscheinungen auf chemischen Prozessen in den Sehsubstanzen der Retina. (3) Prinzip der *lateralen Hemmung*, wonach Kontrastphänomene durch neuronale Verschaltungen (z. T. bereits in der Retina; *rezeptive Felder*) zustande kommen. *Adelsons Helligkeitstäuschungen, Mach'sche Bänder, Chevreul-Täuschung, Täuschungskonturen, -kontrast, -helligkeit*. Goldstein 2007, Ratliff 1965, Schmidt et al. 2000.

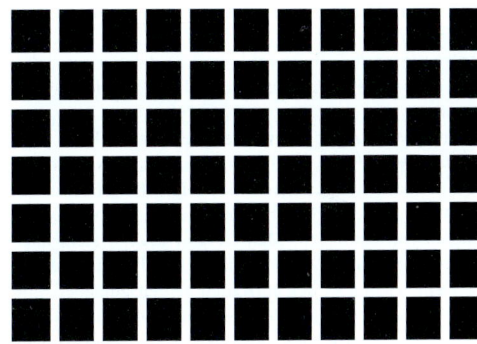

Hermann-Gitter: Kontrastverstärkung an den Kreuzungspunkten

Kontrastbildung [engl. *contrast formation*], *sozialer Vergleich*.

Kontrasteffekt (= K.) [engl. *contrast effect*], [**PER**], in der *Verhaltensgenetik* Überschätzung der Unterschiede von Geschwistern durch ihre Eltern oder sie selbst, weil die Geschwister primär untereinander und nur sekundär mit Kindern anderer Familien verglichen werden. Dadurch fallen *Korrelationen* zw. Geschwistern in eltern-, geschwister- und selbstbeurteilten Persönlichkeitsmerkmalen zu niedrig aus und können bei Adoptivgeschwistern sogar neg. werden. Während der K. bei eineiigen Zwillingen min. ist, ist er bei Geschwistern unterschiedlichen Alters besonders stark, weil die Beurteiler Schwierigkeiten haben, Persönlichkeitsunterschiede von Altersunterschieden zu trennen. Saudino et al. 2004.

Kontrastempfindlichkeit [engl. *contrast sensitivity*], [**WA**], *Empfindlichkeit* bei der visuellen *Wahrnehmung* von *Kontrast* (Hell-Dunkel-Unterschied). Bei Streifenmustern (Muster mit vertikalen Streifen) hängt die Kontrastempfindlichkeit in charakteristischer Weise von der *Ortsfrequenz* ab (Kontrastempfindlichkeitskurve); die Messung der Kontrastempfindlichkeit erlaubt die Diagnose von Störungen auch bei der Wahrnehmung kleiner Ortsfrequenzen, nicht nur bei der Wahrnehmung großer Ortsfrequenzen wie die traditionelle Messung der *Sehschärfe*. Analog zur Abhängigkeit der Kontrastempfindlichkeit von der räumlichen Verteilung der *Leuchtdichte* findet sich auch eine Abhängigkeit von der zeitlichen Verteilung (in traditionellen Untersuchungen der *Flimmerverschmelzungsfrequenz* wird nach der max. Frequenz bei vorgegebenem Kontrast gefragt, die noch – oder nicht mehr – eine zeitliche Auflösung erlaubt; in neueren Untersuchungen wird meist nach dem minimalen Kontrast bei vorgegebener Frequenz gefragt, bei der Helligkeitsschwankungen (*Helligkeit*) gesehen werden. H. Heuer

Kontrastgesetze [engl. *contrast law*], **[WA]**, (1) Die Kontrastwirkung (*Kontrast*) erfolgt stets in Richtung des größten Ggs.. (2) Je näher die Kontrastflächen, desto größer ist der Kontrast. (3) Die Kontrastwirkung ist bei Schwächung der Umrisse herabgesetzt. (4) Mit der Sättigung der beeinflussenden *Farbe* steigert sich der Kontrast. (5) Die Wirkung ist am stärksten, wo kein Helligkeitskontrast vorliegt (*Helligkeit*).

kontrastierende Fallauswahl [engl. *contrastive case selection*], *qualitative Fallauswahl*, *qualitative Rekrutierungsverfahren*.

Kontrastive Aufgabenanalyse im Bereich Büro und Verwaltung (KABA), 1989, Dunckel, **[AO, DIA]**. Arbeitswissenschaftliches Verfahren für Tätigkeiten in Büro und Verwaltung. Bedingungsbezogene Aufgabenanalyse zur Aufgabenverteilung zw. Mensch und EDV-System nach Humankriterien. Analyseergebnisse: Analyse und genauere Kennzeichnung der einzelnen Arbeitsaufgaben und der verwendeten Informations- und Kommunikationstechniken, Beschreibung möglicher Beeinträchtigungen der Humankriterien durch ein EDV-System, Vorschläge zur Arbeitsgestaltung. Das Verfahren wird als Beobachtungsinterview mit trainierten Beobachtern durchgeführt.

Kontrastsehen (= K.) [engl. *contrast sensitivity*], **[WA]**, bez. die Unterschiedsempfindlichkeit für Konturen von unterschiedlicher Breite (sog. *Ortsfrequenz*) und unterschiedlichem Hell-Dunkel-Kontrast; wird auch als räumliches K. bzw. räumliche Kontrastsensitivität (*Kontrastempfindlichkeit*) bezeichnet. Störungen verursachen «Verschwommensehen» und können insbes. die Lesefähigkeit, das Unterscheiden von Gesichtern und die Tiefenwahrnehmung beeinträchtigen. Karnath & Thier 2012. J. Zihl

Kontrazeptiva [engl. *contraceptives*; lat. *contra* gegen, *capere* (über)nehmen], **[PHA]**, syn. Ovulationshemmer, *Pille*; chemische Methode der Geburtenkontrolle. Meist Kombination aus synthetischen *Östrogenen* (meist Ethinylestradiol) und *Gestagenen*. Bei der Einphasenmethode bleibt die Dosis der beiden Komponenten während der Einnahmezeit von 21 Tagen unverändert. Von 2- oder 3-Phasen-Präparaten spricht man, wenn die Dosen der Komponenten mehr an den Zyklus angepasst sind. Vorteil ist bessere Verträglichkeit. Psych. *Nebenwirkungen* sind Antriebsminderung, *Dysphorie*, Reizbarkeit. Weitere hormonale kontrazeptive Methoden sind die Minipille, die gestagenhaltige Intrauterinspirale, die Dreimonatsspritze mit Medroxyprogesteronacetat und die postkoitale Kontrazeption (*Pille danach*). Sheeran et al. 1992. W. Janke/P. Zimmermann

Kontrolle, gemeinsame [engl. *joint control*], **[SOZ]**, syn. Verhaltenskontrolle, beschreibt i. S. d. *Interdependenztheorie* (Kelley & Thibaut 1978) den Einfluss (*Einfluss, sozialer*), den das gemeinsame *Verhalten* zweier oder mehrerer Personen in einer sozialen *Interaktion* auf die aus dieser Interaktion resultierenden Ergebnisse aller beteiligten Personen hat. Van Lange & Rusbult 2011. S. Macher

Kontrolle, Gruppenprozesse [engl. *control, group processes*], *Gruppensolidarität*.

Kontrolle, Ort der [engl. *locus of control*], *Verstärkerkontrolle*.

Kontrolle, primäre/sekundäre [engl. *primary/secondary control*; lat. *primus* der erste, *secundus* der zweite], *Lebenslauftheorie der Kontrolle*.

Kontrolle, reflexive [engl. *reflexive control*; lat. *reflectere* zurückwenden], *Akteurkontrolle*, *Interdependenztheorie*.

Kontrollfragentest [engl. *control question test (CQT)*], *Lügendetektion*.

Kontrollgruppe (= K.) [engl. *control group*], **[FSE]**, eine in einem *Experiment* eingeführte Bedingung, in der keine exp. Behandlung (*Intervention*) erfolgt. Sie unterscheidet sich dadurch von der Versuchsgruppe. Ein Vergleich der K.ergebnisse mit jenen der Versuchsgruppen ermöglicht eine Aussage über Ausmaß und Richtung der Wirkung der exp. Bedingungen. *Evidenzbasierung*, *Validität, interne*, *Placebo-Effekt*.

[KLI], bei Untersuchungen zur Wirksamkeit von Psychotherapien wird immer mehr auf unbehandelte K. verzichtet: Dafür sprechen ethische Argumente und die Tatsache, dass Pat. mit echten Problemen sich einem Design mit unbehandelter K. verständlicherweise entziehen, indem sie eine andere Behandlung suchen. Stattdessen erhalten die Patienten i. d. R. eine Standardbehandlung (*Treatment-as-usual (TAU-Bedingung)*) in Referenz zu der der Effekt der zu prüfenden Behandlung bestimmt wird. G. Mikula/F. Caspar

Kontrollierte Praxis (= K. P.) [engl. *controlled practice*], **[KLI]**, das Konzept der K. P. entstammt der Klin. Ps. und dient vor allem der *Qualitätssicherung* psychoth. Prozesse. Dem Praktiker – i. d. R. dem Psychotherapeuten – soll damit die Möglichkeit geboten werden, sein Handeln in der Praxis zu überprüfen und im Bedarfsfalle zu verbessern. Das Vorgehen ist praxisgeleitet und stellt ein fachbezogenes, qualitätsorientiertes Handeln dar. Die zu prüfenden Hypothesen werden dabei eher qual. formuliert. I. Ggs. zur Einzelfallanalyse (*Einzelfallexperiment*) erfolgt keine stat., sondern eine deskriptive (qual.) Auswertung. Die Anforderungen der K. P. kann man durch 7 Aspekte kennzeichnen: (1) regelgelernte Dokumentation von Diagnose- und Therapieschritten; (2) explizites Erfassen der subj. bedeutsamen Beschwerden des Pat.; (3) einzelfallbezogene Prüfbarkeit der Beschwerden und des therap. Vorgehens; (4) min. zusätzliche Belastung des Pat. durch die Datengewinnung; (5) Datengewinnung und Behandlung dürfen sich nicht neg. beeinflussen; (6) unmittelbare Umsetzung der erhobenen Informationen in und für die klin. Praxis; (7) Datenauswertungsschritte müssen ohne größeren Aufwand durchführbar sein. Die Ziele der K. P. beziehen sich auf eine optimierte Indikationsstellung, die Dokumentation und Überprüfung des Therapieverlaufs sowie den Fallvergleich, mit dem eine differenzielle Indikationsstellung ermöglicht wird. Petermann 2005b. *F. Petermann*

kontrollierte Studie (= k. S.) [engl. *controlled study*], **[FSE]**, Studie, etwa zum Nachweis der *Wirksamkeit* von Psychoth., bei der zur Eingrenzung tatsächlicher, spezif. Therapieeffekte die Wirkung einer Behandlungsform mit Nicht- bzw. Alternativbehandlung verglichen und die Art der Behandlung genau definiert und in ihrer tatsächlichen Durchführung untersucht wird. Ohne kontrollierte Designs mit Zufallszuweisung von Pat. lassen sich keine verlässlichen kausalen Aussagen zur Wirksamkeit von Maßnahmen machen. K. S. lassen sich durchaus auch naturalistisch und ohne unbehandelte *Kontrollgruppe* durchführen, und nicht alle Fragestellungen, insbes. in der Praxisforschung, erfordern ein kontrolliertes Design. *Evidenzbasierung, Randomisierte kontrollierte Studie*. *F. Caspar*

Kontrollillusion [engl. *control illusion*; lat. *illudere* täuschen], *Anlegerverhalten, Konsumentenverhalten und Selbstregulation.*

Kontrollmotivation (= K.) [engl. *control motivation*], *Motivation*, **[EM, SOZ]**, das Bedürfnis, Kontrolle wahrzunehmen (*Kontrollwahrnehmung*) und auszuüben. K. liegt der Kontrollrestauration, also der Wiederherstellung von Kontrolle nach einem Kontrollverlust zugrunde. Heckhausen & Heckhausen 2010.

Kontrollrestauration (= K.) [engl. *control restoration*; lat. *restaurare* wiederherstellen], **[KOG, SOZ]**, die Wiedererlangung der *Kontrollwahrnehmung* nach einem erlebten Kontrollverlust (*Kontrollmotivation*). K. kann durch die direkte Beeinflussung der Umwelt erfolgen (*primäre Kontrolle*) oder durch indirekte Strategien (*sekundäre Kontrolle*). Diese Strategien umfassen z. B. Bestrebungen, die Umwelt (bzw. den Kontrollverlust) besser zu verstehen und vorherzusagen, illusionäre Kontrolle wahrzunehmen oder die Assoziation mit anderen Menschen oder *Gruppen*, die Kontrolle haben, um von deren Kontrolle auf symbolischer Ebene zu profitieren. *Lebenslauftheorie der Kontrolle*. Rothbaum et al. 1982.

Kontrolltechniken, Experiment (= K.) [engl. *control techniques, experiment*], **[FSE]**, Bez. für sämtliche Maßnahmen in Planung und Ausführung eines *Experiments*, mit denen sichergestellt werden soll, dass für die Fragestellung der Untersuchung irrelevante Faktoren (*Fehler*) die Ergebnisse nicht beeinflussen (*interne Validität*). Übliche Verfahren der K. sind: (1) direkte Ausschaltung einer Störbedingung (z. B. Lärm), (2) systematische gleichmäßige Verteilung nicht eliminierbarer Faktoren (z. B. der Tageszeit der Versuchsdurchführung) auf die versch. zu untersuchenden Bedingungen, sodass sie sich auf die zu vgl. Ergebnisse gleich auswirken (*Ausbalancieren*), (3) Verteilung nicht bekannter Faktoren durch Zufallsentscheidung (*Randomisierung*; z. B. Zuweisung von Vpn zu einer Versuchs- und einer Kontrollgruppe nach dem Zufall, wodurch persönliche Unterschiede bei größerer Anzahl von Vpn gleichmäßig auf beide Gruppen verteilt werden), (4) *Parallelisieren* aufgrund eines Vorversuchs oder bekannter Merkmale (*Parallelgruppen*). Nach den Vortestergebnissen wird eine Rangordnung gebildet. Es werden dann die zwei (oder mehr) ersten Rangplätze herausgegriffen und ihre Inhaber nach Zufall auf zwei (oder mehr) Gruppen verteilt; es folgen die nächsten zwei (oder mehr) usw. Auf diese Weise entstehen zwei (oder mehr) nach dem Vortestmerkmal (z. B. Lernleistung) praktisch äquivalente Gruppen. *CONSORT statement für randomisierte kontrollierte Studien, Quasi-Experiment, Konfundierung, interne Validität, Bedrohungen für die*. Döring & Bortz 2016, Shadish et al. 2001.

Kontrolltheorien [engl. *control theories*], **[EM]**, es existiert eine Reihe insbes. motivationspsychol. Theorien (*Motivation, Lernmotivation, intrinsische und extrinsische, Motivation, intrinsische; Theorien*), in denen das Konzept der persönlichen Kontrolle eine zentrale Rolle spielt. Hierzu zählen das Konzept der internalen Kontrolle von Rotter, die Theorie der Selbstwirksamkeit (*Selbstwirksamkeitserwartung*) von Bandura, das Konzept der *persönlichen Verursachung* von deCharms sowie die wahrgenommene Kontrollierbarkeit von Ereignissen und *Handlungen* in der Theorie der *erlernten Hilflosigkeit* von Seligman sowie in den attributionalen Theorien (*Attribuierung*) des Erlebens und Verhaltens von Weiner. Gemeinsam ist all diesen Ansätzen, dass persönliche Kontrolle als zentrale Determinante des motivationalen Geschehens angesehen wird. Dies gilt für die *Handlungskontrolle* (*Handlungskontrolltheorie*) im Allgemeinen, für spezif. Leistungssituationen wie auch die *Regulation* zw. menschlicher Interaktionen (*soziale Interaktion*). Anwendungen des Konzepts sind bedeutsam in *Erziehung* und *Unterricht*, in der Klin. Ps., Gesundheitsps. und Organisationsps. Rudolph 2013. *U. Rudolph*

Kontrollüberzeugungen, gesundheitsbezogene [engl. *health-related control beliefs*], **[EM, GES]**, *Erwartung, Einstellung* bzw. Überzeugung, mit der ein Individuum annimmt, dass das Auftreten eines Ereignisses vom eigenen *Verhalten* bzw. von äußeren Faktoren abhängig ist. Bei einer internalen Kontrollüberzeugung (= K.) liegt die Kontrolle innerhalb, bei externaler K. außerhalb des Individuums (Attributionsstil, *Kausalattribution*). Letztere wird unterteilt in eine soziale (Kontrolle durch andere Personen) und eine fatalistische (Kontrolle durch Glück, Zufall oder Schicksal) K. Das Konstrukt stammt aus der *soziale Lerntheorie* von Rotter (1966). K. ist zu unterscheiden von der *Selbstwirksamkeitserwartung*. Eine hohe internale gesundheitliche K. ist assoziiert mit u. a. mehr Gesundheits- und *Vorsorgeverhalten*, psych. und körperlicher *Gesundheit* und besserer *Rehabilitation* und zählt zu den personalen gesundheitlichen *Ressourcen*. Messinstrumente wie der *Fragebogen zur Erhebung von Kontrollüberzeugungen zu Krankheit und Gesundheit (KKG)* sind verfügbar. *locus of control*.

Kontrollüberzeugungen, internale vs. externale Kontrolle [engl. *internal vs. external control (beliefs)*; lat. *internus* innen, *externus* außen], **[EM]**, die *Wahrnehmung* von Kontrolle wird als stabile Persondisposition (*Disposition*) angesehen: Internale Kontrollüberzeugungen (= K.) liegen dann vor, wenn ein Individuum überzeugt ist, Ereignisse

aufgrund eigenen Verhaltens (*Verhalten*) selbst kontrollieren zu können. Externale K. liegen vor, wenn ein Individuum annimmt, Ereignisse seien außerhalb der Kontrolle der eigenen Person und des eigenen Verhaltens. Im dt. Sprachraum liegt inzwischen eine Kurzskala (*Skala*) zur Erfassung dieses Konstrukts (*Konstrukt*) vor (*Skala zur internalen vs. externalen Kontrolle (IE-S)*, Kovaleva et al. 2012). Die IE-S ist dabei ein Maß zur Erfassung genereller, situationsübergreifender K. (*Kontrolltheorien*) und geht zurück auf Überlegungen von Rotter (1966).
Internale K. geht mit hoher Selbstwirksamkeit (*Selbstwirksamkeitserwartung*) und Lebenszufriedenheit (mittlere Effektstärken (*Effektgröße*)) einher, in geringerem Maße (kleine Effektstärken) auch mit *Optimismus*. Externale K. dagegen geht einher mit geringerer Lebenszufriedenheit (mittlere Effektstärke) und zudem mit geringerer Selbstwirksamkeit und geringerem Optimismus (kleine Effektstärken). Rudolph 2013, Rotter 1975.

Kontrollversuch [engl. *control trial*], [**FSE**], ein *Experiment*, in dem eine best. Bedingung gegenüber dem anderen, im Übrigen gleichartigen Versuch ausgelassen bzw. verändert wird, um aus dem Vergleich der Ergebnisse beider Versuche auf die Wirkung dieser Bedingungen zu schließen (*Kausalität*). Je nachdem, welche Einflüsse in ihrer Wirkung bestimmt werden sollen, werden Kontrollversuche z. B. mit anderen Vpn, anderen Geräten, zu anderen Zeiten durchgeführt. Wiederholung eines Versuchs bei Verdacht auf nicht mehr bestimmbare meth. Mängel. *Forschungsdesign*.

Kontrollwahrnehmung [engl. *control perception*], [**EM, SOZ**], die subj. Überzeugung, dass man durch eigene Anstrengung erwünschte Zustände erreichen und unerwünschte Zustände vermeiden kann. Erfahrungen von Kontrollmangel (Situationen, in denen Ziele nicht erreicht werden konnten) können diese Überzeugung schwächen, wogegen Erfahrungen von erfolgreich ausgeübter Kontrolle (Situationen, in denen Ziele erreicht werden konnten) diese Überzegung steigern können. *Kontrollmotivation*. Skinner 1996.

Kontusionspsychose [engl. *contusion psychosis*; lat. *contusio* Quetschung], *Psychose, akute traumatische*.

Konvariabilität (= K.) [engl. *co(n)variability*; lat. *con-* zusammen, *variare* verschieden sein], [**KOG, PÄD**], die Mitveränderlichkeit eines psych. Merkmals unter best. Bedingungen (z. B. Änderung des Gedächtnisses bei versch. Übungsgrad). Außerdem tritt in der K. beim Vergleich zweier kovariierender Leistungswerte (*Leistung*) der Grad der Verwandtschaft insofern zutage, als die eine Bedingung, welche die Variation der einen Leistung (A) hervorruft, auch die andere psych. Leistung (B) unmittelbar mit variieren lässt. Praktisch spricht man i. d. S. z. B. von «Mitübung». Eine derartige K. heißt mittelbar. Bedingung ist stets, dass eine Beziehung zw. Versuchsbedingung und Leistungsmerkmal besteht.

Konventionalismus (= K.) [engl. *conventionalism*; lat. *convenire* übereinkommen], [**PER, PHI**], das starre Festhalten an Konventionen, an äußerlichen, sogar zur leeren Form gewordenen *Verhalten*sweisen. Eine erkenntnistheoret. Richtung (*Erkenntnistheorie*), die die Bedeutung der zweckmäßigen Übereinstimmung für die Bildung und Geltung wiss. *Begriffe*, *Definitionen*, *Axiome*, *Hypothesen* bes. stark betont. K. wird als Charakteristikum der *autoritären Persönlichkeit* angesehen und hat enge Beziehung zum *Autoritarismus*. K. ist ein Unterfaktor von *Offenheit* im *Fünf-Faktoren-Modell* der Persönlichkeit.

konvergentes Denken [engl. *convergent thinking*; lat. *con-* zusammen, *vergere* sich neigen], [**KOG, PER**], in der Guilfordschen Klassifikation der *Intelligenzfaktoren* diejenige Untergruppe von Denkoperationen (*Denken*) innerhalb des «produktiven Denkens», welche die Denkleistungen bestimmt, bei denen eine richtige Antwort gefunden oder eine konkrete Lösung eines Problems gesucht werden muss. *divergentes Denken*.

Konvergenz [engl. *convergence*; lat. *con-* zusammen, *vergere* sich neigen], *Vergenz*.

Konvergenztheorie [engl. *convergence theory*; lat. *con-* zusammen, *vergere* sich neigen], [**EW, PER**], von W. Stern vertretene Auffassung, die besagt, dass Anlage und Umwelt (*Anlage-Umwelt*) zus.wirken: «Seelische Entwicklung ist nicht nur ein bloßes Hervortretenlassen angeborener Eigenschaften, aber auch nicht ein bloßes Empfangen äußerer Einwirkungen, sondern das Ergebnis einer Konvergenz innerer Angelegtheiten mit äußeren Entwicklungsbedingungen.» Die Anlage disponiert, die Umwelt realisiert. Stern 1914, 1927.

konversationelle Implikatur [engl. *conversational implicature*; lat. *con-* zusammen, *versari* sich etw. zuwenden], *Ironie*.

Konversationsanalyse (= K.) [engl. *conversation analysis (CA)*; lat. *con-* zusammen, *versari* sich etw. zuwenden], syn. *Gesprächsanalyse*, [**FSE, SOZ**], ist ein Oberbegriff für linguistische Analyseansätze, die mit versch. Schwerpunktsetzungen gesprächsanalytische Auswertungsperspektiven verfolgen (Kallmeyer & Schütze 1976, Bergmann 1988). Die Entwicklung der K., wie sie gerade auch in den Sozialwissenschaften ihre breite Anwendung findet, geht u. a. auf Harold Garfinkel und sein Programm der *Ethnomethodologie* zurück, die auf einer Kritik des Handlungskonzepts von Talcott Parsons beruht, dem Garfinkel – aufbauend auf Alfred Schütz (*Fremdverstehen*) – einen phänomenologischen Entwurf entgegensetzte (*Sozialphänomenologie*). Die Etablierung als Disziplin verdankt die K. dann vor allem Harvey Sacks, Emanuel Schegloff und Gail Jefferson (Goodwinn & Heritage 1990). Die K. stellt eine best. Betrachtung der sprachlichen Interaktion dar, d. h. eine best. Anschauung dessen, wie sich «Sprache» und «sprachliche Verständigung» im Prozess ihres Vollzugs selbst herstellt (*Indexikalität*). Die K. fokussiert dabei gesprochene Sprache, die sie im Ggs. zu Noam Chomsky und Ferdinand de Saussure bspw. nicht als defizitär betrachtet, sondern als die relevante Ressource der praktischen Konstruktion des Sozialen (*Sozialkonstruktivismus*). Die K. ist eine mikrostrukturelle, sprachlich-kommunikative Analysemethode, die vor allem das Ziel hat, kommunikative Basisregeln und sprachpragmatische Strategien offenzulegen, über die es Kommunizierenden gelingt, sich miteinander zu verständigen (*Kommunikation*). Dies erfolgt darüber, dass die K. die situationsspezifischen sprachlichen Handlungen in natürlichen Gesprächssituationen von Kommunikanten untersucht. Die Gesprächsanalyse fragt somit weniger nach dem Was und dem Warum in der Kommunikation zw. Interaktanten, sondern vielmehr nach dem Wie und dem Wozu. So untersucht sie z. B., wie Kommunikanten Sprecherwechsel organisieren, wer das Recht hat, wann zu reden, welche sprachpragmatischen Intentionen Kommunizierende einander anzeigen, wie sie diese jew. subj. verstehen und dadurch ein Gespräch überhaupt erst herstellen und welche Auswirkungen diese Aspekte auf die Konstitution von Rollen- und Machtverhältnissen in der Kommunikation haben. Die K. fokussiert somit insbes. auf drei Analyseebenen: (1) die der sprachpragmatischen Interaktion, (2) der syntaktisch-grammatikalischen Wahlen und (3) der wortsemantischen Felder in den Versprachlichungen. Ein «konversationsanalytisches Auge» ist damit im Prinzip für alle Analyseverfahren in der *Qualitativen Sozialforschung* notwendig (Deppermann 2001), eben überall dort, wo mittels reaktiver Verfahren – wie z. B. *Qualitative (Leitfaden-)Interviews* – forscherische Wirklichkeit interaktiv hergestellt wird: Denn jede Interviewkommunikation stellt eine Interaktion zw. den Kommunikanten dar, die selbst wiederum Einfluss auf die gemeinsame Datengenerierung (Textproduktion) hat. Und diesen Einfluss gilt es meth. zu kontrollieren (*Prinzip der Reflexivität*). Die K. hat in diesem Zusammenhang drei relevante Feinanalysemethodiken entwickelt: die Sequenzanalyse (Analyse der emergenten Herstellung sprachlicher Verständigung), die Interaktionsanalyse (z. B. *turn-taking*) und die funktionale Analyse (sprachpragmatische Analyse: «wie» und «wozu»). *J. Kruse*

Konversion (= K.) [engl. *conversion*; lat. *con-* zusammen, *vertere* sich (um)wenden], **[KLI]**, ein von Freud in die *Psychopathologie* eingeführter Begriff, um die Umsetzung psych. Konflikte in somatische Symptome zu fassen; z. B. Lähmungen als «motorischer», schmerzende Körperstellen als «sensibler» Konfliktersatz. Die K. bedeutet nach Freud als mechanisches Phänomen die Verwandlung verdrängter Vorstellung in Innervationsenergie, als symbolisches Phänomen «agieren», «sprechen» in den körperlichen Symptomen die verdrängten, verdichteten, verschobenen Vorstellungen. Freud nahm zuerst an, dass Hysterie für die K. stets eine Rolle spiele (*Konversionshysterie*), später erweiterte er dies zur Annahme von Neurosen allg. (*Konversionsneurosen*). Allerdings spielen Struktur und Konstitution der Person die entscheidende Rolle. Enge Beziehungen bestehen nach Freud von der K. zur *Transformation*, ebenso zur *Sublimierung*. *Konversionsstörung*.

[SOZ], Möglichkeit des sozialen Einflusses (*Einfluss, sozialer*) von Minoritäten (*Minorität*, Moscovici). *Konversionstheorie*.

Konversionsstörung (= K.) [engl. *conversion disorder*; lat. *con-* zus., *vertere* sich (um)wenden], **[KLI]**, bez. nach *DSM* eine psych. Störung aus der Kategorie der *Somatoformen Störungen*, die durch ein oder mehrere Symptome oder Ausfälle der willkürlichen motorischen oder sensorischen Funktionen gekennzeichnet ist, die einen neurologischen oder sonstigen med. Krankheitsfaktor nahelegen (z. B. Koordinationsstörungen, Muskelschwäche, Blindheit, Taubheit, Krampfanfälle). Es müssen Hinweise auf einen Zus.hang m. psych. Faktoren und Symptomen oder Ausfällen bestehen (z. B. vorangegangener *Konflikt*), die Symptome oder Ausfälle dürfen nicht absichtlich erzeugt oder vorgetäuscht worden sein, dürfen nicht vollst. durch einen med. Krankheitsfaktor oder die Wirkung einer Substanz erklärbar sein und dürfen keine Verhaltens- oder Erlebensweise darstellen, die in der Kultur der betroffenen Person als normal angesehen wird. Traditionell wurde die Bez. Konversion aus der Hypothese abgeleitet, dass die körperlichen Symptome der betroffenen Person die symbolische Lösung eines unbewussten psych. Konfliktes repräsentieren, die angstreduzierend wirkt und dazu dient, den Konflikt außerhalb des Bewusstseins zu halten. In der *ICD-10* wird das Störungsbild im Kapitel *Dissoziative Störungen* beschrieben, und die entspr. Diagnosen sind dissoziative Bewegungsstörungen, dissoziative Krampfanfälle, dissoziative Sensibilitäts- und Empfindungsstörungen und dissoziative Störungen (K.) gemischt (s. Anhang I, F44).

Bis zu 0,5 % der Allg.bevölkerung sind von der K. betroffen, mehr Frauen als Männer und insbes. Menschen in ländlichen Regionen, mit niedrigem sozioökonomischem Status und mit geringem Wissen über med. und psychol. Konzepte. In Entwicklungsländern ist die *Prävalenz* der K. höher. Man geht davon aus, dass die Symptome und Ausfälle, die i. R. einer K. auftreten, hauptsächlich von den Vorstellungen bestimmt sind, die die betroffene Person vom Krankheitsbild hat. Die Diagnose einer K. sollte periodisch überprüft werden, da noch zu einem späteren Zeitpunkt ein verursachender med. Krankheitsfaktor festgestellt werden könnte. Die K. setzt typischerweise zw. der späten Kindheit und dem frühen Erwachsenenalter ein und hat häufig einen episodischen Verlauf. Es bestehen Hinweise auf eine die Störung begünstigende genetische *Disposition*. *M. Hautzinger/C. Heil*

Konversionstheorie (= K.) [engl. *conversion theory*; lat. *con-* zusammen, *vertere* sich (um)wenden], **[SOZ]**, mit seiner K. beschrieb Moscovici Bedingungen und Folgen des *sozialen Einflusses* von *Minoritäten*. Es handelt sich um ein kogn. Modell, in dem davon ausgegangen wird, dass der Einfluss von Minoritäten über Konversion, d. h. die inhaltliche Auseinandersetzung mit deren Position, vermittelt ist. Um erfolgreich zu beeinflussen, muss die Minorität geschlossen und zu allen möglichen Gelegenheiten ihre abweichende Position vertreten. Seitens der Rezipienten des Einflusses kommt es auf der Grundlage dieses konsistenten Verhaltensstils zur Annahme, dass sich die Mitglieder der Minorität ihrer Sache besonders sicher sind. Die Folge sind kogn. aufwendige Überlegungen dazu, ob sie vielleicht nicht doch recht haben könnten – nach Moscovici eine «Validierung», um den kogn. Konflikt zw. der eigenen Einstellung und der von der Minorität propagierten Position aufzulösen. Dabei kommt es zu einer schrittweisen Annäherung, die durch die Veränderung der inneren Überzeugung (*Konversion*) getragen wird. Schrittweise ist die Konversion insofern, als (1) zunächst nicht auf dem fokalen Thema der Beeinflussung, sondern auf verwandten Themen die Einstellungsänderung erfolgt und (2) das Individuum zunächst zögert, die neu erworbene Einstellung auch öffentlich zu vertreten.

Die K. lässt sich sehr gut für die Beschreibung von Einfluss auf gesellschaftlicher Ebene (z. B. Umweltschutzbewegung der 1980er-Jahre) verwenden. Auf indiv. Ebene ließen sich Annahmen zu Validierung und Konversion jedoch nur eingeschränkt bestätigen. So wurde etwa kritisiert, dass Minoritäteneinfluss weder notwendigerweise zur kogn. hoch aufwendigen Validierung führt noch grundsätzlich einen kogn. Konflikt bedingt (etwa bei neuen Themen, zu denen Rezipienten noch keine eigene Einstellung entwickelt haben). Trotzdem diente die K. einer Reihe von theoretischen Derivaten (Erb & Bohner 2010) als Grundlage und ist bis heute das einflussreichste Modell zum Minoritäteneinfluss geblieben. Moscovici 1980. *H.-P. Erb*

Konvulsionstherapie [engl. *convolution therapy*; lat. *convolvere* zus.winden]; *Schocktherapie*.

Konvulsiva [engl. *convulsant*; lat. *convellere* erschüttern], **[PHA]**, Substanzen, die durch Aktivierung erregender Systeme oder durch Hemmung hemmender Systeme Krämpfe (Konvulsionen) auslösen. *Schocktherapie*.

Konzentration (= K.) [engl. *concentration, sustained attention*; lat. *con-* zusammen, gr. κέντρον (*kentron*) Mittelpunkt], **[KOG]**, wird häufig mit *Aufmerksamkeit* gleichgesetzt, obwohl es eine Vielfalt von versch. Formen der Aufmerksamkeit gibt. K. ist die *Fähigkeit*, *Handlungen* absichtsvoll zu steuern und ihre Ausführung zu kontrollieren (*Handlungskontrolle*). Im Alltag ist ein Mensch dann konzentriert, wenn er absichtsvoll das – und nur das – tut, was er sich zu tun vorgenommen hat. Menschen können nur begrenzt Informationen bewusst verarbeiten (*Informationsverarbeitung*). Daher muss man sich konzentrieren, d. h., man kann nur wenige relevante Informationen nacheinander verarbeiten. Sog. *Multitasking* (gleichzeitiges Verarbeiten unterschiedlicher Informationen) ist nur bei automatisierten Handlungen möglich, ansonsten muss man möglichst schnell zw. zwei oder mehr Handlungsabläufen wechseln. Solche Wechsel strengen an und sind fehlerträchtig. K. ist einerseits ein Zustand, der durch eine Fülle von (Umgebungs-, Organismus-, kogn. (*Kognition*), emot. (*Emotionen*), motivationalen (*Motivation*), sozialen) Bedingungen beeinflusst wird, und andererseits das *Persönlichkeitsmerkmal* K. Es besteht aus zwei Facetten, die man messen und zur Verhaltensvorhersage nutzen kann: 1. dem Tempo konzentrierten Arbeitens (z. B. Anzahl der bearbeiteten Aufgaben pro Zeiteinheit) und 2. der Neigung zu K.fehlern (prozentualer Fehleranteil; F%). *Konzentration, Diagnostik*. Hagemeister & Westhoff 2011. *K. Westhoff/C. Hagemeister*

Konzentration, Diagnostik [engl. *concentration, diagnostics*], **[DIA, KOG]**, *Konzentration* (= K.), K.probleme verlangen eine sorgfältige *Diagnostik* der Bedingungen, unter denen die K.störungen auftreten, denn sehr oft ist nicht die grundlegende K.fähigkeit gestört, sondern eine Fülle verschiedenster Bedingungen kann in K.mängeln resultieren. K. ist einerseits ein Zustand, der durch eine Fülle von (Umgebungs-, Organismus-, kogn., emot., motivationalen, sozialen) Bedingungen beeinflusst wird, und anderseits das Persönlichkeitsmerkmal K. (i. S. von K.fähigkeit). Dieses besteht aus zwei Facetten, die man messen und zur Verhaltensvorhersage nutzen kann: 1. dem Tempo konzentrierten Arbeitens (z. B. Anzahl der bearbeiteten Aufgaben pro Zeiteinheit) und 2. der Neigung zu K.fehlern (prozentualer Fehleranteil; F%). K.tests (z. B. *d2-Test*) verlangen die absichtsvolle Bearbeitung kogn. relativ einfacher Aufgaben und nicht bes. *Wahrnehmungs-* oder *Aufmerksamkeits*leistungen, bes. *Gedächtnis-* oder Lernleistungen, bes. Kenntnisse oder Fähigkeiten, *Intelligenz-* oder *Kreativitäts*leistungen. Ein bes. Merkmal aller K.tests ist die Tatsache, dass die wiederholte Durchführung zu großen Übungsgewinnen beim Tempo konzentrierten Arbeitens führt, auch zu etwas weniger K.fehlern. Diese Übungsgewinne bleiben über Wochen und Monate erhalten, verschwinden aber im Laufe der Zeit wieder, wenn nicht wieder geübt wird. Diese Übungsgewinne beziehen sich nur auf das Geübte, aber sie übertragen sich nicht auf andere Tätigkeiten. Experimentell fanden sich keine Transfereffekte von Durchstreich- auf Rechenkonzentrationstests und umgekehrt. Es gibt keine K.trainings mit nachgewiesenen Transfereffekten.

K.tests allein helfen i. d. R. nicht, die störenden Bedingungen zu identifizieren, denn K.tests finden unter für die K. optimalen Bedingungen statt, in denen die sonst störenden Bedingungen ausgeschaltet werden, weil man nur so das *Persönlichkeitsmerkmal* K. mit seinen Facetten messen kann. Die *EOD-Verhaltensgleichung* V = fI (U,O,K,E,M,S) ist eine Heuristik, die dem Diagnostiker hilft, möglichst alle Bedingungen zu prüfen, die zu K.störungen führen können: *Umgebungsbedingungen* (U) wie Geräusche und Unterbrechungen von außen können ebenso wie *Bedingungen des Organismus* (O), z. B. falsche Ernährung, fehlender Schlaf, mangelnde Bewegung, zu wenig Sauerstoff, Medikamente, Drogen, Krankheiten oder Schmerzen, K.mängel bedingen. *Kognitive Bedingungen* (K) wie intellektuelle Unter- oder Überforderung können K.störungen bedingen. Von besonderer Bedeutung ist der indiv. Arbeitsstil, also die gewohnheitsmäßige Art zu arbeiten, sowie die eingesetzten Arbeitstechniken und Arbeitsbedingungen. Hierbei ist z. B. Abwechslung zu berücksichtigen, denn Monotonie ist eine Bedingung, die nach etwa 20 Min. zum *Vigilanz*abfall führen kann. *Psychische Sättigung* kann durch angemessene Pausenverteilung und Pausengestaltung vermieden werden und so die K. erhalten werden. Von außen erzwungene Unterbrechungen bedingen oft K.störungen in Form von Fehlhandlungen und mangelnder Produktivität. *Emotionale Bedingungen* (E), die zu K.störungen führen können, sind intensive Gefühle wie Liebe, Hass, Wut, Angst, Ärger oder Schuld. Eine geringe *emotionale Stabilität* kann ebenso wie unpassende Arten des Umgangs mit emotionalen Belastungen unter best. situativen Bedingungen zu K.störungen führen. Für eine solche Wechselwirkung (*In-*

teraktion) steht das Subskript I in der EOD-Verhaltensgleichung. *Motivationale Bedingungen* (M), die sich auf das konzentrierte Arbeiten auswirken, sind die verfolgten Ziele, Wünsche und Absichten oder das Bestreben, best. Werte zu erhalten. Erwartungen und Überzeugungen gehören zu den handlungsleitenden Kognitionen, die für das konzentrierte Arbeiten förderlich oder hinderlich sein können. Lernen am Erfolg bzw. Misserfolg können ebenso wie *Lernen am Modell* zu mehr oder weniger konzentriertem Verhalten beitragen. Nicht zuletzt ist ein gesteigertes *Interesse* an einer Tätigkeit k.fördernd, ein vermindertes Interesse hingegen kann zu Verhaltensweisen führen, die wie K.störungen aussehen. *Soziale Bedingungen* (S) wie *Normen*, Pflichten, Verpflichtungen und *Einstellungen* können das konzentrierte Arbeiten nachhaltig beeinflussen. Bedeutsame Andere wie Familienmitglieder, best. Gleichaltrige, Gruppenmitglieder oder allg. Personen, die für den Einzelnen von besonderer Bedeutung sind, können durch ihren direkten oder indirekten Einfluss Verhaltensweisen fördern, die für ungeschulte Beobachter wie K.störungen aussehen. Tritt eine Verhaltensweise nur in einer Klasse von Situationen auf, z. B. Rechenaufgaben, dann handelt es sich nicht um eine Störung der K.fähigkeit. Diese liegt nur dann vor, wenn situationsübergreifend K.probleme zu beobachten sind. Westhoff & Hagemeister 2005, Hagemeister & Westhoff 2011. *K. Westhoff/C. Hagemeister*

^Test^**Konzentrations-Handlungsverfahren für Vorschulkinder (KHV-VK)**, 2006, K. U. Ettrich & C. Ettrich, [www.testzentrale.de], [**DIA, EW, KOG**]. Konzentrationstest. AA 3;0 bis 6;11 Jahre. Das KHV-VK ist ein Sortierverfahren, das die Parameter Fehler (*Sorgfaltsleistung*) und Zeit (*Arbeitstempo*) erfasst. Es ermöglicht Aussagen zum Niveau konzentrativer Fähigkeiten und kann auch bei der Diagnostik von ADHS im Vorschulalter verwendet werden. Die Aufgabe der Kinder besteht im Sortieren von 44 Karten mit gegenständlichen Abbildungen nach best. Merkmalen. Für altersgerecht entwickelte Kinder wurde ein «Vierer-Sort» (für das Sortieren nach vier Merkmalen) und für entwicklungsbeeinträchtigte Kinder ein „Zweier-Sort" (zwei Merkmale) gestaltet. *Normierung*: N=1887 Kinder. Es liegen Stanine-Werte für vier versch. Altersgruppen vor. Bearbeitungsdauer: ca. 10 bis 15 Min.

^Test^**Konzentrations-Leistungs-Test – Revidierte Fassung (KLT-R)**, 2001, H. Düker, G. A. Lienert, H. Lukesch & S. Mayrhofer, [www.testzentrale.de], [**DIA, KOG**]. Verfahren zur Messung der Langzeitkonzentration (*Konzentration*). AA ab Grundschulalter. Der KLT-R erfasst, im Unterschied zu Tests der Kurzzeitanspannung (z. B. Test d2), die Langzeitanspannung. Erfasst werden sowohl die *Quantität* als auch die *Qualität der Dauerbeanspruchungen* und des *Leistungsverlaufs* einer Testperson. Der KLT-R liegt in zwei unterschiedlichen Schwierigkeitsstufen vor, die aus je 9 Blöcken mit jew. 20 Rechenaufgaben bestehen. Pro Aufgabenblock sind 2 Min. Bearbeitungszeit vorgesehen. Die leichtere Form, der KLT-R 4-6, ist für die Anwendung bei Schülern der 4. bis 6. Schulstufe geeignet. Die schwierigere Form, der KLT-R 6-13, ist in der 6. bis 13. Schulstufe und bei Erw. anwendbar. Für jede Schwierigkeitsstufe sind zwei echte Parallelversionen vorhanden. *Normierung*: Schulstufen- und schulartspezifische Standard- und Prozentrangwerte. Bearbeitungsdauer: ca. 20 Min.

^Test^**Konzentrationstest für 3. und 4. Klassen (KT 3-4 R)**, 2004, V. Nell, J. Bretz & F. F. Sniehotta, [www.testzentrale.de], [**DIA, KOG, PÄD**]. Verfahren zur Untersuchung der *Aufmerksamkeit* und Konzentrationsleistung (*Konzentration, Konzentration, Diagnostik*). AA 8;6 bis 11;11 Jahre. Der KT 3-4 R ist ein Durchstreichtest, bei dem die Kinder die Aufgabe haben, 20 Min. lang jew. mehrere Würfelabbildungen zu vergleichen und übereinstimmende anzustreichen. Die Konzentrationsleistung wird damit über einen schulrelevanten Zeitraum erfasst, ohne Anforderungen an schriftsprachliche oder rechnerische Kenntnisse zu stellen. Um die Konzentrationsleistung auch dem Aspekt der Ablenkungsresistenz zu erfassen, wurde das Testmaterial um comicartige Bild-Distraktoren ergänzt, die während der Testbearbeitung nicht beachtet werden sollen. Zur Beschreibung der Testleistung stehen gesonderte Kennwerte für das *Arbeitstempo*, die *Arbeitssorgfalt* und den *Arbeitsverlauf* sowie zwei Kennwerte für die Gesamtleistung zur Verfügung. Der Test ist als Einzel- und als Gruppentest geeignet. *Normierung*: N = 2928 Kindern. Es werden T-Normen, Prozentrang- und Quartilnormen (entspr. den Voraussetzungen der jew. Kennwerte) getrennt für dritte und vierte Klassen sowie für sechs Altersstufen angegeben. Zur Einschätzung von Klassenleistungen stehen für dritte (N = 72) und vierte (N = 78) Klassen Quartilangaben für Klassenmittelwerte und -streuungen sowie für den Anteil der Kinder pro Klasse, deren Leistung im untersten Quartil liegt, zur Verfügung. Bearbeitungsdauer: 25 Min. (bei Gruppenuntersuchungen etwas länger), davon 20 Min. Bearbeitungszeit.

^Test^**Konzentrations-Verlaufs-Test (K-V-T)**, 1974, D. Abels, [www.testzentrale.de], [**DIA, KOG**]. Konzentrations-, Aufmerksamkeits- und Vigilanztest. AA von 14 bis 60 Jahren. Sortieren von 60 Karten mit je 36 zweistelligen Zahlen zur Diagnose der Konzentration (Verhältnis der Fehler zur Zeit) und des Arbeitsverlaufs (Qualität bzw. Zahl und Art der Fehler). *Normierung*: für Fehler- und Zeitwerte an N = 1171, für kombinierte Fehler-Zeit-Werte an N = 1201. Bearbeitungsdauer: ca. 15 Min.

Konzept (= K.) [engl. *concept*; lat *con-* zusammen, *capere* fassen], allg. Bez. für eine Grundvorstellung oder Idee, i. S. einer Sammlung versch. Gedanken.

[**KOG**], jede Regel, nach der best. *Reize* mit einer *Reaktion* verknüpft werden. Eine Form des K. ist der Begriff, bei dem die Regel durch ein Wort belegt ist. Jedoch ist die Existenz eines K. nicht an die sprachliche Bez. gebunden, und es sind im Handeln viele K. wirksam, denen ein sprachlicher Ausdruck fehlt. *Begriff*. *D. Dörner*

Konzepterwerb (= K.) [engl. *concept acquisition*], [**KOG**], das Erlernen der Regel, die ein *Konzept* ausmacht. Entspricht der Erkenntnis, warum einige Dinge einer best. Kategorie angehören sowie welche Attribute für eine Kategorie typisch sind. Eine Form des K. ist die *Begriffsbildung*.

tionen versch. Muskeln hergestellt werden. Auf höheren Ebenen der Bewegungssteuerung existiert das Problem der Redundanz dann nicht mehr; k. S. lassen sich einfach steuern. *Motorik*, *Psychomotorik*. H. Heuer

Kopfbewegungsparallaxe [engl. *head-motion parallax*], [WA], die *Parallaxe*, die durch seitliche Drehung des Kopfes entsteht.

Koppelung, Kopplung [engl. *coupling, linkage*], [KOG, PER], (allg.) das Gekoppeltsein, Verbundensein von Merkmalen (*Merkmal*), *Eigenschaften*, Objekten versch. Art.
Bei Genen (*Genetik*): die Übertragung von Erbanlagen auf die Nachkommen in gekoppelter Form, d. h. auf demselben *Chromosom*.

Koprolagnie, -philie [engl. *coprolagnia, coprophilia*; gr. κόπρος *(kopros)* Mist, Kot, λάγνος *(lagnos)* wollüstig, φιλία *(filia)* Vorliebe], [KLI], (F 65.8), sex. Lustgewinn durch das Beobachten, Aufhalten oder Verreiben von eigenen oder fremden menschl. Exkrementen (vorwiegend Kot). Kann sich auch in *Koprophagie* äußern.

Koprolalie [engl. *coprolalia*; gr. κόπρος *(kopros)* Mist, Kot, λαλεῖν *(lalein)* sprechen], [KLI], zwanghafter Gebrauch vulgärer Ausdrücke (Fäkalsprache). Kann bei *Tourette-Störung* auftreten. *Tic-Störungen*.

Koprophagie [engl. *coprophagia*; gr. κόπρος *(kopros)* Mist, Kot, φαγεῖν *(phagein)* essen], [KLI], Bez. für den Verzehr von eigenem oder fremdem Kot. *Pica-Syndrom*.

Kopropraxie [engl. *copropraxia*; gr. κόπρος *(kopros)* Mist, Kot, πρᾶξις *(praxis)* Tätigkeit, Handlung], [KLI], unwillkürliche, zwanghafte obszöne Handlungen oder Gesten (z. B. Masturbationsbewegungen, Zeigen des Mittelfingers, gestische Betonung der Geschlechtsorgane). Tritt insbes. bei Pat. mit *Tourette-Störung* auf. *Koprolalie*, *Tic-Störungen*.

Kornilow, Konstantin Nikolajewitsch (1879–1957), [HIS, KOG], russischer Psychologe; geboren in Sibirien, Tätigkeit als Lehrer, Studium in Moskau, 1915–1921 Assistent von Tschelpanow am Moskauer Institut für Ps., 1921 zum Professor ernannt und 1924 Direktor des Institutes. Kornilow war der Überzeugung, Ps. könne nicht wie nach Auffassung der *Reflexologie* ausschließlich auf Physiologie gegründet werden. Ebenso kritisierte er die idealistische Richtung von Tschelpanow. Seine eigene Richtung nannte er Reaktologie. Diese war als marxistische Synthese aus der Experimentalps. (*experimentelle Psychologie*) und der Reflexologie gedacht. Kornilow arbeitete exp., seine Bücher waren in der zweiten Hälfte der 1920er-Jahre Standard der sowjetischen Ps. 1928 wurde Kornilow Herausgeber der führenden russischen Zeitschrift Ps. Die 1920er-Jahre wurden die Blütezeit der Reaktologie, Pädologie, *Psychotechnik* und der Pädagogischen Diagnostik. Nachdem 1929–30 Lenins phil. Tagebücher veröffentlicht wurden, in denen stand, dass der Mensch nicht nur reagiere, sondern ein aktives Wesen sei, fiel Kornilow in Ungnade; er wurde nicht verfolgt, musste aber 1930 die Leitungsfunktion des Instituts abgeben, die er 1938–1941 erneut übernehmen konnte, nachdem er sich von der Reaktologie distanziert hatte. Ab 1936 geriet die Ps. insges. durch das sog. Pädologendekret unter politischen Druck, damit auch die Reaktologie. Kornilow nahm in diesen Jahren versch. Funktionen in der Ps. wahr. Zu seinen Schülern gehörten *Wygotski* und Lurija, bedeutende Psychologen der sog. *Kulturhistorischen Schule*. H. E. Lück

Korotkow-Geräusche [engl. *Korotkoff sounds*], nach N.S. Korotkow (1874-1920), *Riva-Rocci-Verfahren*.

Körperbautypen (= K.) [engl. *somatotypes, constitutional types*; gr. τύπος *(typos)* Form, Gepräge], syn. Konstitutionstypen (*Konstitution*), [PER], typ. Grundformen des menschlichen Körperbaus, denen charakteristische Persönlichkeitsmerkmale oder die Anfälligkeit zu best. psychiatrischen Erkrankungen zugeordnet wurden. Viele der älteren Typologien beruhen auf purer sprachlicher Assoziation, z. B. dünn – dünnhäutig – empfindlich. *Ernst Kretschmer* begründete die erste empirisch begründete *Typologie*, die im deutschsprachigen Raum bis in die 1960er-Jahre sehr einflussreich war (Kretschmer 1961). Dessen K. beziehen sich auf Art und Grad der Entwicklung der Körperhöhlen (Kopf, Brust und Bauch), des Bewegungsapparates (Schultergürtel und Arme, Beckengürtel und Beine), der Körperenden (Nase, Kinn und Ohren, Hand- und Fußgelenke, Hände und Füße) sowie der Körperoberfläche (Hautbeschaffenheit und Behaarung). Der K. wurde metrisch durch zahlreiche absolute und relative Maße erfasst (z. B. Pignet-, Kretschmer-, Westphal-Index). Die drei Grundtypen Kretschmers waren: (a) der *Leptosome (Astheniker)* – mager, schmal aufgeschossen, scharf profilierte Konturen, (b) der *Pykniker* – rundlich, gedrungen, untersetzt, kurze Gliedmaßen, Neigung zu Fettansatz, (c) der *Athletiker* – breit ausladende Schultern, straffer Bauch, relativ schmales Becken, betontes Muskel- und Knochenrelief. Neben diesen Grundtypen wurden eine Reihe *dysplastischer* Spezialtypen beschrieben. Kretschmer fand bei der Vermessung von psychiatrischen Pat. signifikante Zusammenhänge zw. den drei K. und den Diagnosen schizophren, epileptisch und manisch-depressiv, die sich in späteren Untersuchungen jedoch als *Scheinkorrelationen* erwiesen, denn die Zusammenhänge beruhten lediglich auf dem Alter der Pat. (nach Kontrolle des Alters gab es keine oder nur sehr schwache Zusammenhänge zw. K. und Erkrankung; Anastasi, 1971). Ähnliches gilt für die von Sheldon (1948) berichteten Zusammenhänge zw. den Temperamentstypen (*Temperament*) Zerebrotonie, Viszerotonie und Somatotonie und den K. Ektomorphie (entspricht den Leptosomen), (b) *Endomorphie* (entspricht den Pyknikern) und (c) *Mesomorphie* (entspricht den Athletikern). Neben altersbedingten Korrelationen waren diese Zusammenhänge dadurch überhöht, dass die K. und die Temperamentstypen durch Personen beurteilt wurden, die Sheldons Hypothesen kannten (Anastasi 1968).
Nach diesen Fehlschlägen wurde der Ansatz, Zusammenhänge zw. K. und Persönlichkeit zu finden, aufgegeben. Hingegen weisen quant. Maße des Körperbaus deutliche Zusammenhänge mit *Attraktivität* und deshalb auch mit *Partnerwahl* und sexuellem Verhalten auf, insbes. die Symmetrie des Gesichts, der *Body-Mass-Index (BMI)* und das Verhältnis von Taillenumfang zu Hüftumfang bei Frau-

en (*waist-to-hip ratio* WHR) und von Schulterbreite zu Hüftumfang bei Männern (*shoulder-to-hip ratio* SHR). Hughes & Gallup 2003, Renz 2006. *J. B. Asendorpf*

Körperbezogener Wahn [engl. *body-related delusion*]; *Wahnhafte Störung*.

Körperdysmorphe Störung *Somatoforme Störungen*.

Körperfunktionen [engl. *body functions*], *International Classification of Functioning, Disability and Health (ICF)*.

^Test^**Körperkoordinationstest für Kinder (KTK)**, 2007, E. J. Kiphard, F. Schilling. 1. Aufl. 1974, [www.testzentrale.de], **[BIO, DIA, EW]**. Test zur motorischen Entwicklung. AA Kinder von 5;0 bis 14;11 Jahren und ältere behinderte Pbn. Der KTK dient der Messung des Entwicklungsstandes der Gesamtkörperbeherrschung und -kontrolle von normalen und Kindern mit Behinderungen. Er besteht aus den vier Untertests *Balancieren rückwärts (BR)*, *Monopedales Überhüpfen (MÜ)*, *Seitliches Hin- und Herspringen (SH)* und *Seitliches Umsetzen (SU)*, die das Merkmal Gesamtkörperbeherrschung erfassen.

körperliche Aktivität *Aktivität, körperliche*.

Körperpflege, mutuelle [engl. *mutual body care*; lat. *mutare* (aus)tauschen], **[KOG]**, soziale Verhaltensweise (*Verhalten*) zw. adulten Vögeln oder Säugern, die der Aggressionsdämpfung (*Aggression*) dient.

Körperschema [engl. *body schema*], **[KOG]**, das Wissen um die Gestalt des eigenen Körpers einschließlich der Körperteile und ihrer Beziehung zum Körper. *J. Zihl*

Körperseele [engl. *body soul*], antike Vorstellung, dass der Körper die Seele wie ein Gefäß in sich birgt. Sitz der Seele sind dabei Körperteile (Organe = Organseele, wie Niere, Blut, Phallus, Haare). *Animismus*.

Körpersprache [engl. *body language*], *Nichtverbale Kommunikation*.

Körperstrukturen [engl. *body structures*], *International Classification of Functioning, Disability and Health (ICF)*.

Körpertherapie [engl. *body therapy*]; *Bewegungs- und körperorientierte Therapie*.

Körperwahrnehmungsstörungen [engl. *body-image distortion*], **[KLI]**, Störungen der *Wahrnehmung* des eigenen Körpers, insbes. der Haut (Hautwahrnehmung, *Hautsinne*), der Körperstellung und der Bewegungen der Gliedmaßen infolge einer peripheren oder zentralen Schädigung des *sensomotorischen* Systems; oft auch als *Körperschemastörungen* bez., um den Zus.hang zw. der Wahrnehmung und der Vorstellung des eigenen Körpers zu betonen; dazu gehören auch z.B. die Größe (Umfang) und Gestalt des Körpers oder von Körperteilen. *Dysmorpher Wahn*. Karnath & Thier 2012. *J. Zihl*

Korrelation (= K.) [engl. *correlation*; lat. *co-* zusammen, *relatio* Beziehung], syn. *Zusammenhang*, **[FSE]**, in der Statistik die Wechselbeziehung zweier (*bivariate K.*) oder mehrerer (*Korrelation, multiple*, *Korrelation, kanonische*) variabler Merkmale. *Bivariate K.koeffizienten* geben in standardisierter Form (Wertebereich [−1; +1]) die Richtung und Stärke des Zusammenhangs zweier Variablen X und Y an. Positive (bzw. negative) Werte können wie folgt interpretiert werden: Je größer X ausgeprägt ist, desto größer (bzw. kleiner) ist Y ausgeprägt. Die absolute Ausprägung des K.koeffizienten kann z. B. für die *Produkt-Moment-Korrelation* als *Effektgröße* interpretiert werden (Cohen 1988): $|r| = .1$ entspricht einem schwachen, $|r| = .3$ einem mittleren und $|r| = .5$ einem starken Zusammenhang.

Die Auswahl des angemessenen K.koeffizienten wird (1) von dem *Skalenniveau* der Merkmale und (2) der analytischen Zielsetzung bestimmt. Ziel der Analyse kann die Quantifizierung des «manifesten» oder des «latenten» Zusammenhangs sein. Maße des «manifesten» Zusammenhangs spiegeln die Stärke des Zusammenhangs der tatsächlich gemessenen Werte wider (*Variable, manifeste*). Maße des «latenten» Zusammenhangs spiegeln die Stärke des Zusammenhangs von den theoretisch angenommenen zugrunde liegenden Merkmalsverteilungen wider (*Variable, latente*, *Variable, dichotome*, *Variable, polytome*). In der Tab. *Statistische Maße und Tests für den Zusammenhang zweier Merkmale (bivariate Korrelationsmaße)* im Beitrag *Statistische Datenanalyseverfahren* sind die gebräuchlichen bivariaten K.koeffizienten zus.gefasst dargestellt. Wirtz & Ulrich 2010.

Korrelation, illusorische [engl. *illusory correlation*; lat. *illudere* täuschen], *Scheinkorrelation*.

Korrelation, kanonische (= k. K.) [engl. *canonical correlation*; gr. κανονικός *(kanonikos)* einer Regel entsprechend], **[FSE]**, ein Verfahren der *multivariate Statistik*, in dem zwei Sätze von Variablen (z. B. *Prädiktoren* $x_1...x_k$ und *Kriterien* $y_1...y_l$) simultan in Beziehung gesetzt werden. Dabei werden für alle Prädiktoren und für alle Kriterienvariablen Gewichtungsfaktoren derart bestimmt, dass die *Korrelation* zw. den Linearkombinationen ein Maximum wird. Für den Fall, dass nur ein Kriterium vorliegt, geht die k. K. in die multiple *Regression* über. Eid et al. 2013.
A. Zimmer

Korrelation, multiple (= m. K.) [engl. *multiple correlation*], **[FSE]**, *Regression, multiple*; eine parametrische stat. Methode zur Bestimmung der *Korrelation* (r) einer (Kriteriums-)Variablen mit einer (optimalen) Kombination zweier oder mehrerer anderer Variablen (*Prädiktor*). Die Höhe der m. K. hängt von der Höhe der Interkorrelationen der anderen Variablen und von der Höhe der Korrelationen dieser Variablen mit der Kriteriumsvariablen ab. Die Berechnung erfolgt (für drei Variablen; 1 = Kriterium; 2, 3 = Prädiktoren) nach:

$$R_{1 \cdot 23} = \sqrt{\frac{r_{12}^2 + r_{13}^2 - 2 \cdot r_{12} \cdot r_{13} \cdot r_{23}}{1 - r_{23}^2}}.$$

R entspricht der Wurzel des Determinationskoeffizienten (*Determinationskoeffizient*). Eid et al. 2013. *G. Mikula*

Korrelation, partielle (= p. K.) [engl. *partial correlation*; lat. *pars* Teil], **[FSE]**, parametrisches Verfahren zur Bestimmung der *Korrelation* (r) zw. zwei Variablen X und Y unter Ausschaltung des Zusammenhangs einer dritten Variablen Z auf die beobachtete K. Dient dazu den potenziellen Einfluss einer möglicherweise konfundierten (*Konfundierung*) Variablen Z auf die bivariate K. zw. den Variablen X und Y abzuschätzen bzw. auszuschalten. Verringert sich die K. von X und Y nach Kontrolle von Z bedeutsam, so stützt dies die Hypothese des konfundierenden Effekts von Z. Der konfundierende Einfluss von Z kann aufgrund des korrelativen Analyseansatzes jedoch nicht bewiesen werden. Eid et al. 2013.

Korrelationskoeffizient [engl. *correlation coefficient*], *Korrelation*.

Korrelationsverhältnis [engl. *correlation ratio*], *Eta-Verhältnis*.

Korrelationsziffern, **[FSE]**, heute nicht mehr gebräuchliche Bez. für gemäß *Fishers Z-Transformation* transformierte Korrelationswerte. *G. Mikula*

Korrespondenz (= K.) [engl. *correspondence*; lat. *correspondere* entsprechen], **[KOG, WA]**, das Sichtentsprechen. Das Gesetz der K. von *Apperzeption* und Fixation (*Fixation, fixieren*; Wundt) besagt, dass sich alle Gesichtslinien (*Blicklinie*, *Blickfeld*) selbsttätig zum Gegenstand einstellen, dem die augenblickliche *Aufmerksamkeit* gewidmet ist.

Korrespondenzanalyse (= K.) [engl. *correspondence analysis*, lat. *con-* zusammen *respondere* übereinstimmen, ähnlich sein], **[FSE]**, multivariates *statistisches Datenanalyseverfahren* für kategoriale (mind. nominalskalierte Daten) mit dem Ziel der Visualisierung eines Merkmalsraums, der die Einschätzung der Nähe/Distanz von Merkmalsausprägungen ermöglicht. Die Ausgangsinformation stellt eine kxl-Kontingenztabelle dar (z. B. Zeilen: Persönlichkeitstypen, Spalten: gezeigte Emotionen). Das zentrale Analyseergebnis besteht in der Darstellung der kategorialen Ausprägungen der in den Zeilen ($x_1...x_k$) bzw. Spalten ($y_1...y_l$) angeordneten Analysevariablen in demselben zweidimensionalen Raum: Die identifizierte Ähnlichkeit entspricht der Nähe im zweidimensionalen Merkmalsraum. So kann abgelesen werden, (1) welche x_i sich ähnlich sind, (2) welche y_j sich ähnlich sind und (3) welche x_i mit welchen y_j korrespondieren. Zudem können die Merkmalsdimensionen des identifizierten Raums ähnlich wie bei der *Faktorenanalyse* bzgl. ihrer inhaltlichen Bedeutung interpretiert werden. Die K. kann als *Multidimensionale Skalierung* kategorialer Daten aufgefasst werden. Backhaus et al. 2010.

korrespondierende Netzhautpunkte (= k. N.) [engl. *corresponding retinal points*], **[WA]**, Paare von Punkten mit gleichem geometrischem Ort auf beiden Netzhäuten. Für Reize, die auf k. N. abgebildet werden, findet sich *Einfachsehen*, bei hinreichend großen Abweichungen (*Panumsches Phänomen*) *Doppeltsehen*; die Abweichung wird als *Disparation* bezeichnet. Die Punkte im Raum, die auf k. N. abgebildet werden, bilden den *Horopter*. *Auge*. Tyler 1983. *H. Heuer*

Korresponsivitätsprinzip [engl. *corresponsive principle*], **[AO, EW, PER]**, von Roberts et al. (2003) eingeführte Hypothese, wonach Erwachsene aufgrund best. Persönlichkeitsmerkmale Situationen aufsuchen (Selektionseffekt), die diese Merkmale verstärken (Sozialisationseffekt). Selektions- und Sozialisationseffekte korrespondieren also und verstärken sich dadurch wechselseitig im Prozess der *Persönlichkeitsentwicklung*. Diese Hypothese konnte von Denissen et al. (2014) bei Berufsanfängern und Berufswechslern teilweise bestätigt werden.

Korrumpierungseffekt (= K.), syn. *Korruptionseffekt* [engl. *corruption effect*; lat. *corrumpere* vernichten, verderben], **[EM, PÄD]**, in der Motivationsps. sprechen wir dann von einem K., wenn eine ursprünglich vorhandene intrinsische *Motivation* (*Lernmotivation, intrinsische und extrinsische*, *Motivation, intrinsische; Theorien*) durch extrinsische Motivation geschwächt wird. In diesem Fall führt eine Person eine *Handlung* (z. B. ein Bild malen) ursprünglich um der *Freude* an der Tätigkeit willen aus. Eine dann einsetzende *Verstärkung* eines solchen Verhaltens durch externe Anreize kann dazu führen, dass bei Ausbleiben solcher externen Anreize das Verhalten nicht mehr oder nicht mehr so häufig wie ursprünglich (vor Einführung der externen Anreize) gezeigt wird. Die zahlreichen empirischen Untersuchungen zum K. haben die Existenz, die Bedingungen und die Stärke des Phänomens untersucht. Hierbei sind nach wie vor nicht alle offenen Fragen abschließend geklärt (Reiss 2005). Die Befunde weisen insges. darauf hin, dass der Effekt insbes. dann eintritt, wenn die externen Anreize materieller Natur sind, wenn diese angekündigt und somit erwartet werden und wenn diese externen Anreize unabhängig von der Leistungsgüte gegeben werden. Rudolph 2013. *U. Rudolph*

Korsakow-Syndrom (= K.) [engl. *Korsakoff's syndrome*], **[KLI]**, ein von S. Korsakow (1854–1900) im Jahre 1887 ursprünglich bei Alkoholmissbrauch (*Alkoholismus*) beschriebenes Krankheitsbild einer *organischen Psychose*, bei der Merkfähigkeitsstörungen (*Gedächtnisstörungen*) im Vordergrund stehen bei mehr oder minder intaktem Altgedächtnis. Erinnerungslücken werden mit *Konfabulationen* gefüllt. Die Orientierung zu Ort und Zeit, in schweren Fällen auch zur Person, ist gestört. K. kann sich aus einem Delirium *tremens* oder einer anderen akuten Alkoholpsychose entwickeln, aber auch durch Hirnverletzungen (*Hirnschädigung*), CO-Vergiftungen und schwere Infektionen entstehen. *Substanzabhängigkeit*.

Korte'sche Gesetze *Scheinbewegungen*.

Kortex, präfrontaler (= PFC) [engl. *prefrontal cortex*; lat. *prae* vor, *frons* Stirn], **[BIO]**, der Teil des Frontallappens, der sich rostral des prämotorischen Kortex bis zum anterioren Pol des *Gehirns* erstreckt. Dies entspricht den Brodmann-Arealen 8, 9, 10, 44, 45, 46 und 47. Weiterhin unterteilt man den PFC topografisch in ventrolaterale, dorsolaterale, frontopolare und orbitofrontale Anteile, den frontomedialen PFC, das frontale Augenfeld und das Broca-Areal. Der PFC gehört zum Neokortex, dem jüngsten und nur bei Säugetieren vorzufindenden Teil des Gehirns. Gegenüber anderen neokortikalen Regionen grenzt sich der PFC durch einige Besonderheiten ab. Diese liegen u. a. im Bereich der Zytoarchitektonik, Chemoarchitektur und der ontogenetischen Entwicklung (*Ontogenese*; hier gekennzeichnet durch eine spät vollendete Myelinisierung). Weder anatomisch noch funktionell ist der PFC homogen. Die afferenten (*Afferenz*) und efferenten (*Efferenz*) Verbindungen des PFC sind weitreichend und umfassen fast den gesamten Kortex, den Thalamus sowie viele weitere subkortikale Strukturen. Der PFC ist maßgeblich an der *Top-Down-Verarbeitung* beteiligt, also an höheren kogn. Prozessen (*Kognition*), die durch interne Zustände wie spezif. Zielsetzungen angetrieben werden (i. Ggs. zur reizgesteuerten Verarbeitung). Viele zentrale psych. Funktionen werden vom PFC moduliert. Es wird diskutiert, ob diese Funktionen direkt im PFC lokalisiert sind oder ob der PFC hauptsächlich eine übergeordnete Kontroll- und Verarbeitungsfunktion übernimmt. Zu den vom PFC modulierten Funktionen gehören u. a. *selektive Aufmerksamkeit*, *Arbeitsgedächtnis*, Planung (*Planen*), *Impulskontrolle*, *Emotionsregulation*, Aufmerksamkeitssteuerung (*Supervisory Attentional System (SAS)*) und Selbstkorrekturprozesse. Personen mit *Läsionen* des PFC zeigen sich in diversen kogn. Aufgaben beeinträchtigt, u. a. dem Stroop-Test (*Stroop-Verfahren*, *Farbe-Wort-Interferenztest (FWIT)*) und dem *Wisconsin Card Sorting Test (WCST)* (Miller & Cohen 2001). Generell führen Läsionen des PFC zu gravierenden Persönlichkeitsveränderungen (*Persönlichkeit*) und kogn. Verlangsamung. C. Frings

Kortex, somatosensorischer (= s. K.) [engl. *somatosensory cortex*; gr. σῶμα *(soma)* Körper, lat. *sentire* fühlen], [**BIO**], Anteil der Großhirnrinde zur zentralen Verarbeitung haptischer Reize, der aus mehreren Arealen besteht und überwiegend auf dem *Gyrus postcentralis* liegt (erste Hirnwindung hinter der Zentralfurche = Sulcus centralis). Unterschieden werden primär-sensible Areale (*primärer* s. K.) von sekundär-sensiblen bzw. Assoziationsarealen (*sekundärer* s. K.). Der primäre s. K. des Menschen ist somatotop organisiert, d. h., die Organisation entspricht einer Karte der Körperoberfläche. Diese s. Karte des *Gyrus postcentralis* wird als s. *Homunculus* bezeichnet. *Gehirn*. Birbaumer & Schmidt 2010, Schmidt et al. 2010.
C. Kiese-Himmel

kortikal [engl. *cortical*; lat. *cortex* Rinde], [**BIO**], zur (Hirn-)Rinde gehörend. Den *Cortex cerebri* betreffend. Zudem Bez. für Gehirnvorgänge, die wie Denken, kogn. Verhalten usw. bewusst und rational ablaufen im Ggs. zu den subkortikal (unbewusst) ablaufenden Vorgängen. *Gehirn*.

kortikale Diskonnektions-Hypothese [engl. *cortical disconnection hypothesis of age-related cognitive decline*; lat. *dis* auseinander, *connectere* verbinden, verknüpfen], *Kognitive Veränderungen im Alter, biologische Korrelate*.

kortikale Potenziale [engl. *cortical potentials*], *Potenziale, langsame kortikale*.

kortikales Grau (= k. G.) [engl. *cortical grey*], [**WA**], eine Farbwahrnehmung, die nach Hering aus einem Gehirnvorgang entsteht und dann auftritt, wenn durch gleichzeitige Erregung die Einzelsubstanzen (z. B. Schwarz-weiß-, Rot-grün-Substanz usw.) künstlich gereizt oder neutralisiert werden. Theoret. könnte nichts wahrgenommen werden, praktisch wird dagegen das k. G. gesehen als «Farbe». *Augengrau*.

kortikale Vergrößerung [engl. *cortical magnification*], *Okzipitalkortex*.

Kortiko(stero)ide [engl. *corticosteroides*; lat. *cortex* Rinde, gr. στερεός *(stereos)* fest, starr], [**BIO**], Steroidhormone der *Nebennierenrinde*. Man unterscheidet nach der Hauptwirkung *Glukokortiko(stero)ide* und *Mineralkortikoide*.

Kortikosteron (= K.) [engl. *corticosterone*], [**BIO**], eines der drei wichtigsten Nebennierenrindenhormone aus der Klasse der *Glukokortiko(stero)ide*, beim Menschen nur ca. 1/10 der Produktion von der des Kortisols. K. beim Tier entspricht *Kortisol* beim Menschen.

Kortikotropin [engl. *corticotrophin*], *adrenokortikotropes Hormon*.

Kortikotropin-Releasing Hormone, syn. *Corticotropin Releasing Factor, CRF*, [**BIO**], das CRF ist ein Polypeptid, das im Nucleus paraventricularis des Hypothalamus gebildet wird. Als Teil des *HPA-Systems* stimuliert es im Hypophysenvorderlappen die Ausschüttung von *ACTH* (adrenokortikotropes Hormon), das konsekutiv die Bildung von Glukokortikoiden, Mineralkortikoiden und Sexualhormonen anregt. Die Ausschüttung von CRF unterliegt einem *zirkadianen* Rhythmus (morgens stärkere Sekretion als am Abend), einer neg. Rückkopplung durch *Glukokortikoide* und wird außerdem durch zahlreiche neuronale und hormonale Faktoren beeinflusst. Ein CRF-Anstieg resultiert als direkte Antwort auf eine Stressexposition. CRF bindet an CRF-R1- und CRF-R2-Rezeptoren, die nicht nur im Vorderlappen der Hypophyse, sondern auch in zahlreichen anderen Regionen im *Gehirn* (zerebraler Kortex, Cerebellum, *Hippocampus*, *Amygdala*, Hirnstamm), aber auch in peripheren Gewebe zu finden sind. Eine Dysregulation der CRF-Synthese konnte bei versch. psych. Erkrankungen (*Depression*, *Angststörung*, *Schizophrenie*, *Essstörungen*) sowie bei neurodegenerativen Prozessen nachgewiesen werden.
T. Veselinović

Kortisol (= K.) [engl. *cortisol*], syn. *Hydrokortison*, [**BIO**], wichtigstes der in der Nebennierenrinde produzierten *Glukokortiko(stero)ide* (*Hormone*). Als synthetische Zubereitung im Handel erhältlich und oral verabreichbar. Die Biosynthese erfolgt über die Vorstufen Cholesterin und Pregnenolon. Die Sekretion von K. folgt einer *zirkadianen* Periodik. K. spielt eine bedeutende Rolle im Intermediärstoffwechsel und als Modulator des *Immunsystems*. K. stimuliert die Glukoneogenese, hemmt die Glukoseaufnahme und -utilisierung im peripheren Gewebe, fördert die Lipolyse, hemmt die Proteinbiosynthese bei gleichzeitiger Stimulation der Proteolyse. K. hat eine antiphlogistische und immunsuppressive Wirkung. K. ist das Zielhormon der *Hypothalamus-Hypophysen-Nebennieren-Achse (HHN-Achse)* (HPA-System). Es wird reguliert durch ACTH (*adrenokortikotropes Hormon*) am Hypophysenvorderlappen, das wiederum von CRH (*corticotropin releasing factor (hormone)*) aus dem Hypothalamus (*Gehirn*) reguliert wird. K. ist von großer Bedeutung in der psychophysiol. Emotions- und Stressforschung (*Emotionen*, *Stress*), weil es einfach und präzise im Plasma, Urin und Speichel nachgewiesen werden kann. Zahlreiche Untersuchungen an Tieren sowie an gesunden und kranken Pbn ergaben, dass alle Arten von Stressoren zu erhöhter K.-Ausschüttung führen. Hinreichende Zuverlässigkeit bei der Verwendung von K. als Stressindikator besteht nur bei Beachtung zahlreicher Faktoren (z. B. Tageszeit, Alter, Geschlecht, Gewicht, Nahrungsaufnahme, Rauchen). K. ist dann ein empfindlicher Indikator auch für leichte und kurz dauernde Stressoren. Spitzenkonzentrationen im Speichel sind erst 20–45 Min. nach Einsetzen des Stressors zu erwarten. Die Sekretion von K. folgt einer zirkadianen Periodik mit vormittäglichem Höhepunkt und nächtlichem Tiefpunkt. Männer haben höhere Werte als Frauen. Bei Ängstlichen (*Angst*, *Angststörungen*) und Depressiven (*Depression*) finden sich höhere Spiegel, die bei *Remission* zurückgehen. Das Ausbleiben einer Unterdrückung der Sekretion nach Gabe des synthetischen Glukokortikoids Dexamethason wird zur Diagnose von Depressionen diskutiert (*Dexamethason-Suppressionstest*). K. beeinflusst Schlafprozesse (*Schlaf*), u. a. Dauer des REM-Schlafes. Pathologische Veränderungen der Synthese liegen bei M. Cushing und M. Addison vor. Hier kommt es oftmals zu Veränderungen der Stimmung, was ebenso wie die affektiven Störungen der Depression für den Einfluss der Glukokortikoide auf die Emotionalität spricht. Auch die zentralnervöse sensorische Verarbeitung (*Nervensystem*) wird durch K. beeinflusst: Ein Anstieg von K. ist mit einer Erhöhung sensorischer Erkennungsschwellen verbunden. Ebenso führen erhöhte Plasmakortisolspiegel zu erhöhten AEP-Amplituden, was für eine Erhöhung der kortikalen Erregung spricht. Da diese durch *GABA* reduziert wird, ist dies ein Indiz für den Antagonismus von HPA-System und GABAergem System. K. wird als körpereigene anxiogene Substanz diskutiert. *Hydrocortison*.

Kortisolsynthesehemmer (= K.) [engl. *cortisol synthesis inhibitors*], **[PHA]**, K. werden i. R. exp. Therapieansätze bei *Depressionen* untersucht. Da man bei Depressionen, aber auch anderen psych. Erkrankungen, Störungen im *HPA-System* nachweisen konnte, wird hierbei der Hypothese einer Therapiemöglichkeit durch Wiederherstellung einer normalen Funktion der *Hypothalamus-Hypophysen-Nebennieren-Achse (HHN-Achse)* nachgegangen. Günstige antidepressive Effekte konnten für Metyrapon (11β-Hydroxylase-Hemmer, blockiert die Konversion von 11-Deoxykortisol in *Kortisol*) gezeigt werden. Das Präparat ist lediglich zur Behandlung von Pat. mit endogenem Cushing-Syndrom zugelassen. Auch für Ketoconazol (zugelassen zur äußerlichen Behandlung von Pilzerkrankungen durch Hautpilze und Hefepilze sowie als Ausnahmepräparat zur Behandlung des endogenen Cushing-Syndroms bei Erwachsenen und Jugendlichen) wurden antidepressive Effekte bei Pat., bei denen ein *Hyperkortisolismus* nachweisbar war, berichtet. T. Veselinović

Kortison [engl. *cortisone*], **[BIO, PHA]**, eines der drei wichtigen Nebennierenrindenhormone (*Hormone*) der Klasse der *Glukokortiko(stero)ide*. Therap. Verwendung (zurückgehend) bei zahlreichen Erkrankungen (z. B. Addison'sche Krankheit, Arthritis, *Allergien*, Entzündungen). Bei exogener Zufuhr wird die körpereigene Produktion blockiert. Wirkungen entsprechen weitgehend denen des ACTH (*adrenokortikotropes Hormon*). Psychol. Untersuchungen liegen nur wenige vor. In physiol. Dosen bestehen keine gesicherten Effekte auf *Leistung* und *Wohlbefinden*. *Kortiko(stero)ide*.

Kosten, direkte und indirekte [engl. *direct and indirect costs*]; *Evaluation, ökonomische*, *Psychotherapie, ökonomische Aspekte*.

Kosten, versunkene [engl.] *sunk cost effect*.

Kosten-Effektivitäts-Analyse [engl. *cost-effectiveness analysis*; lat. *efficere* hervorbringen], syn. *Kosten-Wirksamkeits-Analyse*, *Evaluation, ökonomische*, *Psychotherapie, ökonomische Aspekte*.

Kosten-Minimierungs-Analyse [engl. *cost-minimization analysis*], *Evaluation, ökonomische*.

Kosten-Nutzen-Kalkulation [engl. *cost-benefit analysis/calculation*], syn. *Kosten-Nutzen-Analyse*, **[EM, FSE, KOG]**, die Bilanzierung des erwarteten Ausgangs von ökonomischen Vorgängen, die den Gewinn oder – neutraler – den Ertrag (*outcome*) ergibt. Gemäß der Theorie des *sozialen Austausches* die Bewertung der Entscheidungsargumente (*Entscheiden*) für oder gegen Handlungsalternativen. Nutzen ist jeder *Wert*, der *Bedürfnis*befriedigung gewährt, die Kosten (oder der Aufwand) sind neg. Folgen der *Handlung* – nicht nur monetär bestimmt – und des Nutzens, durch den Verzicht auf alternative Handlungen verloren geht. Aus der Wirtschaftswiss. stammt die Unterscheidung von obj., abstraktem Nutzen (kardinal, ausgedrückt im Geldwert) und subj., konkretem Nutzen (ordinal), der auf die persönliche Bedürfnisbefriedigung bezogen ist. Im Bereich der Anwendungen von psychol. Maßnahmen wird immer mehr auch nach dem Kosten-Nutzen-Verhältnis gefragt. Da *Wirksamkeit* und Nutzen oft nicht aus einfachen Maßen zu bestimmen sind, ergibt sich hier ein wichtiges Anwendungsfeld psychol. Forschungsmethoden. Bei der vergleichenden Beurteilung von Kosten und Nutzen von *Psychotherapie* vs. *Psychopharmakotherapie* hat Erstere Vorteile, wenn zur Vermeidung von Rückfällen bei Letzterer ein Dauereinsatz notwendig ist. *Evaluation, ökonomische*, *Psychotherapie, ökonomische Aspekte*. Baltensperger & Grawe 2001.

Kosten-Nutzwert-Analyse [engl. *cost-utility analysis*], *Evaluation, ökonomische*.

Kostenstudie [engl. *cost study*], *Evaluation, ökonomische*.

Kostersches Phänomen [engl. *Koster's phenomenon*], **[WA]**, stellt man durch Zerstreuungslinsen eine künstliche Kurzsichtigkeit her, so erscheinen bei Verkleinerung der wahrgenommenen Gegenstände die Farben (*Farbe*, *Farbwahrnehmung*) satter und deutlicher unterschieden und die Helligkeitsdifferenzen (*Helligkeit*) vergrößert.

Kovarianz (= K.) [engl. *covariance*; lat. *co-* miteinander, *variare* verändern], **[FSE]**, der Mittelwert der Abweichungsprodukte einer bivariaten Verteilung. Die K. der Variablen X und Y ist einer *Population* definiert als:

$$COV_{xy} = \frac{1}{N} \sum_{i=1}^{N} (x_i - \mu_x) \cdot (y_i - \mu_y)$$

Die K. in einer *Stichprobe*:

$$COV_{xy} = \frac{1}{N} \sum_{i=1}^{N} (x_i - \bar{x}) \cdot (y_i - \bar{y})$$

Die aufgrund von Stichprobendaten geschätzte K. in der entsprechenden Population:

$$COV_{xy} = \frac{1}{N-1} \sum_{i=1}^{N} (x_i - \bar{x}) \cdot (y_i - \bar{y})$$

N = Anzahl der Stichproben bzw. Populationselemente.
μ = Erwartungswerte
$\bar{x}, \bar{y}$ = *arithmetisches Mittel*.

Unstandardisiertes Maß des Zus.hangs zweier Merkmale X und Y unter Annahme eines *linearen Zusammenhangs*. Pos. (vs. neg.) Werte entsprechen einem Zus.hang der Form «je größer X, desto größer (vs. kleiner) Y». Die K. entspricht dem Produkt der *Standardabweichung* von X, der Standardabweichung von Y und der *Produkt-Moment-Korrelation*. Bei perfektem linearen Zusammenhang ist der Betrag der K. gleich dem Produkt der Standardabweichungen von X und Y. Die Produkt-Moment-Korrelation standardisiert die K. auf den Wertebereich [–1; +1]. Wirtz & Nachtigall 2012.

Kovarianzanalyse (= K.) [engl. *analysis of covariance*], [**FSE**], Erweiterung des varianzanalytischen Verfahrens, um (1) den Versuchsfehler zu verringern, indem verzerrende Einflüsse möglicherweise konfundierter Drittvariablen (*Konfundierung*) kontrolliert werden, oder (2) die Wirkung von unabhängigen Variablen auf die *Kovarianz* zweier abhängiger Variablen zu analysieren. Die Anwendung einer K. ist z. B. erforderlich, wenn die Wirkung zweier Lernmethoden auf die Behaltensleistung an zwei Gruppen untersucht werden soll, die sich in ihrer Intelligenz (konfundierte Variable) unterscheiden, da angenommen werden kann, dass Intelligenz und Behaltensleistung nicht unabhängig voneinander sind. *Kovariate, Varianzanalyse, Propensity score*. Eid et al. 2013.

Kovarianzanalyse mit Zufallseffekten [engl. *random effect(s) model*], *Mehrebenenanalyse*.

Kovarianzphänomen (= K.) [engl. *covariance phenomenon*; lat. *co-* zusammen, *variare* verändern], [**WA**], Erscheinung, dass Eigenschaften wie Farbe, Helligkeit, Form, Lage, Größe, Bewegungszustand u. a. eine Änderung dadurch erleiden, dass sonstige Änderungen an den Wahrnehmungsgebilden vorgenommen werden. Beachtet wurden die Zusammenhänge von K. und geometrisch-optischen Täuschungen (*geometrisch-optische Täuschungen*), ebenso das K. in der Tiefenwahrnehmung (E. R. Jaensch). Bringt man am *Haploskop* drei parallele Fäden so zur Einstellung, dass sie in einer Linie zu liegen scheinen, und schiebt den einen Faden vor oder zurück, so scheint sich auch der zweite zu verschieben.

Kovarianzstrukturanalyse [engl. *covariance-structure analysis*], *Strukturgleichungsmodelle*.

Kovariate [engl. *covariate*; lat. *co-* zusammen, *variare* verändern], [**FSE**], Variable, die i. R. eines statistischen Analyseverfahrens (*Kovarianzanalyse, propensity score*) mit berücksichtigt wird, um mögliche verzerrende Einflüsse auf die Analyseergebnisse (*Konfundierung*) abzuschätzen oder zu verringern bzw. bestmöglich zu korrigieren.

Kovariationsmodell (= K.) [engl. *covariation model*; lat. *co-* zusammen, *variare* verändern], [**KOG, SOZ**], innerhalb der Attributionsforschung (*Kausalattribution*) ist neben der *naiven Handlungsanalyse* von Heider (1958) und der *Theorie der korrespondierenden Schlussfolgerungen* von Jones & Davis (1965) das K. von Kelley (1967, 1972, 1973) das mit Abstand am häufigsten verwendete und empirisch gestützte Modell (Försterling 2001, Parkinson 2007). Die Grundüberlegung folgt einer *Strategie*, wonach «ein Effekt derjenigen möglichen Ursache attribuiert [wird], mit der er über die Zeit hinweg kovariiert» (Kelley 1973, 108). Bei dieser Zuschreibung werden also die Gründe für ein *Verhalten* demjenigen Faktor zugeschrieben, der am engsten mit diesem Verhalten kovariiert. Zur Identifikation der Informationsquelle werden drei Arten von Informationen ausgewertet: (1) *Konsistenzinformationen* (Wie hoch ist das Ausmaß an zeitlicher Stabilität des Verhaltens oder wie oft wurde das Verhalten einer einzelnen Person in ein und derselben Situation beobachtet?) Wird dieses Verhalten von einer Person nur sehr selten gezeigt, ist die Konsistenz gering, wird es fast immer gezeigt, ist sie hoch. (2) *Distinktheitsinformationen* (Wird das Verhalten nur unter einer best. Bedingung oder in einer best. Situation gezeigt (hohe Distinktheit) oder in unterschiedlichen Situationen (geringe Distinktheit)). (3) *Konsensusinformation* (Reagieren alle oder sehr viele Personen (hoher Konsensus) oder aber nur eine einzige Person (geringer Konsensus)?).

Schwieriger wird das Problem, wenn nur eine einzige *Beobachtung* zur Verfügung steht. Dann werden nach Kelley zwei sog. *Konfigurationsprinzipien* eingesetzt: das *Abwertungsprinzip* (*discounting principle*), wonach «die Rolle einer best. Ursache für das Auftreten eines best. Effektes abgewertet wird, wenn andere mögliche Ursachen ebenfalls vorhanden sind» (Kelley 1973, 113), und das *Aufwertungsprinzip* (*augmenation principle*): «Wenn für einen best. Effekt sowohl eine plausible hemmende und eine plausible förderliche Ursache vorliegen, dann wird die Rolle der förderlichen Ursache für das Auftreten des Effektes größer bewertet als für den Fall, wo sie alleine als plausible Ursache für den Effekt vorhanden wär» (Kelley 1972b, 12). Inzw. gibt es vielfältige Ergänzungen und Modifikationen des K. (Försterling 2001, Parkinson 2007). *B. Six*

Kovariationsschema (= K.) [engl. *covariation schema*; lat. *co-* zusammen, *variare* verändern], [**FSE**], die faktorenanalytische Methode (*Faktorenanalyse*) der Reduktion einer Vielzahl korrelativer Beziehungen zw. einer größeren Zahl von Variablen auf eine kleine Anzahl von Faktoren geht von der Interkorrelationsmatrix der Variablen aus. Die Messwerte, die in eine solche Datenmatrix eingehen, können auf versch. Weise gewonnen werden. Während die faktorenanalytische Technik lange Zeit nur die Kategorien der Vp. und der Variablen berücksichtigt hat, hat Cattell im K. versch. Datenebenen aufgezeigt, die für die Faktorenanalyse verwendet werden können.

Unter Berücksichtigung der Bestimmungsgröße der Variablen, der Vpn und der Beobachtungssituation entsteht ein dreidimensionales Schema mit drei versch. Datenebenen.

Datenebene 1: Variable und Vpn, Datenebene 2: Variable und Situationen, Datenebene 3: Vpn und Situationen.

Aus der Datenebene 1 ergeben sich die *R-Technik* und die *Q-Technik*. Bei der R-Technik werden die Variablen faktorenanalysiert, während bei der Q-Technik die Personen analysiert werden. Die Beobachtungssituation bleibt bei beiden Techniken identisch. Bei der *P-Technik* und *O-Technik* werden die Vpn «konstant» gehalten, die Variablen bzw. die Situationen werden interkorreliert. Die *T-Technik* und *S-Technik* hat die Konstanz der Variablen zur Voraussetzung. Die Situationen bzw. die Personen werden interkorreliert. Die R-Technik ergibt die Eigenschaftsfaktoren, die Q-Technik liefert die sog. Typenfaktoren. O- und T-Technik ergeben Situationsfaktoren, aus der P-Technik lassen sich Zustandsfaktoren gewinnen. Cattell 1966, Pawlik 1968.

H. O. Häcker

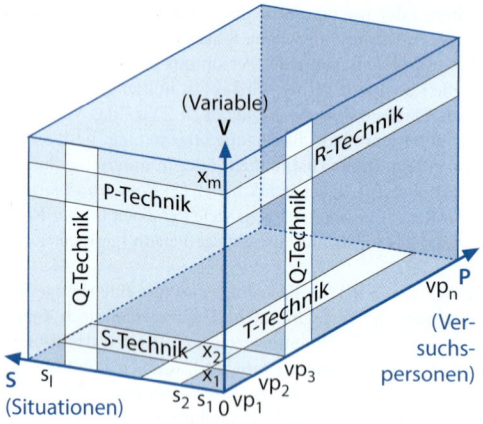

Kovariationsschema nach Pawlik (1971)

Kraepelin, Emil (1856–1926), [**HIS, AO, DIA, KOG, PHA**], Kraepelin war ein bedeutender Psychiater und *Wundt*-Schüler, der diagn., psycho-pharmakol. und exp.-psychol. geforscht hat. Auf Kraepelin gehen Untersuchungen zur *Arbeitskurve* (Kraepelin 1902) und zu mehreren psychodiagn. Verfahren zurück. Kraepelin wurde als Sohn eines Musiklehrers und Hofschauspielers in Neustrelitz geb. Er studierte Med. mit dem Ziel Psychiater zu werden. Nach der Promotion (1878) ging er 1882 nach Leipzig, habilitierte sich für Psychiatrie, arbeitete aber auch im Labor von Wundt. 1886 wurde Kraepelin Professor der Psychiatrie in Dorpat (Tartu, Estland), 1891 Ordinarius in Heidelberg und 1903 in München, wo er dann bis 1922 lehrte und forschte. Das heutige Max-Planck-Institut für Psychiatrie hat seine Ursprünge in einem von Kraepelin geleiteten Forschungsinstitut, der 1917 gegründeten Deutschen Forschungsanstalt für Psychiatrie. Kraepelin wandte die experimentalpsychol. Forschungsmethodik auf Fragen der *Pharmakopsychologie* und exp. *Psychopathologie* an. So untersuchte er die Wirkungen von Nahrungsmitteln wie Kaffee auf Leistung und Konzentration. Seine Untersuchungen mit eigens entwickelten Verfahren wie der *Schreibwaage* und einem später von *Richard Pauli* weiterentwickelten Test (*Pauli-Test (PT)*) zur Erfassung von Aufmerksamkeit und Konzentration führten zu empirischen Befunden zur Wirkung von Psychopharmaka. Kraepelin schuf ferner eine Systematik der psychiatrischen Krankheitsbilder (*Nosologie*), er bemühte sich zudem um einen humanen Umgang mit Geisteskranken. Über mehrere bedeutende Schüler hatte K. starken Einfluss auf die Psychiatrie des 20. Jhd.

H. E. Lück

Krampf, Krampus [engl. *convulsion, spasm*], [**BIO**], auf einen oder einzelne *Muskeln* beschränkte unwillkürliche und ungeordnete Kontraktion mit versch. Formen je nach Ausdehnung und Ablauf.

Krampfbehandlung *Schocktherapie.*

Kraniologie [engl. *craniology*; gr. κρανίον (kranion) Schädel], syn. *Schädellehre,* [**PER**], insbes. in der ersten Hälfte des 20. Jh. praktizierte Wiss. von den stammesgeschichtlichen und ethnischen Unterschieden der Schädelformen (*Anthropologie*). Lehre von den vermeintlichen Beziehungen zwischen Schädelform und Persönlichkeit (*Phrenologie*). *Konstitution, Konstitutionslehre.*

Krankheit (= K.) [engl. *illness, disease*], syn. *Nosos, Pathos, Morbus,* [**GES, KLI**], die *Gesundheit* eines Menschen wird infrage gestellt, wenn best. körperliche oder seelische Vorgänge und Zustände seine Handlungs- und Entscheidungsfreiheit beeinträchtigen. Während weitgehend Einigkeit darüber besteht, dass sich körperliche K. mit anatomischen, physiol. oder biochemischen Begriffen beschreiben lassen, begegnet man in der *Psychopathologie* sehr unterschiedlichen K.konzepten. Unter dem *med. Modell* (*Krankheitsmodelle*) versteht man die Auffassung, dass best. normdeviante Erlebens- und Verhaltensweisen in Analogie zu *körperlichen* K. als *psych.* K. betrachtet werden, falls sich die festgestellten Normabweichungen auf somatische Störungen zurückführen lassen oder in Begriffen von biol. Parametern erfassbar sind. Die Anwendung des med. K.begriffs auf *psychische Störungen* stößt allerdings def.gemäß dort auf seine Grenzen, wo weder Veränderungen des biol. Substrats nachweisbar sind, noch Hinweise vorliegen, die eine entspr. Beiordnung rechtfertigen würden. Davon sind z. B. alle Erlebens- und Verhaltensstörungen betroffen, die nach lerntheoretischen Vorstellungen entweder (1) auf eine Fehlkonditionierung (*Konditionierung*) zurückzuführen sind (wie z.B. phobische Ängste, *Phobie*) oder (2) durch ein Ausbleiben von Konditionierungsprozessen zustande kommen (wie bspw. Defizite des Sozialverhaltens). Vertreter sozialwiss. orientierter K.vorstellungen haben darauf hingewiesen, dass bei der Anwendung des med. K.begriffs in der *Psychopathologie* häufig die soziale Dimension vernachlässigt wird. Dadurch werde dem Umstand, dass Normdevianzen im Bereich des Erlebens und Verhaltens («residuale Abweichungen») erst innerhalb eines soziokult. Bezugssystems als Störungen mit K.wert eingestuft werden, zu wenig Beachtung geschenkt. Der sozialwiss. Kritik am med. Modell kommt das Verdienst zu, den Blickwinkel für soziale Einflussgrößen geöffnet und zur Etablierung des *bio-psycho-sozialen K.modells* beigetragen zu haben. Jeder Mensch entwickelt im

Verlauf seiner *Sozialisation* best. Einstellungen und Erwartungshaltungen (*Gesundheitserwartung*), die als Bezugsrahmen für Normalitätsbeurteilungen fungieren. Berner (1982) spricht in diesem Zus.hang von der *subj. Betrachternorm*, auf deren Grundlage der Einzelne entscheidet, ob in der *Selbstbeobachtung* wahrgenommene Beeinträchtigungen des körperlichen, seelischen oder sozialen *Wohlbefindens* ggf. als K.symptome bzw. K.zeichen interpretiert werden können. *Ätiologie.* H. Huber

Krankheit, selbstmanipulierte [engl. *self-manipulated disease*]; *artifizielle Störung*.

Krankheitsbewältigung (= K.) [engl. *coping (with disease)*], [**GES, KLI**], bez. jene kogn., emot. und behavioralen Reaktionen, die ein Mensch im Kontext einer Erkrankung zeigt, um krankheitsbedingte Belastungen zu reduzieren oder auszugleichen. K. bez. demnach alle Reaktionen zum Umgang mit der Erkrankung, unabhängig davon, ob der Bewältigungsversuch erfolgreich ist oder nicht. Das Konzept der Bewältigung (= B.) findet sich in versch. Bereichen der Ps., z. B. B. von Arbeitsbelastungen oder *Stressbewältigung*, und bez. i. Allg. das Umgehen mit einer Situation, die aus obj. oder subj. Sicht eine *Belastung* darstellt (Weber 1997). Handelt es sich bei dieser Belastung um eine Erkrankung, die Mitteilung einer Diagnose, eine Verletzung oder einen Unfall, so spricht man von K. (Salewski 1997). Insbes. für die B. *chronischer Krankheiten* ergibt sich die Besonderheit, dass es einer wiederholten Auseinandersetzung mit der Erkrankung bedarf. K. ist ebenso wie die Erkrankung selbst kein einmaliges Geschehen, sondern stellt einen kontinuierlichen und interaktionalen Prozess der Auseinandersetzung mit der Erkrankung, ihren Belastungen und Folgen dar. Die B. wird dabei von den spezif. Krankheitsmerkmalen und -belastungen sowie von Person- und Umweltfaktoren determiniert. Es existiert bislang kein Konsens bzgl. der *Klassifikation* von Strategien der K. Taxonomien orientieren sich meist nicht an inhaltlichen Kriterien (Art der Reaktion, z. B. *Aktivität, körperliche*, Grübeln), sondern versuchen die Verhaltensweisen nach funktionalen Aspekten einzuordnen (Zweck der Reaktion, z. B. Ablenkung). Dabei ist möglich, dass eine Verhaltensweise bei unterschiedlichen Personen oder Situationen eine andere Funktion einnimmt (z. B. körperliche Aktivität zur Ablenkung oder zum Abbau von *Aggression*). Die Frage nach der *Effektivität* von B.strategien muss mehrere Dimensionen berücksichtigen: Die Bewertung hängt ab vom gewählten Zielkriterium (z. B. körperliche, psych. und soziale Kriterien), der Perspektive des Betrachters (Pat., soziales Umfeld sowie med. System) und der zeitlichen Perspektive (z. B. kurzfristig: emot. Entlastung durch *Verleugnung*, langfristig: inadäquates Krankheitsverhalten (*Hilfesuchverhalten*)). Die Verfügbarkeit eines breiten Spektrums an B.strategien unter Einschluss von *Kognitionen*, *Emotionen* und *Handlungen* scheint je nach situativen Anforderungen günstig zu sein. Diagn. Instrumente, die im Bereich K. eingesetzt werden, sind im Verzeichnis diagn. Verfahren in Anhang II aufgeführt. *Coping.* Weber 1997, Tesch-Römer et al. 1997. L. Krämer

Krankheitsfolgenmodell (= K.) [engl. *model of disease consequences*], [**GES**], das K. liegt in seiner ursprünglichen Form der *International Classification of Impairments, Disabilities and Handicaps* (ICIDH; World Health Organization 1980) zugrunde, die eine kulturübergreifende Def. von *Behinderungen* und *chronischen Erkrankungen* anstrebt. Das K. nimmt an, dass Krankheiten (*diseases*) zu Gesundheitsschäden (*impairments*) bzw. organischen/somatischen Defiziten führen. Die Schädigung von Organen oder Organsystemen bedingt eine eingeschränkte Funktionsfähigkeit der Organe (*disability*). Einschränkungen der Funktionsfähigkeit führen zu Einschränkungen bei der Durchführung komplexer Fähigkeiten und Fertigkeiten, sodass letztlich die soziale Integration beeinträchtigt ist (*handicap*). Weiterhin wird der Einfluss von Kontextfaktoren (physikal., sozialen und einstellungsbezogenen Umweltfaktoren) berücksichtigt. Die *International Classification of Functioning, Disability and Health (ICF)* erweitert den Ansatz des K. und vermeidet die z. T. neg. besetzten Begrifflichkeiten des K. Zudem wird die Verantwortung des Umfeldes der Pat. stärker mit einbezogen.

Krankheitsgewinn, primärer, sekundärer bzw. tertiärer (= p. K., s. K., t. K.) [engl. *advantage by illness; primary, secondary, tertiary gain*], [**GES, KLI**], aus einer Erkrankung oder psych. Störung gezogener Vorteil. Das Konzept wurde ursprünglich im Kontext der *Psychoanalyse* entwickelt, wonach Pat. mit Neurosen durch diese einen direkten oder mittelbaren Gewinn auf der Ebene der persönlichen Beziehungen oder ihrer sonstigen Verhältnisse (z. B. finanzieller Art) erzielen können. Heute wird i. d. R. etwas abweichend vom psychoanalytischen Konzept unter p. K. der internale Gewinn verstanden, also ein subj. Vorteil, der im Kranksein und in der Pat.rolle selbst liegt (z. B. Beachtung, Pflege, med. Behandlungen, Operationen). Demgegenüber bezieht sich ein s. K. auf einen externalen Vorteil (z. B. Schuldunfähigkeit in einem Strafverfahren, Haftverschonung, Medikamentenbeschaffung, Arbeitsbefreiung, Renten-, Pensions- oder Entschädigungszahlungen). Vorteile, die nicht die erkrankte Indexperson, sondern ein Dritter (z. B. Angehörige, Psychotherapeuten) erzielt, werden als t. K. bez. Das Vorliegen eines p. K., s. K. oder t. K. kann in ungünstiger Weise auf die Diagnostik (insbes. i. R. von Begutachtungen; *psychologisches Gutachten, Beschwerdenvalidität*) und die Behandlung einwirken. Häufig werden sie den Behandlern gegenüber nicht offengelegt, sondern wirken i. S. verborgener Motive [engl. *hidden agendas*]. Sekundäre Verluste, die aus einer Erkrankung erwachsen (z. B. Verlust des Arbeitseinkommens und der Sozialbeziehungen in der Arbeitswelt bei Berentung), werden i. Ggs. zum s. K als *sekundärer Krankheitsverlust* [engl. *secondary loss*] bez. T. Merten

Krankheitskonzepte, subjektive (= s. K.) [engl. *illness representations, illness perceptions*], syn. *subj. Krankheitstheorien, Laientheorien*, [**GES, KLI**], sind kogn. indiv. Erklärungsmodelle für die Entstehung und den Verlauf einer Erkrankung (*Ätiologie, Krankheit*). S. K. umfassen eine Reihe von Dimensionen wie Annahmen über die Symptome, Kontrollierbarkeit, Ursachen, Konsequenzen, Verlaufsgestalt und emot. Auswirkungen einer Krankheit. Innerhalb dieser Dimensionen werden eigene Erfahrungen und Informationen über eine Krankheit verdichtet und indiv. organisiert. Durch die Ausbildung von s. K. wird eine Erkrankung besser verstehbar und erscheint daher subj. kontrollierbar. S. K. werden von erkrankten Personen aufgrund der Konfrontation mit ihrer Erkrankung ausgebildet, aber ebenso von Mitbetroffenen einer Erkrankung (Eltern, Partner). Auch für mitbetroffene Personen dienen s. K. zur Erklärung und Anpassung an eine Erkrankung. Im Kontext der *Krankheitsbewältigung* sind s. K. relevant, da aus ihnen wirksam erscheinende Bewältigungsstrategien abgeleitet werden, die das indiv. krankheitsbezogene Handeln bestimmen. S. K. können den med. Theorien über eine Erkrankung mehr oder weniger entsprechen; im letzteren Fall sind sie eine mögliche Ursache von mangelnder *Compliance*, wenn ärztlich vorgeschriebene Maßnahmen nicht mit den eigenen Annahmen der s. K. übereinstimmen. Daher sind s. K. ein wesentlicher Einflussfaktor auf die Arzt-Pat.-Kommunikation (*Arzt-Patient-Interaktion*). Bei der Erforschung von s. K. werden zum einen die Spezifika von s. K. bei unterschiedlichen Krankheitsbildern (z. B. Krebs, *Herzerkrankung, koronare*, Hauterkrankungen, psych. Erkrankungen) untersucht, zum anderen die Zs.hänge zw. s. K., der Krankheitsbewältigung und/oder der Anpassung. Im *Common-Sense-Selbstregulationsmodell (CSM)* werden s. K. eine zentrale Funktion für die krankheits- und gesundheitsbezogene *Selbstregulation* zugeschrieben. Faltermaier 2005b, Petrie & Weinmann 1997. C. Salewski

Krankheitskostenstudie [engl. *cost-of-illness studies (COI)*], *Evaluation, ökonomische*.

Krankheitsmodelle [engl. *models of disease/illness*], **[GES]**, seit der naturwiss. Wende der Med. im 19. Jhd. haben sich med. Modelle zur Erklärung von *Krankheit* (= K.) etabliert. Im *biomed. K.modell* werden alle K. durch physiol. Prozesse im Organismus erklärt. Es wurde für lange Zeit zum dominanten wiss. Paradigma und zur Grundlage eines darauf aufbauenden kurativen med. Gesundheitssystems. Der Körper wird zum Naturgegenstand erklärt, die K. wird als Störung im normalen Funktionieren des Organismus verstanden und die kranke Person als passiver Träger einer K. Die med. Behandlung ist obj.-neutral und orientiert sich an der Erkrankung und ihren spezif. Ursachen, nicht an der Person.

Die Kritik an diesem biomed. Modell hat eine lange Tradition und wurde insbes. in den 1970er-Jahren vom US-amerikanischen Sozialmediziner Engel (1977) formuliert. Er warf dem Modell vor, K. auf ein körperliches Phänomen zu reduzieren, Körper und Seele zu trennen (Leib-Seele-Dualismus), individualistisch und reduktionistisch zu sein. Seine Kritik hat er in mehreren Argumenten zus.gefasst, nämlich dass der Nachweis biochemischer Abweichungen nur eine notwendige, keine hinreichende Bedingung zur Erklärung einer K. sei, dass auch die Lebensumstände des Patienten sowie verhaltensmäßige und psychosoziale Bedingungen berücksichtigt werden müssen, um das Phänomen K. wiss. zu erfassen und erfolgreich zu behandeln, kurz, dass eine K. auch die kranke Person in ihrem psych. Erleben und sozialen Verhältnissen einschließen müsse. Wenn also in Wissenschaft und Praxis eine K. nicht nur in ihren biol. Phänomenen, sondern auch die psych., sozialen und verhaltensbezogenen Prozesse berücksichtigt und integriert werden müssen, dann muss eine Erweiterung zu einem *bio-psycho-sozialen K.modell* vorgenommen werden. Die Erklärung und Behandlung von K. hat daher nicht nur auf einer körperlich-physiol. Ebene zu erfolgen, sondern auch die Individuen und die Gesellschaft mit ihren psych. und sozialen Determinanten von K. systematisch in Forschung und Praxis einzubeziehen. Das bio-psycho-soziale Krankheitsmodell wurde zum dominanten Paradigma der Gesundheitswissenschaften und war entscheidend für die Entstehung von neuen Disziplinen wie der Gesundheitsps. und der Med.soziologie. Sie lenkte die Erforschung der Ursachen von K. (*Ätiologie*), die Praxis der *Prävention* und Behandlung von K. und die Entwicklung einer patientenorientierten Krankenversorgung. Mit der ICF (*International Classification of Functioning, Disability and Health (ICF)*) können Gesundheitszustände vor dem Hintergrund des bio-psycho-sozialen Modells beschrieben werden. So werden nicht nur Körperfunktionen und -strukturen, sondern auch die Aktivitäten und Teilhabe der Pat. sowie Umwelt- und Personenfaktoren systematisch erfasst. *Gesundheit, Gesundheit, Dimensionen der, Gesundheit, Modelle der*. Faltermaier 2005a. T. Faltermaier/A. L. Brütt

Krankheitsverarbeitung *Krankheitsbewältigung*.

Krankheitsverhalten [engl. *disease behavior*]; *Hilfesuchverhalten*.

Krankheitsverlust [engl. *loss by illness/disease*], *Krankheitsgewinn, primärer, sekundärer bzw. tertiärer*.

Krankheitswahn [engl. *delusion of illness*]; *hypochondrischer Wahn*.

Kränkung [engl. *hurt, mortification*], *Ärger*.

Krause-Endkolben [engl. *Krause end bulbs*], **[BIO, WA]**, Rezeptoren der Haut für Kälte. *Hautsinne (Tast-, Temperatur-, Schmerzsinn)*.

Kreative Therapien (= K. T.) [engl. *creative therapies*], syn. *Kreativtherapien, künstlerische Therapien*, **[KLI]**, bez. Therapieformen, deren Ursprünge in den Künsten Tanz, Musik, Kunst und Theater liegen. Im dt.sprachigen Raum zählen *Tanztherapie, Musiktherapie, Kunsttherapie*, Theatertherapie und *Psychodrama* zu ihren Hauptvertretern. K. T. integrieren künstlerische Ausdrucksformen und Kreativität mit psychoth. Zielen in den therap. Prozess. Behandlungsziele sind, (1) *Wohlbefinden, Gesundheit, Kommunikation* und persönliche Ausdrucksfähigkeit zu verbessern, (2) physische, emot., kogn. und soziale Fähigkeiten zu fördern und (3) Anpassung und *Selbstmanagement* in einem sich wandelnden Umfeld zu unterstützen. Hauptarbeitsfelder liegen im Bereich des Gesundheitswesens (inkl. des präventiven, kurativen und rehabilitativen Bereichs und der Gesundheitsförderung), der Bildungs- und Gemeindeeinrichtungen und NGOs. Jede der K. T. ist auf ihre Weise einzigartig. Gleichzeitig unterscheiden sie sich von anderen Formen der Psychoth. Es verbindet sie untereinander der *therapeutische Prozess* und die Erarbeitung der Therapieziele. Die

Teilnahme an den K. T. ermöglicht, sich über kreativ-künstlerische Medien auszudrücken, die in traditionellen Therapien nicht möglich sind. Dadurch eröffnen sich neue Wege des Selbstausdrucks außerhalb der Sprache. Dies ist bes. bedeutungsvoll für den Zugang zu Kindern und Personen, denen die Verbalisierung schwerfällt (z. B. Personen mit Trauma, neurologischen Krankheiten wie Schlaganfall, *Demenz, Dementia*, Koma-Pat., psych. Erkrankungen wie *Depression* und Psychose, *Intelligenzminderung*). Sie bieten einen ressourcenorientierten Ansatz (*Ressourcenorientierung*) und einen Weg zu Gefühlen, der in der evidenzbasierten Praxis von vielen geschätzt wird, z. B. von Personen mit Krebs (*psychoonkologische Interventionen*), HIV, chronischem Schmerz. Wirksamkeitsnachweise liegen für die jew. Therapieformen vor. *I. Bräuninger*

Kreativität (= K.) [engl. *creativity*; lat. *creare* erschaffen, hervorbringen], [**KOG, PÄD, PER**], das ps. Konstrukt der K. vollzieht im 20. Jhd. eine Demokratisierung des aus der Epoche des Sturm und Drangs (ab ca. 1765) sowie der Romantik (frühes 19. Jhd.) stammenden Genie-Konzepts. Dabei kennt die vor allem auf den (literarischen) Künstler bezogene Genie-Ästhetik des 18. Jhd. bereits zwei Traditionen, nämlich das auf die gesamte *Persönlichkeit* ausgerichtete Bild des Genius (lat. *genius*) sowie die auf die spezif. Begabung (lat. *ingenium*) fokussierte Perspektive des schöpferischen Prozesses. Diese parallelen Akzente halten sich auch in der Folgezeit durch, in der bis zur Mitte des 20. Jhd. die Genie-Vorstellung (z. T. wieder) über den künstlerischen Bereich hinaus auf Wissenschaft, Technik, Politik etc. ausgedehnt wird. In Fortführung dieser Tradition/en weist auch die empirische K.ps., deren Beginn üblicherweise mit der *presidential address* von J. P. Guilford im Jahr 1950 angesetzt wird, zunächst vor allem die beiden Schwerpunkte der persönlichkeits- sowie prozessbezogenen Analyse auf (Guilford 1950). Die persönlichkeitspsychol. Perspektive (*Persönlichkeitspsychologie*) begann (nicht zuletzt aufgrund der Impulsgebung durch Guilford) mit der Frage nach der Relation von *Intelligenz* und K., weitete sich aber sukzessive auch auf andere kogn. sowie emot. und motivationale Aspekte aus. Die Prozess-Perspektive thematisierte sowohl die Phasen als auch die Art und damit (Produkt-)Kriterien des kreativen *Problemlösens*. Dabei lassen sich drei große, aufeinanderfolgende Forschungsphasen unterscheiden: In der *assoziationstheoretischen* Ära wurden vor allem Interpolationsprobleme untersucht, in der *gestalttheoretischen* Periode standen Syntheseprobleme im Mittelpunkt und seit der Dominanz des Informationsverarbeitungsansatzes dominieren die dialektischen Probleme des komplexen Problemlösens. K. wird daher heute zumeist als eine besondere Qualität des Problemlösens verstanden, die aber grundsätzlich allen Individuen (ggf. in best., umschriebenen Bereichen) als Entwicklungsmöglichkeit offensteht. Dementsprechend sind zunehmend Umgebungsvariablen erforscht worden, die der Entwicklung von K. förderlich oder hinderlich sein können. Damit ergeben sich vier große Teilbereiche der kreativitätspsychol. Theoriemodellierung: Produkt(-kriterien), Prozess, Person und Umgebung (im Engl. bisweilen mit *press* bezeichnet, so dass vier p resultieren).

In Übereinstimmung mit der *Alltagspsychologie* gilt in der empirischen Forschung die Neuheit (oder Originalität) als das wichtigste (Produkt-)Kriterium. Dabei handelt es sich jedoch nicht um eine absolut-historische, sondern um eine relative, auf das jew. Kognitionssystem zurückbezogene Neuheit, in der sich die Demokratisierung als für jeden erreichbare Kompetenz manifestiert. Genauso unverzichtbar ist allerdings die Angemessenheit bzw. Brauchbarkeit der (neuen) Problemlösung, die daher zus. mit der Neuheit die (für K.) notwendige und zugleich hinreichende Kriterien-Kombination darstellt. Alle weiteren Kriterien-Explikationen (bis hin zu 8 Stufen bei Sternberg) dienen nur zur Gradierung des K.ausmaßes, z. B. in der Unterscheidung zw. der «kleinen», alltäglichen, und der «großen», kulturhistorisch anerkannten K. Neuere systemtheoretische Modelle (z. B. von Csikszentmihalyi und Gardner) setzen allerdings die Anerkennung durch das jew. (Experten-)Feld sogar als entscheidendes Def.kriterium für K. an, was jedoch zu der kontra-intuitiven Konsequenz führt, dass eine Person (wie etwa van Gogh) u. U. zu Lebzeiten nicht kreativ war und es erst nach dem Tod wurde, ggf. sogar in höchstem Ausmaß.

Die Analyse des kreativen (Problemlöse-)Prozesses konnte auf die frühe introspektive Einteilung in vier Phasen durch Poincaré (1908) zurückgreifen, nämlich *Präparation, Inkubation, Inspiration* (oder *Illumination*) und *Elaboration* (oder *Verifikation*). Obwohl Ausdifferenzierungen bis hin zu 8 Phasen vorgeschlagen worden sind, hat sich die 4-Phasen-Einteilung auch empirisch bewährt, wobei die lineare Abfolge allerdings als idealtypische Modellierung anzusehen ist, d. h., dass die Phasen im konkreten Prozess i. d. R. mehrfach durchlaufen werden (müssen). Eine intensive *Präparation* ist notwendig, um die für neue Problemlösungen notwendige Verarbeitungstiefe zu erreichen. Dabei besteht die Schwierigkeit darin, sich die im Wissen implizierten Denkstrukturen anzueignen, ohne sich dadurch in der Flexibilität des Denkens beschränken zu lassen. Diese Flexibilität wird in der *Inkubationsphase* dadurch realisiert, dass man die bewusste Lösungsfindung zumindest zeitweise aussetzt und so assoziativen Denkprozessen (vgl. auch das psychoanalytische Konzept des Primärprozesses) eine Chance zur Umstrukturierung des Problemfeldes gibt. Die kogn. Umstrukturierung wird dann in der *Inspiration* plötzlich bewusst und führt zu dem bekannten Gefühl einer schlagartigen Erleuchtung (Archimedes' Heureka-Ausruf nach Entdeckung des Auftriebprinzips). Die Tragfähigkeit der Lösungsidee muss anschließend in einer Evaluation (z. T. als fünfte Phase eingeführt) überprüft und elaboriert werden. Während für Inkubation und Inspiration das divergente (auf mehrere Lösungsmöglichkeiten gerichtete) Denken (i. S. Guilfords) essenziell ist, spielt für die *Elaboration* das konvergente (auf die Realisation der einen optimalen Lösung fokussierte) Denken die zentrale Rolle.

Die Frage nach der Struktur der *kreativen Persönlichkeit* hat seit der Genie-Ästhetik naturgemäß die größte und konstanteste Aufmerksamkeit auf sich gezogen. Das bedeutete für die empirische K.ps. zunächst einmal vor allem eine historische Belastung. Das stärkste Belastungsgewicht kommt eindeutig der These von «Genie und Wahnsinn» (durch Lombroso 1887) zu, die zu einer Fülle von sog. Pathografien geführt hat, in denen der genetische Zusammenhang von Psychose und K. belegt werden sollte. Die systematische empirische Überprüfung (auch durch Vergleich mit der Normalpopulation) hat diesen Zusammenhang so nicht belegen können, sondern z. B. zu alternativen Erklärungshypothesen geführt, wie etwa dass K. ein besonderes Bewältigungspotenzial für psych. Erkrankungen enthält. Auch die Freud'sche These einer Parallelität von K. und Neurose und damit die Unterstellung einer zwanghaften Regression auf den Primärprozess etc. wird der Flexibilität des kreativen Denkens in keiner Weise gerecht und ist daher von der Ich-psychol. Schule der *Psychoanalyse* (nach 1950) zurückgenommen und in das Konzept einer «Regression im Dienste des Ich» (Kris) überführt worden. Demgegenüber hat sich die empirische K.ps. (vor allem in Form des Intelligenz-Strukturmodells von Guilford; *Intelligenz-Struktur*) zunächst auf die Relation von Intelligenz und K. konzentriert. In Guilfords Modell der 120 Intelligenzfaktoren spielt für Kreativität in erster Linie das divergente Denken (mit Aspekten der Denkflüssigkeit, -flexibilität und -originalität) eine Rolle, sodass anfangs K. (unzulässigerweise) mit divergentem Denken identifiziert wurde. Auch die (Grenzwert-)These, dass sich die Kovariation von Intelligenz und K. über der Schwelle von 120-IQ-Punkten auflöst, hat sich empirisch so nicht halten lassen. Für die umfassende(re) Modellierung der kreativen Persönlichkeit kam in der Folge ein entscheidender Impuls aus den (quant. wie qual. Methoden einsetzenden) Untersuchungen von Barron (ab den 1960er-Jahren), der bei (lebenden) Kreativen eine pos. Kovariation von (psychopathologischen) Ängsten und Ich-Stärke nachweisen konnte, während in der Normalpopulation zw. diesen Variablen eine neg. Korrelation vorliegt. Daraus entwickelte sich die Annahme einer paradoxalen Grundstruktur der kreativen Persönlichkeit, die ansonsten divergierende Eigenschaften konstruktiv verbindet. Diese mittlerweile weitestgehend akzeptierte Modellierung ist für alle relevanten Dimensionen differenziert nachgewiesen und lässt sich schlagwortartig zus.fassen als *aktive Kontemplation* (für die kogn. Dimension), *zweifelnde Selbstsicherheit* (emotional-motivational) und *unangepasste Anpassung* (soziales Handeln). Bei den Umweltfaktoren spielen Familie und Schule (als informelle und formelle Sozialisationsinstanz) die zentrale Rolle. Für beide gilt, dass sie einerseits für die K. höchst förderlich sein können, andererseits aber mind. genauso stark hinderlich. In der Familie ist ein kogn. anregendes Klima entscheidend, das u. a. durch Fehlertoleranz intrinsische Motivation und intellektuelle Neugier fördert. Allerdings muss ein darauf ausgerichteter Erziehungsstil möglichst durch das entspr. elterliche Bsp. fundiert sein, was gerade in bildungsfernen Schichten häufig fehlt, sodass die kindliche K. u. U. schon frühzeitig verschüttet wird. Solche familiären Negativdynamiken kann die Schule zumeist nicht pos. umpolen, im Gegenteil: Ein auf Leistungs- und Konkurrenzdruck ausgerichtetes Lernklima verschärft die K.hemmnisse noch. Kreative Kinder stellen häufig ein Problem für die Klassendisziplin dar, sodass Lehrende z. T. sogar K. unsinnigerweise mit *Konformität* identifizieren, anstatt als charismatisches Modell eine Zugmotivation auszuüben. Dementsprechend haben viele Erwachsene das Gefühl, ihr K.potenzial nicht optimal auszuschöpfen, was zum Erfolg der überaus zahlreichen K.trainings beiträgt, in denen Techniken wie Brainstorming, synektische Methoden etc. eingeübt werden. Der Erfolg solcher Trainings ist nur schwer zu beurteilen, da sie selten durch K.-Tests überprüft werden und die (wenigen) Testverfahren außerdem darunter leiden, dass die (zeitbegrenzte) Testsituation die Übertragbarkeit auf die Alltagsrealität (*Validität, externe*) von vorneherein einschränkt. Zudem setzen die K.-Trainings akzentuierend an der Inkubations- und Inspirationsphase an und können so zwar die Aktualisierung der vorhandenen persönlichen K. verbessern, doch zu einer substanziellen K.steigerung ist sicherlich ein umfassender entspr. Lebensstil vonnöten. Groeben 2013, Kaufman & Sternberg 2006. *N. Groeben*

Kreativitätstests (= Kt.) [engl. *creativity tests, creativity assessment*], [**DIA, KOG, PER**], *Tests*, die zur quant. Bestimmung der interindiv. unterschiedlichen Ausprägung der Eigenschaft der *Kreativität* (= K.) konstruiert sind. K. wird dabei, wie auch bei anderen psychol. Konzepten, wie z. B. *Intelligenz* oder *Extraversion*, als *Konstrukt* verstanden, das nicht direkt beobachtbar ist, sondern aus beobachtbaren Sachverhalten, wie z. B. dem Lösen von Testaufgaben, erschlossen wird. Für die *Testkonstruktion* von Kt. werden die aus der K.forschung ermittelten Befunde genutzt und in entspr. Testaufgaben überführt. Auch spez. dafür konstruierte *Ratingskalen* können als Kt. bez. werden. Den Anstoß für die Entwicklung von Kt. haben die beiden bekannten Methodiker und Intelligenzforscher Guilford (1950) und Thurstone (1951) gegeben, wobei Guilford auf die Bedeutung der kogn. Komponenten der *Problemsensitivität*, der *Wortflüssigkeit*, der *Flexibilität* und der *Redefinition* für kreatives *Denken* hingewiesen hat.
Das *K.modell des divergenten Denkens* innerhalb des Guilford'schen *Structure of Intellect*-Modells (SOI) (*Intelligenzfaktoren*), war direktes und indirektes Vorbild für eine Reihe von standardisierten Tests zum divergenten Denken. In der *Matrix of the divergent-production factors* kombinierte Guilford die 6 Produktkomponenten mit den 4 Inhaltskomponenten und erhielt damit 24 Tests des divergenten Denkens. Das Testprinzip des divergenten Denkens verfolgt das Ziel, möglichst viele originelle und neuartige Antworten zu erhalten. Auf dieser Grundlage sind die *The Torrance Tests of Creative Thinking (TTCT)* entstanden. Sie wurden seit der ersten Aufl. 1966 in 7 aktualisierten Versionen weiterentwickelt, wovon eine neuere Version aus 2008 stammt. Die Tests liegen jew. in Form A und in Parallelform B vor und testen das *Kreative Denken* mittels verbaler und figuraler Items. Die figuralen Tests der TTCT bestehen aus 3 Subtests. Subtest 1: *Picture Construction* (Figurenumrisse weitergestalten). Subtest 2: *Picture*

Completion (vorgegebene Zeichnungen komplettieren). Subtest 3: *Lines/Circle* (Modifizierung vorgegebener Figuren). Der verbale Teil umfasst 4 Subtests. Subtest 1: *Ask and Guess* (Bilder mit Fragen versehen). Subtest 2: *Product Improvement* (Verbesserungen für Gebrauchsgegenstände vorschlagen). Subtest 3: *Unusual Uses* (zu Feststellungen möglichst viele Fragen notieren). Subtest 4: *Just Suppose* (zu einer unglaubwürdigen Situation möglichst viele Folgerungen nennen). Für die TTCT konnten Retestreliabilitäten (*Reliabilität*) von .40 bis .70 errechnet werden. Auch Validitätskoeffizienten (*Validität*) für einige kreative Leistungen liegen vor. Werden kreative Leistungen mithilfe von Expertenratings *(*Ratingskala*)* bei schulischen Leistungen eingeschätzt, dann ergeben sich Koeffizienten (*Korrelation*) zw. .30 und .40. Werden kreative Leistungen im beruflichen Kontext über Experten eingeschätzt, erreichen die Koeffizienten Werte um .50.

Der *Remote Associates Test* (RAT, Mednick, 1968) ist auf der Basis von Assoziationsannahmen des *Kreativen Denkens* konstruiert. Der RAT umfasst 30 Items. Je Item werden 3 Wörter als Assoziationselemente vorgegeben. Dazu soll ein viertes, passendes Wort hinzugefügt werden. Für den Anlass, besonders begabte und talentierte Schüler und Studierende auszuwählen, wurden spez. Ratingskalen entwickelt. Bracken & Brown (2006) haben die *Scales For Rating Behavioral Characteristics of Superior Students* (*SRBCSS*) konstruiert. Williams (1980) hat für ähnliche Zwecke die *Williams Scale of Creativity Assessment Packet* entwickelt. Lehrer/Professoren bewerten über eine Liste von 8 Items die Dimensionen: *Fluency, Imagination, Complexity* und *Risk Taking*. Die Experten schätzen ein, wie intensiv und wie häufig diese Merkmale bei den einzelnen Pbn vorliegen. Auch im dt.-sprachigen Raum hat das Konzept des divergenten Denkens zu einigen Testentwicklungen geführt. Der *Verbale Kreativitätstest (V-K-T)* von Schoppe (1975) orientiert sich am Intelligenzmodell von Jäger aus dem Jahre 1967 und bezieht sich auch auf Guilford. Der Test besteht aus 9 Subtests, von denen einige nach dem Prinzip des divergenten Denkens konstruiert sind und zu einem Kreativitätsindex (KI) zus. gefasst werden. Die *Kriteriumsvalidität* des V-K-T wurde für die Subtests und den KI anhand der mündlichen und schriftlichen Deutschnoten und zusätzlich noch mittels einer K.beurteilung der Schüler durch Lehrer berechnet. Die Koeffizienten variieren zw. .14 und .41. Wegen einiger Konstruktionsmängel und wegen der veralteten Normen kann der K-V-T nur noch bedingt empfohlen werden. Der KVS-P (Krampen 1996, *Kreativitätstest für Vorschul-und Schulkinder, Version für die Psychologische Anwendungspraxis*) wurde für die fördernde *Entwicklungsdiagnostik* konstruiert und ist als exploratives Verfahren (*Screening*) für das Lebensalter 4–11 anwendbar. Das Verfahren ist weitgehend sprachfrei konzipiert und erfasst über 6 Subtests mit den Bez.: *Fortbewegungsarten, Handlungsalternativen, Alternative Verwendungen, Bilderraten, Gebundene Zeichnungen* und *Freie Zeichnungen* kreative Leistungen. Die mitgeteilten Testgütekriterien (*Gütekriterien*) erreichen Werte, die als hinreichend für die intendierten Zwecke des Tests gelten können. Schuler & Hell (2005) haben für die Vorhersage des beruflichen Erfolges für Pbn mit der Bildungsvoraussetzung Abitur den *ASK (Analyse des Schlussfolgernden und Kreativen Denkens)* entwickelt. Für das Modul *Kreatives Denken (KD)* wurden 4 Subtests mit jew. neuen Aufgaben (*Sätze kombinieren, Hypothesen generieren, Bedingungsgefüge def., Kategorien bilden*), die dem intellektuellen Niveau der Zielgruppe angepasst sind, konstruiert. Die zweifaktorielle Struktur des Tests ist nachgewiesen und auch die *Konstruktvalidität* ist umfangreich belegt. Außerdem konnte gezeigt werden, dass bei der Kombination von konventionellen Intelligenzmaßen (Modul *Schlussfolgerndes Denken*) und Testwerten des *Kreativen Denkens (KD)* eine bessere Vorhersage des Berufserfolges resultiert, als sie nur über Intelligenzwerte aus dem Modul Schlussfolgerndes Denken erreicht wird (*Validität, inkrementelle*). Bei der Anwendung des Tests kann auf aktuelle Normen (*Normierung*) zurückgegriffen werden. Groeben 2013, Schuler & Görlich 2007.   *H. O. Häcker*

Kreislaufregulationsstörungen unter Psychopharmakotherapie *Orthostatische Dysregulation unter Psychopharmakotherapie.*

Kreisprozesse [engl. *circular process*], [**BIO, KOG, WA**], Vorgänge, Abläufe (von Funktionen, *Handlungen, Lernprozessen*) u. a.), die erkennen lassen, dass die einzelnen Glieder nicht bloß voneinander abhängen, sondern sich gegenseitig – auch rückwirkend – bedingen.

Kreisreaktion (= K.) [engl. *circular reaction*], [**EW**], Jean Piaget hat das Konzept der K. für das sich entwickelnde Zusammenspiel von Assimilation (*Assimilationsschema*) und *Akkommodation* verwendet und das vor allem für die *sensu-motorische Entwicklungsstufe*; es ist aber auf allen Entwicklungsstufen analog verwendbar (*Repräsentationsstufen*).

Auf allen Entwicklungsstufen haben Menschen die Tendenz, ihre Assimilationsschemata, vor allem, wenn sie noch relativ neu sind, immer wieder anzuwenden. Die elementarste Variante ist die, dass das Kind ein einmal aktiviertes Schema in Aktion behält, einfach aus Freude an der damit verbundenen sensorischen *Wahrnehmung* und später aus Freude am Effekt. Bsp.: Das Strampeln der Beinchen, das den ganzen Körper und einen am Wiegendach aufgehängten Hampelmann in Bewegung setzt, wird lustvoll aufrechterhalten. Oder auf der konkret-operatorischen Stufe (*konkret-operatorische Entwicklungsstufe*): Eine mühsam gefundene Problemlösung (*Problemlösen*) wird für eine Weile betrachtet und mehrfach nachvollzogen. Diese Tendenz zur Aufrechterhaltung der Assimilation nannte Piaget *primäre K.*

Die *sekundäre K.* besteht darin, dass ein Individuum ein einmal als lustvoll erlebtes Schema bei passender (oder auch vermeintlich passender) Gelegenheit wieder aktiviert. Zum Bsp. kann der Anblick des Hampelmanns den Säugling verleiten, sein vorher ausgeführtes Kunststück des Strampelns wieder aufzunehmen. Oder: Wer eben mit seinem Auto die erste Fahrt nach Hause gemacht und zum ersten Mal die automatische Gangschaltung erlebt hat, wird möglicherweise die nächstbeste Gelegenheit nutzen, nochmals wegzufahren.

Die *tertiäre* K. besteht darin, dass ein Individuum ein als lustvoll erlebtes und unterdessen ausgekostetes Schema spontan variiert, um zu sehen, was dann passiert. In diesem Fall experimentiert das kreative Individuum mit Schemata und Schemavariationen. Gewisse neue Wirkungen resp. Schemata werden besonders attraktiv sein: Der Zyklus kann von Neuem beginnen.

Offensichtlich bergen K. wichtige motivationale Faktoren (*Motivation*). Mit ihnen flexibel umzugehen, birgt enorme erzieherische und didaktische Chancen. *A. Flammer*

Kretinismus (= K.) [engl. *cretinism*; lat. *cretina* Kreatur, elendes Geschöpf], **[BIO, GES]**, angeborene fehlende oder mangelhafte Schilddrüsenfunktion (*Schilddrüse, Schilddrüsenhormone*) mit Wachstumshemmung (Zwergwuchs, Kurzfingrigkeit, aufgestülpte Nase, dicke Zunge, Taubheit) und *Intelligenzminderung* (zurückgebliebene *Sprachentwicklung*). Vom K. ist das ähnlich sich auswirkende, aber nicht angeborene *Myxödem* zu unterscheiden. Von endemischem K. spricht man beim gehäuften Auftreten in best. Gegenden, z. B. in Gebirgstälern (Jodmangel).

Kretschmer, Ernst (1888–1964), **[HIS, PER]**, Psychiater, Marburg, Tübingen. In der Ps. bekannt als Begründer einer Körperbau-Typologie. *Körperbautypen*.

Kreuztoleranz [engl. *cross-tolerance*; lat. *tolerare* erdulden], **[PHA]**, Begriff aus der Pharmakologie, der kennzeichnet, dass die Toleranz gegenüber einem Stoff zur Toleranz gegenüber einem zweiten, molekularbiol. ähnlich wirkenden Stoff führt. Ursache: ähnlicher chemischer Wirkungsmechanismus.

Kreuzvalidierung (= K.) [engl. *cross-validation*], **[DIA, FSE]**, Verfahren zur Kontrolle der Gültigkeit (*Validität*) von Testergebnissen durch unabhängige Replikation der *Validierung*. Mit der K. werden die bei einer Stichprobe gefundenen Validitätskoeffizienten oder Modellgütekriterien bei einer anderen Stichprobe erneut überprüft. So kann z. B. untersucht werden, ob eine Anzahl von Testitems, die bei einer Gruppe versch. Ausprägungsgrade einer Eigenschaft differenziert hat, bei einer anderen Gruppe nun ebenso differenziert. Eine K. empfiehlt sich insbes., wenn theoriebasierte multivariate stat. Modelldef. (z. B. *Strukturgleichungsmodelle*) datenbasiert verändert werden, um eine adäquate Modell-Datenpassung zu erreichen. Die K. ermöglicht dann eine stat. Testung der ansonsten nur deskriptiven, stichprobenspezif. optimierten Modelldef. Döring & Bortz 2016.

Kriegsdiskurs [engl. *war discourse*], *konfliktbezogene Diskursformen*.

Kriegsführung, psychologische (= p.K.) [engl. *psychological warfare*], **[SOZ]**, umfasst alle Methoden – im Vorfeld und i. R. eines Krieges –, das Militär und die Zivilbevölkerung i. S. eigener Kriegsziele zu beeinflussen. Wesentliche Ziele der p.K. sind, (1) Motivation und Fähigkeit des Gegners zum Kampf zu mindern, (2) Motivation und Fähigkeit der eigenen Seite und der Verbündeten zu erhöhen, (3) den Gegner von Neutralen und seinen Verbündeten zu isolieren. Zentrale Methode ist die Manipulation und Desinformation mithilfe von Massenmedien (*Kriegspropaganda, Feindbilder*). Informationen werden aber auch über Handzettel, Flugblätter, Lautsprecher, in neuerer Zeit zudem über Internet verbreitet. Unter *Information Warfare* wird das Auswerten, Stören, Verfälschen von gegnerischen Informationen sowie das Einschleusen von Fehlinformationen verstanden, während die eigenen Informationen geschützt und militärisch genutzt werden. Darüber hinaus sind weitere Methoden der p.K.: Sabotage, Zerstören von Infrastruktur, Einschleusen von Viren in wirtschaftlich bzw. militärisch relevante Computer-Systeme; Entführen und Ermorden, insbes. von politischen und militärischen Repräsentanten des Gegners; Angriffe auf die Zivilbevölkerung, u. a. Bombenterror, Vertreibungen, Massenvergewaltigungen; militärische Manöver an den gegnerischen Grenzen. P.K. ist ein bedeutender Bereich der K. und gehört zum Arsenal moderner Armeen. Streibl 2004. *G. Sommer*

Kriegspropaganda (= K.) [engl. *war propaganda*], **[SOZ]**, Menschen sind bei den Bildern, die sie sich von internat. Ereignissen machen, weitgehend abhängig von Tatsachenbehauptungen und Interpretationsmustern, wie sie von Politikern, Journalisten und anderen Meinungsbildnern verbreitet werden. Dadurch wird Realität sozial konstruiert (*Sozialkonstruktivismus*). Die folg. Strategien der K. werden vor und in Kriegen eingesetzt. (1) Informationen, die zur Stärkung des *Feindbildes* erwünscht sind – z. B. ein vom Gegner begangenes Unrecht – wiederholen und aufwerten (z. B. als «typische», beabsichtigte Tat; zudem werden die Folgen konkret und detailliert berichtet), (2) unerwünschte Informationen – z. B. ein Kooperationsangebot des Gegners – unterschlagen oder in ihrer Bedeutung abwerten (z. B. «nicht ernst gemeint», Ablenkungsmanöver), (3) Ereignisse verkürzt darstellen, ohne die relevanten historischen und gesellschaftlichen Hintergrundinformationen, (4) bei Informationen Interpretationen und Deutungen i. S. des Feindbildes mitliefern (insbes. auch durch Bilder, die leichter und intensiver Emotionen evozieren, (5) neg. Ereignisse provozieren oder gänzlich erfinden (Becker & Wulf 2008).

Als bes. wirkungsvoll gilt, wenn glaubhafte eigene Quellen, z. B. der (Minister-)Präsident, oder übergelaufene hohe Repräsentanten des Gegners (z. B. Minister, Generäle, Prominente) Informationen vermitteln. Auch bei Massenmedien ist es bedeutsam, wie seriös das jew. Medium vom Rezipienten eingeschätzt wird. Die gezielte (Des-)Informationspolitik wird in autoritären Regimen meist durch direkte Zensur der Medien erreicht. In Krisensituationen ist sie aber auch immer wieder in Ländern mit Pressefreiheit zu beobachten. *Kriegsführung, psychologische*. Chomsky 2003, Sommer 2001, Streibl 2004. *G. Sommer*

Kriminalität (= K.) [engl. *criminality*; lat. *crimen* Beschuldigung, Verbrechen], **[RF, SOZ]**, eine besondere Form des normabweichenden Verhaltens (*Abweichung, soziale*). Dieses Verhalten wird durch das Bestehen eines Verbrechensbegriffes definiert. Der Inhalt des Verbrechensbegriffes ist von sozialkult. Determinanten best. und deshalb zeitlich und regional sehr unterschiedlich.

K. ist nach Kaiser (1971) «die Summe der strafrechtlich missbilligten, also mit einem bes. Unwerturteil belegten Rechtsbrüche oder Verbrechen. Die K. wird gewöhnlich nach Raum (national, regional, lokal) und Zeit (Tag, Monat, Jahr) sowie nach Umfang (Zahl der Delikte), Struktur (Art und Schwere der Delikte) und Entwicklung beschrieben». *Kriminalpsychologie*, *Kriminalstatistik*. Volbert & Steller 2008. *H. O. Häcker*

Kriminalitätsfurcht (= K.) [engl. *fear of crime*], [**EM, PER, RF**], die indiv. *Furcht* (= F.) (*Angst*), Opfer krimineller Handlungen zu werden, ist ab den 1970er-Jahren zunächst in der Kriminologie vielfach untersucht worden, vor allem mit Blick auf politische Implikationen (etwa der Identifizierung von regionalen *hot spots* der K.). Vielfach diskutiert wurden (oft als «paradox» empfundene) Befunde, dass Frauen sich mehr fürchten als Männer und ältere Personen mehr als jüngere, obwohl die stat. Risiken gerade gegenläufig verteilt sind (höheres Risiko für Jüngere und für Männer). Die psychol. Differenzierung zum einen in versch. Komponenten von F. (affektive, kogn., behaviorale; *Affekt*, *Kognition*, *Verhalten*) und zum anderen gemäß der Unterscheidung zw. aktuellem F.zustand (*state*) und personengebundener Neigung, sich zu fürchten (*trait*) (*Emotionen*), zog jedoch eine Auflösung dieser scheinbaren Widersprüche nach sich. So verhalten sich bspw. Ältere zwar vorsichtiger als Jüngere (behaviorale Komponente), fürchten sich aber nicht häufiger als diese (affektive Komponente) und halten auch keine Opfererfahrung nicht für wahrscheinlicher (kogn. Komponente). Wenn zusätzlich nach konkreten F.anlässen (z. B. potenziell gefährlichen Situationen oder spezif. Delikten) differenziert wird, zeigt sich nochmals ein heterogeneres Befundbild (bspw. nimmt die Angst vor sexuellen Delikten, die bei jüngeren Frauen besonders ausgeprägt ist, mit dem Alter ab). Eine allg. Angabe zur K. einer Person oder zu ihren generellen Ursachen erscheint daher nicht sinnvoll. Gabriel & Greve 2003, Ditton & Farrall 2000. *W. Greve*

Kriminalitätsstatistik [engl. *crime statistics*], *Opfererfahrung, kriminelle*.

Kriminalprognose (= K.) [engl. *criminal risk assessment*; lat. *crimen* Verbrechen], [**RF**], in Abgrenzung zur Prognose der Kriminalitätsentwicklung auf regionaler oder gesellschaftlicher Ebene betrifft die indiv. K. Aussagen über die *Wahrscheinlichkeit* und die Bedingungen zukünftigen kriminellen Verhaltens einer best. Person. K. werden auf unterschiedlichen Stufen der Strafverfolgung und -vollstreckung getroffen, z. B. bei der Entscheidung über die Unterbringung eines Straftäters in einem psychiatr. Krankenhaus (§ 63 Strafgesetzbuch) oder in der Sicherungsverwahrung (§ 66 StGB), bei der Entscheidung über Lockerungen (Ausgänge, Urlaub) und vorzeitige Entlassung aus dem Strafvollzug oder der Beendigung der Sicherungsverwahrung. K. werden in diesen Kontexten meist über Gewalt- oder Sexualstraftäter (*Gewalt, Gewaltdelikt, sexuelles, sexueller Missbrauch*) von Psychologen oder Psychiatern erstellt und liefern die Grundlagen für Entscheidungen, die dann Gerichte oder Justiz- bzw. Maßregelvollzugsanstalten treffen. Da K. im Spannungsfeld zw. persönlicher Freiheit des Individuums/Straftäters und den Sicherheitsbelangen der Allgemeinheit stehen und Fehler bzw. Irrtümer gravierende Konsequenzen haben können, ist ihre Erstellung eine sehr verantwortungsvolle psychol. Tätigkeit. Eine aus Juristen und Vertretern der Psychowiss. zus.gesetzte Arbeitsgruppe hat Mindeststandards für die Erstellung von K. formuliert (Boetticher et al. 2006).

Man unterscheidet meist zw. *statistischer* (oder aktuarischer, erfahrungsbasierter) und *klinisch-ideografischer* (oder erklärungsbasierter) Prognose. Bei der stat. K. werden Prognosetafeln oder -instrumente verwendet, die eine Sammlung von Merkmalen der Taten, des Täters oder des sozialen Kontextes beinhalten, die sich in empirischen Studien als *Prädiktoren* des Rückfalls (im Fall von Risikomerkmalen) bzw. der Legalbewährung (im Fall von protektiven Merkmalen) erwiesen haben. Diese Instrumente verfügen über Regeln bzgl. der Erfassung der Merkmale und Regeln dafür, wie man sie (z. B. zahlenmäßig) gewichtet und abschließend miteinander verknüpft. Mittlerweile wurden für mehrere Deliktsbereiche (z. B. Sexualdelikte, Gewaltdelikte) und für mehrere Zielgruppen (z. B. Erw. und Jugendliche) Instrumente entwickelt.

Da die stat. K. dem Einzelfall nicht gerecht werden kann, ist ihre alleinige Anwendung bei der Beurteilung der Rückfallwahrscheinlichkeit einer konkreten Person rechtlich nicht zulässig und fachlich unangemessen. Klinisch-ideografische K. sind stärker auf den Einzelfall ausgerichtet. Sie zielen auf die indiv. Erklärung der Straffälligkeit und die Entwicklung seitdem. Die Abschätzung des Rückfallrisikos geschieht auf der Grundlage dieser Theorien über den Einzelfall in Kombination mit der Analyse der zu erwartenden Situationen in Freiheit. Dahle (2005) hat einen Verfahrensvorschlag gemacht, der stat. und klin.-ideografische K. integriert. Kröber et al. 2006. *S. Suhling*

Kriminalpsychologie (= K.) [engl. *criminal psychology*; lat. *crimen* Verbrechen], [**RF**], s. auch Einleitung Gebietsüberblick «I.16 Rechtspsychologie und Forensische Psychologie»; Teildisziplin sowohl der Ps. als auch der Kriminologie. Sie umfasst psychol. Beiträge zur Kriminalitätsthematik wie Theorien über die Bedingungen von Straftaten und Delinquenzentwicklungen, präventive und rehabilitative Maßnahmen und die Strafvollzugs-Ps.

Da jedoch der Begriff des Verbrechens sehr vielfältig determiniert ist und die übergeordneten juristischen, gesellschaftlichen und kult. Normen den inhaltlichen Aspekt dessen, was Verbrechen ist, bestimmen, ist der Verbrechensbegriff sehr variabel und der psychol. zu untersuchende Aspekt des Verbrechens und des Verbrechers sehr komplex. Aus diesem Grunde haben sich die rein psychol. Ansätze zur Beschreibung und Erklärung der Kriminalität erweitert, etwa durch sozialpsychol. Analysen oder klin. Aspekte des normabweichenden Verhaltens. Eine rein differenzielle, auf best. Persönlichkeitseigenschaften hin analysierende Betrachtung wird heute äußerst selten vertreten, da solche Theorien sich empirisch wenig bewährten. So überwiegen z. B. für die von Eysenck vorgelegte Kriminalitätstheorie, die mit dem Konstrukt der Extraversion bzw. der Konditionierbarkeit kriminelles Verhalten erklären will, solche empirischen Befunde, welche die Theorie nicht stützen und sie zu einer starken Einschränkung auf einige wenige Deliktformen zwingen. Die K. hat auch eine starke Wandlung dadurch erfahren, dass sich die *Kriminologie* in umfassender und interdisziplinärer Weise mit der Kriminalität befasst. Die Schwerpunkte, in denen sich die Ps. heute noch mit dem Kriminellen befasst, sind die Fragen der Prophylaxe, der Resozialisierung und der damit zus.hängenden Maßnahmen der Therapie. *Forensische Psychologie*. Volbert & Steller 2008. *H. O. Häcker*

Kriminalstatistik (= K.) [engl. *crime statistics*], **[RF]**, erfasst die in einem best. Zeitraum, gewöhnlich Kalenderjahr, in einem best. Gebiet, z. B. Staat oder Gemeinde, amtlich registrierten Straftaten. Gebräuchlich ist sie als polizeiliche K., die angezeigte Delikte registriert (in Dt. ohne Verkehrs- und Staatsschutzdelikte). Die Würdigung durch gerichtliche Instanzen, die meist später erfolgt, wird in der polizeilichen K. nicht berücksichtigt. Ist die Aussage der K. insoweit bereits mit einem Vorbehalt zu nutzen, so ergibt sich das schwierige Problem, dass K. nur das sog. Hellfeld der Straftaten erfasst und keinerlei Rückschlüsse auf das Dunkelfeld gestattet. Dennoch bildet sie wegen ihrer Aktualität eine unersetzliche Entscheidungshilfe in versch. gesellschaftlichen Prozessen. Maßgeblich ist dabei auch der Differenziertheitsgrad, mit dem die Begleitumstände der Delikte registriert werden. Moderne K. gliedert die Straftaten nach strafrechtlichen Bestimmungen, berücksichtigt aber auch u. a. Merkmale von Tätern und Opfern. Hier finden psychol. Forschung und Praxis wichtige Hintergrundinformationen. Es gilt zu beachten, dass sich K. im stat. Sinne mit seltenen Ereignissen befasst. Risiken für den Einzelfall, z. B. in der Kriminalprognostik, sind auf dieser Grundlage nicht zu bestimmen. Bannenberg & Rössner 2005. *P. Steck*

Kriminologie (= K.) [engl. *criminology*; lat. *crimen* Verbrechen, λόγος (*logos*) Lehre], **[RF]**, die K. ist eine empirische, interdisziplinäre Wissenschaft, die sich mit den im menschlichen und gesellschaftlichen Bereich liegenden Umständen befasst, die mit dem Zustandekommen, der Begehung und der Verhinderung von Verbrechen sowie mit der Behandlung von Rechtsbrechern zus.hängen. Mit interdisziplinärem, multifaktoriellem Ansatz richtet sie ihre Forschungen im Erfahrungsbereich auf alles, was sowohl mit den Rechtsnormen als auch mit der *Persönlichkeit* des Rechtsbrechers und ihren Verhältnissen in Verbindung mit dem von der Rechtsordnung bzw. Sozialordnung missbilligten *Verhalten* zusammenhängt.
Schon Ende des 19. Jhd. befassten sich hauptsächlich Med. und Juristen mit der Frage nach dem Entstehen von Verbrechen (Lombroso). Extreme theoretische Positionen führten aber zu keinen nennenswerten, wiss. fundierten Resultaten. Bevor die K. nach dem Zweiten Weltkrieg eine eigenständige Disziplin wurde, hat man ihre Beziehungen zu den versch. Fachgebieten sehr unterschiedlich gesehen. Von einigen Autoren wird die K. als *Clearing*-Zentrale für die Ergebnisse versch. traditioneller wiss. Disziplinen gesehen. Mayer bezeichnet die K. als empirische *Geisteswissenschaft*. Für Sutherland gehört sie zu den Sozialwissenschaften. Die in Dt. wie auch in anderen Ländern angestrebte Richtung geht dahin, dass die K. auf empirischem Weg das Verbrechen, den Verbrecher und die Verbrechensverhütung gemeinsam mit anderen Fachrichtungen untersucht. Daraus resultiert eine interdisziplinäre Zusammenarbeit von Juristen, Psychiatern (*Psychiatrie*), Soziologen (*Soziologie*) und Ps. Göppinger 1971, Kaiser 1971. *H. O. Häcker*

Krippe [engl. *day nursery*], *Vorschulerziehung, vorschulische Betreuungsformen*.

Krise [engl. *crisis*; gr. κρίσις (*krisis*) Entscheidung, Wendung], **[EW, GES, KLI, SOZ]**, der entscheidende bzw. problematische Punkt oder auch Abschnitt im Verlauf einer Entwicklung, *Krankheit*, Interaktion. I. w. S. jede Auseinandersetzung. *Life-Event, kritisches*.

Krisenintervention (= K.) [engl. *crisis intervention*; lat. *intervenire* dazw.treten], **[KLI]**, unter K. versteht man – in Abgrenzung zur *Psychotherapie* oder *Beratung* – die kurzfristige Einflussnahme oder Hilfe für Menschen oder soziale Gruppen, die sich in einer akuten *Krise* befinden oder von ihr bedroht werden. Es geht darum, die kritische Entwicklung aufzuhalten oder zu bewältigen. Da psych. Krisen jederzeit auftreten können, sollen psychosoziale Hilfen für Menschen, die sich in einer Krisensituation befinden, in vielfältiger Form und niedrigschwellig verfügbar sein. Die ersten Ansprechpartner und häufig die wichtigsten Hilfen sind zunächst im unmittelbaren sozialen Umfeld zu finden (*soziale Unterstützung*), d. h. Familienangehörige oder Freunde. Darüber hinaus gibt es semiprofessionelle und professionelle Hilfen. Dazu zählen mehr oder weniger strukturierte Hilfenetze, wie *Selbsthilfegruppen* für psych. kranke Menschen, und insbes. die i. d. R. flächendeckend organisierten Telefonseelsorgenummern und Krisentelefone/-hotlines oder Krisendienste (*Frühe Hilfen*). Diese sind häufig auch auf spez. Zielgruppen ausgerichtet (z. B. Frauennotruf, Notruf für Jugendliche), im besten Falle auch «rund um die Uhr» erreichbar und führen gelegentlich – falls erforderlich – auch Hausbesuche durch. Frauenhäuser bieten schließlich Möglichkeiten der stationären Unterbringung bei psychosozialen Konfliktsituationen für Frauen – evtl. mit kleinen Kindern. Bei schweren psych. Krisen, ggf. mit *Suizidalität*, kann auch die Notaufnahme in einer psychiatrischen Klinik erforderlich sein. In einer spezielleren Bedeutung wird unter K. die Betreuung von Menschen nach akuten psych. Ausnahmesituationen, Selbstmordversuchen oder Großschadensereignissen bzw. Katastropheneinsätzen verstanden. Hier kommen Kriseninterventionsteams mit entspr. geschulten Helfern, bei Rettungsdiensten, psychol. Diensten oder kirchlichen Trägern zu Einsatz. Unter psychoth. Blickwinkel lässt sich das Handlungsprinzip der K. als *supportiv* kennzeichnen. Es geht zunächst darum Schutz, Sicherheit und Entlastung zu geben. Erst wenn dies erreicht ist, kann durch empathisches Zuhören vorsichtig eine vorläufige Situations- und Problemklärung erfolgen, und es können konkrete kleine oder sehr kleine Handlungsschritte zum bes-

seren Verständnis oder zur Klärung der Problemsituation erarbeitet werden. Ortiz-Müller et al. 2010, Dross 2001.
L. R. Schmidt

Kristallvision [engl. *crystal vision*; lat. *videre* sehen], *Parapsychologie*; zu den magischen Praktiken gehört das Erzeugen illusionsartiger Bilder, indem man einen glänzenden Gegenstand (Kristall, Metall, Wasser) längere Zeit betrachtet. Bei allem Wandel in den Einzelheiten – schon die Antike kennt solche «Kunst» – bleibt der Zweck meist der gleiche: wahrsagen, die Zukunft schauen, der «Blick in jenseitige Gefilde». Bender 1970, Driesch 1952.

kriteriale Bezugsnorm [engl. *criterial reference norm*], *Bezugsnorm*.

Kriterienmodell [engl. *criteria model*; gr. κριτήριον (kriterion) (entscheidendes) Merkmal], *EFQM-Excellence-Modell*.

Kriterium (= K.) [engl. *criterion*; gr. κριτήριον (kriterion) (entscheidendes) Merkmal], **[DIA]**, ein entscheidendes Merkmal, mit dem andere Merkmale verglichen werden. So ist z. B. bei der Validitätsprüfung eines Tests (*Validität*) das K. ein nicht infrage gestelltes Maß dessen, was dieser Test messen soll. Ein Merkmal, das zur Beurteilung der Qualität eines Sachverhalts herangezogen wird (z. B. *Gütekriterien*). Ein kritischer Wert, bei dessen Erreichung oder Überschreitung eine alternative Entscheidung in ihr Gegenteil umschlägt (z. B. Prüfung bestanden – nicht bestanden). *Selektion*.
[FSE], i. R. der *Regressionsanalyse* wird das vorherzusagende Merkmal (*Variable, abhängige*) als K. bezeichnet.
G. Mikula

kriteriumsbezogene Validität [engl. *criterion validity*; gr. κριτήριον (kriterion) (entscheidendes) Merkmal], *Validität*.

Kriteriumsorientiertes Testen *Test*.

Kriteriumsrotation [engl. *criterion rotation*; gr. κριτήριον (kriterion) (entscheidendes) Merkmal], **[FSE]**, ein von Eysenck (1950; vgl. Eysenck (1950)) vorgeschlagenes Verfahren zur Rotation bzw. Interpretation eines Faktors (*Faktorenanalyse*). In die Faktorenanalyse der Tests wird ein externes Kriterium aufgenommen, das mit dem Faktor hoch korreliert (*Korrelation*).

Kriteriumsvalidität (= K.) [engl. *criterion validity*; gr. κριτήριον (kriterion) (entscheidendes) Merkmal], syn. *empirische, kriteriale, kriterienbezogene Validität*, **[DIA]**, Aspekt der *Validität* (= V.) diagn. Messverfahren: das Ergebnis einer Messung soll mit einem praktisch bedeutsamen Außenkriterium bzw. -merkmal erwartungs- oder theoriekonform in Zus.hang (*Korrelation*) stehen. (1) Innere V.: Das Kriterium wird ebenfalls durch ein psychometrisches Verfahren gemessen (z. B. *Fragebogen*, *Test*). (2) Äußere V.: Das Kriterium wird nicht durch ein psychometrisches Verfahren erhoben (z. B. Expertenurteil, psychiatrische Diagnose). (3) *Übereinstimmungsv.*, konkurrente V.: Kriteriumsausprägung liegt zeitgleich vor (z. B. Komorbidität, Therapiemotivation zu Therapiebeginn). (4) *Vorhersagev.*, prädiktive V.: Die Kriteriumsausprägung tritt zukünftig ein (z. B. Rückfall, Therapieerfolg). Mängel der *Reliabilität* und V. des Außenkriteriums wirken sich i. d. R. mindernd auf die Kriterienkorrelationen aus (*Minderungskorrektur*).

Kritischer Idealismus [engl. *critical idealism*; gr. κρίνειν (krinein) unterscheiden, beurteilen], *Idealismus*.

Kritischer Rationalismus (= K. R.) [engl. *critical rationalism*; gr. κρίνειν (krinein) unterscheiden, beurteilen, *ratio* Vernunft], **[PHI]**, von Popper begründete phil. Richtung, die alles Wissen (theoretischer wie empirischer Art) und überhaupt jeden Problemlösungsversuch für fehlbar hält (*Fallibismus*) und daher im Unterschied zum klass. *Rationalismus* das Ziel sicherer Erkenntnis aufgibt. Anders als die skeptischen und relativistischen Strömungen hält der K. R. echte Erkenntnis dennoch für möglich, i. S. von Fortschritten bei dem Versuch der zutreffenden Darstellung der Realität durch Gesetzeshypothesen. Zentrales Moment der Rationalität ist die kritische Prüfung, Kriterium wiss. *Theorien* die *Falsifizierbarkeit* sowie die Bemühung um strenge Prüfung und Falsifikation. Letzteres verlangt zur Prüfung von Theorien eine Suche nach alternativen Erklärungen und nach widersprechenden Fakten, die den Weg zu gehaltvolleren und zutreffenderen Theorien weisen. Streng geprüfte und nicht falsifizierte Aussagen gelten als bewährt, doch niemals als bewiesen und auch nicht als induktiv gestützt oder wahrscheinlich. Über die Methodologie der Wissenschaften hinaus beansprucht der K. R. Geltung für andere Arten menschlicher Praxis, etwa Kunst, Recht, Wirtschaft und Politik. Popper 1966, Albert 1968, Albert 1978.
V. Gadenne

kritisches Denken [engl. *critical thinking*; gr. κρίνειν (krinein) unterscheiden, beurteilen], *Allgemeinbildung*.

kritisches Lebensereignis [engl. *critical life event*]; *Life-Event, kritisches*.

Kritische Theorie [engl. *critical theory*; gr. κρίνειν (krinein) unterscheiden, beurteilen], **[HIS, PHI]**, eine in den 1920er-Jahren im Frankfurter Institut für Sozialforschung entstandene (daher auch als *Frankfurter Schule* bezeichnete) Richtung, die durch das interdisziplinäre Zusammenwirken ihrer Vertreter aus den Bereichen Philosophie, Soziologie, Ps. und Ökonomie geprägt ist. Sie wird v. a. mit den Namen Max Horkheimer, *Adorno*, Herbert Marcuse, *Fromm* sowie in den 1970er-Jahren Jürgen Habermas in Verbindung gebracht. Auf Basis marxistischer und freudianischer Erkenntnis und unter den Eindrücken des Nationalsozialismus lieferte sie u. a. bedeutende Beiträge auf dem Gebiet der Autoritarismusforschung (*Autoritarismus, autoritäre Persönlichkeit*). Gamm 1970.
J. Brauer

Kroh, Oswald (1887–1955), **[EW, HIS, PÄD]**, deutscher Psychologe und Pädagoge; 1902–1908 Ausbildung als Lehrer, 1908–1913 Volksschullehrer, externes Abitur in Münster, 1913–1919 Studium der Philosophie, Pädagogik, Mathematik und Naturwissenschaften in München und Marburg, 1919 erste und zweite Lehramtsprüfung sowie Promotion zum Dr. phil. bei *Jaensch* in Marburg mit einer Arbeit über Farbenkonstanz und Farbentransformation, 1919–1922 Assistent bei *Müller* in Göttingen, 1921 Habilitation in Göttingen, 1922 ao. Prof. für Philosophie, Ps. und Pädagogik an der TH Braunschweig, 1923 Prof. für Erziehungswiss. in Tübingen, 1928 Ernennung zum Ordinarius,

1931 Ablehnung von Rufen an die TH Dresden und an die TH Braunschweig, 1938 o. Prof. für Ps. und Pädagogik (unter besonderer Berücksichtigung der Heeresps.) an der Universität München, Ablehnung eines Rufes an die Universität Berlin. 1940 kommissarischer Vorsitzender der *Deutsche Gesellschaft für Psychologie (DGPs)*, in dieser Funktion ist Kroh maßgeblich an der Einführung und Gestaltung des Diplomstudiengangs für Ps. beteiligt (Geuter 1984, Retter 2001). 1942 o. Prof. für Ps. an der Universität Berlin, 1945 Entlassung wegen NSDAP-Mitgliedschaft, 1946–1948 Bemühung um Wiedereinstellung an der Universität Berlin in Ost-Berlin (ab 1949 Humboldt-Universität), 1948–49 Professor für Ps. an der neugegründeten Freien Universität (FU) in West-Berlin, dort 1950 Ernennung zum o. Prof. Kroh arbeitete zur *Eidetik*, zur Entwicklungsps. und Päd. Ps. *H. E. Lück*

Krueger, Felix (1874–1948), [**DIA, FSE, HIS, WA**], gilt als Begründer und Leiter der Zweiten *Leipziger Schule*, von ihm *Strukturpsychologie* genannt, heute meist in Abhebung von der Berliner Schule der *Gestaltpsychologie* unter dem Begriff der *Ganzheitspsychologie* (*Krueger-Ganzheitspsychologie, Ganzheit*) bekannt. Krueger studierte in Straßburg, Berlin und München Philosophie, Ps., Naturwissenschaften und Geschichte der Nationalökonomie. An der Universität München promovierte er 1897 mit einer philosophischen Arbeit. Im gleichen Jahr wurde er Assistent von *Wundt* in Leipzig, wechselte 1899 nach Kiel, kehrte 1902 zurück und konnte sich 1903 habilitieren. 1906 erhielt er einen Ruf auf eine ordentliche Professur an der Universität Buenos Aires. 1908 kehrte er nach Leipzig zurück, 1910 wurde er ao. Prof. und noch im gleichen Jahr o. Prof. in Halle. Mit *Spearman* entwickelte er Ideen zur *Faktorenanalyse*. Von 1914–1917 leistet Krueger Kriegsdienst, 1917 wurde er der Nachfolger von Wundt. Von 1933 bis 1936 war Krueger Vorsitzender der *Deutschen Gesellschaft für Psychologie (DGPs)* und leitete diese nach dem Führerprinzip; er richtete auch den 13. Kongress 1933 in Leipzig aus. Krueger stand mit seiner dt.nationalen und antidemokratischen Haltung dem Nationalsozialismus nahe, war jedoch nicht Mitglied der NSDAP. Nachdem Krueger sich in einer Vorlesung 1936 pos. über jüdische Gelehrte wie «den edlen Juden» Spinoza geäußert hatte, wurde er denunziert. Für das Sommersemester 1936 erhielt er Lehrverbot, Krueger ließ sich krankschreiben und musste von seinem Amt als Rektor zurücktreten. 1938 musste er, vorzeitig emeritiert, die Universität Leipzig verlassen. Er zog sich nach Potsdam zurück und zog Ende des Zweiten Weltkrieges nach Grenzach bei Basel um. Krueger wirkte über seine Schüler *Sander*, Hans Volkelt, *Wellek* und andere prägend auf die Ps. in Dt. bis weit in die Nachkriegszeit. Geuter 1985. *H. E. Lück*

Krueger-Ganzheitspsychologie [engl. *Krueger's holistic psychology*] nach *Krueger, Felix*; *Leipziger Schule, Ganzheitspsychologie*.

Krümmungstäuschung [engl. *curvature illusion*], [**WA**], ein Halbkreis wird als gekrümmter wahrgenommen als ein kleinerer Kreisausschnitt, obwohl der Radius identisch ist (s. Abb). *geometrisch-optische Täuschung*.

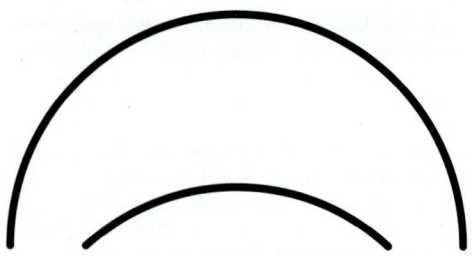

Krümmungstäuschung

Kruskal-Wallis-Test (= K.) [engl. *Kruskal-Wallis test*], syn. *H*-Test, [**FSE**], ein nicht parametrisches Prüfverfahren zum Vergleich mehrerer unabhängiger Stichproben hinsichtlich ihrer zentralen Tendenz (für zwei Stichproben: *Mann-Whitney-U-Test*). Die Anwendung des K. setzt Ordinalvariablen (*Ordinalskala*) voraus. Die Beobachtungen aller k Stichproben werden in eine gemeinsame Rangreihe gebracht und die Rangplatzsummen (R_j) der einzelnen Stichproben verglichen. Der kritische Wert H wird nach

$$H = \frac{12}{N \cdot (N+1)} \cdot \sum_{j=1}^{k} \frac{R_j^2}{N_j} - 3 \cdot (N+1)$$

bestimmt, er ist ab $n > 5$ χ^2-verteilt (df = k -1).
N = Anzahl der Beobachtungen
N_j = Anzahl der Beobachtungen
Im Falle von Rangbindungen (Mehrfachbesetzung desselben Rangs) lautet die Formel:

$$H = \frac{\frac{12}{N \cdot (N+1)} \cdot \sum_{j=1}^{k} \frac{R_j^2}{N_j} - 3 \cdot (N+1)}{1 - \frac{1}{N^3 - N} \cdot \sum_{i=1}^{s} t_{r(i)}^3 - t_{r(i)}}.$$

$t_r(i)$ = Anzahl der Beobachtungen mit Rang i
s = Anzahl der mehrfachbesetzten Ränge.
Statistische Datenanalyseverfahren. Siegel & Castellan 1988.

Kryptästhesie [gr. κρύπτειν (kryptein) verstecken, αἴσθησις (aisthesis) Wahrnehmung], [**WA**], das verfeinerte Wahrnehmen kaum wahrnehmbarer Eindrücke, d. h. sehr verfeinerte *Wahrnehmung*. Auch Bez. für *Hellsehen*.

Kryptografie [engl. *cryptography*; gr. κρύπτειν (kryptein) verstecken, γράφειν (graphein) schreiben], [**KLI**], im weiteren Sinne die Wissenschaft des Ver- und Entschlüsselns, also der Umwandlung einer Information von einem lesbaren Zustand in einen unlesbaren Zustand (einen Geheimtext) sowie dessen Rückführung in einen lesbaren Zustand. Zudem Bez. für sinnlose Schriftzeichen, die ohne *Konzentration* auf den Schreibvorgang (*Schreiben*) und ohne bewusste Beachtung gleichsam «nebenbei» hingeschrieben oder hingekritzelt werden und als Äußerung unbewusster Vorstellungen (*Unbewusstes*) deutbar sein sollten.

KTQ-Zertifizierung *Qualitätsmanagement*.

KTT, auch KT, Abk. für *Klassische Testtheorie*.

Kuder-Richardson-Formel 20 [engl. *Kuder-Richardson 20 formula*], [**DIA**], eine von Kuder und Richardson zur Ermittlung der internen *Konsistenz* eines aus dichotomen Items (z. B. «gelöst» vs. «nicht gelöst») bestehenden, eindimensionalen *Tests* entwickelte Formel, die auf der Item-Schwierigkeit (p) und der Testwertstreuung (σ_x) aufbaut.

$$r_{tt} = \frac{n}{n-1} \left(\frac{\sigma_X^2 - \Sigma p \cdot (1-p)}{\sigma_X^2} \right)$$

Ihre Anwendung setzt voraus, dass die Item-Interkorrelationen (*Korrelation*) ungefähr gleich groß sind, was bei dichotomen Items aufgrund der schwierigkeitsabhängigen *Varianz* eigentlich ungerechtfertigt ist. KR-20 entspricht im Wesentlichen *Cronbachs Alpha* für dichotome Daten. *Itemanalyse*, *Konsistenz, innere*, *Reliabilität*. Lienert & Raatz 1994.

Kugelfallversuch [engl. *Hering's test with falling balls*], *Heringscher Fallversuch*.

Kuhn, Thomas Samuel (1922–1996), [**HIS, PHI**], amerik. Physiker, Historiker und Wissenschaftstheoretiker, B. S., M. S. und Ph.D. in Physik an der *Harvard University*, Lehrtätigkeit in Physik, dann auch in Wissenschaftsgeschichte; Wechsel an die *University of California*, 1961 Ernennung zum Professor für Wissenschaftsgeschichte. Kuhns Buch «The Structure of Scientific Revolutions» mit der von *Fleck* abweichenden These periodischer Entwicklungen einer Wiss. hat auch in der Ps. zu der Frage nach Phasen der «Normalforschung», nach «wiss. Revolutionen» und *Paradigmenwechsel* (*Paradigma*) i. S. von Kuhn geführt. Kuhn selbst war unsicher, ob sein Phasenmodell auch für Sozialwissenschaften Gültigkeit hat. Mit seiner Beschreibung von Prozessen in Wissenschaftlergemeinschaften (*scientific community*) hat Kuhn Anstoß zur sozialwiss. Erforschung von Forschergruppen gegeben. Kuhn 1967. *H. E. Lück*

Külpe, Oswald (1862–1915), [**HIS, KOG**], deutscher Psychologe, Begründer der sog. *Würzburger Schule* der Denkps. (Hammer 1994). Nach dem Abitur in Kurland Tätigkeit als Hauslehrer, dann Studium bei *Wundt* in Leipzig, in Berlin sowie bei G. E. *Müller* in Göttingen, 1886 Lehramtsprüfung in Dorpat, dann 1887 Promotion bei Wundt in Leipzig mit einer Arbeit über die Theorie sinnlicher Gefühle, 1888 Habilitation zur Lehre vom Willen in der neueren Philosophie, 1887–1894 Assistent bei Wundt, Arbeiten im Kontext der Wundt'schen Experimentalpsychologie; 1894 Berufung nach Würzburg auf eine Professur für Philosophie und Ästhetik, dort Begründung eines Ps. Instituts nach dem Vorbild von Wundt. Külpe erwirbt sich in Würzburg mit seinen Schülern und Mitarbeitern *Marbe*, *Ach*, *Bühler* und A. Messer Ansehen durch die systematische Durchführung von exp. Untersuchungen mit Selbstbeobachtungen zu Denkverläufen (*Denken*), bald als Würzburger Schule bezeichnet. Es erfolgte Kritik durch Müller; ebenso gab es eine Auseinandersetzung mit Wundt (Bühler-Wundt-Kontroverse), der die Untersuchungen zur *Introspektion* als «Ausfragemethode» und «Scheinexperimente» zurückwies. 1909 Annahme eines Rufs nach Bonn, dann 1914 Nachfolger von Lipps in München. Külpe 1912, Külpe 1922. *H. E. Lück*

Kult, Kultus [engl. *cult*; lat. *cultus* gebildet, gepflegt], [**SOZ**], die Gesamtheit von Volkssitten, Vorstellungen (*Vorstellung*) und Gebräuchen, die nach Inhalt und Ausdruck einen best., meist religiös-mythischen Gedanken vertreten und sinngemäß als heilig gepflegt werden.

Kultivierungshypothese (= K.) [engl. *cultivation hypothesis*; lat. *cultus* gebildet, gepflegt], [**MD**], Gerbner & Gross 1976, beschäftigen sich mit der Frage, welchen kult. Einfluss Massenmedien, insbes. das Fernsehen, ausüben. Die K. nimmt an, dass Fernsehen die Vorstellungen formt («kultiviert»), die Rezipienten von der Welt haben. Insbes. Personen mit hohem Fernsehkonsum werden demnach in ihrer Wahrnehmung der sozialen Realität beeinflusst. Bspw. konnten Gerbner et al. (1994) zeigen, dass Personen, die viele gewalthaltige Sendungen sehen, die Häufigkeit von Gewaltverbrechen im Alltag überschätzen. In einer Ausdifferenzierung der K. unterscheiden Gerbner et al. (1980) *Mainstreaming* und *Resonance*. Mit *Mainstreaming* ist die Vereinheitlichung von Meinungen über versch. gesellschaftliche Gruppierungen von Rezipienten hinweg gemeint. *Resonance* bezieht sich auf eine Verstärkung des Kultivierungseffekts, die dann entsteht, wenn persönliche Erlebnisse und Fernseherfahrungen übereinstimmen. Schramm & Hasebrink 2004. *J. Kimmerle*

Kultur (= K.) [engl. *culture*; lat. *cultura* Pflege, *colere* bebauen, ausbilden], [**PHI, SOZ**], Aneignung, Veredelung und Wertsteigerung der Natur durch den Menschen. Nach Hellpach ist K. die Ordnung aller Lebensinhalte und Lebensformen einer Menschengemeinschaft unter einem obersten, alles bestimmenden Wert (*Werte*). Auch die Erstarrung ist notwendig. Ohne sie gäbe es das Phänomen der K. nicht – es käme nie zu der Ruhe und Stetigkeit, deren K. bedarf. Thurnwald (1939) versteht unter K. die Gesamtheit der *Gewohnheiten* und Einrichtungen, die sich auf Familie, staatliche Gestaltung, Wirtschaft, Arbeit, *Moral*, Sitte, Recht und Denkart (*Denken*) beziehen. Sie sind an das Leben der Gemeinwesen gebunden, in denen sie geübt werden, und gehen mit diesen zugrunde. Den Umkreis der kult. Gegenstände teilt man herkömmlich in folg. einzelne Sachbereiche ein: (1) wirtschaftliche K. (Ackerbau, Bergbau, Viehzucht, Technik, Industrie, Handel, Verkehr), (2) soziale K. (Sitte, Recht, *Gesellschaft*, Staat, *Erziehung*), (3) geistige K. (Wissenschaft, Kunst, Religion, Schrift, *Sprache*, *Spiel*). – Diese Sachbereiche sind das Ergebnis einer Ausdifferenzierung im Laufe der Entwicklung, an deren Anfang die menschlichen Urgüter standen: Sprache, Tracht, Werkzeug, Gebot und Sitte, Jenseitsvorstellungen und Erlösungssehnsucht. Die krit. Auseinandersetzung mit dem Zustand und der Entwicklungshöhe unserer K. form ist oft betrieben worden: angefangen mit Rousseau, später von Kierkegaard, Nietzsche, J. Burckhardt, Dilthey, Jaspers, Klages, Spengler, A. Schweitzer, Toynbee, Marcuse et al. *Kulturdimensionen*, *Kulturstandards*, *Kulturvergleichende Psychologie*.

Kulturanthropologie (= K.) [engl. *cultural anthropology*], [**SOZ**], eine hauptsächlich in den USA entwickelte Forschungsrichtung, die Theorien und Methoden der *Anthropologie*, Ps. und Soziologie in sich vereinigt. Ihre Grundthese ist, dass die Kultur eines Volkes sich nicht aus den biol. Gegebenheiten ableiten lässt, sondern dass im Gegenteil die biol. Gegebenheiten erst durch die Kultur ihre Prägung erfahren und immer Ausdruck einer best. Kultur sind. K. ist eigentlich ethnologische Anthropologie und versucht, mit den Sitten, Gebräuchen und Institutionen das Wesen und die Struktur der Kulturen zu gewinnen und damit die für das Wesen der Menschen dieser Kulturen entscheidenden Faktoren zu erfassen. *Kulturpsychologie*. Benedict 1955, Mühlmann & Müller 1966, Rothacker 1948.

Kultur des Friedens (= K.) [engl. *culture of peace*], [SOZ], der Begriff der K. wurde durch einen Beschluss der UN-Vollversammlung aus dem Jahre 1998 prominent, mit dem die Weltorganisation die Dekade der K. von 2001–2010 ausrief. Er lässt sich nahtlos auf die Charta der UNESCO von 1949 zurückführen, in der ausgeführt wurde, dass Kriege «in den Köpfen der Menschen» beginnen. Diese Passage der Charta macht die Relevanz der Ps. für eine K. deutlich: In der UN-Resolution von 1998 wird die K. als Satz von «Werten, Einstellungen und Verhaltensweisen» beschrieben, «die soziales Miteinander und das Prinzip des Teilens widerspiegeln und inspirieren sowie auf Gewaltlosigkeit und sozialer Gerechtigkeit aufbauen». Acht Schlüssel zu einer K. werden herausgearbeitet: (1) Gewaltlosigkeit, (2) Menschenrechte, (3) Toleranz und Solidarität, (4) Gleichheit zw. Frauen und Männern, (5) nachhaltige Entwicklung, (6) Demokratie, (7) freier Informationsfluss und (8) Erziehung zum Frieden. Ps. und sozialwiss. Forschungsergebnisse zu K. lassen sich in neun zentralen Befunden zus.fassen: (1) Gewaltaffinität ist nicht naturgegeben; biol. Determinismus fördert Gewalt und soziale Ungleichheit; (2) die Verringerung sozialer Ungleichheit zw. Individuen und zw. Gesellschaften fördert Frieden; (3) Gewalt kann durch Konfliktmanagement und konstruktive Nutzung von Konflikten verhindert werden; (4) eine Förderung von gewaltfreien Traditionen kann gewalttätige Vorkommnisse auf allen Gesellschaftsebenen reduzieren; (5) gewaltfreies Handeln ist ein Mittel zur Förderung sozialer Gerechtigkeit; (6) ein Mehr an Kommunikation und Kontakt insbes. in Krisenzeiten nützt dem Frieden; (7) emanzipatorische Anstrengungen der Ps. fördern konstruktive gesellschaftliche Veränderungen; (8) die Förderung der Gleichheit von Frauen und Männern ist eine friedensfördernde Maßnahme; und (9) Prävention geht vor Intervention.

Aus wiss. Perspektive weitgehend ungeklärt ist die Nachhaltigkeit der Wirkung von psychol. Prävention und Intervention zugunsten friedlicher Konfliktlösung und einer K. Langzeitstudien belegen nur geringe Wirkungen, sodass davon auszugehen ist, dass die Etablierung einer weltweiten K. eher eine Angelegenheit von vielen Jahrzehnten, wenn nicht Jhd. ist und nicht durch kurzfristige Einzelmaßnahmen herbeigeführt werden kann. Forschung zur K. ist Gegenstand der *Friedenspsychologie*. de Rivera 2009, Boehnke et al. 2004. *K. Boehnke*

Kulturdimensionen (= K.) [engl. *cultural dimensions*], [PER, SOZ], K. sind z. T. empirisch entwickelte hypothetische Konstrukte, die zur Beschreibung und zum Vergleich von Kulturen herangezogen werden können. Es wird davon ausgegangen, dass es universelle menschliche Problemstellungen gibt, auf die Gruppen oder Gesellschaften eine Antwort entwickeln müssen und sie darüber auch verglichen werden können. Die bekanntesten K.-Modelle stammen von E. T. Hall und G. Hofstede. Hall unterscheidet drei grundlegende Dimensionen kult. Handelns, nämlich das Verhältnis zu *Raum*, *Zeit* und *Kommunikation*. G. Hofstede ermittelte auf der Grundlage einer umfangreichen Fragebogenstudie zu arbeitsplatzbezogenen Werthaltungen in den weltweiten IBM-Niederlassungen ($N = 116000$) fünf K.: (1) *Individualismus/Kollektivismus* (Inwieweit bin ich ein autonom handelndes Subjekt oder eingebettet in ein soziales Netzwerk?); (2) *hohe/geringe Machtdistanz* (Inwieweit müssen Machtunterschiede legitimiert werden oder sind sie quasi naturgegeben?); (3) *Maskulinität/Feminität* (Wie getrennt sind die Rollen von Mann und Frau in einer Gesellschaft?); (4) *hohe/geringe Unsicherheitsvermeidung* (Wie viel Unsicherheit sind Mitglieder einer Gesellschaft bereit zu ertragen?); und (5) *langfristige/kurzfristige Zeitorientierung* (Wie langfristig ist das Denken von Menschen in einer best. Kultur angelegt?). In jüngerer Zeit wurde versucht, mit der sog. *GLOBE-Studie* einige der meth. Schwächen bisheriger K.-Modelle zu vermeiden. Dort wurden im Kontrast zu Hofstede nicht nur quant. Daten auf nationalkult. Ebene gesammelt, sondern auch umfangreiche qual. Beschreibungen einzelner Kulturen angefertigt. Layes 2007. *S. Kammhuber*

kulturelle Intelligenz (= k. I.) [engl. *cultural intelligence*], [KOG, PER, SOZ], bez. die indiv. *Fähigkeit* von Personen, in unterschiedlichen kult. Kontexten handlungsfähig zu sein. Durch den expliziten Bezug auf das Handeln in kult. Kontexten lässt sich k. I. vom Konzept der allg. *emotionalen Intelligenz* unterscheiden. K. I. wurde von Earley & Ang (2003) als Alternative zum Begriff der *Interkulturellen Kompetenz* in die wiss. Diskussion eingeführt. K. I. bez. ein multidimensionales Konstrukt, das metakognitive, kognitive, motivationale und verhaltensbezogene Dimensionen beinhaltet. *Metakognitive k. I.* (*Metakognition*) umfasst alle komplexeren geistigen Prozesse, mit denen das Wissen über kult. Orientierungssysteme erworben und gesteuert wird. *Kognitive k. I.* (*kognitive Kompetenzen, Kulturvergleich*) beschreibt die Kenntnis spezif. kult. Orientierungssysteme und ihrer *Werte*, *Normen* und Regeln in ihrer sozio-historischen Entwicklung. *Motivationale k. I.* hingegen steuert die *Aufmerksamkeit* sowie die Energie, die eine Person in kult. Lernen zu investieren bereit ist. *Verhaltensbezogene k. I.* schließlich meint die Fähigkeit, in kult. unterschiedlichen Kontexten das jew. kult. und situativ angemessene Verhalten zeigen zu können. Zur Erfassung der k. I. von Personen wurde die *Cultural Intelligence Scale* entwickelt. *S. Kammhuber*

kulturelle Regeln [engl. *cultural rules*], *feeling rules*, *Liebe*, *sozialkonstruktivistischer Ansatz*.

kulturelle Überschneidungssituation (= k. Ü.) [engl. *cultural overlapping situation*], [SOZ], wenn Personen mit unterschiedlicher kult. Sozialisation in einer Situation füreinander bedeutsam werden und eine Interaktionsbeziehung eingehen, dann spricht man von einer k. Ü. Der Begriff ist eine Spezifizierung der *sozialen Überschneidungssituation* in der Feldtheorie von *Kurt Lewin*. In einer sozialen Kontaktsituation setzen sich Menschen nicht nur mit ihren eigenen Handlungszielen, ihren Motiven und Einstellungen auseinander, sondern müssen auch diejenigen der Interaktionspartner nachvollziehen, um angemessen agieren und reagieren zu können (*Fremdverstehen*). Sie befinden sich also zur gleichen Zeit in mehreren Situationen. Die Interpretation der Aktionen und Reaktionen der Interaktionspartner gelingt bei ähnlicher Sozialisation durch den Rückgriff auf geteilte Vorstellungs- und Begriffswelten besser als bei Sozialisationsverläufen in stark unterschiedlichen kult. *Orientierungssystemen*. Entscheidend für den Verlauf der Interaktionsbeziehung ist die Frage, welche Orientierungssysteme die Interaktionspartner in der jew. Situation aktivieren. So kann es sein, dass in einer alltagsbezogenen Situation ein dt. Vertriebsmitarbeiter und ein dt. Ingenieur ein gegenseitiges Verstehen sehr einfach herstellen können, während in einer fachbezogenen Situation die evtl. stark unterschiedlichen beruflichen Sozialisationsverläufe zu Missverständnissen und Konflikten führen können. Hingegen kann es sein, dass in einer fachlichen Situation der dt. Ingenieur leichter ein Verstehen mit seinem chinesischen Kollegen erzielen kann, während sie bei der Bewältigung einer Alltagssituation, z. B. im Ablauf eines gemeinsamen Essens, auf Missverständnisse und Fehlinterpretationen stoßen. Wenn das Handeln der Interaktionspartner in k. Ü. auffällig wird, also im pos. wie neg. Sinne fremdartig ist, dann spricht man von einer sog. *kritischen Interaktionssituation*. Thomas 2011a. S. Kammhuber

kulturelle Wertorientierungen (= k. W.) [engl. *cultural value orientation*], [**SOZ**], entwickeln sich als Antworten einer *Gesellschaft* auf grundlegende Anforderungen der Umwelt. Sie regulieren als geteiltes *Wissen* einer *Gruppe* oder Gesellschaft das Handeln ihrer Mitglieder. Sie haben eine hohe integrative Kraft und sind stabil in ihrer Ausprägung über längere Zeit hinweg. Der Psychologe Shalom Schwartz hat ein theoretisches Modell vorgelegt und empirisch überprüft, mit dem Kulturen anhand von drei Ggs.paaren beschrieben und verglichen werden können: (1) Inwieweit erleben sich Menschen als *autonom* oder *eingebettet* in ihren Gruppen? Die *Autonomie* kann weiter differenziert werden in eine intellektuelle (z. B. *Kreativität*) und eine affektive Form (z. B. *Hedonismus*). (2) Wie kann ein Gemeinwesen aufrechterhalten und die Beziehungen untereinander geregelt werden? Hier wird unterschieden zw. den Idealtypen *Egalitarismus* (Menschen sind gleichgestellt) und *Hierarchie* (jeder gesellschaftlichen Ordnung wohnt eine «natürliche» Hierarchie inne). (3) Wie gestalten Gesellschaften die Beziehung zw. sich und der sozialen und naturgegebenen Umwelt? Hier werden die Pole *Harmonie* (im Einklang mit den Gegebenheiten der Umwelt leben) und *Kontrolle* (Planung, Management und Kontrolle der Gegebenheiten der Umwelt) unterschieden. Im Ggs. zu anderen Kulturdimensionsmodellen, z. B. Hofstede, versteht Schwartz die k. W. nicht als unabhängige Dimensionen, sondern als Bestandteile eines integrierten interdependenten Systems. Entlang der sieben interdependenten k. W. konnte Schwartz aus den untersuchten 76 Nationalkulturen sieben transnationale Cluster bilden: Westeuropa, Englisch sprechende Länder, Lateinamerika, Osteuropa, Südasien, konfuzianische Länder, Afrika und Mittlerer Osten. *Kulturvergleichende Psychologie*. Schwartz 2006. S. Kammhuber

Kulturfairness [engl. *culture/cultural fairness*], *Testfairness*.

Kulturkreis [engl. *cultural area*], *Kulturmorphologie*.

Kulturlernen [engl. *cultural learning*], *interkulturelles Lernen*, *interkulturelles Training*.

Kulturmorphologie [engl. *cultural morphology*; gr. μορφή (morphe) Gestalt, λόγος (logos) Lehre], [**SOZ**], Lehre von der ganzheitlichen, geschlossenen *Gestalt* (Organismus) und dem Gestaltwandel der *Kultur*, der sich analog zur biol. Entwicklung aus Geburt, Jugendalter, Blütezeit, Greisenalter und Tod zus.setzen soll: *Kulturzyklentheorie* (Vertreter: Vico, zuletzt Spengler, Frobenius).

Kulturpsychologie (= Kps.) [engl. *cultural psychology*], [**PER, SOZ**], in der Kps. wird Kultur (= K.) als integraler Bestandteil der menschlichen Psyche verstanden. Damit grenzt sie sich ab von dem Ansatz der klass. *Kulturvergleichenden Psychologie*, die K. als externe, *unabhängige Variable* auffasst und bestrebt ist, menschliche Universalien über K.grenzen hinweg nachzuweisen und in ihrer traditionellen Ausprägung einem eher deterministischen, naturwiss. Paradigma folgt. In der Kps. wird im Ggs. davon ausgegangen, dass K. nicht als externe Variable betrachtet werden kann, sondern menschliches Verhalten und Handeln unauflöslich mit seinem kult. Kontext verwoben ist. Die historischen Wurzeln der Kps. liegen in der eher geistes- und sozialwiss. Tradition der Wundtschen «Völkerpsychologie» (*Wundt*), den pragmatistischen Vorstellungen von William James und John Dewey und der soziohistorischen Schule (*Wygotski*).

K.psychologen gehen von einem Bild des Menschen als absichtsvoll und kreativ handelndes Wesen aus, der seiner Umwelt durch soziale Aushandlungsprozesse mit anderen Personen aktiv Bedeutung und Sinn verleiht. K. kann nach Boesch als Handlungsfeld verstanden werden, das durch soziale Konstruktionsprozesse in Gruppen vergesellschafteter Subjekte entstanden ist. Es bietet den Individuen Handlungsmöglichkeiten, setzt aber auch Handlungsgrenzen. Menschen können als potenziell reflexive Wesen dieses Bedeutungs- und Sinnsystem aktiv bestätigen oder verändern. Aus Sicht der Kps. macht es aufgrund dieser historisch gewachsenen transformativen Beziehung kaum Sinn nach Universalien zu suchen, sondern vielmehr die Einzigartigkeit dieser komplexen Wechselbeziehung in ihrem spezif. sozio-historischen Kontext zu verstehen. Insofern bevorzugen K.psychologen eine qual. Methodologie (*Qualitative Sozialforschung*), mit der die bedeutungsgebenden Prozesse und ihre Auswirkungen auf das menschliche Wahrnehmen, Denken, Fühlen und Handeln aus der Perspektive der untersuchten Gruppe nachvollzogen werden können, wie z. B. teilstrukturiertes oder *narratives Interview*, *Konversationsanalyse*, Biografie- und Erzählanalyse, *Qualitative Inhaltsanalyse*, *Struktur-Lege-Techniken*.

Kps. ist die ältere Schwester der Indigenen Ps., die sehr ähnliche Ziele verfolgt. Während in der Kps eine Dominanz «westlicher» Forscher gegeben ist, wird die *Indigene Psychologie* eher von «nicht westlichen» Forschern betrieben. Als bekannteste Vertreter der Kps. der Gegenwart gelten in der angloamerik. Forschungstradition vor allem Jerome Bruner, Michael Cole, Patricia Greenfield oder Carl Ratner. Im dt.sprachigen Raum sind vor allem Ernst Boesch, Pradeep Chakkarath, Lutz Eckensberger und Jürgen Straub zu nennen. *Interkulturelle Psychologie*, *Kulturstandards*. Bruner 1997, Boesch & Straub 2007, Boesch 1980, Kim et al. 2006. S. Kammhuber

Kultursoziologie [engl. *cultural sociology*], [**SOZ**], Lehre von der gesellschaftlichen Bedingtheit und Bestimmtheit der *Kultur* und Kulturgebiete sowie der Rückwirkungen der Kultur auf die menschliche Gesellschaft, insbes. ihren Entwicklungsverlauf. Selbstständige Forschungsgebiete: *Soziologie* der *Sprache*, Religion, Kunst, *Erziehung*, Sitte, *Moral*, Technik und Wirtschaft, Soziologie des *Wissens*, des Rechts, der Umgangsformen, der Mode und der öffentlichen Meinung.

Kulturstandards (= KS.) [engl. *cultural standards*; germanisch *standhard* fest stehend], [**SOZ**], bez. hypothetische *Konstrukte*, die kulturspezif. Arten des Wahrnehmens, des Denkens, des Werdens, des Empfindens und des Handelns determinieren, die von der Mehrzahl der Mitglieder einer best. *Kultur* (= K.) für sich persönlich und für andere Personen als normal, typisch, selbstverständlich und verbindlich angesehen werden (*Kulturpsychologie*). Eigenes und fremdes Verhalten wird auf der Grundlage von KS. beurteilt und reguliert. KS. wirken wie ein Maßstab, ein Gradmesser, ein Bezugssystem für richtiges und kult. akzeptiertes Handeln. KS. erfüllen einerseits die Funktion einer *Norm*, stellen also einen Idealwert dar, und enthalten andererseits einen Toleranzbereich, innerhalb dessen Abweichungen vom Normwert noch akzeptiert werden. Ein den geltenden KS. gemäßes Verhalten wird im Verlauf des indiv. Sozialisationsprozesses in einer K. gelernt (*Enkulturation*). Die Wirkungen von KS. werden im Alltag nicht mehr bewusst wahrgenommen, da die Regel- und Steuerungsprozesse automatisch ablaufen. KS. sind für das Verständnis interkult. Handelns, *interkulturellen Lernens* und *interkultureller Trainings* von zentraler Bedeutung. KS., die in einer K. von großer Bedeutung sind, können in einer anderen K. eine andere Funktionalität besitzen. So ist der KS. *Sachorientierung* im Alltagsleben und im beruflichen Handeln in Dt. von zentraler Bedeutung. Für Menschen in vielen europäischen und z. B. auch asiatischen Kulturen schreibt der KS. *Beziehungs- und Personorientierung* vor, sich zunächst einmal um ein gutes, harmonisches, motivierendes Klima in der interpersonalen Begegnung und *Kooperation* zu bemühen, den Partner näher kennenzulernen, ihm «Gesicht» zu geben, bevor man sich mit sachbezogenen Details befasst. *Feeling-Rules*, *soziales Wissen*. Thomas 2011b. A. Thomas

kulturübergreifende Äquivalenz (= k.Ä.) [engl. *cross-cultural equivalence*; lat. *aequus* gleich, *valere* wert sein], [**FSE, PER, SOZ**], bezeichnet eine Eigenschaft interkultureller Vergleiche (*Kulturvergleichende Psychologie*). Versch. Arten von Kulturvergleichen setzen unterschiedliche Stufen der k. Ä. voraus. Die erste Stufe der k. Ä. zeichnet sich durch die interkult. Unvergleichbarkeit eines psychol. *Konstrukts* aufgrund unterschiedlicher Dimensionen (Anzahl und Aufbau) und damit einer kult. unterschiedlichen Bedeutung eines Merkmals aus (*Konstrukt-Nichtäquivalenz*). Auf der zweiten Stufe der k.Ä. unterscheiden sich Kulturen nicht bzgl. des Aufbaus (z. B. ähnliche Faktorenstruktur; *Faktorenanalyse*) und damit i.e.S. der Bedeutung eines Merkmals (*Konstruktäquivalenz* oder *strukturelle Äquivalenz*; *Äquivalenz, kulturübergreifende*). Auf dieser Äquivalenzebene sind strukturorientierte kulturvergleichende Studien zulässig. Auf der dritten Stufe, der *Messeinheitsäquivalenz*, sind auch die Skalenabstände zw. Kulturen vergleichbar. Die höchste Stufe, vollst. *Skalenäquivalenz* (*skalare Äquivalenz*) ist gegeben, wenn eine Messskala zusätzlich auch den gleichen Nullpunkt in allen zu vergleichenden kult. Gruppen aufweist. Nur auf dieser Stufe der k.Ä. sind unverzerrte levelorientierte Studien möglich. Das Fehlen vollst. Skalenäquivalenz ist häufig auf einen kult. unterschiedlichen Umgang mit Antwortskalen zurückzuführen (z. B. kulturspezifische Aquieszenzneigung), die in Bezug auf die wahre Ausprägung des Merkmals zu unterschiedlichen Skalennullpunkten führt. Da vollst. Skalenäquivalenz oft nur schwer erreichbar ist, werden unter best. Voraussetzungen Anpassungen vorgenommen, um diese Verzerrungen auszugleichen (z. B. *Standardisierung* innerhalb der Person; *Ipsativierung*). *Konfirmatorische Faktorenanalysen* sind in der Lage, die k. Ä. der Faktorladungen (strukturelle Äquivalenz) bzw. zusätzlich der Achsenabschnitte der Indikatoren (skalare Äquivalenz) zu überprüfen. *strukturorientierte Studie*, *levelorientierte Studie*. Trommsdorff & Mayer 2005, van de Vijver 2007. B. Mayer

Kulturvergleich, kognitive Kompetenzen *kognitive Kompetenzen, Kulturvergleich*.

Kulturvergleichende Psychologie (= Kv. P.) [engl. *comparative cultural psychology*], [**PER, SOZ**], bez. einen Zugang der Ps. zur Kultur (= K.), der in der naturwiss. orientierten Tradition der Ps. steht. Die K. wird als eine unabhängige Variable angesehen, die außerhalb des Individuums existiert. Diese nomothetisch, etisch-positivistisch ausgerichtete Kv. P. konzentriert sich auf die Erfassung von als allg. gültig definierten Gesetzmäßigkeiten indiv. Verhaltens und Erlebens. Dabei prüft sie, ob die mithilfe experimentalpsychol. Methoden (*Experiment*) unter streng kontrollierten Laborbedingungen – meist an Studenten aus der nordamerikanischen und europäischen Mittelschicht erhobenen – Daten und die daraus gewonnenen Erkenntnisse und Gesetzmäßigkeiten universelle Gültigkeit beanspruchen können. Dazu werden Pbn, die unter versch. kult. Bedingungen (national-, stammes-, gesellschaftssystem-kult. etc.) sozialisiert worden sind, in standardisierten exp. Settings getestet. Zudem werden standardisierte Fragebögen in der Muttersprache der Pbn zur Bearbeitung vorgelegt, die i.d.R. von Psychologen aus Nordamerika und Europa entwickelt und erprobt wurden. I. d. R. wird geprüft, wie hoch der Grad an (Nicht-) Übereinstimmung zw. den Pbn aus unterschiedlichen K. ist. Gesucht wird also nach Gemeinsamkeiten und Differenzen in der Wahrnehmung, den Kognitionen, den Emotionen und dem Verhalten bei Menschen, die unterschiedliche k.spezif. Orientierungssysteme verinnerlicht haben. Aufgaben und Ziele der Kv. P. sind nach Straub & Thomas (2003): (1) Erweiterung der Erkenntnisse über kult. Differenzen. (2) Beschreibung und Analyse kult. Gemeinsamkeiten in der Wahrnehmung, im Denken, in den Emotionen und im Handeln. (3) Entdecken neuartiger Phänomene und Aspekte im Kontext psychol. Determinanten von Verhalten und Erleben in unterschiedlichen K. (4) Analyse der Einflüsse sich wandelnder k.spezif. Orientierungssysteme auf das indiv. Erleben und Verhalten einerseits und die Verfestigung und Veränderung kult. Lebensformen durch das Verhalten von Personen und Gruppen. (5) Anwendung k.vergleichender Forschungsergebnisse bei der Lösung von Kommunikations- und Kooperationsproblemen (*Kommunikation, interkulturelle*) zw. Menschen unterschiedlicher K. (6) Erfüllung einer normativen Zielsetzung dergestalt, dass gerade die auf universelle Erkenntnisse abzielende Wissenschaft der Vielfalt und Individualität menschlicher Lebensformen und K. Rechnung zu tragen hat (Thomas 2008).

Obwohl viele Erkenntnisse über die genetische Bedingtheit menschlichen Verhaltens und Erlebens gewonnen wurden (*Verhaltensgenetik*), besteht unter Humangenetikern, Anthropologen, Ps. und k.vergleichenden Forschern Einigkeit, dass die konkreten handlungssteuernden Wahrnehmungsprozesse, Kognitionen, Emotionen und Motive sowie die Vorstellungen und Einstellungen des Individuums bzgl. seiner physischen und sozialen Existenz und Umwelt und die Fähigkeit, damit konstruktiv, lebenserhaltend und lebensbereichernd umzugehen, erst in der *Ontogenese* entwickelt und stabilisiert werden. Menschen wachsen in der Interaktion mit ihren jew. soziokult. Lebensbedingungen auf, die einen hohen Anteil an der jew. Ausformung der physischen und psych. Vorgänge haben. Die Kv. P. befasst sich i. R. ihrer Forschung und Theoriebildung mit allen klass. Themenfeldern der Ps. (Thomas 2003a; Trommsdorff, Kornadt 2007; Berry et al. 1997): (1) historische Entwicklungsverläufe und theoretische Ansätze (K.konzepte, Universalismus (etisch)/K.relativismus (emisch), kulturpsychol. Orientierungen, historische Entwicklungslinien, evolutionstheoretische Ansätze, Entwicklung kult. Vielfalt, verhaltensbiol. Perspektiven); (2) Methodologische Aspekte und Methoden des K.vergleichs; (3) soziokult. und ökologische Kontexte (Familiensysteme, Menschenbilder, ökokulturelle Perspektiven, Werte, Werthaltungen, Valenzen, Weltbilder/Religionen, Spiritualität, soziokulturelle Konstruktionen impliziten Wissens); (4) Teilgebiete der Ps.: Wahrnehmung, soziale Kognitionen, Entwicklung, Persönlichkeit, Aggressionen/Kriminalität, Gender/Sexualität, Kindheit, Jugend, Sozialisation, Intergruppenbeziehungen, verbale und nonverbale Kommunikation, Spracherwerb, Problemlösen; (5) angewandte K.forschung: Migration und Akkulturation, k.bedingte Begegnungskonflikte, *Interkulturelle Kompetenz, interkulturelles Training*, Schulausbildung, *Organisationskultur, Organisationsklima*, Werbung, Krankenversorgung/*Gesundheit, Psychopathologie* und *Psychotherapie*.

Die weitere Entwicklung der Kv. P. hat, angelehnt an Trommsdorff & Kornadt (2007), folg. Aspekte zu beachten: (1) Es ist eine Balance in der Behandlung von Ähnlichkeiten und Unterschieden zw. K. herzustellen. (2) Bei der Analyse der Interaktion zw. Individuum und K. wird oft nur eine K.dimension, z. B. Individualismus vs. Kollektivismus, im Vergleich mit Personen aus nur zwei K. beachtet. (3) Der Plurikulturalität der Lebenswirklichkeit ist mehr Bedeutung zuzumessen. (4) Die Bedeutung komplexer sozioökonomischer Rahmenbedingungen und Besonderheiten in politischen, sozialen und wirtschaftlichen Systemen für grundlegende Persönlichkeitsmerkmale ist in Betracht zu ziehen. So ist zw. afrikanischen, indischen und chinesischen K., zw. städtischen und ländlichen Lebensumständen, zw. traditionellen und modernen, zw. traditionellen und industriellen K. zu unterscheiden. (5) Nicht nur synchrone K.unterschiede, sondern auch diachrone Vergleiche innerhalb einer K. sind stärker zu beachten. (6) Es bestehen erhebliche meth. Probleme in der k.vergleichenden Forschung. So bedarf es der Entwicklung und Absicherung von k.äquivalenten Verfahren der Datenerhebung (*Testfairness*). Zudem sind meth. adäquate Instrumente zu entwickeln, um sprachliche Äußerungen, soziale Interaktionen und Überlieferungen zur Erfassung von K.spezifika zu nutzen. (7) Die angloamerik. und europäische Dominanz im Forschungsfeld der Kv. P. ist einer plurikult. Weltgesellschaft nicht angemessen und fordert deshalb zur stärkeren Berücksichtigung indigener psychol. Themen, Perspektiven und Konzepte heraus. (8) Die k.vergleichende Forschung ist präziser als bislang geschehen als interkult. Handeln aufzufassen, zu analysieren und zu behandeln. *Indigene Psychologie, kognitive Kompetenzen, Kulturpsychologie, Kulturvergleich*.

A. Thomas

Kulturwissenschaft (= K.) [engl. *cultural science*], [**PHI, SOZ**], ältere Wissenschaftsklassifikationen stellten den Naturwissenschaften die K. gegenüber, die das historische Geschehen bearbeiten, das nicht in allgemeine Gesetze gefasst werden kann (*nomothetisch*); dabei ist ihre Erkenntnismethode (*Erkenntnistheorie*) individualisierend.

Kummer-Effekt [engl. *sorrow effect*], *Hoffnungslosigkeit*.

Kumulation (= K.) [engl. *cumulation, cumulative effect*; lat. *cumulare* anhäufen], [**FSE**], Häufung, d. h., verstärkte Wirkung bzw. Summierung der Wirkung. [**SOZ**], *Schweigespirale*. [**PHA**], K. bez. eine langsam zunehmende Konzentration eines Arzneimittels im Plasma und Gewebe infolge eines Ungleichgewichts zw. der Zufuhr und der Elimination. Es handelt sich um einen normalen pharmakokinetischen Vorgang, der immer dann eintritt, wenn eine neue Dosis gegeben wird und von der vorhergehenden Dosis noch ein Teil im Körper vorhanden ist. Eine hohe K.gefahr und, damit verbunden, die Gefahr einer Überdosierung/*Intoxikation*, besteht insbes. für Substanzen mit langen Halbwertszeiten und pharmakol. aktiven Metaboliten. Ursächlich relevant sind zudem eingeschränkte Leber- und Nierenfunktion. *T. Veselinović*

kumulative Häufigkeit [engl. *cumulative frequency*; lat. *cumulare* anhäufen], [**FSE**], summierte Häufigkeiten einer *Verteilung*, die durch sukzessives Addieren der aufeinanderfolgenden Maßzahl- oder Klassenhäufigkeiten berechnet werden. Sie bestimmen daher die Gesamtzahl der Fälle bis zu einer best. Maßzahl der Verteilung.

Kundenbedürfnisse [engl. *customer's needs*], *Kundenzufriedenheit*.

Kundenbindung (= KB.) [engl. *customer loyalty*], [**WIR**], wird als ein Gefühl der Verbundenheit oder der Verpflichtung einer Person gegenüber einer anderen Person oder einem Unternehmen definiert. Dabei kann es sich auch um einen Zustand der Gebundenheit handeln, der letztlich problematische psych. Konsequenzen haben kann. Unter Verbundenheit wird ein pos. *Gefühl* (*Emotionen*) verstanden, das durch die Zufriedenheit eines Kunden bestimmt wird. Stellen bspw. die Leistungen eines Friseurs einen Kunden zufrieden, so kann sich dieser der Person des Friseurs verbunden fühlen und wird in der Folge das Geschäft weiterempfehlen. Das Gefühl der Verpflichtung kann dagegen sowohl pos. als auch neg. erlebt werden. Verbundenheit entspricht dem Konzept des affektiven *Commitment*, das ein emot. begründetes Gefühl der *Bindung* beschreibt. Geht der Kunde z. B. schon über Jahre hinweg zum selben Friseur, so kann er sich aufgrund einer persönlichen Beziehung gegenüber dem Friseur verpflichtet fühlen. Fühlt er sich dem Friseur zudem verbunden, ist die Beziehung mit einem pos. Gefühl belegt. Ist die Person mittlerweile jedoch mit der Leistung des Friseurs unzufrieden, so kann die Verpflichtung auch neg. empfunden werden. Das dafür ursächliche Gefühl der Gebundenheit entsteht durch den Aufbau von Wechselbarrieren – z. B. durch vertragliche Regelungen – seitens des Anbieters, wodurch der Kunde in seiner Wahlfreiheit eingeschränkt wird. KB. ist ein wichtiges Ziel vieler Unternehmen, da sich darüber der Absatz von Produkten und Dienstleistungen besser planen und steuern lässt. *Kundenbindung, Messung*. Nerdinger et al. 2015. *F.W. Nerdinger*

Kundenbindung, Messung [engl. *assessment of customer loyalty*], [**DIA, WIR**], *Kundenbindung* (= K.) bezieht sich sowohl auf bisheriges als auch auf zukünftiges Verhalten. Bei der Messung (*Messen*, *Datenerhebungsverfahren*) von K. muss daher zw. der Ex-post-Messung des tatsächlich gezeigten Verhaltens (Grad der K.) und der Ex-ante-Messung (Qualität bzw. Stabilität einer Bindung) unterschieden werden. I. R. der Ex-post-Messung werden mehrere Messansätze verwendet. I. S. einer obj. Messung (*Objektivität*) werden z. B. Umsatz oder Marktanteil als Indikatoren für K. erfasst. Nachteilig sind hierbei jedoch die fehlende Unterscheidbarkeit zw. Erst- und Wiederkäufern sowie die Wirkung situativer Einflüsse (z. B. konjunkturelle Lage). Daneben werden auch Größen wie die Kundenabwanderungsrate sowie die durchschnittliche Dauer einer Kundenbeziehung verwendet. Aufgrund der Ex-post-Betrachtung lassen sich diese Größen allerdings nur eingeschränkt für eine aktive Unternehmenssteuerung einsetzen. Ex-ante-werden hauptsächlich psychol. Konstrukte gemessen, die empirisch gesichert im Zusammenhang mit K. stehen, z. B. die Beschwerdezufriedenheit, die Wiederkaufabsicht oder das einstellungsbezogene *Commitment*. *Kundenzufriedenheit*. Nerdinger et al. 2015. *F.W. Nerdinger*

Kundenerwartungen [engl. *customers' expectations*], *Kundenzufriedenheit*.

Kundenkommunikation (= K.) [engl. *customer communication*], [**SOZ, WIR**], unter K. werden alle kommunikativen Maßnahmen (*Kommunikation*) eines Unternehmens verstanden, die einen dauerhaften, wechselseitigen Informationsaustausch mit den Kunden ermöglichen und zu einer ertragreichen Kundenbeziehung beitragen. Die Ziele der K. liegen für die Unternehmen in der Herstellung, Pflege und im Ausbau einer pos. Kundenbeziehung sowie der langfristigen *Kundenbindung*. Die wichtigsten Instrumente der K. sind Werbung, Öffentlichkeitsarbeit, Sponsoring, Verkaufsförderung, Eventkommunikation, Messen und Ausstellungen sowie neuerdings vermehrt die Onlinekommunikation. Sie dienen der Herstellung und Verbesserung von Kundenbeziehungen. Eine aktive K. soll den Dialog zu Neukunden oder abgewanderten Kunden anregen und damit die Kundenbindung pos. beeinflussen. *Marketing*. *F.W. Nerdinger*

Kundenloyalität (= KL.), [engl. *customer loyalty, client loyalty*; franz. *loyal* gemäß dem Gesetz], [**WIR**], unter KL. wird die anhaltende Markentreue bzw. Geschäfts-, Firmen- oder Ladentreue, d. h. die Treue eines Kunden zu einem best. Produkt bzw. Geschäft, verstanden. Dabei werden zwei Aspekte unterschieden: das bisherige *Verhalten* und die *Einstellung* gegenüber dem Objekt. Mit Blick auf das Verhalten bedeutet KL., dass der Nachfrager eine gewisse Konsistenz in seinem (Markenwahl-)Verhalten zeigt. Gemessen wird dieser Aspekt ex post, v. a. über Kaufverhalten und Weiterempfehlungen. Dabei bleibt allerdings die Ursache des Verhaltens unklar. Daher wird KL. häufig zusätzlich über eine pos. Einstellung des Kunden beschrieben, die sich in seiner Absicht zu Folgetransaktionen äußert. Dem liegt die Annahme zugrunde, dass Kunden, die eine positive Einstellung zu einem Anbieter haben, sich diesem gegenüber in Zukunft loyal verhalten werden. Die Messung erfolgt ex ante über die Erhebung der Absicht zum Wiederkauf, zur Weiterempfehlung bzw. zum Zusatzkauf. KL. wird häufig synonym mit *Kundenbindung* verwendet. *F.W. Nerdinger*

Kundenorientierung (= K.) [engl. *customer orientation*], [**AO, WIR**], wird sowohl als Merkmal der *Organisation* als auch der Mitarbeiter betrachtet. Im S. eines Merkmals der Mitarbeiter ist K. definiert als eine *Einstellung* mit dem Ziel (*Ziele*), die Bedürfnisse (*Bedürfnis*) und Erwartungen der Kunden zu erkennen und sich zu bemühen, diese zu erfüllen (Nerdinger 2003a). K. zielt aus Sicht der Unternehmen auf die Erhöhung des Kundennutzens und den Aufbau stabiler Beziehungen zu den Kunden. Zu diesem Zweck muss *Vertrauen* aufgebaut werden, was am besten durch die kontinuierliche Zufriedenstellung des Kunden erfolgt. In dem Maße, in dem sich ein Mitarbeiter an den indiv. Wünschen und Bedürfnissen des Kunden orientiert, wird ihm dies besser gelingen. K. ist aus Sicht der Unternehmen für die Steuerung des Verhaltens der Mitarbeiter besonders wichtig, da sich Einstellungen zumindest innerhalb eines best. R. z. B. durch Trainings verändern lassen. Zu den organisationalen Bedingungen der K. werden das *Organisationsklima* und das Verhalten der Führungskräfte (*Führung*) gezählt, zu den indiv. Bedingungen zählen *Persönlichkeitsmerkmale* (v. a. *Gewissenhaftigkeit* und *Extraversion*) sowie die *Arbeitszufriedenheit*. Die wichtigste Folge aus betrieblicher Sicht bildet der ökonomische Erfolg, zu dem das Engagement der Mitarbeiter im Kundenkontakt, das wiederum eng mit K. zus.hängt, signifikant beiträgt. Vermittelt wird dieser Zusammenhang durch den pos. Einfluss der K. der Mitarbeiter auf die *Kundenzufriedenheit* und die *Kundenbindung* an das Unternehmen. *F.W. Nerdinger*

Kundenverhalten, abweichendes (= a. K.) [engl. *abnormal consumer behavior*], [AO, SOZ, WIR], bezeichnet ein Verhalten der Kunden in der Begegnung mit Mitarbeitern von Unternehmen v. a. der Dienstleistungsbranche, das allg. akzeptierte Normen (*Normen, soziale*) für das Verhalten in entspr. Situationen verletzt. Aus der Sicht des Unternehmens zählen dazu Ladendiebstahl, *Vandalismus*, versch. Formen des Betrugs, illegitime Klagen über angebliche Fehler im Service oder absichtliche Beschädigung von Unternehmenseigentum. Relativ häufig erleben Mitarbeiter mit Kundenkontakt verbale Aggressionen (*Aggression*), wobei die Kunden gewöhnlich ihrem Ärger über Fehler im Service gegenüber den Mitarbeitern Luft machen und dabei soziale Normen verletzen. Physische Aggressionen bis hin zu Faustschlägen kommen dagegen seltener vor bzw. sind auf best. Dienstleistungen, z. B. im Gastgewerbe, begrenzt. *Sexuelle Belästigung* tritt dagegen in fast allen Dienstleistungsbranchen auf, in denen Frauen arbeiten.

Die kogn.-emot. Theorie der Kundenungerechtigkeit von Rupp et al. 2007 erklärt die Reaktionen der betroffenen Mitarbeiter in Abhängigkeit von deren Interpretation des Verhaltens. A. K., das als unfair eingestuft wird und zu *Emotionsarbeit* führt, stellt demnach eine stressende Situation dar, die von den Mitarbeitern *Coping* erfordert. Zu den langfristigen Konsequenzen, die vorwiegend nach aggressivem Kundenverhalten auftreten, zählen Angstattacken, Schlaflosigkeit und Erinnerungsflashbacks. Daneben wird von anhaltenden Gefühlen der Degradierung berichtet. Sehr viel häufiger finden sich bei den Mitarbeitern kurzfristige emot. Effekte wie Beeinträchtigungen der Stimmung, auf die i. d. R. mit *Emotionsarbeit* i. S. vorgetäuschter Gefühlsdarstellungen zur Besänftigung der Kunden reagiert wird. Nerdinger 2011. *F.W. Nerdinger*

Kundenwert (= K.) [engl. *customer value*], [WIR], aus der Sicht der Anbieter umfasst der K. die Attraktivität eines Nachfragers für den Anbieter bzw. dessen ökonomische Gesamtbedeutung für die Zielerreichung (*Ziel*) eines Unternehmens. Diese Sichtweise ist von der Perspektive der Nachfrager zu unterscheiden, nach der sich der K. am Nutzen orientiert, den er bei der Inanspruchnahme einer Leistung oder beim Kauf eines Produktes wahrnimmt. Zur Berechnung des K. für einen Anbieter werden auf Individualebene sowohl monetäre als auch nicht monetäre Bewertungskriterien herangezogen. Hierzu zählt sowohl das Markt- als auch das Ressourcenpotenzial eines Kunden. Ersteres umfasst den gegenwärtigen und zukünftigen Ertrag, der aus der Geschäftstätigkeit eines Anbieters mit diesem Kunden erwächst. Darüber hinaus liefern Kunden i. S. einer Unternehmensressource indirekt einen Beitrag zum Unternehmenserfolg. So best. sich das Ressourcenpotenzial eines Kunden bspw. aus der Häufigkeit, in der er das Unternehmen anderen Nachfragern weiterempfiehlt oder aus dessen Feedbackbereitschaft. Insgesamt betrachtet ist der K. demnach eine Steuerungsgröße, die entscheidend dafür sein kann, ob Anbieter in die Geschäftsbeziehung mit einem Kunden investieren oder sich aus dieser sukzessiv zurückziehen. Neben versch. Problemen mit der *Operationalisierung* ist das Konzept auch aus ethischer Perspektive aufgrund der damit anvisierten Ausgrenzung wenig profitabler Kundengruppen problematisch. *F.W. Nerdinger*

Kundenzufriedenheit (= K.) [engl. *customer satisfaction*], [AO, WIR], K. wird i. Allg. als eine Bewertung der Produkte oder Dienstleistungen der *Organisation* durch externe Kunden verstanden. Konkurrieren mehrere Anbieter auf einem Markt, wird eine pos. Bewertung der angebotenen Produkte oder Dienstleistungen im Vergleich zu Wettbewerbern als Voraussetzung für ihre Bevorzugung (Kauf oder Nutzung des Angebots) sowie eine starke Kundenbindung («treue» Kunden) gesehen. Erforderlich ist dazu *Kundenorientierung* der Mitarbeiter, verstanden als Erkennen der und Sicheinstellen auf die Bedürfnisse und Erwartungen der Kunden (Nerdinger 2003a).

Im Zusammenhang mit Konzepten zum *Total Quality Management (TQM)* wird zunehmend auch die K. der sog. internen Kunden in Organisationen berücksichtigt. Sie bezieht sich auf die Zufriedenheit mit den vorausgehenden Leistungen anderer Organisationsmitglieder, die in der Prozesskette schrittweise dieselben Produkte (z. B. vormontierte Teile in der Fertigungskette) oder allg. Dienstleistungen (Kantinenessen, Informationen, Personalverwaltung usw.) anbieten. Nach dem TQM-Konzept kann die Qualität der Produkte und Dienstleistungen und Zufriedenheit der externen Kunden durch eine Verbesserung der internen K. erreicht werden. K. kann sozialpsychol. als eine spez. *Einstellung* betrachtet werden, die auf kogn. und affektiven Informationen basiert, wobei Ziele und Erfahrungen oder Informationen über die Verwendung der Produkte und Dienstleistungen in die Bewertung eingehen. Schneider & Bowen (1995) unterscheiden zw. *Kundenerwartungen* und *Kundenbedürfnissen*. Die Kundenerwartungen beziehen sich auf die Qualität der Waren und Dienstleistungen (Nützlichkeit, Zuverlässigkeit, schnelle Lieferung, kompetenter Service usw.) und die Preise, die dafür gezahlt werden müssen. Die wichtigsten Kundenbedürfnisse sind Sicherheit vor Schaden (Bsp.: Autos, die beim Crash die Fahrgäste schützen), Verbesserung des Selbstwertgefühls (Bsp.: Auto als Statussymbol) und Fairness (Bsp.: Auto zu einem fairen Kaufpreis).

Zur Erfassung und Messung der K. werden bevorzugt Befragungsmethoden (*Fragebogen*, *Interview*) eingesetzt, aber auch Daten zum Kaufverhalten und Kundenreklamationen herangezogen (Töpfer 2007). Ausgehend von der Kaufentscheidung können mit Methoden der mehrdimensionalen Skalierung (*Skalierung, multidimensionale*, s. auch *conjoint measurement*) Komponenten und Gesamtnutzen der Käufer ermittelt werden und die relevanten Merkmale und Merkmalsausprägungen, Nutzenfunktionen, Marktanteile und Preis-Absatz-Funktionen i. R. von Modell-Ansätzen geschätzt werden (Melles & Holling 1998). *Diskonfirmationsparadigma der Kundenzufriedenheit*, *Kano-Modell der Kundenzufriedenheit*, *Kundenzufriedenheit, Messung*. Töpfer & Bauer 1999.   S. Greif

Kundenzufriedenheit, Messung (= M. v. K.) [engl. *customer satisfaction, measuring methods*], [**DIA, WIR**], die Vielzahl von Methoden zur M. der *Kundenzufriedenheit* lässt sich in obj. und subj. Verfahren einteilen. *Obj. Messmethoden* erfassen die K. durch beobachtbare Größen wie z. B. die Zahl der Beschwerden oder die Verlängerung von Verträgen (z. B. mit Mobilfunkanbietern). *Subj. Verfahren* basieren auf der Wahrnehmung der Kunden. Dabei werden wiederum merkmals-, ereignis- und problemorientierte Verfahren unterschieden. *Merkmalsorientierte Verfahren* geben vorab als relevant ermittelte Merkmale des zu bewertenden Produkts bzw. der Dienstleistung (z. B. materielle Rahmenbedingungen, Zuverlässigkeit oder Entgegenkommen durch die Mitarbeiter) in Form von *Fragebögen* vor, die dann von Kunden einzustufen sind. Das wichtigste *ereignisorientierte Verfahren* ist die Methode der kritischen Ereignisse (*Critical Incident Technique (CIT)*), die ursprünglich für die Analyse von Arbeit entwickelt wurde. Zur Erhebung der K. wird nach solchen Ereignissen gefragt, die kritisch für die Zufriedenheit des Kunden sind. Zu den *problemorientierten Verfahren* zählen die Beschwerde- und die Lobanalyse. Bei Beschwerden äußert der Kunde seine Unzufriedenheit bzw. bei Lob seine besondere Zufriedenheit mit Vorfällen, die die Zweckmäßigkeit und/oder Güte der erlebten Leistung hervorheben bzw. in Frage stellen. Da diese Form der Kommunikation vom Kunden ausgeht, ist keine spez. Methode zur Erhebung von Beschwerde und Lob angezeigt. Empfehlenswert sind aber unternehmerische Maßnahmen, die den Kunden die Kommunikation erleichtern, z. B. kostenlose Beschwerde-Hotlines oder Internet-Feedback-Seiten. Bei der Auswertung der Daten sind versch. Analysephasen zu durchlaufen wie die Selektion geeigneter, d. h. aussagekräftiger Kundenmeldungen, die Bildung von Problemkategorien, die Zuordnung der Beschwerden bzw. der Anerkennungen zu diesen Kategorien sowie die Bestimmung der Häufigkeiten und die Berichterstattung. Dormann & Zapf 2007.   F. W. Nerdinger

Kundt'sche Regel [engl. *Kundt's law*], [**WA**], geteilte oder abgestufte Strecken bzw. Distanzen erscheinen länger als objektiv gleich lange ungeteilte.

Kunin-Skala [engl. *Kunin scale*], *Skala*.

Künkel, Fritz (1889–1956), [**HIS, PER**], Psychologe und Psychiater; Studium der Med. in München, 1914–1917 Feldarzt, kriegsversehrt (Verlust des linken Armes), daher Zuwendung zur Psychiatrie. Kontakt mit *A. Adler* und L. Seif; ab 1924 Tätigkeit als niedergelassener Nervenarzt in Berlin, Gründung einer individualpsychol. Ortsgruppe; Tätigkeit als Autor, Hrsg. und Referent. Bis zum Kriegsbeginn 1939 Tätigkeit am Deutschen Institut für psychol. Forschung und Psychotherapie («Göring-Institut»), im Sommer 1939 Emigration in die USA, 1945 Annahme der amerik. Staatsbürgerschaft. Künkel war Adlerianer, entwickelte jedoch seine eigene Richtung, die er «Dialektische Charakterkunde» nannte, besser bekannt als *Charakterologie*. Künkel bestritt u. a. das Minderwertigkeitsgefühl des Kindes. Ab Ende der 1920er-Jahre wurde Künkel als Autor einer Anzahl allgemeinverständlicher, tiefenpsychol. fundierter Bücher zur Charakterkunde und Erziehung bekannt.   H. E. Lück

Kunst, psychopathologische [engl. *psychopathological art*], [**KLI**], Bez. eines Teilgebiets der *Psychopathologie* des musischen, bes. des bildnerischen, seltener des sprachgestaltenden oder musikalischen Schaffens (vor allem psych. oder psychosomat.) Erkrankter. Bei der Frage nach dem ästhetischen oder Kunstrang der Produktionen besteht weitgehend Übereinstimmung darin, dass psych. Erkrankung *Kreativität* nicht ausschließt, doch kein Konsens hinsichtlich der Kriterien und der Bedeutung des Pathologischen in der vergleichenden Betrachtung.

Schon die klassische Untersuchung von Prinzhorn spricht von «Bildnerei» und nicht von «Kunst» der Erkrankten. Während man zuvor aus den Produkten (bes. schizophren) Erkrankter vorwiegend diagno. Anhaltspunkte gewinnen wollte, betont Prinzhorn stärker die Vergleichbarkeit mit der *Kinderzeichnung*, der Kunst der Primitiven, der Volkskunst, Laienkunst etc. und hebt auf eine allg.-menschliche Gestaltungskraft sowie den generellen «Kernvorgang» der künstlerischen Schöpfung ab. Angelehnt an die Kreativitätsforschung, sieht man in psychopathologischen Produkten eher eine Grundlage für das Verständnis einer umfassenden Ps. der Gestaltung (Bader 1975, Bader & Navratil 1976), wobei die Gefahr besteht, über der kreativen Leistung das Spezifische der Erkrankung zu vernachlässigen. *Kunstpsychologie*, *Kunsttherapie*.   G. Mühle

Künstliche Intelligenz (= K. I.) [engl. *artificial intelligence*], [**KOG**], K. I. stellt in den Vordergrund, *Intelligenz* in technischen Systemen zu *erzeugen*, während in der Ps. meist menschliche Intelligenz *analysiert* werden soll. Hier eine Analogie, um den Unterschied zwischen Synthese und Analyse herauszuarbeiten: Der Ansatz der Kognitiven Ps. gleicht der Aufgabe, aus kleinen Variationen einer fertigen Suppe die Zutaten (z. B. Umwelt- und genetische Einflüsse) und deren Zusammenwirken herauszuschmecken. Die K. I. als Teildisziplin der Informatik hingegen erprobt systematisch, wie man aus bekannten Elementen intelligentes Verhalten konstruieren könnte (d. h. systemat. «Kochversuche» mit bekannten Zutaten).

K. I. versteht unter Intelligenz die Fähigkeit, durch effiziente *Informationsverarbeitung* herausragende Problemlösungen bzw. Anpassungen an die Umwelt zu ermöglichen. Dies kann durch besonders effiziente *Algorithmen* und *Repräsentations*formate geschehen. Zudem ist die geschickte Einbindung von Umweltgegebenheiten vielversprechend, um Rechenaufwand und Speicherplatz zu sparen. K. I. und Kognitive Ps. haben sich zeitlich und personell überlappend entwickelt. Zunächst stand in der K. I. vor allem das Ziel im Vordergrund, die Intelligenz des Menschen auf Maschinen nachzubauen (starke K. I.). Als Messlatte für Erfolg steht in der starken K. I. der *Turing-Test*. Kann ein Mensch, der per Tastatur über ein Terminalsystem entweder mit einem anderen Menschen oder einem technischen System interagiert, zwischen diesen beiden Interaktionspartnern unterscheiden (z. B. www.cleverbot.com)?

In der schwachen K. I. steht nicht im Vordergrund, menschliche Intelligenz nachzubilden. Stattdessen soll sie für praktisch relevante Teilprobleme effiziente Formen der Informationsverabeitung entwickeln. Sie soll Menschen von ermüdenden Aufgaben befreien (z. B. Handschriftenerkennung zur Sortierung von Briefpost) oder technische Probleme lösen (teilautonome Navigation für Marsroboter wegen langer Funkübertragungszeiten zum Mars). Braitenberg 2004, Savory 1985. *R. Gaschler*

Kunstpsychologie (= K.) [engl. *art psychology*], einerseits Teilgebiet der *Kulturpsychologie*, andererseits der Systematischen Kunstwissenschaft. Die allg. K. gliedert sich in die Ps. des künstlerischen Erlebens und Verhaltens (von Kunstschaffenden, Interpreten und Kunstkonsumenten), der künstlerischen *Persönlichkeit* (und Umwelt i. w. S.) und des Kunstwerks. Die K. erforscht die auch für die spez. K. (*Musikpsychologie*, *Literaturpsychologie*, Ps. der Bildenden Kunst, des Tanzes usw.) maßgeblichen Erscheinungsformen, Bedingungen und Gesetzlichkeiten.

Historisch geht die K. auf Fechner (*Fechner, Gustav Theodor*) zurück, der einer phil.-spekulativen «Ästhetik von oben» eine empirische «Ästhetik von unten» entgegenstellte, die sich unter der Bez. «exp. Ästhetik» bis in die Gegenwart erhalten hat. Während die «Ps. der Kunst» genannten phil.-ästhetischen Meditationen über Kunst und Kunstwerk von Malraux (1957) außerhalb der wiss. Ps. anzusiedeln sind, greift die an die Allg. Kunstwissenschaft angelehnte ps. Betrachtung vielfach auf antithetisch-polare oder genetisch-gestufte Begriffsprägungen (linear : malerisch; optisch : haptisch; Einfühlung : Abstraktion usw.) zurück und integriert sie in entwicklungs- oder persönlichkeitstypologische Erklärungsschemata (Winkler 1949). Demgegenüber sucht die eher exp. orientierte K. unter Einbeziehung der wahrnehmungs- und motivationsps. Modellvorstellungen die Wirkungsphänomene und -bedingungen aufzuhellen. Dabei sind Verknüpfungen mit rezeptions- und informationsästhetischen Prinzipien (Moles 1971) von Bedeutung.

Die theoretischen Aspekte der K. sind v. a. aus Grundlagen und Ableitungen der *Psychoanalyse*, der *Gestaltpsychologie*, teilweise auch des *Behaviorismus* und der *Informationstheorie* gewonnen. Die psychol.-tiefenpsychol. Kunstbetrachtung geht auf Freud und Jung selbst zurück. Vorwiegend von den inhaltlichen Bezügen des Kunstschaffens und -erlebens ausgehend, versteht sie das Kunstwerk – analog der Traumdeutung – in seinem symbolischen Gehalt als *Projektion* von unbewussten Motiven und Konflikten, als *Sublimierung* von Triebwünschen in künstlerischem, d. h. gesellschaftlich gebilligtem Ausdruck oder als Gestaltung von archetypischen Grundmustern und -tendenzen. Sosehr diese Modellvorstellungen auch auf die moderne Kunst selbst wirken, stellt die Vernachlässigung nicht nur des Formaspekts, sondern auch des Kognitiven eine merkliche Verkürzung der Interpretation dar. Gestaltps. Auffassungen werden in der K. auf der Grundlage der (vormals Berliner) *Gestalttheorie*, bes. von Arnheim (1977, 1978), der (vormals Leipziger) *Ganzheitspsychologie* von Wellek (1955, 1963) zur Geltung gebracht. Das Künstlerische erschließt sich danach in seinem formalen Aspekt durch die Organisationsprinzipien der Wahrnehmung (*Gestaltgesetze*), in seinem Bedeutungsaspekt von den Ausdrucks- und Anmutungsqualitäten (*Anmutung*) her und in seinem Entwicklungsaspekt als wechselseitiger Differenzierungs- und Präzisierungsprozess von Erlebnis- und Gestaltungsphänomenen. Der Beitrag des Behaviorismus zur K. bleibt auf Studien des Kunsterlebnisses als Bevorzugungs- und Geschmacksurteil oder auf solche über physiol. Reaktionen auf Kunstwerke beschränkt. Weiterführend hat Berlyne (1974) versucht, eine Klärung des Verhältnisses von Kunsterlebnis und Erregung bzw. Neugier und Explorationsverhalten i. S. der Theorie der Aktivation herbeizuführen, wobei er auch informationstheoretische Gesichtspunkte für die Bestimmung der ästhetischen Reaktion heranzieht. Die Informationstheorie ermöglicht gegenüber den sonst oft nur vagen Beschreibungen von ästhetischen Strukturen und Stilen die genauere quant. Kategorisierung der Reizkonstellationen, -abläufe und -entwicklungen, definiert in Konzepten z. B. des informativen Inhalts, der *Redundanz* und des Überraschungswertes.

Die Einseitigkeit dieser aus unterschiedlichen theoretischen Systemen abgeleiteten Entwürfe einer K. versuchen Kreitler & Kreitler 1980 durch den Aufbau einer integrativen, von allgemeinsten Übereinstimmungen (wie homöostatisches Verhaltensmodell; Spannungs- und Erregungsänderung bei jedem Kunsterlebnis) ausgehenden Ps. des Kunsterlebnisses zu überwinden.

In der Vergleichenden K. ist die gestaltende Tätigkeit im Umkreis des Psychopathologischen und geistig Abnormen am häufigsten untersucht worden, doch richtet sich das Interesse gelegentlich auch auf Fragestellungen ethnologischer Art (*Ethnologie*), in seltenen Fällen auf solche der Tierps. und Verhaltensforschung. Leuner 1976, Schuster & Beisl 1978. *G. Mühle*

Kunsttext (= K.) [engl. *artificial text*], [**KOG**], Methode, mit stat. Verfahren Sprachzeichen-Abfolgen herzustellen, die allmählich dem Normaltext angenähert werden. *Approximation*. K. werden zur systematischen Untersuchung des Sprachverständnisses (*Psycholinguistik*) verwendet.

Kunsttherapie (= K.) [engl. *art therapy*], [**KLI**], als therap. Methode wurde die K. erstmals von Kramer (1958) def. Bei der K. findet das künstlerische (zeichnerische bzw. farbige) Gestalten (auch Schmieren) eine diagn. wie therap. Anwendung. Insbes. der heilende Aspekt des kreativen Prozesses wird hervorgehoben. Dieser Prozess wird verstanden als Möglichkeit, Konflikte neu zu durchleben und zu lösen, sowie diese Lösungen dann zu integrieren. Weitere erklärte Ziele sind eine Ich-Stärkung, ein kathartisches Erleben (*Katharsis*), ein Entwickeln von Integrations-/Beziehungsfähigkeit. Anwendungsbereiche (u. a.): Arbeit mit körperlich, geistig oder lernbehinderten Kindern sowie Pat. mit Zwangsneurosen, *Schizophrenie*, *Depression*. Die Wirksamkeitsbelege für diese Therapieform sind schwach, sie wird bei psych. Störungen von Krankheitswert allerdings oft in Kombination mit anderen Therapien verwendet. *Gestaltungstherapie.* F. Caspar

Kurtosis [engl. *curtosis*; gr. κύρτωσις (*kurtosis*) Krümmung, Wölbung], syn. *Wölbung*, **[DIA, FSE]**, stat. Maßzahl für die Breite einer stat. Werteverteilung. *Verteilungsparameter.*

Test Kurzfragebogen zur Erfassung von Aggressivitätsfaktoren (K-FAF), 2008, D. Heubrock & F. Petermann, [www.testzentrale.de], **[DIA, KLI, PER]**. Verfahren zur Messung der Bereitschaft zu aggressiven Verhaltensweisen. AA ab 15 Jahren. Das Verfahren ermöglicht psychometrisch fundierte Aussagen über versch. Aspekte aggressiven Verhaltens (*Aggressivität*). Er beruht auf einer Selbsteinschätzung des Befragten und erfasst die *Spontane Aggressivität, Reaktive Aggressivität, Erregbarkeit, Selbstaggressivität und Aggressionshemmung*. Als Maß für die nach außen gerichtete Aggressivität können die ersten drei Aspekte zu einem Summenwert (Summe der Aggressivität) zus.gefasst werden. Zum Test gehören nun auch der K-FAF-T in türkischer und der K-FAF-R in russischer Sprache. Anwendungsgebiete stellen die klin.-psychol. und psychiatrische Forschung und die Rechtsps. dar. Darüber hinaus kann der K-FAF in der fachps. Begutachtung nach dem novellierten Waffengesetz eingesetzt werden. *Normierung*: T- und z-Werte sowie Prozentränge (Referenzstichprobe $N = 397$). Es werden auch die Mittelwerte und Standardabweichungen der Skalenwerte der Delinquenten-Stichprobe ($N = 60$) bereitgestellt, die einen Vergleich manifest delinquenter Personen mit einer aggressiv-delinquenten Stichprobe ermöglichen. Bearbeitungsdauer: bei durchschnittlich begabten Personen 10–20 Min.; Testauswertung ca. 10 Min.

Kurzschlusshandlung, **[EM]**, Affekthandlung (*Affekt*). Eine reaktive *Handlung*, die durch emot. Impulse (*Emotionen*) ohne Überlegung und bewusstes *Wollen* ausgelöst wird.

Kurzsichtigkeit (= K.) [engl. *nearsightedness, myopia*], **[WA]**, optische Fehlsichtigkeit des Auges aufgrund eines zu langen Augapfels oder einer für seine Länge zu starken Brechkraft (*Myopie*), sodass weiter entfernte Objekte unschärfer erscheinen als nahe Objekte. Menschen mit K. sehen deshalb in der Ferne schlechter als in der Nähe.
J. Zihl

Test Kurztest zur Erfassung von Gedächtnis- und Aufmerksamkeitsstörungen (SKT), 2007, H. Erzigkeit, [www.testzentrale.de], **[BIO, DIA, KLI, KOG]**. Kurztest zur Erfassung von Gedächtnis- und Aufmerksamkeitsstörungen (*Gedächtnisstörungen*, *Aufmerksamkeitsstörungen*). AA ab 17 Jahren. Verfahren zur Evaluation therapeutischer Maßnahmen bei (Hirn-)Organischen Psychosyndromen (*Psychosyndrom*) und demenziellen Erkrankungen (*Demenz, Dementia*). Das Verfahren besteht aus neun z. T. zus.hängenden Untertests: z. B. Gegenstände benennen, Zahlen lesen, Zahlen ordnen, Gegenstände nach Ablenkung reproduzieren. Fünf parallele Formen liegen vor. *Normierung* für hohe Altersklassen differenzierend. Bearbeitungsdauer: ca. 15 Min.

Kurztherapie, Kurzpsychotherapie; tiefenpsychologisch (= K.) [engl. *short-term psychotherapy, depth psychological*], **[KLI]**, der Begriff wird i. Allg. für tiefenps. orientierte Therapieverfahren verwendet (*Tiefenpsychologie*), die kürzer (< 30 Sitzungen) sind als die klass. *Psychoanalyse*. I. Ggs. zu dieser wird in der K. nicht die Gesamtheit der eine «Neurose» konstellierenden unbewussten Kindheitskonflikte bearbeitet, sondern es findet eine Konzentration auf den gegenwärtigen Hauptkonflikt (*Konflikt*, *focus*) des Pat. statt (*Fokaltherapie*). *Tiefenpsychologisch fundierte Psychotherapie.* F. Caspar

Kurzzeitgedächtnis [engl. *short-term memory*], *Gedächtnis, Behaltensspanne, Entwicklung der, Aufmerksamkeitsumfang, unmittelbares Behalten.* R. Bergius

Kurzzeitintervention [engl. *short-term intervention*], *Kurzzeittherapie.*

Kurzzeittherapie, lösungsorientierte [engl. *solution-oriented short-term therapy*], **[KLI]**, systemth. Ansatz (*Systemische Therapie*) nach S. de Shazer und Inso Kim-Berg. Grundidee ist der Wechsel von einer problem- zu einer lösungsorientierten Sichtweise sowie die Annahme, dass die Klienten bereits alle Ressourcen zur Lösung ihrer Probleme besitzen. Es wurden spez. Fragetechniken entwickelt, wie z. B. die Wunderfrage, Skalierungsfragen und Fragen nach Ausnahmen vom Problem. Untersuchungen belegen eine mittlere Behandlungsdauer von vier Sitzungen. *Ressourcenaktivierung in der Psychotherapie.* Shazer 1989.

Kybernetik (= K.) [engl. *cybernetics*; gr. κυβερνήτης (*kybernetes*) Steuermann], **[KOG]**, der Begriff wurde von dem amerik. Mathematiker N. Wiener in Anlehnung an den von Ampère 1834 gegebenen Begriff *cybernétique* geprägt. K. ist die Wissenschaft von den Steuerungs- und Regelungsmechanismen in belebten und unbelebten Systemen, also in Organismen und Maschinen, aber auch in sozialen, organisatorischen, ökonomischen und politischen Gegebenheiten. Theoretisch bedeutsam ist, dass die K. Grundstrukturen und Grundbegriffe herausarbeitet, die unabhängig von Realisierung und Gegenstandsbereich das Zusammenwirken von Teilen und Ganzheiten und das Erreichen von Zielen bei Hindernissen und Störungen mit gegebenen Mengen möglicher Operationen beschreiben. Wichtige Bestandteile der K. sind *Informationstheorie* und Theorie des Regelkreises (*Regelkreise*). Im Grundbegriff der Information wurde von K.ern die Bez. für eine dritte, den Aufbau unserer Welt neben Materie und Energie bestimmende Entität gesehen. Im Regelkreis liegt ein Modell zur Beschreibung komplex interagierender Systeme vor, das die theoretischen Leistungsgrenzen herkömmlicher Denkkategorien wie Ursache und Wirkung überschreitet. Unter kybernetischen Aspekten wurden auch neue grafische Darstellungsformen für komplexe Zusammenhänge entwickelt: u.a. das Blockdiagramm, in dem «Blöcke» durch «Wirkungslinien» miteinander verknüpft werden. Die Blöcke repräsentieren Funktionen (Signal- und Informationswandlungen), die Wirkungslinien bilden die Zusammenschaltung der Blöcke durch informationsübertragende Kanäle zu Systemen ab (Bsp. in *Regelkreis*). Als neue theoretische Weltbeschreibungsmöglichkeit hat sich die K. auf fast alle Gebiete der Ps. ausgewirkt. In der Anwendung bestehen erhebliche Auffassungsunterschiede im Abstraktions- und Mathematisierungsgrad. Einen umfassenden Überblick über die Rezeption der K. in der Ps. der 1960er-Jahre geben Kaminski (1970) und Klix (1971). Die *Kognitionspsychologie* zählt Informationstheorie und K. zu den wichtigsten Beiträgen aus Nachbardisziplinen, setzt jedoch den Hauptakzent auf die modernen Aspekte der Informationsverarbeitung. Glaser 1997, Lachman et al. 1979. *W. Glaser*

kybernetische Feedbackschleifenmodelle (= F.) [engl. *cybernetic feedback loop models; feedback* Rückkopplung], *Kybernetik*, [**KOG**], F. beschreiben die Regulation eines Systems durch den Abgleich von Ist- und Sollwerten wie z. B. bei der Selbstregulation (*Selbstregulation, Informationsverarbeitung*; Carver & Scheier 1981). Sie beinhalten Sollwerte als Zielstandards, Istwerte als aktuelle Zustände (Inputfunktion), Vergleichs- und Regulationsinstanzen zur Anpassung des Systems (Outputfunktion) an den Sollwert (*Regelkreis*). Negative Feedbackschleifen basieren auf Diskrepanz reduzierender Regulation, sodass der Ist- dem Ziel, d. h. dem Sollzustand angeglichen wird. Durch pos. Feedbackschleifen soll dagegen der Abstand zum Sollwert vergrößert, ein Antiziel vermieden werden. Die Steuerung des Systems kann hierarchisch organisiert sein, wobei die Sollwerte durch die Regulation der Zielerreichung auf nächsthöherer Ebene festgesetzt werden. Erweitert wird dieses Top-down-Modell, in dem die Regulation entspr. fester Zielgrößen geschieht, durch Annahmen dynamischer Modelle in Form von Bottom-up- bzw. Selbstorganisationsprozessen (*Selbstorganisation*) hinsichtlich der Zielauswahl, Input- oder Outputfunktion sowie der Selbstbewertung. Hier finden sich Ansatzpunkte zur Erklärung von Selbstregulationsfehlern (*Selbstregulationsfehler*). *S. Burkert*

kybernetische Pädagogik [engl. *cybernetic pedagogy*], [**PÄD**], Betrachtung päd. Maßnahmen entspr. dem Regelkreismodell der *Kybernetik*. Das kybernetische Problem (Informations- und Regelungs- bzw. Kommunikationsabläufe in und zw. geschlossenen Systemen) ist in der *Erziehungswissenschaft* dabei allg.päd. und unterrichtsspezifisch gestellt. Allg.pädagogisch werden *Erziehungsstile* als Sollwertbestimmungen für Setzungen mit Ideologiequalität im jew. sozialkult. Bezugsrahmen angesehen. Wird die primäre Funktion des Lehrers als Reglerfunktion best., erscheint die päd. Konstellation in ihrem Prozesscharakter als prinzipiell logifizierbar und kalkulierbar (Frank 1969, Weltner 1970). Versuche zur Konstituierung einer kybernetischen *Didaktik* haben besonders den *programmierten Unterricht* gefördert, auch wurde das Regelkreisschema für die *Curriculumforschung* übernommen (Hentig 1965). Vor allem aber sind Lehr- und Lernprozesse in Richtung einer Redundanztheorie des Lernens und der Didaktik aufgearbeitet worden (Cube 1971). Der Vorzug des kybernetischen Ansatzes liegt im Sichtbarmachen versch. Fragestellungen, der Nachteil in der begrenzten Reichweite im humanwissenschaftlichen Bereich. Wird dies nicht beachtet, rückt die kybernetische Pädagogik in die Nachbarschaft behavioristischer Ideologie (*Behaviorismus*) von der prinzipiellen Machbarkeit und Berechenbarkeit menschlichen Verhaltens und damit einer Technisierung der Erziehungs- und Unterrichtsprozesse. Durch die konsequente Trennung von Struktur und Inhalt des Lernens in der Redundanztheorie wird die sinnstiftende Leistung des Lernenden übersehen und die Instrumentalisierung des Lernens verabsolutiert, mithin Bildungstheorie auf Bildungstechnik reduziert. Pongratz 1978.

Kyniker, kynisch (= K.) [engl. *cynics, cynical*; gr. κυνός (*kynos*) Hund], syn. *Zyniker, zynisch*, [**PHI**], Bez. für die nach ihrem Versammlungsort (Gründungsort) *Kynosargos* benannte gr. Philosophenschule, die Bedürfnislosigkeit forderte und zudem kulturverachtend, kulturverspottend auftrat. Bekanntester Vertreter: Diogenes. Die Anspielung auf *kynisch* [gr. *kynikos* hündisch] ist möglich, da die K. mit ihrer Lehre ihre Mitmenschen zudringlich belästigten.

KZ-Neurose, KZ-Syndrom [engl. *KZ syndrome*], [**KLI**], Abk. für *Konzentrationslagerneurose* in der Zeit des Nationalsozialismus. *Lagerneurose (-psychose)*.

L

Labeling (= L.) [engl. *label* Etikett], [**KOG**], Benennung, aktuelle Zuordnung einer Bez. (*Zeichen*, *Symbol*) zu einem Objekt (auch Erlebnisinhalt) oder zu einer Objektklasse bzw. Erlernen einer solchen Zuordnung und Verwenden einer erlernten derartigen Zuordnung. Dem L. kommt in S-R-theoretischer Interpretation (*S-R-Theorie*) kogn. Prozesse eine erhebliche Bedeutung zu. Die Bez., das *Label*, kann als Benennungsresponse (*motor theory*, *Vermittlungstheorie*) und somit als sehr flexible Basis für sekundäre *Generalisation*, ferner für Kategorien- und *Begriffsbildung* und Begriffsverwendung gedeutet werden. Sog. einsichtiges Lernen (*Einsicht*) scheint dadurch S-R-theoretisch interpretierbar zu werden (Dollard & Miller 1950). [**SOZ**], später wurde L. i. R. der Soziologie und Sozialps. spez. auf die Zuordnung von kategorialen Bez. zu Interaktionspartnern und auf die für sie damit verbundenen (im Falle diskriminierender *Labels*) neg. Auswirkungen angewendet (*Stereotyp, stereotyp*, *Vorurteile*). *G. Kaminski*

Labeling-Theorie [engl. *label* Etikett, Kennzeichen]; *Schizophrenie*.

labial [engl. *labial*; lat. *labium* Lippe], zu den Lippen gehörend (z. B. Labiallaute).

Labilität [engl. *lability*; lat. *labare* wanken, schwanken], [**PER**], Instabilität, Störbarkeit, Unsicherheit, nervöse Ansprechbarkeit, Anfälligkeit bei Belastung. *Neurotizismus*.

Labilitätsindex (= L.) [engl. *lability index*; lat. *labare* wanken, schwanken], [**DIA, EW, FSE, PER**], der L. ist ein Maß, das Auskunft über die intraindiv. *Stabilität* einer Fähigkeits- oder Persönlichkeitsausprägung im Vergleich zur Gesamtstichprobe gibt (vgl. *Intelligenz, Niveaustabilität*). Zur Berechnung des L. werden zunächst für das betreffende Merkmal z-Werte (*z-Wert*) für das Individuum und alle Messzeitpunkte ermittelt sowie die *Standardabweichung* dieser indiv. z-Werte. Niedrige Werte (nahe an 0) zeigen eine hohe Konstanz des Merkmals der Person über die Zeit hinweg im Vergleich zur Bezugsgruppe an, hohe Werte (nahe an 1 oder darüber) eine große Labilität. Dabei bedeutet eine große Labilität, dass das Individuum zu versch. Messzeitpunkten sehr unterschiedliche Ausprägungen eines Merkmals im Vergleich zur Gesamtstichprobe aufweist (z. B. einmal deutlich über- und einmal deutlich unterdurchschnittliche Intelligenzwerte).

Da die mittlere Stabilität eines Merkmals eine Vielzahl versch. indiv. Entwicklungsmuster widerspiegeln kann, bietet der mittlere L. in der ps. Forschung zusätzliche Informationen über die Heterogenität der Entwicklungsmuster innerhalb einer Stichprobe. Anders als Korrelationen (*Korrelation*), die nur die durchschnittliche Stabilität eines Merkmals in einer Gesamtgruppe zu versch. Messzeitpunkten wiedergeben, liefern mittlere L. Informationen darüber, ob es unabhängig vom Zusammenhang auf Gruppenebene Individuen gibt, die sich deutlich stärker oder schwächer als die restlichen Individuen in ihrer Merkmalsausprägung über die Zeit hinweg verändern. Ursachen für hohe oder geringe Labilität von Individuen oder Teilgruppen können dann in einem folg. Schritt best. und analysiert werden. Schneider 2007. *F. Niklas*

Laborexperiment [engl. *laboratory experiment*], *Experiment*, *Psychophysiologische Methodik*.

Labor-Feld-Problem [engl. *laboratory-field issue*], [**FSE**], eine bekannte Kontroverse in der Methodenlehre über die jew. Vorzüge der psychol. Forschung im Labor (*Laborexperiment*) gegenüber der *Feldforschung* im Alltag der Menschen. Mit diesem Ggs. sind nicht die unterschiedlichen Zielsetzungen von Grundlagenforschung und Anwendungsforschung gemeint, sondern die Grenzen, innerhalb derer Forschungsergebnisse verallgemeinert werden können. Die Untersuchung im Labor bzw. Untersuchungszimmer im Unterschied zur *Alltagspsychologie* hat meth. und praktische Gründe: Standardisierung und meth. Kontrolle (*Experiment*, *Testtheorie*), einfacheres und ökonomisches Vorgehen, Vermeidung von Schwierigkeiten, wie sie entstehen könnten, wenn in den Alltag eingedrungen würde. Innovative Methoden der Datenerfassung unter alltäglichen Lebensbedingungen haben die Diskussion um die zweifelhafte Generalisierbarkeit (*Validität, externe*) bzw. die unzureichende *ökologische Validität* von Laborergebnissen wiederbelebt. Das *ambulante Monitoring* des Blutdrucks liefert ein instruktives Bsp. aus der Med., wie unzuverlässig Messungen im Labor und im ärztlichen Untersuchungszimmer sein können, da hier situativ bedingte Blutdrucksteigerungen gemessen werden (sog. Weißkittel-*Hypertonie*). Auch auf anderen Gebieten könnte es systematische Fehler mangels alltagsnaher Daten geben. Der häufigste Einwand gegen Feldforschung lautete, dass eine prägnante Prüfung von Erklärungshypothesen kaum möglich wäre, weil die genaue Bedingungsvariation, die *Randomisierung* der Störbedingungen und deswegen die meth. Isolierung der interessierenden Phänomene unmöglich sei. Wegen der im Alltag auftretenden multiplen Effekte sei die *interne Validität* solcher Untersuchungen fundamental eingeschränkt. Aus der Perspektive der Kontextspezifität sind jedoch Labor und Feld keine grundsätzlichen Alternativen, sondern Untersuchungsansätze, die einander notwendigerweise ergänzen. Statt die interne und die ökologische Validität, Labor und Feld, gegeneinander auszuspielen, kommt es darauf an, diesen Ggs. zu überwinden und neue kombinierte Strategien laborgestützter und alltagsnaher Untersuchungen zu entwickeln, um die Generalisierbarkeit der Befunde und der theoretischen Aussagen zu prüfen. In neueren Ansätzen des *ambulanten Assessments* wird durch strukturierte und interaktive Datenerhebung eine Annäherung an Kontrollprinzipen des Labors angestrebt. *J. Fahrenberg*

Labyrinth [engl. *labyrinth/maze*; gr. *labyrinthos* Irrgang], *Ohr*.

Labyrinthtest (= L.) [engl. *maze test*], [**DIA, KOG**], meist als *Papier-Bleistift-Test* konzipiertes, heute auf der Basis elektronisch-apparativer Anordnung gebautes Verfahren, das für die Messung der psychomotorischen Leistung einer Vp verwendet werden kann. Der Pb hat unter *speed*-Bedingungen ein Labyrinth zu durchfahren. Er darf keine Fehler machen, indem er die Begrenzungslinien berührt oder in Sackgassen fährt. Mit dem L. wird die Genauigkeit und die Schnelligkeit der psychomotorischen Koordination gemessen. Die Beziehung der Testwerte zu kogn. Variablen (Überblick, Vorausplanung) sowie zu Persönlichkeitsdimensionen ist nachgewiesen worden. Als sehr häufig verwendete Verfahren gelten z. B. der *Porteus-Maze-Test* und der *Chapuis-Labyrinth-Test*. Obwohl der Porteus-Maze-Test sehr häufig angewandt und untersucht wurde (z. B. im klin. Bereich, zur Leistungsvorhersage, zur Diagnostik im Delinquenzbereich, zur Impulsivitätsmessung), ist der Validitätsbereich für diese Tests nicht genau abgesteckt. Cattell verwendet den L. innerhalb seiner obj. Testbatterie (*objektiver Test*). *H. O. Häcker*

Labyrinthverfahren, Tier-Labyrinthversuch [engl. *maze trial*], [**KOG**], Irrgartenversuch, (Thorndike). Eine Methode zur Untersuchung von Lernprozessen (*Lernen*) bei Tieren. Das Tier muss, um zum Futter zu gelangen, einen Käfig durchlaufen, der zahlreiche, z. T. blind endende Gänge enthält. Es wird festgestellt, wie viele Versuche und welche Zeit erforderlich sind, bis das Tier den Irrgang fehlerlos durchläuft. *Skinnerscher Kasten*, *Versuch und Irrtum*.

Lächeln, soziales [engl. *social smile*], [**EM, EW**], freudige Reaktion des Kleinkindes ab dem 2. bis 6. Monat, besonders bei der Wahrnehmung eines menschl. Gesichtes (Reaktion auf das sog. Auge-Nase-Stirn-Schema, das wie ein Schlüsselreiz wirkt). Echtes soziales Lächeln muss dabei vom frühen unspezifischen Lächeln des Säuglings (ohne spezif. Auslösereiz) in den ersten Lebenswochen unterschieden werden. Bzgl. der Bedeutung des sozialen Lächelns existieren unterschiedliche Erklärungsansätze – allen gemeinsam ist jedoch, dass es eine Interaktionsfunktion besitzt und dazu dient, mit anderen Personen in Kontakt zu treten und dadurch eine Beziehung bzw. Bindung aufzubauen. Bühler 1938, Spitz 1946.

Lachen (= L.) [engl. *laugh(ter)*], [**EM**], angeborenes Ausdrucksverhalten (*Ausdrucksbewegungen*), bestehend aus einer forcierten Ausatmung, gefolgt von mehr oder weniger aufrechterhaltenen Exspirationen hoher Frequenz und geringer Amplitude. Verschiedene Kanäle (Atmung, mimischer Ausdruck, Vokalisation, Körperbewegungen) sind in der Generierung des Ausdrucksmusters beteiligt, das meist einen pos. Gefühlszustand (*Stimmung*) ausdrückt; L. lässt dabei meist Formen der Sympathie erkennen, kann aber auch eine aggressive Note (z. B. Überheblichkeit, Geringschätzung) enthalten (*Sozialverhalten*). Beim Menschen ist das L. der Erheiterung am Besten untersucht; mimisch ausgedrückt durch das Duchenne Display (*Duchenne-Lächeln*). Lachlaute können vokalisiert sein oder nicht, letztere werden als weniger pos. wahrgenommen. Die morphologische Unterscheidung versch. Arten des L. ist noch ausstehend. L. entwickelt sich nach dem Lächeln (*Lächeln, soziales*) um den 4. Lebensmonat. Lachähnliche Vokalisationen wurden auch bei Ratten und Primaten untersucht. Besondere Formen sind u. a. das pathologische L. bei Formen der *Epilepsie*, das sardonische L. (Gesichtsverzerrung), der Lachkrampf, die auch bei Psychosen, Schädigungen des Gehirns sowie bei Hysterie auftreten können. *Facies, Humor.* Bachorowski & Owren 2008, Ruch & Ekman 2001. *J. Hofmann/W. Ruch*

Lachgas [engl. *laughing gas*], chem. N_2O [engl. *nitrous oxide*], [**BIO**], anästhetisch wirkendes Gas, als *Narkotikum* eingesetzt. Wegen seines kurzfristigen und kontrollierbaren Einflusses als Forschungswerkzeug zur Untersuchung von Konsolidierungsprozessen von Gedächtnisinhalten verwendet. Armstrong et al. 1995.

LAD [**EW, KOG**], Abk. für [engl.] *language acquisition device* Spracherwerbsinstrument/-hilfsmittel/-apparat; wird von Chomsky (1965) als abstrakter Spracherwerbsmechanismus beschrieben, dem der Status eines theoret. *Konstrukts* zukommt. Das LAD empfängt als *input* (Eingabe) ein Sprachkorpus, das aus grammatikalischen und ungrammatikalischen *Grammatik*, aus vollst. und unvollständigen Äußerungen besteht. Auf dieser Grundlage formuliert es ein grammatisches System (*output*), das als Theorie über die im Korpus vorkommenden Regularitäten angesehen werden kann. Ein Vergleich des LAD mit dem in eine Sprache hineinwachsenden Kind wird u. a. von McNeill (1970) vorgenommen. Daraus ergibt sich u. a., dass die Grammatiktheorie als Hypothese über das LAD auch Hypothese über die angeborenen Dispositionen des Kindes für den Spracherwerb ist. *Sprachentwicklung, Spracherlernen.* *H. Grimm*

Ladd-Franklin'sche-Theorie [engl. *Ladd-Franklin theory of color vision*], nach C. Ladd-Franklin (1847–1930), [**WA**], evolutionäre (*Evolution*) Theorie des Farbensehens (*Farbwahrnehmung*). Die grundlegende Hell-Dunkel-*Empfindlichkeit* soll im Verlauf der *Evolution* differenziert worden sein, erst in Blau–Gelb, dann in Rot–Grün; dem entsprechen die farbempfindlichen Zonen der Netzhaut (*Auge*): in der Peripherie nur Hell-Dunkel-Empfindlichkeit, zum Zentrum hin erscheinen dann zunächst Blau-Gelb- und dann Rot-Grün-Empfindlichkeit. Die implizite Annahme, dass Zapfen eine spätere Entwicklung der Evolution sind als Stäbchen, ist fragwürdig. *H. Heuer*

Lageorientierung (= L.) [engl. *state orientation*], [**EM, PER**], Konstruktdimension aus der *Handlungskontrolltheorie* nach Kuhl (1983), wobei L. – im Ggs. zur Dimension *Handlungskontrolle* – die Unfähigkeit des Individuums bez., einen Entscheidungsprozess (*Entscheiden*) abzuschließen. Bei der *Handlungsorientierung* ist dagegen die *Aufmerksamkeit* eines Individuums sowohl auf die gegenwärtige Lage als auch auf die Handlungsalternativen ausgerichtet. Das Konstrukt L. vs. Handlungsorientierung wurde eingeführt, um Befunde erklären zu können, die darauf hinweisen, dass hohe *Motivation* und hinreichend hohe *Fähigkeit* noch keine Zielerreichung garantieren.

Lageparameter [engl. *location parameter*], Maße der zentralen Tendenz.

Lagerneurose (-psychose) (= L.) [engl. *ghetto neurosis*], **[KLI]**, Form der *Posttraumatischen Belastungsstörung* durch zwangsweise auferlegtes Lagerleben (z. B. Kriegsgefangenenlager, Internierungslager, Ghetto). Der Verlust von Heimat, Familie, Besitz, Arbeitsplatz etc. sowie das Angewiesensein auf eine reglementierte, von Konflikten durchsetzte Umgebung führt zu chronisch-depressiven Zuständen (*Depression*) mit anankastischen (*Zwangsstörungen*) wie auch phobischen (*Phobie*) Zügen, u. U. mit einer Latenzzeit von 10–20 Jahren. *Symptome*: Erschöpfung, Zwangsgedanken, depressive und schizophrene Verhaltensstörungen. Eine Sonderform der L. ist das *KZ-Syndrom* (syn. Überlebenssyndrom), die Posttraumatische Belastungsstörung bei KZ-Überlebenden mit charakteristischer Symptomhäufung von Erregung, Kontaktschwierigkeiten, Angstzuständen, Bereitschaft zum Lebensverzicht (*Suizidalität*) u. a., wobei wohl als Extremvariante das anzusehen ist, was bei Überlebenden aus den Vernichtungslagern des Hitler-Regimes erhoben werden konnte. Spez. Therapiemöglichkeiten sind umstritten.

Lagewahrnehmung [engl. *orientation perception*], **[KOG, WA]**, die Wahrnehmung der jew. Lage des Körpers im Raum, auch der Gliedmaßen am Körper. *Ohr*, *Kinästhesie*, *Tiefensensibilität*, *Motorik*.

Lähmung (= L.) [engl. *paralysis, palsy*], **[BIO, GES]**, Minderung (*Parese*) oder Ausfall (*Paralyse*) der Funktion von Organsystemen (*Organ*) oder eines Körperteils. Die Vielfalt der Ausfälle hat zu einer differenzierten Gliederung der L. geführt: (1) nach der Lokalisation der Störung: periphere L. = auf ein äußeres Innervationsgebiet begrenzt (dabei Störung im *Nerv* = neuropathische L.; im Muskel = myopathische L.) – zentrale L. = spinale L., wenn die Schädigung vom Rückenmark (*Nervensystem*) ausgeht (z. B. beide Beine oder Arme, *Paraplegie*) und cerebrale L., wenn sie vom *Gehirn* ausgeht (zumeist L. der Körperhälfte, *Hemiplegie* oder eines Gliedes, *Monoplegie*), (2) nach dem Grad der L.: *Parese* = Schwäche, unvollständige L.; *Paralyse* = vollst. L., (3) nach dem Spannungszustand: spastische L. = erhaltene bzw. gesteigerte Reflexe (*Reflex*); schlaffe L. = geschwächte bis erloschene Reflexe. Bei einer peripheren L. tritt eine schlaffe L. auf, bei einer zentralen eine spastische. Bei der motorischen L. fällt die motorische Funktion (*Motorik*) eines Nervs bzw. seines Erfolgsorganes aus. Bei der sensiblen L. ist die *Sensibilität* beeinträchtigt bis aufgehoben.

Laien-Epistemologie [engl. *epistemology of laypersons*], *Epistemologie*, **[KOG, PHI]**, eine ps. Theorie des *Wissenserwerbs*, orientiert an Poppers Nichtrechtfertigungsposition, die besagt, dass unser *Wissen* potenziell fehlerhaft und zwangsläufig voreingenommen ist. Kruglanski 1980.

Laientheorien [engl. *theories of laypersons*]; *Krankheitskonzepte, subjektive*.

Laientherapie (= L.) [engl. *therapy by laypersons*], **[KLI]**, Therapie, die von Nichtprofessionellen (u. U. unter *Supervision*) durchgeführt wird. Laienhelfer arbeiten u. a. in *Selbsthilfegruppen*, in der Telefonseelsorge und Suizidnotrufen, in der Katastrophenhilfe und der *Gemeindepsychiatrie*: Zur Wirksamkeit von L. liegen nur wenige Untersuchungen vor. *Krisenintervention*. *F. Caspar*

Laissez-faire-Prinzip [frz. *laissez* lassen Sie, lasst, *faire* machen], **[PÄD, AO]**, Erziehungs- bzw. Führungskonzept des Geschehenlassens, das sich durch geringes Eingreifen sowie wenig Lenkung auszeichnet. *Führungsstil*, *Erziehungsstil*, *Permissivität*.

Laktat (= L.) [engl. *lactate*], **[BIO]**, Salz der Milchsäure, bei anaerober Glykolyse bei der Pufferung aus Milchsäure entstehend. Überschreiten der Dauerleistungsgrenze führt zu Laktazidose (pH-Abfall lokal im Muskel sowie systemisch) und damit zur Ermüdung. L. wurde im Zus.hang mit *Panikstörungen* diskutiert, da Verabreichung bei best. Personen zu Panikangst führt. Nutt & Lawson 1992.
P. Weyers/W. Janke

Laktulose (= L.) [engl. *lactulose*], **[PHA]**, synthetisches Disaccharid (Zweifachzucker: D-Galaktose und Fruktose), das durch Isomerisierung (Umlagerung) aus Laktose (Milchzucker) gewonnen wird. L. kann vom menschlichen Körper nicht verwertet werden und wird daher als osmotisches Abführmittel genutzt. Der Abbau ist durch Milchsäurebakterien und Bifidobakterien möglich, sodass L. deren Wachstum verstärkt. Dies ist ein wichtiger Effekt für den Einsatz bei *hepatischer Enzephalopathie*. Dabei werden ammoniakbildende Darmbakterien durch milchsäurebildende Darmbakterien verdrängt, Ammoniak wird bei dem nun niedrigeren pH-Wert verstärkt zu Ammonium protoniert und ausgeschieden, sodass letztendlich die Blutammoniakkonzentration sinkt. *T. Veselinović*

Lallen, Lallphase, Lallperiode (= L.) [engl. *babbling stage*], **[EW, KOG]**, damit beginnt das Kind mit etwa 4–6 Monaten. Dabei stellt die Lallbewegung zunächst eine rein motorische Aktivität dar, die weitgehend physiol. best. ist. Gewinnt das Kind eine auditive Kontrolle über die Laute, so kann man vom rückgekoppelten L. sprechen. Ungefähr im 8. Lebensmonat kommt es dann von der zunächst noch ungenauen Produktion einzelner *Silben* dazu, Silben seriell genau zu bilden, wobei Vokal-Verbindungen und/oder Vokal-Konsonant-Verbindungen vorherrschen. Konsonantenhäufungen fehlen hingegen noch völlig. Innerhalb der Lallperiode baut sich das Kind allmählich ein phonologisches Regelsystem (*Phonetik, Phonologie*) auf, das ihm die Konstruktion von Lautsequenzmustern erlaubt (*Sprachproduktion*). Die Lalltätigkeit ist von der Funktionslust (Bühler) getragen, sie stellt aber nicht, wie oftmals behauptet, ein unbedingt notwendiges Vorstadium für die Sprachentwicklung dar (Lenneberg 1972). Die anfänglich beobachtbare Lalltätigkeit bei gehörlosen Säuglingen verschwindet sehr bald wieder wegen der fehlenden Möglichkeit der auditiven Kontrolle über die geäußerten Laute. *H. Grimm*

Lamarckismus [engl. *lamarckianism*], nach J. B. P. de Lamarck (1744–1829), *Abstammungslehre*.

Lambdazismus [λ (*lambda*) gr. Buchstabe «l»], **[KOG]**, fehlerhafte Artikulation des Lautes «r» als «l», z. B. rennen wie «lennen». *Sprachstörungen*.

Lambertsches Gesetz [engl. *Lambertian law*], nach J. H. Lambert (1728-1777), *Reflexion, wahrnehmungsps.*.
Lamotrigin (= L.), [**PHA**], *Antikonvulsivum*, bei psychiatrischen Krankheitsbildern für die Prophylaxe *depressiver Episoden* i. R. einer *bipolaren Störung* sowie zur Monotherapie bei Verläufen, die wesentlich durch depressive Episoden gekennzeichnet sind, zugelassen. Eine antimanische Wirksamkeit ist nicht belegt. Der Wirkungsmechanismus ist nicht abschließend geklärt, wahrscheinlich spielt die Interaktion mit spannungsgesteuerten Natriumkanälen eine wichtige Rolle. Aufgrund des Risikos von schweren Hautreaktionen (*Lyell-Syndrom*) sollte die Dosissteigerung sehr langsam erfolgen (Beginn mit 25 mg/d in den ersten 14 Tagen; Dosissteigerung auf 50 mg/d in einer Einmaldosis für weitere 14 Tage; weitere Dosissteigerung bis zum Erreichen des gewünschten Therapieeffekts in Schritten von 50–100 mg alle 1–2 Wochen möglich; Erhaltungsdosis 100–200 mg/d, Maximaldosis 400 mg/d). L. wird rasch fast vollst. resorbiert, die *Eliminationshalbwertszeit* (HWZ) nach Einmalgabe liegt bei 33 Std. (14–103 Std.). L. induziert seinen eigenen Metabolismus, sodass die HWZ nach Mehrfachgaben bis zu 25 % sinken kann. Gleichzeitige Verabreichung von Enzyminduktoren (z. B. *Carbamazepin*, Phenytoin) verkürzt die HWZ, während es bei gleichzeitiger Gabe von *Valproinsäure* (hemmt den L.-Metabolismus) zu einem Anstieg der HWZ auf ca. 70 Std. kommt. Zu den häufigsten *Nebenwirkungen* gehören Kopfschmerzen, *Somnolenz*, *Aggressivität*, Übelkeit, Erbrechen, Doppeltsehen, verschwommenes Sehen. Bei ca. 10 % der Pat. treten v. a. zu Beginn der Behandlung Hautreaktionen auf, die in seltenen Fällen einen schweren, potenziell lebensbedrohlichen Verlauf (*Quincke-Ödem*, *Stevens-Johnson-Syndrom*, Lyell-Syndrom) einnehmen können. Die Häufigkeit von Hautreaktionen nimmt mit der Geschwindigkeit der Aufdosierung zu. *T. Veselinović*
Lancement-Effekt, Lancement-Versuch [engl. *lancement effect*; frz. *lancement* Einführung Abwurf], syn. *Anstoßeffekt*; *Kausalitätswahrnehmung*, *Tunnelphänomen*, *-bewegung, -effekt*.
Landau-Kleffner-Syndrom [engl. *Landau-Kleffner syndrome*]; *Entwicklungsstörungen, umschriebene*.
Landesweite Beratungs- und Forschungsstelle für Hochbegabung, [**KOG, PÄD**], (LBFH), arbeitet mit einem systemischen, handlungsorientierten Verständnis von Hochbegabung (*Hochbegabung, intellektuelle*, *Aktiotop*-Modell): Um eine pos. Gesamtentwicklung zu gewährleisten, muss eine Person in den versch. Bereichen ihres Alltags kompetent agieren können. Dies setzt Lernprozesse voraus, die nur in einer unterstützenden Umwelt effektiv ablaufen können, wobei sich viele Faktoren gegenseitig beeinflussen (z. B. Elternhaus, Lehrerschaft, Freundeskreis, Trainer, Lerngelegenheiten, Zugang zu Lernsoziotopen; *Soziotop*). Diagnostik, Trainings und Beratung an der LBFH haben zum Ziel, das aktuelle Zusammenwirken der relevanten Einflüsse zu erfassen und anschließend eine pos. Entwicklung zu unterstützen, wobei sich das Vorgehen nach dem *ENTER-Modell* richtet. Ziegler et al. 2012. *B. Harder*

Landolt-Ringe [engl. *Landolt (broken) rings*], nach E. Landolt (1846-1926), [**WA**], *Optotypen* zur Messung der *Sehschärfe*; Ringe, die oben, unten, links oder rechts eine Lücke haben; der Beobachter muss die Lage der Lücken angeben. Die Liniendicke beträgt ein Fünftel des äußeren Durchmessers, die Breite der Lücke ebenfalls. Vorgeschriebenes Sehzeichen bei Sehschärfeprüfungen für Gerichtsgutachten und sonstige Begutachtungen.
Land'scher Effekt [engl. *Land effect*], nach E. Land (1909–1991), [**WA**], Untersuchungen von E. H. Land im Jahre 1959 über das Farbensehen (*Farbwahrnehmung*), die im Widerspruch zu den herkömmlichen Gesetzen der *Farbenmischung* (Newton, Grassmann) und den darauf basierenden Theorien über das Farbensehen zu stehen scheinen. Durch Übereinanderprojizieren zweier durch versch. farbige Filter fotografierter Schwarz-Weiß-Diapositive, von denen eines z. B. mit rotem und das andere mit weißem Licht projiziert wird, erreicht man ein vollfarbiges Bild mit den natürlichen Farben der abgebildeten Gegenstände, obgleich reizmäßig an jedem Bildpunkt nur mehr oder weniger aufgehelltes rotes Licht nachgewiesen werden kann. Dasselbe gelingt mit anderen Komponenten farbigen *Lichtes*. Land kommt zu dem Schluss, dass das «menschliche *Auge*» unter best. Umständen nur zwei anstelle der bisher angenommenen drei Farbreizkomponenten benötigt, um eine farbige Welt entstehen zu lassen. *Farbwahrnehmung*. Land 1977.
langage [frz.] Sprachvermögen; *Sprache*.
Langerhans-Inseln [engl. *islets of Langerhans*], nach P. Langerhans (1847-1888), [**BIO**], eingelagerte Zellhaufen im Pankreasgewebe. Bildungsstätte des *Insulins* und des *Glukagon-Hormons*.
Langeweile (= L.) [engl. *boredom*], [**AO, EM**], eine innere, in der Person liegende «Reizarmut», die insbes. mit geringer Erlebnisfähigkeit und Erlebnistiefe einhergeht und auf den Menschen als «Leere seines Lebensgefühls» einwirkt. L. drängt nach dem Gegenpol des erlebnismäßig Affiziertwerdens, im Grenzfall nach «Zuständen der Sensation» (Lersch 1938; *Sensation-seeking*). L. ist oft die Folge von *Monotonie*. Aktivierungstheoretiker sind sich nicht darüber einig, ob L. mit erhöhter Aktivierung (Berlyne) oder mit dem Mangel an Aktivierung (McClelland) verbunden ist. L. hat auch Beziehung zur *psychischen Sättigung* und *Ermüdung* und führt wie sie in Leistungen zu einer Zunahme von Fehlern, größeren Variationen der Leistung und teilweisem Verlust der Selbstkontrolle. Zusammen mit L. treten in Experimenten mit sensorischer *Deprivation* (Reizentzug) Unruhe, Erregbarkeit, emot. Labilität und der Wunsch, die Isolierung zu beenden, auf. Bexton et al. 1954. *R. Bergius*
Langlebigkeit, psychologische Aspekte [engl. *longevity, psychological aspects*], [**EW**], die frühe gerontologische Forschung definierte Altern (*Altersforschung*) als den irreversiblen Abbau von körperlicher und geistiger Leistungsfähigkeit. Die aktuelle ressourcenorientierte Sichtweise fokussiert auf mögliche *Schutzfaktoren* und entwicklungsregulative Prozesse, die die alternde Person orchestriert (*Selektion, Optimierung und Kompensation, Modell der*

(SOK-Modell)), und die zur Stabilisierung der *Lebensqualität* beitragen. M. Landis/M. Martin

Längsdisparation [engl. *vertical disparacy*; lat. *disparare* trennen], *Querdisparation*.

Längsschnittuntersuchung (= L.) [engl. *longitudinal study*], [**FSE**], Untersuchung ein- und derselben *Stichprobe* von N Personen zu einer überschaubaren Anzahl von Gelegenheiten (T) meist über längere Zeiträume in einem oder mehreren Merkmalen (V). Ziel der L. ist die Beschreibung, Erklärung und Vorhersage der auf natürliche Art, d. h. durch Entwicklung/Altern (*Entwicklungsphasen, -stufen*, *Altersforschung*, *Psychologie des Alterns*), aber auch durch systemischen Wandel des Kontexts oder durch *Intervention* bewirkte Veränderung in V. Prospektiver und retrospektiver Längsschnitt, *Panel-Technik*, Trend-Studien, *Zeitreihenanalyse*, *Life-Event-Forschung*, Survival-Modelle (*Hazard-Funktion*), Multi-Kohorten-Sequenz-Design (*Nationales Bildungspanel (NEPS)*) im Alter x Kohorte x Zeit-Paradigma (*Baltes, Paul*) sind Varianten von L., die sich im Raum Personen (N) x Messzeitpunkte (T) x Variablen (V) positionieren lassen, z. B. Panel-Studie – eher großes N; Zeitreihe – eher kleines N, viele T. Eine *Querschnittsuntersuchung* kann als eine «Zeitscheibe» (T=1) in dem System N x T x V gesehen werden (*Altersveränderungen*).

I. S. der *Mehrebenenanalyse* hat jede L. (mind.) eine Zwei-Ebenen-Struktur: durch wiederholte Beobachtungen (eine Ebene) an den einzelnen Individuen (eine weitere Ebene), die z. B. Familien, Schulen, Kohorten, Nationen angehören – eine dritte mögliche Design- und Analyseebene.

Bei L. führt das Ausscheiden (*Dropout*) von Personen zu Stichprobenminderung, ein systematischer Fehler (*attrition bias*), wenn sie kein Abbild eines Populationsprozesses ist. Dieser Selektivität kann teilweise a priori bei Kenntnis der Mechanismen des Stichprobenschwunds durch gezielte kompensatorische Stichprobenziehung (*oversampling*) entgegengewirkt werden. Nicht vorhersehbar ist, ob Personen Messzeitpunkten fernbleiben (*unit nonresponse*) oder einige Items nicht beantworten (*item nonresponse*). *missing data*, *Missing-Data-Prozesse*.

Um Prozesse zu beschreiben, steht bei L. die Kovariation der untersuchten Merkmale (V) mit der Zeit (T) im Fokus. Deswegen sind in einer L. Anzahl der und Abstände zw. den Messzeitpunkten (*spacing* und *timing*) über eine *causal lag theory* zu realisieren. Dabei besteht i. d. R. das Problem, dass nicht nur das Merkmal von Interesse mit der Zeit kovariiert, d. h. sich verändert, sondern auch Prädiktoren, Kontexte und Kovariaten dies tun. In jedem Falle sind also stat. Modelle einzusetzen, die den Abhängigkeitsstrukturen all dieser Bereiche über die Wiederholungsmessungen hinweg Rechnung tragen.

Nur eine L. bietet die Möglichkeit, intraindiv. Veränderungen quant. (z. B. Wachstum) und qual. Art (z. B. Struktur) und interindiv. Differenzen und Ähnlichkeiten in eben diesen intraindiv. Veränderungen zu beschreiben, deren Charakteristika und Determinanten zu ermitteln und zu modellieren. Wachstum oder Minderung einer Fähigkeit (z. B. *Intelligenz*) lassen sich beschreiben durch (Entwicklungs-)Funktionen, (Stabilität von) Verlaufskurven etc. und dahingehend untersuchen, welches Populations-Wachstums-Modell die gruppenspezifischen bzw. indiv. Verläufe in der Stichprobe generiert hat (Mehrebenenanalyse; *Wachstumskurvenmodelle, latente*). Die dafür notwendigen Statistiken Mittelwert (z. B. steigend, fallend; *arithmetisches Mittel*, *Varianz* (z. B. bleiben homogen, werden heterogen; *Varianz*) und *Kovarianz/Korrelation* (innerhalb und über die Messzeitpunkte hinweg) variieren unabhängig voneinander. Die Korrelation einer beobachteten Variablen zu zwei Messzeitpunkten kann nur dann als Indikator für *Stabilität* oder für eine *trait-state*-Unterscheidung dienen, wenn die Reliabilitäten (*Reliabilität*) pro Messzeitpunkt bekannt sind (*Veränderungsmessung, messtheoretische Aspekte*). Ansonsten benötigt man zur separaten Schätzung von Reliabilitäten und der Stabilität mehrere Messungen pro *Konstrukt* und/oder L. mit mehr als zwei Messzeitpunkten.

Nur eine L. bietet die weitere Möglichkeit, Veränderungen in der Struktur oder die Struktur der Veränderung zu untersuchen. Diese zeigen sich als komplexe Aufbauprozesse i. S. von Sequenzen, Stufen (*Entwicklungsphasen, -stufen*), Hierarchien (*Latente Klassenanalyse*) und/oder als Veränderung der Vernetzungsdichte oder -stärke der Merkmale, d. h. ob «gleiche» Faktoren pro Messzeitpunkt, «ähnliche» Ladungen pro Faktor und Messzeitpunkt und «ähnliche» Beziehungen zw. den Konstrukten pro Messzeitpunkt vorliegen, d. h. faktorielle Invarianz (*Messinvarianz*) oder Differenzierung/Integration (*Divergenzhypothese*, *Faktorenanalyse*).

Letztlich geht es bei L. darum, die Bedingungen für Veränderungen bei Individuen oder Gruppen zu identifizieren (*Konditionalanalyse*), aber auch durch Modellierung von Wirkungszusammenhängen die Ursachen für Veränderungen zu ermitteln (*Kausalanalyse*; *Kausalität*). Für Letzteres ist – als notwendige Bedingung – die Gerichtetheit der Zeit bei Modellbildung und stat. Analyse explizit zu berücksichtigen. Die skizzierten Fragestellungen bzgl. Struktur, Reliabilität und Stabilität, Verläufen von Veränderungstrajektorien (*LGC, Latent Growth Curves*) lassen sich mit *Strukturgleichungsmodellen* im Kontext zeitgerichteter Modelle behandeln. Ohne die zus.wachsenden Familien Strukturgleichungs- und Mehrebenenmodelle ist heute keine Auswertung von L. mehr möglich.

Als Bsp. einer besonderen (der ersten dt.) L. ist die von Coerper et al. 1954 an dt. Nachkriegskindern zu erwähnen, die die schwierigen Entwicklungsbedingungen der Zeit verdeutlichte. Als «moderne» L. sei die Seattle-Studie von Schaie (2005) genannt.

Multi-Kohorten-Sequenz-Designs kombinieren quer- und längsschnittliche Designs. In der *Epidemiologie* werden prospektive *Kohortenstudien* eingesetzt, um z. B. das *Risiko* von potenziellen Erkrankungsdeterminanten zu best. Rudinger 2010, Singer & Willet 2003. G. Rudinger

language bias [engl.] Fehler aufgrund der Sprache, [**FSE**], systematische Verzerrung bei der Identifikation und Dokumentation publizierter Studienbefunde aufgrund der

Tatsachen, dass z. B. engl.sprachig publizierte Studien mit erhöhter Wahrscheinlichkeit berücksichtigt werden. *bias, Metaanalyse*.

langue [frz.] historisch-sozial geprägter Sprachgebrauch, *Sprache*.

Langzeitlerntest [engl. *long-term learning test*], *Lerntest*.

Langzeitpsychoanalyse (= L.) [engl. *long-term psychoanalysis*], **[KLI]**, ist die älteste Therapieform und geht auf die *Psychoanalyse* S. Freuds (1856–1939) zurück. In der L. gelten «Aufdeckung» (Deutung der freien Assoziationen und Träume des Klienten durch den Therapeuten und Einsicht beim Klienten) wie vollst. Durcharbeiten der unbewussten Konflikte des Klienten in der Übertragungsbeziehung zum Therapeuten als *via regia* zur Heilung. Die klassische L. erstreckt sich bei drei bis fünf Therapiestunden (im Liegen) pro Woche über eine Gesamtdauer von hundert oder mehr Behandlungsstunden. Nach traditioneller psychoanalytischer Auffassung können nur durch eine L. tiefgreifende und dauerhafte Persönlichkeitsveränderungen, also «Heilung» im Sinn der Behebung der Ursachen bewirkt werden. Wirksamkeitsbelege legen nahe, diese These zumindest in ihrer Allgemeinheit infrage zu stellen. In vielen Fällen sind alternative Behandlungen aufgrund der geringeren Kosten und des früheren Wirkungseintrittes naheliegender. Huber & Klug 2003. *F. Caspar*

Langzeitspeicher [engl. *long-term storage/memory*], **[KOG]**, informationstheoretisches Modell für das *Gedächtnis*.

LAN-Parties *Online-Games*.

Lanugo [engl. *lanugo*; lat. *lana* Wolle], **[KLI]**, Wollhaar, Flaum, Behaarung des Fetus, beim Erw. an wenigen Körperstellen (z. B. Gesicht) erhalten. Gelegentliches Folgesymptom bei *Essstörungen*.

Laparatomophilia migrans [gr. λαπάρα (lapara) Bauchhöhle, τομή (tome) das Schneiden, φιλία (philia) Zuneigung, lat. *migrare* wandern]; *Münchhausen-Syndrom*.

Large Scale Assessment [engl. *large* ausgedehnt, *scale* Maßstab, *assessment* Einschätzung], **[DIA, PÄD]**, eine Reihenuntersuchung an (allen) Personen einer definierten *Population* mithilfe (psychol. oder) psychol.-pädagogischer Tests. Zumeist geht es um bildungsbezogene Wissensinhalte. Dabei steht der Aspekt eines «Monitorings» im Vordergrund, d. h. die empirische Erfassung, Beobachtung und Kontrolle des aktuellen Zustands, sodass das Gesamtbild einer Population (u. U. im Vergleich zu anderen Populationen), nicht aber die Beschreibung des Einzelnen interessiert. Am bekanntesten ist dabei die sog. *PISA-Studie*. Um möglichst viele Themenbereiche zur fraglichen Fähigkeit zu erfassen, werden dabei üblicherweise nicht allen Personen dieselben Aufgaben gestellt; sondern versch. sog. *Booklets* (*Testformen*) enthalten teilweise dieselben und teilweise andere Aufgaben. Das macht es notwendig, Modelle der *Item-Response-Theorie*, insbes. das *Rasch-Modell* anzuwenden, weil anders der Vergleich von Testleistungen von Personen, denen versch. Booklets vorgegeben werden, nicht möglich ist (vgl. dazu auch *Adaptives Testen*): Das fragliche Fähigkeitsausmaß einer beliebigen Person kann über die jew. Modellgleichung und unter Berücksichtigung der getroffenen Aufgabenauswahl geschätzt werden. *Schulleistungsstudien*. *K. D. Kubinger*

Lärm (= L.) [engl. *noise*], **[AO, WA]**, i. Ggs. zu *Rauschen* (ebenfalls *noise*) in der Regel diskontinuierliches akustisches Reizgeschehen. Gilt ps. als leistungsmindernder situativer Störfaktor für zielbezogenes Verhalten, weil L. u. a. unkontrollierbare Aufmerksamkeitsschwankungen hervorruft und psycho-physiol. unspezif. aktivierend wirkt. Auswirkung auf die Sprachproduktion: *Lombard-Effekt*. Physiologisch kann L. nach längerer Einwirkung zu Hörschädigungen (zeitweiligen oder dauernden Schwellenverschiebungen) führen. Die Stärke des L. wird in *Phon* (Einheit der an der frequenzabhängigen Empfindlichkeit des Ohres korr. logarithmisierten Stärke des Schalldrucks) gemessen (*Audiometrie*). *H.E. Zahn*

Lärmforschung [engl. *noise research*], **[AO, GES]**, ein wichtiges interdisziplinäres Gebiet, da Lärm (neg. bewerteter Schall) zu den Umweltstressoren (*Umweltpsychologie*) zählt, über den sich Menschen mit am meisten und intensivsten beklagen. Lärm hat gegenüber anderen, stofflichen Emissionen aber die Eigenschaft, dass er keine Rückstände (akkumulierend) in der Umwelt hinterlässt. Sehr wohl bedingt er aktuelle Beeinträchtigungen oder zeitigt krank machende Folgen (Zerstörung des Trommelfells bei starkem Schalldruck; Schwerhörigkeit, z. B. bei Orchestermusikern). In der Psychoakustik werden Grundlagen des Hörens und der Bewertung von Hörereignissen untersucht (*Akustik*). Mit juristischen, physikal.-technischen, med. und sozialwiss. Methoden werden Lärmentstehungsbedingungen reguliert, Lärmwirkungen erforscht und Wege der Lärmminderung, Vermeidung oder gerechteren Verteilung (z. B. Flugschneisen bei Flughäfen) gesucht. Fragen nach Ursachen oder Gründen für Lärmerzeugungshandlungen wird selten nachgegangen. *P. Day*

Lärmschädigung (= L.) [engl. *noise induced damage/impairment*], **[AO, GES]**, psychophysische Beeinträchtigung durch Dauerlärm (über 85–95 dB bzw. 90–100 Phon). L. bewirkt Verengung der kleinsten Gefäße, Erregung der Muskulatur, Schädigung des Gleichgewichtsapparates, Verlängerung der Reaktionszeit, bei Knall evtl. Trommelfellriss. Eine eigene *Lärmforschung* ist bedeutsam geworden entspr. der zunehmenden Schädigung durch Lärm.

Lashley, Karl Spencer (1890–1958), **[HIS, KOG]**, amerik. Ps. und Behaviorist. Während Lashley an der Johns Hopkins University in Genetik promovierte, kam er mit J. B. *Watson* in Kontakt. 1920 wurde Lashley *assistant professor* an der University of Minnesota, 1929 Professor an der University of Chicago, schließlich 1935 an der Harvard University. Lashley wurde bekannt durch seine Untersuchungen an Ratten. Er vermutete zunächst, dass Lernerfahrungen sich an einer best. Stelle im *Gehirn* physiol. manifestieren. Durch entsprechende Untersuchungen fand er jedoch, dass sich die Lernerfahrungen nicht an einer best. Stelle lokalisieren lassen. Wenig bekannt ist, dass Lashley zu den ersten Sportpsychologen zählt, da er schon an der Johns Hopkins University systemat. Untersuchungen über Übungseffekte beim Bogenschießen machte. *H. E. Lück*

Läsion [engl. *lesion*; lat. *laedere* Verletzung], **[BIO]**, allg. jede organische Schädigung eines Körperteiles. Im Bes. jede organische Schädigung des Gehirns (*Gehirn*, *Hirnschädigung*). Läsionell: durch organische Schädigung bedingt. Ggs. *funktionell*.

last observation carried forward [engl.] «letzte Beobachtung übertragen», **[FSE]**, Verfahren zum Umgang mit fehlenden Werten (*Missing Data*) bei Datensätzen mit mehreren Messzeitpunkten. Fehlen Daten zu einem Messzeitpunkt, werden diese durch den Messwert des letzten vorhandenen Messzeitpunkts ersetzt, bspw. Daten des dritten Zeitpunkts durch Daten des zweiten Zeitpunkts. Dieses Verfahren ist nur zu empfehlen, wenn keine Veränderung der Werte über die Messzeitpunkte erwartet wird. Bei Studien mit erwarteter Veränderung (z. B. bei degenerativen Erkrankungen) sorgt dieses Verfahren für eine Verzerrung der Daten, die bei einem hohen Prozentsatz von fehlenden Daten zu extremen Verfälschungen führen kann. *Missing-Data-Prozesse*. Leonhart 2013.   R. Leonhart

late bloomer [engl.] Spätentwickler; *late talker*.

late closure [engl. *late* spät, *closure* Abschluss], *Sprachwahrnehmung*.

lateinisches Quadrat (= l. Q.) [engl. *latin square*], **[FSE]**, varianzanalytischer Versuchsplan (*Varianzanalyse*), in dem drei Variationsquellen (verteilt auf Zeilen, Spalten und Buchstaben) realisiert werden können. Z. B.

$$\begin{array}{ccc} A & B & C \\ B & C & A \\ C & A & B \end{array}$$

Dabei steht in jeder Zeile die Kombination von drei Versuchsbedingungen. Da jede mögliche Dreierkombination von Variationsmöglichkeiten nur ein einziges Mal vorkommt, ist das l. Q. sehr ökonomisch im Vergleich zum entspr. dreifaktoriellen Versuchsplan. Für die Anordnung der Versuchsbedingungen (jede Stufe des 3. Faktors darf nur einmal in jeder Zeile und Spalte vorkommen) gibt es immer versch. Möglichkeiten, die mit der Größe des Planes stark zunehmen. Mit dem l. Q. können nur Haupteffekte, aber keine Wechselwirkungen (*Interaktionseffekt*) untersucht werden. Bortz & Schuster 2010.   G. Lüer

latent [engl. *latent*; lat. *latere* verborgen sein], verborgen, versteckt, im med./klin. Sinne: ohne Symptome (*Symptom*) verlaufend.

Latente Klassenanalyse (= LCA), [engl. *latent class analysis*], **[FSE]**, die LCA ist ein Modell zur explorativen Analyse von kategorialen Daten. Die Daten bestehen aus dichotomen, nominalen oder ordinalen Variablen (*Skalenniveau*), die an einer Stichprobe von Individuen oder Objekten, meist Personen, erhoben wurden. Das Ziel einer stat. Analyse mit der LCA besteht darin, die zw. den beobachteten und damit *manifesten Variablen* bestehenden Zusammenhänge (*Kontingenz*) mittels der Konstruktion *latenter Variable* (hypothetische *Konstrukte*) zu beschreiben und zu erklären (z. B. Fähigkeiten, Persönlichkeitskonstrukte (*Persönlichkeitsmerkmal*), Traits). Oft geschieht dies mit probabilistischen Modellen (*Item-Response-Theorie (IRT)*, *Rasch-Modell*), bei denen i. d. R. nur eine latente Variable angenommen wird, die quant. ist und eine Metrik besitzt (*Intervallskala*). Bei der LCA nimmt man i. d. R. auch nur eine latente Variable an, diese ist aber kategorial und unterscheidet zwei, drei oder noch mehr Kategorien (Klassen von Personen, Typen). Diese latente kategoriale Variable wird mittels eines geeigneten Algorithmus konstruiert. Die grobe Zielsetzung dieser Suche nach einer Klasseneinteilung hat die LCA mit der *Clusteranalyse* gemeinsam. Beide Verfahren suchen diejenige Klasseneinteilung, welche die Personen in max. homogene Klassen oder Cluster einteilt, die zugleich zw. den Klassen max. heterogen sind. Während bei einer Clusteranalyse die Daten zunächst in eine Ähnlichkeitsmatrix transformiert werden, die angibt, wie ähnlich sich je zwei Personen sind, folgt eine LCA einem anderen Homogenitätsprinzip. Hier sollen die in den Daten vorhandenen Zusammenhänge zw. den manifesten Variablen zum Verschwinden gebracht werden, wenn man nur die Personen innerhalb der latenten Klasse betrachtet. In dieser Zielsetzung sind sich IRT-Modelle und LCA gleich: die latente Variable, die im einen Fall quant., im anderen Fall kategorial ist, wird so konstruiert, dass die manifesten Kontingenzen (*Korrelation*) verschwinden, wenn die latente Variable konstant gehalten wird. Dieses Prinzip nennt man die *lokale stochastische Unabhängigkeit*: Diese besagt, dass die manifesten Variablen unabhängig (engl. *independent*) sind, wenn man den Wert der latenten Variable an einem Ort (lat. *locus*) festhält. Während man üblicherweise die manifesten Variablen und ihre Zusammenhänge dadurch zu erklären versucht, dass man möglichst hohe Korrelationen zw. dem *explanandum* und dem *explanans* nachweist, bedeutet «erklären» in probabilistischen Modellen, Korrelationen klein werden zu lassen, im Idealfall gleich null.

Die Grundstruktur der LCA lässt sich als Formel ausdrücken, die die postulierten Beziehungen zw. den manifesten und latenten Variablen folgendermaßen wiedergibt:

$$p(X) = \sum_c p(c) p(X|c)$$

Links vom Gleichheitszeichen steht die *Wahrscheinlichkeit p* der Daten *X* und rechts davon stehen mehrere bedingte Wahrscheinlichkeiten, die jew. in der *c*-ten Klasse gültig sind. Mit dem Buchstaben *c* wird die latente Variable (*latent classes*) gekennzeichnet. Die (unbedingte) Wahrscheinlichkeit der manifesten Variablen erhält man durch Summation (Σ) über alle latenten Klassen *c*, wobei jede bedingte Wahrscheinlichkeit mit der jew. Klassengröße *p(c)* multipliziert werden muss.

Diese Modellgleichung ist über das Konzept der LCA hinaus von Bedeutung, gibt es doch die allg. Struktur von *diskreten Mischverteilungsmodellen (MVM)* wieder (*Mischverteilungsanalyse*). Diese Modellfamilie betrachtet empirische Verteilungen potenziell als Mischung mehrerer latenter Verteilungen mit jew. anderen *Verteilungsparametern*. Wie bei der Anwendung jedes MVM besteht das erste Ziel einer Datenanalyse darin, die Daten zu entmischen und die Parameter der Mischungskomponenten zu bestimmen. In diesem Sinn ist die LCA ein spez. MVM, das die Wahrscheinlichkeiten von kategorialen Personenmerkmalen in latente Verteilungen entmischt. Ob das jew. Modell einer Mischung mehrerer latenter Verteilungen auf die Daten passt, kann mit Chi-Quadrat Tests oder Likelihood-Quotienten-Tests (*Likelihood-Ratio*) (sofern die asymptotischen Voraussetzungen erfüllt sind) oder mit *informationstheoretischen Maßen* (AIC, BIC oder CAIC) getestet werden. Da die dabei zugrunde gelegte Klassenanzahl c selbst kein Modellparameter ist, müssen die infrage kommenden Klassenanzahlen durchgerechnet und ihre Modellgültigkeiten miteinander verglichen werden.

Es gibt versch. stat. Modelle, die unabhängig von der LCA entwickelt wurden, sich aber im Nachhinein als restringierte oder verallgemeinerte LC-Modelle darstellen lassen (Parameterrestriktionen). Modelle mit mehreren kategorialen latenten Variablen lassen sich über die Gleichsetzung von bedingten Wahrscheinlichkeiten aus versch. latenten Klassen spezifizieren (*equality constraints*; Langeheine 1988). Die Gleichsetzung von Klassengrößenparametern oder ihre Fixierung auf best. Werte stellt eine gute Alternative zum Mediansplit oder zu einer Quartileinteilung anhand der Scoreverteilung dar. Will man jedoch lineare Restriktionen für die Modellparameter einführen, so kann die Formalisierung der LCA mit Wahrscheinlichkeitsparametern an Grenzen stoßen. Man kann daher die Wahrscheinlichkeiten

$$p(X|c) = \frac{e^a}{1+e^a}$$

durch ihre Logits (*Regression, logistische*) ersetzen und erhält Parameter, deren Wertebereich nicht auf das Intervall von 0 bis 1 beschränkt ist. Formann (1999) führt diese Parameter mittels einer Designmatrix auf lineare Basisparameter zurück (*linear-logistische latente Klassenanalyse*). Eine mögliche Anwendung dieser linear-logistischen Restriktion stellt das *Rasch-Modell* dar, das sich mittels equality constraints der linearen Basisparameter spezifizieren lässt (Formann 1999).

Das Konzept geordneter Klassen besagt, dass sich die latenten Klassen so anordnen lassen, dass sämtliche bedingte Wahrscheinlichkeiten einer Klasse c größer sind als in einer Klasse d. Handelt es sich um einen Fähigkeitstest, für den sich die Klassen überschneidungsfrei ordnen lassen, so kann dies als ein Indikator gewertet werden, dass mit den Testitems tatsächlich ein latenter *trait* gemessen wird (Rost 1999). Die *Mokken-Skalierung* kann als dasjenige latent-Trait-Modell betrachtet werden, das einem LC-Modell mit einer entspr. Anzahl geordneter Klassen entspricht.

Die *linear-logistische Klassenanalyse* (*Rasch-Modell, linear-logistisches*) lässt auch die Spezifizierung von Modellen für ordinale Daten zu (Rost 1999). Dabei werden, genauso wie im Rasch-Modell für ordinale Daten, die Lokationen von Schwellen auf einem latenten Kontinuum parametrisiert, sodass aus der Anordnung der Schwellenparameter auf die Ordnung der Antwortkategorien geschlossen werden kann.

Das *Mixed-Rasch-Modell* (MRM, Rost 1990) ist dagegen keine Restriktion der LCA und auch keine triviale Reparametrisierung, sondern es ersetzt die in LC-Modellen getroffene Annahme lokal unabhängiger Variablen innerhalb der Klassen durch die Annahme, dass innerhalb jeder Klasse das Rasch-Modell gilt. [statisticalinnovations.com/products/latentgold.html]. Rost & Langeheine 1997, Rost 2006.
J. Rost

Latente semantische Analyse (= LSA.) [engl. *latent semantic analysis*; gr. σημαίνειν *(semainein)* bezeichnen], **[FSE, KOG]**, die LSA. (Landauer et al. 1990) ist ein stat. Verfahren aus dem Bereich der automatischen Sprachverarbeitung (*Sprache*), das auf die vektorielle Repräsentation der Bedeutung von Wörtern und Texten abzielt und zur automatisierten Bewertung der Ähnlichkeit des Inhalts von Wörtern und Texten verwendet werden kann. Das Verfahren gründet sich auf die Annahme, dass aus der Verwendung von Wörtern auf deren Bedeutungsgehalt (*Bedeutung*) geschlossen werden kann und die häufige Verwendung in ähnlichen Kontexten einen Hinweis auf inhaltliche Ähnlichkeit darstellt. Bevor mit dem Verfahren Ähnlichkeitsberechnungen durchgeführt werden können, ist es deshalb zunächst notwendig, das Auftreten von Wörtern in Texten zu analysieren. Hierfür werden große Textsammlungen in Textfragmente, z. B. Abschnitte, zerlegt. Die Auftretenshäufigkeit von Wörtern in den Textfragmenten wird in Form einer Frequenzmatrix repräsentiert. Die Frequenzmatrix wird gefiltert, z. B. indem Stoppwörter entfernt werden, und einer Gewichtung unterzogen. Meist kommt dabei eine Entropiefunktion zum Einsatz. Die resultierende Matrix wird anschließend einer Singulärwertzerlegung unterzogen und die Anzahl extrahierter *Dimensionen* auf ein Minimum reduziert. Die Anzahl der sinnvollerweise extrahierten Dimensionen ist vorab nicht eindeutig bestimmbar. Werte um 300 Dimensionen haben sich als brauchbar erwiesen. Durch die Singulärwertzerlegung und die Reduktion der Dimensionen wird der Informationsgehalt der Frequenzmatrix minimiert und gleichzeitig die Bedeutung der Wörter von der konkreten Verwendung in der Textsammlung abstrahiert. Die Dimensionswerte der Wörter können nun als Koordinaten eines n-dimensionalen *Vektor*raums betrachtet und die Ähnlichkeit der Wörter mittels Ähnlichkeitsmaßen (z. B. Kosinus des Zwischenwinkels der Vektoren) oder Distanzmaßen (z. B. euklidische Distanz) bewertet werden. Zum Vergleich von Texten werden die Einzelvektoren der Wörter summiert und der entstehende Gesamtvektor für Berechnungen verwendet. Die Dimensionswerte können mittels Mustererkennungsverfahren wie z. B. *Support Vector Machines* weiterverarbeitet werden.

Vorteile des Verfahrens liegen darin, Bedeutungsfacetten in numerischer Form zu repräsentieren und somit einer automatisierten Bewertung zugänglich zu machen. Zudem ist es tolerant gegenüber der Verwendung von Synonymen (*Synonymie,*). Nachteile liegen in der begrenzten *Repräsentation* und Analyse syntaktischer Strukturen (*Syntax*), die lediglich über die Flexionen von Wörtern berücksichtigt werden. Die Reihenfolge der Wörter in Texten wie auch Funktionswörter gehen dagegen nicht in die Analyse ein. Zudem verschwimmen die Bedeutungen polysemer Wörter. Breite Anwendung fand die LSA. in der Grundlagenforschung v. a. auf dem Gebiet der Simulation semantischer Strukturen des Langzeitgedächtnisses (*Gedächtnis*), des Verständnisses für *Metaphern* und des Textverständnisses (Landauer et al. 2007). Es existieren zahlreiche computerbasierte Anwendungen der LSA. wie z. B. intelligente Suchmaschinen und sprachübergreifende Suchwerkzeuge, intelligente tutorielle Systeme, Programme zur automatisierten Aufsatzbewertung und Verfahren zur Aufdeckung inhaltlichen Plagiats. W. Lenhard

latente Traumgedanken [engl. *latent dream thoughts*], **[KLI]**, nach Freud die den manifesten Trauminhalten zugrunde liegenden verborgenen und damit unbewussten Gedanken, Wünsche und Ängste. Die unbewusste Traumzensur verhindert das unmittelbare und unverhüllte In-Erscheinung-Treten der ursprünglichen Traumgedanken. Diese werden vielmehr durch die Traumarbeit in die mit den Forderungen des *Über-Ich* zu vereinbarenden manifesten Trauminhalte verwandelt. *Psychoanalyse*; *Traumdeutung*. Boss 1975, Freud 1948a.

latente Vererbung [engl. *latent heredity/inheritance*; lat. *latere* verborgen sein], **[PER]**, die Übertragung von latenten, d. h. beim Überträger nicht erkennbaren Eigenschaften auf Nachkommen. *Vererbung*.

Latent Structure Analysis (LSA) [engl.] latente Strukturanalyse, **[FSE]**, eine von Lazarsfeld 1950 (Lazarsfeld, Henry 1968) eingeführte Analyse der Beziehungen zw. Variablen, von denen einige manifest (*Variable, manifeste*), andere latent (*Variable, latente*) sind. *Latente Klassenanalyse* Langeheine 1982.

Latenz (= L.) [engl. *latency*; lat. *latere* verborgen sein], **[KOG]**, Zeitraum zw. Reizdarbietung (*Reiz*) und Einsetzen der beobachtbaren *Reaktion* bzw. einer automatisierten Reaktion. Erste Durchgänge in einem Konditionierungsexperiment (*S-R-Theorie*) oder Lernversuch, bei denen auf offen beobachtbarer Verhaltensebene noch keine Verknüpfung zw. Reiz [engl. S *stimulus*] und Reaktion [engl. R *reaction*] feststellbar ist.
[EW], Zeit einer Entwicklungsperiode ohne nennenswerte Veränderungen (*Latenzperiode*).

Latenzperiode (= L.) [engl. *latency period*; lat. *latere* verborgen sein], **[EW, KLI]**, nach Freud der zw. dem 6. und 12. Lebensjahr liegende Abschnitt der seelischen Entwicklung. Die L. beginnt mit dem vorläufigen Abschluss und Stillstand der Triebentwicklung (Lösung des *Ödipuskomplexes* und Verdrängung der genitalen Impulse am Ende der ersten *genitalen Phase*) und endet mit dem Wiederbeginn und der Steigerung der Triebentwicklung in der *Pubertät* (Beginn der zweiten genitalen Phase). Die L. ist gekennzeichnet durch eine Entwicklung des *Ich* und der intellektuellen Funktionen sowie durch eine Differenzierung und Stabilisierung der Beziehungen zur Realität und Sozietät. *Entwicklung, psychosexueller Ansatz nach Freud.*

lateral [engl. *lateral*; lat. *lateralis* auf der Seite], **[BIO]**, seitlich, seitwärts, auswärts. *Lateralität*.

Laterale [engl. *laterals*; lat. *lateralis* seitlich], *Phonetik, Phonologie.*

laterale Hemmung, laterale Inhibition (= l. H.) [engl. *lateral inhibition*; lat. *inhibere* hemmen], **[BIO, WA]**, bezeichnet ein Prinzip der nervösen Informationsverarbeitung der *Sinne*ssysteme, das vorwiegend der *Kontrast*-Bildung dient (benachbarte *Helligkeiten*, benachbarte Töne). Die von den *Rezeptoren* zu den Projektionsfeldern im *Gehirn* laufenden spezif. afferenten Bahnen sind (z. B. beim *Auge* bereits in der Retina) derart verschaltet, dass jede einzelne Rezeptorzelle mit einer Vielzahl von *Neuronen* der nächsthöheren Schicht über kollaterale Verbindungen «divergierend» verbunden ist (*Divergenzprinzip* der Erregungsleitung). Anderseits erhält jedes Neuron der nächsthöheren Schicht seine Information (*Afferenz*) gleichzeitig von einem großen Areal nächstniedrigerer Elemente, z. B. den Rezeptoren (*Konvergenzprinzip*). L. H. kommt nun dadurch zustande, dass die gleichzeitige Erregung benachbarter Rezeptoren (R1 R2 R3 in der Abb.) über hemmende Interneurone mit hemmenden Synapsen eine *Hemmung* der *Erregung* des jew. Nachbarelementes zur Folge hat. Dadurch wird ein auf dem Rezeptorenareal abgebildeter Reizstärkengradient auf der nächstbesten Ganglienzellschicht (E1 E2 E3) steiler (neuronale Kontrastverschärfung). Becker-Carus 1981, Keidel 1971, Schmidt et al. 2000, Becker-Carus 2004, Schmidt 1971. C. Becker-Carus

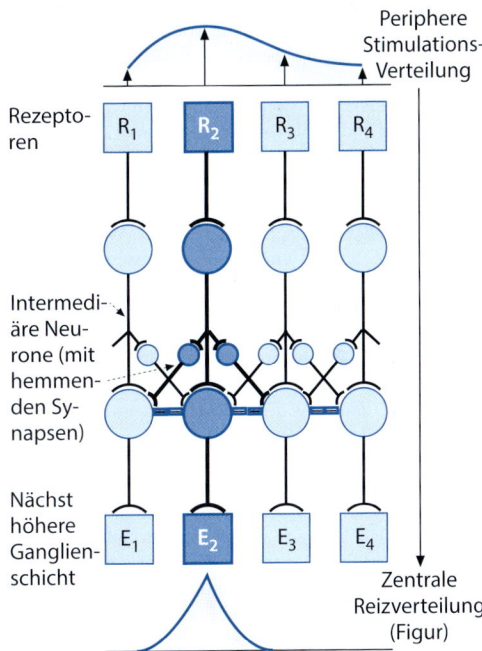

Laterale Hemmung: Prinzip der lateralen (Vorwärts-)Hemmung

Lateralisiertes Bereitschaftspotenzial [engl. *lateralized readiness potential*; lat. *lateralis* seitlich], **[BIO]**, wird aus dem *Bereitschaftspotenzial (readiness potential)* (= BP), einer langsamen Negativierung des hirnelektrischen Potenzials, gewonnen. Das Bereitschaftspotenzial ist über der Hemisphäre kontralateral zur ausführenden Hand neg. als ipsilateral. Der Zeitpunkt, bei dem das BP asymmetrisch wird, hängt davon ab, wann die Entscheidung fällt, mit welcher Hand reagiert wird. Die Asymmetrie des BP wird als Indikator spezif. Reaktionsaktivierung verwendet und heißt daher Lateralisiertes BP. Um reaktionsunabhängige Asymmetrien aus diesem Aktivierungsmaß auszuschließen, werden die über rechts- und linksseitige Reaktionen gemittelten Asymmetrien verwendet. Weil dabei für jede Reaktionsseite die Differenz zw. kontra- und ipsilateraler Aktivität gebildet wird, werden alle Asymmetrien eliminiert, die von der interessierenden Handlung unabh. sind. *Elektrodiagnostik*, *Enzephalographie*. Coles 1989.

Lateralität (= L.) [engl. *laterality*; lat. *lateralis* seitlich], [**BIO, KOG, WA**], laterale Asymmetrie, laterale Dominanz, beschreibende Bez. für die funktionelle Bevorzugung eines Organs (bessere Leistungsfähigkeit: Kraft, Schnelligkeit, Geschicklichkeit) und/oder morphologische Verschiedenheit paarig angelegter Organsysteme (z. B. *Sinnesorgane*: Augen, Ohren; Bewegungsorgane (*Motorik*): Hände, Beine, Lider; innere Organe: Lungen, Nieren, Hoden; Teile des *Zentralnervensystems*): Funktionsareale, Hirnkerne, Hirnnerven). Die Paarigkeit ist ein Spezialfall der Vervielfachung von Organen, was u. a. evolutionär die Spezialisierung von Organsystemen für Funktionen ermöglicht sowie die Entwicklung spezif. auf Zusammenwirken angewiesener Funktionen (z. B. Tiefensehen, *räumliches Hören*, Zweihandgreifen, Zweihandtätigkeiten wie links Halten der Nadel und rechts Führen des Fadens, *Gehen*). Auch morphologisch einheitlich erscheinende Organe sind afferent und efferent (animal und/oder vegetativ) lateralisiert innerviert, wie z. B. Zunge, Haut, Stimmbänder, Nase. Insbes. der *Händigkeit* entspricht eine entspr. Werkzeugausformung (z. B. Schere) und z. T. damit zus.hängend eine Tätigkeitsablaufrichtung (z. B. *Schreiben*). Die Präferenz oder Leistungsüberlegenheit für best. Teilaktivitäten muss nicht übereinstimmen für die Organe einer Körperseite gelten.

Die innervatorische L. entspricht der (gekreuzten) seitenbezogenen Zuordnung des ZNS (Hirnhemisphären) zu (peripheren) Organen. Psychische Funktionen sind nicht an ein morphologisch einheitliches Substrat (Organ) geknüpft (z. B. *Sprache*, *Raumwahrnehmung*, *Gefühle*) und im ZNS bilateral verankert. Solche Funktionen sind modular aus Teilleistungen aufgebaut. Für etliche dieser Module, deren Funktionsort im Gehirn lokalisierbar ist, besteht eine rechts- vs. linkshemisphärische Leistungsasymmetrie bzw. Spezialisierung einer Seite, was z. B. schon sehr früh für Sprachfunktionen nachgewiesen wurde (*Aphasie*, *Hemisphärenspezialisierung*). Welcher Anteil an funktionaler Asymmetrie angeborenerweise entsteht und welcher aus Gründen der optimalen Arbeitsteilung bzw. Koordination ergibt, ist jew. für die Einzelfunktion zu klären. *P. Day*

late starter [engl. Spätentwickler], [**EW, RF**], Person, die erst nach dem 14. Lebensjahr mit kriminellem Verhalten beginnt. *early starter*. *S. Suhling*

late talker (= l. t.), [engl. «Spätsprecher», [**EW, KOG**], Kinder ohne Primärbeeinträchtigungen, die bis zum Ende des 2. Lebensjahres weniger als 50 Wörter sprechen (*50-Wörter-Marke*) und wenige oder keine Wortkombinationen produzieren bei ansonsten altersgerechtem Entwicklungsstand (*Sprachentwicklung*). Etwa 15 % aller Kinder sind als l. t. anzusehen. 30-50 % dieser Kinder holen ihren Rückstand zw. dem 2. und 3. Altersjahr ohne spezif. Förderung auf (*late bloomer*), der Rest bildet eine *spezifische Sprachentwicklungsstörung* aus. Allerdings ist auch eine scheinbare Normalisierung mit erneuten Problemen im Vorschulalter möglich. L. t. zeigen im Grundschulalter in vielen Sprachmaßen signifikant niedrigere Leistungen im Vergleich zu Kindern mit normalem Sprechbeginn. Als prognostisch bedeutsam haben sich nonverbale kogn. Fähigkeiten, Wortverständnis, *Sprachproduktion*, die Schulbildung des Vaters sowie die Teilnahme der Mutter an einem Interaktionstraining erwiesen (Buschmann & Neubauer 2012). Zur Frühidentifikation von l. t. werden als sprachdiagnostisches *Screening* standardisierte Elternfragebögen mit einer sprachproduktiven Wortschatzliste und Fragen zum Gebrauch von Wortkombinationen eingesetzt, z. B. *Elternfragebogen zur Wortschatzentwicklung im frühen Kindesalter: Eltern Antworten – Revision (ELAN-R)*; *Elternfragebögen für die Früherkennung von Risikokindern (ELFRA)*; *Fragebogen zur frühkindlichen Sprachentwicklung (FRAKIS; FRAKIS-K)*; Elternfragebogen zur Früherkennung von Late Talkers (SBE-2-KT). Diese Untersuchungsinstrumente unterscheiden sich hinsichtlich ihres theoret. Konzepts, der Breite des Altersanwendungsbereichs sowie des Umfangs ihrer Wortliste. Bei auffälligem Ergebnis ist eine weitere, insbes. pädaudiologische (*Pädaudiologie*), Diagnostik erforderlich. Zur Förderung von l. t. existieren Frühinterventionsansätze. Elternarbeit ist dabei ein obligatorischer Kernaspekt. *Sprachentwicklungsverzögerung*. Buschmann 2012, Buschmann 2011.

C. Kiese-Himmel

latitude of acceptance [engl. *latitude* (Handlungs-)spielraum], [**KOG, SOZ**], Annahme- oder Akzeptierungsbereich. *Soziale Urteilstheorie*.

latitude of non-commitment [engl. *latitude* (Handlungs-)spielraum, *Commitment* Bindung], *Soziale Urteilstheorie*.

latitude of rejection [engl. *latitude* (Handlungs-)spielraum], [**KOG, SOZ**], Ablehnungsbereich. *Ablehnung, soziale*, *Soziale Urteilstheorie*.

Laufbahnberatung [engl. *career counseling*], *Berufsberatung*, *Berufswahltheorien*.

Laut (= L.) [engl. *phone*, *sound*], [**KOG, WA**], Sprachschall (*Sprache*), der als eine Einheit wahrgenommen wird. Die Menge der L., die menschliche Sprachwerkzeuge hervorbringen können, ist praktisch unbegrenzt; der Anteil jedoch, der in einzelnen Sprachen als bedeutungsunterscheidende L. (*Phonem*) fungiert, ist eingeschränkt und von Sprache zu Sprache nach Art und Zahl versch. (*Phonologie*). Man unterscheidet zw. L., die durch Hemmung des Luftstroms im Bereich der Sprechorgane gebildet werden (Konsonanten), und solchen, die durch freies Schwingen der Stimmlippen, ohne gegenseitige Berührung der Sprechorgane zustande kommen (*Vokale*). Eine Aufgliederung der Konsonanten erfolgt mithilfe der Kennzeichnung von Bewegungen, die die Sprechorgane im Mundraum ausführen (z. B. in Verschlusslaute, Reibelaute usw.), und mithilfe der Bez. der Stellen im Mundraum, die bei der *Artikulation* berührt werden (z. B. in dentale L.: Berührung der Zähne, palatale L.: Berührung des Gaumens usw.). *Sprachproduktion.*

Lautagnosie [engl. *auditory verbal agnosia*], **[BIO, KOG]**, Verlust der *Fähigkeit*, Wörter in der (bekannten) gesprochenen *Sprache* als solche zu verstehen und zu wiederholen (*verbale Agnosie, Taubheit, kortikale*), obwohl die dafür erforderlichen auditiven Grundfunktionen (ausreichend) intakt sind. Lesen und Schreiben sowie die «innere» Sprache sind nicht oder kaum beeinträchtigt. Karnath & Thier 2012. *J. Zihl*

Lautäußerung, tierische [engl. *animal sound expression*], **[KOG, SOZ]**, dient vorwiegend innerartlicher und/oder zw.artlicher *Kommunikation*. Wichtig als Warn-(Droh-) Laute, bei der Paar- und Gruppenbildung, der Brutpflege, dem *Kontakt* zw. Alt und Jung und der Information über Nahrung. *Tiersprache.* *C. Becker-Carus*

lautes Denken (= l. D.) [engl. *think aloud*], **[KOG]**, von Claparède, Duncker u. a. verwendetes Verfahren zur Analyse von Problemlöseprozessen. Im Ggs. zur *Selbstbeobachtung* (der in der *Würzburger Schule* bevorzugten Methode) sollen die Pbn alle, auch ganz flüchtige Einfälle verlautbaren, das Denken selbst wird dagegen nicht reflektiert. L. D. soll den ablaufenden Prozess des *Problemlösens* oder *Entscheidens* nicht verändern (Huber 1982). Man unterscheidet zw. dem gleichzeitigen l. D. und dem weniger verlässlichen retrospektiven l. D. Ericson & Simon 1980. *R. Bergius*

Lautgebärde (= L.) [engl. *sound gesture*], **[KOG, SOZ]**, die motorisch-artikulatorische Bewegungsgestalt beim Aussprechen eines sinnvollen Wortes (*Artikulation*), sofern die Bewegungsgestalt mit der zugehörigen Wortbedeutung zus.hängt (Wundt 1893). Die L. ist neben der *Lautmalerei* und der *Lautsymbolik* eine Form des phonetisch-semantischen Zusammenhangs (*Phonetik, Semantik*). Unmittelbar abbildend ist die L. bei Wörtern, die Mundverhaltensweisen bez. (gähnen, speien), nachahmend oder anähnelnd bei Wörtern, die Bewegungen, Handlungen, Naturgeschehnisse bez. (dehnen, ducken, kneten, rollen), quasi-demonstrativ bei z. B. Ortsadverbien (dort vs. hier; Zunge in Dentalstellung: Zeigegebärde). Deutungen des Einzelfalls sind oft unzuverlässig. Beweiskräftiger sind Ergebnisse von sprachvergleichenden Lautstatistiken (*Psychophonetik*). *Gebärdensprache.* Ertel 1976, Kainz 1941, Wundt 1893, 1911. *S. Ertel*

Lautheit [engl. *loudness*], **[WA]**, Maß für die Stärke einer Schallempfindung in der Einheit «sone»; ein *binaural* gehörter Ton mit einer Schwingungszahl von 1000 Schwingungen pro Sekunde und einem *Schalldruckpegel* von 40 dB SPL hat eine Lautheit von 1 sone. Die *sone-Skala* wurde mit Verfahren der direkten *Skalierung* gewonnen und ist eine Verhältnisskala: Ein Ton mit der Lautheit x sone erscheint also x-mal so laut wie ein Ton mit der Lautheit 1 sone. *H. Heuer*

Lautlehre *Phonetik, Phonologie.*

Lautmalerei (= L.) [engl. *echoism*], **[KOG]**, neben *Lautgebärde* und *Lautsymbolik* eine Form phonetisch-semantischen Merkmalszusammenhangs. Bei *Wörtern*, die *Geräusche* (rascheln, surren, ticken), Klänge (summen, heulen) und geräuschbegleitende *Handlungen* oder Ereignisse (kratzen, plumpsen) bez., ist oft eine akustische Ähnlichkeit zw. dem Sprachlautlichen und dem sprachlich bezeichneten oder mit bezeichneten Geräuschereignis im Einzelfall evident und sprachvergleichend stat. überzufällig. Schallabbildungen durch die Wortphonetik (Onomatopoetika, Schallwörter; *Phonetik*) sind lediglich Stilisierungen, da sie sich nur i. R. menschlicher *Artikulation* und der einzelsprachlichen *Phonologie* entfalten können. Schallnachahmende *Neologismen* kommen spontan in der Kindersprache vor und lassen sich bei Erwachsenen exp. studieren (Wissemann 1954). Die Sprachgeschichte verzeichnet zahlreiche onomatopoetische Neuschöpfungen. Zugrunde liegt eine Tendenz zur Angleichung des lautlichen Eindrucks der Rede an das Lautliche, von dem die Rede ist. Die L. dient auch der ästhetischen Lautstilistik in Poesie und Prosa, wobei neben der Einzelwortphonetik die Satzphonetik Bedeutung erlangt (*Psychophonetik*). *onomatopoetische Theorie.* Ertel 1976. *S. Ertel*

Lautstärke [engl. *sound volume*], **[WA]**, Lautstärkepegel, Maß für die Stärke einer Schallempfindung in der Einheit Phon. Bei der Lautstärke wird berücksichtigt, dass die Empfindlichkeit des Gehörs von der *Schwingungszahl* abhängt (*Hörfläche*); unabhängig von der *Schwingungszahl* wird ein Schall mit einer Lautstärke von x Phon genauso laut empfunden wie ein Ton mit einer Schwingungszahl von 1000 Schwingungen pro Sekunde und einem *Schalldruckpegel* von x dB SPL. *H. Heuer*

Lautsymbolik (= L.) [engl. *sound symbolism*], **[KOG]**, syn. *Lautmetaphorik*, neben *Lautmalerei* und *Lautgebärde* eine Form des phonetisch-semantischen Merkmalszusammenhangs. Es handelt sich um Gefühlswert-Ähnlichkeiten (*Gefühl*) zw. Lautgebilde und Wortbedeutung (*Bedeutung*), etwa Liebe = «zart» als gesprochenes Lautgebilde und «zart» als Komponente des Bedeutungserlebnisses. Die unzuverlässige Methode der Auswahl passender Bsp. wurde durch die Methode der Zuordnung von Bedeutungsalternativen zu Wort-Lautgebilden aus unbekannten Sprachen, durch Lautstatistiken bei Wörtern gleicher Bedeutung aus umfangreichen Sprachstichproben (*Sprachstatistik*) und durch die Methode des *semantischen Differenzials* ersetzt (Ertel 1976). L. scheint universell aufzutreten, d. h. in voneinander unabhängigen Sprachen kommen gleiche bzw. ähnliche phonetische Repräsentationen für best. Gefühlswerte vor. Unabh. vom Vorkommen der L. bei sinnvollen Wörtern wurden die Gefühlswerte künstlich hergestellter sinnfreier Lautgebilde bzw. einzelner Vokale oder Konsonanten (Lautphysiognomik) exp. untersucht. Die Probleme der L. sind mit denen der *Synästhesie* teilidentisch. L. wird in Poesie und Prosa mit lautstilistischer Absicht verwendet. *Psychophonetik.* Hörmann 1967, 1977. *S. Ertel*

Lavater, Johann Caspar (1741–1801), [**HIS, PER**], Schweizer Pfarrer, phil.-theologischer Schriftsteller, bedeutender Vertreter der *Physiognomik* und *Erfahrungsseelenkunde*. Lavater war dreizehntes Kind eines Züricher Arztes; er studierte 1756–1762 in Zürich Theologie. Auf einer Bildungsreise im Frühjahr 1763 nach Dt. lernte er bedeutende Persönlichkeiten seiner Zeit kennen; 1769 wurde er zum Diakon gewählt. 1774 lernte Lavater auf einer Rheinreise Goethe kennen. Nach umfangreichen Vorarbeiten veröffentlichte Lavater 1775–1778 sein vierbändiges Hauptwerk «Physiognomische Fragmente zur Beförderung der Menschenkenntnis und Menschenliebe», das als Hauptwerk der Physiognomik gilt und in vielen Auflagen und Übersetzungen erschienen ist. Lavater war der Überzeugung, dass die Form der äußeren Teile des Menschen, besonders des Gesichtes, Aussagen über dessen Charakter zulässt. Die Physiognomik wurde sehr bald zur Modeerscheinung. Es gab aber auch heftige Kritik, u. a. in satirischer Form durch Lichtenberg. Auch Goethe und Herder gingen zu Lavater auf Distanz, zumal er sich für Spiritisten, Exorzisten, Magnetiseure usw. aussprach, in deren Handeln er göttliche Kräfte wirken sah. Lavater verfasste eine große Anzahl von theologischen Schriften, äußerte sich nach dem Ausbruch der Französischen Revolution zunehmend politisch. So kritisierte er die Invasion frz. Truppen in die Schweiz (1797). Seine politische Haltung führte dazu, dass er inhaftiert und 1799 für drei Monate nach Basel deportiert wurde. Nach seiner Rückkehr nach Zürich erhielt er im September 1799 eine Schussverwundung, an deren Folgen er Anfang Januar 1801 starb. Proß 1982. *H. E. Lück*

Lavendelöl (= L.) [engl. *lavender oil*; lat. *oleum lavandulae*], [**PHA**], ist das ätherische Öl aus den Blüten des schmalblättrigen Lavendels Lavandula angustifolia. Besitzt aufgrund eines hohen Gehaltes an Linalool antimikrobielle Eigenschaften. Wirkt außerdem zentraldämpfend und wird als mildes Beruhigungsmittel bei Unruhezuständen, Einschlafstörungen und funktionellen Oberbauchbeschwerden angewendet. Lavendelöl-Kapseln (auch: Silexan; Lasea®) sind seit Februar 2010 rezeptfrei in dt. Apotheken erhältlich. Sie sind für Erwachsene mit «Unruhezuständen bei ängstlicher Verstimmung» zugelassen. *T. Veselinović*

law of comparative judgement [engl.] Gesetz des vergleichenden Urteils; *Thurstone-Skala*.

law of disuse [engl.] Gesetz des Nichtgebrauchs; *Lernregeln*.

law of effect [engl.] *Effektgesetz. Versuch und Irrtum*.

law of exercise [engl.] Gesetz der Übung; *Lernregeln*.

law of use [engl.] Gesetz des Gebrauchs/der Nutzung; *Lernregeln*.

Laxanzien [engl. *laxatives*; lat. *laxare* lockern], Abführmittel. Evtl. Missbrauch bei *Essstörungen*.

Lazarsfeld, Paul Felix (1901–1976), [**FSE, HIS, SOZ**], (Pseudonym Elias Smith), österreich. bzw. amerik. Soziologe (Langenbucher 2008). Studium der Mathematik in Wien. 1924 Promotion über die Gravitationstheorie Einsteins, 1925–26 Graduiertenstipendium in Frankreich, 1925–1929 Tätigkeit als Gymnasiallehrer in Wien, 1929–1933 Tätigkeit am Institut für Ps. der Universität Wien. Assistent von *Bühler*, 1930–1933 Leiter der Wirtschaftsps. Forschungsstelle des Instituts. Am Wiener Institut Methoden- und Statistikausbildung; u. a. Zusammenarbeit mit *Marie Jahoda* und Hans Zeisel bei der Studie «Die Arbeitslosen von Marienthal». Lazarsfeld war Mitglied der Sozialdemokratischen Arbeiterpartei Österreichs. Als Stipendiat der Rockefeller Foundation 1933–1935 ging er in die USA und beschloss dann zu emigrieren; 1943 nahm er die amerik. Staatsbürgerschaft an. In den USA hatte Lazarsfeld versch. Positionen inne, von 1939 bis zu seinem Tod gehörte er dem Lehrkörper der Columbia University an. Er gilt als Begründer der modernen, empir. Sozialforschung. Die *Latent Structure Analysis (LSA)* geht auf Lazarsfeld zurück. *H. E. Lück*

Lazarus, Moritz (Moses) (1824–1903), [**HIS, SOZ**], Philosoph, Völkerpsychologe, Pädagoge jüdischer Herkunft. Geboren in Filehne (damals preußisch Provinz Posen), 1845 Beginn des Studiums der Theologie, Philosophie, Ps. und anderer Fächer in Berlin, 1849 Promotion mit der Arbeit *De educatione aesthetica*. Anschließend zehn Jahre lang Privatgelehrter in Berlin, 1860 Honorarprofessor in Bern, 1862–1865 dort o. Prof. Rückkehr nach Berlin, 1866 Beginn von Vorlesungen zur Philosophie für Offiziere und höhere Beamte an der Kriegsakademie in Berlin, 1875–1895 Honorarprofessor für Philosophie an der Berliner Universität, dort Vorlesungen zur Philosophie, Ps., Rechtslehre, Kultur- und Kunstgeschichte und Pädagogik. 1897 Übersiedlung nach Meran, wo er 1903 verstarb (zur Biografie s. die Lebenserinnerungen aus dem Nachlass, herausgegeben von Lazarus & Leicht 1906). Gemeinsam mit *Steinthal* gilt Lazarus als Begründer der *Völkerpsychologie* (Eckardt 1997, Sprung 2003), die er bereits 1851 unter dem Einfluss von Hegel, *Herbart* und W. v. Humboldt entwarf und die ihren Niederschlag in der von Lazarus und Steinthal herausgegebenen *Zeitschrift für Völkerpsychologie* (1860–1890) fand. Anliegen war die Darstellung der Geschichte und Gegenwart des kult. Zusammenlebens. *H. E. Lück*

L-Daten [engl. *life record data*], [**DIA, FSE**], nach R. B. Cattell diejenige Gruppe von Daten zur Persönlichkeitsbeschreibung (neben *Q-Daten* und *T-Daten*), die aus Erhebungen über obj. Vorgänge und Tatbestände, einschließlich Daten aus der Alltagssituation des Pb (z. B. Anzahl der Freundschaften, Konflikte) und aus *Fremdbeurteilungen* stammen. Cattell 1957.

L-Dopa (= L.), [**BIO, PHA**], Abk. für L-3,4-Dihydroxyphenylalanin, auch Levodopa. Intermediärprodukt im Aminosäurestoffwechsel. Aus der nicht essenziellen Aminosäure Tyrosin wird im Körper L. und daraus wiederum die *Neurotransmitter Dopamin, Noradrenalin* und *Adrenalin* synthetisiert. Da L. i. Ggs. zu Dopamin die *Blut-Hirn-Schranke* passieren kann, wird es bei Erkrankungen, die mit einem Dopaminmangel einhergehen (z. B. Morbus *Parkinson*), verabreicht. Um den peripheren Abbau von L. in Dopamin zu verhindern, wird zusätzlich meist ein Decarboxylase-Hemmer (*Carbidopa* oder *Benserazid*) oder ein Catechol-O-Methyltransferase-Hemmer (vgl. *Entacapon*) verabreicht. L. ist seit den 1970er-Jahren die wichtigste Komponente der medikamentösen Therapie des M. Parkinson, obwohl es nach jahrelanger Einnahme schwere unerwünschte Wirkungen (z. B. *Dyskinesien*) haben kann.   *S. Lammertz*

Leader-Member-Exchange-Theorie (LMX) [engl.] «Leiter («Führer»)-Mitarbeiter-Austausch», [**AO, SOZ**], die LMX wurde von Graen und Kollegen in den 1970er-Jahren eingeführt (Graen & Cashman 1975). Inzwischen zählt die Theorie zu den prominentesten *Führungs*theorien überhaupt. Im Unterschied zu den meisten Führungspositionen, bei denen ein Vorgesetzter (Führer, Manager) als diejenige Person definiert wird, die *Macht* und Einfluss (*Einfluss, sozialer*) auf die gesamte *Gruppe*, Abteilung oder *Organisation* hat, postuliert die LMX, dass sich effektive Führung vor allem über dyadische Beziehungen zw. dem Führer und jew. einzelnen Mitarbeitern erzielen lässt. Diese dyadischen Austauschprozesse sind jew. indiv. ausgeprägt, d. h. sie variieren von Mitarbeiter zu Mitarbeiter und können demnach pos. oder neg. sein. Die Austauschprozesse beziehen sich dabei seitens des Vorgesetzten u. a. auf den Austausch von *Ressource* wie Information, Unterstützung (*soziale Unterstützung*), Erledigung best. Aufgaben oder *Aufmerksamkeit*, während demgegenüber von den Mitarbeitern u. a. *Commitment*, Loyalität und Arbeitseinsatz erwartet wird. In einem Forschungsüberblick haben Graen & Uhl-Bien (1995) nach 25 Jahren Forschung feststellen müssen, dass «das LMX-Konstrukt sehr viele Dimensionen (*Dimension*) hat und diese Dimensionen derartig hoch korrelieren (*Korrelation*), dass man sie zu einer einzigen Dimension zus.fassen kann». Eine Liste bereits vorhandener *Skalen*, ebenso wie eine Reihe von *Metaanalysen* finden sich bei Martin et al. (2010), die auch so etwas wie eine Entwicklungsgeschichte der Theoriebildung versuchen. *Führung.*   *B. Six*

lead time (= l.) [engl.] An-, Vorlaufzeit; Zeit von Beginn bis zum Ende eines Prozesses. *l. bias* [engl.] Vorlaufzeitfehler, -verzerrung bez. in der Diagnostik den verzerrenden Einfluss des Diagnosezeitpunkts auf die geschätzte Dauer einer Erkrankung oder bis zum Eintritt bedeutsamer *Symptome*. Wird z. B. eine *Krankheit* (oder deren Vorläufersymptome) durch ein *Screening* frühzeitiger erkannt, so besteht die Gefahr, dass der Zeitraum bis zum Eintritt bedeutender Symptome oder die Überlebensdauer länger erscheint, als wenn die Krankheit erst später diagnostiziert worden wäre. Ein l. bias liegt vor, wenn die frühere Identifikation durch das Screening (bzw. darauf folg. Verhaltensänderungen oder *Interventionen*) fälschlicherweise als Ursache für eine verlängerte Dauer bis zum Eintritt kritischer Verschlechterungen gewertet wird. Ein randomisierter Vergleich (*Randomisierte kontrollierte Studie*; UV: Screening vs. kein Screening; AV: Zeitdauer) wäre erforderlich, um den Nutzen eines Screenings auf die Dauer bis zum Eintritt kritischer Verschlechterungen eindeutig zu bestimmen. *Konfundierung.* Gordis 2008.

lead user (= LU.) [engl.] führender bzw. informativer Nutzer, [**WIR**], als LU. werden zumeist innovative und kenntnisreiche Individuen oder Unternehmen (*Organisation*) bezeichnet, die bereits in der Gegenwart starke, spezif. und nicht ausreichend befriedigte *Bedürfnisse* aufweisen, die in Zukunft kennzeichnend für einen gesamten Markt werden. Da LU. demzufolge bereits vertraut mit Bedürfnissen sind, die für die Mehrheit der anderen Kunden erst in Zukunft relevant werden, können LU. als wichtige Informationsquelle für Markt- bzw. Trendforschung (*Marktforschung, psychologische*) und Produkt-, Service- oder Prozessinnovationen (*Innovation*, *Produktinnovationen*) eines Unternehmens dienen. LU. profitieren selbst stark von einer Problemlösung, die der Befriedigung ihrer Bedürfnisse dient, und sind daher grundsätzlich daran interessiert, durch eine Zusammenarbeit mit Unternehmen (z. B. durch Informations- und Ideengenerierung) zu einer entspr. Lösungsfindung beizutragen. LU. sind insbes. in hochtechnologisierten Produktkategorien im Business-to-Business-Bereich von großer Bedeutung. Dies liegt daran, dass neue Produktgenerationen in diesen Bereichen meist von radikalen Innovationen geprägt sind und die Mehrheit der künftigen Nutzer weder die *Expertise* noch die Innovationskraft besitzt, um diese zu antizipieren. von Hippel 1986, Homburg 2012.
                                           N. Koschate-Fischer/C. Wolframm

Lean Management (= L.) [engl. *lean* knapp, mager], [**AO**], sinngemäß für schlankes oder sparsames *Management*. Der Begriff geht auf eine in den 1980er Jahren durchgeführte und sehr beachtete Studie des Massachusetts Institute of Technology (MIT, Womack et al. 1991) zum Kostenvergleich zw. der japan., amerik. und europ. Automobilindustrie zurück. Die Produktivitätsvorteile japan. Unternehmen wurden auf flexible und eigenverantwortliche Arbeitsgruppen (*Arbeitsgruppe*), Verringerung der Managementebenen und Bürokratie sowie ständige kleine Verbesserungen durch die Arbeiter zur Verbesserung der Arbeitsabläufe und Produkte (vgl. Imai (1991) zum sog. KAIZEN-Konzept) zurückgeführt.
Beim L. M. soll die Arbeit in selbstorganisierten Teams (*Gruppenarbeit*, s. den soziotechnischen Systemansatz) durchgeführt. Das *Management* (als Personengruppe) soll nur wenige Hierarchieebenen umfassen und zahlenmäßig genauso wie die Verwaltung möglichst nur aus wenigen Personen bestehen. Die Grundprinzipien der Organisation beim L. sind sehr einfach: (1) Ein Maximum an Aufgaben und Verantwortlichkeiten soll auf die produktiv tätigen Arbeiter übertragen werden. (2) Probleme und Fehler sind ständig zu analysieren und die Arbeitseffektivität ist permanent in kleinen Schritten mit sichtbaren Produktivitätskennziffern (*Total Quality Management (TQM), betriebliches*) zu verbessern. Wie diese Vorgaben im einzelnen zu realisieren sind, bleibt der Organisation überlassen. Strittig ist, inwieweit die Konzepte auf Konzepte zur *Gruppenarbeit* bezogen werden können oder lediglich zur Effizienzsteigerung und zum Personalabbau dienen. Die spez. japan. Grundlagen der *Organisationskultur* können nicht unverändert in Industrieländern mit anderer Kultur übertragen werden. Pfeiffer & Weiß 2006, Ulich 2011.
                                                          S. Greif

learning by doing [engl.] Lernen durch tun/ausführen; *Aktivieren, Lernen, motorisches.*

least-preferred co-worker score *LPC-Score.*

Lebensalter (= L.) [engl. *age*], **[EW]**, die Spanne der bisher gelebten Zeit. Je nach Alter gehört der Mensch zu einer best. Entwicklungsphase, Lebensphase, Altersstufe (*Entwicklungsphasen, -stufen*), die sein Menschsein best. und die psychol. charakteristisch ist. *Entwicklungsalter.* **[DIA]**, in der Testps. ist das L. wichtig: Es entscheidet mit über die Auswahl der zur Anwendung kommenden Prüfverfahren; es moduliert die Ergebnisse in spezif. Weise (alterstypisch); die Testleistungen (*Leistungstest*) werden jew. auf den Durchschnitt von Altersgruppen bezogen (*Bezugsnorm*).

Lebensalter, drittes und viertes [engl. *third and fourth age*], **[EW]**, der Lebenslauf (*Lebensspannenpsychologie*) wird meist in drei Lebensabschnitte unterteilt: Bildungsphase (Kindheit und Jugend (*Adoleszenz*)), Erwerbstätigkeits- und Familienphase sowie Ruhestand (Alter (*Psychologie des Alterns*)). Der Übergang zw. den versch. Lebensaltern wird durch Statuspassagen markiert, z. B. durch den Wechsel von der Erwerbsarbeit in den Ruhestand (*Ruhestand, Anpassung an*). In der Gerontologie (*Altersforschung*) wird deshalb der Beginn des Alters meist mit der chronologischen Altersgrenze von 65 Jahren (Regelaltersgrenze) angesetzt. Es erscheint jedoch sinnvoll, die Lebensphase *Alter* weiter zu unterteilen. Zum einen aufgrund der Tatsache, dass die Lebenserwartung in den vergangenen Jahrzehnten kontinuierlich angestiegen ist. Damit umfasst das Alter mittlerweile oftmals zwei, drei und teilweise sogar vier Jahrzehnte. Zum anderen können innerhalb der langen Lebensphase des Alters häufig zwei qual. unterschiedliche Phasen differenziert werden, eine Zeit in eher guter Gesundheit und hoher Selbstständigkeit sowie eine zweite Phase, in der gesundheitliche Beeinträchtigungen sowie Hilfe- und Pflegebedarf deutlich verbreiteter sind. In der Gerontologie wird deshalb zw. einem *dritten Lebensalter* (oder *junges Alter*) und einem *vierten Lebensalter* (*hohes Alter, Hochaltrigkeit*) unterschieden. In der Praxis von Forschung und Sozialberichterstattung wird der Beginn des vierten Lebensabschnitts, d. h. der Phase der Hochaltrigkeit, mit 80 bis 85 Jahren angegeben. Dieses Kriterium deckt sich zugleich mit jenem, das in der Demografie angelegt wird. Hier werden Mortalitätsprozesse herangezogen und der Beginn der Hochaltrigkeit als das Lebensalter definiert, zu dem 50 Prozent der Angehörigen eines Geburtsjahrgangs verstorben sind. Sollte sich die Lebenserwartung auch in Zukunft dynamisch verändern, würde sich die demografisch verankerte Differenzierung von Altersgruppen wandeln. Baltes & Smith 2003. *S. Wurm*

Lebensbewältigung im Alter [engl. *coping with life in old age*], **[EW]**, die zentrale Anforderung des hohen Erwachsenenalters (*spätes Erwachsenenalter*, *Lebensalter, drittes und viertes*) ist die Aufrechterhaltung des bestehenden Funktions- oder Leistungsniveaus angesichts der steigenden Entwicklungsverluste (z. B. kogn. Einbußen, gesundheitliche Einschränkungen, soziale *Rolle*n). Diese Veränderungen in der Ressourcenlage erfordern entwicklungsregulative Prozesse, um die biol., psychol. und sozial-kontextuellen Veränderungen im hohen Erwachsenenalter zu bewältigen. Einer dieser Prozesse ist eine Verschiebung der motivationalen Orientierung (*Motivation, Motiv*) über das Erwachsenenalter von einem Fokus auf Wachstum und dem Erreichen von Gewinnen im jungen Alter hin zu einem Fokus auf Aufrechterhaltung und Vermeidung von Verlusten im hohen Alter. Weiterhin gewinnen mit zunehmendem Alter kult. Ressourcen an Bedeutung, um Verluste des biol. Alterns zu kompensieren (Baltes et al. 2006). Daneben spielen die entwicklungsregulativen Prozesse der Selektion und Kompensation eine zentrale Rolle für eine erfolgreiche Lebensbewältigung im Alter (*Selektion, Optimierung und Kompensation, Modell der (SOK-Modell)*). Ein anderes Modell der Lebensbewältigung im Alter ist das *Zweikomponenten-Modell des Copings* von Brandtstädter und Kollegen (assimilatives und akkommodatives Coping), nach dem die Anpassung von Zielstandards eine wichtige Rolle für die Bewältigung von Verlusten darstellt. Ähnlich wird im *Modell der Optimierung durch primäre und sekundäre Kontrolle* von Heckhausen et al. davon ausgegangen, dass das *Disengagement* von unerreichbaren *Zielen* und selbstwertschützende Attributionen (*Kausalattribution*) oder *soziale Vergleiche* dabei helfen, altersbezogene Verluste zu bewältigen und das Gefühl der Kontrolle über die Umwelt aufrechtzuerhalten. Einen anderen Ansatz zur Lebensbewältigung im Alter verfolgt Erikson (1959; *Entwicklung, psychosozialer Ansatz nach Erikson*), nach dem die erfolgreiche Bewältigung zentraler Herausforderungen des Alters das Erreichen von *Weisheit* als der höchsten Entwicklungsstufe ermöglicht. Der Lebensrückblick spielt dabei eine entscheidende Rolle für die *Ich-Integrität*, also die Akzeptanz eigener Entscheidungen im Leben, der erlebten Erfolge. Weisheit entsteht dann als Synthese aus Ich-Integrität und Verzweiflung, wenn auch Misserfolge und unglückliche Ereignisse im eigenen Leben anerkannt werden. *Psychologie des Alterns.*

D. Weiss/A. M. Freund

Lebensdauer [engl. *life span/time*], **[BIO, GES]**, *mittlere Lebensdauer*: das von den Individuen einer *Population* durchschnittlich erreichte *Lebensalter*, berechnet als arithmetisches Mittel = *Lebenserwartung*. Sie beträgt derzeit im Bundesgebiet für Männer ca. 75, für Frauen ca. 81 Jahre, am Anfang des 20. Jhd. lag sie noch unter 40 Jahren. *Wahrscheinliche Lebensdauer*: für ein Individuum der Zeitpunkt, bis zu dem die Hälfte aller Gleichaltrigen gestorben ist.

Lebensereignisse, kritische (= k. L.) [engl. *critical life events*], **[EW, GES, KLI]**, als k. L. werden solche Ereignisse def., die im Laufe des Lebens eines Menschen als distinkte Geschehnisse auftreten, eine qual.-strukturelle Anpassungsleistung erfordern und eine nachhaltige emot. Reaktion (*Emotionen*) auslösen. Als k. L. gelten einschneidende Ereignisse wie z. B. Geburt eines Geschwisters, Schulwechsel, Scheidung der Eltern, schwerwiegende Erkrankungen (*Krankheit*) der Person selbst oder von wichtigen Bezugspersonen, Arbeitsplatzverlust usw. K. L. sind mit vielfältigen Anpassungsleistungen verbunden, indem sie z. B. persönliche *Ziele* und Werte infrage stellen, die Übernahme einer neuen Rolle mit veränderten Verantwortlichkeiten beinhalten oder den Erwerb neuer Fähigkeiten und Verhaltensweisen erfordern. K. L. lassen sich hinsichtlich mehrerer Dimensionen wie Valenz (pos. vs. neg.), Anpassungsaufwand, Intensität, Vorhersehbarkeit, Normativität (normativ, d. h. üblicherweise im Laufe des Lebens auftretend wie z. B. Ausbildung, vs. nicht absehbar wie z. B. Scheidung) und persönlicher Verantwortung (zumindest teilweise durch eigenes Handeln bedingt vs. unabhängig vom eigenen Handeln) beschreiben. K. L. und ihre Folgen haben eine lange Forschungstradition im Kontext von psych. und physischer *Gesundheit*, aber auch im entwicklungspsychol. Kontext, da einige k. L. i. S. normativer Entwicklungsaufgaben einzuordnen sind (z. B. Schuleintritt, Verlassen des Elternhauses). K. L. führen nicht zwangsläufig zu neg. Konsequenzen, entscheidend sind die subj. Bewertungen der betroffenen Person z. B. hinsichtlich Ursache, Verantwortlichkeit und Bedeutung sowie die persönlichen Bewältigungsressourcen (*Coping*, *Ressource*). *Life-Event-Forschung*. Filipp 1995. *C. Hermann*

Lebenserwartung [engl. *life expectancy*], *Lebensdauer*.

Lebenshälfte [engl. *first/second half of life*], **[KLI]**, die von der Jung'schen Tiefenps. (*Analytische Psychologie*) vorgenommene Einteilung des menschlichen Lebensablaufs in eine erste Hälfte bis zum 40. Lebensjahr mit Ich-Entwicklung und einem zweiten Abschnitt mit Selbst-Entwicklung. *Individuation*.

Lebenskraft (= L.) [engl. *vitality, vital forces*], **[BIO, PHI]**, die zur Erklärung der Lebensvorgänge behauptete, außerhalb der physikal. und chemischen Lebensprozesse stehende, in diesen aber wirksame besondere «Kraft» *(vis vitalis)*. Deren Annahme hat die kausale chemisch-physikal. und biol. Erforschung bis zum Anfang des 19. Jh. erschwert. *Vitalismus*. Gegenwärtig versteht man unter L. den als Phänomen nicht weiter erklärbaren biol. *Antrieb* schlechthin, der erst im Zusammenwirken mit anderen Aspekten Form und Richtung erhält.

Lebenslanges Lernen, Basiskompetenzen (= L.L.) [engl. *lifelong learning, fundamental competencies*], **[EM, EW, PÄD]**, der Begriff L. L. entstammt originär gesellschafts- und bildungspolitischen Diskursen um die Bewältigung der Herausforderungen der Wissensgesellschaft. Er fokussiert die hier immer wieder nötigen Weiterentwicklungen indiv. *Kompetenzen* im Zuge vielfältiger beruflicher, technischer und sozialer Veränderungen. L. L. (auch als *lebensbegleitendes Lernen* bezeichnet) wird definiert als jegliche Lernaktivität (*Lernen*), die man im Laufe des Lebens (*Lebensspannenpsychologie*) unternimmt, mit dem *Ziel*, die eigene *Wissen* sowie die eigenen *Fähigkeiten* und Kompetenzen zu verbessern (Europäische Kommission 2000). Es inkludiert explizit eine persönliche, bürgergesellschaftlich-soziale und beschäftigungsbezogene Perspektive. Aus bildungspsychol. Sicht lassen sich auf indiv. Ebene trotz vielfältiger Literatur und Kompetenzlisten unabhängig vom Alter und spezif. Domänen zwei Determinanten spezifizieren, die elementar sind, um Lernen nachhaltig pos. bewerten und erfolgreich umsetzen zu können: (1)

Die *Motivation* für und das *Interesse* an *Bildung* (*Lernmotivation, aktuelle und habituelle*, *Lernmotivation, intrinsische und extrinsische*) und (2) die Kompetenz, diese erfolgreich in konkreten Lernsituationen anzuwenden. Selbstreguliertes Lernen (SRL, *Lernen, selbstgesteuertes*) spielt dabei eine wichtige Rolle. SRL ist als differenzierte Kompetenz zu verstehen, Lernprozesse eigenständig planen (*Planen*), durchführen und bewerten zu können. Dazu zählt nicht nur die Fähigkeit, sich selbst Ziele setzen zu können und diese durch den Einsatz von *Strategien* zu erreichen, sondern auch die Fähigkeit, den Lernprozess reflektieren (*Reflexion, kognitionsps.*) und adaptieren zu können. Dementsprechend ist eine Vielzahl von Kompetenzen auf kogn. (*Kognition*), metakognitiver (*Metakognition*) und motivationaler Ebene von Bedeutung. Konkretisiert man die Basiskompetenzen von L. L. i. d. S., wird evident, warum dessen Förderung keine alleinige Frage der Weiterbildung (*Aus- und Fortbildung*) sein kann, sondern eine genuine Aufgabe von Schule darstellt und im Zentrum bildungspolitischer Forderungen steht. Schober et al. 2007.

B. Schober/J. Klug/M. Finsterwald/C. Spiel

Lebenslauftheorie der Kontrolle (= L.) [engl. *lifespan theory of control*], **[EM, EW]**, Heckhausen und Schulz argumentieren in der L., dass es im Laufe des Lebens (*Lebensspannenpsychologie*) aufgrund vielfältiger Verlusterfahrungen (z. B. Krankheiten, nachberufliche Phase) zunehmend schwieriger wird, primäre Kontrolle auszuüben, dies jedoch eine zentrale *Motivation* des Menschen darstellt.

Primäre Kontrolle meint dabei den Einsatz von *Fähigkeiten*, von Zeitinvestment und von Anstrengung, um Umweltbedingungen so zu gestalten, dass zentrale Lebensziele die relativ höchste Entfaltungschance besitzen. Zentral bei der L. ist die Annahme, dass das Bedürfnis nach primärer Kontrolle alterslos ist, d. h. wir streben bis an unser Lebensende nach primärer Kontrolle. Dieses Bestreben ist zunehmend gefährdet, je älter wir werden. Aus diesem Grund setzen älter werdende Menschen zunehmend Strategien der *sekundären Kontrolle* ein, um die motivationale Grundtendenz nach primärer Kontrolle zu unterstützen und zu sichern. Sie passen z. B. zunehmend ihre Ziele an, damit sie erreichbar bleiben, oder geben Zielbindungen ganz auf (*Zielbindungsverlust*), wenn die Erreichbarkeit infrage steht. Sie vergleichen sich mit anderen älteren Menschen und werten diese nicht selten ab, um primäres Kontrollerleben zu unterfüttern.

Seit ihrer Einführung im Jahre 1995 hat die L. sehr viel Forschungsaufmerksamkeit auf sich gezogen und vielfache empirische Bestätigung in sehr unterschiedlichen Bereichen wie grundlegenden Entscheidungsprozessen (*Entscheiden*), z. B. Umgang mit Kinderwunsch, Umgang mit Funktionsverlusten, *Gesundheit*, *Depression* gefunden. Sie ist zw.zeitlich von Heckhausen, Schulz und Wrosch zu einer Motivationstheorie lebenslanger Entwicklung (*Motivational Theory of Life-Span Development*) weiterentwickelt worden und gehört zu den am meisten genutzten Theorien in der *Psychologie des Alterns* und darüber hinaus. Heckhausen et al. 2010. *H.-W. Wahl*

Lebenslinie [engl. *lifeline*], **[KLI, PER]**, in der *Individualpsychologie* Adlers die allg. zielgerichtete, charakterlich bedingte Verhaltensrichtung, die ein Individuum erkennen lässt.

Lebensphasen [engl. *phases of life*], *Entwicklungsphasen*.

Lebensplan [engl. *life plan, scheme of life*], **[EM, KLI, PER]**, der zielgerichtete Vorentwurf eines Lebens (die das *Verhalten* und Handeln steuernde Idee, der man sich bewusst und freiwillig verschrieben hat). Nach Annahme der *Individualpsychologie* kann man die Eigenheit eines Menschen erst dann richtig verstehen, wenn man alle seine Lebensäußerungen als sinnvoll eingefügte Glieder eines einheitlichen, finalen Lebensplanes hat erkennen können, der in der Überwindung der Minderwertigkeitsgefühle bestehen soll.

Lebensqualität [engl. *health-related quality of life*], **[GES, KLI]**, im Unterschied zum Begriff der Lebensqualität, wie er in den Sozialwissenschaften wie Politologie und *Soziologie* zur Beurteilung sozioökonomischer und versorgungspolitischer Gegebenheiten verwendet wird, werden unter dem Begriff der gesundheitsbezogenen Lebensqualität (GLQ) innerhalb der Med. und den Gesundheitswissenschaften einschließlich klin., med. und Gesundheitsps. mit dem Begriff der gesundheitsbezogenen Aspekte des persönlichen *Wohlbefindens* beschrieben. Zwar fehlt eine nominelle oder theoretisch fundierte Def. von GLQ, es herrscht jedoch Konsens, dass sich GLQ anhand einer begrenzten Anzahl von *Dimensionen* operationalisieren lässt, die wiederum einer direkten Einschätzung zugänglich und damit messbar sind. In Übereinstimmung mit der Def. der *World Health Organization (WHO)* von *Gesundheit* werden in entspr. Fragebogeninstrumenten zu GLQ (z. B. *Fragebogen zum Gesundheitszustand (SF-36)*) die körperliche Befindlichkeit und Gesundheitswahrnehmung, die Funktions- und Leistungsfähigkeit im Alltag (spez. in körperlicher Hinsicht), das psych. Wohlbefinden und die emot. (*Emotionen*) Funktionsfähigkeit sowie die soziale Funktionsfähigkeit als relevante Dimensionen von GLQ berücksichtigt. Umweltfaktoren wie Verfügbarkeit und Zugänglichkeit med. Versorgung und entspr. finanzielle Ressourcen (*Ressource*) gelten ebenfalls als relevante Aspekte von GLQ, diese werden aber nicht bei allen Messinstrumenten berücksichtigt. Da GLQ zwangsläufig subj. ist, wird GLQ typischerweise im *Selbstbericht* erfasst. *Fremdbeurteilungsverfahren* liegen vor, sind aber nicht die Methode der Wahl. Zur Erfassung von GLQ wurden zahlreiche *Fragebogen*instrumente entwickelt, die GLQ entweder generell bzw. krankheitsübergreifend oder spez. bei best. Erkrankungen (z. B. Krebs) unter Berücksichtigung krankheitsspezif. Aspekte messen. Fayers & Machin 2007. *C. Hermann*

Lebensqualität im Kindesalter (= L.) [engl. *quality of life in childhood*], **[EW, GES]**, ist ein mehrdimensionales Konstrukt, das körperliche, emot. (*Emotionen*), mentale (*Kognition*), soziale und alltagsbezogene Aspekte des *Wohlbefindens* und der Funktionstüchtigkeit aus Sicht des Kindes bzw. aus der Sicht anderer beinhaltet. Den konzeptuellen Rahmen bildet die grundlegende WHO-Def. (*World Health Organization (WHO)*) von *Gesundheit*, in die körperliches, psych. und soziales Befinden eines Individuums sowie das Management alltäglicher Lebenssituationen eingehen. L. wird als dynamisches Konstrukt verstanden, das sich z. B. im Verlauf der Entwicklung eines Kindes oder bei Bestehen einer *Krankheit* verändern kann. Geprägt wird L. durch die jew. *Entwicklungsaufgaben* und zentralen Lebensbereiche im Kindesalter mit ihren entspr. Rollenanforderungen (*Rolle*, z. B. Kindergarten, Schule, Familie, Gleichaltrige usw.). L. ist ein zentrales Gesundheitsoutcome und kann mit einer Vielzahl von Faktoren, z. B. gesundheitsbezogenen Verhaltensweisen, psych. Auffälligkeiten oder somatischen Krankheiten, in Verbindung gebracht werden. Die Erfassung der L. kann dabei helfen, Subgruppen oder Individuen zu identifizieren, die ein höheres Risiko für Gesundheitsprobleme aufweisen. Ein bestehendes valides Instrument zur Messung der L. bei Kindern und Jugendlichen (*Adoleszenz*) ist z. B. der *KIDSCREEN*. Ravens-Sieberer et al. 2013, Schumacher et al. 2003. *U. Ravens-Sieberer*

Lebensqualität, Modell der funktionalen [engl. *functional quality of life model*], **[EW]**, (fQOL), die Stabilisierung der *Lebensqualität* mit zunehmendem Alter erfordert mehrere aktive Prozesse der Ressourcenverfügbarkeit, der Ressourcenplastizität und der Bewertung der Funktionalität verfügbarer Ressourcen (*Ressource*). Klassische Lebensqualitätsmodelle sehen entweder obj. beobachtbare Beeinträchtigungen als Indikatoren beeinträchtigter Lebensqualität oder die subj. Bewertung unabhängig vom obj. Ressourcenstatus. Im fQOL geht man davon aus, dass Lebensqualität nur als dynamischer Prozess der erfolgreichen Stabilisierung der als funktional bewerteten indiv. Ressourcen verstanden werden kann. Demnach ist die funktionale Lebensqualität immer dann hoch, wenn es einer Person gelingt, angesichts veränderter obj. Ressourcenlage durch ein aktives Management eigener *Ziele*, aktives Management von komplexen Aktivitäten, die zur Zielerreichung beitragen, und ein aktives Management der Bewertung der Ressourcenfunktionalität zur Erreichung der Ziele ihre Ressourcen als funktional für die indiv. Zielerreichung zu erleben. Martin et al. 2012. *M. Landis/M. Martin*

Lebensqualität, postoperativ nach Transplantation *Transplantation, postoperative Lebensqualität*.

Lebenssinn [engl. *sense of life*], *Frage nach dem Sinn des Lebens*.

Lebensspannenpsychologie (= L.) [engl. *lifespan developmental psychology*], **[EW]**, geht von folgenden Grundannahmen aus: (1) *Gleichwertigkeit* aller Lebensphasen; (2) *Kontextualität* von Lebensphasen; jede Lebensphase besitzt zwar ihre je eigene Dynamik und Ablaufgestalt, kann jedoch letztlich nur in ihrer Bedeutung verstanden werden kann, wenn sie als Teil des gesamten Lebenslaufs betrachtet wird; (3) *Offenheit* und *Gewinn-Verlust-Sicht* von Entwicklung, was einen ausschließlich an Wachstum und Fortschritt *Entwicklung*sbegriff ausschließt; (4) *Multidimensionalität* und *Multidirektionalität* von Entwicklung, d. h. Entwicklung vollzieht sich stets auf unterschiedlichen

Ebenen und häufig mit unterschiedlicher Geschwindigkeit (z. B. im Bereich der Informationsverarbeitungsgeschwindigkeit Rückgang bereits früh im Leben bei weitgehender stabiler Persönlichkeit bis ans Lebensende); (5) *Plastizität*, d. h. Gestaltbarkeit von Entwicklung, die in starkem Maße durch optimierte Entwicklungsbedingungen in der Umwelt angeregt bzw. angereichert werden kann; (6) *lebenslange Entwicklung* im Wechselspiel von Gesellschaft, Geschichte, Kultur und Biologie.

Die L. gehört schließlich zu den wenigen Bereichen bzw. Paradigmen der Ps., die auf der einen Seite die historisch-gesellschaftlich-kult. Einbettung menschlicher Entwicklung bzw. lebenslanger Entwicklung explizit zu einem Forschungsgegenstand machen bzw. in der Berücksichtigung der hier gegebenen Wechselwirkungsdynamiken einen Schlüssel zu einem besseren Verstehen von menschlicher Entwicklung über Generationen bzw. Kohorten hinweg sehen. Auf der anderen Seite wird auch die Rolle der Biologie und der *Evolution* hervorgehoben. Insgesamt wird die L. vor dem Hintergrund derartiger Prinzipien bzw. Leitideen menschlicher Entwicklung als ein interdisziplinär anzulegendes Forschungsprogramm bzw. als Meta-Ideensystem verstanden, das sich keiner konkreten Vorstellung zu menschlicher Entwicklung verpflichtet fühlt, sondern einen Bezugsrahmen für eine Vielzahl von theoretischen Ansätzen und empirischen Zugängen bereitstellen möchte. Baltes et al. 2006, Penny et al. 1994. *H.-W. Wahl*

Lebensstil (= L.) [engl. *life style*], **[GES, SOZ]**, der L. einer Person definiert deren Vorlieben und typische Verhaltensweisen. Der Begriff wird häufig unscharf verwendet und erfährt je nach disziplinärer Herkunft (z. B. *Prävention*, Präventivmedizin, *Soziologie*) und theoretischer Grundlage (z. B. Soziologische Theorien der Individualisierung) eine andere Bedeutung. In der Forschung und Praxis zur Prävention wird das Verständnis von L. auf ein typisches Verhalten (Lebensstilaktivitäten/-weisen) bezogen, das nützlich ist, um das Risiko einer kardio-metabolischen Erkrankung (*Morbidität*) oder des vorzeitigen Versterbens (*Mortalität*) zu reduzieren (z. B. *Aktivität, körperliche, Ernährung, gesundheitsförderliche*). Die soziol. Forschung beschreibt mit dem L. in einem umfassenden Sinne die indiv. Präferenzen und Ausdrucksformen von Personen in ihrer Alltagsgestaltung. L. hat dort Bezüge zu sozialpsychol. Konstrukten (z. B. *Soziale Identität*) und Phänomenen (z. B. Alternsstile in der Psychogerontologie; *Psychologie des Alterns*). Im soziologischen Diskurs ist der L. ein Paradigma, das i. Ggs. zu bisherigen Ungleichheitsansätzen (z. B. soziale Schicht) nicht nur auf ökonomische und vertikale Differenzierung zurückgreift. Im L. drückt sich soziale Identität aus und damit auch die Distinktion zu anderen als der eigenen Gruppe (*positive Distinktheit*). Nach Müller (1992) äußern sich L. *expressiv* im Freizeit- und Konsumverhalten, *interaktiv* in der *Kommunikation* und auch im *Bindungs*verhalten bevorzugt zu Personen der eigenen Gruppe (soziale Milieus), *evaluativ* in Werthaltungen (*Wert*) und *Einstellungen* und *kognitiv* in der *Wahrnehmung* der und den Erwartungen an die «soziale Welt». Über die vier Ausdrucksformen lassen sich Lebensstiltypen def., die an sozialstrukturelle Einheiten gebunden werden (sollten): Familien- oder Wohnformen, Berufsgruppen, Klassen, Schichten oder Milieus. *W. Schlicht/D. Kahlert*

Lebenstrieb (= L.) [engl. *life instinct*], **[KLI]**, mit L. oder *Eros* bez. Freud (*Psychoanalyse*) den dem *Todestrieb* entgegenstehenden Grundtrieb im Menschen. Ziel des L. ist die Entwicklung und Erhaltung des Lebens, sowohl des Einzelnen wie der Gemeinschaft. Der L. tritt in einer Reihe von *Partialtrieben* differenziert in Erscheinung und ist durch eine konstruktive und synthetische Wirkung gekennzeichnet. Freud ersetzte mit diesem *Dualismus* zw. L. und *Todestrieb* den ursprünglich von ihm aufgestellten Dualismus zw. Ich-Trieben (d. h. nicht libidinösen Trieben; *Libido*) und Es-Trieben (d. h. libidinösen Trieben bzw. Sexualtrieben).

Lebenszufriedenheit (= L.) [engl. *life satisfaction*], **[PER, SOZ]**, die Einschätzung der allg. Lebenslage einer Person durch sie selbst. L. bezieht sich auf einen längeren Zeitraum und schließt die Bewertung ganz versch. Bereiche wie Partnerschaft, Beruf, Finanzen, Gesundheit usw. ein. Erfasst wird die L. entweder bereichsspezif. oder in globaler Form (bspw. «Alles in allem, wie zufrieden sind Sie mit Ihrem Leben?» auf einer Antwortskala mit mehreren Abstufungen; *Ratingskala*). Die L. hängt einerseits von Persönlichkeitsmerkmalen wie *Neurotizismus* und *Extraversion* ab und ist entspr. auch genetisch beeinflusst (*Verhaltensgenetik*), andererseits von der aktuellen Lebenslage (die wiederum teilweise durch die *Persönlichkeit* beeinflusst ist). *Längsschnittuntersuchungen* zeigen, dass *kritische Lebensereignisse* wie z. B. Tod des Ehepartners, Scheidung, Verlust des Arbeitsplatzes, schwere Unfälle und Erkrankungen die L. deutlich senken können, während Heirat sie kaum erhöht; längerfristig kommt es dann zu einer Rückkehr zum individualtyp. Sollwert der L., wobei schwerwiegende Ereignisse die L. meist auch langfristig beeinträchtigen (Diener et al. 2006). In individualistischen Kulturen hängt die L. stärker mit dem Selbstwert zus. als in kollektivistischen Kulturen (*Individualismus*; Diener et al. 1995); je religiöser eine Kultur, desto enger der Zusammenhang zw. L. und Religiosität (Gebauer et al. 2012). *Fragebogen zur Lebenszufriedenheit (FLZ)*, *Wohlbefinden*. *J. B. Asendorpf*

Leberfunktionsstörungen unter Psychopharmakotherapie (= L.) [engl. *hepatic dysfunction due to psychotropic drugs*], **[PHA]**, gehören zu den relativ häufig berichteten unerwünschten Arzneimittelwirkungen. Die toxischen Effekte können durch eine direkte Wirkung der Substanzen bzw. deren Metabolite entstehen oder über das *Immunsystem* vermittelt werden. Unabhängig von dem Schädigungsmechanismus kommt es bei einer Zellschädigung zur Freisetzung von Leberenzymen in den Kreislauf, sodass deren erhöhte Konzentration im Serum das erste Zeichen einer Leberschädigung sein kann. Die meisten *Psychopharmaka* unterliegen einer hepatischen Verstoffwechslung (Ausnahmen u. a.: *Amisulprid*, *Lithium*), sodass eine Überwachung der Leberfunktion zu den Routine-Untersuchungen bei psychopharmakol. behandelten Pat. gehört. In vielen Fällen wird ein transienter, asymptomatischer Leberenzymanstieg (v. a. bei *Antidepressiva*, *Antipsychotika*) innerhalb der ersten Wochen nach Therapiebeginn beobachtet. Dieses bis jetzt pathophysiol. unzureichend erklärte harmlose Phänomen erfordert dennoch engmaschige Kontrollen, da es, im Falle einer Persistenz, für eine relevante Leberschädigung sprechen kann. Eine schwerwiegende, potenziell lebensbedrohliche Komplikation der Psychopharmakotherapie ist eine akute, arzneimittelinduzierte Schädigung mit fulminantem Leberversagen. I. R. einer Hypersensitivitätsreaktion kommt es dabei zu einer massiven Leberzellnekrose. Derartige Reaktionen wurden z. B. für *Valproinsäure* (*Inzidenz* 1:10 000) berichtet. I. Allg. gilt die Regelung, dass bei anhaltend erhöhten Leberenzymen auf Werte, die über dem 3-Fachen der Norm liegen, und/oder beim Auftreten von klin. Symptomen (Ikterus, allg. Krankheitsgefühl, gastrointestinale Beschwerden), eine Umstellung des möglicherweise als Auslöser identifizierten Medikaments angestrebt werden soll. *T. Veselinović*

LeBon, Gustave (1841–1931), [**HIS, SOZ**], Charles Marie Gustave LeBon gilt als führender Autor der *Massenpsychologie*. Er wurde in Nogent-le-Rotrou (Eure-et-Loir) geb. und besuchte die Schule in Tours. Nach dem Studium der Med. in Paris, das er 1866 mit der Promotion abschloss, arbeitete er als Arzt, zunächst in freier Praxis, dann ab 1870 im Deutsch-frz. Krieg als Lazarettarzt. Später arbeitete LeBon als Privatgelehrter und Schriftsteller. Zwischen 1860 und 1885 unternahm er Reisen in Europa, nach Nordafrika und Asien. Er verfasste eine größere Anzahl von Büchern, über Anthropologie und Archäologie, so über die Kultur der Araber, über Nepal und Indien. Beeindruckt von der Evolutionstheorie stellte er Untersuchungen über die Variation des Gehirnvolumens an und trat mit den Ergebnissen 1879 in der Pariser Anthropologischen Gesellschaft auf. 1894 veröffentlichte er ein viel beachtetes Buch über die psychol. Gesetze der Evolution des Menschen. Als sein Hauptwerk gilt jedoch *Psychologie des foules* (Die Psychologie der Massen) (LeBon 1895), das in viele Sprachen übersetzt und bis in die Gegenwart hinein rezipiert worden ist. LeBon nahm aktiv am intellektuellen Leben Frankreichs teil. So begründete er bei Flammarion eine wiss. Reihe mit über 200 Titeln. Er starb neunzigjährig in Marnes-la-Coquette, westlich von Paris. Die Massenpsychologie ist ital. Ursprungs, LeBon war also nicht ihr Begründer, er ist aber bis heute ihr bekanntester Vertreter. Dies liegt wohl an seinen anschaulichen Beschreibungen der Ps. aufgebrachter Massen (*Affektaustausch*), die das 19. Jhd. erschüttert hatten, und seiner Sorge um den Verlust bürgerlicher Werte in der Massengesellschaft. Viele Leser waren von LeBons Ps. der Massen beeindruckt. Eingehend hat sich auch *Sigmund Freud* mit LeBon auseinandergesetzt. In der dt. Nachkriegspsychologie waren es vor allem Sodhi (1958) und Hofstätter (1957b), die sich aus der Sicht der Sozialps. kritisch mit LeBon auseinandergesetzt haben. *H. E. Lück*

LEE-Effekt (= L.) [engl. *LEE effect*], nach B. S. Lee, [**KOG, WA**], fehlerhaftes und verlangsamtes Sprechen bei künstlich herbeigeführter verzögerter akustischer Rückmeldung (VAR). Bäumler (1970) fand, dass der L. entgegen vielfacher Annahme nicht mit der *Interferenz* erklärt werden könne. *Audiometrie*.

Leerlaufhandlung (= L.) [engl. *idle action*], [**KOG**], (biol.) Ablaufen einer normalerweise sinnvollen Instinkthandlung «im Leerlauf» bei extremer Erniedrigung der Reizschwelle. D. h. die Erbkoordinationen (Verhaltensweisen) laufen, wenn ihr Antrieb stark geworden ist und/oder die adäquate Reizsituation zu lange ausgeblieben ist, trotz fehlender adäquater Auslösereize ab (*Auslösemechanismus*). So zeigte ein von K. Lorenz im Zimmer gehaltener Jungstar wiederholt die ganze Kette der Insektenjagd: Blick nach der Beute, ihr nachfliegen, sie fangen, töten, verschlucken, ohne dass ein Insekt vorhanden war. Die Reizschwellen für Verhaltensweisen anderer Funktionskreise sind zugleich erhöht, so dass es schwer ist, das Tier mit anderen Reizen abzulenken. Franck 1985. *C. Becker-Carus*

Leerpräparat (= L.), syn. *Scheinpräparat*, *Falsumpräparat*, *Placebo*, [**PHA**], bei der psych. Wirkungsprüfung von Pharmaka verwendete Mittel, die den zu untersuchenden Mitteln äußerlich (Aussehen, Geruch, Geschmack) völlig gleichen, aber keine irgendwie wirksamen Stoffe enthalten. Durch Verabreichung der L. lässt sich erkennen, ob und in welchem Maß z. B. nur eine suggestive Wirkung eintritt. *Blindversuch*. Placebo-Reaktoren sind Personen, die auf L. wie auf biol. aktive Substanzen reagieren.

Leerversuch [engl. *blank trial*]; *Leerpräparat*, *Blindversuch*.

Legasthenie (= L.) [engl. *dyslexia*; lat. *legere* lesen, gr. ἀσθένεια (*astheneia*) Kraftlosigkeit, Schwäche], [**KLI, PÄD**], der Begriff L. wird meist syn. mit dem Begriff *(spezif.) Lese-Rechtschreib-Störung* verwendet. Nach der Diskrepanzdefinition (*Lese-Rechtschreib-Störung, Diskrepanzdefinition*) werden Kinder mit L. von Kindern mit einer (allg.) *Lese-Rechtschreib-Schwäche* abgegrenzt. Eine L. gilt als zentralnervös begründet und stabil, eine Lese-Rechtschreib-Schwäche als vorübergehend und primär durch schlechte Lernbedingungen verursacht. Die L. zählt nach dem Klassifikationssystem ICD-10 (*Klassifikation psychischer Störungen*) zu den umschriebenen Entwicklungsstörungen schulischer Fertigkeiten (F81), wobei zw. einer Lese-Rechtschreib-Störung (F81.0) und einer isolierten Rechtschreibstörung (F81.1) unterschieden wird. Hauptmerkmal der L. ist eine erhebliche Beeinträchtigung beim Lesen- und Schreibenlernen. Beim Lesen können die Lesegeschwindigkeit, die Lesegenauigkeit und in Folge auch das Leseverständnis betroffen sein. Beim Rechtschreiben fällt eine überdurchschnittlich hohe Anzahl von Rechtschreibfehlern auf, wobei dasselbe Wort in einem Text unterschiedlich falsch geschrieben werden kann. Bei der Ursachensuche fokussieren versch. Forschungsdisziplinen auf potenziell gestörte Funktionsbereiche, hirnorganische Auffälligkeiten und genetische Besonderheiten. Als empirisch belegt gelten eine genetische Beteiligung und Defizite bei der *phonologischen Informationsverarbeitung* und der Sprachverarbeitung, in Einzelfällen auch bei der visuellen Informationsverarbeitung. Ein moderierender Einfluss wird Umweltbedingungen (z. B. häusliche *Lesesozialisation*) und Persönlichkeitsfaktoren (z. B. geringes schulisches

Selbstkonzept) zugesprochen. Weber & Marx 2008, Schlee 1976, Schenk-Danzinger 1984. *J. Weber*

Lehranalyse (= L.) [engl. *training analysis*], [**KLI**], die psychoanalytische Behandlung von späteren Analytikern zu Lehrzwecken. Die L. wird von allen maßgebenden nationalen und internat. Gesellschaften für *Psychoanalyse* gefordert und ist ein Bestandteil der Ausbildung (Dauer ca. 3–5 Jahre). Entscheidend für die Forderung der L. ist, dass der Analytiker seine eigenen psych. Probleme kennenlernt und nach der L. mit Gegenübertragungseffekten (*Gegenübertragung*) umgehen kann. Die *Wirksamkeit* der L. ist nicht unumstritten. *Selbsterfahrung*.

Lehren (= L.) [engl. *teaching*], [**PÄD**], ist eine Tätigkeit, von der angenommen werden kann, dass sie Lernprozesse (*Lernen*) anderer beeinflusst. Damit Lernende, i. S. von *Wissenserwerb*, erfolgreich lernen (*Lernen, schulisches*) und *Lehrziele* (*Lernerfolgsmessung*) erreichen können, muss L. aus kognitionspsychol. Perspektive folg. sechs Lehrfunktionen erfüllen (Klauer & Leutner 2012): Lernende müssen (1) motiviert sein (*Motivation*); sie müssen (2) Informationen aufnehmen, diese (3) kogn. verarbeiten, (4) speichern (*Gedächtnis*) und abrufen (*Abruf*) sowie (5) anwenden und auf neue Problemstellungen übertragen (transferieren) können (*Transfer*). Die Erfüllung dieser Lehrfunktionen muss schließlich (6) gesteuert und kontrolliert werden. Als Ergebnis der *Lehr-Lern-Forschung* lassen sich zahlreiche Möglichkeiten aufzeigen, wie Lernende z. B. erfolgreich motiviert werden können, wie Lernsituationen und Lehrmaterial z. B. so zu gestalten sind, dass die lernrelevanten Informationen möglichst gut aufgenommen werden können, was Lernende z. B. tun sollten, um die aufgenommenen Informationen bedeutungsbezogen tief zu verarbeiten (*Elaborationsstrategien*). Wenn Lernende alle sechs Lehrfunktionen für sich selbst erfüllen, handelt es sich um selbstreguliertes Lernen (*Lernen, selbstgesteuertes*). So verstanden ist L. nicht nur eine Tätigkeit von Lehrpersonen an Schulen, sondern eine Tätigkeit, die als maßgebliche Grundlage jeglicher *Bildung*sprozesse innerhalb und außerhalb von Bildungsinstitutionen angesehen werden kann. *D. Leutner*

Lehrende Sprache [engl. *teaching language*], *Motherese*.

Lehren, entdeckenlassendes [engl. *discovery learning*], *Lehrstrategien, problemorientierte*.

^Test^**Lehrereinschätzliste für Sozial- und Lernverhalten (LSL)**, 2013, 2. Aufl., U. Petermann & F. Petermann, [www.testzentrale.de], [**DIA, EW, PÄD**]. Fremdbeurteilungsverfahren zur Entwicklungsbeurteilung. AA 6 bis 19 Jahre. Die LSL dient der differenzierten Beurteilung von schulbezogenem Sozial- und Lernverhalten (*Entwicklung, soziale*). Die Beurteilung erfolgt mit einer vierstufigen Skala für insges. zehn Teilbereiche, wobei jeder Teilbereich fünf Aussagen aufweist. Die Teilbereiche des *Sozialverhaltens* umfassen *Kooperation, Selbstwahrnehmung, Selbstkontrolle, Einfühlungsvermögen und Hilfsbereitschaft, angemessene Selbstbehauptung* sowie *Sozialkontakt*. Die Teilbereiche des *Lernverhaltens* beziehen sich auf *Anstrengungsbereitschaft und Ausdauer, Konzentration, Selbstständigkeit beim Lernen* sowie *Sorgfalt beim Lernen*. Auf Schüler- und Klassenebene gibt der LSL der Lehrkraft eine differenzierte Rückmeldung über den Umgang mit Lernanforderungen und das Sozialverhalten in der Klasse. *Normierung*: Die Normdaten stammen von 1480 Schülern aus Grund-, Haupt-, Real-, Gesamt- und Sonderschulen aus den Bundesländern Baden-Württemberg, Hessen und Nordrhein-Westfalen. Es liegen alters- und geschlechtsdifferenzierte Normwerte vor (Prozentränge, T-Werte). Bearbeitungsdauer: Durchführung: 5 Min.; Auswertung: 2 Min.

Lehrerexpertise [engl. *teaching expertise*], *Professionalisierung von Lehrkräften*.

Lehrergesundheit [engl. *teachers' health*], *Arbeit und Gesundheit im Lehrerberuf (AGIL)*.

Lehrerrolle (= L.) [engl. *role of the teacher*], [**PÄD**], beschreibt die soziale Rolle einer Lehrperson, die diese im System Schule einnimmt. Sie umfasst die Planung und Durchführung des *Unterrichts*, die Interaktion mit Schülern, Eltern, Kollegen und weiteren Personengruppen sowie die Rolle als Vertreter der Schule in Administration und Öffentlichkeit. Basierend auf vielerlei teilweise divergierenden Erwartungen werden Lehrkräften versch. Rollen zugeschrieben, wie u. a. *Wissensvermittler, Berater* oder *Erzieher*. Die L. lässt sich i. R. bestehender Vorgaben (z. B. gesetzliche Richtlinien, *Lehrplan*) indiv. gestalten, Lehrpersonen befinden sich hier in einem Spannungsfeld zw. *role taking* und *role making* (Mead 1968; Parsons 1977). In der Professionsforschung (*Lehrerprofessionalisierung*) wird von einer professionellen Identität (van den Berg 2002) oder einem professionellen Selbst (Bauer et al. 1996) im Lehrberuf gesprochen. Diese national und internat. erhobene Forderung kommt zu sehr unterschiedlichen Entwürfen, wie eine solche professionelle Identität oder ein professionelles Selbst auszusehen habe. Weitgehende Einigkeit besteht darin, dass die Professionalisierung der Lehrpersonen mit einer stetigen Entwicklung zu tun hat. Diese Entwicklung gelte es anzuleiten, zu initiieren, aufrechtzuerhalten oder zu unterstützen (Gehrmann 2003). Besonders prägend für diese Metapher sind die berufsbiografischen Untersuchungen von Sikes et al. (1991), die Studie des Schweizers Huberman (1991) und die berufsbiografischen Studien von Terhart (1992). Ein neuerer wichtiger Ansatz ist die *Bildungsgangdidaktik*. Kernidee der Bildungsgangdidaktik ist die Entwicklung beruflicher Professionalität durch die Bewältigung spezif. Entwicklungsaufgaben (Hericks & Kunze 2002). *Lehren*. *S. Weiss*

Lehrerziele (= L.) [engl. *teachers' goals*], [**EM, PÄD**], mentale *Repräsentationen* von erwünschten berufsspezif. Endzuständen, die Lehrkräfte noch nicht (vollst.) erreicht haben, jedoch in der Zukunft verbindlich anstreben. L. steuern und organisieren das Verhalten und erhöhen die Bereitschaft, Schwierigkeiten zu überwinden. Es liegen zwei unterschiedliche Ansätze vor, die Ziele von Lehrkräften zu kategorisieren. Gemäß der *hypothetisch-deduktiven* Herangehensweise von Butler (2012), kann bei der leistungsthematischen Tätigkeit des Unterrichtens zw. Lernzielen (d. h. dem Wunsch, selbst beim Unterrichten etwas dazuzulernen, *Lernzielorientierung*), *Annäherungs-Leistungszielen* (d. h. dem Wunsch, beim Unterrichten kompetent zu erscheinen), *Vermeidungs-Leistungszielen* (d. h. dem Wunsch, nicht als inkompetente Lehrkraft aufzufallen) sowie Zielen der *Arbeitsvermeidung* unterschieden werden (*Zielorientierung*). Eine Ausrichtung auf Lernziele geht mit adaptiveren Erlebens- und Verhaltensmustern wie einem geringerem Belastungserleben und lernzielorientierten Unterrichtspraktiken einher. Butler (2012) berücksichtigt zudem soziale Ziele, die sich in Schülerbefragungen in einem als unterstützend wahrgenommenen Lehrerverhalten ausdrücken. Gemäß einer empirisch-induktiven Herangehensweise von Hagger und Malmberg 2011 ergeben sich 13 Kategorien von L. in den drei Bereichen *sozio-emot. Ziele* (z. B. Freude am Lehrerberuf, Beziehungen zu Schülern), *aufgabenbezogene Ziele* (z. B. Fachwissen, Planung/Organisation) sowie *selbstbezogene Ziele* (z. B. persönliche Ziele, Verhältnis von Berufs- und Privatleben). Die differenzierte Betrachtung dieser 13 Zieldimensionen, die sich mit dem *Fragebogen zur Erfassung von Lehrerzielen (FELZ)* messen lassen, ermöglichen eine gezielte Beratung von Studienbewerbern, eignen sich zur Darstellung von Entwicklungsverläufen beim Übergang vom Studium zum Beruf sowie zur Ermittlung von Risikobereichen im Hinblick auf berufliches Belastungserleben. *C. Rüprich/D. Urhahne*

Lehrevaluation (= L.) [engl. *teaching evaluation, students' evaluations of university teaching*], [**DIA, FSE, PÄD**], soll die Qualität von Lehre messen und bewerten. I. e. S. ist damit die *Qualität* von Lehrveranstaltungen an Hochschulen gemeint (*Lehrveranstaltungsevaluation*), i. w. S. die gesamte Lehrqualität an Hochschulen und Einrichtungen der Erwachsenenbildung. Die Abgrenzung zur Unterrichtsevaluation (Unterricht an Schulen) ist gradueller Natur und nicht theoretisch, sondern institutionell begründet. Vor Beginn einer Evaluation benötigt man ein Konzept guter *Qualität* in dem zu evaluierenden Bereich, hier ein Modell von Lehrqualität. Dieses lässt sich *theoretisch* (instruktionspsychologische und hochschuldidaktische Theorien), *definitorisch* («gute Lehre ist …»), *textanalytisch-exegetisch* (Auswertung von Gesetzestexten, Bildungsidealen, Curricula, Lehrevaluationsbögen), *modellorientiert* (Beobachtung und Beschreibung der Lehre von als «guten» Lehrkräften bekannten Personen), *befragend* (offene Befragung von Lehrenden und Studierenden oder Relevanzrating vorgegebener Items) und *empirisch-stat.* (Prädiktoren von Lehrerfolg oder allg. Dozentenbeurteilung) gewinnen. Unter *Evaluation* selbst ist die systemat. Analyse und empir. Untersuchung von Konzepten, Bedingungen, Institutionen, Prozessen und Wirkungen zielgerichteter Aktivitäten zum Zwecke ihrer Bewertung und Modifikation zu verstehen. In der L. an Hochschulen werden meist die Studierenden mittels Fragebögen befragt. Veranstaltungsmittel solcher Einschätzungen sind i. d. R. reliabel (*Reliabilität*) und valide (r = .50 mit Fremdeinschätzungen und Leistungszugewinn; *Validität*). Urteile einzelner Studierender sollten aber nicht herangezogen werden, mind. 10, besser 15 repräsentative Urteile je Veranstaltung sind ausreichend aussagekräftig (*Beurteilerübereinstimmung*). Beurteilungen eines Dozenten korrelieren über versch. Veranstaltungen und Studierende hinweg mit ca. r = .50. Das Vorinteresse der Studierenden korreliert leicht mit Dozentenbeurteilungen (r = .21). Deshalb sollten vor Schlussfolgerungen hinsichtlich allg. Dozentenqualität Urteile aus fünf bis zehn Veranstaltungen eingeholt werden (*repräsentativ*). Neben studentischen Einschätzungen sind Fremdeinschätzer als zusätzliche Informationsquelle heranziehbar. Auch Lehrinhalte ließen sich durch Experten beurteilen. Nur schwer realisierbar sind Leistungstests (Lernzugewinne). Da zu Lehrerfolg (Lernen, Interessierung, Kompetenzaufbau) nicht nur Dozentenmerkmale (etwa Didaktik, Strukturierung, Engagement, Freundlichkeit, Wissen), sondern auch Studentenmerkmale (Vorwissen, Intelligenz, Fleiß, Interesse) und Rahmenbedingungen (numerische Relation Dozenten/Studenten, Veranstaltungsform, Lehrdeputat, Gehalt, Vorbildung, Studierendenauswahl) beitragen, sollten diese Bedingungsfaktoren mit erhoben werden. Über Lehrveranstaltungen hinaus ist die Lehre i. Allg. zu evaluieren (sachliche Ausstattung, Bibliothek, numerische Relation Dozenten-Studenten, Sprechstunden, Betreuung, Studiendauer). Evaluationen sollen nicht nur beschreiben und bewerten, sondern auch einen Beitrag zur Verbesserung der Praxis bieten (*Evaluation, formative*). Übliche Fragebogenausteil- und Auswertungsprozedere tragen dazu nicht bei, Verbesserungseffekte betragen bei Messwiederholungen nur um d = 0.1 (*Cohens d*). Evaluation gemeinsam mit kommentierter Rückmeldung und Beratung oder Training ist aber effektiv (d = 0.6–0.8). L. bedarf eines Einbaus in ein *Qualitätssicherungs*ssicherungsmodell von Lehre. Wenn Lehre durch Evaluation verbessert werden soll, ist sie mit Beratung und Training sowie Anreizen zu verbinden. *Bildungsevaluation*, *Lerndiagnostik*, *Diagnostik*, *PISA*. Perry & Smart 2007, Rindermann 2009. *H. Rindermann*

Lehrkräfte, Professionalisierung *Professionalisierung von Lehrkräften*.

Lehr-Lern-Forschung (= L.) [engl. *research on learning and instruction*], [**PÄD**], ist Forschung zu Bedingungen, Prozessen und Wirkungen des *Lehrens* und Lernens (*Lernen, schulisches*) innerhalb und außerhalb von Bildungsinstitutionen. L. lässt sich strukturieren nach der Art des Zugangs und der Art der Fragestellung (Klauer & Leutner 2012): Empirische *Unterrichtsforschung* verfolgt einen deskriptiven Zugang und untersucht bei der *Was-Frage* z. B., welche Inhalte in Schule und *Unterricht* gelehrt und welche *Kompetenzen* von Schülern erreicht werden, und bei der *Wie-Frage* z. B., wie Lehrer und Schüler im Unterricht interagieren. *Erziehungsphilosophie* verfolgt einen normativen Zugang und untersucht bei der Was-Frage z. B., welche übergeordneten *Ziele* (*Erziehungsziel*) in Schule und Unterricht erreicht werden sollten, und bei der Wie-Frage z. B., welche berufsethischen Standards für Lehrpersonen gelten sollten. *Instruktionsforschung* schließlich verfolgt einen präskriptiven Ansatz und untersucht bei der Was-Frage z. B., wie das *Curriculum* (Lehrplan), und bei der Wie-Frage z. B., wie der *Lehr-Lern-Prozess* zu gestalten ist, um best. übergeordnete Ziele erreichen zu können. Als empir. *Bildungsforschung* wird L. von versch. akademischen Disziplinen betrieben, neben der Ps. z. B. auch von der Erziehungswiss. (*Pädagogik*), der *Soziologie* und den Fachdidaktiken, und wird in Dt. seit Bekanntwerden der *PISA-Studien*-Ergebnisse zu Beginn der 2000er-Jahre auch zunehmend von der Bildungsadministration und der Bildungspolitik zur Kenntnis genommen. Innerhalb der Ps. hat L. eine u. a. auf Thorndike (1903a, 1903b) zurückführbare lange Tradition und repräsentiert eine bedeutsamen Bereich der Päd. Ps. L. bedient sich eines breiten Spektrums wiss. Forschungsmethoden. Im Bereich der deskriptiv orientierten empirischen Unterrichtsforschung dominieren korrelative Methoden (*Korrelation*) auf der Basis von Daten, die per *Test*, *Fragebogen* oder z. B. Unterrichts*beobachtung* erhoben wurden. Methode der Wahl im Bereich der präskriptiv orientierten Instruktionsforschung ist das *Experiment*, bei dem unter kontrollierten Bedingungen z. B. untersucht wird, inwieweit eine Lehrmethode A (*Lehr-Lern-Methoden*) zu besseren Lernerfolgen (*Lernerfolgsmessung*) führt als eine Lehrmethode B. In vielen Fällen werden bei solchen Experimenten auch Persönlichkeitseigenschaften (*Persönlichkeitsmerkmal*) berücksichtigt, um Wechselwirkungen mit Lehrmethoden feststellen zu können (engl. *aptitude-treatment interaction*, ATI). Neben Experimenten im Labor werden zunehmend auch exp. Studien im Feld (*Feldstudie*) durchgeführt (Interventions- und Implementationsstudien). Im Bereich der normativ orientierten Erziehungsphilosophie spielen psychol. Forschungsansätze dagegen eine untergeordnete Rolle. Zur Frage aber, welche Ziele z. B. in der beruflichen *Bildung* (*Aus- und Fortbildung*) erreicht werden sollten, lassen sich Methoden der Arbeitsplatzanalyse einsetzen, um spezif. berufliche Anforderungen zu identifizieren (*Anforderungsanalyse*) und in ein entspr. Curriculum einzubeziehen. Eine ganz besondere Bedeutung im Bereich der Forschungsmethoden der L. haben schließlich *Metaanalysen*, bei denen die Ergebnisse von Primärstudien zu einer best. Forschungsfrage stat. zus.gefasst werden und in ein Maß der *Effektgröße* berechnet werden. *D. Leutner*

Lehr-Lern-Methoden (= L.) [engl. *instructional/teaching methods*], syn. Unterrichtsmethoden, Lehrmethoden (*Lehrstrategien*), [**PÄD**], bezeichnet die didaktische Aufbereitung von Lerninhalten im Schul-, Hochschul- und Weiterbildungskontext (*Aus- und Fortbildung*). Das Ziel der L. ist, das *Lernen* der jew. Teilnehmenden des Unterrichtsgeschehens (z. B. Schüler oder Studierende) möglichst effektiv, effizient und nachhaltig zu ermöglichen. Der Begriff *Lehrmethoden* wurde abgelöst, da in der Interaktion zw. Lehrenden und Lernenden immer mehr Letztere in den Fokus rücken, gemeinsam mit der Frage, welcher «Lernoutput» erzielt wurde. Lehrende werden dabei immer mehr als «Begleiter» und Gestalter von Rahmenbedingungen gesehen. Bsp. für L. sind die *Plenumsdiskussion*, der *Lehrvortrag*, aber auch der Einsatz von *Simulationen* sowie versch. *Feedback*- und *Gruppenarbeitsmethoden*. Durch Methodenwechsel einerseits und die Fokussierung von *Lernzielen* andererseits können die L. die Aktivierung der Lernenden fördern. Insbes. im Bereich des Erwachsenenlernens (*Erwachsenenbildung*) wird hierdurch die Stärkung der *Selbstregulation* anvisiert, durch die ein tiefenorientiertes und motiviertes Lernen ge-

stärkt wird. Beides wird in akt. *Lehr-Lern-Forschung* betrachtet und insbes. mit Blick auf den Einsatz neuer Medien sowie der Förderung kollaborativer Lernumgebungen weiter ergründet. L. finden in versch. Kontexten statt und haben beschreibbare Eigenschaften, wodurch immer wieder Systematisierungen versucht werden (Baumgartner 2011, Saalfrank 2011). Oft verwendete Kategorien sind dabei die Art der Sozialform (Einzel-, Partner-, Gruppenarbeit; Vortrag etc.), in der die L. ausgeführt werden, die angestrebten Ziele bzw. die zu fördernden *Kompetenzen* sowie der Umfang einer Methode und ihrer Anwendungsbereiche. Weiterhin werden L. danach unterschieden, in welcher Phase des *Lernprozesses* Lernende unterstützt werden sollen. So können L. z. B. zur Aktivierung des Vorwissens, zur Weitergabe neuer Informationen oder auch zur indiv. Vertiefung neuer Sachverhalte gezielt eingesetzt werden. Neuere Versuche der digitalen Umsetzung von Systematisierungen finden sich z. B. in *MobiDics*, in der die kategoriale Suche nach situationsspezifisch passenden L. durch eine mobile Lernplattform unterstützt wird. *B. E. Meyer/A. Thielsch*

Lehr-Lern-Prozesse (= L.) [engl. *processes of learning and instruction*], [**KOG, PÄD**], L. sind die beim Lernen unter unterrichtlichen Bedingungen ablaufenden, miteinander komplex verflochtenen Prozesse und *Interaktionen*. Die Lehr-Lern-Forschung zielt darauf ab, das Verhältnis dieser Prozesse des *Lehrens* und *Lernens* genauer abzuklären. Ziel von *Unterricht* ist nach heutigem Verständnis die Anregung und Optimierung indiv. Lernprozesse. Während ältere Ansätze häufig davon ausgingen, dass Lehrprozesse direkt und linear zu best. Lernergebnissen (*Lernerfolg*) führen, ohne dass die zugrunde liegenden Lernprozesse genauer betrachtet werden müssen, schenken neuere Ansätze den indiv. oft unterschiedlichen Vermittlungs- (Mediations-) prozessen aufseiten der Lernenden und der Art und Weise, wie diese durch Lehraktivitäten unterstützt werden können, verstärkt Aufmerksamkeit. So geht das *Angebots-Nutzungs-Modell* davon aus, dass Lehrangebote nur dann zum Erfolg führen, wenn diese durch die Lernenden in angemessener Weise wahrgenommen, interpretiert und genutzt werden. Nur wenn bekannt ist, welche Prozesse beim Lernen ablaufen, ist effektives Lehren und Unterstützen möglich. Das Angebots-Nutzungs-Modell bringt gleichzeitig zum Ausdruck, dass L. und dabei insbes. die durch Lehren beeinflussten Lernaktivitäten zentrale Determinanten des Lernerfolgs sind. Es zeigt außerdem, dass L. durch versch. andere Bedingungsfaktoren beeinflusst werden, wobei prozessnahe Einflussfaktoren wie Lehrerkompetenzen, -einstellungen und -orientierungen sowie persönliche *Lernvoraussetzungen* (*Intelligenz*, Vorkenntnisse, *Motivation* (*Lernmotivation, intrinsische und extrinsische*, *Lernmotivation, aktuelle und habituelle*)) der Lernenden eine wesentliche Rolle spielen. Darüber hinaus muss aber auch der Kontext (allg. kult. Rahmenbedingungen, Schul-, Klassenmerkmale) in Betracht gezogen werden. Hasselhorn & Gold 2013, Helmke 2012. *F.-W. Schrader/A. Helmke*

Lehrplan *Curriculum*.

Lehrplan, heimlicher [engl. *hidden curriculum*], [**PÄD**], erfasst die informellen, impliziten und nicht förmlich dargestellten *Erziehungsziele* (Jackson 1973, Zinnecker 1975). Sie bedingen ebenso wie die formalen Erziehungsziele Unterrichtsinhalte und *Unterrichtsmerkmale*. Bsp.: Die Anpassung des Schülers und die Erfahrung des Wartenmüssens stehen i.Allg. nicht in Curricula einer Schule, sondern ergeben sich aus der Organisationsform der Schule.

W. Echterhoff

Lehrplanvalidität [engl. *curricular validity*], [**DIA, PÄD**], Übereinstimmung von *Test*aufgaben (*Schulleistungstests*) mit i. R. eines Lehrplans aufgestellten *Lernzielen*, bezieht sich somit auf die Validität von Schultests, die sich am Kriterium des Lehrplans (*Curriculum*) orientiert. *Bildungsevaluation*, *Validität*.

Lehrstrategien (= L.) [engl. *teaching/instructional strategies*], [**PÄD**], sind globale unterrichtliche Konzepte, um Lernprozesse (*Lehr-Lern-Prozesse*) zu initiieren und *Lehrziele* zu realisieren. Optimal entwickelt sind L., wenn sie sich an den indiv. Voraussetzungen der Lernenden (kogn., motivational, emot.) orientieren und die intendierten, mehr oder weniger klar umrissenen Lehrziele erreichen können. Beeinflusst sind L. einerseits durch die Persönlichkeit und die Kompetenzen der Lehrenden mit ihren theoretischen Kenntnissen, praktischen Erfahrungen, Routinen und Überzeugungen über das Lernen. Aus konzeptorientierter Betrachtungsweise kann einer eher traditionellen, vermittelnden Auffassung über das Lehren und Lernen (*Lehrstrategien, darstellende*), eine konstruktivistische (*Lehrstrategien, problemorientierte*) gegenübergestellt werden. Die beiden Auffassungen sind aber in ihrer Ausschließlichkeit in der päd. Praxis eher selten zu beobachten. Sie markieren jedoch die beiden Enden eines breiten Kontinuums von L. Unterschiede ergeben sich insbes. in Bezug auf die genaue Def. des Lerngegenstandes und Art und Ausmaß der Steuerung und Aktivität der Lehrenden und Lernenden während des Lernprozesses (*Lehr-Lern-Prozesse*). *Kollaborative Lehrstrategien* betonen neben dem Aufbau indiv. Wissensstrukturen auch soziale Aspekte des Lernens, die Interaktionen mit den Lehrenden oder den kollaborierenden Mitlernern. Welche der L. sich als zielführend erweisen, hängt vom jew. Lehr- und Bildungsziel, vom Lerngegenstand und von den Eingangsmerkmalen oder Besonderheiten der Lernenden ab. *Lehr-Lern-Methoden*. Gold 2008.

F. Borsch

Lehrstrategien, darstellende (= d. L.) [engl. *representing instructional/teaching strategies*], [**KOG, PÄD**], bezeichnet unterschiedliche Methoden der systematischen Vermittlung von Lerninhalten (*Lehren*). Dabei liegt die Aktivität aufseiten der Lehrperson, die auch den Lerngegenstand und die *Lehrziele* def. Auf der Seite der Lernenden handelt es sich um einen in erster Linie rezeptiven Prozess der Informationsaufnahme. Verschiedene Modelle fokussieren unterschiedliche Elemente von d. L., deren gemeinsames Kennzeichen die strikt rationale und systematische Planung (*Planen*) und Durchgestaltung des *Lehr-Lern-Prozesses* ist. Nach Ausubels Modell des *darbietenden Lernens* (*expository teaching*; Ausubel 1974) wird zunächst mit *advance organizers* das Vorwissen der Lernenden aktiviert und der Lernstoff (*Lernmaterial*) dann, i. S. einer *progressiven Differenzierung* sachlogisch vom Allgemeinen zum Spezifischen, von der Lehrperson präsentiert. Die Lernenden integrieren die versch. Wissensinhalte und verknüpfen diese mit ihrem Vorwissen. Abschließend wird das Gelernte durch Übung (*Üben*) konsolidiert. Der Lernprozess verläuft i. S. eines deduktiven Prozesses (*Deduktion*) vom Allgemeinen zum Spezifischen, ganz i. Ggs. zu den Vorstellungen des *entdeckenden Lernens*. Modelle des zielerreichenden Lernens (*mastery learning*) betonen den kumulativen Charakter hierarchisch aufbauender Lehr-Lern-Prozesse: Erfolgreiches Lernen setzt demnach voraus, dass genügend Zeit zur Verfügung gestellt wird, verbunden mit einer systematischen Prüfung von Zwischenzielen. Modelle der direkten *Instruktion* (*Instruktionsmethoden*) beziehen sich weniger auf eine kohärente Theorie, sondern sind vielmehr aus der *Prozess-Produkt-Forschung* zur *Unterrichtsqualität* abgeleitete Instruktionsmuster effektiven Unterrichtens: Nach der Bestimmung der Lerninhalte und *Lernziele* wird der Lernstoff in kleine Einheiten zerlegt, nach Prüfung der *Lernvoraussetzungen* explizit vermittelt und anschließend wird das Verständnis überprüft. Nach einer Phase des selbstständigen Übens folgt abschließend die Lernerfolgskontrolle (*Lernerfolgsmessung*). Verschiedene Studien belegen die Wirksamkeit der d. L. Kritisiert wird an den d. L., dass den Lernenden dabei weitgehend eine passiv-rezeptive Rolle zugeschrieben wird. Wenn aber auf Eigenaktivitäten und Selbststeuerung (*Lernen, selbstgesteuertes*) verzichtet wird, kann das die Lernmotivation (*Lernmotivation, aktuelle und habituelle*, *Lernmotivation, intrinsische und extrinsische*) und die Transferierbarkeit der neu erlernten *Kenntnisse* und *Fertigkeiten* neg. beeinflussen. Hasselhorn & Gold 2013.

F. Borsch

Lehrstrategien, kollaborative (= k. L.) [engl. *collaborative learning*; lat. *con-* zusammen, *laborare* arbeiten], [**KOG, PÄD, SOZ**], fasst versch. Vorgehensweisen zus., bei denen zwei bis fünf Lernende eine *Gruppe* konstituieren, um sich beim Erlernen von *Kenntnissen* und *Fertigkeiten* gegenseitig zu helfen. K. L. stehen für ein *aktives Lernen*, selbstständiges und *soziales Lernen*. Die Methoden unterscheiden sich in ihrem Ausmaß an Gleichheit und Gegenseitigkeit beim gemeinsamen Lernen und in ihrer Steuerungsintensität. Als kooperative Methoden (*Lernen, kooperatives*) bezeichnete klasseninterne Organisationsformen k. L. enthalten stark strukturierende Elemente, die eine wechselseitige *Interdependenz* unter den Lernenden erzwingen und die Lernenden sowohl für den eigenen *Lernerfolg* als auch den Lernerfolg Anderer indiv. verantwortlich macht, z. B. durch die Zuweisung unterschiedlicher *Rollen*, Aufgaben oder interdependenter Gruppenbelohnungen (*Belohnung*). Unabdingbar für das Gelingen von k. L. ist, dass die indiv. *Leistungen* erkennbar sind. Unterstützende *Interaktion*, *Reflexion* über den Gruppenprozess und kooperative Fertigkeiten sind weitere Basiselemente. Die unterrichtspraktische Realisierung sieht je nach lerntheoret. Überzeugung (*Lerntheorien*) ganz unterschiedlich aus. Aus extrinsisch-motivationaler Perspektive (*Lernmotivation, intrinsische und extrinsische*) kann z. B. der Wettbewerb forciert werden, indem sich die Lernenden bei der Methode der *Gruppenrallye* wechselseitig beim Lernen helfen, um bei einer Mannschaftswertung am besten abzuschneiden. Aus sozial-kohäsiver Perspektive wird das Zusammengehörigkeitsgefühl (*Gruppenkohäsion*) betont, z. B. wenn nach einer arbeitsteiligen Erarbeitung Teilthemen, einem Puzzle gleich, zu einem gemeinsamen Gruppenprodukt zus.gefügt werden. Aus entwicklungstheoretischer Perspektive gelten die Auslösung kogn. bzw. sozialkogn. Konflikte (*Konflikt, sozialer*) und die sich anschließenden Aushandlungsprozesse als besonders wichtig. Die kognitionsps. Perspektive betont die lernförderlichen Aspekte des wechselseitigen Fragens und Erklärens wie z. B. beim *Reciprocal Teaching*. *Metaanalysen* belegen für versch. Lerninhalte und Klassenstufen die Wirksamkeit kooperativen Lernens im Hinblick auf kogn., soz. und motivationale Lernziele (*Lernziel*, Slavin 1985). *Kooperation*. Hasselhorn & Gold 2013, Suthers & Hundhausen 2003. *F. Borsch*

Lehrstrategien, problemorientierte (= p. L.) [engl. *problem-oriented instructional/teaching strategies*], **[KOG, PÄD]**, verfolgen die Idee, dass der Wissensaufbau (*Wissenserwerb*) in einem engen Bezug zur Wissensanwendung gestaltet wird, um den *Transfer* des Gelernten auf reale Problemsituationen zu erleichtern. P. L. basieren auf kogn.- und sozialkonstruktivistischen (*Sozialkonstruktivismus*) Lehr-Lern-Theorien (*Lehr-Lern-Forschung*), mit einer im Unterschied zu den *darstellenden Lehrstrategien* vgl.weise geringeren externalen Steuerung des Lernprozesses (*Lehr-Lern-Prozesse*). Eine grundlegende Theorie p. L. ist die des *entdeckenlassenden Lehrens* von J. Bruners (1961), in der Wissenserwerb als ein *Induktion*sprozess verstanden wird, bei dem die Lehrperson die Lernenden mit einer an ihren Vorkenntnissen und *Interessen* orientierten, möglichst authentischen und realistischen Problemsituation (*Problem*) konfrontiert. Die Lernenden erarbeiten sich in aktiver Auseinandersetzung selbstständig Lösungen (*Problemlösen*) und erwerben dabei, über das sachinhaltliche Wissen hinaus, spezif. Strategien und allg. *Heuristiken* des Problemlösens. Die Lehrperson gibt, wenn nötig, Hilfen, um einer Entwicklung von Misskonzepten entgegenzuwirken. Situations- und Kontextgebundenheit sowie ein hohes Maß an Aktivitäten der Lernenden als zentrale Gestaltungsprinzipien der p. L. sind bspw. bei den *Methoden der kognitiven Meisterlehre* und des *reciprocal teaching* der Verstehensanker (*anchored instruction*) oder in der fallbasierten Ausbildung von Med. und Juristen in unterschiedlichem Ausmaß realisiert, teilweise ergänzt mit Elementen darstellender oder *kollaborativer Lehrstrategien*. Die unterschiedliche Realisierung p. L. erschwert eine globale Aussage über ihre Wirksamkeit. Vergleichsstudien belegen jedoch die Wirksamkeit spezif. Methoden. *Lehren*. Hasselhorn & Gold 2013. *F. Borsch*

Lehrsysteme, adaptive [engl. *adaptive teaching/tutorial systems*; lat. *adaptare* anpassen], *Multimediale Lehr-Lern-Systeme.*

Lehrtheorie (= L.) [engl. *instructional/teaching theory*], **[PÄD]**, Theorie des *Lehrens*, bislang nur als lerntheoret. Programme in versch. Ansätzen vorhanden, deren Prinzipien i. d. R. aus angrenzenden oder vorgeordneten Bereichen (z. B. Lernpsychologie, Logik, Modelltheorie, *Entscheidungstheorie*) abgeleitet und anschließend auf das jew. Anwendungsgebiet (z. B. *Unterricht*) ausgedehnt werden. Es lassen sich unterscheiden (Loser & Therhart 1977): (1) Der lerntheoret. Ansatz, der (Gage 1964) für die Transformation der Lerntheorien in L. folg. Analyseeinheiten als grundlegend ansieht: (a) Typen der Lehreraktivität (wie erklären, demonstrieren, planen, bewerten, disziplinieren usw.), (b) Arten von *Lernzielen* (kogn., affektiv, psychomotorisch u. a.), (c) Komponenten von Lernprozessen (als Ziele didaktisch-meth. Steuerung, z. B. *Aufmerksamkeit* lenken, Auffassung steuern, Reaktion auslösen, *Motivation* anregen, Rückmeldung sichern), (d) Familien von Lerntheorien (Konditionieren, Modell- bzw. Identifikationslernen, kogn. Lernen) (*Behaviorismus*, *Modelllernen*). Eine allumfassende Theorie des Lehrens kann es nicht geben, wohl aber Kombinationen von Aktivitätstyp, Lernziel, Lernart, Lernprozedur und lerntheoretischem Modell, der die Vielfalt möglicher Lehrgegenstände, -methoden und -situationen gerecht werden können. (2) Der inhalts- und sachstrukturelle Ansatz, der die Sachlogik des Lehrgegenstandes nicht einfach in Lehrlogik transformieren, sondern dem Lernenden das Verständnis der Grundstrukturen und der sie konstituierenden Prinzipien des Lehrgegenstandes erschließen will, wobei (Bruner 1960) damit vertieftes Grundlagenverständnis, effektive Gedächtnisstrukturierung, höherer *Transfer* und leichtere Aktualisierung des Gelernten erreicht werden. (3) Der modelltheoretische Ansatz als Versuch, Lehr- und Lernverfahren durch abbildende Reduktion auf Bedeutsames und perspektivische Akzentuierung in Erklärungs- und Handlungsmodellen für Planung, Kontrolle und Prognose verfügbar zu machen und zu verbessern (Salzmann 1972). (4) Der lehrlogische Ansatz, der grundsätzlich vom Lernenden als einem vernunftbegabten Wesen ausgeht und für die Praxis des Lehrens, das nach dieser Auffassung auf Wissen und Erkenntnis zielt, die Logik der Argumentation und des Begründens für konstitutiv hält (Meux, Smith). Auf phil.-sprachanalytische Grundlagen gestützt, beschränkt sich dieses «Vernunftmodell» (Nuthall, Snook) auf die logische Regulierung der verbalen Interaktion mit dem Ziel des wissenschaftsorientierten Lernens. (5) Der lehrtheoretisch-didaktische Ansatz der sog. «Berliner Schule» (Schulz 1973), der seine Aufgabe in der Analyse der durch unterrichtliches Handeln mit best. Prozessen unter dem Gesichtspunkt ihrer Zielstruktur (intentional, thematisch, meth., medientechnisch) und der Konstruktion (Planung) normgerechter und effektiver Prozesse auf versch. Ebenen (von Schulgesetzgebung und *Curriculum* bis zum Unterrichtsentwurf eines Lehrenden) sieht. Unverkennbar handelt es sich bei den versch. Ansätzen um bestenfalls partielle, best. Teilbereiche abdeckende L. Eine die Lehr-Lern-Situation vollst. erfassende und für Planung und Praxis konstitutive L. steht noch aus. *Didaktik*, *Lehren*, *Pädagogik*, *Unterricht*.

Lehrziel [engl. *teaching goal*], **[PÄD]**, üblicherweise mit *Lernziel* gleichgesetzt, genau genommen jedoch das Ziel des Lehrenden, das er durch seine Lehrtätigkeit zu erreichen versucht, indem er diese plant, organisiert und in Verlauf und Ergebnis kontrolliert (z. B. durch lehrzielorientierte Tests, Klauer 1987). *Erziehungsziel*.

Leib-Seele-Problem [engl. *mind-body problem*], **[PHI]**, altes phil. Problem, das sich auf die Natur des Körperlichen (Physischen) und des Seelisch-Geistigen (Mentalen; *Seele*) sowie ihren Zusammenhang bezieht; in moderner Sicht vor allem die Frage, wie man zugleich dem offensichtlichen Zusammenhang zw. mentalen und physischen Ereignissen und der Verschiedenheit ihres phänomenalen Gegebenseins Rechnung tragen kann. Der interaktionistische Substanzdualismus (Descartes; *Dualismus*), heute eher selten vertreten, wird zwar der Verschiedenheit des Mentalen vom Physischen gerecht, behauptet aber durch die Annahme einer mentalen Substanz mehr, als empirisch oder theoretisch begründbar ist. Überdies wird die Annahme einer kausalen Wechselwirkung zw. Körper und Geist als problematisch erachtet. In der Form des *psychophysischen Parallelismus* hat der Dualismus wiederum Probleme, die Parallelität zu erklären (Leibniz: *prästabilierte Harmonie*; *Okkasionalismus*). Unter den monistischen Auffassungen wird der *Idealismus* (Spiritualismus), wonach es nur Geistiges gibt und die Materie nur in der Vorstellung existiert, heute kaum noch vertreten. Verbreitet sind dagegen die Spielarten des *Materialismus*, zwar nicht in der kaum haltbaren Form, dass Seelisch-Geistiges nicht existiert (*These des radikalen Behaviorismus*), jedoch z. B. als *eliminativer Materialismus* oder *Identitätslehre*. Nach der früheren Form der Identitätslehre (neutraler *Monismus* von Spinoza, Russell) galten Physisches und Mentales als zwei Seiten der einen Wirklichkeit, nach der modernen (Place, Smart) wird das Mentale jedoch als auf das Physikalische reduzierbar angesehen. Der *Funktionalismus* (Putnam) nimmt an, dass das Mentale nichts anderes ist als die funktionale Organisation eines informationsverarbeitenden Systems (das Muster der Beziehungen zw. Inputs, Outputs und internen Zuständen; *Informationsverarbeitungssystem*), wobei Letzteres i. Allg. als physikal. System gedacht wird. In der neueren Diskussion haben sich reduktionistische Auffassungen zunehmend als problematisch erwiesen. Von entscheidender Bedeutung sind in diesem Zusammenhang die Erlebnisqualität (*Quale*) und Intentionalität (*Intention*) mentaler Zustände, die bisher nicht überzeugend auf physikal. Sachverhalte reduziert werden konnten. Viele, die sich gegen eine reduktionistische Position aussprechen, akzeptieren jedoch die Annahme der *Supervenienz des Mentalen auf dem Physischen*: Das Mentale superveniert auf dem Physischen, wenn zwei beliebige Individuen, die sich physisch exakt gleichen, sich auch mental nicht unterscheiden können. Teilweise werden mentale Eigenschaften auch als emergente Eigenschaften (*Emergenz*) komplexer physischer Systeme interpretiert. Kim 1998, Beckermann 2008, Popper & Eccles 1982.   *V. Gadenne*

leichte kognitive Störung *kognitive Störung, leichte*.

Leidensdruck (= L.) [engl. *psychological strain*], **[GES, KLI]**, bez. das subj. Empfinden/Erleben des Ausmaßes, in dem sich ein Pat. durch eine *Krankheit* oder Störung in seinem *Wohlbefinden* bzw. *Lebensqualität* beeinträchtigt fühlt. Identische Krankheitsausprägungen können je nach *Krankheitsbewältigung* bzw. *Coping* mit unterschiedlichem L. einhergehen (s. z. B. für chronische Erkrankungen: *International Classification of Functioning, Disability and Health (ICF)*.

Leipziger Schule [engl. *Leipzig school*], **[HIS]**, Bez. für die von *Fechner*, *Wundt* und deren Schülern vertretene psychol. Richtung wie für die von Krueger mit *Klemm*, *Sander*, Volkelt, *Wellek* u. a. entwickelte *Ganzheitspsychologie*.

Leistung (= L.) [engl. *performance*], **[AO, KOG]**, physisch die in der Zeiteinheit verrichtete Arbeit ($P = W/t$, bisher: $L = A/t$). Des Weiteren ist L. der durch Energieaufwand geschaffene Wert. Psychol. ist L. der Einsatz der einem Menschen (bzw. einem Organismus) verfügbaren Fähigkeiten wie auch dessen Ergebnis [engl. *achievement*]. Dabei kommt die L. dem Begriff *Funktion* nahe und deckt sich weitgehend mit ihr. L. im Sinne von *Performanz* ist abzuheben von *Kompetenz* und ebenso vom Lernen (*Lernen*). Buytendijk 1956.

Leistungsalter [engl. *achievement age*], **[EW, KOG]**, das einem bestimmten Leistungsniveau (etwa ermittelt mit Tests, *Test*) durchschnittlich zugehörige Lebensalter. *Alter*.

Leistungsangst (= L.) [engl. *test anxiety*], **[EM, PER, PÄD]**, stellt eine spezif. Form von *Angst* dar, wobei die *soziale Identität* und der Selbstwert (*Selbstwertgefühl*) als bedroht erlebt wird. L. manifestiert sich in (sozialen) Bewertungssituationen insbes. in expliziten Prüfungssituationen und wird dann als *Prüfungsangst* bezeichnet. Im Englischen wird nicht zw. L. und Prüfungsangst [engl. *test anxiety*] unterschieden. L. kann sich auch zum überdauernden *Persönlichkeitsmerkmal* (*Ängstlichkeit*) entwickeln, das sich darin zeigt, in Bewertungssituationen überdurchschnittlich häufig und intensiv mit Angst zu reagieren. Bei einer hoch leistungsängstlichen Person kann L. in jeder Situation auftreten, in der sie glaubt, durch andere bewertet werden zu können. Ihre Gedanken kreisen dann oft um antizipierte Scham im Falle eines Versagens.

L. ist demnach eine situationsgebundene Angst (*State-Angst*), die durch drei Komponenten beschrieben werden kann: Die *physiol.* Komponente zeigt sich in einer gesteigerten Erregung des autonomen *Nervensystems* mit Schwitzen und einer Erhöhung des Herzschlags und der Atemfrequenz. Die *kogn.* Komponente von L. zeigt sich zum einen in der subj. Wahrnehmung der körperlichen Erregungsmerkmale (*Aufgeregtheit*, emotionality) und zum anderen in Besorgniskognitionen (*Besorgtheit*, worriness), die um die Folgen eines Versagens oder um *soziale Vergleichs*prozesse kreisen. Diese Gedanken interferieren mit Gedanken, die eigentlich zur Lösung der gestellten Anforderungen erforderlich sind. Auf diese Weise beeinträchtigen insbes. die Besorgniskognitionen die Leistungsfähigkeit. Der Verhaltensaspekt von L. zeigt sich vor allem bei hoch Leistungsängstlichen in der Vorbereitungsphase auf Prüfungen. Sie neigen dazu, die Vorbereitung auf die Prüfung ungebührlich aufzuschieben und dann relativ unstrukturiert und planlos vorzugehen. Trotz dieser beeinträchtigenden Wirkungen ist das Ausmaß von L. nur mäßig neg. mit den tatsächlichen Prüfungsleistungen korreliert. Dies wird zum einen mit Selbstselektionseffekten in der Schullaufbahn als auch mit kompensatorischen Bemühungen erklärt, dass sich hoch Leistungsängstliche trotz ihrer Unstrukturiertheit vergleichsweise viel mit dem Prüfungsstoff befassen und die Prüfer die Prüfungssituationen möglichst stressarm zu gestalten versuchen.

Zur Erklärung der Aktualgenese von L. wird der *Coping*-Ansatz herangezogen. Danach kommt es auf die subj. Einschätzung der Situation durch die Person an, inwiefern sie glaubt, die Anforderungen der Situation mit ihren Fähigkeiten bewältigen zu können und welche Stressverarbeitungsstrategien (*Stressbewältigung*) ihr bei Nichtbewältigung zur Verfügung stehen. Eine inadäquate Einschätzung der tatsächlichen Bedrohung sowie der eigenen Bewältigungsmöglichkeiten und Konsequenzen eines Versagens tragen zur Aufrechterhaltung von L. bei. Als Ursachen für eine hohe dispositionelle L. sind vor allem überzogene Leistungserwartungen von Eltern oder Lehrpersonen an das Kind in Verbindung mit geringer Einfühlung in den *Stress*, den das Kind aufgrund der (schulischen) Anforderungen erlebt, identifiziert worden. Aber auch ein generell strafender oder zurückweisender *Erziehungsstil* in Leistungssituationen sind Prädiktoren von L. Des Weiteren können auch leistungsängstliche Familienmitglieder als Imitationsmodelle (*Beobachtungslernen*) wirken.

Für die Diagnostik von L. hat sich der Selbsteinschätzungsfragebogen *State-Trait-Anxiety-Inventory (STAI)* bewährt, in dt. Version als TAI-G bezeichnet. Er beinhaltet neben der Subskala Aufgeregtheit und Besorgtheit auch Skalen zur mangelnden Zuversicht und Interferenz. Zur Individualdiagnostik ist allerdings das *Differentielle-Leistungsangst-Inventar (DAI)*. Denn es erfragt nicht nur die Angsterscheinungen, sondern auch die Faktoren der Angstauslösung, Angstverarbeitung und Angststabilisierung. Aufgrund dessen kann die Behandlung von L. besser auf die indiv. Voraussetzungen abgestimmt werden. Die Interventionen, die bei starker *Prüfungsangst* erfolgreich sind, sind auch bei der Behandlung von starker L. wirksam. Rost & Schermer 2010. *M. Holodynski*

Leistungsbeurteilung, Leistungsbewertung (= L.) [engl. *performance assessment*], **[AO, DIA]**, in der *Arbeitswissenschaft* sowie arbeits- und organisationspsychol. Bez. für systematische Verfahren zur Erhebung und Auswertung von Leistungsdaten oder -einschätzungen bei der Bewältigung von Aufgaben (*Aufgabe*) *Arbeitstätigkeit*. Die L. kann für vielfältige Aufgaben genutzt werden, bspw. zur *Arbeitsgestaltung*, zum Feedback i. R. von Trainingsmaßnahmen, für versch. Aufgaben der *Personalentwicklung* sowie Gehalts- und Lohnbestimmung (im dt.sprachigen Bereich als *Arbeitsbewertung* bezeichnet). Zu empfehlen sind sorgfältige Operationalisierung der Einzelkriterien, Training der Beurteiler (*Personalbeurteilung*; *Beurteilerübereinstimmung, Verbesserung der*) sowie stat. Analysen der inneren Konsistenz, *Stabilität* und prognostischen Validität der Leistungskriterien (*Gütekriterien*). Schuler & Höft 2007. *S. Greif*

Leistungsexperiment [engl. *achievement experiment*], **[FSE]**, ps. *Experiment*, bei dem die Aufgabe der Vp darin besteht, best. Leistungen zu erweisen, aus denen dann auf die daran beteiligten ps. Vorgänge (Fähigkeiten, Anlagen) geschlossen werden kann. Ggs. *Erlebnisexperiment*.

Leistungsexzellenz (= L.) [engl. *excellence*; lat. *excellere* hervorragen, sich auszeichnen], syn. *Expertise*, **[KOG, PÄD, PER]**, bezeichnet herausragende Leistungen einer Person oder Personengruppe in einer Domäne. Um eine solche feststellen zu können, müssen vier Kriterien bzgl. der Leistung erfüllt sein (Ziegler & Heller 2002): (1) gesellschaftliche Wertschätzung der Domäne, (2) Möglichkeit der obj. Leistungserfassung, (3) Existenz einer akzeptierten Vergleichsnorm (sozial, kriterial, indiv.; *Bezugsnorm*), (4) Signifikanzkriterium für die Abweichung vom Vergleichsstandard. Def. von L. hängen daher stark von der Domäne und den in ihr gängigen Leistungsmaßen und Standards ab. Erklärungsansätze für L. lassen sich in fünf Gruppen einordnen: (1) eindimensionale Ansätze, *Intelligenz*, (2) Mehrkomponentenmodelle (*Begabung, Mehrkomponentenmodelle*), (3) Performanzansätze, *deliberate practice*, (4) Moderatorenansätze (*Begabung, Moderatormodelle*), (5) Systemische Ansätze, z. B. *Aktiotop. professional learning*. *B. Harder*

Leistungsgesellschaft [engl. *achievement-oriented society, meritocracy*], **[SOZ]**, soziologischer Begriff für die fortgeschrittene Industriegesellschaft, in der das wirtschaftlich-soziale Handeln durch *Leistung* geprägt, motiviert und legitimiert ist (Prozess des Wettbewerbs). *Leistungsmotiv, Leistungsmotivation*.

Leistungsmotiv (= L.) [engl. *achievement motive, need for achievement*], **[EM, PÄD, PER]**, Motive (*Motiv*) sind zeitlich überdauernde und transsituativ konsistente Präferenzen für best. Klassen von Anreizen. Ihre Funktion ist es, dem Verhalten Richtung, Intensität und Ausdauer zu geben. Das L. ist dabei, zus. mit dem *Machtmotiv* und dem Anschlussmotiv (*Hoffnung auf Anschluss*), eines von drei klassischerweise unterschiedenen Motiven. Personen mit einem stark ausgeprägten L. sind bestrebt, sich mit Gütemaßstäben auseinanderzusetzen. Motive sind in jew. antagonistischen Tendenzen – d. h. aufsuchen vs. meiden, hin zu vs. weg von – organisiert. Für das L. sind diese antagonistischen Tendenzen als *Hoffnung auf Erfolg* sowie die *Furcht vor Misserfolg* beschrieben worden. Den Kern des L. bilden die antizipierten *Emotionen* Stolz über erzielte Erfolge und *Scham* oder *Ärger* über Misserfolge. Zur Erfassung von Motiven stehen zwei unterschiedliche Arten von Testverfahren zur Verfügung, nämlich *projektive Tests*, wie der *Thematische Apperzeptionstest (TAT)*, sowie Selbstbericht-Skalen. Während mit projektiven Verfahren implizite Motive erfasst werden, messen *Selbstbericht*-Skalen explizite Motive. Typischerweise korrelieren die mit diesen beiden Verfahren gemessenen Motivausprägungen nicht miteinander, sondern messen unabhängige motivationale Systeme. McClelland et al. 1989, Thrash et al. 2007. *B. Spinath*

Leistungsmotivation (= L.) [engl. *achievement motivation*], **[EM, PÄD]**, wenn der Ausdruck nicht syn. mit *Leistungsmotiv* benutzt wird, bezeichnet er die Gesamtheit der

Determinanten des leistungsmotivierten Verhaltens. In Atkinsons Modell des leistungsmotivierten Verhaltens (*Risikowahl-Modell*) werden die Leistungsmotive (i. e. S.) oder überdauernden motivationalen Tendenzen, Erfolg zu suchen (*Hoffnung auf Erfolg*, Me) bzw. Misserfolg zu meiden (*Furcht vor Misserfolg*, Mm), mit den Situationsparametern multipliziert. Letztere sind die Erwartung des Erfolgs (Wahrscheinlichkeit, We), die Erwartung des Misserfolgs (Wm), der Anreiz des Erfolgs (Ae) und der Anreiz des Misserfolgs (Am). Es ergibt sich die resultierende (aktuelle) Tendenz des Leistungsverhaltens: RT = (Me × Ae × We) + (Mm × (−Am) × Wm) oder RT = Te + Tm, wobei Te und Tm die aktuellen resultierenden Tendenzen, Erfolg zu suchen bzw. Misserfolg zu meiden, sind. (Schneider 1973). Nach Heckhausen (1965) werden Erfolgs-, Misserfolgs- und Netto-Motivation getrennt gemessen. Es wird außerdem zw. aktueller und «generalisierter» L. unterschieden. Für die Analyse der L. ist die Attributionstheorie (*Kausalattribution*) hilfreich, weil sie wahrgenommene Ursachen für Erfolg und Misserfolg berücksichtigt (Weiner 1986, Heckhausen & Heckhausen 2010). Das *Leistungsmotiv* kann als das empirisch am besten gestützte Motiv angesehen werden (Heckhausen et al. 1985). *Motivation*.

R. Bergius/H.-D. Schmalt

Leistungsmotivation, Selbstbewertungsmodell (= S.) [engl. *self-evaluation model of achievement motivation*], [**EM, PÄD**], ist ein von Heckhausen (1972) konzipiertes Modell aus der Leistungsmotivationsforschung. Das S. versteht das *Leistungsmotiv* als ein aus drei Teilprozessen bestehendes System. Die Teilprozesse sind Zielsetzungen, *Kausalattributionen* und Selbstbewertungsemotionen. Diese wirken zus. und stabilisieren das Erfolgsmotiv (*Hoffnung auf Erfolg*) und Misserfolgsmotiv (*Furcht vor Misserfolg*) wie folgt: Erfolgsmotivierte streben danach, ihre Kompetenzen optimal einsetzen zu können und zu zeigen. Sie sind erfolgszuversichtlich und haben pos. Erwartungsemotionen (z. B. Stolz). Für ihre Handlungsdirektive, die eigene Tüchtigkeit zu steigern, eignen sich realistische *Ziele* am besten. Für eintretende Erfolge wie auch für Misserfolge finden sie selbstwertdienliche (*Selbstwertgefühl*) Ursachenzuschreibungen. So schreiben sie z. B. Erfolge ihren stabilen Fähigkeiten zu und finden für Misserfolge Ursachen außerhalb ihrer Person (z. B. Pech). Selbst wenn genauso viele Ziele erreicht wie verfehlt werden, ist die Affektbilanz insges. pos. Dies verstärkt die Handlungsdirektive Erfolgsmotivierter, ihre *Kompetenzen* erweitern zu wollen, was wiederum über pos. Erwartungsemotionen erneut zu realistischen Zielsetzungen führt. I. Ggs. dazu verfolgen Misserfolgsmotivierte die Handlungsdirektive, den mit Misserfolgen assoziierten Selbstwertbelastungen aus dem Wege zu gehen. Sie vermeiden realistische Aufgaben, die ihnen eine Rückmeldung ihrer (erwarteten In-)Kompetenz geben würden. Stattdessen wählen sie sehr leichte Aufgaben, bei denen die erzielten Erfolge kaum selbstwertdienlich interpretiert werden können, oder sehr schwere Aufgaben, deren Verfehlung den Selbstwert belasten. Die resultierende neg. Affektbilanz verstärkt die Handlungsdirektive Misserfolgsmotivierter und ihr Zielsetzungsverhalten. Das S. findet in Motivationstrainings, die auf eine Reduktion misserfolgsorientiertes Verhalten abzielen, im schulischen Kontext Anwendung. *Selbstwirksamkeitserwartung*.

^{Test}**Leistungsmotivationsinventar (LMI)**, 2001, H. Schuler, M. Prochaska & A. Frintrup, [www.testzentrale.de], [**DIA, EM**]. Erfasst Dimensionen berufsbezogener Leistungsorientierung für die Berufseignungsdiagnostik, Personalentwicklung, Sportpsychologie und Persönlichkeits- und Motivationsforschung. AA ab 16 Jahre. Erfasst werden 17 Dimensionen mit je 10 Items: *Beharrlichkeit, Dominanz, Engagement, Erfolgszuversicht, Flexibilität, Flow, Furchtlosigkeit, Internalität, Kompensatorische Anstrengung, Leistungsstolz, Lernbereitschaft, Schwierigkeitspräferenz, Selbstständigkeit, Selbstkontrolle, Statusorientierung, Wettbewerbsorientierung* und *Zielsetzung*. Kurzfassung mit 30 Items vorhanden. *Normierung*: Geschlechtsspezifisch bzgl. Skalen und Gesamtwert für Kurz- und Langform für kaufmännische Berufsschüler, Wirtschaftsgymnasiasten, Studierende, Berufstätige im Dienstleistungssektor und Hochleistungssportler zur Verfügung ($N = 1671$). Bearbeitungsdauer: ca. 35 Min. (Lang-) und 10 Min. (Kurzform).

J. M. Müller

^{Test}**Leistungsprüfsystem für 50- bis 90-Jährige (LPS 50+)**, 1993, W. Sturm, K. Willmes & W. Horn, [www.testzentrale.de], [**DIA, KOG, PER**]. Verfahren zur Erhebung des kogn. Status älterer Menschen. AA 50 bis 90 Jahre. Das LPS 50+ stellt eine Neubearbeitung des LPS von Horn für die Altersgruppe von 50 bis 90 Jahren dar. Auf den Untertest 8 und die Arbeitskurve des LPS wurde dabei verzichtet. Die Items wurden unverändert übernommen, jedoch auf die doppelte Größe gebracht und sorgfältig nach dem Schwierigkeitsgrad gruppiert, damit auch leistungsschwache Pbn die ersten Aufgaben jeder Serie bewältigen können. Daneben liegt eine Kurzform (LPS 50+K) mit drei sprachgebundenen und drei nonverbalen Untertests mit eigenen Gesamttestnormen vor. Dient der Früherkennung degenerativer Erkrankungen und der Erfassung medikamentöser Nebenwirkungen. *Normierung*: T- und Prozentrang-Werte für 50 bis 69-Jährige und 70 bis 90-Jährige. Bearbeitungsdauer: Langform ca. 80 Min., Kurzform ca. 35 Min.

^{Test}**Leistungsprüfsystem (LPS)**, 1983, W. Horn, [www.testzentrale.de], [**DIA, PER**]. Mehrdimensionaler Intelligenztest. AA von 9 bis 50 Jahren. Test zur Erfassung der wichtigsten Primärfähigkeiten (im Sinne von Thurstone) und Intelligenz-Leistungsdimensionen bei Kindern und Erwachsenen (*Primärfaktoren der Intelligenz*). Das LPS besteht aus 14 Subtests. *Normierung*: an über 3000 Vpn. Studien zu versch. Aspekten der Validität liegen vor. Split-Half-Reliabilitäten (Spearman-Brown korr.) für die einzelnen Subtests zw. $r = .90$ und $r = .99$ und für die Gesamtleistung bei $r = .99$ ($N = 200$ Erwachsene). Retest-Reliabilität (Intervall: 32 Monate) für den Gesamtpunktwert von $r_{tt} = .83$ ($N = $ ca. 300 13-jährige Schüler). Zwei Parallelformen. Bearbeitungsdauer: Durchführungszeit 90 bis 120 Min., Auswertungszeit ca. 10 bis 15 Min.

Leistungsquotient (LQ), [**DIA, PER**], Bez. für den Quotienten, der aus dem Verhältnis einer gebotenen Leistung zu der nach Lebensalter, vorausgegangener Schulung, Konstitution etc. zu erwartenden Leistung errechnet wird. Der LQ [engl. AQ = *achievement quotient*] wird meist in Prozenten angegeben.

Leistungstests [engl. *achievement/performance test*], [**DIA**], eine Gruppe von Tests, bei denen von der Vp eine Leistung gefordert wird. Es wird davon ausgegangen, dass die Vp die für sie typische Leistung zeigt. Der Testwert resultiert entweder aus der Zahl der Treffer bzw. der Fehler, aus einem Zeitmaß oder Qualitätsmaß. Modelle der *Item-Response-Theorie (IRT)* bilden eine optimale Grundlage zur Sicherstellung der *Gütekriterien* von Leistungstests.

Leistungstests zur Persönlichkeitsmessung [engl. *achievement/performance test for personality assessment*], *objektiver Test, klassische Verfahren*.

Leistungsvaliditätstests [engl. *performance-validation tests*], *Beschwerdenvalidierungstests*.

Leistungszielorientierung (= L.) [engl. *performance goal orientation*], *ego-involvement*, [**EM, PÄD**], ist die Ausrichtung von Leistungsverhalten auf den Zweck, eigene *Kompetenz* zu demonstrieren oder andere leistungsmäßig zu übertreffen. L. wurde als Gegenstück zur *Lernzielorientierung* i. R. der Leistungszieltheorie beschrieben, um Unterschiede in der Reaktion auf Leistungsanforderungen und Misserfolge bei Schülern zu erklären. Nach Dweck & Leggett (1988) nehmen Personen dann L. an, wenn sie glauben, Fähigkeiten (z. B. *Intelligenz*) seien eine stabile und unbeeinflussbare Größe. Die Leistungszieltheorie postuliert, dass Verhalten in schulischen Leistungssituationen bei L. davon abhängt, wie die eigenen Fähigkeiten eingeschätzt werden. Sind diese hoch, wird versucht, Kompetenz zu demonstrieren, um Anerkennung zu erlangen. Werden eigene Kompetenzen als niedrig eingeschätzt, wird versucht, dies zu verbergen (z. B. durch wenig Anstrengung). Nach einem Misserfolg reagieren Schüler mit L. verstärkt hilflos, weil für sie Misserfolg mangelnde Fähigkeit impliziert (d. h. internal stabile *Attribution*). Sie erleben neg. Affekt, zeigen weniger Persistenz und vermeiden zukünftige Herausforderungen.

Frühe Forschung zu Auswirkungen von L. zeigte wenig konsistente Befunde, weshalb später die Unterteilung in eine Annäherungs- und eine Vermeidungskomponente von L. vorgenommen wurde (*Annäherungs-Leistungsziel, Vermeidungs-Leistungsziel*). Studien in den Bereichen Schule, Sport und Arbeitswelt zeigten, dass v. a. Vermeidungs-L. mit neg. Konsequenzen auf Befinden, Selbstregulation und Leistung einhergeht. So sind Personen, die versuchen eine Demonstration von Inkompetenz zu vermeiden, ängstlicher, holen seltener Hilfe ein, berichten über weniger Interesse am Lernstoff und erzielen schlechtere Noten im Studium. Weniger einheitlich ist das Bild bei Annäherungs-L. Neben neg. Konsequenzen, wie Ängstlichkeit und oberflächlichen *Lernstrategien*, zeigten sich förderliche Effekte auf Persistenz, Anstrengung und vor allem auf Leistung. Die Funktionalität von Annäherungs-L. wird daher kontrovers diskutiert. *Zielorientierung*. Senko et al. 2011. *V. Job/G. Oettingen/A. T. Sevincer*

Leitbild [engl. *mission statement*], [**KLI, PER**], in der Individualps. Adlers das einem Menschen in seinem *Erleben*, Handeln (*Handlung*) und Gestalten führende konkrete Vorbild.

Leitfadeninterview *Interview, qualitative (Leitfaden-)Interviews*.

^Test^**Leitfaden zur qualitativen Personalplanung bei technisch-organisatorischen Innovationen**, [**AO, DIA**], Leitfaden zur Analyse und Bewertung der Qualifikationsanforderungen bei industriellen Tätigkeiten. Mit drei eigenständigen Teilverfahren werden die Vorgesetzten, die Stelleninhaber sowie die Planer von Arbeitssystemen befragt. Es können acht Analysemerkmale (*Unternehmensziele*, versch. *Strukturdaten, Aufgaben und Funktionsbereiche, Kommunikations- und Kooperationsanforderungen, Leistungen der Informationsaufnahme, -verarbeitung und -erzeugung, benötigte Kenntnisse*) unterschieden werden, die Aussagen zur Oberflächenstruktur (individuumunabhängige Anforderung) und zur Tiefenstruktur (individuumabhängige Anforderung) ermöglichen. Ergebnis: Beschreibungen erforderlicher Qualifikationen für bestehende oder zukünftige Tätigkeiten. Anwendungsbereich: Personalplanung, *Personalauswahl* und *Personalentwicklung* in Industrieunternehmen. Sonntag et al. 1999.

Leitlinie [engl. *guideline*], [**PER**], *Individualpsychologie*, nach Adler die jeden Lebensablauf beherrschende und für jedes Individuum spezifische Zielstrebigkeit, aufgelöst in Strukturlinien, die die Einzelzüge des *Lebensplanes* darstellen.

Leitlinie, Behandlungsleitlinie (= L.) [engl. *guideline*], [**GES, KLI**], (1) L. sind in einem systematischen und strukturierten Verfahren entwickelte, praxisorientierte Aussagen zur Unterstützung der Entscheidungsfindung von im Gesundheitswesen tätigen Personen und Pat. bei spezif. Erkrankungen oder Problemen. Sie sind ein von mehreren Experten aus unterschiedlichen Fachgebieten bzw. Arbeitsgruppen erzielter Konsens, an dem neben den Leistungserbringern auch Pat.vertreter beteiligt werden sollten. Ziel ist, die Transparenz von Entscheidungen zu fördern. Bei der Entwicklung von L. wird zu einem spez. Versorgungsproblem Wissen aus unterschiedlichen Quellen gesammelt und bewertet. Dabei sind drei Herangehensweisen voneinander zu unterscheiden: (i) die Erarbeitung eines informellen Konsenses durch eine Expertengruppe, (ii) die Entwicklung auf Basis formaler Konsensfindung und/oder formaler Evidenz-Recherche und (iii) die Konzeption unter Zuhilfenahme zusätzlicher Elemente einer systematischen Entwicklung wie Logik-, Entscheidungs- und Outcome-Analysen bzw. die Bewertung der klin. Relevanz wiss. Studien. Merkmale evidenzbasierter L. sind die systematische Recherche, Bewertung und Synthese der besten verfügbaren wiss. *Evidenz*, aus der Behandlungsempfehlungen abgeleitet und Schlüsselempfehlungen in einem formalisierten Konsentierungsverfahren formuliert werden. Weil L. wiss. begründet sind, sind sie regelmäßig zu überprüfen und ggf. anzupassen. L. sind i. Ggs. zu *Richtlinien* nicht rechtsverbindlich. Sie sind vielmehr Handlungs- und Entscheidungskorridore, von

denen im Einzelfall abgewichen werden kann oder muss. L. können jedoch eine stärkere rechtliche Bedeutung erlangen, wenn sie z. B. in Richtlinien integriert oder in Gerichtsverfahren als Hilfsnormen zur Bewertung von Fehlbehandlungen herangezogen werden. *Evidenzbasierung*. [www.awmf.org]. (2) In der *Individualpsychologie* nach Adler die jeden Lebensablauf beherrschende und für jedes Individuum spezif. Zielstrebigkeit, aufgelöst in Strukturlinien, die die Einzelzüge des Lebensplanes darstellen.
Kopp et al. 2002.   *J. Klein-Heßling*

Leittextmethode [engl. *learning guidelines method*], *Aus- und Fortbildung*.

Leitungs-Aphasie [engl. *conduction/associative aphasia*], *Aphasie*.

Leitungsbahnen (= L.) [engl. *conduction/neural pathways*], **[BIO]**, syn. *Nervenbahnen* (*Nerv*). Im Rückenmark (*Nervensystem*) lokalisierte Nervenfasern, in denen die Leitung nervöser Impulse erfolgt. Nach der Leitungsrichtung unterscheidet man afferente und efferente L. *afferente Nerven*, *Efferenz*.

Leniency-Effekt [engl. *lenient* mild, nachsichtig], syn. *Milde-Effekt*, **[DIA]**, systemat. *Beurteilungsfehler* (z. B. bei Schätzskalen), der die Vergabe zu pos. Urteile bez. Tritt insbes. auf, wenn Pb dem Beurteiler bekannt oder sympathisch sind. Ähnlich *generosity error* [engl. Großzügigkeitsfehler] der vorliegt, wenn generell zu gute Urteile vergeben werden. *Strenge-Fehler*.

Lenkprobe, **[DIA]**, als Erster konstruierte H. Rupp den später auch als *rollende Straße* bezeichneten Prüfstand, bei dem mit einem Lenkrad ein Stift zu führen ist, damit dieser einer Spur (evtl. in einem Straßenplan) folgt, die vor dem Pb über Rollen abläuft.

Leontjew, Alexei Nikolajewitsch (1903–1979), **[EW, HIS]**, gemeinsam mit *Wygotski* und Luria Begründung der Kulturhistorischen Schule. Schüler von *Kornilow*. Leontjew vertrat eine marxistisch orientierte Ps., die auch auf die Kritische Ps. in der Bundesrepublik Einfluss hatte (*Holzkamp, Klaus*). In der Tätigkeitsps. Leontjews ist die Aneignung die in der Tätigkeit sich vollziehende Auseinandersetzung des sich entwickelnden Menschen mit der Welt. Als Resultat der Aneignung macht sich der Mensch das kult. Erbe zu eigen.   *H. E. Lück*

leptosom [engl. *leptosome*; gr. λεπτός (*leptos*) dünn, σῶμα (*soma*) Körper], **[PER]**, Begriff aus der Konstitutionstypologie (*Körperbautypen*) von Kretschmer.

Lernarrangements, hybride [engl. *hybrid learning arrangements*; lat. *hybrida* Mischling], *Blended Learning*.

Lernaufgabe (= L.) [engl. *learning task*], **[PÄD]**, eine L. kann intentional, inzidentell oder autochthon entstehen (*Lernen, intentionales*, *Lernen, inzidentelles*). Bsp. für intentionale L.: lehrzielorientierte Aufgabe für Schüler oder für zu trainierende Mitarbeiter (*Lehrziel*), selbstgestellte Aufgabe beim *selbstgesteuerten Lernen*. Bsp. für inzidentelle L.: Bewältigung einer neuartigen Situation, Lernen durch Vorbilder (Bandura 1976), das Medium als eigentliche Botschaft (McLuhan & Fiore 1984), *hidden curriculum* (*curriculum*, *Lehrplan, heimlicher*). Bsp. für eine autochthone L.: Pubertät, Altern und andere ontogenetische

Entwicklungsprozesse, Auflösenwollen erlebter kogn. Dissonanz, Fortsetzenwollen einer abgebrochenen Aufgabenbearbeitung (Zeigarnik 1927). Eine L. entsteht aus einer übernommenen Aufgabenstellung, einem *Anreiz*, einer Schwierigkeit oder aus einem Problem mit einer Transformationsphase (Bearbeitungs-/Bewältigungsphase oder Lösungsweg) und einer vorgegebenen oder vorgestellten Lösung (z. B. Zielerreichung). Eine L. kann alle Hilfsmittel für die Transformationsphase bereitstellen und über eine eindeutige Lösung verfügen (z. B. in einigen Phasen der Schule) oder wie die meisten Lebensaufgaben wegen Unbestimmtheit bzw. Komplexität hingegen nicht (Dörner et al. 1983, McLaughlin 1965).   *W. Echterhoff*

Lernbehinderung (= L.) [engl. *learning disability*], **[KLI, PÄD]**, Sammelbegriff zur Umschreibung von Beeinträchtigungen in den Lernleistungen. Zu anderen Begriffen wie *Lernschwierigkeiten*, -schwäche, -problem, *Lernstörungen* lässt sich L. (*learning difficulties*) durch die Zeit- und Intensitätsdimension (Stärke, Umfang, Breite) unterscheiden. Allerdings gibt es auch hier fließende Übergänge. Die Kultusministerkonferenz (= KMK.) spricht im Jahre 1999 vom *Förderschwerpunkt Lernen*, der sich nicht mehr nur auf Sonderschulen (Förder-) und Berufssonderschulen, sondern auch auf die allg.bildenden Schulen (insbes. Grundschulen) bezieht. L. kann als primäres oder sekundäres (in Zusammenhang mit anderen *Behinderungen*) *Verhalten* und *Erleben* auftreten. L. ist abzugrenzen von einer *Teilleistungsschwäche* (-störung). L. umfasst meistens die grundlegenden Bereiche: *Denken*, *Gedächtnis*, *Wahrnehmung*, *Motorik*, sprachliches Handeln (*Sprache*, *Kommunikation*) und *Emotionalität*. L. tritt häufig im Kontext von sozialer Randständigkeit und Benachteiligung und psychosozialen Problemen auf. Die Entwicklung, der Prozess und das Umfeld des Lern- und Leistungsverhaltens einer Person sind so beeinträchtigt, dass erfolgreiches Handeln nicht bzw. nur sehr eingeschränkt möglich ist. Die erbrachten Leistungen, vor allen im Lesen, Schreiben und Rechnen, weichen stark von der Leistungsnorm Gleichaltriger ab. Das Erleben dieser Misserfolge führt meistens zur Minderung des *Selbstvertrauens* und des *Selbstwertgefühls*, was den Entwicklungs- und Lernprozess wiederum neg. beeinflusst. Nicht selten kommt es dann zu Sekundärsymptomatiken (wie *Verhaltensstörungen*, *Sprachstörungen*). Wichtig sind daher eine Früherkennung und Frühförderung (*Prävention*), die bereits im Kindergarten (*vorschulische Betreuungsformen*) einsetzen sollten, und nicht nur eine sonderpäd., sondern auch eine psychosoziale Versorgung beinhalten muss. Jede (sonderpäd.) Förderung (*Sonderpädagogik*) setzt die Feststellung des indiv. (sonderpäd.) Förderbedarfs voraus. In diesem diagn. Vorgehen sind nicht nur die Person, sondern auch deren Lernprozess und schulisches und familiäres Umfeld zu analysieren. In einer Förderplanung werden die indiv. Lernziele, -methoden und -medien und die Lernbedingungen festgelegt, von Zeit zu Zeit überprüft und fortgeschrieben.

Die Förderung geschieht mit spezif. Methoden und Trainings in Einzel- und in Gruppenform. Dabei geht es nicht nur um die Förderung des Lern- und Leistungsverhaltens, sondern auch um die der gesamten *Persönlichkeitsentwicklung* und den Abbau beeinträchtigender und hemmender Bedingungen des Umfeldes. Entscheidend ist die Schaffung eines pos. Lern- und Entwicklungsprozesses, der die Bedingungen des Gelingens, der Ressourcennutzung (*Ressourcenorientierung*), des *Empowerments* und der Kompetenzsicherung in den Vordergrund stellt. *Lerndiagnostik, Behindertendiagnostik im Kindes- und Jugendalter.* Borchert 2000, Heimlich 2002, Kanter & Speck 1977, Klauer & Lauth 1997, Mutzeck 2000, Schröder 2000.   W. Mutzeck

Lernbereitschaft (= L.) [engl. *readyness/willingness to learn*], [**EM, KOG**], von Thorndike (1903) wurde bereits das Gesetz der L. [engl. *law of readyness*] formuliert, das besagt, dass für den Lernerfolg jew. ein best. Zustand des Organismus gegeben sein muss. Zu ihm gehören sowohl eine der *Lernaufgabe* angemessene Entwicklungshöhe als auch Bedingungen wie Aufmerksamkeit und Motivation (s. a. *Lerndiagnostik, Lerndeterminanten, Lernvoraussetzungen, Bildung, Lernmotivation, aktuelle und habituelle, Lernmotivation, intrinsische und extrinsische*).

Lerndeterminanten (= L.) [engl. *determinants of learning*; lat. *determinare* bestimmen], [**EM, KOG, PÄD, PER**], Sammelbegriff für lernrelevante Eigenschaften des Lernenden einerseits und kontextuelle Bedingungen des *Lernprozesses* andererseits, die in allen Phasen des *Lernens* Einfluss auf das Lernverhalten und den *Lernerfolg* (*Lerndiagnostik*) haben. Als wichtige L. aufseiten des Lernenden gelten u. a. kogn. Determinanten (*Intelligenz,* Vorkenntnisse; Spada & Wichmann 1996), motivationale Determinanten (*Lernmotivation, aktuelle und habituelle, Lernmotivation, intrinsische und extrinsische,* Pekrun & Schiefele 1996) und volitionale Determinanten (*Volitionspsychologie, Anforderungsbewältigung*). Zu den kontextuellen L. zählen Merkmale der Instruktion (*Instruktionsmethoden*), der *Lernaufgaben* (z. B. Schwierigkeit), der Lernsituation und des Lernprozesses selbst. Die Identifizierung von L. ist wichtige Voraussetzung für die Entwicklung von *Instruktionsmodellen* und Instruktionsmethoden zum Zweck der *Lernförderung* und *Kompetenzentwicklung*. Weinert 1996.
M. Heinecke-Müller

Lerndiagnostik (= L.) [engl. *learning assessment/diagnostics*], [**DIA, PÄD**], spez. Art der psychol. Diagnostik. Während die Diagnostik i. Allg. konstante Merkmale des Individuums oder Leistungsfähigkeit (*Leistungstest*) zu bestimmen versucht, zielt die L. auf *Lernfähigkeit* und *Lernerfolge* i. S. von Verhaltensänderungen oder Bereitschaften zu Verhaltensänderungen. Das geschieht durch Messungen von Leistungen an den Zeitpunkten *t0* und *t1* (bzw. auch noch *t2, t3–tn*), zwischen denen *Training,* Intervention, *Unterricht* oder natürliche Sozialisierungsprozesse liegen. Guthke & Wiedl 1996.

Lerneinstellung [engl. *learning set*], [**EM, KOG**], (1) ein im Laufe des Unterscheidungslernens – zuerst von Harlow an Rhesusaffen festgestellter – erworbener Lernerfolg, der dazu befähigt, ein Unterscheidungsproblem ohne neues «*Versuch und Irrtum*»-Verhalten sofort zu lösen. Der Organismus hat zu lernen gelernt. (2) Bez. für motivationale Haltungen gegenüber einer aktuellen Lernanforderung oder dem *Lernen* allg. und damit eine wichtige *Lerndeterminante* (s. a. *Bildung, Lernmotivation, aktuelle und habituelle, Lernmotivation, intrinsische und extrinsische*). Bredenkamp & Wippich 1977, Medin 1972.

Lernen, aktives (= a. L.) [engl. *active learning*], [**PÄD**], der Begriff des a. L. wird i. d. R. als Ggs. zum Lernen in traditionellen Lehr-Lern-Formen (z. B. lehrergesteuerter Unterricht, Vorlesung), in denen die Lernenden als passiv angesehen werden, verwendet. A. L. bedeutet, dass sich die Lernenden aktiv darum bemühen, sich *Wissen* und Fertigkeiten (*Fertigkeit*) anzueignen. Prototypisch kann man drei Konzeptionen von a. L. unterscheiden. Insbes. Ansätze des situierten Lernens (*Lernen, situiertes*) und viele sozio-konstruktivistische (*Sozialkonstruktivismus*) Ansätze betonen, dass a. L. vor allem offene Lernaktivitäten wie *Problemlösen,* Explorieren oder mit den Mitlernenden in den Diskurs Treten beinhaltet (Perspektive des aktiven Tuns). Kognitiv-konstruktivistisch Ansätze (*Konstruktivismus*) betonen, dass bedeutungshaltiges Lernen vor allem aus der aktiven mentalen Auseinandersetzung mit dem Lernstoff resultiert (Perspektive der aktiven *Informationsverarbeitung*). Offene Lernaktivitäten, wie z. B. Problemlösen, können, müssen aber nicht die aktive mentale Auseinandersetzung fördern; dies hängt von Randbedingungen, wie etwa dem Vorwissen der Lernenden, ab. Schließlich differenziert ein dritter Ansatz die Perspektive der aktiven Informationsverarbeitung aus (Perspektive der fokussierten Informationsverarbeitung). Dies wird über Befunde begründet, die zeigen, dass nicht eine irgendwie geartete mentale Auseinandersetzung mit dem Lernstoff entscheidend ist. So führt etwa ungerichtetes Explorieren der Lerndomäne zu wenig Lernerfolg. Vielmehr ist es für guten Lernerfolg zentral, dass die Informationsverarbeitung der Lernenden auf die zentralen Konzepte und Prinzipien fokussiert. Renkl 2011a.   A. Renkl

Lernen am Modell [engl. *model-based learning, learning from models*], *Beobachtungslernen, soziales Lernen.*

Lernen aus multiplen Repräsentationen [engl. *learning from multiple representations*], [**PÄD**], meint, dass Lernenden unterschiedliche Darstellungsarten (externale Repräsentationen; = R.) zur Verfügung stehen, damit sie einen Sachverhalt tiefer verstehen. Studierenden der Ps. werden z. B. textuelle Beschreibung, Scatterplots und math. Formeln dargeboten, damit sie den Themenbereich *Korrelation* verstehen. Zudem wird versucht, die R. miteinander in Verbindung zu bringen. Obgleich multiple R. das Potenzial haben, Verstehen zu fördern, zeigen zahlreiche Befunde, dass multiple R. auch sehr hohe Anforderungen stellen. Lernende verstehen best. R. (z. B. math. Formeln) nur unzureichend, sie ignorieren ihnen nicht vertraute R., und sie bringen die unterschiedlichen Informationsquellen nicht miteinander in Verbindung, obgleich dies erst ein tieferes Verstehen erlauben würde. Entgegen «landläufiger» Überzeugungen kann die Verwendung von mehreren R. (z. B. zusätzliches Bild zum Text) den Lernerfolg sogar beeinträchtigen. Damit das Potenzial multipler Präsentationen ausgeschöpft wird, müssen Lernende meist unterstützt werden. Dies geschieht am besten in zweifacher Weise: In einem ersten Schritt wird aufgezeigt, was in versch. R. mit was korrespondiert (z. B. Zusammengehöriges in derselben Farbe). Damit darüber hinaus auf inhaltlicher Ebene die Zusammenhänge zw. R. verstanden werden, können die Lernenden angeregt werden, sich diese selbst zu erklären. Ainsworth 2006, Berthold & Renkl 2009.   A. Renkl

Lernen, aversives [engl. *aversive learning*], auch *aversives Konditionieren*. *Aversionstherapie*.

Lernen, bedeutungshaltiges (= b. L.) [engl. *meaningful learning*], [**PÄD**], meint, dass der Lernstoff in das Vorwissen oder die Vorerfahrungen der Lernenden integriert und damit verstanden wird. Vielfach ist zudem gemeint, dass die Lernenden es als sinnvoll ansehen, sich den Stoff anzueignen. Obgleich sich etliche psychol. Subdisziplinen mit Lernen beschäftigen, ist es insbes. die *Pädagogische Psychologie* (teils auch die *Entwicklungspsychologie* oder die *Arbeits- und Organisationspsychologie*), die sich mit b. L. beschäftigt. Lernen, wie es für Schule, Hochschule und Erwachsenenbildung typisch ist, wird als – zumindest idealiter – bedeutungshaltig bezeichnet. Das Adjektiv «bedeutungshaltig» wird meist gebraucht, wenn man explizit die Art des Lernens, das analysiert oder angestrebt wird, eingrenzen möchte. Die erste typische Abgrenzung erfolgt zu basalen Lernprozessen, wie sie z. B. in der Gedächtnisps. (*Gedächtnis*; z. B. Erlernen von Wortlisten oder sinnloser Silben, *sinnlose, sinnarme Silben*) oder in der Forschung zu Konditionierungsprozessen (*Konditionierung*) untersucht werden. Die zweite typische Abgrenzung bezieht sich darauf, ob Lernende in Schule oder Hochschule lediglich einzelne Fakten oder Algorithmen (z. B. in der Mathematik) auswendig lernen (mechanisches Lernen, *rote learning*) oder ob sie sich ein Verstehen erarbeiten und damit b. L. stattfindet. Abschließend sei angemerkt, dass die inzwischen in der Päd. Ps., aber auch allg. in der *Lehr-Lern-Forschung* weitestgehend akzeptierte konstruktivistische Lernauffassung – Lernen besteht in einer aktiven Konstruktion der Lernenden (*Lehr-Lern-Prozesse*) – sich vor allem auf b. L. bezieht (z. B. i. Ggs. zum Erlernen von sinnlosen Silben). Ausubel 2000.   A. Renkl

Lernen, beispielbasiertes (= b. L.) [engl. *example-based learning*], [**PÄD**], wenn wir kogn. *Fertigkeiten* erwerben (z. B. Mathematikaufgaben Lösen oder wiss. Argumentieren), orientieren wir uns, so verfügbar, vorzugsweise an Lösungsbeispielen oder Modellen, die «zeigen, wie es geht». Das b. L. baut auf diese Präferenz und setzt zu Beginn des Erwerbs kogn. Fertigkeiten Lösungsbeispiele oder Modellpersonen ein, um den Lernenden ein Verständnis der zugrunde liegenden Prinzipien (z. B. math. Satz oder Richtlinien wiss. Argumentierens) zu vermitteln. Damit ist aber nicht ein traditionelles Vorgehen gemeint, bei dem nach der Einführung eines Prinzips ein Bsp. gegeben wird und die Lernenden dann, meist mit wenig Verständnis, Aufgaben bearbeiten. B. L. setzt eine Serie von Bsp. ein, die entweder mit Anwendungsaufgaben kombiniert werden (Bsp.-Problem-Paare) oder allmählich immer unvollständiger die Lösung darbieten, so dass die Lernenden allmählich mit immer mehr Problemlöseanforderungen konfrontiert werden. B. L. hat sich in verschiedensten Inhaltsbereichen als effektiv und effizient erwiesen. Dies wird vor allem dadurch erklärt, dass Bsp. unproduktive Problemlöseaktivitäten, die nicht auf einem Verständnis der zugrunde liegenden Prinzipien beruhen, vermeiden (*Cognitive Load Theory*). Bsp. ermöglichen späteres Problemlösen, das auf Verständnis beruht. Das Potenzial von Bsp. wird jedoch erst dann ausgeschöpft, wenn instruktionale Richtlinien dabei beachtet werden. Insbes. sollten Lernende angeregt werden, sich die Logik von Bsp.- oder Modelllösungen selbst zu erklären (*Selbsterklärung*); andernfalls werden die Bsp. nur oberflächlich verarbeitet und es resultiert daraus kein Verständnis. Renkl 2011b.   A. Renkl

Lernen, darbietendes *Lehrstrategien, darstellende*.
lernende Organisationen *Organisationen, lernende*.
Lernen durch Beobachtung *Beobachtungslernen*.
Lernen durch Versuch und Irrtum [engl. *trial-and-error learning*], *Versuch und Irrtum*.

Lernen, entdeckendes [engl. *learning by discovery, discovery learning*], syn. *exploratives Lernen*, [**KOG, PÄD**], im Ggs. zu mechanischem Lernen auf Reiz-Reaktions-Basis als Konsequenz stark lenkenden Lehrverhaltens ein sich an der gestaltps. Lerntheorie orientierendes, auf Eigentätigkeit im selbstständigen Suchen, Finden, Kombinieren und Anwenden von Fakten, Regeln und Prinzipien aufbauendes Lernen, das zu stabileren und leichter verfügbaren Wissens- und Fähigkeitsstrukturen auch im Erarbeiten neuer Fachgebiete und Kompetenzen führen soll. *Lehr-Lern-Methoden*, *Lernen, aktives*, *Lernen, selbstreguliertes*. Neber 1981.

Lernen im hohen Erwachsenenalter [engl. *learning in old age*], [**EW, KOG, PÄD**], grundsätzlich bedeutet *Lernen* einen relativ überdauernden Erwerb von *Fertigkeiten*, *Fähigkeiten* oder *Kenntnissen* auf der Basis fortwährender *Informationsverarbeitung*. Das Lernen im höheren (ab ca. 60 Jahren) und hohen Erwachsenenalter (ab ca. 80 Jahren, *spätes Erwachsenenalter*) unterscheidet sich vom Lernen im Kindes- und Jugendalter (*Adoleszenz*) durch veränderte internale und externale *Lernvoraussetzungen*. In externaler Hinsicht sind Lernkontexte weniger institutionalisiert, was aus internaler Sicht eine stärkere *Selbstregulation* von Lernzielen (*Lernziel*) und -prozessen (*Lehr-Lern-Prozesse*) erfordert. Internale Unterschiede zeigen sich in motivationaler (*Motivation*) und kogn. (*Kognition*) Hinsicht. Mit Blick auf motivationale Faktoren (*Lernmotivation, aktuelle und habituelle*, *Lernmotivation, intrinsische und extrinsische*) hängt die Lernanstrengung im höheren Erwachsenenalter stärker davon ab, ob ein Lernziel als persönlich bedeutsam erlebt wird (Hess et al. 2009). Neg. gesellschaftliche *Stereotype* über das *Gedächtnis* im Alter können aus motivationaler Sicht die *Selbstwirksamkeitserwartung* in Bezug auf das eigene Gedächtnis beeinflussen und so Lernprozesse beeinträchtigen. Mit Blick auf die Kognition wird im Bereich der *Mechanik* neben einer reduzierten Kapazität des *Arbeitsgedächtnisses* und veränderten exekutiven Funktionen (z. B. *kognitive Hemmung*) vor allem eine verlangsamte *Informationsverarbeitungsgeschwindigkeit* zur Erklärung von Leistungsunterschieden in Lernanforderungen zw. jüngeren und älteren Erwachsenen herangezogen (Salthouse 1996).

Auf der Seite der Pragmatik der Kognition zeigt sich jedoch bis ins höhere Alter ein Wissenszuwachs. Insgesamt ist von einer Multidirektionalität in der Veränderung von Lernvoraussetzungen auszugehen, was bedeutet, dass sowohl Gewinne (Wissenszuwachs), als auch Verluste (z. B. Verlangsamung) in den Lernvoraussetzungen zu verzeichnen sind. Erst im sehr hohen Alter zeigen sich Einbußen in nahezu allen Bereichen der Kognition, die das Lernen aufgrund der veränderten Informationsverarbeitung erschweren. *Lernpotenziale im Alter*. Kliegl & Mayr 1997.   *C. Titz*

Lernen, implizites *implizites Lernen*.

Lernen, individualisiertes [engl. *individualized learning*], [**PÄD**], Bez. für *Lernen*, das für eine Einzelperson organisiert wird. Der Begriff bildet keinen Ggs. zum *sozialen Lernen*, bei dem Interaktions- und Gruppenprozesse Teil von *Instruktionsmethoden* und Lernprozess sind, sondern bezieht sich auf die Ausrichtung von *Lehren und Lernen* auf die indiv. *Lernvoraussetzungen* und Bedürfnisse. Individualisiertes Lernen kann schulisch anhand einer Binnen- oder Außendifferenzierung umgesetzt werden. Bei der Binnendifferenzierung wird die *Lernförderung* innerhalb einer heterogenen Lerngruppe auf das Individuum ausgerichtet, während das *Curriculum* grundsätzlich für die gesamte Lerngruppe gültig bleibt. Eine Außendifferenzierung hingegen fasst als homogen eingeschätzte Lerngruppen zus., die jew. eigenen Curricula folgen.
                                    M. Heinecke-Müller

Lernen, inkrementelles [engl. *increment*al *learning*; lat. *increscere* wachsen], [**KOG**], kontinuierliches Lernen, im Ggs. zum Ein-Versuch-Lernen (*Alles-oder-Nichts-Gesetz*), soll die assoziative Verbindung zw. *Reiz* und *Response* in Schüben mit messbaren Zuwachsraten (schrittweise) erfolgen. Mit wiederholten Versuchsdurchgängen *(trials)* wird die Stärke der Verhaltensbereitschaft *(habit strength)* graduell oder inkrementell aufgebaut. Postman (1962), Underwood, Rehula und Keppel 1962, aber auch kognitivistisch orientierte Ps. nehmen i. Ggs. zu dieser Anschauung an, dass die *Assoziation* in einem Versuch entweder gebildet oder nicht gebildet wird (s. a. *Schema*, *Metakognition*, *Script*). Rock 1957.

Lernen, integriertes [engl. *integrated learning*], *Blended Learning*.

Lernen, intentionales [engl. *intentional learning*; lat. *intendere* anstreben, beabsichtigen], [**PÄD**], ein Lernen (*Lernen, Lernforschung*), das absichtlich, etwa gemäß einer *Instruktion* bzw. eines Lehr- oder Lernziels (*Lernziel*, *Lehrziel*), erfolgt. Alternative: *Lernen, inzidentelles*.

Lernen, interkulturelles *interkulturelles Lernen*.

Lernen, internetgestütztes [engl. *internet-based learning*], *Blended Learning*.

Lernen, interpersonelles (= i. L.) [engl. *interpersonal learning*], [**KLI, PÄD, SOZ**], ist eine Form von *sozialen Lernen*. Es beschreibt Lernprozesse, die in der unmittelbaren Interaktion mit anderen Menschen stattfinden (*soziale Interaktion*). I. L. ist bzgl. des Erwerbs angemessener sozialer Fertigkeiten (*soziale Kompetenzen*) effektiver als Lernen nach *Versuch und Irrtum*. Der amerik. Psychologe Irvin Yalom benennt i. L. als einen der zentralen Wirkfaktoren der *Gruppentherapie*. In einer Gruppentherapie besteht unter geschützten Bedingungen die Möglichkeit herauszufinden, wie eigenes *Verhalten* andere Menschen beeinflusst und das Verhalten anderer das eigene Verhalten beeinflusst. Die Teilnehmer können lernen, wie sie sich eigene *Bedürfnisse* erfüllen und die Bedürfnisse anderer respektieren können. Sie können Gemeinsamkeiten und Unterschiede in kogn. und emot. Prozessen herausfinden. Gruppentherapie versucht, durch die Herstellung der instrumentellen Gruppenbedingungen und durch Techniken wie Verhaltensexperimente günstige Bedingungen für interpersonelles Lernen zu schaffen. Traumatisierung (*Trauma*) blockiert interpersonelle Lernprozesse. Ungünstige mentale *Repräsentation* anderer Menschen führt zu selbsterfüllenden Prophezeiungen (*self-fulfilling prophecy*). Im sozialen Alltag ist i. L. häufig blockiert durch hierarchische Strukturen, die keine offene *Kommunikation* ermöglichen. Rendell et al. 2010, Yalom 2010, Ulich & Jerusalem 1996.   *U. Schweiger/V. Sipos*

Lernen, interpoliertes [engl. *interpolated learning*; engl. *interpolare* umgestalten, verändern], *Zweifaktorentheorie der retroaktiven Hemmung*.

Lernen, inzidentelles [engl. *incidental learning*; lat. *incidere* auf etwas fallen, nebenbei anfallen], [**KOG**], beiläufiges Lernen (*Erfahrungsbildung*). Während des absichtlichen Lernens (*Lernen, intentionales*; z. B. in einem Gedächtnisversuch) werden neben denjenigen Inhalten, die eingeprägt werden sollen, auch noch andere aufgefasst und behalten, die nicht zu lernen waren.

Lernen, kooperatives (= k. L.) [engl. *cooperative/collaborative learning*], [**KOG, PÄD**], ist eine Situation, in der zwei oder mehrere Personen miteinander lernen bzw. eine gemeinsame Aufgabe in einer Domäne lösen, um ein gemeinsames Produkt zu generieren. K. L. wird von versch. Faktoren beeinflusst, wie den Lernenden (Vorwissen, Lernstrategien (z. B. *Lernstrategien, kognitive*), Emotionen), der Aufgabenstruktur oder der Anreizstruktur (Gruppenbelohnung). Ansätze zum k. L. betrachten dieses aus versch. Perspektiven. I. R. einer kogn. Perspektive (*Kognition*) stehen das Individuum, seine Wissensstrukturen und deren Veränderung sowie dessen Lernerfolg im Vordergrund des Interesses. Die Gruppe fungiert hier vornehmlich als Ressource, auf die das Individuum zurückgreifen kann, um einen höheren Lernerfolg zu erzielen (*Lernstrategien, ressourcenbezogene*). So wird im Ansatz der kogn. Elaboration (*Elaborationsstrategien*) davon ausgegangen, dass innerhalb einer Gruppe Prozesse stattfinden, die zu einer besseren Elaboration und somit zu einer tieferen Integration des Gelernten in bestehende Wissensstrukturen führen. Partizipativ orientierte Ansätze betrachten k. L. als Ko-Konstruktion von Wissen durch partizipative Prozesse. Darin wird die lernende Gruppe als System betrachtet, das Informationen anders verarbeitet als die einzelnen Individuen. Die Hauptannahme besteht darin, dass die Gruppe an sich Effekte generiert, die nach Auflösung der Gruppe nicht mehr existieren und Produkte schafft, welche die Summe der Individuen nicht in gleicher Qualität zu erstellen in der Lage sind. Die Situation spielt in diesen Ansätzen eine wichtige Rolle für das gemeinsame Lernen und den späteren Wissenstransfer (*Transfer*). Kognitiv und partizipativ orientierte Ansätze des k. L. schließen sich gegenseitig nicht aus, sondern ergänzen sich. Slavin 1985. *B. Kopp*

Lernen, lebenslanges (= l. L.) [engl. *lifelong learning*], **[EW, PÄD]**, entwicklungsps. bezeichnet l. L. den Prozess bzw. das Potenzial induzierter Verhaltensänderungen während der gesamten Lebensspanne: Gewinne und Verluste von Verhaltensbereitschaften werden beschrieben und erklärt. Eine Ausdifferenzierung von Verhalten kann während des gesamten Lebens erfolgen. «Kristallisierte» Intelligenzpotenziale können wachsen (z. B. sprachliches Verständnis), fluide Potenziale (z. B. figurales Denken) verringern sich i. Allg. (*Intelligenz, kristalline und fluide*). Hinzu sind Gewinne bei der Optimierung von Kompensationstechniken und -strategien sowie von emot.-motivationalem Selbstmanagement wahrscheinlich. Normativ gesehen soll l. L. Selbstwirksamkeit lebenslang entwickeln und wahrnehmbar machen.

Aus bildungspolitischer Sicht ist systematisch angelegtes l. L. wichtig, damit vom Einzelnen die vorhandene Multidirektionalität und *Plastizität* effizient genutzt werden kann. *Inzidentelles Lernen* ist i. R. von Erfahrungsbildung durch intentionales Lernen in unterschiedlich gestalteten Kontexten zu kontrollieren und zu ergänzen. *Kompetenzentwicklung* ist intentionales l. L. als Teil der Bildungs- und Wirtschaftspolitik. Die psychol. Forschung zum l. L. steht noch weitgehend am Anfang, da die damit verbundenen Aufgabenstellungen erst mit der derzeitigen schnellen Veränderung von Lebenswelten und der rapiden Zunahme der Lebenserwartung in den westlich geprägten Industrieländern offenbar wurden. Echterhoff 1992.

Lernen lernen [engl. *learning to learn*], *Kompetenzentwicklung*.

Lernen, Lernforschung [engl. *(research on) learning, learning reseach*], **[KOG]**, Lernen (= L.) bezeichnet jene Prozesse, die zu einer relativ langfristigen Veränderung im *Verhalten*spotenzial eines Organismus führen und das Ergebnis von *Erfahrung* darstellen. L. ist für alle Organismen bedeutsam, da das Ausmaß der *Plastizität* (Lernfähigkeit) des Verhaltens bestimmt, wie variabel er sich an verändernde Umweltbedingungen anpassen kann. L. führt zu strukturellen Veränderungen in spezif. Hirnstrukturen (*Gehirn*, z. B. Kandel 1976). L. war lange Zeit ausschließlich mit dem *Behaviorismus* verbunden, der durch den Verzicht auf die Annahme internaler Konstrukte alle Verhaltensänderungen allein durch L. erklärte. Entsprechend wurden zentrale Lernmechanismen postuliert. Bis heute von zentraler Bedeutung sind insbes. *klassische Konditionierung* (Pawlow 1927), *instrumentelle Konditionierung* (Thorndike 1898), *operante Konditionierung* (Skinner 1938) und die Hebb'sche Lernregel (*Hebb'sches Prinzip*, Hebb 1949). Während diesen Lernprozessen die Annahme zugrunde liegt, dass L. auf der Ausbildung von *Assoziationen* zw. Ereignissen beruht, kann *Einsicht*slernen als der einzige Lernprozess betrachtet werden, der nicht auf Assoziationen beruht (Köhler 1925). Auch in der kogn. Ps. spielen assoziative Lernmechanismen eine zentrale Rolle. Insbes. das *Rescorla-Wagner-Modell* ist wesentlich für das heutige Verständnis von L. Diesem zufolge findet L. statt, solange die lernende Person über das eintretende Ereignis überrascht ist, also eine Erwartungsverletzung besteht (Rescorla & Wagner 1972). Hieraus hat sich die Forschung zum *Vorhersagefehler* (*prediction error*) entwickelt. Zudem bildet das *Rescorla-Wagner-Modell* eine wesentliche Basis für konnektionistische Lernmodelle (*Konnektion*). Eine in der akt. Lernforschung wesentliche Frage ist, ob L. an *Bewusstsein* gebunden ist. Die Befunde legen nahe, dass L. implizit (oder unbewusst) verlaufen kann, da das Verhalten der Person *Wissen* widerspiegelt, nicht aber ein sensitiver Wissenstest. Kluwe et al. 2003. *H. Haider*

Lernen, mechanisches [engl. *mechanical/automatic learning*], *Lernen, bedeutungshaltiges*.

Lernen mit Concept Maps (= L.) [engl. *learning with concept maps*], **[KOG, PÄD]**, Concept Maps (= C. M.) repräsentieren Lernstoff in Form von Begriffen (Konzepten) – dargestellt als «Knoten» – und Verbindungen zw. diesen Begriffen – dargestellt als Linien oder Pfeile. Die Verbindungslinien sind i. d. R. beschriftet (z. B. «führt zu», «ist Teil von»), sie können gerichtet oder bi-direktional sein. L. erfolgt dabei auf drei typische Weisen: Die Lernenden – indiv. oder kooperativ – (1) erstellen C. M., (2) modifizieren C. M. oder (3) studieren vorgefertigte C. M. Dabei sind die Übergänge fließend. Bisweilen erstellen die Lernenden die C. M. zwar, aber es werden die Konzepte und die Art der Verbindungen vorgegeben, so dass diese Aktivität schon nahe am Modifizieren von C. M. ist. Beim Studium der C. M. werden bisweilen auch falsche Verbindungen eingefügt, die die Lernenden entdecken und (zumindest mental) «verbessern» (d. h. modifizieren) sollen. Mit C. M. kann Lernerfolg gesteigert werden. Wie bei jeder Lernmethode hängt der Erfolg jedoch von vielen Randbedingungen ab. Lernende profitieren z. B. insbes. dann vom Erstellen von C. M., wenn sie sich intensive Gedanken über die Verbindungen machen und wenn sie immer wieder metakognitiv (*Metakognition*) die Angemessenheit des bisher Konstruierten beurteilen; nicht alle Lernenden zeigen jedoch diese Lernprozesse in ausreichendem Maße. Beim Studieren von vorgefertigten C. M.s profitieren primär Lernende mit niedrigen verbalen Fertigkeiten. Zudem sei noch erwähnt, dass man Lernende auch C. M. erstellen lassen kann, um deren Vorwissen zu aktivieren oder zu bewerten und um deren Lernerfolg zu beurteilen. Nückles et al. 2004, Nesbit & Adesope 2006. *A. Renkl*

Lernen mit Lerntagebüchern (= L.) [engl. *learning by journal writing*], **[KOG, PÄD]**, L. meint, dass Lernende über den Lernstoff und ihr eigenes Lernen in reflektierender Art und Weise schreiben, um ihr *Wissen* zu vertiefen und darüber hinaus auch, um *Lernen* (*Lernstrategie*) zu lernen. Prototypisch kann man zwei unterschiedliche Ansätze unterscheiden. Eine Variante des L. dient dazu, sich best. Erkenntnisse durch *Schreiben* zu erschließen (z. B. über math. Konzepte oder auch darüber, was Mathematik als Wissenschaft eigentlich ausmacht). Ein Bsp. für diese Art des L. ist der Ansatz des *Reisetagebuchs*, der insbes.

im Mathematikunterricht eingesetzt wird. Bei der anderen Variante des L. hat das initiale Lernen schon in einer Seminarstunde oder in den Mathematikstunden einer Woche stattgefunden. Das L. dient dann dazu, dass Lernende den Stoff für sich noch besser ordnen, ihn noch weitgehender ins Vorwissen integrieren und sich ggf. noch vorhandene Wissenslücken bewusst machen, um sie dann zu schließen. L. ist dabei kein *Selbstläufer*, sondern muss von der Lehrkraft oder dem Dozenten unterstützt werden. Für das L. als nachbereitende Lernaktivität haben sich z. B. Leitfragen, die mit zunehmenden *Fertigkeiten* der Lernenden ausgeblendet werden, als nützlich erwiesen. Zudem ist es wichtig, die Lernenden über den Sinn und Zweck des Lerntagebuchs und der Leitfragen zu informieren und ihnen Bsp. zu geben, die Merkmale produktive Lerntagebucheinträge aufweisen. Gallin & Ruf 1990, Nückles et al. 2012. *A. Renkl*

Lernen, motorisches (= m. L.) [engl. *motoric learning*; lat. *movere* bewegen], [**BIO, KOG**], bezieht sich auf die Fähigkeit eines Individuums, sich die für eine best. Bewegung (*Bewegungssteuerung*) charakteristischen zeitlichen und räumlichen Muster sowie deren Abfolge anzueignen, sodass deren Ausführung zunehmend durch vorprogrammierbare Prozesse charakterisiert ist. M. L. setzt weiterhin die Fähigkeit voraus, aus einer Vielzahl möglicher Bewegungen diejenigen auszusuchen, die von einer best. Situation gefordert werden (*conditional motor learning*), sowie eine Bewegung einer neuen externen Situation anzupassen (*motor adaptation*). M. L. bezieht sich somit nicht auf einen einheitlichen Prozess, sondern setzt sich aus versch. Teilbereichen unterschiedlicher Komplexität zus. Das Spektrum erstreckt sich von einfachem klass. Konditionieren (*Konditionierung, klassische*), *Habituation* und motorischer Adaptation über zunehmend komplexere Bewegungssubroutinen bis hin zu virtuosen Fertigkeiten wie dem perfekten Spielen eines Musikinstruments oder der meisterhaften Körperbeherrschung eines Olympia-Sportlers. M. L. stellt einen Teilbereich *prozeduralen Lernens* dar und wird somit als *implizit* (*implizites Lernen*) definiert. Dies bedeutet, dass beim L. in inzidenziellen Situationen trotz eines nachweisbaren Leistungszuwachses kein bewusster Zugriff auf die vorangegangenen Phasen des Erwerbs möglich ist. In best. Versuchsanordnungen (*serial reaction time task*) konnten jedoch auch deklarative Anteile im Sequenzlernen nachgewiesen werden.

Der Erwerb einer m. Leistung kann in unterschiedliche Phasen aufgeteilt werden. Die Leistungen im frühen Lernstadium sind durch eine große Variabilität charakterisiert und unterliegen ausgeprägter visueller Kontrolle. Die mühsamen, ungeschickten Bewegungen, die man in der frühen Phase des L. beobachten kann, werden nach ausreichender Übung zunehmend unabhängig vom externen sensorischen Feedback. Hierdurch wird eine Steigerung der Geschwindigkeit und Genauigkeit bei gleichzeitiger Reduktion der Variabilität erreicht. Schließlich können die Bewegungen unabhängig von einer kontinuierlichen sensorischen Detailkontrolle unter einer groben sensorischen Ganzfeldkontrolle ausgeführt werden. Diese prädiktive Komponente sollte im Zusammenhang mit der präzisen Determination zeitlicher Sequenzen gesehen werden, insbes. bei komplexen seriellen motorischen Bewegungen. Es liegt nahe, dass die Loslösung von der Notwendigkeit einer kontinuierlichen sensorischen Detailkontrolle ein entscheidendes Kriterium ist, dass eine Bewegung zunehmend schneller ausgeführt wird. Das Erlernen einer neuen m. Fertigkeit impliziert, dass die für den komplexen Bewegungsablauf charakteristischen Einzelkomponenten gespeichert und abgerufen werden können. Diese Fähigkeit wurde als *segmentales m. L.* (*segmental motor learning*) bezeichnet. Um eine erfolgreiche Strategie zu erlernen, muss ein Individuum zunächst wissen, was es tun soll (*recognition learning*), bevor es geschickten Gebrauch von Bewegungstaktiken machen kann, die festlegen, wie diese Strategie durchgeführt werden soll (*skill learning*).

Im Verlauf des m. L. werden diskontinuierliche Bewegungen durch kontinuierliche ersetzt. Das Erlernen kontinuierlicher Bewegungen impliziert ein optimales Planen von Anfang und Endziel einer Bewegung, d. h. einer Programmierung von simultanen Beschleunigungen und Abbremsungen, sodass die Bewegungen ohne Korrekturen aufeinander folgen können. Sobald dieser Grad an Geschicklichkeit erreicht wird, kann das Individuum somit Bewegungen exakt planen und die Unterprogramme korrekt aufeinander abstimmen. Das Geschwindigkeitsprofil stellt sich glockenförmig und kontinuierlich mit allenfalls min. Unterbrechungen dar. Überlernte und automatisierte Sequenzen schneller Bewegungen werden vom Individuum unter höchster zeitlicher und räumlicher Koordination durchgeführt. Auf mentaler Ebene erfolgt die *Konzeptbildung*. Die Konzeptinformation und das Erfassen kontextspezif. Handlungsabläufe sind eine wichtige Voraussetzung für die konkrete Auswahl der Bewegungen (*Bewegungsselektion*). Weitere wichtige Kriterien für eine adäquate Bewegungsausführung sind die *zeitliche Organisation bei der Sequenzierung von Bewegungen*, die Koordination synergistischer Muskelaktivitäten, eine korrekte Interpretation des eigenen Körperschemas sowie die *Anpassung an die biomechanischen Gegebenheiten*.

Charakteristika unterschiedlicher Lernstadien: Der Prozess des m. L. kann in drei Stadien eingeteilt werden: (1) *Initiales Lernen* (Integration sensorischer Information): Das m. L. der Anfangsphase ist gekennzeichnet durch die bewusste *Aufmerksamkeit* und die absolute Notwendigkeit sensorischer Rückkopplung. Beim Lernen nach dem Prinzip von Versuch und Irrtum muss zunächst das Korrelat von m. und sensorischer Information herausgefunden werden. Dies erfordert die bewusste Entscheidung der Selektion der Bewegungen sowie die Aneignung des bewussten Wissens von sensorischer und motorischer Information. Hingegen ist dies nicht notwendig, wenn die Pbn die Bewegungssequenz genau kennen, diese aber noch ungeübt ist (z. B. bei Vorgabe einer best. Fingersequenz) oder beim impliziten m. L.

(2) *Intermediäres Stadium* (Verfestigung der sensomotorischen Kopplung): Mit zunehmender Einübung verfestigt

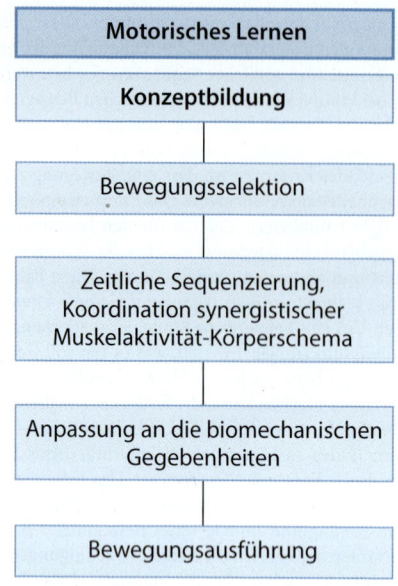

Lernen, motorisches: Komponenten (Halsband 1999)

sich die intern errichtete – zunächst noch provisorische – sensomotorische Kopplung; die Bewegungen werden vertrauter und sensorisches Feedback verliert an Bedeutung für die Bewegungsausführung. Gleichzeitig verursachen Trainingseffekte aber auch eine Verbesserung der motorischen Komponente, d. h. dass die Bewegungen schneller und präziser ausgeführt und weniger Fehler gemacht werden. Dementsprechend ist das Aktivierungsmuster dieser Phase gekennzeichnet durch abnehmende Aktivität – vorwiegend in Regionen, die für die sensorische Aufmerksamkeit kodieren –, andererseits aber auch durch einen geschwindigkeitsbedingten Aktivitätsanstieg, vor allem in motorisch-assoziierten Regionen.

(3) *Konsolidierungsstadium* (Speicherung der Kopplung): Schließlich können die Bewegungen unabhängig von einer kontinuierlichen sensorischen Detailkontrolle unter einer groben sensorischen Ganzfeldkontrolle ausgeführt werden. Diese prädiktive Komponente sollte im Zusammenhang mit der präzisen Determination zeitlicher Sequenzen gesehen werden, insbes. bei komplexen seriellen m. Bewegungen. Es liegt nahe, die Loslösung von der Notwendigkeit einer kontinuierlichen sensorischen Detailkontrolle ein entscheidendes Kriterium ist, dass eine Bewegung zunehmend schneller ausgeführt wird. Überlernte und automatisierte Sequenzen schneller Bewegungen werden vom Individuum unter höchster zeitlicher und räumlicher *Koordination* durchgeführt. Ein typisches Bsp. hierfür sind musikalische Fertigkeiten wie das Spielen auf einem Klavier, wobei ansteigend komplexe Subroutinen von Bewegungsmustern benötigt werden. Derartige höchst komplexe Sequenzierungen erfordern eine genaue zeitliche Adjustierung.

Effektivität von Lernstrategien: Learning by doing ist die effektivste Methode, um eine neue motorische Aufgabe zu meistern. Aber auch das Beobachten einer korrekt ausgeführten Handlung (*Spiegelneurone*) kann erheblich zum Lernerfolg beitragen. Verschiedene Studien konnten zeigen, dass m. L. durch Bewegungsbeobachtung (*Beobachtungslernen*) zu einem größeren Lernerfolg beiträgt als das mentale Vorstellen des Handlungsablaufs (*motor imagery*). Aber letztendlich ist es das eigenständige Üben des Bewegungsablaufs, das den größten Erfolg bringt. Halsband 1999, Halsband 2008b. *U. Halsband*

Lernen, problemorientiertes (= p. L.) [engl. *problem-based learning*], [**PÄD**], der Begriff p. L. wird für versch. Lehr-Lern-Arrangements (*Lehr-Lern-Methoden*) verwendet, die ein Problem an den Anfang setzen, das als Ausgangspunkt für das *Lernen* dient. Dieses Problem bildet für das weitere Lernen idealiter einen *kogn. Anker*, der Vorwissen aktiviert und den Horizont der zu erwerbenden Wissensinhalte strukturiert, und einen *motivationalen Anker*, der bei den Lernenden Interesse weckt und damit tiefe Verarbeitung erleichtert (*anchored instruction*). Ein Hauptziel von p. L. – oft in Abgrenzung von traditionellen Formen der direkten *Instruktion* oder des rezeptiven Lernens – ist es, tiefes Verstehen und anwendbares Wissen zu vermitteln. Manche Arrangements des p. L. sind nah an traditionellen Formen des rezeptiven Lernens, etwa wenn Schüler ein zu diskutierendes Ausgangsproblem bekommen (z. B. Erklärung des Schrumpfens bzw. Platzens von Blutzellen in Salzwasser bzw. reinem Wasser), das den Wissenserwerb aus einem folg. Text über Osmose optimieren soll. Weniger rezeptive Formen des p. L. betonen z. B. die Schülerzentrierung und *Selbststeuerung*, die Authentizität des Ausgangsproblems und das Arbeiten in Kleingruppen. Letztere Formen des p. L. werden auch von Proponenten der situierten Kognition favorisiert, um damit die Lernaktivitäten mit späteren möglichen Anwendungsaktivitäten möglichst in Übereinstimmung zu bringen; damit sollen Wissensanwendungsprobleme reduziert werden. P. L. ist geeignet – allerdings nur, wenn es angemessen implementiert wird –, Verstehen und anwendbares Wissen zu fördern. Eine Gefahr besteht darin, dass bisweilen beim p. L. Wissen über grundlegende Konzepte und Fakten vernachlässigt wird. Schmidt et al. 2011, Dochy et al. 2003. *A. Renkl*

Lernen, programmiertes (= p. L.) [engl. *programmed learning/instruction*], [**KOG, PÄD**], von *Skinner* begründete Methode des *Lernens* auf Basis des *operanten Konditionierens*. Dabei sollen sog. Lehrmaschinen versch. Einzelaufgaben zu einem best. Inhaltsgebiet darbieten, die nacheinander gelöst werden müssen. Jede erfolgreiche Bearbeitung wird dabei unmittelbar verstärkt. Skinner ging bei der Entwicklung von Lehrmaschinen von folg. Erkenntnissen aus: (1) Charakteristisch für den Menschen ist, dass er seine Umwelt zu verändern sucht. Die Erfahrungen, die er bei diesen Aktionen macht, wirken wieder auf das folg. Verhalten zurück (operatives Verhalten). (2) Das operative Verhalten kann auf einfache Weise verstärkt werden, und zwar auf jedem kleinen Schritt, der zum Erfolg führt (operatives Konditionieren). (3) Der Effekt der Verstärkung ist abhängig von der Art, wie verstärkt wird. Es gibt effektive und weniger effektive Formen des Verstärkens. (4) Jedes Verhalten ist mehrfach determiniert, daher nicht leicht berechenbar, und die gleichen Reize lösen bei versch. Individuen versch. Reaktionen aus. Skinner hat diese lernpsychol. Erkenntnisse für ein optimales Lernen benutzt und im p. L. verwirklicht. Der Lehrstoff muss also so dargeboten werden, dass ein operatives Konditionieren möglich ist, die *Verstärkung* muss planmäßig erfolgen können und jeder Schüler muss das für ihn angemessene Lerntempo wählen können. Da diese Lernformen im traditionellen Unterrichts- und Lehrsystem nicht durchführbar sind, muss der Lehrstoff nach den oben genannten Prinzipien vorher programmiert und dem Lernenden apparativ oder in anderer Programmform geboten werden. *tutorielle Systeme*, *programmierter Unterricht*. Correll 1965, Skinner 1957.

Lernen, prozedurales [engl. *procedural learning*; lat. *procedere* vorwärtsgehen], *Bewegungsgedächtnis*, *Lernen, motorisches*, *Schematheorie*.

Lernen, remediales [engl. *remedial learning*; lat. *remedium* Heilmittel], [**PÄD**], Methodenkomplex mit dem Ziel des Ausgleichs negativ abweichender interindividueller Unterschiede in der Lernleistung (*Lerndiagnostik*, *Lernschwierigkeiten*, *Lernförderung*) und dem übergeordneten Bestreben nach Egalisierung. Remediales Lernen kann sowohl als Kompensation von Leistungsdefiziten auf dem Hintergrund behavioristischer *Lerntheorien* wie auch als Förderung defizitärer *Lernvoraussetzungen* mit kogn. orientiertem Ansatz betrieben werden. Neber 1996.

M. Heinecke-Müller

Lernen, rezeptives [engl. *receptive learning*; lat. *recipere* aufnehmen], *Lernen, problemorientiertes*.

Lernen, schemaorientiertes [engl. *schema-oriented learning*]; *Schema*, *Schematherapie*.

Lernen, schulisches (= s. L.) [engl. *learning at school*], [**PÄD**], ist der Prozess des Erwerbs und der Veränderung von *Wissen* (*Wissenserwerb*), *Fertigkeiten* (*Fertigkeitserwerb*) und *Einstellungen* im institutionellen Kontext von Schule. Dabei geht es zum einen um s. L. in systematisch gestalteten *Unterricht*ssituationen, also um Lernprozesse (*Lehr-Lern-Prozesse*), die primär von Lehrpersonen initiiert und gesteuert werden, um best. *Lehrziele* zu erreichen (*Lehren*). Zum anderen geht es um selbstreguliertes und *selbstgesteuertes Lernen* von Lernenden, also um zielorientierte Tätigkeiten, um eigene Lernziele zu erreichen (z. B. bei der Wiederholung von Unterrichtsinhalten zu Hause oder bei der Vorbereitung auf eine Prüfung). S. L. ist Gegenstand der *Lehr-Lern-Forschung*. D. Leutner

Lernen, selbstentdeckendes (= s. L.) [engl. *self-discovery learning*], [**GES, KLI, KOG, PÄD**], das s. L. ist eine didaktische Methode i. R. der schulischen und universitären Lehre, der Erwachsenenbildung sowie vieler Arten der Psychoth. und des *Coachings*, die sowohl in der Gruppe als auch im Einzelgespräch angewandt werden kann. Im s. L. werden praktische und interaktionsorientierte Übungen oder Aufgabenstellungen so konzipiert, dass sich der Pat. nach einer anschließenden Reflektion und/oder Lenkung durch Fragen das intendierte (Fakten-)Wissen bzw. die Lösung zum größten Teil eigenständig erschließen kann. Eine weitere Variante besteht darin, dass der Pat. angeleitet wird, seine Beobachtungen bzw. Wahrnehmungen aufzuschreiben und sich selbst oder zus. mit anderen Fragen über diese Beobachtungen zu stellen. Kombiniert wird das s. L. mit bestehendem (Fakten-)Wissen. M. Neumann

Lernen, selbstgesteuertes (= s. L.) [engl. *self-directed learning*] oder *selbstreguliertes Lernen* [engl. *self-regulated learning*], [**EM, KOG, PÄD**], «ist eine Form des Lernens, bei der die Person in Abhängigkeit von der Art der Lernmotivation (*Lernmotivation, aktuelle und habituelle*, *Lernmotivation, intrinsische und extrinsische*) selbstbestimmt eine oder mehrere Selbststeuerungsmaßnahmen kogn. (*Kognition*), metakognitiver (*Metakognition*), volitionaler (*Volition*) und verhaltensmäßiger (*Verhalten*) Art ergreift und den Fortgang des *Lernprozesses* selbst überwacht» (*Selbststeuerung*, Schiefele & Pekrun 1996, 258). Damit best. das Individuum beim s. L. sein Handeln eigenständig, insbes. dahingehend, ob, was, wann, wie und woraufhin gelernt wird. Damit stellt die metakognitive Kontrolle des Lernenden über seinen Lernprozess eine wesentliche Voraussetzung für s. L. dar. Es gibt zahlreiche Ansätze und Rahmenmodelle des s. L. Zimmerman (1989) beschreibt in seiner soz.-kogn. Perspektive die Selbstregulation als triadische Interaktion zw. personeneninternen (z. B. Überzeugungen bzgl. des eigenen Erfolgs), umgebungsbezogenen (z. B. *Feedback* des Lehrers) und verhaltensbezogenen (z. B. Ausdauer und Engagement, die Aufgabe zu bearbeiten) Komponenten. Aus der Perspektive der *Informationsverarbeitung* nach Winne & Hadwin (1998) findet Selbstregulation anhand von vier Phasen statt, nämlich der Phase der Aufgabendefinition (*task definition*), der Zielsetzung (*goal setting*), der eigentlichen Aufgabenbearbeitung (*enactment*) sowie der Anpassung/Veränderung (*adaptation*). Im integrativen Modell nach Boekaerts (1999) wird s. L. in drei Bereichen beschrieben, die sich wechselseitig beeinflussen: die Regulation des Verarbeitungsmodus (*regulation of processing modes*), des Lernprozesses (*regulation of the learning process*) sowie des Selbst (*regulation of the self*). Diese unterschiedlichen Modelle zeigen die Komplexität von s. L. auf. Gerade im Kontext computerbasierter Lernumgebungen nimmt s. L. an Bedeutung zu. *Lernen, selbstreguliertes; Regulationszyklus*. B. Kopp

Lernen, selbstorganisiertes [engl. *self-organized learning*], *Allgemeinbildung*, *Selbstorganisation*.

Lernen, selbstreguliertes; Regulationszyklus (= s. L.), [engl. *self-regulated learning, regulatory cycle*], [**EM, KOG, PÄD**], bezieht sich auf ein dynamisches Zusammenwirken von kogn. (*Kognition*), metakognitiven (*Metakognition*) und motivationalen (*Motivation*) Aspekten des *Lernens* mit dem Ziel, eigens definierte Ergebnisse zu erreichen und zu optimieren. *Selbstregulation* beinhaltet demnach, dass Gedanken, *Affekte* und *Handlungen* an die persönlichen *Ziele* angepasst werden. Entsprechend grundlegender soz.-kogn. Überlegungen lässt sich s. L. durch drei zyklisch ablaufende Phasen beschreiben: *Vorbereitungsphase*, *Handlungs*-

phase und *Selbstreflexionsphase*. Die Vorbereitungsphase bezieht sich auf Prozesse, die der eigentlichen Lernhandlung vorausgehen. Hier sind einerseits eine genaue *Aufgabenanalyse* von Bedeutung, andererseits auch motivationale Variablen. In Verbindung mit der Aufgabenanalyse sind eine dezidierte Planung (*Planen*) und Zielsetzung wichtige selbstregulatorische Subprozesse, die idealerweise stattfinden, bevor der/die Lernende mit der Aufgabenbearbeitung beginnt. Die Handlungsphase beinhaltet Prozesse, die in direktem Zusammenhang mit dem L. stehen und während des Lernens auftreten. Zentrale Prozesse dieser Phase sind die *Selbstkontrolle* sowie die *Selbstbeobachtung*. Selbstkontrolle bezieht sich dabei auf den gezielten Einsatz versch. Lernstrategien (*Lernstrategie*) und deren Anpassung an die Aufgabenerfordernisse, Selbstbeobachtung auf metakognitives Monitoring (*Selbstwirksamkeitserwartung*). Die Selbstreflexionsphase umfasst Prozesse der Reflexion (*Reflexion, kognitionspsychologisch*) und Bewertung, die nach der Lernhandlung auftreten, sowie die auf der eigenen Bewertung basierenden Reaktionen. Der Verlauf der Selbstreflexionsphase beeinflusst demnach den nachfolgenden Selbstregulationszyklus bzw. zukünftige Lernhandlungen. Resultierende Affekte sowie adaptive Prozesse beeinflussen substanziell den folg. Selbstregulationszyklus, z. B. die motivationalen und emot. Voraussetzungen, die Anwendung adäquaterer Strategien oder die Modifikation persönlicher Ziele. *Lernen, selbstgesteuertes*. Hasselhorn & Labuhn 2008. *A. S. Labuhn*

Lernen, serielles [engl. *serial learning*; lat. *serere* (zeitlich) reihen] *Lernen, verbales*.

Lernen, single bzw. double loop [engl. *single* einzel, *double* doppelt, *loop* Schleife], *Lernende Organisationen*.

Lernen, situiertes [engl. *situated learning*], *Lernen, aktives*.

Lernen, soziales (= s. L.) [engl. *social learning*, lat. *socialis* gemeinschaftlich], **[KOG, SOZ]**, *Lernen* im sozialen Kontext, als komplexe Interakt. zw. Person, *Verhalten* und *Umwelt* (reziproker Determinismus); im Wesentlichen L. durch Beobachtung eines Modells (*Beobachtungslernen*). Die Theorie des s. L. betont kogn. Prozesse beim L. und beschreibt damit eine Gegenposition zum Lernparadigma des *Behaviorismus*, nach welchem L. nur durch eigene Ausführung einer Verhaltensweise und *Verstärkung* erfolgt. Wesentlich geprägt wurde die Theorie des s. L. durch Albert Bandura (1965), in dessen *Bobo-Doll-Studien* Kinder durch Beobachtung von Modellen, die eine Puppe aggressiv behandelten, dieses Verhalten lernten und später ohne vorhergehende eigene Ausführung und Verstärkung zeigten; bis heute ein wesentliches Argument gegen Gewaltdarstellungen (*Mediengewalt*). Die Ausführung von durch s. L. erworbenem Verhalten hängt von *Aufmerksamkeit*, *Erinnerung*, *Motorik* und *Motivation* ab. In der Revision seiner Theorie des s. L. stellte Bandura den Bezug zw. *Selbstwirksamkeitserwartung* und s. L. in den Mittelpunkt. Im sozialpäd. Zusammenhang meint s. L. das Erlernen sozialer *Kompetenz*.

[KLI], auch in der *Psychotherapie* spielt s. L. eine wichtige Rolle, eine Vergrößerung der Selbstwirksamkeit ist v. a. auch in der Therapie von Ängsten (Angststörungen) ein wichtiges Leitprinzip. Jonas & Fichter 2006. *C. Fichter*

Lernen, verbales (= v. L.) [engl. *verbal learning*], **[KOG]**, besteht im Erwerb und Behalten assoziativer Verbindungen zw. verbalen Einheiten. Forschungen zum v. L. haben seit dem zweiten Weltkrieg stark expandiert und bis in die 1970er Jahre angedauert. Die Untersuchungen des v. L. standen in der Tradition des britischen Empirismus und ihres aristotelischen Vorläufers, und viele Fragestellungen lassen sich auf Ebbinghaus' klassische Untersuchungen des *Gedächtnisses* zurückführen. Als Lernmaterialien wurden früher oftmals sog. sinnlose Silben verwendet. Dies ging auf Ebbinghaus (1885) zurück, der das Lernen unbeeinflusst von früheren Erfahrungen untersuchen wollte. Später wurden auch andere linguistische Einheiten wie Wörter, Sätze und Texte verwendet.

Neben der Frage, welchen Einfluss versch. Merkmale des Lernmaterials auf die Geschwindigkeit der Aneignung haben, dominierten in der assoziationistisch ausgerichteten Ps. des v. L. Fragen danach, welche Einheiten miteinander assoziativ verknüpft werden (*Reizselektion*), ob die Verbindungen von Lernversuch zu Lernversuch an Stärke zunehmen (*inkrementelles Lernen*) oder in einem einzigen Versuch ihre volle Stärke erreichen (*Alles- oder Nichts-Lernen*) und wie sich die verteilte Übung mit Pausen zw. den Lerndurchgängen im Vergleich zur massierten Übung auf Lernen und Behalten auswirkt. Diese Fragen sind häufig beim *Paar-Assoziations-Lernen* (PA) und Seriellen Lernen (SL) untersucht worden. Beim PA sollen Pbn eine Menge an Verknüpfungen zw. Reizen und Responses (z. B. Wort-Wort-Verbindungen) so lange lernen, bis diese beherrscht werden. Beim SL besteht die Aufgabe darin, eine konstant bleibende Reihe von items (z. B. Wörter) so lange zu lernen, bis sie beherrscht wird. Außerdem wurde häufig die Aufgabe des freien Reproduzierens (= f. R., *freie Reproduktion*) [engl. *free recall*] verwendet. Den Pbn wird z. B. eine Reihe von Wörtern dargeboten, die sie in beliebiger Reihenfolge reproduzieren sollen. Lassen sich die Wörter, die in zufälliger Folge dargeboten werden, in versch. Kategorien einordnen (z. B. Städte, Tiere, Länder usw.), so tendieren die Pbn dahin, Wörter, die zur gleichen Kategorie gehören, nacheinander zu reproduzieren. Deutlich wird hier der Einfluß präexperimentell erworbenen Wissens. Die f. R. ist eine *Gedächtnisprüfung*, mit deren Verwendung die Ps. den Bezugsrahmen des Assoziationismus weitgehend verläßt.

Eine bedeutsame Rolle haben in der Ps. des v. L. auch Untersuchungen zum *Transfer* und zur *Interferenz* gespielt. In Transferuntersuchungen wird geprüft, wie sich ein vorangegangenes Lernen auf späteres Lernen auswirkt. In Interferenzuntersuchungen dagegen wird geprüft, wie sich ein vorangegangenes Lernen auf die Reproduktion des zu einem späteren Zeitpunkt Gelernten auswirkt und wie ein späteres Lernen die Reproduktion des zu einem früheren Zeitpunkt Gelernten beeinflusst. Interferenzuntersuchungen beziehen sich auf das *Gedächtnis*, das neben dem Lernen assoziativer Verbindungen bis in die 1970er Jahre wichtiger Gegenstand der Ps. des V. war. Allerdings spricht die Gedächtnisps. heute die Sprache der *Informationsverarbeitung*. Der assoziationistisch ausgerichteten Ps. des v. L. kommt dagegen nur noch eine geringe Bedeutung zu. Bredenkamp 2006. *J. Bredenkamp*

Lernen, zielerreichendes [engl. *goal-achieving learning*], *mastery learning, aptitude-treatment interaction, Lehrstrategien, darstellende, Lernziel, Lehrziel.*

Lernen, zustandsabhängiges *zustandsabhängiges Lernen.*

Lerner, aufgabenorientiert und egoorientiert [engl. *task/ego-oriented learner*], [**EM, PÄD**], nach Nicholls (1989; Elliot 2005) können zwei Formen der *Leistungsmotivation* unterschieden werden, die als unterschiedliche Zielorientierungen des Lerners zu verstehen sind. Generell liegt dem Leistungsverhalten das Ziel zugrunde, ein hohes Fähigkeitsniveau zu entwickeln bzw. sich und anderen zu demonstrieren. Dabei kann Fähigkeit vom Lerner unterschiedlich aufgefasst werden. Wenn Fähigkeit unter Bezugnahme auf die eigenen früheren Leistungen beurteilt wird (indiv. *Bezugsnorm*), dann bedeutet Fähigkeit einen Zuwachs an Bewältigung, d. h. man beurteilt sich als fähig, wenn man Dinge tun kann, die man vorher nicht konnte. Wenn Fähigkeit dagegen unter Bezug auf die Leistungen anderer Personen beurteilt wird (soziale Bezugsnorm), dann bedeutet Fähigkeit, dass man bei gleicher oder geringerer Anstrengung die gleiche oder eine höhere Leistung bringt als andere Personen. Nicholls postuliert, dass Schüler in Abhängigkeit von den beiden Fähigkeitskonzeptionen entspr. Zielorientierungen entwickeln. Dabei sollen die intraindividuelle Fähigkeitskonzeption mit einer *Aufgabenorientierung* und die interindividuelle Fähigkeitskonzeption mit einer *Egoorientierung* korrespondieren. Die aufgabenorientierte Person strebt danach, ihre Fähigkeit dadurch zu demonstrieren, dass sie best. Aufgaben bzw. Probleme bewältigen kann. Die egoorientierte Person ist nicht damit zufrieden, dass sie best. Kompetenzen erworben hat. Ihr geht es darum, ihre überlegene Fähigkeit im Vergleich mit anderen Personen zu zeigen. *U. Schiefele*

Lernerfolg (= L.) [engl. *learning achievement/outcome/success*], [**KOG**], die durch die Darbietung oder durch das Üben (*Üben, Übung*) erzielte Zunahme der Verhaltensbereitschaft (*habit*-Stärke, *habit*), die im Tierversuch z. B. durch Latenzzeit der Reaktion, Häufigkeit der Reaktionen in der Zeit, Stärke (Amplitude) der Reaktionen und durch den Widerstand gegen das exp. Auslöschen gemessen wird.

Insofern Lernen (*Lernen, Lernforschung*) eine unter best. Bedingungen zustande gekommene Erlebens- und/oder Verhaltensänderung ist, bedeutet L. das Ausmaß oder den Betrag solcher Änderung. In enger empirisch-psychol. Fassung ist L. der Differenzbetrag zw. Nach- und Vortest nach zw.zeitlich erfolgter (Lern-)Aktivität des Pb (Lerners), wobei sich die beiden Testdurchführungen auf denselben «Inhalt» (Verhaltensbereich) beziehen und unter denselben Bedingungen stattfinden müssen. Die Messung dieser auf Lernen zurückgeführten Erlebens- und/oder Verhaltensänderung erfolgt mit Hilfe der *Lerndiagnostik*, wobei der Begriff L. tendenziell eher eine Bewertung solcher Veränderungen im Hinblick auf ein *Lehrziel* oder *Lernziel* bezeichnet.

[**PÄD**], weiter gefasst und damit päd./schulisch relevanter, meint L. den von einem Lernsubjekt erreichten Leistungsstand (*Leistung*) in Relation zum betriebenen Aufwand (Lerndauer, Ausschließlichkeitsgrad der *Konzentration* auf den gemeinten Lerngegenstand etc.) oder auch den erreichten Leistungsstand in Relation zur subj. Zielsetzung (*Anspruchsniveau*) oder in Relation zum sachlich optimal möglichen Verhalten bzw. Leistungsstand. Steiner 1996, Spada & Wichmann 1996, Schrader 1997.

Lernerfolgsmessung (= L.) [engl. *assessment of learning outcomes*], [**DIA, FSE, PÄD**], ist eine diagn. Tätigkeit (*Diagnostik, pädagogisch-psychologische*) zur Erfassung und Beurteilung der Ergebnisse von Lernprozessen (*Lernen, schulisches*). Grundlage für L. ist die Def. von Lehr- bzw. Lernzielen (*Lehrziel, Lehren*), die sich im schulischen Bereich an nationalen Bildungsstandards orientieren. I. R. von L. wird dann überprüft, ob Lernende das Lehrziel erreicht haben, bzw. es wird gemessen, wie groß der Unterschied ist zw. der von den Lernenden erreichten *Kompetenz* und der im Lehrziel geforderten Kompetenz. In der Schule werden als Ergebnis der L. Noten vergeben. I. R. der Steuerung von Lernprozessen hat L. eine formativ evaluierende, d. h. lernprozessbegleitende Funktion (*Evaluation*): I. S. indiv. Förderung (*Lernförderung, individuelle*) wird sinnvollerweise so lange gelehrt bzw. gelernt, bis möglichst alle Lernenden das Lehr- bzw. Lernziel erreicht haben (engl. *mastery learning*; Klauer & Leutner 2012). Darüber hinaus hat L. eine summativ evaluierende Funktion (*Evaluation, summative*): Zu best. Zeitpunkten wird erfasst, welche Kompetenzausprägung erreicht worden ist. Dies kann mit Orientierung auf einzelne Lernende erfolgen (z. B. Zeugnis), auf Schulklassen (Vergleichsarbeiten, *Bildungsevaluation*), auf Bundesländer (Überprüfung der nationalen Bildungsstandards) oder auf ganze Nationen (Internationale Vergleichsstudien (*Schulleistungsstudien, Large Scale Assessment*, KMK 2004) wie die *PISA-Studien* oder *TIMSS*). Instrumente der L. sind Tests (*Test*) und Fragebögen (*Fragebogen*), z. T. auch Methoden der Verhaltensbeobachtung (*Beobachtung*). *D. Leutner*

Lernfähigkeit (= L.) [engl. *learning aptitude*], [**KOG, PÄD**], von den an Milieutheorien orientierten Ps. als Ersatzbegriff für *Begabung* benutzt. Man unterscheidet hier Kapazität, Leichtigkeit des Lernens, Nachhaltigkeit, Anregbarkeit, Lernintensität und *Lernbereitschaft*. L. wird in der Päd. Ps. v. a. wichtig bzgl. der defizitären Formen (*Milieutheorie, Lernstörungen*). *Lerndiagnostik, Lernpotenzial, Lernschwierigkeit*.

Lernfähigkeits-Assessment Center *Lernpotenzial-Assessment-Center (LP-AC).*

Lernförderung (= L.) [engl. *learning promotion/support*], [**PÄD**], Methodenmenge zur Optimierung von Lernen (*Lernen, Lernforschung*). L. setzt im idealen Fall noch vor dem Auftreten einer *Lernschwierigkeit* als Förderung von grundsätzlich der Norm entspr. Lernleistung an, praktisch wird sie hauptsächlich als Intervention zur Beseitigung von neg. Normabweichungen gemessener Lernleistung durchgeführt. Klauer und Lauth (1997) unterscheiden Fördermaßnahmen anhand des Orts, an dem eine Intervention ansetzt. Die *Nachhilfe* als traditionelle Form der L. setzt, ebenso wie der auf Gagné zurückgehende Ansatz der Sicherung von *Lernvoraussetzungen*, auf die Verbesserung der Lernleistung im Hinblick auf das Lernkriterium. Interventionsmaßnahmen, die sich auf die Verbesserung von Primärstrategien beziehen, sollen unmittelbar die Lösung spezif. Aufgabenmengen trainieren. Das Erlernen solcher Primärstrategien ist wiederum angewiesen auf die Verfügbarkeit von Sekundär- oder Stützstrategien, die u. a. Konzentration und Reflexivität bedingen und so für das Lernen i.Allg. förderlich sind. Die Auswahl einer L.methode (*Instruktionsmethoden*) muss, insbes. bei Vorliegen einer neg. Normabweichung in Lernverhalten und Lernleistung (*Lerndiagnostik*), aufgrund der Uneinheitlichkeit der versch. Störungsbilder und Ursachen auf sorgfältiger Individualdiagnostik beruhen. Entsprechend erfolgt in der Zielsetzung von L. verstärkt die Abkehr von einer Egalisierung von Lernern im Hinblick auf ihre interindividuellen Differenzen in der Lernleistung, wie sie beim remedialen Lehren und Lernen angestrebt wird. *Lernförderung, individuelle.* M. Heinecke-Müller

Lernförderung, individuelle (= i. L.) [engl. *individual learning promotion/support*], *Lernförderung*, **[PÄD]**, i. L. erfordert die gezielte Anpassung des schulischen Lernangebotes an die indiv. Lernbedürfnisse (*Bedürfnis*) der Schüler. Nach Helmke (u. a. 2010) folgt i. L. der Idee, das *Lernpotenzial* aller Schüler auszuschöpfen und dabei den indiv. unterschiedlichen *Lernvoraussetzungen* Rechnung zu tragen. Umgesetzt wird i. L. durch «makro-adaptive» Anpassung der *Unterrichts*planung und -gestaltung an die diagnostizierten Lernvoraussetzungen der Schüler oder als «mikro-adaptives» Handeln in konkreten Lehr-Lern-Situationen (MSW NRW 2011). Dies erklärt die Relevanz einer systematischen (päd.) Diagnostik als Grundlage einer gezielten i. L. der einzelnen Schüler im Sinne eines proaktiven Umgangs mit inter- und intraindividueller Heterogenität (Weinert 1997). Konkret bedeutet i. L. laut Meyer (2011, S. 97), «jeder Schülerin und jedem Schüler die Chance zu geben, ihr bzw. sein motorisches (*Motorik*), intellektuelles (*Intelligenz*), emot. (*Emotionen*, *emotionale Intelligenz*) und soziales (*soziale Kompetenzen*) Potential umfassend zu entwickeln und sie bzw. ihn dabei durch geeignete Maßnahmen zu unterstützen». Dazu bedarf es Lernumgebungen, in denen Schüler mit indiv. Förderbedarf oder indiv. Lernschwerpunkten ihre Stärken entfalten und ihre Schwierigkeiten kompensieren können (*Lernumgebung, konstruktivistisch*). Damit werden bzgl. der Zielgruppen der i. L. gleichermaßen Schüler mit besonderen Begabungspotenzialen als auch Schüler mit spez. Lernbeeinträchtigungen oder Zuwanderungsgeschichten erfasst, die auch im Kontext der *inklusiven Bildung* relevant sind. Letztlich bedarf i. L. einer gezielten Adaptation des unterrichtlichen Forder-Förder-Angebotes an die diagnostizierten indiv. Forder-Förder-Bedürfnisse mit dem Ziel einer optimalen Potenzialentfaltung und *Persönlichkeitsentwicklung* aller Schüler (Fischer 2008). Damit werden Forderungen aufgegriffen, die aus den Befunden der internat. Schulvergleichsstudien (z. B. *PISA-Studien*, *TIMSS*, IGLU, *Bildungsevaluation*) resultieren, sodass i. L. mittlerweile in den Schulgesetzen vieler Bundesländer verankert ist. C. Fischer/H. Ludwig

^Test^**Lernfortschrittsdiagnostik Lesen (LDL)**, 2009, J. Walter, [www.testzentrale.de], **[DIA, PÄD]**. Schulps. Verfahren. AA Schul- und Förderbereich. Die LDL ist ein Verfahren zur Erfassung der allg. Lesefähigkeit (*Lesekompetenz*) und dient primär der Lernverlaufs- bzw. der Lernfortschrittsdiagnostik. Sie kann auch als Niveautest eingesetzt werden. Das Verfahren besteht aus 28 Lesetexten (Paralleltests), die zu jedem Messzeitpunkt je eine Min. lang vom Schüler laut gelesen werden müssen. Mit Hilfe eines Auswertungsbogens wird jew. die Anzahl der richtig gelesenen Wörter festgestellt. Die LDL dient vor allem der systematischen formativen Evaluation von Leseunterricht und Förderung. *Normierung*: für das Ende der Klasse 1, Anfang der Klasse 2 sowie jew. für die Schuljahresmitte der Klassenstufen 2, 3, 4 (Grundschule) und die Klassenstufen 5, 7, 8 und 9 der Hauptschule. Für die Sonderschule (Förderschule) existieren Normen bzgl. der Altersklassen 10/11, 12/13 und 14/15. Bearbeitungsdauer: ca. 2 Min.

Lerngeschwindigkeit *Lerntempo*.

Lerngesetze [engl. *laws of learning*], *Lernregeln*.

Lernhaltung *Lerneinstellung*.

Lernhierarchie [engl. *learning hierarchy*], *Hierarchie von Effekten Modelle*.

Lernkapital (= L.) [engl. *learning capital*; lat. *caput* Haupt(summe), Vermögen], **[KOG, PÄD]**, als L. werden im *Aktiotop*ansatz von Albert Ziegler endogene Ressourcen bezeichnet, die vom Individuum zur Verbesserung von Lern- und Bildungsprozessen eingesetzt werden können. Dagegen werden exogene Ressourcen, die von der Gesellschaft bereitgestellt werden, *Bildungskapital* genannt. Es werden fünf Formen von L. unterschieden: *Organismisches* L., *Telisches* L., *Aktionales* L., *Episodisches* L., *Attentatives* L. Ziegler 2011. A. Ziegler

Lernkriterium (= L.) [engl. *learning criterion*; gr. κριτήριον *(kriterion)* Richtmaß], **[KOG]**, Festlegung eines zu erwartenden Lernerfolges, wie z. B. bei der Antizipations-Methode (*Paar-Assoziationen-Lernen*) der erste fehlerfreie Lerndurchgang. Das L. soll es ermöglichen, Lernleistungen unter versch. Bedingungen zu vergleichen.

Lernkurve (= L.) [engl. *learning curve*], **[KOG]**, als L. bezeichnet man eine Funktion, die die Zeit für die Ausführung einer *Fertigkeit* als Funktion der Übungsdurchgänge (*Üben*) betrachtet. Zentraler empirischer Befund ist, dass die Beschleunigung der Bearbeitungszeiten zu Beginn der Übung sehr ausgeprägt ist, mit zunehmender Übung aber immer geringer wird (neg. beschleunigte L., James 1890). Da sich diese L. bei den unterschiedlichsten Tätigkeiten zeigt (z. B. Nachzeichnen spiegelverkehrter Muster, Zigarrenrollen, Wahlreaktionsaufgaben, Lesen invertierten Textes), postulierten Newell und Rosenbloom (1981) das sog. *Potenzgesetz der Übung*:

$$RT = a + b \cdot n^{-c}$$

mit RT = Reaktionszeit; a = Asymptote, der sich die Reaktionszeit mit zunehmender Übung annähert; b = Reaktionszeit zu Beginn des Trainings; c = Lernrate und n = Übungsblöcke).
Während im motorischen (*Motorik*) *Fertigkeitserwerb* diese Potenzfunktion bereits Mitte der 1980er Jahre kritisiert wurde (z. B. Welford 1987), galt sie im Bereich kogn. Fertigkeiten lange als Bewährungsprobe für Modelle des kogn. Fertigkeitserwerbs (Logan 1988). Mit Beginn des neuen Jahrtausends wurde es aber auch in diesem Bereich in Frage gestellt. Zum einen ist unklar, ob die bessere Anpassung der Potenzfunktion an die Übungsverläufe Resultat unangemessener Mittelwertsberechnungen ist (*Potenzfunktions-Artefakt*; Myung et al. 2000). Zum zweiten wird die durch das Potenzgesetz postulierte Kontinuitätsannahme infrage gestellt (Haider & Frensch 2002). Kern dieser Kritik ist, dass die Potenzfunktion auch dann an Übungsverläufe angepasst werden kann, wenn diese auf der Basis indiv. Lernverläufe (*Lernen*) diskontinuierlich verlaufen (Gallistel et al. 2004). H. Haider

Lernleistung [engl. *learning achievement*], *Lerndiagnostik*.

Lernmaße [engl. *measures of learning achievement*], **[KOG]**, die den *Lernerfolg* quantifizierenden Größen, die auf versch. Weisen gewonnen werden: (1) In der Erinnerungsmethode durch die Zahl der Lerndurchgänge *(trials)* bis zum Erreichen des *Lernkriteriums*. (2) Im Reproduktions- oder Treffer-Verfahren durch die Zahl der Treffer oder Fehler nach einer best. Zahl von Durchgängen. (3) In der Methode des Wiedererkennens durch die relative Anzahl der wiedererkannten Items aus einer größeren Anzahl von den gelernten gleichen oder ähnlichen Items. (4) In der Ersparnismethode durch die Verringerung der Anzahl der Durchgänge bis zum Lernkriterium beim zweiten (Wieder-)Lernversuch. Außerdem kann man die Zeit für versch. Lernversuche und die Zahl der Reaktionen in Zeiteinheiten messen. *Gedächtnismethoden*. R. Bergius

Lernmaterial (= L.) [engl. *learning material*], **[KOG]**, bez. für versch. zu lernende Inhalte. Dabei ist u. a. eine Unterscheidung nach dem Grad der Sinnhaftigkeit möglich, wobei in Lernexperimenten häufig sinnarme Lernelemente (sinnarme Silben, Konsonantsilben, Ziffern, Zeichen) verwendet werden, weil bei ihnen Bekannheits- und Schwierigkeitsgrad leichter kontrollierbar sind als bei sinnhaftem Material. Dagegen hat die Verwendung von sinnvollem L. den Vorteil größerer Lebensnähe. *sinnlose Silben, Lernen, Lernforschung, Gedächtnis*.

Lernmechanismen, angeborene (= a. L.) [engl. *innate learning mechanisms*], **[EW, KOG]**, Bez. für eine Struktur, die es ermöglicht, dass sich, die bedingte *Wahrscheinlichkeit* einer Reaktion R_i gegeben, eine Reizkonstellation S_i verändern kann. A. L. bezeichnet daher die Korrelate der Fähigkeit, überhaupt lernen zu können (*Lernen*). Aus der Fülle der Reize müssen invariante Strukturen extrahiert werden. Ebenso muss der Erfolg eigener spontaner Aktionen wiederholbar sein, also die Bedingungen des Erfolgs erkannt werden können. Wichtige Korrelate der a. L. sind Muster neuronaler Netze, die aus einzelnen Neuronen, die über Synapsen verbunden sind, bestehen. Die Verbindungsstärke der Synapsen kann nach der Hebb'schen Regel (*what fires together, wires together; Hebb'sches Prinzip*) modelliert werden. Synaptische *Plastizität* dieser Art ist der basale neurophysiol. Lernmechanismus. Dieser Mechanismus wird über Regularitäten des assoziativen Lernens i. R. neokonnektionistischer Modelle charakterisiert, wobei Simulationen künstlicher neuronaler Netze ein wichtiges Werkzeug sind. Angeboren an a. L. sind best. Beschränkungen [engl. *constraints*]: die Netzwerkarchitektur, die zeitliche Abfolge der Inputs und die Repräsentationen des Lernobjekts. Entscheidend ist, dass man damit Annahmen über angeborene Repräsentationen (i. S. v. *Konzept*) stark abschwächen kann, da die Möglichkeiten neuronaler Musterbildungen sehr groß sind, weswegen es nur sehr weniger «fest verdrahteter» Nervennetze am Beginn der Entwicklung bedarf. Im Falle des Menschen sind a. L. auch auf den Spracherwerb (*Sprachentwicklung*) anwendbar, so dass Annahmen über einen angeborenen Spracherwerbsmechanismus aus der Chomsky-Tradition (*generative Grammatik*) ebenfalls abgeschwächt werden können. Die Annahme ist begründet, dass am Beginn der (neuronalen) Entwicklung schon Lernen stattfindet, wofür es Evidenzen aus der Humansäuglingsforschung, der *Ethologie* und den Neurowissenschaften gibt. Im Zuge der konnektionistischen Perspektive auf Entwicklung muss der Begriff «angeboren» entspr. neu interpretiert werden. *Anlage-Umwelt, Verhaltensgenetik*. Oberauer 2007, Elman et al. 1996. W. Mack

Lernmethoden [engl. *learning methods*], *Gedächtnismethoden*.

Lern-Methodik-Training für die Klassen 5–10, 2005, G. Keller, [www.testzentrale.de], **[DIA, KOG, PÄD]**. Verfahren zur Vermittlung von Lernmethoden. AA Klassen 5–10. Das Ziel des Lern-Methodik-Trainings ist es, Schülerinnen und Schülern der Klassen 5 bis 10 grundlegende Methoden zu vermitteln, mit denen sie befähigt werden, sich selbstständig Wissen anzueignen. Dazu werden ihnen *Strategien der Selbstmotivierung, des Verstehens, Behaltens und Abrufens von Lernstoff, der Problemlösung, des Konzentrierens, der Lernorganisation und der Bewältigung von Misserfolgsängsten* an die Hand gegeben. Das Training ist praxiserprobt und kann sowohl im normalen Schulunterricht als auch im Stütz- und Förderbereich angewandt werden.

Lernmotivation, aktuelle und habituelle [engl. *current and habitual learning motivation*; lat. *habitus* Gewohnheit], **[EM, PÄD]**, *Motivation* gilt als zentrales Konstrukt der Verhaltenserklärung. Sie wird als eine «aktivierende Ausrichtung des momentanen Lebensvollzugs auf einen pos. bewerteten Zielzustand» verstanden (Rheinberg & Vollmeyer 2012, S. 15). Die Motivation beeinflusst insbes. die Zielrichtung, die Ausdauer und die Intensität des *Verhaltens*. Motivation hat somit eine «energetisierende» Funktion. Im Falle der Lernmotivation (= L.) geht es um die mit dem Lernen angestrebten *Ziele* bzw. Zielzustände (z. B. soziale Anerkennung, gute Prüfungsergebnisse; *Lernmotivation, intrinsische und extrinsische*). Es kann dabei zw. aktueller und habitueller L. unterschieden werden (Schiefele, Schaffner). Während eine *aktuelle L.* einen konkreten situationsspezifischen Zustand einer Person bezeichnet (z. B. «Ich möchte heute mit der Prüfungsvorbereitung beginnen»), ist mit *habitueller L.* das wiederholte bzw. gewohnheitsmäßige Auftreten einer aktuellen L. gemeint. Demnach zeichnet sich ein Schüler mit einer hohen habituellen L. dadurch aus, dass er häufig und in vielen Situationen zum *Lernen* motiviert ist. Schiefele & Schaffer 2015. *U. Schiefele*

Lernmotivation, intrinsische und extrinsische [engl. *intrinsic and extrinsic learning motivation*], [**EM, PÄD**], Lernmotivation (= L.) wird als Absicht verstanden, spezif. Inhalte oder *Fertigkeiten* zu lernen, um damit best. *Ziele* bzw. Zielzustände zu erreichen. Diese allg. Begriffsbestimmung lässt offen, welche Ziele jew. im Einzelnen verfolgt werden. Es können zwei übergeordnete Kategorien von Zielen unterschieden werden: die Konsequenzen, die auf eine Handlung folgen (z. B. soziale Anerkennung), und die Erlebenszustände, die bereits während der Handlungsausführung eintreten (z. B. Anregung, Kompetenzgefühle). Im ersten Fall liegen die angestrebten Zielzustände außerhalb der Handlung und man spricht deshalb von *extrinsischer L.* Unter extrinsischer L. versteht man somit die Absicht, eine Lernhandlung durchzuführen, weil damit pos. Konsequenzen herbeigeführt oder neg. Konsequenzen vermieden werden. Im zweiten Fall liegen die angestrebten Zielzustände innerhalb der Handlung und die entspr. L. ist intrinsischer Natur. Die *intrinsische L.* bezeichnet die Absicht, eine best. Lernhandlung durchzuführen, weil die Handlung selbst von positiven Erlebenszuständen begleitet wird. Gründe hierfür können in der Sache, der Aufgabe, dem Schwierigkeitsgrad, dem Neuigkeitsgrad, den Erfolgsaussichten u. Ä. liegen. *Motivation*. Schiefele & Schaffer 2015. *U. Schiefele*

Lernoptimierung (= L.) [engl. *optimization of learning*], [**KOG, PÄD**], Begriff zur Bez. von Zielsetzungen und Methoden der *Lernförderung*, die *Lernen* sowohl im Hinblick auf den *Lernerfolg* als auch auf den Lernprozess zu verbessern suchen (*aptitude-treatment interaction*). Die Akzentuierung liegt im Vergleich zur Lernförderung nicht auf dem Ausgleich von nachteiligen Lernleistungen (s. a. *Lerndiagnostik, Lernschwierigkeiten*), die es im Hinblick auf eine Bezugsnorm auszugleichen gilt, sondern auf der Steigerung einer bestehenden, oft schon der Norm, aber nicht einem gesetzten Kriterium entspr. Leistung sowie der Steigerung der Effizienz des *Lernprozesses*.

Lernplateau [engl. *learning plateau*; frz. *plateau* Hochebene], [**KOG**], durch Leistungskonstanz gekennzeichnete Phase des Lernverlaufs, die zw. zwei Phasen des Übungsfortschritts vor allem beim Erwerb von Fertigkeiten und bei Problemlösungsaufgaben auftritt. *Problemlösen, Fertigkeitserwerb.*

Lernpotenzial (= L.) [engl. *learning potential*], [**AO, PÄD, PER**], bez. eine *Kompetenz*, bei der es nicht allein um das Können von Lernen (*Lernfähigkeit*), sondern auch und vor allem um das Wollen von Lernen (*Lernmotivation, aktuelle und habituelle*, *Lernmotivation, intrinsische und extrinsische*) geht; L. umfasst also sowohl kogn. als auch motivationale Dispositionen (*skill and will*). Das Konstrukt L. wurde Anfang der 1990er-Jahre im Kontext der *Management-Diagnostik* als eignungsdiagnostisches Personenmerkmal vorgeschlagen (zeitgleich, aber unabhängig von Obermann (1992) und Sarges (1993, 1995b)). Formalisiert wurde L. als multiplikative Verknüpfung von Lernfähigkeit und Lernmotivation (Sarges 2013a): Lernfähigkeit wird dabei als allg. *Intelligenz* aufgefasst, Lernmotivation als auf einen spezif. Gegenstandsbereich gerichtetes Interesse (*Interessenkonstrukt, Merkmale*). Ein solcher Gegenstandsbereich kann Management als Handlungsfeld sein, aber auch jedes andere Berufs- oder Tätigkeitsfeld (etwa Musik, Sport, Forschung etc.). Insofern bedarf das Konstrukt L. immer einer inhaltlichen Verankerung und ist damit bereichsspezif. – i. Ggs. zu hoch generalisierten, gegenstandsunabhängigen *Motiven* wie *Leistung*, *Macht* oder *Bindung*.

Die für ein gegebenes Handlungsfeld (z. B. Management) als *Disposition* aufgefasste Kompetenz L. bezieht sich auf den eigenmotivierten und selbstorganisierten Erwerb der für dieses Feld erfolgsrelevanten Verhaltens- und Handlungsweisen. Deren Vielfalt kann auf der Ebene jobfunktionaler Handlungskategorien (z. B. Verhandeln, Problemlösen, Organisieren) enumeriert oder zu Clustern von (Unter-)Kompetenzen (z. B. *soziale Kompetenzen, interkulturelle Kompetenz*, unternehmerische Kompetenz; *Persönlichkeit, unternehmerische*) gebündelt werden. So gesehen ist L. eine übergreifende, eine Meta-Kompetenz. In den 1990er-Jahren entwickelte sich etwa zeitgleich eine mit der hier beschriebenen psychol. Konzeption von L. deckungsgleiche Auffassung innerhalb der Pädagogik: Unter dem Druck des wirtschaftlichen und sozialen Wandels hatte die dt. Arbeits- und Berufspädagogik ihr Konzept vom Berufskönnen (fremdorganisiert) über die Berufsqualifikation (selbständig) zur Berufskompetenz (selbstorganisiert) erweitert. *Berufskompetenz* meinte dann die Motivation und Befähigung einer Person zur selbstorganisierten Weiterentwicklung von Wissen und Können auf einem best. beruflichen Gebiet (Arnold 1997).

Erleichterungen und Verstärkungen bei der Weiterentwicklung von L.: (1) Vorwissen erleichtert weiteres Lernen; wer mehr Wissen und elaboriertere epistemische Strukturen (fachgebietsübergreifende Abstraktheitshierarchien sensu Dörner 1976) besitzt, kann sich besser in der Informationsflut orientieren, hat es leichter in Dialogen mit Experten der verschiedensten Fachgebiete und ist effektiver im Bilden von Analogien (einer besonders hilfreichen Fähigkeit für das Strukturieren und Lösen von Problemen). (2) Lerntransfer (*Transfer*) hat einen sich selbst verstärkenden Effekt; Menschen mit höherem L. setzen sich häufiger unterschiedlichen Lernsituationen aus, beherrschen schon dadurch mehr und vielfältigere Aufgaben und profitieren darüber hinaus von entspr. («nicht trivialen») Lerntransfers für noch unbekannte Herausforderungen, was nach deren Bewältigung wiederum zu weiterführenden Transfers führt. «Trivial» sind Lerneffekte bei Aufgaben, deren Bewältigung gelernt oder geübt wurde; man ist dann in der Lage, solche Aufgaben überhaupt zu meistern, oder man schafft sie schneller und/oder besser. Die einfache Anwendung von Gelerntem in neuen Situationen gleicher Art ist zwar allermeist Sinn und Zweck des Lernens, verdient aber nicht die Bez. «Transfer». «Nicht trivial» sind Lern- oder Übungseffekte, die bei Aufgaben auftreten, für die überhaupt nicht gelernt oder geübt wurde, wenn man also in der Lage ist, Aufgaben zu bewältigen, die man noch nie ausgeführt hat (Klauer 2011).

Solche Transferpotenziale als Mitarbeiter in einer Organisation einbringen zu können, ist von wachsender prakt. Bedeutung, da für immer mehr berufliche Tätigkeiten die Arbeitsbedingungen entstandardisiert und die indiv. Handlungsspielräume größer werden. Unterschiede zw. Kandidaten im Merkmal L. können in der Höhe der Lernfähigkeit und/oder in der angestrebten inhaltlichen Bandbreite (Interessenvielfalt) begründet liegen. Für den Bereich des Managements etwa interessiert besonders der letztgenannte Unterschied zw. Personen, nämlich ob sie sich eher breit befähigt als generalistischer oder thematisch eingegrenzter als funktionaler Manager(-Aspirant) verstehen und zu entwickeln bemüht waren und sind.

Diagn. erfasst werden kann L. auf versch. Wegen: (1) durch eigens dafür entwickelte *Assessment-Center* (*Lernpotenzial-Assessment-Center (LP-AC)*), die versuchen, durch Vorbereitung sowie Rückinformationen (und manchmal Hilfen) diagn. aufschlussreiche Lernprozesse zu evozieren, zu dokumentieren und zu bewerten, (2) durch computergestützte System*simulationen* in Einzel- oder Gruppenbearbeitung, die sich als situative Lernsimulationen auffassen und handhaben lassen, um einschlägig interessierendes Verhalten beobachten zu können, (3) durch fremdurteilsbasierte Multi-Rater-Feedback-Instrumente (z. B. McCall et al. 1994; *360-Grad-Feedback*), um das latente Wissen der Organisation bzgl. der Lernpotenzial-Einschätzung eines Kandidaten zu erhöhen, sowie (4) durch probandenzentrierte Interviews, um lernpotenzialrelevante Handlungs- und Erfahrungsfelder idiografisch aufzuspüren und zu explorieren (*Interview*, *Interview, eignungsdiagnostisches*).

W. Sarges

Lernpotenzial-Assessment-Center (LP-AC), [AO, DIA],

(engl. *Learning Potential-Assessment Center*), bez. eine spez. Konzeption von *Assessment-Center*, die die *Kompetenz Lernpotenzial* (= LP.; = multiplikative Verknüpfung von Lernfähigkeit und Lernmotivation) i. R. der *Management-Diagnostik* erfassen sollen. Eine verhaltensbasierte Messung dieser prognostisch als bes. relevant angesehenen Kompetenz erschien wünschenswert angesichts der sich permanent ändernden Arbeitsplatz-Anforderungen durch den beschleunigten Wandel von technologischen, organisationalen und wirtschaftlichen Bedingungen. Als Synonyme für das LP-AC (Obermann 2002, 2009; Sarges 1995b, 2003) wurden zunächst die unabhängig voneinander eingeführten Ansätze der *Prozessorientierung von Assessment-Center* (Obermann 2002) und des *Lernfähigkeits-AC* (Sarges 1993) verwendet.

Beide LP-AC-Ansätze nehmen Bezug auf das Lerntest-Konzept von Guthke (1991, *Lerntest*), durch das – durch Prozessbetrachtung (zweimalige Messung) – das tatsächliche Potenzial eines Pb (z. B. *Intelligenz*) besser erfasst werden kann als mit einer einmaligen Statusmessung, die bei weniger geübtem Leistungsverhalten eines Pb zu einer Unterschätzung seiner max. Ausprägung (= seines Potenzials) führen würde. Ziel eines solchen Lerntests ist es also, durch *testing the limits* die Chancengleichheit der Pbn zu erhöhen. Üblicherweise folgen Lerntests einem sequenziellen Untersuchungsplan: Testung 1 → Training → Testung 2. Als Indikator für die Lernfähigkeit wird die Differenz der Leistungen in den beiden Testungen betrachtet, zw. denen eine Trainings-/Lernphase liegt. Abhängig von der Dauer der Trainingsphase werden Kurz- und Langzeit-Lerntests unterschieden. Darin liegen auch die Unterschiede der beiden LP-AC-Ansätze begründet.

Obermann (1992) wählt den Kurzzeit-Ansatz für sein 2- bis 3-tägiges LP-AC und überträgt das Lerntest-Konzept in diesem Zeitrahmen unmittelbar auf die Arbeitsproben. D. h. die Güte des Verhaltens in jeder der diversen Arbeitsproben (Präsentation, Rollenspiel, Gruppendiskussion, Postkorb etc.) wird zu zwei versch. Zeitpunkten (am 1. Tag und am 2. oder 3. Tag) gemessen, wobei zw. beiden Messungen Feedbacks und Lerninputs gegeben werden (z. B. Präsentation 1 am 1. Tag → Feedback/Training → Präsentation 2 am 2. oder 3. Tag). Die Differenz der Messwerte (2.–1. Messung) fungiert als Indikator für LP. in dem betreffenden Arbeitsverhalten. Die Differenzwerte als Indikator für LP. heranzuziehen, ist ein Schwachpunkt bereits in Guthkes Argumentation, da sie auch von den Ausgangswerten abhängen: Ist das Ausgangsniveau schon hoch (und damit das Potenzial), so fällt der Differenzwert nicht selten niedriger aus, was der validen Erfassung des Konstrukts *LP.* widerspricht. Auch Obermann (2009) schlägt aufgrund dieses Einwands vor, zur Potenzialmessung naheliegenderweise das Endverhalten (im Bsp.: Präsentation 2) heranzuziehen, da hier der evtl. Anteil von bisheriger Ungeübtheit eines Pb zumindest in gewissem Ausmaß ausgeglichen werden konnte. Mit seinem überschaubaren Zeitrahmen von 2–3 Tagen scheint der LP-AC-Ansatz von Obermann außer für basale Entwicklungszwecke v. a. geeignet für die Auswahl von externen Management-Aspiranten.

Sarges (1993) geht von vornherein von der Überlegung aus, nur das Endverhalten als geeigneten Indikator zu betrachten; darüber hinaus versucht er, das Konstrukt *Lernpotenzial* in seiner ganzen Breite, d. h. neben der Fähigkeit gleichermaßen die *Motivation* zum Lernen, in den Blick zu nehmen. Mit Motivation ist dabei gemeint, ob und wie stark eigengesteuert und selbstorganisiert der Erwerb der vielfältigen, für dieses Feld erfolgsrelevanten Verhaltens- und Handlungsweisen von einem Pb angestrebt wird. Für eine solche breite und tiefergehende Erfassung von LP. hält Sarges lediglich den Langzeit-Ansatz des Lerntest-Konzepts für tauglich. In seinem LP-AC-Ansatz wird auf eine Testung/Messung zu einem Zeitpunkt 1 verzichtet, weil keine Differenzwerte berechnet werden müssen. Stattdessen wird bes. Gewicht auf eine langzeitliche Haupt-Lernphase von 8–12 Wochen vor dem Beginn des 2-tägigen LP-AC gelegt. Dazu werden die Pbn hinreichend lange vor dem LP-AC angeregt, sich eingehend vorzubereiten: u. a.

durch das Studium relevanter Management- und Kommunikationsliteratur, durch lernfördernden Kontakt zw. AC-Teilnehmern und Führungskräften des Unternehmens, durch Diskussionen typischer Führungsprobleme, durch Befragungen, Fallstudien u. a. Dabei unterliegt die Annahme, dass hoch lernfähige und zugleich hoch lernmotivierte Pbn in der Phase vor dem LP-AC i. d. R. mehr lernen und damit zu Beginn des LP-AC einen hohen Leistungsstatus mitbringen und somit im LP-AC insges. auch eher ihre max. Leistungswerte erreichen; dagegen erzielen hoch lernfähige, aber weniger motivierte Pbn sowie solche, die weniger lernfähig, aber hochmotiviert sind, im LP-AC geringere Leistungswerte. Solche Leistungswerte werden als Indikator von LP. für den Managementbereich aufgefasst. Damit fungiert dieses LP-AC – in Termini des Lerntest-Konzepts – als gesamthafte Testung/Messung zum Zeitpunkt 2. Wegen der längeren Vorbereitungszeit der Pbn und einer inhaltlich deutlichen Firmenbezogenheit der Arbeitsproben eignet sich der LP-AC-Ansatz von Sarges in erster Linie für Entwicklungszwecke von in einem Unternehmen schon vorhandenen Management-Nachwuchskräften und Managern.

LP-AC in beiden Varianten, aber auch in diversen Modifikationen und Ergänzungen dieser (z. B. durch Vorsatzbildung, Antizipation von Lernhindernissen) rufen bei Pbn wie Veranstaltern hohe Akzeptanz und Wertschätzung hervor. In einer Erhebung zum AC-Einsatz (Krause et al. 2001) gaben 9 % der Firmen an, eine Variante von LP-AC heranzuziehen. Ob sie aber auch – und wenn ja, welche Varianten – höhere prognostische Validitäten (*Validität*) als herkömmliche Assessment-Center erreichen, was ja das Ziel ist, bleibt eine noch zu klärende Frage (Obermann 2009). *Personalauswahl*, *Personalbeurteilung*. W. Sarges

Lernpotenziale im Alter [engl. *learning abilities in old age*], [**EW, KOG, PÄD**], trotz der Einbußen in der kogn. (*Kognition*) Leistungsfähigkeit, die sich aufgrund altersbedingter Veränderungen im *Gehirn* (*Kognitive Veränderungen im Alter, biologische Korrelate*) besonders im Bereich der *Mechanik* der Kognition zeigen, verfügen gesunde ältere Menschen (60–80 Jahre) über ein erhebliches Potenzial, die Herausforderungen des Lebens in einer sich verändernden Gesellschaft selbstständig zu meistern. Für den Erhalt der funktionalen Lern- und Anpassungsfähigkeit bei Älteren liefert die gerontops. Forschung (*Gerontopsychologie*) zahlreiche Belege. Einerseits bleibt die Plastizität kogn. Funktionen im Alter in beträchtlichem Maße erhalten, denn ältere Personen sind mit Übung durchaus in der Lage, vergleichbare Gedächtnisleistungen wie ungeübte junge Erwachsene zu erbringen, wenn Unterschiede in den Vorkenntnissen und altersbedingte Defizite in der *Informationsverarbeitungsgeschwindigkeit* durch angemessene Bearbeitungszeit ausgeglichen werden. Der Erfolg kogn. Trainingsmaßnahmen bei Älteren beschränkt sich allerdings i. d. R. auf die Reaktivierung bereits früher gelernter Strategien, während die Zugewinne beim Erlernen neuer Strategien deutlich niedriger sind (Lustig et al. 2009). Besonders reichhaltige Erfahrungen und langfristig erworbene Wissensbestände (*Pragmatik* der Kognition) befähigen ältere Menschen, die neg. Auswirkungen der altersbedingten Abnahme in fluiden Bereichen partiell auszugleichen (*Altern, erfolgreiches*). Darüber hinaus hat sich körperliche Fitness als ein moderierender Faktor für das Lernpotenzial im Alter erwiesen, da sie offenbar altersbedingte Veränderungen im Gehirn hinauszögern kann. Insgesamt zeigt das Lernpotenzial im Alter jedoch divergierende Entwicklungsverläufe mit deutlich größeren interindividuellen Unterschieden als bei jungen Menschen. Bei über 80-jährigen überwiegen dann i. d. R. Abbau und gravierende Verluste (Lindenberger & Staudinger 2012). *Lernen im hohen Erwachsenenalter*. J. Behrendt

Lernprogramm [engl. *learning program*], *programmierter Unterricht*.

Lernprozess [engl. *learning process*], *Lehr-Lern-Prozesse, Lehr-Lern-Forschung*.

Lernrate [engl. *learning rate*], [**KOG**], Erinnerungsleistung oder Lernerfolg pro Übungszeit oder Lernzeit. *Lernen, programmiertes, Lerntempo*.

Lernregeln, behavioristische [engl. *learning rules*], [**KOG, PÄD**], Anweisungen für das Übungs- und Lernverhalten (*Lernen*), die aus den empir. *Lerngesetzen* abgeleitet sind. Zu ihnen gehören u. a. das empir. Gesetz des Erfolgs: Es ist notwendig, dem Lernenden *Feedback* (Rückmeldung über den Erfolg) zu geben; das empirische Gesetz der ungleichen Wahrscheinlichkeiten: Es wird empfohlen, Gliederungen, Akzentsetzungen und Sinnverbindungen vorzunehmen; das empirische Gesetz des aktiven *Übens* einschließlich der variierenden Wiederholung und der Pausen beim Üben: Die Regel gilt, dass *rehearsal* (Wiederholen) vorteilhaft ist und dass die Übungen in der Zeit gut verteilt sein sollen; das empirische Gesetz der Aktivierung: intrinsische Lernmotivation (*intrinsische Motivation, Lernmotivation, intrinsische und extrinsische*) wird oft für wirkungsvoller angesehen als extrinsische (Bergius 1971). Thorndike nannte drei Lerngesetze und fünf zusätzliche Prinzipien: *law of readiness* (*Lernbereitschaft*), *law of exercise* (Stärkung der Verbindungen durch wiederholtes *Üben* = *law of use*; Schwächung durch Nichtgebrauch = *law of disuse*), *law of effect* (*Effektgesetz*) und die Prinzipien: *multiple response* (variierte Reaktion), *set or attitude* (allg. Lerneinstellung), *prepotency of elements* (Auswahl wesentlicher Elemente, auf die reagiert werden muss), *response by analogy* (Reaktion auf Elemente in neuen Situationen, die analog sind zu Elementen in bekannten Situationen), *associative shifting* (Assoziationswechsel wie beim *klassischen Konditionieren*). R. Bergius

Lernschwierigkeiten (= L.) [engl. *learning difficulties*], [**KLI, PÄD**], Ursachenbezeichnung für erschwerte oder verhinderte Lernzielerreichung (*Lernziel, Lehrziel*). Die Bez. L. besitzt ebenso wie *Lernstörung* oder *Lernbehinderung* (*Lerndiagnostik*) kein eindeutiges Definitionskriterium oder einheitliches Störungsbild (z. B. *Lese-Rechtschreib-Schwäche*). Klauer und Lauth unterscheiden dimensional überdauernde bzw. behandlungsresistente sowie bereichsspezifische L. Für den Fall überdauernder und allg. L. sehen sie den Begriff der *Lernbehinderung* vor. Während L. vorwiegend in der Lernzielerreichung sichtbar werden, liegen die Ursachen im komplexen Wirkungsgeflecht von Lernstrategien, *Lernvoraussetzungen*, *Motivation*, Unterstützung im sozialen Umfeld und neurologischen Beeinträchtigungen. *Prävention* und *Intervention* von L. sollte auf diagn. Grundlage bei der Auswahl von Instruktionsstrategien und *Instruktionsmethoden* (bspw. durch das Einrichten flexibler Lernumgebungen) berücksichtigt und ggf. durch *Lernförderung* unterstützt werden. *Schulversagen*. Heimlich 2002, Zielinski 1994, Weinert & Zielinski 1977. M. Heinecke-Müller

Lernstatt *Aus- und Fortbildung*.

Lernsteuerung [engl. *learning control/regulation*], *Instruktionsmethoden*.

Lernstörungen (= L.) [engl. *learning disorders*], [**KLI, PÄD**], Bez. für die im Zus.hang von Lernprozessen auftretenden Schwierigkeiten und Verzögerungen, aufseiten des Lerners, sodass der «normalerweise» zu erwartende Lernfortschritt quant. und qual. verfehlt wird. L. sind somit durchaus relative Größen, je nach *Bezugsnorm*: Die Feststellung einer L. kann bezogen sein auf die «eigentliche» indiv. intellektuelle Leistungsfähigkeit des in Betracht stehenden Lerners, die dieser bei Vollzug eines best. Lernprozesses erwartungswidrig unterschreitet (*indiv. Bezugsnorm*); sie kann bezogen sein auf das durchschnittliche Lerntempo bzw. den durchschnittlichen Lernumfang der ganzen Lerngruppe, welcher der betreffende Lerner angehört (Schulklasse, *Sozialgruppen-Bezugsnorm*); oder sie kann gemeint sein als nicht altersgemäß, wobei als Bezugsnorm die entwicklungspsychol. festgestellte durchschnittliche Lernfähigkeit der betreffenden Jahrgangsstufe fungiert (*Populations-Bezugsnorm*). Psychol.-päd. lassen sich nur auf letztere Art diagnostizierte Störungen best. Maßnahmen zur Behebung ableiten, da sich sowohl die Brauchbarkeit der indiv. Bezugsnorm als auch die der Sozialgruppen-Bezugsnorm hinsichtlich ihrer Stabilität als sehr problematisch erwiesen haben. Inhaltlich können die L. nach versch. Kriterien klassifiziert werden, je nach zugrunde gelegten *Lerntheorien* und den darin angenommenen Ursachen, situativen Bedingungen und Strukturen (z. B. hierarchischer Aufbau i. S. Gagnés) der je spezif. Lernphänomene; also z. B. L. mit Schwerpunkt in der *Aufmerksamkeit*, in der Fähigkeit zur *Konzentration*, im *Gedächtnis*, in der *Sprache* (rezeptiv oder expressiv), in der Abstraktionsfähigkeit oder im motivationalen Bereich. Hinsichtlich der Entstehung von L. steht, wie generell in der *Ätiologie* von *Verhaltensstörungen*, die Wechselseitigkeit indiv., in der Fähigkeits- und Persönlichkeitsstruktur des Lerners liegender Faktoren (z. B. neurologische Beeinträchtigungen) mit situativen (z. B. unterrichtsmeth.) Bedingungen im Vordergrund der Theoriebildung, sodass auch die Behandlungsstrategien stets beide sich gegenseitig ergänzenden und bedingenden Faktorenbündel berücksichtigen müssen (i. S. von Einbeziehung von *Unterricht* und Schule und *Familie* in die Einzelarbeit mit dem lerngestörten Kind). Was das Ausmaß, den Grad der Störung anlangt, so wird der Begriff L. intuitiv eher in Bezug auf partielles, zeitlich begrenztes Auftreten von Beeinträchtigungen von Lernprozessen und damit abgehoben von generelleren und zeitlich überdauernden Störungsformen wie *Lernbehinderung* oder *Intelligenzminderung* gebraucht. Gleichzeitig wird der Begriff im DSM i. R. der «Störungen, die gewöhnlich zuerst im Kleinkindalter, in der Kindheit und in der Adoleszenz diagnostiziert werden», verwendet und kennzeichnet dort diejenigen Störungen, die in der *ICD-10* als *umschriebene Entwicklungsstörungen* bez. werden. Diagnostische Instrumente, die zur Erfassung von Lernstörungen, eingesetzt werden, sind im Verzeichnis diagn. Verfahren im Index aufgeführt. Ahrbeck et al. 1997, Klauer & Lauth 1997.

Lernstörungen, Diagnostik [engl. *learning disorders, diagnostics*], [**DIA, KLI, PÄD**], der Begriff der Lernstörung (= L.) findet sich in der 1994 erschienenen vierten Ausgabe des *Diagnostischen und Statistischen Manuals psychosozialer Störungen*. In der aktuellen Fassung der von der *World Health Organization (WHO)* herausgegebenen *International Classification of Diseases (ICD)* wird die Bez. der *Umschriebenen Entwicklungsstörungen schulischer Fertigkeiten* (F81) gewählt. L. werden i. d. R. über das Vorliegen (erwartungswidriger) Minderleistungen im Bereich des *Lesens*, des schriftlichen Ausdrucks (*Schreiben*, einschließlich Rechtschreibung) und des Rechnens definiert. Die Erwartungswidrigkeit der Minderleistung wird dabei an drei Kriterien festgemacht: Die Leistung muss deutlich unter dem aufgrund des Alters, der allg. *Intelligenz* und der Beschulung erwartbaren Niveau liegen (*Diskrepanzkriterium*). Nach ICD-10 kann die Diagnose L. zudem nicht vergeben werden, wenn sensorische Beeinträchtigungen (z. B. Seh- oder *Hörstörungen*) oder neurologische Erkrankungen vorliegen. L. werden durch massive Schwierigkeiten im schulischen Alltag der Grundschule offenbar. Wenn es Kindern nicht oder nur mit großer Mühe und zeitlicher Verzögerung gelingt, die Grundlagen des Lesens, Schreibens oder Rechnens zu erwerben, besteht der Verdacht einer L. Der erste Schritt der *multimodalen Diagnostik* besteht dann zunächst in einer ausführlichen *Anamnese* und Exploration der Entwicklung des Kindes, wobei Informationen aus dem Elternhaus und der Schule zus.getragen werden. Im Mittelpunkt stehen hierbei Fragen zur Entwicklung der kogn. Leistungsfähigkeit (*Kognition, Entwicklung, kognitive*) seit der frühen Kindheit, um mögliche relevante Besonderheiten in der *Sprachentwicklung* und *motorischen Entwicklung* zu erfassen. Auch die schulische Entwicklung bzw. Lerngeschichte (Beginn der Schwierigkeiten, Leistungseinbrüche, Stärken und Schwächen) sollte anhand von Informationen durch Eltern, Lehrer und nicht zuletzt Zeugnisse und Klassenarbeiten belegt werden. Die anschließende testpsychol. Untersuchung umfasst Verfahren, die zur Diagnostik der Primärsymptomatik und damit für die Entscheidung über das Vorliegen der L. unerlässlich sind. Dazu gehören standardisierte und normierte *Schulleistungstests* für die jew. Klassenstufe für das Lesen, Rechtschreiben oder Rechnen. Ebenso unerlässlich ist ein ausführlicher *Intelligenztest*, um differenzierte Informationen über das Fähigkeitsprofil des Kindes zu gewinnen. Bei der Auswahl und Interpretation der Intelligenztests ist wichtig, sowohl sprachbezogene als auch sprachfreie Aufgaben zu verwenden, um Kinder mit Defiziten in Teilbereichen (verbal oder figural oder numerisch) nicht zu benachteiligen.

Um mögliche Ursachenfaktoren oder komorbide Störungen aufzudecken, ist die Diagnostik weiterer Teilleistungsbereiche häufig angezeigt. Dazu gehören Testverfahren zur Sprachentwicklung, zur motorischen Entwicklung, zu *Konzentrations-* und *Gedächtnis*fähigkeiten sowie zur akustischen und visuellen *Wahrnehmung*. Gravierende sensorische und/oder neurologische Störungen sollten durch entspr. fachärztliche Untersuchungen ausgeschlossen werden. Und schließlich ist anhand von Exploration und geeigneten Testverfahren das Ausmaß sekundärer Begleitsymptomatiken wie Schulunlust oder *Schulangst*, *Motivations*verlust, Selbstwertprobleme (*Selbstwertgefühl*), *Depressivität* und sozialer Rückzug, soziale Anpassungsschwierigkeiten und *Aggressivität* abzuklären. Nur die Zusammenschau all dieser Ergebnisse ermöglicht eine differenzierte und elaborierte Individualdiagnostik.

Sind i. R. eines oben beschriebenen diagn. Prozesses alle relevanten Daten erhoben worden, wird nach festgelegten Kriterien die Diagnose L., genauer *Umschriebene Störung schulischer Fertigkeiten* nach ICD-10 gestellt. Drei Kriterien sind Grundlage der Diagnose: die Minderleistung im Schulleistungstest, eine allg. Intelligenz mit einem IQ über 70 und eine bedeutsame Diskrepanz zw. den allg. Lern- und Leistungsmöglichkeiten, gemessen durch den Intelligenztest, und den schulbezogenen Teilleistungen. Die Diagnose einer Lernstörung setzt demnach nicht nur voraus, dass eine Minderleistung im jew. Lernbereich (Lesen, Rechtschreiben, Rechnen) über ein standardisiertes (*Standardisierung*) und normiertes (*Normierung*) Testverfahren nachweisbar ist, sondern auch, dass diese Minderleistung erwartungswidrig stark ausfällt. Für den Nachweis eines bedeutsamen Abstandes zw. Leistung im Lernbereich und Intelligenz wird das sog. Diskrepanzkriterium genutzt. Unter der Annahme einer *Normalverteilung* der Normwerte von Intelligenz und Leistung im Lernbereich wird diese Diskrepanz über die Metrik der Streuung (*Standardabweichung*) best. Durchgesetzt hat sich in der Praxis eine Mindestdiskrepanz von 1.2 bis 1.5 Standardabweichungen (die Forschungskriterien für wiss. Untersuchungen verlangen sogar zwei Standardabweichungen). Besteht eine solche Diskrepanz zw. dem Ergebnis im Intelligenztest und den relevanten Schulleistungstests, ist eine umschriebene Störung schulischer Fertigkeiten zu diagnostizieren. Nach ICD-10 kann dies bei Schwierigkeiten im Lesen, ggf. kombiniert mit Problemen im Rechtschreiben eine *Lese- und Rechtschreibstörung* (F 81.0), bei alleinigen Problemen im Rechtschreiben eine *Isolierte Rechtschreibstörung* (F 81.1), bei Schwierigkeiten in Mathematik eine *Rechenstörung* (F 81.2) und bei Schwierigkeiten im Schriftspracherwerb und in Mathematik eine *Kombinierte Störung schulischer Fertigkeiten* (F 81.3) sein. *Entwicklungsstörungen, umschriebene.*

C. Mähler

Lernstrategie (= L.) [engl. *learning strategy*], [**KOG, PÄD**], Verhaltensweisen (*Verhalten*) und Kognitionen (*Kognition*), die von Lernenden zum *Wissenserwerb* genutzt werden (Mandl & Friedrich 2006). Eine Grobkonzeption und theoretische Einbettung der vielen vorgeschlagenen L. (darunter Wiederholungsstrategien, Elaborationsstrategien (*Elaborieren*) und Organisationsstrategien) hat Pintrich (1989) vorgenommen. Er unterscheidet kognitive L. (*Lernstrategien, kognitive*), metakognitive L. (*Lernstrategien, metakognitive, Metakognition*) und Ressourcenmanagement (*Lernstrategien, ressourcenbezogene, Anforderungsbewältigung*).

Lernstrategien, affektive (= a. L.) [engl. *affective learning strategies*], *Affekt*, [**EM, PÄD**], oft als Stütz- oder Sekundärstrategien bezeichnet, ermöglichen es Lernenden, motivationale (*Motivation*) und emot. (*Emotionen*) Prozesse beim *Lernen* (*Lernen, schulisches*) zu regulieren. A. L. sind von den kogn. Primärstrategien (*Lernstrategien, kognitive*) zu unterscheiden und tragen auf indirekte Weise zum *Wissenserwerb* bei. In der Literatur wird eine Vielzahl an a. L. beschrieben (Wolters 2003) die in den versch. Phasen *selbstregulierten Lernens*; präaktional, aktional, postaktional) zum Tragen kommen. Dabei kann zw. *Ressourcenstrategien* (*Ressource*), volitionalen Strategien (*Volition*) und selbstbilderhaltenden Strategien (*Selbstbild*) unterschieden werden. Ressourcenstrategien beziehen sich auf den Umgang mit externen Ressourcen (materielle und soziale Ressourcen, *Zeit*). Eine Ressourcenstrategie in der präaktionalen Phase ist das Herrichten der Lernumgebung, in der alle wichtigen Lernutensilien griffbereit sind, der Lernende sich wohlfühlt und auf die Aufgabe konzentrieren kann. Volitionale Strategien dienen der Aufrechterhaltung von *Aufmerksamkeit* und *Anstrengung* (interne Ressourcen) durch Kontrolle von Motivation und Emotion. Um sich für eine Aufgabe zu motivieren, stellen sich Lernende in der präaktionalen Phase etwa ein pos. Lernergebnis (*Lernerfolg*) und eine damit verbundene *Belohnung* vor. Während des Lernens (aktionale Phase) rufen sie sich diese *Vorstellung* gelegentlich ins *Bewusstsein*, um auf diese Weise die Lernmotivation (*Lernmotivation, aktuelle und habituelle, Lernmotivation, intrinsische und extrinsische*) und *Konzentration* aufrecht zu erhalten. Zu den selbstbilderhaltenden Strategien zählen u. a. *Kausalattributionen* in der postaktionalen Phase, wenn Misserfolg (*Erfolg und Misserfolg*) auf mangelnde Anstrengung oder Aufgabenschwierigkeit statt auf mangelnde *Fähigkeit* attribuiert wird. Empir. Studien belegen die Bedeutung der skizzierten affektiven Strategien für das selbstregulierte Lernen. Ungeklärt ist teils bei den selbstbilderhaltenden Strategien, inwiefern diese tatsächlich intentional (*Intention*) gesteuert werden. Generell ist im Bereich der a. L. die Befundlage noch weniger breit und konsistent, als dies im Bereich der kogn. Lernstrategien der Fall ist (Wolters 2003).

M. Nückles

Lernstrategien, kognitive (= k. L.) [engl. *cognitive learning strategies*], *Kognition*, [**PÄD**], sind verhaltensbezogene Vorgehensweisen, die zum Zwecke des *Wissenserwerbs* eingesetzt werden. Sie dienen der *Informationsverarbeitung* i. e. S. und werden daher auch als *Primärstrategien* bezeichnet. K. L. sind abzugrenzen von der Gruppe der Stütz- bzw. Sekundärstrategien, zu deren Aufgaben die Kontrolle von *Motivation* und *Emotionen*, die Aufrechterhaltung der

Lernhandlung und die Nutzung externer (materieller und sozialer) *Ressourcen*) zählen. Als kogn. Primärstrategien gelten Wiederholungs-, Organisations- (*Organisieren*), *Elaborationsstrategien* sowie *metakognitive Lernstrategien*. Die Funktion von Wiederholungsstrategien besteht darin, durch Wiederholen zu erlernender Informationen (z. B. eine Telefonnummer «im Geiste» aufsagen) deren Speicherung ins Langzeitgedächtnis (*Gedächtnis*) zu befördern. Elaborationsstrategien dienen dazu, neue Informationen an vorhandenes *Wissen* anzudocken, um durch solche «externen» Verbindungen eine Integration in das Vorwissen zu erreichen. Eine Elaborationsstrategie ist das Veranschaulichen eines zu erlernenden abstrakten *Begriffs* durch ein selbst ausgedachtes Bsp. Organisationsstrategien dienen der Konstruktion «interner» Verbindungen, also von Bezügen innerhalb des zu erlernenden Stoffes (Weinstein & Mayer 1986). Organisationsstrategien ermöglichen so eine sinnvolle Strukturierung des Lernstoffes. Eine Organisationsstrategie beim Textlernen ist die Visualisierung der Zusammenhänge zw. den wesentlichen Ideen in einer Concept Map (*Lernen mit Concept Maps*). Damit das Lernen mittels der genannten k. L. erfolgreich ist, sollten Lernende den Strategieeinsatz mit Hilfe metakognitiver Strategien steuern. Metakogn. Strategien dienen der Planung (*Planen*), *Überwachen* und Bewertung des *Strategie*einsatzes. In empir. Studien zeigte sich, dass Ausmaß und Qualität des Einsatzes der skizzierten Strategien in hohem Maße das Verständnis und Behalten komplexer Lerninhalte vorhersagten, wobei Lernende, die k. L. und metakognitive Strategie kombiniert einsetzten, besonders erfolgreich waren (Glogger 2012). *M. Nückles*

Lernstrategien, metakognitive (= m. L.) [engl. *metacognitive strategies*], *Metakognition*, [**KOG, PÄD**], sind übergeordnete *Strategien* der Planung (*Planen*), Überwachung (*Überwachen*) und *Regulation* sowie der Bewertung des eigenen Lernprozesses (*Lehr-Lern-Prozesse*). Diese werden als m. L. bezeichnet, da sie auf die Steuerung und Kontrolle der kogn. Strategien ausgerichtet sind. Von kogn. Strategien heben sich die metakognitiven dadurch ab, dass kogn. Zustände oder Funktionen die Objekte sind, über die reflektiert wird. Bewusstheit ist ein wesentliches Bestimmungsstück von Metakognition. M. L. beziehen sich damit weniger auf den eigentlichen Lernvorgang (*Lernen*), sondern mehr auf die Kontrolle des eigenen Lernprozesses. Diese Kontrolle wird umso relevanter, je höher die Anforderung des Lernens ausfällt und je anspruchsvoller die damit verbundenen *Lernziele* sind. Die alleinige Nutzung kogn. Strategien stößt mit zunehmender Komplexität der Lernanforderung an ihre Grenzen. Kritisch-reflexivem Lernen liegt ein Wechselspiel metakognitiver Prozesse zugrunde, das sich je nach Phase des Lernprozesses, in dem sich die lernende Person gerade befindet, unterschiedlich ausgestaltet (*Lernen, selbstgesteuertes*) und entspr. m. L. erfordert. Die Planung steht am Beginn einer Aufgabe. Dazu gehört zum einen die Feststellung, welches *Ziel* überhaupt angestrebt wird, und zum anderen, wie dieses Ziel erreicht werden kann. Die Überwachung, ein weiterer zentraler Prozess der m. L., bezieht sich nicht nur auf die Feststellung von Ist-Soll-Diskrepanzen, sondern auch auf die Korrektur einer Aufgabenbearbeitung bzw. auf das kritische Begleiten des eigenen Bearbeitungsfortschritts. Die Bewertung erfolgt nach Beendigung einer Lernaufgabe und bezieht sich auf einen Vergleich der beobachteten Ergebnisse mit einem Standard oder mit einem im Zuge der Planung zuvor gesetzten Ziel. In enger Bezugnahme auf den vorangegangenen Planungsprozess wird nun beurteilt, ob das Ergebnis mit dem gesetzten Ziel übereinstimmt und ob der Lernprozess planmäßig abgelaufen ist. Hasselhorn & Labuhn 2008. *M. Hasselhorn/A. S. Labuhn*

Lernstrategien, ressourcenbezogene (= r. L.) [engl. *resource-based learning strategies*], syn. auch *Stützstrategien*, *Strategien zweiter Ordnung*, [**KOG, PÄG**], bilden neben den *kognitiven Lernstrategien* und *metakognitiven Lernstrategien* die dritte Kategorie von L. Sie umfassen die Organisation des eigenen *Lernens* sowie die Rahmenbedingungen des Lernens. Sie lassen sich unterscheiden in *interne* und *externe* r. L. Zu den internen r. L. zählen die Regulation der eigenen *Aufmerksamkeit* und *Anstrengung*. Externe r. L. umfassen die Gestaltung der sachlichen und personalen Lernumgebung. Weinstein & Mayer 1986. *M. Händel*

Lerntagebücher [engl. *learning diaries*], *Lernen mit Lerntagebüchern*.

Lerntempo [engl. *learning speed*], [**KOG**], ein *Lernmaß*, bei dem die Zahl der Durchgänge bis zur Erreichung eines best. *Lernerfolgs* und/oder die dazu gebrauchte Zeit gemessen wird. *Lernen*.

Lerntest (= L.) [engl. *learning test*], [**AO, DIA, KOG**], *Lerndiagnostik*, Verfahren der auf die intraindiv. Variabilität als *Persönlichkeitsmerkmal* abzielenden dynamischen Testdiagnostik (*Testdiagnostik, dynamische (DTD)*), das die *Lernfähigkeit* zu erfassen sucht, indem Vortestergebnisse mit denen des Nachtests verglichen werden. Bezeichnend für L. ist die *Intervention* zw. Messzeitpunkten, die in Trainingsphasen, Rückmeldungen und Denkhilfen zur Lösung der Testaufgaben bestehen kann. Aus der Differenz zw. Vor- und Nachtest wird auf die intraindiv. Variabilität geschlossen. Zwei grundlegende Typen von L. sind *Kurzzeit-* und *Langzeitl.*; zw. den Messzeitpunkten eines Langzeitl. wird eine Trainingsphase durchgeführt, wohingegen bei Kurzzeitl. die Trainingsphase in Form von Rückmeldungen und der Bereitstellung von Denkhilfen in den Erhebungsprozess eingebunden ist. Je nach Anwendungsbereich von L. variieren auch die verwendeten Testverfahren zur Erhebung der Variabilität. Am weitesten verbreitet ist die Nutzung psychometrischer Verfahren der Intelligenzdiagnostik (*Intelligenz*), in der *Berufseignungsdiagnostik* werden auf Arbeitsproben aus den betreffenden Tätigkeitsanforderungen verwendet. *Lernpotenzial-Assessment-Center (LP-AC)*. Guthke 1991.

Lerntheorien (= L.) [engl. *learning theories*], [**KOG**], komplexe zus.hängende Aussagen über Voraussetzungen, Bedingungen und Prozesse der Änderung von Verhaltensbereitschaften aus Erfahrung (*Lernen*). Die einzelnen L. decken jew. nur best. Lernarten ab. Sie sollen in ihrem begrenzten Rahmen Voraussagen und Kontrollen des Lernens unter definierten Bedingungen erlauben. Sog. L. verdienen dann ihren Namen, wenn aus ihnen bzw. aus einer Anzahl von Postulaten der L. falsifizierbare Hypothesen abgeleitet werden können: Thorndikes Connectivismus, Pawlows *Klassische Konditionierung*, Guthries Kontiguitätstheorie (mit der Annahme des *Alles-oder-nichts-Gesetzes*), Skinners (*Operante Konditionierung*, (obwohl Skinner als beschreibender Behaviorist gerade keine L. darstellen will), Hulls systematische Verhaltenstheorie (auch *S-R-Kontiguitäts-Theorie*, *S-R-Verstärker-Theorie*) genannt), Banduras *Beobachtungslernen* bzw. *Modelllernen* zur Erklärung des Lernens im sozialen Kontext, Tolmans Zeichen-Lernen, die L. der Gestalttheoretiker, Freuds psychodynamische Lehre, Funktionalismus, math. L., Modelle der *Informationsverarbeitung* und neurophysiologische L. Neuerdings wird die Begrenztheit des Erklärungswertes älterer L. betont, insbes. weil sie auf meist sehr einfache Vorgänge im tierischen Lernen gegründet sind. *mathematische Lerntheorien*. Bodenmann et al. 2004, Hilgard & Bower 1966. R. Bergius

Lernumgebung, konstruktivistische (= k. L.) [engl. *constructivistic learning environment*], [**KOG, PÄD**], basieren auf der Annahme des *Konstruktivismus*, dass Lernen nicht nur Rezeption von bestehenden Wahrheiten ist, sondern dass Menschen aus ihrem Erleben selbst aktiv *Wissen* konstruieren (*Sozialkonstruktivismus*). Basierend auf Piaget wird davon ausgegangen, dass kogn. Konflikte diesen Konstruktionsprozess auslösen (*Entwicklung, kognitive*). Basierend auf Wygotski wird die Bedeutung sozialer Interaktionen hervorgehoben und betont, dass abstraktes Denken aus sozialer Interaktion und Aktivität resultiert (*Entwicklung, soziokultureller Ansatz nach Wygotski*). Seit Mitte der 1980er Jahre wird das traditionelle Lehren und Lernen in Schulen als realitätsfremd kritisiert. Bei diesem – vorwiegend rezeptiven – Lernen würden Schüler mit abstrakten und künstlich vereinfachten Zusammenhängen konfrontiert, was zu *trägem Wissen* führe, das Schüler nicht auf reale Probleme außerhalb der Schule anwenden könnten. Dem werden k. L. gegenübergestellt. Sie zielen nicht darauf ab, abstrakte und generalisierte Lerninhalte zu transferieren, sondern konfrontieren Lernende mit Problemen, die ihr *Interesse* wecken und sie zu Lösungen herausfordern. Dazu werden zumeist komplexe, authentische Probleme verwendet, die die Lernenden mithilfe gegebener Ressourcen bearbeiten (*Lehrstrategien, problemorientierte*). Lösungsrelevante Informationen sind vorhanden, müssen aber von den Lernenden identifiziert und genutzt werden. Der Lernprozess ist nicht extern vorgegebenen, sondern die Lernenden arbeiten selbstgesteuert und werden vom Lehrer nur bei Bedarf unterstützt (z. B. durch *Scaffolding*, Coaching oder Modeling). Damit ist der Lehrende Lernbegleiter, die Verantwortung für den Lernprozess liegt aber bei den Lernenden selbst. K. L. sind zumeist kollaborative L., in denen das Problem in einer Kleingruppe gemeinsam bearbeitet wird (*Lernen, kooperatives*). Im gemeinsamen Wissenskonstruktionsprozess wird ein gemeinsames Verständnis des Problems und der Lösung entwickelt. Dadurch muss die jew. vorhandene Überzeugung im Dialog mit anderen Personen ständig geprüft und weiterentwickelt werden. Dieser komplexe Prozess der Wissenskonstruktion wird häufig durch Medien unterstützt: Grafiken, Videos oder Simulationen verdeutlichen die Komplexität und Authentizität des Problems, geteilte Texteditoren unterstützen die Kommunikation, Wissenskonstruktion und gemeinsame Problemlösung. Bsp. für k. Lerntheorien sind: *anchored instruction*, *problem based learning*, *cognitive apprenticeship*, *cognitive flexibility*, *realistic mathematics education*, *communities of learning*. Prototypische Bsp. für k. L. sind das *Knowledge Building Forum* von Scardamalia und Bereiter oder die «Jasper Woodbury»-Video-Serie von der Cognition and Technology Group der Vanderbilt University. In den letzten Jahren wurde auch dem *Web 2.0* und seinen Tools hohes Potenzial für das konstruktivistische Lernen zuerkannt. Kritisiert wurden k. L. vor allem dahingehend, dass sie sehr zeitaufwendig sind, und ihre hohe Komplexität Lerner leicht überfordern. *Kokonstruktion*, *Lehrstrategien*, *Lernen, aktives*. Jonassen 1991. U. Cress

Test Lern- und Arbeitsverhaltensinventar (LAVI), 1998, G. Keller & R.-D. Thiel, [www.testzentrale.de], [**DIA, KOG, PÄD**]. Schulps. Verfahren. AA 5. bis 10. Klasse. Das LAVI dient der differenzierten Erfassung des Lern- und Arbeitsverhaltens. Jedes Item beschreibt eine typische Lern- und Arbeitssituation. Die 58 Items verteilen sich auf folg. faktorenanalyt. gewonnene Skalen: *Arbeitshaltung*, *Stressbewältigung* und *Lerntechniken*. Verwendung in der Einzelfallhilfe der Schulpsychologen und Beratungslehrer, in der schulischen Lernförderarbeit mit Schulklassen und Fördergruppen und in päd. Forschungsprojekten. *Normierung*: T-Werte (N = 927) für die Klassen 5 bis 10 der Sekundarstufe. Bearbeitungsdauer: ca. 30 Min.

Test Lern- und Gedächtnistest 3 (LGT 3), 1974, G. Bäumler, [**AO, DIA, PÄD**]. Lernfähigkeits- und Gedächtnistest. AA von 16 bis 35 Jahren mit gehobener Bildung. Test zur Messung der Behaltensleistung bei «mittelfristiger» Zeitspanne zw. Lernphase und Reproduktionsphase. Anhand der 6 Subtests wird das Erlernen und Behalten von figuralem, verbalem und numerischem Material geprüft. Normierung (T-Werte) an N = 1150 Pbn (Gymnasiasten ab 11. Schuljahr, Personen mit Hochschulreife und Fachhochschulreife). Weitere Normen für Berufsschüler (Elektronik/Elektrotechnik), Facharbeiter und Angehörige versch. Berufssparten. Studien zu Korrelationen mit anderen Tests, Schulnoten und Lehrerurteilen etc. liegen vor. Testhalbierungszuverlässigkeiten der Subtests zw. r = .57 und r = .78, Paralleltest-Reliabilitäten zw. r = .51 und r = .69. Reliabilität der Gesamtbatterie r = .94. Behaltensstabilität nach 1 bis 2 Wochen für den Gesamttest bei r = .89, nach 3 bis 4 Wochen bei r = .71. Das Verfahren ist ein Gruppentest, der in zwei echten Parallelformen (A und B) vorliegt. *Normierung*: T-Werte für die Subtests und die Gesamtbatterie sowie für die Unterbatterien Figural- und Verbal-Gedächtnis. Bearbeitungsdauer: ca. 30 Min.

Lernvoraussetzungen (= L.) [engl. *prerequisites for learning*], [**KOG, PÄD, PER**], kogn. Strukturen (*Kognition*, *Wissen*, *Intelligenz*, *Kreativität* etc.) aufseiten des Lerners, die für die Erreichung eines aktuellen Lernziels (*Lernziel*)

notwendig sind und damit eine Teilmenge der *Lerndeterminanten* darstellen. Gagné vertrat die Auffassung, dass in der Identifikation und Absicherung jew. hierarchisch untergeordneter L. eines Lernziels eine Möglichkeit der *Lernförderung* besteht. Die *Diagnostik* defizitärer L. ist in der Praxis allerdings ebenso problematisch wie die Bestimmung spezif. L. als notwendige Bedingungen für ein gegebenes Lernziel. Einerseits existiert bisher kein angemessenes diagn. Verfahren, dass die Aufdeckung vorhandener L. erlaubt, andererseits hat insbes. die Forschung zu Lernen vom mittleren bis zum hohen Erwachsenenalter (*Lernen im hohen Erwachsenenalter*, *Lernpotenziale im Alter*) aufgezeigt, dass bei Fehlen oder Wegfall einzelner L. vielfältige indiv. Kompensationsmöglichkeiten zur Erreichung eines Lernziels bestehen und damit fraglich ist, welche Struktur eindeutig als Voraussetzung für ein Lernziel zu klassifizieren sei. *M. Heinecke-Müller*

Lernziel (= L.) [engl. *learning goal*], [**EM, PÄD**], der Begriff stammt aus der Motivationsps. (*Motivation*), genauer aus *Zieltheorien* sensu Dweck, Nicholls, Elliot und anderen. Personen, die ein L. verfolgen, geht es beim Ausüben einer Tätigkeit primär darum, eigene *Fähigkeiten* zu erweitern. L. sind abzugrenzen von *Annäherungs-Leistungszielen* und *Vermeidungs-Leistungsziel* sowie von der *Arbeitsvermeidung*, die ebenfalls Ziele in Lern- und Leistungskontexten darstellen. L. können i. S. einer habituellen Präferenz zeitlich stabil und transsituational konsistent sein (*trait*) oder sie können situativ angeregt werden (*state*). In ersterem Fall spricht man von *Zielorientierung*. Ziele in Lern- und Leistungssituationen sind ein wichtiger Forschungsgegenstand, weil sie in systematischem Zusammenhang mit *Erleben* und *Verhalten* sowie erbrachter Leistung steht. L. sind deshalb wünschenswert, weil sie mit einem Bündel adaptiver *Emotionen* und *Kognitionen* in Lern- und Leistungskontexten einhergehen. Tatsächlich sind L. auch mit besseren Leistungen assoziiert, wobei der Zusammenhang weniger eng ist, als aufgrund der Assoziation mit leistungsförderlichen vorauslaufenden Bedingungen zu erwarten wäre. Zur Erfassung von L. und weiteren Zielen stehen im dt.sprachigen Raum die für Schüler normierten *Skalen zur Erfassung der Lern- und Leistungsmotivation (SELLMO)* zur Verfügung. Huang 2012, Spinath 2009. *B. Spinath*

Lernziel-orientierte Tests [engl. *criterion-referenced tests*], [**DIA, PÄD**], Testverfahren, bei denen beim Pb eine Leistungsmessung vorgenommen wird, z. B. durch ein *Lernziel* vorgegeben worden ist. Bei dieser Leistungsmessung geht es darum, die indiv. Position eines Pb in Bezug auf ein definiertes Kriterium (Lernziel) festzustellen. *Bezugsnorm*.

Lernzielorientierung (= L.) [engl. *learning-goal orientation*, syn. *mastery-goal orientation, task-involvement*], [**EM, PÄD**], ist die Ausrichtung von Leistungsverhalten auf den Zweck, Fähigkeiten und Können zu entwickeln. L. wurde als Gegenstück zur *Leistungszielorientierung* i. R. der Leistungszieltheorie beschrieben, um Unterschiede in der Reaktion auf Leistungsanforderungen und Misserfolge bei Schülern zu erklären. Nach Dweck & Leggett (1988) nehmen Personen dann L. an, wenn sie glauben, Fähigkeiten (z. B. *Intelligenz*) seien wandel- und beeinflussbar. Die Leistungszieltheorie postuliert, dass L. einen adaptiven Umgang mit Leistungssituationen begünstigt. Diese werden als eine Gelegenheit, Herausforderungen zu meistern und eigene Fähigkeiten zu verbessern, angesehen. Misserfolge werden nicht als bedrohlich wahrgenommen, sondern auf mangelnde Anstrengung zurückgeführt, was Persistenz und Erfolgszuversicht bei weiteren Aufgaben zur Folge hat (*Attribuierung*). Forschung zeigt konsistent förderliche Effekte von L. auf längerfristiges Leistungsverhalten. So hängt L. zus. mit Interesse am Lernstoff, Persistenz bei schwierigen Aufgaben, Einfordern von Hilfe bei Schwierigkeiten, besserer *Selbstregulation* und tieferer *Informationsverarbeitung*. Anlass zu kontroverser Diskussion gibt der häufig mangelnde oder geringe Zusammenhang mit tatsächlich erbrachter Leistung.
Im Zuge einer Weiterentwicklung wurde die Unterteilung von L. in eine Annäherungs- und eine Vermeidungskomponente vorgenommen (Elliot & McGregor 2001; *Annäherungs-Leistungsziel*, *Vermeidungs-Leistungsziel*). Während die Annäherungskomponente der ursprünglichen Def. von L. entspricht, geht es bei Vermeidungslernzielen darum, zu vermeiden, dass man z. B. durch Vergessen erlangte Kompetenzen verliert, etwas falsch lernt oder im Lernen stagniert. Studien deuten darauf hin, dass diese Art der L. mit hoher Ängstlichkeit, niedriger Selbstwirksamkeit (*Selbstwirksamkeitserwartung*), Disengagement und schlechter Leistung einhergeht. *Zielorientierung*.
V. Job/A. T. Sevincer/G. Oettingen

Lersch, Philipp (1898–1972), [**HIS, PER**], kurze Zeit (1918/19) Studium des Maschinenbaus an der TH München, 1922 Dr. phil. Universität München mit einer Dissertation über den Traum in der dt. Romantik, 1925–1933 Heerespsychologe, 1929 Habilitation an der TH Dresden mit «Gesicht und Seele – Grundlinien einer mimischen Diagnostik», 1936 n.b.ao. Prof. für Charakterologie und Philosophie, 1937 pl. ao. Prof. und pers. Ordinarius für Ps. und Pädagogik, Universität Breslau, 1939 o. Prof. in Leipzig, 1942 bis zur Emeritierung 1966 o. Prof. Universität München. Lersch vertrat eine *Charakterologie*, die noch lange nach dem Zweiten Weltkrieg Verbreitung und Anerkennung fand. Lersch nahm unter dem Einfluss von *Freud*, *Klages* und anderen eine Zweischichtung des seelischen Lebens an, wobei der «endothyme Grund» und der «personelle Oberbau» auf dem Lebensgrund ruhen. Der endothyme Grund gliedert sich in Antriebe, Gefühle und stationäre Gestimmtheiten, der personelle Oberbau in das Wollen und Denken (Lersch 1954). Die Rolle von Lersch in der NS-Zeit ist umstritten (Weber 1993); er unterstützte den Nationalsozialismus, war jedoch nicht Mitglied der NSDAP. Im Entnazifizierungsverfahren wurde er zunächst als Mitläufer, aufgrund seines Einspruchs später jedoch als unbelastet eingestuft. *H. E. Lück*

Lesbarkeit (= L.) [engl. *readability*, *legibility*], [**KOG**], mit dem perzeptiven, kognitiven und (ggf.) motorischen Aufwand beim *Lesen* eines Textes zus.hängendes Textmerkmal. Als Komponenten der L. unterscheidet man Inhaltserfassung *(comprehension)* und Lesegeschwindigkeit *(reading speed)*. *Textverständlichkeit*.

Leseförderung [engl. *promotion of reading skills*], *Lesesozialisation*.

^(Test)**Lesegeschwindigkeits- und verständnistest für die Klassen 6-12 (LGVT 6-12)**, 2007, W. Schneider, M. Schlagmüller & M. Ennemoser, [www.testzentrale.de], **[DIA, KOG, PÄD]**. Verfahren zur Ermittlung des Leseverständnisses und der Lesegeschwindigkeit (*Lesekompetenz*). AA Klasse 6–12. Im LGVT lesen Schüler nach dem Bearbeiten des Übungsbeispiels einen Fließtext mit 1727 Wörtern. An 23 im Text verteilten Stellen wählen die Schüler aus jew. 3 Alternativen das in den Textzusammenhang passende Wort aus. *Normierung*: Gesicherte Normen liegen für die Klassenstufen 6–9 aller Schularten (außer Sonderschule) vor. Zusätzlich sind noch Normen für Realschule 10. Klasse sowie Gymnasium Klassenstufe 10 und 11 vorhanden. Die Normierungsstichprobe bestand aus insg. 2390 Schülern aus elf dt. Bundesländern. Bearbeitungsdauer: ca. 10 Min. (mit Instruktionszeit).

Lesekompetenz (= L.) [engl. *reading competence*], **[KOG, PÄD]**, die basale Kulturtechnik des Lesens (*Lesen*) ist seit den internat. Vergleichstestungen der OECD (vor allem PISA 2000ff.; *PISA*) verstärkt im politisch-gesellschaftlichen Bewusstsein verankert. Dabei wird zumeist die testpsychologische Konzeption der PISA-Untersuchungen mit dem Konstrukt L. verbunden. Diese Konzeption ist auf drei kogn. Fähigkeitsdimensionen konzentriert, nämlich *Informationen ermitteln*, *textbezogenes Interpretieren* sowie *Reflektieren und Bewerten*. Untersucht werden bei PISA Neuntklässler, die unter Rückgriff auf die Item-Response-Skalierung (*Item-Response-Theorie*) der Testaufgaben in 5 Kompetenzstufen (bei PISA 2009 um je eine Stufe am oberen und unteren Rand ergänzt; Kompetenzstufenmodelle) eingeordnet werden. Als zentrale Einflussfaktoren erweist sich neben dem Geschlecht (mit einer Überlegenheit der Mädchen gegenüber den Jungen) in Dt. vor allem auch die soziale Schicht (mit einer Unterlegenheit des bildungsfernen Lebensstils).

Die Binnenstrukturierung des Konstrukts unterscheidet hierarchieniedrige Prozesse des Lesens (von der propositionalen Textrepräsentation bis zur lokalen Kohärenzbildung) und hierarchiehohe Prozesse (von der globalen Kohärenzherstellung bis zur Bildung von Superstrukturen). Interindividuelle Kompetenzunterschiede basieren zunächst auf Worterkennungsprozessen, bei denen der lexikalische Zugriff durch eine effiziente *phonologische Rekodierung* erleichtert wird; deshalb gilt es, die Vorläuferkompetenz der phonologischen Rekodierung schon im Kindergartenalter bewusst einzuüben. Außerdem spielen die *Arbeitsgedächtnis*kapazität und das Vorwissen für die Entwicklung von L. eine entscheidende Rolle.

In der Lese- und Literaturdidaktik wird gegenüber dieser eher engen kognitionsps. Konzeption von L. eine weite Konstrukt-Explikation vertreten, die motivationale, emot. und soziale Dimensionen programmatisch mit einbezieht. Dazu gehören als motivationale Aspekte Zielstrebigkeit und Ausdauer des Lesens, Aktivität pos. Gratifikationserwartungen und das Bedürfnis nach kogn. Durchdringung; desgleichen im emot. Bereich die Fähigkeit, Texte bedürfnisbezogen auszuwählen, Lust und Unlust zu balancieren sowie die Lesesituation zu genießen. Unter sozialer Perspektive geht es vor allem um die sog. *Anschlusskommunikation*, in der gelernt wird, andere Textrezeptionen zu tolerieren bzw. Bedeutungskonsense auszuhandeln. Das Zusammenwirken dieser Teilfähigkeiten mit den kogn. Kompetenzen verschaffen der L. eine Funktion in Richtung auf eine konstruktive Persönlichkeitsentwicklung. Christmann & Groeben 1999, Groeben & Hurrelmann 2009, Klieme et al. 2010.

N. Groeben/U. Christmann

Lesekrise [engl. *reading crisis*], *Lesesozialisation*.

Lesen (= L.) [engl. *reading*], **[KOG]**, bezeichnet die Fähigkeit, visuelle Informationen aus grafischen Zeichenfolgen zu entnehmen und deren Bedeutung zu verstehen. Interdisziplinär besteht Einigkeit, dass L. kein passiver *Rezeption*svorgang, sondern ein aktiver Prozess der Bedeutungskonstruktion ist, bei dem die Leser die Textinformation mit ihrem Vor- wie Weltwissen verbinden. Die L.forschung hat in der empir.-*experimentelle Psychologie* eine lange Tradition. Bereits Ende des 19. Jhd. hat sie sich mit der Analyse von Blickbewegungen beim L. beschäftigt. Im Zuge steigender Qualifikationsanforderungen der modernen Gesellschaft stand zu Beginn des 20. Jhd. die Frage nach den Lesefähigkeiten im Mittelpunkt des Forschungsinteresses. Das betrifft zum einen die L.erziehung (L.lehrmethoden und Frühl.) und zum anderen das L.verständnis. Induktiv wurden in dieser Ära vier Faktoren des L.verständnisses identifiziert (1. Kenntnis der Wortbedeutung; 2. Schlussfolgerungen des Lesers qua Sinnverstehen; 3. Nachvollzug der *Textstruktur*; 4. Identifizierung der Text-/Autorintention), die später durch die kognitionspsychol. Forschung bestätigt wurden.

In der akt. kognitionspsychol. L.forschung wird der L.prozess nach der Komplexität der beteiligten Teilprozesse in mehrere hierarchisch gestufte Ebenen aufgegliedert. Hierarchieniedrige Teilprozesse sind dabei: Buchstaben- und Worterkennung; die Erfassung der Wortbedeutung (lexikalischer Zugriff); syntaktische (*Syntax*) und semantische (*Semantik*) Analyse von Wortfolgen und Sätzen. Hierarchiehohe Teilprozesse reichen vom satzübergreifenden Aufbau einer kohärenten Textstruktur über die Verbindung mit dem Vorwissen (Bildung eines Situationsmodells) bis hin zum Erkennen rhetorischer Strategien und der Bewertung des Gelesenen. Die vorliegenden Theorien und Modelle lassen sich danach unterscheiden, wie sie das Zusammenspiel dieser Teilprozesse modellieren. Während *datengesteuerte* Modelle davon ausgehen, dass die Teilprozesse aufsteigend von unten nach oben durchlaufen werden, postulieren *konzeptgesteuerte* Modelle, dass der L.prozess auf allen Ebenen durch höhere kogn. Teilsysteme (z. B. Erwartungen, Vor- und Weltwissen) gesteuert wird. Eine Integration leisten die sog. *interaktiven* Modelle, die ein Ineinandergreifen von daten- und konzeptgesteuerten Prozessen postulieren. Die vielfältigen empirischen Befunde zeigen allerdings, dass in Abhängigkeit von Bedingungen der L.situation und -aufgabe sowohl datengesteuerte als auch konzeptgeleitete und interaktive Teilprozesse auftreten können. Dabei stellen personale Faktoren (z. B. inhaltliches Vorwissen, *Arbeitsgedächtnis*kapazität, Textstruktur- und L.strategiewissen, L.ziele, L.motivation und -interesse, *Einstellung*), Textmerkmale (z. B. Inhaltsorganisation und -strukturierung, motivationale Stimulanz (*Motivation*), sprachliche Einfachheit, Textgenre) sowie L.anforderungen (z. B. verstehendes, kritisches, reflexives und involviertes L.) relevante Moderatorvariablen dar. Zur Erklärung interindiv. Unterschiede in der L.fähigkeit haben sich bei den personalen Faktoren insbes. ein schneller und sicherer lexikalischer Zugriff sowie eine schnelle phonologischen Rekodierung (Graphem-Phonem-Übersetzung) als zentral erwiesen.

Die kognitionspsychol. Modelle des L. sind bisher hauptsächlich an Sach- und Informationstexten überprüft worden. Allerdings sind sie auch auf das L. literarischer Texte anwendbar, da die grundlegenden Prozesse gleich sind. Unterschiede liegen in der Akzentuierung der Anforderungen. Während es beim L. von Sachtexten darauf ankommt, einen kogn. Rahmen aufzubauen, die Textinformation mit dem Vorwissen zu verbinden, den Text zu durchdringen und zu bewerten sowie ggf. Handlungskompetenzen zu erwerben, sind beim L. von literarischen Texten Genrewissen, Rezeptionseinstellungen, Unsicherheitstoleranz (Polyvalenzkonzept), sprachliche Sensibilität und Genussfähigkeit gefragt. *Alexie*, *Legasthenie*, *Lesen, Methoden zur Erfassung*, *Lesekompetenz*, *Lesesozialisation*. Christmann 2010, Christmann & Groeben 1999, Rayner 2012. *U. Christmann/N. Groeben*

Lesen, lautierendes [engl. *to read phonetically*], *Phonologisches Dekodieren*.

Lesen, Methoden zur Erfassung [engl. *assessment methods in reading research*], **[FSE, KOG]**, Verfahren lassen sich grob danach unterscheiden, ob der Leseprozess oder das Leseprodukt erfasst werden soll. Methoden (= M.) zur *Erfassung des Leseprozesses* haben den Anspruch, die kogn. Vorgänge beim Lesen (= L.) möglichst unmittelbar, d. h. «on-line» zu erheben. Sie kommen primär bei der Untersuchung hierarchieniedriger Teilprozesse des L. (auf Buchstaben-, Wort- und Satzebene) zum Einsatz und gehen davon aus, dass von der gemessenen Zeit auf die Verarbeitung zurückgeschlossen werden kann: Längere Verarbeitungszeiten sind entspr. ein Indikator für höheren Verarbeitungsaufwand. Die prominenteste und älteste prozessorientierte M. ist die *Blickbewegungsmessung*, die von der Dauer und Abfolge der Fixationen (Haltepunkte), *Sakkaden* und Regressionen (Rücksprünge) beim L. auf den Verarbeitungsaufwand schließt; *Regressionen* werden dabei als Indikator für Verstehensprobleme angesehen. Häufig verwendete M. sind auch die Registrierung von L.- bzw. lexikalischen Entscheidungszeiten, außerdem Priming-Techniken (*Priming-Paradigma*) zur Messung der Schnelligkeit des lexikalischen Zugriffs). Zusätzlich werden in neuerer Zeit verstärkt neurophysiologische Untersuchungstechniken (insbes. *Ereigniskorrelierte Hirnpotenziale*) eingesetzt, die den L.prozess in einem noch höheren Auflösungsgrad abbilden, als dies mit den bisherigen Methoden möglich ist.

M. zur *Erfassung von L.produkten* sind im Unterschied dazu auf das Ergebnis des L.vorgangs und damit auf das L.verstehen konzentriert. Die verfügbaren M. lassen sich danach unterscheiden, ob sie das L.verstehen eher textnah oder textfern erfassen. Textnahe M. überprüfen das L.verstehen in enger Anlehnung an den Text (z. B. *Multiple-Choice-Antwortformat*; Lückentexte, Satzergänzungsaufgaben). Textferne M. (z. B. Beantwortung von Fragen mit offener Antwortmöglichkeit, freie Wiedergabe, Sortieraufgaben) erfassen demgegenüber vor allem, ob und in welchem Umfang das Gelesene in das eigene Wissenssystem integriert und wie das erworbene Wissen umgesetzt wird. Bei einer solchen «off-line» Erfassung des L.verstehens sind grundsätzlich in höherem Maße Gedächtnis- (*Gedächtnisprüfung*) und Schlussfolgerungsprozesse beteiligt als bei «On-line»-Verfahren. Welches Verfahren zur Erfassung des L. gewählt wird, hängt von der Forschungsperspektive, dem Erkenntnisinteresse und der Korngröße der Analyse ab. Christmann 2010. *U. Christmann*

Lesen, synthetisches [engl. *synthetic reading*; gr. σύνθεσις *(synthesis)* Zusammensetzung], *Phonologisches Dekodieren*, *Schriftspracherwerb*.

Lesen, Zwei-Wege-Modell [engl. *reading, two-path model*], **[KOG, PÄD]**, in diesem neurokogn. Modell der Leseverarbeitung (*Lesen*) werden zwei unterschiedliche Strategien zur Verarbeitung von Lesematerial postuliert. (1) Der *nicht lexikalische Weg* basiert auf einer systematischen Buchstabe-Lautübersetzung. Entspricht die zus.gelautete Aussprache einem Wort, so kann eine lexikalische Erkennung erfolgen. Aber auch unbekannte Buchstabenabfolgen können auf diesem Weg gelesen werden. (2) Der *lexikalische Weg* erlaubt auf Basis der Erkennung des Buchstabenmusters die unmittelbare Aktivierung von Worteinträgen im orthografischen Lexikon. Diese Art der bei kompetenten Lesern hochautomatisierten Worterkennung wird auch *direkt* genannt, weil sie ohne «Umweg» der Buchstabe-Lautübersetzung funktioniert. Die nicht lexikalische Lesestrategie wird entspr. als *indirekte Route* bzw. auch als *phonologisches Dekodieren* bez.

In der akt. Modellversion (Coltheart et al. 2001) sind die einzelnen Verarbeitungskomponenten hintereinandergeschaltet, die beiden Verarbeitungsrouten beginnen parallel zu arbeiten. Baron (1977) verwendet die Analogie von zwei Schläuchen, die beide den Eimer der Wortbedeutung zu füllen versuchen. Die indirekte Strategie ist üblicherweise langsamer und kommt zur Anwendung, wenn die direkte Strategie keine Worterkennung erlaubt. *K. Landerl*

Leseproben [engl. *reading tests*], *Sehproben*.

Leseprodukt [engl. *reading product*], *Lesen, Methoden zur Erfassung*.

Leseprozess [engl. *reading process*], *Lesen, Methoden zur Erfassung*.

Lese-Rechtschreib-Schwäche (= L.) [engl. *reading-spelling deficiency/disability*], **[KLI, PÄD]**, «Sammelbegriff für alle Defizite beim *Lesen* und Lesenlernen (Rechtschreiben (*Schreiben*) und Rechtschreiblernen), die deutlich von ei-

New York Sozialarbeit zur Rassenintegration durchführt. L. skizziert Grundzüge der Aktionsforschung (*action research*). Aus Weiterbildungskursen, die Lewin mit Schülern durchführt, geht die Methode der Selbsterfahrungsgruppe hervor; nach seinem Tod entstehen die *National Training Laboratories* (NTL) in Bethel (Maine). Lewin stirbt unerwartet am 11. Februar 1947 an den Folgen eines Herzschlags. – Das Werk Lewins ist vielfältig und reicht von frühen arbeitspsychol. Untersuchungen über theoret. Arbeiten zur topologischen Ps. und Feldtheorie bis hin zu Aufsätzen und Vorträgen über jüdische Erziehung und Gruppendynamik. Mit lebensnahen Untersuchungen, der von ihm entwickelten Feldtheorie und Begriffen wie *psych. Sättigung, Anspruchsniveau, Aufforderungscharakter, Gruppendynamik* usw. hat Lewin die Ps. entscheidend geprägt. Deutsch 1977, Marrow 1969, Lewin 2009, Lewin 1981. *H. E. Lück*

Lewy-Körperchen (= LK.) [engl. *lewy bodies*], [**BIO**], intrazytoplasmatische, eosinophile Einschlusskörperchen, die post mortem in Nervenzellen bei Personen, die zu Lebzeiten an Morbus *Parkinson* oder einer *Demenz* vom LK.-Typ gelitten haben, nachweisbar sind.

Lexem [engl. *lexeme*; gr. λέξις (*lexis*) Wort], *Morphem, Morphemik.*

lexikalische Entscheidungsaufgabe [engl. *lexical decision task, LDT*; gr. λέξις (*lexis*) Sprache, Wort], [**KOG**], stellt eine besondere Form des semantischen *Primings* dar, die ausgeführt wird, um die Stärke der Assoziationen zw. konzeptuellen Knoten im semantischen Netzwerk zu untersuchen. Bei dieser exp. Technik wird zunächst ein Wort (*Prime*) für kurze Zeit dargeboten und sofort wieder ausgeblendet. Der Prime kann entweder subliminal oder supraliminal dargeboten werden, auf ihn soll gewöhnlich nicht reagiert werden. Kurz darauf wird ein weiterer Reiz (*Zielwort/Target*) dargeboten, der entweder aus einem sinnvollen Wort oder aus einer sinnlosen Buchstabenreihe (*Nicht-Wort*) besteht. Die Vpn müssen bzgl. des Zielwortes entscheiden, ob es sich dabei um ein sinnvolles Wort handelt oder nicht, und dieses Urteil per Druck auf eine Reaktionstaste abgeben. Als ein Maß für die Stärke der Assoziation zw. Prime und Zielwort wird dabei die Zeit gemessen, die die Vpn für dieses Urteil benötigen. Bei miteinander verwandten Konzepten fallen die *Reaktionszeiten* wesentlich kürzer aus als bei semantisch nicht assoziierten Konzepten. Solche Effekte konnten z. B. in einer klass. Untersuchung von Neely (1977) nachgewiesen werden. Sie werden i. R. des semantischen Netzwerkmodells (Anderson 1976, 1983; *Netzwerk, semantisches*) erklärt. Dieses nimmt an, dass das *Gedächtnis* als ein Netzwerk von semantischen Knoten zu verstehen ist. Eine Aktivierung eines Knotens durch die Darbietung des Primes führt dabei zu einer automatischen Aktivierungsausbreitung auf alle damit assoziierten Knoten im Netzwerk, was zu einer Verkürzung der zu ihrer Verarbeitung notwendigen Zeit führt. Weitere Erklärungsansätze werden von Neely (1991) kritisch diskutiert. *Priming-Paradigma.* *K.-H. Stapf/I. Slavova-Rempfer*

Lexikalischer Ansatz (= L. A.) [engl. *lexical approach, psycholexical approach*], [**PER**], Annahme, dass sich wichtige persönlichkeitsbeschreibende Wörter (meistens Adjektive) in dem Wortschatz einer Sprache niedergeschlagen haben (*Sedimentationshypothese*) und durch Analysen natürlicher Sprache Erkenntnisse über die Struktur von *Persönlichkeit* gewonnen werden können (*psycholexikalische Hypothese*). Bereits Galton (1884; *Galton, Francis, Sir*) durchkämmte Wörterbücher auf der Suche nach Worten, die indiv. Unterschiede beschreiben könnten. Klages (1926) formalisierte aber als Erster die Hypothese, dass (v. a. sozial wichtige) Personenmerkmale sich in der Alltagssprache finden lassen müssten (z. B. als Adjektive: wissbegierig, freundlich, nervös etc.). Baumgarten (1933) legte die erste systematische Arbeit vor, bei der sie 1093 persönlichkeitsbeschreibende Adjektive in der dt. Sprache extrahierte. Danach legten Allport & Odbert (1936) eine lexikalische Studie für die engl. Sprache vor, bei der sie sogar auf 17953 Wörter kamen. Seitdem gab es zahlreiche weitere lexikalische Studien (historische Übersicht in John et al. 1988), die v. a. auf eine effiziente Beschreibung von Persönlichkeit mittels weniger alltagspsychol. salienter sprachlicher Beschreibungsdimensionen zielten (Goldberg 1990). Solche Bemühungen mündeten meist in faktorenanalytische Persönlichkeitsmodelle wie z. B. die Big Five Taxonomie (*Fünf-Faktoren-Modell*). Um zu einer möglichst sparsamen Taxonomie grundlegender *Trait*-Dimensionen (*Persönlichkeitsfaktor*) zu gelangen, nutzen lexikalische Studien meist vier sequenzielle Schritte: (1) Extraktion von persönlichkeitsbeschreibenden Wörtern aus dem Wörterbuch einer Sprache; (2) Bereinigung der Liste (z. B. Ausschluss sehr seltener und veralteter Wörter sowie Synonyme); (3) Einholen von *Selbstbericht* und/oder *Fremdberichten* auf den Wörtern; (4) Reduzierung der Daten auf wenige Dimensionen mittels *Faktorenanalyse*. *J. Rauthmann*

lexikografische Heuristik [engl. *lexicographic heuristic*], [**KOG**], *Entscheidungsheuristik*, bei der die Alternative gewählt wird, die auf der wichtigsten Dimension den höchsten Nutzenwert erreicht. Werden zwei oder mehr Alternativen auf dieser Dimension mit dem höchsten Wert bewertet, wird geprüft, welche auf der nächstwichtigen Dimension den höchsten Wert aufweist und so fort, bis keine Dimension mehr zur Verfügung steht.

Lexikon, lexikalische Kategorien (= L.) [engl. *lexicon, lexicalic categories*; gr. λέξις (*lexis*) Sprache, Wort], [**KOG**], (allg.) alphabetisch geordnete Zusammenstellung der Wörter einer natürlichen *Sprache* bzw. der *Symbole* und Termini einer Fachsprache. In der *generative Transformations-Grammatik* (Chomsky 1965) gehört das L. zur «Basis» der syntaktischen Komponente. Es enthält in einer ungeordneten Liste von L.-Eintragungen, bei denen jew. phonologische (*Phonologie*), syntaktische (*Syntax*) und semantische (*Semantik*) Merkmale einander zugeordnet sind, sämtliche «lexikalischen Formative», d. h., die kleinsten, *Bedeutung* tragenden sprachlichen Einheiten (*Morphem, Wort*). Zur Bildung der *Tiefenstruktur* von Sätzen müssen unter Anwendung einer L.-Regel lexikalische Formative aus dem L. entnommen werden und in die betreffenden *P-Marker* für die entspr. Symbole der einzelnen lexikalischen Kategorien [Adj = *Adjektiv*, Aux = *Auxiliarkomplex* (wozu u. a. Hilfsverben, aber auch z. B. Person und Tempus des Verbs gerechnet werden), Det = *Determinator* oder *Bestimmungswort* (insbes. Artikel), N = *Nomen*, V = *Verb*] eingesetzt werden. *generative Semantik*.

LGN, [**BIO**], Abk. für den engl. Begriff *lateral geniculte nucleus*, lat. *Corpus geniculatum laterale*.

LH-Freisetzungshormon [engl. *LH-releasing hormone*], Abk. LHRH, [**BIO**], Releasing-Hormon des *Hypothalamus*, das die Freisetzung von *luteinisierendem Hormon* durch den Hypophysenvorderlappen stimuliert; vermutlich identisch mit FSH-RH. *Gonadotropin releasing hormone*, *Hormone*, *Gonadenhormone*. W. Janke

Liaisonarbeit *Konsiliar- und Liaisionarbeit*.

Liberalismus [engl. *liberalism*; lat. *liberalis* die Freiheit betreffend], *Konservatismus, Konservativismus*.

Liberation (= L.), [**PHA**], bez. die Freisetzung einer pharmakol. wirksamen Substanz aus dem eigentlichen Medikament/Präparat. Hängt u. a. von den im Präparat enthaltenen Hilfsstoffen ab und beeinflusst die Geschwindigkeit des Wirkungseintritts und die Wirkdauer. Bei oralen Darreichungsformen ist die Freisetzung am schnellsten aus Lösungen/Suspensionen, während die Freisetzung aus Dragees am langsamsten ist. Bei Retard-Präparaten wird eine langsame Freisetzung (meistens über 8 Std. und länger) angestrebt, um die Anzahl der erforderlichen täglichen Einnahmen zu begrenzen und Konzentrationsspitzen zu vermeiden. Bei Depotpräparaten werden die Wirkstoffe mit langkettigen Fettsäuren (z. B. Dekansäure) verestert (z. B. *Halperidol*dekanoat). Die Esterbindung wird über einen längeren Zeitraum (2–4 Wochen) enzymatisch gespalten, sodass es zu einer langsamen Freisetzung der Wirksubstanz kommt. Eine weitere, neuere Methode, die eine verzögerte Freisetzung ermöglicht, ist eine Mikroverkapselung (z. B. *Risperidon* in Risperdal Consta®). Eine Verabreichung von Depotpräparaten setzt eine Prüfung der Verträglichkeit der Wirksubstanz mittels nicht retardierter Präparate voraus. T. Veselinović

Libido (= L.) [lat. Verlangen, Liebe], [**EM, KLI**], der (*Psychoanalyse*) bez. mit L. die allen Äußerungen der *Sexualität* zugrunde liegende und auf den Lustgewinn der erogenen Zonen gerichtete sexuelle Energie. Sie ist die angenommene Energie des Sexualtriebs, die Kraft des sexuellen Wunsches, der nach Befriedigung strebt. Der Begriff L. soll für den Sexualtrieb das erfassen, was der Hunger für den Nahrungsaufnahmetrieb darstellt. Die Verschiebbarkeit bzw. Plastizität der L. bez. die Fähigkeit derselben, mehr oder weniger leicht das Objekt und die Befriedigungsform zu wechseln. Demgegenüber steht aber die Trägheit der L., «deren Abneigung, eine alte Position gegen eine neue zu verlassen». Eine L.besetzung erfahren auch diejenigen Objekte neben den erogenen Zonen, die dem Lustgewinn dienen, z. B. orale Zone und Mutterbrust (*Objektbesetzung*). Die L.entwicklung ist gekennzeichnet durch Verlagerung der L. auf neue erogene Zonen und durch Besetzung neuer Objekte mit L. Das Quantum der L. bleibe dabei konstant (*Libidoquantumtheorem*). C. G. Jung (*Analytische Psychologie*) bez. mit L. die allen psych. Äußerungen (Trieben,

Strebungen usw.) zugrunde liegende psych. Energie, die von ihrer jew. Erscheinung grundsätzlich zu unterscheiden ist. Sie lässt sich lediglich als allg. Lebenswille, allg. Lebenskraft def. *Selbstobjekt*. Freud 1923b. L. Bayer

Libidostörungen unter Psychopharmakotherapie [engl. *libido disorder due to psychotropic drugs*], [**PHA**], unter Libidostörungen (= L., sexuelle Lustlosigkeit) wird eine Reduktion oder Verlust des sexuellen Verlangens (bis zu einem ausgeprägten Widerwillen gegen jede Art sexueller Aktivität) subsumiert. Zugrunde liegend findet sich eine Reihe unterschiedlicher Ursachen (generelle Einstellung zur *Sexualität*, Partnerschaftskonflikte, schwere *Depressionen*, *Angststörungen* oder Minderwertigkeitsgefühle, somatische Erkrankungen, insbes. hormonelle Störungen). Unter Psychopharmakotherapie werden L. am häufigsten in Verbindung mit der Einnahme von *Antidepressiva* und *Antipsychotika* berichtet. *SSRIs* führen relativ häufig zu L. (bei ca. 58 bis 73 % der Behandelten), wobei die höchste Wahrscheinlichkeit unter *Citalopram* und *Paroxetin* berichtet wird. Pathophysiol. wird die sexuelle Lustlosigkeit in Verbindung mit einer Verminderung der mesolimbischen *dopaminergen* Aktivität, resultierend aus der erhöhten *Serotonin*-Konzentration, gebracht. Des Weiteren werden L. häufig unter der Behandlung mit SSNRIs (*Venlafaxin*) und trizyklischen Antidepressiva beobachtet. Wesentlich weniger problematisch erscheinen *Mirtazapin*, *Moclobemid* und *Reboxetin*. Bei der Notwendigkeit einer Medikamentenumstellung wegen L. ist für *Bupropion* ein bes. günstiger Effekt bekannt. Antipsychotische Behandlung ist ebenfalls relativ häufig mit L. verbunden, wofür einerseits direkt die D2-antagonistische Wirkung (Beeinflussung des Reward-Systems) und andererseits die antidopaminerg-vermittelte Prolaktinerhöhung verantwortlich gemacht werden. L. treten bes. häufig unter Behandlungen mit *Risperidon*, *Olanzapin* und *Haloperidol* auf. Unter der Behandlung mit *Aripiprazol* wurden vereinzelt Fälle mit Libidoerhöhung und behandlungsassoziierter Hypersexualität berichtet. *Sexualstörungen*. T. Veselinović

Libidotropismus [engl. *libidotropism*; lat. *libido* Verlangen, Liebe], *Tropismus*.

Licht [engl. *light*], [**WA**], elektromagnetische Schwingungen, die Helligkeits- und Farbempfindungen auslösen: 400–800 Billionen/s oder 0,00076–0,00039 mm Wellenlänge bei 300000 km Fortpflanzungsgeschwindigkeit pro Sekunde. Anschließend an die obere Grenze (an den sichtbaren Rotteil des Spektrums) die längeren Wellen der Wärmestrahlen (Ultrarot, Infrarot) und weiter die Radiowellen; an die untere Grenze die kürzeren Wellen: Ultraviolett, Röntgen- und Radiumstrahlen. Goldstein 2007.

Lichtempfindung [engl. *perception of light*], [**WA**], die nach Stärke (Intensität), Sättigung der *Farbe* (Farbengrad) und Qualität (Farbton) zu trennende Wahrnehmung.

Lichtspurverfahren (= L.) [engl. *light-trail procedure*], [**AO, KOG**], Registrierung von Körperbewegungen durch fotografische Aufnahmen (lange Belichtungszeiten) von Lämpchen/Leuchtdioden an den bewegten Körperteilen. Wenn die Lämpchen/Leuchtdioden in einem regelmäßigen Takt aufleuchten, wird auch die Geschwindigkeit erkennbar; statt der kontinuierlichen Lichtspur ist dann eine Folge von Lichtpunkten zu erkennen, deren Abstand dem pro Taktintervall zurückgelegten Weg entspricht. *Bewegungsanalyse*.

Gilbreth (1868–1924), der dieses Verfahren entwickelte (Reihenaufnahmen hatte schon Marey angefertigt), nannte seine Aufnahmen *Zyklogramme* (Bewegungsablauf-Schreibung). Das L. hat Anwendung zur Ermittlung der Bestbewegungen bei Arbeitsvorgängen und zur Klärung von *Zeitstudie*-Fragen gefunden (*Bewegungsstudie*, Böhrs et al. 1948, Gilbreth 1921, Kaminsky & Schmidtke 1960).

lichttechnische Maße [engl. *measures from lighting technology*], **[WA]**, fotometrische Messgrößen, die aus den physikal. unter Berücksichtigung der physiol. Eigenschaften des menschlichen *Auges* abgeleitet werden (*Photometrie*). Primäreinheit ist die Lichtstärke (Lichtstrom: Raumwinkel) mit der Einheit cd [lat. *candela* Kerze]. Wichtige abgeleitete Größen sind der Lichtstrom (Lichtstärke × Raumwinkel) mit der Einheit lm [lat. *lumen* Leuchte], die Beleuchtungsstärke (Lichtstrom: beleuchtete Fläche) mit der Einheit lx [lat. *lux* Licht] sowie die Leuchtdichte (Lichtstärke: wirksame Fläche) mit der Einheit sb [Stilb, von gr. *stilbein* leuchten, glänzen] und asb (Apostilb) sowie nt [Nit, von lat. *nitere* glänzen]. Um die auf der Netzhaut wirksame Beleuchtungsstärke zu erfassen, bezieht man die Leuchtdichte auf eine Pupillenöffnung von 1 mm². Das dabei auf der Netzhaut erzeugte Bild hat dann die Beleuchtungsstärke 1 Trol (nach dem amerikanischen Ps. L. T. Troland, 1889–1932). Für physiol. und psychol. Zwecke stellt die Leuchtdichte die wichtigste Größe dar, da sie unmittelbar die für den Helligkeitseindruck (*Helligkeit*) bestimmende Reizgegebenheit beschreibt. Helbig 1977.

Lichttherapie (= L.) [engl. *light therapy*], **[KLI]**, L. gilt als nachweislich wirksam bei saisonal abhängigen *Depressionen* (Winterdepressionen). Neuere Untersuchungen belegen jedoch eine Wirksamkeit auch bei anderen Formen von Depressionen. Des Weiteren finden sich pos. Effekte bei Störungen der *zirkadianen* Rhythmik i. R. von Jetlag, Schichtarbeit, Verhaltensauffälligkeiten bei *Demenzen* und beim Erschöpfungssyndrom (*Fatigue*) bei onkologischen Pat. Gemäß der Richtlinien für L. wird der Einsatz von L.-Geräten mit fluoreszierendem Licht mit einer Intensität von mind. 2500 Lux (Behandlungsdauer: 2 Std. täglich) empfohlen. Die optimale Behandlungsdosis liegt bei 10 000 Lux für 30 Min. täglich. Die Behandlung sollte morgens, direkt nach dem Aufwachen, durchgeführt werden, wobei einige Pat. auch von abendlichen Behandlungen profitieren. Die meisten Pat. sprechen innerhalb der ersten Woche an, allerdings kann sich ein Behandlungserfolg auch erst nach 2–4 Wochen einstellen. Der genaue Wirkungsmechanismus der L. ist bis jetzt noch unklar. Der antidepressive Effekt wird mit großer Wahrscheinlichkeit über das Auge vermittelt, sodass sichergestellt werden sollte, dass Licht ausreichender Intensität auf das Auge trifft (ideal ist ein Winkel von 30–60 Grad, es ist nicht erforderlich, direkt in die Lichtquelle zu schauen). L. gilt als sehr nebenwirkungsarm, gelegentlich treten Kopfschmerzen, Augenirritationen, Übelkeit und Agitiertheit auf. Für die L. existieren keine absoluten Kontraindikationen, Vorsicht ist jedoch geboten bei Pat. mit schweren Augenerkrankungen sowie bei gleichzeitiger Einnahme von Medikamenten, die zu einer Erhöhung der Photosensitivität führen. *T. Veselinović*

Lidschlussreflex (= L.) [engl. *lid closure reflex*], **[BIO, KOG]**, (1) *Lidschlussreaktion*. Verengung der Pupille beim kräftigen Schließen des Augenlids. (2) *Kornealreflex*. Lidschluss, der beim Berühren der Hornhaut (bzw. der Bindehaut) eintritt. Auch durch einen plötzlichen Luftstrom wird der *Reflex* ausgelöst, ebenso durch optische Reize (z. B. wenn ein Gegenstand auf das Auge zufliegt). Da der L. leicht konditionierbar (*Konditionierung*) ist (z. B. auf akustische oder taktile Reize), wird er häufig in Untersuchungen über den *bedingten Reflex* verwendet.

Liebe, Bindungstheorie (= B. L.) [engl. *attachment theory of love*], **[EM, SOZ]**, konzipiert partnerschaftliche L. als Kombination dreier biol. Verhaltenssysteme (Bindung, Fürsorge und Sexualität) und ist theoretisch in evolutionsbiologische Ansätze eingebettet (*Liebe, evolutionspsychologischer Ansatz*). Während sexuelle Anziehung funktionell zur Herstellung einer Partnerschaft dient, sorgen Fürsorge und Bindung für die Aufrechterhaltung einer Beziehung. Die Fürsorge eines Partners (z. B. die Unterstützung in schwierigen Lebenslagen) fördert Gefühle der Sicherheit und Dankbarkeit und trägt dazu bei, sich ebenfalls um das Wohlergehen des Partners zu bemühen. Zentraler Aspekte der B. L. ist jedoch die Übertragung des frühkindlichen Bindungskonzeptes (*Bindung*) auf erwachsene Beziehungen. Bindungsstile, die sich in der frühen Kindheit aufgrund von Erfahrungen mit einer Bezugsperson gebildet haben, dienen in späteren Beziehungen als Beziehungsschemata. In den meisten Ansätzen werden drei Bindungsstile unterschieden: *sicher gebundene* Erwachsene haben kein Problem, Nähe herzustellen und wenig Angst vor Zurückweisung; *ängstlich-ambivalent gebundene* Erwachsene haben ein starkes Bedürfnis nach Nähe, fürchten jedoch, dass ihr Partner dieses nicht erfüllen kann, und *vermeidend gebundene* Personen weichen einer zu großen Nähe aus und versuchen in engen Beziehungen Distanz aufrechtzuhalten. Die B. L. hat eine Vielzahl unterschiedlicher Studien angeregt. Mit Hilfe von Fragebögen und Interviews können die erwachsenen Bindungsstile erfasst werden. Die versch. Stile korrelierten theoret. konsistent mit der Qualität, Stabilität und Zufriedenheit von Liebesbeziehungen. Mikulincer & Goodman 2006, Hazan & Shaver 1987, Harlow 1958. *C. Wulf*

Liebe, Duplex-Theorie (= D. L.) [engl. *duplex theory of love*; lat. *duplex* beide, doppelt], **[EM, SOZ]**, beschreibt die Struktur und Entwicklung partnerschaftlicher L. Die Struktur der L. wird als Dreieck mit den drei Komponenten Intimität, Leidenschaft und Bindung (*Liebe, Bindungstheorie*) konzipiert. Mit dieser Dreiecksmetapher können versch. Formen der L. (über die Ausprägung der drei Komponenten), das Ausmaß der L. (über die Größe des indiv. Dreiecks), Beziehungsprobleme (über die Passung von Partnerdreiecken) und die Beziehungszufriedenheit (über die Übereinstimmung von realen und idealen Dreiecken) verdeutlicht werden. Faktorenanalytisch wurde diese dreidimensionale Struktur der L. bestätigt.

Durch Erfahrungen mit und Beobachtungen von Liebesbeziehungen (u. a. real gelebte oder beobachtete Beziehungen, Darstellungen in Filmen oder Büchern) entwickeln sich indiv. Vorstellungen zur Ausgestaltung der L. (*Love Stories*) nach denen Beziehungen ausgerichtet werden (*Liebe, sozialkonstruktivistischer Ansatz*). In empirischen Untersuchungen ergaben sich unterschiedliche Popularitäten sowie Geschlechtsunterschiede in der Bevorzugung einzelner *Love Stories*, und es konnten Zusammenhänge zw. der Beziehungszufriedenheit und der Übereinstimmung der Partner in ihren Geschichtenprofilen gefunden werden. Sternberg 2006. *C. Wulf*

Liebe, evolutionspsychologischer Ansatz (= e. L.) [engl. *evolutionary analysis of love*], [**EM, SOZ**], der e. L. konzipiert L. als natürliche soziale Kategorie (*Soziale Kategorisierung*), die sich funktional entwickelt hat, um die Bindungsbereitschaft der Partner zu signalisieren und damit den eigenen Fortpflanzungserfolg zu erhöhen. Der Ansatz befasst sich schwerpunktmäßig mit geschlechtsspezifischen Strategien der Auswahl und Gewinnung eines (Sexual-)Partners, die sich evolutionär aufgrund der unterschiedlichen Rollen bei der Fortpflanzung entwickelt haben und bis heute wirksam sind.

Für die Sicherung der erfolgreichen Weitergabe eigener Gene sind Männer bei der Partnerwahl darauf angewiesen, Frauen mit potenziell hohen reproduktiven Fähigkeiten zu identifizieren. Frauen nehmen durch Schwangerschaft, Geburt und Stillzeit mehr Belastungen für die Fortpflanzung auf sich und legen aus diesem Grund mehr Wert darauf, einen Partner zu wählen, der die Versorgung und den Schutz der Kinder zu sichern. Diese geschlechtsspezifischen Partnerpräferenzen konnten in mehreren Untersuchungen bestätigt werden. L. dient im e. L. als Signal für die Bereitschaft, sich für die eigenen Nachkommen einzusetzen sowie die Beziehung aufrechtzuerhalten, und wird über verschiedene Liebeshandlungen, wie z. B. Unterstützung, sexuelle Treue oder Heirat, ausgedrückt. Buss 2006. *C. Wulf*

Liebe, Intensitätsindikatorenmodell der Partnerliebe (= I.) [engl. *intensity indicator model of romantic love*], [**EM**], das I. fasst die Liebe zu einem Partner (auch: *romantische Liebe*) als eine *Einstellung* bzw. eine emot. Haltung gegenüber der geliebten Person (P) auf. Diese Einstellung ist gekennzeichnet durch ein charakteristisches Muster an *Gefühlen*, Gedanken (*Denken*) und *Handlungen* bzw. Handlungsbereitschaften: (1) *Gefühle*: Hoffnung auf und Glück bei Erwiderung der Liebe durch P (zu Beginn); starke Zuneigung zu P; Wohlgefühl bzw. Freude beim Zusammensein mit P; Sehnsucht nach P bei ihrer Abwesenheit; Selbstwertsteigerung; Wertschätzung von P; Mitleid, wenn es P schlecht ergeht; Mitfreude, wenn es P gut ergeht; Hoffnung auf lange Dauer der Liebe; Trauer bei ihrem Ende. (2) *Gedanken*: häufiges Denken an P; Wichtigkeit von P; sehr gutes Verstehen von P; enge Verbundenheit mit P; volles Vertrauen zu P. (3) *Handlungen bzw. Handlungsbereitschaften*: Zärtlichkeit; sexuelles Begehren von P; sexuelle Treue; Exklusivität der Liebe zu P; Unterstützung von P; Offenheit bzw. Ehrlichkeit im Umgang mit P.

Diese typ. Merkmale können als Intensitätsindikatoren der Partnerliebe betrachtet werden, da sie zw. unterschiedlich intensiven Liebeserlebnissen differenzieren und mit der Gesamtintensität des Liebeserlebens korrelieren. So ist z. B. die Trauer, die ein Liebender erlebt, wenn seine Liebe nicht mehr erwidert wird, im Fall seiner «großen Liebe» sehr viel ausgeprägter als beim Ende einer bloßen «Liebesaffäre». Diese Indikatoren erlauben auch eine Unterscheidung zw. *Verliebtsein* und *Partnerliebe*: Verliebtsein stellt im Beziehungsverlauf eine frühe Phase dar, die entweder nach einiger Zeit in Liebe übergeht oder endet. Ein Vergleich beider Phänomene anhand der o. g. Indikatoren ergibt folg. Gemeinsamkeiten und Unterschiede: Auch das Verliebtsein zeichnet sich – wie die Liebe – durch starke Zuneigung, Wohlgefühl beim Zusammensein sowie das Bedürfnis nach Zärtlichkeit aus; im Unterschied zur Liebe sind beim Verliebtsein zusätzlich körperliche Empfindungen (wie Herzklopfen oder Kribbeln) in Gegenwart von P typ. Außerdem kreist das Denken frisch Verliebter häufiger um P, und Verliebte verspüren mehr Sehnsucht nach P. Dagegen sind Merkmale wie *Vertrauen*, enge Verbundenheit, Verständnis sowie *Offenheit* und Ehrlichkeit im Stadium der Verliebtheit noch wenig ausgeprägt. Mees & Wulff 2011, Mees 1997. *U. Mees*

Liebe, primäre bzw. sekundäre [engl. *primary and secondary love*], *Liebesstile*.

Liebe, romantische [engl. *romantic love*], *Intensitätsindikatorenmodell der Partnerliebe*.

Liebe, sozialkonstruktivistischer Ansatz (= s. L.) [engl. *social constructivist/ constructionist approach of love*], [**EM, SOZ**], s. L. (*Sozialkonstruktivismus*) heben die Bedeutung sozialer Faktoren für die *Einstellung* zur L. und zum Erleben von L. hervor. Zwar scheint L. universell, jedoch bestimmen kult. Regeln sowie unsere Sozialisationserfahrungen, wie L. als emot. Zustand erlebt und ausgedrückt wird (Beall & Sternberg 1995). Im Hinblick auf kult. Regeln werden Erlebensregeln (welche Empfindungen und Gefühle sollten bei Liebe erlebt werden?) und Darstellungsregeln (wie darf Liebe ausgedrückt werden?) unterschieden. Diese Regeln dienen als interpretative *Schemata*, vor deren Hintergrund eigene Erfahrungen interpretiert werden (z. B. gibt es das *romantische Ideal*, das sich durch eine Idealisierung des Partners, Plötzlichkeit des Eintretens, Verpflichtung und physiol. Erregung auszeichnet).

Unterstützung erhält dieser Ansatz durch Ergebnisse aus interkulturellen und historisch-vergleichenden Studien (*Interkulturelle Psychologie*). Während unsere zeitgenössische Definition der Liebe durchaus freundschaftliche Aspekte wie z. B. Vertrauen, Offenheit und Nähe enthält, lassen sich solche Merkmale in Zeitepochen, die klar eine unterschiedliche Stellung der Geschlechter vorschreiben, nicht finden. Ebenso zeigt sich konsistent mit einer eher kollektivistischen Orientierung ostasiatischer Kulturen, dass Liebe in asiatischen Kulturen als weniger pos. dargestellt, mit mehr schmerzhaften Attributen in Verbindung gebracht und stärker mit freundschaftlichen Attributen,

in denen in besonderem Maße die Bedürfnisse des Partners berücksichtigt werden, verknüpft wird. Wulf 2008.
C. Wulf

Liebesstile (= L.) [engl. *love styles*], [**EM, SOZ**], beschreiben Einstellungen von Personen in partnerschaftlichen Beziehungen. In Analogie zum Farbkreis gibt es *primäre L.* (Eros, Ludus und Storge), aus denen sich *sekundäre L.* (Pragma, Agape, Mania) zus.setzen (Lee 1988). *Eros* beschreibt die leidenschaftliche, sinnliche Liebe, bei der körperliche Anziehung eine große Rolle spielt. *Ludus* ist eine spielerische Form der Liebe, häufig mit unterschiedlichen Partnern. *Storge* umschreibt eine sich langsam entwickelnde freundschaftliche Form der Liebe, bei der gemeinsame Interessen im Vordergrund stehen. Bei *Pragma* (rationaler L.) wird besonderer Wert auf die Kompatibilität der Partner gelegt, *Agape* bezeichnet eine Form altruistischer Liebe, bei der die Sorge um den Partner im Vordergrund steht, und *Mania* steht für einen besitzergreifenden L. mit häufiger Eifersucht. Empir. Untersuchungen belegen Zusammenhänge zw. L. und versch. *Persönlichkeitsmerkmalen* (z. B. Ludus und *Neurotizismus*), *Selbstbewusstsein* (z. B. geht Mania mit geringerem Selbstbewusstsein einher), Einstellungen zu Sexualität und dem Liebeserleben (z. B. finden sich für Eros und Mania intensivere Einstufungen als für Pragma). Weiterhin finden sich Geschlechtsunterschiede (z. B. Ludus häufiger bei Männern als bei Frauen) und Zusammenhänge zwischen L. und Beziehungszufriedenheit. Hendrick & Hendrick 2006.
C. Wulf

Liebeswahn [engl. *delusion disorder, erotomanic type*], syn. *Erotomanie*; *Wahnhafte Störung*.

Liebmann-Effekt, [**WA**], das Hervortreten der Konturen bei verschiedenfarbigen (*Farbe*) Flächen hängt stärker von den Helligkeitsunterschieden (*Helligkeit*) als von den Farbunterschieden ab. Kanizsa 1966.

Lienert, Gustav A. (1920–2001), [**DIA, FSE**], 1950 Promotion zum Dr. med. und 1952 zum Dr. phil., beides in Wien, 1961 habilitiert in Marburg, 1961–1964 ao. Prof. an der Universität Hamburg, 1964–1974 Prof. an der Universität Düsseldorf und 1974–1986 an der Universität Erlangen-Nürnberg in Nürnberg, 1976/77 Präsident der Deutschen Region der Internationalen Biometrischen Gesellschaft; emeritiert 1986; viele Ehrungen, u. a. Ehrendoktor an den Universitäten Colgate (1982), Graz (1991), Leipzig (1995) und Wien (2001); Honorarprofessuren an den Universitäten Wien (1983) und Würzburg (1991). In den frühen Phasen seiner Karriere interessierte Lienert sich vorwiegend für *Pharmakopsychologie*. Er führte Untersuchungen zu den Effekten von legalen (Coffein, Alkohol) und von Freizeitdrogen (LSD) durch. Lienerts Habilitationsschrift thematisierte die Effekte von *LSD*. Die Daten aus dieser Arbeit wurden bei der Diskussion von Interaktionen höherer Ordnung noch Jahrzehnte später als Bsp.daten verwendet. Zunehmend wendete sich Lienert den quant. Methoden der empirischen Sozialwissenschaften zu. Drei Themenbereiche beschäftigten ihn für den Rest seiner Karriere. Der erste Bereich betrifft die *Testtheorie*. Ein Klassiker wurde sein Text mit dem Titel «Testaufbau und Testanalyse», ein Lehrbuch zur klassischen Testtheorie. Der zweite Bereich betrifft die nicht parametrische *Statistik*. Lienert war federführend an der Entwicklung vieler nicht parametrischer Tests beteiligt. Diese Arbeiten kulminierten in dem dreibändigen Werk zu den verteilungsfreien Methoden. Der dritte Bereich betrifft eine neue Methode der Datenanalyse, die Lienert 1968 vorschlug, die *Konfigurationsfrequenzanalyse (KFA)*. Werden Daten mit der KFA exploriert, werden Merkmalsprofile anstatt von Variablenzusammenhängen zum Gegenstand der stat. Analyse. Treten solche Profile häufiger auf als auf der Basis eines stat. Zufallsmodells erwartet, dann konstituieren sie Typen der KFA. Treten sie seltener auf, so konstituieren sie Antitypen der KFA. Lienerts Beiträge zur Disziplin der Ps. sind nicht nur durch seine bahnbrechenden und kreativen Arbeiten gekennzeichnet, sondern auch durch seine Förderung von Nachwuchstalenten. Diese Bemühungen sowie seine unterstützende, warmherzige und kooperative Persönlichkeit haben seine Position im Fach zementiert und entscheidend zu seiner anhaltenden Beliebtheit beigetragen. Krauth & Lienert 1973.
A. von Eye

Life-Chart-Methode *Bipolare Störungen*.

Life-Course-Persistent Offenders (= L.) [engl.] «Lebenslauf-persistierende Straftäter»; [lat. *persistere* stehen bleiben, verharren], [**EW, RF, SOZ**], in der Entwicklungstaxonomie delinquenten Verhaltens von Terrie Moffitt (1993) eine Gruppe von Personen, die schon in früher Kindheit antisoziales Verhalten (schlagen, lügen) zeigen, als Jugendliche leichte und später auch schwere Straftaten begehen und auch im Erwachsenenalter durch die Begehung krimineller Handlungen auffallen. Diese kleine Gruppe (ca. 5–8 %) ist für den Großteil der *Kriminalität* verantwortlich. Es wird davon ausgegangen, dass für sie am ehesten eine psychopathologische Erklärung der *Dissozialität* zutrifft: Ausgehend von neuropsychol. Beeinträchtigungen (z. B. durch Substanzmittelkonsum während der Schwangerschaft), die mit einem schwierigen Temperament des Kinds einhergehen, entstehen Schwierigkeiten in der Interaktion mit den (oft mit eigenen Problemen belasteten) Bezugspersonen, die zu weiteren Benachteiligungen in der Entwicklung beitragen. Frühe Verhaltensauffälligkeiten, Probleme mit Gleichaltrigen, Schwierigkeiten im Leistungsbereich und die Ausbildung von *Aggressivität* und *Impulsivität* führen zu einer Kumulation von Risikofaktoren bzw. Benachteiligungen, die einen «Ausstieg» aus devianten und kriminellen Verstrickungen (*Desistance*) schwer machen. Strafrechtliche Sanktionen und deren Folgen tragen überdies zur kontinuierlichen Randständigkeit und Antisozialität bei. Moffitt grenzt die Gruppe der L. von den *Adolescence-Limited Offenders* ab. Auch wenn es viele Befunde gibt, die die Existenz dieser Gruppe bestätigen, wird kritisiert, dass Moffitts Taxonomie bei den L. weder nach der Kindheit noch nach der Jugend die Möglichkeit zur Beendung der kriminellen «Karriere» vorsieht, obwohl nicht wenige Befunde zeigen, dass eine solche auch bei schweren Verlaufsformen vorkommt. *Jugendkriminalität, Erklärungsansätze*. Gibson & Krohn 2013.
S. Suhling

life domain balance (= L.) [engl. «Balance der Lebensbereiche»], [**AO, GES, WIR**], meint die Balance bzw. das Balancieren zw. unterschiedlichen Lebensbereichen. Angestrebtes Ziel ist eine Verbesserung der *Lebensqualität* bzw. das Aufrechterhalten einer als erhaltenswert erlebten Balance. Häufig geht es dabei um die Balance zw. den Möglichkeiten und Anforderungen der Erwerbsarbeit und den Möglichkeiten und Anforderungen anderer Lebenstätigkeiten. Der dafür vielfach verwendete Begriff *Work-Life-Balance* ist insofern irreführend, als er nahelegt, dass es um ein Balancieren zw. Arbeit und Leben geht. Tatsächlich aber ist Arbeit ein zentraler Bestandteil des Lebens. Außerdem ist mit *Work* in diesem Zusammenhang meist nur die Erwerbsarbeit gemeint. Sowohl für das persönliche Leben als auch für die Entwicklung der Gesellschaft höchst bedeutsame Formen von Arbeit – wie etwa Familienarbeit und gemeinnützige Tätigkeiten – finden sich aber auch außerhalb der Erwerbstätigkeit.

In Bezug auf die Balancierung von Berufs- und Familienleben weisen die von Campbell Clark vorgestellte *work/family border theory* und die daraus abgeleiteten Vorschläge einen hohen Anregungsgehalt auf: «Work/family border theory can give a theoretical framework that is missing from most research on work/family balance. Border theory can both describe why conflicts exist and provide a framework for individuals and organizations to encourage better balance between work and families» (Campbell Clark 2000, S. 764).

Arbeitspsychol. Beiträge zur L. beziehen sich insbes. auf persönlichkeits- und gesundheitsförderliche Arbeitsinhalte, lebensfreundliche Arbeitszeiten und familien-freundliche Arbeitsorte (Ulich & Wiese 2011). Prüft man die dazu vorliegenden Modelle und deren Umsetzung in die betriebliche Realität, so wird deutlich, dass darin vielfältige Chancen für eine L. i. w. S., insbes. aber für eine Optimierung der Beziehungen zw. Familie und Beruf, zu finden sind (*work-family conflict*). *E. Ulich*

Life-Event-Forschung (= LEF) [engl. *life event research*; *life event* Lebensereignis], **[EW, GES, KLI]**, die LEF beschäftigt sich mit der Frage, welche Auswirkungen *kritische Lebensereignisse* auf Entstehung und Verlauf *psychischer Störungen* haben. LE sind vom Alltag durch Merkmale zu unterscheiden, die Filipp (1981) aufgelistet hat: Es handelt sich um eine raum-zeitliche Verdichtung des Geschehens im Person-Interaktions-Gefüge, daraus ergibt sich ein Ungleichgewicht im Passungsgefüge von Person und Umwelt, das Ereignis besitzt für die Person eine herausragende emot. Bedeutung. Kritische LE sollten von *Traumata* unterschieden werden: Traumata sind als Ereignisse zu sehen, die für das Individuum eine Bedrohung des Lebens oder der Integrität der Person bedeuten. LE lassen sich zudem nach versch. Gesichtspunkten klassifizieren, z. B. normativ (z. B. Hochzeit) vs. nicht normativ (Unfallgeschehen), erwünscht vs. unerwünscht, Verlustereignis vs. Zuwachsereignis, vorhersehbar vs. nicht vorhersehbar, kontrollierbar vs. nicht kontrollierbar, punktuell (z. B. Unfall) vs. andauernd (Haftstrafe), gravierende Bedrohung vs. Alltagswidrigkeit (*daily hassles*). Der systematische und wiss. Hintergrund der LEF hängt mit versch. Disziplinen zus.: In bes. Weise betrifft dies die Stressforschung, aber auch die Entwicklungsps., die Persönlichkeitsps., die *Epidemiologie* und die Gesundheitsps. *Stress* besitzt vielfältige Auswirkungen auf unterschiedlichen Ebenen (*Hormone*, *Kognition*, *Verhalten*). Dies zu beschreiben und zu erforschen ist Gegenstand der LEF.

Die erste Aufgabe der LEF besteht in der Identifikation von LE, d. h., in der Klärung der Frage, wann ein Ereignis für eine Person als kritisches L. anzusehen ist. Für diese Identifikation von L. gibt es folg. Möglichkeiten: Normalpersonen legen den Bedrohungsgrad eines Ereignisses fest, Personen einer klin. *Stichprobe* beurteilen den Bedrohungsgrad von Ereignissen, die sie i. d. R. auch selbst erlebt haben, der Bedrohungsgrad des Ereignisses wird i. R. eines *Experteninterviews* festgelegt, die Festlegung erfolgt auf der Grundlage theoretischer Überlegungen. Die Erfassung von LE erfolgt zumeist mittels Skalen (*Ratingskala*), in denen einzelne Ereignisse und ein entspr. Belastungsgrad angegeben sind (z. B. *Social Readjustment Rating Scale (SRRS)*, Holmes & Rahe 1967).

Die zweite wichtige Aufgabe beinhaltet die Analyse der Effekte von LE, dabei sind folg. Aspekte zu berücksichtigen: In der Versuchsplanung erfolgt die Effekt-Analyse retrospektiv, d. h., dass eine prospektive Planung eines echten *Experimentes* in der LEF nicht möglich ist. Bei der *Datenerhebung* ist auf die Auswahl möglichst änderungssensitiver Items zu achten (*Änderungssensitivität*). In der Messung von Veränderungen (*Veränderungsmessung, messtheoretische Aspekte*) bildet die Zeit insofern einen Störfaktor, als Veränderungen im menschlichen Leben ggf. auch ohne ein spezif. Ereignis eintreten können. Korrelative Zus.hänge (*Korrelationen*) von LE mit psych. Störungen erlauben keine unmittelbare kausale Interpretation (*Kausalität*), weil mit einem LE i. d. R. eine Reihe anderer Einflussfaktoren (*Konfundierung*) eine Rolle spielen.

Die LEF hat in den vergangenen Jahrzehnten einen wichtigen Beitrag für unser Verständnis der Entwicklung (psych.) Störungen geleistet, wobei jedoch insbes. folg. Probleme berücksichtigt werden müssen: (1) Grundsätzliche Probleme retrospektiver (*retrospektiv*; *Fall-Kontroll-Studie*) Studien: Dies betrifft Person- und Kontextmerkmale, die bei der Effektanalyse nicht zu erfassen sind; (2) Effekte der Selektivität und Verzerrung der Erinnerung bei retrospektiven Studien; (3) Interaktion mit der Bewältigung des Ereignisses: Unklar ist bei retrospektiven Studien, worauf sich die *Erinnerung* bezieht, darüber hinaus gibt es kaum normative Kriterien für die Qualität von Bewältigung eines Ereignisses. (4) Ein bes. Problem bildet die Unspezifität der LEF: Es bleibt demnach offen, welche Ereignisse zu welchen psych. Störungen führen. (5) Vielfach unberücksichtigt bleibt auch, ob nicht auch protektive Faktoren eine Rolle spielen, die das Auftreten einer Störung verhindern könnten. Petermann & Reinecker 2005. *H. Reinecker*

Life-Event, kritisches [engl. *critical life event*; *life event* Lebenereignis], *Life-Event-Forschung*.

^Test^**Life Orientation Test (LOT-R)** *Optimismus*.

Liganden [engl. *ligands*; lat. *ligare* (zus.)binden], **[BIO, PHA]**, Bez. für Stoffe, die an best. Rezeptoren binden.

Likelihood-Funktion (= L-F.) [engl. *likelihood function*; *likelihood* Wahrscheinlichkeit], **[FSE]**, L-F. ergibt die bedingte Wahrscheinlichkeit für eine Beobachtung unter Zugrundelegung einer *Hypothese*. *Bayes-Statistik*. Likelihood-Ratio, Bez. für das Verhältnis der bedingten Wahrscheinlichkeiten. *Signalentdeckungstheorie*.

Likelihood-Ratio [engl. *likelihood* Wahrscheinlichkeit, *ratio* Bruch, Verhältnis], *Informationstheoretische Maße*, *Latente Klassenanalyse*, *Rasch-Modell*.

Likert-Skala [engl. *likert scale*], nach. R. Likert (1903-1981), **[DIA, FSE]**, eine Methode zur Skalierung (*Skalierung, Methoden der*) von Urteilen, bei der dem Befragten eine Aussage (z. B. «Mir gefällt Paris.») zusammen mit einer 5-stufigen, bipolaren Antwortskala (oft etikettiert mit «trifft überhaupt nicht zu», «trifft nicht zu», «teils/teils», «trifft zu», «trifft voll und ganz zu») vorgelegt wird. Die Antwortkategorien werden numerisch kodiert (z. B. von 1 bis 5). Dem Befragten wird als Urteil der Code, der von ihm gewählten Antwortkategorie zugewiesen bzw. bei mehreren Likert-Items zum gleichen Thema der Mittelwert der Antwortcodes dieser Items (summative *Skala*). *Ratingskala*. Bühner 2010, Borg & Staufenbiel 2007. *I. Borg*

Liking-System [engl. *liking system*], *Wanting und Liking*.

Lilliefors-Test *Kolmogorov-Smirnov-Test*.

Limbisches System (L. S.) [engl. *limbic system*; lat. *limbus* Saum], **[BIO]**, Grenzsystem zu den beiden großen, blasenförmigen Ausstülpungen des Neokortex (*Gehirn*). Es besteht aus zwei ineinander gelagerten, ringartig verknüpften Systemen: innerer Ring (Allokortex) und äußerer Ring (Mesokortex). Die Strukturen des L. S. sind in multiplen Erregungskreisen organisiert und als neuronales Substrat der *Emotionen* und der Bildung des *Gedächtnisses* von Bedeutung. Das L. S. ist mit Teilen des Hypothalamus so eng verbunden, dass diese dem «System» oft zugerechnet werden. Auch mit dem temporalen präfrontalen Neokortex bestehen enge Verbindungen, sodass beide oft als Teile des L. S. angesprochen werden. Das l. S. steuert das emot. *Verhalten* und damit das Motivationsgefüge (*Motivation*) von Mensch und Tier. Global dient es der Adaptation an sich laufend ändernde Umwelten. Störungen des L. S. führen zu Störungen der emot. Verhaltensweisen und beim Tier zu Störungen des artspezif. Verhaltens. L. R. von *Epilepsie* und *Psychosen* kommt es beim Menschen nicht selten zu Störungen des L. S., wobei deutliche Verhaltensänderungen auftreten: Wutanfälle (*Ärger*), Kaubewegungen, Störungen des Verständnisses, Angstgefühle (*Angst*), Änderung der sexuellen Erregbarkeit, Geruchshalluzinationen. Hinzu kommen vegetative Reaktionen wie Änderung des *Blutdrucks*, der außer- und innersekretorischen Drüsenfunktionen. Unter Vermittlung des L. S. ist es möglich, teilweise auch bewusst auf die Verstellung versch. Körperfunktionen (*Herzfrequenz*, Atemfrequenz, periphere Durchblutung, Hauttemperatur; *Autogenes Training*) einzuwirken. Isaacson & Pribram 1975, Schmidt et al. 2000. *C. Becker-Carus*

Limited Capacity Model of Motivated Mediated Message Processing (= LC4MP) [engl.] *Modell begrenzter motivierter medienvermittelter Informationsverarbeitungskapazität*, Lang (2000); **[KOG, MD]**, das LC4MP ist ein ressourcenansatzbasiertes Modell kogn. *Aufmerksamkeits*prozesse bei der Rezeption von Medieninhalten (*Medienrezeption*), das sich eng an Mehrebenen-Modellierungen kogn. *Informationsverarbeitung* orientiert. Hierbei folgt das LC4MP der Unterteilung von Informationsverarbeitungsprozessen in die Subprozesse der Encodierung, Speicherung und des Abrufs von Gedächtnisinhalten. Empirisch stellt Langs Modell eine Übertragung der Arbeiten Kahnemans (1973) dar, dessen *begrenzter kogn. Ressourcen-Ansatz* Aufmerksamkeitsverteilungen anhand von *Orientierungsreaktionen* mittels *Secondary Task Reaction Time* (STRT-Messung) misst. Das LC4MP nutzt die STRT-Messung als Indikator, um anhand einer Zweitaufgabe während des Medienkonsums (hier in erster Linie der Fernsehrezeption) eine Orientierungsreaktion auszulösen. Anhand dieser Orientierungsreaktion soll gemessen werden, wie viel kogn. Kapazität für die Verarbeitung der Medienbotschaft benötigt wird. Dabei teilt das LC4MP die Annahme, dass kogn. Ressourcen begrenzt sind und durch Aufmerksamkeitszuweisung zw. versch. Wahrnehmungsanlässen verteilt werden müssen. Für die Zuweisung kogn. Ressourcen i. R. der Nutzung von Medienangeboten macht das LC4MP neben motivationalen (*Motivation*) und wissensbasierten Faktoren auch formale Gestaltungsmerkmale der Medienbotschaft sowie das Vorhandensein von Triggern für Orientierungsreaktionen im Medienangebot (bspw. Animationen, schnelle Kamerabewegungen etc.) und die Komplexität der Medieninhalte verantwortlich. Lang stellt den Verarbeitungsprozess einerseits als einen motivierten bewussten Prozess, andererseits als eine automatische Aufmerksamkeitsverteilung (Orientierungsreaktionen) dar. Das LC4MP geht davon aus, dass die Art der Ressourcenzuweisung Auswirkung auf die Speicherung der Medieninhalte hat. Bei ausreichender Verfügbarkeit kogn. Ressourcen erfolgt eine entspr. gründlichere Verarbeitung der Medienbotschaften. Lösen Medienangebote selbst häufig Orientierungsreaktionen aus, so erfolgt die Ressourcenzuweisung automatisch, und formale Gestaltungsmerkmale besitzen einen Einfluss auf die Gedächtnisleistung. Dieser Zusammenhang kann in LC4MP-Studien als abhängig von der Komplexität der Medienbotschaften gezeigt werden: Bei inhaltlich geringerer Komplexität stellt sich, in der Folge von *Orientierungsreaktionen*, die durch Gestaltungsmerkmale hervorgerufen werden, eine höhere *Gedächtnis*leistung ein, was das LC4MP als Erhöhung der Ressourcenzuweisung interpretiert. Hingegen zeigt die erhöhte Ressourcenzuweisung bei komplexen Medienbotschaften, die zusätzlich durch ihre Gestaltungsmerkmale Orientierungsreaktionen auslösen, eine Abnahme der Gedächtnisleistung, die als kogn. Überforderung der Rezipienten interpretiert wird. Mit der Bezugnahme auf das LC4MP geht eine starke empirische Betonung der unmittelbaren Effekte kogn. Verarbeitungsprozesse einher (etwa Senkung der *Herzfrequenz* als Indikator einer Orientierungsreaktion bei höherem kogn. Ressourceneinsatz). Das empirische Repertoire i. R. des LC4MP sieht in der Folge keine Klärung der kogn. Verarbeitungsprozesse an sich vor, sondern fokussiert in erster Linie auf die Interpretation der In- und Output-Beziehungen zw. Aufmerksamkeitsprozessen (Input) und Abruf von Gedächtnisinhalten (Output). Im Speziellen zeigt sich eine Fokussierung auf empirische Designs, die auf Prozesse des Abrufes von Gedächtnisinhalten abzielen (operationalisiert in Form von abhängigen Variablen, wie etwa gestützte oder ungestützte Erinnerung medialer Inhalte) oder psychophysiologische Korrelate der Allokation kogn. Ressourcen nutzen, um Rückschlüsse auf Verarbeitungskapazität und Verarbeitungstiefe medialer Inhalte zu ziehen. *T. Meitz/A. Kalch*

limited parenting [engl.] «begrenzte Erziehung»; *Schematherapie.*

limitierte Käufe [engl. *limited purchases*; *limited begrenzt*], *Kaufentscheidungen, Modelle.*

^Test^**Lincoln-Oseretzky-Skala Kurzform (LOS KF 18)**, 1974, D. Eggert, [www.testzentrale.de], [**DIA, EW**]. Verfahren zur Ermittlung des motorischen Entwicklungsstandes. AA 5–13 Jahre. Die motometrische Stufenleiter zur Untersuchung der motorischen Begabung von Kindern und Jugendlichen stellt ein bekanntes Verfahren zur quant. Ermittlung des motorischen Entwicklungsstandes (*Entwicklung, motorische*) von Kindern und Jugendlichen dar. Ausgehend von der Hamburger Version der *Lincoln-Oseretzky Motor Development Scale* für geistig behinderte Kinder wurde eine aus 18 Aufgaben bestehende Kurzform entwickelt. *Normierung*: Normwerte für normalentwickelte Kinder im Alter von 5 bis 13;11 Jahren sowie für geistig behinderte (7;0 bis 13;11 Jahre) und lernbehinderte Kinder (8;0 bis 12;11 Jahre). Bearbeitungsdauer: ca. 30 Min.

Lindner, G. A. (1828–1887), [**HIS, PÄD, PHI, SOZ**], österreichischer Pädagoge, Soziologe, Ps. und Philosoph. Studium in Prag, Tätigkeit als Gymnasiallehrer und Leiter eines Lehrerseminars. Im Jahre 1878 wurde er als Prof. für Pädagogik, Ps. und Ethik an die Universität Prag berufen. Der Herbartianer Lindner verfasste Lehrbücher zur Pädagogik und Philosophie, die hohe Auflagen erreichten. Für die Ps. bedeutsam sind u. a. seine Bücher über das Glück sowie seine «Ideen zur Psychologie der Gesellschaft als Grundlage der Sozialwissenschaft» im Jahre 1871, in dem Lindner – wohl als Erster im dt. Sprachbereich – die «sociale Psychologie» erwähnt. *H. E. Lück*

linearer Zusammenhang (= l. Z.) [engl. *linear association/relationship*; lat. *linea* Linie, Lot], syn. *lineare Beziehung*, [**FSE**],math. Beziehung zw. Variablen, die im Falle zweier Variablen durch die Funktionsgleichung:

$$Y = b_0 + b_1 \cdot X$$

beschrieben wird.

Gleiche Veränderungen in X gehen in allen Wertebereichen mit gleichen Veränderungen in y einher. Nimmt x um eine Einheit zu, so verändert sich der Wert in y um b_1 Einheiten. In einem Koordinatensystem wird ein l. Z. durch eine Gerade beschrieben.

Im Falle von n Variablen $X_1…X_n$ wird der multivariate l. Z. mit einer Variable Y durch die Funktionsgleichung

$$Y = b_0 + b_1 \cdot X_1 + … + b_n \cdot X_n = b_0 + \sum_{k=1}^{n} b_k \cdot X_k$$

abgebildet.

I. R. der bi- und multivariaten Statistik (z. B. *Produkt-Moment-Korrelation*, *Regression, lineare*, *Faktorenanalyse*, *Strukturgleichungsmodelle*, *Allgemeines Lineares Modell*) wird zumeist ein l. Z. zw. den Analysevariablen angenommen bzw. ein l. Z. als hinreichend plausible Approximation nicht linearer Beziehungen angenommen.

Linearität [engl. *linearity*; lat. *linea* Linie, Lot], *Allgemeines Lineares Modell, linearer Zusammenhang.*

Linearkombination [engl. *linear combination*], *Allgemeines Lineares Modell, Korrelation, kanonische.*

linear-logistisches Testmodell (LLTM) [engl. *linear logistic test model*], [**DIA, FSE**], in vielen Bereichen der *Statistik* werden *lineare Zusammenhang* zw. vorhandenen und zu schätzenden Variablen postuliert (lineare *Strukturgleichungsmodelle*, *Regression, lineare*). Bei probabilistischen Modellen ist dies so nicht möglich, da die zu modellierenden Variablen Wahrscheinlichkeiten sind, also nur Werte zw. 0 und 1 annehmen können (*Item-Response-Theorie (IRT)*; *Regression, logistische*). Das LLTM erlaubt es, eine lineare Zerlegung der logistisch transformierten Antwortwahrscheinlichkeiten im *Rasch-Modell* vorzunehmen. Bezieht sich die Modellierung auf die *Itemparameter*, so spricht man vom linear-logistischen Testmodell

$$\sigma_i = \sum_{j=1}^{h} q_{ij} \eta_j - c$$

Die Formel zeigt, dass die Itemparameter σ_i mittels der Gewichte q_{ij} auf Basisparameter η_j zurückgeführt werden (*Item-Response-Theorie (IRT)*). Die Q-gewichte müssen präexperimentell vorgegeben werden, die η-Parameter werden als Modellparameter geschätzt. Ob die in der Matrix der q-Gewichte postulierte Struktur der Itemschwierigkeiten den Daten angemessen ist, kann mit Likelihood-Quotienten geprüft werden. Die h×k-Matrix (h: Anzahl der Basisparameter, k: Anzahl der Itemparameter) muss vollen Rang haben, d. h., mehr Item- als Basisparameter aufweisen und linear unabhängige Spalten haben.

Ein Bsp. für die Anwendung des LLTM ist die Modellierung der Itemschwierigkeiten in einem Leistungstest als Summe der an der Lösung von Aufgaben beteiligten Denkoperationen bzw. deren Schwierigkeiten. Auch Lerneffekte, die aufgrund von exp. Maßnahmen erzielt wurden, lassen sich mittels des LLTM auf stat. Signifikanz prüfen (*Signifikanztest*). Dies setzt allerdings ein Computerprogramm voraus, das die Spezifizierung eines unvollständigen Testdesigns ermöglicht, d. h. eines Designs, nach dem best. Personengruppen nur Teilmengen der Itemstichprobe erhalten haben (*Large Scale Assessment*). Werden im Modell statt der Itemparameter die Personenparameter additiv zerlegt, so resultiert i. d. R. ein *mehrdimensionales Rasch-Modell*. Die Verallgemeinerung des Ansatzes der additiven Zerlegung auf mehrkategorielle, ordinale Daten ist ebenfalls möglich (*linear-logistisches Partial-Credit-Modell, linear-logistisches Ratingskalen-Modell*). *Item-Response-Theorie (IRT)*. *J. Rost*

Linearperspektive [engl. *linear perspective*], [**WA**], monokularer Raumhinweis, der es dem Betrachter ermöglicht, die Verjüngung von Bildelementen zu einem Flucht-

punkt am Horizont (z. B. Eisenbahnschienen) zu nutzen, um die Größe, Entfernung oder Form von Bildinhalten genauer einzuschätzen (*visuelle Raumhinweise*). Goldstein 2007.
M. May

Linguistik (= L.) [engl. *linguistics*; lat. *lingua* Sprache, Zunge], **[KOG]**, meist als systemat. Kern der Sprachwiss. (*Sprache*) verstanden, entwickelt Begriffe und theoret. Konzeptionen zur Beschreibung und zur Analyse des Aufbaus und der Veränderungsgesetzlichkeiten spez. Sprachsysteme und, in darüber hinausgehender Abstraktion, natürlicher sprachlicher Systeme überhaupt. Ausgangsmaterial der L. sind gesprochene oder schriftlich fixierte Äußerungen, Texte. Das macht den vermutlich konsequenzenreichsten Unterschied zur Sprachps. aus (*Psycholinguistik*), deren primärer Gegenstand sprachliche Verhaltensweisen sind, d. h., sprachliche Äußerungen (*Sprachproduktion*), die von vornherein unter Berücksichtigung spez. psychol. Implikationen erfahrungswissenschaftlich verarbeitet werden. Allerdings erreichen die in der L. entwickelten sprachanalytischen Konzeptionen einen Differenziertheitsgrad, der weit über denjenigen gängiger psychol. Verhaltenstheorien hinausgeht. Daher empfingen die Sprachps. und die allg. psychol. Verhaltenstheorie von der L. bedeutende Anregungen. Andererseits scheint die L. i. R. ihrer eigenen Voraussetzungen zunehmend mehr darauf aufmerksam zu werden, wie wichtig die Berücksichtigung des Entstehungszusammenhanges von sprachlichen Äußerungen für deren theoretische Analyse ist (*Texttheorie*, *Pragmatik*, *Sprechhandlung*, *Sprechakttheorie*). Damit nähert sich die L. ihrerseits spezif. psychol. Fragestellungen und Konzeptionen. Dietrich 2007.
G. Kaminski

linguistische Kasusgrammatik [engl. *linguistic case grammar*], *Satzlernen*.

^Test**Linguistische Sprachstandserhebung – Deutsch als Zweitsprache (LiSe-DaZ)**, 2011, P. Schulz, R. Tracy, in Verbindung mit der Baden-Württemberg Stiftung, [www.testzentrale.de], **[DIA, KOG]**. Sprachtest. AA 3;0-7;11 Jahre. Mit der LiSe-DaZ kann eine standardisierte und normierte linguistisch orientierte Sprachstandserhebung an Kindern, die von Geburt an bilingual aufwachsen sowie solchen mit Deutsch als Zweitsprache vorgenommen werden. LiSe-DaZ wurde als förderdiagnostisches Verfahren konzipiert. Durch Wiederholungsmessungen kann auch die Wirksamkeit spez. Fördermaßnahmen überprüft werden. *Normierung*: N = 912 Kindern normiert (609 DaZ- und 303 DaM-Kinder), differenziert nach Alter in Jahresschritten und Deutschkontaktdauer. Bearbeitungsdauer: Durchführung 20–30 Min; Auswertung 30 Min.

linguistisches Relativitätsprinzip [engl. *linguistic principle of relativity*], *Sapir-Whorf-Hypothese*.

Linkage-Studien [engl. *linkage studies*; *linkage* Bindung, Koppelung], **[PER]**, Linkage bez. stat. Abhängigkeiten des Auftretens von Genvarianten (Allelen) an versch. Genloci und bildet eine Ausnahme von Mendels zweiter Regel der unabhängigen Rekombination von Allelen. Linkage tritt bei Genen auf, die auf dem gleichen Chromosom eng benachbart lokalisiert sind: je stärker das Linkage, desto geringer die Distanz der Gene auf dem Chromosom. Linkage-Studien zielen auf die Lokalisation von Genen auf Chromosomen und analysieren Familienstammbäume, da Verwandte relativ lange Chromosomenabschnitte teilen. *Verhaltensgenetik*.

Linkanalyse [engl. *link analysis*; *link* Verbindung], **[AO]**, *Arbeitsablaufanalyse*, Methode zur Verbesserung (Optimierung) des Ineinanderwirkens der Teile bei Instrumenten, Geräten, Maschinen etc. bzw. im *Mensch-Maschine-System*.

Linkshändigkeit [engl. *left-handedness*, *sinistrality*], *Händigkeit*, *Lateralität*.

Links-Ohr-Vorteil [engl. *left ear advantage (LEA)*], *Sprachlateralisierung*.

Linsen-Analogie, **[SOZ, WA]**, ein von Brunswik (1952) gebrauchtes Bild für die stabilisierte Verbindung zw. fokalen Variablen (wie z. B. dem physikal. Gegenstand und dem wahrgenommenen (*Wahrnehmung*) ps. Gegenstand), d. h. also eine durch versch. (vikariierende) Funktionen zustande gekommene Leistung des *Organismus*. Die Linse ist nur eine Analogie für die Tatsache, dass es im Organismus versch. Funktionen gibt, die immer wieder versch. zsm.gesetzte Komponenten eines von außen nach innen wirkenden Ereignisses zu einer relativ konstanten Einheit, der Wahrnehmung, stabilisieren. In der Sozialps. von Hursh & Hammond eingeführtes und von Brehmer adaptiertes Modell für die Konvergenz von *Urteilen*, nachdem *Verhandlungen* stattgefunden haben, bei zunächst divergierenden Strategien der Urteilsfindung. Hammond & Brehmer 1972.
R. Bergius

^Test**Linzer Fragebogen zum Schul- und Klassenklima (LSFK 4—8)**, LFSK 4-8 (4.–8. Klasse), 2000, F. Eder & J. Mayr bzw. LFSK 8-13 (8–13. Klasse), 1998, F. Eder. **[DIA, PÄD]**. Standardisiertes Verfahren zur Messung der subj. wahrgenommenen Lernumwelt aus Sicht von Schülern, AA 4.–8. Klasse. Der LFSK 4–8 besteht aus zwei Teilen, die sich auf unterschiedliche Ebenen der Schulorganisation (Klassenebene und Schulebene) beziehen. Das Verfahren erfasst auf Klassenebene (42 Items) 14 Elemente des Klimas (*Pädagogisches Engagement*, *Restriktivität*, *Mitsprache*, *Gerechtigkeit*, *Komparation*, *Gemeinschaft*, *Rivalität*, *Lernbereitschaft*, *Störneigung*, *Leistungsdruck*, *Unterrichtsdruck*, *Vermittlungsqualität*, *Schülerbeteiligung im Unterricht*, *Kontrolle der Schülerarbeit*), die zu vier Dimensionen zus. gefasst werden können (*Sozial- und Leistungsdruck*, *Schülerzentriertheit*, *Kohäsion*, *Disziplin*). Auf Schulebene (17 Items) werden die Klimabereiche *Wärme* und *Strenge/Kontrolle* erfasst. Der LFSK 8–13 ist analog dem LFSK 4–8 aufgebaut, wobei auf Schulebene neben den Bereichen *Wärme* und *Strenge/Kontrolle* die Bereiche *Anregung/Vielfalt* und *Betonung von Leistung* abgebildet werden und dieses Verfahren deutlich umfangreicher ist (Klassenebene: 80 Items, Schulebene: 27 Items). Der Fragebogen eignet sich zur Individualberatung, Organisationsdiagnose in Schulklassen und Schulen, Evaluation und Forschung. Durchführungsdauer: ca. 15 bis 25 Min. *Klassenklima*, *Schulklima*. Eder 1998, Eder & Mayr 2000.
S. Lichtenfeld

Lipmann, Otto (1880–1933), **[HIS]**, Sohn eines jüdischen Kaufmanns. Banklehre, dann Studium der Philosophie und

Ps., 1904 Promotion in seiner Heimatstadt Breslau bei *Ebbinghaus*. 1906 begründete Lipmann in Berlin nach einer Idee von *William Stern* das Institut für angewandte Ps. und psychol. Sammelforschung, das in den ersten Jahren als Einrichtung der Gesellschaft für exp. Ps. betrieben wurde. Das Institut war praktisch ein Archiv für Literatur, Tests, Testergebnisse, Kinderzeichnungen usw. Es übernahm auch Auswertungen gegen Auftrag (Sprung & Brandt 2003). Das Institut wurde über Jahrzehnte ganz überwiegend aus eigenen Mitteln von Lipmann finanziert. Lipmann publizierte eine Vielzahl von Arbeiten zu verschiedensten Bereichen der angewandten Ps. Nachdem er 1933 aus rassistischen Gründen sein Amt als Herausgeber der Zeitschrift für angewandte Ps. sowie seinen Lehrauftrag an der Universität niederlegen musste und ein SA-Trupp sein Haus und das von ihm aufgebaute Institut verwüsteten, nahm er sich am 7. Oktober 1933 das Leben. *H. E. Lück*

Lippitt, Ronald O. (1914–1986), [**HIS, SOZ**], amerikanischer Ps. Lippitt studierte am Springfield College, erwarb seinen Masterabschluss sowie seinen Doktorgrad an der University of Iowa. Lippitt war dort mit *Lewin* und *White* an der Durchführung und Veröffentlichung der wegweisenden Führungsstiluntersuchungen beteiligt. Er war Mitbegründer des Research Center for Group Dynamics am Massachusetts Institute of Technology, und nach Lewins Tod und dem Umzug dieses Instituts 1948 wurde er Mitbegründer des University's Center for Research on the Utilization of Scientific Knowledge am Institute of Social Research in Ann Arbor. Dort wurde Lippitt einer der Programmdirektoren und Associate Professor für Soziologie und Ps. 1952 wurde er zum Professor ernannt. Lippitt war stets an der Anwendung sozialps. Befunde interessiert. Er hatte mit Lewin und Mitarbeitern das Verfahren der T-group (*sensitivity group*, *Sensitivity-Training*) entwickelt, 1946 war er Mitbegründer der National Training Laboratories in Bethel. Vom Springfield College erhielt Lippitt 1962 die Ehrendoktorwürde, 1965 ebenso vom Leslie College. *H. E. Lück*

Lipps'sche Richtungstäuschung, [**WA**], geometrisch-optische Täuschung, bei der parallele Linien durch eingeschobene Knickungen unparallel erscheinen.

Liquid Ecstasy (= L.), [**PHA**], Gamma-Hydroxybuttersäure (GHB) ist ein Metabolit von Gamma-Butyrolacton (GBL), einem industriell weit verbreiteten Lösungsmittel, das in versch. Reinigern (z. B. in Felgenreinigern, acetonfreien Nagellackentfernern) und Fertigprodukten (u. a. Pharmazeutiker und Pflanzenschutzmittel) eingesetzt wird. Die Substanz ist chemisch nicht mit *Ecstasy* (Methylendioxymethamphetamin oder MDMA) verwandt. Die Wirkung ist dosisabhängig: bei geringer Dosierung von L. entstehe ein alkoholähnlicher *Rausch* mit euphorisierendem, entspannendem, antidepressivem, angstlösendem und muskelrelaxierendem Effekt; mittlere Dosen wirken sexuell anregend, enthemmend, gelegentlich kommt es zu verstärktem Farbsehen, leichten *Halluzinationen* und akustischen Täuschungen; hohe Dosen wirken sedierend, atemdepressiv, halluzinogen. Bei Überdosierungen kann es zur Verlangsamung von Herzschlag und Atmung und zur Entwicklung eines meist reversiblen *Komas* kommen.

GHB/GBL kann mit den gängigen Drogenschnelltests nicht nachgewiesen werden. Ein Nachweis ist lediglich mit aufwändigen Verfahren im Urin etwa 12 Std., im Blut bis zu 6 Std. nach Einnahme möglich. Entzugssymptome treten innerhalb von 1 bis 6 Std. nach der letzten Einnahme auf. Bei häufiger Nutzung kann es zu einer Verschlimmerung von Ängsten und Schlafstörungen kommen, viele Konsumenten missbrauchen die Droge dann alle 2 bis 4 Std. rund um die Uhr. *T. Veselinović*

Liraglutid (= L.), [**PHA**], Antidiabetikum aus der Gruppe der Inkretin-Mimetika. Wirkt als langwirksames Analogon des Inkretins Glucagon-like peptide 1 (GLP-1) und fördert u. a. die Insulinsynthese und -freisetzung aus den Betazellen. Ferner bewirkt es eine Verzögerung der Magenentleerung und eine Steigerung des Sättigungsgefühls. Da es sich um ein Peptid handelt, kann es nicht oral eingenommen werden, sondern muss einmal täglich subkutan gespritzt werden. L. ist in Dt. seit 2009 als Victoza® verfügbar. Seit 2014 ist eine Fixkombination mit Insulin (Xultophy®) zugelassen. In den USA wurde es im Jahr 2014 als ein neues Präparat zur Behandlung von Übergewicht und Fettleibigkeit registriert (Saxenda®). Die Indikationsgrenzen liegen bei Erwachsenen ohne Begleiterkrankung bei einem *Body-Mass-Index* von 30. Wenn Begleitrisiken wie Typ-2-Diabetes, arterielle *Hypertonie*, erhöhte Cholesterinwerte oder eine obstruktive *Schlafapnoe* vorliegen, darf das Mittel ab einem BMI von 27 eigesetzt werden. Eine Zulassung für den europäischen Markt in dieser Indikation wird erwartet. L. führt relativ häufig zu gastrointestinalen *Nebenwirkungen*. Bes. problematisch ist das Risiko einer schweren Pankreatitis. *T. Veselinović*

Lisdexamphetamin (= L.), [**PHA**], Amphetaminderivat, als Reservemittel zur Behandlung der *Aufmerksamkeitsdefizit-/Hyperaktivitätsstörung (ADHS)* bei Kindern ab sechs Jahren, wenn eine zuvor erhaltene Behandlung mit *Methylphenidat* als klin. unzureichend angesehen wird, zugelassen. Das Medikament ist in den USA seit 2007 als Vyvanse® und in Europa seit März 2014 als Elvanse® erhältlich. Es handelt sich um ein pharmakol. inaktive *Prodrug*, das in den Erythrozyten zu Dexamfetamin und L-Lysin hydrolysiert wird. Die Tagesdosis beträgt zu Beginn 30 mg, im Verlauf kann eine Dosiserhöhung um wöchentlich jew. 20 mg bis max. 70 mg erfolgen. Seit Januar 2015 ist Vyvanse® in den USA zur Behandlung der *Binge-Eating-Störung* zugelassen. I. R. der Zulassungsstudien wurde unter der Therapie mit höheren Dosen von L. eine Reduktion der Frequenz der Essattacken und im Verlauf des Körpergewichts berichtet. *T. Veselinović*

Lispeln, volkstümliche Bez. für *Sigmatismus*.

Lisrel [**FSE**], Abk. für linear structural relations. Kommerzielle syntaxbasierte Statistik-Software. L., mittlerweile in Version 9.1 erschienen, ermöglicht, auch durch Zusatzmodule, die Datenaufbereitung, die Berechnung von Strukturgleichungsmodellen, Statistische Standardverfahren, hierarchischer lineare wie auch nicht lineare Modelle, generalized linear models (GLM), sowie Mehrebenen-GLMs. [http://www.ssicentral.com/lisrel/].

M. Reutlinger

Lissajous-Figuren (= L.-F.), **[WA]**, im Allg. geschlossene Bewegungsmuster, die entstehen, wenn sich zwei zueinander senkrecht schwingende periodische Bewegungen überlagern. Ihre Form hängt von den Frequenzverhältnissen und vom Phasenunterschied der beiden Schwingungen ab. Die L.-F. fanden Beachtung und wahrnehmungsps. Analyse durch Mach, Benussi (1918), Johansson (1950). Eisenlohr konstruierte zu ihrer Erzeugung den *Zweipendelapparat*.

Listing'sches Gesetz, **[WA]**, beschreibt die Rollung (Torsion) des Auges für versch. Augenstellungen. In der *Primärstellung der Augen* wird ein vertikaler Meridian auf der Netzhaut oder der Hornhaut def.; bei Änderung der Augenposition entlang der Vertikalen oder Horizontalen bleibt der vertikale Meridian obj. senkrecht; in allen anderen Positionen (Tertiärstellungen) ist er relativ zur obj. Vertikalen geneigt (Torsion). Das Listing'sche Gesetz gibt die Größe der Neigung an. Es ergibt sich unter der Annahme, dass *Augenbewegungen* um jew. eine Achse laufen; alle Achsen liegen in der Listing'schen Ebene, die relativ zum Kopf fest ist und senkrecht zur *Blicklinie* in der Primärstellung des Auges. Für vertikale Augenbewegungen ist die Achse horizontal, für horizontale Augenbewegungen vertikal, und für schräge hat sie einen best. Winkel zur Horizontalen bzw. Vertikalen. Als Folge des Listing'schen Gesetzes erscheint z. B. das *Nachbild* einer vertikalen Linie, das in der Primärstellung geformt wurde, in einer Tertiärstellung geneigt; andererseits wird stets dieselbe Menge von *Rezeptoren* gereizt, wenn das Auge entlang einer beliebigen Linie blickt. Das Listing'sche Gesetz gilt nicht im Schlaf. Carpenter 1977. *H. Heuer*

Lisurid, **[BIO, PHA]**, Substanz aus der Gruppe der *Dopaminagonisten* (D2), (*Dopamin*-beeinflussende Substanzen). Therap. Einsatz bei *Parkinson'scher Erkrankung*.

literacy [engl.] *Allgemeinbildung.*

Literalität *Schriftsprache.*

Literaturpsychologie (= L.) [engl. *psychology of literature*], Sammelbegriff für ps. Arbeiten im Zusammenhang mit (vor allem) fiktionalen Texten, entspr. der prozessualen Abfolge von Produktion bis Rezeption unterteilbar in Autor-, Werk-, Leserps. Historisch steht die *Autorps.* mit der Ausrichtung auf den Produzenten und Produktionsprozess am Anfang. Bis heute nachwirkende Resonanz findet die Genie-Irrsinn-These des 19. Jhd. (Lombroso), die in Verbindung mit dem psychoanalytischen Neurosemodell (*Psychoanalyse*) zu einer ausgedehnten und ausufernden Tradition von Künstler-Pathografien geführt hat (Lange-Eichbaum). Nach dem Zweiten Weltkrieg überwindet die Ich-psychol. Weiterentwicklung der Psychoanalyse die Neurosethese, und die empirische Kreativitätsforschung (*Kreativität*) klärt die paradoxale Persönlichkeitsstruktur jenseits des Genialen und Krankhaften auf. Die *Werkps.* wird im 20. Jhd. zunächst lange von tiefenpsychol. Schulen (Psychoanalyse: *Freud*; *Analytische Psychologie*: *Jung*) dominiert, da sich von hier aus der größte Überschneidungsbereich mit der hermeneutischen Literaturinterpretation ergibt. Ab ca. 1970 kommen auch empirische Ansätze aus der linguistischen Stilistik durch *Psycholinguistik* (bzgl. Geschichtengrammatiken) hinzu. Das Schwergewicht empir.-psychol. Textanalysen liegt aber auf nicht fiktionalen (Informations-)Texten.

Den umfangreichsten Forschungsbestand weist naturgemäß die auf die Domäne der Textrezeption und -verarbeitung ausgerichtete *Leserps.* auf. Seit der «Kognitiven Wende» (um 1970) ist die kogn. Konstruktivität der Informationsverarbeitung zunehmend auch für fiktional-literarische Texte untersucht und gesichert worden. Dabei geht es um den Aufbau mentaler (Text-)Modelle in Abhängigkeit v. a. von Personmerkmalen (Vorwissen, Arbeitsgedächtnis, Lesemotivation etc.) wie auch um die Lektürewirkung (auf Überzeugungswissen, Persönlichkeitsentwicklung etc.; vgl. auch die Ansätze der Biblio- und Poesietherapie). Methodologisch ergeben sich interdisziplinäre Synergien insbes. mit einer empirischen Literaturwissenschaft, inhaltlich in erster Linie mit der Lese- und Literaturdidaktik. Dadurch sieht sich die aktuelle L. immer mehr mit dem Anspruch konfrontiert, neben den kognitiven auch die emot.-motivationalen Dimensionen der Verarbeitung literarischer Texte aufzuklären. Groeben 1972, Schram & Steen 2001, Groeben & Christmann 2014. *N. Groeben*

Lithiumacetat (= L.) [engl. *lithiumacetate*], **[PHA]**, ist das Lithiumsalz der Essigsäure. Als *Psychopharmakon* gehört es zur Gruppe der *Lithium(-salze)* und wird zur Behandlung *Bipolarer Störungen* eingesetzt. Benkert & Hippius 2013.

Lithiumcarbonat, [engl. *lithiumcarbonate*], **[PHA]**, ist das Lithiumsalz der Kohlensäure. Als *Psychopharmakon* (u. a. Quilonum retard®, Hypnorex retard®) gehört es zur Gruppe der *Lithium(-salze)* und wird zur Behandlung *Bipolarer Störungen* eingesetzt. Benkert & Hippius 2013.

Lithium(-salze) (= L.), [engl. *lithium*], **[PHA]**, ist ein chemisches Element, Alkalimetall, mit dem Symbol Li und der Ordnungszahl 3. Als Arzneimittel wird es bei der Behandlung affektiver Erkrankungen eingesetzt. L. ist die klassische Referenzsubstanz zur Behandlung bipolar affektiver Erkrankungen (*Bipolare Störungen*). L. war der erste Stimmungsstabilisierer. In Dt. ist L. zugelassen zur Akutbehandlung manischer *Syndrome* (*Manie*) und zur Rezidivprophylaxe bipolarer Störungen. Einer der wesentlichen Wirkmechanismen von L. bei affektiven Störungen scheint dessen Wirkungen auf Second-Messenger-Systeme mit dem zentralen Angriffspunkt des Inositolphosphatstoffwechselwegs zu sein. Die Phospholipase C katalysiert nach Aktivierung durch *Neurotransmitter* die Bildung der intrazellulären *second messengers* Inositoltriphosphat und Diacylglycerol. Dies führt im Wesentlichen zu einer intrazellulären Kalziumfreisetzung aus dem endoplasmatischen Retikulum. Kalzium wiederum reguliert neben einer Vielzahl von Zellfunktionen Synthese und Freisetzung von Monoamin-Neurotransmittern. Möglicherweise fördert L. aktiv die Neurogenese, unter L.-Therapie zeigt sich MR-tomografisch ein Anstieg von N-Acetylaspartat (NAA) als Marker neuronaler Intaktheit. Häufigste Gründe für das Absetzen von L. durch den Pat. sind subj. erlebte kogn. Störungen (*Kognition*), Gewichtszunahme, *Tremor* und Polyurie. Bei L.-Plasmakonzentrationen > 1,6 mmol/l (*Plasmaspiegel*) kann es zu Intoxikationserscheinungen (*Intoxikation*) kommen. Da die Schwelle für Intoxikationszeichen indiv. versch. ist, können im Einzelfall erste *Symptome* einer L.-Intoxikation auch bei niedrigeren Plasmakonzentrationen auftreten. Symptome der Intoxikation sind Übelkeit, Erbrechen, Durchfall, grobschlägiger Händetremor, Abgeschlagenheit, psychomotorische Verlangsamung, Vigilanzminderung, *Schwindel*, *Dysarthrie*, *Ataxie*. Benkert & Hippius 2013, Müller-Oerlinghausen & Greil 1986. M. Paulzen

Lithiumsulfat [engl. *lithiumsulfate*], **[PHA]**, wird durch Umsetzung von Lithiumcarbonat mit Schwefelsäure dargestellt. Als *Psychopharmakon* gehört es zur Gruppe der *Lithium(salze)* und wird zur Behandlung *Bipolarer Störungen* eingesetzt. Benkert & Hippius 2013.

Little-Syndrom, **[BIO]**, veraltete allg. Bez. für im Kindesalter auftretende *Lähmung* infolge eines frühkindlichen Hirnschadens (*Schädel-Hirn-Trauma*, *Zerebrovaskuläre Erkrankungen*).

Lobotomie (= L.), **[BIO, KLI]**, Durchschneiden von Nervenbahnen im Frontallappenbereich des *Gehirns* bei schwerer *Schizophrenie* und Zwangszuständen (*Zwangsstörungen*). Die frühere Verbreitung der L. wird heute als krasses Bsp. einer Fehlentwicklung «therap.» Maßnahmen angesehen, die nur durch fehlende Wirkungs- und Nebenwirkungskontrollen entstehen konnte. *Leukotomie*.

locus of control *Kontrollüberzeugungen, internale vs. externale Kontrolle*.

Loevinger-Homogenitätsindex *Homogenität*.

LOGIK-Studie [engl. *LOGIC study*], **[EW, PÄD, PER]**, bezeichnet eine von Prof. Franz E. Weinert 1984 in München begonnene *Längsschnittuntersuchung* (Longitudinalstudie zur Genese indiv. Kompetenzen), in der die intellektuelle, motorische, soziale und persönlichkeitsbezogene Entwicklung (*Entwicklung, kognitive*, *Entwicklung, motorische*, *Entwicklung, soziale*, *Persönlichkeitsentwicklung*) von anfangs etwa 200 Kindern ab dem Alter von vier Jahren zunächst über 9 Jahre hinweg (bis 1993) in halbjährlichen Abständen untersucht wurde. Ab 1986 wurden auch die schulische Entwicklung und weitere Aspekte der akademischen Laufbahn untersucht. Ab Ende der 1990er-Jahre bis zum offiziellen Abschluss im Jahr 2004 wurde die Studie von Prof. Wolfgang Schneider geleitet. Immerhin 152 von insges. ca. 200 Personen nahmen im Alter von ca. 24 Jahren an der letzten Gesamterhebung im Jahr 2003/04 teil. Für eine Teilstichprobe der nun etwa 30-jährigen Erw. wurde die Persönlichkeitsentwicklung noch einmal von 2009 bis 2011 an der Humboldt-Universität Berlin untersucht (Asendorpf, Denissen und van Aken). Eine Besonderheit der Studie ist darin zu sehen, dass die beschriebenen Teilbereiche der Entwicklung bei den gleichen Individuen von unterschiedlichen Forscherteams detailliert untersucht und Ergebnisse zu unterschiedlichen Teilbereichen miteinander in Beziehung gesetzt wurden. In einem solchen Umfang war dies vorher noch nie geschehen. Ohne die tatkräftige Unterstützung der Max-Planck-Gesellschaft, der Volkswagen-Stiftung und der Thyssen-Stiftung hätte die Langzeitstudie in dieser Intensität nicht stattfinden können. Ihre Ergebnisse sind internat. auf großes Interesse gestoßen und wurden mittlerweile in mehr als 150 Publikationen an die Fachöffentlichkeit weitergegeben. Der umfangreiche Datensatz wurde am ZPID der Universität Trier archiviert und steht für Sekundäranalysen zur Verfügung. Schneider 2008a, Weinert 1998. W. Schneider

logischer Fehler (= l. F.), **[DIA, SOZ]**, *Beobachtungsfehler*, bei dem aus dem Vorliegen eines Merkmals auf das Vorliegen eines zweiten Merkmals geschlossen wird. Eigenschaften werden als logisch zus.gehörig empfunden. Bspw. könnte bei eingeschränkten Deutschkenntnissen eines Grundschülers automatisch auf geringe kogn. Fähigkeiten geschlossen werden, ohne dass valide Hinweise auf geringe kogn. Fähigkeiten vorliegen. Ähnlich könnte mit dem Merkmal «ordentlich» automatisch das Merkmal «fleißig» assoziiert werden. Während beim *Halo-Effekt* eine diffuse Übertragung eines Merkmals auf andere Merkmale erfolgt, liegt ein l. F. eher vor, wenn persönliche Überzeugungen oder eine *Implizite Persönlichkeitstheorie* die Ableitung assoziierter Eigenschaften bedingen.

logisches Modell *Programmtheorie*.

Logistische Funktion *Item-Response-Theorie (IRT)*, *Rasch-Modell*, *Regression, logistische*.

Logit *Regression, logistische*, *Rasch-Modell*.

Logit-Modell, **[FSE]**, Spezialfall log-linearer Modelle (*Log-lineare Modelle*) bei dem eine kategoriale abhängige Variable (*Variable, abhängige*) durch eine oder mehrere kategoriale Variable(n) vorhergesagt wird. *Regression, logistische*. Urban 1998.

Log-lineare Modelle (= L.), **[FSE]**, multivariate stat. Verfahren zur Analyse von zwei- (z. B. Stressverarbeitungstyp, Gesundheitsbeschwerden) oder mehrdimensionalen (z. B. dreidimensional: Stressverarbeitungstyp, Gesundheitsbeeinträchtigung, Geschlecht) Kontingenz- bzw. Häufigkeitstabellen (z. B. *Vierfeldertafel*). Ziel der Analyse ist es, die Häufigkeiten in den Zellen n_{ij} (z. B. Häufigkeit von Gesundheitsbeeinträchtigung i bei Stressverarbeitungstyp j) durch die Ausprägungen der kategorialen Merkmale (hier: Gesundheitsbeeinträchtigung, Stressverarbeitungstyp) vorherzusagen.

Für 2 x 2-Kontingenztabellen kann bspw. ein *additives Modell* bestimmt werden (alternativ: *mulitplikatives Modell*). Bei diesem werden anstatt der Häufigkeiten die logarithmierten Häufigkeiten $ln(n_{ij})$ betrachtet. Diese Logarithmierung ist erforderlich, damit eine additive Zerlegung der Einflüsse der Ausprägungen der kategorialen Merkmale auf die Häufigkeiten erfolgen kann. Hierbei ergibt sich eine ähnliche Modellgleichung wie bei der zweifaktoriellen *Varianzanalyse*, bei der 2 Haupteffekte und ein *Interaktionseffekt* modelliert bzw. geschätzt werden:

$ln(n_{ij}) = ln(\hat{\gamma}) + ln(\hat{\gamma}_i^A) + ln(\hat{\gamma}_j^B) + ln(\hat{\gamma}_{ij}^{AB})$

$ln(\hat{\gamma})$ = Mittelwert aller logarithmierten Zellhäufigkeiten.

$ln(\hat{\gamma}_i^A)$ = Abweichung des Mittelwerts der logarithmierten Zellhäufigkeiten, wenn das kategoriale Merkmal A den Wert i annimmt, von $ln(\hat{\gamma})$. Also z. B. $((ln(\hat{\gamma}_{00}) + ln(\hat{\gamma}_{01}))/2) - ln(\hat{\gamma})$ für Kategorie 0 in A.

$ln(\hat{\gamma}_j^B)$ = Abweichung des Mittelwerts der logarithmierten Zellhäufigkeiten, wenn das kategoriale Merkmal B den

Wert j annimmt, von $ln(\hat{\gamma})$. Also z. B. $((ln(\hat{\gamma}_{00}) + ln(\hat{\gamma}_{10}))/2) - ln(\hat{\gamma})$ für Kategorie 0 in B.
$ln(\hat{\gamma}_{ij}^{AB})$ = Abweichung der logarithmierten Zellhäufigkeit der logarithmierten Zellhäufigkeiten $(ln(n_{ij}))$ von der Vorhersage der Zellhäufigkeit aufgrund der beiden Haupteffekte $(ln(\hat{\gamma}) + ln(\hat{\gamma}_i^A) + ... + ln(\hat{\gamma}_j^B))$.
Angenommen, ein Gesundheitsproblem tritt für Mitarbeiter, die Stressverarbeitungsstil A anwenden, in 20 von 200 Fällen auf ($n_{00} = 180, ln(n_{01}) = 5, 19 n_{01} = 20, ln(n_{01}) = 3, 00$). Für den Stressverarbeitungsstil B wird das Gesundheitsproblem hingegen in 50 von 200 Fällen diagnostiziert ($n_{10} = 150, ln(n_{10}) = 5, 01; n_{11} = 50, ln(n_{11}) = 3, 91$). Dann würde die Modellgleichung für die Zelle 11 lauten:
$3, 91 = 4, 28 - 0, 82 + 0, 18 + 0, 27$, da
$ln(\hat{\gamma}) = (5, 19 + 3, 00 + 5, 01 + 3, 91) = 4, 28$
$ln(\hat{\gamma}_1{}^A) = ((5, 01 + 3, 91)/2) - 4, 28 = +0, 18$
$ln(\hat{\gamma}_1^B) = ((3, 00 + 3, 91)/2) - 4, 28 = -0, 82$
$ln(\hat{\gamma}_{11}^{AB}) = 3, 91 - (4, 28 + 0, 18 - 0, 82) = +0, 27$
Diese Parameter können auf Signifikanz gestestet werden (*Signifikanztest*) und es können *Konfidenzintervalle* bestimmt werden. Für die Prüfung des Zusammenhangs (*Korrelation*) der kategorialen Merkmale ist die Signifikanz der Interaktion $\hat{\gamma}_{ij}^{AB}$ entscheidend, da der Interaktionseffekt den zellenspezifischen Effekt repräsentiert, der nicht durch die additiven Effekte der einzelnen kategorialen Merkmale A und B modelliert werden kann. Dies würde hier bedeuten, dass das Auftreten des Gesundheitsproblems mit dem Stressverarbeitungsstil in Zusammenhang steht, weil die logarithmierte Häufigkeit der Kombination nicht durch die logarithmierte Häufigkeit des Gesundheitsproblems und die logarithmierte Häufigkeit des Stressverarbeitungsstils vorgesagt werden kann.
Bei kategorialen Merkmalen mit k > 2 Kategorien muss eine Referenzkategorie definiert werden (z. B. Referenzkategorie: k. Gesundheitsbeschwerden; Vergleichsgruppe A = Erkrankungstyp I; Vergleichsgruppe B = Erkrankungstyp II). Dann werden für jede Vergleichsgruppe Kontrasteffekte im Vergleich zur Referenzkategorie bestimmt.
Neben der Signifikanz der einzelnen Haupt- und Interaktionseffekte kann ein spezifiziertes Modell hinsichtlich der Güte der Vorhersage der Zellhäufigkeiten gegen ein allgemeineres oder ein strenger spezifiziertes Modell getestet werden. Solche Modellvergleiche sind möglich, wenn es sich um hierachisch geschachtelte oder genestete Modelle handelt: Dies ist der Fall, wenn eines der beiden Modelle auf Parameter verzichtet, die im anderen Modell zusätzlich definiert sind (z. B. ein Modell mit und ein Modell ohne Interaktionseffekte). Dieses Vorgehen ist insbes. dann anzuwenden, wenn sich die Hypothese auf die Ausprägung mehrerer Modellparameter simultan bezieht. Typische Vergleichsmodelle für ein Prüfmodell sind bspw. das *Gleichverteilungsmodell* (alle Zellen besitzen dieselbe Wahrscheinlichkeit), das *Unabhängigkeitsmodell* (die kategorialen Merkmale stehen nicht im Zusammenhang; keine *Korrelation*) oder das *saturierte Modell* (Modell mit ebenso vielen Modellparametern wie Zellhäufigkeiten; alle beobachteten und vorhergesagten Modellhäufigkeiten sind identisch). Ob eine genestetes Prüfmodell die Zellhäufigkeiten signifikant schlechter vorhersagt als das übergeordnete Modell, kann dann mittels des Pearson-χ^2-Tests (*Chi-Quadrat-Tests*) oder des *Likelihood-Ratio*-Tests (df = Anzahl der Zellen minus Anzahl Schätzparameter) geprüft werden. Die Anzahl der Schätzparameter hängt u. a. vom verwendeten Erhebungsschema ab (*multinomiales Erhebungsschema*, *Poisson-Erhebungsschema*, *Produkt-multinomiales Erhebungsschema*). *Logit-Modell*. Eid et al. 2013.

Lognormalverteilung (= L.), **[FSE]**, ist eine theoretische *Verteilung*. Eine Zufallsvariable X heißt lognormalverteilt, wenn ihr Logarithmus ln(X) eine *Normalverteilung* mit dem Mittelwert μ und der Standardabweichung σ besitzt. Die *Dichtefunktion* ist unimodal, rechtsschief und lautet für x > 0

$$f(x) = \frac{1}{\sqrt{2\pi}\sigma x} \cdot exp\left[\frac{(ln(x) - \mu)^2}{2 \cdot \sigma^2}\right].$$

Der Parameter σ > 0 bestimmt die Form dieser Verteilung, d. h., die *Schiefe, Schiefheit* der Verteilung nimmt mit σ zu. Die Konstante mu hingegen hat keinen Einfluss auf die Form der Verteilung und heißt daher Skalenparameter, da sie nur von der Maßeinheit der x-Achse abhängt. Die L. lässt sich in zahlreichen wiss. Gebieten anwenden. Seit der Untersuchung von Schlosberg & Heinemann (1950) wird die L. oft als ein Modell für empirische Verteilungen von Reaktionszeiten (*Reaktionszeit*) verwendet.
R. Ulrich

Logogen-Modell (= LM), **[BIO, KOG]**, das Logogen-Modell ist ein psycholinguistisches Modell (*Psycholinguistik*) für die Verarbeitung von monomorphematischen Einzelwörtern. Der Begriff Logogen bezeichnet die Wortform (im Ggs. zur Wortbedeutung). Wörter werden als ein duales Konstrukt, bestehend aus einer Form (z. B. das Schriftbild eines Wortes) und einer dazugehörigen Bedeutung, aufgefasst. Das LM ist modular aufgebaut. Es umfasst versch. lexikalische Komponenten für die *Repräsentation* und Verarbeitung von Wortformen (Wortklang und -schriftbilder). Alle Wortformen sind modalitätsspezif. organisiert, d. h. getrennt für die produktive Sprachverarbeitung (*Sprechen* und *Schreiben*; *Sprachproduktion*) und die rezeptive Sprachverarbeitung (Verstehen, Lesen (*Sprachrezeption*). Daraus ergeben sich vier eigenständige lexikalische Verarbeitungskomponenten (jew. für Sprechen, Verstehen, Lesen und Schreiben), die zus. alle sprachlichen Modalitäten repräsentieren. Eine weitere Komponente ist die *Semantik* für die Speicherung von Wortbedeutungen. I. Ggs. zu den Wortformen wird bei den Wortbedeutungen aber nicht von einer modalitätsspezif. Repräsentation ausgegangen.
Das LM sieht außerdem versch. nicht lexikalische Komponenten für die Verarbeitung von Wörtern vor, z. B. die auditive Analyse beim Verstehen gehörter Wörter oder die graphematische Analyse beim Lesen. Neben den Verarbeitungskomponenten beinhaltet das Modell zwei unabhängige Verarbeitungsrouten, über die Wörter entweder in den lexikalischen Komponenten durch den Abruf von Wortformen oder segmental unter Umgehung der lexikalischen Komponenten verarbeitet werden können.

Bei Sprachstörungen (*Aphasie*) können die versch. Verarbeitungskomponenten und -routen einzeln gestört sein. Das kann bei der Wortverarbeitung zu Beeinträchtigungen in den einzelnen sprachlichen Modalitäten und spezif. Störungsmustern führen. In einigen Fällen kann z. B. die Bedeutung von Wörtern verstanden werden, dieselben können aber nicht spontan gesprochen werden. Bei anderen Pat. kann sich das genau umgekehrte Störungsbild zeigen. *F. Burchert*

Logon *Informationstheorie.*
Logopädie *Sprachtherapie.*
Logophobie *Sprechangst, Logophobie.*
Logorrhoe (= L.) [gr. *rhein* fließen], [**BIO, KLI**], unkontrollierter starker Rededrang unter häufigem Auftreten von *Paraphasien*. Ein Auftreten ist sowohl im Kontext psych. Erkrankungen (v. a. *Manie*, *Schizophrenie*), ebenso jedoch bei übermäßigem Genuss von *Alkohol* oder Drogen möglich. L. kann zudem Symptom einer neurologischen Erkrankung oder Schädigung sein.
Logos *Geist.*
Logotherapie (= L.), [**KLI**], ein von V. E. Frankl im Jahre 1933 (Frankl 1956) begründeter, den tiefenpsychol. Ansätzen (*Tiefenpsychologie*) zuzurechnender therap. Ansatz, der seelische *Konflikte* als Sinndefizite def. Den indiv. *Sinn*- und Wertmöglichkeiten wird i. R. der Therapie bes. Beachtung geschenkt. Nach Frankl kommt es bei unerfülltem oder falsch erfülltem Sinn zur «existenziellen Frustration». Aufgabe der Therapie ist insbes., den Pat. im Prozess der Sinnfindung sowie der Bewältigung von Leid zu unterstützen. Auch wird eine Veränderung neg. Selbstdef. angestrebt. Die Methode der L. ist beratend (auch persuasiv) und direktiv: Bes. therap. Techniken der L. sind u. a. die Einstellungsmodulation durch «Sinnfindungsgespräche» und die *paradoxe Intention*. Wirksamkeitsbelege (*Wirksamkeit*) liegen nicht in ausreichender Form vor. *Existenzanalyse*, *Dereflexion*. *F. Caspar*
Logvinienko-Täuschung [engl. *Logvinienko's illusion*], [**WA**], Logvinienko 1999; in der Abb. erscheint die mit A

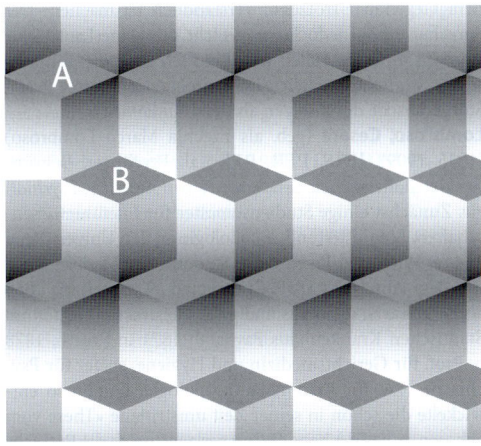

Logvinienko-Täuschung (Logvinienko 1999)

markierte Raute deutlich heller als die Raute B, obwohl beide dieselbe *Leuchtdichte* besitzen. Obwohl diese Täuschung auch durch *Simultankontrast* (*laterale Hemmung*) unterstützt wird, erscheint die Stärke des Effekts nur durch Berücksichtigung höherer kogn. Prozesse möglich. Die Bildinterpretationen, dass A von einem «Schattenstreifen» überlagert zu sein scheint und dass die Anordnung der Rauten als Würfelmuster (*Mustererkennung*) gesehen wird, werden als wesentliche Determinanten des Effekts diskutiert. *Adelsons Helligkeitstäuschungen*, *Bressansche Täuschung*, *Schlangentäuschung*, *White-Täuschung*. Logvinienko 1999.

lokale Anpassung, Maße [engl. *indicators/measures of local fit*], [**FSE**], Gruppe von Gütemaßen zur Prüfung der Qualität der Messung bzw. Modellierung von Konstrukten i. R. von Strukturgleichungsmodellen (*Strukturgleichungsmodelle*).

lokale stochastische Unabhängigkeit [engl. *local stochastic independence*], *Latente Klassenanalyse*, *Rasch-Modell*.

Lokalisation (= L.) [engl. *localization*; lat. *locus* Ort], [**BIO, WA**], ein Problemkreis der Gehirnpathologie und *Neuropsychologie* mit der Frage nach dem Ort psych. und sensorisch-motorischer Funktionen in der Hirnrinde. (1) *Psychische Funktionen*: Nach der klassischen Theorie des «engen Lokalisationismus» soll es außer den Arealen der Hirnrinde, die Empfindungs- oder Motorikfunktionen haben, auch spezif. begrenzte Kortexbereiche geben, in denen auch die höchsten ps. Funktionen (Sprechen, Schreiben, Rechnen, Vorstellen u. a.) lokalisiert sind und deren Verletzung zum Ausfall dieser Funktionen führe. So lokalisierte Gall Anfang des 19. Jhd. in der von ihm begründeten Wissenschaft *Phrenologie* umfangreiche seelische «Vermögen» in begrenzten Hirnzentren. Auch Broca sah in seiner Entdeckung des nach ihm benannten motorischen Sprachzentrums (*Broca'sche Windung (Broca-Areal, -Region)*) in der linken Hemisphäre einen Beleg für die Richtigkeit dieser Vorstellung. Begrenzte Verletzungen der Hirnrinde führen niemals zum «Ausfall» isolierter Funktionen, sondern zur Desorganisation eines ganzen Komplexes komplizierter psych. Tätigkeiten. Andererseits kann ein und dieselbe Funktion durch Verletzungen in versch. Hirnarealen gestört werden. Nach Luria ist zu unterscheiden zwischen Funktion als Tätigkeit eines Gewebes (z. B. Sekretion einer Drüse) und Funktion i. S. einer komplizierteren Systemfunktion wie z. B. dem Vorgang des Atmens oder Sprechens. Solche komplexeren funktionalen Systeme beruhen nämlich auf der gemeinsamen Arbeit eines ganzen Komplexes neuronaler Mechanismen, die sich auf weite Teile des Gehirns, auch auf subkortikale Bereiche, verteilen können. Jede der Komponenten dieses Komplexes liefert ihren spezif. Beitrag zur Realisierung des gesamten funktionalen Systems. So wird für den Prozess des Schreibens z. B. erforderlich: ein best. Tonus der Hirnrinde, der durch subkortikale Strukturen (*Formatio reticularis*) gesteuert wird, eine Analyse des Lautbestandes der zu schreibenden Wörter (ein Prozess, der im Hörzentrum des Temporallappens abläuft), die kinästhetische Analyse der Laute (zur Vorbereitung der Artikulation) im postzent-

und können zu Abhängigkeit führen. L. werden auch als Schnüffelstoffe missbraucht. *Umweltschadstoffe.* Hartman 1995.

Lotze, Rudolph (auch: Rudolf) Hermann (1817–1881), [**HIS, PHI, WA**], bedeutender Philosoph, Arzt und Ps. des 19. Jh.; Studium der Philosophie und Naturwissenschaften ab 1834 an der Universität Leipzig bei E. H. Weber, A. W. Volkmann und Fechner (*Fechner, Gustav Theodor*), 1838 Promotion in Philosophie mit einer Arbeit über Descartes und Leibniz, 1838 Promotion in Med., 1838–39 ärztliche Tätigkeit in Zittau, 1839 Habilitation in Med. und 1840 ebenso in Philosophie in Leipzig, 1843 Prof. in Leipzig, 1844–1881 o. Prof. in Göttingen als Nachfolger von *Herbart*, 1881 o. Prof. in Berlin. Lotze suchte nach einer Verbindung zw. exakten, naturwissenschaftlichen Erkenntnissen und weltanschaulichen, metaphysischen Vorstellungen (Pester 2003). Hierdurch wird u. a. das Leib-Seele-Verhältnis (*Leib-Seele-Problem*) zu einer zentralen Frage seiner Philosophie (Lotze 1852): Wo ist die physiol. Entsprechung der als Einheit angenommenen Seele zu finden? Durch Lotze fand u. a. der Wert-Begriff (*Wert(e)*) Eingang in die Philosophie und Ps., ebenso die Theorie der *Lokalzeichen* der Wahrnehmung. Lotzes Vorlesungen und Bücher prägten die Ps. bis in das 20. Jh. hinein (Hall 1924). In der heutigen Ps. und selbst in der Ps. geschichte wird auf Lotze kaum noch Bezug genommen. Sprung & Sprung 2002. *H. E. Lück*

Low-ball-Technik (= L.) [engl. *low-ball technique*; low niedrig], [**KOG, SOZ, WIR**], die L. wird zur sozialen Beeinflussung (*Einfluss, sozialer, Einstellungsänderung*) eingesetzt. Zunächst wird die Zustimmung zu einem nicht bes. attraktiven Verhalten eingeholt, wobei das Verhalten extrem pos. geschildert wird oder die Nachteile verschwiegen werden. Erst nachdem die Person sich auf das Verhalten eingelassen hat, fallen die Vorteile weg bzw. die Nachteile werden bekannt. Der Effekt wird konsistenz- (*Stabilität*) bzw. dissonanztheoretisch (*kognitive Dissonanz*) erklärt: Die erste Zusage wird als *Commitment* erlebt und wirkt subj. bindend. Daher ändert der Adressat die Richtung seines Verhaltens auch dann nicht mehr, wenn er Nachteile erfährt. Z. B. baten Cialdini et al. (1978) ihre Pbn an einem Experiment teilzunehmen, das bereits um 7 Uhr am Morgen beginnen sollte. Von den Befragten willigten 24 % ein und erschienen. Wurde zuerst nur gefragt, ob die Befragten an einem Experiment teilnehmen würden, und danach die frühe Uhrzeit genannt, stieg die Zustimmung auf 53 %. *Lure-Effekt.* *G. Felser*

low context cultures [engl.] «Kulturen mit schwachem Kontext», *Kommunikation.*

low dose dependence [engl.], [**PHA**], Abhängigkeit von niedrigen Dosen *psychotroper Substanzen* (Medikamente, *Alkohol*). Bezieht sich am häufigsten auf *Benzodiazepine*, die hierbei über lange Zeiträume in geringen Dosierungen, ohne höhergradige Steigerung im Verlauf, eingenommen werden. Wird meistens bei älteren Pat. beobachtet und nicht selten billigend in Kauf genommen. Langzeitbeobachtungen zeigen jedoch durchaus relevante *Nebenwirkungen* der Dauereinnahme: abgeschwächtes Gefühls-

leben, geistige Leistungsminderung, verminderte Vitalität, gereizte Stimmungszustände, Sturzgefahr bei muskulärer Schwäche und Koordinationsstörungen. Nach plötzlichem Absetzen werden, auch schon nach relativ kurzfristiger Einnahmedauer, häufig *Rebound-Phänomene* (*Schlafstörungen, Angst*, Unruhe und Irritabilität, *Tremor, Schwindel, Tachykardie*, Kreislaufstörungen) beobachtet, deren Auftreten zur Aufrechterhaltung der Abhängigkeit maßgeblich beiträgt. *T. Veselinović*

LPC-Score, Abk. für *least-preferred co-worker score* [engl. Wert des am wenigsten gemochten/bevorzugten Mitarbeiters], [**AO**], Fiedler 1954; Beschreibung des am wenigsten bevorzugten Mitarbeiters auf 16–25 bipolaren semantischen Differenzialskalen (*semantisches Differenzial*) mit 8 Punkten. Niedriger Score: extrem ungünstige Beurteilung, soll bei Gruppenführern auf eine aufgabenbezogene *Führung* verweisen. Eine Differenz zw. diesem Score und den Einschätzungen des am meisten bevorzugten Mitarbeiters wird «angenommene Ähnlichkeit zw. Gegensätzen» genannt und als *ASO-Score* bezeichnet. Beide Maße korrelieren hoch und sollen Ausdruck für entweder permissives oder sachliches Führerverhalten sein. *Kontingenz-Modell der Gruppeneffektivität*. Schuler & Marcus 2006, Rice 1978, Fiedler 1967. *R. Bergius*

LRS *Lese-Rechtschreib-Schwäche.*

LSD *Lysergsäurediethylamid.*

L-Tyrosin [engl. *L-tyrosine*], *Dopamin, dopaminerges System, Noradrenalin, noradrenerges System.*

Lubrikation, vaginale [engl. *vaginal lubrication*; lat. *lubricus* glatt, schlüpfrig, *facere* erzeugen], [**BIO**], das Feuchtwerden der Vagina als erste, einleitende Reaktion auf die sex. Stimulation. *Erregungsstörung, weibliche.*

Lückenphänomen [engl. *gap phenomenon*], [**WA**], Witte-König-Effekt; paradoxer Effekt des Binokularsehens (*visuelle Wahrnehmung, binokular*), der mit der Beobachtung amodaler Ergänzung (*amodale Vervollständigung*) bei unvollständigem Reizangebot in Widerspruch zu stehen scheint: Wird im Stereoskop beiden Augen getrennt je eine Linie (z. B. Strecke oder Kreisring) geboten, von denen die eine unterbrochen ist, so sieht der Betrachter als Sammelbild keine i. S. der Vervollständigung durchgehende Linie, sondern die Lücke. Diese schließt sich bei längerer Betrachtung, jedoch umso später und seltener, je kleiner sie ist. Bei horizontaler Lage der Linien tritt ein Zusatzeffekt auf (Zajac): Im Bereich der Lücke rücken die beiden Teile der unterbrochenen Linie in Tiefenrichtung voneinander fort. Helson & Wilkinson 1958, König 1962, Zajac 1962.

^Test**Lückentest, Ergänzungstest, Kombinationstest** [engl. *gap/completion/comibination test*], [**DIA, KOG**], sprachliche Lückenkombination, 1897, von H. Ebbinghaus. Ausfüllen von Wort-(Silben-)Lücken in einem Text. Erster Test war «Gullivers Reisen» für Sextaner bis Tertianer. Zahlreiche Abwandlungen.

Ludus [engl. *ludus, ludic love*; lat. *ludus* Spiel], spielerische Form der Liebe. *Liebesstile.*

Luftfahrtpsychologie (= L.) [engl. *aviation psychology* Flug- und Fliegerps.], der mit der Entwicklung der Luftfahrt einhergehende Zweig der Angewandten Ps. Haupt-

gebiete: Eignungsdiagnostik und Selektion (*Eignung*, *Personalauswahl*); psychophysische Belastungsreaktionen auf die bes. Arbeits- und Umgebungsbedingungen der Luftfahrt; Funktionen der Wahrnehmung, Raumorientierung und Informationsverarbeitung; Funktionsmodelle des «Reglers Mensch» in der Flugführung; Lernverhalten, -verfahren, -hilfen, Simulation; Unfallforschung; Humanfaktoren der Flugsicherheit; Anpassung der Systeme an den Menschen (*Anthropotechnik, human engineering*).
Als Schöpfer der L. kann Agostino Gemelli (1878–1959) bezeichnet werden, der 1914 die Eignung zum Fliegen aus der Aufmerksamkeitsleistung (*Aufmerksamkeit*) zu erschließen suchte. Der Erste Weltkrieg förderte intensiv die L., zuerst in Frankreich, wo 1915 die Ärzte Camus und Nepper über visuelle, akustische und taktile Reize die Reaktionszeiten ermittelten. Andersson folgte 1915 in England. Gleichzeitig begannen in Amerika Untersuchungen zur Unterscheidung von guten und schlechten Piloten im U.S. *Army Air Corps* (unter Beteiligung von Thorndike, Stratton, Henmon u.a.). In Dt. wurden Untersuchungen zur Fliegerauslese seit 1916 durchgeführt von W. Stern, W. Benary, E. Stern, A. Kronfeld, O. Selz, D. Katz, R. Sommer u.a. Einen Drehstuhl entwickelte E. Gade (*Drehstuhlversuch*).
Zwischen den Weltkriegen erfolgten überall neue Testentwicklungen, mit denen die L. dem raschen Auftrieb der Luftfahrt zu folgen suchte. In dieser Periode haben in Dt. u.a. die Autoren S.J. Gerathewohl, A. Herlitzka, P. Metz, K. Kreipe, R. Skawran die Entwicklung gefördert. Der wehrpsychol. Dienst unterhielt in der Luftwaffe bis 1942 eigene Prüfstellen. In den USA wurde im Zweiten Weltkrieg für die Streitkräfte unter der Leitung von J.C. Flanagan und J.P. Guilford ein groß angelegtes Forschungs- und Prüfprogramm begonnen, das der L. entscheidende Impulse gegeben hat. Erst mit dem Wiederaufbau der Luftfahrt in der Bundesrepublik Dt. (1954) nahm erstmalig die Deutsche Lufthansa einen ps. Dienst für die Auslese des fliegenden Personals in Anspruch. Im Institut für Flugmedizin der damaligen «Deutschen Versuchsanstalt für Luftfahrt e.V.» (DVL) wurde in Hamburg eine Abt. L. gegründet. Die Deutsche Bundeswehr hat mit der Wiedereinführung eines ps. Dienstes seit 1959 eigene Prüf- und Forschungsstellen eingerichtet, u.a. die Abt. Flugps. des Flugmed. Instituts der Luftwaffe in Fürstenfeldbruck. 1956 wurde in Scheveningen die «Westeuropäische Gesellschaft für L.» gegründet. Sie veröffentlicht Tagungsberichte und führt die europäische Bibliografie der L. Seit ca. 1960 bemühen sich auch die dt. Luftfahrtindustrie und die flugtechnische Forschung, die Erkenntnisse der L. vor allem i.S. der «Anthropotechnik» zu verwerten. 1964 wurde in der «Deutschen Gesellschaft für Luft- und Raumfahrt e.V.» (DGLR) ein Fachausschuss und 1967 das «Forschungsinstitut für Anthropotechnik» (FAT) gegründet, jetzt in Werthoven. Die «Deutsche Forschungs- und Versuchs-Anstalt für Luft- und Raumfahrt e.V.» (DFVLR) unterhält außer der Abt. L. im Institut für Flugmedizin auch eine interdisziplinäre Arbeitsgruppe *Anthropotechnik* im Institut für Flugführung. Die Firma Messerschmitt-Bölkow-Blohm (MBB) betreibt in ihrer Abteilung Anthropotechnik Entwicklungen zur Optimierung von Flugführungs- und Flugsicherungssystemen. Die Deutsche Lufthansa (DLH) unterhält ein Referat Personal-Forschung und eine Abteilung Zentrales Training. Das Flugzeug wird als Arbeitsplatz mit bes. Anforderungen an die Arbeitsplatzinhaber bzgl. der psych. und physischen Voraussetzungen umfassenden Arbeitsanalysen (*Arbeitsanalyse*) unterzogen. *Arbeitsbelastung*, *mentale Arbeitsbelastung*, *Situation Awareness*. Goeters 2004, Tsang & Vidulich 2003.

Luftperspektive [engl. *aerial perspective*], *Perspektive*.

Lüge (= L.) [engl. *lie, deception, fabrication*], [**RF, SOZ**], absichtliche wahrheitswidrige Darstellung, die gegeben wird, als ob es eine wahrheitsgemäße Darstellung wäre, und ohne das Einverständnis des Berichtsempfängers zum Getäuschtwerden. Ihre Formen sind: Falschbekundung und Verschweigen. Die psychol. Forschung befasst sich mit den Vorgängen beim Lügen und mit den Möglichkeiten, aufgrund von Ausdruckserscheinungen (*Ausdruck*) und von unwillkürlichen körperlichen Begleiterscheinungen das Lügen zu erkennen. Nicht als L. zu bez. sind die Äußerungen der *Pseudologia phantastica*, jedoch ist die Differenzialdiagnose im konkreten Fall oft schwierig. *Lügen-Score*, *Lügen-Tests*, *Lügendetektion*, *Lügenstereotype*, *Kommunikationsbarrieren*.

Lügendetektion (= L.) [engl. *detection of deception*; lat. *detegere* offenbaren, aufdecken], [**EM, RF**], umgangssprachliche Bez. für versch. Verfahren zur Beurteilung des Wahrheitsgehalts von Aussagen auf der Grundlage physiol. Maße (angemessener: *Psychophysiologische Aussagebeurteilung*). Man unterscheidet direkte und indirekte Vorgehensweisen. Bei *direkten Verfahren* (wie z.B. dem Kontrollfragentest) wird gezielt nach dem infrage stehenden Delikt gefragt («Haben Sie Herrn X erschossen?»), um aus dem Vergleich der physiol. Reaktionen auf eine Kontrollfrage («Haben Sie jemals einen Menschen absichtlich verletzt?») den Wahrheitsgehalt der Antwort zu beurteilen. Als physiol. Variablen werden meist autonome Größen (Herzrate, Hautleitfähigkeit (*elektrodermale Aktivität, Messung*), Blutdruck, Atmung) erhoben. Der *Kontrollfragentest* ist das in der Praxis am häufigsten eingesetzte Verfahren. Er wird allerdings von wiss. Seite her abgelehnt, da u.a. das Risiko falsch pos. Entscheidungen relativ hoch ist und der gesamte Ablauf (Formulierung der Kontrollfragen, Durchführung, Auswertung und Interpretation) von einer Person abhängt und kaum an Außenkriterien obj. überprüft werden kann. Die *indirekten Verfahren* – insbes. der *Tatwissenstest* [*Guilty Knowledge Test*, GKT, oder *Concealed Information Test*, CIT] – prüfen, ob eine Person über spezif. Tatwissen verfügt, das nur Täter oder enge Zeugen besitzen können. Hierfür wird ein relevantes Item (z.B. die konkrete Tatwaffe) in einem Multiple-Choice-Format mit irrelevanten Items kontrastiert (bei gleicher Plausibilität aller Items für Unschuldige). Im Idealfall werden mehrere Fragen konstruiert. Beim CIT ist das Risiko falsch pos. Entscheidungen sehr gering und seine Durchführung entspricht wiss. Standards. Neben autonomen Variablen werden beim CIT zunehmend auch Messverfahren zur Erfassung der Gehirnaktivität (*ereigniskorrelierte Hirnpotenziale, EKP, funktionelle Magnetresonanztomografie*) eingesetzt. *Lügenstereotype, Polygraf.* Gamer & Vossel 2009, Ben-Shakhar & Furedy 1990, DePaulo et al. 2003.   G. Vossel

Lügen-Score (= L.) [engl. *lying/deception score; score* Wert], [**DIA**], der L. dient als Maß der Interpretierbarkeit des Gesamtresultats eines Fragebogentests und zur Feststellung von *Simulation* und Dissimulation. Z. B. Summe der Neinantworten zu Items, die von einem aufrichtigen Pb gewöhnlich mit Ja beantwortet werden.

Lügenstereotype (= L.) [engl. *beliefs about cues to deception*], [**RF, SOZ**], L. sind sozial geteilte Annahmen darüber, welche Merkmale des Verhaltens oder der Aussage typisch für lügende Personen und deren Aussagen sein sollen (*Stereotyp*). Viele der vermeintlichen Lügensignale im nonverbalen Verhalten entsprechen einem «Zappelphilipp-Stereotyp» (z. B. Blickkontaktvermeidung und vermehrte Körperbewegungen), die von Laien angenommenen Zusammenhänge zw. Lügen und diesen Merkmalen werden durch empirische Untersuchungen nicht gestützt, die Befunde verweisen sogar großenteils in gegenläufige Richtung (Sporer & Köhnken 2008). L. wurden auch hinsichtlich des Aussageinhalts nachgewiesen (Vrij et al. 2006), viele dieser vermeintlichen Lügensignale des Aussageinhalts (z. B. ungewöhnliche Details) werden in der Aussageps. (*Glaubhaftigkeitsbegutachtung*) als *Glaubhaftigkeitsmerkmale* bewertet. *Glaubwürdigkeitsattribution, Täuschungsstrategien, Täuschungsindikatoren, nonverbale.*   S. Niehaus

Lügen-Tests [engl. *lying/deception tests*], [**DIA, PER**], Tests, die das ethische Empfinden dadurch untersuchen, dass von der Vp Stellungnahmen zu Situationen, bei denen gelogen wird (auch Notlügen), verlangt werden. I. d. S. ist der Lügen-Test Teil der Gesinnungsprüfung. Als Mittel, um eine Lüge zu entdecken, ist der Lügen-Test nur indirekt brauchbar. *Kommunikationsbarrieren, Lügendetektion.*

Lumen [engl. *lumen*; lat. Licht], *lichttechnische Maße.*

Lunatismus [engl. *lunatism*; lat. *luna* Mond], *Somnambulismus.*

Lungenerkrankung, chronisch obstruktive (COPD) [engl. *chronic obstructive pulmonary disease*; gr. χρόνος (*chronos*) Zeit, lat. *obstruere* versperren, verschließen], [**GES**], die COPD ist charakterisiert durch eine nicht voll rückbildbare Verengung der unteren Atemwege (Bronchien, Bronchiolen). Die Obstruktion nimmt im Verlauf der *Krankheit* zu und ist mit einer starken Entzündungsreaktion der Lunge auf schädliche Gase oder Partikel verbunden. Hauptsymptome (*Symptom*) sind Atemnot, Husten und Auswurf, wobei weitere beeinträchtigende extrapulmonale (systemische) Effekte häufig sind. Die COPD entsteht auf der Basis einer chronischen Bronchitis mit einer nicht rückbildbaren Lungenüberblähung. und teilweise zerstörter Lungenbläschen (Emphysem). Zur *Diagnose* dient ein Lungenfunktionstest, bei dem das max. Luftvolumen sowie die Schnelligkeit von Ein- und Ausatmung gemessen werden.

Hauptursache in 80–90 % der Fälle in westlichen Gesellschaften ist mehrjähriges intensives Rauchen, aber auch Luftverschmutzung und berufliche Staubbelastungen, in Entwicklungsländern spielen auch offene Feuerstellen eine Rolle. Sie manifestiert sich meist im 6. Lebensjahrzehnt, ihre *Prävalenz* nimmt rapide zu, global ist sie die vierthäufigste Todesursache, die *World Health Organization (WHO)* schätzt, dass die COPD bis 2030 die dritthäufigste Todesursache weltweit darstellen wird. COPD ist mit sehr hohen indiv. Beeinträchtigungen verbunden sowie mit hohen gesamtgesellschaftlichen Kosten. COPD-Pat. erleben die ständige Atemnot als sehr aversiv und belastend. Sie löst *Angst* aus, bis hin zur Erstickungsangst. Langfristig kann die Hilflosigkeit gegenüber der Beeinträchtigung der Atmung zu depressiven Verstimmungen bis hin zu einer manifesten *Depression* führen. Die Prävalenz der Depression bei COPD wird mit etwa 40 % angenommen, die der *Angststörungen* mit 36 %. Neben der medikamentösen Linderung der Symptomatik sind wichtige Behandlungsmaßnahmen: (1) Rauchentwöhnung, (2) körperliche Ertüchtigung (*Aktivität, körperliche; Förderung*), (3) Training der Atemmuskulatur, (4) evtl. *Psychoth.* einer Angststörung oder Depression. Aspekte dieser Behandlungsmaßnahmen sind in COPD-Schulungsprogrammen (*COPD-Schulung*) bzw. in pneumologische Rehabilitationsmaßnahmen (*Rehabilitation*) integriert. [www.versorgungsleitlinien.de/patienten/pdf/nvl_copd_patienten.pdf]. Dahme & Ritz 2009, Matthys & Seeger 2009, Ritz & Dahme 2003, Vogelmeier 2007.   B. Dahme/T. Ritz/A. v. Leupoldt/N. Schüz

Lure-Effekt (= L.) [engl. *lure effect*; *lure* Lockvogel], [**KOG, SOZ, WIR**], der L. wird zur sozialen Beeinflussung (*Einfluss, sozialer, Einstellungsänderung*) eingesetzt. Hierbei wird eine erste attraktive Bitte gestellt (z. B. an einem Experiment teilnehmen, das viel Spaß macht oder großzügig bezahlt wird). Diese Bitte erhält eine hohe Zustimmung. In der Folge stellt sich heraus, dass die attraktive Aufgabe doch nicht zur Verfügung steht (z. B. bereits genügend Pbn bei dem attraktiven Experiment vorhanden sind). Stattdessen gibt es aber eine unattraktive Aufgabe (z. B. ein langweiliges Experiment), zu dem noch Pbn benötigt werden. Die Zustimmung zur zweiten, unattraktiven Bitte ist deutlich höher, wenn zuvor die attraktive Bitte gestellt wurde. Der L. beruht auf einer ähnlichen Prinzip wie die *Low-ball-Technik*: Die Zustimmung zur ersten Bitte wird als *Commitment* erlebt und wirkt subj. bindend. Daher ändert der Adressat die Richtung seines Verhaltens nicht so leicht und bleibt auch bei der zweiten Bitte kooperativ. Ein wichtiger Unterschied zum Low-balling besteht darin, dass bei der L. die erste attraktive Bitte keine «geschönte» Version der zweiten sein muss – es können auch zwei unterschiedliche Bitten gestellt werden. Joule et al. 1989.   G. Felser

^{Test}**Luria Neuropsychological Investigation**, 1975, von A. Christensen, [**BIO, DIA**]. Neurops. Verfahren zur Bestimmung der geistigen Beeinträchtigungen, die durch lokale Läsionen verursacht sind. Es werden dabei die qual. Beeinträchtigungen über eine Syndromanalyse, die die Organisation der höheren geistigen Tätigkeit berücksichtigt, festgestellt. Die «neurops. Untersuchungen» umfassen die Überprüfung der motorischen Funktionen, der akustisch-motorischen Funktionen sowie der Wahrnehmungsleistungen, der sprachlichen Leistungen, der Aufmerksam-

keit und der allg. intellektuellen Fähigkeiten. I. V. Hamster. Das Verfahren kann nur als Einzeltest angewendet werden.
Luria-Test, Luria-Technik [engl. *Luria test/technique*], nach S. E. Luria (1912-1991), **[BIO, DIA, EM]**, Verfahren zur Feststellung affektiver Reaktionen (*Affekt*, *Affektivität*). Der Pb hat auf Reizwörter frei zu assoziieren. Gleichzeitig muss er mit den Fingern der einen Hand einen best. Druck ausüben und die Finger in der anderen Hand in einer best. Haltung belassen. Die Muskelreaktionen werden registriert. *Luria Neuropsychological Investigation*.
Lustgewinn [engl. *pleasure*], *Lustprinzip*.
Lustprinzip (= L.) [engl. *pleasure principle*], **[KLI]**, das L. ist nicht ohne Bezugnahme auf das *Realitätsprinzip* (= R.) zu verstehen (*Psychoanalyse*). L. und R. gelten als die beiden einander entgegengesetzten Regulationsprinzipien des seelischen Geschehens. Das R. ist das ontogenetisch später einsetzende Prinzip. Es ist eine Modifikation des zuerst allein herrschenden L. Das vom L. regierte psych. Geschehen folgt dem Ziel, Unlust zu vermeiden und Lust zu erreichen. Das L. ist v. a. dadurch gekennzeichnet, dass die Triebe – sie stellen die wichtigste innere Reizquelle dar – ihre Abfuhr und Befriedigung auf dem kürzesten Wege suchen (halluzinatorische Wunscherfüllung, wunscherfüllendes Denken usw.). Im weiteren Entwicklungsverlauf macht sich das Abfuhr- und Befriedigungsstreben zunehmend mit der Realität vertraut. Die Suche nach Befriedigung nimmt Umwege in Kauf und beginnt sich an den Bedingungen zu orientieren, die die Realität ihr auferlegt (durch Grenzsetzungen, Normen und Sanktionen). Die zunehmende Regulierung des psych. Geschehens durch das R. ist ein (lebens-)wichtiges Anpassungsziel. Das L. wird durch das R. zwar modifiziert, aber nicht eliminiert. In best. psych. Bereichen wirkt es zeitlebens weiter, z. B. in der Fantasie und im *Traum*. Freud 1911. *L. Bayer*

Luteinisierendes Hormon (= LH.) [engl. *luteinizing hormone*], **[PHA]**, in der Adenohypophyse (Hypophysenvorderlappen) produziertes *Hormon*, dessen Freisetzung vom Hypothalamus (Gonadotropine Releasing Hormone, GnRH) gesteuert wird. Bei Frauen beeinflusst das LH. die *Östrogen-* und Progesteronproduktion und die Ovaulation, bei Männern regt es in den Hoden das Wachstum der Leydig-Zellen und die Produktion männlicher Geschlechtshormone (*Androgene*, insbes. *Testosteron*) an. *T. Veselinović*

Lux [engl. *lux*; lat. Licht], Abk. lx. *lichttechnische Maße*.
Lyell-Syndrom (= L.) [engl. *Lyell's Syndrome*], syn. *Epidermolysis acuta toxica*, *Syndrom der verbrühten Haut*, **[PHA]**, seltene, jedoch potenziell lebensbedrohliche (*Mortalität* 25 bis 70 %), blasige Ablösungen der Epidermis der Haut, die medikamentös induziert (toxische epidermale Nekrolyse = TEN) oder im Zus.hang mit einer Staphylokokken-Infektion (staphylococcal scalded skin syndrome = SSSS) entstehen kann. Zu den häufigsten potenziellen Auslösern der TEN (i. S. einer zytotoxischen allergischen Reaktion) gehören: Allopurinol (wahrscheinlich die häufigste Ursache), antibakterielle Sulfonamide (z. B. Co-Trimoxazol), *Antikonvulsiva* (z. B. Phenytoin, *Carbamazepin*, *Lamotrigin*), nicht steroidale Antirheumatika (Oxicam), *SSRIs* (z. B. *Fluoxetin*). Dennoch kann diese Komplikation mit geringerer Häufigkeit auch bei der Einnahme zahlreicher anderer Medikamente auftreten. Das Risiko scheint innerhalb der ersten zwei Behandlungsmonate am höchsten zu sein. Die Symptomatik beginnt meistens mit unspezif., grippeartigen Allg.beschwerden mit erhöhter Temperatur. Anschließend treten Hautrötungen mit Übergang in ausgedehnte Blasenbildung, die dem Bild einer großflächigen zweitgradigen Verbrühung bzw. Verbrennung ähnelt, auf. Daneben finden sich Schleimhautmanifestationen in Form erosiver Veränderungen des Mundes, des Genitales sowie der Konjunktiven und der Lippen. Eine TEN wird diagnostiziert bei einer Ausdehnung der Epidermisablösung auf mehr als 30 % der Körperoberfläche. Liegt sie unter 10 %, spricht man von einem *Stevens-Johnson-Syndrom* (SJS), bzw. zw. 10 % und 30 % von einer SJS/TEN-Übergangsform. *T. Veselinović*

Lysergsäurediethylamid [engl. *lysergic acid diethylamide*], Abk. LSD, **[KLI, PHA]**, durch Hoffmann 1943 entdeckte Substanz, chemisch aus der Gruppe der *Indolamine*, zur Klasse der *Psychotomimetika* bzw. *Halluzinogene* gehörend. LSD wirkt wie *Meskalin* auf best. *Serotonin*-Rezeptoren. Für den halluzinogenen Effekt ist wahrscheinlich die partialantagonistische Wirkung an 5-HT1A-Rezeptoren verantwortlich. Charakteristisch sind die Aufhebung des Zeitgefühls sowie visuelle und auditive *Halluzinationen* und Synästhesieempfindungen. LSD wurde versuchsweise in der Psychoth. (*Modellpsychosen*) verwendet, erwies sich jedoch als ungeeignet. LSD gilt als Modellsubstanz für exp. *Psychosen*, wurde als Forschungswerkzeug zur Intelligenzforschung verwendet. Leuner 1962, Lienert 1964. *W. Janke*

Lysinski, Edmund (1889–1982), **[AO, HIS]**, Wirtschaftsps. Studium in Leipzig und Berlin. Promotion zum Dr. phil. (Leipzig, 1913), 1918–1924 Assistent am Betriebswirtschaftlichen Institut der Handelshochschule Mannheim (Leitung Prof. Heinrich Nicklisch), dort Aufbau eines wirtschaftsps. Laboratoriums und Durchführung von empirischen Untersuchungen zur *Betriebspsychologie* (Lysinski 1923) und zur *Werbepsychologie*. 1924 Habilitation für Wirtschaftsps., 1931 Ernennung zum n.b.ao. Prof. für Betriebsps. 1933 durch die Auflösung der Wirtschaftshochschule Mannheim Kündigung des Dienstverhältnisses. Übernahme durch die Universität Heidelberg auf eine nicht besoldete ao. Professur für Arbeitslehre, Werbelehre und Wirtschaftsps. in der Staats- und Wirtschaftswissenschaftlichen Fakultät. 1945 Rückkehr an die wiederbegründete Wirtschaftshochschule Mannheim. Von 1945 bis zur Emeritierung 1957 leitete Lysinski in Mannheim das Institut für Wirtschaftsps. Lysinski 1923. *H. E. Lück*

LZG, Abk. für *Langzeitgedächtnis*, *Gedächtnis*.

Machiavelli, Niccolò (1469–1527), [**HIS, SOZ**], Politiker, Historiker, Florenz. Autor des bekannten Werks *Il Principe* (Der Fürst), in dem die Prinzipien erfolgreicher Machtpolitik beschrieben sind.

Machiavellismus [engl. *machiavellianism*], nach *Machiavelli, Niccolò*, [**PER**], von Christie & Geis (1971) erstmals als Persönlichkeitskonstrukt verwendetes Konzept. Kennzeichnend sind vier Merkmale: (1) relativ geringe affektive Beteiligung bei interpersonellen Beziehungen, (2) geringe Bindung an konventionelle Moralvorstellungen (*Moral*), (3) Realitätsangepasstheit, (4) geringe ideologische Bindung. Historische Anleihen an die Publikationen von Machiavelli (*Il Principe* 1513 und *Discorsi* 1522) sind zwar vorhanden, die entscheidenden Formulierungen in den entspr. Skalen (Henning & Six 1977) gehen jedoch auf Christie Geis zurück. Einen Überblick über das M.-Konzept geben Wilson et al. 1996. *B. Six*

Macho-Personality (= M.) [engl. *Macho-Persönlichkeit*; span. *macho* männlich], syn. *Hypermaskulinität*, [**GES, PER, SOZ**], ist die Identifikation mit einem traditionellen Maskulinitätsideal im Geschlechtsrollen-Selbstkonzept (*Geschlechtsrollen-Selbstkonzept*, *Maskulinität*). M. hängt vor allem mit *Aggression* zus., z. B. lässt sich bei Männern damit die Verwicklung in Barschlägereien, Aggression gegenüber Frauen oder aggressives Fahrverhalten vorhersagen. M. spielt auch in der Vorhersage von gesundheitsrelevantem Verhalten eine wichtige Rolle. Häufig wird M. durch das *Hypermasculinity Inventory* von Mosher und Sirkin 1984 erfasst, das aus 30 Forced-Choice-Items besteht, die sich auf drei Themengebiete aufteilen: *callous sexual attitudes*, *violence as manly* und *danger as exciting*. Eine andere Möglichkeit, M. zu erfassen, ist der Vergleich des Selbstkonzeptes mit dem semantischen Differenzial eines Macho-Prototypen. Sieverding (2002) erfasste z. B. die Ähnlichkeit des Selbstkonzeptes mit dem Prototypen des «Marlboro-Mannes», der jahrzehntelang in der Kinowerbung präsent war, als Verkörperung des traditionellen Bildes von Männlichkeit. Männer (und in einem geringeren Maße auch Frauen), die dem «Marlboro-Mann» ähnlicher waren, waren weniger gewillt, an Stressmanagementkursen teilzunehmen, berichteten weniger physische Krankheitssymptome und schätzten ihre Gesundheit besser ein. Des Weiteren kann man M. als *unmitigated agency* durch die *M-Minus-Skala* des EPAQ (*Personal Attributes Questionnaire (PAQ)*) operationalisieren. Diese Skala erfasst sozial unerwünschte Aspekte von Maskulinität (oder Agency), d. h. Eigenschaften, die bei Männern häufiger auftreten, aber sowohl bei Männern als auch Frauen sozial unerwünscht sind (z. B. «aggressiv», «arrogant»). Hohe *unmitigated agency* sagt z. B. bei Männern eine schlechtere Bewältigung von chronischen Krankheiten oder einem Herzinfarkt voraus.
A. Fleischmann/M. Sieverding

Mach'sche Bänder (= M.) [engl. *Mach bands*], nach E. Mach (1838-1916), [**WA**], spez. Kontrastphänomen (*Kontrast*); bei einem allmählichen räumlichen Übergang von großer zu kleiner *Leuchtdichte* (von hell zu dunkel) werden an den Enden des Übergangsbereichs auf der hellen Seite ein hellerer Streifen und auf der dunklen Seite ein dunklerer Streifen gesehen; Folge der *lateralen Hemmung*. Die Entstehung der M. kann durch die Filtercharakteristika der retinalen Ganglienzellen (on- bzw. off-zentrum Neurone; *rezeptive Felder*) simuliert werden. Entsprechende Streifen finden sich an den Grenzen sprungförmiger Leuchtdichteänderungen (*Chevreul-Täuschung*). *H. Heuer*

Mach'sche Trommel [engl. *rotating drum*], [**WA**], Apparat zur Erzeugung von Bewegungstäuschungen (*Bewegungstäuschung*).

Macht (= M.) [engl. *power*, indogerm. *magh* können, vermögen], [**EM, SOZ**], M. bezeichnet eine zweistellige, asymmetrische Relation zw. einem M.haber und einem «Beherrschten» (*Individuum*, *System*). M. kann sich somit auf das Verhältnis von zwei Individuen, aber auch auf das Verhältnis von *Gruppen*, *Gesellschaften* oder Nationen beziehen. M.bezogene Verhaltensweisen haben dabei stets zum Ziel, das *Verhalten* und *Erleben* anderer zu kontrollieren und deren Verhalten ggf. gegen deren Widerstand zu verändern. In der Sozialps. werden Phänomene der M. unter versch. Aspekten behandelt: In der Gruppenforschung bez. M. jede interpersonale Beziehung, in der einige Personen das *Verhalten*, die *Einstellungen*, Überzeugungen (*beliefs*, *Überzeugungssysteme*) oder andere Responses anderer Personen z. T. bestimmen (Collins & Raven 19699). Synonym mit M. (oder best. Aspekten der M.) werden Ausdrücke wie *Autorität*, Einfluss (*Einfluss, sozialer*), Kontrolle, *Dominanz*, Status, Prestige und Rang gebraucht.
Als grundlegend für die sozialpsychol. Forschung zum Thema M. können die Arbeiten von Lewin (1936) und Heider (1958) gelten. In diesen Ansätzen wird betont, dass die Größe der M. eine Funktion der Interaktion (*soziale Interaktion*) ist, sodass zu ihrer Bestimmung auch Grade der Unterordnung, Abhängigkeit (*dependency*), Prestigesuggestibilität und Angst gehören. Für Lewin (1936; *topologische und Vektor-Psychologie*) kann der Raum freier Bewegung von A durch das M.feld von B eingeengt werden, indem A keine *Lokomotion* in das M.feld von B vollziehen kann. Eine Person (P), die Einfluss oder M. ausübt, ist nicht selbst ein Ziel, sondern kann im anderen (O) Kräfte in Richtung auf *Ziele* lenken, die eine Person setzt. Lewin definiert, «eine Person, die über das Kind Macht hat, ist in der Lage, pos. und neg. Valenzen durch Befehl zu indu-

zieren» (Lewin 1963). Heider (1958) benutzt M. (*power*) syn. mit Fähigkeit; die Beziehung zw. Person und Umwelt wird von ihm mit Können (*can*) bez., der nicht motivationale Beitrag der Person zum *can* ist ihre M. oder Fähigkeit. Dabei ist für Heider die M. von O eine wichtige Determinante für die Bewertung, die P einer ihr zugefügten Schädigung oder Wohltat (*benefit*) zuteil werden lässt, sowie für die Reaktion von P auf sie. Die kausale *Attribuierung* von Schaden und *Belohnung* ist also davon abhängig, ob P bei O M. wahrnimmt oder nicht. Schmalt 2009, Witte 2006. *B. Six*

Machtmittel (= M.) [engl. *instrument(s) of power*], [**EM, PER, SOZ**], *Macht* kann vor allem dann ausgeübt werden, wenn zw. Individuen ein Ungleichgewicht an Ressourcen besteht. Diese Ressourcen werden auch als M. oder *Machtquellen* bezeichnet. Sie ermöglichen es dem Machtausübenden, andere durch (ausgesprochene oder unausgesprochene) Versprechen oder Bedrohungen zu beeinflussen. Nach French und Raven (1959) können Individuen auf andere Macht ausüben, wenn ihnen ein oder mehrere der folg. sechs M. zur Verfügung stehen: (1) Belohnungsmacht: *Belohnungen*, die man der zur beeinflussenden Person (= P.) in Aussicht stellen kann. (2) Zwangs- oder Bestrafungsmacht: Bestrafungen, die man P. androhen kann. (3) Legitimierte Macht: gesellschaftlich legitimierte Positionen bzw. Ämter, die Beeinflussung (*Einfluss, sozialer*) erlauben. (4) Vorbildmacht: *Eigenschaften* bzw. *Verhalten*sweisen, die P. für bewundernswert und nachahmungswürdig hält (*Nachahmung*). (5) Expertenmacht: Expertenwissen (*Expertise*), das für P. relevant oder wichtig sein könnte. (6) Informationsmacht: Informationen, die für P. relevant oder wichtig sein könnten.

Für machtmotivierte Personen (*Machtmotiv*) ist nicht nur die tatsächliche Beeinflussung und Kontrolle anderer befriedigend, sondern bereits der Besitz von M., also die Möglichkeit, andere beeinflussen oder beeindrucken zu können. Deshalb streben hoch machtmotivierte Personen häufig Berufe und Ämter an, die Machtausübung gestatten, und sie besitzen häufig exklusive Prestigegüter (z. B. PS-starke Luxusautos). *H.-D. Schmalt*

Machtmotiv (= M.) [engl. *power motive*], [**EM, PER, SOZ**], ein M. ist ein zeitlich stabiles und über verschiedene Situationen konsistentes *Bedürfnis*, machtthematische *Ziele* (*Macht*) anzustreben bzw. Situationen aufzusuchen, in denen dies möglich ist. Machtthematische Ziele sind dabei die Beeinflussung (*Einfluss, sozialer*) bzw. die Kontrolle anderer Individuen, bzw. die Gefühle (*Gefühl*), die damit verbunden sind. Ein M. kann durch eine starke Inhibitionstendenz unterdrückt werden, man spricht dann von einem *sozialisierten* M. Dieses resultiert in sozial verträglichem Machthandeln und findet sich häufig bei Führungspersonen (*Führung*) oder in sozialen Berufen (Lehrpersonen, Trainer, Pfarrer). Das sozialisierte M. ist häufiger als ein *ungehemmtes* M. mit erhöhtem Blutdruck (*Hypertonie*) und organischen Erkrankungen verbunden, v. a. wenn gleichzeitig Bindungsmotive (*Hoffnung auf Anschluss*) gering sind. Ein ungehemmtes M. wird auch als *personalisiertes* M. bez. Es ist häufig mit sozial wenig verträglichem Machthandeln verbunden. Personen mit dieser Motivdisposition neigen zudem eher als Personen mit hohem sozialisiertem Machtmotiv zu exzessivem Alkoholkonsum, delinquentem Verhalten und Anhäufen von Prestigegütern. *H.-D. Schmalt*

Machtmotivation (= M.) [engl. *power motivation*], [**EM, PER, SOZ**], machtmotiviertes *Verhalten* ist dadurch gekennzeichnet, dass Individuen andere dominieren, über sie bestimmen bzw. Einfluss (*Einfluss, sozialer*) auf sie ausüben. In vielen höher organisierten Tiersozietäten – und mithin auch beim Menschen – gehören Dominanz (*Soziale Dominanz*) und Submission zur Erbausstattung; M. ist die motivationale Grundlage (*Motivation*) dafür. Ein entscheidender Hinweis auf diese genetischen Grundlagen (*Verhaltensgenetik*) liefert die Beobachtung, dass die Rangposition männlicher Individuen häufig mit dem Reproduktionserfolg gekoppelt ist. Darüber hinaus ist M. eng an das subj. *Wohlbefinden* gebunden. Das subj. Wohlbefinden ist ein entscheidender biol. Fitnessmarker, er kann antizipatorisch (*Antizipation*, implizit) vorweggenommen werden und somit wie ein Anreizmechanismus (*Anreiz*) wirken. Letztlich ist machtmotiviertes Verhalten auf das Ziel gerichtet, pos. *Emotionen* durch Dominanz bzw. Einflussnahme oder Prestige zu erlangen bzw. neg. Emotionen, die durch Submission bzw. Machtverlust entstehen können, zu verhindern. *H.-D. Schmalt*

Macrogol (= M.), [**PHA**], Polyethylenglykol (PEG), Polyether des Monomers C2H4O. Langkettiges Polymer von, je nach Anwendung, unterschiedlicher Kettenlänge, das aufgrund seiner Wasserlöslichkeit und Reaktionsträgheit als Laxans (= Abführmittel; Movicol®) verwendet wird. Die Substanz, die selbst im Darm nicht aufgenommen wird, wirkt dort osmotisch und verhindert, dass das mit ihr eingenommene Wasser resorbiert wird. Sie erhöht das Stuhlvolumen und wirkt daher abführend. In dem Arzneimittel sind versch. Elektrolyte einhalten, um Elektrolytimbalancen zu verhindern. M. ist heute das am weitesten verbreitete Laxans, das auch bei Psychopharmaka-induzierter Obstipation häufig gegeben wird. *G. Gründer*

Macula lutea [lat.], [**BIO, WA**], gelber Fleck der Netzhaut des Auges (*Auge*). Stelle des schärfsten Sehens, Durchtrittstelle der optischen Achse.

Magersucht [engl. *pathological leanness*, *anorexia nervosa*], *Anorexia nervosa*.

Magie, magische Kultur (= M.) [engl. *magic (culture)*; lat. *magicus* zauberisch], [**SOZ**], völkerps. Bez. für Zauberei, wobei aber darunter nicht Kunststücke eines Gauklers, sondern die *Apperzeption* beliebiger Gegenstände gemeint ist. Ohne sachlich-kausale Begründung (*Kausalität*) wird durch best. Praktiken, z. B. Berührung mit einem Gegenstand, eine nützliche oder schädliche Wirkung erzielt. *Aberglaube*, *Fetisch*.

magisches Denken [engl. *magical thinking*], *animistisches Denken*, *Animismus*.

Magnesium [engl. *magnesium*], [**BIO, GES**], ernährungsphysiologisch wichtiges Spurenelement. Mangel, etwa als Folge von Alkoholmissbrauch (*Alkoholismus*), hat neurophysiologische und neuropsychol. Folgen. So soll bei Mangel die Stressreaktivität (*Stress*) erhöht sein. Kasper 1996. W. Janke

Magneteffekt [engl. *magnetic effect*], [**KOG**], Magnetwirkung, Tendenz zu gleicher Frequenz gleichzeitiger Rhythmen (z. B. Flossenbewegungen, Armbewegungen); *relative Koordination*.

Magnetenzephalografie, Anwendung [engl. *MEG, utilization*], [**BIO, DIA**], die *Magnetenzephalografie (MEG)* wird vorwiegend in zwei unterschiedlichen, sich teilweise überschneidenden Bereichen eingesetzt: in der Grundlagenforschung und in der neuroklinischen Diagnostik (*neuropsychologische Diagnostik*). In der Grundlagenforschung geht es u. a. um neuronale Korrelate der zerebralen Verarbeitung von Informationen (*Informationsverarbeitung*) in Zusammenhang mit primärer Reizverarbeitung und *Motorik*, aber auch um die zeitlich-räumliche Charakterisierung der neuronalen Verarbeitung komplexer kogn. und/oder emot. Funktionen wie bspw. der Exekutivfunktionen (*exekutive Funktionen*) oder der Verarbeitung emotionaler Gesichtsausdrücke. Die klin. Forschung bezieht sich u. a. auf neuronale Korrelate von Störungen best. Funktionen in Zusammenhang mit neurodegenerativen oder traumatischen Szenarien (*Neurodegenerative Erkrankungen*, *Schädel-Hirn-Trauma*) und anderen Veränderungen des *Zentralnervensystems*.

Im klin. Kontext kann die MEG wesentliche Informationen in Bezug auf die Lokalisation epileptischer Foci (*Epilepsie*) liefern. Ebenso können in der Präoperationsdiagnostik u. a. Regionen, die für die Verarbeitung best. Funktionen (z. B. auditorische Reizverarbeitung in Zusammenhang mit der Spracherkennung; *Sprachzentrum*) notwendig sind, lokalisiert und potenziell von einer Entfernung im Kontext eines neurochirurgischen Eingriffs (z. B. Tumor-Resektion oder Entfernung epileptischer Herde) ausgespart werden. Solche Maßnahmen sind unerlässlich zum Erhalt wesentlicher Elemente der *Lebensqualität* der betroffenen Pat.

Die Grundlagenforschung im Bereich der sog. *Abnormal Low Frequency Magnetic Activity (ALFMA)* und anderer MEG-Korrelate in Zusammenhang mit Epilepsie, neuropsychol., neurologischen und psychiatrischen Problemfeldern ist in der stetigen Entwicklung und in vielen Bereichen noch im wiss. Explorationsstadium anzusiedeln. In der Neuro-Kognitionsforschung ist die MEG mittlerweile weit etabliert in der Charakterisierung komplexer zeitlich-räumlicher neuronaler Korrelate kogn. und emot. Informationsverarbeitung. Lewine & Orrison 1995, Paetau 1992. T. Fehr

Magnetenzephalografie (MEG) [engl. *magnetoencepalography*; gr. ἐγκέφαλον (enkephalon) Gehirn, γράφειν (graphein) schreiben], syn. *Magnetoenzephalografie*, [**BIO, DIA**], beschreibt eine neurowiss. und neuroklin. Methode zur Messung von neuromagnetischen Feldern (*neuromagnetisches Feld*) in Zusammenhang mit neuroelektrischer Aktivität des *Zentralnervensystems*. Dabei werden vorwiegend magnetische Felder gemessen, die durch intrazelluläre Ladungsveränderungen der Apikaldendriten von Neuronen des Iso-Kortex, die tangential oder oblique zur Kopfoberfläche angeordnet sind, entstehen. Je nach Komplexität des gemessenen magnetischen Feldes und Anzahl sowie Art der verwendeten MEG-Sensoren können oberflächennahe neuronale Generatoren im Millimeterbereich genau lokalisiert werden. Bei dieser Prozedur, der sog. *Quellenanalyse*, bedient man sich versch. stat. Methoden, die den Ort, Stärke, Ausrichtung und dynamische Veränderungen wahrscheinlicher neuronaler Generatorkonstellationen, mithilfe der gemessenen neuromagnetischen Feldverteilungen (= *Topografien*), schätzen. Die Lokalisationsgenauigkeit nimmt exponentiell mit zunehmendem Abstand der neuronalen Generatoren (z. B. in tieferen Regionen des Gehirns) zu den MEG-Sensoren ab. MEG-Sensoren, sog. *Superconducting Quantum Interference Devices (SQUIDS)*, konvertieren die gemessenen neuromagnetischen Signale in elektrische Impulse mithilfe von supraleitenden Induktionsspulen. Die mit Helium gekühlten Systeme sind in der Lage, feinste magnetische Feldstärken zu registrieren (z. B. evozierte kortikale Aktivität um 102 Femtotesla [fT]). Die hohe Sensitivität des Systems macht es allerdings auch anfällig für Artefaktquellen innerhalb und außerhalb des Körpers (z. B. Herzaktivität und Augenbewegungen um 104 fT oder magnetisches Umgebungsrauschen durch alltägliche Quellen wie Elektromotoren in Fahrstühlen u. a., um 108 fT). Dieser Umstand erfordert für das Betreiben eines MEG-Labors eine magnetische Abschirmkammer aus geeigneten magnetfeldabweisenden und -kompensierenden Materialien. Die Analysemethoden für derartig komplexe, zeitlich und räumlich hoch aufgelöste MEG-Daten werden ständig weiterentwickelt und liefern zunehmend detailliertere Informationen für Diagnosen und Erkenntnisse über die Funktionsweise des Gehirns. *bildgebende Verfahren*. Cohen 1968, Fehr 2008. T. Fehr

Magnetresonanztomografie, MRT [engl. *magnetic resonance imaging, MRI*; lat. *resonare* widerhallen, gr. τέμνειν (temnein) schneiden, γράφειν (graphein) schreiben], auch *Kernspintomografie*, [**BIO, DIA**], ist ein räumlich hoch auflösendes *bildgebende Verfahren* zur topografischen Darstellung struktureller Eigenschaften des *Nervensystems* in den Neurowiss. Die Person wird in das starke Magnetfeld eines Scanners platziert, wobei sich die dipolartige Struktur der Wasserstoffatome des Körpers meist längs der Magnetfeldrichtung ausrichtet. Ein wiederkehrender elektromagnetischer Impuls lenkt nun die Wasserstoffatome aus ihrer Lage aus und versetzt diese in einen höheren energetischen Zustand. Danach schwingen die Atome zurück (Relaxation), wobei Energie als elektromagnetische Strahlung abgegeben wird (Resonanz). Die Intensität und Relaxationszeiten der angeregten Teilchen können dann als Funktion des Ortes bzw. als Schnittbilder dargestellt werden. Der Vorteil der MRT-Verfahren im Vergleich zu anderen bildgebenden Techniken liegt in der hervorragenden Auflösungen von Gewebeeigenschaften und der detaillierten morphologischen Abb. von Hirnstrukturen, die inzwischen eine vollautomatische Volumetrie der grauen und weißen Substanz erlaubt (*Gehirn*). Durch die Verfahren der *funktionellen Magnetresonanztomo-*

grafie werden die mit Hirnaktivitäten einhergehenden physiol. Vorgänge erfasst. Gauggel & Hermann 2008, Karnath & Thier 2012. M. Peper

Magnitude-Skalierung [engl. *magnitude scale*; lat. *magnitudo* Größe], *Skala*. Wegener 1980.

Mailänder Modell [engl. *Milan model of family therapy*], **[KLI]**, familientherap. Ansatz, der von den Psychiatern Ceccin, Boscolo, Selvini Palazzoli und Prata in einem Mailänder Institut erarbeitet wurde. Kennzeichnend ist die Kontrolle und Unterstützung familientherap. Gespräche durch Kollegen hinter einer Einwegscheibe. Spez. Prinzipien sind Zirkularität, Respektlosigkeit, Hypothetisieren und Neutralität. *Familientherapie*, *Systemische Therapie*.

^{Test}**Mailbox-90 – Ein computerunterstütztes Test- und Trainingsverfahren zur Personalentwicklung**, 1989, F. Roest, A. Scherzer, E. Urban, H. Gangel & C. Brandstätter, **[AO, DIA]**. Personalauswahl- und Personalbeurteilungsverfahren sowie *Assessment-Center*-Verfahren. Ziel des Verfahrens ist die Messung der Arbeitsquantität und -qualität sowie der Fähigkeit, Aufgaben zu delegieren und die eigene Tätigkeit zu organisieren. Der Aufgabenpool besteht aus einem Eingangspostkorb mit Vermerken, Briefen, Gesprächsnotizen, Terminvereinbarungen etc., der in einer vorgegebenen Zeit zu bearbeiten ist.

Mainstreaming-Hypothese [engl. *mainstream* Hauptströmung, allgemeiner Trend], *Kultivierungshypothese*.

Major Depression *Depression*.

Majorität [engl. *majority*; lat. *maior* groß], *Minorität*.

Majoritätsheuristik [engl. *majority heuristic*; lat. *maior* groß], **[KOG]**, Entscheidungsheuristik (*Entscheidungsheuristiken*), bei der wie bei gewichteten Pros (*gewichtete Pros*) für jede Alternative die Anzahl der Dimensionen gesucht wird, auf denen diese Alternative die anderen Alternativen dominiert (Pro-Dimensionen). Die Alternative mit den meisten Pro-Dimensionen, unabhängig von deren Gewicht, wird gewählt. *Entscheiden, Entscheidungstheorie*.

Major Tranquilizer [engl. *major* Haupt-]; *Tranquillanzien*, *Tranquilizer*.

makoto [jap. 誠 *Aufrichtigkeit*], **[SOZ]**, Verhalten im Einklang mit sozialen Pflichten. *Feeling-Rules*.

Makrobiotik [engl. *macrobiotics*; gr. μακρος (*makros*) groß, βίος (*bios*) Leben], die Wissenschaft oder Kunst, das Leben zu bestmöglicher Entfaltung zu bringen (auch Orthobiotik). Historisch ist vor allem die Arbeit von Hufeland aus dem Jahre 1797 bekannt (vgl. auch Hufeland 1805).

Makroglossie [engl. *macroglossia*; gr. μακρος (*makros*) groß, γλῶσσα (*glossa*) Zunge], **[BIO, KOG]**, angeborene Zungenmissbildung; vergrößerte wulstige, an der Oberfläche zerfurchte Zunge, die die Artikulation behindert (*Stammeln*). Häufig beim *Down-Syndrom*.

Makrooperator [engl. *macrooperator*; gr. μακρος (*makros*) groß, lat. *operari* an etw. arbeiten], **[KOG]**, komplexere Operationseinheit beim *Problemlösen*; entsteht als eine Zusammenfassung von *Operatoren* zu einem raum-zeitlich organisierten Gebilde höherer Ordnung (Dörner 1976). Manchmal wird auch der Begriff Metaoperator in diesem Sinne gebraucht. *Operator-Modelle*. Lüer 1973.
G. Kaminski

Makrophonie [engl. *macrophony*; gr. μακρος (*makros*) groß, φωνή (*phone*) Ton], **[BIO, KOG]**, erhöhte Stimmstärke beim Sprechen durch *Hypertonie* der Phonationsmuskeln mit gepresstem, bisweilen meckerndem Klang bei extrapyramidalen Erkrankungen. *Stimmstörungen*.

malignes neuroleptisches Syndrom [engl. *neuroleptic malignant syndrome*], auch im dt. Sprachgebrauch meist abgekürzt als NMS, **[PHA]**, seltene, aber lebensbedrohliche Komplikation einer Therapie mit *Antipsychotika*, meist in den ersten Wochen der Behandlung auftretend. Häufiger unter klassischen Antipsychotika mit hoher Affinität zum D2-*Dopaminrezeptor*, Einzelfälle, die dann meist atypisch verlaufen, wurden aber auch unter *Clozapin* oder *Quetiapin* beschrieben. Charakteristisch ist eine schwere *extrapyramidalmotorische Symptomatik* mit *Rigor* und *Akinesie*, zusätzlich treten *Bewusstseinsstörungen* und schwere vegetative Funktionsstörungen auf. Typischerweise findet sich eine Erhöhung des Muskelenzyms Creatinkinase (CK), was auf den Muskelzerfall (der wiederum das Risiko des Nierenversagens birgt) hindeutet. Die *Mortalität* ist hoch, neben der symptomatischen intensivmed. Therapie werden *Dopaminagonisten* (Dantrolen, *Bromocriptin*) angewandt.
G. Gründer

Maltherapie (= M.) [engl. *painting therapy*], **[KLI]**, therap. Nutzung des zeichnerischen bzw. farbigen Gestaltens (auch Schmierens). Die M. soll u. a. klärende Auseinandersetzung mit sich und der Umwelt oder auch affektives Abreagieren bieten. M. ist zu unterscheiden von der diagn. Nutzung des «Malens». *Kunsttherapie*.

Management (= M.) [engl.] Führung, Leitung, **[AO, SOZ]**, wird als Begriff in versch. Bedeutungen verwendet: (1) als Bez. für spez. Arten von Tätigkeiten, die der Planung, Organisation, Leitung und Kontrolle von Personen oder von Arbeitsaktivitäten bei der effizienten Zielerreichung dienen; (2) zur Bez. des spez. Personenkreises in einer *Organisation*, dem die unter (1) genannten Tätigkeiten zugewiesen werden (bspw. Personen mit Weisungsbefugnis in Organisationen, Staehle 1985). Wie die Def. zeigt, bestehen M.aufgaben nicht nur darin, Personen bei der Aufgabenbearbeitung anzuleiten oder Einfluss auf andere Menschen auszuüben (*Führung*), sondern auch in der zielgerichteten Bearbeitung von Sachaufgaben und Projekten (z. B. beim Projektm.). Der Begriff M. wird heute in vielen Wortverbindungen verwendet, um eine planvolle Bewältigung spez. Aufgaben oder Problemfelder zu kennzeichnen (Zeitm., Stressm., *Stress am Arbeitsplatz*, *Fehler*m., Innovationsm., *Lean Management*, Umweltm.). Unter Selbstm. wird die eigenständige und zielgerichtete Planung, Organisation, Durchführung und Kontrolle der eigenen Arbeitstätigkeiten unter Effizienzgesichtspunkten verstanden. Spontane, ungeplante oder chaotische Strukturierungen wären eher unter den allg. Begriff der *Selbstorganisation* zu subsumieren. Sarges 1990.
S. Greif

Management-Audit (= M.) [engl. *management audit*; lat. *audire* hören], **[AO, DIA, FSE]**, oftmals falsch verstanden als Manager-Audit; demgegenüber wird unter einem M. nach Wübbelmann (2001) ein Diagnosesystem verstanden, in dem unter Zuhilfenahme unterschiedlicher Verfahren eine Management*system* beurteilt wird. Die Beurteilung findet hierbei auf drei Ebenen statt: (1) relevante Aspekte des *Management-Kontextes* (hierbei werden Aspekte der *Organisation* berücksichtigt, die besonderen Einfluss auf die Leistung des Managements haben, z. B. Beurteilungssysteme, Zielvereinbarungssysteme, *Unternehmenskultur*), (2) *Management-Team* (Aspekte der Zusammenarbeit im Management-Team, die Auswirkungen auf die Leistung des Einzelnen als auch des Teams haben) und (3) der einzelne *Manager* (Betrachtung relevanter Leistungsaspekte und Leistungsvoraussetzungen in der Person des einzelnen Managers). Wübbelmann 2005. *B. Runde*

Management by Objectives (MbO) [engl. Führung/Leitung über Ziele], *Management*, [**AO**], Führen durch *Zielvereinbarungsgespräche* ist ein Konzept, bei dem Führungskraft und Mitarbeiter gemeinsam Ziele vereinbaren und festlegen, ihren jew. Verantwortungsbereich er- Ergebnisse abstecken, auf dieser Grundlage ihre Abteilungen führen und die Leistungsbeiträge der einzelnen Mitarbeiter bewerten. Die Beschäftigten leiten also gemeinsam mit dem Vorgesetzten aus den strategischen Unternehmenszielen Ziele für ihre unmittelbare Arbeit ab und vereinbaren diese dann schriftlich. Zudem werden auch indiv. Ziele der Mitarbeiter i. S. von Karriereplanung und Weiterbildungswünschen berücksichtigt. Somit werden Leistungs-, Verhaltens-, Weiterbildungs- oder Projektziele vereinbart und festgelegt, die Mitarbeiter in einem zuvor festgelegten Zeitraum erreichen können. *Arbeitsmotivation, Führung, charismatische, transformationale*. *M. Liebig*

Management-Diagnostik (= MD.) [engl. *management diagnostics*], *Management*, [**AO, DIA**], befasst sich mit Konzepten, Instrumenten und Möglichkeiten psychol. *Eignungsdiagnostik* für das bes. Anwendungsgebiet des Managements (= M.). M. bez. hier die Personengruppe der Manager in Organisationen und nicht die Tätigkeiten des Managens. MD. ist somit eine Untermenge der beruflichen Eignungsdiagnostik (*Personalauswahl*). Drei Gründe sprechen für eine separate Betrachtung und Benennung von Eignungsdiagnostik für diesen Personenkreis: (1) die für den Unternehmens- bzw. Organisationserfolg vorrangige Ursachenquelle M., (2) die bes. Bedeutung der gesamten Persönlichkeit eines Managers für *Effektivität* und *Effizienz* in seinem Job und (3) die eigenständige Behandlung der v. a. oder spez. für Manager tauglichen eignungsdiagn. Konzepte und Instrumente. Nachhaltiger M.erfolg erfordert in einer sich immer schneller und unvorhersehbarer ändernden Wirtschaftswelt bes. Geschicklichkeit und Geschwindigkeit in Bezug auf die schnelle Anpassung an rasch wechselnde Gegebenheiten der Märkte und der Technik sowie das Ausnutzen nicht immer leicht wahrnehmbarer Chancen. Die Eignung von Managern auf oberer, mittlerer, aber auch auf unterer Ebene, die vorrangig die Verantwortung tragen (wenn auch heutzutage häufig kaum noch das damit verbundene Risiko), ist hierfür mitentscheidend. Von daher ist es wichtig, die Eignung und das Potenzial von Managern für einen gegebenen Job vor ihrer Einstellung, Beförderung oder weiteren Entwicklung so valide wie möglich abschätzen zu können. Der Begriff *Eignung* kann nur in Bezug auf einen best. Beruf oder Job und die darauf basierenden Anforderungen an den Positionsinhaber def. werden. Dies impliziert die Notwendigkeit einer *Tätigkeitsanalyse* zur Ermittlung der hierfür erforderlichen personellen Anforderungen (*Anforderungsanalyse*).

Erfolg in einem M.job setzt Persönlichkeitsausstattungen voraus, die auch bei großen Bewerberschaften nur begrenzt vorfindlich oder trainierbar sind. Branchen- und funktionsübergreifende Schlüsseldispositionen (generelle Prädiktoren) für M.erfolg sind bspw. Fähigkeit zum Überblick, zielorientierte Initiative, Überzeugen und Durchsetzen sowie m.bezogenes *Lernpotenzial*; zudem diverse dispositionelle Voraussetzungen im kogn., motivational-emot. und sozial-interaktiven Bereich, bei denen u. U. kleine Unterschiede in Ausprägung und Kombination große Wirkungen haben können. Gleichwohl gibt es kein homogenes Anforderungsprofil für alle M.jobs: Je nach Branche, Ressort/Funktion, hierarchischer Position etc. spielen unterschiedliche Gewichtungen der generellen Eignungsdispositionen der Person und zusätzliche spezif. Anforderungen seitens der bes. Situation (spezif. Prädiktoren) eine Rolle. Zum Identifizieren der spezif. Anforderungen und zur Gewichtung der generellen sind *critical incident*-Workshops hilfreich. Ziel ist die Gewinnung einer Liste von def. Anforderungsmerkmalen, die ein Bewerber in best. Ausmaß mitbringen muss, damit er für die gegebene M.tätigkeit erfolgversprechend in Betracht gezogen werden kann.

Eignung wird schließlich verstanden als Passung best. Merkmalskonstellationen einer Person zu den Bedingungen und Erfordernissen der in Rede stehenden beruflichen Tätigkeit (Situation). Das dementsprechende *Schlüssel-Schloss-Prinzip* ist gut illustrierbar durch ein zeitgeschichtliches Gedankenexperiment: «Gandhi's simplicity and saintliness might not have dealt effectively with Hitler's war machine, and Churchill's bombast and epicurean self-indulgence would not have endeared him to the Indian masses» (Lykken et al. 1992, 1571). Erfolge in Politik oder Wirtschaft werden i. d. R. nicht einseitig bewirkt, weder von «great men» (personalistische Sicht = «konservativ») noch von «great times» (situationistische Sicht = «progressiv»); entscheidend ist vielmehr die indiv. Passung von Person und Situation (interaktionistische Sicht des «person-job-fit»-Konzepts = «liberal») (*Optimierungsparadigma der Eignungsdiagnostik*).

Hat man die Anforderungen an die Person herausgearbeitet, müssen infrage kommende Kandidaten auf ihre Passung zum Job eingeschätzt werden. Für den M.bereich werden bes. Modi der Evokation und Erfassung personaler Eignungsindikatoren benötigt. Es sind im Wesentlichen fünf Prinzipien, deren Anwendung es ermöglicht, eine umfassendere Betrachtung der Persönlichkeit von Managern zu erreichen:

(1) Das Prinzip *Multi-Methodalität*: Kein wichtiges Merkmal beruflicher Eignung sollte nur mit einer einzelnen diagn. Methode ermittelt werden. Schuler (2000) hat dazu ein geeignetes Bezugskonzept entwickelt, dessen Kern die Unterscheidung dreier methodischer Ansätze in der Berufs-

eignungsdiagnostik ist, nämlich (a) der Eigenschaftsansatz, (b) der Verhaltensansatz und (c) der Ergebnisansatz; diesen entsprechen als Methoden im Wesentlichen (in dieser Reihenfolge) (a) Tests, (b) Arbeitsproben (= Simulationen) und (c) biografische Informationen (aus schriftlichen Unterlagen und/oder dem Interview). Eine solche Multi-Methodalität wird vorzugsweise in *Assessment-Centern* realisiert. Neben Tests und Interviews werden auch Einzel-, Paar- und Gruppenaufgaben als Simulationen oder Arbeitsproben leistungsneuralgischer M.-Tätigkeiten durchgeführt und das Verhalten der Kandidaten dabei beobachtet. Am Ende eines AC geben die Beobachter Urteile darüber ab, welches Potenzial die Pbn besitzen im Hinblick auf eine best. Positionsklasse im M. und/oder in welchen Kompetenzfeldern sie welche Stärken und Schwächen haben.

(2) Das Prinzip *Multi-Perspektivität*: Hierdurch werden zusätzlich die in einer Organisation ohnehin vorhandenen, jedoch meist nicht explizierten Einschätzungen in Bezug auf wichtige M.- und Führungskompetenzen einer Person sichtbar und rückmeldbar gemacht («Wahrheit im Plural»). Multi-Perspektivität wird mit *360-Grad-Feedback* realisiert. Diese entwickeln sich sowohl als eigenständiges Verfahren (dann meist zu Zwecken der Führungskräfte-Entwicklung) als auch ergänzend zu anderen Potenzial-Einschätzungsarrangements wie Assessment-Centern, Management-Audits und *Einzel-Assessment*s zu einem zunehmend interessanten Feld.

(3) Das Prinzip *Stimulus-Mehrdeutigkeit*: Etliche Persönlichkeitsmerkmale, die gerade für die MD. wichtig sind (z. B. Initiative, Einflussmotivation, Fähigkeit zum Überblick) können erst in eher schwach strukturierten Situationen (*Situationismus*) voll zur Entfaltung kommen, weil nur solche Situationen vielfältige Verhaltensweisen bzw. -variabilität zulassen – d. h., hier kann überhaupt erst *Persönlichkeit* in einem umfassenderen Sinne sichtbar werden. Deshalb erlauben mehrdeutige (= schwach strukturierte) Stimuli stärker als eindeutige (= stark strukturierte) zu beurteilen, wie gut ein Kandidat best. uneindeutige Situationen mitgestalten kann – eine überaus wichtige Information für valide M.potenzial-Einschätzungen.

(4) Das Prinzip *Response-Offenheit*: In der Arbeits- und Organisationsps. sowie in der Differentiellen und Persönlichkeitsps. gibt es eine dominante Tendenz zu einer «respondenten» Ps. Gern hält man die Stimuli (Fragen in Fragebögen, aber auch oft in Interviews, Aufgaben in Leistungstests etc.) eindeutig und die Reaktionen geschlossen (Multiple Choice oder abgestufte Skalen = «respondent») – mit dem Ziel, psychometrisch abgesichert und genau zu messen. Es bringt aber einen beachtlichen Zugewinn an Informationen, wenn man in Verhaltenssimulationen sowie in Interviews vermehrt und im Testbereich mehrdeutige Stimuli und offene (= «operante») Reaktionen zulässt.

(5) Das Prinzip *ego involvement*: Dies bez. die Betroffenheit einer Person durch die subj. Bedeutsamkeit der Stimuli für das eigene Selbst. Ego involvement ist eine notwendige Bedingung, um diagn. relevante Informationen evozieren zu können, welche die Struktur und Dynamik der Persönlichkeit von Kandidaten valide abzuschätzen ermöglicht. Indes produziert der Einsatz von verbalen Stimuli zur Situationsbeschreibung – typisch in gängigen Fallstudien von Assessment-Centern, bei vielen sog. Leitfadenfragen in Interviews und bei Fragen in den üblichen Persönlichkeitstests – oft eine nur schwach ego-relevante Situation, die sich validitätsmindernd auf die daraufhin gezeigten *Responses* auswirkt: Bei niedrigem ego involvement orientieren sich die Pbn nämlich verstärkt an aktivierungsstarken äußeren Reizen.

Einschränkungen: Zur Erfassung auskunftsfähiger Eignungsindikatoren für M.-Talent weist Sarges (2014) auf drei in der Praxis bes. defizitäre Felder hin: (1) vernachlässigte Daten-Quellen (implizite Motive, Fremdurteile, Probezeit), (2) vernachlässigte Diagnostiker-Kompetenzen, (3) vernachlässigte Kandidaten-Gruppen (Frauen, Personen aus schwächeren Sozialschichten) und macht Vorschläge, wie man diese Defizite reduzieren könnte. Über die Verbesserung der Prädiktorenseite hinaus bedarf es aber auch weiterer aussagefähiger Validierungsstudien mit inhaltlich und psychometrisch tauglichen Kriterien (*Teststandards*). Das sehr verbreitete Erfolgskriterium «Vorgesetzten-Urteil» ist gemessen an diesen Forderungen nicht ohne Weiteres befriedigend, denn Beurteiler neigen bei Verhaltensbeurteilungen zu globalen Eigenschaftseinschätzungen (*Beurteilungsfehler*). Jedenfalls reichen einzelne Kennwerte für valide Messungen beruflichen Erfolgs nicht aus; vielmehr werden jeweils Bündel von Kennwerten (multiple resp. kompositive Erfolgskriterien) benötigt, welche die in der Praxis relevanten Zielsysteme abbilden.

Von den 1960er- bis in die 1980er-Jahre hinein gab es eine Fülle an Forschung im Hinblick auf Früherkennung von M.-Potenzial und Auswahl von oberen Managern. In den darauf folgenden zwei bis drei Jahrzehnten dagegen wurde bes. Gewicht auf die Entwicklung von Managern gelegt. Aber spätestens nach den jüngeren Skandalen im oberen und obersten M. etlicher Firmen sollte wieder mehr Gewicht auf die Auswahl gelegt werden (Thornton et al. 2010, Bellmann 2013). In diesem Zusammenhang gehört die Fokussierung auf die Passungsfrage (*concern for fit*) zu den dringendsten Bemühungen – in der Praxis wie in der Forschung. Sarges 2013b.   W. Sarges

[Test]**Management-Fallstudien (MFA)**, 1999, G.P. Fennekels & S. D'Souza, [www.testzentrale.de], [**AO, DIA**]. Berufsbezogenes Verfahren. *Personalauswahl, Personalentwicklung, Assessment-Center*, Bewerbertraining und Stärken-Schwächen-Analysen. Vier Untertests sind gegliedert in Führungssituationen, Konfliktsituationen, soziale Situationen und Zeitmanagement. Folgende Anforderungen werden erfasst: *Führungsverhalten, Systematisches Denken und Handeln* und *soziale Kompetenz*. PC-Version vorhanden.

Managertypus [engl. *type of manager*], *Persönlichkeit, unternehmerische*.

Managerversagen (= M.) [engl. *destructive leadership*], [**AO**], unter M. ist ein wiederholtes und systematisches Handeln oder Nichthandeln zu verstehen, das zum Verfehlen wichtiger Ziele führt, finanzielle Schäden verursacht, Arbeitsstrukturen und -effektivität zerstört sowie

Motivation, Wohlbefinden und *Arbeitszufriedenheit* der Mitarbeiter untergräbt (Einarsen et al. 2007). Die Begriffsvielfalt für M. ist groß, u. a. weil die Grenzen zw. nichtförderlichem und schädlichem Verhalten fließend und in hohem Maße kontextabhängig sind. Eine adäquate Diagnose unangemessenen Verhaltens basiert notwendigerweise auf dem Paradigma des dynamischen *Interaktionismus* und verlangt die *Exploration* sowohl relevanter Gefährdungssituationen (*Critical Incident Technique*) als auch persönlicher Gefährdungsdispositionen. In der Literatur zu M. werden folg. situative Gefährdungsfelder hervorgehoben: extremer Erwartungsdruck, politisch hochsensible Umfelder, Machtsphären, Informationsfilter, Feindseligkeit, fehlende oder hochvolatile Normensysteme. Als typische dispositive Gefährdungsbereiche gelten: destruktiver *Narzissmus* (Selbstüberschätzung), unzureichendes People Management, mangelnde Integrität, Mängel im komplexen Denken, unzureichende Adaptabilität, unangemessener Umgang mit *Macht*, Extremausprägungen im *Leistungsmotiv* sowie unangemessene Konfliktbearbeitung. Die adäquate Diagnose von M.-Gefährdung hat die Komplexität dieses Gegenstandes zu berücksichtigen. Sie basiert neben dem *biografischen Interview* auf multiplen Messverfahren, die v. a. die Bereiche *Kognition*, Selbstsystem, *Motivation* und *soziale Kompetenzen* erfassen. Westermann & Birkhan 2013. *G. Birkhan*

managing others, self bzw. tasks [engl.] Anleiten/Führen anderer, selbst bzw. Aufgaben, *Tacit Knowledge Inventory for Managers (TKIM)*.

MANCOVA, Abk. für *multivariate analysis of covariance*, [**FSE**], multivariate *Kovarianzanalyse*.

Mandala (= M.) [engl. *mandala*; Sanskrit मण्डल Kreis], [**KLI**], das in einen Kreis oder Vieleck eingefügte «Schaubild» (Symboldarstellung, Diagramm), das best. geistige Zus.hänge darstellen will und zur *Meditation* dient. Im buddhistischen Religionsraum weitverbreitet. Im Abendland fand das M. durch C. G. Jung in der *Psychoanalyse* bes. Beachtung. Jung hat Traumbilder und bildhafte Gestaltungen seiner Pat. als M. bez. und als Symbole des *Selbst* auf dem Weg des *Individuationsprozesses* interpretiert.

Mangelbedürfnisse [engl. *deficiency needs*], *Defizitmotivation, Defizitmotive, Bedürfnishierarchie, Persönlichkeitstheorien, humanistische*.

Mania [engl. *mania*; gr. μανία (*mania*) Raserei, Wahnsinn], besitzergreifende Liebe. *Liebesstile*.

Manie (= M.) [engl. *mania*; gr. μανία (*mania*) Raserei, Wahnsinn], [**KLI**], bez. einen abnormen Gemütszustand mit folg. Symptomen: (1) grundlose, überströmende Heiterkeit, doch auch Gereiztheit, (2) Selbstüberschätzung und unbeirrbarer *Optimismus*, (3) Beschleunigung mit Oberflächlichkeit des Denkens (*Ideenflucht*), (4) Triebsteigerung und Verhaltensexzesse (bes. der *Sexualität*, *Aggressivität*, Suchtmittelkonsum, Anschaffungen, Geldausgaben), (5) Bewegungs-, Betätigungs-, Rededrang. Gegenpol zu M. ist die *Depression*. M. tritt in Episoden auf und ist meist Teil einer *bipolaren Störung*, z. T. jedoch auch *schizoaffektiver Störungen*. M. kann auch durch Drogen, Schlafentzug oder durch einen med. Krankheitsfaktor ausgelöst werden. Es können auch gemischte Episoden (manische und depressive Symptome gleichzeitig) auftreten. Die in der ICD-10 bzw. dem DSM-5 unterschiedenen Formen der M. bzw. manischen Episoden sind in Anhang I unter F30 aufgelistet.

Wie bei den bipolaren Störungen werden für M. v. a. genetische Ursachen (*Verhaltensgenetik*) angenommen. Für den Verlauf der Erkrankung sind jedoch auch Einstellungen (*Krankheitskonzepte, subjektive*, Erwartung, Ansprüche) und Verhaltensweisen (Schlaf-Wach-Rhythmus, Alltagsgestaltung, Umgang mit *Stress* oder Konflikten) entscheidend. Eine angemessene Therapie umfasst immer eine langfristige medikamentöse Behandlung (Pharmakotherapie mit sog. *Mood Stabilizern*, wie *Lithium* u. a.) und eine psychoth. Begleitung (familien- und individuumbezogene *kognitive Verhaltenstherapien*, *Familientherapie*). Die rückfallverhindernden Effekte dieser Kombinationsbehandlung sind gut belegt. Hautzinger & Meyer 2011. *M. Hautzinger/C. Heil*

Manieriertheit [engl. *mannered, affected*; it. *maniera* Art und Weise], [**KLI**], unechtes, unnatürliches, geziertes, verschrobenes, absonderliches Ausdrucksverhalten (in Mimik, Gestik, Sprechweise usw.), bes. bei der katatonen *Schizophrenie*.

manifest *Variable, manifeste*.

Manifestation (= M.) [engl. *manifestation*; lat. *manifestare* sichtbar machen], [**KLI**], Äußerung, Offenbarung. In der *Tiefenpsychologie* ist M. das In-Erscheinung-Treten rein körperlicher oder geistiger Wirkungen der sog. verdrängten «*Komplexe*» (des *Unbewussten*).

Manipulation [engl. *manipulation*; lat. *manus* Hand(griff)], [**FSE, PÄD, SOZ**], Handhabung, unscharfer Begriff für versch. Formen der Einflussnahme (Steuerung, Ausrichtung, Ausnützung). Der Begriff wird u. a. im Bereich der Werbung, der Politik, der Pädagogik und bei Massenmedien zur Kennzeichnung des Ausgeliefertseins gegenüber der Wirtschaft, den Parteien usw. gebraucht. Die Bez. Selbst-Manipulation wird gelegentlich verwendet i. S. von Selbsterziehung. In der Genetik ist der Begriff zudem gebräuchlich zur Bez. von Einflussnahmen versch. Art, z. B. Selektion, Keimbestrahlung und biochemische Experimente, im Bereich der Forschungsmethoden zur Bezeichnung der Herstellung unterschiedlicher Untersuchungsbedingungen (*Treatment*).

manisch-depressive Störung [engl. *manic depressive disorder*], syn. *affektive Psychose*, akt.: *Bipolare Störungen*, *Zyklothymie*, [**KLI**] eine mit recht unterschiedlichem Krankheitsbild auftretende Störung, die überwiegend durch den Wechsel von depressiven (*depressive Episode*) und manischen Phasen (*Manie*) best. wird. Dieser Wechsel kann auch ausbleiben und die viel häufigere *Depression* das Krankheitsgeschehen allein beherrschen.

Manismus [engl. *manism*; lat. *manes* Seelen der Verstorbenen], Verehrung der Ahnen des Volksstammes oder des eigenen Geschlechts im *Kult*. In der Frühzeit wurden Tierahnen verehrt, erst später Menschenahnen. Eng verbunden mit Verehrung eines Häuptlingsstammes, einer Herrscherfamilie.

Test Mannheimer Intelligenztest für Kinder und Jugendliche (MIT-KJ), 1976, W. Conrad, G. Eberle, L. Hornke, B. Kierdorf & B. Nagel, [www.testzentrale.de], [**DIA, PER**]. Intelligenztest für Kinder. AA von 9 bis 15 Jahren. Verfahren zur Bestimmung der allg. Intelligenz. Normierung an $N = 1814$, es werden altersspezifische und schulartspezifische Standardwerte und Stanine-Werte angegeben. Korrelation zum CFT 2 bei $r = .53$ ($N = 676$, 10- bis 12-Jährige), zu einer Kurzform des IST-70 bei $r = .41$ ($N = 973$, 12- bis 15-Jährige). Zusammenhang zur Mathematiknote bei $r = .37$, zum Lehrerurteil über Intelligenz bei $r = .40$ und zum Lehrerurteil über Selbstvertrauen bei $r = .27$. Homogenität (KR 20) bei $r = .96$ ($N = 1814$), Testwiederholungsreliabilität (nach ca. einer Woche) bei $r = .87$ ($N = 735$) bzw. $r = .88$ ($N = 511$). Durchführungszeit: ca. 60 Min.

Test Mannheimer Intelligenztest (MIT), 3. Aufl. 1986, W. Conrad, P. Büscher, L. Hornke, R. S. Jäger, H. Schweizer, W. v. Stützer & W. Wienke, [www.testzentrale.de], [**DIA, PER**]. Erstauflage vermutlich 1971. Mehrdimensionaler Intelligenztest. AA von 12 bis 45 Jahren. Der Test misst 10 wesentliche Dimensionen der faktorenanalytischen Intelligenzforschung. Über 10 Untertests wird das allg. intellektuelle Niveau bestimmt: Figurenreihen, Wortbedeutungen, Dominos, Buchstabengruppen, Wortverhältnisse, Mosaikaufgaben, Sprichwörter, Unmöglichkeiten. Normierung an insges. $N = 5236$. Es liegen Standardwerte und Stanine-Werte getrennt nach Altersbereichen, Geschlecht und Schulbildung vor. Zahlreiche Studien über Korrelationen zu anderen Intelligenztestverfahren, Aspekten schulischer Leistung, Angstscores, Selbstbeurteilungen und Lehrerurteilen liegen vor. Interne Konsistenz (KR 20) für Testform S bei $r_{tt} = .97$ ($n = 2214$) und für Testform T bei $r_{tt} = .96$ ($n = 2298$). Retest-Reliabilität nach 6 bis 8 Tagen (Stabilität) für Testform S bei $r_{tt} = .80$ ($n = 114$) und für Testform T bei $r_{tt} = .84$ ($n = 107$). Es existieren zwei echte Parallelformen (Form S und T). Durchführungszeit: ca. 1 Stunde.

Test Mannheimer Schuleingangsdiagnostikum (MSD), 1994, R. S. Jäger, E. Beetz, R. Erler & R. Habersang-Walther, [www.testzentrale.de], [**DIA, PÄD**]. Schulreife- und Einschulungstest. AA bis 14 Tage nach Schulbeginn. Test zur Erfassung des individuellen Entwicklungsstandes grundschulrelevanter Fähigkeiten mit Hilfe der Skalen *Motorik, Konzentration, Mosaik, Gliederungsfähigkeit* und *Gedächtnis*. *Normierung*: an 476 Jungen und 402 Mädchen. Durchführungszeit: ca. 40 bis 50 Min. Auswertungszeit: ca. 3 bis 5 Min. pro Antwortbogen.

manning [engl.] personelle Besetzung; *undermanning*.

männlicher Protest [engl. *masculine protest*], [**KLI**], von Adler (*Individualpsychologie*) eingeführter Begriff für die u. a. im Gebiet der *Sexualität* an Minderwertigkeiten bzw. -gefühlen leidende Frau, die in anderer Richtung (Beruf, Sport) Höchstleistungen und Überkompensationen aus einem männlichen Protest heraus zu erreichen sucht.

Mann-Whitney-U-Test [engl. *Mann-Whitney (U/ranksum) test*], syn. *U-Test, Wilcoxon Rangsummen-Test, Wilcoxon-White-Test*, [**DIA, FSE**], ein nicht parametrischer *Signifikanztest* zur Prüfung der Unterschiede der zentralen Tendenz (*Maße der zentralen Tendenz*) zweier Messungen einer ordinalskalierten Variablen (*Ordinalskala*) in einer *abhängige Stichprobe*. Es werden die Differenzen der zus.gehörenden Maßzahlen gebildet und nach ihrer absoluten Größe in eine Rangreihe gebracht. Aufgrund des Vorzeichens der Paardifferenzen werden die Rangplätze in zwei Gruppen geteilt. Die kleinere Rangplatzsumme T wird auf ihre Abweichung vom Erwartungswert $E(T) = (N \cdot (N + 1))/4$ geprüft. Für kleinere Stichproben sind die krit. Werte von T tabelliert, für größere Stichproben ($N > 25$) erfolgt die Signifikanzprüfung über die *Normalverteilung*. Bortz & Lienert 2008.

MANOVA, Abk. für *multivariate analysis of variance*, [**FSE**], multivariate *Varianzanalyse*. *Allgemeines Lineares Modell*.

man-to-man rating [engl.] «Mann-zu-Mann-Einschätzung», [**DIA, FSE**], ein Schätzverfahren, das die Beurteilung einer *Versuchsperson* durch dessen Vergleichen mit einer Gruppe von bekannten – insbes. in den zu ermittelnden *Eigenschaften*, Funktionen, Begabungen etc. schon beurteilten – Personen vornimmt. Die Vp erhält den Rangplatz derjenigen Person, der sie in den fraglichen Eigenschaften am ähnlichsten ist.

Mantra [engl. *mantra(m)*; Sanskrit: मन्त्र ritueller Spruch, Lied], heilige Silbe (z. B. «om»), die in Meditationen und sakralen Zeremonien gebraucht wird; mystische Formel, deren Wirkung abhängig gedacht wird von der geistigen Haltung und Erkenntnis dessen, der sie ausspricht.

Manual [engl. *manual* Leitfaden; lat. *manus* Hand], Handbuch, zum Test gehörende Handanweisung. Testhandbuch mit Angaben zur Durchführung, Auswertung und Interpretation des Tests. Im Bereich der Psychotherapie störungsspezif. standardisierte Anleitung therap. Handelns.

MAO *Monoaminooxidase*.

MAOA-Gen [engl. *MAOA gene*], [**BIO, PER**], *Gen* auf dem X-Chromosom, das das Enzym Monoaminoxidase-A produziert, das am Abbau der «Stresshormone» *Noradrenalin, Serotonin* und *Dopamin* beteiligt ist. Das Gen kommt in versch. *Allelen* vor, die mit Unterschieden in der Neigung zu Aggressivität und *antisozialem Verhalten* assoziiert sind (Ficks & Waldman 2014), insbes. bei zusätzl. Risikofaktoren in der Kindheit (Caspi et al., 2002).

MAO-Hemmer [engl. *MAO inhibitors*], *Monoaminooxidase-Hemmer*.

Mapping Vocational Challenges (MVC) [engl. «Kartierung beruflicher Herausforderungen»], *Berufswahltheorien*.

Maprotilin [engl. *maprotiline*], [**PHA**], *Psychopharmakon* aus der Reihe der *Antidepressiva* vom Typ der tetrazyklischen Stoffe (erste Substanz) mit fast ausschl. Wirkung auf die *Noradrenalin*verfügbarkeit (Rücktransporthemmung), lange Wirkungsdauer.

Marasmus [engl. *marasmus*; gr. μαραίνειν (*marainein*) austrocknen, schwachwerden], [**EW, GES**], Verfall, Schwund in geistiger wie körperlicher Beziehung, bes. als Alterserscheinung (*Psychologie des Alterns*).

Marbe, Karl (1869–1953), [**HIS, KOG**], Denkps. der *Würzburger Schule*, Experimentalps. und Ps. in Anwendungsfeldern. Geboren in Paris, Abitur in Freiburg, Beginn des Studiums der Philosophie im Bereich der Sprachwiss., dann der Ps. in Freiburg, Bonn, Berlin und Leipzig, 1893 Promotion zum Dr. phil. in Bonn mit einer Arbeit über die Lehre von den Gesichtsempfindungen, Mitarbeiter der Forschungsgruppe zur Denkps. um *Külpe* in Würzburg; 1896 Habilitation in Würzburg, 1902 dort ao. Prof., 1905–1909 Prof. der Philosophie in Frankfurt, 1909 Nachfolger von Külpe als o. Prof. für Philosophie einschl. Ästhetik, 1925 Verleihung des Titels «Geheimer Regierungsrat», 1910–1929 Mitglied des Vorstands der Gesellschaft für exp. Ps. (ab 1929 Deutsche Gesellschaft für Ps.), 1927–1929 ihr Vorsitzender. Marbe gehört zu der kleinen Gruppe von Ordinarien seiner Zeit, die vielfältige Untersuchungen zur angewandten Ps. angeregt und durchgeführt haben (Marbe 1945). 1935 wurde Marbe emeritiert. *H. E. Lück*

Marbe-Effekt [engl. *Marbe effect*], nach *Marbe, Karl*, [**KOG**], es besteht eine logarithmische Beziehung zw. den Reaktionszeiten beim freien Assoziieren durch einen Pbn und der Häufigkeit des Auftretens der entspr. Assoziationswörter in einer Pbn-Population. Der auch als Marbe-Thumbsches Geläufigkeitsgesetz bekannt gewordene Befund ist versch.tlich bestätigt worden, so von Thumb und Marbe (1901), Schlosberg und Heinemann (1950). Kling & Riggs 1971, Osgood 1962. *R. Bergius*

Marburger Hochbegabtenprojekt (= M.) [engl. *Marburg giftedness project*], [**EW, PER**], *Hochbegabung, intellektuelle*, ein 1987 an der Universität Marburg begonnene Längsschnittstudie (*Längsschnittuntersuchung*) zur Charakterisierung intellektuell Hochbegabter (HB) und Hochleistender (HL) und deren Entwicklung vom Kindes- bzw. Jugendalter bis ins mittlere Erw.alter (insbes. im nicht kogn. Bereich: *Persönlichkeit, Temperament, Übersensibilität, Selbstkonzept; Interessen, Motivation; leistungsthematische Attributionen, Kompetenzwahrnehmung, proaktive Selbststeuerung, Erfolgsorientierung*; psychosoziale Anpassung; *Underachievement; subjektives Wohlbefinden*). Weiterhin wurden diverse Rahmendaten zur Lebenssituation (Familienbeziehungen, Erziehungsziele; Peerbeziehungen; Ausbildung, Bildungsstatus, Berufserfolg usw.) erhoben. Aus einer Ausgangsstichprobe von $N = 7023$ unausgelesenen Grundschulkindern (3. Klasse) aus neun «alten» Bundesländern, wurde eine Zielgruppe HB (mittlerer IQ ≈ 135; $n = 151$) sowie eine Vergleichsgruppe durchschnittlich Begabter (DB, Parallelisierungskriterien: gleiche Klasse, gleiches Geschlecht, vergleichbarer sozioökonomischer Status; mittlerer IQ ≈ 102; $n = 136$) gezogen. Ein Jahr später wurden HB/DB sowie deren Väter, Mütter, Lehrkräfte befragt. 1994 erfolgte eine erneute Untersuchung/Befragung der HB/DB (9. Schuljahr) sowie ihrer Mütter, Väter, Lehrkräfte. 1994 wurden zwei weitere Stichproben aus den «neuen» Bundesländern gezogen (9. Klassen; Erhebung der gleichen Variablen wie bei den HB/DB): Zielgruppe HL (jahrgangsstufenbeste Gymnasiasten, $n = 118$), Vergleichsgruppe DL (durchschnittlich leistende Gymnasiasten, $n = 112$). Etwa alle drei Jahre folgten weitere (postalische) Befragungen der vier Gruppen. Das M. ist noch nicht abgeschlossen. In vielen «intelligenzfernen» Variablen unterschieden sich HB/ HL im Mittel nur wenig von DB/ DL. Wenn erwähnenswerte Mittelwertsdifferenzen objektiviert wurden, fielen sie mehrheitlich zugunsten der HB/ HL aus. Nach den Ergebnissen des M. sind HB/HL keine Risikopopulationen. Nach vielen Jahrzehnten wurden also die schon von Terman berichteten Befunde (*Genetic Studies of Genius*) im Wesentlichen bestätigt. *Study of Mathematically Precocious Youth (SMPY)*. Rost 2009, Rost 1993. *D. H. Rost/J. R. Sparfeldt/S. R. Buch*

Test Marburger Konzentrationstraining für Jugendliche (MKT-J), 2010, D. Krowatschek, G. Krowatschek & G. Wingert, [www.testzentrale.de], [**DIA, EW, KLI, KOG, PÄD**]. Konzentrationstraining. AA Jugendliche. Das MKT-J ist eine Kurzintervention, die in Kleingruppen (drei bis fünf Jugendliche) durchgeführt wird. Grundgedanke des Konzentrationstrainings ist es, den Arbeitsstil von Jugendlichen zu verändern. Durch die Vermittlung von Denkstrategien lernen sie, ihre Aufmerksamkeit besser zu steuern und zu strukturieren. Der Ablauf der Trainingsstunden erfolgt stets nach dem gleichen Muster. Zu Beginn jeder Trainingsstunde steht eine Entspannungsübung. Jede Trainingsstunde hat i. d. R. zwei bis vier Arbeitsphasen. Der Trainingsvorschlag orientiert sich an der Methode der verbalen Selbstinstruktion. Das Training arbeitet mit einem spez. Belohnungssystem, das Jugendliche motiviert und ihre Mitarbeit zulässt. Bearbeitungsdauer: Wird das Trainingsprogramm als Kurs durchgeführt, werden sechs bis acht Trainingsstunden (eine Trainingsstunde pro Woche) empfohlen. Eine Trainingsstunde dauert je nach Anzahl der teilnehmenden Jugendlichen zw. 60 und 75 Min.

Test Marburger Konzentrationstraining für Schulkinder (MKT), 2011, D. Krowatschek, G. Krowatschek & C. Reid, [www.testzentrale.de], [**DIA, EW, KLI, KOG**]. Konzentrationstraining. AA 6–12 Jahre. Das MKT wird häufig in der Therapie von Kindern mit ADHS (*Aufmerksamkeitsdefizit-/Hyperaktivitätsstörung*) eingesetzt. Es ist v. a. als Kurzintervention beliebt, weil es als effektiv und interessant empfunden wird.

Test Marburger Sprachverständnistest für Kinder (MSVK), 2000, C. E. Elben & A. Lohaus, [www.testzentrale.de], [**DIA, EW, KOG, PÄD**]. Entwicklungstest. AA für Kinder ab 5 Jahren sowie Erstklässler. Der MSVK erfasst das *Sprachverständnis* von Kindern in den Bereichen *Semantik, Syntax* und *Pragmatik* mit jew. zwei Untertests. Aus dem semantischen Bereich wird der passive Wortschatz und das Verständnis von Wortbedeutungen geprüft, im syntaktischen Bereich kommen Aufgaben zum Satz- und Instruktionsverständnis zur Anwendung. Das pragmatische Verständnis wird über personenbezogene und situationsbezogene Sprachzuordnungen geprüft. *Normierung*: Es liegen geschlechtsspezifische Normen für Kindergartenkinder ab 5 Jahren und Kinder der ersten Klasse vor. Bearbeitungsdauer: ca. 30 bis 45 Min. (ohne Zeitbegrenzung).

Märchen (= M.) [engl. *fairy tale*; mhd. *maere* Erzählung], [**KLI**], psychoanalyt. v. a. als *Projektion* betrachtet. Wünsche werden erfüllt, Ängste überwunden, das Gute belohnt, das Böse bestraft. C. G. Jung (*Analytische Psy-*

chologie) versteht das M. als Ergebnis (Belege) des kollektiven *Unbewussten*.

Marey'sche Trommel [engl. *Marey's tambour*], nach E.-J. Marey (1830-1904), [**DIA**], Gerät zur Aufzeichnung physiol. Reaktionen aus den Anfängen der physiol. Messtechnik. Zugehörig zur Marey'schen *tambour* ist eine Kapsel mit Gummimembran, auf der sich zur Aufzeichnung der Reaktionen ein Schreibhebel befindet.

marginal (= m.) [engl. *marginal*; lat. *margo, margin* Rand, Grenze], [**BIO, KOG, WA**], am Rande befindlich, den Rand betreffend. Z.B. das Marginalfeld (Randfeld) der Netzhaut (*Auge*). Marginales Erleben bezeichnet das nicht zentral im Erleben liegende, damit aber auch das Unbestimmte, Ungesicherte. Auch die damit verbundene Entscheidung zw. Ungewissem wird m. genannt.
[**SOZ**], marginale Persönlichkeit *(marginal man)*, Kennzeichnung bei Personen, die in einer Grenzstellung sind (z.B. als Mitglied versch., sogar gegensätzlicher Parteien, zw. versch.artigen Kulturen u.ä.). *Randpersönlichkeit*.

Marihuana [engl. *marijuana*], [**PHA**], Bez. (mexikanischen Ursprungs) für Rauschmittel aus der Hanfpflanze *(Cannabis sativa)* mit der Wirksubstanz Tetrahydrocannabinol (Abk. *THC*), die als *Rauschmittel* verwendet wird (*Cannabis*). Iversen 2000.

Markenarchitektur (= M.)[engl. *brand architecture*], [**WIR**], da viele Unternehmen sowohl ihre eigenen Marken immer differenzierter führen als auch ursprünglich unternehmensfremde Marken akquirieren und eingliedern, beschreibt die M. die unterschiedlichen Verbindungen und die Anordnung aller Marken eines Unternehmens (*Markenidentität*). Bzgl. der Frage nach einer optimalen Strategie zur Integration und Handhabung versch. Marken können im Wesentlichen drei Strategien unterschieden werden: (1) *Dachmarkenstrategien* oder auch *Unternehmensmarkenstrategien* (Verwendung einer Marke für alle Produkte eines Unternehmens), (2) *Einzelmarkenstrategien* (Beibehaltung und Kommunikation scheinbar unverbundener Einzelmarken innerhalb eines Unternehmens) und (3) *Familienmarkenstrategien* (Einführung versch. spezialisierter Submarken, bei denen die Gemeinsamkeit jedoch erkennbar bleibt). Beachtet man zusätzlich die durch ein Produkt anzusprechende Zielgruppe, kann als vierte Option die *zielgruppenspezifische Markierungsstrategie* (Kenntlichmachen der Zielgruppe, für die ein best. Ausschnitt der Produktpalette angedacht ist) genannt werden. Ziel der M. ist es, best. Arten des psychol. Nutzens von Marken wie etwa den *funktionalen Nutzen* (Was soll mit dem Produkt erreicht werden?), den *symbolischen Nutzen* (Was soll der Konsument durch Nutzung der Marke über sich selbst aussagen? *Symbol*), den *relationalen Nutzen* (Welche Beziehung zur Marke soll der Konsument aufbauen?) sowie den *experienziellen Nutzen* (Welche Erlebnisse sollen mit einem best. Produkt verbunden sein?) i.S. des Unternehmens optimal anzusprechen. Je nach Fokussierung eines best. Nutzens eignen sich unterschiedliche M.-Strategien: Soll der funktionale Nutzen im Vordergrund stehen, werden *Dachmarkenstrategien* als vorteilhaft betrachtet. Soll hingegen der symbolische Nutzen im Vordergrund stehen, empfiehlt sich eine zielgruppenorientierte Markierungsstrategie. Bzgl. des experienziellen Nutzens wird eine Einzelmarkenstrategie als zielführend erachtet, *Familienmarkenstrategien* eignen sich besonders, wenn mehrere Nutzen gleichzeitig angesprochen werden sollen. Der *Dachmarkenstrategie* ähnlich ist zudem das Ansatz des *Markentransfers*, bei dem eine «Vertrauensübertragung» angestrebt wird, d.h. es wird versucht, das Vertrauen, das sich ein Produkt beim Konsumenten in der Vergangenheit durch Kompetenz erwerben konnte, auf ein völlig neues Produkt zu übertragen. Wänke & Florack 2015.

Markenidentität (= M.)[engl. *brand identity*], *Identität*, [**WIR**], die M. bezeichnet das *Selbstbild* einer Marke und verdeutlicht, wofür sie steht und wie sie auftreten soll. Eng mit der M. verknüpft sind zudem das *Markenimage* (und somit wie eine Marke von außen wahrgenommen wird) und die *Markenpersönlichkeit*. Bzgl. der Komponenten einer M. wurden versch. Ansätze vorgeschlagen, die von eher abstrakten Beschreibungen einer Kernidentität bis zu inhaltlichen Überlegungen bzgl. versch. Identitätskomponenten (M. als die Frage nach der Markenvision, der Markenpersönlichkeit, der vertretenen *Werte*, vorhandener *Kompetenzen*, der Herkunft und der Leistungsfähigkeit) reichen. Eine klare und eindeutige M. wird insges. gestützt, wenn alle Marketingmaßnahmen das gleiche Bild der Marke nach außen tragen. Hierzu ist v.a. eine gute Kenntnis der Wirkung der angestrebten *Kommunikation*smaßnahmen von Vorteil. Des Weiteren ist von Vorteil, wenn die unternehmensinterne Markenkommunikation so ausgerichtet ist, dass sie bei den Mitarbeitern zu einer hohen (professionellen und persönlichen) Identifikation mit dem Unternehmen führt (*Commitment*). Diese Identifikation führt wiederum zu besonders engagiertem und markenförderlichem Verhalten, z.B. i.S. einer hohen Bereitschaft zu Investitionen, zu einer großen Begeisterung für anfallende Arbeitsaufgaben und für eigene Produkte sowie zu hohen Qualitätsansprüchen (*Brand Citizenship Behavior, Qualitätskultur*). Damit eine M. eine Entsprechung auf dem Markt und somit eine Konsumentengruppe findet, ist jedoch stets ein Abgleich der Selbstsicht und der erreichten Akzeptanz notwendig. Wänke & Florack 2015.

Markenimage (= Mi.) [engl. *brand image*], [**EM, KOG, WIR**], MI. kann als das Fremdbild einer Marke (= M.) beschrieben werden und repräsentiert die Gedanken (*Kognition*), Einstellungen (*Einstellung*), Gefühle (*Emotionen*), Erwartungen (*Erwartung*) und Urteile (*Urteilen*), die beim Kontakt mit einer best. M. bzw. den Produkten einer best. M. entstehen. Erwünscht ist das Erreichen von Aspekten wie Bekanntheit, Klarheit, Sympathie oder Vertrauen, welche wiederum zu einer erhöhten Loyalität (*Kundenbindung, Kundenloyalität*) führen sollen. Ein best. MI. bildet sich dabei meist über einen längeren Zeitraum sowie mehrere Kontakte mit der entspr. M. heraus und ist typischerweise relativ fest verankert, wobei sich durch neue Erfahrungen mit einer M. natürlich auch geänderte Gedanken, Einstellungen oder Gefühle ergeben können. Im Unterschied zur *Markenidentität*, die ein unternehmensinternes M.führungskonzept und eine unternehmensinterne

Sichtweise darstellt, bedeutet MI. somit eine M. aus Sicht der Konsumenten und beschreibt die Wirkung von M.impulsen und M.botschaften bei den Konsumenten (*Informationsverarbeitung*), die Repräsentation von M. im Gedächtnis (*Gedächtnis*) und die Bereitschaft, zukünftig auf eine best. M. zu reagieren. Das MI. ist weitgehend subj. und kann daher – im Unterschied zur M.identität – nur bis zu einem gewissen Grad vom Unternehmen beeinflusst werden. Als potenzielle Möglichkeiten der Einflussnahme (*Einfluss, sozialer, Einstellungsänderung, werbepsychologisch*) können jedoch versch. Kommunikationsmaßnahmen wie z. B. die Wahl des M.namens (*Markennamen*), die Nutzung von Logos und Symbolen, Werbemaßnahmen oder Sponsoringaktivitäten genannt werden. Wänke & Florack 2015, Florack et al. 2007. *A. Florack*

Markenmanagement (= Mm.) [engl. *brand management*], [**WIR**], beschreibt die Gesamtheit versch. Markenstrategien (z. B. *Markenarchitektur*-Strategien) zum Aufbau und zur Weiterentwicklung bzw. Ausdifferenzierung einer Marke (= M.) mit dem Ziel, best. Vorstellungen sowie möglichst pos. *Einstellungen*, *Gefühle* und Urteile bei den Konsumenten hervorzurufen. Eine M. soll dabei grundsätzlich mit versch. Eigenschaften assoziiert sein, die den Wert des tatsächlichen Produkts erhöhen und die ein Produkt deutlich von weiteren Konkurrenzprodukten abgrenzen. Das Mm. kann die Führung einer einzelnen M., mehrerer unabhängiger M. oder einer komplexen Architektur versch. in Beziehung stehender M. umfassen. Durch Mm. soll eine möglichst große Konstanz und Konsistenz und somit ein möglichst pos. und klares Bild (*Repräsentation*) beim Verbraucher erzeugt werden. Dabei können – je nach Zielsetzung – versch. Arten des psychol. Nutzens von M. (funktionaler, symbolischer, relationaler oder experienzieller Nutzen) angesprochen werden. Meist geht es im Kontext von Mm. um die Veränderung oder Ergänzung der Produktpalette (z. B. Integration neuer Angebote in die gesamte Ausrichtung des Unternehmens unter Berücksichtigung der angestrebten *Markenidentität*), um die Bindung vorhandener Kunden (Markentreue, *Kundenbindung, Kundenloyalität*) sowie die Erschließung neuer Zielgruppen. Auch die Frage, wie Produktpreise gestaltet sein müssen, damit das Produkt für die Konsumenten attraktiv wirkt und zudem die von der Unternehmensleitung gewünschten Eigenschaften repräsentiert (die preisliche Positionierung einer M.; *Preispolitik*) fällt in den Bereich des Mm. Als weitere Aspekte des Mm. können Fragen der Markenkommunikation, der *Markenpersönlichkeit* oder des Sponsoring genannt werden. Klass. Instrumente zum Aufbau komplexer Markenarchitekturen sind die *Produktlinienerweiterung* (die Ausweitung einer M. innerhalb einer Produktkategorie) und die *Markenerweiterung* (die Ausweitung einer M. in neue Produktkategorien). Gutes Mm. soll dabei insges. – durch eine längerfristige Planung der Marken- und Produktgestaltung – zu einem Wettbewerbsvorteil (höherer Marktanteil, höhere Popularität bei der gewünschten Zielgruppe, höhere Gewinne) führen und zu einer Steigerung des gesamten Marken- bzw. Unternehmenswertes beitragen (*Marketing*). Dabei müssen vorhandene Potenziale erkannt und Weiterentwicklungsmöglichkeiten umgesetzt werden. Florack et al. 2007, Wänke & Florack 2015. *A. Florack*

Markennamen (= M.) [engl. *brand names*], [**EM, KOG, WIR**], M. gehören zu den wichtigsten Vermögenswerten eines Unternehmens. Rechtlich gesehen ist eine Marke ein schutzfähiges Warenzeichen, das Waren und Dienstleistungen eines Unternehmens von dem Angebot anderer Unternehmen unterscheidet (Spörrle et al. 2008). Neben anderen Markenformen (z. B. Bildmarken, Hörmarken) existiert auch die Wortmarke, die die häufigste Markenform darstellt, wobei wiederum der M. der prominenteste Vertreter der Wortmarke ist. Ein M. kann definiert werden als ein (komplexes) geschriebenes oder gesprochenes linguistisches *Symbol*, das das Potenzial hat, versch. Konnotationen und Attribute zu repräsentieren (Zinkhan & Martin 1987). Zur Bewertung von M. werden von Entscheidungsträgern insbes. folg. Kriterien (in absteigender Reihenfolge) verwendet: Relevanz für die Produktkategorie, Schutzfähigkeit des Namens, allg. Anziehungskraft, assoziative (*Assoziation*) und emot. (*Emotionen*) Bedeutung, Leichtigkeit der Wiedererkennung, Diskriminationsfähigkeit, Vereinbarkeit mit bestehenden Produktlinien, Vereinbarkeit mit dem Image des Unternehmens, Leichtigkeit der Erinnerung (*Gedächtnis*), Leichtigkeit der Aussprache, profane oder neg. *Konnotationen*, Verwendbarkeit des M. für andere Produkte und Übertragbarkeit in andere Sprachen (Kohli et al. 1999). Erwartet werden von M. somit Wirkungen auf unterschiedlichen Ebenen. Sie sollen Verbraucher in positive affektive Zustände versetzen (Isen et al. 2004), die mit dem Produkt und dessen Konsum verbunden sind und wiederum das Lernen des M. erleichtern (Lee & Sternthal 1999), pos. Assoziationen evozieren (z. B. zur Qualität), Vertrauen in das Produkt stärken, die sensorische *Wahrnehmung* von Produkten verbessern und den Konsumenten komplexe bzw. anstrengende Produktvergleiche ersparen. Die Vertrautheit einer Marke kann sogar so bedeutsam sein, dass andere (objektivere) Informationsquellen über die Produktqualität (wie z. B. dem Geschmack bei Nahrungsmitteln) nur noch wenig Einfluss haben (Hoyer & Brown 1990). Das starke Gewicht des M. bei der Beurteilung der Produktqualität ist kulturübergreifend belegt (Dawar & Parker 1994). Aus Sicht von Anbietern besonders wünschenswerte psychol. Eigenschaften eines M. sind, dass er schnell und verwechslungsfrei wahrgenommen und lange erinnert werden kann. Zudem soll er die Beurteilung des Produkts und bestenfalls das Image des dahinterstehenden Unternehmens pos. beeinflussen. Welche Konsequenzen ergeben sich hieraus aus Anbietersicht hinsichtlich wünschenswerter Eigenschaften von M. (Robertson 1989)?

(1) *Prägnanz*: *Begriffe*, die kurz und einfach sind, lassen sich leichter wahrnehmen, lesen (*Lesen*), aussprechen, verstehen und lernen. Dies ist für M. bes. relevant, da Konsumenten i. d. R. nur beiläufig mit ihnen konfrontiert werden (z. B. beim Betrachten eines Werbespots) und ihre *Motivation*, den Namen explizit zu lernen, gering ist. Aus rechtlichen Gründen werden allerdings real existierende Begriffe

als M. häufig vermieden und stattdessen bislang nicht existierende Wörter als einfache und kurze M. kreiert. Prägnanz kann schließlich zudem durch linguistische Stilmittel (*Linguistik*) verstärkt werden, bspw. durch Alliterationen.
(2) *Distinktheit*: Ein M., der sich von anderen M. einer best. Produktkategorie abhebt, wirkt aktivierend und zieht *Aufmerksamkeit* auf sich, was die *Encodierung* des Namens ins Langzeitgedächtnis begünstigt. Ein distinktes Wort begünstigt weitergehende kogn. Prozesse (*Denken*, *Kognition*), wie bspw. die Speicherung im Langzeitgedächtnis und die Abrufbarkeit des M. (vgl. Lockhart & Craik 1990). Produkte mit distinkten M. werden zudem besser bewertet (Meyers-Levy et al. 1994).
(3) *Bedeutungshaltigkeit*: Bedeutungshaltige Namen werden besser erinnert als weniger bedeutungshaltige Namen (Lowrey et al. 2003). Die Bedeutungshaltigkeit eines M. basiert auf seinen sprachlich-inhaltlichen Eigenschaften und hängt zudem von weiteren Merkmalen ab wie z. B. der Häufigkeit des Wortgebrauchs oder dem Potenzial eines Wortes, ein konkretes mentales Bild (*Repräsentation*) oder best. Assoziationen zu erzeugen. Kohli & Suri (2000) fanden, dass bedeutungshaltige Namen besser bewertet wurden als für das Produkt bedeutungslose Markennamen (für die zeitliche Stabilität dieses Effekts siehe Kohli et al. 2005). Unter den bedeutungshaltigen Namen wurden solche, die das Produkt nur beschreiben, besser bewertet als jene, die einen best. Nutzen des Produkts suggerieren. Allerdings erschweren bedeutungsvolle M. den Markentransfer (*Markenarchitektur*), der in Industrieländern die dominierende Version der Einführung neuer Produkte ist (Aaker 1991). Daher wird empfohlen (Kohli & Suri 2000), dass große Unternehmen, die ein entspr. hohes Werbebudget haben, um einen neuen M. bekannt zu machen, eher existierende, aber für das Produkt wenig bedeutungshaltige Wörter oder frei erfundene Namen als M. verwenden sollten. Dagegen sollten kleine und mittelständische Unternehmen mit entspr. niedrigerem Werbebudget eher auf produktbeschreibende oder suggestive M. zurückgreifen.
Neben der Herangehensweise, sich der Bedeutung best. Wörter zu bedienen, um bedeutungshaltige M. zu entwickeln, besteht eine andere Möglichkeit darin, sich den Bedeutungsgehalt von *Lauten* zunutze zu machen (*phonetischer Symbolismus*; Shrum & Lowrey 2007), da bereits *Phoneme* (kleinste lautliche Einheiten in einer Sprache) best. Bedeutungsinhalte transportieren können. Sogar best. Konsonanten können «phonetische Effekte» haben. Besonders erfolgreiche M. beginnen häufiger mit best. Buchstaben, bspw. Plosiven (wie z. B. p und k; Schloss 1981). M., die mit solchen Lauten beginnen, werden besser erinnert als andere (Vanden et al. 1984), insbes. wenn es sich um neue M. handelt (Lowrey et al. 2003). Felser 2015. *K. Moser/M. Spörrle/A. Tumasjan*

Markenpersönlichkeit (= Mp.) [engl. *brand personality*], [**WIR**], bezeichnet Eigenschaften einer Marke (= M.), die über beobachtbare physische und funktionale Aspekte der M. hinausgehen. Der Begriff der Mp. wird in Analogie zur menschlichen *Persönlichkeit* verwendet. In Entsprechung zu den *BIG FIVE* der menschlichen Persönlichkeit hat man Basisdimensionen der Mp. extrahiert. Diese Dimensionen werden als *Erregung*, *Aufrichtigkeit*, *Kompetenz*, *Kultiviertheit* und *Robustheit* bezeichnet. Grundlage der Ermittlung der Dimensionen der M. ist ein sog. lexikalisches Vorgehen, bei dem auf der Basis von Faktorenanalysen (*Faktorenanalyse*) die Einschätzungen von M. auf sehr vielen einzelnen Attributen auf wesentliche Dimensionen reduziert werden. Die Mp. wird zur Kommunikation über M. im *Markenmanagement* und zur *M.positionierung* verwendet. Personen wählen häufig M., um damit ihre eigene Persönlichkeit auszudrücken oder zu ergänzen. Man geht davon aus, dass eine Kongruenz zw. der Mp. und der erwünschten oder tatsächlichen Persönlichkeit die Beurteilung und Wahl einer Marke pos. beeinflusst. *Markenidentität*. Florack et al. 2007.

Markenstrategien [engl. *brand strategies*], *Markenmanagement*, *Markenarchitektur*.

Markentransfer [engl. *brand transfer*], *Markenarchitektur*.

Markentreue [engl. *brand loyalty*], *Kundenbindung*, *Kundenloyalität*.

Markenvertrauen (= Mv.) [engl. *brand trust*], [**EM, KOG, WIR**], *Vertrauen* (= V.) bezeichnet allg. eine Beziehungsqualität zw. einer Person und einer weiteren Person bzw. einem best. Objekt. Dabei impliziert V. pos. Zukunftserwartungen (*Erwartung*) in Bezug auf die Person oder das Objekt, bei einem gleichzeitigen Risiko, da (zumindest theoretisch) auch neg. Konsequenzen eintreten könnten. Mv. beschreibt in diesem Kontext die Beziehung zw. einem Konsumenten und einer best. Marke (= M.) und kann als die Bereitschaft verstanden werden, sich darauf zu verlassen, dass eine M. ihre versprochenen Funktionen und die damit verbundenen Erwartungen (z. B. in Bezug auf Funktionalität, (Erlebens-)Qualität, Zuverlässigkeit) zu erfüllen in der Lage ist. Mv. ist – neben versch. anderen Aspekten wie z. B. *Markenimage*, *Kundenzufriedenheit*, *variety seeking* oder *Involvement* – eine zentrale Determinante der *Kundenloyalität* (*Kundenbindung*), da angenommen wird, dass Mv. Kunden die nötige Sicherheit bei (wiederholten) Kaufentscheidung geben (*Kaufentscheidungen, Modelle*; *Kaufentscheidungen Rationalität von*). Als zentral für den Aufbau von Mv. werden u. a. *Kompetenz* (i. S. überzeugender (Dienst-)Leistungen), *Integrität* (i. S. von Geradlinigkeit, Berechenbarkeit und Fairness), *Loyalität* (z. B. im Umgang mit potenziellen neuen Kunden, bei der Pflege von Stammkunden, im Umgang mit Problemen oder Reklamationen), *Beständigkeit* (Kontinuität und Konsistenz, Einhaltung der gewohnten und erwarteten *Norm*) und *Aufgeschlossenheit* (Innovationsbereitschaft und Flexibilität für die Produktion und Optimierung zukunftsfähiger Produkte und Leistungen) erachtet. Aber auch (rein) emot. Aspekte (*Emotionen*) wie Sympathie spielen eine wesentliche Rolle. Wünschmann & Müller 2005, Kenning 2004. *A. Florack*

Marketing (= M.) [engl.] Absatzlehre, Vermarktung; veraltet syn. *Absatzwirtschaft*, [**AO, SOZ, WIR**], umfasst alle Bemühungen zur Erhaltung oder Verbesserung der Marktstellung eines Unternehmens. M. bildet gemeinsam mit Einkauf und Produktion den betrieblichen Kernprozess.

Auch nicht gewinnorientierte Organisationen (z. B. NGOs oder Parteien) und Erbringer öffentlicher Dienstleistungen (z. B. Schulen und Spitäler) betreiben M. M. entstand zu Beginn des 20. Jh., als Ökonomen feststellten, dass neben Produkt und Preis weitere Faktoren für Erfolg oder Misserfolg auf Handelsmärkten verantwortlich sind. M. gewann jedoch erst ab Mitte des 20. Jh. mit dem Wandel von Anbieter- zu Käufermärkten an Bedeutung: Die Konkurrenz unter den Herstellern von Konsumgütern stieg, ihre Angebote wurden austauschbarer und die Kaufkraft der Konsumenten (*Konsumverhalten*) nahm zu. M. half den Anbietern, Differenzierungsmöglichkeiten zu finden und das eigene Angebot besser im Markt zu positionieren. In der Praxis wird M. unterteilt in *Strategie*, *Umsetzung* und *Kontrolle*. Wichtigster Schritt der strategischen Phase ist die *Marktpositionierung*: Der Markt, in dem man sich bewegt, wird analysiert und das eigene Angebot wird so gestaltet, dass das gewünschte Kundensegment erreicht wird. Die Umsetzung der M.-Strategie erfolgt typischerweise mit dem sog. *M.-Mix*: einer möglichst effektiven Kombination von Produkt, Preis, Kommunikation und Distribution, im Englischen bekannt als die vier P: Product, Price, Promotion, Place. Durch Variation dieser vier Parameter lassen sich versch. M.-Strategien umsetzen. Z. B. könnte ein Uhrenhersteller die Strategie verfolgen, wenige, aber hochwertige Produkte herzustellen und diese über ausgewählte Fachgeschäfte zu hohen Preisen als Luxusgüter zu vertreiben (z. B. Rolex), während eine andere Strategie darin bestehen könnte, einfache Produkte zu günstigen Preisen in großen Mengen herzustellen und als Massenprodukte über verschiedenste Kanäle zu vertreiben (z. B. Swatch). Beides kann unternehmerisch sinnvoll sein. Welche Strategie jew. gewählt wird, hängt von betriebsinternen und externen Faktoren ab, insbes. von der Produktkategorie, dem Konsumklima, der Unternehmenstradition, der Verfügbarkeit von Rohstoffen, dem sozioökonomischen Status der angesprochenen Käufer, dem *Image* des Herstellers und Veränderungen der politischen, gesellschaftlichen und technologischen Rahmenbedingungen.

M.-Aktivitäten werden typ.weise in entspr. Abteilungen zus.gefasst, involvieren jedoch meist die gesamte *Organisation*. In der Praxis wird M. daher oft nicht nur als organisationale Einheit betrachtet, sondern als handlungsleitendes Managementprinzip mit dem Ziel einer optimalen Ausrichtung am Kunden (*Kundenorientierung*). Dieser Betrachtung folg. ist die wichtigste Zielgröße des M. die *Kundenzufriedenheit*, die außer durch Produkt, Preis und Image insbes. durch die Pflege der Kundenbeziehung bestimmt wird.

Wichtigste Entscheidungsgrundlage für das M. ist die Marktforschung, die mittels empirischer Methoden die für den jew. Markt relevanten Kenngrößen erhebt, insbes. Kundenbedürfnisse, Kundenzufriedenheit, Konkurrenzangebot und technologische sowie gesellschaftliche Trends. Marktforschung wird oft von Ps. betrieben, da diese mit den relevanten Konstrukten (z. B. *Einstellung*, *Motive*, *Image*), Forschungsmethoden (z. B. Befragung (*Meinungsbefragung*), *Fokusgruppe*, *Experiment*) und Auswerteverfahren vertraut sind. Die wiss. Forschung zu M. ist mittlerweile hochkompetitiv und wird zu einem bedeutenden Teil von Ps. geleistet, wenngleich M. an den Hochschulen zumeist im Bereich der Betriebswirtschaftslehre angesiedelt ist. Kotler et al. 2007. *C. Fichter*

market pricing [engl. *market* Markt, *pricing* Preisgestaltung], *soziale Beziehungen*.

Market Research Online Communities (MROCs) [engl.] «Vereinigungen zur Online-Marktforschung», *Internet, neue Medien in der Marktforschung*.

Markiertheit [engl. *markedness*], **[KOG]**, linguistisches Prinzip, demzufolge bei zwei kontrastierenden Einheiten (z. B. dick-dünn) die eine pos. oder markiert, die andere neg. oder unmarkiert ist. Die unmarkierte Form ist von allgemeinerer Bedeutung und geringerer psychol. Komplexität. Mit der unmarkierten Form wird die gesamte Kategorie angesprochen (z. B. Dicke des Mastschweins), und es ist eine neutrale Frage möglich (z. B. Wie dick ist das Buch?). Clark & Clark 1977, Grimm 1977. *H. Grimm*

Markierungsstrategien, zielgruppenspezifische [engl. *marking strategies*], *Markenarchitektur*.

Markoff-Prozess, Markoff-Kette (= M.) [engl. *Markoff/ Markov process*], nach A. Markoff (1856–1922), **[FSE, KOG]**, endliche oder unendliche Abfolge von Elementen (Zuständen, Ereignissen, *Zeichen*), die zueinander in seriellen Wahrscheinlichkeitsrelationen stehen. Von M. spricht man, wenn die Zahl der möglichen Elemente diskret und endlich ist. Die Verlaufsstruktur eines M. ergibt sich aus der Anzahl der möglichen Elemente, aus den relativen Auftretenshäufigkeiten (*Wahrscheinlichkeit*) der Elemente sowie aus den durch das Auftreten eines Elementes bedingten Wahrscheinlichkeiten für das Auftreten des Folgeelementes. Ein M. heißt *ergodisch*, wenn die Wahrscheinlichkeitsrelationen der Elemente zueinander konstant bleiben. Jede (gesprochene oder geschriebene) sprachliche Mitteilung ist ein M., dessen Struktur durch Auszählung (*Sprachstatistik*) der Zeichen (Buchstaben, *Silben*, *Wort*, *Phonem*, *Morphem*, *Morphemik* etc.) und der Zeichenkombinationen (z. B. *Diagramm*, *Trigramm*) ermittelt werden kann. *Prädiktionslernen*.

Markscheide *Nerv*.

Marktforschung, psychologische (= ps. M.) [engl. *psychological market research*], **[WIR]**, ist der Bereich der M., der sich mit ps. Fragestellungen (*Erleben* und *Verhalten* von Verbrauchern) unter Verwendung ps. Verfahren auseinandersetzt. Nicht-ps. M. betrachtet ökonomische Aspekte (Marktanteile, Absatzzahlen usw.). M. dient dazu, Marketingentscheidungen abzusichern. *Marketing* hat zum Ziel, Angebote des Unternehmens und Kundenbedürfnisse in Einklang zu bringen, indem (1) Kunden passende Angebote vermittelt werden (Information), (2) Angebote an Kundenwünsche angepasst werden (Unterstützung von Forschung und Entwicklung) oder (3) Kunden*bedürfnisse*, *-wahrnehmung* und *-einstellungen* i. S. der Angebote beeinflusst werden (Werbung).

Ein großer Bereich der psychol. M. beschäftigt sich mit der *Evaluation* von Werbebotschaften (Werbewirksamkeitsmessung). Dabei bestehen die Schwierigkeiten, Kaufverhalten a) zu beobachten und b) auf Werbung zurückzuführen. Folglich erfasst die psychol. M. oft Zwischenstufen der Werbewirkung z. B. *Aufmerksamkeit*, Erinnerung (*Gedächtnis*), Einstellungen. Durch elektronische Lösungen (z. B. Kundenkarten, *Internet*) werden auch Verhaltensdaten zugänglicher. Ein weiterer großer Bereich der ps. M. ist die *Motiv*forschung. Sie erfasst *Kaufmotive*, die Käufer antreiben, und erforscht, wie diese Kaufmotive zu befriedigen sind. Damit verbunden sind Imageanalysen, die sich mit der Wahrnehmung von Produkten, Firmen und Marken durch Kunden beschäftigen (*Markenimage*).

Die psychol. M. nutzt zweierlei Arten von Verfahren: explizite und implizite. *Explizite Verfahren* greifen auf direkte Befragungen zurück und ziehen dabei Schlüsse aus Selbstauskünften. *Implizite Verfahren* erschweren sozial erwünschtes Antworten (*soziale Erwünschtheit*) und erfassen nichtabrufbare Inhalte. Das Spektrum impliziter Verfahren reicht von traditionellen Ansätzen (z. B. *projektive Tests*) bis zu apparativen bzw. computergestützten Verfahren (z. B. *Blickbewegungsmessung*, *Impliziter Assoziationstest IAT*). Singh et al. 2015. *A. S. Göritz/R. Singh*

Marktpsychologie (= M.) [engl. *market psychology*], Teilgebiet der *Angewandten Psychologie*, das sich mit den psychol. Gesetzlichkeiten der Nachfrage und des Angebots befasst. Als wiss. Disziplin entwickelte sich die M. erst aus der *Werbepsychologie*, ist dieser aber übergeordnet. Doch ist schon die klassische Nationalökonomie angefüllt mit marktps. Phänomenen, die sie z. T. an sie selbst formuliert, z. T. anzuschließen versucht. Der Begriff M. wurde von Spiegel eingeführt. *Wirtschaftspsychologie*. Hoyos et al. 1987, Rosenstiel & Ewald 1979, Spiegel 1958.

Marktsegmentierung (= MS.) [engl. *market segmentation*; lat. *segmentum* Ab-/Ausschnitt], [**WIR**], der Begriff MS. wurde maßgeblich von Smith (1956) geprägt. Die MS. umfasst zwei versch. Aspekte. Der erste Aspekt betrifft den Aufgabenbereich der *Marktforschung* und besteht in der Aufteilung eines heterogenen Marktes in mehrere kleinere, sich hinsichtlich best. Merkmale der tatsächlichen bzw. potenziellen Käufer (*Segmentationskriterien*, z. B. Alter, Kaufhäufigkeit, Bildung) unterscheidende Teilmärkte (Segmente). Hierbei sollte die MS. best. Kernanforderungen genügen. Zum einen sollten sich die Segmente im Hinblick auf ihr Kaufverhalten deutlich unterscheiden und trennscharf voneinander abgrenzbar sein. Darüber hinaus müssen die Segmentationskriterien messbar sein und die Segmentierung muss eine gewisse zeitliche Stabilität aufweisen. Ebenfalls müssen sich die Mitglieder durch *Marketing*instrumente ansprechen lassen und es ist notwendig, dass sowohl die Identifikation als auch die Bearbeitung der Segmente in einem wirtschaftlich sinnvollen Verhältnis zum Nutzen stehen (*Kosten-Nutzen-Kalkulation*). Neben der Aufteilung des Marktes umfasst die MS. noch einen zweiten Aspekt. Diesen stellt die Marktbearbeitung der identifizierten Segmente dar, die entweder für alle Segmente gleichermaßen (in diesem Fall ist keine Segmentierung notwendig) oder aber für eines, mehrere oder jedes dieser Segmente spezif. erfolgen kann (*Targeting*). Bei einer differenzierten Bearbeitung wird das Marketing-Mix für jedes bearbeitete Segment indiv. angepasst, um die versch. Konsumenten- bzw. Nutzergruppen besser erreichen und deren unterschiedliche *Kundenbedürfnisse* präziser befriedigen zu können. Homburg 2012. *N. Koschate-Fischer/C. Wolframm*

Marshmallow-Test *Mischel, Walter*.

Maschinentheorie (= M.) [engl. *machine theory*], [**BIO**], von *Köhler* gewählte Bez. für best. Ansichten über die Natur physiol. Prozesse. Nach der M. ist der Verlauf nervöser Erregung vollst. an starre Zwangsbedingungen geknüpft gemäß der Topografie des NS (*Mechanismus*). Konstante Zuordnung von einzelnem Reiz und entspr. Empfindung (*Konstanzannahme*) ergibt sich aus der M. Viele Sachverhalte aus der Wahrnehmungsps. lassen sich mit einer solchen Auffassung über die Vorgänge im NS nicht vereinigen. Im Ggs. zur M. stehen alle Theorien, die die Vorgänge im NS als Spiel freier, sich selbst regulierender Kräfte ansehen.

Maske (= M.) [engl. *mask*; arab. *maskharat* Narr, Scherz], [**KOG, SOZ**], Art der Verkleidung (Vermummung), die den Träger unkenntlich machen, seine Identität verbergen soll. Auch Verkörperung des in der Maske Dargestellten. Grundlegend ist der Gedanke der Verwandlung. Masken sind seit der Steinzeit in allen Kulturen verbreitet. Sie hatten ursprünglich eine nur religiöse und magische Bedeutung. Kultischen Ursprungs sind auch die heute gebräuchlichen Fastnachtsmasken. In ps. Bedeutung ist die M. ein angenommener mimischer (pantomimischer) Ausdruck mit typischem *Rolle*nverhalten. Zugehörig sind das Überdecken, Verhüllen. Entspr. haftet dem Begriff Angenommenes, Starres, Unechtes an. Der Zugang zur «eigentlichen Person» ist dann Demaskierung, Entlarvung.

Maskierung (= M.) [engl. *masking*], [**KOG, WA**], bedeutet, die (bewusste) Wahrnehmbarkeit eines zu maskierenden Reizes (= Target) durch die vorangehende (= *forward masking*), gleichzeitige (= *simultaneous masking*) und/oder nachfolgende (= *backward masking*; sowohl vorangehende als auch nachfolgende M. = *sandwich masking*) Präsentation mind. eines anderen Reizes zu reduzieren oder zu eliminieren. Ziel ist es meist, die zu maskierenden Reize (z. B. Wörter, geometrische Figuren, Bilder, Farben etc.) subliminal (*subliminale Reize*), also unter der Schwelle der bewussten *Wahrnehmung*, zu präsentieren. Der zu maskierende Reiz kann meist nur sehr kurz (oft nur wenige Millisekunden) präsentiert werden. Hierbei haben sowohl zeitliche, räumliche, identitäts- und intensitätsbezogene Parameter des M.reizes und des zu maskierenden Reizes und deren Beziehung zueinander, daneben aufgabenspezifische Aspekte, Bekanntheitsgrad und Salienz der Reize, *Aufmerksamkeit*, Wahrnehmungsbedingungen und auch interindividuelle Unterschiede einen Einfluss auf die Stärke der M.. M. ist bei Reizen versch. Sinnesmodalitäten möglich, am bekanntesten sind M. visueller und auditiver Reize. Bei einer *Typ-A-M.* steigt die Erkennbarkeit des zu maskierenden Reizes tyischerweise monoton mit größer werdendem Intervall zw. zu maskierendem Reiz und Maske an. Bei einer *Typ-B-M.* ist die geringste Wahrnehmbarkeit bei mittleren Zeitintervallen zw. zu maskierendem Reiz und Maske gegeben. M. kann sowohl zentral (zu maskierender Reiz und Maske monokular/monaural auf gleichem Auge/Ohr oder binokular/binaural auf beiden Augen/Ohren) als auch peripher (zu maskierender Reiz und Maske auf versch. Augen/Ohren = dichoptisches Sehen/dichotisches Hören; *Stereoskop*) erfolgen. Zu unterscheiden ist auch, ob die Reize bei visueller M. foveal oder parafoveal präsentiert werden. Im auditiven Bereich werden häufig vor, während und nach dem zu maskierenden Reiz weißes oder rosa Rauschen oder auch zeitlich komprimierte und rückwärts abgespielte, gesprochene Wörter eingespielt.

Im visuellen Bereich gibt es inzw. verschiedenste M.sarten. Eine M. auf sehr frühen Verarbeitungsstufen (d. h. retinal) erfolgt durch einfache heller oder dunkler werdende großflächige Lichtreize, die nach dem zu maskierenden Reiz eingeblendet werden (= Licht-M.). Typischerweise sind *Energy-Masken* solche Lichtblitze, wobei diverse andere M.arten Energy-M. sein können, nämlich immer dann, wenn die Energie der Maske die Energie des zu maskierenden Reizes übersteigt. Die meisten M.arten wirken dagegen auf höheren, kortikalen Verarbeitungsstufen. M. durch visuelles Rauschen (*visual noise*) wird meist durch zufällig angeordnete Punkte oder Pixel realisiert. I. Ggs. dazu besteht eine *Strukturmaske* aus Strukturen – meist Elementen, die auch im zu maskierenden Reiz enthalten sind (z. B. bei Buchstaben, die maskiert werden sollen, enthält die Maske ebenfalls Buchstaben oder zumindest Striche und Rundungen). Rausch- und Struktur-M. sind Varianten von *Pattern-M.* (Muster-M.), wobei der Begriff Pattern-M. oft exklusiv für Struktur-M. verwendet wird. Bei Pattern-M. überdeckt die Maske den zu maskierenden Reiz räumlich. Bei *Kontur-M.* (auch *Kontrast-M.*) ist dies typischerweise nicht der Fall, d. h. bei Kontur-M. überlappen Maske und zu maskierender Reiz räumlich nicht, sondern hier entspricht bspw. die äußere Kontur des zu maskierenden Reizes der inneren Kontur der Maske. Wenn eine Kontur-Maske vor dem zu maskierenden Reiz präsentiert wird, nennt man dies *Parakontrast-M.*, wird die Kontur-Maske danach präsentiert, handelt es sich um *Metakontrast-M.*

In den letzten Jahren wurden weitere M.arten entwickelt. Ein Bsp. für eine *Objekt-M.* ist die *Vier-Punkt-M.*, bei der vier im Rechteck angeordnete Punkte den zu maskierenden Reiz umgeben. Für eine wirksame M. darf jedoch die Aufmerksamkeit vorher nicht auf den Ort des zu maskierenden Reizes gerichtet sein. Ein Bsp. für eine *simultane M.* ist die *Spiegel-M.*, bei der die Maske eine vertikale Spiegelung des zu maskierenden Reizes (meist ein Wort) ist. Bei der Methode der mehrfach wiederholten M. werden Pattern-Maske und zu maskierender Reiz in schneller Abfolge und mehrfach abwechselnd präsentiert. Hierdurch entsteht eine insges. längere Präsentationszeit des zu maskierenden Reizes, sodass die Präsentationsdauer zu derjenigen bei typischer supraliminaler Reizdarbietung vergleichbar wird. Das gleiche gilt für (1) die wiederholte *Metakontrast-M.*, bei der jede Maske wiederum ein zu maskierender Reiz ist, wobei die Maskengröße mit zunehmender Maskierungsdauer zunimmt, (2) die *Standing-Wave-M.*, bei der *Para-* und *Metakontrast* kombiniert und Maske und zu maskierender Reiz in schnellem Wechsel präsentiert werden (= ein zentraler Flicker-Balken wird von zwei flankierenden Flicker-Balken maskiert), und (3) die *Figur-Grund-Wechsel-M.*, bei der Vorder- und Hintergrundfarbe (eines Wortes) in schnellem Wechsel und mehrmals nacheinander ausgetauscht werden.

Um nachzuweisen, dass eine best. M. erfolgreich die Sichtbarkeit oder Wahrnehmbarkeit des zu maskierenden Reizes reduziert oder eliminiert, werden direkte Tests eingesetzt (vgl. subj. und obj. *Wahrnehmungsschwellen*; vgl.). Meist werden daraus signalentdeckungstheoret. Parameter (*Signalentdeckungstheorie*) errechnet, die Anhaltspunkte über das indiv. Maß an Wahrnehmbarkeit der zu maskierenden Reize geben. M. wird vor allem eingesetzt, um den zeitlichen Verlauf der (visuellen oder auditiven etc.) Informationsverarbeitung und Fragen zum *Bewusstsein* zu erforschen oder um in anderen Paradigmen (z. B. *Priming*) strategische Effekte auszuschließen. Während die genauen Mechanismen, die versch. M.arten zugrunde liegen, noch immer diskutiert werden, geht man insges. davon aus, dass M. durch einerseits/entweder Integration von zu maskierendem Reiz und M.reiz, daneben und andererseits/oder Interruption/Interferenz der Verarbeitung des zu maskierenden Reizes durch den M.reiz auf etwas späteren Verarbeitungsstufen zustande kommt. Breitmeyer & Öğmen 2006, Enns & Di Lollo 2000. *C. Bermeitinger*

Maskierung, gegenseitige (= M.) [engl. *mutual masking*], [**KOG, WA**], Beeinträchtigung von sensorischen bzw. perzeptorischen Prozessen durch vermehrte Unschärfe der Diskriminierbarkeit von Reizmerkmalen. M. ist vorwiegend abhängig vom Verhältnis der Intensität (Amplitude) des Signalreizes zu der des Störreizes. Sie zeigt sich als Heraufsetzung der Schwelle für den Signalreiz. Weil der Störreiz oft als informationsloses *Rauschen* auftritt, bezeichnet man dieses Intensitätsverhältnis auch als Signal-Rausch-Abstand. Bei der akustischen Übertragung von sprachlichen Mitteilungen kann die Verständigung durch auditive M. (auditive *Wahrnehmung*) erheblich gestört sein. Die zunächst vorwiegend im nachrichtentechnischen Bereich durchgeführten Experimente über M. hatten die Verbesserung der Übertragungskanäle zum Ziel. Demgegenüber lag der Schwerpunkt der späteren spezif. ps. Untersuchungen auf den der M. zugrunde liegenden Prozessen im wahrnehmenden Organismus. *Maskierung*. Hawkins & Stevens 1950.

Maskierung, optische [engl. *optical masking*], [**KOG, WA**], zwei zeitlich aufeinanderfolgende, an gleicher Stelle erscheinende Lichtreize beeinflussen sich in ihrer Helligkeit bzw. Wahrnehmbarkeit. Besonders ausgeprägt: *backward-masking* (Rückwärts-Maskierung), ein zweiter Reiz unterdrückt die Wahrnehmung des ersten. *Maskierung*, *Metakontrast*, *Löschreizmethode*. *P. Day*

Maskulinität (= M.) [engl. *masculinity*; lat. *masculinus* männlich], [**GES, PER, SOZ**], M. beinhaltet versch. Attribute, die als typischer für Personen des männlichen Geschlechts angesehen werden. Dazu gehören (*instrumentelle* oder *agentische*) Persönlichkeitseigenschaften (z. B. «dominant», «aggressiv»), Einstellungen und Werte (z. B. «karriereorientiert»), Verhalten (z. B. «Risiko und Abenteuer suchend») und Merkmale der äußeren Erscheinung (z. B. «muskulös»). M. enthält sozial erwünschte wie unerwünschte Komponenten. Früher wurde M. als das eine Ende einer bipolaren Dimension angesehen, deren anderes Ende *Femininität* darstellte. Von Männern wurde dementsprechend erwartet, dass sie möglichst maskulin und wenig feminin sein sollten. Erst in den 1970er-Jahren kam Kritik an dieser eindimensionalen Konzeption auf, vor allem durch Anne Constantinople, die postulierte, dass M. und Femininität zwei voneinander unabhängige Dimensionen seien. Demnach können Männer und Frauen unabhängig von ihrem biol. Geschlecht hohe oder niedrige Werte von M. (wie auch Femininität) aufweisen. Dieser Anregung wurde Rechnung getragen durch die Entwicklung versch. Instrumente wie dem *Bem Sex Role Inventory (BSRI)* und dem *Personal Attributes Questionnaire (PAQ)*, die M. und Femininität als zwei unabhängige Dimensionen erfassten. Damit einhergehend wurde das Konzept der Androgynie populär. Die neuere Forschung betrachtet M. und Femininität als multidimensionale *Konstrukte*, die nicht nur Persönlichkeitseigenschaften beinhalten. Die Erfassung von M. über Prototypen ist ein Versuch, die Multidimensionalität des Konstruktes adäquater abzubilden. Forscher wie Robert Connell unterscheiden versch. Formen von M., deren dominanteste die sog. «hegemoniale M.» ist. Hegemoniale M. ist aggressiv, dominant, nicht emot. und nicht feminin und hat die Legitimierung männlicher Dominanz in der Gesellschaft zum Ziel (*Macho-Personality*). Hegemoniale M. gilt auch als eine wesentliche Ursache für riskantes Gesundheitsverhalten bei Männern (exzessiver Alkoholkonsum, *reckless driving*, riskante Sportarten). *Geschlechtsrollen-Selbstkonzept*. Helgeson 2009, Athenstaedt & Alfermann 2011.

A. Fleischmann/M. Sieverding

^Test^**Maslach Burnout Inventory (MBI)** *Burnout.*

Maslow, Abraham (1908–1970), [**EM, HIS, PER**], Abraham Harold Maslows Vater Samuel war vierzehnjährig ohne Geld und ohne Sprachkenntnisse in die USA gekommen. Abraham war das älteste Kind und wurde nach jüdischer Tradition Abraham genannt. Er hatte sechs Geschwister und wuchs in sehr einfachen Verhältnisse in Manhattan auf. Erst nach Umwegen kam Maslow zur Biologie und Ps. Er arbeitete an der *Columbia University* eine Zeit mit *Harry F. Harlow* zus., bei dem er promovierte. Maslow hatte Kontakt nicht nur mit *Edward Lee Thorndike*, sondern u. a. auch mit *Alfred Adler*, der ab 1926 häufiger in den USA war. Unter dem Einfluss von Harlow suchte Maslow nach einer Struktur der Bedürfnisse, die er dann erstmals 1943 in einem Modell der *Bedürfnishierarchie* vorstellte. Dieses Modell sollte über Jahrzehnte in der Ps. und Nachbardisziplinen größte Verbreitung finden, obwohl es aus verschiedenen Gründen kritisiert wurde. Als fünftes und oberstes der Bedürfnisse in der Bedürfnishierarchie sah Maslow das Streben nach *Selbstverwirklichung* [engl. *self-actualiz-*

ation] an. 1951 bis 1969 war Maslow Professor der *Brandeis University*. Schon mit dem Begriff der Selbstverwirklichung verdeutlichte er die von ihm vertretene Richtung der Humanistischen Ps. (*Humanistische Therapien*), an deren Organisation und Verbreitung er lange aktiv beteiligt war. Maslow ergänzte in seinen letzten Lebensjahren die Humanistische Psychologie durch eine *Transpersonale Psychologie*. Den fünf Bedürfnisstufen wollte er dem entspr. eine sechste, das *Bedürfnis nach Transzendenz* hinzuzufügen. Wurde nach Maslows Auffassung schon Selbstverwirklichung nur von wenigen Personen erreicht, so war das Erreichen von Transzendenz noch seltener. *Persönlichkeitstheorien, humanistische*. Maslow 1943. H. E. Lück

Masochismus (= M.) [engl. *masochism*], [**KLI**], nach einem Roman des österreichischen Schriftstellers Sacher-Masoch (1836–1895), diejenige Perversion, bei der das Erleben des Orgasmus mit dem Erleiden von Demütigung, Schmerz oder Qual einhergeht. Nach Freud (*Psychoanalyse*) erklärt sich der M. aus dem Auftreten sadistischer Impulse des *Über-Ich* gegen das *Ich* (Strafbedürfnis) bei der Verwirklichung sexueller Tendenzen. Diese Konstellation stellt dabei eine Wiederholung der Ödipussituation dar. *Ödipuskomplex*.

Masse (= M.) [engl. *mass*], [**SOZ**], Bez. für die Menschenmenge, in der das *Verhalten* der Einzelnen eine hohe Gemeinsamkeit der Willensantriebe (*Wille*, *Antrieb*) und *Gefühle* zeigt. Außerdem Oberbegriff für versch. Unterformen von Menschenansammlungen, die geringe Binnenstruktur haben, deren Mitglieder aber in irgendeiner Weise aufeinander bezogen sind, z. B. durch gleiche Aufmerksamkeitsobjekte (Publikum), gleiche expressive Tätigkeiten (festliche Massenveranstaltungen) oder gleiche *Affekte* (Wut, *Ärger*, Angst). Unterformen dazu sind: (1) aggressive M. (beim Lynchen, Straßenschlacht, Aufruhr), (2) Flucht-*(Escape-)*M. (kollektive *Panik*), (3) kaptative M. (Hamsterkäufe, *bank-run*), (4) expressive M. (Jubel-Verhalten auf Festen) (Brown 1954). M. bedeutet in der älteren *Massenpsychologie* jede Menschenansammlung und damit Bedingung für den Verlust rationaler Kontrolle, Zunahme der *Suggestibilität*, *Gefühlsansteckung*, *Nachahmung*, Gefühl der Allmacht und Anonymität für den Einzelnen (*LeBon*).

M. ist in der exp. M.ps. (Moede 1920) nichts anderes als das Nebeneinander von Menschen, die gleiche Arbeiten verrichten, wodurch die Menge der Leistungen der einzelnen Mitglieder einer gegenseitigen Beeinflussung unterliegt (Erleichterung, Hemmung, Nivellierung, *Gruppeneffektivität*). Kulturphil. ist M. ein wertender Begriff, z. T. abgeleitet vom M.begriff der älteren M.ps., aber ohne aktuelles Beieinandersein der Mitglieder der M. (*dispersed mass*). Der M.mensch ist danach der außengelenkte, manipulierte, Suggestionen der Propaganda und Mode unterworfene Zeitgenosse, der «aus zweiter Hand lebt» (Existenzialismus, Ortega y Gasset). M.phänomene sind auch als kollektives Verhalten zus.gefasst worden (z. B. öffentliche Meinung).

Nach Turner & Killian (1957) ist es praktisch, M. als die möglichen Kombinationen von drei Dimensionen zu klassifizieren: (1) individualistisch vs. kooperativ (d. h. im Publikum nebeneinander vs. gemeinsam handelnd, wie beim Lynchen); (2) fokussiert vs. diffus polarisiert (d. h. auf ein Objekt, z. B. alle Ausländer in der Gemeinde, gerichtete Aufmerksamkeit oder Aktivität der M.); (3) aktiv vs. expressiv (d. h. auf Ziele außerhalb der Masse gerichtet, z. B. einem *aversiven Reiz* entfliehen vs. auf das Verhalten als Selbstzweck gerichtet, z. B. ein Volksfest feiern). *crowding.* Kroner 1972, Milgram & Toch 1969.   *R. Bergius*

Maße der zentralen Tendenz (= M.) [engl. *measures of central tendency*; gr. κέντρον (kentron) Mittelpunkt], syn. *Lageparameter, Mittelwerte,* [**FSE**], aggregierte, stat. Kennwerte, die das Zentrum oder den Schwerpunkt einer Merkmalsverteilung in Stichproben schätzen oder die wahren Werte einer math. Verteilungsfunktion (*Verteilung*) repräsentieren. Hierzu zählen insbes. der *Modus* (Voraussetzung: nominalskalierte Daten), *Skalenniveau*), der *Median* (Voraussetzung: ordinalskalierte Daten), *arithmetisches Mittel* (Voraussetzung: intervallskalierte Daten), *harmonisches Mittel* und *geometrisches Mittel* (Voraussetzung: verhältnisskalierte Daten). Die Wahl des zur Charakterisierung einer Verteilung geeignetsten M. hängt vom *Skalenniveau* der untersuchten Variablen und von der Verteilungsform (*Verteilung*) ab. *Statistische Datenanalyseverfahren.* Eid et al. 2013.

Masse-Feder-Modell [engl. *mass-spring model/analogy*], [**BIO, KOG**], einfaches Modell für Zielbewegungen (*Zielbewegung, Motorik*), das eng an den Eigenschaften der Muskulatur orientiert ist (aber auch in einem metaphorischen Sinne verwendet wird). Die Kraft eines *Muskels* steigt, wenn er gedehnt wird; das ist dem Verhalten der Feder analog. Das bewegte Körperglied wird als Masse gedacht, die zw. zwei gegeneinander arbeitenden Federn eingespannt ist (*Antagonismus*). Die Position der Masse ist durch diejenigen Längen beider Federn best., bei denen sich ihre Kräfte gegenseitig aufheben (Gleichgewichtsposition). Wenn ein Muskel gereizt wird, ändert sich die Beziehung zw. seiner Kraft und Länge, und damit ändert sich auch die Gleichgewichtsposition. Das Modell ist im Prinzip eine angenäherte Beschreibung der mechanischen Verhältnisse bei Muskelkontraktionen; zu einem Modell gezielter Bewegungen wird es, wenn zusätzliche Annahmen über die Änderung der Gleichgewichtsposition im Verlauf der Zeit gemacht werden (z. B. sprungförmige Änderung). Heuer & Jäncke 2006.   *H. Heuer*

Massenkommunikation, Zweistufentheorie der *Meinungsführer, Zwei-Stufen-Fluss der Kommunikation.*

Massenmedien (= M.) [engl. *mass media*], [**MD, SOZ**], Sammelbez. für die «Medien, die für unpersönliche Übermittlung von Nachrichten an ein großes Publikum benutzt werden» (Hovland 1954), wie Presse, Film, Rundfunk, Fernsehen, Theater, Internet. *Mediaforschung.* Die Ps. der M. umfasst vier Hauptgebiete, die sich (1) auf die Kommunikatoren (Analysen zur Struktur der Kommunikationsorganisationen, zu den Kommunikationsvoraussetzungen, Forschungen zum Image der Institutionen und die ps. Untersuchung der Mitarbeiter), (2) auf den Kommunikationsvorgang (wahrnehmungs-, gedächtnis-, lern-, vorstellungs-, denk- und gefühlsps. Untersuchungen), (3) auf den Rezipienten (persönlichkeits-, entwicklungs-, sozial-, motivationsps. Analysen und Wirkungsforschungen) sowie (4) auf die Präsentation (ps. Untersuchungen der Aussage, der Gattung, der Stilmittel und die Analyse der Medienbeurteilung) beziehen. *Agenda-Setting, Meinungsführer, Medienkompetenz, Menschenrechte in Massenmedien, Zwei-Stufen-Fluss der Kommunikation.* Unz 2008, Trepte 2008, Lukesch 1994.

Massenpsychologie (= M.) [engl. *mass psychology*], [**SOZ**], Forschungsbereich der Sozialps. über die ökologischen und psychol. Entstehungsbedingungen für Massen, das *Verhalten* des Einzelnen in Massen und über die Massen als Bedingungen für Persönlichkeitsmodifikation. Die sog. *romanische M.* (Le Bon, Tarde, Sighele) entstand vor der Sozialps. und kann z. T. als «Ausdruck … (der) Besorgnis um das Schicksal der kult. *Werte* in der Gesellschaft» (Sodhi 1958) angesehen werden, zu einer Zeit, als ungeordnete revolutionäre Formen der noch unsicheren Demokratie erprobt wurden. Kroner (1972) sieht in ihr den Versuch, das Bürgertum vor dem Sozialismus zu bewahren. Die Masse, verstanden als formloser, knetbarer Teig, soll nach Le Bon indiv. Unterschiede nivellieren, die Mitglieder homogen aus irrationalen Antrieben regieren lassen, weil Nachahmung und *Suggestion* die entscheidenden Verhaltensmechanismen seien und weil der Einzelne anonym sei und Machtrausch oder Unverantwortlichkeit erlebe. Diese Auffassungen halten logischen und psychol. Analysen nicht stand, insbes. weil mit einem sehr weiten Begriff der «Masse» gearbeitet worden ist. «Mob» wird von E. A. Ross (1905) nicht im Ggs. zur *Gesellschaft*, sondern als unterste Stufe der gesellschaftlichen Hierarchie gesehen, an deren Spitze die organisierte, strukturierte *Gruppe* steht. Damit wird die Überführung der M. in die Sozialps. begonnen.

In der *experimentellen M.* greift Moede (1920) die Behauptung auf, dass die Massensituation anregend auf die Anwesenden wirke, indem er den Einfluss (*Einfluss, sozialer*) des Nebeneinanderarbeitens in der Laborsituation auf die Leistungshöhe untersucht hat (*Gruppeneffektivität*). Er setzt so die Überführung der M. in die Erforschung der Gruppen fort. Außerdem entwickelt sich die empirische Forschung i. S. der oben für Masse gegebenen Def. Berichte darüber von Milgram & Toch (1969), systematisierend von Kroner (1972). Beschreibungen versch. Menschenansammlungen (*crowds*) und agierender Massen hinsichtlich ihrer Formen und rudimentären Strukturen, Polarisierung, Ökologie und Bewegung werden in der M. gegeben; die Art der Zusammensetzung der Massen, der Informationsfluss in den Massen (*Gerücht*) und die versch. Erklärungen der Massenphänomene sind einige ihrer wichtigsten Gegenstände. *soziale Bewegung, kollektives Verhalten, crowding.* Hofstätter 1957b, 1971, Reiwald 1948, Smith 1958.   *R. Bergius*

massierte Konfrontation [engl. *massed confrontation*], *Konfrontation mit Reaktionsverhinderung.*

massierte Übung (= m. Ü.) [engl. *massed practice*], [**KOG**], Lernen von kurzzeitig aufeinanderfolgenden Inhalten. Sind die Intervalle zw. den einzelnen Gliedern sehr kurz, so ist die Lernleistung geringer als bei längeren Pausen zw. den Gliedern (verteilte Übung, *spaced practice*). Je umfangreicher das Lernmaterial ist, umso vorteilhafter wirkt sich die verteilte Übung gegenüber der m. Ü. aus. *Üben*.

Maßkorrelation *Produkt-Moment-Korrelation*.

Maßmethoden, psychophysische [engl. *psychophysical measurement methods*], [**DIA, WA**], eine Gruppe von Verfahren zur Untersuchung der Beziehungen zw. den quant. Änderungen eines Reizes und den ihnen entspr. Empfindungsänderungen, z. B. Grenz-, Herstellungs- und Konstanzverfahren. *Psychometrie, psychophysische Methoden*. Wirth 1912, Woodworth & Schlosberg 1954.

Masson'sche Scheibe [engl. *Masson disk*], nach A. P. Masson (1806-1858), [**WA**], weiße, in Umdrehung zu setzende Scheibe, auf der ein Halbmesser als unterbrochene schwarze Linie gezeichnet ist. Bei Umdrehung entstehen zum Scheibenaußenrand hin heller werdende graue Ringe. Es wird zur Beurteilung der Grau- bzw. Weißempfindung festgestellt, welchen Ring die Vp eben noch beobachten kann.

mass reaction, mass action (= m. r.) [engl.] gehäufte Reaktion, [**BIO, EW**], in der amerik. Literatur häufiger Begriff für die unspezifischen Reaktionen eines Säuglings oder unentwickelten tierischen Organismus auf jedwede Reiz. Sie bestehen in diffusen Bewegungen des ganzen Körpers. Neurologisch liegt dem ein noch unentwickelter Zustand des NS zugrunde. Der Begriff stammt von Coghill (1929), der anhand embryologischer Untersuchungen an Salamanderlarven nachwies, dass sich die einzelnen Reflexbögen aus einem Zustand von integrierter Ganzheit herausdifferenzieren, als deren Ausdruck die m. r. angesehen werden kann. Dieses Ergebnis widersprach Auffassungen wie der des früheren *Behaviorismus* und der Reflexologie hinsichtlich ihrer Voraussetzung vom Primat der einzelnen Reflexbögen.

Maßzahlen (= M.) [engl. *measures*], [**FSE**], quant. Werte, die den Ausprägungsgrad eines untersuchten Merkmals wiedergeben. M. können auf dem Quantifizierungsniveau *Ordinalskala*, *Intervallskala* oder *Verhältnisskala* stehen.

Maßzahlklassen (= M.) [engl. *classified measures*], [**FSE**], die Zusammenfassungen von Maßzahlen. Sie werden immer dann gebildet, wenn die Anzahl der möglichen Maßzahlen nicht wesentlich geringer (oder sogar größer) als die der tatsächlich vorkommenden Maßzahlen ist (z. B. *kontinuierliche Maßstäbe*). M. ermöglichen einen besseren Überblick über die Verteilung von Maßzahlen und eine einfachere Bestimmung der Verteilungskennwerte. M. stellen eine Vergrößerung des Maßstabes dar. Bortz & Schuster 2010. *G. Mikula*

mastery learning [engl. *mastery* Beherrschen, Können], [**PÄD**], lehrzielorientiertes Lernen, bei dem der Erwerb einer zuvor festgelegten *Kompetenz* im Mittelpunkt steht und kriteriumsorientiert überprüft wird. *Lehrziel*, *aptitude-treatment interaction*.

Mastery-Modell [engl. *mastery model*; *mastery* Beherrschen, Können], [**KOG, PÄD**], das *Modell* demonstriert im Vergleich zum *Coping-Modell* ausschließlich die erfolgreiche Bewältigung einer Anforderung, bei der die zum Ziel führenden Handlungsmöglichkeiten nicht in Frage gestellt sind. *Modelllernen*.

Matching, affektives [engl. *matching* Abgleich], *Affekt*, [**KOG**], *Priming-Paradigma*.

matching, matched groups [engl.] Abgleich bzw. passende/aufeinander abgestimmte Gruppen; *Parallelgruppen, Parallelstichproben*.

Materialanalyse [engl. *material analysis*], *Denken*, *Denken, heuristische Methoden*.

Materialisation [engl. *materialization*], parapsychol. Bez. für Verstofflichung einer angeblich obj. (materiellen) Erscheinung mithilfe von Ekto- oder Teleplasma, einer quasi-biol. Substanz, die das Medium in Trance aus Körperöffnungen (z. B. Mund oder Nase) ausscheidet und die als *ideoplastische* Vorgänge, abhängig von unbewussten Vorstellungen des Mediums, gedeutet wird. Ggs. *Dematerialisation*, das Verschwinden materieller Gebilde. *Parapsychologie*. Beloff 1993, Driesch 1952.

Materialismus (= M.) [engl. *materialism*], [**KOG, PHI**], phil. Lehre, nach der die Materie die einzige Grundlage der Wirklichkeit darstellt. Der M. erblickt in der Seele eine Funktion der Materie oder diese selbst. Ggs. *Spiritualismus* bzw. *Idealismus*, *Wertwandel*, *Materialismus, eliminativer*, *Materialismus, funktionaler*. Lange 1866.

Materialismus, eliminativer (= e. M.) [engl. *eliminative materialism*; lat. *eliminare* über die Grenze treiben, entfernen], [**PHI**], moderne Version des *Materialismus* (*Leib-Seele-Problem*), wonach mentalistische Theorien und Erklärungen inadäquat seien und daher auch nicht auf physiol. reduziert, sondern einfach eliminiert werden sollten. Mentalistische Begriffe seien theoretische Begriffe veralteter Theorien, vergleichbar den früheren Vorstellungen über «Phlogiston» oder über «Hexen»; adäquat sei allein *Physiologische Psychologie*. Gegen den e. M. wurde vorgebracht, dass die angebliche völlige Ersetzbarkeit mentalistischer Erklärungen durch physiol. vorläufig nichts weiter sei als eine Prophetie und der e. M. somit die «Science-Fiction-Philosophie». *V. Gadenne*

Materialismus, funktionaler (= f. M.) [engl. *functional materialism*], *Materialismus*, [**PHI**], *Funktionalismus*, Auffassung zum *Leib-Seele-Problem*, wonach die Natur eines mentalen Zustandes weder in seiner Identität mit einem materiellen Zustand besteht noch auf einer besonderen Art von mentaler Substanz beruht, sondern durch seine funktionale Rolle in einem informationsverarbeitenden System bestimmt ist. Ein Schmerz z. B. ist danach ein Zustand, der durch die kausalen Beziehungen definiert ist, in denen er zu auslösenden Bedingungen, anderen mentalen Zuständen und zum Verhalten steht. Gegen den f. M. wird eingewendet, dass er den Erlebnisaspekt des Mentalen nicht erfassen könne. *V. Gadenne*

mathematiko-deduktive Methode [engl. *mathematico-deductive theory*; lat. *deducere* ableiten], C. L. Hull (1884-1952), *Behaviorismus*.

[Test]**Mathematiktest für Abiturienten und Studienanfänger (M-T-A-S)**, 1972, G. A. Lienert & M. Hofer, [www.

testzentrale.de], [**DIA, PÄD**], Hochschuleingangstest. AA Abiturienten und Studienanfänger. Der Test prüft Mathematikkenntnisse aus den Bereichen Algebra, Geometrie und analytische Geometrie und math. Funktionen. Die Aufgaben sind an den Lehrplänen für höhere Schulen orientiert. Interne Konsistenzen der Subtests liegen getrennt vor für Abiturienten ($N = 200$) zw. $r = .76$ und $r = .87$ und für Ps.studenten ($N = 100$) zw. $r = .82$ und $r = .87$. Korrelationen der Subtests mit Abiturnoten zw. $r = .16$ und $r = .33$. *Normierung*: $N = 1181$ Abiturienten und $N = 710$ Ps.-Studienanfängern (Prozentrangwerte, Standardwerte). Es sind zwei Parallelformen vorhanden. Bearbeitungsdauer: 60 Min.

mathematische Frühförderung (= m. F.) [engl. *early mathematical education*], [**PÄD**], umfasst Maßnahmen, die vor Schuleintritt durchgeführt werden und darauf abzielen, das Verständnis math. Inhalte zu fördern. Ps. Ansätze zur m. F. (z. B. *Trainingsprogramm «Mengen, zählen, Zahlen»*) orientieren sich üblicherweise an der natürlichen Entwicklung math. Kompetenzen und unterstützen Kinder im Aufbau eines numerischen Verständnisses von Zahlen und Zahlbeziehungen (z. B. zur Zahl 4 gehören vier Stück, 4 Stück sind mehr als 3 Stück, *mathematische Kompetenzen, Entwicklungsmodell*). Mit Blick auf die Vorbeugung von Rechenschwierigkeiten (*Dyskalkulie, Rechenschwäche; Prävention*) sollte in der m. F. darauf geachtet werden, dass Zahlen nicht in Kontexte eingebettet werden, die von ihrem numerischen Sinn ablenken. Denn werden Zahlen z. B. personifiziert und mit irrelevanten Informationen wie menschlichen Eigenschaften in Verbindung gebracht, stellen Kinder schnell Sinnbezüge zu Zahlen her (z. B. 3 ist eine Fee), die mit dem numerischen Sinn der Zahlen konkurrieren und dadurch den Aufbau eines adäquaten Verständnisses von Zahlen verhindern können, wie dies häufig bei Kindern mit Rechenschwäche beobachtet wird. Optimalerweise vermittelt m. F. also, dass Zahlen abstrakte Repräsentanten von Mengen und Größen sind, die z. B. Anzahlen, Maßeinheiten und Größenrelationen wiedergeben. Zudem werden Darstellungsmittel sowie sprachliche Formulierungen eingesetzt, die die *Aufmerksamkeit* der Kinder auf die numerischen Inhalte von Situationen lenken und so numerische Erkenntnisse über Zahlen unterstützen. Krajewski 2008, Krajewski & Ennemoser 2013. *K. Krajewski*

mathematische Kompetenzen, Entwicklungsmodell [engl. *mathematical competencies, development model*], [**EW, PÄD**], unter die Entwicklung math. Kompetenzen fasst die Entwicklungsps. den Erwerb des Verständnisses für Zahlen bis hin zum Verständnis einfacher Rechenoperationen. Diese Entwicklung beginnt bereits mit der Geburt und vollzieht sich mind. bis in die Grundschulzeit. Das *Entwicklungsmodell der Zahl-Größen-Verknüpfung (ZGV-Modell)* beschreibt, welche Meilensteine Kinder hierbei bewältigen müssen. Es unterscheidet drei Entwicklungsebenen (= E.), die durch eine zunehmende Verknüpfung von Zahlen mit Mengen und Größen gekennzeichnet ist. Auf E. 1 verfügen Kinder zunächst über Basisfertigkeiten, die einerseits im Bereich Mengen/Größen, anderer-seits im Bereich Zahlwörter anzusiedeln sind, die sich aber noch nicht aufeinander beziehen. So kommen Kinder mit der *Fähigkeit* auf die Welt, Mengen aufgrund ihrer Fläche und ihres Volumens voneinander zu unterscheiden. Vorerst noch unabhängig hiervon beginnen sie ab etwa zwei Jahren damit, Zahlwörter aufzusagen (E. 1: nicht numerische Größenunterscheidung vs. Aufsagen von Zahlwörtern). Auf E. 2 werden diese beiden Basisfertigkeiten miteinander verknüpft, Zahlwörtern werden also Mengen und Größen zugeordnet. Es resultiert ein Größenverständnis von Zahlen, das den Vergleich zweier Zahlen anhand ihrer Größe ermöglicht (E. 2: Größenrepräsentation von Zahlen). Erst auf E. 3 begreifen Kinder schließlich, dass Zahlen auch Relationen zw. Mengen und Größen widerspiegeln. Sie können nun verstehen, dass der Unterschied zw. zwei Zahlen wieder eine Zahl ist und dass eine Zahl in andere Zahlen zerlegt oder aus diesen zus.gesetzt werden kann (E. 3: Verständnis für Zahlrelationen). Die beschriebenen Fähigkeiten sagen einen Großteil der Unterschiede in den lehrplanbasierten Mathematikleistungen der Grundschule vorher. Daher sollte sich *mathematische Frühförderung* an dieser Entwicklung orientieren. Krajewski 2007, Krajewski & Ennemoser 2013. *K. Krajewski*

mathematische Lerntheorien (= m. L.) [engl. *mathematical learning theories*], [**KOG**], Theorien, die aus einer (meist sehr kleinen) Anzahl von Annahmen über den Lernprozess bestehen, aus denen mithilfe exakter deduktiver Methoden die (beobachtbaren) Eigenschaften von Lernprozessen abgeleitet werden. Nach ersten, empir. nicht weiter geprüften Ansätzen in *Herbarts* math. Ps. wurden von Thurstone (1930) und Gulliksen (1934) Vorläufer der gegenwärtigen L. entwickelt. Die Grundannahmen ihrer Theorien, die in erster Linie auf die Erklärung der neg. beschleunigten funktionalen Abhängigkeit des Lernerfolges von der Zahl der (pos. bzw. neg.) verstärkten Durchgänge abzielen, beziehen sich auf die Veränderungen der *Wahrscheinlichkeit*, dass ein Verhalten erfolgreich bzw. erfolglos ist. Dieser probabilistische Grundgedanke wurde in den m. L. der Gegenwart weiter ausgebaut. Jeder auf *Lernen* (oder *Vergessen*) beruhende Prozess wird als Folge diskreter Einzelschritte *(trials)* aufgefasst. Jeder Schritt besteht aus der Darbietung eines Reizes, auf den das Versuchsobjekt durch Auswahl einer unter mehreren möglichen Reaktionen unterschiedlicher Wahrscheinlichkeit reagiert; die Reaktion führt zu einem (pos. oder neg.) Resultat und damit zur Veränderung der Wahrscheinlichkeitsverteilung der Reaktionsalternativen. In den konkreten Annahmen, die diese Elementarprozesse betreffen, und im math. Apparat, der zur Entfaltung des Modells benutzt wird, unterscheiden sich die versch. m. L.

In *Operator-Modellen* können die Wahrscheinlichkeiten der Reaktionsalternativen bzw. die Stärken der Reaktionstendenzen beliebige Werte innerhalb best. Grenzen (Wahrscheinlichkeiten z. B. zw. 0 und 1) annehmen. Die Operatoren (= Übergangsregeln; Gleichungen, welche die Veränderung einer Wahrscheinlichkeit p von einem Schritt n zum jeweils nächsten $n + 1$ beschreiben) können linear sein – z. B. $p_{n+1} = p_n + a \cdot (1 - p_n) = a + (1 - a) \cdot p_n$

(Ausgangspunkt der stochastischen Lerntheorie von Bush & Mosteller 1951, 1955) – oder nicht linear – z. B.

$$p_n = \frac{\beta \cdot p_{n-1}}{(1-p_{n-1}) + \beta \cdot p_{n-1}}$$

(Beta-Modell von Luce 1959).

In *endlichen Zustandsmodellen* werden die Stimuli als Mengen von Elementen oder Komponenten aufgefasst; jedes Element eines Stimulus ist mit einer und nur einer Reaktion assoziiert. Je mehr Stimuluselemente, die mit einer best. Reaktion assoziiert sind, bei einer Darbietung des Stimulus gegenwärtig sind, desto wahrscheinlicher wird das Auftreten der Reaktion sein. Die Assoziationen zw. Stimuluselementen und Reaktionen werden je nach Verstärkungsbedingungen verändert, jedoch immer nach dem Alles-oder-nichts-Prinzip. In jedem Trial ist nur eine begrenzte Anzahl von Stimuluselementen gegenwärtig oder «wirksam» (deswegen auch *Stimulus-Sampling-Theorie*). Die versch. Zustandstheorien unterscheiden sich vor allem in den Annahmen betreffend die Zahl der Stimuluskomponenten, (1) aus denen insges. ein Reiz besteht (*small* bzw. *N-element models*) und (2) die in jedem Trial wirksam werden (*component models* bzw. *pattern models* mit Stichprobengrößen 1), ferner u. a. auch danach, ob die Stichprobengröße fix ist oder variiert. Nach der Annahme der *pattern models*, dass in jedem Trial nur eine Stimuluskomponente, nämlich eine best. Reizkonfiguration, als Stimulus wirksam ist, verändert sich die Gesamtzahl der mit der Reaktion konditionierten Patterns bei jedem Trial im einfachsten Fall nur um +1 oder 0 oder –1, je nach dem Erfolg (*outcome* oder *reinforcement*). Diese Eigenschaft, dass der Prozess auf jedem Schritt nur entweder unverändert bleiben oder sich – mit best. Wahrscheinlichkeiten – in benachbarte Zustände verändern kann, eröffnete die Möglichkeit, ihn math. als Markoff-Kette (*Markoff-Prozess*) zu interpretieren. Solche Versuche liegen vor allem bei der Ausarbeitung von *Small-Element*-Theorien mit 2 bis 4 möglichen «Zuständen» vor, wobei die Zustände inhaltlich als unkonditionierter Ausgangszustand, als Zustand im Kurzzeit- bzw. als solcher im Langzeitspeicher ausgelegt werden (Atkinson & Crothers 1964). Damit wurden Berührungspunkte zw. m. L. und Modellen der *Informationsverarbeitung* und *Entscheidungstheorien* geschaffen.

Ein für die Ps. wesentlicher, nicht ausreichend geklärter Aspekt der m. L. ist die Deutung der Parameter der versch. Modelle und die Prüfung der Validität der einzelnen Theorien (*Validierung*). Es wurde die Anpassung der aus den versch. Modelltypen (bzw. Einzelmodellen mit gegebenen Parametergrößen) berechneten an den beobachteten Daten, wie z. B. Verläufe des Lernfortschritts bzw. der Fehlerzahl (*Lernkurve*), asymptotischer Wert der relativen Häufigkeit von richtigen Vorhersagereaktionen bei kontinuierlicher Verstärkung (Diskriminations-Lernen) und partieller Verstärkung (*probability matching*), die Wahrscheinlichkeit einer Reaktionsalternative nach einer Serie gleicher Stimuli oder Reaktionen (*runs*) u. a. geprüft. Die Entwicklung von m. L. hat zwar nicht zur Herausbildung eines einzigen umfassenden Modells und zur eindeutigen Interpretation seiner Parameter geführt, m. L. besitzen jedoch den meth. nicht zu unterschätzenden Vorteil, dass alle Annahmen, die in das Modell eingehen, explizit sind und dass sich (unter best. Bedingungen) exakte quant. Voraussagen der Beobachtungsgrößen ableiten lassen. Coombs 1970, Falmagne 2005.
E. Mittenecker

Mathematische Psychologie (= M. P.) [engl. *mathematical psychology*; gr. μάθημα *(mathema)* Gelerntes, Kenntnis], [**DIA, FSE**], als Terminus erstmals 1960 im Titel eines Sammelbandes von Luce (*Developments in Mathematical Psychology*). M. P. ist die Sammelbez. für die meth. und inhaltlich sehr heterogenen Versuche, math. Methoden bei der Behandlung psychol. Probleme einzusetzen. In *Herbarts Grundlagen der Psychologie* aus dem Jahre 1824 werden erstmals math. formulierte Modelle der Vorstellungsmechanik dargestellt. Herbart ging von einer kleinen Anzahl von plausibel erscheinenden Grundannahmen aus und leitete, unter Zuhilfenahme der Infinitesimalrechnung, eine große Zahl von Gesetzmäßigkeiten ab, deren empirische Gültigkeit jedoch nicht exp. überprüft wurde. Fechners *Elemente der Psychophysik* aus dem Jahre 1860 (Fechner 1907) stellen den Ausgangspunkt des historisch bedeutendsten Teilgebietes der M. P. dar. Die ersten Ansätze der *Klassischen Testtheorie* und der *Faktorenanalyse* von Test-Interkorrelationen, beginnend mit den Arbeiten von Spearman vor dem Ersten Weltkrieg, wurden in den 1930er-Jahren von Thurstone, Gulliksen und anderen systematisch ausgebaut. Die Letzteren machten auch Versuche, «rationale» Erklärungen für Lern- und Vergessensfunktionen zu geben, indem sie aus wenigen plausibel erscheinenden Grundannahmen Gleichungen mit empirisch bestimmbaren Parametern ableiteten. Thurstone leistete auch entscheidende Beiträge zur Einstellungsmessung und zur Theorie der Skalierungsmethoden (*Skalierung, Methoden der*). Als in den Jahren nach dem Zweiten Weltkrieg eine Reihe von Forschern unter Einsatz neuer math. Methoden begann, stochastische Modelle in der Lerntheorie (*mathematische Lerntheorien*) zu entwickeln, die Theorie der Spiele, die Nutzentheorie und die Informationstheorie auf psychol. Probleme versch. Art anzuwenden, entstand die Tendenz, solche Forscher als «math. Psychologen» zu bez. Bald nach dem Erscheinen des anfangs erwähnten Werkes wurde 1963 bis 1965 ein dreibändiges *Handbook of Mathematical Psychology* (Luce, Bush, Galanter) veröffentlicht, von 1965 an erschien ein *Journal of Mathematical Psychology*.

Die M. P. stellt sich als die Gesamtheit der Forschungsarbeiten «math. Psychologen» auf verschiedensten Gebieten der Ps. dar, wobei allerdings meth. vielfältige Querverbindungen existieren. Hauptthemen sind die axiomatischen Grundlagen des Messens (*Messtheorie*), Skalentheorie (*Skalierung*), *Theorie der Spiele*, *Entscheidungstheorie*, *Signaldetektionstheorie*, *Psychophysik*, *mathematische Lerntheorie*, *Informationstheorie* und die stat. Analyse sequenzieller Vorgänge (*Markoff-Prozess*), ferner neue Entwicklungen der *Testtheorie* und der Sprachana-

lyse. Dagegen wird die Forschung auf den Gebieten der Entwicklung und Anwendung deskriptiver und induktiver Verfahren der *Statistik*, welche die Versuchsplanung und die Auswertungsmethoden in der exp. Ps. (*experimentelle Psychologie*) wesentlich beeinflussen, gewöhnlich nicht der M. P. zugerechnet. Luce et al. 1965, Falmagne 2005.
E. Mittenecker

mathematische Repräsentationsformen [engl. *mathematical types of representations*], *Repräsentation*, [**KOG, PÄD**], sind versch. Arten der Darstellung (= D.) von Zahlen, numerischen Inhalten und Rechenoperationen. (1) konkret-anschauliche D. (z. B. drei Murmeln links, fünf rechts), (2) bildliche D., (a) Bild der konkret-anschaulichen Situation (z. B. •••, •••••), (b) abstrakt-bildliche D. des numerischen Gehalts (z. B. drei vs. fünf Striche am Zahlenstrahl), (3) verbale D., (a) Zahlwörter (z. B. *drei, fünf*), (b) math. Begriffe (z. B. *addieren*), (4) symbolische D., (a) visuell-arabische Ziffernstellung (z. B. 3, 5), (b) Symbole für math. Operationen (z. B. +). Üblicherweise werden Rechenoperationen zunächst über die konkrete D. und bildliche D. erworben, die Zifferngleichung (symbolische D.) schließlich als abstrahierte numerische Handlung verstanden. Prinzipiell ist es möglich, durch Automatisierung und Auswendiglernen einfache Zifferngleichungen (z. B. 3 + 5 = ?) auch ohne Rückgriff auf die konkrete D. und bildl. D. korrekt zu lösen. Ein Verständnis für eine Zifferngleichung (symbol. D.) liegt jedoch nur dann vor, wenn diese auch in eine entspr. konkret-anschauliche D. oder bildliche D. übertragen und ihr damit «Sinn» verliehen werden kann. *mathematische Kompetenzen, Entwicklungsmodell*. Aebli 1976, Aster & Shalev 2007.
K. Krajewski

Matlab, [**FSE**], Computersoftware zur Implementierung von numerischen Rechenalgorithmen und mittels Messaufzeichnungsmodulen zur automatisierten Datenerfassung und deren Auswertung. [http://www.mathworks.de/].
M. Reutlinger

Matriarchat [engl. *matriarchy*; lat. *mater* Mutter, ἀρχεῖν (*archein*) anführen], *Mutterrecht*.

Matrix (= M.) [engl. *matrix*; lat. Gebärmutter], [**FSE**], jede zweidimensionale Zusammenstellung von zus.gehörigen Werten. Eine Darstellungsform für *n* Größen, die *m* lineare Beziehungen aufweisen. Z. B. lassen sich lineare Gleichungssysteme in einer M. darstellen. Die zahlenmäßige Lösung solcher in Matrizenform dargestellter Gleichungssysteme wird über die Determinanten bestimmt. Dafür sind eigene Rechenregeln gültig. Als transponierte M. U⌠ bezeichnet man eine M., die die gleichen Elemente wie die M. U enthält, die jedoch um die Hauptdiagonale gespiegelt wurde. Eine inverse M. ist eine M., die bei Multiplikation mit der Ausgangsmatrix die Einheitsmatrix E. liefert. Sie ist nur bei nicht singulären Matrizen, d. h. bei Matrizen, deren Determinante ungleich null ist, möglich.
G. Mikula

Maturation [engl. *maturation*, lat. *maturare* reifen], *Reifung*.

Maturitas praecox [lat. vorzeitige Reife], Frühreife des Jugendlichen. *Akzeleration*, *pubertas praecox*.

maut, Abk. für [engl. *multi-attribute utility theory* multi-attributive Nutzentheorie]. *Entscheiden, Entscheidungstheorie*.

MAXDIFF-Heuristik, größte *Differenz-Heuristik* [engl. *greatest attractiveness, difference heuristic*], [**EM, KOG**], *Entscheidungsanalyse*, bei der die zunächst die Dimension mit der größten Differenz zwischen dem höchsten und dem niedrigsten Wert bei allen Alternativen ermittelt wird. Die Alternative, die auf dieser Dimension die höchste Bewertung hat, wird gewählt. *Entscheidungsheuristiken*.

MAXIMAX-Heuristik [engl. *maximax principle*], [**KOG**], *Entscheidungsheuristik*, bei der die Alternative gewählt wird, die die absolut höchste Bewertungsausprägung hat, unabh. davon, auf welcher Dimension dieser Wert liegt.

Maximierungsprinzip [engl. *maximization principle*], *Meliorationsprinzip*.

Maximisierung [engl. *maximization*], *Geständnisse, falsche*.

Maximum-Likelihood-Methode (= M.), [engl.] Methode der max. Wahrscheinlichkeit, [**FSE**], eine Methode der stat. Parameterschätzung, in der jener Wert als Schätzung des Parameters einer Datenmenge ausgewählt wird, bei dem die *Wahrscheinlichkeit* (*likelihood*) der beobachteten Datenmenge ein Maximum ist. Die M. liefert in vielen Fällen Schätzungen max. Präzision, d. h., Schätzungen mit geringstem Standardfehler. *Adaptives Testen, Rasch-Modell, Regression, logistische*.
G. Mikula

MaxJoint (= M.) [engl. *max joint*; *joint* zusammenfügen], [**EM, SOZ**], eine von drei Arten von *Motivationstransformation* i. S. d. *Interdependenztheorie* (Thibaut & Kelley 1978), die dazu führen, dass Personen in sozialen Interaktionen nicht ihrem unmittelbaren Eigeninteresse entspr. handeln, sondern längerfristige Überlegungen und die Implikationen ihres Verhaltens berücksichtigen. Wird die *Motivation* dem Prinzip M. folg. transformiert, handelt eine Person auf eine Art und Weise, die es ermöglichen soll, dass alle Interaktionspartner möglichst gute Ergebnisse aus der Interaktion erzielen. Van Lange & Rusbult 2011.
S. Macher

Max-Kon-Min-Regel [engl. *max-con-min principle*], [**FSE**], nach Kerlinger und Pehazur (1973) die Strategie des Experimentators bei der Planung eines *Experiments*, (1) die nachweisbare Wirkung der *unabängigen Variablen* auf die abhängige Variable zu *maximieren*, (2) die Einflüsse der unerwünschten systemat. (Stör-)Variablen auf die *abhängige Variable* zu *kontrollieren* und (3) die Effekte von unsystemat. (Zufalls-)Variablen zu *minimieren*. Döring & Bortz 2016.
K.-H. Stapf

MaxRel (= M.) [engl. *max rel*; *relation* Verhältnis], [**EM, SOZ**], eine von drei Arten von *Motivationstransformation* i. S. d. *Interdependenztheorie* (Kelley & Thibaut 1978), die dazu führen, dass Personen in sozialen Interaktionen nicht ihrem unmittelbaren Eigeninteresse entspr. handeln, sondern längerfristige Überlegungen und die Implikationen ihres Verhaltens berücksichtigen. Wird die *Motivation* dem Prinzip M. folg. transformiert, handelt eine Person auf eine Art und Weise, die es ermöglichen soll, dass die Differenzen zw. ihrem eigenen aus der Interaktion resultierenden Ergebnis und den Ergebnissen aller anderen Interaktionspartner möglichst groß ist, wobei das eigene Ergebnis über den Ergebnissen der anderen liegen soll. Van Lange & Rusbult 2011. *S. Macher*

Maxwell'sche Scheibe [engl. *Maxwell's disc*], nach J.C. Maxwell (1931–1879), *Farbenkreisel*.

Mayer, Arthur (1911–1998), [**AO, HIS**], nach einigen Semestern Medizinstudium 1933–1940 Ausbildung zum kath. Geistlichen im Jesuiteninternat St. Blasien. Erkrankung; 1939 Entlassung aus dem Jesuitenorden. 1940–1943 Studium der Ps. in Bonn, Abschluss am 16. 3. 1943 als Diplomps. (vermutlich erstes im Deutschen Reich vergebenes Diplom in Ps.), 1943–1944 Tätigkeit als Berufsberater für Hirnverletzte am Institut für Klinische Ps. in Bonn, 1944–1948 leitende Tätigkeit als Berufsberater im Bezirk der Arbeitsämter Heidelberg, Mannheim, Pforzheim und Mosbach. 1945 Promotion in Bonn mit einer Arbeit über «Elementarfunktionen des Mitweltkontaktes»; ab 1948 Assistent von *Lysinski* an der Wirtschaftshochschule Mannheim, 1951 Habilitation, 1963 bis zur Emeritierung im Jahr 1977 Prof. für Angewandte Ps. an der Universität München. Lehr- und Forschungstätigkeit im Bereich der *Betriebspsychologie*. Vortragstätigkeit, Unternehmensberatung. Durch vielfältige Tätigkeiten (Mayer & Herwig 1961) und durch seine Schüler prägte Mayer in der frühen Bundesrepublik die Betriebsps. im Spannungsfeld von Wirtschaft und Technik. *H. E. Lück*

Test Mayer-Salovey-Caruso Emotional Intelligence Test (MSCEIT) *emotionale Intelligenz, Four Branch Ability Model of Emotional Intelligence, soziales Wissen*.

Mayo, Elton (1880–1949), [**AO, HIS, SOZ**], Soziologe, Ps., Organisationsforscher. Mayo wurde in Adelaide, Australien, geb., studierte Med. (ohne Abschluss), dann Sozialwiss. und Ps. Er lehrte in Queensland, emigrierte 1922 in die USA und wurde 1927 (ohne Promotion) Prof. für Industrial Research an der Harvard Business School, wo er bis 1947 lehrte. Mayo wurde zur Interpretation der komplexen Daten der frühen Hawthorne-Untersuchungen (*Hawthorne-Untersuchung*) herangezogen, leitete ab 1929 einen Teil der dortigen Untersuchungen, war mit drei Monografien und über 30 Aufsätzen maßgeblich an der Ergebnisdarstellung der Hawthorne-Untersuchungen beteiligt. Für seine Arbeiten erhielt Mayo Zuwendungen der Rockefeller-Stiftung. Bei den Untersuchungen legte er zunehmend Wert auf eingehende Befragungen, so wurden 20000 Arbeiterinnen und Arbeiter nach deren *Arbeitsmotivation* befragt. Mayo bezeichnete sein Vorgehen als Klinische Soziologie (*clinical sociology*). Er betonte in seinen Ergebnissen die Bedeutung sozialer Anerkennung und sozialer Beziehungen am Arbeitsplatz im Ggs. zu finanziellen Anreizen. Die Methoden und Befunde hatten später Einfluss auf Motivationstheorien, insbes. die Theorie der Arbeitsmotivation von Herzberg u. a. sowie auf die Entwicklung der psychoth. Gesprächsführung von *Rogers*. Mayo propagierte in den USA und Europa die *human relations* als Gegenbewegung zum Taylorismus (*Taylor-System*). Er starb in Großbritannien. Trahair 1984. *H. E. Lück*

McClelland, David C. (1917–1998), [**HIS, EM, SOZ**], David Clarence McClelland war ein amerik. Motivationspsychologe und Persönlichkeitstheoretiker, der im Anschluss an die Bedürfnistheorie von *Henry A. Murray* eine eigene Motivationstheorie, insbes. eine Theorie der Leistungsmotivation entwickelte. McClelland wurde in Mt. Vernon, NY geb. und promovierte an der *Yale University*. 1956 kam er an die *Harvard University*, wo er 30 Jahre lang blieb. 1987 – bereits im Ruhestand – ging er an die *Boston University*. McClelland hat nennenswerte Beiträge zur Motivations- und Persönlichkeitspsychologie geleistet. Er entwickelte ein Verfahren, nach dem die Geschichten der Pbn. zu den Tafeln des TAT (*Thematischer Apperzeptionstest (TAT)*) bzgl. der Motive kategorisiert (codiert) werden können. McClelland sah, dass es Klassen von Zielzuständen gibt, die Personen als belohnend oder bestrafend erleben und daher entspr. Hinweisreize suchen oder diese meiden (*Persönlichkeitstheorien, motivationspsychologische Ansätze*). Nach McClelland werden v. a. das *Leistungsmotiv* [engl. *need for achievement*], *Macht* [engl. *need for power*] und *Affiliation*, d. h. Gesellung, Hoffnung auf Anschluss [engl. *need for affiliation*] als wichtige Motive verstanden. Insbesondere arbeitete McClelland zur *Leistungsmotivation*, wobei er ebenfalls auf Murray Bezug nahm. McClelland gab u. a. Anregungen zu der Frage versch. Motivstrukturen in versch. Gesellschaften (McClelland, 1961, 1965). David C. McClelland starb im Alter von 80 Jahren. *H. E. Lück*

McCollough-Effekt [engl. *McCollough effect*], nach C. McCollough (geb. 1927), [**WA**], bedingter *Nacheffekt*. Für einige Min. wird ein Muster mit z. B. horizontalen und vertikalen Streifen betrachtet; Regionen mit Streifen unterschiedlicher Orientierung sind unterschiedlich gefärbt (z. B. rot und grün). Bei anschließender Betrachtung eines schwarz-weißen Streifenmusters erscheinen gegenfarbige (*Gegenfarben*) Nacheffekte, abhängig von der Orientierung der Streifen. Hajos 1972. *H. Heuer*

McGurk-Effekt [engl. *McGurk effect*], nach H. McGurk (1936–1998), [**WA**], Integration von nicht zueinander passender akustischer und visueller Information zu einer neuen auditiven Empfindung beim wahrgenommenen Sprechen. Die wahrgenommene Lippenbewegung (z. B. «papa») bewirkt, dass ein akustisches Signal (z. B. «baba») verändert wahrgenommen wird (z. B. Wahrnehmung: «papa»). *U. Ansorge*

McNemar-Test [engl. *McNemar's test*], syn. McNemar Symmetrietest, nach Q. McNemar (1900–1986), [**FSE**], ein nicht parametrisches Verfahren zur Prüfung des Unterschiedes zw. zwei abhängigen dichotomen Merkmalen (*abhängige Stichproben, Dichotomie*) bzw. der Veränderung eines dichotomen Merkmals zw. zwei Zeitpunkten. Als χ^2-verteilte Prüfstatistik (*Chi-Quadrat-Verteilung*) wird

$$\chi^2 = \frac{(b-c)^2}{b+c},$$

df = 1, bestimmt, wobei *b* und *c* die Häufigkeiten in den Zellen der Nebendiagonale der *Vierfeldertafel* bez. *Statistische Datenanalyseverfahren*. Eid et al. 2013.

Md *Median*.

MDMA, Abk. für 3,4-Methylendioxymethamphetamin. [**PHA**], *Ecstasy* enthält MDMA, ist aber nicht auf dieses als Inhaltsstoff beschränkt.

MDS, Abk. für *multidimensionale Skalierung*.

Mead, George H. (1863–1931) [**HIS, PHI, SOZ**], George Herbert Mead war ein Philosoph, der den *Pragmatismus* vertrat. Er hatte Einfluss auf Soziologie und Ps. M. gilt als Mitbegründer des *Funktionalismus* in der Ps.; er selbst bezeichnete sich als Behaviorist, Schüler rechneten ihn – treffender – dem «sozialen *Behaviorismus*» zu, zumal sich Mead von *Watson* abgrenzte. Durch seinen Schüler Herbert Blumer (1900–1987) gilt Mead auch als Vater des *Symbolischen Interaktionismus*. Mead wurde in South Hadley, Massachusetts, geb. Der Vater war Pfarrer, später Collegeprofessor. Die Mutter war Lehrerin, später Präsidentin des Holyoke College. Mead studierte 1879–1883 am Oberlin College bis zum B. A.-Abschluss. Mead arbeitete kurze Zeit als Lehrer, dann drei Jahre lang als Inspektor bei einer Eisenbahngesellschaft. 1887–1888 setzte Mead seine Studien in Philosophie und Ps. fort. Währenddessen war er Privatlehrer der Kinder von *William James*. Durch ein Stipendium konnte Mead 1888–1889 in Leipzig studieren, 1889 ging er nach Berlin und hörte bei *Wilhelm Dilthey*, bei dem er promovieren wollte, und u. a. bei *Hermann Ebbinghaus*. Ohne Promotion wurde Mead 1891 an die *University of Michigan* berufen, wo er Dozent für Ps., Philosophie und Evolutionstheorie war. *John Dewey* wurde zu seinem lebenslangen Freund. 1894 wurde Mead durch Bemühen von Dewey als Assistenzprofessor für Philosophie und Ps. an die neugegründete *University of Chicago* berufen. Dort erhielt er 1907 eine volle Professur und blieb bis zu seinem Tod im Jahr 1931. Mead engagierte sich neben seiner Lehrtätigkeit in mehreren sozialen und sozialreformerischen Projekten in Chicago. Diese Tätigkeit hatte Auswirkungen auf Meads Lehr- und Forschungstätigkeit. Mead wird der Chicagoer Schule für Soziologie zugerechnet, doch war er nie Mitglied des Instituts für Soziologie. Als Hauptwerk Meads gilt *Mind, self and society from the standpoint of a social behaviorist* (dt.: *Geist, Identität und Gesellschaft aus der Perspektive des Sozialbehaviorismus*, Mead 1934, 1968). Dieses Buch wurde nicht von Mead verfasst. Es ist eine 1934 postum von seinem Schüler Charles W. Morris (1903–1979) erstellte Rekonstruktion der Vorlesung mit dem Thema *Social Psychology*, die Mead häufiger abgehalten hat. Grundlage von Morris waren studentische Vorlesungsmitschriften. Das Buch ist dementsprechend uneinheitlich. Mead wollte eine Theorie der Persönlichkeit schaffen und Grundlagen für eine Theorie der Kommunikation. Er nimmt an, dass *Persönlichkeit* und soziales Handeln durch *Symbole* geprägt sind, die im Prozess der *Sozialisation* erworben worden sind. Diese Symbole werden von den handelnden Personen wechselseitig bestätigt (*Identität, Selbst, Selbstaufmerksamkeit*). Mead hatte einige bedeutende Schüler, unter ihnen Harry Stack Sullivan (1892–1949). George Herbert Mead starb 1931 in Chicago im Alter von 68 Jahren. *H. E. Lück*

Mead, Margaret (1901–1978), Kulturanthropologin, die v. a. durch ihre Untersuchungen zu Sozialisationsbedingungen bei Naturvölkern bekannt wurde.

Meaningfull Entertainment *Unterhaltung*.

meaningfulness [engl.] Bedeutungshaltigkeit, [**KOG**], während sich die Assoziationsforscher (*Assoziation*) in erster Linie für die Enge der assoziativen Verbindung von Begriffen (*Begriff*) und für die assoziierten Inhalte interessiert haben und versuchten, die *Bedeutung* eines Wortes über die Inhalte der mit ihm verbundenen Assoziate zu fassen, hat Noble (1952) die Menge der versch., mit einem Wort verbundenen Assoziate ins Blickfeld gerückt und ihre (in best. Weise gemessene) Anzahl als Bedeutungshaltigkeit *(meaningfulness)* def. Der von Noble konzipierte Index

$$m = \frac{1}{N} \cdot R_s$$

(wobei m = *meaningfulness*, s = ein best. verbaler Reiz, R = die assoziierten Responses und N die Anzahl der in die Messung einbezogenen Vpn ist) ermittelt die durchschnittliche Anzahl versch. Assoziationen, die einer Vp in einer Min. zu dem betreffenden Stimuluswort einfallen. Dieser Index erweist sich als guter Indikator für die Leichtigkeit, mit der Wörter bzw. Silben in Lernexperimenten behalten werden, und steht in Beziehung zum *Wortfeld*konzept. Mit ihm kann auch die Bedeutungshaltigkeit *sinnloser Silben* bestimmt werden. Hörmann 1967, 1977. *J. Engelkamp*

means-as-outcomes model [engl.] «Mittelwerte als Zielgrößen-Modell»; *Mehrebenenanalyse*.

Measurements in the Addictions for Triage and Evaluation Version (MATE) *Sucht- und substanzbezogene Störungen*.

Mechanik *Intelligenz, Mechanik*.

mechanisch (= m.) [engl. *mechanical*], [**PHI**], auf Mechanik beruhend, nur physisch verursacht. Die m. Erklärung der Lebensprozesse führt diese nur auf physikal.-chemische Ursachen zurück. Eine entspr. Weltanschauung wird auch als mechanistisch bezeichnet. *Mechanismus, Maschinentheorie*.

mechanisches Gedächtnis [engl. *mechanical memory*], [**KOG**], die Einprägung eines Lernstoffes durch reines Wiederholen, im Ggs. zum logischen Gedächtnis, wobei sinnvolle gedankliche Zusammenhänge für das Behalten nutzbar gemacht werden. *Gedächtnis, Gedächtnismethoden*.

Test Mechanisch-Technischer Verständnistest (MTVT), 1958, G. A. Lienert, [www.testzentrale.de], [**AO, DIA**], Eignungsdiagnost. Verfahren. AA 13–18 Jahre. Der MTVT eignet sich zur Erfassung des mechanisch-technischen Verständnisses als eines Aspekts der praktischen Intelligenz, der durch verbale Tests nicht erfasst wird. Der MTVT besteht aus 32 Wahlantwortaufgaben aus den Bereichen physikal. und technisches Denken, die voneinander unabhängig gelöst und ggf. auch einzeln interpretiert werden können. Die Aufgaben sind nach ansteigender Schwierigkeit geordnet, sodass der Test als reiner Niveau-Test (Power Test) fungiert. *Normierung*: Prozentrang- und Standardwerte für versch. Altersstufen, Schultypen und Berufsgruppen. Bearbeitungsdauer: 45 Min.

Mechanisierung [engl. *mechanization*], *Automatisierung*.

Mechanismus [engl. *mechanism*; gr. μηχανή *(mechane)* Maschine, Werkzeug], **[PHI]**, ein gesetzmäßig bestimmtes *System* von Bewegungen oder Geschehnissen, auch der Apparat, an dem diese ablaufen. Mechanistische Theorien: Anschauungen, die alles Geschehen, auch das seelische, nach Analogie physikal.-chemischer Gesetzmäßigkeiten betrachten und daneben kein anderes Geschehensprinzip annehmen. Der Vorwurf, diese Theorie zu vertreten, wurde bes. gegenüber der *Assoziationspsychologie* und dem *Behaviorismus* erhoben. Entgegen der mechanistischen Auffassung wurde (z. B. von der *Gestaltpsychologie*) gegen die Annahme von Zwangsbedingungen die Wirkung relativ unabhängiger, einander selbst regulierender Kräfte (z. B. Feldkräfte) vorgeschlagen (*Feld*, *Dynamik*, *Maschinentheorie*, *Konstanzannahme*).

Mechanorezeption, Mechanosensorik [engl. *mechanoreception, mechanosensation*; lat. *recipere* aufnehmen, *sentire* fühlen], **[BIO, WA]**, Aufnahme von versch. Arten mechanischer Reize (Berührung, Druck, Spannung, Dehnung, Vibration) durch versch. Oberfächenrezeptoren in der behaarten und unbehaarten Haut (Haarfollikel, Merkelzellen, Meissner'sche Tastkörperchen, Pacini-Körperchen, Ruffini-Körperchen, freie Endigungen um afferenten Nervenfasern). Sie unterscheiden sich morphologisch und funktionell, in Spezifität (= max. Empfindlichkeit für eine best. Reizintensität und Reizqualität), Adaptationsgeschwindigkeit und Dichte in der Haut (Größe des rezeptiven Feldes, *rezeptive Felder*). Je kleiner die rezeptiven Felder, desto besser die Wahrnehmung der räumlichen Details eines Reizes. *Zwei-Punkt-Diskrimination*. Schmidt et al. 2010, Birbaumer & Schmidt 2010.
C. Kiese-Himmel

Meclofenoxat [engl. *meclofenoxat*], **[PHA]**, *Psychopharmakon* aus der Klasse der *Nootropika*. Wirkt relativ unspezif. über die Beeinflussung des Gehirnstoffwechsels (z. B. Erhöhung der Glukoseverwertung, Aktivierung des Nukleotid-, Phospholipid- oder Proteinstoffwechsels).

Medazepam (= M.), **[PHA]**, *Benzodiazepin*. Zugelassen zur symptomatischen Behandlung von akuten und chronischen Spannungs-, Erregungs- und Angstzuständen. M. hat eine sehr kurze *Eliminationshalbwertszeit* von 2–5 Std., es wirkt daher wie eine *Prodrug*. In der Leber entstehen mehrere pharmakol. aktive Metaboliten (Desmethylmedazepam, *Diazepam*, Desmethyldiazepam, *Oxazepam*), die z. T. sehr langwirksam sind. Wegen der langen HWZ besteht Gefahr der *Kumulation*.
G. Gründer

Mediaforschung [engl. *media research*], **[MD]**, es werden die ps. Voraussetzungen, Bedingungen und Auswirkungen der Werbeträger (z. B. Zeitungen, Fernsehen) und Werbemittel (z. B. Anzeigen, Plakate) auf die Publikumsbeeinflussung durch Werbeexponate erforscht. Außerhalb der Internetnutzungsforschung ist eine der umfangreichsten Untersuchungen dieser Art die jährliche «Leseranalyse Zeitschriften», in der rund 80 Zeitschriften der Bundesrepublik auf ihre Publikumsreichweite untersucht werden.

Median (= M.) [engl. *median*; lat. *medianus* mittig, in der Mitte], syn. *Zentralwert*, 2. Quartil, 50%-Quantil, **[DIA, FSE]**, *Maß der zentralen Tendenz*, das für mind. ordinalskalierte Messwertreihen (*Skalenniveau*) best. werden kann. Der M. entspricht dem kleinsten Wert einer Wertereihe für den gilt, dass 50% der Werte kleiner-gleich sind. Bei gruppierten oder mehrfach vorkommenden Merkmalsausprägungen ist die M.klasse diejenige, bei der die kumulierte *Verteilung*(sfunktion) den 50%-Wert überspringt. Im Unterschied zum arithmetischen Mittel ist der M. insensitiv gegenüber Ausreißerwerten oder Boden- und Deckeneffekten. *Statistische Datenanalyseverfahren*.

Medianebene [engl. *median plane*; lat. *medianus* der mittlere], **[BIO]**, Ebene, die den Körper in rechte und linke Hälfte teilt. Was in ihr liegt, liegt median. Was ihr benachbart ist, liegt medial. Ggs. *lateral*.

Media Richness Theory (= M.) [engl. «Theorie der Reichaltigkeit von Medien», **[MD]**, ist eine Theorie der Medienwahl. Sie nimmt an, dass die Entscheidung zur Nutzung eines best. Kommunikationsmediums von der Passung zw. den Anforderungen der Situation einerseits und den Eigenschaften des Mediums andererseits abhängt. Situationen bzw. zu erfüllende Aufgaben werden dabei hinsichtlich ihrer Mehrdeutigkeit und Unsicherheit, Medien hinsichtlich ihrer Reichhaltigkeit unterschieden. Der M. zufolge eignen sich reichhaltige Medien besonders zur Bewältigung mehrdeutiger Aufgaben (etwa das Führen von Verhandlungen), während weniger reichhaltige Medien besser für die Übermittlung einfacher Fakten (etwa bei Planungsaufgaben) geeignet sind. Die *Reichhaltigkeit eines Mediums* hängt dabei von vier Aspekten ab: (1) von der Anzahl der zur Verfügung stehenden Kommunikationskanäle, (2) von der Schnelligkeit, mit der Rückmeldungen möglich sind, (3) von der Vielfalt der vermittelten Sprache sowie (4) von der Möglichkeit zur Entstehung sozialer Präsenz. Soziale Präsenz bezieht sich dabei auf das Ausmaß, in dem die an der medienbasierten Kommunikation beteiligten Individuen als natürliche Personen wahrgenommen werden (Short et al. 1976). Eine bes. reichhaltige Kommunikation ist demnach vor allem in einer Face-to-Face-Situation, aber auch in einer Videokonferenz möglich, während auf Textkommunikation reduzierte Systeme (wie E-Mail oder Chat) wenig reichhaltig sind. Eine Erweiterung der M. stellt die *Media Synchronicity Theory* dar. *Computervermittelte Kommunikation*. Weidenmann et al. 2004, Daft & Lengel 1986, Trevino et al. 1987.
J. Kimmerle

Media Synchronicity Theory (= M.) [engl.] «Theorie der Synchronizität von Medien»; [gr. συν- *(syn-)* mit, gemeinsam, χρόνος *(chronos)* Zeit], **[MD]**, ist eine Theorie der Medienwahl, die eine Erweiterung der *Media Richness Theory* darstellt. Die M. unterscheidet Medien nach dem Grad ihrer *Synchronizität*. Damit ist das Ausmaß gemeint, in dem Personen gleichzeitig an einer Aufgabe zus.arbeiten können. Die Synchronizität eines Mediums hängt ab vom Grad der Parallelität und von der Schnelligkeit, mit der Rückmeldungen möglich sind. Außerdem unterscheidet die Theorie zwei Kommunikationsprozesse in Gruppen: (1) Übermittlung von Informationen und (2) Konvergenz von Meinungen. Auf der Grundlage dieser Unterscheidungen trifft die Theorie Annahmen hinsichtlich der Passung von Medien und Kommunikationsprozessen. Für die Informationsübermittlung eignen sich Medien mit geringer Synchronizität, wohingegen für Konvergenzprozesse Medien mit einer hohen Synchronizität geeignet sind. *Computervermittelte Kommunikation*. Weidenmann et al. 2004. *J. Kimmerle*

Mediation (= M.) [engl. *mediation*; lat. *mediatio* Vermittlung], [**RF, SOZ**], ist ein kommunikatives Verfahren zur einvernehmlichen Beilegung *sozialer Konflikte*, bei dem die Konfliktparteien (Medianten) von mind. einem unabhängigen Dritten (Mediator) zu einer Konsens-Lösung begleitet werden. Die Medianten arbeiten dabei freiwillig und tragen die Verantwortung für die Inhalte des Gesprächs und die konsensuale Regelung ihres Konflikts (*Konfliktmanagement*). Der Mediator dagegen hat keine inhaltliche Entscheidungskompetenz (*Entscheiden*); er arbeitet allparteilich und ist verantwortlich für den Gesprächsprozess. Ziel der M. ist es, eine kooperative *Kommunikation* zw. den Medianten wiederherzustellen, sodass diese unterstützt von der meth. Strukturgebung des Mediators selbstständig eine eigenverantwortliche und einvernehmliche Lösung finden und vereinbaren können. Die typischen Phasen der M. sind (1) Auftragsklärung, (2) Themenfindung und -auswahl, (3) Verständigung über und Klärung der Konflikthintergründe (Interessen/*Bedürfnisse*, *Emotionen* und *Werte*), (4) Lösungssuche und -bewertung, (5) Vereinbarung bis hin zu rechtsverbindlichen Verträgen. Die M. wurde als Alternative zum gerichtlichen Verfahren entwickelt und ist seit 2012 auch in Dt. rechtlich verankert. Anwendungsfelder sind bspw. soziale Konflikte in Familien (z.B. bei Trennung, Scheidung, Erbschaften, Familienunternehmen), in Nachbarschaften, in Schulen, im Gesundheits- und Pflegewesen, im öffentlichen Raum, bei Umweltprojekten, beim Täter-Opfer-Ausgleich, im wirtschaftlichen Bereich (innerhalb oder zw. Unternehmen, zw. Kunden und Unternehmen) und im politischen Raum. *Mediationstheorie*. Haynes et al. 2012, Montada & Kals 2013, Trenczek et al. 2013.
T. Altmann/R. H. E. Bastine

Mediation bei politischen Intergruppenkonflikten (= M.) [engl. *mediation in intergroup conflict*], [**SOZ**], M. ist die Intervention einer dritten Partei mit dem Ziel, die Betroffenen bei der Konfliktbearbeitung (*Konflikt, sozialer*, *Mediation*) zu unterstützen. Mediatoren bei Intergruppen- und internat. Konflikten können politische Repräsentanten, Privatpersonen (z.B. Geschäftsleute) oder Wissenschaftler sein. Sie sollten Vertrauen und Respekt der Konfliktparteien genießen und über inhaltliche (Informationen über den Gegenstand und die Konfliktparteien) und prozessuale Kompetenzen (Konfliktanalyse und -austragung, Kommunikation) verfügen. Es ist problematisch, wenn sie nicht neutral sind, sondern ausgeprägte eigene Interessen haben. Wesentliche Aufgaben des Mediators sind Hilfen bei Förderung einer produktiven Kommunikation, Klärung der zentralen Konflikte und der zugrunde liegenden Anliegen, Fragmentieren der Gesamtproblematik, Eingrenzen des Konfliktes, um eine Gewalteskalation zu vermeiden. Idealerweise sollen die Konfliktparteien selbst Lösungen finden, faktisch werden diese aber häufig vom Mediator nahegelegt. Mediation ist an erhebliche Voraussetzungen bei Konfliktparteien, Konfliktart und Mediatorpersönlichkeit gebunden. Ps. Analysen zeigen, dass Erfolge eher wahrscheinlich sind, wenn der Konflikt mäßig intensiv ist, der Machtunterschied zwischen den Konfliktparteien gering ist, die Mediatoren hohes Prestige haben und aktive Strategien einsetzen bis hin zum Verwenden von Druckmitteln. *G. Sommer*

Mediationstheorie [engl. *mediation theory*; lat. *mediatio* Vermittlung], *Vermittlungstheorie*, *Denken*.

Mediatorvariable (= M.) [engl. *mediator variable*; lat. *mediator* Mittelsperson], [**FSE**], eine Variable Z, die in einem Kausalgefüge den Effekt von X auf Y vermittelt, wird als M. bez.: $X \to Z \to Y$. Bsp.: Die Behandlungsmotivation (X) wirkt sich pos. auf die Behandlungscompliance (Z) aus. Die Behandlungscompliance ist wiederum günstig für den Behandlungserfolg (Y). Verschwindet der direkte Vorhersagewert von X für Y, wenn Z stat. kontrolliert wird, so handelt es sich um eine *vollständige Mediation*. Ist der direkte Vorhersagewert von X für Y trotz des mediierenden Effekts bedeutsam, so handelt es sich um eine *partielle Mediation*.

Gemäß Baron & Kenny (1986) kann ein vollständiger Mediatoreffekt von Z als nachgewiesen gelten, wenn folgende Bedingungen erfüllt sind: (1) X ist ein signifikanter Prädiktor für Y (b_{yx} signifikant im Regressionsmodell: $Y = b_0 + b_{yx}(X) + e$; *Regression, lineare*). (2) X ist ein signifikanter Prädiktor für Z (b_{zx} signifikant im Regressionsmodell: $Z = b_0 + b_{zx}(X) + e$). (3) Z ist ein signifikanter Prädiktor für Y nach stat. Kontrolle von X (b_{yz} signifikant im Regressionsmodell: $Y = b_0 + b_{yx}(X) + b_{yz}(Z) + e$). (4) Der Effekt von X auf Y darf nach stat. Kontrolle von Z nicht signifikant sein (b_{yx} nicht signifikant im Regressionsmodell in (3)). MacKinnon et al. (2007) haben Erweiterungen zu diesem Modellansatz entwickelt. *Pfadanalyse*, *Statistische Datenanalyseverfahren*.

Mediendidaktik (= M.) [engl. *media didactics*], [**MD, PÄD**], beschreibt eine wiss. Disziplin, die stark von interdisziplinären Bezügen geprägt ist. Forschungsbeiträge leisten u.a. die *Pädagogische Psychologie*, die *Medienpsychologie*, die Allgemeine Pädagogik und *Didaktik* sowie die Informatik. Die versch. Bezugsdisziplinen begründen, dass sehr unterschiedliche Forschungsfragen, Forschungsansätze und -methoden im Bereich M. zu finden sind. Bspw. gehen in der päd.-psychol. *Lehr-Lern-Forschung* einige Forscher der Frage nach, wie multimediale Instruktionen gestaltet werden sollten, um Lernprozesse unter Berücksichtigung des kogn. Systems der lernenden Person optimal zu fördern. *Multimedia* beginnt hier schon bei der Kombination versch. Präsentationsformate von Informationen, z.B. Bild- und Textinformationen im Lehrbuch oder computergestützten Lernprogramm. Forschungsfragen werden mittels empir.-quant. Untersuchungen im Labor (*Experiment*) oder bei möglichst kontrollierten Schulerhebungen (z.B. *Beobachtung*, *Quasi-Ex-*

periment) beantwortet. International findet man hierzu Forschung unter dem Stichwort *Instructional design* (Niegemann 2009) oder *Multimedia Learning* (*Multimediale Lehr-Lern-Systeme*) (Mayer 2009). Dagegen werden in der aus der Allgemeinen Pädagogik und Didaktik geprägten Forschung präskriptive Modelle formuliert, die beschreiben, wie didaktisch begründete Lernangebote entwickelt werden können. Dies ist ein gestaltungsorientierter Forschungsansatz, der aus der Tradition der Didaktik heraus z. T. mit einem geisteswiss. Zugang assoziiert ist. Gemeinsam betonen alle Forschungsansätze, dass nicht das Medium (z. B. Lehrbuch vs. sich rasant weiterentwickelnde und verbreitende neue Medien) an sich, sondern die Methoden und didaktischen Vorgehensweisen für erfolgreiches Lernen entscheidend sind. *B. Park*

Mediengewalt (= M.) [engl. *media violence*], [**MD**], bezeichnet die Darstellung realer oder fiktionaler *Handlungen*, die mit der körperlichen Schädigung anderer Lebewesen einhergehen, in Filmen, Fernsehsendungen, Computerspielen, Musik(-videos), Büchern, Comics, und anderen medialen Informations- oder Unterhaltungsangeboten. Neben motivationalen Aspekten (*Motivation*) der Nutzung von M. zu Unterhaltungszwecken beschäftigen sich Psychologen vor allem mit der Frage nach dem Zusammenhang des Konsums von M. und *Aggression*. Diese wird in der Öffentlichkeit wie Wissenschaft mitunter hitzig diskutiert (Bushman, Anderson 2015; Elson & Ferguson 2014). Zur Wirkrichtung gibt es zwei mögliche Hypothesen: Vertreter der Selektionshypothese gehen davon aus, dass Menschen mit einer größeren Neigung zur Aggression eine ausgeprägte Präferenz für M. haben. Die Sozialisationshypothese – die unter Wirkungsforschern deutlich mehr Aufmerksamkeit generiert hat – besagt, dass der regelmäßige Konsum von M. nachhaltig Aggressivität fördert. Zugrunde liegende Theorien dieser Hypothese sind das *Lernen am Modell* sowie das Assoziationslernen bei der (wiederholten) Beobachtung von M. Typischerweise wird die (kurzfristige) Wirkung von M. in Laborexp. untersucht, in denen man Vpn. randomisiert Medienstimuli mit oder ohne M. aussetzt und sie anschließend hinsichtlich ihrer Merkmalsausprägungen in Tests für Aggression vergleicht. In vielen dieser Studien wird im Mittel ein kleiner, aber messbarer Einfluss auf Aggression gefunden. Jedoch sind diese Laborprozeduren und Messinstrumente für Aggression unter Psychologen nicht unumstritten und stehen besonders für mangelnde Standardisierung der Durchführung und intransparente Flexibilität der Auswertung (*Objektivität*) sowie unzureichende *Evidenz* für ihre Tauglichkeit (*Validität*), alltägliche oder realweltliche Aggression zu erklären und vorherzusagen, in der Kritik. In *Längsschnittuntersuchungen* mit regelmäßigen Befragungen werden der Konsum von M. und aggressive Verhaltensweisen im Entwicklungsverlauf betrachtet. Zwar berichten nahezu alle Studien eine *Korrelation* zw. M. und Aggression, sie divergieren aber hinsichtlich der Größe dieses Zusammenhangs und auch seiner Ursache im Längsschnitt, die manchmal eher auf einen Sozialisationseffekt, manchmal auf einen Selektionseffekt zurückgeführt wird. Die meth. Unzulänglichkeiten und partielle Heterogenität der Befundlage spiegeln sich auch in *Meta-Analysen* zum Zusammenhang von M. und Aggression wider. Auch hier findet man Unterschiede bzgl. der berichteten mittleren Größe des Sozialisationseffekts, aber auch in den Inklusions- und Bewertungskriterien empirischer Studien, der Identifikation von relevanten Drittvariablen (und deren Berücksichtigung in Analysen), der Korrektur für *publication bias*, und schließlich auch der Synthese der Empirie und deren praktischen Implikationen. Aus diesen Gründen wäre eine eindeutige Schlussfolgerung zugunsten einer Hypothese zu diesem Zeitpunkt voreilig. Dass es einen Zusammenhang zw. M. und Aggression gibt, gilt als bestätigt – die Literatur muss jedoch hinsichtlich Beschaffenheit dieses Zusammenhangs und der Richtung und Größe kausaler Wirkmechanismen als inkonklusiv bewertet werden. *M. Elson*

Medieninvolvement (=M.) [engl. *media involvement*; lat. *involvere* einwickeln], [**MD, SOZ**], das M. beschreibt die affektive (*Affekt*) und kognitive (*Kognition*) Bedeutung eines Mediums für eine Person. M. ist eine spezifische Art von generellem *Involvement*. *F. Becker*

Medienkompetenz (= M.) [engl. *media literacy*], [**MD, PÄD**], M. beschreibt in der *Medienpsychologie* die Fähigkeit, angemessen mit Medien umgehen zu können. Das bedeutet, sie auswählen, nutzen und kritisch bewerten zu können sowie sie zu produzieren und sich mit anderen Menschen über Medien auszutauschen. M. bezieht sich dabei auf klassische Massenmedien (z. B. Radio, Fernsehen, Zeitung, Kino) und auf neue Medien (z. B. Internet). Der Medienpädagoge Dieter Baacke gilt als der Erste, der 1973 M. beschrieben hat, ohne bereits den Begriff zu verwenden. In späteren Arbeiten stellt er das *Bielefelder Medienkompetenz-Modell* auf. Es besteht aus den vier Dimensionen *Mediennutzung, Medienkunde, Mediengestaltung* und *Medienkritik*. Norbert Groeben entwickelt das Modell in der Medienps. zu einem aktuell gebräuchlichen Modell weiter. Ziel ist das gesellschaftlich handlungsfähige Subjekt, das einerseits mit Medien umgehen und sich andererseits auch zunutze machen kann. Groeben formuliert 2002 sieben nicht-hierarchisch angeordnete Prozessdimensionen: (1) *Medienwissen und Medialitätsbewusstsein* (z. B. zw. Fiktion und Realität unterscheiden können), (2) *medienspezifische Rezeptionsmuster* (z. B. Einschalten eines Programms), (3) *medienbezogene Genussfähigkeit* (z. B. Computerspiele genießen, ohne süchtig zu werden), (4) *medienbezogene Kritikfähigkeit* (z. B. die politische Ausrichtung eines Autors erkennen können), (5) *Selektion/Kombination von Mediennutzung* (z. B. Medien zielführend wählen), (6) *produktive Partizipationsmuster* (z. B. eine eigene Homepage erstellen) sowie (7) *Anschlusskommunikation* (z. B. mit Kollegen über Medieninhalte diskutieren). Studien zur M. beschränken sich meist auf einen dieser sieben Teilaspekte. *Medienpsychologie, Medienpädagogik*. Trepte 2008, Groeben & Hurrelmann 2002, Trepte 1999. *P. Sandhagen*

Mediennutzung als soziales Handeln (= M.) [engl. *media use as social action*], [**MD, SOZ**], M. stellt eine handlungstheoretische Erweiterung der *Uses-and-Grati-*

fications-Ansätze dar. Der Nutzen der *Medienrezeption* wird hier vor dem Hintergrund sozialer Handlungszusammenhänge interpretiert. M. geht davon aus, dass die Bedeutungszuweisung an Medieninhalte maßgeblich durch die Orientierung an sozialen Handlungsweisen bedingt ist. Diese Orientierung leitet die Nutzenbewertung von Medienangeboten und ist nach Renckstorf einerseits in Abhängigkeit von der konkreten Ausgestaltung des Mediensystems einer Gesellschaft, andererseits in Abhängigkeit von entwicklungspsychol. Grundbedürfnissen der Handelnden zu sehen (*Mediennutzungsforschung*). Medien werden in diesem Modell als probate Problemlösungsmittel für adäquates gesellschaftliches Handeln definiert. Sie konkurrieren i.d.S. mit nicht medialen Problemlösungen und werden vor dem Hintergrund indiv. Gratifikationserwartungen der Handelnden bewertet. Renckstorf & Wester 2004. *T. Meitz*

Mediennutzungsforschung (= M.) [engl. *media use research/media appropriation*], [**MD, SOZ**], in Abgrenzung zur *Medienwirkungen*sforschung, die sich mit postrezeptiven Effekten der Nutzung von Medienangeboten in Bezug auf *Einstellungen* und Verhalten von Rezipienten beschäftigt, setzt die M. in den Phasen der Rezeption selbst sowie prärezeptiv an (*Medienrezeption*). Damit umfasst die M. einen weiten Beobachtungsbereich, der definitorisch den reinen Kontakt mit Medien (*Publikumsforschung*), die Rezeptionshandlung selbst, selektive und motivationale Aspekte der Nutzung konkreter Medieninhalte sowie die Aneignung von Medien in den Alltag der Nutzer charakterisieren kann. Die Ausrichtung der M. ist stark durch gesellschaftstheoretische Kontexte geprägt. So ist insbes. die Aneignung von Medien und Medieninhalten in den britischen *Cultural Studies* Gegenstand von Modellierungen geworden, die die Integration von Medien in den Alltag als gesellschaftskonstituierend darstellen und gesellschaftliche Faktoren sowie nutzerabhängige Bedeutungszuweisungen zu Medieninhalten für ursächlich in Anbetracht möglicher Medienwirkungen halten. Die M. geht i.d.R. von einer aktiven Nutzung und Aneignung von Medien und Medieninhalten aus. Unter motivationalen Aspekten der Mediennutzung ist diesbezüglich die *Uses-and-Gratifications-Theorie* als einflussreiche Ansatzfamilie zu nennen. Die M. greift im Zuge der Erklärung von indiv. Mediennutzungsmotiven heute auf eine Vielzahl persönlichkeits- und sozialpsychol. Ansätze zurück. Modelle wie die *Mood-Management-Theorie* oder die *Theorie kognitiver Dissonanz* finden sich zur Begründung der Medienauswahl oder der Medienvermeidung von Nutzern. Die neuere Forschung sucht teils eine stärkere Verbindung zu einzelnen Effektgrößen, also den Auswirkungen der Mediennutzung. Im Zuge der Kritik an einer Überschätzung der Aktivität der Mediennutzer haben kontextbasierte Modellierungen der M. an Einfluss gewonnen, die stärker unbewusste Medienzuwendung und die soziale Einbettung der Mediennutzung thematisieren. *Wissenschaftskommunikation*. Meyen 2004. *T. Meitz*

Medienpädagogik [engl. *media pedagogy*], [**MD, PÄD**], bez. einerseits die Behandlung und Problematisierung von Medien (bes. Massenmedien) im *Unterricht* (bes. durch Medienanalyse, Medienvergleich, Medienproduktion), andererseits wird unter dem Begriff die mediale Gestaltung unterrichtlichen Geschehens sowie die wiss. Erforschung bes. der Optimierung von Unterrichtsmedien verstanden. *Mediendidaktik*. Mangold et al. 2003.

Medienpsychologie (= M.) [engl. *media psychology*], [**MD**], s. Einleitung *Gebietsüberblick «I.10 Medienpsychologie»*. Mangold et al. 2003, Carolus & Schwab 2008, Winterhoff-Spurk 1989.

Medienrezeption (= M.) [engl. *media reception*; lat. *recipere* aufnehmen], [**KOG, MD**], M. beschreibt Phänomene, die mit dem Kontakt von Menschen mit Medienangeboten verbunden sind. Dabei ist es unerheblich, ob diesem Kontakt eine aktive Selektion vorausging oder ob er passiv – quasi zufällig – zustande kam. Die Rezeptionsforschung untersucht die entspr. Phänomene mit zwei Fokussen: Die Rezeptionsforschung i.e.S. analysiert den direkten Kontakt mit Medieninhalten und insofern den eigentlichen Rezeptionsakt sowie Phänomene, die dem unmittelbar vorausgehen bzw. unmittelbar folgen. Erklärt werden die Auswahl von und Zuwendung zu Medieninhalten, deren Verarbeitung und Aneignung sowie deren kurzfristige Auswirkungen. Die Selektion von Medieninhalten wird entweder allg. durch persönliche Merkmale (z.B. Genrepräferenzen), durch situative Merkmale (z.B. Rezeption allein oder in *Gruppe*) oder durch spez. Einflüsse wie *Stimmungen* (*Mood-Management-Theorie*), *Einstellungen* (*kognitive Dissonanz*) oder *Motive* (*Uses-and-Gratifications-Theorie*) beeinflusst. Während der Rezeption stehen indiv. sowie situative Aspekte im Zentrum. Auf der indiv. Ebene geht es um die kogn. (*Kognition*), emot. (*Emotionen*) und konativen Prozesse während der Mediennutzung. Die kogn. Rezeption betrifft Prozesse der *Wahrnehmung* und Verarbeitung medialer Angebote und findet im Wechselspiel zw. *Bottom-up*-Aktivierung vorhandener Wissensbestände und *Top-down*-Anwendung vorhandener Wissensbestände auf das Medienangebot statt. Die emot. Rezeption beschreibt, wie Erregung und *Gefühle* wie z.B. *Angst*, Stolz, Ekel, Spannung etc. durch Medienangebote entstehen und wie diese die weitere Rezeption beeinflussen. Konative Prozesse bestehen aus *Handlungen*, die während der M. ausgeführt werden, insbes. Selektionshandlungen, z.B. das Umschalten beim Fernsehkonsum oder das Surfen im Internet. Auf der situativen Ebene steht die Integration der Mediennutzung in den Alltag, oft als Medienaneignung bezeichnet, sowie die soziale Interaktion während der Mediennutzung mit den Medienfiguren (*parasoziale Interaktion*) mit anderen Anwesenden oder auch durch Medien vermittelt mit Nichtanwesenden. Komplexe Rezeptionsansätze verbinden die drei Dimensionen (z.B. *Affective Disposition* oder *Unterhaltung*). Nach der eigentlichen Rezeption werden vor allem kogn. und emot. Effekte untersucht; kogn. Effekte entstehen z.B. durch *Priming* oder *Framing*, emot. Effekte betreffen z.B. Erregungszustände (*excitation transfer*) oder Stimmung (Mood Management; im Überblick Wünsch et al. 2014). Die Rezeptionsforschung i.w.S. untersucht alle Phänomene, die mit der Nutzung von Medieninhalten zus.hängen, sie wird dann auch oft als *Publikumsforschung* bezeichnet. Die akademische Mediennutzungsforschung erklärt, welche Personen in welchen Situationen typischerweise welche Medien und Medienangebote nutzen. Die kommerzielle Mediaforschung untersucht demgegenüber die Verbreitung und Reichweite – insbes. Werbetragender – Medienangebote. Die Mediennutzungsforschung nimmt die mittel- und langfristigen Effekte in den Blick, die die Mediennutzung auf den einzelnen Nutzer (z. B. *Lernen am Modell* oder Kultivierungsforschung) oder die Gesellschaft (z. B. *Agenda-Setting*, *Wissenskluft*, *Third-Person-Effekt*) hat (im Überblick Schweiger & Fahr 2013)   V. Gehrau

Medienwahl, Theorien der [engl. *theories of media choice*], *Media Richness Theory*.

Medienwirkungen (= M.) [engl. *media effects*], [**MD, SOZ**], M. werden zum einen auf die Mechanismen der *Nachrichtenselektion* zurückgeführt, wodurch bestimmte Themen überhaupt erst auf die Agenda des öffentlichen Diskurses gesetzt werden (*Agenda-Setting*), und zum anderen darauf, wie diese Themen dargestellt werden (*Framing*). War man in der M.forschung zunächst von linearen Effekten i. S. des behavioristischen S-R-Modells (*S-R-Theorie*) ausgegangen, so besteht heute Einigkeit darüber, dass der Rezipient kein passiver Empfänger ist, sondern ein *final arbiter*, der eine Auswahl trifft, welche der angebotenen Informationen für ihn relevant sind, und der entscheidet, wie wichtig er sie nimmt. Entsprechend werden auch die Medienframes nicht einfach vom Rezipienten übernommen, sondern im Lichte seines Vorwissens und seiner *Einstellungen* evaluiert und je nach Passung teils übernommen, teils zurückgewiesen und teils modifiziert. Einen direkten linearen Effekt haben die Medienframes nur in dem Maße, in dem sie mit den mentalen Modellen (*individual frames*) kongruent sind, in deren Lichte der Rezipient das jew. Thema bereits a priori interpretiert. *dynamisch-transaktionaler Ansatz der Medienwirkung*, *Medienrezeption*. Kempf & Thiel 2012.   W. Kempf

Meditation (= M.) [engl. *meditation*; lat. *meditari* nachdenken], [**GES, KLI**], nachdenkendes Eindringen, intensives Betrachten, Sichversenken (in einen Gegenstand oder in eine Gedankenwelt), das durch Schweigen, *Entspannung* und ein inneres Lauschen eingeübt werden kann. Ein in allen Kulturen und zu allen Zeiten verbreitetes Phänomen, das typologisch in versch. Formen auftritt, sodass der Begriff M. keineswegs eindeutig ist. In der therap. Anwendung umfasst M. eine ganze Reihe von Übungen zur Bewusstseinserweiterung oder zur willentlichen Steuerung mentaler Prozesse, so auch körperliche (Atemkontrolle) wie kogn. Verfahren (*Entspannungsverfahren*). Anwendungsbereiche u. a.: Angst- und Spannungszustände (*Angststörungen*), Bluthochdruck (*Hypertonie, essenzielle*). *Achtsamkeitsmeditation* wird bei mehreren Störungen, u. a. bei *Depression* in symptomfreien Phasen zur Rückfallprävention eingesetzt. Holmes 1984, Segal et al. 2001.   F. Caspar

Medium [engl. *medium*; lat. *medium* Mittel], Umgebung, Milieu. Im *Okkultismus* und *Spiritismus* eine Mittelsperson, die bei Sitzungen zumeist in Trance fällt und in diesem veränderten Bewusstseinszustand mit Geistwesen, den sog. Kommunikatoren, in Verbindung tritt und von der angenommen wird, dass sie über *mediale* (parapsychische) Fähigkeiten verfügt (*Telepathie*, *Hellsehen*, *Materialisation*).

[**KLI**], Vp oder Patient bei Hypnoseversuchen bzw. Hypnotherapie. Beloff 1993.

Medizinische Psychologie (= M.) [engl. *medical psychology*; lat. *medicare* heilen, *ars medicinae* Heilkunde], [**GES**], s. auch Einleitung Gebietsüberblick «*I.7 Gesundheitspsychologie und Medizinische Psychologie*». Die M. ist ein interdisziplinäres Fach, das psychol. Kenntnisse, die für die Krankenversorgung i. w. S. von Bedeutung sind, in der Forschung erweitert und vertieft, in der Lehre vermittelt und in der Krankenversorgung anwendet. Ihr Fokus ist der körperlich erkrankte Mensch und i. R. der Gesundheitsförderung auch der körperlich Gesunde, der Gesundheitsrisiken unterliegt (*Gesundheit*, *Gesundheit, Modelle der*, *Krankheitsmodelle*).

Als Fachgebiet ist die M. in erster Linie über die *Ärztliche Approbationsordnung* (= A.) und damit über die Lehre definiert. Seit 1970 sieht die A. für Ärzte die M. als Ausbildungsfach zwingend vor. Sie ist zugleich Prüfungsfach im 1. Abschnitt der Ärztlichen Prüfung (*Physikum*) und gehört mit der Anatomie, der Biochemie und der Physiologie zu den vier großen dort geprüften Fächern. Die M. wird gemeinsam mit der Med. Soziologie gelehrt und geprüft. Gegenstand der Prüfung in diesen Fächern sind nach der A.: psychobiol. Grundlagen des Verhaltens und Erlebens; Wahrnehmung, Lernen, Emotionen, Motivation, Psychomotorik; Persönlichkeit, Entwicklung, Sozialisation; soziales Verhalten, Einstellungen, Interaktion und Kommunikation, Rollenbeziehungen; soziale Schichtung, Bevölkerungsstruktur, Morbiditätsstruktur; Strukturen des Gesundheitswesens; Grundlagen ps. und soziologischer Methodik. Gemäß ihrer Anlage als Ausbildungsfach für angehende Ärzte ist die M. ein genuin interdisziplinäres Fach, in welchem ps. und med. Wissen integriert wird. In ihren Zuständigkeitsbereich fällt nicht nur die Vermittlung des prüfungsrelevanten Wissens, sondern auch die Vermittlung von ps. Fertigkeiten, die im med. Alltag benötigt werden. Hierfür sieht die A. Pflichtveranstaltungen in Seminar- und Kursform vor. Bei der Vermittlung der Fertigkeiten steht dabei die Etablierung einer tragfähigen Arzt-Pat.-Beziehung (*Arzt-Patient-Interaktion*) und das Training ärztlicher Gesprächsführung im Vordergrund. Auch wenn die M. in der A. in erster Linie als Fach der vorklinischen Ausbildung vorgesehen ist, reichen die Ausbildungsaktivitäten i. d. R. weit in die Klinik hinein, bspw. im Zuge der interdisziplinären Zusammenarbeit bei der Etablierung von longitudinalen Curricula zur Arzt-Pat.-Kommunikation oder durch Beteiligung an Querschnittbereichen der klin. Ausbildung, z. B. Prävention und Gesundheitsförderung, Med. des Alterns und des alten Menschen, Palliativmed., Schmerzmed.

Im Fokus medizinpsychol. Forschung und Lehre steht der Mensch im Med.betrieb. Sie konzentriert sich demnach auf Pat., deren Angehörige und das med. Personal. Pat.seitig fokussiert die Forschung die wechselseitigen Beziehungen zw. körperlichen Erkrankungen und med. Behandlung einerseits sowie dem psych. Wohlergehen (*Wohlbefinden*) und dem Verhalten und Erleben der Pat. andererseits. Hier ergibt sich ein breites Forschungsspektrum, das u. a. Themenbereiche wie *Gesundheitsverhaltens*- und *Risikoverhaltens*forschung, *Prävention*, *Rehabilitation* und Gesundheitsförderung einschließt, psychobiol. (*Psychobiologie*) und psychosomatische (*Psychosomatik*) Zusammenhänge umfasst sowie psychoonkologische Fragestellungen und solche der *Versorgungsforschung* analysiert. Dabei erfolgt die Forschung i. d. R. in Kooperation mit den klin. Fächern in der Med. Auch wenn die M. zunächst ein Fach im vorklinischen Unterricht ist, sind Med. psychologen auch klin. in Konsiliar- und Liaisondiensten (*Konsiliar- und Liaisonarbeit*) engagiert. Entsprechend bestehen hier auch Forschungsschwerpunkte im Kontext klin.-psychol. Tätigkeiten, die bspw. psychoth. Unterstützung (*Psychotherapie*) bei der Krankheitsverarbeitung (z. B. *Psychoonkologie*, chronische Schmerzen) betreffen oder umgekehrt die Behandlung psych. Störungen, die auf die körperliche Gesundheit ausstrahlen (z. B. *Angststörungen*, *Depression*, *Sucht*). Im Fokus des Interesses steht dabei i. d. R. die Interaktion zw. med. und psychol. Faktoren. In den klin. Tätigkeitsbereichen weist die M. enge Bezüge zur Psychosomatik auf. Psychol. Forschung und Lehre geht aber über das Interesse am Pat. und dessen Angehörigen hinaus und befasst sich auch mit dem med. Personal. Hier interessieren einerseits Aspekte der psych. Gesundheit in helfenden Berufen und andererseits psychol. R.bedingungen auf der Seite des Personals, die die Entwicklung einer erfolgreichen Arzt-Pat.-Beziehung begünstigen. Faller & Lang 2010, Brähler & Strauß 2012. *R. Deinzer*

medizinisches Modell [engl. *medical model*]; *Krankheitsmodelle*.

Test Medizinisch-Psychologische Untersuchung (MPU), [**DIA, RF**], Begutachtung der Fahreignung (*Fahrtauglichkeit, Fahrtüchtigkeit*), hauptsächlich in Dt., Österreich und der Schweiz gebräuchliches Verfahren zur Überprüfung von Kraftfahrern auf ihre vorübergehende oder dauerhafte charakterliche und körperliche Eignung bzw. Nichteignung zur Führung von Kraftfahrzeugen. Nach auffälligem Verhalten kann – ausgelöst durch Bedenken der Fahrerlaubnisbehörde oder eines Gerichts – der Kraftfahrer sich einer MPU in einer Begutachtungsstelle für Fahreignung (BfF) unterziehen, mit dem Ziel, die Bedenken der Fahrerlaubnisbehörde auszuräumen oder die Auflagen des Gerichts zu erfüllen, um anschließend seine Fahrerlaubnis wiedererlangen zu können. Hauptsächlich Auffälligkeiten in Verbindung mit Alkohol und in den letzten Jahren auch mit illegalen Drogen führen zur MPU. Andere Anlässe wie die Prüfung der Kompensation von Einschränkungen treten relativ selten auf. Der größte Teil der Verkehrsps. arbeitet im MPU-Bereich; es existiert meistens die Notwendigkeit einer amtlichen Anerkennung. Wesentliche Instrumente der MPU sind – hauptsächlich anlassbezogen auszuwählen – Funktionsprüfungen, biografische Fragekataloge und Exploration. Außenkriterien werden in der Legalbewährung (Dauer der späteren Unauffälligkeit) gesucht. Als Ergebnis einer MPU kann empfohlen werden, z. B. an einer *Nachschulung* oder einem Aufbauseminar teilzunehmen. *W. Echterhoff*

Medulla oblongata [lat.], [**BIO**], das verlängerte Rückenmark. *Gehirn*, *Rückenmark*.

Mefenorex [engl. *mefenorex*], [**PHA**], chemische Substanz aus der Gruppe der *Appetitzügler*, Wirkungsmechanismus über Beeinflussung des *adrenergen* Systems. Fox 1992.

Megalomanie [engl. *megalomania*; gr. μεγάλη (megale) groß, μανία (mania) Wahnsinn], [**KLI**], Größenwahn, krankhafte Überschätzung der eigenen Person. *Wahnhafte Störung*.

Mehrdeutigkeit, Prinzip der [engl. *principle of ambiguity*], *Interpretation*.

Test Mehrdimensionaler Befindlichkeitsfragebogen (MDBF), 1997, R. Steyer, P. Schwenkmezger, P. Notz & M. Eid, [www.testzentrale.de], [**DIA, GES**]. Medizinpsychol. Verfahren. AA Jugendliche und Erwachsene. 24 Items mit fünfstufiger Antwortskala messen die akt. psych. Verfassung. Drei Skalen, die in jeweils zwei parallele Testhälften unterteilt werden können, erfassen: *gute-schlechte Stimmung*, *Wachheit-Müdigkeit* und *Ruhe-Unruhe*. Innere Konsistenz der Subtests (Cronbachs Alpha) zw. $r = .66$ und $r = .92$. Retest-Reliabilität zw. $r = .69$ und $r = .86$. PC-Version vorhanden. *Normierung*: Als Orientierung können Mittelwerte und Standardabweichungen der MDBF-Skalen herangezogen werden. Bearbeitungsdauer: bei der Langform etwa 4 bis 8 Min., bei der Kurzform etwa 3 bis 6 Min.

Test Mehrdimensionaler Persönlichkeitstest für Erwachsene (MPT-E), 1981, H. Schmidt, [www.testzentrale.de], [**DIA, PER**]. Mehrdimensionaler Persönlichkeitstest. AA ab 18 Jahren. Der MPT-E gibt Auskünfte über charakteristische Verhaltensmerkmale eines Menschen wie z. B. emotionale Stabilität, Rigidität, Risikobereitschaft oder Antriebsspannung. Der Test wurde mit sechs Dimensionen und einer Kontrollskala für die betriebliche Praxis entwickelt. Interne Konsistenz nach Kuder-Richardson zwischen $r = .45$ und $r = .83$. Es liegen Korrelationen mit anderen Leistungstests vor. *Normierung*: an $N = 520$ Personen, es liegen *T*-Werte und Prozentränge vor. Bearbeitungsdauer: 30 Min.

Test Mehrdimensionaler Persönlichkeitstest für Jugendliche (MPT-J), 1981, H. Schmidt, [www.testzentrale.de], [**DIA, PER**]. Objektiver Persönlichkeitstest. AA von 14 bis 18 Jahren. Der Test dient als Ratgeber in Bildungs- und Berufsberatung. Er erfasst wichtige Verhaltensmerkmale wie emotionale Stabilität, Leistungsmotiviertheit, Aggressivität oder Kontaktverhalten und liegt auch in computerunterstützter Fassung vor. Interne Konsistenz nach Kuder-Richardson zwischen $r = .41$ und $r = .86$, Testhalbierungsreliabilität nach Spearman-Brown zwischen $r = .48$ und $r = .86$. *Normierung*: $N = 230$ Mädchen und $N = 404$ Jungen zwischen 14 und 18 Jahren, *T*-Werte und Prozentränge liegen vor. Bearbeitungsdauer: 30 Min.

mehrdimensionale Skalierung *multidimensionale Skalierung*.

Mehrebenenanalyse (= M.) [engl. *multilevel analysis*], syn. *hierarchische lineare Modelle, Mehrebenenregression, Gemischte Modelle*, [**FSE**], die M. ermöglicht die Analyse stat. Daten, wenn die Individuen der Stichprobe natürlichen Gruppen angehören und davon ausgegangen werden muss, dass die Gruppenzugehörigkeit einen Einfluss auf die indiv. Merkmalsausprägungen hat. In diesem Fall müssen die Daten als hierarchisch geschachtelt modelliert werden, da die Gruppenzugehörigkeit (bzw. Clusterzugehörigkeit) z. B. dazu führen kann, dass Individuen innerhalb einer Gruppe eine höhere Homogenität (geringere *Varianz*) und Individuen versch. Gruppen eine höhere Heterogenität aufweisen, als dies bei reinen Zufallsstichproben der Fall wäre. Bsp.: Schüler (Mitarbeiter/Patienten/Einwohner; Ebene 1) einer Klasse (eines Unternehmens, einer Station, eines Orts; Ebene 2) zeigen systematisch ähnlichere Merkmalsausprägungen, weil sie von derselben Lehrkraft unterrichtet werden (demselben Abteilungsleiter unterstellt sind/vom selben Personal behandelt werden/in derselben Umgebung leben). Sind die Cluster der Ebene 3 wieder Cluster einer höheren Ebene 2 eindeutig zugeordnet (z. B. Schule, Unternehmen, Krankenhaus, Landkreis), so müsste diese i. R. einer M. ebenfalls berücksichtigt werden (*Drei-Ebenen-Struktur*). Um eine M. durchführen zu können, muss die entspr. Gruppenzugehörigkeit bekannt sein.

Verfahren der klass. Statistik (z. B. *Regressionsanalyse, Varianzanalyse*) beruhen auf der in der in diesen Bsp. nicht begründeten Annahme einer echten Zufalls*stichprobe*, die die Unabhängigkeit der Stichprobenmitglieder erfordert. Wird die hierarchische oder geclusterte Datenstruktur (*Mehrebenenstruktur*) nicht berücksichtigt, so können insbes. folg. Probleme resultieren: (1) erhöhte Wahrscheinlichkeit eines stat. Fehlschlusses (Alpha-Fehler-Inflation) aufgrund invalider Schätzungen (i. d. R. Unterschätzungen) der *Standardfehler*, (2) *ökologischer Fehlschluss*.

Bei der M. wird stets ein Merkmal der untersten Datenebene als *abhängige Variable* modelliert (z. B. Schülerleistung/Mitarbeiter-/Pat.zufriedenheit/indiv. Lebensqualität). Als Prädiktoren können Merkmale aller Analyseebenen verwendet werden, z. B. Motivation der Schüler (Ebene 1), didaktische Kompetenz der Lehrkraft (Ebene 2), Schulklima (Ebene 3). I. R. einer M. können versch. Modelle def. und geschätzt werden, die die Testung unterschiedlicher Hypothesen erlauben. Dabei können Prädiktoreffekte auf Ebene 1 insbes. als feste Effekte [engl. *fixed effects*] oder zufällige Effekte [engl. *random effects*] modelliert werden: Werden die *Regressionsgewichte* zur Vorhersage der Schülerleistung durch die Schülermotivation als feste Effekte [bzw. zufällige Effekte] definiert, so bedeutet dies, dass sich die Gewichte zw. den Schulklassen nicht unterscheiden bzw. dass diese zw. den Schulklassen variieren. Im Falle einer Zwei-Ebenen-Datenstruktur sind folg. Modellvarianten testbar:

Modell (1): Modell zur Bestimmung ebenenspezifischer Varianzanteile (Leermodell bzw. intercept-only model, baseline model, one-way-ANOVA with random effects): Es wird angenommen, dass sich lediglich die Mittelwerte der Gruppen (z. B. Schulklassen) unterscheiden. Es wird also keine Prädiktorvariable im Modell berücksichtigt. Dieses Modell dient der Bestimmung der Varianzen der abhängigen Variablen auf Ebene 1 (Schüler) und Ebene 2 (Klasse). Aus diesen Informationen kann die *Intraklassenkorrelation* (ICC) berechnet werden. Die ICC gibt an, welcher Anteil der Merkmalsvarianz auf Gruppenebene lokalisiert ist: z. B. x Prozent der Varianz der Schülerleistungen sind durch Unterschiede zwischen den Schulklassen erklärbar. Ab einer ICC von 0.1 ist mit einer gravierenden Inflation der Alpha-Fehler-Wahrscheinlichkeit zu rechnen (*Fehler erster Art*).

Modell (2): Modell zur Bestimmung von Gruppenunterschieden und des Vorhersagewerts von Individualmerkmalen (Modell mit einem festen Ebene-1-Effekt bzw. random-intercept model, einfaktorielle Kovarianzanalyse mit Zufallseffekten): Es wird angenommen, dass ein Prädiktor auf Ebene 1 (Schülermotivation) die abhängige Variable (Schülerleistung) vorhersagt. Simultan wird geprüft, ob sich eine signifikante Varianz der Mittelwerte zw. den Clustern (Schulklassen) ergibt: Dieses Prüfung hat den Vorteil gegenüber einer klassischen *Kovarianzanalyse*, dass die Signifikanztestung trotz geclusterter Datenstruktur korrekt erfolgen kann.

Modell (3): Modell zur Bestimmung von Gruppenunterschieden und des Vorhersagewerts gruppenspezifischer Individualmerkmale (Modell mit einem zufälligen Ebene-1-Effekt bzw. random-coefficients model): Es wird angenommen, dass sowohl die y-Achsenschnittpunkte als auch die Steigungen der Regressionsgeraden zw. den Clustern variieren. Grundlegendes Prinzip des *Random-Coefficient-Modells* ist hierbei, dass die Zusammenhänge einer unteren Ebene für alle Gruppen der nächsthöheren Ebene separat modelliert werden: Der Vorhersagewert der Schülermotivation für die Schülerleistung wird also klassenspezifisch betrachtet, da sich für jede Klasse ein anderer Zusammenhang ergeben kann. Unterscheidet sich die Vorhersagekraft des Prädiktors Schülermotivation für das Kriterium Schülerleistung zw. den Schulklassen, so würde sich dies in einer signifikanten Varianz der Regressionssteigung (*random slopes*) widerspiegeln.

Modell (4): Modell zur Vorhersage von Gruppenmittelwerten durch ein Gruppenmerkmal (Modell mit einem Ebene-2-Effekt bzw. means-as-outcomes model): Statt einem Prädiktor auf Ebene 1 wird hier ein Ebene-2-Prädiktor (z. B. didaktische Kompetenz der Lehrkraft) geprüft. Dabei wird getestet, ob sich die Mittelwertsunterschiede (z. B. Mittelwerte der Schülerleistungen der Schulklassen) zw. den Klassen durch den Ebene-2-Prädiktor systematisch vorhersagen lassen.

Modell (5): Modell zur simultanen Bestimmung des Vorhersagewerts von Individual- und Gruppenmerkmalen sowie deren Interaktion (Modell mit einem zufälligen Ebene-1-Effekt und einem Ebene-2-Effekt (bzw. intercepts and slopes-as-outcomes model): Es wird sowohl ein Ebene-1-Prädiktor (z. B. Schülermotivation) als auch ein Ebene-2-Prädiktor (z. B. didaktische Kompetenz der Lehrkraft) modelliert. Hierdurch kann simultan der Vorhersagewert des Ebene-1-Prädiktors (Schülermotivation: Ebene-1-Prädiktion), des Ebene-2-Prädiktors (didaktische Kompetenz der Lehrkraft) und der Interaktion des Ebene-1- und Ebene-2-Prädiktors (*cross-level interaction*) modelliert werden. Eine Cross-Level-Interaktion würde vorliegen, wenn sich in Abhängigkeit von der didaktischen Kompetenz der Lehrkraft der Vorhersagewert der Schülerleistung auf die Lernleistung unterscheiden würde: Die Prädiktionskraft des Ebene-1-Prädiktors würde also mit der Ausprägung des Ebene-2-Prädiktors in Zusammenhang stehen. Bei der simultanen Berücksichtigung von Ebene-1- und Ebene-2-Information müssen insbes. Methoden der *Zentrierung* und mögliche *Kontexteffekte* angemessen berücksichtigt werden.

Diese Modelle sollten i. d. R. schrittweise geprüft werden: Nur wenn in einem früherem Schritt ein hinreichender Varianzanteil (*Varianzaufklärung*) in der abhängigen Variablen unerklärt bleibt, sollten in den Folgemodellen zusätzliche Vorhersageeffekte geprüft werden. Dies wird insbes. empfohlen, da höhere Modellebenen die Schätzung zusätzlicher Parameter erfordert, sodass (1) das Gebot des ökonomischen Einsatzes stat. Hypothesenprüfungen verletzt wird und (2) Unsicherheiten in den Parameterschätzungen resultieren können. Als Grundregel für den Stichprobenumfang kann gelten, dass mind. 30 Einheiten pro Ebene (also jeweils 30 Schüler in 30 Klassen) für die solide Parameterschätzung vorliegen sollten. Die Unterschreitung dieser Empfehlung ist eher auf Ebene 1 zulässig. Zur Prüfung einer Cross-Level-Interaktion sollten eher mind. 50 Ebene-2-Einheiten angestrebt werden. Die Parameter werden mittels der *Maximum-Likelihood-Methode* (ML; bzw. Restricted-Maximum-Likelihood-Methode; RML) geschätzt. Die Mehrebenenregressionsanalyse kann bspw. mittels der Software HLM [http://www.ssicentral.com/hlm/] durchgeführt werden. Das Programm Mplus ermöglicht zusätzlich die Integration latenter Variablen (*Variable, latente*). *Statistische Datenanalyseverfahren*. Eid et al. 2013, Hox 2002.

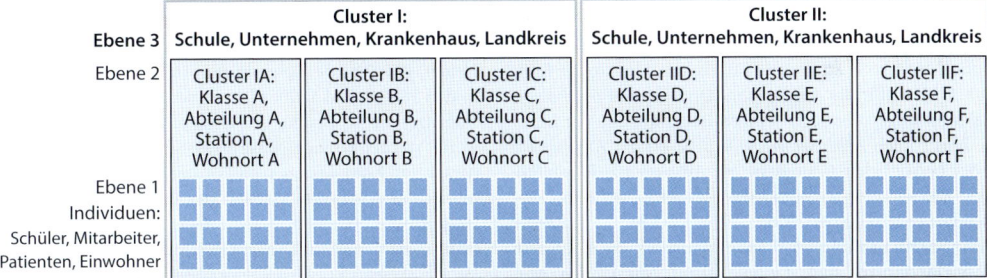

Mehrebenenanalyse: Mehrebenendatenstruktur, bei der die Elemente einer niedrigeren Ebene eindeutig einer Gruppierungseinheit der höheren Ebene zugeordnet sind: Ebene 1 = Individuen; Ebene 2 = natürliche Gruppen; Ebene 2: übergeordnete natürliche Gruppen.

	Mittelwertsvergleich zwischen d. Gruppen	Gruppeninvariante Vorhersage d. AV durch Ebene-1-Merkmal	Gruppenspezifische Vorhersage d. AV durch Ebene-1-Merkmal	Gruppeninvariante Vorhersage der Gruppenmittelwerte durch Ebene-2-Merkmal	Interaktion zwischen Ebene-1-Prädiktor und Ebene-2-Prädiktor
	Hypothese: Es bestehen Leistungsunterschiede zwischen Schulklassen	Hypothese: Schülermotivation sagt Leistung vorher in allen Klassen gleichermaßen	Hypothese: Schülermotivation sagt Leistung vorher klassenspezifisch	Hypothese: Didaktische Kompetenz der Lehrkraft sagt durchschnittliche Klassenleistung vorher	Hypothese: Der Vorhersagewert d. Schülermotivation hängt mit d. didaktischen Kompetenz d. Lehrkraft zusammen
Modell (1) intercept-only-m.	X				
Modell (2) random-intercept-m.	X	X			
Modell (3) random-coefficients-m.	X		X		
Modell (4) means-as-outcomes-m.	X			X	
Modell (5) intercepts-and-slopes-as-outcomes-m.	X		X	X	X

Mehrebenenanalyse: Testmodelle bei jeweils einem Ebene-1- und Ebene-2-Prädiktor.

Mehrfachbeschäftigung (= M.) [engl. *multiple jobholding, portfolio working*], [**AO**], bei M. arbeiten Personen gleichzeitig in zwei oder mehr Beschäftigungsverhältnissen, die sich ggf. nach Dauer und Umfang der Beschäftigungen, Art der Beschäftigungsverhältnisse (angestellt, selbstständig) oder Berufen unterscheiden. Dies führt zu großer Heterogenität der Mehrfachbeschäftigten. M. ist in best. Berufsgruppen weit verbreitet (z. B. Schauspieler, Dozenten, Landwirte) oder häufig anzutreffen (z. B. Psychologen). Manche Mehrfachbeschäftigten führen neben einer Hauptbeschäftigung weitere Nebenbeschäftigungen, andere üben gleichwertige Beschäftigungsverhältnisse aus. M. betrifft – in Abhängigkeit von der Wirtschaftslage – 5 bis 10 % der Erwerbstätigen und ist häufiger in qualifizierten Berufen zu finden. Die Beschäftigungen können sich gegenseitig ergänzen oder bereichern, aber auch in Konkurrenz um persönliche Ressourcen stehen. Für M. werden zum einen materielle Gründe genannt wie z. B. die fehlende Möglichkeit einer Vollbeschäftigung in einem Beruf, das zusätzliche Einkommen oder der Übergang bei beginnender Selbstständigkeit. Zum anderen werden nicht materielle Gründe angegeben wie z. B. die Bereicherung durch das Portfolio der Tätigkeiten oder soziale Kontakte. M. ist für die *Arbeits- und Organisationspsychologie* relevant wegen der gegenseitigen Beeinflussung der Berufe hinsichtlich *Arbeitszufriedenheit*, *Stress am Arbeitsplatz* oder persönlicher *Ressourcen am Arbeitsplatz*. *Flexibilität von Beschäftigungsverhältnissen*. Raeder et al. 2009, Hirschenauer & Wießner 2006. *S. Raeder*

Mehrfachhandlung [engl. *multiple action*], *Reaktionszeit*.

Mehrfachnorm [engl. *multiple norm*], *Normskalen, Normenskalen*.

Mehrfachwahlantwort *Multiple-Choice-Antwortformat*.

^Test^**Mehrfachwahl-Wortschatz-Intelligenztest (MWT-B)**, 2005, S. Lehrl, [www.testzentrale.de], [**DIA, KOG**]. Verfahren zur Messung des allg. Intelligenzniveaus. AA 20–65 Jahre. Der MWT-B dient zur Messung des allg. Intelligenzniveaus (*Intelligenz*) nach einem einfachen und zuverlässigen Schema mittels verbalem Material. Insbes. wurde Wert darauf gelegt, dass situative Belastungen und Störeinflüsse innerhalb best. Grenzen das Testergebnis nicht beeinflussen. Die einfache und schnelle Durchführung ermöglicht die Abnahme durch Hilfspersonen und erleichtert Gruppentests. Bearbeitungsdauer: 4 bis 6 Min.

Mehr-Speicher-Modelle des Gedächtnisses [engl. *multi-store model of memory*], *Gedächtnis*.

Mehrstufenauswahl [engl. *multi-stage selection procedure*], *Stichprobe*.

Meili, Richard (1900–1991), [**DIA, FSE, HIS, PER**], nach einem Studienbeginn zum Bauingenieur an der ETH Zürich wechselte Meili zur Ps. und Pädagogik, studierte u. a. in Berlin, wo er von *Spranger* begeistert war, mit *Rupp, Lewin* und anderen zus.arbeitete und 1926 bei *Köhler* mit einer Arbeit über das Ordnen von Gegenständen promovierte. Meili war dann Assistent bei Eduard Claparède in Genf (*Genfer Schule*), wo er sich 1931 habilitierte, wurde nach praktischen Tätigkeiten 1949 in Bern Prof. für Ps. und deren Anwendungen. Meili hat zur *Faktorenanalyse* geforscht, einen eigenen Intelligenztest (AIT) entwickelt und über *Diagnostik* und Charakterentwicklung publiziert. Ebenso war er ein bekannter Lehrbuchautor. Meili 1972. *H. E. Lück*

Meinong, Alexius Freiherr v. H. (eigentlich Alexius Freiherr von Handschuchsheim bzw. Alexius Ritter von Handschuchsheim; Meinong verzichtete auf die Führung des Adelstitels), (1853–1920), [**HIS, WA**], österreichischer Philosoph, Begründer der Grazer Schule der *Gestaltpsychologie* (*Österreichische Schule, Grazer Schule*). Geb. in Lemberg (heute Lwiw, Ukraine), aufgewachsen in Wien, Studium der Geschichte und Philosophie in Wien, Promotion über Arnold von Brescia, Schüler Carl Mengers und Franz Brentanos, 1878 Habilitation mit «Hume-Studien I: Zur Geschichte und Kritik des modernen Nominalismus», 1882 Berufung auf ein Extraordinariat an die Karl-Franzens-Universität in Graz, dort 1889 Ernennung zum o. Prof. 1886/87 hielt Meinong erste exp. psychol. Übungen ab und richtete 1894 das erste exp. psychol. Laboratorium in Österreich ein. Zu seinen Schülern gehörten *Christian von Ehrenfels*, Alois Höfler, Stephan Witasek, *Vittorio Benussi*, Ferdinand Weinhandl und *Fritz Heider*. 1916 wurde Meinong zum Hofrat ernannt. Bereits in den 1880er und 1890er Jahren veröffentlichte Meinong Aufsätze, die als Beginn der Gestalttheorie in der Ps. bewertet werden (Boudewijnse 1999, Smith 1988). Meinong sprach von Komplexionen als Gesamtheiten der Wahrnehmung, die durch die Aktivität des Betrachters entstehen (sog. Produktionstheorie, die i. Ggs. zur späteren Frankfurter/Berliner Schule der Gestaltps. stand). Meinong 1921. *H. E. Lück*

Meinungsbefragung, Meinungsforschung (= M.), [**DIA, FSE, SOZ**], Analyse des Entstehens, Wachsens und des Wandels der in der öffentlichen Meinung sich ausprägenden Hauptströmungen. Der Gegenstand der M. [engl. *public opinion research*] ist vielseitig entspr. der Vielgestalt der Felder, auf denen sich die öffentliche Meinung auswirkt. Ihren Ausgang nahm die moderne M. mit der Entwicklung einer eigenen Methode und Technik der Befragung [engl. *poll, survey, sondage*], die in den USA an den Namen G. Gallup anknüpft. Seine Methode hat zahllose Nachfolger gefunden. Grundlage des Verfahrens ist jeweils ein *Miniaturmodell* der öffentlichen Meinung, indem aus allen Schichten, aus Städten versch. Größe und mit versch. Industrie, aus Landbezirken usw. eine best. Zahl repräsentativer Personen befragt wird (*Repräsentativbefragung*, *Stichprobe*). Die Methode findet heute auf allen Gebieten des öffentlichen Lebens, der Politik und Wirtschaft (auch unter den Bez. Demoskopie und Doxologie) Anwendung. Man gewinnt damit auch Hinweise für die Beeinflussung der öffentlichen Meinung. Übergänge zu den Public Relations sind deutlich.

Bei der Durchführung von Meinungsbefragungen können sechs Stadien und ihre besondere Problematik unterschieden werden: (1) Aus den Programmfragen der Auftraggeber oder der Themenstellung sind Interviewfragen zu erstellen, die den zunehmend höheren wiss. Forderungen an das *Interview* gerecht werden; (2) Bei der Herstellung des

Fragebogens (*Fragebogen*) müssen die vielfältigen Auswirkungen der Fragen untereinander berücksichtigt werden; (3) Die Erstellung der *Stichprobe* muss den Erwartungen an Genauigkeit und Aufwand und ihrer vertretbaren Beziehung besonders im Hinblick auf die verwendeten Auswahlverfahren (Quota, Random) Rechnung tragen; (4) Die Durchführung der Feldarbeit erfordert die angemessene Schulung der Interviewer sowie die Organisation und Kontrolle ihres Einsatzes; (5) Die Aufbereitung der gewonnenen Daten setzt eine zumeist für Datenverarbeitungsanlagen notwendige Verschlüsselung und Auswertungsform voraus; (6) Bei der Berichterstattung sind die deskriptions- und inferenzstat. Analyse (*Statistik*) und die Diskussion der Ergebnisse in einem Gutachten zu unterscheiden. *Datenerhebungsverfahren*. Gallup 1948, Kaase 1999.

Meinungsbildung [engl. *opinion formation*], *Zwei-Stufen-Fluss der Kommunikation*.

Meinungsführer [engl. *opinion leader*], [**SOZ**], Personen, die aus der Massenkommunikation (*Kommunikation*) viele Aussagen aufnehmen und an weniger aktive Benutzer dieser Quellen persönlich weitergeben. Ein solcher Fluss der Informationen in zwei Schritten wird auch *Zweistufentheorie der Massenkommunikation* (*Zwei-Stufen-Fluss der Kommunikation*) genannt; sie ist von Lazarsfeld u. a. entwickelt und von Rogers zum *Mehrstufen-Fluss-Modell* ausgebaut worden. Eurich 1976, Graumann 1972.

Meiose [engl. *meiosis*; gr. μειόειν (*meioein*) verkleinern], [**BIO**], auch Reifeteilung oder Reduktionsteilung. Kernteilung bei der Bildung von *Gameten*; in zwei aufeinanderfolgenden Teilungsschritten entstehen aus einer *diploiden* Zelle vier *haploide* Gameten. *Mitose*.

Meissner'sche Körper [engl. *Meissner's/tactile corpuscles*], nach G. Meissner (1829-1905), [**BIO, WA**], Endorgane sensibler *Nerven* in den Tastkörpern der Haut zur Vermittlung des Tastgefühls. Auch *Wagner'sche Körper* genannt. *Mechanorezeption*, *Hautsinne*.

Melancholie [engl. *melancholy*; gr. μέλας (*melas*) schwarz; χολή (*chole*) Galle], [**EM**], ein schon in der antiken Anschauung über die *Temperamente* und Körpersäfte (Hippokrates, Galen) beschriebener Gemütszustand der schwermütigen Verstimmung. *Depression*. Hippius & Selbach 1969, Tellenbach 1976.

Melanozyten stimulierendes Hormon (= MSH) [engl. *melanocytes stimulating hormone*], auch Melanotropine, [**BIO**], Gruppe von Pepdidhormonen (α-MSH, β-MSH, γ-MSH), die im Zw.lappen der Hypophyse und im Hypothalamus gebildet werden. Melanotropine und das Melanocortin Adrenocorticotropin (ACTH) werden aus dem Protein Proopiomelanocortin (POMC) freigesetzt. Die versch. MSH entfalten unterschiedliche biol. Wirkungen (Hautpigmentierung durch Stimulation von Melanozyten, Regulation und Hunger und Sexualtrieb). *Hormone*. G. Gründer

Melatonin (= M.) [engl. *melatonin*], [**PHA**], ein aus *Serotonin* gebildetes *Hormon* der Epiphyse, das der natürliche *Melatonin-Agonist* ist und dessen Produktion durch Licht gehemmt wird. M. spielt eine Rolle bei der Adaption an zirkadiane Rhythmen. M. wirkt antagonistisch zu dem die Pigment(Melanin)bildung der Haut fördernden Melanozyten stimulierenden Hormon (MSH). Exogenes M., das leicht die *Blut-Hirn-Schranke* überwindet, wird bei der Behandlung des Jetlags eingesetzt. Es ist zur kurzfristigen Behandlung von *Schlafstörungen* bei Pat. über 55 Jahren zugelassen. Eine dem M. ähnliche chemische Struktur besitzt die Substanz *Agomelatin*. Sie gehört zu den M.-Agonisten, einem neuen Typ von *Antidepressiva*. H. Himmerich

Melatonin-Agonist (= M.) [engl. *melatonin (receptor) agonist*], [**PHA**], Substanz, die aktivierend auf die Funktion von Melatoninrezeptoren wirkt. Endogener M. ist das Epiphysenhormon *Melatonin*. Ein chemisch ähnlicher M. ist das *Agomelatin*, das zur psychopharmakol. Gruppe der *Antidepressiva* gehört.

MELBA *Merkmalprofil zur Eingliederung Leistungsgewandelter und Behinderter in Arbeit*.

Meliorationsprinzip (= M.) [engl. *melioration principle, melioration*; lat. *meliorare* verbessern], [**EM, KOG, WIR**], als M. bez. Herrnstein & Vaughn (1980) die Tendenz, diejenige Alternative aus einem Set von Alternativen zu wählen, die momentan den höheren *Wert* (*Nutzen* bzw. *Verstärkung*) verspricht, ungeachtet der Alternative oder der Kombination von Alternativen, die über die Zeit den Gesamtnutzen maximieren würde (*Entscheiden, Entscheidungstheorie*). Bei der Wahl wird nur der momentane Nutzen berücksichtigt, nicht aber die Auswirkung auf zukünftigen Nutzen. Es wird die Alternative, die aktuell den größten Wert hat bzw. den größten Nutzen verspricht, gewählt. Wahlverhalten, das dem M. folgt, ist aus ökonomisch-rationaler Perspektive suboptimal und widerspricht dem *Maximierungsprinzip*. Es kann jedoch als partielle Maximierung interpretiert werden, bei der indirekte Effekte ignoriert oder untergewichtet werden. Ist der Wert der möglichen Alternativen monetär definiert und der Unterschied zw. den Alternativen groß, dann folgt das Wahlverhalten dem Maximierungsprinzip. Ist der Wert durch eine Zeitkomponente oder durch abstrakte Werte definiert oder ist der Wertunterschied zw. den Alternativen gering, dann folgt das Wahlverhalten dem M. (Herrnstein et al. 1993). Das M. basiert auf dem Gesetz der Wirkung (Effektgesetz, *Gesetz des Effekts*) und konnte sowohl bei Tieren als auch bei Menschen empirisch nachgewiesen werden. Ursachen für M. sind sowohl motivationale (z. B. *Selbstkontrolle*, Zeitpräferenz) als auch kogn. Prozesse (z. B. begrenzte Informationsverarbeitungskapazität; *Informationsverarbeitung*). E. Kirchler/J. Stark

Melisse [engl. *melissa*], Zitronenmelisse [*Melissa officinalis*], [**PHA**], traditionelle Arzneipflanze aus dem östlichen Mittelmeerraum. Vor allem die Blätter werden in Arzneimitteln verwendet, denen beruhigende und schlafanstoßende Wirkungen zugeschrieben werden.

Mellinghoff'sche Täuschung [engl. *Mellinghoff's figure*], [**WA**], werden zwei horizontale, nah gelagerte Parallelen gezeichnet und in einem Mittelstück unterbrochen, so erscheinen in Richtung der unteren Parallele gesetzte Punkte nach oben verschoben. *geometrisch-optische Täuschung*.

Melperon [engl. *melperon*], **[PHA]**, *Psychopharmakon* aus der Gruppe der *Antipsychotika* vom Typ der *Butyrophenone*. Relativ niedrige Affinität zum D2-*Dopaminrezeptor*, schwächere antipsychotische Wirkung. Schlafanstoßend, wenig *anticholinerge Nebenwirkungen*, deshalb auch bei geriatrischen Pat. therap. eingesetzt. Die Wirkung wird über das *Serotoninsystem* (5-HT2-Rezeptoren) und *Dopaminsystem* (Blockade der D2-Rezeptoren) vermittelt. Kurze Wirkungsdauer von wenigen Std. (*Eliminationshalbwertszeit* ca. 3 Std.). Bei Gesunden bereits in niedrigen Dosierungen sedierende Effekte. W. Janke

Memantin (= M.) [engl. *memantine*], **[PHA]**, Arzneimittel mit neuroprotektiver Wirkung bei Neuronenschädigungen, etwa durch neurotoxische Stoffe oder durch neurodegenerative Krankheiten. Zugelassen zur Behandlung der mittelschweren bis schweren *Demenz* vom *Alzheimer*-Typ. Der Wirkungsmechanismus von M. ist über seine Funktion als *NMDA*-Rezeptorantagonist zu verstehen, womit eine Verhinderung neurotoxischer Einflüsse durch *Glutamat* erzielt wird. Kornhuber & Streifler 1992. W. Janke

memorieren [engl. *memorize*; lat. *memorare* erinnern], **[KOG]**, mechanisch auswendig lernen, Wort-für-Wort-Lernen [engl. *rote learning*]. *Gedächtnis*.

Memory-Drum-Theorie (= M.) [engl. *memory* Gedächtnis, *drum* Trommel], **[KOG]**, einfache Theorie zur Abhängigkeit der *Reaktionszeit* von Bewegungsmerkmalen (Henry & Rogers 1960). Bei komplexeren Bewegungen (*Motorik*) ist die Reaktionszeit nach der M. verlängert, weil ein komplexeres Programm aus einem «neuromotorischen *Gedächtnis*» bereit gestellt werden muss; es wird eine Analogie zum Laden unterschiedlich langer Programme aus einem peripheren Speicher (Trommelspeicher) in den Arbeitsspeicher eines Computers gezogen. H. Heuer

Mendel'sche Regeln [engl. *Mendel's laws*], **[BIO, PER]**, die von G. J. Mendel (1822-1884) 1865 ohne Kenntnis der intrazellulären Vorgänge empirisch entdeckten Vererbungsregeln. (1) *Uniformitätsgesetz*: Werden zwei sich in einem Merkmal unterscheidende, in Bezug auf dieses Merkmal jedoch homozygote Individuen miteinander gekreuzt, so zeigen die Nachkommen der 1. Bastardgeneration alle die gleiche Ausprägung dieses Merkmals. (2) *Spaltungsgesetz*: In der 2. Bastardgeneration treten 2 bzw. 3 versch. Ausprägungen dieses Merkmals auf (je nachdem ob der Erbgang dominant, rezessiv oder intermediär ist). Die in der 1. Bastardgeneration verdeckten Merkmalsausprägungen der Ausgangsgeneration treten wieder zutage. (3) *Gesetz der freien Kombination der Gene*: Bei einer in mehreren Merkmalen versch. Ausgangsgeneration werden die Merkmale unabhängig voneinander kombiniert (Ausnahme: Merkmale, deren Gene auf dem gleichen Chromosom lokalisiert sind, werden gekoppelt vererbt). *Erblichkeit*, *Genetik*, *Verhaltensgenetik*.

Mengeninvarianz [engl. *quantitative invariance*; lat. *in-un*, *variare* verändern], *konkret-operatorische Entwicklungsstufe*.

Meningitis [engl. *meningitis*], Entzündung der Hirn- oder Rückenmarkshäute. *Enzephalitis*.

Mensch-Computer-Interaktion (= M.) [engl. *human-computer interaction*], **[AO, MD]**, ist ein interdisziplinäres Forschungs- und Anwendungsgebiet, in dessen Mittelpunkt die Untersuchung der Wechselwirkungen zw. Mensch und Computer (Hardware und Software) steht. Erkenntnisse aus unterschiedlichen Wissensgebieten, wie Informatik, Ps., *Arbeitswissenschaft* und neuerdings verstärkt auch Grafikdesign werden zur Gestaltung nutzergerechter Computersysteme herangezogen (vgl auch *Softwareergonomie*). In den 1970er Jahren stand zunächst die Auseinandersetzung mit Hardwarekomponenten im Vordergrund. Dabei ging es in erster Linie um die Gestaltung von Ein- und Ausgabemedien wie Bildschirm, Tastatur, Maus, Joysticks oder später Touchscreens. Im Laufe der Zeit haben sich die Schwerpunkte verändert. In den 1980er-Jahren wurde die Entwicklung des Gebiets deutlich durch die Auseinandersetzung mit Fragen menschlicher Informationsverarbeitung und Kognition als Ausgangspunkt für die Gestaltung der Mensch-Computer-Schnittstelle geprägt. Hierzu zählen insbes. die Arbeiten von Card et al. 1983, die sich auf die Formulierung und Überprüfung eines allg. Modells menschlicher *Informationsverarbeitung* zur Vorhersage und Erfassung von Ausführungszeiten als auch der Modellierung kogn. Prozesse richtet, um auf dieser Grundlage Gestaltungshinweise für Softwaresysteme zu formulieren. Der Ansatz von Card, Moran & Newell und allg., die Vorstellung, i. R. der M. umfassendes allg. psychol. Theoriengefüge als Grundlage für die Gestaltung von Computer- und Softwaresystemen erarbeiten zu können, hat umfassende Kritik erfahren (Carroll & Campbell 1986, Greif & Gediga 1987, Carroll 1989). Dagegen haben, zus.gefasst unter dem Begriff des *Usability Engineerings*, Entwicklungsmodelle, die die Realisierung «gebrauchstauglicher» Software (ISO 9241 Teil 11 1999) durch den Einsatz von Methoden der *Anforderungsanalyse*, beteiligungsorientierter Gestaltung und der Systemevaluation ermöglichen sollen (Nielsen 1994, ISO 13407 1999), an Bedeutung gewonnen. Neben der Gestaltung von Ein- und Ausgabemöglichkeiten durch Auswahlmenüs, Kommandosprachen oder natürliche Sprache sowie damit verbundene Unterstützungs- und Hilfesysteme, können, ohne Anspruch auf Vollständigkeit, als weitere Themen der M. die Erforschung interindividueller Unterschiede, der Einfluss von Expertise, Alter oder Geschlecht auf die M., aber auch die Entwicklung von Modellen und Werkzeugen für Design und Entwicklung von Softwaresystemen oder die Auseinandersetzung mit Fragen der *Künstlichen Intelligenz* und der *Virtuellen Realität* genannt werden. *Arbeitspsychologie*, *Mensch-Maschine-System*. Helander et al. 1997, Shneiderman 1992. K.-C. Hamborg

Menschenbilder (= M.) [engl. *assumptions about human nature, concepts of man, models of man*], **[PER, PHI, SOZ]**, die Gesamtheit der Annahmen, *Einstellungen* und *Überzeugungen*, was der Mensch von Natur aus ist, wie er in seinem sozialen und materiellen Umfeld lebt und welche *Werte* und Ziele sein Leben hat oder haben sollte – als *Selbstbild* (*Selbstkonzept*) und als Bild von anderen Personen oder von den Menschen i. Allg. Dieses M. wird von jedem Einzelnen entwickelt, enthält jedoch vieles, was auch für die Auffassungen anderer Personen oder größerer Gruppen und Gemeinschaften typisch ist: Traditionen der *Kultur* und *Gesellschaft*, Wertorientierungen und Antworten auf Grundfragen des Lebens. Viele der Ansichten werden sich wahrscheinlich auf einige fundamentale Überzeugungen von besonderer persönlicher Gültigkeit zurückführen lassen: aus der Erziehung und der indiv. Lebenserfahrung entstandene persönliche Konstruktionen und Interpretationen der Welt.

Durch die Ideen und die Forschungen von Kopernikus und Galilei, Marx, Darwin und Freud sind viele der traditionellen, früher selbstverständlichen Anschauungen über den Menschen tiefgreifend verändert worden. Diese *Revolutionen des Menschenbildes* werden gelegentlich als *Kränkungen* des Menschen bezeichnet, weil sie die Sonderstellung der Erde im Kosmos und die Sonderstellung des Menschen in der Welt, als Geschöpf Gottes, als eine autonome, von der Gesellschaftsstruktur oder der eigenen Triebwelt weithin unabhängige, vernünftige und sittliche Person bezweifeln lassen. Wie gegensätzlich der Mensch bestimmt werden kann, hat Diemer (1978) mit charakteristischen Zitaten demonstriert: *zoon politikon* (griech. Lebewesen in der Gemeinschaft), *animal rationale* (lat. Tier mit Vernunft), *homo faber* (lat. Handwerker), *homo ludens* (lat. spielender Mensch), *homo oeconomicus* (lat. Wirtschaftsmensch).

Wie fundamental der Streit über die notwendige Erziehung, die wahre Religion, die gültige Philosophie oder die alleinrichtige Politik – und andere Überzeugungen – sein kann, lehrt der Lebensalltag. Zu den Grundüberzeugungen gehören oft der religiöse Glaube, der Glaube an Gott als den Schöpfer des Menschen und an dessen geistige Existenz nach dem biol. Tod (Unsterblichkeit der *Seele*), Annahmen über das *Leib-Seele-Problem*, *Spiritualität*, *Willensfreiheit*, Sinn des Lebens, Prinzipien der *Ethik*, soziale Verantwortung und Orientierung z. B. an christlichen, humanistischen, demokratischen Werten. M. sind als Abbilder und als mögliche Leitbilder zu verstehen wie die von bekannten Psychotherapeuten – *Freud*, *Fromm*, *Frankl*, *Rogers* oder *Skinner* formulierten Ansichten. Im Unterschied zu solchen Konzepten, die oft nur ein best. Grundprinzip oder einen fundamentalen Ggs. behaupten, verlangt die *Differentielle Psychologie* eine breitere empirische Sicht auf die zahlreichen Facetten des M. Diese Annahmen über den Menschen bilden ein indiv. Muster mit Kernthemen und Randthemen. Ps. betrachtet ist das M. eine *subjektive Theorie*, die einen wesentlichen Teil der persönlichen *Alltagstheorien* und Weltanschauung ausmacht.

Haben die eigenen M. der Fachps., ihre phil. (metaphysischen, religiösen) Annahmen über den Menschen, Konsequenzen für die Forschung und Berufspraxis? Lawrence A. Pervin zufolge lassen die Autoren von Lehrbüchern der *Persönlichkeitspsychologie* unvermeidlich eigene Überzeugungen erkennen. Seit der Auseinandersetzung um Freuds atheistisches und pessimistisches M. wird über die Orientierung des therapeutischen Handelns diskutiert. M. können die Funktion von Leitbildern in versch. Lebensbereichen haben. Aber beeinflussen sie auch die Berufspraxis von Ärzten, *Psychotherapeuten*, Richtern?

Das indiv. M. kann in den Grundzügen durch strukturierte *Interviews* erfasst werden, einzelne Komponenten näherungsweise durch *Fragebogen*, u. a. zu den typischen Lebensformen und Wertorientierungen (Spranger, Allport), Werthaltungen (Value Survey von Rokeach), Dimensionen der menschlichen Natur (Hjelle & Ziegler), Alltags-phil. Konzeptionen (Bottenberg & Schade), Fragebogen *Philosophy of Human Nature PHN* (Wrightsman), Soziale-Axiome-Skala (Leung et al.) sowie zahlreiche Einstellungsskalen in der *Religionspsychologie*. Bevölkerungsrepräsentative *Umfragen* erkunden nicht allein soziale und politische Einstellungen, sondern Werthaltungen, Sinnfragen und religiöse Überzeugungen (insbes. die «Allgemeine Bevölkerungsumfrage der Sozialwissenschaften (ALLBUS)», deren Primärdaten vom GESIS – Leibniz-Institut für Sozialwissenschaften veröffentlicht werden. Interessante Forschungsansätze sind die kritischen Inhaltsanalysen von Lehrbüchern der Ps. und von Selbstdarstellungen bekannter Psychologen und Psychotherapeuten oder die Umfragen über die M. von Studienanfängern der Ps. Fahrenberg 2008a, Oerter 1999, Petzold 2012.   J. Fahrenberg

Menschenfeindlichkeit, gruppenbezogene; Projekt [engl. *group-focused enmity*], *Antisemitismus*.

Menschenführung (= M.) [engl. *Human Resource Management*], **[AO, PÄD]**, Gesamtheit der Aufgaben, die mit der fürsorgenden Betreuung und Beratung, mit der Arbeitsplatzzuweisung und Gruppenbildung nach Eignung und Leistung, mit der Einordnung des Einzelnen in die betriebliche Ordnung und bes. auch mit dem sog. Betriebsklima zu tun haben. Ausbildung, Anlernung und Arbeitsschulung gehören dagegen nur am Rande zur M. Seltener gebraucht ist M. als Bez. für die indiv., psychagogische (auch päd.) Betreuung, Lenkung und Beratung. *Führung*, *Führungsstil*.

Menschenkenntnis [engl. *knowledge of human nature*], **[DIA, PER]**, eher populärwiss. Konstrukt; das unmittelbare, auf einer angeborenen Fähigkeit beruhende, zudem mehr/minder durch Erfahrung steigerungsfähige und auch mit Einfühlung und Intuition vorgehende Wissen um die charakterliche Wesensart des Menschen. Vorteilhafte Fähigkeit beim Umgang mit Menschen. Volkstümliche, vorwissenschaftliche Form von Psychodiagnose. *Erfahrungsseelenkunde*, *naive Verhaltenstheorie*, *Populärpsychologie*, *Verstehen, verstehende Psychologie*.

Menschenrechte (= M.) [engl. *human rights*], **[RF, SOZ]**, sind unveräußerliche Rechte, die für alle Menschen gelten, ohne Unterschied nach Geschlecht, Hautfarbe, Religion, Sprache, politischer Überzeugung, sozialer und nationaler Herkunft. Das grundlegende Dokument ist die *Allgemeine Erklärung der M.* (AEMR) der UNO aus dem Jahre 1948 und die darauf aufbauenden Zwillingspakte, der Pakt über wirtschaftliche, soziale und kult. Rechte sowie der Pakt über bürgerliche und politische Rechte (beide 1966). Diese UN-M.-Charta wurde durch zahlreiche weitere M. verträge konkretisiert (z. B. Rechte der Frau, des Kindes, der Wanderarbeitnehmer, Übereinkommen gegen Folter).

Zudem gibt es regionale M.konventionen (z. B. die Europäische Erklärung über Grundrechte und Grundfreiheiten und die afrikanische Banjul-Charta). M. werden von der AEMR als «das von allen Völkern und Nationen zu erreichende gemeinsame Ideal» bezeichnet, ihre Verwirklichung ist zentral für die Ausgestaltung eines pos. Verständnisses von Frieden (*Friedenspsychologie*). Die AEMR besteht aus 30 Artikeln mit über 100 einzelnen Rechten. Dazu gehören zum einen bürgerliche und politische Rechte, wie z. B. Recht auf Leben, Verbot von Diskriminierung sowie Folter, Anspruch auf gerechtes und öffentliches Gerichtsverfahren, Recht auf Asyl sowie Staatsangehörigkeit, Meinungsfreiheit, regelmäßige Wahlen. Zudem beinhalten M. soziale, wirtschaftliche und kult. Rechte, wie Recht auf Arbeit, Erholung, bezahlten Urlaub, Schutz vor Arbeitslosigkeit, Recht auf Nahrung, Kleidung, Wohnung, ärztliche Versorgung sowie unentgeltlichen Grundschulunterricht. Grundprinzipien der M. sind Universalität (sie gelten für alle Menschen), Unteilbarkeit (alle M. sind bedeutsam) und Interdependenz.

Repräsentative Befragungen zu M. zeigen, dass die Verwirklichung von M. als sehr wichtig angesehen wird, gleichzeitig das Wissen über M. gering und ungenau ist. Es zeigt sich eine Halbierung von M.: Einige bürgerliche Rechte sind bekannt, wirtschaftliche und soziale Rechte werden dagegen kaum als M. angesehen (Sommer et al. 2003, Stellmacher & Sommer 2011). Diese Ergebnisse empirischer Studien verweisen auf die Notwendigkeit einer verbesserten *Menschenrechtsbildung*. Als Ursache für dieses geringe Wissen werden u. a. die Darstellung von M. in Medien (*Menschenrechte in Massenmedien*) sowie in Schulen angesehen. In Schulbüchern werden M. wenig thematisiert, konkrete M.verletzungen – auch im eigenen Land – werden kaum benannt, die Bedeutung nichtstaatlicher Organisationen für den Menschenrechtsschutz wird selten gesehen, das Weltwirtschaftssystem wird z. T. sehr kritisch diskutiert (u. a. Armut, Hunger, Kinderarbeit), aber dies wird nicht mit M. verknüpft (Druba 2006, Sommer & Stellmacher 2009).

Da M. ein pos. bewertetes Konzept sind, das Wissen über M. aber gering ist, besteht die Gefahr, dass M. ideologisch zum Aufbau von Feindbildern oder zur Legitimierung von Kriegen (*Gerechter Krieg*) missbraucht werden, indem politischen Gegnern einseitig M.verletzungen vorgeworfen werden (Sommer 2001, *Feindbilder*).

G. Sommer/J. Stellmacher

Menschenrechte in Massenmedien [engl. *human rights in mass media*], [**MD, RF, SOZ**], Medien kommt bei der gesellschaftlichen Konstruktion von Wirklichkeit, somit auch bei der Bildung politischen Bewusstseins, eine wesentliche Bedeutung zu (*Medienwirkungen*). Bei Analysen dt. Print- und Fernsehmedien ergeben sich f. Ergebnisse: *Menschenrechte* (= M.) werden pauschal benannt oder auf bürgerliche Rechte (insbes. Religions-, Meinungs-, Versammlungsfreiheit) reduziert, wirtschaftliche und soziale Rechte werden kaum erwähnt oder ihnen wird der Status eines M. abgesprochen; wegen M.verletzungen werden hauptsächlich nicht westliche Staaten kritisiert; Dt. und andere westliche Staaten werden als Hüter der M. dargestellt, ihre Rolle bei Verletzungen von M. (z. B. Einschränkung bürgerlicher Rechte beim «Kampf gegen den Terrorismus»; Unterstützung von Regimen, die M. systematisch verletzen; M.verletzungen durch Kriege; wirtschaftliche Beziehungen, die zu Armut und Arbeitslosigkeit führen), wird wenig thematisiert. Friedrich-Ebert-Stiftung in Kooperation mit Reporter ohne Grenzen und Forum Menschenrechte 2002, Sommer 2008, Sommer & Stellmacher 2009.

G. Sommer

Menschenrechtsbildung (= MB.) [engl. *human rights education*], [**PÄD, RF, SOZ**], Unterrichtung aller Menschen bzgl. ihrer Rechte. In der Allgemeinen Erklärung der *Menschenrechte* (= M.) der UNO aus dem Jahre 1948, später in den Zwillingspakten (Pakt über wirtschaftliche, soziale und kult. Rechte sowie Pakt über bürgerliche und politische Rechte, UNO 1966) wird MB. als eigenes M. benannt. In der Präambel der Allgemeinen Erklärung heisst es dazu: «… alle Organe der Gesellschaft (haben) sich diese Erklärung stets gegenwärtig (zu) halten und sich (zu) bemühen, durch Unterricht und Erziehung die Achtung vor diesen Rechten und Freiheiten zu fördern … und ihre Anerkennung und Verwirklichung bei der Bevölkerung … zu gewährleisten». MB. war Thema mehrerer UNESCO-Konferenzen, wurde dann aufgegriffen von der Ständigen Konferenz der Kultusminister der Bundesländer, der Zweiten Weltkonferenz über M. (Wien, 1993), der UNO-Dekade der M.erziehung (1995–2005) und dem UNO-Weltprogramm für MB. (2005–2014). Als zentrale Komponenten von MB. werden angesehen: Vermittlung von Wissen (bzgl. der versch. Menschenrechte, M.verträge, M.-Organisationen), Bewusstseinsbildung und Einstellungsförderung (pos. zu M., neg. zu M.verletzungen) und Steigerung der Handlungskompetenz und -bereitschaft sowie Handeln zur Durchsetzung und Verteidigung von M. Die UNO geht davon aus, dass MB. ein wesentlicher Baustein zur Durchsetzung von M. ist. Problematisch bei bisheriger MB. sind u. a. unklare Adressaten (u. a. Staaten, Schulen, Nichtregierungsorganisationen), fehlendes Interesse an oder Verhinderung und Unterdrückung von MB. (u. a. durch autoritäre Regime, aber auch in demokratischen Staaten), divergente Materialien und didaktische Konzepte sowie unzureichende formative *Evaluation*. Bislang sind die weltweit erzielten Erfolge mäßig: M. sind wenig bekannt; indiv., nationales und internat. Handeln zur Durchsetzung der M. sind unzureichend. Als Komponenten einer verbesserten MB. werden angesehen: MB. in Schulen mit entspr. Materialien und didaktisch konsequent implementieren; Berufsgruppen, die bes. Bezug zu M. haben, gezielt unterrichten, insbes. Polizei, Lehrer, Justiz, Verwaltung, Gesundheitsberufe; neben Wissen und Einstellungen insbes. die Handlungskompetenzen verbessern; bei MB. die ganze Breite von M. lehren, also bürgerliche, politische, wirtschaftliche, soziale und kult.; dem Missbrauch von M. vorbeugen, insbes. auf Verweis von Universalität und Unteilbarkeit der M. sowie auf Verletzungen von M. durch Kriege und ungerechte Wirtschaftsordnungen; M.verletzungen auch im eigenen Land thematisieren; MB. systematisch evaluieren. Stellmacher & Sommer 2011, Benedek 2009, Druba 2006.

J. Stellmacher/G. Sommer

Menschenwürde, Schutz der [engl. *protection of human dignity*], *Diagnostik, gesellschaftliche und rechtliche Rahmenbedingungen.*

menschliches Versagen (= m. V.) [engl. *human error/failure*], [**AO**], Bez. für Unfallursachen (*Unfallforschung, Fehler*), die nicht technischen Defekten oder Fehlkonstruktionen zugeschrieben werden können. M. V. ist i. Allg. kein psychol. Begriff, sondern häufig ein Hinweis auf Mängel in der Adaptation eines technischen Systems an das menschliche Verhalten (*Ergonomie, artifizielle Intelligenz, Sicherheit, Risikostudien/-forschung*). M. V. gründet sich u. a. auf Über- bzw. Fehlbeanspruchung (*Stress*), Fehler oder *Irrtum*, mangelnde Ausbildung, Wissens- oder Fähigkeitsverwaltung, ungenügende *Eignung* oder unzureichende *Motivation* und steht damit in engem Zusammenhang mit der beruflichen Leistungsfähigkeit.

W. Echterhoff

Mensch-Maschine-Funktionsteilung [engl. *division of functions* Funktionsteilung], *Komplementäre Analyse und Gestaltung von Produktionsaufgaben in soziotechnischen Systemen (KOMPASS).*

Mensch-Maschine-System (= M.) [engl. *human-machine system*], [**AO**], systematisches Zusammenwirken von Menschen (Operateuren) und maschinellen Anlagen zu best. Zwecken, z. B. Flugsicherung, Kurssteuerung von Schiffen, Steuerung von Fertigungsstraßen usw. Operateur und Maschine werden als Elemente des M. mit den einheitlich formalen Begriff der *Kybernetik* beschrieben. Zwischen den Elementen des M. findet mind. Informationsübertragung, meist zusätzlich Transport von Masse und/oder Energie statt. Der Mensch übernimmt im M. die übergeordneten Sollwertvorgaben, wird aber auch häufig als Sollwert-Istwert-Vergleicher und Regler (*Regelkreis*) eingesetzt.

Beim Entwurf von M. ist auf zweckmäßige Verteilung der Aufgaben zw. Mensch und Maschine zu achten: Menschen sind als Systemelemente den Maschinen in der Erkennung komplexer Zeichen und Problemlagen und in der Fähigkeit zur Generalisierung, Problemlösung (*Problemlösen*) und zum *Lernen* (Verhaltens- und Programmänderung) überlegen. Die physikal. Zielerreichung des M. wird praktisch ausschließlich in Maschinen realisiert (Fertigung, Transport usw.). In der *Informationsverarbeitung* sind maschinelle Systemglieder dem Menschen in der Geschwindigkeit, numerischen Genauigkeit und quant. Ausdehnung relativ einfacher Routinen mit begrenzten Änderungsanforderungen überlegen. Die Ps. untersucht die Übertragungsfunktionen des Menschen als Element im M., wobei es bes. auf die Schnittstellen, die optimale Übermittlung von Informationen an den Menschen (Gestaltung von Anzeigeeinrichtungen) und vom Menschen auf die Maschine (Gestaltung von Bedienungselementen, Fahrständen, Pilotenkanzeln usw.) ankommt. Da die Maschinen, mit denen die Menschen arbeiten, heute in wachsendem Maße softwaregesteuerte Computer sind, werden Fragen der M. immer mehr zu Fragen nutzergerechter Gestaltung von Bildschirmanzeigen, Mensch-Rechner-Dialogen und dahinter stehender Software (HCI [engl. *human-computer interaction*]; *Mensch-Computer-Interaktion*). Der Begriff der M. wird auch auf neuartige Formen der Informationsübertragung zw. Organismus und Maschine, etwa Displays und Sensoren (z. B. Datenhandschuhe) für virtuelle Realität und in lebende Organismen eingesetzte elektronische Schaltkreise und Sensoren ausgedehnt. *Mensch-Technik-Organisationsanalyse (MTO).* Kantowitz & Sorkin 1983, Norman & Draper 1986, Shneiderman 1992, Timpe et al. 2000.

W. Glaser

Mensch-Technik-Organisationsanalyse (MTO), syn. *MTO-Analyse*, [**AO, DIA**], im Zuge der Ausdifferenzierung des MTO-Konzepts (*MTO-Konzept*) wurde eine spezif. Vorgehensweise für die ganzheitliche Analyse von Unternehmen entwickelt (Strohm & Ulich 1997, Ulich 2011). Die auf der Basis des soziotechnischen Systemansatzes (Emery & Trist 1960) und der *Handlungsregulationstheorie* (Hacker 2005, Volpert 1987) entwickelte «ganzheitliche» MTO-Analyse erfordert Untersuchungen auf den Ebenen Unternehmen, Organisationseinheit, Gruppe und Individuum. Die angegebene Reihenfolge stellt sicher, dass Ergebnisse der Analysen auf den jew. «höheren» Betriebsebenen als Voraussetzung in die Analyse der nächst «tieferen» Ebene eingehen.

Ablauf: (1) Auf der Unternehmensebene werden mittels Dokumentenanalysen, Experteninterviews und Interviews mit der Geschäftsleitung u. a. Unternehmensziele, -strategien, -organisation, Produkte, Produktionsbedingungen, Personalstruktur, Techniksatz, Qualitätsmanagement, Innovationsverhalten, Lohnsystem, Arbeitszeitmodelle, Mitwirkungsrechte erfasst. (2) Anschließend erfolgt eine *Analyse des Auftragsdurchlaufes* von zwei bis fünf typischen und abgeschlossenen Aufträgen mittels Dokumentenanalysen, ablauforientierten Betriebsbegehungen, Experten- und Gruppeninterviews. (3) Die darauf folg. *Analyse von Arbeitssystemen* bezieht sich auf Inputs, Transformationsprozesse, Outputs, soziales und technisches Teilsystem, technisch-organisatorische Gestaltung, Schwankungen, Störungen und Hauptprobleme über Dokumentenanalysen, Experteninterviews, Gruppeninterviews. (4) Die im vierten Schritt mittels Dokumentenanalysen, Gruppeninterviews und Beobachtungsinterviews erfolgende *Analyse von Arbeitsgruppen* betrifft die Möglichkeiten zur kollektiven Regulation von Arbeitsaufgaben und Arbeitszeit, Umgebungsbedingungen, Qualifizierung, Leistung, Qualität, interner und externer Koordination. (5) Im fünften Schritt erfolgt mithilfe von Ganzschichtbeobachtungen, Beobachtungs- und Experteninterviews eine *bedingungsbezogene Analyse von Schlüsseltätigkeiten* zur Ermittlung von Arbeitseinheiten, Tätigkeitsabläufen, Kommunikations- und Kooperationserfordernissen, Mensch-Maschine-Funktionsteilung und -Interaktion, Regulationshindernissen. (6) Die folg. *personenbezogenen Arbeitsanalysen* ermitteln die Erwartungen der Beschäftigten an ihre Arbeit und die Wahrnehmung der tatsächlichen Arbeitssituation. (7) Die mittels Dokumentenanalysen und Experteninterviews durchzuführende *Erhebung der soziotechnischen Geschichte* schließlich dient der Analyse von Strategien, Vorgehen und Meilensteinen bei der technisch-organisatorischen Entwicklung des Betriebes. *Arbeitsanalyse.* *E. Ulich*

Mensch-Umwelt-Beziehung [engl. *human-environment relationship*], *Ökologische Psychologie, Umweltpsychologie.*

Mensch-Umwelt-Einheit [engl. *human-environment unit*], *Umweltpsychologie.*

Menstruation (= M.) [engl. *menstruation*; lat. *menstruum* monatliche Regel], **[BIO]**, die bei der geschlechtsreifen Frau (auch einigen Säugetieren) in Abständen erfolgende Ausstoßung des unbefruchteten Eies (einschließlich Uterusschleimhaut). Die M. beginnt als Lebensabschnitt mit der Menarche [gr. *men* Monat, *arche* Anfang] im 10. bis 14. Lebensjahr und endet mit der Menopause [gr. *men* Monat, *pauein* aufhören, *Wechseljahre*] im 42. bis 54. Lebensjahr. Häufig bes. vor Beginn der M. seelische Verstimmungen. Speziell in der Menopause können Depressionen und ps. Störungen auftreten. *prämenstruelles Syndrom (PMS).*

mental [engl. *mental*; lat. *mens* Geist], **[KOG]**, geistig, zum Denken gehörend. In der angels. Ps. vielfältiger Gebrauch, wie z. B. *mental test, mental work, mental set, mental disorder, mental hygiene.*

mental budgeting [engl.] mentale Kostenplanung; *Kaufverhalten und Zahlungssysteme.*

mentale Arbeitsbelastung (= m. A.) [engl. *mental workload*; lat. *mens* Geist], **[AO]**, der mentale Aufwand, den ein Individuum benötigt, um spezif. Aufgabenanforderungen in Mensch-Maschine-Systemen zu erfüllen (z. B. Pilot im Cockpit; *Mensch-Maschine-System*). Zur Überprüfung der m. A. wird das *dual task paradigma* genutzt, hierbei werden zwei zu bearbeitende Aufgaben präsentiert. Die korrekte Bearbeitung der Primäraufgabe steht im Vordergrund. Wenn die mentalen Kapazitäten es zulassen, soll die Sekundäraufgabe parallel bearbeitet werden. Die m. A. wird anhand der Fehler und/oder der Punkte in der Primär- bzw. Sekundäraufgabe gemessen/bestimmt. *Aufgabenwechsel.* *D. Seitz*

mentale Buchführung [engl. *mental accounting*], *Steuerpsychologie.*

mentale Chronometrie [engl. *mental chronometry*], *Chronometrie,* **[KOG]**, Forschungszweig der Kognitiven Ps., um die zeitliche Struktur und die Architektur mentaler Prozesse zu analysieren.

mentale Kontrastierung [engl. *mental contrasting*], *Fantasierealisierung, Theorie der.*

mentale Prozesse, höhere [engl. *higher mental processes*], **[KOG]**, ein Sammelbegriff, der Prozesse wie z. B. *Denken,* Vorstellung, *Gedächtnis, Sprache, Urteil* einschließt.

mentale Rotation (= m. R.) [engl. *mental rotation*; lat. *mens* Geist, *rotare* drehen], **[KOG, WA]**, bez. die Fähigkeit, die mentale *Repräsentation* von Objekten im Geiste drehen zu können, und ist eine Komponente der räumlichen *Objekterkennung.* Diese Fähigkeit wurde von Shepard und Metzler (1971) zum ersten Mal beschrieben. In dem ursprünglichen Experiment sahen Teilnehmer zwei Objekte von versch. Ansichten und sollten angeben, ob die beiden Objekte gleich oder ungleich waren. Dabei wurde gezeigt, dass die *Reaktionszeit* hierfür immer proportional dem tatsächlichen Drehwinkel, d. h. dem Winkel mit dem die beiden Objekte zueinandergedreht wurden, entsprach. Nachfolgende Studien haben gezeigt, dass dies ein stabiles Phänomen ist, unabhängig davon, ob die Objekte zweidimensional oder dreidimensional waren oder ob die Ansichten der Objekte einer *kanonischen Ansicht* entsprachen. Dies impliziert, dass die mentale Vorstellung der Drehung eines Objekts mit der tatsächlichen, physikal. Drehung in der Wirklichkeit übereinstimmt und die Repräsentation eines Objekts in unserem *Gehirn* abhängig von Ansichten (engl. *view-point dependent*) ist (*Objekterkennung, Modelle*). Diese Interpretation wurde allerdings von einigen Wissenschaftlern bezweifelt und hat zu einer ausführlichen Debatte [engl. *mental imagery debate*] geführt (*Imagery*). *H. Bülthoff/I. Bülthoff*

mentales Lexikon (= m. L.) [engl. *mental lexicon*], **[KOG]**, das m. L. bezeichnet die Repräsentation lexikalischer Information im *Gedächtnis* (*Repräsentation*). Im Zentrum stehen die Fragen nach den Einheiten des m. L. und nach den Beziehungen zw. ihnen. Richtungsweisend war zunächst die Semantiktheorie (*Semantik (Semiologie)*) von Katz & Fodor (1963). Es wurde angenommen, dass lexikalische Einheiten als hierarchisch geordnete semantische Merkmale gespeichert werden. Die Tatsache, dass versch. Organisationsprinzipien bei versch. semantischen Bereichen wirksam sind, führte zu einer Relativierung dieser Annahme. Den Zugriff zum m. L. versuchen im Wesentlichen drei Theorien zu erklären: das *Logogen-Modell* von Morton (1969), das *autonome Suchmodell* von Forster (1976) und das *direkte und aktive Suchmodell* von Marslen-Wilson & Welsh (1978). *J. Engelkamp*

mentales Modell (= m. M.) [engl. *mental model*], **[KOG]**, der Begriff m. M. wird häufig inflationär für jede Art mentaler *Repräsentation* verwendet. Im strengeren kognitionspsychol. Sinne steht der Begriff m. M. entweder für subjektive Funktionsmodelle für technische und physikal. Prozesse im Langzeitgedächtnis (*Gedächtnis*) oder für integrierte Repräsentationen im *Arbeitsgedächtnis* beim *Denken*. M. M. im ersten Sinne wurden von Gentner und Stevens (1983) zu Repräsentation von Alltagswissen eingeführt. M. M. bilden Attribute von Objekten und Relationen zw. Objekten ab. Dabei werden oft nur die für eine gegebene Aufgabenstellung notwendigen Informationen repräsentiert, während irrelevante Informationen außer Acht gelassen werden. Dabei spielt die Bildung von Analogien (*Analogiebildung*) eine große Rolle. Studien von Gentner und Stevens (1983) zeigen, dass sich viele Menschen die physikal. Vorgänge in einem Stromkreislauf vorstellen wie die Prozesse in einem Wasserkreislauf. Derartige Analogien können aber auch zu Fehlern und Misskonzepten führen. M. M. i. d. S. spielen für das modellzentrierte Lernen in päd. Kontexten und für die kogn. Softwareergonomie eine wichtige Rolle. M. M. im zweiten Sinne würden von Johnson-Laird (1983) für den Bereich des Textverstehens und des Denkens systematisch eingeführt. M. M. i. d. S. sind integrierte Repräsentationen im Arbeitsgedächtnis. Sie repräsentieren die Sachverhalte, die in einem Text oder einem Denkproblem beschrieben werden. Sie spielen insbes. beim *deduktiven Schließen* eine wichtige Rolle. Nach der Theorie m. M. verläuft ein Denkprozess in drei Schritten. In der *Modellkonstruktionsphase* wird eine integrierte Repräsentation, das m. M., des beschriebenen Sachverhaltes erzeugt. Das m. M. repräsentiert, was der Fall ist, wenn die gegebene Information wahr ist. In der *Modellinspektionsphase* wird dieses M. mental «abgesucht», um neue Informationen zu identifizieren, die nicht schon in der Problembeschreibung geben sind. Damit wird eine vorläufige Schlussfolgerung ermöglicht. In der Modellvariationsphase wird dann geprüft, ob diese Schlussfolgerung unter allen möglichen Interpretationen (in alle möglichen m. M.) der gegebenen Informationen gültig ist. In diesem Falle wird die Schlussfolgerung als logisch gültig akzeptiert. Ein Sonderfall sind präferierte m. M., die von Personen bevorzugt konstruiert werden, wenn mehrere logisch mögliche Modelle existieren. Das führt dazu, dass andere m. M. ignoriert werden und damit zu logischen Fehlern (Knauff 2013). Studien mithilfe funktionaler bildgebender Verfahren zeigen erhöhte neurale Aktivität in präfrontalen und parietalen Hirnregionen (*Gehirn*) beim modellbasierten Schließen. M. Knauff

mentales Set (= m. S.) [engl. *mental set*], **[KOG]**, m. S. oder *Aufgabenset* bez. eine repräsentationale Kontrollstruktur (*Repräsentation*), die das kogn. System befähigt, eine Aufgabe adäquat auszuführen. Historisch kann der Begriff *Set* mit *Einstellung* übersetzt werden, wird aber heute zumeist mehr i. S. von *Aufgabenrepräsentation* verwendet. Typische experimentalps. Aufgaben erfordern eine eindeutig definierte *Reaktion* auf einen best. *Reiz*, wobei die kogn. Operation durch die Aufgabe festgelegt ist. Z. B. könnte eine einstellige Ziffer visuell dargeboten werden, und die Aufgabe besteht darin, einen Größenvergleich mit dem Standard 5 durchzuführen, und das Ergebnis dieses Vergleichs erfordert das Drücken einer linken (kleiner als 5) oder rechten Reaktionstaste (größer als 5). Im Vergleich zu einer solchen *Single-Step-Stimulus-Response-Aufgabe* kann ein m. S. aber auch die perzeptuellen (*Perzeption*), kogn. (*Kognition*) und motorischen (*Motorik, Psychomotorik*) Anforderungen komplexerer *Multi-Step-Aufgaben* festlegen (Monsell 1996).
Ein m. S. muss als mentale Kontrollstruktur versch. Aspekte einer Aufgabe repräsentieren. Erstens muss ein allg. Aufgabenziel festgelegt sein (z. B. «achte auf numerische Größe»). Zweitens muss sowohl die Art der zu beachtenden Stimuli (*Stimulus*) als auch ihre Modalität spezifiziert werden (z. B. visuell dargebotene Ziffern); dadurch steuert ein m. S. sowohl *Wahrnehmung* als auch *Aufmerksamkeit*. Drittens muss ein m. S. eine kogn. Operation determinieren (z. B. Größenvergleich), die auf die Repräsentation des aktuellen aufgabenrelevanten Stimulus angewandt wird. Viertens muss das Ergebnis dieser kogn. Operation einer Reaktionsalternative zugeordnet werden, d. h. ein m. S. repräsentiert auch die Reiz-Reaktions-Zuordnung; dies beinhaltet eine Festlegung über die Art der möglichen Reaktionskategorien (z. B. *links* vs. *rechts*, oder *kleiner* vs. *größer*) und die Modalität der Reaktion (d. h. der spezif. Effektor, z. B. manuelle vs. vokale Reaktionen). Durch die Summe dieser repräsentationalen Anforderungen ist ein m. S. als eine komplexe Kontrollstruktur charakterisiert. Ein in den letzten zwei Dekaden häufig verwendeter exp. Zugang zur kogn. Dynamik von m. S. ist das *Aufgabenwechsel-Paradigma* (*Aufgabenwechsel*). Koch & Brass 2013. I. Koch/S. Schuch

mentales Üben, mentales Training *Training, mentales*.

mentale Verben [engl. *mental verbs*], *deklarativ-metakognitives Wissen, Vorläufer*.

Mental-Health-Bewegung [engl. *mental health movement*; *mental* geistig, *health* Gesundheit], **[KLI]**, psychohygienische Reformbewegung zur Verbesserung der gesamten Gesundheitsversorgung (spez. der psychiatrischen Versorgung); heute Teil der *Sozialpsychiatrie* und des *social work (community therapy)*. *therapeutische Gemeinschaft*.

mental imagery theory [engl.] Theorie der mentalen Vorstellung; *Vorstellung, bildhafte*.

mentalistische Alltagspsychologie *Theory of Mind*.

Mental-Maze-Lernen [engl. *mental maze learning*; *mental* geistig, *maze* Labyrinth], **[KOG, PÄD]**, veraltet: Labyrinth-Lernen, Lernen durch mentales Training (*Training, mentales*).

Mental-speed-Ansatz [engl. *mental-speed approach*; *mental* geistig; *speed* Geschwindigkeit], **[DIA, KOG]**, bei diesem Vorgehen der *Intelligenz*messung werden die theoret. Annahmen und empir. Befunde genutzt, dass die zentralnervös bedingte *Informationsverarbeitung*sgeschwindigkeit Grundlage indiv. Unterschiede in der menschlichen Intelligenz bedingt. Die Informationsverarbeitungsgeschwindigkeit wird dabei über die *Reaktionszeiten* in unterschiedlich einfachen und leicht verständlichen kogn. Aufgaben erfasst und aus diesen Scores die indiv. unterschiedlichen psychometrischen Intelligenzmaße vorhergesagt. Bei den elementaren kogn. Aufgaben werden v. a. sensorische Diskriminationsaufgaben, elementare *Gedächtnis*aufgaben, Satz-, Verifikationstests und andere exp. Anordnungen genutzt. Im Bereich der physiol. Maße werden das Spontan-EEG bzw. evozierte Potenziale (*Elektrodiagnostik, Enzephalografie*) zum Einsatz gebracht. Die gewonnenen Resultate sind sehr heterogen und die *innere Validität* zu klass. Intelligenzmaßen ist relativ niedrig. Minton et al. 1995. H. O. Häcker

Mentalsuggestion [engl. *mental suggestion*; lat. *mens* Geist, *suggerere* eingeben], Gedankenübertragung auf übersinnlichem Wege nach paraps. Annahme. Es existieren keine wiss. Belege. Beloff 1993.

mental tests [engl.] mentale Tests, **[DIA]**. J. M. Cattell hat als Erster im Jahre 1890 (neben Galton) den Terminus *Test* eingeführt. Unter *mental tests* verstand er Streckenhalbieren nach Augenmaß, Merkfähigkeit, Minimaldistanz unterscheidbarer Hautreize, Schwellenwerte für Druckempfindung und weitere, mehr sinnesphysiol. Methoden. Mit der exakten Messung dieser einfachen Funktionen versuchte er das intellektuelle Niveau (*Intelligenz*) zu erfassen. Daneben wurden komplexe Funktionen mit Assoziations- (*Assoziation*), *Gedächtnis*- und einfachen Rechenaufga-

ben untersucht. Cattell stellte als Erster eine Test-Untersuchung für Studenten zus. *Intelligenztest*.
Mentoring (= M.) [engl.] Beratung, Betreuung, [**AO, PÄD**], bez. eine geschützte, hierarchiefreie und außerhalb der normalen Vorgesetzten-Mitarbeiter-Beziehung bestehende Partnerschaft mit dem Ziel der Förderung von Führungsnachwuchskräften. Die Paarkonstellation besteht aus einem *Mentor* und einem *Mentee*. Das Förderungspotenzial dieses Konzepts basiert auf der Institutionalisierung einer indiv. Lernbeziehung durch kontinuierliche Treffen von Mentee und Mentor. Die Person des Mentors gibt ihr aufgrund langjähriger Berufserfahrung vorhandenes Wissen an die Person des Mentee weiter mit dem Ziel, diesen in seiner Karriereentwicklung (*berufliche Entwicklung*) zu unterstützen. Unterschieden wird sowohl zw. informellem und formellem als auch zw. internem und externem M.
Es handelt sich um ein zunächst geschlechtsneutrales Konzept, das sich inzwischen verstärkt für die Zielgruppe der Frauen mit Führungsqualitäten etabliert hat. Die Einrichtung von formellen M.-Programmen zählt mittlerweile zu einer der am weitesten verbreiteten Personalentwicklungsmaßnahmen in Unternehmen zur Erhöhung der Anzahl von Frauen in Führungspositionen sowie einer besseren Nutzung der weiblichen Arbeitskraft (*human resource management*).
Neben der generellen Bereitschaft, an einem M.-Programm teilzunehmen, sollte ein Mentee klare und realistische Zielvorstellungen hinsichtlich der eigenen persönlichen und beruflichen Weiterentwicklung haben und bereits eine gewisse Zeit im Unternehmen beschäftigt sein. Der Mentor sollte als Berater des Mentees die Fähigkeit besitzen, kritisch und konstruktiv Feedback zu geben und zu motivieren. Zwischen Mentor und Mentee sollten mind. zwei Hierarchieebenen sein. Zur Rollenklärung und als Unterstützung des Erfahrungsaustauschs sind als wichtige Bestandteile eines M.-Programms der Auswahlprozess und das Matching der Teilnehmer zu nennen. Ein Bsp. für externes M. ist das sog. *Cross-Mentoring*, das unternehmensübergreifend organisiert wird, D.h. Mentor X aus Unternehmen A unterstützt Mentee Y aus Unternehmen B. Blickle 2001. *I. Seeberg*
Meperidin [engl. *meperidine*], [**PHA**], psychotrope Substanz aus der Klasse der *Analgetika* vom Typ der *Opioid-Agonisten* (μ-Rezeptor). Vielfach angewendet bei Schmerzzuständen. Bei Gesunden mehrstündige deaktivierende und stimmungsverbessernde Wirkung. Zacny et al. 1992.
Mephenesin [engl. *mephenesine*], [**PHA**], Pharmakon, zur Gruppe der zentralen Muskelrelaxanzien gehörend. Eingesetzt bei schmerzhafter Muskelverspannung. Kurze Wirkungsdauer (*Eliminationshalbwertszeit* nur 1 Std.). Desaktivierende Effekte.
Meprobamat [engl. *meprobamate*], [**PHA**], 1954 eingeführtes *Psychopharmakon* neueren Typs aus der Klasse der *Tranquillanzien*. Wie *Benzodiazepine* zentral angreifende Substanz (*limbisches System*) mit psych. entspannenden, auch muskelrelaxierenden Wirkungen. Heute wegen des günstigeren Nutzen-Risiko-Potenzials der Benzodiazepine nicht mehr verwendet. Das in pharmakopsychol. Untersuchungen gezeigte Verhaltensprofil belegt eine gute Wirksamkeit bei Erregtheit, Spannung und *Angst*. Wirkungseintritt nach ca. 30 Min., mehrere Std. anhaltend. Riederer et al. 1995. *W. Janke*
Mere-Exposure-Effekt [engl. «Effekt des bloßen Kontakts/Ausgesetztseins»], [**SOZ, WIR**], Zajonc (1968) hat in einer Serie von Arbeiten zeigen können, dass die mehrfache Darbietung eines Reizes eine hinreichende Bedingung dafür ist, dass die *Einstellung* zu diesem Reiz verbessert wird. Six & Schäfer 1985. *B. Six*
mere thought [engl.] bloßes Denken, [**SOZ**], Tesser (1978) hat erstmals festgestellt, dass das bloße Nachdenken über die eigene *Einstellung* zu einer Extremisierung der Einstellung führt. Ein derartiger Polarisierungseffekt kann als gut bestätigt gelten. Eagly & Chaiken 1993.
mergers & acquisitions [engl.] Fusionierungen & Übernahmen; *Akquisition*.
Merkel'sches Gesetz [engl. *Merkel's law*], nach F. Merkel (1845–1919), [**WA**], als Einschränkung des *Weber'schen Gesetzes* besagt es, dass bei großen Intervallen der Reize den jeweils gleichen und absoluten Unterschieden mehrerer Reize annähernd gleichmerkliche Empfindungsunterschiede entsprechen. Um gleichmerkliche Unterschiede von drei in großen Intensitätsintervallen stehenden Empfindungen hervorzubringen, müssen die Reize in arithmetischer Reihe zunehmen. Die Merklichkeitsgrade mehrerer, eine Reihe bildender Empfindungen sind proportional zu den Reizen.
Merkelzellen [engl. *Merkel cells*], nach F. Merkel (1845–1919), *Mechanorezeption, Mechanosensorik*.
Merkfähigkeit [engl. *retentiveness*], *Gedächtnis*.
Merkmal (= M.) [engl. *characteristic, trait*], [**PER**], kennzeichnende Eigenschaft von Gegenständen, Vorgängen oder Individuen. In der Logik der bes. Inhalt eines Begriffes, durch den sich dieser von anderen Begriffen unterscheidet. Als allgemeinste M. psychol. Phänomene (z. B. von Gefühlen, Empfindungen) hat man Qualität, Intensität und Dauer angegeben. Als *Persönlichkeitsmerkmal* bez. man die relativ dauerhaften Erlebens- und Handlungsdispositionen eines Menschen. *Disposition*, *Eigenschaften* [**FSE**], bei einer Messung werden M.-ausprägungen in *Variablen* überführt. *Messtheorie*, *Operationalisierung*, *Psychometrie*. *G. Lüer*
^Test**Merkmalprofil zur Eingliederung Leistungsgewandelter und Behinderter in Arbeit (MELBA)**, 1998, F. Föhres, A. Kleffmann, B. Müller & S. Weinmann, [www.melba.de/melba/melba.html], [**AO, DIA**]. Arbeitsps. Verfahren. AA Erwachsene. Verfahren, mit dem Anforderungsprofile von Tätigkeiten und psych. Fähigkeitsprofile (*Tätigkeitsanalyse*) erhoben, einander zugeordnet und dokumentiert werden können. Das Verfahren dient zur fähigkeitsangemessenen Platzierung von behinderten Personen auf Arbeitsplätze, die nach ihren Anforderungen beschrieben sind. Es werden 29 Merkmale, Schlüsselqualifikationen zur Profildarstellung in alphabetischer Reihenfolge genutzt (z. B. Antrieb, Arbeitsplanung, Konzentration, Pünktlichkeit, Verantwortung, Vorstellung). Da größtenteils subj.

Beurteilungen und Interpretationen der Ergebnisse abzugeben sind, ist die Objektivität nur eingeschränkt gegeben.
Merkmalsintegrationstheorie (= M.) [engl. *feature-integration theory*], **[KOG, WA]**, eine Theorie der Objektwahrnehmung, die sich v. a. mit der Rolle der *Aufmerksamkeit* bei der visuellen *Wahrnehmung* von Objekten und ihren Merkmalen beschäftigt. Im Hinblick auf die bei der Objektwahrnehmung beteiligten Strukturen unterscheidet die Theorie zw. *Karten* für alle möglichen visuellen Objektmerkmale [engl. *feature maps*] und einer *Generalkarte* [engl. *master map of locations*]. Die retinotop organisierten Merkmalskarten kodieren die Anwesenheit von Objektmerkmalen an ihren Positionen, während die Generalkarte zur Steuerung der Aufmerksamkeit dient. Außerdem unterscheidet die Theorie zw. einer *präattentionalen* und einer *attentionalen* Verarbeitungsstufe. Auf der *präattentionalen* Stufe werden alle Objektmerkmale ohne Aufmerksamkeit parallel verarbeitet und in den Merkmalskarten kodiert. Auf dieser Stufe wird wahrgenommen, welche Merkmale im visuellen Feld vorhanden sind, aber nicht, welche Merkmale zum selben Objekt gehören. Ein Objekt, das sich in nur einem Merkmal von den übrigen Objekten im visuellen Feld unterscheidet (*Merkmalssuche*) kann bereits auf der präattentionalen Stufe entdeckt werden, da die singuläre Aktivierung in einer Merkmalskarte unmittelbar registriert wird (*Pop-out-Effekt*). Auf der attentionalen Stufe sorgt die Ausrichtung der Aufmerksamkeit auf eine best. Position in der Generalkarte zur Bildung einer Objektrepräsentation, indem die Informationen über einzelne Objektmerkmale an korrespondierenden Positionen in den Merkmalskarten integriert (gebunden) werden. Ein Objekt, das sich in einer Merkmalskombination von den übrigen Objekten im visuellen Feld unterscheidet (*Konjunktionssuche*), kann deshalb erst auf der attentionalen Stufe (mithilfe der visuell-selektiven Aufmerksamkeit) gefunden werden. Die M. erklärt viele empirische Daten aus der Forschung zur visuellen Suche und hat die Entdeckung neuer Phänomene (z. B. *illusorische Konjunktionen*) ermöglicht. Sie hat sich als ausgesprochen fruchtbar für die empirische Forschung erwiesen. Kritisiert wurde u. a. die starke Polarisierung von paralleler Merkmalssuche und serieller Konjunktionssuche, was zur Formulierung alternativer Theorien (z. B. Theorie der geführten Suche; *visuelle Suche*) geführt hat. Treisman & Gelade 1980. *P. Wühr*

Merkmalsorientierte Inhaltsanalyse (= M. I.) [engl. *criteria-based content analysis*], **[RF]**, die M. I. wird i. R. der *Glaubhaftigkeitsbegutachtung* als Methode zur Feststellung der aussageimmanenten Qualität eingesetzt. Die M. I. dient der Überprüfung der Lügenhypothese, also der hypothetischen Annahme, bei einer *Aussage* handle es sich um eine absichtliche Falschaussage. Der Anwendung der M. I. liegen zwei Annahmen zugrunde: (1) Falsch Aussagende müssen ihre Aussage auf der Grundlage entspr. Schemawissens konstruieren und dürften es daher schwerer haben, Glaubhaftigkeitsmerkmale (*Realkennzeichen*, *nicht motivationale Inhalte*) in ihre Aussage einfließen zu lassen, die nicht Teil eines entspr. Schemas sind (*primäre Täuschung*). (2) Falsch Aussagende sind bemüht, einen kompetenten und moralisch makellosen Eindruck zu erzeugen, um sich selbst und ihre Aussage überzeugend zu präsentieren (*sekundäre Täuschung*, *Täuschungsstrategien*) und vermeiden i. d. S. vermeintlich verräterische Äußerungen (*motivationsbezogene Inhalte*).

Aufgrund dieser Prozesse wird erwartet, dass erlebnisbegründete Aussagen im intraindiv. Vergleich eine höhere inhaltliche Qualität aufweisen als Erfindungen. Den beiden zugrunde liegenden Annahmen lassen sich nicht motivationale Inhalte und motivationsbezogene Inhalte zuordnen (*Realkennzeichen*). Treten diese in einer Aussage auf, spricht dies gegen die Annahme, dass eine aussagende Person darum bemüht ist, Schemawissen wider besseres Wissen als eigenes Erleben auszugeben. Den Umkehrschluss erlaubt die M. I. hingegen nicht, da eine geringe Aussagequalität versch. Ursachen haben kann, z. B. mangelnde Aussagebereitschaft oder erlebte Skepsis des Gegenübers (*Othello-Fehler*); eine gezielte Falschaussage ist nur *eine* mögliche Erklärung. Die M. I. ist somit einerseits keine Methode zur Aufdeckung von Täuschung, andererseits ergibt sich aus einer hohen Aussagequalität per se auch noch kein Hinweis auf einen Erlebnisbezug, da die Suggestionshypothese (*Suggestion*) mit Hilfe der M. I. nicht zurückgewiesen werden kann. Die Qualitätsbeurteilung mittels M. I. ist der Teilschritt des hypothesengeleiteten Prozesses der *Glaubhaftigkeitsbegutachtung*, bei dem die Frage zu beantworten ist, ob eine lügende Person mit ihren indiv. Voraussetzungen dazu in der Lage wäre, sich eine Aussage entspr. Qualität auszudenken (*kogn. Aspekt der Falschaussage*), und ob sie eine Falschbezichtigung in der vorliegenden Weise präsentieren würde (*strategischer Aspekt der Falschaussage*). Der Prozess der Beurteilung mittels M. I. erfordert eine Interpretation des Verhältnisses der Aussagequalität und der spezif. Kompetenzen und Erfahrungen der aussagenden Person sowie der Komplexität des Geschehens und der Befragungsbedingungen. Es handelt sich somit bei der M. I. nicht um einen i. S. einer Checkliste anwendbaren «Wahrheitstest».

Die erste Systematisierung inhaltlicher Glaubhaftigkeitsmerkmale vor dem Hintergrund der Annahmen zur kogn. Überforderung und strategischen Selbstpräsentation falsch Aussagender wurde von Steller & Köhnken (1989) vorgenommen, inzwischen war die M. I. in dieser Systematisierung Gegenstand zahlreicher empirischer Validitätsprüfungen, welche die von Steller (1989) als *Undeutsch-Hypothese* bezeichnete Annahme eines qual. Unterschieds zw. erlebnisbasierten und erfundenen Aussagen grundsätzlich stützen konnten. Niehaus 2008a.
S. Niehaus

Merkmalsstadium, Qualitätsstadium [engl. *quality stage*], *Apperzeptionskategorien*.

Merkmalssuche [engl. *feature search*], **[KOG, WA]**, die visuelle Suche nach einem *Zielreiz*, der sich in einem Merkmal (z. B. Farbe oder Form) von den Distraktoren unterscheidet. *Konjunktionssuche*. *P. Wühr*

Merz, Ferdinand (1924–1997), **[HIS, DIA, PER]**, wurde als Sohn dt. Einwanderer in Chicago geb., die Familie kehrte jedoch 1927 nach Dt. zurück und lebte in der Nähe von

Weilheim, später in der Tschechischen Republik. Nach Arbeitsdienst, Wehrdienst und Kriegsgefangenschaft studierte Merz in Würzburg bei *Gustav Kafka*, bei dem er 1951 promovierte. Ein weiterer akademischer Lehrer, der Merz prägte, war *Wilhelm Peters*. Merz war ab 1953 Assistent bei Wilhelm Arnold. 1960 erhielt er die Venia Legendi; 1963 wurde er Dozent und 1964 Professor in Marburg, wo er bis zur Emeritierung 1989 lehrte. Die Forschungsarbeiten von Merz waren darauf ausgerichtet, die dt. Nachkriegsps. bzgl. der Intelligenz- und Eignungsdiagnostik und einiger Themen der Allg. Ps. meth. auf ein angemessenes Niveau zu bringen (*Berufseignungstests, Differenzierungshypothese*, Merz 1971, 1979, Merz, Kalveram 1965). Als Assistent gehörte Merz zu den wenigen Psychologen, die gegen politisch belastete Psychologieprofessoren wie *Friedrich Sander* Stellung bezogen. Merz 1992. *H. E. Lück*

Mesencephalon [engl. *mesencephalon*; gr. μέσος *(mesos)* mittig, gr. ἐγκέφαλον *(enkephalon)* Gehirn], *Gehirn*.

Meskalin [engl. *mescaline*], **[PHA]**, Substanz aus der Reihe der *Halluzinogene*. Neurochemisch aktive Komponente des Peyotl-Kaktus. Strukturchemisch dem *Noradrenalin* verwandt. Wirkung innerhalb einer Std. eintretend und etwa 10 Std. anhaltend. *Halluzinationen* aktivierende und erregende sowie sympathikomimetische Wirkung. *Rauschmittel*. Julien 1997. *W. Janke*

Mesmerismus [engl. *mesmerism*], nach F. A. Mesmer (1734–1815), die Lehre vom «Magnetismus» (auch animalischer, Heil-, Lebensmagnetismus genannt) und die auf ihr beruhenden Heilpraktiken. Demnach sollten besonders begabte Personen («Magnetopathen») durch Bestreichen oder Handauflegen ihren «Magnetismus» (magnetische Energie, Nervenkraft) auf einen Kranken übertragen («magnetische Kur»), ggf. in «magnetischen *Schlaf*» versenken und ihn dadurch heilen können. *Hypnose*.

Mesoblast [engl. *mesoblast*], **[BIO]**, andere Bez. für das dritte Keimblatt. *Keimesentwicklung*.

Mesoderm [engl. *mesoderm*; gr. μέσος *(mesos)* mittig, δέρμα *(derma)* Haut], *Keimesentwicklung*.

mesolimbisches Dopaminsystem (= m. S.) [engl. *mesolimbic dopamine system*], **[BIO]**, Teilsystem des *limbischen Systems* mit *Dopamin* als Mediator, das von *dopaminergen Neuronen* der ventralen Mittelhirnhaube (VTA; engl. *ventral tegmental area*) seinen Ausgang nimmt und in limbische Strukturen projiziert. Das m. S. spielt eine zentrale Rolle im Belohnungssystem des Menschen. Willner & Scheel-Krüger 1991.

mesopisches Sehen [engl. *mesopic vision*; gr. μέσος *(mesos)* mittig, ὄψις *(opsis)* Sehen], **[WA]**, Sehen bei mittlerer Tageslichthelligkeit und ausreichenden fovealen Sehfunktionen (*Fovea (centralis retinae)*). *J. Zihl*

Message Learning Approach [engl.] «Ansatz des Botschaftenlernens», **[KOG, SOZ]**, eklektischer Ansatz der «Yale-Gruppe», wonach *Einstellungsänderung* aus dem *Lernen* von Argumenten resultiert und durch *Anreiz* gefördert wird. *G. Bohner*

Messeinheitsäquivalenz [engl. *equivalence of measuring unit*], *kulturübergreifende Äquivalenz*.

Messen (= M.) [engl. *measuring*], **[FSE]**, das M. kann als Zuordnung von Zahlen zu Objekten verstanden werden. Dabei sollen sich in den zugeordneten Zahlen die Relationen, die zwischen den Objekten bestehen, widerspiegeln. *Messtheorie*.

Messgenauigkeit [engl. *measurement accuracy*], *Gütekriterien*.

Messinvarianz (= M.) [engl. *measurement invariance*; lat. *in-* un-, *variare* verändern], **[FSE]**, M. ist gegeben, wenn ein Set von *Items* (*Variable, manifeste*) in versch. Populationen und/oder unter versch. Bedingungen (z. B. Messzeitpunkten) dasselbe *Konstrukt* erfasst. M. ist notwendig, um Gruppenunterschiede (z. B. Unterschiede zw. versch. Kulturen) bzw. Veränderungen in den Verteilungskennwerten (z. B. Mittelwerten, Varianzen) oder indiv. Werten als Gruppenunterschiede in Konstruktausprägungen bzw. als Veränderungen in Konstruktausprägungen interpretieren zu können. M. ist eine Voraussetzung der *Testfairness* (*Differential Item Functioning (DIF)*). M. wird anhand testtheoret. Modelle (*Testtheorie*) untersucht. Je nach *Skalenniveau* der Items und der Konstrukte (latente Variablen) können zur Analyse der M. Modelle der *Klassischen Testtheorie*, *Item-Response-Theorie (IRT)*, *Latenten Klassenanalyse* oder der latenten *Profilanalyse* herangezogen werden. M. ist gegeben, wenn die Items in versch. Populationen bzw. unter versch. Bedingungen in derselben Weise mit dem Konstrukt (*Variable, latente*) verknüpft sind. I. R. der *Faktorenanalyse* unterscheidet man drei Arten von M. Schwache M. liegt vor, wenn sich die Faktorladungen zw. Populationen bzw. Bedingungen nicht unterscheiden. Bei starker M. wird zusätzlich angenommen, dass auch die Achsenabschnitte gleich sind. Strikte M. setzt zusätzlich Gleichheit der Messfehlervarianzen voraus. Widaman & Reise 1997. *M. Eid*

Messmodell [engl. *measurement model*], **[DIA]**, i. R. der *Messtheorie* ein Modell, das die Beziehung zw. messbaren Indikatoren (*Variable, manifeste*) und unterliegender *latenter Variable* spezifiziert. *Faktorenanalyse, konfirmatorixsche, Messung, formative vs. reflektive, Operationalisierung, Strukturgleichungsmodelle*.

Messtheorie (= M.) [engl. *measurement theory*], Theorie des Messens, **[DIA, FSE]**, die logisch-math. Analyse der Zuordnung von Zahlen zu Beobachtungsdaten und die Aufstellung von axiomatisch begründeten Modellen des *Messens*. Hauptprobleme der M. sind (1) das der *Repräsentation*, d. h. der Aufweisung einer Isomorphie zw. den benutzten numerischen Operationen und Relationen und den formalen Eigenschaften der empirischen Operationen und Relationen. Die Beziehungen zw. den Beobachtungsdaten sollen sich danach in den Beziehungen der ihnen zugeordneten Zahlen (eines best. Systems mit def. Axiomen) widerspiegeln (*Repräsentation, messtheoretische*); (2) das *Problem der zulässigen Transformationen* von Skalen. Ein durch Transformation zustande kommendes numerisches System hat die Relationen des empirischen Systems in gleicher Weise wie das ursprüngliche numerische System abzubilden. So dürfen Intervallskalen nur linearen Transformationen von der Art $T(x) = ax + b$ (für $a > 0$) unterzogen werden (*Skala, Eindeutigkeit, messtheoretische*). Da in der Ps. i. d. R. latente *Konstrukte* erfasst werden, muss die Zulässigkeit der numerischen Repräsentation bes. begründet werden: (1) in der hohen empirischen *Validität*, (2) in der differentialpsychol. Beschreibung (z. B. Prozentrang; *Normierung*), die jeden Messwert zur Verteilung der Messwerte in einer *Population* in Beziehung setzt, (3) in der angenommenen Fähigkeit der Pbn, numerische Werte in sinnvoller Weise zur Kennzeichnung best. obj. Beziehungen zu verwenden (z. B. *Skalierung, Methoden der*). In der Ps. wurden fundamentale Messmodelle (*Item-Response-Theorie (IRT), Klassische Testtheorie (KTT)* entwickelt, die unter best. Voraussetzungen die Herstellung von *Intervallskalen* ermöglichen, ohne dass die Fähigkeit der Pbn zu einer sehr differenzierten direkten Skalierung ungeprüft hingenommen wird. *Testtheorie, Testkonstruktion, Psychometrie*. Steyer & Eid 2001. *E. Mittenecker*

Messung, formative vs. reflektive (r. M., f. M.) [engl. *formative vs. reflective measurement (models)*; lat. *formare* bilden, *reflectere* zurückdrehen/-beugen], **[FSE]**, in der *Psychometrie* werden *Konstrukte* (*Variable, latente*) i. d. R. indirekt über mehrere Indikatoren (*Variable, manifeste*) operationalisiert. R. M./r. *Operationalisierung*: Insbes. bei der Verwendung von *Strukturgleichungsmodellen* (*Faktorenanalyse, konfirmatorische*) wird i. d. R. angenommen, dass die Ausprägung der Indikatoren kausal durch das zugrunde liegende Konstrukt determiniert wird. Die Ausprägung der Indikatoren wird damit als Folge/Konsequenz der Konstruktausprägung modelliert. Bspw. wird angenommen, dass das Konstrukt *Kundenzufriedenheit* bedingt, ob ein Kunde ein Produkt wiederkaufen würde (reflektiver Indikator 1) oder ob er den Kauf weiterempfehlen würde (reflektiver Indikator 2). Bei Intelligenztests determiniert das Konstrukt *Intelligenz* die Lösung bzw. die Wahrscheinlichkeit der Lösung der Testitems (reflektive Indikatoren). Prinzipiell können alle Indikatoren, die eine valide Konsequenz der Konstruktausprägung widerspiegeln, als Element einer reflektiven Indikatorgruppe aufgenommen werden. Im Idealfall sind alle Items Teil einer streng eindimensionalen Skala (*Item-Response-Theorie*), sodass es unerheblich ist, welche Items als Indikatoren verwendet werden (*Adaptives Testen*). Es ist dann lediglich wichtig sicherzustellen, dass eine hinreichende *Reliabilität* und *Validität* der Messung gewährleistet wird. Die wichtigsten psychometrischen Modellierungsansätze (*Klassische Testtheorie, Item-Response-Theorie (IRT), Rasch-Modell, Skalenanalyse*) basieren auf der reflektiven Operationalisierung von Konstrukten.

F. M./f. *Operationalisierung*: Eine f. Operationalisierung liegt vor, wenn die Ausprägung des Konstrukts kausal durch die manifesten Einzelindikatoren determiniert wird. Die Ausprägung der Indikatoren wird damit als Ursache/Antezendenz der Konstruktausprägung modelliert. Bspw. wird angenommen, dass die Qualität des erworbenen Produkts (f. Indikator 1) und die Beratung durch den Verkäufer (f. Indikator 2) kausal das Konstrukt *Kundenzufriedenheit* bedingen. Für eine psych. Störung würde dies bedeuten, dass nicht die Symptome (r. Indikatoren), sondern Störungsursachen (f. Indikatoren) erfasst würden. Das Messmodell entspricht einem multiplen Regressionsmodell (*Regression, multiple*), bei dem die Indikatoren die Prädiktoren und das latente Konstrukt das Kriterium repräsentieren. Die geschätzte Konstruktausprägung entspricht einer gewichteten Summe der Indikatorausprägungen. Ein formatives Messmodell ist nur valide, wenn alle Ursachen der Konstruktausprägung als Indikatoren definiert sind. Fehlt nur einer der Indikatoren, der eine singuläre Ursache repräsentiert, kann das Vorliegen der Konstruktausprägung nicht mehr zuverlässig erkannt oder geschätzt werden. Die Schätzung von Pfadmodellen mit formativ operationalisierten Konstrukten erfolgt i. d. R. mittels des *Partial Least Square (PLS)*-Ansatzes. Da eine Gruppe f. Indikatoren keine gemeinsame Varianzquelle reflektiert, sind übliche Gütekriterien der Psychometrie nicht anwendbar; das Hauptgütekriterium stellt eine theoretische Plausibilität (i. d. R. auf Basis von Expertenmeinungen) dar. Eine solche Itemgruppe darf nicht als *Skala*, sondern deren gewichteter Summenwert lediglich als *Index* bezeichnet werden. Im Falle formativer Indikatoren liegt kein prüfbares messtheoretisches Modell zugrunde. Konstrukte sollten nicht als f. bzw. r. Konstrukte bez. werden, da jedes Konstrukt i. d. R. sowohl durch eine r. M. (r. operationalisiertes Konstrukt) als auch eine f. M. operationalisiert werden kann.

Psychometrisch begründete Validierungen (*Validierung*) für f. Messmodelle können lediglich indirekt mittels Strukturgleichungsmodellen erfolgen, wenn simultan r. Indikatoren erfasst werden: (1) MIMIC (*Multiple indicators and mutiple consequences*)-Modelle def. für ein Konstrukt sowohl f. wie r. Indikatoren. (2) *Nomologische Netzwerke* beinhalten manifeste f. Indikatoren und mind. zwei r. definierte Indikatorkonstrukte, die gemäß theoretischer Überlegungen als Konsequenz resultieren. Bollen 2002, Jarvis et al. 2003, Diamantopoulos & Winklhofer 2001.
I. M. Welpe

Messung, ipsative (= i. M.) [engl. *ipsative measurement*; lat. *ipse* selbst], **[DIA, FSE]**, liegt vor, wenn Testwerte (Messwerte) nicht von *Individuum* zu Individuum verglichen werden können, sondern wenn die Messwerte nur innerhalb der bei einem Pb vorliegenden Messwerte vergleichbar sind. Im Ggs. dazu wird bei der *normativen Messung* der Vergleich über den Mittelwert einer *Stichprobe* von Pbn vorgenommen. Ipsative Messwerte entstehen immer dann, wenn die Punktwertsumme aus einem Test für alle Pbn gleich ist. Werden die Items über die *forced choice*-Technik (*forced choice item, forced choice method*) formuliert, liegt i. M. vor. Auch beim Q-Sortierungs-Verfahren (*Q-Sortierung*) resultieren ipsative Werte. Cattell 1944.
H. O. Häcker

Messung, normative [engl. *normative measurement*; lat. *norma* Regel, Maßstab], *Messung, ipsative*.

Messwiederholungsdesign [engl. *repeated measures design*]; *abhängige Stichproben, Experiment, Forschungsdesign, verbundene Messung*.

Metaanalyse (= M.) [engl. *meta-analysis*; gr. μετά (*meta*) zwischen-, mit-, um-, nach-; hier i. S. von nachgeordnet;

gr. ἀνάλυσις *(analysis)* Auflösung, i. S. von systematische Untersuchung eines Gegenstands durch Bestimmung der Einzelteile], [**FSE**], ist eine besondere und populäre Form der Übersichtsarbeit (Forschungssynthese, Literaturreview), die darauf ausgerichtet ist, die Erkenntnisse und Forschungsergebnisse aus unterschiedlichen (Primär-) Studien zu einem best. Thema unter Verwendung stat. Verfahren zu integrieren. M. werden in der Ps. oftmals zur summarischen Zusammenfassung von empirischen Wirksamkeitsevaluationen von Interventionen (z. B. Psychoth., Förderprogramme; *Evidenzbasierung*) eingesetzt, können aber prinzipiell zur Zusammenfassung von Ergebnissen empirischer Studien aller Art (z. B. Korrelationsstudien) durchgeführt werden. M. unterscheiden sich von sog. narrativen Literaturreviews durch die standardisierte Zusammenfassung von Studienergebnissen mittels *Effektgrößenberechnung*, durch die eine Vergleichbarkeit und Aggregierung großer Datenmengen möglich wird. Sie dienen dem Zweck, einen Überblick zur bisherigen Befundlage zu erstellen und auftretende Unterschiede in den Ergebnissen aus inhaltsgleichen Studien aufzuklären. Zugleich wird angenommen, dass M. eine höhere *Validität* und Generalisierbarkeit der Ergebnisse im Vergleich zu Einzelstudien aufweisen.

M. folgen einer festgelegten Durchführungssystematik (Borenstein et al. 2009; Cooper 2010; Cooper et al. 2009; Lipsey & Wilson 2001). Zunächst müssen (1) die Fragestellung expliziert und die darin enthaltenen *Konstrukte* def. werden, um einheitliche Auswahl- oder Selektionskriterien für den relevanten Studienpool zu spezifizieren. Auf dieser Basis findet (2) eine umfassende und zumeist unterschiedliche Strategien umfassende Literatursuche statt, wobei der Anspruch besteht, i. R. der Selektionskriterien alle verfügbare Evidenz zus.zutragen. Anschließend werden (3) die identifizierten Untersuchungen ausgewertet, indem inhaltliche und meth. Studienmerkmalen kodiert und die Studienergebnisse durch die Berechnung einheitlicher Effektgrößen vergleichbar gemacht werden. Dazu werden zumeist die Effektstärke d (*Cohens d*; in der Interventionsforschung als standardisierte Mittelwertsdifferenz zw. zwei Gruppen), die Pearson-Produkt-Moment-*Korrelation* r oder *Odds Ratio* (z. B. Verteilung von Heilungschancen zweier Gruppen) aus deskriptiven und inferenzstatistischen Primärstudienparametern berechnet. Es folgt (4) die stat. Integration der Effektgrößen über alle Primärstudien und die Berechnung von Zusammenhängen zw. Studienmerkmalen und Studienergebnissen. Abschließend werden (5) die metaanalytischen Ergebnisse, die angewandten metaanalytischen Methoden sowie auch die einbezogenen Primärstudien detailliert dokumentiert. M. wurden (unter diesem Namen) erstmals 1977 zur Evaluation psychoth. Maßnahmen eingesetzt (Smith & Glass 1977). Sie werden seitdem in großer Anzahl vor allem in der Ps., Med. und empirischen Sozialforschung publiziert. Seit ihren ersten Anwendungen wurden insbes. die stat. Integrationsverfahren verfeinert und erweitert. Die wichtigsten Veränderungen betreffen die Entwicklung elaborierterer stat. Modelle zur Integration der Effektgrößen und Schätzung von Populationseffektstärken, die u. a. die Berücksichtigung der Stichprobengröße der Einzeluntersuchungen oder Möglichkeiten der Korrektur nach versch. meth. Einflussgrößen (z. B. *Reliabilität* der Messinstrumente) vorsehen. Damit einhergehend steht neben der Berechnung der allg. mittleren Effektgröße mittlerweile die Aufklärung der *Effektstärkenvariabilität* durch inhaltliche und meth. Moderatoren (Studienmerkmale) durch nachgeschaltete stat. Verfahren (z. B. *Meta-Varianz-* oder *Meta-Regressionsanalysen*) im Vordergrund der Auswertungen. Je nach stat. Homogenität oder Heterogenität der Befunde der integrierten Studien werden dazu unterschiedliche Integrationsmodelle (z. B. *fixed* vs. *random effect models*) verwendet.

Bereits mit den ersten Anwendungen wurden auch versch. Probleme der M. diskutiert, die v. a. konzeptionelle Fragen von Forschungszusammenfassungen betreffen. (1) So wurde vor einer in sozial- und verhaltenswiss. Forschungsfeldern zumeist großen inhaltlichen Heterogenität der zus. gefassten Studien gewarnt, die eine gemeinsame Auswertung der Befunde wenig angemessen erscheinen lässt (umgangssprachlich auch als *Äpfel-Birnen-Problem* bezeichnet). Die Primärstudienauswahl sollte daher vor dem Hintergrund weitreichender Kenntnisse in einem Forschungsfeld geschehen, damit die Formulierung von Ein- und Ausschlusskriterien möglichst theoriegeleitet und mit Bezug auf aktuelle Forschungsfragen erfolgt. Eine gewisse inhaltliche Heterogenität der Studien wird i. d. R. allerdings angestrebt, um best. Effektmoderatoren überhaupt untersuchen zu können. (2) Es wurde eingewandt, dass die zus.fassenden Ergebnisse schweren Verzerrungen unterliegen, wenn Primärstudien geringer meth. Qualität bei der Befundintegration mitberücksichtigt werden. In M. wird daher schon bei der Studienauswahl i. d. R. eine meth. Mindestqualität verlangt (z. B. Kontrollgruppendesign bei Interventionsstudien). Darüber hinaus ist es i. R. der stat. Analysen möglich, Korrekturen anhand meth. Variablen vorzunehmen oder die Studienergebnisse nach meth. Merkmalen auszuwerten, um mögliche Verzerrungen darzulegen. (3) Ein weiterer Einwand betrifft sog. Publikationsverzerrungen (*publication bias*). Damit ist die i. d. R. höhere Publikationswahrscheinlichkeit hypothesenkonformer Ergebnisse gemeint, die eine Ergebniszusammenfassung entspr. verzerrt. Zur Überprüfung von Publikationsverzerrungen in M. wird zumeist ein sog. *Funnel-Plot* durchgeführt und die Stichprobengröße mit den Studienergebnissen in Beziehung gesetzt. Fehlen best. Gruppen von Studien (vorzugsweise kleine Studien mit geringen Effektgrößen) wird auf Publikationsverzerrungen geschlossen und nachfolgend eine stat. Korrektur vorgeschlagen. Diese Korrekturverfahren sind allerdings problematisch, weil z. B. in der Interventionsforschung auch ungünstige Implementationsbedingungen in großen Studien für eine Verzerrung verantwortlich gemacht werden können. Zur Kompensation von Publikationsverzerrungen wird daher die Berücksichtigung unpublizierter *grauer Literatur* als notwendig erachtet (s. auch *Fail-Safe-N-Methode*). (4) Ein letzter Kritikpunkt betrifft die Konfundierung zw. inhaltlichen und/oder meth. Merkmalen der Einzelstudien, die dazu führt, dass Effektmoderatoren nicht unabhängig untersucht werden können. Dieses Problem ist in nahezu allen M. gegeben, weil sich wiss. Studien i. d. R. aufeinander beziehen und best. Kombinationen von Studienmerkmalen aus inhaltlichen Gründen nicht gleich wahrscheinlich sind. Eine Berücksichtigung dieser Konfundierungen bei der Datenanalyse und Interpretation ist daher unerlässlich, stößt aber an ihre Grenzen, wenn die Zahl potenzieller Moderatoren groß und die Zahl der Primärstudien relativ gering ist. In diesen Fällen ist u. U. von der Anwendung einer M. abzuraten und ggf. andere Formen des Literaturreviews zu präferieren. *A. Beelmann*

metabolisches Syndrom (= m. S.) [engl. *metabolic syndrome*], [**KLI**], internat. unscharf def. *Syndrom* aus Übergewicht, *Bluthochdruck*, Fettstoffwechselstörung und gestörter *Glukosetoleranz* bzw. Insulinresistenz (*Diabetes mellitus*), maßgeblich bedingt durch Überernährung und Bewegungsmangel. Nach den Kriterien der International Diabetes Foundation liegt ein m. S. vor, wenn zusätzlich zur abdominellen Adipositas (Bauchumfang bei Männern ≥ 94 cm, bei Frauen ≥ 80 cm) zwei der folg. Faktoren vorhanden sind: Nüchternblutzucker > 100 mg/dl oder Diabetes mellitus; erhöhte Triglyceridkonzentration (> 150 mg/dl); vermindertes HDL-Cholesterin (< 40 mg/dl bei Männern oder < 50 mg/dl bei Frauen); erhöhter Blutdruck (> 130 mmHg systolisch oder > 85 mmHg diastolisch). Ein m. S. findet sich überzufällig häufig, auch unabhängig von einer medikamentösen Behandlung, bei Pat. mit psych. Störungen, z. B. bei *Schizophrenien*. Es wird jedoch häufig auch unter einer Behandlung mit best. *Antipsychotika* oder *Antidepressiva* beobachtet. *Gewichtszunahme unter Psychopharmaka*. *G. Gründer*

Metabolisierung (= M.) [engl. *metabolism*; gr. μεταβολή (metabole) Umwandlung, Veränderung], [**PHA**], bez. den chemischen Umbau körpereigener oder fremder Stoffe durch körpereigene Enzymsysteme. Dabei entstehen Metaboliten. Bis auf wenige Ausnahmen sind die meisten Arzneimittel chemisch so aufgebaut, dass sie biol. Membranen passieren, um ihren Wirkort zu erreichen. Sie müssen umfangreich metabolisiert werden, um den Körper wieder verlassen zu können. Für Medikamente ist die Leber das wichtigste Organ für die M. Auch andere Organe sind metabolisch aktiv, vor allem die Darmmukosa. Bei der M. von Arzneimitteln werden Phase-I- und Phase-II-Reaktionen unterschieden. Bei den Phase-I-Reaktionen werden Medikamente chemisch «funktionalisiert», indem bspw. eine Hydroxylgruppe eingeführt oder eine Sauerstoffgruppe freigesetzt wird. Die quant. wichtigste Enzymfamilie der Phase-I-Metabolismus ist das Cytochrom-P450-System (CYP). Der Mensch ist mit 39 funktionellen CYP-Enzymen ausgestattet. Bes. relevant für den Abbau von Arzneimitteln sind 6 Isoenzyme. Es gibt zahlreiche genetische Varianten der CYP-Enzyme. Nach Durchlaufen von Phase-I-Reaktionen sind viele Arzneimittel nicht ausreichend nierengängig und ausscheidbar. Sie werden ausscheidbar in Phase-II-Reaktionen durch Konjugation von hydrophilen Resten. Am wichtigsten ist die Übertragung von Glucuronsäurerest durch Glucuronosyltransferasen. Brunton 2011. *C. Hiemke*

Metabolismus [engl. *metabolism*; gr. μεταβολή (metabole) Umwandlung, Veränderung], [**BIO**], Veränderung, allg. das beim *Stoffwechsel* (mit seinen dauernden Veränderungen) Entstandene, der Stoffwechsel selbst. *Anabolismus* ist die Bez. für Aufbauprozesse, *Katabolismus* für die Abbauprozesse des Stoffwechsels.

Metaerg (= M.) [engl. *metaerg*; gr. μετά (meta) über, nachgeordnet, ἔργον (ergon) Arbeit, Wirken], [**PER**], Begriff aus der Persönlichkeitstheorie von R. B. Cattell (*Persönlichkeit, klassische faktorenanalytische Ansätze*). Bez. für eine erworbene psych. «Wurzeleigenschaft» (*source trait*). Die M. umfassen die sog. «abgeleiteten Antriebe» wie Gesinnungen, Interessen und Einstellungen. *Erg, erg, propensity*.

Meta-Evaluation [engl. *metaevaluation*; gr. μετά (meta) über, nachgeordnet], *Bildungsevaluation*.

Metagedächtnis *Metakognition*.

Metagenese [engl. *metagenesis*; gr. μετά (meta) über, nachgeordnet, γένεσις (genesis) Ursprung], *Generationswechsel*.

Metakognition (= M.) [engl. *metacognition*; gr. μετά (meta) über, nachgeordnet], [**KOG, PÄD**], ist nach Flavell (1979b, Flavell et al. 2002) *Wissen* und *Kognition* über kogn. Phänomene. Innerhalb der M. kann nach Flavell *metakognitives Wissen* von *metakognitiver Überwachung* und *Selbstregulierung* (*Selbstregulation*) unterschieden werden. Flavell unterteilt metakogn. Wissen in drei Kategorien: Wissen über Personen, Aufgaben und Strategien. Die Personenkategorie beinhaltet Wissen und Überzeugungen über Menschen als kogn. Verarbeiter. Die Aufgabenkategorie bezieht sich zum einen auf Wissen über die Art der in einer Aufgabe vorhandenen Informationen (z. B. Komplexität, Vertrautheit) und zum anderen auf Wissen über die Anforderungen einer Aufgabe (z. B. freies Erinnern oder Wiedererkennen). Die Strategiekategorie beinhaltet Wissen über versch. Strategien (z. B. externes Speichern von Informationen oder *rehearsal*). Mit metakogn. Überwachung und Selbstregulierung sind Aktivitäten gemeint, die über den eigenen Fortschritt in einem kogn. Prozess informieren. Metakognitive Überwachung und Selbstregulierung können metakogn. Erfahrungen beinhalten, die kogn. oder affektiv (*Affekt*, *Emotionen*) sind (z. B. Aha-Erlebnis oder Gefühl der Unsicherheit). Metakognitives Wissen und Strategien der Überwachung und Selbstregulierung werden i. d. R. bewusst eingesetzt, können jedoch durch Wiederholung automatisiert werden und somit unbewusst ablaufen. Der Begriff *metakognitiv* wird jedoch zumeist mit bewusstem und überlegtem *Denken* über Denken gleichgesetzt. Diese Konvention scheint bes. für die Erforschung von M. sinnvoll, da bewusstes Denken von Untersuchungsteilnehmern kontrollierbar und potenziell verbalisierbar ist. Allerdings scheint es jüngeren Kindern schwerzufallen, ihr Wissen über ihr Wissen bzw. über ihre Strategien zu verbalisieren. Besonders für diesen Fall sind nonverbale Forschungsmethoden geeignet.

Die meisten entwicklungspsychol. Studien im Bereich der M. adressieren den Aspekt des Metagedächtnisses. Im Vordergrund steht dabei (1) das Wissen über Variablen, die die Gedächtnisleistung (*Gedächtnis*) beeinflussen, und (2) das Wissen über Gedächtnisstrategien und deren Anwendung (Schneider, Bjorklund 1998). *deklarativ-metakognitives Wissen, Entwicklung.*

I. w. S. als *Denken über Denken* spielt M. eine wichtige Rolle innerhalb versch. Theorien bzw. Paradigmen der Entwicklungsps.: M. ist ein zentrales Merkmal der adoleszenten Entwicklungsstufe der formalen Operationen nach J. Piaget (*Entwicklung, Stufentheorie nach Piaget, formal-operatorische Entwicklungsstufe*). Formale Operationen werden als Operationen über Operationen beschrieben. Weiter hängt M. eng mit dem Konzept der *Theory of Mind* (*mentalistische Alltagspsychologie, deklarativ-metakognitives Wissen, Vorläufer, soziale Kognition, Entwicklung*) zus. Hierbei ist das kindliche Verstehen des Zusammenhangs zw. der eigenen Kognition und der Kognition einer anderen Person von Interesse, während im Bereich der M. vor allem das Verstehen der eigenen Kognition interessiert. Im Bereich der *Theory of Mind* liegt der Forschungsschwerpunkt auf den Ursprüngen und ersten Ausdrucksformen kindlichen Verstehens von Wissen über grundlegende mentale Zustände wie etwa Wünsche, Überzeugungen (*Überzeugungssystem*), *Wissen, Intentionen* und *Gefühle*. Hingegen werden bei der metakognitiven Entwicklung vor allem problemzentrierte und zielorientierte mentale Aktivitäten betrachtet. Daher wird bei der Forschung zur *Theory of Mind* eher auf jüngere Kinder, bei der metakognitiven Entwicklung eher auf ältere Kinder und Jugendliche fokussiert. Metakogn. Denken spielt eine wichtige Rolle für planvolles und *selbstreguliertes Lernen*. Dieses Lernen kann sich günstig auf den Lernfortschritt auswirken. Aus diesem Grund ist M. und die Vermittlung metakogn. *Kompetenzen* auch für die Päd. Ps. von großer Bedeutung. *A.F. Rapp*

Metakognitive Therapie (= M. T.) [engl. *metacognitive therapy*], **[KLI]**, geht auf A. Wells zurück, der den Begriff erstmalig im Kontext der *kognitiven Verhaltenstherapie* der generalisierten Angststörung benutzte. Grundkonzept der Behandlung ist, dass die Evaluation und Steuerung kogn. Prozesse (*Metakognition*) an der Entstehung (*Ätiologie*) und Aufrechterhaltung bei einer Reihe *psychischer Störungen* beteiligt sind und deshalb direkt durch Therapie verändert werden sollten. M. T. hat sowohl die Veränderung m. Wissens als auch m. Strategien der Überwachung und *Selbstregulierung* kogn. Prozesse (*Kognition, Denken*) zum Ziel. Ein Bsp. für eine Intervention zur Veränderung m. Wissens wäre ein *Verhaltensexperiment* zur Überprüfung der Metakognition, dass übermäßiges Sorgen dazu führen kann, dass eine Person «verrückt» wird (durch ebendiesen aktiven Versuch). Ein Bsp. für eine Intervention zur Selbstregulation von kognitiven Prozessen ist das Aufmerksamkeitstraining, mit dem Ziel, aktiv *Aufmerksamkeit* von innen nach außen und zurück lenken zu können (z. B. i. R. der Behandlung einer sozialen Angststörung (*Angststörungen, soziale Phobie*) mit Erröttungsangst. Inzw. wurde die *Wirksamkeit* des Ansatzes in RCTs (*randomisierte kontrollierte Studie*) und Open-label-Studien für die Generalisierte Angststörung, die *Posttraumatische Belastungsstörung (PTBS)*, Major *Depression* und die *Zwangsstörung* nachgewiesen. Auch für den Bereich der schizophrenen Störungen (*Schizophrenie*) liegen erste Machbarkeitsstudien mit pos. Ergebnissen vor. Wells 2011. *A. L. Gerlach*

Metakommunikation (= M.) [engl. *metacommunication*; gr. μετά *(meta)* über, nachgeordnet], **[SOZ]**, *Kommunikation* (= K.); besteht aus expliziten und intentionalen Aussagen über Aspekte eines K.prozesses (wie z. B. Inhalte, Strukturen, K.stile, nonverbale Signale; *nichtverbale Kommunikation*) oder über situationsübergreifende K.stile. Wichtige Funktionen von M. sind Vermeiden und Beheben von Störungen in K.abläufen (auch in Arbeitsbeziehungen). Für einen sinnvollen Einsatz ist die Vereinbarung und strikte Einhaltung best. Regeln unverzichtbar. Verzichtet man auf die Bestimmungskriterien der *Explizitheit* und *Intentionalität*, dann ist M. praktisch identisch mit dem *Beziehungsaspekt* der *Kommunikation* in der Theorie von Watzlawick et al. (1967, 2011; *Kommunikationsmodell von Watzlawick et al.*), nach der jede Mitteilung auch einen Hinweis darauf enthält, wie sie vom Empfänger verstanden werden soll. Auch das sog. *Vier-Seiten-Modell der Kommunikation von Schulz von Thun* enthält eine ähnliche Vorstellung. Für einen bewussten Umgang mit «Kommunikation über Kommunikation» ist die engere Def. jedoch sinnvoller. Schulz von Thun 1994, Rechtien 2007. *W. Rechtien*

Metakontrast (= M.) [engl. *metacontrast*; gr. μετά *(meta)* nachfolgend], **[WA]**, von H. Werner 1930 beschriebenes Phänomen, dass ein Lichtreiz (z. B. Kreisscheibe) durch einen räumlich angrenzenden, zeitlich nachfolgenden Reiz (z. B. Ring) in seiner Helligkeit verändert wird oder ganz in der Wahrnehmung unterdrückt wird. Prozesshaft lassen sich Wirkungen der nicht wahrgenommen Reizung auf spätere Wahrnehmungen oder Reizverarbeitungen nachweisen. *Maskierung*, *Kontrast*. Werner 1930. *P. Day*

Metamere [engl. *metameres*; gr. μετά *(meta)* nachfolgend, gr. μέρος *(meros)* Teil], **[BIO]**, die entwicklungsgeschichtlich nacheinander entstandenen Körperabschnitte. Reste sind z. B. die «metameren» Innervationen (*Innervation*) der Haut von best. Rückenmarksegmenten (*Nervensystem*).

Meta-Monitoring (= M.) [engl. *monitoring* Überwachen, Kontrollieren; gr. μετά *(meta)* über], **[EM, KOG]**, bezeichnet einen übergeordneten Kontrollprozess, der die Geschwindigkeit der Zielannäherung (*Ziele*) überwacht. Kybernetische Regelkreismodelle (*Kybernetische Feedbackschleifenmodelle*) der Zielverfolgung nehmen an, dass die aktuelle Situation (Istwert) fortlaufend mit den Zielen (Sollwert) der Person verglichen wird. Wird im Zuge dieses Monitorings eine Ist-Soll-Diskrepanz festgestellt, so werden korrektive Verhaltensweisen geplant und ausgeführt. Der übergeordnete Prozess des M. vergleicht die Geschwindigkeit, mit der die *Zieldiskrepanz* verringert wird, mit der erwarteten oder erforderlichen Geschwindigkeit der *Zielannäherung*. Z. B. wird die Menge des an einem Tag bearbeiteten Prüfungsstoffes mit dem Tagespensum verglichen, das erforderlich ist, um den gesamten Stoff bis zum Prüfungstermin zu bewältigen.

Durch M. sollen affektive Zustände (*Affekt*, *Affektivität*) entstehen: Eine verzögerte Annäherung an das Ziel löst neg. Affekt aus, während eine zügige Beseitigung von Diskrepanzen mit pos. Affekt einhergeht. Übersteigt das tägliche Pensum an bearbeitetem Prüfungsstoff die erforderliche Menge, so entsteht pos. Affekt (*Freude*, Erleichterung); bleibt dagegen die tägliche Arbeitsmenge hinter der notwendigen Quote zurück, so entsteht neg. Affekt (*Angst*, Verzweiflung). Entscheidend für die Entstehung affektiver Zustände ist nicht die absolute Größe der Ist-Soll-Diskrepanz (die Menge des noch zu bearbeitenden Prüfungsstoffs), sondern die Einschätzung der relativen Geschwindigkeit bzw. Effizienz der Zielannäherung. Auch eine aktuell große Entfernung zum angestrebten Ziel kann mit pos. Affekt einhergehen, wenn man den Eindruck hat, sich auf einem guten Weg zu befinden, um das Ziel fristgerecht zu erreichen. Umgekehrt kann eine geringe Zieldiskrepanz zu neg. Affekt führen, wenn die Geschwindigkeit der Zielannäherung hinter der erwarteten oder notwendigen Annäherungsgeschwindigkeit zurückbleibt. Carver & Scheier 1990.   K. Rothermund/A. Eder

Metamorphopsie [engl. *metamorphopsis*; gr. μετά (*meta*) auf etw. hin, μορφή (*morphe*) Gestalt, ὄψις (*opsis*) Sehen], [WA], Verzerrtsehen von Gegenständen durch Lageveränderung der Netzhaut (*Auge*).

Metamorphose [engl. *metamorphosis*; gr. μετά (*meta*) auf etw. hin, μορφή (*morphe*) Gestalt], Umgestaltung, Verwandlung, strukturelle Veränderung. Vorgänge, bei denen ein Individuum/*Organismus* einem grundlegenden Gestaltwandel unterworfen wird (z. B. Verwandlung einer Puppe zu einem Schmetterling).

Metaoperator [engl. *metaoperator*; gr. μετά (*meta*) über, nachgeordnet], [KOG], teils gleichbedeutend mit *Makrooperator*, teils als Operationsmöglichkeit höherer Ordnung verstanden, bspw. als *Operator* zur Bildung von Operatoren. Dörner 1976.

Metapher (= M.) [engl. *metaphor*; gr. μετά (*meta*) zwischen-, mit-, φέρειν (*pherein*) tragen], [KOG], stellt eine den Tropen zugehörende figurative Sprachform dar, bei der das wörtlich Geäußerte nicht mit dem Gemeinten übereinstimmt. Die Relation zw. Geäußertem und Gemeintem wird dabei häufig als eine Ähnlichkeitsrelation beschrieben. Die Ps. beschäftigt sich verstärkt seit etwa den 1970er-Jahren mit der Interpretation und Verarbeitung von M. Im Mittelpunkt steht dabei die Frage, wie es dem Hörer gelingt, das eigentlich Gemeinte zu verstehen. Dabei ist zunächst danach gefragt worden, wie das metaphorisch Gemeinte rekonstruiert und interpretiert wird. Die Theoriebildung erfolgt hier mehr oder minder explizit unter Rückgriff auf drei große klassische Theorietraditionen: die *Substitutionstheorie* und *Vergleichstheorie* der klassischen Rhetorik sowie die im 20. Jhd. von Richards & Black aufgestellte *Interaktionstheorie*. Während es noch relativ unstrittig ist, dass man Metaphern als Relation zw. einem *Tenor* (bildempfangener Bereich) und einem *Vehikel* (bildspendender Bereich) beschreiben kann und dass das Vehikel für die Verarbeitung eine wichtigere Rolle spielt als der Tenor, unterscheiden sich die theoretischen Modelle vor allem darin, welche Relationen und Korrespondenzen zw. Tenor und Vehikel im Verstehensprozess (*Textverständlichkeit*) angenommen werden. Einige Theorien postulieren einen auf Ähnlichkeit oder Salienz basierenden Merkmals- oder Attributenvergleich, für andere ist der Grad der Unähnlichkeit der semantischen Bereiche, aus denen die beiden Terme stammen, entscheidend für die Rekonstruktion der metaphorischen Bedeutung; und noch andere konzipieren die Relation von Topik und Vehikel als *Klassen-Inklusion* oder als *Struktur-Vergleich*. Alle Theorien können empirische Belege für die jeweiligen Behauptungen erbringen – keine Theorie kann aber alle Typen von M. erklären.

Außerdem hat das Problem des *Verarbeitungsaufwandes* beim Verstehen von M. Aufmerksamkeit auf sich gezogen. Werden M. genauso schnell verarbeitet wie nicht metaphorische Äußerungen, oder erfordert ihre Rekonstruktion eine bes. kogn. Leistung? Das klassische *pragmalinguistische Standardmodell figurativer Sprache* geht davon aus, dass beim Verstehen figurativer Sprache notwendigerweise zuerst die wörtliche Bedeutung rezipiert (und verworfen) wird, bevor die figurative Bedeutung (re-)konstruiert werden kann. Im Unterschied dazu postuliert der *radikal-pragmatische Theorieansatz*, dass das Konzept der wörtlichen Bedeutung für die wiss. Erklärung figurativer Sprachverarbeitung überflüssig und unbrauchbar ist, da die figurative Bedeutung unmittelbar und direkt ohne Umweg über die wörtliche Bedeutung verstanden wird (Modell des direkten Zugangs). Eine partielle Auflösung dieser Kontroverse einschließlich der heterogenen empirischen Befundlage bietet die *gestufte Salienz-Hypothese* (von Giora), nach der sowohl das Verstehen figurativer als auch das Verstehen nicht figurativer Sprache einem allg. *Salienz-Prinzip* unterliegen: Saliente Bedeutungen werden zuerst verarbeitet, und zwar unabhängig davon, ob es sich dabei um eine wörtliche oder eine figurative Bedeutungskomponente handelt. Demnach spielt der Grad der Konventionalität einer Äußerung eine entscheidende Rolle für den erforderlichen Verarbeitungsaufwand. Konventionelle M. werden direkt verarbeitet und erfordern keinen höheren Verarbeitungsaufwand; bei unkonventionellen M. wird hingegen zunächst die (saliente) wörtliche Bedeutung aktiviert, was durch die anschließende Rekonstruktion der figurativen Bedeutung einen höheren Verarbeitungsaufwand impliziert. Die bisherige empir. Forschung zum Verstehen von M. ist allerdings eindeutig kognitionslastig (*Kognition*), denn sie hat sich fast ausschließlich auf die kogn. Seite der Verarbeitung konzentriert. Damit wird nur die Hälfte der relevanten Verarbeitungsprozesse erfasst; die andere Hälfte ist die emot.-ästhetische Verarbeitung, die bisher in der Forschung sowohl theoretisch wie empir. unzureichend berücksichtigt worden ist.

Von den vielfältigen Funktionen der M. sind insbes. die kogn. Funktion in päd. sowie die expressive und sozial-regulative Funktion in therapeutischen Settings analysiert worden. M. werden einerseits als didaktische Mittel eingesetzt, um unvertrautes Wissen und neue Perspektiven zu vermitteln, Problemlöseprozesse und den Aufbau *mentaler Modelle* zu erleichtern sowie die *Aufmerksamkeit* zu steuern. Sie werden andererseits zur Herstellung von Vertrautheit und Intimität im interpersonalen Kontext sowie für das Verständlichmachen emot. Zustände und *Selbsterklärungen* im therap. Kontext genutzt. Groeben & Christmann 2003, Gibbs 2008, Christmann & Groeben 2013. *U. Christmann*

Metaphysik (= M.) [engl. *metaphysics*; gr. μετά *(meta)* über-, nachgeordnet, φύσις *(physis)* Natur], **[PHI]**, zuerst Titel derjenigen Schrift des Aristoteles, die hinter den die Physik betreffenden Schriften zu stehen kam. Da sie die Ansichten des Aristoteles über die «letzten Gründe» enthält, ist M. zum Inbegriff der Lehre vom Übersinnlichen, von den über die Erfahrung Hinausgehenden geworden.

Metaplan-Methode [engl. *metaplan method*; gr. μετά *(meta)* über-, nachgeordnet], *Moderationstechniken*.

Metapsychik [engl. *metapsychics*; gr. μετά *(meta)* über-, nachgeordnet], **[PER]**, analog zur *Metaphysik* gebildeter Begriff. Umfasst das Normalpsychische überschreitende Geschehen, somit das Transzendent-Psychische bzw. das Gebiet der *Parapsychologie*. Bei Freud zielt der Begriff auf eine ontologische Analyse, d. h. auf die Erfassung des Seins, des Wesens und letzten Grundes der empirisch beobachtbaren Erscheinungen (z. B. Kennzeichnung des Es als Wesensgrund aller triebhaften und auf Lustgewinn gerichteten Erscheinungen im Denken, Fühlen und Handeln).

Metasprache (= M.) [engl. *metalanguage*; gr. μετά *(meta)* über-, nachgeordnet], **[KOG]**, *Sprache*, Verständigungssystem, mit dem über Sprache(n) gesprochen wird. Kann man mit einer «Objektsprache» bspw. über Objekte des alltäglichen Lebens sprechen, so werden in der M. Anteile einer Objektsprache zum Gegenstand der *Kommunikation*. Schnelle 1973. *G. Kaminski*

metatelische Orientierung zweidimensionales Modell *metatelischer Orientierungen*.

metathetisches Kontinuum [engl. *metathetic continuum*; gr. μετάθεσις *(metathesis)* Umstellung, lat. *continuum* Zusammenhängendes], **[WA]**, Begriff aus der *Psychophysik*; von Stevens (1935) bekannte Skala, auf der die ebenmerklichen Unterschiede (*Unterschiedsschwelle*) subj. gleich groß sind (z. B. Tonhöhen). Die Zunahme soll bemerkt werden, wenn eine neue neurale Erregung eine alte ersetzt (substituiert). Dagegen bilden die nach dem *Potenz-Gesetz* ungleichen ebenmerklichen Unterschiede (z. B. beim Gewichteheben, bei der Helligkeitswahrnehmung (*Helligkeit*) oder beim *Geschmack*) ein prosthetisches Kontinuum [gr. *prosthitos* hinzugefügt]. Hier wird angenommen, dass der Unterschied wahrgenommen wird (*Wahrnehmung*), wenn zu einer bestehenden Erregung eine neue hinzukommt (addiert wird). *R. Bergius*

Metencephalon [gr. μετά *(meta)* nachgeordnet], *Gehirn*.

Metergolin (= M.) [engl. *metergolin*], **[PHA]**, *Psychopharmakon* aus der Gruppe der *Serotonin*-Antagonisten, wird als Prolaktinhemmer bei *Hyperprolaktinämie* eingesetzt. M. hat einen fördernden Einfluss auf das Essverhalten, bes. auf die Einnahme von Kohlenhydraten.

Metformin (= M.), **[PHA]**, Antidiabetikum aus der Klasse der Biguanide, gilt als klass. Referenzsubstanz bei der Behandlung des *Diabetes mellitus* Typ II, vor allem, wenn dieser mit Übergewicht oder *Adipositas* assoziiert ist. M. hemmt die Glukosesynthese in der Leber, zusätzl. zahlreiche andere biol. Wirkungen. M. wird auch bei Polyzystischem Ovarsyndrom und bei Störungen, die mit einer Insulinresistenz, einhergehen, z. B. bei psychopharmaka-induziertem *metabolischem Syndrom*, gegeben.
G. Gründer

Methacholin (= M.) [engl. *methacholine*], **[PHA]**, Pharmakon aus der Klasse der *Parasympathikomimetika*. M. wurde auch in einer Funktionsprobe (Funkenstein-Test) zur Reaktivität des vegetativen *Nervensystems* verabreicht. Der Methacholintest ist nur mäßig zuverlässig, die *Validität* ist fraglich. Claridge 1967.

Methadon (= M.) [engl. *methadone*], **[PHA]**, *Psychopharmakon* aus der Gruppe der zentralen *Analgetika* vom Typ der *Opioide*. M. ist in seiner Wirkung dem *Morphin* ähnlich, M. wirkt als *Agonist* an den Opiatrezeptoren im ZNS (*Nervensystem*). Anwendung i. R. eines integrierten Behandlungskonzeptes in der *Substitutionstherapie* bei Opiat-/Opioidabhängigkeit (*Substanzmissbrauch*) bei Erwachsenen, das die med., soziale und psychol. Versorgung einbezieht. Vertheim et al. 1994. *M. Paulzen*

Methadonrazemat, **[PHA]**, Razemat aus dem linksdrehenden *Levomethadon* und dem rechtsdrehenden D-Methadon. Levomethadon hat eine doppelt so hohe analgetische Potenz wie das Razemat. Zugelassen zur Substitutionsbehandlung i. R. eines integrierten Behandlungskonzepts in der Substitutionstherapie bei Opiatabhängigkeit. Als langwirksames (*Eliminationshalbwertszeit* 24–48 Std.) und oral verfügbares *Opiat* bes. für die Substitutionstherapie geeignet. Extensive hepatische *Metabolisierung*, zu 2 % entstehen pharmakol. aktive Metaboliten. Zur weiteren pharmakol. Charakteristik siehe Levomethadon. *G. Gründer*

Methamphetamin (= M.) [engl. *methamphetamine*], **[PHA]**, *Psychopharmakon* aus der Klasse der *Psychostimulanzien* vom Typ der *Amphetamine*. Als süchtig machende Substanz nach Betäubungsmittelgesetz nicht käuflich. Zahlreiche psychol. Untersuchungen 1950–1970. Starke und mehr als 24 Std. anhaltende aktivierende, leistungssteigernde und stimmungsverbessernde Wirkung. M. wurde von Soldaten im Zweiten Weltkrieg systematisch zur Schlafunterdrückung benutzt. Chronische Gabe hat neurotoxische Wirkungen und kann psychotische Zustände auslösen (*Psychose*). Seiden & Ricaurte 1987. *W. Janke*

Methode (= M.) [engl. *method*; gr. μετά *(meta)* über-, nachgeordnet, όδος *(hodos)* Weg], **[FSE, PHI]**, mit einer M. werden versch. Ziele verfolgt, die entweder dem Erkenntnisgewinn (Forschungsm.) oder spez. Anwendungserfolgen dienen (z. B. diagn. M., Interventionsm., päd. M., Rehabilitationsm., Werbem. etc.). Eine ausführliche Darstellung der Geschichte des Begriffes und seiner Spezifizierungen in der Philosophie findet sich bei Ritter (1980). Die M.lehre (Methodologie) ist Grundlage jeder Wissenschaft. Allgemeine logische M. wie *Induktion* und *Deduktion*, *Analyse* und Synthese, *Reduktion* und Konstruktion sind allen Wissenschaften gemeinsam; die je bes. empirischen M. werden durch die Eigenart des Gegenstands bestimmt. Die wichtigsten empirischen M. der Ps. sind Erlebnis-(Selbst-)*Beobachtung* (*Introspektion*) und Ausdrucks-, Verhaltens- oder Fremdbeobachtung. Dilthey meinte, Natur- und Geisteswissenschaften seien durch den Gebrauch der erklärenden (*Erklären*) und verstehenden (*Verstehen*) M. unterschieden und wollte der Ps. nur die letzteren vorbehalten. Eine der Ausgestaltungen der Verhaltensbeobachtung ist aber das *Experiment*, das auch der Erklärung von Phänomenen dient. In der Ps. steht die Identifikation und Prüfung von Kausalzusammenhängen im Zentrum des Forschungsinteresses (*Evidenzbasierung, Forschungsprozess*). Zu beiden Arten der von Dilthey unterschiedenen M. gehört die systematische Befragung (*Exploration*). Zur weiteren Bearbeitung der durch die *Beobachtung* gewonnenen Daten dienen die M. der *Statistik*. Auch in der Ps. findet man die allg. M.gegensätze zw. den Positivisten (*Positivismus*) und Rationalisten (*Rationalismus*). Bes. Erstere betonen als methodologische Forderungen (Wissenschaftskriterien) der empirischen Forschung die Bedingungskontrolle, *Intersubjektivität*, Reproduzierbarkeit, *Standardisierung*, Repräsentativität und Unabhängigkeit der Ergebnisse von spez. Untersuchungssituationen. Daher lassen sie nur die Verhaltensbeobachtung (und ihre Ausgestaltungen) gelten, während nicht positivistische Forscher auch die Selbstbeobachtung, phänomenologische und *idiografische Methoden* benutzen (*Empirische Sozialforschung, Qualitative Forschungsmethoden*). Die Ps. ist in ihrer Geschichte durch umfangreiche Erörterungen dieser und anderer methodologischen Probleme gekennzeichnet. K. Bühler (1927, 1929) versuchte bereits, die herrschenden M.gegensätze zu überwinden und wies außerdem auf die Notwendigkeit hin, geistige «Gebilde» zu untersuchen, also auf die hermeneutischen M. (*Hermeneutik*). Brunswik 1947, Döring & Bortz 2016, Westermann 2000. *R. Bergius*

Methode der kleinsten Quadrate [engl. *least squares method*], **[FSE]**, eine Methode der stat. Anpassung, bei der die Parameter eines stat. Modells (z. B. *Regression, lineare*) so bestimmt werden, dass die Summe der quadrierten Abweichungen der beobachteten Werte von den korrespondierenden Modellvorhersage min. wird. Diese Methode wird insbes. zur optimalen Anpassung theoret. an empir. Verteilungen oder Funktionen verwendet. Alternativ: *Maximum-Likelihood-Methode*. *G. Mikula*

Methodenfaktor (= M.) [engl. *method factor*], **[FSE]**, in der faktorenanalytischen Forschung (*Faktorenanalyse*) derjenige *Faktor*, der sich durch die spez. Methode der Datenerhebung (*Datenerhebungsverfahren*) ergibt, wenn zur Messung identischer Verhaltensbereiche versch. Erhebungstechniken eingesetzt werden. Beim Vergleich von Selbstbeurteilungen mit Hilfe von *Fragebogen* und Verhaltensbeurteilungen durch Ratingverfahren lassen sich solche, nur auf die Methode zurückführbaren Faktoren nachweisen. Bei M. kann es sich um reine Artefakte, aber auch um spezif. faktorielle Dimsionen handeln. *Multitrait-Multimethod-Analyse*. *H. O. Häcker*

Methodenwechsel [engl. *change of instructional methods*], *Lehr-Lern-Methoden*.

Methohexital (= M.) [engl. *methohexital, methohexitone*], syn. Methohexiton, **[PHA]**, Pharmakon aus der Klasse der *Hypnotika* vom Typ der *Barbiturate*. M. hat bei intravenöser Applikation eine sehr rasch einsetzende Wirkung und kurze Wirkungsdauer. M. wurde in den 1960er-Jahren intravenös zur Unterstützung der Entspannung bei der *Verhaltenstherapie* verwandt. *W. Janke*

α-Methyldopa [engl. *α-methyldopa*], **[PHA]**, *Antihypertensiva*, *Sympathikolytika*. Führt zu Bildung von «falschen» Transmittern (Ersatztransmitter) in *adrenergen* Systemen. *Neurotransmitter*.

3,4-Methylendioxymethamphetamin (MDMA) (= M.), **[PHA]**, bereits 1914 synthetisiertes *Psychopharmakon* aus der Klasse der *Psychostimulanzien* vom Typ der *Amphetamine*. M. hat psychostimulierende und psychedelische Wirkungen bei Akutmedikation, die über eine Beeinflussung der *Neurotransmitter Dopamin* und *Serotonin* erklärt wird. Als Designerdroge mit der Bez. *Ecstasy* benutzt. M. wird oft mit anderen psychedelisch wirkenden Stoffen zus. benutzt. Es besitzt eine neurotoxische Wirkung, evtl. auch schon bei einmaliger Einnahme, indem v. a. serotonerge Neuronensysteme (*Neuron*) geschädigt werden. Bei Überdosierung lebensgefährlich wegen Temperaturregulationsbeeinträchtigung (Hyperthermie). Green et al. 1995, Saunders 1996. *W. Janke/R. Küffner*

Methylphenidat (= M.) [engl. *methylphenidate*], **[PHA]**, *Psychopharmakon* aus der Gruppe der *Psychostimulanzien*. M. hat ausgeprägte Effekte sowohl auf zentrale (*Nervensystem*) als auch auf motorische Aktivitäten. Chemisch gesehen stellt er einen basischen Ester der Phenylessigsäure dar. Tierexp. wirkt M. indirekt sympathomimetisch durch die Freisetzung von *Noradrenalin* aus intraneuronalen Speichern adrenerger *Neurone* und Hemmung der Wiederaufnahme. Mit steigender Konzentration im ZNS setzt M. auch *Dopamin* frei und hemmt dessen Wiederaufnahme. Der Wirkmechanismus beim Menschen ist nicht vollst. geklärt; es wird jedoch vermutet, dass der Effekt auf einer Inhibierung der Dopamin-Wiederaufnahme im Striatum zurückzuführen ist, ohne dass eine Freisetzung von Dopamin ausgelöst wird. *M. Paulzen*

Methyltestosteron (= M.), **[PHA]**, synthetisches Derivat des *Testosterons*. Arzneimittel mit stark androgener und anaboler Wirkung. Im Sport als Dopingmittel missbraucht. M. ist lebertoxisch, weitere unerwünschte Wirkungen sind *Depressionen*, Libidoverlust, Stimmungslabilität und gesteigerte *Aggressivität*.

Methylxanthine [engl. *methylxanthines*], **[PHA]**, *Psychopharmaka* aus der Gruppe der Purinderivate, zu denen u. a. Theophyllin, Theobromin und *Koffein* gehören. Blockierung der *Adenosin*-Rezeptoren. Psych. Wirkungen sind u. a. Nachlassen von Müdigkeit, Zunahme von *Aufmerksamkeit* und Leistungsbereitschaft, Erleichterung des

Lernens. Bei höheren Dosen *Dysphorie*, Unruhe, *Angst*, *Tremor*, auch Übelkeit und Erbrechen. Aktories et al. 2005. *W. Janke*

Metoclopramid [engl. *metoclopramid*], **[PHA]**, Substanz aus der Klasse der *Antiemetika*, eingesetzt u. a. bei Migräne.

Metoprolol [engl. *metoprolol*], **[PHA]**, Pharmakon mit *sympathikolytischer* Wirkung aus der Klasse der selektiven *Beta-Rezeptorenblocker* (Beta1). Antagonistisch zu *Noradrenalin*, u. a. bei Herzrhythmusstörungen.

Metrik (= M.) [engl. *metrics*; gr. μέτρον *(metron)* Maß], **[KOG, WA]**, Lehre von den Versmaßen, Lehre vom Takt und der Bildung von Taktperioden. Seit H. Riemann gehört M. zur musikalischen Satzlehre. In seinem «System der musikalischen Rhythmik und Metrik» 1903 definierte Riemann metrische Qualität als Unterschiede des Gewichts (leicht, schwer) und rhythmische Qualität als Unterschiede der Tondauer (kurz, lang). *Musikpsychologie*.

Metyrapon (= M.) [engl. *metyrapone*], syn. *Metopiron*, **[PHA]**, Substanz, die über die Hemmung des Enzyms 11-Beta-Hydroxylase die Synthese von *Kortisol* und *Aldosteron* hemmt und damit die Umwandlung der letzten Stufe in der Biogenese von Kortisol und Aldosteron unterbindet. Verabreichung von M. deshalb als Reaktivitätstest zur Untersuchung der HPA-Achse eingesetzt, spe. zur Simulierbarkeit der ACTH-Sekretion (Metyrapon-Test). M. beeinflusst jedoch auch mehrere andere Systeme, so *Serotonin*, *Dopamin* und Wachstumshormone. *M. Reuter/W. Janke*

Metzger, Wolfgang (1899–1979), **[HIS, WA]**, Gestaltpsychologe (*Gestaltpsychologie*) der «zweiten Generation». Soldat im Ersten Weltkrieg, Studium in Heidelberg, München und Berlin, 1926 Promotion bei *Köhler*. Nach einjährigem USA-Aufenthalt Assistent am Berliner Institut, 1931 Assistent von *Wertheimer* in Frankfurt, 1932 Habilitation, 1938/39 Vertretungsprofessur in Halle, 1939 apl. Prof. in Frankfurt. 1942 Berufung nach Münster; nach dem Krieg Aufbau des dortigen Instituts, 1967 Emeritierung (Metzger 1972). Metzger forschte zu psychophysischen Wahrnehmungsprozessen (Metzger 1936/1953), in späteren Jahren auch zu Fragen der Sozialisation. Während der NS-Zeit verfasste Metzger zwei Aufsätze, die nationalsozialistisches Gedankengut mit Ps. verbanden (Stadler 1985). Nach der Kapitulation unmittelbare Wiedereinsetzung in seine Position. Metzger war 1962–1964 Erster Vorsitzender der *Deutschen Gesellschaft für Psychologie* und erhielt deren Ehrenmitgliedschaft. *H. E. Lück*

Meumann, Ernst (1862–1915), **[HIS, PÄD]**, Studium der Theologie mit beiden Examina, Oberlehrerexamen, dann Studium der Ps. in Leipzig, 1891 Dr. phil. bei Wundt, dort Assistent, 1894 Habilitation, 1897 ao. Prof. in Zürich, 1900 o. Prof., anschließend o. Professuren in Königsberg, Münster, Halle, Leipzig und ab 1911 am Kolonialinstitut in Hamburg, wo Meumann das Ps. Laboratorium begründete. Die Einrichtung des ersten Lehrstuhls für «Philosophie insbes. Ps.» in Hamburg ging wesentlich auf das Drängen der Volksschullehrerschaft zurück. Meumann war ein führender Vertreter der Jugendps. und der exp. Pädagogik. Er prägte den Begriff «der Jugendliche» – ein Begriff, der schnell in den allg. Sprachgebrauch überging. Meumann hatte – anders als die Mehrheit seiner Kollegen – starkes Interesse an der praktischen Anwendung der Ps. Probst 1989. *H. E. Lück*

MHPG; Abk. für 3-Methoxy-4-Hydroxyphenylglykol, **[BIO]**, Abbauprodukt (*Metabolisierung*) von *Noradrenalin* nach den Zw.stufen Normetanephrin und 3-Methoxy-4-Hydroxyphenylglycoaldehyd (MHPGA). Es wurde früher angenommen, dass der MHPG-Spiegel im Urin ein guter Indikator für Verfügbarkeit im *Gehirn* ist, hingegen die *Vanillinmandelsäure* (VMA) die periphere Verfügbarkeit von Noradrenalin indiziert. Richtig ist, dass beide Produkte unspezif. sind in Bezug auf peripheren und zerebralen Umsatz, obzwar auch heute noch MHPG als ZNS-Indikator von Noradrenalin verwendet wird. Meyer & Quenzer 2005. *W. Janke*

M.I., Abk. für *master-index*, **[DIA]**, bei der Testauswertung der objektiven Tests (*objektiver Test (o. T.)*) von Cattell können die Testantworten bzw. Testleistungen mit verschiedenen Testwerten versehen werden. So kann z. B. beim objektiven Test T1 ein M.I. für die Schreibgeschwindigkeit beim Vorwärtsschreiben berechnet werden. Ein weiterer M.I. wird dadurch bestimmt, dass ein Quotient aus der Leistung beim Rückwärtsschreiben und der Leistung beim Vorwärtsschreiben gebildet wird. *H. O. Häcker*

Mianserin [engl. *mianserine*], **[PHA]**, *Psychopharmakon* aus der Reihe der neuartigen tetrazyklischen *Antidepressiva*. Im Vergleich zu anderen Stoffen wenig vegetative *Nebenwirkungen*. Komplexer Wirkungsmechanismus in mehreren Transmittersystemen, so postsynaptisch *Histamin* (antagonistisch) und *Serotonin* (agonistisch 5-HT2-Rezeptoren), präsynaptisch *Noradrenalin* (antagonistisch Alpha1- und Alpha2-Rezeptoren). *W. Janke*

Michotte, Albert (1881–1965), **[HIS, KOG]**, Albert Edouard Michotte, 1954 zum Baron Michotte van den Berck ernannt, war ein belgischer Psychologe. Mit 16 Jahren begann er das Studium der *Philosophie* an der Universität von Löwen und promovierte 1900 mit einer Arbeit über die *Ethik* von Spencer. Michotte begann sich für Ps. zu interessieren und lernte auf einem Kongress in Rom *Felix Krueger* kennen. In den Jahren 1905–1908 verbrachte er jedes Jahr ein Semester bei *Wundt* in Leipzig bzw. *Külpe* in Würzburg. Während des Ersten Weltkriegs arbeitete er in den Niederlanden und kehrte dann nach Löwen zurück, wo er ein Institut aufbaute und die belgische Ps.ausbildung prägte. Michotte arbeitete viele Jahre exp. über *Kausalitätswahrnehmung*, heute eher als *Kausalattribution* bekannt. Michotte 1954. *H. E. Lück*

microteaching [gr. μικρός *(mikros)* klein; engl. *teaching* Lehren], **[PÄD]**, Verfahren zum Training des Lehr- und i. w. S. Lehrerverhaltens auf der Basis von Videoaufnahmen, welche die Analyse und Überprüfung, Korrektur und Präzisierung des Lehrverhaltens im Hinblick auf einzelne Lehrfertigkeiten durch einen Supervisor oder in Eigenkontrolle ermöglichen. *Instruktionsmethoden*.

Midazolam [engl. *midazolam*], **[PHA]**, *Psychopharmakon* aus der Gruppe der *Anxiolytika* vom Typ der *Benzodi-*

azepine. Sehr kurze Wirkungsdauer (Halbwertszeit 1,5–2,5 Std.). Zur *Sedierung* in der Prämedikation vor diagn. oder operativen Eingriffen. Stärkere leistungsbeeinträchtigende Wirkung, auch amnestische Wirkungen (*Amnesie*).

Miene [engl. *countenance, mien*], *Mimik*.

Mierke, Karl (1896–1971), **[DIA, EM, HIS, PÄD, PER]**, Karl Friedrich Mierke war vor allem im Bereich der Begabungsforschung und Willenspsychologie (*Zielvorstellung*) tätig. Nach seiner Ausbildung als Lehrer promovierte Mierke im Juli 1933 in Göttingen zum Dr. phil. mit einer Dissertation «Über die Objektionsfähigkeit und ihre Bedeutung für die Typenlehre». 1934 wurde Mierke Psychologe bei der Reichswehr, 1935 wurde er wiss. Leiter der Marineprüfstelle in Kiel. Ein von Mierke entwickeltes diagn. Verfahren führte nach dem Krieg zum «Kieler Determinationsgerät». An der Universität Erlangen habilitierte sich Mierke im Dezember 1943. 1948 wurde er a. pl. Prof. an der Universität Kiel, 1949 dort a. o. Prof. und 1953 o. Prof. Im Bereich der Pädagogischen Ps. veröffentlichte M. eine Reihe von Büchern, u. a. zur *Konzentrationsfähigkeit* und -schwäche und zur Auslese für gehobene Schulen. *H. E. Lück*

Mifepriston (= M.), **[PHA]**, *Glukokortikoidrezeptorantagonist*, Progesteronrezeptor-Antagonist. M. hemmt durch die hohe Affinität zu diesen Rezeptoren die Wirkungen der endogenen Hormone *Progesteron* und *Kortisol*. M. wurde bekannt als sog. «Abtreibungspille» RU-486 (Handelsname Mifegyne®). M. führt zur Ablösung des Endometriums (= Gebärmutterschleimhaut). Nach Einnahme eines Prostaglandins, das zur Uteruskontraktion führt, wird die Frucht ausgestoßen und somit ein künstlicher Schwangerschaftsabbruch herbeigeführt. In Dt. ist M. seit 1999 zugelassen für den medikamentösen Abbruch einer frühen intrauterinen Schwangerschaft in Kombination mit einem Prostaglandinanalog bis zum 63. Tag der Amenorrhoe. 2011 wurden 15 % der Schwangerschaftsabbrüche medikamentös durchgeführt. *G. Gründer*

Migräne (= M.) [engl. *migraine*; gr. ἡμικρανία (hemikrania) halber Schädel], **[KLI]**, neurologische Erkrankung, bei der periodisch wiederkehrend und anfallsartig ein pulsierender, halbseitiger Kopfschmerz auftritt. Begleitsymptome sind Übelkeit, Erbrechen, Licht- und Geräuschempfindlichkeit. Die Betroffenen haben das Bedürfnis, sich bevorzugt in einem ruhigen, abgedunkelten Raum zurückzuziehen. Nach dem Abklingen der *Symptome* fühlen sich die Pat. erschöpft, und es kann etwa 24 h dauern, bis sie sich vollst. von dem M.anfall erholt haben. In seltenen Fällen kann ein M.anfall über 72 h andauern, hier spricht man vom Status migraenosus. Dem eigentlichen Anfall gehen bei einigen Pat. neurologische Symptome in Form der sog. M.aura voraus. Sie äußert sich häufig in Sehstörungen, bei denen es zu Gesichtsfeldausfällen, zum Verlust des räumlichen Sehens, unscharfem Sehen oder einem Flimmerskotom (Wahrnehmung eines Flimmerns) kommt. Diese Sehstörungen wandern meist durch das Sichtfeld des Betroffenen und sind nur von relativ kurzer Dauer. Etwa 18 % der Frauen und 6 % der Männer in Dt. haben wiederholt M.anfälle, wobei die Ursachen nicht vollst. geklärt sind. Es werden eine Reizung des Nervus trigeminus durch erweiterte Gefäße, eine erhöhte Erregbarkeit der Hirnrinde der Betroffenen und versch. genetische Einflüsse diskutiert. Auslöser, die bei Menschen mit M. zu einem erneuten Anfall führen können, sind **Stress**, Schlafmangel, best. Lebensmittel (indiv. unterschiedlich), *Alkohol*, hormonelle Faktoren (bei Frauen) und Umweltfaktoren. Zur Behandlung eines akuten M.anfalls eignen sich übliche Schmerzmedikamente (z. B. Ibuprofen) oder *Triptane*. Außerdem kann die Verabreichung eines *Antiemetikums* (gegen Übelkeit) sinnvoll sein. Prophylaktisch werden Betazeptorenblocker (1. Wahl, zugelassen, z. B. *Metoprolol* oder *Propranolol*), *Antikonvulsiva* (*Valproinsäure*, *Topiramat*) oder *Antidepressiva* (v. a. trizyklische A., insbes. *Amitriptylin*) gegeben. *S. Lammertz*

Migration [engl. *migration*; lat. *migrare* wandern], **[SOZ]**, Wanderung von einzelnen Individuen (*Individuum*) oder kleinen Gruppen (*Gruppe*) zw. Populationen (*Population*).

Migrationstheorie [engl. *migration theory*; lat. *migrare* wandern], **[BIO, PER]**, eine Annahme aus der *Evolutionstheorie*, derzufolge neue Arten dadurch entstanden sind, dass Lebewesen in Gebiete mit anderen Lebensbedingungen auswanderten und dort nur die anpassungsfähigsten überlebten.

Mikrodialyse [engl. *microdialysis*; gr. μικρός (mikros) klein, διά- (dia-) durch-, λύειν (lyein) lösen], **[BIO]**, Methode der Neurochemie, die es ermöglicht, beim lebenden Subjekt lokal die extrazelluläre Verfügbarkeit neurochemischer Substanzen im ZNS (*Zentralnervensystem*) zu bestimmen. Dazu wird eine mit einer permeablen Membran versehene Sonde implantiert, mit deren Hilfe lokal perfundiert wird. Das Perfusat wird hinsichtlich der Konzentration etwa von Transmittern und deren Metaboliten chromatografisch, i. d. R. durch Hochleistungsflüssigkeitschromatographie (HPLC), analysiert. Robinson & Justice 1991. *P. Weyers/W. Janke*

Mikronährstoffe (= M.) [engl. *micronutrients*; gr. μικρός (mikros) klein], **[BIO, GES]**, in Spuren in der Nahrung vorhandene Stoffe. Wichtige M. sind *Vitamine*.

Mikropsie [engl. *micropsia*; gr. μικρός (mikros) klein, ὄψις (opsis) Sehen], **[WA]**, Verkleinertsehen von Objekten durch Netzhautfehler (*Auge*).

mikrosmatisch [engl. *microsmatic*; gr. μικρός (mikros) klein, ὀσμή (osme) Geruch], **[WA]**, geringe *Empfindlichkeit* des Geruchssinns (*Geruch*).

Mikrosoziologie [engl. *microsociology*; gr. μικρός (mikros) klein], **[SOZ]**, Teilbereich der *Soziologie*, in dem kleinste soziale Gebilde unabhängig von gesamtgesellschaftlichen Zusammenhängen untersucht werden. Insofern fast identisch mit Sozialps.

Mikrovibration (= M.) [engl. *microvibration*; gr. μικρός (mikros) klein, lat. *vibrare* zittern], **[BIO]**, von Rohracher (1960) erstmals untersuchte mikroskopisch kleine Schwingungen, die an allen Stellen des menschlichen Körpers feststellbar sind und deren Frequenz zw. 7 und 11 Hz liegt. Ursprung sind Muskelkontraktionen, die ständig alternierend stattfinden (*Muskel, Muskeltonus*). Die Größe der M. steigt bei Erwartungsspannung (*Erwartung*) und *Angst* an, bei willentlicher *Entspannung* nimmt sie ab. Unterschiedliches Verhalten der M. bei Warm- und Kaltblütern lässt einen Zusammenhang mit der Regelung der Körpertemperatur vermuten. Rohracher & Inanaga 1970.

Mikrowahrnehmungen [engl. *microperceptions*; gr. μικρός (*mikros*) klein], **[WA]**, Bez. für feinste Empfindungsunterschiede (*Empfindung*). Werner hat beobachtet, dass schon 1/10 Tonintervalle (*Ton*) deutlich unterschieden und zu Tonharmonien zus.geschlossen werden können. *Hören, tonales Hören*. Klemm fand, dass bei taktilen Reizen (*Reiz*, an symmetrischen Stellen der Zeigefinger z. B.) Zeitunterschiede von Bruchteilen einer Tausendstelsekunde eindeutig zugeordnet werden. *Hautsinne (Tast-, Temperatur-, Schmerzsinn)*.

mild cognitive impairment *kognitive Störung, leichte*.

Milde-Effekt *Leniency-Effekt*.

Milgram, Stanley (1933–1984), **[HIS, SOZ]**, Milgram wurde als Sohn jüdischer Einwanderer in New York geb. Am *Queens College*, New York, studierte er Politische Wissenschaften (B. A.). Einer seiner Studienkollegen war Philip G. Zimbardo, der später – wie er – Sozialpsychologe werden sollte. Milgram erwarb dann an der Harvard-Universität den Masterabschluss als Psychologe. Er war einige Jahre Forschungsassistent von *Solomon E. Asch* und promovierte mit einer interkulturellen Untersuchung über konformes Verhalten. Seine bekannten Experimente zum Gehorsamkeitsverhalten führte Milgram ab 1960 an der Yale University durch; die Thematik des *Autoritätsgehorsams* war in dieser Zeit durch den Eichmann-Prozess in Jerusalem geprägt. Die erste Veröffentlichung von Milgram zu vier Versuchsbedingungen erfolgte 1963. Milgrams Untersuchungen waren aus forschungsethischen Gründen zunächst umstritten, die unerwarteten Ergebnisse trugen ihm aber weltweite Beachtung und bald auch Anerkennung und Ehrungen ein. 1967 wechselte Milgram als Professor an die *City University* in New York. 1974 veröffentlichte er zus.fassend seine Ergebnisse zum Autoritätsgehorsam in Buchform (Milgram 1974). Im Wesentlichen konnten Milgrams Befunde in späteren Untersuchungen in zahlreichen Ländern repliziert werden (Lüttke 2004, Burger 2009). Eine Reihe weiterer Untersuchungen und Arbeiten von Milgrams betrafen das Leben in der Großstadt, soziale Beziehungen und politische Einstellungen. Milgram starb mit 51 Jahren durch Herzinfarkt. Blass 2004. *H. E. Lück*

Milgram-Experiment [engl. *Milgram experiment*], **[SOZ]**, eine von S. Milgram durchgeführte Untersuchung zum extremen *Autoritätsgehorsam*. *Konformität*. Milgram 1974.

Milieu (= M.) [engl. *milieu*]; [frz.] für Mitte, Medium, Mittel, **[EW, SOZ]**, von H. Taine zum Begriff für die dem Individuum gegenüberstehende Natur, Kultur und sozialgesellschaftliche Umgebung des Menschen ausgeweitet. Heutzutage ist M. die Summe der äußeren Einflüsse, die auf ein Lebewesen (allg.: Ding, Objekt) einwirken.

Milieutheorie (= M.) [engl. *environmentalism, milieu theory*], **[EW, SOZ]**, die Anschauung, dass das *Milieu* und nicht das Ererbte für die seelische Entwicklung auf allen Gebieten (*Intelligenz, Charakter*) allein oder vorwiegend bestimmend sei. Die M. besitzt Vorläufer in der gr. Philosophie (Hippokrates, Platon, Aristoteles). Sie wurde besonders von A. Adler (*Individualpsychologie*) und den Behavioristen ausgebildet und vertreten. *Umwelt*.

Milieutherapie [engl. *milieu therapy*], **[KLI]**, geht davon aus, dass das gesellschaftliche und institutionelle *Milieu* psychiatrische Erkrankungen erzeugt und verstärkt. Umgekehrt wird in der Änderung des Milieus ein therap. Faktor gesehen. Darauf aufbauend schuf M. Jones 1953 die ersten *therap. Gemeinschaften*, in denen der Unterschied von Personal und jetzt sog. «Bewohnern» weitgehend aufgehoben sein sollte. Die Milieuansätze zw. den versch. Einrichtungen unterscheiden sich stark, daher ist eine Überprüfung der *Wirksamkeit* problematisch. Es gibt Hinweise dahingehend, dass Milieutherapie als nützliche Zusatzmaßnahme in der Behandlung hospitalisierter schizophrener Pat. gesehen werden kann. *F. Caspar*

Militarismus (= M.) [engl. *militarism*], syn. *militaristische Einstellung*, **[SOZ]**, bez. im psychol. Sinne als Gegenpol von *Pazifismus* diejenigen Einstellungsmuster, die militärische Aufrüstung, den Gebrauch militärischer Gewalt als Instrument der Politik sowie eine starke Rolle des Militärs und militärischer Werte in der Gesellschaft rechtfertigen. M. umfasst die Überzeugungen, dass (1) Krieg aufgrund der menschlichen Natur unvermeidbar sei; (2) die Androhung und Anwendung militärischer Gewalt ethisch akzeptabel seien und (3) erfolgreich zur Vermeidung bzw. Lösung von Konflikten beitragen könnten. Weiterhin ist M. gekennzeichnet durch (4) pos. Gefühle gegenüber dem Militär und militärischen Werten sowie (5) best. außen- und sicherheitspolitische Präferenzen, wie z. B. die Befürwortung der Entwicklung neuer Waffensysteme, der Erhöhung des Militärhaushalts und konkreter militärischer Interventionen. M. kann als Teil eines *autoritär-punitiven Syndroms* gesehen werden, zu dem u. a. auch *Autoritarismus* und Nationalismus gehören und das mit maskulinen, dominanz- und sicherheitsbezogenen Bedürfnissen und Wertorientierungen zus.hängt. M. wird vermutlich stark durch soziale und soziokulturelle Faktoren beeinflusst und ist z. T. durch Prozesse des *sozialen Lernens* erklärbar. Die Schwächung von M. wird als wichtiges Ziel des Friedensengagements und der Friedenserziehung genannt. *Friedenspsychologie*. Cohrs 2004. *C. Cohrs*

Militärpsychologie [engl. *military psychology*], *Wehrpsychologie*.

Miller, George Armitage (1920–2012), **[HIS, KOG]**, amerikanischer Psychologe, beteiligt an der Kognitiven Wende der Ps. Studium an der *George Washington University* und an der *University of Alabama*, B. A. und M. A. im Bereich der Sprachwissenschaften, 1946 Promotion am psychoakustischen Laboratorium der *Harvard University*, 1955 Associate Professor und 1958 o. Prof. an der *Harvard University*. Publikationen über Sprache und Kommunikation. Während eines Forschungsaufenthaltes an der Westküste entstand gemeinsam mit Eugene Galanter und Karl Pribram das interdisziplinär angelegte Buch *Plans and the Structure of Behavior* (Miller et al. 1960). Mit ihrem sog. TOTE-Modell (*TOTE-Einheit*), der *Kybernetik* entlehnt, erweitern die Autoren das behavioristische Reiz-Reaktions-Schema durch eine Rückkopplungsschleife. Das Buch gab Anregungen zur Entwicklung von Handlungs-(regulations)theorien (*Handlungsregulationstheorie*). 1960 gründete Miller zus. mit Jerome S. Bruner an der *Harvard University* das Center for Cognitive Sciences. Miller erhielt eine Vielzahl von Auszeichnungen. *H. E. Lück*

Miller, Neal Elgar (1909–2002), [**HIS, KOG, SOZ**], amerikanischer Psychologe; 1931 B. S. *University of Washington*, 1932 M. S. *Stanford University*, 1935 Ph.D. *Yale University*, 1935–36 psychoanalytische Ausbildung in Wien, 1936 Dozent an der *Yale University*, wo er 30 Jahre lang lehrte, 1966–1981 *Rockefeller University*. Zusammen mit *Dollard* und *Mowrer* bemühte sich Miller um eine Integration von behavioristischen und psychoanalytischen Ansätzen. Bsp. ist das von ihm mitverfasste Buch *Frustration and Aggression* (Dollard et al. 1939), das zur *Frustrations-Aggressions-Hypothese* in der Ps. führte und Anstoß zu vielfältiger empirischer Forschung gab. Miller arbeitete exp. zu den Lerntheorien und war an der Entwicklung der Grundlagen des *Biofeedbacks* beteiligt. *H. E. Lück*

Milnacipran (= M.) [engl. *milnacipran*], [**PHA**], Psychopharmakon aus der Klasse der *Antidepressiva*. Es hemmt die Wiederaufnahme von *Noradrenalin* und *Serotonin*. M. hat keine *antihistaminergen* oder *anticholinergen* Effekte. Es kann zu Blutungen führen und sollte deshalb nicht mit gerinnungshemmenden Medikamenten kombiniert werden. Eine regelmäßige Herz-Kreislauf-Kontrolle ist unter M.-Therapie erforderlich. Benkert & Hippius 2013. *H. Himmerich*

Mimik [engl. *mimics*; gr. μίμησις *(mimesis)* Nachahmung], [**EM, SOZ**], Mienenspiel, die Ausdrucksbewegungen der Gesichtszüge, die auf aktuelles seelisches Geschehen (Gefühle, Stimmungen, Willensregungen), besonders im sozialen Kontakt, hindeuten und meist unwillkürlich ablaufen. Aus der Mimik wird auch versucht, auf relativ konstant bleibende charakterliche Dispositionen zu schließen. *Ausdruckspsychologie*, *FAST*, *Mimikanalyse*. Argyle 1975.

Mimikanalyse [engl. *analysis of mimic expression*], *Mimik*, [**EM**], Methoden der Analyse des nonverbalen Ausdrucks (*nonverbal communication*) werden in der Emotionsforschung mit dem Ziel eingesetzt, beobachtbare Indikatoren für unbeobachtbare emot. Prozesse zu finden (*Emotionen*). Die meisten Forscher stellen hierbei den mimischen Ausdruck in den Mittelpunkt. Eine Möglichkeit, mimisches Verhalten direkt zu messen, bieten elektromyografische Techniken. Gesichtsmuskel-EMG-Ableitungen (*Elektromyogramm (EMG)*) wurden bspw. benutzt, um nicht sichtbare mimische Muskelaktivität, wie sie bei mentalen Vorstellungen emot. Erlebnisse auftritt, nachzuweisen. Gesichtsmuskel-EMG-Untersuchungen unterliegen jedoch zwei Einschränkungen. Zum einen ist eine EMG-Ableitung der hoch differenzierten Ausdrucksmuster mit den üblicherweise benutzten Oberflächenelektroden, die oft die Aktivität mehrerer Muskeln erfassen, kaum zu bewerkstelligen. Zum anderen können bei EMG-Messungen bereits geringfügige Bewegungen der Pbn zu Artefakten führen. Wegen dieser Messproblematik wird die Mimik meistens anhand ausgefeilter Kodiersysteme durch menschliche Beobachter kodiert. Bei der Beschreibung versch. Kodierverfahren werden versch. meth. Vorgehensweisen unterschieden (Kaiser & Wehrle 2008). Als meist verbreitete Bsp. für *anatomisch basierte* Verfahren gilt das *Facial Action Coding System* (Ekman & Friesen 1978, Ekman et al. 2002). Ein häufig eingesetztes *theoretisch basiertes selektives Verfahren* stellt das *Emotional Facial Action Coding System* (Ekman & Friesen 1978) dar. Bsp. *situierter Verfahren* sind das *Self-Evaluative Emotions Coding System (SEECS)* (Geppert et al. 1997) und das *Facial Expression Analysis Tool (FEAT)* (Wehrle 1992, 1996). *S. Kaiser/T. Wehrle*

Mimikry [engl. *Nachahmung*; gr. μίμησις *(mimesis)* Nachahmung], [**BIO, KOG**], (biol.), angeborene Form der Tarnung durch *Nachahmung* von Körper- und/oder Verhaltensmerkmalen (über *Selektion* entstanden), die zum eigenen Vorteil bzw. Schutz dienen. Nachahmung eines wehrhaften oder ungenießbaren Tieres dutch harmlose Tiere zur Täuschung von Feinden (Schutzmimikry). Einige Schwebfliegenarten z. B. imitieren das schwarzgelbe Körpermuster der Wespen, die von vielen Vögeln gemieden werden. (*Signalfälschung*).
Molekulare Mimikry (= MM) bez. den Umstand, dass Oberflächenmoleküle von Krankheitserregern körpereigenen Molekülen ähneln oder gleichen, was für den Erreger eine Tarnung gegenüber den immunkompetenten Zellen darstellt, denen damit das Erkennen der Erreger erschwert oder unmöglich macht. MM wird als Ursache für Krankheiten wie *Multiple Sklerose*, rheumatoide Arthritis und Magengeschwür diskutiert. Wickler 1968.
C. Becker-Carus

Mimiksynthese [engl. *mimic synthesis*; gr. σύνθεση *(synthese)* Zusammensetzung], *Mimik*, [**EM**], eine zur Analyse mimischen Verhaltens in emot. Episoden komplementäre Forschungsmethode bieten *synthetische Ansätze* (*Mimikanalyse*). Mit synthetischen Verfahren kann die Plausibilität konkurrierender Hypothesen überprüft werden, indem die postulierten Ausdrucksmuster simuliert werden. Hierbei ist es natürlich ebenso wie für die Analyse natürlichen mimischen Verhaltens unabdingbar, dass die Simulation theorieunabhängig geschieht. Das *Facial Action Coding System (FACS)* ist ein Instrument, das die animierte Darstellung eines einfachen dreidimensionalen Gesichtes (nur auf Linien basierend, ohne *texture-mapping*) in Echtzeit erlaubt. Die Animation der mimischen Bewegungen basiert auf den in FACS beschriebenen Action Units. Jede einzelne Action Unit wurde entspr. der im FACS-Manual beschriebenen *appearance changes* definiert. Dies bedeutet, dass auch Faltenbildungen und Veränderungen in der Form von Gesichtspartien synthetisiert werden. Kaiser & Wehrle 2008, Wehrle 1992, 1996. *T. Wehrle/S. Kaiser*

Minderheiteneinfluss [engl. *minority influence*], *Minorität*.

Minderungskorrektur (= M.) [engl. *correction for attenuation*], syn. *Attenuationskorrektur*, [**DIA, FSE**], ein von Spearman vorgeschlagenes Verfahren zur Schätzung der wahren *Korrelation* zw. zwei Variablen bzw. zw. einem Test und einem Kriterium (Kriteriumskorrelation). Mithilfe der M. wird die zulasten der mangelnden *Reliabilität* des Kriteriums gehende Minderung der Korrelation zw. Test und Kriterium (r_{tc}) nach folg. Formel korr.:

$$r_{tc,corr} = \frac{r_{tc}}{\sqrt{r_{cc}}}$$

(wobei r_{cc} den Reliabilitätskoeffizienten des Kriteriums darstellt). Eine doppelte M. wird dann vorgenommen, wenn auch noch die Unreliabilität des Tests als Faktor im Nenner einbezogen wird. Eine M. ist z. B. dann angezeigt, wenn das Kriterium mittels subj. Schätzurteile (*Beurteilerübereinstimmung*) gewonnen wird, d. h., immer dann, wenn angenommen werden kann, dass das Kriterium unreliabel ist. Lienert & Raatz 1994. *H. O. Häcker*

minderwertige Funktion [engl. *inferior function*], [**KLI**], nach C. G. Jung (*Analytische Psychologie*) diejenige der vier *Hauptfunktionen* (Denken, Fühlen, Empfinden, Intuieren), die nicht entwickelt wurde und darum minderwertig geblieben ist. Es handelt sich dabei immer um die der am stärksten entwickelten Funktion polar entgegenstehende Funktion (z. B. bleibt bei einer Dominanz des Denkens das Fühlen insuffizient).

Minderwertigkeitsgefühl (= M.) [engl. *inferiority feeling/complex*], [**EM, KLI**], Erlebnis tief gehender seelischer oder körperlicher Unzulänglichkeit. Das M. hat gemäß Adlers *Individualpsychologie* große Bedeutung bei der Entstehung seelischer Leiden. Adler 1907.

Minderwertigkeitskomplex [engl. *inferiority complex*]; *Individualpsychologie*.

MinDiff (= M.) [engl. *min diff*], [**EM, SOZ**], eine von drei Arten von *Motivationstransformation* i. S. der *Interdependenztheorie* (Kelley & Thibaut 1978), die dazu führen, dass Personen in sozialen Interaktionen nicht ihrem unmittelbaren Eigeninteresse entspr. handeln, sondern längerfristige Überlegungen und die Implikationen ihres Verhaltens berücksichtigen. Wird die *Motivation* dem Prinzip M. folg. transformiert, handelt eine Person auf eine Art und Weise, die es ermöglichen soll, dass die Differenzen zw. ihrem eigenen aus der Interaktion resultierenden Ergebnis und den Ergebnissen aller anderen Interaktionspartner möglichst gering ist. Van Lange & Rusbult 2011. *S. Macher*

Mineralkortikoide (= M.) [engl. *mineralocorticoids*], [**PHA**], *Hormone* der Nebennierenrinde (*Zona reticularis*) mit Wirkungen auf den Mineralstoffwechsel, so u. a. Natriumretention und Kaliumexkretion, wodurch eine normale Salzkonzentration gesichert wird. Das wichtigste M. beim Menschen ist das *Aldosteron*. Aldosteron und Metaboliten sowie antagonistische M. (Spironolacton) haben auch direkte neurotrope und damit psych. Effekte. *W. Janke*

Miniatursituationen [engl. *miniature situations*], [**DIA**], für objektive Tests (*Persönlichkeitstests, objektive*) Testanordnungen, bei denen ähnliches Verhalten wie in der natürlichen Lebenssituation gefordert wird (*Handlungs-Tests*).

^Test^**Mini-ICF-Rating für Aktivitäts- und Partizipationsstörungen bei psychischen Erkrankungen (Mini-ICF-APP)**, 2009, M. Linden, S. Baron & B. Muschalla, [www.testzentrale.de], [**DIA, KLI**]. Klinisches Verfahren. AA Erw. Das Mini-ICF-APP orientiert sich an der *International Classification of Functioning, Disability and Health (ICF)*. Es ist ein *Fremdbeurteilungsverfahren* zur Beschreibung und Quantifizierung von Aktivitäts- und Partizipationsstörungen im Kontext psych. Störungen und ermöglicht somit eine Differenzierung zw. Krankheitssymptomen und krankheitsbedingten Fähigkeitsstörungen. Es werden die folg. Fähigkeiten beurteilt: (1) *Fähigkeit zur Anpassung an Regeln und Routinen*, (2) *Fähigkeit zur Planung und Strukturierung von Aufgaben*, (3) *Flexibilität und Umstellungsfähigkeit*, (4) *Fähigkeit zur Anwendung fachlicher Kompetenzen*, (5) *Entscheidungs- und Urteilsfähigkeit*, (6) *Durchhaltefähigkeit*, (7) *Selbstbehauptungsfähigkeit*, (8) *Kontaktfähigkeit zu Dritten*, (9) *Gruppenfähigkeit*, (10) *Fähigkeit zu familiären bzw. intimen Beziehungen*, (11) *Fähigkeit zu Spontan-Aktivitäten*, (12) *Fähigkeit zur Selbstpflege*, (13) *Verkehrsfähigkeit*. *Normierung*: Es liegen Anwenderergebnisse für eine Stichprobe in der stationären psychosomatischen Rehabilitation vor ($N = 213$). Bearbeitungsdauer: ca. 10 Min.

Minimaländerungen, Methode der [engl. *methods of minimal changes*], [**WA**], alte Bez. für das *Grenzverfahren*. *psychophysische Methoden*.

minimal-attachment [engl. *attachment* Bindung], *Sprachwahrnehmung*.

Minimal-Group-Untersuchungen (= M.) [engl. *minimal-group paradigm*], syn. *Minimales Gruppenparadigma*, [**SOZ**], sind exp. Studien, die den Effekt von sozialer Kategorisierung auf Verhalten untersuchen. Erstmalig verwendet wurden M. von *Henri Tajfel* und seinen Kollegen. In den ursprünglichen M. wurden die Pbn zufällig in zwei triviale, nicht bedeutsame (d. h. min.) Gruppen aufgeteilt (z. B. Paul-Klee-Liebhaber und Kandinsky-Liebhaber). Die Pbn wurden dann gebeten, kleine Geldbeträge an zwei andere Pbn zu verteilen, von denen nur die jew. (min.) Gruppenzugehörigkeiten bekannt waren. Hierbei ergab sich, dass die Pbn das Geld in Abhängigkeit von der Gruppenzugehörigkeit vergaben: Bei der Vergabe an je zwei Personen aus der eigenen oder fremden Gruppe wurde der Betrag fair zw. beiden Personen aufgeteilt. Wenn jedoch eine Person aus der Fremd- und eine aus der Eigengruppe stammte, wurde das Mitglied der Eigengruppe bevorzugt. Wenn möglich wählten Pbn eine Lohnverteilung aus, in der nicht der absolute Profit des Eigengruppenmitgliedes, sondern die Differenz in der Aufteilung zugunsten des Eigengruppenmitgliedes max. war.

Die bloße Kategorisierung in min. Gruppen führte also zu einer *Eigengruppenfavorisierung*, bei der die relative Bevorzugung von Personen der eigenen Gruppe gegenüber Personen der fremden Gruppe im Vordergrund stand. Die Ergebnisse konnten in einer Vielzahl von Studien in unterschiedlichen Kontexten repliziert werden, u. a. mit für Pbn erkennbar zufälliger Gruppenzuweisung. Das Verhalten der Pbn in den M. konnte nicht zufriedenstellend mit der Theorie des realistischen Gruppenkonflikts (*Theorie des realistischen Gruppenkonflikts*) erklärt werden, sondern trug zur Formulierung der Sozialen Identitätstheorie (*Theorie der Sozialen Identität*) bei. Nach dieser kann das

Verhalten als Versuch des Aufbaus einer pos. Distinktheit der eigenen Gruppe gesehen werden. Tajfel et al. 1971, Billig & Tajfel 1973. *C. Issmer/M. Kauff*

Minimax-Hypothese [engl. *minimax hypothesis*], **[GES]**, die Annahme, dass eine hohe *Kontrollwahrnehmung* positive Auswirkungen auf die psychische Gesundheit (*Gesundheit, psychische*) hat, weil sie mit der Überzeugung verbunden ist, dass man in der Lage ist, mögliche negative Ereignisse in der Zukunft zu verhindern. Diese Überzeugung kann Zukunftsangst und *Stress* mindern. Miller 1979.

Minimax-Strategie [engl. *minimax strategy*], **[KOG, SOZ]**, bez. eine Strategie des Spielers, die von der ungünstigsten Situation oder der ungünstigsten Entscheidung des Gegners ausgeht und unter dieser Voraussetzung die größtmögliche Auszahlung garantiert. *Entscheidungsheuristiken, Spieltheorie*. *K.-H. Stapf*

TestMini-Mental-Status-Test (MMST), 1990, M. F. Folstein, S. E. Folstein & P. R. McHugh. Deutschsprachige Fassung J. Kessler, S. E. Folstein & P. Denzler, [www.testzentrale.de], **[BIO, DIA, KOG]**. Neurops. Verfahren. AA ältere Personen. Screening-Instrument zur Erfassung kogn. Beeinträchtigungen bei älteren Patienten mit demenziellen und psychiatrischen Erkrankungen. *Reliabilität*: Retest-Reliabilität (Pearson) von r_{tt} = .89 (Zeitintervall von 24 h). Beurteilerübereinstimmung von r = .83. *Normierung*: Mittelwerte und Standardabweichungen für Parkinson-Kranke (N = 50), Depressive (N = 41), Schizophrene (N = 51), Alkoholiker (N = 41), Demente (N = 169), selbstständig lebende ältere Menschen (N = 69) und Altersheimbewohner (N = 63). Bearbeitungsdauer: Durchführungszeit 5 bis 10 Min., Auswertungszeit ca. 1 Min. *Demenztest (DT)*.

Minimisierung [engl. *minimization*], *Geständnisse, falsche*.

Minimum, irreduzibles [engl. *irreducible minimum*; lat. *in-* un, *reducere* zurückführen], *Reaktionszeit*.

Minimum-Effektgrößen-Tests (= M.) [engl. *minimum effect size tests*], **[FSE]**, Verfahren zur stat. Signifikanztestung. Beim klassischen *Signifikanztest*, der konventionell mit einer Nil-*Nullhypothese* (Annahme: in der *Population* liegt kein Effekt vor), arbeitet, können bei hoher *Teststärke* bzw. großem Stichprobenumfang auch Populationseffekte, die nahezu (aber eben nicht exakt) null sind, stat. signifikant werden. M. testen deswegen anstelle von Nil-Nullhypothesen sog. *Minimum-Effekt-Nullhypothesen*, die sehr kleine bzw. kleine (bis zu 1 % bzw. 5 % *Varianzaufklärung*; *Effektstärke*) Effekte als unbedeutend einordnen und nur dann signifikante Befunde anzeigen, wenn die Stichprobendaten auf einen Populationseffekt hindeuten, der größer als ein solcher Minimaleffekt ist. M. entsprechen im logischen Ablauf dem klassischen Signifikanztest, allerdings wird mit nicht zentralen theoretischen Prüfverteilungen gearbeitet. *Statistik*. *N. Döring*

minimum separabile [lat. *seperabilis* trennbar], **[WA]**, Trennschärfe des Sehens, Punktsehschärfe, Maß für Visus. *Sehschärfe*.

TestMinnesota Multiphasic Personality Inventory (MMPI), 1943–1951, S. R. Hathaway & J. C. McKinley, **[DIA, KLI, PER]**. Ein aus 566 Items bestehender Persönlichkeitsfragebogen zur Erfassung von krankhaften und störenden psych. Auffälligkeiten. Der Test umfasst 10 klin. Skalen, die nach den Kraepelinschen psychiatrischen Klassifikationen benannt sind: *D* (Depression), *Hy* (Hysterie), *Pp* (Psychopathie), *Mf* (maskuline, feminine Interessen), *Pa* (Paranoia), *Pt* (Psychasthenie), *Sc* (Schizoidie), *Ma* (Hypomanie), *Si* (soziale Introversion-Extraversion). Der Test enthält Validitätsskalen, welche die Beziehung des Pb zum Test erfassen: *L-Skala*: soziale Erwünschtheit; *F-Skala*: Testverständnis und Bearbeitungssorgfalt; *K-Skala*: Abwehrhaltung gegenüber seelischen Schwächen. Die K-Skala dient als Korrekturwert, damit die übrigen Skalen schärfer diskriminieren. *Minnesota Multiphasic Personality Inventory 2 (MMPI®-2)*.

TestMinnesota Multiphasic Personality Inventory 2 (MMPI®-2), 2000, S. R. Hathaway & J. C. McKinley, dt. Bearbeitung von R. Engel, engl. Version, 1989, J. N. Butcher, W. G. Dahlstrom, J. R. Graham, A. Tellegen & B. Kaemmer, [www.testzentrale.de], **[DIA, KLI, PER]**. der MMPI-2 ist eine überarbeitete und neu normierte Version des MMPI, 1951, S. R. Hathaway & J. C. Mc Kinley, bzw. in dt.sprachiger Ausgabe des MMPI-Saarbrücken, 1963, von O. Spreen. Mehrdimensionaler Persönlichkeitstest. Er kann als Einzel- oder Gruppenverfahren in der Klinischen Ps. und Psychiatrie wie auch bei persönlichkeitsdiagnostischen Fragestellungen allg. Art eingesetzt werden. Zusätzlich zu den 15 Skalen, die einen Überblick über die Bereiche gestörten psych. Wohlbefindens geben, werden kln. Bereiche wie Suizidtendenz, «Typ-A»-Verhalten, familiäre Anpassung, Zugänglichkeit für Psychoth. etc. erfasst. *Normierung*: N = 958. Bearbeitungsdauer: ca. 60 bis 90 Min.

Minor Depression (= M. D.) [engl. *minor* klein, geringfügig], **[KLI, PHA]**, bez. ein zeitlich begrenztes depressives *Syndrom*, jedoch von einem geringeren Ausprägungsgrad als die *Major Depression*. Die M. D. wird auch als *subsyndromale* oder *unterschwellige Depression* bez. Bei chronischem Verlauf der M. D. mit länger als 24-monatigem Anhalten der Symptomatik spricht man von einer *Dysthymie*. Die Datenlage zur medikamentösen Therapie der M. D. ist uneinheitlich, in einer *Metaanalyse* konnte keine Überlegenheit versch. antidepressiver Wirkstoffe (*Fluoxetin*, *Paroxetin* und Amitryptylin) gegenüber *Placebo* nachgewiesen werden. Barbui et al. 2011. *N. Schwertfeger*

Minorität (= M.) [engl. *minority*; lat. *minoritas*], **[SOZ]**, M. (Minderheit) bezeichnet eine *Gruppe*, die (1) in der Zahl der Zugehörigen im Vergleich zu einer *Majorität* (Mehrheit) klein ist, (2) von der Majorität als minderwertig betrachtet wird, oder (3) von der Majorität abweichende *Einstellungen* vertritt. Eine M. wird in der *Soziologie* auch als *Randgruppe* bez. Die Mitglieder einer M. sind Individuen, deren soziale *Identität* wiederum durch ihre Gruppenzugehörigkeit best. wird. Aufgrund der großen Anzahl an Gruppen, die als M. zu bez. sind, gehört fast jedes Individuum einer M. an (z. B. vegan lebende Individuen, Frauen, Juniorprofessoren etc.). Betont wird die eigene Zugehörigkeit zu einer M. i. d. R. nur dann, wenn die M. pos. bewertet wird. Bei neg. bewerteter M. wird die Zugehörigkeit hingegen häufig heruntergespielt oder gar verleugnet. Die eigene Zugehörigkeit zu einer pos. bewerteten M. wird subj. pos. bewertet als die Zugehörigkeit zu einer pos. bewerteten Majorität. Zur Frage, wie es eine M. schafft, *sozialen Einfluss* auszuüben und damit gesellschaftliche Innovation zu erreichen, kann die gegen Ende der 1970er Jahre von Moscovici formulierte *Konversionstheorie* angeführt werden. Erweiterungen dieser Theorie zeigten, dass die Auseinandersetzung mit der Position der M. *divergentes Denken* (vs. *konvergentes Denken* bei einer Majorität) auslöst. Der M. wird zugesprochen, direkten Einfluss auszuüben, wenn das Individuum sich mit ihr identifiziert und eine pos. Identität herstellen kann. Turner verzichtete in seiner *Selbstkategorisierungstheorie* auf eine Konfliktannahme und nahm an, dass die M. Teil der Eigengruppe sein muss, um sozialen Einfluss i. S. einer Konversion nach Moscovici auszuüben. Andere Ansätze beschreiben sozialen Einfluss von M. und Majorität als ein und denselben Prozess, wie z. B. im *mathematischen Modell* von Latané und Wolf, die den Einfluss primär als Funktion der Gruppengröße definierten. Die M. kann hiernach nur durch Kraft (z. B. *Macht* oder *Status*) die numerisch immer überlegene Majorität an Einfluss übertreffen. Im *Konsens-Ansatz* von Erb und Bohner gilt ebenfalls die numerische Größe (Konsens) als Schlüsselvariable. Hoher Konsens führt dabei zu konvergentem und niedriger Konsens zu divergentem *Denken*. Tendenzen, die Position der M. einzunehmen, finden sich dann, wenn sich das Individuum von der Masse abheben möchte.

Über eine M. bestehen häufig sehr änderungsresistente *Stereotype*, sodass den indiv. Gruppenmitgliedern aufgrund ihrer Gruppenzugehörigkeit pauschal best. Eigenschaften zugeschrieben werden. Aufgrund der seltenen Begegnung mit Mitgliedern einer M. (kleines *N*) und der Tatsache, dass Individuen sich besser an neg. Ereignisse erinnern, kann eine *illusorische Korrelation* auftreten, die dazu führt, dass der M. verstärkt neg. *Eigenschaften* zugeschrieben werden. Gegenüber einer M. bestehen daher häufig neg. *Vorurteile*. In den 1960er Jahren wies Goodman Vorurteile auch bei Kleinkindern nach. Gemäß der *Kontakthypothese* können Individuen durch Begegnung mit Mitgliedern einer M. in den meisten Fällen Vorurteile abbauen. Der Effekt dieser Begegnung wird dabei durch die Gestaltung des Kontakts moderiert (z. B. Freiwilligkeit der Begegnung) und kann auch Vorurteile verstärken. Vorurteile gegenüber einer M. werden auf Verhaltensebene in der Ausübung von *Diskriminierung* sichtbar. In diesem Fall werden Mitglieder einer M. z. B. ausgegrenzt, ignoriert oder sogar tätlich angegriffen. Als Bsp. lassen sich die Benachteiligung von Frauen oder älteren Menschen im Berufsleben oder gewalttätige Handlungen gegenüber Ausländern und Migranten anführen. Erb & Bohner 2006, Moscovici 1979. *C. Flaßbeck*

Minor Tranquilizer [engl. *minor* klein, geringfügig; *Tranquillanzien, Tranquilizer*].

Miosis [engl. *myosis, miosis*; gr. μύειν *(myein)* schließen des Auges], Zustand der verengten Pupille (*Horner-Syndrom*). *Auge*.

Mirodenafil (= M.), [**PHA**], Phosphodiesterase-5-Inhibitor zur Behandlung der *erektilen Dysfunktion*. M. ist bisher nur in Korea zugelassen.

Mirtazapin (= M.) [engl. *mirtazapine*], [**PHA**], *Psychopharmakon* aus der Klasse der *Antidepressiva*. M. ist ein zentral wirksamer präsynaptischer α2-*Antagonist*, der indirekt die noradrenerge (*Noradrenalin, noradrenerges System*) und *serotonerge* Neurotransmission verstärkt. M. hat potente *antihistaminerge* Eigenschaften, wirkt deshalb schlafverbessernd und führt als Nebenwirkungen häufig zu *Sedierung* und Gewichtszunahme. M. besitzt keine *anticholinerge* Wirkung. Benkert & Hippius 2013. *H. Himmerich*

Misanthropie [engl. *misanthropia*; gr. μῖσος *(misos)* Hass, ἄνθρωπος *(anthropos)* Mensch], [**KLI**], (krankhafte) Menschenscheu, Menschenhass.

Mischanalgetika [engl. *compound analgesics*], *Analgetika*, syn. *Kombinationsanalgetika*, [**PHA**], Mittel gegen *Schmerz*, fixe Kombination aus einem Analgetikum und einem weiteren analgetischen Stoff bzw. Zusatzstoff, meist *Koffein* oder Vitamin. Koffeinzusatz ermöglicht wahrscheinlich eine Dosisreduktion des analgetischen Stoffes. Analgetika werden zur Wirkungsverstärkung häufig mit *Codein* kombiniert. Es wird diskutiert, ob und inwieweit die psychotropen Wirkungen von Codein bzw. Koffein einen Schmerzmittelmissbrauch fördern. Hüppe et al. 1996. *A. Hüppe/W. Janke*

Mischel, Walter (geb. 1930), [**HIS, PER**], wurde in Wien geboren, die Familie emigrierte nach dem Anschluss Österreichs an das Deutsche Reich in die USA; Studium an der *New York University*; Tätigkeit als Sozialarbeiter. Promotionsstudium bei *Rotter* und *Kelly* an der *Ohio State University*. Er lehrte in Harvard, Stanford und seit 1983 an der *Columbia University*. Mischel untersuchte als erster systematisch den *Belohnungsaufschub*, bei dem Kinder vor die Wahl gestellt wurden, ein kleineres Geschenk sofort oder ein größeres später zu bekommen (*Marshmallow-Test*). Aus der relativ niedrigen transsituativen *Konsistenz des Verhaltens* schloss Mischel (1968), dass Verhalten überwiegend situationsgesteuert und das Konzept der *Persönlichkeit* fragwürdig sei (*Situationismus*; *Person-Situation Debatte*). Dieser Fehlschluss löste eine jahrelange Debatte in der Ps. aus und wurde u. a. von Mischel selbst aufgrund eigener Befunde zur hohen zeitlichen Stabilität von situationsspezif. Verhaltensmustern korr. (Shoda et al. 1994; *Persönlichkeitsmerkmale, Stabilität der*). *H. E. Lück/J. B. Asendorpf*

Mischgefühl (= M.) [engl. *compound feelings/emotions*], [**EM**], Verschmelzung versch. *Gefühle* zu einem neuen. So ist Wehmut in der *Erinnerung Freude* und im Hinblick auf das Vorübersein Schmerz (*Trauer*). Weitere Bsp.: Entrüstung, Zweifel, auch Gefühle, wie sie beim Komischen, Erhabenen, Tragischen auftreten, sind meist M.

Mischintoxikation (= M.) [engl. *mixed intoxication*], [**PHA**], *Vergiftung* (Intoxikation) durch eine Kombination versch. Substanzen, i. d. R. in suizidaler Absicht. Häufig sind M. durch Kombinationen versch. Arzneimittel oder durch Kombinationen von *Alkohol* mit einem oder mehreren Arzneimitteln. Auch M. mit *Drogen* (mit oder ohne Alkohol/Medikamente) kommen vor. *G. Gründer*

Mischverteilungsanalyse (= M.) [engl. *mixture distribution analysis*], [**FSE**], die M. geht von der Annahme aus, dass eine Population aus Subpopulationen besteht, die sich in den Verteilungen von Merkmalen unterscheiden. Die Ziele der M. bestehen darin, die latenten (nicht direkt beobachtbaren) Subpopulationen aufzudecken und die Parameter eines stat. Modell für jede Subpopulation zu schätzen. Bei finiten (diskreten) Mischverteilungsmodellen geht man davon aus, dass sich die Mischvariable, die die Population in einzelne Subpopulationen trennt, diskreter Natur ist. Die Subpopulationen werden dann auch latente Klassen genannt. Bsp. für finite Mischverteilungsmodelle sind die *Latente Klassenanalyse*, die latente *Profilanalyse* und Mischverteilungs-*Strukturgleichungsmodelle*. Stetige Mischverteilungsmodelle gehen davon aus, dass die Mischvariable stetig ist. *Mehrebenenanalyse*, *Mixed-Rasch-Modell*. Rost & Eid 2009, Nussbeck et al. 2010. *M. Eid*

Mischverteilungsmodelle, diskrete [engl. *discrete mixture distribution models*], *Latente Klassenanalyse*, *Mischverteilungsanalyse*.

Mises, Dr., [HIS], Pseudonym für *Gustav Theodor Fechner*, der unter diesem Namen Gedichte, ein Rätselbüchlein und auch kleinere satirische Schriften veröffentlichte.

mismatch negativity [engl.] «Abweichungsnegativität», [BIO, WA], Effekt der (auditiven) Abweichung in Tonreihen auf hirnphysiologische Messungen (*Ereigniskorrelierte Hirnpotenziale, EKP*). Ein neg. elektrophysiologisches Signal (EKP-Komponente), das ca. 150 bis 250 ms nach der Präsentation eines abweichenden Stimulus in einer Reihe gleichartiger Reize präsentiert wird. *U. Ansorge*

Misperzeption-Test, [DIA, PER], von R. B. Cattell für die projektiven Techniken verwendeter Begriff. Die Abweichung von der Norm-Wahrnehmung (= *misperception*) ist das durchgängige Kennzeichen.

miss [engl.] Fehlschlag/-antwort; *Gedächtnisprüfung*.

Missbrauch (= M.) [engl. *abuse*], syn. *Abusus*, [KLI, PHA], das Ausnutzen einer bes. Beziehung, bei dem für den Täter zum Nachteil des Opfers ein Vorteil (sexuell, materiell, Macht etc.) entsteht. In konkreten Fällen geht es folgerichtig immer wieder um die Frage, ob ein selbstsüchtiges *Motiv* und ob eine Schädigung des Opfers vorlag bzw. wer die Verantwortung dafür hat. Die Ps. ist in zweifacher Hinsicht mit M. konfrontiert: Es geht um Beurteilung und Therapie (*Posttraumatische Belastungsstörung*) bei M. von Menschen generell und um M. durch Fachleute gegenüber Klienten (*Ethik*). Eine Beurteilung der Glaubwürdigkeit bzw. Erinnerungsfähigkeit, aber auch die Beurteilung der Schuldhaftigkeit und Rückfallwahrscheinlichkeit ist eine bes. Herausforderung. *sexueller Missbrauch*.

(2) Im *DSM*-IV noch gebräuchliche Bez. für ein unangepasstes Muster von Substanzgebrauch, das zu einer klin. bedeutsamen Beeinträchtigung oder Leiden führt, und das durch mind. eines der folg. Merkmale, das innerhalb eines 12-Monats-Zeitraums aufgetreten ist, gekennzeichnet ist: (a) Wiederholter Substanzgebrauch führt zu einem Versagen wichtiger Rollenerwartungen bei der Arbeit, in der Schule oder zu Hause (z. B. wiederholtes Fehlen bei der Arbeit); (b) Wiederholter Substanzgebrauch in Situationen, in denen es zu einer körperlichen Gefährdung kommen kann (z. B. Autofahren im alkoholisierten Zustand); (c) Wiederholte Konflikte mit dem Gesetz aufgrund des Substanzkonsums; (d) Fortgesetzter Substanzgebrauch trotz ständiger oder wiederholter sozialer oder zw.menschlicher Probleme, die durch den Substanzgebrauch hervorgerufen oder verstärkt werden. In der *ICD-10* wird der M. durch die Kategorie des Schädlichen Gebrauchs beschrieben. Im DSM-5 wurde die Kategorie abgeschafft und durch eine Schweregradabstufung innerhalb der Substanzkonsumstörungen ersetzt. *Sucht- und Substanzbezogene Störungen*. *F. Caspar/G. Gründer*

Misserfolg (= M.) [engl. *failure*], [EM], Nichterreichen eines selbstgesetzten Zieles (*Anspruchsniveau*, Hoppe 1930). Eine Bestimmung des M. durch äußere Kriterien, also ohne Berücksichtigung des Anspruchsniveaus, ist seit den Arbeiten des Lewiner Kreises ein Fehler, der allerdings nicht selten vorkommt. Die Nichtlösung einer als zu schwer beurteilten Aufgabe ist im ps. Sinn kein M. *Erfolg*, *Furcht vor Misserfolg*, *Leistungsmotivation*.

Misserfolg, psychotherapeutischer (= p. M.) [engl. *psychotherapeutic failure*], [KLI], die Frage von Erfolg bzw. M. von *Psychotherapie* hängt ganz eng mit der Frage von Kriterien der Veränderung (*therapeutische Veränderung*) zus. Dies ist für den Aspekt von Erfolg nicht einfach zu bestimmen, noch schwieriger ist es anzugeben, wann von einem p. M. gesprochen werden kann, weil eine echte *Kausalität* kaum nachzuweisen ist. Ausgangspunkt der Betrachtungen zum Thema p. M. sind empirische Befunde, wonach Psychoth. i. d. R. eine Erweiterung der Varianz im *Erleben* und *Verhalten* von Pat. bewirkt: Viele Betroffene profitieren von der *Intervention*, eine Reihe von Personen bleibt hinsichtlich der Zielvariablen weitgehend unverändert, bei einigen Personen stellt sich allerdings auch eine Verschlechterung ein.

Spätestens seit den 1980er-Jahren wurden versch. Differenzierungen hinsichtlich des Themas p. M. vorgebracht, demnach ist es sinnvoll zu unterscheiden in (1) *Therapie-Verweigerung*: Darunter sind Personen zu fassen, die sich nach der Phase der Diagnostik und Aufklärung über das therap. Vorgehen gegen eine Therapie entscheiden. Nach versch. Studien bei *Angststörungen* betrifft dies 5 bis 25 % der Pat. In einem solchen Fall kann man auch von *Behandlungsablehnung* sprechen. (2) *Abbrecher* (*Dropout*): Hierunter sind Pat. zu verstehen, die an einem therap. Prozess teilnehmen, diesen aber vor dem Erreichen der vereinbarten *Ziele* abbrechen. Die Raten für den Abbruch werden in versch. Studien mit 0 bis ca. 20 % angegeben. (3) Wenn Pat. nicht im angestrebten Ausmaß auf ein im Prinzip indiziertes Verfahren reagieren, spricht man von *Nicht-Reagierern* (*Non-Responder*). Unterscheiden sollte man hier zw. technischen Fehlern (Mängel in der Diagnostik, in der korrekten Durchführung des Verfahrens oder auch in der Vorbereitung und korrekten Aufklärung des Pat.). Davon zu trennen sind sog. echte *Behandlungsfehler* (p. M. i. e. S.): Gemeint sind damit Fälle, bei denen ein Verfahren korrekt angewendet wurde, ein vorher vereinbartes Behandlungsziel jedoch nicht erreicht werden konnte. Die angegebenen Häufigkeiten variieren hier insbes. mit den Störungen, bewegen sich im Bereich von 20 bis 50 %.

(4) *Rückfälle*: Darunter sind jene Pat. zu verstehen, bei denen im Verlauf der Behandlung zwar eine signifikante und auch klin. relevante Verbesserung erreicht werden konnte, diese aber sich entweder zeitlich (zumeist werden Zeiträume von sechs Monaten bis zwei Jahren angegeben) oder situational (z. B. für das häusliche oder berufliche Setting) nicht als stabil erweist. In sehr vielen Studien fehlen Angaben zu Rückfällen, weil zumeist auch Angaben zu *Katamnesen* fehlen. Als Gründe für Rückfälle werden oft neu aufgetretene Belastungen und spezif. Stressbedingungen (*Stress*) genannt. Es ist als ein Reifezeichen der Psychoth. anzusehen, dass das Thema des p. M. heute sehr ernsthaft und differenziert diskutiert wird. Gerade p. M. i. e. S. bildet eine Herausforderung auch für die Theorienbildung und für die weitere Entwicklung von wirksamen therap. Strategien. Wenn in den obigen Ausführungen vier unterschiedliche Aspekte von p. M. unterschieden wurden, sollte man nicht aus den Augen verlieren, dass nur ein ganz geringer Prozentsatz von Betroffenen zur Psychoth. gelangt. Ob dieser Filter im Zugang zur Psychoth. auch als Aspekt von p. M. zu sehen ist (z. B. hinsichtlich der Frage von Informationen bzgl. Psychoth. oder von Problemen bzgl. der Schwelle zur Therapie), könnte durchaus diskutiert werden. Linden & Strauß 2013. *H. Reinecker*

Misserfolgsmotivation [engl. *failure motivation, motivation to avoid failure*], *Leistungsmotivation, Furcht vor Misserfolg*.

Misserfolgsvermeidung [engl. *avoiding failure*], *Furcht vor Misserfolg*.

missing at random (MAR) [engl.] Zufälliges-Fehlen, [**FSE**], Bez. für einen *Missing-Data-Prozess*, bei dem Fehlwerte bedingt zufällig auftreten. Angenommen, Personen mit geringer Teilnahmemotivation scheiden eher aus einer Studie aus. Wurde die Teilnahmemotivation erhoben, so liegt MAR vor und das Ausscheiden kann stat. modelliert werden, sodass eine Verzerrung der Analyseergebnisse vermieden werden kann. Nach stat. Kontrolle von verfügbaren Variablen hängt das Auftreten der fehlenden Werte somit nicht von weiteren Variablen, die im Datensatz vorhanden oder nicht vorhanden sind, ab. Folglich ist grundsätzlich ein Zusammenhang zw. dem Fehlen eines Werts und anderer Variablen im Datensatz erlaubt (*bias*). Dieser Zusammenhang muss jedoch verschwinden, wenn die mit dem Auftreten der fehlende Werte in Zusammenhang stehenden Variablen stat. kontrolliert werden. Im Falle von MAR führen klass. Verfahren zum Umgang mit fehlenden Werten (z. B. *fallweiser Ausschluss, paarweiser Ausschluss*) zu verzerrten Analyseergebnissen. Unverzerrte Ergebnisse können z. B. durch Anwendung des *Expectation-Maximization-Verfahrens*, des *Full-Information-Maximum-Likelihood-Verfahrens* oder der *multiplen Imputation* sichergestellt werden. Leonhart 2013, Lüdtke et al. 2007. *R. Leonhart*

missing completely at random (MCAR) [engl.] Vollständig-zufälliges-Fehlen, [**FSE**], ein unsystematischer *Missing-Data-Prozess*. Die Teilstichprobe der Personen mit *Missing Data* stellt eine *Zufallsstichprobe* aus der erhobenen Gesamtstichprobe dar. Das Auftreten von fehlenden Werten hängt hierbei weder von der (nicht bekannten und somit nur vermutbaren) Ausprägung in der Variablen selbst noch von anderen (bekannten) Variablen im Datensatz oder weiteren nicht erhobenen Parametern ab. Es gibt somit keine Systematik, die das Fehlen der Werte vorhersagen kann. Wird R als Indikatorvariable («1» = «fehlend», «0» = «vorhanden») für das Fehlen eines Werts definiert, so steht die Ausprägung in dieser Variable R weder in Zusammenhang mit einer anderen Variablen im Datensatz noch mit der Ausprägung in der untersuchten Variablen selbst. Gibt bspw. eine Person ihr Alter nicht an, so ist dies im Falle von MCAR weder durch das Alter selbst (junge und alte Befragte tendieren im selben Maße zur Verweigerung der Angabe) noch durch das Geschlecht (Frauen und Männer tendieren im selben Maße zur Verweigerung der Angabe) bedingt. Leonhart 2013, Lüdtke et al. 2007. *R. Leonhart*

missing data (= m.) [engl.] fehlende Daten; syn. *fehlende Werte*, [**FSE**], als m. werden Werte bezeichnet, die als Merkmalsausprägung empirisch vorhanden sind, aber unerwarteterweise im vorhandenen Datensatz nicht vorliegen. Die Gründe für diese Unvollständigkeit können vielfältig und vielschichtig sein. Neben organisatorischen Problemen bei der Durchführung der Datenerhebung, dem Übersehen einer Antwortmöglichkeit durch Teilnehmende, dem schlichten Vergessen der Antwortgabe sowie unklarem Antwortverhalten kann auch eine Verweigerung durch Untersuchungsteilnehmende vorliegen. Deshalb ist es von hoher Relevanz für die Validität der stat. Auswertung, dass systematische *Missing-Data-Prozesse* vermieden werden, sowie auch - zumindest bei mehr als fünf Prozent m. – eine systematische *Missing-Data-Diagnose* stattfinden sollte.

Es werden drei Typen von m.-Prozessen unterschieden: (1) *Missing Completely at Random (MCAR)*, (2) *Missing at Random (MAR)*, (3) *Missing not at Random (MNAR)*. In Abhängigkeit von diesen Mustern fehlender Werte gibt es versch. Möglichkeiten des Umgangs mit m. Primär kann zw. einer Nicht-Berücksichtigung dieser Fälle in (Teil-)Analysen oder versch. Formen der Imputation unterschieden werden. Diese Verfahren haben diverse Vor- und Nachteile. Ältere, i. Allg. nicht empfehlenswerte Verfahren sind: (1) *Fallweiser Ausschluss*, (2) *Paarweiser Ausschluss*, (3) *Last Observation Carried Forward*, (4) *Ersetzung durch Mittelwert*, (5) *Hot Deck*, (6) *Ersetzung durch Regression*. Moderne, auch im Falle modellierbarer systematischer m.-Prozesse (*Missing at Random*) empfehlenswertere Imputationsverfahren sind: (1) *Full-Information-Maximum-Likelihood-Verfahren (FIML)*, (2) *Expectation-Maximization-Verfahren*, (3) *multiple Imputation*. Unabh. von Muster und Anzahl der m. sollte bei der Ergebnisdarstellung immer transparent mit fehlenden Werten umgegangen werden und es sollte ggf. eine vergleichende stat. Analyse mit unvollständigem und vervollständigtem Datensatz stattfinden. Im Idealfall sollten die Ergebnisse dieser Berechnungen nicht bedeutsam differieren. [methodology.psu.edu/pubs/books/missing#soft] Lüdtke et al. 2007, Leonhart 2013, Schafer 1997.

R. Leonhart

Missing-Data-Diagnostik (= M.) [engl. *missing data diagnostics*], **[FSE]**, Verfahren zur Identifikation systematischer *Missing-Data*-Strukturen in Datensätzen. Bei mehr als fünf Prozent fehlenden Werten sollte stets eine M. erfolgen. Mittels einfacher deskriptiver Auswertung (z. B. Korrelation des Fehlens von Angaben mit Personenmerkmalen wie z. B. Alter oder Teilnahmemotivation) können Besonderheiten und Verzerrungen im Datensatz ermittelt werden, die Hinweise auf *Missing-Data-Prozesse* geben können. Die Anzahl der fehlenden Werte pro Person und Variablen sollte best. werden (z. B. mit dem M. Modul von *SPSS*), so dass evtl. auf best. Pbn oder Variablen in der weiteren, eigentlichen Analyse dokumentiert ausgeschlossen werden. Zudem sollten Muster von Fehlangaben identifiziert werden. Zwar sind versch. Hypothesen zur Ursache der fehlenden Werte nicht stat. prüfbar, aber der Analysierende erhält Hinweise auf systematische Ausfallstrukturen. Zudem können Variablen entdeckt werden, welche mit dem Fehlen best. Werte in Zusammhenag stehen, welche bei einer *Imputation* berücksichtigt werden können. Leonhart 2013.   *R. Leonhart*

Missing-Data-Prozesse (= M.) [engl. *missing-data processes*], **[FSE]**, Prozesse, die dem Auftreten fehlender Werte (*Missing Data*) zugrunde liegen. Hierbei kann das *Forschungsdesign* das Auftreten von fehlenden Werten begünstigen (z. B. komplexe Erhebungsmethode, zu lange Fragebögen, hohe Anzahl der Messzeitpunkte und Variablen), organisatorische Probleme (z. B. kein kontinuierlicher Kontakt zu den Pbn bei mehreren Messzeitpunkten, viele Studienzentren) sowie der Zeitpunkt der Datenerhebung selbst. Insbes. problematisch ist es, wenn Personen bewusst einzelne Angaben (z. B. Angabe des Gehalts, Drogenkonsum) oder die Teilnahme an einer Studie bzw. einzelnen Erhebungszeitpunkten komplett verweigern. Beim Umgang mit fehlenden Werten müssen M. (*Missing Completely at Random*, *Missing at Random*, *Missing not at Random*) bewusst in Rechnung gestellt werden. Zur Identifikation der M. sollte eine *Missing-Data-Diagnostik* durchgeführt werden. Leonhart 2013, Lüdtke et al. 2007.
                                    R. Leonhart

missing not at random (MNAR) [engl.] Nicht-zufälliges-Fehlen], **[FSE]**, bez. einen *Missing-Data-Prozess*, bei dem Werte systematisch fehlen und keine Informationen zur Verfügung stehen, um das Fehlen der Werte stat. zu modellieren. Geben Personen mit höherem Gehalt dieses bei einer Befragung eher nicht an, so liegt MNAR vor, wenn keine Informationen vorliegen, die einen validen Schluss auf die Höhe des Gehalts erlauben. Im Falle von MNAR ist keine angemessene stat. Kontrolle zur Vermeidung von Analyseverzerrungen möglich. Leonhart 2013, Lüdtke et al. 2007.   *R. Leonhart*

Misskonzept [engl. *misconception*; lat. *concipere* zusammenfassen, begreifen], **[EW, KOG]**, Bez. für eine systematische intuitive Theorie über Bewegungen, die mit den fundamentalen Prinzipien der Newton'schen Mechanik unvereinbar ist und stattdessen auf einer vor-Newton'schen, mittelalterlichen Impetus-Theorie beruht. Als Bsp. eines solchen Misskonzepts beschreiben McCloskey et al. (1983) den «straight-down belief»: die fälschliche Annahme, dass z. B. ein Gegenstand, der aus einem sich horizontal zur Erdoberfläche bewegenden Flugzeug fällt, sich vertikal nach unten bewegt und lotrecht unterhalb des Abwurfpunktes auftrifft. Misskonzepte können sich sowohl in abstrakten Papier-und-Bleistift-Aufgaben als auch im Handeln zeigen. *intuitive Physik*. Kaiser et al. 1986, Kaiser et al. 1992.

Missmut (= M.) [engl. *displeasure, sullenness*], syn. *Verdrossenheit*, **[EM]**, kennzeichnend ist wie bei der Traurigkeit (*Trauer*) eine innere Leere und Wertverarmung, doch im Unterschied zum Traurigen zeigt der Missmutige Gereiztheit und gewisse *Feindseligkeit* gegen die Mitwelt. Er ärgert sich (*Ärger*) und ist nicht wie der Traurige lediglich betrübt. Zum M. gehören *Ressentiment* und Humorlosigkeit (*Humor*).

Mitarbeiterbefragungen (= M.) [engl. *employee surveys*], **[AO, DIA]**, eine in vielen Unternehmen übliche, meist jährliche oder zweijährliche Befragung der Mitarbeiter zu einem breiten Spektrum von arbeitsbezogenen Themen wie Engagement, Ausrichtung an Zielen und Strategie (engl. *alignment*), Arbeitsbedingungen, Entlohnung, Leistungsfeedback und *Führung*. Zweck der Befragung ist einerseits (1) die Messung von wichtigen Erfolgsfaktoren, um diese mit den Werten anderer Firmen zu vergleichen (engl. *benchmarking*) bzw. um ihre Veränderung zu verfolgen, (2) Risiken (z. B. Fluktuation, Absinken der Motivation) frühzeitig zu erkennen und (3) Hindernisse und Potenziale für die Leistungserbringung zu identifizieren. Andererseits dient eine M. oft auch zur gezielten Beschleunigung von Veränderungsprozessen durch eine breite Einbindung der Mitarbeiter aller Führungsebenen in Themen besonderer Aktualität oder Brisanz. Die Ergebnisse einer M. werden i. d. R. sehr differenziert ausgewertet, d. h. jede Abteilung und jeder Bereich bekommt ihre Ergebnisse (oft zus. mit allgemeineren Durchschnittswerten zum Vergleich) zurückgespiegelt. Diese werden dann z. B. in spez. Workshops (engl. *survey feedback workshops*) diskutiert und qual. nachgearbeitet. Die Diagnose soll zu wirksamen Verbesserungsmaßnahmen auf allen Führungsebenen und in allen Unternehmensbereichen führen. Borg & Mastrangelo 2008.   *I. Borg*

Mitarbeitergespräch (= M.) [engl. *appraisal interview*], **[AO]**, ist ein zentrales Führungsinstrument, das in Dialogform zw. Führungskraft und Mitarbeiter stattfindet (*Führung*). Insbes. in dt.sprachigen Organisationen (*Organisation*) sind M. in ihrer systematischen Form weit verbreitet. Das M. leitet seine Bez. von der Forderung ab, dass der überwiegende Redeanteil beim Mitarbeiter liegt, was in der Praxis jedoch oft nicht realisiert wird. Das M. umfasst alle institutionalisierten oder formalisierten Personalführungsgespräche (*Personalmanagement*, *Personalpflege*), die der Vorgesetzte mit einem Mitarbeiter in Wahrnehmung seiner Führungsaufgabe gestaltet. Es handelt sich somit um ein Gespräch mit fester Terminierung, höherem Zeitbedarf und hinreichender Vorbereitung beider Gesprächspartner. In Abhängigkeit vom Gesprächsanlass variieren die Inhalte von M. Eine Orientierung erfolgt meist anhand von Leitfäden oder Checklisten, die auch in computergestützter Form vorliegen können. Bestandteile sind häufig eine umfassende Bilanzierung, die Verständigung über Ziele sowie die Besprechung der weiteren (fachlichen und überfachlichen) Entwicklung des Mitarbeiters. Zielstellungen in Zusammenhang mit dem M. können im Einzelnen sein: (1) Entwicklung einer tragfähigen, langfristig angelegten, vertrauensvollen Zusammenarbeit; (2) Def. und Vereinbarung von klaren Aufgaben, Zuständigkeiten und Verantwortlichkeiten; (3) Offenlegung nicht nur von gemeinsamem Verständnis, sondern auch von Auffassungsunterschieden; (4) Vereinbarung von indiv. Zielen und regelmäßige Überprüfung der Zielvereinbarungen; (5) gegenseitiges Geben und Empfangen von Rückmeldungen; (6) Klärung von wechselseitigen Erwartungen; (7) Identifizierung von Verbesserungsmöglichkeiten und Beseitigung von Hindernissen für die volle Leistungsentfaltung; (8) Abgleich von Fähigkeiten und Einstellungen mit Aufgaben und Erwartungen; (9) Klärung indiv. Entwicklungsperspektiven; (10) Vereinbarung von Entwicklungsmaßnahmen. Der Nutzen des M. bezieht sich damit nicht nur indirekt auf die Organisation, sondern auch direkt auf die Führungskraft sowie den Mitarbeiter selbst. Zumeist werden die Vorgesetzten von der Organisation zur Durchführung des M. in entspr. Schulungen oder Trainings qualifiziert. Inhalte dieser Maßnahmen sind i. d. R. die Vermittlung von Grundlagen der *Kommunikation*, einschlägige Modelle zur Gesprächsführung und wechselseitigen Zusammenarbeit sowie das Training konkreter Gespräche bzw. Gesprächssituationen zumeist i. R. von videogestützten Rollenspielanalysen. Zentral für das Gelingen des M. in der Organisationspraxis ist die Schaffung einer Atmosphäre von gegenseitiger Offenheit und Vertrauen, die es z. B. dem Mitarbeiter ermöglicht, der Führungskraft gegenüber Defizite und Entwicklungsnotwendigkeiten wahrheitsgetreu anzusprechen. Eine Verknüpfung des M. mit Zielvereinbarungssystematiken (*Zielvereinbarungsgespräche*), insbes. mit Entgeltrelevanz, erweist sich damit bisweilen als wenig kompatibel. Sonderformen des M sind z. B. Feedback-Gespräch, Beurteilungsgespräch, Konfliktlösungsgespräch, Rückkehrgespräch und Trennungsgespräch. Hossiep et al. 2008. *R. Hossiep*

Mitarbeiterorientierung [engl. *employee orientation*], *Führung*.

Mitarbeiter systematisch beurteilen, [AO, DIA]. Arbeitswissenschaftliches Verfahren. Programm zur Vorbereitung, Durchführung und Kontrolle der Mitarbeiterbeurteilung in der *Organisation*. Die versch. Programmbausteine enthalten Texte, Abbildungen und Materialien (als Buchfassung oder Disketten lieferbar) zur Vermittlung von Grundkenntnissen über die Notwendigkeit, Grenzen und Möglichkeiten der Mitarbeiterbeurteilung, Grundlagen zum Aufbau eines Beurteilungssystems, Basiswissen für Vorgesetzte. *Human-Resource-Management*. Franke & Kühlmann 1990.

Mitbewegung [engl. *concurrent motion*], [KOG], willkürliche oder als Begleiterscheinungen bei willkürlichen Bewegungen mit auftretende Bewegungen. *Ideomotorik*.

Mitbewusstes, [KOG], von Rohracher (1963) eingeführter Terminus: «Mitbewusstes ist alles, was man weiß, ohne dass man daran denkt, dass man es weiß.» Z. B. kennt man seine eigenen Personalien, seine Umgebung und viele weitere jederzeit verfügbare Wissensbestände.

Mitempfindung [engl. *synesthesia*], [WA], Empfindungen, die als Begleiterscheinungen außerhalb des reizbetroffenen Gebietes auftreten. *Chromatismen*, *Phonismen*, *Photismen*, *Synästhesie*.

Mitfühlen, Mitgefühl [engl. *compassion*], [EM], Erlebnis der inneren Ergriffenheit von fremdseelischen Vorgängen. Nach Lersch gehört das Mitfühlen zu den Gefühlsregungen des Füreinanderseins. Als Freude = Mitfreude, als Leid = Mitleid. *Empathie*.

Mitose [engl. *mitosis*; gr. μίτος (*mitos*) Faden], [BIO], Zellteilung nach identischer Längsspaltung und Verdopplung der Chromosomen (*Chromosom*), Verteilung je eines vollst. Chromosomensatzes auf die neuen Tochterkerne (Karyokinese) und Zuordnung eines Zytoplasmabereichs zu jedem Kern durch Zellteilung oder Fruchtung (Zytokinese).

Mittelsenkrechttäuschung geometrisch-optische Täuschung.

Mittelwert [engl. *mean*], *Maße der zentralen Tendenz*.

Mittelwertsersetzung (= M.) [engl. *mean substitution*], [FSE], klassisches Verfahren zur *Imputation* fehlender Werte (*Missing Data*). Der fehlende Wert einer Person wird durch den Mittelwert (*arithmetisches Mittel*) aller anderen Personen mit vollst. Daten bzgl. dieser Variablen ersetzt. Problematisch ist hierbei, dass dies eine Unterschätzung von Varianz und Kovarianz zur Folge hat. Unabh. vom *Missing-Data-Prozess* führt die M. zu Verzerrungen der Ergebnisse, sodass stets andere Imputationsverfahren vorzuziehen sind. Leonhart 2013, Lüdtke et al. 2007.

R. Leonhart

Mittel-Ziel-Überzeugung (= MZ.) [engl. *means-ends belief*], [EM, KOG], eine MZ. ist eine Überzeugung (ein Glaube, eine Meinung, *Überzeugungssystem, Glaubenssystem*) mit dem Inhalt, dass ein Sachverhalt M ein geeignetes Mittel zur Herbeiführung eines anderen, gewünschten Sachverhalts Z (eines Zieles, *Ziele*, i. w. S. des Wortes) ist; d. h. die Überzeugung, dass M das Ziel Z in der gegebenen Situation herbeiführt oder zumindest die *Wahrscheinlichkeit* des Eintretens von Z erhöht. Ist M eine eigene *Handlung*, dann spricht man oft von einer Handlungs-Ergebnis-Überzeugung (Heckhausen & Heckhausen 2010). Statt von Überzeugung (*belief*) wird oft von *Erwartung* (*expectancy*) gesprochen, denn Erwartungen sind Überzeugungen, die sich auf etwas Zukünftiges beziehen, und dies ist bei MZ., die i. R. der *Handlungsplanung* auftreten, i. d. R. der Fall. Eine quant. Version des Begriffs der MZ. ist der Begriff der subj. Wahrscheinlichkeit, dass eine Handlung H eine Handlungsfolge F herführt; dieser Begriff spielt eine zentrale Rolle in den *Erwartung-Wert-Theorien* der *Motivation*. *Zielsystemtheorie*. Reisenzein 2006.

R. Reisenzein

Mittel zur Zielerreichung [engl. *means to achive a goal*], *Zielfokus, Prozessfokus und Ergebnisfokus*.

Mittenecker, Erich (geb. 1922) [**HIS, FSE, PER**], Erich Mittenecker wurde in Wiener Neustadt geb. Nach schwieriger Kriegs- und Nachkriegszeit studierte er unter einfachsten Bedingungen in Wien Ps. und Naturwiss. Das Studium schloss er – wie in Österreich üblich – mit der Promotion ab. Dem erheblichen Literaturmangel für Studierende der Ps. wollte er selbst mit einem Methodenbuch abhelfen. 1950/1951 erhielt durch ein Stipendium die Möglichkeit zu einem USA-Aufenthalt. Das Buch zur Planung und stat. Auswertung von Experimenten erschien dann 1952 und wurde über lange Zeit zum Maßstab für die Psychologenausbildung im dt. Sprachbereich, obwohl M. sich nicht als Fachmann für Statistik sah. Gemeinsam mit W. Toman entwickelte M. Anfang der fünfziger Jahre den *Persönlichkeits- und Interessentest (PIT)*, einen der ersten Persönlichkeitstests im dt. Sprachbereich. 1953 habilitierte sich Mittenecker in Wien und erhielt dort 1981 eine Professur. Weitere Forschungsinteressen von Mittenecker lagen in Grundsatzfragen, aber auch im Bereich der Unfallforschung. 1965 ging Mittenecker nach Graz, wo er bis zu seiner Emeritierung 1990 lehrte. *H. E. Lück*

mittlere quadratische Abweichung [engl. *mean squared deviation*], *Varianz*.

mittleres Quadrat [engl. *mean square (MS)*], [**FSE**], Durchschnittswert des quadrierten Abstandes vom Mittelwert einer Verteilung. *Allgemeines Lineares Modell*, *Varianzanalyse*.

mittlere Variation [engl. *mean variation*; lat. *variare* verändern], *AD*.

Mitübung (= M.) [engl. *concurrent exercise*], [**KOG**], Meumann und Ebert (1905) stellten bei Lernexperimenten (*Lernen, Lernforschung*) fest, dass sich Übung im Erlernen von sinnlosen Silben günstig auf das Erlernen anderen Materials auswirkt, und nannten diese Erscheinung M. Thorndike, G. E. Müller u. a. interpretierten dies i. S. eines Vorhandenseins von *identischen Elementen*. M. kann angesehen werden als ein Spezialfall des allgemeinen Phänomens der Übertragung (*Transfer*). *Entwicklungskorrelationen*.

Mixed-Methods-Ansatz [engl. *mixed-methods approach* Ansatz gemischter Methodenanwendung], [**FSE**], Forschungsstrategie, die quant. und qual. Forschungsstrategien (*empirische Sozialforschung*) wissenschaftstheoretisch reflektiert miteinander verzahnt. Dies kann z. B. in einzelnen Phasen des *Forschungsprozesses* oder in Teilstudien einer größeren Studie erfolgen, wenn qual. sowie quant. Methoden (*Qualitative Forschungsmethoden*, *Statistik*) kombiniert eingesetzt werden und bzgl. der Fragestellungen, Untersuchungsdesigns (*Forschungsdesign*), Datenerhebungen und/oder Datenauswertungen (*Datenanalysemethoden, qualitative*, *Datenanalysemethoden, quantitative*) direkt verknüpft werden. Wissenschaftstheoret. Grundlage des Vorgehens ist dabei meist der *Pragmatismus*. Kuckartz 2012. *N. Döring*

Mixed models *Gemischte Modelle*.

Mixed-Motive-Interaktionen [engl. *mixed-motive interactions* Interaktionen mit gemischten Motiven], *Koalitionsbildung*.

Mixed-Rasch-Modell (= MRM) [engl. *mixed-Rasch model*], syn. *Mischverteilungs-Rasch-Modell*, [**DIA, FSE**], ist die Verallgemeinerung des dichotomen und des *ordinalen Rasch-Modells* (= ord. RM) zu einem *diskreten Mischverteilungsmodell* (= MVM). Während alle eindimensionalen RM von der Annahme ausgehen, dass die getesteten Personen aus einer homogenen *Population* stammen, gehen diskrete MVM davon aus, dass die erhobenen Daten eine Mischung aus mehreren Komponenten repräsentieren. Die mischende Variable kann bekannt sein (z. B. das Geschlecht), oder sie ist unbekannt (*Variable, latente*) und muss im Zuge der Parameterschätzung ermittelt oder konstruiert werden (was der interessantere Fall ist). Ein relativ einfaches diskretes Mischverteilungsmodell ist die *Latente Klassenanalyse* (LCA), in der angenommen wird, dass innerhalb der Mischungskomponenten konstante Antwortwahrscheinlichkeiten gelten. Nimmt man nun an, dass innerhalb jeder Komponente anstatt konstanter Wahrscheinlichkeiten die durch das RM definierten Wahrscheinlichkeiten gelten, so ergibt sich das MRM

$$p(X_{vi} = x) = \sum_{c=1}^{C} \pi_c \frac{exp(x\theta_{vc} - \sigma_{ixc})}{\sum_{s=0}^{m} exp(s\theta_{vc} - \sigma_{isg})}$$

aus der Zusammenfügung von LCA und RM. Der Personenparameter θ_{vc} erhält zwei Indices und suggeriert Mehrdimensionalität (*Rasch-Modell, mehrdimensionales*). Tatsächlich bekommt jede Person für jede Mischungskomponente einen anderen Personenparameter, gehört aber laut Modellannahmen nur einer Klasse an, nämlich derjenigen mit der größten Zuordnungswahrscheinlichkeit. Es handelt sich also um eine sehr spez. Art von Mehrdimensionalität, bei der es in jeder latenten Klasse nur eine (andere?) latente *Dimension* gibt. Diese klassenspezif. Dimensionen sind in ihren Werten sehr ähnlich, da jede Person nur einen Summenscore hat. Durch die Anzahl und unterschiedliche Größen der Klassen, durch die Möglichkeit, Parameter innerhalb und zw. den Klassen auf best. Werte zu fixieren oder gleichzusetzen, die Möglichkeit, in den latenten Klassen unterschiedliche Modelle zu postulieren, gewinnt diese Art der stat. Modellierung einen hohen Grad an Flexibilität und Anpassungsfähigkeit. Ein Anwendungsbsp. ist auch die Messung des räumlichen Vorstellungsvermögens, bei der sich mittels des MRM stabile interindiv. Strategieunterschiede herausstellen, die jedoch nicht in einem 100 %igem Zusammenhang mit der Geschlechtsvariable stehen, sondern nur Korrelate derselben sind. Eine andere Anwendung besteht darin, Antworttendenzen des indiv. Skalengebrauchs, *response sets* in Fragebögen oder gar die Skalierbarkeit in einzelnen latenten Klassen zum Gegenstand der Modellierung mittels des MRM zu machen. Ein häufiger Befund bei solchen Untersuchungen ist der, dass neben einer Klasse mit erwarteten Modellparametern auch oft einzelne Klassen sog. «Unskalierbarer» sichtbar werden. Werden Modelle unterschiedlicher Provenienz in ein gemeinsames Latent-class-Modell integriert, spricht man auch von *Hybrid-Modellen*. Eine der ersten Anwendungen solcher Hybrid-Modelle war die Notwendigkeit, in staatsübergreifenden Leistungstests das Gros der gutwillig arbeitenden Schüler von den sog. Ratern in eigens dafür vorgesehenen «Rate-Klassen» zu trennen. Nicht zuletzt besteht auch die Möglichkeit, den vielleicht am häufigsten angewandten *Likelihood-Quotienten (CLRT)* von Andersen durch die Anwendung eines 2-Klassen-MRM zu ergänzen. Während die typische Durchführung des Andersen-Tests die Heterogenität der Score-Gruppen oder anderer manifester Variablen prüft, entspricht ein Vergleich des RM mit der 2-Klassenlösung des MRM einem noch stärkeren Modelltest. Die latenten Klassen werden so gebildet, dass sie max. heterogen zueinander sind. Inwieweit dabei Effekte wie *capitalisation on chance* auftreten, bleibt hinsichtlich jedweder inferenzstat. Verwendung von Latent-Class-Variablen offen. *Item-Response-Theorie (IRT)*, *linear-logistisches Testmodell (LLTM)*, *Rasch-Modell*, *mehrdimensionales*. Davier & Rost 2013, Rost 1991, Rost 2004, Rost & Davier 1995. *J. Rost*

MLLSA, Abk. für *Maximum Likelihood Latent Structure Analysis*, **[FSE]**, Programm für die latente Strukturanalyse. *Latent Structure Analysis (LSA)*. [www.john-uebersax.com/stat/soft.htm].

Mneme [gr. μνήμη (mneme) Gedächtnis], **[KOG]**, nach Semon (1904) das *Gedächtnis* allg., als Funktion der «organischen Materie», die Gesamtheit aller fortdauernden, durch best. Reize (*Reiz*) verursachten Änderungen, ohne Rücksicht darauf, ob Bewusstsein damit verbunden ist oder nicht. Die Sinneseindrücke usw. sollen in der Nervensubstanz dauernde Veränderungen, Spuren, sog. *Engramme* hervorrufen. Auf den Engrammen beruhen die Erscheinungen der Vererbung, des Gedächtnisses, der Assoziationsvorgänge etc. Sobald der betreffende Substanzabschnitt von Erregungen getroffen wird, werden nach Semon gleiche organische usw. Vorgänge, die den ursprünglichen entsprechen, ausgelöst = ekphoriert. Hering hatte schon früher diese «Speicherung» von Eindrücken als allg. organische Fähigkeit angesehen. C. G. Carus hat von «Leibesgedächtnis» und vom «epimetheischen Prinzip der Vitalseele» gesprochen.

Mnemometer [engl. *mnemometer*; gr. μνήμη (mneme) Gedächtnis, μέτρον (métron) Maß], *Ranschburg, Pal (auch: Paul)*.

Mnemonik, Mnemotechnik (= M.) [engl. *mnemonics, mnemotechnics*; gr. μνήμη (mneme) Gedächtnis], **[KOG]**, Gedächtniskunst. Steigerung der Gedächtnisleistungen durch Hilfsvorstellungen (*Assoziation*) nach Schema, durch systematisierte Übung, Wiederholung etc. Wiss.-psychol. bearbeitet wurde die M. u. a. durch Meumann. *Gedächtnis*.

mnestisches Blockadesyndrom [engl. *mnestic block syndrome*; gr. μνήμη (mneme) Gedächtnis], *Amnesie, dissoziative*.

mnestische Störungen [engl. *mnestic disorders*; gr. μνήμη (mneme) Gedächtnis], syn. für *Gedächtnisstörungen*.

Mobbing (= M.) [engl. *to mob* schikanieren, anpöbeln], **[AO, PÄD, SOZ]**, M. ist ein aggressives Verhalten, das in allen sozialen Kontexten auftreten kann, in den Menschen (Kinder und Erw.) regelmäßig zus.kommen und in den die Opfer ihren Angreifern nicht ohne Weiteres entfliehen können (Smith et al. 1999). Dieses trifft besonders häufig in der Arbeitswelt und in Schulen (inkl. Kindergarten; *Mobbing am Arbeitsplatz*, *Mobbing, schulisches*) zu. Der Begriff M. kommt etymologisch aus dem Englischen [*to mob* anpöbeln, angreifen], wurde zuerst in Skandinavien in den 1970er-Jahren verwendet (Heinemann 1972), um Gruppen*gewalt* gegenüber einzelnen Personen zu bez. Im dt. Sprachraum wurde der Begriff M. zuerst in der Arbeitswelt verwendet und erst später auch im Kontext der Schule. M. ist dadurch gekennzeichnet, dass eine Person systematisch und über eine gewisse Zeit den – oft sehr subtilen – aggressiven Handlungen anderer ausgesetzt wird, ohne sich effizient wehren zu können (Olweus 1996). Während es klar ist, dass M. ein aggressives und absichtliches Verhalten ist, das üblicherweise von mehreren Personen ausgeübt wird, sind die Erscheinungsformen von M. sehr unterschiedlich. Diese Formen können eindeutig und direkt sein, aber auch versteckt, subtil und indirekt. Die häufig verdeckten und undramatischen Erscheinungsformen von M. tragen auch dazu bei, dass M. oft spät entdeckt und vom Umfeld häufig bagatellisiert wird (Alsaker 2012). Auch wenn M. unter Erwachsenen sich in den Erscheinungsformen von M. unter Kindern und Jugendlichen unterscheidet, so ähneln sich M. am Arbeitsplatz und M. in der Schule prinzipiell in den Mechanismen und Prozessen, die zur Aufrechterhaltung der Situation beitragen, und in den schweren Konsequenzen, die für die Opfer entstehen. So ist M. in beiden Fällen ein Akt der *Macht*demonstration, der dadurch aufrechterhalten wird, dass sich das Umfeld passiv verhält und die Opfer in Zustände von Machtlosigkeit und Hoffnungslosigkeit versetzt. *Bullying*. *F. D. Alsaker*

Mobbing, schulisches (= s. M.) [engl. *school mobbing*], *Mobbing*, **[SOZ, PÄD]**, der Missbrauch sozialer *Macht*, ist eine proaktive Form der *Aggression*, die eingesetzt wird, um Dominanz in der Schulklasse zu erlangen und zu erhalten. M. wird vor allem dort möglich, wo starre Strukturen (Schulklasse) ein Entweichen des Opfers erschweren, die Struktur des sozialen Kontexts (Schule) hierarchisch konzipiert ist und die Einhaltung der sozialen Regeln nicht konsistent beachtet sowie Verstöße nicht konsequent sanktioniert werden. Ein physisch oder psych. schwächeres Opfer wird vom soziokognitiv oft sehr kompetenten Täter ausgewählt und die *sozialen Normen* der Klasse so geschickt manipuliert, dass eine Polarisierung der Klasse die *Einstellungen* gegenüber dem Opfer sukzessive so verändert, dass die Reaktionen des Opfers mehr Ablehnung durch die Peers provozieren als die Aggression des Täters. Immer mehr Peers machen mit, weil Prozesse wie *Verantwortungsdiffusion* dieses erleichtern und Aussenstehende ihre verstärkende Rolle bei den aggressiven Attacken verkennen (Garandeau & Cillessen 2006). Obwohl die Dominanz häufig durch den Einsatz coersiver (zwingender) Strategien erreicht wird, sind prosoziale Dominanzstrategien (*prosoziales Verhalten*) die Ressource, die Täter mit zunehmendem Alter verstärkt zum Erhalt ihrer Machtposition in der Klasse einsetzen, was nicht zu Beliebtheit, aber zu hoher wahrgenommener Popularität unter den Peers (*Peergroup*) führt. Besonders das Drittel aller Täter, die coersive und prosoziale Strategien gleichermaßen einsetzen (Bistrategen), wird deshalb auch von Lehren oft im destruktiven Tun gegenüber den Opfern verkannt, die ihrerseits kurzfristige, aber auch langfristige psychosoziale Folgen tragen müssen, die gerade im Schulalltag nicht selten als Ursache von M. missinterpretiert wird. Psychosomatische Beschwerden, Schlafstörungen, sozialer Rückzug und Schulvermeidung während der akuten M.erfahrung werden von M.opfern später als bleibende erhöhte emot. Einsamkeit sowie ein schlechteres *Selbstbild* von sich und anderen berichtet. M., das in der Grundschulzeit weniger stabil, aber verbreitet auftritt, erlebt in der weiterführenden Schule einer von sieben Schülern, wobei sich einer von zwei M.fällen über ein Schuljahr, oft aber deutlich länger, stabilisiert. Langfristige Folgen von s. M. sind deshalb eher bei M. nach der Grundschulphase oder aber kontinuierlichen M.erfahrungen über die ganze Schulzeit zu erwarten. Interventionen zeigen Potenzial, wenn sie die Struktur (*whole school approach*), die Invalidierung der Dominanzerwartung (konsequente Sanktionen für die Täter) und eine Stärkung der sozialen Normen zw. Peers integrieren (Schäfer 2012). *Bullying*. *M. Schäfer*

Mobbing am Arbeitsplatz (= M.) [engl. *workplace mobbing*], [**AO, SOZ**], *Mobbing* umschreibt neg. kommunikative Handlungen, die von einer oder mehreren Personen gegen eine Person gerichtet sind. Von M. wird nur dann gesprochen, wenn Beleidigungen, Gehässigkeiten oder Ignorieren über einen längeren Zeitraum andauern. Das Phänomen M., das auch im Alltagsleben bekannt ist, wurde in den letzten Jahren wegen der schädlichen Konsequenzen für Personen und der volks- und betriebswirtschaftlichen Einbußen durch umfangreiche Forschungsarbeiten untersucht. Leymann fasste 45 mögliche M.-Handlungen unterschieden und in 5 Kategorien zus.: Angriffe auf die Möglichkeit, sich mitzuteilen, Angriffe auf die sozialen Beziehungen, Angriffe auf das soziale Ansehen, Angriffe auf die Qualität der Berufs- und Lebenssituation, Angriffe auf die *Gesundheit*. M. kann in versch. Richtungen beobachtet werden: M. auf derselben beruflichen Ebene (44 %), M. «von oben nach unten» (37 %), M. «von unten nach oben» (9 %). Die Auswirkungen auf das «Opfer» sind vielfältig und können zu Berufsunfähigkeit führen. Am Arbeitsplatz werden folg. Konsequenzen deutlich: Rückgang oder Ausfall der beruflichen Produktivität, Fehlzeiten, *innere Kündigung*. Am Arbeitsplatz sind die Ursachen für Mobbing z. B. die Organisation der Arbeit, die Aufgabengestaltung sowie die Leitung. Leymann 1990, Leymann 1993, Zuschlag 1994. *K.-H. Stapf/H. O. Häcker*

MobiDics (= M.), Abk. [engl.] *Mobile Didactics* Mobile Didaktik, [**MD, PÄD**], ist ein Software-System, das Inhalte über didaktische *Lehr-Lern-Methoden* bereitstellt. Lehrende können M. nutzen, um sich über Lehr-Lern-Methoden zu informieren, passende Lehr-Lern-Methoden für ihre Lehrsituation auszuwählen und sich darüber auszutauschen. Die Lehr-Lern-Methoden bei M. sind zweidimensional systematisiert und mit einer detaillierten Beschreibung, Bildern, multimedialen Inhalten sowie weiterführenden Informationen versehen. Die zwei Dimensionen der Systematisierung bestehen aus einem *Artikulationsschema*, das prototypische Unterrichtsabläufe nachempfindet, und unterschiedlichen *Sozialformen* (z. B. Gruppenarbeit, Plenum interaktiv). Lehrende haben, mit Hilfe der M.-Applikation, zeit- und ortsunabhängig Zugriff auf die Inhalte von M.

Im Unterschied zu buchbasierten Sammlungen kann M. nutzerorientiert Informationen über die einzelnen Lehr-Lern-Methoden abbilden und diese über eine kriterienbasierte Suche nutzbar machen. Lehrende haben die Möglichkeit, Lehr-Lern-Methoden kontextbasiert (z. B. Raumgröße und -ausstattung, Interaktivität der Methoden) und auf ihre indiv. Bedürfnisse zugeschnitten auszuwählen. Des Weiteren helfen zusätzliche multimediale Funktionen (z. B. Videobeispiele, Expertentipps, Hilfestellung), die Umsetzung zu unterstützen. Die Nutzer haben die Möglichkeit, sich über ihren Benutzeraccount im M.-Netzwerk mit anderen Lehrenden über deren Erfahrung und Anwendung von Lehr-Lern-Methoden auszutauschen. Erprobte Lehr-Lern-Methoden können in M. ergänzt und in die Systematisierung integriert werden. Lehrende aus einer gleichen Fachrichtung oder ähnlichen Lehrsituation können sich daran orientieren und sich über die Umsetzung austauschen. M. kann somit als interaktives didaktisches Netzwerk gesehen werden, das durch seine Nutzer dynamisch erweitert wird, und eignet sich als mobile Lernplattform auch für *Blended-Learning*-Konzepte. M. ist als Applikation für Android-Smartphones oder webbasiert für Lehrende an dt. Universitäten kostenlos verfügbar. *B. Beege/A. Möller*

Mobile-Aufgabe (= M.) [engl. *mobile task*], [**DIA, EW, KOG**], die M. ist ein von Carolyn Rovee-Collier (Rovee-Collier & Cuevas 2009) entwickeltes *operantes Konditionierungs*verfahren, durch das das *Gedächtnis* bei Babys zw. dem 2. und 6. Lebensmonat untersucht werden kann. Bei dieser verhaltensbasierten *Gedächtnisprüfung* lernt das Baby durch Strampeln ein über seinem Bettchen angebrachtes Mobile in Bewegung zu versetzen. In dem dreiphasigen Design wird in der Baselinephase die indiv. Grundstrampelrate bestimmt, während das Baby im Bettchen liegend mit seinem Füßechen über ein Gummiband mit einer Vorrichtung neben dem Bettchen verbunden ist. Das Mobile über dem Baby wird dadurch nicht bewegt. In der Verstärkungsphase ist das Band mit dem Mobile verbunden, sodass das Strampeln das Mobile bewegt. Die *Wahrnehmung* des sich bewegenden Mobiles hat verstärkende Wirkung (konjugierte Verstärkung), wodurch sich die Strampelrate erhöht. In der Extinktionsphase (*Auslöschung*), die direkt nach der Verstärkungsphase oder zeitlich verzögert analysiert werden kann, wird das Gummiband erneut mit der Vorrichtung neben dem Bettchen verbunden, wodurch die Bewegung des Mobiles unterbleibt und die Löschung des Verhaltens studiert werden kann.

Mittels der M. konnte operante Konditionierung ab dem 2. Lebensmonat nachgewiesen werden. Die Extinktionsgeschwindigkeit des Erlernten verlangsamt sich mit zunehmendem Alter, denn Rovee-Collier hat gefunden, dass Säuglinge immer längere Intervalle tolerieren zw. dem

Ende der Verstärkungsphase und der erneuten Präsentation des sich bewegenden Mobiles, zum Zwecke der Verzögerung der Extinktion des Verhaltens. Dies bedeutet, dass das gelernte *Verhalten* (*Lernen, Lernforschung*) immer länger aufrechterhalten bleibt bzw. reaktiviert werden kann. Während allg. angenommen wird, dass die M. implizites Gedächtnis erfasst, da es um Verhaltenslernen geht, das inkrementell erfolgt, versteht Rovee-Collier die erneute Vorgabe des sich bewegenden Mobiles in der Extinktionsphase analog zu einer Erinnerungshilfe und schließt (auch) deswegen nicht aus, dass es hier um nicht-sprachliches, explizites Gedächtnis gehen könnte. *M. Knopf/W. Mack*

mobiles Lernen (= M.) [engl. *mobile learning*; lat. *mobilis* beweglich], [**KOG, MD**], bezeichnet die Verwendung mobiler digitaler Medien für Lernzwecke und kann konzeptuell als Erweiterung von *E-Learning* gesehen werden. Technikzentriert kann es über die verwendeten mobilen Medien (tragbare technische Geräte, z. B. Smartphones, Notebooks, Tablets) definiert werden. Diese Def. muss allerdings beständig erweitert werden, wenn neue Technologien verfügbar werden. Andere Def. sehen den Lerner oder die Inhalte als mobil (z. B. Zugriff auf Daten unabhängig von Ort, Kontext und Gerät, *cloud computing, ubiquitous computing*). Frohberg et al. (2009) verwenden die *Activity Theory* um M.-Projekte bzgl. Kontext (wo und wann?), Werkzeugen (womit?), Kontrolle (wie?), Kommunikation (mit wem?), Nutzern (wer?) und Ziel(en) (welches?) zu klassifizieren und Forschungsstärken und -defizite aufzuzeigen. Vorteile von M. sind die Möglichkeiten zur Personalisierung, Situiertheit, Kollaboration, ubiquitären und lebenslangen Verfügbarkeit (Sharples et al. 2007). Herausforderungen von M. beinhalten u. a. die heterogene und sich schnell weiterentwickelnde Technologie, die hohe kogn. Belastung (*cognitive load*) beim Lernen in Kontexten, die nicht als Lernumgebung konzipiert wurden, die tatsächliche Nutzung von mobilen Lernangeboten bei leicht verfügbarer Ablenkung oder die Entwicklung von passenden Lernangeboten. *D. Wessel*

Mobilitätspsychologie (= M.) [engl. *mobility psychology*; lat. *mobilis* beweglich], [**KOG, SOZ**], ist ein ps. Anwendungsfach und gilt als modernes, erweitertes Verständnis der klassischen *Verkehrspsychologie*. M. umfasst psychol. Forschung zum Verkehrsverhalten und komplexen Mobilitätssystemen sowie zu Verkehrsmittelentscheidungen. Die Verkehrsps. will Transport- und Verkehrssysteme sicherer, umweltverträglicher und wirtschaftlicher gestalten und beschäftigt sich mit Fahrtauglichkeit und -eignung, insbes. der verkehrsps. Diagnostik, Beratung und Rehabilitation auffälliger Kraftfahrer, als auch mit Verkehrssicherheit. Hier gilt als größter Risikofaktor das Fahrverhalten, das durch ein Wirkgefüge von Personenfaktoren (z. B. Alter, Personenmerkmale, gesundheitliche Beeinträchtigungen) und Umgebungsfaktoren (z. B. Witterung, Gestaltung des Verkehrsraums, technische Systeme) beeinflusst wird. Die M. betont dynamische und komplexe Mensch-Maschine-Interaktionen (*Mensch-Maschine-System*), z. B. bei Fahrassistenzsystemen. Deren Akzeptanz und adäquate Nutzung ist nicht mehr eine Frage der technischen Entwicklung, sondern der Passung mit dem Nutzer und damit eine psychol. Frage. Entsprechend haben sich neue interdisziplinäre Arbeitsfelder entwickelt, z. B. in der Verkehrsplanung, dem Mobilitätsmanagement und der Fahrzeuggestaltung.

M. beschäftigt sich weiterhin mit der Erklärung und Steuerung alltäglicher, indiv. Verkehrsmittelentscheidungen, v. a. für das Auto, und der Akzeptanz verkehrspolitischer Maßnahmen (z. B. Strassennutzungsgebühren). Bestehende Modellansätze betonen unterschiedliche Einflussfaktoren, etwa eher prosoziale, moralorientierte Motive (basierend auf dem *Norm-Aktivationsmodell*), eher rationale Kosten-Nutzen-Überlegungen (z. B. *Theorie des geplanten Verhaltens*), Gewohnheiten sowie situative Rahmenbedingungen. Zunehmend Beachtung im soziotechnischen Mobilitätssystem finden zielgruppenspezifische Bedürfnisse, etwa von älteren Menschen und Kindern. Schlag 2004, Bamberg 2010. *H. Ittner*

Moclobemid (= M.) [engl. *moclobemide*], [**PHA**], *Psychopharmakon* aus der Gruppe der *Antidepressiva* vom Typ der selektiven reversiblen *MAO-Hemmer* (MAO-A). I. Ggs. zu anderen MAO-Hemmern muss keine spezif. Diät eingehalten werden.

Modafinil (= M.), [**PHA**], Stimulans (*Psychostimulanzien*) mit unklarem Wirkmechanismus. Einfluss auf mehrere Neurotransmittersysteme (Erhöhung der Konzentrationen von *Orexin*, *Noradrenalin*, *Serotonin*), auch der Dopamintransporter (*Dopamin*) wird – wie bei klassischen Stimulanzien – in erheblichem Ausmaß blockiert. Erhöhung des glutamatergen und Reduktion des *GABA*ergen Tonus. M. ist nur noch zugelassen zur Behandlung der *Narkolepsie*. Einschlafattacken und Tagesmüdigkeit werden reduziert, die *Kataplexie* wird weniger beeinflusst. Günstige Erfahrungen liegen auch vor bei Neg.symptomatik i. R. von *Schizophrenien* und bei Kokainabhängigkeit. Allerdings ist bei Gabe an Pat. mit Substanzabhängigkeiten (*Sucht- und Substanzbezogene Störungen*) bes. Vorsicht geboten, wenn auch Abhängigkeitsentwicklungen bisher nicht beschrieben wurden. M. unterliegt daher nicht der Betäubungsmittel-Verschreibungsverordnung (BtMVV). M. wird allerdings als sog. Neuroenhancer von Gesunden missbraucht. *Eliminationshalbwertszeit* 12–15 Std., extensive hepatische Metabolisierung, keine aktiven Metaboliten, renale Exkretion. Gegeben werden Dosierungen zw. 200 und 400 mg tgl. Häufigste unerwünschte Wirkungen sind *Angst* und *Depression*, Appetitminderung, Schwindel, kardiale und gastrointestinale Störungen. Gefürchtet, aber selten sind lebensbedrohliche Hautreaktionen. In den USA ist auch das länger wirksame *Armodafinil*, das rechtsdrehende R-Enantiomer des Razemats M., zugelassen.

G. Gründer

Modalität [engl. *modality*; lat. *modus* Art, Weise], [**KOG, WA**], im weitesten Sinne die Art und Weise, wie etwas existiert, geschieht oder gedacht wird. Sinnesmodalitäten (Helmholtz) sind die Arten der *Wahrnehmung* (Sehen (*visuelle Wahrnehmung*), Hören (*Hören, tonales Hören*), Tasten (*Hautsinne (Tast-, Temperatur-, Schmerzsinn)*), Riechen (*Geruch*) usw.). Modal bez. hier den jedem sensorischen Bereich eigenen spezif. Charakter. Die von Michotte eingeführte Bez. «amodal» belegt das Fehlen der spezif. Qualitäten.

Modalitätseffekt (= M.) [engl. *modality effect*; lat. *modus* Art und Weise], **[MD, PÄD]**, der M. wurde in der instruktionspsychol. Forschung (*Instruktionspsychologie*) mehrfach nachgewiesen und bildet die Grundlage für das *Modalitätsprinzip* (Mayer 2009). Es ist eines der zahlreichen evidenz-basierten Prinzipien (*Evidenzbasierung*) zur optimalen Gestaltung von multimedialen Instruktionen (z. B. Bild- und Textinformationen; *Multimedia-Effekt*) und besagt, dass Lernende dann besser mit multimedialen *Instruktionen* (*Instruktionale Erklärungen*) lernen, wenn der Text auditiv (gesprochen) anstatt visuell (geschrieben) präsentiert wird. Die folg. drei Erklärungsansätze werden häufig verwendet. (1) Die *Aufmerksamkeitsteilung* (*split attention*) zw. versch. visuellen Informationen (Bild und geschriebener Begleittext) fällt bei auditiver Präsentation des Begleittextes weg. (2) Es entsteht eine *visuell-räumliche Belastung* (*visuo-spatial load*) bei rein visueller multimedialer Instruktion, nicht jedoch bei der Nutzung versch. Modalitäten, da auditiver Text im auditiven und visuelle Bildinformation im visuellen Subsystem des *Arbeitsgedächtnis* parallel verarbeitet werden können und somit zu einer Erhöhung der Arbeitsgedächtniskapazität führt. (3) Bei auditiver *Informationsverarbeitung* können Informationen für eine gewisse Zeit im *sensorischen Register* repräsentiert werden und zur Aufrechterhaltung von verbalen Informationen im Arbeitsgedächtnis beitragen, auch wenn der Text aktuell nicht mehr (auditiv) präsentiert wird und die lernende Person sich dazugehörige Bildinformation anschaut (*auditory recency*). Dagegen wird bei rein visueller Informationsverarbeitung die aktuell eingehende visuelle Bildinformation die gerade im sensorischen Register repräsentierte (visuelle) Textinformation überschreiben. An den zahlreichen exp. Studien zum M., bei denen häufig sehr kurze computergesteuerte Instruktionen verwendet werden, wird die oft mangelnde *ökologische Validität* kritisch betrachtet. Dies hat in jüngster Zeit zur Diskussion von Randbedingungen des M. geführt. *B. Park*

Modalitätsprinzip [engl. *modality principle*], *Modalitätseffekt*.

Modalpersönlichkeit (= M.) [engl. *modal personality*], *Modus*, **[PER, SOZ]**, der in einer *Kultur* oder einer best. *Gesellschaft* am häufigsten vorkommende *Persönlichkeitstypus* bzw. *Persönlichkeitsmerkmale*. Es wurde versucht, über die M. ein Konzept der Grundpersönlichkeit zu gewinnen. Die Gemeinsamkeiten oder Ähnlichkeiten ergeben sich aus dem Umstand, dass die Individuen unter ähnlichen oder vergleichbaren soziokulturellen Verhältnissen leben; die Umweltverhältnisse (*Gemeinsame Umwelt*, *culture pattern*) bewirken demnach Häufigkeit oder Regelmäßigkeit ihres Auftretens. Der Begriff M. wurde von Linton (1936) eingeführt.

modeling [engl.] Modellieren; *reciprocal teaching*.

Modell (= M.) [engl. *model*; lat. *modulus* Maßstab, Muster], **[FSE, KOG, PHI]**, ein Begriff, der im wiss. Sprachgebrauch eine ganze Reihe recht unterschiedlicher Bedeutungen besitzt. Die gebräuchlichste ist *analoger Realitätsausschnitt*. So wird das Wort auch in der Umgangssprache verwendet. Man spricht von Schiffsm., Flugzeugm. usw. Mit der gleichen Bedeutung findet man es in der Wissenschaft. Das Verhalten von Wasserwellen stellt ein M. für das Verhalten von Luftschwingungen dar. Das Verhalten von Wasser in Röhrensystemen ist ein M. für das Verhalten von elektrischen Schaltkreisen.

In der *Kybernetik* versucht man, diesen M.begriff zu präzisieren. Man unterscheidet dort Verhaltens- und Strukturmodelle. Ein *System* A ist ein Verhaltensmodell eines Systems B, wenn A bei gleichen Reizen die gleichen Reaktionen zeigt wie B. Strukturmodelle sind Systeme, die ihren «Prototypen» nicht nur hinsichtlich des Verhaltens, sondern auch hinsichtlich des inneren Gefüges gleichen. Strukturm. sind den modellierten Realitätsausschnitten isomorph oder homomorph (*Isomorphismus*, *Homomorphie*).

In der Ps. und den Sozialwiss. hat es sich eingebürgert, *Theorien*, die in einer exakten Sprache formuliert sind, M. zu nennen. So spricht man von math. Lernm. statt von *mathematischen Lerntheorien*. Der Grund für diesen Gebrauch des Wortes M. scheint das Bestreben zu sein, Theorien, die in einer exakten Sprache formuliert sind, gegen die sonst in der Ps. und den Sozialwissenschaften häufig umgangssprachlich formulierten Theorien abzuheben. Oft jedoch findet man das Wort M. auch ohne jeden erkennbaren Unterschied wie das Wort Theorie verwendet. Im strengen Sinn sind M. in den Sozialwissenschaften Analogien, durch die ein beobachtetes indiv. oder soziales Verhalten (ein Phänomen, ein Prototyp) mit den Bestimmungen und Umformungsregeln eines math. *Kalküls* verbunden wird. Es gibt deterministische M., die aus Gleichungen bestehen, und probabilistische oder stochastische M., in denen Wahrscheinlichkeiten des Verhaltens best. Zuständen zugeordnet werden. *Abbildung*, *Paradigma*.

M. bez. eine Vorgabe (häufig ein best. Verhalten einer Person), die vom Beobachter mit dem Ziel erworben werden soll, sie unter definierten Bedingungen selbstständig und erfolgreich einzusetzen (*Beobachtungslernen*, *Lernen*). Die Modalitäten der M.vorgabe lassen sich nach unterschiedlichen «Realitätsgraden» gruppieren: (1) reale Modelle (sie agieren authentisch vor dem Beobachter), (2) symbolisch-bildhafte M. (Video, Film u. ä.), (3) symbolisch-verbale M. (gesprochene/gelesene Anweisungen), (4) imaginäre M. (der Beobachter stellt sie sich vor).

Die Wirksamkeit eines M. kann nicht ausschließlich aufgrund best. M.merkmale/M.eigenschaften abgeschätzt werden, wenngleich es sicherlich sinnvoll ist, mehr oder weniger günstige Voraussetzungen aufseiten der M.charakteristik zu unterscheiden (z. B. Persönlichkeitsmerkmale des M., M.prägnanz, Konsequenzen für das M.). Merkmale des Beobachters (z. B. dessen sensorische Fähigkeiten, die intellektuellen Voraussetzungen, seine Lerngeschichte), Art und Komplexität der zu vermittelnden Fertigkeiten und ihre Bedeutung für den Beobachter sind zusätzliche wichtige Variablen für die Einschätzung der Modellwirksamkeit. Die im Zusammenhang mit klin.-psychol. Fragestellungen berichteten Ergebnisse zur unterschiedlichen Wirksamkeit sog. *Coping-* und *Mastery-Modelle* sind nach solchen Gesichtspunkten zu relativieren. Braithwaite 1962, Klír & Valach 1967, Gigerenzer 1981. *P. F. Schlottke*

Modell, inneres *inneres Modell*.

Modell der Aufrechterhaltung der Selbstbewertung [engl. *self-evaluation maintenance model*], *sozialer Vergleich*.

Modell der automatischen und willentlichen Handlungskontrolle [engl. *model of automatic and deliberate control of action*], **[EM, KOG]**, im Modell der Handlungssteuerung (Norman & Shallice 1980) werden zwei komplementäre Prozesse der Handlungsauswahl und -kontrolle angenommen. Die automatische Handlungssteuerung erfolgt über das sog. *contention scheduling*: Dieser Mechanismus sorgt dafür, dass einfache, bereits gelernte und im Langzeitgedächtnis (*Gedächtnis*) gespeicherte Handlungsschemata (*Schema*) durch entspr. Auslösebedingungen aktiviert und konfligierende Handlungsschemata inhibiert werden. Die Handlungsschemata sind hierarchisch organisiert, wobei die Aktivierung eines höheren Schemas die Aktivierung untergeordneter Schemata nach sich zieht. So aktiviert z. B. das Schema *Autofahren* die Schemata für anfahren, kuppeln, bremsen, lenken, überholen usw., und jedes dieser Schemata löst wiederum untergeordnete Handlungskomponenten aus (z. B. Pedale betätigen, Blinker setzen). Demgegenüber erfolgt die kontrollierte Handlungssteuerung durch das übergeordnete Aufmerksamkeitssystem (*Aufmerksamkeit*, *Supervisory Attentional System (SAS)*). Norman & Shallice unterscheiden fünf Herausforderungen, die willentliche Kontrolle und damit den Einsatz des SAS erforderlich machen: (1) Planung (*Planen*) von Handlungen, (2) Fehlersuche, (3) ungeübte und neue Handlungen, (4) gefährliche oder schwierige Handlungen und (5) Überwindung von starken Gewohnheiten oder Versuchungen. Das SAS moduliert dabei lediglich die Aktivierung einzelner Handlungsschemata i. S. übergeordneter *Ziele* und greift so nur indirekt in die Handlungsauswahl ein. Neuronal wird diese Kontrollinstanz dem Präfrontalkortex zugeschrieben. Entsprechend weisen Pat. mit Läsionen in diesem Bereich Störungen bei der willentlichen Handlungskontrolle, wie sie etwa in der Stroop-Aufgabe gemessen wird, auf (*Stroop-Verfahren*, *Farbe-Wort-Interferenztest (FWIT)*). *Handlung*, *Handlungskontrollmechanismen*, *Handlungskontrolltheorie*. *G. Dreisbach*

Modell der Optimierung durch primäre und sekundäre Kontrolle [engl. *model of optimization by primary and secondary control*], *Lebensbewältigung im Alter*.

Modell ehelicher Stabilität (= M.) [engl. *model of marital stability*], **[GES, KLI]**, starke Auseinandersetzungen bei *Beziehungsstörungen* i. R. von intimen Partnerschaften und Ehen führen nicht in jedem Fall zwangsläufig zur Trennung und Scheidung, sondern können Paare zus.halten und der Problemlösung dienen. Die *Theorie ehelicher Stabilität* postuliert eine wechselseitige Abhängigkeit von *Kommunikation*, *Psychopathologie* und Wahrnehmung (Gottman 1994). Durch die Beobachtung der Kommunikation von Paaren wurde postuliert, dass fünf pos. wahrgenommene partnerschaftliche Interaktionen eine neg. aufwiegen. Mithilfe der Metapher *Beziehungskonto* kann Paaren verständlich vermittelt werden, dass ein regelmäßiges Engagement für die Beziehung notwendig ist (z. B. Küche aufräumen, schwieriges Gespräch mit Nachbarn führen, Sex mal anders).

Zu Beginn einer Partnerschaft geht i. d. R. eine als angenehm und stimulierend wahrgenommene psychophysiol. Wirkung vom Partner aus, während die Abwesenheit als aversiv erlebt wird. Diese psychophysiol. Erregungsprozesse beeinflussen auch die Wahrnehmung und die *Kausalattribution*. Der Partner wird idealisiert. Die Balance zw. der Kommunikation, der Physiologie und der Wahrnehmung wirkt wie ein Puffer und kann die Partnerschaftszufriedenheit lange aufrechterhalten. Durch mangelnde reziproke Verstärkung, *Habituation* an den vormals stimulierend angenehmen Stimulus und Enttäuschungen nach unzureichender partnerschaftlicher Problemlösung kann jedoch ein Ungleichgewicht zeitweilig so stark ausgeprägt sein, dass die Partner den anderen als aversiven Reiz erleben. Infolgedessen kann die pos. Wahrnehmung wie durch einen Kippschalter in eine neg. umschlagen. Eine *Kampf-Flucht-Reaktion* setzt ein, die mit einer sehr hohen psychophysiol. Erregung, insbes. bei Männern, einhergeht. In weiteren Interaktionen werden die Partner von der steigenden Negativität überflutet, was bei vielen zu einer allmählichen Distanzierung bzw. Isolierung führt. Sie sind in einem *Zwangsprozess* gefangen, wodurch die Partner beginnen, die Geschichte ihrer Beziehung zu überdenken und ihre Partnerschaft zu hinterfragen. *C. Kröger*

Modellierung, prädiktive *Prädiktive Modellierung*.

Modelllernen [engl. *learning by models, psychological modeling*], syn. *Lernen am Modell*, **[KOG]**, in der Frühphase (1960–1980) der sozial-kogn. Lerntheorie Banduras die Bez. für das *Beobachtungslernen* [engl. *observational learning*], bei dem durch das Beobachten von *Modellen* i. S. von Vorbildern neue, komplexe Verhaltensdispositionen erworben werden. Nach Ausweitung der Beobachtungsobjekte auch auf nicht personale Instanzen wie Texte, Ideen und Denksysteme ist der allgemeinere Begriff des Beobachtungslernens sinnvoller und hat sich mehrheitlich durchgesetzt.

[KLI], Standardtechnik der *Verhaltenstherapie* (*Nachahmung*), spielt implizit wohl in allen Formen psychoth. Behandlung, explizit in der Verhaltenstherapie eine Rolle. Günstig ist, wenn ein reales Modell, das dem Betroffenen hinreichend ähnlich ist, in einer realistischen Situation beim Bewältigen von Schwierigkeiten (i. Ggs. zu einem meisterhaften, unproblematischen Umgang) beobachtet werden kann und möglichst gleich anschließend eigene angeleitete Übungsmöglichkeiten bestehen. Besonders gute Möglichkeiten dazu bestehen oft in der *Gruppentherapie*. Anwendung: Phobien, Sozialtraining, schulischer Bereich, Retardierte, Gruppentherapien, Psychosen, autistische Kinder. *soziales Lernen*. Bandura 1977a, Spada et al. 2006. *B. Scheele/F. Caspar*

Modellpsychose [engl. *model psychosis*], **[KLI, PHA]**, psychoseähnlicher Zustand (*Psychose*) nach Einnahme chemischer Stoffe, meist vom Typ der *Psychotomimetika*. Als Forschungswerkzeug Anwendung i. d. R. zu grundlagenorientierten psychol. oder psychopathologischen Fragestellungen, jedoch nur noch vereinzelte Anwendung. Leuner 1962.

Modellraum [engl. *model space*], *Problemraum*.

Moderationstechniken [engl. *moderation tools*; lat. *moderari* lenken, leiten], **[FSE]**, in der Planungsphase einer Evaluationsstudie (*Evaluation*) können die *Stakeholder* einer Maßnahme einzeln oder in Gruppen befragt werden mit dem Ziel, den Auftrag zu spezifizieren und mögliche Vorgehensweisen zu entwickeln. Der Evaluator kann zur Moderation dieser Befragung versch. explorative Techniken wie z. B. das Brainstorming, die Szenario-Technik oder die Metaplan-Methode einsetzen. Beim *Brainstorming* wird zu Beginn ein Stichwort oder eine Frage vorgegeben und alle Teilnehmenden werden aufgefordert, ihre Assoziationen dazu zu äußern. Diese werden wertungsfrei gesammelt und nicht kommentiert, um den Problemraum möglichst umfassend zu erschließen. Mit der *Szenario-Technik* werden Erwartungen hinsichtlich möglicher zukünftiger Situationen und Prozesse formuliert, beschrieben und aufeinander abgestimmt. So werden Ist- und alternative Sollzustände analysiert, mögliche Einflussfaktoren ermittelt und mehr oder weniger erwünschte und wahrscheinliche Trend- bzw. Extremszenarien identifiziert, um z. B. die Verarbeitung von möglichen Störungen im Ablauf der Evaluation zu erleichtern. Bei der *Metaplan-Methode* entwickelt eine Gruppe unter Anleitung eines Moderators schrittweise bspw. einen Aufgabenkatalog, indem sich die Teilnehmer einer Problemlage bewusst werden, in Kleingruppen zu einer Fragestellung Beiträge sammeln und diese dem Plenum vorstellen, um sie anschließend zu bündeln und zu ordnen. *Struktur-Lege-Techniken*. Wottawa & Thierau 2003, Döring & Bortz 2016.

A.-B. Bräker

Moderatorvariable (= M.) [engl. *moderator variable*; lat. *moderatio* Lenkung, Leitung], **[FSE]**, eine *Variable*, die einen Einfluss auf die Höhe der Beziehung zw. zwei oder mehreren anderen Variablen ausübt. Geschlecht ist eine M. für eine Beziehung zw. X und Y, wenn für Frauen und Männer unterschiedliche Zusammenhangsstärken (*Korrelation*) gelten. Handelt es sich bei M. um einen Test, so spricht man von Moderatortest. Berücksichtigt man die M. in ihrer Funktion für die *Validität* eines Tests, so kann man sie auch als eine Variable bez., die Stichproben in Untergruppen trennt. Saunders 1956, Baron & Kenny 1986, Edwards & Lambert 2007.

Modifikatoren, adverbiale (= a. M.) [engl. *adverbial modificators*; lat. *modificare* umformen], **[FSE]**, bei Umfragen mit Magnitude-Messungen benutzte Adverbien wie z. B. «sehr», «ziemlich», «etwas», die folg. Adjektive, wie z. B. «wichtig», «angenehm», «sicher» o. Ä. in ihrem Ausmaß verändern (modifizieren) sollen. Die Wirkungsstärke der a. M. wurde zunächst nach dem *Cliff'schen Gesetz* zu bestimmen versucht (Kristof 1966), ist aber nach Weber (1980) kontextabhängig und auf Individualdaten zu beziehen.

^Test^**Modularisierte Diagnostik grammatischer Störungen – Testmanual (ESGRAF-R)**, 2009, H.-J. Motsch, [www.testzentrale.de], **[DIA, KOG]**. Sprachtest. AA 4–16 Jahre. Mit der ESGRAF-R können grammatischen Störungen bei Kindern und Jugendlichen diagnostiziert werden. Das Manual umfasst eine Einführung in den flexiblen Gebrauch der spieldiagnostischen Anordnungen, Durchführungs- und Auswertungsunterlagen für alle 15 Module und Screenings für die Durchführung im Klassenverband.

Modularität [engl. *modularity*; lat. *modulari* einrichten], **[KOG]**, Annahme, dass das menschliche Informationsverarbeitungssystem (*Informationsverarbeitung*) teilweise aus einzelnen voneinander unabhängigen Modulen besteht. Kognitive Teilsysteme (*Kognition*) sind modular, (1) wenn sie beim Eintreten best. Bedingungen automatisch und unabwendbar arbeiten, (2) wenn übergeordnete Instanzen auf ihre Verarbeitungsprozesse keinen Einfluss nehmen können, (3) wenn sie nur für ganz spezif. Aufgaben zuständig sind, (4) wenn ihre Prozesse sehr schnell verlaufen, (5) wenn ein Zusammenbrechen ihrer Prozesse nach einem spezif. Muster erfolgt und (6) wenn sich ihre ontologische Entwicklung in best., interindividuell gleichen Schritten vollzieht. Fodor 1983.

Modus (= M.) [engl. *mode*; lat. *modus* Art und Weise], syn. *Modalwert*, *Dichtemittel*, **[FSE]**, ein stat. Kennwert der zentralen Tendenz einer Merkmalsverteilung. Der M. ist jener Wert einer Häufigkeitsverteilung, der die größte Häufigkeit aufweist, also der Fußpunkt der Ordinate des «Gipfels» einer Verteilung.

$$x_{Mod} = max(h_i)$$

h_i = relative Häufigkeit des Messwerts x_i

Der M. kann bereits bei nominalskalierten Daten sinnvoll verwendet werden. Bei höherem *Skalenniveau* ist der M. im Falle kategorialer bzw. kategorisierter, eingipfliger Verteilungen ergänzend zum *Median* und dem *arithmetischen Mittel* ein gebräuchliches *Maß der zentralen Tendenz*. Werden stetig verteilte Messwerte zu Kategorien zus.gefasst, wird der Mittelpunkt der Modalkategorie als M. angegeben. Wenn alle Kategorien gleiche Breite aufweisen, kann der M. genauer bestimmt werden:

$$x_{Mod} = x_u + (A \cdot b)/(A + B)$$

x_u = untere Grenze der Modalkategorie
A = Differenz der relativen Häufigkeit in der Modalkategorie und der nächst niedrigeren Kategorie
B = Differenz der relativen Häufigkeit in der Modalkategorie und der nächst höheren Kategorie
b = Kategorienbreite Wirtz & Nachtigall 2012.

Modus ponens [engl. *modus ponens*; lat. *modus* Art und Weise, *ponere* aufstellen, vorsetzen], *Denken*, *Schließen, deduktives*.

Modus tollens [engl. *modus tollens*; lat. *modus* Art und Weise, *tollere* aufheben], *Denken*.

Moede, Walt(h)er (1888–1958), **[AO, HIS, SOZ]**, studierte in Straßburg, Berlin und bei *Wundt* in Leipzig, promovierte dort 1911 zum Dr. phil., bereits im Ersten Weltkrieg war er als Militärps.(Eignungstests für Kraftfahrer) tätig, 1918 Habilitation an der TH Berlin-Charlottenburg für industrielle *Psychotechnik*, 1917–1932 Dozent an der Handelshochschule Berlin, 1921 n.b.ao. Prof. für industrielle Psychotechnik und Arbeitstechnik, 1940 beamteter o. Prof., 1945 aus der TH ausgeschieden. 1951–1958 Dozent an der Verwaltungsakademie Berlin, 1956 Anerkennung als emer. Ordinarius an der TH Berlin. Moede gilt durch seine Experimente über den Einfluss von Gruppensituationen auf das Leistungsverhalten als ein Begründer der exp. Sozialps. in Dt. (Moede 1920). Er führte in großem Umfang Industrieaufträge in den Bereichen der Personalselektion, Unfallforschung und Arbeitsplatzgestaltung durch. In Dt. gilt Moede als wichtiger Vertreter der Psychotechnik (Moede 1930), und zwar der «praktischen» Psychotechnik, die sich selbst i. Ggs. zur akademischen Psychotechnik (vertreten durch Stern, Marbe et al.) sah. Moede betrieb ebenfalls Reklame- und Konsumentenforschung. Mit Piorkowski begründete er die Zeitschrift «Praktische Psychologie» (1919–1923), danach die «Industrielle Psychotechnik» (1924–1944). Moede trat für die fachpolitischen Angelegenheiten der Ps. und Psychotechnik ein, forderte z. B. schon früh einen Diplomstudiengang Ps. Zeitweise hatte der von ihm mitgegründete «Verband praktischer Psychologen» nennenswerte Bedeutung. Spur 2009.

H. E. Lück

Möglichkeitsraum [engl. *possibility space*], *Unsicherheit pädagogischen Handelns*.

Mokken-Analyse (= M.) [engl. *Mokken analysis*], [**DIA, FSE**], die nach dem holländischen Psychometriker Mokken benannte Methode der Testauswertung gehört zu den probabilistischen Item-Response-Modellen (*Item-Response-Theorie (IRT)*), wird aber auch als nonparametrisches Testmodell bezeichnet. Wie das *Rasch-Modell*, so nimmt auch die M. an, dass die Antwortfunktionen (ICC) monoton steigend und untereinander überschneidungsfrei sind. Ebenfalls dem Rasch-Modell ähnlich, stellen die Summenscores (Anzahl der gelösten Aufgaben) die Messwerte der Personen und Items dar. Anders als im Rasch-Modell wird aber nicht versucht, die Form der Antwortfunktionen zu modellieren und Parameter wie Itemschwierigkeiten und Diskriminanzen einzuführen und zu schätzen. Das Ziel einer Testanalyse nach der M. besteht darin zu prüfen, ob die Itemfunktionen monoton steigend und überschneidungsfrei sind. Da es keine Parameter gibt, die die Beantwortung dieser Fragen erlauben würden, werden die Implikationen dieser beiden Annahmen in Form sog. Monotoniebedingungen direkt anhand der Daten überprüft. Dabei werden Wahrscheinlichkeiten durch relative Häufigkeiten approximiert. In der Abb. sind beide Monotoniebedingungen visualisiert. Wenn die Lösungswahrscheinlichkeit (LWK) bei einer Person w für das Item i größer ist als für das Item j, so muss das auch bei Person v gelten (sonst würden sich die Antwortfunktionen überschneiden). Wenn die LWK für ein Item j bei einer Person w größer ist als bei Person v, so muss das auch für Item i gelten (sonst wären die Antwortfunktionen nicht monoton

steigend). Inwieweit eine Verletzung der Monotonieannahmen zu einer Falsifizierung des Modells für einen Datensatz führt, ist Gegenstand der Ableitung stat. Prüfverteilungen. *Latente Klassenanalyse*. Boomsma et al. 2001.

J. Rost

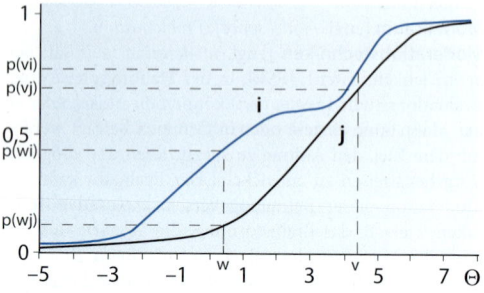

Mokken-Analyse

molar behavior, molecular behavior [engl.] molares/molekulares Verhalten, [**KOG**], eine Übertragung der chemischen Begriffe Mol und Molekül auf zwei Aspekte des *Verhaltens*. *Molar* bezieht sich auf übergeordnete Verhaltenseinheiten wie z. B. das «Laufen eines Tieres zum Futter», während *molekular* die Betrachtung kleinster Verhaltenseinheiten wie einzelne Reaktionselemente, Muskelkontraktionen und dgl. bez. Die Unterscheidung stammt von E. C. Tolman (1932). Mit dem Begriff *molar* belegt dieser seinen von der Gestaltps. beeinflussten ganzheitlichen Ansatz, der das Verhalten von Mensch und Tier stets als auf ein *Ziel* ausgerichtet ansieht.

molekulare Verhaltensgenetik [engl. *molecular behavioral genetics*], [**BIO, PER**], Bereich der *Verhaltensgenetik*, der – anders als die quant. Verhaltensgenetik – die Sequenzierung der *DNS* bzw. DNA von Individuen voraussetzt.

Moment (= M.) [engl. *moment*; lat. *momentum* Teitraum, Augenblick], [**KOG, WA**], kleinste noch wahrnehmbare Zeiteinheit (subj. Zeitquant): im Mittel ca. 1/16 s. Die Bez. «psychisches M.» (eingeführt 1864 von Baer) geht von der Annahme aus, dass die gesamte menschl. Information in Einheiten von ca. 1/16 s aufgenommen wird. *Bewusstseinsenge*, *Zeit*, *Zeitwahrnehmung*.

[**FSE**], Bez. für die Abweichung der Messwerte vom Bezugswert. Da die Abweichungen potenziert werden können, spricht man vom ersten, zweiten bis n-ten Moment.

MONANOVA, [**FSE**], Abk. für *monotone analysis of variance*, als Computerprogramm vorliegendes Verfahren zur nicht metrischen *Varianzanalyse*, beruht auf einem Skalar-Produkt-Modell. [statisticalinnovations.com].

monaural [engl. *monaural*; gr. μόνος (*monos*) ein, lat. *auris* Ohr], [**WA**], einohrig (Ggs. *binaural* = beidohrig).

Mondsüchtigkeit *Somnambulismus*.

Mondtäuschung [engl. *moon illusion*], [**WA**], Änderung der scheinbaren Größe des Mondes trotz des konstanten *Sehwinkels* von ca. einem halben Winkelgrad (der Mond ist in Horizontnähe größer als in Zenitnähe). Die gleiche Täuschung findet sich, in geringerem Maße, bei Reizen in endlicher Entfernung, die in einem sonst homogenen (z. B. dunklen) Feld gesehen werden. Die «zweite Mondtäuschung» betrifft die Entfernung: Am Horizont erscheint der Mond näher als am Zenit. (Andererseits erscheint der Himmel am Horizont weiter entfernt als im Zenit; er erscheint als flache Kuppel.) Die heute wohl geläufigste Erklärung der Mondtäuschung ist die *Distanz-Hypothese*, nach der die Mondtäuschung als spez. Fall des *Emmert'schen Gesetzes* angesehen werden kann: Die scheinbare Größe hängt von Sehwinkel und Distanz ab; die registrierte Distanz des Horizont-Mondes ist größer, also erscheint er größer (z. B. ist die Strecke zum Himmel mit Objekten gefüllt, die zum Zenit ist leer). Unter dieser Hypothese gibt es ein *Größen-Distanz-Paradox*: Der Horizont-Mond erscheint wegen der größeren Distanz größer, aber seine anschauliche Entfernung ist kleiner. Das Paradox wird gelöst durch die Annahme, dass die registrierte Distanz, die die *Sehgröße* bestimmt, nicht mit der anschaulichen Distanz identisch ist. Hershenson 1990, Rock 1975. *H. Heuer*

Monem *Morphem, Morphemik*.

Monismus (= M.) [engl. *monism*; gr. μόνος *(monos)* ein, einzig], **[PHI]**, Annahme einer Einheit, eines einzigen Prinzips als der Grundlage allen Seins. In ps. Hinsicht ist die Lehre, dass Körper und Geist, Leib und Seele (*Leib-Seele-Problem*) eine Einheit darstellen, monistisch. Nach der qual. Charakterisierung dieser Einheit ergibt sich materialistischer, spiritualistischer, idealistischer und identitätsphil. M. *Psychologie, sozialwissenschaftliche*. Ggs. *Dualismus*.

Monitoring, ambulantes (= a. M.) [engl. *ambulatory monitoring*; lat. *ambulare* herumgehen, lat. *monitor* Ermahner, Warner], **[BIO, DIA, GES, KLI, PER]**, die Registrierung von physiol. Messwerten unter Alltagsbedingungen. Das ambulante 24-Stunden-Monitoring des EKG (*Elektrokardiogramm*; EKG-Speicher) und des *Blutdrucks* sind seit Jahrzehnten unentbehrliche Routinemethoden in der Med. zur Diagnostik und Überwachung von Pat. Das Blutdruck-Monitoring hat eine unmittelbar überzeugende Gültigkeit, weil es die Blutdruckreaktivität im Alltag abbildet, auf die es in der Diagnostik und Behandlung ankommt. Thomas G. Pickering zufolge sind hunderttausende Personen, weil ein a. M. unterblieb, falsch diagnostiziert und behandelt worden: ein instruktives Bsp., wie zweifelhaft die Generalisierbarkeit von Messungen in der Arztpraxis oder im Labor ist. Mit modernen Recorder/Analyzer-Systemen sind zahlreiche physiol. Funktionen hinreichend zuverlässig unter den meisten Alltagsbedingungen zu registrieren. Durch multiple *Akzelerometrie* ist mit Beschleunigungssensoren über die kontinuierliche *Aktivitätsmessung* hinaus die zuverlässige Detektion von Körperposition, Bewegungsmustern und Bewegungsstörungen möglich. Das ambulante Enzephalogramm (*Elektroenzephalografie, EEG*) erlaubt die Detektion von Anfallssymptomatik unter Alltagsbedingungen (*Assessment, ambulantes, Monitoring, psychophysiologisches*). Die innovative Monitoring-Methodik wurde auch für das Selbstmonitoring der psych. oder körperlichen Symptomatik chronischer Krankheiten unter Alltagsbedingungen und für das eigenaktive Selbstmanagement, als Baustein einer *Verhaltenstherapie*, Selbsthilfe und Selbstmedikation, eingesetzt. *J. Fahrenberg*

Monitoring, psychophysiologisches (= p. M.) [engl. *psychophysiological monitoring* Überwachung; lat. *monitor* Ermahner, Warner], **[BIO, DIA, GES, KLI]**, die kombinierte Registrierung von psychol. Daten und physiol. Messwerten unter Alltagsbedingungen mit kleinen portablen Datenerfassungssystemen. Mit einem entspr. programmierten Smartphone oder Tablet-PC werden Selbstberichte über Tätigkeiten, Emotionen, berufliche Belastung, Befinden und gesundheitliche Symptome in zeitlichem Zusammenhang mit physiol. Messungen protokolliert. So wird eine p. orientierte *Verhaltensanalyse* im alltäglichen Leben möglich, die ein umfassendes Bild gibt und Fehlschlüsse vermeiden hilft. Das multimodale, d. h. auf mehreren Ebenen angelegte Assessment von Arbeitsbelastungen, Überforderungen und Erholungsverläufen kann der verbesserten Arbeitsgestaltung und Gesundheitsförderung dienen. In der *Verhaltenstherapie* ermöglicht das p. M. eine gründliche Diagnostik und Therapieevaluation, z. B. bei *Panikstörungen* unter alltäglichen Bedingungen, also dort wo die Probleme entstanden sind. Besonders wichtig ist das p. M., wenn der subj. Zustand, das Verhalten und die körperlichen Reaktionen nicht korrelieren, sondern – wie es häufig zu erkennen ist – divergent verlaufen. *Assessment, ambulantes*. Fahrenberg 2008c. *J. Fahrenberg*

Monitoring-Blunting [engl.], **[GES, KOG, PER]**, M. thematisiert relativ stabile interindiv. Differenzen der *Stressbewältigung* und steht in der Tradition des *Repression-Sensitization*-Konstrukts. *Monitoring* ist ähnlich konzipiert wie Vigilanz (*Vigilanz, Bewältigungsstrategie*), umfasst allerdings primär aktive, verhaltensmäßige Strategien der Bedrohungszuwendung, z. B. andere Personen um Informationen bitten. Analog hierzu wird *Blunting* ähnlich gefasst wie *kognitive Vermeidung*, betont aber eher behaviorale Strategien der Bedrohungskontrolle durch Vermeidung, z. B. Ablenkung. Miller 1987. *C.-W. Kohlmann/M. Hock*

Monoaminooxidase [engl. *monoaminooxidase*], Abk. MAO, **[BIO]**, Enzym, das u. a. am Abbau von *Noradrenalin*, *Serotonin* und *Dopamin* beteiligt ist. Bisher konnten zwei versch. MAO-Enzyme, MAO-A und MAO-B, nachgewiesen werden, die unterschiedliche Lokalisationen und unterschiedliche Funktionen haben. Der Nachweis ist über Blutplättchen im sog. Thrombozytenmodell möglich. Durch sog. *Monoaminooxidase-Hemmer* kann der Abbau gehemmt werden. Fritze 1989, Meyer & Quenzer 2005. *W. Janke*

Monoaminooxidase-Hemmer (= M.) [engl. *monoamine oxidase inhibitors*], Abk. MAO-Hemmer, **[PHA]**, *Psychopharmaka* aus der Gruppe der *Antidepressiva*, die das *Noradrenalin* oder *Serotonin* abbauende Enzym *Monoaminooxidase* (MAO) hemmen. M. der ersten Generation in den 1960er-Jahren (*Iproniazid*, Isocarboxazid) hemmten alle Arten von MAO und führten zu Hypertoniekrisen nach Genuss von *Tyramin*, das in Lebensmitteln wie Käse enthalten ist. Neuere M. haben diese Wirkung nicht. Sie sind unterteilbar in kombinierte MAO-A/MAO-B-Hemmer, selektive, irreversible MAO-A-Hemmer, selektive, irreversible MAO-B-Hemmer und selektive, reversible MAO-A-Hemmer (z. B. *Moclobemid*). Neuere M. spielen eine wichtige Rolle als Forschungswerkzeuge bei der Suche nach antidepressiven Stoffen. Fritze 1989, Riederer et al. 1993.

M. Reuter/W. Janke

monochromatisch [engl. *monochromatic*; gr. μόνος *(monos)* ein, χρῶμα *(chroma)* Farbe], **[WA]**, einfarbig, Strahlung aus einem engen Wellenlängenbereich (ungenau: einer Welle). *Spektrum*.

Monochromatopsie [engl. *monochromatism, monochromasy*; gr. μόνος *(monos)* ein, χρῶμα *(chroma)* Farbe, ὄψις *(opsis)* Sehen], syn. *Monochromasie*, **[BIO, WA]**, (1) Völlige Farbenblindheit infolge fehlender Farbrezeptoren; tritt beim Menschen als erbliche Form der *Achromatopsie* in zwei Formen auf (Stäbchen- und Zapfenmonochromaten). (2) Seltene Form der Farbwahrnehmungsstörung, bei der nur ein Typ Farbzapfen vorhanden ist. *J. Zihl*

Monodynamie, Monodynamik [engl. *monodynamics*; gr. μόνος *(monos)* ein, δύναμις *(dynamis)* Kraft, Möglichkeit], **[BIO, KOG]**, eintönige Akzentuierung der Sprechweise (*Prosodie*) infolge von Hörbehinderungen, Gehörlosigkeit oder bei extrapyramidalen *Dysarthrien*. Häufig in Verbindung mit dem Abnehmen der Lautstärke während des *Sprechens*.

Monogamie [engl. *monogamy*; gr. μόνος *(monos)* ein, γάμος *(gamos)* Ehe], **[SOZ]**, Einehe.

Monoideismus [engl. *monoideism*; gr. μόνος *(monos)* ein, lat. *idea* das gedachte Ding], Ggs. *Polyideismus*.

monokular [engl. *monocular*; gr. μόνος *(monos)* ein, lat. *oculus* Auge], **[WA]**, einäugig; auch mit dem einen Auge.

Monominmangelhypothese der Depression *Depression*.

Monophasie [engl. *monophasia*; gr. μόνος *(monos)* ein, φασίς *(phasis)* Sprache], **[KOG]**, Sprachstörung, bei der nur ein einzelner Bestandteil (Silbe, Wort) hervorgebracht wird.

Monophobie [engl. *monophobia*; gr. μόνος *(monos)* ein, φόβος *(phobos)* Furcht], **[KLI]**, Angst beim Alleinsein. *Phobie*.

monosymptomatisch [engl. *monosymptomatic*; gr. μόνος *(monos)* ein], **[KLI]**, nur durch ein Kennzeichen (*Symptom*) hervortretend.

Monotonie (= M.) [engl. *monotony*; gr. μονότονος *(monotonos)* aus einem Ton bestehend], **[AO, EM]**, Eintönigkeit, Gleichförmigkeit. Ein durch eine länger dauernde, gleichförmige, «reizarme» Tätigkeit, die einen mittleren Grad geistiger Anspannung erfordert (z. B. Autofahren bei Nacht), hervorgerufener Zustand der Schläfrigkeit, *Ermüdung* mit Herabsetzung der Leistungsfähigkeit und Reaktionsfähigkeit sowie physiol. Symptome (zunehmende Vaguswirkung; *Vagus*), der an diese Tätigkeit gebunden ist und mit ihrer Beendigung sofort aufhört. Schon die erste große Untersuchung zur einförmigen Industriearbeit (Wyatt 1929) ließ erkennen, dass M. die Leistung meist stärker drückt als reine Ermüdung. Die Frage der Monotonieanfälligkeit hat bes. in der Eignungsuntersuchung für best. Berufe eine Bedeutung. *Vigilanz*, *Sättigung, psychische*. Bartenwerfer 1961, 1970.

Monotonieresistenz [engl. *resistance to monotony*; lat. *resistere* sich widersetzen], **[AO]**, Widerstand gegen die Wirkungen der *Monotonie*, geringe Monotonieanfälligkeit.

Monotonometer, **[AO]**, heute nicht mehr gebräuchlicher Apparat zur Untersuchung von ermüdend wirkender, eintönig-gleichmäßiger, mechanischer Arbeit (*Monotonie*). Bsp.: Stahlkugeln laufen schiefe Ebene herab, sind beidhändig abzufangen und in Trichter zu werfen. Von dort werden stets erneut Kugeln wieder zurückbefördert, sodass eine Folge gleicher Arbeit verlangt wird. Der Apparat zählt die richtig abgefangenen Kugeln und die Versager der Vp.

Monte-Carlo-Effekt [engl. *Monte-Carlo effect*], **[FSE]**, der Trugschluss, dass in einer langen Sequenz von unabhängigen Ereignissen eine Art Ausgleich stattfinden muss. Bspw. schätzen viele Menschen bei einem Münzwurf das Ereignis KKKKKKK subj. als weniger wahrscheinlich als das Ereignis KZZKKZZ ein, obgleich obj. beide Ereignisse gleich wahrscheinlich sind. *Wahrscheinlichkeit*.

Monte-Carlo-Methode (MCM) [engl. *Monte Carlo method*], **[FSE]**, allgemein versteht man darunter jedes Verfahren, das «Pseudo-Daten» nach bestimmten probabilistischen Regeln erzeugt. Diese Verfahren werden häufig eingesetzt, um math. Theorien zu überprüfen, da die Pseudo-Daten vorhersagen, wie die realen Daten aussehen sollten, falls die Theorie die Empirie richtig beschreibt. Bspw. wurde die MCM in der Gedächtnisps. eingesetzt, um Theorien über Abrufvorgänge aus dem Langzeitgedächtnis zu überprüfen (Raaijmakers & Shiffrin 1981). Die MCM ist sehr rechenintensiv und setzt daher i. d. R. einen Computer voraus, da sehr viele Pseudo-Daten notwendig sind, um stabile Vorhersagen zu erhalten. Die MCM wird in unterschiedlichen Wissenschaftszweigen wie der Ökonomie und der Physik eingesetzt, um theoretische Aussagen zu überprüfen, die sich einer rein math. Analyse entziehen. *Bootstrapping, Jackknifing, Randomisierungstest, Statistik*. *R. Ulrich*

Montessori-Pädagogik (= M. P.) [engl. *Montessori pedagogy*], **[PÄD]**, M.-P. ist eine weltweit verbreitete *Erziehung*skonzeption, benannt nach der ital. Ärztin und Pädagogin Maria Montessori (1870–1952). Am 6. Januar 1907 eröffnete die damals in Rom als Hochschullehrerin tätige Montessori eine Tagesstätte für Vorschulkinder («Kinderhaus»). Das von ihr dort beobachtete Phänomen der «Polarisation der *Aufmerksamkeit*» wurde für sie zum «Schlüsselphänomen der *Pädagogik*». Nach Phasen solcher intensiven *Konzentration* zeigten sich die Kinder in ihrer *Entwicklung* gestärkt, geistig erfrischt, emot. ausgeglichen, aufgeschlossen für soziale Beziehungen.

Die «vorbereitete Umgebung» bietet förderliche Bedingungen für das Auftreten dieses Phänomens. Dazu gehören: eine kindgemäße Raumgestaltung, ein systematisches, wiss. geprüftes Angebot von didaktischen Materialien bzw. «Entwicklungsmaterialien», mit denen das Kind nach eigener Wahl gemäß seinem indiv. Lerntempo konkret hantieren und operieren kann («Freiarbeit, vom Greifen zum Begreifen»), eine Erzieherin mit einem anregenden, aber zurückhaltenden *Erziehungsstil* («Hilf mir, es selbst zu tun») und eine altersgemischte *Gruppe* (meist drei Jahrgänge). Zu beachten sind *sensible Phasen* in der Entwicklung des Kindes, d. h. Perioden besonderer Empfänglichkeit für den Erwerb best. *Fähigkeiten* und *Fertigkeiten* («Zeitfenster» in der heutigen Hirnforschung). Ihren Grundansatz einer P., die sich betont am Kind als einem personalen Wesen und Subjekt seiner *Lernprozesse* orientiert, hat M. auch für eine sechsjährige Grundschule weiterentwickelt und erprobt. Für die Sekundarschule legte sie erst Mitte der 1930er-Jahre einen radikalen Entwurf vor, der von heutigen M.-Pädagogen internat. in unterschiedlichen Formen realisiert wird. In ihrem späten Konzept einer «Kosmischen Erziehung» entwarf M. für alle Stufen des Bildungswesens eine umfassende, global, ökologisch, interkulturell und friedenspäd. orientierte Bildungskonzeption. Ergebnisse empir. Untersuchungen aus versch. Ländern belegen, dass die M. P. hohe Fördereffekte erzielt. In ihrem Rahmen wird auch die gemeinsame Erziehung behinderter und nicht behinderter Kinder erfolgreich praktiziert (integrative Erziehung, *Bildung, inklusive*). Diese Befunde der M. P. gewinnen im Hinblick auf die aktuelle Diskussion um die inkl. Bildung mit der Vision in einer Schule, alle Kinder zu unterrichten, zunehmend an Bedeutung. Beachtet wird hier das Inklusionsverständnis der UNESCO (2010), bei dem durch verstärkte Partizipation an Lernprozessen mittels Reduzierung und Abschaffung von Exklusion in der Bildung auf die versch. Bedürfnisse aller Kindern eingegangen wird. Dies wird i. S. einer P. für bes. Bedürfnisse in Montessori-Einrichtungen nicht nur bei Kindern mit spez. *Behinderungen*, sondern auch bei Kindern mit bes. *Begabungen* erfolgreich praktiziert. Zudem erlangen die Prinzipien der M. P. in Bezug auf die *individuelle Lernförderung*), die vor dem Hintergrund der internat. Schulvergleichsstudien (*Schulleistungsstudien*) gefordert wird, verstärkt an Relevanz. Ziel der indiv. Förderung ist, das *Lernpotenzial* aller Schüler auszuschöpfen und dabei die interindiv. unterschiedlichen *Lernvoraussetzungen* durch gezielte Anpassung der Lernangebote zu berücksichtigen (Helmke 2010). Dazu bieten Montessori-Schulen gleichermaßen unterstützende Lernangebote für Kinder mit spez. Lernbeeinträchtigungen als auch herausfordernde Angebote für Kinder mit bes. Lernpotenzialen i. S. des *selbstregulierten Lernens* an. Oswald & Schulz-Benesch 2009, Montessori 1954, Montessori 1971. *C. Fischer/H. Ludwig*

Mood-Behavior-Model (MBM) [engl.] *Stimmungs-Verhaltens-Modell*.

mood congruency [engl.] Stimmungskongruenz; [lat. *congruentia* Übereinstimmung], *Stimmung*.

Mood-Management-Theorie (= M.) [engl. *mood-managenent theory*; «Stimmungsmanagementtheorie»], **[EM, MD]**, von Zillmann (1988) basiert auf der Annahme, dass Medien (Zillmann bezieht sich hauptsächlich auf das Fernsehen) nicht nur Informationen vermitteln, sondern auch Stimmungen des Rezipienten beeinflussen können. Die zentrale Annahme ist, dass Rezipienten Medien gezielt einsetzen, um ihren eigenen Stimmungszustand zu manipulieren. Grundlage des Modells bildet zum einen der menschliche *Hedonismus*, zum anderen die Theorie der *operanten Konditionierung*. Zuschauer, die zufällig die Erfahrung gemacht haben, dass eine gewünschte Stimmung durch das Anschauen einer best. Art von Sendung erreicht wird, werden künftig dieses Wissen gezielt zur *Stimmungsregulation* einsetzen. Bryant & Zillmann 2002. *M. Huff*

mood state dependent memory [engl.] stimmungsabhängiges Gedächtnis; *Stimmung*.

Moral [engl. *morality*; lat. *moralis* die Sitten betreffend], **[EW, SOZ]**, Gesamtheit der das Urteil und Verhalten bestimmenden Normen. *Moralpsychologie*, *Entwicklung, moralische*.

Moral, autonome [engl. *autonomous morality*], *Entwicklung, moralische*.

moral-hazard [engl.] *Rebound-Effekte*.

moral insanity [engl.] «moralische Geisteskrankheit», **[KLI]**, vom engl. Psychiater Prichard 1835 beschriebene «krankhafte Veränderung der Gefühle, Empfindungen und der seelischen Aktivität». Bei intakter *Intelligenz* sind die sozialen Bindungen gestört. Die ältere dt. Psychiatrie hat den Begriff gleichbedeutend mit «moralischem Defekt» verwendet. Heute ist er nur noch wenig gebräuchlich. *Psychopathie*.

moralische Entwicklung *Entwicklung, moralische*.

moralische Inklusion/Exklusion [engl. *moral inclusion/exclusion*; lat. *in-/excludere* ein-/ausschließen], *soziale Beziehungen*.

moralische Lebensführung [engl. *moral conduct*], *Moralpsychologie*, *Entwicklung, moralische*, *character-education inquiry*.

moralisches Urteil [engl. *moral judgement*], *Moralpsychologie*, *Entwicklung, moralische*.

moralistic bias [engl.] «moralistischer Fehler»; *soziale Erwünschtheit*.

Moralitätsdimension [engl. *morality dimension*], *Urteilsbildung, Dimensionen*.

Moralitätsprinzip (= M.) [engl. *morality principle*; lat. *mores* Sitten, Gewohnheiten], **[KLI]**, Bez. Freuds (*Psychoanalyse*) für das Grundprinzip von Handlungen, die unter dem Motiv der Moral und der sittlichen Gesetzesnormen (Gebote und Verbote) erfolgen. Das M. entspricht dabei dem Sittengesetz Kants. Unter den Funktionssystemen der Persönlichkeit (*Instanzenmodell*) arbeitet das *Über-Ich* nach dem M. Das Über-Ich ist das System der introjizierten Gesetzesnormen, das deren unbedingte Erfüllung vom Ich fordert und eine möglichst weitgehende Annäherung des Ich an das *Ich-Ideal* zu erreichen sucht. Im Ggs. zum Über-Ich arbeitet das Ich nach dem *Realitätsprinzip* und das *Es* nach dem *Lustprinzip*.

moral-leaking [engl.] *Rebound-Effekte*.

moral-licensing [engl.] *Rebound-Effekte*.

Moralpsychologie (= M.) [engl. *moral psychology*; lat. *mores* Sitten, Gewohnheiten], **[EM, KOG, SOZ]** Bereich der Ps., in dem die *moralische Entwicklung* von Individuen zu beschreiben, verstehen und verändern versucht wird. Die M. ist ein Standpunkt, von dem aus *soziale Kognitionen*, Operationen und Kooperationen auf ihre *Gerechtigkeit*sstruktur hin befragt werden. Als Rahmenbedingungen wirken die ethischen und grundrechtlichen Prinzipien, die das Zusammenleben der Gesellschaft bestimmen. Menons

Frage an Sokrates: «Ist Tugend lehrbar?» wurde in der Philosophiegeschichte vielfältig zu beantworten versucht (Platon, Kant, Rawls). In der Ps.-Geschichte wurde diese Frage durchweg entwicklungspsychol. gesehen. Parallel zur Intelligenz versuchten Moral-Tests schon zu Anfang des 20. Jhd., den moralischen Charakter quant. zu erfassen (Reue, Schuld, Lüge, Gesinnung).

Die Frage der M., worauf die Achtung des Individuums vor den *sozialen Normen* der Gesellschaft beruht, beantwortet die naiv-ps. Theorie mit dem zeit- und situationsstabilen «moralischen Charakter» (Grundtugenden wie Treue, Ehrlichkeit, Fleiß, Zuverlässigkeit: Hartshorne & May 1928). Behavioristische Lerntheorien (*Behaviorismus*) (Aronfreed, Berkowitz) betonen die Angst vor Strafe, wenn Versuchungen nicht widerstanden wurde. Nach *Freud* wirkt die Internalisierung früher Vorbilder disziplinierend, zivilisierend und als Modell. Durkheim hebt die Anpassung an kult. und ethisch relative Standards und Gruppennormen hervor. Nach der strukturell-genetischen Theorie (*Strukturgenese*) (Baldwin, Mead, Piaget, Kohlberg) entwickeln sich moralisches Bewusstsein und moralisches Handeln in (den gesamten Lebenslauf umspannender) Auseinandersetzung mit den interaktiven Problemen einer sich wandelnden sozialen Umwelt zu den ethischen Prinzipien idealer Kooperation (z. B. Gerechtigkeit: Rawls, Kohlberg – kommunikative Ethik: Habermas, Haan – moralisches Argumentieren: Miller, Oser). Diese Entwicklung sei eine kogn.-affektiv gesteuerte, zielorientierte *Äquilibration* von Individuum und Gesellschaft. Die nicht umkehrbaren, qual. unterschiedlichen und streng sequenziellen Entwicklungsstufen sollen kulturunabhängig verlaufen, seien aber förder- und störbar. Bergling 1981, Eckensberger 1981, Hartmann & Lind 1981, Hartshorne & May 1928.

Moratorium (= M.) [engl. *moratorium*; lat. *morari* verzögern, verweilen], [**EW, PER**], der Begriff des M. hat zwei Bedeutungen in der Ps. der Adoleszenz. Einerseits stellte Erikson (*Entwicklung, psychosozialer Ansatz nach Erikson*) in versch. Schriften die Forderung, man solle den Jugendlichen ein psychosoziales M. einräumen, dies i. S. einer Zeit, in der sie bereits Erwachsenenrechte, aber noch nicht die volle Erwachsenenverantwortung hätten. Es wäre wie eine Zeit, für die eine Totalamnestie erteilt werde, aus der nichts nachgetragen und die nicht für die ganze spätere Laufbahn als entscheidend gelten solle (Flammer & Alsaker 2002). Der andere Gebrauch des Begriffs M. ist als Synonym für den Identitätsstatus der *kritischen Identität*. Der Zustand des M. kennzeichnet somit die Identität in aktiver Krise (= Suche); das Individuum ist mit seiner Zukunft beschäftigt und strebt Entscheidungen an (Marcia 1980).   *F.ço. D. Alsaker*

Morbidität [engl. *morbidity*; lat. *morbus* Krankheit], [**KLI**], Krankheitsstand, Erkrankungsziffer. Verhältnis der Zahl der Kranken zur Gesamtanzahl (Kranke und Gesunde). *Epidemiologie*, *Inzidenz*, *Prävalenz*.

Moreno, Jacob Levy (1889–1974), [**HIS, SOZ**], Jacob Levy Moreno gilt als Begründer der *Soziometrie* und des *Psychodramas*. Er wurde als Jacov Moreno Levy (auch: Levi) in Bukarest geb. Der Vater war türkischer Herkunft, so erhielt auch Jacob die türkische Staatsangehörigkeit. Die Familie war aber rumänisch und lebte vor allem in Bukarest. Das Ehepaar und die Kinder sprachen zu Hause Ladino, das Spanisch der sephardischen Juden. Der Vater war viel auf dem Balkan. Die Familie zog dann nach Wien. M. besuchte dort die Schule und vier oder fünf Jahre lang das Gymnasium und nahm am Bar-Mitzwa-Ritual teil. Er lebte zeitweise getrennt von seinen Eltern. Moreno hatte künstlerische Interessen, er entwarf Stegreifspiele, die damals modern waren, und begann eine schriftstellerische Tätigkeit. Moreno holte die Reifeprüfung nach und studierte Philosophie und Ps., dann Med. Das Med.studium schloss er 1917 ab. Moreno arbeitete während des Ersten Weltkriegs als Arzt im Flüchtlings-Barackenlager Mitterndorf an der Fischa (Niederösterreich), ab 1919 in Vöslau als Gemeindearzt. Später erwähnte Moreno Begegnungen mit Sigmund Freud, Alfred Adler, Leo Trotzki und Adolf Hitler. Diese Kontakte sind jedoch – wie auch andere autobiografische Angaben Morenos – nicht nachweisbar. Moreno begründete vermutlich 1921 mit Freunden ein eigenes Theater, das nur kurze Zeit bestand, aber Schauspieler als Mitarbeiter hatte, die später erfolgreich wurden. Ende 1925 emigrierte Moreno in die USA. Dort nahm er 1927 als seinen Familiennamen den Vornamen seines Vaters an. Nach einigen beruflichen Umwegen kam Moreno auf sein eigenes Arbeitsgebiet – die Psychiatrie. 1927 bekam er die Erlaubnis, als Arzt praktizieren zu dürfen. Er begann 1928 mit Stegreifspielen für Kinder, bald auch für Erwachsene, begründete 1931 die Zeitschrift «Impromptu», entwickelte wiss. Interessen an Gruppen, prägte vermutlich noch vor *Kurt Lewin* den Begriff *Gruppendynamik* [engl. *group dynamics*] und gestaltete die angewandte Gruppendynamik zur Gruppenpsychotherapie (*Gruppentherapie*) aus. Dazu war die von ihm entwickelte Soziometrie als Hilfsmittel erdacht. Die ersten Soziogramme stellte Moreno erstmals 1933 in einem Vortrag vor. Die Soziometrie (Moreno 1954) entwickelte sich zunehmend zu einer sozialwiss. Forschungsmethode, wie sich an den Themen der 1937 von Moreno begründeten Zeitschrift «Sociometry» zeigen lässt (*Diagnostik, sozialpsychologische*). Morenos Hauptwerk «*Who shall survive? A new approach to the problem of human interrelations*» erschien 1934 und wurde durch Initiative von Leopold von Wiese 1954 ins Deutsche übersetzt (Dollase 2000). Morenos grundsätzliche Intention der gesellschaftlichen Reformen hat nur z. T. Resonanz in der akademischen Ps. gefunden. Jacob Levy Moreno starb im Mai 1974, kurz vor seinem 85. Geburtstag. Müller 2013, von Ameln & Wieser, Hutter & Schwehm 2009.   *H. E. Lück*

Morgan-Regel [engl. *De Morgan's laws*], syn. *De Morgansche Gesetze*, nach A. De Morgan (1806-1871), [**KOG, PHI**], gelegentlich auch: Morgan-Kanon, das Prinzip, zur Erklärung eines Verhaltens nicht auf höhere psych. Funktionen Bezug zu nehmen, wenn auch eine Erklärung durch elementarere Funktionen möglich ist. *Einfachheit*, *Occam's razor*, *Parsimonie*.

Morgentyp [engl. *morning type*], *Kognitive Leistungsfähigkeit*, *Tageszeitabhängigkeit*.

Moritz, Karl Philipp (auch Carl Philipp) (1756–1793), [**HIS**], Schriftsteller des Sturm und Drang und der Aufklärung. Nach einer abgebrochenen Lehre als Hutmacher und versch. Versuchen, Schauspieler zu werden, wurde Moritz 1778 Gymnasiallehrer in Berlin. 1783 begann er mit der Veröffentlichung des «ΓΝΩΘΙΣ ΑΥΤΟΝ [= *Gnothi Sauton*] oder Magazin zur Erfahrungsseelenkunde», das als erste ps. Zeitschrift in Dt. angesehen werden kann (Jahnke 2005). Diese Zeitschrift bestand über zehn Jahre und brachte Selbstbeobachtungen, Berichte über Seelenerkrankungen, Weissagungen, Träume usw., allerdings nicht moralisierend, sondern an Fakten orientiert (Herrmann 1989). 1785 und 1790 veröffentlichte Moritz den Roman *Anton Reiser* in vier Teilen. Moritz gab dem Roman den Untertitel *Ein psychologischer Roman* und ordnete ihn der Seelenkunde zu, obwohl man ihn heute der Literatur zurechnet. Der Roman hat starke autobiografische Züge; es ist der erste psychol. Roman in dt. Sprache. Ziel des Romans ist der Versuch, am Verlauf eines indiv. Bsp. die Wechselbeziehungen im Leben eines Menschen darzustellen und zu deuten. Die Arbeiten von Moritz wurden im 19. Jhd. weitgehend vergessen, jedoch im 20. Jhd. im Kontext der *Psychoanalyse* und der Biografieforschung v. a. durch Arno Schmidt wiederentdeckt. Hermann 1988. *H. E. Lück*

Moro-Reflex [engl. *moro reflex*], nach E. Moro (1874–1952), [**BIO, EW, GES**], Umklammerungsreflex, bei Neugeborenen und Säuglingen die Bewegung des Umklammerns (Ausbreiten der Arme) bei Erschrecken, Erschütterung, abrupten Lageveränderungen u. Ä.

Morphem, Morphemik (= M.) [engl. *morpheme, morphemics*; gr. μορφή *(morphe)* Gestalt], [**KOG**], Gegenstand der Morphemik ist die Zusammensetzung sprachlicher (*Sprache*) Ausdrücke aus kleinsten Zeichen, den M. Im Unterschied zu den kleinsten Lauteinheiten, den *Phonemen* bzw. Graphemen, werden M. als kleinste Bedeutung tragende Einheiten def. (*generative Semantik*). Dabei werden M. mit referenzieller und M. mit konnexieller oder funktionaler Bedeutung unterschieden. Die ersten bez. man auch als lexikalische M., die zweiten als grammatische M. Etwas ungenau spricht man auch von Inhalts- und *Funktionswörtern*: Wörter setzen sich aus M. zus. und bestehen nur im Grenzfall aus einem einzigen M. Zum anderen sind Funktionswörter nur ein Teil der konnexiellen oder grammatischen M., nämlich solche, die frei vorkommen können wie Konjunktionen oder Präpositionen. Neben der Terminologie des amerik. *Strukturalismus* gibt es noch eine andere, die von Martinet (1963) eingeführt wurde und sich v. a. in Europa verbreitet hat. Martinet nennt die kleinsten sprachlichen Zeichen *Moneme*. Moneme mit konnexieller Funktion nennt er M., Moneme mit referenzieller Funktion nennt er *Lexeme*. Während das M. eine Einheit des Sprachsystems ist, bez. man seine phonologische *Repräsentation* in einer konkreten Äußerung als Morph, analog zu der Unterscheidung zw. Phonem und *Phon*. Ein M., das phonematisch unterschiedlich realisiert werden kann, bildet *Allomorphe*. *J. Engelkamp*

TestMorphemunterstütztes Grundwortschatz-Segmentierungstraining (MORPHEUS), 2010, R. Kargl & C. Purgstaller, [www.testzentrale.de], [**DIA, PÄD**]. Grundwortschatz-Trainingsprogramm. AA 4. bis 8. Klasse. MORPHEUS basiert auf einem empirisch erhobenen Grundwortschatz und ist durch das morphematische Prinzip bes. ökonomisch. Nach einem festgelegten Stufenaufbau lernen die Kinder einzelne Wortstämme, von denen dann die Einzelwörter abgeleitet werden. Auf diese Weise können auch schwache Rechtschreiber rasch eine große Menge an Wörtern richtig schreiben. Das Trainingsprogramm besteht aus einem PC-Programm, einem Übungsbuch, einem Merkspielpuzzle sowie einem Wortbaukasten mit den wichtigsten Wortstämmen, Vor- und Nachsilben.

Morphin, Morphium (= M.) [engl. *morphine, morphium*], [**PHA**], Hauptsubstanz des *Opiums*. Beeinflusst Arten von *Opiat*-Rezeptoren. Als *Analgetikum* häufige Verabreichung bei starken *Schmerzen*, etwa durch Tumore. Psych. Wirkungen: hypnotisch, analgetisch, anxiolytisch, euphorisierend. Den vielfältigen Wirkungen entsprechen versch.artige Angriffspunkte. Schmerzbeeinflussung erfolgt v. a. über Bindung an den mu-Rezeptoren im Rückenmark und supraspinalen Strukturen (periäquaduktales Grau, Nucleus raphe magnus, Locus subcoerulus), die deszendierend nozizeptive Bahnen im Rückenmark hemmen, euphorisierende Wirkungen durch Assoziationen mit dem Belohnungssystem. Pos. verstärkend im Tierversuch. Somatische Wirkungen: starke vegetative Effekte, z. B. Herzfrequenzerniedrigung, Atemdepression, Pupillenkontraktion, Obstipation, Übelkeit und Erbrechen. M. führt zu *Drogenabhängigkeit*. Julien 1997. *W. Janke*

Morphinismus, Morphinsucht [engl. *morphine addiction*], [**PHA**], chronische Morphiumvergiftung (*Morphin*); bei länger dauernder Morphinzuführung erfolgt geistig-körperlicher Verfall.

Morphismus [engl. *morphism*; gr. μορφή *(morphe)* Gestalt], [**FSE**], in der Messtheorie eine strukturverträgliche *Abbildung* eines empirischen Relativs (*Relativ*) in ein numerisches. *Homomorphismus*.

Morphogenese [engl. *morphogenesis*; gr. μορφή *(morphe)* Gestalt, γένεσις *(genesis)* Geburt, Entstehung], [**BIO**], Form-, Gestalt-, Körperformwerdung. Morphogenetische Untersuchungen versuchen, Ursachen und Bedingungen (letztlich biochemischer und physikal. Art) des Entstehens einer best. Körperform zu erklären.

Morphologie [engl. *morphology*; gr. μορφή *(morphe)* Gestalt, γένεσις *(genesis)* Geburt, Entstehung, λόγος *(logos)* Lehre], [**BIO, PER**], Lehre von der Form (Körperform). Der Begriff wurde von Goethe eingeführt. Die vergleichende Morphologie erklärt die Ähnlichkeit homologer Strukturen durch die Abstammung (*Evolutionstheorie*) von einem gemeinsamen Vorfahren und versucht, mithilfe der abgestuften Ähnlichkeit der Organismen deren hierarchisch gestaffelten Verwandtschaftsgrad zu ermitteln. Die Funktionsmorphologie bemüht sich um eine Ermittlung der jew. Funktion einer best. Struktur.
[**KOG**], *Morphem, Morphemik*, *Wortbildung*.

Mortalität (= M.) [engl. *mortality*; lat. *mors* Tod], [**DIA**], Sterblichkeit, Sterberate. Verhältnis der Zahl der Todesfälle in einem def. Zeitraum (zumeist 1 Jahr) bezogen auf eine def. Anzahl von Individuen (z. B. pro 100 000 Personen). In der *Epidemiologie* wird die *M.rate* als Quotient der Anzahl der Todesfälle im Zeitraum mal 100 000 (Zähler) und der Anzahl der tatsächlichen Personenjahre in der Untersuchungsstichprobe (Nenner) gebildet (vgl. *Inzidenz*). Hierbei spiegelt die Rate die absolute Häufigkeit in Referenz zu 100 000 Populationsmitgliedern wider. Z. B.: 1000 Pbn wurden 5 Jahre untersucht, 20 starben. Aufgrund des Verstebens resultieren weniger als 5 * 1000 = 5000 Personenjahre (z. B. 4960). M-rate: (20 * 100 000)/4960 = 403,23. 403 Personen von 100 000 versterben pro Jahr an der untersuchten Erkrankung. Zur Berechnung der *kumulativen M.* wird der Nenner durch die Anzahl der Pbn zu Untersuchungsbeginn ersetzt. Im Bsp.: (20 * 100 000)/1000 = 2000. 2000 Personen von 1 000 000 Personen sterben im 5-Jahres-Zeitraum. Ressing et al. 2010.

Mosaikauffassung [engl. *mosaic conception*], **[PHI]**, Annahme, dass das Seelische (*Seele*) sich additiv zusammengesetzt (wie Steinchen bei den Mosaiken) – im Nebeneinander der Einzelheiten – erklären und erforschen lasse. Ggs. *Gestaltpsychologie. Ganzheit*, *Struktur*.

Mosaikbewegung [engl. *mosaic movement*], **[KOG]**, Bez. für die bei Mensch und Tier neben *Übersprunghandlung* und *Ersatzhandlung* mögliche weitere Form von Reaktionshandlungen. Es werden zugleich mehrere Bewegungen (etwa der Abwehr, des Angriffs, der Drohung etc.) intendiert, die aber alle unvollendet bleiben. Tinbergen 1951.

Moscovici, Serge (1925–2015) **[HIS, SOZ]**, wurde als Srul Herş Moscovici in Rumänien geb. Moscovici wanderte nach Pogrom, Krieg und mehrjähriger Zwangsarbeit über Ungarn, Österreich und Italien nach Frankreich aus. Er lehrte in den USA, in Belgien und der Schweiz, vor allem aber in Paris, wo er mit seinem Verständnis der Soziaps. eine ganze Generation von frz. Sozialpsychologen prägte. Am Bsp. der Psychoanalyse, die in den fünfziger Jahren das Denken in Frankreich bestimmte, entwickelte Moscovici die Theorie *sozialer Repräsentationen* (Moscovici 2001). Moscovici trat durch einfallsreiche gruppendynamische Experimente hervor. So geht auf ihn der Befund der *Gruppenpolarisation* zurück (Moscovici & Zavalloni 1969). Der vorherrschenden Konformitätsforschung setzte Moscovici die These entgegen, dass auch *Minoritäten* die Chance zur Veränderung der Mehrheitsmeinung haben (Moscovici 1979) ein. Durch Umkehrung des *Asch*-Paradigmas konnte Moscovici im Experiment nachweisen, dass Minderheiten die Urteile der Mehrheit nennenswert beeinflussen können. Wie auch *Tajfel* vertrat Moscovici die Auffassung, die dominierende amerik. Sozialps. sei nur z. T. auf Europa anwendbar, es müsse daher eine europ. Sozialps. entwickelt werden. Auch aus diesem Grund war Moscovici aktiv an der Begründung der *European Association of Experimental Social Psychology* (EAESP, heute EASP) beteiligt (Moscovici & Marková 2006). Hochgeehrt starb Serge Moscovici 2014 in Paris. *H. E. Lück*

Mosso, Angelo (1846–1910), **[BIO, HIS, KOG]**, ital. Physiologe. Studium der Med. in Turin, Forschungsaufenthalte in Florenz, Leipzig und Paris, 1877 ao. Prof. in Turin, 1878 dort o. Prof. Mosso entwarf und beschrieb eine Vielzahl von physiol. Geräten. Die analoge Verschriftung organischer Bewegungsvorgänge auf der *kymografischen Trommel* hatte Mosso bei Carl Ludwig in Leipzig erlernt. Sie wurde zu einer seiner wichtigsten Methoden (so durch den *Plethysmograf*, Felsch 2005). Mosso untersuchte motorische Funktionen, Blutdruck und Atmung. In einer Untersuchung an einer alpinen Bergsteigergruppe erforschte Mosso physiol. und psychol. Wirkungen großer Höhen auf Befinden und Sozialbeziehungen. Mosso gilt damit als einer der ersten Sportps. *H. E. Lück*

Motherese (= M). [engl. «*Mutterisch*» oder«*Elterisch*»], **[EW, KOG]**, bez. eine sprachliche Varietät, die Eltern in der sprachlichen kommunikativen Interaktion (*Eltern-Kind-Beziehung*) mit Säuglingen produzieren, es ist ein Fall von *Infant Directed Speech (IDS)* oder *Child Directed Speech (CDS)*. In der Literatur wird nicht klar angegeben, ob mit M. IDS oder CDS gemeint ist, manche setzen es auch mit *Babytalk* oder *Ammensprache* gleich. Generell gilt für IDS und CDS, dass die Eltern die unausgebildete Sprach- und Sprechkompetenz in der sprachlichen Kommunikation berücksichtigen und intuitiv versuchen, diese zu fördern, sowohl was die *Sprachproduktion* als auch die *Sprachrezeption* betrifft. Säuglinge/Kleinkinder müssen den Lautstrom erst in bedeutungsunterscheidende (*Phonem*) und bedeutungstragende Einheiten (*Morphem*) segmentieren lernen, rezeptiv und produktiv, was die Grundleistung der *Syntax* ist. Daher muss die Segmentationsleistung durch geeignete Sprechangebote erleichtert werden, Produktionen des Kleinkindes korr., selektiv verstärkt (*Verstärkung*) sowie erweitert werden. Entsprechend sind Merkmale von M. langsames, der *Aufmerksamkeit* adaptiertes *Sprechen*, Überbetonung und Wiederholung suprasegmentaler Sprechmerkmale wie Tonhöhe und -modulation, Betonung von Morphemgrenzen, *Holophrasen*, einfache Sätze, die variiert werden. Weinert & Grimm (2012) verstehen M. als *Lehrende Sprache*, die sich v. a. an Kinder im Alter von 24 bis 27 Monate richtet. Es findet dann schon ein *Wechselsprechen* statt, das es den Eltern erlaubt, dass die kindlichen Produktionen aufgreifend zu variieren (z. B. erweitern, wiederholen, korrigieren) und Fragen stellen zu können, um kindliches Sprechen anzuregen, wobei nach wie vor einfache Nominalphrasen dominieren. M. ist auch *Modelllernen* (*Beobachtungslernen*), da das Kind sich an den elterlichen Sprachproduktionen orientieren kann, wobei M. primär dem Erlernen der Syntax dient. *Sprachentwicklung*. *W. Mack*

Motilität [engl. *motility*; lat. *movere* bewegen], **[KOG]**, Beweglichkeit, Bewegungsvermögen. *Motorik*.

Motiv [engl. *motive*; lat. *movere* bewegen], **[EM, PER]**, latente Bewertungsdispositionen für *Ziele* und für Situationsmerkmale, die eine Zielerreichung oder Zielverfehlung erwarten lassen. Motive (= M.) beziehen sich auf Inhaltsklassen von Zielen. Sie werden als organismusseitiges Bestimmungsstück der *Motivation* und somit als innere Ursachen des *Verhaltens* angesehen. Sie haben konzeptuell Ähnlichkeit mit *Instinkten*, *Bedürfnissen* und *Trieben*. M. bestimmen, auf welche Zielklassen und *Anreize* man emot. (*Emotionen*) reagiert.

M. lassen sich nach unterschiedlichen Kriterien kategorisieren. Man kann M. z. B. nach *biol.* oder *biogenen* und *psychol.* oder *soziogenen* M. unterscheiden. Zu der ersten Klasse gehören z. B. *Hunger*, Durst und *Sexualität*. Die Ausprägung dieser M. ist an physiol. Prozesse gebunden und variiert intraindiv. z. B. im Verlauf eines Tages. Zu den soziogenen M. zählen z. B. *Leistungsmotiv*, Anschlussm. (*Hoffnung auf Anschluss*), *Machtmotiv* oder *Neugierm.*. Obwohl auch diese M. physiol. Korrelate haben, werden sie als stabile Dispositionen (*Disposition*) verstanden, die interindiv. variieren. Wer i. d. S. etwa ein hohes Anschlussmotiv hat, zeichnet sich durch eine stabile Disposition aus, anschlussthematische Ziele anzustreben bzw. deren Verfehlen zu verhindern und auf anschlussthematische Anreize emot. zu reagieren.

Bei soziogenen M. lassen sich jew. eine Annähern- und eine Meidendisposition unterscheiden (*Annäherungs-Vermeidungs-Konflikt*, *Konflikttheorie*). Diese Unterscheidung ist beim Leistungsmotiv am gängigsten. Sie fand sich mit der Differenzierung zw. *Hoffnung auf Erfolg* und *Furcht vor Misserfolg* bereits im *Risikowahl-Modell*. Inzwischen ist diese Unterteilung auch beim Anschluss- und Machtm. zu finden. Dem Neugierm. wird häufig ein allg. *Furcht*m. als Meidenkomponente gegenübergestellt.

Schließlich kann man M. noch nach *impliziten* und *expliziten* M. unterteilen. Es handelt sich hierbei um zwei unabhängige M.systeme. Implizite M. entwickeln sich bereits vor der Entwicklung der *Sprache* (*Sprachentwicklung*). Sie sind unbewusst, werden durch sog. natürliche Anreize angeregt und beeinflussen spontanes Verhalten. Implizite M. sind dem Selbstbericht nicht zugänglich und können nicht durch *Fragebogen* sondern nur durch indirekte Verfahren wie z. B. *projektive Tests* gemessen werden. Dagegen sind explizite M. bewusst i. S. motivationaler *Selbstbilder*. Sie werden z. B. durch Anforderungen aus dem sozialen Umfeld angeregt und beeinflussen somit Reaktionen auf diese sozialen Anforderungen. Explizite M. werden durch Fragebogen gemessen. R. M. Puca

Motivation (= M.) [engl. *motivation*; lat. *movere* bewegen], **[EM]**, der Terminus M. wird für Prozesse benutzt, die das Setzen und Bewerten von *Zielen* betreffen. Motivationale Prozesse dominieren in der prädezisionalen und in der postaktionalen Handlungsphase, wie sie im *Rubikonmodell der Handlungsphasen* beschrieben werden. Es geht um die Frage, welche Ziele eine Person anstreben will und welchen Kriterien sie hierbei folgt. Es wird angenommen, dass Personen, die sich zw. versch. Zielen entscheiden müssen (*Entscheiden*), der Wünschbarkeit und Realisierbarkeit der verfügbaren Optionen starke Beachtung schenken (Gollwitzer 2012). Klassische M.theorien halten an dieser engen Def. von M. in dem Sinne fest, als sie annehmen, dass die M. zu handeln ausschließlich durch die Wünschbarkeit des jew. angestrebten Ziels als auch durch seine wahrgenommene Realisierbarkeit bestimmt wird. Wenn eine Person der Meinung ist, dass sie die für die Zielerreichung erforderlichen *Handlungen* nicht bewältigen kann oder sie das ins Auge gefasste Ziel für nicht bes. wünschenswert hält, wird sie nicht motiviert sein, das Ziel auch wirklich anzustreben.

Der Begriff der M. sowie die M.forschung, die sich mit Annahmen über aktivierende und richtungsgebende Vorgänge, die für die Auswahl und Stärke der Aktualisierung von *Verhalten*stendenzen bestimmend sind, befasst, haben eine lange Tradition. Als zentral kann dabei stets die Frage betrachtet werden, warum ein Mensch (oder Tier) sich unter best. Umständen auf eine best. Weise sowie mit einer best. Intensität (Durchsetzung und Beharrlichkeit) verhält. Die geschichtlichen Wurzeln für die Auffassung der M. als (1) Gesamtheit der *Motive* oder (2) angeborene Antriebe (*Trieb*) oder (3) messbares, generalisiertes Aktivierungsniveau und *Anreize* (*incentives*) sind repräsentiert durch Leibniz bzw. Locke; der Organismus ist entweder mit zielgerichteter Aktivität ausgestattet, oder die Reaktionen des Organismus gehorchen mechanischen Gesetzen von Ursache und Wirkung, wobei zu den Ursachen des Verhaltens neben der Tendenz zum inneren Gleichgewicht (Beseitigung von Störreizen, *Homöostase*) der in der Erfahrung erworbene Hinweis-Modus (*cue*) der *Reize* (Stimuli) gehört.

Nach anfänglicher Vernachlässigung in der *Psychophysik* und *Assoziationspsychologie* wurde die M. in der dynamischen Ps., besonders durch den Einfluss von Darwin (*Instinkt*) und Freud (*Trieb, psychoanalytisch*, *Libido*, Es-Kräfte, meist unbewusst), zum zentralen Thema; vorher korr. Wundt die assoziationspsychol. Auffassung durch den Voluntarismus, d. h. den Hinweis auf die vom Wollen beherrschten apperzeptiven Akte (*Apperzeption*). In der *Würzburger Schule* wurde M. in Form der *determinierenden Tendenzen*, der in Wahlreaktionsexperimenten analysierten Willenshandlungen (Ach), der «Aufgabe» (Watt) und der Einstellung (Külpe, Bühler) behandelt.

Lewin kritisierte daran das vermeintliche Festhalten an assoziationspsychol. Grundannahmen (Zusammenhang zw. Reiz und Reaktion auch in der determinierenden Tendenz i. S. einer mechanischen Bindung) und betonte die im Verhalten wirksamen Kräfte und die unter Spannung stehenden *Systeme*. Der M.begriff i. S. von angeborenen Trieben wurde von Freud (um 1900), von McDougall (1908) und auch in der Instinktlehre der Tierps. benutzt, die allerdings mit dem psychohydraulischen Energiemodell den Pauschalbegriff durch differenziertere Vorstellungen ersetzten. Die mechanische Erklärung des Ursprungs der Energie und der Gerichtetheit des Verhaltens setzte in der modernen Wiss. bei J. Loeb ein, der in den Tropismen die Grundlage auch der komplexeren zielgerichteten Verhaltensweisen sah, sowie bei den Reflexologen Bechterew, Pawlow und dem Behavioristen Watson, für die M. zunächst als überflüssiger Begriff galt.

In der phänomenalen Beschreibung motivierender Erlebnisse unterschied Lersch drei Aspekte der Strebungen: (1) Unbefriedigtsein mit dem gegenwärtigen Zustand (*Bedürfnis*, Mangel), (2) *Antizipation* (Fragen, Suchen), (3) Vorstellung des Ziels, das einen *Wert* verkörpert. *Werte*, Normen (*Normen, soziale*) und Attitüden (*Einstellung*) sind in der Sozialps. viel gebrauchte M.begriffe.

Die versch. psychol. Schulen haben unterschiedliche M.begriffe hinterlassen. So wird M. auch heute noch aufgefasst als: (1) Gesamtheit der Motive, die der Verwirklichung von Lebens-, Bedeutungs- und Sinnwerten dienen und damit die Thematik des indiv. Lebens enthalten (humanistische M.theorien), (2) best. aktionsspezif. Energien (oder Erregungszentren), die zum angeborenen Verhaltensprogramm der Organismen gehören (ethologische Triebtheorien), (3) automatisch eingeleitete Aktivierungsprozesse, die außer von den Umweltreizen (Stimuli) von *Deprivation* und inneren (organischen) Zuständen (Bedürfnissen *(needs)*, Störung der Homöostase) abhängig sind (exakte naturalistische M.theorien), (4) kogn. *Repräsentation* von Zielzuständen, die erwünscht sind, weil ähnliche Zustände als angenehm erlebt wurden, ausgelöst durch Situationen *(cues)* und gefolgt von dem Erleben einer Diskrepanz zw. Ist- und Sollzustand (kognitivistische und kybernetische M.theorien), (5) Vermittlung von Gründen für ein best. Verhalten, also z. B. die Tätigkeit eines Lehrers, durch die ein Schüler i. S. von (1) aktiviert werden soll (Pädagogische Ps.).

Thematisch sind zu unterscheiden: (1) polythematische (z.T. hierarchisch aufgebaute Antriebe, Triebe, Bedürfnisse, Strebungen, die nicht weiter zurückgeführt werden können, in versch. Zahl), (2) monothematische (alle M. werden auf einen einzigen Grundantrieb, z. B. das Streben nach Lust, *Macht* oder Sexus zurückgeführt) oder (3) athematische M.lehren. In Letzteren werden indiv. differente Daseinsthematiken und Daseinstechniken (Thomae) angenommen, die dem Gesetz der funktionellen Anatomie (Allport) unterworfen sind. Die anthropologische Besinnung (*Anthropologie*), die zu dieser Einteilung der M.lehren geführt hat (Lersch), begann mit den phänomenologischen Analysen der M. durch Pfänder (um 1900). Hier gilt auch die begriffliche Unterscheidung von Zwecken und konkreten Zielen gegenüber den Motiven. Einer der ältesten monothematischen Ansätze ist der *Hedonismus* (Aristipp, Epikur), die Lehre, dass alles (auch das soziale) Verhalten auf möglichst großen Lustgewinn (bei Vermeidung von Unlust) ziele. Da der Hedonismus der Gegenwart (Troland) offenbar nicht haltbar ist (um Nettogewinn zu maximieren, müssen wir oft etwas tun, was wir nicht gern tun, und anderes lassen, was wir gern täten, Skinner 1969), wird i. Allg. nur der Hedonismus der Vergangenheit und der Zukunft vertreten. Thorndikes *Gesetz des Effekts* ist Ausdruck des Hedonismus der Vergangenheit (man tut, was früher Lust brachte), und die *Incentive*-(Anreiz-)M.lehren können als Hedonismus der Zukunft bezeichnet werden. Im *Behaviorismus* wurde jedoch jede Form des psychol. Hedonismus als Erklärungsprinzip unbrauchbar. An seine Stelle traten die Überlebensmodelle, insbes. die Annahme, dass Wiederherstellung des physiol. Gleichgewichts das Überleben sichert. Die Verminderung der aus der Gleichgewichtsstörung resultierenden Spannung (Antriebsreduktion) soll die Wahrscheinlichkeit des Auftretens unmittelbar vorausgegangener Verhaltensweisen verstärken (*reinforcement, Verstärkung*). Die Erklärung der gesamten M. durch Rückgriff auf diese Defizit-Motivation (Antriebe vom «Mangel-Typ») macht die gleichen Schwierigkeiten wie der ursprüngliche Hedonismus.

Im Neobehaviorismus (Hull, Spence, Brown u. a.) werden folg. Kriterien für M.variablen angegeben: (1) aktivierende Bedingungen, wie z. B. Nahrungsentzug: durch den daraus entstehenden physiol. Zustand werden Reaktionstendenzen unterschiedlicher Art – je nach angeborener oder in der Lerngeschichte entstandener *habit*-Hierarchie – mit Energie versorgt; (2) aversive (widrige) Ereignisse: Aufhören der Bedingungen (oder Verminderung ihrer Intensität) wirkt als Verstärkung, Beginn als *Bestrafung* (z. B. elektrischer Schock); (3) attraktive Ereignisse: Beginn der Bedingung wirkt als Verstärkung, Aufhören (oder Verminderung) wirkt als Bestrafung; (4) die Erwartung solcher Ereignisse (erschlossen aus der Tatsache, dass gegenwärtige Bedingungen die obigen Eigenschaften nicht haben können). Ein altes, nie befriedigend gelöstes Problem war die Unterscheidung der angeborenen, primären Antriebe (oder Motive) von den erworbenen, sekundären Antrieben (oder Motiven). Trieb, Instinkt oder angeborene Tendenz (McDougall) wurden den kult. bedingten, in der Sozialisierung erworbenen Strebungen und Gesinnungen (McDougall: *sentiments*, Attitüden) gegenübergestellt. Lewin nennt das physiol. begründete Bedürfnis «objektiv» und den Vorsatz oder abgeleitete Motive «Quasibedürfnis». In der Nähe dieser theoretischen Überlegungen findet man Murrays Lehre von *need* und *press* (*need, needpress*). McClelland argumentierte, dass alle Motive, auch z. B. der Hunger, erlernt werden müssten, d. h. dass Assoziationen zw. Situationen und (erwünschten) Affektveränderungen nur in der Erfahrung entstünden.

Die psychoanalytische Auffassung über die *Transformation* der angeborenen Triebkraft (Libido) in den populär gewordenen, nach Körperöffnungen genannten Entwicklungsphasen bot eine andere Lösung des Problems der Interaktion von erblichen und Milieufaktoren an, die im weiteren klin. erfahren, aber aus prinzipiellen Gründen nicht exakt empirisch belegt werden konnte. Aus existenzialistischen Ansätzen folgen die versch. Selbstaktualisierungs- und Vervollkommnungslehren der M. (Allport, Rogers, Maslow). *Bedürfnishierarchie*. Maslow (1955) meint, dass neben der Defizit-Motivation (nach dem Homöostaseprinzip) eine von ihr unabhängige Wachstumsmotivation angenommen werden müsse: schöpferische Aktivität, Gestaltungs- und Erkenntnisstreben, Selbstaktualisierung, die allerdings auf Befriedigung der Defizit-M. angewiesen sind.

Die oben genannten beiden extremen Annahmen über die Art der Energie für das Verhalten – aktionsspezifische Triebe (Instinkte) gegen allg., unspezifischen Antrieb aus versch. Quellen mit erfahrungsabhängiger Steuerung durch latente Verhaltenstendenzen – wurde durch die Entdeckung der versch. Aktivierungszentren von einer vermittelnden Anschauung abgelöst. Einige Hirnstamm- und Zwischenhirnsysteme haben spezif. aktivierende, andere nur ganz allg. aktivierende Funktion (Hess). Das Problem des Zusammenhangs zw. physiol. Aktivierungssyndromen und offenem Verhalten entstand durch die Beobachtung, dass es Erregung *(arousal)* ohne Verhalten gibt und dass spezif. Erregungszustände zu versch.artigem Verhalten führen. Diesen Tatsachen wurden die *Anreiz-M.theorien* gerecht: Verhalten hängt außer von der Erregung und den Situationshinweisen entscheidend von der *Erwartung* best. Erfolge (Belohnungen, Verstärkungen) des Verhaltens in antizipierten Situationen ab (Rotter).

Entspr. modernere Forschungsansätze der kognitivistischen M.theoretiker trugen auch zur Erklärung der Entwicklung der Motive bei (Heckhausen 1963, Weiner 1972). Kagan (1972) sah das Zusammenspiel der versch. Quellen für relativ spezif. und für unspezifische Energie mit den richtungsgebenden Faktoren besonders differenziert. Er führte die Entwicklung der Motive (Leistung, Gesellung, Macht, Abhängigkeit, Pflege, Unterwerfung) zurück auf das primäre Motiv, Unsicherheit und Ungewissheit abzuwehren, und auf den Wunsch, die auf die Unsicherheit folg. affektive Beunruhigung zu vermindern. Ob die affektive Beunruhigung auftritt, hängt davon ab, ob die Quelle der Unsicherheit assimiliert werden kann; damit ist ein Zugang zur entwicklungspsychol. Behandlung der Motiventstehung gegeben: Die Fähigkeit zur Bewältigung von Unsicherheit wächst nicht nur mit der Erfahrung, sondern auch mit der Entwicklung kogn. Strukturen (Piaget), d. h. mit dem Gebrauch von komplizierteren Denkoperationen und mit der Erweiterung der Zeitperspektive. Die sensorischen Motive, d. h. das Angenehmsein best. Reizmuster (guter Geschmack, Aufhören von Schmerz, genitale Reize etc.), wurde somit zu einer primären M.klasse unter anderen, ebenso wie der Ärger, der Verdruss oder die Wut, die das primäre Motiv der Feindlichkeit ausmachen könnten, und das (primäre) Motiv der Vervollkommnung oder auch nur der Effektanz (White).

In der späteren M.forschung werden die M.begriffe (1) bis (4) z. T. unkritisch verwendet, was die Situation recht unübersichtlich macht. Der «humanistische» M.begriff (1) wird als Orientierungshilfe in den exakt naturalistischen Forschungen verwendet, indem einzelne M.arten (Leistung, *Aggression*, *Altruismus*, *Neugier*, Gesellung, *Angst*) als Sammelnamen für komplexe Prozesse übernommen und exp. analysiert werden. Da die homöostatischen Modelle der M., die ein Überleben des Hedonismus in kybernetischer Umformung ermöglichen, viele Fragen nach spezif. menschlichen Aktivitäten unbeantwortet lassen, wird in der kognitivistischen M.theorie auf die Aktivierung durch die Informationswerte der Stimuli hingewiesen und auf das optimale Aktivierungsniveau. Welche Reizmuster aktivieren, untersuchte Berlyne: Komplexität, Neuheit oder, nach Auffassung anderer Autoren im Anschluss an Hebb, Erwartungs-Ereignis-Diskrepanz. Die Unterscheidung zw. primären und sekundären Antrieben wird relativiert durch die Annahme, dass für die Entstehung aller Motive eine relevante Erfahrung notwendig sei, weil man lerne, in best. Situationen Änderungen der Affekte zu erwarten (McClelland 1965, Dember 1965). Durch neurophysiol. Forschungen (Olds u. a.) hat die Verstärker-Theorie der M. eine Stütze gefunden. Ein weiterer Schwerpunkt der M. forschung ist die neurophysiol. Analyse der Antriebe vom Hunger-Typ. Auch die ethologische Forschung ist durch die Auflösung des globalen Instinktbegriffs in einzelne physiol. Prozesse gekennzeichnet (Tinbergen, Leyhausen). Schließlich gibt es im kognitivistischen Ansatz die Auffassung, dass der M.begriff (insbes. Begriffe wie *Antrieb* und *Trieb*) durch neutrale Modelle, wie die zukünftige Zeitperspektive (z. B. Hoffnung auf Erfolg, Furcht vor Misserfolg), Antizipation, persönliche Konstrukte etc., zu ersetzen wären (Nuttin 1980).

McClelland (1999, McClelland et al. 1989) hat eine M.ps. entwickelt, in der ethologische und kognitivistische Perspektiven gleichermaßen berücksichtigt sind. Er unterscheidet biol. (implizite) und selbst zugeschriebene (explizite) Motivsysteme, die parallel arbeiten, aber voneinander unabhängig sein sollen. Erstere basieren auf genetischer Information (*Genetik*) und frühen vorsprachlichen Sozialisationserfahrungen und sind dem Erleben nicht zugänglich; letztere basieren auf späteren sozialen Lernerfahrungen (*Lernen, soziales*) nach der Zeit des Spracherwerbs (*Sprachentwicklung*) und sind im *Bewusstsein* repräsentiert. Das implizite Motivsystem dürfte eher um Motive als Affektdispositionen organisiert sein; das explizite System dürfte eher um kogn. (*Kognition*), das *Selbst* betreffende *Schemata* organisiert und an das semantische Repräsentationssystem der *Sprache* gebunden sein, womit sich erst die Möglichkeit intentionalen, folgenzentrierten Handelns eröffnet. Das implizite M.system enthält «natürliche» Auslöser i. S. angeborener *Auslösemechanismen* (Tinbergen 1951) und steht mit operanten Verhaltenstendenzen in Verbindung, das explizite M.system enthält soziale Auslöser (z. B. einen Appell, eine Norm) und steht mit respondentem, situationsspezifischem Verhalten in Verbindung. Schmalt & Langens 2009.

A. Achtziger/P. M. Gollwitzer/R. Bergius/H.-D. Schmalt

Motivation, aktuelle [engl. *current motivation*], *Theorie der Motivationsintensität*.

Motivation, intrinsische; Theorien [engl. *theories of intrinsic motivation*; lat. *intrinsecus* im Inneren], [**EM, PÄD**], eine *Motivation* für eine best. *Handlung* wird dann als *intrinsisch* (= i. M.) bezeichnet, wenn diese um ihrer selbst willen ausgeführt wird und nicht wegen (antizipierter) pos. Konsequenzen (*Verstärkung*). Letzteres bez. wir als extrinsische Motivation (= e. M.). Theorien i. M. spielen eine zentrale Rolle in der Motivationsps. und in Anwendungen von motivationalen Konzepten in *Erziehung* und *Unterricht*; einen Überblick geben Deci & Ryan (1993; *Selbstbestimmungstheorie*). Die Messung i. M. erfolgt häufig zum einen über die Zeitdauer, mit der eine Aktivität frei gewählt wird, zum anderen auch über Einschätzungen von *Freude* und *Interesse* an der jew. Handlung. Dabei wird deutlich, dass i. M. und e. M. sich nicht ausschließen; ein beobachtetes *Verhalten* kann auch zugleich i. und *extrinsisch* motiviert sein. Allerdings kann i. M. geschwächt werden, wenn Individuen, die vorauslaufend i. motiviert waren, zu dem Schluss gelangen, dass ihr Verhalten unter externer Kontrolle steht und somit e. motiviert ist (*Korrumpierungseffekt*). Für die Anwendung in Erziehung und Unterricht ist das Konzept der i. M. deshalb interessant, weil viele Daten dafür sprechen, dass eine i. M. zu bes. guten Lernleistungen (*Lernerfolg*) führt. DeCharms (1968) hat auf dieser Basis Maßnahmen zur Stärkung von i. M. vorgeschlagen und erprobt (*Urhebertraining*). Rudolph 2013. *U. Rudolph*

Motivation, potenzielle [engl. *potential motivation*], *Theorie der Motivationsintensität.*

motivationale Entwicklung *Entwicklung, motivationale.*

Motivationale Intensitätstheorie *Theorie der Motivationsintensität.*

motivationaler Anker [engl. *motivational anchor*], *Lernen, problemorientiertes.*

motivationale Wahrnehmung [engl. *motivational perception*], [**EM, WA**], *Wahrnehmung*, die durch das Motivationsgefüge (*Motivation*) beeinflusst wird. *soziale Wahrnehmung.*

Motivational Theory of Life-Span Development [engl.] Theorie der motivationalen Entwicklung über die Lebensspanne, *Lebenslauftheorie der Kontrolle.*

Motivationsanalyse [engl. *motivation analysis*], *Bedingungsanalyse.*

motivationsbezogene Inhalte (= m. I.) [engl. *motivation-related contents*], [**RF**], sind inhaltliche Merkmale einer Aussage, die in der aussageps. Begutachtung als Glaubhaftigkeitsmerkmale bewertet werden, weil sie Stereotype gemäß Lügensignalen darstellen oder die aussagende Person als inkompetent erscheinen lassen könnten (z. B. Selbstkorrekturen oder Zugeben von Erinnerungsunsicherheiten). Lügende vermeiden solche Äußerungen strategisch, um sich selbst und ihre Aussage überzeugend zu präsentieren. Die Bedeutung der m. I. ergibt sich aus dem strategischen Aspekt der Falschaussage (*sekundäre Täuschung*). *Merkmalsorientierte Inhaltsanalyse*, *Realkennzeichen*, *Lügenstereotype*, *sekundäre Täuschung*. Steller & Köhnken 1989, Niehaus 2008a. *S. Niehaus*

Motivationsdiagnostik (= M.) [engl. *motivation diagnostics*], [**DIA, EM**], wenn man unter *Motivation* die aktivierende Ausrichtung des momentanen Lebensvollzugs auf einen pos. bewerteten Zielzustand (*Ziele*) versteht (Rheinberg & Vollmeyer 2012), so lässt sich M. als regelgeleitete Feststellung inter- und intraindiv. Unterschiede in dieser aktivierenden Zielausrichtung def. Anders als bei der Messung verhaltensnah definierter Gewohnheiten oder eng umschriebener *Fähigkeiten* zielt die M. nicht direkt auf die *Verhaltens*ebene, sondern versucht, Faktoren zu erfassen, die dem Verhalten als Richtungs- und Antriebsgrößen zugrunde liegen. Bei diesen Faktoren kann es sich um qual. unterschiedliche Größen wie *Anreize, Erwartungen, Volitions*variablen handeln. Diese akt. Größen hängen wiederum ab von überdauernden Personmerkmalen (z. B. *Motiv, Interesse*) und der jew. Situation, die solche Motive anregen kann.

Bei einer erschöpfenden M. sind alle relevanten Einflussgrößen orientiert an empirisch bewährten Motivationstheorien in ihrem akt. Zusammenwirken. Dieses aufwendige Vorgehen bleibt hochbedeutsamen und konsequenzenreichen Fällen vorbehalten. Ansonsten beschränkt sich die M. auf einzelne motivationsrelevante Variablen, die im jew. Fall oder Kontext ausschlaggebend erscheinen. Rheinberg (2004) hat ein Schema zur M. vorgeschlagen, das die Variablenauswahl in regelhafter Weise leiten kann.

Eher selten finden sich Erhebungsinstrumente, mit denen sich die aktuelle Motivation in einer je gegebenen Situation erfassen lässt. Solche Verfahren werden insbes. in der exp. Forschung benötigt, wenn der Einfluss von Motivationsvariablen untersucht oder kontrolliert werden soll. Viel häufiger werden in der M. Verfahren eingesetzt, mit denen sich motivational bedeutsame Personvariablen (*Persönlichkeitsmerkmal*) messen lassen. Hierbei kommen standardisierte Fragebögen, projektive Verfahren (*Thematischer Apperzeptionstest (TAT)*), aber auch *Reaktionszeiten* (*Impliziter Assoziationstest (IAT)*) zum Einsatz. Dabei erfassen Fragebögen *Handlungstendenzen*, derer man sich selbst gewahr ist, also motivationale Selbstbilder bzw. explizite Motive. *Projektive Tests* können dagegen auch zeitüberdauernde Handlungstendenzen erfassen, über die man sich selbst nicht im Klaren sein muss (implizite Motive). Auch wenn es um das gleiche Handlungsthema, z. B. *Leistung* oder *Macht* geht, sind die impliziten Motive mit den gleichthematischen Motivfragebögen meist unkorreliert. Dieser Sachverhalt wurde zunächst als meth. Schwäche der impliziten Messverfahren (TAT, PSE) gewertet. Nachfolgend wurde dieser Punkt aber theoretisch dadurch geklärt, dass implizite und explizite Motive eine andere Genese und andere Funktionen haben und deshalb unabhängig voneinander sind (McClelland 1999). Eine Zusammenstellung dt.sprachiger Messverfahren zur M. findet sich bei Rheinberg (2004). *F. Rheinberg*

Motivationsförderung (= MF.) [engl. *promotion of motivation*], [**EM, PÄD**], unter *Motivation* (= M.) versteht man die aktivierende Ausrichtung des momentanen Lebensvollzuges auf einen pos. bewerteten Zielzustand (Rheinberg & Vollmeyer 2012). MF. lässt sich entspr. als Versuch beschreiben, die personseitigen Bedingungen dieser aktivierenden Zielausrichtung dauerhaft so zu modifizieren, dass die Person besser als zuvor ihre Ziele selbstinitiativ und ausdauernd verfolgen kann. Kurzfristig lässt sich M. auch dadurch beeinflussen, dass man die jew. Handlungssituation mit belohnenden Konsequenzen erreichbarer Ziele (*Anreiz*) anreichert. Statt auf solche kurzfristigen, situationsbewirkten Effekte zielt die MF. auf eine dauerhafte Optimierung der M.bedingungen durch spezif. Veränderungen aufseiten der Person. Dazu versucht man, mit theoriebasierten Trainingsprogrammen insbes. die Situationswahrnehmung, best. Kognitionsmuster, das Affekterleben und die Handlungsstrategien einer Person in günstiger Weise zu modifizieren (Rheinberg & Krug 2005).

Die ersten m.theoretisch fundierten Programme der MF. wurden von McClelland & Winter (1969) zur Förderung der *Leistungsmotivation* entwickelt. Indische Führungskräfte lernten, in Anforderungssituation so zu erleben und zu handeln, wie das für Personen mit einem stark ausgeprägten *Leistungsmotiv* charakteristisch ist. Solche Programme werden in optimierter Form bis heute mit Führungskräften durchgeführt (Krug & Kuhl 2005). Bei Schülern war der Einsatz von Trainingsprogrammen effektiver, die auf Heckhausens Selbstbewertungsmodell der Leistungsm. basieren (Heckhausen & Heckhausen 2010; *Selbstbewertmodell nach Heckhausen*). Die Schüler lernten, wie man sich realistische Ziele setzt, wie man m.förderliche Ursachen für eigene Erfolge und Misserfolge erkennen kann, und dass man bei der Selbstbewertung eigener Leistungen vornehmlich den Vergleich mit sich selbst zugrunde legt. Mit diesen Programmen gelang es psychol. Trainern, insbes. bei misserfolgsängstlichen Schülern das Leistungsmotiv in eine erfolgszuversichtlichere Richtung zu verändern (Krug & Hanel 1976). Ähnliche Effekte wurden erzielt, als man Lehrer darin trainierte, in ihren Unterricht Prinzipien dieser Motivtrainings einzubringen und ihren Schülern Leistungsrückmeldungen auch unter indiv. Bezugsnorm-Orientierung zu geben (*Bezugsnorm*) Rheinberg & Krug 2005). Diese mittelbare Trainingsstrategie wurde mit Erfolg auch für Eltern abgewandelt (Lund et al. 2001). Inzwischen liegen weitere Trainingskonzepte zur MF. vor, die z. T. auch auf anderen Theorieansätzen basieren und weitere M.variablen (z. B. *Selbstregulation*, *Volition*) einbeziehen.   F. Rheinberg

Motivationsforschung, experimentelle [engl. *experimental motivation research*], [**EM, KOG**], in der exp. orientierten Motivationsforschung (*Motivation* = M.) der Gegenwart ist in vielen Bereichen der Bezug zu einer M.theorie mit universalistischem Gültigkeitsanspruch, wie er etwa noch in den Ansätzen von Freud, McDougall, Lewin, Hull, Allport und Maslow angestrebt wurde, aufgegeben worden. Forschung und Theoriebildung vollziehen sich in den einzelnen Bereichen (Daseinstechniken) relativ isoliert voneinander, wobei häufig die spezif. Anliegen solcher Bereiche – etwa *Aggression*, *Leistungsmotivation*, *gelernte Hilflosigkeit* – in den Vordergrund rücken. Eine vergleichende Sichtung der Theorie- und Empiriebestände (Heckhausen, Schneider, Schmalt) macht jedoch auch auf einige gemeinsame Entwicklungslinien aufmerksam, die zugleich die Hauptströmungen der zeitgenössischen M.ps. kennzeichnen:
(1) M. wird konzipiert als ein Verlauf, der unter Mitwirkung einer ganzen Reihe von Subprozessen zustande kommen und unter best. Bedingungen eine erhebliche zeitliche Erstreckung aufweisen kann. Während es in früheren exp. orientierten Ansätzen üblich war, ein einziges *Motiv*, mit oder ohne Zuhilfenahme einer Situationsvariablen, heranzuziehen und Vorhersagen auf ein einziges episodisches Verhaltensdatum zu machen, werden nun die auf das Verhalten ausrichtenden Subprozesse selbst zum Gegenstand der Forschung.
(2) Die Sachverhalte können summarisch als *Informationsverarbeitung*sprozesse bezeichnet werden. Unter m.ps. Perspektive sind die folg. Funktionen von herausgehobener Bedeutung: (a) *Wahrnehmung*: überdauernde Motivdisposition oder aber momentan angeregte M.zustände können die Wahrnehmung i. S. der angesprochenen Motivthematik (Daseinstechnik) verzerren. (b) *Denken/Gedächtnis*: Aufnahme und Wiedergabe von Informationen (*Lernen*)/Gedächtnis), aber auch die jew. Art der Verarbeitung der Information (*Problemlösen*) können durch die spezif. angestrebten Zielzustände bzw. den vorherrschenden M.zustand beeinflusst werden (Anderson, Bower). (c) *Kognition/Emotionen*: Aspekte des deklarativen und evaluativen *Wissens* werden in der Weise ausgelenkt, dass sie der Erreichung angestrebter und der Vermeidung unerwünschter Ziele dienlich sind. Es sind diejenigen Prozesse, die für die Aufnahme einer *Handlung*, deren Beendigung sowie deren begleitende Aufrechterhaltung verantwortlich sind (Leventhal, Weiner).
(3) Eine große Anzahl m.psychol. Sachverhalte ist mit einem allg. Verhaltensmodell vereinbar, in dem davon ausgegangen wird, dass das *Verhalten* von zwei Grundparametern geleitet wird: bewerteten Zielzuständen (*Valenz*) und der Wahrscheinlichkeit, einen solchen Zielzustand herzustellen (*Erwartung*) (Feather, Schneider, Schmalt). Eine solche Erwartung-Wert-Konzeption der M. ist indes nicht neu und in ganz versch.artigen Forschungstraditionen bereits angelegt (*Erwartung-Wert-Theorien*). So etwa im willenspsychol. Ansatz von Ach, im gestaltpsychol. Ansatz von Lewin und ebenso im Ansatz des (kogn.) *Behaviorismus* (Tolman, Bolles). Die oben unter (1) und (2) angesprochenen Subprozesse beziehen sich im Wesentlichen auf diese Valenzen und Erwartungen. Sie werden hierbei natürlich unter den einzelnen Daseinstechniken eigentümlichen Gesetzmäßigkeiten analysiert, was für die auf den ersten Blick verwirrende Vielzahl auseinanderstrebender Entwicklungen verantwortlich sein dürfte.   H.-D. Schmalt

Motivationskontrolle [engl. *motivation control*], *Handlungskontrollmechanismen*.

Motivationsregulation (= M.) [engl. *motivational regulation*], [**EM, PÄD**], unter dem Begriff M. wird die mehr oder weniger bewusste Steuerung der eigenen *Motivation* verstanden, i. d. R. mit dem Ziel der Erhöhung bzw. Aufrechterhaltung der Motivation (Anstrengung, *Persistenz*). M. gilt als eine der wichtigsten Komponenten beim *selbstgesteuerten Lernen*, da die Fähigkeit, sich selbst zum Lernen motivieren zu können, eine notwendige Voraussetzung für späteren *Lernerfolg* darstellt. Lernende können zahlreiche versch. Strategien zur M. einsetzen. Die Strategie *Selbstbelohnung* beinhaltet etwa eine selbst verabreichte Belohnung für die Erreichung eines best. Ziels (z. B. nach getaner Arbeit abends ins Kino gehen). *Umweltkontrolle* beschreibt hingegen eine Strategie, bei der die Lernumgebung motivationsförderlich gestaltet wird (z. B. indem in der Bibliothek gelernt wird). Bei der Strategie *Steigerung der persönlichen Bedeutsamkeit* soll schließlich eine Motivationssteigerung durch die Herstellung von Verbindungen zw. dem Aufgabenmaterial und den eigenen *Interessen* (*Interesse, individuelles*) erzielt werden. Je nach Art und Ausmaß des akt. motivationalen Defizits scheinen manche Strategien zur M. geeigneter zu sein als andere. So macht es z. B. für einen Schüler, der sich für die Bearbeitung einer leichten, aber langweiligen Aufgabe motivieren will, mehr Sinn, die persönliche Bedeutsamkeit der Aufgabe zu erhöhen als einen ruhigen Ort zum Arbeiten aufzusuchen. Die Befunde zum Thema M. zeigen insges., dass M. umso effektiver gelingt, je mehr die gewählte motivationale Strategie zu dem aktuellen motivationalen Problem passt. Zudem kann die Effektivität einer Strategie durch qual. sinnvolle Umsetzung gesteigert werden (z. B. macht es wenig Sinn, sich für einen erfolgreichen Arbeitstag mit drei Wochen Urlaub zu belohnen). Erfolgreiche M. resultiert direkt in einer erhöhten Anstrengung und Persistenz bei der Aufgabenbearbeitung, die sich mittelfristig auch in besseren Leistungen widerspiegelt. Wolters 2003, Schwinger et al. 2009. *M. Schwinger*

Motivationstheorien (= M.) [engl. *motivation theories*], [**EM**], im Fokus der Motivationsps. steht die Analyse zielgerichteten Verhaltens (*Ziele, Verhalten*). All jene Bedingungen und Prozesse, die die Ausrichtung, Intensität (Anstrengung) und Ausdauer (*Persistenz*) menschlichen Handelns erklären können, werden der *Motivation* zugerechnet. M. integrieren kogn. (*Kognition*), affektive (*Affekt, Emotionen*) und verhaltensbezogene Konstrukte. Die Vielzahl an M. lässt sich danach ordnen, ob sie die Ausrichtung des Zielstrebens (Wahl von Zielen, Zielsetzung) oder die bei der Zielrealisierung auftretenden Prozesse der Anstrengungs- und Ausdauerregulation in den Mittelpunkt rücken. Das *Rubikonmodell der Handlungsphasen* ordnet die Vielfalt an Phänomenen beim Zielstreben innerhalb eines theoret. Rahmens. Theorien der Zielwahl basieren auf klass. *Erwartung-Wert-Theorien*, nach denen ein Ziel umso eher gewählt wird, je höher der subj. erwartete Nutzen ist (*Kosten-Nutzen-Kalkulation*). Einflussreiche Bsp. dafür sind das *Risikowahl-Modell* der *Leistungsmotivation* (Atkinson 1957) oder die *Valenz-Instrumentalitäts-Erwartungs-Theorie* (Vroom 1964). Zentral ist dabei die Frage, wodurch sich die subj. Erfolgswahrscheinlichkeit (Selbstwirksamkeit (*Selbstwirksamkeitserwartung*), Selbstkonzept der Begabung, Aufgabenschwierigkeit) einerseits und die Attraktivität eines Ziels (*Motive, Bedürfnisse, Interessen*) andererseits bestimmen. Moderne Theorien der Zielwahl analysieren, welche kogn. Prozesse das Fassen verbindlicher Ziele fördern (z. B. Theorie der Fantasierealisierung (*Fantasierealisierung, Theorie der*), Oettingen et al. 2001). Ein Ziel ausdauernd und mit Engagement selbst gegen Ablenkungen und Widerstände zu realisieren, stellt hohe Anforderungen an die *Selbstregulation* der Person, was sich u. U. in einer Erschöpfung der Willenskraft (*ego depletion; self-strength model*, Baumeister et al. 1998) äußern kann. Eine Gruppe von Theorien der Zielrealisierung fokussiert auf sog. volitionale Strategien zur Unterstützung des Zielstrebens (*Handlungskontrollmechanismen, Handlungskontrolltheorie*, Kuhl 1984; *Implementierungsintention*, Gollwitzer 1993), bei denen bewusste, kontrollierte und unbewusste, automatische Prozesse ineinandergreifen. Dies steht in Einklang mit der Erkenntnis, dass menschliches Zielstreben nicht nur von bewussten Prozessen gesteuert ist, sondern vielfach unbewusst abläuft (*Automotiv-Theorie*, Bargh 1990). Eine zweite Gruppe von Theorien zur Zielrealisierung spezifiziert inhaltliche und strukturelle Zielmerkmale, die den Erfolg beim Zielstreben beeinflussen (z. B. Lern- vs. Performanzziele (*Zielorientierung*), Dweck 1999; Annäherungs- vs. Vermeidungsziele, Elliot 2005; Zielschwierigkeit; Locke & Latham 1990). Schließlich finden sich neueste Ansätze, die Fragen der Zielablöse (*Zielablösezyklus*) ansprechen, wenn angesichts zunehmender Schwierigkeiten bei der Zielverfolgung ein zu hohes Maß an Anstrengung und Ausdauer problematisch erscheint (Wrosch et al. 2003). *V. Brandstätter*

Motivationstrainings, kombinierte (= k. M.) [engl. *combined motivation trainings*], [**EM, PÄD**], bei k. M. werden Interventionen (*Intervention*) für *Motivation* mit Interventionen für eine weitere zu fördernde *Fähigkeit* kombiniert, z. B. induktives *Denken*, math. *Problemlösen* oder Lese-/Schreibleistung (*Lesen, Schreiben*; Perels et al. 2009). Hierbei wird angenommen, dass sich beide Interventionen ergänzen und so zu besseren Ergebnissen führen als bei getrennter Darbietung. Theoretische Grundlage ist häufig ein Selbstregulationsmodell (*Selbstregulation*; Zimmerman 1989). *R. Vollmeyer*

Motivationstrainings, unterrichtsintegrierte (= u. M.) [engl. *motivation trainings, integrated in instruction*], [**EM, PÄD**], u. M. sind Trainings, in denen *Motivation* im *Unterricht* anhand von Unterrichtsmaterial gesteigert werden soll. Sehr gut entwickelt und evaluiert (*Evaluation*) ist z. B. ein Lesetraining (*Lesen*) mit motivationaler Unterstützung von Guthrie et al. (2004). Dieses Training (CORI, *concept-oriented reading instruction*) basiert u. a. auf der *Selbstbestimmungstheorie*, die davon ausgeht, dass intrinsische Motivation (*Lernmotivation, intrinsische und extrinsische*) entsteht, wenn Personen ihr *Bedürfnis* nach Autonomie und *Kompetenz* (*Entwicklung, motivationale*) befriedigen können. Daher wird neben Lesestrategien bes. die Autonomie gefördert, indem Schüler das Thema wählen und Gegenstände frei explorieren können. Es werden interessante Texte und kooperatives Lernen (*Lernen, kooperatives*) eingesetzt. Da die Personen mehr Autonomie erleben, sind sie beim Lesen engagierter, was dann zu besseren Leistungen im Lesen führt. *R. Vollmeyer*

Motivationstransformation [engl. *motivation transformation*; lat. *transformare* umwandeln], *Interdependenztheorie, MaxJoint, MaxRel, MinDiff*.

Motiv nach sozialer Einbindung [engl. *social integration motive*], *Entwicklung, motivationale*.

Motivorientierte Beziehungsgestaltung *Plananalyse*.

Motivtraining [engl. *motive training*], [**AO, EM, PÄD**], McClelland und Kollegen entwickelten in den 1960er-Jahren ein Training, um die *Leistungsmotivation* zu erhöhen. Grundlage war McClellands Konzeption des *Leistungsmotivs* als Auseinandersetzung mit eigenen Gütemaßstäben (McClelland 1999). Eine Erhöhung des Leistungsmotivs sollte zu einer Leistungssteigerung führen. In etwa 70 Stunden wurden in einem Training die Theorie der Leistungsmotivation, Handlungsweisen und Gedanken von Leistungsmotivierten auch anhand eines Spiels vermittelt. Evaluationsstudien zeigten, dass in kleinen Betrieben die monatlichen Verkäufe und die Anzahl der Angestellten stiegen. Krug und Kuhl (2005) zweifeln allerdings, ob sich das *Motiv* geändert hat oder lediglich neue *Handlungs*weisen gelernt wurden. *R. Vollmeyer*

Motodiagnostik (= M.) [engl. *motodiagnostics*; lat. *movere* bewegen], *Bewegungsdiagnostik*, [**DIA, EW, KOG**] Bez. für die Erfassung (meist auf der Basis von *Tests*) sowie quant. oder qual. Feststellung der Entwicklung des (kindlichen)

Bewegungsverhaltens (*Entwicklung, motorische*). Da die motorische Entwicklung als Indikator für die zerebrale Entwicklung angesehen werden kann, kommt der M. allg. diagn. Bedeutung zu.

Motografie (= M.) [engl. *motography*; lat. *movere* bewegen, γράφειν (*graphein*) schreiben; [**DIA, KOG**], Bez. für die Registriertechnik, bei der die Körperbewegungen als Weg-Zeit-Kurven erfasst werden. Über die M. kann der Ablauf einer Bewegung oder einer Bewegungsfolge erfasst werden. Technische Verfahren der M. stellen Film- und Lichtspuraufnahmen dar.

Motometrie [engl. *motometry*; lat. *movere* bewegen, gr. μέτρον (*metron*) Maß], [**DIA, KOG**], Bez. für die Messung von Merkmalen der Körpermotorik z. B. über Parameter der Zeit, der Genauigkeit, der Fehler usw. Kiphard & Schilling 1974.

Motorik [engl. *motoric function/activity*; lat. *movere* bewegen], [**KOG**], willkürliche (*Psychomotorik*) und unwillkürliche Bewegungen; Muskelaktivität, ihre Ursachen und Folgen.

^(Test)**Motoriktest für vier- bis sechsjährige Kinder (MOT 4-6)**, 1987, R. Zimmer & M. Volkamer, [www.testzentrale.de], [**DIA, EW**]. Motoriktest (*Entwicklung, motorische*). AA 4 bis 6 Jahre; bei behinderten Kindern bis 7 oder 8 Jahren. Der MOT 4–6 besteht aus 18 Items, die folg. Dimensionen der Motorik beinhalten: *gesamtkörperliche Gewandtheit und Beweglichkeit; feinmotorische Geschicklichkeit; Gleichgewichtsvermögen; Reaktionsfähigkeit; Sprungkraft und Schnelligkeit; Bewegungsgenauigkeit; Koordinationsfähigkeit*. *Normierung*: Es liegen Normen in Halbjahresschritten für den Altersbereich von 4;0 bis 6;11 Jahren vor. Bearbeitungsdauer: ca. 15 bis 20 Min.

motorische Adaptation [engl. *motoric adaptation*; lat. *adaptare* anpassen], *Lernen, motorisches*.

motorische Aphasie [engl. *motoric aphasia*], *Aphasie*.

motorische Äquivalenz [engl. *motoric equivalence*], [**KOG**], Bez. für den Sachverhalt, dass unterschiedliche Bewegungen im Hinblick auf das Erreichen eines Ziels gleichwertig sein können. *Motorik*, *Psychomotorik*.

motorische Areale (= m. A.) [engl. *motor (cortical) areas*; lat. *movere* bewegen, *area* Gebiet], [**BIO, KOG**], als m. A. werden neuroanatomisch Hirnareale bez., die eine bedeutende Funktion bei der Planung, Initiierung und Durchführung kontrollierter Bewegungen übernehmen. Die *Motorik* umfasst hierbei die Gesamtheit der vom *Zentralnervensystem* kontrollierten Bewegungen des Körpers (*Lernen, motorisches*, *Greifmotorik*). I. e. S. bezieht sich der Terminus auf die kortikalen motorischen und prämotorischen Areale (*Gehirn*). Die funktionelle Neuroanatomie motorischer Systeme lässt sich in fünf Hauptebenen aufteilen, wobei die Kontrollebenen sowohl hierarchisch als auch parallel organisiert sein können (Halsband 2008a; Abb.1).

(1) *m. und präm. A.*: Auf kortikaler Ebene nehmen der primäre m. Kortex (M1; Area 4 nach Brodmann), der präm. Kortex (PMC, lateraler Teil der Area 6), das supplementär-m. und prä-supplementär-m. Areal (SMA, medialer Teil der Area 6, Prä-SMA, unmittelbar rostral zur SMA angrenzend), eine wichtige Funktion ein. Die frontalen Augenfelder (Area 8) und der sensomotorische Assoziationskortex. Auch der dorsolaterale Teil des präfrontalen Kortex (Area 46) ist an der Kontrolle zielgerichteter Bewegungen beteiligt. Das primäre m. Areal M1 erstreckt sich bis zum kaudalen Anteil der Area 6, die Gliedmaßen und der Rumpf sind dorsal, der Kehlkopf ventral repräsentiert. Die präm. A. bilden eine Schaltstelle für den Einfluss der Basalganglien und der cerebellären Strukturen auf das m. Verhalten. Trotz des gemeinsamen Relais beider subkortikaler Strukturen im ventralen Thalamus gibt es jedoch wenig Überlappungen zw. den kortikobasalen und den kortikocerebellären Schleifen. Neuroanatomische und neurophysiol. Studien als auch die Befunde mittels *Bildgebender Verfahren* sprechen für eine stärkere Aktivierung der SMA bei der Planung und Produktion intern generierter im Vergleich zu visuell geführten Bewegungssequenzen (*Handlungsplanung*); hingegen fanden sich im PMC vermehrte Aktivitäten, wenn eine Bewegungssequenz unter sensorischer Instruktion durchgeführt werden sollte. Die Prä-SMA erhält mehr Zugang zu visueller Information als die SMA. Es bestehen direkte Verbindungen zwischen dem *präfrontalen Kortex* und der Prä-SMA, und die Prä-SMA erhält afferente Projektionen vom unteren Parietallappen, den Gebieten PG und PFG. Andererseits weist die Prä-SMA auch Verbindungen zu den cingulären m. Arealen auf, was im Hinblick auf den Abruf m. Informationen aus dem *Gedächtnis* und bei der Bewältigung bimanueller Koordinationsaufgaben von Bedeutung ist.

(2) *thalamokortikale Projektionen*: Die thalamokortikalen Projektionen üben eine exzitatorische Wirkung auf die kortikalen motorischen Zentren aus. Sie entstammen den ventrobasalen Kerngebieten des *Thalamus*, in denen cerebelläre und lemniskale Afferenzen sowie die Projektionen aus den Basalganglien enden. Sowohl die Basalganglien als auch das Cerebellum wirken somit über die Relaiskerne im Thalamus auf die m. Felder des Kortex ein.

(3) *Basalganglien*: Als Basalganglien (*Gehirn*) werden die Kerne des Gehirns zus.gefasst, die vor allem für die Modulation von Bewegungen von Bedeutung sind. Dazu gehört das *Striatum*, das aus *Nucleus caudatus* und *Putamen* besteht, und das *Pallidum*. Funktionell werden auch die *Substantia nigra* und der *Nucleus subthalamicus* dazugezählt. Der innere Teil des *Globus pallidus* stellt gemeinsam mit der *Substantia nigra* den Ausgang der Basalganglien zum Thalamus dar. Die Basalganglien nehmen gemeinsam mit den kortikalen m. Zentren und den thalamischen Kernstrukturen eine bedeutende Funktion sowohl in m., okulom. als auch motivationalen und kogn. Prozessen ein. Die unterschiedlichen Funktionsschleifen verlaufen räumlich getrennt und sind innerhalb der m. Repräsentation somatotopisch organisiert.

(4) *Cerebellum*: Das *Cerebellum* nimmt eine bedeutende Funktion in der Kontrolle von Haltung und Bewegung ein. Das Cerebellum empfängt erregende Eingänge von den pontinen Kernen, die über die Moosfasern die Körnerzellen erregen, sowie von der unteren Olive, deren Axone als Kletterfaser direkt die Purkinjezellen innervieren.

Die Axone Letzterer wirken hemmend (*GABA*erg) auf die Zellen der Kleinhirnkerne. Das Cerebellum ist für die unbewusste Steuerung der Motorik, das m. Lernen, die sensom. Integration und die zeitliche Koordination m. Reaktionen verantwortlich. Das Cerebellum bezieht propriozeptive und visuelle Information; der anteriore Lobulus projiziert seinerseits zur motorischen Kontrolle zum prämotorischen Kortex, der laterale posteriore Lobulus ist über Verbindungen zum präfrontalen Kortex anscheinend entscheidend an kogn. Funktionen beteiligt.
(5) *Cinguläre A.*: Die cingulären A. sind Teilbestandteil des limbischen Assoziationskortex. Der limbische Assoziationskortex der Projektionen empfängt von übergeordneten sensorischen Arealen, weist enge Verbindungen zum Neokortex auf, insbes. zum präfrontalen Kortex, dem primären motorischen Kortex, der frontalen Augenregion, der SMA und der Prä-SMA auf.
Die anatomische Lokalisation der m. Zentren wird in der zweiten Abb. (modifiziert nach Trepel 2004, Duus 1999) dargestellt. *U. Halsband*

motorische Bahnen [engl. *motor pathways*], [**BIO**], *Leitungsbahnen*, in denen nervöse Impulse zu den quergestreiften oder glatten Muskeln gehen und Körperbewegungen, Gefäßregulation, Darmperistaltik u. a. ausgelöst werden. *motorische Areale, Nervensystem*.

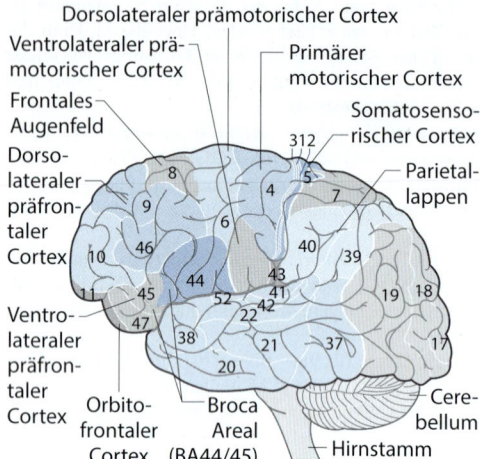

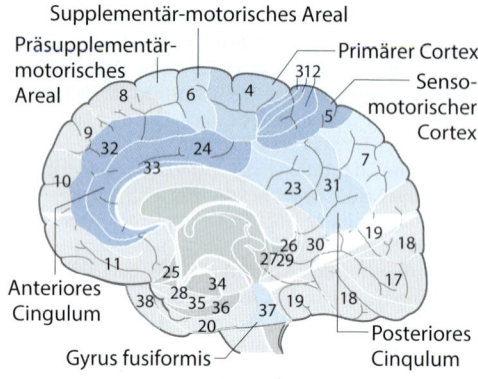

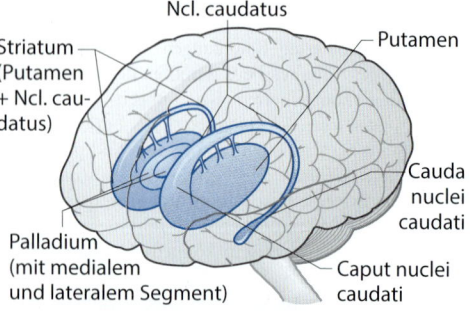

Motorische Areale: Schematische Darstellung der wichtigsten m. Strukturen. M1 = primärer motorischer Kortex; prä-SMA = prä-supplementär motorisches Areal; SMA = supplementär motorisches Areal; PMCd = prämotorischer Kortex, pars dorsalis; PMCv = prämotorischer Kortex, pars ventralis; PFC = präfrontaler Kortex: FEF = frontales Augenfeld; SAC = sensorischer Assoziationskortex; VA = Nucleus ventralis anterior (ventrale Kerngruppe); X = Area X; VLo = Nucleus ventralis lateralis, pars oralis; VLm = Nucleus ventralis lateralis, pars medialis; VLc = Nucleus ventralis lateralis, pars caudalis; VPLo = Nucleus ventralis posterolateralis, pars oralis

Motorische Areale: Neuroanatomische Lokalisation wichtiger m. Zentren des menschlichen Gehirns: a) Laterale Ansicht (modifiziert nach: Trepel 2004, modifiziert nach einer Zeichnung von Spitzer in Duus (1990).

motorische Einstellung [engl. *motor adjustment*; lat. *movere* bewegen], **[WA]**, eine auf eine best. körperliche Tätigkeit gerichtete Einstellung, die eine entspr. Muskelinnervation bedingt. Sie zeigt sich z. B., wenn man mit der rechten Hand ein Gewicht von 700 g und mit der linken eines von 2500 g hebt und dies mehrmals wiederholt. Hebt man dann auch mit der linken Hand ein Gewicht von 700 g, so erscheint dieses wesentlich leichter als das mit der rechten Hand gehobene 700-g-Gewicht. Es hat sich eine Einstellung auf das erwartete Gewicht gebildet, die zu einem stärkeren Bewegungsimpuls geführt hat. *Einstellungstäuschungen.*
motorische Entwicklung *Entwicklung, motorische.*
motorischen Fertigkeiten, Störung der [engl. *motor skill disorders*]; *Entwicklungsstörungen, umschriebene.*
motorisches Gedächtnis [engl. *motor memory*], *Bewegungsgedächtnis.*
motorisches Lernen *Lernen, motorisches.*
motorisches Programm *Bewegungsprogramm.*
motorisches Sprachzentrum [engl. *motoric language centre*; lat. *movere* bewegen], *Broca'sche Windung.*
motorisches Zentrum [engl. *motor centre*; lat. *movere* bewegen], *Gehirn.*
motorische Tests [engl. *motor/ic tests*], **[DIA, KOG]**, messen Schnelligkeit, Koordination, Sicherheit und andere Merkmale von Bewegungsabläufen. *Motorik, Psychomotorik.*
motorische Vorbereitung [engl. *motor preparation*], **[BIO, KOG]**, Sammelbegriff für Prozesse, die dem Beginn einer Bewegung vorausgehen. Mithilfe physiol. Methoden lassen sich beim Menschen Änderungen in *Eigenreflexen* und im EEG (Elektro*enzephalografie, Elektrodiagnostik*) beobachten. Mithilfe psychol. Methoden (*Psychophysiologische Methodik*) lässt sich v. a. eine Abhängigkeit der *Reaktionszeit* von Merkmalen der ausgeführten Bewegung zeigen (*Memory-Drum-Theorie*). Prozesse der Vorbereitung, die spez. die Festlegung von Bewegungsmerkmalen betreffen, werden als *motorische Vorprogrammierung* bez. *Motorik, Psychomotorik.* Brunia et al. 1985, Rosenbaum 1985. H. Heuer
motorische (Vor-)Programmierung [engl. *motor programming, preprogramming*], *motorische Vorbereitung.*
motor theory (= m. t.) [engl.] motorische Theorien, **[KOG]**, Klasse von Theorien, in denen motorische Prozesse (*Motorik*) zur Erklärung anderer, spez. kogn. Prozesse herangezogen werden. Die gelegentlich anzutreffende Übersetzung *motorische Theorie* ist sprachlich und begrifflich unbefriedigend. In den älteren, behavioristischen Auffassungen (*Behaviorismus*) nahe stehenden m. t. des *Denkens* wird angenommen, dass Denkaktivität letztlich auf Muskelaktivität, insbes. auf rudimentäre Aktivierung von Sprechorganen, zurückgeführt werden kann (*Sprache, innere*; Vinacke 1974, McGuigan 1966). Die m. t. der Sprachwahrnehmung (*Sprachrezeption, Sprachtheorie*) nimmt an, dass sprechmotorische Prozesse an der Wahrnehmung spez. gesprochener Sprache wesentlich beteiligt sind (Hörmann 1977).
Motoskopie [engl. *motoscopy*; gr. σκοπεῖν *(skopein)* betrachten], **[DIA, KOG]**, i. R. der *Motodiagnostik* ein Verfahren zur Beschreibung von Bewegungs- und Haltungsmerkmalen. Die Beschreibung wird über Rating, Checklisten oder Fragebogen vorgenommen. *Motorik, Psychomotorik.*
mouches volantes [frz.] fliegende Mücken, **[WA]**, Sinnestäuschung, bei der stäbchenförmige Flecken das Gesichtsfeld durcheilen. Durch Glaskörpertrübung hervorgerufene entoptische Erscheinung.
mourning [engl.] *Trauer, Trauern.*
^(Test)**Movement Assessment Battery for Children – second edition (M-ABC 2 dt.),** 2011, S. Henderson, D. A. Sugden & H. Lugt, [www.pearsonassessment.de], **[DIA, EW]**. Motoriktest. AA Altersgruppe 1 (3;0 bis 6;11 Jahre), Altersgruppe 2 (7;0 bis 10;11 Jahre), Altersgruppe 3 (11;0 bis 16;11 Jahre) für die drei versch. Testbatterien. Das Erlangen best. motorischer Kompetenzen ist eine wichtige Voraussetzung für die Integration der Kinder in das soziale Umfeld sowie deren schulischer Erfolg. Im M-ABC werden drei wichtige Komponenten motorischer Funktionen mit insgesamt acht Aufgaben untersucht: (1) *Handgeschicklichkeit,* (2) *Ballfertigkeit,* (3) *statische und dynamische Balance. Normierung*: Die Normen basieren neben den Leistungen der 1000 in Großbritannien untersuchten Kinder zusätzlich auf den Ergebnissen von 634 Kindern aus versch. dt. Standorten. Bearbeitungsdauer: ca. 20–30 Min.
movement science [engl.] Bewegungswissenschaft; *Psychomotorik.*
moving window technique [engl. *moving* bewegen, *window* Fenster], *Blickbewegungsmessung.*
Mowrer, O. Hobart (1907–1982), **[HIS, KOG]**, Lernps. der theoretische und empirische Beiträge zur Sprache, zur Psychopathologie und zu spezif. kogn. Prozessen lieferte. Als angewandter Lernps. ist er der Erfinder der «Bell-and-Pad-Method» für die Enuresis. Lehrte 1940–1948 an der Harvard School of Education. Anschließend Prof. an der University of Illinois. 1953 Präsident der APA. *Konfrontation mit Reaktionsverhinderung.*
Mplus, **[FSE]**, Syntaxbasierte kommerzielle Statistik-Software. M. ermöglicht die Berechnung von explorativen Faktorenanalysen, Strukturgleichungsmodelle, Item Response Analysen, Wachstumsmodellen, latente Klassenanalyse, longitudinal mixture modeling (wie z. B. Hidden Markov Modelle), Mehrebenenanalyse, diskrete und kontinuierliche Ereigniszeitanalysen, Complex survey data analysis, Bayessche Analysen und Monte-Carlo-Simulationen. Eine Stärke von M. ist die Möglichkeit latente und manifeste Variablen bei den Berechnungen zu verwenden. [http://www.statmodel.com]. M. Reutlinger
MPU *Medizinisch-Psychologische Untersuchung.*
MRT *Magnetresonanztomografie.*
MSH, *Melanozyten stimulierendes Hormon.*
MTO-Konzept (= M.), **[AO]**, geht davon aus, dass **M**ensch, **T**echnik und **O**rganisation in ihrer gegenseitigen Abhängigkeit und ihrem Zusammenwirken verstanden werden müssen (*Arbeitsanalyse*). Menschliche Arbeitstätigkeit findet mehrheitlich in Arbeitssystemen statt, die aus einem sozialen und einem technischen Teilsystem bestehen, die je für sich und in ihrer Beziehung

zueinander zu analysieren, aber gemeinsam zu gestalten sind. Die Wechselwirkungen zw. den sozialen und den technischen Komponenten von Arbeitssystemen werden im Konzept des soziotechnischen Systems in bes. Weise berücksichtigt (vgl. Emery & Trist 1960). Soziotechnische Systeme sind offene und dynamische Systeme; sie erhalten Inputs aus der Umwelt und geben Outputs in die Umwelt ab. Das Konzept der *soziotechnischen Systemgestaltung* postuliert explizit die Notwendigkeit, den Technologieeinsatz und die Organisation gemeinsam zu optimieren (*joint optimization*).

Das M. (Strohm & Ulich 1997, Ulich 2011) geht vom Primat der Aufgabe aus. Die Arbeitsaufgabe verknüpft einerseits das soziale mit dem technischen Teilsystem, sie verbindet andererseits den Menschen mit den organisationalen Strukturen. Für Hacker (2005, S.15) ist der Arbeitsauftrag bzw. seine Interpretation oder Übernahme als Arbeitsaufgabe «die zentrale Kategorie einer ps. Tätigkeitsbetrachtung…, weil mit der ‹objektiven Logik› seiner Inhalte entscheidende Festlegungen zur Regulation und Organisation der Tätigkeiten erfolgen». Für Volpert (1987, S. 14) gilt: «Der Charakter eines ‹Schnittpunktes› zw. Organisation und Individuum macht die Arbeitsaufgabe zum psychol. relevantesten Teil der vorgegebenen Arbeitsbedingungen.» Die Aufgabenverteilung zw. Mensch und Technik spielt eine zentrale Rolle für die Entwicklung und Konstruktion von Produktionssystemen und zugleich auch für die Rolle des Menschen im Produktionsprozess. Die Art der Mensch-Maschine-Funktionsteilung bestimmt den Grad der Automatisierung sowie die mögliche Autonomie der Beschäftigten. Die Aufgabe ist also nicht nur «Schnittpunkt» zw. Organisation und Individuum, sondern zugleich Kern des soziotechnischen Systems und Fokus arbeitsps. Gestaltungskonzepte. Ein für die Realisierung derartiger Konzepte geeignetes Vorgehen findet sich in der *Mensch-Technik-Organisationsanalyse*. *E. Ulich*

Muchow, Martha (1892–1933), [**HIS, PÄD**], Lehrerin, 1920 Beurlaubung für ihre Tätigkeit 1920–1930 als wiss. Hilfsarbeiterin am Ps. Laboratorium der Hamburger Universität, 1930–1933 Wissenschaftlicher Rat; 1923 Dr. phil. bei *Stern* mit dem Dissertationsthema «Studien zur Ps. des Erziehers, Methodologische Grundlegung einer Untersuchung der erzieherischen Begabung». Beeinflusst durch Stern, *Lewin, Husserl, Spranger, Uexküll* und den «Weltbund für die Erneuerung der Erziehung», deren Mitglied sie war, befasste sich Muchow mit vorschulischer Erziehung, in den letzten Lebensjahren vor allem aber mit milieu- und kulturps. Themen, insbes. mit dem Lebensraum des Großstadtkindes (Muchow & Muchow 1935; Fries 1996). Bei ihren Untersuchungen setzte sie originelle Forschungsmethoden ein. Diese posthum veröffentlichte Arbeit wurde zwar erst intensiv nach dem Zweiten Weltkrieg rezipiert, kann aber als Klassiker der entwicklungsps. Forschung des 20. Jh. gelten. Bedingt durch die Entlassung William Sterns, durch massive Anfeindungen nationalsozialistischer Studentengruppen und durch die bevorstehende Entlassung aus dem Hochschuldienst nahm sich Martha Muchow das Leben. *H. E. Lück*

Müdigkeitsgefühl [engl. *feeling of tiredness/fatigue*], *Ermüdung*.

Müdigkeitssyndrom, chronisches [engl. *chronic fatigue syndrome*], *Erschöpfungssyndrom, chronisches*.

Müller, Georg Elias (1850–1934), [**HIS, KOG, WA**], Georg Elias Nathanael Müller war ein bedeutender Psychologe in der Tradition der *Psychophysik* mit Schwerpunkten in den Bereichen der Sinneswahrnehmung und des Lernens. Georg Elias Müller wurde in Grimma als Sohn eines Pastors geb. Er studierte zunächst in Leipzig und Berlin Philosophie und Geschichte, nahm dann 1870/71 als Freiwilliger und Offizier am Krieg teil. Ab 1872 studierte er in Göttingen bei *Rudolf H. Lotze*, wo er mit einer Dissertation über die «Theorie der sinnlichen Aufmerksamkeit» – vermutlich der ersten exp. Untersuchung über *Aufmerksamkeit* überhaupt – zum Dr. phil. promoviert wurde. Nach einer Zeit als Hauslehrer konnte sich M. in Göttingen habilitieren. Er wurde dann 1880 Professor in Czernowitz und ab 1881 in Göttingen, wohin er als Nachfolger von Lotze berufen wurde und das zweite Psychologische Laboratorium nach dem Leipziger Institut von *Wundt* begründete. M. führte die Psychophysik *Fechners* fort, indem er Fragestellungen der Psychophysik mit großer Genauigkeit exp. untersuchte und u. a. Fechners Ergebnisse zur Unterschiedsempfindlichkeit von Gewichten präzisierte. Der Bereich der optischen *Farbwahrnehmung* war der zweite von Müller bearbeitete Bereich der Psychophysik. Nach der Veröffentlichung der Ergebnisse von *Hermann Ebbinghaus* begann M. ab Mitte der 1890er Jahre mit der Überprüfung der *Lernkurven* von Ebbinghaus, wobei er verbesserte Forschungsmethoden nutzte. Müller und sein Schüler *Pilzecker* veröffentlichten 1900 eine Monographie, die Berichte über 40 Experimente aus der Zeit 1892 bis 1900 zum Erlernen, Vergessen und Erinnern enthielt (Müller, Pilzecker 1900). Müller veröffentlichte 1911, 1913 und 1917 «Zur Analyse der Gedächtnistätigkeit und des Vorstellungsverlaufes» in drei Teilen. Da Müller in seiner Zeit mit der Psychophysik eine «ältere» Psychologie vertrat, wurde er u. a. von führenden Gestaltpsychologen kritisiert. Dabei war er – anders als Wundt oder *Stumpf* eigentlich ein «reiner» Psychologe und hatte in seinen Forschungsergebnissen teilweise spätere Befunde vorweggenommen. M. hatte eine Reihe bedeutender Schüler, unter ihnen *Narziss Ach*, Joseph Fröbes, *Erich Jaensch*, *David Katz*, *Oswald Külpe*, *Géza Révész* und *Friedrich Schumann*. Müllers Institut war ebenso für ausländische Studierende attraktiv. Müller gehörte zu den Begründern der *Gesellschaft für experimentelle Psychologie*, heute *Deutsche Gesellschaft für Psychologie*, deren Vorsitzender er bis 1925 war. Müller war zudem Mitherausgeber der *Zeitschrift für Physiologie*. Georg Elias Müller starb 83-jährig in Göttingen. Das Institut für Ps. der Georg-August-Universität Göttingen trägt inzwischen Müllers Namen. *H. E. Lück*

Müller-Lyer, Franz Carl (eigentlich Franz Xaver Hermann Müller) (1857–1916), [**HIS, WA**], Psychiater und Soziologe. Ab 1876 Studium der Med. in Straßburg, Bonn und Leipzig, 1880 med. Examina, anschließend Vorlesungen bei Meynert (Wien, 1881), Assistenzarzt in Straßburg, 1883 Laboratoriumsarbeiten bei du Bois-Reymond in Berlin, 1884/85 bei Charcot und Marey in Paris, 1887 wieder bei du Bois-Reymond. 1888 Übersiedlung nach München. Müller-Lyer veröffentlicht mehrere ps. Arbeiten, vor allem zu optischen Täuschungen. Nach ihm ist die *Müller-Lyersche Täuschung* benannt. Ab etwa 1890 widmet er sich ganz soziologischen Themen. Er vertritt hier eine durch Herbert Spencer geprägte evolutionistische Kulturlehre, wobei er sich auf empirische Befunde stützte. Die ersten der auf 12 Bände angelegten Soziologie erreichten nicht zuletzt durch ihre allgemeinverständliche Darstellung hohe Auflagen. 1915 wurde Müller-Lyer zum Vorsitzenden des Dt. Monistenbundes (DMB) gewählt. Er starb 1916 durch einen Unfall. H. E. Lück

Müller-Lyer'sche Täuschung [engl. *Müller-Lyer illusion*], [WA], nach F. Müller-Lyer (1857-1916), optisches Täuschungsphänomen, die Strecke links mit nach außen gerichteten Winkelansätzen erscheint länger als die mit nach innen gerichteten Haken rechts. Von zwei übereinander gezeichneten Trapezen erscheint bei gleicher Größe das untere kleiner, monokular fixiert räumlich näher. Ähnliche Täuschung bei Kreisabschnitten. *geometrisch-optische Täuschung*.

Müller-Lyer'sche Täuschung

Müller'sche Lokalisationssysteme [engl. *localization systems*; lat. *locus* Ort], [KOG, WA], Systematik funktional-räumlicher Bezugssysteme auf empirischer Basis (Bischof 1966b). Nach ihr sind Erinnerungsbilder entweder an der Objektumgebung lokalisiert, in der die ursprüngliche Darbietung stattfand (topomestrische Lokalisation), oder sie sind am Körper-Ich verankert (*egozentrische Lokalisation*), an der Blickachse, am Kopfsystem oder am System der Standpunktkoordination.

multiattribute Nutzentheorie [engl. *multiattribute utility theory* (MAUT); lat. *multi* viele, *attributum* zugeordnet], [FSE], beschreibt die Bestimmung des Gesamtnutzens von Handlungsalternativen, die sich in mehreren Gesichtspunkten (Kriterien, Dimensionen) unterscheiden. Die Forschung zur MAUT befasste sich vor allem mit drei Bereichen: (1) *Skalierung* des Nutzens der einzelnen Dimensionen, (2) Gewichtung der Dimensionen und Aufstellung von Nutzenfunktionen und (3) Zusammenfassung der Einzelwerte (Partialnutzen) in einem Gesamtwert. *Entscheidungstheorie*. Keeney & Raiffa 1976.

Test Multiaxiales Klassifikationsschema für psychische Störungen des Kindes- und Jugendalters (MAS) *Intelligenzdiagnostik*.

Test Multidimensionale Selbstwertskala (MSWS), 2006, A. Schütz & I. Sellin, [www.testzentrale.de], [DIA, KLI, PER]. Verfahren zur Erfassung der Selbstwertschätzung. AA Jugendliche und Erwachsene. Die MSWS ist eine multidimensionale Selbstbeschreibungsskala, Hintergrund ist ein hierarchisches Mehr-Facettenmodell der Selbstwertschätzung. Mit insges. 32 Items werden sechs Facetten erfasst: (1) *emot. Selbstwertschätzung* (ESWS), (2) *soziale Selbstwertschätzung – Sicherheit im Kontakt* (SWKO), (3) *soziale Selbstwertschätzung – Umgang mit Kritik* (SWKR), (4) *leistungsbezogene Selbstwertschätzung* (LSWS), (5) *Selbstwertschätzung physische Attraktivität* (SWPA), (6) *Selbstwertschätzung Sportlichkeit* (SWSP). Die Subskalen können zu den übergeordneten Skalen «Allgemeine Selbstwertschätzung (ASW)» und «Körperbezogene Selbstwertschätzung (KSW)» zus.gefasst werden. Außerdem ist die Bildung eines Gesamtwerts (GSW) möglich. *Normierung*: Stichprobe von über 400 Personen mit einer Altersspanne von 14 bis 92 Jahren, die bzgl. Geschlecht und Bildung heterogen zus.gesetzt ist. Für Männer und Frauen werden getrennte Normtabellen mit T-Werten und Prozenträngen sowie Konfidenzintervallen ausgewiesen. Bearbeitungsdauer: Durchführung ca. 10 Min., Auswertung ca. 5 Min.

Multidimensionale Skalierung (MDS), [engl. *multidimensional scaling*], [FSE], ist eine Familie von Verfahren, die Objekte des Forschungsinteresses durch Punkte eines mehrdimensionalen (meist: zweidimensionalen) Raums so darstellen, dass die Distanz zw. je zwei Punkten in diesem Raum, d_{ij}, einer gegebenen *Proximität* (allg. für Nähe-, Abstands-, Ähnlichkeits- oder Unähnlichkeitswert) der durch die Punkte repräsentierten Objekte, p_{ij}, optimal entspricht. Der «Raum» ist in der MDS meist der euklidische Raum, die Distanzen also euklidische Distanzen (d. h. «natürliche Abstände» zw. Punkten entspr. der Länge von geraden Verbindungssegmenten). Die Spezifikation der Abbildung $f : p_{ij} \to d_{ij}$ hängt davon ab, welches *Skalenniveau* man den Proximitäten zuweisen will. Im populärsten MDS-Modell, der *ordinalen MDS*, ist f eine monotone Funktion. Hier soll demnach gelten, dass wenn $p_{ij} > p_{kl}$, dass dann $d_{ij} \leq d_{kl}$, für alle p_{ij} und p_{kl}, für die Datenwerte vorliegen (hier formuliert für den Fall, dass die p_{ij} Ähnlichkeiten sind). Gibt es Rangplatzbindungen (engl. *tie*), also Fälle, wo $p_{ij} = p_{kl}$, dann kann man fordern, dass dann auch $d_{ij} = d_{kl}$ gilt. Üblicher ist es aber, für Ties die Beziehung von d_{ij} und d_{kl} offen zu lassen (*primärer Ansatz für Ties*). In einem anderen MDS-Modell, der *Intervall-MDS*, liegen die Proximitäten bis auf lineare Transformationen fest, d. h. es gilt $f : p_{ij} \to a + b \cdot p_{ij} = d_{ij}$, wobei die Konstanten a und b frei wählbar sind (außer natürlich $b = 0$). In der *Verhältnis-MDS* wird $a = 0$ gesetzt. MDS-Modelle postulieren also, dass es eine m-dimensionale Punktekonfiguration gibt, deren Distanzen den gegebenen Proximitäten bzw. den auf ihrem Skalenniveau zulässig transformierten Proximitäten entsprechen.

Für echte Daten findet man i.Allg. keine perfekte Lösung für die MDS-Hypothese. Man kann aber immer nach einer approximativen, bestmöglichen Lösung mit Hilfe eines MDS-Programms wie Proxscal in SPSS oder Smacof in R suchen. Diese Verfahren minimieren die folgende *Verlustfunktion*, $Stress = \sqrt{\sum [d_{ij} - f(p_{ij})]^2 / \sum d_{ij}^2}$, in der über alle p_{ij} summiert wird, für die Daten vorliegen (Missings werden übersprungen). Die Grundargumente der Stressformel sind die Terme $d_{ij} - f(p_{ij})$. Diese Differenzen drücken aus, wie ungenau oder mit welchem Fehler die Distanzen der MDS-Lösung die entsprechenden Proximitäten darstellen. Der Nenner dient der Normierung des Index; die Quadratwurzel hat nur historische Bedeutung.

Passt das MDS-Modell perfekt auf die gegebenen Daten, dann ist Stress = 0; ansonsten ist Stress > 0. Ob ein Nichtnull-Stresswert noch akzeptabel klein ist, hängt von vielen technischen Parametern ab, insbes. von der Anzahl der Punkte, der Dimensionalität der MDS-Lösung und dem Skalenniveau des MDS-Modells, aber auch vom Fehleranteil in den Proximitäten und der Interpretierbarkeit der MDS-Lösung. Zur ersten Bewertung eines Stresswerts verwendet man meist Stresswerte aus Computersimulationen. Sie sind in der einschlägigen Literatur publiziert.

Als Daten lassen sich in der MDS außerordentlich viele Messwerte verwenden wie etwa *Korrelationen* der Objekte über ihre Ausprägungen auf versch. Variablen; direkt erhobene globale Ähnlichkeitsratings für Paare von Objekten; oder Co-Occurrence-Koeffizienten, die erfassen, wie oft ein Ereignis zus. mit einem anderen auftritt. Der Zweck der MDS liegt heute meist in der Visualisierung von Datenstrukturen, bereinigt um kleine Details und Fehlerrauschen [engl. *data smoothing*]. Besonders populär ist die MDS als Instrument für die Veranschaulichung von Korrelationsstrukturen. Die MDS kann oft die wesentlichen Zusammenhänge vieler Variablen in einem Bild darstellen, das viel leichter interpretierbar ist als Korrelationsmatrizen und auch andere Strukturen (z. B. Nachbarschaften, Figuren, Cluster und Regionen) zeigt als z. B. die *Faktorenanalyse*, die nur auf die Identifikation von Dimensionen abzielt.

Ursprünglich war die MDS ein psychol. Modell für Urteile zur Ähnlichkeit multiattributaler Objekte. Die diesen Urteilen zugrunde liegenden psychol. Wahrnehmungs- oder Urteilsdimensionen sollten aus globalen Urteilen über die Ähnlichkeit der Objekte mittels der MDS aufgedeckt werden. Dabei wurde postuliert, dass die Urteilsbildung als Berechnung der Distanz zw. Punkten im mehrdimensionalen psychol. Raum verstanden werden kann. Die Person soll also demnach die interessierenden Objekte zunächst in einem durch ihre Eigenschaften aufgespannten Raum wahrnehmen. Dann soll sie die Unterschiede von je zwei Objekten für jede Eigenschaft bestimmen und schließlich diese «intradimensionalen» Unterschiede aggregieren zu einer Gesamtdistanz, die ihrem Unähnlichkeitsurteil zugrunde liegt. Dieses Modell wurde, in zahlreichen Varianten, in vielen Experimenten studiert und hat zu einem deutlichen Zuwachs an Wissen über psychol. Urteilsbildung geführt. Borg & Groenen 2005, Borg et al. 2013. *I. Borg*

Test Multidirektionales Feedback – 360°, [**AO, DIA**], Verfahren zur Beschreibung des Verhaltens von Führungskräften (*Führung*) aus unterschiedlichen Blickwinkeln. Es liegen fünf Module vor, die aus jew. 41 bis 56 Items bestehen und Beurteilungen einer Führungskraft durch den direkten Vorgesetzten (MDF-V), durch die direkt zugeordneten Mitarbeiter (MDF-M), die Kollegen bzw. Peers (MDF-P) und interne oder externe Kunden (MDF-K) sowie eine Selbsteinschätzung ermöglichen. Es werden jew. die gleichen Dimensionen erhoben (z. B. Planung und Organisation, Entscheidungsverhalten, soziale Kompetenz). Ergebnis: indiv. Feedbackbericht mit einem Stärken-Schwächen-Profil sowie einem Vergleich von Selbst- und Fremdbild. Anwendungsbereich: Personalentwicklung, Karriereberatung. *360-Grad-Feedback*. Fennekels 2002.

Multidisziplinarität [engl. *multidisciplinarity*; lat. *multi* viele, *disciplina* wissenschaftliches Fach], *Interdisziplinarität*.

Test Multifactor Leadership Questionnaire (MLQ) [engl. *Multifaktorführungsfragebogen*], 2004, Avolio & Bass, [**AO, DIA**]. Ein zentrales Instrument zur Messung einer Bandbreite von Führungsverhaltensweisen (*full range of leadership*). Es liegen diverse Modifikationen und Adaptationen (Groupversion, Fremdperzeptionsversion für Vorgesetzte, Kollegen und Geführte etc.) vor, die schließlich zur Kurzfassung des MLQ 5 X führten (Durchführungszeit ca. 15 Min.). Der MLQ misst *transformationale Führung* (*Führung, charismatische, transformationale*; idealized attributes, idealized behaviors, inspirational motivation, intellectual stimulation, individualized consideration), *transaktionale Führung* (contingent reward, management-by-exception active), *passiv-vermeidende Führung* (management-by-exception passive, laissez-faire) und *Führungsergebnisse* (extra effort, effectiveness, satisfaction). Die Skalen*reliabilitäten* können als zufriedenstellend eingeschätzt werden. Obwohl die Forschungsgruppe um Avolio immer wieder Verbesserungen des Inventars vornahm, bleibt zu konstatieren, dass (1) die Faktorstruktur von Studie zu Studie variiert und somit unklar ist, welche voneinander abgrenzbaren Komponenten Führung beinhaltet, (2) es studienübergreifend geradezu widersprüchlich ist, welche konkreten Führungsverhaltensweisen durch welche transformationalen Führungsdimensionen beschrieben werden, (3) die diskriminante *Validität* der transformationalen Skalen zu transaktionalen Skalen bislang wenig belegt ist und (4) die einzelnen Faktoren transformationaler Führung hoch miteinander interkorrelieren. Dennoch hat sich der MLQ zu einem weitverbreiteten Messinstrument von Führung entwickelt, das auch auf eine umfassende kult. Validierung durch nicht US-amerikanische Stichproben verweisen kann. Es liegen Übersetzungen und Validierungsstudien des MLQ 5 X in vielen Sprachen vor. Neben dem MLQ werden mitunter das *Transformational Leadership Inventrory (TLI)* zur Messung transformationaler Führung und die Conger-Kanungo-Skalen (CKS) zur Messung charismatischer Führung eingesetzt. Antonakis et al. 2003, Avolio et al. 1999, Felfe 2006.

D. Krause

Multifinalität [engl. *multifinality*; lat. *multi* viele, *finis* Ziel]; *Entwicklungspsychopathologie*, *Zielsystemtheorie*.

Multiinfarktdemenz (= M.) [engl. *multi-infarct dementia*]; auch: vaskuläre Demenz, [**KLI**], nach *DSM-5* vaskuläre neurokognitive Störung. Form einer *Demenz*, die auf dem Boden einer zerebrovaskulären Erkrankung (= Durchblutungsstörungen des Gehirns) entsteht. Ursachen können große Infarkte oder Schädigung multipler kleiner Gefäße sein. Dementspr. vielgestaltig ist die klin. Symptomatik, die oft auch durch neurologische Herdsymptome gekennzeichnet ist. Die M. ist nach der *Alzheimer-Demenz* die zweithäufigste Demenzform, ihre *Prävalenz* nimmt mit dem Alter zu und beträgt bei über 80-Jährigen mehr als 15%. Die Prävalenz ist bei Männern höher als bei Frauen. Mischformen zw. M. und Alzheimer-Demenz sind häufig. *G. Gründer*

Multikausalität [engl. *multicausality*; lat. *multi* viele, *causa* Ursache]; *Ätiologie*.

Multi-Kohorten-Sequenz-Designs (= M.), [**FSE**], parallele Längsschnittuntersuchungen an unterschiedlichen Alterskohorten. In *Querschnittuntersuchungen* oder *Längsschnittuntersuchungen* konfundierte Effekte (*Konfundierung*) können hierdurch separiert werden. Z. B.: Ab dem Jahre 2015 werden Kohorten (Geburtsjahrgänge) von zu diesem Zeitpunkt 4-, 6-, 8- und 10-Jährigen für eine Dauer von 5 Jahren im Längsschnitt untersucht. Dies ermöglicht die Analyse von *Zeitpunkteffekten* (über Altersstufen und Kohorten stabile Effekte zw. den Zeitpunkten; z. B. 2015, 2016, …, 2019), von *Alterseffekten* (über Kohorten und Zeitpunkte stabile Effekte des Alters; z. B. 6-, 8-, 10-, 12-Jährige) und von *Kohorteneffekten* (über Altersstufen und Zeitpunkte stabile Unterschiede zw. Kohorten; 2005, 2007, 2009, 2011 Geborene). *Nationales Bildungspanel (NEPS)*. Schaie 1965.

Multimedia (= M.) [engl.; lat. *multi* viele], [**KOG, MD, PÄD**], Mayer (2001) unterscheidet die in multimedialen Lernumgebungen dargebotenen Informationen entspr. der zur Wahrnehmung benötigten Sinnesmodalität (v. a. auditiv vs. visuell) sowie des zur Repräsentation genutzten Symbolsystems bzw. des Repräsentationskodes, der entweder symbolisch-verbal oder analog-bildhaft sein kann. Der Begriff M. bezeichnet dementsprechend die kombinierte Darbietung bildhafter und verbaler Informationen, wobei letztere sowohl auditiv als auch visuell dargeboten werden können. Aus kognitionsps. Sicht ist diese Def. bedeutungshaltiger als ein technologieorientierter Def.ansatz, insbes. da nach dem heutigen Stand der Technik nahezu jedes digitale Gerät die Darbietung multimedialer Inhalte ermöglicht (z. B. Smartphones, Mobiltelefone, Computer). Die einflussreichsten Theorien zum Lernen mit M. sind die *Cognitive Theory of Multimedia Learning (CTML)* (Mayer 2001) sowie die *Cognitive Load Theory* (Sweller et al. 1998). Aufgrund der kombinierten Darbietung versch. Repräsentationsformate besteht eine große inhaltliche Nähe zum Lernen mit *multiplen externalen Repräsentationen*. *K. Scheiter*

Multimedia-Effekt (= M.) [engl. *multimedia effect*], [**MD, PÄD**], unter dem M. versteht man mit Mayer (2009) den instruktionsps. Befund, dass beim *Lernen aus multiplen Repräsentationen* eine visuelle Informationspräsentation in Form von Texten und Bildern einer rein textuellen Präsentation des gleichen *Lernmaterials* in Hinblick auf den erzielten *Lernerfolg* überlegen ist. Der Effekt ist grundlegend für die Annahme, dass der Einsatz *multimedialer Lehr-Lern-Systeme* den *Wissenserwerb* effizient fördern kann. Gängige theoretische Modelle zum Lernen mit Neuen Medien, wie die *Cognitive Theory of Multimedia Learning (CTML)* von Mayer (2009) erklären den Effekt vor dem Hintergrund der *Dualen Kodierungstheorie* von Paivio mit der besseren mentalen *Repräsentationen* und Verfügbarkeit multimedial im Vergleich zu monomedial präsentierter Information. Der Effekt ist in einer Vielzahl von Untersuchungen repliziert und gilt als empirisch gesichert. Allerdings gibt es eine Reihe spezifizierender Bedingungen etwa in Hinblick auf die Gestaltung der bildlichen Information, den inhaltlichen Bezug bildlicher und textueller Information sowie der kogn. Prozesse bei der Integration textueller und bildlicher Informationen, die als *Kohärenzbildung* bez. werden (Brünken & Leutner 2008). Zudem scheinen indiv. kogn. Unterschiede etwa hinsichtlich des räumlichen Vorstellungsvermögens sowie indiv. Lernerpräferenzen die Lerneffizienz unterschiedlicher Präsentationsformen ebenfalls zu beeinflussen. Kritik an der Forschung zum M. wird v. a. an der oft mangelnden *ökologische Validität* der exp. Studien geäußert, bei denen häufig sehr kurze Instruktionssequenzen unter systemgesteuerten Präsentationsbedingungen verwendet werden. *R. Brünken*

multimediale Lehr-Lern-Systeme (= m. L.) [engl. *multimedia (instructional and) learning systems*], [**MD, PÄD**], unter m. L. in ihrer weitesten Def. versteht Mayer (2009) jede Form medial vermittelter Information, bei der mehr als eine Repräsentationsart verwendet wird. I. d. S. ist auch ein instruktional illustrierter Text eine multimediale Informationsquelle. Üblicherweise wird der Begriff aber enger auf technologiebasierte Präsentationsmedien bezogen, wobei unter Lehr-Lern-Systemen Anwendungen verstanden werden, in denen neben der reinen Informationspräsentation auch Unterstützungsfunktionen von *Lehr-Lern-Prozessen* vorhanden sind (Brünken & Leutner 2008;). Entsprechend lassen sich m. L. hinsichtlich der grundlegenden lerntheoret. Konzeption (*Lerntheorien*; behavioristische, kogn., konstruktivistische Lerntheorien) und nach dem Ausmaß der implementierten Lehrunterstützung unterscheiden (*Drill-&-Practice-Programme, tutorielle Systeme, Simulationen und Mikrowelten*). Sofern die Systeme auch Module zur Diagnose des erreichten Kompetenzniveaus der Lerner enthalten und ihr Lehrangebot daran anpassen, werden sie als *adaptive Systeme* bezeichnet. In der akt. päd.-psychol. Forschung lassen sich zwei unterschiedliche Forschungsrichtungen zu m. L. unterscheiden. Eine erste befasst sich aus eher *kognitionspsychol. Perspektive* mit instruktionalen Bedingungen des indiv. Wissenserwerbs beim Lernen mit m. L. und wird häufig unter dem Schlagwort *learning with multimedia* subsumiert. Eine zweite befasst sich aus eher konstruktivistischer Perspektive mit Fragen der kollaborativen Wissenskonstruktion in virtualisierten Lernumgebungen (*computer-supported collaborative learning*). *R. Brünken*

Multi-Methodalität [engl. *multi-methodality*], *Diagnostik, multimethodale, Management-Diagnostik*.

multimodales Einstellungsinterview (= m. E.) [engl. *multimodal employment interview*; lat. *multi* viele, zahlreich, *modus* Art, Weise], [**AO, DIA**], das m. E. ist das in Dt. am besten untersuchte strukturierte Interviewverfahren zur *Personalauswahl* (*Interview, eignungsdiagnostisches*). Es ist durch einen hohen Anforderungsbezug gekennzeichnet; die Bewertung der Antworten ist durch die zugrunde liegenden verhaltensverankerten Skalen strukturiert. Der Aufbau des Interviews ist durch einen Wechsel hochstrukturierter und offener Gesprächsanteile gekennzeichnet, was zu einem pos. bewerteten Gesprächsablauf aufseiten der Bewerber führt.

Den Kern des m. E. bilden drei Interviewphasen: (1) *Selbstvorstellung*, (2) *biografiebezogene Fragen* und (3) *situative Phase*. Der gesamte Ablauf des Verfahrens sieht wie folgt aus (Schuler 2001): (1) *Gesprächsbeginn* (kurze informelle Unterhaltung, Bemühen um angenehme und offene Atmosphäre, Skizzierung des Verfahrensablaufs, keine Bewertung), (2) *Selbstvorstellung des Bewerbers* (der Bewerber spricht einige Min. über seinen persönlichen und beruflichen Hintergrund, Beurteilung nach anforderungsbezogenen Dimensionen auf mehrstufigen Likert-Skalen), (3) *Berufsorientierung und Organisationswahl* (standardisierte Fragen zu Berufswahl, Berufsinteressen, Organisationswahl und Bewerbung, Bewertung auf mehrstufigen verhaltensverankerten Skalen), (4) *freies Gespräch* (offene Fragen in Anknüpfung an Selbstvorstellung und Bewerbungsunterlagen, Bewertung über summarische Eindrucksbildung), (5) *biografiebezogene Fragen* (Fragen zu früheren Tätigkeiten auf der Basis der Anforderungsanalyse, Bewertung anhand mehrstufiger verhaltensverankerter Skalen), (6) *realistische Tätigkeitsvorschau* (Information durch den Interviewer über Arbeitsplatz und Unternehmen, keine Bewertung), (7) *situative Fragen* (situative Fragen nach der Critical-Incident-Technik, Bewertung anhand mehrstufiger verhaltensverankerter Skalen) und (8) *Gesprächsabschluss* (Fragen des Bewerbers, Zusammenfassung, weitere Vereinbarungen über das Vorgehen, keine Bewertung). Schuler & Marcus 2006.   B. Runde

Multimodale Therapie [engl. *multimodal therapy*; lat. *multi* viele, *modus* Art und Weise], *Breitspektrum-Verhaltenstherapie*.

Multimorbidität [engl. *multimorbidity*; lat. *multi* viele, *morbus* Krankheit]; *Komorbidität*.

Test**Multi-Motiv-Gitter (MMG)**, 2000, H.-D. Schmalt, K. Sokolowski & T. Langens, [www.testzentrale.de], [**DIA, EM**], Motivationsdiagnostik, Personalauswahl und im klin. Kontext zur Erfassung der Therapiemotivation. AA Erw. Im MMG werden 14 Alltagssituationen bildlich dargestellt. Zu jeder der 14 dargestellten Situationen wird ein Satz von Aussagen angeboten, in dem sich wichtige Komponenten von Motiven widerspiegeln. Die Aufgabe der Testperson besteht darin, das Ausmaß ihrer Zustimmung zu den jeweiligen Aussagen anzugeben. Im MMG können sechs Motivkennwerte ermittelt werden. Es werden die Motive für *Anschluss, Leistung* und *Macht* erfasst, und zwar für jede Motivthematik in ihrer aufsuchenden (Hoffnung) und ihrer meidenden (Furcht) Ausrichtung. *Normierung*: N = 1919 Personen. Bearbeitungsdauer: ca. 15 Min. Durchführung und 5 Min. Auswertung.   J. M. Müller

multinomiales Erhebungsschema (= m. E.) [engl. *multinomial sampling scheme*], [**FSE**], Erhebungsschema für Kontingenztabellen, die die kombinierte Verteilung kategorialer Merkmale darstellen (IxJ-Tab. für ein I-stufiges Merkmal A und ein J-stufiges Merkmal B; z. B. *Vierfeldertafel*: «Geschlecht» x «gesund vs. krank»). Beim m. E. wird eine *Stichprobe* des Umfangs N gezogen, ohne dass vorher festgelegt wird, mit welcher Grundhäufigkeit die Ausprägungen von «Geschlecht» oder «gesund vs. krank», in der Stichprobe vorliegen sollen. Die Randhäufigkeiten z. B. von «männlich» oder «gesund» werden erst aufgrund der Erhebungsergebnisse bestimmt. Bei m. E. ergibt sich eine *Multinomialverteilung* der Zellhäufigkeiten. Die Anzahl frei variierender erwarteter Zellhäufigkeiten (*Freiheitsgrad*) beträgt $I \cdot J - 1$. *Log-lineare Modelle, Poisson-Erhebungsschema, Produkt-multinomiales Erhebungsschema*. Eid et al. 2013.

Multi-Perspektivität [engl. *multiperspectivity*; lat. *multi viele*], *Management-Diagnostik*.

Test**Multiphasic Sex Inventory für Jugendliche (MSI-J)**, 2003, T. Gruber, S. Waschlewski & G. Deegener, [www.testzentrale.de], [**DIA, KLI, RF**]. Sexualdiagnostisches Verfahren. AA männliche Jugendliche 14–18 Jahre. Mit dem MSI-J ist es möglich, vielfältige psychosexuelle Merkmale sexuell gewalttätiger Jugendlicher zu erfassen. Das MSI-J besteht aus den sog. Validitätsskalen (wie z. B. *Rechtfertigungstendenz, zwanghaftes Sexualverhalten, Behandlungseinstellung, Selbsttäuschung*), den Skalen zur sexuellen Devianz (*Kindesmissbrauch, Vergewaltigung* und *Exhibitionismus*), den Skalen zum atypischen Sexualverhalten (*Paraphilien*) und aus den Zusatzskalen *sexuelle Biografie, sexuelle Dysfunktionen, Vertrauen in die eigene Beziehungsfähigkeit* sowie *Wissen und Überzeugung zur Sexualität*. Aufbau und Konzeption des MSI-J entsprechen der Erwachsenenform des MSI (Deegener 1996). Unterschiede bestehen hinsichtlich der Itemformulierung, die für die Zielgruppe der Jugendlichen angepasst wurde. *Normierung*: In der vorliegenden Version sind für die meisten Skalen Transformationen der Rohwerte in altersspezifische Prozentrangwerte möglich. Alle Skalen sind auch phänomenologisch auszuwerten. Bearbeitungsdauer: ca. 60 Min.

Test**Multiphasic Sex Inventory (MSI)**, 1996, H. R. Nichols, I. Molinder & G. Deegener, [www.testzentrale.de], [**DIA, KLI, RF**]. Sexualdiagnostisches Verfahren. AA männliche Erwachsene. Mit dem MSI (300 Items) ist es im dt.sprachigen Raum möglich, vielfältige Aspekte psychosexueller Merkmale zu erfassen. Im Mittelpunkt stehen drei Skalen zur sexuellen Devianz von sexuellen Missbrauchern, Vergewaltigern und Exhibitionisten, jew. zus.gesetzt aus den Subtests *Fantasie- und Suchverhalten, sexueller Angriff/Übergriff* sowie *erschwerter sexueller Angriff*. Weiterhin werden *atypisches Sexualverhalten* (Fetischismus, Voyeurismus, obszöne Telefonanrufe, Fesselung und Züchtigung, Sado-Masochismus), *sexuelle Dysfunktionen* (sexuelle Unzulänglichkeit, vorzeitige Ejakulation, physische Behinderung, Impotenz) sowie *Wissen und Überzeugungen über Sexualität* erfasst. I. R. von Validitätsskalen werden zusätzlich *Lügen- und Rechtfertigungstendenzen, Behandlungsmotivation, soziale Sexual-Erwünschtheit, sexuelle Zwanghaftigkeit* sowie *kogn. Verzerrung/Unreife* untersucht. Abgerundet wird der Fragebogen durch eine Skala zur *Sexual-Biografie*. *Normierung*: Es werden Grobnormen für sexuelle Missbraucher und Vergewaltiger sowie Vergleichsnormen verschiedener Kontrollgruppen angegeben. Darüber hinaus werden erste Ergebnisse einer modifizierten Form des MSI für Frauen mitgeteilt. Bearbeitungsdauer: ca. 45 Min.

multiple baseline design [engl.] Design mit mehreren Kontrollmessungen; *baseline*, *Fallstudie*.

Multiple Chemical Sensitivity [dt. vielfache Chemikalienunverträglichkeit], Abk. MCS; die Betroffenen leiden unter einer Überempfindlichkeit gegen eine Vielzahl von flüchtigen chem. Substanzen, auch wenn diese nur in niedrigen Konzentrationen auftreten. Die Genese ist unklar, eine Zuordnung zu den psychosomatischen Störungen wird diskutiert. *G. Gründer*

Multiple-Choice-Antwortformat (= MCA.) [engl. «Mehrfachwahl-Antwortformat»], [**DIA, FSE**], bei *Leistungstests* kommt als Antwortformat, d. h. die Art und Weise, mit der die Testperson auf Aufgaben reagieren kann, grundsätzlich das *freie Antwortformat* oder das MCA. infrage. Während beim freien Antwortformat die Testperson den Lösungsvorschlag zur gestellten Testaufgabe selbst formuliert, werden ihr beim MCA. versch. Antwortmöglichkeiten angeboten, aus denen sie die richtige(n) auswählen soll. Dem MCA. wird gegenüber dem freien aus folg. Gründen oft der Vorzug gegeben: (1) Es ist ökonomisch (*Gütekriterien*), indem es den Auswertungsaufwand minimiere (eine computerisierte Auswertung selbst bei Papier-Bleistift-Tests (*Papier-Bleistift-Test*) mittels Scanner ist möglich), wohingegen freies Antwortformat (derzeit) gewöhnlich eine fachkompetente Person zur Bewertung jeder Antwort notwendig macht; (2) es ist bei Gruppentestungen immer einsetzbar, wohingegen zumindest mündliches freies Antworten bei Gruppentestungen ausgeschlossen ist; (3) es ist verrechnungssicher, d. h. – fehlerloses Vorgehen vorausgesetzt –, jeder Auswerter kommt zu exakt denselben Testwerten, wohingegen die Verrechnung bei freiem Antwortformat dem Auswerter für gewöhnlich eine mehr oder weniger große Ermessensfreiheit einräumt (*Objektivität*, *Beurteilerübereinstimmung*). Dem stehen allerdings außerordentlich große Nachteile des MCA. entgegen (vgl. Kubinger 2009e): (1) Es erfasst grundsätzlich nur die *Fähigkeit* des Wiedererkennens der Lösung, nicht die des (Re-)Produzierens einer solchen (und damit wohl meistens eine relevanzmäßig untergeordnete Fähigkeit); (2) es ermöglicht selbst Personen mit nur sehr geringer Ausprägung der geprüften Fähigkeit, durch Raten zufällig zur Lösung zu kommen (bei einer geringen Anzahl von Aufgaben und gleichzeitig geringer Anzahl von Antwortmöglichkeiten, z. B. nur 3, 4 oder 5, und nur einer einzigen Lösung je Aufgabe kann dabei die Wahrscheinlichkeit relativ groß werden, einen ansprechend hohen Testwert zu erzielen); (3) Testpersonen mit moderatem Fähigkeitsniveau können dabei zumeist einzelne *Distraktoren* (falsche Antwortmöglichkeiten) leicht ausschließen, sodass beim anschließenden Raten die Wahrscheinlichkeit, ohne die Lösung genau zu (er-)kennen zur richtigen Antwort zu kommen, oft bis auf ½ ansteigt; (4) die Erkenntnis, dass andere beim Raten mehr Glück als man selbst haben könnten, verringert die Akzeptanz des Tests bzw. reduziert dessen Image in Bezug auf wiss. Seriosität und Verbindlichkeit; (5) zumeist sind mehrere, qual. versch. Lösungsstrategien möglich, was dem Streben nach eindimensionalen Messungen zuwiderläuft (*Skalierung, testtheoretisches Gütekriterium*).

Um die Trefferwahrscheinlichkeit, also die Wahrscheinlichkeit für bloß zufällig richtiges Ankreuzen möglichst gering zu halten, empfiehlt es sich, (1) die Anzahl der Distraktoren zu erhöhen (zumeist nur 4, besser 7) und/oder (2) die Anzahl der Lösungen je Aufgabe (z. B. 2 von 5 Antwortmöglichkeiten sind richtig, die Aufgabe wird nur dann als gelöst verrechnet, wenn beide Lösungen und kein Distraktor angekreuzt wurden) – abgesehen davon, dass eben alle Distraktoren gleich «attraktiv» konstruiert werden. Als bewährt erwies sich neben dem Format «2 aus 5» das Format «x aus 5» (je Aufgabe eine der Testperson unbekannte Anzahl zw. 0 und 5 Lösungen bei insges. 5 Antwortmöglichkeiten; auch hier zählt eine Aufgabe nur dann als gelöst, wenn sämtliche Lösungen, aber kein Distraktor angekreuzt wurden). Schließlich können (3) die einzelnen Antwortmöglichkeiten sequenziell geboten werden, wobei die Testperson eine nach der anderen als richtig oder falsch beurteilt (entscheidet sie einmal für richtig, werden die übrigen nicht mehr vorgegeben).

Davon abgesehen gibt es die Möglichkeit, etwaige Rateeffekte rechnerisch unter Kontrolle zu bringen – nicht gemeint sind willkürliche Punktabzüge im Testwert bei Wahl einer falschen Antwort, sondern der Einsatz best. Modelle der *Item-Response-Theorie (IRT)*. Sie kalkulieren bei der Schätzung des jew. gesuchten Personenparameters aufgabenspezifisch das faktische Erfolgsausmaß beim Versuch des Lösungerratens mit ein. Damit kommt es zu einer fairen Verrechnung der Testleistungen.

K. D. Kubinger

multiple externe Repräsentationen (= m. R.) [engl. *multiple external representations*; lat. *multi* viele, *externus* außen, *representare* vor Augen stellen], [**MD, PÄD**], sind unterschiedliche, meist visuell präsentierte Darstellungen (z. B. Texte, Formeln und Bilder), die gemeinsam dargeboten werden, um Lern- und Problemlöseprozesse zu unterstützen. Mit den Potenzialen und kogn. Anforderungen von m. R. beschäftigen sich versch. Ansätze der *Lehr-Lern-Forschung*. Bspw. betont die *Cognitive Theory of Multimedia Learning* unterschiedliche Kodierung von m. R. (z. B. symbolisch und grafisch), die vorteilhaft für Lernprozesse sein kann. Ainsworth (2006) hält dagegen Kombinationen von m. R. für besonders lernförderlich, die best. Funktionen erfüllen wie wechselseitige Ergänzung, Einschränkung von (Fehl-)Interpretationsmöglichkeiten und Verständnisförderung. In beiden Fällen wird die Integration der unterschiedlichen externen Repräsentationen in kohärente mentale Repräsentationen als entscheidend für bedeutsame Lernprozesse angesehen. Diese kann durch das systemat. Aufeinanderbeziehen und interaktive Integrieren von m. R. gefördert werden (Bodemer et al. 2005).

D. Bodemer

multiple Handlungen, Kapazitätsbegrenzungen (= m. H., K.) [engl. *capacity limitations with multiple actions*], **[KOG]**, K. treten z. B. in Situationen mit Doppeltätigkeiten auf, in denen zwei H. zur Bewältigung zweier Aufgaben gleichzeitig ausgeführt werden, wie (A) das Steuern eines Autos und (B) die gleichzeitige Kommunikation mit dem Beifahrer. In derartigen Situationen kommt es häufig zu Leistungseinbußen (erhöhter Zeitbedarf oder Anstieg der Fehler bei der Ausführung) in einer oder in beiden H. auch wenn beide Aufgaben unabhängig voneinander sind. Unabhängig heißt dabei, dass die Zielerfüllung in der einen Aufgabe nicht notwendig von der Stimulusinformation oder den Zwischenresultaten der Prozesse in der anderen Aufgabe abhängt. Die Analyse der Ursachen dieser Leistungseinbußen zeigt vor allem, dass die *Koordination* m. H. durch ein komplexes Wechselspiel versch. Determinanten bedingt ist. Zu diesen Determinanten gehören die K. im kogn. Systems (*Kognition*), die darüber entscheiden, ob und wie zwei Prozesse in zwei H. gleichzeitig ausgeführt werden können. Kapazitätsmodelle (*multiple Handlungen, Kapazitätsmodelle*) spezifizieren K. und die Ursache für Leistungseinbußen. Daneben bestimmen inhaltliche Wechselwirkungen (*Cross-Talk-Effekte*) zw. den H. ihre Koordination. Eine dritte Determinante ist der Grad der Übung der einzelnen H. und ihrer gemeinsamen Ausführung (*multiple Handlungen und Übung*).

T. Schubert/T. Strobach

multiple Handlungen, Kapazitätsmodelle (= m. H., K.) [engl. *capacity models of actions*], **[KOG]**, die K. spezifizieren Kapazitätsbegrenzungen des kogn. Systems und die Ursache für Leistungseinbußen in Situationen mit m. H. (z. B. Doppeltätigkeiten mit der gleichzeitigen Ausführung von zwei Handlungen; *Handlungsplanung, Kognition, Aufmerksamkeit, Theorie der späten Selektion*). (1) *Strukturelle K.* gehen davon aus, dass im kogn. System eine Kapazität existiert, die im Alles-oder-Nichts-Verfahren zur jew. Zeitpunkt nur von einem Prozess genutzt werden kann. Nutzen Prozesse der H. A diese Kapazität, dann können Prozesse in B sie nicht gleichzeitig nutzen. Als Folge werden Prozesse in B für eine gewisse Zeit unterbrochen, was zur Unterbrechung und zeitlichen Verzögerung führt und die Ursache für Leistungseinbußen bei m. H. ist. Nach Untersuchungen mit dem Paradigma der der *psychologischen Refraktärperiode* und gemäß K. mit zentraler Kapazitätsbegrenzung sind zentrale Prozesse der Auswahl zw. H.alternativen einer strukturellen Kapazitätsbegrenzung unterworfen (Pashler 1994). (2) Im Ggs. dazu gehen K. mit *peripherer Kapazitätsbegrenzung* davon aus, dass strukturelle Begrenzungen nur dort zu finden sind, wo gleiche motorische Effektoren in zwei H. genutzt werden. Eine Erweiterung von Alles-oder-Nichts-Verfahren stellen K. dar, die strategische (also nicht strukturelle) Unterbrechungen bei m. H. zu jedem Zeitpunkt postulieren, d. h. auch zw. zentralen Prozessen (Meyer & Kieras 1997). (3) *Graduelle K.* gehen davon aus, dass die Verarbeitungskapazität auf zwei Prozesse graduell verteilt werden kann. Dadurch kommt es nicht zur Unterbrechung, sondern zum parallelen Weiterführen der H.; allerdings bei verringerter Versorgung mit Kapazität (*Aufmerksamkeit, Kapazitätstheorie der*). Mit einer verringerten Kapazitätsversorgung werden dann Leistungseinbußen bei m. H. erklärt und in *Performance-Operating-Characteristics* illustriert.

T. Schubert/T. Strobach

multiple Handlungen und Übung (= m. H. Ü.) [engl. *multiple actions and practice*], **[KOG]**, beeinflusst neben Kapazitätsbeschränkungen im kogn. System (*multiple Handlungen, Kapazitätsbegrenzungen*) und dem Inhalt der H. (*Cross-Talk-Effekte*) die Koordination m. H. Z. B. konnten Vpn Wörter nach Diktat aufschreiben und gleichzeitig eine Kurzzeitgeschichte verstehend lesen (Hirst et al., 1980). Während die Leistungseinbußen bei der gleichzeitigen gegenüber der alleinigen Ausführung der Aufgaben zu Beginn des Experimentes erheblich waren (z. B. erhöhte Lesezeiten) konnten Einbußen nach einer Dauer von weh mer als 14 Wochen Ü. größtenteils eliminiert werden. Diese Befunde wurden in weniger komplexen Versuchssituationen mit zwei gut kontrollierbaren Wahlreaktionen repliziert.

Zwei grundlegende Mechanismen werden mit der Optimierung von m. H. assoziiert (Kamienkowski et al. 2011). (1) *optimierte Verarbeitung von Einzelh.*: eine ü.abhängige Fokussierung auf aufgabenrelevante Teile des Informationsangebotes kann Ursache für eine reduzierte Belastung an begrenzter Kapazität des kogn. Systems sein. (2) *verbesserte übergeordnete Koordination zweier H.*: Z. B. können H. so koordiniert werden, dass kapazitätsbegrenzte Prozesse nicht mehr zeitlich überlappend ausgeführt werden und es somit nicht mehr zu Leistungseinbußen durch Kapazitätsbegrenzungen kommt.

T. Strobach/T. Schubert

Multiple Imputation [engl. *mutiple imputation* mehrfache Ersetzung], **[FSE]**, modernes Verfahren zum Umgang mit fehlenden Werten (*Missing Data*). Analog zur einfachen *Imputation* werden fehlende Werte im Datensatz ersetzt, wobei hier mehrere Imputationen ermittelt werden. Somit resultiert eine vorgegebene Anzahl k imputierter Datensätze. Die Resultate der einzelnen Imputationen unterscheiden sich durch die Berücksichtigung eines Zufallsfaktors und es werden die stat. Ergebnisse (z. B. t-Werte, Korrelationskoeffizienten) in einer Gesamtstatistik zus.gefasst. Hierdurch wird die Unsicherheit mittels der Variabilität der Ergebnisse dargestellt. Eine geringe Variablität indiziert eine höhere Stabilität und Verlässlichkeit der Befunde. [http://methodology.psu.edu/pubs/books/missing#soft]. Leonhart 2013, Lüdtke et al. 2007.

R. Leonhart

multiple indicators and multiple causes (MIMIC-) Model [engl.] «Mehrere-Indikatoren-mehrere-Ursachen-Modell»; *Messung, formative vs. reflektive*.

multiple mothering [engl.] Betreuung durch mehrere Mütter, **[EW]**, Mitwirken mehrerer Mutterfiguren (auch Männer) bei der Kleinkindbetreuung, z. B. im Kibbuz.

Multiple Persönlichkeitsstörung (= M. P.) [engl. *multiple personality disorder;* lat. *multi* viele], **[KLI]**, die in der *ICD-10* zur großen Gruppe der *dissoziativen Störungen* (F44) gerechnete M. P. ist nach Angaben der Autoren «selten» und es werde kontrovers diskutiert, «in welchem Ausmaß sie *iatrogen* oder kulturspezif. sei». Grundlegendes Merkmal sei «das offensichtliche oder scheinbare Vorhanden-

sein von zwei oder mehr versch. Persönlichkeiten bei einem Individuum». Dabei sei «zu einem Zeitpunkt jew. nur eine sichtbar». Jede *Persönlichkeit* sei «vollst., mit ihren eigenen Erinnerungen, Verhaltensweisen und Vorlieben». Bei der häufigsten Form sei «meist eine von ihnen dominant», keine habe «Zugang zu den Erinnerungen der anderen» und die eine sei «sich der Existenz der anderen fast niemals bewusst». Beim ersten Mal vollziehe sich der Wechsel von der einen zur anderen «gewöhnlich plötzlich» und sei – hier halten sich die Autoren ausgesprochen unbest. – «eng mit traumatischen Erlebnissen verbunden». Spätere Wechsel seien «oft begrenzt auf dramatische oder belastende Ereignisse» oder träten in *Therapiesitzungen*» in eher geplanter Weise auf.
Insges. ist somit zu dieser eigenartigen, gleichwohl faszinierenden Störung wenig Gesichertes zu sagen. Immerhin werden solche Symptombilder glaubhaft berichtet. Die berühmte Erzählung *Dr. Jekyll und Mr. Hyde* von Robert Louis Stevenson soll die literarische Bearbeitung eines tatsächlichen Falles sein. Zu betonen ist, dass die M. P. nichts mit der *Schizophrenie* zu tun hat, wie viele (oft auch sehr gebildete) Laien denken. T. Köhler

multiple response [engl.] Mehrfachantwort; *Lernregeln.*

TestMultipler Schlaflatenz-Test (MSLT), [**BIO, DIA. GES**], der MSLT ist ein apparativer Schlaflabor-Test (*Polysomnografie*) zur Prüfung der Schlafbereitschaft und der Tagesschläfrigkeit. Angewendet wird der MSLT im exp. und im klin. Bereich. Gemessen wird die Schlaflatenz (Zeit zw. Licht-aus und Einschlafen) vier oder fünf Mal am Tage, in zweistündigen Abständen in Form eines Kurzschlafprotokolls. Im klin. Bereich hat der MSLT seine Berechtigung insbes. i. R. der Diagnostik der *Narkolepsie.* Auffällige Merkmale sind hier (1) schnelles Einschlafen mit kurzer Schlaflatenz (< 5 Min.) und (2) das Auftreten von *REM*-Schlaf häufig schon kurz nach dem Einschlafen. Bei anderen Formen von Tagesschläfrigkeit ist der Nutzen des Tests weniger gesichert. *Schlaf, Schlafstörungen.* Danker-Hopfe 2006. H. Schulz

Multipler Substanzgebrauch [engl. *multiple substance abuse*], [**KLI**], Missbrauch oder Abhängigkeit von mehreren psychotropen Substanzen, bei der keine der Substanzen dominiert. Im *DSM* ist die Einnahme von mind. drei Substanzen über einen Zeitraum von mind. zwölf Monaten gefordert. *Sucht- und Substanzbezogene Störungen.*

TestMultipler Wachbleibe-Test (MWT), [**BIO, DIA, GES**], der MWT ist ein apparativer Schlaflabor-Test (*Polysomnografie*) zur Prüfung der Fähigkeit, über längere Zeit in einer monotonen Situation wach zu bleiben. Damit prüft der MWT die Neigung zu Tagesschläfrigkeit und das Risiko, unwillkürlich einzuschlafen. Das Protokoll sieht vor, dass der Pat. bei schwacher Beleuchtung in bequemer Sitzposition beschäftigungslos auf dem Bett sitzt und polygrafisch registriert wird. Empfohlen werden 4 Testdurchgänge von je 40 Min. Dauer im Abstand von 2 Stunden. Der Pat. soll in allen Testdurchgängen wach bleiben und nicht eindösen oder schlafen. Das Testergebnis wird auch bei der Beurteilung der Fahrtauglichkeit i. R. der Diagnostik von Tagesschläfrigkeit berücksichtigt. Angaben zu kritischen Cut-off-Werten finden sich bei Sauter & Danker-Hopfe (2010). *Schlaf, Schlafstörungen.* H. Schulz

multiple Sklerose (MS) [engl. *multiple sclerosis*; lat. *multi* viele, gr. σκληρός *(skleros)* hart, trocken, spröde], [**BIO, GES**], mehrfache Verhärtung, syn. *Encephalomyelitis disseminata*, ICD-10: G35, ist eine entzündliche Erkrankung von Rückenmark und Gehirn. Die Ursache ist unbekannt, jedoch werden Autoimmunprozesse aufgrund genetischen Hintergrunds, Viren oder anderer Erreger vermutet. Der Verlauf ist meist langsam ansteigend und chronisch mit Remissionen bei meist erhaltener Lebenserwartung. Bei MS treten sklerotische Herde im *Zentralnervensystem* auf, die zu einem Schwund der Nervenfasern und damit einhergehenden *Neuropsychologischen Störungen* sowie Bewegungs-, Sensibilitäts- u. a. Neurologischen Störungen führen. Sturm et al. 2009. M. Peper

Multiples of the Resting Metabolic Rates (MET) [engl. «Mehrfache der Metabolisierungsrate im Ruhezustand»], *Aktivitätsstatus.*

Multiple-trace-Theorie [engl. *multiple-trace theory* «mehrere-Spuren-Theorie»], *Konsolidierung.*

multiplexing [engl.] Mehrfachnutzung; *Aufmerksamkeit, distributive.*

Multiplikationssatz [engl. *multiplication rule of probability*], [**FSE**], die *Wahrscheinlichkeit* P für das gemeinsame Auftreten von n Ereignissen $a_1...a_n$, die sich nicht wechselseitig ausschließen, ist gleich

$P(a_1 \cap ... \cap a_n) = P(a_1) \cdot P(a_2|a_1) \cdot P(a_3|a_1, a_2) \cdot ... \cdot P(a_n|a_1...a_n)$

Bei stochastischer Unabhängigkeit der Ereignisse gilt:

$P(a_1 \cap ... \cap a_n) = P(a_1) \cdot P(a_2) \cdot ... \cdot P(a_n)$

Bspw. ist die Wahrscheinlichkeit dafür, dass bei einer Münze und einem Würfel, die gleichzeitig geworfen werden, die Ereignisse 6 und Wappen auftreten, $P(6, W) = P(6) \cdot P(W) = \frac{1}{6} \cdot \frac{1}{2} = \frac{1}{12}$, da die beiden Ereignisse stochastisch unabhängig sind. D. Dörner

multisensorisch [engl. *multisensoric*; lat. *multi* viele, *sensus* Sinn], [**WA**], das Zusammenwirken mehrerer Sinne (*Sinnesorgan*) betreffend. K. Drewing

Multi-Step-Aufgabe [engl. *multi-step task*; *step* Schritt; lat. *multi* viele], *mentales Set.*

multitasking [engl.] «mehrere Arbeitsgänge/-handlungen gleichzeitig erfüllen», [**KOG**], ist der Informatik entlehnter Begriff für die scheinbar zeitlich parallele Ausführung mehr als einer Aufgabe/*Tätigkeit.* Es handelt sich jedoch meist um einen sehr raschen Wechsel zw. Aufgaben (*Aufgabenwechsel*). Im Ansatz der multiplen Ressourcen (Wickens 1980) wird angenommen, dass versch. Ressourcen tatsächlich gleichzeitig arbeiten können (z. B. ein sensorischer und ein motorischer oder kogn. Prozess). Strittig ist, ob zentrale Einheiten, die für die Verteilung von Aufgaben zuständig sind, tatsächlich parallel mehrere Aufgaben verarbeiten können. Während die *Bottleneck-Theorie* (*Flaschenhals (bottleneck) der Informationsverarbeitung*) dies verneint, halten es Vertreter des Kapazitätenansatzes (Oberauer & Kliegl 2006) (*Kapazitätstheorie der Aufmerksamkeit*) für möglich, solange eine gewisse Gesamtkapazität der Aufmerksamkeits- und Gedächtnisprozesse nicht überschritten wird. Die allg. verbreitete Annahme, Frauen seien besser in Multitaskingaufgaben, konnte empir. bisher nicht bestätigt werden. *T. Rigotti*

Multitrait-Multimethod-Analyse (= M.) [engl. *multitrait-multimethod analysis* «Analyse mehrerer Eigenschaften und mehrerer Methoden»], [**DIA, FSE**], die M. ist eine Methode der *Validierung* psychol. Messinstrumente, die auf *Campbell* und *Fiske* zurückgeht. Sie erlaubt die Analyse der *konvergenten Validität* und der *diskriminanten Validität*. Sie basiert auf der Grundannahme, dass jeder ps. Test eine *Trait*-Methoden-Einheit darstellt. Gemessene Merkmalsunterschiede repräsentieren daher nicht nur Unterschiede in dem zu messenden Merkmal, sondern können auch durch methodenspezif. Einflüsse hervorgerufen werden. Um den relativen Anteil von merkmals- und methodenspezif. Einflüssen abschätzen zu können, ist es notwendig, mind. zwei Merkmale (Traits) und mind. zwei Messmethoden bei der Validierung zu berücksichtigen. Die M. basiert auf der *multi-trait-multimethod matrix*, in der die *Korrelationen* zw. versch. Traits, die anhand versch. Methoden erfasst wurden, zus.gestellt sind. Die Hauptdiagonale der Matrix enthält die *Reliabilitäten*. In den *Monomethod-Blöcken* werden die Korrelationen der versch. Traits, die anhand derselben Methode erfasst wurden, dargestellt. Die *Heteromethod-Blöcke* umfassen die Korrelationen zw. den Traits, die anhand der versch. Methoden erhoben wurden. Korrelationen zw. denselben Traits, die anhand versch. Methoden erfasst wurden, repräsentieren die konvergente Validität. Die diskrimante Validität wird anhand von drei Kriterien bewertet: (1) Die Korrelationen versch. Traits, die anhand versch. Methoden gemessen wurden, sollten kleiner sein als die Korrelationen desselben Traits, der anhand versch. Methoden erfasst wurde. (2) Die Korrelationen versch. Traits, die anhand derselben Methode gemessen wurden, sollten kleiner sein als die Korrelationen eines Traits, der anhand versch. Methoden erfasst wurde. (3) Die Korrelationen zw. den versch. Traits sollten sowohl in den Heteromethod- als auch in den Monomethod-Blöcken ein ähnliches Muster zeigen. Zur M. wurden eine Vielzahl weiterer Ansätzen entwickelt. Insbes. wurden Modelle der *konfirmatorischen Faktorenanalyse* entwickelt, die die Zerlegung eines beobachteten Messwerts in einen Trait-Wert, einen Wert, der spezif. für eine Methode ist, und einen Messfehlerwert ermöglichen. Campbell & Fiske 1959, Eid et al. 2006. *M. Eid*

multitrait-multimethod matrix [engl.] *Multitrait-Multimethod-Analyse*.

multivalent, Multivalenz [engl. *multivalent, multivalence*; lat. *multi* viele, *valere* wert sein], [**DIA**], mehrwertig, vielwertig. Bez. bei Tests, die nicht nur in eine Richtung Lösung oder Stellungnahme intendieren, sondern in mehrere.

multivariate genetische Analysen [engl. *multivariate genetic analysis*; lat. *multi* viele, *variare* verändern], *Genetik*, [**FSE, PER**], verhaltensgenetische Designs (*Zwillingsstudien*, *Adoptionsstudien*), mit deren Hilfe die *Varianz* in einem einzelnen Merkmal auf genetische und Umweltkomponenten zurückgeführt wird (*Anlage-Umwelt*), können auch dazu verwendet werden, *Korrelation* zw. zwei oder mehr *Verhalten*smerkmalen auf genetische und Umweltfaktoren zurückzuführen (Martin & Eaves 1977). Im *univariaten* Zwillingsmodell wird aus dem Vergleich der Ähnlichkeiten eineiiger Zwillinge (EZ) und zweieiiger Zwillinge (ZZ) im gleichen Merkmal auf die relative Bedeutung von genetischen und Umwelteinflüssen auf dieses Merkmal geschlossen. Im *multivariaten* Zwillingsmodell wird hingegen die Merkmalsausprägung eines Zwillings mit der Ausprägung des Zwillingsgeschwisters in einem anderen Merkmal verglichen. Die *genetische Vermittlung* oder das Ausmaß, in dem die Korrelation zw. den beiden Merkmalen über genetische Faktoren vermittelt ist, wird im multivariaten genetischen Modell erschlossen aus dem Ausmaß, in dem diese Kreuzkorrelationen für EZ größer ausfallen als für ZZ (Plomin et al. 1999). Von der genetischen Vermittlung zu unterscheiden ist die *genetische Korrelation*. Diese drückt aus, wie sehr die genetischen Effekte, die ein untersuchtes Merkmal beeinflussen, mit den genetischen Effekten auf ein zweites Merkmal überlappen (in Analogie dazu können Korrelationen zw. den gemeinsamen und spezif. Umwelteinflüssen bestimmt werden). Vielfältige phänotypische Auswirkungen einzelner Gene werden auch als *Pleiotropie* bezeichnet. Die genetische Korrelation ist unabhängig von den Erblichkeiten der beiden Merkmale, denn zwei Merkmale können trotz hoher Erblichkeiten von völlig versch. genetischen Faktoren beeinflusst sein, was in einer genetischen Korrelation von 0 zum Ausdruck käme. Ebenso ist es möglich, dass zwei Merkmale, die nur moderate Erblichkeiten aufweisen, unter dem Einfluss derselben genetischen Faktoren stehen, was in einer genetischen Korrelation von 1 zum Ausdruck käme. In einer Zwillingsstudie zu *generalisierter Angststörung* und *Depression* im Erwachsenenalter erbrachten multivariate genetische Analysen, dass die genetischen Einflüsse auf beide Störungen nahezu vollst. überlappten (Kendler et al. 1992). Ferner ergaben multivariate genetische Studien im Bereich kogn. Fähigkeiten (*Kognition*, *Intelligenz*), dass der Zusammenhang zw. mentaler Geschwindigkeit und allg. kogn. Fähigkeit (*g*) größtenteils genetisch vermittelt ist (Neubauer et al. 2000). Ganz ähnliche Befunde werden für Analysen spezif. kogn. Fähigkeiten berichtet (Petrill 1997), was die Annahme eines allg. genetischen *Intelligenzfaktors* (genetisches *g*) stützt (Plomin & Spinath 2002). *F. M. Spinath/P. Borkenau*

multivariate Statistik, multivariable Statistik (= m. S.) [engl. *multivariate statistics*; lat. *multi* viele, mehrere, *variare* sich verändern], [**FSE**], der Begriff m. S. wird in der Literatur unterschiedlich verwendet. Einige Autoren benutzen ihn als Sammelbezeichnung für alle stat. Analyseverfahren, in denen die Zahl der berücksichtigten Variablen größer als zwei ist. In diesem Fall sind u. a. die *Faktorenanalyse*, *Strukturgleichungsmodelle*, die *Diskriminanzanalyse*, die *Korrelation, kanonische* und die *Korrelation, multiple*, die *Kovarianzanalyse*, die *Pfadanalyse*, die multiple *Regressionsanalyse* sowie die komplexe und die multivariate *Varianzanalyse* als Verfahren der m. S. zu klassifizieren. Andere Autoren schränken die Verwendung der Bez. auf jene *statistische Datenanalyseverfahren* ein, die auf eine gleichzeitige Erklärung der Variation mehrerer abhängiger Kriteriumsvariablen abzielen (z. B. multivariate *Varianzanalyse*). Im Ggs. zu dieser uneinheitlichen Verwendung des Begriffs m. S. wird die Bez. multiple (komplexe, mehrfache) Verfahren weitgehend einheitlich nur für solche Verfahren verwendet, in denen die Auswirkungen mehrerer unabhängiger oder Prädiktorvariablen auf eine oder mehrere abhängige oder Kriteriumsvariable(n) analysiert werden. Gemeinsam ist den Verfahren der m. S. (i. w. S.), dass sie alle von einer linearen Kombination mehrerer oder aller berücksichtigten Variablen ausgehen. Tabachnick & Fidell 2013, Eid et al. 2013. *G. Mikula*

Mumifikation [engl. *mumification*], von *Mumie*, [**EM, SOZ**], Trauer (*Trauer, Trauern*) um einen Verstorbenen, bei der hinterlassene Gegenstände, Lebensgewohnheiten u. a. übertrieben beachtet, erhalten und gepflegt werden.

^Test^**Münchener Funktionelle Entwicklungsdiagnostik (MFED)**, 1994, T. Hellbrügge, 4. Aufl., [**DIA, EW**], AA 1.–3. Lebensjahr. Zur behandlungsorientierten Frühdiagnose angeborener oder früherworbener Störungen (*Entwicklung, motorische*). Das Verfahren ermöglicht eine differenzierte Erfassung des kindlichen Entwicklungsstandes in versch. Funktionsbereichen (1. Lebensjahr: Krabbeln, Sitzen, Laufen, Greifen, Perzeption, Sprechen, Sprachverständnis, Sozialverhalten; 2. und 3. Lebensjahr: Statomotorik, Handmotorik, Wahrnehmungsverarbeitung, Sprechen, Sprachverständnis, Selbstständigkeit, Sozialverhalten). Für die versch. Verhaltensbereiche kann das jew. *Entwicklungsalter* bestimmt werden. Auf die Bestimmung eines globalen Entwicklungsalters oder eines Entwicklungsquotienten wird verzichtet. Die Analyse des Testprofils gibt ebenso Hinweise auf die Ursachen der Retardierung als auch die Nutzung der Beobachtungsmöglichkeiten mit standardisiertem Material. Hieraus werden Ansatzpunkte zum Beratungsgespräch mit den Eltern und zur Planung der therapeutischen Vorgehensweise deutlich. Bearbeitungsdauer: 1. Lebensjahr: keine Angaben; 2. und 3. Lebensjahr: ca. 50 Min.

Münchhausen-Statistik, nach dem Baron C. F. v. Münchhausen (1720–1797), *Bootstrapping*.

Münchhausen-Syndrom (= M.) [engl. *Munchausen's syndrome, hospital and operation addiction*], [**KLI**], von Asher (1951) eingeführter Begriff für selbstmanipulierte Krankheiten, die heute als Unterform der *Artifiziellen Störung* diagnostiziert und als *psychische Störung* aufgefasst werden. Der Begriff geht auf den Baron Hieronymus Carl Friedrich von Münchhausen (1720–1797) zurück, der in der Literatur als «Lügenbaron» u. a. von Gottfried August Bürger dargestellt wurde. Wesentliches Merkmal des M. ist die eigene Erzeugung körperlicher *Symptome* durch manipulative Eingriffe des Pat. selbst (z. B. Verhinderung der Wundheilung, Erzeugung von Fieber). Den Behandlern gegenüber werden gezielt falsche Angaben gemacht, Behandler werden häufig gewechselt. Je nach Organsystem der Manipulation unterschied Asher die Formen *Laparatomophilia migrans*, *Haemorrhagica histrionica* und *Neurologica diabolica*. Ein Vorläuferkonzept stellte die *Operationssucht* [engl. *polysurgical addiction*] dar (Menninger). Verwandte Konzepte sind die *Hospitalsucht*, die *Krankenhaus-Wanderer* [engl. *hospital hopper syndrome*] und in einigen Zügen auch die zwanghafte Neigung zum Lügen (*Pseudologia phantastica*). Beim Stellvertreter-Münchhausen [engl. *Munchausen by proxy*] sind die manipulierende und die manipulierte Person nicht identisch, etwa bei Manipulation eines Kindes durch ein Elternteil. *T. Merten*

^Test^**Münchner Alkoholismus-Test (MALT)** 2. Aufl. 1999, W. Feuerlein, H. Küfner, C. Ringer & K. Antons, Erstauflage 1979, [www.testzentrale.de], [**DIA, KLI**]. Klinischer Test zur Suchtgefährdung. Fragebogen zur Erfassung der Alkoholabhängigkeit (*Alkoholismus*). Der 1. Teil (Fremdbeurteilungsteil, MALT-F) umfasst 7 Items zur Einschätzung der Alkoholabhängigkeit aufgrund anamnestischer Daten durch den Arzt. 24 Items umfassen den 2. Teil (Selbstbeurteilungstest MALT-S). In diesem Teil werden das *Trinkverhalten* bzw. die *Einstellung zum Trinken*, die *alkoholbedingte psych. und soziale Beeinträchtigung* sowie *somatische Störungen* erfasst. Halbierungsreliabilität für den Selbstbeurteilungsteil $r = .94$, Wiederholungsreliabilität für den Fremdbeurteilungsteil $r = .72$ und für den Gesamttest $r = .87$. PC-Version vorhanden. Bearbeitungszeit für den Selbstbeurteilungsteil: ca. 5 Min. Auswertungszeit: ca. 1 Min.

^Test^**Münchner Diagnosen-Checklisten für DSM-III-R und ICD-10 (MDCL)**, W. Hiller, M. Zaudig & W. H. Mombour, [**DIA, KLI**]. Die MDCL stellen ein einheitlich konzipiertes und in der täglichen Routinediagnostik einsetzbares Instrument dar, das eine Diagnosestellung nach den psychiatrischen Klassifikationssystemen DSM-III-R und ICD-10 ermöglicht.

^Test^**Münchner Hochbegabungstestbatterie für die Primarstufe (MHBT-P) bzw. für die Sekundarstufe (MHBT-S)**, 2007, K. A. Heller & C. Perleth, [www.testzentrale.de], [**DIA, EW, KOG, PER**]. Kognitive Fähigkeitstests für Hochbegabte (*Hochbegabung, intellektuelle*). AA Klassen 1 bis 4 (MHBT-P) bzw. Klassen 4 bis 12+ (MHBT-S). (1) Die MBHT-P enthält Test- und Fragebogenskalen zur Erfassung unterschiedlicher Begabungsformen auf hohem Niveau. Diese Skalen berücksichtigen sowohl Begabungsvariablen i. e. S. als auch sog. Moderatorvariablen, d. h. nicht-kogn. (v. a. motivationale) Persönlichkeitsmerkmale und Umweltvariablen, die für die Entwicklung der Hochbegabung (HB) und die Hochbegabtenförderung relevant sind. Die Batterie besteht aus (1) einem kogn. Fähigkeitstest für Hochbegabte (KFT-HB), getrennt für die dritte und vierte Klassenstufe (KFT-HB 3; KFT-HB 4), jew. mit den Parallelformen A und B, (2) fünf versch. Checklisten (Screening-Bögen) zur Grobeinschätzung unterschiedlicher Hochbegabungsformen durch Lehrkräfte (Intelligenz, Kreativität, Musikalität, Sozialbegabung, Psychomotorik) und (3) einem Inventar, bestehend aus fünf Fragebögen, welche die Kinder selbst ausfüllen (Kreativitäts-Fragebogen, Soziale-Kompetenz-Fragebogen, Leistungsmotivations-Fragebogen, Arbeitsverhaltens-Fragebogen, Kausalattributions-Fragebogen).

(2) Die MHBT-S ist die Entsprechung der MHBT-P für die Sekundarstufe. Die Batterie ist analog aufgebaut, jedoch beinhaltet die MHBT-S einige zusätzliche Skalen und Fragebögen. Eine Anwendung sämtlicher MHBT-S-Skalen ist im Einzelfall weder notwenig noch testps. sinnvoll. Vielmehr sollte in Abhängigkeit vom Beratungsanlass eine problemorientierte Auswahl einzelner Skalen erfolgen (Hochbegabungsberatung). Normierung: Für beide Tests Klassennormen auf der Grundlage einer unausgelesenen Normierungsstichprobe von insges. ca. 4000 Schülerinnen und Schülern sowie Hochbegabungs(HB)-Standards auf der Datengrundlage von 332 hochbegabten, hochleistenden Achievern sowie UA-Standards auf der Datenbasis von 134 Underachievern (hochbegabten Minderleistern) im Grundschul- und Sekundarstufenalter. Bearbeitungsdauer: pro Test je nach Altersstufe und im Einzelfall verwendeten Test- und Fragebogenverfahren zw. 120 und 240 Min., im Mittel 3 bis 4 Unterrichtsstunden.

TestMünchner Lebensqualitäts-Dimensionen-Liste (MLDL), 2000, M. Bullinger, I. Kirchberger & N. v. Steinbüchel, [DIA, GES], die MLDL ist ein krankheitsübergreifendes Instrument zur dimensionalen Erfassung (Diagnostik, dimensionale) der Zufriedenheit mit einzelnen Lebensqualitätsbereichen. Die 19 Items können zusätzlich zur Erfassung hinsichtlich der Wichtigkeit des Veränderungswunsches und Veränderungsüberzeugung der Lebensbereiche eingesetzt werden. Die kogn. Bewertung durch die Pb erfolgt aufgrund eines Kataloges von Fragen, die u. a. das Selbstwertgefühl, die Selbständigkeit im Alltag, Erfolg und Anerkennung und die Entspannungsfähigkeit betreffen. Dabei werden psych., körperliche, soziale und verhaltensbezogene Aspekte abgebildet. Der Fragebogen ermöglicht die Zuordnung der Aussagen zu den vier Subskalen Physis, Psyche, Sozialleben und Alltagsleben. Ein Item bezieht sich auf die allg. Lebenszufriedenheit und ist keiner Skala zugeordnet. Durch den Gegenstandsbereich der Items bzw. Skalen hat der Fragebogen eine hohe Affinität zum Konzept der Lebensqualität. Reliabilität: Die Skala Physis zeigte in versch. Studien mit gesunden und kranken Pbn eine interne Konsistenz (Cronbachs alpha) zw. .63 und .92; die Skala Psyche zw. .82 und .91; die Skala Sozialleben zw. .69 und .92; die Skala Alltagsleben zw. .66 und .87; der Summenwert variiert zw. .85 und .96. Die Erhebung einer Referenzpopulation (Normierung) ist in Vorbereitung. M. Morfeld

Münchner Motivationstraining (MMT), [EM, PÄD], das MMT ist ein evidenzbasiertes (Evidenzbasierung) integratives Trainingskonzept zur Verbesserung der Motivation zum selbstregulierten Lernen in der Schule. Es geht von einem Prozessverständnis von Motivation aus und fokussiert die Förderung des gesamten Handlungsprozesses: das Warum und das Wie des Lernens. Es lässt sich in einem sozial-kogn. Rahmen verorten und integriert theoretisch-konzeptuell bisherige Motivationsförderansätze. Dabei findet Motivationsförderung auf expliziter und impliziter Ebene statt und adressiert selbst- und sachbezogenes Wissen im Kontext einer konkreten schulischen Domäne (Schober & Ziegler 2001). Die unmittelbaren Ziele des MMT betreffen die Steigerung der Fähigkeit zum konstruktiven Umgang mit Misserfolg, funktionale Attribution (Kausalattribution) von Leistungsergebnissen, vermehrte Beobachtung und strategischere Steuerung des eigenen Lernprozesses sowie eine flexible implizite Persönlichkeitstheorie. Indirekt sollen Lernzielorientierung, Vertrauen in die eigenen Fähigkeiten, Kontrollüberzeugung (locus of control) und der Anreiz des jew. Faches gesteigert werden, die Hilflosigkeit soll sinken (Selbstwirksamkeitserwartung). Leistungsverbesserungen sind distales Ziel des MMT. Die intendierten Veränderungen sollen dezidiert sowohl zeitlich als auch situations- und anforderungsbezogen transferierbar sein, d. h., sich längerfristig im schulischen Alltag niederschlagen. Auf Ebene der Interventionsgestaltung lässt sich das MMT durch die Unterstützung deklarativer, prozeduraler, kontextueller und metakognitiver Wissenskomponenten (Metakognition) beschreiben. Die Schüler sollen nicht nur Einsichten über motivationale Zusammenhänge erwerben, sie sollen diese auch reflektieren und in relevanten Situationen anwenden lernen. (Feedback) spielt eine ebenso strukturgebende Rolle wie das Setting kooperativen Lernens. Die Wirksamkeit des MMT wurde durch die Evaluation einer Implementierung i. R. eines Fördersettings ergänzend zum Mathematikunterricht der Sekundarstufe untersucht. Die umfassende Evaluationsstudie belegte die grundsätzliche Wirksamkeit des MMT. Schober 2002.

B. Schober/A. Ziegler/M. Dresel

TestMünchner Persönlichkeitstest (MPT), 2012, D. von Zerssen & F. Petermann, [www.testzentrale.de], [DIA, PER]. Persönlichkeitsverfahren. AA ab 14 Jahren. Der MPT dient der zeitökonomischen, dimensionalen Erfassung der Persönlichkeitsstruktur. Die Testskalen umfassen die Persönlichkeitsdimensionen Extraversion, Neurotizismus, Frustrationstoleranz, Rigidität, Isolationstendenz, esoterische Neigungen und Normorientierung sowie eine zusätzliche «Kontrollskala» Motivation. Mit 49 einfach formulierten Aussagen werden versch. Persönlichkeitsdimensionen angesprochen und deren Ausprägung auf einer vierstufigen Antwortskala erfasst (0 = «trifft ausgesprochen zu» bis 4 = «trifft gar nicht zu»). Es stehen drei Fragebögen-Versionen zur Verfügung: Selbstbeurteilung (MPT-Sb), Fremdbeurteilung einer männlichen Person (MPT-Fb-m) und Fremdbeurteilung einer weiblichen Person (MPT-Fb-w). Die Hauptindikation des MPT liegt im begleitenden Einsatz innerhalb med. oder psychoth. Interventionen. Hier ermöglicht der Test eine retrospektive Erfassung der Persönlichkeitsstruktur zu einem Zeitpunkt (relativer) psych. und körperlicher Gesundheit und dient damit der Abschätzung ressourcenorientierter Behandlungsmaßnahmen. Das Verfahren eignet sich zudem auch für den nicht klin. Einsatz. Normierung: Es liegen alters- und geschlechtsspezifische Normwerte (Prozentrang, T-Wert, Stanine) einer bevölkerungsrepräsentativen Stichprobe (N = 2393, Altersbereich 14 bis 97 Jahre) vor. Bearbeitungsdauer: 10 bis 15 Min., Auswertungszeit: etwa 5 Min.

Münchner Zivilcourage-Training (MZT) (= MZT), [SOZ], Zivilcourage (= Z.), traditionell definiert als sozialer Mut zum Eingreifen gegen eine Störung des friedlichen

Zusammenlebens von Menschen, hat häufig Angriffe gegen *Minoritäten* im Zentrum der Betrachtungen. In sozialpsychol. Arbeiten zu Z. wird jedoch darauf hingewiesen, dass rassistische Übergriffe nur einen Anlass von vielen versch. Anlässen für zivilcouragiertes Handeln darstellt (Scheele & Kapp 2002). Zivilcouragiertes Verhalten zeigt sich auch in den verschiedensten Lebensbereichen wie Familie, Schule, öffentlicher Raum und Arbeitsplatz und ist notwendig, wenn ein Mensch gedemütigt, bedroht oder angegriffen wird. In vielen Initiativen wird an die Bevölkerung appelliert, mehr Z. zu zeigen. Solche Appelle schaffen zwar ein *Werte*bewusstsein, zeigen jedoch häufig keine Wirkung auf das Verhalten.

Als eines der ersten empir. Trainingskonzepte wird in dem von Brandstätter & Frey (2003) entwickelten MZT in Diskussionen, Rollenspielen und Gruppenübungen unter dem Motto «Kleine Schritte statt Heldentaten» herausgearbeitet, wie man in einer Z.-Situation reagieren und helfen kann, ohne sich dabei selbst in Gefahr zu bringen. Durch die Reflexion über vergangene Situationen werden die Teilnehmer darin zunächst für Situationen, die Z. erfordern, sensibilisiert. Darüber hinaus werden sozialpsychol. Kenntnisse über die Hintergründe von Fremdenfeindlichkeit und die Determinanten aktiven Eingreifens vermittelt. Weiterhin werden praxisbezogenes Wissen über die Funktionsweise des Notrufsystems sowie Expertentipps der Polizei weitergegeben. Neben der Wissensvermittlung nimmt das Einüben konkreten Verhaltens einen großen Raum ein. Nach vier Wochen schätzten die Trainierten ihre Kompetenz und Entschlossenheit zu zivilcouragiertem Eingreifen höher ein und beschäftigten sich gedanklich mehr mit den Themen Fremdenfeindlichkeit und Z. als Mitglieder der *Kontrollgruppe*. Zudem fielen den Trainingsteilnehmern zu geschilderten fremdenfeindlichen Episoden mehr zweckmäßige Handlungen ein als den Mitgliedern der Kontrollgruppe. Somit erhöht sich das Wissen, was man in Notsituationen tun kann, und die subj. Handlungskompetenz wird gesteigert. Diese Erhöhung des subj. Kompetenzgefühls der Teilnehmer sollte deren Sicherheit und internale *Kontrollüberzeugung* und damit die Wahrscheinlichkeit zivilcouragierten Einschreitens erhöhen. *Zivilcourage, Förderung*.
D. Niesta Kayser/D. Frey

Mundraum *Oralraum*.

Munsell-Farbsystem [engl. *Munsell color order system*], nach A.H. Munsell (1858–1918), *Farbsysteme, anschauliche*.

^Test^**Münsteraner Rechtschreibanalyse (MRA)**, 2004, F. Schönweiss, [www.testzentrale.de], **[DIA, PÄD]**. Rechtschreibtest. AA Klassenstufen 1 bis 6+. Die Analyse der Rechtschreibkompetenzen erfolgt mithilfe eines Online-Programms (*Rechtschreibtest*). Es werden insges. 213 Fehler- bzw. Förderkategorien unterschieden, die im Leistungsprofil zu übersichtlichen 15 Kompetenzbereichen zus.gefasst sind. Das Leistungsprofil gibt der Lehrkraft präzise Auskunft darüber, was der Schüler bereits beherrscht und welche Bereiche ihm noch Schwierigkeiten bereiten. Mit Hilfe der Lernserver-Normierung (verdeutlicht durch ein Ampelsystem) wird auf einen Blick ersichtlich, welche Schüler welches Maß an Förderbedarf haben. Der Lernserver bietet zwei Formen der Rechtschreibförderung. Die indiv. Förderung ist auf das Leistungsprofil eines Schülers zugeschnitten. Die Gruppenförderung fasst die Leistungsprofile mehrerer Schüler zu einer Fördergruppe zus. *Normierung*: Prozentrangnormen und T-Wert-Normen für qual. und quant. Aussagen liegen vor. Pro Klassenstufe basiert die Normierung auf Stichprobengrößen von 1600 bis 5200 Schüler. Bearbeitungsdauer: Die Durchführung und Auswertung nehmen etwa 30–45 Min. in Anspruch.

Münsterberg, Hugo (Pseudonym: Hugo Terberg) (1863–1916), **[AO, HIS, PHI, WIR]**, Philosoph und Ps. Münsterberg entstammt einer angesehenen, jüdischen Kaufmannsfamilie. Er studiert 1882/83 in Genf und anschließend in Leipzig Med., wo er 1884 die ärztliche Vorprüfung ablegt. Durch *Wundt* kommt Münsterberg zur Philosophie und Ps., 1885 promoviert er in Philosophie, 1887 auch in Med. Er lässt sich als Privatdozent in Freiburg nieder (1887–1891), wo er ein privates ps. Laboratorium errichtet; dort erfolgt 1891 die Ernennung zum ao. Professor. 1892 wird der junge Münsterberg von W. James als Dozent an die Harvard University gerufen, wo er eine Professur für exp. Ps. erhält und ein ps. Laboratorium nach dem Leipziger Vorbild aufbaut. Münsterberg kehrt 1895 nach Dt. zurück, entschließt sich aber dann zur endgültigen Übersiedlung in die USA. 1904 organisiert Münsterberg einen Wissenschaftskongress zur Weltausstellung in St. Louis mit über 200 Gelehrten verschiedenster Disziplinen, 1908 wird er nach Berlin gerufen, um dort ein Amerika-Institut aufzubauen; als Austauschprof. ist er von Oktober 1910 bis September 1911 wieder in Berlin, leitet das Amerika-Institut und hält u. a. vor mehreren hundert Hörern die erste Vorlesung über Wirtschaftsps. in Dt. Münsterberg wirbt in den USA als dt. Patriot mit Reden und Veröffentlichungen für sein Heimatland. Er wird angefeindet; zur Kennzeichnung dt.freundlicher Einstellungen spricht man von *Münsterbergism*. 1916 ereilt den erst 53-Jährigen während einer Vorlesung der Herztod.

Von Münsterbergs großer Zahl vielseitiger Veröffentlichungen, die von Lyrik über idealistische phil. Abhandlungen, Lehrbücher und psychol. Abhandlungen bis zur Soziologie reichen, werden heute vorwiegend seine wirtschaftsps. Schriften erwähnt. Münsterberg nutzt den von *Stern* geprägten Begriff *Psychotechnik* und versteht darunter die Wissenschaft von der «praktischen Anwendung der Ps. im Dienste der Kulturaufgaben», also eine angewandte Ps. mit Einschluss von Gebieten wie Psychoth. und forensischer Ps. Durch Münsterberg wird die industrielle Psychotechnik zu einem der Felder, in denen die Ps. ihren praktischen Nutzen unter Beweis stellen kann. So führt Münsterberg z.B. versch. Versuchsreihen durch, um die Wirkungen der Anzeigenwiederholung auf die Erinnerungsleistung zu überprüfen. 1910 entwickelt Münsterberg die ersten Verfahren zur Ermittlung der Berufseignung für Straßenbahnfahrer. Daneben befasst sich Münsterberg mit Psychoth., mit der Ps. des Films und vielen anderen Themen. Mit seiner Vielseitigkeit, seinem Organisationstalent und seinem Bemühen, die Ps. als Einzelwissenschaft zu etablieren, verleiht Münsterberg der Ps. starke Impulse. – Der *Berufsverband Deutscher Psychologen (BDP)* vergibt die nach Münsterberg benannte Medaille für besondere Verdienste um die angewandte Ps. Münsterberg 1922a, Hale 1980, Münsterberg 1922b. *H. E. Lück*

Münz-Verstärkungs-Plan *token economy system.*

Murray, Henry Alexander (1893–1988), **[EM, HIS, PER]**, amerik. Ps., studierte Geschichte an der *Harvard University* und Med. an der *Columbia University*, promovierte 1928 in Cambridge in Biochemie. Durch Christiana Morgan lernte er *Jung* kennen, 1927 wurde er *Assistant Director der Harvard Psychological Clinic*, die er später – abgesehen vom Militärdienst – drei Jahrzehnte leiten sollte. An der Klinik führte er die *Psychoanalyse* in das Studium an der *Harvard University* ein. Zusammen mit Morgan entwickelte er den *Thematischen Apperzeptionstest (TAT)*, ein projektives Testverfahren, das weite Verbreitung fand. McClelland entwickelte den TAT weiter, andere Autoren, wie D. J. van Lennep, arbeiteten mit ähnlichen Bildern. Murray nahm eine best. Anzahl von Bedürfnissen (*need, need-press*) an und entwickelte eine eigene Persönlichkeitstheorie. *H. E. Lück*

Muscimol [engl. *muscimol*], **[BIO, PHA]**, chemischer Stoff, strukturverwandt mit *GABA*, mit invers-agonistischer Wirkung auf *GABAA-Rezeptoren*. In Fliegen- und Pantherpilz enthalten, Metabolit des Giftes Ibotensäure, das u. a. beim Kochen der Pilze entsteht. Bei Vergiftung entsteht nach ca. 1–3 Std. eine toxische *Psychose*, u. a. Erregung, Tobsucht und *Halluzination*, die u. U. tagelang anhalten kann (*Psychotomimetika*). Im Tierversuch Gedächtnisbeeinträchtigung. *Halluzinogene*. *W. Janke*

Musikagnosie [engl. *amusia*], **[WA]**, nicht verbale Form der auditiven Agnosie (*auditive Agnosie*) auch rezeptive Amusie genannt, die den Verlust der Fähigkeit zur Unterscheidung bzw. Wiedererkennen von (früher bekannten) Melodien, Rhythmen, Tempi, dem Klang von Musikinstrumenten bezeichnet, wobei die dafür erforderlichen auditiven Grundfunktionen (ausreichend) erhalten sind. Karnath & Thier 2012. *J. Zihl*

Musikpsychologie (= M.) [engl. *music psychology*], **[WA]**, sowohl Teilbereich der Ps. als auch der systematischen Musikwissenschaften; beschreibt die psych. Prozesse beim Musizieren und Musikhören (*Hören*). Typ. Fragestellungen beschäftigen sich dabei z. B. mit Musikkognition (*Kognition*), dem Vermitteln und Produzieren von Musik, musikalischer *Begabung*, musikalischer Präferenz oder dem kult. Musikgebrauch. Die M. überschneidet sich mit anderen verwandten Bereichen, so Musikwissenschaften, Musikpädagogik (*Pädagogik*), *Soziologie*, Neuro-, Medienwiss. u. a. Hervorgegangen aus der Tonpsychologie, die sich mehrheitlich auf elementare psychoakustische Phänomene (*Ton, Geräusche*) beschränkt, rückt in der M. die Verarbeitung der Musik als Ganzes in den Vordergrund. Die M. als eigenständige, dem empirischen Forschungsparadigma verschriebene Disziplin hat sich in den letzten 30 Jahren etabliert, was mit einem Anstieg neu errichteter Lehrstühle und internat. Publikationen einhergeht. Neben der Klassik rückt vermehrt auch die Pop-Rock-Musik als prägende Strömung der heutigen Zeit in den Fokus der Aufmerksamkeit. Neue Impulse erhält die M. in der Erforschung musikbezogener neurophysiol. Prozesse durch *bildgebende Verfahren*. Bruhn et al. 2008, Deutsch 2013, Motte-Haber 2004–2007, Stoffer & Oerter 2005, Raab & Ebner 1982.

S. Chiller-Glaus

Musiktherapie (= M.) [engl. *music therapy*], **[KLI]**, benutzt musikalische Erfahrungen zur Verbesserung der persönlichen Befindlichkeit i. S. eine Reaktivierung von Erlebnisqualitäten und einer Entwicklung von psych. und physischer Stabilität bzw. Flexibilität angestrebt (Abbau von Wahrnehmungsdeformationen und Angstbarrieren). Die erste musiktherap. Fachvereinigung, die *National Association for Music Therapy* (NAMT) wurde 1950 in den USA gegründet. Zwei musiktherap. Hauptrichtungen können unterschieden werden: (1) Die konfliktzentrierte Methode zielt darauf ab, pat.-bezogene Probleme zu identifizieren, mit dem Ziel der emot. Analyse (Anwendung u. a.: neurotische, psychosomatische und postpsychotische Störungen). (2) Die verhaltenszentrierte Methode bezieht sich stärker auf die Gegenwart, und die Musik wird in der Kommunikation als Medium und Schutzraum verwendet (Anwendung u. a.: *Autismus, Entwicklungsstörungen* und hirnorganische Störungen, körperliche und geistige *Behinderung*). Bei der aktiven M. wird differenziert zw. produktiver M., d. h. dem instrumentalen und verbalen Improvisieren, und reproduzierender M., d. h. dem instrumentalen Spielen und Singen nach vorgegebenen Mustern. Bei der rezeptiven M. tritt Musik in Kombination mit anderen Verfahren und Medien auf. Es erfolgt eine Kombination von Musik und Atemtraining, Muskelspannung und -entspannung, *Hypnose, Maltherapie, katathymem Bilderleben*, Bewegung, Tanz etc. Zur spezif. *Wirksamkeit* von M. liegt noch keine große Zahl von Wirksamkeitsprüfungen vor, aber die M. arbeitet an der Entwicklung spezif. Evaluationsprotokolle. Smeisters 1999. *F. Caspar*

Musil, Robert Edler von (1880–1942), **[HIS, WA]**, österreichischer Schriftsteller und Theaterkritiker. Ab 1897 Studium des Maschinenbaus an der TH Brünn, ab 1903/04 Studium der Philosophie und Ps. in Berlin zeitgleich mit *Koffka* und *Köhler*, später langjährige Freundschaft mit von *Allesch*; 1906 Entwicklung des Farbkreisels, dessen Farbmischung sich verstellen lässt, während sich der Kreisel dreht. Dieser Farbkreisel ist nicht der erste dieser Art, jedoch technisch gegenüber früheren Konstruktionen deutlich verbessert, sodass er (ohne Nennung Musils) von versch. Firmen in Dt. und im Ausland bis in die Gegenwart hergestellt und vertrieben wurde (Traxel 1985); im Februar 1908 Rigorosum zu einer erkenntnistheoretischen Dissertation über Ernst Mach bei Stumpf und Riehl. Das anschließende Angebot einer Habilitation lehnt Musil zugunsten seiner schriftstellerischen Tätigkeit ab. 1910 Umzug nach Wien. Bedeutende Arbeiten als Schriftsteller, wobei heute deutlich gemacht wird, dass Musil nicht ein Schriftsteller mit psychol. «Vorkenntnissen» und auch nicht ein «schriftstellernder» Ps. war, sondern dass sich in seinen Arbeiten eingehende Verbindungen zw. Ps. und dichterischem Schaffen finden. Wegner 1998, Corino 1997. *H. E. Lück*

Muskarin (= M.) [engl. *muscarine*], **[PHA]**, im Fliegenpilz enthaltener Stoff mit stark erregender (direkter) Wirkung auf die (*cholinerg*) postganglionären parasympathischen *Synapsen*; chemisch verwandt mit *Acetylcholin*, wirkungsmäßig vergleichbar mit *Pilocarpin* und *Arecolin*, jedoch stärker. Stoffe, die dem M. vergleichbare Veränderungen induzieren, vermitteln diese Wirkungen über muskarinerge Rezeptoren. M. hat lang anhaltende Wirkung (im Unterschied zu Acetylcholin). Physiol. Wirkungen u. a. Sekretionsvermehrung, starker Blutdruckabfall und Herzfrequenzerniedrigung bereits in kleinen Dosen. Psych. Wirkungen in kleinen Dosen z. T. i. S. von Erregung, z. T. von Desaktivierung. Höhere Dosen führen zu Erregung und *Halluzinationen* (*Halluzinogene*). Ehlert et al. 1995.
W. Janke

Muskarinagonisten (= M.) [engl. *muscarinic agonists*; gr. αγωνιστής *(agonistes)* Wettkämpfer], **[PHA]**, Substanzen, die über Muskarinrezeptoren (*Muskarin*) cholinerge Wirkungen entfalten. Viele M., so Pilocarpin oder Arecolin sind *Parasympathikomimetika*. Sofern sie die *Blut-Hirn-Schranke* passieren, haben sie i. d. R. aktivierende Wirkungen. ZNS-wirksame Stoffe sind *Nikotin*, *Carbachol* und *Arecolin*. *Cholinergika*.
W. Janke

Muskarinantagonisten, **[PHA]**, Stoffe, die entgegengesetzt dem *Muskarin* wirken, u. a. *Atropin*, *Scopolamin*. Im VNS sind sie i. d. R. *Parasympathikolytika*. Sofern sie die *Blut-Hirn-Schranke* passieren, haben sie bzgl. des ZNS i. d. R. desaktivierende Wirkungen.

muskarinische Acetylcholinrezeptoren *Acetylcholinrezeptoren*.

Muskel, Muskeltonus [engl. *muscle, muscle tone*], **[KOG]**, die Muskulatur als Grundlage des gesamten Bewegungsapparates und deren Aufteilung in quergestreifte (willkürliche) sowie längsgestreifte (unwillkürliche) Muskeln ist von bes. ps. Interesse im Hinblick auf den Muskeltonus (*Tonus*), die *Ausdrucksbewegungen* und die *Psychomotorik*. *Motorik*.

Muskelermüdung [engl. *muscle fatigue*], *Ermüdung*.

Muskelrelaxanzien (= M.) [engl. *muscle relaxants*; lat. *relaxare* lockern, lösen], **[PHA]**, Stoffe, die die Spannung der Skelett-Muskulatur (Muskeltonus) reduzieren, die psych. oder neurologisch bedingt sein kann, so durch Schlaganfall oder *multiple Sklerose*. Zu unterscheiden sind zentrale und periphere M. Zentrale M. sind u. a. chemisch heterogene Stoffe wie Baclofen, Chlormezanol, Mephenesin sowie *Tranquillanzien* vom Typ der *Benzodiazepine* (z. B. Tetrazepam, Diazepam). Zentrale M. haben i. d. R. psych. *Nebenwirkungen*, so Desaktivierung (Müdigkeit, Benommenheit, Reduktion der Reaktionszeit) und vereinzelt sogar *Halluzinationen*. Der Wirkungsmechanismus ist unterschiedlich, etwa über GABA-A- (*GABA*; z. B. Benzodiazepine), GABA-B-Rezeptoren (Baclofen) oder Hemmung exzitatorischer Transmitter (z. B. Carisoprodol). M. wurden in der Ps. als Werkzeuge in der Emotionsforschung verwendet. Periphere M. hemmen die Acetylcholinwirkung (*Acetylcholin*) an der Muskelendplatte. Versch. M. vom *Curare*-Typ werden bei operativen Eingriffen verwendet. Aktories et al. 2005.
W. Janke

Muster, **[KOG]**, Begriff hat in der Ps. als Übersetzung des engl. *pattern* Eingang gefunden und wird bedeutungsgleich verwendet. *Pattern*. *Mustererkennung*.

Mustererkennung (= M.) [engl. *pattern recognition*], **[KOG, WA]**, M. bezeichnet das Identifizieren von Regelmäßigkeiten in der Eigenschaft und/oder Abfolge von Reizen (vergl. *Detektor*, *Gestalt*, *Konfiguration*, *Muster*, *PDP*). Menschen können z. B. erkennen, wenn sich eine zufällige Geräuschspur (weißes Rauschen) im Zyklus von zwei S. wiederholt. Bei vielen perzeptuellen Anforderungen findet M. mühelos durch automatische Wahrnehmungsprozesse statt. Explorative Datenanalyse anhand von Grafiken macht sich diese Eigenschaft des visuellen Systems zunutze (vgl. auch das Anhören von feuernden Neuronen bei elektrischen Ableitungen). Maschinelle Lernverfahren werden auf Computern zur M. genutzt (*Künstliche Intelligenz*).
M. beruht auf *Induktion*: der Schluss, dass genau das gedachte Muster vorliegt, ist nicht sicher. Bspw. hat Wason (1960) Pbn gebeten, herauszufinden, welche Regel hinter der Zahlenfolge «2 4 6» steht. Die Pbn sollten weitere Zahlenfolgen generieren, um jew. zu erfahren, ob diese Folgen ebenfalls der Regel entsprechen – um schließlich so die Regel (das Muster) herauszufinden. Viele Menschen generierten Zahlenfolgen, die zwar zu der tatsächlichen Regel passten (z. B. «8 10 12»). Sie nahmen dabei aber eine andere, weitaus komplexere Regel an, für die sie unablässig weiter Bestätigung suchten (z. B. «10 12 14» entspricht ebenfalls der Regel). Sie versäumten es zu versuchen, ihre Hypothese zu falsifizieren. Die Regel war lediglich, dass die aufeinanderfolgenden Zahlen größer werden mussten. M. kann stark von Erwartungen getrieben sein oder sich v. a. auf Häufigkeiten in den Daten beziehen. Die Beurteilung und Erzeugung von *Zufall* (das Gegenteil von Muster) in Ereignisfolgen (z. B. Münzwurf in Gedanken, Kopf, Zahl) durch Menschen macht deutlich, dass Menschen einen Ausgleich von Häufigkeiten und Übergangswahrscheinlichkeiten innerhalb kurzer Abfolgen herstellen wollen (d. h. Abgleich im *Arbeitsgedächtnis*). So würde ZKZKZKZ eher für ein Muster gehalten werden als ZKKKZKZ. *Wahrnehmung, präattentiv*.
R. Gaschler

Mutagenität, mutagen (= M.) [engl. *mutagenicity, mutagen*, gr. -γενής *(-genes)* bewirkt, verursacht], **[BIO, GES, PER]**, Vorgang der verändernden Einwirkung auf die Gene (*Mutation*, *Gen*). Die M.forschung erstrebt Erkenntnisse zur Verursachung genetischer Schäden durch best. Substanzen, Strahlungen u. a.

Mutation (= M.) [engl. *mutation*; lat. *mutatio* Veränderung], **[KOG, PER]**, psychol. plötzlich oder unerwartete Änderung im Bewusstsein oder der Haltung und Einstellung. Gelegentlich Bez. für Stimmbruch Veränderungen im *Genom*, die pos., neg. oder gar keine Wirkungen auf den Organismus ausüben können. Die Veränderung eines einzelnen Gens, die Gen-M., führt zur Bildung eines neuen Allels. Die Veränderung der Architektur ganzer Chromosomen nennt man Chromosomen-M., die numerische Veränderung des Chromosomensatzes nennt man Genom-M. M. sind nicht vererbbar, können aber best. Krankheiten erklärbar machen. Eine M. kann außerdem

N

N1 *Ereigniskorrelierte Hirnpotenziale, EKP.*

n, N [lat. *numerus* (Anzahl], [**FSE**], (stat.) Zahl der Beobachtungen in einer Datenmenge, Anzahl von Personen in einer Population.

N-Acetyl-Cystein (= A.), Abk. NAC, ACC., [**PHA**], Glutamatmodulator. Derivat der Aminosäure Cystein. A. findet in der Inneren Med. seit Jahrzehnten Verwendung als Schleimlöser bei Atemwegserkrankungen und als Antidot bei der Paracetamol-Intoxikationen. Aus A. entsteht Cystein, und dieses wiederum ist Vorläufer des Antioxidans Glutathion. Diesem wird eine Verbesserung der glutamatergen Neurotransmission (*Neurotransmitter*) zugeschrieben. Das therap. Potenzial von A. wird derzeit bei versch. neuropsychiatrischen Erkrankungen geprüft, u. a. Suchterkrankungen (*Sucht- und Substanzbezogene Störungen*), *Schizophrenien* und *neurodegenerativen Erkrankungen*. G. Gründer

Nachahmung, Imitation (= N.) [engl. *imitation*; lat. *imitari* nachahmen], [**KOG**], eine *Handlung*, mit der absichtlich oder unabsichtlich (mehr oder weniger genau) eine kurz vorher beobachtete Handlung (unmittelbare N.) oder eine vor längerer Zeit beobachtete Handlung (aufgeschobene N.) eines Vorbilds (*Modell*) ausgeführt wird. Eine besondere Form der N. ist der *Carpenter-Effekt*, die unwillkürliche N. von Bewegungen, Gesten und Gebärden. Beim *Beobachtungslernen* wird von Bandura und Walters die N. (1) als Prozess des Erwerbs und (2) als Leistung analysiert. Es wird angenommen, dass zum Erwerb keine Verstärkungen und folglich auch keine Ausführung der später nachgeahmten Handlung notwendig sei, sondern dass, ähnlich wie bei der *klassischen Konditionierung*, die Assoziation von Stimuli ausreiche. Erst zur Ausführung der nachzuahmenden Handlung werden bei anderen wahrgenommene, selbst erhaltene oder erwartete Verstärkungen vorgenommen. Im Ggs. dazu hatten Dollard und Miller die N. als einen mehrstufigen Prozess beschrieben, in dem durch Zufall (Versuch und Irrtum) zustande gekommenes *matching behavior* (Verhalten, das dem des Vorbilds gleicht) belohnt werden musste. Die ökonomischeren lerntheoretischen Erklärungen lösen die ursprüngliche Annahme eines N.instinktes oder N.bedürfnisses ab. Auch die spekulative Voraussetzung für die N., die *Identifikation* mit dem Modell, wird von ihnen nicht mehr gefordert.

In behavioristischen Erklärungsversuchen (*Behaviorismus*) der *Sprachentwicklung* spielt N. eine ganz entscheidende Rolle. Nach Skinner (1957) werden verbale Formen durch einen Shaping-Prozess (*shaping*) noch ungeformter Vokalisationen mittels differenziellen Reinforcements (*Belohnung*) gelernt. Muss bei ihm die Steuerung nachzuahmender Formen über eine außenstehende Person erfolgen, so geht Mowrer (1960) in seiner *Autismus-Theorie des Spracherwerbs* davon aus, dass ein Kind ein vom Erwachsenen ausgesprochenes Wort deshalb nachahmt, weil ihm das Hören dieses Wortes autistische Befriedigung verleiht. Dies erklärt sich aus dem sekundären Belohnungswert (*sekundärer Verstärker*), der deshalb auf das Erwachsenen-Wort konditioniert wurde (*bedingte Hemmung*), weil es in einer angenehmen Situation als primäres Reinforcement ausgesprochen worden ist. Die *Generalisation* auf die vom Kind selbst hervorgebrachten und gehörten Laute hält damit den Nachahmungsprozess in Gang.

Kritik an diesen u. a. assoziativen Ansätzen wird von Vertretern der Hypothese-Theorien hervorgebracht (Miller & McNeill 1969). Die Bedeutung der N. ist nicht in Zweifel zu ziehen, da ohne sie eine normale Entwicklung der perzeptiv-motorischen und der auditiven Funktionen nicht möglich wäre (*Sprachstörungen*). Sie genügt jedoch als alleiniges Erklärungsprinzip nicht, da das Kind tiefenstrukturelle sprachliche Relationen erwirbt (*Tiefenstruktur*), die nicht gesprochen werden und damit auch nicht gehört werden können. *Paradigma der verzögerten Nachahmung.* Bandura & Walters 1963, 1969, 1970.

Nachbilder (= N.), [engl. *afterimages*], [**WA**], *Wahrnehmungen*, die nach dem Aufhören der Einwirkung optischer Reize zu beobachten sind. *Positives N.* besitzt die gleiche Farbqualität (*Farbe, Farbwahrnehmung*) wie der vorhergehende Lichtreiz und ist meist (wenn der Reiz nicht von sehr starker Intensität war) nur von kurzer Dauer. Es beruht auf der kurzzeitigen Fortdauer der Nervenerregung (*Nachempfindung*). *Negatives N.* (auch Sukzessivkontrast genannt) tritt in der zum auslösenden Reiz komplementären Farbe auf (z. B. sieht man nach längerem Fixieren einer roten Fläche ein grünes Nachbild und umgekehrt). Es bleibt i. d. R. wesentlich länger als das pos. N. (als Ursache sind u. a. Regenerationsvorgänge in der Netzhaut (*Auge*) angenommen worden). Nach starken Reizen oder langer Fixationszeit können abwechselnd pos. und neg. N. auftreten. *Emmert'sches Gesetz.*

Nacheffekte (= N.) [engl. *after effects*], [**WA**], McCollough nennt die von ihr entdeckten versch.farbigen Nachwirkungen auf vertikalen bzw. horizontalen Streifenmuster nach der Darbietung versch. gefärbter Streifenmuster N., um sie vom üblichen *Nachbild* zu unterscheiden. *Nachempfindung, Nachbilder.* Hajos 1972.

Nachempfindung [engl. *sensory fading*], [**WA**], das allmähliche abklingende Nachwirken einer *Empfindung* über die Dauer der Reizeinwirkung hinaus, dem kürzer dauernden pos. *Nachbild* ähnlich (Nachklang, Nachgeschmack u.a.). Beruht auf dem Weiterbestehen des Erregungszustandes im *Sinnesorgan* oder *Nervensystem*.

Nacherleben [engl. *re-experiencing*], [**EM**], nach Lersch (*Lersch, Philipp*) die Nachbildung fremdseelischer Akte

(*Akt*), die einfühlend anschauliche Vergegenwärtigung der seelischen Lage anderer Menschen. *Empathie*.

nachhaltige Entwicklung, nachhaltiger Konsum (= n.E./K.) [engl. *sustainable development, sustainable consumption*], [**SOZ, WIR**], beschreibt die «Entwicklung, die den *Bedürfnissen* der heutigen Generation entspricht und dabei die Möglichkeiten zukünftiger Generationen nicht einschränkt» (Brundtland-Report 1987; [www.nachhaltigkeit.info/artikel/brundtland_report_563.htm]). Dabei beziehen sich diese Bedürfnisse nicht nur auf eine saubere Umwelt sondern ebenso auf die wirtschaftliche, gesellschaftliche und kult. (*Kultur*) Entwicklung einer *Gesellschaft*. Den ethischen Kern (*Ethik*) bildet das Prinzip der gerechten Verteilung von Lebenschancen zw. heutigen Menschen im «globalen Norden und Süden» sowie zw. heutigen und zukünftigen Generationen. Manchmal werden jenseits dieses anthropozentrischen Ansatzes zusätzlich Tierrechte sowie ein Eigenrecht der Natur mit in die Zielebene definiert (sog. *starke* Nachhaltigkeit). N.E. strebt die Balance ökonomischer, gesellschaftlicher und ökologischer Ziele an; dabei treten Zielkonflikte auf, die politisch und gesellschaftlich gelöst werden müssen, vor allem über das Festlegen von Prioritäten. Politik für n.E. ist ein fortwährender Verständigungs-, Such- und Lernprozess, der die Partizipation unterschiedlichster Akteure (Wirtschaft, Politik, Verwaltung, Zivilgesellschaft, Verbraucher, Medien u.a.) erfordert. N.E. ist zudem ein *moving target*, das durch politisch festgelegte Ziele und messbare Indikatoren i.R. von Nachhaltigkeitsstrategien und Fortschrittsberichten begleitet wird. Insbes. in der Umwelttechnologie ist n.E. zudem zum strategischen Wettbewerbsfaktor geworden.

Die wiss. Beschäftigung mit dem Thema begann 1972 mit der Studie *Grenzen des Wachstums* an den Club of Rome. Auf dem Weltgipfel in Rio de Janeiro 1992 wurde in der Rio-Deklaration und der Agenda 21 die n.E. als Leitkonzept der internat. Staatengemeinschaft verankert. In weiteren Konventionen (z.B. *Klimarahmenkonvention*) und Protokollen (z.B. *Kyoto-Protokoll*) wurden teils erweiternde Def. für Nachhaltigkeit und n.E. gegeben. In der Agenda 21 wurde auch erstmals das Konzept des Nachhaltigen Konsums (= n.K.) ausgeführt. Die drei wesentlichen Strategien des n.K. lauten: *Effizienz* (Energie und Ressourcen), Genügsamkeit und Reduktion (z.B. durch Teilen, Tausch, Selbstmachen) und Konsistenz (d.h. Produkte kaufen, die komplett recycelt werden können). Für die Industrieländer bedeutet n.E. notwendigerweise die Änderung von Lebens- und Konsumstilen hin zu *ressourcenleicht, energiearm und sozial verträglich* – denn die heutigen Stile sind mit einem zu hohen Ressourcenverbrauch und hohen Umweltschäden verbunden und weder dauerhaft auf die Zukunft noch auf die ganze Welt übertragbar. Auf dem 2. Weltgipfel 2002 in Johannesburg wurde ein 10-Jahres-Programm zur Stärkung des n.K. beschlossen, dessen Konkretisierung im *Marrakesch-Prozess* erreicht werden soll. Allerdings sind gerade Lebens- und Konsumstile nur schwer veränderbar – zu stark sind der Wunsch nach und das Beharren auf Bequemlichkeit und materiellem Wohlstand (*Konsumentenverhalten und Selbstregulation*). Reisch 2004, Reisch & Scherhorn 1999.

L. A. Reisch/G. Raab

Nachhilfe (= N.) [engl. *extra/private lessons*], [**PÄD**], ist ein außerschulischer zusätzlicher *Unterricht*, dessen Ziel die Verbesserung der Schulleistung in einem oder mehrerer Schulfächer ist und in den meisten Fällen privat durch die Eltern finanziert und organisiert wird. N. tritt in versch. Formen auf. Man unterscheidet hier zw. privater (unentgeltliche N. durch Eltern, Geschwister, Verwandte, etc.) und kommerzieller (gegen Entgelt durch Firmen oder Privatpersonen) N., sowie zw. Einzel- und Gruppennachhilfe. Einzelnachhilfe findet in einer 1 zu 1 Situation zw. Nachhilfelehrer und Nachhilfeschüler statt. Bei der Gruppennachhilfe wird N. von einer Lehrperson zeitgleich mehreren SchülerInnen erteilt. Studien ergaben, dass zw. 10% und 13% aller Schüler im Jahre 2012 N. erhielten. Im Bereich der Sekundarstufe I und II liegt die Quote zw. 23% und 27%. Dabei geben etwa 60%–75% der Schüler an, irgendwann in ihrer Schullaufbahn Nachhilfeunterricht besucht zu haben. Dies führt zu einem wirtschaftlich interessanten Sektor des außerschulischen Unterrichts, der nach unterschiedlichen Schätzungen jährlich zwischen € 0,7 Mrd. und € 3,0 Mrd. Umsatz erwirtschaftet. Empirische Studien hinsichtlich der Wirksamkeit von N. liegen hauptsächlich bei kommerzieller Organisation vor, da im privaten Sektor die Erhebung großer Stichproben schwierig ist. N. wird hauptsächlich in den Fächern Mathematik, Englisch und Deutsch in Anspruch genommen. Der Grund für die Inanspruchnahme von N. ist nach Jürgens und Diekmanns (2007) sowohl aus Eltern- wie auch Schülersicht vorwiegend die fachspezifische Notenverbesserung, die Vorbereitung auf Klassenarbeiten und Tests sowie das Schließen von Wissenslücken. Die empir. Befundlage hinsichtlich der Wirksamkeit von N. ist als kritisch zu betrachten. Die meisten Studien wurden nur regional und/oder an nur einem kommerziellen Nachhilfeinstitut durchgeführt. Somit sind sie nicht immer als repräsentativ einzustufen. Dohmen et al. (2008) listen eine Reihe von versch. Studien auf, die insges. eine Verbesserung der Schulnote im Nachhilfefach zeigen. Hinsichtlich weiterer Aspekte, wie z.B. Lernverhalten oder Prüfungsangst sind die Ergebnisse nicht deutlich. Ebenso ist die Ergebnislager hinsichtlich der Prädiktoren von erfolgreicher N. noch sehr lückenhaft und meist auf einen bzw. wenige beschränkt. So konnten z.B. Streber et al. (2011) zeigen, dass der Ausbildungsstand des Nachhilfelehrers keine Auswirkung auf den Erfolg hat.

M. Reutlinger

n-achievement (= n.) [engl. *achievement need; achievement* Erfolg], [**EM**], ein Motivationskonstrukt aus der Theorie von Murray über die Beziehung Mensch/Umwelt (*need, need-press*). N. bedeutet das Bedürfnis nach Erfolg und Leistung (beruflich, geschäftlich, gesellschaftlich u.a.). *Leistungsmotiv*, *Leistungsmotivation*, *Zielorientierung*.

Nachorgiastische Verstimmungen [engl. *post-orgiastic depressive mood*], *Sexualstörungen*.

Nachricht (= N.) [engl. *message*], [**SOZ**], *Zeichen* oder Zeichenfolge in einem Kommunikationsprozess (*Kommuni-*

kation). Zweck einer N. ist es, den Empfänger zu einer best. *Reaktion* zu veranlassen oder ihm eine Mitteilung über den Zustand eines Systems (*System*) zu machen.   *D. Dörner*

Nachrichtenselektion [engl. *news selection*; lat. *selectio* Auswahl], [**SOZ**], Bez. für die Auswahlprozesse, die dazu führen, dass best. Ereignisse von den Medien berichtet werden, während andere keine Nachricht ergeben (*agenda-setting*). Prominente Nachrichtenfaktoren, die den Nachrichtenwert eines Ereignisses erhöhen, sind u. a. räumliche, historische und kult. Nähe, Personalisierung, Eliteorientierung und Simplifizierung. Eilders 1997.   *W. Kempf*

Nachrichtentheorie [engl. *information/messaging theory*], [**KOG, SOZ**], Theorie der Übermittlung, Wandlung und Speicherung von Nachrichten. Sie enthält vor allem die *Informationstheorie* (die Fragen der Qualifizierung von Nachrichtenmengen behandelt) und die physikal. Theorie technischer (praktisch ausschließlich elektrischer) Systeme zur Realisierung der Nachrichtenverarbeitung. Steinbuch 1973.

Nachrichtenübertragung [engl. *messaging, transmission*], *Kommunikation*.

Nachschulung (= N.) [engl. *after-training, refresher course*], päd.-therap. Maßnahme für Kraftfahrer, die durch ihr *Verhalten* im Straßenverkehr gemessen an den Rechtsvorschriften auffällig geworden sind, aus den USA als *driver improvement* bekannt. Nach bundesrechtlichen Regelungen in Deutschland (Fahrerlaubnisverordnung) werden Maßnahmen dieser Art auch Aufbauseminare genannt. Zur N. können in Dt. im Wesentlichen (1) die Empfehlung des Gutachtens aus einer *Medizinisch-Psychologischen Untersuchung (MPU)* wegen Alkoholauffälligkeit bzw. wegen mehrfacher Auffälligkeit anderer Art und (2) die Aufforderung der Fahrerlaubnisbehörde wegen spez. Auffälligkeit führen. Ziel der N. ist die Wiedererlangung der Fahrerlaubnis, die mit einer Teilnahmebescheinigung bei der Fahrerlaubnisbehörde beantragt werden kann. N. wird ebenso in der Schweiz und in Österreich praktiziert. Das Konzept des *driver improvement* ist Anfang der 1970er-Jahre in Europa durch die Arbeit von Spoerer vorgestellt worden, nachdem zuvor Werner Winkler erste eigenständige Versuche in Dt. unternommen hatte. Ausgehend zunächst von Belehrungen (USA) und von Kursen zur Änderung von *Einstellungen* (Modell Leer von Winkler) entwickelte sich zunehmend eine gruppentherap. Vorgehensweise. Typ. Kurse nach dem verhaltenspsychol. oder dem individualpsychol. Ansatz dauern jew. 13 Doppelstunden, die sich über mind. sieben Wochen verteilen; an einem Kursus nehmen ca. 8 bis 10 Kraftfahrer teil. Bekannte Programme in Dt. stammen von den *Technischen Überwachungsvereinen* (insbes. *TÜV Rheinland*) oder von der *Gesellschaft für Ausbildung, Fortbildung und Nachschulung* (AFN, Köln). Die *Evaluation* von Nachschulungsprogrammen erwies sich als schwierig, da exp. Versuchsanordnungen nicht möglich waren (*Experiment*). Nach aufwendigen Evaluationsstudien insbes. in Dt. liegt jedoch eine Fülle von Detailergebnissen vor, die zur fortwährenden Verbesserung der N. verwendet werden konnten. Aus diesen Arbeiten gingen institutionalisierte Richtlinien für die Anerkennung von Trägern von N. hervor. So genannte verkehrstherap. Programme bieten spez. *Interventionen* für bes. schwierige Fälle an (z. B. Individualpsychol. Verkehrstherapie nach Höcher). Mittlerweile existieren vielfältige Angebote, die jedoch nicht alle evaluiert worden sind.   *W. Echterhoff*

Nachsorge (= N.) [engl. *aftercare*], [**GES**], planmäßige Nachbehandlung oder Nachuntersuchung von Pat. nach einer abgeschlossenen oder vorläufig abgeschlossenen stationären oder teilstationären Behandlung. Der N. kommt insbes. bei *chronischen Erkrankungen* eine bes. Bedeutung zu, um einen nachhaltigen Effekt der Behandlung (Stabilisierung oder Konsolidierung des Gesundungsprozesses) und einen Transfer von Verhaltensänderugnen in den Alltag unterstützen zu können. Die N. kann durch ambulante Zentren, Hausärzte, aber auch in einer *Selbsthilfegruppe* erfolgen.

Nachtwandeln [engl. *active oneirodynia, noctambulism*], *Somnambulismus*.

n-affiliation (= n.) [engl. *affiliation need; affiliation* Anschluss], [**EM**], ein Motivationskonstrukt aus der Theorie von Murray über die Beziehung Mensch/Umwelt (*need, need-press*). N. bedeutet das Bedürfnis, sich gesellschaftlich einzugliedern, zugehörig zu sein, geliebt zu werden u. Ä. *Anschlussmotiv*.

^{Test}**Naglieri Nonverbal Ability Test (NNAT)**, 2003, J. A. Naglieri, [www.pearsonassessments.com], [**DIA, KOG, PER**]. Testverfahren, das *nonverbales schlussfolgerndes Denken* und *allgemeine Problemlösefähigkeiten* bei Kindern und Jugendlichen erfasst. Das Verfahren eignet sich für die Testung bei unterschiedlichem sprachlichem oder kult. Hintergrund (*Testfairness*). Zudem sind geringe motorische Fähigkeiten erforderlich und eine Testung von Pbn mit Hörschädigung (Option zur nonverbalen Instruktion) oder eingeschränkter Fähigkeit zur Farbwahrnehmung ist möglich. Es existieren zwei Parallelformen mit einem breiten Schwierigkeitsspektrum. Normwerte für eine US-repräsentative Stichprobe liegen vor.

Nahinfrarotspektroskopie, funktionelle (fNIRS) (= fNIRS) [engl. *functional near-infrared spectroscopy*], [**BIO, DIA**], ist ein nicht invasives *bildgebende Verfahren*, das darauf beruht, dass Änderungen in der Hirnaktivität (*Gehirn*) zu Veränderungen der optischen Eigenschaften von Hirngewebe führen, die quantifiziert werden können. Die fNIRS entwickelte sich Anfang der 1990er Jahre, nachdem in mehreren Studien gezeigt werden konnte, dass es möglich ist, mithilfe der *Nahinfrarotspektroskopie* (NIRS) regionale Veränderungen in der Hirngewebeoxygenierung während der Durchführung kogn. (*Kognition*) und motorischer (*Motorik*) Aufgaben zu detektieren. Die physiol. Grundlage der fNIRS-Messung bildet dabei genau wie bei der *funktionellen Magnetresonanztomografie* (fMRT) und der *Positronen-Emissions-Tomografie* (PET) die neurovaskuläre Kopplung – nur dass im Fall der fNIRS die durch die neurovaskuläre Kopplung ausgelösten Veränderungen der optischen Eigenschaften des Hirngewebes erfasst werden. So können mithilfe der fNIRS aus dem Verhältnis von in das Gehirn abgegebenem zu reflektiertem nahinfraroten Licht regionale Konzentrationsveränderungen der beiden Chromophore oxygeniertes Hämoglobin (oxy-HB) und deoxygeniertes Hämoglobin (deoxy-HB) gemessen und Rückschlüsse auf die Hirnaktivität in den untersuchten Hirnarealen gezogen werden. Auch wenn die fNIRS eine deutlich eingeschränkte Tiefeneindringung im Vergleich zur fMRT aufweist (etwa 2–2.5 cm von der Schädeloberfläche), erfreut sich die fNIRS aufgrund zahlreicher Stärken zunehmender Beliebtheit. Dazu gehören die Nichtinvasivität, die im Vergleich relativ geringen Anwendungskosten, die einfache Handhabung und Anwendung auch in «natürlichen» Settings, die gute Anwendbarkeit bei Kindern und Pat. sowie die leichte Kombinierbarkeit mit anderen signal- und bildgebenden Verfahren. Böcker & Schroeter 2008. *M. Böcker*

Nahinfrarotspektroskopie (NIRS) [engl. *near-infrared spectroscopy*; gr. σκοπεῖν *(skopein)* betrachten], **[BIO, DIA]**, ist ein nicht-invasives optisches Verfahren, mit dessen Hilfe die Oxygenierung (Sauerstoffsättigung) von Blut und Gewebe untersucht werden kann. Die NIRS wurde erstmals von Jöbsis (1977) beschrieben und wird seit den 1980er Jahren zunehmend in versch. Bereichen der Humanmedizin als Monitoring-Methode (*psychophysiologisches Monitoring*) eingesetzt, so z.B. zur Überprüfung der cerebralen Sauerstoffversorgung von Pat.
Die NIRS beruht darauf, dass biol. Gewebe lediglich für Licht aus dem Nahinfrarotspektrum (700 bis 1000 nm Wellenlänge) relativ durchlässig ist. In diesem Wellenlängenbereich wird Licht im Wesentlichen von den zwei Chromophoren oxygeniertes Hämoglobin (oxy-HB) und deoxygeniertes Hämoglobin (deoxy-HB), absorbiert. Der rote Blutfarbstoff Hämoglobin, der für den Sauerstofftransport im Körper verantwortlich ist, verändert seine Farbe und damit auch seine optischen Eigenschaften, je nachdem, ob er Sauerstoff gebunden hat (oxy-Hb) oder nicht (deoxy-Hb) und weist daher für beide Chromophore unterschiedliche Absorptionsspektren auf.
Technisch gesehen wird nahinfrarotes Licht mit genau definierten Wellenlängen von einem NIRS-Gerät produziert und über den Emitterkanal der Optode ausgesendet. Das Licht durchdringt das unter der Optode liegende Gewebe und ein Teil davon wird insbes. durch die beiden Chromophore oxy-Hb und deoxy-Hb absorbiert. Das nicht absorbierte Licht verlässt nach mehreren Streuereignissen das Gewebe wieder und kann mithilfe von Lichtdetektoren erfasst werden. Aus dem Verhältnis von ausgesandtem zu reflektiertem Licht können nun mittels einer spektrophotometrischen Analyse Konzentrationsveränderungen von oxy-Hb und deoxy-Hb bestimmt werden. Seit Anfang der 1990er Jahre wird die NIRS mit steigender Tendenz auch als bildgebendes Verfahren zur Untersuchung kogn. Prozesse eingesetzt (*Nahinfrarotspektroskopie, funktionelle*). *Bildgebende Verfahren*. Böcker & Schroeter 2008. *M. Böcker*

Nahpunkt [engl. *near point*], *Akkommodation*.

Nahrungsmittel [engl. *food(stuff)*], **[BIO, GES]**, Nahrung dient zur Deckung (1) des Energiebedarfs durch Proteine (*Protein*), Fette und Kohlenhydrate, (2) des Bedarfs mit lebensnotwendigen Stoffen wie Proteinen und essenziellen *Aminosäuren*, Fetten, (3) des Bedarfs an Spurenelementen (Mikronährstoffe) wie *Vitaminen*, Mineralien. Viele Nahrungsmittel sind als *psychotrope Substanzen* mit unmittelbarer Wirkung auf zentralnervöse Vorgänge (*Nervensystem*) anzusehen. Kasper 1996, Wurtman & Wurtman 1986. *W. Janke*

naive Physik [engl. *naive physics*], *intuitive Physik*.

naive Psychologie [engl. *naive physics*; frz. *naïf* unwissend, unkritisch], *Populärpsychologie*.

naiver Statistiker [engl. *naive statistician*], **[KOG]**, der mit subjektiver *Wahrscheinlichkeit* schätzende Mensch, der nicht stat. Regeln befolgt und z.B. das Eintreten außergewöhnlicher Ereignisse für wahrscheinlicher hält, als sie sind. Kahneman & Tversky 1973.

naive Verhaltenstheorie (= n.V.) [engl. *naive behavior theory, subjective theory*, frz. *naïf* unwissend, unkritisch], **[KOG, PER, SOZ]**, auch *naive Alltagstheorie*, besteht aus Annahmen und einfachen Erklärungen, die sich Laien (Nichtpsychologen) darüber bilden, wie das menschliche Verhalten durch die aktuellen Umstände, durch persönliche Eigenschaften und Motive sowie durch die allg. Lebenserfahrung bestimmt sind. Nach Uwe Laucken können solche n.V. ähnlich komplex wie wiss. Theorien ausgebildet sein. *Alltagstheorien*, *implizite Persönlichkeitstheorie*, *praktische Menschenkenntnis*, *Populärpsychologie*, *Subjektive Theorie*. *J. Fahrenberg*

Nalmefen (= N.), **[PHA]**, Opiatrezeptorantagonist an μ- und δ-Opiatrezeptoren, zusätzlich – anders als *Naltrexon* – partieller *Agonist* an κ-Rezeptoren. Zugelassen zur Reduktion des Alkoholkonsums bei erwachsenen Pat. mit Alkoholabhängigkeit, deren Alkoholkonsum sich auf einem hohen Risikoniveau befindet (Männer: > 60 mg *Alkohol*/Tag; Frauen: > 40 mg/Tag). N. wird bei Bedarf, d. h. möglichst 1–2 Std. vor dem erwarteten Alkoholkonsum, oder, wenn der Alkoholkonsum schon begonnen hat, sofort, eingenommen. Üblich ist die einmal tägliche Gabe von 20 mg. Diese führt innerhalb von 1-2 Std. zu einer fast vollst. Blockade von Opiatrezeptoren. *Eliminationshalbwertszeit* 7–12 Std. N. ist weniger lebertoxisch als Naltrexon. N. ist nicht zugelassen für die Behandlung von alkoholabhängigen Pat., die die vollst. Abstinenz anstreben. *G. Gründer*

Naloxon (= N.) [engl. *naloxone*], **[PHA]**, potenter *Opioid-Antagonist* mit Affinität zu den μ-Rezeptoren. N. hebt alle Wirkungen von *Opiaten* auf und wird verwendet bei Opiatintoxikation. Die Substanz wird i.d.R. intravenös appliziert, sie liegt jedoch auch in einigen N. Mischanalgetika vor.

Naltrexon (= N.) [engl. *naltrexone*], **[PHA]**, hochaffiner *Opioid-Antagonist* mit Affinität zu den μ-Rezeptoren, der im Unterschied zu *Naloxon* oral eingenommen wird. *Eliminationshalbwertszeit* ca. 4 Std., der pharmakol. aktive Metabolit 6β-Naltrexol hat eine Halbwertszeit von 9–13 Std. Die Blockade von m-Opiatrezeptoren hält mehrere Tage an, daher reicht eine einmal tägliche Gabe. mit Affinität zu den mu-Rezeptoren. Die Substanz zählt zu den *Anti-Craving-Substanzen*, sie ist zugelassen bei Alkoholabhängigkeit zur Reduktion des Rückfallrisikos als unterstützende Maßnahme in der Abstinenz und zur Minderung des Verlangens nach Alkohol (*Alkoholabhängigkeit, Pharmakotherapie*) sowie zur Entwöhnungsbehandlung bei Opiatabhängigkeit (*Opiatabhängigkeit, Pharmakotherapie*). *G. Gründer*

Nancyer-Schule [engl. *Nancy school*], [**KLI**], die von H. Bernheim vertretene Richtung der Hypnoseforschung im Unterschied zur gleichzeitigen *Pariser-Schule* unter Charcot. *Hypnose.*

Napalkov-Phänomen [engl. *Napalkov phenomenon*], *Inkubation.*

Narkoanalyse [engl. *narcoanalysis*; gr. νάρκωσις *(narkosis)* Betäubung, Erstarrung]; *Hypnoanalyse.*

Narkolepsie (= N.) [engl. *narcolepsy*; gr. νάρκωσις *(narkosis)* Betäubung, Erstarrung, ληψις *(lepsis)* Anfall], [**KLI**], die N. zählt zu den *Hypersomnien* zentraler Ursache. Unterschieden werden eine N. mit *Kataplexie* von einer N. ohne Kataplexie sowie einer sekundären N. bei Erkrankungen von Hirnregionen, die in die Schlafregulation involviert sind (z. B. Hypothalamus). Charakteristisch ist die exzessive Tagesmüdigkeit mit plötzlichen Einschlafattacken (bei praktisch jedem Pat.) sowie die Kataplexie (bei 80–90 % der Pat., beweisend für die Erkrankung), ein plötzlicher Verlust des Muskeltonus bei vollem *Bewusstsein*, der durch emot. Erregung (Lachen, Weinen, u. v. a.) ausgelöst wird. Häufig werden auch hypnagoge und hypnopompe *Halluzinationen* (50 % der Pat.) sowie ein gestörter Nachtschlaf beobachtet (*Schlaf*). Die Erkrankung ist mit einer *Prävalenz* von 26–50/100.000 selten. Sie beginnt meist im 2. Lebensjahrzehnt. Insbesondere bei der N. mit Kataplexie findet man einen hochgradigen Verlust von Orexin-*Neuronen* im Hypothalamus. Es besteht eine hochgradige Assoziation mit best. HLA-Varianten, was eine erhebliche genetische Komponente nahelegt. Auch eine autoimmunologische Genese der Erkrankung wird diskutiert. Die Behandlung erfolgt mit *Modafinil*, alternativ auch mit *Methylphenidat*. Die Kataplexie spricht besonders gut auf *Antidepressiva* mit noradrenerger Komponente an, empfohlen werden *Clomipramin, Venlafaxin* oder *Reboxetin*, aber auch *SSRI* (*Citalopram, Fluoxetin*). *Natriumoxybat* wird vor Modafinil empfohlen, wenn Tagesmüdigkeit und Kataplexie gleichwertig vorhanden sind, da die Kataplexie besser auf *Natriumoxybat* anspricht. *G. Gründer*

Narkose [engl. *narcosis*; gr. νάρκωσις *(narkosis)* Betäubung, Erstarrung], [**PHA**], durch Pharmaka (*Narkotika*) hervorgerufener reversibler Zustand allg. Funktionshemmung des ZNS (*Nervensystem*), der (1) Empfindungen und Wahrnehmungen, also das *Bewusstsein* ausschaltet, (2) einen Zustand der *Analgesie* bewirkt (nicht alle Narkotika), (3) eine Relaxation der Skelettmuskulatur hervorruft und (4) eine Unterdrückung der Abwehrreaktionen induziert. *Operationsvorbereitung, psychologische*. Julien 1997. *W. Janke*

Narkotika (= N.) [engl. *narcotics*; gr. νάρκωσις *(narkosis)* Betäubung, Erstarrung], syn. Narkosemittel und *Allg.ästhetika*, [**PHA**], Substanzen zur Ausschaltung des *Bewusstseins* während chirurgischer Eingriffe. N. führen zu graduellen, dosisabhängiger Hemmung aller Funktionen des ZNS (*Nervensystem*). Nach anfänglicher Aktiviertheit kommt es mit tieferer Narkose zu fortschreitender Unterdrückung der Reflexe und zentraler Schmerzauslöschung (*Analgesie*), bei Vollnarkose zusätzlich zur Dämpfung der Atmung und Hirnerregbarkeit, Amnesie tritt ein. Die Zufuhr von N. erfolgt über Einatmung (Inhalationsn.) oder Injektion (Injektionsn.). Zu den Ersteren gehören Halothan, Äther, ätherverwandte Gase (Enfluran, Isofluran, Desoxyfluran). *Lachgas* = N_2O. Zu den Letzteren gehören Barbiturate, *Etomidat, Propofol, Ketamin*. Eine weitere Gruppe sind Stoffe zur Neuroleptanalgesie, bei der das *Opioid Fentanyl* mit einem *Antipsychotikum*, meist *Haloperidol*, kombiniert wird. Psychol. Untersuchungen konzentrieren sich auf die Erfassung von Nachwirkungen (*Hang-over-Effekten*) auf Leistungsvariablen und auf amnestische Effekte. Aktories et al. 2005, Oberdisse et al. 1997. *W. Janke/P. Zimmermann*

narrative Identität [engl. *narrative identity*; lat. *narrare* erzählen], *narrative Rekonstruktion, narratives Interview.*

narrative Rekonstruktion (= n. R.) [engl. *narrative reconstruction*; lat. *narrare* erzählen], [**DIA, EM, FSE, PER**], der Begriff der n. R. kann in zwei Weisen verwendet werden. (1) bezeichnet er die kogn.-emot. und/oder kommunikative Aktivität eines Menschen, seine lebensgeschichtlichen Erfahrungen oder Episoden daraus in eine erzählerische Struktur zu bringen, um ihr damit *Kontinuität* und *Kohärenz* zu verleihen und sie für sich und andere verstehbar zu machen. Durch die narrative Strukturierung wird der Zeiterfahrung Bedeutung verliehen. Die n. R. kann z. B. der genetischen Begründung von Handlungen (*Handlung*) und Entscheidungen (*Entscheiden*), der emot. Verarbeitung (*Emotionen*) von Widerfahrnissen, der autobiografischen Selbstverständigung und der Arbeit an der eigenen *Identität* und *Biografie* dienen. (2) beschreibt der Begriff eine wiss. Methode der inhaltlichen und/oder strukturellen sowie interaktionsbezogenen Analyse von mündlichen Erzählungen mithilfe von textanalytischen, z. B. hermeneutischen, diskursanalytischen, narratologischen oder konversationsanalytischen Verfahren. Gegenstand der n. R. können z. B. *narratives Interview* sein, ebenso kann die n. R. bspw. in der *Psychotherapie* von Pat. mit amnestischem Syndrom zur Wiederherstellung biografischer Kontinuität eingesetzt werden. *G. Lucius-Hoene*

narratives Interview (= n. I.) [engl. *narrative interviews*; lat. *narrare* erzählen], [**DIA, EM, FSE, PER**], das n. I. wurde als qual., offenes Interviewverfahren (*Interview*) von dem Soziologen Fritz Schütze auf dem Hintergrund interaktionstheoretischer, erzähl- und konversationsanalytischer (*Konversationsanalyse*) sowie wissenssoziologischer Überlegungen konzipiert. Es zielt nicht auf die Überprüfung vorgegebener Hypothesen (*Hypothese*), sondern auf die Rekonstruktion von Wirklichkeitskonstruktionen und die Generierung von Theorien (*Theorie*) ab. Die Vorgehensweise dient der unrestringierten Hervorbringung von autobiografischen Stegreiferzählungen der interviewten Person und geht von einer Homologie zw. ihrer Erfahrungsaufschichtung und ihrer narrativen Rekonstruktion (*narrative Rekonstruktion*) aus.

Nach einer narrationsgenerierenden, offenen und autobiografisch orientierten *Eingangsfrage* soll die erzählende Person sich ihrem Erinnerungsstrom und ihren eigenen Relevanzsetzungen überlassen; das entstehende Narrativ wird nur durch ermutigende Hörersignale ohne thematische Vertiefungen seitens des Interviewers unterstützt. Nach Beendigung der *spontanen Narration* werden in einer *tangentialen Vertiefungsphase* anknüpfenden Fragen an das Erzählte gestellt; in der abschließenden *Bilanzierungsphase* kann die interviewende Person auch nach Eigentheorien der erzählenden Person und weiteren mit der Forschungsfragestellung verknüpften Aspekten fragen.

Das n. I. hat als vielseitig einsetzbares wiss. Erhebungsverfahren v. a. im dt. Sprachraum einen großen interdisziplinären Einfluss gewonnen und ist zum Prototyp des offenen Interviews mit dem Ziel der erzählerischen Wiedergabe von Selbsterlebtem geworden. Sowohl hinsichtlich der Erhebungs- als auch der Analysemethode wurde es vielfach abgewandelt und an unterschiedliche Erkenntnisziele, Personengruppen und Erhebungssituationen angepasst. *G. Lucius-Hoene*

Narzissmus (= N.) [engl. *narcissism*] [**KLI, PER, SOZ**], Der Begriff geht auf die gr. Sagengestalt des in sein Spiegelbild verliebten Jünglings Narziss [gr. Νάρκισσος Narkissos) zurück und steht alltagssprachlich für Selbstverliebtheit. N. als psychol. *Konstrukt* äußert sich typischerweise in Selbstüberschätzung, Überempfindlichkeit gegen Kritik, Suche nach Bewunderung und dominantem Interaktionsverhalten. Narzisstisch motivierte Personen wirken bei ersten Begegnungen oft interessant und attraktiv, werden aber nach längerer Bekanntschaft meist als ausbeuterisch und egozentrisch bewertet. N. als *Persönlichkeitsmerkmal* wird meist mithilfe des NPI (*Narcissistic Personality Inventory*; Schütz et al. 2004) erfasst. Auf der Basis entspr. Subskalen können funktionale (Führungsstärke) und dysfunktionale Aspekte (Anspruchsdenken und Ausbeutung) unterschieden werden. Zusammen mit den Persönlichkeitsmerkmalen *Machiavellismus* und *Psychopathie* bildet N. die sog. *Dunkle Triade*. Die klassische Form, der *grandiose N.*, stellt in seiner pathologischen Ausprägung eine narzisstische *Persönlichkeitsstörung* (*DSM-5*) dar. Von der klassischen Form wird in letzter Zeit auch eine Variante des N. unterschieden, die durch hohe Ansprüche bei gleichzeitiger Unsicherheit geprägte ist (*vulnerabler N.*). Bei dieser Form wird ein Bedürfnis nach Bewunderung nur indirekt gezeigt. Bislang wurde meist davon ausgegangen, dass eine hohe Ausprägung von N. pos. Selbstbewertungen nur in Bezug auf instrumentelle (agentische) Eigenschaften (*Agency* – Leistungsfähigkeit, Durchsetzungsfähigkeit etc.) umfasst, aber nicht überdurchschnittlich pos. Selbsteinschätzungen im expressiven (kommunalen) Bereich (*Communion* – Empathie, Fürsorglichkeit etc.) beinhaltet (*agency-communion*). Neuere Forschung liefert aber Hinweise auf eine Form des N., die durch Selbstüberhöhung im expressiven Bereich gekennzeichnet ist (kommunaler N., engl. *communal narcissism*; Gebauer et al. 2012) Lammers 2015. *A. Schütz*

Narzissmus, psychoanalytische Perspektive (= N.) [engl. *narcissism*; gr. Νάρκισσος *(Narkissos)* Figur der gr. Mythologie], [**KLI, PER**], *Narzissmus*; systematisch von Freud (1914b) diskutierter Begriff von metapsych. Rang, dessen Grundzüge er bereits am 10. Nov. 1909 in einer Diskussionsbemerkung zus.fasste; der N. «sei keine vereinzelte Erscheinung, sondern eine notwendige Entwicklungsstufe des Übergangs vom Autoerotismus zur Objektliebe (*Objektbesetzung*). Die Verliebtheit in die eigene Person (= in die eigenen Genitalien) sei ein notwendiges Entwicklungsstadium» (Nunberg & Feder 1977, 282). Neben (1) einer Phase der *Libido*position in der psych. Entwicklung (*primärer N.*) bez. der Begriff aber auch (2) eine sexuelle Perversion (der eigene Körper als Sexualobjekt), (3) einen Modus der Objektwahl (nach dem *narzisstischen Typus*), (4) das Schicksal einer aufgegebenen Objektwahl (*sekundärer Narzissmus*) und (5) Aspekte der Regulation des Selbstwertes (*Selbstachtung, Selbstliebe*) im Zus.hang mit dem *Ich-Ideal*, das narzisstischer Herkunft ist: gezwungen den primären N. zu verlassen, kann das *Ich* dennoch einen Teil der Libidoposition retten, indem es die idealen, grandiosen Bilder von Vollkommenheit und grenzenloser Liebe auf diese Instanz überträgt und nun – statt sich selbst – das eigene Ideal liebt. Neben der schillernden Bedeutungsvielfalt der Bez. ist Freuds Theorie des N. fragmentarisch und nicht frei von Widersprüchen (was u. a. daran liegt, dass sie dem topografischen Modell verhaftet blieb und nicht in die Strukturtheorie eingearbeitet wurde; Laplanche & Pontalis 1972); moderne Weiterentwicklungen suchen u. a. die epistemologischen und genetischen Probleme zu lösen: Vorschläge wurden bspw. von M. Balint (*primäre Objektliebe* statt *objektloser primärer Narzissmus*), B. Grunberger (*dialektische Verschränkung* von N. und Trieb), Joffe und Sandler gemacht. Letztere unterscheiden zwei affektive Qualitäten im Psych.: Während Triebe mit Spannungszuständen und dem Wunsch nach Abfuhr verbunden sind, zeichnen sich narzisstische Zustände durch Gefühle des Wohlbehagens, der Ruhe und Harmonie aus, was Freud als *ozeanisches Gefühl*, als eine «unauflösbare Verbundenheit, der Zus.gehörigkeit mit dem Ganzen der Außenwelt» (Freud 1930, 422) beschrieb. Argelander (1971) folgt beider Einteilung und meint, der N. folge einem *Sicherheitsprinzip* (die Triebe dem *Lustprinzip*). Kohut kritisierte die den N. abwertende Gegenüberstellung zur Objektliebe als «einengend» für die klin. Praxis und trat für die Rehabilitierung des Begriffs ein, was schließlich in einer eigenen *Selbstpsychologie* mündete, die eine eigene, von den Trieben unabhängige, Entwicklung der narzisstischen Linie (*Selbstobjekte*) postulierte. Kohut hielt «die Entdeckung, dass bei den *narzisstischen Persönlichkeitsstörungen* der Zus.halt des Selbst unsicher ist», für «einen meiner wichtigsten Befunde» (Kohut 1975, 252). *R. Butzer*

TestNarzissmusinventar (NI), 1989, F.-W. Deneke & B. Hilgenstock, [www.testzentrale.de], [**DIA, KLI, PER**]. Klinisches Verfahren. AA ab 15 Jahre. Das NI erfasst versch. theoret. und klin. relevante Aspekte der Organisation und Regulation des narzisstischen Persönlichkeitssystems (*Narzissmus*), soweit diese der Selbstbeobachtung zugänglich sind. Die 163 Items des Inventars lassen sich zu 18 Skalen zus.fassen, die faktorenanalytisch vier Bereichen zugeordnet sind (*bedrohtes Selbst*; «klassisch» narzisstisches

Selbst; Ideal-Selbst; hypochondrisches Selbst). *Normierung*: alters- und geschlechtsbezogene Vergleichswerte aus einer Stichprobe von Pat. mit psychoneurotischen bzw. psychosomatischen Störungen ($N = 1277$); weitere Referenzdaten zu versch. Diagnosegruppen. Bearbeitungsdauer: 30 bis 45 Min.

narzisstische Persönlichkeitsstörung (= n. P.) [engl. *narcissistic personality disorder*], [**KLI**], die n. *Persönlichkeit* (*Narzissmus*) zeichnet sich aus durch ein grandioses Selbstbild der eigenen Wichtigkeit und Einzigartigkeit. Aufgrund dieser *Persönlichkeitsstörung* ist sie überzeugt von der Großartigkeit ihrer Fähigkeiten, fantasiert von grenzenlosem Erfolg, Glanz und Schönheit und erwartet dementspr. eine bevorzugte Behandlung sowie übermäßige Bewunderung. Ihre zw.menschl. Beziehungen leiden oft unter ihrer mangelnden *Empathie*. Zudem neigt sie dazu, ihre Mitmenschen auszubeuten, ist häufig neidisch auf andere oder glaubt, andere seien neidisch auf sie. Nach Kohut (1966) ist die n. Extremisierung eine Möglichkeit, mit wahrgenommenen Unzulänglichkeiten des Selbst fertigzuwerden, die immer quälender werden, da von den Eltern weder Hilfe noch Empathie zuteil wird. Kernberg (1970) sieht in der Herausbildung der n. P. eine Reaktion auf ein gleichgültiges, kaltes Elternhaus. Kernberg 1996.

NaSSA *noradrenerges und spezifisch serotonerges Antidepressivum (NaSSA)*.

National Council on Measurement in ́ Education (NCME) [engl. *Nationale Vereinigung für Messung in der Bildung*], [**FSE, PÄD**], amerikanische Organisation, die insbes. Forschungsvorhaben im Bereich der Päd. Ps. und *Bildungspsychologie* fördert. Dabei steht die Entwicklung, Optimierung und Evaluation von Messverfahren und deren Einsatz in der päd.-ps. Diagnostik im Mittelpunkt. [http://ncme.org/]

Nationales Bildungspanel (NEPS) [engl. *National Educational Panel Study, NEPS*], [**PÄD**], erhebt in einem Multi-Kohorten-Sequenz-Design (mehrere Teilstichproben mit Personen einer best. Stufe im Bildungssystem werden über mehrere Jahre hinweg befragt) Längsschnittdaten (*Längsschnittuntersuchung*) von über 60000 Personen zu versch. Kompetenzen (*Kompetenz*), Bildungsprozessen, Bildungsentscheidungen und Bildungsrenditen in formalen, nicht formalen und informellen Kontexten über die gesamte Lebensspanne (*Lebensspannenpsychologie*). Die Studie wird von einem interdisziplinär zus.gesetzten Exzellenznetzwerk durchgeführt. Ziel des NEPS ist es, der interessierten Wissenschaft für Forschungszwecke relevante Informationen zu Bildungsübergängen und -verläufen (*Bildungsforschung*) anhand eines sog. *Scientific Use Files (SUF)* zur Verfügung zu stellen. Blossfeld et al. 2011.

M. Händel

Nationalsozialismus, Psychologie im [engl. *psychology in national socialism*], [**HIS**], kurz nach der sog. Machtergreifung Ende Januar 1933 traten durch entspr. Gesetzgebung der nationalsozialistischen Regierung rassistische Ziele in den Vordergrund. So verfügte das sog. Gesetz zur Wiederherstellung des Berufsbeamtentums vom 7.4.1933, Beamte «nicht arischer Abstammung» seien in den Ruhestand zu versetzen. Faktisch betraf dieses Gesetz aber auch alle anderen Personen im Öffentlichen Dienst. In der Ps. wurde hierdurch ein Drittel aller Ordentlichen Prof. mit drastisch reduzierten Bezügen in den vorzeitigen Ruhestand entlassen bzw. amtsenthoben: *Gelb* (Halle), *Katz* (Rostock), *Peters* (Jena), *William Stern* (Hamburg) und *Wertheimer* (Frankfurt). Ferner wurde *Selz* amtsenthoben, der Professor an der Handelshochschule Mannheim war und dort 1929/30 auch als Rektor amtiert hatte. Selz emigrierte in die Niederlande und wurde nach der Besetzung der Niederlande nach Auschwitz verschleppt und ermordet. Katz ging nach England, bekam schließlich eine Professur in Stockholm. William und *Clara Stern* zogen zunächst in die Niederlande, dann in die USA. Betroffen von den rassistischen Beamtengesetzen waren auch die ao. Prof., unter ihnen Curt Bondy (Göttingen), Jonas Cohn (Freiburg), Richard Hellmuth Goldschmidt (Münster), Erich von Hornbostel (Berlin), *Lewin* (Berlin), *Oesterreich* (Tübingen), Erich Stern (Gießen) und Heinz Werner (Hamburg). Lewin hatte 1932/33 eine Gastprofessur in den USA, er erfuhr von der Machtergreifung auf der Heimreise. Als ehemaliger Kriegsfreiwilliger konnten sich Lewin und einige seiner Kollegen zunächst Hoffnungen auf seine Duldung machen, denn das Gesetz zur Wiederherstellung des Berufsbeamtentums enthielt einen «Frontkämpferparagraphen»: Wer im Ersten Weltkrieg gekämpft hatte, sollte von der Entlassung in den einstweiligen Ruhestand ausgenommen werden. Diese Sonderregelung wurde später gestrichen. Lewin wurde beurlaubt, emigrierte in die USA, erhielt auch ein Angebot aus Palästina, das er jedoch nicht annahm. Ein tragisches Schicksal hatte der außerordentliche Professor *Kurt Huber* (1893–1943), der einen Lehrauftrag für ps. Methodenlehre wahrnahm. Er zählt durch seine Beteiligung an der «Weißen Rose» zum Widerstand. Huber wurde vom Volksgerichtshof zum Tode verurteilt und ermordet. Im Widerstand arbeitete auch *Düker*, der seine wiss. Karriere aufgeben musste und bei Kriegsende im KZ Sachsenhausen inhaftiert war (Geuter 1984, Graumann 1985).

Zu den österreichischen Psychologen, die nach dem Anschluss Österreichs im März 1938 aus politischen und rassistischen Gründen zur Emigration gezwungen wurden, gehörten Karl und Charlotte Bühler (Allesch, 2012). *Charlotte Bühler* war nach damaliger Rassenideologie «Halbjüdin». *Karl Bühler* wurde kurze Zeit inhaftiert; es blieb für das Ehepaar Bühler nur die Emigration in die USA, wo beide zunächst Schwierigkeiten hatten, Fuß zu fassen. Die wenigen noch verfügbaren Stellen zur Zeit der Wirtschaftskrise 1933 waren von den aus Dt. kommenden Emigranten besetzt worden. Diese Schwierigkeiten galten z. B. auch für *Jahoda*, die zeitweise Gelegenheitsjobs wahrnehmen musste. Die Mitarbeiter *Brunswik* und *Lazarsfeld* waren schon vor dem «Anschluss» emigriert. Verfolgt wurde aus rassistischen Gründen eine große Zahl von Psychoanalytikern, die in Österreich oder in Dt. tätig waren (Lockot 1985, Mühlleitner & Reichmayr 1992).

Die Reaktion der Deutschen Gesellschaft für Psychologie auf den Machtwechsel: Im Jahr 1931 hatte in Hamburg erfolgreich der 12. Kongress der DGPs (*Deutsche Gesellschaft für Psychologie (DGPS)*) stattgefunden, den William Stern ausgerichtet hatte. Der nächste Kongress war für April 1933 in Dresden mit Prof. Gustav Kafka als Gastgeber vorgesehen. Es schieden jedoch William Stern, David Katz, Karl Bühler und Gustav Kafka aus dem Vorstand aus. Vielleicht wurden ihre Namen einfach gestrichen; von Kafka wurde berichtet, er sei aus Protest zurückgetreten, nachdem bekannt geworden sei, dass jüdische Kollegen von der Teilnahme am Kongress ausgeschlossen werden sollten (Traxel 2004). Diese Vorgänge spielten sich bereits vor dem Inkrafttreten der o. g. rassistischen Beamtengesetze ab. Ein neuer Vorstand bildete sich mit Felix Krueger als neuem Vorsitzenden. Zum neuen Vorstand, der in der Folgezeit nach dem Führerprinzip vom Vorsitzenden gebildet wurde, gehörten weitere Personen, die sich mehr oder weniger direkt zum Nationalsozialismus bekannten. Als der Kongress dann im Herbst 1933 in Leipzig stattfand, erwähnte der neue Vorsitzende in seiner Eröffnungsrede seinen Amtsvorgänger Stern nicht einmal mehr, dagegen bezeichnet er Adolf Hitler als weitschauenden, kühnen und gemütstiefen Kanzler.

Köhler blieb der einzige Hochschullehrer für Ps., der öffentlich gegen die Entlassung jüdischer Wissenschaftler protestierte. In einem sehr vorsichtig verfassten Appell, der als Aufsatz unter dem Titel «Gespräche in Deutschland» am 28. April 1933 in der *Deutschen Allgemeinen Zeitung* erschien, argumentierte er gegen die Entlassung jüdischer Wissenschaftler, insbes. des Nobelpreisträgers James Franck. Nennenswerten Widerstand konnte Köhlers mutiger Appell leider nicht entfachen, obwohl er auf seinen Artikel mehr als 120 durchweg zustimmende Briefe erhielt (Jaeger 1993). Köhler wehrte sich auch gegen Übergriffe nationalsozialistischer Studentengruppen, dann trat er von seiner Professur zurück und emigrierte in die USA.

Wehrmachtspsychologie und Aufschwung der Profession: Nachdem die nationalsozialistische Regierung den Versailler Vertrag offen gebrochen hatte, erfolgte ein beispielloser Ausbau der Wehrmacht und mit ihr der Wehrmachtps. 1938 gab es für Psychologen in Heer und Marine 170 Planstellen (Geuter 1984). Die Luftwaffe beschäftigte 1942 etwa 150 Psychologen. Diese hatten fast ausschließlich diagn. Aufgaben. Im Wesentlichen gab es zwei Arten der Untersuchungen, die Offiziersauslese und Spezialuntersuchungen (z. B. für Horchtrupps). Die ps. Untersuchungen bestanden aus standardisierten Tests. Hinzu kamen ausdruckspsychol. und charakterologische Gutachten. Diese wurden besonders gefördert von dem Wissenschaftlichen Leiter der Wehrmachtps., Dr. habil. Max Simoneit.

Gab es bis weit in die NS-Zeit kein klares Berufsbild und dementsprechend auch keinen Studiengang für Psychologen, so erforderte der Bedarf an Wehrmachtpsychologen die Einrichtung einer entspr. Ausbildungsordnung. In Form der Diplom-Prüfungsordnung für Psychologen, die 1941 in Kraft trat, war ein entscheidender Schritt in Richtung einer Professionalisierung der Ps. getan. An dieser Entwicklung war der Vorstand der Deutschen Gesellschaft für Psychologie mit ihrem Vorsitzenden *Kroh*, aktiv beteiligt. Wehrpsychol. Inhalte wurden nun ein wesentlicher Teil der Universitätsausbildung. Dies wiederum hatte Auswirkungen auf die Berufungen zum Ps.prof.: Kenntnisse in Diagnostik und Wehrmachtps. gewannen an Bedeutung.

In jedem Fall stand dem Aderlass der dt. Ps. und dem damit verbundenen Verfall der Forschungsqualität durch die Rassengesetze in mehreren Bereichen ein quant. Aufschwung der Ps. gegenüber. Während der Zeit des Nationalsozialismus wurden die Ps. Institute ausgebaut, einige neue Professuren eingerichtet oder andere nicht besetzte Lehrstühle in ps. Professuren verwandelt (Geuter 1984).

Die nähere Betrachtung von Berufungsverfahren und Biografien von Psychologen in der NS-Zeit macht deutlich, dass es zw. Ministerien, dem Amt Rosenberg und anderen Organisationen wie der NSDAP durchaus Interessenkonflikte gab. Diese eröffneten einzelnen Personen gelegentlich Entwicklungsmöglichkeiten. So konnte z. B. Bender (*Bender, Hans*) an der Reichuniversität Straßburg Karriere machen und die dortige Bibliothek kurz vor Auflösung der Universität in Sicherheit bringen (Hausmann 2006, Schellinger 2012).

Einige Hochschullehrer stellten ihre Fähigkeiten in den Dienst des neuen Systems. Dies geschah in praktischer Weise z. B. durch Entwicklung von Ausleseverfahren, aber auch in theoretischer Hinsicht. *Pfahler* (1879–1976) verband z. B. seine schon früher entwickelte eklektische Typologie mit der nationalsozialistischen Rassenlehre; *Jaensch* passte seine früher entwickelte Typologie in der NS-Zeit auf die völkische Lehre an. Dessen Nachfolger war Gert Heinz Fischer, ein treuer Schüler von Jaensch – auch in ideologischer Hinsicht. Soweit erkennbar, waren diese Anpassungsleistungen hier und da für die Verfasser karriereförderlich, sie führten aber nicht zu einer Modifikation oder wiss. Stützung nationalsozialistischer Ideologie. Die nationalsozialistische Regierung hat weder die Ps. als Disziplin bekämpft, obwohl dies gelegentlich behauptet wurde (Wellek 1960), noch sie für ihre Ziele vereinnahmt. Obwohl sich einige Psychologen der Nazi-Regierung anboten, konnten bislang kaum besondere Aktivitäten von Psychologen in der nationalsozialistischen Propagandaarbeit, bei Deportationen oder in Konzentrationslagern nachgewiesen werden. Allerdings war *Hetzer* kurze Zeit im besetzten Polen an der Auslese von Kindern in sog. Arisierungsprozesse involviert (Herrmann 2012); auch war der Psychologe und Psychoanalytiker Igor Caruso an ps. Gutachten über Kinder beteiligt, die in Kinder-Euthanasie-Programmen im «Spiegelgrund» (Wien) ermordet wurden (Benetka & Rudolph 2008). Insgesamt zeigt die genauere Betrachtung der Biografien von Psychologen in der NS-Zeit eine erhebliche Vielfalt von Lebensläufen und Verhaltensweisen, sodass sich eine einfache Typenbildung verbietet (Herrmann & Zeidler 2012).

Im Jahr 1942 wurde die Heeres- und Luftwaffenps. aufgelöst. Nach dem Zweiten Weltkrieg wurde dieser Sachverhalt als Bestätigung dafür angesehen, die Ps. als Disziplin sei von den Machthabern verfolgt worden. Eine solche Argumentation erscheint aber aus heutiger Sicht als nicht plausibel. Der Hauptgrund für die Auflösung muss wohl darin gesehen werden, dass eine differenzierte Prognose für die Kriegstauglichkeit nicht mehr nötig war. Die Verluste bei Heer und Luftwaffe waren außerdem inzwischen so groß, dass eine weitere Auslese kaum sinnvoll erschien. *Zur Situation der Psychoanalyse*: Schriften von *Freud* wurden schon am 10. Mai 1933 in Berlin mit dem sog. Feuerspruch «Gegen die seelenzerstörende Überschätzung des Sexuallebens – und für den Adel der menschlichen Seele» öffentlich verbrannt. Die Ablehnung der *Psychoanalyse* erfolgte überwiegend aus rassistischen Gründen. Freud verblieb, wie vielen seiner jüdischen Schüler, nach dem Anschluss Österreichs nur die Emigration, um einem noch härteren Schicksal zu entgehen. Das Wiener Psychoanalytische Institut und seine Einrichtungen wurden liquidiert. Psychoanalyse wurde allerdings im Dritten Reich weiterhin genutzt. Es wurde in Berlin 1936 das *Deutsche Institut für psychologische Forschung und Psychotherapie* gegründet, dessen Aufgabe die Entwicklung einer dt. *Seelenheilkunde* war. In diesem Institut wurden die versch. tiefenpsychol. Richtungen zus.gefasst und unter med. Leitung praktiziert (Lockot 1985).

Kapitulation, Entnazifizierung und Neubeginn? Sehr bald nach dem Kriegsende nahmen die Universitäten unter provisorischen Bedingungen ihren Lehrbetrieb wieder auf. Die vier Besatzungsmächte führten versch. Entnazifizierungs- und Umerziehungsprogramme ein. Nur sehr wenige Hochschullehrer der Ps. wurden durch Entnazifizierung von ihren Ämtern enthoben. Unter ihnen waren Pfahler, Fischer, Kroh und Deuchler. Mehrere zuvor offenbar überzeugte Nationalsozialisten wurden v. a. in den Westzonen bzw. Westdeutschland in das Hochschullehreramt (wieder)eingestellt (so z. B. *Sander*). Viele, darunter auch *Hofstätter*, forderten öffentlich, man solle auch die Taten der Nazizeit als verjährt behandeln. Die nur halbherzig erfolgte Säuberung des Lehrkörpers in den Westzonen bewirkte eine gewisse personelle und inhaltliche Kontinuität von Lehre und Forschung seit der Nazi-Zeit (sog. *Kontinuitätsthese*). Die seit 1941 bestehende, fast unveränderte Diplomprüfungsordnung ist ein Beleg hierfür. Eine nennenswerte Veränderung der Ps. in Forschung und Lehre unter dem Einfluss amerikanischer und westeuropäischer Einflüsse gab es in Dt. erst mit einer nachfolgenden Generation von Hochschullehren Ende der 1950er-, Anfang der 1960er-Jahre. Die Kontinuitätsthese lässt allerdings manche heute fast vergessenen Brüche in der Nachkriegszeit Deutschlands (Lück & Sewz 2003) und Österreichs (Allesch 2012) verschwinden.

In Hamburg bildete sich bereits 1946 der *Berufsverband Deutscher Psychologen (BDP)*. Die Mitglieder waren überwiegend ehemalige Wehrmachtpsychologen, die nun wiss. Nachholbedarf hatten und sich beruflich neu orientieren mussten. Kurze Zeit später wurde die *Deutsche Gesellschaft für Psychologie* wiederbegründet (Lück 2004). Ein Versuch der Vereinigung zu einer Gesellschaft analog der *American Psychological Association* scheiterte 1958.

Fazit: Im internat. Vergleich hat die Ps. als Wiss. und Disziplin in Dt. zur Zeit des Nationalsozialismus erhebliche Qualitäten eingebüßt und den Anschluss an das internat. Niveau verloren. Die Zwangsemigration bedeutender Psychologen wie Lewin, Selz, Stern, Köhler und Wertheimer war ein Grund für diesen Qualitätsverlust, ein anderer war das wissenschafts- und theoriefeindliche Klima in der NS-Zeit. Eine «Gleichschaltung» i. S. einer Knebelung der Ps. gab es in der Nazizeit nicht, wohl gab es weitreichende Diskriminierungen aus rassistischen und politischen Gründen. Widerstand leisteten wenige Psychologen, meist aber nur zaghaft und ohne breite Nachahmung. Ebenso gab es Fachvertreter, die sich in ihren Theorien und Forschungsinteressen den Machthabern anschlossen, andere hielten sich von Ideologien fern. Quantitativ gesehen gab es einen Aufschwung, insbes. der angewandten Ps. Dieser beschleunigte die Professionalisierung der Ps. *H. E. Lück*

native speaker [engl.] Muttersprachler, [**KOG**], Person, die eine gegebene *Sprache* als ihre Muttersprache spricht. In idealisierter Form als idealer Sprecher-Hörer, der in einer völlig homogenen Sprachgemeinschaft lebt, seine Sprache ausgezeichnet kennt und bei der Anwendung seiner Sprachkenntnis in der aktuellen Rede von solchen grammatisch irrelevanten Bedingungen wie begrenztes *Gedächtnis*, Zerstreutheit und Verwirrung, Verschiebung in der *Aufmerksamkeit* und im Interesse, Fehler verursachenden Bedingungen nicht affiziert wird (Chomsky 1965). Sie verfügt über die sprachliche *Kompetenz*, deren Beschreibung Ziel der *generativen Transformations-Grammatik* ist.

Nativismus [engl. *nativism*; lat. *nativus* natürlich, angeboren], [**PHI**], die Annahme, dass die Voraussetzungen der Wahrnehmung und das menschliche Verhalten sowie best. Ideen und Vorstellungen angeboren sind und nicht der Erfahrung und dem Lernen entstammen (*Empirismus*). Die Annahme hat zu sog. nativistischen Theorien der Raumwahrnehmung, der Zeitwahrnehmung u. a. geführt. *Sprachtheorie*.

Natriumoxybat (= N.), [**PHA**], Natriumsalz der γ-Hydroxybuttersäure, GHB. *Narkotikum*. Zugelassen zur Behandlung der *Narkolepsie*. Durch eine Verbesserung des Nachtschlafes wird eine Reduktion der Tagesmüdigkeit erreicht. N. hat eine bessere Wirkung auf die *Kataplexie* als *Modafinil*. N. unterliegt der Betäubungsmittel-Verschreibungsverordnung (BtmVV). Die Substanz wird in der Drogenszene als Liquid Ecstasy missbraucht. Die *Eliminationshalbwertszeit* ist mit 0,5–1 Std. extrem kurz, deshalb wird empfohlen, die Gesamtdosis auf zwei Einzeldosen zu verteilen (1. Dosis vor dem Schlafengehen, 2. Dosis 2–4 Std. später). N. ist reich an unerwünschten Wirkungen, häufig sind zu Beginn der Behandlung auch *Depressionen* und *Ängste*. Das Arzneimittel darf nicht mit anderen Sedativa, *Alkohol* oder atemdepressiven Substanzen (z. B. *Opiaten*) kombiniert werden. *G. Gründer*

naturalistische Methode [engl. *naturalistic observation*], [**FSE**], soll das Verhalten im Alltag i. Ggs. zum *Laborexperiment* erfassen, d. h. «natürliches» Verhalten in «natürlichen» Situationen. *Natürlichkeit* ist ein mehrdeutiger Begriff: Mit Jean Luc Patry und G. B. Tunnell ist zw. natürlichem Verhalten aus dem Repertoire des Individuums, natürlichem Kontext und natürlicher Bedingungsänderung zu unterscheiden und dem Wissen, dass eine Untersuchung stattfindet und außerdem die Untersuchungshypothesen bekannt sind. Von den wenigen *nicht reaktiven Messverfahren* abgesehen haben jedoch *ambulantes Assessment*, *Feldstudie* mehr oder minder ausgeprägte Rückwirkungen auf die Beteiligten, zumal diese grundsätzlich eine informierte Zustimmung zur Untersuchung geben müssen und dabei über die zugrunde liegende Fragestellung informiert werden sollen. Außerdem werden die Teilnehmer ohnehin eigene Erwartungen und auch eigene Hypothesen ausbilden. Die «naturalistischen» Methoden können folglich nur als «quasi-naturalistisch» gelten. *J. Fahrenberg*

Natureinstellung [engl. *attitude towards nature*], *Umweltbewusstsein*.

nature-nurture [engl.], *Anlage-Umwelt*.

Navigieren, räumliches *räumliches Navigieren*.

Nebenniere [engl. *adrenal (gland)*], *Hormone*, *Nebennierenrinde*.

Nebennierenmark [engl. *adrenal medulla*], [**BIO**], Teil der Nebenniere, in der *Catecholamine*, *Adrenalin*, aber auch *Noradrenalin* und *Dopamin* gebildet werden.

Nebennierenrinde [engl. *adrenal cortex*], [**BIO**], Teil der Nebenniere, hormonproduzierendes Organ (*Hormone*) mit 3 versch. «Zonen», in denen 3 Hormongruppen, nämlich *Mineralcorticoide* (Zona glomerulosa) *Glucocortico(stero)ide* (Zona fasciculata) sowie *Androgene* und *Östrogene* (Zona reticularis) gebildet werden. *W. Janke*

Nebenschilddrüse [engl. *parathyroid*], *Hormone*.

Nebenwirkungen (= N.) [engl. *adverse/secondary/side effect*], [**KLI, PHA**], Wirkungen einer Therapie oder eines Medikamentes, die nicht die Hauptwirkung sind. Eine N. kann eine unerwünschte Wirkung oder eine weitere erwünschte Wirkung sein. Z. B. kann bei einer *Depression* mit sehr starker Gewichtsabnahme ein Medikament wie *Miratazapin* aus der Gruppe der *Antidepressiva* ausgewählt werden, das zusätzlich zur stimmungsaufhellenden Wirkung als *antihistaminerge* N. eine gewichtssteigernde Wirkung hat. N. der *Psychopharmaka* kommen dadurch zustande, dass diese nicht nur selektiv an den *Rezeptor* oder die molekulare Struktur binden, wo ihre Hauptwirkung ausgelöst wird, sondern auch eine Affinität zu anderen Strukturen haben. Dadurch wird die Signalübertragung von *Neurotransmittern* beeinflusst, die nicht zur Hauptwirkung beitragen; *anticholinerg(isch)e* Effekte eines Antidepressivums aus der Gruppe der Trizyklika können zu Mundtrockenheit, Verstopfung und kogn. Störungen führen, weil diese Medikamente nicht nur für die antidepressive Wirkung notwendigen Neurotransmitter *Serotonin* und *Noradrenalin* beeinflussen, sondern auch an Rezeptoren für *Acetylcholin* binden und diese blockieren. Außerdem gibt es unterschiedliche Netzwerke im *Nervensystem*, die mit demselben Neurotransmitter arbeiten. Ein Psychopharmakon bindet aber auch in den Systemen an seine Zielstrukturen, die nicht beeinflusst werden sollen. *Antipsychotika* sollen bspw. im mesolimbisch-mesokortikalen System *Dopamin*-Rezeptoren blockieren, sie blockieren diese aber auch im nigrostriatalen und hypothalamisch-hypophysären System, sodass es als N. zu Störungen der Motorik und zu Milchfluss kommen kann. Geordnet nach dem für die N. verantwortlichen Neurotransmittersystem lassen sich u. a. folg. wichtige N. unterscheiden: (1) *serotonerge* N.: Übelkeit, Erbrechen, Sexualstörungen, (2) noradrenerge N.: Unruhe, Tremor, Tachykardie, (3) *anticholinergische* N.: kogn. Störungen, Mundtrockenheit, Verstopfung, Herzrhythmusstörungen, Miktionsstörungen (Harnverhalt), Akkomodationsstörungen, (4) *antihistaminerge* N.: Gewichtszunahme, *Sedierung*, (5) antiadrenerge N.: orthostatische *Hypotonie* (Blutdruckabfall mit Sturzgefahr), (6) antidopaminerge N.: motorische Störungen, Prolaktinanstieg, Milchfluss, Zyklus- und sexuelle Funktionsstörungen, Libidostörungen, Störungen der Thermoregulation.

Wie auch andere Medikamente können Psychopharmaka allergische Reaktionen auslösen oder im *Immunsystem* zu Veränderungen der Signalübertragung durch *Zytokine* führen. Diese Veränderungen können auch zur Hauptwirkung der Psychopharmaka beitragen. *Clozapin* führt bspw. zu Veränderungen im Zytokinsystem, die sowohl zu immunologischen N. wie Myokarditis und Blutbildungsstörungen beitragen, aber auch an der Hauptwirkung von Clozapin beteiligt sein könnten, indem sie das Ungleichgewicht von Typ-1- und Typ-2-Zytokinen, das bei Pat. mit *Schizophrenie* besteht, wieder ausgleichen (*Psychoneuroimmunologie*). Hauptwirkungen und N. eines Medikamentes sowie die Mechanismen, die zu den Hauptwirkungen und N. führen, lassen sich also nicht klar trennen. N. können außerdem bewusst in der Therapie eingesetzt werden und sind nicht immer unerwünscht. Auch eine *Psychotherapie* kann N. haben, z. B. Symptomverschlechterung, zw.menschliche Konflikte, Trennung von Partner, Verlust des Arbeitsplatzes und *Suizidalität*. *Gewichtszunahme unter Psychopharmaka*, *Knochenmarkschädigung unter Psychopharmaka*, *Leberfunktionsstörungen unter Psychopharmakotherapie*, *sexuelle Funktionsstörungen unter Psychopharmakotherapie*, *Osteoporose unter Psychopharmakotherapie*, *Psychopharmaka, Fahrtüchtigkeit*, *Psychopharmaka im Alter*, *Psychopharmaka im Kindes- und Jugendalter*, *Torsades des pointes*. *H. Himmerich*

Necker, Louis Albert (1786–1861), [**HIS, WA**], Louis Albert (auch: Louis-Albert) Necker (de Saussure) war ein Schweizer Mineraloge und Geologe, der in Genf und Edinburgh studierte, in Genf lehrte und lange Zeit in Schottland lebte, wo er auch starb. In der Ps. ist Necker vor allem durch den von ihm beim Kristallographieren beobachteten und 1832 beschriebenen Effekt einer geometrisch-optische *Kippfigur* bekannt. N. nutzte zur Beschreibung das Rhomboid. Heute wird der Würfel, dargestellt als durchsichtige Strichzeichnung, als *Necker'scher Würfel* benannt. Necker 1832. *H. E. Lück*

Necker'scher Würfel [engl. *Necker cube*], [**WA**], 1833, bekannte *Kippfigur* (*Reversion*); die scheinbare Tiefenanordnung des Würfels kippt bei längerer Betrachtung hin und her. In gewissem Maße ist das Kippen willkürlich beeinflussbar.

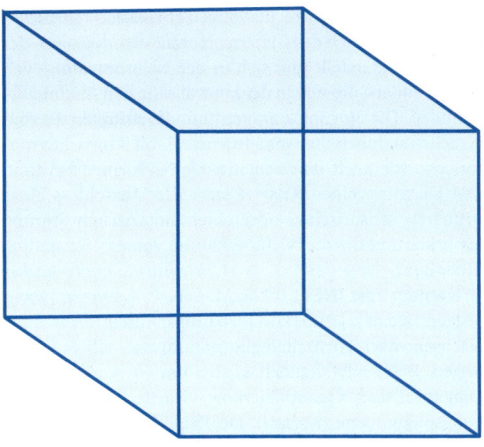

Necker'scher Würfel

need, need-press [engl.] Bedürfnis(spannung), [**EM**], in der Ps. ist die Bedeutung der Umwelt zwar lange bekannt, ihre Strukturierung wurde aber erst durch Lewin und Murray erarbeitet. Letzterer führte für die inneren Spannungslagen – *Bedürfnisse*, Strebungen, subj. Wünsche und Haltungen – den Begriff *need* ein. Dem stehen in der Welt mannigfache Umweltsituationen und Objekte gegenüber, die best., in der Struktur der Situation begründete Anforderungen an das Subjekt stellen und ein dementsprechendes *Verhalten* von ihm fordern. Den Effekt, den eine Umweltsituation oder ein Objekt auf das Subjekt haben kann, nennt Murray *press* (nicht mit Nötigung gleichzusetzen). Das Bedürfnis sucht nach einer ihm adäquaten Umweltsituation. Es kommt zur Ausbildung einer projektiven Welt, die oft mit den obj. Gegebenheiten differiert. Treffen beide zus., so besitzen diese Objekte und Situationen Aufforderungscharakter, im anderen Fall kann der Mensch ausweichen oder scheitern, aber er kann auch ausharren und sich anpassen und dadurch geprägt und umstrukturiert werden. *Need* und *press* wirken zus., sie bilden ein Thema. Trotz der Vielzahl der Themata kann man sie doch auf wenige grundsätzliche zurückführen, die in vielen Kombinationen auftreten. Die Themata sind versch.wertig, je nach ihrer vitalen Bedeutsamkeit. Die Wirkung eines Themas ist umso größer, je näher es der Geburt liegt. Murray hat zudem den Begriff *stimulus situation* geschaffen, womit er jene Teile der Umgebung bezeichnet, auf die der seelische Organismus reagiert (immer nur ein Ausschnitt der Umwelt). Nach Murrays Thesen kann man somit unterscheiden: eine subj. Welt der subj. Spannungslagen; eine obj. Welt mit obj. Spannungslagen; eine projektive Welt, d. h. eine virtuelle Welt von Wünschen und Befürchtungen, die das Subjekt umhüllt und zugleich die obj. Welt umdeutet; schließlich eine projektiv bestimmte Welt als der realisierte Teil der projektiven Wunschwelt. Murray hat den Begriff des *press* weitgehend aufgegliedert. So unterscheidet er *alpha*- und *beta-press* sowie *positive*, *negative*, *mobile* und *immobile press*. *Feld*, *Feldtheorie*. Murray 1963.

need assessment [engl.] Bedürfnisbewertung. *Verhaltensdiagnostik*.

need for cognition (= n.) [engl.] Bedürfnis nach kogn. Beanspruchung, [**EM, KOG, PER**], die Tendenz, Aktivitäten aufzusuchen, die anspruchsvolles und angestrengtes Nachdenken, Schlussfolgern und *Problemlösen* erfordern. Nach Cacioppo und Kollegen haben Personen mit hoher n. Freude daran, über Objekte und Beziehungen nachzudenken und zu reflektieren, wohingegen Personen mit geringer n. als «kognitive Vermeider» bezeichnet werden können und sich eher auf *Heuristiken* und die Meinungen anderer verlassen. Auch im dt. Sprachraum wird nur der engl. Ausdruck verwendet. N. wird am häufigsten über das 18-Item Selbsteinschätzungsinventar *need for cognition scale* erfasst, das eine eindimensionale Struktur aufweist. Ein Bsp.item lautet: «Ich würde komplizierte Probleme einfachen Problemen vorziehen». Es zeigen sich hohe Korrelationen mit den Konstrukten *intellektuelles Engagement*, *typisches*, epistemische *Neugier* und *Intellekt*, die bis an die Grenzen der *Reliabilität* gehen. Im *Fünf-Faktoren-Modell* ist n. dem Faktor *Offenheit* für Erfahrungen zuzurechnen, auf Ebene der Subdimensionen der Big Five dem Aspekt *Intellekt* sowie auf Facettenebene Offenheit für Ideen. Cacioppo et al. 1996. *P. Mussel*

need for competence [engl.] Kompetenzbedürfnis, [**EM, SOZ**], eine Bez. für *Kontrollmotivation* in der *Selbstbestimmungstheorie*. Deci & Ryan 1985.

Negation (= N.) [engl. *negation*; lat. *negare* verneinen], [**KOG**], in der *generativen Transformations-Grammatik* Chomskys (Chomsky 1965) wird die N. (Verneinung) als singuläre *Transformation* mit einfacher Grundstruktur eingeführt. Es lassen sich drei versch. N.formen, die jew. versch. weite Bedeutungsbereiche verneinen, unterscheiden: (1) *Subjektverneinung*, (2) *Objektverneinung*, (3) *Prädikatsverneinung*. Dabei ist die N. des Prädikats die allgemeinste Form, da sie die gesamte im Satz ausgedrückte Beziehung negiert (z. B. «Der Vater hat das Buch NICHT gelesen»). Im Laufe der *Sprachentwicklung* ist die Prädikatsverneinung auch die früheste N.form, die zunächst als bloße Addition eines N.partikels zum Prädikat (z. B. «NICHT kaputtmachen», Grimm 1973) realisiert wird. Später nimmt das N.partikel in der Subjekt-Objekt-Folge als der häufigsten Satzform dann eine mittlere Position nach dem Verb ein. Erst nach dieser Integration können weitere, spezif. Verneinungsformen differenziert werden. [**EW**], *konkret-operatorische Entwicklungsstufe*, *Strukturgenese*. *H. Grimm*

negative Phase (= n. P.) [engl. *negative phase*], [**EW**], von Charlotte Bühler eingeführte Bez. für den weiblichen Entwicklungsabschnitt der Vorpubertät, in dem eine mutlose Haltung überwiegt. Die n. P. folgt einer pos., kraftvollen zw. 10 und 12 Jahren und schließt mit dem Eintreten der Menstruation ab.

negative-state relief model (= n.) [engl.] Modell der Entlastung bei neg. Stimmung, [**EM, SOZ**], entgegen den Untersuchungen, die gezeigt haben, dass Hilfeleistungen dann häufiger zu erwarten sind, wenn die Helfer in guter *Stimmung* sind, spezifiziert das n. (Cialdini & Kenrick

1976), dass auch dann vermehrt Hilfe geleistet wird, wenn man sich in neg. Stimmung befindet und man der Ansicht ist, dass die eigene schlechte Stimmung durch die geleistete Hilfe vergeht – vorausgesetzt, der erwartete Belohnungswert (*Belohnung*) für die Hilfe ist hoch und die Kosten gering (*Kosten-Nutzen-Kalkulation*). Die Ergebnisse sind aber insges. weniger eindeutig als die Arbeiten zum Zusammenhang von pos. Stimmung und Hilfeverhalten (Bierhoff 2010). *Altruismus*, *Empathie-Altruismus-Hypothese*, *Soziale Verantwortung*. B. Six

Negative Übung [engl. *negative practice*], [**KLI**], ein 1932 von Dunlap entwickeltes und in den 1950er-Jahren v. a. von Vertretern der Hull'schen Lerntheorie analysiertes Verfahren. Diese verhaltenstherap. Technik (*Verhaltenstherapie*) beruht auf der Annahme, dass mehrmalige gezielte Wiederholung eines best. Verhaltensmusters allmählich zum Verschwinden eben dieses Verhaltensmusters führt. Der Pb muss also die sonst unwillkürlich auftretende Verhaltensweise (*Tic-Störungen*, *Sprechstörung*, Nägelbeißen usw.) mehrmals hintereinander willkürlich wiederholen. Diese mehrmalige Wiederholung des störenden Verhaltensmusters erzeugt ein reaktives Hemmungspotenzial (*Ermüdung*). Die Beendigung dieser Reaktionswiederholungen wirkt belohnend (*Entspannung*, *Verstärkung*), sodass eine neue Gewohnheit – nämlich das störende Verhaltensmuster nicht mehr zu zeigen – gelernt wird (konditionierte Hemmung). Diese neue Gewohnheit wirkt dann der Tendenz, das störende Verhaltensmuster zu zeigen, entgegen. Anwendungsbereiche: Sprechstörungen, Bewegungsstereotypien. *paradoxe Intention*. Yates 1970. M. Limbourg

Negativierung [engl. *negative polarity*], *Lateralisiertes Bereitschaftspotential (lateralized readiness potential)*, *psychogalvanische Reaktion*, *Synapse*.

Negativismus (= N.) [engl. *negativism*; lat. *negare* verneinen], [**KLI**], äußerlich gleichgültig erscheinendes, bewegungsloses Verhalten von psych. Kranken (*Katatonie*) bei innerer Widerständigkeit. In gewissem Umfang auch auf normale Verhaltensweisen übertragbar. Es ist zu unterscheiden nach *aktivem N*. (es wird das Gegenteil dessen getan, was verlangt wird) und *passivem N*. (das Verlangte wird nicht ausgeführt, Sperrung). *Schizophrenie*.

Negativitätseffekt [engl. *negativity effect*], *Eindruck, erster*, *Personalbeurteilung*.

Negativ prädiktiver Wert (= N.) [engl. *negative predictive value*], [**DIA**], N. ist ein Maß für die Entdeckungsleistung eines diagn. Verfahrens. Er gibt den Anteil der korrekt diagnostizierten Objekte an, die einen neg. Testwert erhalten haben. Erhielten 100 Schüler ein neg. Testergebnis und besitzen 90 dieser Schüler die zu identifizierende Kompetenz nicht, so ist der N. = (korrekt Negative / (korrekt Negative + falsch Negative)) = 90/(90+10) = .9. *Positiv prädiktiver Wert*, *Vierfeldertafel*. Bautsch 2009.

Negativsymptomatik *Schizophrenie*.

Negentropie [engl. *negentropy principle of information*], [**KOG**], negative *Entropie*. Bez. aus der *Informationstheorie* für mittleren Informationsgehalt.

Neglect (= N.) [engl. *neglect*; lat. *neglegere* vernachlässigen], [**BIO**], der Begriff bezeichnet ein Störungsbild, das häufig die Folge einer rechtsseitigen Hirnläsion (*Hirnschädigung*) im Bereich des *Gyrus temporalis superior* sowie der Inselregion darstellt und sich in der Nichtbeachtung von Reizen äußert, die sich in der kontraläsionalen Raumhälfte befinden. Die Störung kann multimodal auftreten. Es sind visuelle, auditorische, somatosensible, olfaktorische, motorische wie auch repräsentationale N.-Formen bekannt. Die Diagnose eines N. setzt stets den Ausschluss einer primären sensorischen oder einer motorischen Störung als Erklärung für die Nichtbeachtung voraus. Karnath & Thier 2012. M. Friedrich/S. Lautenbacher

Test Neglect-Test (NET), 1997, M. Fels, E. Geissner, [www.testzentrale.de], [**BIO, DIA**]. Neurops. Verfahren. AA Erwachsene nach Hirnschädigungen unterschiedlicher Ätiologien. Beim NET handelt es sich um ein Verfahren zur Diagnose und Quantifizierung visueller Vernachlässigungsphänomene (*Neglect*). Der NET besteht aus insges. 17 Aufgaben. Er gibt Hinweise auf visuelle Neglectphänomene bei spezif. alltagsrelevanten Tätigkeiten (z. B. Lesen einer Uhr, Essen, Lesen, Schreiben) und dient somit auch als Ansatz für eine gezielte therapeutische Intervention. *Normierung*: Es liegen Referenzwerte für klin. Gruppen und für «Normalpersonen» als Standardwerte vor. Bearbeitungsdauer: ca. 15–35 Min.

Neid [engl. *envy, enviousness*], [**EM**], Missvergnügen, Ärger über die Freude des anderen, Missgönnen einer subj. wahrgenommenen Bevorteilung anderer. *Eifersucht*.

Neigung (= N.) [engl. *affinity*], [**AO, EM**], als emot. Zuwendung zu best. Interessen, Tätigkeiten, Aufgaben, auch damit in Verbindung stehenden Personen – spielt in der psychol. Diagnose (besonders Beratung) eine wichtige Rolle. So geht z. B. die *Berufsberatung* meist von vorhandenen «Berufsneigungen» aus. Fraglich ist, ob und wieweit die N. dem *Bedürfnis* nahesteht. Auch ist die Frage offen, wie die N. die erforderliche *Eignung* einschließt.

Neisser, Ulric (1928–2012), [**HIS, KOG**], Ulric Neisser gab mit dem Titel seines Buches *Cognitive Psychology* (Neisser 1967, dt. 1974) einer ganzen Richtung der Ps. ihren Namen (*Kognitive, kognitivistische Psychologie*, *Kognitionspsychologie*, s. Einleitung *Gebietsüberblick «1.9 Kognitive Psychologie»*). Neisser wird daher gelegentlich in den USA auch als *Father of Cognitive Psychologie* bez. Neisser wurde als Ulrich Neisser in Kiel geb. Der Vater war jüdischer Herkunft, sodass die Familie bereits 1933 in die USA emigrierte. Neisser änderte in den USA seinen Vornamen entspr. der amerik. Aussprache. Er studierte an der *Harvard University* Physik, wandte sich dann der Ps. zu, u. a. bei *George A. Miller*. Neisser fragte sich, was bei *Wahrnehmung* und *Wissenserwerb* im *Gehirn* vorgeht. Fragen dieser Art hatten sich Behavioristen (*Behaviorismus*) kaum gestellt. Neisser fand, dass während des Wahrnehmungsvorgangs nur wenige Dinge beachtet werden. Die meisten Dinge werden in *Unaufmerksamkeitsblindheit* [engl. *inattentional blindness*] ignoriert. Neisser untersuchte später u. a. Blitzlichterinnerung [engl. *flashbulb memory*], also die intensive Erinnerung an ein besonderes Ereignis wie den Mord an Präsident Kennedy. Hatte man bisher vermutet, dass solche Erinnerungen sich wegen ihrer Bedeutung und Emotionalität in das Gedächtnis «einbrennen», war Neisser hier der Auffassung, dass diese Erinnerungen z. T. Ergebnisse von Rekonstruktionen sind, da Personen sich häufiger an diese Ereignisse erinnern, wobei auch Veränderungen möglich sind. Zu den späteren Arbeiten von Neisser zählt seine Leitung einer Arbeitsgruppe, die sich in einer Phase heftiger Auseinandersetzungen zur *Anlage-Umwelt*-Diskussion von *Intelligenz* mit Intelligenzmessungen befasste. Neisser 2007. *H. E. Lück*

Nekrophilie, Nekromanie [engl. *necrophilia, thanatophilia*; gr. νεκρός *(nekros)* Leiche, φιλία *(philia)* Zuneigung, μανία *(mania)* Besessenheit], [**KLI**], auf Leichen gerichtetes sex. Verlangen.

Neo-Behaviorismus [engl. *neo-behaviorism*; gr. νέος *(neos)* neu], *Behaviorismus*.

TestNEO-Fünf-Faktoren-Inventar (NEO-FFI), 2008, P. Borkenau & F. Ostendorf. Englische Originalfassung: Neo Five-Factor Inventory, P. T. Jr. Costa & R. R. McCrae, 1989, [www.testzentrale.de], [**DIA, PER**]. Kurzform des *NEO Persönlichkeitsinventar (NEO-PI-R)*. Mehrdimensionaler Persönlichkeitstest. AA Erwachsene. Das NEO-FFI nach P. T. Costa & R. R. McCrae ist ein multidimensionales Persönlichkeitsinventar, das die wichtigsten Bereiche indiv. Unterschiede erfasst (*BIG FIVE*). Das NEO-FFI erfasst mittels fünf Skalen und insges. 60 Items diese Dimensionen: *Neurotizismus, Extraversion, Offenheit für Erfahrung, Verträglichkeit* und *Gewissenhaftigkeit*. *Normierung:* N = 11724. Es werden Normen für eine bevölkerungsrepräsentative Quotenstichprobe sowie für 12 Geschlechts- und Altersgruppen berichtet. Mitgeteilt werden jeweils Prozentrang-, T- und Stanine-Normen sowie die Vertrauensintervalle der Skalenwerte. Bearbeitungsdauer: ca. 10 Min.

Neologismus [engl. *neologism*; gr. νέος *(neos)* neu, λόγος *(logos)* Wort], [**EW, KLI, KOG**], Wortneubildung durch ungewöhnl. Kombination von Silben mit unterschiedlicher Bedeutungshaltigkeit wie z. B. «lamperstift»; im *Traum* oder in kindlichen Sprachspielen sowie gehäuft bis zum unablässigen Produzieren bei erregten Psychosen. *Dysphrasie, Wernicke-Aphasie.*

Neonatal Behavioral Assessment Scale (NBAS) *Neugeborenen-Diagnostik.*

neonatales Abstinenzsyndrom (= NAS) [engl. *neonatal abstinence syndrome*], [**EW, GES**], beschreibt einen Symptomkomplex (*Symptom, Syndrom*), der nach pränataler Substanzexposition (*Substanzmissbrauch*) mit einer Inzidenzrate von 50–95 % bei Neugeborenen als Folge direkter Intoxikation und des postnatal einsetzenden Entzugs beobachtet werden kann und durch den mütterlichen Konsum von *Opiaten* und/oder *Stimulanzien, Sedativa, Halluzinogenen, Alkohol* und *Nikotin* während der Schwangerschaft bedingt wird. Polytoxikomaner Konsum erhöht die Wahrscheinlichkeit einer Manifestation. Je nach Art, Schwere und Zeitpunkt des mütterlichen Substanzkonsums kann das NAS durchschnittlich zw. 24 und 72 Stunden nach der Entbindung auftreten. Das Neugeborene kann dabei Zeichen autonomer Dysregulation sowie zentralnervöse (*Zentralnervensystem*), gastrointestinale und respiratorische Symptome zeigen. Die Therapie des Syndroms richtet sich nach der Ausprägung der Symptomatik. Die Grundlage bildet ein nicht medikamentöses Vorgehen, bestehend aus einer reizarmen Umgebung, enger räumlicher Begrenzung, Frühfütterung sowie der Verabreichung von Elektrolyt- und Flüssigkeitsersatz. Schwere klin. Verläufe des Syndroms erfordern den Einsatz von Opiaten und/oder Sedativa sowie intensivmedizinische Betreuung. Zur Diagnosestellung werden neben Drogenscreening und mütterlicher Drogenanamnese auch Scoring-Systeme (z. B. *Finnegan-Score*) eingesetzt. *Neugeborenen-Diagnostik*. Rohrmeister & Weninger 2006. *N. Gawehn/V. Schürmann*

Neonatizid [engl. *killing of a newborn*; gr. νέος *(neos)* neu, lat. *natus* geboren, *caedere* töten], *Kindstötung*.

TestNEO Persönlichkeitsinventar (NEO-PI-R), 2003, F. Ostendorf & A. Angleitner, [www.testzentrale.de]; engl. Originalfassung: *Revised NEO Personality Inventory (NEO-PI-R)*, P. T. Costa, Jr. & McCrae, R. R., 1992. [**DIA, PER**]. Mehrdimens. Persönlichkeitstest zur Erfassung der *Big Five* und ihrer jew. 6 Unterfaktoren (Facetten) durch 240 items. AA 16 Jahre. *Normierung:* N = 11724. Es werden Normen für eine bevölkerungsrepräsentative Quotenstichprobe sowie für 12 Geschlechts- und Altersgruppen berichtet. Bearbeitungsdauer ca. 35 Min. Nachfolgeversion: *NEO-Fünf-Faktoren-Inventar (NEO-FFI)*.

Neo-Psychoanalyse [engl. *neo-psychoanalysis*; gr. νέος *(neos)* neu], *Psychoanalyse.*

nephrotisches Syndrom (= n. S.) [engl. *nephrotic syndrome*], [**PHA**], nicht krankheitsspezif. Nierenerkrankung, die durch eine *Proteinurie* (= Ausscheidung von Protein mit dem Urin), eine *Hypoalbuminämie* (Verringerung von Albumin im Blut), *Ödeme* (aufgrund der durch die Hypoalbuminämie bedingten Verringerung des osmotischen Drucks im Blut) und eine *Hyperlipoproteinämie* (durch eine kompensatorische Steigerung der Proteinsyntheseleistung der Leber) mit konsekutiver Hyperlipidämie gekennzeichnet ist. Ursache ist eine Funktionsstörung der Nierenglomeruli, die vermehrt durchlässig für Eiweiße werden. Ein n. S. kann vielerlei Ursachen haben, selten kommt die Behandlung mit *nicht steroidalen Antiphlogistika* als medikamententoxische Ursache in Betracht. *G. Gründer*

Nernst-Lillie'sche Theorie der Erregungsleitung [engl. *Nernst-Lillie theory of excitation and conduction*], nach W. H. Nernst (1964-1954), R. S. Lillie (1855–1952), [**BIO**], besagt, dass in der lebenden Zelle die Erregung durch eine Veränderung in der elektrischen Polarisation der Zellmembran infolge örtlichen Wechsels der Ionenkonzentration an der Membranoberfläche entsteht. Durch resultierende sekundäre Veränderungen der Eigenschaften der Membran (z. B. Permeabilität) wird der Effekt automatisch weitergeleitet.

Nerv (= N.) [engl. *nerve*; lat. *nervus*, gr. νεῦρον *(neuron)*], [**PHA**], strangartiges Gebilde zur Reiz- und Impulsleitung bei höheren Organismen. N. bez. ein Bündel von mehr oder weniger Hunderten oder Tsd. von N.fasern (N.fibrillen). Eine N.faser besteht aus dem lang gestreckten Axon eines *Neurons* mitsamt der es scheidenartig umgebenden Schwann'schen-Zelle. Die N. sind außerhalb des *Zentralnervensystems* durch Bindegewebe in unterschiedlicher

Nerv: Klassifikation der Nervenfasern nach Erlanger/Gasser

Fasertyp	Funktion, z.B.	Mittlerer Faserdurchmesser	Mittlere Leitungsgeschwindigkeit
Aα	Primäre Muskelspindelafferenzen, motorisch zu Skelettmuskeln	15 µm	100 m/s (70–120 m/s)
Aβ	Hautafferenzen für Berührung und Druck	8 µm	50 m/s (30–70 m/s)
Aγ	Motorisch zu Muskelspindeln	5 µm	20 m/s (15–30 m/s)
AΔ	Hautafferenzen für Temperatur und Nociception	<3 µm	15 m/s (12–30 m/s)
B	Sympathisch präganglionär	3 µm	7 m/s (3–15 m/s)
C	Hautafferenzen für Nociception, sympathische postganglionäre Efferenzen	1 µm	1 m/s (0,5–2 m/s)

Nerv: Klassifikation der Nervenfasern nach Lloyd/Hunt

Fasertyp	Funktion, z.B.	Mittlerer Faserdurchmesser	Mittlere Leitungsgeschwindigkeit
I	Primäre Muskelspindelafferenzen und Sehnenorganafferenzen	13 µm	75 m/s (70–120 m/s)
II	Mechanorezeptoren der Haut	9 µm	35 m/s (25–70 m/s)
III	Tiefe Drucksensibilität des Muskels	3 µm	11 m/s (10–25 m/s)
IV	Marklose nociceptive Fasern	1 µm	1 m/s

Anzahl zu Bündeln zus.gefasste N.fasern. Das gesamte N.gewebe besteht aus N.-zellen und einem Stützgewebe (*Neuroglia*). Die einzelne N.zelle (*Ganglienzelle* oder besser heute: *Neuron*) hat einen unregelmäßig sternförmigen Zellkörper mit verästelten kurzen Fortsätzen (Dendriten) und einen längeren, zunächst unverästelten Fortsatz, den Neuriten (Axon). Diese aus einer N.zelle und ihren Fortsätzen bestehende Einheit des N.systems ist ein Neuron. Durch die dendritische Zone, die die Rezeptormembran des Neurons darstellt, fließen der N.zelle Erregungen zu (Input-Region). Im Neuriten werden die Erregungen von der N.zelle (nutritive Zone, Perikarion) zu anderen N.zellen, Muskel- oder Drüsenzellen geleitet (Output-Region). Die Übertragung der Erregung an diese erfolgt über bes. Kontaktverbindungen, die *Synapsen*. Neurofibrillen heißen die feinen Strukturen, die sich im gesamten Cytoplasma finden und die die Neuriten sowie die Dendriten durchziehen. Bei den zerebrospinalen markhaltigen N.fasern wird das Axon kurz nach seinem Ursprung aus dem Zellkörper von einer Myelinscheide (*Markscheide*) umgeben und diese wiederum von einer Schwann'schen Scheide. Die Myelinscheide wirkt als schlechter Leiter elektrisch isolierend. Sie umhüllt das Axon mit Ausnahme des Endes und der in etwa 1-mm-Abständen gelegenen periodischen Einschnürungen (*Ranvier'sche Schnürringe, Ranvier'sche Einschnürung*). Die sympathischen marklosen Fasern haben außer einer Schwann'schen Scheide keine oder nur eine ganz zarte Markscheide. Der Neurit, der beträchtliche Längen erreichen kann, bildet mit seinen Umhüllungen (Scheiden) die N.faser. Die N.zellen liegen v. a. im *Gehirn* und Rückenmark. Von dort gehen alle Nerven aus, die willkürliche Bewegungen veranlassen. Unterschieden wird bei den zerebrospinalen N. zw. 12 Paar vom Gehirn ausgehenden Gehirnn. und den 31 Paar (beim Menschen) Rückenmarks- oder Spinaln. Empfindungsn. (sensorische, sensible N.) heißen die von den Sinnesorganen zum Gehirn oder Rückenmark führenden N. (afferente Bahnen; *Afferenz*); Bewegungsn. (motorische N.) die vom Gehirn oder Rückenmark zu den willkürlichen Skelettmuskeln ziehenden N. (efferente Bahnen, *Efferenz*). Die größeren N.stränge des Körpers enthalten vielfach beide Arten (gemischte N.). N.zellen haben eine niedrige Erregbarkeitsschwelle. Der wirksame Reiz kann elektrisch, chemisch oder mechanisch sein. Die durch einen solchen Reiz ausgelöste physikochemische Änderung führt im Rezeptor zur Ausbildung eines Generatorpotenzials. Dies erzeugt zum Axon hin ein Aktionspotenzial, das normalerweise entlang des Axons bis zu dessen Ende propagiert (geleitet) wird. Die nervöse Leitung als Aktionspotenzial ist dabei ein aktiver, sich selbst propagierender, energieverbrauchender Vorgang, der den Impuls mit konstanter Amplitude und Geschwindigkeit (diese liegt zw. 0,1 und 135 m/s und ist umso größer, je dicker und markhaltiger die N.faser ist) fortleitet. Im Ruhezustand ist die N.membran im

Inneren gegenüber außen elektrisch neg. geladen. Dieses Ruhepotenzial beträgt bei den meisten Neuronen etwa minus 70 mV. Es wird durch aktiven Transport best. Teilchen durch die Membran entgegen dem bestehenden Konzentrationsgefälle aufrechterhalten. Es werden Natrium+-Ionen aus der Zelle in den Außenraum transportiert, in dem sie im Neutralzustand bereits eine rund 10-mal höhere Konzentration besitzen, und es werden Kalium-5+-Ionen ins Zellinnere transportiert, wo die Konzentration rund 200-mal höher ist als außen. Dieser energieverbrauchende Mechanismus wird als Natrium-Kalium-Pumpe bez. Im Zustand der Erregung, oberhalb eines kritischen Depolarisationswertes (Zünd- oder Membranschwelle), erfolgt eine schlagartige Na-Permeabilitätssteigerung der Membran auf das rund 500-Fache, durch die das Zellinnere kurzzeitig pos. wird (rund +30 mV) durch den Einstrom von Natriumionen in die Faser (Depolarisation). Durch den unmittelbar darauffolg. Austritt von Kaliumionen aus der Faser kommt es zur Repolarisation der Zelle und damit zum Abschluss der Spannungsspitze, deren Gesamtverlauf auch als Aktionspotential bez. wird. Seine Amplitude ist für dieselbe N.faser stets gleich hoch (*Alles-oder-nichts-Gesetz*) und pflanzt sich über das gesamte Axon fort. Bei den markhaltigen N. beschränkt sich dieser Natrium-Kalium-Austausch auf die Ranvier'schen Schnürringe. Der Aktionsstrom verläuft hier sprunghaft und damit schneller von einem Schnürring zum anderen (*saltatorische Erregungsleitung*). N.degeneration tritt ein, wenn ein N. verletzt wird. Das vom Zellkörper isolierte Stück verliert seine Erregbarkeit und zerfällt allmählich. Jedoch kann durch N.regeneration von der N.zelle aus die Faser (außer im Gehirn und Rückenmark) wieder in die alten Bahnen hineinwachsen. Karnath & Thier 2012. C. Becker-Carus

Nervenbahn [engl. *nerve tract*], *Leitungsbahnen*.
Nervenfibrillen (= N.) [engl. *nerve fibrilles*; lat. *fibrilla* kleine Faser], [**BIO**], die Fasern der Nerven. Man teilt ein nach Achsenfibrillen, nackten Achszylindern, marklosen N., markhaltigen N. *Nerv*.
Nervenkerne [engl. *nerve nuclei*], [**BIO**], Gruppen von Nervenzellen in *Gehirn* und verlängertem Mark (*Rückenmark*), Ursprungsstätte der Gehirnnerven.

Nervenkrankheiten [engl. *nervous diseases, neuropathy*], [**KLI**], laienhafte Bez. für organische Erkrankungen des *Nervensystems* neben *Neurose* und *Psychose*. Z. B. *Apoplexie*, *Chorea*, degenerative Nerven- und Muskelerkrankungen, *Enzephalitis*, *Meningitis*, *multiple Sklerose*, *Neuritis* und *Polyneuritits*, *Parkinson'sche Erkrankung*.
Nervenleitung [engl. *nerve conduction*], *Leitungsbahnen*, *Nerv*.
Nervensystem (NS) [engl. *nervous system*], [**BIO**], die Gesamtheit der reizleitenden und reizverarbeitenden *Organe* der vielzelligen Tiere und des Menschen. Zum NS gehören also nicht nur die *Neurone* als morphologische und funktionelle Einheiten des NS, sondern auch die Sinnesrezeptoren (*Rezeptor*, z. B. Stäbchen und Zapfen der Retina (*Auge*), Hörzellen (*Ohr*)). Beim Menschen wie bei allen Wirbeltieren ist der wesentlichste Teil des NS ontologisch (*Ontologie*) angelegt. Aus ihm gehen *Gehirn* und *Rückenmark* hervor, die als Zentralnervensystem (ZNS) zus.gefasst werden. Die von ihm ausgehenden Bewegungs- und Empfindungsnerven (zerebrospinale Nerven) bilden das periphere NS. Zusammengefasst werden sie auch als zerebrospinales NS bezeichnet und dem die Eingeweide versorgenden vegetativen (autonomen) NS gegenübergestellt. Beim Menschen werden Gehirn, Rückenmark, die zerebrospinalen *Nerven* und die *Sinnesorgane* auch als Umwelt-NS (animales NS) zus.gefasst und dem vegetativen NS (Lebens-NS) gegenübergestellt. Dieses gliedert sich in *Sympathikus* und *Parasympathikus*, mit dem N. vagus als bekanntestem Nerv. Die Zellkörper aller präganglionären sympathischen Neurone liegen im Brustmark und oberen Lendenmark. Die *Axone* dieser Neurone verlassen das Rückenmark über die Vorderwurzeln und ziehen durch die weißen Rami zu den außerhalb des ZNS liegenden sympathischen *Ganglien*. In diesen werden die Axone der präganglionären Neurone auf die Zellkörper der postganglionären Neurone umgeschaltet. Der Parasympathikus konzentriert dagegen seine präganglionären Neurone im Kreuzmark und im Hirnstamm. Ihre Axone sind teils myelinisiert, teils unmyelinisiert und i. Ggs. zu den sympathischen präganglionären Axonen sehr lang. Sie ziehen in spez. Nerven zu den organnahegelegenen,

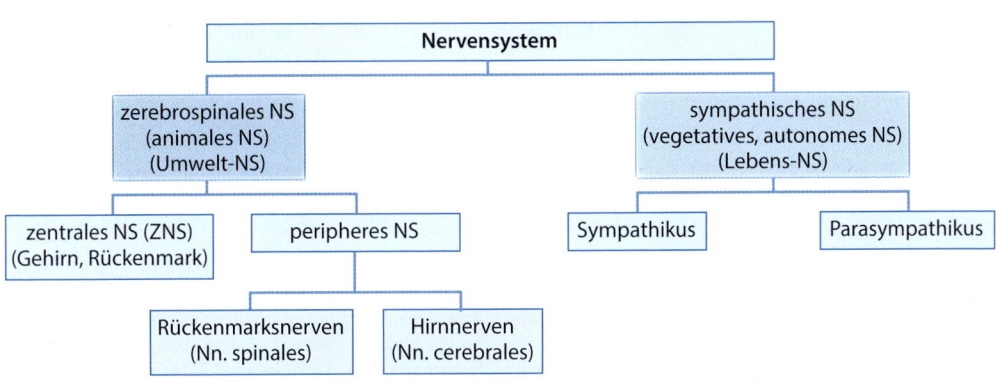

Nervensystem: Struktur

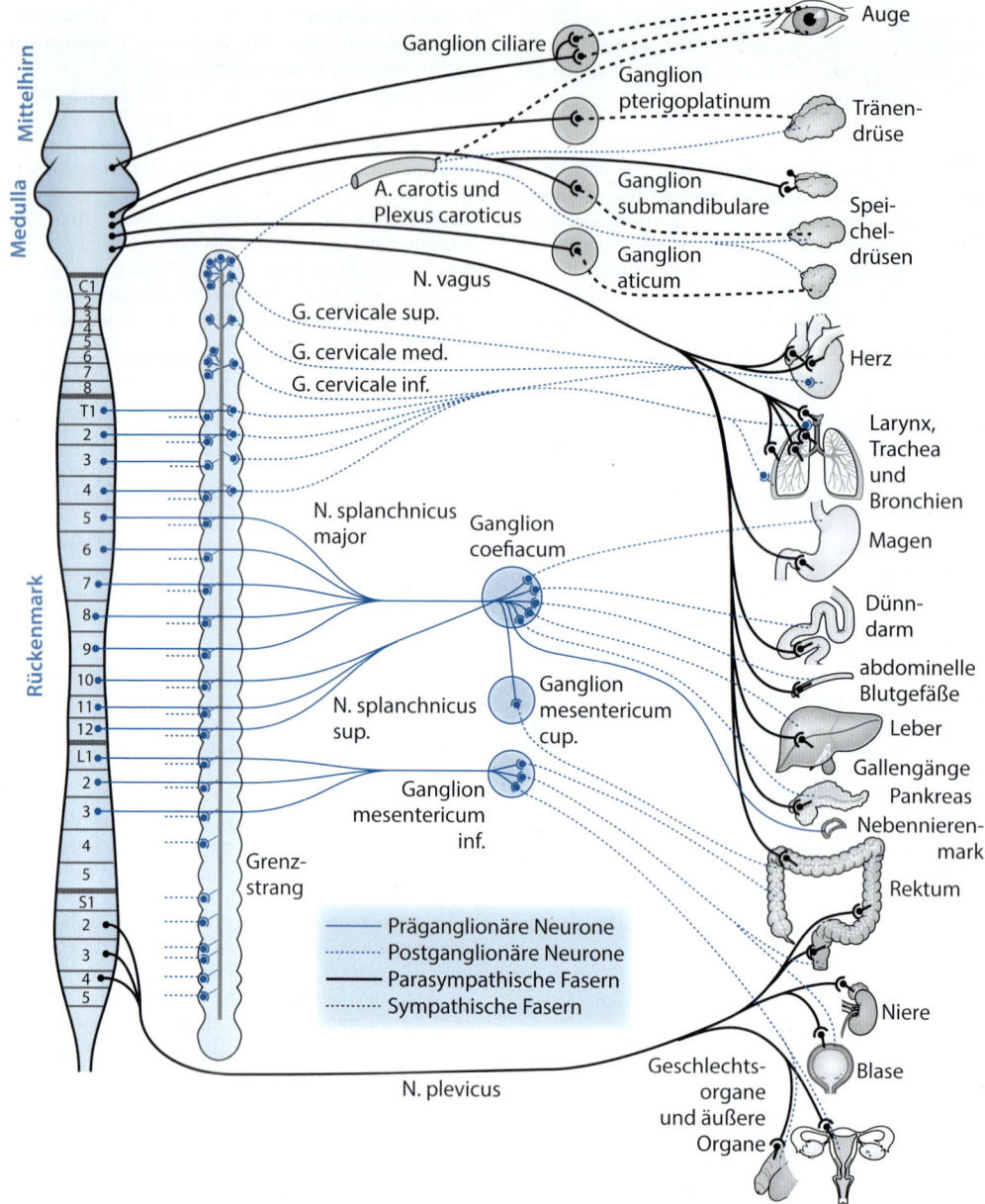

Nervensystem: Schema der efferenten autonomen Leitungsbahnen. Präganglionäre Neurone sind durchgehend, postganglionäre strichliert gezeichnet. Die dicken Linien kennzeichnen parasympathische Fasern, die dünneren sympathische.

parasympathischen, postganglionären Neuronen. Die sakralen parasympathischen Fasern zu den Beckenorganen verlaufen im *N. splanchnicus pelvinus* (vgl. Abb.). Funktional ist das zerebrospinale NS zuständig für das willkürliche Handeln (*Handlung*) und die Beziehungen zw. *Organismus* und Umwelt, das vegetative NS dagegen reguliert die Organfunktionen, die dem *Willen* weitgehend entzogen sind (daher früher auch autonomes NS). Die langsame Erregungsleitung im autonomen System (unmyelinisierte, postganglionäre Fasern, C-Fasern) bewirkt auch, dass die Entstehung einer *Gefühls-* und *Trieb*reaktion etwas länger benötigt als die motorischen Anteile (*Motorik*) dieser

Reaktionen. Zu ihrer vollen Entfaltung benötigen sie zumeist die Rückmeldung auch aus den Erfolgsorganen in das ZNS. Da die Erfolgsorgane aber langsamer aktiviert werden, braucht auch die Rückmeldung entspr. länger. Der Sympathikus beschleunigt den Herzschlag (*Herzfrequenz*), verengt die Blutgefäße, hemmt die Darmtätigkeit, schafft die Voraussetzungen für (sofortige) gesteigerte *Leistung*. Der Parasympathikus wirkt antagonistisch: hemmt den Herzschlag, erweitert die Gefäße und regt den Darm an (*Ergotropie*). Der Grenzstrang, Teil des sympathischen NS, ist eine Ansammlung von Neuronen und liegt beidseits längs der Wirbelsäule. Schandry 2006.

C. Becker-Carus

Nervenwachstumsfaktor [engl. *nerve growth factor*], [**BIO**], Abk. NGF; Faktor, der für das Überleben von Nervenzellen (*Nerv*) verantwortlich ist. Er gehört zu den *Neurotrophinen*. NGF wurde von Levi-Montalcini für sympathische Neuronen entdeckt, wofür sie 1987 den Nobelpreis erhielt. Kandel et al. 1996, Levi-Montcaltini & Angeletti 1968.

Nervenwurzel [engl. *nerve root*], *Rückenmark*.
Nervenzelle [engl. *nerve cell*], *Neuron*.
Nervenzentren [engl. *nerve centre*], [**BIO**], best. Gebiete in *Gehirn* und Rückenmark (*Nervensystem*), von denen die einzelnen Nervenfunktionen gesteuert werden und bei deren Ausfall die betreffenden Leistungen gestört und unterbunden werden. Es gibt motorische Zentren, von denen Bewegungen ausgehen, und sensorische, die für das Zustandekommen der Wahrnehmungen wesentlich sind.
Nervosität [engl. *nervousness*], [**EM, PER**], umgangssprachl. Sammelbez. für die Erregbarkeit des psych. und psychomotor. Systems.
Nervus acusticus [engl. *acoustic nerve*], [lat.] *nervus statoacusticus*.
Nervus opticus [engl. *optic nerve*], [**BIO**], [lat.] Sehnerv. *Auge*, *Gehirn*, *Sehbahn*.
Nervus statoacusticus [engl. *statoacustic nerve*][lat.], [**BIO**], der Nerv, der als 8. Gehirnnerv die beiden Nerven des Gleichgewichtsorgans (*N. vestibularis*) und des Gehörorgans (*N. cochlearis*) vereinigt. Trennung wieder nach dem Eintritt in die *Medulla oblongata*. *Ohr*.
Nettoergebnis (= N.) [engl. *net result*], syn. Nettobelohnung, [**EM, SOZ**], stellt i.R. des *sozialen Austauschs* die Differenz von Belohnungen und Kosten dar. *Belohnung* bezeichnet in der Austauschtheorie (Frey & Bierhoff 2011) ein Handlungsresultat, das für die Person einen pos. *Wert* besitzt, weil es zu *Bedürfnis*befriedigung, *Freude*, instrumenteller Unterstützung oder Erfolg führt (sozialer Austausch). Der Gegenbegriff sind Kosten (*Kosten-Nutzen-Kalkulation*), d.h. Verhaltenskonsequenzen, die für die Person einen neg. Wert haben (z.B. Anstrengung, *Ärger*, *Angst*, *Frustration*). Belohnung und Kosten sind subj. Größen, da ihre Einschätzung von der indiv. Lerngeschichte (*Lernen*) abhängt. Daher hängt die Bewertung des Handlungsresultats von dem Vergleichsstandard ab. Ein gegebenes Resultat wird bei einem niedrigen Vergleichsstandard besser bewertet als bei einem hohen Vergleichsstandard (*Bezugsnorm*). In der Austauschtheorie wird aus der Differenz von Belohnungen und Kosten das N. abgeleitet. Demgemäß werden Verhaltenskonsequenzen, die für die Person einen pos. Wert besitzen (Belohnungen) und Verhaltenskonsequenzen, die für die Person einen neg. Wert besitzen (Kosten), verrechnet. Dem N. kommt für die Verhaltensvorhersage in Wahlsituationen, die durch eine Matrixdarstellung veranschaulicht werden, eine wichtige Bedeutung zu. Das N. ergibt sich durch den Austausch pos. und neg. Konsequenzen zw. den Akteuren in einer sozialen Beziehung (*soziale Interaktion*).

H.-W. Bierhoff

networking (= N.) [engl.] Netzwerken, [**AO, WIR**], bez. Verhaltensweisen, die dem Aufbau und der Aufrechterhaltung von informellen Beziehungen dienen, deren zumindest potenzieller Effekt es ist, arbeitsbezogene Handlungen der beteiligten Personen durch freiwilliges Zur-Verfügung-Stellen von Ressourcen zu erleichtern und gemeinsame Vorteile zu optimieren. Es handelt sich um eine Strategie zur Erreichung eigener beruflicher Karriereziele und unterstützt die Stellensuche. Das Ausmaß an N.-verhalten ist abhängig von Persönlichkeitseigenschaften, dem beruflichen Engagement und Kontextfaktoren. N. führt zu sozialem Kapital, d.h. nützlichen Kontaktnetzwerken. Längsschnittliche Zusammenhänge zur Karriereentwicklung wurden aufgezeigt. Wolff & Moser 2006, Wolff & Moser 2010.

K. Moser

Netze, semantische [engl. *semantic network*], [**KOG**], im *HAM-Modell* benutzter Begriff für die Erklärung des Aufbaus und der Funktion des Gedächtnisses für Wortbedeutungen (*semantisches Gedächtnis*).
Netzhaut [engl. *retina*], *Retina*, *Auge*.
Netzhautbild [engl. *retinal image*], [**WA**], die vom Sichtbaren durch die lichtbrechenden Medien des Auges auf der Netzhaut entworfene Reizanordnung, die in perspektivischer Abbildung dem Gesehenen entspricht. *Perspektive*, *Retina*, *visuelle Wahrnehmung*.
Netzhautbild, stabilisiertes *retinal fixierte Bilder*.
Netzhauthorizont [engl. *retinal horizon*], [**BIO, WA**], der durch die Netzhaut (*Retina*) gelegt gedachte, horizontal gelagerte Meridian (Kreislinie). *Listing'sches Gesetz*, *Primärstellung der Augen*.
Netzhautzonen [engl. *retinal areas*], [**BIO, WA**], man unterscheidet drei konzentrische Zonen: die äußerste Zone, die nur helligkeits- und nicht farbenempfindlich ist, die mittlere, die helligkeits- und gelb-blau-empfindlich ist, und die innere, zentrale Zone, in der alle Qualitäten von *Licht*empfindungen wahrgenommen werden. *Auge*.
Netzwerk, lokales [engl. *local network*], *Netzwerkmodelle*.
Netzwerk, semantisches (= s.N.) [engl. *semantic network*], [**KOG**], s.N stellen in der kogn. Ps. und Sprachps. eine mögliche Form der Wissensrepräsentation im Langzeitgedächtnis (*Gedächtnis*) dar und werden auch in Modellierungen i.R. *künstlicher Intelligenz* verwendet. Ein s.N. basiert auf der Idee eines lokalen Netzwerks (*Netzwerkmodelle*, Anderson 1976). In einem s.N. werden Konzepte und semantische Beziehungen zw. Konzepten repräsentiert. Die Konzepte werden über Knoten (*nodes*) und die Beziehungen über Verbindungen (*links, arcs, edges*)

zw. den Knoten dargestellt. Die Verbindungen können hierbei assoziativ sein (dann assoziatives Netzwerk; vgl. *HAM-Modell*) oder über hierarchische Beziehungen (z. B. Kategoriezugehörigkeit: ein Rabe ist ein Vogel ist ein Tier ist ein Lebewesen etc.) sowie andere semantische Beziehungen (häufig auch Eigenschaften) zw. den Knoten (z. B. Rabe hat Federn, Rabe kann fliegen, Rabe baut Nest etc.) Auskunft geben. N. bilden die architektonische Grundlage für klass. Spreading-Activation-Modelle (*spreading activation*) der semantischen Aktivierung und des Gedächtnisabrufs. Hierbei wird angenommen, dass Aktivierung automatisch zu benachbarten/verbundenen Knoten fließt, wenn ein Knoten aktiviert wird. C. Bermeitinger

Netzwerk, verteiltes [engl. *distributed network*], *Netzwerkmodelle*, *Konnektion*, *Konnektionismus*, *Parallel Distributed Processing (PDP)*.

Netzwerke, konnektionistische [engl. *connectionist networks*; lat. *connectere* verknüpfen], *Gehirnmetapher*, *Konnektionismus*.

Netzwerkforschung (= N.) [engl. *network analysis*], **[FSE, SOZ]**, die N. befasst sich in der sozialwissenschaftlichen Forschung grundlegend mit der strukturellen Anordnung von Beziehungen zw. Akteuren. Ziel der N. ist es, anhand relationaler und struktureller Netzwerkeigenschaften indiv. Handeln (*Handlung*), *Verhalten*, *Lernen* usw. zu erklären. Hierzu wird ein Netzwerk zunächst wertneutral durch eine sinnvoll begrenzte Ansammlung von Knotenpunkten (Akteure) und deren Beziehungen untereinander definiert. Weitere relationale und strukturelle Eigenschaften sowie deren potentiell pos. oder neg. Aspekte sind Gegenstand empirischer Fragestellungen. Die N. stellt somit einen empirischen Zugang dar, soziale Beziehungsstrukturen und deren Bedeutung für indiv. Eigenschaften oder indiv. Verhalten zu analysieren. Dabei ist es in Folge der theoretischen Grundannahmen möglich, dass direkte und indirekte Beziehungen im Netzwerk Auswirkungen auf indiv. (Lern-)Aktivitäten zeigen und somit indiv. Entwicklung und Verhalten erklären lassen. Hierzu wird eine Wechselwirkung zw. indiv. Handlung und sozialem Kontext postuliert, durch deren Rückwirkung wiederum eine Weiterentwicklung des sozialen Kontextes erfolgt. Somit werden in der N. versch. Analyseebenen miteinander in Verbindung gesetzt. Sie ermöglicht in ihren analytischen Aussagen eine Kombination attributiver mit relationalen und strukturellen Eigenschaften. In dem analytischen Vorgehen lassen sich zwei Arten von Herangehensweisen unterscheiden. Zum einen untersucht die N. die Struktur der Beziehungen von Akteuren als Ganzes (*Soziale Netzwerkanalyse*), zum anderen die Qualität und den Inhalt einzelner Beziehungen von Akteuren (*Egozentrierte Netzwerkanalyse*). Als Netzwerkakteure können Individuen, Gruppen oder Institutionen und Organisationen betrachtet werden. Die N. stellt somit Mechanismen zur Verfügung, die Weitergabe von Informationen, Wissen (*Wissenserwerb*), Expertise (*Expertise-Erwerb*) oder allg. Ressourcen in sozialen Kontexten zu analysieren. *Soziometrie*. Jansen 2006. M. Hirschmann

Netzwerkmodelle (= N.) [engl. *network models*], **[KOG]**, werden in der kogn. Ps. vor allem als Modelle für das *Gedächtnis* und für den Abruf und die Speicherung innerhalb des Gedächtnisses verwendet. N. finden auch in Modellierungen i. R. von *künstlicher Intelligenz* Anwendung. Bei *lokalen Netzwerken* (Anderson 1976) wird ein Konzept (z. B. Apfel) über einen einzelnen Knoten (Apfel-Knoten; *node*) repräsentiert. Beziehungen zw. Konzepten werden durch Verbindungen (*links, arcs, edges*) zw. den Knoten dargestellt. Verwandte, assoziierte oder in irgendeiner Weise relatierte Konzepte sind dabei durch starke Verbindungen repräsentiert. In einem *semantischen Netzwerk* sind die Beziehungen z. B. typischerweise semantischer Art (vgl. *HAM-Modell* als assoziatives Netz). Ein Knoten kann direkt (z. B. durch eine entspr. Wahrnehmung) oder über verbundene, bereits aktivierten Knoten (*spreading activation*) aktiviert werden. Lokale N. wurden weiterentwickelt, da nicht davon ausgegangen werden kann, dass ein Konzept durch genau einen Knoten (zerebrales Neuron im menschlichen Gehirn) repräsentiert ist.

Verteilte N. (neuronale, konnektionistische oder konnektivistische Netzwerke) sind aktuellere Varianten von N. (Pospeschill 2004), obwohl diese schon etwa in den 1950er Jahren eingeführt wurden. In verteilten N. steht nicht mehr ein einzelner und lokaler Knoten für ein Konzept, sondern hier wird dieses durch ein Set an verteilten Eigenschaften (*distributed features, units*) oder auch Mini-Knoten, Mikroeigenschaften (*mini-nodes, microfeatures*) repräsentiert. Eine Eigenschaft muss dabei keine semantisch interpretierbare Einheit sein. Diese Mikroeigenschaften sind entweder hierarchisch in versch. Ebenen (*layers*) oder ohne Hierarchie in einer Ebene angeordnet. Die Mikroeigenschaften sind innerhalb des Netzwerkes oder zumindest innerhalb einer Ebene über Verbindungen (*connections, weights*) miteinander assoziiert. Ein Konzept ist durch spezif. gewichtete, miteinander verbundene Mikroeigenschaften und durch einen spezif. stabilen Zustand von Aktivierung repräsentiert. *Lernen* bedeutet in solch einem Netzwerk die Änderung der Verbindungsgewichte und den Erwerb eines neuen spezif. Musters (*pattern*) oder Vektors an gewichteten Verbindungen. *Parallel Distributed Processing (PDP)*. C. Bermeitinger

Neugeborenen-Diagnostik (= N.) [engl. *neonatal diagnosis*], **[DIA, EW]**, die psychol. N. umfasst eine Reihe standardisierter Verfahren zur Einschätzung der Entwicklungsreife Neugeborener, einschließlich der Bereiche *Motorik*, *Reflexe*, *Wahrnehmung* und Verhaltensregulation. Mit dem *Apgar-Score* (Apgar 1953) wird der organismische Zustand Neugeborener nach der Geburt auf der Grundlage von Sauerstoffversorgung, Kreislauf und Atmung beurteilt. Zur Prüfung der Neugeborenenreflexe werden häufig *Babinski-Reflex*, Rooting- und *Moro-Reflex* sowie Treppenstufen- und Schreitreflex getestet. Zu den neuropsychol. Verfahren zählt die *Neonatal Behavioral Assessment Scale* (NBAS, Brazelton & Nugent 1995), die *Habituation*, Reflexe, Selbstregulation und sozial-interaktive Verhaltensweisen erfasst. In ähnlicher Form werden mit dem *Neurobehavioral Assessment for Premature Infants*

(*NAPI*; Korner & Constantinou (2001) Habituationsleistungen, Muskeltonus und Selbstregulationsfähigkeiten untersucht. Prechtls *Methode der qualitativen Beobachtung spontaner Extremitätenbewegungen* (Einspieler et al. 1997) wird als Screeninginstrument für neurologische *Dysfunktion* eingesetzt. Zunehmend stehen zur N. auch *bildgebende Verfahren* wie Elektroenzephalografie, EEG (*Elektrodiagnostik*), *Nahinfrarotspektroskopie (NIRS)* oder *Magnetresonanztomografie* (MRT) zur Verfügung. Insbes. die Habituationsgeschwindigkeit (abnehmende Reaktionen auf wiederholte Darbietung eines Reizes) dient als Maß für die Integrität der Informationsverarbeitung und hat begrenzte prädiktive Bedeutung für die kogn. Entwicklung. *A. Schölmerich/J. Jäkel*

Neugier (= N.) [engl. *curiosity*], [**EM, PER**], sowohl Zustand (*state*) als auch *Persönlichkeitsmerkmal* (*trait*); bezieht sich auf die Tendenz, Neues zu erleben, zu untersuchen, zu erkunden, zu erfahren und geht mit explorativen Verhaltensweisen einher (Berlyne 1960). N. kann danach unterschieden werden, worauf sie sich inhaltlich bezieht: insbes. *epistemische Neugier* (wissensbezogen, z. B. Problemlösen, Lernen), *perzeptuelle N.* (*Neugier, perzeptive und manipulative*; z. B. fremde Speisen probieren, in fremde Länder reisen) sowie auch *interpersonelle N.* (Interesse an anderen Personen). N. ist eine treibende Kraft für die Entwicklung in der Kindheit, für Lernprozesse sowie für intellektuelle Leistungen und beruflichen Erfolg. Epistemische N. ist ein Aspekt des Faktors *Offenheit* für Erfahrungen bzw. der Facette Offenheit für Ideen im *Fünf-Faktoren-Modell* und ist stark mit Konstrukten wie *need for cognition* und typisches intellektuelles Engagement (*intellektuelles Engagement, typisches*) korreliert; perzeptuelle N. ist mit *sensation-seeking* assoziiert. *Neugierverhalten, diversives*, *Neugierverhalten, spezifisches*. Voß & Keller 1981. *P. Mussel*

Neugier, epistemische (= e. N.) [engl. *epistemic curiosity*; gr. ἐπιστήμη (*episteme*) Wissen, Erkenntnis], [**EM**], *Neugier* (= N.), wird angeregt durch symbolische Strukturen. Dies bedeutet, dass sich eine Person mit Dingen gedanklich beschäftigt, dass sie bemerkt, wenn ihr best. Informationen fehlen oder dass sie sich bemüht, Konflikte durch symbolische Handlungen zu klären. Sie wird unterschieden von der *perzeptiven Neugier*. Motiviert wird die e. N. durch Erkenntnisstreben. Beim Wissenserwerb nimmt sie dementsprechend ab. Die epistemische Exploration lässt sich auf *instrumentelle Konditionierung* zurückführen, wobei sie intrinsisch oder extrinsisch motiviert sein kann (Berlyne 1974; *intrinsische Motivation, extrinsische Motivation*). Beide Verhaltensweisen (intrinsisch und extrinsisch) werden durch die Variablen des Vergleichs (*Neugierverhalten, spezifisches*) gesteuert.
Mackowiak und Trudewind (2001) stellen versch. Verfahren zur Erfassung von N. und Ängstlichkeit dar. Eines dieser Verfahren beinhaltet als Skala die e. N. Verhaltensweisen sind hier: Wissens- und Einsichtsgewinn sowie Sachverhalte verstehen. Im Vordergrund steht das Frageverhalten (Bsp.item: «Mein Kind fragt sehr häufig nach der Bedeutung von Worten.»). Die Autoren gehen davon aus, dass diese e. N. einen Aspekt der spezif. N. repräsentiert. In einer Untersuchung hierzu konnten sie zeigen, dass wenig neugierige Kinder geringer informationssuchendes Verhalten zeigen als hoch neugierige Kinder. Zudem zeigte sich, dass der Einfluss der N. durch eine hohe Ängstlichkeit gebremst wird, wodurch die Informationssuche geringer ausfällt. Bei jüngeren Kindern, die wenig ängstlich sind, wirkt sich die N. pos. darauf aus, wie viele Informationen verarbeitet, aufgenommen und auch behalten werden. Die Ergebnisse dieser Studie unterstützen die Annahme, dass die N. förderliche Auswirkungen auf sich gerade in einer kritischen Entwicklungsphase befindliche Fähigkeiten hat. *A. Lengning*

Neugier, perzeptive und manipulative (= p. N., m. N.) [engl. *epistemic curiosity*; lat. *percipere* wahrnehmen, *manipulatio* Handhabung, Kunstgriff], [**EM**], *Neugier*, p. N. wird durch Eindrücke oder direkte, gesammelte Erfahrungen der Sinnesmodalitäten angeregt. Wird p. N. ausgelöst, ist das Lebewesen sofort bemüht zu explorieren. Sie nimmt ab, wenn «die N. befriedigende» Reize wahrgenommen werden. Berlyne (1974) unterscheidet sie von der *epistemischen Neugier*, wobei diese Trennung nicht immer ganz eindeutig vorzunehmen ist, da diese Formen häufig ineinander übergehen. Die perzeptive Exploration, die wie die epistemische Exploration intrinsisch und extrinsisch motiviert (*intrinsische Motivation, extrinsische Motivation*) sein kann, lässt sich auf Reflexe und klassische sowie instrumentelle *Konditionierung* zurückführen.
Mit einem der von Mackowiak & Trudewind (2001) dargestellten Verfahren kann die p. N. erfasst werden. Die entspr. Skala heißt *perzeptiv-manipulative Neugier*. Diese setzt sich aus versch. Verhaltensweisen zus., die darauf abzielen, Informationen über Zuschauen, Manipulation und Ausprobieren zu gewinnen (Bsp.items: «Mein Kind besteht sehr darauf, an Baustellen stehenzubleiben, um alles zu beobachten.», «Wenn mein Kind neue Dinge untersucht, ist es durch nichts davon abzulenken.»). Die p. N. stellt eine Facette des N.motivs dar und wird wie die epistemische N. der spezif. N. (*Neugierverhalten, spezifisches*) zugeordnet. Sie weist hohe Zusammenhänge mit der epistemischen N. und der *Suche nach interessanten Ereignissen* (*Neugierverhalten, diversives*) auf. So können diese Facetten (*perzeptiv-manipulativ, epistemisch* und *Suche nach interessanten Ereignissen*) zu einer *Gesamtneugier* zus.gefasst werden (Mackowiak & Trudewind 2001). Ist N. bei Kindern hoch ausgeprägt, scheint dies einen förderlichen Einfluss auf die kogn. Entwicklung und die Intelligenz der Kinder zu haben. *A. Lengning*

Neugierverhalten, diversives [engl. *diversive curiosity*; lat. *diversus* unterschiedlich], syn. *diversive Neugier*, *Neugier* (= N.), [**EM**], tritt in Situationen auf, die reizarm sind. In derartigen Situationen fehlt dem Lebewesen die angemessene Stimulation, was Langeweile bedingt und wiederum das Streben nach neuen Erfahrungen zur Folge hat. Hiervon wird das *spezifische Neugierverhalten* unterschieden. Gemein ist beiden das hohe Aktivationsniveau. Das hohe Aktivationsniveau wird im Falle der spezif. N. durch einen hohen und im Falle der diversiven N. durch einen niedrigen Reizeinstrom verursacht. Eine bekräftigende Wirkung soll es haben, wenn dieses Aktivationsniveau auf ein mittleres Ausmaß reguliert wird (Berlyne 1974). Menschen suchen im Falle der diversiven N. nach Zerstreuung und Stimulation. Die Ausführungen zum Aktivationsniveau bzw. die Unterscheidung zw. der diversiven und der spezif. N. sind inzwischen teilweise widerlegt bzw. nicht unumstritten.

Mackowiak & Trudewind (2001) stellen ein Verfahren zur Erfassung von N. und *Angst* dar, das eine Skala enthält, die mit der diversiven N. in Zusammenhang steht. Diese Skala wird «Suche nach interessanten Ereignissen» genannt. Sie spiegelt die Suche nach interessanten Ereignissen, das Herausfinden von Geheimnissen und das Interesse an versteckten Objekten wider (Bsp.item: «Wenn ich ohne mein Kind eingekauft habe, möchte es sofort selber nachsehen, was in der Einkaufstasche steckt.»)

In Studien konnten bedeutsame *Korrelationen* zw. dieser Skala und den Skalen der *epistemischen Neugier* und der *perzeptiv-manipulativen Neugier* gefunden werden (Mackowiak & Trudewind 2001). Da die letzten beiden Skalen der spezif. N. zugeordnet werden, spricht dies für einen hohen Zusammenhang zw. der spezif. und der diversiven N., was ebenfalls auf Probleme der Trennbarkeit der Konstrukte hindeutet. *A. Lengning*

Neugierverhalten, spezifisches (= s.N.) [engl. *specific curiosity*], syn. *spezifische Neugier*, *Neugier*. **[EM]**, s. N. ist N., das durch konkrete Umweltgegebenheiten angeregt wird. Dieses ist nach Berlyne (1974) zu unterscheiden von dem diversiven N., wobei die Aktivationstheorie bzw. das Aktivationsniveau zur Unterscheidung herangezogen wird (*Neugierverhalten, diversives*). S. N. wird hiernach bei hohem Aktivationsniveau gezeigt. Beim s. N. bemühen sich Menschen, Informationen zu sammeln, um die bei ihnen durch konkrete Sachverhalte ausgelöste Unsicherheit zu reduzieren. Sachverhalte, die s. N. auslösen, haben nach Berlyne unterschiedliche Qualitäten. Berlyne benutzt den Begriff *kollative Variablen*, die im Deutschen auch *Variablen des Vergleichs* genannt werden, denn es werden immer versch. Gegebenheiten miteinander verglichen. Bei der *Neuartigkeit/Veränderung* wird Stimulusmaterial mit früher Bekanntem verglichen, bei der *Komplexität* versch. Elemente von Mustern, beim *Konflikt* zeitgleich angeregte Reaktionen, beim *Überraschungswert* erfahrene Stimuli mit erwarteten, bei *Ungewissheit* zeitgleich angeregte Erwartungen. Variablen des Vergleichs lösen Verhalten bei Lebewesen aus: Lokomotion, Fragenstellen, Manipulationen und perzeptive Zuwendung. Durch diese versch. Explorationsarten bemühen sich Lebewesen, die ausgelöste Unsicherheit zu reduzieren. Hierdurch sammeln sie zum einen Informationen über sich selbst und zum anderen über ihre Umwelt. Somit hat die Reduktion der Unsicherheit einen Informationsgewinn zur Folge, der für Lebewesen sehr bedeutend ist. Verhalten, das zur Unsicherheitsreduktion führt, sollte verstärkt (*Verstärkung*) und somit subj. als angenehm empfunden werden (Schmalt & Langens 2009). *A. Lengning*

Neuigkeitspräferenz [engl. *novelty preference*; lat. *praeferre* vorziehen], *visuelles Präferenzverfahren*.

Neuralgie, neuralgischer Schmerz (= N.) [engl. *neuralgic pain*; gr. νεῦρον (neuron), ἄλγος (algos) Schmerz], **[BIO, GES]**, durch pathophysiologische Impulsbildung an nozizeptiven Fasern (nicht an den Nozizeptoren) entstehende *Schmerzen*. Allg. Bez. für Schmerzsyndrome, die auf das Ausbreitungsgebiet eines Nervs begrenzt sind. Es handelt sich i. d. R. um projizierte Schmerzen, die durch fortgesetzte (chronische) Reizung eines Nervs oder einer Hinterwurzel entstehen (z. B. durch einen Bandscheibenvorfall). Solche chronischen Nervenschädigungen führen dann zu «spontanen» Schmerzen, die häufig wellenförmig oder anfallsweise auftreten. Sie bleiben meist auf das Versorgungsgebiet des erkrankten Nervs oder der geschädigten Wurzel begrenzt. Zahlreiche weitere Bez., z. B.: *N. ischiadica, N. nocturna, Trigeminusneuralgie*. Schmidt & Birbaumer 2006. *C. Becker-Carus*

Neurasthenie [engl. *neurasthenia*; gr. νεῦρον (neuron), ἄλγος (algos) Schmerz, ἀσθένεια (astheneia) Schwäche], syn. *Psychovegetatives Syndrom*, **[KLI]**, eine der Aktualneurosen bei S. Freud. *Neurose. Erschöpfungssyndrom, chronisches.*

Neurilemma [engl. *neurilemma*; gr. νεῦρον (neuron) Nerv, λημμα (lemma) das Weggenommene], **[BIO]**, die sog. Schwann'sche Nervenscheide. *Nerv.*

Neurinom [engl. *neurinom*; gr. νεῦρον (neuron) Nerv, ινος (inos) Faser], **[BIO]**, Nervenfasergeschwulst, die aus Zellen der Schwann'schen Scheide hervorgeht, jedoch keine Achsenzylinder oder Markscheiden enthält. Klinisch treten als erste Symptome Schmerzen oder sensorische Erscheinungen auf.

Neurismus [engl. *neurism*; gr. νεῦρον (neuron) Nerv], **[BIO, PHI]**, physiol. Theorie, die das *Nervensystem* zum entscheidenden Träger aller Lebensvorgänge macht. Die Theorie hat Anschauungen von *Pawlow* und dessen Schule weiterentwickelt und wird von russischen Physiologen bes. gepflegt. *bedingter Reflex*, *Objektive Psychologie*.

Neurit [engl. *neurite*; gr. νεῦρον (neuron) Nerv], **[BIO]**, der der efferenten Erregungsleitung dienende, meist lang gezogene Achsenzylinderfortsatz der Nervenzelle (Axon). *Neuron, Dendrit.*

Neuritis [engl. *neuritis*; gr. νεῦρον (neuron) Nerv], **[BIO, GES]**, Nervenentzündung (*Nerv*), z. T. entzündlicher, z. T. degenerativer Art. Kennzeichnende lokale *Sensibilitätsstörungen* und motorische Störungen (*Motorik*) im versorgten *Muskel*bereich, Störung der motorischen oder sensiblen Leitung). Die Neuritiden lassen sich nach versch. Grundsätzen einteilen: (1) nach Verlauf in: akute, subchronische und chronische, (2) nach Art der Ausfallserscheinung in: motorische, sensible und gemischte, (3) nach Ausbreitung in: Mono-, Plexus- und Polyneuritis (Polyneuropathie), Schwerpunktpolyneuritis. Die unterschiedlichen Formen der N. sind klin. durch ihre jew. Ursachen bedingt und geprägt, z. B. Mononeuropathien bei allen traumatischen und nicht traumatischen isolierten Nervenläsionen, z. B. Karpaltunnelsyndrom an Handwurzelknochen; Polyneuritis z. B. nach Diphtherie, Viruserkrankungen wie etwa nach Zeckenbiss. *Neuralgie, Polyneuritis, Neuropathie.* *C. Becker-Carus*

Neuroanatomie [engl. *neuroanatomy*; gr. νεῦρον (*neuron*) Nerv, ἀνά (*ana*) auf, τομή (*tome*) Schnitt], *Nervensystem*.

ᵀᵉˢᵗNeurobehavioral Assessment for Premature Infants (NAPI) *Neugeborenen-Diagnostik*.

Neurochemie [engl. *neurochemistry*; gr. νεῦρον (*neuron*) Nerv, χημεία (*chemeia*) Gießerei, Umwandlung], **[BIO]**, Disziplin, die sich mit chemischen Vorgängen im *Nervensystem* befasst. Basisdisziplin für die *Chemopsychologie*. Für die Ps. sind solche chemischen Prozesse am wichtigsten, die psych. Vorgängen und ihren Störungen zugrunde liegen, sie begleiten oder ihnen folgen. Die dabei beteiligten Substanzen selbst, ihre Vorläufer (Präkursoren), ihre Zwischenprodukte oder ihre Abbauprodukte (Metaboliten) können beim Menschen über Körperflüssigkeiten (Liquor, Blut, Speichel) gemessen werden. Bei Weitem bessere Möglichkeiten existieren beim Tier. Eingriffsmöglichkeiten bestehen über psych. Variationen (z. B. psychosozialer Stress) oder somatische Variationen, bes. über Pharmaka (*Neuropharmakologie*). Bradford 1995, Löffler & Petrides 1997, Meyer & Quenzer 2005. *W. Janke*

Neurodegenerative Erkrankungen (= N. E.) [engl. *neurodegenerative diseases*; gr. νεῦρον (*neuron*) Nerv, *degenerare* aus der Art schlagen], **[BIO, GES]**, ist der Überbegriff für den fortschreitenden Verlust der Struktur und Funktion von einzelnen Neuronen, neuronalen Systemeinheiten oder komplexen Neuronennetzwerken (*Nervensystem*), die auf Symptomebene zu neurophysiol., neurobehavioralen und neuropsychol. Störungen führen (vgl. *Demenz*). Meist handelt es sich um progredient verlaufende, erbliche, zuweilen umweltbedingte Erkrankungen des NS mit zunehmendem Verlust von Nervenzellen. Zu den bekanntesten N. E. zählen die Alzheimer-Demenz (*Alzheimer-Krankheit*) als sich langsam entwickelnde, neurodegenerative Krankheit des gesamten Gehirns unbekannter Ursache, die frontotemporale Demenz bei Pick-Krankheit (*Pick'sche Krankheit*), die dominant erbliche Huntington-Chorea, die *Parkinson'sche Erkrankung*, sowie die Amyotrophe Lateralsklerose, einer selektiven Degeneration motorischer Neurone. Sturm et al. 2009. *M. Peper*

Neurodermatose [engl. *neuro-dermatosis*; gr. νεῦρον (*neuron*) Nerv, δέρμα (*derma*) Haut], **[BIO, GES]**, nervöse Hauterkrankung, die von einer Nervenstörung (*Nerv*) ausgeht.

Neuroelektrodiagnostik [engl. *neuro-electrodiagnostics*; gr. νεῦρον (*neuron*) Nerv], **[BIO, DIA]**, Gebiet der med. *Diagnostik*. Umfasst Methoden, die Aussagen über den funktionellen Zustand zerebraler, spinaler und neuromuskulärer Strukturen gestatten sowie mit unterschiedlicher Genauigkeit in gewissem Umfang auch topographische Aussagen erlaubt. *Elektrodiagnostik*.

Neuroendokrinologie (= N.) [engl. *neuroendocrinology*; gr. νεῦρον (*neuron*) Nerv, ἔνδον (*endon*) innen, κρίνειν (*krinein*) ausschütten], **[BIO]**, Teilgebiet der *Endokrinologie*, das sich mit der Erforschung der Beziehungen zw. Endokrinium (endokrine Drüsen) und *Nervensystem* befasst. Die wichtigsten Aspekte der N. betreffen: (1) Wirkung von *Hormonen* auf neuronale Aktivitäten, (2) Wirkung nervöser Erregung auf die Hormonausschüttung, (3) Produktion und Bedeutung von Hormonen im ZNS und VNS. *Neurotransmitter*, *Überträgersubstanzen*. Hellhammer & Pirke 1996. *W. Janke*

Neuroenhancement (= N.), **[PHA]**, bez. die Steigerung der kogn. Leistungsfähigkeit durch Arzneimittel bei gesunden Personen (auch: pharmakol. N.). Gut untersucht sind insbes. *Stimulanzien* (*Modafinil*, *Methylphenidat*, u. a.) und *Acetylcholinesterase-Inhibitoren*. Das Ausmaß ihrer Wirkungen hängt u. a. von Umweltfaktoren (z. B. Schlafentzug) sowie von der kogn. Ausgangssituation und der genetischen Konstitution des Pb ab. Auch die (exp. nicht klar belegte) Verbesserung sozialen Kontaktverhaltens durch *Antidepressiva* oder *Oxytocin* wird als N. bez. Nicht pharmakol. N., z. B. durch Hirnstimulationsverfahren, ist im exp. Stadium. N. ist Gegenstand einer intensiven ethischen, juristischen und gesellschaftlichen Debatte. *G. Gründer*

Neuroethik (= N.) [engl. *neuroethics*; gr. νεῦρον (*neuron*) Nerv], **[BIO, PHI]**, ist ein relativ neues Themengebiet im Schnittpunkt der sich entwickelnden klin., kogn. und exp. Neurowiss. einerseits und Teilgebieten der Philosophie und Ps. andererseits. (1) Zum einen ist N. als Teilgebiet der *Ethik* eine Disziplin der Philosophie, welche die Begründbarkeit normativer Regeln, Konventionen und Gesetze reflektiert, die mit neurowiss. Erkenntnissen und Technologien in Verbindung stehen (*Forschungsethik*). Ziel der Bewertungen der N. ist es, einen verantwortungsvollen Umgang mit neurowiss. Forschungsmethoden und -ergebnissen argumentativ abzusichern, sodass z. B. der Gesetzgeber oder Ethikkommissionen in die Lage versetzt werden, begründete Entscheidungen zu treffen. Ethische Probleme können sich aus den neuen Anwendungsfeldern der funktionellen Bildgebung (*bildgebende Verfahren*), der *Psychopharmakologie*, der Neurochirurgie bzw. -technologie (z. B. Implantaten von Mikroelektroden oder Stammzellen, Gehirn-Maschine-Schnittstellen) ergeben. Typische Fragen zu diesem Bereich sind: Welche invasiven Maßnahmen sind verantwortbar, um Krankheiten zu diagnostizieren, zu lindern oder zu heilen? Unter welchen Umständen ist der Einsatz psychoaktiver Substanzen mit dem Ziel der Verbesserung psych. Funktionen statthaft?
(2) Eine zweite Perspektive der N. sieht neurowiss. Ergebnisse als Explanans und das ethisch-moralische Verhalten und Empfinden als Explanandum. Die Beziehungen mentaler und physikal. Phänomene und der zusätzliche Erkenntniswert neuronaler Organisationsprinzipien sind bereits seit Langem Gegenstand einer Arbeitsrichtung der Philosophie (*philosophy of mind*). Aus empirischer Sicht befassen sich die Neurowiss. (hierbei insbes. die *Neuropsychologie*) zunehmend mit der funktionell-neuroanatomischen Organisation *sozialer Kognitionen* einschließlich des ethisch-moralischen Verhaltens. Ebenso sind auch das abweichende Verhalten und dessen neurokriminologische Korrelate ein Teilgebiet der N. *M. Peper*

Neurofeedback [engl. *neurofeedback*; *feedback* Rückkopplung, gr. νεῦρον (*neuron*) Nerv], **[BIO, KLI]**, spez. Form des *Biofeedbacks*, die Hirnstromaktivität wird durch die *Enzephalografie* gemessen, in Frequenzbänder zerlegt und dem Pat. visuell und/oder akustisch zurückgemeldet. Die Aktivitätsniveaus sollen differenziert und beeinflusst werden, der Erfolg wirkt verstärkend (*Konditionierung, operante*). Es werden gute Erfolge bei ADHS (*Aufmerksamkeitsdefizit-/Hyperaktivitätsstörung*), Schmerzstörungen (*Schmerz*) und *Migräne* berichtet. Haus 2013.

M. Drüge

Neuroglia [engl. *neuroglia cells*; gr. νεῦρον *(neuron)* Nerv, gr. γλια *(glia)* Leim], [**BIO**], nach R. Virchow die ektodermalen, bindegewebsartigen Zellen zw. den Neuronen des ZNS (*Nervensystem*). Früher als Stützzellen aufgefasst. Das Glianetz vermittelt den interplasmatischen Stofftransport.

Neurogramm [engl. *neurogram*; gr. νεῦρον *(neuron)* Nerv, γράφειν *(graphein)* schreiben], [**BIO, KOG**], Ausdruck von M. Prince (1905) für den im *Nervensystem* überdauernden Eindruck, den jedes *Erleben* hinterlassen muss, um wieder erinnert (*Erinnerung, Gedächtnis*) werden zu können. *Engramm*.

Neurohormone (= N.) [engl. *neurohormones*; gr. νεῦρον *(neuron)* Nerv], [**PHA**], häufige Bez. für Substanzen, die an den Funktionen des NS (*Nervensystem*) beteiligt sind. Die wichtigsten N. sind die im Hypothalamus gebildeten Stoffe, die zum einen auf dem Blutweg über Kapillarnetze in den Hypophysenvorderlappen gelangen und dort die Freisetzung von Vorderlappenhormonen sowohl hemmen als auch fördern, weshalb sie auch als *Releasing-Hormone* und *Inhibiting-Hormone* (-Faktoren) bez. werden. Zum anderen werden im Hypothalamus zwei N. gebildet, die im Hypophysenhinterlappen gespeichert werden, nämlich *Vasopressin* und *Oxytocin*. Der Begriff N. wird auch in anderen, weiteren oder engeren Kennzeichnungen benutzt. *Hormone*.

W. Janke

neurohumoral [engl. *neurohumoral*; gr. νεῦρον *(neuron)* Nerv, lat. *humor* Flüssigkeit, Feuchtigkeit], [**BIO**], durch auf Nerven einwirkende *Hormone* (z. B. *Adrenalin*) veranlasste Erregung.

Neurokinine, [**BIO**], Neuropeptide aus der Gruppe der Tachykinine, die als *Neurotransmitter* und Gewebshormone fungieren. Zu den Neurokininen, die beim Menschen vorkommen, zählen *Substanz P*, Neurokinin A und Neurokinin B. Diese wirken stimulierend auf die Tachykininrezeptoren NK1, NK2 und NK3, wobei die Tachykinine eine gewisse Selektivität für ihre entspr. Rezeptoren aufweisen (Substanz P: NK1; Neurokinin A: NK2; Neurokinin B: NK3). Tachykininrezeptoren sind G-Protein-gekoppelte Rezeptoren. Tachykinine haben vielfältige Funktionen im zentralen und peripheren Nervensystem, *Substanz P* z. B. als *Schmerz-* und Entzündungsmediator.

G. Gründer

Neurokininrezeptor-Antagonisten [engl. *neurocinin receptor antagonist*], [**PHA**], Arzneimittel, die antagonistische Funktionen an Tachykinin-Rezeptoren (*Neurokinine*) ausüben. Nach tierexp. Befunden hat man sich von NK1-Rezeptorantagonisten antidepressive, von NK2-Antagonisten anxiolytische und von NK3-Antagonisten antipsychotische Wirkungen versprochen. Für keine der exp. Substanzen konnte jedoch in der klin. Prüfung eine psychotrope Wirkung zweifelsfrei belegt werden. Der NK1-Antagonist Aprepitant wurde als *Antidepressivum* geprüft, die Substanz ist heute als *Antiemetikum* zugelassen.

G. Gründer

Neurokognitive Störung Intelligenzminderung.

Neuro-kulturelle Theorie [engl. *neuro-cultural theory*; gr. νεῦρον *(neuron)* Nerv], *emotions view, behavioral ecology view*.

Neurolepsie [engl. *neurolepsy*; gr. νεῦρον *(neuron)* Nerv, ληψις *(lepsis)* Anfall, Ergreifen], [**KLI, PHA**], die Minderung (Blockierung) der psych. Spannung bei der *Hypnose*, ebenso die Spannungsdämpfung als Medikamentenfolge (*Neuroleptika*), die i. d. R. von affektiver Entspannung bis zum *Parkinsonismus* (bei Überdosis) reicht.

Neuroleptika (= N.) [engl. *neuroleptics*; gr. νεῦρον *(neuron)* Nerv, ληψις *(lepsis)* Anfall, Ergreifen], [**PHA**], N. (in den letzten Jahren zunehmend häufiger als *Antipsychotika* bez.) sind die Standardmedikamente zur Behandlung der *Schizophrenie*, werden aber auch bei anderer psychotischer Symptomatik eingesetzt, z. B. bei schizoaffektiven Störungen oder bei der psychotischen *Depression*. Ferner wird ihre sedierende Wirkung benutzt in der *Geriatrie*, insbes. bei dementen Personen (*Demenz*), generell bei Erregungszuständen unterschiedlichster *Ätiologie*; weitere Indikationen sind der frühkindliche Autismus (*Autismus-Spektrum-Störung*), einige *Tic-Störungen* sowie die Akutbehandlung von *Manien*. Insbes. einige der neueren Antipsychotika werden als Stimmungsstabilisierer (*Phasenprophylaktika*) bei *Bipolaren Störungen* eingesetzt, manche auch als zusätzliches Medikament (neben den *Antidepressiva*) bei der Behandlung depressiver Episoden. Ausführliche Darstellung der Wirkung der N. beim Stichwort Schizophrenie. Köhler 2012b, Benkert & Hippius 2013.

T. Köhler

Neurolinguistisches Programmieren (NLP) [engl. *neurolinguistic programming*; gr. νεῦρον *(neuron)* Nerv, *lingua* Sprache], [**KLI, KOG**], das NLP entstand Anfang der 1970er-Jahre in den USA und geht auf den damaligen Mathematikstudenten und späteren Psychologen R. Bandler und den Linguisten J. Grinder zurück, die davon ausgingen, dass jeder Mensch die Informationen aus der ihn umgebenden Welt in Form einer indiv. *Landkartenserie* abbildet. Die durch versch. Sinneskanäle aufgenommene Information wird auf versch. *Karten* (im visuellen, auditiven und kinästhetischen Repräsentationssystem) gespeichert und strukturiert. Das NLP versucht, Prinzipien aus den systemischen Ansätzen von G. Bateson, der *Gestalttherapie* nach F. Perls, der *Familientherapie* nach V. Satir und der *Hypnotherapie* nach M. H. Erickson unter Berücksichtigung der Repräsentationssysteme des Menschen zu nutzen bzw. wenig entwickelte Repräsentationssysteme auszubauen. Die Entwicklung des NLP hat sich abseits der Wissenschaft vollzogen und es wurden dabei Überzeugungen und Methoden hinzugefügt, deren Richtigkeit unbelegt ist oder die inzwischen sogar als widerlegt gelten. So ist z. B. die zentrale Überzeugung, dass man aufgrund der Blickrichtung eines Menschen beim Nachdenken eine best. Persönlichkeitszuschreibung vornehmen könnte, mehrfach empirisch widerlegt worden. Auch die Behauptung, mittels Augenbewegungen Lügen erkennen zu können, konnte nicht bestätigt werden. [www.plosone.org/article/info%3Adoi%2F10.1371%2Fjournal.pone.0040259]. Kanning 2013. *F. Caspar/U. P. Kanning/C. Rauen*

Neurologica diabolica [lat. *diabolicus* teuflisch]; *Münchhausen-Syndrom*.

Neurologie [engl. *neurology*; gr. νεῦρον (neuron) Nerv, λόγος (logos) Lehre], **[BIO]**, med. Fachdisziplin, die sich mit der Erforschung, Diagnostik (*Diagnose*) und Behandlung (*Intervention*) von Erkrankungen des NS (*Nervensystem*) und der Muskulatur (*Muskel, Muskeltonus*) befasst.

Neurom (= N.) [engl. *neuroma*; gr. νεῦρον (neuron) Nerv], **[BIO, GES]**, Ganglioneurom, Geschwulst aus Nervenfasern (*Nervenfibrillen*; mit Achsenzylinder), Ganglienzellen, Bindegewebe und Fettzellen. Diese echten N. sind sehr selten. Falsche N. sind Geschwülste des bindegewebigen Anteils der Nerven (*Nerv*): Neurosarkome, -fibrome, -myxome. Amputationsneurome: knollige Auftreibungen der Nervenenden in Amputationsnarben. *Neuron*.

neuromagnetisches Feld [engl. *neuromagnetic field*; gr. νεῦρον (neuron) Nerv,], **[BIO]**, neuromagnetische Felder entstehen immer dort, wo geladene Teilchen (Elektronen und/oder Ionen) aufgrund neuronaler Aktivität in Bewegung geraten. Das kann innerhalb und außerhalb sowie zw. innerhalb und außerhalb (über Membranen) beteiligter neuronaler Strukturen (*Neuron*) geschehen. Um die entspr. neuroelektrischen Ladungsflüsse herum bildet sich ein Magnetfeld, dass sich nach der sog. «*Rechte-Hand-Regel*» beschreiben lässt: Der Daumen der rechten Hand symbolisiert die Flussrichtung der geladenen Teilchen und die gekrümmten Finger symbolisieren die Richtung der Magnetfeldlinien um die Flussrichtung herum. Magnetfeldstärken werden mithilfe der Einheit *Tesla* quantifiziert. Für gewöhnlich sind neuromagnetische Felder sehr klein und diffus ausgerichtet, was zumeist schnell zu ihrer lokalen Neutralisation führt. Finden jedoch konzertierte Ladungsflüsse vieler neuronaler Elemente in eine best. Richtung statt, kann es zu einem asymmetrischen oder bipolaren neuroelektrischen Szenario kommen, dass zu einem non-invasiv (von außen) messbaren magnetischen Feld führt. Diese Felder sind im Idealfall durch ein sog. *Outgoing* (Austritt aus einem elektrisch leitfähigen biol. Medium) und *Ingoing* (Eingang in das elektrisch leitfähige biol. Medium) charakterisiert, was die Lokalisation der Quelle des neuroelektrischen Generators ermöglicht. Als elektrisch leitfähige biol. Medien kommen bspw. der Kopf, der das Gehirn umschließt, aber auch Körperbereiche, die vorwiegend Muskeln und Muskelaktivität, wie den Herzmuskel, umschließen, infrage. Gemessen werden neuromagnetische Felder z. B. mithilfe der *Magnetenzephalografie* oder der *Magnetkardiografie*. *T. Fehr*

Neuromodulatoren (= N.) [engl. *neuromodulators*; gr. νεῦρον (neuron) Nerv, lat. *modulari* regeln], **[BIO]**, Neurostoffe, die neuronale Aktivitäten beeinflussen (modulieren). Bsp. sind *Neuropeptide* wie Beta-Endorphin. Eine Abgrenzung von N. und Neurotransmittern (*Neurotransmitter*) ist schwer möglich, da der gleiche Stoff an einer *Synapse* Neurotransmitter und an einer anderen Modulator sein kann und umgekehrt. Ähnliches gilt für das Verhältnis der N. zu den Neurohormonen (*Neurohormone*). Meyer & Quenzer 2005. *W. Janke*

Neuron (= N.) [engl. *neuron*; gr. νεῦρον (neuron) Nerv], **[PHA]**, syn. *Nervenzelle, Ganglienzelle*; die aus einer Nervenzelle und ihren Fortsätzen bestehende funktionelle, zellige Einheit des *Nervensystems*. N. sind Zellen, die auf Empfang, Leitung und Übertragung elektrochemischer Signale spezialisiert sind. Ihre Formen- und Größenvielfalt ist beträchtlich. Das einzelne N. besteht aus einem Nervenzellkörper (von einer semipermeablen Zellmembran umschlossen) mit Zellkern, kurzen, der *Afferenz* dienenden, häufig mehrfach verzweigten Dendriten (gr. *Bäumchen*) und dem typischerweise relativ langen (in der Peripherie bis länger als 1 m), der effektorischen Weiterleitung dienenden Axon mit meist mehreren synaptischen Endigungen. Das N. steht über *Synapsen* mit anderen Nervenzellen oder Empfängerzellen (z. B. Muskelzellen) in Verbindung. Es werden drei Typen von N. unterschieden: (1) sensorische N., sie übertragen die von den Rezeptoren empfangenen Impulse zum *Zentralnervensystem* ZNS. Rezeptoren sind hier spezialisierte Zellen in den Sinnesorganen, Muskeln oder der Haut, die auf physikal. oder chemische Veränderungen reagieren und diese in Impulse umsetzen, die dann über die sensorischen Nerven weitergeleitet werden; (2) Motorn., sie leiten die vom *Gehirn* oder vom Rücken-

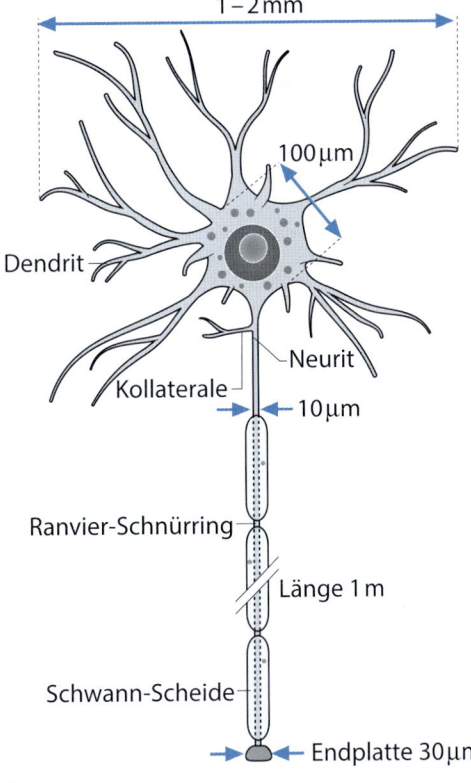

Neuron

mark kommenden Signale zu den Effektororganen, nämlich den Muskeln und Drüsen; (3) Intern., die mit ihren Fortsätzen auf ein eng umschriebenes Gebiet beschränkt bleiben. Sie erhalten ihre Signale von sensorischen **N.** und senden ihre Signale zu anderen Intern. oder zu den Motorn. Intern. finden sich nur im Gehirn, den Augen und im Rückenmark. Ihre Funktion besteht darin, die neurale Aktivität innerhalb einer best. Hirnstruktur zu integrieren, Nervenimpulse selektiv weiterzugeben, und sind im Verbund in der Lage, Informationen zu verarbeiten oder zu speichern. Die meisten N. haben jedoch die Aufgabe, Signale von einer Struktur zur nächsten weiterzuleiten. Die aus Hunderten oder Tsd. von verlängerten Axonen dieser Neurone bestehenden Bündel werden als *Nerven* bez., im ZNS als *Tractus* (Singular und Plural). Ansammlungen von Zellkörpern im ZNS werden als Kerne oder *Nuclei* (Singular: Nucleus, ebenso wie der Zellkern) bez. Im peripheren NS heißen sie dagegen Ganglien. Schmidt et al. 2000, Becker-Carus 2004. *C. Becker-Carus*

Neuronale Netze (= N.), [**FSE**], komplexes computergestütztes, exploratives *statistisches Datenanalyseverfahren*, das sich an den Merkmalen neuronaler Verarbeitungsprozesse orientiert (*Neuron*). Grundlegend ist das Stimulus-Organismus-Response-Modell (SOR; *Stimulus-Response- und Stimulus-Organism-Response-Modelle*): Reize werden durch einen Organismus verarbeitet, sodass eine zielegerichtete Reaktion erfolgen kann. Innerhalb der Organismuseinheit werden Umweltreize durch *Rezeptoren* codiert und neuronal verarbeitet. Diese neuronale Verarbeitung im N. wirkt auf die Reizselektion (z. B. *selektive Aufmerksamkeit*) zurück. Zudem werden responsedeterminierende *Effektoren* über das neuronale Verarbeitungsergebnis «informiert». Die Effektoren bestimmen – vermittelt durch die Arbeitsergebnisse des N. – die Response des Organismus auf den Reizinput. Zudem projizieren die Effektoren direkte Informationen an das N. zurück, bevor die Response erfolgt, um die Handlungsausführung zu optimieren. Die Gewinnung von Wissen und neuronales Lernen erfolgen nach diesem Modell dadurch, dass die Verarbeitung im N. Reizantworten erzeugt, die dann hinsichtlich ihrer Güte evaluiert werden. Verarbeitungsmerkmale, die einen adäquaten bzw. gewünschten Einfluss auf die Umwelt haben, werden verstärkt. Dysfunktionale Verarbeitungselemente werden nicht verstärkt oder gehemmt. Das stat. Verfahren der N. simuliert diese Arbeitsweise wie folgt: Es werden Einzelelemente def., die versch. Zustände annehmen können (Entsprechung: Neuron bzw. neuronale Aktivität). Diese Einzelelemente sind miteinander verknüpft (Entsprechung: synaptische Verbindung; *Synapse*) und bilden ein komplexes Netzwerk. Dieses Netzwerk erhält Dateninformationen (Entsprechung: Umweltreize) und erzeugt einen Output (*feedforward-Verarbeitung*), dessen empirische Passung an das N. zurückgemeldet (*feedback-Verarbeitung*) wird. Die Struktur des Netzwerks – und damit das neuronale repräsentierte Wissen – ist durch die Gewichte der Verbindungen zw. den Einzelelementen (Assoziationsstärke) festgelegt. Diese Gewichte werden in einem datenbasierten Trainingsprozess optimal i. S. der Datenprognose sukzessive «erfahrungsbasiert» angepasst. Die Anwendung N. ist bspw. im *SPSS*-Modul *Clementine* implementiert und stellt eine typische Methode des *Data Mining* dar. Backhaus et al. 2010, SPSS Inc. 2007.

Neuroökonomik (= N.) [engl. *neuroeconomics*; gr. νεῦρον (*neuron*) Nerv, οἶκος (*oikos*) Haus(halt), νόμος (*nomos*) Gesetz], syn. *Neuroökonomie*, [**BIO, WIR**], bez. ein relativ junges interdisziplinäres Forschungsgebiet im Schnittpunkt von Neurowiss. und Wirtschaftswiss., mit dem Ziel, die Erkenntnisfortschritte der Neurowissenschaften für eine verbesserte Beschreibung, Vorhersage und Erklärung des wirtschaftlich handelnden Individuums zu nutzen, wobei insbes. die kogn. (*Kognition*), emot. (*Emotionen*) und motivationalen (*Motivation*) Prozesse beim Umgang mit beschränkt verfügbaren Gütern interessieren. Die Ansätze der N. erweitern das Methodenspektrum der Wirtschaftswissenschaften, indem zusätzlich zu verbal-qual. Daten auch automatisch-präattentive Prozesse und deren zerebrale Korrelate (*Korrelation*) einer Analyse zugänglich gemacht werden. Anwendungen der N. setzen sinnvolle neuropsychol. Modelle der menschlichen *Handlungssteuerung* voraus.

Die Anwendungsgebiete der n. Forschung finden sich gegenwärtig insbes. im Bereich *Consumer Neuroscience*, der als ein Teilbereich der N. gilt und sich mit Themen des Konsumverhaltens und des Marketings (*Neuromarketing*; *Marketing*) anhand neurowiss. Methoden und Erkenntnisse beschäftigt. Die Methoden umfassen z. B. *bildgebende Verfahren* wie die *funktionelle Magnetresonanztomografie* (fMRT) und die *Positronen-Emissions-Tomografie (PET)*, Verfahren zur Bestimmung von Hormonen (*Hormone*) und genetische Untersuchungen sowie psychophysiol. Methoden (*psychophysiologische Methodik*) wie z. B. *Elektroenzephalografie, EEG*); Elektromyografie (*Elektromyogramm (EMG)*) und elektrodermale Aktivität (EDR). Typische Fragestellungen, die dabei untersucht werden, beinhalten die Bedeutung von Marken für Kaufentscheidungen (*Kaufentscheidungen, Modelle, Kaufentscheidungen, Rationalität von*), die Rolle des Preises (*Preisstruktur, Preiswahrnehmung*) eines Produkts oder auch die Bedeutung von Gütesiegeln und des Vertrauens in Bezug auf das Konsumverhalten. Viele Unternehmen (z. B. Apple, Audi, Coca-Cola, Hyundai, Microsoft) nutzen heute bereits diese Methoden und die mit deren Hilfe gewonnenen Erkenntnisse. Dabei sei angemerkt, dass die Methoden und Erkenntnisse auch im Interesse der Verbraucher (z. B. Verbraucherschutz, Verbraucherbildung, Verbraucherpolitik; *Konsumentenverhalten und Selbstregulation*) genutzt werden sollten bzw. müssen. Das Forschungsgebiet N. erfährt insges. eine zunehmende Beachtung in der Wissenschaft und Öffentlichkeit. Dies dokumentieren auch entspr. wiss. Zeitschriften und Vereinigungen (z. B. *Association for NeuroPsycho Economics*). Egidi et al. 2008, Hubert & Kenning 2008, Raab et al. 2013. *M. Peper/G. Raab/L. A. Reisch*

Neuropathie (= N.) [engl. *neuropathy*; gr. νεῦρον (*neuron*) Nerv, πάθος (*pathos*) Leiden(schaft), Krankheit], [**BIO, GES**], (1) ein Sammelbegriff für versch. Erkrankungen des peripheren NS (*Nervensystem*). Unterschieden werden:

Primäre N., d. h. vom *Nerven* selbst ausgehende Erkrankungen. Sie sind eher selten und zumeist vererbt. *Sekundäre* N., also sekundäre Schäden, sind dagegen häufig und meist auf Beeinträchtigungen des neuronalen (*Neuron*) bzw. axonalen (*Axon*) Stoffwechsels oder auf entzündliche bzw. autoimmunologische (*Immunsystem*) Prozesse zurückzuführen. Zur differenzierten Diagnostik dienen die *Elektroneurografie* sowie die pathologische Diagnostik mit Gewebeentnahme.
(2) Nervenleiden, anlagebedingte vegetative Dystonie, bezeichnet in der *Psychiatrie* «die angeborene Bereitschaft zu körperlichen Funktionsstörungen (Fehlsteuerungen), insbes. im Bereich des vegetativen Nervensystems» (Kloos).
(3) In der *Pädiatrie* Ausdruck für eine angeboren Labilität der vegetativen Regulationen beim Kind. Als neuropathische Konstitution wird sie grundsätzlich getrennt von der konstitutionellen *Psychopathie*.
(4) Nicht entzündliche Nervenerkrankung (hereditär, metabolisch, toxisch, *Neuritis*). Als Symptome werden genannt: vasomotorische Übererregbarkeit, rasche Erschöpfbarkeit, Störungen der *Drüsen*innervation, funktionelle Magen-, Darm-, Blasen-, Genital-, *Schlafstörungen*, Hypersensibilität, *Reflex*störungen. Reiners 1990. *C. Becker-Carus*

Neuropathologie [engl. *neuropathology*; gr. νεῦρον (*neuron*) Nerv, πάθος (*pathos*) Leiden(schaft), Krankheit, λόγος (*logos*) Lehre], [**BIO, KLI**], (1) die Erforschung von krankhaften Veränderungen des *Nervensystems*; (2) die Lehre in Bezug auf *neuropsychologische Störungen*.

Neuropeptide (= N.) [engl. *neuropeptides*], [**BIO**], Familie von über 50 Peptiden, die im *Nervensystem*, meist im *Gehirn*, bei der Erregungsübertragung als *Neurotransmitter*, -modulatoren oder -hormone eine Rolle spielen. Sie kommen in best. Hirnstrukturen mit Transmittern gemeinsam vor und werden mit diesen zus. freigesetzt («Co-Sekretion»). Die für die Ps. wichtigsten N. sind *Neurohormone*, bes. die im Hypothalamus (Freisetzungs-/Hemmungshormone, z. B. *Corticotropin releasing factor (hormone)*, *Thyreotropin-Freisetzungshormon*) und der Hypophyse (z. B. *adrenokortikotropes Hormon*, TSH (*Thyreotropin*)) gebildeten. Historisch bedeutsam war die Entdeckung von *Enkephalinen*, Mitglieder der Familie der *Endorphine*. Eines der am weitesten im Gehirn verbreiteten N. ist das *Cholecystokinin*, das ebenso wie das *Neuropeptid Y* u. a. an der Regulation des Essverhaltens beteiligt ist. Andere sind am Lernen und Gedächtnis beteiligt, so *Oxytocin* und *Vasopressin*. Die genaue Funktion und die psychol. und psychopathologische Bedeutung der meisten N. ist noch nicht hinreichend erforscht. Zu den am eingehendsten untersuchten N. gehören *Corticotropin releasing factor (hormone)* und *adrenokortikotropes Hormon*, die *Stress* modulieren. Fehm-Wolfsdorf & Born 1991, Hökfelt et al. 1995, Lee et al. 1994. *W. Janke*

Neuropeptid Y [engl. *neuropeptide Y*], [**BIO**], Abk. NPY, Neuropeptid (*Neuropeptide*) mit Funktion als *Neurotransmitter*. Wirkungen auf das *Immunsystem* und *Verhalten*. Bei Tieren Auslösung von Essmotivation, speziell Präferenz für Kohlenhydrate. Morley 1987, Wahlestedt & Heilig 1995.

Neuropharmaka (= N.) [engl. *neuropharmaceutical drugs, neurotropic drugs*; gr. νεῦρον (*neuron*) Nerv], [**PHA**], Stoffe, die die Aktivität des NS (*Nervensystem*) direkt und überwiegend beeinflussen. Direkt heißt, dass die Wirkungen unmittelbar über das NS und nicht indirekt, z. B. über das Hormonsystem, vermittelt werden. Viele N. haben psych. Wirkungen und werden als *Psychopharmaka* bez. Meyer & Quenzer 2005. *W. Janke*

Neuropharmakologie [engl. *neuropharmacology*; gr. νεῦρον (*neuron*) Nerv], [**PHA**], Teilgebiet der *Pharmakologie*, das die Veränderungen neuronaler Vorgänge unter dem Einfluss von *Psychopharmaka* untersucht. *Neuropsychopharmakologie*, *Pharmakopsychologie*, *Psychopharmakologie*. Cooper et al. 2002, Meyer & Quenzer 2005.

Neurophysiologie (= N.) [engl. *neurophysiology*], [**BIO**], Teilgebiet der *Physiologie* und der *Neurologie* zur Erforschung der Tätigkeit und Funktion des zentralen und vegetativen NS (*Nervensystem*) mit seinen chemischen sowie elektrischen Grundlagen insbes. der Übermittlung elektrischer Signale innerhalb und zw. *Neuronen*. Die allgemeine N. untersucht das funktionelle Zusammenspiel der Nervenzellen und Zellverbände einschließlich der biochemischen Veränderungen und der Membranpotenziale. Die spez. N. behandelt die nervale Regulation einzelner Körperfunktionen wie *Stoffwechsel*-, Herz-Kreislauf-Prozesse, Aktivitätszustände, Sensorik (*Wahrnehmung*), *Motorik* oder komplexe Verhaltensweisen wie die der Regelmechanismen der Körpertemperatur, der Atmung, des *Schlafes*, des Sexualverhaltens und fragt nach dem Zusammenhang der neurophysiol. Zentren der *Reiz-* und *Informationsverarbeitung*. Bekannte Teilgrenzgebiete sind: Muskelphysiologie, Sinnesphysiologie, *Neuropsychologie*, psychophysiologische *Methodik*, *Elektrophysiologie*, *physiologische Psychologie*. Pinel 1997, Schmidt et al. 2000. *C. Becker-Carus*

Neuroplastizität *Plastizität*.

Neuroprotektiva [engl. *neuroprotectives*; gr. νεῦρον (*neuron*) Nerv, lat. *protectio* Schutz], [**BIO, PHA**], Stoffe, die *Neuronen* gegen schädigende Einwirkungen (meist Energiedefizit des *Gehirns*) schützen, etwa gegen neurotoxisch wirkende Stoffe, die exogenen (z. B. Umweltschadstoffe, oxidativer Stress durch freie Radikale) oder endogenen (u. a. *Glutamat*) Ursprungs sein können. Diskutiert werden Stoffe mit versch. Wirkungsmechanismen, etwa Glutamat-Antagonisten wie *Memantin* oder Kalzium-Antagonisten wie *Nimodipin*. *Neurotoxine*, *Nootropika*. *W. Janke*

Neuropsychiatrie (= N.) [engl. *neuropsychiatry*; gr. νεῦρον (*neuron*) Nerv, ψυχή (*psyche*) Seele, ἰατρός (*iatros*) Arzt], [**KLI**], die N. befasst sich mit den motivational-emot. Dysfunktionen sowie den *Verhaltensstörungen*, die infolge von Erkrankungen und Läsionen des ZNS (*Zentralnervensystem*) auftreten. Es handelt sich hierbei also um psych. Störungen bei neurologischen Erkrankungen wie *Schlaganfall*, *Parkinson'sche Erkrankung*, *Epilepsie* und *Schädel-Hirn-Trauma*. So verstanden, hilft der Begriff N. zur Orientierung in der Praxis. Streng wiss. betrachtet macht die implizierte Zweiteilung in psych. Störungen mit und in solche ohne organische Begründung keinen Sinn. Alle psych. Störungen sind auch Störungen von Gehirnfunk-

tionen und es gilt allein, bei diesen Störungen zw. neurostrukturellen, -funktionellen, -chemischen, -endokrinen etc. Anteilen in der Verursachung zu unterscheiden (*Neurophysiologie*, *Neuropsychologie*). Hermann & Lautenbacher 2009.
S. Lautenbacher

Neuropsychoanalyse (= N.) [engl. *neuropsychoanalysis*; gr. νεῦρον *(neuron)* Nerv], [**BIO, KLI**], die N. ist ein interdisziplinäres Forschungsfeld, das zum Ziel hat, psychoanalytische (*Psychoanalyse*) und neurowiss. Studien (*Neurophysiologie*, *Neuropsychologie*) miteinander in Verbindung zu setzen. Neben der Konzeption und Durchführung von Studien im Bereich der Grundlagen- sowie der Wirksamkeitsforschung (*Wirksamkeitsprüfung*) widmet sich der neuropsychoanalyt. Ansatz dem wissenschaftstheoret. Diskurs, der im Spannungsfeld zw. den unterschiedlichen Forschungsfeldern entsteht (u. a. Koukkou et al. 1998, Northoff 2011). Das Spannungsfeld der N. entzündet sich an der *Leib-Seele-Problematik*, die auch Freud in seinem posthum veröffentlichten Manuskript Entwurf einer Psychologie (1895) thematisierte. Da Freud zum einen postulierte, dass sich neurophysiol. Vorgänge in ihren psych. Ausprägungen in weitaus ertragreicherer Form manifestieren und ihm zum anderen die Mittel zur physiol. Untersuchung neuropsychol. Phänomene (*neuropsychologische Diagnostik*) in seiner Zeit fehlten, hatte sich Freud von seiner Sehnsucht verabschiedet, mit naturwiss. Methoden seiner Zeit psychoanalytische Thesen zu überprüfen. Er hat aber zeit seines Lebens die Hoffnung nicht aufgegeben, dass dies dank neuer Entwicklungen in den Neurowiss. zu einem späteren Zeitpunkt möglich sein würde. Der interdisziplinäre Dialog der N. wurde durch den Psychoanalytiker und Neurowissenschaftler Mark Solms intensiviert. Er gründete 1999 die Zeitschrift *Neuropsychoanalysis* und 2000 die *International Neuropsychoanalysis Society*. In seinem 2000 veröffentlichten Buch *Neuro-Psychoanalyse* stellt Solms Fallberichte von Pat. vor, die aufgrund unterschiedlicher hirnorganischer Schädigungen (*Hirnschädigung*, *Gehirn*), die dank der neuen *bildgebenden Verfahren* genau lokalisiert werden können, Phänomene verändert wahrnehmen, die für die psychoanalytische Theorie von Interesse sind: Ein Kernphänomen betrifft z. B. die Unfähigkeit einer Gruppe von Pat., sich an *Träume* zu erinnern; mit dieser Beobachtung konnte Solms in der Debatte mit dem neurowiss. Forscher Allan Hobson vertreten, dass der REM-*Schlaf* (*rapid eye movement*) nicht mit dem Traum gleichgesetzt werden kann. V. a. zeigte er aufgrund verschiedenster Studien, dass der Traum, nicht wie Hobson dies behauptete, eine zufällige neokortikale Interpretation einer periodischen Stimulation von tieferen Hirnregionen, sondern sinnhafte seelische Prozesse darstellt. Die Schlaf- und Traumforschung stellt weiterhin einen zentralen Aspekt in den neuropsychoanalytischen Forschungsansätzen dar (z. B. am Sigmund-Freud-Institut Frankfurt). In den letzten Jahren wurde begonnen, mithilfe von bildgebenden Verfahren die Ergebnisse psychoanalytischer Behandlungen zu überprüfen (z. B. Buchheim et al. 2012). Weitere Forschungsansätze der N. beschäftigen sich mit konflikthaft assoziierten *Gedächtnis*prozessen, der Entwicklung von individualisierten und klin. relevanten exp. Stimuli, neuronalen Grundlagen von Verdrängungs- und Abwehrprozessen (*Abwehrmechanismen des Ich*), Entwicklungsprozessen (*Entwicklung*) und Mentalisierung sowie den Konzepten *resting state* und *default mode network* als *Ich-Funktionen*. Zudem greifen neurowiss. Forschungsrichtungen wie z. B. die affektiven Neurowiss. auf psychoanalyt. Konzepte zurück und berücksichtigen diese in ihren eigenen Forschungsfragen. Ebenso wie die Zeitschrift *Neuropsychoanalysis* widmet sich die Zeitschrift *Frontiers in Psychoanalysis and Neuropsychoanalysis* den oben genannten Forschungsrichtungen und Diskursen.
M. Schött/A.-C. Schmidt

Neuropsychologie (engl. *neuropsychology*; gr. νεῦρον *(neuron)* Nerv], s. Einleitung Gebietsüberblick «I.3 Biologische Psychologie und Neuropsychologie».

Neuropsychologie, Tätigkeitsbereiche [engl. *neuropsychology, fields of activity*], [**BIO**], das Fach *Neuropsychologie* beschäftigt sich mit dem Zusammenhang von Hirnfunktionen und Verhalten. Die Aufgaben des klin. tätigen Neuropsychologen stellen in erster Linie die Bereiche der neuropsychol. Diagnostik (*neuropsychologische Diagnostik*; v. a. Durchführung, Auswertung und Interpretation neuropsychol. Tests (*Neuropsychologische Untersuchungsverfahren*) zur Erfassung von Hirnleistungsstörungen oder affektiven Beeinträchtigungen, klin. *Verhaltensbeobachtung* etc.) sowie der neuropsychol. Therapie (Anwendung von wiss. begründeten Methoden zur Restitution oder Kompensation von Hirnleistungsstörungen, Unterstützung der *Krankheitsbewältigung* durch den Einsatz psychoth. Methoden etc.) dar. Neben diesen beiden Hauptaufgaben gehören auch die Erstellung von Befundberichten oder Gutachten (*psychologisches Gutachten*), die Beratung von Angehörigen sowie *Supervision* zu den üblichen Aufgaben des klin. Neuropsychologen. Vorstand der GNP et al. 2005.
M. Friedrich/S. Lautenbacher

Neuropsychologische Diagnostik (= n. D.) [engl. *neuropsychological assessment*], [**BIO, DIA, KLI**], die n. D. wird in der klinischen *Neuropsychologie* eingesetzt, um kogn., emot., motivationale und behaviorale Folgen von Schädigungen oder Dysfunktionen (z. B. *exekutive Dysfunktion*) des Gehirns bzgl. ihrer Art, Ausprägung und Dauer zu erfassen und zu objektivieren. Die n. D. erfolgt über den Einsatz versch. *neuropsychol. Untersuchungsverfahren*, die der Beschreibung und Klassifikation von Störungen (z. B. *International Classification of Diseases (ICD)*), der Objektivierung von Funktionsbeeinträchtigungen und der sich daraus ergebenden sozialen und beruflichen Konsequenzen (*handicap*), aber auch der Planung therapeutischer Maßnahmen, der Prognosestellung und Verlaufsdokumentation sowie der Evaluation therapeutischer Maßnahmen dienen. Der Umfang der n. D. ist dabei von der Zielsetzung, der *Ätiologie* der Hirnschädigung, dem Alter, der indiv. Belastbarkeit und den vorhandenen Defiziten bzw. Dysfunktionen des Pat. abhängig. Zur Interpretation der Befunde werden die *Anamnese* und soweit vorhanden bildgebende Befunde (*bildgebende Verfahren*) hinzugezogen. Darüber hinaus werden die

Selbsteinschätzung des Pat. sowie die Fremdeinschätzung der Angehörigen im Gespräch sowie z. T. durch standardisierte Fragebögen erfasst. Eine weitere wichtige Informationsquelle ist die *Verhaltensbeobachtung*. Die Ergebnisse der n. D. werden in neuropsychol. Stellungnahmen, Befunden und Gutachten (*psychologisches Gutachten*) dokumentiert und interpretiert, die häufig die Grundlage für sozialrechtliche Entscheidungen bilden. Dabei gilt es, die Zusammenhänge der versch. Störungsbereiche untereinander sowie im Hinblick auf die funktionelle *Neuroanatomie* zu verstehen. In Gutachtenssituationen ist darüber hinaus eine wesentliche Aufgabe der n. D., die Validität der erhobenen Befunde kritisch zu beurteilen (*Beschwerdenvalidierung*). In *Leitlinien*, die in Zusammenarbeit zw. Neuropsychologen und versch. anderen Berufs- und Interessensvertretern (Neurologen, Neurotraumatologen, Ergotherapeuten) erstellt wurden, werden für versch. kogn. Funktionsbereiche spezif. Leistungsaspekte festgelegt, die bei einer neuropsychol. Untersuchung üblicherweise untersucht werden sollten. Diener. *B. Drüke/A. Thöne-Otto*

Test **Neuropsychologisches Entwicklungs-Screening (NES)**, 2005, F. Petermann, A. Renziehausen, [www.testzentrale.de], [**BIO, DIA, EW**]. Entwicklungsscreening. AA Kinder von 3 bis 24 Monaten. Das NES erlaubt, v. a. reifungsbedingte Entwicklungsauffälligkeiten zu erfassen und somit frühzeitig differenzierte *Entwicklungsdiagnostik* zu begründen. Für die Vorsorgeuntersuchungen U4 bis U7 und den Zeitraum des 17. bis 19. Lebensmonats liegt eine altersspezifische Aufgabensammlung vor, mit der Risikokonstellationen der kindlichen Entwicklung in den folg. Bereichen erfasst werden können: (1) *Haltungs- und Bewegungssteuerung*, (2) *Feinmotorik und Visuomotorik*, (3) *visuelle Wahrnehmung*, (4) *Explorationsverhalten*, (5) *rezeptive und expressive Sprache*, (6) *kogn. Leistungen*. Auf diese Weise können wiss. fundiert situationsbedingte Auffälligkeiten von Kindern während der Vorsorgeuntersuchung von gravierenden Entwicklungsdefiziten unterschieden werden. *Normierung*: N = 677 Kindern aus fünf Bundesländern. Bearbeitungsdauer: pro Kind ca. 10–15 Min.

Neuropsychologische Störungen (N. S.) [engl. *neuropsychological disorders*], [**BIO, KLI**], sind nach Verletzungen und Schädigungen des ZNS (*Zentralnervensystem, Gehirn*) auftretende Veränderungen der kogn. und affektiven Funktionen, des Erlebens und Verhaltens und der *Persönlichkeit*. N. S. umfassen u. a. folg. Bereiche: Störungen der visuellen Wahrnehmung (u. a. Gesichtsfeldausfälle, *Agnosie*), Störungen der akustischen, somatosensorischen und olfaktorischen Wahrnehmung, Neglect und Aufmerksamkeitsstörungen, Gedächtnisstörungen, exekutive Störungen (*exekutive Dysfunktion*), Störungen der Sprache, Rechenstörungen sowie motorische Störungen. Ebenso zählen die nach *Hirnschädigung* auftretenden emot. Störungen und Verhaltensstörungen zu den N. S. N. S. werden i. R. des klin.-n. Assessments durch geeignete Verfahren erfasst, wobei neben den n. Befunden auch neurologische, neuroradiologische und neurophysiol. Befunde berücksichtigt, interpretiert und in den *diagnostischen Prozess* einbezogen werden. Die Dokumentation von N. S. in Form von n. Berichten, Beurteilungen oder Gutachten (*psychologisches Gutachten*) ermöglicht die nachfolg. Planung, Durchführung und *Evaluation* geeigneter *Interventionen*. N. S. sind mittlerweile in den Systemen der med. Versorgung sozialrechtlich anerkannt, abrechnungstechnisch verankert und durch einschlägige Weiterbildungsordnungen abgedeckt. *M. Peper*

neuropsychologische Testverfahren (= n. T.), [**DIA, KOG**], spez. standardisierte *neuropsychologische Untersuchungsverfahren*, die in Paper-Pencil-Format oder computergestützt bearbeitet werden. Die Tab. gibt einen Überblick über n. Lern-, Merkfähigkeits-, Gedächtnis- und Aufmerksamkeitstests sowie Untersuchungsverfahren zum Planen und Problemlösen (Sturm 2006). Weitere diagn. Instrumente sind im Verzeichnis diagn. Verfahren im Anhang II aufgeführt. Sturm 2006.

Neuropsychologische Therapie (= N. T.) [engl. *neuropsychological therapy*], [**BIO, KLI**], psychotherap. Behandlungsmethode für Pat. mit einer hirnorganisch verursachten Störung (*Neuropsychologische Störungen*) geistiger (kogn.) Funktionen, des emot. Erlebens, des Verhaltens und der *Krankheitsverarbeitung* sowie der damit verbundenen Störungen psychosozialer Beziehungen. Ziel der N. T. ist es, die aus einer Schädigung oder Erkrankung des Gehirns resultierenden und krankheitswertigen kogn., emot. und motivationalen Störungen sowie die daraus folg. psychosozialen Beeinträchtigungen und Aktivitätseinschränkungen zu erkennen und zu heilen oder zu lindern. Durch einen Beschluss des *Gemeinsamen Bundesausschusses* für Ärzte und Krankenkassen wurde die N. T. im Februar 2012 in den Leistungskatalog der Krankenkassen aufgenommen. Jeder gesetzlich Versicherte hat seitdem bei Vorliegen der Indikation Anspruch auf diese Form der Heilbehandlung. *S. Gauggel*

Neuropsychologische Untersuchungsverfahren (= n. U.) [engl. *neuropsychological technics/methods*], [**BIO, DIA**], eine multimethodale Sammlung (*Diagnostik, multimethodale*) versch. Verfahren, die von der Selbst- und Fremdanamnese (*Anamnese, Selbstbericht, Fremdbericht*) der *Verhaltensbeobachtung* und -proben bis hin zu standardisierten *Test* und *Beurteilungsskalen* reicht. N. U. werden in der *neuropsychologischen Diagnostik* mit dem Ziel eingesetzt, Zusammenhänge zw. beobachtbarem Verhalten und dessen anatomischen, physiol. und biochemischen zerebralen Grundlagen aufzuklären. Die n. U. werden zur *Diagnostik*, zur Einschätzung des Schweregrads einer Erkrankung, zur Erfassung des Krankheitsverlaufs, der Interventions- bzw. Pflegeplanung sowie zur Therapieevaluation eingesetzt. I. d. R. handelt es sich um standardisierte Verfahren (psychometrische Tests, *Psychometrie*) in Papier- und Bleistift- oder in computerisierter Form, mit denen sich kogn. und affektive Zustände von Personen objektivieren lassen. Untersucht werden zumeist das intellektuelle Leistungsniveau, die Sprachfunktionen (*Sprachstörungen, Aphasie*), versch. Bereiche des *Gedächtnisses* und der *Aufmerksamkeit*, der Sensomotorik sowie spez. bildungs- und berufsabhängige Leistungen und Bereiche der *Affektivität* (z. B. depressive Symptome, Angst), aber

Neuropsychologisches Entwicklungs-Screening (NES)

Neuropsychologische Untersuchungsverfahren

Test	Funktion
Lern- und Merkfähigkeitstests und Gedächtnis-Testbatterien	
↗Verbaler Lerntest (VLT)	Sprachliches Lernen
Recurring Figures Test (RFT) Nonverbaler Lerntest (NVLT) ↗Diagnosticum für Cerebralschädigung (DCS)	Nichtsprachliches, figurales Lernen
California Verbal Learning Test (CVLT)	Sprachliches Lernen mit Erfassung von Interferenzanfälligkeit und Langzeitstabilität der gelernten Inhalte
Merkaufgabe «Textgedächtnis» aus dem Behavioral Memory Test	Sprachliche Merkfähigkeit für kurze und längere Zeitspannen
Recognition Memory Test for Faces	Merkfähigkeit für Gesichter
↗Visueller und verbaler Merkfähigkeitstest (VVM)	Visuell-räumliche und verbale Merkfähigkeit
↗Lern- und Gedächtnistest (LGT 3) (Testbatterie)	Verbales und figurales Lernen in alltagsähnlicher Lernsituation unter hohem Zeitdruck
↗Berliner Amnesietest (BAT) (Testbatterie)	Sprachliches und nonverbales Kurz- und Langzeitgedächtnis
Wechsler Gedächtnis-Test (WMS-R) (Testbatterie, Deutsche Adaptation); ↗Wechsler Memory Scale – Fourth Edition	Visuelles und verbales Kurz- und Langzeitgedächtnis
Tests zur Erfassung der selektiven oder fokussierten Aufmerksamkeit	
↗Aufmerksamkeits-Belastungstest d2 ↗Frankfurter Aufmerksamkeits-Inventar (FAIR) Alters-Konzentrationstest	Kurzfristige visuelle Aufmerksamkeitsfokussierung
Untertest «Go-NoGo» aus der TAP	Selektive visuelle Aufmerksamkeit
Wahlreaktionsaufgabe am Wiener Reaktionsgerät (Wiener Testsystem)	Selektive auditiv-visuelle Aufmerksamkeit
Wiener Determinationsgerät	Selektive visuell-auditive Aufmerksamkeit mit Reiz- und Reaktionsselektion
Untersuchungsverfahren zum Planen und Problemlösen	
Labyrinthaufgaben (↗Labyrinthtest)	Analyse komplexer Situationen, Planen des Lösungsweges, rasche Korrektur falscher Lösungsansätze
↗Turm von London – Deutsche Version (TL-D)	Planen und Ausführen von Handlungen
↗Wisconsin-Card-Sorting-Test (WCST) ↗Computergestütztes Kartensortier-Verfahren (CKV)	Problemlösen und Kategorisieren
↗Behavioral Assessment of the Dysexecutive Syndrome (BADS)	Zeitschätzung, flexibler Umgang mit Regeln, Praktisches Problemlösen, Ausbildung von Strategien, Planen, Planüberwachung
↗Farbe-Wort-Interferenztest (Stroop-Test)	Interferenzmessung

auch Krankheitseinsicht und Motivation (*Behandlungsmotivation*, Interessen und Eigeninitiative). Neuere computergestützte Verfahren beschäftigen sich zudem mit der Entwicklung von Testszenarien in *virtueller Realität*. Angesichts einer Fülle zur Verfügung stehender Verfahren ist es eine wesentliche Aufgabe des Untersuchers für seine Fragestellung Testverfahren hypothesengeleitet auszuwählen und dabei sowohl theoretische Modelle über spezif. Leistungsaspekte und Subprozesse versch. kogn. Funktionsbereiche als auch funktionell-neuroanatomische Zusammenhänge (*Neuroanatomie*) zu berücksichtigen. Schließlich gilt es – wie bei jeder psychol.-diagn. Fragestellung – die Eigenschaften der Tests bzgl. Testgütekriterien (*Gütekriterien*) kritisch zu bewerten. Schellig et al. 2009.

B. Drüke/A. Thöne-Otto

Neuropsychopharmakologie [engl. *neuro-psychopharmacology*; gr. *νεῦρον (neuron)* Nerv], [**PHA**], einerseits ein Teilgebiet der Pharmakologie, anderseits Sammelbez. für alle Wissenschaftsdisziplinen, die sich mit den neurophysiol., neurochemischen und psych. Wirkungen von Pharmaka, insbes. *Psychopharmaka*, aber auch von körpereigenen Substanzen (*Hormone*, *Neurotransmitter*) befassen. Häufig syn. zu *Psychopharmakologie* benutzt. Meyer & Quenzer 2005. W. Janke

Neurose (= N.) [engl. *neurosis*; gr. *νεῦρον (neuron)* Nerv], [**KLI**], heute im DSM-IV bzw. DSM-5 bzw. ICD-10 (*Klassifikation psychischer Störungen*) nicht mehr verwendeter (da diskriminierender) Begriff, von dem schottischen Arzt W. Cullen im Jahre 1776 eingeführt. Er verstand darunter eine Nervenkrankheit ohne anatomisch-pathologischen Befund. Der Umfang der damit gesammelten psych. Störungen wird von der theoretischen Position der Autoren best. Aus psychol. Sicht ist eine N. ein unbewusster Widerstand und die neurotischen Symptome lediglich Äußerungen psychodynamischer *Konflikte*. Dagegen werden von verhaltenstherap. orientierten Autoren die neurotischen Konflikte selbst in den Vordergrund gestellt und als gelernte Fehlsteuerungen interpretiert. Gemeinsam gilt ihnen eine N. als ein Nichtbewältigen fundamentaler Lebensaufgaben. Eine grundlegende Theorie der N. stammt von S. Freud (*Psychoanalyse*). Nach ihm ist die N. das Resultat einer unvollst. Verdrängung von Impulsen aus dem *Es* durch das *Ich*. Der verdrängte Impuls droht trotz der *Verdrängung* in das Bewusstsein und das Verhalten durchzubrechen. Zur erneuten Abwehr dieses Impulses wird das neurotische Symptom entwickelt, das einerseits eine Ersatzbefriedigung dieses Impulses, andererseits aber einen Versuch seiner endgültigen Beseitigung darstellt. Freud unterschied nach dem Kriterium der Dauer und Stärke des auslösenden Konfliktes sowie nach der Art seiner Verarbeitung: Die *Aktualn.* mit primär vegetativen Symptomen aufgrund starker, aber unspezif. Affektwirkungen auf das vegetative System im Zus.hang eines akt. Konfliktes. Hierzu zählen: (1) die Schreckn., (2) die Angstn., (3) die neurasthenischen Syndrome. Die *Psychoneurosen* (auch *Abwehrpsychon.*) mit psych. und somatischen Symptomen als Folge der unvollst. Verdrängung von inkompatiblen Triebimpulsen auf dem Hintergrund eines chronischen Triebkonfliktes. Hierzu zählen: (1) die hysterischen Syndrome (einschließlich Organn.), (2) die phobischen Syndrome, (3) die anankastischen Syndrome, (4) die Charaktern. Die *traumatische N.* mit denselben Symptomen wie die Aktualn. und die Psychon., aber mit einer spezif. Genese (Auslösung durch Unfall) und mit einer spezif. Motivation (Sicherungstendenz). Man unterscheidet: (1) die primären Unfalln. und (2) die sekundären Renten-, Versicherungs- und Rechtsn. (oder auch Zweckn.).

J. H. Schultz versteht unter N. eine «im *Unbewussten* lagernde, seelisch begründete Fehlhaltung des gesamten Organismus, die entspr. der Verknüpfung des nervös-seelischen Faktors mit allen Lebensfunktionen sich nun auf sämtlichen Lebensgebieten äußern kann». Nach dem Kriterium der Tiefe der Verwurzelung des Konfliktes in der Persönlichkeit unterscheidet er: (1) exogene Fremdn. (von außen bedingt), (2) psychogene Randn. (durch somatopsych. Konflikte bedingt), (3) Schichtn. (durch innere seelische Konflikte entstanden), (4) *Kernneurose* (im Charakter und seinen autopsych. Konflikten wurzelnd). Für Schultz-Hencke entsteht die N. durch Traumen (Mikro-Traumen), die das Antriebsleben hemmen und übersteuern, gelegentlich auch untersteuern, d.h. zu hemmungslosen Triebausbrüchen führen. Nach C.G. Jung (*Analytische Psychologie*) ist N. eine Selbstentzweiung und gleichzeitig ein Signal für die Wiedervereinigung von Bewusstsein und Unbewusstem. A. Adler stellt die N. als ein Arrangement dar, das auf einer Überkompensation beruht. I. Pawlow bez. die N. als Störung des zerebralen Gleichgewichts. Nach J. Wolpe ist N. ein gelerntes emot. *habit*. Bei E. Eysenck wird die N. als gelernte Fehlanpassung dargestellt. In der ICD-10 und im DSM-IV (*Klassifikation psychischer Störungen*) wird der Oberbegriff N. nicht mehr benutzt. Nachfolgebegriff: *Psychische Störung*. Allerdings wird in der ICD-10 der Begriff *neurotisch* gelegentlich verwendet und auch für Oberklassen wie *neurotische Belastungs- und somatoforme Störungen* benutzt. Henningsen 2000. L. R. Schmidt

Neurosekretion [engl. *neurosecretion*; gr. *νεῦρον (neuron)* Nerv, lat. *segregare* trennen], [**BIO**], Ausscheidung von Sekreten (d.h. Hormonen) durch Nervenzellen (*Neuron*), Ganglienzellen. *Hormone*.

Neurosteroide (= N.) [engl. *neurosteroids*], [**BIO**], syn. *neuroaktive Steroide*, von *Cholesterin* abgeleitete Steroide, die bei Tier und Mensch in Sek. bis Min. direkt das ZNS beeinflussen. N. werden unmittelbar im Gehirn gebildet und nicht wie die «klassischen» Steroide über das endokrine System (*Endokrinologie*) vermittelt, sie können aber auch aus Zwischenstoffen des endokrinen Systems gebildet werden. N. beeinflussen andere neurochemische Systeme, so das GABA-System (agonistisch oder antagonistisch) und die HPA-Achse (*HPA-System*). Damit sind sie an der Regulation von Stressreaktionen beteiligt. Ein mehrfach diskutiertes N. ist DHEA (*Dehydroepiandrosteron*), das als Antagonist an GABA$_A$-Rezeptoren wirkt und pos. Effekte auf Lernen ausüben soll. I. R. von Alterungsprozessen soll es eine günstige Wirkung haben. Bauliu 1997, Majewska 1995, Morrow et al. 1995. W. Janke/P. Weyers

Neurotensin [engl. *neurotensin*], [**BIO**], Neuropeptid (*Neuropeptide*), das als *Neurotransmitter* diskutiert wird.

Neurotizismus (= N.) [engl. *neuroticism*; gr. νεῦρον *(neuron)* Nerv], [**PER**], syn. *Emotionalität* bzw. *emotionale Labilität*, eine in der empirischen Persönlichkeitsforschung gut gesicherte und testdiagnostisch mit versch. Erhebungstechniken messbare Persönlichkeitseigenschaft (*Persönlichkeitsmerkmal, Persönlichkeit, klassische faktorenanalytische Ansätze*). N. hängt mit Intensität und Kontrolle emot. Reaktionen und Abläufe zus. Während bei *R. B. Cattell* dieser Faktor auf der Basis von Fragebogen als Sekundärfaktor mit «Angst vs. emot. Anpassung» bezeichnet wird, wird bei Eysenck N. als Faktor auf dem Typenniveau mithilfe von Fragebogenitems gemessen. Cattells Dimension «Angst vs. emot. Anpassung» enthält auf dem Fragebogenniveau 5 Dimensionen, nämlich *Ichstärke, Misstrauen, Furchtsamkeit, Spannung* und *Selbstkontrolle*. Cattell hat den Faktor N. in objektiven Tests (*objektiver Test, klassische Verfahren*) als Angstfaktor bezeichnet. N. als grundlegender Faktor in eigenschaftsorientierten Persönlichkeitssystemen ist auch in anderen Persönlichkeitsfragebogen enthalten, so z. B. bei Guilford bzw. dem *NEO-Fünf-Faktoren-Inventar (NEO-FFI). Fünf-Faktoren-Modell.* Henning 2005. H. O. Häcker

Neurotoxine (= N.) [engl. *neurotoxines*], [**PHA**], Stoffe mit schädigender Wirkung auf das *Nervensystem*. In hohen Dosen wirken fast alle zugeführten Stoffe neurotoxisch. Quellen neurotoxischer Stoffe sind insbes. Arzneimittel, Genussgifte, Industriechemikalien, Umweltschadstoffe. Zu unterscheiden sind anorganische Stoffe (z. B. Metalle) und organische Stoffe (u. a. Chemikalien, Pharmaka). Neurotoxisch wirkende Psychopharmaka sind u. a. *Amphetamine* wie *3,4-Methylendioxymethamphetamin*. N. können auch biogen sein. So haben Aminosäuren wie *Glutamat* und best. Eiweißkörper neurotoxische Wirkungen. Dazu gehört das Protein Beta-Amyloid, das sich in den sog. Plaques findet, die letztlich Indikatoren zerstörter *Neurone* sind (Beta-Amyloid-Hypothese der *Alzheimererkrankung*). W. Janke

Neurotransmitter (= N.) [engl. *neurotransmitter*; gr. νεῦρον *(neuron)* Nerv, lat. *transmittere* übertragen], [**BIO, PHA**], Übertragersubstanzen an den *Synapsen* des NS (*Nerv, Nervensystem*). Die Übertragung kann sich auf den Übergang «Neuron–Effektor» (z. B. motorische Endplatte) oder «Neuron–Neuron» (Synapsen) beziehen. Da die Identifikation und Abgrenzung der N. von anderen körpereigenen Stoffen relativ schwierig ist, wurden Kriterien für die Kennzeichnung einer Substanz als Transmitter formuliert: (1) Die Substanz muss in den *Neuronen*, deren Aktivität auf ein anderes Neuron übertragen wird, nachweisbar sein. (2) Das Neuron muss die für die Synthese notwendigen Enzymsysteme enthalten. (3) Der Transmitter wird im Neuron in einer physiol. inaktiven Form gespeichert. (4) Ein im Neuron gegebener Impuls setzt den N. frei. (5) Der N. reagiert mit spezif. Rezeptoren. (6) Die Applikation des N. in die unmittelbare Nähe des Rezeptors muss die Wirkung der Neurostimulation imitieren. (7) Es muss ein Inaktivierungssystem vorhanden sein, sodass eine Beschränkung der Wirkungsdauer möglich ist. Die Synthese und Inaktivierung der Transmitter vollzieht sich i. d. R. in mehreren Stufen über versch. Zw.produkte unter Beteiligung versch. Enzymsysteme. Die Abbau- oder Zw.produkte sind in Körperflüssigkeiten nachweisbar und werden als Indikatoren für die Transmitterverfügbarkeit genutzt. Die Inaktivierung erfolgt nicht nur durch Abbau, sondern auch durch Rücktransport und Wiederaufnahme in das Neuron. Von über 50 Substanzen ist bekannt, dass sie als N. fungieren. Man unterscheidet 3 Hauptgruppen: *biogene Amine, Aminosäuren* und *Peptide*. Ihre Wirkung entfalten sie direkt über die Beeinflussung von *Ionenkanälen* oder indirekt über die Aktivierung von Secondmessenger-Systemen. Von erheblicher Bedeutung ist die Transmitterforschung hinsichtlich folg. Aspekte: (1) Zuordnung von Transmittersystemen zu best. Verhaltensmustern; (2) Störung von Synthese oder Abbau und *psych. Störungen*; (3) Ersatz der natürlichen N. durch Stoffe, die deren Funktionen übernehmen bzw. verändern (falsche Transmitter, Ersatztransmitter, z. B. Alpha-Methyldopa); (4) Veränderung der Funktionsweise von N. durch *Neuropharmaka*. Müller et al. 1992, Gründer & Benkert 2012. M. Ising/W. Janke

Neurotransporter (= N.) [engl. *carrier*; gr. νεῦρον *(neuron)* Nerv], [**BIO, PHA**], neurochem. System, das den aktiven Transport von Substanzen in die Nervenzelle besorgt. Bes. wichtig sind N., die den Rücktransport von *Neurotransmittern* aus dem synaptischen Spalt zur präsynaptischen Seite (*Synapse*) besorgen. N. existieren auch für den intrazellulären Transport in die Vesikel. Intensive Forschungen haben für alle Transmittersysteme N. beschrieben und Möglichkeiten ihrer Beeinflussung durch *Neuropharmaka* untersucht sowie Beziehungen zu Verhaltenssystemen, etwa *Angst*, und ihre Bedeutung für neurodegenerative Vorgänge diskutiert. Aktories et al. 2005, Müller et al. 1992. M. Ising/W. Janke

neurotrop [engl. *neurotropic*; gr. νεῦρον *(neuron)* Nerv, τροπή *(trope)* Wendung, Einwirkung], [**BIO, PHA**], Wirkungsart von chemischen Stoffen, auf das *Nervensystem* wirkend.

Neurotrophine (= N.) [engl. *neurotrophic factor*], auch: neurotropher Faktor, [**PHA**], Gruppe von Proteinen (Wachstumsfaktoren), die die Entwicklung und Funktion von Nervenzellen fördern und aufrechterhalten. N. werden von den Zielgeweben der aussprossenden *Neurone* gebildet. Z. T. werden sie auch in peripheren Geweben gefunden. Bekannt sind der Nervenwachstumsfaktor (nerve growth factor, NGF), der brain derived neurotrophic factor (BDNF) sowie die N. NT3, NT4 und NT5 (Letztere auch zus.gefasst als NT4/5. N. entfalten ihre Wirkungen über zwei spezif. Rezeptoren, p75 und die Trk-Familie der Tyrosin-Kinase-Rezeptoren. G. Gründer

neurovegetatives Syndrom [engl. *neurovegetative syndrome*; gr. νεῦρον *(neuron)* Nerv, lat. *vegetare* erregen], [**BIO, KLI**], vegetative Störung (*vegetatives Nervensystem*) mit einer Reihe organischer Beschwerden ohne nachweisbare organische Ursache.

neurovegetatives Syndrom

Neurotransmittersysteme und Variationen durch Pharmaka

System	Synthese Präkursorenzufuhr	Enzymbeeinflussung	Speicherung/Freisetzung	Rezeptorinteraktionen	Inaktivierung Enzymat. Inaktivierung	Wiederaufnahme
Acetylcholin +	Cholin			Ag.: Carbachol (gen.); Nicotin, Succinylcholin (nicotinerg); Muscarin, Arecolin (muscarinerg)	Cholinesterase-Hemmer: Physostigmin (reversibel); Sarin, Tabun (irreversible)	
!	Cholinuptake-Hemmer: Hemicholin	Cholinacetyltransferase-Hemmer: Juglone	Speicherungshemmer: Vesamicol Freisetzungshemmer: Botulinustoxine	Antag.: Curare, Hexamethonium (nicotinerg); Atropin, Scopolamin (muscarinerg)		
Dopamin +	Tyrosin (proteinreiche Nahrung), L-Dopa		Freisetzungsförderer: Amphetamin, Methylphenidat, Cocain	Ag.: Fenoldopam, Dihydrexidin (D_1, D_5); Apomorphin, Bromocriptin, Lisurid (D2); Quinpirol, Pergolid (D_2, D_3); Clozapin (D_4)	MAO-Hemmer: Iproniazid, Tranylcypromin (gen.); Clorgylin, Moclobemid (MAO A); Selegilin (MAO B); COMT-Hemmer: Tropolon, Pyrogallol	Wiederaufnahmehemmer: Cocain, Amphetamin, Methylphenidat, Benztropin, Piperazine
!		Tyrosinhydroxylase-Hemmer: α-Methyl-p-Tyrosin Dopadecarboxylase-Hemmer: Carbidopa	Speicherungshemmer: Reserpin, Tetrabenazin	Antag.: Racloprid, Sulpirid, Spiperon (D_2)		
Noradrenalin +	Tyrosin (proteinreiche Nahrung), L-Dopa		Freisetzungsförderer: Amphetamin, Methylphenidat, Cocain	Ag.: Phenylephrin, Methoxamin ($α_1$); Clonidin ($α_2$-Autorezeptor); Isoproterenol, Salbutamol ($β_1$,$β_2$); Denopamin ($β_1$); Procaterol ($β_2$)	MAO-Hemmer: Iproniazid, Tranylcypromin (gen.); Clorgylin, Moclobemid (MAO A); COMT-Hemmer: Tropolon, Pyrogallol	Wiederaufnahmehemmer: Cocain, Amphetamin, Methylphenidat, Desipramin, Reboxetin
!		Tyrosinhydroxylase-Hemmer: α-Methyl-p-Tyrosin Dopadecarboxylase-Hemmer: Carbidopa Dopaminhydroxylase-Hemmer: Fusarsäure, Disulfiram	Speicherungshemmer: Reserpin, Tetrabenazin	Antag.: Prazosin, Phenoxybenzamin ($α_1$); Yohimbin ($α_2$-Autorezeptor); Propranolol, Alprenolol, Pindolol ($β_1$,$β_2$); Atenolol, Bisoprolol ($β_1$)		
Serotonin +	Tryptophan (protein- u. kohlenhydratreiche Nahrung)		Freisetzungsförderer: p-Chloramphetamin, Fenfluramin	Ag.: Buspiron, Ipsapiron (5-HT_{1a}); DOM, Chlorphenylbiguanid (5-HT_3); Butylrenzaprid (5-HT_4)	MAO-Hemmer: Iproniazid, Tranylcypromin (gen.); Clorgylin, Moclobemid (MAO A)	Wiederaufnahmehemmer: Fluoxetin, Fluvoxamin, Citalopram, Imipramin, Cocain

neurovegetatives Syndrom

System	Synthese – Präkursorenzufuhr	Synthese – Enzymbeeinflussung	Speicherung/Freisetzung	Rezeptorinteraktionen	Inaktivierung – Enzymat. Inaktivierung	Inaktivierung – Wiederaufnahme
!	Tryptophan-Depletion	Tryptophanhydroxylase-Hemmer: p-Chlorphenylalanin (PCPA); 5-HTP-Decarboxylase-Hemmer: Carbidopa	Speicherungshemmer: Reserpin, Tetrabenazin	Antag.: LSD (gen., 5-HT$_{1a}$-Autorezep. agonist); Sumatriptan (5-HT$_{1D}$); Ketanserin, Ritanserin (5-HT$_2$); Ondansetron (5-HT$_3$)		
GABA +			Ag.: Muscimol, Isoguvacin (GABA$_A$); Baclofen, Saclofen (GABA$_B$)	GABA-Aminotransferasehemmer: Aminooxyessigsäure, Vigabatrin	Wiederaufnahmehemmer: Diaminobutyrsäure, β-Alanin	
!		Glutamatdecarboxylase-Hemmer: Allylglycin Freisetzungshemmer: Tetanustoxin	Antag.: Bicucullin, Picrotoxin (GABA$_A$); Phaclofen, 2-Hydroxysaclofen (GABA$_B$)			
Histamin +	Histidin			Ag: Thiazolylethylamin (H$_1$); Dimaprit (H$_2$); α-Methylhistamin (H$_3$)		
!		Histidindecarboxylase-Hemmer: α-Fluoromethylhistidin	Antag.: Pyrilamin, Diphenhydramin, Promethazin (H$_1$); Cimetidin, Zolantidin (H$_2$); Thioperamid (H$_3$)			
Glutamat +				Ag: AMPA, Kainat, Quisqualat (AMPA/Kainat); NMDA (NMDA); Quisqualat (mGLU)		
!				Antag: CNQX, NBQX (AMPA/Kainat); CPP (NMDA); α-Methylcarboxyphenylglycin (mGLU)		
Adenosin +				Ag: N-Cyclopentyladenosin (A1); N-Ethylcarbox-amidadenosin (A2, A3); N-Phenylisopropyl-adenosin (A3)	Adenosin-Deaminase-Hemmer: Deoxicoformycin	Wiederaufnahmehemmer: Nitrobenzylthioinosin, Dipyridmol

System	Synthese	Präkursorenzufuhr	Enzymbeeinflussung	Speicherung/Freisetzung	Rezeptorinteraktionen	Enzymat. Inaktivierung	Wiederaufnahme
		!			Antag.: Theophyllin, Coffein (gen.); Dipropyl-cyclopentylxanthin (A$_1$); Quinazolin (A$_2$)		
Opioide[1]	Östrogen (Proenkephalin), Corticotropin-Freisetzungshormon (Proopiomelanocortin)	+			Ag.: Morphin, Pethidin, Fetanyl, Methadon (I); Met-, Leu-Enkephalin (δ), β-Endorphin (β, μ); Dynorphin (κ)	Enkephalinase-Hemmer: Thiorphan, Kelatorphan; Aminopeptidase-Hemmer: Bestatin, Kelatorphan	
		!			Antag.: Naloxon, Naltrexon (μ); Levallorphan, Cyclazocin (gen.)		

nach Feldman u.a. (1997) u. Fritze (1989); Forth u.a. (2001) erstellt durch Ising, Janke & Erdmann; Abk.: Ag.: Agonisten; Antag. Antagonisten; 5-HT: 5-Hydroxytryptamin (Serotonin); 5-HTP: 5-Hydroxytryptophan; [1]: Opioide werden größtenteils den Neuromodulatoren zugerechnet (s. dort).

Neutralisation [engl. *neutralisation*; lat. *neuter* keiner von beiden, indifferent], **[KLI]**, ein *Abwehrmechanismus des Ich* für die Sozialisierung der allen Äußerungen der *Aggressivität* zugrunde liegenden Energie und ihre sekundäre Fusionierung mit der sex. Energie (*Libido*). Der Begriff meint bzgl. der aggressiven Energie dasselbe, was der Begriff der *Sublimierung* bei der sex. Energie besagt.

New Age (= N.) [engl.] neues Zeitalter; Bewegung, die sich zum Ende des 20. Jh. als Wende bzw. Abkehr von der rational-mechanistischen Sichtweise in Wiss., Kultur, Med., Religion, Wirtschaft etc. verstehen wollte. Im N. wurde das *Paradigma* der verknüpfenden, systemischen, versch. Wiss.disziplinen integrierenden Weltbetrachtung gefordert. Der N.-Ansatz entwickelte sich aus der Kritik am mechanistischen Denken des kartesianischen Weltbilds. N. steht in der Tradition früherer Integrationsbemühungen, wie z. B. der *Gestaltpsychologie*, Psychobiologie, Verhaltensmedizin, Informations- und Systemtheorie etc. Das N. sieht den Einzelnen als bewusst und gesamtverantwortlich handelnden Teil eines Gefüges.

^Test^**New Reynell Developmental Language Scales (NRDLS)**, 2011, S. Edwards, C. Letts & I. Sinka, [www.testzentrale.de], **[DIA, EW, KOG]**. Sprachtest. AA 3–7; 6 Jahre. Die NRDLS identifiziert sprachliche Verzögerungen bei Kindern und gliedert sich in zwei Skalen: Eine exploriert das Sprachverständnis bzgl. best. Wörter und grammatikalischer Konstellationen (*Comprehension Scale*); die zweite untersucht die Sprachproduktion bei denselben Wörtern (*Production Scale*). Das Verfahren ist kindgerecht aufgearbeitet und liegt in engl. Sprache vor. Im Manual werden Hinweise zur Benutzung bei Englisch als Zweitsprache gegeben. Bearbeitungsdauer: 35 bis 40 Min.

Neyman-Pearson-Lemma, nach J. Neyman (1894–1981), E. Pearson (1895-1980), *Signifikanztest*.

Nicergolin (= N.), **[PHA]**, halbsynthetisches Ergotaminderivat, abgeleitet von der Lysergsäure. Früher vor allem als *Nootropikum* bei Hirnleistungsstörungen gebraucht, darf N. nach einem Beschluss der EMA wegen der mit Ergotaminderivaten verbundenen Risiken (Ergotismus, Herzklappen- und andere Fibrosen) heute nur noch beim akuten Migräneanfall gegeben werden. Die Substanz wirkt vor allem als *Serotoninagonist* und α-Adrenozeptorantagonist. G. Gründer

NICHD Early Child Care Network [engl. NICDH Netzwerk Fürsorge in der frühen Kindheit], **[PÄD]**, ist ein 1991 gegründetes Konsortium von zehn US-amerik. Forschergruppen (mit Headquarter am NICHD: National Institute of Child Health and Human Development), die bereits zuvor Forschungsstudien über den Einfluss außerfamiliärer Betreuung auf die kindliche Entwicklung vorgelegt hatten. Da jedoch die Ergebnisse aus diesen Studien uneinheitlich waren, hat dieses Netzwerk in den Jahren 1991–2007 über 1300 Kinder vorrangig aus Familien der amerik. Mittelschicht im Längsschnitt (*Längsschnittuntersuchung*) von Geburt an gemeinschaftlich untersucht (NICHD Early Child Care Network, 1994) und dabei v.a. ihre Betreuungsmuster (familiär wie außerfamiliär; einschließlich der Betreuung durch Verwandte und Kindermädchen im Hause der Familie sowie Kindertagespflege, Krippe und Kindergarten) wie auch die Schulanpassung in den Blick genommen. In den ersten drei Lebensjahren wurden mehr als 20 % der Kinder in Kindertagespflege, 8 % in Krippen und etwa 50 % zu Hause von Verwandten (z. B. Großeltern) oder Kindermädchen zusätzlich betreut; im Alter von drei Jahren gingen mehr als 90 % der Kinder regelmäßig in eine Kindereinrichtung. Mehrfach und in einem engen Zeitraster untersuchte das Netzwerk die Kinder, befragte ihre Eltern, Betreuer, Erzieher und Lehrer beobachtete sie in Interaktion mit ihnen; auch wurde die Betreuungsqualität (*Kinderbetreuung, Struktur- Prozess- und Orientierungsqualität*) wiederholt erfasst sowie alle Beobachtungen und Tests zentralisiert ausgewertet. Mehrere hunderte Publikationen sind seither entstanden, die über folg. entwicklungspsychol. Kernaussagen detailliert informieren: (1) Eltern haben einen nachhaltigeren Einfluss als jede zusätzliche Betreuung auf die kindliche Entwicklung; (2) zusätzliche Betreuungserfahrungen untergraben keineswegs die Mutter-Kind-Bindung, die aus sich selbst heraus gestaltet und aufrechterhalten werden muss; (3) die Verhaltensentwicklung des Kindes wird bei zusätzlicher Gruppenbetreuung komplizierter; sie kann zu differenziertem prosozialen Verhalten führen, unter mangelhafter Betreuungsqualität jedoch auch Verhaltensauffälligkeiten bis in die Schulzeit fördern; (4) Vorteile für die Denk- und Sprachentwicklung ergeben sich nur bei hoher Betreuungsqualität. Ahnert & Lamb 2010, NICHD Early Child Care Network 1994. *L. Ahnert*

Nicht direktive Psychotherapie [engl. *non-directive psychology*; lat. *dirigere* regulieren, bestimmen]; *Gesprächspsychotherapie, Gestalttherapie*.

Nicht-Ergot-Dopaminagonisten (= N.) [engl. *non ergot dopamine agonist*], auch: Non-Ergot-Dopaminagonisten, [**PHA**], Gruppe von synthetischen *Dopaminagonisten*, die von den sich von Ergotaminderivaten abgeleiteten Dopaminagonisten (*Bromocriptin, Cabergolin, Lisurid, Pergolid*) abgegrenzt werden. Zu den N. zählen *Pramipexol, Ropinirol, Rotigotin* und Piribedil. Wegen ihrer höheren Selektivität und der besseren Verträglichkeit werden zur Behandlung des Morbus *Parkinson* bevorzugt N. eingesetzt. *G. Gründer*

Nichtigkeitswahn *Kleinheitswahn*.

nicht lautgetreuer Fehler [engl. *phonetically inaccurate error*], *Rechtschreibtests*.

nicht motivationale Inhalte (= n. I.) [engl. *non-motivational contents*], [**RF**], sind inhaltliche Merkmale einer Aussage, die in der *Aussagepsychologie* als *Glaubhaftigkeitsmerkmale* bewertet werden, weil sie nicht aus Schemawissen ableitbar und insofern relativ schwierig zu erfinden sind. Hierzu zählen bspw. nebensächliche und ungewöhnliche Details oder phänomengemäße Schilderungen unverstandener Handlungselemente. Die Bedeutung der n. I. ergibt sich aus der kogn. Überforderung falsch Aussagender (*Primäre Täuschung*). *Merkmalsorientierte Inhaltsanalyse, Realkennzeichen*. Niehaus 2008a. *S. Niehaus*

Nicht-Nullsummenspiel [engl. *non-zero-sum game*], [**SOZ**], ein Rivalitätsspiel wie z. B. das *Gefangenendilemma-Spiel*. *Theorie der Spiele*.

nicht parametrische Tests (Verfahren) (= n. T.) [engl. *non-parametric tests*], syn. *parameterfreie, verteilungsfreie Methoden*, [**FSE**], n. T. werden stat. Schlussverfahren (vor allem *Signifikanztest*) bezeichnet, deren Anwendung nicht das Vorliegen von Intervall- oder Verhältnisskalen-Daten voraussetzt. Sie sind jedoch auch auf Daten dieser höheren Skalenniveaus anwendbar. Da sie unabhängig vom Verteilungstyp der Daten angewendet werden können, werden sie auch als verteilungsfreie Verfahren bez. *Statistik, Statistische Datenanalyseverfahren*. *G. Mikula*

Nichtreagierer [engl. *non-responder*], *Misserfolg, psychotherapeutischer*.

nicht reaktive Messverfahren (= n. M.), [**DIA, FSE**], von Webb et al. (1966) als *unobtrusive measures* oder *non-reactive research* bezeichnete sozialwiss. Mess- und Untersuchungsverfahren, die nicht durch den Untersucher, die Untersuchungssituation oder den Untersuchten verfälscht werden können (*naturalistische Methode*). Webb und Mitarbeiter stellen diese Messverfahren in Ggs. zu den häufig benutzten Methoden der Interviews und der Fragebogen. Sie schlagen mehrere Verfahrensgruppen vor: Unter physischen Spuren («Abnutzungen» und «Ablagerungen»: auch als physikal. Spuren bezeichnet) verstehen sie solche, die durch vergangenes Verhalten hervorgerufen wurden. Eine weitere Gruppe sind die amtlich registrierten oder archivarisch vorgefundenen Berichte über obj. Lebensdaten. Als weitere Gruppe nennen die Autoren die nicht beeinflussende Beobachtung. Unter geplanter Beobachtung wird jene verstanden, bei der das natürliche Verhalten durch die Beobachtung nicht gestört wird. Sie wird meist durch technische Hilfsmittel unterstützt. Fritsche & Linneweber (2006) machen darauf aufmerksam, dass durch die neuen Informations- und Kommunikationstechnologien z. B. im Internet digitale Spuren entstehen, die auch n. M. verwertbar sind. *Beobachtung, L-Daten*. Bungard & Lück 1974. *H. O. Häcker*

Nichtsesshaftigkeit (= N.) [engl. *sedentariness* Sesshaftigkeit], pragmatischer Erklärungsbegriff der Sozialverwaltung für die Lebensform von «Personen, die ohne gesicherte wirtschaftliche Grundlage umherziehen oder die sich zur Vorbereitung auf eine Teilnahme am Leben in der Gemeinschaft oder zur dauernden persönlichen Betreuung in einer Einrichtung der Nichtsesshaftenhilfe aufhalten» (§ 72, BSHG). Sozialwiss. ist N. die allg. Kennzeichnung alle Bürger einer Gemeinde betreffenden sozialen Problems alleinstehender, erwachsener Mitbürger, die von Armut bedroht oder aber von Hilfeverweigerung und Nichtbeseitigung ihrer Armut betroffen sind. Fremdhilfeversuche, eine spezialisierte «Nichtsesshaftenhilfe» zu entwickeln, neben den normalen Hilfen im kommunalen Infrastrukturbereich von Arbeit, Wohnen, Gesundheit, Bildung und Sozialhilfe, tragen damit zur Aufrechterhaltung von sozialer Ungerechtigkeit in der Gesellschaft bei. Psychosoziale Folge von N. ist, dass die alleinstehenden Armen von der Teilnahme am wirtschaftlichen, soziokulturellen und politischen Leben in der Gesellschaft ausgeschlossen sind. N. verweist auf die Strukturdefizite in der Gerechtigkeitsstruktur gesellschaftlicher Interaktion zw. armen und etablierten Sozialbürgern: Nichtvorhandensein bedürfnisgerechter Sozialleistungen für diese Zielgruppe einerseits und sozialstaatlicher Anspruch auf diese Sozialleistungen andererseits. Albrecht 1979, Klee 1979, Marciniak 1980.

nicht steroidale Antiphlogistika (= n. A.) [engl. *non steroidale antiphlogistics*], Abk: NSAR = nicht steroidale Antirheumatika; oder NSAID vom engl. non-steroidal antiinflammatory drug, [**PHA**], entzündungshemmende Arzneimittel (antiphlogistisch = entzündungshemmend), die zudem i. d. R. analgetisch (schmerzstillend) und antipyretisch (fiebersenkend) wirken. Als «nicht steroidal» von den steroidalen Antiphlogistika (*Kortisol* und seine synthetischen Derivate) abgegrenzt. N. A. hemmen das Enzym Cyclooxygenase (COX), nicht selektive beide Typen (COX-1/2-Hemmer), selektive nur den Typ 2 (COX-2-Hemmer). Die Hemmung der Cyclooxygenase bewirkt eine verminderte Synthese von Prostaglandinen, zentralen Substanzen im Entzündungsgeschehen. Zu den nicht selektiven n. A. zählen Acetylsalicylsäure, Arylpropionsäurederivate wie Ibuprofen, Arylessigsäurederivate wie Diclofenac und Indolessigsäurederivate wie Indometacin. Zu den selektiven n. A. zählen die sog. Coxibe, z. B. Celecoxib. Mehreren COX-2-Inhibitoren wurde in den letzten Jahren der Zulassung wegen kardiovaskulärer unerwünschter Wirkungen wieder entzogen. *G. Gründer*

Nichtumkehrwechsel [engl. *non-reversal shift*] *Umlernversuche, experimentelle*.

Nichtunterlegenheitsstudie (= N.) [engl. *non-inferiority study*], [**FSE**], Ziel einer N. ist es, empirisch zu prüfen, ob eine Methode A einer Vergleichsmethode B (z. B. zwei Therapieverfahren oder Unterrichtsmethoden) nicht unterlegen ist. Während bei der klassischen Hypothesenprüfung (*Hypothese*, *Signifikanztest*) für den *Fehler erster Art* eine geringe Wahrscheinlichkeit (*Signifikanzniveau*) festgelegt wird, muss bei einer N. die Wahrscheinlichkeit gering sein, dass die Überlegenheit der Vergleichsmethode fälschlicherweise nicht erkannt wird (*Fehler zweiter Art*). Eine N. muss als *Randomisierte kontrollierte Studie* bzw. als *Experiment* duchgeführt werden. *Äquivalenzstudie*. Lange et al. 2007, Piaggio et al. 2006.

nicht verbale Kommunikation, nonverbale Kommunikation (= n. K.) [engl. *non-verbal communication*; lat. *verbum* Wort, Ausdruck], [**SOZ**], umschreibt den Teil menschlicher *Kommunikation*, der sich für den Informationsaustausch anderer als sprachlicher Mittel (*Sprache*) bedient. Gelegentlich werden die Begriffe *nicht verbales Verhalten* bzw. *Interaktion* syn. mit n. K. gebraucht, unter der Annahme, dass alles Verhalten in interpersonalen Situationen Mitteilungscharakter hat. Als nicht verbale vokale Modalitäten oder Elemente der K. werden (1) stimmliche Merkmale (Stimme), (2) Merkmale des Sprech-Pausen-Verhaltens (Zögerpausen, *on-off pattern* der Sprechaktivität) und (3) paralinguistische Merkmale wie *Lachen* etc. (*Paralinguistik*) unterschieden. Als n. sichtbare Modalitäten oder Elemente der K. werden (4) die *Mimik*, (5) das Blickverhalten, (6) die Gestik (*Gesten*), (7) die Körperhaltung und Körperbewegung (6 und 7 *Kinesik*), (8) räumliche Aspekte (Körperkontakt, Distanz, Sitzpositionen *Proxemik*) angesehen. Ferner werden gelegentlich auch thermische und olfaktorische Informationen (*Geruch*) als Teil der n. K. betrachtet, ebenso wie Merkmale und Objekte, die über die damit verbundene Person etwas aussagen könnten (Haartracht, Kleidung, allg. Äußeres, aber auch Wohneinrichtungen, Gebäudestrukturen etc.). Entsprechend den bei der Informationsübertragung beteiligten Sinnesmodalitäten wird zw. akustisch-auditivem (*Hören*), optisch-visuellem (*visuelle Wahrnehmung*), haptisch-taktilem (*Hautsinne*), olfaktorischem, gustatorischem (*Geschmack*) und thermischem Kanal unterschieden. Grundsituation der Erforschung der n. K. ist die *Face-to-Face*-Interaktion. K. wird demnach als ein Vorgang aufgefasst, an dem der ganze Körper der K.teilnehmer beteiligt ist. Es ergeben sich dadurch Berührungspunkte zur *Ethologie* und zur *Kulturanthropologie*. Auch werden damit viele Phänomene, welche die *Ausdruckspsychologie* untersucht hat, wieder in ihren kommunikativen Kontext gestellt. Um erfolgreich kommunizieren zu können, müssen Interaktionspartner enorme Mengen von Information verarbeiten. Um dem gerecht zu werden, wird in der Forschung versucht, das einfache nachrichtentechnische Modell der K. durch ein *Multikanalmodell* zu ersetzen, wobei so viele K.kanäle angenommen werden, wie der Mensch Sinnesmodalitäten hat (wichtig vor allem visueller, auditiver und taktiler Kanal). Es lassen sich vier versch. Funktionen n. kommunikativen Verhaltens unterscheiden: (1) Funktion für die *Sprachproduktion* (n. Verhalten, das eng mit dem *Sprechen* verbunden ist, es z. B. rhythmisch begleitet oder ersetzt), (2) regulatorische Funktion (*Regulation*) für den Ablauf der Interaktion (z. B. beim Wechsel der Sprecher-Hörer-Rolle), (3) interpersonale Funktion zur Bestimmung der Beziehung zw. den K.partnern (z. B. Grad der Intimität), (4) expressive Funktion zum Ausdruck von *Affekten* und Persönlichkeitseigenschaften (*Persönlichkeitsmerkmal*). Auf einer spezif. Auffassung des Verhältnisses von Sprache und n. K. basiert das Konzept der *Metakommunikation* (Watzlawick). Darunter wird K. über K. verstanden. In ihr geht es um die Bestimmung der *Regeln*, die einer K. zugrunde liegen. Jede K. ist immer zugleich Metak., insofern der Beziehungsaspekt der K. festlegt, wie der Sender die als Inhalt übermittelte Information verstanden haben will und wie er dadurch die Beziehung zw. Sender und Empfänger definiert. Die Information über die Beziehung ist zumeist «analog codiert» (*Codierung*) und wird v. a. über den visuellen und den taktilen Kanal und durch die paralinguistischen Phänomene im auditiven Kanal übermittelt. Der Inhalt dagegen ist «digital codiert» und wird v. a. durch die Sprache übermittelt. In der *Psychotherapie* ist die Beobachtung der n. K. seitens des Klienten bes. wichtig, da dabei oft seine bewusst weniger zugänglichen Teile zum Ausdruck kommen. Argyle 2013, Ellgring 2000. *J. H. Ellgring*

nicht verbale (nonverbale) Tests [engl. *non-verbal tests*], *sprachfreie Tests*.

Nihilismus (= N.) [engl. *nihilism*; lat. *nihil* nichts], [**PHI**], absolute Verneinung als Standpunkt oder Weltanschauung. Der theoretische N. ist die Verneinung der Möglichkeit, die Wahrheit und die letzten Dinge zu erkennen. Praktisch ist der N. eine Lebenshaltung, die alle Wertmaßstäbe weitgehend relativiert und den Negativismus und Skeptizismus (*Skeptizismus, methodischer*) übersteigert.

Nihilistischer Wahn [engl. *delusion of negation*; lat. *nihil* nichts], *Kleinheitswahn*.

Nikotin (= N.) [engl. *nicotine*], [**BIO, PHA**], im Tabak enthaltener Stoff. Wirkt auf nikotinerge *Acetylcholin*rezeptoren. Trotz der großen Bedeutung sind die psych. und zentralnervösen Wirkungen noch nicht voll aufgeklärt. In kleineren Dosen soll es zur kurzfristigen Erhöhung subj. und obj. Aktiviertheit, Verbesserung von Reaktionszeit und *Konzentration*, *Aggressivitäts-* und *Angst*reduktion und Muskelentspannung kommen. Auch das Ausmaß der subj. verstrichenen Zeit ist verkürzt. Kleinere Dosen erzielen meist Aktivitätserhöhung und besseres Lernen von Vermeidungsreaktionen. Im *EEG* zeigt sich Arousal. Höhere Dosen bewirken Verschlechterung des *Lernens* und Sedation im *limbischen System* mit Reduktion emot. Erregung (sog. *biphasische Wirkung*). Es liegen jedoch sich widersprechende Befunde vor, was sich meist durch indiv. unterschiedliche N.empfindlichkeit erklären lässt. Die unklaren Wirkungen von N. auf das Verhalten sind möglicherweise aus den komplexen Wirkungen im ZNS und VNS zu erklären (*Nervensystem*). Nach Tierversuchen erregt N. in sehr niedrigen Dosen die *cholinergen Synapsen* im VNS, blockiert sie in höheren Dosen. Zusätzlich erregt N. in *adrenergen* Systemen die Freisetzung von *Katecholaminen*. N. ist in der *Neuro-Psychopharmakologie* eine wichtige exp. Substanz. Vergleichbare cholinerge Substanzen werden als nikotinähnlich bzw. nikotinerg (im Ggs. zu muskarinähnlich bzw. muskarinerg, *Muskarin*) bezeichnet. Henningfield et al. 1995, Warburton 1992. *M. Reuter/ W. Janke*

Nikotinabhängigkeit, Psychopharmakotherapie [engl. *nicotine drug dependency, pharmacology*], [**KLI, PHA**], eine *Psychopharmakotherapie* spielt i. R. der Nikotinabhängigkeit (*Nikotin*, *Abhängigkeit*) – in Kombination mit verhaltenstherap. Maßnahmen (*Verhaltenstherapie*) – lediglich zur Unterstützung der Entwöhnung und zur Rückfallprophylaxe eine Rolle. Nikotinersatzmittel haben einen gesicherten Stellenwert i. R. der Entwöhnung. Zur Anwendung kommen Nikotinkaugummi und -tabletten, transdermale Systeme (Nikotinpflaster), Nasenspray sowie der sog. Nikotininhaler. Kaugummi und Tabletten werden bei leichter bis mittelschwerer Nikotinabhängigkeit empfohlen, wenn die Nikotineinnahme unregelmäßig über den Tag verteilt ist. Bei Anwendung des Pflasters kann demgegenüber die Nikotinzufuhr von dem Pat. nicht beeinflusst werden, die Freisetzung erfolgt kontinuierlich über den Tag verteilt. Pflaster werden v. a. bei starker Nikotinabhängigkeit empfohlen. Die Anwendung erfolgt i. d. R. über zwei bis drei Monate, nach sechs Wochen wird die Stärke des Pflasters reduziert. Für die *Raucherentwöhnung* auch zugelassen sind der partielle a4b2-Acetylcholinrezeptoragonist Vareniclin und der Noradrenalin-/Dopaminrückaufnahmehemmer *Bupropion*. Mit Vareniclin, das i. d. R. zwölf Wochen angewendet wird, werden höhere Abstinenzraten als mit Nikotinersatzstoffen und Bupropion erreicht. Allerdings werden darunter *Depressionen*, z. T. mit *Suizidalität*, beobachtet. Bupropion weist eine Wirksamkeit auf, die der von Nikotinersatzpräparaten vergleichbar ist. Die Kombination von Bupropion mit Nikotinersatzpräparaten ist wirksamer als die jew. Monotherapie, allerdings ist vermehrt mit unerwünschten Wirkungen (*Nebenwirkungen*) zu rechnen. Scherbaum & Gastpar 2012a. *G. Gründer*

Nikotinersatzstoffe (= N.) [engl. *nicotine replacement*], [**PHA**], nikotinhaltige Substitutionsmittel in Form von Pflaster, Kaugummi oder Lutschtabletten zur Behandlung der Tabakabhängigkeit durch Linderung der Entzugssymptome. N. sind frei verkäuflich und nicht rezeptpflichtig. *Nikotin* wird über die Haut (Pflaster) bzw. die Mundschleimhaut (Lutschtabletten, Kaugummi) absorbiert. Pflasterapplikation hat gegenüber Kaugummi und Lutschtabletten den Vorteil gleichmäßigerer Nikotin-*Plasmaspiegel*. Dosierungen der versch. Präparate sind sehr unterschiedlich und richten sich nach dem vorbestehenden Nikotinkonsum, der substituiert werden soll. Rauchern, die einen Konsum von bis zu 20 Zigaretten täglich substituieren wollen, wird z. B. ein Pflaster von 35 mg/24 Std. empfohlen. Die Pflastergröße wird sukzessive verkleinert, um nach 12 Wochen eine Beendigung des Konsums zu erreichen. Die Teilnahme an einem begleitenden Raucherentwöhnungsprogramm (*Raucherentwöhnung, Pharmakotherapie*) wird dringend empfohlen. *G. Gründer*

Nikotinintoxikation (= N.) [engl. *nicotin intoxication*], [**BIO, PHA**], *Vergiftung* durch exzessive Nikotinmengen. N. werden beobachtet nach akzidenteller oder in suizidaler Absicht vorgenommener Ingestion von Tabakprodukten, nach transdermaler Aufnahme von Nikotin von nassen Tabakpflanzen (*Green Tobacco Sickness* bei Tabak-Erntearbeitern) und bei Aufnahme von *Nikotin*, wenn dieses als Insektizid benutzt wird. Während niedrige Nikotindosierungen stimulierend wirken, wirkt die exzessive Stimulation von *nikotinischen Acetylcholinrezeptoren* hemmend auf die cholinerge Neurotransmission und die neuromuskuläre Übertragung. Daher folgt die N. einem biphasischen Verlauf mit Zeichen der zentralen Erregung zu Beginn (Übelkeit, Erbrechen, Blutdruckanstieg, *Tachykardie*, Schwitzen, Speichelfluss, *Tremor*, Krampfanfälle), die von einer Phase der Hemmung zentralnervöser Funktionen (*Hypotonie*, *Bradykardie*, Atemlähmung) gefolgt wird. Früher galt 1 mg Nikotin pro kg Körpergewicht als für einen erwachsenen Menschen (0,1 mg/kg bei Kindern) lebensbedrohlich (entspricht der vollst. Resorption des Nikotins aus zwei Zigaretten). Der Wert wurde neuerdings auf 500–1000 mg Gesamtdosis für Erw. deutlich nach oben korr. *G. Gründer*

Nikotinische Acetylcholinrezeptoren *Acetylcholinrezeptoren*.

Nil-Nullhypothese [engl. *nil–null hypothesis*; lat. *nil* nichts], *Signifikanztest*, *Statistik*.

Nimodipin (= N.) [engl. *nimodipine*], [**PHA**], Pharmakon aus der Gruppe der *Calcium-Antagonisten*, eingesetzt zur Prophylaxe und Therapie bei zerebralen Durchblutungsstörungen. Diskutiert wird auch eine Wirkung als Neuroprotektivum bei hirnorganisch bedingten Leistungsstörungen im Alter, weshalb N. auch als *Nootropikum* eingesetzt wird. Der Wirkungsnachweis als *Antidementivum* ist nicht überzeugend erbracht. *W. Janke*

Nirwana [engl. *nirvana*; Sanskrit निर्वाण Auslöschen, Erlöschen]; die im Buddhismus erstrebte Loslösung der Seele vom Lebenstrieb und der Materie und die dadurch erreichte selige Ruhe, Freiheit von Sünde, Leid und Leidenschaften, ein Zustand, der durch Meditation schon zu Lebzeiten erreicht werden kann. Nach dem Tod tritt dann völliges Erlöschen (*Parinirwana*) und damit auch die Befreiung von der Wiedergeburt ein.

Nirwana-Fantasie [engl. *nirvana principle*], [**KLI**], Bez. von Freud (*Psychoanalyse*) für einen typischen Tagtraum mit vollkommener Wunsch- und Affektlosigkeit sowie allumfassender Ruhe.

Nischentheorie (= N.) [engl. *niche theory*], [**KOG, SOZ**], innerhalb der *Feldtheorien* gebrauchter theoretischer Ansatz, um denjenigen Teil des Feldes zu charakterisieren, der die flachsten Konkurrenzgradienten aufweist. Für sozial- bzw. machtstrategische Maßnahmen leistet die N. Hilfestellung zur Abschätzung der Erfolgschancen. Spiegel 1961.

Nit *lichttechnische Maße*.

Nitrazepam [engl. *nitrazepam*], [**PHA**], *Psychopharmakon* aus der Gruppe der *Sedativa/Hypnotika* vom Typ der *Benzodiazepine*. Lange Wirkungsdauer (Halbwertszeit 20–30 Std.). Hauptmetabolite sind pharmakol. inaktiv. Zugelassen zur Kurzzeitbehandlung von *Schlafstörungen*.

Niveau [frz., engl. *level* Zustand, Stufe, Höhe], im wertenden Sinne: Rang. In der Ps. heute oft gebrauchter Ausdruck, z. B. Begabungsniveau, Entwicklungsniveau (*Entwicklungsphasen, -stufen*), Anpassungsniveau, Anspruchsniveau, Verarbeitungsniveau (*level of processing*).

Niveau, psychophysisches [engl. *psychophysical niveau*], [**WA**], von Köhler eingeführte Bez. für denjenigen Abschnitt im Wahrnehmungsvorgang, bei dem der Gegenstand (das physikal. Objekt) zum eigentlichen Anschauungsding werde. Dieser psychophysische, bewusstseinsfähige Vorgang erfolge z. B. beim Sehen im Endabschnitt des Sehvorgangs (Lichtstrahlen – Auge – Sehnerv usw.) in der Sehrinde (*area striata*). *Sehbahn, Niveau*. Köhler 1920.

Niveautest [engl. *level test*], *power-test*.

Nivellierung [engl. *alignment, leveling*], [**KOG, WA**], Einebnung. In der Ps. der Vorgang, dass (z. B. in der Wahrnehmung) das wenig Beachtete jew. weiter absinkt und verflacht. Auch der Vorgang der Bedeutungsabwertung oder des geringen Beachtens best. Details, z. B. beim Erinnern. Im Ggs. dazu die *Akzentuierung*, Pointierung (Überspitzung) des als wesentlich Angesehenen.

NLP, Abk. für *Neurolinguistisches Programmieren (NLP)*.

NMDA (= N.), Abk. für *N-Methyl-D-Aspartat* [engl. *N-methyl-D-aspartate*], [**BIO, PHA**], biogene Substanz, *Agonist* an dem nach dieser Substanz benannten Rezeptortyp des Glutamatsystems (*Glutamat*), dem wichtigsten exzitatorischen *Neurotransmitter* im ZNS. Antagonist ist u. a. *Memantin*. N. wirkt auf Dendriten und Zellkörper von *Neuronen*. Dauerexposition ist toxisch (*Exitotoxität*). Spielt eine Rolle bei der Langzeitpotenzierung, die als Korrelat der Gedächtnisbildung bedeutsam ist. Auch bei der Entstehung neurotoxischer Wirkungen bei chronischem Drogenmissbrauch wird das NMDA-System diskutiert. *W. Janke/M. Ising*

NMDA-Rezeptorantagonisten (= NMDA-R.) [engl. *nmda receptor antagonists*], [**PHA**], Arzneimittel, die den Glutamatrezeptor vom N-Methyl-D-aspartat-Typ antagonisieren. Unterschieden werden vier Typen von NMDA-R.: 1. Kompetitive *Antagonisten* blockieren die Bindungsstelle für *Glutamat* und verhindern dessen Bindung. 2. Glycinantagonisten antagonisieren die Glycinbindungsstelle und verhindern die Bindung des Ko-Transmitters *Glycin*, der für die Öffnung des Calciumionenkanals notwendig ist. 3. Nicht kompetitive Antagonisten verhindern die Öffnung des Ionenkanals durch Bindung an sog. allosterische Bindungsstellen (sie blockieren nicht die Bindung von Glutamat oder Glycin), und 4. unkompetitive Antagonisten, die den Ionenkanal durch Bindung an einer Bindungsstelle im Kanal blockieren (sog. Kanalblocker). Entspr. ihrer vielgestaltigen Pharmakologie haben NMDA-R. vielfältige med. und nicht med. Anwendungen. In hohen Dosierungen wirken NMDA-R. als Anästhetika (z. B. Ketamin). In subanästhetischen Dosierungen rufen sie einen dissoziativen Zustand hervor, der einer Neg.symptomatik i. R. einer *Schizophrenie* ähnlich ist. Durch NMDA-R. hervorgerufene *Psychosen* gelten daher als *Modellpsychosen* für Schizophrenien und die dabei vermutete Störung der Funktion des NMDA-Rezeptors. Wegen ihrer *psychotomimetischen* Wirkungen werden best. NMDA-R. (*Phencyclidin, Ketamin*) auch als Drogen missbraucht. Da eine verstärkte glutamaterge Neurotransmission der sog. Exzitotoxizität i. R. neurodegenerativer Erkrankungen zugrunde liegen soll, wurden NMDA-R. auch bei M. *Alzheimer*, M. *Parkinson* oder auch Hirninfarkten therap. versucht. Lediglich das mit niedriger Affinität bindende *Memantin* hat es jedoch zur Marktreife gebracht, weil höheraffine Substanzen zu ausgeprägten unerwünschten Wirkungen (insbes. Psychosen) führen. *G. Gründer*

N-Methyl-D-aspartat *NMDA*.

Noëm [engl. *noeme*; gr. νοῦς (*nous*) Verstand, *-em* kennzeichnet Funktionen im Sprachsystem], [**KOG**], kleinste begriffliche Einheit.

Noëma [engl. *noema*; gr. νόημα (*noëma*)], [**KOG**], Denkgegenstand, Gedanke, Gedachtes, der Sinn und Gehalt eines Bewusstseinsinhaltes. Gedankeninhalt im Ggs. zum Denkvorgang. *Denken*.

Noëse [engl. *noesis*; gr. νοεῖν (*noëin*) denken], [**EW**], eine Phase im Ablauf der Entwicklung, die durch vorherrschende Verstandesentfaltung im Ggs. zur Phase der Fantasieentfaltung, der bildhaften Vorstellung bzw. der Gemütsentfaltung (Eidese und *Thymose*) gekennzeichnet ist.

Das «Warum-Fragealter» etwa zw. 4. und 10. Lebensjahr. Hellpach 1936.

Noëtik [engl. *noetics*; gr. *νοεῖν (noëin)* denken], **[PHI]**, Denklehre (*Denken*), Erkenntnislehre (*Erkenntnistheorie*).

Nocebo-Effekt (= N.) [lat. *nocere* schaden], **[KLI, PHA]**, das Auftreten oder die Verschlechterung von Symptomen aufgrund von *Placebo*-Mechanismen, wie Erwartungen, *Konditionierung* oder *sozialem Lernen*, nicht aufgrund von Eigenschaften der Behandlung oder des Medikamentes selbst. N. sind zuerst aus randomisierten doppelblinden Medikamentenstudien (*randomisierte kontrollierte Studie*) berichtet worden, wenn die Pat. im Placeboarm der Studie die gleichen oder ähnliche Nebenwirkungen berichten wie Pat. im Medikamentenarm. Darunter werden auch Effekte erfasst, die durch falsche Diagnosen, unbeabsichtigtes oder nachlässiges «wording» oder falsches Verständnis der Formulierungen (z. B. in Beipackzetteln von Medikamenten) hervorgerufen werden.   K. Weimer/P. Enck

Nocirezeptoren, Nozirezeptoren [engl. *nociceptor*; lat. *nocere* schaden], *Rezeptor*, *Schmerzpunkte*.

Noctambulie [engl. *noctambulism*; lat. *nox* Nacht, *ambulare* umhergehen], **[BIO]**, Schlafwandeln, Nachtwandeln. *Somnambulismus*.

noise traders [engl. *noise* Rauschen, *trader* Händler], *Anlegerverhalten*.

Nominalismus [engl. *nominalism*; lat. *nominalis* namentlich], *Ontologie*.

Nominalphrase [engl. *nominal phrase*], *IC-Analyse*.

Nominalskala (= N.) [engl. *nominal scale*; lat. *nomen* Benennung, Name], **[FSE]**, Klassifikationsgrundlage qual. Daten. Die einzige Bedingung, die eine N. erfüllen muss, ist, dass Ereignis und Klasse einander eindeutig zugeordnet werden können. Ein Objekt kann nicht mehreren Klassen simultan zugeordnet sein. Zwischen den Klassen einer N. besteht qual. Verschiedenheit, innerhalb der Klassen Gleichheit aller Fälle. Andere Beziehungen (z. B. Ordnungs-, Größenrelationen) bestehen zw. den Klassen einer N. nicht. Die Reihenfolge der Klassen einer N. ist bedeutungslos und entspricht äußeren Konventionen. Bsp.: Geschlecht: männlich – weiblich; Familienstand: ledig – verheiratet – verwitwet; Diagnosen. *Skalenniveau*.
                                                                    G. Mikula

Nomologie [enl. *nomology*; gr. *νόμος (nomos)* Gesetz, *λόγος (logos)* Lehre], **[PHI]**, Bez. für den Teilbereich einer Einzelwiss., der sich mit der Aufstellung allg. *Regeln* und *Gesetze* (sog. nomologischer *Hypothesen*) befasst, die für die Phänomene bestehen, mit denen sich diese Einzelwiss. beschäftigt. Die Aufstellung nomologischer Hypothesen ist zentrale Aufgabe einer jeden Erfahrungswiss.
                                                                    D. Dörner

nomologische Netzwerke [engl. *nomological network*; gr. *νόμος (nomos)* Gesetz, *λόγος (logos)* Lehre], *Messung, formative vs. reflektive*.

nomothetisch (= n.) [engl. *nomothetic*; gr. *νόμος (nomos)* Gesetz], **[PER, PHI]**, Gesetze aufstellend. Nach Windelband ist die Naturwissenschaft n. im Ggs. zur *idiografischen* (nur einmalige Tatsachen beschreibenden) Geschichtswissenschaft, Ereigniswiss. In der Persönlichkeitsps. hat z. B. G. W. Allport die idiografische Beschreibung dem n. Verfahren vorgezogen.

Non-Benzodiazepinhypnotika, **[PHA]**, *Hypnotika*, die ihre Wirkung wie *Benzodiazepine* am Benzodiazepinrezeptor entfalten, aber strukturell keine Benzodiazepine sind. Sie werden auch als *Z-Substanzen* zus.gefasst.

Non-Compliance *Compliance*.

non exercise activity thermogenesis (NEATs) [engl.] Wärmeerzeugung bei nicht-sportlicher Aktivität; *Aktivität, körperliche*.

Non-Profit-Organisation [engl. *non-profit* Nicht-Gewinn], **[WIR]**, *Organisation*, die gemeinnützige (z. B. soziale, kulturelle oder wissenschaftliche) anstatt primär wirtschaftliche, gewinnorientierte Ziele verfolgt.

non-responder [engl. *respond* antworten, reagieren]; *Misserfolg, psychotherapeutischer*.

Non-Response, **[KLI, PHA]**, fehlendes oder nicht ausreichendes Ansprechen auf die Therapie. *Therapieresistenz*, *Misserfolg, psychotherapeutischer*.

non-statement view [engl. *statement* Aussage, *view* Sichtweise], *Theorie, Wissenschaftstheorie*.

^Test^**Nonverbaler Intelligenztest für Kinder und Erwachsene im Alter von 6;0 bis 40;11 Jahren (SON-R 6-40)**, 2012, P. J. Tellegen, J. A. Laros & F. Petermann, [www.testzentrale.de], **DIA, EW, KOG**]. Sprachfreier *Intelligenztest*. AA Kinder und Erw. im Alter von 6;0 bis 40;11 Jahren. Mit dem SON-R 6-40 ist es möglich, vielfältige Intelligenzfunktionen bei Kindern und Erwachsenen zu untersuchen, ohne von Sprache abhängig zu sein. Das Verfahren besteht aus vier Subtests mit insges. 124 Items. (1) *Analogien*, (2) *Mosaike*, (3) *Kategorien*, (4) *Zeichenmuster*. Alle Untertests werden adaptiv vorgegeben. Für jeden Untertest liegen Abbruchkriterien vor. Der SON-R 6-40 gibt Wertpunkte von 1 bis 19 für jeden der vier Untertests aus. Außerdem lässt sich ein standardisierter Gesamtwert mit einem Mittelwert von 100 und einer Standardabweichung von 15 ermitteln (Gesamt-IQ). *Normierung*: Der SON-R 6-40 wurde von 2009 bis 2011 in Dt. und den Niederlanden anhand einer Gesamtstichprobe von N = 1933 Kindern (17 Altersgruppen von 6;0 bis 40;11 Jahren) normiert. Bearbeitungsdauer: 50 Min.

^Test^**Nonverbaler Intelligenztest (SON-R 2½-7)**, 2007, P. J. Tellegen, J. A. Laros & F. Petermann, [www.testzentrale.de], **DIA, EW, KOG**]. Sprachfreier *Intelligenztest*. AA Kinder von 2;6 bis 7;11 Jahren. Der SON-R 2½-7 erhebt folg. Bereiche: *visumotorische und perzeptive Fähigkeiten, räumliches Verständnis, Erkennen von Ordnungsprinzipien* sowie *die Fähigkeit zum abstrakten und konkreten Denken*. Der SON-R 2½-7 weist einige Besonderheiten der Durchführung auf, die sich im Kindesalter als leistungs- und konzentrationsfördernd erwiesen haben. Diese beziehen sich auf genaue verbale sowie nonverbale Instruktionen, Feedback nach jeder Aufgabe, die Demonstration von richtigen Lösungen sowie adaptives Testen. Der SON-R 2½-7 beinhaltet die sechs Untertests: *Mosaike, Kategorien, Puzzles, Analogien, Situationen* und *Zeichenmuster*. Als Ergebnisse resultieren: Gesamt-Intelligenzquotient (SON-IQ) sowie Intelligenzwerte für die beiden Skalen des Verfahrens – die Denkskala und die Handlungsskala –, denen sich die Untertests zuordnen lassen. Außerdem kann i. S. eines Entwicklungsalters das Referenzalter eines Kindes bestimmt werden. *Normierung*: Für die dt. Standardisierung wurden in den Jahren 2005–2006 Daten von insges. 1027 Kindern aus fünf Bundesländern erhoben. Neben dem Referenzalter für die sechs Untertests und den Gesamtwert werden altersbezogene Untertststandardwerte und Skalenwerte angegeben. Bearbeitungsdauer: zw. 40 und 60 Min. Bei den jüngeren Kindern ist die Bearbeitungsdauer kürzer.

Noopsyche [gr. νοεῖν (noēin) denken, νοῦς (nous) Verstand], [**KOG, PHI**], «Geistseele» (Stransky), der intellektuelle Anteil des Seelenlebens, der im Unterschied zur *Thymopsyche* eher rationale Anteile wie Bewusstsein, Orientierung, Intelligenz, Gedächtnis, Denken und Sprache umfasst.

Nootropika [engl. *nootropics*; gr. νοῦς (nous) Verstand, τροπη (trope) Wendung, Einwirkung]; *Antidementiva*.

Noradrenalin, noradrenerges System [engl. *noradrenaline, noradrenergic system*], [**BIO, PHA**], der zu den Monoaminen zählende, strukturchemisch dem *Dopamin* ähnliche *Neurotransmitter* wird aus den Aminosäuren L-Tyrosin (bzw. dessen Vorstufe L-Phenylalanin) über die Zw.stufen *L-Dopa* und Dopamin gebildet. Das in den Spalt ausgeschüttete Noradrenalin (= N.) wird bereits dort bzw. in benachbarten Gliazellen (in wohl eher geringem Maße) durch das Enzym COMT (Catecholamin-O-Methyltransferase) zerlegt, zu einem größeren Teil durch Carrierproteine (*Noradrenalintransporter*) in die präsynaptische Zelle zurücktransportiert, dort teils wieder zur baldigen Ausschüttung in die Vesikel eingelagert, teils durch das (intrazellulär lokalisierte) Enzym MAO (*Monoaminooxidase*) abgebaut (nicht in geringem Maße durch die Unterform MAO-A). Die Bindungsstellen für N. werden in a- und b-Rezeptoren unterteilt, letztere wiederum in die Subtypen b1 und b2; bei den a-Rezeptoren unterscheidet man die Formen a1 und a2, jede von beiden mit mehreren Subtypen. An die gleichen Rezeptoren kann auch Adrenalin andocken – weshalb man oft in der Literatur die missverständliche Bez. *adrenerge Synapsen* (statt *noradrenerge*) findet. Während die Verteilung dieser Rezeptortypen im vegetativen *Nervensystem* recht gut verstanden ist, bleiben diesbzgl. im ZNS noch zahlreiche Unklarheiten. N.agonistisch (d. h. die Übertragung an noradrenergen Synapsen verstärkend) wirken u. a. die die N.wiederaufnahme hemmenden Substanzen *Kokain* und *Methylphenidat* (z. B. Ritalin®), *Amphetamin* und *Methamphetamin* (hauptsächlich wohl durch Förderung der präsynaptischen Ausschüttung), zudem die weitaus meisten trizyklischen *Antidepressiva* und die MAO-Hemmer (auch jene, die selektiv die Unterform MAO-A blockieren; *Monoaminooxidase-Hemmer*). Psychopharmakol. relevante N.antagonisten sind die Betablocker sowie viele *Antipsychotika*.

Das noradrenerge System bez. die Gesamtheit der N. als Transmitter ausschüttenden Nervenzellen. Noradrenerg sind die postganglionären *Neurone* des sympathischen NS, weshalb N.agonisten eine Stimulation des *Sympathikus* (u. a. mit verstärkten Herz-Kreislauf-Reaktionen) bewirken, Antagonisten (so die erwähnten Betablocker) einen gegenteiligen Effekt haben. Daneben gibt es zentralnervöse noradrenerge Bahnen, die vornehmlich von der Pons im Hirnstamm ausgehen und ihre Axone sowohl nach kaudal u. a. zur *Medulla oblongata* (bedeutsam für die Schmerzhemmung) als auch nach rostral ins *Telencephalon* senden (u. a. von Bedeutung bei der Schlafregulation). Ein diesbzgl. sehr wichtiges und interessantes Gebiet ist der *Locus caeruleus* (auch *Locus coeruleus*), dessen spontane Feuerung möglicherweise die biol. Grundlage von Panikattacken bildet (*Gehirn*, *Panikstörung*). Generell wird zumindest bei manchen Angstformen eine Dysfunktion des noradrenergen Systems angenommen; so besitzen Betablocker eine nicht zu unterschätzende anxiolytische Wirkung. Auch die Symptomatik des *Alkoholentzugsdelirs* wird mit einer N.überaktivität in Verbindung gebracht. Köhler 2010, Foote & Aston-Jones 1995. T. Köhler

Noradrenalin- und Dopaminwiederaufnahmehemmer, selektive (SNDRI) [engl. *selective noradrenaline and dopamine reuptake inhibitors*], [**PHA**], *Antidepressiva*, die über die Blockade von Transportermolekülen relativ selektiv die *Noradrenalin-* und *Dopamin*-Wiederaufnahme in das präsynaptische *Neuron* hemmen. In diese Gruppe wird nur *Bupropion* eingeordnet.

Noradrenalinwiederaufnahmehemmer, selektive (SNRI) [engl. *selective noradrenaline reuptake inhibitors*], [**PHA**], *Antidepressiva*, die über die Blockade von Transportermolekülen relativ selektiv die *Noradrenalin*-Wiederaufnahme in das präsynaptische *Neuron* hemmen. In diese Gruppe wird nur *Reboxetin* eingeordnet, das wegen zweifelhafter Wirksamkeit in Dt. nicht mehr zulasten der gesetzlichen Krankenversicherung verordnet werden darf. Die tri- bzw. tetrazyklischen Antidepressiva *Nortriptylin* und *Maprotilin* binden zwar auch mit deutlicher Präferenz an den Noradrenalintransporter, sie haben zusätzlich jedoch relevante Affinitäten zu anderen *Neurotransmitter*-Rezeptoren. G. Gründer

Noradrenerges und spezifisch serotonerges Antidepressivum (NaSSA), [**PHA**], Kunstbegriff, um eine Gruppe von *Antidepressiva* insbes. von den *selektiven Serotonin-Rückaufnahmehemmern (SSRI)* abzusetzen. Der Begriff wurde bei Markteinführung von *Mirtazapin* von der Herstellerfirma geschaffen. Zu der gleichen Gruppe kann man Mianserin, von dem sich Mirtazapin ableitet, und das nur in Japan verfügbare Setiptilin zählen. Es handelt sich um tetrazyklische Antidepressiva, denen die Hemmung von präsynaptischen α2-Adrenorezeptoren gemeinsam ist. G. Gründer

Norm (= N.) [engl. *norm*; lat. *norma* Winkelmaß], [**DIA, PHI, SOZ**], «Richtschnur», Regel, leitender, verbindlicher Grundsatz, Wertmaßstab, Vorschrift. Man unterscheidet logische, ethische oder ästhetische Normen, daher heißen Logik, Ethik und Ästhetik auch die normativen Disziplinen der Philosophie. *Regel*, im Sinne von Durchschnitt, das Übliche, Häufigste. Nach Parsons (1964) sind N. «Regeln für best. Kategorien von Einheiten in einem Wertesystem gültig für best. Situationen». N. in der Sozialps.

Normen, soziale, Bezugsnorm, DIN-Norm 33405, Gütekriterien, Normierung. Brandt & Köhler 1972.

normal [engl. *normal*; lat. *norma* Regel, Maßstab], *abnormes Verhalten.*

Normalbeobachter, [**DIA, FSE**] Bez. für den Beobachter (als abstraktes Subjekt), der dem Mittelwert vieler Messungen (*Messen, Messtheorie*) an realen Einzelbeobachtern unter normierten Bedingungen entspricht. *Beobachtung.*

Normalisierung [engl. *normalizing*; lat. *norma* Regel, Maßstab], [**FSE**], in der *Statistik* die Transformation nicht-normaler Verteilungen in eine *Normalverteilung*. Dabei wird folgendermaßen vorgegangen: Zuerst wird eine Flächentransformation durchgeführt, d. h. es werden die Prozentränge der einzelnen Maßzahlklassen bestimmt. Diesen werden anschließend die entspr. z-Werte (*z-Wert*) der Standardnormalverteilung zugeordnet. Die z-Werte können noch linear weitertransformiert werden. *Transformation, statistische.*

[**WA**], anschauliche Veränderung eines längere Zeit betrachteten *Reizes* in Richtung einer Norm (Gibson 1933), z. B. Annäherung einer gekrümmten Linie an eine Gerade, einer geneigten Linie an die Vertikale. Als Folge der Normalisierung treten *Nacheffekte* auf, z. B. eine Gerade erscheint in Gegenrichtung gekrümmt, eine vertikale Linie in Gegenrichtung geneigt; die Nacheffekte sind aber nicht allein als Folge der Normalisierung zu erklären (*figurale Nachwirkung*): Ein Neigungsnacheffekt findet sich z. B. auch nach längerer Inspektion einer vertikalen Linie, während der keine Normalisierung auftritt. Normen finden sich auf vielen bipolaren Dimensionen eines visuellen Reizes, für die ein zentraler Punkt besteht (z. B. gerade für Krümmung, senkrecht/waagerecht für Neigung, geradeaus für Richtung, Augenhöhe für Höhe, stationär für Bewegung). *H. Heuer*

Normalitätsannahme [engl. *normality assumption*]; *Entwicklungsstörungen, umschriebene.*

Normalreiz [engl. *normal stimulus*], *psychophysische Methoden.*

Normalverteilung [engl. *normal distribution*], *Gauß'sche Kurve.*

normativ [engl. *normative*; lat. *norma* Regel, Maßstab], durch eine Norm, eine Regel oder ein Gesetz vorgegeben.

normativer sozialer Einfluss [engl. *normative social influence*; lat. *norma* Regel, Maßstab], *Einfluss, sozialer.*

Normbewusstsein, internalisiertes [engl. *internalized awareness of norms*], [**SOZ**], Bereitschaft zur Befolgung von sozialen Verhaltensvorschriften (*Normen, soziale*), die sowohl die Kenntnis der Normen (*Wissen*), ihre positive Bewertung (*Einstellung*) als auch die motivationale Bereitschaft (*Motivation*), sie zu erfüllen, voraussetzt.

Normed Fit Index (NFI) [engl.] «Normierter-Passungs-Index», *Strukturgleichungsmodelle.*

Normen, soziale (= s.N.) [engl. *social norms*; lat. *norma* Regel, Maßstab], [**SOZ**], Normen (= N.) sind *Regeln*, die sich auf *Verhalten*, aber auch auf *Emotionen* und *Kognitionen* beziehen und in *Gruppen* und/oder *Gesellschaften* einen gewissen Verbindlichkeitsgrad haben. Von den zahlreichen Unterscheidungen sind zu nennen: Präskriptive N., die Vorschriften und Anweisungen beinhalten, und *proskriptive* N., die Verbote aussprechen und Zuwiderhandlungen mit Sanktionen belegen. Weitere Unterschiede beziehen sich u. a. auf den Geltungsbereich (z. B. universelle Geltung, kulturspezifische (*Kultur*) Geltung), die Geltungsdauer, den Verpflichtungsgrad (Muss-, Kann-, Soll-N.), den Formalisierungsgrad (Bräuche, Rituale, Rechts.), den Internalisierungsgrad (*äußere* N. vs. *verinnerlichte* N.) und das Ausmaß an Legitimität. Innerhalb der Sozialps. wird der Entstehungszusammenhang von N., ihre Funktion für die Vorhersage von Verhalten und je spezif. N. wie die Norm der Reziprozität oder der *soziale Verantwortung* untersucht. Wiswede 2004, Kruse 2006. *B. Six*

Normierung (= N.) [engl. *standardization*; lat. *norma* Regel, Maßstab], syn. *Eichung, Standardisierung,* [**DIA**], ein Nebengütekriterium (*Gütekriterien*) für diagn. Verfahren. Die N. ermöglicht eine relative, populationsbezogene Einordnung eines diagn. Wertes i. R. einer *normorientierten Diagnostik* (alternativ: *Diagnostik, kriteriumsorientierte*). Als Voraussetzung müssen gültige Normierungstabellen vorliegen: Diese dürfen nicht veraltet sein (z. B. max. 8 Jahre alt *Teststandards*; *DIN 33430*) und müssen einer repräsentativen N.stichprobe (*Stichprobe*) entstammen. Eine Einordnung eines Testanden ist nur möglich, wenn er der zugrunde liegenden *Population* angehört. Der Begriff N. wird (1) für den Prozess der Erstellung einer N.tabelle (*Repräsentativerhebung*) und (2) für die *relative Einordnung* von diagn. Werten verwendet. Eine relative Einordung wird i. d. R. durch die Angabe des Anteils der Populationselemente, die einen niedrigeren Wert erreichen, vorgenommen. Dies kann erfolgen, indem für jeden möglichen Testwert der Anteil von Personen, der einen kleineren Wert erreicht, tabelliert wird; erreicht bspw. ein Testand den Wert x, so kann abgelesen werden, welcher Anteil der Referenzstichprobe einen geringeren Testwert erreicht. Alternativ kann basierend auf empirischen Verteilungskenntnissen oder aufgrund eines systematischen Testkonstruktionsprinzips angenommen werden, dass die Werteverteilung in der Population durch eine bekannte stat. Verteilung beschrieben wird. So ergibt sich bspw. nach dem Zentralen Grenzwertsatz, dass sich die Summe unabhängig ermittelter Einzelwerte (z. B. Beantwortung von Einzelitems eines Fragebogens, Lösung von Aufgaben) einer *Normalverteilung* annähert. I. d. R. wird die Normalverteilung als Referenzverteilung für die N. verwendet. Sind der Mittelwert (μ) und die Standardabweichung (σ) der Werteverteilung bekannt und können diese erwartungstreu geschätzt werden, so lässt sich die relative Position z_i des Wertes x_i in der Standardnormalverteilung (μ = 0; σ = 1; s. Abb.) durch folg. Lineartransformation ermitteln:

$$z_i = \frac{x_i - \mu}{\sigma}$$

Die relative Position ist dann bestimmbar, da die Werte für die Standardnormalverteilung tabelliert vorliegen (z. B. Bortz, Schuster 2010): z. B. gilt

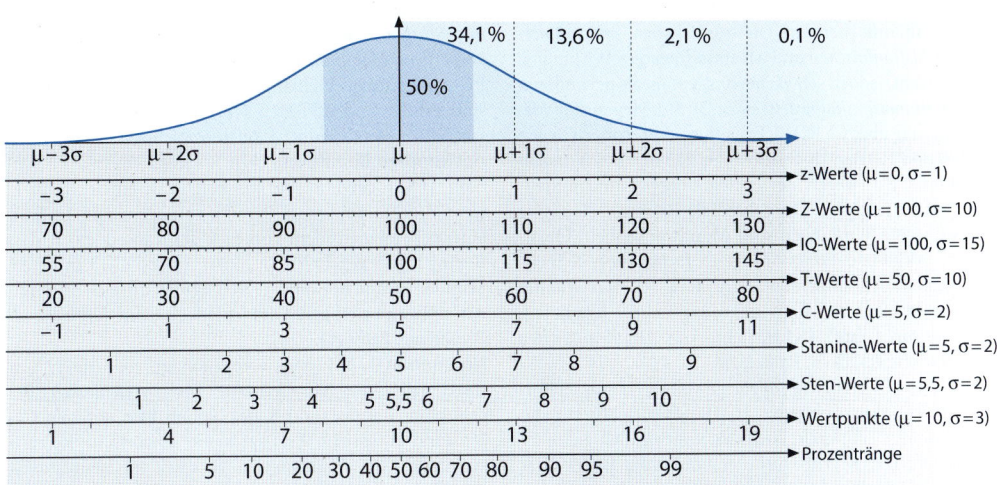

Normierung: Häufig verwendete diagnostische Normskalen (aus: Kubinger 2009).

$p(z_i \leq -1{,}96) = 0.025$; $p(z_i \leq -1{,}64) = 0.05$;
$p(z_i \leq -1) = 0.158$; $p(z_i \leq 0) = 0.5$; $p(z_i \leq +1) = 0.842$;
$p(z_i \leq +1{,}64) = 0.95$; $p(z_i \leq +1{,}96) = 0.975$
(s. Abb.: Prozentränge). Ausgehend von der Standardnormalverteilung können versch. Maßstäbe oder Normskalen (*Normskalen, Normenskalen*) verwendet werden, die in der Diagnostik etabliert sind. Die relative Position x'_i des standardnormalverteilten Wertes z_i in einer Normalverteilung mit dem Mittelwert μ = A und Standardabweichung σ = B kann durch folg. Lineartransformation ermittelt werden:

$$x'_i = z_i \cdot B + A.$$

In der Abb. ist die Zuordnung der Werte der Standardnormalverteilung (z-Werte), versch. Normskalen und der Prozentränge dargestellt. So entspricht ein Rohwert, der eine Standardabweichung über dem Mittelwert liegt (μ + σ) folg. Werten auf den Normskalen: z = +1, Z = 110, IQ = 115, T = 60, C = 7, Stanine = 7, Sten = 7,5, Wertpunkt = 13. Durch den korrespondieren Prozentrang lässt sich erkennen, dass 84,2 % der Populationswerte kleiner oder gleich sind.
Die N. stellt auch eine Basis für die Def. stat. Auffälligkeiten und die Festlegung von Entscheidungskriterien klin. Störungen dar (z. B. *Diagnostic and Statistical Manual of Mental Disorders (DSM-IV)*), indem z. B. Auffälligkeit dann diagnostiziert wird, wenn ein hinreichend geringer Anteil von Populationsmitgliedern extremer ausgeprägt ist (z. B. weniger als 5 % der Kinder einer Altersstufe weisen eine geringere Fähigkeit auf). Kubinger 2009a.
Norming [engl.] Norm(ier)ung; *Gruppenentwicklung*.
Normskalen, Normenskalen (= N.) [engl. *standard scales*], [**DIA**], standardisierte Testskalen zur ökonomischen Vergleichbarkeit von Testwerten. Im Prinzip ist es möglich, aufgrund einer Verteilung von Testwerten Normen, d. h. Vergleichsmaßstäbe in Form von Rohwertverteilungen zu erstellen. Die Vergleichbarkeit von solchen Normen zw. versch. Tests legt es jedoch nahe, N. zu entwickeln. Diese lassen sich nach versch. Aspekten einteilen. Von Mehrfachnormen spricht man, wenn Normen für die gesamte Eichstichprobe und für einzelne dieser Gruppen vorliegen. Einfachnormen solche, die nur über die gesamte Eichstichprobe gewonnen wurden. Von Variabilitätsnormen spricht man, wenn sich diese auf die Streuung der Eichstichprobe oder einer Untergruppe der Eichstichprobe beziehen. Äquivalentnormen liegen vor, wenn sich eine indiv. Leistung auf den Mittelwert einer Gruppe bezieht. Weiter unterscheiden sich noch die Normen darin, ob eine lineare Transformation oder eine Flächentransformation stattfindet. Für die N. werden mehrere Skalen vorgeschlagen. Erfüllt die Rohwertverteilung die Forderung nach Normalverteilung nicht, so lässt sich eine Prozentrangtransformation durchführen: Die dadurch gewonnene N. ist dann der *Prozentrang (Perzentil)*. Durch eine einfache Transformation kann die Prozentrangskala in eine T-Skala umgewandelt werden. Der Mittelwert der T-Skala ist 50, die Standardabweichung 10. Die T-Skala kann in eine *Stanine*-Skala zurückgeführt werden. Sie wird durch die gleiche Transformation gewonnen und weist die Zahlenwerte 1 bis 9 auf. Liegen normalverteilte Rohwerte vor, so lassen sich einige lineare Transformationen durchführen. Sie gehen von der Z-Transformation (*z-Wert*) aus. Bei der Z-Skala liegen ein Mittelwert von 100 und eine Streuung von 10 vor. Beim Intelligenzquotienten handelt es sich um eine N. mit Mittelwert 100 und Streuung 15. Eine selten benutzte N. ist die Wertpunktskala, die z. B. beim *Hamburg-Wechsler Intelligenztest für Erwachsene – Revision 1991* benutzt wird. Sie hat einen Mittelwert von 10 und eine Streuung von 3. Übersicht zu N.: *Normierung*. H. O. Häcker
Normstruktur [engl. *norm structure*], *Gruppennorm*.
Nortriptylin (= N.), [**PHA**], trizyklisches *Antidepressivum* (TZA), das stärker die *Noradrenalin*- als die *Serotonin-*

wiederaufnahme hemmt. Die zusätzlichen *anticholinergen*, *antihistaminischen* und α1-anti*adrenergen* Wirkungen sind relevant, jedoch schwächer ausgeprägt als bei anderen TZA. *Eliminationshalbwertszeit* ca. 30 Std. Hepatische *Metabolisierung* über CYP2D6. Erhaltungsdosierungen liegen zw. 100 und 150 mg, Höchstdosis bei 225 mg. Bes. Vorsicht bei älteren Pat. wegen der anticholinergen und antiadrenergen Wirkungen (*Delir*, kardiale Risiken). Häufigste unerwünschte Wirkungen sind Mundtrockenheit, Obstipation, Akkomodationsstörungen, *Tachykardie*, Schwitzen, *Tremor*, Benommenheit, *Schwindel*. G. Gründer

Nosologie [engl. *nosology*; gr. νόσος *(nosos)* Krankheit, λόγος *(logos)* Lehre], [**KLI**], Lehre von den *Krankheiten* und Krankheitsbildern. *Pathologie*.

Nostalgie (= N.) [engl. *nostalgia*; gr. νόστος *(nostos)* Heimkehr, ἄλγος *(algos)* Schmerz], [**EM**], ugs. gleichbedeutend mit Heimweh, Sehnsucht nach den vermeintlich guten alten Zeiten. Der Begriff wurde erstmals vom Basler Arzt Joh. Hofer im Jahre 1688 in seiner *Dissertatio medica de Nostalgia oder Heimweh* beschrieben. Als «Sehnsucht nach den einfachen und unverdorbenen Sitten der ländlichen Welt» wird die N. im 18. Jhd. bei Rousseau beschrieben.

Noten *Zensuren*.

Notfallreaktion [engl. *emergency response*], [**BIO**], Teil der physiol. *Alarmreaktion* des Körpers bei *Stress*. Unter dem Begriff N. (Cannon 1928) werden die Reaktionen der Effektororgane zus.gefasst, die in Notfallsituationen und bei starkem emot. Stress durch die Aktivierung der postganglionären sympathischen Neurone und des Nebennierenrindenmarks zustande kommen (*Nebennierenrinde*). Diese einheitliche Reaktion des sympathischen *Nervensystem* wird vom Hypothalamus ausgelöst. Der Organismus bereitet sich auf Abwehr oder Flucht vor. Die vegetative Steuerung setzt Energie bereitstellende Prozesse in Gang. Sie dienen auch bei differenzierteren Reaktionen der Bewältigung oder Vermeidung des Stressors. *Sympathikotonie*, *Totstellverhalten*. C. Becker-Carus

Notfallsituationen, Psychopharmakotherapie *Erregungszustände*, *Pharmakotherapie*.

Nötigung, sexuelle [engl. *sexual coercion*], *Gewaltdelikt, sexuelles*.

Notrufe [engl. *distress calls*], [**KOG**], angeborene oder erlernte Lautäußerungen, die Artgenossen oder Artfremde vor einem Fressfeind warnen. *Schreckstoffe*.

Notsituationen, Prozessmodell zum Eingreifen in konkreten [engl. *emergency situation, process model of intervention*], *prosoziales Verhalten*.

^Test^**Nottingham Health Profile (NHP)**, 1997, T. Kohlmann, M. Bullinger & I. Kirchberger-Blumstein; engl.sprachige Originalversion: 1980, S.M. Hunt, S.P. McKenna, J. McEwen, J.E. Williams & W. Papp (1980), [**DIA, GES**]. Mehrdimensionales Selbstbeurteilungsverfahren. AA Einsatz in klin. Studien, bei chronisch erkrankten Personen und versch. Subgruppen (z.B. gesunden Pat. in Arztpraxen). Krankheitsübergreifendes Verfahren zur Messung der gesundheitsbezogenen Lebensqualität bei Pat. mit mittel- bis schwergradigen Beeinträchtigungen. Das NHP erfasst mittels 38 Items die 6 Dimensionen Energieverlust, Schmerz, emot. Reaktion, Schlaf, soziale Isolation und körperliche Mobilität. Bearbeitungszeit: ca. 5 bis 10 Min., PC-Auswertung. Vielfältige psychometrische Prüfungen sind erfolgt und es liegen Normierungsdaten (*Normierung*) für unterschiedliche Referenzstichproben vor.

notwendige Bedingung (= n.B.) [engl. *necessary condition*], [**FSE**], *conditio sine qua non*, A ist eine n.B. für B, wenn A erfüllt sein muss, damit B vorliegen kann. Im Falle einer n.B. folgt aus dem Vorliegen der Konsequenz B, dass Bedingung A gegeben sein muss. Anwesenheit in einem Seminar ist eine notwendige Bedingung, um sich im Seminar aktiv zu beteiligen. Dies ist jedoch keine *hinreichende Bedingung*. *Bedingung(en)*.

Noumenon (= N.) [engl. *noumenon*; gr. νοῦς *(nous)* Verstand], [**PHI**], das Nur-Gedachte (*Denken*, *Gedanken*). Begriff ohne Gegenstand i.S. der bloßen *Idee*, der kein Gegenstand entspricht. Es liegt keine sensorische Reizung zugrunde. Ggs. *Phänomenon*. N. spielt im Neuplatonismus, dann besonders bei Kants Vernunftkritik eine Rolle.

Nous [engl. *nous*; gr. νοῦς *(nous)* Verstand], Geist, Intellekt, die denkende Seele, die der Mensch den Tieren voraushat (Aristoteles, Plato). *Geist*.

novelty seeking (= n.s.) [engl. *novelty* Neues, *seeking* suchen], [**BIO, PER**], n.s. ist neben *harm avoidance* [engl. Schadensvermeidung], *reward dependence* [engl. Belohnungsabhängigkeit] und *persistance* [engl. Ausdauer] eine Temperaments-*Dimension* (*Temperament*) im Persönlichkeitsmodel (*Persönlichkeit*) von Cloninger et al. (1991; Cloninger 1994b). Auf der Verhaltensebene (*Verhalten*) zeichnet sich eine hohe Ausprägung in n.s. in einer Sensitivität für Neuigkeit und *Belohnung* und habituell-höherem *Interesse* an *Exploration* und Annäherung (*Annäherungs-Vermeidungs-Konflikt*) aus (*Neugier*). Die biol. Grundlage des n.s. bilden in diesem Modell die dopaminergen *Neurotransmitter*-Systeme (*Dopamin*, *dopaminerges System*). Die Befundlage hierzu ist jedoch heterogen. P. Grant

Noxe [engl. *noxa*; lat. *noxa* Schaden], [**BIO, GES**], krankheitserregende Ursache, Schadstoff.

Noxiptilin [engl. *noxiptiline*], [**PHA**], *Psychopharmakon* aus der Gruppe der trizyklischen *Antidepressiva*. Nicht mehr im Handel.

Nozizeption *Nocirezeptoren*, *Nozirezeptoren*, *Schmerzsinn*.

Nozizeptivreflex [engl. *nociceptive reflex*; lat. *nocere* schaden, *capere* aufnehmen], [**BIO**], reflexhafte Abwehr von Hautschädigungen durch schnelles Ausweichen oder Zurückziehen, noch bevor die schmerzhafte Empfindung auftritt; entspricht dem Schutz-, Abwehr- und Fluchtverhalten bei Mensch und Tier. *Hautsinne (Tast-, Temperatur-, Schmerzsinn)*.

N-Personen-Spiel [engl. *n player game*], [**KOG, SOZ**], Spiel i.S. der *Theorie der Spiele* mit verallgemeinerter Anzahl der Spieler.

Nucleotid [engl. *nucleotide*], *Nukleinsäuren*.

Nucleus [engl./lat.], [**BIO**], Kern, Zellkern bzw. Kerne im *Zentralnervensystem*. *Gehirn*.

nudging [engl.] Anstoßen; *Verhaltensökonomik*.

nue-Koeffizient (= nue, ν) [engl. *nue-coefficient*, *ν-coefficient*], [**FSE**], *Korrelationskoeffizient* für ein künstlich dichotomes und ein natürlich dichotomes Merkmal. Nue schätzt den Zusammenhang des natürlich dichotomen Merkmals mit dem kontinuierlichen Merkmal, das dem künstlich dichotomen Merkmal zugrunde liegt. Aus dem Chancenverhältnis oder *Odds Ratio* (OR) kann mit Hilfe der Formel

$$\nu = \frac{ln(OR)}{\sqrt{(ln(OR))^2 + \frac{2.89}{h_{\cdot 0} \cdot h_{\cdot 1}}}}$$

($h_{\cdot 0}, h_{\cdot 1}$ = relative Auftretenshäufigkeit der beiden Ausprägungen des natürlich dichotomen Merkmals) der Wert von nue approximativ ermittelt werden. *Korrelation, Korrelationskoeffizient*. Ulrich & Wirtz 2004.

Nukleinsäuren [engl. *nucleic acids*], **[BIO]**, Substanzklasse; in Zellkernen enthalten, aus Nukleoidketten bestehend. Unterscheidbar sind *Desoxyribonukleinsäure DNS (DNA)* und Ribonukleinsäuren (*Ribonukleinsäure*, RNS). DNA ist Träger der genetischen Information (*Genetik, Verhaltensgenetik*). RNS spielen eine bedeutsame Rolle bei der Proteinbiosynthese (Nobelpreis Watson, Crick). Sie wurden in den 1960er- und 1970er-Jahren hinsichtlich ihrer Bedeutung beim *Lernen* und Behalten (*Gedächtnis*) untersucht und diskutiert. Es ergab sich, dass Hemmung der RNS- oder Proteinsynthese zu Störungen des Langzeitbehaltens führen. Hendrickson 1972. *W. Janke*

Nullhypothese (= N.) [engl. *null hypothesis*], **[FSE]**, Abk. H0, stat. *Hypothese*, in der angenommen wird, dass sich aus Stichproben gewonnene Statistiken voneinander oder vom entspr. Parameter der Population nicht oder nur zufällig unterscheiden. Wird die N. aufgrund eines stat. Tests zurückgewiesen, muss die *Alternativhypothese* (H1) angenommen werden. Wird die N. verworfen, obwohl sie tatsächlich richtig ist, so spricht man von einem *Fehler erster Art* (Typus I, Alpha-Fehler). Wird die N. beibehalten, obwohl sie falsch ist, dann spricht man von einem *Fehler zweiter Art* (Typus II, Beta-Fehler). *Signifikanztest*. *G. Mikula*

Nullpunkt (= N.) [engl. *zero point*], **[PHI, WA]**, physiol. der Temperaturgrad, bei dem in einem Körperbezirk weder warm noch kalt empfunden wird (*Hautsinne (Tast-, Temperatur-, Schmerzsinn)*, also nicht der physikal. Nullpunkt). Ps. der Zustand der Inaktivität, der Reizlosigkeit u. a. m. In der Gestaltps. (Struktur der Bezugssysteme) ist der N. derjenige Bezugspunkt, von dem aus ein Mehr oder Weniger, ein Stärker oder Schwächer einer Eigenschaft bestimmbar wird, wobei noch hervorgehoben werden kann, dass der N. zwei sich ergänzende Kennzeichen hat: das Anschauliche (N. als das im Seelischen, was von sich selbst versteht) und das Funktionale (N. als das, was besonders fein differenzierbar ist bzw. kleinste Unterschiedsschwellen besitzt).

Nullsummenspiel *Zweipersonen-Nullsummenspiel*.

Nullversuch [engl. *catch trial*], **[FSE]**, ein Verfahren zur Überprüfung der Einstellung der Vp beim ps. *Experiment*. In eine Reihe ähnlicher Versuche wird ein Versuch eingeschaltet, bei dem der Vp die Lösung der Aufgabe unmöglich oder nur mit neuen Strategien möglich ist. *Reaktionszeit*.

number needed to treat (NNT) [engl.] erforderliche Anzahl zu behandelnder Objekte, **[DIA, FSE]**, Schätzung der Anzahl von Personen, die behandelt werden müssen, damit davon ausgegangen werden kann, dass bei *einer* Person das gewünschte Ereignis aufgrund der Behandlung auftritt. Grundlage zur Bestimmung ist eine randomisierte kontrollierte Studie (*RCT*), in der die Ereignisrate in einer *Experimentalgruppe* (EER) und einer unbehandelten *Kontrollgruppe* (KER) bestimmt wurde. NNT kann ausgehend von der Absoluten Risiko-Reduktion (*Absolute Risiko-Reduktion*; ARR) bestimmt werden: NNT = 1/(KER-EER) = (1/ARR). Tritt ein Lernproblem in einer geschulten Gruppe in 10 % der Fälle und in der Kontrollgruppe in 25 % der Fälle auf, so beträgt NNT (1/(0.25-0.1)) = 6.67. Wenn 7 Personen behandelt werden, kann davon ausgegangen werden, dass eine Person in Bezug auf das Zielkriterium von der Behandlung profitiert. NNT kann als Indikator der *Effektivität* einer Maßnahme angesehen werden, wobei NNT nur zwischen Studien verglichen werden darf, die eine vergleichbare Studienanlage verwenden. *Basisrisiko*. Sheridan et al. 2003.

numerisch [engl. *numeric*; lat. *numerus* Zahl, Menge], nach DIN 44300 «sich auf einen Zeichenvorrat (*Zeichen*) beziehend, der aus Ziffern und Sonderzeichen zur Darstellung von Zahlen besteht».

Numerosity-Heuristik (= N.) [engl. *numerosity* zählbare Menge, Auftretenshäufigkeit], **[KOG, SOZ, WIR]**, als N. (*Entscheidungsheuristiken*) bezeichnet man die Neigung, Mengen eher auf der Ebene von Einheiten zu beurteilen und die genaue Bedeutung der Einheiten (und damit die tatsächliche Menge) zu ignorieren: Aus «vielen» wird auf «viel» geschlossen. Dieser Effekt kann z. B. dazu führen, dass Menschen von einer Währung, die größere Einheiten hat (z. B. Pfund im Vergleich zu Euro), mehr ausgeben. Die bloße Anzahl der Einheiten ist geringer und daher erscheint die Ausgabe auch geringer. Ebenso erscheinen Verzehrmengen geringer, wenn sie in größeren Einheiten präsentiert werden (z. B. wenige große im Unterschied zu vielen kleinen Keksen). Wertenbroch et al. 2007. *G. Felser*

^Test **Nürnberger Alters-Inventar (NAI)**, 1997, W. D. Oswald & U. M. Fleischmann, [www.testzentrale.de], **[BIO, DIA, KOG]**. Neurops. Verfahren. AA Personen im höheren Lebensalter. Die unter dem NAI zus.gefassten Testverfahren haben das Ziel, wesentliche Bereiche der kogn. Leistungsfähigkeit, des Verhaltens, der Befindlichkeit und des Selbstbildes von Testpersonen hohen Lebensalters gemäß psychometrischen Standards zu erfassen. Das Manual enthält ausführliche Angaben zu demenzdiagnostischen Fragestellungen (*Demenzdiagnostik*). So werden für die wichtigsten Subtests Cut-off-Werte zur Abgrenzung von Demenzpatienten von gesunden Pbn angegeben. *Normierung*. Neben Normwerten aus repräsentativ quotierten Altersgruppen (55–69, 70–79 und 80–95 Jahre) werden separate Normen für privatwohnende Senioren, Altersheimbewohner und Pat. mit hirnorganischen Veränderungen angeboten Bearbeitungsdauer: ca. 45 Min.

nutritive Energie [engl. *nutritive energy*; lat. *nutricari* säugen, ernähren], **[KLI]**, Bez. von Jung (*Analytische*

Psychologie) für die den nutritiven Funktionen (d. h. mit der Nahrungsaufnahme; insbes. *orale Phase* verbundenen Funktionen wie Saugen, Lutschen) zugrunde liegende und auf Lustgewinn gerichtete psych. Energie.

nutritive Phase [engl. *nutritive phase*; lat. *nutricari* säugen, ernähren], **[KLI]**, Bez. von Jung (*Analytische Psychologie*) für die *orale Phase*. Bei der Bez. dieser Phase geht Jung von den dominanten Funktionen, Freud (*Psychoanalyse*) von den erogenen Zone aus.

Nutzen [engl. *benefit, profit, utility*], *efficacy*, *Entscheidungstheorie*, *Erwartung-Wert-Theorien*, *Theorie der Spiele*, *Kosten-Nutzen-Kalkulation*.

Nutzen, experienzieller [engl. *experiential utility*; *experience* Erfahrung], *Markenarchitektur*.

Nutzen, funktionaler [engl. *functional utility*], *Markenarchitektur*.

Nutzen, relationaler [engl. *relational utility*], *Markenarchitektur*.

Nutzen, symbolischer [engl. *symbolic utility*], *Markenarchitektur*.

Nutzenfunktion (= N.) [engl. *utility function*], **[EM, KOG]**, ist eine Funktion, die den obj. Nutzen x in den subj. Nutzen U(x) abbildet. Untersuchungen legen nahe, dass diese Funktion für x > 0 konkav und für x < 0 konvex ist. Mit der N. lässt sich z. B. erklären, warum sich Menschen bei Gewinnwetten risikoscheu und bei Verlustwetten risikofreudig verhalten. *Entscheiden, Entscheidungstheorie*.

Nützlichkeit (= N.) [engl. *utility*], **[DIA]**, ein Nebengütekriterium (*Gütekriterien*) für diagn. Messverfahren, das verlangt, (1) dass nicht ähnl. gute oder bessere alternative Messverfahren existieren, und (2) dass das Verfahren einen bedeutsamen Anwendungsnutzen besitzt.

Nutznießerperspektive [engl. *beneficiary perspective*], *Ungerechtigkeitssensibilität*.

Nutznießersensibilität [engl. *beneficiary sensitivity*], *Gerechtigkeit, Gerechtigkeitsprinzip*.

Nyktalopie [engl. *nyctalopia, night blindness*; gr. νύξ (nyx) Nacht, ὄψις (opsis) Sehen], Nachtsichtigkeit bzw. *Tagblindheit* (weil nur bei Nacht sehend). Ggs. *Hemeralopie*.

Nystagmogramm [engl. *nystagmogramm*; gr. νυσταγμός (nystagmos) Nicken, Zittern, γράφειν (graphein) schreiben], *Elektrookulografie*.

Nystagmus [engl. *nystagmus*; gr. νυσταγμός (nystagmos) Nicken, Zittern], **[BIO, WA]**, unwillkürliches, ruckartiges Zittern des Augapfels (senkrecht, waagerecht oder drehend) schon in der Ruhestellung des Auges, verstärkt bei Bewegung. *Augenbewegung*. Ohm 1958.

O

O (auch o), [SOZ], Symbolzeichen, Abk. für *other* [engl.], die andere Person, mit der *P* interagiert; Organismusvariable. *Verhaltensmuster.*

Oberflächeneigenschaft [engl. *surface trait*], [PER], in faktorenanalytischen Ansätzen (*Persönlichkeit, klassische faktorenanalytische Ansätze*) ein Persönlichkeitsmerkmal, an dessen Zustandekommen mehrere *Grundeigenschaften* beteiligt sind (z. B. im Ansatz von Raymond Cattell). *Persönlichkeit* Hundleby 1972.

Oberflächenhandeln [engl. *surface action*], *Emotionsarbeit.*

Oberflächensensibilität [engl. *cutaneous sensivity*; lat. *sensibilis* empfindsam], [WA], Sensibilität der Haut auf externe mechanische, thermische oder chemische Reizung von Rezeptoren in bzw. an der Hautoberfläche (= Exterozeptoren). Sie ist in Abhängigkeit von der räumlichen Dichte für die einzelnen Körperabschnitte unterschiedlich, z. B. hoch an Hand und im Gesicht. *Raumschwelle.* Schmidt et al. 2010, Birbaumer & Schmidt 2010. *C. Kiese-Himmel*

Oberflächenstruktur [engl. *surface structure*], [KOG], nennt Chomsky (1965) die grammatische *Struktur*, die den *Sätzen* einer *Sprache* von der *Phrasenstruktur-Grammatik* mithilfe der *IC-Analyse* zugeschrieben wird. Sie beschreibt im Ggs. zur *Tiefenstruktur* der *generativen Transformationsgrammatik* nur die äußere Erscheinungsform der Sätze und kann dadurch Ähnlichkeiten, Unterschiede und Ambiguitäten in der *Bedeutung* der Sätze oft nicht angemessen widerspiegeln. Beispiel: Der Satz «Ein Betrug des Piloten ist ausgeschlossen» erhält nach der Phrasenstruktur-Grammatik für beide Möglichkeiten der inhaltlichen Interpretation (Aktiv oder Passiv) das gleiche *Baumdiagramm*. *Denken, Grammatik, Grammatiktheorie.*

Objekt, psychoanalytische Betrachtung (= O.) [engl. *object, psychoanalytic view*; lat. *obicere* sich zeigen, vor Augen führen], [KLI], «dasjenige, an welchem oder durch welches der Trieb (*Trieb, psychoanalytische Betrachtung*) sein Ziel erreichen kann» (Freud 1915b, 215). Im Grunde «erschafft» sich jede Triebregung ihr O., da ihr dieses zur Konkretisierung und als Korrelat dient. Die *Psychoanalyse* differenziert versch. O.arten, um i. R. ihrer Repräsentanzenlehre (innere, psych. Vertretung von äußeren O., i. d. R. Beziehungspersonen) unbewusste O.erfahrungen näher zu charakterisieren; strenggenommen müßte immer von O.repräsentanzen gesprochen werden, da die Psychoanalyse i. Ggs. zu einem außenstehenden Beobachter die strikt subj. erlebende unbewusste Innnenansicht zu (re-)konstruieren versucht.

Die Terminologie ist uneinheitlich und weist Überschneidungen auf: Ein *bedürfnisbefriedigendes O.* (*Bedürfnis*) ist ein O., das vom Subjekt nur aufgrund dieser Funktion (zu befriedigen) geliebt wird und nicht als ganze, eigenständige Person wahrgenommen wird; *ein Partialo.* (auch: prägenitales O.) ist ein O., das Teil einer anderen Person (oder des eigenen Körpers) ist und ebenfalls (noch) keine ganzheitliche Erfahrung des O. ermöglicht; das *eigentliche (oder ganze) O.* (*true object*) ist erst ab einer best. Entwicklung (genitale Stufe) erkennbar und erlaubt, die andere Person als von sich getrennt mit eigenen Rechten und *Gefühlen* ausgestattet zu respektieren und erleben. Die kleinianische Richtung spricht auch von «guten» und «bösen» O., die als Teil eines Paares («gute» und «böse» Brust) Erfahrungen von An- und Abwesenheit bzw. befriedigenden (lustvollen) oder unbefriedigenden (unlustvollen) Situationen charakterisieren sollen. Die versch. O.erfahrungen sind psych. Entwicklungsresultate i. R. der psychosexuellen und *narzisstischen* Linien (auch an der Grenze zw. Innen- und Außenwelt stattfindend), die sich überlappen können (Identität von Trieb- und Selbsto.). Hinshelwood 1993. *R. Butzer*

Objektbesetzung (= O.) [engl. *object-cathexis*], [KLI], i. R. des ökonomischen Aspektes der psychoanalytisch (*Psychoanalyse*) orientierten *Metaps.* die (als physikal. Analogie gedachte) Vorstellung, dass eine Objektrepräsentanz mit *Libido* (einem Quantum Energie des Sexualtriebes) besetzt wird, diesem Objekt somit eine starke «Bedeutung», ein hohes «Interesse» oder eine gewisse «Relevanz» (für Trieb- oder narzisstische Bedürfnisse; *Narzissmus*) zugeschrieben wird (dieses also qual. wird). Freud nimmt auch Vorgänge wie *Entzug der Besetzung, Überbesetzung* oder (sogar *reaktive*) *Besetzungsverschiebung* an. Freud 1923a. *R. Butzer*

Objektbildung, auditorische (= a.O.) [engl. *auditory stream segregation, auditory scene analysis*; lat. *audire* hören], [KOG, WA], bezeichnet in der *Psychoakustik* den Wahrnehmungsprozess, der es ermöglicht, Schallinformation aus dem akustischen Umfeld zu sinnvollen perzeptuellen Einheiten zus.zusetzen und dabei relevante von irrelevanter Information (Nutzschall vs. Störschall) zu unterscheiden. Um zu erkennen, welche Schallwellen von der gleichen Schallquelle stammen und daher ein auditorisches Objekt (auch *stream* [engl. Strom, Fluss]) bilden, folgt das auditorische System best. Prinzipien, die denen der Gestaltbildung in der visuellen Wahrnehmung ähneln (*Gestaltgesetze, Gestaltfaktoren, Gestaltpsychologie*). Z. B. werden Schallereignisse als zum gleichen Stream gehörig wahrgenommen, wenn sie sich hinsichtlich Tonhöhe, Timbre, Lautstärke oder Ort ähneln (*Prinzip der Ähnlichkeit*). Weitere Prinzipien der a. O. sind das *Prinzip der Kontinuität* (Veränderungen innerhalb eines Streams erfolgen in kleinen Schritten; abrupte Veränderungen werden als das Hinzutreten einer weiteren Schallquelle interpretiert), das *Prinzip des gemeinsamen Schicksals* (Schallereignisse innerhalb eines Streams erfahren ähnliche Modulation,

z. B. zeitgleicher Beginn und Ende), das *Prinzip der Zugehörigkeit* (Schallbestandteile werden entweder dem einen oder dem anderen Stream zugeordnet und gehören selten zwei Streams zugleich an) und das *Prinzip der Geschlossenheit* (ein Stream wird auch dann als kontinuierlich empfunden, wenn er von einem Störschall zeitweise überlagert wird). Bregman 1990. *K. N. Spreckelmeyer*

Objekte, unmögliche *Penrose-Gabel*.

Objekteinheit (= O.) [engl. *object unity*], **[EW, WA]**, bezieht sich auf eine Versuchsanordnung mit zwei Objekten, von denen das eine Abschnitte des anderen derart verdeckt, dass die unverdeckt bleibenden Objektteile keine sichtbare Verbindung mehr besitzen. Das Paradigma der O. wird in der Säuglingsforschung verwendet, um zu überprüfen, ab wann und unter Verwendung welcher Zusammengehörigkeitssignale Babys erkennen, dass die sichtbaren Teilstücke des verdeckten Objekts keine voneinander unabhängigen Entitäten sind, sondern eine einheitliche Entität bilden. In den meisten Studien, in denen diese Fähigkeit zur amodalen Komplettierung untersucht wird, ist das verdeckende Objekt ein Balken, das partiell verdeckte Objekt hingegen ein Stab, dessen zwei Enden an zwei Seiten des verdeckenden Balkens herausragen. *Amodale Vervollständigung* ist bereits ab dem Neugeborenenalter gezeigt worden: Junge Säuglinge nehmen eine amodale Komplettierung vor, wenn die sichtbaren Teilstücke eines teilweise verdeckten Stabes eine gemeinsame Bewegung vollziehen. Kellman & Spelke 1983. *M. Kavšek*

Objekterkennung (= O.) [engl. *object recognition*], **[KOG, WA]**, eine Grundthese der O. ist, dass es eine Erkennung nur geben kann, wenn vorher eine Repräsentation im Gehirn gebildet worden ist. Erkennen heißt eigentlich Wiedererkennen oder Vergleichen mit einer internen Repräsentation. Wenn die Übereinstimmung zw. Gesehenem und Gespeichertem ausreichend ist, gilt das Objekt als erkannt. Ein Schlüsselproblem ist, dass versch. Ansichten des gleichen Objekts sehr unterschiedlich aussehen können und trotzdem als Ansichten des gleichen Objekts identifiziert werden (Peissig & Tarr 2007). Es gibt zwei Haupttheorien der Objekterkennung (*Objekterkennung, Modelle, mentale Rotation*). Bei der visuellen Objekterkennung werden Gehirnareale im Temporallappen (*ventraler Pfad*) besonders aktiviert. O. kann unterschiedliche Bedeutungen haben, je nachdem wie genau ein Objekt betrachtet wird. Wenn wir ein Objekt sehen und spontan benennen, benutzen wir meistens die Grundkategorie (*basic level category*) dieses Objekts. Z. B. nennen wir Gegenstände in einem Arbeitszimmer Stühle oder Tische. Neben der Grundkategorie werden zusätzlich eine untergeordnete und eine übergeordnete Ebene unterschieden. Wenn wir sagen, dass der Stuhl im Arbeitszimmer ein Bürostuhl ist, nennen wir ihn auf einer untergeordneten Ebene (*subordinate level*). Wenn wir dagegen den Stuhl und den Tisch im Arbeitszimmer als Möbel bez., benutzen wir eine übergeordnete Ebene (*superordinate level*). Die Benennung eines Objekts auf einer dieser Ebenen wird als Kategorisierung bezeichnet. Bei der Identifikation wird ein Objekt als einzelnes Exemplar erkannt; etwa so: «Hier liegt das Buch, das ich gestern gekauft habe.» *I. Bülthoff/H. Bülthoff*

Objekterkennung, Modelle (= M.) [engl. *object recognition models*], **[KOG, WA]**, beschreiben und erklären, wie die Verarbeitung von visueller Information während der *Objekterkennung* vonstatten geht. Die Spannbreite der M. reicht von der abstrakten Beschreibung von Verarbeitungsprinzipien bis hin zu exakten math. Modellen der visuellen Verarbeitung, die mittels eines Computers implementiert werden können (z. B. für Testzwecke von Annahmen). M. findet man u. a. in der Ps., den Neurowissenschaften und der Informatik (z. B. Computervision). M. orientieren sich zu unterschiedlichen Graden an den Forschungsergebnissen der Objekterkennung im menschlichen Gehirn.

Ein Hauptproblem der M. in der Ps. und den Neurowissenschaften ist zu erklären, wie ein Objekt basierend auf der verfügbaren visuellen Information erkannt wird. Dazu wird meist angenommen, dass während der Objekterkennung physikal. visuelle Reize mit einer mentalen/neuronalen Repräsentation im Gehirn verglichen werden (*Repräsentation*). Eine zentrale Frage innerhalb der M. ist deshalb wie Objekte im menschlichen Gehirn repräsentiert sind. Eine wichtige Diskussion betrifft, ob visuelle Repräsentationen von Objekten im menschlichen Gehirn Objekt-zentriert (*object-centered*) oder Ansichten-basiert (*view-based*) sind (Palmeri & Gauthier 2004). Andere wichtige Fragestellungen der M. betreffen die hierarchische Anordnung versch. Repräsentationen für ein und dasselbe Objekt und auf welcher Hierarchieebene die Erkennung eines Objektes zuerst erfolgt (z. B. man erkennt einen Bernhardiner schneller als einen Hund oder als einen Bernhardiner). *S. de la Rosa/I. Bülthoff/H. Bülthoff*

Objektion (= O.) [engl. *objection*; lat. *obicere* sich zeigen, vor Augen führen], **[KLI]**, nach Freud (*Psychoanalyse*) Verlegung seelischer Tatbestände (z. B. Sympathie) auf den Gegenstand, auf Vorstellungsinhalte oder andere Sachverhalte. Es gibt eine sensorielle, emot. und voluntale O. Stets trägt sie finalen Charakter, unterstützt mithin die Erfüllung. Ach sieht die Ursache zur O. im *Entlastungstrieb*, d. h. im psych. Vorgang, «die *Ich*-Seite des Bewusstseins zu entlasten, sie infolgedessen freizumachen für andersartige Aufgaben». Die Typen verhalten sich dabei versch. So hemmt z. B. die größere Perseverationstendenz des Schizothymen den Entlastungstrieb. *Zyklothymie* fördert ihn. O. fähigkeit wird von Ach auch def. als die Eigenschaft, eine Umgestaltung von Erlebnissen, z. B. eine Verschiebung der Obj.gefühle, von der Qualität des Angenehmen in die des Unangenehmen zu vollziehen.

Objektive Psychologie (= O. Ps.) [engl. *objective psychology*; lat. *obicere* sich zeigen, vor Augen führen], **[HIS, PHI]**, Sammelbegriff für alle ps. Richtungen, die ihre Kenntnisse auf obj. feststellbare Erscheinungen gründen. Solche Bestrebungen beginnen programmatisch formuliert etwa um die Jhd.wende (20. Jhd.). Als «Objektivisten» bezeichnete man z. B. v. *Uexküll*, Beer, Bethe. Erstgenannter begründete die Umweltlehre, derzufolge das Tier in seiner Eigenwelt zu betrachten sei, d. h. obj. und ohne anthropomorphistische Begriffe. Etwas später entwickelte Loeb in Berlin seine Lehre von den *Tropismen*. Etwa zu derselben Zeit tritt in Amerika die Tierps. mit der Forderung auf, streng obj. zu sein (*Yerkes, Thorndike*). Watson (1919) verkündet in polemischer Form eine Ps. ohne *Bewusstsein*, die sich ausschließlich auf das Verhalten gründen soll (*Behaviorismus*). In Russland forderte *Pawlow*, der Begründer der Lehre von dem *bedingten Reflex*, auch bei der Betrachtung der höchsten Funktionen des NS (*Nervensystem*) auf psychol. Begriffe zu verzichten. Etwas später begründete Bechterew die *Reflexologie*, die er ausdrücklich O. Ps. benennt. *Neurismus*. Bechterew 1907, Boring 1929, 1950, Pawlow 1953, Uexküll 1921.

objektiver Geist (= o. G.) [engl. *objective mind*], **[PHI]**, nach Hegel der *Geist* in Gesellschaft, Staat, Sittlichkeit, *Moral*, Recht, während in Wissenschaft, Kunst, *Philosophie* und Religion der absolute Geist vorliegt. Dilthey versteht unter o. G. die Gesamtheit der geistigen Äußerungen und Niederschläge allen kult. Lebens (*Kultur*). Auch die Annahme Sprangers ist hier zugehörig, dass ein Geistiges überpersönlich bestehe und in der Kultur ebenso wie in der Natur sich gestaltlich verwirkliche und allem Sein entspr. sinnvolle *Ziele* gebe, auch dem Psychischen. Von solchem o. G., der mit dem Hegel'schen Begriff nicht mehr allzu viel gemeinsam hat, ist zu unterscheiden der «objektivierte Geist», der sich von dem geschichtlich bedingten o. G. dadurch abhebt, dass er «die obj. *Werte* begründet und dass er mit seinen idealen Forderungen (*Normen, soziale*), in denen das Seinsollende zum Ausdruck kommt, tief in unsere Lebenswirklichkeit hineinreicht und auf diese eine richtungsweisende Funktion ausübt». *geisteswissenschaftliche Psychologie*. Hartmann 1949, Oelrich 1950.

objektiver Test, klassische Verfahren [engl. *objective personality test*], **[DIA, PER]**, *objektiver Persönlichkeitstests*; nach Cattell (1957) bzw. Scheier (1958) ein Test, der so konzipiert ist, dass Testvorlage und Testantwort keine Verfälschung durch den Pb zulassen. Es wird das unmittelbare Verhalten in einer standardisierten Situation erfasst, wobei, im Ggs. zu den Fragebogenverfahren, der Pb sich i. d. R. nicht selbst beurteilen muss. Wie Schmidt (1975) erwähnt, haben diese Messverfahren keine mit der Messintention übereinstimmende Augenscheinvalidität (*face validity*), müssen aber wie die übrigen Tests die üblichen *Gütekriterien* aufweisen. Da die *Objektivität* innerhalb der klassischen *Testtheorie* ein Testgütekriterium darstellt, ist die Bez. obj. Test von Cattell nicht sehr gut gewählt worden und führt häufig zu Missverständnissen. Innerhalb der Cattell'schen Terminologie taucht diese Überschneidung auf, da Cattell für die Auswerteobjektivität den Begriff *conspective* benutzt. Diese terminologischen Überschneidungen haben manche Autoren veranlasst, obj. Tests anders zu benennen. So hat z. B. Cronbach (1970) für obj. Tests den Begriff *performance tests of personality* vorgeschlagen, weil bei den obj. Tests Leistungswerte persönlichkeitsspez. ausgewertet werden.

Wie Fahrenberg (1971) darstellt, hat die Persönlichkeitsforschung auf der Grundlage der obj. Testmessung bereits mit *Kraepelin* begonnen. In standardisierter Form wurden obj. Tests in den Untersuchungen von Hartshorne et al. (1929) zur situationsbedingten Ausprägung von «Charaktereigenschaften» (wie z. B. Ehrlichkeit, Ausdauer; *Charakter*) angewendet. Im dt. Sprachraum hat die exp. Typenforschung (*typologische Tests*), v. a. *Kretschmer* und *Jaensch*, obj. Tests in größerem Umfange für diagn. Zwecke eingesetzt. Psychomotorisches Tempo, Hautwiderstand, Schreibdruckregistrierung, motorische Leistungsprüfungen, Wahrnehmungsexperimente und andere Versuchsanordnungen wurden entwickelt. Da diese Verfahren mit dem sehr eingeschränkten Ziel innerhalb der Typenforschung angewandt und Testgütekriterien zur Beurteilung ihrer Testgütequalitäten kaum erhoben wurden, hat die Entwicklung der obj. Tests innerhalb der Typenforschung wenig zur weiteren Verbreitung dieser Tests beitragen können. Anregung für die Verwendung von exp. Versuchsanordnungen kamen auch aus der Allgemeinen Ps. Wahrnehmungsversuche (Akkommodation, Adaptation, figurale Nacheffekte, Figurerkennen u. a.; *Wahrnehmung*), Lernexperimente (Konditionierungsversuche u. a.) sowie psychomotorische Tests (*tapping Tapping-Aufgabe, dotting, aiming*) wurden zur Messung interindiv. Unterschiede herangezogen. Mit dem Ziel der Erstellung einer umfassenden Persönlichkeitstheorie unter Einbeziehung der gesamten Persönlichkeitssphäre hat *R. B. Cattell* diese Ansätze aufgegriffen, erweitert und mit multivariaten stat. Methoden, hauptsächlich der *Faktorenanalyse*, verbunden (*Persönlichkeit, klassische faktorenanalytische Ansätze*).

Cattell und Mitarbeiter haben viele hundert solcher Tests konstruiert, von denen 412 zu häufiger Anwendung gekommen sind. Die faktorenanalyt. Auswertung dieser *T-Daten* führte bei Cattell zu 21 Unique-Intelligence-Faktoren (U. I.), die in unterschiedlichen Untersuchungen identifiziert werden konnten. In der HSOA-Batterie (Schuerger-Cattell) sind 10 solcher U. I.-Faktoren und die dazu gehörenden obj. Tests zu einer Testbatterie zus.gefasst. Im dt. Sprachraum existieret die obj. Testbatterie, die in einer Vorform 50 o. T. beinhaltet. Für die Angstmessung hat Cattell ebenfalls eine obj. Testbatterie vorgelegt. Die damit gemessene Angst entspricht derjenigen, die im klin. Bereich diagnostiziert wird. Für den Bereich der Messung von Motivdimensionen hat Cattell einen Motivationstest für Erwachsene (*Motivation Analysis Test nach Cattell; MAT/D*) und den *School Motivation Analysis* Test für Kinder entwickelt.

Bei den Messoperationen, die *Eysenck* seiner Persönlichkeitstheorie zugrunde legt, haben die obj. Tests eine wichtige Bedeutung. Allerdings hat Eysenck nicht versucht, standardisierte Testbatterien zu entwickeln, sondern hauptsächlich sprachfreie Handlungstests als Laboratoriumsexperimente eingeführt. Die Experimente werden vorwiegend im Bereich des Lernens, der Wahrnehmung und der Psychomotorik durchgeführt. Als Messvariablen der Wahrnehmung hat Eysenck z. B. die Dunkeladaptation gewählt. Bei seinen Lern- bzw. Konditionierungsversuchen wird sowohl verbales Material gelernt als auch z. B. Lidschlagreflex registriert. Als psychomotorischer Test ist bei Eysenck der *pursuit rotor* zum Nachweis der Hemmung eingesetzt worden. Außerhalb faktorenanalyt. Persönlichkeitsansätze wurden obj. Tests für differenzielle Zwecke ebenfalls als Wahrnehmungsexperimente, psychomotorische Versuche und Lernexperimente konzipiert. Mit Versuchsanordnungen für den figuralen Nacheffekt (*figurale Nachwirkung*) und dem *autokinetischen Phänomen* wurde an gestaltpsychol. und sozialpsychol. Fragestellungen angeknüpft.

Die Transparenz der Messintention ist, nachdem sich die bisherigen Versuche ihrer Verdeckung eher als nicht sehr erfolgreich herausgestellt haben, nach wie vor für die Ps. Diagnostik eine kaum beherrschbare Fehlerquelle bei der Vorhersage zukünftigen Verhaltens. Auf der Suche nach einem nicht durchschaubaren Messprinzip wurden Befunde aus der exp. Kognitions- und Einstellungsforschung erprobt. Es handelt sich dabei um sog. implizite Verfahren. Bei solchen Methoden werden Differenzen von Reaktionszeiten auf «kritische» und «neutrale» Stimuli als individualpsychol. interpretierbare Indikatoren für persönlichkeitsrelevante Konstrukte herangezogen. Auf diesem Testprinzip basiert der *Implizite Assoziationstest (IAT)*, der eigentlich für implizite Einstellungen und Vorurteile gegenüber Afroamerikanern entwickelt wurde. Der Vorteil dieses *Reaktionszeit-Differenz-Paradigmas* ist, dass es bei unterschiedlichen Persönlichkeitskonstrukten (z. B. Ängstlichkeit, Aggressivität etc.) als inhaltsneutrale Messtechnik eingesetzt werden kann.

Versucht man das allg. Prinzip der obj. Tests in einer allen Verfahren zugrunde liegenden Intention zus.zufassen, so vermeidet der in der Literatur vorgeschlagene Begriff *indirekte Verfahren* die Überschneidung mit Termini, die bereits eine festgelegte meth. Bedeutung haben. Schmuckle & Egloff 2011. *H. O. Häcker*

Objektivismus [engl. *objectivism*; lat. *obicere* sich zeigen, vor Augen führen], **[PHI]**, die philosophisch-erkenntnis-theoretische Richtung (im Ggs. zum *Subjektivismus*), die den Erkennen die Erfassbarkeit objektiver Ideen und realer Gegenstände zuspricht.

Objektivität (= O.) [engl. *objectivity*; lat. *obicere* sich zeigen, vor Augen führen], syn. *intersubj.* Übereinstimmung, Konkordanz, **[DIA]**, *Gütekriterium* eines psychol. Messverfahrens, das erfüllt ist, wenn die Ergebnisse vom Untersucher bzw. der Untersuchungssituation unabhängig sind. (1) *Durchführungso.* Ist z. B. gegeben, wenn die Bearbeitung eines Tests standardisiert erfolgt: u. a. sollten die Instruktion und Bearbeitungsdauer stets identisch sein. (2) *Auswertungso.* ist gegeben, wenn für jedes Antwortverhalten eine eindeutige Auswertungsvorschrift (z. B. Punktvergabe durch Anwendung von Auswertungsschablonen; automatisierte Auswertung bei Bearbeitung am Computer) angewendet wird. (3) *Interpretationso.* ist gegeben, wenn versch. Auswerter Testergebnisse in gleicher Weise beurteilen bzw. interpretieren. I. d. R. wird diese durch die *Normierung* und ggf. durch typische Interpretationsbsp. erreicht. Zur Bestimmung der O. können insbes. Maße der *Beurteilerübereinstimmung* eingesetzt werden. Eid & Schmidt 2014.

Objektlibido [engl. *object-libido*; lat. *libido* Begierde, Lust], *Objektbesetzung*.

Objektpermanenz (= O.) [engl. *object permanence*; lat. *permanere* fortdauern, in etw. verharren], **[EW, KOG]**, von Piaget eingeführter Begriff zur Bez. der Fähigkeit, die andauernde Existenz eines Objekts und seiner Eigenschaften (Lokation, Ausdehnung, Festigkeit etc.) unabhängig von der aktuellen *Wahrnehmung* und Handhabung intern (mental) zu repräsentieren (*Repräsentation*). Nach Piaget (*Entwicklung, Stufentheorie nach Piaget*) entwickelt sich die O. in mehreren Schritten und ist erst gegen Ende des sensu-motorischen Stadiums (*sensu-motorische Entwicklungsstufe*), mit 18–24 Monaten, voll ausgebildet. Neuere Ergebnisse der *Säuglingsforschung* sprechen gegen Piagets Auffassung, dass sich die O. ontogenetisch aus sensu-motorischen Strukturen ableitet. Sie deuten darauf hin, dass schon wenige Monate alte Säuglinge in rudimentärer Form über O. verfügen und ihr Wissen über Objekte und ihre Eigenschaften rasch erweitern (*intuitive Physik*). Der Nachweis der O. und anderer kogn. Fähigkeiten bei jüngeren Säuglingen wurde durch den Einsatz exp. Untersuchungstechniken (u. a. der *Habituierungsmethode*) ermöglicht, bei denen der Säugling nicht nach Gegenständen suchen muss, sondern lediglich als Beobachter fungiert. *A-nicht-B-Fehler*. Baillargeon 1993, Krist & Wilkening 1991, Piaget 1975a. *H. Krist*

Objektpsychotechnik, **[AO]**, eine nicht mehr gebräuchliche Bez. von Giese (1928), der er die Abgrenzung gab: «Handelt es sich um die praktische Anpassung der Umwelt an die Eigenart des menschlichen Seelenlebens, soll das Ding, die Sache angeglichen sein dem Benutzer, seiner geistigen Struktur, dann nennen wir die Gegenstandszone ‹Objektspsychotechnik›. Steht dagegen das lebendige Individuum im Vordergrund und sollen die psychol. Testverfahren dazu dienen, die seelische Individualität den kult. Zweckaufgaben anzupassen, so kann dieser Sachverhalt mit Subjektspsychotechnik bezeichnet werden.» Erweiterter neuerer Begriff *Ergonomie*. *Psychotechnik*, *Angewandte Psychologie*, *Arbeitspsychologie*, *Arbeitsgestaltung*.

Objektstufe – Subjektstufe [engl. *object level - subject level*], **[KLI]**, für zwei versch. Richtungen in der *Traumdeutung* von C. G. Jung (*Analytische Psychologie*) gewählte Bez. Erstere betrifft die Beziehung zw. Träumen und realer Umwelt, letztere die zw. Träumer und seiner Innenwelt.

Objektwahl [engl. *object choice*], **[EW, KLI]**, bez. die dritte Stufe der Gefühlsentwicklung (*Entwicklung, emotionale*) des Kindes, gegen Ende des ersten Lebensjahres, in der das Kind «eine gefühlsbetonte Objektwahl» trifft (Freud, *Psychoanalyse*), d. h. seine Gefühle solchen Menschen zuwendet, die ihm wegen ihrer Fürsorge usw. angenehm sind, und sie von unangenehmen, *Furcht* oder Unlust erregenden Menschen abwendet. In dieser Phase beginnt es auch, sich selbst als Ursache von Erfolg und Misserfolg zu empfinden.

Objektwahrnehmung, Entwicklung (= O.) [engl. *object perception, development*], **[EW, WA]**, ist der Aspekt der räumlichen Wahrnehmung (*räumliches Sehen*), der sich auf die Erkennung von dreidimensionalen Entitäten bezieht. Die O. basiert auf der Fähigkeit zur Verwendung räumlicher Tiefensignale, mit deren Hilfe die dreidimensionale Struktur eines Objektes hergeleitet wird. Die O. vermittels der unterschiedlichen räumlichen Tiefenhinweise baut sich im ersten Lebensjahr auf. Auch die unterschiedlichen Teilaspekte der O., die Wahrnehmung von *Objekteinheit*, die *Objektpermanenz*, die Objektsegregation und -individuation und die Phänomene der Größen- und Formkonstanz (*Konstanzleistungen*) entstehen ab dem Säuglingsalter. Im höheren Erwachsenenalter verschlechtern sich Aspekte der O. infolge eines Nachlassens der Fähigkeit, Tiefensignale zu verwenden. M. Kavšek

Oblimax-Methoden, Oblimin-Methoden, syn. *Oblimax-/Oblimin-Rotation* [engl. *oblimax-/oblimin-rotation*], **[FSE]**, Bez. für schiefwinklige Rotationsmethoden (*Rotation*) der Faktorenmatrix bei der *Faktorenanalyse*.

observer drift [engl.] Beobachterdrift, [engl. *drift* langsames Abwandern], **[DIA]**, Veränderung des Beurteilungsverhaltens eines Beobachters aufgrund zeitlich variierender Standards. Bspw. kann aufgrund nachlassender *Aufmerksamkeit* oder *Motivation* ein milderes oder undifferenzierteres Urteil resultieren. *Beurteilungsfehler*.

Obsession [engl. *obsession*; lat. *obsidere* etwas belagern, besetzen], **[KLI]**, Zwang, *Zwangsgedanken* und *Zwangshandlungen*, Besessenheit.

Occam's razor [engl. *razor* Rasiermesser], **[PHI]**, ein allg. Gesetz des wiss. Denkens und Entscheidens, das besagt, man solle «Einheiten» (Erklärungsprinzipien) nicht ohne Notwendigkeit vermehren. Z. B. sollten *Theorien* oder stat. Modelle (z. B. *Strukturgleichungsmodelle*, *informationstheoretische Maße*), die Sachverhalte mit wenigen Erklärungsvariablen oder Parametern beschreiben, komplexeren Theorien oder Modellen vorgezogen werden, wenn dieselbe Vorhersagegüte für Phänomene oder Datenstrukturen erreicht wird. Es entspricht dem Sparsamkeits- oder Ökonomieprinzip. *Morgan-Regel*, *Parsimonie, Gesetz der*.

Occipitallappen *Okzipitalkortex*.

Occiput [lat. occiput], Hinterkopf.

Occupational Information Network *O*Net*.

Oddball-Paradigma [engl. *oddball paradigm*; *odball* Sonderling], *ereigniskorrelierte Hirnpotenziale, EKP*.

Odd-Man-Out-Paradigma [engl. *odd* seltsam, *man* Mann, *out* raus], *Wahrnehmung, präattentiv*.

odds (= O.) [engl.] Chance, **[FSE]**, ein O. für eine Gruppe errechnet sich aus dem Quotienten aus dem *Risiko* eines Ereignisses und dem Risiko des Nichtvorliegens des Ereignisses. Entwickeln 35 von 1000 Schülern ein Merkmal, so ist O. = (35/1000)/(965/1000) = 0.036. Je größer das Risiko eines Merkmals, desto größer sind auch die O. Während der Wertebereich des Risikos [0;1] beträgt, ist der Wertebereich der O. nach oben hin nicht beschränkt ([0, +∞]). *odds ratio, Epidemiologie*.

Odds Ratio (OR) [engl.] Chancenverhältnis, **[FSE]**, bez. einen Kennwert, der aus den *odds* zweier Gruppen bezogen auf ein dichotomes Merkmal (*Dichotomie*) oder Ereignis (z. B. Berufsunfähigkeit, Therapieerfolg) errechnet wird. Das OR gibt den Faktor an, um den sich die Chance für eine Merkmalsausprägung eines dichotomen Merkmals verändert, wenn eine best. Ausprägung eines dichotomen Prädiktors vorliegt. Angenommen, in einer *Experimentalgruppe* wird ein Merkmal in 80 von 120 Fällen registriert: Daraus ergibt sich eine Chance bzw. ein $Odds_{exp}$ von (80/120)/(40/120) = 2. In der Kontrollgruppe tritt das Merkmal nur in 40 von 120 Fällen auf: $Odds_{kon}$ = (40/120)/(80/120) = 0.5. Dann ergibt sich:

$$OR = \frac{Odds_{exp}}{Odds_{kon}} = \frac{2}{0.5} = 4$$

In der Experimentalgruppe ist die Chance, dass das Merkmal auftritt, also viermal so hoch wie in der Kontrollgruppe.
Die Berechnungsformel lautet gemäß der Notationen für eine *Vierfeldertafel* allg.:

$$OR = \frac{a \cdot d}{b \cdot c}.$$

Für zwei mit «0» bzw. «1» kodierte Merkmale gilt:
a bzw. d = Häufigkeit, mit der beide Merkmale den Wert «0» bzw. «1» annehmen.
c bzw. d = Häufigkeit, mit denen für die beiden Merkmale unterschiedliche Ausprägungen vorliegen.
Der Wert von OR liegt zw. 0 und +∞. Ist die Chance in beiden Gruppen gleich groß, ergibt sich ein OR von 1. Ein OR von 2 bedeutet nicht, dass das Risiko einer Gruppe doppelt so hoch ist, sondern dass diese doppelt so hohe odds besitzt. Das OR ist ein symmetrisches Maß und kann daher auch bei Querschnittsuntersuchungen berechnet werden. Das Chancenverhältnis ist insbes. in klin. und epidemiologischen Studien (*Epidemiologie*) eine wichtige Maßzahl, um die Bedeutsamkeit von Risikofaktoren abschätzen zu können, und wird i. R. der *logistischen Regression* bei der Prognosemodellierung als Zielkriterium modelliert. *Relatives Risiko*, *Relative Risiko-Reduktion*. Wirtz & Nachtigall 2012, Chen et al. 2010.

Ödempsychose [gr. οἴδημα (oidema) die Schwellung]; *Psychose, akute traumatische*.

Ödipuskomplex (= Ö.) [engl. *oedipal complex*; gr. Οἰδίπους (Ödipus) Sohn des Lajos (König von Theben)], **[KLI, PER]**, «Jedem menschlichen Neuankömmling ist die Aufgabe gestellt, den Ö. zu bewältigen»: Mit diesem Satz betont Freud (*Psychoanalyse*) den universellen Rang des Ö., der eine seiner wichtigsten Entdeckungen darstellt. In der psychoanalytischen Krankheitslehre gilt der Ö. als *Kernkomplex der Neurosen* (*Neurose*). Unter Rückgriff auf die gr. Sage von König Ödipus fasst Freud mit dem Begriff Ö. die hoch konflikthaften, sowohl libidinösen wie feindseligen Gefühle zus., die das Kind in einem best. Alter, zw. dem dritten und fünften Lebensjahr, gegenüber seinen Eltern empfindet. In der sog. pos. Form des Ö. besteht ein Todeswunsch gegenüber dem gleichgeschlechtlichen und ein sexueller Wunsch gegenüber dem gegengeschlechtlichen Elternteil. In seiner neg. Variante gilt die Liebe dem gleichgeschlechtlichen, der eifersüchtige und haßerfüllte Todeswunsch dem gegengeschlechtlichen Elternteil. Bei jedem Individuum liegen prinzipiell beide Formen in unterschiedlichen Graden und Mischungsverhältnissen vor und bilden den vollst. Ö., der in jeder indiv. Entwicklung durchlaufen, bewältigt und überwunden werden muss. Nach Freud spielt der Ö. eine entscheidende Rolle in der psychosexuellen Entwicklung, da sein Ausgang über den Zugang zur Genitalität, über die innere Organisation des Sexuallebens, die Fähigkeit und Eigenart der Objektbeziehungen und die Strukturierung der Persönlichkeit entscheidet. Die zentrale Position des Ö. für das Ätiologieverständnis der Psychoanalyse wurde durch die Konzipierung prä-ödipaler Ängste und *narzisstischer* Störungen relativiert und wird heute verstärkt auch im Kontext familiendynamischer Konstellation gesehen (Mertens 2000). *Elektrakomplex*. Rohde-Dachser 1987, Freud 1924.   L. Bayer

Oesterreich, Traugott Erdmann Konstantin (1880–1949), [**HIS, PHI**], war Religionsphilosoph und Psychologe. Er wurde in Stettin geb. und wuchs in Berlin auf. Er studierte Mathematik, Physik und Astronomie in Berlin, wechselte dann zur Philosophie und Ps. und promovierte 1905 bei Paulsen und *Stumpf* mit einer Arbeit über «Kant und die Metaphysik». Oesterreich arbeitete als Privatgelehrter und habilitierte sich mit der Schrift «Die Phänomenologie des Ich in ihren Grundproblemen» 1910 in Tübingen, wo er 1922 zum planmäßigen ao. Prof. für Philosophie und Ps. ernannt wurde. 1933 wurde Oesterreich zwangsemeritiert, da er eine demokratische und pazifistische Haltung vertrat und seine Frau jüdischer Herkunft war. Das Ehepaar lebte dann unter schwierigsten Bedingungen (Gestapo, Hausdurchsuchungen usw.) in Tübingen. 1945 wurde Oesterreich zum persönlichen Ordinarius berufen, aber bereits 1947 gegen seinen Willen in den Ruhestand entlassen. Oesterreich hat sich eingehend mit Pierre Janet, mit Persönlichkeitskrisen und Ichspaltung befasst. Er trat für die Anerkennung der *Parapsychologie* ein. Oesterreich 1954.   H. E. Lück

Offenheit (= O.) [engl. *openness*], [**PER**], syn. O. für Erfahrungen. Ist eine breite Persönlichkeitsdimension im *Fünf-Faktoren-Modell*. Hohe Ausprägungen sind gekennzeichnet durch intellektuelle Neugier, Flexibilität, Unkonventionalität, Gefühl für Kunst, Kreativität und liberale politische Einstellungen; niedrige Ausprägungen durch Konventionalität, Dogmatismus, Ethnozentrismus, Vorurteile und Konformität (*autoritäre Persönlichkeit*). Die jew. Unterfaktoren sind nur mäßig miteinander korreliert. O. korreliert mit *Intelligenz*.
[**FSE**], *Prinzip der Offenheit*.

öffentliche Meinung [engl. *public opinion*] *Meinungsbefragung, Meinungsforschung, Schweigespirale*.

Öffentlichkeitseffekt [engl. *publicity effect*], *Schweigespirale*.

off-label use [engl. *off* weg von, *label* Kennzeichnung, *use* Gebrauch], syn. *Off-Label-Therapie*, [**PHA**], zulassungsüberschreitender Einsatz; der Einsatz von Arzneimitteln außerhalb ihrer Zulassung hinsichtl. Alter des Pat. und/oder der Indikation des Arzneimittels. Häufig in der Kinder- und Jugendpsychiatrie und -med. *Psychopharmaka im Kindes- und Jugendalter*.   M. G. Kölch/P. Plener

Offline-Gruppe [engl. *offline* nicht angeschlossen], *Gemeinschaft*.

Ogive [frz.] Spitzbogen, [engl. *ogive*], syn. Summenkurve, Summenfrequenzpolygon, [**FSE**], grafische Darstellung einer kumulierten *Häufigkeitsverteilung*. *Item-Response-Theorie (IRT)*.

Ohr [engl. *ear*], [**BIO, WA**], Sinnesorgan sowohl zur Schallwahrnehmung (Phonorezeptor; *Wahrnehmung*) wie zur Gleichgewichtsorientierung. Unter den Sinnesorganen ist diese Vereinigung zweier versch. Organe einmalig. Zu unterscheiden sind drei Abschnitte: (1) Das *äußere Ohr* mit Ohrmuschel und dem äußeren Gehörgang wird durch das Trommelfell vom Mittelohr abgegrenzt. Zu diesem gehören die Paukenhöhle mit den Gehörknöchelchen, Otolithen (Hammer, Amboss, Steigbügel), ovalem und rundem Fenster, die Warzenzellen und die Verbindung der Paukenhöhle mit dem Rachen als Ohrtrompete (Eustachische Röhre). (2) Das *innere Ohr* besteht aus knöchernem Labyrinth mit Vorhof, Schnecke und Bogengängen und dem häutigen Labyrinth mit der beiden Vorhofsäcken (*Sacculus* und *Utriculus*), den häutigen Bogengängen und dem Schneckenkanal. Das äußere Ohr und das Mittelohr dienen der Schallleitung. (3) Das *Mittelohr* dient außerdem der Regulation (Dämpfung usw.). Die Schnecke wird in ihrem ganzen spiraligen Gang von der Basilarmembran durchzogen, deren 15000 bis 24000 Elemente enthaltende Faseranordnung (Cortisches Organ) das nervöse Endorgan des Ohres darstellt, von dem aus die Erregungen durch den Hörnerv *(N. cochlearis)* und vereinigt mit dem Nerven des Gleichgewichtsorgans *(N. vestibularis)* im *N. statoacusticus* (8. Gehirnnerv) zum Gehirn geleitet werden. *Sacculus, Utriculus* und Bogengänge (zus.gefasst als Vestibularapparat) dienen über den zum Gehirn leitenden *N. vestibularis* der Erhaltung des Gleichgewichts, der Kopf-Körper-Haltung und der Augenstellung (Raumsinn). *Auge*. Schmidt et al. 2000.

Okkasionalismus [engl. *occasionalism*; lat. *occasio* Gelegenheit], [**PHI**], philosophische Position, die die Existenz direkter psychophysischer Wechselwirkungen ablehnt. *Leib-Seele-Problem*.

Okklusion, dynamische *dynamische Okklusion*.

Okkultismus [engl. *occultism*; lat. *occultus* geheim, verborgen], Sammelbez. für Lehren, Praktiken und weltanschauliche Systeme, die sich u. a. mit außersinnlichen Wahrnehmungen und «übernatürlichen» Phänomenen (z. B. *Telepathie, Telekinese, Spiritismus*) beschäftigen. Während der esoterische O. auf Geheimdoktrinen basiert, die nur dem «Eingeweihten» die Erforschung von Mysterien ermöglichen, strebt die *Parapsychologie* eine empirische und weltanschaulich neutrale Auseinandersetzung mit best. Inhalten des O. an. Driesch 1952, Beloff 1993, Dessoir 1925, Dessoir 1931.

Ökologie [engl. *ecology*; gr. οἶκος *(oikos)* Haus(gemeinschaft), λόγος *(logos)* Wort, Lehre], [**SOZ**], Lehre von den gesamten Umweltbeziehungen der Organismen. Haeckel, der den Begriff 1869 einführte, verstand darunter auch «die Lehre von der Ökonomie der tierischen Organismen». Die «Synökologie» untersucht die Beziehungen und gegenseitigen Abhängigkeiten, durch die in einem best. *Ökosystem* die einzelnen Organismenarten miteinander verknüpft sind. Die «Autökologie» analysiert die Faktoren der belebten (Biozönose) und unbelebten Umwelt

(Biotop), von denen eine best. Organismenart abhängig ist (Nahrung, Feinde, Parasiten, Konkurrenten, Symbionten, Temperatur, Feuchtigkeit, Bodenbeschaffenheit).

ökologische Optik (= ö. Ö.) [engl. *ecological optics*], **[WA]**, zentraler Begriff der *Wahrnehmung*stheorie J. J. Gibsons (1904–1979), nach der das in der Evolution entstandene Wahrnehmungssystem darauf ausgerichtet ist, im Normalfall (d. h. ohne einschränkende Bedingungen) direkt Informationen aus der Umwelt (Ökologie) aufzunehmen (*direct information pickup*). Im Ggs. zu den auf H. Helmholtz (1821–1894) zurückgehenden Wahrnehmungstheorien bezieht Gibson die visuelle Wahrnehmung nicht auf die physikal. Optik, sondern die ö. Ö., in der ein gegebener Punkt (mit oder ohne Beobachter) allseits (daher *ambient point*) von einem nicht leeren (d. h. i. d. R. informationshaltigen) optischen Feld umgeben ist. Im Ggs. zur physikal. Optik ist die Bewegung des o. g. Punktes nicht relativ (*Bewegungswahrnehmung*), sondern absolut. Daher kann durch Lokomotion die räumliche Information im optischen Feld durch Verschiebung bzw. Verdeckung (*occlusion*) direkt aufgenommen werden. Gibson 1982, Gibson 1979, Gibson 1963. *A. Zimmer*

ökologische Psychologie (= ö. Ps.) [engl. *ecological psychology*], **[FSE, SOZ]**, vieldeutige Bez. mit mind. fünf (unterschiedlich spez.) Bedeutungen. Gemeinsam ist ihnen, dass damit wiss.-psychol. Bemühungen um die Analyse und/oder die Verbesserung von Beziehungen der Menschen zu ihren «natürlichen» räumlichen, materiellen und sozialen Umwelten bezeichnet werden, wobei oft eine enge Zusammenarbeit mit anderen Umweltwissenschaften und Umweltgestaltungsdisziplinen erforderlich wird. (1) ö. Ps. kann als eine Teildisziplin der Ps. aufgefasst werden, die sich primär durch ihren besonderen Gegenstandsbereich (*Mensch-Umwelt-Beziehungen* verschiedenster Art) von anderen Teildisziplinen abhebt (Kruse et al. 1990). Gleichbedeutend damit sind *Ökopsychologie* (Pawlik & Stapf 1992) und *Umweltpsychologie* (Hellbrück & Fischer 1999), Letztere sofern sie als Entsprechung zu *environmental psychology* (Bell et al. 1990) und nicht nur als *Umweltschutzpsychologie* (Homburg & Matthies 1998) verstanden wird oder als Entsprechung zu *environment and behavior research* (Bechtel 1997). Wesentliche Anregungen zur Entwicklung einer ö. Ps. gab u. a. die Feldtheorie Lewins (Lewin 1963). Später waren es auch praktisch-ps. Fragestellungen, vornehmlich im Bereich der Architekturps. (Dieckmann et al. 1998), die zur Belebung des Interesses an einer ö. Ps. führten. (2) Mit ö. Ps. kann auch gemeint sein, Ps. in allen ihren Teildisziplinen unter einer besonderen, eben einer ökologischen Herangehensweise (*ökologische Perspektive*) zu betreiben; ähnlich wie auch in der Biologie mit «ökologischer» Methodologie und Methodik gearbeitet werden kann (Kaminski 1992; *psychologische Ökologie*). Die Forschungsgegenstände werden dabei in ihren «natürlichen» Funktionszusammenhängen aufgesucht, beschrieben, beobachtet und analysiert (*naturalistic approach*, Willems & Raush 1969; *naturalistische Methode*), statt innerhalb mehr oder weniger «künstlicher», z. B. exp., Versuchsanordnungen (*ökologische Validität*). (3) ö. Ps. kann ferner, als Übersetzung von *ecological psychology*, den von Barker zus. mit Wright begründeten, spez. ps.-ökologischen Forschungsansatz (einschließlich seiner Weiterentwicklungen) meinen, später auch *eco-behavioral science* genannt (u. a. Barker et al. 1978). (4) ö. Ps. kann auch, wiederum als Übersetzung von *ecological psychology* verstanden, auf den von J. J. Gibson begründeten «ökologisch»-wahrnehmungstheoretischen Ansatz und seine Weiterentwicklungen verweisen (u. a. Gibson 1979). (5) Schließlich kann «ökologisch» in ö. Ps. (bzw. *ecological* in *ecological psychology*) auch i. S. der weltweiten Bestrebungen gemeint sein, der Lösung der lokalen bis globalen «ökologischen» Probleme näherzukommen (z. B. Gardner & Stern 1996). Dem entspricht, was jüngst *Umweltschutzpsychologie* (Homburg & Matthies 1998, Kaminski 1997) oder *conservation psychology* genannt wird. Geisler 1987, Miller 1986. *G. Kaminski*

Ökologische Psychotherapie [engl. *ecological psychotherapy*], **[KLI]**, der beziehungsökologische Therapieansatz von Willi (2005) legt den Schwerpunkt von *Selbstverwirklichung* auf die Verwirklichung des persönlichen Potenzials im Gestalten seiner *Umwelt*. Ein Individuum sucht permanent eine mit seinen Entwicklungsbereitschaften korrespondierende Umwelt und versucht, sie zu seiner «persönlichen Nische» zu gestalten, die ihrerseits die weitere Entwicklung des Individuums leitet. Jeder persönliche Wandel verändert die Beziehungsgestaltung und birgt das Risiko in sich, von der Umwelt neg. beantwortet zu werden, was zur Vermeidung anstehender persönlicher Entwicklungen führen kann. Psychogene Symptome treten auf, wenn eine anstehende Entwicklung zwar eingeleitet, dann aber aus Angst vor ihren Folgen blockiert wird. Die Therapie unterstützt den Vollzug anstehender Entwicklungen in der Beziehungsgestaltung und zielt auf eine bessere Nutzung der Beziehungsbereitschaften der Beziehungsumwelt. Das Konzept lehnt sich an Modelle der Verhaltensökologie an und hat sich aus den Konzepten der *Koevolution* und *Kollusion* entwickelt. *F. Caspar*

ökologische Rationalität (= ö. R.) [engl. *ecological rationality*; lat. *ratio* Vernunft], **[KOG]**, ist ein funktionelles Verständnis von rationalem Verhalten, das die Passung zw. *Kognition* und Umwelt analysiert. Der Begriff steht i. Ggs. zu logischer *Rationalität*: der Auffassung, dass rationales Verhalten durch die Gesetze der Logik oder der Wahrscheinlichkeitstheorie beschrieben oder gar auf diese reduziert werden könnte, wie etwa in Piagets Theorie der kindlichen Entwicklung (*Entwicklung, Stufentheorie nach Piaget*) und in der Def. von sog. kogn. Illusionen als Abweichung von Gesetzen der Logik oder Wahrscheinlichkeitstheorie. Herbert Simon dagegen arbeitete mit dem Bild einer «Schere» als Analogie, wobei eine Schneide die Kognition und die andere die Umwelt ist. Wie bei einer Schere kommt es auf die Passung der beiden Schneiden an: Werden allein kogn. Prozesse analysiert, ist deren Funktionsweise oft schwer zu verstehen und sie erscheinen fehlerhaft. Egon Brunswik, J. J. Gibson, Roger Shepard und Leda Cosmides stehen für biol. inspirierte Psychologen, die rationales Verhalten in Relation zur Umwelt (statt zu logischen Prinzipien) untersuchen. Vernon Smith stellte den Begriff *ecological rationality* 2002 in den Titel seiner Nobelpreisrede.

Die Forschung zur ö. R. hat drei Ziele: die Analyse der kogn. Prozesse, der relevanten Umweltstrukturen und der Passung zw. beiden. Das erste Ziel ist deskriptiv und betrifft das Repertoire von Heuristiken (*Heuristik*) und der zugrunde liegenden kogn. Kapazitäten eines Individuums, einer Gruppe oder einer Spezies (die *adaptive toolbox*). Heuristiken können bewusst oder unbewusst sein und in der *Ontogenese* oder Evolution erworben werden. Methoden zur Analyse der *adaptive toolbox* sind systematische *Beobachtung* und *Experiment*. Das zweite Ziel ist ebenfalls deskriptiv und betrifft die Identifikation relevanter Umweltstrukturen, wie des Grads der Vorhersagbarkeit, der Redundanz der Information und der Anzahl der Optionen. Das dritte Ziel ist *normativ* und betrifft die Herleitung von Aussagen über die Passung von Heuristiken (Ziel 1) und Umweltstrukturen (Ziel 2). In welcher Umwelt ist eine Heuristik (wie die *Rekognitionsheuristik* oder «imitiere deine Bezugsgruppe») erfolgreich und wo nicht? Dazu muss definiert werden, was mit Passung gemeint ist, z. B. die Genauigkeit von Vorhersagen. Methoden sind hier math. Beweis und Computersimulation. Das *bias-variance dilemma* ist ein allg. Ansatz zur Bestimmung der ö. R. von kogn. Strategien. Man kann daraus etwa ableiten, wann einfache Heuristiken, die einen Teil der Information ignorieren, genauere Urteile erlauben als komplexere kogn. Strategien. Dadurch kann man math. erklären, warum sog. «Weniger ist mehr»- (*less-is-more*) Effekte auftreten. Die Forschung zur ö. R. zeigt, dass kogn. Biases in einer unsicheren Welt nicht einfach Fehler, sondern für den Erfolg wesentlich sind.

Die Forschung zur ö. R. stellt und beantwortet also relationale Fragen der Art: Gegeben eine Umwelt und ein Kriterium, welche von mehreren Strategien (einschließlich Heuristiken) wird erfolgreicher sein? Gegeben eine Strategie und ein Kriterium, in welcher von mehreren Umwelten wird die Strategie erfolgreicher sein? Diese relationalen Fragen stehen i. Ggs. zu nicht ökologischen Auffassungen von R., nach denen angenommen wird, dass etwa die Bayes-Regel (*Bayes-Theorem*) oder die Maximierung des erwarteten Nutzens in allen Situationen rational sei, eine Analyse der Passung dabei gar nicht erst unternommen wird. Grundsätzlich analysiert die ö. R. die Passung von kogn. Prozessen unabhängig davon, ob diese im Laufe der Evolution entstanden ist oder nicht. Ein Sonderfall ist die evolutionäre R. (Adaptation), bei dem ein Verhalten als Adaptation durch Selektion entstanden ist. Todd et al. 2012, Gigerenzer et al. 2011. *G. Gigerenzer*

ökologische Relevanz [engl. *ecological relevance*], *ökologische Validität*.

ökologische Repräsentativität [engl. *ecological representativeness*], *ökologische Validität*.

ökologischer Fehlschluss [engl. *ecological fallacy*], **[FSE, KOG, PER]**, auch Gruppenfehlschluss, fehlerhafte Schlussfolgerung von den beobachteten Beziehungen zw. Kollektivdaten, z. B. einer Personenstichprobe, auf Beziehungen zw. den Merkmalen der Elemente des Kollektivs, also den Personen. *Fehlschluss, individualistischer, Mehrebenenanalyse*. *K.-H. Stapf*

ökologische Validität (= ö. V.) [engl. *ecological validity*; gr. οἶκος *(oikos)* Haus(gemeinschaft)], **[DIA, FSE]**, die empirische Gültigkeit (*Validität*) einer psychol. Aussage für das Alltagsgeschehen. Lewin (*Lewin, Kurt*) hatte von der Lebensnähe der *Feldforschung* im Unterschied zur Laborforschung gesprochen. Brunswik (*Brunswik, Egon*) folgte diesem Aspekt mit seiner Forderung nach repräsentativer Planung psychol. Untersuchungen. Inwieweit stimmt ein exp. Untersuchungsplan mit den natürlich gegebenen Bedingungen überein? Von Barker und Mitarbeitern stammen berühmte Forschungsarbeiten zur *ecological psychology* und *eco-behavioral science*. Gerhard Kaminski hob die in ihrer Radikalität neuartige methodologische Grundposition hervor, denn die gesamte wiss. Arbeit in der Ps. sei mit Fragen nach *ökologischer Relevanz*, *ökologischer Repräsentativität*, *ökologischer Validität* konfrontiert und habe *naturalistische Methoden* zu entwickeln, um alle Arten menschlichen Verhaltens und Handelns in ihren *natürlichen* Lebensumgebungen zu analysieren. Der Begriff *ecological validity* wurde auch von dem Soziologen Aaron Victor Cicourel verwendet, der die Gültigkeit von Interviews und Umfragen kritisch diskutierte, da die Art ihrer Beantwortung und Interpretation nicht hinreichend mit dem täglichen Leben einer Gemeinschaft übereinstimme. In der psychol. Methodenlehre wird statt von ö. V. oft von der Vorhersageleistung für best. Kriteriensituationen (*kriteriumsbezogene Validität*) und von der *externen Validität* und Generalisierbarkeit gesprochen. Eigentlich sollte zu hoffen sein, dass alle psychol. Grundlagenbefunde zu konkreten Fragestellungen in den Anwendungsfeldern der Ps. ökologisch gültig und deshalb überhaupt *praktisch* sind. Die ö. V. von psychol. Feststellungen kann nicht – wie die externe Validität eines Testbefunds – direkt als Kriterienkorrelation oder in einer einzelnen Generalisierbarkeitsstudie operationalisiert werden, sondern ist ein *multireferenzielles* Konzept – wie auch das Konzept der *internen Validität*. Gemeint ist die methodologische Bewertung von Untersuchungsergebnissen im Hinblick auf den Untersuchungsplan und die Übereinstimmung der spez. Kontextbedingungen der Datenerhebung, wobei eine Anzahl von Gesichtspunkten, Schwierigkeiten und möglichen Kontrollstrategien zu bedenken ist (*Labor-Feld-Problem*). Fahrenberg 2007, Pawlik 1976b. *J. Fahrenberg*

ökologische Wahrnehmungspsychologie [engl. *ecological approach to perception*], **[WA]**, Bez. für die Wahrnehmungslehre J. J. Gibsons. Eine zentrale Annahme dieses Ansatzes ist, dass der natürliche Reiz (*ökologische Optik*) die *Wahrnehmung* bestimmt, diese also nicht erst durch den Reiz zus. mit zusätzlichen Prozessen wie *unbewussten Schlüssen*, Wirkung von *Gestaltgesetze* usw. entsteht; solche zusätzlichen Prozesse sollen nur in der künstlich verarmten Umwelt des Wahrnehmungsexperiments von Bedeutung sein. *H. Heuer*

Ökonomie *Bildungsökonomie, Testökonomie, Wirtschaftspsychologie.*

ökonomische Psychologie (= ö. Ps.) [engl. *economic psychology*; gr. οἶκος *(oikos)* Haus(halt), νόμος *(nomos)* Gesetz], [**AO, SOZ, WIR**], Teilgebiet der *Wirtschaftspsychologie*, dessen Gegenstand das Erleben und Verhalten von wirtschaftenden Individuen und Gruppen in Haushalten, Unternehmen, auf Märkten und im Staat darstellt. Die ö. Ps. befindet sich im Spannungsfeld zw. Ökonomie und Ps., wobei ein wesentlicher Unterschied zw. beiden Disziplinen die Dominanz des theoretischen Modells des *Homo oeconomicus* in der Ökonomie darstellt. Die ö. Ps. erforscht ökonomische Entscheidungen und Abweichungen vom Rationalmodell, sog. Entscheidungsanomalien (siehe auch *Heuristik*, *Prospect-Theorie*, *Endowment-Effekt*, *sunk-cost effect*, *Meliorationsprinzip*), Laientheorien über ökonomische Phänomene, Konsumgütermärkte, Arbeitsmärkte, Kapitalmärkte, das Verständnis von und den Umgang mit Geld in versch. Formen, Schattenwirtschaft und Steuerverhalten (*Steuerpsychologie*), ökologisches Verhalten, Wohlstand und Wohlbefinden. Lewis 2008, Kirchler 2011.   E. Kirchler/B. Hartl

ökonomischer Erfolg [engl. *economic success*], *Humankapital*.

ökonomisches Prinzip [engl. *economic principle*], [**PER**], von Alexander 1951 formuliertes Prinzip: Alle nicht sexuelle psych. Energie folgt dem Trägheits- oder Energieprinzip. Im Ggs. hierzu folgt die sexuelle Energie dem Überschussprinzip.

ökonomisches Rationalmodell [engl. *rational-economic model*], *Status-quo-Fehler*.

Ökosystem [engl. *ecosystem*; gr. οἶκος *(oikos)* Haus(gemeinschaft)], das Beziehungsgeflecht biotischer und abiotischer Faktoren eines räumlich begrenzten, nach außen hin mehr oder weniger abgeschlossenen Gebietes. *System*, *Systemtheorie*.

Okzipitalkortex (= O.) [engl. *occipital cortex/lobe*; lat. *oc-caput* hinten am Kopf, *cortex* Rinde], [**BIO, WA**], der menschliche Schädel hat vier große Schädelplatten, die nach ihrer Lage benannt sind: frontal, parietal, temporal und okzipital (auch occipital). Der unter der okzipitalen Schädelplatte liegende Teil des Kortex (*Gehirn*) heißt O. oder Hinterhauptskortex. Im O. liegen die Areale V1–V4, in denen die Verarbeitung visueller Information stattfindet (*visuelle Wahrnehmung*). Aufgrund seiner streifenartigen Zeichnung bei der Zelleinfärbung wird V1 auch Streifenkortex oder striärer Kortex genannt und die anderen visuellen Areale V2–V5 extrastriärer Kortex. Es gibt visuelle Areale V1–V4 in jeder Gehirnhälfte, in der das kontralaterale Gesichtsfeld repräsentiert wird. Die strukturelle Organisation in den visuellen Arealen folgt gemeinsamen Prinzipien: (1) *Retinotopie*: Die räumliche Anordnung der Neurone (*Neuron*) im visuellen Kortex folgt der räumlichen Anordnung ihrer rezeptiven Felder im visuellen Feld (*Auge*). Es gibt versch. dieser topografischen visuellen Karten in den Arealen des O., deren Neurone unterschiedliche Eigenschaften im visuellen Feld repräsentieren. (2) *Kortikale Vergrößerung*: die Anzahl der Neurone, die den zentralen Bereich (*Fovea*) des visuellen Feldes repräsentieren, ist am größten und fällt zur Peripherie hin stark ab, sodass fast die Hälfte der Neuronen in V1 allein die Fovea repräsentieren. Zusammen mit Blickbewegungen ist es dadurch möglich, eine hohe räumliche Auflösung mit einer begrenzten Anzahl von Neuronen zu erreichen. (3) *Kolumnare Organisation*: Der Kortex in V1 ist tangential zur Oberfläche in Kolumnen aus Neuronen mit ähnlichem Antwortverhalten organisiert: Neurone einer Kolumne unterscheiden sich sowohl in der Orientierung der räumlichen Struktur, auf die sie bevorzugt reagieren (Orientierungskolumnen, *orientation column*), als auch in dem Auge, von dem sie hauptsächlich ihre Eingabe bekommen (okulare Dominanzkolumnen). Eine Gruppe von Kolumnen, in der alle Orientierungen an einem best. Punkt im visuellen Feld für beide Augen repräsentiert sind, bilden eine sog. Hyperkolumne (*hyper column*). (4) *Schichtenstruktur*: Der Kortex ist orthogonal zur Oberfläche in Schichten (*layers*) organisiert, in denen systematisch die Ein- und Ausgabe von und zu höheren und tieferen Arealen organisiert ist. Gegenfurtner 2003.
                                        K. R. Gegenfurtner/T. Hansen

Olanzapin (= O.) [engl. *olazapine*], [**PHA**], trizyklisches, strukturell vom *Clozapin* abgeleitetes *Antipsychotikum* aus der Gruppe der sog. atypischen Antipsychotika. O. antagonisiert neben Dopaminrezeptoren (D1 – D5) zahlreiche andere Neurorezeptoren, insbes. 5-HT2-Serotonin- und muskarinische Acetylcholinrezeptoren, aber auch a1-adrenerge und H1-Histaminrezeptoren. *Bioverfügbarkeit* ca. 80%, *Eliminationshalbwertszeit* 30-60 Stunden. Hepatische *Metabolisierung* über N-Glukuronyltransferase, Flavinmonooxygenase, CYP1A2 und nachgeordnet auch CYP2D6. Therapeutischer Referenzbereich für die Plasmakonzentration: 20-80 ng/ml. Bei Rauchern ist der Metabolismus von O. durch die dadurch bedingte Induktion von CYP1A2 beschleunigt, die gemessenen Plasmakonzentrationen niedriger als bei Nichtrauchern. Zugelassen zur Behandlung von *Schizophrenien* (*Schizophrenie, Psychopharmakotherapie*), von mittelschweren und schweren manischen Syndromen (*Manie*) und zur Phasenprophylaxe bei Pat. mit *bipolaren Störungen* (*Bipolare Störungen, Psychopharmakotherapie*), deren manische Episode auf die Behandlung mit O. angesprochen hat. Klinisch wichtigste und häufigste unerwünschte Wirkung ist eine oft sehr ausgeprägte *Gewichtszunahme*, oft bis zur Induktion eines *metabolischen Syndroms*. Unter keinem anderen Antipsychotikum (Ausnahme: Clozapin) sind Gewichtszunahme und metabolische Veränderungen so ausgeprägt wir unter O. Andere häufige unerwünschte Wirkungen sind Schläfrigkeit und *Sedierung*, orthostatische *Hypotonie*, extrapyramidalmotorische Störungen und *Hyperprolaktinämie*. Die Dosierung beträgt zu Beginn 5-10 mg täglich, zugelassene Tageshöchstdosis ist 20 mg, es werden jedoch auch höhere Dosierungen vertragen. O. ist für die parenterale Akutbehandlung auch in intramuskulärer Applikationsform und als Olanzapinpamoat für die Depotbehandlung (*Depotantipsychotika*) verfügbar. Bei letzterem kann es zu dem seltenen, aber gefürchteten sog. Postinjektionssyndrom kommen, einer akuten *Intoxikation* durch O. durch akzidentelle Injektion in ein Blutgefäß.   G. Gründer

Olfaktie [engl. *olfaction, olfactory perception*; lat. *olfacere* riechen], [**WA**], Riecheinheit der Geruchseindrücke.

Olfaktometer [engl. *olfactometer*; lat. *olfacere* riechen, μέτρον *(metron)* Maß], [**WA**], Vorrichtung zur Untersuchung des Geruchssinnes, die es gestattet, der Nase Riechstoff in abstufbaren Mengen zuzuführen. *Geruch*.

Olfaktorik [engl. *olfacty, olfactory perception*; lat. *olfacere* riechen], *Geruchssinn*.

Oligophrenie [engl. *oligophrenia*; gr. ὀλίγος *(olígos)* wenig, φρήν *(phren)* Zwerchfell (als Sitz der Seele)], [**KLI**], nicht mehr gebräuchl. Sammelbegriff für geistige *Behinderung* (angeboren oder früh erworben) jeder Herkunft. Vollst. durch den Begriff der *Intelligenzminderung* ersetzt.

Ololiuqui [engl. *ololiuqui*], syn. *Qloliuhqui*, [**PHA**], psychotrope Substanz aus der Klasse der *Halluzinogene* bzw. der *Psychomimetika*, aus einer mexikanischen Pflanze gewonnen, seit Jhd. als Rauschmittel genommen. Neben halluzinogenen starke vegetative Wirkungen, deshalb als psychedelische Substanz nicht häufig verwendet. Verwandt mit *Serotonin*. Julien 1997. *W. Janke*

Omega-3-Fettsäuren (= O.) [engl. *omega-3 fatty acids*], [**BIO, PHA**], Fettsäuren, bei denen die letzte (daher omega, der letzte Buchstabe des gr. Alphabets) Doppelbindung an der drittletzten Position der Kohlenstoffkette, vom Carboxy-Ende (COOH-) der Fettsäure aus gezählt, liegt. O. zählen zu den ungesättigten Fettsäuren, d. h., in ihnen liegen Doppelbindungen vor (i. Ggs. zu den gesättigten Fettsäuren, die keine Doppelbindungen aufweisen). Zu den O. zählen die mehrfach ungesättigten Fettsäuren (mehrfach: mehrere Doppelbindungen; engl. *poly-unsaturated fatty acid, PUFA*) *Docosahexaensäure* (DHA) und *Eicosapentaensäure* (EPA). O. sind essenziell, d. h., sie können vom menschlichen Körper nicht selbst synthetisiert werden, sondern müssen stattdessen mit der Nahrung zugeführt werden. O. kommen in Pflanzen, Algen und Fischen vor. Pflanzen enthalten vor allem die Omega-3-Fettsäure α-Linolensäure, während Fische vor allem DHA und EPA enthalten. Bes. reich an O. sind fette Seefische wie Lachs, Makrele und Hering. O., insbes. DHA und EPA, sind für die Hirnfunktion essentiell. Sie müssen daher in ausreichender Menge mit Nahrung aufgenommen werden. Auch ihre kardioprotektive Wirkung gilt als gesichert. *G. Gründer*

Omega-Quadrat (ω^2) [engl. *adjusted R^2*], syn. *adjustiertes/berichtigtes R^2*, [**FSE**], Schätzer für die wahre *Effektgröße* der *Varianzanalyse* für einen Faktor oder einen Interaktionseffekt. Da η^2 *(Eta-Quadrat)* den wahren Wert überschätzt, findet hier eine Korrektur statt. Berechnung bspw. bei einer zweifaktoriellen Varianzanalyse ohne Messwiederholung:

$$\hat{\omega}^2_{y.A} = \frac{QS_{FaktorA} - (p-1) \cdot MS_{within}}{QS_{total} + MS_{within}}$$

$$\hat{\omega}^2_{y.B} = \frac{QS_{FaktorB} - (q-1) \cdot MS_{within}}{QS_{total} + MS_{within}}$$

$$\hat{\omega}^2_{y.AxB} = \frac{QS_{FaktorAxB} - (p-1) \cdot (q-1) \cdot MS_{within}}{QS_{total} + MS_{within}}$$

QS = Quadratsumme;
MS = Mean Square, Varianzschätzungen;
p, q = Anzahl der Stufen des Faktors A bzw. B. Leonhart 2013. *R. Leonhart*

Omeprazol (= O.), [**PHA**], Arzneimittel aus der Gruppe der Protonenpumpen-Inhibitoren (PPI), zugelassen zur Behandlung von Magen- und Zwölffingerdarmgeschwüren und der Refluxösophagitis. Da die Gabe von PPI in der Inneren Med. sehr weit verbreitet ist, spielt die Kenntnis der Tatsache, dass O. ein Inhibitor von CYP2C19 ist, in der Psychopharmakoth. eine bedeutsame Rolle. Medikamentenspiegel von Arzneimitteln, die Substrate von CYP2C19 sind, z. B. *Citalopram*, *Escitalopram* oder *Diazepam*, können bei gleichzeitiger Gabe von O. erheblich ansteigen. Damit steigt das Risiko unerwünschter Wirkungen. *G. Gründer*

Ondansetron (= O.), [**PHA**], selektiver *Antagonist* an 5-HT3-Serotoninrezeptoren. Zugelassen als *Antiemetikum* zur Behandlung von Zytostatika-induzierter Übelkeit und Erbrechen i. R. der Krebstherapie. Es gibt Hinweise aus einer placebokontrollierten Studie dafür, dass O. die Abstinenz bei Alkoholabhängigkeit unterstützen kann. Auch in der Behandlung der *Bulimia nervosa* liegen pos. Befunde mit O. vor. Beide Indikationen sind jedoch *off-label*. Zudem ist zu beachten, dass O. dosisabhängig zu einer Verlängerung der *QTc-Zeit* im EKG führt. *G. Gründer*

Oneirologie [engl. *oneirology*; gr. ὄνειρος *(oneiros)* Traum, λόγος *(logos)* Wort, Lehre], Traumlehre, Traumdeutungslehre. *Traum, träumen, Traumdeutung*.

one parameter logistic model (OPLM) [engl. Ein-Parameter-logistisches-Modell], *Rasch-Modell, mehrdimensionales*.

One-Shot-Fallstudie [engl. *one-shot case study*; *one* eins, *shot* Schuss], [**FSE**], Forschungsdesign, bei dem Beobachtungen an Einzelpersonen oder einer Gruppe gemacht werden, nachdem ein Ereignis vorgefallen ist oder eine Manipulation durchgeführt wurde. Problematisch ist dabei, dass diese Beobachtungen mit nichts verglichen werden können (Fehlen einer *Kontrollgruppe*), sodass das Design keinen Aufschluss darüber gibt, ob das Ereignis bzw. die Manipulation auch wirklich einen Effekt hatte. Daher sind One-Shot-Studien für die Prüfung von (Kausal-)Hypothesen (*Evidenzbasierung*, *Kausalität*) nicht aussagefähig. *Fallstudie*.

O*Net, [**AO, DIA**], das *Occupational Information Network* (O*Net) [engl. berufliches Informationsnetzwerk] ist die Weiterentwicklung des *Dictionary of Occupational Titles* und bietet eine reichhaltige Quelle anforderungsbezogener Information (*Anforderungsanalyse*). Hierzu werden Tätigkeitsanforderungen in taxonomischer Form (hierarchisch gegliederten Auflistungen) als berufs- und tätigkeitsbezogene «Deskriptoren» (Beschreibungsbegriffe) zur Verfügung gestellt. [http://www.onetcenter.org/]. *H. Schuler*

Online Access Panel [engl.]; *Internet, neue Medien in der Marktforschung*.

Online-Games (= OG.) [engl. *Games* Spiele], [**MD**], unter OG. oder Online-Spielen werden digitale Spiele verstanden, die über das *Internet* bzw. Computernetzwerke gespielt werden. Zu differenzieren ist dabei zw. Angeboten, bei denen die Nutzer gegen- oder miteinander über das Netz spielen (z. B. bei Online-Rollenspielen), und jenen Spielen, die zwar eine Internetverbindung voraussetzen, bei denen aber keine Nutzerinteraktion über das Netz stattfindet (z. B. bei vielen Browser-Spielen). Unterschieden werden kann auch nach Endgeräten: Online-Spiele werden nicht nur auf PCs, sondern auch auf Konsolen und inzwischen auch mobilen Endgeräten genutzt. Vernetztes Spielen setzt nicht zwingend das Internet voraus: Bereits bevor sich dieses auf breiter Ebene durchsetzen konnte, wurden Computer in lokalen Netzwerken (*Local Area Network, LAN*) zus.geschlossen und erlaubten so ein gemeinsames Spielen. Die sog. *LAN-Parties* als Veranstaltungen mit dutzenden oder sogar hunderten Teilnehmern waren insbes. Ende der 1990er-Jahre beliebt, da die Kosten für Breitband-Internet für die meist jungen Nutzer noch zu hoch waren. Der Netzausbau, steigende Transferraten, sinkende Preise und die Einführung von Flatrates machten das Spielen über das Internet wesentlich populärer. Online-Spiele, die auch für Privatnutzer zugänglich waren, erschienen in der zweiten Hälfte der 1990er-Jahre (Quandt & Kröger 2014): Der 1996 erschienene First-Person-Shooter Quake erlaubte es bereits, in einem Mehrspieler-Modus über das Internet gegeneinander anzutreten. Online-Rollenspiele wie Meridian 59 (ab 1996), Ultima Online (ab 1997) und World of Warcraft (ab 2004) eröffneten Spielwelten mit sehr vielen Interaktionsmöglichkeiten, in denen hunderte oder sogar tausende Spieler zeitgleich zugegen sind. Inzwischen finden sich Mehrspieler-Modi, die über das Netz gespielt werden, in einer Vielzahl von Titeln und Genres, so dass Online Games zum Standardrepertoire interaktiver Unterhaltung gezählt werden können.

Mit der immensen Verbreitung von digitalen Spielen auch im Mainstream der Gesellschaft (Quandt et al. 2013) wurden auch zunehmend medienpsychol. Fragestellungen relevant. Lange Zeit standen aus psychol. Sicht vor allem gewalthaltige Inhalte und deren Wirkungen im Vordergrund. Auch Titel, die über das Netz gespielt werden, gelangten dabei in den Fokus der Analyse und Kritik (z. B. Counter-Strike). Bei den Online-Spielen wurden jedoch schon frühzeitig andere Aspekte untersucht, da diese Spiele einige besondere Eigenschaften aufweisen. So sind bspw. die Spielwelten bei MMORPGs (*Massively Multiplayer Online Role Playing Games*) meist persistent – sie bestehen und entwickeln sich weiter, wenn der Spieler nicht online ist. Zudem interagiert man mit menschlichen Mitspielern, wodurch verschiedenste Wirkungen und auch soziale Verbindlichkeiten entstehen können. Besonderes Augenmerk der Forschung gilt daher den Sucht-Gefahren von Online-Spielen (*Computerspielsucht*), wobei umstritten ist, ob es sich bei dem problematischen Verhalten um eine spezif. Online-Spielsucht, eine allgemeinere Internetsucht oder eine andere Form von Verhaltensauffälligkeit handelt. Auch die Kriterien für die Eingrenzung des Problemverhaltens sind strittig (Petry et al. 2014; Griffiths et al. 2015). In jüngerer Zeit werden neben problematischen Aspekten von OG. auch pos. Einflüsse u. a. auf das psycho-soziale *Wohlbefinden*, die *Selbstwahrnehmung* und Freundschaftsnetzwerke untersucht. Diese können nicht zwingend als kompensatorisch zu neg. Wirkungen verstanden werden, gleichwohl man pos. und neg. Wirkungen der Nutzung von OG. stärker simultan betrachten sollte.
T. Quandt/R. Festl

Online-Gruppe [engl. *online-group*; *online* angeschlossen, verbunden], *Gemeinschaft*.

Online-Selbsthilfe *Internet-Intervention*.

Online-Therapie, syn. *Online-Intervention*, *Internet-Intervention*.

On-off-Antworten [engl. *on-off responses* An-Aus-Antworten], *rezeptive Felder*.

onomatopoetische Theorie [engl. *onomatopoetic theory*; gr. ὄνομα (ónoma) Name, ποίησις (poiesis) Erschaffung], [**KOG**], die Annahme über die Entstehung der menschlichen Sprache, nach der die primitiven Menschen durch Nachbildung von Lauten aus der Natur allmählich eine kommunikative Sprache entwickelt haben.

Ontogenese [engl. *ontogenesis*; gr. ὄν (on) das Seiende, γένεσις (genesis) Entstehung], [**BIO, EW, PER**], die Individualentwicklung von der *Zygote* bis zum Tod des Individuums. *Entwicklung*.

Ontologie (= O.) [engl. *ontogenesis*; ὄν (on) das Seiende, γένεσις (genesis) Entstehung], «Lehre vom Seienden», [**PHI**], phil. Disziplin, heute als weitgehend deckungsgleich mit der *Metaphysik* angesehen, befasst sich mit den grundlegenden Zügen der Wirklichkeit. Nennt man etwas, das existiert, eine Entität, so lautet eine Grundfrage der O., welche allgemeinsten Arten (Kategorien) von Entitäten es gibt und welche Beziehungen zw. ihnen bestehen. Zu den ältesten o. Fragen gehört das *Universalienproblem*. Nach dem auf Platon zurückgehenden und auch heute von manchen vertretenen *Universalienrealismus* existieren nicht nur Einzeldinge, z. B. einzelne rechteckige Tische oder einzelne hilfsbereite Menschen, sondern auch abstrakte Entitäten, wie die «Rechteckigkeit» oder die «Hilfsbereitschaft»; sie bilden, zusätzlich zur Kategorie der Einzeldinge, die Kategorie der Universalien. Dem steht die Auffassung gegenüber, dass es Allgemeines nur i. d. S. gibt, dass viele einzelne Dinge durch dasselbe Wort (z. B. «Mensch») bezeichnet werden können (*Nominalismus*) bzw. unter denselben Begriff fallen (*Konzeptualismus*). Als weitere Kategorien sind u. a. Mengen, Zahlen, Strukturen und Tatsachen vorgeschlagen worden. Auch von diesen wird in der O. gefragt und kontrovers diskutiert, ob sie als reale Entitäten zu betrachten sind. Eine andere o. Grundfrage lautet, ob es, zusätzlich zum Existieren, noch andere Arten des Seins gibt, die z. B. Objekten wie Hamlet zukommt, der zwar nicht existiert, jedoch «Gegenstand» von Gedanken und Aussagen ist.

Der *logische Positivismus* erklärte o. Aussagen als sinnlos und schlug vor, sie als Fragen der Wahl einer Sprache (etwa einer physikal. Sprache) umzudeuten. In der zweiten Hälfte des 20. Jh. hat sich aber wieder die Auffassung durchgesetzt, dass o. Theorien sinnvoll vertreten und mithilfe von Argumenten rational diskutiert und beurteilt werden können.

In der Informatik hat sich in jüngster Zeit eine eigene Verwendung des Begriffs O. herausgebildet. Eine O. meint dort ein System von Begriffen und Ableitungsregeln. Entsprechende Begriffssysteme, die vor allem zum Zweck der Wissensrepräsentation erstellt werden, können mehr oder weniger bereichsspezifisch sein und sich z. B. auf ein Anwendungsgebiet wie die Med. beziehen. *Persönlichkeitstheorien, philosophisch orientierte, Psychologie, sozialwissenschaftliche.* Runggaldier & Kanzian 1998, Grossmann 2004, Hartmann 1948. *V. Gadenne*

open-mindedness [engl.]; *Flexibilität, Offenheit.*

operant [engl. *operant*; lat. *operior* erwarten], [**KOG**], nach Skinner (1974) die Reaktionsklasse, auf die ein Verstärker kontingent ist. Das operante Verhalten ist durch seine Folgen in der Umwelt identifiziert. Obgleich das Verhalten in einer definierbaren Situation auftritt, scheint es nicht durch einen bekannten spezif. Reiz ausgelöst zu werden. Von feststellbaren Reizen ausgelöste Reaktionen nennt Skinner *respondents. response, Konditionierung, operante.*

operante Konditionierungsmethoden (= o. K.) [engl. *operant conditioning (behavioral) therapies*; lat. *operior* erwarten, *condicio* Bedingung], [**KLI, KOG**], die Verfahren des *operanten Konditionierens* gehen auf die *Lerntheorien* von Thorndike (1898) und Skinner (1938) zurück. Grundannahme ist hier, dass die meisten Lernprozesse durch die Konsequenzen von Handlungen gesteuert werden (Lernen am Erfolg oder Misserfolg; *bedingter Reflex*): Die *Verstärkung* einer Reaktion führt zu einer Erhöhung ihrer Auftretenswahrscheinlichkeit oder Intensität. In der *Verhaltensdiagnostik* wird eine indiv. funktionale Analyse des Verhaltens vorgenommen, worauf versch. o. Techniken gestützt werden. Die Wahrscheinlichkeit erwünschten Verhaltens wird erhöht durch pos. Verstärkung (zu Beginn kontinuierlicher und später intermittierender Einsatz relevanter Verstärker wie Süßigkeiten, Privilegien, Zuwendung), neg. Verstärkung (Milderung oder Beendigung einer aversiven Bedingung/eines unangenehmen Zustandes) und *Stimuluskontrolle* (Einführung von diskriminativen Hinweisreizen, unter denen erwünschtes Verhalten hoch wahrscheinlich auftritt; und umgekehrt). Verhalten kann aufgebaut werden u. a. durch *shaping* (schrittweisen Aufbau von komplexen Verhaltensmustern durch differenzielle Verstärkung; s. a. *fading, prompting*). Der Aufrechterhaltung erwünschten Verhaltens dienen intermittierende Verstärkung, Umstrukturierung der Verstärkungsbedingungen in der sozialen Umgebung, *Selbstkontrolle* und Problemlösefähigkeiten. O. Methoden zum Abbau von Verhalten sind *Bestrafung* von Verhalten (Darbietung eines aversiven Reizes auf best. Verhalten), *Löschung* von Verhalten (Entzug von pos. Verstärkern), *response cost* (Entzug von generalisierten Verstärkern z. B. *token-economy system* = Münz-/Eintausch-Verstärkungssystem, Geld), *time-out* (zeitweises Entfernen aus der sozialen Situation). Unter *Kontingenzmanagement* wird das systematische Darbieten bzw. Entfernen pos. bzw. aversiver Stimuli verstanden (z. B. token-economy, *Verhaltensverträge*).

Die *Wirksamkeit* von o. K. ist belegt. Wichtig ist der Einbezug der Personen in der natürlichen Umgebung und der Aufbau von Verhaltensalternativen, damit Verhalten stabil erhalten bleibt. Mit dem Aufkommen kogn. Ansätze und der *Handlungstheorien* auch in der Psychoth., aber auch aufgrund von Bedenken gegenüber Bestrafungsprogrammen haben o. Techniken derzeit einen vergleichsweise weniger hohen Stellenwert. Es ist aber anzunehmen, dass Verstärkung in versch. Therapieformen hoch wirksam ist, auch wenn Pat. nicht als einfache Konditionierungsobj. betrachtet werden. *Verhaltenstherapie.* Reinecker 2004. *F. Caspar*

Operation (= O.) [engl. *operation*; lat. *operatio* Bewerkstelligung, Bemühung], [**KOG**], Wirken, Betätigung, Arbeitsvorgang. In der Ps. vor allem ein Handeln (*Handlung*), mit dem ein *Ziel* erreicht werden soll. Logische O.: die innere, in Gedanken und Begriffen ausgeführte Handlung, die reversibel (umkehrbar) ist und in der *Gruppierung* mit anderen O. zu einer strukturierten Ganzheit vereint wird. Piaget spricht von konkreten (*konkret-operatorische Entwicklungsstufe*) und formalen (*formal-operatorische Entwicklungsstufe*) O. bzw. von Kooperationen interaktiver Kompetenz. In der Mathematik ist O. die Durchführung einer best. Vorschrift. Wird auch verwendet für *Abbildungen* mit zwei oder mehr Argumenten. Bsp. für binäre O. sind die vier Grundoperationen der Addition, Multiplikation, Subtraktion und Division, durch die jew. einem Zahlenpaar eine Zahl zugeordnet wird. *D. Dörner*

operationale Definition *Definition, operationale, Operationalisierung.*

^Test **Operationalisierte Psychodynamische Diagnostik im Kindes- und Jugendalter (OPD-KJ)**, 2003, Arbeitskreis OPD-KJ, D. Buergin, F. Resch, M. Schulte-Markwort (Eds.), [**DIA, KLI**]. Klin. Verfahren. Diagn. System zur Erfassung des subj. Erlebens von Kindern und Jugendlichen, basierend auf psychodynamischer, entwicklungsps. und klin.-psychiatr. Sichtweise. Vier psychodynamischen Achsen zu Beziehungsmustern, intrapsychischen Konflikten, psych. Struktur und Behandlungsvoraussetzungen für Therapieplanung und Erfolgsmessung. *J. M. Müller*

^Test **Operationalisierte Psychodynamische Diagnostik (OPD-2)**, 1998, Hrsg. Arbeitskreis zur Operationalisierung Psychodymanischer Diagnostik (*Psychodynamik*), [www.testzentrale.de], [**DIA, KLI**]. Klinisches Verfahren. AA Erwachsene. Die OPD hat die Form eines multiaxialen Systems und basiert auf den Achsen *Krankheitserleben und Behandlungsvoraussetzungen (I), Beziehung (II), Konflikt (III), Struktur (IV)* sowie *psychische und psychosomatische Störungen* nach dem Kapitel V (F) der ICD-10. Nach einem ein- bis zweistündigen Erstgespräch kann der Kliniker (oder der Forscher) die Psychodynamik des Pat. auf diesen Achsen einschätzen und in die Evaluationsbögen eintragen.

Operationalisierung (= O.) [engl. *operationalization*; lat. *operatio* Bewerkstelligung, Bemühung], [**FSE, PHI**], das Verfahren (oder dessen Ergebnis), eine nicht direkt beobachtbare Variable T (z. B. Leistungsmotiv, kogn. Dissonanz) für die Beobachtung bzw. für die exp. Manipulation zugänglich zu machen, indem man eine mit ihr verknüpfte, gut beobachtbare Variable (z. B. Punktzahl in einem Test; *Testtheorie*) B auswählt. B dient als «Indikator» für

T oder als Mittel der indirekten Manipulation von T. Da T hierbei häufig in einem System theoretischer Aussagen vorkommt, spricht man auch von theoretischen Begriffen (*Konstrukt*). Eine O. ist notwendig, um aus einer zu prüfenden Hypothese oder Theorie Aussagen über beobachtbare Sachverhalte ableiten zu können. Wegen der *Theoriegeladenheit* (*Theorie*) der Beobachtung gibt es allerdings kein eindeutiges Kriterium dafür, was als beobachtbar und was als nicht beobachtbar zu gelten hat. Die Unterscheidung ist pragmatischer Natur und hängt vom Kontext ab. Die *Zuordnungsannahme*, die einen systematischen Zusammenhang zw. einer beobachtbaren und einer nicht beobachtbaren Variablen aussagt, beruht oft auf einem komplexen Gefüge von Voraussetzungen (semantische Regeln, Hilfshypothesen, Messmodelle; *Faktorenanalyse, konfirmatorische*, *Strukturgleichungsmodelle*); wer z. B. das Leistungsmotiv als Messwert im *Thematischen Apperzeptionstest (TAT)* operationalisiert, setzt hierbei (explizit oder implizit) testtheoretische Annahmen sowie Annahmen über den Zusammenhang zw. Motiven und Fantasietätigkeit voraus. Eine O. ist also (obwohl manchmal *operationale Definition* genannt) keine bloße Def. oder semantische Regel (*Semantik*), sondern umfasst hypothetische Annahmen bis hin zu ganzen Theorien aus der Ps. oder anderen Disziplinen. Die Begründung von Zuordnungsannahmen, ein grundlegendes Problem empir. Ps., wird auch als Konstruktvalidierung bez. (*Konstruktvalidität*). Operationalismus. Westermann 2000. V. Gadenne

Operationalisierung, formative vs. reflektive [engl. *operationalization, formative vs. reflective*], *Messung, formative vs. reflektive.*

Operationalismus, Operationismus (= O.) [engl. *operationalism*; lat. *operatio* Bewerkstelligung, Bemühung], **[HIS, PHI]**, eine in der amerik. Ps. aufgetretene Richtung, die weder an eine einzelne Schule gebunden noch selbst als solche zu bez. ist. O. geht von der Methode der operationalen Def. aus. Diese wurde 1927 durch den amerik. Physiker P. W. Bridgman angesichts der neuen Lage, in die die Physik nach Einsteins Relativitätstheorie geraten war, entwickelt (*Theorien, physikalische*). Brigdmans Vorschlag bestand darin, die Bedeutung theoretischer Begriffe durch Rückgriff auf die Operationen festzulegen. So ist der Begriff der Länge, bezogen z. B. auf einen Tisch, durch die Handhabung des Meterstabes eindeutig definiert. Ist «Länge» aber die Entfernung zw. zwei Sternen, dann bekommt der Begriff eine andere Bedeutung, weil andere Messoperationen notwendig sind (z. B. optische und math.). Diese Methode wurde von den amerikanischen Psychologen aufgegriffen. Besonders klärend scheint sich der O. auf die direkte Erforschung (*Selbstbeobachtung*) von Bewusstseinsdaten ausgewirkt zu haben, deren Zulässigkeit vielfach leidenschaftlich abgestritten worden war (*Behaviorismus, objektive Psychologie*). Hier war ein Ausweg dadurch gegeben, dass man anstelle des unmittelbar gegebenen (privaten) Erlebnisses einer Vp auf die kontrollierbaren Operationen zurückgriff, die zu einer beständigen Beziehung zw. Reizsituation und einer best. «unterscheidenden Reaktion» (*discriminatory reaction*) führten (z. B. Stevens 1935). Auf ähnliche Weise wurden z. B. der *bedingte Reflex* und der Begriff der «intervenierenden Variablen» (*intervening variables*, Tolman; *Variable, intervenierende*) operational definiert (Skinner). Die beschriebenen Verfahren waren nicht immer neu, aber durch den O. erhielten sie eine gewisse erkenntnistheoretische Rechtfertigung. Bes. versprach man sich vom O. eine Sicherung gegen «unklare, doppeldeutige und widersprüchliche» Vorstellungen, oder man schrieb einer operationistisch vorgehenden Ps. zu, Wissenschaft der Wissenschaften sein zu können (Boring 1945, Bridgman 1927).

Der Grundgedanke des O., theoret. Begriffe und Dispositionsbegriffe durch Aufnahme von (Mess-)Operationen in die Def. ohne Rückgriff auf Unbeobachtbares gewinnen zu können, hat sich wissenschaftstheoretisch schnell als unhaltbar erwiesen (Carnap 1936). Der Kern dieser Einwände lautet, dass operationale Def. empirische *Hypothesen* enthalten (über den Zusammenhang der Operation mit ihrem Resultat oder über die Metrik ihres Anwendungsbereiches) und damit nicht mehr empir. leer sind. Für ihre logische Form, auch etwa als bedingte Def., folgt daraus, dass ihr Definiendum nicht mehr bei jedem Vorkommen durch ihr Definiens eliminierbar ist. Versucht man, den Hypothesengehalt operationaler Def. möglichst klein zu halten, so entsteht eine Inflation inkommensurabler Begriffe niedriger Allgemeinheit (in der Physik etwa müsste man schon dem Messen mit der Schublehre einen anderen Längenbegriff zuordnen als dem Messen mit dem Meterstab usw.). Die Abhilfe besteht in der theoriegeleiteten Bildung von Begriffen (z. T. als undefinierte Grundbegriffe oder durch implizite Def.) und deren partieller empirischer Interpretation durch die Messvorschriften. Die Angemessenheit und Brauchbarkeit der Messinstrumente ist jetzt eine empir. Prüfung zugängliche und bedürftige Frage, die sich nicht mehr durch Def. von selbst erledigt. *Definition*, *Definition, operationale*, *Operationalisierung*. Stegmüller 1974, Israel & Goldstein 1944. W. Glaser

Operationscharakteristik [engl. *receiver operating characteristics*, ROC], **[FSE]**, *ROC, ROC-Kurve*.

operations research [engl. *operations* Betrieb, Arbeitsablauf, *research* Forschung], **[AO]**, Verfahren zur Unterstützung unternehmerischer Entscheidungen, um deren Konsequenzen vorauszuberechnen, systematisch zu überprüfen und damit ihr Risiko zu verringern. Verwendet werden stat. Verfahren zur Erforschung komplexer Beziehungen versch. Bereiche untereinander, wobei systematische Zusammenstellungen aller Einflüsse, ihre Abschätzung und der Aufbau eines Modells, das der Durchrechnung dient, herangezogen werden. Corey & Star 1973, Domschke & Drexl 2007.

Operationssucht [engl. *operation addiction*]; *Münchhausen-Syndrom*.

Operationsvorbereitung, psychologische (= p. O.) [engl. *preoperative psychological preparation*], **[GES, KLI]**, psychol. *Interventionen* können prä- und postoperative Belastungsreaktionen vermindern und damit zu einem günstigeren Genesungsverlauf beitragen. In einer *Metaanalyse* über 38 Studien (Johnston, Vögele 1993; s. auch

Powell et al. 2010), zeigte sich, dass psychol. vorbereitete Pat. einen besseren postoperativen Verlauf zeigen als unvorbereitete Pat. *Formen der O.*:
(1) *Prozedurinformationen*: Informationen über med.-technische Aspekte der Operation und der Narkose, z. B. die Art der Narkoseeinleitung, die Operationsdurchführung und therap. Maßnahmen nach der Operation. Diese Informationen bekommen Pat. i. d. R. zu versch. Zeitpunkten und von Angehörigen versch. Berufsgruppen vermittelt. Dazu gehören in erster Linie der behandelnde Haus- oder Facharzt, der operierende Chirurg und der Anästhesist.
(2) *Verhaltensinstruktionen*: geben Empfehlungen, was Pat. nach der Operation selbst tun können, um sich möglichst rasch von der Operation zu erholen. Bspw. kann durch die richtige Atemtechnik einer Lungeninfektion vorgebeugt werden; rechtzeitig aufzustehen vermindert das Embolierisiko und fördert die allg. Erholung. (3) *Empfindungsinformationen*: Die Empfindung von Schmerzen kann erfolgreich reduziert werden, wenn der Schmerz nicht unerwartet auftritt. Schmerzen, auf die man sich vorbereitet hat, ängstigen weniger. Dadurch werden Schmerzen insges. weniger stark wahrgenommen. Dies gilt auch für andere unangenehme Empfindungen und vorübergehende körperliche Beeinträchtigungen wie z. B. Atemschwierigkeiten, Schluckbeschwerden. (4) *kogn.-verhaltenstherap. Ansätze* (Verhaltenstherapie, kognitive Verhaltenstherapie): versuchen, dem Pat. eine kogn. Neubewertung (kognitive Um-/Restrukturierung) der Operation und des Klinikaufenthalts zu ermöglichen, z. B. durch die Konzentration auf die pos. Aspekte der Behandlung. Dies beginnt bereits bei der Risikoeinschätzung des Eingriffs: Ein 5 %iges Missfolgsrisiko bedeutet auch eine 95 %ige Erfolgschance. (5) *Hypnose und Entspannungstechniken* (Entspannung): werden verwendet, um akute Stressreaktionen zu behandeln und das Erregungsniveau bei sehr aufgeregten und ängstlichen Pat. zu senken. Ein Verfahren, das für Pat. schnell zu erlernen und deshalb vor einer Operation gut einzusetzen ist, ist die progressive Muskelentspannung nach Jacobson. (6) *Kombinationen dieser Verfahren*: erfolgreich ist bspw. die Kombination von progressiver Muskelrelaxation und der Autosuggestion von angenehmen Gefühlen und Bildern. Dieses Vorgehen hat sich bei der Durchführung von sog. min.-invasiven Eingriffen bewährt, bei denen die Pat. keine Vollnarkose bekommen, somit während des Eingriffs bei Bewusstsein sind. C. Vögele

operatives Abbildsystem (OAS) [engl. *operative image system*; lat. *operari* an etw. arbeiten], [**AO**], von Oschanin eingeführter Begriff, syn. internes (inneres) Modell. Hacker 1978.

Operator (= O.) [engl. *operator*; lat. *operari* an etw. arbeiten], [**KOG**], in der Mathematik wird O. meist verwendet als Bez. für eine Rechenvorschrift, durch die die Elemente einer best. Menge A eindeutig den Elementen einer Menge B (die mit A identisch sein kann) zugeordnet werden. Die Zuordnung selbst heißt Abbildung, Funktion oder Operation. Im Zusammenhang mit Handeln und Problemlösen wird unter O. einerseits eine mögliche Veränderung eines (gedanklichen oder materiellen) Realitätsbereichszustandes in einen anderen verstanden (Dörner 1974), andererseits ein Veränderungsverfahren, über das der Handelnde bzw. der Problemlöser verfügt und das er in einem Realitätsbereich bzw. innerhalb eines Problemraums wirksam werden lassen kann. Dabei wird zw. O. als allg. Form und *Operation* als einer konkreten Ausführung einer Veränderung unterschieden (Dörner 1976). Die Taxonomisierung von O. nach Dörner macht versch. Typen von Denkprozessen unterscheidbar. Makrooperator, Metaoperator.
Illegaler O. ist ein Sammelbegriff für Lösungsversuche in einem Problemlösungsprozess, mit denen sich ein Problemlöser über ihm vorgegebene, einschränkende Regeln oder andere Rahmenbedingungen hinwegsetzt, sodass u. U. zwar der Zielzustand erreicht wird, dies jedoch nicht als Lösung des Problems anerkannt und verwendet werden kann. G. Kaminski

Operator-Modelle [engl. *operator models*; lat. *operari* an etw. arbeiten], Mathematische Psychologie.

Opfererfahrung, kriminelle (k. O.) [engl. *criminal victim(ization) experience*; lat. *crimen* Verbrechen], [**KLI, RF**], die Untersuchung von Kriminalitätsopfern versucht zunächst häufig, etwas über Täter und Taten zu erfahren oder ein genaueres Lagebild der Kriminalität zu erhalten. So kann etwa das von der Polizei nicht registrierte «Dunkelfeld» der Kriminalität abgeschätzt werden, indem eine repräsentative Stichprobe von Personen dazu befragt wird, ob sie in einem def. Zeitraum Opfer k. Handlungen geworden sind und ob sie dies ggf. offiziell angezeigt haben. Jedoch werfen derartige Opferbefragungen eine Reihe von Problemen auf, die eine Interpretation derartiger Daten als «obj. Kriminalstatistik» (gegenüber anzeigeabhängigen offiziellen Statistiken) problematisch erscheinen lassen, z. B. die systematische Nichterfassung best. Gruppen (k. Milieus, Wirtschaftskriminalität) oder die Abhängigkeit der Ergebnisse von Erinnerungs- und anderen Verzerrungseffekten bei den Befragten (Erinnerung, Beobachtungsfehler).
Eine zweite traditionelle Richtung der Opferforschung ist es, durch differenziertere Beschreibungen («Wer wird wann Opfer welcher Tat und welchen Täters?») indiv. O. anhand von Merkmalen der Opfer vorhersagen und womöglich verhindern zu können. Dem liegt die Überlegung zugrunde, dass das Opfer in einem variierenden Ausmaß am Geschehen beteiligt ist. Allerdings ist hier die Gefahr zu beachten, dass die Fokussierung der kausalen Beteiligung des Opfers eine Attitüde stützen kann, die dem Opfer über die kausale Beteiligung hinaus auch einen Teil der moralischen Schuld zuschreibt. Bspw. haben Vergewaltigungsopfer (Vergewaltigung) vielfach unter derartigen Mitschuldmythen zu leiden, die neben und nach der unmittelbaren O. eine sekundäre Viktimisierung (Viktimisierung, sekundäre) bedeuten können. V. a. aber erscheint es wegen eines in fast allen Fällen k. O. unauflösbaren Zufallsmomentes zweifelhaft, ob sich eine kohärente Theorie einer Opferpersönlichkeit formulieren lassen wird, die über eine Beschreibung von stat. Risikomarkern hinausreicht. Weiterführend, auch in praktischer Hinsicht, sind daher ps. Untersuchungen, in denen die soziale Interaktion

im Vorfeld konkreter O. bspw. daraufhin untersucht wird, welche Kommunikationsprobleme die Eskalation begünstigt haben.
Ein weiterer wichtiger Schwerpunkt psychol. Opferforschung liegt auf den Folgen von O., in jüngerer Zeit v. a. im Hinblick auf posttraumatische Belastungsreaktionen (*Posttraumatische Belastungsstörung*). Obwohl Ausmaß und Intensität interindiv. teilweise deutlich variieren, findet sich regelmäßig, dass insbes. bei gravierenden Erfahrungen viele Symptome nachhaltig auftreten (bspw. erhebliche *Ängste*, *Depressivität* und Misstrauen bei Vergewaltigung). Häufig wird diese Opferforschung unter delikt- bzw. zielgruppenspezif. Perspektive unternommen; so gibt es umfangreichere Studien etwa zum Bereich der (sexuellen) Gewalt gegen Frauen, gegen Kinder oder gegen Ältere (*sexueller Missbrauch*). In diesem Zus.hang verweist eine Vielzahl von Befunden auf die Schlüsselrolle von Prozessen der subj. Verarbeitung von persönlich erfahrener Kriminalität. Dies führt zu der v. a. praktisch bedeutsamen Frage danach, mithilfe welcher Strategien und Mechanismen es Individuen gelingt, die Folgen einer O. zu bewältigen. Tatsächlich zeigt sich, dass sogar bei gravierenderen Ereignissen viele Personen nicht dauerhaft belastet bleiben. Die psychol. Forschung zur sog. *Resilienz* hat versch. belegt, dass in der Mehrzahl der Fälle sogar bei auf den ersten Blick dramatischen Erfahrungen die erwartbaren oder plausiblen Traumatisierungen (*Trauma*) nicht aufzutreten scheinen. Die aussichtsreiche Perspektive besteht hier insbes. darin, die Dynamiken der längerfristigen Bewältigung (*Coping*) auch schwerwiegender Erfahrungen besser zu verstehen und so wirksame Interventionsangebote zu fördern. Kamen 2007, Greve et al. 2014. *W. Greve*

Opferperspektive [engl. *victim's perspective*], *Ungerechtigkeitssensibilität*.

Opfersensibilität [engl. *victim sensitivity*], *Gerechtigkeit*, *Gerechtigkeitsprinzip*.

Opferzeugen mit Intelligenzminderung (= O.) [engl. *intellectually disabled victims of sexual abuse*], [**RF**], Opferzeugen ist der in der aussagepsychol. Literatur übliche und hinsichtlich des Wahrheitsgehaltes der Bekundungen neutrale Begriff für Opfer infrage stehender Sexualstraftaten, die i. R. eines Strafverfahrens belastende Aussagen tätigen. Menschen mit *Intelligenzminderung* sind in erhöhtem Maße gefährdet, Opfer sexueller Gewalt zu werden. Kommen diese mit dem Strafrechtssystem in Kontakt, ist die Begegnung sowohl für die betroffenen O. als auch für Vertreter der forensischen und strafrechtlichen Praxis mit besonderen Herausforderungen verbunden. Im Ermittlungs- und Strafverfahren werden Fragen der *Aussagetüchtigkeit* und *Glaubhaftigkeit* relevant. O. sind darauf angewiesen, dass ihre Besonderheiten im Verfahren berücksichtigt werden. Methodisch stellt dies insofern grundsätzlich kein Problem dar, als dem aussagepsychol. Ansatz der *Glaubhaftigkeitsbegutachtung* eine Berücksichtigung der indiv. Besonderheiten immanent ist. Probleme können sich jedoch aus einem geringen Kenntnisstand bzgl. O., neg. Einstellungen Verfahrensbeteiligter gegenüber O. sowie durch eine Akzeptanz von Mythen geistiger Behinderung (*geistige Behinderung, Mythen*) und sexueller Gewalt ergeben. Niehaus et al. 2013, Schröttle et al. 2012. *S. Niehaus*

Ophthalmologie [engl. *ophtalmology*; gr. ὀφθαλμός (*ophtalmos*) Auge, λόγος (*logos*) Wort, Lehre], Augenheilkunde. *Auge*.

Ophthalmometer [engl. *ophthalmometer*; gr. ὀφθαλμός (*ophtalmos*) Auge, μέτρον (*metron*) Maß], [**WA**], (Helmholtz), Vorrichtung, um den Krümmungshalbmesser der Hornhaut, zumal bei *Astigmatismus*, zu bestimmen. *Auge*.

Opiatabhängigkeit, Psychopharmakotherapie [engl. *opioid addiction/dependence, pharmacotherapy*], [**PHA**], i. R. einer Opiatabhängigkeit (*Opiate*) kann eine *Psychopharmakotherapie* bei einer Opiatintoxikation (*Vergiftung*), zur Milderung eines *Entzugssyndroms* und – in Kombination mit verhaltensthrap. Maßnahmen (*Verhaltenstherapie*) – zur Unterstützung der Entwöhnung und zur Rückfallprophylaxe sinnvoll sein. Eine Opiatintoxikation ist wegen der Atemdepression und der Gefahr der Atemlähmung eine med. Notfallsituation. Sie wird durch intravenöse (ggf. auch intramuskuläre oder subkutane) Applikation des kurzwirksamen Opiatrezeptorantagonisten *Naloxon* behandelt. Die Entgiftung von Opiaten wird i. d. R. stationär durchgeführt. Wenn keine anderen Substanzen (z. B. *Alkohol*, *Benzodiazepine*) missbraucht werden, ist das Entzugssyndrom nicht vital bedrohlich. Unterschieden werden die opiatgestützte und die nicht opiatgestützte Entgiftung. Bei der nicht opiatgestützten Entgiftung wird üblicherweise das missbrauchte kurzwirksame Opiat (v. a. *Heroin*) auf ein langwirksames Opiat (v. a. *Methadon* oder *Buprenorphin*) umgestellt, das dann langsam abdosiert wird. Bei diesem Vorgehen ist mit protrahierten *Entzugssyndromen* zu rechnen. Bei der opiatgestützten Entgiftung wird das missbrauchte Opiat abrupt abgesetzt und das sich entwickelnde Entzugssyndrom durch medikamentöse Maßnahmen in seiner Intensität gemildert. Hier kommt in erster Linie der α2-Adrenorezeptoragonist *Clonidin* zur Anwendung. Hierdurch werden v. a. körperliche Entzugssymptome vermindert, nicht jedoch *Dysphorie* und *Craving*. Häufig eingesetzt werden zusätzlich die trizyklischen *Antidepressiva*, *Doxepin* und *Trimipramin*, ohne dass ihre Anwendung in kontrollierten klin. Studien abgesichert worden wäre. Sie wirken gegen *Angst*, Unruhe und *Schlafstörungen*. Eine psychoth. geführte Rückfallprophylaxe kann mit dem langwirksamen Opiatrezeptorantagonisten *Naltrexon* unterstützt werden. Da viele opiatabhängige Pat. eine Abstinenz nicht längerfristig aufrechterhalten können, kommt für sie eher eine *Substitutionstherapie* infrage. Hierfür stehen v. a. das langwirksame Opiat Methadon und der partielle Opiatrezeptoragonist Buprenorphin zur Verfügung. Der partielle Agonismus am μ-Opiatrezeptor soll dabei zu weniger Euphorisierung führen. Scherbaum & Gastpar 2012b, Schaefer 1988. *G. Gründer*

Opiate [engl. *opiates*], [**PHA**], natürliche oder synthetische Derivate des *Morphins*. *Opioide*

Opioid-Antagonisten (= O.) [engl. *opioid antagonists*; gr. ἀνταγωνιστής (*antagonistes*) Gegner], [**PHA**], Substanzen, die die Wirkung von *Opioiden* ganz oder teilweise antagonisieren. Gut untersuchte Substanzen sind *Naloxon*, Nalorphin und *Naltrexon*. Eine grundsätzl. Frage betrifft die Möglichkeit, Belohnungseffekte von Opioiden zu antagonisieren. Hierzu wird i. d. R. geprüft, ob die intracraniale Stimulation von Belohnungsstrukturen durch den O. reduziert wird. *W. Janke*

Opioide (= O.) [engl. *opioids*; gr. ὄπιον (*opion*) Opium, εἶδος (*eidos*) ähnlich], **[PHA]**, psychotrope Substanzen, chemisch Peptide, mit Wirkungen, die denen von *Morphin* ähneln. Sie können synthetisch-exogen oder natürlich-endogen entstehen. Bei den *endogenen* O. unterscheidet man drei Gruppen: die Pro-Opiomelanocortin-Gruppe (POMC-Gruppe, z. B. das Beta-Endorphin), die Pro-Enkephalin-Gruppe (z. B. Met-Enkephalin) und die Pro-Dynorphine. Die O. fungieren im *Nervensystem* als *Neurotransmitter* in Interneuronen, aber auch als Cotransmitter in *GABA*ergen Projektionsneuronen. Außerhalb des ZNS sind sie an vielen Regelungsvorgängen wie z. B. der Darmfunktion, der Sekretion von *Hormonen*, des Kreislaufs und der Schmerzempfindlichkeit beteiligt. Die Vielfältigkeit der Wirkungen erklärt sich aus ihrer Wirksamkeit an versch. Rezeptoren (μ, κ, δ), die mit unterschiedlichen Funktionen verknüpft sind, so die μ-Rezeptoren v. a. mit der analgetischen und euphorisierenden Komponente. Exogene O. (*exogen*) sind v. a. *Analgetika*, so Abkömmlinge des Morphiums und synthetische Derivate, u. a. Morphin, *Codein*, *Heroin*, *Meperidin*, *Pethidin*, *Methadon*, *Hydromorphon*, *Fentanyl*. Bigelow & Preson 1995, Zacny 1995. *W. Janke/R. Küffner*

Opipramol (= O.) [engl. *opipramol*], **[PHA]**, ist eine trizyklische Substanz mit dem Kern von *Carbamazepin* und der Seitenkette von *Fluphenazin* und *Perphenazin*. Trotz einer trizyklischen Struktur zeigt O. in therap. Dosen keine Wiederaufnahmehemmung für biogene *Amine*. Es finden sich antagonistische Effekte am 5-HT2-, am H1- sowie am D2-*Rezeptor* bei erhöhtem Dopaminumsatz (*Dopamin*, *dopaminerges System*). O. ist ein starker Ligand an σ1- und σ2-Rezeptoren. Benkert & Hippius 2013. *M. Paulzen*

Opisthotonus *extrapyramidalmotorische Störungen*.

Opium (= O.) [engl. *opium*], **[PHA]**, chemische Substanz, enthalten im Milchsaft der Schlafmohnkapseln, seit Jhd. in der Volksmed. genutzt, pharmakol. zur Gruppe der *Opioide* gehörend. O. enthält ca. 25 versch. *Alkaloide*, von denen man die sechs wichtigsten in die zwei Klassen Phenanthren-Typ (*Morphin*, *Codein*, Thebain) und Benzylisochinolin-Typ (Papaverin, Narkotin, Narzein) einteilt. O. wird gegen schwere Schmerzzustände verwendet (*Analgetika*). Abusus führt zur Sucht. Daher unterliegt O. dem Betäubungsmittelgesetz. Hauptwirkungen: Dämpfung reflektorischer Reaktionen des Organismus auf störende Einflüsse (z. B. Noxen), analgetische, zentral dämpfende, atemdepressorische Wirkung. Dämpfende Wirkungen des Morphins auf Magen-Darm-Motorik. Psych. Wirkungen komplex. Sowohl *euphorische* als auch *dysphorische* Wirkungen. Aktories et al. 2005. *W. Janke/M. Reuter*

Oppel, Johann Joseph (1815-1894), **[HIS, WA]**, J. J. Oppel (auch: Oppell) war Physiker. Er prägte 1854 den Begriff «*geometrisch-optische Täuschungen*» " und beschrieb um die Mitte des 18. Jhd. mehrere Erscheinungen, die zu den ersten Beschreibungen optischer Täuschungen zählen (Phillips, Wade 2014). Verschiedene Täuschungen werden nach O. benannt. Am bekanntesten ist die Oppel-Kundt-Täuschung (*Oppel´sche Täuschung*) und die *Vertikalentäuschung*, nach der vertikale Linien länger geschätzt werden als gleich lange horizontale Linien. Phillips & Wade 2014. *H. E. Lück*

Oppel'sche Täuschung, syn. *Oppel-Kundt-Täuschung* [engl. *Oppel-Kundt illusion*], **[WA]**, eine nicht unterteilte Strecke wird beim Vergleich mit einer gleich langen unterteilten Strecke für kürzer gehalten. *geometrisch-optische Täuschung*.

Opportunitätskosten [engl. *opportunity costs*; lat. *opportunitas* günstige Lage], *Bildungsökonomie*, *Organisationswahl*, *Psychotherapie, ökonomische Aspekte*.

Opposition [engl. *opposition*; lat. *opponere* entgegen stellen], *Konformität*, *Phonologie*.

Optik (= O.) [engl. *optics*; gr. ὄψις (*opsis*) Sehen], **[WA]**, Lehre vom *Licht*. Von der Antike bis über das Mittelalter hinaus war die O. immer gleichzeitig Lehre vom Licht (als physikal. Gegenstand) und von der *Wahrnehmung*; allmählich bildete sich eine Differenzierung heraus (z. B. physiol. Optik, physikal. Optik). Für die Wahrnehmungsps. besonders wichtig ist die geometrische Optik, die die Ausbreitung des Lichts beschreibt (auch Brechung und Spiegelung); mithilfe der geometrischen Optik lassen sich Eigenarten des *Netzhautbildes* berechnen (ein einfaches Bsp. ist der *Sehwinkel*); ihre Anwendung auf natürliche Wahrnehmungssituationen wird auch als *ökologische Optik* bez. *Auge*, *visuelle Wahrnehmung*. *H. Heuer*

optimaler Stichprobenumfang (= o. S.) [engl. *optimal sample size*], **[FSE]**, sind für eine sozialwiss. Studie die zu erwartende *Effektgröße*, α- und β-Fehler-Wahrscheinlichkeit (*Fehler erster Art*, *Fehler zweiter Art*) sowie die stat. Analysemethode definiert worden, so kann der o. S. ermittelt werden. Dieser erfüllt zwei Bedingungen. Einerseits ist diese Stichprobe vom Umfang her so groß, dass der zu erwartende Effekt stat. abgesichert werden kann. Somit ist der Effekt mit min. Aufwand an Zeit, Geld und Pbn nachweisbar, falls er in der *Population* vorliegt. Andererseits ist die Stichprobe so klein, dass geringere Effekte als der erwartete Effekt nicht mit der definierten Sicherheit stat. bedeutsam werden. Der optimale Stichprobenumfang stellt somit einen Kompromiss zw. praktischer Relevanz und stat. Signifikanz (*Signifikanztest*) dar und sollte immer vor der Durchführung einer Studie ermittelt werden. Diese Berechnungen sind bspw. mit dem freien Softwareprogramm *G*power* möglich. *Teststärke*. Leonhart 2013, Eid et al. 2013. *R. Leonhart*

Optimismus (= O.) [engl. *optimism*; lat. *optimum* das Beste], **[GES, PER]**, personale Ressourcenvariable, die der psych. und physischen *Gesundheit* über direkte und indirekte Mechanismen förderlich ist. Die drei wichtigsten Konzeptionen verstehen O. als: (1) generalisierte pos. *Ergebniserwartung*, (2) optimistischen Attributionsstil (*Attribuierung*), der durch internale, globale und stabile Ursachenzuschreibung für pos. und eine externale und v. a. variable und spezif. Ursachenzuschreibung für neg. Ereignisse gekennzeichnet ist, (3) pos. Illusionen, die

Menschen über ihr *Selbst* und ihren Selbstwert (*Selbstwertgefühl*), über das Ausmaß persönlicher Kontrolle sowie über ihre Zukunft haben. Die unterschiedlichen Konzeptionen des O. werden mit jew. eigenen Verfahren gemessen. Der dispositionale O. wird mit dem *Life Orientation Test (LOT-R)*, der optimistische Attributionsstil mit dem *Attributional Style Questionnaire (ASQ)* gemessen. Der ASQ erfasst den Attributionsstil für pos. und neg. Ereignisse, mit jeweils drei Subskalen für internale, stabile und globale Ursachenzuschreibungen. Eine Alternative zum ASQ ist die Erfassung des Attributionsstils durch Inhaltsanalysen von Tagebüchern oder Sprachaufzeichnungen (*Content Analysis of Verbatim Explanations – CAVE*). *Pessimismus*. Hoyer & Herzberg 2009, Carver et al. 2010. *P. Y. Herzberg*

optischer Fluss (= o. F.) [engl. *optical flow*], **[WA]**, Veränderungen des visuellen Reizes (*visuelle Wahrnehmung*, *Reiz*) können meist als lokale Verschiebung von Bildbereichen beschrieben werden. Solche Bildbewegungen haben Betrag (Geschwindigkeit) und Richtung. Im allgemeinsten Sinn ist der o. F. Fluss das Muster, das die lokalen Bewegungsvektoren im Bild bilden, d. h. ein zweidimensionales Vektorfeld. Im engeren Sinn versteht man unter dem o. F. spez. solche Vektorfelder, die der Betrachter durch seine Eigenbewegung selbst erzeugt. Physikalisch stellt die Bewegung eines Betrachters relativ zu Objekten im umgebenden Raum ein dreidimensionales Vektorfeld dar, das sowohl Bewegungen des Betrachters als auch Eigenbewegungen von Objekten (*independent motion*) umfasst. Die Projektion auf die Bildebene mittels der Zentralprojektion erzeugt das zweidimensionale *projizierte Vektorfeld*. Es unterscheidet sich vom sichtbaren o. F. durch Effekte der lokalen *Bewegungswahrnehmung*. Jede Bewegung des Auges kann instantan in eine Translation und eine Rotation mit jew. drei Freiheitsgraden zerlegt werden. Die zugehörigen Flussfelder stellt man sich am besten auf einer Kugel um das Projektionszentrum vor. Rotationsfelder sind dann Wirbel mit Polen an den Durchstoßpunkten der Drehachse mit der Sichtkugel; die Flusslinien Breitenkreise relativ zu dieser Polachse. Rotationsfelder hängen nur von der Eigenbewegung und dem Bildkontrast, nicht aber vom Abstand der Objekte ab. Translationsfelder haben je einen Expansions- und einen Kontraktionsfokus am Durchstoßpunkt der Translationsrichtung durch die Sichtkugel; ihre Flusslinien verlaufen auf Längenkreisen (Großkreise durch die fokalen Punkte). Die Länge der Flussvektoren hängt im Translationsfall vom Abstand ab. Im Flussfeld überlagern sich Translations- und Rotationsanteil additiv. Wichtige Wahrnehmungen aus dem o. F. sind (neben der Objektbewegung selbst) die Eigenbewegungsrichtung (*heading*), bei reiner Translation ist das die Richtung auf den Expansionsfokus, die Vertragung (*Vektion*), also das Gefühl, den Ort zu verändern, die relativen Abstände der umgebenden Objekte (*Bewegungsparallaxe*), die Stellung im Raum (*posture*, z. B. bei *Moving-Room-Experimenten*), sowie die verbleibende Zeit bis zum Aufprall auf ein Hindernis (*time to collision*). Die absolute Geschwindigkeit einer Translationsbewegung kann aus dem o. F. alleine nicht ermittelt werden. *visuelle Raumhinweise*, *visuelle Wahrnehmung*. Goldstein 2007. *H. A. Mallot*

optischer Kardinalpunkt [engl. *optical cardinal point*], *Knotenpunkt des Auges*.

optische Täuschung [engl. *optical illusion*], *Bewegungstäuschung*, *geometrisch-optische Täuschung*.

Optometer [engl. *optometer*; gr. ὄψις *(opsis)* Sehen, μέτρον *(metron)* Maß], Sehweitenmesser. *visuelle Wahrnehmung*, *Auge*.

Optotyp [engl. *optotype*; gr. ὄψις *(opsis)* Sehen, τύπος *(typos)* Form, Gepräge], **[WA]**, Zeichen zur Sehschärfenmessung, z. B. Buchstaben, *Landolt-Ringe*. *Sehschärfe*.

OR **[KOG]**, Abk. für *orientation response* (Pawlow, Orientierungsreflex). *Orientierungsreaktion*.

[FSE], Abk. für *odds ratio (OR)*.

oral [engl. *oral*; lat. *os* Mund], den Mund betreffend.

orale Phase [engl. *oral phase*; lat. *os* Mund], **[KLI]**, nach Freud (*Psychoanalyse*) die erste Phase der seelischen Entwicklung von der Geburt bis etwa zum Ende des ersten Lebensjahres. In dieser Phase ist der Mund die erogene Zone mit Lustgewinn aus Saugen, Lutschen, Beißen. Man unterschiedet eine frühe und eine späte Phase, wobei letztere durch das Wachstum der Zähne eingeleitet und durch das Beißen gekennzeichnet ist (*Fixierung*, *Regression*). Die frühe Phase kann nach Freud und Abraham zu schizophrenen Psychosen (*Schizophrenie*), die späte u. a. zu *Manie*, *Depression* und *Hypochondrie* führen. Statt spezif. neurotischer Symptomatik kann es auch zur Ausformung eines *oralen Charakters* kommen (*analsadistische Phase*). In der aktuellen psychoanalytischen Diskussion wird das Thema des kompetenten Säuglings anstatt der oralen Phase präferiert. Dornes 2000, Gerlach 2000b. *J. Brauer*

oraler Charakter [engl. *oral character*; lat. *os* Mund], **[KLI]**, in der *Psychoanalyse* von Abraham (1921) beschriebener Charaktertyp, der durch die Verarbeitung seiner oralen Bedürfnisse (*orale Phase*) geprägt ist. Zu den Merkmalen des oralen Charakters zählen u. a. Passivität und Abhängigkeit, Bedürfnis nach Fürsorge und *Kontakt* um jeden Preis sowie egozentrische Empfindlichkeit. Der Wunsch bedingungslos entgegengebrachter Liebe kann ebenso im Vordergrund stehen wie das Ausüben «beißender» Kritik. *analer Charakter*.

Oralität [engl. *orality*; lat. *os* Mund], *Schriftsprache*.

Oralraum [engl. *oral cavity*; lat. *os* Mund], **[EW]**, erste Zone des räumlichen Bewusstseins beim Kind, bezogen auf Tast- und Bewegungsempfindungen im Mund.

Orbita, orbital [engl. *orbital*; lat. *orbita* Kreis], **[BIO]**, Augenhöhle, die Augenregion betreffend.

Orciprenalin [engl. *orciprenaline*], **[PHA]**, Substanz aus der Klasse der VNS-Pharmaka vom Typ der *Sympathikomimetika*. Keine unmittelbaren zentralnervösen Wirkungen. Deshalb geeignet als Forschungswerkzeug der Emotionsps. Gleich starke Wirkung an Beta1- und Beta2-Rezeptoren. Wirkung vergleichbar zu *Isoprenalin*, jedoch längere Wirkungsdauer. Erdmann 1983. *G. Erdmann/W. Janke*

Ordinalskala (= O.) [engl. *ordinal scale*; lat. *ordinare* ordnen, *scala* Treppe], syn. *Rangskala*, **[FSE]**, eine O. oder Rangordnung stellt die einfachste Form einer Metrik dar.

Sie ermöglicht Aussagen über die Größen- bzw. Ordnungsrelationen von Beobachtungseinheiten i. S. von «größer – kleiner», nicht jedoch über die Größenunterschiede zw. den versch. Elementen bzw. Skalenwerten (*Intervallskala*). Bsp. für eine O. sind die Schwere-/Einschränkungsgrade oder gängige ordinale Klassifizierungen des soz. Status. *Skalenniveau*.

Ordinalvariable [engl. *ordinal variable*], [**FSE**], eine auf einer *Ordinalskala* klassifizierte *Variable*. *Skala*.

Ordnungsgrad (= O.) [engl. *degree of order*], [**KOG**], aus der *Informationstheorie* stammendes diskretes Maß für die serielle Struktureinheit von *Zeichen*-Abfolgen. In der *Sprachstatistik* kommt z. B. einer Abfolge von Buchstaben der O. «k» zu, wenn sich in ihr die Auftretenshäufigkeiten aller aus k aufeinanderfolgenden Buchstaben gebildeten Serien so verteilen wie in einem für die Gebrauchssprache repräsentativen Text. Eine solche Abfolge heißt dann auch *Approximation* k-ter Ordnung. Der O. steht mit der *Redundanz* in Zusammenhang. H.E. Zahn

orektisch (= o.) [engl. *orectic*; gr. ὄρεξις (*orexis*) Verlangen], [**EM, EW**], die willens- und gefühlsmäßigen Aspekte der Erfahrung betreffend: Impuls, Haltung, Wunsch, Emotion. Lewis (1970) stellt der *kognitiven Entwicklung* im Säuglings- und Kleinkindalter die o.e als eine Mischung affektiver und antriebhafter Vorgänge gegenüber. Aus diesen o. Anfängen erwächst dann der *Sprachentwicklung*, wobei die ersten Sprachlaute noch gänzlich emot. sind und erst innerhalb der Gesamtsituation Mitteilungswert erhalten. Zur *Abstraktion* von Begriffen wird das Kind durch die Ähnlichkeit emot. und triebhafter Erfahrungen in versch. Situationen zus. mit der Erfahrung geführt, dass es in allen diesen Situationen dasselbe kennzeichnende Wort gebraucht. Die sich entwickelnde Sprache stellt ihrerseits wieder einen fundamentalen Faktor für die kogn. und o. Entwicklung dar. Entsprechend geht nach Lewis sprachliche Retardierung mit o. Unreife einher. H. Grimm

Orexin [engl *orexin*; gr. ὄρεξις (*orexis*) Verlangen], [**PHA**], syn. mit *Hypocretin*.

Orexinantagonisten (= O.) [engl. *orexin antagonists*], [**PHA**], neue Klasse von Arzneimitteln, die Rezeptoren für *Orexin* antagonisieren. Der einzige derzeit klin. verfügbare O. ist *Suvorexant*, das 2014 in den USA und Japan zur Behandlung der *Insomnie* zugelassen wurde. In der EU ist die Substanz noch nicht zugelassen, mit ihrer Zulassung ist jedoch zu rechnen. Die Wirkungen von O. erklären sich durch die Hemmung von Orexin, das Wachheit und Nahrungsaufnahme stimuliert. Bei *Narkolepsie* sind sie daher auch kontraindiziert. G. Gründer

Organ (= O.) [engl. *organ*; gr. ὄργανον (*organon*) Werkzeug], [**BIO**], aus Zellen bzw. Zellverbänden (Geweben) aufgebauter Körperteil mit spezif. Funktion (vegetatives O., animales O.). Bilden mehrere O. eine Funktionseinheit, so spricht man von einem «Apparat», z. B. Verdauungs-, Bewegungsapparat. Eine Anzahl im Körper verstreuter O. mit gemeinschaftlicher Leistung heißt O.system.

Organempfindungen [engl. *organ sensation*], [**BIO**], auch als Vitalempfindungen bezeichnet. Die von der inneren *Organ*tätigkeit (Magen, Herz, Darm) ausgelösten *Empfindungen*. Sie beziehen sich also nicht auf die Außenwelt, sondern auf den eigenen Körper (*Hunger*, Durst, Ekel, Übelkeit, Harndrang, Hustenreiz u. a. m.). Gelegentlich rechnet man auch kinästhetische und Gelenkempfindungen dazu. *Gemeingefühl*.

Organisation (= O.) [engl. *organisation*; gr. ὄργανον (*organon*) Werkzeug], [**AO**], der Begriff der O. ist mehrdeutig und über seine Def. gibt es sehr kontroverse Auffassungen. In der dt. Betriebswirtschaftslehre herrschte lange ein instrumenteller O.begriff vor (Schreyögg 2006). Danach dient die O. der Rationalisierung der Arbeitsabläufe durch organisationale Regelungen, die sich als Ergebnis in einer effizienten O. zeigen. Ein bekannter Vertreter ist Kosiol (1962). In seiner *gestaltungsorientierten O.lehre* stützt er sich auf Grundlagen der klassischen Theorie der idealen bürokratischen O. von Max Weber (1922). Kosiol analysiert und zerlegt die Aufgaben eines Betriebs und ordnet sie einer nach dem Prinzip der Wirtschaftlichkeit gestalteten Aufbauo. (im Kern als hierarchisch strukturiertes Stellen- und Abteilungssystem) und Ablaufo. (Arbeitsverteilung und raumzeitliche Gestaltung der Prozesse) zu.

In der *Organisationspsychologie* werden O. i. Allg. als soziale Institutionen oder *soziale Systeme* betrachtet. Der Begriff der O. wurde hier seit den 1960er-Jahren zunehmend als Oberbegriff für Industriebetriebe, Behörden, Schulen oder Krankenhäuser und andere soziale Institutionen verwendet und löste dadurch den engeren Begriff des Betriebs der *Betriebspsychologie* ab. Bass & Deep (1972) haben die O. vereinfachend als offene Systeme zur Transformation von Menschen, Geld und Material beschrieben. Gebert (1978) hebt als Bestimmungsmerkmale hervor, dass eine O. als offenes Systeme gegenüber ihrer Umwelt eine zeitlich überdauernde Existenz aufweist, spezif. Ziele verfolgt und aus Individuen bzw. Gruppen zus.gesetzt ist, wobei eine best. Struktur (Arbeitsteilung, Hierarchie von Verantwortung etc.) existiert (s. bereits March & Simon 1958). Allgemeiner mit Bezügen zum betriebswirtschaftlichen Aufgabenbegriff kann eine O. auch als System von Menschen, Aufgaben und Regeln definiert werden (Greif 1994a). Während *Aufgaben* beschreiben, was getan werden soll, zeigen *Regeln*, wie dies geschehen soll (bspw. durch Qualitätskriterien, Verhaltensstandards oder Heurismen). Der Begriff der O. umfasst hier – umfassender als bei Kosiol (1962) – die konkrete Planung, Koordination und Kooperation, Selbst- oder Fremdsteuerung und -kontrolle von Arbeitstätigkeiten und daneben auch die Arbeitsteilung und alle Formen der Formulierung, Kommunikation und Interpretation von arbeitsbezogenen Aufgaben und Regeln, Wissen und Erfahrungen durch Sprache und nicht sprachliche Medien.

Nach der *konstruktivistischen O.theorie* von Weick (1969) interpretieren O. und ihre Mitglieder ihre Umwelt an Sinn- und Deutungsmustern des eigenen Handelns und konstruieren die «Realitäten» sinnstiftend, damit die organisationale Identität erhalten bleibt. Nach seiner provokanten These sind Menschen in Organisationen grundsätzlich nicht in der Lage, zielgerichtet zu handeln und

Probleme zu lösen. Sie rechtfertigen ihr Handeln lediglich nachträglich als zielgerichtet und rational geplant.

In Dt. wurde eine radikal-konstruktivistische neuere Systemtheorie der O. durch den Soziologen Luhmann (1984) begründet. Sie wurde von vielen Vertretern in der Soziologie und theorieorientierten Betriebswirtschaftslehre (Schreyögg 2006) sowie in der O.ps. von Neuberger (1991) als Grundlage herangezogen. Kern von Luhmanns O.begriff ist eine Übertragung seines der neueren Biologie entlehnten Konzepts der Selbstreproduktion von Lebewesen, *Autopoiese* [gr. *selbst schaffen*], auf soziale Systeme. O. zeichnen sich danach dadurch aus, dass sie ihre Elemente selbst erzeugen und dadurch die Einheit und Besonderheit des Systems reproduzieren. Diese Selbsterzeugung der Elemente durch die Elemente wird auch als «selbstreferenzielle Reproduktion» bez. Nun werden Menschen nicht durch die O. hergestellt. Nach Luhmanns Übertragung des Autopoiese-Konzepts auf soziale Systeme können deshalb Menschen und ihre Merkmale (z. B. ihre Motivation) grundsätzlich keine Elemente sozialer Systeme sein. Menschen gehören aus seiner Sicht zur «systeminternen Umwelt» der O. Die Elemente sozialer Systeme sind Kommunikationen, die wiederum durch Kommunikationen reproduziert werden. Der O.psychologe Neuberger (1991b) versteht das soziale System einer O. dementsprechend allg. als «Ordnung der Verhältnisse».

Die neuere *Systemtheorie* betont die Bedeutung informeller Kommunikationen. Sie ermöglichen schnelle Verständigungen und befriedigen Zugehörigkeitsbedürfnisse. Dadurch und indem durch sie Schwächen der formalen Regelungen kompensiert werden können, dienen sie der Stabilisierung des Systems. Eine radikale *Selbstorganisationstheorie der O.* auf dieser Grundlage hat Probst (1987) publiziert (*Selbstorganisation*). Danach kann man eine O. nicht direktiv steuern, sondern nur indirekt beeinflussen. Die radikale Ablehnung jeder Form zielgerichtet geplanter Beeinflussbarkeit und die Abstraktion von konkreten Menschen macht es schwer, aus diesen Systemtheorien praktische Maßnahmen für die Gestaltung und Veränderung von Prozessen in O. abzuleiten, und kann nicht erklären, wieso nach zielgerichtet geplanten und durchgeführten Maßnahmen (*Veränderungsmanagement*, *Zielvereinbarungsgespräche*) messbare wirtschaftliche und soziale Verbesserungen erreicht werden können (Greif et al. 2004).

Eine alternative Grundlage für eine Selbstorganisationstheorie der O. liefert die naturwiss. orientierte Synergetik (Haken 1981, Kriz 1992). Als «Lehre vom Zusammenwirken» oder «kooperativen Verhalten» der Komponenten und Prozesse in physikalischen, biol. und sozialen Systemen analysiert sie die Bedingungen, Ordnungsparameter und Selbstorganisationsprozesse im System, durch die sich aus ungeordneten Zuständen geordnete Prozesse und Strukturen entwickeln oder aus strukturellen Ordnungen nach instabilen Phasen neue Selbstordnungen bilden können (Kriz 1992). Sie unterscheidet zw. stabilen und geordneten Phasen mit hoher Vorhersehbarkeit der Prozesse und chaotisch ungeordneten, nicht vorhersehbaren Prozessen, wobei sich die Ordnungen jew. zw. den Mikro- und Makroebenen unterscheiden können. Die synergetische Theorie erklärt allg., wie eine ineffiziente O. durch eine für die Veränderung grundlegende chaotische Übergangsphase in eine radikal neue, stabile Selbstordnung einmünden kann.

Greif et al. (2004) def. auf der Grundlage eines synergetischen Verständnisses eine O. als ein sich selbst organisierendes System, in dem Menschen nach expliziten und impliziten Regeln Aufgaben und Probleme zugewiesen werden. Der verwendete allg. Begriff der *Selbstorganisation* umfasst dabei sowohl zielgerichtet geplante als auch spontane und nicht vorhersehbare Prozesse in der O. Der Begriff der *Aufgabe*, auf den in der Def. Bezug genommen wird, subsumiert sowohl bewusst geplantes, zielgerichtetes als auch spontanes Handeln als auch Aufträge, die nicht den vorausgeplanten Zielen der O. entsprechen. Probleme stellen im Unterschied zu Aufgaben Denkanforderungen, weil ihre Lösung nicht bekannt und vorgegeben ist (*Innovationen in Organisationen*). Die Zuweisung eines Problems an eine Person, das nicht gelöst wurde und zukünftig nicht lösbar erscheint, kann auch die Funktion einer Schuldzuweisung für Misserfolge haben. In der zuletzt genannten Def. werden Strukturen wie Hierarchie und Aufgabenteilung nicht bes. hervorgehoben, da sie kein Spezifikum von Unternehmen und anderen Organisationen sind, sondern in jeder *Gruppe*, insbes. *Arbeitsgruppe* und sogar in Familienkostellationen zu beobachten sind. *Unternehmensvisionen*.

S. Greif

Organisation, perzeptive [engl. *perceptive organisation*], [**WA**], Prozesse, durch die versch. Reizelemente in best. Beziehungen zueinander wahrgenommen werden. Zu den Problemen der perzeptiven Organisation gehören das *Figur-Grund-Verhältnis* und die *Gruppierung;* für beide Klassen von Phänomenen gelten die *Gestaltgesetze* mit der *Prägnanz* als oberstem Prinzip. *Gestalttheorie*.

organisationale Fairness [engl. *organisational fairness*; *fairness* Gerechtigkeit], [**AO**], umfasst Bewertungen bezogen auf die faire Verteilung von Ressourcen (*distributive Fairness*), auf Entscheidungsprozesse (*prozedurale Fairness*) sowie zw.menschliche Interaktionen (*interaktionale Fairness*) in *Organisationen*. *Fairness*urteile können nach theoret. Annahmen aus einem Ungleichgewicht zw. antizipierten Zielen und Ergebnissen entstehen (Referent-Cognitions-Theory) und/oder aus dem Ungleichgewicht zw. erbrachten und erhaltenen Leistungen im Vergleich mit anderen (*Equity-Theorie*), wobei die Verantwortung zumindest z. T. bei anderen Personen gesehen wird. Dabei sind nicht nur die indiv. Ergebnisse relevant, sondern v. a. auch wie diese zustande gekommen sind (*Fair Process-Effekt*).

T. Rigotti

organisationale Identifikation (= o. I.) [engl. *organizational identification*], [**AO, SOZ**], beruht auf der Theorie der sozialen Identität (= s. I.; Tajfel & Turner 1979; *SIDE-Modell*), wonach Menschen ihr *Selbstkonzept* teilweise aus ihren indiv., persönlichen Eigenschaften und Fähigkeiten beziehen (die personale s. I.) und teilweise aus den Eigenschaften und Fähigkeiten der *Gruppen*, denen sie angehören (die soziale s. I.). Weil Menschen bestrebt sind, ein pos. Selbstkonzept zu haben, versuchen sie ihre Gruppen gegenüber anderen abzugrenzen und sie pos. darzustellen, z. B. indem sie sich für ihre Gruppe engagieren und mehr leisten. o. I. ist eng verwandt mit dem Konstrukt *Commitment*, die empirische *Korrelation* zw. o. I. und affektivem Commitment ist meist sehr hoch, theoretisch gibt es aber einige Abgrenzungen (z. B. ist Commitment eine Einstellung gegenüber der Organisation, während O. eher die Überlappung von *Selbst* und *Organisation* bezeichnet). Ashforth & Mael (1989) haben das Konzept in die Arbeitswelt eingeführt und seither haben unzählige Studien belegt, dass Menschen, die sich stärker mit ihren Teams und/oder Organisationen identifizieren, auch mehr i. S. der Normen (*Normen, soziale*) agieren. Stärker identifizierte Mitarbeiter sind generell zufriedener und belastbarer, sie sind gegenüber Kollegen hilfsbereiter und wollen das Unternehmen seltener verlassen. Je nach Kontext sind sie auch leistungsfähiger, also z. B. sind sie in stark kundenbezogenen Firmen kundenorientierter oder in kreativen Bereichen selbst kreativer. Starke o. I. kann aber auch zu Problemen führen: So sind überidentifizierte Mitarbeiter auch stärker dem Risiko ausgesetzt, Workaholics (*Workaholism, Workaholic*) zu werden. Stärker identifizierte Mitarbeiter leiden auch bes. darunter, wenn es dem Unternehmen wirtschaftlich nicht gut geht oder wenn es von einer Fusion oder Übernahme betroffen ist. Ein weiterer Befund ist, dass Menschen sich eher mit kleineren Einheiten (Teams oder Abteilungen; *Arbeitsgruppe*) identifizieren als mit größeren (z. B. der Organisation als Ganzer), dass aber die o. I. durchaus relevanter für best., organisationsbezogene Kriterien ist, z. B. für die Kündigungsabsicht. *organisationale Identifikation, Messung*. van Dick 2007. *R. van Dick*

organisationale Identifikation, Messung [engl. *organisational identification, measurement*], **[AO, DIA]**, *organisationale Identifikation*; für die Erfassung der Identifikation von Mitarbeitern mit ihren arbeitsbezogenen Gruppen (z. B. Team, *Arbeitsgruppe*, Abteilung, *Organisation*, Berufsgruppe; *Gruppe*) haben sich drei Maße etabliert. Mael und Ashforth (1992) entwickelten eine Skala mit sechs Items: (1) Erfolge meiner [Gruppe, z. B. Name der Organisation] sind meine persönlichen Erfolge. (2) Wenn jemand meine [Gruppe] lobt, empfinde ich das als persönliches Lob. (3) Wenn die Medien meine [Gruppe] kritisieren würden, wäre ich beschämt. (4) Wenn jemand meine [Gruppe] kritisiert, fühlt sich das wie eine persönliche Beleidigung an. (5) Ich bin sehr daran interessiert, was andere über meine [Gruppe] denken. (6) Wenn ich über meine [Gruppe] spreche, sage ich normalerweise «wir» und nicht «sie». Die Items werden mit den üblichen Antwortskalen (z. B. sechsstufig mit den Endstufen «stimme gar nicht zu» und «stimme voll zu») vorgegeben. Doosje et al. (1995) entwickelten eine Skala mit vier Items, die sich auch gut in Ad-hoc-Gruppen (z. B. im *Experiment*) verwenden lassen: (1) Ich identifiziere mich mit anderen Mitgliedern dieser [Gruppe]. (2) Ich sehe mich selbst als Mitglied dieser [Gruppe]. (3) Ich bin froh, dieser [Gruppe] anzugehören. (4). Ich fühle mich anderen Mitgliedern [Gruppe] verbunden. Auch diese Items werden mit den üblichen Antwortskalen beantwortet. Eine dritte Möglichkeit wurde von Bergami und Bagozzi (2000) eingeführt, die sog. *Venn-Diagramm*, bei dem die Befragten eine Reihe von acht Paaren sich zunächst gar nicht, dann stärker und schließlich vollst. überlappender Kreise dargeboten bekommen. Ein Kreis repräsentiert die Person, der andere Kreis die Gruppe, und die Befragten sollen angeben, welches Paar ihre eigene Beziehung zur Gruppe am besten charakterisiert. *R. van Dick*

organisationale Identifikation; erweitertes Modell [engl. *expanded model of organisational identification*], *Erweitertes Modell der organisationalen Identifikation* (EOI), **[AO, SOZ]**, Kreiner und Ashforth (2004) haben das traditionelle Modell der *organisationalen Identifikation* erweitert. Sie nehmen an, dass Mitarbeiter sich nicht nur niedrig oder hoch auf der Dimension der Identifikation einschätzen können, sondern sie schlagen drei weitere Aspekte der Beziehung zw. *Individuum* und *Gruppe* vor. Zum einen kann man sich – durchaus gleichzeitig zu starker Identifikation – auch von der Organisation (oder best. Aspekten) distanzieren (*disidentification*), man kann sich neutral verhalten (*neutral identification*) oder man ist hin- und hergerissen zw. Identifikation und Disidentifikation (*ambivalent identification*). Für die drei zusätzlichen Formen haben Kreiner & Ashforth Items entwickelt und können zeigen, dass sich die vier Formen in *konfirmatorischen Faktorenanalyse* als unterscheidbare Konstrukte modellieren lassen und dass sie in Regressionsanalysen für versch. Kriterien zusätzliche Varianz erklären (*Varianzaufklärung*). *R. van Dick*

organisationalen Veränderungen, Resistenz bei (= R.) [engl. *resistance to change*; lat. *resistere* Widerstand leisten], **[AO, WIR]**, beschreibt eine neg. Einstellung von Mitarbeitenden gegenüber einer organisationalen Veränderung. Unterschieden werden drei Formen der R.: (1) *affektive*: emot. Reaktion auf die organisationale Veränderung, (2) *verhaltensbezogene*: aktives Handeln gegen die organisationale Veränderung oder ihre Umsetzung, (3) *kogn.*: neg. Haltung gegenüber der organisationalen Veränderung und ihren Folgen. R. kann zu unerwünschten Folgen beitragen wie z. B. erhöhte Kündigungsabsichten und verringerte *Arbeitszufriedenheit*. Faktoren wie z. B. *Führung, transformationale*, Vertrauen ins Management, Entwicklungsmöglichkeiten und Partizipation tragen dazu bei, R. zu verringern. Soziale Einflüsse bestärken R.; Information im Veränderungsprozess kann eine pos. oder eine neg. Rolle spielen. Piderit 2000, Oreg 2006. *S. Raeder*

Organisationen, lernende (= l. O.) [engl. *learning organisations*], **[AO]**, *Lernen* in *Organisationen* (= O.) wird oft lediglich als Lernen von Individuen (*Aus- und Fortbildung*) oder Gruppen (*Gruppenarbeit*) verstanden. Mit dem Begriff der l. O. wurde von Argyris & Schön (1978) die Vorstellung eingeführt, dass O. auch als Ganze lernen können. Zur genaueren Eingrenzung von l. O. unterscheiden sie zw. zwei Ebenen der Selbstreflexion beim Lernen, (1) *Single-Loop-Lernen* (Lernen mit einfacher Rückkopplung und zyklische Anpassung an vorgegebene Zielwerte) und (2) *Double-Loop-Lernen* (doppelte Rückkopplung (*Rückkoppelung, Rückinformation*) und Reflexion und Veränderung der Ziele, Voraussetzungen oder Bedingungen des Lernens). Als l. O. werden danach nur solche O. angesehen, die sich insges. durch Double-Loop-Lernen oder andere höhere Ebenen reflexiven Lernens in der gesamten O. verändern. Argyris & Schön (1978) bez. die Vorannahmen, die von Führungskräften in O. vertreten werden, an denen sie sich in ihrem Handeln konsequent ausrichten, Theorien der Handlungen (*theories of actions*). Sie unterscheiden zwei Arten: (1) die öffentlich vertretenen Theorien (*espoused theories*) und (2) die tatsächlich praktizierten Theorien (*theories-in-use*). Zwischen beiden Theorien besteht normalerweise ein großer Unterschied. So behaupten nach Argyris (1998) nahezu alle Führungskräfte öffentlich, dass sie vom Konzept *kontinuierliche Verbesserungen* und von ständigem Lernen begeistert sind. Die von ihnen für das eigene Handeln und Lernen bestimmende und praktizierte Theorie basiert aber eher auf der impliziten Annahme, dass sie selbst so gut ausgebildet und erfahren sind, dass sie nicht ständig lernen müssen. Durch gemeinsame Reflexionsgespräche mit den Führungskräften können sie diese und andere Widersprüche selbst erkennen und ihre eigenen Grundannahmen verändern. Argyris hat viele Gesprächsprotokolle veröffentlicht, die zeigen, wie Führungsteams durch Double-Loop-Lernen ihre handlungsleitenden Annahmen über ihre O. reflektieren und mit nützlichen praktischen Konsequenzen verändern. Zwischen l. O. und Konzepten zum *Wissensmanagement* bestehen enge Zusammenhänge (Kluge 1999). *Führung, Organisationsentwicklung*. Kluge & Schilling 2004. S. Greif

Organisationsanalyse (= OA.) [engl. *organizational analysis*], [AO], ist die systematische Untersuchung und Beschreibung der Merkmale, Strukturen, Bedingungen und Prozesse in einer *Organisation* (= O.). OA. wird in den Betriebs- und Verwaltungswissenschaften sowie der O.soziologie als Oberbegriff für alle Formen von Untersuchungen verwendet. Der Begriff der O.diagnostik (*Organisationsdiagnose, psychologische*) bezieht sich dagegen i. Allg. auf ps. begründete Methoden der OA.
Die OA. kann neben wiss. Zielen unterschiedlichen praktischen Aufgaben dienen, wie der Vorbereitung, Begleitung und *Evaluation* organisationaler Veränderungen (*Organisationsentwicklung*), als Grundlage für die *Personalentwicklung* (insbes. für personelle Entscheidungen, zur Analyse organisationaler Ressourcen oder zur Untersuchung des innovativen Potenzials) sowie zur Analyse der *Effizienz* und *Effektivität* in der O., als Entscheidungsgrundlage bei anstehenden technologischen Veränderungen (*Technologie*) oder Investitionsentscheidungen. Wenn Organisationsanalysen in regelmäßigen Abständen durchgeführt werden, lassen sie sich für ein Berichtswesen über den Zustand der Organisation nutzen. Schwerpunkte der OA. sind häufig Strukturmerkmale wie Größe, Hierarchieebenen, Formalisierung (z. B. schriftlich fixierte Zuständigkeiten und Regeln (*Regel*) zur Ausführung von Aufgaben; *Aufgabe*), Spezialisierung bzw. Arbeitsteilung und *Technologie*.
Bei der Untersuchung der personellen Ressourcen liegen die Schwerpunkte bei Merkmalen der *Arbeitstätigkeit* wie z. B. Handlungsspielraum, Arbeitskomplexität und Variabilität (*Arbeitsgestaltung*) sowie der *Arbeitszufriedenheit* der O.mitglieder. Der Unterschied zw. OA. und *Tätigkeitsanalyse* liegt dabei oft nur darin, dass bei einer OA. nicht nur zu einzelnen Tätigkeiten und Arbeitsplätzen Untersuchungen durchgeführt werden, sondern zu allen Arbeitsplätzen einer Abteilung, eines Bereichs oder der gesamten O. Hierfür können Verfahren zur Analyse des *Organisationsklimas* eingesetzt werden.
Bei der OA. werden i. d. R. versch. Arten von Daten gesammelt, insbes. schriftliche Dokumente (Organigramme, Stellenbeschreibungen, Dienstanweisungen usw.), Personaldaten und betriebswirtschaftliche Statistiken, Befragungen von Experten, Befragung von O.mitgliedern, Befragungen von Gruppen, beobachtbare Kontakte oder Verfolgen der Bearbeitungsgänge bei einzelnen Aufgaben durch versch. Personen (z. B. der bearbeiteten Akten von Schreibtisch zu Schreibtisch), Auswertung von Maschinen- und Computerdaten sowie Tätigkeitsbeobachtungen mit standardisierten Instrumenten (*Tätigkeitsanalyse*). Oft werden Fragebogen zur *Arbeitszufriedenheit* oder allg. Fragebögen zur Erfassung der subj. Wahrnehmung und Bewertung der O. und ihrer Merkmale durch ihre Mitglieder (*Organisationsklima*) in OA. integriert.
Mitunter werden lediglich einzelne Experten aus der O. befragt, die stellvertretend für alle ihre O. beschreiben. Angemessener ist eine repräsentative Befragung der O. mitglieder aller Hierarchieebenen und Bereiche, deren Untersuchung vorgesehen ist. Büssing (1992b) zeigt, wie die Ergebnisse standardisierter Tätigkeitsanalysen für eine systemat. OA. verwendet werden können. Spez. bei Analysen der *Organisationskultur* werden vielfältige qual. Informationen erfragt. Hier interessieren sowohl die Werbeslogans der O., Rituale bei Ehrungen und Feiern oder Erfolgsrezepte für Aufsteiger, als auch die internen Geschichten und «Klatsch» über das Management, über andere Personen oder über besondere Ereignisse, ja sogar kursierende Witze oder Graffiti und Wandsprüche. Diesen Informationen werden im Hinblick auf gemeinsame oder unterschiedliche Überzeugungen und Werte sowie die auf die ungeschriebenen Regeln der O. analysiert und interpretiert.
Die OA. wird oft von externen Unternehmensberatungen von einem interdisziplinär zus.gesetzten Team in einem mehrmonatigen Prozess durchgeführt. Kühlmann und Franke (1989) unterscheiden die folg. sieben Phasen: (1) Einführungsphase, (2) Erkundungsphase, (3) Planungsphase, (4) Durchführung der Hauptuntersuchung, (5) Phase der Datenverarbeitung, (6) Interpretationsphase, (7) Zusammenfassung, Ergebnisbericht und Präsentation der Ergebnisse. In allen Phasen sind Gespräche und Verhandlungen mit allen Beteiligten der versch. Ebenen (Vertreter der O.leitung, der beteiligten Abteilungen und der Arbeitnehmervertretung) und gemeinsame Vereinba-

rungen erforderlich, um eine hinreichende Akzeptanz und Unterstützung bei der Durchführung der OA. und bei im Anschluss an eine OA. i. d. R. vorgesehenen Änderungsmaßnahmen (*Personalentwicklung*, *Organisationsentwicklung*) zu gewährleisten.

Veröffentlichte Verfahren zur OA. wurden von Karg & Staehle (1982) sowie Kubizek & Welter (1985) zus.gestellt. Ein Instrumentarium zur ganzheitlichen Betriebsanalyse (*Mensch-Technik-Organisationsanalyse (MTO)*) wurde von Strohm & Ulich (1999) publiziert. Akt. Interviewleitfäden, Fragebögen und andere Methoden der O., wie sie heute in der Praxis eingesetzt werden, sind i. d. R. nicht allg. zugänglich, weil sie von den Unternehmensberatungen als ihr bes. Know-how unter Verschluss gehalten werden. Brandstätter 1978, Kuhlmann & Franke 1989, Strohm & Ulich 1997, Sonntag et al. 2006. *S. Greif*

Organisationsaufstellung (= O.) [engl. *organisation constellation*], **[AO]**, die Ursprünge der O. liegen in der *Familienaufstellung* nach Hellinger, einer quasi-religiös-therapeutischen Methode, bei der jedwede Störung oder Verhaltensauffälligkeit auf Verstöße gegen eine gottgegebene Familienordnung interpretiert wird. Die Behandlung erfolgt in einer einzigen Sitzung, bei der der Familienaufsteller über symbolische Stellvertreter der Familienmitglieder (Vater, Mutter, Geschwister, abgetriebene Föten etc.) Verstöße gegen die Ordnung identifiziert und korr. Zentrales Element ist dabei die Unterwerfung unter die Autorität des Vaters. Die ganze Szenerie soll über ein «energetisches Kraftfeld» auf die Realität einwirken, sodass angeblich Heilungserfolge zu erzielen sind, obwohl ggf. nur ein Familienmitglied real anwesend ist. Die Familienaufstellung nach Hellinger ist nach dem Suizid einer Klientin in der Öffentlichkeit stark kritisiert worden. Im Zentrum stand dabei insbes. das archaische Familienkonzept sowie Unterwerfungsrituale. Z. B. müssen sexuell misshandelte Töchter vor dem Stellvertreter des misshandelnden Vaters niederknien und ihm sagen, dass sie ihm gern gedient haben, denn er sei die uneingeschränkte Autorität, die nicht fehlerhaft handeln könne. Seit Ende der 1990er Jahre wird die Methode in größerem Stil auch zu Zwecken der Personal- und Organisationsentwicklung eingesetzt. Hierbei werden mit Stellvertretern (Trainingsteilnehmern, die sich untereinander nicht kennen müssen) in symbolischer Weise die Mitglieder eines Arbeitsteams oder versch. Organisationseinheiten und Kunden auf einer Bühne dargestellt. Die in der Realität tatsächlich handelnden Personen dürfen dabei nicht mitwirken und müssen auch nicht anwesend sein. Die Aufstellung der Stellvertreter wird nach festen Regeln gedeutet (z. B. je weiter links im Raum, desto höher die hierarchische Position der Person). Über das «energetische Kraftfeld» sollen die Stellvertreter eine Beziehung zu den Originalpersonen herstellen und für diese sprechen können. Durch eine Veränderung der Aufstellung der Stellvertreter soll dann eine Veränderung in der Realität erfolgen. Empirische Studien liegen nicht vor und sind angesichts der metaphysischen Verortung der Methode auch nicht zu erwarten. Kanning 2013. *U. P. Kanning*

Organisationsdiagnose, psychologische (= O.) [engl. *organizational diagnosis, psychological*; gr. διά- (*dia-*) durch, γνῶσις (*gnósis*) Erkenntnis], **[AO, DIA]**, ist die wiss.-systematische Darstellung der Verfahrensgrundsätze und Verfahrensweisen psychol. Beschreibung und Bedingungsanalyse der sozialen Eigenart und der spezif. sozialen Probleme einer *Organisation* sowie der Prognose und Bewertung indiv. und sozialer Wirkungen organisatorischer Eingriffe (Brandstätter 1978; *Organisationsentwicklung*). Während der Begriff der O. in der Ps. verwendet wird, ist in der Betriebswirtschaft, Verwaltungswirtschaft und Organisationssoziologie der Begriff der *Organisationsanalyse* als Oberbegriff auch für nicht psychol. begründete systematische Untersuchungen gebräuchlicher. Für eine Beschreibung der Methoden der O.: *Organisationsanalyse*, *Tätigkeitsanalyse*, z. T. auch *Aufgabenanalyse*. Büssing 2007, Strohm & Ulich 1997. *S. Greif*

Organisationsentwicklung (OE) [engl. *organizational development*, OD], **[AO]**, ist die absichtlich und bewusst gesteuerte Veränderung einer *Organisation* (= O.) von einem aktuellen Zustand hin zu einem gewünschten Zustand in der Zukunft. (Gebert 1989). Der Begriff *Veränderungsmanagement* bezieht sich auf die praktische O. der geplanten organisationalen Veränderungen. Im Unterschied zur *Arbeitsgestaltung* an einzelnen Arbeitsplätzen oder Veränderung der *Gruppenarbeit* in einem Teilbereich geht es bei der OE i. d. R. um die Veränderung größerer Einheiten der O. (Abteilungen, Bereiche oder gesamte O.). Der erste Workshop zum geplanten organisationalen Wandel wurde auf Initiative der Lewin-Schüler Richard Beckhard und Edgar H. Schein (Schein 1995) Mitte der 1960er-Jahre durchgeführt. In der Folge entstanden die bekannten humanistischen Konzepte zur *partizipativen OE* und verbreiteten sich in einer Zeit wirtschaftlichen Wachstums und optimistischer Vorstellungen zur Veränderbarkeit der Gesellschaft und ihrer Organisationen in den USA unter Präsident Kennedy. In den 1970er-Jahren entwickelten die Protagonisten jedoch, wie Tichy & DeRose (2002) schildern, starke Selbstzweifel an der Anwendbarkeit des Konzepts, die als tief greifende Identitätskrise der humanistisch orientierten OE gesehen wird. Sie erklären diese Krise als Folge allg. wirtschaftlicher Schwierigkeiten und des zunehmenden gesellschaftlichen Pessimismus während der Nixon-Ära. Historisch interessant ist, dass die Überwindung dieser Krise nach 1980 dem bekannten Hardliner Jack Welch (damals Chairman von General Electric) zu verdanken ist. Er holte sich den OE-Experten Noel Tichy (*Michigan University*) für eine innovative Weiterbildung der gesamten Führung seines Weltunternehmens zur Umsetzung der geplanten grundlegenden organisationalen Veränderungen. Tichy hat dazu auf OE-Konzepten Methoden zum *action learning* (*Aus- und Fortbildung*) eingesetzt. Die erfolgreichen Seminare wurden schneeballartig verbreitet und auch von anderen Unternehmen und Beratern mit konventioneller Ausrichtung übernommen. Seither wird OE nicht mehr nur mit humanistischen Konzepten verbunden, sondern wie oben als fachlicher Oberbegriff verwendet.

Unterschieden wird zw. *personalen* und *strukturellen* Ansätzen. Die erste Gruppe umfasst alle Maßnahmen der *Aus- und Fortbildung*, die z. B. auf eine Verbesserung der fachlichen Qualifikationen (*Qualifikation, berufliche*) und sozialen Kompetenzen (*soziale Kompetenzen*) abzielen oder auf Veränderungen der *Kommunikation* und *Gruppendynamik*. Die zweite Gruppe bezieht sich auf Veränderung der Arbeitsstrukturen (*Arbeitsgestaltung, Gruppenarbeit*) und technologische Veränderungen (*Technologie*). Interventionsmaßnahmen zur OE werden i. d. R. in einem längerfristigen, oft mehrjährigen Prozess von einem interdisziplinär zus.gesetzten, häufig externen Team von O.beratern durchgeführt (in den historischen ursprünglichen Anfängen wurden sie als Veränderungsprozesse moderierende Change Agents gesehen). Je nach Problemstellung werden versch. Aktivitäten durchgeführt, wie O.analysen (*Organisationsanalyse*), Maßnahmen zur Aus- und Fortbildung der O.mitglieder, Maßnahmen zur Veränderung der *Arbeitsgestaltung* und Einführung von *Gruppenarbeit*, Selbsterfahrungsgruppen (*gruppendynamisches Laboratorium*), *Qualitätszirkel* oder angeleitete Problemlösegruppen und Teams aus der O. zur Entwicklung und Umsetzung von Veränderungsvorschlägen.

Bei der *Survey-Feedback-Methode* werden die Ergebnisse einer partizipativ gestalteten *Organisationsanalyse* den Mitgliedern der O. präsentiert, gemeinsam diskutiert und als Grundlage zur gemeinsamen Entscheidung über geplante Änderungen herangezogen. Kurt Lewin und seine Schüler haben diese Methode und typische Phasenkonzepte der OE eingeführt.

In Anlehnung an Lewin werden drei Hauptphasen der OE unterschieden: (1) *Unfreezing* («Auftauen» bzw. Öffnen der Organisationsmitglieder für erforderliche Veränderungen; (a) O.berater und O.mitglieder explorieren das Problem gemeinsam. (b) Entwicklung und Abschluss eines gemeinsamen Kontrakts über die OE-Maßnahmen. (c) O.analyse und Zielklärung. (d) Planung der Veränderungsschritte und Vorbereitung auf Änderungswiderstände.), (2) *Change* (Veränderung, bzw. Durchführung der geplanten Änderungen) und 3. *Refreezing* («wieder einfrieren») bzw. Stabilisierung der Veränderungen zur Vermeidung von Rückfällen in den vorherigen Zustand (Huse 1980).

Die einzelnen Schritte werden nicht strikt nacheinander durchgeführt, sondern insbes. bei neuen Erkenntnissen oder nach Konsultationen mit den O.mitgliedern teilweise wiederholt durchlaufen (zyklisch bei erneuten O.analysen beginnend). Das populäre Phasenmodell wird heute kritischer gesehen, weil sich die Phasen kaum objektivierbar abgrenzen lassen und Veränderungsprozesse in versch. Bereichen der Organisationen ungleichzeitig oder in komplexen Dynamiken ablaufen können (Greif et al. 2004). Zumindest die sog. revolutionären Veränderungen in O., die etwa in Krisen chaotisch ablaufen können, lassen sich mit dem Modell nicht angemessen beschreiben.

Für die Akzeptanz und den Erfolg von OE-Maßnahmen ist eine umfassende Information, Beteiligung und Abstimmung des Projektes aller Hierarchieebenen und Bereiche (Unternehmensleitung und Arbeitnehmervertretung), im Ideal aller beteiligten O.mitglieder, erforderlich. Zur abschließenden Evaluation der OE werden Methoden der *Organisationsanalyse* herangezogen. Gebert 2007, Tichy & DeRose 2002. *S. Greif*

Organisationsklima (= O.) [engl. *organizational climate*], [**AO**], ist die subj. Wahrnehmung und Bewertung der *Organisation* und ihrer Merkmale oder einzelner Abteilungen der Organisation durch ihre Mitglieder. I. R. situativer Ansätze wird dem O. eine entscheidende moderierende Bedeutung für die *Effizienz* der Organisation zugeschrieben. Der ältere Begriff *Betriebsklima* bezog sich vorwiegend auf eine allg. Beschreibung und Bewertung der sozialen Strukturen und interpersonellen Beziehungen in der Organisation. Zur Untersuchung des O. werden i. d. R. umfangreiche Fragebogeninstrumente mit Fragen zur Beschreibung oder Bewertung der Arbeit (*Arbeitszufriedenheit*) und Organisation (*Organisationsanalyse*), spez. der personellen Förderungsmöglichkeiten (*Personalentwicklung*) verwendet. Im Vergleich zu Fragebogen zur *Arbeitszufriedenheit* umfasst das O. nicht nur die indiv. Bewertung der Arbeit und ihrer unmittelbaren Kontextbedingungen, sondern auch darüber hinausgehende Merkmalsbereiche, neben Bewertungen auch Beschreibungen, nicht nur indiv. Einschätzungen, sondern insbes. auch über alle Mitglieder einer Organisation aggregierte Werte. Instrumente zur Analyse des O. werden oft in Zusammenhang mit *Organisationsanalysen* eingesetzt. Conrad & Sydow 1984, Rosenstiel 1989, Rosenstiel 2007. *S. Greif*

Organisationskultur (= O.) [engl. *organizational culture*], syn. *Unternehmenskultur*, [**AO, WIR**], ist ein Oberbegriff für die Gesamtheit der gemeinsamen Grundannahmen, *Werte* und Normen (*Normen, soziale*) der Mitglieder einer Organisation. Schein (1990) versteht darunter «ein Muster gemeinsamer Grundprämissen, das die *Gruppe* bei der Bewältigung externer Anpassung und interner Integration gelernt hat, das sich bewährt hat und somit bindend gilt; und das daher an neue Mitglieder als rational und emot. korrekter Ansatz für den Umgang mit diesen Problemen weitergegeben wird». Schein (2004) unterscheidet drei untereinander anhängige Ebenen. (1) *Grundprämissen* (unbewusste, selbstverständliche Anschauungen, Wahrnehmungen, Gedanken und Gefühle als Ausgangspunkte für Werte und Handlungen), (2) *bekundete Werte* (angegebene Strategien, Ziele, Philosophie der Organisation) und (3) Artefakte (in der Organisation gestaltete sichtbare Strukturen und Prozesse; leicht zu beobachten, aber schwer zu entschlüsseln). Der Begriff O. wird als Metapher für ein theoret. Verständnis von Organisationen verwendet, wonach Traditionen, Werte und Normen von entscheidender Bedeutung für den Erfolg des Unternehmens sind. Erforderlich ist danach eine große Übereinstimmung der Organisationsmitglieder auf allen drei Ebenen der O. und flexible Anpassungsfähigkeit an Veränderungen in der Umgebung. Die O. wird von den Gründern der Organisation geprägt und durch Rekrutierung konformer Mitglieder und *berufliche Sozialisation* weitergegeben (*Personalauswahl*). Während das *Organisationsklima* i.Allg. mit quant. Fragebogeninstrumenten erfasst wird, basiert die Forschung zur O. vorwiegend auf einer qual. und interpretativen Methodologie (qual. Methoden der *Organisationsanalyse*). S. Greif/K.-C. Hamborg

Organisationslaboratorium [lat. *labor* Arbeit], [**SOZ**], Organisationsform gruppendynamischer Veranstaltungen mit dem vorwiegenden Ziel, das Entstehen von Vergesellschaftung mit ihren Formen der Organisation, Institutionalisierung, Umgang mit Macht und Abhängigkeit zu lernen. *Gruppendynamik*.

Organisationslehre, gestaltungsorientierte [engl. *design-oriented organisation theory*], *Organisation*.

Organisationspsychologie (= O.) [engl. *organizational psychology*; gr. ὄργανον *(organon)* Werkzeug, Instrument], [**AO**], [s. Einleitung *Gebietsüberblick* «*I.2 Arbeits- und Organisationspsychologie*»], die Anfänge der O. liegen in den 1960er Jahren, in denen Schüler von Kurt Lewin humanistisch orientierte Konzepte der *Organisationsentwicklung* und partizipativen *Führung* entwickelt und untersucht haben (Greif 2007). Die heutige O. stützt sich auf eine richtungsmäßig nicht mehr eingrenzbare Vielfalt von Theorien, Untersuchungen und Methoden, die das gesamte psychol. Themenspektrum von der Ebene der *Organisation* mit ihren Wechselwirkungen zur Organisationsumwelt über die Gruppenebene bis zum Individuum am Arbeitsplatz umfasst (Schuler 2007, Rosenstiel 2007). Nach einer engen Begriffsdef. (Greif 2006, Landy & Conte 2007) behandelt die O. den Teilbereich der Arbeits- und Organisationsps., der sich schwerpunktmäßig auf die Interaktionen zw. mehreren Individuen in Organisationen bezieht. Kernthemen sind Organisationstheorien einschließlich der Organisationsstrukturen und -prozesse, *Organisationskulturen*, *Organisationsentwicklung*, *Veränderungsmanagement* und *lernende Organisationen*, *Führung* und *Arbeitsgruppe* sowie Methoden der *Organisationsanalyse*, Analyse des *Organisationsklimas* oder *Mitarbeiterbefragungen* zur *Arbeitszufriedenheit* und ihre Ergebnisse. Nach weit gefasstem Verständnis umfasst die O. als Oberbegriff die psychol. Analyse von Arbeitstätigkeiten (*Tätigkeitsanalyse*) oder allg. des Erlebens und Verhaltens von Individuen und Gruppen in beliebigen Organisationen. In der weiten Def. überschneidet sich ihr Gebiet mit der *Arbeitspsychologie* (Rosenstiel 2007, Schuler 2007b). Als gemeinsame Gebietsbezeichnung und Oberbegriff hat sich *Arbeits- und Organisationsps.* durchgesetzt. Methoden zur systemat. Untersuchung und Beschreibung der Merkmale, Strukturen, Bedingungen und Prozesse in einer Organisation werden als *Organisationsanalyse* bez. (psychol. Methoden als Verfahren zur *Organisationsdiagnose*). Frey et al. 2005, Sonntag 1992, 1999, 2006, Sonntag et al. 2006, Gebert & Rosenstiel 2002. S. Greif

Organisationstheorie, konstruktivistische [engl. *constructivistic organization theory*], *Konstruktivismus*, *Organisation*, *Organisationspsychologie*, *Organisationsumwelt*.

Organisationsumwelt (= O.) [engl. *organizational environment*], [**AO**], systemtheoretisch werden *Organisationen* als soziale *Systeme* angesehen, die in Austauschprozessen mit ihrer Umwelt oder Umgebung stehen. Katz & Kahn (1966) stützen sich auf die allg. Theorie offener *Systeme* und sehen Organisationen als radikal offene Systeme, deren innere zyklische Prozesse entscheidend durch ihre Umwelt aktiviert und aufrechterhalten werden. Wie Bass und Deep (1972) vereinfachend beschreibt, nimmt die Organisation als Input Menschen (mit ihrer investierten Arbeitskraft, Zeit und Gesundheit), Geld und Material (Rohmaterialien, Arbeitswerkzeuge usw.) aus der Umwelt auf und gibt die fertig gestellten Produkte, Gewinne wie auch immaterielle Ergebnisse wie Zufriedenheit (der Beschäftigten und Konsumenten) oder im neg. Fall Erwerbslose und Erkrankte an die Umwelt ab. I. R. radikal-konstruktivistischer Selbstorganisationstheorien (*Selbstorganisation*) werden die Kommunikationsprozesse im System als operational in sich geschlossene interne Prozesse analysiert. Ähnlich wie Lebewesen vorwiegend nur solche Stoffe aufnehmen, die für ihre Selbstreproduktion relevant sind, können nach dieser Theorie soziale Systeme mit anderen nur dann kommunizieren, wenn sie über anschlussfähige gleichartige Strukturen verfügen. Greif und Kluge (2004) stützen sich auf eine synergetische Theorie der Selbstorganisation und vertreten die Auffassung, dass in sozialen Systemen operativ relativ geschlossene Prozesse existieren, gleichzeitig aber auch Interaktionen mit der Systemumgebung, wie sie in Theorien offener Systeme beschrieben werden.

Gemäß *Kontingenztheorien* ist die effektive Struktur und *Technologie* einer Organisation von der Komplexität, Dynamik oder Turbulenz der relevanten O. abhängig (bspw. stabile vs. turbulente Marktsituation oder rechtliche Rahmenbedingungen etwa in der Europäischen Union) und muss sich an die Umgebungsanforderungen anpassen können, um langfristig überleben zu können. Der erforderliche Wandel wird oft plakativ unter Verweis auf die Globalisierung herausstellt. Nicht nur Wirtschaftsunternehmen, die ihre Produkte und Dienstleistungen auf dem Weltmarkt anbieten, können sich dem globalen Wettbewerb nicht entziehen. Auch nationale oder regionale Unternehmen sind dem Wettbewerb ausgesetzt, wenn global aufgestellte Unternehmen als Konkurrenten in ihren Markt einbrechen. Wilpert 2007. S. Greif

Organisationswahl (= OW.) [engl. *choice of organisation*], [**AO, KOG, PER, SOZ, WIR**], bezeichnet die Entscheidung eines Individuums für eine *Organisation* (= O.). Die Entscheidung besteht darin, Mitglied der O. in abhängiger Beschäftigung zu werden. Üblicherweise werden O. und Arbeitsplatzwahl [*organizational choice* und *job choice*] gemeinsam behandelt, auch wenn die OW. die Entscheidung für einen best. Arbeitsplatz oder einen Ausbildungsplatz dominieren kann. Als Methoden zur Analyse von Entscheidungen (*Entscheiden*) kommen neben Befragungen zur Bedeutung von Merkmalen exp. Studien, in denen hypothetische O. beschrieben und deren Merkmale gezielt variiert werden, sowie Prozessanalysen auf der Grundlage verbaler Protokolle zum Einsatz. Zentrale Forschungsfragen lauten: (1) Welche Arbeitsplatzalternativen werden überhaupt in Erwägung gezogen? (2) Nach welchen Kriterien wird zw. versch. Arbeitsplatzalternativen entschieden? (3) Wie werden Informationen über versch. Kriterien kombiniert? (4) Ab wann kommen Bewerber zum Ergebnis, eine akzeptable Entscheidung zu fällen?

OW. als Entscheidungsproblem: Nach Erwartung-Wert-Modellen (*Erwartung-Wert-Theorien*) entscheiden sich Menschen für diejenigen Alternativen, die ein pos. Ergebnis erwarten lassen und einen hohen persönlichen Wert haben. Genauer gesagt lässt sich die Tendenz, einen best. Arbeitsplatz zu wählen, wie folgt bestimmen:

$$F_j = f\left[\sum_{k=1}^{n}(V_k \cdot I_{jk}) \cdot E_j\right]$$

Dabei bedeuten:
F_j = Tendenz, den Arbeitsplatz j zu wählen
E_j = subj. Wahrscheinlichkeit eines Arbeitsplatzangebots
V_k = Valenz des Arbeitsplatzmerkmals k
I_{jk} = Instrumentalität des Arbeitsplatzes j, das Arbeitsplatzmerkmal k zu erlangen.

Die Tendenz, den Arbeitsplatz j zu wählen (Fj), hängt von der Summe der Produktterme aus der Valenz der Arbeitsplatzmerkmale und der Instrumentalität der jew. Arbeitsplätze ab, die mit der subj. Wahrscheinlichkeit, ein Arbeitsplatzangebot zu erhalten, multipliziert wird. Die Summe der Produktterme (Valenz x Instrumentalität) wird als *Attraktivität* bezeichnet. Statt der *Tendenz, den Arbeitsplatz j zu wählen*, ist oft auch von *Aufwand, der O. beizutreten*, also der *Bewerbungsbereitschaft*, die Rede. Wesentliche Kritikpunkte an der Anwendbarkeit des Erwartungs-Wert-Modells auf das Problem von Arbeitsplatz- und Organisationswahl sind (z.B. Van Eerde & Thierry 1996): (1) Die *Valenzwerte* sind kaum von Schätzungen der Bedeutung von Arbeitsplatzmerkmalen unterscheidbar. Zudem zeigte sich, dass Valenz über Instrumentalität hinaus nichts zur Vorhersage der Wahlentscheidung beiträgt. Allerdings ist die Einschränkung zu machen, dass bei diesen Untersuchungen die Gesamtattraktivität des Arbeitsplatzes die eigentliche Arbeitsplatzwahl als abhängige Variable ersetzte. (2) Das Konzept der *Erwartung* (Ej) ist sehr schwierig verständlich zu machen, insofern viele Personen mit dem Begriff der *subj. Wahrscheinlichkeit* eines Arbeitsplatzangebots nicht bes. gut zurechtkommen. (3) Die Annahme, dass Individuen während des Bewerbungsprozesses Erwartungen und Valenzen (bzw. Attraktivität) multiplikativ kombinieren, lässt sich empirisch nicht halten. Additive Modelle der Integration von Erwartung und Valenz bzw. Attraktivität bilden das tatsächliche Entscheidungsverhalten besser ab als multiplikative Modelle. (4) Einige der beteiligten Variablen weisen in Felduntersuchungen eine *Varianz*einschränkung auf. Bspw. werden best. Organisationen praktisch von vornherein nicht in Betracht gezogen, wenn die subj. Erfolgswahrscheinlichkeit, den Arbeitsplatz zu erhalten, nahe null ist. Diese macht die Verallgemeinerbarkeit der in Laborexperimenten gewonnenen Ergebnisse zum Erwartungs-Wert-Modell fraglich. (5) Das Erwartungs-Wert-Modell unterstellt im Wesentlichen den simultanen Vergleich mehrerer Arbeitsplatzangebote. Dagegen sprechen aber Befunde, nach denen Bewerber oft eine sequenzielle Strategie verfolgen, d.h. Angebote nacheinander prüfen. Werden dann z.B. best. Minimalstandards hinsichtlich Bezahlung oder Arbeitszeit erfüllt, so wird ein Arbeitsplatzangebot als akzeptabel eingeschätzt und die Arbeitsplatzsuche abgebrochen. Aus der Perspektive eines Erwartungs-Wert-Modells bleibt es zunächst offen, welche alternativen Arbeitsstellen in Erwägung gezogen werden. Für Organisationen ist es aber gerade interessant, ob sie für potenzielle Bewerber überhaupt infrage kommen. Und schließlich ist das Erwartungs-Wert-Modell ebenfalls indifferent gegenüber der Frage, worin genau der Aufwand oder gar die Kosten einer Entscheidung (z.B. umfassendes Informieren und Abwägen) bestehen. Diese Frage ist nicht nur für den Entscheider – in diesem Falle Bewerber –, sondern auch für die Entscheidungsfindung der O. relevant: O. sind nicht nur daran interessiert, was Bewerber wollen, sondern auch, welche Kosten der Entscheidung sie bereit sind, auf sich zu nehmen. Drei Teilfragestellungen sind hier zu unterscheiden, (1) die Kosten der Alternativensuche und -wahl (z.B. Zeitaufwand, Anstrengung, Gebühren für Internetrecherchen oder Telefonate, Opportunitätskosten), (2) die Kosten der Alternativenprüfung (z.B. Zeitaufwand für Vorstellungsgespräche, Unsicherheit über die Qualität der Entscheidung, Frustration über Bewerbungsversuche) und (3) Kosten der Realisierung einer Entscheidung (Folgekosten wie z.B. Umzug, Erleben von Enttäuschungen, Trennung vom Lebenspartner).

OW. und Reziprozitätskonzepte: OW. besteht nicht nur darin, ein «Produkt» zu wählen, sondern darüber hinaus auch eine Beziehung einzugehen. Eine Möglichkeit, sich dieser Frage systematischer zu nähern, besteht in einem Rückgriff auf vier Reziprozitätskonzepte, auf deren Grundlage OW. analysiert werden kann. Nach einer Kosten-Nutzen-Perspektive (*Kosten-Nutzen-Kalkulation*) wägen Bewerber ab, was sie von der O. erhalten können und was sie als angemessene Gegenleistung zu geben bereit und fähig sind. Sie entscheiden sich dann für die Alternative, die sie für ihre Arbeitskraft am besten bezahlt. OW. kann aber auch aus einer *Gleichheitsstreben-Perspektive* vorgenommen werden. Danach entscheiden sich Bewerber für solche Beschäftigungsverhältnisse, in denen ein faires, ausgeglichenes Verhältnis von Geben und Nehmen besteht. Die Bereitschaft, sich zu Teams oder Netzwerken zus.zuschließen, ist vor diesem Hintergrund verständlich zu machen: Die O. ist so lange attraktiv und die Mitgliedschaft wird aufrechterhalten, wie ein Gleichgewicht besteht. Die zumindest vordergründige Inkaufnahme eines Ungleichgewichts findet im Kontext der *Hierarchie-Perspektive* statt, innerhalb derer Schutz und Versorgung gesucht wird und dafür Unterordnung stattfindet sowie Abgaben (z.B. Lohnverzicht) zur Verfügung gestellt werden. Wer primär zunächst einmal überhaupt einen (sicheren) Arbeitsplatz sucht, nimmt nach dieser Überlegung eher eine «Abgabe» in Kauf. Zwar dürfte dies nicht dazu führen, dass jeder Arbeitsplatz angenommen wird, in der Tendenz ist aber unter diesen Bedingungen mit einem stark vereinfachten Entscheidungsprozess zu rechnen. Ungewöhnlich mag schließlich die *Fähigkeit-Bedarf-Perspektive* klingen, wonach Bewerber solche O. attraktiv finden, die sich an der Maxime des *Versorgtseins* orientieren. Eine religiöse Gemeinschaft kann hier als Bsp. dienen, in der jeder nach seinen Fähigkeiten zum Gesamtergebnis beisteuert und entspr. seiner Bedürftigkeit versorgt wird.

OW. als Identitätsproblem: Entscheidungen von Bewerbern können auch unter Zuhilfenahme des Konzepts der subj. Passung von Person und O. erklärt werden (Uggerslev et al. 2012), dass sich also Bewerber für solche O. entscheiden, deren wahrgenommene Merkmale dem Selbstbild des Individuums am ähnlichsten sind. Diskutiert wird in diesem Zusammenhang, welche Facetten des *Selbst* (z. B. *Werte*, *Persönlichkeitsmerkmal*; *Identität und Selbst*) hier relevant sind und wie die Merkmale der O. zu erfassen sind (Merkmale der O.mitglieder vs. Merkmale, von denen die O.mitglieder meinen, dass sie von allen geteilt werden). Belege für die Bedeutung wahrgenommener Passung von Individuum und O. finden sich z. B. bei Moser (2004), wonach dies tatsächlich zur Homogenisierung von Persönlichkeitsausprägungen und Werthaltungen in O. beiträgt. Dies stellt für O., die nach Diversität in der Belegschaft streben, eine Herausforderung dar.

Für den Einzelnen hat die OW. i. d. R. erhebliche Konsequenzen. Eine Erklärung für das Auftreten vermeintlich suboptimaler Entscheidungen könnte darin gesucht werden, dass die Suche nach und Sichtung von Informationen kostspielig sein dürfte, was Entscheider – zu Recht – berücksichtigen. Vermutlich dürfte aber auch bei OW.entscheidungen nicht nur das Kriterium «möglichst gute Entscheidung» eine Rolle spielen, sondern auch Anstrengungsvermeidung, das Vermeiden neg. Emotionen oder die Rechtfertigbarkeit der Entscheidung (Moser & Wolff 2007). Ein solch erweitertes Verständnis von Rationalität bei Entscheidungen könnte in Zukunft zum besseren Verständnis der OW. von Individuen beitragen. Aus der Sicht der O. ist vor allem interessant, welche Effekte die unterschiedlich gute Passung von Individuum und O. haben. Belege wurden u. a. für Zusammenhänge mit *Fluktuation*, *Einstellung*, *Stress* und *Leistung* gefunden (Kristof-Brown et al. 2005). K. Moser

organisch [engl. *organic*], [**BIO**], ein *Organ* betreffend. Eine natürliche *Ganzheit* und Einheit bildend. Auf einer natürlich gewachsenen (entwickelten) Einheit beruhend.

Organische Psychose (= o. P.) [engl. *organic psychosis*], [**KLI**], Bez. für die *organisch* begründete oder begründbare *Psychose*. o. P. können *endogen* durch Hirnverletzungen, -erkrankungen oder *exogen* durch zugeführte Substanzen (Medikamente, Drogen) verursacht sein. *Schädel-Hirn-Trauma*, *Epilepsie*.

organischer Symptomenkomplex [engl. *organic symptom complex*], organisches *Psychosyndrom*.

Organisieren (= O.) [engl. *organizing*], [**KOG, PÄD**], das O. von Information zählt zu den *kognitiven Lernstrategien*. Ziel von Organisationsstrategien (auch informationsreduzierende Strategien genannt) ist die Reduktion und Organisation von Informationen, indem Inhalte in *Kategorien* eingeteilt werden und eine inhaltliche *Struktur* erarbeitet wird. M. Händel

organismische Auffassung [engl. *organismic theory/view*], [**KOG**], Richtung der *Biologie*, die (anders als die mechanistische wie die vitalistische Auffassung) die ganzheitliche Ordnung der Lebensprozesse dynamisch aus dem Wechselspiel der im System selbst enthaltenen Kräfte erklärt. Die Wirklichkeit ist «ein Stufenbau, eine hierarchische Ordnung von übereinander geschachtelten Systembildungen». *Kybernetik*. Bertalanffy 1950.

organismische Erfahrungen *Gesprächspsychotherapie*

Organismus (= O.) [engl. *organism*; gr. ὄργανον (*organon*) Werkzeug, Instrument], [**BIO, SOZ**], Lebewesen, lebendiges *System* mit wechselseitiger Verbundenheit (Aufeinanderbezogensein) aller Teile (*Organ*). I. ü. S. Bez. für organisierte Systeme: z. B. ein Volk, eine *Sprache*, ein Betrieb (*Organisation*) als O.

organizational citizenship behavior *Bürgersinn*.

Organizational Citizenship Behavior (OCB) [engl.] *individuelles Verhalten in der Arbeitsumgebung*, [**AO, WIR**], von Organ (1988) definiert als ein freiwilliges Verhalten am Arbeitsplatz, das sich pos. auf die Funktionsfähigkeit der *Organisation* auswirkt und i. R. des formalen Anreizsystems nicht explizit berücksichtigt wird. OCB wird gewöhnlich über folg. Faktoren gemessen: (1) *Altruismus*: Hilfeleistungen für Kollegen, Kunden oder Vorgesetzte. (2) «Gewissenhaftigkeit» i. S. bes. sorgfältiger Erfüllung der Aufgaben. (3) «arbeitsrelevante Höflichkeit»: sich zuerst mit anderen abstimmen, bevor Handlungen gezeigt werden, die deren Arbeitsbereich betreffen. (4) «Sportsmanship»: gelassenes Ertragen der Ärgernisse, die unweigerlich aus der Zusammenarbeit zw. Menschen entstehen. (5) «Bürgertugenden»: die Teilhabe am öffentlichen Leben der Organisation. OCB wird in erster Linie durch die *soziale Identifikation* mit der und das *Commitment* an die Organisation motiviert, entspr. zeigen z. B. Zeitarbeiter weniger OCB als festangestellte Mitarbeiter. Die Konsequenzen des OCB werden nach indiv. und kollektiven Folgen differenziert. Auf indiv. Ebene wurden die Auswirkungen auf die *Leistungsbeurteilung* untersucht, wobei sich zeigt, dass OCB einen eigenständigen, z. T. sogar einen größeren Anteil an deren *Varianz* erklärt als die jeweils verwendeten Ergebniskriterien. Von den kollektiven Konsequenzen des OCB ist die stark ausgeprägte Wirkung auf die Leistung der Arbeitseinheit (*Arbeitsgruppe*) bzw. der ganzen Organisation hervorzuheben. Staufenbiel & Hartz 2000, Organ et al. 2005. F. W. Nerdinger

Organlebendspende (= O.) [engl. *living organ donation*], [**GES**], die O. bez. i. R. der Transplantationsmedizin die Spende von Organen lebender Personen. Diese ist möglich bei paarig angelegten Organen (Niere, Lunge) sowie Teilen der Leber, der Bauchspeicheldrüse und des Dünndarms. In Dt. werden bisher routinemäßig nur die Niere und Teile der Leber von lebenden Spendern transplantiert. Nach dt. Recht dürfen Organe von Lebendspendern nur übertragen werden auf «Verwandte ersten oder zweiten Grades, Ehegatten, eingetragene Lebenspartner, Verlobte oder andere Personen, die dem Spender in besonderer persönlicher Verbundenheit offenkundig nahestehen» (Transplantationsgesetz § 8 Abs. 1 S. 2). Eine O. ist demnach auch zw. nicht verwandten Personen möglich, dabei soll jedoch die Voraussetzung einer engen persönlichen Beziehung zw. Spender und Empfänger einem möglichen Organhandel vorbeugen. Weitere gesetzliche Vorgaben für eine O. sind eine umfassende Aufklärung über die mit der Spende verbundenen Risiken und die Sicherstellung der Freiwilligkeit der Entscheidung. I. R. der *Transplantationspsychologie* bestehen Aufgabenfelder insbes. in der psychol. Evaluation potenzieller Spender sowie in der Erforschung des psychosozialen Outcomes der O. (z. B. *Lebensqualität, postoperativ nach Transplantation*).

Schwerpunkte der psychol. Evaluation sind Einwilligungsfähigkeit, Informiertheit und Freiwilligkeit der Entscheidung des potenziellen Spenders, die persönliche Verbundenheit zw. Spender und Empfänger und der Ausschluss von Organhandel. Weitere zentrale Inhalte sind die psychosoziale Situation (z. B. berufliche Auswirkungen der Spende, *soziale Unterstützung*), die psych. Belastbarkeit (psychische Störungen, *Coping*, aktuelle Belastungen, präoperative Angst) und das Gesundheitsverhalten sowie die *Adhärenz* in Bezug auf die erforderliche med. Nachsorge. Außerdem sollten der Entscheidungsprozess und die Motive für die Spende nachvollzogen, die Entschiedenheit des Spenders geklärt sowie geprüft werden, inwiefern die mit der Spende verbundenen Erwartungen realistisch sind.

Nach erfolgreicher O. kann sich beim Spender ein höheres *Selbstwertgefühl* entwickeln. Es sind aber auch neg. psych. Reaktionen und eine verringerte Lebensqualität möglich, bes. bei vorbestehenden psych. Störungen, Komplikationen aufseiten des Spenders oder einem für den Empfänger nicht erfolgreichen Verlauf. Der Großteil der Spender gibt jedoch eine gute postoperative Lebensqualität an, und die überwiegende Mehrheit würde sich erneut zur Spende bereit erklären. Allerdings besteht bzgl. des psychosozialen Outcome weiterer Forschungsbedarf. Insbes. fehlen langfristig angelegte prospektive Studien mit adäquaten Vergleichsgruppen. Schulz et al. 2009, Schulz et al. im Druck. *S. Kröncke/K.-H. Schulz*

Organminderwertigkeit [engl. *organ inferiority*], [**KLI**], ist Grundbegriff und Ausgang der *Individualpsychologie* von A. Adler. *Minderwertigkeitsgefühl*.

Organophosphate (= O.) [engl. *organophosphates*], [**PHA**], Stoffgruppe mit (neuro)toxischen Wirkungen, die vielfach untersucht sind. Bestandteil vieler *Insektizide* und *Pestizide*. Ursprünglich in hohen Dosen als Kampfgase entwickelt (Soman, Sarin, Tabun). O. beeinflussen das Acetylcholinsystem, indem sie *Acetylcholin* abbauende Enzyme (Esterasen) hemmen. Sie passieren meist die *Blut-Hirn-Schranke* und haben daher zentralnervöse Effekte, so Vigilanz- und Aufmerksamkeitsverminderung und Verlangsamung der Informationsverarbeitung. Aktories et al. 2005, Hartman 1995. *W. Janke*

Organspendebereitschaft [engl. *willingness to donate organs*], [**GES**], Bereitschaft, nach dem Tode Organe (= O.) zur Transplantation freizugeben. Dabei kann die Bereitschaft, eigene O. zu spenden, von der Zustimmung der Angehörigen, einen Verstorbenen zur Organspende (= OS.) freizugeben, abgegrenzt werden. Die indiv. Entscheidung zu spenden beruht auf *kognitiven* (*Kognition*) und *affektiven* (*Affekt*) Determinanten. Subjektive religiöse und kult. Überzeugungen, Wissen über die Transplantationsmed. und *soziale Normen* stellen zus. mit wahrgenommenen Vorteilen (z. B. anderen helfen), Nachteilen (z. B. die eigene Familie belasten) und Konsequenzen (z. B. Auseinandersetzung mit der eigenen Sterblichkeit) der Entscheidung, Organspender zu werden, kogn. Einflussgrößen dar. *Affektive* Determinanten basieren auf Ängsten (vor vorzeitiger Todesdiagnose, Schmerzen bei der Organentnahme, Verstümmelung und Entstellung des Körpers, der Herausforderung des Schicksals, einem Tabubruch und Verdammnis, wenn der Körper nicht unversehrt beerdigt wird), Ekelgefühlen bei der Vorstellung, eigene O. befänden sich in einem fremden Körper, und Misstrauen gegenüber Ärzten und den mit der Transplantationsmedizin verbundenen Institutionen. Das Misstrauen bezieht sich dabei auf den würdelosen Umgang mit dem Körper bei der Organentnahme, die missbräuchliche Verwendung der O. (Organhandel), die Vorstellung, Ärzte würden das Wohlergehen von Pat. zugunsten eigener Vorteile opfern, und die Bevorzugung von Wohlhabenden bzw. Diskriminierung bei der Organvergabe. Bei der Bildung der indiv. Einstellung zur OS. spielt auch die Stärke der Auseinandersetzung mit dem Thema (Involviertheit) eine wesentliche Rolle. Mit steigender Involviertheit wächst die pos. Einstellung. Die Einstellung zur OS. ist jedoch kein eindimensionales *Konstrukt*, sondern wird vielmehr durch die Interaktion zweier Dimensionen beeinflusst. Auf der einen Seite steht die sog. «Prodonation», die durch persönliche Zufriedenheit und die Überzeugung des humanitären Nutzens der OS. geprägt wird. I. Ggs. dazu steht die neg. Dimension («Antidonation»), die wesentlich durch nicht kogn. Bedingungen bestimmt wird.

Bei der Zustimmung der nächsten Angehörigen zur Spende lassen sich zwei Szenarien unterscheiden: (1) Der Wunsch des Verstorbenen ist bekannt, (2) der Wunsch ist nicht bekannt. Ist die *Einstellung* des Verstorbenen bekannt, so wird die Entscheidung der Angehörigen in den meisten Fällen von dieser Vorgabe bestimmt. Weiterhin spielen die Zufriedenheit mit der med. Arbeit des Intensivpersonals, die Verarbeitung des Todes des Angehörigen und die Fähigkeit, in dieser Situation eine Entscheidung treffen zu können, eine Rolle. Für den Fall, dass den Familienmitgliedern der Wunsch des Verstorbenen unbekannt ist, wirken neben den genannten eine Reihe weiterer Faktoren auf die Entscheidung (*Entscheiden*) ein. Zum einen versucht die Familie, anhand zugeschriebener Einstellungen den Wunsch des Verstorbenen nachzuempfinden. Dies geschieht aufgrund von Informationen bzgl. der religiösen Zugehörigkeit des Verstorbenen oder seiner Einstellung zur Med. sowie seiner angenommenen Bereitschaft, anderen zu helfen. Von Bedeutung sind aber auch Überzeugungen und Werte der Angehörigen selbst (analog zum *Modell der indiv. Entscheidung*). *Transplantationspsychologie*. Gold et al. 2001, Schulz 2012. *K.-H. Schulz/S. Kröncke*

Orgasmusstörung, weibliche (= O.)[engl. *orgasmic disorder*], **[KLI]**, bez. eine Form der *Sexualstörungen*, bei der die Frau im Kontext sexueller Aktivitäten nur stark verzögert, selten oder nie zum Orgasmus kommt. Grundlage einer Klassifikation (*Klassifikation psychischer Störungen*) der O. ist dabei die Einschätzung, dass die Orgasmusfähigkeit der betroffenen Frau geringer ist als aufgrund ihres Alters, ihres Gesundheitszustandes, ihrer sexuellen Erfahrung sowie der vorangegangenen sexuellen Stimulation zu erwarten wäre. Eine O. kommt dabei relativ häufig in Verbindung mit *weiblichen Erregungsstörungen* vor und kann sowohl *primär* (seit Beginn der sexuellen Handlungen einer Frau bestehend) sowie *sekundär* (seit einem best. Zeitpunkt oder einem best. Ereignis bestehend) sein. Des Weiteren kann sie praktiken-, situations- oder partnerspezif. oder -unabhängig auftreten. Die Grenzen der O. sind insges. allerdings nicht gänzlich scharf, da es für viele Frauen auch üblich ist, bei sexuellen Handlungen nicht immer einen Orgasmus zu haben und dennoch mit der *Sexualität* zufrieden zu sein. Diese relativ große Variabilität der Orgasmusfähigkeit führt dazu, dass O. auch ganz wesentlich vom *Erleben* der Frau sowie von der Bedeutung, die dieses Erleben für die Frau hat, abhängt. So werden z. B. Frauen, die lediglich beim Geschlechtsverkehr keine Orgasmen haben (bei der Masturbation oder bei nicht koitalen sexuellen Handlungen hingegen schon), nicht als orgasmusgestört diagnostiziert. Als nicht körperliche Auslösefaktoren der O. werden hinderliche *Emotionen* (*Furcht*, *Angst*, Anspannung), *Stress*, *Belastung, psychische* aber auch Beziehungsfaktoren wie z. B. Partnerschaftsprobleme und unrealistische Normvorstellungen diskutiert. Therap. Ansätze (*Sexualstörungen, Psychopharmakotherapie, Sexualstörungen, Psychotherapie*) fokussieren – wie auch bei vielen anderen Sexualstörungen – im Wesentlichen auf eine Reduktion belastender Emotionen, eine Förderung der Selbstwahrnehmung und Entspannung (z. B. i. R. von Sensualitätstrainings) sowie die Thematisierung möglicher dysfunktionaler Normvorstellungen und Partnerschaftsprobleme (*Paartherapie*). Gromus 2002.

Orgasmusstörungen, männliche *Ejakulationsstörungen*.

Orgontherapie [engl. *orgon therapy*], **[KLI]**, eine auf W. Reich zurückgehende, psychoanalytisch (*Psychoanalyse*) orientierte *Körpertherapie*. Ausgangspunkt ist die Annahme, dass es eine spezif. Lebensenergie gibt, auch als Orgon bez., die bei «neurotischen» Personen blockiert ist. Mit den Mitteln der Atmung, der Massage und Dehnung soll diese Blockierung (Konzept des «Charakterpanzers») überwunden und eine Freisetzung der blockierten Energie (*Libido*) erreicht werden. Für diese Therapieform liegt kein Wirksamkeitsnachweis vor. Baker & Nelson 1983.

Orientierung, Orientierungssinn (= O.) [engl. *(sense of) orientation*; lat. *oriens* aufgehende Sonne], **[KOG]**, Sichzurechtfinden, Sicheinordnen in die realen zeitlichen, örtlichen, persönlichen und situativen Gegebenheiten. O. ist auch als psychiatrisch-verhaltensps. Kategorie von Bedeutung, was im Ggs. des Desorientiertseins (Verwirrtseins) deutlich wird. Im Tierleben (Brieftauben, Bienen) fällt besonders der Umfang des O. auf. *Fernsinne*. Frisch 1933, Peters 1957.

Orientierungsreaktion (= O.) [engl. *orientation reaction*], **[KOG]**, das sowohl auf physiol. wie auch auf Verhaltensebene komplexe *Reaktion*smuster, das ein Organismus auf neue, unerwartete Umweltreize zeigt und das einen Zustand gesteigerter *Aufmerksamkeit* beinhaltet, was Pawlow (1927) als *Orientierungsreflex* bezeichnet. Werden aber ehemals neue Reize wiederholt dargeboten, so verringert sich die Reaktionsstärke sehr bald, was als *Habituation* bezeichnet wird. Die O. stellt nach Sokolov (1963) einen integrierten Teil des komplexeren exploratorischen Verhaltens dar. Die wichtigsten Komponenten dieses vielfach (Sokolov) auch als Einheit angesehenen funktionellen Systems sind: (1) erhöhte Sensibilität, Absinken der Wahrnehmungsschwellen für auditive und visuelle Reize, Pupillenerweiterung, Erhöhung der Fähigkeit, zw. einander ähnlichen Reizen zu diskriminieren (Erhöhung der Verschmelzungsfrequenz in den sensorischen Systemen), (2) allg. Veränderungen der Muskulatur; momentan ablaufende *Handlungen* werden eingestellt, Steigerung des Muskeltonus und Erhöhung der elektrischen Aktivität der Muskeln, (3) spezif. Veränderungen der Skelettmuskulatur; je nach Organisationsstufe treten Muskeln in Tätigkeit, die die Sinnesorgane auf die Reizquelle ausrichten, (4) Veränderungen der elektrischen Hirnaktivität; EEG-Muster (*Elektrodiagnostik, Enzephalographie*) zeigen erhöhte Erregung, wobei schnelle Wellen mit niedriger Amplitude dominieren. Neben dieser diffusen *Arousal*-Reaktion zeigen sich auffallende Sekundärantworten (*evozierte Potenziale*) in versch. Gehirnabschnitten, (5) viszerale Veränderungen; Konstriktion der peripheren Blutgefäße und Dilatation der Blutgefäße in Kopf und *Gehirn*, Veränderung des Hautwiderstands (*psychogalvanische Reaktion*, PGR, EDA), Vertiefung und Verlangsamung der Atmung und gewöhnlich Herabsetzung der Herzfrequenz (*Herzfrequenz*). Der O. kommt demnach eine zweifache Bedeutung zu: Die Sensibilität auf Informationsinput wird erhöht und der Körper gleichzeitig auf eine Notfallsituation vorbereitet. Bedingungen, die eine O. hervorrufen, sind: (1) neue oder komplexe Reize (*Überraschung*), (2) sich widersprechende Reize (z. B. Reize, die sich widersprechende Reaktionen erfordern), (3) signifikante (Signal-)Reize, die eine besondere Bedeutung für den Organismus haben (z. B. eigener Name), lösen im Ggs. zu dem Vorgenannten auch nach mehrfacher Wiederholung eine solche Reaktion aus. Bei den meisten Reizen gewöhnt sich (habituiert) der Organismus sowohl physiol. als auch ps. an den Reiz (10 bis 30 Wiederholungen) und reagiert nicht mehr auf ihn. Eine geringe Veränderung des Reizes (z. B. Veränderung der Tonhöhe) ruft die O. sofort wieder in unverminderter Stärke hervor. Zur Interpretation hat Sokolov (1963) ein Modell vorgeschlagen, nach welchem im Gehirn ein neuronales Muster des Stimulus aufgebaut wird (*innere Spur*). Die Stärke der beobachtbaren Reaktion auf Neuheit (= Nichtübereinstimmung mit der Spur) stellt demnach eine Funktion des Unterschiedes zw. dem Erregungsmuster des *Synapse*nsystems und der Reizgestalt des Teststimulus dar. Im Fall von Neuheit wird die *Formatio reticularis* aktiviert, bei Bekanntheit hemmt der *Hippocampus* die Formatio reticularis und reduziert weiteren sensorischen Input. *Adaptation*. Berlyne 1961, Atkinson et al. 2001.

C. Becker-Carus

Orientierungsstörungen (= O.) [engl. *orientation disorders*], [**KLI**], stellen eine Kategorie im *psychol. Befund* dar. Man unterscheidet räumliche O. (mangelhaftes *Wissen* über den Ort, an dem man sich gerade befindet), zeitliche O. (mangelhaftes Wissen über Datum und Tageszeit), situative O. (mangelhafte Kenntnis der aktuellen Situation) und personale O. (mangelhaftes Wissen über die eigene *Identität*). O. können bei versch. psych. Störungen auftreten oder durch die direkte Wirkung einer Substanz (*Droge*, Medikament) oder durch das Vorliegen eines med. Krankheitsfaktors ausgelöst werden. Erstellt man einen psychol. Befund für eine Person und es liegt keine O. vor, bez. man die Person als allseits orientiert. *M. Hautzinger/C. Heil*

Orientierungssystem [engl. *orientation system*], *interkulturelles Lernen*, *kulturelle Überschneidungssituation*.

Originalität [engl. *originality*; lat. *originalis* ursprünglich], [**KOG, PER**], Selbstständigkeit, Ursprünglichkeit, schöpferische Fähigkeit; bei Guilford ein Faktor des divergenten Denkens (*divergentes Denken*). *Kreativität*.

Orthogenese [engl. *orthogenesis*; gr. ὀρθός (*orthós*) gerade, aufrecht, γένεσις (*genesis*) Ursprung], [**EW**], die geordnete (nicht zufällige) *Entwicklung*. Auch das Beharren in der eingeschlagenen Entwicklung. Als *orthogenetisches Gesetz* bezeichnete Heinz Werner (1926) die den Entwicklungsprozessen eigenen Vorgänge der Differenzierung und hierarchischen Integration. *F. Wilkening*

orthogone Lokalisationstendenz [gr. ὀρθός (*orthós*) gerade, γωνία (*gonia*) Winkel, lat. *locus* Ort], [**WA**], das Bestreben, Gesichtseindrücke senkrecht zur Blicklinie räumlich festzulegen. Daher die orthoskopischen Gestalten (Bühler) = Überwiegen von entspr. Bildvorstellungen (z. B. bei Kinderzeichnungen).

orthografischer Fehler [engl. *orthographic error*; gr. ὀρθός (*orthos*) richtig, γράφειν (*graphein*) schreiben], *Rechtschreibtests*.

Orthopädagogik [engl. *orthopedagogy*; gr. ὀρθός (*orthos*) gerade, richtig], *Sonderpädagogik*.

orthoskopisches Zeichnen [engl. *orthoscopic drawing*; gr. ὀρθός (*orthos*) gerade, richtig, σκοπεῖν (*skopein*) betrachten], [**EW**], in Kinderzeichnungen das Vorherrschen best. Grundformen und Ansichten, die für den dargestellten Gegenstand charakteristisch oder in der dargestellten Form einfacher zu zeichnen sind. Dadurch kann es zur Missachtung von Proportionen, Perspektive, Stellung usw. kommen. *Kinderzeichnung*.

orthostatische Dysregulation unter Psychopharmakotherapie (= o. D.) [engl. *orthostatic dysregulation during psychopharmacotherapy*], [**PHA**], Kreislaufregulationsstörung, die i. d. R. durch Medikamente bedingt ist, die α1-Adrenozeptoren blockieren. Dazu zählen vor allem viele *Antidepressiva* (insbes. trizyklische) und *Antipsychotika*. Durch die medikamentöse Blockade dieser Rezeptoren kommt es zu einer Verringerung des Blutgefäßtonus, vor allem von Venen und Venolen (= kleine Vene). Bei schnellem Aufstehen aus dem Liegen kommt es hierdurch zu einem abrupten Blutdruckabfall und reflektorischer *Tachykardie* (= Beschleunigung der Herzfrequenz). Subj. erleben Pat. dies als «Schwarz-vor-Augen-werden» und *Schwindel*. Es kann auch zu Stürzen und Synkopen (kurzdauernder Bewusstseinsverlust aufgrund einer Mangeldurchblutung des Gehirns) kommen. Vor allem bei älteren Pat. muss bei Gabe von α1-Rezeptor-Antagonisten an die Gefahr der o. D. gedacht werden. Wenn nicht darauf verzichtet werden kann, sollten Arzneimittel mit dieser Wirkung langsam aufdosiert werden. *G. Gründer*

Ortsfrequenz (= O.) [engl. *spatial frequency*; lat. *frequens* häufig], [**WA**], Frequenz einer sinusförmigen räumlichen Leuchtdichtekurve (*Leuchtdichte*), angegeben i. Allg. als Zahl der Zyklen (Hell-Dunkel-Zyklen) pro *Sehwinkel*-Einheit (im allg. Winkelgrad). Ein Streifenmuster, dessen vertikale Hell- und Dunkelstreifen allmählich ineinander übergehen, enthält eine einzelne O., sofern die Darstellung der Leuchtdichte in Abhängigkeit von der horizontalen Position eine Sinusfunktion ist; andere Muster können mit Hilfe der *Fourier-Analyse* in einzelne O zerlegt werden. *H. Heuer*

Osgood, Charles E. (1916–1991), [**HIS, SOZ**], Charles Egerton Osgood wurde in Sommerville, Massachusetts, geb. und studierte am *Dartmouth College*, wo er 1939 den B. A. erwarb. 1945 promovierte er an der *Yale University*. Er arbeitete dann kurze Zeit für eine militärische Einrichtung und lehrte ab 1945 an der *University of Connecticut* und von 1949 bis 1984 an der *University of Illinois*, wo er das *Institute of Communication Research* leitete. Das wiss. Werk von Osgood kann in vier Bereiche eingeteilt werden: (1) Am bekanntesten ist Osgood für die Entwicklung des *Semantischen Differenzials*, einer strukturierten Befragungsmethode zur skalierten Erfassung von begrifflichen Konnotationen durch abgestufte Listen von Gegensatzpaaren (Osgood et al. 1957). (2) Durch große, internat. Forschungsprojekte war es Osgood möglich, Daten in vielen Ländern zu erheben und zu vergleichen, um Dimensionen der Bewertung von Begriffen und kult. Unterschiede zu ermitteln. (3) Mitte der fünfziger Jahre hat Osgood zus. mit Percy Tannenbaum ein Balancemodell (*Balancetheorien, Gleichgewichtstheorien*) entwickelt: die Kongruitätstheorie [engl. *congruity theory*]. Dieses Modell ist an das Balancemodell von *Fritz Heider* angelehnt und auf die Wirkung von Medien ausgerichtet; es ist stärker formalisiert, erlaubt dafür aber die Vorhersage der Richtungsänderung des Einstellungswandels unter Nutzung des Semantischen Diffenzials. (4) Zur Zeit des Kalten Krieges bemühte sich Osgood um die Entwicklung eines psychol.-theoret. begründeten Programms zur Deeskalation, das unter der Bez. *GRIT (Graduated and Reciprocated Initiatives in Tension Reduction)* bekannt wurde. Osgoods Empfehlung war die Deeskalation durch Schritte der Versöhnung, durch klare Informationen und durch Aufforderungen an den Gegner, ebenso zu handeln. Möglicherweise hat GRIT Auswirkungen auf die Politik der Kennedy-Regierung gehabt. Osgood war Mitglied der *American Psychological Associa-*

tion (APA), deren Präsident er 1962/63 war. Osgood wurde vielfach ausgezeichnet. Osgood 1980. H. E. Lück

Osmozeptoren [engl. *osmoreceptor*; gr. ὀσμή *(osme)* Geruch, lat. *capere* einnehmen, erggreifen], *Rezeptor*.

Test Osnabrücker Arbeitsfähigkeitenprofil (O-AFP), 2006, K. H. Wiedl & S. Uhlhorn, [www.testzentrale.de], [**AO, DIA, KLI**]. Das O-AFP erfasst die allg. Arbeitsfähigkeiten, in denen psych. erkrankte Personen häufig Beeinträchtigungen aufweisen, mittels der drei Skalen (1) *Lernfähigkeit*, (2) *Fähigkeit zur sozialen Kommunikation* und (3) *Anpassung*. Die jew. zehn Fremdrating-Items werden mithilfe eines Kriterienkatalogs auf einer 4-Punkte-Skala eingeschätzt. Dabei gilt der allg. Arbeitsmarkt als Richtschnur. Zur Erhebung von Zusatzinformationen liegt das O-AFP auch als Selbstbeurteilungsverfahren bei. Weiterhin können die Komplexität der Anforderungen erhoben und ein qual. Profilvergleich (Verlaufsbeobachtung oder Vergleich zw. Fremd-Selbst-Einschätzung) erstellt werden. *Normierung*: Es werden Prozentrangnormen für die Gesamtstichprobe ($N = 414$) angegeben. Bearbeitungsdauer: etwa 15 Min. für das Fremdrating, Selbsteinschätzung durch die Pat./Rehabilitanden ca. 30 Min.

Test Osnabrücker Test zur Zahlbegriffsentwicklung (OTZ), 2001, J. E. H. van Luit, B. A. M. van de Rijt & K. Hasemann, [www.testzentrale.de], [**DIA, EW, KOG**]. AA Kinder im Alter von 4;6 bis 7;6 Jahren. Mit Hilfe des OTZ können Niveaus in der Zahlbegriffsentwicklung eingeschätzt werden. Es werden acht Komponenten des frühen Zahlbegriffs unterschieden und in zwei Paralleltestversionen operationalisiert. Der Test ist bes. geeignet, etwa in der Mitte des zweiten Kindergartenjahres diejenigen Kinder zu identifizieren, bei denen die Zahlbegriffsentwicklung relativ zu ihren Altersgenossen verzögert ist. *Normierung*: In Dt. wurden bei Kindern im Alter zw. 5;0 und 7;6 Jahren Normdaten erhoben, die in fünf nach Altersstufen differenzierten Normgruppen ($N = 330$) dokumentiert sind. Zusätzlich werden Kennwerte der niederländischen Normgruppen angeführt ($N = 823$). Bearbeitungsdauer: ca. 25 Min. A. Wihler

Osteoporose unter Psychopharmakotherapie (= O.) [engl. *osteoporosis during psychopharmacotherapy*], [**PHA**], Minderung der Knochendichte, bedingt durch ein Missverhältnis von (beschleunigtem) Abbau von Knochensubstanz und (verlangsamtem) Neuaufbau. Eine O. ist i. d. R., vor allem bei postmenopausalen Frauen, altersbedingt. Unter einer langfristigen Therapie mit *Kortikoiden* tritt sie regelmäßig als Komplikation auf. Es wird jedoch auch die Verursachung durch die langfristige Behandlung mit best. *Psychopharmaka* diskutiert. Problematisch ist wahrscheinlich vor allem die Dauerbehandlung mit solchen *Antipsychotika*, die zu einer ausgeprägten Hyperprolaktinämie (*Prolaktinerhöhung unter Psychopharmakotherapie*) führen (z. B. *Benzamide, Risperidon*). Diese führt sekundär zu einer Reduktion der Sekretion der *Gonadotropine* FSH und LH, wodurch die Knochenneubildung vermindert stimuliert wird. Unklar ist, ob eine Behandlung auch mit *Antidepressiva* das Risiko für eine O. erhöht, oder ob nicht vielmehr die depressive Erkrankung (z. B. durch den Hyperkortisolismus) zu der bei depressiven Störungen beobachteten erhöhten Osteoporoseinzidenz führt. Diskutiert wird auch, dass insbes. *Serotonin-Wiederaufnahmehemmer* (neg.) mit dem Knochenstoffwechsel interferieren. G. Gründer

Österreichische Schule, Grazer Schule (= Ö. Sch.), [**HIS, PHI**], Bez. für die von Brentano ausgehende psychol. Richtung. Zu ihr gehören Autoren wie: *Benussi*, Cornelius, *v. Ehrenfels*, Mach, *Meinong*, Witasek u. a. Die Schule datiert seit der Gründung des ersten österreichischen Laboratoriums (1894) in Graz durch Meinong. Die gesamte Ö. Sch. zeichnete sich durch einen gewissen Antagonismus gegen den *Elementarismus* von *Wundt* aus. I. d. S. hebt Brentano die eigene Spontaneität des Seelischen gegenüber bloß passiver Abbildung der Reizsituation hervor. Nach ihm besteht das Eigentümliche des Seelischen in spontanen Akten. Machs sensualistischer *Positivismus* (*Sensualismus*) lässt ihn von der unmittelbar gegebenen *Erfahrung* ausgehen, die ihn zur Anerkennung psych. Gebilde (wie umfassendere *Raum*- und *Zeit*formen) gelangen lässt. Dieser Ansatz wurde von v. Ehrenfels in seiner Lehre von den Gestaltqualitäten (*Ganzqualität*) wesentlich schärfer formuliert. Eine solche Gestaltqualität ist z. B. eine Melodie. Sie entsteht nicht aus einer bloßen Kombination einzelner Töne, sondern ist etwas neu Hinzutretendes, zu dem die Elemente (Töne) lediglich die Grundlage abgeben. Nach ihm können Gestaltqualitäten ihrerseits wiederum als Elemente angesehen werden, als Fundamente für eine Gestaltqualität höherer Ordnung. Der v. Ehrenfels'sche Gedanke wurde von Meinong weitergeführt und fand in einer neuen Terminologie Ausdruck. Die einzelnen Elemente einer Gestaltwahrnehmung nannte er «fundierende Inhalte» und die Gestalten «fundierte Inhalte». Diese Formulierung ist auch unter dem Namen *Produktionstheorie* bekannt geworden und macht den hauptsächlichen Inhalt der Grazer Schule aus. Bedeutende Vertreter dieser Schule sind neben Meinong selbst seine Schüler Witasek und Benussi. Die Formulierungen v. Ehrenfels' und der Grazer Schule unterscheiden sich von der *Gestaltpsychologie* wesentlich dadurch, dass Erstere ein Erhaltenbleiben der Elemente als solche postulieren, zu denen die Gestaltwahrnehmung unabhängig hinzutritt, und Letztere den Standpunkt vertritt, dass die Elemente völlig in der *Gestalt* aufgehen. Mach ist nicht in strengem Sinn zur Ö. Sch. zu zählen. Jedoch hat er, von einem konsequenten Atomismus der *Empfindungen* ausgehend (in seinem Buch *Analyse der Empfindungen*), das Problem aufgeworfen, ob es übergeordnete psych. Erscheinungen gebe.

Östradiol [engl. *oestradiol*; gr. οἶστρος *(oistros)* Stachel, sinnliche Leidenschaft], [**BIO**], weibliches Gonadenhormon (*Gonadenhormone*) aus der Gruppe der *Östrogene*.

Ostrazismus (= O.) [engl. *ostracism*; gr. ὄστρακον *(ostrakon)* Tonscherbe], [**SOZ**], Scherbengericht, Ächtung eines Gruppenmitgliedes oder Androhung von Ächtung durch Konsensbildung in Gruppen mit hoher *Kohäsion*. Ursprünglich bez. O. eine antike Form der Volksabstimmung v. a. in Athen mittels beschriebener Tonscherben über eine zehnjährige Verbannung von Bürgern aus politischen Gründen. K.-H. Stapf

Östriol [gr. *οἶστρος (oistros)* Stachel, sinnliche Leidenschaft], syn. *Estriol* [engl. *estriol*], [**BIO**], weibliches Gonadenhormon (*Gonadenhormone*) aus der Gruppe der *Östrogene*.

Östrogene (= Ö.) [engl. *estrogens*; gr. *οἶστρος (oistros)* Stachel, sinnliche Leidenschaft], syn. *Estrogene*, [**BIO**], Steroidhormone, die wichtigsten sind Östradiol, Östron und Östriol. Östradiol ist die biol. aktivste und somit wichtigste Substanz. Ö. werden bei der Frau hauptsächlich in den Eierstöcken in Follikeln und im Gelbkörper sowie zu einem kleinen Teil auch in der Nebennierenrinde gebildet. Während der Schwangerschaft produziert auch die Plazenta Ö. Beim Mann werden Ö. in sehr geringen Mengen in den Hoden gebildet, zudem wird *Testosteron* im Fettgewebe durch das Enzym Aromatase in Ö. umgewandelt. Ö. bewirken die Entwicklung von weiblichen Geschlechtsorganen (Uterus, Zervix, Vagina) und weiteren Geschlechtsmerkmalen (Brustdrüse, weibliche Stimme). Der Ö.-Spiegel steigt während der Reifung eines Follikels in der ersten Phase des weiblichen Zyklus kontinuierlich an, signalisiert auf diese Weise der Hypophyse die Reife der Eizelle und bewirkt so indirekt die Ovulation (Eisprung). Ö. scheinen auch für die psych. Gesundheit der Frau eine Bedeutung zu haben; so scheinen sowohl postpartum (nach der Geburt) als auch postmenopausale (nach der Menopause) *Depressionen* mit dem niedrigeren Ö.spiegel bzw. dessen raschem Absinken in diesen Phasen zus.zuhängen. Douma et al. 2005. *S. Lammertz*

Östron [engl. *(o)estrone*; gr. *οἶστρος (oistros)* Stachel, sinnliche Leidenschaft], [**BIO**], weibliches Gonadenhormon (*Gonadenhormone*) aus der Gruppe der *Östrogene*.

Ostwald-Farbsystem [engl. *Ostwald colour system*]; *Farbsysteme, anschauliche*.

Oszillation [engl. *oscillation, oscillatory*; lat. *oscillare* schaukeln], [**KOG**], Schwingung. In der Ps. Bez. für persönliche oder zwischenpersönliche Schwankung der Reaktionen (*Reaktion*). Bei Hull Wechsel des Reaktionspotenzials (SOR; *Reaktionspotenzial*).

Oszillograf [engl. *oscillograph*; lat. *oscillare* schaukeln, gr. *γράφειν (graphein)* schreiben], «Schwingungsschreiber». Instrument zur Aufzeichnung schneller Schwingungsvorgänge (elektr. Wellen bzw. Potenziale).

O-Technik (= O.) [engl. *O-technique*], [**FSE**], bei der O. der *Faktorenanalyse* werden versch. Variablen bei einer Stichprobe von Vpn gemessen. Die Situationen werden über die Variablen korreliert. Mit der O. werden Situationsfaktoren ermittelt. *Kovariationsschema*.

Othello-Fehler (= O.) [engl. *Othello's error*], [**RF**], der O. ist ein Fehler in der Vernehmungsgestaltung, bei dem eine aussagende Person aufgrund der Skepsis, die ihr das Gegenüber signalisiert, Verhaltensweisen (z. B. Nervosität, Schwitzen, Änderung des Aussageverhaltens) zeigt, die vom Gegenüber wiederum fälschlicherweise als Beleg für die zuvor bereits vermutete Falschaussage interpretiert werden. *Lügenstereotyp*. Ekman 1985, Niehaus et al. 2009. *S. Niehaus*

Othello-Syndrom [engl. *Othello syndrome*]; *Eifersuchtswahn*.

Otolith [engl. *otolith*; gr. *οὖς (oos)* Ohr, *λίθος (lithos)* Stein], *Ohr*.

Ottawa-Charta *Betriebliches Gesundheitsmanagement*.

Outcome (= O.) [engl. Resultat, Wirkung], [**FSE**], bei der *Evaluation* von Maßnahmen werden die Auswirkungen auf und der Nutzen für die von den Maßnahmenfolgen Betroffenen (*Stakeholder*) als O. bez. (z. B. Ergebnisse einer Therapie oder einer Fortbildungsmaßnahme). Operationalisierte Indikatoren (z. B. Verringerung der Ausprägung auf einer Belastungsskala) werden als O.variablen bez. Im Unterschied hierzu bez. *Output* die Leistung, die durch ein System erbracht wird. In Gesundheitssystemen wird durch Versorgungsmaßnahmen oder Behandlung (= Output des Systems) die Verbesserung des Gesundheitszustands der Pat. als O. angestrebt. Bsp.: In einer psychosomatischen Klinik soll durch integrierte Versorgungs- und Therapieleistungen (= Output) das O.-Merkmal *Gesundheitszustand* verbessert werden. Für die angemessene Beurteilung der Wirkung (*Effektivität*) einer Maßnahme ist es wichtig, alle pos. und neg., erwünschten und unerwünschten Effekte für die Stakeholder zu erfassen (z. B. *multiattribute Nutzentheorie*). O.variablen sollten die für die Betroffenen bedeutsamen Effekte valide abbilden und nicht nur als *Surrogatkriterium* erfasst werden. *Endpunkte, primäre, sekundäre, tertiäre*, *patient reported outcomes (PROs)*. Kromrey 2001.

Outdoor-Trainings (= O.) [engl. *outdoor* Freiluft/-land], [**AO, PÄD**], O. stehen in der historischen Tradition der reformpädagogischen Strömung der Erlebnispädagogik von Kurt Hahn, der diesen Ansatz in der ersten Hälfte des 20. Jh. geprägt hat. Der Grundgedanke war, dass Jugendliche (*Adoleszenz*) durch intensive Erfahrungen in und mit der Natur in ihrer *Persönlichkeit* (*Persönlichkeitsentwicklung*) reifen. In den 1990er Jahren wurde das Konzept in den Bereich der *Personalentwicklung* getragen. Seither ist eine sehr heterogene Vielfalt unterschiedlichster Übungen und Veranstaltungskonzepte entstanden. Sie reichen von Interaktionsübungen, die ebenso gut in geschlossenen Räumen durchführbar wären, über den Besuch von Kletterwänden oder Hochseilgärten bis hin zu Bergwanderungen und mehrtägigen Expeditionen in Wüstengegenden. Folgt man den Aussagen der Anbieter, so sollen die Teilnehmer durch die Erfahrung ungewöhnlicher, teils riskanter Interaktionen mit den übrigen Teilnehmern nahezu jede *Kompetenz* entwickeln können (z. B. Teamfähigkeit (*Kooperation*), Führungskompetenz (*Führung*), Kommunikationsfähigkeit (*Kommunikation*), *Selbstvertrauen*, *Leistungsmotivation*). Eine Übertragung (*Transfer*) der angeblich zu lernenden Inhalte auf den beruflichen Alltag wird entweder einfach vorausgesetzt oder soll durch reflektierende Gespräche im Anschluss an einzelne Übungen gewährleistet werden. Empirische Belege hierfür liegen jedoch nicht vor. Bestehende Untersuchungen sind aufgrund zahlloser meth. Mängel (fehlende *Kontrollgruppe*, fehlende Pretests, fehlende Überprüfung des Transfererfolgs im Berufsalltag etc.) nicht aussagekräftig. Vor dem Hintergrund der bisherigen Erkenntnisse zur *Effizienz* von Personalentwicklungsmaßnahmen ist ein nachhaltiger Nutzen von O. im Berufsalltag eher unwahrscheinlich. Die größte Schwäche liegt gerade in dem Punkt, der von den Vertretern der O. als besondere Stärke herausgestellt wird: die fehlende Ähnlichkeit zw. der potenziellen Lernsituation und realen Interaktionen im Berufsalltag. Kanning 2013. *U. P. Kanning*

OUTFIT *Itemanalyse.*

outgroup [engl.], [**SOZ**], Fremdgruppe, Ggs. *ingroup* (Eigen- oder Wir-Gruppe). *Gruppe, Identität und Selbst.*

Outplacement [engl.] «Auslagerung», [**AO, WIR**], Entlassung eines Mitarbeiters, verbunden mit der aktiven Unterstützung bei der Bewerbung für eine neue Stelle und/ oder psychol. und fachliche Betreuung, um den Wechsel zu bewältigen. Die entspr. Beratung findet i. d. R. durch einen Externen (*Outplacement-Berater*) statt. Für die Freisetzung des Mitarbeiters kann es versch. Gründe geben, z. B. (1) *die persönliche Basis*: Der Mitarbeiter ist in eine Lebenskrise geraten und zieht damit soziale Konflikte und evtl. sogar familiäre Probleme an. Fehlende persönliche Ziele und Zukunftsvisionen lassen das Leistungspotenzial markant abfallen, Weiterbildung und persönlicher Einsatz für die Zukunft sind kein Thema mehr; (2) *die zwischenmenschliche Basis*: Arbeitsklima- und Betriebsprobleme führen zu Intrigen und Spannungen (*Mobbing*). Markante Änderungen der Unternehmensstrategie, *corporate identity*, Neuorganisation etc. werden nicht akzeptiert. Eine Neuverteilung von Verantwortlichkeiten, Befugnissen und Kompetenzen wird abgelehnt; (3) *die betriebliche Basis*: Grundlegende Änderungen infolge Fusion oder Verkauf, aber auch Führungswechsel, werden innerlich nicht mitgetragen, eine permanente verborgene Opposition macht sich bemerkbar. Durch Veränderung oder Abstoß von Produktlinien wird die Attraktivität der fraglichen Position gemindert; (4) *die konjunkturelle Basis*: Wirtschafts- und sozialpolitische Einwirkungen fordern nach betrieblichen Maßnahmen, eine personelle Restrukturierung resp. Entlassungen sind unumgänglich. Das Zusammenlegen von versch. Bereichen führt zu verminderten personellen Bedürfnissen. *Arbeitslosigkeit.* *M. Liebig*

Output [engl. Ausgabe, Arbeitsertrag], [**KOG**], Informationsausgang, Begriff der *Informationstheorie*, das Signal, das abgegeben wird; (allg.) die Energie, die ein *System* abgibt; (ps.) die Reaktion, die auf einen Reiz auftritt. [**FSE**], *Outcome.*

Outside-in-Theorien [engl. *outside* außerhalb, *in* hinein], *Sprachentwicklung.*

overachievement/underachievement [engl. Über-/Untererfüllung], [**EM, PÄD**], bezogen auf das indiv. Intelligenzniveau (*Intelligenz*) ein *Schulleistungsüberschuss* bzw. *Schulleistungsdefizit* (Weinert), d. h. bessere oder schlechtere Schulleistung, als vom Intelligenzniveau her erwartet werden könnte (erwartungswidrige Schulleistung). Für diese Diskrepanz werden vorwiegend nicht intellektuelle Faktoren (*Motivation* u. a.) verantwortlich gemacht. *Leistungsmotivation.* Broman & Bien 1985, Thorndike 1963, Wahl 1975.

overconfidence *Anlegerverhalten.*

Overjustification-Effekt (= OE.) [engl. *overjustification* «Überrechtfertigung»], [**EM, KOG, SOZ**], werden Personen für ein *Verhalten* belohnt (*Belohnung*), das sie ohnehin schon ausführen, d. h. werden sie *extrinsisch* belohnt, obwohl sie bereits *intrinsisch* motiviert (*Motivation*) sind, dann führt dies zu einem OE. in dessen Folge die Bereitschaft auch zukünftig ein derartiges Verhalten zu zeigen, sehr stark reduziert wird (Lepper et al. 1973). Zwar belegen die Ergebnisse der *Metaanalyse* von Deci et al. (1999) diesen Effekt, dennoch scheint er kulturabhängig zu sein (Iyengar & Lepper 1999), wonach in kollektivistischen Kulturen (*Kulturvergleichende Psychologie*) die intrinsische Motivation von Kindern zunimmt, wenn sie durch Gleichaltrige oder Autoritäten in ihrem Verhalten verstärkt werden. *B. Six*

overmanning [engl.] Überbesetzen; *undermanning.*

Ovsiankina-Effekt, nach Maria Ovsiankina (1898–1993), *Wiederaufnahme von unterbrochenen Handlungen.*

Ovulationshemmer [engl. *ovulation inhibitors*], *Kontrazeptiva.*

own-ethnicity effect [engl. *own* eigen, *ethnicity* Ethnizität Volkszugehörigkeit], *Ausländereffekt.*

own-race bias [engl. *own* eigen, *race* Rasse, *bias* Fehler, Verzerrung], *Ausländereffekt.*

Oxazepam [engl. *oxazepam*], [**PHA**], Adumbran®, *Psychopharmakon* aus der Gruppe der *Anxiolytika* vom Typ der *Benzodiazepine*. Langsam einsetzende Wirkung. Zulassung zur symptomatischen Kurzzeitbehandlung von *Angst-* (*Angststörungen*), Spannungs- und Erregungszuständen sowie dadurch bedingten *Schlafstörungen*. Rasche und nahezu vollst. Resorption mit mittellanger Halbwertszeit von 4–15 Std. ohne aktive Metaboliten. Benkert & Hippius 2013, Landon et al. 1993. *M. Paulzen*

Oxytocin (= O.) [engl. *oxocytin*], [**BIO**], *Hormon* des Hypothalamus-Hypophysenhinterlappen-Systems (*Gehirn*), verwandt dem *Vasopressin*. O. reguliert zus. mit anderen Hormonen den Beginn des Geburtsvorgangs (Uterus-Kontraktionen) sowie die Ausstoßung der Milch. Auch die Wirkungen von O. als Neuromodulator im Zus.hang mit der Regulation des Reproduktions-, Brutpflege- und Bindungsverhaltens (*Bindung*) gelten inzwischen als belegt. Weiterhin hat O. einen Einfluss auf *Lernen* und *Gedächtnis*. O. wird durch best. Reize unmittelbar freigesetzt, Saugreiz, Dilatation der Vagina, Stimulation der Cervix, Orgasmus, bei vielen Reizen auch Sekretion von Vasopressin. De Wied 1997, Meyer & Quenzer 2005. *W. Janke*

P

P, [**FSE, SOZ**], wird verwendet als p = probability (*Wahrscheinlichkeit*) sowie als *Symbol* für die Person P, auf die eine Aussage bezogen ist.

P100, P300 *Ereigniskorrelierte Hirnpotenziale, EKP*.

Paar-Assoziations-Lernen [engl. *paired-associate learning*; lat. *associare* verbinden] *Lernen, verbales*.

Paarlife (= P.) [engl. *life* Leben], früher: Freiburger Stresspräventionstraining für Paare, [**GES, KLI**], ist ein im dt. Sprachraum (insbes. der Schweiz, aber auch Dt.) weitverbreitetes und internat. anerkanntes Präventionsprogramm, das neben den klassischen Komponenten der Förderung der Kommunikation und der Problemlösung insbes. der Rolle von paarexternem, chronischen Alltagsstress und dessen Bewältigung (indiv. und dyadisch) Aufmerksamkeit schenkt. Basierend auf kogn.-verhaltenstherap. Elementen (*Verhaltenstherapie*) und dem *Systemisch-transaktionalen Stressmodell (STM)* von Bodenmann (2000) sensibilisiert das Programm die Paare für die Bedeutung von täglichen Widrigkeiten, welche die Wahrscheinlichkeit dyadischer Konflikte erhöhen. Die Paare lernen, wie sie mittels *dyadischem Coping Stress* gemeinsam bewältigen und dadurch Intimität, Vertrauen und Verbundenheit stärken können. Anhand der Drei-Phasen-Methode lernen die Paare in einem engen Betreuungsverhältnis von zwei Paaren pro Trainer, in geschütztem Rahmen ihre Stressäußerung und ihr Unterstützungsrepertoire zu verbessern. Die Wirksamkeit von P. wurde in mehreren randomisiert-kontrollierten Studien (*RCT*) nachgewiesen. *Prävention bei Paaren*. Bodenmann & Shantinath 2004. *G. Bodenmann*

Paartherapie (= P.) [engl. *couple/partner therapy*, gr. θεραπεύειν (therapeuein) heilen, dienen], [**KLI**], gehören heute zum integralen Bestandteil des Corpus an evidenzbasierten (*Evidenzbasierung*) psychoth. Interventionsmethoden und stellen eine wichtige Ergänzung und Erweiterung von Individualtherapien oder *Gruppentherapien* dar. P. lassen sich in versch. theoret. und therap. Ansätzen verorten, wie der *Verhaltenstherapie* und ihren Weiterentwicklungen, der *systemischen Therapie*, der *Gesprächspsychotherapie* oder analytischen Ansätzen (Halford & Markman 1997). I. Ggs. zur Individualtherapie erfolgt in der P. die Behandlung eines Systems (dem Paar), wobei eine Störung des Gesamtsystems oder seiner Einzelteile vorliegen kann. Die Störung des Paarsystems ist dabei nicht nach einer DSM-5-Diagnose oder ICD-Diagnose (*Klassifikation psychischer Störungen*), wie bei indiv. Störungen, klassizierbar und stellt daher i. d. R. keine kassenpflichtige Leistung dar. *Paarlife*, *Prävention bei Paaren*.

Theoretische Fundierung: Die Erkenntnisse der empirischen Forschung zu Prädiktoren für eine neg. Partnerschaftsentwicklung und ein erhöhtes Scheidungsrisiko bilden die Grundlage der P. Dieses Wissen beeinflusst die Entwicklung und Anwendung der verwendeten Methoden. Theoretisch wurzelt die moderne P. in der *Systemtheorie*, der sozialen und operanten *Lerntheorie*, Kommunikationstheorien (*Kommunikation*) sowie der systemisch-transaktionalen Stresstheorie (*Stressmodell, transaktionales*; Bodenmann 2012).

Indikation und Ziele: P. wird bei akuten Partnerschaftskrisen, chronischen destruktiven Paarkonflikten, Trennungs- oder Scheidungsabsichten eines oder beider Partner oder immer häufiger auch bei Entfremdungsgefühlen der Partner in Anspruch genommen. Das Ziel ist in diesem Fall eine Verbesserung der Beziehungsqualität. Eine zweite Indikation von liegt in der Behandlung von indiv. Störungen (z. B. *affektive Störungen*, *Angststörungen*, *Essstörungen*, *Sucht- und Substanzbezogenen Störungen*, *Sexualstörungen*) vor. In diesem Fall wird eine bei einem Partner diagnostizierte Störung mittels P. behandelt. Diese Indikation ist insbes. dann gegeben, wenn entweder kovariierend eine Partnerschaftsstörung vorliegt oder die Partnerschaft als Ressource (*Ressourcenorientierung*) für die Behandlung der indiv. Problematik betrachtet werden kann. Basierend auf dem Konzept der *We-disease* (Bodenmann 2013), ist der regelmäßige Einbezug des Partners in die Individualtherapie oder eine P. meistens indiziert.

Methoden und Behandlungsmodus: Das Methodenrepertoire der P. variiert je nach Therapieschule. Jede Richtung hat jedoch gemeinsam, dass insbes. die Kommunikation und Interaktion des Paares günstig verändert werden soll. Die Tab. zeigt das sehr breit gefächerte Methodenrepertoire der modernen Verhaltenstherapie mit Paaren (Bodenmann 2012; Schindler et al. 2013). Im Durchschnitt dauert eine P. zur Behandlung von Partnerschaftsstörungen (1. Indikation, s. o.) zw. 20–40 Stunden. Die Sitzungen finden i. d. R. alle vierzehn Tage statt und dauern zwei Sitzungen (100–120 Min.), um ausreichend Raum für die angeleiteten Übungen zu ermöglichen. Die Sitzungen werden von einem Therapeuten alleine geleitet.

Wirksamkeit: *Metaanalysen* zur Therapieeffektivität sprechen übereinstimmend für die *Wirksamkeit* der verhaltenstherapeutischen P. Als wirksam gilt eine P. dann, wenn sie eine signifikante Erhöhung der Partnerschaftsqualität und -zufriedenheit und eine Verbesserung der relevanten dyadischen Kompetenzen (z. B. bezogen auf die Kommunikation) bewirken konnte. Insgesamt kann von einer *Effektstärke* von *Cohens d* = .95 (das bedeutet einem starken Therapieeffekt im Prae-Post-Vergleich) ausgegangen werden. Rund 70 % der Paare verbesserten sich nach der Therapie und 50 % der Paare blieben auch nach der Therapie in diesem gebesserten Zustand und klin. signifikante Veränderungen gelingen in 41–55 % der Paare (Shadish & Baldwin 2005). *G. Bodenmann*

Paartherapie: Problematiken, Ziele, therapeutische Methoden

Problematik	Ziel	Therapeutische Methode
Hohe Negativität und geringe Positivität in der Alltagskommunikation	Erhöhung der Positivität und Senkung der Negativität in der dyadischen Interaktion	Reziprozitätstraining als Hausaufgabe und Besprechung in den Therapiesitzungen
Dysfunktionale Konfliktkommunikation (gravierende Kommunikationsfehler, Zwangsprozess, Eskalation)	Verbesserung der dyadischen Kommunikation	Kommunikationstraining mit Sprecher- und Zuhörerregeln in strukturiertem Setting mit anschließender Hausaufgabe
Ineffiziente Problemlösung (wenig gemeinsame Lösungssuche, wenig Kreativität, Versanden von Problemlösungen)	Verbesserung der gemeinsamen Bewältigung von Alltagsproblemen	Problemlösetraining anhand eines strukturierten mehrstufigen Vorgehens in der Therapie und anschließend als Hausaufgabe
Hohes Stressniveau und inadäquates dyadisches Coping, geringes Verständnis füreinander und geringes Wir-Gefühl	Erhöhung der dyadischen Copingressourcen durch eine Verbesserung der emotionalen Stresskommunikation und des supportiven oder gemeinsamen dyadischen Copings	Bewältigungsorientierte Intervention (3-Phasen-Methode mit Trichtermethode), Training in den Therapiesitzungen
Dysfunktionale partnerschaftsbezogene Erwartungen und ungünstige Attributionen	Humanisierung der Erwartungen an die Partnerschaft, Flexibilisierung der Kausalattributionen	Kognitive Methoden (kognitive Umstrukturierung und Reattributionstraining)
Beharren auf eigener Position und Versuch, den anderen nach seinen Vorstellungen zu verändern (Machtkampf)	Erhöhung des wechselseitigen Verständnisses füreinander, Freiräume erarbeiten, Kompromissbereitschaft und Toleranz erhöhen	Akzeptierungsarbeit
Sexuelle Lustlosigkeit oder sexuelle Probleme	Erhöhung der sexuellen Aktivität und Zufriedenheit	Übungen zur Steigerung der sexuellen Lust, Sensate Fokus
Entleerte Partnerschaft, Entfremdung, keine Zukunftsperspektive	Höhere Zufriedenheit durch Wiederbeleben der Beziehung	Kognitive positive Szenarien erarbeiten, Zukunftspläne schaffen, Perspektiven eröffnen, Reflexion über Beziehung
Mangelndes Commitment und Engagement für die Partnerschaft	Erhöhung der Motivation, sich für diese Beziehung einzusetzen	Übungen zur Förderung des Commitments und der Bezogenheit mittels Anregungen zur Bedeutung der Partnerschaft
Weitere Themen	Verbesserung der Erziehungskompetenzen, Schaffung fairer Rollenverteilungen, usw.	Erziehungstrainings, fairnessbezogene Interventionen im Hinblick auf ein Gleichgewicht im Geben und Nehmen

Paarvergleich, paarweiser Vergleich (= P.) [engl. *paired/pairwise comparison*], **[FSE]**, ein von Fechner eingeführtes Verfahren. Der Vp werden jew. zwei Eindrücke (z. B. zwei Farben) dargeboten, wobei jeder Eindruck im Vergleich zum anderen beurteilt werden soll (z. B. auf seine Wohlgefälligkeit). Die Reihe der Vergleichspaare wird so zus.gestellt, dass alle möglichen Eindruckskombinationen einmal vorhanden sind. Abgesehen von dem Vergleich kann auch jede Kombination als solche beurteilt werden (z. B. ob Farben zus.passen oder nicht). Der P. ist eine häufig angewendete Methode der Skalierung (*Skalierung, Methoden der*). *Wahlmethode*.

paarweiser Ausschluss (= p. A.) [engl. *pairwise deletion*], **[FSE]**. Im Falle fehlender Werte (*Missing Data*) werden für jede zu berechnende Statistik alle vorliegenden Daten verwendet. Hierdurch werden i. d. R. für versch. Berechnungen unterschiedliche Teilstichproben verwendet. Insbes. bei der Berechnung von Korrelationsmatrizen (*Korrelation*) wird oft standardmäßig dieses Verfahren eingesetzt, sodass zwar alle verfügbaren Informationen verwendet werden (größtmögliche Analysestichprobe), aber im Extremfall die Varianz-Kovarianz-Matrix in sich nicht konsistent bzw. nicht pos. definit ist, was wiederum z. B. zu Problemen bei der Durchführung einer *Faktorenanalyse* führen kann. Nur im Falle von Missing-Completely-at-Random (*Missing-Data-Prozesse*) führt p. A. zu keiner Ergebnisverzerrung. Leonhart 2013, Lüdtke et al. 2007. *R. Leonhart*

Pacini-Körperchen [engl. *pacinian corpuscles*], syn. *Vater-Pacini-Körperchen*; *Mechanorezeption, Mechanosensorik, Rezeptor, Vater-Pacini-Lamellenkörperchen*.

Pädagogik (= P.) [engl. *pedagogy*; gr. παῖς *(pais)* Kind, ἄγειν *(agein)* führen], [**PÄD**], im herkömmlichen Sprachgebrauch die auf erzieherisches Handeln bezogene systematisierte Erkenntnis wie auch, bes. im abgeleiteten Adjektiv päd., dieses Handeln und Beeinflussen selber. Entsprechend umfasst die Bez. *Pädagoge* den Erziehungstheoretiker (Erziehungswissenschaftler) wie den Erziehungspraktiker (Lehrer, Heimerzieher, Sozialpädagoge, Heilpädagoge, aber auch nicht hauptberuflich Erziehende). Dieser Unklarheit versucht man durch Abgrenzung der wiss. Disziplin, die allgemein gültige, deskriptive Sätze formuliert, als *Erziehungswissenschaft* von der auf präskriptiven Sätzen aufbauenden Erziehungslehre zu begegnen. In der Erläuterung der stufenweisen Theoretisierung des päd. Denkens ist man bestrebt, den unfruchtbaren Gegensatz von Theorie und Praxis zu überwinden, so z. B. Klafki durch die Staffelung vom (1) situationsgebundenen über das (2) meth.-ordnende päd. Denken zur (3) *Didaktik* als Erziehungs- und Bildungslehre und (4) philosophischen und metatheoretischen päd. Fragen, oder wie Bokelmann von der (1) Beschreibung der Erziehungswirklichkeit über die (2) päd. Theoriebildung i. e. S. zur (3) metatheoretischen Reflexionsebene. Mit einem der Wissenschaftslehre der Analytischen Philosophie verpflichteten Vorschlag stellt Brezinka strengere methodologische Anforderungen an die Pädagogik und scheidet sorgfältig Erziehungswissenschaft i. w. S. (als Realwissenschaft von der Erziehung, darin enthalten Theoretische Erziehungswissenschaft als Erziehungswissenschaft i. e. S. und Historiografie der Erziehung) von Philosophie der Erziehung einerseits und Praktischer Pädagogik andererseits als der am erzieherischen Handeln orientierten normativen Theorie der Erziehung. Schließlich erfährt auch das in der Phase neopositivistischer Orientierung nicht verloren gegangene Selbstverständnis der P. als einer an der erzieherischen Alltagswelt anknüpfenden Handlungswissenschaft (Klafki 1976, Benner 1977) in der Auseinandersetzung mit *Kritischer Theorie, Verstehender Soziologie* und *Symbolischem Interaktionismus* eine Neubelebung, durch die die Theorie-Praxis-Diskussion wieder ins Zentrum der P. gerückt wird. *Erziehung, Erziehungswissenschaft, Handlung, Pädagogische Psychologie*. Brezinka 1978, Kron 2001.

pädagogische Agenten (= p. A.) [engl. *pedagogical/education agents*; gr. παῖς *(pais)* Kind, ἄγειν *(agein)* führen, lat. agere handeln], [**MD, PÄD**], hierbei handelt es sich um computerbasierte (virtuelle) animierte Charaktere, die den *Wissenserwerb* unterstützen sollen. Je nach technischer Umsetzung können sich p. A. bewegen, Zeigegesten ausführen, *Emotionen* über den Gesichtsausdruck (*Mimik*) ausdrücken, sprechen (*Sprechen*) und auf Eingaben eines Lerners adaptiv reagieren bzw. mit diesem interagieren. Sind die Agenten menschenähnlich, bez. man sie als anthropomorphe Agenten. Sind die Agenten in der Lage, Äußerungen des Lerners zu verstehen und adaptiv darauf zu reagieren (z. B. *Feedback* zu geben, Nachfragen zu stellen), bezeichnet man sie als konversationale Agenten. Aus Sicht der *Social Agency Theory* (Moreno et al. 2001) werden p. A. als sinnvolle Ergänzung multimedialer Lernumgebungen betrachtet, da sie als soziale Hinweisreize fungieren, aufgrund derer der Lerner die Interaktion mit dem Computer eher als soziale Kommunikationssituation interpretiert (vgl. *media equation theory*, Reeves & Nass 1996). Diese Interpretation soll dazu führen, dass ein Lerner die durch den Agenten präsentierte Information als glaubwürdiger empfindet und intensiver verarbeitet. Empirische Nachweise für die angenommene Lernwirksamkeit von p. A. sind jedoch eher selten (Dehn & van Mulken 2000). *K. Scheiter*

^Test **Pädagogische Analyse und Curriculum der sozialen und persönlichen Entwicklung des geistig behinderten Menschen (PAC)**, 1977, H.C. Günzburg, [www.testzentrale.de], [**DIA, KLI, PÄD**]. Deutsche Ausgabe der «Progress Assessment Chart (PAC) of Social and Personal Development», die systematische Beobachtung und Berichterstattung über das Sozialverhalten geistig behinderter Kinder und Erwachsener liefert. Spez. klin.-päd. Test zur sozialen und emot. Entwicklung; Verfahren aus dem Bereich der Rehabilitation. AA Kinder ab 2 Jahren, Jugendliche und Erwachsene. Die PAC besteht aus versch. Teilen, für die jew. separate Einschätzungsbogen vorliegen. Studien über Korrelationen einiger Subbereiche mit Intelligenztestverfahren liegen vor (Zusammenhänge zw. $r = .28$ und $r = .80$). Es existieren Formen für spez. Gruppen von behinderten Menschen (für Kinder mit Down-Syndrom, für geistig schwerst behinderte Menschen).

Pädagogische Psychologie, s. Einleitung «*Gebietsüberblick I.11 Pädagogische Psychologie und Bildungspsychologie*».

pädagogisches Handeln, Unsicherheit *Unsicherheit pädagogischen Handelns*.

Pädaudiologie (= P.) [engl. *paedaudiology, paediatric audiology*; gr. παῖς *(pais)* Kind, λόγος *(logos)* Vernunft, Wort; lat. *audire* hören], syn. *Kinderhörkunde*, [**BIO, EW, KLI**], ist ein Teilgebiet der *Audiologie*. Es befasst sich mit der Diagnostik und Therapie von peripheren Hörstörungen (angeborenen oder erworbenen) und zentralen *auditiven Verarbeitungs- und Wahrnehmungsstörungen (AVWS)* im Kindesalter auf dem Hintergrund der Einheit von Hör- Sprach- und Stimmentwicklung (*Sprachentwicklung*). Zusammen mit der *Phoniatrie* ist die P. seit 1992 ein selbstständiges med. Fachgebiet; sie arbeitet eng mit der Hörgeräteakustik, Sonderpädagogik, *Logopädie*, Entwicklungsps. und *Frühförderung* zus. *C. Kiese-Himmel*

Pädaudiometrie [engl. *pediatric audiology*; gr. παῖς *(pais)* Kind, μέτρον *(metron)* Maß, lat. *audire* hören], *Audiometrie*.

Päderastie [engl. *pederasty*; gr. παῖς *(pais)* Kind, Knabe, ἐραστής *(erastes)* Liebender], bes. auf männliche Jugendliche gerichtete Homosexualität. Als «Liebe» zw. Männern und geschlechtsreifen Knaben stand sie im alten Griechenland in Ansehen.

Pädiatrie [engl. *pediatrics*; gr. παῖς *(pais)* Knabe, Kind, ἰατρός *(iatros)* Arzt], *Kinderheilkunde*.

Pädiatrische Psychologie (= PP.) [engl. *pediatric psychology*; gr. παῖς *(pais)* Knabe, Kind, ἰατρός *(iatros)* Arzt], **[KLI]**, ist das Spezialgebiet der Klin. Ps. an der Schnittstelle zur Kinder- und Jugendmed., das sich mit dem krankheitsbezogenen Erleben und Verhalten von Kindern und Jugendlichen mit (chronischen) körperlichen Erkrankungen und mit dessen systematischer Beeinflussung beschäftigt. Die PP. wurde zunächst vom US-amerik. Psychologen Logan Wright und durch die 1969 gegründete Fachgesellschaft und inzw. als Sektion der *American Psychological Association (APA)* firmierende *Society of Pediatric Psychology* geprägt. Sie hat sich seitdem zunehmend zu einem eigenständigen Fachgebiet entwickelt. PP. wendet in enger Kooperation mit Kinder- und Jugendärzten, Krankenpflegefachkräften sowie mit pflegenden Eltern chronisch kranker (*chronische Erkrankungen*) Kinder und Jugendlicher (*Adoleszenz*) psychol. Interventionsmethoden wie z. B. *Psychoedukation* und *Patientenschulung*, Verhaltensmodifikation, psychol. Beratung und Psychoth. ein. PP. zielt darauf ab, psychosoziale Adaptation, *Krankheitsbewältigung*, *Entwicklung*, *Rehabilitation* und *Resilienz* und gesundheitsbezogene *Lebensqualität* zu stärken, sekundären psych. Störungen vorzubeugen und manifeste komorbide psych. Störungen (*Komorbidität*) zu behandeln. Dadurch wird die Eingliederung chronisch kranker Kinder und Jugendlicher in Familie, unter Gleichaltrige, in Schule und Berufsausbildung gefördert. In der Pat.-schulung werden den Pat. in ihrem Entwicklungsstand angepasster Form und ihren pflegenden Angehörigen krankheits- und behandlungsbezogenes *Wissen* und Fertigkeiten vermittelt. Pat.schulungen werden bei Bedarf durch individualisierte *Verhaltensmodifikation* ergänzt, um die Therapieadhärenz (*Adhärenz*) und das *Selbstmanagement* der Erkrankung zu verbessern. PP. unterstützt chronisch kranke Kinder auch bei der Bewältigung schmerzhafter, invasiver diagn. und therap. Prozeduren. Psychotraumatologische Interventionsmethoden kommen zur Unterstützung der Bewältigung von krankheitsbedingt oder iatrogen traumatischen Erfahrungen (*medical trauma*) zur Anwendung (*Krankheitsbewältigung*). Familiäre und soziale Ressourcen werden durch *psychol. Beratung* mobilisiert, in enger Zus.arbeit mit der Einleitung praktischer psychosozialer Unterstützungsmaßnahmen durch Kliniksozialdienste (*Konsiliar- und Liaisonarbeit*). Aufgrund des steigenden Anteils chronischer Erkrankungen an der *Morbidität* im Kindes- und Jugendalter, besserer Überlebenschancen und längerer Überlebenszeit auch mit lebensbedrohlichen Erkrankungen, die wiederum mit steigenden Anforderungen und Belastungen durch intensivere und komplexere Therapiemethoden verbunden sind, nehmen die Indikationen für psychol. Interventionen zu. Bsp. für häufige chronische Erkrankungen sind Asthma, Neurodermitis oder juveniler *Diabetes*, seltener sind z. B. Krebserkrankungen (*Psychoonkologie*), Phenylketonurie, Mukoviszidose oder Erkrankungen des blutbildenden Systems. Auch *Essstörungen* und *Ausscheidungsstörungen*, *somatoforme Störungen*, funktionelle Schmerzsyndrome oder gesundheitliche Folgen von Kindesmisshandlung und -vernachlässigung führen hiervon betroffene Kinder und Jugendliche häufig zunächst in die Kinder- und Jugendmed., wo dann durch einen psychol. Liaison- und Konsiliardienst eine direkte psychosomatisch-psychoth. Versorgung erfolgen kann. PP. ist außer in Kinder- und Jugendkliniken in med. Rehabilitationskliniken für Kinder, Jugendliche und ihre Familien und in ambulanten Nachsorgeeinrichtungen und sozialmed. Diensten vertreten. Eine neue Anwendungsform der PP. stellen *Internet-Interventionen* dar. *Klinische Kinderpsychologie*. Petermann 2013, Roberts 2009. *L. Goldbeck*

Pädologie [engl. *pedology*; gr. παῖς *(pais)* Knabe, Kind, λόγος *(lógos)* Lehre], syn. *Paidologie*, Bez. für Kinderkunde als ps., biol., soziol. etc. Gesamtlehre.

Pädophilie (= P.) [engl. *pedophilia*; gr. παῖς *(pais)* Knabe, Kind, φίλος *(philos)* Freund], **[KLI]**, sex. Interesse und Befriedigung an Kindern, bes. bei Männern. P. Handlungen und der Konsum von Kinderpornografie sind strafbar. Die Behandlung der Täter ist schwierig, da davon auszugehen ist, dass die p. Präferenz nicht veränderbar ist. Der Erfolg solcher Maßnahmen hängt u. a. davon ab, wie stark die Fixierung des sexuellen Begehrens ist (ausschließliche oder nicht ausschließliche P.). Heute eher gebräuchl. Begriff: *Pädosexualität*. Fiedler 2004. *U. Rauchfleisch*

Pädosexualität (= P.) [engl. *pedosexuality*; gr. παῖς *(pais)* Knabe, Kind, lat. *sexus* Geschlecht], **[KLI, RF]**, Ausrichtung des sexuellen Begehrens auf Kinder i. R. hetero- oder homosexueller Orientierung (sexuelle Handlungen mit Kindern und Konsum von Kinderpornografie). Strafrechtlich treten v. a. Männer in Erscheinung. Pädosexuelle Übergriffe sollen aber in einer nicht geringen Zahl auch von Frauen verübt werden, ohne dass diese Handlungen jedoch angezeigt werden. Der Begriff *Pädophilie* (Liebe zum Kind) täuscht über die Tatsache hinweg, dass es bei der P. um eine Grenzverletzung, einen Übergriff dem Kind gegenüber geht. Es wird deshalb heute statt Pädophilie häufig der Begriff P. verwendet. Fiedler 2004. *U. Rauchfleisch*

Paläencephalon [engl. *palaeencephalon*; gr. παλαιός *(palaios)* alt, ἐγκέφαλον *(enkephalon)* Gehirn], **[BIO]**, Urhirn, Althirn, Stammhirn, die entwicklungsgeschichtlich älteren Teile des Gehirns. *Gehirn*.

paläoatavistische Qualitäten [engl. *palaeoatavistic qualities*; gr. παλαιός *(palaios)* alt; lat. *atavus* Urahn, *qualitas* Eigenschaft], **[EW]**, veralteter Ausdruck von Hall (1904) für best. primitive Verhaltensweisen in der Kindheit und im Jugendalter (*Adoleszenz*), die nach seiner Theorie als Wiederholungen von Phasen der Stammesgeschichte in der Entwicklung des einzelnen Menschen angesehen werden können. Diese Theorie entspricht etwa dem *biogenetischen Grundgesetz* von Haeckel.

Paläopsychologie [engl. *palaeo psychology*; gr. παλαιός *(palaios)* alt, ψυχή *(psyche)* Seele, Hauch, λόγος *(logos)* Vernunft, Wort], **[KLI]**, Erforschung von Verhaltensweisen, die sich aus früheren Stufen der Menschheitsentwicklung erhalten haben. Jung (*Analytische Psychologie*) gebrauchte den Begriff für das Studium der primären Urbilder aus den tiefsten Schichten der Seele.

Palilalie [engl. *palilalia*; gr. πάλιν *(palin)* wieder, λαλέιν *(lalein)* sprechen], **[KLI]**, das stereotype, mitunter vielmalige Wiederholen meist der ersten Silben oder Wörter in Spontansprache oder beim Antworten, nicht beim Singen oder Schreiben, z. B. bei extrapyramidalen Erkrankungen (*Dysarthrie*; *extrapyramidalmotorische Störungen (EPMS)*). *Stottern*; nicht zu verwechseln mit psychot. *Verbigerationen*.

Palimnese [engl. *palimnesia*; gr. πάλιν *(palin)* wieder, μνήμη *(mneme)* Erinnerung], **[KOG]**, Erinnern von Gedächtnisinhalten. *Gedächtnis*.

Palimpsest [engl. *palimpsest*; gr. πάλιν *(palin)* wieder, ψάειν *(psaein)* reiben], alterungsbedingt unkenntlich beschriftetes Papyrus, das erneut beschrieben werden kann. Metapher für eine verzerrte Darstellung der Vergangenheit durch selektive Informationsauswahl. *Autobiografie*.

Palingenese [engl. *palingenesis*; gr. πάλιν *(palin)* wieder, γένεσις *(genesis)* Entstehung, Geburt], **[BIO, EW]**, die Wiederholung der Vorfahren-Entwicklung in der *Embryonalentwicklung* (*Entwicklung, pränatale*) des Individuums (Haeckel). *biogenetisches Grundgesetz*.

Paliperidon (= P.), **[PHA]**, P. ist ein Pharmakon, das zur Gruppe der *Antipsychotika* gehört. P. ist der aktive Hauptmetabolit 9-Hydroxyrisperidon des Antipsychotikums *Risperidon*. P. bindet stark an *serotonerge* 5-HT2- und *dopaminerge* D2-Rezeptoren. P. blockiert darüber hinaus auch alpha1-*adrenerge* Rezeptoren und blockiert in geringerem Ausmaß H1-*histaminerge* sowie alpha2-adrenerge Rezeptoren. P. ist als Depotantipsychotikum indiziert zur Erhaltungstherapie der *Schizophrenie* bei erwachsenen Pat., die auf P. oder Risperidon eingestellt wurden. *M. Paulzen*

Pallium [engl. *pallium;* lat. *Mantel*], *Gehirn*.

Pandämonium-Modell [engl. *pandemonium model*; gr. πᾶν *(pan)* allumfassend, δαίμων *(daimon)* Geist], **[KOG, WA]**, ein im Zusammenhang mit der Computersimulation (*Künstliche Intelligenz*) von Selfridge entwickeltes *Modell* für die Mustererkennung, das von der Erklärung durch den *Schablonenvergleich* erheblich abweicht. In ihm wird das wahrzunehmende Objekt in versch. Merkmale zerlegt und jede nur mögliche geformte Einheit (Muster, z. B. Buchstaben) durch einen kogn. «Dämon» erkannt und schließlich integriert. Neisser 1974.

Pandemie [engl. *pandemia, pandemic*; gr. πᾶν *(pan)* allumfassend, δῆμος *(demos)* Volk], *Epidemiologie*.

Panel-Technik [engl. *panel technique*; engl. *panel* Liste, Verzeichnis], **[FSE]**, Verfahren zur Einstellungsmessung und Meinungsbefragung. Die Befragung wird an der gleichen *Stichprobe*, dem *panel*, mehrmals durchgeführt und gestattet eine Verlaufsanalyse von Meinungen und Einstellungen.

Panik [engl. *panic;* Bez. nach dem gr. Hirtengott Pan], **[KLI]**, bez. ein plötzl. heftiges Erschrecken und «Kopflos»-Werden, bei Einzelnen wie Gruppen oder Massen. Insbes. der Angstzustand in Menschenmassen mit chaotischem Fluchtverhalten. *Panikstörung*.

Panikattacke (= P.) [engl. *panic attack*; Panik Bez. nach dem gr. Hirtengott Pan], **[KLI]**, plötzl. einsetzende Zustände intensiver *Angst*, die bei unterschiedl. *Angststörungen* vorkommen können. Bes. Bedeutung haben sie als Hauptmerkmal der *Panikstörung*.

Panikstörung (= P.) [engl. *panic disorder*; Panik Bez. nach dem gr. Hirtengott Pan], **[KLI]**, *Angststörung*, die von wiederholten Panikattacken gekennzeichnet ist. Die Panikattacken sind spontan, das bedeutet, sie werden nicht durch best. Situationen ausgelöst, und abrupt, die *Angst* steigert sich innerhalb kurzer Zeit. Sie sind von einer Anzahl somatisch-vegetativer Symptome begleitet wie Herzrasen, Schmerzen in der Brust und Hyperventilation (heftiges Atmen). Danach stellen sich Angst (*Erwartungsangst*) vor weiteren Attacken und Sorgen um ihre Bedeutung für den Gesundheitszustand ein (z. B. die Angst, einen Herzinfarkt zu erleiden).

Ätiologie: Es wird angenommen, dass eine genetische oder erworbene *Vulnerabilität* für körperliche Angstsymptome besteht, die bei erhöhter psych. Belastung zur ersten Panikattacke führt. Weitere Panikattacken sind das Ergebnis assoziativen *Lernens*. Wegen der stark furchterregenden Wirkung der Attacke kommt es zu einer Sensibilisierung gegenüber den dabei erlebten körperlichen Reaktionen, wie z. B. der Hyperventilation, sodass diese in der Folge weitere Panikattacken auszulösen vermag (Craske & Barlow 2008). Die dabei auftretenden katastrophisierenden Missinterpretationen der körperlichen Merkmale spielen ebenfalls eine wesentliche Rolle und führen über die Symptome zu Gefühlen der Gefährdung und damit zu weiteren Symptomen in einem «*Teufelskreis*» der Angst (Clark 1986).

Klassifikation (*Klassifikation psychischer Störungen*): Gemäß dem DSM-5 handelt es sich dabei um unerwartete, klar abgrenzbare Episoden intensiver Angst, die mind. vier der folg. Symptome aufweisen müssen: Herzrasen, Schwitzen, Zittern, Atemnot, Erstickungsgefühle, Schmerzen in der Brust, Übelkeit, *Schwindel*, *Derealisation*, Angst vor Kontrollverlust oder zu sterben, Taubheit, Hitzewallungen. Zu den diagn. Merkmalen der P. gehören auch Angst und Besorgnis über die Panikattacken, bzw. eine Veränderung des Verhaltens nach ihrem Auftreten. Die ICD-10 (F41.0; s. Anhang I) unterscheidet weiterhin zw. einer mittelgradigen P. bei mind. vier Panikattacken in vier Wochen und einer schweren bei mind. vier Panikattacken pro Woche.

Prävalenz und Verlauf: Die lebenslängliche Auftretensprävalenz der Panikstörung wird auf etwa 3 bis 4 % geschätzt, doch leiden weitere 3 % der Bevölkerung unter subklinischen Panikattacken. Frauen sind häufiger betroffen als Männer und die Geschlechter unterscheiden sich auch hinsichtlich des Beginns der Störung, die bei Frauen häufig um das 30. Lebensjahr und bei Männern um das 20. und das 40. Lebensjahr einsetzt. Die Störung kann fluktuierend verlaufen, zeigt jedoch nur in wenigen Fällen eine Remission, wenn sie unbehandelt bleibt. Die große Mehrzahl

von Panikpat., nämlich nahezu 90 %, entwickelt weitere Störungen, vor allem *Agoraphobie, generalisierte Angststörung, Hypochondrie* und auch *Depression*.
Diagnostik: Der psychol. Untersuchung sollte eine med. Abklärung vorangestellt werden, um den Verdacht auf körperliche Ursachen (z. B. Hyperthyreose oder Asthma) zu beseitigen. Für die Diagnostik der P. und mögliche komorbide Störungen wird ein standardisiertes *klinisches Interview* eingesetzt. Auch bestehen eine Anzahl störungsspezif. Fragebogen, etwa zur Empfindlichkeit gegenüber körperlichen Symptomen und zu angstbezogenen Kognitionen. Um die spezif. Auslöser der Panikattacken zu bestimmen, können auch Provokationsmethoden wie Hyperventilation eingesetzt werden. Die Planung der kogn.-verhaltenstherapeutischen Behandlung (*Verhaltenstherapie*) erfordert eine *Problemanalyse*, bei der die Bedingungen untersucht werden, die die Ängste auslösen, sie verschlimmern, verringern, oder aufrechterhalten. Letztlich wird während der Behandlung von den Pat. häufig ein Tagebuch über das Vorkommen von Panikattacken, deren situative Bedingungen, körperliche Symptome und dabei ausgelöste Gedanken geführt. *Angststörungen, diagnostische Verfahren, Panikstörung, Psychopharmakatherapie, Panikstörung, Psychotherapie.* G. Sartory

Panikstörung, Psychopharmokotherapie [engl. *panic disorder, psychopharmacotherapy*], [**KLI, PHA**], bei *Panikstörungen* haben sich vor allem *Antidepressiva*, nämlich *selektive Serotonin-Wiederaufnahmehemmer (SSRI)* und *selektive Serotonin-Noradrenalin-Rückaufnahmehemmer (SSNRI)* als wirksam erwiesen. Für diese Indikation zugelassen sind die SSRI *Citalopram, Escitalopram, Paroxetin* und *Sertralin* sowie der SSNRI *Venlafaxin*. Es gibt auch Hinweise darauf, dass eine kombinierte medikamentös-psychol. Behandlung (*Panikstörung, Psychotherapie*) wirksamer ist als die beiden Behandlungen für sich. Andere Medikamente wie trizyklische Antidepressiva (zugelassen: *Clomipramin*) oder *Benzodiazepine* haben sich bei Angstzuständen ebenfalls als wirksam erwiesen, doch finden sie wegen ihrer Nebenwirkungen bzw. der Gefahr der Abhängigkeit nur selten Anwendung. Benzodiazepine können bei schweren Angststörungen wegen ihres raschen Wirkungseintritts in der Anfangsphase der Behandlung gegeben werden, bis Antidepressiva und/oder psychoth. Maßnahmen ihre Wirkung entfalten. G. Sartory

Panikstörung, Psychotherapie [engl. *panic disorder, psychotherapy*], [**KLI**], zu Beginn der Behandlung der *Panikstörung* wird ausführliche Information (*Psychoedukation*) über das Störungsbild vermittelt. Im Wesentlichen werden drei evidenzbasierte (empirisch nachgewiesenermaßen wirksame) psychol. Behandlungsmethoden eingesetzt, (1) Konfrontationsmethode (*Konfrontationstherapie*), (2) Angstbewältigungs-/Panikkontrollmethoden und (3) *kognitive Um-/Restrukturierung*. Bei der (1) *Konfrontationsmethode* werden Pat. den körperlichen Reizen, die bei ihnen eine Panikattacke auslösen, ausgesetzt, etwa Erzeugung von Hyperventilation durch das Hinauflaufen einer Treppe. Dabei erfahren die Pat., dass die körperlichen Symptome durch harmlose Situationen zustande kommen können und keine lebensgefährdenden Folgen haben. Bei (2) *Panikkontrollmethoden* werden den Pat. Techniken vermittelt, mit deren Hilfe sie Kontrolle über die körperlichen Symptome erlangen, wie etwa Entspannung und langsame Bauchatmung, sobald Hyperventilation einsetzt. Bei der (3) *kognitiven Restrukturierung* werden die angststeigernden Fehlinterpretationen der körperlichen Symptome, etwa «Herzrasen ist ein Anzeichen für einen Herzinfarkt», schrittweise korrigiert. Die Patienten werden angeleitet, widersprüchliche Befunde zu identifizieren (z. B. «kein auffälliges EKG») und alternative Erklärungen zu finden (z. B. *Stress*). Häufig wird eine Mischung der drei Behandlungsmethoden eingesetzt, die sich als hoch wirksam erwiesen hat (Sánchez-Meca et al. 2010). G. Sartory

TestPanik- und Agoraphobie-Skala (PAS), 1997, B. Bandelow, [www.testzentrale.de], [**DIA, KLI**], klin. Verfahren entspr. ICD-10 oder DSM-IV. AA von 18 bis 65 Jahren. Fünf Subscores, bestehend aus 18 Items, sind in folg. Bereiche gegliedert (*Angststörungen*): Panikattacken, agoraphobe Vermeidung, antizipatorische Angst, Befürchtung körperlicher Schäden. Es besteht eine Fremd- und Selbstbeurteilungsversion. *Reliabilität*: Innere Konsistenz (Cronbachs alpha) der Fremdbeurteilung bei $r = .85$, der Selbstbeurteilung bei $r = .86$, Retest-Reliabilität bei $r = .78$. Korrelation der Fremdbeurteilung mit CGI bei $r = .91$, der Selbstbeurteilung bei $r = .76$. *Normierung* an $N = 452$. Neue, engl.sprachige Ausgabe vorhanden.

Pankreas [engl. *pancreas*; gr. πᾶν *(pan)* allumfassend, κρέας *(kreas)* Fleisch], [**BIO**], syn. *Bauchspeicheldrüse*. Als exkretorische Drüse gibt sie verdauungsfördernde Fermente in den Zwölffingerdarm; als endokrine Drüse (*Langerhans-Inseln*) ist sie der Bildungsort des *Insulins*. *Hormone*.

Pantomimik [engl. *pantomime/art of mime*; gr. πᾶν *(pan)* allumfassend; μίμησις *(mimesis)* Nachahmung], [**EM**], die dynamischen Ausdrucksgehalte (-merkmale) des ganzen Körpers, nicht bloß des Gesichts. *Ausdruckspsychologie, Physiognomik*.

Pantoprazol (= P.), [**PHA**], Pharmakon, das zur pharmakotherap. Gruppe der Protonenpumpenhemmer gehört. P. ist ein substituiertes Benzimidazol, eine heterozyklische organische chem. Verbindung die aus der Verschmelzung von Benzol und Imidazol entsteht, das die Sekretion von Salzsäure im Magen durch spezif. Blockade der Protonenpumpen der Parietalzellen hemmt. P. wird in der sauren Umgebung in den Parietalzellen des Magens in seine aktive Form umgesetzt, wo es die Protonen-Kalium-Pumpe hemmt, d. h. die letzte Phase der Salzsäureproduktion im Magen. M. Paulzen

Panum-Areal [engl. *Panum's (fusional) area*; nach dem dänischen Physiologen Pater Panum, lat. *area* Feld, Gebiet], [**WA**], syn. *Panum'scher Empfindungskreis, Panum'sche Verschmelzungsgrenze*. Bereich der binokularen *Querdisparation*, innerhalb derer *Einfachsehen* auftritt; meist ovale Region, die horizontal weiter ausgedehnt ist als vertikal (Höhendisparation führt eher zu Doppeltsehen als Querdisparation) und zur Peripherie der Netzhaut hin größer wird. *Auge, Panum'sches Phänomen*. H. Heuer

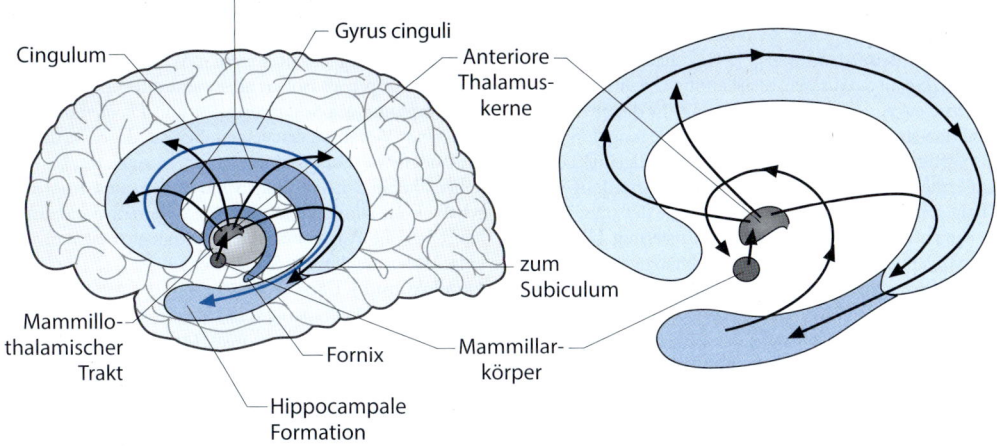

Papez'scher Schaltkreis: Schematische Sagittalschnitte durch die Mitte des menschlichen Gehirns. Gezeigt werden die Strukturen und Faserbündel, die zusammen den Papez'schen Schaltkreis bilden. Im linken Bildteil sind alle Strukturen des Papez-Zirkels benannt, im rechten ist der Faserverlauf gezeigt.

Panum'sches Phänomen [engl. *Panum's phenomenon*; nach dem dänischen Physiologen Pater Panum], [**WA**], Täuschung des Tiefensehens (*räumliches Sehen*). Bietet man dem einen Auge zwei senkrechte Linien, dem anderen eine senkrechte Linie dar und lässt mit Hilfe des *Stereoskops* diese mit einer der beiden anderen zur Deckung bringen, so wird immer die innere, d. h. der Medianebene des Gesichtsfeldes näher liegende Linie weiter vorne gesehen. *Panum-Areal*. Wilde 1957.

Papez'scher Schaltkreis (= P.) [engl. *Papez circuit*], [**BIO**], James W. Papez postulierte in einer bis heute viel zitierten Arbeit 1937 (Markowitsch 1999) zum *Gedächtnis*, dass *Emotionen* im *Gehirn* über einen kreisförmig verbundenen Ring von Strukturen verarbeitet würden. Dieser Schaltkreis wurde später weit stärker mit der Verarbeitung von Gedächtnis verbunden und ihm wurde ein zweiter Schaltkreis, der *basolateral limbische Schaltkreis*, zugesellt. Der P. verbindet *Hippocampus* und Mammillarkörper über den Fornix, die Mammillarkörper mit dem anterioren *Thalamus* über den mammillothalamischen Trakt und die anterioren Thalamuskerne über thalamo-kortikale Pedunculi sowohl direkt zurück mit dem Hippocampus (oder dem Subiculum als Teil der Hippocampusformation) als auch indirekt über den Gyrus cinguli und darin befindlichen Cingulumfasern, die ebenfalls wieder in der Hippocampusformation enden (s. Abb.). Beidhemisphärische Schäden der meisten dieser Strukturen und Faserbündel führen zu massiver und anhaltender anterograder *Amnesie*.

H. J. Markowitsch

Papier-Bleistift-Test (= P.) [engl. *paper-pencil test*], [**DIA**], Bez. für *Tests*, bei denen die Aufgaben auf Papier vorgegeben werden und die Bearbeitung mit (Blei-)Stift erfolgt. *Intelligenztests*, *Leistungstests*, *Persönlichkeitsfragebogen* können also P. sein, aber auch obj. Tests sind nach diesem Prinzip konstruiert.

Papillarlinien (= P.) [engl. *papillae*; lat. *papilla* Wärzchen, Brustwarze], [**BIO**], die an der Hand- und Fußfläche, besonders aber an den Finger- und Zehenbeeren auffallenden Relieflinien. Die P. (schon in der Keimschicht angelegt) lassen best. Muster erkennen, die für das Individuum ein einzigartiges und kennzeichnendes Merkmal sind (*Daktyloskopie*). Früher als Vaterschaftsnachweis verwendet.

Pappenheim, Bertha (1859–1936) (Pseudonyme: Paul Berthold, «Anna O.»), [**HIS**], Sozialpolitikerin und Frauenrechtlerin. Pappenheim entstammte einer orthodox-jüdischen Familie in Wien; sie wurde als «höhere Tochter» erzogen. Während der Pflege ihres kranken Vaters erlitt sie schwere psychosomatische Störungen (Lähmungen, Sprachverlust und Halluzinationen; *Psychosomatik*). Josef Breuer, Freuds älterer Kollege und Freund, versuchte Pappenheim ab 1880 zu heilen. Breuer und *Freud* beschrieben und analysierten den Fall, den sie «*Anna O.*» nannten, in ihren Studien über *Hysterie* (1895) mit den frühen Methoden der *Psychoanalyse*. Pappenheim übersiedelte 1888/89 nach Frankfurt, war in der Waisen- und Armenpflege tätig. Anlässlich des Internationalen Frauenkongresses 1904 in Berlin gründete sie den «Jüdischen Frauenbund» (JFB). 1917 regte Pappenheim in Berlin die Gründung der «Zentral-Wohlfahrtsstelle der deutschen Juden» an, die in der Folge eine der größten jüdischen Wohlfahrtsorganisationen der Welt wurde.

H. E. Lück

Paracetamol (= P.) [engl. *paracetamol, acetaminophen*], [**PHA**], gehört zur Gruppe der *Analgetika* und Antiphlogistika vom Typ der peripheren nicht opioiden Substanzen, Phenacetinderivat. Psychotrope Wirkungen werden diskutiert, sind aber nicht nachgewiesen. Wirkungsmechanismus unklar. Anders als die nichtsteroidalen Antiphlogistika hemmt P. nicht die Cyclooxygenase.

Paradigma (= P.) [engl. *paradigm*; gr. παράδειγμα (*paradeigma*) Beispiel, Muster], **[PHI]**, nach Kuhn (1967; *Kuhn, Thomas Samuel*) ein anerkanntes Orientierungsmodell zur erfolgreichen Problemlösung. In dieser Vorbildfunktion steuert es die wiss. Realitätsauslegung. P. legt also grundlegend fest, was als wiss. befriedigende Lösung angesehen werden kann und welche Fragestellungen zulässig sind. Es dient damit als Grundlage der wiss. Orientierung und als Basis zur weiteren Präzisierung. In der exp. Ps. bezeichnet P. die Anordnung unabhängiger und daraus abgeleiteter abhängiger Variablen für die im *Experiment* zu überprüfenden Hypothesen. *Fortschritt, wissenschaftlicher*, *Wissenschaftstheorie*.

Paradigma, qualitatives bzw. quantitatives *Forschungsprozess*, *Psychologie, sozialwissenschaftliche*, *Qualitative Forschungsmethoden*.

Paradigma der verzögerten Nachahmung [engl. *paradigm of deferred imitation*; gr. παράδειγμα (*paradeigma*) Beispiel, Muster], **[EW]**, in diesem Untersuchungsparadigma werden Kindern Modellhandlungen gezeigt (z. B. im Umgang mit best. Objekten). In einem mehr oder weniger großen Zeitabstand bekommen die Kinder dann die Gelegenheit, die Modellhandlungen zu imitieren (spontan oder nach gezielter Instruktion). Aus dem Umfang der reproduzierten Modellhandlungen kann auf die Lern- und Gedächtnisleistungen (*Gedächtnisentwicklung*) von Kindern geschlossen werden. Da systematische Imitationsleistungen erst etwa ab einem Alter von sechs Monaten beobachtbar sind, lässt sich dieses Forschungsparadigma frühestens ab der zweiten Hälfte des ersten Lebensjahres sinnvoll einsetzen. *Modelllernen*. Lohaus 2007. *A. Lohaus*

paradigmatische Beziehung *Zeichen*, *Klassifikation*, *Struktur, sprachliche*.

Paradigmenwechsel [engl. *paradigm shift, revolutionary science*; gr. παράδειγμα (*paradeigma*) Bsp., Muster], **[PHI]**, von T. S. Kuhn eingeführter Begriff für den Bruch mit bisherigen Theorien (*Theorie*), d. h. wenn dem grundsätzlich herrschenden *Paradigma* widersprechende Annahmen (Denkkategorien) aufgestellt werden. *Wissenschaftstheorie*, *Fortschritt, wissenschaftlicher*.

paradoxe Intention (= p. I.) [engl. *paradoxical intention*; gr. παρα- (*para-*) neben, δόξα (*doxa*) Ansicht, Meinung, lat. *intentio* Absicht], **[KLI]**, p. Strategien werden i. R. unterschiedlicher Therapien (*Verhaltenstherapie*, *Kommunikationstherapien*, *Familientherapie*) unter versch. Bez. verwendet: p. I., Therapeutisches Paradox, Symptomverschreibung (Watzlawick et al. 1967). Bei p. I. wird der Klient aufgefordert, sein symptomatisches Verhalten nicht zu bekämpfen, sondern bewusst herbeizuführen und auszuüben. Dabei soll die Angst vor dem Symptom durch einen paradoxen ironischen Wunsch ersetzt und eine Distanzierung zum Symptom erreicht werden. Nicht immer steht bei der p. Intervention die *Symptomverschreibung* im Vordergrund, sondern eine wichtige Bedeutung spielen auch die pos. Umdeutung der Symptome (*negative Übung*,

Übersättigungstherapie) oder andere Umkehrungen der Bewertung von Problemen. Das Wegnehmen von Veränderungsdruck dürfte die hauptsächlich wirksame Komponente dieser Vorgehensweisen sein. Wirksamkeitsuntersuchungen zur p. I. als isoliert angewandte Technik lassen sie für Symptome wie *Schlafstörungen* und *Phobien* nicht als geeignetes Verfahren erscheinen. Bei Pat. dagegen, die auf Methoden wie Entspannungsverfahren oder direkte verhaltenstherap. Interventionen mit Widerstand reagieren, scheinen paradoxe Verfahren eine Alternative darzustellen. Über die Angemessenheit p. Strategien ist indiv. zu entscheiden. Schlippe & Schweitzer 1997. *F. Caspar*

Paradoxübung *Üben*, *Übung*.

Paragnosie [engl. *paragnosia, extrasensory perception*; gr. παρα- (*para-*) neben, gr. γνῶσις (*gnosis*) (Er-)Kenntnis], *Außersinnliche Wahrnehmung (ASW)*. *Parapsychologie*.

Paragrafie [engl. *paragraphia*; gr. παρα- (*para-*) neben, γράφειν (*graphein*) schreiben], **[KLI]**, eine Schreibstörung, bei der Wörter und Buchstaben beim Schreiben verwechselt werden. Entspricht der *Paraphrasie* beim Sprechen bzw. der *Paralexie* beim Lesen. (s. a. *Agrafie*).

Paragrammatismus [engl. *paragrammatism*; gr. παρα- (*para-*) neben, γράφειν (*graphein*) schreiben], *Aphasie*.

Parakinese [engl. *parakinesis*; gr. παρα- (*para-*) neben, κινεῖν (*kinein*) in Bewegung setzen], **[BIO, KOG]**, gestörte Muskelkoordination. *Koordination*.

Parakontrast [engl. *paracontrast*; gr. παρα- (*para-*) neben, lat. *contra* gegen, *stare* stehen], *Maskierung*.

Paralalie [engl. *paralalia*; gr. παρα- (*para-*) neben, lat. *-lalia* (Lexem) Reden], **[KOG]**, (1) Sammelbezeichnung für *Sprachstörungen*. (2) die Form des Stammelns, bei der ein *Phonem* in der Artikulation durch einen anderen Laut ersetzt wird, z. B. «Taffee» für «Kaffee». *Betazismus*, *Gammazismus*, *Deltazismus*, *Jotazismus*, *Kappazismus*, *Lambdazismus*, *Chitismus*, *Rhotazismus*, *Sigmatismus*, *Schetismus*, *Tauzismus*, *Stammeln*, *Dyslalie*.

Paralexie [engl. *paralexia*; gr. παρα- (*para-*) neben, λέγειν (*legein*) lesen], **[KLI]**, Wortverwechslung beim Lesen, entspricht der *Paraphrasie* beim Sprechen bzw. *Paragrafie* beim Schreiben.

Paralinguistik (= P.) [engl. *paralinguistics*; gr. παρα- (*para-*) neben, lat. *lingua* Sprache, Zunge], **[KOG]**, als Begriff eingeführt von Trager (1958). P. befasst sich mit der Analyse von vokalen Problemen, die die *Sprache* begleiten, jedoch keine Funktion im phonologisch-linguistischen Code haben (*Phonologie*). Dazu gehören: Stimmqualitäten (Stimmlage, Lautstärke, Rhythmus, Tempo u. a. (*Intonation*, *Prosodie*); Vokalisationen wie Lachen, Schreien, Stöhnen, Gähnen, «äh», «hm» u. a.; Pausen (*Sprechpausen*); Vertauschungen von Phonemen (*Phonem*), Silben oder Wörtern, Kontaminationen (*Kontamination*), *Stottern* u. a. In der Literatur ist das Gebiet der P. nicht einheitlich umgrenzt, z. T. werden noch Dialekt, Akzent und temporale Phänomene wie Sprechhäufigkeit und Dauer von Äußerungen dazu gezählt (*Sprachstatistik*). Großes Interesse fanden in der Forschung die Unterbrechungen des Redeflusses. Meist wurde der Zusammenhang der paralinguistischen Phänomene mit affektiven Zuständen (*Angst*

u. a.) des Sprechers untersucht (*Ausdruck*). Mahl & Schulze 1964.

Parallaxe [engl. *parallax*; gr. παράλλαξις *(parallaxis)* Veränderung, Unterschied], **[WA]**, die scheinbare relative Verschiebung zweier vom Beobachter ungleich weit entfernter Objekte, die eintritt, wenn diese von versch. Standpunkten aus gesehen werden. Bei gegebener Strecke zw. beiden Standpunkten ist der Winkel zw. den *Richtungslinien* von beiden Standpunkten zum näheren Objekt größer als zum ferneren, sodass die relative Lage der Bilder in beiden Standpunkten versch. ist. Wegen der zwei Augen des Menschen existieren beim binokularen Sehen stets zwei solche Standpunkte (*binokulare Parallaxe*, *Querdisparation*); beim *monokularen* Sehen entsteht eine Sequenz versch. Standpunkte durch Kopfbewegungen (*Bewegungsparallaxe*). Goldstein 2007. *H. Heuer*

parallel distributed processing (PDP) [engl.] parallel verteilte Verarbeitung, **[KOG]**, *Netzwerkmodelle*, seit Anfang der 1980er-Jahre v. a. in den USA mit erheblichem Aufwand entwickeltes Forschungsprogramm der Informationsverarbeitungsps., das Fragen der *Mustererkennung* und -vervollständigung, der Ähnlichkeitserkennung, der Abstraktion, der Generalisierung und der Typenbildung in den Mittelpunkt rückt (*Informationsverarbeitung*). Es strebt eine Theorie der Codierung im Langzeitgedächtnis (*Gedächtnis*) an, die auf subsymbolischen Strukturen und Prozessen beruht und damit eine besondere Nähe zum physiol. Kenntnisstand über die Informationsverarbeitung in und zw. Nervenzellen, der «neuronalen Hardware» der menschlichen *Kognition*, gewinnen soll. Das PDP-Forschungsprogramm bezieht entschieden, teilweise polemisch, Stellung gegen die Hauptströmungen der gegenwärtigen Kognitionsps., die auf der Annahme von Turing-Berechnung auf symbolischen Repräsentationen beruhen. Manche Autoren sprechen auch von Konnektionismus oder *neuronalen Netzen* (*Konnektion*, Levelt 1991). Die Grundstrukturen des PDP-Ansatzes gehen auf das Perceptron (Rosenblatt 1958) und ihm verwandte Strukturen verteilter Repräsentation wie die *Lernmatrix* (Steinbuch 1971) zurück. Ein kogn. System besteht nach dem PDP-Ansatz aus einem Netzwerk in der Art eines Graphen, dessen Knoten reelle Variablen darstellen. Der Wert dieser Variablen wird als *Aktivierung* bezeichnet. Die Eingänge in das System werden durch die Eingangsknoten, die Ausgänge durch die Ausgangsknoten repräsentiert. Zwischen Eingangs- und Ausgangsknoten liegen eine oder mehrere Schichten von verborgenen Knoten [engl. *hidden nodes*]. Ein solches Netzwerk verbindet Eingänge (z. B. wahrgenommene, gedruckte Wörter) mit Ausgängen (z. B. die gesprochenen Formen der gelesenen Wörter) durch Aktivierungsausbreitung entlang gewichteter, bahnender oder hemmender *Kanten*, die die Knoten miteinander verbinden. Die Gewichte der Kanten werden nicht vom Programmierer, sondern vom Netzwerk selbst in einem Lernprozess nach der sog. *generalisierten Delta-Regel* gesetzt. Der PDP-Ansatz postuliert daher nicht nur eine Theorie der internen Repräsentation und ihrer Nutzung bei kogn. Vorgängen, sondern auch eine eigene Lerntheorie. Das vom System durch *Lernen* erworbene Wissen von Regeln und deklarativen Zusammenhängen wird in der Gesamtkonfiguration der Gewichte der Kanten verteilt gespeichert. Einzelne Kanten oder verborgene Knoten sind, i. Ggs. zu den symbolischen Netzwerken, nicht semantisch interpretierbar. McClelland et al. 1986. *W. Glaser*

Parallelgruppen, Parallelstichproben (= P.) [engl. *matched samples*; gr. παρα- *(para-)* neben, ἀλλήλων *(allelon)* einander], **[FSE]**, als P. bezeichnet man das Herstellen zweier oder mehrerer Stichproben (Parallelstichproben), die so zus.gestellt sind, dass die Angehörigen der Stichproben einander hinsichtlich des Ausprägungsgrades eines Kontrollmerkmales paarweise (bzw. in Tripeln etc.) zugeordnet werden können. Durch P. werden zufällige Unterschiede im Kontrollmerkmal zw. den Stichproben weitgehend ausgeschaltet (*Konfundierung*), der Stichprobenfehler wird verringert, wodurch größere Präzision der Ergebnisse erzielt wird. *propensity score*, *Validität, interne*.

Parallelisierung [engl. *matching*], *Parallelgruppen, Parallelstichproben*.

Parallelismus, psychophysischer (= p. P.) [engl. *psychophysical parallelism*; gr. ψυχή *(psyche)* Seele, φύσις *(physis)* Natur, παρα- *(para-)* neben, ἀλλήλων *(allelon)* einander], **[KOG, PHI]**, Anschauung über das Verhältnis von Seele und Körper, nach der seelische und körperliche Vorgänge selbstständig, parallel (und ohne gegenseitiges Kausalverhältnis) nebeneinander hergehen. Folgerichtig bedingt der p. P. den *Dualismus*. Hauptmerkmal ist die Ablehnung der Wechselwirkung zw. Seele und Körper. Sonderformen: der *materialistische* p. P., der allein der physischen Seite Kausalität zuerkennt und die ps. Vorgänge nur als begleitende Schatten (*Schattentheorie*) mitlaufen lässt, sowie der *spiritualistische* p. P., der nur der ps. Seite Kausalität zuspricht. Leibniz sah den übereinstimmenden Ablauf körperlicher und seelischer Phänomene als Ergebnis einer *prästabilierten Harmonie*. In der Ps. ist der p. P. verschiedentlich beachtet und zur Erklärung herangezogen worden (W. Wundt, J. Piaget). Heute tritt er hervor als Betrachtung der psychophysischen Beziehungen zw. drei Ebenen: der physiol. Ebene, der Verhaltensebene und der Ebene des Erlebens (mit dem Vorwurf des Reduktionismus). *Leib-Seele-Problem*.

Parallelismus-Axiome (= P.) [gr. παρα- *(para-)* neben, ἀλλήλων *(allelon)* einander, ἀξίωμα *(axioma)* Wertschätzung, Forderung], **[KOG, WA]**, G. E. Müller benannte 1896 folg. P.: (1) Jeder Empfindung liegt ein materieller Vorgang zugrunde. Sie ist somit ein psychophysischer Prozess. An diesen ist der Bewusstseinszustand geknüpft. (2) Der Gleichheit, Ähnlichkeit und Verschiedenheit der Empfindungen entspricht die Gleichheit, Ähnlichkeit und Verschiedenheit der psychophysischen Prozesse und umgekehrt. (3) Besitzen Änderungen des Empfindungsverlaufs gleiche Richtung, so gilt dies auch für die Änderungen des psychophysischen Prozesses. Auf der Annahme, dass geistigen stets körperliche Vorgänge entsprechen, beruht z. B. die Ausdrucks- und Eindruckstheorie. *Psychophysiologie*.

Parallelogrammtäuschung *Sander'sche Täuschung*.

Paralleltests (= P.) [engl. *parallel tests*; gr. παρα- *(para-)* neben, ἀλλήλων *(allelon)* einander], [**DIA**], Tests, die in mehreren äquivalenten (gleichwertigen) Formen vorliegen. Solche Tests bringen Vorteile für die praktische Testdurchführung, für die Verwendung bei systematischer Bedingungsvariation im *Experiment* und zur Ermittlung der Retest-Reliabilität (*Retest-Methode*). Für die Äquivalenz von versch. Testformen sind versch. Kriterien aufgestellt worden. Als solche gelten: Äquivalenz der Mittelwerte, Varianzen, Häufigkeitsverteilungen, der Reliabilität und der Validität. Soll ein Test als P. gelten, so müssen diese Kriterien erfüllt sein. *H. O. Häcker*

Paralogie [engl. *paralogy*; gr. παρα- *(para-)* neben, λόγος *(logos)* Vernunft, Wort], [**KLI**], *formale Denkstörung*, bei der heterogene Sachverhalte ohne logischen Zushang miteinander verbunden und Begriffe durch andere ersetzt werden. Vorkommen bes. bei *Schizophrenie*, seltener bei *Demenz*.

Paralyse [engl. *paralysis*; gr. παρα- *(para-)* neben, λύειν *(lyein)* lösen], [**BIO**], vollst. Bewegungslähmung (*Lähmung*) durch Ausfallen der Innervation. *Parkinson'sche Erkrankung*.

Parameter (= P.) [engl. *parameter*; gr. παρα- *(para-)* neben, μέτρον *(metron)* Maß], [**FSE**], veränderliche oder konstante Hilfsgröße. Eine Konstante, die Teil einer allg. Funktion ist, unter versch. Bedingungen aber unterschiedliche Werte annehmen kann. In der Statistik wird die Bez. P. v. a. für Mittelwerte (*Maße der zentralen Tendenz*), Streuungsmaße (z. B. *Varianz*) und für die Momente als Kennwerte der Grundgesamtheit gebraucht. So lässt sich z. B. die *Normalverteilung* durch die P. μ = 0 und σ = 1 vollst. beschreiben. Schätzungen der P. der Grundgesamtheit können aus Stichproben (*Statistik*, *Stichprobe*) gewonnen werden. Dabei richtet sich die Genauigkeit der P.-Schätzung nach der Repräsentativität der Stichprobe für die Grundgesamtheit und nach der Stichprobengröße (*Konfidenzintervall*). *Verteilungsparameter*. *G. Lüer*

parameterfreie Verfahren *nichtparametrische Tests.*

parametrische Tests [engl. *parametric tests*; gr. παρα- *(para-)* neben, μέτρον *(metron)* Maß], [**FSE**], stat. Prüfverfahren (*Signifikanztest*) für Intervall- oder Verhältnisvariablen, die best. Verteilungscharakteristika der Daten (*Verteilung*) voraussetzen. Sie unterscheiden sich diesbzgl. von den nichtparametrischen Verfahren (für *Ordinalskala* oder *Nominalskala*; *nichtparametrische Tests (Verfahren)*) und besitzen größere Effizienz (*Teststärke*) als diese. *Statistik*, *Statistische Datenanalyseverfahren*. *G. Mikula*

Paramimie [engl. *paramimia*; gr. παρα- *(para-)* neben, μίμησις *(mimesis)* Nachahmung], [**EM, KLI**], Missverhältnis zw. Ausdruck und Stimmungs-Gefühls-Lage.

paramorphe Modelle (= p.M.) [engl. *paramorphic models*; gr. παρα- *(para-)* neben, gr. μορφή *(morphe)* Gestalt], [**DIA**], modellieren den stat. Zusammenhang zw. Prädiktoren (*Prädiktor*; z. B. Testdimensionen) und einer diagn. Entscheidung (= d.E.; *Kriterium*; z. B. Therapie-, Förderbedarf, Berufseignung). P.M. erfordern eine empirische Datengrundlage, die für eine repräsentative Stichprobe die Ausprägungen auf den Prädiktorvariablen und die durch einen Diagnostiker gefällte E. enthält. P.M. beanspruchen i. d. R. nicht den d.E.prozess (*diagnostischer Prozess*) valide (i. S. inhaltlicher Begründungen) abzubilden, sondern lediglich den Vorhersagewert bzw. das Gewicht einzelner Prädikoren für die d. E. zu bestimmen (*paramorph* i. S. *formaler Ähnlichkeit der Prädiktor-Kriteriumsassoziationen*). Es werden *lineare* und *Konfigurationsmodelle* unterschieden.

(1) *Lineare Modelle* (*Regression*): Im einfachen Fall (*Haupteffektmodelle*) wird das d. Kriterium durch eine *Linearkombination* der Prädiktoren multivariat vorhergesagt. I. d. R. wird der Betrag der *Regressionsgewichte* i. S. der Relevanz der Prädiktoren gewertet. Im Falle multivariater Abhängigkeit der Prädiktoren müssen Auswirkungen der *Multikollinearität* auf die Ausprägung der Regressionsgewichte berücksichtigt werden (z. B. *Suppressorvariable*). Ein Haupteffektmodell kann erweitert werden, indem die Interaktion von Prädiktoren durch Produktbildung in die Gruppe der Prädiktorvariablen aufgenommen wird (*Interaktionseffekt*). Die Wahl des Regressionsmodells wird durch die Skalierung des d. Kriteriums bestimmt: (a) dichotom (z. B. ja/nein): *Regression, logistische*, (b) nominal (z. B. Diagnosegruppen): *Regression, multinomiale*, (c) ranggeordnet (z. B. Schweregrade): *Regression, ordinale* oder (d) intervallskaliert (z. B. kontinuierliche Merkmale): *Regression, lineare*, *Regression, nicht lineare*. Formalisierte lineare Modelle bilden die d. E. i. d. R. ähnlich gut oder sogar besser ab (*Goldberg-Paradox*), als dies bei Urteilsbildung durch die Diagnostiker selbst der Fall ist.

(2) *Konfigurationsmodelle* (= K.) modellieren den d. E. prozess auf Basis von *Wenn-Dann-Regeln*, die i. d. R. in Form eines Flussdiagrammes dargestellt werden (z. B. wenn Merkmal A > 3 und Merkmal B < 4 → Diagnose C; *Hypothesenagglutinierung (HYPAG)*). Es muss ein spezif. Muster (Konfiguration) über mehrere Merkmale vorliegen, damit eine Diagnose gestellt werden kann. Im Falle kompensatorischer K. können Defizite in einem Merkmal durch andere Eigenschaften ausgeglichen werden (z. B. bei einem Bewerbungsverfahren können fachliche Defizite durch hohe soziale Kompetenzen des Bewerbers ausgeglichen werden; *logische Oder-Verküpfung*). Nicht kompensatorische K. erfordern, dass mehrere Bedingungen unabhängig voneinander erfüllt sind (z. B. sowohl fachliche als auch soziale Kompetenzen müssen einen kritischen Wert überschreiten; *logische Und-Verknüpfung*).

Für p.M. ist nach einer Entwicklungsphase stets eine *Kreuzvalidierung* anzustreben. P.M. unterstützen – insbes. im Vergleich zu eher intuitiven bzw. impliziten d. E. prozessen – durch die Explizierung der d. E.grundlagen deren Nutzen und die Güte aufgrund folg. Merkmale: (1) Transparenz und Nachvollziehbarkeit; (2) *Objektivität* und *Konsistenz*; (3) *Fairness*; (4) *Generalisierbarkeit* (ggf. unter Berücksichtigung von Moderatoreffekten; *Moderatorvariable*); (5) Kommunizierbarkeit und Erfahrungsaustausch; (6) Entlastung des Diagnostikers durch Fokussierung relevanter Merkmale, (7) Basis zum Erlernen des Diagnostizierens (Professionalisierung). Krohne & Hock 2007, Westen & Weinberger 2004, Grove et al. 2000.

Paranoia (= P.) [engl. *paranoia*; gr. *παρα- (para-)* neben, *νοῦς (nous)* Verstand], **[KLI]**, systematisierter *Wahn*. Der Begriff wurde bereits in der vorhippokratischen Zeit zur Bez. «allg. Geistesstörungen» verwendet. Mitte des 18. Jhd. fand er Einzug in den psychiatrischen Sprachgebrauch. Anfangs diente der Krankheitsbegriff als Kennzeichnung aller psych. Störungen, die mit einem systematisierten Wahn verbunden sind. Der größte Teil der früher als P. diagnostizierten Krankheitsbilder ging später auf in paranoide *Schizophrenie* und *Paraphrenie*. Inzw. bez. man mit P. nur noch einen nicht schizophrenen, chronischen, systematisierten Wahn (z. B. *Eifersuchtswahn*, *Beziehungswahn*). *J. Brauer*

Paranoide Persönlichkeitsstörung [engl. *paranoid personality disorder*; gr. *παρα- (para-)* neben, *νοῦς (nous)* Verstand], **[KLI]**, Persönlichkeitsextremisierung, bei der ein übersteigertes Misstrauen im Vordergrund steht. Zur Charakterisierung sind gemäß *DSM* Loyalitätszweifel, Tendenz zu unbegründeten Verdächtigungen, nachtragendes Verhalten oder auch Eifersucht zu nennen. *Persönlichkeitsstörungen*.

Paranoid-schizoide Position, **[KLI, PER]**, von der Psychoanalytikerin Melanie Klein 1946 (Klein 1995–2002; *Bemerkungen über einige schizoide Mechanismen*) entwickelte Beschreibung der psych. Prozesse der ersten 3–4 Lebensmonate eines Kleinkindes. Sie schildert den Zustand und die Arbeitsweise des fragilen frühen *Ichs*, seine auf unbewussten Phantasien basierenden Objektbeziehungen, seine archaischen Ängste und primitiven Abwehrmechanismen, insbes. der Spaltung und der *projektiven Identifizierung*. Es wird angenommen, dass der Säugling von Geburt an eine höchst intensive und ambivalente, liebende wie hassende Beziehung zu seinen ersten Objekten, z. B. zu dem Partialobjekt der Brust. Die noch mangelhafte Integration seines Ichs und die wechselhaften Erlebnisse von Versagung und Befriedigung führen zu einem gespaltenen Erleben einer «guten» und einer «bösen Brust». Diese Aufspaltung vertieft sich zwangsläufig, die destruktiv-sadistischen Fantasien des Kleinkinds werden in die böse, seine Liebesstrebungen in die gute, die idealisierte Brust projiziert. Auf diese Weise, durch das Zus.-spiel von *Projektion* und *Introjektion*, Reprojektion und Reintrojektion, entsteht nach und nach eine dichotomisierte innere Welt von guten idealisierten Objekten, die ein Omnipotenzgefühl des Ichs fördern, und bösen Objekten, die zu inneren Verfolgern werden und massive Verfolgungsängste erzeugen. Während die Introjektion guter hilfreicher Objekte die Entwicklung erster Integrationsleistungen des Ichs fördert, erhöht eine übermäßig starke, abwehrbedingte Projektionstätigkeit die Fragmentierungsgefahr für das sich entwickelnde Ich. Wenn die libidinösen Strebungen (*Libido*) die destruktiven überwiegen, kann die Entwicklung des Ichs voranschreiten und in die *depressive Position* führen, in der sich das Grundanliegen des Kindes vom Überleben des Selbst hin zur Besorgnis ums Objekt verlagert. *S. Bayer*

paranormal [engl. *paranormal*; gr. *παρα- (para-)* neben, lat. *norma* Regel], *Parapsychologie*.

Paraphasie (= P.) [engl. *paraphasia*; gr. *παρα- (para-)* neben, *φάσις (phasis)* Sprache], **[KLI, KOG]**, fehlerhafte Selektion von Wortgestalten; gelegentl. im alltägl. Sichversprechen; als Zeichen von *Sprachstörungen* gehäuft bei *Aphasien* und *Dysphasien*. Grobe Unterscheidung in *literale* P. (z. B. Placht statt Pracht) und *verbale* P. (z. B. Jäger statt Fischer) nach der ungenügenden Beachtung der phonemischen bzw. der semantischen Distinktiv-Merkmale von Wörtern. *Dysgrammatismus*.

Paraphilie (= P.) [engl. *paraphilia*; gr. *παρα- (para-)* neben, *φιλία (philia)* Liebe, Zuneigung], **[KLI]**, bez. psych. Störungen, bei denen die sexuelle Attraktivität von ungewöhnlichen Objekten ausgeht und die sexuellen Aktivitäten selbst ungewöhnlich sind. Mit der Bez. P. wird ausgedrückt, dass eine Abweichung [gr. *para* neben] im Objekt vorliegt, von dem die Betroffenen angezogen werden [gr. *philia* Liebe]. Der Begriff P. ersetzt die alte5n und nicht länger gebräuchlichen Begriffe *Perversion* oder *Devianz*. Typ. Bsp. für P. sind *Fetischismus*, *Pädophilie*, *Exhibitionismus*, *Sadismus* und *Masochismus*. Es hat sich für die Beurteilung der P. als sinnvoll erwiesen, zw. ungefährlichen (*Transvestismus*, Fetischismus) und gefährlichen, die Integrität anderer Menschen beeinträchtigenden P. (*Pädophilie/Pädosexualität*) zu unterscheiden. *Paraphilie, Pharmakotherapie*. *M. Hautzinger/U. Rauchfleisch*

Paraphilie, Pharmakotherapie [engl. *pharmacotherapy of paraphilia*], **[PHA]**, therap. Beeinflussung der Paraphilie durch chem. Stoffe ist nur partiell i. R. von psychoth. Programmen erfolgversprechend. Je nach Fall sind einsetzbar: *Hormone* vom Typ der *Antiandrogene*, *Psychopharmaka* mit allg. desaktivierender Wirkung (z. B. *Hypnotika*) und mit spezif. Wirkungsmediatoren. Gijs & Gooren 1996, Marshall et al. 1991. *W. Janke*

Paraphonie [engl. *paraphonia*; gr. *παρα- (para-)* neben, *φωνή (phone)* Ton, Stimme], **[KOG]**, Wechsel der Stimmlage, «Überschnappen» der Stimme, bes. häufig in der Pubertät *(Paraphonia puberum)*, auch im Zustand starker Erregung.

Paraphrasie *Wernicke-Aphasie*.

Paraphrasieren [engl. *to paraphrase*; gr. *παρα- (para-)* neben, *φρασις (phrasis)* Ausdruck, Redeweise], *Qualitative Inhaltsanalyse*, *themenzentrierte Interaktion*, *partnerzentrierte Kommunikation*, *sprachliche Verständigung*.

Paraphrenie (= P.) [engl. *paraphrenia*; gr. *παρα- (para-)* neben, *φρήν (phren)* Zwerchfell (als Sitz der Seele)], **[KLI]**, Form der *Schizophrenie*, die wie die paranoide Schizophrenie durch den paranoiden Symptomkomplex gebildet wird und hauptsächlich durch Auftreten von Wahnideen (*Wahn*) und Sinnestäuschungen gekennzeichnet ist. Im Unterschied zur paranoiden Schizophrenie wird die P. v. a. durch bei Betroffenen spezif. Persönlichkeitseigenschaften (introvertiert, sensibel, sensitiv), ein spezif. Lebensalter (zweite Lebenshälfte), das Auftreten in spezif. Situationen (Belastungssituation) sowie durch einen spezif. Verlauf mit spezif. Endstadium charakterisiert.

Parapraxie [engl. *parapraxia*; gr. *παρα- (para-)* neben, *πρᾶξις (praxis)* Handlung, Tat], «Vorbeihandeln». **[KOG]**, Bez. für *Fehlhandlungen* leichterer Art in der *Motorik* (z. B. Vergreifen, Versprechen).

Parapsychologie [engl. *parapsychology*; gr. παρα- (para-) neben], eine 1889 von dem Berliner Psychologen Max Dessoir eingeführte Bez. für die meth. und systematische Erforschung außergewöhnlicher menschlicher Erfahrungen, die in der Kulturgeschichte zwar immer berichtet werden, deren Existenz aber seit jeher umstritten ist (Driesch 1952). Sie werden, je nach Denktradition, weltanschaulicher Ausrichtung oder anthropologischer Einbettung, auch als «übersinnlich», «übernatürlich», «okkult» oder «spirituell» bezeichnet (Müller 2004). Darunter fallen populäre Phänomene wie Gedankenübertragung, «Zweites Gesicht», Wahrträume, Ahnungen, Prophetien, Spuk- und Geistererscheinungen (Bonin 1976), die von den Betroffenen häufig als nicht alltäglich und emot. bes. bedeutsam eingestuft werden. Die historische Entwicklung der P. vollzieht sich über die Massenbewegung des *Spiritismus* seit Mitte des 19. Jh. über die 1882 erfolgte Gründung der Londoner *Society for Psychical Research (SPR)*, der bedeutende Psychologen (z. B. Sigmund Freud, William James oder Carl Gustav Jung) und Naturwissenschaftler (z. B. William Barrett, William Crookes oder Oliver Lodge) angehörten, bis hin zur Etablierung paraps. Labors an vereinzelten Universitäten Anfang der 1930er Jahre (Beloff 1993).

Die Spannbreite der von der P. untersuchten Erfahrungen ist breit: Darunter fallen in erster Linie die sog. *Psi-Phänomene* (Psi = vorletzter Buchstabe des gr. Alphabets), die traditionell in zwei Gruppen untersucht werden, einmal als *Außersinnliche Wahrnehmung (ASW = extrasensory perception ESP)*, zum anderen als *Psychokinese (PK)* (älterer Begriff *Telekinese*) (Rhine & Pratt 1962). Unter ASW werden folg. Phänomene gerechnet: Als *Telepathie* wird eine «direkte» Übertragung psych. Inhalte (z. B. Gefühle, Stimmungen, Gedanken) von einer Person auf eine andere ohne Beteiligung bekannter Kommunikationskanäle verstanden, unter *Hellsehen* die paranormale Erfassung «objektiver» Sachverhalte, die niemandem bekannt sind, unter *Präkognition* die paranormale Erfassung zukünftiger Vorgänge oder Sachverhalte, die rational nicht erschließbar sind und auch nicht als Folge des Vorauswissens auftreten dürfen. Unter PK wird die Frage untersucht, ob Menschen einen «direkten», d. h. nicht mechanischen «Einfluss» auf physikal. oder biol. Systeme ausüben können, und zwar außerhalb bisher bekannter naturwiss. Wechselwirkungen (Jahn & Dunne 2006). Die Aufgabe der P. besteht letztlich darin, Erklärungsmöglichkeiten (z. B. Modelle) für behauptete «anomale» oder Psi-Phänomene zu finden, worunter in Einzelfällen auch herkömmliche (konventionelle) Erklärungen – z. B. in Form subj. Täuschungen – oder die Aufdeckung «natürlicher» Ursachen (einschließlich von Betrug) für ein behauptetes Psi-Phänomen fallen können. Die wiss. Auseinandersetzung mit paranormalen Phänomenen setzt also nicht die Annahme «übersinnlicher» Faktoren, Prozesse oder Kräfte voraus, die angeblich im Widerspruch zum jew. naturwiss. Weltbild stehen sollen.

Die P. verwendet die üblichen Forschungsmethoden der Sozial-, Kultur- und Naturwissenschaften: Dazu zählen Umfragen über die Verbreitung paranormaler Erlebnisberichte in der Bevölkerung sowie Interview- und Einzelfallstudien über die Art und Weise, wie solche außergewöhnlichen Erfahrungen psychol. und sozio-kult. verarbeitet oder kulturhistorisch interpretiert werden. Mehr als die Hälfte der Bevölkerung gibt bei repräsentativen Umfragen an, paranormale Phänomene aus eigener Erfahrung zu kennen, wobei das Auftreten solcher Erfahrungen unabhängig von Geschlecht, Herkunft, Bildung und Religion der Befragten ist (Bauer & Schetsche 2003). Die Suche nach sozial-, persönlichkeits- und neurops. Korrelaten solcher paranormalen Beliefs und Einstellungen ist ein wichtiges Gebiet paraps. Forschung (Schriever 1998). Spukerscheinungen, Nahtod- und außerkörperliche Erfahrungen, Erscheinungen Verstorbener (*apparitions*) oder spontan auftretende Rückerinnerungen an angeblich «frühere Leben» stellen intra- und interkulturell verbreitete Grundmuster paranormaler Erlebnisse dar (Cardena et al. 2000).

Kontrollierte parapsychol. Laborexperimente haben zum Ziel, operational definierte ASW-und PK-Hypothesen mit ausgewählten oder unausgewählten Vpn zu testen (Wiseman & Watt 2005). In der ASW-Situation muss eine sensorisch zuverlässig abgeschirmte Vp, der «Empfänger», eine zufällig erzeugte Abfolge von Symbolen, die ein räumlich getrennter «Sender» betrachtet, erraten. Treten bei genügend langen Versuchsserien wiederholt signifikante Abweichungen von der Zufallserwartung auf, werden diese unter der Psi-Hypothese als *Telepathie* interpretiert. *Hellsehen* ist dann gegeben, wenn kein Sender gegeben ist; bei *Präkognition* erfolgt der Ratevorgang, bevor die Zufallsfolge generiert wurde. ASW-Paradigmen der heutigen Paraps., die in Studien signifikante Effekte zeigten, sind Ganzfeld-, Remote-Viewing-, Remote-Staring- und «Presentiment»-Versuche, bei denen auch psychophysiologische Variablen erhoben werden (Schmidt 2002). In der PK-Situation müssen Vpn durch bloßes «Wünschen» oder «Wollen» eine von einem Zufallszahlengenerator produzierte Zufallsfolge in eine vorher festgelegte Richtung «beeinflussen» (Lucadou 1997). Generell gilt, dass exp. erzeugte Psi-Effekte in Studien schwach und empirisch unbedeutsam sind, aber in Metaanalysen (*Metaanalyse*) stat. nachgewiesen werden konnten (Radin et al. 2006). Zudem wird untersucht, ob manche Experimentatoren stabil erfolgreicher sind als andere (*Psi-Experimentator-Hypothese*).

Die Ergebnisse der parapsychol. Forschung sind in der wiss. Gemeinschaft umstritten (Bauer 1979; Alcock et al. 2003). Die übliche skeptische Position (Hergovich 2005) macht geltend, dass Psi-Experimente meth. Mängel aufwiesen, dass pos. Ergebnisse von Skeptikern nicht replizierbar seien und dass keine empirisch überprüfbare Theorien vorlägen. Die Mehrzahl der professionellen Forscher auf diesem Gebiet, die i. d. R. Sozial- und Naturwissenschaftler und Mitglieder der 1957 gegründeten *Parapsychological Association* sind, hält dagegen den Nachweis für erbracht, dass es sowohl auf phänomenologischer wie exp. Ebene Psi-Anomalien gibt, die sich vorläufig nicht mit konventionellen Hypothesen zureichend erklären lassen (Radin 2006). Heutige paraps. Theorieansätze haben an der klassischen Naturwissenschaft angelehnte Vorstellungen von ASW als einer «Informationsübertragung» oder von PK

als einer quasi-energetischen «Beeinflussung» weitgehend verlassen und fassen Psi- bzw. synchronistische Phänomene als Verschränkungskorrelationen in einer verallgemeinerten Quantentheorie auf (Lucadou 1997).
Die akademische Integration der parapsychol. Forschung ist v. a. in Großbritannien etabliert, wo nach dem Vorbild der 1985 gegründeten *Koestler Parapsychology Unit* an der Universität Edinburgh P. an mehreren Universitäten in Forschung und Lehre vertreten ist, u. a. an der Universität Northampton mit einem *Centre for the Study of Anomalous Psychological Processes*. In Dt. findet die paraps. Beratungs-, Informations- und Forschungsarbeit in erster Linie an dem 1950 von dem deutschen Parapsychologie-Pionier Hans Bender (1907–1991) gegründeten *Institut für Grenzgebiete der Psychologie und Psychohygiene e. V. (IGPP)* (Bender 1936, 1970, Bauer 1979) statt, das weltweit zu den größten Institutionen seiner Art gehört, sowie an der 1989 gegründeten *Parapsychologischen Beratungsstelle der Wissenschaftlichen Gesellschaft zur Förderung der P. e. V.* (WGFP), die beide die 1957 gegründete *Zeitschrift für P. und Grenzgebiete der Psychologie* herausgeben. *James Randi Educational Foundation (JREF), Skeptical Inquirer*. Irwin 2004. E. Bauer

Parasitismus [engl. *parasitism*; gr. *παράσιτος (parasitos)* Tischgenosse, Schmarotzer], **[KOG]**, Zus.leben zweier oder mehrerer Organismen zum Schaden des einen und Nutzen des anderen.

Parasomnien (= P.) [engl. *parasomnia*; gr. *παρά, pará*, bei, im, während, neben und lat. *somnus* der Schlaf], **[KLI]**, Kategorie von *Schlafstörungen*, die sich in Form von abnormalen Bewegungen, Verhaltensweisen, *Emotionen*, Wahrnehmungen und/oder Träumen manifestiert. Diagn. werden drei Unterkategorien unterschieden: Aufwachstörungen (Non-REM-Schlaf-assoziiert), REM-Schlaf-P. und andere P. P. sind häufiger im Kindesalter, können aber bis ins Erwachsenenalter persistieren und werden dann oft als belastend empfunden. Bei den Aufwachstörungen sind der *Pavor nocturnus* (Nachtangst, aufschrecken aus dem Tiefschlaf ggf. mit einem Schrei verbunden) und das Schlafwandeln zu nennen, in 30–50 % der Fälle folgt einem Pavor-nocturnus-Anfall eine Phase des Schlafwandels, die nächtlichen Vorkommnisse werden von dem Betroffenen meist nicht erinnert. Zu den REM-Schlaf-assoziierten P. zählen die Alpträume (emot. neg. gefärbte Träume, REM-Schlaf-Verhaltensstörungen (motorische Auslebung von Träumen mit Verletzungsgefahr) und die isolierte Schlafparalyse (Erwachen bei fehlendem Muskeltonus), deren Lähmung einige Min. andauern kann. Zu den «anderen Schlafstörungen» zählt z. B. die *Enuresis* (Einnässen im Schlaf) die bei Kindern auftritt. Die Ursache aller genannten P. sind nicht vollst. aufgeklärt, aber man nimmt jew. ein Zus.spiel von Veranlagung und akuten Stressoren an sowie im Kindesalter Hirnreifungsprozesse. M. Paulzen

parasoziale Interaktion (= p. I.) [engl. *parasocial interaction*; gr. *παρα- (para-)* neben, *socius* gemeinschaftlich, verbunden], **[MD, SOZ]**, von Horton & Wohl (1956) entwickeltes Konzept, beschreibt das interpersonale Geschehen zw. Rezipienten und abgebildeten Medienfiguren (sog. Persona). Die Rezipienten fühlen sich durch die Persona angesprochen und treten in eine Als-Ob-Interaktion mit ihnen. Die P. ist an den Rezeptionsprozess gebunden. Eine situationsübergreifende, durch Gewohnheit gefestigte Bindung der Zuschauer an die Persona wird als p. Beziehung bezeichnet. Besondere Aufmerksamkeit haben die p. I. und die p. Beziehung – vor Aufkommen des Internets – von Fernsehzuschauern mit Fernsehakteuren (z. B. Serienfiguren oder Moderatoren) erhalten.

Parassoziation [gr. *παρα- (para-)* neben, lat. *associare* verbinden], **[KOG]**, Fehl-Assoziation, wobei der Reiz inadäquate Reaktionen auslöst.

Parasympathikolytika (= P.) [engl. *parasympatholytics*; gr. *παρα- (para-)* neben, *συμπάθεια (sympatheia)* Mitempfindung, *λύειν (lyein)* lösen], **[PHA]**, Substanzen, die vorwiegend die Aktivität des *parasympathischen Systems* durch Verdrängung von *Acetylcholin* bei der Erregungsübertragung von der postganglionären Nervenfaser auf das Endorgan hemmen. Sie sind *Anticholinergika*. Somatische Wirkungen sind u. a. Herzfrequenzerhöhung, Pupillenerweiterung, verminderte Drüsensekretion, Erschlaffung der glatten Muskulatur. Die meisten P. haben zentralnervöse Wirkungen, weil sie die *Blut-Hirn-Schranke* passieren. Wichtige Substanzen sind *Belladonna-Alkaloide*, Papaverin und Verwandte. Die meisten P. haben psych. Wirkkomponenten. Aktories et al. 2005. W. Janke

parasympathikolytisch [engl. *parasympatholytic*; gr. *παρα- (para-)* neben, *συμπάθεια (sympatheia)* Mitempfindung, *λύειν (lyein)* lösen], **[PHA]**, Wirkungsart von Pharmaka, die im Wesentl. in einer Blockierung oder Hemmung der *Parasympathikus*-Aktivität besteht. *anticholinerg(isch), VNS-Pharmaka*. W. Janke

Parasympathikomimetika (= P.) [engl. *parasympathicomimetic drugs*; gr. *παρα- (para-)* neben, *συμπάθεια (sympatheia)* Mitempfindung, *μίμησις (mimesis)* Nachahmung], **[PHA]**, Substanzen, die eine der Aktivierung des *Parasympatikus* ähnliche Wirkung haben. Einige wichtige Wirkungen sind Pupillenverengung, Herzfrequenzerniedrigung, Erhöhung der Motilität des Magen-Darm-Traktes, Erhöhung von Speichel- und Magensaftsekretion. P. zeigen i. d. R. nicht alle diese Wirkungen. Da die genannten einzelnen Systeme in komplizierten Wechselbeziehungen stehen, ergeben sich meist ganz best. Wirkungsmuster. Darüber hinaus haben viele P. auch zentralnervöse Wirkungen, die mit den vegetativen interagieren. Man unterscheidet direkte P. und indirekte. Direkte P. erregen parasympathische Rezeptoren. Wichtige Stoffe sind *Arecolin, Carbachol, Muscarin, Pilocarpin*. Indirekte P. wirken über eine Hemmung des *Acetylcholin* abbauendenden Enzyms *Cholinesterase*. Hierzu gehören *Physostigmin* und Verwandte sowie Phosphorsäureester, die hochgiftige Stoffe sind und als *Insektizide* verwendet werden. Aktories et al. 2005. W. Janke

Parasympathikotonie [engl. *parasympathicotony*; gr. *παρα- (para-)* neben, *συμπάθεια (sympatheia)* Mitempfindung, *τόνος (tonos)* Spannung]; *Vagotonie*.

Parasympathikus, parasympathisches System [engl. *parasympathetic (nervous) system*; gr. *παρα- (para-)* neben, συμπάθεια *(sympatheia)* Mitempfindung], **[PHA]**, Untergruppe des autonomen (vegetativen) *Nervensystems*. In funktioneller Hinsicht antagonistisch wirkend zum *Sympathikus*.

Parataxie [engl. *parataxis*; gr. παρα- *(para-)* neben, τάξις *(taxis)* Ordnung], **[KLI, SOZ]**, Begriff zur Bez. der Verzerrung zw.menschl. Beziehungen. Die Verzerrung wird durch die *Projektion* subj. (falscher) Vorstellungen und Erwartungen der Partner ausgelöst.

Parathormon [engl. *parthormone*], **[BIO]**, syn. *Parathyrin (PTH)*, Proteinhormon der Nebenschilddrüse/Epithelkörperchen. Bedeutung für die Regulation des Calcium-Haushalts. Unterfunktion führt zu Hypocalcämie mit Krampfneigung der Muskeln. Überfunktion zu Hypercalcämie mit zahlreichen Folgen, z. B. Ulcera, psych. Symptomen wie Depressivität. *Hormone.* W. Janke

Parathymie [engl. *parathymia*; gr. παρα- *(para-)* neben, θυμός *(thymos)* Gemüt], **[KLI]**, vorrangig bei der *Schizophrenie* vorkommende Affektstörung, bei der das affektive Ausdrucksverhalten gegenüber den jew. Denkinhalten inadäquat (z. B. Lachen in einem Trauerfall) ist.

Pareidolie [engl. *pareidolia*; gr. παρα- *(para-)* neben, εἴδωλον *(eidolon)* Erscheinung, Schatten], **[WA]**, gleichbedeutend mit *Illusion*. I. e. S. *Wahrnehmung* von Gestalten, wie sie z. B. aus Klecksbildern herausgelesen werden können. *Aktualgenese, Rorschach-Test, Formdeute-Test.*

Parekphorie *Ekphorie.*

parental alienation syndrome (= PAS.) [engl.] Eltern-Entfremdungs-Syndrom o. Eltern-Kind-Entfremdung (EKE), **[RF]**, der vom US-amerik. Kinderpsychiater Gardner 1985 geprägte Begriff (Gardner 2002) beschreibt die massive Manipulation oder «Programmierung» eines Kindes durch einen Elternteil mit der Folge der Entfremdung des Kindes vom anderen Elternteil, den das Kind heftig neg. bewertet und mit obj. nicht begründbarer *Feindseligkeit* ablehnt. Sowohl das manipulierende Verhalten eines Elternteils als auch das nachfolgende polarisierende Verhalten des Kindes bilden das *Syndrom*. Die Phänomenologie des kindlichen Verhaltens hat Gardner mit acht *Kardinalsymptomen* beschrieben: (1) Herabsetzungskampagnen, d. h., der abgelehnte Elternteil wird als bösartig, hinterhältig oder gefährlich verunglimpft. (2) Absurde Rationalisierungen der Vorwürfe, z. B. ist der Vater böse, denn er hat schon früher der Mutter nicht die Tasche getragen. Oder ein Kind kolportiert: «Wir müssen uns einen neuen Papa suchen, der nicht raucht. Das macht krank.» (3) Fehlende Ambivalenz, d. h., es gibt keine Zwischentöne. Alles Gute liegt beim betreuenden Elternteil. Angenehme Erinnerungen an den anderen Elternteil werden nicht zugelassen. (4) Die Betonung der eigenen Meinung wird eingesetzt, um sich selbst und andere zu überzeugen, und sei es, indem stereotyp hinzugefügt wird: «Ich weiß es genau.» (5) Die reflexartige, ungeprüfte Parteinahme für den betreuenden Elternteil: «Mama hat sich schon früher mehr um mich gekümmert, und bei Papa gibts nur Tütensuppen.» (6) Ausdehnung der Feindseligkeit auf Angehörige des abgelehnten Elternteils, d. h., dessen Mutter oder neue Freundin wird auch verunglimpft. (7) Fehlende Schuldgefühle, d. h., die eigene Feindseligkeit wird gerechtfertigt und schließt nicht aus, dass Geschenke oder Geld gefordert und ihr Ausbleiben heftig beklagt werden. (8) «Geborgte Szenarien» sind Redewendungen, die von der manipulierenden Person übernommen werden, ohne verstanden worden zu sein (z. B. sagt eine Vierjährige: «Wir halten das nicht mehr aus», kann aber nicht sagen, was). Das *Konzept* hat in vielen Ländern, auch in Dt., zu lebhaften Auseinandersetzungen zw. Befürwortern und Gegnern auch unter psychol. Sachverständigen in Familiensachen geführt. In den USA wird das Konzept weder von der *American Psychiatric Association* noch von der *American Psychological Association (APA)* oder der *American Medical Association* befürwortet.

Trotz nachhaltiger Bemühungen der Anhänger ist PAS bisher weder im DSM-IV noch in der ICD-10 der WHO (*Klassifikation psychischer Störungen*) als Störung klassifiziert worden. Obere Rechtsprechungsebenen versch. Länder lehnen das Konzept ausdrücklich ab (z. B. *United States National Council of Juvenile and Family Court Judges*; Beweisverbot durch den *Court of Appeal*, England und Wales, ebenso durch das kanadische Justizministerium). Als Vorteil des Konzepts kann gesehen werden, dass exzessive Konflikte im Trennungsverlauf und deren Folgen für das Kind nuanciert beschrieben werden. Hauptkritikpunkte sind (Bond 2008, Bruch 2002, Emery 2005, Salzgeber 2011): (1) Vor allem wird ein deutlicher Widerspruch bemängelt zw. der ungenügenden theoretischen und empirischen Fundierung des Ansatzes und den pauschalisierenden und hochgestellten Ansprüchen in *Diagnostik* und *Intervention* z. B. in der Unterscheidung dreier Schweregrade auf der Grundlage divergenter, letztlich unbrauchbarer Häufigkeitsschätzungen und deren willkürlicher Verknüpfung mit therapeutischen und rechtlichen Interventionen. Die US-amerikanische Autorin Bruch (2002) spricht deshalb von einem «PAS-Debakel». (2) Der Vorwurf der Pseudowissenschaft mit Hinweis auf den Mangel an neutraler Forschung, Replikationsuntersuchungen, Falsifizierbarkeit und unabhängigen Veröffentlichungen. (3) Gefahr der Etikettierung beteiligter Erwachsener als erziehungsungeeignet (*Erziehung*). (4) Pathologisierung des entfremdenden Elternteils mit Bezug darauf, dass Gardner (2002) häufig Worte wie «paranoid» und «Psychopath» benutzt. (5) Ungenügende Berücksichtigung des Prozesscharakters familiären Konfliktgeschehens. (6) Entwertung bzw. Pathologisierung des *Kindeswillens.* (7) Fragwürdige Interventionsempfehlungen, die selbst eine *Kindeswohl*gefährdung darstellen können und teilweise als exzessive Strafmaßnahmen gegen das Kind und den betreuenden Elternteil erscheinen, so die strikt gerichtlich angeordnete Übergabe des Kindes an den entfremdeten Elternteil. (8) Zweifel am Neuheitsanspruch, da PAS lediglich ein Extremstadium des altbekannten Dilemmas von Kindern im elterlichen Trennungsprozess beschreibt, das bisher als Ggs. von Überidentifizierung mit einem und Überdistanzierung vom anderen Elternteil figurierte – deshalb untauglicher Versuch, die komplizierte Psychodynamik in Trennungsprozessen mit attraktiv anmutenden, aber pseudowiss. Ansätzen zu erklären. (9) Außerdem ist PAS zum

Werkzeug von Interessengruppen geworden. Väterrechtsgruppen erklären damit pauschal die Abneigung eines Kindes und weisen dem betreuenden Elternteil die alleinige Schuld zu. Frauengruppen werfen Vätern vor, legitime Bedenken hinsichtlich Kindesmissbrauchs zu diskreditieren. [www.parentalalienation.org] *H. Dettenborn*

Parentalgeneration [engl. *parental generation*; lat. *parentes* Eltern], *Generation*.

Parese [engl. *paresis*; gr. πάρεσις *(paresis)* Erschlaffen], [**BIO**, **GES**], Erschlaffung, Schwäche, unvollkommene Lähmung. *Lähmung*.

Pareto-Optimalität [engl. *Pareto efficiency/optimality*], nach dem ital. Ökonom Vilfredo Pareto (1848–1923), *Koalitionsspiele*.

Parietallappen [engl. *parietal lobe*; lat. *paries* Wand], [**BIO**], Scheitellappen des Gehirns. *Gehirn*.

Pariser-Schule [engl. *The Salpêtrière School of Hypnosis, School of Paris*], [**HIS**], Bez. für die Hypnoseforschung (*Hypnose*) gegen Ende des 19. Jh. unter *Charcot, Jean-Martin*.

Parkinsonismus [engl. *parkinsonism*], [**BIO**], zusammenfassende Bez. für krankhafte Erscheinungen, die der Symptomatik der *Parkinson'schen Erkrankung* entsprechen, ohne deren Ursachen zu haben.

Parkinsonmittel [engl. *Parkinson drugs*], [**PHA**], Bez. für Arzneimittel, die bei der *Parkinson'schen Erkrankung* angewendet werden.

parkinsonoid *extrapyramidalmotorische Störungen*.

Parkinson'sche Erkrankung, Morbus Parkinson (= MP) [engl. *Parkinson's disease*; lat. *morbus* Krankheit], *Parkinson-Krankheit*, umgangssprachlich *Schüttellähmung*, [**BIO**, **KLI**], neurodegenerative Erkrankung, die primär zum Untergang der dopaminergen *Neurone* der Substantia nigra im Mittelhirn führt, die in die Basalganglien projizieren (nigrostriatales System). Zusätzl. sind jedoch auch andere Transmittersysteme betroffen (*Serotonin, Noradrenalin, Acetylcholin*). Da das nigrostriatale System die Extrapyramidalmotorik steuert, stellen Bewegungsstörungen die klin. Leitsymptome dar: *Rigor* (Erhöhung des Muskeltonus), *Bradykinese* (Verlangsamung der Bewegungen) bis zur *Akinese* (Bewegungslosigkeit), *Tremor* (Muskelzittern) und posturale Instabilität (Haltungsinstabilität). Hinzu treten eine Vielzahl anderer *Symptome* wie *Schlafstörungen*, vegetative Störungen, depressive und demenzielle Syndrome (*Depression, Demenz*). Der MP tritt meist als idiopathisches Parkinson-Syndrom sporadisch auf, selten sind familiäre Formen mit genetischer Ursache. Die Erkrankung kann auch als symptomatisches Parkinson-Syndrom als Folge anderer Ursachen auftreten, z. B. posttraumatisch (z. B. bei Boxern), metabolisch (bei M. Wilson), vaskulär (bei Mikroangiopathie), postentzündlich oder toxisch (z. B. nach Kohlenmonoxidvergiftung). Ein Parkinson-Syndrom wird auch als unerwünschte Wirkung einer Therapie mit *Antipsychotika* beobachtet (extrapyramidalmotorische Symptome; *extrapyramidalmotorische Störungen (EPMS)*). Bei einer Reihe von neurodegenerativen Erkrankungen (kortikobasale Degeneration, Multisystematrophie, Lewy-Dody-Erkrankung, progressive nukleäre Blickparese) gehört ein Parkinson-Syndrom zum klin. Erscheinungsbild. Die Therapie des M. erfolgt in erster Linie medikamentös mit *L-Dopa* und *Dopaminagonisten*. *G. Gründer*

Parosmie [engl. *parosmia, troposmia*; gr. παρα- *(para-)* neben, ὀσμή *(osme)* Geruch], [**WA**], Geruchstäuschung, auch Geruchshalluzination.

Paroxetin [engl. *paroxetine*], [**PHA**], *Psychopharmakon* aus der Klasse der *Antidepressiva* vom Typ der selektiven *Serotonin-Wiederaufnahmehemmer (SSRI)*. Soll auch bei *Zwangsstörungen* wirksam sein. Wirkt leicht angststeigernd, antriebssteigernd, psychomotorisch aktivierend, vielstündige Wirkung (mittlere Plasmahalbwertszeit 24 Std.). Pinder 1985. *W. Janke*

Parsimonie, Gesetz der [engl. *principle of parsimony*; lat. *parsimonia* Sparsamkeit], [**PHI**], der allg. Grundsatz, dass in der Wissenschaft beim Entscheid zw. zwei Hypothesen oder Modellen - unter ansonsten gleichen Bedingungen – stets die einfachere vorzuziehen ist. *Einfachheit, Occam's razor, Morgan-Regel*.

Partial-Credit-Modell [engl. *partial* zum Teil, *credit* Gutschrift, Leistungspunkt], *Rasch-Modell, ordinales*.

Partialgefühl [lat. *pars* Teil], [**EM**], jene Einzelbestandteile von *Gefühlen*, die in einem gegebenen Augenblick im Ich vorhanden sind, sich aber, nach dem Prinzip der «Einheit der Gemütslage», zum Totalgefühl zus.schließen. *Gemeingefühl*.

Partial Least Square (PLS) [engl. *partial* zum Teil, *least* kleinste, *square* Quadrat], [**FSE**], Verfahren zur Analyse von Pfadmodellen, das insbes. die simultane Analyse formativ und reflektiv operationalisierter Konstrukte ermöglicht (*Messung, formative vs. reflektive*). Alternative zur klassischen Modellierung von Strukturgleichungsmodellen (*Strukturgleichungsmodelle*). [www.statsoft.com/textbook/partial-least-squares/]. Chin 1995.

Partialobjekt (= P.) [lat. *pars* Teil], [**KLI**], nach Freud (*Psychoanalyse*) Bez. für den von den *Partialtrieben* erstrebten Obj.typus mit realem oder fantasiertem Liebesobjektbezug (z. B. zur Brust, zum Penis). Der P.träger kann auch in seiner Ganzheit Liebesobj. sein.

partial reinforcement (= p. r.) [engl.] *partielle Verstärkung*, [**KOG**], in Lernexperimenten spricht man von p. r., wenn die Erfolgsrückmeldung nur teilweise (intermittierend) erfolgt. *Verstärkerpläne*.

Partialtriebe (= P.) [engl. *partial drives*; lat. *pars* Teil], [**KLI**], von Freud (*Psychoanalyse*) geprägter Begriff für die einzelnen, in den versch. Entwicklungsphasen nacheinander in Erscheinung tretenden Triebe: orale, anale, genitale Tendenzen sowie die Tendenzen zum Beschauen (*Voyeurismus*) und Betasten, zum Sichzeigen (*Exhibitionismus*), zum *Sadismus* und *Masochismus*. Diese einzelnen P. treten am Ende der frühen *genitalen Phase* unter das Primat der genitalen Zone und die Dominanz der genitalen Motive. Ihre Befriedigung erfolgt danach normalerweise nur noch i. R. der Befriedigung der genitalen Bedürfnisse, und zwar in Form von deren Präliminarien. Die *Perversion* ist gekennzeichnet durch eine Entmischung dieser P. und durch die ausschließliche und zwanghafte Befriedigung eines isolierten P. *Partialobjekt*.

partielles Eta-Quadrat (η_P^2) [engl. *partial eta-squared*; lat. *pars* Teil], [**FSE**], Maß der *Effektgröße* der *Varianzanalyse* eines Faktors oder eines Interaktionseffekts. Der Kennwert ist insbes. für die Varianzanalyse mit Messwiederholung geeignet. Berechnung bspw. bei einer zweifaktoriellen VA ohne MW:

$$\eta_{P,A}^2 = \frac{SS_{Faktor\ A}}{SS_{Faktor\ A} + SS_{within}}$$

$$\eta_{P,B}^2 = \frac{SS_{Faktor\ B}}{SS_{Faktor\ B} + SS_{within}}$$

$$\eta_{P,AxB}^2 = \frac{SS_{Faktor\ AxB}}{SS_{Faktor\ AxB} + SS_{within}}$$

SS = Quadratsumme.

Dieser Kennwert ist nur zw. Studien mit identischem Design vergleichbar (identische Faktorenanzahl mit identischer Faktorstufenanzahl). Leonhart 2013. R. Leonhart

partielles Omega-Quadrat (ω_p^2) [engl. *partial omega-squared*, lat. *pars* Teil], Maß der *Effektgröße*, die analog zum partiellen Eta-Quadrat (*partielles Eta-Quadrat*) die Effektgröße eines Faktors oder Interaktionseffekts mithilfe der zugehörigen Fehlerquadratsumme ermittelt. Dient zu einer besseren Interpretierbarkeit der Effektgröße als bei Verwendung von ω^2 (*Omega-Quadrat*). *Varianzanalyse*. Leonhart 2013. R. Leonhart

Partil [engl. *partile*, lat. *pars* Teil], [**FSE**], Oberbegriff für alle Punkte, die eine Verteilung von Rängen in best. Anteile zerlegen, wie *Median*, *Quartile*, *Perzentil*, Dezile. *Zentile*.

Partizipation [engl. *participation*; lat. *participatio* Beteiligung], syn. *Teilhabe*, [**GES**], *International Classification of Functioning, Disability and Health (ICF)*.
[**FSE**], *Interpretation*.
[**SOZ**], *politische Partizipation*.

Partizipative Entscheidungsfindung (PEF) [lat. *participare* an etw. teilhaben], [**GES**], dt. Übersetzung bzw. Adaption des Modells des sog. *Shared Decision Making (SDM)*, das ursprünglich im angloamerik. Gesundheitswesen entstanden ist. Als Grundlage wird eine partnerschaftliche Arzt-Pat.-Beziehung (*Arzt-Patient-Interaktion*) formuliert, die durch einen gemeinsamen und gleichberechtigten Entscheidungsfindungsprozess (*Entscheiden*) bei der Auswahl von für den Pat. möglichst optimal passenden diagn., therap. oder weiteren gesundheitsbezogenen Maßnahmen gekennzeichnet ist. Sie folgt einem klar erkennbaren Ablauf mit aufeinander aufbauenden Handlungsschritten, wobei Informationen in mind. zwei Richtungen fließen. Ärzte stellen notwendige med. Informationen bereit, Pat. berichten von ihren Präferenzen und persönlichen Lebensumständen (Werte, Bedürfnisse, *Emotionen*; *Ziele, gesundheitsbezogene*), die für die gesundheitsbezogene Entscheidung von Relevanz sein können. Das Konzept der PEF nimmt eine Mittelstellung zw. dem sog. *paternalistischen Entscheidungsmodell* und dem *Informationsmodell* ein. Im paternalistischen Modell befindet sich der Patient in einer weitgehend passiven Rolle und ist von der ärztlichen Expertise abhängig. Beim *Informationsmodell* besteht die Hauptverantwortlichkeit darin, dem Pat. auf möglichst neutrale Weise alle wichtigen Informationen zur Behandlung mitzuteilen, damit dieser eine informierte Entscheidung treffen kann. Diese Art der patientenzentrierten *Kommunikation* bzw. das Gesprächs- und Handlungsmodell der PEF stellen die Basis für den sog. *informed consent* und die gemeinsame Entscheidung hinsichtlich gesundheitsbezogener Maßnahmen dar. In weiter gefassten Beschreibungen des PEF-Modells werden in der Gesundheitsversorgung nicht nur Ärzte und Pat. adressiert, sondern weitere Personengruppen berücksichtigt (z. B. Pflegekräfte, Psychologen, Angehörige), die eine wichtige Rolle im Prozess der indiv. Entscheidungsfindung spielen können. Heute möchten viele Pat. an med. Entscheidungen beteiligt werden und auch die Politik fordert die stärkere Einbeziehung und Mitbestimmung der Pat. im Gesundheitswesen (*Patientenorientierung*). PEF eignet sich v. a. bei Gesundheitsentscheidungen (z. B. *chronische Erkrankungen*), bei denen mehrere gleichwertige, im besten Fall evidenzbasierte Optionen (*Evidenzbasierung*) zur Wahl stehen und bei denen die Berücksichtigung der Pat.präferenzen für eine Entscheidung ausschlaggebend sind (*präferenzsensitive Entscheidungen*). I. d. R. werden hierzu Vor- und Nachteile bzw. Nutzen und Risiken der unterschiedlichen Behandlungsoptionen in Form von Wahrscheinlichkeiten gegeneinander abgewogen (sog. *Risikokommunikation*). Zur Unterstützung des Entscheidungsprozesses eignen sich med. Entscheidungshilfen (*decision aids*), die evidenzbasierte Interventionen zur Unterstützung einer abwägenden Entscheidung zw. zwei oder mehreren Behandlungsoptionen darstellen. Diese können dem Pat. text-, video- oder webbasiert entweder direkt in oder außerhalb der Konsultation dargeboten werden. Darüber hinaus können spezif. Aus- und Weiterbildungsprogramme für Ärzte eingesetzt werden, um eine adäquates und patientenzentriertes Gesprächs- und Kommunikationsverhalten für PEF zu realisieren. Der Einsatz von Entscheidungshilfen ist empirisch sehr solide untersucht, internat. verfügbare Trainingsprogramme unterliegen einer fortlaufenden Evaluation, die noch nicht abgeschlossen ist. Die Umsetzung des PEF-Modells in der Gesundheitsversorgung hat internat. trotz bestehender Barrieren (z. B. Zeitknappheit, Pat.charakteristika, Qualität von Entscheidungshilfen) große Fortschritte gemacht. PEF gilt als vielversprechender Ansatz in Richtung eines patientenzentrierten und evidenzbasierten Gesundheitswesens, von dem pos. Impulse hinsichtlich einer Qualitätsverbesserung und Kostenreduktion in der Versorgung (*Versorgungsforschung*) erwartet werden. M. Härter

Partizipatives Produktivitätsmanagement (PPM) [engl. *participatory productivity mangement*; lat. *participare* an etw. teilhaben], [**AO**], Maßnahme zur Entwicklung von Organisationen (*Organisationsentwicklung*) und ein Ansatz, dem Bedarf nach zunehmend Flexibilität und Veränderungsbereitschaft (*Innovationen in Organisationen*) von Organisationen zu begegnen. Entwickelt wurde das PPM von R. Pritchard in den 1980er Jahren in den USA. Nach ersten Implementierungsstudien in unterschiedlichen Organisationen in den USA ist das PPM mittlerweile auch in Westeuropa und v. a. in Dt. erprobt. Das PPM ist ein Instrument, das eigenständiges Arbeiten in dezentralen Einheiten ermöglicht, sich also durch stärkere Dezentralisierung und Verantwortungsübernahme dezentraler Einheiten auszeichnet. Hierdurch wird erreicht, dass Unternehmen der wachsenden Komplexität der Arbeitsanforderungen wirkungsvoll begegnen und flexibel auf kurzfristige Veränderungen der Organisationsumwelt reagieren können. M. Liebig

Partnereffekte [engl. *partner effects*], *Actor-Partner-Interdependenz-Modell (APIM)*.

Partnerkontrolle [engl. *partner control*], [**SOZ**], syn. *Schicksalskontrolle*, beschreibt i. S. der *Interdependenztheorie* (Kelley & Thibaut 1978) den Einfluss (*Einfluss, sozialer*), den das *Verhalten* einer Person in einer sozialen *Interaktion* auf die aus dieser Interaktion resultierenden Ergebnisse ihres Interaktionspartners hat. Van Lange & Rusbult 2011. S. Macher

Partnerpräferenzen [engl. *partner preferences*; lat. *praeferre* vorziehen], *Liebe, evolutionspsychologischer Ansatz*.

Partnerschaft, lebendige [engl. *vital partnership*], *Prävention bei Paaren*.

Partnerwahl, Partnerpräferenzen [engl. *mate choice*], *Liebe, evolutionspsychologischer Ansatz*, *Partnerwahl, selektive*, *Untreue, partnerschaftliche*.

Passionsblume (= P.) [engl. *passionflower*], Passiflora, [**PHA**], gehören zur Familie der Passionsblumengewächse, Passifloraceae. Heimat der Passionsblumen sind die tropischen Regenwälder Mittel- und Südamerikas. Es gibt mehr als 530 versch. Passiflora-Arten. Arten der Gattung Passiflora enthalten Indol-*Alkaloide*, Flavonoide und Saponine. Blätter der Art Passiflora incarnata werden in der Phytotherapie (*Phytopharmaka*) bei ängstlicher Unruhe, Erschöpfung, zur Beruhigung oder zur Behandlung von *Schlafstörungen* eingesetzt. Die P. wurde wegen ihres Wirkprofils vom Studienkreis Entwicklungsgeschichte der Arzneipflanzenkunde der Universität Würzburg zur Arzneipflanze des Jahres 2011 gewählt. Ngan & Conduit 2011. M. Paulzen

passive traders [engl.] «passive Händler», *Anlegerverhalten*.

Pastoralpsychologie [lat. *pastor* Hirte], [**KLI**], die im Bereich der Seelsorge eingesetzten ps. Methoden und Theorien. *Religionspsychologie*.

Patchwork-Familie (= P.), [engl. *patch* flicken, *patchwork* Flickwerk], [**EW, SOZ**], der Begriff P. wird heute weitgehend syn. mit dem Begriff *Stieffamilie* verwendet, bezeichnet mitunter aber auch eine spezif. Art von Stieffamilien, bei der beide Partner Kinder aus einer früheren Verbindung in die Partnerschaft einbringen (auch: zus.gesetzte Stieffamilie). Die Bez. P. wird vielfach bevorzugt, weil sie nicht gleichermaßen mit neg. Stereotypen behaftet ist wie die Bez. Stieffamilie, die in Märchen (z. B. Aschenputtel) oft als neg. Entwicklungskontext dargestellt wird, in dem Stiefkinder von dem nicht-leiblichen Elternteil benachteiligt werden. *Familie*. S. Walper

Patellarreflex [engl. *patellar reflex knee-jerk*; lat. *patella* Platte, Kniescheibe], *Kniesehnenreflex*.

paternalistisches Modell [engl. *paternalistic model*; lat. *pater* Vater], *Partizipative Entscheidungsfindung*.

Pater-noster-Effekt (= P.) [engl. *trickledown effect, paternoster lift effect*; lat. *pater noster* Vater unser], syn. *Fahrstuhleffekt*, [**DIA, FSE**], wird bei einem Auswahlverfahren zu einem Prädiktor ein weiterer Prädiktor hinzugefügt, der mit dem ersten gering korreliert, mit dem *Kriterium* jedoch eine substanzielle Beziehung aufweist, wird mit der Hinzunahme eines weiteren Prädiktors ein Validitätszuwachs i. S. der *inkrementellen Validität* erreicht. Unter P. versteht man das Ausmaß, in dem bei einer solchen Änderung des Annahmekriteriums ursprüngl. abgewiesene zu zugelassenen Bewerbern werden. H. O. Häcker

path-, patho-, path(isch) [engl. *patho-*; gr. πάθος (*pathos*) Schmerz, Leiden, [**KLI**], in Wortverbindungen: Leiden, Krankheit.

pathogen [engl. *pathogenic*; gr. πάθος (*pathos*) Schmerz, Leiden, -γενής (*-genes*) bewirkt, verursacht], krankheitserregend/-erzeugend.

Pathogenese [engl. *pathogenesis*; gr. πάθος (*pathos*) Schmerz, Leiden, -γενής (*-genes*) bewirkt, verursacht]; *Ätiologie*.

Pathognomik [engl. *pathognomonic*; gr. πάθος (*pathos*) Schmerz, Leiden, γνώμη (*gnome*) Erkenntnis, Wissen], [**KLI**], heute nicht mehr gebräuchlicher Begriff bei Lavater, Lehre von der Erkennung des aktuellen seelischen Zustandes aus den Gesichts- und Körperbewegungen. Zudem: Die Lehre von den Kennzeichen der Krankheiten. *Symptom*.

Pathografie [engl. *pathography*; gr. πάθος (*pathos*) Schmerz, Leiden, γραφή (*graphe*) Schrift], *Kreativität*.

Patholinguistik [engl. *patholinguistics*; gr. πάθος (*pathos*) Schmerz, Leiden, lat. *lingua* Sprache, Zunge]; *Sprachpathologie*.

Pathologie [engl. *pathology*; gr. πάθος (*pathos*) Schmerz, Leiden, λόγος (*logos*) Vernunft, Wort], [**KLI**], die Lehre von den *Krankheiten*, ihren Ursachen (*Ätiologie*), ihrer Entwicklung und ihrem Wesen (*Pathogenese*), ihren Erscheinungsformen (Symptomatologie und *Nosologie*) und den durch sie bewirkten Veränderungen in Organen und Geweben (pathol. Anatomie). *Krankheitsmodelle*.

pathologisch [engl. *pathologic*; gr. πάθος (*pathos*) Schmerz, Leiden, λόγος (*logos*) Vernunft, Wort], krankhaft.

Pathologisches Stehlen [engl. *pathological stealing*]; (F 63.2), [**KLI**], Bez. für den krankhaften Antrieb zu stehlen ohne äußere Notlage. Bei Betroffenen kann durch den Diebstahl ein Spannungsgefühl verringert werden. Nach dem Diebstahl setzen Schuldgefühle ein. Seltener auch *Kleptomanie* genannt.

Pathopsychologie (= P.) [engl. *pathopsychology*; gr. πάθος (*pathos*) Schmerz, Leiden], [**KLI**], ist die psychol. Wissenschaft von den psych. Leiden, in der Klin. Ps. i. e. S. die Lehre von den *psychischen Störungen*, *Krisen*, Abweichungen oder Erkrankungen. Historisch wurde der Begriff 1912 von Hugo Münsterberg und Wilhelm Specht eingeführt, von Specht als Hrsg. der *Zeitschrift für Pathops.*, 1912–1919). Münsterberg def. die P. als eine psychol. Disziplin, die psych. Auffälligkeiten als Abweichungen von normalen psych. Vorgängen versteht. Zw. normalen und auffälligen psych. Erscheinungsweisen wird damit von einem kontinuierlichen Übergang ausgegangen, durch den psych. Störungen mit den üblichen Methoden und Erkenntnissen der Ps. erklärt und behandelt werden können. Die P. grenzt sich von der *Psychopathologie* ab, die psych. Störungen als *Krankheiten* auffasst, die sich vom normalen psych. Geschehen qual. unterscheiden, auf organische Ursachen zurückzuführen und damit Teil der med. Krankheitslehre (*Nosologie*) sind. Als elementares Teilgebiet der Klin. Ps. beschäftigt sich die P. mit Erscheinungsweise (Phänomenen, *Symptom*, *Syndrom*), Entwicklung (Genese), Verursachung (*Ätiologie*), Verlauf (*Prognose*), systematischer Einteilung (*Klassifikation*) sowie Verbreitung (*Epidemiologie*) von psych. Störungen und behandlungsbedürftigen psych. Auffälligkeiten. In der angloamerik. Ps. ist der Begriff *abnormal psychology* etabliert, der aber meistens etwas weiter gefasst wird und auch die Behandlung psych. Störungen durch *Psychotherapie* und andere Verfahren einschließt. Innerhalb der *Allg. P.* werden übergeordnete Themen bearbeitet, die für alle psych. Störungen gelten, z.B. welche Kriterien für die Def. von psych. Störungen eine Rolle spielen, welche Bedingungen zu psych. Störungen führen oder wie sich psych. Störungen klassifizieren lassen. Dagegen konzentriert sich die *Störungsspezif. P.* auf einzelne psych. Störungen (z.B. *Depression*, *Zwangsstörung* oder *Panikstörung*) und beschreibt und erklärt deren Erscheinungsweise, Genese, Ätiologie usw. Bastine 1998. *R. H. E. Bastine*

Test**Patientenfragebogen zur Erfassung der Reha-Motivation (PAREMO-20)**, 2000, Kriz et al., **[GES, DIA]**, validiertes und normiertes Instrument zur Erfassung der *Behandlungsmotivation* i.R. von rehabilitativen Behandlungen (*Rehabilitation*) auf Basis von Selbsteinschätzungen der Rehabilitanden. Mit 20 Items werden 6 Dimensionen erfasst: *seelischer Leidensdruck, körperbedingte Einschränkungen, soziale Unterstützung und Krankheitsgewinn, Änderungsbereitschaft, Informationsstand bzgl. Reha-Maßnahmen, Skepsis*. Kriz et al. 2006.

patientenorientierte Psychotherapieforschung (= p. P.) [engl. *patient oriented psychotherapy research*], **[KLI]**, der *Psychotherapieforschung* liegt oft die implizite Annahme zugrunde, dass Veränderungen in der Befindlichkeit der Pat. linear (*Linearität*) und konstant auftreten. In der Praxis zeigt sich allerdings, dass Veränderungssprünge und nicht lineare Veränderungsmuster häufig vorkommen. Als Ergänzung zur Überprüfung der durchschnittlichen *Wirksamkeit* von psychoth. Methoden wird i.R. der p. P. der indiv. Therapieverlauf in den Mittelpunkt des Forschungsinteresses gestellt. Aufgrund der vor oder zu Beginn einer Therapie erhobenen Pat.werte wird eine individuumsspezif. Vorhersage des Therapieverlaufs erstellt. Die im Verlaufe der Therapie erhobenen Daten werden mit diesen Vorhersagen verglichen. Im Falle von Abweichungen zw. vorhergesagten und beobachteten Werten kann dann anhand von empirisch gestützten Entscheidungsregeln die weitere Therapieplanung am konkreten Fortschritt des einzelnen Pat. unterstützt werden. Die p. P. bildet häufig die Grundlage für *Qualitätssicherung* in der *Psychotherapie* sowie die Untersuchung von Veränderungsmustern im Therapieverlauf und Therapeuteneffekten (*kontrollierte Praxis*). Lutz 2010. *W. Lutz*

Patientenorientierung [engl. *patient orientation/centeredness*]; *Partizipative Entscheidungsfindung*, *patientenorientierte Psychotherapieforschung*, *Wunsch- und Wahlrecht nach § 9 SGB IX*.

Patientenrechtegesetz (= P.), **[KLI]**, formuliert – mit dem Ziel der Transparenz und Rechtssicherheit – die rechtliche Grundlage dafür, dass Pat. in die Lage versetzt werden müssen, mündig informierte behandlungsbezogene Entscheidungen treffen zu können (*Partizipative Entscheidungsfindung (PEF)*). Der Therapeut muss den Pat. angemessen informieren und aufklären, die Einwilligung des Pat. einholen und therapiebezogene Informationen dokumentieren, sodass Entscheidungen transparent und nachvollziehbar werden. Die Übereinkunft zur Behandlung wird in einem *Behandlungsvertrag* festgehalten (§ 630a ff. BGB). *Informationspflicht* bez. die Notwendigkeit den Pat. über Diagnose, Prognose, Therapiemerkmale und weitere für die adäquate Durchführung der Behandlung notwendige Aspekte zu informieren (§ 630c BGB). Diese Informationen sollen es dem Pat. insbes. ermöglichen, sich therapiegerecht bzw. -unterstützend zu verhalten und behandlungsrelevante Entscheidungen mitbestimmen zu können. Informationen zu Behandlungsfehlern müssen ebenfalls mitgeteilt werden (§ 630c Absatz 2 Satz 2 BGB). Die *Aufklärungspflicht* verlangt, dass – außer in gut zu begründenden Ausnahmefällen, in denen das Pat.wohl oder die Pat.sicherheit gefährdet sein könnte – alle Informationen für eine mündige Einwilligung bzgl. einer Maßnahme gegeben werden: Neben Merkmalen der Behandlung muss insbes. bzgl. Folgen und Risiken, Notwendigkeit, Dringlichkeit, Eignung und Erfolgschancen sowie bzgl. Behandlungsalternativen aufgeklärt werden. Aufklärung muss insbes. rechtzeitig, mündlich und verständlich erfolgen. Die Unterscheidung in Informations- (zivilrechtlich relevant) und Aufklärungspflicht (strafrechtlich relevant) entstammt dem Gebiet der Behandlung med.-somatischer Behandlungen und ist für psychoth. Maßnahmen i.d.R. nur schwer trennscharf zu def. Grundsätzlich muss nach Aufklärung die Einwilligung des Pat. (bzw. von Einwilligungsberechtigten, z.B. Erziehungsberechtigter, Betreuer) für die Durchführung einer diagn. oder therap. Maßnahme eingeholt werden (§ 630d Absatz 1 BGB). Die *Dokumentationspflicht* (bzw. auch *Rechenschaftspflicht*) verlangt, dass in der Pat.akte alle fachlich wesentlichen Informationen (insbes.: Anamnese, Diagnosen, Untersuchungen, Verlauf der Symptomatik, Therapiemaßnahmen, Eingriffe, Einwilligung, Aufklärung, Arztbriefe) zur aktuellen Behandlung und alle Informationen, die für zukünftige Behandlungen potenziell bedeutsam sein können, dokumentiert werden. Nach § 630g BGB hat der Pat. auf Verlangen unverzüglich das Recht auf Einsichtnahme in die Pat.akte und er kann eine Kopie der Pat.akte verlangen. Die Pat.akte muss 10 Jahre aufbewahrt werden. Die Einschränkung der Einsichtnahme zum Schutz des Persönlichkeitsrechts des Therapeuten ist gesetzlich ausgeschlossen. Die

Beweislast bei Haftung für Behandlungs- und Aufklärungsfehler liegt beim Pat. [www.ptk-nrw.de/de/recht/allgemeine-infomationen/patientenrechtegesetz.html]

Patientenschulung (= P.) [engl. *patient education, psychoeducation, self-management intervention*], **[GES, KLI]**, die P. ist ein interaktives, psychoedukatives Interventionskonzept zur Vermittlung von Information sowie motivationalen und Handlungskompetenzen für Menschen mit *chronischen (körperlichen) Erkrankungen*. Sie hat das Ziel, die Mitarbeit der Betroffenen bei der med. Behandlung (*compliance*) zu verbessern, ihre Fähigkeit zum selbstverantwortlichen Umgang mit der Erkrankung (*Selbstmanagement*) zu stärken und informierte Entscheidungen bzgl. der Lebensführung zu ermöglichen (*Empowerment*). P. enthält meist folg. Komponenten: Information über die Krankheit und ihre Therapie; Training von Fertigkeiten zum Monitoring von Symptomen und zur Durchführung therap. Maßnahmen (z. B. Blutzuckerbestimmung und Insulininjektion bei *Diabetes mellitus*); Motivierung zu einem gesundheitsförderlichen Lebensstil (z. B. körperliche Aktivität, gesunde Ernährung); Verbesserung der *Stressbewältigung* (z. B. Entspannungsverfahren); Training *sozialer Kompetenzen* (zur Inanspruchnahme sozialer Unterstützung, zur Kommunikation mit med. Experten); Unterstützung der *Emotionsregulation* (zur Verminderung von *Angst* und *Depressivität*). Das Schulungskonzept ist in einem Manual niedergelegt, das eine Beschreibung der Zielgruppe, Angaben zur Gruppengröße, zu Zielen und Inhalten, die Beschreibung der Berufsgruppe und Qualifikation der Schulungsdozenten, die didaktischen Methoden sowie die benötigten Schulungsmaterialien enthält. P. verwendet ein breites Spektrum didaktischer Methoden, um die aktive Partizipation der Schulungsteilnehmer zu fördern. Wissensvermittlung erfolgt durch einen strukturierten Vortrag in einfacher, verständlicher Sprache mit Bsp. aus dem Alltagsleben der Teilnehmer. Die Aktivierung der Teilnehmer durch Gruppendiskussion, Partner- oder Einzelarbeit im Anschluss an einen Vortrag ist ein wichtiges Mittel, um die Schulungsinhalte mit dem Vorwissen und den subj. Krankheitstheorien der Teilnehmer zu verknüpfen und über ihre Eigenaktivitäten die Lernergebnisse zu stabilisieren. Auch *Einstellungsänderungen* können am besten durch Aktivierung der bisherigen Kognitionen, Emotionen und Motive der Pat. erreicht werden. Beim Erwerb von Fertigkeiten und Handlungskompetenzen steht das prakt. Üben im Vordergrund. Das konkrete Planen eines Alltagstransfers erhöht die Wahrscheinlichkeit, das Verhalten auch langfristig umzusetzen. Die *Wirksamkeit* von P. ist durch systematische Reviews und *Metaanalysen* belegt, sodass sie Eingang in *Behandlungsleitlinien* gefunden haben. Effekte wurden vielfach nachgewiesen im Hinblick auf Verminderung von Beschwerden, Erhöhung der *Lebensqualität*, Verbesserung des *Gesundheitsverhaltens* und Reduzierung von Risikofaktoren wie auch teilweise verminderte *Morbidität* und *Mortalität* sowie reduzierte Inanspruchnahme med. Leistungen und erhöhte Rate der Rückkehr zur Arbeit. Faller et al. 2011a, Faller et al. 2011b. *H. Faller*

Patientenzufriedenheit (= P.) [engl. *patient satisfaction*], **[GES, KLI]**, die Zufriedenheit von Pat. mit den von ihnen in Anspruch genommenen med. Versorgungsleistungen hat über das Konzept der *Kundenzufriedenheit* Einzug in gesundheitsbezogene Versorgung (*Versorgungsforschung*) gehalten. Dieses Konzept basiert auf der Annahme, dass Zufriedenheit das Ergebnis eines Vergleichs zw. einer erwarteten (Sollzustand) und der erlebten Leistung (Istzustand) darstellt (Diskrepanzmodell). Mittlerweile wird P. in der med. Versorgung primär im Kontext von *Qualitätssicherung*smaßnahmen erfasst, um Indikatoren von versch. Ebenen der Qualität zu erhalten. Zu den verwendeten Qualitätsdimensionen gehören u. a. Organisation (z. B. Wartezeiten, Abläufe, Informationsaustausch, Versorgungskontinuität), Information und Aufklärung, Einbindung in die Entscheidungsfindung (*Partizipative Entscheidungsfindung (PEF)*), *Interaktion* bzw. psychosoziale oder affektive Betreuung, Räumlichkeiten, fachliche bzw. technische Kompetenz, globale Bewertungen (z. B. Bereitschaft zur Weiterempfehlung) und Behandlungsergebnis. Die Erhebung von P. ermöglicht das Erkennen von Schwachstellen in den Versorgungsabläufen, einen Vergleich zu anderen Anbietern ähnlicher Versorgungsleistungen, einen zeitlichen Vergleich und sie kann zudem zur Öffentlichkeitsarbeit bzw. Kundenbindung verwendet werden. Trotz ihrer Verbreitung bestehen grundlegende theoretische Defizite: P. ist kein einheitliches wiss. *Konstrukt*; es gibt versch. Determinanten, die unabhängig von der Leistungsgestaltung sind (Alter, Bildung, sozialer Status, soziale Erwünschtheit, Persönlichkeitsmerkmal); die Bedeutung von Pat.erwartungen und ihre Determinanten für P. (z. B. soziale oder temporale Vergleichsprozesse, *kognitive Dissonanz*) sind bisher erst in Ansätzen empirisch untersucht. Dies ist umso bedeutsamer vor dem Hintergrund einer generellen Tendenz zu hoher P. (i. d. R. > 80 % zufriedene Pat.). Jacob & Bengel 2000, Crow et al. 2002. *T. Thomsen*

TestPatient Health Questionnaire (PHQ-D) [engl.] *Gesundheitsfragebogen für Pat.*, 2002, B. Löwe, Spitzer, Zipfel & Herzog, **[DIA, KLI]**, Selbstbeurteilungsinstrument zur Erfassung des Schweregrads bzw. des Erfolgs der Behandlung psych. Störungen in der klin. Praxis und Forschung sowie *Epidemiologie*. Die 78 Items des PHQ-D wurden aus den diagn. Kriterien des *DSM*-IV abgeleitet. Liegt in folg. Versionen vor: (1) 78-Items-umfassende modular aufgebaute *Komplettversion* PHQ-D zur Erfassung *somatoformer Störungen* (*PHQ-15*: Modul zum Schweregrad somatischer Symptome), depressiver Störungen (*Depression*; *PHQ-9*: Modul zu depressiven Erkrankungen), *Angststörungen* (*GAD-7*: Modul zur generalisierten Angst), *Essstörungen* und *Alkoholmissbrauch* (Zusatzfragen u. a. zu psychosozialer Funktionsfähigkeit, Stressoren (PHQ-Stressmodul), *kritischen Lebensereignissen*); Bearbeitungszeit ca. 10 Min. (2) Die *Kurzform PHQ-D* erfasst depressive Störungen (*PHQ-9*), *Panikstörung* (*PHQ-Panikmodul*) und psychosoz. Funktionsfähigkeit; Bearbeitungszeit: ca. 3 Min. (3) Der *PHQ-SADS* setzt sich aus dem *PHQ-9*, *GAD-7* und dem *PHQ-15* zus. (4) Ultrakurzformen existieren für *Depressivität* (*PHQ-*

2), *generalisierte Angststörungen* (*GAD-2*) bzw. deren Kombination (*PHQ-4*). Summenwerte können für den *PHQ-9*, *GAD-7*, *PHQ-15* und das PHQ-Stressmodul ermittelt werden. Es liegen viele Studien zur Bestimmung von *Gütekriterien* für die einzelnen Module und Versionen vor. Die *Reliabilität* der Skalen liegt gemäß *Cronbachs Alpha* mind. bei .79. Die *Inhaltsvalidität* ist insbes. durch die Entwicklung an den Kriterien des DSM-IV sehr gut gewährleistet. Die *Eindimensionalität* der Module (z. B. PHQ-9) erweist sich z. T. als kritisch. Bzgl. klin. Diagnostikstandards (z. B. Strukturierte Klinische Interview für DSM-IV; *SKID*-I) zeigten sich sehr gute Klassifikationseigenschaften (z. B. bei psychosomatischen Pat.: *Sensitivität* = .85, *Spezifität* = .70). Die Ultrakurzversionen *PHQ-2*, *GAD-2* und *PHQ-4* sind im Hinblick auf übliche *Teststandards* bzw. Gütekriterien als kritisch anzusehen.

patient-reported outcome (PRO) [engl.], **[KLI]**, «von Pat. angegebenes/berichtetes Ergebnis», «ergebnisrelevante/-bezogene Pat.angaben»; ein wichtiger Aspekt (insbes. der Medizinischen Ps.) der gesundheitsbezogenen *Lebensqualität* [engl. *health-related quality of life*; HRQoL] wird in Form des Konzepts der sog. PRO abgebildet, die als «measurement of any aspect of a patient's health status that comes directly from the patient, without the interpretation of the patient's responses by a physician or anyone else» (FDA 2009) beschrieben werden. Der Begriff PRO stellt somit einen Überbegriff für alle direkt von Pat. erhobenen *Outcomes* dar, worunter neben der HRQoL auch andere für die Beurteilung des Pat.nutzens relevante Aspekte wie z. B. Behandlungszufriedenheit und *Adhärenz* fallen. PRO liefern wichtige Zusatzinformationen über die Bedeutung von Therapien aus Pat.sicht und stellen einen validen Indikator des Pat.nutzens dar. Sie ergänzen klin. Outcomeparameter, indem sie Informationen über die «obj.» *Wirksamkeit* und Sicherheit z. B. von Arzneimitteln hinaus liefern. Pat. liefern zudem eine einzigartige Perspektive auf die Wirksamkeit von Behandlungen, was eine wesentlich differenziertere Beurteilung bspw. zweier scheinbar gleich wirksamer Therapien ermöglicht. Auch mögliche Begleiteffekte von Therapien auf relativ symptomfreie Erkrankungen (z. B. Bluthochdruck, *Hypertonie, essenzielle*) lassen sich besser bewerten, wenn nicht ausschließlich physiol. Maße herangezogen werden. Fayers & Machin 2007.

Patriarchat [engl. *patriarchy*; gr. πατήρ (*pater*) Vater, ἀρχεῖν (*archein*) herrschen], *Mutterrecht*.

pattern (= P.) [engl.] Muster, Anordnung, **[DIA, EM, KOG]**, Verhaltensmuster, rituelles, kult. Muster. Ein Muster, das zu kopieren oder nachzumachen ist; z. B. bei Testuntersuchungen (*Test*). Zudem Bez. für Modelle (wie Denkmodell, soziales Modell), die Wirkungs- und Reaktionsweisen zus.fassen und dadurch anschaulich machen. Aus der angelsächsischen Ps. haben die Begriffe *excitatory pattern*, *sensory pattern* zur Bez. best. Erregungs- bzw. Empfindungskonstellationen Eingang in die dt. Ps. gefunden. Bei Guilford steht der Begriff P. für Struktur, *Schema*, gegliedertes Ganzes.

pattern models [engl.] Muster-/Anordnungsmodell; *mathematische Lerntheorien*.

PAUER *Erfolgreich und sicher in der Klassenführung (PAUER)*.

Paukenhöhle [engl. *tympanic cavity*], *Ohr*.

Pauli, Richard (1886–1951), **[AO, DIA, FSE, HIS, WA]**, Richard Maria Pauli studierte in Jena, Würzburg, Leipzig und Bonn *Philosophie*, Ps., Geschichte und Naturwissenschaften. 1911 promovierte er bei *Külpe* in Bonn. P. war dann als Assistent in Würzburg, Bonn und München tätig, bevor er sich 1914 in München habilitierte; 1919 wurde er dort Konservator am Ps. Institut, 1920 a. o. Professor und 1940 a. pl. Professor. Nach seiner Dienstenthebung 1945 wurde P. 1947 wieder eingestellt. Pauli arbeitete exp. u. a. zur Zeitauffassung (*Zeitwahrnehmung*), zum Tastsinn (*Hautsinne*), zum Geschmackssinn (*Geschmack*), zur *Farbwahrnehmung* und zum Lesenlernen (*Lesen*). Verbreitung fand Paulis «Psychologisches Praktikum», das zuerst 1919 erschien und noch nach dem Zweiten Weltkrieg aufgelegt wurde (Pauli & Arnold 1957, 1972). Bekannter noch ist der nach Pauli benannte *Pauli-Test (PT)*, ein *Konzentrations-* und *Leistungstest* (*Arbeitskurve*). Der Pauli-Test ist eine Weiterentwicklung des von *Emil Kraepelin* entworfenen *Arbeitsversuchs*. Traxel 1995. H. E. Lück

Test Pauli-Test (PT), 1975, W. Arnold. 1. Aufl. 1936, von R. Pauli, **[DIA, KOG]**. *Konzentrations-, Aufmerksamkeits-* und *Vigilanz*test. Aus dem Arbeitsversuch von Kraepelin-Oehrn (fortlaufendes Addieren) entwickelter standardisierter Test mit genormten Rechenbogen, genauen Anweisungen zur Testdurchführung, zu Normen und zu Korrelationskoeffizienten. Der Pb soll auf einem standardisierten Rechenbogen mit insges. 4000 Items fortlaufend und möglichst schnell je zwei einstellige Zahlen (Ziffern 2 bis 9) addieren. Alle drei Min. muss der Pb eine Markierung (Querstrich) in der Zahlenreihe vornehmen, um eine Verlaufsauswertung zu ermöglichen. Die Durchführungsobjektivität kann nicht als völlig gesichert gelten, da die Testleiter die Pbn nach Pauli auf unterschiedliche Weise zu Höchstleistungen motivieren sollen. Eine Reihe von Normentabellen für versch. Stichproben liegt vor. Testdauer: 1 Stunde.

Pause (= P.), **[AO]**, i. S. von Arbeitspause [engl. *break (from work)*], das Intervall zw. Perioden von Tätigkeiten, das absichtlich oder unabsichtlich wegen Ermüdung, Sättigung oder Monotonie eingeschoben wird und der Wiederherstellung der Leistungsfähigkeit dienen soll. Das Optimum der Anzahl und Länge der P. ist von vielen Faktoren der Tätigkeit und der arbeitenden Persönlichkeit abhängig und wird in der *Arbeitspsychologie* untersucht. R. Bergius

pavor nocturnus (= p. n.) [engl. *night terror*; lat. *pavor* Angst, Furcht; *nocturnus* nächtlich], **[KLI]**, angstvolles Aufschrecken aus dem Tiefschlaf (Non-REM-Schlaf, vgl. *Parasomnie*), das häufig mit einem Aufschrei und einem Aufsetzen oder Aufstehen verbunden ist. Bei 30-50 % folgt dem P.-n.-Anfall Schlafwandeln. Im frühen Kindesalter treten diese Anfälle häufig auf, nehmen aber ab einem Alter von 4 Jahren deutlich ab, sodass ein Zus.hang mit Hirnreifungsprozessen angenommen wird. Bei betroffenen Erwachsenen konnte ein höherer Anteil der Tiefschlafphasen am Gesamtschlaf festgestellt werden. Zudem scheint *Stress*, auch alltäglicher Stress, eine Rolle für das Auftreten des p. n. zu spielen. Aber auch bei einer *Posttraumatischen Belastungsstörung* kann es zu einem häufigeren Auftreten des p. n. kommen. *M. Paulzen*

Pawlow (Pavlov), Iwan Petrowitch (1849–1936), [**HIS, KOG**], Physiologe/Leningrad. Akad. Laufbahn ab 1870 an der Universität Petersburg (Tierphysiologie), 1891 Direktor der physiol. Abt. des Instituts für exp. Med., 1904 Nobelpreis für Arbeiten zur Magensaftsekretion und zum konditionierten Reflex. *bedingter Reflex, bedingte Reaktion.*

Pawlow'scher Hund [engl. *Pavlov's dog*], [**KOG**], Bez. für die von Pawlow erstmals durchgeführten Versuche, bei denen an Hunden mithilfe anoperierter Ausgänge (Fisteln) für Mundspeichel und Magensaft Veränderungen bei den Absonderungen beobachtet wurden. *bedingter Reflex, Konditionierung, klassische.*

Payoff-Matrix [engl. *payoff* Abrechnung], [**KOG, SOZ, WA**], Auszahlungsmatrix. *Entscheidungstheorie, Signaldetektionstheorie, Interaktion.*

Pazifismus (= P.) [engl. *pacifism*; lat. *pax* Frieden, *facere* machen, herstellen], [**SOZ**], Mitte des 19. Jh. gebildetes Kunstwort, seit Anfang des 20. Jh. in Gebrauch als zus. fassende Bez. für alle Friedenskonzepte, Teilziele und friedenspolitischen Ansätze der Friedensbewegungen und -organisationen. P. beinhaltet im psychol. Sinn den Ggs. zu *Militarismus* (James 1910, James 1996 [1910]), insbes. als soziale *Einstellung*. Damit wird das P.-Konzept allerdings neg. (Ablehnung von Krieg als Mittel der Politik), nur bedingt handlungsbezogen und individualps. akzentuiert. Dagegen sah W. James P. (bzw. *pacificism*) ausdrücklich auch pos. und als in sich handlungsbezogen und offen für die kollektive Seite des Sachverhalts. Die Hauptquelle eines entspr. gehaltvolleren Verständnisses von P. als aktive Gewaltfreiheit (*satjagraha, non-violence, Gütekraft*) ist in der politischen Philosophie und Praxis von M. K. Gandhi (1869–1948) zu finden. P. in einem Gandhi-affinen Sinn avancierte erst im letzten Viertel des 20. Jh., im Zusammenhang der breiteren Auseinandersetzung mit Gandhis Politikansatz in den sozialen Bewegungen, zum achtbaren Gegenstand der psychol. Konflikt- und Friedensforschung. Neben analytisch-konzeptuellen Fragen werden Fragen der adäquaten Beschreibung und Erfassung aktiver Gewaltfreiheit, der Klärung ihrer psychol. Voraussetzungen und der Umfeld- und Aufrechterhaltungsbedingungen dauerhaften Engagements bearbeitet. Nicht zuletzt interessiert, wie genau die in Betracht kommenden Wirkungen «Bekehrung» (*conversion*), «Anpassung» (*accommodation* – ohne Einstellungsänderung), «erzwungenes Nachgeben» (*coercion* – keine Einstellungsänderung, nur Aufschub des Kampfes) oder «Machtzerfall» (*disintegration*) zustande kommen. Inwiefern Gewaltfreiheit als Lebenshaltung (prinzipielle vs. pragmatische Gewaltfreiheit) funktional relevant ist, wird kontrovers diskutiert. Das Verhältnis von Gewaltfreiheitsforschung und moderner Konfliktforschung ist erst ansatzweise ausgelotet. Bläsi 2004, Mayton 2012. *A. Fuchs*

Pb, [**DIA, FSE**], Proband, Plural: Pbn, dt. Bez.: *Versuchsperson* (Vp), Plural: Vpn oder auch Testperson (Tp, Tpn).

TestPC-Postkorb zur Diagnose von Führungsverhalten (PC-OFFICE), 1995, G. P. Fennekels, [**AO, DIA**], Postkorb zur Simulation typischer Tätigkeiten einer Führungskraft (*Führung*). Der Postkorb POLYBON ist einsetzbar für Zielpositionen im oberen Management, der Postkorb DomoBon für Zielpositionen im mittleren Management (*Management-Diagnostik*). Das Führungsverhalten wird in den Bereichen *Planung und Organisation* (Zeitmanagement, Problemerfassung, Entscheidungsverhalten) sowie *unternehmerische Aktivität* (Initiative, Führungstechniken, Kontaktfähigkeit) erfasst. Ergebnis: normierte Kennwerte, deskriptive Informationen und Textgutachten. Anwendungsbereich: *Personalauswahl* und *Personalentwicklung*. Fennekels 1995.

PDCA-Zyklus (= P.) Abk. für [engl.] Planen-Ausführen-Prüfen-Handeln-Zyklus, [lat. *cyclus* Kreis, periodischer Wechsel], syn. *Demingkreis*, [**FSE**], systematisches vierschrittiges und stetig wiederholendes Vorgehen i. R. der *formativen Evaluation* und der *Qualitätssicherung* zur systematischen, kontinuierlichen Optimierung von Maßnahmen und Prozessen. Einzelmaßnahmen werden umgesetzt, hinsichtlich ihrer Wirkungen evaluiert und aufgrund der gewonnenen Erfahrungen weiter optimiert. (1) *P(lan)*: Eine oder mehrere Maßnahmen werden geplant, die neue Elemente beinhalten oder bestehende Prozesse optimieren sollen. Hierbei muss eine Analyse des Istzustandes, die Identifikation plausibler Optimierungspotenziale und die Identifikation realistischer Modifikationsmöglichkeiten erfolgen. Zudem müssen die anvisierte Ziele expliziert werden. (2) *D(o)*: Implementation einzelner Maßnahmen. I. d. R. werden zu Beginn umgrenzte Einzelmaßnahmen explorativ umgesetzt. Je öfter der P. durchlaufen wurde, desto komplexer sind i. d. R. die umgesetzten Maßnahmen. (4) *C(heck)*: Die Effekte der umgesetzten Maßnahmen werden hinsichtlich der angestrebten Zielkriterien geprüft. Dies erfordert, dass valide Erhebungsmethoden und -instrumente vorliegen. Die systematische Implementation von Messverfahren stellt eine wichtige Voraussetzung dafür dar, dass der P. umgesetzt werden kann. (5) *A(ct)*: Die als wirksam nachgewiesenen Elemente und Maßnahmen werden als Standard implementiert und in die Routine überführt. Zur Optimierung werden Erweiterungen oder Modifikationen in einer erneuten *P(lan)*-Phase konzipiert, sodass der P. erneut durchlaufen werden kann. Für als nicht hinreichend wirksam nachgewiesene Elemente und Maßnahmen werden auf Basis des gewonnen Wissens Alternativen entwickelt, die dann nach dem Konzept des P. erneut einer Prüfung und Optimierung unterzogen werden. Insbes. in der *Qualitätssicherung* ist die ständige Kontrolle nach dem Konzept des P. als ständiger Prozess zu begreifen, der i. S. des *TQM* nicht abgeschlossen werden kann. Sobald die gesetzten Qualitätskriterien erreicht wurden, dient der P. der Sicherstellung des erreichten Status. *Kybernetische Feedbackschleifenmodelle*, *Regelkreis*. Deming 1982, Schmitt & Pfeifer 2010.

PDE-5-Hemmer *Phosphodiesterasehemmer*.

Pearson, Karl (1857–1936), [**FSE, HIS**], Mathematiker an der Cambridge University, Prof. für Angewandte Mathematik an der University of London, Zusammenarbeit mit Galton, ab 1904 Direktor des Galton-Laboratoriums in London. Begründer der wiss. *Statistik*. *Pearson'scher Korrelationskoeffizient*, *Faktorenanalyse*.

Pearson'scher Korrelationskoeffizient [engl. *Pearson correlation coefficient*], *Produkt-Moment-Korrelation*.

Pedanterie [engl. *pedantry*; lat. *paedare* bzw. gr. παιδεύειν (*paideuein*) erziehen, unterrichten], **[PER]**, charakterologischer Begriff für die übersteigerte Ordnungstendenz. Der Pedant erlebt sie pos. im Ggs. zur Umgebung. Freud sah sie im Zusammenhang mit dem Analcharakter. *Zwangsstörungen*. Sacherl 1957.

Peergroup (= P.) [engl. *peer* Ebenbürtiger, Gleichaltriger, *group* Gruppe], **[EW, SOZ]**, die P. ist eine vor allem im Jugendalter bedeutsame *Gruppe* von Gleichen, denen sich ein Individuum zugehörig fühlt und an denen es sich orientiert, wobei sich eine im Prinzip gegebene Gleichrangigkeit oft durch ungefähre Altersgleichheit herstellt (daher die verbreitete synonyme Verwendung des Begriffs Gleichaltrigengruppe), aber auch auf Übereinstimmungen in Entwicklungsstand, Kompetenzen, Interessen und weiteren Merkmalen zurückgehen kann. Es werden zumeist *interaktions-* und *reputationsbasierte* P. unterschieden. Erstere sind *soziale Netzwerke* von selten mehr als einem Dutzend miteinander interagierender Individuen, die durch sozio-emot. Beziehungen variierender Stärke verbunden sind und oft auch als *Cliquen* bez. werden. Sie werden von außen als Einheit wahrgenommen, auch wenn sie selten abgeschlossene Gruppen sind und Mitgliedschaften wechseln können. Reputationsbasierte P. sind große Gruppen, die sich über ihren Ruf, oft auch Kleidungsstil sowie Verhalten konstituieren bis hin zu Jugendsubkulturen wie Hippies oder Emos (*Emo*). Individuen, die sich mit ihnen identifizieren, können, müssen aber keine sozio-emot. Beziehungen und Interaktionen (Face-to-Face) mit anderen Mitgliedern unterhalten. Im nordamerikanischen Kontext werden solche Gruppierungen häufig als *crowd* bezeichnet. Ihre Bedeutung erhalten P. als Sozialisationsinstanz zw. Familie und Gesellschaft, die als Bezugsgruppen Orientierungen hinsichtlich Einstellungen und Verhalten geben, einen teilgeschützten Raum für die Erprobung und Einübung von Interaktionen (*soziale Interaktion*), Aushandlungen und Konflikten (*Konflikt, sozialer*) in (mehr oder weniger) auf Freiwilligkeit beruhenden Bezügen bieten und als Ausgleich oder Gegengewicht zur Familie, Schule und weiteren normativen Kontexten dienen und darüber auch die Selbständigkeitsentwicklung fördern können. Wegen der letzteren Funktion richten sich nicht wenige Forschungsbemühungen auf P. als potenziellem Sozialisationskontext normverletzender und antisozialer Einstellungen (*Aggression, Gewalt, Jugendkriminalität, Erklärungsansätze*) und Verhaltensweisen. Zinnecker 1981. *P. Noack*

Peer-Review (= P.) [engl. *peer* Fachkollege, *review* Besprechung, Kritik], als P. wird ein Prozess der Begutachtung bezeichnet, der zum Einsatz kommt, wenn jemand einen Artikel in einer wiss. Fachzeitschrift veröffentlichen möchte. Dabei senden die Herausgeber der Zeitschrift das eingereichte Manuskript an ein bis drei Wissenschaftler, die eine Begutachtung hinsichtlich allg. Kriterien vornehmen (z. B. Originalität, Aufarbeitung und Darstellung der bisherigen Forschungsbefunde, Qualität der durchgeführten Berechnungen). Auf der Grundlage der Gutachten entscheiden die Herausgeber, ob das Manuskript abgewiesen wird, direkt veröffentlicht werden kann oder ob die Autoren noch weitgehende Überarbeitungen vornehmen müssen. Überarbeitete Manuskripte werden in der Regel einem erneuten P. unterzogen. Ziel des P. ist die Qualitätssteigerung bzw. die Gewährleistung einer hohen Qualität wiss. Publikationen, dadurch, dass die Manuskripte immer von ausgewiesenen Fachexperten begutachtet werden. Seit Jahren häufen sich allerdings Stimmen, die auf Probleme des P. hinweisen. Hierzu zählen die folg. Punkte: (1) Die Bewertungskriterien lassen den Gutachtern sehr große Spielräume, wodurch die empirisch ermittelte Übereinstimmung der Gutachten selbst bei renommierten Zeitschriften sehr niedrig ausfällt. (2) Begutachtungen erfolgen oftmals nicht – wie eigentlich angestrebt – in verdeckter Form; d. h. die Gutachter wissen entweder, von wem das Manuskript stammt oder können die Autoren aus der Arbeit erschließen. Hierdurch ist es möglich, Manuskripte absichtlich pos. oder neg. zu bewerten. (3) Da meist renommierte Autoren als Gutachter in ihrem eigenen Forschungsgebiet aktiv werden, können sie die Publikation unliebsamer Forschungsergebnisse behindern. (4) In kleinen Forschungsfeldern können sich sog. Publikationskartelle bilden. Eine kleine Gruppe von Forschern begutachtet dabei fortwährend untereinander die Arbeiten der Kollegen. Durch weniger kritische Gutachten hilft man sich gegenseitig. (5) Besonders innovative Arbeiten haben es schwer, in renommierten Zeitschriften publiziert zu werden, weil sie häufig gegen den Mainstream gerichtet sind, aber von Vertretern des Mainstream begutachtet werden. (6) Das P. schränkt die Freiheit der Wissenschaft ein. Da in empirischen Wissenschaften Zeitschriftenartikel die wichtigste Form der Publikation darstellen und auf Basis dieser Publikationen über die Besetzung von Professuren und die Vergabe von Forschungsgeldern entschieden wird, besteht ein großer Druck, sich so zu verhalten, wie Gutachter und Herausgeber es wünschen. Herausgebern und Gutachtern kommt daher eine starke Machtposition zu. Kanning 2010b. *U. P. Kanning*

PEG, Abk. für Pneumencephalogramm. **[BIO, DIA]**, *Pneumoenzephalografie*, *Enzephalografie*.

Peirce, Charles Sanders (1839–1914), **[HIS, PHI]**, Begründer der *Pragmatismus*-Theorie. 1859 Harvard University. Obwohl seine zweite akad. Disziplin die Chemie war, befasste er sich v. a. mit *Philosophie*, Logik und *Erkenntnistheorie*. Beeinflusst von James' funktionalistischer Schule, gründete er die Pragmatismus-Theorie, bei der nicht die Wahrheit (*Wahrheit, wahr*), sondern die Bedeutung von Phänomenen im Vordergrund steht. *Utilitarismus*.

Pemolin (= P.), **[PHA]**, *Psychopharmakon* aus der Gruppe der *Psychostimulanzien*. P. bewirkt in niedrigen Dosen u. a. eine mehrere Std. anhaltende Leistungssteigerung, ohne dass subj. Aktiviertheit und motor. Erregung (Unterschied zu den meisten anderen *Stimulanzien*) auftritt. Abweichend von anderen Psychostimulanzien ist die Abhängigkeitsgefahr sehr gering. P. wurde bereits 1956 pharmakol. und psychol. untersucht, seit 1966 bes. in der pharmakopsychol. Lern- und Gedächtnisforschung. Spezif. Lern- und Behaltensverbesserungen, die über eine allg. Aktiviertheitssteigerung hinausgehen, sind jedoch nicht gesichert. Auch bei zerebralen Störungen mit verringerter Merkfähigkeit hat P. keinen gesicherten Einfluss. Pos. Befunde wurden bei Einsatz i. R. des sog. Hyperaktivitätssyndroms (*Aufmerksamkeitsdefizit-/Hyperaktivitätsstörung*) von Kindern erzielt. Eggers 1992. *W. Janke*

Pendelversuch (= P.) [engl. *pendulum trial*], *Parapsychologie*, das als «okkulte Methode» altbenutzte Pendeln (siderisches Pendel) bekam in der Ps. Bedeutung als technisches Verfahren zur motorischen Demonstration des Phänomens der Ideoplasie, wobei unbemerkte Bewegungen als Begleiterscheinung von Vorstellungen nachgewiesen werden. P. wurden erstmals von Galton verwendet. Schultz 1959, 1979.

Penisneid (= P.) [engl. *penis envy*; gr. πέος *(peos)* männliches Glied], [**KLI**], nach Freud (*Psychoanalyse*) ein Erlebnis bei Mädchen ab der frühen *genitalen Phase*, die sich durch das Fehlen des männl. Gliedes benachteiligt fühlen. P. mündet entweder in den «Wunsch nach einem Penis in sich selbst (hauptsächl. in Form eines Kinderwunsches)» oder den «Wunsch nach dem Genuss des Penis beim Koitus».

Penisplethysmografie [engl. *penile plethysmography*; gr. πέος *(peos)* männliches Glied, πλῆθος *(pletos)* Fülle, γράφειν *(graphein)* schreiben], [**DIA, RF**], ist ein psychophysiologisches Messverfahren, bei dem sexuelle Präferenzen von Männern aus der Änderung der Erektionsstärke des Penis (Umfang oder Volumen) bei der Präsentation von spezif., der Präferenz entspr. visuellen oder akustischen Stimuli erschlossen wird. Marshall & Fernandez 2000. *R. Banse*

PEN-Modell [engl. *PEN model*], [**PER**], Abk. für die Superfaktoren *Psychotizismus*, *Extraversion* und *Neurotizismus* ist ein Persönlichkeitsmodel basierend auf der Arbeiten von Hans-Jürgen Eysenck (1947) und seiner Frau Sybil (Eysenck & Eysenck 1976). Das Instrument zur Erfassung der Eysenck'schen Persönlichkeitsdimensionen ist der *Eysenck Personality Questionnaire (EPQ)*, wobei auch modernere lexikalische Theorien der *Persönlichkeit* (v. a. *Big Five*, *Fünf-Faktoren-Modell* oder *HEXACO*) die Eysenck'schen Dimensionen teilweise direkt (wie bei Extraversion und Neurotizismus im Fünf-Faktoren-Modell oder Extraversion und Emotionality im HEXACO-Model) oder indirekt (bei Psychotizismus über die Skalen *Agreeableness* und *Conscientousness* im Fünf-Faktoren-Modell und vor allem über die Skalen *Agreeableness* und *Honesty-Humility* im HEXACO-Model) messen. Modernere neurowiss. Ansätze (*Persönlichkeit, neurowissenschaftliche Ansätze*; z. B. nach Cloninger, Depue, Gray oder Zuckerman) spiegeln in ihren Facetten ebenfalls teilweise ähnliche Aspekte wie die des PEN-Modells wider. Die Dimension Psychotizismus-Realismus, die Eysenck erst im späteren Verlauf seines Lebens mit seiner Frau Sybil vorschlug, wurde von ihm relativ zu Extraversion und Neurotizismus weniger bzgl. ihrer biol. Fundamente untersucht, wobei er als mögliches Korrelat von Psychotizismus die Aktivität des *Testosteron*-Systems () vorschlug. Mittlerweile gelten jedoch, obgleich das PEN-Modell weiterhin häufig zur Erfassung und Beschreibung der Persönlichkeit herangezogen wird, die biol. Korrelate (*Korrelation*), die Eysenck vorschlug, weitestgehend als nicht bestätigt. Generell aber waren der von ihm gewählte deduktive (*Deduktion*) und exp. Ansatz sowie seine explikative Herangehensweise die entscheidenden Wegbereiter für eine biol./exp. orientierte Persönlichkeitsps. *P. Grant*

Penrose-Gabel (= P.) [engl. *devil's tuning fork*], [**WA**], eine der von Penrose & Penrose (1958) präsentierten sog. *unmöglichen Objekte* [engl. *impossible objects*], die physikal. nicht existieren können, obwohl sie zunächst wie natürliche Objekte wirken. Die P. in der Abb. erscheint auf den ersten Blick unauffällig. Bei genauer Betrachtung wird deutlich, dass widersprüchliche Bildinformationen enthalten sind: Links sind drei runden Zapfenenden zu erkennen, diesen entsprechen jedoch nur zwei eckige Elemente an der Basis. Unmögliche Objekte wie die P. sind für die Untersuchung von *Objekterkennungs*prozessen von Bedeutung, da die Integration lokaler Eindrücke oder Objekthypothesen zu einer kohärenten Gesamtwahrnehmung eines Objekts untersucht werden kann.

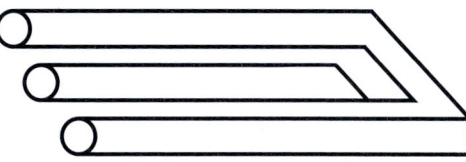

Penrose-Gabel (Penrose & Penrose, 1958)

Pentetrazol (= P.) [engl. *pentylenetetrazol*], [**PHA**], *psychotrope Substanz* aus der Gruppe der *Analeptika*, die in niedrigen Dosen u. a. bei Kreislaufschwäche und zur Atemanregung verwendet wird. In höheren Dosen treten Krämpfe auf, die therap. i. R. der Heilkrampfbehandlung benutzt wurden (Cardiazol-Schock). Auch bei einigen Normalpersonen treten in relativ niedrigen Dosen im EEG (*Enzephalografie*) «Spikes» auf. P. wurde in der pharmakopsychol. animalen Gedächtnisforschung verwandt. Bei Injektion niedriger Dosen unmittelbar nach Lernen (bis ca. 30 Min. danach) treten Behaltensverbesserungen auf (Förderung des Konsolidierungsprozesses). *W. Janke*

Peptide (= P.) [engl. *peptides*], [**BIO**], kurze Kettenmoleküle aus Verbindungen von max. 20 Aminosäuren. Längerkettige Verbindungen werden als *Proteine* (Eiweiße) bezeichnet. P. sind als *Neuropeptide* von großer Bedeutung für die Biologische Ps. *W. Janke/M. Ising*

Perazin [engl. *perazine*], [**PHA**], *Psychopharmakon* aus der Klasse der *Antipsychotika* vom Typ der *Phenothiazine*. Mittelstarke antipsychotische Wirkung. Früher auch als *Tranquillanz* in niedriger Dosierung verwendet. Helmchen 1973.

Perceptual Animacy (= P.) [engl.] *wahrgenommene Belebtheit*, [**KOG, MD, WA**], als P. wird das Phänomen bezeichnet, dass Menschen sich raum-zeitlich koordiniert bewegende geometrische Formen als belebt wahrnehmen. Heider & Simmel (1944) zeigten ihren Vpn eine Animation, in der sich ein großes und ein kleines Dreieck sowie ein kleiner Kreis außer- und innerhalb eines Rechtecks mit einer aufklappbaren Öffnung bewegten. Die Bewegungspfade waren so gestaltet, dass sie eine Interaktion zw. den Objekten nahelegten. Die überwiegende Mehrzahl der Vpn beschrieb die Szene mit anthropomorphen Begriffen (z. B. jagen, kämpfen), was den Schluss nahelegte, dass die Vpn die Objekte als belebt wahrnahmen. *M. Huff*

perceptual narrowing [engl.] «wahrnehmende Einengung» ; *Säuglingsforschung*.

Perfektionismus (= P.) [engl. *perfectionism*; lat. *perfectus* vollkommen, vollendet], [**PHI**], die Vervollkommnungsfähigkeit des Menschen als Ziel alles sittlichen Wollens (*Wollen*, z. B. bei Leibniz, Kant).

[**PER**], P. als *Persönlichkeitsmerkmal* in Persönlichkeitssystemen zu finden, so z. B. als ausgeprägte *Gewissenhaftigkeit*.

performance bias (= p.b.) [engl.] Fehler aufgrund der Durchführung; [lat. *performare* hervorbringen, bilden], [**FSE**], systematische Verzerrung von Untersuchungsbefunden durch die nicht isolierte Wirkung der untersuchten *unabhängigen Variablen*. Nehmen bspw. Studienteilnehmer, die in der *Kontrollgruppe* unbehandelt bleiben sollen, in der Untersuchungsphase an alternativen Behandlungsmaßnahmen teil, so wird die Wirkung der unabhängigen Variable durch den p. b. ggf. unter- oder überschätzt. *bias*.

performance-operating-characteristics (POC) [engl. *perfomance* Leistung, Ausführung, *operating* im Betrieb befindlich, *characteristic* Eigenschaft, Merkmal, [**KOG**], POC beschreiben den graduellen Austausch von kogn. Kapazität (d.h. *Ressource*n) i.R. von Kapazitätsmodellen bei multiplen Handlungen mit gradueller Kapazitätsbegrenzung (*multiple Handlungen, Kapazitätsbegrenzungen*, Navon & Gopher 1979). Wenn z. B. Prozesse in Aufgabe A Kapazität verbrauchen, die gleichzeitig von B genutzt wird, dann führt eine stärkere Nutzung von Kapazität in Aufgabe A zu einer stärkeren Leistungseinbuße bei B und umgekehrt. Das Resultat dieses graduellen Austausches der Kapazität kann durch POC beschrieben werden. POC erlauben, das jew. Leistungsniveau einer Aufgabe A mit dem Leistungsniveau einer Aufgabe B in Verbindung zu bringen und beide durch ein einheitliches Maß zu charakterisieren. Für die Interpretation von POC gelten best. theoretische Grundannahmen: (1) Die Gesamtmenge an verfügbarer Kapazität ist fix, z.B.L. (2) Die Kapazitäten für zwei Handlungen sind komplementär und additiv, d. h. wenn Aufgabe A die Menge r an Kapazität nutzt, dann steht Aufgabe B nur noch L-r Kapazität zur Verfügung. r kann zw. 0 und L variieren. (3) Die Zuweisung von Kapazität steht unter Kontrolle des handelnden Subjektes. Eine Kritik an POC ist der empirische Aufwand ihrer Erstellung (z. B. muss ein best. Aufgabenpaar A und B unter versch. Bedingungen von Kapazitätszuweisung gemessen werden, um eine genaue Schätzung von POC zu ermöglichen). Ferner ist die Bestimmung von POC als empirisches Maß zu grob, um präzise Aussagen über die zeitliche Koordination von Prozessen bei multiplen Handlungen zu ermöglichen. Eine Tautologiegefahr bei der Interpretation von POC resultiert aus dem Fehlen einer von der Messung unabhängigen Def. des Kapazitätsbegriffes: Ein Prozess A ist kapazitätsbegrenzt, wenn er durch den Kapazitätsbedarf eines anderen Prozesses B in seiner *Effizienz* beeinflusst wird. Allerdings wird der Kapazitätsbedarf des anderen Prozesses B durch den Kapazitätsbedarf von A bestimmt.
T. Schubert/T. Strobach

Performanz (= P.) [engl. *performance*; lat. *performare* hervorbringen, bilden], Tun, Leistung, vorwiegend der Prozess des Leistens. Aktivität, die zu einem Ergebnis führt.
[**AO**], *Arbeitsleistung*.

[**KOG**], in der Lernps. wird zw. dem Erwerb (*acquisition*) und der P., Ausübung des gelernten Verhaltens (*Verhalten*), als versch. Lernerfolge (*Lernerfolg*) unterschieden. Nach Chomsky (1965) der aktuelle Gebrauch der *Sprache* (*Sprachproduktion*, *Sprachrezeption*) in konkreten Situationen. Nur im Falle eines idealen Sprechers/Hörers (*native speaker*) ergäbe sich eine direkte Widerspiegelung der sprachlichen *Kompetenz*.

[**DIA**], in der Testps. ist P. der Terminus, der den Ggs. zu den Verbal-Tests betont. P.-Tests sind Handlungstests (vorwiegend motorisch zu erledigende, gegenständliche Aufgaben).

Performing [engl.] Durchführungsphase, Kooperationsphase; [lat. *performare* hervorbringen, bilden], *Gruppenentwicklung*.

Pergolid (= P.), [**PHA**], potenter von Ergotalkaloiden abstammender *Dopamin*-Rezeptor-*Agonist* am D1-, D2- und D3-Rezeptor. P. wird zur Behandlung des Morbus *Parkinson* eingesetzt. Es wird angenommen, dass P. seine therap. Wirkung durch direkte Stimulation der postsynaptischen *Dopamin-Rezeptoren* im nigrostriatalen System entfaltet. Als bes. unerwünschte Wirkungen sind Herzklappenveränderungen bzw. eine retroperitoneale Fibrose nach längerer Anwendung von Ergotamin-Derivaten mit agonistischer Wirkung am *Serotonin*-5HT2B-Rezeptor, wie P., aufgetreten. *M. Paulzen*

Perimeter [engl. *perimeter*; gr. περί (peri) um, herum, μέτρον (metron) Maß], [**WA**], Gerät zur Untersuchung des *Gesichtsfelds* (*Perimetrie*), das entweder manuell oder mittels eines Softwareprogramms (computerisierte Perimetrie) gesteuert wird. *J. Zihl*

Perimetrie (= P.) [engl. *perimetry*; gr. περί (peri) um, herum, μέτρον (metron) Maß], [**WA**], quant. (Ausdehnung) und qual. (Grad der Sehleistung) Bestimmung des *Gesichtsfeldes* unter standardisierten Bedingungen und bei strikter Fixation geradeaus. Die perimetrische Untersuchung erfolgt mit Hilfe definierter bewegter (dynamische oder kinetische Isopterenp.) oder stationärer Reize (statische P. oder Profilp.). *J. Zihl*

perinatal [engl. *perinatal*; gr. περί (peri) um, herum, lat. *natus* geboren], [**BIO, EW**], vor, während und nach der

Entbindung. Perinatalogie, die Wissenschaft von diesem Lebensabschnitt. *perinatale Psychologie*.

perinatale Psychologie (= p.Ps.) [engl. *perinatal pychology*; gr. περί *(peri)* um, herum, lat. *natus* geboren], **[EW]**, Bereich der Entwicklungsps., der sich mit dem psychol. Status (auch der Eltern) in der Zeit der Geburt (des Gebärens) beschäftigt. Während die *pränatale Psychologie*, soweit sie auch lange vor der Geburtszeit forscht, spekulative Momente enthält, wuchs die Zahl der empir. Befunde in der p.Ps. rasch an. Pränatale Verhaltensbeobachtungen, die durch Entwicklung der Ultraschalltechnik möglich gemacht wurden, lösen die früher oft spekulativen Ideen (z. B. Geburtstrauma) ab. Eine psychol. orientierte Langzeitstudie über das Verhalten von Feten, Säuglingen und Kleinkindern wurden von Piontelli (1996) veröffentlicht. *Rebirthing*.

Perinataltoxizität (= P.), [**EW, PHA**], i. Ggs. zur allg. Toxikologie, die sich mit akuten und chronischen Vergiftungen beschäftigt, untersucht die Entwicklungstoxikologie Schädigungen des sich differenzierenden und heranwachsenden Organismus. Beschränkt man den Beobachtungszeitraum auf die Schwangerschaft, spricht man von Pränataltoxikologie oder vorgeburtlicher Entwicklungstoxikologie. Arzneimittel, Chemikalien, Infektionen und physikal. Noxen können die morphologische und funktionelle vorgeburtliche Entwicklung des Embryos oder Feten stören (*Embryonalentwicklung*). Als P. bez. man mit einer in Schwangerschaft durchgeführten Psychopharmakotherapie assoziierten Problemkomplex i. R. sog. Perinatalsyndrome. Gemeint sind hiermit nachgeburtliche Anpassungsstörungen des Neonaten nach Wegfall der intrauterinen Exposition mit einem Arzneimittel oder anderen Noxen. Hier können Unruhezustände, Entzugssyndrome oder Krampfanfälle das klin. Bild prägen. Schaefer et al. 2012. *M. Paulzen*

Periode [engl. *period*; gr. περίοδος *(periodos)* Herumgehen, Umlauf], Umlauf, Kreislauf. Eine in regelmäßigen Zeitabständen eintretende Wiederkehr best. Erscheinungen. Zeitabschnitt, Zeitraum.

Periodik, Periodizität (= P.) [engl. *periodicity*; gr. περίοδος *(periodos)* Herumgehen, Umlauf], **[BIO]**, das Auftreten einer Erscheinung in *Perioden*. Allg. werden unterschieden: Jahresp. (Jahresrhythmus), Monatsp. (auch Mondp.), *Menstruation* und damit verbundene psych. Veränderungen, Tagesperiodik, auch *zircadiane* P., rhythmische Schwankungen von z. B. Leistungsvermögen, Körpertemperatur, *Blutdruck*, Blutzuckerspiegel, Spiegel versch. *Hormone* (z. B. *Cortisol*); ferner ohne festes Zeitmaß periodisch auftretende Erscheinungen wie die *Manisch-depressive Störung* oder *Dipsomanie*.

Spezif. werden unterschieden: *zirkadiane P.*, die endogene P., die sich mehr oder weniger an den durch äußere Zeitgebersignale erzwungenen etwa 24-Stunden (d. h. Hell-Dunkel-)Rhythmus angleicht und die durch den Aktivitäts- und *Schlaf*-Wach-Rhythmus, die rhythmische Änderung der Körpertemperatur und der Aktivität aller vegetativen (Hormone) und vieler somatischen Funktionen des *Organismus* mit etwa 24-Std.- (zirkadianen) Perioden gegeben ist. Die zirkadiane P. ist vorwiegend von der Aktivität des jew. zirkadianen Oszillators (innere Uhr) abhängig. Isoliert können einzelne Organe (oder Zellen), z. B. die Leber, ihre eigene zirkadiane P. produzieren. Dies gilt auch für Zellkulturen, die aus diesen Organen gewonnen wurden. Die endogene zirkadiane P. ist in ihrer eigentlichen Länge nur unter «freilaufenden» (exp.) Bedingungen (Ausschaltung aller Umwelteinflüsse) zu beobachten. Sie wird normalerweise durch äußere (externe) Zeitgeber (Hell-Dunkel-Wechsel, soziale Faktoren) mit dem Tagesrhythmus synchronisiert. Die zirkadiane P. spielt heute zunehmend in der modernen Schlafforschung, Chronobiologie und Chronops. eine wichtige Rolle.

Ultradiane P.: rhythmische Variation biol. Prozesse und Systeme (*System*, *Systemtheorie*), die eine P. von erheblich weniger als 24 Std. Dauer haben und eine Schwingungsfrequenz von Multiplen der zirkadianen P. aufweisen. Hierzu zählt der zirkasemidiane Rhythmus, der durch das Auftreten der Hauptschlafperiode im Wechsel mit dem mittäglichen *nap* (Nickerchen) dokumentiert ist, sowie die bei Menschen ca. 90-minütige P. des *basic rest activity cycle* (BRAC), der durch den Schlafphasenzklyus dokumentiert ist.

Infradiane P.: rhythmische Variationen biol. Prozesse mit erheblich mehr als 24 Std. Dauer (z. B. der 28-Tage-Zyklus der Menstruation). *Zeit*. Eibl-Eibesfeldt 1984, Zulley 1995, Rensing 1973. *C. Becker-Carus*

periodische Beinbewegungen [engl. *periodic leg movement* (PLM); gr. περίοδος *(periodos)* Herumgehen, Umlauf], **[KLI]**, während des *Schlafes* (mit zunehmendem Alter vermehrt) auftretende Beinbewegungen, die den erholsamen Schlaf stören können. Diese auch als nächtlicher Myoklonus bez. Erscheinung tritt mit etwa 13 % bei *Insomnie* pat. auf. PLM finden sich bei 29 % der über 50-Jährigen und bei 44 % der über 65-Jährigen. Obwohl die PLM – wie mit der Somnopolygrafie im Schlaflabor nachweisbar – zumeist mit einer *Arousal*-Reaktion verbunden sind, werden sie zumeist subj. nicht wahrgenommen. Müller 1997. *C. Becker-Carus*

peripher (= p.) [engl. *peripheral*; gr. περιφέρειν *(peripherein)* umhertragen], vom Mittelpunkt entfernt sein, außenbefindlich, am Rande liegend. Ggs. zu *zentral*.

[BIO], p. Nerven, p. *Nervensystem* bezeichnet das, was außerhalb von Gehirn und Rückenmark, also dem ZNS, liegt.

[WA], p. Reiz ist Bez. für einen Lichtreiz, der auf Randzonen der *Netzhaut* abgebildet wird.

Perky-Effekt (= P.) [engl. *Perky effect*], **[WA]**, eine Verwechslung von *Wahrnehmung* (*visuelle Wahrnehmung*) und visueller *Vorstellung*. Dieser Effekt lässt sich folgendermaßen exp. induzieren: Der Vl fordert die Vp auf, sich ein best. Objekt (z. B. eine Banane) auf einem zunächst weißen Bildschirm vorzustellen. Während des Vorstellungsvorgangs projiziert der Vl ein lichtschwaches Bild einer Banane auf den gleichen Bildschirm. Oft glauben Vpn, die dargebotene Banane sei ihre visuelle Vorstellung, d. h. sie erkennen nicht, dass es sich um ein wirkliches Abbild auf dem Bildschirm handelt. Dieses Phänomen heißt P. *R. Ulrich*

Perlokution, perlokutionär [engl. *perlocution*; lat. *per* durch, *locutio* das Sprechen, Sprache] *Sprechakttheorie*.

Perls, Frederick (Fritz) (geb. als Friedrich Salomon Perls) (1893–1970), **[HIS, KLI]**, Psychiater und Psychotherapeut, gemeinsam mit seiner Frau Laura Perls und Paul Goodman Begründer der *Gestalttherapie*. Perls war dt.-jüdischer Herkunft, leistete freiwillig Kriegsdienst im Ersten Weltkrieg, studierte in Berlin Med., 1921 Promotion zum Dr. med., 1926 Assistenzarzt bei *Goldstein*, dort lernte er die *Gestaltpsychologie* kennen, 1933 Zwangsemigration zunächst in die Niederlande, 1934 nach Südafrika, 1941 Veröffentlichung des gemeinsam mit Laura Perls verfassten Buches *Das Ich, der Hunger und die Aggression*, das als Beginn der Gestalttherapie gewertet wird. 1942–1946 Arbeit als Psychiater in der Südafrikanischen Armee. 1946 Emigration zunächst nach Kanada, dann in die USA, dort Kontakte mit Psychoanalytikern, Psychologen, Weiterentwicklung der Gestalttherapie; Durchführung von Workshops und Trainings. Clarkson & Mackewn 1993. *H. E. Lück*

Permissivität (= P.) [engl. *permissiveness*; lat. *permittere* überlassen, anvertrauen], **[PÄD]**, Duldung, Toleranz, eine akzeptierende Einstellung, durch die anderen Personen Freiheit im Handeln zugebilligt wird und die ihnen die Möglichkeit gibt, sich ungezwungen selbst zu verwirklichen. Ggs. *Autoritarismus*. Die nicht ganz eindeutig zu definierende Bez. P. wird ebenso für den demokratischen Erziehungsstil, aber auch für das *Laissez-faire-Prinzip* (Geschehenlassen) verwendet.

Permutation (= P.) [engl. *permutation*; lat. *permutatio* Veränderung], **[FSE]**, Ausdruck aus der *Kombinatorik*. P. bezeichnet die Anzahl der möglichen Anordnungen von n Elementen in einer Reihenfolge (z. B. abc, acb, bac, bca, cba). Die Anzahl der möglichen P. von n versch. Elementen ist n! (Fakultät). Pn = n! = 1 · 2 · 3 · … · n. Bei exp.-psychol. Untersuchungen werden häufig P. einzelner Bedingungen vorgenommen, z. B. bei der Abfolge von Reizen, um mögliche störende Einflüsse auszuschalten. *Kombination*. *G. Mikula*

perniziöse Katatonie *Katatonie, perniziöse*.

Perphenazin (= P.), **[PHA]**, das Phenothiazin-Derivat P. gehört zur pharmakotherap. Gruppe der *Antipsychotika*. Es handelt sich um ein trizyklisches Antipsychotikum, dessen Wirkung in erster Linie durch eine Blockade dopaminartiger D2-Rezeptoren erzielt wird. Anwendungsgebiete sind psychotische Störungen i. S. von akuten und chronischen *Psychosen* sowie akute Erregungszustände. Aufgrund starker antiemetischer Wirkung wird es gelegentlich zur Behandlung von Erbrechen eingesetzt. Insbes. bei der Langzeitbehandlung besteht die Gefahr von Blutzellschäden. *M. Paulzen*

Perseveranz (= P.) [engl. *perseverance*; lat. *perseverare* verharren, standhaft bleiben], **[EM, KOG]**, Ausdauer, Beharrlichkeit, nicht deutlich von *Persistenz* unterschieden. Früher i. S. von *Perseveration* gebraucht, mittlerweile davon abgegrenzt, da Letztere ein eher unwillkürliches Beharren bedeutet, P. dagegen willentliche Kontrolle der *Aufmerksamkeit* impliziert. *E. Mittenecker*

Perseveration (= P.) [engl. *perseveration*; lat. *perseverare* verharren, standhaft bleiben], **[KLI]**, bez. das rigide Beharren auf best. Gedanken, Vorstellungen und Eindrücken sowie das zwanghafte Wiederholen von best. Bewegungen, Handlungsabläufen und Verhaltensroutinen. P. ist ein typ. Symptom bei versch. psych. Störungen, insbes. bei *Zwangsstörungen*. Die mangelnde Flexibilität im *Denken* und Handeln wird mit einem gestörten Zugriff auf implizite Selbstrepräsentationen und ein ausgedehntes Netzwerk persönlicher Erfahrungen in Verbindung gebracht (Extensionsgedächtnis). Dadurch fällt es schwer, alternative Handlungsoptionen für ein *Ziel* zu erkennen und den Wert eines Handlungsergebnisses zu schätzen, wenn es dem konkreten, bewusst antizipierten Ziel nicht vollst. entspricht. Diese Form von Verengung wird durch den chronischen Einsatz von *Selbstdisziplin* verstärkt. Hoffmann 1998, Kuhl 1983a. *N. Baumann/J. Kuhl*

persistent offenders (= p. o.) [engl.] «Straftäter mit fortgesetzter Kriminalität»; [lat. *persistere* stehen bleiben, verharren, *offendere* verletzen, beschädigen], **[RF, SOZ]**, Straftäter, die nicht nur einmal eine kriminellen Handlung begehen. Dabei gibt es keine einheitliche Def. dessen, was ein p. o. ist: Weder über die Anzahl der Delikte, die begangen werden muss, um als p. o. zu gelten, noch über die Länge des Zeitraums, innerhalb dessen Straftaten begangen werden, besteht in der Entwicklungskriminologie Einigkeit. Notwendig ist in einigen Def. die zwischenzeitliche Sanktionierung des strafbaren Verhaltens, die dennoch nicht zur Beendung des kriminellen Verhaltens (*Desistance*) geführt hat. Der «Prototyp» des p. o. sind der *Life-Course-Persistent Offenders* in der Entwicklungstaxonomie von Moffitt (1993). Soothill et al. 2009.

Persistenz (= P.) [engl. *persistence*; lat. *persistere* stehen bleiben, verharren], **[EM]**, mit P. wird die Ausdauer oder Beharrlichkeit von *Verhalten* bez. Nach der Wahl eines *Handlung*sziels (*Handlungsplanung*) und der Initiierung zielgerichteten Verhaltens kommt der P. für die erfolgreiche Zielrealisierung besondere Bedeutung zu. Die meisten Ziele lassen sich nicht in einem Handlungsschritt erreichen; vielmehr ist wiederholtes Handeln notwendig, wobei das Handeln immer wieder unterbrochen werden muss, um entspr. Handlungsgelegenheiten abzuwarten. Nach einer Unterbrechung die Handlung wieder aufzugreifen ist ebenso ein Aspekt von P. wie bei Misserfolgen oder Ablenkungen nicht einfach aufzugeben. P. beim Handeln zählt damit zu den zentralen Merkmalen zielgerichteten Verhaltens, dessen Bedingungen sowohl in der klass. *Leistungsmotivation*sforschung als auch in der neueren *Volition*sps. untersucht wurden. Feathers klass. Arbeiten zu P. (Atkinson & Feather 1966) basieren auf dem *Risikowahl-Modell* von Atkinson (1957), das Leistungsverhalten als Funktion der *Motiv*ausprägung einer Person (Erfolgsmotivierung (*Hoffnung auf Erfolg*) vs. Misserfolgsmotivierung (*Furcht vor Misserfolg*)), der subj. Aufgabenschwierigkeit und dem daraus resultierenden Leistungs*anreiz* betrachtet. Darüber hinaus wurden *Selbstwirksamkeitserwartung*, *Zielorientierung* (Lernziele (*Lernzielorientierung*) vs. Performanzziele (*Leistungszielorientierung*)), motivationale Orientierungen

(Annäherungstendenz vs. Vermeidungstendenz), intrinsische Tätigkeitsanreize sowie der Attributionsstil (*Attribuierung*) als Determinanten von P. identifiziert (für einen Überblick: Heckhausen & Heckhausen 2010). Insgesamt zeigt sich, dass hohe Selbstwirksamkeitserwartungen, das Verfolgen von Annäherungs- und Lernzielen, die Verfügbarkeit von pos. Tätigkeitsanreizen und ein motivational günstiger Attributionsstil zu hoher Ausdauer führen. Als volitionale Determinanten von Ausdauer werden die planende *Bewusstseinslage* (Gollwitzer 2012) sowie der Einsatz von sog. Handlungskontrollstrategien (*Handlungskontrollmechanismen*, Kuhl 2006) betrachtet. Die planende Bewusstseinslage, eine spezif. kogn. Orientierung, die mit der Entscheidung (*Entscheiden*) für ein Ziel einsetzt, kennzeichnet sich u. a. durch eine einseitige Fokussierung auf die pos. Anreize der Zielverfolgung sowie eine optimistische Einschätzung der Realisierbarkeit des Ziels, was insges. persistenzfördernd wirkt. Außerdem unterstützen sog. Handlungskontrollstrategien (z. B. *selektive Aufmerksamkeit*, Motivationskontrolle, Emotionskontrolle (*Emotionsregulation*)) die Ausdauer bei einem einmal gewählten Ziel. Sie sind v. a. dann hilfreich, wenn die Verfolgung eines best. Ziels durch konkurrierende Ziele oder Ablenkungen gefährdet ist. Aus dieser Perspektive sind es weniger die motivationalen Merkmale des in Frage stehenden Ziels (Anreiz und *Erwartung*) als vielmehr handlungsregulatorische (volitionale) Prozesse, die die Ausdauer steuern. *V. Brandstätter*

Person (= P.) [engl. *person*; lat. *persona* Maske, *personare* hindurchtönen*]*, [**PER, PHI**], der Begriff ist über die Jhd. recht unterschiedlich verwendet worden. Personsein wird zum einen allen Menschen zugeschrieben, zum anderen ist es an best. Attribute wie *Bewusstsein*, *Selbstbewusstsein*, *Vernunft*, *Willensfreiheit*, Wertbezogenheit (*Werte*), Verantwortlichkeit (*Verantwortungsübernahme*), *Kommunikation* gebunden. In der *Ethik*-Debatte gibt es unterschiedliche Positionen, ab welchem Bewusstseinszustand die Zuschreibung P. schon oder noch gerechtfertigt ist. Historisch zeichnete P. im alten Rom den freien Rechtsbürger aus. Im Mittelalter wurde *persona* für den getauften Christen im Reiche Gottes verwendet. Die dt. *Mystik* entwickelte aus *persona* und *personalis* den Begriff der *Persönlichkeit* als unsterbliche Seite des Menschen. Im dt. *Idealismus* und in der Klassik wurde P. als «Wertschätzung des Einmaligen im Individuum schlechthin» gewichtet.

Persona (= P.) [engl. *persona*; lat. *persona* Maske], [**KLI**], in der *Analytischen Psychologie* ein Funktionskomplex, der aus Gründen der Anpassung an die Außenwelt zustande gekommen ist. Sie ist ein Ausschnitt aus dem Ichkomplex, der der Umwelt zugewandt ist. Sie ist «ein Kompromiss zw. Individuum und Sozietät über das, als was einer erscheint» (C. G. Jung). Eine gut funktionierende P. muss drei Faktoren berücksichtigen: (1) das Wunschbild, das jeder Mensch in sich trägt (Ideal-Selbst), (2) das allg. Bild, das die betreffende Umwelt von ihm hat, und (3) die Bedingtheiten, die der Verwirklichung des Ich- bzw. Umweltideals ihre Grenzen setzen. Bei einem gut angepassten Menschen ist die P. ein flexibler Schutzwall, der ihm natürliche Umgangsformen mit der Umwelt ermöglicht. Jacobi 1972.

^Test^**Personal Attributes Questionnaire (PAQ)**, [**DIA, PER, SOZ**], ist neben dem *Bem Sex Role Inventory (BSRI)* einer der am häufigsten benutzten Fragebögen zur Erfassung des *Geschlechtsrollen-Selbstkonzepts*. PAQ erfasst die Selbstbeschreibung mit *instrumentellen* und *expressiven* Persönlichkeitseigenschaften (inzwischen oft als *agentisch* und *kommunal* bezeichnet). Instrumentelle Eigenschaften wie «selbstsicher» oder «dominant» gelten als typisch maskuline (*Maskulinität*) Eigenschaften, expressive Eigenschaften wie «einfühlsam» oder «hilfreich» als typisch feminine (*Femininität*) Eigenschaften. Instrumentalität und Expressivität sind zwei voneinander unabhängige Dimensionen, Personen, die auf beiden Skalen hohe Werte erreichen, werden als androgyn bezeichnet. Der PAQ wurde 1974 von Janet Spence und Mitarbeitern publiziert und liegt auch in einer dt. Version vor (Runge et al. 1981). Eigenschaften, die für beide Geschlechter als sozial erwünscht gelten, aber als typischer für Männer angesehen werden, wurden der Instrumentalitätsskala (ursprünglich *Maskulinitätsskala (M+)*, 8 Items, dt. Fassung: 7 Items) zugeordnet, Eigenschaften, die als typischer für Frauen angesehen werden, der *Expressivitätsskala* (ursprünglich *Femininitätsskala (F+)*, 8 Items). Der PAQ umfasst noch eine dritte Skala, die *Maskulinitäts-Femininitäts-Skala (M/F)*, die Items enthält, die unterschiedlich typisch für die Geschlechter und unterschiedlich sozial erwünscht sind. Es gibt außerdem im *Extended PAQ (EPAQ)* weitere Skalen zur Erfassung von sozial unerwünschten maskulinen und femininen Persönlichkeitseigenschaften. Der PAQ wird nach wie vor sehr erfolgreich in der Forschung eingesetzt, (z. B. zur Vorhersage des beruflichen Erfolgs; Abele 2003) wobei am häufigsten die beiden Hauptskalen benutzt werden. Als die Skalen konzipiert wurden, zeigten sich Geschlechterunterschiede in der Selbstbeschreibung. In Bezug auf die *Instrumentalität* sind diese mit der Veränderung der Geschlechterrollen deutlich geringer geworden, sodass man bei Studierenden nahezu keine Unterschiede findet. *A. Fleischmann/M. Sieverding*

Personalauswahl (= P.) [engl. *personal selection*], [**AO, DIA**], oder Personalauslese ist die Auswahl von Menschen für Berufe, Stellen oder Tätigkeiten aufgrund der Eignung, die sie dafür besitzen, unter Berücksichtigung der spez. Bedingungen des jew. Auslesefalles (Jäger 1970). Ausleseentscheidungen betreffen nicht nur Neueinstellungen, sondern auch Versetzungen, Beförderungen, Zuweisungen best. Aufgaben bzw. Projekte und Abordnungen sowie Entscheidungen über die Teilnahme an Aus- und Weiterbildungsmaßnahmen (*Aus- und Fortbildung*) sowie Entlassungen (*Personalmanagement*). Zu unterscheiden ist zw. der Feststellung der *Berufseignung* und der eigentlichen Auswahlentscheidung, denn nicht immer werden alle Geeigneten eingestellt. Für die Abgelehnten ist es aber wichtig zu wissen, ob sie als geeignet eingeschätzt werden. Das *Ausleseverhältnis* [engl. *selection ratio*, Prozentsatz der auszuwählenden Personen aus der Gesamtzahl der Bewerber] ist nicht nur bei der Ausleseentscheidung von

als Grundlage zur Planung der Aus- und Weiterbildungsmaßnahmen werden sog. *Bildungsbedarfsanalysen* durchgeführt. Zur Personalplanung werden i. d. R. umfangreiche Datenbanksysteme geführt, in die insbes. Daten über Qualifikationen sowie erfolgreiche und geplante Teilnahme an Fort- und Weiterbildungsmaßnahmen (*Aus- und Fortbildung*) eingegeben werden. Um innerhalb des vorhandenen Personals frühzeitig Personen mit hohem Potenzial zu erkennen, können routinemäßig *Assessment-Center* oder Potenzialinterviews (*Lernpotenzial*, *Potenzialbeurteilung*) eingesetzt werden. Potenzialinterviews sind Fördergespräche mit Mitarbeitern über ihre bisherigen Leistungen, Stärken, Schwächen und Ziele. Sie werden zur Einschätzung des allg. Entwicklungspotenzials und zur Planung indiv. Fördermaßnahmen genutzt.

Zur *Evaluation* von P.-Maßnahmen können je nach Problemstellung spez. Methoden aus dem gesamten Spektrum der Methoden zur Personalbeurteilung, *Aufgabenanalyse*, *Tätigkeitsanalyse* (spez. *Anforderungsanalyse*) sowie Organisationsanalyse herangezogen werden. Bei der Evaluation von Seminaren werden oft Fragebögen zur Seminarzufriedenheit (vgl. Fragebogenmethoden im Gebiet der *Arbeitszufriedenheit*) verwendet, seltener dagegen aussagekräftigere Methoden zur verhaltensnahen Überprüfung des *Transfers* des Gelernten in die Praxis. Holling & Liepmann 2007, Schuler & Marcus 2006, Sonntag 1992, 1999, 2006. S. Greif

Personalentwicklungsmaßnahmen, Effizienz von (= P.) [engl. *efficiency of activities/measures/treatments in personnel/human resource development*; lat. *efficere* erzeugen hervorbringen], [**AO**], zur Personalentwicklung stehen vielfältige Methoden zur Verfügung, mit denen man die berufsbezogenen Kompetenzen von Mitarbeitern pos. beeinflussen möchte: z. B. Fachlektüre, computergestützte Lernprogramme, Verhaltenstrainings, *Mentoring*, *Coaching*. Schätzungen gehen davon aus, dass ein Großteil der aufgewendeten Ressourcen ohne dauerhafte Wirkung bleibt. Bislang wurden zahlreiche Variablen identifiziert, mit denen sich P. pos. beeinflussen lassen. Hierzu zählen u. a.: (1) Pre-Training-Intervention (Maßnahmen zur Vorbereitung der Teilnehmer, z. B. über Informationsmaterial oder Tipps zum besseren Lernen). (2) Bedarfsanalysen (empirische Feststellung der indiv. Kompetenzdefizite potenzieller Maßnahmenteilnehmer), um eine Maßnahme inhaltlich und didaktisch auf die Teilnehmer zuschneiden zu können. (3) Simulation des Berufsalltags in der Trainingssituation statt abstrakter Übungen und Reflexionen. (4) Wiederholter Einsatz von Rollenspielen mit (Video-)Feedback. (5) Def. eindeutiger Lernziele und Überprüfung der Zielerreichung. (6) Förderung des *Selbstmanagements* der Teilnehmer zur bewussten Steuerung des veränderten Verhaltens im Berufsalltag. (7) Explizite Thematisierung von möglichen Transferproblemen und möglichen *Bewältigungsstrategien* noch in der Trainingssituation. (8) Unterstützung des *Transfers* durch Vorgesetzte, z. B. in Form von Gesprächen zur Reflexion oder Belohnungen für erfolgreiche Umsetzung der Lerninhalte am Arbeitsplatz. (9) Auffrischung bzw. Reflexion der Lerninhalte und Transfererfahrungen in nachfolgenden Trainingssitzungen. (10) Durchführung von aussagekräftigen Evaluationen zur Optimierung bestehender Maßnahmen. Kanning. U. P. Kanning

personaler Raum [engl. *personal space*], *Grenzkontrolle*.

Personalismus (= P.) [engl. *personalism*], [**PHI**], Bez. für die besonders von W. Stern entwickelte und vertretene Richtung, die vom Menschen als *Person* ausgeht und das Verhältnis von Person und Sache in den Mittelpunkt stellt. P. = ethische Überzeugung, dass Persönlichkeitswerte die Grundlage aller anderen Werte sind und deshalb die Vervollkommnung der *Persönlichkeit* höchstes sittliches Ziel ist (Kant, Fichte).

Personalmanagement (= P.) [engl. *Human-Resource-Management*; *management* Leitung], häufig syn. auch *Personalwesen*, *Personalwirtschaft*, [**AO**]. P. wird oftmals dem Bereich der Betriebswirtschaft zugerechnet, der sich mit dem Personal und dem Faktor *Arbeit* befasst. P. kann als Summe personeller Gestaltungmaßnahmen zur Verwirklichung der Organisationsziele (*Organisationsentwicklung*) bezeichnet werden. P. ist ein in sämtlichen Organisationen vorhandener Funktionsbereich, dessen Kernaufgaben die Bereitstellung von Personal und der zielorientierte Personaleinsatz sind. Hierzu gehören einerseits Themen des Personalführungsprozesses (also Personalplanung, -entwicklung und -kommunikation). Ein zweiter Schwerpunkt liegt auf den Personalverwaltungsaktivitäten (Personalbeschaffung bzw. -marketing, -einsatz, -wirtschaftskontrolle, -controlling, -betreuung, -politik, Entgeltmanagement). Ziel des P. ist es, den nachhaltigen Erfolg der Organisation sicherzustellen, wobei sowohl die Anliegen der Mitarbeiter wie auch die Interessen der Organisation miteinander in Einklang zu bringen sind. Aus personalps. Sicht wird meist ein Fokus auf die Themen *Personalauswahl* und *Personalentwicklung* gelegt. R. Hossiep

Personalmarketing (= P.) [engl. *human resource marketing*; *marketing* Marktpflege, Verkaufsförderung], [**AO, WIR**], Oberbegriff für Maßnahmen zur dauerhaften Gewinnung von Personen innerhalb und außerhalb einer Organisation für zu besetzende Stellen, auch Ausbildungsplätze oder Nachwuchspositionen. Im Unterschied zum engeren Begriff der *Personalwerbung*, der sich lediglich auf konkrete Werbemaßnahmen für externe Bewerber bezieht, wird das P. heute als sehr breites Aufgabenfeld innerhalb der *Personalpsychologie* gesehen. Bspw. fällt darunter die Entwicklung eines pos. Firmenimages (*employer branding*) bei relevanten Hochschulabgängergruppen oder eine Identifikation der Organisationsmitglieder mit den Zielen und Aufgaben der Organisation (*Commitment*). Drei zentrale Attraktionsstrategien sind somit (1) die *Rekrutierung* (Bewerberansprache bzw. Personalwerbung), (2) die *Veränderung von Anreizen* (Arbeitsplatzmerkmale i. w. S.) sowie die Erweiterung des Bewerberpools (*Bewerberpool*). P. ist daher eine wesentliche Ergänzung zur Verbesserung der Treffsicherheit eignungsdiagnostischer Verfahren (*Eignungsdiagnostik*). *Human-Resource-Management*. Moser & Sende 2013. K. Moser

Personalpflege (= P.) [engl. *personnel care*], [**AO, GES**], die zentrale Aufgabe der P. ist die Förderung von *Gesund-*

heit, *Wohlbefinden* und *Arbeitszufriedenheit* sowie die Befriedigung von Wünschen, Bedürfnissen und Interessen von Mitarbeitern. P. ist im Vergleich zur Personalentwicklung, die einen psychol.-päd. Ansatz darstellt, ein psychol.-med. bzw. gesundheitspsychol. Konzept. Speziell die Erkenntnis der multikausalen Verursachung vieler Krankheiten hat in den letzten Jahren zu umfassenden Konzepten für eine betriebliche Gesundheitsförderung geführt (*Gesundheitsförderung in Organisationen*). P. trägt dieser veränderten Sichtweise Rechnung, indem direkte und indirekte Maßnahmen zur Krankheitsvorbeugung eingesetzt und vernetzt werden. Direkt z. B. mittels Programmen zur Herz-Kreislauf-Vorsorge, *Stressbewältigung*, Ernährung, Bewegung usw., indirekt etwa in Form von Betriebskindergärten, betriebliche Alterssicherung, Schuldnerberatung, Arbeitssicherheit, Vorbereitungskursen auf den Ruhestand, Einführung von flexiblen *Arbeitszeiten* usw. Die indirekten Maßnahmen sind es auch, die die P. von der reinen Gesundheitsförderung unterscheiden, da sie aus einer ganzheitlichen Sicht der Entstehung von *Gesundheit* und *Krankheit* resultieren. Brinkmann 1993. *R. Brinkmann*

Personalpsychologie [engl. *personnel psychology*], [**AO**], ist ein Teilgebiet der *Arbeits- und Organisationspsychologie*, das sich «auf die Betrachtung des Individuums in seinen Verhaltens-, Befindens-, Leistungs- und Entwicklungszusammenhängen als Mitarbeiter einer *Organisation*» beschäftigt (Schuler 2007b). Erkenntnisse und Methoden aus der *Berufspsychologie* werden aufgenommen und enge Bezüge zum Personalwesen hergestellt. Betont wird auch die organisationale Perspektive eines *human resource management*. *S. Greif*

Personalpsychologie, trimodaler Ansatz [engl. *personell psychology, trimodal concept*; gr. τρία (tria) drei, lat. *modus* Art und Weise], [**AO**], Unterscheidung der drei Betrachtungs-, Erfassungs- und Interventionsebenen (1) Aufgaben/Ergebnisse, (2) Verhalten und (3) Eigenschaften in den personalps. Tätigkeitsfeldern *Anforderungsanalyse*, *Eignungsdiagnostik*, Leistungsbeurteilung und *Personalentwicklung*. Es ist belegbar, dass eine multimodale und multimethodale Vorgehensweise (*Diagnostik, multimodale*; *Diagnostik, multimethodale*) bei Einhaltung des *Symmetriegebots* vorteilhaft ist, bspw. in Form von Validitätsgewinn bei der *Personalauswahl*. *H. Schuler*

Personalwerbung [engl. *personnel advertising/recruitment*], *Personalmarketing*.

Personenidentifizierung (= P.) [engl. *person/personal identification*; lat. *identitas* Wesen(heit), *facere* tun, machen], [**RF**], i. R. von polizeilichen Ermittlungen werden neben Personenbeschreibungen zum Aussehen des Täters P. durchgeführt. Identifizierungsverfahren werden entweder live als Wahlgegenüberstellungen (*lineups*; *identification parades*) oder als Lichtbildvorlagen (*photospreads*), neuerdings auch auf einem Computermonitor oder als Videosequenz durchgeführt. Zunächst einmal gibt es bei einer Gegenüberstellung grundsätzlich die Möglichkeit, dass es sich bei dem Tatverdächtigen um den Täter handelt oder um einen unschuldig Verdächtigen. Infolge von Falschidentifizierungen kommt es immer wieder zu Justizirrtümern, da Geschworene und Gerichte dem *Identifizierungsbeweis* zu große Bedeutung beimessen, ohne über die Bedingungsfaktoren während der Wahrnehmung (Lichtverhältnisse, Distanz), Einflüsse während des Behaltensintervalls (suggestive Befragungen, irreführende Phantombilder) und Fehler bei den Identifizierungsverfahren selbst (Instruktionen, unfaire Gegenüberstellungen) Bescheid zu wissen. Auch die diagn. Bedeutung der subj. Sicherheit von Zeugen wird kontrovers diskutiert, da sie im Laufe des Strafverfahrens oft unangemessen ansteigt. *Aussagepsychologie*. Sporer & Sauerland 2008. *S. Sporer*

Personenkult [engl. *cult of personality*; lat *cultus* Pflege, Verehrung], [**SOZ**], kultische Verehrung von best., «den Durchschnitt überragenden» Personen, insbes. auch von Volks-, Staats- oder Parteiführern sowie Stars, wobei eine solche Person (bzw. deren Ideologie oder auch Leistung und Leiden in Verbindung mit irrationalen Elementen) zu einer Art Ersatzreligion wird, der aber das echte Numinosum [lat. *numen* göttliches Wirken] fehlt. *Identifikation*.

Personenparameter (= P.) [engl. *person parameter*], [**DIA**], bei Anwendung der *Item-Response-Theorie (IRT)* die Ausprägung/der Wert einer Person auf einer latenten, metr. Fähigkeitsdimens. (interpretierbar i. S. der *Personenfähigkeit*). Im Falle dichotomer Antwortformate beträgt die Lösungswahrscheinlichkeit 0,5, wenn der P. dem *Itemparameter* (interpretierbar i. S. der Itemschwierigkeit) entspricht. Wenn P. > Itemparameter, so ist die Lösungswahrscheinlichkeit > 0,5; Wenn P. < Itemparameter, so ist die Lösungswahrscheinlichkeit < 0,5.

Personenverkennung [engl. *delusional misidentification*], [**KLI**], *wahnhafte Störung* der Fähigkeit, Personen zu identifizieren. Unbekannte Personen werden für bekannte oder bekannte Personen werden für unbekannte Personen gehalten. Tölle 2007.

Person-Gegenstands-Bezug (= P.) [engl. *person-object-relationship*], [**EM**], ein grundlegendes Postulat entwicklungsorientierter psychol. Theorien basiert auf der Überlegung, dass sich das Leben des Menschen als ein ständiger Austauschprozess zw. Individuum und Umwelt vollzieht (Lewin 1963). Zu manchen Umweltausschnitten entwickelt der Mensch vorübergehend oder über einen längeren Zeitabschnitt eine vergleichsweise intensive Beziehung, die sich u. a. in einer erhöhten Bereitschaft zur kogn. Auseinandersetzung mit den entspr. Sachverhalten bzw. Gegenstandsbereichen niederschlägt. Unter best. Voraussetzungen kann sich diese Beziehung stabilisieren und einen längerfristigen Einfluss auf das indiv. *Erleben* und *Verhalten* ausüben. In diesem Fall spricht man von P., der sich u. a. in einem relativ dauerhaften *individuellen Interesse* dokumentieren kann. Wesentliche Kennzeichen eines interessenthematischen PGB. sind eine vergleichsweise hohe subj. Wertschätzung (*Valenz*) des entspr. Gegenstandsbereichs (z. B. Wissensgebiete) und überwiegend pos. emot. Erfahrungen im Verlauf interessenthematischer Handlungen. *Interesse, Interessenkonstrukt, Merkmale*. *A. Krapp*

Personifikation, Personifizierung [engl. *personification, personalization*], Vermenschlichung, die Auffassung oder

Darstellung abstrakter Begriffe oder lebloser Dinge als Personen mit best. *Eigenschaften*.

Person-Job-Fit-Konzept [engl. *personality–job fit concept*; *fit* Passung], *Berufswahltheorien, Management-Diagnostik*.

persönliche Gleichung [engl. *personal equation*], *Reaktionszeit*.

persönliches Tempo [engl. *personal pace*], **[PER]**, personspezifische Tendenz, versch.artige Tätigkeiten, v. a. Bewegungen (*Motorik*), mit einer charakteristischen Geschwindigkeit auszuführen. Persönliches Tempo i. allg. S. gibt es nicht, sondern hohe Korrelationen (*Korrelation*) finden sich nur bei relativ ähnlichen Aufgaben (z. B. bequemes Tapping-Tempo (*Tapping-Aufgabe*) mit versch. Gliedmaßen). H. Heuer

Persönlichkeit (= P.) [engl. *personality*; lat. *persona* Maske, Rolle, Person, *personare* hindurch tönen], **[PER]**, ist die Gesamtheit aller überdauernden indiv. Besonderheiten im Erleben und Verhalten eines Menschen (der *P.eigenschaften*, syn. *P.merkmale* [engl. *traits*]). Bsp. für P.eigenschaften sind intelligent (*Intelligenz*), aggressiv (*Aggressivität*), gesellig (*Geselligkeit*), leistungsmotiviert (*Leistungsmotivation*), konservativ. «Überdauernd» bezieht sich in dieser Def. auf Zeiträume von wenigen Wochen oder Monaten. Persönlichkeit setzt also eine kurzfristige *Stabilität* dieser Besonderheiten voraus. Damit können viele P.eigenschaften als *Dispositionen* aufgefasst werden, d. h. Tendenzen, best. Situationen in best. Weise zu erleben und sich dort in best. Weise zu verhalten. Das schließt langfristige Veränderungen der P. nicht aus (P.entwicklung). Mit «indiv. Besonderheit» ist gemeint, dass es sich um Merkmale handelt, die zw. den Mitgliedern einer Bezugsgruppe variieren (meist wird P. bezogen auf Unterschiede innerhalb derselben Altersgruppe und Kultur). Beschrieben wird die P. eines Individuums durch ein P.profil, d. h. die Ausprägung der Person in vielen P.eigenschaften.

P. wird in der *Ethologie* auch zur Charakterisierung von Tieren benutzt. Übereinstimmend mit der umgangssprachlichen Bedeutung von P. werden oft auch körperliche Merkmale [engl. *physical traits*] einbezogen (z. B. Körpergröße, physische Attraktivität). Im nordamerikanischen Raum wird Intelligenz oft nicht als P.eigenschaft betrachtet, da die Intelligenzforschung dort relativ isoliert betrieben wurde.

Die *Persönlichkeitspsychologie* beschäftigt sich als empirische Wissenschaft mit der Beschreibung, Vorhersage und Erklärung der P. und ihrer Entwicklung. Sie setzt voraus, dass P.eigenschaften operationalisiert werden können (*Operationalisierung*). Im dt.sprachigen Raum findet sich hierfür auch die Bez. *Differentielle Psychologie* (Ps. interindiv. Unterschiede), wobei dann die Betonung der *Stabilität* dieser Unterschiede fehlt. Hierbei lassen sich versch. theoret. Ansätze unterscheiden.

Vorstellungen in der *Psychoanalyse* über den *Charakter* (syn. für P.) und seine Entwicklung sind für die heutige P.ps. nur eingeschränkt relevant, da die meisten psychoanalytischen Grundkonzepte sich als nicht operationalisierbar erwiesen und die Annahmen *Freuds* über die Entwicklung des Charakters und der Geschlechtsunterschiede empir. nicht haltbar sind. Einige psychoanalytische Konzepte wie unbewusste Motive und Abwehrstile erwiesen sich dagegen als fruchtbar, nachdem sie operationalisiert wurden.

Die klass. *Lerntheorien* zur Erklärung von P.unterschieden gingen davon aus, dass P.unterschiede durch Lernen erworben werden. Diese Theorien ignorierten, dass es Prädispositionen zum Lernen gibt, die auch interindiv. variieren. Damit nimmt die P. der Lernenden Einfluss auf ihren Lernerfolg. Das begrenzt den Erklärungswert des Lernens für die P.entwicklung.

Gegenwärtig wird die P.ps. vom *Eigenschaftsparadigma* [engl. *trait paradigm*] dominiert (*Eigenschaften, Persönlichkeitstheorien, eigenschaftszentrierte*). Einzelne P.dimensionen (z. B. das Ausmaß der *Ängstlichkeit*) werden isoliert, die interindiv. Variation auf einer solchen Dimension (*Persönlichkeit, klassische faktorenanalytische Ansätze*) wird beschrieben, Zusammenhänge zw. versch. Dimensionen werden korrelativ untersucht (wie stark korrelieren z. B. Ängstlichkeit und Aggressivität), und die zeitliche Stabilität der interindiv. Unterschiede auf der Dimension und ihre transsituative Konsistenz (z. B. Ängstlichkeit gegenüber Schlangen vs. in mündlichen Prüfungen) werden untersucht. Hauptergebnis ist, dass P.unterschiede zwar mittelfristig durchaus stabil sind, aber situationsspezifischer als allgemeinhin angenommen.

Im *Informationsverarbeitungsparadigma* wird versucht, die Prozesse zu identifizieren, die P.eigenschaften zugrunde liegen. P.unterschiede werden einerseits in Parametern der *Informationsverarbeitung* gesucht (Geschwindigkeit, Verarbeitungsschwellen, Intensität von Reaktionen), andererseits in Gedächtnisinhalten und ihrer affektiven Bewertung. Da die meisten Informationsverarbeitungsprozesse und viele Gedächtnisinhalte nicht bewusstseinsfähig sind, müssen sie indirekt aus Verhaltensbeobachtungen erschlossen werden. Z. B. wird versucht, mithilfe von Reaktionszeitmessungen in impliziten Assoziationstests (IATs) nicht bewusst zugängliche *implizite Einstellungen* zu erfassen.

Im *neurowiss. Paradigma* (*Persönlichkeit, neurowissenschaftliche Ansätze*) wird versucht, P.unterschiede auf neuroanatomischer oder -physiol. Ebene zu identifizieren, z. B. P.unterschiede in der Aktivierung best. Gehirnregionen mittels *bildgebender Verfahren*. Die bisherigen Korrelationen mit selbst- oder fremdbeurteilten P.unterschieden sind jedoch min. und kausal (*Kausalität*) unklar: Sind die neuronalen Unterschiede Ursachen oder Wirkungen von Verhaltensunterschieden?

Im *genetischen Paradigma* wird versucht, den genetischen Einfluss auf P.unterschiede zu bestimmen. Hierzu wird dieser Einfluss in der Verhaltensgenetik durch Zwillings- und Adoptionsstudien indirekt geschätzt, während er im molekulargenetischen Ansatz durch Korrelationen zw. Genvarianten und P.eigenschaften direkt bestimmt wird (*Anlage-Umwelt, Verhaltensgenetik*).

Im *evolutionspsychol. Paradigma* werden P.unterschiede als Konsequenzen der Selektionskräfte in der evolutionären Vergangenheit des Menschen zu erklären versucht (*Evolu-*

tionspsychologie). Als erfolgreich erwies sich dieser Ansatz bisher v. a. bei der Erklärung von Geschlechtsunterschieden, die sich in allen Kulturen finden, z. B. der größeren Bereitschaft von Männern zu Sex ohne emot. Beteiligung. Traditionell werden in der P.ps. P.bereiche nach den zugrunde liegenden psych. Funktionen abgegrenzt. Hierzu zählen das *Temperament*, die Selbstregulation (*Selbstregulation, Informationsverarbeitung*), Kompetenzen wie z. B. *Intelligenz, Kreativität, soziale Kompetenzen, emotionale Kompetenzen*; *Motive* und *Interessen*; Bewältigungsstile im Umgang mit Belastungen (*Coping*); *Wert*haltungen (z. B. konservativ vs. liberal) und (spezifischere) *Einstellungen* (z. B. Präferenz für best. politische Parteien) sowie indiv. Besonderheiten in *Selbstkonzept*, *Selbstwertgefühl*, Selbstwirksamkeit (*Selbstwirksamkeitserwartung*), *Selbstaufmerksamkeit*, *Selbstdarstellung* und *Lebenszufriedenheit*.

Neben dieser funktionsorientierten Klassifikation gibt es empirisch begründete Klassifikationen nach Ähnlichkeit der Verwendung von Eigenschaftsbegriffen im Alltag. Dieser Ansatz führte im angelsächsischen und dt.sprachigen Raum zu fünf Hauptfaktoren der P.beschreibung (*Fünf-Faktoren-Modell*): *Extraversion*, *Neurotizismus*, Verträglichkeit, Gewissenhaftigkeit und *Offenheit* für neue Erfahrungen. Diese Big Five stellen eine Klassifikation von Eigenschaftsbegriffen dar, nicht eine Klassifikation von Personen.

Personen lassen sich entweder durch willkürliche Einteilung nach der Ausprägung ihrer P. in best. Merkmalen klassifizieren (z. B. hochbegabt = IQ mind. 130; *Hochbegabung, intellektuelle*) oder empirisch, indem Personen in vielen Merkmalen gleichzeitig beschrieben werden und die resultierenden P.profile dann in möglichst homogene Gruppen eingeteilt werden. Es resultieren P.typen, wobei wegen der graduellen Variation der Personen auf den P. dimensionen die Grenzen zw. den Typen unscharf sind. Asendorpf & Neyer 2012, Boyle et al. 2008, John et al. 2008. *J. B. Asendorpf*

Persönlichkeit, klassische faktorenanalytische Ansätze

[engl. *personality, classic factor analytic approaches*], [**PER**], sind einflussreiche Modelle der Persönlichkeit (= P.), deren Beschreibungsdimensionen (*Persönlichkeitsfaktor*) auf sehr vielen Fragebogenitems (oder anders gestalteten Testaufgaben) beruhen, die von Pbn beantwortet wurden; diese Antworten wurden dann mittels der Methode der *Faktorenanalyse* auf wenige *Dimensionen* reduziert.

Das Faktorenmodell von R. B. Cattell: Um die «Gesamtsphäre der P.» zu erfassen, übernahm Cattell (1965) mittels lexikalischer Erhebung (*lexikalischer Ansatz*) gefundene, psychol. relevante Eigenschaftsbegriffe, die Erlebnisse und Verhaltensweisen bez., reduzierte diese mittels versch. Techniken (z. B. *Clusteranalyse*) auf 36 versch. Variablen, die er *surface traits* oder Oberflächeneigenschaften nannte. Die Faktorenanalyse der Interkorrelationen dieser Oberflächeneigenschaften lieferte 16 bipolare Faktoren (*Persönlichkeitsfaktor*), die Cattell als fundamentale P.dimensionen, Grundeigenschaften oder *source traits* mehrfach und übereinstimmend aus *L-Daten* und *Q-Daten* extrahierte. Der *16-Persönlichkeits-Faktoren-Test Revidierte Fassung (16 PF-R)* ist ein Instrument zur Messung dieser Dimensionen. Diese 16 fundamentalen P.dimensionen sind abhängige Faktoren. Aus der zugehörigen Interkorrelationsmatrix (*Korrelation*) extrahierte Cattell Faktoren zweiter Ordnung, die z. T. mit den Grunddimensionen von Eysenck, Guilford und dem Fünf-Faktoren-Modell übereinstimmen: *Extraversion – Introversion*, Angst – *emotionale Anpassung* (entspricht *Neurotizismus*), Gefühlsbestimmtheit – Nüchternheit.

Das Faktorenmodell von J. B. Guilford: Guilford (1959) verstand (im Ggs. zu R. B. Cattell) unter *traits* nicht nur Merkmale des Verhaltens *(behavior traits)*, sondern auch sog. somatische *traits* morphologischer und physiol. Art. Da Guilford von einer logischen (apriorischen) Theorie ausging, in die er die empirischen Ergebnisse einzuordnen versuchte, teilte er die *traits* systematisch in sieben Modalitäten ein: sehr komplexe allg. *traits* und personbezogene *traits*, die sich als konsistente Verhaltensweisen auf eine begrenzte Anzahl best. Situationen beziehen, jedoch nicht ausschließlich auf gelernte Reiz-Reaktions-Verbindungen (*habit*). Dazu führte Guilford den neuen Terminus hexis ein. Die zahlreichen empirischen Untersuchungen Guilfords führten zu einer Vielzahl von faktoriellen Beschreibungsdimensionen, die sich in sein Gesamtmodell der P. einordnen lassen: (1) *Morphologische Dimensionen* (z. B. «Kopfgröße»), (2) *Physiologische Dimensionen* (z. B. sympathische vs. parasympathische Erregungsdominanz), (3) *Eignungsdimensionen* (Fähigkeiten im Bereich der Wahrnehmung, der Psychomotorik und des Denkens einschließlich Intelligenz), (4) *Temperamentsdimensionen*, die das «Wie», d. h., die Art und Weise eines best. Verhaltens beschreiben (*Temperament*). Obwohl Guilford nur orthogonale, d. h. stat. unabhängige Faktoren zuließ, zeigten Untersuchungen, dass Guilfords Primärfaktoren miteinander korrelieren, d. h. nicht unabhängig sind, wenn sie direkt gemessen werden. Die extrahierten Faktoren zweiter Ordnung entsprechen den drei Faktoren zweiter Ordnung von R. B. Cattell (s. o.).

Die Faktorentheorie von H. J. Eysenck: Eysenck (1947) ging von einzelnen Verhaltensweisen aus und kam durch systematische Zusammenfassung zu versch. abstrakten Verhaltensniveaus: spezifische Reaktionen *(SR)*, habituelle Reaktionen (*habit*), *traits* (hoch korrelierende habituelle Reaktionen) und *types* (wenige unabhängige Faktoren zweiter Ordnung). Im Ggs. zu Guilford und Cattell legte Eysenck bes. Wert auf die Faktoren des Typ-Niveaus (obwohl auch er mehrere voneinander abhängige Faktoren erster Ordnung fand): (1) *Extraversion vs. Introversion* und (2) *Neurotizismus* vs. *emot. Stabilität*. Später erweiterte H. J. Eysenck zus. mit seiner Frau Sybil Eysenck dieses zweidimensionale Modell durch Hinzunahme des Faktors *Psychotizismus* zu dem dreidimensionalen *PEN-Modell* (Eysenck & Eysenck 1976). Zur Messung dieser Faktoren entwickelte Eysenck mehrere Persönlichkeitsfragebogen, u. a. *MMQ (Maudsley Medical Questionary)*, *MPI (Maudsley Personality Inventory)*, *Eysenck Personality Inventory (EPI)*. Die Abb. kontrastiert die Ansätze von Cattell, Guilford und Eysenck.

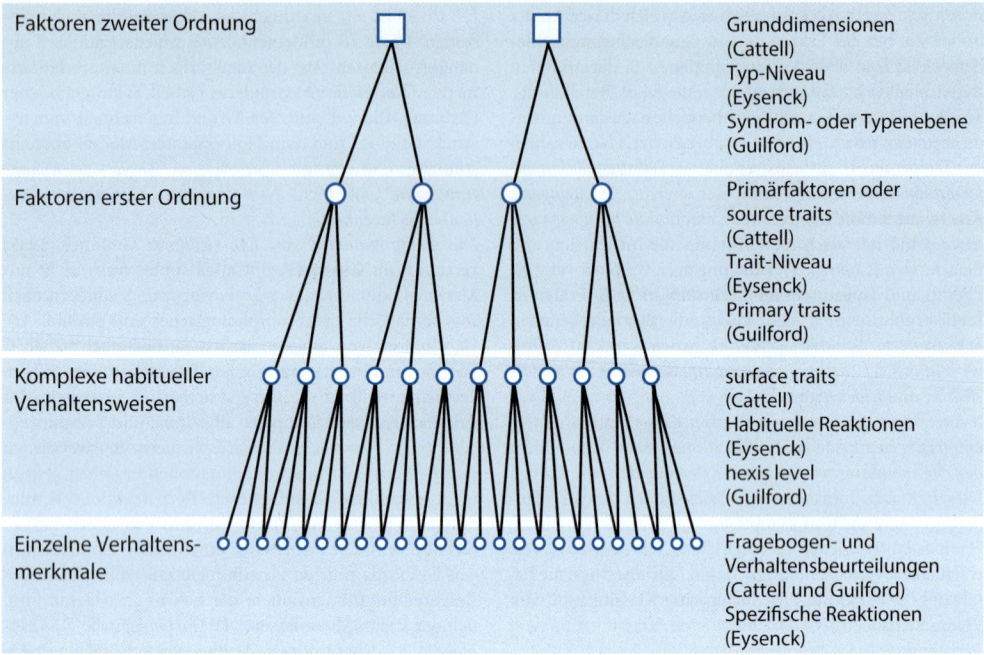

Persönlichkeit, klassische faktorenanalytische Ansätze: Faktoren unterschiedlicher Generalität in den Modellen von Eysenck, Guilford und Cattell

Das Fünf-Faktoren-Modell: Auf der Grundlage umfangreicher lexikalischer Analysen des engl. Lexikons wurde das *Fünf-Faktoren-Modell* entwickelt, das neben den Dimensionen *Extraversion* und *Neurotizismus* die Dimensionen *Gewissenhaftigkeit*, *Verträglichkeit* und *Offenheit* enthält. Es ist derzeit das verbreitetste Faktorenmodell in der P.psychologie, auch wenn inzw. weitere alternative Modelle vorgeschlagen wurden (*Persönlichkeit, neuere faktorenanalytische Ansätze*).
Zusammenfassend lässt sich sagen, dass die faktorenanalytischen Ansätze Produkte vielfach kontrollierter Messungen und math. Analysen sind. Trotz des enormen empirischen Aufwandes, der hinter diesem Paradigma steht, ist die Frage, wie generell oder universell die daraus abgeleiteten P. sind, noch nicht abschließend beantwortet. Gegen das meth. Konzept der Faktorenanalyse in der P.forschung wurden immer wieder von den *idiografisch* orientierten Forschern Einwände vorgebracht (Block 1995). Indem die Faktoranalyse i. S. einer konfirmatorischen Strukturanalyse systematisch angewendet wurde, trug sie dazu bei, die Struktur von P.beurteilungen systematisch aufzuklären. Pawlik 1982. *H. O. Häcker/J. B. Asendorpf*

Persönlichkeit, neuere faktorenanalytische Ansätze
[engl. *personality, newer factor analytic approaches*], [**PER**], der Eintrag *Persönlichkeit, klassische faktorenanalytische Ansätze* beschreibt die relevanten Persönlichkeitsmodelle bis hin zum *Fünf-Faktoren-Modell (FFM)*. Die *Faktorenanalyse* wird in diesem Rahmen zur Identifikation von *Persönlichkeitsfaktoren* eingesetzt. Das FFM und das primär auf dem *lexikalischen Ansatz* beruhende und dem FFM sehr ähnliche *BIG- Five (B5)*-Modell haben in der Forschung und Anwendung eine hohe Verbreitung erfahren. Obwohl keine der im Folgenden dargestellten neueren Entwicklungen vollst. etabliert ist, zeigt die hier dargestellte Auswahl, dass die faktorenanalytischen Persönlichkeitsmodelle weiterhin ein dynamisches Forschungsfeld konstituieren.
Eine weitergehende Strukturierung der B5-Faktoren ergibt sich aus den beiden Faktoren zweiter Ordnung der B5 (Digman 1997). Zur Ermittlung von Faktoren zweiter Ordnung wurden die Interkorrelationen der Faktoren erster Ordnung analysiert. In diesem Ansatz wurden die B5-Faktoren *Verträglichkeit*, *Gewissenhaftigkeit* und *Emotionale Stabilität* aufgrund ihrer Interkorrelationen unter dem Faktor *Alpha* subsummiert. Der Alpha-Faktor integriert solche B5-Faktoren, die mit der gesellschaftlichen Sozialisation und der Integration des Individuums in die Sozialgemeinschaft im Zusammenhang stehen. Die B5-Faktoren *Extraversion* und *Intellekt* wurden aufgrund ihrer Interkorrelation zum Faktor *Beta* subsummiert. Der Faktor Beta soll somit die Tendenz zur Selbstverwirklichung und die Entwicklung eigener Kompetenzen repräsentieren. Die durch die Faktoren *Alpha* und *Beta* repräsentierten Grundtendenzen (Sozialisation versus Selbstverwirklichung) können nach Digman (1997) in vielen anderen Persönlichkeitsmodellen aufgezeigt werden. Der Faktor

Alpha wurde von DeYoung (2006) als *Stabilität* interpretiert, während der Faktor *Beta* als *Plastizität* interpretiert wurde. Als Faktor dritter Ordnung, der die Faktoren Stabilität und Plastizität integriert, wurde in einer Reihe von Analysen auch ein Generalfaktor der Persönlichkeit ermittelt, der als eine Kombination der sozial erwünschten Ausprägungen auf den Faktoren der B5 interpretiert wurde (Rushton & Irwing 2008).

Eine weitere Entwicklung, die direkt auf dem FFM aufbaut, ist das *Big Six* oder *HEXACO-Modell* von Ashton & Lee (2007), in dem zusätzlich zu den Faktoren des FFM/B5-Modells ein sechster Faktor *Ehrlichkeit/Bescheidenheit* [engl. *honesty/humility*] angenommen wird. Dieser Faktor wird als reziproker Altruismus (Fairness) interpretiert. I. R. des Sechs-Faktoren-Modells werden die Faktoren *Ehrlichkeit/Bescheidenheit* sowie *Verträglichkeit* und *Emotionalität* als Varianten von *Altruismus* interpretiert, während die Faktoren *Extraversion*, *Gewissenhaftigkeit* und *Offenheit für Erfahrungen* als Varianten von *Anstrengung/Engagement* interpretiert werden. Dennoch gehen Ashton und Lee nicht davon aus, dass sich die Struktur *Altruismus* und *Anstrengung/Engagement* als Faktoren höherer Ordnung nachweisen lassen.

Die *Big-Seven* Faktoren wurden aufgezeigt, wenn die Fragebögen zusätzlich zu den Adjektiven, die das B5-Modell repräsentieren, auch eine größere Anzahl wertender Adjektive enthielten. Somit umfassen die *Big Seven* zusätzlich zu den B5-Faktoren einen Faktor *Positive Valenz* und einen Faktor *Negative Valenz* (Almagor et al. 1995). Der Faktor *Positive Valenz* ist durch Adjektive wie *hochentwickelt* [engl. *sophisticated*] oder *kenntnisreich* [engl. *knowledgeable*] gekennzeichnet. Der Faktor *Negative Valenz* ist durch Adjektive wie *neidisch* [engl. *envious*] oder *provozierend* [engl. *provoking*] gekennzeichnet. Aber auch die B5-Faktoren erfahren in den Analysen eine Nuancierung. Bspw. wird der Faktor *Extraversion* als *Positive Emotionalität* interpretiert, während der Faktor *Neurotizismus vs. Emotionale Stabilität* als *Negative Emotionalität* interpretiert wird. Die Faktoren *Gewissenhaftigkeit* [engl. *conscientiousness*] und *Verträglichkeit* [engl. *agreeableness*] bleiben weitgehend unverändert, während der Faktor *Offenheit für Erfahrungen/Kultur* [engl. *openness to experience/culture*] als *Konventionalität versus Progressivität* [engl. *conventionality versus progressivity*] interpretiert wird.

Die oftmals geringfügigen, mitunter aber auch deutlichen Bedeutungsverschiebungen der Persönlichkeitsfaktoren sind eine Herausforderung für die faktorenanalytische Persönlichkeitsforschung. Als eine Ursache für die Bedeutungsverschiebungen wurde angeführt, dass persönlichkeitsrelevante Adjektive selten nur einen einzigen Faktor repräsentieren, während die verwendete faktorenanalytische Rotations-Methode aber für jedes Adjektiv die Eindeutigkeit der Faktoren-Zuordnung maximierte. Um Bedeutungen bzw. Bedeutungsverschiebungen der B5-Faktoren genau beschreiben zu können, wurden sog. *Zirkumplex-Modelle* vorgeschlagen, bei denen die Adjektive meist zwei unkorrelierten (Produkt-Moment-Korrelation) Faktoren zugeordnet werden (Hofstee et al. 1992; Zirkumplex, *interpersoneller*). In Zirkumplex-Modellen werden die Adjektive anhand ihrer Faktorladungen auf zwei Faktoren, die ein Koordinatensystem bilden, kreisförmig angeordnet. So hat in der Abb. das Adjektiv «a» eine hohe positive Ladung auf dem Faktor «F1» und eine schwache positive Ladung auf dem Faktor «F2», während Adjektiv «b» eine weniger hohe Ladung auf «F1» dafür aber eine größere negative Ladung auf «F2» hat. Adjektiv «c» hat eine hohe positive Ladung auf «F2» und eine schwache negative Ladung auf «F1».

I. R. des *Abridged Big Five Dimensional Circumplex (AB5C) Modells* von Hofstee et al. (1992) wurden 10 Zirkumplexe zur Anordnung der Adjektive der B5-Faktoren formuliert. Anhand der Häufungen von Adjektiven in den Zirkumplexen können die Bedeutungen der B5-Faktoren genau beschrieben werden. So laden bspw. viele Adjektive hoch pos. auf dem Faktor *Verträglichkeit* und zugleich schwach neg. auf dem Faktor *Extraversion*, sodass der Faktor Verträglichkeit als geringe Extraversion beinhaltet. Inwieweit mithilfe von Zirkumplex-Modellen eine weitergehende Konsolidierung der Modellbildung im Bereich faktorenanalytischer Persönlichkeitsforschung erreicht werden kann, ist derzeit offen.

Grundsätzlich wurden faktorenanalyt. Persönlichkeitsmodelle i. R. der Arbeiten zum Interaktionismus kritisiert. Es wurde angeführt, dass die Konsistenz des Verhaltens über versch. Situationen so gering sei, dass auch die Vorhersagekraft von Persönlichkeitsfaktoren eingeschränkt sei. Die aus der Kritik resultierende Forschung zur Einbeziehung der Situationen sowie neurowiss. Untermauerungen von Persönlichkeitsfaktoren (Persönlichkeit, neurowissenschaftliche Ansätze) können wiederum produktive Rückwirkungen auf faktorenanalytische Ansätze haben.

A. Beaducel/A. Leue

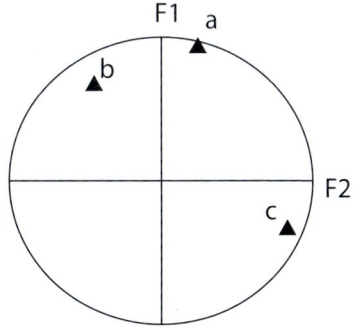

Persönlichkeit, neuere faktorenanalytische Ansätze: Schematische Darstellung eines Zirkumplex-Modells

Persönlichkeit, neurowissenschaftliche Ansätze [engl. *personality, neuroscience approaches*], [**PER**], versuchen, Persönlichkeitsunterschiede im Verhalten und Erleben auf zugrunde liegende Unterschiede in biol. Systemen zurückzuführen, insbes. im Nervensystem, im Herz-Kreislauf-System (kardiovaskuläre Aktivität), im hormonellen System (Hormone) und im Immunsystem (DeYoung, 2010; Hennig, Netter 2005). Oft wird hierbei angenommen, dass dies besonders leicht für Merkmale des *Tem-*

peraments gelingen sollte. Einer der frühesten bekannten Ansätze ist der Versuch von Galenos von Pergamon (ca. 130–200 v. Chr.), die vier Temperamentstypen Sanguiniker, Phlegmatiker, Choleriker und Melancholiker durch ein Überwiegen eines der vier Körpersäfte Blut, Schleim, gelbe und schwarze Galle gemäß der Gesundheitslehre von *Hippokrates* zu erklären (*Typologie*). Der erste ernstzunehmende neurowiss. Ansatz wurde 1967 von Eysenck (1967, *Eysenck, Hans-Jürgen*) vorgelegt, der versuchte, die Dimensionen *Extraversion* und *Neurotizismus* auf eine neurowiss. Basis zurückzuführen (*PEN-Modell*). Während er Neurotizismus vage auf Unterschiede im *limbischen System* bezog, formulierte er vergleichsweise präzise Modellvorstellungen zum Zusammenhang zw. hoher versus niedriger Extraversion und der Aktivierung des *ARAS*-Systems im Hirnstamm, das eine wichtige Rolle in der *Aktivierung* spielt. Danach hätten Introvertierte eine niedrigere Aktivierungsschwelle als Extravertierte, sodass sie schon bei schwach aktivierenden Reizen vgl.weise stark kortikal erregt seien; bei stark aktivierenden Reizen greife der Schutzmechanismus der transmarginalen Hemmung, der zu einer im Vergleich zu Extravertierten niedrigeren kortikalen Erregung führe. Diese nicht linearen Beziehungen zw. Aktivierungspotenzial der Situation und physiol. und psych. Erregung konnten zwar nicht bestätigt werden, regten jedoch weitere neurowiss. Ansätze an.

Erstens wurde versucht, Temperamentsunterschiede durch multivariate *Psychophysiologie* (gleichzeitige Messung vieler physiol. Parameter, z. B. Herzrate, Blutdruck, Hautwiderstand) zu erfassen, zunächst im Labor (Fahrenberg 1967) und später auch in Alltagssituationen mithilfe des *ambulanten Monitoring* (Fahrenberg & Myrtek 1986). Dieses Programm scheiterte vor allem an unzureichenden interindiv. *Korrelationen* zw. den physiol. Reaktionen aufgrund ausgeprägter *individualspezifischer Reaktionsmuster* und an unzureichenden Korrelationen zw. beurteilten und physiol. gemessenen interindiv. Unterschieden. Ähnliches gilt für Versuche, faktorenanalytisch gewonnene Dimensionen der Persönlichkeitsbeschreibung wie z. B. die *Big Five* mit Aktivierungsmustern im *EEG* oder mithilfe *bildgebender Verfahren* (insbes. fMRT) in ausreichend großen Stichproben replizierbarzu korrelieren.

Zweitens wurde versucht, Persönlichkeitsunterschiede auf best. neurophysiol. Systeme zu beziehen, die eine Rolle bei Belohnung und Bestrafung spielen. Jeffrey Gray, der Nachfolger auf Eysencks Lehrstuhl in London, legte 1982 die *Reinforcement-Sensitivity-Theory* (RST; Gray 1982) vor, die hauptsächlich auf pharmakol. Experimenten mit Ratten beruhte, wonach Temperamentsunterschiede in *Gehemmtheit* (introvertiert-neurotisch vs. extravertiert-emot. stabil) und *Impulsivität* (extravertiert-neurotisch vs. introvertiert-emot. stabil), auf der unterschiedlichen Stärke eines Verhaltenshemmungssystems (*behavioral inhibition system (BIS)*; Empfänglichkeit für Strafe) und eines Verhaltensaktivierungssystems (*behavioral activation system (BAS)*; Empfänglichkeit für Belohnung) beruhten. Diese Theorie wurde von Gray & McNaughton (2000) revidiert, wonach Hinweisreize für Bestrafung ein *Fight-Flight-Freezing-System (FFFS)* aktivierten, und von Corr (2008) als neurowiss. orientierte Persönlichkeitstheorie weitergeführt. Das BIS wird in der revidierten RST als Konflikt-Detektions- und Konflikt-Löse-Mechanismus verstanden. Parameter im EEG (z. B. die N2-Amplitude und die Error Related Negativity (ERN) Amplitude (*EKP*) des ereigniskorrelierten Potenzials) werden als Indikatoren für Konflikt-Detektion und Reaktions-Monitoring diskutiert und mit einem spezif. Aspekt von *Ängstlichkeit* und *Gehemmtheit* in Zusammenhang gebracht, nämlich ängstlicher Besorgtheit (*anxious apprehension*), in extremer Ausprägung die *vermeidend-selbstunsichere Persönlichkeitsstörung*. Der substanziell neg. Zusammenhang zw. ängstlicher Besorgtheit und der ERN-Amplitude konnte in Befunden über eine Reihe von Studien unabhängiger Labore *metaanalytisch* nachgewiesen werden (Moser et al. 2012). Cloninger (1987) versuchte, die RST mit *Neurotransmitter*-Systemen im Gehirn zu verbinden, wonach BIS mit Überwiegen von *Serotonin*, BAS mit Überwiegen von *Dopamin* und ein *behavioral maintenance system* mit Überwiegen von *Noradrenalin* assoziiert sei. Dieser Ansatz wurde kaum bestätigt, wurde aber sehr einflussreich, weil Cloninger mit seiner Theorie nicht nur Temperamentsdimensionen, sondern auch best. *Persönlichkeitsstörungen* zu erklären suchte. Weiter differenziert wurde Cloningers Theorie von Depue & Collins (1999), die Serotonin auf eine Dimension Überkontrolle – Unterkontrolle bezogen und Interaktionen zw. den Neurotransmitter-Systemen einbezogen.

Die bisherigen neurowiss. Ansätze weisen bisher nur in wenigen Fällen (z. B. Moser et al., 2013) einen auf replizierten Befunden unterschiedlicher Labore an ausreichend großen Stichproben beruhenden kumulativen Wissensforschritt auf. Am ehesten fortgeschritten scheint derzeit die Forschung zum Zusammenhang zw. ängstlicher Besorgtheit und der ERN, zum Zusammenhang zw. spezif. Aspekten von Extraversion und dem dopaminergen System und zum Zusammenhang zw. Dominanz und *Testosteron* zu sein (Hennig, Netter 2005).

J. B. Asendorpf/A. Beauducel/A. Leue

Persönlichkeit, Strukturmodell der *Instanzenmodell*.

Persönlichkeit, unternehmerische (= u. P.) [engl. *entrepreneurial personality*], [**AO, PER, WIR**], ist ein *Konstrukt*, das dispositionelle Besonderheiten von Berufstätigen beschreibt, die selbstständigen Erwerbstätigkeiten nachgehen. Qual. Forschungsansätze leiten Besonderheiten der u. P. aus familienbiografischen und sozialisationsspezifischen Merkmalen ab. Merkmale, die die Herausbildung der u. P. begünstigen, sind eine u. Tätigkeit von Eltern oder nahen Verwandten, die Übernahme eines männlichen Berufs*stereotyps* und prägende Einflüsse eines autoritativen *Erziehungsstils*. Verbreiteter ist eine quant., differenzialpsychol. Beschreibung der u. P. Diese postuliert *Eigenschaften*, Fähigkeiten, Fertigkeiten und Kenntnisse, die bei selbstständig tätigen Personen stärker ausgeprägt sind als bei angestellt tätigen Personen. Bei den *Big-five*-Persönlichkeitsmerkmalen (*Fünf-Faktoren-Modell*) trifft dies für *Gewissenhaftigkeit*, *Offenheit* und *Extraversion* zu. Weitere Eigenschaften und Fähigkeiten sind *Leis-*

tungsmotivstärke, Unabhängigkeitsstreben, *emotionale Stabilität*, Risikoneigung (*Risikoverhalten*), *Ambiguitätstoleranz* und Problemlöseorientierung. Zu u. relevanten *Fertigkeiten* gehören Eigeninitiative, Selbstführungskompetenz, Genauigkeit *interpersonaler Wahrnehmung* und soziales Anpassungsvermögen. Bei fachlichen Kenntnissen ist es die *Einzigartigkeit* [engl. *uniqueness*] von Wissensinhalten und deren kreativer Verknüpfung, die eine u. P. auszeichnet. Werden *Dispositionen* miteinander kombiniert, ergeben sich Typologien der u. P. Als hinreichend gesichert gelten der *Leistungstypus* (Leistungsmotivstärke, Eigeninitiative, Unabhängigkeitsstreben), der *Managertypus* (Durchsetzungsbereitschaft, Risikoneigung, Gewissenhaftigkeit) und der *Verkäufertypus* (Extraversion, soziales Anpassungsvermögen, Ambiguitätstoleranz). Ausprägungen von Merkmalen der u. P. korrelieren mittelhoch mit der Aufnahme und Beibehaltung *beruflicher Selbstständigkeit*. Zhao et al. 2010. *G. F. Müller*

Persönlichkeitsauffassung, rollentheoretische *rollentheoretische Persönlichkeitsauffassung*.

Persönlichkeitsdifferenzierungshypothese, genetische [engl. *genetic hypothesis of personality differentiation*], [**KOG**], es werden Persönlichkeitsvariablen (*Persönlichkeitsmerkmal*) als unabhängige Variablen (*Variable, unabhängige*) bzgl. des Differenzierungsgrades der faktoriellen Intelligenzstruktur (*Intelligenz*) angenommen. In entspr. Untersuchungen stellte sich heraus, dass sich bei schlecht angepassten Pbn höhere Interkorrelationen in ihren Intelligenzwerten ergaben als bei gut angepassten. Schlechte Anpassung wird als Fixierung auf frühere Entwicklungsstufen interpretiert. Auch die *Introversion* hat sich als eine solche differenzielle Variable in ihrer Ausprägung auf die Faktorenstruktur ergeben. Bei Introvertierten ergibt sich eine differenziertere Struktur des anschaulichen Denkens (*Denken*).

Persönlichkeitsdimensionen [engl. *personality dimensions*], *Persönlichkeit, klassische faktorenanalytische Ansätze*.

Persönlichkeitsentwicklung (= P.) [engl. *personality development*], [**EW, PER**], Veränderung des komplexen Systems innerhalb eines Individuums, das sich mit der Umwelt und der Innenwelt auseinandersetzt. Die P. beginnt vor der Geburt und ist lebenslang. Gliederungsgesichtspunkte sind die *Kohorte* vergleichbarer Individuen und Segmente wie Intelligenz-, Gefühls-, Motivationsentwicklung und Sozialisation. *Anlage-Umwelt, Persönlichkeit, Persönlichkeitsstabilisierung, Mechanismen der, Stabilität, Verhaltensgenetik*. Asendorpf 1994, Asendorpf & Neyer 2012.

Persönlichkeitsentwicklung, berufliche (= b. P.) [engl. *personal professional development*], [**AO, PER**], *Persönlichkeitsentwicklung*, die i. R. der *beruflichen Sozialisation* stattfindet. Mit dem Begriff der *Personalentwicklung* werden Maßnahmen beschrieben, mit denen Institutionen die Entwicklung humaner Ressourcen (*Human Resource Management*) steuern und fördern wollen. Das heißt, das *Motiv* der Maßnahme liegt außerhalb der zu entwickelnden Person (*extrinsische Motivation*). Dahingegen liegt das Momentum der Initiative bei der P. im Individuum. Bei der P. geht es also um die Frage, welche Haltungen und Fähigkeiten zum *selbstgesteuerten Lernen* und *lebenslangen Lernen* in der Aus- und Fortbildung gefördert werden können und sollen und wie deren Vermittlung am besten funktioniert. Zielgrößen sind: Fähigkeiten wie *Selbstwahrnehmung, Selbststeuerung*, adäquate Selbsteinschätzung, Umgang mit Ambivalenzen, Unsicherheiten, Disziplin, *Frustrationstoleranz*, aber auch die Motivation, in der Zukunft liegende Ziele und Werte als Motivatoren zu entwickeln und diese als handlungsleitend zu nutzen. Eine Schwierigkeit, die im Zusammenhang mit der P. zu berücksichtigen ist, besteht in der Besonderheit des beruflichen Abhängigkeitsverhältnisses. Da der Arbeitnehmer in Abhängigkeit zum Arbeitgeber steht, sollten Aus- und Fortbildungsinterventionen den Schutz der Privatsphäre des Arbeitnehmers berücksichtigen. Die P. basiert auf dem Verständnis eines dem Individuum inhärenten, intrinsisch motivierten Bedürfnisses nach Wachstum (*intrinsische Motivation, Persönlichkeitstheorien, humanistische*), wie es z. B. in der *Selbstbestimmungstheorie* postuliert wird. *G. Lutz*

Persönlichkeitsfaktor (= P.) [engl. *personality trait*], [**PER**], in der empirischen Persönlichkeitsforschung verwendeter Begriff für analytische Einheiten der *Persönlichkeit*, die durch die Methode der *Faktorenanalyse* (FA) gewonnen werden (*Persönlichkeit, klassische faktorenanalytische Ansätze*). Ein P. beschreibt interindiv. Unterschiede in der Ausprägung des Faktors auf einer *Dimension* (z. B. beschreibt der Faktor *Extraversion* im *Fünf-Faktoren-Modell* interindiv. Unterschiede auf der Dimension Introversion – Extraversion). Vom wissenschaftstheoretischen Standpunkt sind P. *Konstrukte*. Ihrer Gewinnung nach sind sie Ordnungsbegriffe oder Beschreibungsdimensionen der Persönlichkeit. Sie werden aber auch v. a. von *R.B. Cattell* kausal (P. als Quellen der Variation) interpretiert. In diesem Sinne ist auch die von ihm stammende Bez. *source traits* zu verstehen: Sie sind als faktorielle Beschreibungsdimensionen die dem Verhalten zugrunde liegenden Bedingungen. Dagegen sind *surface traits* (Oberflächenmerkmale) «nur» *clusters* von Variablen, aus denen sich im Falle einer Durchführung einer Faktorenanalyse mehr als ein Faktor ergeben würde. Sie sind daher keine einheitlichen Beschreibungsdimensionen. Die wichtigsten formalen Einteilungsgesichtspunkte für faktorielle Beschreibungsdimensionen, nach denen P. beurteilt werden, sind die folg. (Herrmann 1972): (1) *Generalität* und *Spezifität* (nach der Anzahl von Personen, die einen best. Faktor aufweisen), (2) *Enge* (der betreffende Faktor weist nur eine hohe Ladung auf) und *Weite* (mehrere hohe Ladungen), (3) *Abhängigkeit* (bei schiefwinkliger *Rotation* – hier kann eine weitere FA durchgeführt werden, wobei die Interkorrelationsmatrix aus den (korr.) Faktoren erster Ordnung (= *Primärfaktoren*) besteht; die extrahierten Faktoren zweiter Ordnung liegen daher auf einem wesentlich höheren Abstraktionsniveau) und *Unabhängigkeit* (bei rechtwinkliger Rotation), (4) *Unipolarität* (z. B. Eysencks Neurotizismusdimension, *Neurotizismus*) und *Bipolarität* (z. B. Eysencks Extra-Introversionsdimension, *Introversion*), (5) *Arten der Interkorrelationsmatrix*. Bei der *R-Technik* werden Variablen interkorreliert und faktoranalysiert, das Ergebnis sind Eigenschaftsfaktoren *(traits)*; bei der *P-Technik* werden Variablen interkorreliert und faktoranalysiert, die zu versch. Zeitpunkten abgenommen wurden, das Resultat sind Zustandsfaktoren *(state factors)*, d. h. Faktoren der Kovariation über die Zeit; bei der *Q-Technik* werden Personen interkorreliert und faktoranalysiert, das Ergebnis sind Typenfaktoren, die Personengruppen gleicher Testfaktorstruktur def. Eine ebenfalls sehr wichtige Bedeutung für die Beurteilung von P. kommt der Art der Ausgangsdaten zu. Man unterscheidet: *L-Daten* aus Fremdbeurteilungen (*Fremdbeurteilungsverfahren*, Verhaltensbeurteilungen), *Q-Daten*, *Selbstbeurteilung* (*Fragebogen*), und *T-Daten*, *objektive Tests*. Durch den jew. Beobachtungsmodus bedingt, werden versch. Bereiche der Persönlichkeit erfasst. Es ist darauf zu achten, dass die resultierenden P. nicht direkt vergleichbar sind. P. aus T-Daten z. B. liegen schon auf einem höheren Abstraktionsniveau und sind in etwa Faktoren zweiter Ordnung aus Q-Daten vergleichbar. Die Mehrzahl der Untersuchungen beruhen aber auf Q-Daten, die mithilfe der R-Technik analysiert werden. Pawlik 1968, Überla 1968.

W. Klimesch

Test 16-Persönlichkeits-Faktoren-Test Revidierte Fassung (16 PF-R), 1998, K. A. Schneewind und J. Graf, [www.testzentrale.de], [**DIA, PER**]. Klinischer Persönlichkeitstest. AA ab 18 Jahren. Der 16 PF-R ist ein obj. Fragebogentest, der mit 184 Items 16 Primärdimensionen (*Wärme, Logisches Schlussfolgern, Emotionale Stabilität, Dominanz, Lebhaftigkeit, Regelbewusstsein, Soziale Kompetenz, Empfindsamkeit, Wachsamkeit, Abgehobenheit, Privatheit, Besorgtheit, Offenheit für Veränderung, Selbstgenügsamkeit, Perfektionismus, Anspannung*) und – daraus abgeleitet – 5 Sekundärfaktoren (*Extraversion, Unabhängigkeit, Ängstlichkeit, Selbstkontrolle, Unnachgiebigkeit*) der Erwachsenenpersönlichkeit erfasst. *Reliabilität*: Interne Konsistenz (Cronbachs alpha) für die 16 Skalen zw. $r = .66$ und $.89$, für den Gesamttest bei $r = .74$. Retest-Reliabilitäten nach einem Monat ($N = 111$) für die Primärskalen zw. $r = .60$ und $r = .92$, für den Gesamttest $r = .83$. *Normierung* an $N = 1209$. Durchführungsdauer 30 bis 45 Min.

Persönlichkeitsfragebogen (= P.) [engl. *questionnaire, personality inventory*], [**DIA, PER**], *Fragebogen* zur Erfassung der quant. Ausprägung von Persönlichkeitseigenschaften. P. werden auch als *subj. Tests* (i. Ggs. zu *objektiven Tests* und *Leistungstests*) bez., bei denen dem Pbn verbale Statements vorgelegt werden, auf die er in direkter Reaktion Auskünfte über sein eigenes Verhalten (meist in der Vergangenheit oder Gegenwart), über Gefühle, Vorlieben, Abneigungen und Einstellungen gibt. Die Quantifizierung der Pbn-Antworten kann über versch. Antwortformate erreicht werden, wobei die *Ratingskala* und die *Likert-Skala* besonders häufig verwendet werden. Die Werte für die einzelnen Items einer *Skala* (*Skalierung, testtheoretisches Gütekriterium*) werden in einem Summenwert zus.gefasst. Als erster P. ist das *Personal Data Sheet* von Woodworth (1918) mit 116 Items und der einfachen Antwortkategorie (Ja/Nein) bekannt geworden. Die Gründe für die Einführung dieses neuen Testformates sind, wie häufig bei der Entwicklung neuer Testarten, die erkennbaren Mängel der subj., unsystematischen und unkontrollierbaren Beurteilung von Merkmalen anderer Personen. Außerdem benötigte Woodworth für die Selektion von «neurotischen» Soldaten ein ökonomisches Testinstrument. Dieses Prinzip der Ökonomie hat dann auch zu weiteren Fragebogenkonstruktionen und Anwendungen für unterschiedliche diagn. Zwecke geführt, wobei von den Entwicklern solcher Fragebogen auch darauf hingewiesen wurde, dass die geforderten Eigenbewertungen nicht nur die Fähigkeit zur Selbstreflexion, sondern auch die Offenheit, solche Selbstauskünfte zu geben, voraussetzt.

Die in großer Zahl sowohl als Forschungsinstrumente wie auch als P. in der psychol. Diagnostik verwendeten Verfahren lassen sich am besten nach dem Prinzip ihrer Skalenkonstruktion ordnen und bewerten (*Testkonstruktion*). Mit der sog. *deduktiven* oder *rationalen Skalenkonstruktion* werden P. entwickelt, bei denen die Eigenschaftsdimensionen aus einer Persönlichkeitstheorie stammen. So werden z. B. für die Eigenschaft *Extraversion* alle bekannten Verhaltens- und Erlebensweisen in einem Itempool gesammelt und nach den Auswertestrategien der Aufgabenanalyse in der Testkonstruktion (*Itemanalyse*) zu einer Skala zus.gefasst. Bei dem Konstruktionsprinzip der *externalen Skalenanalyse* greift man auf vorfindbare Personengruppen, die zukünftig mit P. diagnostiziert werden sollen, zurück. Solche Merkmalsträger sind z. B. Unfäller, Delinquente, klin. auffällige Symptomträger, z. B. Depressive. Für diese Merkmalsträger wird je bes. ein Itempool erstellt und zur Beantwortung vorgelegt. Die Items mit den Antworten, die solche Gruppen am besten voneinander trennen, werden zu Skalen zus.gefasst. Bsp. für einen P., der nach einem solchen Prinzip konstruiert wurden, ist das *Minnesota Multiphasic Personality Inventory 2 (MMPI®-2)*. Die induktive, faktoranalytisch konzipierte Konstruktion macht sich den Sprachschatz, in dem sehr viele ps. relevante Eigenschaftsbegriffe enthalten sind, zunutze (*Persönlichkeit, neuere faktorenanalytische Ansätze*). In mehrstufigen Verfahren werden die Eigenschaftsbegriffe reduziert und über Fragebogenitems bzgl. ihrer Tauglichkeit als Selbstbeurteilungsfragen selegiert und faktoranalytisch in eine größere Zahl miteinander korrelierender Faktoren oder in eine geringere Zahl unabhängiger Dimensionen überführt. Der *16-Persönlichkeits-Faktoren-Test Revidierte Fassung (16 PF-R)* bzw. das *NEO-Fünf-Faktoren-Inventar (NEO-FFI)* wurden bspw. mit dieser Methode entwickelt. Die geringe Erhebungsaufwand hat P. nicht nur für diagn. Fragestellungen sehr häufig zur Anwendung gebracht, sondern auch dazu geführt, ihre Testgütekriterien in allen möglichen Varianten zu überprüfen. Für die *Objektivität* konnte festgestellt werden, dass bei instruktionsgerechter Administration die Durchführungsobjektivität, die Auswerteobjektivität und die Interpretationsobjektivität in hohem Maße gegeben sind. Bei der Zuverlässigkeitsüberprüfung ergeben sich für die Kontrolle der internen Konsistenz – bei gegebenen Voraussetzungen für die Berechnung von *Cronbachs Alpha* – Werte zw. .80 und .90. Auch bei der Berechnung von Retest-Reliabiläskoeffizienten zeigen sich bei nicht zu langen zeitlichen Intervallen hohe Stabilitätkoeffizienten (*Reliabilität*). Persönlichkeitseigenschaften wird als Prädiktoren für die Verhaltensbeschreibung und -vorhersage eine hohe Augenscheinvalidität zugesprochen (*Validität*). Bezieht man jedoch diese Eigenschaften auf die mit P. erfasssten Merkmale, so sind die ermittelten korrelativen Beziehungen zw. P.-Daten und z. B. dem Berufserfolg eher niedrig. Diese Befunde können einerseits auf die bei Selektionsstrategien stattfindenden Verfälschungstendenzen zurückzuführen sein. Sie können aber auch damit zus.hängen, dass berufsrelevante Persönlichkeitseigenschaften mit den für allg. Eigenschaften konstruierten P. nur teilweise übereinstimmen. Mit der Intention der berufsbezogenen Persönlichkeitsbeschreibung wurde z. B. das *Bochumer Inventar zur berufsbezogenen Persönlichkeitsbeschreibung (BIP-6F)* konstruiert, bei dem Zusammenhänge zum Berufsstatus, zum Berufserfolg und zur Berufszufriedenheit in bedeutsamer Größenordnung gefunden werden konnten. Eine weitere Maßnahme zur Kontrolle der Validiät von P. ist die Übereinstimmung zw. unabhängigen Beurteilern der Eigenschaften von Personen und deren Testwerten aus P. Mit dieser Methode lassen sich Korrelationen zw. .50 und .60 erzielen (*Beurteilerübereinstimmung*).

Auch bei diagn. Fragestellungen im Bereich der Klin. Ps. können bedeutsame Übereinstimmungen von Meßwerten aus P. und klinischen Symptomen, z. B. bei der Diagnose von *Persönlichkeitsstörungen*, gefunden werden. Borkenau et al. 2011. H. O. Häcker

^{Test}**Persönlichkeitsfragebogen für Kinder zwischen 9 und 14 Jahren (PFK 9-14)**, 2004, W. Seitz & A. Rausche, [www.testzentrale.de], [**DIA, EW, PER**]. Persönlichkeitsverfahren. AA Kinder von 9 bis 14 Jahren. Der PFK 9-14 zielt auf eine möglichst breite und gleichzeitig differenzierte Erfassung der kindlichen Persönlichkeit. Anzahl, Inhalt und Struktur der durch den PFK 9-14 erfassten Persönlichkeitsdimensionen stützen sich einerseits auf theoretische Überlegungen, andererseits auf empirische Befunde. Es werden drei Äußerungsbereiche der Persönlichkeit unterschieden: *Verhaltensstile* (VS), *Motive* (MO) und *Selbstbildaspekte* (SB), die über insges. 15 Skalen erfragt werden. *Normierung*: T-Werte und Prozentränge liegen für die Primärdimensionen und Sekundärfaktoren für die Gesamtstichprobe (N = 3749) sowie getrennt nach Alter, Geschlecht und Schulart der Kinder vor. Bearbeitungsdauer: ca. 45 Min. für alle 3 Testhefte.

Persönlichkeitsinventar [engl. *personality inventory*], [**DIA, PER**], Instrument zur Persönlichkeitsdiagnostik, das aus mehreren *Skalen* besteht, bspw. das *Big Five Inventar (BFI)*, das aus 5 Skalen zur Erfassung der *Big Five* besteht. *Freiburger Persönlichkeitsinventar (FPI-R)*, *Trierer Integriertes Persönlichkeitsinventar (TIPI)*, *NEO-Fünf-Faktoren-Inventar (NEO-FFI)*, *NEO Persönlichkeitsinventar (NEO-PI-R)*.

Persönlichkeitsmerkmal (= P.) [engl. *personality trait*], [**PER**], bez. eine indiv. Eigenschaft, in der sich Personen voneinander unterscheiden. Die Gesamtheit der P. bildet die Persönlichkeitsstruktur (*Persönlichkeit*). P. wurden 1921 von Allport erstmals untersucht und klassifiziert. Strukturierungsansätze finden sich in Persönlichkeitstheorien und -modellen (*Fünf-Faktoren-Modell*). Auf Basis von P. können Aussagen über künftiges Verhalten einer Person abgeleitet werden. P. als *Dispositionen* sind als sog. *traits* zu verstehen und von sog. *states*, der aktuellen *Befindlichkeit*, abzugrenzen. Dem *Bewusstsein* zugängliche, *explizite P.* lassen sich von *impliziten P.*, die dem Bewusstsein nicht zugänglich sind, unterscheiden. Generell sind P. zeitlich relativ stabil (*Persönlichkeitsmerkmale, Stabilität der*), können jedoch durch gravierende Veränderungen in den Lebensumständen beeinflusst werden. In der Persönlichkeitsforschung spielen explizite P. eine wesentliche Rolle, da diese z. B. mittels Fragebogen erfasst werden können. Erhebungsmethoden sind neben Selbstauskünften aus Lebenslauf-, Beobachtungs- und Testdaten. Ansätze zur Datenkollektion sind ferner: (1) Fallstudien, (2) Untersuchungen anhand von Fragebogenverfahren (*Persönlichkeitsfragebogen*), (3) Laborexperimente. Beispiele für P. allgemeinpsychol. Natur sind Kontaktorientierung, Besorgtheit; aus klinischer Sicht *Psychotizismus*, Depressivität; aus personalpsychol. Sicht Sozialkompetenz (*soziale Kompetenzen*), *Dominanz*. R. Hossiep

Persönlichkeitsmerkmale, Stabilität der [engl. *stability of personality traits*, lat. *stabilis* fest(-stehend)], [**EW, PER**], der Begriff *Stabilität* (= S.) wird in der Entwicklungs- und Persönlichkeitsps. auf viererlei unterschiedliche Weise verwendet. *Absolute S.* meint Konstanz eines Merkmals eines Individuums (z. B. der Aggressivität eines Kindes) zw. zwei Messzeitpunkten. *Mittelwert-S.* [engl. *mean-level stability*], syn. *normative S.* [engl. *normative stability*], meint Konstanz der Mittelwerte eines Merkmals in einer Stichprobe von Personen (z. B. würde eine generelle Zunahme der Aggressivität nach Einsetzen der Pubertät nicht nur die absolute S. der Aggressivität der einzelnen Personen, sondern auch die Mittelwert-S. des Merkmals Aggressivität verletzen). Perfekte Mittelwert-S. ist durchaus mit absoluter Instabilität vereinbar, sogar bei allen Personen, nämlich dann, wenn die indiv. Zunahmen durch entspr. Abnahmen anderer Individuen ausgeglichen werden.

In diesem Falle läge dann auch eine niedrige *Rangordnungss.*, syn. *Positionss.* [engl. *rank-order stability, positional stability*] vor. Darunter wird die Konstanz der Rangordnung der Personen in der betrachteten Stichprobe zw. den beiden verglichenen Zeitpunkten verstanden. Im obigen Bsp. würden die Jugendlichen mit zunehmender Aggressivität auch in der Rangordnung nach Aggressivität zunehmen und die mit abnehmender Aggressivität auch in der Rangordnung abnehmen. Mittelwert-S. impliziert also keineswegs Rangordnungss. Auch umgekehrt impliziert hohe Rangordnungss. nicht hohe Mittelwert-S. oder absolute S. Wenn nämlich alle Personen identische Veränderungen zeigen, ist die absolute und Mittelwert-S. niedrig, aber die Rangordnungss. perfekt.

Gemessen wird die absolute S. durch Vergleich der beiden Werte einer Person in der Messung desselben unstandardisierten Merkmals (z. B. Testergebnisse in Rohwerten bei demselben Test, Urteile für dasselbe Item in demselben

Fragebogen). Entsprechend wird die Mittelwert-S. erfasst durch die Differenz der beiden Merkmalsmittelwerte einer Stichprobe von Personen. Die Rangordnungss. wird durch die *Korrelation* des Merkmals zw. den beiden Messzeitpunkten bestimmt. Inhaltlich besagt eine langfristige Mittelwert-S., dass das betrachtete Merkmal keine bedeutsamen generellen Entwicklungsveränderungen zeigt, während eine langfristige Rangordnungss. einer Persönlichkeitseigenschaft besagt, dass es keine bedeutsamen Persönlichkeitsveränderungen in dieser Eigenschaft gibt. Inzw. liegen zahlreiche *Längsschnittuntersuchungen* zur langfristigen S. von Persönlichkeitseigenschaften vor, die zu einer Revision des Glaubens an die prägende Kraft der frühen Kindheit geführt haben. Gut bestätigt sind Mittelwertsveränderungen in drei der Big-Five-Persönlichkeitsfaktoren (*Fünf-Faktoren-Modell*) im Verlauf des Erwachsenenalters: *Neurotizismus* nimmt ab und *Gewissenhaftigkeit* und *Verträglichkeit* nehmen zu, was insges. als zunehmende Reife interpretiert werden kann. Ebenso gut bestätigt sind Veränderungen der Rangordnungss. der Big Five i. S. einer nur langsam zunehmenden Stabilisierung im Verlauf des Lebens von der frühen Kindheit bis ins mittlere Erwachsenenalter (*Persönlichkeitsstabilisierung, Mechanismen der*). Erst in hohem Alter nimmt die S. wieder ab aufgrund biol. Alterungsprozesse, die bei versch. Personen unterschiedlich verlaufen. Bis ins mittlere Erwachsenenalter hinein finden also noch substanzielle Persönlichkeitsveränderungen statt. Viel schneller dagegen verläuft die Stabilisierung der *Intelligenz*; schon mit etwa 8 Jahren wird eine sehr hohe 7-Jahres-Rangordnungss. von etwa .75 erreicht (*Intelligenz, Niveaustabilität, Intelligenz, Positionsstabilität*).

Neben der absoluten S. eines einzelnen Merkmals wird manchmal auch die *Profil-S.* [engl. *profile stability*] untersucht, die sich auf die S. von Persönlichkeitsprofilen bezieht (*Persönlichkeit*). Z. B. kann man sich für die S. von Big-Five-Profilen auf der Basis von Big-Five-Selbstbeurteilungen interessieren. Die Profil-S. wird meist durch die *Korrelation* bzw. *Intraklassenkorrelation* der Profilwerte bestimmt. Beruhen die Profile auf unstandardisierten Werten, ist zu beachten, dass die Profil-S. auf zwei unterschiedlichen Komponenten beruht: der S. des mittleren Profils der betrachteten Stichprobe und der S. der Abweichung des indiv. Profils vom mittleren Profil (*distinktive Profil-S.* [engl. *distinctive profile stability*]). Z. B. ist bei Persönlichkeitsbeurteilungen der Mittelwert sozial erwünschter Eigenschaften (*soziale Erwünschtheit*) höher als der Mittelwert sozial unerwünschter Eigenschaften, und dieser Unterschied ist stabil, sodass die Profil-S. bei Eigenschaften, die in sozialer Erwünschtheit variieren, schon deshalb größer als null ist. Bei Profilen, die auf interindiv. standardisierten Werten pro Messzeitpunkt beruhen (z. B. IQ-Profilen), besteht dieses Problem nicht. Roberts et al. 2006, Roberts & DelVecchio 2000, Furr 2008, Asendorpf & Neyer 2012. *J. B. Asendorpf*

Persönlichkeitsmodelle, tiefenpsychologische [engl. *depth psychology based model of personality*], [**KLI, PER**], Bez. für alle von den Überlegungen der drei großen tiefenps. Richtungen *Psychoanalyse, Individualpsychologie, Analytische Psychologie* bzw. *Komplexe Psychologie* bzw. ihren Schulen ausgehenden Versuche der Formulierung einer Theorie der *Persönlichkeit*. Gemeinsam sind diesen theoretischen Ansätzen folg. Merkmale: (1) Es handelt sich durchwegs um Modelle, die als Hilfskonstruktion für therap. Zwecke entstanden sind. Sie gehen daher über die reine Deskription hinaus und enthalten Elemente einer normativen Anthropologie. (2) Sie weisen eine dynamische Konzeption auf. Die psych. Phänomene werden als Resultat von *Konflikten* und Kräfteverbindungen betrachtet, denen dranghafter Charakter zugeschrieben wird und die letztlich von einem Trieb (Freud: Sexualtrieb, *Libido*; Adler: *Geltungsstreben*; Jung: *Libido*) abgeleitet werden. (3) Die Aufbau- und Strukturmerkmale der Persönlichkeit werden unter Zuhilfenahme eines hierarchischen Schichtmodells beschrieben (*Schichttheorie*). Diese Vorstellung ist am ausgeprägtesten bei Freud vorhanden (*Es, Ich, Über-Ich*), aber auch von Adler und Jung, mit der Annahme einer der rationalen Gelenktheit nicht unmittelbar zugänglichen Tiefenschicht (*Unbewusstes*), der ebenfalls dynamische Relevanz zugeschrieben wird, beibehalten worden. *Persönlichkeitstheorien, psychoanalytische*. Hofstätter 1960, 1968. *E. Ardelt-Gattinger*

Persönlichkeitspsychologie, s. Einleitung *Gebietsüberblick «I.12 Persönlichkeitspsychologie und Differentielle Psychologie»*.

Persönlichkeitsstabilisierung, Mechanismen der (= M.) [engl. *mechanisms of personality stabilisation;* lat. *stabilis* fest(-stehend)], [**EW, PER**], sind Thema der *Persönlichkeitspsychologie* und *Entwicklungspsychologie*. Unter M. wird meist verstanden, dass für eine best. Persönlichkeitseigenschaft (*Persönlichkeit;* = P.) und ein festes Retestintervall (Abstand zw. zwei Messzeitpunkten) mit wachsendem Alter beim ersten Messzeitpunkt die Rangordnungsstabilität wächst (*Stabilität*). Mit anderen Worten: Die interindividuellen Unterschiede in der Eigenschaft ändern sich zunehmend weniger. Dies ist für viele P.eigenschaften der Fall, wobei erst im hohen Alter die Stabilität der P.unterschiede wieder sinkt aufgrund biol. und Alterungsprozesse, die bei versch. Personen unterschiedlich verlaufen. Neben diesem variablenzentrierten Ansatz, die Stabilisierung für eine einzelne Eigenschaft zu untersuchen, wird manchmal auch der personzentrierte Ansatz gewählt, die M. von P.profilen (*Persönlichkeit*) zu betrachten. Eine zunehmende Profilstabilisierung kann an einer zunehmenden Stabilität des Profils der Mittelwerte beruhen oder auf einer zunehmenden distinktiven Profilstabilität. Zur Erklärung der zunehmenden Stabilisierung der P. werden im Wesentlichen drei M. herangezogen. (1) Vor allem im frühen Kindesalter ist die *Reliabilität* von Eigenschaftsmessungen (*Eigenschaftsdiagnostik*) nicht ausreichend hoch, weil Kleinkinder in Beobachtungs- oder Testsituationen leicht ablenkbar sind und Säuglinge starke Aufmerksamkeitsschwankungen abhängig von ihrem Schlaf-Wach-Rhythmus (*Schlaf*) zeigen. (2) Die Stabilität des Selbstkonzepts nimmt zu (*Selbstkonzept*), was die Stabilität der gesamten P. fördert. (3) Mit wachsendem Alter können Menschen sich zunehmend Umwelten aussuchen oder herstellen, die zu ihrer P. passen, und durch diese Person-Umwelt-Passung [engl. *person-environment fit*] ihre P. stabilisieren (kumulative Stabilität). Z. B. wählen Menschen Partner oder Arbeitsplätze so aus, dass sie zu ihrer P. passen. Kumulative Stabilität findet sich deshalb vor allem in *Transitionsphasen der Entwicklung* [engl. *developmental transitions*], wie beim Übergang zur ersten Partnerschaft, zum ersten Job oder zur Pensionierung. Asendorpf & Neyer 2012, Caspi & Shiner 2006. *J. B. Asendorpf*

Test Persönlichkeits-Stil-und-Störungs-Inventar (PSSI), 2009, J. Kuhl & M. Kazén, [www.testzentrale.de], **[DIA, KLI, PER]**. Persönlichkeitsverfahren. AA ab 14 Jahren. Das PSSI ist ein Selbstbeurteilungsinstrument, mit dem die relative Ausprägung von Persönlichkeitsstilen erfasst wird. Diese sind als nicht pathologische Entsprechungen der in den psychiatrischen diagn. Manualen DSM-IV und ICD-10 beschriebenen Persönlichkeitsstörungen (*Persönlichkeitsstörungen*) konzipiert. Das PSSI umfasst 140 Items, die 14 Skalen zugeordnet sind: PN (*eigenwillig-paranoid*), SZ (*zurückhaltend-schizoid*), ST (*ahnungsvoll-schizotypisch*), BL (*spontan-borderline*), HI (*liebenswürdig-histrionisch*), NA (*ehrgeizig-narzisstisch*), SU (*selbstkritisch-selbstunsicher*), AB (*loyal-abhängig*), ZW (*sorgfältig-zwanghaft*), NT (*kritisch-negativistisch*), DP (*still-depressiv*), SL (*hilfsbereit-selbstlos*), RH (*optimistisch-rhapsodisch*), AS (*selbstbehauptend-antisozial*). *Normierung*: Es liegen alters- und geschlechtsspezifische Prozentrang- und T-Werte in vier Altersbereichen (18 bis 25; 26 bis 45; 46 bis 55; 56 bis 82 Jahre) sowie altersspezifische Normen für den Bereich 14 bis 17 Jahre vor. Darüber hinaus enthält das Manual Vergleichsdaten aus neun versch. Pat.gruppen ($N = 673$). Bearbeitungsdauer: ca. 20 Min.

Persönlichkeitsstörung, vermeidend-selbstunsichere [engl. *avoidant personality disorder*], **[KLI]**, (F60.6) nach *DSM* (301.82) charakterisiert durch ein tiefgreifendes Muster sozialer Gehemmtheit, Insuffizienzgefühlen und Überempfindlichkeit gegenüber neg. Beurteilung. Im Zentrum der Störung steht die Angst vor Ablehnung in sozialen und zw.menschlichen Beziehungen, die zu einem starken *Vermeidungsverhalten* führt. *Persönlichkeitsstörungen*. *J. Brauer*

Persönlichkeitsstörungen (= P.) [engl. *personality disorders*], **[KLI]**, bez. tief greifende Verhaltens- und Erlebens-Muster, die sich mit Beginn der *Adoleszenz* auf der Grundlage extremer Persönlichkeitszüge (*Persönlichkeit*) entwickeln und bis in das Erwachsenenalter andauern. Die Betroffenen weichen dabei in ihrem *Denken* und Fühlen (*Emotionen*), in der Impulskontrolle (*Impulskontrollstörungen*) sowie in ihrer Gestaltung zwischenmenschlicher Beziehungen deutlich von den Erwartungen der soziokult. Umgebung ab, was zu Beeinträchtigungen der *Lebensqualität* sowie der sozialen und/oder beruflichen Funktionsfähigkeit führt (Renneberg et al. 2010). Phänomenologisch können P. sehr unterschiedliche Formen annehmen, so überwiegt z. B. bei der *dependenten Persönlichkeitsstörung* das Gefühl von anderen abhängig zu sein und die Schwierigkeit, eigenständige Entscheidungen zu fällen, während

z. B. die *paranoide Persönlichkeitsstörung* durch querulatorische und misstrauische Erlebens- und Verhaltensweisen gekennzeichnet ist. Ein Spezifikum der P.symptomatik ist, dass sie von den Betroffenen oft als nicht krankheitswertig, sondern *ich-synton* erlebt wird. Nicht selten wird die Behandlung nur aufgrund der häufig komorbid auftretenden *Achse-I-Störungen* aufgesucht.

Ätiologie: Es existiert keine einheitliche Vorstellung zu den Ursachen von P., vielmehr liegen vielfältige spezif. Ätiologiemodelle zu den einzelnen Störungen vor. Zu den wichtigsten allg.gültigen Ansätzen gehören biopsychosoziale Erklärungsmodelle (*Krankheitsmodelle*), die davon ausgehen, dass sich P. in einem Spannungsfeld von *Disposition* und Umwelt entwickeln und durch Schutz- (*Resilienz*) oder Risikofaktoren pos. bzw. neg. beeinflusst werden.

Klassifikation: Klassifikatorisch werden nach der ICD-10 oder dem DSM-5 (*Klassifikation psychischer Störungen*) zehn spezif. P. unterschieden, die im DSM-5 auf der Basis deskriptiver Ähnlichkeiten zusätzlich drei Hauptgruppen (Cluster) zugeordnet sind. Die Klassifikation ist detailliert unter F60 in Anhang I aufgeführt.

Diagnostik: Die Diagnostik von P. erfolgt zweistufig. Im ersten Schritt wird überprüft, ob grundsätzlich eine P. nach den allg. diagn. Merkmalen vorliegt (s. oben). Im zweiten Schritt wird anhand einer kritischen Mindestanzahl spezif. Erlebens- und Verhaltensweisen bestimmt, um welchen Subtypus es sich handelt (s. 2.). Erfüllen Betroffene die Mindestanzahl mehrerer Kriteriengruppen, kann mehr als ein Subtypus klassifiziert werden. Zur exakten Diagnostik von P. wird empfohlen *standardisierte Interviews* einzusetzen, z. B. das *Strukturierte klinische Interview für Persönlichkeitsstörungen (SKID II)* oder die *International Personality Disorder Examination/ICD-10 Modul – Deutschsprachige Ausgabe (IPDE)*. Merkmalslisten, z. B. die *Internationale Diagnosen Checkliste für Persönlichkeitsstörungen (IDCL-P)*, die *Aachener Merkmalsliste zur Erfassung von Persönlichkeitsstörungen (AMPS)* oder Fragebögen, z. B. der *SKID*-II-Fragebogen, erfüllen eine zeitökonomische Screeningfunktion. Der psychodynamische Ansatz sieht zur Diagnostik von P. eine Diagnostik auf der Strukturachse der *Operationalisierten Psychodynamischen Diagnostik (OPD-2)* vor. I. R. eines modifizierten psychodynamischen Interviews wird das Strukturniveau der Betroffenen hinsichtlich vier versch. Dimensionen (Selbst- und Objektwahrnehmung, Steuerungsfähigkeit, emotionale Kommunikation und *Bindung*) beurteilt. *Persönlichkeitsstörungen, Psychotherapie*, *Persönlichkeitsstörungen, Psychopharmakotherapie*. *E. A. Arens/S. Barnow*

Persönlichkeitsstörungen, Psychopharmakotherapie [engl. *personality disorders*], **[KLI]**, zur psychopharmakol. Behandlung von *Persönlichkeitsstörungen* (= P.) liegen bislang keine empirisch abgesicherten Empfehlungen vor. Eine kritische Beurteilung der aktuellen empirischen Datenbasis bezieht sich u. a. auf die häufig geringen Fallzahlen, hohen Dropout-Raten und oftmals geringe Behandlungsdauer. Dennoch kann davon ausgegangen werden, dass viele der ambulant und stationär behandelten Pat. mit P., auch i. R. krisenhafter Zuspitzungen, mit Psychopharmaka behandelt werden. In diesem Zusammenhang weist die Behandlungsleitlinie zu Persönlichkeitsstörungen (Renneberg et al. 2010) darauf hin, dass der Einsatz eines Medikaments bei P. i. d. R. *off-label* (das bedeutet ohne Zulassung für diese Indikation) erfolgt und in diesem Fall mit Psychotherapie (*Persönlichkeitsstörungen, Psychotherapie*) zu kombinieren ist. Die Behandlung ist allerdings dann nicht off-label, wenn die komorbide Störung die Hauptindikation darstellt. Behandlungsmodelle, die den Einsatz psychopharmakol. Interventionen, auch über die krisenhafte Situation hinaus, befürworten, zielen auf die Behandlung der komorbiden *Achse-I-Störungen* ab. Diesem Ansatz liegt die Annahme zugrunde, dass die mithilfe von Psychopharmaka beschleunigte Abschwächung der Achse-I-Symptomatik die Grundzüge der P. deutlicher hervortreten lässt, was wiederum eine spezif. Behandlung der P. ermöglichen soll. Nach einem anderen Ansatz sollen Medikamente auf die mit P. assoziierten dimensionalen *Persönlichkeitsmerkmale* abzielen (z. B. Verhaltens- und *Impulskontrollstörungen*, affektive Instabilität). Diese sind, dem Modell entspr., durch versch. Neurotransmittersysteme (*Neurotransmitter*) gesteuert, die wiederum einer psychopharmakol. Intervention zugänglich sind. *E. A. Arens/S. Barnow*

Persönlichkeitsstörungen, Psychotherapie [engl. *personality disorders, psychotherapy*], **[KLI]**, *Psychotherapie* gilt derzeit als Methode der Wahl zur Behandlung von *Persönlichkeitsstörungen* (= P.). Im Vergleich der versch. Therapieschulen hat sich bislang keine spezif. Psychotherapieform als überlegen gegenüber den anderen erwiesen. In einer *Metaanalyse* (Leichsenring, Leibing 2003) zur *Effektivität* der psychodynamischen Therapie (PDT) und der kogn.-behavioralen Therapie (KBT; *Verhaltenstherapie, kognitive Verhaltenstherapie*) bei der Behandlung versch. P. wurden für beide Verfahren große *Effektstärken* ermittelt (PDT: 1.46, KBT: 1.00; *Cohens d*). Im Allg. erfordert die Behandlungsplanung bei P. die Berücksichtigung störungstypischer Verhaltens- und Erlebensmuster, komorbider *Achse-I-Störungen* und somatischer Störungen sowie sozialer Faktoren. Der Behandlungsfokus orientiert sich dabei stets an einer dynamischen Hierarchisierung der Behandlungsziele, wobei die Bearbeitung von *Suizidalität* (ggf. Fremdgefährdung) oberste Priorität hat (Renneberg et al. 2010). Da sich dysfunktionale Denk-, Erlebens- und Verhaltensmuster der Betroffenen insbes. auch im interaktionellen Bereich manifestieren, kommt der Beziehungsgestaltung (*Therapiebeziehung*) in der therap. Arbeit eine bes. Relevanz zu. Für drei P. (*Borderline-Störung*, ängstlich (vermeidende) P. und Antisoziale P.) liegen manualisierte störungsspezif. Therapiekonzepte vor, deren Überlegenheit gegenüber unspezif. Verfahren empirisch belegt ist. Für die Borderline-P. können die *Dialektisch-Behaviorale-Therapie (DBT)*, die *Mentalisierungsbasierte Therapie (MBT)*, die Schemafokussierte Therapie (SFT; *Schematherapie*) und die Übertragungsfokussierte Therapie (TFP) eindeutige Wirknachweise vorweisen. Die Wirksamkeit störungsspezif. kogn.-behavioraler Verfahren ist zudem für die dissoziale P. (z. B. das *Reasoning-and-Rehabilita-*

tion-Programm) und für die ängstlich (vermeidende) P. belegt (Renneberg et al. 2010). *E. A. Arens/S. Barnow*

Persönlichkeits-System-Interaktion, Theorie der (= PSI-Theorie) [engl. *theory of personality-systems-interactions*], **[EM, KOG]**, ist ein Rahmenmodell zur Erklärung von zentralen Aspekten der *Persönlichkeit* (z. B. Handlungsfähigkeit und Selbstwachstum) durch die affektmodulierte *Interaktion* zw. vier kogn. Makrosystemen. Sie ist aus dem Bestreben hervorgegangen, persönlichkeitspsychol. relevante Erkenntnisse aus versch. Teilbereichen der Ps. und Nachbardisziplinen zu integrieren und Phänomene funktionsanalytisch (d. h. die Frage betreffend: Wie wird verarbeitet?) statt inhaltszentriert (Was wird verarbeitet?) zu erklären. Ein zentraler Kern der PSI-Theorie besteht in der genauen Beschreibung, wie pos. und neg. *Affekt* die Aktivierung und Verbindung zw. jew. einem hochinferenten, zentral-exekutiven Makrosystem und einem niederinferenten kogn. Makrosystem moduliert. Handlungsfähigkeit ist die effiziente Umsetzung von bewussten Absichten (*Intention*), die im Intentionsgedächtnis (IG) (*Gedächtnis*) gebildet und aufrechterhalten werden, wenn Schwierigkeiten (z. B. keine automatisierten Verhaltensroutinen) vorliegen. Das IG hemmt die vorschnelle Ausführung der Absicht, um durch analytisches *Denken* und *Planen* mögliche Lösungswege mental zu simulieren, und reduziert durch die Konfrontation mit der Schwierigkeit den pos. Affekt. Um Absichten durch Überführung in die intuitive Verhaltenssteuerung (IVS) auszuführen, ist pos. Affekt erforderlich, der durch *Antizipation* von Erfolg, externen Zuspruch oder Selbstmotivierung bereitgestellt werden kann. Andernfalls kommt es zu Phänomenen wie Zögerlichkeit, Nichtumsetzen von eigenen Zielen (vgl. prospektive Lageorientierung: *Handlungskontrolltheorie*), Intrusionen und Fremdbestimmtheit. Selbstwachstum wird durch die Integration von fragmentierten, oft schmerzhaften Einzelerfahrungen aus dem Objekterkennungssystem (OES) in das Erfahrungsnetzwerk des Extensionsgedächtnisses (EG) angeregt. Das OES löst Einzelheiten zur späteren Wiedererkennung aus dem Gesamtkontext heraus und registriert in Verbindung mit neg. Affekt, ob Handlungsergebnisse oder auch andere Wahrnehmungen inkongruent zu *Erwartungen* und *Bedürfnissen* sind. Das EG, dessen persönliche Anteile das *Selbst* bilden, integriert vielfältige kongruente (pos.) und inkongruente (neg.) Erfahrungen in bestehende, parallel verarbeitende Netzwerke bisheriger Lebenserfahrungen, gewährleistet den Überblick über eigene Bedürfnisse, *Motive*, *Werte*, *Emotionen* und Handlungsoptionen. Dafür ist die selbstkonfrontative Herabregulation von neg. Affekt durch *Entspannung*, externen Trost oder Selbstberuhigung erforderlich (Bewältigung durch Hin- statt Wegsehen). Andernfalls kommt es zu Phänomenen wie *Rumination* (Grübeln, vgl. misserfolgsbezogene Lageorientierung: Handlungskontrolltheorie), Entfremdung, *Selbstinfiltration* und *Perseveration*. Kuhl 2001. *N. Baumann/J. Kuhl*

Persönlichkeitstest [engl. *personality test*] **[DIA, PER]**, Testverfahren mit unterschiedlichen Testkonzeptionen konstruiert: z. B. projektiv (*projektive Tests*) oder psychometrisch (*Psychometrie*), mit welchen empirisch abgrenzbare Dimensionen quant. und/oder qual. erfasst werden sollen. Persönlichkeitsdimensionen (in diesem engeren Sinne) stellen solche Bereiche der Person dar, die in Abgrenzung zu allg. oder spezif. Fähigkeits- oder Leistungsdimensionen darauf abzielen, *wie* Personen das eigene Verhalten einschätzen und bewerten (*Persönlichkeitsmerkmal*). Während bei Leistungstests das max. Verhalten getestet wird, sollen P. das modale Verhalten erfassen. Asendorpf & Neyer 2012.   H. O. Häcker

Persönlichkeitstests, objektive (= OPT.) [engl. *objective personality tests*; lat. *obiectum* das [dem Verstand] vorgesetzte], [**DIA, PER**], OPT. gehen primär auf R. B. *Cattell* zurück und versuchen, persönliche Stilmerkmale aus dem beobachtbaren *Verhalten* bei best. (Leistungs-)Anforderungen zu erschließen. Ungeachtet der ursprünglichen Ansätze verfolgen sie als ein eigenes Genre psychol.-diagn. Verfahren bzw. als eine besondere psychol. *Technologie* heute primär den Zweck, herkömmlichen *Persönlichkeitsfragebogen* vor allem für die *Personalauswahl* eine Alternative gegenüberzustellen. Begründet ist dieses Bestreben durch die extreme Verfälschbarkeit (*Gütekriterien*) von Persönlichkeitsfragebogen (Kubinger 2002; Ones et al. 2006; bzw. Viswesvaran & Ones 1999; Kubinger 2009a), begleitet durch deren geringe Akzeptanz bei Bewerbern fürs mittlere und gehobene *Management*. Das Konzept besteht dabei darin, anstatt typ. Verhaltens- und Erlebensweisen einer Person zu erfragen, typ. Verhalten mittels *Tests* zu erfassen. Kubinger (2006b, 50) hat dementspr. dafür den Begriff *experimentalpsychol. Verhaltensdiagnostik* eingeführt und wie folgt definiert: «Die experimentalpsychol. Verhaltensdiagnostik als eine (psychol.) Technologie bezieht sich auf Verfahren, die aus dem beobachtbaren Verhalten bei exp. variierten Leistungsanforderungen persönliche Stilmerkmale erschließen, wobei die Registrierung der Art und Weise der Problembearbeitung der Computer übernimmt.»

OPT. waren ursprünglich so angelegt, dass sie der Testperson jav. suggerierten, sie würden etwas ganz Bestimmtes messen (*Messen*), während die Messintention tatsächlich eine völlig andere war. Oftmals wurden sie gerade dadurch charakterisiert, dass sie keine *Augenschein-Validität* haben sollten. Neuerdings beschränken sie sich darauf, dass sie die Testperson zwar exp. manipulieren, d. h. absichtlich und gezielt *Stress*, *Frustration* und dgl. provozieren, aber eben nicht die Messintention verheimlichen – i. S. *ökologischer Validität* streben sie durchaus Transparenz in Bezug auf die Erfassung von «Arbeitshaltungen» (von leistungsrelevanten Persönlichkeitseigenschaften; *Persönlichkeitsmerkmal*) an. Allerdings bleibt das Messprinzip für die Testperson weitgehend undurchschaubar, nämlich die besonderen Verrechnungsvorschriften, wie genau die einzelnen Testleistungen bzw. -reaktionen auf die gegebenen Aufgabenstellungen zu numerischen (oder kategorialen; *Kategorisierung*) Testwerten verrechnet werden. Dennoch ist bei der Anwendung solcher Verfahren deren Zumutbarkeit grundsätzlich daran zu messen, ob der aus ihrer Anwendung resultierende Nutzen in angemessener Relation zur provozierten Belastung der Testperson steht (*Gütekriterien*).

OPT. kann also konzeptgeleitet und des Öfteren auch empirisch belegt (Kubinger 2003b) eine geringe Verfälschbarkeit hinsichtlich *faking good* attestiert werden. Allerdings entbehren sie teilweise (noch) überzeugender *Validität*nachweise. Außerdem ist die Bestimmung ihrer Messgenauigkeit oft unbefriedigend, weil (a) die Testkennwerte nicht immer itembasiert konzipiert (*Testkonstruktion*) sind und daher weder Modelle der *Item-Response-Theorie (IRT)* zum Tragen kommen (Kubinger & Draxler 2006b) noch Berechnungsformeln zur *inneren Konsistenz* laut *Klassischer Testtheorie* und (b) Wiederholungsreliabilitäten (*Reliabilität*) infolge von erfolgten Aha-Erlebnissen während der Testbearbeitung grundsätzlich nicht aussagekräftig sind.

Zur Vielfalt der heute verfügbaren OPT. gibt Kubinger (2008) eine Übersicht; Fallbeispiele zu ihrer praktischen Anwendung finden sich bei Kubinger & Ortner (2006). Am bekanntesten und am meisten in der Praxis eingesetzt ist wohl die kurze *Testbatterie Arbeitshaltungen* (Kubinger & Ebenhöh 2002). Der exp. Charakter ergibt sich z. B. für einen ihrer Untertests dadurch, dass das Leistungsverhalten einer Testperson in Abhängigkeit von systematisch fingierten Rückmeldungen über mehrere Etappen hinweg verfolgt wird; so soll u. a. Frustrationstoleranz gemessen werden. *objektiver Test, klassische Verfahren.*
  K. D. Kubinger

Persönlichkeitstheorien, eigenschaftszentrierte [engl. *trait theories of personality*], [**PER**], diejenigen Auffassungen in der *Persönlichkeitspsychologie*, in denen *Eigenschaften* (*Persönlichkeitsmerkmal*) versch. begrifflicher Fassung die zentrale Analyseeinheit darstellen. Ihnen zufolge wird *Persönlichkeit* darstellbar als Summe, übersummative Struktur oder als einzigartiges Muster von Eigenschaften, auch Wesenszügen u. ä. Individuelles Verhalten wird nicht nur indiv. Erleben, und Verhalten wird als Funktion von Eigenschaften nicht nur beschreibbar, sondern auch erklärbar. Die Schwierigkeiten, die sich v. a. in der deutschsprachigen, charakterologischen Tradition (Klages, Lersch, Wellek u. a.; *Charakterologie*) wegen der aus der Umgangssprache entnommenen und daher schwer zu definierenden bzw. zu operationalisierenden Eigenschaftenbegriffe ergab, sollte allg. in der *Differentiellen Psychologie* und i. R. der Persönlichkeitsps. durch faktorenanalytische Ansätze (*Persönlichkeit, klassische faktorenanalytische Ansätze*) überwunden werden. Die Einwände gegen diese Auffassung beziehen sich darauf, dass die Kriterien der Konsistenz, Generalität und Universalität von Eigenschaften zumeist nicht erfüllt sind, dass zw. deskriptiven und explikativen *Konstrukten* nicht klar unterschieden wird und dass Merkmale von Individuen – wie immer begrifflich gefasst – wohl notwendige, aber keine hinreichenden Bedingungen für ihr Verhalten sind. *Situationismus, trait.*   E. Roth

Persönlichkeitstheorien, humanistische (= h. P.) [engl. *humanistic personality theories*; lat. *humanus* menschlich], [**PER**], entstanden ab 1950 als Reaktion auf die damals vorherrschenden psychoanalytischen und lerntheoretischen Theorien der *Persönlichkeit* (*Persönlichkeitstheorien, psychoanalytische*, *Persönlichkeitstheorien, lerntheoretische Ansätze*). Sie wandten sich einerseits gegen die Überbetonung der irrationalen und neg. Aspekte des Charakters in der *Psychoanalyse*, andererseits gegen die Annahme der klassischen *Lerntheorien*, dass die Persönlichkeit durch die Lernumwelt determiniert sei. Als *dritte Kraft* betonen die h. P. dagegen das Potenzial von Menschen für pos. Wachstum und Gesundheit im psych. wie auch im physischen Bereich. Begründer waren *Maslow* und *Rogers*; heute findet sich dieser Ansatz v. a. in der *Positiven Psychologie*.

I. R. seiner Motivationsps. unterschied Maslow 1955 fünf Gruppen von Bedürfnissen (*Bedürfnishierarchie*), von denen vier *Mangelbedürfnisse* seien, die dazu dienten, Mangelzustände (z. B. Hunger) zu befriedigen. Als letzte im Verlauf der indiv. Entwicklung entstünden die *Wachstumsbedürfnisse*, v. a. das Bedürfnis nach *Selbstverwirklichung*. Sie bestimmten das Verhalten dauerhafter, weil sie sich nie ganz befriedigen ließen. Diese Theorie wurde nie empirisch geprüft, war jedoch sehr einflussreich. Sie ist charakteristisch für individualistische Kulturen (*Idiozentrismus-Allozentrismus*) wie die USA, in denen die Selbstverwirklichung des Individuums im Zentrum steht, nicht das Wohlergehen der sozialen Gruppe, in dem es sich befindet.

Rogers, der Begründer der klientenzentrierten *Gesprächspsychotherapie*, griff diesen Ansatz 1959 auf. Statt von Motiven sprach er von *Aktualisierungstendenzen* und statt von Selbstverwirklichung von der *Selbstaktualisierungstendenz*, die dafür sorge, dass pos. Selbsterfahrungen gesucht und neg. gemieden würden. Dadurch werde ein pos. *Selbstkonzept* aufrechterhalten und das Potenzial zur Selbstverwirklichung immer weiter auszuschöpfen versucht. Im Verlauf dieses Prozesses würden zwei zentrale Bedürfnisse erfahrungsabhängig erworben: das Bedürfnis nach *pos. Wertschätzung* durch andere und das Bedürfnis nach *pos. Selbstachtung*. Neben dem Selbstkonzept in Form des *Real-Selbst* (der subj. Wahrnehmung der eigenen Persönlichkeit) entwickle sich auch das *Ideal-Selbst* (die erwünschte eigene Persönlichkeit). Zur Erfassung beider Selbst-Formen benutzte Rogers die 1953 von Stephenson eingeführte Q-Sort-Technik (*Q-Sortierung*), bei der vorgegebene Eigenschaften danach sortiert werden, wie gut sie das Real- bzw. Ideal-Selbst beschreiben. Die *Korrelation* von Real- und Ideal-Q-Sort beschreibt dann das Ausmaß der indiv. Kongruenz von Real- und Ideal-Selbst; eine hohe Kongruenz sei ein Indikator psych. Gesundheit.

Die Positive Ps. (Seligman & Csikszentmihalyi 2000) kann als Appell verstanden werden, sich in der empirischen Ps. verstärkt Merkmalen zuzuwenden, die psych. Wohlbefinden und eine «reife» Form der Verarbeitung von *Stress* und Krisen charakterisieren, z. B. *Optimismus*, *Humor*, *Weisheit*, Bereitschaft zu verzeihen und Religiosität/*Spiritualität/Achtsamkeit*. Damit steht sie in der Tradition von Maslow und Rogers, ohne eine eigene spezif. Persönlichkeitstheorie zu entwickeln (die ja bei einseitiger Betonung der pos. Aspekte ebenso verzerrt wäre wie der gegenwärtige Mainstream mit seiner Betonung neg. Merkmale, nur auf andere Weise). Problematisch ist die Tendenz mancher Vertreter der Positiven Ps., von ihr als pos. angesehene *Persönlichkeitsmerkmale* als generell erstrebenswert für die Gesellschaft zu werten. Mit derartigen Wertungen verlässt die Positive Ps. die Wiss. und wird zur Ideologie. Rammsayer 2010. *J. B. Asendorpf*

Persönlichkeitstheorien, lerntheoretische Ansätze (= l. A.) [engl. *personality theories, learning theory approaches*], [**KOG, PER**], betonen die Bedeutung *Lernens* für ein adäquates Verständnis von *Persönlichkeit*: Persönlichkeit wird konstruiert als etwas, das sich unter wesentlicher Beteiligung von Lernprozessen bildet, gemäß den Prinzipien des Lernens aufrechterhalten wird und sich unter gezielter Nutzung dieser Prinzipien verändern lässt. Unterschiede zw. den l. A. betreffen v. a. Auffassungen darüber, welche Lernprozesse anzunehmen sind, wie sich diese Lernprozesse im Einzelnen vollziehen und mit welchen Begrifflichkeiten Persönlichkeit angemessen zu beschreiben ist. Zentrale l. A. sind die Ansätze von *Julian B. Rotter*, *Albert Bandura* und *Walter Mischel* (Westmeyer 2005). Für Rotter ist Persönlichkeit ein «Gefüge von Möglichkeiten zur Reaktion in best. sozialen Situationen». Die Untersuchungseinheit der Persönlichkeitsforschung ist die Interaktion zw. der Person und ihrer bedeutungshaltigen Umwelt. Im Mittelpunkt steht das gelernte zielgerichtete *Verhalten*. Jedes in einer Situation infrage kommende Verhalten besitzt ein best. Verhaltenspotenzial (VP). Aller Voraussicht nach wird das Verhalten mit dem größten VP in der Situation auftreten. Das VP ergibt sich aus der Kombination der Variablen *Erwartung* und *Verstärkungswert*. Erwartungen sind das Resultat von Lernprozessen und können quantifiziert werden. Die (psych.) Situation wird als ein komplexes Muster von Hinweisreizen konstruiert. Der in diesen Annahmen enthaltene spezif. Erwartungsbegriff wird von Rotter zum Begriff der generalisierten *Erwartung*, der sich auf funktional zus.gehörige Klassen von Verhaltensweisen, Situationen und *Verstärkung*sbedingungen bezieht, erweitert. Mit zwei generalisierten Erwartungen hat sich Rotter in seinen empirischen Arbeiten näher beschäftigt: internale vs. externale Kontrolle der Verstärkung und zw.menschliches Vertrauen.

Bandura bez. seinen Ansatz als *soziale Lerntheorie*, später als *sozial-kogn. Theorie*. Seine Kernannahme: Menschliches Verhalten, kogn. und andere Person-Faktoren und Umwelteinflüsse bedingen sich wechselseitig i. R. einer kontinuierlichen triadischen reziproken *Interaktion*. Für Bandura sind fünf *Vermögen* (engl. *capabilities*) für den Menschen kennzeichnend: (1) das Vermögen zu symbolisieren (z. B. etwas in Sprache zu fassen und auszudrücken), (2) das Vermögen vorauszudenken (z. B. Ereignisse zu antizipieren, etwas zu erwarten), (3) das Vermögen, stellvertretende Erfahrungen zu machen (z. B. aus der Beobachtung des Verhaltens einer anderen Person zu lernen; *Beobachtungslernen*), (4) das Vermögen, sich selbst zu regulieren (z. B. das eigene Verhalten zu kontrollieren und zu verstärken), (5) das Vermögen, über sich selbst nachzudenken. Dem Vermögen, stellvertretende Erfahrungen

zu machen, liegt ein eigenständiger Lernprozess zugrunde, den Bandura über die bis dahin in den Lerntheorien bekannten Prozesse der respondenten (*Konditionierung, klassische*) und *opranten (instrumentellen) Konditionierung* hinaus postuliert und in seinen Teilprozessen intensiv untersucht hat: das Beobachtungs- bzw. Modelllernen. Dem bereits von Rotter eingeführten Begriff der Ergebniserwartung stellt Bandura den Begriff der *Selbstwirksamkeitserwartung* an die Seite.
Mischels integrativer Ansatz (Mischel et al. 2004) baut auf den Ansätzen von Rotter und Bandura auf und bezieht auch den Ansatz von George A. Kelly (*Theorie der persönlichen Konstrukte*) mit ein. Er rekonstruiert Persönlichkeit als ein kogn.-affektives Verarbeitungssystem, in das fünf zentrale Personvariablen eingehen: Enkodierungen (*Enkodierprozesse*), *Erwartung* und *Überzeugung*, *Affekt*, *Ziele* und *Werte*, *Kompetenzen* und selbstregulatorische Pläne (*Selbstregulation*). Diese Personvariablen interagieren untereinander und vermitteln zw. situativen Bedingungen und Verhalten. Sie haben einen dynamischen und einen strukturellen Aspekt und sind nicht als Persönlichkeitseigenschaften (*Persönlichkeitsmerkmal*) i. S. von *traits* zu verstehen. H. Westmeyer

Persönlichkeitstheorien, motivationspsychologische Ansätze (= m.ps. P.) [engl. *personality theories, motivational approaches*], [**EM, PER**], konzeptualisieren *Persönlichkeit* als die individualtypische Organisation eines *dynamischen Systems* von inneren *Regulation*sprozessen und *Dispositionen* (*Bedürfnisse* und *Motive*, *Ziele*, *Werte* etc.), die in Wechselwirkung mit Umweltreizen das indiv. *Verhalten* und *Erleben* bestimmen. Unterschiedlichen m.ps. P. ist gemeinsam, dass Verhalten als grundsätzlich zielgerichtet aufgefasst wird und dass Persönlichkeitsunterschiede in den Ursachen und weniger in der Art des Verhaltens verortet werden. Zu den wichtigsten dispositionellen Verhaltensursachen zählen die Motive (= M.). Aufbauend auf Arbeiten Murrays und Hulls begann McClelland in den 1940er-Jahren, die bis heute einflussreichste Theorie über M. zu entwickeln. Demnach kennzeichnen M. Individuen im Hinblick auf ihre Neigung, best. Klassen von Zielzuständen als belohnend (*Belohnung*) bzw. bestrafend (*Bestrafung*) zu erleben. Aus der Anregung eines M. durch geeignete situative *Hinweisreize* resultiert ein Zustand der *Motivation*, d. h. *Wahrnehmung* und Verhalten werden auf das Aufsuchen eines pos. bewerteten Ziels bzw. das Meiden eines neg. Endzustands ausgerichtet. Laut McClelland liegen M. natürliche *Anreize* zugrunde (z. B. zw.menschlicher *Kontakt*), die man als Repräsentationen basaler Bedürfnisse verstehen kann. Obwohl theoretisch abgrenzbar werden die Begriffe M. und *Bedürfnis* (*need*) häufig syn. verwendet. Neben genetischen Einflüssen (*Verhaltensgenetik*) sollen sich v. a. Lernerfahrungen (*Lernen*) in der vorsprachlichen Kindheit auf die Entwicklung indiv. Unterschiede in M. auswirken. Daher sind sie *implizit*, also nicht sprachlich repräsentiert und der *Introspektion* nur unzureichend zugänglich. Den impliziten M. werden seit den 1980er-Jahren verstärkt *explizite* M. gegenübergestellt. Letztere entwickeln sich laut McClelland nach dem Spracherwerb (*Sprachentwicklung*) als Aspekte des bewussten Selbstkonzepts (*Selbstbild*). Implizite und explizite M. beruhen auf funktional unabhängigen M.systemen. Sie unterscheiden sich in ihren Anreizbedingungen (intrinsisch vs. extrinsisch) und in der Verhaltenssteuerung (operant vs. respondent). In der Tradition McClellands werden v. a. die M. *Leistung* (*Leistungsmotiv*), *Macht* (*Machtmotiv*) und *Affiliation* (*Hoffnung auf Anschluss*) untersucht.

Die *Selbstbestimmungstheorie* (= S.) nach Deci und Ryan ist eine an der Humanistischen Psychologie orientierte m.ps. P. So wird das Streben nach Wachstum und Integration der Persönlichkeit betont. Es werden drei angeborene organismische Grundbedürfnisse postuliert, die auf spezif. Qualitäten des persönlichen Erlebens abzielen: *Kompetenz* (*competence*), soziale Eingebundenheit (*relatedness*) und Autonomie/Selbstbestimmung (*autonomy*). Persönliches *Wohlbefinden* sowie ein optimaler Verlauf der *Persönlichkeitsentwicklung* sind laut S. abhängig von der Befriedigung dieser Bedürfnisse. Anders als in McClellands Theorie werden in der S. Bedürfnisse als universell angesehen, d. h., ihre Ausprägung soll nicht zw. Individuen variieren. Individuelle Unterschiede werden vielmehr in Stilen der *Regulation* zielgerichteten Verhaltens gesehen (external, introjiziert, identifiziert, integriert oder intrinsisch), die sich auf einem Kontinuum der Selbstbestimmung anordnen lassen. Der Regulationsstil hängt neben Kontexteinflüssen auch von der sog. Kausalitätsorientierung des Individuums ab. *Autonomie-Orientierung* meint dabei, dass Verhalten vornehmlich an persönlichen *Werten* und *Interesse* ausgerichtet wird. Bei *Kontroll-Orientierung* haben externe Anforderungen einen stärkeren Einfluss auf das Verhalten.

Neben der S. existieren zahlreiche weitere m.ps. P., die trotz ihrer vornehmlich allgemeinpsychol. Orientierung Persönlichkeitsunterschiede v. a. in kogn.-affektiven Stilen der Verhaltenssteuerung verorten. Diese heterogene Gruppe von m.ps. P. kann unter dem Oberbegriff *Selbstregulationstheorien* subsumiert werden. Die postulierten *Persönlichkeitsmerkmale* sind vielfältig. Bsp. sind die Sensitivität für pos. und neg. Anreize, die mit der Neigung zu aufsuchender (*approach*) oder meidender (*avoidance*) Motivation assoziiert ist, sowie Kompetenzen der *Selbstkontrolle* und Selbstmotivierung. Die Theorie der *Persönlichkeits-System-Interaktion* von Kuhl bietet einen Ansatz zur Integration versch. Aspekte der *Selbstregulation* sowie dispositioneller Konzepte und entwirft ein Gesamtbild persönlichkeitsrelevanter Prozesse. Heckhausen & Heckhausen 2010, Rammsayer & Weber 2010. B. Hagemeyer

Persönlichkeitstheorien, philosophisch orientierte, [**PER, PHI**], Bez. für Theorien, denen – sosehr sich die Konzepte im Einzelnen voneinander unterscheiden – zwei Merkmale gemeinsam sind: (1) Sie gehen vom Postulat der *Person* bzw. der *Persönlichkeit* (Letztere wird dabei oft verstanden als die im indiv. Lebenslauf entwickelte, die «gewordene» Person) als etwas Substanziellem, seinsmäßig Vorgegebenem aus, im Ggs. zur empirischen Persönlichkeitsforschung, in der ontologische Voraussetzungen bewusst ausgeklammert bleiben. (2) Sie sind eher deskriptiv, phänomenologisch orientiert und werden weniger auf das Erklären von Verhalten ausgerichtet. Grundlegend für diese Forschungsrichtung waren u. a. die Konzepte von Klages, Scheler, Stern und Krueger. *Klages* Ansatz ist charakterisiert durch seine metaphysische Theorie vom *Geist* als Widersacher der *Seele*, wobei die Persönlichkeit gleichsam Schauplatz des Widerstreits zw. personaler Individualität (Seele) und antipersonalem, die Einmaligkeit zerstörendem Geist ist. Bei Scheler ist die Personalität ebenfalls durch den Ggs. von Leben («Drang») und Geistigkeit bestimmt, wobei aber der Geist nicht wie bei Klages Zerstörer des personalen Lebens, sondern selbst das personale Prinzip des Menschen ist. *Stern* glaubte, das Substrat des Psychischen in der «psychophysisch neutralen» Person gefunden zu haben, die er als «indiv., eigenartige Ganzheit, welche zielstrebig wirkt, selbstbezogen und weltoffen ist, lebt und erlebt», bestimmt. Nach *Kruegers genetischer Ganzheitslehre* ist das Substrat aller ps. Phänomene die personale Struktur, das substanziell Seiende, das mit sich selbst identisch bleibt im Wandel der Entwicklung eines Menschen. Weiterentwickelt wurde dieser Zweig der *Persönlichkeitspsychologie* insbes. von Lersch, Vetter, Wellek, Revers u. a.: *Lersch* zieht in sein Konzept des Aufbaus der Person fast alle Bereiche der Ps. und anthropologische Sichtweisen mit ein, wenn er sagt, die Ps. der Person «charakterisiert den Menschen als Sonderwesen im Ganzen der Welt und umgreift zugleich die aktuellen seelischen Vollzüge und Inhalte, die seelische Entwicklung und die indiv. Ausprägungsformen». Nach *Vetter* ist die Person lebens- und geistesbestimmt, das Ewige im Menschen, seine Mitte und als solche ontologischer Grund der Persönlichkeit, die das Insgesamt des seelisch-geistigen Gefüges darstellt. *Wellek* bezeichnet seine Charakterologie als «induktive Ontologie», geht es ihm doch in seiner Polaritätstheorie des Charakters um die systematische Erfassung des Strukturkerns der Persönlichkeit, nämlich des Charakters als «Seinsgrund aller indiv. Akte» und somit um die Erfassung der in der persönlichen Struktur (sensu Krueger) fundierten Disposition. Revers schließlich bestimmt die Person als «menschliches Einzelwesen, als Einheit von Geistseele und Leib in seiner unmittelbaren Einmaligkeit, das in sich selbst und über sich selbst verfügt», und «insofern sie in einem konkret historischen Lebenslauf Wirklichkeit wurde», bezeichnet er sie als Persönlichkeit. Philosophisch orientierte Theorien der Persönlichkeit wurden hauptsächlich in Europa, insbes. im dt.sprachigen Raum konzipiert. Von den amerikanischen Beiträgen zur Persönlichkeitsforschung ist am ehesten *Allports* Persönlichkeitskonzept zur *Anthropologie* und Philosophie hin geöffnet. Allport war es v. a. auch, durch den der Persönlichkeitsbegriff in der amerik. Ps. Eingang fand. Allport definiert Persönlichkeit als «die dynamische Organisation derjenigen Systeme im Individuum, die sein charakteristisches Verhalten und Denken determinieren», wobei das *Selbst* das wichtigste System der Persönlichkeit ist. Eine teilweise Weiterentwicklung der phil. orientierten Theorien der Persönlichkeit kann in der in den USA auflebenden sog. *humanistic psychology* gesehen werden (neben Allport wären hier Maslow, Bühler, Rogers u. a. zu nennen; *Persönlichkeitstheorien, humanistische*). Maddi 1968, 1972, Strube 1977, Revers 1960.

Persönlichkeitstheorien, psychoanalytische (= P.) [engl. *psychoanalytic personality theories*], **[KLI, PER]**, die P. von Freud ist der Teil der *Psychoanalyse*, der sich mit der *Persönlichkeit* des Menschen beschäftigt (psychoanalytisch meist *Charakter* [engl. *character*] genannt). Hierunter verstand Freud die individualtypische Ausformung der weitgehend unbewusst ablaufenden Triebdynamik aufgrund deren frühkindlicher Geschichte. Bei zu starker Verwöhnung oder Einschränkung durch die Eltern in der analen, oralen oder phallischen Phase würden die frühkindlichen Triebimpulse fixiert und so die weitere Triebdynamik prägen (*Entwicklung, psychosexueller Ansatz nach Freud*). Zudem würden sich im Verlauf der Entwicklung des Ich individualtypische *Abwehrmechanismen des Ich* herausbilden, z. B. die Tendenz zur *Verdrängung* von Angstimpulsen oder zur *Projektion* eigener Aggressionstendenzen auf andere. Freuds Annahmen zur Charakterbildung durch *Fixierung* konnten empirisch nicht bestätigt werden (z. B. gibt es keinen Zus.hang zw. elterlichem Verhalten in der analen Phase mit Zwangstendenzen im Erwachenenalter). Dagegen erwies sich der von Anna Freud weiterentwickelte Ansatz, einige Persönlichkeitseigenschaften durch individualtypische Präferenzen best. Abwehrmechanismen zu erklären, als fruchtbar für die heutige Forschung zu individualtypischen Stilen der Angst- und Stressbewältigung (*Coping*). Ebenso fruchtbar war Freuds Annahme, dass es unbewusste *Motive* gibt; sie wurde von empirischen Theorien und Modellen zur *Motivation* aufgegriffen (heute wird eher von impliziten Motiven gesprochen, die durch indirekte Verfahren wie z. B. *projektive Tests, projektive Verfahren* oder implizite Assoziationstests (*Impliziter Assoziationstest (IAT)*) erfasst werden). Weiterentwicklungen der P. in Form der *Objektbeziehungstheorien* führten den späteren Charakter auf eine *Internalisierung* früher Objektbeziehungen (Beziehungen zu engen Bezugspersonen wie z. B. den Eltern) zurück. Auch diese Theorien und ihre Weiterentwicklung in der klass. *Bindungs*theorie teilten Freuds Auffassung, dass frühkindliche Erfahrungen die spätere Persönlichkeit prägen. Diese Annahme wurde jedoch inzw. durch Längsschnittstudien klar widerlegt (*Persönlichkeitsstabilisierung, Mechanismen der*). Da Grundbegriffe der P. wie Triebstärke, Präferenz best. Abwehrmechanismen oder unbewusste Motive mit der psychoanalytischen Methodik nicht operationalisiert sind, diese auf Deutungen freier Assoziationen beruhende Methodik anfällig gegenüber selbsterfüllenden Prophezeiungen (*self-fulfilling prophecy*) ist, und die P. ausschließlich auf Assoziationen von erwachsenen Pat. beruhte, ist die P. für die heutige empir. Persönlichkeitsps. als Theorie nur noch von geschichtlichem Interesse. *Persönlichkeitsmodelle, tiefenpsychologische*. Asendorpf 2012, Westen et al. 2008.
J. B. Asendorpf

Persönlichkeitstypen [engl. *personality types*; lat. *persona* Maske, *typus* Bild, Figur], **[PER]**, Bez. für diejenigen typischen bzw. als typisch beschriebenen und charakterisierten Erscheinungsformen der *Persönlichkeit*, die es gestatten, die in fließenden Übergängen vorhandenen Persönlichkeitsvariationen zu klassifizieren, d. h., zu gliedern und Einteilungen vorzunehmen. *Persönlichkeitspsychologie*, *Typologie*.

Test Persönlichkeits- und Interessentest (PIT), 1972, E. Mittenecker & W. Toman, [**AO, DIA, PER**] Mehrdimensionaler Persönlichkeitstest. AA ab 16 Jahren. Der aus dem *Minnesota Multiphasic Personality Inventory* entwickelte Test besteht aus 214 Fragen mit 9 Persönlichkeits- und Interessenbereichen. Die Persönlichkeitsbereiche sind: *Selbstkritik, soziale Einstellung, Extraversion, Neurotizismus, manische, depressive, schizoide* und *paranoide Tendenzen, vegetative Labilität*. Die Interessenbereiche sind: Vorliebe für Land- oder Stadtleben, Handwerk, Wissenschaft, Verwaltung, Umgang mit Menschen in Geschäft und Wirtschaft, bildende Kunst, Sprache/Literatur, Musik, soziale Berufe. Der PIT wird vor allem in der Berufsberatung eingesetzt. *Reliabilität*: Retest-Reliabilität nach 3 Monaten überwiegend zw. $r = .66$ und $r = .91$. *Validität*: Korrelationen der einzelnen Subskalen mit anderen Persönlichkeitstests zw. $r = .43$ und $r = .64$. *Normierung* an $N = 595$ Vpn. Durchführungsdauer: max. 45 Min.

personnel management [engl.] Personalmanagement; *human engineering*.

Person-Situation Debatte (= PSD) [engl. *person-situation debate*], [**PER, SOZ**], Debatte darum, ob eher stabile Personenvariablen (*Eigenschaften*; *Disposition*; *Persönlichkeit*; *Persönlichkeitsmerkmal*; *Trait*) oder Situationsvariablen Verhalten (= V.; inkl. Erleben) erklären und vorhersagen. Sie gilt heute als beendet (Übersicht in Fleeson & Noftle, 2008). In der US-amerik. Ps. sind Persönlichkeits- und Sozialps. zu einer Disziplin zus.geschlossen (*personality and social psychology*). Sie widmen sich aber unterschiedlichen Determinanten des V.: Persönlichkeit vs. Situation. I. R. dieses Spannungsfelds wurden vier vermeintliche Problembereiche der Persönlichkeitsps. identifiziert (vgl. *Situationismus*): (1) V. sei nicht (über Situationen hinweg) konsistent, was das Konzept eines stabilen Traits als Regelmäßigkeiten im V. sinnlos macht. Personen sind aber auf vielfache Weise bemerkenswert konsistent in ihrem V. (*Konsistenz des Verhaltens*). (2) Traits sagten V. nur unzureichend vorher. Dieser Vorwurf ist unberechtigt, da für sehr viele Trait-Instrumente hohe *kriteriale Validität* vorliegt und Traits wichtige persönliche, berufliche, soziale und gesellschaftliche Kriterien vorhersagen (Ozer & Benet-Martínez 2006). (3) Situationsvariablen erklärten V. besser als Traits. Dies ist empirisch nicht haltbar, da beide in ähnlichem Maße V. erklären (Kenrick & Funder 1988). (4) Traits und Persönlichkeit seien nutzlose *Konstrukte*. Als Konsequenz aus den Punkten 1–3 wurde gefolgert, dass es keine stabilen Personenvariablen gäbe (oder man sich ihnen nicht wiss. verschreiben müsse). Es wurde jedoch konzeptuell und empirisch mehrfach und überzeugend gezeigt, dass Traits und Persönlichkeit existieren sowie bedeutungsvoll und wichtig sind (Kenrick & Funder 1988). Die PSD ist also nicht homogen und aus versch. Problembereichen aufgebaut. Sie verstärkte sich mit Mischels (1968) Buch *Personality and Assessment*, das die ersten beiden Bereiche in Angriff nahm. Als Reaktion darauf spitzten sich die letzten beiden Bereiche zu, sodass die Persönlichkeitsps. sich zumindest im US-amerik. Raum zunächst zurückbildete und die Sozialps. den Vorrang übernahm.

Allerdings bereicherte die PSD die Persönlichkeitsps. auch. Erstens war sie gezwungen, sich stärker mit dem Konzept eines *trait* auseinanderzusetzen. Die heutige Nachwirkung ist, dass Traits nicht nur *struktur*-orientiert (Welche grundlegenden Dimensionen gibt es? *Faktorenanalyse*), sondern auch *prozess*-orientiert (Welche bio-physiol., kogn., affektiven, motivationalen und regulatorischen Prozesse liegen ihnen zugrunde?) konzeptualisiert werden. Gerade prozess-orientierte Perspektiven auf Traits betonen deren situationale Gebundenheit (vgl. *Kontextualisierung von Persönlichkeitstests*) als dynamische Variablen, die eine *Wechselwirkung* zw. Person und Umwelt darstellen. Zweitens entstand als Reaktion auf einen zu einseitigen *Situationismus* der *Interaktionismus*. Zunächst betonte letzterer, dass neben den Haupteffekten von Person/Persönlichkeit und Situation/Umwelt auch deren Interaktion stat. betrachtet werden müsste. Heute wird diese Forderung eher konzeptuell verstanden: Personen können (gemäß ihrer Persönlichkeit) gewisse Situationen/Umwelten mental konstruieren, selektieren (aufsuchen vs. meiden), evozieren, verändern oder erschaffen. Insofern sind Persönlichkeit und Situationen (a) *nicht* unkorreliert oder unabhängig voneinander, (b) komplex miteinander verwoben und (c) ähnlich stark an der Erklärung und Vorhersage von V. beteiligt. *J. Rauthmann*

Person-Umwelt-Passung [engl. *person-environment fit; fit Passung*], *Persönlichkeitsstabilisierung, Mechanismen der*.

Personwahrnehmung [engl. *person perception*], *interpersonale Wahrnehmung*, *soziale Wahrnehmung*.

Personzentrierte Psychotherapie [engl. *person-centered psychotherapy*]; *Gesprächspsychotherapie*.

Perspektive (= P.) [engl. *perspective, point of view*; lat. *perspicere* hindurch schauen, deutlich sehen], [**WA**], eine Gesetzmäßigkeit der räumlichen Wahrnehmung (*räumliches Sehen*). Gegenstände im Raum erscheinen mit zunehmender Entfernung vom Standpunkt des Betrachters (Augenpunkt) verkürzt (verkleinerter *Gesichtswinkel*), parallele Geraden scheinen in der Ferne zus.zutreffen (z. B. Eisenbahnschienen). Infolge der *Größenkonstanz* wird allerdings die tatsächliche Verkürzung eines Objekts (Verkleinerung des *Netzhautbildes*) meist nicht in ihrem vollen Ausmaß wahrgenommen. *Luftperspektive* heißt die Verhüllung weit entfernter Objekte (namentlich im Freien) durch Unreinheiten der Luft. Sie trägt zur räumlichen Auffassung ebenso bei wie die teilweise Verdeckung von Gegenständen im Raum durch davor befindliche andere und die Verteilung von Licht und Schatten im Raum. Als «binokulare P.» wird gelegentlich die *Querdisparation* bez.

Perspektiventäuschung [engl. *perspective illusion*], [**KOG, WA**], eine infolge perspektivisch gezeichneter Umgebung auftretende Täuschung über das Größenverhältnis abgebildeter Gegenstände. So können bspw. gleich große

Objekte unterschiedlich groß wahrgenommen werden, je nachdem wie sie perspektivisch dargestellt werden (s. Abb.). *geometrisch-optische Täuschung*.

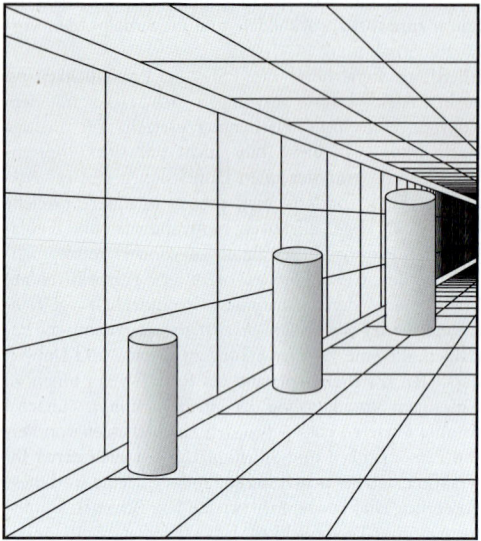

Perspektiventäuschung

Perspektivenübernahme (= P.) [engl. *perspective adoption/taking*], [**EW**], Fähigkeit, den Standpunkt einer anderen Person, der sich vom eigenen unterscheiden kann, bewusst einzunehmen, ohne den eigenen zu verlieren. Kognitive Voraussetzung für die P. ist die Fähigkeit zur *Dezentrierung*. Die Fähigkeit zur P. bei Wahrnehmungsinhalten, wie sie im *Drei-Berge-Versuch* von Piaget gemessen wird, entwickelt sich i. d. R. im sechsten Lebensjahr; weniger komplexe Formen der P. – auch bzgl. Meinungen, Emotionen und Bedürfnissen – können aber schon bei 3- bis 4-jährigen Kindern beobachtet werden. Mit dem Auftreten der P. verschwindet der *Egozentrismus des Kindes*. [**SOZ**], *Fremdverstehen*. *Kommunikation*. Bischof-Köhler 1989, Piaget 1972. *F. Wilkening*

Persuabilität [engl. *persuability*; lat. *persuadere* überzeugen], [**PER, SOZ**], die Beeinflussbarkeit, Überredbarkeit des Individuums. *Einfluss, sozialer*.

Persuasion [engl. *persuasion*; lat. *persuasio* Überredung, Überzeugung], [**KOG, SOZ**], Prozess der Beeinflussung oder der *Einstellungsänderung* durch Verarbeitung einer Botschaft (*Zweiprozessmodelle der Persuasion*, *Unimodel of Persuasion*). Reardon 1991. *N. Dickel*

Persuasionstherapie (= P.) [engl. *persuasion therapy*; lat. *persuasio* Überredung, Überzeugung], [**KLI**], die seelische Beeinflussung durch Überredung, bes. die therap. Behandlung durch Zureden, Belehren, Überreden, vorwiegend mit rationalen Mitteln (Einsicht in die ursächlichen Zus. hänge des Leidens). Die von P. C. Dubois entwickelte und von diesem auch als *sokratischer Dialog* und *rationelle Psychoth*. bez. Methode zielt darauf ab, beim Pat. Verständnis für seine situations- und personbedingten Schwierigkeiten zu wecken. Der P. stehen die Methoden der *Logotherapie*, der *Rationalen Psychoth*. und der *Psychagogik* nahe.

Perturbation [engl. *perturbation*; lat. *perturbatio* Verwirrung, Beunruhigung], [**KOG**], aus dem Engl. übernommene informationstheoretische Bez. für Störungen. *Lärm*.

Perversion [engl. *perversion*; lat. *perversus* verdreht, falsch, widersinnig], [**KLI**], urspründl. «Ketzerei». Im 19. Jhd. für *falsches* oder *schädliches* Sexualverhalten, heute umgangssprachlicher Begriff, der in seiner abwertenden Konnotation nicht haltbar ist, da es kein «richtiges» Sexualverhalten gibt. Daher wird der Begriff in der *Psychopathologie* höchstens beschränkt auf suchtähnlich eingeschränkte Sexualpraktiken verwendet, wenn sexuelle Befriedigung nur auf *abweichendem* Sexualverhalten beruht (*sexueller Missbrauch*). Bei der Therapie von *Paraphilie* kommen versch. Ansätze zur Anwendung. Oft ist die Therapie unfreiwillig. Die *Psychoanalyse* lieferte einige Konzepte zum Verständnis der Störungen, die Behandelbarkeit wird jedoch skeptisch gesehen und der Beitrag dieses Ansatzes zu effektiver Therapie ist eher gering. *Orgasmische Reorientierung*, Arbeit an problematischen Wahrnehmungen und Annahmen sowie Aufbau sozialer Fertigkeiten gehören zu kogn.-verhaltenstherap. Methoden, deren Wirksamkeit noch ungenügend untersucht ist, die sich aufgrund der bestehenden Studien aber vielversprechend darstellen. Kernberg 1997a.

Perzentil [engl. *percentile*; lat. *per* durch, *centum* hundert], [**FSE**], stat. Hundertstelwert bzw. Wert für den gilt, dass x% kleiner-gleich sind (= x-Perzentil). *Zentile*, *Partil*, *Quartile*.

Perzept [engl.] Wahrnehmungsgegenstand.

Perzeption (= P.) [engl. *perception*; lat. *percipere* erfassen, wahrnehmen], [**KOG, WA**], das Bemerken, die *Auffassung*, das Wahrnehmen (*Wahrnehmung*); auch das Eintreten einer *Vorstellung* ins *Bewusstsein*. Von der P. hat besonders Wundt (*Wundt, Wilhelm*) die *Apperzeption* unterschieden.

perzeptionelle Reaktionsdisposition [engl. *perceptual response disposition*] (Postman), [**WA**], Bez. für alle Faktoren, die bei der subj. Formung des Wahrnehmungsaktes (*Wahrnehmung*) eine Rolle spielen.

Perzeptionsstrategie [engl. *perception strategy*; lat. *percipere* erfassen, wahrnehmen], [**KOG**], bei der Begriffsbildung angewandte Formen der *Informationsverarbeitung*, die mit den Selektionsstrategien verglichen werden sollten.

perzeptives Lernen [engl. *perceptual learning*], [**KOG, WA**], nach Gibson zur *Wahrnehmung* gehörendes Lernen. Gibson 1963.

Perzeptor [engl. *perceptron*; lat. *percipere* erfassen, wahrnehmen], syn. *Perceptron*, [**KOG**], kybernetisches System der *Informationsverarbeitung*, das als technisches Modell organischer NS angesehen werden kann und der Imitation von Teilprozessen der menschlichen Erkenntnis dient. Im Wesentlichen ein System von Rezeptoren, das aus eingehenden Signalen diejenigen Signalkombinationen aussondert, die gesuchte Informationen enthalten. Anwendungen: *Automat*.

perzeptuelle Trennbarkeit [engl. *perceptual separability*], *Garner-Interferenz*.

Pessimismus (= P.) [engl. *pessimism*; lat. *pessimus* der Schlechteste], **[GES, PER]**, ursprünglich als Gegenpol auf der *Optimismus*-P.-Dimension verstanden, bezeichnet die Überzeugung, dass einem Schlechtes und nichts Gutes widerfahren wird. Aus der Auffassung, P. sei das Gegenteil von Optimismus, ergeben sich analog zum Optimismus drei Konzeptionen von P. als: (1) generalisierte neg. *Ergebniserwartung,* (2) pessimistischen Attributionsstil (*Attribuierung*), der durch internale, globale und stabile Ursachenzuschreibung für neg. und eine externale und vor allem variable und spezif. Ursachenzuschreibung für pos. Ereignisse gekennzeichnet ist, (3) neg. Illusionen, die Menschen über ihr *Selbst* und ihren Selbstwert (*Selbstwertgefühl*), über das Ausmaß persönlicher Kontrolle sowie über die Zukunft haben. Einige Forschungsgruppen konzipieren P. als eigenständige unipolare Dimension, die partiell unabhängig vom Optimismus ist. Basis sind *Faktorenanalysen* versch. Fragebogenverfahren (Selbst- und Fremdbeurteilungsversion für Erw. und Kinder) und differenzielle Zusammenhänge von P. und Optimismus mit unterschiedlichen Kriterien, allerdings ist die Befundlage uneinheitlich, viele Studien können keine substanziellen Unterschiede in der Prädiktionsleistung beider Konstrukte belegen. *Pessimismus, defensiver*. *P. Y. Herzberg*

Pessimismus, defensiver [engl. *defensive pessimism*; lat. *pessimus* der Schlechteste, *defendere* verteidigen], **[EM, GES, PER]**, bez. eine zweistufige Strategie, die v. a. von ängstlichen Personen zur Reduzierung neg. *Affektivität* eingesetzt wird. Der erste Aspekt ist das Setzen niedriger Erwartungen bzgl. eines Ereignisses oder Situation. Dem folgt die gedankliche Auseinandersetzung mit möglichen Schwierigkeiten und Hindernissen bis hin zu Worst-Case-Szenarien und die detaillierte Vorstellung neg. Ergebnisse und Ausgänge des Ereignisses oder der Situation. Diese Strategie wird als effektives Angstmanagement aufgefasst, da dadurch die Interferenz von Angst mit Leistung erheblich verringert wird. Personen, die defensiven Pessimismus nutzen, zeigen bei obj. Leistungsindikatoren keine Leistungseinbußen. Norem & Cantor 1986.
P. Y. Herzberg

Pestizide [engl. *pesticide*; lat. *pestis* Seuche, *caedere* töten], *Neurotoxine*.

PET *Positronen-Emissions-Tomografie*.

Peters, Wilhelm (1880–1963), **[EW, HIS, PÄD]**, dt. Psychologe jüdischer Herkunft, seit 1883, ev. seit 1918 konfessionslos. 1904 Dr. phil. bei *Wundt* in Leipzig mit einer Arbeit über Farbwahrnehmung, 1904–1906 Tätigkeit bei Siegmund Exner am Psychologischen Institut der Universität Wien, 1906–1908 bei Kraepelin in der Psychiatrischen Klinik in München, 1909 Assistent bei Marbe (*Marbe, Karl*) in Frankfurt, 1910 Habilitation für Philosophie und Ps. in Würzburg, 1915 ao. Prof., 1916 Assistent und 1919 o. Prof. an der Handelshochschule Mannheim, 1923 Annahme eines Rufes auf eine o. Professur in Jena, 1933 Amtsenthebung und Versetzung in den Ruhestand, 1933–1936 in London tätig, 1937 o. Prof. in Istanbul, 1952 o. Prof. in Würzburg, dort emer. Peters befasste sich mit allgemeinpsychol. Fragestellungen und der Vererbung geistiger Eigenschaften (*Anlage-Umwelt*). Er arbeitete auch zu den Ursachen schulischen Versagens und setzte sich für die Errichtung schulps. Beratungsstellen ein. *H. E. Lück*

Pethidin [engl. *pethidine*], **[PHA]**, *Psychopharmakon* aus der Klasse der synthetischen *Analgetika* vom Typ der *Opioide* (erstes synthetisches Derivat von *Morphin, Morphium*). Analgetische Wirkung ca. 1/5 von Morphium. Euphorisierend, jedoch relativ wenig Abhängigkeit erzeugend.

petit mal [engl. *petit mal*; franz. *petit* klein, *mal* schlecht], *Epilepsie, absence*.

Peyotl [engl. *peyotl*], **[PHA]**, Kaktus, der wegen des darin enthaltenen *Meskalins* von indigenen Völkern angebaut wurde. *Halluzinogene*.

Pfadanalyse (= P.) [engl. *path analysis*], **[FSE]**, ein regressionsanalytisches (*Regressionsanalyse*), multivariates, *statistisches Datenanalyseverfahren* zur Analyse und Spezifikation von Hypothesen zu Kausalbeziehungen aufgrund der korrelativen Zusammenhänge zw. den im Modell enthaltenen Variablen. P. wurde von Wright 1921 entwickelt, fand aber erst relativ spät Eingang in die sozialwiss. Forschung. Die in einem Modell postulierten Kausalzusammenhänge lassen sich grafisch als *Pfaddiagramm* und math. als Satz von Strukturgleichungen (*Pfadmodell*) darstellen. Aufgrund der empirisch ermittelten *Korrelationen* zw. den Modellvariablen können über die Strukturgleichungen die Modellparameter (Pfadkoeffizienten) geschätzt werden. Die Größe eines standardisierten Pfadkoeffizienten p_{ij} entspricht jenem Teil der Standardabweichung einer Variablen Z_j, der durch eine kausal vorgeordnete Variable Z_i determiniert ist, wenn alle anderen der Variable Z_j kausal vorgeordneten Modellvariablen konstant gehalten werden. Neben diesem direkten Effekt (Pfad) lässt sich auch der indirekte Effekt bestimmen, den Z_i über eine oder mehrere zusätzliche Variablen auf Z_j ausübt (*Mediatorvariable*). Unter bestimmten, hier nicht ausgeführten Bedingungen, kann schließlich die Vereinbarkeit der empirischen Daten mit dem postulierten Kausalmodell durch eine Reproduktion der Ausgangskorrelationen aus der pfadanalytischen Lösung bewertet und so eine Entscheidung zw. alternativen Kausalmodellen getroffen werden. In ihrer klassischen Form ist die P. auf linear-additive und rekursive Kausalmodelle (Modelle ohne Rückkoppelungsschleifen) beschränkt und trifft bzgl. der Daten gleiche Voraussetzungen wie die multiple Regressionsanalyse (*Regression, multiple*). *Strukturgleichungsmodelle* erlauben die Schätzung und Prüfung von Pfadmodellen unter Berücksichtigung latenter Merkmalsdefinitionen (*Messung, formative vs. reflektive, Variable, latente*). Zur Schätzung können Softwareprogramme wie AMOS, Lisrel, Mplus oder *R (Software)* verwendet werden. Bühner 2010, Kline 2010, Tabachnick & Fidell 2013, Eid et al. 2013. *G. Mikula*

Pfadintegration (= P.) [engl. *path integration* bzw. *dead reckoning*, lat. *integratio* Wiederherstellung], **[KOG, WA]**, bez. die sensorischen, motorischen (*Motorik, Psychomoto-*

rik) und kogn. (*Kognition*) Mechanismen der Aufnahme [engl. *coding*] und Aktualisierung [engl. *updating*] eines zurückgelegten Weges (Distanz- und Richtungsveränderungen) sowie die Aktualisierung der Raumpositionen des Akteurs relativ zum Ausgangspunkt dieses Weges auf der Basis von visuellen, vestibulären und kinästhetischen Bewegungs- und Beschleunigungssignalen (*Raumrepräsentation, Raumorientierung*). P. wird zumeist mit Hilfe von sog. Heimfinde-Aufgaben untersucht, bei denen Menschen oder Tiere einen mehrgliedrigen Pfad (ggf. unter Ausschaltung eines oder mehrerer Sinne) durchlaufen und anschliessend möglichst präzise zum unsichtbaren Ausgangspunkt des Pfades zurückkehren müssen. Mechanismen der P. sind bei Mensch und Tier weitgehend automatisiert, wobei sehende wie auch blinde Menschen stabile P.-Leistungen zeigen, die aber deutlich schlechter sind als die versch. anderer Tierarten (z. B. Ameisen, Hamster, Hunde, Ratten). *Kognitive Karte*, *räumliches Navigieren*, *räumliches Lernen*, *Raum*. Loomis et al. 1999, May 2006b. M. May

Pfahler, Gerhard (1897–1976), [**HIS, PÄD**], Sohn eines Pfarrers, 1916–1919 freiwillige Teilnahme am Ersten Weltkrieg, ab 1919 Studium der Neuphilologie in Tübingen, Ausbildung zum Volksschullehrer, 1921/22 Unterrichtstätigkeit, 1921–1924 Studium der Pädagogik, Ps., Volkswirtschaft und Staatsrecht in Tübingen und München. 1924 erfolgt die Promotionsprüfung zum Dr. phil. bei *Kroh* mit der Arbeit «Das Gesetz der ethischen Wertung als ein Hauptproblem der Pädagogik» (erschienen 1927); ab Juni 1926 ist er Assistent bei Kroh; 1928 Habilitation für Pädagogik und Ps. mit der Schrift «System der Typenlehren. Grundlegung einer päd. Typenlehre», danach Privatdozent. Pfahler lehrt dann als Professor an den Pädagogischen Akademien Rostock (1929), Altona (1930) und Frankfurt/Main (1932). Eintritt in die NS-nahe, rassistische Glaubensgemeinschaft Deutsche Christen und von 1934 bis 1936 Mitherausgeber der Zeitschrift Glaube und Volk in der Entscheidung. 1934 wird Pfahler o. Prof. für Pädagogik und Ps. an der Universität Gießen, dort 1934–1937 Rektor, Eintritt in NSDAP und SA. 1938 vertritt er den ps. Lehrstuhl in Göttingen, übernimmt dann im gleichen Jahr den Lehrstuhl für Ps. und Pädagogik an der Universität Tübingen. Pfahler entwickelt eine Typenlehre, die er auf päd. Handeln anwendet. Er beschreibt in seinen Arbeiten den Einfluss der Vererbung auf die Charakterbildung und entwirft eine Rassenseelenkunde. Kriegsdienst zw. 1938 und 1943. 1943 Ruf an die Universität Leipzig, den er im April 1944 ablehnt. 1944 Entlassung aus der Wehrmacht im Range eines Majors der Reserve; 1945 Übernahme der Kreisstabsführung des Volkssturms in Tübingen. 1945 Entlassung aus dem Hochschuldienst; bis 1947 Internierung in Balingen. Spruchkammerbescheid im Juni 1948 als «minderbelastet», dann als «Mitläufer», Versetzung in den Ruhestand und Entzug der Lehrbefugnis. Daraufhin eröffnet Pfahler eine psychoth. Praxis in Tübingen. 1952 erhält Pfahler seine Lehrbefugnis an der Universität Tübingen zurück, 1953 wird die Versetzung in den Ruhestand aufgehoben, er wird «Professor zur Wiederverwendung» nach § 131 GG. 1956 Lehrauftrag am Psychol. Institut, 1959 Emeritierung; Lehrtätigkeit bis 1964. K.-H. Stapf/H. E. Lück

Pfungst, Oskar (1874–1933), [**HIS, KOG**], Ausbildung als Bankkaufmann, Studium der Philosophie, Biologie und Med. in München und Berlin (ohne Abschluss). Freiwilliger Assistent von *Stumpf* in Berlin. Im Krieg Untersuchungen zu Polizeihunden an der Versuchs- und Dressuranstalt für Kriegs- und Polizeihunde, ab 1921 tätig in Frankfurt am Hirnverletzten-Institut unter der Leitung von *Goldstein*. Ehrendoktorwürde der Med. Fakultät der Universität Frankfurt. Nach Auflösung des Instituts 1925 Übersiedlung nach Berlin, Lehrauftrag für vergleichende Biologie und Ps. Pfungst führte versch. Untersuchungen zur Tierps. durch. Als seine wichtigste Arbeit gilt die systemat. Erforschung des Rätsels um den «*Klugen Hans*», ein Pferd, das Aufsehen erregte, weil es mutmaßlich lesen, rechnen und verschiedenste andere Aufgaben lösen konnte (Pfungst 1907). Pfungst experimentierte mit dem Tier und fand, dass Hans nur dann Aufgaben «richtig» löste, wenn er Blickkontakt mit dem Aufgabensteller hatte. Hieraus schloss Pfungst auf kleinste, unbewusste Hinweisreize des Aufgabenstellers, deren Wirkungen er in weiteren Versuchen überprüfte. Abresch & Lück 1994. H. E. Lück

phallische Phase [engl. *phallic phase*; gr. φαλλός (*phallós*) erigierter Penis], [**EW, KLI**], nach Freud (*Psychoanalyse*) der Zeitabschnitt in der Entwicklung der *Sexualität* des Kindes, der sich an die *analsadistische Phase* anschließt und in dem das Geschlechtsteil die wichtigste Quelle sexuellen Lustgewinns darstellt. An die phallische schließt sich (nach der Latenzperiode) in der Pubertät die *genitale Phase* als endgültiges Stadium an. *Ödipuskomplex*.

Phallografie [engl. *phallometry*; gr. φαλλός (*phallós*) erigierter Penis, γράφειν (*graphein*) schreiben], *Penisplethysmografie*.

Phalluskult (= P.) [engl. *phallic cult*; gr. φαλλός (*phallos*) erigierter Penis, lat. *cultus* Pflege, Verehrung], die kultische Verehrung des männlichen Gliedes als Zeichen der Fruchtbarkeit, der Schöpferkraft, bisweilen auch als Sitz der Seele. Bei den Griechen standen Priapos und die Satyren dem P. nahe. *Animismus*, *Priapismus*.

phänomenale Kausalität *Kausalität, phänomenale*.

phänomenales Feld (= p. F.) [engl. *phenomenal field*; gr. φαινόμενον (*phainomenon*) Erscheinung], [**WA**], bezeichnet in terminologisch loser Verwendung des *Feld*begriffes den Bereich des gleichzeitig Wahrgenommenen (*Wahrnehmung*) bzw. des gleichzeitig Erlebten (gegliedert in phänomenales Ich und phänomenales Umfeld). Zutreffender wird der Begriff p. F. dann gebraucht, wenn jede Wahrnehmung als dynamischer Prozess angesehen werden soll.

Phänomenologie (= P.) [engl. *phenomenon*, *phenomenology*; gr. φαινόμενον (*phainomenon*) Erscheinung, λόγος (*logos*) Wort, Lehre], [**PHI**], als Phänomen wird bez., was sich dem Wahrnehmenden, Fühlenden oder Denkenden unmittelbar präsentiert: ein Gegenstand, eine *Stimmung*, ein Einfall sowie die gesamte erlebte Welt. Die P. geht auf *Husserl* (reine P.) zurück. Die unmittelbare Anschauung ist Grundlage der Erkenntnis. Die Anschauung wird zur kategorialen Anschauung, indem das empirisch

Gegebene des Einzelfalls eine «ideierende Abstraktion» erfährt. *phänomenologische Methoden*. Drüe 1962, Husserl 1900, Husserl 1913.

phänomenologische Methoden (= p. M.) [engl. *phenomenological methods*; gr. φαινόμενον *(phainomenon)* Erscheinung, λόγος *(logos)* Wort, Lehre], **[EM, FSE]**, die Basisannahme der p. M. ist die Intentionalität (*Intention*) der Person-Umwelt-Beziehung. Intentionalität wird als Grundzug menschlichen *Bewusstseins* und Handelns aufgefasst. Das *Verhalten* wird nicht als Stimulus-Reaktion (*S-R-Theorie*) analysiert, sondern Verhalten ist eine sinnvolle Antwort auf eine Situation, die ihrerseits Sinn für die Person hat und Methoden des *Verstehens* (*Intuition*) und Erkennens notwendig macht. Im Zentrum der *Verhaltensanalyse* steht die «Strukturanalyse» mit den Komponenten der Umweltgegebenheit, Sozialität und Historizität, die unter dem von Husserl formulierten Postulat «zu den Sachen selbst» steht. *Phänomen*.

Phäno-Motive [gr. φαινόμενον *(phainomenon)* Erscheinung], **[EM]**, da der Begriff *Motiv* nicht so eng gefasst werden kann, dass er nur die im *Bewusstsein* zutage tretenden Vorwegnahmen des *Will*enszieles umfasst, müssen – nach Stern – «hinter diesen bewussten *Anreizen* des *Wollens* andere, halb bewusste oder unbewusste liegen, die, aus größeren Tiefen stammen, die eigentlichen Energien enthalten, aus denen die Willenstat gespeist wird». Stern benennt diese als «erscheinende» Motive: Phäno-Motive; als «erzeugende» Motive: Geno-Motive.

Phänotyp [engl. *phenotype*; gr. φαινόμενον *(phainomenon)* Erscheinung, τύπος *(typos)* Form, Gepräge], **[EW, BIO, PER]**, äußeres Erscheinungsbild, die Summe der sich aus der Gesamtheit der Erbanlagen (*Genotyp*) ausgebildeten Merkmale eines Organismus. Welche Umweltbedingungen bei gleichem Genotyp zu unterschiedlichen Varianten des Phänotyp führen, ist u. a. Gegenstand der entwicklungspsychol. Forschung. *Anlage-Umwelt*.

Phantomempfindung [engl. *phantom limb*; gr. φάντασμα *(phantasma)* Vorstellung, Einbildung], **[KLI]**, Amputationstäuschung. Ein amputierter Körperteil (z. B. Extremitäten) wird als noch vorhanden erlebt. *Amputationstäuschung*, *Schmerz*.

Phantomschmerz [engl. *phantom pain*; gr. φάντασμα *(phantasma)* Vorstellung, Einbildung], *Schmerz*.

Pharmakodynamik [engl. *pharmacodynamics*; gr. φάρμακον *(pharmakon)* Heilmittel, Gift, δύναμις *(dynamis)* Kraft], **[PHA]**, beschreibt und erklärt die Wirkung von Medikamenten am Organismus. Dabei werden Wirkungen und Wirkmechanismen von Medikamenten umfasst. Das Konzept geht auf Überlegungen von Paul Ehrlich und John Newport Langley zurück. Es geht davon aus, dass jedes Medikament an einen *Rezeptor* binden muss, um zu wirken. Pharmakarezeptoren i. d. S. können unterschiedlichster funktioneller Natur sein, z. B. *Enzyme*, *Hormon*erezeptoren, *Neurotransmitter*rezeptoren, Transportproteine, Ionenkanäle oder DNA. Die meisten *Psychopharmaka* greifen direkt oder indirekt in die Neurotransmission ein, im Wesentlichen in die neuro-neuronale Übertragung. Brunton 2011. *C. Hiemke*

Pharmakogenetik [engl. *pharmacogenetics*; gr. φάρμακον *(pharmakon)* Heilmittel, Gift, γένεσις *(genesis)* Ursprung], **[PHA]**, Teilgebiet der *Pharmakologie* und *Genetik*, das die genetischen Grundlagen von *Pharmakokinetik* und *-dynamik* untersucht.

Pharmakokinetik (= P.) [engl. *pharmacokinetics*], **[PHA]**, die Wirkung eines Pharmakons ist zum einen durch die physikochemische Interaktion des Pharmakons mit der molekularen Zielstruktur bestimmt, zum anderen spielt die Konzentration des Pharmakons am Wirkort eine entscheidende Rolle. Diese wiederum hängt einerseits von der applizierten Dosis ab, andererseits von der Prozessierung des Arzneistoffes im Körper von der Applikation bis zum Erreichen des Wirkortes. Unter dem Begriff P. versteht man die Gesamtheit der Prozessierung eines Arzneistoffs im Körper, ausgehend von der Applikation bis hin zum Erreichen des Wirkortes und schließlich zur Ausscheidung aus dem Körper. Zu den pharmakokinetischen Phasen i. e. S. zählen die Absorption, Distribution, *Metabolisierung* und schließlich die Ausscheidung (Exkretion) eines Pharmakons. Die Phasen der P. werden mit ADME (Absorption, Distribution, Metabolisierung, Exkretion) abgekürzt. Paulzen et al. 2015. *M. Paulzen*

Pharmakologie [engl. *pharmacology*; gr. φάρμακον *(pharmakon)* Heilmittel, Gift, λόγος *(logos)* Wort, Lehre], **[PHA]**, Teilgebiet der Med., das sich mit der Erforschung der Wirkungen von Pharmaka auf den menschlichen und tierischen Organismus befasst. Grundlegende Teilgebiete sind u. a. die *Pharmakokinetik* und die *Pharmakodynamik*. Erstere betrifft die Verstoffwechslung (Resorption, Verteilung, Abbau), Letztere die Wirkungen und Wirkungsmechanismen. Hierbei steht die Interaktion eines Stoffes mit den körpereigenen Systemen (Membrane, Rezeptoren) im Vordergrund. Nach angezielten Systemen können versch. Teildisziplinen unterschieden werden. Für die P. sind am bedeutsamsten die *Neuropharmakologie*, die *Neuropsychopharmakologie* und die *Pharmakopsychologie*. Aktories et al. 2005, Mutschler 2001. *W. Janke*

Pharmakopsychologie (= P.) [engl. *pharmacopsychology*; gr. φάρμακον *(pharmakon)* Heilmittel, Gift], **[PHA]**, s. Einleitung *Gebietsüberblick «Psychopharmakologie»*; Gebiet, das sich mit den psych. und mit diesen korrespondierenden physiol. und biochemischen Wirkungen von chemischen Substanzen auf gesunde Menschen und Tiere unter psychol. Perspektive befasst. Von versch. Autoren wird sie als Bereich der *Psychopharmakologie* angesehen, jenem Teilgebiet der *Pharmakologie*, das sich mit psych. wirksamen (= psychotropen) Stoffen, bes. *Psychopharmaka* beschäftigt. Als Teilgebiet der Ps. kann sie als Teildisziplin der Physiol. Ps., der Angewandten Ps. und als Forschungsmethode aller Teilbereiche gesehen werden. Als Begründer der P. gilt der Psychiater Kraepelin (1856–1926), der gegen Ende des 19. Jhd. viele Untersuchungen zur Wirkung von *Coffein*, *Alkohol*, *Analgetika* und *Hypnotika* auf serielle Rechenleistungen, *Aufmerksamkeits*- und Wahrnehmungsleistungen durchführte oder anregte. Weitere Untersuchungen der ersten Jhd.hälfte (20. Jhd.) wurden mit *Rauschmitteln*, bes. *Meskalin*, durchgeführt. P.

kann im Wesentlichen in Hinblick auf vier Aufgabenbereiche betrieben werden: (1) als Methode zur Ergänzung von Befunden der Ps., (2) als Teilbereich der Physiologie und Chemischen Ps., (3) als Teilbereich der Angewandten Ps. (Arbeit, Verkehr, Umwelt, Klinik), (4) als Grundlagendisziplin für med. und biol. Disziplinen (Neurops., Psychiatrie, Pharmakologie).

Ad (1): Untersuchungen mit psychotropen Substanzen können als Forschungswerkzeuge der Ps. angesehen werden, indem sie als eine Klasse von Stimuli zur Variation von psych. Vorgängen fungieren. Fragestellungen sind dabei u. a.: Variierbarkeit psych. Vorgänge im Bereich *Emotion*, *Motivation*, Sozialverhalten und Leistung (Aufmerksamkeit, Wahrnehmung, Informationsverarbeitung, Lernen und Behalten). Bes. eingehend untersuchte Bereiche sind Leistungen, etwa Informationsverarbeitung einschließlich Reaktionszeiten, Zeitwahrnehmung, *Gedächtnis* und Emotionen (z. B. Beeinflussbarkeit spezif. Emotionen wie *Angst* und *Ärger*).

Ad (2): Als Teilgebiet der Physiol. Ps. betreibt P. Grundlagenforschung mit der Zielsetzung, durch pharmakol. induzierte Verhaltensänderungen Aufschlüsse über die Integration von physiol., biochemischen und psych. Vorgängen zu gewinnen. Die Verabreichung von Substanzen ergänzt andere Techniken zur Anregung und Hemmung somatischer Systeme (z. B. elektrische Reizung, Läsionen). Ihr Vorteil ist die Möglichkeit, relativ schnell reversible somatische Veränderungen zu erzielen. Die größte Bedeutung pharmakopsychol. Untersuchungen liegt in der gezielten Manipulation körpereigener Substanzen durch psychotrope Stoffe und der Beobachtung entspr. Verhaltensänderungen. Dabei sind jene Stoffe als Forschungswerkzeuge am bedeutsamsten, über deren biochemische Wirkungsmechanismen präzise Informationen vorliegen. Wichtige Erkenntnisse wurden u. a. zur Beziehung zw. Aktiviertheit, Emotion und Befinden, Aggression, Hunger, Lernen, Gedächtnis, Zeitwahrnehmung und Transmittern (bes. *Noradrenalin*, *Dopamin*, *Serotonin*, *Acetylcholin*) und Neurohormonen/-modulatoren gewonnen. Soweit direkte Zus.hänge zw. den beeinflussten biochemischen Systemen und Verhalten untersucht werden, bezieht sich die Forschung zum großen Teil aber auf Tiere. Zudem kommen beim Menschen vor allem *bildgebende Verfahren* zum Einsatz. Pharmaka können außer zur Variation biochemischer Systeme auch eingesetzt werden, wenn sie best. Änderungen der physiol. Aktiviertheit induzieren, die für das jew. Konstrukt bedeutsam sind (etwa zentralnervöse Erregung als Voraussetzung für die Konsolidierung).

Ad (3): Als Teilgebiet der angewandten Ps. hat sie praktische Aufgaben, bes. in der *Arbeitspsychologie* und *Verkehrspsychologie* (Beurteilung der Beeinträchtigung der Leistungsbereitschaft und Fahrtüchtigkeit durch Alkohol, Rauschdrogen und Arzneimittel, bes. Schlafmittel und Tranquillanzien) und in der Klin. Ps. (Abhängigkeit und Missbrauch, Pharmakotherapiekontrollen, Prognose therap. Effizienz von Psychopharmaka und Erarbeitung von Prüfmodellen).

Ad (4): Als Grundlagendisziplin für Med. und Biologie leistet P. Beiträge u. a. zu Wirkungsmechanismen, zu psych. Wirkungen und differenziellen Wirkungen, zur Prädiktion klin. Wirkungen.

Die P. beschäftigt sich seit Anfang der 1950er-Jahre überwiegend mit Substanzen, die sich bei der Therapie von Zuständen neg. Emotionalität wie Angst (*Tranquillanzien*), *Schizophrenien* (*Antipsychotika*) und *Depressionen* (*Antidepressiva*) sowie bei kogn. Störungen (*Nootropika*) einsetzen lassen. Dementspr. zeigt die gegenwärtige P. eine enge Beziehung zur psychiatrischen Pharmakotherapie. I. R. der Grundlagenforschung werden darüber hinaus «exp.» Pharmaka wie VNS-Stoffe, *Psychostimulanzien* und *Psychotomimetika* untersucht. Auch andere Stoffe mit psych. «Nebenwirkungen» werden in die Pharmakops. einbezogen, so *Hormone* und Stoffwechsel beeinflussende Substanzen. In den letzten Jahren hat die Toxikopharmakops. sich eingehend mit *Umweltschadstoffen* und ihren Wirkungen auf die Entwicklung und auf kogn. Prozesse befasst. Bes. Bedeutung für die Pharmakotherapie besitzen pharmakopsychol. Befunde zur Frage interindiv. Reaktionsunterschiede auf Pharmaka als Ausdruck von *Persönlichkeitsmerkmalen* sowie zur Abhängigkeit der Wirkung von psychotropen Stoffen von der Untersuchungssituation (z. B. *Stress*). Wichtige Fragen beziehen sich auf die Wirkung von Stoffen bei Kindern (Entwicklungsps.; *Psychopharmaka im Kindes- und Jugendalter*) und bei Alten (*Psychopharmaka im Alter*). Kohnen 1992. *W. Janke/G. Erdmann*

Phase (= P.) [engl. *phase*; gr. φάσις *(phasis)* vorübergehender Zustand], **[EW, KLI]**, Abschnitt einer Bewegung, einer seelischen Entwicklung; eine best. Entwicklungsstufe (*Entwicklungsphasen, -stufen*). In der Kinder- und Jugendlichenphase, aber auch für den gesamten menschlichen Lebensablauf (*Lebensspannenpsychologie*) und die Menschheitsentwicklung wurde eine Reihe ps. wichtiger Phasentheorien (so von *K. Bühler*, *Kroh*, Schmeing, Zeller, *Piaget*, *Kohlberg*) aufgestellt. *Jaspers* def. für die *Psychopathologie* P. als «endogene oder auf gelegentliche Veranlassung inadäquater Art auftretende Veränderungen des seelischen Lebens, die von Wochen bis zu Monaten, bis zu Jahren dauern, die dann aber wieder verschwinden, sodass der frühere Zustand wiederhergestellt wird. Anfälle sind solche P. von sehr kurzer Dauer.» *Prozess*, *Schub*.

Phase, sensible [engl. *sensible/sensitive phase*; lat. *sentire* empfinden, gr. φάσις *(phasis)* vorübergehender Zustand], syn. sensitive Phase, *Montessori-Pädagogik*.

Phase-II-Reaktion [engl. *phase II reaction*], **[PHA]**, Phase-II- (oder Typ-II-)Reaktionen sind synthetische Reaktionen. Hierbei wird entweder die Muttersubstanz oder – häufiger – das Produkt der *Phase-I-Reaktion* mit einem kleinen Molekül (Glucuronid-, Sulfat- oder Methylgruppen) verbunden (konjugiert) und damit die Wasserlöslichkeit erhöht. Der Phase-II-Metabolismus erhält vor allem dort eine enorme Bedeutung, wo im Phase-I-Metabolismus reaktive Produkte entstanden sind, die der Organismus aber aufgrund einer noch immer zu geringen Wasserlöslichkeit nicht entsorgen kann. *Pharmakokinetik*. Paulzen et al. 2015. *M. Paulzen*

Phase-I-Reaktion [engl. *phase I reaction*], **[PHA]**, Arzneimittel werden im Körper biotransformiert. In Phase-I- (oder Typ-I-)Reaktionen wird das Arzneimittel nicht synthetisch modifiziert, z. B. durch Oxidation, Reduktion oder Hydrolyse. Dabei ist die Oxidation die häufigste Reaktion. Es entstehen i. d. R. Metaboliten mit geringerer Lipid- (bzw. besserer Wasser-)Löslichkeit. Ihre pharmakol. Aktivität kann jedoch höher als die der Muttersubstanz sein. Die wichtigsten Phase-I-Enzyme gehören alle zur großen Gruppe der Cytochrom-P450-Monooxygenasen. Monooxygenasen, die auch als mischfunktionelle Oxidasen bez. werden, fügen ein Sauerstoff-Atom in das Substrat (Pharmakon) ein. Neben den CYP-Isoenzymen existiert noch eine Reihe anderer Phase-I-Enzyme, die für den Arzneimittelmetabolismus von Bedeutung sind. Hierzu zählen die Aldehyd-Dehydrogenase (ALDH), die Alkohol-Dehydrogenase (ADH) oder die Dihydropyridin-Dehydrogenase (DPD). *Pharmakokinetik*, *Phase-II-Reaktion*. Paulzen et al. 2015. *M. Paulzen*

Phasenfolge, Theorie der [engl. *phase sequence theory*], **[BIO, KOG]**, nach der von Hebb (1949) aufgestellten Theorie sollen die physiol. Korrelate des Erlebens wie auch des Verhaltens in der Weise funktionieren, dass Gruppen von Nervenzellen in aufeinanderfolgenden Phasen erregt werden.

Phasenmodell psychotherapeutischer Veränderungen (= PPV) [engl. *phase model of psychotherapeutic change*], **[KLI]**, stellt eine theoretische Ausdifferenzierung des *Aufwand-Wirkungs-Modells* dar. Das PPV von Kenneth I. Howard und Mitarbeitern unterscheidet drei sequenziell aufeinanderfolg. Phasen im Veränderungsprozess eines Pat. (*therapeutische Veränderung*), in denen jew. unterschiedliche Problemdimensionen im Fokus stehen, die unterschiedlich schnell zu einer Verminderung der Belastung führen: In der ersten Phase, der *Remoralisierungsphase*, geht das Modell davon aus, dass sich das subj. *Wohlbefinden* zunächst relativ schnell verbessert (z. B. durch pos. Erwartungen und Hoffnungen). In der darauffolg. *Remediationsphase* verringern sich durch spezif. darauf ausgerichtete *Interventionen* die *Symptome* eines Pat. Die abschließende *Rehabilitationsphase* fokussiert gemäß dem Modell auf die Wiederherstellung der allg. Funktionsfähigkeit eines Pat. z. B. in Bezug auf interpersonale Verhaltensweisen und erfordert daher mehr Therapieaufwand. Das PPV nimmt eine probabilistische, sequenzielle Abhängigkeit der drei Phasen an, sodass das erfolgreiche Durchlaufen einer zeitlich früher angeordneten Phase einen pos. *Prädiktor* für die erfolgreiche Bewältigung der darauffolg. Phase darstellt. Der Ein- und Ausstieg in bzw. aus der Therapie kann zu und nach jeder der drei Phasen erfolgen, sodass nicht alle Pat. diese Phasen vollst. durchlaufen. Stulz & Lutz (2007) beobachten für ca. zwei Drittel der Pat. einer großen naturalistischen Stichprobe einen dem PPV konformen Verlauf. Howard et al. 1993. *J. Rubel/W. Lutz*

Phasenprophylaktika (= P.) [gr. φασις (*phasis*) vorübergehender Zustand, προφυλάσσειν (*prophylassein*) vorbeugen], syn. *Stimmungsstabilisierer* [engl. *mood stabilizer*], **[PHA]**, Klasse von *Psychopharmaka*, die zur Phasenprophylaxe *bipolarer Störungen* sowie zur Behandlung manischer Syndrome (*Manie*) eingesetzt werden. Hauptvertreter der P. sind *Lithiumsalze*, deren antimanische Wirkung erstmals von Cade (1949) beschrieben wurde. Aufgrund des relativ hohen Anteils von Pat., die nicht auf eine Lithiumbehandlung ansprechen (*Non-Responder*), sowie aufgrund der z. T. erheblichen *Nebenwirkungen* wurde und wird nach alternativen Präparatklassen gesucht. Eine weitere wichtige Klasse von P. sind *Antikonvulsiva*. Zur phasenprophylaktischen Behandlung werden v. a. *Carbamazepin*, *Lamotrigin* und *Valproinsäure* eingesetzt. Auch einzelne «atypische» *Antipsychotika* haben phasenprophylaktische/stimmungsstabilisierende Wirkungen (z. B. *Aripiprazol*, *Olanzapin*, *Quetiapin*) und sind in dieser Indikation zugelassen. Riederer et al. 1993, Benkert & Hippius 2013. *M. Ising/W. Janke*

phasische Reaktion [engl. *phasic reaction*; gr. φασις (*phasis*) vorübergehender Zustand], *elektrodermale Aktivität*, *Kennwerte*.

Phencyclidin (= PCP) [engl. *phencyclidine*], **[PHA]**, 1955 entdeckte psychotrope Substanz aus der Gruppe der *Halluzinogene* bzw. *Psychotomimetika*, unter vielen Bez., etwa *angel dust* in der Drogenszene, bes. in den 1980er-Jahren, benutzt, Wirkungsmechanismus über Hemmung des Ca2+-Einstroms am *NMDA*-Rezeptor (*Glutamat*). Wegen analgetischer und anästhetischer Wirkungen (vorübergehender) Einsatz als Narkosestoff ebenso wie das strukturverwandte *Ketamin*. Die Effekte von PCP sind *Euphorie*, Erregung und Gefühle der Stärke, jedoch auch *Angst* sowie *Halluzinationen*. Missbrauch kann zu (auto)aggressivem Verhalten sowie zu schweren somatischen Störungen führen. PCP wird auch im Kontext eines chemischen Genesemodells der *Schizophrenie* diskutiert. Gorelick & Balster 1995, Steinpreis 1996. *W. Janke*

Phenmetrazin [engl. *phenmetrazine*], **[PHA]**, *Psychopharmakon* aus der Gruppe der nicht amphetaminergen *Psychostimulanzien*, das als *Appetitzügler* eingesetzt wurde. Heute nicht mehr im Handel. Julien 1997.

Phenobarbital [engl. *phenobarbital*], **[PHA]**, *Hypnotikum* und *Antikonvulsivum* vom Typ der *Barbiturate*, früher sehr gebräuchlich, stark desaktivierende Wirkung. Aufgrund von Suchtpotenzial und Intoxikationsgefahr nur noch als Antikonvulsivum bei epileptischen Erkrankungen verwendet. Aktories et al. 2005.

Phenothiazine (= P.) [engl. *phenothiazines*], **[PHA]**, historisch bedeutsame Gruppe der *Antipsychotika*. P. haben die neue Epoche der pharmakotherap. Behandlung von *Schizophrenien* mit dem Stoff *Chlorpromazin* eröffnet. P. haben vergleichsweise starke vegetative (*anticholinerge* und *antihistaminische*) *Nebenwirkungen*. DiMascio et al. 1963. *W. Janke*

Phentolamin (= P.), **[PHA]**, P. ist ein kompetitiver nicht selektiver α1- und α2-Adrenorezeptorenblocker mit einer relativ kurzen Wirkdauer. Nach Einwirken auf die glatte Gefäßmuskulatur bewirkt die Substanz eine alphaadrenerge Blockade mit daraus resultierender Vasodilatation. Es zählt zur pharmakotherap. Gruppe der Antidote und hat sein klin. Anwendungsgebiet in der Aufhebung der Gewebeanästhesie (Lippen und Zunge) und damit einhergehender funktioneller Defizite im Zus. mit der intraoralen submukösen Injektion eines Lokalanästhetikums mit Catecholamin-Vasokonstriktor nach zahnmed. Eingriffen. Zudem scheint eine Wirkung bei *erektiler Dysfunktion* (*Sexualstörungen*) vorhanden zu sein. Orale Anwendungen scheinen eine Wirksamkeit bei 30–50 % der Männer mit erektiler Dysfunktion zu haben. Pos. Effekte von Phentolamin-Mesilat fanden sich auch bei der Behandlung von weiblichen *Erregungsstörungen* bei postmenopausalen Frauen ohne Hormondefizit und ohne Libidostörung. M. Paulzen

Phenylalanin (= P.) [engl. *phenylalanine*], **[BIO]**, essenzielle Aminosäure, die im Organismus in *Tyrosin* verstoffwechselt wird (*biogene Amine*). Dieser Umbau ist bei best. Personen durch das Fehlen eines Enzyms gestört und führt mit der Anreicherung von P. zur *Phenylketonurie*. W. Janke

Phenylethylamin (= P.) [engl. *phenylethylamine*], **[PHA]**, Substanz aus der Klasse der *Sympathikomimetika*, das in Nahrungsmitteln wie fermentierten Käsearten (z. B. Cheddar), Kakao und Schokolade vorkommt. Die vasoaktive Wirkung kann an der Auslösung von Migräne beteiligt sein (*Trigger*). P.-Derivate sind die Psychodysleptika *Meskalin* und *3,4-Methylendioxymethamphetamin*. W. Janke

Phenylketonurie [engl. *phenylketonuria*], **[BIO, GES]**, rezessiv vererbte Unfähigkeit, *Phenylalanin* in *Tyrosin* umzuwandeln. Bei Nichtbehandlung mit einer phenylalaninfreien Diät in den ersten Lebensmonaten kommt es zu schweren Einbußen der kogn. Fähigkeiten. Pueschel 1996. W. Janke

Pheromone [engl. *pheromones*; gr. φέρειν (*pherein*) tragen, ὁρμᾶν (*horman*) antreiben, erregen], **[BIO]**, Ektohormone (*Hormone*). Wirkstoffe, die gerochen oder geschmeckt werden. Sie dienen der biochemischen innerartlichen *Kommunikation*: als Duftmarkierungen bei staatenbildenden Insekten (Bienen, Ameisen u. a.), als Alarmsubstanzen (z. B. bei Blattschneiderameisen) und als Sexuallockstoffe bei Insekten. Zuweilen dienen sie auch zur Reviermarkierung bei höheren Tieren. Andere Arten bleiben von dieser innerartlichen Kommunikation ausgeschlossen. Es handelt sich um Substanzen, die von einem Individuum nach außen abgegeben werden und bei einem anderen Individuum der gleichen Art spezif. Reaktionen auslösen. So bildet z. B. das Weibchen des Seidenspinners in bes. *Drüsen* einen Sexuallockstoff, das Pheromon, der von dem Männchen über seine Pheromonrezptoren in den Antennen als Signal aufgenommen wird und eine bes. Verhaltensreaktion auslöst. Den *Exaltoliden* (moschusähnliche Substanzen) wird eine entspr. geschlechtsspezif. Wirkung beim Menschen zugeschrieben. Neben den bekannten Sexuallockstoffen gibt es z. B. auch Pheromone zur Wegmarkierung oder als Alarmbotenstoffe. Anwendung finden Pheromone z. B. zur Bekämpfung von Borkenkäfern mithilfe von Pheromonfallen, in die die Käfer selektiv durch ein Aggregationspheromon angelockt werden. C. Becker-Carus

Phi-Funktion von Gamma, syn. *Phi-gamma-Funktion*, **[WA]**, die Beziehung zw. Reizgrößen und der Wahrscheinlichkeit der Abgabe von Urteilen (wie größer, schwerer u. ä.) im Versuch unter Verwendung des Konstanzverfahrens (*Konstanzverfahren*) lässt sich nach der sog. Phi-Gamma-Hypothese durch die *Ogive* (Integral der *Normalverteilung*) beschreiben, die in diesem Zusammenhang nach einer heute wenig verwendeten Nomenklatur auch als Phi-Funktion von Gamma bezeichnet wird. Üblicher ist hier die Verwendung des Begriffes *psychometrische Funktion* (*Psychometrie*). G. Lüer

Phi-Koeffizient (= φ) [engl. *phi coefficient*], syn. *Punkt-Vierfelder-Korrelation*, **[FSE]**, Korrelationkoeffizient für zwei dichotome Merkmale *Korrelation*. Berechnungsformel gemäß der Notationen der *Vierfeldertafel*:

$$\varphi = \frac{a \cdot d - b \cdot c}{\sqrt{A \cdot B \cdot C \cdot D}}$$

Der Wert von φ entspricht dem Wert der *Produkt-Moment-Korrelation*. Der Wert von φ steht zudem in funktionalem Zusammenhang mit dem *Chi-Quadrat-Wert*:

$$\varphi = \sqrt{\frac{\chi^2}{N}}$$

Die *Signifikanz* von φ kann über den χ^2-Wert (df = 1) ermittelt werden. Wirtz & Nachtigall 2012.

Philosophie (= P.) [engl. *philosophy*; gr. φίλος (*philos*) Freund, σοφία (*sophia*) Weisheit], **[PHI]**, s. Einleitung *Gebietsüberblick «I.13 Philosophie und Wissenschaftstheorie»*; in der vorsokratischen Schule aufgekommener Ausdruck für die zu allen Zeiten, in allen *Kulturen* und in vielfältigen Formen hervorgetretenen Bemühungen zur «Erkenntnis des Seienden oder des Ewigen und Unvergänglichen» (Plato). Herkömmliche Disziplinen der P. sind Logik und *Erkenntnistheorie*, *Metaphysik*, *Ethik*. Wie viele Wiss. hat sich auch die Ps. aus der P. entwickelt. Feigl 1959, Descartes 1965, Gadenne 2004.

philosophische Anthropologie *Anthropologie, philosophische*, *Philosophische Psychologie*.

Philosophische Psychologie (= p. Ps.) [engl. *philosophical psychology*; gr. φίλος (*philos*) Freund, σοφία (*sophia*) Weisheit], **[PHI]**, die Ps. als Teil der *Philosophie* (Aristoteles hat erstmals die Ps. als selbstständiges Thema aufgeführt) und zugleich die nach phil. Methoden bearbeitete Ps. Im Vordergrund stehen die Grundfragen des Wesens der *Seele* und des leibseelischen Zusammenhangs (*Leib-Seele-Problem*), Deutungen der Willensfreiheit (*Wille*), des *Erlebens*, *Denkens*, *Fühlens* und *Wollens*. I. w. S. bedeutet p .Ps. auch die als *philosophische Anthropologie* bez. Lehre und Wiss.. Speziell wird die verstehende (*Verstehen, verstehende Psychologie*), *geisteswissenschaftliche Psychologie*; Dilthey, Spranger) hier einbezogen. Stegmüller 1965, 1975.

philosophy of mind [engl. *Philosophie des Geistes/Verstandes*], *Forschungsethik*.

Phi-Phänomen [engl. *phi phenomenon*], **[WA]**, von Wertheimer (1912) eingeführte Bez. für den Eindruck von Bewegung (*Scheinbewegungen*), wenn unter best. Voraussetzungen Reize (*Reiz*, z. B. zwei Lichtpunkte in Abstand) alternierend dargeboten werden. Mit Phi wird auch der jeder *Bewegungswahrnehmung* zugrunde liegende Vorgang bez.

phlegmatisch [engl. *phlegmatic person, phlegmatic*; gr. φλέγμα *(phlegma)* Hitze, Flamme, Schleim], ruhig, bedächtig, schwerfällig. *Temperament*, *Typologie*.

Phobie *Phobische Störung*.

Test Phobiefragebogen für Kinder und Jugendliche (PHOKI), 2006, M. Döpfner, M. Schnabel, H. Goletz & T. H. Ollendick, [www.testzentrale.de], [**DIA, KLI**]. Klinisches Verfahren. AA Kinder und Jugendliche im Alter von 8;0 bis 18;11 Jahren. Der PHOKI ist eine dt.sprachige Überarbeitung des *Fear Survey Schedule for Children – Revised (FSSC-R)*. Der Fragebogen besteht aus 96 Items, die Ängste vor versch. Objekten und Situationen einer dreistufigen Antwortskala erfassen (*Phobische Störungen*). Anhand zweier Zusatzitems können andere im Fragebogen nicht aufgeführte Ängste beschrieben und beurteilt sowie das Ausmaß der Ängste im Vergleich zu Gleichaltrigen eingeschätzt werden. Die Items werden zu 7 Subskalen – (1) *Angst vor Gefahren und Tod*, (2) *Trennungsängste*, (3) *soziale Ängste*, (4) *Angst vor Bedrohlichem und Unheimlichem*, (5) *Tierphobien*, (6) *Angst vor med. Eingriffen* und (7) *Schul- und Leistungsängste* – und einer Gesamtskala zus.gefasst. *Normierung*: Alters- und geschlechtsspezif. Normen. Bearbeitungsdauer: ca. 15 Min.

Phobische Störungen [engl. *phobia; phobic disorders*; gr. φόβος *(phobos)* Furcht], [**KLI**], *Angststörungen*, die durch starke, irrationale *Angst* vor best. Reizen oder Situationen gekennzeichnet ist. Als irrational gelten die Angstreaktionen deshalb, weil von den gefürchteten Reizen keine obj. Gefahr ausgeht oder keine, welche die Stärke der Angstreaktion rechtfertigen würde. Bei Gegenüberstellung mit dem Reiz empfinden Phobiker starke Angst, die sich bis zur *Panik* (*Panikstörung*) steigern kann, physiol./körperliche Reaktionen (z. B. Herzklopfen) und den unwiderstehlichen Drang zu fliehen, bzw. den Reiz zu vermeiden. Die Angstreaktion tritt immer in der Gegenwart des betreffenden Reizes, nicht aber in seiner Abwesenheit auf. Zu den Phobien (= Ph.) zählen *spezifische Phobien*, die *Sozialphobie* und die *Agoraphobie*. Die spezifische Ph. umfasst Angst vor Tieren (z. B. Spinnenph.), vor Umweltsituationen (z. B. Höhenph.), vor dem Anblick von Blut und Verletzungen und anderen Situationen (z. B. Fahrstuhlph.). Die *Sozialph.* betrifft die Angst, im Zentrum der Aufmerksamkeit zu stehen, bzw. vor der Beurteilung durch andere Personen. Die schwierigste Situation stellt für den Sozialphobiker das öffentliche Sprechen dar. Die *Agoraph.* schließlich betrifft Situationen der Öffentlichkeit (z. B. Menschenmengen), aus denen eine Flucht schwierig sein könnte. Bei schwerwiegender Ausprägung können sich die betreffenden Personen nur mehr in der Sicherheit ihres Zuhauses aufhalten.

Ätiologie: Die Mehrzahl spezif. Ph. entsteht in der Kindheit. Es wird angenommen, dass diese das Ergebnis von *klassischer Konditionierung* oder *Modelllernen* sind. Bei Ersterem tritt ein ursprünglich neutraler Reiz, z. B. der Anblick eines Hundes, gemeinsam mit einem unangenehmen oder schmerzhaften, z. B. einem Hundebiss, auf, wonach das Kind eine Hundeph. entwickeln kann. Da die Person in der Folge Gegenüberstellungen mit Hunden meidet, kann sie auch nicht die Erfahrung machen, dass diese i. d. R. harmlos sind und behält so die Ph. bei. Beim Modelllernen geht man davon aus, dass Kinder die Angstreaktion bei Beobachtung eines an einer Ph. leidenden Elternteils lernen. So gaben z. B. Personen mit Zahnbehandlungsph. überzufällig häufig an, dass auch ihre Mutter oder ihr Vater Angst vor Zahnbehandlung hatten. Letztlich ist die Entstehung von Ph. auch von *Persönlichkeitsmerkmalen* und der Erfahrung abhängig. Hohe generelle *Ängstlichkeit* fördert das Erlernen von Angstreaktionen, während vorherige pos. Erfahrung mit dem betreffenden Reiz davor schützen kann. Bei der sozialen Ph. wird dem Modelllernen ebenfalls eine bedeutende Rolle zugewiesen, darüber hinaus einem überbehütendem *Erziehungsstil* durch die Eltern und einer frühen Persönlichkeit, die durch ängstliche Zurückhaltung und *Hemmung* gekennzeichnet ist. Letztere wurde auch bei der späteren Entwicklung der Agoraph. beobachtet, bei der auch genetische Übertragung eine stärkere Rolle als bei den anderen Ph. zu spielen scheint. Die Agoraph. tritt häufig nach einer Panikattacke auf, wobei die Beurteilung der Attacke als lebensbedrohlich zur Entwicklung der Agoraph. beiträgt.

Klassifikation: Bei der spezif. Ph. stimmen beide Klassifikationssysteme, DSM-5 und ICD-10 (*Klassifikation psychischer Störungen*), hinsichtlich der diagn. Kriterien darin überein, dass eine ausgeprägte, übertriebene Angst vor einem spezif. Obj. oder einer Situation vorliegt, die vermieden werden. Der ICD-10 spezifiziert darüber hinaus die Art der Angstsymptome, die in der gefürchteten Situation auftreten müssen, wobei eines davon ein vegetatives Symptom sein soll (z. B. Herzklopfen, Schweißausbrüche), um die Diagnose zu rechtfertigen. Auch bei der sozialen Ph. sind die beiden Klassifikationssysteme darin einig, dass es sich dabei um unverhältnismäßige Angst vor der Beachtung, bzw. Beurteilung anderer handelt und dass solche Situationen vermieden werden. Auch hier spezifiziert nur der ICD-10, dass in den betreffenden Situationen mind. zwei von den drei körperlichen Symptomen – Erröten oder Zittern, Angst zu erbrechen, Miktionsdrang – vorliegen müssen. Schließlich beschreiben beide Klassifikationssysteme unter den Symptomen der Agoraph. die Situationen, in denen bei dieser Störung unverhältnismäßige Angst auftritt, nämlich Menschenmengen und öffentliche Plätze, die deshalb vermieden werden. Der ICD-10 beschreibt die dabei auftretenden Angstsymptome als solche der Panikstörung, das bedeutet abrupt auftretende Panikattacken, die u. a. von Palpitationen, Atembeschwerden, Schwindelgefühlen und der Angst zu sterben begleitet sind. Klassifikation der Phobischen Störungen gemäß der ICD-10: F40.x (s. Anhang I).

Prävalenz und Verlauf: Die spezif. Ph. tritt häufig auf. Es wird geschätzt, dass 10 % von Kindern und Jugendlichen und 6,4 % der Erwachsenen betroffen sind, darunter doppelt so viele Frauen als Männer. Es wird ein mittleres Entstehungsalter von 10 Jahren angenommen, wobei Tierph.

früher und situative Ph. später entstehen. Häufig treten gemeinsam mit der spezif. Ph. auch andere Angststörungen auf. Auch bei der sozialen Ph. wurde eine Lebenszeitprävalenz von 7 % geschätzt. Sie tritt zuerst im Jugendalter auf und Frauen haben auch bei dieser Störung ein etwa zweifaches Risiko. *Depression* ist eine häufig beobachtete komorbide Störung. Schließlich wurde bei der Agoraphobie eine Lebenszeitprävalenz von 5 % geschätzt. Der Beginn der Störung liegt im frühen Erwachsenenalter. Frauen sind häufiger betroffen als Männer und diese Ph. ist oft mit einer Panikstörung verknüpft.

Diagnostik: Zur Abklärung der Diagnosestellung nach DSM-5 und ICD-10 werden *strukturierte Interviews* durchgeführt, die auch über mögliche komorbide Störungen, etwa Depression, Aufschluss geben. Die Einschätzung phobischer Angst wird auf der subj. erlebten Ebene, der Verhaltensebene und der physiol. Ebene durchgeführt. Zur Erfassung der subj. Angst aber auch zum *Vermeidungsverhalten* bestehen eine Reihe von störungsspezif. Fragebogen (Hoyer & Margraf 2003), die jew. an einer großen Anzahl von davon betroffenen Pat. standardisiert wurden. Übergreifend wird häufig das *Angstthermometer* angewandt, bei dem Phobiker von 0 (keine Angst) bis 100 (max. Angst) angeben, wie furchterregend ein best. Reiz oder eine Situation sind. Die subj. Angst zum selben Reiz wird nach der Behandlung wiederum eingeschätzt, womit der Behandlungserfolg beurteilt werden kann. Beim *Verhaltenstest* wird untersucht, welche Situationen angstauslösend sind und wie weit sich Phobiker an die phobische Situation annähern können, ohne die Flucht ergreifen zu müssen. Die Veränderung des Ausmaßes der Annäherung nach der Behandlung dient als Einschätzung des Behandlungserfolgs. Letztlich können auch physiol. Maße zur Diagnostik herangezogen werden. Phobiker zeigen z. B. bei Gegenüberstellung mit dem phobischen Obj. oder der phobischen Situation einen deutlichen Anstieg der Herzfrequenz, der nach erfolgreicher Behandlung nicht mehr auftritt. Der Anstieg der Herzfrequenz steht mit dem Ausmaß der subj. Angst in Beziehung. Eine Ausnahme hinsichtlich der Herzfrequenz-Reaktion bildet die Blut- und Verletzungsph., bei der es bei Gegenüberstellung mit ph. Reizen zu einem Abfall der Herzfrequenz kommt, der schließlich in einer Ohnmacht münden kann. Die diagnostischen Untersuchungen dienen auch der Erstellung eines bedingungsanalytischen Modells (*Bedingungsanalyse*), das Aufschluss darüber gibt, welche Situationen und Faktoren die Ängste auslösen, verschlimmern, verringern und aufrechterhalten. Dieses Modell ist wesentlich für die Planung einer kogn.-verhaltenstherap. Behandlung (*Verhaltenstherapie*). *Phobische Störungen, Psychotherapie*, *Phobische Störungen, Psychopharmakotherapie*. G. Sartory

Phobische Störungen, Psychopharmakotherapie [engl. *phobic disorders, psychopharmacotherapy*], **[KLI, PHA]**, der psychopharmakolog. Behandlung kommt bei spezif. Phobien eine untergeordnete Bedeutung zu. Der Einsatz von *Anxiolytika* bringt nur vorübergehend, aber nicht langfristig Linderung. Bei Sozialphobie und *Agoraphobie* hat sich die Gabe von *Antidepressiva* (inbes. *selektiver Serotonin-Wiederaufnahmehemmer (SSRI)* und *selektiver Serotonin-Noradrenalin-Rückaufnahmehemmer (SSNRI)*, v. a. *Venlafaxin*) als erfolgreich erwiesen, vor allem in Kombination mit der psychol. Behandlung. Zugelassen sind die SSRI *Escitalopram*, *Paroxetin*, *Sertralin* und der SSNRI Venlafaxin. Auch für den Monoaminooxydasehemmer (MAOH) *Moclobemid* und das trizyklische Antidepressivum *Clomipramin* liegen pos. Studien vor, allerdings sind diese Substanzen, v. a. wegen ihrer schlechteren Verträglichkeit, nachrangige Behandlungsoptionen. Beide Störungen sind häufig von *Depression* begleitet, deren Linderung zu verbesserter Rezeption der Psychoth. führen könnte. Die oft gegebenen (atypischen) *Antipsychotika* sind nicht indiziert.

Phobische Störungen, Psychotherapie [engl. *phobic disorders, psychotherapy*], **[KLI]**, bei *Phobischen Störungen* werden drei evidenzbasierte psychol. Behandlungsmethoden eingesetzt: (1) *Expositionstherapie* (auch Konfrontationsbehandlung; *Konfrontation*), bei der die Phobiker schrittweise an die gefürchtete Situation herangeführt werden, (2) *Angstbewältigungstrainings*, bei denen Methoden zur Kontrolle der Angstsymptome vermittelt werden, und (3) *kognitive Um-/Restrukturierung*, bei der die dysfunktionalen, etwa die Angst verstärkenden, Gedanken und Überzeugungen unter Kontrolle gebracht werden. Bei der Expositionstherapie wird eine Angsthierarchie von der am wenigsten zu der am stärksten angsterregenden Situation erstellt, die sodann im Beisein der Therapeuten aufgesucht werden. Nach Rückgang der Angst vor der am wenigsten angsterregenden Situation wird schrittweise zu den nächsten vorgegangen. Diese Übungen haben sich sowohl bei gedanklicher (in sensu) wie auch realer (in vivo) Gegenüberstellung als erfolgreich erwiesen (*Systematische Desensibilisierung*). Die Geschwindigkeit, mit der vorgegangen wird, hängt größtenteils von der indiv. Geschwindigkeit des Angstrückgangs ab. Um die im Beisein der Therapeuten erfahrene Angstreduktion auch auf den Alltag der Pat. generalisieren zu lassen, sollen die Erfahrungen mittels best. Aufgaben auf Situationen außerhalb der Sitzungen übertragen werden. Auch sonst ziehen die Therapeuten ihre Beteiligung schrittweise aus den Expositionsübungen zurück. Phobien, die keine wiederholte Exposition ermöglichen (z. B. Flugangst, Gewitter-Phobie) können erfolgreich mit Angstbewältigungstrainings behandelt werden. Dabei lernen die Pat. Entspannungsübungen wie langsame Bauchatmung und Entspannung der Extremitäten. Danach lernen sie beginnende Anzeichen von Angstzuständen zu identifizieren, u. a., indem sie sich die phobische Situation vorstellen. Danach lernen sie, sich während der Vorstellung beginnender Angstreaktionen zu entspannen. Diese in den Sitzungen erworbene Fertigkeit soll danach auf den Alltag und die phobische Situation übertragen werden. Bei *Sozialphobie* hat sich zusätzlich das Training *sozialer Kompetenz* als erfolgreich erwiesen. Dabei erlernen Pat. soziale Fertigkeiten, die es ihnen ermöglichen, selbstsicherer aufzutreten. G. Sartory

Phon (= P.) [engl. *phon*; gr. φωνή *(phone)* Ton, Laut], **[WA]**, Maßeinheit für die subjektive *Lautstärke* von Tönen und Geräuschen; bei der Frequenz 1000 Hz sind dB- und Phon-Skala identisch. P. als Sprachlaut. *Laut, Phonetik, Phonologie.*

Phonation [engl. *phonation*; gr. φωνή *(phone)* Ton, Laut], [**KOG**], Schallproduktion. Voraussetzung der *Artikulation* von stimmhaften Sprachlauten (*Laut*).

Phonem (= P.) [engl. *phoneme*; gr. φωνή *(phone)* Ton, Laut], [**KOG**], Bez. der *Linguistik* für die kleinste lautliche Einheit. Die Unterscheidung zw. P. und *Laut* beruht auf der Erkenntnis, dass phonetisch versch. Laute innerhalb eines best. Toleranzbereiches dieselbe semantische Funktion (*Allophone, Semantik*) haben. P. ist der Überbegriff für eine Menge solcher Laute: Z. B. in *Wald* und *Wild* sind die beiden /l/ phonetisch versch. (*Phonetik*) von ihrer Funktion im Sprachsystem her gesehen sind sie jedoch identisch. Der semantische Unterschied zw. *Wald* und *Wild* wird durch die Vokale /a/ und /i/ signalisiert, nicht durch das /l/. Das P. wird in die distinktiven Merkmale weiterzerlegt. Suprasegmentale P. sind mehrere P. begleitende Elemente: Akzent, Ton, Rhythmus, Intonation (*Prosodie*). Jones 1950. *B. Kettemann*

Phonematik [engl. *phonematics*; gr. φωνή *(phone)* Laut, Ton], *Phonologie.*

Phonem-Graphem-Konversionsmechanismus [engl. *phoneme-grapheme conversion*; lat. *coversio* Umwandlung, Übertragung], *Schriftsprache.*

Phonemik [engl. *phonemics*; gr. φωνή *(phone)* Laut, Ton], *Phonologie.*

Phonem-Monitoring [engl. *phoneme monitoring*; *monitoring* Überwachung, Kontrolle], [**KOG**], exp. Methode, bei der einer Vp ein best. *Phonem* vorgegeben wird. Anschließend hört die Vp sprachliche Äußerungen. Sobald sie das vorgegebene Zielphonem hört, soll sie so schnell wie möglich (i. d. R. durch das Drücken einer Taste) reagieren. Man kann damit v. a. den Einfluss des vorangegangenen Kontexts auf die Phonemerkennung untersuchen. Eine Vp wird umso schneller reagieren können, je stärker sie damit rechnet, ein Wort mit einem best. Phonem oder ein Phonem an einer best. Stelle zu hören. Wenn als Zielreiz nicht ein Phonem, sondern ein Wort vorgegeben wird, spricht man von *Wort-Monitoring*. *T. Pechmann*

Phonetik, Phonologie (= Pt., Pl.) [engl. *phonetics, phonology*; gr. φωνή *(phone)* Laut, Ton, λόγος *(logos)* Wort, Lehre], [**KOG**], ist die wiss. Beschreibung der lautlichen Seite der *Sprache* i. A. und der einzelnen Sprachen im Besonderen. Zu den grundlegenden Gegenständen der Pt. zählen die lautlichen Gegebenheiten aller natürlichen Sprachen. Sie sind in ihrer Natur bedingt durch die biol. Ausstattung der Hör- (*Hören, Sprachrezeption*) und Sprechfähigkeit (*Sprechen, Sprachproduktion*) des Menschen, letztlich durch den Lebensraum, z. B. auf der Erde und nicht im Wasser. Im Einzelnen von den Lebensbedingungen des Menschen geformt sind der Atemtrakt (Zwerchfell, Lunge, Luftröhre, Kehlkopf mit Stimmlippen, Rachenraum, Mundraum, Zunge, Gebiss, Lippen und Nasenraum; auf der Seite der Sprachwahrnehmung gilt ein Gleiches für das Gehörorgan: äußeres *Ohr*, Mittelohr, Innenohr mit der Cochlea und der neuronalen Brücke (Corti'sches Organ) zum beiderseitigen Hörzentrum des *Gehirns*. Diese organische Ausstattung setzt wesentliche Grenzen für die Parameter sprachlicher Lauteigenschaften. Weder die Stimme noch das menschliche Gehör können Laute verarbeiten, die tiefer sind als etwa 20 Hz und höher als 20 kHz. Analoges gilt für das Klangspektrum, die sog. Formanten, für die Lautstärke und das Sprechtempo etc. Die Beobachtungs- und Messverfahren der Pt. setzen an drei Stellen der lautlichen *Kommunikation* an, (1) am Ort der Produktion durch Beschreibung der Artikulationsorte und -prozesse (Artikulatorische Pt., *Artikulation*), (2) im Übertragungsmedium, d. h. den Schwingungen in der Luft (Akustische Pt.) und (3) den auditiven Prozessen und Wahrnehmungen (*Wahrnehmung*, Auditive Pt.). Durch systematische Segmentierung und *Klassifikation* der artikulatorischen Vorgänge, der akustischen Profile und der auditiv wahrgenommenen Gliederungs- und Verteilungseigenschaften im kontinuierlichen Schallstrom der Rede werden lautliche Segmente nach Merkmalen beschrieben und klassifiziert. Daraus ergeben sich zum einen die Repertoires von Lauten der einzelnen Sprachen und in ihrer Gesamtheit als Vereinigungsmenge das Lautrepertoire aller Sprachen, zum anderen einzelsprachliche und generelle Einschränkungen für die Zusammensetzung von Lauten zu Lautketten in der Silbe und im Wort (*Phonotaktik*) sowie zu Wortgruppen im Satz. Neben der Lautkette bilden die Tonhöhenvariation, Lautstärkevariation und Variation in der Dauer von Segmenten substanzielle Mittel zur lautlichen Gestaltung der Rede, die sog. suprasegmentalen Eigenschaften, zus. auch als *Intonation* bezeichnet. Zur Bez. der Laute mit schriftlichen Mitteln wird heute in der Pt. und in der Pl. ein eigenes – ursprünglich für Zwecke des Fremdsprachenunterrichts – entwickeltes Alphabet inkl. diakritischer Zeichen verwendet, die Lautschrift der *International Phonetic Association* (IPA, frz. API); zur Einführung in die Pt. vgl. Pomino-Marschall (2009) und Reetz & Longman (2009), zur Aussprache des Standarddeutschen den Aussprachenduden, Mangold 2005). Die leitende Fragestellung der Pl. richtet sich auf die systematischen lautlichen Eigenschaften der Sprache i. Allg. und der jew. Besonderheiten in den Einzelsprachen. Ausgangspunkt der phonologischen Forschung ist die Tatsache, dass jedes *Wort* aus einer gegliederten Kette von Lautpositionen besteht und dass Wörter sich min. in der lautlichen Besetzung nur einer einzigen Position unterscheiden können; Bsp. (es werden hier nur die Buchstaben des lat. Alphabets verwendet, die mit Zeichen der Lautschrift identisch sind; dass es sich um die Darstellung von Lauten handelt, wird durch Schrägstriche vor und nach dem Bsp. markiert) /kanst/ - /kUnst/. Die beiden Wörter unterscheiden sich nur in der lautlichen Besetzung ihrer zweiten Position, ebenso z. B. /mUst/ und /mIst/. Solche Paare heißen *Minimalpaare* und jeder Laut einer Sprache, der zu einem Paar von Lauten gehört, in denen sich Wörter in Minimalpaaren unterscheiden können, ist ein *Phonem*. In den genannten Bsp. des Deutschen sind das also /a/ und /U/ (offenes, kurzes u) und /U/ und /I/ (beide offen und kurz). Für die Ermittlung der Phoneme einer Sprache sind alle Positionen im Wort zu prüfen, soweit sie eben in Minimalpaaren belegt sind, also auch z. B. die Erstpositionen wie in /lIst/ - /mIst/, womit sich ergibt, dass /l/ und /m/ Phoneme des Deutschen sind. Die Relation, in der die Phoneme in min. Paaren stehen, heißt *phonematische Opposition*. Im Wort fügen Phoneme sich zu einer nächstgrößeren lautlichen Einheit zus., der Silbe. Aufbau und Aufbauunterschiede von Silben werden in der sog. *metrischen Phonologie* untersucht und beschrieben. Die Grundstruktur der Silbe umfasst zwei Komponenten, die *Anfangskomponente* (Onset) und die *Reimkomponente* (Reim). Letztere besteht ihrerseits aus den beiden Komponenten *Silbenkern* (Nukleus) und *rechtem Rand* (Koda). Die Silbe ist also hierarchisch gegliedert: (Onset (Nukleus – Koda)); z. B. hat das Wort *Handball* zwei Silben, nämlich (h (a - nt)) und (b (a - l)). Die Silbe ist eine Einheit, die viele phonologische Phänomene regelhaft erklären lässt. Dass im Deutschen das Wort Hand im Singular /hant/ und nicht /hand/ lautet, entspricht der phonologischen Regel der *Auslautverhärtung*: Stimmhafte Konsonanten werden im Silbenauslaut (Koda) stimmlos, /d/ wird im Silbenauslaut also zu /t/, /g/ zu /k/ und /z/ zu /s/. Die Erklärung von phonologischen Veränderungen des Wortes in wechselnden Umgebungen durch phonologische Regeln ist eine zentrale Aufgabe der Pl. Auch im typologischen Vergleich lassen sich sprachspezifische lautliche Unterschiede phonologisch präzise beschreiben. So unterscheidet sich das Deutsche von vielen anderen Sprachen darin, dass im Deutschen jedes Wort mit einem Konsonanten beginnt, auch Wörter wie als. Gesprochen wird nämlich /ʔals/, wobei /ʔ/ den kaum hörbaren Sprenglaut bezeichnet, mit dem sich die Stimmlippen zum Artikulieren (*Artikulation*) des Vokals öffnen, den sog. *glottalen Stop-Laut*. In dieser Eigenschaft unterscheidet sich das Deutsche u. a. von allen romanischen Sprachen. Schließlich sind auch suprasegmentale Eigenschaften von Wörtern, Wortgruppen und Sätzen unter Bezug auf die Silbenstruktur regelhaft zu beschreiben, etwa der Wortakzent, der Hauptakzent einer Wortgruppe (Phrase) und der Melodieverlauf des gesprochenen Satzes. Zur Einführung in diese und weitere Kapitel der Pl. siehe Hall (2000). Spezifisch ps. Phänomene der lautlichen Seite der Sprache bilden die Phase des Lauterwerbs durch das Kind (*Sprachentwicklung*), die *Repräsentation* des lautlichen Wissens im *mentalen Lexikon*, die Lauterkennung als erster Schritt des Verstehens einer Äußerung und die phonetischen und phonologischen Besonderheiten von Störungen; s. dazu die einschlägigen Kapitel in Dietrich (2007) und Höhle (2010). Allan 2000. *R. Dietrich*

phonetische Speicher [engl. *phonetic storage*; gr. φωνή *(phone)* Laut, Ton], *Arbeitsgedächtnis im Kindesalter*.

Phoniatrie (= P.) [engl. *phoniatrics*; gr. φωνή *(phone)* Laut, Ton; gr. ιατρός *(iatros)* Arzt], **[KLI, KOG]**, Stimmheilkunde, P. befasst sich als med. Disziplin mit krankhaften Vorgängen bei der Stimm- und *Sprachentwicklung*, beim Sprechen, der Sprache und des Schluckens. P. basiert auf verschiedenen med. Fachdisziplinen, wie z. B. der HNO-Heilkunde, der Neurologie, der Mund-, Kiefer- und Gesichtschirurgie, der Pädiatrie, der Rehabilitationsmedizin, aber auch auf Disziplinen außerhalb des med. Sektors wie z. B. der Hörgeräteakustik, der Sonderpädagogik sowie der Ps. bzw. Psychotherapie. *Sprechen*, *Sprachentwicklungsstörung*.

Phonismen [engl. *phonisms*; gr. φωνή *(phone)* Laut, Ton], **[WA]**, Gehörempfindungen, die durch keinen akustischen, sondern bei anderen Sinnesreizungen, z. B. einem optischen Reiz zustande kommen. *Photismen*.

Phonognomik [gr. φωνή *(phone)* Laut, Ton, γνώμη *(gnome)* Erkenntnis, Wissen], syn. *Phonognomonik*, **[KOG]**, Bez. für den Teilbereich der *Ausdruckspsychologie*, der sich mit den lauthaften Äußerungen (bes. der Sprache) als Ausdruckserscheinung befasst. Rudert 1965.

Phonologie *Phonetik, Phonologie*.

phonologische Bewusstheit (= p. B.) [engl. *phonological awareness*; gr. φωνή *(phone)* Laut, Ton], **[EW, KOG]**, p. B. ist gleichzusetzen mit der Fähigkeit, sich von der Bedeutung der Sprache zu lösen und die *Aufmerksamkeit* auf die Struktur der *Sprache* zu lenken. Nach Skowronek & Marx (1989) lassen sich eine p. B. i. w. S. und eine p. B. i. e. S. unterscheiden. Erstere bezeichnet die p. B. in Bezug auf größere sprachliche Einheiten wie Wörter, Silben und Reime und entwickelt sich bereits vor dem Schuleintritt. P. B. i. e. S. bezieht sich auf den Umgang mit den kleinsten Einheiten der gesprochenen Sprache, den Lauten; sie entwickelt sich i. d. R. durch die Auseinandersetzung mit der Schriftsprache oder durch eine spezif. vorschulische Förderung. Der Zusammenhang zw. der P. B. und dem Lesen- und Schreibenlernen (*Lesen*, *Schreiben*) ist für zahlreiche unterschiedliche Sprachen belegt. Weber & Marx 2008. *J. Weber*

phonologische Informationsverarbeitung (= p. I.) [engl. *phonological processing*; gr. φωνή *(phone)* Laut, Ton], **[KOG]**, p. I. ist nach Wagner & Torgesen (1987) definiert als die Nutzung von Information über die Lautstruktur bei der Auseinandersetzung mit gesprochener und geschriebener Sprache. Es können drei Teilbereiche unterschieden werden: die *phonologische Bewusstheit*, das phonologische Rekodieren im *Arbeitsgedächtnis* (Fähigkeit, Lautfolgen im Arbeitsgedächtnis bereit zu halten) und das phonologische Rekodieren beim Zugriff auf das semantische Lexikon (Fähigkeit, möglichst schnell lautliche Informationen aus dem Langzeitgedächtnis abzurufen). Die drei Komponenten der p. I. gelten als wichtige spezif. Vorläuferfertigkeiten des Lesens und Schreibens. Weber & Marx 2008. *J. Weber*

phonologische Schleife [engl. *phonological loop*; gr. φωνή *(phone)* Laut, Ton], *Arbeitsgedächtnis*.

phonologisches Dekodieren (= p. D.) [engl. *phonological decoding*; gr. φωνή *(phone)* Laut, Ton, λόγος *(logos)* Wort, Lehre, lat. *de-* ab, weg, *caudex* Verzeichnis, Schreibtafel], **[KOG]**, eine Lesestrategie, die darauf basiert, dass Schriftzeichen (Grapheme) systematisch in Sprachlaute übersetzt und diese Sprachlaute zu einer integrierten Aussprache zusammengefügt (zusammengelautet) werden (*Lesen*, *Schriftspracherwerb*). Die Worterkennung erfolgt bei dieser Lesestrategie erst im Anschluss an den Lautierprozess, auf Basis der dekodierten Aussprache. P. D. führt sowohl bei bekannten als auch bei unbekannten Schriftwörtern (bzw. erfundenen Pseudowörtern) zum Erfolg, wenn die Schreibung regelgeleitet ist. Bei unregelmäßigen Wortschreibungen, die nicht auf den Buchstabe-Laut-Beziehungen einer Orthografie basieren (z. B. engl. *women, yacht*), führt diese Strategie zu *Regularisierungsfehlern*, also einer regelgeleiteten Aussprache. Das p. D. ist besonders für Leseanfänger eine wichtige Kompetenz (lautierende Lesen), weil ihnen naturgemäß aufgrund fehlender Leseerfahrung viele Wörter unbekannt sind und ausschließlich über diese Strategie erlesen werden können. K. Landerl

phonologisches Rekodieren [engl. *phonological recoding*; gr. φωνή *(phone)* Laut, Ton, λόγος *(logos)* Wort, Lehre, lat. *re-* wieder, zurück, *caudex* Verzeichnis, Schreibtafel]; *Lesekompetenz*.

Phonometer [engl. *phonometer*; gr. φωνή *(phone)* Laut, Ton, μέτρον *(metron)* Maß], [**WA**], Apparat zur Bestimmung der Hörschärfe bzw. Hörschwelle. *Hören, tonales Hören*.

Phonorezeptor [engl. *phonoreceptor*; gr. φωνή *(phone)* Laut, Ton, lat. *recipere* zurücknehmen, bekommen], [**BIO, WA**], «Schallempfänger», Reizempfänger für Schallwellen. *Ohr*.

Phorie [engl. *phoria*; gr. φέρειν *(pherein)* tragen], [**BIO, WA**], Stellung der Augen bei Fehlen eines fusionierbaren (*Fusion, binoculare*) Reizes; im Test werden Reize *dichoptisch* dargeboten, sodass die Akkommodation richtig eingestellt wird (*Auge*), bei Orthophorie ist auch die Konvergenz richtig eingestellt, bei *Exophorie* auf zu große, bei *Esophorie* auf zu kleine Entfernung (die *Blicklinien* kreuzen sich hinter bzw. vor der Reizebene). Die Größe der Exo- oder Esophorie wird in Prismen-*Dioptrien* angegeben (entspricht der Stärke des zur Korrektur nötigen Keilprismas). H. Heuer

Phosphen(e) [engl. *phosphene*; gr. φῶς *(phos)* Licht, φαίνειν *(phainein)* scheinen], [**WA**], Lichterscheinungen (*Licht*, Blitze, Funken) ohne normal-visuelle Reizung.

Phosphodiesterase (= P.), [**BIO**], P. (PDE), genauer 3′,5′-Cyclonukleotid-P., sind eine Gruppe von Enzymen, die die Second Messenger cAMP und cGMP zu AMP und GMP abbauen. Derzeit sind elf Isoenzymfamilien des P.systems mit unterschiedlicher Gewebsverteilung und unterschiedlicher Substratspezifität für cAMP und cGMP bekannt. M. Paulzen

Phosphodiesterasehemmer (= P.) [engl. *phosphodiesterase inhibitors*], [**BIO, PHA**], *Phosphodiesterasen* sind Enzyme aus der Gruppe der Hydrolasen. Sie spalten Phosphodiester-Bindungen und bauen die Second Messenger cAMP und cGMP zu AMP und GMP ab. Sie können durch versch. Arzneistoffe, sog. P. unspezif. oder spezif. (ein best. Enzym) gehemmt werden. Nicht selektive P. sind bspw. *Coffein* oder Theophyllin, welches zur Behandlung chronischer Lungenkrankheiten eingesetzt wird. Selektive P. werden als PDE-3-Hemmer bei akuter Herzinsuffizienz, als PDE-4-Hemmer bei chronischen Lungenerkrankungen oder als PDE-5-Hemmer bei *erektiler Dysfunktion* und bei pulmonaler *Hypertonie* eingesetzt. Die PDE-5 Hemmer Sildenafil, Vardenafil, Tadalafil und Avanafil sind bspw. zur Behandlung der erektilen Dysfunktion zugelassen. M. Paulzen

Photismen [engl. *photisms*; gr. φῶς *(phos)* Licht], [**BIO, WA**], mit auftretende Lichterscheinungen, z. B. bei *Schreck* oder bei elektr. Reizung der Augenumgebung. Diese Erscheinungen werden auch *Synopsien* genannt. Lichterscheinungen bei akustischen Eindrücken heißen Phonopsien, Tonerscheinungen bei optischen Reizen Phonismen. Die Photismen sind von den *Synästhesien* zu unterscheiden.

Photom [engl. *photom*; gr. φῶς *(phos)* Licht], [**KLI, WA**], subj., wenig konturierte, entoptische Erscheinungen (Blitz, Funke, Farbe). Form von *Halluzination*.

Photon [engl. *photon*; gr. φῶς *(phos)* Licht], Lichtquantum. *lichttechnische Maße*.

Photopsien [engl. *photopsia, photopsy*; gr. φῶς *(phos)* Licht, gr. ὄψις *(opsis)* Sehen], [**BIO**], einfache *visuelle Reizerscheinungen* in Form von Lichtblitzen, Lichtfunken oder Flimmern ohne entspr. externen Reiz. Ursachen können Schädigungen der Netzhaut (z. B. Netzhautablösung) oder Veränderungen des Glaskörpers (Glaskörperabhebung), aber auch okzipitale und okzipito-temporale Funktionsstörungen (z. B. Durchblutungsstörungen, Migräne, Epilepsie) sein. J. Zihl

Photosensibilisierung unter Psychopharmakotherapie [engl. *photosensitisation due to psychotropic drugs*]; bei der Photosensibilisierung (= P.) wird die Haut durch Substanzen wie Medikamente oder Pflanzeninhaltsstoffe empfindlicher für UV-Strahlen. Nach Sonnenexposition kommt es so zu einer Hautrötung, Sonnenbrand oder zu einer Blasenbildung, weil die Lichtreizschwelle herabgesetzt ist. Eine P. tritt bei ausreichender Substanz- und Sonnenexposition bei allen Menschen auf. Unterschieden werden phototoxische und photoallergische Reaktionen, die nicht immer voneinander getrennt werden können und gelegentlich durch die gleiche Substanz beim selben Pat. verursacht werden. Daher ist der Begriff der P. als Oberbegriff sowohl für phototoxische als auch für photoallergische Reaktionen zu sehen. Medikamente mit entspr. Potenzial zur Verursachung derartiger Reaktionen werden als Photosensibilisatoren bez. Im Prinzip können alle Medikamente zu einer P. führen. Entspr. ihrer Häufigkeit sind im Bereich der *Antipsychotika* Substanzen wie *Chlorpromazin*, *Thioridazin*, *Chlorprothixen*, *Promethazin*, *Perazin*, *Fluphenazin*, oder *Haloperidol* zu nennen. Als verursachende *Antidepressiva* kommen *Amitriptylin*, *Trimipramin*, *Nortriptylin*, *Desipramin*, *Imipramin*, *Doxepin* oder *Clomipramin* infrage. Aus der Gruppe der *Antiepileptika* sind es vor allem *Carbamazepin* oder *Lamotrigin*. Schauder 2009. M. Paulzen

Phrasenstruktur-Grammatik (= P.) [engl. *phrase structure grammar*; gr. φράσις *(phrasis)* Redeweise], [**KOG**], Konstituentenstruktur-Grammatik (*Grammatik, Grammatiktheorie*), IC-Grammatik, die auf der *IC-Analyse* basierende Auffassung des klassischen amerikanischen («taxonomischen») Strukturalismus Bloomfield'scher Prägung (Bloomfield 1933) von der syntaktischen Struktur der Sätze einer Sprache (*Syntax*). Sie beschreibt primär einen

Korpus vorhandener (realisierter) Sätze, kann aber auch als *generative Grammatik* zur Erzeugung von Sätzen verwendet werden. Dazu müssen ihre Satzzerlegungsregeln nur als Satzerzeugungsregeln (Ersetzungsregeln, *rewriting rules*) interpretiert werden. Allerdings erzeugt sie in höherem Ausmaß als die *generative Transformationsgrammatik* nicht nur nicht alle in einer Sprache möglichen Sätze, sondern auch viele in der Sprache nicht mögliche Sätze. Die Verwendung des syntaktischen Strukturmodells der P. zur Bildung von Theorien der Sprachbenutzung (Yngve 1960, Johnson 1965) erscheint überholt. Teigeler 1972.

Phrenologie (= P.) [engl. *phrenology*; gr. φρήν *(phren)* Zwerchfell (als Sitz der Seele), λόγος *(logos)* Wort, Lehre], **[BIO, PER]**, die – lediglich historisch bedeutsame – Lehre, aus der Schädelform den *Charakter* bzw. die Begabung des Menschen ableiten zu können. Auch gelegentlich *Kraniologie* bzw. *Kranioskopie* (Schädelschau) genannt. Die Bez. P. stammt von Spurzheim, Ausgang ist die Lokalisationstheorie (*Lokalisation*), nach der sich best. psych. Funktionen zu best. Gehirnzentren zuordnen lassen. Franz J. Gall stellte zahlreiche seelische «Vermögen» auf, z. B. Scharfsinn, Mut, Witz, Wortgedächtnis u. a. Jedes dieser Vermögen hat seinen Sitz an einer best. Stelle im *Gehirn*. Diese Stelle soll zudem noch von außen erkennbar sein. Doch selbst bei Gültigkeit dieser Annahme wäre die P. noch nicht gerechtfertigt. Denn die Ausbildung der Gehirnzentren bedingt nicht die gleichzeitige äußere, sichtbare Ausformung. So wurden denn auch die Annahmen Galls und seines Schülers Spurzheim, die in der ersten Hälfte des 19. Jh. großes Aufsehen erregt hatten, sämtlich als falsch erwiesen, bes. seit Flourens die Lokalisationsforschung auf wiss. Grundlagen stellte und später im Jahre 1870 Fritsch und Hitzig die elektrische Reizung der Großhirnrinde einführten.

Phylogenese [engl. *phylogenesis, phylogeny*; gr. φυλή *(phyle)* Gattung, γένεσις *(genesis)* Ursprung], *Evolutionstheorie*

physikalische Welt (= p. W.) [engl. *physical world*; gr. φύσις *(physis)* Natur], **[WA]**, der Begriff wird in der Ps. zumeist gebraucht, um den Ggs. zur *Erlebniswelt* eines Subjektes auszudrücken. Beide Welten decken sich niemals. Die p. W. enthält keine Qualitäten wie Licht, Farben usw., sondern streng genommen nur Messergebnisse, die durch best. Messoperationen definiert sind (*Operationalismus*). Diese erhalten einen gewissen Sinn, indem ihnen anschauliche Modelle wie Wellen, Atommodelle usw. zugeordnet werden. Nach modernen Ansichten muss selbst hierauf verzichtet werden zugunsten einer unanschaulichen und rein math. Formulierung, die allein in der Lage ist, die physikal. beobachteten Tatsachen zu einem sinnvollen und geschlossenen System zus.zufügen. Historisch gesehen erstrebte eine Beziehung zw. p. W. und Erlebniswelt schon die von Fechner begründete *Psychophysik*, indem sie untersuchte, wie Erlebnisdaten (*Empfindung*) und physikal. Daten (*Reiz*) funktional voneinander abhängen. Bischof 1966a, 1974a.

Physikalismus [engl. *physicalism*; gr. φύσις *(physis)* Natur], **[PHI]**, kritische Bez. für eine zu weitgehende Gleichsetzung von Erlebniswelt (*Erleben*) und *physikalischer Welt*. Bez. für die Thesen R. Carnaps (neopositivistischer «Wiener Kreis») zur Einbeziehung jeder Wiss. in die physikal. Wiss.sprache.

physiogen [engl. *physical world*; gr. φύσις *(physis)* Natur, γένεσις *(genesis)* Ursprung], aus den physischen, körperlichen (nicht den seelischen) Vorgängen entstanden. Ggs. *psychogen*.

Physiognomik (= P.) [engl. *physiognomics*; gr. φύσις *(physis)* Natur, γνώμη *(gnome)* Erkenntnis, Wissen], **[KOG, PER]**, wörtl. *Naturerkenntnis*, die Lehre von der Signatur der Dinge und damit das Erschließen innerer Zusammenhänge (z. B. Wesensart) aus äußeren Erscheinungen (z. B. Form, Gestalt). In der Ps. ist P. die Lehre von den statischen Ausdrucksgehalten des Gesichts und i. w. S. des gesamten Leibes gegenüber den dynamischen (= Pantomimik). P. ist ein Teilgebiet der *Ausdruckspsychologie*. Die P. hat eine lange Geschichte, die einmündet in die Bemühungen, Beziehungen zw. Körperbau und Charakter herauszustellen, wie es u. a. die Forschungen von Kretschmer und Sheldon belegen (*Körperbautypen*). Ausgang der P. ist eine Aristoteles zu Unrecht zugeschriebene Schrift *Physiognomika* aus dem 2. Jh. n. Chr., die nur an aristotelische Gedanken anknüpft und auf peripatetischen Schriften fußt. Tierköpfe mit charakteristischen Parallelen zur menschlichen Gesichtsform dienen als Ansätze. Leonardo da Vinci hat sich damit beschäftigt und Skizzen hinterlassen. Auch Giambattista della Portas *De humana physiognomia* (1593) ist hierfür bekannt. Neuzeitliche Ausweitung erfuhr die P. durch Joh. Caspar Lavater mit den *Physiognomischen Fragmenten zur Beförderung der Menschenkenntnis und Menschenliebe* (1778). Ihre Grundlegung im modern-wiss. Sinne erhielt die P. durch C. G. Carus (*Symbolik der menschlichen Gestalt* 1853), durch Darwin (*Über den Ausdruck der Gemütsbewegung bei Menschen und Tieren*), durch Duchenne (*Physiologie der Bewegungen*) und Piderit (*Mimik und Physiognomik*). Während die Ausdruckserscheinungen im Mienenspiel als *Mimik*, die Ausdruckserscheinungen in den Bewegungen der Extremitäten, den Gesten und den Gebärden *Pantomimik* und schließlich der Ausdruckserscheinungen in der Stimmführung als *Sprechweise* bezeichnet werden, versteht man unter P. erstarrte Bewegung und deren Deutung. *Pathognomik*. Behn 1957, Carus 1853, Krukenberg 1923, Lersch 1961a, Rohracher 1969.

Physiologie (= P.) [engl. *physiology*; gr. φύσις *(physis)* Natur, λόγος *(logos)* Wort, Lehre], **[BIO]**, ursprünglich *Naturlehre*. Lehre vom Körpergeschehen. Wissenschaft der Funktionserscheinungen im normalen Tier- und Pflanzenkörper. Als allg. P. die Lehre von den allg. Lebensvorgängen und Lebensgesetzlichkeiten, als spez. P. die Lehre von den Funktionen der einzelnen Organe (z. B. *Sinnesphysiologie*), als vergleichende P. die Lehre aus der vergleichenden Betrachtung der versch. Lebensvorgänge bei Pflanze, Tier und Mensch und deren Varianten. *Arbeitsphysiologie*, *Elektrophysiologie*, *physiologische Psychologie*, *Psychophysiologie*.

Physiologische Psychologie (= Physiol. Ps.) [engl. *physiological psychology*; gr. φύσις *(physis)* Natur, λόγος *(logos)* Wort, Lehre], **[BIO]**, die Wiss. von den physiol.-ps. Interaktionen im lebenden *Organismus*, von den Tätigkeiten und Reaktionen der Gewebe, *Organe* und Organkomplexe und dem Gesamtverhalten des Organismus in seiner Wechselwirkung mit den verschiedensten (spez. psychol.-kogn.) Umweltreizen einerseits und dem psych. *Erleben* andererseits. Die physiol. Ps. ist heute ein interdisziplinäres Forschungsgebiet, an dem sich zahlreiche Disziplinen beteiligen. Wesentlichen Anteil haben Biologie, Ps. und *Physiologie* sowie *Neuroanatomie*, *Neurophysiologie*, Neuropsychopharmakologie und Neurochemie. Diese heute schon weit reichende Gesamtdisziplin wird in den USA auch als *biological psychology* oder *psychobiology* bezeichnet. Seit einigen Jahren im dt. Sprachraum entspr. als Biologische Psychologie oder *Biopsychologie*. Grundproblem der physiol. Ps. ist die kausalanalytische Aufklärung des *Verhaltens*, wobei der Problemkreis der Ps. entstammt, während die einzelnen Fragestellungen wesentlich durch die Anwendung eher physiol. Methoden mitbestimmt sind, obgleich der Begriff des Verhaltens dadurch nicht eingeschränkt sein muss, sondern jede Art umweltorientierter Aktivität oder *Kommunikation* mit der Umwelt einschließlich des kogn. Informationsaustauschs umfasst. Man kann sagen, dass die neuzeitliche physiol. Ps. durch Joh. Müller (1. Lehrstuhl für Physiologie, *Lehrbuch der Physiologie* 1838 mit einer ersten systematischen Abhandlung über physiol. Ps.) begründet wurde. In der Folge fand dieses Gebiet eine starke Förderung durch die Arbeiten von *Wundt*, der, ausgehend vom *Leib-Seele-Problem* der *Psychophysik* Webers und Fechners, eine Ps. entwickelte, die sich in wesentlichen Teilen auf physiol. Methodik gründet. Die neueren Entwicklungen der physiol. Ps. vollzogen sich dagegen im Wesentlichen in den USA (Grossman, Greenfield, Sternbach u. a.) sowie der ehemaligen UdSSR (Lurija, Sokolow).

Das Gesamtgebiet der physiol. Ps. wird in die folgenden, enger gefassten Teilgebiete aufgegliedert: (1) *Neuropsychologie*: Sie untersucht die Zusammenhänge zw. Verhalten und der Aktivität des ZNS (*Nervensystem*), insbes. des *Gehirns*. Sie arbeitet mit Methoden der *Elektrophysiologie* (*psychophysiologische Methoden*). (2) *Psychophysiologie*, vielfach auch syn. mit physiol. Ps. untersucht im Wesentlichen die Beziehungen zw. Verhalten und physiol. Prozessen, die indirekt die Tätigkeit des VNS widerspiegeln (z. B. *Herzfrequenz*, Atmung, Hautwiderstandsänderung, *Hautwiderstand*), wobei die dreifache Frage nach den physiol.-biol. Grundlagen, dem Erleben (Befinden und *Bewusstsein*; Interviewtechniken) und dem Verhalten (Beobachtungstechniken) im Vordergrund steht. Daher gehört zu den häufigsten Untersuchungen der Psychophysiologie die Bestimmung von *Korrelationen* zw. Verhalten und Aktivitäten von VNS-kontrollierten Erfolgsorganen unter versch. situativen Bedingungen (Greenfield & Sternbach 1972). (3) Chemische Psychologie: Sie befasst sich mit den Beziehungen zw. Verhalten und chemischen Substanzen, die entweder von außen in den Organismus eingebracht werden (*Pharmakopsychologie*) oder *biogen* im Organismus selbst entstehen. Hierher gehören das Teilgebiet der Endokrinops. (*Hormone* und Verhalten) und die molare Psychogenetik (molekularbiol. Grundlagen des Verhaltens, *Gedächtnis*).

Zum Stand der Forschung: *Orientierungsreaktion*, *Angst*, *Hunger*, *Traum*, *Ermüdung*, *Aktivierung*, *Schlaf*, *Stress*. Praktische Anwendungen finden sich in zunehmendem Maße in der klin. Ps. und *Psychosomatik* (psychophysiol. Korrelate zur Kontrolle des Therapieerfolges), in der *Verhaltenstherapie*, bei der *Psychopharmakotherapie*, bei *Hypnose* und zur *Konditionierung* vegetativer und motorischer Verhaltensmuster. Becker-Carus 1981, Schmidt & Birbaumer 2006, Pinel 1997. *C. Becker-Carus*

physiologische Summation [engl. *physiological summation*], *Kombinationston*, *Wahrscheinlichkeitssummation*.

physiologische Uhr [engl. *physiological clock*], [**BIO**], Bez. für die Zeitgliederung bei Pflanzen und Tieren, ein Vorgang der Rhythmik bzw. *Periodik* der *Organ*funktion. Bünning 1958.

Physiologismus [engl. *physiologism*; gr. φύσις (physis) Natur, λόγος (logos) Wort], [**PHI**], der von Metzger (1954) eingeführte Begriff bez. das Übermaß an Ableitung und Aussagen über psych. Vorgänge aus physiol. Tatbeständen.

Physiopolygraphie [engl. *physiopolygraph*; gr. φύσις (physis) Natur, πολύς (polys) mehrere, γράφειν (graphein) schreiben], [**BIO**], umfassende Bez. für den Einsatz von Mehrfachschreibern bzw. mehreren Messgeräten bei der Ableitung versch. physiol. Reaktionen. *Psychophysiologie*, *psychophysiologische Methoden*.

physisch [engl. *physical*; gr. φύσις (physis) Natur], [**BIO**], auf die Natur bezogen, zur Natur gehörend, natürlich, naturhaft. Ggs. *hyperphysisch*, übernatürlich. Körperlich im Ggs. zu *psychisch*.

physische Merkmale [engl. *physical trait*], [**PER**], direkt beobachtbares interindividuell variierendes körperliches Merkmal wie bspw. Körperhöhe, *Body-Mass-Index (BMI)*, Waist-to-Hip Ratio (WHR). *Attraktivität*, *Körperbautypen*.

Physostigmin (= P.) [engl. *physostigmine*], [**PHA**], aus der Kalarbohne gewonnenes *Alkaloid* aus der Gruppe der indirekten, reversiblen *Parasympathikomimetika*, *Cholinesterase*. Physiol. Wirkungen: Miosis, Peristaltikerhöhung, *Bradykardie*, Blutdrucksteigerung, Schweißvermehrung. Wirkungsdauer: mehrere Std. Wegen unerwünschter Wirkungen therap. nur noch als Antidot bei Vergiftungen mit parasympathikolytisch (*Parasympathikus*) wirkenden Verbindungen eingesetzt. P. wurde vielfach als exp. Substanz in Untersuchungen zur Rolle des *cholinergen* Systems für die *Depression* verwendet (adrenerg-cholinerg Imbalance-Hypothese). In Tieruntersuchungen induziert P. Verhaltensdefizite, dabei wird niedrigen Dosen eine Verbesserung der Lernleistung zugeschrieben. In Einzelfällen wurde berichtet, dass P. Gedächtnisleistungen bei Pat. mit *Alzheimer-Demenz* verbessere. *W. Janke/P. Zimmermann*

Phytopharmaka (= P.) [engl. *phytopharmaka, herbal medicines*; gr. φύτον (phyton) Pflanze, φάρμακον (pharmakon) Heilmittel], [**PHA**], Arzneimittel aus Pflanzen. P. mit psych. Effekten, die in der Psychopharmakotherapie verwendet werden. Extrakte aus *Hypericum herba* (*Johanniskraut*) bei leichten *Depressionen* und *Angst*, *Kava-Kava* bei Angst- und Spannungszuständen, Ginkgo-Extrakte bei demenziellen Syndromen sowie alterskorrelierten kogn. Beeinträchtigungen und *Baldrian* bei Unruhezuständen und *Schlafstörungen*. Reuter 1997, Wichtl & Czygan 1997. W. Janke

Piaget, Jean (1896–1980), **[EW, KOG]**, einer der bedeutendsten Entwicklungspsychologen. Geb. in der Schweiz, 1918 Promotion an der Universität Neuchâtel, arbeitete anschließend bei Bleuler und Binet. Forschung am Rousseau-Institut Genf, 1925 Lehrstuhl für Philosophie in Neuchâtel, 1929 Professor in Genf, ab 1936 zusätzlich Lehrtätigkeit an der Universität Lausanne. 1940 Direktor des Psychologischen Laboratoriums der Universität Genf. Piagets Beitrag zur Entwicklungsps. gilt als bedeutend. Sein Hauptinteresse galt der Untersuchung der kogn. Strukturen und deren math.-logischer Beschreibung. *Entwicklung, Stufentheorie nach Piaget*, *Epistemologie, genetische*. Piaget 1992, Piaget 2000, Piaget 1976a, Piaget 1975a, Piaget 1957.

Pica-Syndrom [engl. *Pica disorder/syndrome*], **[KLI]**, auch *Pica*; Bez. für eine seltene Störung, bei der Betroffene ungenießbare (Steine, Metall) oder ekelerregende (Exkremente) Dinge zu sich nehmen. Zählt zu den *Essstörungen*, bei der allerdings nicht die Quantität, sondern die Qualität des Essens im Vordergrund steht. Nach ICD-10 im Erwachsenenalter (F 50.8) und im Kindesalter (F 98.3) diagnostizierbar.

Pick'sche Krankheit [engl. *Pick's disease*], syn. Pick'sche *Gehirnatrophie*, Pick-Syndrom, **[KLI]**, spezif. degenerative Erkrankung mit Persönlichkeitszerfall und *Demenz*. Beruht auf erblich bedingter *Hirnatrophie*.

Picrotoxin (= P.) [engl. *picrotoxin*], **[PHA]**, Pharmakon aus der Gruppe der Kreislaufanaleptika und *Stimulanzien* mit stark erregender Wirkung auf das ZNS. P. führt schon in geringen Dosen zu Konvulsionen. Verwendung bei *Intoxikationen* durch *Barbiturate*. Der Wirkungsmechanismus besteht in der Blockade hemmender biogener Substanzen. P. ist *Antagonist* von *GABA*. Der $GABA_A$-/*Benzodiazepin*-Rezeptor-Komplex hat eigene Bindungsstellen für *Konvulsiva* wie P., die Öffnungszeit des Chloridionenkanals dieses Rezeptorkomplexes wird durch P. verkürzt. Beim Tier führen subkonvulsive Dosen von P. zu Steigerung des Behaltens im Labyrinthlernen. McGaugh & Herz 1972. W. Janke

Pigmentfarbenmischung [lat. *pigmentum* Färbestoff, Farbe], **[WA]**, eine Form der *Farbenmischung*.

Pilocarpin (= P.) [engl. *pilocarpine*], **[PHA]**, *Alkaloid* der Jaborandiblätter, in der Volksmed. bei Mundtrockenheit verwendet, *cholinerge* Substanz, sog. direktes *Parasympathomimetikum* mit Erregung von Acetylcholinrezeptoren, mit stark sekretionsfördernder Wirkung (Speichel, Tränen, Schweiß, Förderung von Wasserabfluss aus der Augenvorkammer). Sonstige physiol. Wirkungen sind Blutdruckanstieg, *Tachykardie* (über Freisetzung von *Noradrenalin*). Kleine Dosen führen zur Erregung der *Formatio reticularis*, die durch *Atropin* blockiert wird. Verwandte des P. sind *Arecolin* und *Muscarin*. Therap. eingesetzt fast ausschließlich bei Glaukom lokal in Form von Augentropfen oder -salben. W. Janke

Pilzecker, Alfons (1865–1949). **[HIS, KOG]**, Pilzecker führte in Göttingen in Zusammenarbeit mit *Georg Elias Müller* exp. Untersuchungen zum Gedächtnis durch. Pilzecker begann 1884 ein Theologiestudium in Göttingen, wechselte 1886 zur Philosophie und Ps., studierte kurze Zeit in München, kehrte dann zu Müller zurück und arbeitete viele Jahre bei ihm exp. Pilzecker promovierte 1889 bei Müller mit der Arbeit *Die Lehre von der sinnlichen Aufmerksamkeit*. Gemeinsam mit Müller veröffentliche Pilzecker die Monographie *Experimentelle Beiträge zur Lehre vom Gedächtnis*.1900 ging P. nach Heidelberg zum Med. studium, das er schon in Göttingen begonnen hatte und 1904 in Heidelberg mit einer exp. Arbeit über Phosphor- und Arsenvergiftungen abschloss. Pilzecker arbeitete anschließend als Arzt und verließ so die Ps., sodass nur die zwei genannten Publikationen von P. zur Ps. nachweisbar sind. Sie betreffen das Jost'sche Gesetz (*Jost'sche Sätze*) und die *retroaktive Hemmung*. Gundlach 1987. H. E. Lück

Pimozid (= P.) [engl. *pimozide*], **[PHA]**, *Psychopharmakon* aus der Gruppe der *Antipsychotika* vom Typ der Diphenylbutylpiperidine mit hoher Affinität und Selektivität zum D_2-*Dopaminrezeptor*. Geringe vegetative *Nebenwirkungen*, jedoch dosisabhängig bedeutsame *extrapyramidalmotorische Störungen*. Eliminationshalbwertszeit 50–60 Std. P. ist mit einer erheblichen *Verlängerung der QTc-Zeit* assoziiert. Deshalb und wegen der zur Verfügung stehenden besseren Alternativen ist die Gabe der Substanz heute obsolet. Janke & Debus 1972. W. Janke

P-Index [engl. *P-Index*; lat. *index* Anzeiger], **[DIA, FSE]**, Maß für Schwierigkeit einer Aufgabe in der *Klassischen Testtheorie*. Gibt die prozentuale Häufigkeit an, mit der die Aufgabe von einer *Stichprobe* von Pbn in einer best. Weise beantwortet wird. Bei *Leistungstests* ist die Schwierigkeit bestimmt durch die relative Anzahl richtiger Lösungen. *Itemanalyse*.

Pindolol [engl. *pindolol*], **[PHA]**, Pharmakon mit sympatholytischer Wirkung aus der Klasse der nicht selektiven *Beta-Rezeptorenblocker* mit intrinsischer Aktivität.

Pinna-Brellstaff-Täuschung [engl. *Pinna-Brellstaff illusion*], Pinna & Brellstaff 2000, **[WA]**, *Bewegungstäuschung*;

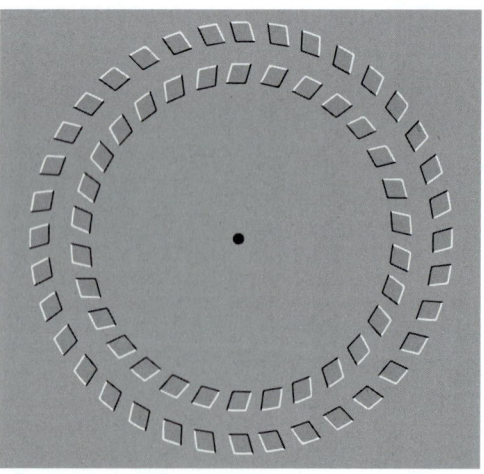

Pinna-Brellstaff-Täuschung

in der Abb. werden zwei sich in entgegengesetzter Richtung drehende Kreise wahrgenommen, wenn der Mittelpunkt fixiert und der Kopf auf das Bild zu bzw. weg bewegt wird. Es wird angenommen, dass Bewegungsdetektoren in der Peripherie der *Retina* durch die kleinen viereckigen Elemente irritiert werden und sich anschließend durch die Integration zu einer Bewegungs*gestalt* ein homogener Bewegungseindruck ergibt.

Pinocchio-Täuschung (= P.) [engl. *Pinocchio illusion*], [**WA**], ist benannt nach der Kinderbuchfigur von Carlo Collidi, deren Nase beim Lügen wächst. Die P. tritt auf, wenn Personen ihre Nase mit der Hand berühren und gleichzeitig durch eine Vibration am Bizeps einer *vibrationsinduzierten Täuschung* ihrer Handposition unterliegen. Propriozeptive Information (*Propriozeption*) signalisiert dann eine Handposition vor der Nase, während die taktile Information eine Handposition an der Nase signalisiert. Personen berichten, dass sie ihre Nase als verlängert wahrnehmen. Die P. ist exemplarisch für eine Reihe ähnlicher Täuschungen der Wahrnehmung des eigenen Körpers, die ausführlich von Lackner (1988) untersucht wurden. Die P. u. ä. Phänomene sind bedeutsam für die Untersuchung der Kombination taktiler und propriozeptiver Information in der Wahrnehmung. *K. Drewing*

PINV, Abk. für *post-imperative negative variation*, [**BIO, DIA**], negative Gleichspannungsverschiebung des kortikalen EEG nach Darbietung eines angekündigten imperativen Reizes, auf den motorisch oder kogn. (z. B. mit Vorstellung) reagiert werden muss. Besonders ausgeprägt bei Personen mit psych. Verhaltensstörungen. *Elektrodiagnostik*, *Enzephalografie*. Rockstroh et al. 1979.
N. Birbaumer

Pipamperon [engl. *pipamperone*], [**PHA**], *Psychopharmakon* aus der Gruppe der *Antipsychotika* vom Typ der *Butyrophenone* mit relativ niedriger Affinität zum D2-*Dopaminrezeptor*. Keine anticholinergen *Nebenwirkungen*, geringe *Inzidenz* von *extrapyramidalmotorischen Störungen*. Die Wirkung wird vorwiegend über $5-HT_2$-Serotonin-Rezeptoren vermittelt, weniger über *Dopaminrezeptoren*. Die Substanz wird wegen des Wirkprofils gerne in der Gerontopsychiatrie eingesetzt. *W. Janke*

Piracetam (= P.) [engl. *piracetam*], [**PHA**], *Psychopharmakon* aus der Gruppe der *Nootropika*. Häufig bei alten, leistungsgeschwächten Personen angewandt. P. begünstigt die Erregungsübertragung in versch. Hirnstrukturen, kaum allg. zentral stimulierende Effekte.

Pirenzepin (= P.), [**PHA**], P. gehört zur Gruppe der *Anticholinergika* (= Parasympatholytika), dessen pharmakol. Wirkung auf der kompetitiven Blockade von Muskarinrezeptoren beruht. Dosisabhängig reduziert P. vor allem über eine Herabsetzung der Sekretvolumina die Magensäuresekretion durch kompetitive Blockade der M1-Rezeptoren an autonomen Ganglienzellen und parakrinen Zellen des Magens. Dies ist die hauptsächliche Wirkung von P. in therap. Dosierung. Die typischen *anticholinergen* Wirkungen wie Mundtrockenheit machen es bei der Behandlung der eigentlichen Indikation, dem Magen- bzw. Zwölffingerdarmgeschwür entbehrlich. Anwendung findet es zur Verminderung von Speichelfluss bspw. bei einer *Antipsychotika*-Therapie mit *Clozapin*. *M. Paulzen*

PISA-Studien [engl. *PISA studies*], Abk. für *Programme for International Student Assessment*, [**DIA, PÄD**], PISA ist eine von der Organisation für wirtschaftliche Zusammenarbeit und Entwicklung (engl. *Organisation for Economic Co-operation and Development*, *OECD*) initiierte internat. vergleichende Schulleistungsstudie (engl. *Large-Scale Assessment*). PISA erfasst in den teilnehmenden Staaten bzw. Bildungssystemen, inwieweit fünfzehnjährige Schülerinnen und Schüler gegen Ende ihrer Pflichtschulzeit grundlegende *Kompetenzen* erworben haben, die sie zur aktiven gesellschaftlichen Partizipation befähigen. PISA konzentriert die Erhebungen damit auf Kompetenzen, die für die indiv. Lern- und Lebenschancen ebenso bedeutsam sind wie für die gesellschaftliche, politische und wirtschaftliche Weiterentwicklung. Als grundlegende Kompetenzbereiche betrachtet PISA die *Lesekompetenz*, die math. Kompetenz und die naturwiss. Kompetenz.

Seit der ersten Erhebung im Jahr 2000 wird PISA alle drei Jahre internat. mit dt. Beteiligung durchgeführt. In Dt. wird PISA von der Ständigen Konferenz der Kultusminister der Länder in der Bundesrepublik Dt. (Abk. KMK) in Auftrag gegeben. Getestet werden jew. alle drei Kompetenzbereiche, die Schwerpunktsetzung der Testung wechselt jedoch in regelmäßiger Folge mit dem Erhebungszeitpunkt. Im Jahr 2000 war die Lesekompetenz der Schwerpunktbereich, gefolgt von der math. Kompetenz im Jahr 2003 und der naturwissenschaftlichen Kompetenz im Jahr 2006. Bei PISA 2009 bildete die Lesekompetenz erneut den Schwerpunkt und bei PISA 2012 war es die math. Kompetenz. PISA 2015 wird die naturwiss. Kompetenz als Schwerpunkt betrachten. Der Schwerpunktbereich wird mit einer größeren Anzahl Testaufgaben untersucht, wodurch eine detailliertere Betrachtung möglich ist. Die Testaufgaben für die drei Kompetenzbereiche beruhen auf dem theoret. Rahmenkonzept für PISA (OECD 2009) und orientieren sich nicht an Lehrplänen (*Lehrplan*), sondern an *Wissen* und Fähigkeiten (*Fähigkeit*), die im privaten und beruflichen Alltag benötigt werden. Die Testaufgaben weisen unterschiedliche Testformate auf. Neben den Kompetenztests kommen bei PISA *Fragebögen* zur Erfassung von Kontextmerkmalen zum Einsatz. Diese Fragebögen für Schüler, Eltern und Schulen erfassen die Bedingungen, unter denen Schüler Kompetenzen entwickeln können. Ein bes. Augenmerk liegt dabei auf Merkmalen der sozialen und kult. Herkunft sowie der schulischen und außerschulischen Lehr-Lern-Umgebungen. Kompetenztests und Fragebögen werden bei PISA als Papier-und-Bleistift-Versionen vorgelegt. Bei PISA 2009 wurden in mehreren teilnehmenden Staaten zusätzliche Aufgaben zur Erfassung der Lesekompetenz von Schülern am Computer bearbeitet. PISA 2015 wird zum ersten Mal in vollem Umfang computergestützt durchgeführt werden. Das Design von PISA bietet den teilnehmenden Staaten Möglichkeiten, das internat. Programm durch nationale Ergänzungen zu erweitern. In Dt. werden regelmäßig Erweiterungen der *Stichprobe* um vollst. neunte Klassen sowie der Fragebögen vorgenommen. PISA untersucht Bildungserträge, die in den teilnehmenden Staaten erreicht werden. Zu den Ergebnissen von PISA zählen auch Befunde hinsichtlich der Zusammenhänge zw. den Kompetenzen und Kontextmerkmalen sowie Analysen von Veränderungen über die Zeit. Die Ergebnisse von PISA werden internat. in Berichten der OECD veröffentlicht (z. B. OECD 2010). Zusätzlich werden in einigen teilnehmenden Staaten ausführlichere nationale Berichte publiziert, so auch in Dt. (z. B. Baumert et al. 2001, Klieme et al. 2010). *D. Krampen*

Piston-Effekt [engl. *piston effect*], *Tunnelphänomen*.

Pithiatismus [engl. *pithiatism*; gr. πειθειν *(peithein)* überreden, ιαθος *(iatos)* heilbar; sinngemäß: durch überreden heilbar], **[KLI]**, nach Babinski eine Bez. für die therap. Suggestivverfahren (z. B. *Hypnose*) wie auch für die diesen Verfahren zugänglichen Zustände.

Pivot-Grammatik, Pivot-Wort (= P.) [engl. *pivot grammar*; *pivot* Angelpunkt], syn. *Angelpunkt-Wort*, **[EW, KOG]**, nach Braine (1963) haben die ersten Zwei-Wort-Sätze von Kindern vorwiegend die syntaktische Struktur «P-X» oder «X-P»: Eine geringe Anzahl von immer wieder auftretenden «Wörtern» (die *pivots*, P-Wörter), die nicht in allen Fällen auch allein auftreten, nimmt die erste (oder in einigen Fällen die zweite) Position im *Satz* ein. Die komplementäre Position wird mit einer großen Anzahl weiterer «Wörter» besetzt, den X-Wörtern als dem eigentlichen Vokabular der Kinder; diese treten nicht so häufig wie die *pivots* auf, oft nur in ein oder zwei verschiedenen Kombinationen, aber immer auch allein. Bsp.: *see baby, see pretty, see train; all broke, all clean, all done*. Die *pivots* treten im Zuge der *Sprachentwicklung* mit etwa 1,7 Jahren auf, wobei Braine unter *Wort* allerdings auch solche Wortkombinationen versteht, deren einzelne Bestandteile (Wörter) in dem untersuchten Korpus nicht auch unabhängig voneinander, d. h. allein oder in anderen Kombinationen, auftreten, sondern immer nur zus., z. B. *howareyou, allgone, icecream*. Die *pivots* gelten strukturell als die «Angelpunkte» des Satzes, deren Position im Satz die Kinder lernen und an die sie nach Bedarf die übrigen «Wörter» ihres Wortschatzes anfügen. Den P-Wörtern der frühen Kindersprache entspricht nach Braine funktional und genetisch die geschlossene Klasse der *Funktionswörter* der Erwachsenensprache, den X-Wörtern die offene Klasse der Inhaltswörter. Fraglich ist die eindeutige Def. von P- und X-Wörtern sowie die ausnahmslos an der Oberfläche (*Oberflächenstruktur*) bleibende Beschreibung der Zwei-«Wort»-Sätze durch die P. Leuninger et al. 1972.

PK-Test, Abk. für *Psychokinese* [engl. *psychokinesis*; gr. ψυχή *(psyche)* Seele, κίνηση *(kinese)* Bewegung], in der exp. paraps. Forschung verwendete Anordnung, um festzustellen, ob sich z. B. der Fall oder die Platzierung von Würfeln oder der Output eines quantenmechanischen Zufallszahlengenerators von den mentalen Intentionen einer Vp «direkt» beeinflussen lässt. *Parapsychologie*. Jahn & Dunne 2006.

Placebo (= P.) [engl. *placebo*; lat. *placere* gefallen, zusagen], syn. *Leerpräparat*, **[KLI, PHA]**, i. e. S. eine bei der Wirkungsprüfung von Pharmaka zur Kontrolle eingesetzte Zubereitung, die in ihren äußeren Merkmalen (Aussehen, Geruch, Geschmack) der biol. aktiven Substanz gleicht. Viele Untersuchungen verdeutlichen, dass P. alle Arten psychol. und physiol. Vorgänge zu beeinflussen vermag (z. B. vegetative Wirkungen wie Herzklopfen). *Placebo-Effekt*, *Placebo-Forschung*.

Placebo-Effekt (= P.-E.) [engl. *placebo effect*; lat. *placere* gefallen, zusagen], **[PHA]**, die Verbesserung von Symptomen nach Gabe eines Scheinmedikamentes (*Placebo-Forschung*, *Placebo-Response*) oder nach einer Scheinbehandlung aufgrund von P.-Mechanismen wie Erwartungen, *Konditionierung* oder sozialem Lernen. Der P.-E. ist abzugrenzen von stat. Effekten, wie der *Regression zur Mitte*, *Spontanremission*, Wirkungen anderer Behandlungen (*Konfundierung*). P. werden zur Kontrolle von unspezif. Effekten in der klin. Forschung eingesetzt. Der P.-E. ist i. d. R. beträchtlich und in vielen psychol. und physiol. Variablen nachweisbar. Charakteristisch ist die Abhängigkeit der Wirkungsstärke und -art von der Art der Zubereitung (z. B. Farbe, Größe), der Instruktion, der Situation und der Person. Diese spielt eine entscheidende Rolle. Personen, die nach der Verabreichung von P. wie auf eine biol. aktive Substanz reagieren, werden als *Placebo-Responder* bez. Je nach Versuchssituation und Art der abhängigen Variablen reagieren 20–40 % der Pbn in unausgelesenen Stichproben auf P. pos. Es wird angenommen, dass der P.-E. durch best. Persönlichkeitsmerkmale modifiziert wird. P.-Responder haben im Vergleich zu Non-Respondern höhere Werte in folg. Variablen: *Neurotizismus*, primäre *Suggestibilität*, Submission, Akquieszenz, *Optimismus* und niedrigere Werte bzgl. *Ängstlichkeit*. Trotz dieser *Korrelationen* ist die Existenz von P. i. S. habitueller und genereller Bereitschaft, auf P.gabe zu reagieren, nicht bewiesen. Versch. Untersuchungen legen nahe, dass best. Individuen je nach Situation stark oder gar nicht reagieren und dass Korrelationen mit Persönlichkeitsvariablen situationsspezif. sind. Bei Pat. ist die Wirkung abhängig von Art der Erkrankung, Erfahrungen des Pb, *Persönlichkeit* des Pb und Suggestivität des Untersuchungsleiters. P. können auch unerwünschte *Nebenwirkungen* wie Kopfschmerz oder Müdigkeit auslösen (*Nocebo-Effekt*). An der analgetischen P.wirkung sind körpereigene *Opiate*, die *Endorphine*, beteiligt; diese Wirkung kann durch Gabe von Opiatantagonisten unterdrückt werden. Enck et al. 2013. *K. Weimer/P. Enck/W. Janke*

Placebo-Forschung [engl. *placebo research*; lat. *placere* gefallen, zusagen], **[PHA]**, Forschungsrichtung, die sich mit den Mechanismen, Mediatoren und Moderatoren des *Placebo-* und *Nocebo-Effekts* befasst, mit dem Ziel, diese besser zu verstehen und für die Minimierung von Placebo-Effekten in der klin. Forschung und die Maximierung in der Pat.versorgung einzusetzen. Mechanismen sind insbes. Erwartungen (*Erwartungsinduktion*), *Konditionierung* und *soziales Lernen*; Mediatoren sind v. a. Merkmale wie *Ängstlichkeit*, *Depression*, *Optimismus*, *Selbstwirksamkeit*, möglicherweise auch eine genetische Prädisposition; Moderatoren sind vor allem Alter und Geschlecht.

K. Weimer/P. Enck

Placebo-Responder [engl.; lat. *placere* gefallen, zusagen, *respondere* antworten], **[KLI]**, Person, die auf die Gabe von wirkstofffreien Scheinmedikamenten (*Placebo*) oder andere Scheinbehandlungen (z. B. *Schein-Operationen*) mit einer Symptombesserung reagiert. In einem Medikamentenversuch kann die Symptombesserung durch die *Placebo-Response* oder durch andere Effekte, wie eine *Regression zur Mitte*, andere Behandlungsaspekte oder durch spontane Besserungen erzeugt sein. Bisher ist unklar, ob es sich bei der Placebo-Response um eine Persönlichkeitseigenschaft (*Persönlichkeitsmerkmal*) handelt, die über die Zeit und Situationen hinweg stabil ist. *K. Weimer/P. Enck*

Placebo-Response (= P.) [engl.; lat. *placere* gefallen, zusagen, *respondere* antworten], **[GES, KLI, PHA]**, indiv. Reaktion auf die Gabe eines wirkstofffreien Scheinmedikaments (*Placebo*) oder eine Scheinbehandlung (z. B. *Schein-Operationen*) mit einer Symptombesserung, die nicht auf die Behandlung selbst oder andere Effekte, wie die *Regression zur Mitte*, andere Behandlungen oder spontane Besserungen, zurückzuführen ist. Mögliche Mechanismen einer P. sind Erwartungen (*Erwartungsinduktion*), *Konditionierung* oder soziales Lernen. *Placebo-Effekt*. *K. Weimer/P. Enck*

place learning [engl. *place* Ort, Stelle, *learning* lernen], *räumliches Lernen*.

Plagiat [engl. *plagiarism*; lat. *plagiarius* Seelenverkäufer, Menschenhändler], *ethische Fragen arbeits- und organisationspsychologischer Forschung, Forschungsethik*.

Plan [engl. *plan*], **[KOG]**, von Miller et al. (1960) eingeführter kognitivistischer Grundbegriff, der die Ablauforganisation zielgerichteter Aktivität beschreiben und erklären helfen soll. In Analogie zum «Programm», das die Aktivität eines Computers steuert, werden Pläne als hierarchisch verschachtelte Folgen von Operationsanweisungen verstanden. Komplementärbegriff: *Image*, *TOTE-Einheit*. *G. Kaminski*

Plananalyse (= P.) [engl. *plan analysis*], **[KLI]**, ist ein Ansatz zum Erstellen psychotherap. *Fallkonzeptionen* (Caspar 2007). Historischer Vorläufer ist die *Vertikale Verhaltensanalyse* von Grawe. Sie entstand als Antwort auf die Frage, wie auf der Ebene der *Therapiebeziehung* mit «schwierigen Pat.» umzugehen sei, die sich nicht auf therap. Arbeit einlassen können, obwohl der Therapeut auf inhaltlicher und meth. Ebene alles richtig zu machen scheint. Grawe postulierte damals, dass man neben den *horizontalen* Aspekten (Ablauf auf der Zeitachse, auf dem der Fokus der lerntheoretischen *Verhaltensanalyse* liegt) die übergeordnete motivationale Struktur (*vertikaler Aspekt*) besser verstehen muss. Auf der Suche nach geeigneten allgemeinpsychol. Grundlagen stieß er auf *Plans and the Structure of Behavior* von Miller et al. (1960). Diese verwendeten den Begriff *Plan* für die Grundelemente der Verhaltensorganisation, die jew. Zweck UND die dafür eingesetzten Mittel umfassen und i. Ggs. zur umgangssprachlichen Bedeutung des Begriffs großenteils nicht bewusst sind. Es geht also nicht nur um explizite, sondern auch um implizite *Motive* und auch um nicht bewusst eingesetzte Mittel. Weil Pläne immer auch Mittel beinhalten, ist das immer wieder anzutreffende Verständnis falsch, bei Plänen i. S. der P. würde es sich um kogn. Regeln handeln. Der Ansatz, der ursprünglich nur dem Verständnis von Pat. in der Therapiebeziehung diente, wurde in den frühen 1980er-Jahren von Caspar zu einem Ansatz erweitert, der nun auch dazu diente, die Entstehung und Aufrechterhaltung der Probleme von Pat. indiv. zu verstehen. Dazu musste er zwingend auch erweitert werden, um Kon-

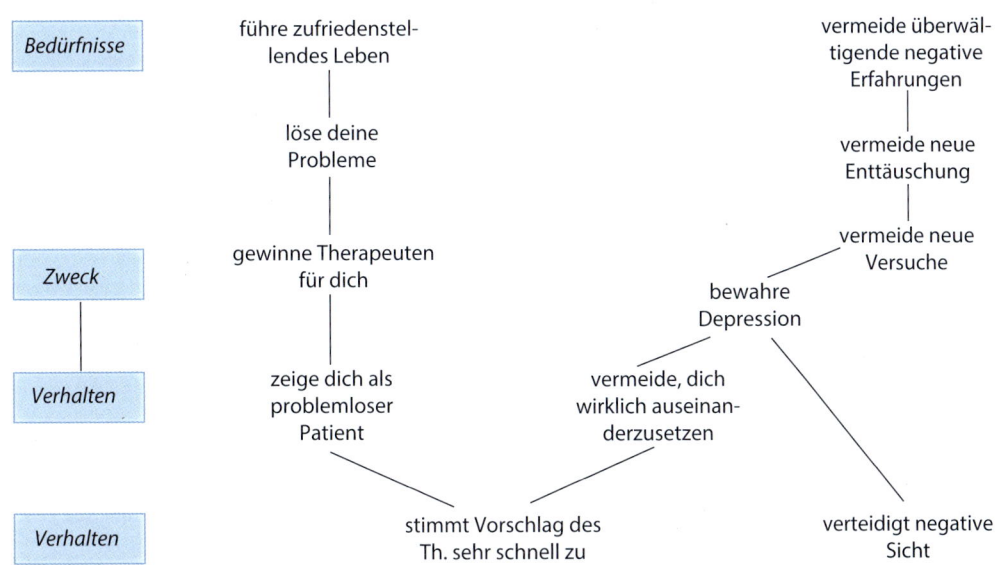

Plananalyse: Schematische, vereinfachte Darstellung einer Planstruktur

zepte für das Verständnis der Verbindung von *Emotionen* und *Kognitionen* mit Plänen, u. a. m. Seither präsentiert der Ansatz sich als umfassendes Instrument für psychoth. Fallkonzeptionen, das eine Ressourcen- (*Ressourcenorientierung*) und eine systemische Perspektive (*Systemische Therapie*) einschließt und bei dem der instrumentelle Aspekt im Vordergrund steht: Wozu dient etwas (*interpersonale und intrapsych. Aspekte*), oder aus der ergänzenden *Top-Down*-Perspektive: Welche Mittel setzt ein Mensch im Dienste seiner Motive ein? Hintergrund für die Bedeutung dieser Perspektive ist, dass in der indiv. Evolution das entwickelt wird und Bestand hat, was einen Nutzen hat – wobei es dabei auch zu Entgleisungen in eine maladaptive Richtung kommt, die dann von bes. psychoth. Relevanz sind. Wenn bei einem Pat. Aspekte z. B. des zeitlichen Ablaufs oder systemische Zusammenhänge bes. wichtig sind, sollten Analyseverfahren, die ihre Stärken in diesen Aspekten haben, ergänzend beigezogen werden (vgl. Tab.).

Der Ansatz kann auf seinem heutigen Entwicklungsstand als therapieschulübergreifend verstanden werden. Er hat die gute verhaltensther. Tradition (*Verhaltenstherapie*) des Ausgehens von konkretem Verhalten und vom sorgfältigen Belegen von Interpretationen bewahrt. Andererseits hat er Möglichkeiten, Hypothesen auf ein breites Spektrum von psychoth. Konzepten zu stützen und auch u. a. intrapsych. *Konflikte* in die *Fallkonzeption* einzuschließen, dazugewonnen. Die Analyse des Bezuges von *Emotionen* zu Plänen ist ein guter Zugang zu Themen wie *Emotionsregulation*, maladaptive und therap. Transformation von Emotionen, instrumentelle Funktion von Emotionen u. a. m., die in versch. Therapieformen relevant sind. Die P. ist verbunden mit der Vorstellung, dass Psychoth. für die meisten Pat. individualisiert werden muss und dass die 1:1-Anwendung von Manualen suboptimal ist. In die Therapieplanung fließt in der Praxis erfahrener Therapeuten mit unselegierten, typischerweise komorbiden Pat. eine Vielzahl von Aspekten ein, von denen die meisten über die Diagnose hinausgehen (Caspar 2009). Direkt aus der P. abgeleitet ist der Ansatz der *Motivorientierten Beziehungsgestaltung* (Caspar 2008). Danach ist die *Beziehungsebene* ständig zu beachten, auch bei der Art und Weise, in der Interventionen durchgeführt werden. Pos. Pat.pläne sollten nach diesem Ansatz ohnehin unterstützt werden; spezif. ist der Ansatz bei Problemverhalten. Bei diesem ist in der Hierarchie der hypothetischen Pat.pläne nach oben zu gehen, bis die Motive selber akzeptabel (i. S. von «die Therapie nicht übermäßig einschränkend») werden. Diese Motive werden dann möglichst indiv. und spezif. (also nicht nach dem Gießkannenprinzip auf der Bedürfnisebene) befriedigt, wodurch das Problemverhalten «überflüssig» wird und, wenn gut getroffen, i. Allg. schnell nachlässt. Dieser Ansatz ist auch exp. untersucht und für wirksam befunden worden (Kramer et al. 2014).

Planen (= P.) [engl. *to plan*], [**KOG**], der Prozess der *Handlungsregulation*, der maßgeblich an der Steuerung und Kontrolle kogn. und motorischer Aktivitäten beteiligt ist. P. beginnt mit der Phase der *Orientierung und Analyse* der geforderten oder intendierten Tätigkeit, führt dann zum Entwurf eines Aktionsprogramms, dessen Handlungsabfolge im Einzelnen festzulegen ist; darauf folgt die Phase des *Entschlusses zur Realisierung* (in der die motivationale Ebene die kogn. dominiert) und schließlich die Phase der *Handlung* selbst mit begleitender Kontrolle des Handlungsablaufs (*Handlungskontrollmechanismen*). Diese Phasenabfolge ist am deutlichsten im *Rubikonmodell der Handlungsphasen* (Heckhausen et al. 1987) beschrieben, dessen primäre Absicht jedoch weniger in einer Erklärung kogn. als vielmehr motivationaler Prozesse besteht.

P. bedeutet, ein Handlungsziel zu antizipieren und auf dieses Ziel hin bezogen eine Aktionsfolge in der Vorstellung zu entwickeln. Der Entwurf der Handlungskette kann auf unterschiedlichen Auflösungsniveaus, d. h. auf Ebenen unterschiedlicher Abstraktion erfolgen. Aufseiten der Anforderung und der gegebenen Situation sind die Randbedingungen räumlicher, zeitlicher, materieller und logischer Art zu berücksichtigen, in die die P.anforderung eingebettet ist. Aufseiten der Person sind die indiv. Fertigkeiten und Kenntnisse zu berücksichtigen, die für die Bewältigung der Anforderung vorhanden sind.

Neben der Erstellung des Plans ist die Kontrolle der P.ausführung zu nennen. Hierzu gehört, dass die Handlungsausführung überwacht wird, so dass ggf. Fehler (*Handlungsfehler*), unberücksichtigte oder neu aufgetretene Bedingungen im P. entdeckt und sogleich korrigiert werden können bzw. die P.ausführung gestoppt wird, um einen neuen P. zu entwickeln. Die P.erstellung und die Überwachung der P.ausführung können sich zeitlich überlappen. Erst mit dem Erreichen des Ziels (bzw. mit dessen Aufgabe) ist der Prozess beendet.

Die Betrachtungsebenen (1) *Struktur*, (2) *Prozess* und (3) *Funktion* tragen zum vertieften Verständnis von P. bei: (1) Bzgl. struktureller Aspekte wird die Unterscheidung von situativen Anforderungen und den zu ihrer Bewältigung verfügbaren personalen Kompetenzen getroffen. Mit der Wahl eines spezif. Auflösungsniveaus der Anforderung werden beide Bereiche dadurch in Beziehung gesetzt, dass mit dem Auflösungsniveau zugleich eine Entscheidung über die spezif. Regulationsebene getroffen wird. (2) Bzgl. prozessualer Aspekte wird zumindest konzeptuell zw. den Phasen der P.erstellung und der P.ausführung (mit jew. begleitenden Kontrollprozessen) unterschieden. (3) Bzgl. funktionaler Aspekte wird unterschieden zw. (a) Koordination von Kräften und Ressourcen, (b) Strukturierung der Handlungsabfolge, (c) Orientierung in Raum und Zeit, (d) Entlastung des kogn. Systems (durch Abruf bereits vorliegender Teilroutinen), (e) *Emotionsregulation* (durch Reduktion von Unsicherheit) sowie (f) Planung des P. als metakognitivem Aspekt (*Metakognition*).

[**PÄD**], das P. von Lernaktivitäten lässt sich unter die *metakognitive Lernstrategien* fassen und spielt eine wichtige Rolle beim Zyklus *selbstregulierten Lernens*. Um das eigene Lernen zu planen, bedarf es bspw. der Setzung von *Lernzielen* (*Lernzielorientierung*) oder der Auswahl der einzusetzenden (kognitiven) Lernstrategien (*Lernstrategien, kognitive*).

J. Funke/M. Händel

Planungsebene, syntaktische und phonologische [engl. *planning level, syntactical and phonological*], *Sprachproduktion*.

Plasmaspiegel (= P.) [engl. *plasma level*; gr. πλάσμα *(plasma)* Gebilde], **[PHA]**, der P. eines Medikamentes bez. seine Konzentration im Plasma. Syn. werden auch die Begriffe *Blut-* oder *Serumspiegel* oder *Plasma-* oder *Serumkonzentration* verwendet. Im chemischen Sinne ist die Angabe einer Konzentration nur in einer chemisch homogenen Lösung möglich. Da Plasma keine homogene Lösung ist, ist die Angabe einer *Plasmakonzentration* chemisch nicht korrekt. Es wird daher empfohlen, den Begriff P. zu verwenden.   C. Hiemke

plastisches Hören [gr. πλαστική *(plastike)* das Geformte], *Stereophonie*.

plastisches Sehen [gr. πλαστική *(plastike)* das Geformte], *räumliches Sehen*.

Plastizität [engl. *plasticity*; gr. πλαστική *(plastike)* das Geformte], (allg.) Formbarkeit, die zu Veränderungen von Dauer führt im Ggs. zu *Elastizität*, gehört zur Fähigkeit der Organismen, sich der Umwelt in der *Entwicklung* und bei konkreten neuen Bedingungen anzupassen.

[BIO], Neuroplastizität (= NP.) [engl. *neuroplasticity*], unter NP. (auch *neuronale Plastizität* oder *Hirnplastizität*) versteht man die erfahrungsbedingte (*Erfahrung*) Veränderung des *Gehirns*, die aktivitätsabhängige *Adaptation*sprozesse auf allen Ebenen des *Nervensystems* einschließlich synaptischer und intrazellulärer Prozesse, der Neurogenese (z. B. im *Hippocampus*), der Modifikation von Neuronennetzwerken (z. B. *Hebb'sches Prinzip*) und kortikalen Regionen (vgl. *kortikale Plastizität*) kennzeichnet. Auslösebedingungen für NP. sind neurobehaviorale Anforderungen im Kontext von Organismus-Umwelt-Interaktionen, jedoch auch Veränderungen nach zerebralen oder peripheren Schädigungen des NS (*Hirnschädigung*). Man unterscheidet *strukturelle* und *funktionelle* NP. Bei der strukturellen NP. verändert sich das Hirngewebe also die Hirnanatomie. Dies können Vergrößerungen des Volumens, der Oberfläche und der Dicke der Hirnrinde sein. Auch anatomische Veränderungen der Kabelsysteme (Assoziationsbahnen und Kommissuren) können eintreten. Grundlage der strukturellen NP. sind anatomische Veränderungen an den *Synapsen* (Zunahme von Synapsen, Vergrößerung der Synapsenoberfläche), *Neuronen* (Vergrößerung der Oberfläche), der Myelinisierung und der Ausbildung von *Dendriten*. Bei der funktionellen NP. verändert sich die neurophysiol. Aktivierung einzelner Neurone oder ganzer Neuronengruppen. Hierbei unterscheidet man eine Zunahme der neurophysiol. *Effizienz* (weniger Aktivität führt zum gleichen oder besseren Ergebnis) und eine Veränderung der kohärenten Netzwerkaktivierung. Die NP. wird als Grundlage des *Lernens* und *Gedächtnisses* aufgefasst.   L. Jäncke/M. Peper

Plateaubildung, **[KOG]**, Auftreten eines Stillstands im Anstieg von *Lernkurven*. Zeiten rascher Übungszunahme folgt für einige Zeit kein bemerkenswerter Zuwachs. Wird sowohl beim Erlernen von Sprachen als auch beim Erlernen von *Fertigkeiten* beobachtet. Obwohl kein erlebnismäßiger oder leistungsmäßiger Lernzuwachs vorliegt, findet eine unbemerkte Organisation *(silent organization)* statt, deren Effekt eine pos. Beschleunigung der gesamten Lernkurve am Ende eines Plateaus ist (Thorndike 1932). *Lernen*.

Plateauphase [engl. *plateau phase*], **[BIO]**, nach Masters und Johnson (1966) Bez. für ein best. Reaktionssyndrom bei der sexueller Erregung. *refraktäre Phase*.

Platzangst [engl. *agoraphobia*], *Agoraphobie*; *Phobie*.

Plausibilitätsprüfung, diagnostische [engl. *diagnostic plausibility check*], *Beschwerdenvalidierung*, *Beschwerdenvalidierungstests*.

Pleasure Entertainment *Unterhaltung*.

Plegie [engl. *apoplexie, stroke*; gr. πληγή *(plege)* Schlag, Stoß], **[BIO, GES]**, vollständige Lähmung, z. B. Paraplegie, Hemiplegie. *Lähmung*.

Pleiotropie [engl. *pleiotropy*; gr. πλείων *(pleion)* mehr, τροπή *(trope)* Drehung, Änderung], **[PER]**, Beeinflussung mehrerer Merkmale durch dieselben Gene. *Multivariate genetische Analysen*.

pleomorph, Pleomorphismus [engl. *pleomorph, pleomorphism*; gr. πλείων *(pleion)* mehr, μορφή *(morphe)* Gestalt], vielgestaltig. Vorkommen in mehreren Formen.

plethorisch [engl. *plethoric*; gr. πλήθειν *(plethein)* voll sein], füllig, breit. *Körperbautypen*.

Plethysmograf [engl. *plethysmograph*; gr. πλήθος *(pletos)* Fülle, γράφειν *(graphein)* schreiben], **[BIO, DIA]**, Vorrichtung zum Messen der Volumenänderung eines Körperteiles (des Armes, eines Fingers), der in einem allseitig geschlossenen, wassergefüllten Gefäß gelagert wird. Volumenänderungen werden durch die Verdrängung der Flüssigkeit gemessen und registriert.

Plexus [engl. *plexus*], [lat.] Geflecht, **[BIO]**, Bez. für Geflechte von Nervenbahnen bzw. -fasern. *Nerv, Nervensystem*.

plexus solaris [engl. *solar plexus, celiac plexus*; lat. *plexus* Geflecht, *solaris* Sonnen-], **[BIO]**, Sonnengeflecht. Die netzartige Vereinigung von sympathischen Nerven (*Nerv*; mit Venen, Lymphgefäßen). *Nervensystem*.

pl-Modelle *Item-Response-Theorie (IRT)*.

PLS *partial least square (PLS)*.

pluralistische Ignoranz [engl. *pluralistic ignorance*; lat. *plural* Mehrzahl, *ignorantia* Unkenntnis, Unwissenheit], *Diffusion der Verantwortung*, *prosoziales Verhalten*, *bystander effect*.

P-Marker (= P.) [engl. *phrase marker*; *phrase* Satz, Ausdruck, *marker* Markierung], **[KOG]**, Formationsmarker,

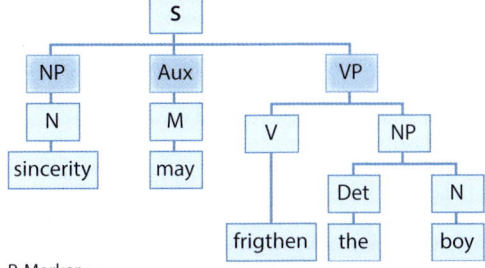

P-Marker

in der *Grammatik* zumeist Bez. für solche mit «Kategorialsymbolen» (S, NP, VP, V, N, Adj. usw.; *Lexikon*) sowie «Formativen» (*the, boy* etc.) versehen, nach den Prinzipien der *IC-Analyse* der *Phrasenstruktur-Grammatik* erstellten *Baumdiagramme*, die in der *generativen Transformationsgrammatik* zum Basis-P-Marker zus.gefasst, die *Tiefenstruktur* von Sätzen darstellen. Es kann aber auch jedes andere Baumdiagramm der Phrasenstruktur-Grammatik P. genannt werden. *Psycholinguistik*.

pneumatische Kammer [engl. *pneumatic chamber*; gr. πνεῦμα *(pneuma)* Wind, Luft], **[DIA, KOG]**, Über-, Unterdruckkammer, Gerät für Experimente wie auch diagn. Erhebungen zur Verhaltensbeobachtung unter versch. atmosphärischen Bedingungen.

Pneumoenzephalografie (= P.) [engl. *pneumoencephalography*; gr. πνεῦμα *(pneuma)* Wind, Luft, ἐν *(en)* in, κέφαλη *(kephale)* Kopf, γράφειν *(graphein)* schreiben], **[BIO, DIA]**, ein Untersuchungsverfahren zur neurologischen Hirndiagnostik (*Enzephalografie*, *Neuropsychologische Diagnostik*). Die inneren wie äußeren Liquorräume (Ventrikel und Subarachnoidalraum) können nach Ersatz des Liquors durch Luft (mittels Subokzipital- oder Lumbalpunktion) im Röntgenbild sichtbar gemacht und nach Form, Lage, Größe und Abweichung von der Norm beurteilt werden (*Gehirn*). Die P. ist heute durch die neueren sog. bildgebenden Verfahren ersetzt worden. Zu ihnen gehören die craniale Computer-Tomografie (CT) oder auch Röntgencomputertomografie CAT, ferner die *Positronen-Emissions-Tomografie* (PET), die auf dem radioaktiven Zerfall von Positronen in (zuvor injizierten) Radioisotopen beruht und die Messung versch. Stoffwechselprodukte im lebenden Gehirn des Menschen erlaubt. Ferner die Kernspinresonanz- oder auch *Magnetresonanztomografie, MRT* (oder engl.: MRI von *imaging*) sowie deren Weiterentwicklungen, die Magnetresonanz-Spektroskopie (MRS) oder das Echo-Planar-Imaging (EPI). *Elektroenzephalografie, EEG*, *Enzephalografie*. *C. Becker-Carus*

Pneumograph [engl. *pneumograph*; gr. πνεῦμα *(pneuma)* Wind, Luft, γράφειν *(graphein)* schreiben], **[BIO, DIA]**, auch Pneumotachograf. Atemschreiber, ein dünnwandiger, luftgefüllter Gummischlauch, der an der Brustwand oder über dem Bauch befestigt wird. Bei Atembewegungen entstehen hierin Druckschwankungen, die auf eine *Marey'sche Trommel* übertragen werden, die wiederum mit einer Schreibvorrichtung verbunden ist. Das Gerät dient auch zur Aufzeichnung der Herztätigkeit (Kardiogramm), soweit diese durch den Herzspitzenstoß an die Brustwand feststellbar ist. Inzwischen veraltet. Heute werden elektrisch arbeitende Atemschreiber verwendet (Thermistoren). Sie reagieren auf Temperaturänderungen des Ein- und Ausatmungsluftzuges mit Leitfähigkeitsänderungen, die dann elektronisch verstärkt werden. Becker-Carus 1981, Bösell 1987. *C. Becker-Carus*

Poesietherapie [engl. *poetry therapy*; gr. ποίησις *(poiesis)* Machen, Dichtkunst], *reflektierendes Schreiben*.

Poffenberger, Albert T. (1885–1977), **[HIS, KOG, WIR]**, Albert Theodore Poffenberger war ein vielseitiger amerik. Psychologe. Er wurde in Dauphin, Pennsylvania, geb. An der *Bucknell University* erwarb er seinen Bachelorabschluss. Die Hochschule verlieh ihm später den Doktorgrad ehrenhalber. An der *Columbia University*, wo er *Raymond B. Cattell*, *John Dewey*, *Edward E. Thorndike*, *Robert S. Woodworth* und andere Persönlichkeiten kennenlernte, erwarb er seinen Mastergrad. 1912 promovierte er dort mit einer Arbeit, in der er den nach ihm benannten *Poffenberger-Effekt* erstmals beschrieb. Poffenberger lehrte dann – unterbrochen durch den Wehrdienst – an der *Columbia University* und arbeitete über Experimentelle Ps. und Themen der angewandten Ps. wie Werbeps. und Konsumps. 1934 war Poffenberger Präsident der *American Psychological Association (APA)*. Wentzel 1979. *H. E. Lück*

Poffenberger-Effekt (= P.) [engl. auch *crossed/uncrossed difference*], **[BIO, KOG]**, *Reaktionszeit*vorteil für Einfachreaktionen, die mit einem Effektor ipsilateral zur Darbietungsseite des *Zielreizes* durchgeführt werden, gegenüber Einfachreaktionen, die mit einem Effektor kontralateral zur Darbietungsseite des Zielreizes durchgeführt werden. Es wird angenommen, dass der visuelle P. (nicht aber der auditive P., vgl. Iacoboni & Zaidel 1999), bei dem der Reiz jew. nur in einem der beiden Gesichtsfelder dargeboten wird, die interhemisphärische Transferzeit reflektiert. Der visuelle P. ist bei Split-Brain-Pat. (*Split-Brain-Forschung*) bes. ausgeprägt. Poffenberger 1912. *H. Schröter*

Poggendorff, Johann Christian (1796–1877), **[HIS, WA]**, war Physiker, Entdecker, Erfinder und Herausgeber von *Poggendorffs Annalen der Physik* (heute: *Annalen der Physik und Chemie*). In der Ps. ist Poggendorff bekannt durch die *Poggendorff'sche Täuschung*. Poggendorf hatte *Karl F. Zöllner* auf diese Täuschung hingewiesen, der sie 1860 beschrieb (Zöllner 1860). Die Benennung nach Poggendorf erfolgte aber erst kurz vor der Wende zum 20. Jahrhundert. *H. E. Lück*

Poggendorff'sche Täuschung [engl. *Poggendorf illusion*], **[WA]**, eine durch (zwei oder mehrere) parallele Linien verlaufende unterbrochene Gerade erscheint abgelenkt. Die Fortsetzung der Linie wird versetzt gesehen (s. Abb). *geometrisch-optische Täuschung*, *Ponzo'sche Täuschung*, *Zöllner'sche Täuschung*.

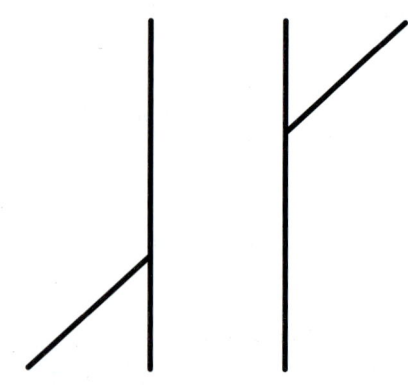

Poggendorff'sche Täuschung

Pointierung [engl. *(pointed) emphasis*; frz. *point* Punkt, Spitze], [**KOG**], Überspitzung. Die allg. menschliche Tendenz, Beachtetes, Wichtiges, Kennzeichnendes stärker herauszuheben. *präattentiver Prozess*. Ggs. *Nivellierung*. *Akzentuierung*, *Prägnanz*.

Poisson-Erhebungsschema (= P.E.) [engl. *Poisson sampling*], [**FSE**], nach *Siméon Denis Poisson* (1781–1840); Erhebungsschema für Kontingenztabellen, die die kombinierte Verteilung kategorialer Merkmale darstellen (IxJ-Tabelle für ein I-stufiges Merkmal A und ein J-stufiges Merkmal B; z.B. *Vierfeldertafel*: «Geschlecht» x «Kauf vs. kein Kauf eines Produkts»). Beim P.E. wird der Stichprobenumfang nicht a priori festgelegt, sondern es wird ein Zeitabschnitt festgelegt, in dem Stichprobenmitglieder rekrutiert werden (z.B. Besucher einer Website an einem Tag) für die kategorialen Merkmale erhoben werden. Beim P.E. ergibt sich eine *Poissonverteilung* der Zellhäufigkeiten. Die Anzahl frei variierender erwarteter Zellhäufigkeiten (*Freiheitsgrad*) beträgt IxJ. *Log-lineare Modelle*, *multinomiales Erhebungsschema*, *Produkt-multinomiales Erhebungsschema*.

Poisson-Modell [engl. *Poisson model*], *Skalierung, testtheoretisches Gütekriterium*, *Poisson-Verteilung*.

Poisson-Verteilung (= P.) [engl. *Poisson distribution*], [**FSE**], nach *Siméon Denis Poisson* (1781-1840), stark asymmetrische Zufallsverteilung seltener Ereignisse, deren Gleichung

$$f(x) = \frac{\mu \cdot e^{-\mu}}{x!}$$

lautet. Ein Charakteristikum der P. ist die Tatsache, dass ihre Varianz σ^2 gleich dem Mittelwert μ ist. Die P. ist ein Grenzfall der *Bernoulliverteilung*; sie entsteht bei großem N, wenn die Elementarwahrscheinlichkeit p gegen 0 geht. Nachtigall & Wirtz 2009. *G. Mikula*

political efficacy [engl.] politische Wirksamkeit/Wirkungskraft; *Selbstkonzept eigener politischer Kompetenzen*.

Politikverdrossenheit (= P.) [engl. *disenchantment with politics*], [**SOZ**], umgangssprachliche Bez. für eine Konstellation von Einstellungen (*Einstellung*), die durch Misstrauen, Unzufriedenheit, Ablehnung und Interesselosigkeit gegenüber dem politischen System gekennzeichnet ist. Sie zeigt sich in nachlassender Wahlbeteiligung, geringer Bindung an traditionelle Parteien, Nachwuchsproblemen bei Parteien und Gewerkschaften. Es werden zwei Formen unterschieden: (1) Politiker- und Parteienverdrossenheit als spezif. Unzufriedenheit mit der aktuellen Politik und ihren Vertretern, (2) Politik- oder Staatsverdrossenheit als generelle Unzufriedenheit mit dem politischen System und seinen Institutionen. In der politikwiss. Forschung wird die Nützlichkeit des Konzepts der P. kontrovers diskutiert (Arzheimer 2002). Die Kritik richtet sich in erster Linie auf die fehlende Eindeutigkeit des Konzepts sowie auf dessen starke inhaltliche Überlappung mit bereits etablierten politikwiss. Theorien, die das mit dem P.-Begriff beschriebene Phänomen gleichermaßen erklären können. P. ist ein Thema mit langer Tradition: Der schlafmützige «Deutsche Michel» wurde bereits im 16. Jh. geschaffen, um das Volk zu politisieren. Rosenberg (1954) führte politisches Desinteresse (*Apathie*) auf drei Ursachenkomplexe zurück: neg. Konsequenzen politischer Aktivität, Erfolglosigkeit politischer Aktivität und fehlender Ansporn zur Partizipation. Durch Kombination von politischer Unzufriedenheit und Partizipationsbereitschaft (*Politische Partizipation*) lassen sich vier Typen konstruieren (Janas & Preiser 1999): (1) sehr Unzufriedene und wenig Engagierte (*Resignierte*), (2) sehr Zufriedene und wenig Engagierte (*apathisch Zufriedene*), (3) sehr Unzufriedene und stark Engagierte (*Revolutionäre* mit eher unkonventioneller Partizipation) und (4) sehr Zufriedene und stark Engagierte (*Funktionäre* mit eher loyaler und systemkonformer Partizipation). *S. Preiser/C. Beierlein*

politische Fertigkeiten (= p.F.) [engl. *political skill*], [**AO, SOZ**], bez. jene Gruppe *sozialer Kompetenzen*, die einer Person im organisationalen Handlungskontext (*Organisation*) das erfolgreiche Beeinflussen (*Einfluss, sozialer*) anderer Personen ermöglichen und dadurch zum Erreichen persönlicher oder organisationaler *Ziele* beitragen. Nach Ferris et al. (2005) umfassen p.F. die vier Dimensionen *sozialer Scharfsinn* (social astuteness), *interpersoneller Einfluss* (interpersonal influence), *Netzwerkfähigkeit* (networking ability) und *Wahrgenommene Aufrichtigkeit* (apparent sincerity). Zur Messung von p.F. liegt mit dem *Political Skill Inventory* (PSI) ein valides (*Validität*) und ökonomisches (*Testökonomie*) Instrument vor, das anhand von 18 Items die Ausprägung der indiv. p.F. auf Gesamt- und Dimensionsebene erfasst. Empirische Studien zeigten pos. Effekte von p.F. sowohl auf den indiv. Einflusserfolg als auch auf Leistungsbeurteilungen, Aufstieg in der Organisation und Karrierezufriedenheit. Zudem stellen p.F. einen Schutzfaktor gegenüber beruflichen und sozialen *Stressoren* dar. *C. Diekmann*

politische Kompetenzen, Selbstkonzept *Selbstkonzept eigener politischer Kompetenzen*.

politische Partizipation (= P.) [engl. *political participation*; lat. *participare* an etwas teilhaben], [**EM, SOZ**], ist ein freiwilliges politisches Handeln von Bürgern, mit dem Ziel, Einfluss auf politische Entscheidungsprozesse (*Entscheiden*) zu nehmen. Politisches Handeln kann dabei alleine oder in Gruppen ausgeführt werden (*indiv.* bzw. *kollektive* P.). Es ist das Ergebnis situationsspezif. *Kognitionen* und *Emotionen* (z.B. politische *Einstellung*, *Ärger*) sowie überdauernder *Persönlichkeitsmerkmale* (z.B. *Selbstkonzept* eigener politischer Kompetenzen, *Werte*, politische *Ideologie*). In klass. Theorien wird politisches Handeln als Folge erlebter Ungerechtigkeit und *relativer Deprivation* betrachtet. Aus der Perspektive der *Ressource-Mobilization-Theorien* ist die Entscheidung, sich politisch zu beteiligen, von zweckrationalen Kosten-Nutzen-Überlegungen abhängig. In *sozial-konstruktivistischen Ansätzen* (*Sozialkonstruktivismus*) wird die Entwicklung einer politisierten kollektiven Identität als entscheidende Voraussetzung für (kollektive) P. angesehen. Empirische Studien zeigen, dass Ungerechtigkeitserleben, soziale *Identität* und kollektive Selbstwirksamkeit (*Selbstwirksamkeitserwartung*) eigenständige Beiträge zur Erklärung (kollektiver) politischer Teilhabe leisten.

Es werden versch. Partizipationsformen unterschieden: (1) *konventionelle P.* (z. B. Wählen, Mitarbeit in Parteien), die in einen institutionellen Kontext eingebettet und rechtlich geregelt sind; (2) *unkonventionelle P.* (wie Demonstrationen, Streik, Beteiligung an Bürgerinitiativen), die häufig i. R. kollektiver Mobilisierung auftreten und darauf abzielen können, Veränderungen der sozialen oder politischen Strukturen zu bewirken; (3) *illegale P.*, bei denen zw. gewaltfreien Akten zivilen Ungehorsams (z. B. Hausbesetzungen, Steuerboykott) und gewaltsamen Handlungen unterschieden wird (z. B. Zerstörung von Gegenständen, Verletzung von Personen). *Politische Psychologie.* Barnes & Kaase 1979, van Zomeren et al. 2008.

C. Beierlein/S. Preiser

Politische Psychologie (= pol. Ps.) [engl. *political psychology*], [**SOZ**], ein Zweig der wiss. und Angewandten Ps., der sich mit den psychol. Bedingtheiten und Folgen pol. Geschehens befasst. Die pol. Ps. erforscht – interdisziplinär mit der pol. Soziologie und anderen Wissenschaften – den personalen Faktor pol. Verhaltens von *Gruppen* und Individuen: Prozesse der *Motivation*, *Interaktion*, Internalisation, *Sozialisation, Sozialisierung, Individuation*, Entscheidung (*Entscheiden*). Damit leistet sie fundamentale Beiträge für die Erforschung von *Einstellungen, Meinungsbildung* und *Vorurteilen*, für die Friedens- und Konfliktforschung (*Friedenspsychologie, Konflikt, sozialer*), für pol. Planung und Werbung, für pol. Lagebeurteilung und Prognostizierung und v. a. auch für die pol. Bildungsarbeit. Außer mit den indiv. Bedingtheiten pol. Verhaltens (z. B. Grundeinstellung, Interesse, Triebstruktur, Beeinflussbarkeit, Gehemmtheit, Mutdisposition, Kontaktbereitschaft, Rigidität) befasst sich die pol. Ps. auch mit überpersonalen Erscheinungen von pol. Relevanz (Gesellschaftsstruktur, Machtverschiebungen, pol. Strömungen, geltende Normen, Unterdrückungen, kollektive Entscheidungen), denn es bestehen psychol. Wechselwirkungen in beiden Richtungen. Als wiss. Erkenntniszweig ist die pol. Ps. als solche in pol. Hinsicht tendenz- und normfrei, d. h. nur der Wirklichkeitserhellung verpflichtet.

Diese Wertneutralität als wiss. Prinzip wurde der pol. Ps. allerdings eine Zeit lang bestritten: Die einen hielten sie im Hinblick auf die unbewusste pol. Befangenheit jedes Forschenden für faktisch unmöglich (man würde sie ihm stets unterstellen), die anderen erblickten in einem ideologischen Engagement den einzigen Sinn pol.-psychol. Forschung und Lehre: pol. Ps. habe von vornherein im Dienst pol. Zwecke zu stehen (z. B. Veränderungen gesellschaftlicher Zustände, Beseitigung von Ungerechtigkeiten, Bekämpfung von Kriegsursachen). Aus dem Attribut «politisch» darf indes keine Sonderstellung dieser Gegenstandsspezialisierung der Ps. herausgelesen werden. Qua Wissenschaft hat sie – ebenso wie jede andere Fachspezialisierung – größtmögliche Objektivität ihrer Erkenntnisse anzustreben; darüber hinaus – qua Anwendung – kann sie allen jenen durch Aufklärung über ps. Erkenntnisse behilflich sein, die sich um das Wohl der Menschen bemühen – etwa um eine menschenwürdige Entfaltung i. S. von Artikel 1 und 2 des Grundgesetzes und i. S. der UN-Charta der *Menschenrechte*; inwieweit auch pol. Partialinteressen zu unterstützen sind, das unterläge jew. der Gewissensverantwortung des einzelnen Psychologen. «Darüber hinaus» besagt: Mit der Einbeziehung eines Anwendungszweckes für die pol.-psychol. Erkenntnisse entsteht – ebenso wie bei allen anderen angewandten Wissenschaften – eine zusätzliche Verantwortlichkeit, die über rein wiss. Verantworten hinausgeht. Denn die Gefahr eines Missbrauchs pol.-ps. Erkenntnisse wächst an, je bekannter z. B. indirekte («unterschwellige») pol. Verführungsmethoden werden.

Zur Diagnostik verwendet die pol. Ps. die gleichen Methoden wie die übrige Individual- und Sozialps. Allerdings verursacht die bes. Komplexität des pol. Verhaltens und Meinens bes. diagn. Schwierigkeiten, da einerseits geäußerte Meinungen und Stellungnahmen gerade auf pol. Gebiet sehr oft auf Selbsttäuschungen, auf Suggestion, auf Unbewusstem und Verdrängtem beruhen – und andererseits partielle faktorenanalytische Messungen und Korrelationen sehr oft nicht den komplexen, ganzheitlichen, genetisch bedingten und situativen Hintergründen eines indiv. Verhaltens oder Meinens gerecht zu werden vermögen. Wegen dieser vielschichtigen und fluktuierenden Komplexität erweist sich die Erfassung bzw. *Operationalisierung* pol. Grundeinstellung – «Mentalität», Dynamik, Mündigkeit, pol. Reife, persönliches Gewissen, Verantwortungsbewusstsein u. ä. psychol. Sachverhalte – als bes. anspruchsvoll, sodass auch häufig die *Verhaltensbeobachtung* zur Anwendung kommt. Als bes. wegweisend auch für dt. Untersuchungen erwies sich z. B. die noch vor Kriegsende in den USA begonnene Herausarbeitung des Typus *autoritäre Persönlichkeit* (Adorno 1964). *Autoritarismus* war seither als pol.-relevante Haltung immer wieder Gegenstand psychol. Abhandlungen mit Differenzierungen und Modifizierungen, die etwa die Vorurteilsanfälligkeit, den Dogmatismus (Rokeach 1960), die Aggressivität (Schmidt-Mummendey 1973) oder andere pol.-relevante Dominanten einer Persönlichkeitsentwicklung auf ihre Bedingtheiten und Wirkungen hin untersuchten. Aufsehen erregte eine exp. gewonnene Erkenntnis über den *Autoritätsgehorsam* (Milgram 1967). Über die pol. Sozialisation als Entwicklungs- und Reifungsprozess und damit als bes. problemhaltigen Gegenstand erzieherischer Aufgaben handeln zahllose Veröffentlichungen der 1960er- und 1970er-Jahre (Baeyer-Katte 1972). Daneben werden typische Zeiterscheinungen auf ihre psych. Komponenten hin untersucht, so etwa der Komplex der Angst, des Hasses, der Konformitätsneigung, der Emanzipationsströmung – der Wandel von Parteipräferenzen und dessen Motivationen (Lane 1962) oder auch typ. Haltungsausprägungen wie Konservatismus und Radikalismus (Eysenck 1968).

In steigendem Maße sieht sich die pol. Bildungsarbeit in Schulen und anderen Bildungsstätten genötigt, pol.-ps. Bedingtheiten in Rechnung zu stellen. Zur Vermeidung von Meinungsbeeinflussung, von pol. Indoktrination, geht es hier v. a. um das Befähigen zu kritischer Reaktivität gegenüber Meinungszwängen bei gleichzeitig selbstkritischem Denken, um das Immunisieren gegen pol. Verführung, um das Freisetzen spontaner pol. Beteiligungs- und Mitverantwortungsimpulse und um das selbstständige Erarbeiten selbstverantwortlicher pol. Stellungnahmen (s. a. *Friedensjournalismus*). Welche Erziehungseinwirkungen sind auf diesem besonderen Felde nicht nur «legitim», sondern auch entwicklungsadäquat, welche inadäquat? (Roloff 1972, 1975).

Eine differenzierte Aufzählung der Anwendungsgebiete der pol. Ps. bis zu den 1960er-Jahren findet sich in Band 1 der *Schriftenreihe Politische Psychologie*; in den USA erschien 1973 ein *Handbook of Political Psychology*, das über den neueren Stand dieser Wissenschaft in den USA und einigen Ländern (außer Dt.) unterrichtet. *politische Partizipation, Politikverdrossenheit, Selbstkonzept eigener politischer Kompetenzen*.

Polkörperchendiagnostik [engl. *polar body diagnostics*], *Präimplementationsdiagnostik*.

poll [engl.] Stimmabgabe, Erhebung, Umfrage. *Meinungsbefragung, Meinungsforschung*.

Pollution [lat. *polluere* beschmutzen, verunreinigen], [**BIO, EW**], spontaner nächtlicher Samenerguss, kommt häufig in der Pubertät vor.

Pollyanna-Hypothese (= P.-H.) [engl. *Pollyanna hypothesis*], [**KOG, SOZ**], benannt nach dem 1913 in Amerika erschienen Kinderbuch *Pollyanna* (Eleanor Hodgman Porter). Dem fiktiven Mädchen *Polyanna* wurde die Neigung zugeschrieben, in einer schlechten Umwelt nur Gutes zu erwarten (*Erwartung*) oder wahrzunehmen (*Wahrnehmung*). Daraus leitet sich der Begriff P.-H. ab, der die universelle Tendenz meint, bei der Beschreibung und Wahrnehmung von Personen pos.-valente Eigenschaftswörter häufiger zu verwenden und schneller zu verarbeiten als solche mit neg. *Konnotationen*. Boucher & Osgood 1969, Matlin & Stang 1978.

Poltern (= P.) [engl. *cluttering*; lat. *tumultus sermonis*], syn. *Battarismus, Tachyphemie*, [**KLI**], überhastetes Sprechen (Tachylalie) mit Beschleunigung des Sprechtempos innerhalb längerer Wörter, unregelmäßiges *Stammeln, Dyslalie*, Auslassen, Kontamination und Wiederholungen von Silben und Wörtern. Verwandt mit der Propulsion bei extrapyramidalen Erkrankungen (*extrapyramidalmotorische Störungen (EPMS)*).

Polyandrie [engl. *polyandry*; gr. πολύς *(polys)* mehrere, ἀνήρ *(aner)* Mann], [**SOZ**], Vielmännerei. Eheform, bei der eine Frau mehrere Männer hat. Vorkommen z. B. bei australischen Ureinwohnern und auf den Südseeinseln. Ursachen sind der Frauenmangel durch klimatische Bedingungen, Kindermordsitten (*Infantizid*) u. a. m.

polychorische Korrelation (= r_{pol}) [engl. *polychoric correlation*; gr.gr. πολύς *(polys)* mehrere, χώρα *(chora)* Raum], [**FSE**], die r_{pol} bestimmt den latenten Zusammenhang zweier ordinalskalierter, künstlich polytomisierter Variablen X und Y. Für die Ausprägungen von X und Y wird angenommen, dass diese aus einer Kategorisierung/Polytomisierung zweier latent *normalverteilter* Merkmale X' und Y' resultieren (*Variable, latente*). Der Koeffizient schätzt die *Korrelation* von X' und Y' auf Basis der Merkmalsverteilung von X und Y. Die *tetrachorische Korrelation* stellt einen Spezialfall von r_{pol} dar, wenn X und Y zweistufig gemessen wurden. Die Statistiksoftware Mplus oder R ermöglichen bspw. die Berechnung von r_{pol}. *Korrelation, Statistische Datenanalyseverfahren*. Eid et al. 2013.

Polygamie (= P.) [engl. *polygamy*; gr. πολύς *(polys)* mehrere, γάμος *(gamos)* Ehe], [**SOZ**], gleichzeitige Ehe mit mehreren Partnern. In Verbindung mit *Exogamie* kommt sie vielfach vor. Auch *Polyandrie* als Ausgangspunkt ist möglich.

polygenetische Modelle [engl. *polygenetic models*; gr. πολύς *(polys)* mehrere, γένεσις *(genesis)* Ursprung], [**BIO, PER**], Modelle, welche die Beeinflussung eines Merkmals durch zahlreiche Gene annehmen, die jew. einen kleinen Teil zur Merkmalsausprägung beisteuern. Polygenetische Modelle sind insbes. bei normalverteilten (*Normalverteilung*) Merkmalen plausibel *Verhaltensgenetik*.

Polygraf [engl. *polygraph*; gr. πολύς *(polys)* mehrere, γράφειν *(graphein)* schreiben], [**BIO, DIA, RF**], Mehrkanalschreiber, Instrument, das gleichzeitig mehrere Variablen misst und fortlaufend aufzeichnet (*psychophysiologische Methodik*). In der Ps. zumeist i. e. S. gebraucht für ein Instrument, das peripher-physiol. Variablen aufzeichnet und zur Aufklärung von Verbrechen oder anderer unerlaubter Handlungen eingesetzt wird. Volkstümliche, aber unzutreffende Bez.: Lügendetektor (*Lügendetektion*). Der Anstoß zur Benutzung peripher-physiol. Variablen zur Aufdeckung der Täterschaft eines Verdächtigen kam von Lombroso, Wertheimer und Jung. Die Methode wird in den USA, Kanada und Israel angewandt. Tent 1967, Undeutsch 1967.

Polygynie [engl. *polygyny*; gr. πολύς *(polys)* mehrere, γυνή *(gyne)* Frau], [**SOZ**], Vielweiberei, eheähnliche Bindung mehrerer Frauen an einen Mann, bedingt durch Herrschafts- und Besitzrechte und geschlechtliche Ansprüche des Mannes.

Polyideismus [engl. *polyideism*; gr. πολύς *(polys)* mehrere, lat. *idea* das gedachte Ding], [**KLI, KOG**], Fülle der Gedanken und die Gesamtheit psych. Tätigkeit. Breite des *Bewusstseins*. Ggs. *Monoideismus* als Einengung des Bewusstseins unter eine einzige leitende Vorstellung oder auch die halluzinatorische Einengung in der *Hypnose*.

polymorph [engl. *polymorph*; gr. πολύς *(polys)* mehrere, μορφή *(morphe)* Gestalt], [**BIO, PER**], innerhalb derselben *Population* versch., nicht durch Übergänge verbundene Erscheinungsformen. Die verbreitetste Form des Polymorphismus ist der Geschlechtsdimorphismus (Zwitter). *Dimorphismus*.

Polymorphismus (genetischer) [engl. *polymorphism*; gr. πολύς *(polys)* mehrere, μορφή *(morphe)* Gestalt], bez. indiv. Unterschiede in der DNA *Verhaltensgenetik, Dimorphismus*.

polymorph-pervers [engl. *polymorphous perversity*; gr. πολύς *(polys)* mehrere, μορφή (morphe) Gestalt, lat. *pervertere* umkehren], [**KLI**], Begriff Freuds (*Psychoanalyse*) zur Kennzeichnung der Sexualität des Kleinkindes, deren Organisation noch nicht durch den Primat der Genitalität, sondern durch das isolierte Auftreten der *Patrialtriebe* gekennzeichnet ist.

Polyneuritis [engl. *polyneurits*; gr. πολύς *(polys)* mehrere, νεῦρον *(neuron)* Nerv], **[BIO, GES]**, *Polyneuropathie*. Allg. Bez. für Entzündung mehrerer oder aller peripherer *Nerven*, früher auch (falsche) Bez. für nicht entzündliche Prozesse peripherer Nerven. Bisweilen kann der polyneuritische Prozess auf die Rückenmarkswurzeln und Spinalganglien übergreifen. Polyneuropathie dagegen bezeichnet die Erkrankung mehrerer oder aller peripherer Nerven, und i. e. S. nur die nicht entzündliche Erkrankung. Typisches klin. Syndrom: symmetrische *Sensibilitätsstörungen*, schlaffe *Lähmung*, Abschwächung oder Fehlen der Muskel*eigenreflexe*. Frühzeitig zeigen sich die Axonschädigungen bei der Elektromyografie (*Elektrodiagnostik*, *Elektromyogramm (EMG)*). C. Becker-Carus

polyneuritische Psychose, **[KLI]**, veralteter Begriff für die bei dem *Korsakow-Syndrom* auftretende Psychoseform. *Polyneuritis*.

Polysemie [engl. *polysemy*, gr. πολύς *(polys)* mehrere, σῆμα *(sema)* Zeichen], *Homonymie*.

polyseriale Korrelation [engl. *polyserial correlation*; gr. πολύς *(polys)* mehrere, lat. *serere* (zeitlich) reihen], **[FSE]**, Maß des Zusammenhangs eines intervallskalierten Merkmals mit einem künstlich polytomen, mehrstufigen ordinalen Merkmal P. Für die Ausprägungen von P wird angenommen, dass die Ausprägungen von P aus einer Kategorisierung/Polytomisierung eines latenten *normalverteilten* Merkmals Y resultieren. Der Koeffizient schätzt die *Korrelation* von X und Y auf Basis der Merkmalsverteilung von X und P. *Korrelation*, *Statistische Datenanalyseverfahren*. Olsson et al. 1982.

Polysomnografie [engl. *polysomnography*; gr. πολύς *(polys)* mehrere, lat. *somnus* Schlaf, gr. γράφειν *(graphein)* schreiben], *Multipler Schlaflatenz-Test (MSLT)*, *Multipler Wachbleibe-Test (MWT)*, *Schlaf*, *Schlafstörungen*.

Polytoxikomanie (= P.) [engl. *polytoxikomania*; gr. πολύς *(polys)* mehrere, τοξίνη *(toxine)* Gift, μανία *(manía)* Wut, Raserei], **[KLI]**, als P. bez. man den Konsum multipler psychotroper Substanzen, der zu einer Gesundheitsschädigung führt bzw. ein Abhängigkeitssyndrom, das sich als Gruppe von Verhaltens-, kogn. und körperlichen Phänomenen zeigt, die sich nach wiederholtem Substanzgebrauch entwickeln. Typischerweise besteht ein starker Wunsch, die Substanz einzunehmen, Schwierigkeiten, den Konsum zu kontrollieren, und anhaltender Substanzgebrauch trotz schädlicher Folgen. Dem Substanzgebrauch wird Vorrang vor anderen Aktivitäten und Verpflichtungen gegeben. Es entwickelt sich eine Toleranzerhöhung und manchmal ein körperliches *Entzugssyndrom*. Das Abhängigkeitssyndrom kann sich auf einen einzelnen Stoff beziehen (z. B. Tabak (*Nikotin*), *Alkohol* oder *Diazepam*), auf eine Substanzgruppe (z. B. opiatähnliche Substanzen) oder auch auf ein weites Spektrum pharmakol. unterschiedlicher Substanzen. Bei Letztgenanntem spricht man von P. Dilling et al. 2010. M. Paulzen

Polyvalenzkonzept [engl. *polyvalence*; gr. πολύς *(polys)* mehrere, lat. *valere* vermögen, wert sein], *Lesen*.

Pongratz, Ludwig Jakob (1915–1995), **[HIS, KLI]**, Psychologe und Psychoanalytiker. Nach Arbeits-, Wehr- und Kriegsdienst und nach kurzer Zeit der Gefangenschaft begann Pongratz, der bereits eine theologische Ausbildung begonnen hatte, im Wintersemster 1946/47 das Ps.studium in München bei *Lersch*, *Pauli* und *Vetter*. 1951 Promotion bei Vetter über «Die psychologische Struktur in der pseudoaugustinischen Schrift De spiritu et anima», 1951–1956 Geschäftsführer und Dozent am Institut für Psychotherapie und Tiefenps. in Stuttgart; 1956–1960 Assistent an der Universität Heidelberg bei Johannes Rudert, 1959 Habilitation mit einer Schrift über die Ps. menschlicher Konflikte, 1963–1966 Prof. an der Päd. Hochschule in Würzburg; durch Integration der PH in die Universität 1966–1982 Prof. für Ps. an der Universität Würzburg. Forschungsarbeiten zur *Persönlichkeitspsychologie*, zur *Psychotherapie* und zur Geschichte der Ps. Zu seinen Vorhaben zählen das Großprojekt «Psychologische Gesprächsführung» sowie das gemeinsam mit H. Petzold durchgeführte Filmprojekt «Humanistische Psychologie», in dem 13 Filme mit den wichtigsten Therapieformen unter dem Titel «Wege zum Menschen» entstanden sind. Pongratz hat Lehrbücher zur Klinischen Ps. und zur *Tiefenpsychologie* und Bücher zur Geschichte der Ps. verfasst sowie ein Handbuch zur Klinischen Ps. und mehrere Bände zur Ps., Psychiatrie und Philosophie in Selbstdarstellungen herausgegeben. Pongratz 1992. H. E. Lück

Pons [lat. Brücke] *Gehirn*.

Ponzo'sche Täuschung [engl. *Ponzo illusion*], **[WA]**, Bez. für die *geometrisch-optische Täuschung*, bei der von zwei in einem Winkel eingezeichneten gleich langen Strecken die scheitelnahe Strecke länger erscheint (s. Abb.).

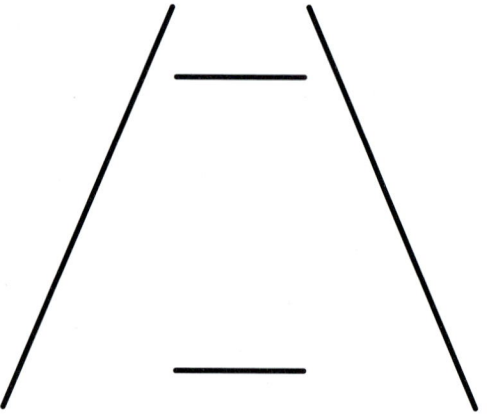

Ponzo'sche Täuschung

pooling (= p.) [engl.] Zusammenschluss, **[FSE]**, bez. das Zusammenfassen von Maßzahlen zu Klassen bei der Erstellung von Häufigkeitsverteilungen. P. wird vorgenommen, um Nullstellen oder starke Zufallsschwankungen im Verlauf der Häufigkeitsverteilungen zu vermeiden. In der *Varianzanalyse* versteht man unter p. das Zusammenfassen von Varianzkomponenten. G. Mikula

poor metabolizer, **[PHA]**, das Cytochrom-P450-Isoenzym 2D6 zählt bis heute zu einem der am besten untersuchten Isoenzyme, und es hat eine bes. Bedeutung für die Pharmakologie sowie Interaktionskunde von Arzneistoffen und insbes. von *Psychopharmaka*. CYP2D6 kommt in zahlreichen polymorphen Modifikationen vor. Es ist mittlerweile eine Vielzahl unterschiedlicher Allele bekannt, die sich vom Wildtyp unterscheiden und durch Mutationen unterschiedliche Genotypen hervorbringen: PM (poor metabolizer), IM (intermediate metabolizer), EM (*extensive metabolizer*) und UM (*ultrarapid metabolizer*). Die versch. Metabolisierertypen korrelieren mit der Anzahl (0, 1, 2 oder > 3) der aktiven Allele. Menschen mit einem nonfunktionalen CYP2D6 werden als «poor metabolizers» (PM) bez. In der europäischen Bevölkerung kommen sie mit etwa 5–14 % vor. Da die Muttersubstanz bei PM unzureichend über CYP2D6 verstoffwechselt wird, haben diese aufgrund zu hoher Plasmakonzentrationen ein erhöhtes Risiko für unerwünschte Wirkungen. Greiner 2010. *M. Paulzen*

Pop-out-Effekt (= P.) [engl. *pop-out* herausspringen], [**WA, KOG**], sollen Pbn in einer visuellen Suchaufgabe einen Zielreiz suchen, der sich in einem Einzelmerkmal (engl. *singleton*) von den *Distraktoren* unterscheidet (z. B. Suche eines roten Kreises unter grünen Kreisen), ist die *Reaktionszeit* auf den Zielreiz, i. d. R. unabhängig von der Anzahl der Distraktoren. Dieses Ergebnismuster wird als P. bezeichnet, da der Zielreiz quasi aus der Menge der Distraktoren «herausspringt». Hingegen steigt die Reaktionszeit i. d. R. linear mit der Anzahl der Distraktoren an, falls sich der Zielreiz in einer Merkmalskombination (engl. *conjunction*) von den Distraktoren unterscheidet (z. B. Suche eines roten Kreises unter roten Quadraten und grünen Kreisen). Früher wurde der P. als Evidenz für eine *parallele Suche* von Einzelmerkmalen gewertet. Der lineare Anstieg der Reaktionszeit mit der Anzahl von Distraktoren wurde als Evidenz für eine *serielle Suche* bei Merkmalskombinationen interpretiert. Neue Ergebnisse sprechen gegen eine solche pauschale Unterscheidung der visuellen Suche bei Einzelmerkmalen und Merkmalskombinationen. Da zudem aufgrund des Ergebnismusters nicht eindeutig auf eine parallele oder serielle visuelle Suche geschlossen werden, wird zw. effektiver (kein oder nur geringer Anstieg der Reaktionszeit mit zunehmender Anzahl an Distraktoren) bzw. ineffektiver Suche (hoher Anstieg der Reaktionszeit mit zunehmender Anzahl an Distraktoren) unterschieden. *visuelle Suche*, *Wahrnehmung*, *präattentive*. Treisman 1993, Wolfe 1998. *H. Schröter*

Popper, Karl Raimund (1902–1994), [**HIS, PHI**], bedeutender Wissenschaftstheoretiker. Popper, in Wien geb., hörte vom 16. Lebensjahr an Vorlesungen an der Universität. Tischlerlehre und zugleich Lehrerausbildung, Erzieher für sozial gefährdete Kinder. Popper arbeitete an *Adlers* Erziehungsberatungsstellen und engagierte sich für die von den Sozialdemokraten getragene Schulreformbewegung. Er promovierte 1928 bei *Bühler* mit einer Arbeit über Methodenprobleme der Denkps. Durch das Studium bei Bühler lernte Popper die Ps. der *Würzburger Schule* kennen. 1930 bis ca.1936 Tätigkeit als Lehrer. Kontakt mit dem *Wiener Kreis* (*Wiener Schule*), 1934 Veröffentlichung von «Logik der Forschung». 1937–1946 Dozentur am Canterbury University College, Christchurch, Neuseeland. Im Winter 1944/45 erhält Popper das Angebot, an der London School of Economics zu lehren; er beginnt dort 1946 seine Lehrtätigkeit und wird 1949 Professor für Logik und wiss. Methodenlehre. Bis zu seiner Emeritierung 1969 ist er hier tätig. *H. E. Lück*

Popularitätsindex [engl. *popularity index*; lat. *populos* Volk], [**DIA**], Prozentsatz der Zustimmungen bei einem Fragebogenitem.

Populärpsychologie [engl. *folk psychology*; lat. *populus* Volk], [**KOG, PER, SOZ**], volkstümliche, naive, vorwiss. Ps., zus.fassende Bez. für allein aus der Alltagserfahrung gewonnene, d. h. nicht mit empirisch-wiss. Methoden überprüfte, psychol. Annahmen. Sie sind umgangssprachlich formuliert, enthalten verbreitete *praktische Menschenkenntnis*, Alltagswissen, Vorstellungen und *Vorurteile* und «erklären» das Handeln und psych. Zustände oft aus inneren geistigen Vorgängen, Lebenserfahrung oder vererbten Charaktereigenschaften. Als Bsp. sind auch einige der früher verbreiteten *Charakterologien*, *Typologien* und Motivationslehren zu nennen. In einigen der Voraussagen sind die Strategien eines *naiver Statistikers* zu erkennen. Patricia und Paul Churchland meinen aus Sicht des *eliminativer Materialismus*, dass viele der heutigen ps. Begriffe als Bez. mentaler Zustände vorwiss. *folk psychology* darstellen und durch die neurowiss. Terminologie zu ersetzen sind. *J. Fahrenberg*

Population [engl. *population*; lat. *populus* Volk], syn. Grundgesamtheit, [**FSE**], stat. die Gesamtheit der Träger eines Merkmals bzw. aller Messwerte, über die aufgrund der Untersuchung an einer *Stichprobe* Aussagen gemacht werden sollen. Alle Elemente, für die ein Forschungsbefund prinzipiell Gültigkeit besitzen soll (z. B. alle an Depression Erkrankten, alle Berufstätigen, alle Wahlberechtigten). Die *Inferenzstatistik* prüft Annahmen zu Verhältnissen (z. B. Gruppenunterschiede) in der P. auf Basis (1) von Stichprobenbefunden und (2) Annahmen bzgl. der Verteilung von Merkmalen in der P.
[**BIO**], Fortpflanzungsgemeinschaft innerhalb einer *Art*, die durch ökologische und/oder geografische Faktoren isoliert wurde. Bestand, Gesamtheit der Individuen gleicher Abstammung an einem best. Standort.

Populationsvalidität *externe Validität*.

Populationsvektor [engl. *population vector*; lat. *populus* Volk], [**BIO**], zus.fassende Charakterisierung von *Tuning-Kurven* vieler *Neurone*, spez. motorischer Neurone (*Motorik*) mit richtungsabhängiger Aktivität. Der Populationsvektor wird durch die mit der Aktivität gewichteten bevorzugten Richtungen der einzelnen Neurone bestimmt und gibt mit hoher Genauigkeit die Richtung der ausgeführten Bewegungen an, und zwar auch schon vor Beginn der Bewegungen.

Poriomanie [engl. *poriomania*; gr. πορεία (*poreia*) Reise, μανία (*mania*) Wut, Raserei], [**KLI**], Wandertrieb. Je nach Äußerungsform auch mit den Bez. *Fugue* (Flucht) und *Vagabundieren* belegbar. Bes. der krankhafte Trieb zum impulsiven Weglaufen bei Kindern, bei psych. beeinträchtigten Pat. und auch als epileptisches Äquivalent (*epileptische Äquivalente*).

Pornografie (= P.) [engl. *pornography*; gr. *πόρνη (porne)* Prostituierte, Hure, *γράφειν (graphein)* schreiben], [**MD, SOZ**], ist ein Sammelbegriff für mediale Darstellung, die gemäß einer inhaltlich-funktionalen Def. (1) nackte Körper und sexuelle Aktivitäten detailliert zeigen und (2) primär zum Zweck der sexuellen Stimulation produziert und rezipiert werden. Juristisch wird Hardcore-P., die reale Sexualakte zeigt und gemäß Kinder- und Jugendschutzbestimmungen Erwachsenen vorbehalten ist, von Softcore-P. abgegrenzt, die den Sexualakt nur simuliert und auch für Jugendliche freigegeben ist (z. B. Erotik-Clips im Fernsehen). Neben legaler P. existiert illegale P. (v. a. Tier-, Gewalt-, Jugend- und Kinderp.), deren Produktion und Verbreitung in Dt. verboten ist, wobei bei Kinder- und Jugendp. (d. h. Abbildungen von realem *sexuellem Missbrauch* an Minderjährigen) bereits der Besitz strafbar ist.

Legale P. existiert in sehr vielen Medienformaten (z. B. Geschichten, Zeichnungen, computergenerierte Grafiken, Videospiele, Fotos, Videos) und ist besonders durch das *Internet* in historisch einmalig großer Fülle und Vielfalt diskret und kostengünstig überall zugänglich. Neben der Mainstream-P., die sich v. a. an ein heterosexuelles männliches Publikum sowie zunehmend auch an heterosexuelle Paare richtet, haben sich diverse Non-Mainstream-P. entwickelt (z. B. Frauen- bzw. feministische P., authentische Lesben-P., Schwulen-P., queere P., P. unterschiedlicher sexueller Spezialkulturen).

Neben der *Mediengewalt* gilt die Mediensexualität und insbes. die P. als ihre expliziteste Erscheinungsform als bes. problematischer Medieninhalt, der eine Reihe neg. *Medienwirkungen* hervorbringen kann. P. als fiktionale Mediengattung inszeniert sexuelle Fantasien und enthält oft außeralltägliche, normverletzende und tabuisierte Motive. Eine unkritische Orientierung an P. kann somit unrealistische Vorstellungen über *Sexualität* vermitteln, aggressives und riskantes Sexualverhalten fördern oder Unzufriedenheit mit dem eigenen Körper und Sexualleben erzeugen. Die insbes. in der Mainstream-P. vorherrschenden *Geschlechterstereotype* und ethnischen Stereotype werden im Zusammenhang mit *Sexismus* und *Rassismus* problematisiert, da sie Einstellungen und Verhalten des Publikums entspr. beeinflussen können. Die sofortige sexuelle Gratifikation, die masturbatorischer P.konsum vermittelt, kann unter best. Bedingungen zu exzessiver Medien- bzw. Internetnutzung i. S. suchtähnlichen oder zwanghaften Mediennutzungsverhaltens (*Mediennutzungsforschung*) führen. Andererseits zeigen sich empirisch auch pos. Wirkungen der P.nutzung wie z. B. gesteigerte Selbstakzeptanz (z. B. bei *Homosexualität*, *Transidentität*), verbesserte Partnerkommunikation oder sexuelle Horizonterweiterung. Die meisten Menschen nehmen bei sich selbst keine oder eher pos. P.wirkungen wahr und schreiben neg. Wirkungen v. a. anderen Personen zu (*Third-Person-Effekt*). Die zunehmende Verbreitung und Nutzung sexuell expliziter Mediendarstellungen wird auf gesellschaftlicher Ebene als Trend zur *Sexualisierung* und *Pornografisierung* beschrieben. Döring 2013. *N. Döring*

Pornografisierung (= P.) [engl. *pornification, pornographization, pornographication*; gr. *πόρνη (porne)* Prostituierte, Hure, *γράφειν (graphein)* schreiben]], [**MD, SOZ**], meint im Kontext medialer Kommunikation (1) die zunehmende Verfügbarkeit und Nutzung von *Pornografie* in der Gesellschaft sowie damit einhergehend (2) die Zunahme von Pornografie-Bezügen in der Populär- und Alltagskultur (z. B. Porno-Chic in der Mode, Porno-Rap in der Musik, «voll porno» als Ausdruck der Jugendsprache). P. wird seit der Popularisierung von Pornografie im *Internet* als Steigerung der bisherigen *Sexualisierung* der Medien diskutiert. P. wird einerseits kritisch betrachtet und z. B. mit sexueller Verunsicherung, Verrohung und Verwahrlosung v. a. der Jugend durch falsche Vorbilder in Zusammenhang gebracht. Andererseits werden pos. Aspekte wie eine zunehmende Demokratisierung, Zivilisierung und Gelassenheit im Umgang mit menschlichen Sexualitäten durch einen offeneren gesellschaftlichen Austausch über sexuelle Fantasien und Praktiken betont. Angesichts der Vielfalt pornografischer Darstellungen und ihrer differenzierten Nutzung (*Mediennutzungsforschung*) in unterschiedlichen sozialen Kontexten ist davon auszugehen, dass P. keine einheitlich pos. oder neg. *Medienwirkungen* nach sich ziehen, sondern heterogene und ambivalente Effekte haben wird (z. B. durch zunehmende Sichtbarkeit sexueller Minoritäten einerseits verstärkte Liberalisierung und Akzeptanz, andererseits verstärkte Ausgrenzung und Kriminalisierung). Auch der Effekt auf die Geschlechterverhältnisse ist widersprüchlich: Einerseits ist eine Verfestigung machtasymmetrischer *Geschlechterrollen* und Geschlechterverhältnisse durch die *Geschlechterstereotype* in der Mainstream-Pornografie zu befürchten, die Frauen meist als dienende Sexualobjekte zeigt. Andererseits fördert die P. verstärkte Kritik an diesen Verhältnissen und vermehrte Produktion von Non-Mainstream-Pornografien, die Frauen auch als selbstbestimmte Sexualsubjekte zeigen. Anstatt Pornografie pauschal zu befürworten oder abzulehnen, wird in der Fachliteratur (z. B. *Medienpsychologie*, Mediensoziologie, Medien- und Kommunikationswissenschaft) inzwischen eine differenzierte, nicht zuletzt auch ethische Beurteilung (*Ethik*) der jew. Produktions- und Rezeptionsbedingungen sowie der Inhalte unterschiedlicher pornografischer Subgattungen gefordert. In der *Medienpädagogik* wird eine Förderung der Kompetenz im Umgang mit Pornografie als Teil gattungsspezifischer *Medienkompetenz* empfohlen. Döring 2013, Schuegraf & Tillmann 2012. *N. Döring*

Position (= P.) [engl. *position*; lat. *positio* Stellung, Lage], [**SOZ**], üblicherweise werden die Begriffe P. (oder *Status, sozialer*) und *Rolle* als korrelative Begriffe betrachtet: P. sei der statische oder kogn. Aspekt von Rolle, Rolle der dynamische von P. Einerseits ist P. die Einheit der *Gesellschaft*, in deren *Kultur* spezif. *Erwartungen* ausdifferenziert werden (*Kulturstandards*), andererseits die Stellung des Individuums, das diese Erwartungen in seinem *Verhalten* realisieren soll. Linton (1936) bezeichnet P. als den objektivierbaren Teil der Rolle, als einen Ort in einem Gefüge sozialer Beziehungen (*soziale Interaktion*). Es wird unterschieden zw. erworbenen und zugeschriebenen P., je nachdem, in welchem Ausmaß das Individuum durch eigenes Handeln oder eigene Leistungen P. einnehmen kann. Zweckmäßiger ist eine Dreiteilung in *angeborene*, *erworbene* und *zugeschriebene* P.; in der Praxis zeigen sich allerdings auch dabei Schwierigkeiten der Zuordnung. P. werden von Individuen eingenommen, die wechselseitig miteinander interagieren. P. wird damit definierbar als die Stellung eines Individuums in einer Interaktionsstruktur.

Positionalität [engl. *positionality*; lat. *positio* Stellung, Lage], *Ausdruckstheorien*.

Positionierung (= P.) [engl. *positioning*], [**WIR**], bei der P. handelt es sich um das Bestreben von Marketingverantwortlichen (*Marketing*), das Unternehmen bzw. dessen angebotene Leistungen an einer spezif. und strategisch erstrebenswerten Stelle im Wahrnehmungsraum der Zielgruppe zu verankern. Die Dimensionen des Wahrnehmungsraumes stellen dabei Attribute oder Nutzenkomponenten dar, die für die Zielgruppe in Bezug auf die Produktkategorie von besonderer Bedeutung sind (z. B. Prestige und Sicherheit bei Automobilen). Ein wichtiger Aspekt der P. ist der Vergleich der Position der eigenen Leistungen im Wahrnehmungsraum mit der Position der Wettbewerber aus derselben Produktkategorie (*Points-of-Parity* und *Points-of-Difference*) zur Bestimmung der aktuellen Erfolgsposition. Hierfür kann es zunächst notwendig sein, dem Konsumenten die Zugehörigkeit der eigenen Leistung zu einer best. Produktkategorie zu verdeutlichen. Ziel der P. ist es, ein spezif. und kundenfokussiertes Nutzenversprechen zu entwickeln, das von der Zielgruppe als überlegen gegenüber den Nutzenversprechen der Wettbewerber (kundenbasierter Wettbewerbsvorteil) empfunden wird. Entspricht die (vom Unternehmen angestrebte) Positionierung nicht der tatsächlichen Position im Wahrnehmungsraum des Konsumenten, muss letztere durch marketingstrategische Aktionen i. S. des Unternehmens beeinflusst werden. I. d. S. bildet die P. die Richtlinie für die Marketingstrategie. *Markenmanagement*, *Markenidentität*, *Markenimage*. Kotler & Keller 2009. *N. Koschate-Fischer/C. Wolframm*

Positionseffekt (= P.) [engl. *position effect*; lat. *positio* Stellung, Lage], [**EW, KOG, SOZ**], Reihenstelleneffekt, Auswirkung der Stellung bzw. Anordnung auf die Informationsverarbeitung. Besondere Beachtung erfuhr der P. beim *sozialen Lernen* und bei der subj. Gruppierung von Datenmengen (*Gestaltgesetze*). In der Sozialps. wird u. a. der P. als *erster Eindruck* und in der Entwicklungsps. wie die Position in der Geschwisterreihe beachtet. *Recency-Effekt*.

Positionskonsum [engl. *positional consumption*], *Konsum, symbolischer*.

Positionskurve, serielle (= s. P.) [engl. *serial position curve*]. [**KOG**], die s. P. tritt üblicherweise beim episodischen Behalten auf (*episodisches Gedächtnis*). Sie entsteht, wenn man die Darbietungsabfolge der Items unverbundener Listen gleicher Länge der Reihe nach auf der x-Achse eines Koordinatensystems kodiert und für jede Itemposition die gemittelte Wiedergabeleistung auf der y-Achse abträgt.

Die durch die Verbindung der Punkte entstehende Kurve heißt s. P. Diese s. P. weist typische und in ihren zentralen Merkmalen übereinstimmende Verläufe bei der freien oder seriellen Wiedergabe (free recall, serial recall; *Gedächtnisprüfung*) von unverbundenen Wort-, Bild-, Buchstaben- oder Zahlenlisten auf. Zentrale Merkmale der s. P. sind der *Primacy-Effekt* und der *Recency-Effekt*. Der Primacy-Effekt besagt, dass die ersten Items der Liste besser erinnert werden als Items aus der Listenmitte; der Recency-Effekt besagt, dass die letzten Items der Liste besser erinnert werden als Items aus der Listenmitte. Beide Effekte finden sich sowohl für Gedächtnistests, die auf das *Arbeitsgedächtnis* zielen, als auch für solche, die auf das episodische Langzeitgedächtnis zielen (Engelkamp & Zimmer 2006; Eysenck & Keane 2010). Im Hinblick auf das unmittelbare serielle Behalten findet sich bzgl. der s. P. eine modalitätsspezifische Besonderheit. Sowohl für auditiv dargebotene als auch für visuell dargebotene Listen verbalen Materials zeigen sich der Primacy- und der Recency-Effekt. Letzterer ist allerdings bei auditiv dargebotenen Listen deutlich ausgeprägter als bei visuell dargebotenen Listen. Dieser sog. auditive Recency-Effekt [engl. *auditory recency effect*] oder *Modalitätseffekt* [engl. *modality effect*] ist nicht auf das Behalten von unverbundenen Wort-, Buchstaben- oder Ziffernlisten begrenzt, sondern findet sich auch für Sätze und kurze Texte. *R. Rummer/J. Schweppe*

Positionsstabilität [engl. *positional stability*], *Stabilität*.

^Test^**Positive and Negative Affect Schedule (PANAS)**, [**EM, DIA, PER**], Fragebogen zur Erfassung pos. und neg. affektiver (*Affekt*) Zustände (*state*) oder Traits (*trait*). Die PANAS besteht aus 20 Adjektiven (zehn pos. Empfindungen: z. B. freudig erregt, interessiert, aufmerksam; 10 neg.: z. B. bekümmert, gereizt). Die Pbn schätzen die Intensität einer Empfindung oder eines Gefühls auf einer fünfstufigen Skala von «gar nicht» bis «äußerst» ein. Entsprechend der vorgelegten Instruktion kann sich diese Einschätzung auf unterschiedliche Zeiträume beziehen («im Moment» bis «im Allgemeinen»). Watson et al. 1988, Krohne et al. 1996. *H. Eschenbeck*

Positive Interventionen (= Pos. I.) [engl. *positive interventions, positive psychology interventions*; lat. *ponere* setzen], syn. Positive Psychologie Interventionen, [**KLI**], wichtiger Anwendungsbereich der *Positiven Psychologie*. Nancy Sin und Sonja Lyubomirsky def. Pos. I. als Methoden und bewusst gesetzte Aktivitäten, die darauf abzielen, pos. Gefühle, Verhaltensweisen oder Gedanken zu kultivieren – im Ggs. zu Programmen, Aktivitäten oder Behandlungsmethoden, die darauf abzielen, ein pathologisches Geschehen oder ein Defizit zu heilen bzw. zu mildern. *Metaanalysen* zeigen, dass solche I. effektiv sind, um (subj.) *Wohlbefinden* zu steigern bzw. depressive Symptome zu mildern. Es wurden Programme entwickelt, die online selbstadministriert (*Internet-Intervention*), sowie in Gruppen- oder Einzelsettings durchgeführt werden können. Auch wenn es Studien zu Anwendungen im klin. Bereich gibt, sind hier primär Personen als Zielpublikum angesprochen, die sich nicht durch psych. Beschwerden beeinträchtigt fühlen, aber ihr Wohlbefinden weiter verbessern möchten. Effekte können in *placebo*kontrollierten Studien für bis zu sechs Monate nach Durchführung der Übungen gezeigt werden bzw. gibt es auch Hinweise darauf, dass Indikatoren des Person x Übung-Fits eine Vorhersage von Wohlbefinden und *Depressivität* für einen Zeitraum von bis zu 3,5 Jahren nach Abschluss der I. zulassen. Als Wirkmechanismen der Übungen wird pos. *Emotionen* eine zentrale Rolle zugesprochen bzw. werden auch elaboriertere Modelle (wie das *Hedonic Adaptation Prevention Model*) in der Literatur diskutiert. Seligman et al. 2005, Sin & Lyubomirsky 2009. W. Ruch

Positive Psychologie (= Pos. Ps.) [engl. *positive psychology*; lat. *ponere* setzen, *positum* gesetzt], **[EM, KLI]**, eine neue Richtung innerhalb der Ps., die 1998 formal begründet wurde. Als damaliger Präsident der *American Psychological Association* rief Martin E. P. Seligman zu einer verstärkten Ausrichtung psychol. Forschung und Praxis auf menschliche Stärken auf. Der Begriff Pos. Ps. ist allerdings nicht neu, da er sich schon früher in Arbeiten von A. Maslow finden lässt. Ein Bestreben der Pos. Ps. ist es, die Ps. dahingehend zu komplettieren, dass auch (bisher in Forschung und Praxis) vergleichsweise vernachlässigte Themen, wie Zufriedenheit, *Wohlbefinden*, Talent, Stärken oder Tugenden verstärkt beachtet werden. Typ. Themen sind: (1) pos. Erleben (z. B. pos. Emotionen, Wohlbefinden, Lebenszufriedenheit); (2) pos. Eigenschaften (z. B. Charakterstärken, Tugenden); und (3) pos. Institutionen (Bedingungen, unter denen Institutionen wie Schulen, Familien oder Gemeinden persönliches Wachstum erlauben). Im Bereich des Pos. Erlebens nimmt die Forschung zu pos. *Emotionen* einen bes. Stellenwert ein. Aufbauend auf den Arbeiten von Alice Eisen entwickelt Barbara Fredrickson die *Broaden-and-build-Theorie pos. Emotionen (PE)*. Das Erleben PE lässt mehr Handlungs- und Gedankentendenzen zu (als neg. Emotionen), diese können dann wieder pos. Emotionen auslösen (*pos. Aufwärtsspirale*) und es können sich neue Ressourcen (*Ressourcenorientierung*) entwickeln, die zum Wohlbefinden beitragen. Weitere Forschung zu PE beschäftigt sich mit der Frage, welche Arten von PE es gibt bzw. wie diese abgegrenzt und gemessen werden können. Zentral für Arbeiten zu pos. Eigenschaften ist Peterson & Seligmans (2004) *Values-in-Action (VIA)-Klassifikation* von Stärken und Tugenden. Aus der Literatur wurden moralisch pos. bewertete Eigenschaften abgeleitet (24 Charakterstärken) und je einer von sechs universellen Tugenden (Weisheit, Mut, Humanität, Gerechtigkeit, Mäßigung und Transzendenz) zugeordnet. Peterson und Seligman argumentieren, dass Charakterstärken die Mechanismen und Prozesse darstellen, um eine Tugend auszuleben (also z. B. Weisheit kann erreicht werden über die Stärken Neugierde, Liebe zum Lernen, Urteilsvermögen, Kreativität oder Weitsicht). Die 24 Charakterstärken können anhand eines Fragebogens (*Values in Action Inventory of Strengths, VIA-IS*) gemessen werden, den es auch in einer Fassung für Jugendliche gibt. Forschung zu Pos. Institutionen wurde bislang vor allem in Schulen betrieben, in denen Projekte entwickelt wurden, die Schülern optimales persönliches Wachstum ermöglichen sollen. Andere Anwendungsgebiete sind die Arbeits- und Organisationsps. (z. B. *Positive Organizational Behavior*); Beratung (*Positive Coaching*) und klin. Anwendungen (*Positive Psychotherapy*). Als weitere Forschungs- und Anwendungsbereiche sind Fragen zum Wohlbefinden und der Lebenszufriedenheit, motivationspsychol. Aspekte (z. B. *Selbstbestimmungstheorie*), zu *Positiven Interventionen* oder Fragen eines gelingenden Alterns (*Positive Aging*) und viele mehr. In den letzten Jahren hat sich die Pos. Ps. weiter professionalisiert, Gesellschaften und Fachzeitschriften wurden ins Leben gerufen. Seligman & Csikszentmihalyi 2000, Peterson & Seligman 2004. W. Ruch

Positivismus (= P.) [engl. *positivism*; lat. *positus* gesetzt], **[PHI]**, seit seiner Begründung durch Hume und d'Alembert und seinem wichtigsten Vertreter Comte (1798–1857) stellt P. die Richtung in Philosophie und Wissenschaft dar, die nur Tatsachen als wahrnehmbare Sachverhalte und deren Feststellung und Verknüpfung als Erkenntnisgrundlage zulässt. Comte betont, dass wir außer solchen wahrnehmbaren Phänomenen nichts zu erkennen vermögen. Somit werden das Weltbild und die Methoden der Naturwissenschaften übernommen. Der P. hat sich in versch. Richtungen weiterentwickelt, z. B. im logischen P. des Wiener Kreises (Carnap 1936), bei dem das verifizierbare Tatsachenwissen betont wird. Im Neo-P., der auch den *Behaviorismus* beeinflusste, wird als Erkenntnismethode die strenge exp. *Bedingungsanalyse* gefordert. In der dt.sprachigen Ps. hatte P. Einfluss auf die Psychologen, die die Analyse von Empfindungen als wichtigsten Forschungsgegenstand bezeichneten, z. B. Mach (1922). *Ontologie*.

positiv prädiktiver Wert (PPV) [engl. *positive predictive value*; lat. *praedicere* vorhersagen], **[DIA]**, PPV ist ein Maß für die Entdeckungsleistung eines diagn. Verfahrens. Der PPV gibt den Anteil der korrekt diagnostizierten Objekte an, die einen pos. Testwert erhalten haben. Erhielten 100 Schüler ein pos. Testergebnis und besitzen 90 dieser Schüler die zu identifizierende Kompetenz, so ist der PPV = (korrekt Positive / (korrekt Positive + falsch Positive)) = 90/(90+10) = .9. *Diagnostik, kategoriale, Vierfeldertafel, negativ prädiktiver Wert*. Bautsch 2009.

Positivsymptomatik [engl. *positive symptoms*]; *Schizophrenie*.

Positronen-Emissions-Tomografie (PET) [engl. *positron emission tomography*; lat. *emittere* entsenden, gr. τομή *(tome)* Schnitt, γράφειν *(grafein)* schreiben], **[BIO, DIA]**, dieses *bildgebende Verfahren* dient zur Erfassung und Lokalisierung versch. Hirnaktivitäten (*Gehirn*) und spielt daher in den kogn. Neurowissenschaften eine zunehmend wichtige Rolle. Die PET-Technik beruht auf dem raschen radioaktiven Zerfall von Positronen (Atombausteinen) in best. Radioisotope, der von rings um den Kopf des Pbn angeordneten und untereinander verschalteten Strahlendetektoren erfasst wird, wodurch eine hohe Genauigkeit der Auflösung und der Lokalisation ermöglicht wird. Es gibt eine ganze Reihe versch. PET-Techniken zur Messung von Hirnaktivitäten, die mit unterschiedlichen meth. und interpretativen Einschränkungen behaftet sind. Die Messung der regionalen zerebralen Metabolismusrate (rCMR) oder des regionalen zerebralen Blutflusses (rCBF) erfasst Areale mit schneller Metabolismusrate, die mit synaptischer Aktivität verbunden sind. *Lernen* und Wiedererkennen von komplexen visuellen Mustern aktivieren stets nahezu identisch die gleichen Funktionsfelder im visuellen Kortex. Um die gemessenen Blutflussänderungen best. durchgeführten mentalen Vorgängen zuordnen zu können, bedient man sich der Subtraktionsanalyse, bei der die anatomisch lokal standardisierten Bilder (Pixel des Detektorzählers) während der mentalen Tätigkeit (z. B. Erinnern (*Erinnerung, Gedächtnis*), Kopfrechnen) von denjenigen während einer Kontrolltätigkeit abgezogen werden. Das örtliche Auflösungsvermögen solcher PET-Scans liegt bei 4–8 mm, die zeitliche Auflösung bei etwa 1 s, bedingt durch die Halbwertzeit der verwendeten Isotope.

Posner-Paradigma (= P.) [engl. *Posner paradigm/task*; gr. παράδειγμα (*paradeigma*) Beispiel, Muster], [**KOG**], mit P. bezeichnet man unterschiedliche exp. Versuchsanordnungen, die von Michael I. Posner entwickelt wurden. Mit der Buchstabenvergleichsaufgabe (engl. *letter-matching task*) kann man das Codierungsformat von Buchstaben (visuell oder phonetisch) untersuchen. Dabei verlangt man von der Vp Gleichheitsurteile über zwei physikal. identische, zwei namensgleiche oder zwei versch. Buchstaben und misst die *Reaktionszeiten*. – Mit dem *Hinweisreizparadigma/Cueing-Paradigma* kann man die Eigenschaften der visuell-räumlichen *Aufmerksamkeit* untersuchen. Dazu präsentiert man vor dem räumlich variablen *Zielreiz* einen Hinweisreiz (*cue*), der die Position des Zielreizes mit einer gewissen *Wahrscheinlichkeit* korrekt vorhersagt. Zu den wichtigsten unabhängigen Variablen in derartigen Untersuchungen gehören die Art des Hinweisreizes (symbolisch oder physikal.-räumlich), die *stimulus-onset asynchrony (SOA)* zw. Hinweisreiz und Zielreiz sowie die Korrektheit (sog. *Validität*) des Hinweisreizes. Leistungsunterschiede bei der Zielreizverarbeitung nach korrekten (validen) und inkorrekten (invaliden) Hinweisreizen bezeichnet man als Hinweisreizeffekt [engl. *cueing effect*], der als Beleg für eine aufmerksamkeitslenkende Wirkung der Hinweisreize interpretiert wird. *P. Wühr*

possible-word constraint [engl *possible* mögliche, *word* Wort, *constraint* (Rand-)Bedingung], *Sprachwahrnehmung*.

Postdormitium [engl. *postdormitium*; lat. *post* nach, *dormire* schlafen], [**BIO**], der *Schlaf*zustand kurz vor dem Erwachen, mit geringer Schlaftiefe und leicht erinnerbaren *Träumen*. *Prädormitium*.

postevent information [engl. *post* nach, *event* Ereignis], [**KOG**], eingeführt von E. Loftus für den Vorgang der Aufnahme von Informationen nach dem Erleben eines Ereignisses. Die nachträglich aufgenommene Information verschmilzt im Erinnerungsbild mit dem ursprünglichen Erlebnis und verändert dieses dadurch.

postexperimentelle Befragung [engl. *post-experimental enquiry*; lat. *post* nach], [**FSE**], Technik zur Aufdeckung der Wirkung von Hinweisen aus der exp. Situation. Die Vpn werden nach der Teilnahme an einer Studie (z. B. *Experiment*) sorgfältig befragt, um Aufschlüsse über deren Gedanken und Wahrnehmungen im Hinblick auf den Zweck der Studie zu erfassen.

posthypnotische Suggestion [engl. *posthypnotic suggestion*; lat. *post* nach, *suggestio* Eingebung, gr. ὕπνος, (*hypnos*) Schlaf], [**KOG, KLI**], eine in der *Hypnose* gegebene, aber erst nach deren Abschluss wirksam werdende *Suggestion*.

postmaterialistische Werte [engl. *post-materialist values*; lat. *post* nach], *Wertewandel*.

Postremitätsprinzip (= P.) [engl. *postremity principle*; lat. *postremo* zuletzt], [**KOG**], ein von Voeks (1950) formuliertes Prinzip, wonach ein Reiz, der zwei oder mehr unvereinbare (inkompatible) Responses begleitet hat oder unmittelbar vor den Responses aufgetreten ist, nur für die in Anwesenheit des Reizes zuletzt gegebene Response einen bedingten Reiz (*Konditionierung, klassische*) darstellt. Auf diese Weise kann ein Reiz, der eine best. Response auslöst, aufhören, Auslöser für diese Response zu sein, und Auslöser für eine andere Response werden. Mit P. ist ein wichtiges Postulat in Guthries Lerntheorie der *Kontiguität* aufgestellt worden. Die Wirkung der *Verstärkung* (Bekräftigung) wird danach als Folge der neuen Situation erklärt, d. h., die sog. Verstärkerreize sorgen dafür, dass die «verstärkte» Response die letzte auf die unmittelbar vorangegangene Reizsituation bleibt. Die letzte Response ist auch die kürzere Zeit zurückliegende und neueste Response. Das Prinzip wird aber von Voeks nicht als Neuheitsprinzip (*recency principle*) bezeichnet, weil nicht die Kürze der verstrichenen Zeit das entscheidende Moment ist, sondern die Tatsache, dass die Wahrscheinlichkeit des Wiederauftretens der letzten mit dem Stimulus verbundenen Response allein deshalb hoch ist, weil es danach keine andere Response in Gegenwart des Stimulus gegeben hat. *R. Bergius*

Post-stroke Demenz (= P.), [**KLI**], ca. 10 % der Pat. mit einem *Schlaganfall* entwickeln im zeitlichen Zus.-hang mit diesem eine *Demenz*. Hierbei können sowohl die unmittelbar durch den Schlaganfall verursachten neuronalen Schäden als auch vorbestehende vaskuläre und begleitende neurodegenerative Pathologien eine Rolle bei der Entstehung einer P. spielen. Bei vaskulären Schädigungen sind sowohl das Infarktvolumen als auch die Lokalisation von Infarkten von Bedeutung. Hinzu kommen Faktoren, die die Fähigkeit des *Gehirns* zur Kompensation von Defiziten beeinflussen. Hierzu zählen ein höheres Alter, niedriger Ausbildungsstatus, vorbestehender kogn. Abbau oder *Behinderung*, *Diabetes* und Vorhofflimmern. Das neuropsychol. Profil von Pat. mit einer P. ähnelt meist demjenigen von Pat. mit vaskulären Demenzen. Dichgans et al. 2011. *M. Paulzen*

Post-stroke Depression (= P. D.), [**PHA**], schätzungsweise ein Drittel von Pat. mit einem *Schlaganfall* entwickeln innerhalb von 3–6 Monaten nach einem Schlaganfall eine behandlungsbedürftige *Depression*, die auch als P. D. bez. wird. Eine P. D. lässt sich ebenso wie eine nicht schlaganfallbedingte Depression unter an Haupt- und Zusatzsymptomen depressiver Störungen wie Traurigkeit,

Interessenverlust, Antriebslosigkeit, Konzentrationsstörungen, *Schlafstörungen* und einem geringen *Selbstwertgefühl* erkennen. Wenn mehrere dieser Symptome länger als zwei Wochen vorhanden sind, kann dies ein Hinweis auf eine P.D. sein. Bei der Behandlung der P.D. werden vor allem *SSRI* und neuere *Antidepressiva* aufgrund der besseren Verträglichkeit verabreicht. Die präventive Gabe von Antidepressiva führte teilweise zu einer signifikante Verringerung der *Prävalenz* der P.D. im Vergleich zu einer Placebogabe bzw. zu einer fehlenden Behandlung. Beim Vorliegen einer P.D. sollte diese konsequent behandelt werden, hierbei scheint eine antidepressive Gabe auch pos. Effekte auf die *Rehabilitation* nach einem Schlaganfall zu haben. M. Paulzen

Posttraumatische Belastungsstörung (PTBS) [engl. *posttraumatic stress disorder, PTSD*; lat. post, gr. τραῦμα (trauma) Verletzung], [**KLI**], stellt eine mögl. Folgereaktion eines oder mehrerer traumatischer Ereignisse dar. Ein traumatisches Erlebnis ist eine Situation mit außergewöhnlicher Bedrohung oder katastrophenartigem Ausmaß, die bei fast jedem eine tiefe Verzweiflung hervorrufen würde. Bsp. sind das Erleben von körperlicher und sexualisierter Gewalt, Entführung, Geiselnahme, Krieg, politischer Haft, Folterung, Natur- oder durch Menschen verursachte Katastrophen, Unfälle oder die Diagnose einer lebensbedrohlichen Krankheit. Charakteristisch für die PTBS ist das ungewollte Wiedererleben von Aspekten des Traumas (z.B. Albträume oder sich aufdrängenden Bildern). Menschen mit einer PTBS erleben dann die gleichen sensorischen Reaktionen wie während des traumatischen Erlebnisses. Situationen oder Personen, die an das Trauma erinnern, werden von den Betroffenen als extrem belastend erlebt und rufen starke körperliche und emot. Reaktionen hervor. Die Betroffenen versuchen daher, diese Erinnerungen zu vermeiden, indem sie nicht darüber sprechen, Erinnerungen an das Erlebnis aus dem Kopf zu drängen versuchen sowie Personen und Orte meiden, die sie an das Trauma erinnern könnten. Das emot. Erleben von Personen mit einer PTBS ist häufig durch intensive *Angst*, Schuld, *Scham*, Traurigkeit, *Ärger* sowie emot. Taubheit geprägt. Einige der Betroffenen fühlen sich wie entfremdet von anderen Menschen und geben Kontakte auf, die ihnen vorher wichtig waren. Darüber hinaus zeigen die Betroffenen meist eine Übererregung (z.B. starke Schreckreaktionen, Reizbarkeit, Konzentrationsprobleme und *Schlafstörungen*). Das Erleben eines traumatischen Ereignisses führt in vielen Fällen zu einem Gefühl von Hilflosigkeit und zu einer Erschütterung des Selbst- und Weltverständnisses. Die Symptomatik der PTBS kann unmittelbar oder auch mit Verzögerung nach dem traumatischen Geschehen auftreten.

Ätiologie: Die PTBS gilt als einzige *psychische Störung*, bei der eine Störungsursache – das erlebte Trauma – als bestimmendes Kriterium mit zur Def. gehört. Eine PTBS stellt also einen gescheiterten Versuch des Organismus dar, eine Existenzbedrohung zu überstehen. Sie entsteht, wenn nach dem traumatischen Ereignis keine zeitnahe erfolgreiche Verarbeitung der als existenziell bedrohlich erlebten Ereignisse erfolgt. So werden die Erinnerungen nicht (wie normal) im deklarativen, autobiografischen *Gedächtnis* abgespeichert. Stattdessen bleiben einzelne Erinnerungsfragmente (Bilder, Körpergefühle, Emotionen etc.), die intrusiv und unkontrollierbar ins Bewusstsein dringen. Bei der PTBS ist also das traumat. Ereignis ungenügend in seiner Bedeutung verarbeitet und in den Kontext anderer autobiografischer Erfahrungen integriert. Somit ist der semantische Abrufweg relativ schwach. Die Erinnerung ist weder an einen zeitlichen noch einen örtlichen Kontext gebunden und wird leicht durch sog. *Trigger* (Auslösereize) hervorgerufen. Zusätzlich sind eine Anzahl weiterer Faktoren für die Entwicklung und Aufrechterhaltung verantwortlich, denn nach einem traumatischen Erlebnis entsteht nicht bei allen Betroffenen eine PTBS (Maercker 2013). Die versch. Einflussfaktoren lassen sich in prätraumatische (z.B. *Genetik*, *Persönlichkeit*, psych. Vorbelastung), zum Zeitpunkt des Traumas einwirkende (z.B. biol. Stressreaktion, Interpretation des Ereignisses) sowie posttraumatische Faktoren (z.B. *soziale Unterstützung*, Anerkennung als Opfer) einteilen.

Klassifikation: Im *DSM-5* kann eine PTBS vergeben werden, wenn die Betroffenen durch direkte Erfahrung, persönliche Zeugenschaft, Auftreten in der nahen Familie bzw. bei nahen Freunden oder durch wiederholte Konfrontation mit aversiven Details (z.B. im Beruf) mit tatsächlichem oder angedrohtem Tod, schwerwiegenden Verletzungen oder sexueller Gewalt (*sexueller Missbrauch*) konfrontiert waren. Darüber hinaus müssen die Betroffenen mind. eine Form von unkontrolliertem Wiedererleben der traumatischen Situation (z.B. durch sich aufdrängende Erinnerungen, Albträume, Flashbacks, seelisches Leiden oder eine physiol. Reaktion bei der Konfrontation mit Hinweisreizen). Weiterhin besteht eine anhaltende Vermeidung von mind. einer Art von Hinweisreizen, die mit dem traumat. Ereignis assoziiert sind (z.B. Vermeidung von Erinnerungen, Gedanken, Gefühlen, von Personen oder Orten). Außerdem müssen Betroffene neg. Veränderungen in mit dem Trauma assoziierten Kognitionen oder Affekten in mind. zwei Bereichen aufweisen (z.B. Unfähigkeit, wichtige Aspekte des traumatischen Ereignisses zu erinnern, übersteigerte neg. Überzeugungen bzw. Erwartungen in Bezug auf die eigene Person, andere Personen oder «die Welt», veränderte Gedanken über die Ursache oder die Folgen des traumatischen Ereignisses, neg. Gefühlserleben, wie Angst-, Schuld-, Schamgefühle, deutliche Verminderung von Interesse oder sozialen Aktivitäten, Gefühl der Losgelöstheit oder Entfremdung von anderen, eingeschränkte Wahrnehmung von pos. *Affekten*, wie die Unfähigkeit, zärtliche Gefühle zu empfinden). Schließlich sollten zwei Symptome vorliegen, die eine deutliche Veränderung der Erregbarkeit anzeigen (z.B. erhöhte Reizbarkeit, selbstzerstörerisches Verhalten, Hypervigilanz, Schreckhaftigkeit, Konzentrationsstörungen, Schlafstörungen). Die Beschwerden müssen mind. einen Monat andauern, in klin. bedeutsamer Weise Leiden oder Beeinträchtigung in sozialen, beruflichen oder anderen wichtigen Funktionsbereichen verursachen und dürfen nicht besser durch Substanzeinfluss oder eine andere Erkrankung erklärbar sein. ICD-10 bzw. ICD-11 und DSM-5 unterscheiden sich nur geringfügig in den Symptomkriterien (*Klassifikation psychischer Störungen*, s. Anhang I, F43). Auch im ICD-10 und im Entwurf des ICD-11 ist die Voraussetzung einer PTBS-Diagnose, dass die Betroffenen einem kurz oder lang anhaltenden Ereignis von außergewöhnlicher Bedrohung mit katastrophalem Ausmaß ausgesetzt waren, welches nahezu bei jedem tief greifende Verzweiflung auslösen würde. Ebenso sind für eine Diagnose nach ICD-10 bzw. ICD-11 das Wiedererleben der traumatischen Ereignisse mit Hier-und-Jetzt-Qualität (*Flashbacks*, Nachhallerinnerungen) und die Vermeidung von Umständen, die der Belastung ähneln oder mit ihr im Zs.hang stehen, von Bedeutung. I. Ggs. zum DSM-5 geht das ICD nicht explizit auf neg. Veränderungen in mit dem Trauma assoziierten *Kognitionen* oder Affekten ein, sondern betont, dass entweder eine Unfähigkeit, wichtige Aspekte der traumatischen Situation zu erinnern, oder eine anhaltende Übererregungssymptomatik vorliegen muss.

Prävalenz und Verlauf: Nach dem Erleben eines Traumas kann eine PTBS in jedem Lebensalter auftreten. Sie wurde sowohl in der Kindheit als auch im hohen Lebensalter beschrieben. Dabei zeigen sich die eigentlichen PTBS-Symptome üblicherweise innerhalb der ersten Monate nach dem Trauma, während in den unmittelbaren Stunden und Tagen nach dem Ereignis eher psych. Schock- und akute Belastungszustände vorherrschen. *Epidemiologische* Studien zeigen zwar, dass der größte Teil der Bevölkerung im Laufe des Lebens traumatische Ereignisse erlebt, die Lebenszeitprävalenz der PTBS in Dt. aber nur zw. 1–4 % liegt, das bedeutet, die meisten Traumatisierten entwickeln keine PTBS, sondern zeigen eine Spontangenesung (Maercker 2013). Während sich keine deutlichen Unterschiede zw. Frauen und Männern zeigen, sind die Unterschiede in den Altersgruppen erheblich. Der altersbedingte Anstieg der Prävalenz wird mit den Nachwirkungen des Zweiten Weltkrieges in Verbindung gebracht. Ein bes. Risiko haben Personen, die aufgrund ihres Berufs eine erhöhte Wahrscheinlichkeit haben, traumatisiert zu werden. Dazu gehören Polizisten, Soldaten, Feuerwehrleute und Rettungskräfte, Journalisten in Krisengebieten, aber auch Psychologen und Ärzte, die mit traumatisierten Menschen arbeiten. Die PTBS-Lebenszeitprävalenzen in diesen Berufsgruppen liegen zw. 5 % bei Polizisten bis hin zu 36 % bei Rettungskräften. Auch der Verlauf einer PTBS ist dadurch gekennzeichnet, dass beim größten Teil der Traumatisierten die Symptomatik innerhalb von wenigen Wochen remittiert. Eine Dauer der Symptomatik von mehr als 3 Monaten ist prognostisch ungünstig, da die Symptome längere Zeit anhalten und chronifizieren.

Diagnostik: Die Diagnose der PTBS sollte nach den oben genannten klin. Kriterien nach ICD oder DSM erfolgen (Flatten et al. 2011). Dabei ist die Berücksichtigung der traumatischen Auslöser bei der Beschwerdeentwicklung essenziell. Zudem ist eine Abgrenzung gegenüber einer akuten *Belastungsreaktion* (im 1. Monat nach einem traumatischen Ereignis), *Anpassungsstörungen* (an nicht traumatische Stressoren) und relevanten psych. Vorerkrankungen wichtig. Mehr als die Hälfte der PTBS-Pat. leiden unter komorbiden psych. Störungen, daher müssen traumaassoziierte und komorbide Störungen berücksichtigt werden (z. B. *Angststörungen, Depression, Somatoforme Störungen, Dissoziative Störungen, Substanzabhängigkeit und -missbrauch*). Für eine zuverlässige PTBS-Diagnose eignet sich ein PTBS-spezif. Interview sowie eine ergänzende psychometrische Diagnostik am besten (z. B. *Angststörungen, diagnostische Verfahren*). Neben der Diagnose sollten auch subsyndromale Störungsbilder mit klin. Relevanz berücksichtigt werden (z. B. Intrusionen und Übererregungssymptome ohne Vermeidungsverhalten). *Posttraumatische Belastungsstörung (PTBS); Psychotherapie, Posttraumatische Belastungsstörung (PTBS); Psychopharmakotherapie.*
T. Hecker

Posttraumatische Belastungsstörung (PTBS); Psychopharmakotherapie [engl. *posttraumatic stress disorder, PTSD; psychopharmacotherapy*], **[KLI, PHA]**, eine Pharmakotherapie wird bei der *PTBS* nicht als Routinebehandlung oder anstatt traumafokussierter Psychoth. (*Posttraumatische Belastungsstörung (PTBS); Psychotherapie*) empfohlen, sondern als zusätzliche Behandlungsmöglichkeit. Diese wird nur empfohlen, wenn der Pat. von einer traumafokussierten Therapie kaum oder gar nicht profitiert hat. Verschiedenste Psychopharmaka haben sich in der Behandlung von PTBS als wirksam erwiesen. Am eindeutigsten sind die Ergebnisse für *selektive Serotonin-Wiederaufnahmehemmer (SSRI)*. Zugelassen in der Indikation PTBS sind die beiden SSRI *Paroxetin* und *Sertralin*. Sie führen sowohl zur Verbesserung aller PTBS-Symptombereiche als auch zur Verminderung komorbider *Depression* und zu einer besseren *Lebensqualität*. Metaanalysen von randomisiert-kontrollierten Pharmakotherapiestudien zeigen jedoch, dass die Effektstärken eher klein sind. Studien deuten auf eine deutlich überlegene Wirkung von psychotherap. Verfahren gegenüber einer Pharmakotherapie hin.
T. Hecker

Posttraumatische Belastungsstörung (PTBS); Psychotherapie [engl. *posttraumatic stress disorder, PTSD; psychotherapy*], **[KLI]**, im dt. Sprachraum haben sich bei der Behandlung der *PTBS* drei Therapiephasen etabliert: (1) Sicherheit: Stabilisierung und Affektregulation, (2) Traumaexposition, (3) Integration und Neuorientierung (Flatten et al. 2011). Zu Beginn der Behandlung stehen das Herstellen einer sicheren Umgebung, wenn immer möglich, sowie die Organisation eines psychosozialen Helfersystems im Vordergrund. Die *Psychoedukation* und Informationsvermittlung bzgl. traumatypischer Symptome und Verläufe stellt einen wichtigen Baustein für die *Therapiemotivation* und somit den Therapieerfolg dar. In der Stabilisierungsphase unterstützt der Therapeut den Aufbau einer tragfähigen *Therapiebeziehung*, den Aufbau von intra- und interpersonellen Ressourcen (z. B. imaginative Selbstberuhigung; *Imaginationstechniken*) sowie die Einübung von Techniken zur Symptomkontrolle (z. B. Distanzierungstechniken). Die zweite Phase beinhaltet die Traumaexposition. Die therapeutische *Exposition*, d. h.

Vergegenwärtigung des Traumas zus. mit dem Therapeuten, dient einem unterstützenden und heilenden Zweck und bietet dem Pat. Möglichkeiten der Neustrukturierung seines traumatischen Gedächtnisinhalts. Sie wird vorbereitet über die Vermittlung des Krankheitsbildes der PTBS und der Aufklärung über die Symptome mit dem Ziel des Verstehens und der Akzeptanz des Zustands. *Kognitive Um-/Restrukturierung* und Exposition in vivo ergänzen diese Exposition in sensu. Oft gelingt es in wenigen Wochen, die Symptome zu reduzieren. Darüber hinaus bedarf die Bearbeitung der vielfältigen Konsequenzen sowie die Integration des Traumas in das Leben des Traumatisierten einer weiteren therap. Arbeit. Dazu dient die dritte Phase der Integration und Neuorientierung. Diese ist zwar bisher nicht systematisch untersucht worden, allerdings ist Zukunftsorientierung in der Abschlussphase einer Therapie immer angezeigt. In anderen Ländern wird weder in der Praxis noch in der Forschung diese Phaseneinteilung explizit angewendet. Darum erstaunt es nicht, wenn Überblicke über die weltweit verfügbaren empirischen Studien keine Notwendigkeit für diese Phasenabfolge aufzeigen (Neuner 2008). Es ist fraglich, ob die drei Phasen für alle Traumatypen, PTBS-Varianten und Settings relevant sind. Vor allem die zeitliche Abfolge wird infrage gestellt. Insges. weisen *verhaltenstherapeutische* Ansätze, *kognitive Therapien* und EMDR (Eye Movement Desensitization and Reprocessing, dt.: Desensibilisierung und Verarbeitung durch Augenbewegung) die höchsten *Effektstärken* auf. Für multiple Traumatisierung ist die Narrative Expositions-Therapie ein vielversprechender Ansatz. Die Exposition des traumat. Ereignisses steht im Mittelpunkt aller als erfolgreich evaluierten traumafokussierten Psychoth. T. Hecker

Postulat [engl. *postulate*; lat. *postulatum* Forderung, Verlangen], *Axiom*.

Potenz [engl. *potency*; lat. *potentia* Macht, Vermögen], *Emotionen, dimensionale Modelle*.

Potenz, neuroleptische [engl. *neuroleptic potency*; lat. *potentia* Macht, Vermögen], *Neuroleptika*.

Potenzgesetz [engl. *power law*], [**WA**], auch *Stevens-Gesetz* genannt, eine allg. gültige Form der Beziehung zw. *Reiz-* und *Empfindung*sgrößen (*Psychophysik*), die schon von Plateau (1872) und Mersel als Alternative zum (*Fechner'sches Gesetz*) in Betracht gezogen wurde. Stevens (1957) zeigte, dass bei Anwendung von direkten Skalierungsmethoden (*Skalierung, Methoden der*) auf «prosthetischen» Empfindungskontinuen (d. h. solche, die den quant. Aspekt der Dinge, das Wieviel betreffen) die subj. Größe Psi mit der n-ten Potenz der Reizgröße Phi zunimmt: $Psi = k \cdot Phi^n$, wobei k eine nur von der Def. der subj. Einheit abhängige Konstante ist, n beträgt z. B. für *Helligkeit* 0,3 bis 0,5, für *Lautstärke* 0,5 bis 0,7, für Zeitdauer (*Zeitwahrnehmung*), Druck auf die Handfläche (*Hautsinne*) und visuelle Länge etwa 1,0, für elektrischen Schlag 3,5. Intra- und interindiv. Variation sowie Methodenabhängigkeit der Ergebnisse sind allerdings sehr groß. Während Stevens u. a. elektro-physiol. Transformationsvorgänge zur Erklärung des Zustandekommens der Potenzbeziehung heranziehen, sehen andere kurz- oder langfristige Lernvorgänge als wesentlich an. Meili & Rohracher 1968, 1972, Sixtl 1967. E. Mittenecker

Potenzialbeurteilung (= P.) [engl. *assessment of potential*; lat. *potentia* Macht, Vermögen], [**AO, DIA**], i. Ggs. zur *Personalauswahl* geht es bei der P. nicht darum, festzustellen, ob eine Person zum gegenwärtigen Zeitpunkt die Anforderungen eines best. Arbeitsplatzes erfüllt, sondern abzuschätzen, inwieweit sie in Zukunft versch. Aufgaben erfüllen kann. Zudem interessiert man sich für die Lernfähigkeit (*Lernpotenzial*) der Person. P. werden vor allem zur mittelfristigen Karriereplanung eingesetzt, um bspw. junge Mitarbeiter für zukünftige Führungsaufgaben zu identifizieren und darauf vorbereiten zu können. Auf der Grundlage der P. definiert man einen indiv. Personalentwicklungsbedarf und initiiert entspr. Weiterbildungsmaßnahmen (z. B. Trainings oder *Coaching*). Im Zuge der P. kommen unterschiedliche Diagnosemethoden zum Einsatz (Einschätzung durch Vorgesetzte, *360-Grad-Feedback*, Testdiagnostik, Interviewtechnik, *Assessment-Center, Lernpotenzial-Assessment-Center (LP-AC)*). Im Zentrum steht dabei meist das Assessment-Center, in dem man die Pbn mit Aufgaben konfrontiert, die sie möglicherweise in einer zukünftigen Position zu bewältigen haben. Grundlage ist hierbei eine *Anforderungsanalyse* bezogen auf zukünftige Arbeitsplätze. I. R. der Testdiagnostik setzt man auf Verfahren, die einerseits Grundlagen für *Lernprozesse* erfassen (*Intelligenz*, *Motivation*) und andererseits grundlegende Persönlichkeitsmerkmale reflektieren (z. B. *BIG FIVE*, *soziale Kompetenzen*). Schuler 2007a. U. P. Kanning

Potenziale, langsame kortikale (= l.) [engl. *slow cortical potentials*; lat. *potentia* Macht, Vermögen], [**BIO, DIA**], Gleichspannungsverschiebungen des EEG (Elektroenzephalogramm, *Elektrodiagnostik*, *Enzephalografie*) über Sek. in neg. oder pos. Richtung. Neg. l. treten bei Mobilisierung des entspr. Hirnareals für Bewegung oder psych. Tätigkeiten auf. Wurden mit *Biofeedback* erstmals von Elbert et al. (1980) operant konditioniert (*Konditionierung, operante*), wodurch sich Aufmerksamkeitsverhalten, kogn. Leistungen und *Schmerz* beeinflussen lassen.
N. Birbaumer

Potenzmomente (= P.) [engl. *potency moments*], [**FSE**], als P. werden stat. Verteilungskennwerte bezeichnet, die aus der durchschnittlichen, potenzierten Abweichung der Messwerte von null (1. Potenzmoment) bzw. vom Verteilungsmittelwert berechnet werden. Das arithmetische Mittel (*arithmetisches Mittel*) einer Verteilung ist das 1. Potenzmoment, die *Varianz* das 2. Potenzmoment. Das 3. Potenzmoment der standardisierten Messwerte ist Ausdruck der Schiefe (*Schiefe*) einer Verteilung und bei symmetrischen Verteilungen daher null. Das 4. Potenzmoment kennzeichnet den *Exzess* (*Kurtosis*) einer Verteilung. Eid et al. 2013. G. Mikula

Test Potsdam-Illinois Test für Psycholinguistische Fähigkeiten (P-ITPA), 2010, G. Esser, A. Wyschkon, K. Ballaschk & S. Hänsch, [www.testzentrale.de], [**DIA, EW, KOG**]. Sprachtest. AA Kinder im Alter von vier Jahren bis zum Ende der fünften Klasse. Folgende Leistungsbereiche werden im P-ITPA geprüft: (1) *verbale Intelligenz*, (2) *Wortschatz*, (3) *expressive Sprache*, (4) *phonologische Bewusstheit*, (5) *verbales Kurzzeitgedächtnis*, (6) *Lesen* (sinnhaft und sinnfrei) sowie (7) *Rechtschreibung* (sinnhaft und sinnfrei). Bei Kindergarten- und jüngeren Schulkindern erlaubt der P-ITPA sowohl im unteren als auch im oberen Leistungsbereich eine sehr gute Differenzierung. Bei den älteren Kindern liegt der Schwerpunkt auf der Identifikation von Entwicklungsstörungen und -schwächen, damit entspr. Interventionen eingeleitet werden können. *Normierung*: für die Bundesrepublik repräsentative Stichprobe. Bearbeitungsdauer: Im Vorschulalter sind ca. 20 bis 35 Min., im Grundschulalter durch das Hinzukommen des schriftsprachlichen Bereiches zw. 40 und 60 Min. zu veranschlagen.

Pötzl-Phänomen [engl. *Pötzl phenomenon*], **[WA]**, die subliminale *Wahrnehmung*, d. h. der Vorgang einer peripheren, unbemerkten, indirekten Registrierung von Sinneseindrücken. O. Pötzl experimentierte erstmals in dieser Richtung. *subception*. Graumann 1974b.

poverty of stimulus problem (= p.) [engl. *poverty* Armut, *stimulus* Reiz], **[KOG, PHI]**, das sog. p., das sich als «Problem der Reizarmut» übersetzen ließe, besagt, dass sich intern verfügbare *Konzepte* und Bedeutungskategorien nicht aus dem sensorischen *Reiz* – oder allg.: der *Erfahrung* – gewinnen lassen. Es wurde zuerst in der *Erkenntnistheorie* formuliert, bez. also das Problem einer Kluft zw. möglichen Erfahrungen und verfügbarem *Wissen*. Erstmals in den Platonischen Dialogen thematisiert, durchzieht es die gesamte Ideengeschichte des Abendlandes und wandelt sich – von Platon über Descartes bis zur modernen Kognitionsforschung – von einem metaphysischen zu einem kognitionswiss. Problem, das auf Charakteristika der Natur des menschlichen *Geistes* hinweist. In seiner psychol. Form bezieht es sich auf die Frage, ob sich die interne Verfügbarkeit von Konzepten wesentlich durch Mechanismen des *Lernens* erklären lässt. Diese Frage wird von Vertretern der «empiristischen Konzeption des Geistes» bejaht, die somit grundsätzlich das Vorliegen eines p. bestreiten. Vertreter dieser Tradition, zu der etwa *Skinner*, *Piaget*, Gibson oder die sog. Konnektionisten (*Konnektion*, *Konnektionismus*) gehören, nehmen an, dass der menschliche Geist bei der Geburt über keine biol. vorgegebenen Bedeutungskategorien (mit Ausnahme einfacher sensorischer Konzepte) verfüge und diese erst durch allg. Lernmechanismen aus der Erfahrung gewonnen würden. Da die «empiristische Konzeption des Geistes» in Einklang mit unseren Alltagsintuitionen zur Funktionsweise des Geistes steht, findet es bis heute breite Resonanz. Diejenigen, die diese Konzeption für unangemessen halten, weisen darauf hin, dass es aus grundsätzlichen logischen Gründen nicht möglich sei, die relevanten mentalen Konzepte induktiv (*Induktion*) aus der Erfahrung zu gewinnen. Zudem betonen sie, dass p. bei der Untersuchung – insbes. von Aspekten von Wachstum und *Entwicklung* – aller biol. Systeme (*System*) auftreten und in der Biologie so selbstverständlich seien, dass sie dort gar nicht als eigenständige Problemkategorie behandelt würden. Das p. resultiert daraus, dass Eigenschaften und Leistungen eines jeden biol. Systems wesentlich durch seine vorgegebenen inneren Eigenschaften bestimmt sind und nicht allein auf der Basis inputbasierter Mechanismen erklärt werden können. Berwick et al. 2011, Cowie 1999. R. Mausfeld

Power, statistical [engl.] *Teststärke*.

Poweranalyse [engl. *power* Stärke, Leistung], *G*power*, *Teststärke*.

Powerspektrum [engl. *power* Stärke, Leistung; lat. *spectrum* Erscheinung], **[BIO]**, Aktivierungsstärke (Quadrat der Amplitude), getrennt nach Frequenzbändern, ggf. auch nach Zeitfenstern; abhängige Variable des EEG (*Elektrodiagnostik*, *Enzephalografie*). U. Ansorge

Power-Test (= P.) [engl. *power* Stärke, Leistung], **[DIA]**, Test der Leistungshöhe, bei dem eine möglichst hochwertige Lösung gefordert wird. Die Aufgaben sind deshalb meist nach ansteigender Schwierigkeit (Steigerungsprinzip) geordnet. P. haben entweder keine oder eine großzügig bemessene Zeitbegrenzung. Bei P. spricht man auch von *level test* oder Niveautest. Ggs. *speed tests*.

P-O-X-Theorie [engl. *Heider's P-O-X model*], *Balance-Theorie*.

PQRST-Technik, Abk. von *Preview – Question – Read – State – Test* [engl. *Vorschau – Überblick – Lesen – Darstellen – Prüfen*], *Elaborationsstrategien*.

präattentiver Prozess [engl. *pre-attentive process*; lat. *prae* vor, *attendere* beachten], **[KOG, WA]**, nach Neisser (1974) ist die *Wahrnehmung* kein passives Extrahieren von Informationen aus Reizgegebenheiten, sondern ein aktives Konstruieren innerhalb mit dem *Reiz* gesetzter Restriktionen (*Analyse durch Synthese*). *Selektive Aufmerksamkeit* entsteht nach Neisser dadurch, dass sich der Syntheseprozess gezielt auf einen als relevant ausgewählten Teil der Reizkonfiguration richten kann. Mit dieser Hypothese entsteht das Problem, dass der kogn. Apparat eine vorgängige Analyse des Reizes benötigt, um den Analyse-durch-Synthese-Vorgang überhaupt an der richtigen Stelle einsetzen zu können. Neisser postuliert solche Voranalysen und nennt sie präattentiv. Sie sind global, ganzheitlich und laufen parallel ab (parallele/serielle Verarbeitung); sie grenzen als Objekte analysierbare Teile der Reizgegebenheiten aus und lenken die selektive Aufmerksamkeit (auch in Form von Kopf- und Augenbewegungen). *Aufmerksamkeit*. W. Glaser

Prädikat (= P.) [engl. *predicate*; lat. *praedicare* bekannt machen], **[KOG]**, in der historischen Grammatik ist das P. eine syntaktische Grundkategorie (*Syntax*). Der Satz besteht aus zwei obligatorischen Konstituenten, dem Subjekt und dem P., sie bilden den Kern des Satzes. Das Subjekt bezeichnet die Person oder Sache, über die etwas ausgesagt wird. Das P. enthält die Aussage, die für das Subjekt gelten soll. Die Mehrgliedrigkeit des einfachen Satzes ergibt sich aus der Erweiterung des P. Dies führt zu der Vorstellung von einem P. i. e. S., das sich nur auf das Verb bezieht, und von einem weiteren P., das seine Ergänzungen mit umfasst (Lyons 1971). Zunächst wurde vornehmlich das Subjekt, zunehmend aber auch das P. als das zentralere syntaktische Element angesehen. Die *generative Transformationsgrammatik* übernimmt den traditionellen P.begriff, schlägt jedoch eine formale Def. vor. Die syntaktische Funktion «Prädikat von» wird definiert als die Relation zw. dem Satz und der unmittelbar von ihm dominierten Verbphrase (Chomsky 1965). Die *generative Semantik* führt das grammatische P. auf ein ihm zugrunde liegendes propositionales P. zurück. Die Basis der generativen Semantik erzeugt *P.-Argument-Strukturen* oder *Propositionen*. Eine P.-Argument-Struktur besteht aus einem propositionalen P. und seinen Argumenten (Fillmore 1968, Chafe 1970). Die Sprachps. hat sich durchgängig dem P.begriff der generativen Semantik angeschlossen. Sie betrachtet Propositionen als entscheidende Gedächtniseinheiten, die aus einem P. und seinen *Argumenten* zus.gesetzt sind (Clark & Clark 1977, Engelkamp 1976). *Prädikatenlogik. Satzlernen.*   J. Engelkamp

Prädikat-Argument-Struktur, Proposition (= P.) [engl. *predicate-argument structure, proposition*; lat. *propositio* Vorstellung, Satz], [**KOG**], die P. ist eine Bedeutungseinheit und wird als eine zentrale Einheit des semantischen Gedächtnisses (*Gedächtnis*) angesehen. Sie besteht aus einem *Prädikat* und einem oder mehreren Argumenten (*Argument*) und wird auch *Proposition* genannt. Bsp.: Essen (Peter, Suppe, Löffel). P. repräsentieren die semantische Struktur von Sätzen (*Gedächtnis, semantisches*). Die Überführung von P. in Satzstrukturen ist möglich, da beide Strukturen dieselbe formale Natur haben. Die einzelnen Argumente werden als Argumenttypen näher gekennzeichnet. In dem obigen Bsp. sind die Argumenttypen implizit durch ihre Stellung markiert. Häufig werden sie auch explizit gekennzeichnet. Die Argumenttypen, die ein Prädikat mit sich führen, hängen von diesem ab. Als wichtigste Prädikattypen werden attributive, prozessuale und aktionale Prädikate unterschieden. Strittig ist, ob P. sprachabhängig zu konzipieren sind und ob sie die einzigen oder vorherrschenden Repräsentationsformen für semantisches *Wissen* darstellen (Kosslyn & Pomeratz 1977). *Satzlernen*. Engelkamp 1976.   J. Engelkamp

Prädikatenlogik (= P.) [engl. *predicate logic*; lat. *praedicare* bekannt machen, gr. λόγος *(logos)* Lehre], [**KOG**], Hauptzweig der formalen Logik. Mit den Formalismen der P. ist es möglich, über die Verknüpfungen von Aussagen hinaus (*Aussagenlogik*) auch die Eigenschaften von Objekten einer logischen Analyse zugänglich zu machen. Die Gültigkeit der Folgerung «wenn x Kind von y ist und y männlich ist, so ist y Vater von x» ist rein aussagenlogisch nicht in befriedigender Weise darstellbar, wohl aber prädikatenlogisch. Die Elemente, aus denen prädikatenlogische Sätze zus.gesetzt sind, sind Zeichen für einstellige oder mehrstellige Prädikate und Zeichen für Objekte. Ein einstelliges Prädikat ist die Eigenschaft eines Objektes, ein mehrstelliges Prädikat ist die Beziehung zw. Objekten. «Männlich» ist ein einstelliges, «Kind von» ein zweistelliges Prädikat. Hilbert & Ackermann 1959.   D. Dörner

Prädikation (= P.) [engl. *predication*; lat. *praedicare* bekannt machen], [**KOG**], meint im Zusammenhang logischer Analyse von Sprachverwendung (*Sprache*) den Akt, in dem einem Gegenstand eine Eigenschaft (ein *Prädikator*) zugesprochen (oder abgesprochen) wird (Kamlah & Lorenzen 1967). Für das sprachliche Ausdrücken einer P. ist mind. ein einfacher *Satz* nötig, in Frühstadien der *Sprachentwicklung* vorbereitet durch den *Ein-Wort-Satz* (Herrmann 1972b). Ps. Prozesskonstrukte wie *Kategorisierung, Kausalattribution* wären als spez. Formen von P. aufzufassen.   G. Kaminski

Prädikattypen [engl. *types of predicates*], *Prädikat-Argument-Struktur, Proposition.*

Prädiktionslernen [engl. *predictive learning*; lat. *praedicere* vorhersagen], [**KOG**], falls eine Ereignisfolge ein Markoff-Prozess ist (*Markoff-Prozess, Markoff-Kette*), in dem die Ereignisse unabhängig voneinander auftreten, handelt es sich um ein Lernen von Wahrscheinlichkeiten. Nach einem gegebenen Ereignis soll das Auftreten eines folg. vorausgesagt werden.

prädiktive Modellierung (= p.M.), [engl. *predictive modelling*; lat. *praedicere* vorhersagen], [**WA, BIO, KOG**], bez. die Fähigkeit unseres Wahrnehmungssystems, aus mentalen Modellen (*mentales Modell*) Vorhersagen (Prädiktionen) abzuleiten, die wiederum unsere Wahrnehmungsprozesse maßgeblich beeinflussen. Nach vielen Wahrnehmungstheorien ist die Wahrnehmung (z. B. *visuelle Wahrnehmung*) als Resultat reizgetriebener (*bottom-up*) und wissensgetriebener (*top-down*) Verarbeitung zu verstehen. Die Theorie der p. M. folgt diesem Ansatz, akzentuiert dabei jedoch die prädiktiven (proaktiven, antizipativen) Aspekte dieser interaktiven Verarbeitung. Bspw. beschreibt bereits Hermann von Helmholtz (1821–1894) Wahrnehmung als Ergebnis unbewusster Schlüsse und Richard L. Gregory (1923–2010) vergleicht Perzepte mit prädiktiven Hypothesen – wie sie in der Wissenschaft aufgestellt werden – die auf Daten, Generalisierungen und Annahmen beruhen. Bei der Wahrnehmung sind Extrapolationen auf Sachverhalte, die keine unmittelbare sensorische Grundlage haben, üblich und äußerst nützlich.

Es sind zahlreiche Phänomene beschrieben, in denen p. M. zur Anwendung kommt, und teilweise sind deren neurobiol. Grundlagen aufgeklärt. So erklärt das von Erich von

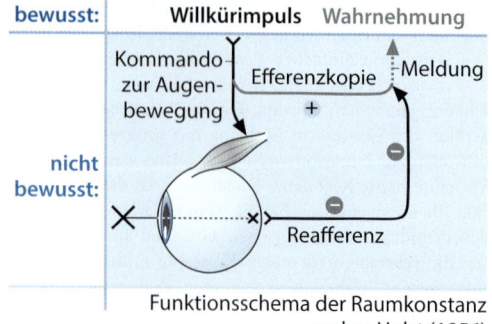

Funktionsschema der Raumkonstanz nach v. Holst (1956)

Prädiktive Modellierung

Holst (1908–1962) und Horst Mittelstaedt beschriebene *Reafferenzprinzip*, warum bei selbst bedingten Augenbewegungen die visuelle Welt stabil bleibt, obwohl die dabei erzeugte Stimulation der Retina zur Wahrnehmung einer bewegten Welt führen müsste, was ja bei passiven Augenbewegungen (z. B. durch Drücken des Augapfels ausgelöste Bewegungen des Auges) auch der Fall ist. Die Invarianz wird durch eine Kopie des motorischen Signals an die Sensorik erreicht, die eine Vorhersage (und damit Berücksichtigung) der durch die Augenbewegung bedingten Signaländerung ermöglicht. Ganz generell werden willkürlich erzeugte Signale anders verarbeitet (und häufig auch anders wahrgenommen) als extern generierte Signale. Bspw. lösen selbst generierte Schalle kleinere *EKP-Komponenten* aus als fremd erzeugte Schalle; sie werden auch als weniger laut empfunden.

Es existieren versch. computationale Ansätze, die sich mit der p. M. befassen. Bei vielen spielt der Vorhersagefehler (engl. *prediction error*) bei der Erstellung der Vorhersagen eine wichtige Rolle (Friston & Kiebel 2009). Die Modelle werden durch Minimierung der Fehler kontinuierlich verbessert. Letztlich wird in diesem hierarchischen Verarbeitungssystem nur der Vorhersagefehler an die jew. nächste Verarbeitungsebene weitergegeben. So gesehen kann – im Extremfall – Wahrnehmung auf diesen Vorhersagefehler reduziert werden. Demnach nehmen wir das wahr, für das wir keine Vorhersage treffen konnten; was das System schon «weiß», muss nicht mehr wahrgenommen werden. P.M. ermöglicht u. a. die flexible Zuweisung von *Aufmerksamkeit*, die Verfolgung bewegter Reize (*Bewegungswahrnehmung*) oder Reflexinhibierung (*Reflex*). Aber auch «kognitivere» Leistungen werden mit p. M. in Zusammenhang gebracht, wie etwa die Unterscheidung, ob externe Reize selbst oder fremd erzeugt sind, oder die Entwicklung von Handlungsverständnis durch Effektantizipation. Die Fähigkeit der p. M. stellt also nicht nur eine zentrale Eigenschaft des Wahrnehmungssystems dar, sondern betrifft das gesamte *Informationsverarbeitungssystem* des Menschen. Schröger et al. 2013.

E. Schröger

Prädiktor (= P.) [engl. *predictor*; lat. *praedicere* vorhersagen], [**FSE**], Vorhersagevariable. Soll ein *Kriterium* aus einer Anzahl von Variablen vorhergesagt werden, so werden die zur Vorhersage benutzten Variablen Prädiktoren genannt. Der Begriff P. spielt v. a. in der multivariaten Statistik (*Allgemeines Lineares Modell*, *multivariate Statistik*, *multivariable Statistik*, *Regressionsanalyse*) und in der Validitätsanalyse (*kriteriumsbezogene Validität*) von Tests eine Rolle.

G. Lüer

Prädormitium [engl. *predormitum*; lat. *prae* vor, *dormire* schlafen], [**BIO**], der dem Einschlafen eigene «Zwischenzustand». *Postdormitium*, *Schlaf*.

praecox [engl. *praecox. premature*], [lat.] frühzeitig, vorzeitig, unzeitig.

Präferenzbildung (= PB.) [engl. *decision-making process*], [**EM, KOG, WIR**], bei der PB. reduziert der Käufer in einem mehrstufigen Prozess (vgl. Abbildung) sukzessive die auf dem Markt verfügbaren Produkt- bzw. Markenalternativen (*total/available set*), um zu einer Präferenz- bzw. Auswahlentscheidung (*Entscheiden, Entscheidungstheorie, Kaufentscheidungen, Modelle, Kaufentscheidungen, Rationalität von*) zu gelangen. Hierbei bezieht der Käufer auf der ersten Stufe alle ihm bekannten Alternativen ein (*awareness set*). Auf der zweiten Stufe werden diejenigen Alternativen ausgeschlossen, die der Konsument zwar kennt, die ihm aber nicht ausreichend vertraut sind, um sie zu bewerten (*foggy set*). Die verbliebenen Alternativen bilden das sog. *processed set*. Dieses beinhaltet alle Produkt- bzw. Markenalternativen, bzgl. derer der Konsument über ausreichend *Wissen* verfügt, um sie i. R. seiner Kaufentscheidung einer ernsthaften Bewertung anhand indiv. Kri-

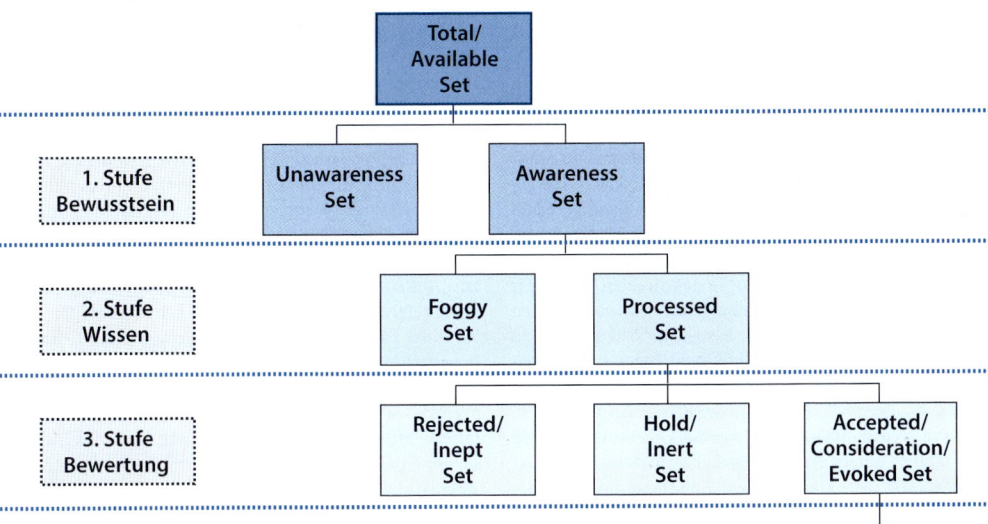

Präferenzbildung

terien zu unterziehen. Abhängig vom Ausgang dieser Bewertung können die Alternativen auf der nächsten Stufe in das *Rejected/Inept Set* (abgelehnte Alternativen), das *Hold/Inert Set* (indifferente Alternativen) und das *consideration set* (alle pos. bewerteten Alternativen) eingeteilt werden. Das consideration set wird häufig auch als *evoked* oder *accepted set* bezeichnet. Auf Basis der Alternativen des consideration sets bildet der Käufer seine Präferenz bzw. trifft seine finale Auswahl. Laroche et al. 1983, Foscht & Swoboda 2011. N. Koschate-Fischer/C. Wolframm

Präferenzparadigma (= P.) [engl. *preference paradigm*; lat. *praeferre* vorziehen, gr. παράδειγμα (*paradeigma*) Beispiel, Muster], [**EW**], wird in der *Säuglingsforschung* eingesetzt, um Erkenntnisse über die Vorlieben von Säuglingen zu gewinnen. Dazu werden dem Säugling zwei oder mehr Stimuli präsentiert, wobei aus seinen Reaktionen auf die jew. Präferenzen geschlossen wird. Das P. wird v. a. bei visuellem oder akustischem Stimulusmaterial eingesetzt, kann aber auch bei Geruchs- oder Geschmacksstimuli Verwendung finden. Als Reaktionen kommen bspw. Blickbewegungen (längere Betrachtungszeit des präferierten Stimulus), Zu- oder Abwendungsbewegungen oder physiol. Messungen in Frage. Auch Saugreaktionen werden zur Präferenzbestimmung genutzt, wobei der Säugling durch Veränderung seiner Saugrate (Erhöhung oder Absenkung; *High-Amplitude-Sucking-Prozedur*) einen präferierten Stimulus erreichen kann (z. B. durch Erhöhung der Saugrate die Stimme der Mutter hören). Lohaus 2007. A. Lohaus

Präferenz-Umkehr-Phänomen (= P.) [engl. *preference-reversal phenomenon*], [**KOG, WIR**], beschreibt systematische Unterschiede in Präferenzen, die mit unterschiedlichen, aber normativ äquivalenten Erhebungsmethoden gemessen wurden. Abhängig von der Art der Fragestellung (z. B. Wahl oder Festlegung von Preisen) können Personen unterschiedliche Präferenzen für die gleichen Alternativen zeigen. In klassischen Experimenten (z. B. Lichtenstein & Slovic 1971) zum P. werden Teilnehmer zwei Wetten präsentiert: Die eine bietet eine hohe Gewinnwahrscheinlichkeit, aber einen geringen Betrag (die P-Wette), die andere eine geringe Gewinnwahrscheinlichkeit, aber einen hohen Betrag (die $-Wette). Teilnehmer müssen einerseits wählen, welche Wette sie spielen möchten, andererseits die geringsten Preise nennen, zu denen sie das Recht auf die jew. Wetten verkaufen würden. Typischerweise setzen Personen einen höheren Preis für die $-Wette als für die P-Wette, bevorzugen aber die P-Wette in der direkten Wahl. Das P. erweist sich als überaus robust (u. a. in wiederholten Märkten, Loomes et al. 2010). P. steht in Widerspruch zu Grundannahmen der Ökonomischen Theorie (*Entscheiden*, *Rationalität*, *Homo oeconomicus*). Insbesondere verstößt das P. gegen die Annahme der Prozessinvarianz, d. h. dass Präferenzen unabhängig von der Erhebungsmethode sind. Das P. unterstützt hingegen die Sicht von Entscheidungen als konstruktiver Prozess: Entscheidungsträger besitzen nicht immer festgelegte Präferenzen, die nur abzurufen sind, sondern sie formen ihre Präferenzen teilweise in der Entscheidungssituation. Aus psychol. Perspektive wird das P. durch unterschiedliche *Informationsverarbeitung* erklärt, etwa durch unterschiedliche Startpunkte i. S. eines Anker- und Anpassungsmechanismus. Das P. ist neben der Entscheidungsforschung vor allem im *Marketing* relevant, weil Konsumenten je nach Situation (etwa Produktratings versus Auswahl) unterschiedliche Präferenzen zeigen können (*Kaufentscheidungen, Rationalität von*). M. Kokkoris/E. Hölzl

Präformation, Präformationstheorie (= P.) [engl. *preformationism, preformism*; lat. *prae* vor, *formatio* Gestaltung], [**EW, HIS**], eine im 18. Jh. vorherrschende Theorie zur Entwicklung des Organismus, bei der angenommen wurde, dass sich der Embryo nicht neu aus dem Keim bilde, sondern bereits in allen Teilen vorgeformt sei. Entwicklung bedeutet dementsprechend Wachstum i. S. bloßer Vergrößerung, da im Ei bereits in kleinster Form alle Teile vorhanden sind. P. steht im Ggs. zur *Epigenese*.

präfrontaler Kortex *Kortex, präfrontaler*.

prägenitale Phase, präödipale Phase [engl. *pregenitale phase*; lat. *prae* vor, *genitale* Genitalien], [**KLI**], nach Freud (*Psychoanalyse*) die vor der *genitalen Phase* liegende Phase (Periode) der seelischen Entwicklung des Kleinkindes, die von der Geburt bis etwa zum Ende des 3. Lebensjahres reicht und sowohl die *orale Phase* (etwa 1. Lebensjahr) als auch die anale Phase (etwa 2. und 3. Lebensjahr) umfasst. Genitalität bzw. *Ödipuskomplex* und *Elektrakomplex* noch nicht vorherrschend.

Pragma [engl. *pragma*; gr. πρᾶγμα (*pragma*) Handlung], rationale Liebe. *Liebesstile*.

pragmalinguistisches Standardmodell figurativer Sprache [engl. *pragmalinguistic standard model of figurative language*; gr. πρᾶγμα (*pragma*) Handlung, lat. *lingua* Sprache, Zunge, *figurare* formen, bilden], *Metapher*.

pragmatic trials [engl.] pragmatische Untersuchung; *pragmatische randomisierte kontrollierte Studien*.

Pragmatik (= P.) [engl. *pragmatics of cognition, crystallized intelligence*; gr. πρᾶγμα (*pragma*) Handlung], [**EW, KOG, PÄD, PER**], Bez. für wissensbasierte *Intelligenz*. Die P. oder kristallisierte Intelligenz (*Intelligenz, kristalline und fluide*) bezeichnet kulturgeprägte Wissensbestände (*Wissen*) wie *Wortschatz*, *Allgemeinbildung* und Alltagswissen. In Form bereichsspezifischen Vorwissens bildet die P. eine Voraussetzung für zukünftigen *Lernerfolg* und den Erwerb von Expertise (*Expertise-Erwerb*) in ausgewählten Inhaltsbereichen. Die Qualität der P. hängt mit soziobiografischen Merkmalen wie der Teilhabe an Bildungskontexten zus. Aus entwicklungspsychol. Sicht (*Entwicklungspsychologie*) zeigt die P. bis weit ins höhere Lebensalter hinein (ca. 75 Jahre, *Lebensalter, drittes und viertes*, *spätes Erwachsenenalter*) eine Stabilität und sogar Zuwächse i. S. des Erhalts und Erwerbs von *Expertise* (*Leistungsexzellenz*) und Weltwissen. Die P. unterliegt einem späteren Altersabbau (ab ca. 80 Jahren) als die biol. basierte *Mechanik* intellektueller Fähigkeiten. Insgesamt bestimmt eine dynamische Interaktion biol. (Mechanik) und kult. (P.) intellektueller Fähigkeiten die Entwicklung kogn. Lernvoraussetzungen im höheren Lebensalter (*Lernen im hohen Erwachsenenalter*, *Lernpotenziale im Alter*). Zwar lässt sich die Entwicklung der P. in Hinblick auf ihre Stabilität von der Entwicklung der Mechanik abgrenzen. Zur Aneignung und zum Erhalt kulturbedingten Wissens ist jedoch die Investition fluider Fähigkeiten erforderlich. Nachlassende fluide Funktionen können im späteren Erwachsenenalter zunächst noch durch entspr. Wissensvorteile, also die P., ausgeglichen werden (Kray & Lindenberger 2007). Ghisletta & Lindenberger (2003) belegten aber, dass im hohen Alter ab etwa 80 Jahren Einbußen in der Mechanik auch Verschlechterungen in der P. der *Kognition* nach sich ziehen, i. S. einer Dedifferenzierung (*intellektuelle Fähigkeiten, Dedifferenzierung*) kognitiver Funktionen. *C. Titz*

Pragmatik, Pragmalinguistik (= P.) [engl. *pragmatics, pragmalinguistics*; gr. πρᾶγμα (*pragma*) Handlung, lat. *lingua* Sprache, Zunge] [**KOG**], P. bezeichnet eine Relation in einem Modell sprachlicher *Zeichen*. Demnach weist ein Zeichen, indem es Symbolcharakter (*Symbol*) hat, (a) eine Relation zu benachbarten Zeichen auf, die *syntaktische* (*Syntax*), (b) eine Relation zum bezeichneten Gegenstand, die *semantische* (*Semantik (Semiologie)*) und (c) eine, die beide in Verbindung setzt zum jew. Verwender des Zeichens in der *Kommunikation*, die *pragmatische* (Bühler 1934, De Saussure 1916, Morris 1971). Diese Begriffsdefinition gründet in der Konzeption des *Pragmatismus*, einer Richtung der Wissenschaftsphilosophie an der Wende zum 20. Jhd. (Peirce 1967, 1970, spez. 1993). Sie besagt, kurz, dass die Handhabung wiss. Begriffe (nach Peirce *intellectual terms*) umso aussichtsreicher zu fruchtbarem Gebrauch in der obj. Argumentation verhilft, je konsequenter die relevanten Lebensumstände der Benutzer und der Gegenstände selbst vernünftig in die Zeichenverwendung einbezogen sind. In der sprachwiss. Literatur bezeichnet P. i. w. S. die Sicht auf die sprachlichen Mittel, wie sie in der Kommunikation verwendet werden. Im Vordergrund der P.-Forschung steht daher die Frage, wie situative Umstände, also Sprecher- und Adressateneigenschaften, die jew. Redezeit und die örtlichen und räumlichen Bedingungen zur Interpretation der Rede beitragen. Ein augenscheinliches Bsp. ist der Gebrauch des Wörtchens *wir* im Deutschen. Findet man im Polareis einen Zettel mit der Aufschrift *Kein Wasser mehr. Wir haben aufgegeben*, so ist der Inhalt klar; man kann diesen Text z. B. in andere *Sprache* übersetzen. Solange die weiteren Umstände der Äußerung aber nicht bekannt sind, bleibt für die Interpretation offen, von wem die Rede ist und was die bezeichneten Personen wann aufgegeben haben. Aus der Sicht der P. hat sich ausgehend von De Saussure (1916) eine sprachwiss. Forschung entwickelt, die, über das sprachliche System hinausgehend, die Bedingungen der Verwendung sprachlicher Mittel analysiert und modelliert. Gegeben die Vielfalt sprachlicher Formen wie Wortarten, Satzarten (Deklarativ, Imperativ, Interrogativ, Subjunktiv) und Texttypen, bietet sich der linguistischen P. ein weites Feld an Gegenständen und Zielen. Intensiv und zus.hängend werden bes. die folg. Themenfelder bearbeitet: Sprachverwendung als Handeln (*Handlung*, Austin 1962, Searle 1969, 2010), Maximen der sprachlichen Konversation (Grice 1975), die situations- und adressatenspezifische Variation von Texten (Sandig 2006) und die Modalitäten der mündlichen Kommunikation, die sog. Konversationsanalyse (Levinson 2001). *R. Dietrich*

pragmatische randomisierte kontrollierte Studie (= P.) [engl. *pragmatic trial*; gr. πρᾶγμα (*pragma*) Handlung], [**FSE**], *randomisierte kontrollierte Studie*, die unter natürlichen Bedingungen durchgeführt wird. P. versuchen in stärkerem Maße als eine klassische randomisiert kontrollierte Studie die externe Validität (*Validität, externe*) und Generalisierbarkeit der Studienbefunde zu gewährleisten und damit eine adäquate Grundlage für praktische Entscheidungen in natürlichen Anwendungskontexten zu liefern. *Evaluation komplexer Interventionen*. Zwarenstein et al. 2008.

Pragmatismus (= P.) [engl. *pragmatism*; gr. πρᾶγμα (*pragma*) Handlung], [**PHI**], gegen Ende des 19. Jhd. von Ch. S. Peirce begründete phil. Denkrichtung, die sich gegen *Metaphysik* wendet und die Bedeutung von *Handlung* und *Erfahrung* für die *Philosophie* betont. Nach Peirce hat ein Begriff von einer best. Sache (z. B. Kraft) nichts anderes zum Inhalt als die Gesamtheit der erfahrbaren Wirkungen dieser Sache. W. James beschrieb die Methode des P. so, dass es in Bezug auf eine theoretische Meinungsverschiedenheit stets zu fragen gilt, ob sich unterschiedliche praktische Konsequenzen aus den versch. Theorien ergeben; ist dies nicht der Fall, dann ist die Kontroverse ohne Bedeutung. *Wahrheit* ist nicht die Übereinstimmung mit einer obj. Wirklichkeit, sondern praktische Nützlichkeit. Theorien (*Theorie*) sind Werkzeuge, die sich als mehr oder weniger gut erweisen, um Erfahrungen vorherzusagen und dies zu praktischen Zwecken zu nutzen. J. Dewey nannte diese Auffassung *Instrumentalismus*. Zum P. zählen ferner F. C. S. Schiller und G. H. Mead. Von den Philosophen des 20. Jhd. haben u. a. Quine, Putnam und Rorty Gedanken des P. aufgegriffen. Der P. hatte einen starken Einfluss auf den *Behaviorismus* (*Operationalismus*, *Positivismus*). *V. Gadenne*

Prägnanz (= P.) [engl. *(gestalt law of) pregnancy*; lat. *praegnans* schwanger, strotzend], [**KOG, WA**], Merkmal guter *Gestalte*, auch als übergeordnetes Prinzip aller *Gestaltgesetze* betrachtet; kennzeichnet den Zielzustand psychol. *Organisation* und schließt Einzelmerkmale wie Regelmäßigkeit, Symmetrie, Einfachheit ein. Das Merkmal der P. oder guten Gestalt ist unscharf definiert; genauere Def. der Einfachheit/Ökonomie wurden mithilfe informationstheoretischer Maße (*Informationstheorie*) versucht und mithilfe anderer Beschreibungen der Reize (*coding theory*). Als Prinzip der Organisation wurde P. oft der Wahrscheinlichkeit gegenübergestellt; nach dem Wahrscheinlichkeitsprinzip wird dem Proximalreiz das wahrscheinlichste *distale Objekt* zugeordnet. Beide Prinzipien führen oft zu gleichen Vorhersagen, sodass die Unterscheidung schwerfällt. *Prägnanztendenz*. Koffka 1950. *H. Heuer*

Prägnanztendenz [engl. *(Gestalt law of (tendency to pregnancy)*; lat. *praegnans* schwanger, strotzend], [**WA**], beim Bewusstsein die Tendenz zur prägnanten Gestaltung (Formung; *Prägnanz*) der Bewusstseinsinhalte. In der Wahrnehmungsps. die Eigentendenz der Wahrnehmung auf

ausgezeichnete Gestalten (Richtung auf Prägnanz der Gestalt nach Wertheimer und Köhler). Z. B. ist der Kreis eine bevorzugte Gestalt, und ein kurzzeitig beobachtetes Vieleck wird deshalb leicht als Kreis gesehen. Ggs. *Kettentheorie, Gestalt, Gestaltgesetze, Gestaltfaktoren, Gestalttheorie*.
Prägung (= P.) [engl. *imprinting*], **[EW]**, Begriff dafür, dass die auf den Menschen (wie allg. auf Organismen) einwirkenden Einflüsse nicht bloß als vorübergehende (befristete) Reize, sondern auch auf Dauer nachhaltig gestaltend und umgestaltend wirken. Die von Spitz (1967) und in dessen Nachfolge angenommene kurze frühkindliche Prägungsphase erwies sich nach weiteren Forschungen als plastischer: die ersten drei Jahre sind wichtig für die Entwicklung von Zutrauen, Zuneigung, Mitleid, Selbstvertrauen im Ggs. zur *gelernten Hilflosigkeit* (Hunt 1979). *Hospitalismus, Urvertrauen*. Außerdem Begriff in der *Ethologie* für einen Lernvorgang innerhalb best. lernsensibler Phasen oder Lebensabschnitte (Lorenz & Leyhausen 1968). Das durch P. erworbene Verhalten kann später schwerlich verändert werden. Geprägt wird v. a. der Auslöser; die P. ist weitgehend irreversibel; erlernt werden Artmerkmale; die P. ist schon möglich, bevor die entspr. Reaktionsbereitschaft vorhanden ist; die Lernbereitschaft erlischt auch dann (nach Abschluss der P.phase), wenn kein Lernen stattfand. *Sozialisierungsphase*. Hinde 1959, Hinde 1970.
Präimplementationsdiagnostik (= P.) [engl. *preimplantation genetic diagnosis*], **[BIO, GES, PER]**, bei der P. wird i. R. einer künstlichen Befruchtung (*In-vitro-Fertilisation*) einem Embryo im 4–8-Zell-Stadium vor der Implantation in den Mutterleib eine Zelle entnommen und genetisch untersucht. I. d. R. wird dabei eine in der Familie bekannte Genmutation gezielt diagnostiziert. In Abhängigkeit vom Ergebnis wird der Embryo der Mutter anschließend übertragen oder nicht. In Dt. ist die P. wegen des Embryonenschutzgesetzes nicht zulässig. Zulässig ist hingegen die sog. Polkörperchendiagnostik, bei der die Polkörperchen der Eizelle untersucht werden. Aus dem Befund am Polkörperchen kann indirekt auf die genetische Konstitution des Embryos geschlossen werden, der aus der zugehörigen Eizelle entsteht. *Humangenetik, humangenetische Beratung*. *K. Kufner*
Präimputationen [engl. *pre-imputation*; lat. *imputation* Zuschreibung, Anschuldigung], *Koalitionsspiele*.
Präkognition [engl. *precognition*; lat. *prae* voraus, *cognoscere* erkennen], paranormale Erfassung zukünftiger Vorgänge oder Sachverhalte, die zum Zeitpunkt des Vorauswissens (*Wissen*) rational nicht erschliessbar sind und die – zur Vermeidung des Erfüllungszwanges – auch nicht als Folge des Vorauswissens eintreten dürfen (Bender 1971); im kulturgeschichtl. Rahmen als *Prophetien* bekannt.
praktische Intelligenz [engl. *practical intelligence*; gr. πρᾶγμα *(pragma)* Handlung], *Intelligenz, theoretische, tacit knowledge*.
Praktische Psychologie (= P. Ps.) [engl. *practial psychology*; gr. πρᾶγμα *(pragma)* Handlung], i. w. S. syn. *Angewandte Psychologie*, i. e. S. die Anwendung ps. Erkenntnisse (*Erkenntnistheorie*) und Methoden (*Methode*) zur Beeinflussung und Anpassung des Menschen im Bereich von Arbeit und Beruf, Wirtschaft, Verkehr, *Erziehung* und Heilen. Weitgehend übereinstimmend mit *Psychotechnik*. Schließlich hat die P. Ps. noch die Bedeutung der praktischen Anwendung der Ps. im Ggs. zur wiss. Bearbeitung und Forschung.
TestPraktisch Technischer Verständnistest (PTV), 1972, R. Amthauer, [www.testzentrale.de], **[DIA, PER]**. Fertigkeitstest. AA von 13 bis 50 Jahren. Der Test besteht aus 50 Aufgaben zu technischen und physikal. Vorgängen und Problemen. Die Aufgaben werden in Form von Zeichnungen dargeboten. Die Antworten sind als Wahlantworten vorgegeben. Zusammenhang zur Bewährung in technischen Berufen bei $r = .35$. Testhalbierungs-Reliabilitäten bei $r = .83$ und $r = .86$. Retest-Reliabilitäten von $r = .68$ (nach 1 Jahr) und $r = .63$ (nach 4 Jahren). Es handelt sich um einen Gruppentest, der mind. in zwei Parallelformen vorliegt. *Normierung*: an mehr als 4000 Pbn männlichen Geschlechts aus technischen oder naturwiss. Berufen bzw. Bewerbern für diese Berufe. Es liegen Standardnormen für 10 Altersgruppen vor. Durchführungszeit: ca. 30 Minuten.
Präkursoren (= P.) [engl. *precursors*; lat. *praecursor* Vorläufer], **[PHA]**, Bez. für chemische Substanzen, aus denen die endgültig wirksamen biogenen Stoffe gebildet werden. P. von *Noradrenalin* ist *Dopamin*, von Dopamin Dopa und von Dopa *Tyrosin*. P. von *Serotonin* sind *Tryptophan* und 5-Hydroxytryptophan. Viele P. haben Bedeutung für die Forschung, weil sie i. Ggs. zum Transmitter verfügbar sind und die *Blut-Hirn-Schranke* passieren. Meyer & Quenzer 2005. *W. Janke*
prälogisch, vorlogisch [engl. *prelogical*; lat. *prae* vor, gr. λόγος *(logos)* Vernunft], **[KOG]**, die Vorstellungen (*Vorstellung*) und Denkweisen (*Denken*) der «Urvölker» werden nach Levy-Bruhl (1930) beherrscht von alogischen, vorlogischen Regeln. Die geistige Beschaffenheit (Verbindungsweise der Vorstellungen) wird als prälogisch, und die Inhalte der Vorstellungen werden als mystisch oder magisch bezeichnet. Auch das Denken und Schlussfolgern von Kindern wird z. T. als prälogisch bezeichnet (*prä-operatorische Entwicklungsstufe*).
Prämenopause [engl. *premenopause*; lat. *prae* vor, μήν *(men)* Monat, παῦσις *(pausis)* Ende], *Wechseljahre*.
Prämenstruell-dysphorisches Syndrom (= P.S.) [engl. *premenstrual dysphoric syndrome*], **[PHA]**, Hauptmerkmale des P. S. sind affektive Labilität, Reizbarkeit, *dysphorische* Verstimmung sowie Angstsymptome. Die Symptome treten verstärkt während der prämenstruellen Phase bzw. Lutealphase auf und remittieren bei Einsetzen der Menses (Follikelphase) oder wenige Tage danach. Die Symptome können von Verhaltens- und körperlichen Symptomen begleitet sein. Diskutiert werden unterschiedl. pharmakol. und hormonelle Interventionen zur Unterdrückung der Ovulation, mit Nahrungsergänzungsmitteln und im Extremfall wird auch mit chirurgischen Eingriffen zu behandeln versucht. Falkai & Wittchen 2015. *M. Paulzen*
Prämenstruelles Syndrom (PMS) [engl. *premenstrual syndrome*; lat. *prae* vor, *mens* Monat], **[BIO]**, körperl. und psych. Veränderungen unterschiedlicher Intensität ca. 7–10 Tage vor dem Einsetzen der *Menstruation*. Von

physischen Symptomen (z. B. Schmerzen in Brust, Kopf, Rücken) abgesehen, fühlen sich betroffene Frauen ggf. belastet durch erhöhte Reizbarkeit und Nervosität, Aggressivität, Depressivität.

Pramipexol (= P.), **[PHA]**, Medikament aus der Gruppe der *Dopaminagonisten*. Es wird eingesetzt zur Behandlung des Morbus *Parkinson*. P. ist ein Dopaminagonist, der mit hoher Selektivität und Spezifität an *Dopaminrezeptoren* der D2-Subfamilie, hier bevorzugt an D3-Rezeptoren, bindet. P. verringert die motorischen Störungen des Parkinsonismus durch Stimulierung der Dopaminrezeptoren im Corpus striatum. *M. Paulzen*

pränatal [engl. *prenatal psychology*; lat. *prae* vor, *natus* Geburt], **[BIO, EW]**, vorgeburtlich, auf die Zeit vor der Geburt bezogen. *perinatale Psychologie*.

pränatale Entwicklung *Entwicklung, pränatale*.

prä-operatorische Entwicklungsstufe [engl. *preoperational (development) stage*; lat. *prae* vor, *operatio* Betätigung, Wirken], **[EW, KOG]**, die prä-operatorische Entwicklungsstufe ist die zweite der großen Entwicklungsstufen in der Theorie Piagets (*Entwicklung, Stufentheorie nach Piaget*). Sie beginnt im zweiten Lebensjahr mit dem Erwerb von mentalen Vorstellungen. Während das sensu-motorische Kind (*sensu-motorische Entwicklungsstufe*) durchaus fähig ist, einfache Verhaltensweisen mehr oder weniger simultan nachzuahmen, kann das prä-operatorische Kind solche Nachahmungen auch aus der *Erinnerung* (*Gedächtnis*), d. h. aufgrund der andauernden Vorstellungen (*Repräsentation*), zeigen. Vorstellungen ermöglichen fantastische Leistungen, z. B. das Symbolspiel (ein mit der Hand geschobener Holzklotz und entspr. Lärmgesang kann als Auto dienen), die sprachliche Bez. von abwesenden Dingen (*Sprache*, sich zus. mit der Mutter an den letzten Besuch bei Grossmama erinnern), das Zeichnen (auch wenn der Mensch dann nur aus Kopf, Händen und Füßen besteht) oder das Argumentieren (der Wind hat den Regen gebracht). Dieses *Denken* unterliegt aber immer wieder «Fehlern», d. h., seine Logik entspricht der Realität, wie die Erwachsenen sie verstehen, oft nicht. So kann ein Kind meinen, wer beim Laufen mehr keucht oder schwitzt, sei schneller, als wer das nicht tut. Oder es kann zirkulär, aber überzeugt behaupten, der Wind treibe die Wolken an, und kurz darauf die Meinung vertreten, die Wolken würden den Wind blasen machen. Diese Fehler werden erst mit dem Erwerb der kogn. Strukturen dieser (zweiten) Repräsentationsstufe ausgemerzt, nämlich mit dem konkret-operatorischen Denken (*konkret-operatorische Entwicklungsstufe*). Piaget nannte das Denken dieser Entwicklungsstufe bis etwa ins 4. Lebensjahr symbolisch und danach, wenn das Argumentieren einsetzt, intuitiv. Piaget 2000. *A. Flammer*

Präpotenz von Elementen [engl. *prepotency of elements*, lat. *prae* vor, *potentia* Macht, Fähigkeit], *Lerngesetze*.

Präsentismus (= P.) [engl. *presenteeism*; lat. *praesens* anwesend, gegenwärtig], **[AO, GES]**, meint Anwesenheit am Arbeitsplatz trotz gesundheitlicher oder anderweitiger Beeinträchtigung, die eine Abwesenheit (*Absentismus*) legitimiert hätte. Die Tatsache, dass registrierte Anwesenheit kein hinreichender Beweis für zufriedenstellende Gesundheit ist, wird durch vielfältige Alltagserfahrung belegt. Untersuchungen bestätigen «ein hohes Ausmaß an P. in dt. Unternehmen» (Zok 2008, 141). Bei der Beantwortung der Frage nach möglichen Ursachen ist zu prüfen, inwieweit die trotz der Beeinträchtigungen «Präsenten» sich durch best. Verhaltensintentionen oder Persönlichkeitsmerkmale auszeichnen. Brandenburg und Nieder (2009, 16 f.) nennen «großes Arbeitsvolumen, Pflichtgefühl, Rücksicht auf Kollegen, Angst vor beruflichen Nachteilen, Loyalität gegenüber dem Arbeitgeber, Angst vor dem Verlust des Arbeitsplatzes und die Bewertung der Krankheit als Bagatellerkrankung» als hauptsächliche Gründe für P. Zudem kann nicht ausgeschlossen werden, dass die Konzepte persönlichkeitsförderlicher *Arbeitsgestaltung* mit ihrem Anspruch auf vollst. Aufgaben und Autonomie ein potenziell selbst gefährdendes Engagement auslösen und damit das Entstehen von P. begünstigen (Ulich & Wülser 2012). So wurden (Ulich & Nido 2014) «die Arbeit zu Ende führen», «die Arbeitskolleginnen bzw. -kollegen nicht im Stich lassen» und «die Verantwortung gegenüber Kunden bzw. Klienten wahrnehmen» wollen als Gründe für P. häufiger genannt, als die Angst den Arbeitsplatz zu verlieren, auch wenn diese keineswegs zu vernachlässigen ist (Schmidt & Schröder 2010). Ebenso kann die Rumination, hier verstanden als «Grübeln über das Unternehmen und seine Prozesse» außerhalb der betrieblichen Arbeitszeit (Martins et al. 2009, 120), zum P. beitragen. In diesem Zusammenhang ist auch das von Sanderson und Andrews (2006, 63) mitgeteilte Untersuchungsergebnis von Interesse: «Depression and anxiety were more consistently associated with *presenteeism* (that is, lost productivity while at work) than with absenteeism.» Dazu kann u. U. «die fehlende Akzeptanz dieser Erkrankungen im Umfeld der Betroffenen» (Jahn 2010, 356) beitragen. Darüber hinaus ist zu prüfen, inwieweit identifizierbare gesellschaftliche Entwicklungen und betriebliche Vorgehensweisen wie etwa die Einführung einer Anwesenheits- bzw. Gesundheitsquote oder best. Formen des *Absenzenmanagement*s den P. veranlassen oder zumindest begünstigen. Andere Faktoren wie überlange Arbeitszeiten (*Arbeitszeit*), Schichtarbeit oder Zeitdruck können ebenfalls zu P. beitragen (Böckerman & Laukkanen 2010, Hansen & Andersen 2008, 2009), ebenso ein belastendes Vorgesetztenverhalten. Dass die Angst vor Arbeitsplatzverlust eine nicht zu vernachlässigende Rolle spielt, ist ebenfalls offensichtlich (Schmidt & Schröder 2010). Unabhängig davon belegen die bisher vorliegenden Daten, dass P. zu einer Einschränkung der Leistungsfähigkeit der davon Betroffenen sowie zu vermehrter Fehlerhäufigkeit und Unfallgefahr führen kann (Chapman 2005, Schultz & Edington 2007) und dass die Kosten von P. deutlich – nach einzelnen Untersuchungen um ein Mehrfaches – höher ausfallen können als die, die als Folge von Krankmeldungen entstehen (Schultz et al. 2009). Mehrfach wird auch darauf hingewiesen, dass P. in der Folgezeit sowohl Fehlzeitenquoten als auch Fehlzeitendauer erhöhen kann (Bergström et al. 2009). «Going to work ill repeatedly is associated with long-term sickness absence at a later date»

(Hansen & Andersen 2009, 397). Dieser Tatbestand ist in der Fehlzeitenforschung bisher kaum berücksichtigt worden. Schließlich konnten Wieland und Hammes (2010) zeigen, dass *organisationale Gesundheitskompetenz* geringere P.neigung provoziert, und Hagerbäumer (2011, 253), dass das «Vorhandensein einer Gesundheitskultur sowie die Durchführung gesundheitsförderlicher Maßnahmen im Unternehmen … mit einem signifikant geringen P.niveau» einhergeht. *E. Ulich*

Präsenz (= P.) [engl. *presence*; lat. *praesens* anwesend, gegenwärtig], [**MD**], unter P. versteht man die erlebte Anwesenheit in einer computergenerierten virtuellen Welt. Die Intensität des P.erlebnisses ist in der Hauptsache eine Funktion der *Immersion* des VR (*virtual reality*; *Virtuelle Realität*)-Systems.

Präsenz im Klassenzimmer (= P.) [engl. *classroom presence*], [**PÄD**], P. der Lehrkraft gilt als entscheidend für deren Führungserfolg (*Klassenführung*, *Klassenführung, effiziente*). P. als Teil der Führungsaufgabe einer Lehrkraft heißt, das Verhalten der Schüler zu steuern und *Allgegenwärtigkeit im Klassenzimmer* zu suggerieren. P. als Teil des erzieherischen Handelns bedeutet nachdrücklich, für best. Normen (*Normen, soziale*) und *Werte* einzustehen und deren Einhaltung von den Schülern einzufordern. P. besteht aus verbalen (Anleiten, Zurechtweisen) und nonverbalen (Positionierung im Raum, Gesten) Signalen der Lehrkraft an die Schüler. *Aktivieren*. Glöckel 2000, Kounin 2006. *E. Gärtner*

Präsenzzeit [engl. *psychological present*; lat. *praesens* anwesend, gegenwärtig], [**KOG, WA**], Dauer der *Zeit*, die als unmittelbare Gegenwart im *Bewusstsein* erlebt wird (d. h. etwa zwei Sek.). Nach W. Stern diejenige Zeitdauer zw. zwei Reizen (*Reiz*), die noch eine einheitliche Empfindung entstehen lässt (ca. 0,5 bis 0,7 sec). *Zeitwahrnehmung*.

Prävalenz [engl. *prevalence*; lat. *praevalere* Vorrang haben], [**DIA, GES, KLI**], relative Häufigkeit des Vorkommens einer best. Erkrankung oder eines Merkmals in einer best. *Population* zu einem best. Zeitpunkt (*Punktprävalenz*) oder in einer best. Zeitperiode (*Periodenprävalenz*). Die Prävalenz entspricht ungefähr dem Produkt von *Inzidenz* und Krankheitsdauer. *Epidemiologie*.

Prävalenzrate [engl. *prevalence rate*; lat. *praevalere* Vorrang haben, *rata pars* Beitrag], [**GES, KLI**], Anzahl der Erkrankten bzw. Häufigkeit des Merkmals im Verhältnis zur Anzahl der untersuchten Personen. *Prävalenz, Epidemiologie*.

Prävention (= P.) [engl. *prevention*; lat. *praevenire* zuvorkommen], *Vorbeugung*, [**GES, KLI**], – ein zentrales Anliegen des öffentlichen Gesundheitswesens – wurde auch auf psych./psychiatr. Störungen übertragen, was angesichts der Problematik eines med. Krankheitsbegriffs (*Krankheit*) für diesen Bereich nicht ohne Widerspruch geblieben ist (Graham 1977). Im Hinblick auf die Zuordnung von P.programmen wird mit Caplan zw. *primärer*, *sekundärer* und *tertiärer* P. unterschieden. *Primäre P.* zielt danach darauf, das erstmalige Auftreten einer Krankheit zu verhindern (z. B. bei Süchten). Unter *sekundärer P.* wird das Bemühen um frühzeitiges Erkennen einer Krankheit mit dem Ziel baldmöglichster und wirkungsvoller Behandlung (*Intervention*) zur Vermeidung unkalkulierbarer neg. Folgen verstanden (z. B. *Erziehungsberatung*, bevor Probleme mit Krankheitswert auftreten). *Tertiäre P.* versucht die Ausbildung, Rückfälle und Chronifizierung für die einzelne Person zu verhindern (z. B. bei *Schizophrenie*). Diese Klassifizierung von P. nach dem zeitlichen Verlauf wurde versch. kritisiert, u. a. weil einzelne Programme nicht trennscharf eingeordnet werden können; sie liefert aber dennoch eine grobe Orientierung. Auch P. im med. Bereich ist psychol. interessant, da i. d. R. Einstellungs- und Verhaltensänderungen involviert sind (z. B. *Gesundheitsverhalten*, AIDS-Prophylaxe). Die Wirksamkeitsevaluation (*Wirksamkeitsprüfung*) ist meth. bes. schwierig, da größere Vergleichsgruppen, die einer Vielfalt von Einflüssen ausgesetzt sind, über längere Zeit untersucht werden müssen. Dennoch ist P. bes. naheliegend, wenn die Folgen eines Problems bes. gravierend sind und/oder die Störung schwer zu behandeln ist (z. B. Drogenabhängigkeit, Schizophrenie). In einzelnen Bereichen, z. B. *psychol. Operationsvorbereitung* zur Vermeidung späterer Komplikationen, ist die Wirkung gut belegt. *F. Caspar*

Prävention bei Paaren, [**KLI**], *Prävention* (= P.); Ziel der P. ist nicht die Verhinderung von Partnerschaftskonflikten oder einer evtl. späteren Scheidung, sondern die Sensibilisierung für Grundpfeiler einer lebendigen Partnerschaft (*Commitment*, befriedigende *Sexualität*, Nähe und Verbundenheit, gemeinsame Zeit), sowie die Förderung derjenigen Kompetenzen des Paares, die sich gemäß der Grundlagenforschung als signifikante Prädiktoren für eine längerfristig zufriedenstellende Beziehung erwiesen haben (*Kommunikation*, *Problemlösen*, *Coping, dyadisches*). Mittels niederschwelliger Angebote (Vorträge, Bücher, Broschüren), interaktiver DVDs und Kursen oder Trainings (meist in Form von Wochenendkursen oder mehrmaligen Abendkursen) zielt die universelle P. bei allen Paaren (z. B. i. R. der Ehevorbereitung) eine Stärkung der Beziehung an. In der selektiven P. werden Risikogruppen (z. B. werdende Eltern, Paare aus Scheidungsherkunftsfamilien), in der indizierten P. Paare, die bereits erste Anzeichen von Krisen feststellen, angesprochen. Je nach Zielgruppe und Bedarf variieren die Intensität und Dauer der Angebote, wobei Kursformate meist 8–15 Std. umfassen und in hohem Maße übungsorientiert sind. Evidenzbasierte Trainings (z. B. EPL, *Paarlife*) fördern mit einem hohen Betreuungsverhältnis (2 Paare pro Trainer) v. a. Kommunikationskompetenzen resp. dyadisches Coping. Mehrere *Metaanalysen* belegen die *Wirksamkeit* von P.programmen bei Paaren. Bodenmann & Kessler 2011. *G. Bodenmann*

Präventionsfokus [engl. *prevention focus*], *Regulationsfokustheorie*.

Praxien [gr. πρᾶξις (*praxis*) Handlung], *Handlungseinheiten*. *Handlung*.

Praxisleitfaden zur Gestaltung der Arbeit an CNC-Werkzeugmaschinen, [**AO, DIA**], Verfahren zur Gestaltung von Arbeitstätigkeiten an computergestützten Werkzeugmaschinen. Arbeitsaufgaben werden anhand eines modular aufgebauten Leitfadens hinsichtlich der arbeitspsychol. Kriterien Denk- und Planungsanforderungen, Arbeitsbelastungen und arbeitsbezogene Kommunikationsanforderungen bewertet. Ergebnis: Bestimmung und Bewertung von Aufgabentypen, Gestaltungsempfehlungen zur Aufgabenbereicherung sowie zur Reduzierung von Belastungen, Hinweise auf technisch-organisatorische Begleitmaßnahmen sowie Qualifizierungsbedarf. Anwendungsbereich: Sowohl zur Ist-Analyse als auch zur Einschätzung von Sollkonzepten der CNC-Tätigkeiten von Maschinenführern, -einrichtern und -bedienern geeignet. Weber et al. 1994.

Prazepam (= P.), [**PHA**], Medikament aus der Gruppe der *Benzodiazepine*. Es wird angewendet zur symptomatischen Behandlung von akuten und chronischen Spannungs-, Erregungs- und Angstzuständen. P. und sein aktiver Metabolit Nordazepam haben eine *Affinität* zu spezif. Benzodiazepin-Rezeptoren im *Gehirn*. Die Affinität von Nordazepam ist relativ hoch und etwa 16-fach größer als die von P. *M. Paulzen*

Präzisionsgriff [engl. *precision grip*], [**EW, KOG**], differenziertes feinmotorisches Greifen durch optimale Anpassung an das zu greifende Objekt, z. B. Spitz- oder Pinzettengriff, lateraler Spitzgriff, Drei-Finger-Griff. Die Führung erfolgt durch Daumen und Zeigefinger; zum Greifen feiner Gegenstände; in der ontogenetischen Entwicklung ab dem ca. 9./10. Lebensmonat beobachtbar. Nowak 2011. *C. Kiese-Himmel*

Pregabalin (= P.) [engl. *pregabalin*], [**PHA**], gehört zur pharmakotherap. Gruppe der *Antikonvulsiva*. P. ist ein *GABA*-Analogon mit der chemischen Bez. (S)-3-(Aminomethyl)-5-Methylhexansäure. Es bindet selektiv und mit hoher Affinität an eine auxiliare Untereinheit (α2-δ-Protein) von spannungsabhängigen Kalziumkanälen im ZNS (*Nervensystem*) und verdrängt dabei wirksam [3H]-Gabapentin. Dadurch reduziert P. den Kalziumeinstrom in die Nervenzelle (*Neuron*). Präklin. Modelle zeigen, dass bei neuronalen Übererregungszuständen ein verminderter Kalziumeinstrom zu einer reduzierten Freisetzung exzitatorischer Transmitter führt. Benkert & Hippius 2013. *M. Paulzen*

Preispolitik (= P.)[engl. *pricing policy*], [**KOG, WIR**], befasst sich mit der Frage, wie Produktpreise gestaltet sein müssen, damit das Produkt für die Konsumenten attraktiv wirkt (*Preiswahrnehmung*). Die zunächst naheliegende Annahme, dass Produkte dann als attraktiv empfunden werden, wenn sie preisgünstig sind, ist nicht umfassend haltbar. So können z. B. höherpreisige Produkte vermehrt zum Kauf anregen, wenn auf Basis des höheren Preises auch eine höhere Qualität vermutet wird (*Preis-Qualitäts-Relation*). Wenn Konsumenten aus dem Verhalten anderer Marktteilnehmer darauf schließen, welcher Kauf sich besonders lohnt, kann es vorkommen, dass stark nachgefragte (und somit nach den Marktgesetzen teurer werdende) Produkte noch stärker nachgefragt werden (*Konsensheuristik*, *Minorität*, *Bandwagon-Effekt*). Ähnlich verhält es sich, wenn Produkte nur in einer geringen Anzahl angeboten werden: Haben Personen nicht ohne weiteres Zugriff auf ein best. Produkt, kann sich trotz hohem Preis eine erhöhte Nachfrage ergeben (*Reaktanz*). Somit kann angenommen werden, dass das subj. Preiserleben nicht mit dem obj. Preis identisch ist (s. auch *Preisschwelle*, *Preisveränderungen*, *Wahrnehmung*, *Preisverankerung*). Zudem spielt die *Preisstruktur* (Zusammensetzung von Preisen sowie deren Kommunikation) bei der P. eine wichtige Rolle. So werden typischerweise gleich gute Pauschalangebote gegenüber Einzelpreisen bevorzugt. Gleichzeitig gehen die Preise von Einzelkomponenten bei der Auflistung eines komplexen Angebots offenbar gleichgewichtig in die Preiswahrnehmung ein, ungeachtet der Tatsache, ob es sich lediglich um eine preislich relativ unbedeutende Komponente handelt (wird z. B. bei einem Autokauf der Aufpreis für Sonderausstattung als relativ hoch empfunden, so geht dies ähnlich stark in die Bewertung des Gesamtangebots ein wie das vielleicht insges. günstige Grundmodell). Die Akzeptanz wird zudem von der Formulierung von Preisen beeinflusst: die Ankündigung anfallender Zusatzkosten bei Kartenzahlung (und somit die Ankündigung eines Verlustes) regt eher zur Barzahlung an als die Betonung von Rabatten bei Barzahlung (und somit die Ankündigung eines Gewinns, *Verlustaversion*, *Kaufverhalten und Zahlungssysteme*). Die Möglichkeit zur Produktrückgabe ist ebenfalls bedeutsam: die Möglichkeit zur Revidierung einer Kaufentscheidung (Rückgabegarantie) scheint zwar von Konsumenten sehr begrüßt zu werden, gleichzeitig tendieren Personen aber auch dazu, sich eher mit *Kaufentscheidungen* zu identifizieren, die sie nicht rückgängig machen können, was langfristig zu einer höheren Zufriedenheit führt. Felser 2015. *G. Felser*

Preis-Qualitäts-Relation (= P.) [engl. *price-quality-relation*], [**KOG, WIR**], beschreibt die Tendenz von Personen, bei einem höherpreisigen Produkt auch eine höhere Qualität wahrzunehmen bzw. zu vermuten (*Preiswahrnehmung*). Das Phänomen kann darauf zurückgeführt werden, dass i. d. R. höherwertige Produkte auch einen höheren Preis haben und die meisten Menschen somit die pos. Korrelation von Qualität und Preis bereits vielfach erfahren haben. P. dient somit – ebenso wie die *Preisverankerung* (Ankereffekt) – als sinnvolle Vereinfachungsstrategie oder Heuristik (*Entscheidungsheuristiken*) in Bezug auf Kaufentscheidungen (*Kaufentscheidungen, Modelle*, *Kaufentscheidungen, Rationalität von*). In einigen Fällen kann dies jedoch auch dazu führen, dass i. S. einer Übergeneralisierung bei qual. tatsächlich gleichwertigen Produkten dasjenige als höherwertig eingeschätzt wird, welches den höheren Preis aufweist. Der sog. *Veblen-Effekt* beschreibt, dass ein hoher Preis nicht nur dazu führt, dass einem best. Produkt eine hohe Qualität zugeschrieben wird, sondern dass der hohe Preis schließlich selbst zu einem relevanten Qualitätsmerkmal (i. S. eines Statussymbols) wird. Schulz-Hardt et al. 2015. *S. Schulz-Hardt*

Preisschwelle (= P.) [engl. *price threshold*], [**KOG, WIR**], bei der *Preiswahrnehmung* werden Preishöhen meist nicht kontinuierlich sondern in groben Kategorien (teuer, angemessen, preiswert) unterschieden und repräsentiert (*Repräsentation*). Die Grenzen zw. diesen Kategorien können als P. bezeichnet werden. Der Unterschied zw. zwei Preisen wird dabei als deutlich geringer wahrgenommen, wenn beide Preise in dieselbe Kategorie fallen (*Assimilationseffekt*) als wenn sie in unterschiedliche Kategorien fallen und eine P. überschritten wird (*Kontrasteffekt*). Empirisch nachweisbar sind P. durch die sog. *Preis-Absatz-Funktion*, welche zeigt, dass eine kontinuierliche Erhöhung (bzw. Verringerung) des Preises eines best. Produktes keine lineare Abnahme (bzw. Zunahme) des Prozentsatzes an Personen bewirkt, die bereit wären, das Produkt zu diesem Preis zu erwerben. Vielmehr zeigen sich Stufen im Funktionsverlauf, welche die jew. P. markieren. P. finden sich typischerweise bei runden oder glatten Preisen (2 €), was u. a. die Präferenz vieler Anbieter für gebrochene Preise (1,99 €) erklärt, deren Vorteil jedoch empirisch bislang nicht eindeutig bestätigt ist. Schulz-Hardt et al. 2015. S. Schulz-Hardt

Preisstruktur *Preispolitik*.

Preisveränderung, Wahrnehmung [engl. *perception of price change*], [**KOG, WIR**], in Studien zur *Preiswahrnehmung* konnte gezeigt werden, dass Menschen Preisveränderungen (= P.) nicht unmittelbar 1:1 wahrnehmen, sondern dass es zu Verzerrungen kommt. Eine wesentliche Rolle bei der Wahrnehmung von P. spielen dabei die sog. *Preisschwellen*. Dies bedeutet, dass P., welche sich innerhalb einer best. subj. *Kategorie* (z. B. der Kategorie «teuer») abspielen, tendenziell unterschätzt werden, wohingegen P., die eine Kategoriengrenze überschreiten (z. B. von «teuer» nach «angemessen») tendenziell überschätzt werden. Da Verzerrungen in beide Richtungen vorkommen, kann jedoch davon ausgegangen werden, dass Preisschwellen zumindest nicht zu systematischen Über- oder Unterschätzungen von P. führen. Als Hauptursache für (tatsächlich vorkommende) systematische Fehlwahrnehmungen von P. werden vielmehr die *Erwartungen* von Personen bzgl. der P. vermutet: In mehreren Versuchen zur sog. *Teuro-Illusion* (eine sehr robuste, subj. Wahrnehmung z. T. extremer (empirisch nicht nachweisbarer) Preissteigerungen durch die Einführung des Euro)konnte empirisch gezeigt werden, dass die wahrgenommenen P. mit den erwarteten P. anstiegen und dass beim Abgleichen von subj. erwarteten P. und vorgefundenen P. zudem eine *selektive Fehlerkorrektur* vorgenommen wurde: D. h. Rechenfehler, die entgegen den eigenen Erwartungen ausfielen, wurden deutlich häufiger als solche identifiziert und korr. als Fehler, die erwartungskonform ausfielen. *Aufmerksamkeit, selektive*. Schulz-Hardt et al. 2015. S. Schulz-Hardt

Preisverankerung (= P.) [engl. *price anchoring*], [**KOG, WIR**], beschreibt das Phänomen, dass Preise (*Preiswahrnehmung*) von Personen häufig nicht absolut, sondern in Relation zu Referenzpreisen beurteilt werden. Diese Referenzpreise können *extern* (weitere, unmittelbar mit dem zu beurteilenden Preis wahrgenommene Preise), *intern* (*Kenntnisse* oder eigene frühere Erfahrungen) oder in Form einer *Erwartung* über zukünftige Preisentwicklungen (*Preisveränderung, Wahrnehmung*) auftreten und wirken sich meist i. S. eines sog. *Ankereffekts* (*Entscheidungsheuristiken*) aus. P. helfen, Preise relativ schnell und effizient einzuordnen, bergen jedoch die Gefahr von Verzerrungen. So wirkt z. B. ein und derselbe ausgehandelte Preis deutlich angemessener, wenn er bei ursprünglich (zu) hoch angesetztem Verkaufspreis noch verringert werden konnte (z. B. in Form von Rabatten) als wenn er bereits von Beginn an bei dieser Höhe gelegen hätte. *Kaufentscheidungen, Modelle*, *Kaufentscheidungen, Rationalität von*. Schulz-Hardt et al. 2015. S. Schulz-Hardt

Preiswahrnehmung (= P.) [engl. *price perception*], [**KOG, WIR**], bezeichnet den subj. repräsentierten *Wert* des Preises eines Produkts. Neben dem realen Preiswert determinieren insbes. die subj. *Geldwahrnehmung* und Referenzen (z. B. Vergleiche zwischen Produkten oder Änderung des nominellen Produktwertes) die P. Es werden eine *kogn.* (Preiswissen, Wissen über Preisrelevanz; kogn. Urteile bzgl. absoluter und relativer Preishöhe; *Kognition*, *Rationalität*, *Entscheiden*), eine *affektive* (gefühlsbasierte Urteil (*Urteilen*) bzgl. Preishöhe und -relevanz) und eine *konative* (kaufrelevante Verhaltensaspekte) Dimension unterschieden. P. wird von Merkmalen der Person (z. B. *Involvement*, *Kaufmotiv*, *Aufmerksamkeit, Kapazitätstheorie der*) und der Situation (z. B. Produkt- und Preispräsentation, Verkaufsambiente) beeinflusst. Häufig wird bei der P. nicht fein abgestuft, sondern in groben Kategorien (teuer, angemessen, preiswert; *Preisschwelle*) sowie in Bezug zu Referenzpreisen (*Preisverankerung*) geurteilt. Zudem konnte gezeigt werden, dass die Funktion des «neg. Nutzens» von Ausgaben (der empfundene Verlust) nicht linear ist, sondern im Bereich niedriger Beträge sehr viel steiler ist als im Bereich höherer Beträge. *Preispolitik*, *Preisveränderung, Wahrnehmung*, *Kaufentscheidungen, Modelle*, *Marketinginstrumente*. Felser 2015, Meffert & Bruhn 2006, Schulz-Hardt et al. 2015. S. Schulz-Hardt

Premack-Prinzip [engl. *Premack's principle*], [**KLI**], nach David Premack; ein Konditionierungs- bzw. Verstärkungsprinzip der *Verhaltenstherapie*. Tritt von zwei Verhaltensweisen eine spontan häufiger auf als die andere, kann durch kontingenten Einsatz der häufiger auftretenden Verhaltensweisen die Auftretenswahrscheinlichkeit (bzw. Häufigkeit) der selteneren erhöht werden. Es kann somit nicht nur eine Substanz, sondern auch eine erwünschte oder geschätzte Aktivität als *Verstärker* fungieren und somit gezielt als Anreiz für andere Aktivitäten dienen. *Verstärkung*, *Konditionierung, operante*. Premack 1950.

preparedness (= p.) [engl.] Vorbereitetsein; [lat. *praeparare* vorbereiten], [**EM, KOG**], syn. evolutionär vorbereitetes Lernen, bezeichnet eine der einflussreichsten Hypothesen zum evolutionär vorbereiteten Lernen im Kontext der Furchtkonditionierung, sie geht auf Seligman (1971) zurück (*Lernen*). Phobische Reaktionen (*Phobische Störungen*) gehen bes. häufig mit best. Objekte oder Situationen einher. Dass diese Objekte oder Situationen besonders leicht zu phobischen Reizen werden, legt die Vermutung nahe, dass manche Hinweisreize durch *Konditionierung* bes. leicht zu Angstauslösern werden. Tier- und humanexperimentelle Studien (Mineka & Öhman 2002) belegen, dass sowohl beim Modelllernen als auch bei der klassischen Konditionierung Reize, von denen eine phylogenetische Bedeutsamkeit (p.) angenommen werden kann (z. B.

Schlangen), leichter mit einer Furchtreaktion assoziiert werden als bedrohliche, aber evolutionär unbedeutende Reize (z. B. Waffen). Für die besondere Stellung phylogenetisch bedeutsamer bzw. vorbereiteter (*prepared*) Reize (z. B. Schlangen) für Phobien spricht auch, dass nur diese bei subliminaler (nicht bewusst wahrnehmbarer) Darbietung, mit aversiven Konsequenzen assoziiert werden können, nicht aber furchtirrelevante Reize (Blumen). Da nicht alle Aspekte phobischer Reaktionen mit diesem Modell erklärbar sind und frühere Befunde nicht durchgängig replizierbar waren, blieb es nicht ohne Kritik. Weil das Kriterium, dass vorbereitete Reize, wenn sie einmal mit einer Furchtreaktion verknüpft sind, sehr löschungsresistent sind, exp. gut repliziert wurde (McNally 1987), wurde diese Hypothese weithin akzeptiert und ging in fast alle einschlägigen Lehrbücher ein. Andere Kriterien vorbereiteten Lernens – Leichtigkeit der Aneignung, Irrationalität und funktionelle Zugehörigkeit (*belongingness*) – sind weit weniger gut belegt (McNally 1987). Vor allem kann die Annahme, dass typische phobische Reize einem phylogenetischen Anpassungsvorteil entsprechen, nicht immer bestätigt werden (Gerdes et al. 2009). G. W. Alpers

Presbyakusis [engl. *presbycusis/presbyacusis*; gr. πρεσβύτερος *(presbyteros)* älter, ἀκούειν *(akouein)* hören], **[BIO, WA]**, Altersschwerhörigkeit, bedingt durch fortschreitende physiol. Alterungsprozesse insbes. des peripheren Hörsystems beidseits; tritt ab etwa dem 50. Lebensjahr auf und betrifft vorwiegend die Verarbeitung hoher Frequenzen. J. Zihl

Presbyakustisches Gesetz [engl. *presbyacoustic law*], **[BIO, WA]**, *Presbyakusis*, von H. Zwaardemaker (1857–1930) im Jahr 1893 formulierte Regel, nach der die oberen und unteren Töne mit dem Alter regelmäßig zus.rücken (untere Grenze: bis 16 Hz, obere Grenze: bis 11000 Hz). J. Zihl

Presbyopie [engl. *presbyopia*; gr. πρεσβύτερος *(presbyteros)* älter, ὄψις *(opsis)* Sehen], **[BIO, WA]**, Alterssichtigkeit; im Alter Abnahme der Fähigkeit des Auges, von Nahgegenständen ein scharfes Bild auf der Netzhaut abzubilden (*Akkommodation*). J. Zihl

presence [engl.] *Präsenz*, Abk. für *telepresence*; auch: Telepräsenz, **[MD]**, beschreibt eine menschliche Wahrnehmungs- und Erfahrungssituation, die durch Medien oder Technik vermittelt ist, in der jedoch das Individuum technische Umgebungskomponenten quasi übersieht. Die medialen Objekte und technischen Ereignisse werden wahrgenommen, als wären sie nicht medienvermittelt. *Presence*-Erfahrungen können demnach ebenso real wirken wie die durch Sinnesorgane vermittelten Eindrücke. *Virtuelle Realität.*

^Test **Present State Examination (PSE)**, 1982, J. K. Wing, J. E. Cooper & N. Sartorius. 1. Aufl. 1973, **[DIA, KLI]**. Klinisches Verfahren. AA Erwachsene. Halbstandardisiertes psychiatrisches Interview zur Erhebung des psychopathologischen Befundes. Der Test erfasst den aktuellen Zustand psych. Verfassungen von neurotischen Pat. bzw. Pat. mit funktioneller Psychose. Durchführungsdauer: zw. 45 Min. und 1 Stunde.

press [engl.] Druck. *need, need-press.*

Prestige (= P.) [frz.; lat. *praestigium* Blendwerk], **[SOZ]**, in heutiger Bedeutung das Ansehen, in dem Personen, Gruppen (z. B. Berufsgruppen) und Institutionen aufgrund ihrer Leistungen, ihrer sozialen Stellung (*Status, sozialer*), ihres Einkommens oder ihrer Kompetenzen bei anderen Personen oder Gruppen und in der Öffentlichkeit stehen. Das P., das von zahlreichen Bedingungen abhängt, ist wandelbar und kann sich auf einen engeren oder breiteren Bereich beziehen. Häufig erfährt das P., das eine Person auf einem einzelnen Gebiet (z. B. Beruf) erworben hat, eine Verallgemeinerung auch auf andere Bereiche. Hiermit hängt das sozialps. Phänomen der Prestigesuggestion zus., d. h. die durch das P. bedingte suggestive Wirkung z. B. von Meinungen best. Personen. So werden z. B. gleiche Stellungnahmen von Personen mit versch. hohem allg. P. in unterschiedlichem Maß akzeptiert bzw. abgelehnt. Asch 1948.

preview effect [engl. *preview* Vorschau], syn. Preview-Effekt. *Blickbewegungsmessung.*

Priapismus (= P.) [engl. *priapism*], nach dem gr. Fruchtbarkeitsgott Priapos, **[BIO]**, anhaltende, krankhafte Erektion des Gliedes, auch ohne sexuellen Anlass. Der P. ist eine seit mind. 2 Std. bestehende Dauererektion, die mit der Gefahr einer Schwellkörperischämie einhergeht. Unterschieden werden der sog. ischämische P. (low flow) vom nicht ischämischen P. (high flow). Ein Low-flow-P. entsteht durch das Versagen der physiol. Detumeszenz (Zurückfließen des Blutes nach einer Erektion) persistiert die Erektion, welche prall und schmerzhaft ist. Der Druck im Schwellkörper liegt über dem diastolischen Druck (80–120 mmHg), eine Durchblutung kann nicht mehr stattfinden. Beim High-flow-P. besteht eine weniger pralle und nicht schmerzhafte Erektion durch einen vermehrten arteriellen Einstrom, kompensiert durch suffizienten venösen Abstrom. Die Gefahr eines ischämischen Schadens am Schwellkörper besteht nicht. M. Paulzen

Primacy-Effekt [engl. *primacy* Vorrang], *Eindruck, erster.*

Primäranalyse [engl. *primary analysis*; lat. *primus* der erste], *Sekundäranalyse.*

primäre Antriebe [engl. *primary drives*; lat. *primus* der erste], **[EM]**, im Ggs. zu den *sekundären, erworbenen Antrieben* die erblich gegebenen Energiequellen für z. T. ungelernte, aber durch Erfahrung überformte, z. T. gelernte Aktionen zur Befriedigung von lebens- und arterhaltenden *Bedürfnisse*: Hunger, Durst, Sauerstoffbedarf, Schlafbedürfnis, Geschlechtstrieb und Schmerzvermeidung sind allg. anerkannte primäre Antriebe. Hull unterscheidet Bedingungen des Antriebs, d. h. die obj. beobachtbaren Phänomene, die den *Antrieb* bestimmen (CD), die physiol. Antriebsstärke (D) und den Antriebsreiz (SD). *Motivation, Trieb, Instinkt.* R. Bergius

primäre Kreisreaktion [engl. *primary circular reaction*; lat. *primus* der erste], *Kreisreaktion.*

primäres Willenserlebnis [engl. *primary act of will*], **[EM]**, (Brentano), ein Willensakt, durch den ein best. Ziel unmittelbar angestrebt wird. Ggs. *sekundäres Willenserlebnis.* Rohracher 1969.

primäre Täuschung (= p. T.) [engl. *primary deception*; lat. *primus* der erste], **[RF]**, der von Köhnken (1990) eingeführte Begriff der p. T. bezeichnet die Konstruktion und verbale Vermittlung falscher Information i. R. einer verbalen Täuschungshandlung. Bei der p. T. handelt es sich um die kogn. Komponente der Täuschung, die als eine der beiden Anforderungen angesehen wird, die eine falsch aussagende Person zu bewältigen hat. *sekundäre Täuschung*. Niehaus 2008a. *S. Niehaus*

Primärfaktoren (= P.) [engl. *primary factors*, lat. *primus* der erste], syn. *Faktoren 1. Ordnung*. **[FSE, PER]**, werden aus der *exploratorischen Faktorenanalyse* einer Interkorrelationsmatrix gewonnen. Im Ggs. zu den P. werden z. B. Faktoren 2. Ordnung aus der Faktorenanalyse der Interkorrelationen schiefwinklig rotierter Faktoren 1. Ordnung gewonnen. *Sekundärfaktoren*, *Intelligenzfaktoren*. *G. Mikula*

Primärfaktoren der Intelligenz [engl. *primary mental abilities*; lat. *primus* der erste], **[KOG, PER]**, von Thurstone (1938) faktorenanalytisch ermittelte, voneinander unabhängige *Intelligenzfaktoren*.

Primärfunktion [engl. *primary function*; lat. *primus* der erste], **[EM, PER, WA]**, syn. *Primärprozess*, nach Gross (1902) die *Empfindungen* und *Wahrnehmungen*, d. h. die im unmittelbaren Zusammenhang mit der Reizwirkungen auftretenden psych. Ereignisse, während im Ggs. dazu Sekundärfunktion das Nachklingen der Eindrücke und ihre *Perseveration* in *Vorstellungen* etc. belegt. In einer der ersten psychol. *Typologie* (Heymans 1904, 1906; Wiersma 1906) sind die Dominanz der Primärfunktion bzw. der Sekundärfunktion eine diskriminierende Dimension des Verhaltens. Jung und insbes. Eysenck erkannten in der Dominanz der Primärfunktion und der Sekundärfunktion Parallelen zur *Extraversion* und *Introversion*. *Primärvorgang*. Hofstätter 1971. *R. Bergius*

Primärgruppe [engl. *primary group*; lat. *primus* der erste], *Gruppe*.

Primärlernen (= P.) [engl. *primary learning*; lat *primus* der erste], **[KOG]**, nach D. O. Hebb die Basis für alle weiteren Lernprozesse des Erwachsenen, wobei unter dem P. v. a. die Strukturierung der Wahrnehmung im Kindesalter verstanden werden soll. Nach Hoffmann und Knopf (1996) erfolgt der Erwerb von *Wissen* sowohl verhaltensgebunden als auch bereichsspezifisch, da Begriffe aus Verhaltenserfahrungen abstrahiert werden. *Kompetenzentwicklung*, *Schlüsselqualifikation*.

Primärprozess [engl. *primary process*; lat. *primus* der erste], **[KLI]**, Bez. der *Psychoanalyse* für «Es-hafte» Vorgänge. *Primärvorgang*. Exp. Belege für diese Unterscheidung von Primär- und Sekundärvorgang liefert Shevrin 2004.

Primärstellung der Augen [engl. *primary position of the eyes*; lat. *primus* der erste], **[WA]**, Stellung des *Auges* im Kopf bei natürlich aufrechter Kopfhaltung und horizontaler *Blicklinie* senkrecht zur Verbindungslinie zw. den Drehpunkten beider Augen; die Primärstellung ist nicht mit der Ruhestellung identisch, bei der das Auge i. Allg. auf einen Punkt leicht unterhalb der Horizontalen gerichtet ist. *H. Heuer*

Primärtherapie [engl. *primal therapy*; lat. *primus* der erste], **[KLI]**, eine tiefenps. fundierte, körper-, erlebnis- und aktionsorientierte Methode, wurde von Arthur Janov Ende der 1960er Jahre in den USA als Heilverfahren für *Neurosen* entwickelt. Verdrängte frühkindliche, *primäre Gefühle* sollen hier wieder erlebt und in das Erlebnisspektrum integriert werden. Dem *Geburtstrauma* kommt dabei eine bes. Schlüsselrolle zu. Mittels suggestiver und autosuggestiver (*Autosuggestion*) Techniken werden in wiederholten, mehrstündigen (Einzel- und Gruppen-)Sitzungen intensive kathartische Reaktionen auf psych. und physiol. Ebene angestrebt (sog. *Primärprozess*). Bislang liegen keine stichhaltigen Wirksamkeitsuntersuchungen für diese Therapieform vor, jedoch einige Warnungen vor Komplikationen (Abhängigkeit von Therapeuten, Dekompensationen). Janov 1973. *F. Caspar*

Primärton [engl. *primary tone*; lat. *primus* der erste], *Kombinationston*.

Primärtriebe [engl. *primary drives*; lat. *primus* der Erste], syn. *primäre Antriebe*, **[EM, KLI]**, psychoanalyt. Bez. für die im Menschen angelegten und aus ihm stammenden Triebe (*Sexualtrieb*, *Ich-Triebe*), im Ggs. zu den (erlernten) *Sekundärtrieben* (oder kult. Gegentriebe, die aus den (ethischen, ästhetischen, sozialen, kult.) Forderungen der Gesellschaft herrühren und sich aufgrund ihrer *Introjektion* im einzelnen Menschen (als sein *Über-Ich*) auswirken.

Primärvorgang (= P.) [engl. *primary process*; lat. *primus* der Erste], **[KLI]**, nach Freud (*Psychoanalyse*) alle Gedanken, Gefühle und Handlungen, die unmittelbar und ausschließlicher Ausdruck des *Es* sind. I. d. S. tritt der P. beim Erwachsenen in verhältnismäßig deutlicher und reiner Form nur noch bei Reduktion der Funktionen des *Ich* und des *Über-Ich* in Erscheinung, wie es z. B. im *Traum* der Fall ist. Der dem P. gegenübergestellte *Sekundärvorgang* stellt alle jene Gedanken, Gefühle und Handlungen dar, die vom Ich motiviert, an der Realität orientiert oder vom Über-Ich diktiert sind. Der Primärvorgang kennzeichnet das *unbewusste* System, der Sekundärvorgang das *vorbewusst-bewusste* System, der Ggs. entspricht dem zw. *Lustprinzip* und *Realitätsprinzip*. *Primärfunktion*. Holt 2005.

Primidon [engl. *primidone*], **[PHA]**, Substanz aus der Gruppe der *Antikonvulsiva*, chemisch *Barbiturat*, schwächer wirkend als *Phenobarbital*.

Priming (= P.) [engl.] (Vor-)Bahnung, Vorbereitung, Zündung, [lat. *primus* der Erste], **[KOG]**, meint die Beeinflussung oder Veränderung eines Einstellungssets und global des Denkens, Fühlens und Handelns oder (auf einer mittleren Betrachtungsebene) auch die Voraktivierung eines Konzeptes (für neuronale Netze: Aktivierungsmusters) durch eine best. (exp.) Induktion. Ein Reiz oder Ereignis A hat eine Wirkung auf die Verarbeitung der nachfolgenden Ereignisse B oder den Umgang damit. P. bedeutet meist, dass (implizit) Gedächtnisinhalte, Denkoperationen oder Verhaltensweisen aktiviert werden, die im Folgenden erhöht zugänglich sind. Der Begriff P. wurde erstmals in den 1950er-Jahren in der Ps. i. R. einer Debatte darüber, wie flüssige Sprache überhaupt entstehen kann, verwendet. Karl Lashley postulierte, dass flüssige Sprache ermöglicht wird, indem vor dem Aussprechen das Wort voraktiviert – also geprimt – wird, da ansonsten immer nur ein Wort nach dem anderen produziert werden könnte. In der Folge wurde der Begriff P. für die Voraktivierung mentaler Konzepte durch zunächst ausschließlich interne Reize und Gedanken sowie bald darauf überwiegend durch externe Reize, Kontexte und Ereignisse benutzt.

P. als globales Phänomen wird meist realisiert durch (1) explizite Instruktionen oder Information durch Vl, wodurch der Pb zu best. Handlungen oder Denkmustern angeleitet wird oder Konzepte aktiviert werden; (2) Aussagen und nonverbale Interaktionen des Vl oder eines Komplizen (z. B. Berührungen); (3) An-/Abwesenheit von Personen, Tieren oder Gegenständen; (4) Bildreize oder tatsächlich vorhandene Objekte; (5) Düfte oder Nahrungsmittel; (6) Geräusche, Musik; (7) Film- oder Medien(ausschnitte), Nachrichten, Computerspiele; (8) globale Variation des Kontextes (z. B. Ort); (9) best. Aufgaben, die die Vp lösen oder bearbeiten muss (*task-sets*, *Aufgabenwechsel*); (10) Reize, die in einem vorgeschalteten oder dem eigentlichen Experiment verwendet werden (z. B. best. Wörter, Bilder, Symbole); (11) teilweise auch Medikamenten- oder Hormongaben.

Als *abhängige Variablen* werden ganz unterschiedliche Maße verwendet, z. B. Konsumverhalten, Stimmung, best. Parameter von Bewegungen (z. B. Anzahl an Putzbewegungen, Geschwindigkeit des Gehens), Persistenz bei der Bearbeitung unlösbarer Aufgaben, Angaben über geplantes zukünftiges Verhalten, *prosoziales Verhalten* und auch die Leistung in Reaktionszeitexperimenten. Das P. kann hierbei vor oder während der Erfassung der abhängigen Variablen erfolgen. I. d. S. können bspw. *Werbung, subliminale*, Wirkungen von *Aphrodisiaka*, Ankereffekte, Stimmungsmanipulationen, *Embodiment*-abgeleitete Variationen körperlicher Stellungen oder Zustände, *Stereotyp*aktivierungen und Experimente zum *Gedächtnis*, bei denen in einer ersten Phase best. Wörter zu lernen sind und in einer zweiten Phase z. B. bei freien Assoziationen zu anderen Begriffen die Wörter aus der ersten Phase häufiger genannt werden oder auch Gedächtnisexperimente, bei denen der Kontext (z. B. anderer Raum) während der Lern- und Wiedergabephase variiert wird, i. S. eines P. verstanden werden. *Priming-Paradigma*. Bargh & Chartrand 2000, Wagner et al. 2000.   C. Bermeitinger

Priming-Paradigma (= PP.) [engl. *priming paradigm*], [**KOG**], untersucht *Priming* (= P.) mittels eines best. Versuchsablaufs auf einer Mikroprozessebene. P. wird eingesetzt, um Gedächtnis-, Wahrnehmungs-, (motorische) Voraktivierungs- oder Aufmerksamkeitsphänomene zu untersuchen (*Gedächtnis, Wahrnehmung, Aufmerksamkeit*). Beim typischen *sequenziellen P.* (syn. *immediate P.*; i. Ggs. zu *long-term P.*, bei dem Effekte über längere Zeit (bis zu Monaten) anhalten) wird i. d. R. zunächst ein erster Reiz (*Prime*) präsentiert und anschließend ein zweiter Reiz, auf den der Pb so schnell und so korrekt wie möglich reagieren muss (*Target*). Typischerweise resultiert eine kürzere *Reaktionszeit* (= RZ.), wenn Prime und Target aufeinander bezogen oder miteinander assoziiert sind. Als *P.effekt*

(in best. Fällen *Kompatibilitäts-/Kongruenzeffekt*) wird die Differenz zw. den RZ. oder Fehlerraten (= FR.) in unrelatierten (inkompatiblen, inkongruenten) Durchgängen und in relatierten (kompatiblen, kongruenten) Durchgängen bez. Ein *positiver* (bzw. *negativer*) *P.effekt* bez. schnellere RZ. und/oder geringere FR. bei relatierten (bzw. unrelatierten) Durchgängen. Als neutrale Vergleichsbedingung können als Primes auch inhaltlich bedeutungslose Reize (z. B. Buchstabenketten, zerstückelte Bilder) eingesetzt werden.

Erklärungsansätze: (1) Es entstehen strategische Erwartungseffekte, weil auf den Prime mögliche Targetreize (= TR.) intern generiert werden oder rückwärtsgerichtet vom Target aus die Passung von Target und Prime überprüft wird. (2) Bei automatischen P.effekten wird davon ausgegangen, dass der Prime-Reiz im relatierten Fall partiell Teile des Target-Reizes voraktiviert, wodurch die Verarbeitung des Targets und die Reaktion darauf beschleunigt wird. (3) Ähnlich wie beim Stroop-Phänomen (*Stroop-Verfahren*) wird für die schneller ausgewertete Dimension (Stroop: Wortinhalt, P.: Prime) die Verarbeitung der langsamer ausgewerteten Dimension (Stroop: Farbe, P.: Target) erleichtert oder erschwert. Generell wird angenommen, dass mehrere Mechanismen zum jew. P.effekt beitragen. Wichtig beim P. ist v. a. die Zeit zw. Prime-Beginn und Target-Beginn (*stimulus-onset asynchrony (SOA)*, die meist höchstens einige hundert Millisekunden beträgt und variiert wird, um den zeitlichen Verlauf des P. zu untersuchen. Um strategische Effekte auszuschließen, wählt man sehr kurze SOA und teilweise auch eine maskierte Präsentation (*Maskierung*) der Prime-Reize und/oder nur geringe relative Anteile relatierter Durchgänge. Prime und Target können versch. Reizarten entstammen und einer oder versch. Modalitäten zugeordnet sein. Reize können visuell am Bildschirm (z. B. Wörter, Zahlen, Bilder, bewegte Objekte) präsentiert werden, aber auch auditive (z. B. gesprochene Wörter, Klänge), taktile und olfaktorische Reize werden eingesetzt.

Repetition-P. [syn. *Wiederholungs-P., Identitäts-P.*]: Im relatierten Fall wird derselbe Reiz als TR. und Prime-Reiz präsentiert. Der TR. muss ausgesprochen, identifiziert oder nach einem vorgegebenen Schema klassifiziert (z. B. *richtig/falsch geschriebenes Wort*, Farbe des Reizes) werden. Repetition-P. basiert theoretisch auf einer perzeptuellen bis semantischen Voraktivierung des gezeigten Primes.

Response-P.: [syn. *Antwort-P.*, teilweise syn. *Action-P.*; Schmidt et al. 2011]: Liegt vor, wenn im kongruenten Fall die Antwort auf das Target der meist noch auszuführenden Antwort auf den Prime entspricht. Oft werden Repetition- und Response-P. kombiniert. Response-P. entsteht dadurch, dass im kongruenten Fall die motorische Reaktion bereits voraktiviert wird. Typische Reize, die im Response-P. verwendet werden, sind geometrische Symbole, die identifiziert oder klassifiziert (z. B. Pfeile nach deren Richtung) werden sollen. Meist wird die Antwort mittels Tastendruck auf einer Tastatur abgegeben, teilweise werden auch Zeige- oder Augenbewegungen verlangt. Bei Response-P. tritt unter best. Bedingungen (z. B. maskierter

Prime und best. SOA) robust ein neg. P.effekt auf, der theoretisch über versch. Modelle (z. B. automatische Selbstinhibition, Reiz-getriggerte Inhibition, *stimulus updating*, *evaluation window account*) erklärt werden kann.

Semantisches P.: Hier besteht eine semantische Beziehung zw. Prime und Target (McNamara 2005; *Semantik*). Prime und Target sind z. B. Synonyme, Antonyme, Teile zus.gesetzter Wörter (z. B. Frucht-Fliege), oder Vertreter der gleichen semantischen Kategorie (z. B. Affe und Kuh aus der Kategorie Tier); Prime und Target teilen perzeptuelle (z. B. Pizza und Knopf haben die gleiche Form) oder funktionale (z. B. Glühbirne und Kerze haben eine ähnliche Funktion) Eigenschaften. Prime und Target sind über ein *Skript* miteinander assoziiert oder es handelt sich um über- und untergeordnete Begriffe innerhalb eines semantischen Netzwerks (z. B. Tier-Vogel-Rabe etc.). *Assoziative Prime-Target-Beziehungen* liegen vor, wenn bei der Nennung des einen Begriffs mit hoher Wahrscheinlichkeit der andere Begriff produziert wird, wenn alle Begriffe produziert werden sollen, die zu dem ersten Begriff assoziiert werden (Normlisten; z. B. auf *Affe* wird häufig *Banane* produziert). Dies ist meist bei häufiger Kopplung zweier Begriffe im Sprachgebrauch gegeben. *Semantische Prime-Target-Beziehungen* liegen vor, wenn beide Begriffe nur gering miteinander assoziiert sind (z. B. Affe und Wal sind beides Tiere). Für eine reine semantische Beziehung zw. Prime und Target existiert höchstens eine sehr geringe Assoziation zw. den Begriffen. Bei einer *asymmetrischen assoziativen Relation* von Prime und Target (d. h., die Assoziation von Begriff 1 zu Begriff 2 ist stark ausgeprägt, von Begriff 2 zu Begriff 1 jedoch weniger stark; *asymmetrisches P.*) kann weiterhin unterschieden werden, ob es sich um eine *Vorwärts*- (von Prime zu Target, z. B. Frucht-Fliege) oder eine *Rückwärtsassoziation* (von Target zu Prime, z. B. Fliege-Frucht) handelt. Ein rein semantisches P. ist z. T. geringer ausgeprägt ist als P. bei (zusätzlicher) assoziativer Beziehung zw. Prime und Target. Beim *mediierten P.* oder *indirekten P.* besteht die Beziehung zw. Prime und Target nur mittels mind. eines nicht präsentierten Bindegliedes (z. B. Löwe-Streifen über die Assoziation der beiden Begriffe zu Tiger). Die typische Aufgabe beim semantischen P. ist, das Target entweder auszusprechen oder eine lexikalische Entscheidung vorzunehmen (z. B. Ist das Target ein Wort oder kein Wort?). Beim semantischen P. ist die Antwort auf das Target auch im relatierten Fall nicht durch den Prime vorhersagbar.

Erklärungsansätze: (1) Frühe Modelle, *spreading activation models*: Es wird ein semantisches *Netzwerk* mit Knoten für einzelne Konzepte und Verbindungen zw. den Knoten angenommen. Die Präsentation eines Reizes führt zur Aktivierung des Knotens und die Aktivierung sprießt automatisch zu verbundenen Knoten weiter, wodurch diese bereits teilweise voraktiviert werden. Wenn nun ein so voraktiviertes Konzept als TR. erscheint, kann schneller darauf reagiert werden. (2) Akt. Theorien gehen davon aus, dass Konzepte in *verteilten Netzwerken* repräsentiert sind (also nicht aus einem einzigen Knoten bestehen) und bei der Präsentation eines Reizes die dazugehörige verteilte Repräsentation aktiviert wird. Ein Konzept kann schneller verarbeitet werden, wenn Teile der verteilten Repräsentation bereits voraktiviert sind, z. B. durch überlappende oder geteilte Eigenschaften von Prime und Target. Die Überführung der Prime- in die Targetrepräsentation kann bei relatierten Konzepten schneller erfolgen. (3) *Compound-Cue-Theorien* nehmen an, dass semantische P.-Effekte auf der Verarbeitung der kombinierten Prime-Target-Episode basieren, wobei bei relatierten Prime-Target-Paaren die Vertrautheit (*familiarity*) der Episode höher ist als bei unrelatierten Paaren, bei denen man zusätzliche Verarbeitungszeit benötigt. Auch bei semantischem P. treten unter best. Bedingungen (z. B. wiederholte *Maskierung* Prime = Kategoriebegriff, Target = Kategorievertreter) neg. P.effekte auf, die theoretisch z. B. durch *Center-Surround-Inhibitions-Modelle* oder den Ansatz der *retrospektiven Prime-Aufklärung* erklärt werden können.

Affektives P., Evaluatives P.: Ist im typischen Fall eine Variante des Response-P., bei der affektive (auch valente oder emot.) Reize eingesetzt werden und das Target nach seiner Valenz klassifiziert werden muss (= evaluative Entscheidungsaufgabe: Ist der Reiz pos. oder neg.?) (Fazio 2001). Im weniger typischen Fall muss das Target anderweitig kategorisiert (z. B. lebendig/nicht lebendig oder lexikalische Entscheidungsaufgabe) oder ausgesprochen werden (Variante des semantischen P.). Die Ergebnisse sind in diesem Fall jedoch nicht einheitlich, häufig werden Nulleffekte oder sogar auch neg. P.effekte gefunden. Affektives P. wird auch in der *Vorurteils*forschung und *Einstellungs*forschung eingesetzt. Bei der typ. Variante des affektiven P. wird angenommen, dass der Primingeffekt vorwiegend auf Antwortvoraktivierung im kongruenten Fall und Antwortkonflikt im inkongruenten Fall basiert. Bei der weniger typischen, an semantisches P. angelehnten Variante werden z. B. semantische Voraktivierung über die Valenz (Überlappung der Valenzanteile im kongruenten Fall), assoziative Voraktivierung, affektives Matching (automatischer Abgleich, ob Prime und Target spontan zus.passen) oder Stroop-ähnliche Verarbeitungsmechanismen als zentral angenommen. Auch beim affektiven P. treten unter best. Umständen neg. P.-Effekte auf, die z. B. durch den *evaluation window account* erklärt werden können. Affektives P. in dem beschriebenen Sinne ist zu unterscheiden von dem affektiven P. sensu Murphy und Zajonc, bei dem den Pbn zuerst kurz und meist subliminal ein valenter Reiz (z. B. ein ärgerliches Gesicht, *subliminale Reize*) und anschließend ein klar sichtbarer neutraler Reiz (z. B. chinesisches Schriftzeichen) gezeigt werden. Diesen neutralen Reiz sollen die Pbn nach seiner Valenz beurteilen. Hierbei zeigt sich häufig, dass der subliminale Prime die Beurteilung des supraliminalen Reizes beeinflusst, sodass neutrale Reize z. B. nach ärgerlichen/freundlichen Reizen auch eher als ärgerlich/freundlich beurteilt werden.

Weitere P.-Varianten: Bei *episodischem P.* werden die Assoziationen zw. Reizen oder die Bedeutungen von Reizen erst im Laufe des Experiments oder in einer vorgeschalteten Studierphase erworben. Bei *phonologischem, phonemischem* oder *Homophon-P.* ähneln sich Prime- und Targetreiz in ihrer Aussprache (z. B. Blume-Bluse, Volt-wollt oder Reimwörter), bei *orthografischem P.* ist die Schreibweise der PR. und TR. ähnlich (z. B. ebenfalls Blume-Bluse). Bei *Übersetzungs-P.* entstammen Prime- und Targetwörter aus unterschiedlichen Sprachen, die Beziehung kann phonologisch, orthografisch, affektiv, semantisch etc. sein. *Integratives P.* entsteht, wenn Prime und Target weder assoziiert, noch semantisch relatiert, noch ähnlich sind, jedoch leicht miteinander in eine gemeinsame Repräsentation integriert werden können (z. B. Pferd-Doktor). Bei *syntaktischem P.* sind die Satzstruktur von Prime und Target im relatierten Fall gleich, im unrelatierten Fall versch. In allen diesen Fällen werden typischerweise Aussprech-, Identifikations- oder lexikalische Entscheidungsaufgaben verwendet. *Prozedurales P.* bezieht sich auf kogn. Prozeduren oder Operationen, deren Anwendung schneller möglich ist, wenn vorher bereits die gleiche Operation auszuführen war als bei versch. nacheinander erforderten Operationen (vgl. *Aufgabenwechsel*).

Negative-P.: Hier handelt es sich um eine sequenzielle Abfolge zweier Displays (es gibt visuelle, auditive und taktile Varianten des *Negative-P.*), wobei im typischen Fall eine Reaktion auf das Prime- und das darauffolgende Probedisplay erfolgt (Tipper 2001). In beiden Displays werden typischerweise Zielreize, auf die reagiert werden muss, und Distraktorreize präsentiert (vgl. auch *Eriksen-Flanker-Aufgabe*). Meist muss die Identität der Zielreize (*identitätsbasiertes Negative-P.*) oder die Position/Lokation der Zielreize (*lokationsbasiertes Negative-P.*) entweder per Aussprache oder per Tastendruck angegeben werden. Es werden meist folg. Konstellationen realisiert: (1) *attended repetition* (AR, Beachtetes wiederholt), d. h., der Zielreiz im Primedisplay entspricht dem Zielreiz im Probedisplay, (2) *ignored repetition* (IR, Ignoriertes wiederholt), d. h., der Zielreiz im Probedisplay entspricht dem Distraktorreiz im Primedisplay, (3) *control* (C, Kontrolle), d. h., die Ziel- und Distraktorreize in Prime- und Probedisplay sind alle versch. Der *Negative-P.-Effekt* bezieht sich auf den Vergleich der Bedingungen IR und C. Im Ggs. zu der typischerweise schnelleren Bearbeitung von vorher bereits präsentierten Reizen ist beim *Negative-P.* nämlich die Reaktion in IR-Durchgängen langsamer als in C-Durchgängen, obwohl in IR-Durchgängen die Distraktorreize aus dem Primedisplay im Probedisplay (als Zielreiz) wiederholt werden (die schnellsten Reaktionen sind in AR-Durchgängen zu beobachten). *Erklärungsansätze*: (1) *Inhibitionsmodelle* gehen davon aus, dass die Distraktorreize aktiv inhibiert werden müssen. Um dann auf den im Primedisplay zu ignorierenden Reiz, der noch inhibiert ist, reagieren zu können, muss zunächst die Inhibition überwunden werden, was mehr Zeit in Anspruch nimmt als die Aktivierung von einer Baseline aus ohne vorherige/aktuelle Inhibition zu starten (was bei C-Durchgängen der Fall ist). (2) *Gedächtnistheorien* (z. B. *episodic retrieval*) gehen im Ggs. zu Inhibitionstheorien davon aus, dass *Negative-P.* durch Gedächtnisphänomene (nicht durch *Aufmerksamkeit*sprozesse,) zustande kommt. *Negative-P.* wird in erster Linie durch eine Interferenz von abgerufener Information (Prime-Information) und aktueller Information des Probedisplays erklärt. Bei jedem Display werden die im Display enthaltene Information über die Reize und die Reaktions- und Reagiere-nicht-Information auf die Reize in einer gemeinsamen Gedächtnisepisode gespeichert. Im nächsten Display wird, sobald ein Reiz einem vorher präsentierten Reiz entspricht, die damit vorher verbundene Reaktion (oder die Information, dass die Reaktion auf einen Reiz zu unterbinden ist = Reagiere nicht!) abgerufen. Sofern der Targetreiz des Probedisplays dem Distraktorreiz des Primedisplays entspricht, wird nun im Probe zuerst die Reagiere-nicht-Reaktion abgerufen. Erst nach Überwindung dieser Reaktion (und damit langsamer als auf einen neuen Reiz, zu dem weder Reaktions- noch Reagiere-nicht-Information gespeichert ist) kann auf das Target reagiert werden. Daneben werden noch weitere Theorien diskutiert, z. B. die Temporal-Discrimination-Theorie oder die Feature-Mismatching-Theorie. Es bestehen inzw. auch semantische und affektive Varianten des *Negative-P.* (= *Semantisches Negative-P.*, *Affektives Negative-P.* oder *Negative-Affective-P.* = NAP), bei denen nicht die gleichen Reize in Prime und Probe verwendet werden, sondern hier entstammen die Distraktor- und Zielreize der gleichen semantischen oder affektiven Kategorie (z. B. für einen IR-Durchgang im NAP: Liebe als Distraktor und Waffe als Zielreiz im Primedisplay, und Glück als Zielreiz im Probedisplay). C. Bermeitinger

Primordialtriebe [engl. *primordial drives*; lat. *primordium* erster Anfang]; *Primärtriebe*.

Prinzip [engl. *principle*; lat. *principium* Anfang, Ursprung], [**FSE, PHI**], die Grundlage, das Erste, von dem anderes abhängig ist oder abgeleitet wird (z. B. Kausalprinzip (*Kausalität*) als Ausgang aller Erkenntnis). Die meth. Erfahrungsgrundlage und Regel (z. B. Steigerungsprinzip bei der Testanwendung (*Test*)). Der leitende Gedanke bei einer Darstellung (Leitprinzip).

Prinzipal-Agent-Ansatz [engl. *principal-agent approach*; *principal* Leiter, Anführer, *agent* der Handelnde], *sozialer Austausch*, *Vertrauen*.

Prinzipalfarben [engl. *principal colours*; lat. *principium* Anfang, Urheber], [**WA**], die *Hauptfarben* Rot, Gelb, Grün, Blau. Ggs. *Übergangsfarben*.

Prinzip der beziehenden Analyse [engl. *contextual analysis*], [**KOG, PHI**] auch Prinzip der Relationen, nach *Wundt* ein eigenständiges Erkenntnisprinzip der Ps., das die Eigenart psych. Verbindungen in den Bewusstseinsvorgängen und in der geistig-kult. Entwicklung beschreibt. Es besagt: Jeder einzelne psych. Inhalt empfängt seine Bedeutung durch die Beziehungen, in denen er zu anderen psych. Inhalten steht. Das Vergleichen und Beziehen sei ein ursprünglicher psych. Vorgang, der auf nichts anderes rückführbar ist. Deshalb soll die psychol. Zerlegung der Bewusstseinsvorgänge in ihre Elemente immer zugleich deren Beziehungen erschließen. Der synthetischen, organisierenden Funktion steht eine analytische, differenzierende gegenüber, durch die aus einem vorhandenen Gebilde einzelne Bestandteile herausgehoben und zueinander in Beziehung gesetzt, d. h. ihre Bedeutung als Glieder des Ganzen bewusst gemacht, werden. Das Verständnis eines

Satzes resultiert aus versch. assoziativen und apperzeptiven Verbindungen von Vorstellungen, und jeder Satzteil steht wiederum in einem best. Verhältnis zu den anderen Satzteilen und zum Ganzen. Dieses *Kontextprinzip* ist ein Grundsatz der geisteswiss. *Hermeneutik* und allg. der *Interpretation*. J. Fahrenberg

Prinzip der Fremdheitsannahme *Fremdverstehen, Verfremdungshaltung.*

Prinzip der Heterogonie der Zwecke [engl. *heterogony of ends*; gr. ἕτερος (*heteros*) andere, verschieden, γόνος (*gonos*) Nachkommenschaft], **[EM, PHI]**, nach *Wundt* ein eigenständiges Erkenntnisprinzip der Ps. Handlungsfolgen reichen über den ursprünglich gesetzten Zweck hinaus und rufen neue *Motive* mit neuen Wirkungen hervor. Der gewollte Zweck führt immer Neben- und Folgewirkungen herbei, die selbst wieder zu Zwecken werden, d. h. einer immer mehr anwachsenden Organisation durch Selbstschöpfung. In den *Willenshandlungen* werden subj. Zweckvorstellungen verwirklicht und im Verlauf einer Zweckreihe können «aus den ungewollten Nebenerfolgen umso mehr neue Motive zuströmen, je umfassender die Reihe ist», denn die erfahrenen Diskrepanzen zu den Absichten bedingen weitere Handlungen. Dieses Prinzip sei zum Verständnis der Willensvorgänge und daher besonders auf dem Gebiet der *Ethik* wichtig. J. Fahrenberg

Prinzip der Kommunikation (= P.) [engl. *principle of communication*; *communicare* mitteilen, etw. gemeinsam machen], **[FSE, SOZ]**, aufgrund des Problems des *Fremdverstehens* und des Problems der *Indexikalität* menschlicher *Sprache* und *Kommunikation* beruht *Qualitative Sozialforschung* bzw. insbes. qual. Interviewforschung auf dem P. Dieses meint, dass qual. Sozialforschung ein vielschichtiger und interaktiver Prozess komplexer Kommunikationen darstellt, der reflektiert werden muss (Breuer 2009; Kruse 2009b). Denn die meisten qual. Erhebungsverfahren stellen komplexe kommunikative Erhebungsinstrumente dar (Helfferich 2009), d. h., via sprachlicher oder nicht sprachlicher Symbole kommunikativ konstruierte Wirklichkeit (*Sozialkonstruktivismus*) wird mit kommunikativen Instrumenten kommunikativ rekonstruiert – und genau diese Komplexität kommunikativer Konstruktion von forscherischer Wirklichkeit gilt es meth. zu kontrollieren. Damit gilt auch, dass der Analysegegenstand in der qual. Sozialforschung i. d. R. versprachlichte Wirklichkeit ist, was einen spezif. Analyseansatz erforderlich macht (z. B. *dokumentarische Methode*). J. Kruse

Prinzip der Nichtidentität [engl. *principle of non-identity*; lat. *idem* derselbe], *Semantik, allgemeine*.

Prinzip der Nichtvollständigkeit [engl. *principle of incompleteness*], *Semantik, allgemeine*.

Prinzip der Offenheit [engl. *principle of openness*], **[FSE]**, ist die paradigmatische Grundhaltung *qualitativer Sozialforschung* und beruht erkenntnistheoret.-methodologisch auf dem Problem des *Fremdverstehens* und dem Problem der *Indexikalität* menschlicher *Sprache* und *Kommunikation*. Es umfasst sowohl die Offenheit (= O.) gegenüber dem Forschungsgegenstand als auch die O. gegenüber der jew. Forschungsmethode, was sich auf die Datenerhebung (Helfferich 2009) und auch auf die Datenauswertung bezieht (Kruse 2009a). O. bedeutet damit zum einen, dass die Sozialforscher so lange und so weit wie möglich ihr eigenes theoretisches Hintergrundwissen «zurückhalten» (*Verfremdungshaltung*) bzw. nach dem Konzept der *reflektierten O.* (Breuer 2009) bzw. der *reflektierten Subjektivität* (Steinke 1999) reflexiv kontrollieren müssen, um nicht meth. unkontrolliert selektiv wahrzunehmen, sondern um so weit wie möglich offen zu bleiben für die subj. Relevanzsetzungen der untersuchten Personen: Sinn soll via qual. Sozial- bzw. Interviewforschung (*qualitative (Leitfaden-)Interviews*) so weit wie möglich rekonstruiert werden, und nicht i. R. der Datenerhebungs- bzw. Auswertungsprozesse den Forschungsgegenstand hineingelegt werden, was jedoch selbst wiederum ein erkenntnistheoretisches Problem darstellt. Zum anderen impliziert das P. auch, dass der Forschungsgegenstand die Wahl der konkreten Forschungsmethode bestimmt (Lamnek 2010). J. Kruse

Prinzip der Prozessualität (= P.) [engl. *principle of processuality*; lat. *procedere* voranschreiten], **[FSE, SOZ]**, allg. muss empirische Forschung als ein iterativ-zyklischer, d. h. spiralförmig-hermeneutischer Erkenntnisprozess gedacht werden, was bereist durch den amerikanischen *Pragmatismus* betont worden ist (Dewey 2004) und sich auch in der modernen Erkenntnistheorie einer Kybernetik zweiter Ordnung wiederfindet (Foerster 1993, Kruse 2013). Diese Tatsache erhebt das Paradigma der *qualitativen Sozialforschung* zum methodologischen Grundsatz eben bereits innerhalb eines Sozialforschungsprojektes und verfolgt damit nicht nur einen sequenziellen Erkenntnisfortschritt zw. einzelnen Projekten, wie dies in der standardisierten Sozialforschung im Grundsatz nur möglich ist. Hierin liegt auch ein zentraler Unterschied zw. diesen beiden Forschungsparadigmen und eine unabweisbare Stärke des qual. Paradigmas gegenüber den standardisierten Forschungsverfahren: Erkenntnis wird iterativ-zyklisch in der bewusst sukzessiven Auseinandersetzung mit den Daten entwickelt, wie dies bes. deutlich wird im Forschungsprogramm der *Grounded-Theory*-Methodologie (Breuer 2009). Hieraus folgt die Notwendigkeit, im Forschungsprozess immer wieder «nachzusteuern», den Erkenntnisprozess «nachzutrimmen» (Kruse 2013), um sich dem Forschungsgegenstand empirisch immer stärker annähern zu können. Und dies macht auch die Anpassung der Erhebungsinstrumente sowie des qual. Samples *qualitative Fallauswahl* in Forschungsprozess notwendig, sprich: Die prozessuale «Nachjustierung» der Erhebungsinstrumente und die sukzessive Entwicklung des Samples – in der Grounded-Theory-Methodologie als *theoretical sampling* bezeichnet – im Forschungsprozess ist keine Not, sondern die Tugend sowie der Beleg für die Güte und den Erfolg qual. Sozialforschens in Hinblick auf die Generierung neuer Erkenntnisse. J. Kruse

Prinzip der psychischen Kontraste [engl. *contrast effect*; lat. *contrastare* entgegenstehen], **[EM, KOG, PHI]**, auch Prinzip der Verstärkung der Gegensätze oder der Entwicklung in Gegensätzen, nach *Wundt* ein eigenständiges Erkenntnisprinzip der Ps. Es besteht eine allg. Tendenz, die subj. Welt nach *Gegensätzen* zu ordnen. Diese verstärkende Kontrastwirkung ist schon in der sinnlichen *Wahrnehmung*, in den räumlichen und zeitlichen Vorstellungen zu beobachten, außerdem im *Gefühlslebens*, das sich nach Gegensätzen wie Lust und Unlust ordnen lässt, und beim Übergang der Gefühle und Affekte in entgegengesetzte Gefühlslagen. Die Entwicklung in Gegensätzen sei besonders deutlich im geschichtlichen und sozialen Leben, solche Kontrastphänomene gebe es auch als Phasen der Literatur- und Kunstgeschichte oder in der Entwicklung philosophischer Weltanschauungen. *J. Fahrenberg*

Prinzip der Reflexivität (= P.) [engl. *principle of reflexivity*; lat. *re-* zurück, *flectere* beugen, richten], **[FSE, SOZ]**, ist eines der zentralen Grundprinzipien der qual. Interviewforschung (*qualitative (Leitfaden-)Interviews*), das zudem auf dem Problem des *Fremdverstehens* beruht und sich methodologisch auch aus dem *Sozialkonstruktivismus* ableiten lässt. Dieser besagt, dass es keine obj. Wirklichkeit gibt. Somit operieren auch Sozialforscher innerhalb ihrer Erkenntnisprozesse vor dem Hintergrund ihrer selektiven und subj. – bzw. spezif. gesellschaftlich konstruierten – Wirklichkeiten. Statt *Objektivität* als Ziel von Wissenschaft zu formulieren, rückt die Intersubjektivität von Erkenntnissen in den Mittelpunkt. Diese wird im Forschungsprozess jedoch nur durch eine Sensibilisierung (*sensitizing concepts*) auf die eigenen «Selbstauslegungen im Akt des Fremdverstehens» erreicht (*Verfremdungshaltung*). Diese notwendige Reflexivität des Erkenntnisprozesses wird auch als ein zentrales Merkmal der *Grounded-Theory*-Methodologie hervorgehoben (Breuer 2009): Während Forscher das Verstehen des Fremden anstreben, müssen Forscher das eigene Verstehen verstehen (Kruse 2013). Die Beforschung des eigenen Forschens ist demnach die Voraussetzung für den validen Erkenntnisgewinn; andernfalls bleiben die Ergebnisse tautologisch i. d. S., dass Wissen reproduziert und nicht «generiert» wird. Diese *reflektierte Subjektivität* (Steinke 1999) als Mittel der Erlangung von Intersubjektivität ist damit auch ein zentrales Güteprinzip. *J. Kruse*

Prinzip der schöpferischen Synthese [engl. *creative synthesis*; gr. σύνθεσις *(synthesis)* Verknüpfung, Zusammenfassung], **[PHI]**, auch *Prinzip der schöpferischen Resultanten*, nach *Wundt* ein eigenständiges Erkenntnisprinzip der Ps. Jede *Wahrnehmung* sei zerlegbar in elementare *Empfindungen*, aber sie sei niemals bloß die Summe dieser Empfindungen, sondern aus deren Verbindung entstehe ein Neues mit eigentümlichen Merkmalen, die in den Empfindungen nicht enthalten waren. Aus einer Menge von Lichteindrücken setzten wir die Vorstellung einer räumlichen *Gestalt* zus. Dieses Prinzip beherrsche alle geistigen Bildungen von der Sinneswahrnehmung bis zu den höchsten intellektuellen Vorgängen. In Anlehnung an die phil. Tradition von Gottfried Wilhelm Leibniz hat Wundt aus dieser Idee eine empirische und experimentalpsychol. Konzeption geschaffen (*Emergenzprinzip*). *Gestaltpsychologie*. *J. Fahrenberg*

Prinzip der Selbstreflexivität [engl. *principle of self-reflexivity*; lat. *re-* zurück, *flectere* beugen, richten], *Semantik, allgemeine*.

Priorisierung (= P.) [engl. *priorization*; lat. *prior* der vordere], **[GES]**, prägend für die Diskussion zur P. in der med. Versorgung war eine im Jahr 2000 von der Zentralen *Ethik*kommission bei der Bundesärztekammer veröffentlichte Stellungnahme, in der P. als die ausdrückliche Feststellung einer Vorrangigkeit best. Indikationen, Pat. gruppen oder Verfahren vor anderen definiert wurde. Sie beinhalte im Normalfall die Feststellung einer mehrstufigen Rangreihe, an deren oberen Ende das stehe, was nach Datenlage und öffentlichem Konsens höchste Priorität habe, gleichzeitig an ihrem unteren Ende umstrittene oder nutzlose *Interventionen* oder geringfügige Gesundheitsstörungen. P. stellt damit ein eigenständiges, eigenwertiges Reflektionsprogramm dar. Sie ist somit prinzipiell unabhängig von der Diskussion um das Vorenthalten nützlicher bzw. notwendiger med. Leistungen («Rationierung»), auch wenn sie in politisch geprägten Diskussionen P. häufig syn. mit dem Begriff *Rationierung* verwendet wird. P. sollte Rationierung vorausgehen. Die nordischen Länder (Norwegen, Schweden, Finnland, Dänemark) sind ebenso wie der US-Bundesstaat Oregon oder auch die Niederlande Vorreiter in der P.diskussion. In Dt. hat der ehemalige Präsident der Bundesärztekammer und Vorsitzende des Bundesärztetages, Prof. Dr. med. Jörg-Dietrich Hoppe, auf dem Ärztetag 2009 in Mainz sowie den zwei nachfolgenden Ärztetagen die P.diskussion innerhalb der Ärzteschaft vorangetrieben, insbes. mit der Forderung der Einrichtung eines multidisziplinär besetzten Gesundheitsrates zur Festlegung von Prioritäten. Die Politik reagiert weitestgehend abweisend auf die P.diskussion. Erste Untersuchungen zur Vorstellungen von Pat. sowie Bürgern («Lübecker Bürgerkonferenz 2010») verweisen auf die gesellschaftliche Bedeutung der P.diskussion. Meyer & Raspe 2012. *T. Thomsen*

Prismenbrille [engl. *prism glasses*], **[WA]**, in der Ps. v. a. in *Störungsexperimenten* verwendet zur Umkehr oder Verschiebung des *Netzhautbildes*.

prisoner-dilemma-game *Gefangenendilemma-Spiel*.

Privatheit (= P.) [engl. *privacy*; lat. *privatus* gesondert, persönlich], **[DIA, PER]**, im Zusammenhang mit dem *Datenschutz* und mit der Persönlichkeitsdiagnostik ist P. ein Problem der Ps. und der *Ökologie* geworden. Kruse (1980) grenzt *privat* von *öffentlich* allgemein ab und bezeichnet es als das Individuelle, Intime und Vertrauliche. Dazu kommt der Aspekt der Grenzziehung und -regelung sowie der der Bewertung (Evaluation) von privaten Situationen und Verhaltensweisen. *Grenzkontrolle, Grenzregulation, Diagnostik, gesellschaftliche und rechtliche Rahmenbedingungen*. *R. Bergius*

Privatsprache (= P.) [lat. *private language*; lat. *privatus* gesondert, persönlich], **[EW, KOG, SOZ]**, in der *Sprachphilosophie* wird unterschieden zw. privaten (d. h., nicht der *Sprache* der Sprachgemeinschaft angehörenden, für eigenen Gebrauch geschaffenen) Ausdrücken und Ausdrücken für Privates, für innere Erlebnisse eines Subjekts (Kutschera 1971). In der Ps. werden mit P. auch sprachliche Ausdrücke und Verständigungsweisen bezeichnet, die in best. Kleingruppen (Familie, Zwillings- u. a. Paaren) ausgebildet und nur innerhalb ihrer verwendet und verstanden werden (*Idiolekt*, *Sprachentwicklung*). Die gelegentlich von Zwillingen im Kleinkindalter zur Verständigung untereinander entwickelten, für Eltern und ältere Geschwister zunächst unverständlichen, aber doch regelmäßig verwendeten Lautfolgen verzögern häufig die Sprachentwicklung. [KLI], P. auch Syn. für die schizophrene *Glossolalie*. Wittgenstein 1953, 1958, Zivin 1979.

proaktive Hemmung [engl. *proactive inhibition*; lat *pro* vor, *activus* tätig], vorwirkende Hemmung. *retroaktive (rückwirkende), proaktive (vorwirkende) Hemmung*.

Probabilismus [engl. *probabilism*; lat. *probabilis* billigenswert, wahrscheinlich], [**FSE, KOG, PHI**], Lehre, wonach die auf Grund von *Beobachtung* und logischen Schlüssen (*Schließen, logisches*) getroffenen Voraussagen über Ereignisse und Ereignisfolgen einen best. Grad von *Wahrscheinlichkeit* besitzen. Im Grenzfall geht die Wahrscheinlichkeit in völlige Gewissheit über, nämlich im Fall vollst. *Kenntnisse* aller für das vorausgesagte Ereignis erheblichen Bedingungen. *Statistik*.

probabilistische Hypothese [engl. *probabilistic hypothesis*; lat. *probabilis* billigenswert, wahrscheinlich], [**PHI, WA**], probabilistischer *Funktionalismus*, Bez. für den theoretischen und methodologischen Ansatz von E. Brunswik (1956). Danach sind die *Hinweisreize*, die vom Gegenstand (*distales Objekt*) auf den *Organismus* wirken, mehrdeutig, nur probabilistisch auswertbar für die *Wahrnehmung* von Dingen. In gleicher Weise ist der Zusammenhang zw. Verhaltensäußerung und angestrebtem Verhaltensziel nicht eindeutig. Brunswik versucht dies in einem doppelten Linsenmodell zu veranschaulichen (*Linsenanalogie*). Der probabilistische Funktionalismus bezieht sich auf die funktionale, prozesshafte Relation zw. Organismus und Umwelt, nicht auf das in der Wahrnehmung gegebene Perzept, Ding.   *P. Day*

Proband [engl. *proband*; lat. *probare* untersuchen], *Versuchsperson*.

Probehandeln, [**KLI**], auf Freud (*Psychoanalyse*) zurückgehender Begriff, mit dem auf die Möglichkeit des Menschen hingewiesen werden soll, versch. alternative Handlungsschritte in rein gedanklicher Antizipation, somit reversibel, auf ihre Konsequenzen hin zu erproben. Freud 1945.

Probetechnik (= P.) [engl. *testing technique*], [**KOG**], Reproduktionsverfahren (*Gedächtnismethoden*) in der Prüfphase eines Reihenlernversuchs (*Lernen, serielles*), bei dem die Reproduktion von nur einem Reihenglied verlangt wird, das durch einen Hinweisreiz bezeichnet ist, dessen Position angegeben wird, oder das vor oder nach einem anderen geboten worden war. Die P. eignet sich zur Untersuchung des Kurzzeitgedächtnisses (Gedächtnisspanne) und kann auch mit dem *Paar-Assoziationen-Lernen* verbunden werden.   *R. Bergius*

Problem [engl. *problem*], [**KOG**], eine Art der Denkanforderung, die im Unterschied zu den Aufgaben i. e. S. durch drei Komponenten gekennzeichnet sein soll: (1) unerwünschter Anfangszustand, (2) erwünschter Endzustand, (3) Barriere, die die Transformation von (1) in (2) zunächst verhindert. Aufgaben sind von Problemen als geistige Anforderungen dadurch abgegrenzt, dass für ihre Bewältigung Methoden bekannt sind. *Problemlösen*. Dörner 1976.

Problemanalyse (= P.) [engl. *problem analysis*; gr. ἀνάλυσις *(analysis)* Auflösung], [**KLI**], dient in der Psychoth. dem Herausarbeiten eines expliziten Problemverständnisses als Basis für *Fallkonzeption* und Therapieplanung. Eine der verbreitetsten Formen ist die *funktionale Verhaltensanalyse* der Verhaltenstherapie, in der auf lerntheoretischer Basis Auslöser, Verhalten und Konsequenzen nach den Prinzipien der klassischen und instrumentellen *Konditionierung* miteinander in Verbindung gebracht werden. In P. der *kognitiven Verhaltenstherapie* spielen kogn. Elemente naturgemäß eine größere Rolle. So wird in der *ABC-Analyse* nach Ellis mit den (B)ewertungen erklärt, wie aus dem (A)uslösenden Ereignis eine (C)onsequenz in Gefühlen oder Verhalten entstehen kann. Auf dem Boden der *Handlungstheorie* wurden auch hierarchische Analysen der *Pläne* (Strategien) v. a. im zw. menschlichen Bereich entwickelt. Systemische P. (*Systemische Therapie*) konzentrieren sich auf problematische Abläufe im Familiensystem, psychodynamische P. (*Psychodynamik*) auf typ. Konfliktmuster. Aufgrund der Bedeutung nicht nur der Probleme, sondern auch der Stärken und Möglichkeiten von Pat. wird verstärkt auch auf *Ressourcen* (*Ressourcenorientierung*) geachtet bzw. der Begriff P. überhaupt abgelehnt. Caspar 2007.   *F. Caspar*

Probleme, einfache (= e. P.) [engl. *simple problems*], [**KOG**], die Bez. e. P. wird verwendet, um diese von komplexen Problemen (*Problemlösen*) abzugrenzen. Der Bezeichner *einfach* bezieht sich nicht auf die Problemschwierigkeit (Lösungsrate). Die Problemschwierigkeit kann zw. sehr leicht und sehr schwierig (z. B. Neun-Punkte-Problem) variieren.

E.P. werden vorwiegend verwendet, um die Annahmen der *Problemraumtheorie* (Newell & Simon 1972; informationstheoretischer Ansatz) zu überprüfen. Sie zeichnen sich dadurch aus, dass sie über einen wohl definierten *Problemraum* verfügen, der durch den Ausgangszustand (das Problem), einen eindeutigen Zielzustand (die Lösung) und eine Anzahl von Zwischenzuständen bestimmt wird. Dabei bestimmen vorgegebene Operatoren (Regeln), wie zw. den gegebenen Zuständen navigiert werden kann. Dadurch ist es bei e. P. möglich, genau zu bestimmen, wie die kürzeste und effektivste Lösungssequenz gestaltet ist. Die Anzahl der Züge kann zw. einem (z. B. Streichholzarithmetik) und mehreren Zügen (z. B. *Turm von Hanoi*) variieren. E. P. erlauben es, die Strategien von Problemlösern (hill-climbing; *Hobbits-und-Orks-Problem*), Zuganalysen, typische Fehler, Lösungszeiten und die Problemschwierigkeit genau zu bestimmen (Öllinger & Knoblich 2006). E. P. zeichnen sich ferner dadurch aus, dass i. d. R. nur eine eingeschränkte Menge an Vorwissen notwendig ist, um das Problem zu bearbeiten.

Der *Turm von Hanoi* ist eines der bekanntesten e. P. Die Aufgabe besteht darin, z. B. drei Scheiben unterschiedlicher Größe von einem Ausgangsstab (Ausgangszustand) auf einen Zielstab zu bewegen, dabei muss ein Hilfsstab verwendet werden. Einschränkend darf immer nur eine Scheibe pro Zug bewegt werden, und es ist nicht erlaubt, dass größere Scheiben auf kleineren Scheiben zu liegen kommen. Mit diesen Angaben lässt sich leicht der Problemraum der möglichen Zustände konstruieren und der kürzeste Pfad zw. Ausgangszustand und Zielzustand ermitteln. Bei drei Scheiben ergeben sich 27 Zustände und die optimale Zugzahl für die Lösung beträgt sieben Züge. Weitere bekannte e. P. sind das *Hobbits-und-Orks-Problem*, *Probleme, kryptarithmetische*, Wasserumschüttaufgaben und Streichholzaufgaben. Die Problemraumtheorie ging davon aus, das e. P. generell zu formalisieren sind und auch von Computern algorithmisch gelöst werden können. Jedoch zeigte sich, dass dies für eine Klasse von e. P. nicht gilt: Es handelt sich dabei um sog. Einsichtsprobleme (*Einsicht*), die sehr oft durch einen eher kleinen Problemraum und eine kleine Zugzahl charakterisiert sind (z. B. Neun-Punkte-Problem), sich aber häufig als sehr schwierig erweisen, da deren Lösung i. d. R. eine Veränderung der Problemrepräsentation erfordert (Umstrukturierung). *M. Öllinger*

Probleme, kryptarithmetische (= k. P.) [engl. *cryptarithmetic problems*; gr. κρύπτειν *(kryptein)* verstecken, ἀριθμός *(arithmos)* Zahl], **[KOG]**, zählen zur Klasse math. Probleme. Es werden Gleichungen vorgegeben, die aus Wörtern oder anderen Symbolen bestehen, z. B. SEND + MORE = MONEY. Die Aufgabe besteht darin, zu den Buchstaben korrespondierende Zahlen zu finden, die eine korrekte arithmetische Aussageform ergeben. Obige Gleichung lässt sich eindeutig durch 9567 + 1085 = 10652 lösen. K. P. zählen zu der Klasse der einfachen Probleme (*Problemlösen*). Der *Problemraum* ist eindeutig. Die Problemschwierigkeit kann über die Anzahl der verwendeten Buchstaben und der schon vorgegebenen richtigen Zahlen variiert werden (z. B. E = 5 für obiges Problem). Mit k. P. wurde in den Anfängen der kogn. Ps. mithilfe von *lautem Denken* versucht, Aufschluss über interne Denkprozesse (*Denken*) zu gewinnen. Öllinger & Knoblich 2006, Lindsay & Norman 1981. *M. Öllinger*

Problemkäfig *Skinner'scher Kasten*.

Problemkasten [engl. *problem box*], **[KOG]**, Bez. für Tests (Apparate), die eine Auftragserledigung an einem Kasten (oder auch Brett) erfordern, der mit Riegeln, Schienen, Klappen, Zeigern usw. bestückt ist. Die einzelnen Lösungsschritte greifen ineinander, sodass nur systematisch vorgegangen werden kann. *Problemlösen*.

Problemkomplexität (= P.) [engl. *problem complexity*; lat. *con-* zusammen, gr. πλέκειν *(plekein)* flechten], **[KOG]**, Dörner et al. (1983) nennen als Maße für die P. die Anzahl der beteiligten Variablen, die Vernetztheit der Variablen und deren Transparenz, die Eigendynamik des Systems und die Präzision der Zieldefinition. *Problemlösen*.

Problemlösen (= P.) [engl. *problem solving*], **[KOG]**, bezeichnet den Übergang von einem Ausgangszustand zu einem gewünschten Zielzustand (*Ziele*), wobei zw. beiden eine *Barriere* liegt, die verhindert, dass das Ziel direkt erreichbar ist. P. ist erforderlich, um Denksportaufgaben (*Denken*) zu bearbeiten, Schach zu spielen, Physikaufgaben zu lösen, aber auch bei der Erstellung einer neuen Software oder dem architektonischen Entwurf eines Gebäudes. Ziel ist stets, einen Übergang vom Ausgangszustand zum Ziel zu finden – die Lösung. Allerdings können sowohl Ausgangs- und Zielzustand sowie die Barriere als auch die möglichen *Operatoren* unklar, unbekannt oder unterspezifiziert sein. P. wird an *einfachen Problemen* und an komplexen Problemen mit unterschiedlichen Forschungsansätzen und Methoden untersucht. Bei einfachen, gut definierten Problemen (Denksportaufgaben) sind Ausgangs- und Zielzustand von Anfang an bekannt, nicht aber die erforderliche Abfolge der Lösungsschritte. Bei nicht gut definierten Problemen, etwa im Architekturbereich, ist bspw. auch die Entwicklung des Ziels Teil des P. Klassischerweise hat die Problemlöseforschung mit einfachen Problemen begonnen, da diese über klare Ausgangs- und Zielzustände verfügen, zw. denen mit Hilfe von Operatoren navigiert wird. *Heuristiken* spielen bei der Navigation eine herausragende Rolle. Generell ist man daran interessiert, ob sich best. Muster, Lösungsraten, und -zeiten bei den Vpn zeigen. P. wird sowohl am Menschen als auch bei Tieren untersucht. Oftmals besteht das Ziel darin, Unterschiede, aber auch Ähnlichkeiten zw. den Arten aufzufinden und so die Ursprünge des menschlichen Problemlöseverhaltens zu ergründen.

Die *Gestaltpsychologie* verstand P. als die Umstrukturierung einer gegebenen schlechten in eine gute *Gestalt*. Newell und Simon (1972) waren entscheidend am Verständnis von P. als *Informationsverarbeitung* beteiligt. Zentrale theoretische Konzepte sind hier der *Problemraum* und die Suche in diesem Raum. Illustrieren lässt sich dieser Ansatz am Bsp. von Streichholzaufgaben, bei denen eine Ausgangsform durch Umlegen von einzelnen Hölzern in eine Zielform überführt werden soll. Jede Bewegung eines Streichholzes lässt sich als Zug in einem Graphen darstellen. Alle möglichen Züge bilden den Problemraum; die Bewegung in ihm ist die Suche nach der Lösung. Mit diesem informationstheoretischen Ansatz (*Informationstheorie*) wurde es auch möglich P. auf Rechnern zu simulieren. Dies eröffnete eine Verbindung der Ps. des P. mit der Künstlichen Intelligenz (*Künstliche Intelligenz*). Allerdings hat sich auch gezeigt, dass sich Probleme, die Umstrukturierung erfordern (*Einsicht*), nicht ohne Weiteres formalisieren lassen. Eine Reihe von neurophysiol. Studien zeigen, dass die am P. beteiligten Hirnregionen (*Gehirn*) stark von der verwendeten Aufgabe abhängig sind, wobei dem präfrontalen Kortex eine zentrale Rolle zukommt. Einen wichtigen Beitrag zum P. liefern exekutive Funktionen (*exekutive Funktionen*) und *Arbeitsgedächtnis*, die die Manipulation und Aufrechterhaltung von Information ermöglichen.

[KLI], in der Klin. Ps. spielt die Vermittlung von Problemlösekompetenzen bei psych. Störungen eine wichtige Rolle. Pat. sollen i. R. eines Problemlösetrainings lernen, Ist- und Sollzustand zu def. und folglich ableiten, welche Fertigkeiten (*Fertigkeit*) und Ressourcen (*Ressource*) schon vorhanden oder noch notwendig sind, um den Übergang vom Problem zur Lösung zu erreichen. Knoblich & Öllinger 2008, Opwis et al. 2006, Kluwe 1990. *M. Öllinger/H. Spada*

Problemlösen, interaktives [engl. *interactive problem solving*; lat. *inter* zwischen, *agere* handeln], **[SOZ]**, ist ein inoffizieller Ansatz, bei dem ein Team von Sozialwissenschaftlern Vertreter der Konfliktparteien in kleinen Gruppen motiviert, die Konflikte (*Konflikt, sozialer*) in offener Kommunikation zu diagnostizieren und – geleitet durch ein Problemlösekonzept – Lösungsvorschläge zu machen. Dabei werden auch die subj. Elemente des Konfliktes thematisiert, z. B. Wahrnehmungen, Einstellungen, Gefühle, Interaktionen und Bedürfnisse. Die Mitglieder der Konfliktparteien sind nicht offizielle Regierungsvertreter, sondern Bürger mit hohem Ansehen aus den Bereichen Medien, Kultur, Politik, Kirchen oder Wirtschaft; diese sollen Einfluss nehmen auf Regierung und öffentliche Meinung, um dadurch offizielle Verhandlungen zu fördern. Ps. wichtige Prozesse bestehen darin, dass die Konfliktparteien ihr jew. Feind- und Selbstbild korrigieren (*Selbstwahrnehmung, Fremdbild*), *Empathie* für die andere Seite entwickeln, gleichzeitig aber ihre Identität mit der eigenen Gesellschaft nicht verlieren. d'Estrée 2012. *G. Sommer*

Problemlösungslernen (= P.) [engl. *learning to solve problems, problem-based learning*], **[KOG]**, Wirkungen der Erfahrungen beim Lösen von Problemen (*Problem*); das *Problemlösen* wird als Methode gelernt. P. beruht darauf, dass *Einsicht* in die Struktur des Problems, die durch Bsp. oder Regeln vermittelt wird, sich günstiger auf den *Transfer* für das Lösen ähnlicher Probleme auswirkt als mechanisches Assoziieren (Bergius 1964a). Dabei stellt der Problemraum den gedachten Bereich (die interne *Repräsentation*) des Problems inkl. seiner Zustände, Situationen und Objekte dar (s. a. *Schema*). P. kann zur *Schlüsselqualifikation* führen, die die *Instruktionspsychologie* vor dem Hintergrund versch. Ansätze zu fördern sucht (Ewert & Thomas 1996, *Lernförderung, Kompetenzentwicklung*). *Lernen, problemorientiertes*. Dörner 1974, Walcher 1978.

Problemraum (= P.) [engl. *problem space*], **[KOG]**, ein P. ist allg. durch den Anfangszustand, den Zielzustand (*Ziele*), alle prinzipiell möglichen Zwischenzustände, die ein Problemlöser im Problemlöseprozess (*Problemlösen*) erreichen kann, und Operatoren (*Operator*), die den Übergang zw. den versch. Zuständen (Instanzen) ermöglichen, gekennzeichnet (Rollett 2008). Der Begriff P. wurde von Newell und Simon (1972) eingeführt, um die subj. *Repräsentation* einer Problemaufgabe und den Problemlöseprozess abzubilden. Der Aufbau der subj. Repräsentation erfolgt in einem Verstehensprozess, das Problemlösen selbst wird als Suche im P. beschrieben. Der Problemlöseprozess ist beendet, wenn ein abschließender Test zeigt, dass der Zielzustand erreicht wurde. Simon und Lea (1974) erweiterten den Ansatz in ihrem Zwei-Räume-Modell, um die Entwicklung neuer Problemlöseregeln (*rule induction*) i. R. des Problemlöseprozesses zu beschreiben. Der *Instanzenraum* (*instance space*) stellt dabei Zustände des Problems dar, der *Regelraum* (*rule space*) enthält die für die Konstruktion der Regeln notwendigen Prozeduren. Klahr und Dunbar (1988) entwickelten ein spez. Zwei-Räume-Modell zur Modellierung wiss. Entdeckungen (*scientific discovery as dual search*). In diesem unterscheiden sie einen *Hypothesenraum* (*hypothesis space*), in dem Prüfhypothesen generiert werden, und einen *Experimentierraum* (*experiment space*), in dem die Entwicklung von möglichen empirischen Umsetzungen erfolgt. Vollmeyer und Burns (1999) entwarfen ein Drei-Räume-Modell des Problemlösens. Neben einem *Instanzenraum* und einem *Regelraum* wird ein eigener *Modellraum* angenommen, in dem die sich bei der Problembearbeitung im Zuge eines Verstehensprozesses entwickelnden Modellannahmen des Problemlösers repräsentiert sind. Ursprünglich wurde angenommen, dass die Schwierigkeit oder Komplexität eines Problems (*Probleme, einfache*) eine Funktion des Umfangs des P. ist. Allerdings gibt es durchaus schwer lösbare Probleme mit einem relativ kleinen P. und Aspekte von Problemen, die den P. ausweiten, aber ihre Schwierigkeit oder Komplexität nicht unbedingt erhöhen. Dies ist z. B. der Fall, wenn Instanzen bzw. Operatoren vom Problemlöser nicht aufgesucht bzw. genutzt werden (Quesada et al. 2005). Komplexe Probleme i. S. von Dörner et al. (1983) erweitern den P. aber um zusätzliche Facetten, die mit für diesen Problemtyp charakteristischen Eigenschaften wie Intransparenz, Dynamik oder Mehrzieligkeit zus.hängen (Funke 2010). *W. Rollett*

Problemrepräsentation [engl. *problem representation*; lat. *repräsentare* vergegenwärtigen], *Probleme, einfache*, *Problemraum*.

Problemschwierigkeit [engl. *problem difficulty*], **[KOG]**, (denkps.) wird bestimmt durch Problemmerkmale (Umfang, *Problemkomplexität*, Barrieretyp) und Personmerkmale (Faktenwissen, Operationswissen). *Problemlösen*.

Problemtrinken [engl. *problem(atic) drinking*]; *Alkoholismus*.

Problemzentriertes Interview (PZI), **[FSE, SOZ]**, ist insbes. von Andreas Witzel (2000) entwickelt worden und zielt mit seinem Forschungsinteresse auf unterschiedliche soziale Problemstellungen, die aus der Sicht der Befragten dargestellt und erörtert werden sollen. Somit basiert das PZI, anders als z. B. das *narrative Interview*, nicht auf einem rein textorientierten Sinnverstehen, sondern auf einem problemorientierten Sinnverstehen (Helfferich 2009), innerhalb dessen der Interviewende eigenes, oftmals theoretisches Vorwissen in deduktiver Weise nutzt und u. U. die Befragten damit auch im Interview konfrontiert. Das PZI wird leitfadengestützt (*qualitative (Leitfaden-)Interviews*) geführt. Dieser Leitfaden enthält Fragen, die auf jenes theoretische und problemorientierte Vorwissen rekurrieren. Das PZI weist damit oftmals eine phasenweise sehr dialogische Form auf. Mit dem PZI positioniert sich Witzel explizit in einer «dialektischen» Art und Weise auf dem Kontinuum von einem induktiven versus einem deduktiven Ansatz. In Hinblick auf das *Prinzip der Offenheit* innerhalb der *qualitativen Sozialforschung* kann sich somit das PZI als eine nicht unproblematische Kommunikationsstrategie in der Datengenerierungssituation erweisen, je nachdem, wie die Ausgestaltung des Induktiv-Deduktiv-Wechselspiels gewichtet wird (*Forschungsprozess*). In der Forschungspraxis zeigt sich dabei auch, dass das Kommunikationsmuster des PZI oftmals stark dem von Beratungskommunikation ähnelt, womit sich aber eine wiederum nicht unproblematische Vermischungen der Gesprächsführungsgattungen *Interview* und *Beratungskommunikation* ergeben kann (Helfferich 2009). *J. Kruse*

processed set (= PS.) [engl.] verarbeitetes Set, [**EM, KOG, WIR**], das PS. beinhaltet alle Produkt- bzw. Markenalternativen, die der Konsument i. R. seiner *Präferenzbildung* einer ernsthaften Bewertung anhand indiv. Kriterien unterzieht (unabhängig davon, ob diese Bewertung pos., neg. oder neutral ausfällt). Das PS. bildet zus. mit dem *foggy set* (Alternativen, die der Konsument zwar kennt, die ihm aber nicht ausreichend vertraut sind, um sie zu bewerten) das *awareness set*, das alle dem Konsumenten bekannten Alternativen enthält. *Entscheiden, Entscheidungstheorie, Kaufentscheidungen, Modelle, Kaufentscheidungen, Rationalität von*. Laroche et al. 1983, Foscht & Swoboda 2011. *N. Koschate-Fischer/C. Wolframm*

processes of change [engl.] Veränderungsprozess; *Transtheoretisches Modell*.

Prodonation [engl. *prodonation*; lat. *pro* für, *donatio* Schenkung], Ggs. *Antidonation*, [**GES**], pos. Einstellung zur Organspende. *Organspendebereitschaft*.

Prodrom, Prodromalstadium [engl. *prodrome, prodromal stage*; gr. πρόδρομος *(pródromos)* Vorläufer], [**KLI**], Vorläuferstadium, das den eigentlichen Krankheitserscheinungen vorausgeht.

Prodrug (= P.), [**PHA**], manche Arzneimittel erfahren eine Bioaktivierung durch die Umwandlung von einer sog. P. zu einer wirkaktiven Substanz. So wird z. B. das *Opioid*-Analgetikum Tramadol ausschließlich über das Cytochrom Isoenzym CYP2D6 zum analgetisch aktiven O-Desmethyl-Tramadol abgebaut. Als P. bez. man entspr. einen inaktiven oder wenig aktiven pharmakol. Stoff, der erst durch Verstoffwechselung im Organismus in einen aktiven Wirkstoff überführt wird. *M. Paulzen*

Product-Placement (= P.) [engl.] Produktplatzierung, [**WIR**], ist die gezielte Platzierung von Markenprodukten in versch. Medien (*Massenmedien*) z. B. in Form einer Requisite. Ziel von P. ist es, dass ein best. Produkt pos. im *Bewusstsein* des Rezipienten repräsentiert wird (*Repräsentation*) und dass durch einen Wiedererkennungseffekt die Nachfrage nach einem best. Produkt oder einer Dienstleistung gesteigert wird. Dies soll dadurch erreicht werden, dass das Produkt (bzw. seiner Bewerbung) in einem emot. Kontext (*Emotionen*) erscheint und mit diesem verbunden wahrgenommen wird. Das Produkt (bzw. der Name des Produktes, seine Verpackung oder ein Firmenlogo) muss für den Betrachter erkennbar sein und in die Handlung z. B. des Films eingebunden sein (so kann z. B. ein Darsteller das Produkt i. R. der Filmhandlung verwenden). P. ist dann erlaubt, wenn Unternehmen ihre Produkte für Medienproduktionen unentgeltlich zur Verfügung stellen (wenn die Protagonisten z. B. ein best. Autos fahren). Selbst dann ist jedoch auf das P. hinzuweisen (z. B. zu Beginn und zum Ende einer Sendung sowie nach Werbeunterbrechungen). Nicht erlaubt ist P. hingegen, wenn das Produkt für die erzählte Handlung nicht notwendig ist und sozusagen «zusätzlich» platziert wurde. Pießkalla & Leitgeb 2005. *A. Mattenklott*

Produktinnovationen (= P. i.) [engl. *product innovations*; lat. *innovare* erneuern], [**WIR**], P. i. sind eine wichtige Wachstumsstrategie (*Marketing, Markenmanagement*) und bedeuten die Aufnahme neuartiger oder geänderter Produkte (= P.), um den sich verändernden *Bedürfnissen* aufseiten der Konsumenten gerecht zu werden. P. i. können dabei sowohl in Form von Markti. oder -neuheiten (grundsätzlich neue P. und Vorgehensweisen) als auch in Form von Unternehmensi. bzw. -neuheiten (P., die sich von bereits am Markt vorhandenen P. durch Modifizierung und/oder Verbesserung unterscheiden) auftreten. Zusätzlich zu technologischen I. können auch weitere Aspekte (neuartiges Design, geänderte Ausstattungsvarianten, neuartige Angebotspakete oder P.platzierungen) zur Gruppe der P. i. gezählt werden, sofern diese bei den Konsumenten zu neuartigen *Wahrnehmungen* und *Empfindungen* führen. Ob P. i. erfolgreich sind oder nicht, hängt von versch. Bedingungen ab. Das neue P. sollte dem alten in mind. einer Eigenschaft überlegen sein. Diese Eigenschaft sollte dazu führen, dass das P. für den Konsumenten einen deutlich höheren Nutzen hat (*Kosten-Nutzen-Kalkulation*). Zudem muss dem Konsumenten entspr. kommuniziert werden, dass die neue, bessere Eigenschaft zu gesteigertem Nutzen führt. Zuletzt gilt es, erfolgreiche P. i. gegen Konkurrenzp. abzusichern, damit das Innovationsp. bzw. die Marke möglichst (wettbewerbs-)stark ist. Lachmann & Trommsdorff 2007. *A. Florack*

Produktinvolvement (=P.) [engl. *product involvement*], [**WIR**], beschreibt die affektive und kogn. Bedeutung eines Produktes für eine Person. P. ist eine spezif. Art von generellem *Involvement*.

Produktionsprinzip der Identifikation [engl. *production principle of identification*], *Nachahmung, Imitation*.

Produktionssystem [engl. *productional system*], *HAM-Modell, adrenocorticotropes Hormon*.

Produktionstheorie [engl. *theory of production/objects*; lat. *producere* hervorbringen], *Meinong, Alexius Freiherr v. H., Österreichische Schule, Grazer Schule*.

produktives Denken [engl. *productive thinking*; lat. *producere* hervorbringen], [**KOG, PÄD**], syn. *schöpferisches Denken*, ein *Denken*, das – v. a. durch Synthese von Erfahrung und Fantasie – zu neuartigen Ergebnissen (z. B. im *Problemlösen*) kommt. *Kreativität*.

Produktivität (= P.) [engl. *productivity*], [**AO**], beschreibt allg. die Summe produktiver Maßnahmen und Verhaltensweisen, während unter *Kontraproduktivität* (= K.) [engl. *counterproductivity*], die Summe beabsichtigt schädigender Maßnahmen und Verhaltensweisen verstanden wird (Kirchler & Pitters 2014). Die spezif. Bedeutung von P. und K. ergibt sich je nach Disziplin (z. B. Ökologie, Volkswirtschaftslehre, Ps.). In der Ps. kann P. als die Verwirklichung der eigenen Möglichkeiten unter Einsatz der eigenen *Fähigkeiten* und K. als die Schädigung bzw. Zerstörung der eigenen Fähigkeiten und Möglichkeiten definiert werden. Sowohl P. als auch K. können auf der Ebene des Individualsystems (z. B. *Individuum* selbst), des Mikrosystems (z. B. 2 Individuen), des Mesosystems (z. B. Organisation) und des Makrosystems (z. B. Gesellschaft) auftreten. Während Bsp. für P. gesunde Ernährung (Individualebene), Informationsaustausch (Mikroebene), Pünktlichkeit (Mesoebene) und Mülltrennung (Makroebene) sind, kann sich K. in Missbrauch von Genussmitteln (Individualebene), Verleumdung (Mikroebene), Sabotage (Mesoebene) und *Steuerhinterziehung, Vandalismus* sowie jeglichem umweltschädigenden Verhalten (Makroebene; *umweltschädliches Verhalten, wirtschaftspsychologisch*) äußern (Kirchler & Pitters 2014; Spector et al. 2006). Als Konsequenzen von P. können *Gesundheit*, Glück, Zufriedenheit und Wohlstand verstanden werden, während K. *Krankheit*, Trennung, Verluste und die Schädigung öffentlicher Güter nach sich ziehen kann. *E. Kirchler/J. Stark*

Produktivsymptomatik [engl. *productive symptoms/symptomatology*; lat. *producere* hervorbringen]; *Schizophrenie*

Produkt-Moment-Korrelation (r) [engl. *product-moment correlation, Pearson correlation*], syn. Pearson-, Maßkorrelation, **[FSE]**, ein parametrisches Verfahren zur Bestimmung des Ausmaßes des bivariaten Zus.-hangs (*Korrelation*) zw. zwei quant. Variablen X und Y. *r* entspricht der durch das Produkt der *Standardabweichungen* von X und Y dividierten *Kovarianz*. Def. von r auf Basis der Stichprobenstreuungen:

$$r_{xy} = \frac{\sum_{i=1}^{n}(x_i - \bar{x}) \cdot (y_i - \bar{y})}{n \cdot s_x \cdot s_y}$$

s_x, s_y = *Standardabweichung* in der *Stichprobe* in X und Y.
x_i, y_i = Wert von Person i in X bzw. Y
$\bar{x}, \bar{y}$ = *arithmetisches Mittel* in X und Y
n = Anzahl der Untersuchungsobjekte

Def. von r auf Basis der geschätzten Populationsstreuungen:

$$r_{xy} = \frac{\sum_{i=1}^{n}(x_i - \bar{x}) \cdot (y_i - \bar{y})}{(n-1) \cdot \hat{\sigma}_x \cdot \hat{\sigma}_y}$$

$\hat{\sigma}_x, \hat{\sigma}_y$ = geschätzte *Standardabweichung* in der *Population* in X und Y.
Der Wertebereich von *r* ist [−1; +1]. Pos. (neg.) Werte indizieren einen Zus.hang der Form «Je größer X, desto größer (kleiner) Y.» Je mehr sich der Betrag von *r* dem Wert 1 nähert, desto besser kann die bivariate Werteverteilung durch eine Gerade (mit einer Steigung ungleich 0) beschrieben werden bzw. desto genauer kann Y durch den Wert von X vorhergesagt werden (*Regression, lineare*). Das Quadrat von *r* wird als *Determinationskoeffizient* bez. Voraussetzungen für die Anwendung von r sind das Vorliegen von Intervallvariablen (*Intervallskala*) und einer linearen Beziehung (*linearer Zusammenhang*) der beiden Variablen aufeinander. Bei nicht linearer Regression zweier Variablen erfasst r nur den linearen Anteil des Zusammenhanges. Nach Cohen (1988) kann r als *Effektgröße* des Zusammenhangs verwendet werden: |r| ≈ 0.1 gleich schwach; |r| ≈ 0.3 gleich mittel; |r| ≈ 0.5 gleich stark. *Statistische Datenanalyseverfahren*. Eid et al. 2013.

Produkt-multinomiales Erhebungsschema (= p. E.) [engl. *product-multinomial sampling scheme/procedure*; lat. *multus* viel, *nomen* Namen], **[FSE]**, Erhebungsschema für Kontingenztabellen, die die kombinierte Verteilung kategorialer Merkmale darstellen (IxJ-Tabelle für ein I-stufiges Merkmal A und ein J-stufiges Merkmal B; z. B. *Vierfeldertafel*: «Geschlecht» x «gesund vs. krank»). Beim p. E. wird eine *Stichprobe* des Umfangs N gezogen, bei der für eines der beiden kategorialen Merkmale vor der Erhebung festgelegt wird, mit welcher Häufigkeit die einzelnen Kategorien in der Stichprobe verteten sein sollen (z. B. es sollen 100 gesunde und 100 kranke Personen befragt werden). Beim p. E. ergibt sich eine *produkt-multinomiale Verteilung* der Zellhäufigkeiten. Die Anzahl frei variierender erwarteter Zellhäufigkeiten (*Freiheitsgrad*) beträgt $(I-1) \cdot J$, wenn I die Anzahl der Kategorien repräsentiert, für die die Kategorienhäufigkeiten festgelegt wurden. *Log-lineare Modelle, Poisson-Erhebungsschema, multinomiales Erhebungsschema*. Eid et al. 2013.

Produktsumme (= P.) [engl. *product-sum/total*], **[FSE]**, als P. wird in der Statistik die Summe der Produkte der zus. gehörenden Maßzahlen einer bivariaten Verteilung bezeichnet. Die PS. bildet ein Glied in den Berechnungsformeln versch. bivariater stat. Maße wie z. B. in der Rohwertformel der Bestimmung der *Produkt-Moment-Korrelation*. *Kovarianz*. *G. Mikula*

Professionalisierung, ärztliche (= P.) [engl. *professionalization*; lat. *professio* öffentliche Erklärung, Beruf], **[GES]**, bezeichnet die Entwicklung von Professionalismus (oder *professioneller Kompetenz*) in der Aus- und Weiterbildung. In der Entwicklung von Ausbildungs- und Forschungsformaten bzgl. P. spiegelt sich ein verändertes gesellschaftliches Verständnis von im ärztlichen Beruf notwendigen Kompetenzen (*Kompetenzmodelle, arbeits- und organsationspsychologische*) wider. Mit einem immer komplexer werdenden, sich rasch verändernden Berufsumfeld mit überall und rasch verfügbarem Wissen, kommt der Ausbildung persönlicher Kompetenzen größere Bedeutung zu. Während in der Vergangenheit die *Persönlichkeit* vorwiegend als gegeben und stabil angesehen wurde, geht man heute davon aus, dass professionelle persönliche und interpersonale Fähigkeiten und Haltungen entwickelt und gefördert werden können. So entwickelten sich die Bereiche der kontinuierlichen professionellen Entwicklung [engl. *continuous professional development*] und des selbstgesteuerten lebenslangen Lernens (engl. *self-induced lifelong learning*] *Lernen, selbstgesteuertes, Lernen, lebenslanges*). Die Förderung der P. rückte durch wiss. Hinweise, dass professionelle Fähigkeiten und Haltungen, wie z. B. Empathie (*Empathie, ärztliche*), *Patientenorientierung*, moralisches Urteilsvermögen und berufliches Engagement im Zuge der Ausbildung abnehmen und dass auch Pat. den Mangel professioneller Fähigkeiten bei Ärzten häufiger beklagen als mangelndes Wissen oder Fähigkeiten in den Fokus der Aus- und Weiterbildung. Dadurch entstanden internat. Anstrengungen, sich der Entwicklung professioneller Kompetenzen, der P. von Ärzten im Studium und in der Aus- und Weiterbildung anzunehmen und diese zu fördern. Da es bei professioneller Kompetenz nicht nur um kogn. (*Kognition*), sondern ebenso motivational-affektive (*Motivation*, *Affekt*) Faktoren geht, scheint die rein kogn. Vermittlung relevanter Themen in diesem Zusammenhang fraglich ausreichend. Wie in anderen Bereichen, in denen prozessorientierte oder praktische Fähigkeiten entwickelt werden sollen (z. B. *Psychotherapieausbildung*, *Managementtraining*, *Professionalisierung von Lehrkräften*) wird praxisbegleitende *Supervision*, *Coaching* und Reflexion (oder *Metakognition*) von im Berufsalltag auftretenden persönlichen und interpersonalen Schwierigkeiten als notwendig erachtet. Wie in der P. von Lehrkräften gibt es im internat. Ausbildungskontext zunehmend Ausbildungsformate, die die Entwicklung professioneller Fähigkeiten unterstützen. Dabei stehen neben der Vermittlung theoret. Wissens vor allem die Reflexion erfahrungsbasierter Problemstellungen sowie die Entwicklung von Lösungen, die der jew. Situation und der eigenen Person gemäß sind, im Vordergrund. Neumann et al. 2011, O Sullivan et al. 2012. G. Lutz

Professionalisierung von Lehrkräften [engl. *professionalization of teachers*; lat. *professio* Beruf], [**PÄD**], der Begriff Professionalisierung (= P.) beinhaltet zwei Bedeutungen: (1) Als Merkmal einzelner Lehrkräfte beschreibt P. das Ausmaß, inwieweit Lehrkräfte über diejenigen kogn. (*Kognition*) und motivational-affektiven (*Motivation*, *Emotionen*) Merkmale verfügen, die notwendig sind, um die Anforderungen des Berufs bewältigen zu können. (2) Als Merkmal der Berufsgruppe der Lehrkräfte beschreibt P. das Ziel, den Lehrerberuf durch klare Aufgabenbeschreibungen, die Festlegung von Ausbildungszielen sowie einer festen Verankerung von Fortbildungsverpflichtungen (*Aus- und Fortbildung*) zu modernisieren und von Beliebigkeiten zu befreien. Ein Bsp. für diesen Professionalisierungsprozess sind die 2004 von der Kultusministerkonferenz verabschiedeten Standards für die Lehrerbildung. In beiden Bedeutungen ist der Begriff Ausdruck eines veränderten Verständnisses des Lehrerberufs, der lange Zeit als Kunst oder Handwerk galt, für das Lehrkräfte best. Persönlichkeitseigenschaften (*Persönlichkeitsmerkmal*) oder Talente mitbringen mussten. Seit etwa den 1990er-Jahren wird jedoch zunehmend betont, dass berufsspezifische und v. a. auch erlernbare Merkmale das Handeln und den Erfolg von Lehrkräften bestimmen und dass der Aufbau dieser Merkmale ein professionsspezifischer Lernprozess ist (*Lehr-Lern-Prozesse*, *Lehr-Lern-Forschung*). Wegweisend waren hier die Arbeiten von Shulman (1987), der versch. Bereiche professionellen Wissens für Lehrkräfte unterschied (v. a. Fachwissen, fachdidaktisches und päd. Wissen (*Didaktik*, *Pädagogik*) und postulierte, dass diese Wissensbereiche – in Verbindung mit professionellen Überzeugungen (*Überzeugungssystem*) – die notwendigen kogn. Voraussetzungen, die Lehrkräfte benötigen, darstellten. Professionelles Wissen und professionelle Überzeugungen werden auch als *Lehrerexpertise* bezeichnet (Bromme 2008). In Weiterführung dieses Ansatzes betonen jüngere Arbeiten zur sog. *professionellen Kompetenz*, dass Professionalität nicht ausschließlich aus kogn., sondern auch motivational-affektiven Merkmalen wie Selbst-

wirksamkeit (*Selbstwirksamkeitserwartung*), intrinsischen Orientierungen und beruflichen Selbstregulationsfähigkeiten (*Selbstregulation*) besteht (Baumert & Kunter 2006). Für Psychologen ist die Professionalität von Lehrkräften unter zwei versch. Aspekten relevant: Zum Ersten beschäftigt sich päd.-psychol. Forschung zunehmend mit der Messung und Identifikation (*Diagnostik*) zentraler professioneller Merkmale und untersucht Struktur und Entwicklung der Professionalität, insbes. mit der Fragestellung, wie Professionalität durch spezif. Interventionen oder i. R. der Lehrerbildung gefördert werden kann. Zum Zweiten sind Psychologen aktiv daran beteiligt, die Professionalität von Lehrkräften zu erhöhen, indem sie (1) Pädagogische Ps. als Fach i. R. der universitären Lehrerbildung lehren, (2) Trainings und *Weiterbildung*smaßnahmen für Lehrkräfte anbieten und (3) als Schulpsychologen Lehrkräften durch Beratungen und Supervisionen unterstützen (*Schulpsychologie*). M. Kunter

Professionalismus, ärztlich (= P.) [engl. *professionalism*; lat. *professio* öffentliche Erklärung, Beruf], [**GES**], beschreibt Haltungen und Fähigkeiten, die notwendig sind, um mit auf die eigene Person bezogenen, interpersonalen, institutionellen sowie gesellschaftlichen Herausforderungen im Beruf adäquat umgehen zu können. In dem multidimensionalen Konstrukt P. werden versch. *Kompetenzen* zus.gefasst, die einen verlässlichen und vernünftigen Gebrauch von *Kommunikation*, Wissen, technischen Fähigkeiten, klin. Denken, Gefühlen, Werten und Reflexion derselben im klin. Alltag zum Wohle der beteiligten Individuen und der Gemeinschaft beinhalten (Epstein & Hundert 2002). Professionelle Kompetenzen sind bereits im *Hippokratischen Eid* als Voraussetzungen ärztlichen Handelns beschrieben. Seit dieser Zeit gibt es viele versch. Versuche, das multidimensionale Konstrukt P. zu def. Eine einheitliche, internat. anerkannte Def. existiert bis dato nicht. Verschiedene Med.gesellschaften im Ausland, inzwischen auch in Dt., erstellten Def. Damit verbunden wurden professionelle Schlüsselkompetenzen, die in der med. Ausbildung ausgebildet werden sollten, beschrieben. Z. B. entwickelte das *Royal College of Physicians and Surgeons of Canada* im sog. *CanMeds Framework 2005* (Frank 2005) einen solchen Kompetenz- und Lernzielkatalog. Darin wird die Anwendung von den drei Bereichen: *medizinisches Wissen*, *praktische Fähigkeiten* und *professionelle Haltungen* in einer patientenorientierten Versorgung (*Patientenorientierung*) als Merkmale von med. Expertise charakterisiert. Die erforderlichen Kompetenzen werden in sechs Rollenfunktionen des Arztseins zus.gefasst: Der Arzt als *Gelehrter*, als *Kommunikator*, als *Mitglied eines Teams*, als *Gesundheitsberater und -fürsprecher*, als *Verantwortungsträger und Manager*, sowie als *professionell Handelnder*. Dieses Kompetenz-Rahmenwerk wird internat. in versch. Ländern auf die jew. nationalen Gegebenheiten angepasst und implementiert. So wird in Zusammenarbeit mit dem med. Fakultätentag (MFT) und der Gesellschaft für Medizinische Ausbildung (GMA) in Deutschland der Nationale Kompetenz-basierte Lernzielkatalog Medizin & Zahnmedizin entwickelt.

Das Royal College of Physicians UK definiert P. als Reihe von *Werten*, *Verhalten* und *Beziehungen*, die das Vertrauen der Öffentlichkeit in Ärzte untermauern [www.rcplondon.ac.uk/]. Europ. und amerik. Fachgesellschaften einigten sich 2002 in ihrem *Physician's charter on professionalism* (Frank 2002) auf neun Verantwortlichkeiten, die in dem Begriff P. beinhaltet sind: Professionelle Kompetenz mit lebenslangem Lernen, Ehrlichkeit mit Pat. mit u. a. Zugeben von med. Fehlern, Schweigepflicht, adäquates Beziehungsverhalten mit Vermeiden von sexuellen Übergriffen, finanzieller Vorteilnahme, Qualitätsverbesserung, gerechter Verteilung endlicher Ressourcen, Weiterentwicklung med. Wissens, ehrlicher Umgang mit Interessenskonflikten, Entwicklung von professioneller Zusammenarbeit. *Professionalisierung, ärztliche*. Epstein & Hundert 2002, Frank 2005. *G. Lutz*

professional learning (= p. l.) [engl.] *professionelles Lernen*, [**PÄD**], bezeichnet einen Bereich der sozialwissenschaftlichen Forschung, der sich mit der Entwicklung professionellen Wissens und Handelns im beruflichen Kontext befasst. Insbes. in der dt.sprachigen Forschungsliteratur lassen sich viele verwandte Begriffe finden, z. B. Profession, Professionalität, Professionalisierung (*Professionalisierung, ärztliche*, *Professionalisierung von Lehrkräften*). P. l. hängt eng mit Konzepten wie *Expertise*, *Kompetenz* und *beruflicher Sozialisation* zus. Ziel der Forschung zu p. l. ist es, den Prozess der professionellen Entwicklung besser zu verstehen, indem der *Wissenserwerb* und Fähigkeiten, Lernprozesse sowie berufsbezogenes und berufliches Handeln in der schulischen Ausbildung und am Arbeitsplatz analysiert werden (*Expertise-Erwerb*). Es wird der Frage nachgegangen, wie sich Menschen zu *professionals* entwickeln und wie diese Entwicklung unterstützt werden kann. Als *professionals* werden Personen bezeichnet, die in einem professionellen Feld arbeiten, sich professionelles Wissen – Faktenwissen, prozedurales Wissen, Fertigkeiten (*Fertigkeitserwerb*) sowie Erfahrungswissen – aneignen und an der Fortentwicklung und Weitergabe dieses professionellen Wissens beteiligt sind. P. l. äußert sich also in professionellem Handeln, wenn es *professionals* gelingt, das eigene professionelle Wissen in die Praxis zu übertragen. Während päd. Unterstützung von p. l. früher vor allem auf die Berufsausbildung beschränkt war, stellen neue Ansätze das Lernen am Arbeitsplatz (*workplace learning*) in den Vordergrund: gezielte Übung und Verbesserung beruflicher Tätigkeiten (*deliberate practice*), Förderung der Fähigkeit der *Reflexion*, die Nutzung der Kollaboration mit Arbeitskollegen. Der Fokus der Forschung zu p. l. liegt daher einerseits auf der Analyse kogn., motivationaler und metakognitiver indiv. Verarbeitungsprozesse (*Kognition*, *Motivation*, *Metakognition*), andererseits auf der Untersuchung sozialer und organisationaler Merkmale, die solche indiv. Prozesse unterstützen oder hemmen. *Leistungsexzellenz*. Mulder et al. 2009. *H. Jossberger/H. Gruber*

Profil *Profilanalyse*, *Testprofil*.

Profilanalyse (= P.) [engl. *profile analysis*], [**DIA, FSE**], die P. umfasst Methoden zur Analyse von Test- oder Itemprofilen (*Profil*, *Profilmethode*). Unter einem *Testprofil* versteht man die Darstellung von Ergebnissen versch. Einzeltests (z. B. die Subtests eines ps. Tests oder aber versch. Tests). Ein Itemprofil bez. sich auf die Items eines Tests oder Subtests. Ein Profil lässt sich anhand der Profilhöhe, der Profilstreuung und der Profilform beschreiben. Profile lassen sich für eine einzelne Person oder aber für eine Gruppe erstellen. Verfahren wie die latente P. und die *latente Klassenanalyse* ermöglichen es, Subpopulationen aufzudecken, die sich in ihren Item- oder Testprofilen unterscheiden (*Mischverteilungsanalyse*). Profilvergleiche beziehen sich auf den Vergleich zweier Individualprofile, zweier Gruppenprofile, eines Individual- mit einem Gruppenprofil oder die Veränderung eines Individualprofils über die Zeit. Je nach Fragestellung kann hierbei auf unterschiedliche Diskrepanz- und Zusammenhangsmaße sowie stat. Tests zurückgegriffen werden (Profilähnlichkeit). Die intraindividuelle P. geht der Frage nach, ob sich die Werte einer Person auf den versch. Einzeltests bedeutsam unterscheiden. Insbesondere in der Psychodiagnostik spielt die Erstellung von Vergleichs- und Anforderungsprofilen eine große Rolle. Geiser & Eid 2006, Huber 1973. *M. Eid*

Profilstabilität [engl. *profile stability*], *Stabilität*, *Persönlichkeitsstabilisierung, Mechanismen der*.

Progeria, Progerie [engl. *progeria*; gr. πρό *(pro)* vor, γῆρας *(geras)* Alterung], vorzeitige Vergreisung. *Kleinwuchs*.

Progesteron (= P.) [engl. *progesterone*], [**BIO**], weibliches Gonadenhormon (*Gonadenhormone*), wichtigstes *Gestagen*. Bildung in der zweiten Hälfte des Menstruationszyklus im *Corpus luteum*, auch in Nebennierenrinde und Testes. Bereitet Nidation des Eis vor, indem Heranwachsen der Uterusschleimhaut, deren Blutversorgung und eine Anreicherung von Nährstoffen gefördert werden. P. spielt eine wichtige Rolle als Zwischenprodukt bei der Synthese der Nebennierenrindenhormone (*Hormone*), der *Androgene* und der *Östrogene*. P. hat zentralnervöse Effekte, etwa die Förderung von *GABA*. Reduktion von Katecholaminen (*Katecholamine*), was zu Spekulationen über die Ätiologie von Schwangerschaftsdepressionen Anlass gegeben hat. P. hat viele natürliche und synthetische Verwandte (Progestine, Progestagene). Exogene akute Zufuhr führt nur zu kurz dauernden Wirkungen (einige Stunden). Bewirkt werden Leistungsminderungen und subjektive Beeinträchtigungen. Netter et al. 1998.

W. Janke/P. Zimmermann

Prognose (= P.) [engl. *prognosis*, *prediction*; gr. πρό *(pro)* vor, γνῶσις *(gnosis)* (Er-)Kenntnis], syn. *Vorhersage*, [**DIA, FSE**], man kann zw. *kausaler P.* und *stat. P.* unterscheiden. Eine kausale P. kann gemacht werden, wenn für das Eintreten der zukünftigen Situation eindeutige Gesetzmäßigkeiten als verursachend angenommen werden können. Von stat. P. spricht man, wenn die Situation oder das Ereignis nur mit mehr oder weniger hoher *Wahrscheinlichkeit* vorausgesagt werden kann. Im Bereich der Vorhersage des menschlichen Verhaltens auf der Grundlage von diagn. Daten unterscheidet man noch je nach Verarbeitungsmodus der Daten zw. stat. und klin. P. Nach Meehl (1954) spricht man von stat. P., wenn die diagn. relevanten Informationen (Testwerte, Explorationsdaten usw.) zum Zwe-

cke der *Klassifikation* von Individuen nach einem festgelegten Algorithmus verarbeitet werden und das Ergebnis in empirisch fundierten Wahrscheinlichkeitsaussagen besteht.
[KLI], eine klin. P. liegt dann vor, wenn diese Wahrscheinlichkeitsaussagen nicht gemacht werden und wenn aufgrund der Beschreibung eines Individuums Hypothesen oder Vermutungen über das weitere Verhalten geäußert werden. In der klinischen Diagnostik bezieht sich die P. v. a. auf die Vorhersage des weiteren Verlaufs einer psych. Störung, meist basierend auf unterschiedlichen Datenebenen und Datenquellen (*Diagnostik, multimodale*). Methodik: logistische oder multiple *Regressionsanalyse* zur Identifikation bedeutsamer Prädiktoren. Merz 1966, Petermann & Eid 2006. *H. O. Häcker/R.-D. Stieglitz*
Programm (= P.) [engl. *programme*; gr. πρό (*pro*) vor, γραμμα (*gramma*) Buchstabe, Schrift], zeitlich und sachlich geordnete Auflistung von Einzelschritten und -maßnahmen zum Erreichen eines indiv. oder kollektiven Handlungszieles.
[KLI], in der *Verhaltenstherapie* oft syn. mit *Therapieplan*.
[FSE], in der elektronischen Datenverarbeitung Folge von Instruktionen, die ein Digitalrechner nacheinander ausführen muss, um eine Aufgabenstellung zu bearbeiten. Ein System von Instruktionen und deren Semantik und Syntax bilden eine Programmiersprache. Das P. für einen Analogrechner besteht in einem Schaltplan für die Verbindungen zw. den Rechnerbausteinen. Die Kognitionsps. hat sich das Ziel gesetzt, dem menschlichen Verhalten zugrunde liegende «Pläne» zu erkennen, die in Analogie zu Computerprogrammen gedacht werden: Für einen Organismus ist ein Plan im Wesentlichen dasselbe wie ein Programm für den Computer. Müller et al. 1992.
Programme for International Student Assessment [engl.] Programm zur internat. Schülerbeurteilung/-bewertung, *PISA-Studien*.
programmexterne Störfaktoren [engl. *external confounding/interfering factors*], *interne Validität, Bedrohungen für die*.
programmierter Unterricht (= p. U.) [engl. *programmed instruction/teaching*], **[KOG, PÄD]**, von amerik. Entwicklungen ausgehend, löste die Idee des p. U. besonders in den 1960er-Jahren auch in Dt. eine sehr starke Bewegung aus. Der p. U. stellt den ersten konsequenten Versuch dar, die Ergebnisse der *Lerntheorie*, bes. der Skinner'schen *operanten Konditionierung*, auf die Organisation menschlichen Lernens zu übertragen. Übergeordnetes Prinzip ist es, Lerner in vorbestimmten kleinen Lernschritten (*frame*) auf ein definiertes Verhaltensziel hinzuführen. Dies soll durch eine lineare (Skinner) oder verzweigte (Crowder) Folge von Stimuli und entspr. Reaktionen des Lerners geschehen, über deren Richtigkeit er sofort Rückmeldung erhält (*Verstärkung*). Die verbreitetste Darbietungsform des p. U. sind Buchprogramme; daneben wurden und werden zahlreiche Versuche unternommen, die Darbietung durch Lernmaschinen vorzunehmen. Diese Versuche reichen von sehr einfachen Geräten, die dem Lerner durch eine Sichtscheibe nur den jew. Lernschritt bzw. eine Aufgabe

darbieten und anschließend die Richtiglösung aufzeigen, bis zu Lernprogrammen, die über PC oder Großrechner gesteuert und ausgegeben werden (Correll). *Lernen, programmiertes.*
Programmtheorie (= P.) [engl. *program theory*; gr. πρό (*pro*) vor, γραμμα (*gramma*) Schrift, θεωρία (*theoria*) Betrachtung], **[FSE]**, um die Wirkung einer *Intervention* zu überprüfen, ist die Kenntnis der P. bzw. die Formulierung eines Wirkmodells (*Wirkmodell*; auch: *logisches Modell*) notwendig. Abhängig von theoretischen Annahmen und Vorüberlegungen der *Stakeholder* werden ein Veränderungs- und ein Aktionsmodell entwickelt, auf denen die Intervention explizit oder implizit beruht. Das *Veränderungsmodell* beschreibt die kausalen Prozesse des Wirkens der Maßnahme. Im *Aktionsmodell* werden Bedingungen und Aktivitäten benannt, die zum Wirken der Maßnahme beitragen. Im daraus abgeleiteten *Wirkmodell* werden die intendierten maßnahmenspezifischen als auch die vorhersehbaren Neben- und Folgewirkungen hinsichtlich Ausmaß und Wirkbereich/-ebene erfasst. Darüber hinaus sind Spezifikationen der Erklärung und der Prozesse, die der *Wirksamkeit* der Maßnahme zugrunde liegen, enthalten. Ferner können moderierende oder mediierende Bedingungen der Wirksamkeit eingefügt werden (*Moderatorvariable*, *Mediatorvariable*). Der Zeitpunkt, zu bzw. ab dem das Programm wirkt, und die Dauer (Persistenz) der Wirksamkeit sind ebenfalls im Modell bestimmt. Außerdem kann modelliert werden, ob, wodurch und in welchem Umfang ein Anforderungs- oder Situationstransfer der erworbenen Fähigkeiten bzw. Fertigkeiten zu erwarten ist. Eine umfassende P. ermöglicht die Identifikation und Operationalisierung aller relevanten Variablen und die Formulierung konkreter Hypothesen für die empirische Überprüfung der Intervention und ihrer Wirkung i. R. einer *Evaluation*sstudie. *Evaluation komplexer Interventionen.* Chen 2005, Gollwitzer & Jäger 2009. *A.-B. Bräker*
Progredienzangst [engl. *progredience anxiety*; lat. *progredi* voranschreiten]; *Tumorerkrankung, psychosoziale Belastung.*
progressive Differenzierung [engl. *progressive differentiation*; lat. *progredi* vorschreiten, *differre* unterscheiden], *Lehrstrategien, darstellende, Differenzierung.*
progressive Muskelentspannung (= p. M.) [engl. *progressive muscle relaxation*; lat. *progredi* voranschreiten], **[KLI]**, nach Jacobson (1938) wird dabei *Entspannung* durch Spannung und Anspannung best. Muskelgruppen erreicht. Das natürliche Entspannungserlebnis, das auf starke Anspannung folgt, wird genutzt und in Entspannungssuggestionen eingebaut (*psychoneurovegetative Kopplung*). P. M. kann von Therapeuten, aber auch mit Tonträgern vermittelt werden; eine Kombination ist häufig. Später instruieren sich Pat. selbst. Es handelt sich hier um recht gut untersuchte Verfahren, allein oder als Teil z. B. der *systematischen Desensibilisierung*. Die p. M. kann als ein für die klin. Praxis relevantes Verfahren gelten, wobei es deutliche Hinweise auf differenzielle Wirksamkeit gibt. Bessere Behandlungserfolge werden bei jüngeren und weniger gestörten Pat. erzielt. Anwendungsbe-

reiche u. a.: *Hypertonie*, *Schlafstörungen*, Kopfschmerzen, *Angst*- und Spannungsgefühle. F. Caspar

Test progressiver Matrizen-Test *standard progressive matrices*.

Projekt für die Untersuchung des Lernens in der Sekundarstufe (PULSS) (= P.), [**PÄD**], eine Längsschnittstudie (*Längsschnittuntersuchung*) zur *Evaluation* der gymnasialen Begabtenzüge (*Begabung*) in Bayern und Baden-Württemberg. Ziel der Studie war es, Bedingungsfaktoren schulischer Leistung zu erfassen und ihre Auswirkungen in den ersten Jahren der Sekundarstufe zu bestimmen. Zwei Schülerkohorten (insges. ca. 1000 Schüler), rekrutiert aus Regel- und Begabtenklassen, wurden von der 5. bis zur 7. Jahrgangsstufe wiss. begleitet unter Erhebung von Schulleistungen, *Motivation*, Arbeitsverhalten, *Klassenklima*, Unterrichtspraxis (*Unterricht*, *Unterrichtsforschung*) und Lehrerausbildung (*Lehrerprofessionalisierung*) sowie elterlichen Einstellungen (*Einstellung*) und Erwartungen (*Erwartung*). B. Harder

Projektion (= P.) [engl. *projection*; lat. *proicere* nach vorne werfen], [**KLI**], das Hinausverlegen (Rückverlegen) von Innenvorgängen nach außen – etwa bei den Empfindungen oder dem Erleben subj. Qualitäten als Eigenschaften äußerer Dinge (*Psychoanalyse*). Das Übertragen von eigenen Gedanken und Gefühlen, aber auch Eigenschaften auf andere Personen. In der psychoanalytischen Theorie handelt sich um einen Abwehrmechanismus (*Abwehrmechanismen des Ich*), der bei schweren seelischen Erkrankungen, z. B. den paranoiden Psychosen, eine zentrale Rolle spielt. Aber auch bei *Angststörungen* sind projektive Vorgänge maßgeblich beteiligt. In der Phobie wird eine Triebgefahr (z. B. die Angst vor dem ödipalen Rivalen) nach außen projiziert und auf ein Ersatzobjekt verschoben (z. B. Tiere bei der Tierphobie). Der Phobiker benimmt sich dann so, als ob die Angst auslösende Gefahr nicht von innen, sondern von außen stammt und begegnet ihr mit dem krankheitstypischen Flucht- und Vermeidungsverhalten. *projektive Tests*. [**SOZ**], in der *Friedenspsychologie* haben P. eine wichtige Funktion bei der Entstehung von Feindbildern, indem neg. Eigenschaften der eigenen Nation als *mirror images* auf die gegnerische Nation übertragen werden (Bronfenbrenner 1961). Inbes. aus psychoanalytischer Perspektive ist die P. mit Vorurteilen, Fremdenangst und Fremdenhass verbunden. Das Subjekt schreibt in diesen Fällen die Strebungen, die er in sich selbst abwehrt und verleugnet, dem anderen zu. [**BIO**], in der Physiol. Ps. bez. P. das Hinausverlegen von Sensationen in die Körperperipherie: Projizierte Empfindungen können im Prinzip innerhalb aller Sinnesempfindungen auftreten, aber nur der projizierte Schmerz ist klin. bedeutsam. Solche Schmerzen treten z. B. bei Kompressionen des Spinalnerven beim akuten Bandscheibensyndrom auf. Die in den afferenten Fasern ausgelöste Aktivität (Schmerzempfindung) wird von unserem Bewusstsein in das Versorgungsgebiet des Nerven projiziert, von wo auch normalerweise die Reize stammen. *Gehirn*, *Projektionsfelder*. Schmidt et al. 2000, Freud 1915b, Kernberg 1989.
C. Becker-Carus/L. Bayer

Projektion, exzentrische [engl. *eccentric pojection*; lat. *proicere* nach vorne werfen, ἔκκεντρος (*ékkentros*) ohne Mittelpunkt], *Rückverlegungshypothese*.

Projektionsfasern [engl. *projection fibres*; lat. *proicere* nach vorne werfen], *Gehirn*.

Projektionsfelder, Projektionsareale [engl. *projection areas*; lat. *proicere* nach vorne werfen], [**BIO**], Rindenfelder auf den beiden Hirnrindenhemisphären (*Gehirn*) des Menschen, auf die die Botschaften aus der Körperposition in isotoper Lage projiziert werden. Unterschieden werden primäre motorische (vordere Zentralwindung) und primäre sensorische (hintere Zentralwindung) Rindenfelder. Sie stellen die primären Hirnzentren der *Motorik* und der Sensorik (*Wahrnehmung*) dar, wobei die einzelnen Körperregionen, wie Gesicht, Hand, Knie, gesondert und ihrer funktionalen Bedeutung nach isotop repräsentiert sind. So führen alle afferenten (*Afferenz*) sensorischen Fasern, die von den Sinnesorganen des gesamten Körpers kommen, direkt zu den sensorischen Projektionsarealen, dem somatosensorischen Kortex, auch als «Körper-Fühl-Sphäre» bez. Hier werden Informationen von den *Hautsinnen* der Körperoberfläche und von den Körperbewegungen zu bewusst werdenden Erlebnissen verarbeitet. Durch gezielte elektrische Stimulation lassen sich hier z. B. «Berührungserlebnisse» auslösen, die dem *Erleben* nach auf die entspr. Körperoberflächenstelle projiziert werden. In ähnlicher Weise führen vom primären motorischen Kortex efferente motorische *Nerv*enfasern der *Pyramidenbahn* (über Umschaltungen im *Rückenmark*) direkt zu den motorischen Endzielen im Körper und kontrollieren hier die willentlichen Körperbewegungen, die ebenfalls auch durch entspr. elektrische Stimulation in diesen Arealen ausgelöst werden können. Vgl. dagegen *Projektion*. Becker-Carus 2004, Pinel 1997.
C. Becker-Carus

Projektionsproblem, inverses [engl. *inverse optics problem*; lat. lat. *proicere* nach vorne werfen, *inversio* Umkehrung], [**WA**], ist ein Begriff aus der *Raumwahrnehmung*, der auf den Sachverhalt hinweist, dass zwar die optische Abb. eines Gegenstands oder einer Szene auf die zweidimensionale Fläche der Netzhaut des Auges (*Retina*) geometrisch eindeutig ist, die Umkehrung dieser projektiven Abb. dagegen nicht. Einem best. Netzhautbild entsprechen sehr viele mögliche realweltliche Sachverhalte, wobei es für das visuelle System nicht ohne weitere Informationen (z. B. *visuelle Raumhinweise*) möglich ist, zw. den möglichen räumlichen Interpretationen des Netzhautbildes zu entscheiden. May 2006b. M. May

projektive Identifizierung (= p. I.) [lat. *proicere* nach vorne werfen, *idem* derselbe, *facere* machen], [**KLI**], Melanie Klein hat den Begriff der p. I. 1946 im Zus.-hang ihrer Erforschung der emot. Frühentwicklung des Kindes ins psychoanalytische Denken (*Psychoanalyse*) eingeführt (Klein 1995–2002; *Notes on some schizoid mechanisms*). Die p. I. bez. eine Gruppe unbewusster Vorgänge (*Unbewusstes*), die mit *Projektion*, abwehrbedingten Spaltungsmechanismen und der omnipotenten Kontrolle des Objekts zu tun haben. Sie gilt als der psych. Hauptmechanismus der sog. paranoid-schizoiden Position (*Paranoia*, *schizoide Persön-*

lichkeitsstörung), ist aber auch über diese Entwicklungsphase hinaus von hoher klin. Relevanz. Es geht um die Ausstoßung abgespaltener Selbst-Anteile (unerwünschte Impulse, Gefühle, Reize) und deren Hineinverlagerung ins Objekt, z. B. in die Mutter. Die Projektionsvorgänge dienen der Entlastung des Selbst von unerwünschten, Spannung, Angst und Schmerz verursachenden Anteilen und zielen auf die Manipulation und die Inbesitznahme des Objekts. Sie sind der Prototyp einer aggressiven, auf Omnipotenz gerichteten, archaischen Objektbeziehung. Wilfred R. Bion, der das Konzept unter entwicklungspsychol. wie behandlungstheoretischen Gesichtspunkten weiter ausgearbeitet hat, unterschied zw. normalen und pathologischen Formen der p. I. und machte auf ihre kommunikativen Funktionen aufmerksam. Danach kennzeichnet die p. I. die frühesten Austauschvorgänge zw. Mutter und Kind. Bei ausreichender Aufnahmefähigkeit und Empathie kann die Mutter die unbewältigten emot. Zustände und Affekte, die der Säugling in sie hineinprojiziert, aufnehmen, verstehen, dadurch modifizieren und dem Säugling in erträglich gemachter Form zurückgeben, was die Integration des *Ichs* und sein Wachstum fördert. Je unzureichender diese Austausch- und Transformationsprozesse verlaufen, umso stärker greift der Säugling auf die Abspaltung unerträglicher Impulse und Affekte und deren p. Ausstoßung zurück. Ein übermäßiger Gebrauch der p. I. fördert Fragmentierungsprozesse, steigert persekutorische Vernichtungsängste und gilt als Grundlage schwerer Pathologien in der Ich-Entwicklung, der *Borderlinestörung* oder der *Schizophrenie*. L. Bayer

projektive Tests, projektive Verfahren (= proj.V.) [engl. *projective tests*; lat. *proicere* nach vorne werfen], [**DIA, PER**], Bez. für eine Gruppe von Tests, bei denen für das Zustandekommen der Reaktion des Pb auf den Teststimulus der Mechanismus bzw. der dynamische Prozess der *Projektion* stattfindet. Die proj.V. setzen somit voraus, dass der Pb seine Einstellungen, Motive, Personmerkmale etc. in die Deutungen und Gestaltungen, die er bei dem Test vorzunehmen hat, projiziert. Der Diagnostiker erschließt dann von den in die Testvorlagen projizierten Inhalten und Reaktionen auf die Eigenschaften, Probleme, Bedürfnisse etc. des Pb. Solche Schlüsse sind z. T. direkt und analogiehaft, bei sorgfältig konstruierten und überprüften Verfahren sind sie empirisch belegt. Im *Thesaurus of Psychological Index Terms* werden unter der Kategorie «Projective Personality Measures» alle Verfahren subsumiert, «which derive an indirect and global assessment of personality through the analysis of meaning or structure freely imposed by the subject upon unstructured or ambiguous materials» (Gallagher 2005, 221). Die Entwicklung der proj.V. kann als eine Gegenströmung zur psychometrisch orientierten Diagnostik zu Beginn des 20. Jhd. mit ihrer Betonung kogn. Fähigkeiten und der Reduzierung der Persönlichkeitsmessung mittels *Persönlichkeitsfragebogen* auf der Basis psychometrisch-analytisch gewonnener Eigenschaften gesehen werden. Bei den proj. V. wird statt des Messprinzips des max. Antwortverhaltens des Pb im *Leistungstest* und der Messung des modalen bzw. «üblichen» Verhaltens im Fragebogen die offene Antwortmöglichkeit angeboten. Während bereits vor Erscheinen des *Rorschach-Tests* im Jahre 1921 proj. Techniken in der Ps. (z. B. in der Gedächtnis- bzw. Erinnerungsforschung) wie auch bei Wahrnehmungsexperimenten zur Anwendung kamen, gab es über lange Zeit für die proj. V. – schließt man die psychoanalytische aus – keine umfassende theoret. Begründung. Eine solche methodologische Begründung hat Frank (1935, 1948) gegeben, indem er die komplexe Struktur des Individuums mit ihren dynamischen Aktivitäten in ihrem sozialen Umfeld betont. Individuen sind Organismen der Natur, sie sind Mitglieder in ihrer sozialen Welt und haben eine ganz eigene innere Welt (*privat world*). Bei den Methoden, die für die Erforschung dieser *personality* anzuwenden sind, gibt es nach Frank Parallelen zu den Methoden, wie sie damals in Biologie und Physik verwendet wurden. Die Ausführungen von Frank zeigen auch, dass die proj. V. zur Messung der *Persönlichkeit* Impulse aus den damals existierenden meth. Vorstellungen der Naturwissenschaften wie auch der *Gestaltpsychologie* und der *Feldtheorie* bekommen haben und nicht nur auf die tiefenpsychol. Konzeption der Projektion zu reduzieren sind. Der Prozess der Projektion hat vielfältige Diskussionen ausgelöst und zu einer Spaltung in Befürworter und Gegner geführt. Um den Vorgang der Projektion diagn. auswerten zu können, wird häufig auf den klass. Projektionsbegriff Freud'scher Herkunft (*Psychoanalyse*) zurückgegriffen, bei dem die auslösende Komponente die Verdrängung darstellt. Diese einseitige Betrachtung hat Freud selbst nicht beibehalten. Mehr auf rein theoretischer Basis wurden – unter der Verwendung des Projektionsmechanismus ohne unbewusste Vorgänge – versch. mögliche Projektionsmechanismen beschrieben. Von *attributiver Projektion* spricht man, wenn die eigenen Verhaltensweisen anderen zugeschrieben werden. *Autistische Projektion* würde vorliegen, wenn z. B. die Bedürfnisse der Person die reale Außengegebenheit überformen bzw. verändern. Wenn das eigene Verhalten durch den Vorgang der Rationalisierung kommentiert wird, würde man von *rationalisierter Projektion* sprechen. Während aus der Sicht der Psychoanalyse der die Projektion auslösende Teststimulus von untergeordneter Bedeutung zu sein schien, ist die Qualität des Stimulus z. B. bei Rorschach-Test und TAT ausschlaggebend für die Reaktion des Pb (Hörmann 1964b).

Nach einer gängigen Einteilung werden zw. (1) Formdeuteverfahren (z. B. *Rorschach-Test, Formdeute-Test, Holtzman inkblot technique (HIT)*, (2) verbalen Ergänzungsverfahren (z. B. *thematischer Apperzeptionstest (TAT)*), (3) Farbtests (z. B. Farbpyramidentest, Farbwahlverfahren) und (4) zeichnerischen Verfahren (z. B. Baumtest nach Koch (BT-K) unterschieden. Eine zus.fassende und generelle Aussage über die psychometrische Güte von proj. V. ist aus mehreren Gründen nicht möglich (*Gütekriterien*). Einerseits sind die proj. V. als Testform äußerst heterogen. Somit fällt die Testanwort (qual. oder quant.) auch sehr unterschiedlich aus. Das hat dann wiederum zur Folge, dass die zur Verfügung stehenden stat. Verfahren zur Testgütebewertung nicht immer angewendet werden können. Andererseits wurden selbst bei proj. V., die in standardisierter Version vorliegen, im Laufe ihrer langen Tradition Modifikationen eingeführt und werden auch häufig bei der Anwendung noch zusätzlich modifiziert. Daraus folgt weiter, dass die Testwerte, die in die Testgütebewertung einfließen, nicht ohne Weiteres vergleichbar sind. Ein weiteres Problem, das allerdings nicht nur die proj. V. betrifft, wird darin gesehen, dass viele Untersuchungen zur Testgütebewertung gar nicht mit diesem Ziel angelegt wurden, sondern aus unterschiedlichen Anwendungsanlässen stammen. Am Bsp. des Rorschach-Tests lassen sich einige Gütekriterien exemplarisch aufzeigen. Die *Objektivität* ist bei der Protokollierung und bei der Signierung von Inhalten vorhanden. Die sog. Determinanten weisen eine hohe Beurteilervarianz auf. Retestkoeffizienten (*Retest-Methode*) fallen sehr unterschiedlich aus. Auf der Ebene der Einzelmerkmale der Testprotokolle wird die Validität als unbefriedigend eingeschätzt. Werden die Interpretationen, die der Testleiter aus den Protokollen ableitet, zur Gütebestimmung verwendet, so ergeben sich bessere *Validität*skoeffizienten. Rauchfleisch 2006, Frank 1939. *H. O. Häcker*

Projektmanagement [engl. *project management*; lat. *proicere* nach vorne werfen, *management* Leitung], [**AO**], Projekte sind einmalige Aufgabenstellungen zur Erreichung spezifizierter Ziele, z. B. zur Einführung von best. *Innovationen in Organisationen*. Projekte sind i. d. R. zeitlich begrenzt und haben einen definierten Start sowie ein geplantes Ende. Sie werden durch eine besondere Organisationsform in einer spez. für diese Aufgabe zus.gestellten Projektgruppen durchgeführt und meist von einem Projektleiter oder -manager geführt. P. ist die Planung, Koordination und Überwachung von Projekten. Diese Verantwortung für diese Aufgaben wird von der Führung der *Organisation* meist an einen Projektleiter delegiert, der sie gemeinsam mit den Mitgliedern der Projektgruppe durchführt und als Führungskraft auf Zeit die Projektgruppe leitet. Projekte beginnen meist mit einer Zieledefinition sowie einer schriftlichen Fixierung der Teilaufgaben (Lastenheft), der Klärung der Ressourcen und der Aufstellung eines Arbeits- und Zeitplans mit sog. Meilensteinen, das sind Zeitpunkte, an denen die Erreichung von Zwischenzielen überprüft werden soll. Als Kontroll- und Entscheidungsinstanz wird neben der Organisationsleitung oft ein Lenkungsausschuss eingerichtet. Im gesamten Prozess der Durchführung müssen bei Abweichungen i. d. R. die Ziele, Pläne und Aufgaben immer wieder abgepasst und angepasst werden. Für die Steuerung und Überwachung (*Projektcontrolling*), werden Computer-Programme und aus praktischen Erfahrungen gewonnene Regeln und P.-Methoden herangezogen. Komplexe und innovative Organisationsveränderungen (*Organisationsentwicklung*) führen oft zur Verunsicherung und zu Veränderungswiderständen und unvorhergesehenen Problemen und Misserfolgsrisiken (*Veränderungsmanagement*). Beim P. sind deshalb auch *soziale Kompetenzen* und *Konfliktmanagement* gefordert. Sie werden zus. mit Methodenkompetenzen in Praxisleitfäden und Fachbüchern oder spez. Projektmanagement-Seminaren vermittelt. Hamacher & Mardorf 2003, Mardorf 2000, Schelle 2001. *S. Greif*

Projektmethode (= P.) [engl. *project method*; lat. *proicere* nach vorne werfen], [**KOG, PÄD, SOZ**], das teilweise lernpsychol., teilweise ideologisch begründete Verfahren, in dessen Mittelpunkt das *Projekt* steht. Idealtypisch ist das Projekt dadurch gekennzeichnet, dass es in einer konkreten sozialen Situation angesiedelt ist, die P. dadurch, dass sachgerichtetes, sachabhängiges, planvolles Handeln i. d. R. in kooperativer Form stattfindet (*Lernen, kooperatives*).

Prolaktin (= P.), [**BIO**], *Hormon*, das überwiegend im Hypophysenvorderlappen gebildet wird und bes. für die Steuerung des Wachstums der Brustdrüsen während der Schwangerschaft und die Bildung der Milch während der Stillzeit bekannt ist. P. ist darüber hinaus jedoch noch in eine Vielzahl anderer Prozesse involviert. In einer Studie an Mäusen konnten 300 versch. biol. Funktionen des P. identifiziert werden (Bole-Feysot et al. 1998). So ist P. an versch. Prozessen der Reproduktion beteiligt, sowohl hinsichtlich der Sekretion anderer Sexualhormone als auch in der Steuerung von reproduktiven Verhaltensweisen wie dem Sexualverhalten und dem mütterlichen Verhalten der Frau (Binart et al. 2010). Auch für die Erhaltung der Homöostase (= Gleichgewichtszustand) eines Organismus hat P. offenbar eine wichtige Funktion. So ist es an der Immunantwort, der Osmoregulation und der Entstehung von Blutzellen beteiligt (Freeman et al. 2000). Auch heute sind noch nicht alle Funktionen des P. vollst. aufgeklärt. Die Konzentrationen des P. im Blut variieren über 24 Std.: in der Nacht während des *Schlafes* sind sie am höchsten und tagsüber am niedrigsten. *S. Lammertz*

Prolaktinerhöhung unter Psychopharmakotherapie (= P.) [engl. *prolactin enhancement during psychopharmacotherapy*], auch: Hyperprolaktinämie, [**PHA**], Insbes. unter der Einnahme von *Antipsychotika*, seltener und in geringerem Maße auch bei einer Behandlung mit *Antidepressiva*, kann es zu einer Erhöhung der Prolaktinkonzentration im Blut kommen. Die Sekretion von *Prolaktin* steht unter inhibitorischem Einfluss von *Dopamin*. *Dopaminrezeptoren* finden sich in hoher Dichte auf den laktotrophen Zellen des Hypophysenvorderlappens. Werden diese durch Antipsychotika (Dopaminrezeptor-Antagonisten) gehemmt, kommt es zu einer Enthemmung der Prolaktinsekretion. Die Prolaktinkonzentration kann bei prämenopausalen Frauen bis zu zehnfach ansteigen, bei Männern und bei postmenopausalen Frauen ist der Anstieg geringer ausgeprägt. Eine bes. starke P. wird unter den Benzamiden *Amisulprid* und *Sulpirid*, unter *Risperidon* und unter klassischen Antipsychotika wie *Haloperidol* beobachtet. Eine P. kann bei Frauen zu einer Vergrößerung der Brustdrüse und zur Milchsekretion (= Galaktorrhoe) sowie zum Ausbleiben der Menstruation (= Amenorrhoe) führen. Bei beiden Geschlechtern kann eine P. auch zur Verringerung der Libido führen. Es ist umstritten, ob eine langfristig bestehende Hyperprolaktinämie, wie sie unter antipsychotischer Therapie vorkommt, zu einer beschleunigten Abnahme der Knochenmineraldichte (= Osteoporose) kommt. *S. Lammertz*

Prolaktin hemmendes Hormon [engl. *prolactin-inhibiting hormone (PIH)*; lat. *inhibere* hemmen], Abk. PIH, [**BIO**], Hypothalamushormon (*Hormone*), das die Freisetzung von Prolaktin aus dem Hypophysenvorderlappen hemmt. PIH ist chemisch identisch mit *Dopamin*.

Prolepsie, Prolepsis [engl. *prolepsis*; gr. πρόληψις *(prolepsis)* Vorwegnahme], (allg.) die vorauseilende Entwicklung wie die einzelne vorzeitige Knospe an einer Pflanze oder das vorzeitige Auftreten eines einzelnen Krankheitssymptomes.
[**EW, KOG**], das Vorziehen des in einem Sprachereignis (Sprechverlauf) erst an späterer Stelle richtig platzierten Teilelementes (*Stammeln*). Das Phänomen wurde von W. Stern als Zeichen noch unvollständiger Integration einzelner Sprachfunktionen in der kindlichen Sprechentwicklung angesehen, findet sich aber auch bei best. Formen der *Aphasie* bei Erwachsenen.

Promax-Rotation [engl. *promax rotation*], *Rotation*.

Promethazin [engl. *promethazine*], [**PHA**], *Psychopharmakon* aus der Reihe der *Antipsychotika* vom Typ der *Phenothiazine*, allerdings wegen sehr schwacher D2-antagonistischer Wirkung keine nennenswerte antipsychotische Wirkung. Therap. Verwendung als *Antihistaminikum* und wegen der starken sedierenden Wirkung als *Sedativum/ Hypnotikum*.

Prominentenwerbung (=P.) [engl. *celebrity endorsements*], [**WIR**], bezeichnet den Einsatz von prominenten Personen in der Marketingkommunikation (*Marketing*). Dabei hoffen die Werber auf die Beeinflussung von Einstellungen (*Einstellungsänderung, werbepsychologisch*) zu Produkten und Marken oder von *Konsumverhalten*. Mögliche ps. Wirkungsweisen sind *Lernen am Modell*, Image-Transfer und die verstärkte Beachtung (*Aufmerksamkeit*) von Personen mit hohem Status, wovon die Werbebotschaft profitiert. Kamins 1990. *F. Becker*

Promiskuität [engl. *promiscuity*; lat. *promiscuus* gemischt], Begriff zur Kennzeichnung des gehäuften, flüchtigen hetero- wie homosexuellen Verkehrs.

Promotionsfokus [engl. *promotion focus*; lat. *promovere* vorwärts bewegen, *focus* Heim, Feuerstätte], *Regulationsfokustheorie*.

prompting (= p.) [engl. *prompt* eingeben, zuflüstern, anreizen, auffordern]; [**KOG, PÄD**], Lernhilfen, Denkanstoß, Signal für den Abruf von Gedächtnisinhalten. *guidance fading effect, programmierter Unterricht*.
[**KLI**], *operantes Konditionierungsverfahren* in der *Verhaltenstherapie*, bei dem verbale oder verhaltensbezogene Hilfen gegeben werden, die die *Aufmerksamkeit* auf das gewünschte Verhalten bzw. Bedingungen des Verhaltens lenken. Hierzu können bspw. spezif. Instruktionen («Achte genau auf ...») oder Modellverhalten eingesetzt werden. Hierdurch werden insbes. differenzielle Verhaltensbedingungen und -aspekte salienter. *fading*.
[**WIR**], ist eine Variante der sozialen Einflussnahme (*Einfluss, sozialer*) insbes. im persönlichen Verkauf. Unmittelbar im Anschluss an eine Bestellung bzw. an einen Kauf wird der Kunde gefragt, ob er außerdem oder in Ergänzung zu dem Produkt, das er gerade erworben bzw. bestellt hat, an einem weiteren Produkt Interesse habe. Bsp. hierfür sind etwa das Anbieten von Putzmitteln oder Schuhlöffeln nach einem Schuhkauf oder von weiteren Versicherungen nach dem Abschluss einer ersten Versicherung. Ein Fallbsp. aus einem Kleinunternehmen für Grooming (Hunde- und Katzenpflege) berichten Milligan und Hantula (2005). Die Wirksamkeit dieser Technik beruht darauf, dass der Kunde durch seine erste Handlung bereits Vertrauen signalisiert hat und nun in «Begründungszwang» kommen würde, wenn er das folg. Angebot ausschlägt bzw. die Anfrage verneint (Moser 2002). P. ist auch eine spez. Variante des Querbzw. Kreuzverkaufs (*cross-selling*). *K. Moser*

Proopiomelanocortin [engl. *proopiomelanocortin*], [**BIO**], Abk. POMC, endogene Substanz, Peptid (*Peptide*), Vorläufer bei der Synthese von *Beta-Endorphin*, *ACTH* und *MSH*, synthetisiert in mehreren Hirnstrukturen. *Hormone*. *W. Janke*

Propädeutik [engl. *propaedeutics*; gr. πρό (pro) vor, παῖς (pais) Junge, Kind, ἄγειν (agein) führen], [**PÄD**], Einführung, Vorübung.

Propaganda (= P.) [engl. *propaganda*; lat. *propagare* fortpflanzen, ausdehnen], [**SOZ**], ein im 17. Jh. (mit dem Einsetzen der *congregatio de propaganda fide*, einer Institution, die Papst Gregor XV. 1622 einsetzte, um Maßnahmen gegen den sich ausbreitenden Protestantismus zu entwickeln) in Sprachgebrauch gekommener Begriff für alle Maßnahmen zur Ausbreitung von Ideen. Ebenso für diejenigen Handlungen, die die Handlungen anderer bestimmen oder beeinflussen sollen. Auch Meinungsäußerungen können P. sein, wenn sie das Ziel der Einwirkung auf die Meinung anderer beinhalten. Die wirtschaftliche P. ist im Wesentlichen Werbung für Verbrauch, Produkte etc. *Werbepsychologie*.

Propandiole [engl. *propandiole*], [**PHA**], nur noch historisch bedeutsame Substanzklasse von *Psychopharmaka* aus der Gruppe der *Tranquillanzien*. Hauptvertreter ist *Meprobamat*.

propensity [engl.] Antrieb, Trieb, Neigung, [**EM**], ein ps. Begriff für das zielgerichtete *Verhalten*. Insbes. hat William McDougall diesen Begriff zur Ablösung des vieldeutigeren Wortes *Instinkt* eingeführt (*instinct = innate propensity*). R. B. Cattell schlug zusätzlich die Unterscheidung nach *erg* (*Erg, erg*, für angeborene) und *metaerg* (für erworbene propensity) vor.

propensity score (= p. s.) [engl. *propensity* Neigung, *score* Wert], [**FSE**], ein stat. ermittelter, fallspezifischer Wert, der insbes. in multivariaten Regressionsmodellen (*Regressionsanalyse*) und *Kovarianzanalyse* verwendet wird, um systematische Unterschiede oder Verzerrungen zw. Vergleichsgruppen zu kontrollieren. Wird die Zugehörigkeit der Studienteilnehmer zu z. B. zwei Vergleichsgruppen nicht per *Randomisierung* gebildet (*Quasi-Experiment*), so besteht die Gefahr der *Konfundierung* der Gruppenzugehörigkeit mit bedeutsamen Drittvariablen (*interne Validität*). Der p. s. wird ermittelt, indem auf Basis eines *logistischen Regressions*modells aus allen potenziell konfundierten Variablen die *Wahrscheinlichkeit* für die Zugehörigkeit zu einer der beiden Gruppen geschätzt wird. Der P. ist gleich dem geschätzten teilnehmerspezifischen Wahrscheinlichkeitswert für die Zugehörigkeit zu einer der beiden Gruppen. P. enthält somit die aggregierte Information aller potenziellen Konfunder. P. kann als Kovariate i. R. von Folgeanalysen (z. B. *Kovarianzanalyse*) berücksichtigt werden. Das Verfahren gilt als empfehlenswert zur Kontrolle von Konfundierungseffekten, (1) da die Konfounderinformation stat. ökonomisch kontrolliert werden kann und (2) nur die unabhängige Variable *Gruppenzugehörigkeit* und die Konfoundervariablen bei der Ermittlung der Konfundierungsinformation in einem separaten Analyseschritt berücksichtigt wird. Der direkte Zusammenhang der Konfounder mit der *abhängigen Variable* hat somit keinen Einfluss auf die Schätzung. [www.biostat.jhsph.edu/~estuart/propensityscoresoftware.html]. Rosenbaum & Rubin 1983, Thoemmes 2012.

Prophylaxe, Psychoprophylaxe [engl. *prophylaxis*; gr. *προφυλάσσειν (prophylassein)* vorbeugen], **[KLI]**, Vorbeugung, vorbeugende Maßnahmen; *Prävention*.

Propofol [engl. *propofol*], **[PHA]**, *Narkotikum*, das bei intravenöser Verabreichung zu einem 5- bis 10-minütigen Bewusstseinsverlust führt. Meist zur Narkoseeinleitung zus. mit anderen Narkosemitteln.

Proportionseindrücke [engl. *impressions of proportions*; lat. *proportio* Verhältnis], **[WA]**, die bei der *Wahrnehmung* von Raum- bzw. Zeitgestalten bedeutsamen Beachtungen der Größenverhältnisse (Bühler). Für die Verhältniswerte der Raumgrößen bestehen besondere «Wohlgefälligkeitsproportionen» (*Goldener Schnitt*). *Ästhetik, experimentelle*.

Propositionen [engl. *propositions*; lat. *propositio* Vorstellung, Satz], *Prädikat-Argument-Struktur*, *Propositionen*, *Satzlernen*, *Textstruktur*, *Textverständlichkeit*.

Propranolol (= P.) [engl. *propanolol*], **[PHA]**, häufig benutztes Arzneimittel mit sympathikolytischer Wirkung aus der Klasse der nicht selektiven *Beta-Rezeptorenblocker*, mit Wirkung über Beta1- und Beta2-Rezeptoren. P. ist ein gut untersuchter Stoff dieser Klasse, auch bzgl. psych. Komponenten wie *Angst*. Bei Gesunden ist die anxiolytische Wirkungen nachgewiesen. Julien 1997.

G. Erdmann/W. Janke

Propriorezeptor *Propriozeptor*.

Propriozeption [engl. *proprioception*; lat. *proprius* eigen, *capere* aufnehmen], **[BIO, WA]**, durch *Propriozeptoren* in Muskeln, Sehnen und Gelenken vermittelte Wahrnehmung der Stellung und Bewegung des eigenen Körpers; teilweise syn. zu *Kinästhesie* verwendet. In der Wahrnehmungslehre Gibsons (*ökologische Optik, direkte Wahrnehmung*) allgemeinere Bedeutung als ichbezogene Wahrnehmung (Haltungen und Bewegungen) unabhängig von der Art der Rezeptoren.
H. Heuer

propriozeptive Empfindungen (= p. E.) [engl. *proprioceptive sensation*], **[KLI, WA]**, Wahrnehmungen aus dem eigenen Körper (*Propriozeption*). Bei *Panikstörung* und *Hypochondrie* ist das Achten auf p. E. oft übersteigert und muss in der Therapie bes. behandelt werden.

propriozeptive Reflexe [engl. *proprioceptive reflexes*; lat. *proprius* eigen, *recipere* aufnehmen], **[BIO]**, *Propriozeption, Eigenreflexe*, z. B. solche, die bei *Muskeln*, Gefäßen usw. den *Tonus* steuern.

Propriozeptor [engl. *proprioceptors*], syn. *Propriorezeptor*, **[BIO, WA]**, Sinnesrezeptor, der körpereigene Reizungen von Muskeln- und Sehnenrezeptoren registriert und in Verbindung mit dem Gleichgewichtssinn Empfindungen der Körperhaltung, Körperbewegung sowie der für Stellungen und Bewegungen aufgewendeten Kraft vermittelt (= Interozeptoren). *Propriozeption*. Birbaumer & Schmidt 2010, Schmidt et al. 2010.
C. Kiese-Himmel

Prosencephalon [engl. *prosencephalon*; gr. πρός (pros) nach vorne zu, ἐν (en) in, κέφαλη (kephale) Kopf, **[BIO]**, Vorderhirn. *Gehirn*.

Prosodie [engl. *prosody*; gr. πρός (pros) hinzu, ᾄδειν (aodein) singen], **[KOG]**, Lehre von der metrisch-rhythmischen Behandlung der Lautsprache (Rhythmus, Melodie, Intonation, Wort- u. Satzakzent). Störung: Dysprosodie z. B. bei Aphasien (*Aphasie*). Im Säuglingsalter spielen prosodische Strukturen der Sprache der Mutter (z. B. erhöhte Stimmlage, verstärkte Intonation, langsames und rhythmisches Sprechen) eine große Rolle in der vorsprachlichen Kommunikationsentwicklung eines Kindes.

Prosopagnosie [engl. *prosopagnosia*; gr. πρόσωπον (prosopon) Gesicht, ἀγνωσία (agnosia) Nichterkennen], **[BIO, WA]**, selektiver Verlust der Fähigkeit, bekannte Gesichter (einschl. des eigenen Gesichts; *Gesichtserkennung*) trotz (ausreichend) erhaltener Sehfunktionen visuell wiederzuerkennen. Es existieren erworbene und angeborene Formen (sog. Entwicklungsp.). *Visuelle Agnosie*.
J. Zihl

prosoziales Motivsystem (= PMS.), **[EM, PER, SOZ]**, das PMS. lässt sich als eine überdauernde *Disposition* beschreiben, die die Initiierung, Richtung, Intensität und Dauer der Hilfsbereitschaft bedingt. Prosoziale *Motivation* bezieht sich auf die Aktivierung von zielgerichtetem Handeln (*Handlung*) in realen oder vorgestellten sozialen Situationen, die für andere Personen oder die Gesellschaft vorteilhaft sind (*prosoziales Verhalten*). Die Motivation ist das Ergebnis eines zugrunde liegenden PMS. (*Motiv*) unter best. situativen Anregungsbedingungen. Relevante situative Faktoren für die Aktivierung prosozialer Motivation sind (a) die Art des Hilfesituation, z. B. die Dringlichkeit, spontanes vs. geplantes Auftreten, und (b) die Beziehung zu dem Betroffenen, z. B. Bekanntheitsgrad mit dem Betroffenen, *Gruppe*nzugehörigkeit (*ingroup, outgroup*). Zwei Formen egoistischer prosozialer Motivation als Handlungsimpulse für Hilfehandlungen lassen sich unterscheiden: (1) Personen erwarten pos. Ergebnisse, z. B. finanziellen Gewinn, soziale Anerkennung, oder pos. Gefühle (*Gefühl*) über sich selbst. (2) Das Erleben der neg. Situation eines anderen führt zu eigenem Unbehagen und die Hilfehandlungen dienen dazu, das eigene Unwohlsein zu reduzieren oder zu beenden (oder auch Vermeiden solcher Situationen). I. Ggs. zur *egoistischen prosozialen Motivation* ist die *altruistische Motivation* (*Altruismus*) unmittelbar auf den Betroffenen gerichtet. Gemäß der *Empathie-Altruismus-Hypothese* ist *Empathie* ein zentraler

Vorläufer für Hilfehandlungen (Batson et al. 2002). Empathie führt zu einer stellvertretenden Identifikation mit der Person und löst altruistische Motivation aus. Dies geht über die Reduktion des eigenen Unwohlseins hinaus. Neben situativen Determinanten spielen auch Personenvariablen, z. B. *Verträglichkeit* (Agreeableness), soziales Anerkennungsmotiv, moralische Überzeugungen (*Moral*) und empathische Selbstwirksamkeit (*Selbstwirksamkeitserwartung*), eine zentrale Rolle, um das prosoziale Motiv und damit verbundenes prosoziales Handeln vorherzusagen. Verträglichkeit sagt Helfen vorher, wenn die Zielperson ein Fremder ist und keine Dringlichkeit vorliegt, ist aber nicht vorhersagekräftig, wenn die Hilfehandlungen auf Beziehungspersonen gerichtet sind. Verantwortlichkeit und Verpflichtung sind moralisch basierte Überzeugungen, die das Helfen beeinflussen. Selbstwirksamkeit bezogen auf Empathie und Regulation von Hilfssituationen (*empathic self-efficacy beliefs*) ist ein wichtiger Faktor, da die Überzeugung, etwas unternehmen zu können, für die Initiierung von Hilfehandlungen notwendig ist. Sozialer Ausschluss (*social exclusion*) reduziert Hilfsbereitschaft und ist vermittelt durch reduzierte Empathie (z. B. Twenge et al. 2007).

Das PMS. hat eine universelle biol. Grundlage. So wurde eine angeborene Tendenz des Helfens unter genetisch verwandten Personen (*Altruismus, inklusiver*) nachgewiesen. Altruistische prosoziale Motivation ist aber nicht auf Verwandtschaft begrenzt. Als soziale Wesen haben sich bei Menschen auch *Kooperationen* nicht verwandter Individuen i. S. einer natürlichen Selektion bewährt. Nicht verwandte Personen helfen einander, wenn sie bereits voneinander Hilfe erhalten haben oder zukünftig Hilfe erwarten (*Altruismus, reziproker*). Reziprozitätserwartungen und Verwandtschaftseffekte sind über Kulturen invariant, aber prosoziale Motive können kult. in Abhängigkeit sozialer Normen (*Normen, soziale*) variieren (z. B. Miller et al. 1990). Die Wichtigkeit von Werten der Selbsttranszendenz (*selftranscendence*) (z. B. Universalismus und Wohlwollen), die die Gleichheit mit anderen betonen und Sorge für das Wohlergehen der anderen wecken, variieren kult. und sind verbunden mit Verträglichkeit (*agreeableness*) und andauernder Tendenz der Hilfsbereitschaft. W. Friedlmeier

prosoziales Verhalten (= p. V.) [engl. *prosocial behavior*], [EM, SOZ], bez. eine intentionale und freiwillige *Handlung*, die potenziell bzw. tatsächlich einem Empfänger zugutekommt. Ziel von p. V. kann sein, (1) einer anderen Person Nutzen zu bringen (*altruistische Motivation, Altruismus*), (2) selbst Nutzen daraus zu ziehen (*egoistische Motivation*) oder (3) beides zu erreichen. Gemischte Motivation (wie unter (3) dargestellt) scheint gegenüber einseitiger Motivation (wie unter (1) und (2) dargestellt) zu überwiegen. Die Forschung über prosoziales Verhalten lässt sich dem Themengebiet der Positiven Ps. zuordnen (Peterson & Seligman 2004). Gemäß dem *kogn. Modell der Zuschauer-Hilfeleistung* (Latane & Darley 1970) durchlaufen Personen fünf Entscheidungsschritte, bevor sie in einer Notfallsituation p. V. zeigen. So muss die Person das Ereignis bemerken, das Ereignis als Notfall interpretieren, Verantwortung (*soziale Verantwortung*) übernehmen, eine angemessene Form der Hilfeleistung auswählen und die Handlung schließlich ausführen. Die Wahrscheinlichkeit für ein Eingreifen ist relativ hoch, wenn Hinweise deutlich erkennen lassen, dass ein Notfall vorliegt (z. B. wenn das Opfer um Hilfe ruft) und wenn die Person sich selbst als verantwortlich für ein Eingreifen sieht. Im *Prozessmodell des Eingreifens in konkreten Notsituationen* (Bierhoff 2002) wird relevantes *Wissen*, wie es in einer Erste-Hilfe-Ausbildung erworben wird, mit p. V. in Beziehung gesetzt. Vermittelt wird diese Verbindung über psychol. Prozesse (*Kompetenz*gefühl, *Selbstwirksamkeitserwartung*), Entschlusssicherheit (*Entscheiden*), Bereitschaft zur Verantwortungsübernahme, prosoziale *Intention*). Das Kompetenzgefühl ist der subj. Ausdruck der Ausbildungsstands. Im Kompetenzgefühl spiegelt sich die Selbstwirksamkeit wider, welche die *Selbstsicherheit* und das *Selbstvertrauen* bezeichnet, eine Handlung in einer Situation erfolgreich ausführen zu können. Die Entschlusssicherheit umfasst die Einschätzung darüber, wie sicher man ist, helfen zu können. Sie ist höher ausgeprägt, wenn das Kompetenzgefühl stärker ist. Die Bereitschaft zur Verantwortungsübernahme bez. das Ausmaß der Neigung, sich in einer best. Situation als zuständig wahrzunehmen. Sie wird als stärker erlebt, wenn die Entschlusssicherheit größer ist. Die prosoziale Intention ist das Ergebnis der Verantwortungsübernahme. Bei ausgeprägter Verantwortungsübernahme fällt die Intention höher aus als bei geringer Verantwortungsübernahme. Das Auftreten p. V. bei Unfällen wird durch mehrere Faktoren reduziert, die den Handlungsverlauf stören (Bierhoff 2002, 2010): (1) *Diffusion der Verantwortung* als Resultat der Anwesenheit vieler Zuschauer, von denen jeder im Prinzip einschreiten könnte, (2) *pluralistische Ignoranz*, bei der jeder passive Zuschauer Vorbild für den anderen ist, nichts zu tun, (3) *soziale Hemmung* aufgrund von *Angst*, in der Öffentlichkeit etwas Falsches zu tun (*Bewertungsangst*). Ein Anwendungsgebiet des p. V. ist die *Zivilcourage*, die durch persönlichen Mut, Gerechtigkeitsstreben (*Gerechtigkeit*, *Ungerechtigkeitssensibilität*) und Verwirklichung einer humanen Einstellung gekennzeichnet ist (Bierhoff & Rohmann 2012). Zivilcourage kann in unterschiedlichen kommunikativen Räumen (*Kommunikation*) eingesetzt werden, um Schaden zu verhindern. Dazu zählen die Privatsphäre, aber auch der Berufsbereich und der öffentliche Raum. *prosoziales Motivsystem*. Olweus et al. 1986. H.-W. Bierhoff

Prospect-Theorie, [EM, KOG], von Kahneman und Tversky (1979) entwickelte Alternative zur Subjective-Expected-Utility-Theorie (*SEU/SEV*-Theorie; Theorie der Maximierung des subj. erwarteten Nutzens) mit folg. Annahmen: (1) Der subj. Nullpunkt für den Nutzen ist bezugssystemabhängig (*framing* bei Kahneman & Tversky), (2) die Funktionen im pos. Teil und im neg. Teil der Nutzenfunktion sind unterschiedlich steil, sodass bei pos. Nutzen das Verhalten risikoaversiv (*Verlustaversion*) ist und bei neg. Nutzen risikofreudig, (3) an die Stelle der subj. Wahrscheinlichkeiten tritt eine gekrümmte Gewichtsfunktion, die für die Werte nahe 0 und 1 nicht definiert ist. *Entscheiden, Entscheidungstheorie, Erwartung-Wert-Theorien.*

Prostaglandine (= P.) [engl. *prostaglandins*], **[BIO]**, hormonähnliche (*Hormone*), in zahlreichen Geweben produzierte Stoffe mit vielfältigen Wirkungen auf innere Organe (*Organ*) und Hormonsysteme. Entdeckung durch Euler (Nobelpreis). P. besitzen große Bedeutung beim Entstehen von Entzündungen mit *Schmerz*. Sie sensibilisieren die Schmerzrezeptoren, sind an der Bildung von Dauerschmerz maßgeblich beteiligt und fördern die Erregungsübertragung nozizeptiver Impulse im ZNS (*Nervensystem*). Periphere *Analgetika* hemmen die Bildung von P. *W. Janke*

prosthetisches Kontinuum [engl. *prosthetic continuum*; gr. πρός *(pros)* nach vorne zu, θέσις *(thesis)* Aufstellen], *metathetisches Kontinuum.*

Protanopie [engl. *protanopia*; gr. πρῶτος *(protos)* erster, α- (a-) ohne; ὄψις *(opsis)* Sehen], **[BIO, WA]**, genetisch verursachte Störung des Farbensehens durch Fehlen der Rot-Zapfen in der Netzhaut (Rot-Grün-Blindheit). Bei einer Verringerung der Rot-Zapfen spricht man von Protanomalie (Rot-Grün-Schwäche). *Dyschromatopsie. J. Zihl*

proteanes Verhalten [engl. *protean behavior, behavior intended to deceive; Protheus* gr. Meeresgott], *Täuschungsverhalten.*

Protein, **[BIO]**, sy. Eiweiß, aus *Aminosäuren* zus.gesetzte Riesenmoleküle; Hauptbestandteil aller *Enzyme* und somit für jeden Organismus essenziell.

protektive Funktion (= p. F.) [engl. *protective function*; lat. *protegere* schützen], **[KOG]**, Bez. für die sehr heterogenen reflektorischen, instinktmäßigen (von den Reflexen bis zu den Ängsten reichenden) abwehrenden Funktionen, die für den Organismus eine Schutzleistung vollbringen. **[KLI]**, bei psych. Störungen kommt der p. F. sozialer Einbettung eine wichtige Rolle (*Prävention, Ressourcenorientierung*) zu. Weil Menschen mit psych. Problemen oft nicht gut eingebettet sind, kommt in der Psychoth. dem (Wieder-)Herstellen guter zw.menschl. Beziehungen (z. B. im Training sozialer Kompetenz, *Verhaltenstherapie, Interpersonale Psychotherapie*) eine bes. Bedeutung zu. *F. Caspar*

protensity [engl.] Protensität; [lat. *protendere* sich erstrecken], **[KOG]**, zeitliche Dimension bei geistigen Prozessen.

Prothipendyl (= P.) [**PHA**], P. ist eine trizyklische Substanz und gehört zu den schwach wirkenden *Antipsychotika*. Darüber hinaus hat Prothipendyl sedierende, *antihistaminerge* und antiemetische Eigenschaften. P. bindet vor allem am *Dopamin-Rezeptor* D2, daneben an D1 sowie am *Serotonin*-Rezeptor 5-HT2a. P wird eingesetzt zur Dämpfung bei psychomotorischen Unruhe- und Erregungszuständen i. R. psych. Grunderkrankungen. *M. Paulzen*

Protokoll (= P.) [engl. *protocol*; gr. πρῶτος *(protos)* erster, κόλλα, *(kólla)* Kleber, Leim; ursprünglich: erstes Blatt der Papyrusrolle], **[FSE]**, die schriftliche Niederlegung der sprachlichen Äußerungen und Verhaltensweisen, Ausdruckserscheinungen einer Vp bei einem Experiment bzw. eines Pb bei einer Exploration oder Testanwendung durch den Vl.

[PHI], in der positivistischen Erkenntnislehre sollen P.-Sätze und P.-Begriffe Aussagen über beobachtete Fakten zum Inhalt haben – im Ggs. zu hypothetischen Sätzen.

protopathische Sensibilität [engl. *protopathic sensibility*; gr. πρῶτος *(protos)* erster, πάθος *(pathos)* Leiden(schaft), Krankheit, lat. *sensibilis* wahrnehmbar], *Sensibilität.*

Prototyp (= P.) [engl. *prototype*; gr. πρῶτος *(protos)* erstes, τύπος *(typos)* Urbild], **[KOG]**, kognitionspsychol. Grundbegriff, dem ein best. Prinzip der strukturellen Organisation (konzeptueller wie perzeptueller) kogn. Repräsentationen (*Wissen*) zugrunde liegt. Dabei wird angenommen, dass die einer *Kategorie* zu subsumierenden Elemente sich untereinander danach unterscheiden lassen, in welchem Maß sie jew. für die Kategorie als Ganzes «typisch» (prototypisch) erscheinen (Gradstufen bzw. Kontinuum von Prototypikalität; verwandt mit dem Prägnanzstufen-Konzept der *Gestaltpsychologie*). So wird ein Schäferhund dem die Kategorie «Hund» verkörpernden P. vermutlich näher stehen als ein Pekinese oder als eine Dogge. *Typologie.* Eckes & Six 1984, Rosch & Lloyd 1978, Barsalou 2000.

Prototypentheorie [engl. *prototype theory*; gr. πρῶτος *(protos)* erstes, τύπος *(typos)* Urbild], *Sprachwahrnehmung.*

Proxemik (= P.) [engl. *proxemics*; lat. *proximare* sich nähern], **[KOG, SOZ]**, als Begriff in Anlehnung an *phonemics* (*Phonemik*) durch den Anthropologen E. T. Hall eingeführt. Unter P. versteht Hall die Untersuchung der Ausnutzung des *Raumes* durch Interaktionspartner (*soziale Interaktion*) und der damit zus.hängenden wahrnehmungshaften Orientierung im Raum (*Raumorientierung*). Gegenüber einem allg. ökologisch-psychol. Ansatz (*ökologische Psychologie*) ist die Forschungsrichtung der P. eingegrenzter. Sie versteht das *Raumverhalten* als ein eigenes menschliches Kommunikationssystem (*Nichtverbale Kommunikation*), dessen Basiseinheiten (Körperhaltung: stehen, sitzen usw.; Körperberührung: festhalten, streicheln usw.; Orientierungswinkel der Interaktionspartner: gegenüber, Seite an Seite usw.; Geruchsempfindungen u. a.) über die versch. Kommunikationskanäle übermittelt werden und gemeinsam jew. ein komplexes Pattern des Raumverhaltens bilden. Das Raumverhalten ist kulturspezifisch geformt, gleiches *Verhalten* kann in versch. Kulturen eine unterschiedliche Bedeutung haben (*kulturvergleichende Psychologie*); einmal gelernt, wird es weithin außerhalb der bewussten *Aufmerksamkeit* wahrgenommen und ausgeführt. V. a. wurden seither interpersonale Distanzen (*Distanz, soziale*) in Interaktionen untersucht. Hall unterscheidet für die amerikanische Gesellschaft 4 Distanzzonen: intime (bis 0,5 m), persönliche (0,5–1,5 m), sozial-konsultative (1,5–4 m), öffentliche (ab 4 m) Distanz. *Territorialverhalten, Individualdistanz.* Graumann 1972, Hall 1966, Hall 1968.

proximal [engl. *proximal*; lat. *proximus* der nächste], **[BIO]**, dem Rumpf nahe gelegen, im Ggs. zu *distal*.

proximaler Reiz [engl. *proximal stimulus*; lat. *proximus* der nächste], *distales Objekt.*

Proximität [engl. *proximity*; lat. *proximus* der nächste], *multidimensionale Skalierung.*

prozedurales Gedächtnis [engl. *procedural/implicit memory*; lat. *procedere* fortschreiten], *Gedächtnis.*

Prozentrang (= P.) [engl. *percentile rank*; lat. *per* durch, *centum* hundert], [**DIA, FSE**], mit dem P. einer Maßzahl wird der Prozentsatz jener Fälle einer Verteilung (z. B. der Eichpopulation) bestimmt, der gleich große oder kleinere Werte (Scores) als die jew. Maßzahl besitzt. Der P. lässt sich aus der Summenkurve über die kumulative *Häufigkeit* bestimmen und ist die inversive Funktion des Zentils. Er findet hauptsächlich bei der Erstellung von Normen für Testverfahren Verwendung. *Normierung*, *Normskalen*.
G. Mikula

Prozentrangskala [engl. *percentile rank scale*], *Normierung*, *Normskalen*, *Prozentrang*.

Prozess (= P.) [engl. *process*; lat. *processus* Fortgang, *procedere* fortschreiten], in der Ps. Bez. für Vorgänge (Abläufe wie Wahrnehmungs-, Lern-, Denkprozess u. ä.) oder längerfristige Veränderungen (Entwicklungs-, Pubertäts-, Reifungs-, Krankheits-, Alterungsprozess). P. sind auch Konstrukte und Bez. für die Informationsverarbeitung und Handlungsregulation. *Entwicklung*, *Schub*, *Phase*, *Prozessanalyse*, *Prozessdiagnostik*, *Prozessforschung*, *Prozesskontrolle*, *Prozessqualität*.

Prozessanalyse [engl. *process analysis*; lat. *processus* Fortgang, gr. ἀνάλυσις *(analysis)* Auflösung], [**DIA, FSE, SOZ**], freier oder an Raster bzw. skalierende Verfahren gebundener Versuch, die persönlichen und sozialps. Aspekte eines Gruppenverlaufes (meist einer zeitlichen Einheit) zu beschreiben, z. B. in Kategorien von *Sympathie*, *Vertrauen*, *Macht*ausübung, Entwicklung von *Kohäsion*, *Kooperation*fähigkeit.
F. Perels

Prozessdiagnostik (= P.) [engl. *process diagnostics*, lat. *processus* Fortgang, gr. διά- *(dia-)* durch, γνῶσις *(gnósis)* Erkenntnis], [**DIA, FSE**], diagn. Vorgehen (*Diagnostik*) mit ps. Verfahren, die mit dem Ziel eingesetzt werden, bei Pbn oder Pbn-Gruppen Veränderungen festzustellen (*Veränderungsmessung, direkte*, *Veränderungsmessung, indirekte*). Von den Methoden der P. wird gefordert, dass die dafür eingesetzten Verfahren die für die Prozessbeschreibung bedeutsamen Zeit- und Bedingungsvariablen Komponenten von ps. Merkmalen (*Merkmal*) erfassen können. *Veränderungsmessung, messtheoretische Aspekte*, *Statusdiagnostik*.

Prozessdissoziation (= P.) [engl. *process dissociation*; lat. *processus* Fortgang, *dissociare* trennen], [**KOG**], ein zentrales Problem kognitionspsychol. Forschung ist die Messung kogn. Prozesse (*Kognition*), die beobachtbaren kogn. Leistungen zugrunde liegen. Lange dominierte die Idee, dass jeder kogn. Prozess über geeignet gewählte Aufgaben hinreichend genau erfasst werden kann. In der Gedächtnisps. (*Gedächtnis*) nahm man bspw. an, dass bewusste Erinnerungen (sog. *kontrollierte Gedächtnisprozesse*) über Leistungen in direkten Gedächtnistests wie z. B. der *Reproduktionsaufgabe* oder der *Rekognitionsaufgabe* gemessen werden können, unbewusste bzw. automatische Gedächtnisprozesse dagegen über indirekte Gedächtnistests wie etwa die *Wortanfangsergänzungsaufgabe* (Richardson-Klavehn & Bjork 1988; *Gedächtnisprüfung*). Ende der 1980er-Jahre häuften sich jedoch die empirischen Hinweise, dass diese Idee zu stark vereinfacht ist. Leistungen in Rekognitionsaufgaben können z. B. einerseits durch bewusste, kontrollierte Erinnerungen an eine Lernepisode, andererseits aber auch durch automatische Prozesse wie z. B. Vertrautheitsgefühle beeinflusst werden.

Zur Lösung des Problems, dass Gedächtnisaufgaben niemals «prozessrein» sind, sondern grundsätzlich sowohl kontrollierte als auch automatische Gedächtnisprozesse reflektieren, schlug Jacoby (1991) die P.prozedur (PDP) vor. Die PDP umfasst ein exp. Paradigma einerseits und ein Messmodell andererseits. Kern des exp. Paradigmas der PDP sind zwei Testbedingungen, nämlich die *Inklusionsbedingung*, in der kontrollierte und automatische Gedächtnisprozesse das Antwortverhalten in die gleiche Richtung beeinflussen, und die *Exklusionsbedingung*, in der kontrollierte und automatische Prozesse gegenläufig wirken. Eine Möglichkeit, diese beiden Testbedingungen zu realisieren, bietet die Wortanfangsergänzungsaufgabe. In der Inklusionsbedingung werden Pbn instruiert, sich an eine best. Lernepisode zu erinnern und einen vorgegebenen Wortanfang zu einem Wort aus der Lernepisode zu ergänzen. Gelingt dies nicht, soll der Wortanfang zu irgendeinem Wort ergänzt werden. In der Exklusionsbedingung soll dagegen die Ergänzung des Wortanfangs zu einem Wort erfolgen, das nicht in der betreffenden Lernepisode vorkam. Folglich können Ergänzungen zu Wörtern aus der Lernepisode in der Inklusionsbedingung sowohl durch kontrollierte als auch durch automatische Gedächtnisprozesse resultieren, in der Exklusionsbedingung dagegen nur durch automatische Prozesse.

Das von Jacoby (1991) vorgeschlagene Messmodell zur PDP konzipiert kontrollierte und automatische Prozesse als dichotome latente Variablen (*Variable, latente*) und nimmt stochastische Unabhängigkeit (*Multiplikationssatz*) von kontrollierten Erinnerungen (Wahrscheinlichkeit R) und automatischen Gedächtniseinflüssen (Wahrscheinlichkeit A) an. Es nimmt ferner an, dass zusätzlich keine weiteren kogn. Prozesse (etwa Rateprozesse oder Antworttendenzen; *response set*) auf Inklusions- und Exklusionstestleistungen (I bzw. E) einwirken. Unter diesen Voraussetzungen ist $I = R + (1-R) \cdot A$ und $E = (1-R) \cdot A$. Da die Ergänzungswahrscheinlichkeiten zu Wörtern der Lernepisode für die Inklusions- (I) und die Exklusionsbedingung (E) empirisch schätzbar sind, lassen sich Maße für kontrollierte ($R = I - E$) und automatische Gedächtnisprozesse ($A = E / (1 - (I - E))$) leicht daraus ableiten.

Die PDP ist in dieser Form in nahezu allen Bereichen der Ps. angewendet worden (Erdfelder & Buchner 2003). Zugleich wurde aber auch Kritik daran geübt, und es wurden Verbesserungsvorschläge ausgearbeitet. Nachgewiesen wurde, dass die Nichtberücksichtigung von Antworttendenzen und Rateinflüssen zu verzerrten Schätzungen von R und A führen kann (Buchner et al. 1995). Es wurden erweiterte PDP-Messmodelle zur Lösung dieses Problems vorgeschlagen, z. T. im Kontext von *Hochschwellenmodellen* (Buchner et al. 1995; Erdfelder & Buchner 1998), z. T. im Kontext von Signalentdeckungsmodellen (Yonelinas & Jacoby 1996; *Signalentdeckungstheorie*). Ein zweiter Kritikpunkt betrifft die ungeprüfte stochastische

Unabhängigkeitsannahme für kontrollierte und automatische Gedächtnisprozesse. Es wurde gezeigt, wie diese Annahme vermieden (Buchner et al. 1995) oder zum Gegenstand einer empirischen Prüfung gemacht werden kann. Hierbei ist zu unterscheiden zw. der Prüfung der Prozessunabhängigkeit auf kogn. Ebene (Erdfelder & Buchner 2003; Vaterrodt-Plünnecke et al. 2002) und der *Korrelation* zw. kontrollierten und automatischen Gedächtnisprozessen über Individuen oder Items hinweg (Rouder et al. 2008). Ein dritter Problemkreis betrifft die Frage, ob die PDP als exp. Paradigma überhaupt nötig ist, um kontrollierte und automatische Gedächtnisprozesse zu messen. Gedächtnisprozesse in der PDP und in *Quellengedächtnisaufgaben* haben sich in versch. Bereichen als so ähnlich erwiesen, dass die PDP schadlos durch Quellengedächtnisaufgaben ersetzt werden kann (Buchner et al. 1997; Steffens et al. 2000). Prinzipiell kommen also neben der PDP auch andere exp. Paradigmen zur Messung kontrollierter und automatischer kogn. Prozesse in Frage, wobei die Klasse der *Verarbeitungsbaummodelle* oftmals einen geeigneten Rahmen zur Konstruktion von Messmodellen bereitstellt. E. Erdfelder

Prozessexpertise (= P.) [engl. process expertise; lat. *processus* Fortgang, *expertus* erfahren, bewährt], *Therapiebeziehung*.

Prozessfokus (= P.) [engl. *process focus*; lat. *processus* Fortgang, *focus* Heim, Feuerstätte], *Zielfokus, Prozessfokus und Ergebnisfokus*.

Prozessforschung (= P.) [engl. *process research, time series research*, lat. *processus* Fortgang], **[FSE]**, die Untersuchung von systematischen Veränderungen psych. und körperlicher Merkmale. Von den gerichteten Prozessen wie kindlicher *Entwicklung, Pubertät,* Altern (*Psychologie des Alterns*), *Krankheit,* Therapieverläufen sind Veränderungen zu unterscheiden, die gleichartig oder in sehr ähnlichen Abläufen regelmäßig wiederkehren, z. B. kurzfristige Schwankungen der *Aufmerksamkeit,* best. Reaktionsverläufe, *REM*-Phasen, 24-Stunden-Verlauf, *Biorhythmus*, psychophysiol. Zustandsänderungen in den Stimmungen, Bedürfnissen und Handlungen. Wenn diese Veränderungen in einem einheitlichen zeitlichen Raster und möglichst auf Intervallskalenniveau (*Skalenniveau*) gemessen werden können, sind spez. stat. Verfahren der *Zeitreihenanalyse* anwendbar, bspw. *ARIMA*-Modellierungen, außerdem *verteilungsfreie Verfahren*. Da psych. Zustandsänderungen oder Handlungssequenzen meist nicht periodischer Art sind oder praktisch nicht gleichabständig erfasst werden können, sind auch Verfahren der Mustererkennung und der Typisierung der Verläufe erforderlich.

[KLI], P. ist eine grundsätzlich wichtige Aufgabe der *Psychotherapieforschung*; sie stellt jedoch meth. höhere Anforderungen als die einfache Ergebnisforschung, u. a. wegen der wiederholten Erhebungen, einer methodenbedingten Reaktivität der Beteiligten und wegen biometrischer Probleme aufgrund unterschiedlicher Ausgangswerte und Reliabilität der Kennwerte. Typ.weise werden versch. Perspektiven (Pat./Therapeut/unabhängiger Beobachter) und versch. Arten von Daten (Fragebogen, Videobänder usw.) berücksichtigt. Oft wird Prozess- mit Ergebnisforschung kombiniert. Inzwischen liegen viele gesicherte Ergebnisse zu diversen Prozessvariablen in der *Psychotherapie* vor. Tschacher 1997, Grawe 2004. J. Fahrenberg/F. Caspar

Prozesskontrolle [engl. *process control*], *Fairness*.

Prozessmodelle, duale *Kaufentscheidungen, Modelle*.

Prozess-Produkt-Paradigma [engl. *process-product paradigm*]; *Lehrstrategien, darstellende, Unterrichtsforschung*.

Prozessqualität [engl. *process quality*; lat. *processus* Fortgang, *qualitas* Beschaffenheit], *Qualität*.

Prozesssicherheit (= P.) [engl. *process safety/security/reliability*], **[AO]**, bezieht sich auf die Sicherheit von Arbeitsprozessen und deren unmittelbare Ergebnisse. Die P. betrifft somit die primäre Arbeitsaufgabe der im jew. Arbeitssystem beschäftigten Menschen (Grote 2007). Die P. muss nicht notwendigerweise auch die *Arbeitssicherheit* einbeziehen, wie im Fall eines chirurgischen Eingriffs, der maßgeblich die Gesundheit und Sicherheit des Pat., nicht aber die des Chirurgen beeinflusst. Anforderungen, die aus der Arbeitssicherheit erwachsen, können sogar der P. zuwiderlaufen. Das Anlegen von Schutzkleidern oder Abschirmen von Bearbeitungsprozessen, das aus Sicht der Arbeitssicherheit notwendig ist, kann eine Reduktion der P. bewirken, wenn bspw. relevante visuelle, akustische oder taktile Reize nicht mehr verfügbar sind. Maßnahmen, die die P. fördern, können teilweise dem Bereich *Arbeitssicherheit und Gesundheitsschutz* zugeordnet werden. Gesamthaft werden sie unter dem Begriff Sicherheitsmanagement oder auch Risikomanagement vereint. Dazu gehören insbes. Risikoanalysen, Ereignis- und Unfallanalysen, Sicherheitsvorschriften, ergonomische Systemgestaltung, sicherheitsbezogene Ausbildung und Überwachung sicherheitsbezogener Leistungsparameter. Hinsichtlich der Leistungsparameter ist zu berücksichtigen, dass sich Indikatoren für P. von solchen für Arbeitssicherheit unterscheiden. Im letzteren Fall geht es vielfach um Arbeitsunfälle, die den arbeitenden Menschen, nicht aber notwendigerweise die Arbeitsprozesse betreffen (z. B. Wegeunfälle durch Stolpern und Ausrutschen). In Bezug auf die P. werden betriebliche Störfälle betrachtet, die den Arbeitsprozess, nicht unbedingt aber den arbeitenden Menschen tangieren (z. B. falsche Medikamentierung eines Pat.). Nicht selten wird aber als Beleg für die (Nicht-)Wirksamkeit einer Maßnahme, die die P. betrifft, die Zahl der Arbeitsunfälle herangezogen, da die größere Häufigkeit von Arbeitsunfällen im Vergleich zu betrieblichen Störfällen eher stat Auswertungen zulässt. Konzpetionell ist das fragwürdig, wenn nicht belegt werden kann, dass P. und Arbeitssicherheit denselben Wirkzusammenhängen unterliegen. Entsprechende Untersuchungen stehen noch aus, die Analyse grosser Unfälle lässt aber vermuten, dass sich die Wirkzusammenhänge unterscheiden (Hopkins 2009, Hoyos 1987). G. Grote

Prozesssimulation (= P.) [engl. *process simulation*; lat. *processus* Fortgang, *simulare* nachbilden], **[KOG]**, ist eine mentale Simulation, bei der Personen einzelne Schritte einer zielgerichteten Handlung im Geist durchspielen (z. B. eine Schülerin, die sich auf eine Klausur vorbereitet, stellt sich vor, wie sie in die Bibliothek geht, ein Lehrbuch liest, sich Notizen macht, ihre Notizen nochmal durchgeht). Die P. wird oftmals der *Ergebnissimulation* (= E.) gegenübergestellt. Bei der E. stellen sich Personen das pos. Ergebnis einer zielgerichteten Handlung vor (z. B. eine Schülerin, die sich auf eine Klausur vorbereitet, stellt sich vor, wie sie die Klausur mit der Bestnote zurückbekommt, wie sie sich freut, wie sie die Note ihren Eltern zeigt, usw.).

Die P. wirkt sich pos. auf die Zielerreichung (*Ziele*, *Zielorientierung*) und die Bewältigung von stressvollen Ereignissen aus, indem sie Problemlöseaktivitäten anregt: Zum einen fördert sie das Planen der Zielerreichung (z. B. das Festlegen des Wann, Wo und Wie der Handlungsinitiierung) und hilft Personen dabei, Projekte rechtzeitig zu beginnen und abzuschließen (Prokrastination, *planning fallacy*); zum anderen hilft sie bei der *Emotionsregulation* (z. B. Reduzierung von Ängstlichkeit, pos. Neuinterpretation von stressvollen Ereignissen, verstärkte Suche nach sozialer Unterstützung und Förderung von pos. *Affekt*). I. Ggs. zur P. fördert die E. die Zielerreichung und Bewältigung von stressvollen Ereignissen (*Stressbewältigung*) weniger und kann sich sogar neg. auswirken, indem sie Problemlöseaktivitäten verhindert. Taylor & Pham 1996, Taylor et al. 1998. *A.T. Sevincer/G. Oettingen*

Prozessualität [engl. *processuality*; lat. *processus* Fortgang], *Prinzip der Prozessualität*.

Prozessvariable, hypothetische [engl. *hypothetical process variable*; lat. *processus* Fortgang, ὑπόθεσις (hypothesis) Unterstellung], [**FSE**], die an einem Vorgang beteiligte Variable, die zwar selbst nicht direkt beobachtbar ist, auf die aber aufgrund anderer Beobachtungen geschlossen wird. *Variable, latente*.

Prozessverfolgung (= P.) [engl. *process tracing*], [**KOG**], exp. Technik, mit der versucht wird, die von einem Entscheider (*Entscheiden*) oder Problemlöser (*Problemlösen*) verwendeten *Operatoren* möglichst lückenlos und in der richtigen Reihenfolge zu erfassen. Wichtige Methoden der P. sind (1) die Konstruktion spezif. Entscheidungs- oder Lösungsalternativen, deren Wahl Rückschlüsse auf den Prozess zulässt, (2) die Registrierung der Informationsaufnahmesequenzen, z. B. durch Analyse der Blickbewegungen oder Informationsabfragen am Computer, und (3) die Analyse von verbalen Denkprotokollen (*lautes Denken*). Huber 1982.

Test Prüfsystem für Schul- und Bildungsberatung für 4. bis 6. Klassen – revidierte Fassung (PSB-R 4–6), 2002, W. Horn, H. Lukesch, A. Kormann & S. Mayrhofer, [www.testzentrale.de], [**DIA, PÄD, PER**]. Intelligenztest für 4. bis 6. Schulklasse. Das PSB-R 4–6 erfasst basierend auf Thurstones Primärfaktoren folg. 10 Bereiche: Allgemeinwissen, Zahlenreihen, Buchstabenreihen, figurale Reihen, Wortflüssigkeit, Gliederungsfähigkeit, Raumvorstellung, Gemeinsamkeiten finden, Zahlenaddition, Zahlenvergleich, sowie schulbezogene Wissensbereiche. Der Reasoningfaktor wird über die Bereiche *Reihen mit Buchstaben*, *Zahlen* sowie *Figuren* erfasst; Konzentrationsfähigkeit über *Zahlenaddition* und *Zahlenvergleiche*. Cronbachs Alpha zw. .72 und .94. Konvergente (KLT-R, CFT 20) und divergente Validität (d2) liegen vor sowie externe Validierungen (Grundschulnoten, Übertrittsempfehlungen, Lehrerurteile). Schulstufen- und schulartspezifische *Normierung* mit Standard- und Prozentrangwerten ($N = 1559$) liegen vor. Bearbeitungsdauer: ca. 45 Min. *J. M. Müller*

Test Prüfsystem für Schul- und Bildungsberatung für 6. bis 13. Klassen – revidierte Fassung (PSB-R 6–13), 2003, W. Horn, H. Lukesch, S. Mayrhofer & A. Kormann, [www.testzentrale.de], [**DIA, PER**]. *Intelligenztest*, erfasst nach Thurstones Primärfaktoren 9 Bereiche. Cronbachs Alpha zw. .89 und .91. Konvergente (z. B. CFT 20) und divergente Validität (z. B. KLT-R) liegen ebenso vor wie externe Validierungen an Schulleistungsindikatoren und Lehrerurteile. Schulstufen- und schulartbezogene *Normierung* in Standard- und Prozentrangwerten liegt vor. Zusätzlich eine vorläufige Normierung für Erw. (Form A: $N = 3765$, Form B: $N = 3608$). Bearbeitungsdauer: ca. 45 Min. *J. M. Müller*

Test Prüfung optischer Differenzierungsleistungen bei Vierjährigen (POD-4), 2001, F.C. Sauter, [www.testzentrale.de], [**DIA, EW, PÄD**]. Entwicklungstest. AA Kinder im Alter von 4;0 bis 4;11 Jahren. Der POD-4 ist ein Leistungstest zur Erfassung optischer Differenzierungsleistungen i. R. der diagn. Einzelfalluntersuchung. Anhand des Verfahrens werden – wie beim bewährten POD – basale Fähigkeiten für den Erwerb der Kulturtechniken (Lesen, Schreiben, Rechnen) erfasst. Voraussetzungen hierfür sind das Erkennen von Raum-Lage-Unterschieden, die Unterscheidung von Groß- und Kleindetails sowie die Identifizierung von Reihenfolgen. *Normierung*: Es liegen altersgestaffelte Normen für den Altersbereich 4;0–4;11 Jahre vor ($N = 559$). Bearbeitungsdauer: ca. 15 bis 30 Min.

Test Prüfung optischer Differenzierungsleistungen (POD), 1979, F.C. Sauter, [www.testzentrale.de], [**DIA, EW, PÄD**]. Entwicklungstest. AA von 5 bis 8 Jahren. Differenzialdiagnostikum zur Messung der optischen Differenzierungsleistungen, die der Schulanfänger beim Erfassen von Buchstaben, Ziffern, Wörtern und Zahlen erbringen muss. *Reliabilität*: Innere Konsistenz (Cronbachs Alpha) für Vorschulkinder ($N = 1237$) von $r = .89$ und für Schulkinder ($N = 616$) von $r = .84$. Split-Half-Reliabilität (aus den Voruntersuchungen) von $r = .91$. *Normierung*: Altersnormen im Abstand von vier Monaten in Form von T-Werten und Prozenträngen. Durchführungsdauer: ca. 20 Min.

Prüfungsangst (= P.) [engl. *test anxiety*], [**KLI, PÄD**], stellt eine spezif. Form der *Leistungsangst* dar, bei der eine Person vor und in einer Prüfungssituation ein Übermaß an Sorge, physiol. Erregung, mentaler Desorganisation und unkontrollierbaren, selbstwertbedrohlichen Gedanken erlebt, den Anforderungen der Prüfung nicht zu genügen. Je nach Ausprägung und Intensität kann P. bereits die Vorbereitung auf die Prüfung und die Leistung in der Prüfung substanziell beeinträchtigen. P. manifestiert sich v. a. in schulischen Prüfungssituationen, kann aber auch in anderen Kontexten auftreten z. B. bei Musikern als Bühnenangst. P. ist bei Unterstufen- und Mittelstufenschülern häufiger anzutreffen als bei Oberstufenschülern und Studierenden. In den einschlägigen Diagnosemanualen für psych. Störungen *ICD* oder *DSM* werden allerdings auch starke Ausprägungen von P. nicht als Störungen mit Krankheitswert def. Für eine erfolgreiche Behandlung von P. werden i. d. R. mehrere sich ergänzende Maßnahmen ergriffen, die sowohl während der Prüfungsvorbereitung als auch während der Prüfung eingesetzt werden können. Dies sind kogn. Techniken, die auf die Bearbeitung der kogn. Verzerrungen zielen und auch *Gedankenstopp*, Verankern von Zuversicht und pos., problemorientierte *Selbstinstruktionen* umfassen. Ebenso werden Entspannungstechniken (*Entspannungsverfahren*) zur Reduktion der physiol. Erregung eingeübt. Eine *Konfrontation* in vivo, die sich bei anderen *Angststörungen* als zweckmäßig erwiesen hat, scheint bei P. nur bedingt tauglich. Insbes. bei jüngeren Kindern ist der Einbezug der Eltern unverzichtbar. Darüber hinaus lassen sich von Prüferseite aus durch eine entspr. Gestaltung von Prüfungssituationen die P. reduzieren. Hierzu gehören die Vermeidung unangekündigter Leistungskontrollen, ausreichende Vorbereitung mit prüfungsähnlichen Anforderungen, hinreichend Zeit während der Prüfung und eine indiv. *Bezugsnorm*snormorientierung bei der Leistungsrückmeldung. *Prüfungsforschung*, *Schulangst*. Fehm & Fydrich 2011, Federer 2004. *M. Holodynski*

Prüfungsforschung, Examensforschung [engl. *research on examination*], **[PÄD]**, Sammelbez. für empirische Untersuchungen und theoretische Erklärungsansätze aus *Pädagogik*, Ps., *Soziologie* und Med., die sich – bes. seit den 1930er-Jahren – mit der Leistungsproduktion und -bewertung (*Leistung*) in Prüfungssituationen befassen. Während in älteren Arbeiten (Hartog & Rhodes 1936) die Frage der Messqualität von Prüfungen im Vordergrund stand (*Gütekriterien*), kamen später Fragen der Prüfungsgestaltung (Gruppenprüfung, Öffentlichkeit, kumulative Prüfung) sowie der gesellschaftlichen Funktion und Legitimation des Prüfungswesens (Kvale 1972) hinzu. Empir. Untersuchungen haben wiederholt gezeigt, dass die messmethodische Qualität von in freier Form verfassten schriftlichen Prüfungsarbeiten (Aufsätze, Essay-Tests) sowie von mündlichen Prüfungen die oft weit reichenden Konsequenzen nicht rechtfertigt, die aus ihnen abgeleitet werden. Mehrere unabhängige Beurteiler derselben Arbeit oder Prüfung korrelieren (*Korrelation*) in ihren Urteilen nur mittelhoch (*Beurteilerübereinstimmung*), die Noten streuen oft über die gesamte Skala. Verschiedene Prüfungsformen (mündlich, schriftlich, *multiple choice* (*Multiple-Choice-Antwortformat*), praktisch) korrelieren auch beim selben Prüfungsgegenstand oder -fach nur schwach, der Vorhersagewert von Prüfungen für den späteren Ausbildungs- oder Berufserfolg ist demnach meist gering. Unter den Faktoren, die die Leistungsproduktion beim Kandidaten (meist neg.) beeinflussen, hat die *Prüfungsangst* besondere Beachtung gefunden (Gärtner-Harnach 1973). Eine Reihe von Faktoren können den Urteilsprozess und sein Ergebnis beim Beurteiler (Prüfer, Beisitzer, Protokollant) beeinflussen wie Vor- oder Zusatzinformationen über den Kandidaten, Abfolge der Kandidaten, Tagesschwankungen, Person und Verhalten des Mitprüfenden (Engemann 1981). Die Kritik des Prüfungswesens hat bisher jedoch kaum zu faktischen Veränderungen geführt. *Bildungsforschung*, *Lerndiagnostik*, *Lernerfolgsmessung*. Klauer 1978, Prahl 1976. *A. Engemann*

Pseudodemenz (= P.) [engl.: *pseudodementia*; gr. ψεύδο (*pseudo*) unecht, falsch], **[KLI]**, unter dem (veralteten) Begriff P. wird eine Reihe von klin. Bildern zus.gefasst, bei denen kogn. Störungen unterschiedlichen Schweregrades bei gleichzeitig diagnostiziertem depressivem *Syndrom* bestehen. Besser sollte (nur) von «kogn. Störungen» gesprochen werden. P. bei primären *Depressionen* ist eine wichtige Differenzialdiagnose von *Demenzerkrankungen* und gleichzeitig die häufigste Form eines reversiblen Demenzsyndroms. Auf der Basis eines Querschnittsbefundes ist meistens keine eindeutige Zuordnung zu treffen, sodass hier probatorisch *Antidepressiva* eingesetzt werden können, um im weiteren Verlauf die *Diagnose* zu klären. *M. Paulzen*

Pseudoerinnerung (= P.) [engl. *pseudomemories*, *rich false memories*; gr. ψεῦδος (*pseudos*) unecht, falsch], **[KOG, RF]**, sind vermeintliche Erinnerungen an Ereignisse, die obj. nicht stattgefunden haben, subj. aber als tatsächliche Erinnerungen betrachtet werden. Erstmals wurde in einer Studie von Ceci et al. (1994) gezeigt, dass es möglich ist, nicht nur einzelne Details einer Erinnerung zu beeinflussen wie beim *Falschinformationseffekt*, sondern auch Erinnerungen an autobiografisch bedeutsame Ereignisse zu induzieren, die gar nicht stattgefunden haben. In vielen nachfolgenden Untersuchungen wurde dieser Effekt nicht nur bei Kindern, sondern auch bei Erwachsenen repliziert, auch wenn Kinder eine größere *Vulnerabilität* gegenüber suggestiven Einflüssen aufweisen als Erwachsene. P. können entstehen, wenn durch eine sehr intensive Beschäftigung mit der möglichen Vorstellung, best. Erfahrungen gemacht zu haben, mentale Vorstellungen generiert werden, die wegen ihrer Lebhaftigkeit, Vertrautheit und schnellen Abrufbarkeit i. R. von Quellenverwechslungsfehlern fälschlicherweise für genuine Erinnerungen gehalten werden (Loftus & Bernstein 2005). Während in Simulationsuntersuchungen P. absichtlich induziert werden, geschieht dies in der Praxis überwiegend unabsichtlich. Ausgangspunkt ist hier i. d. R. ein erklärungsbedürftiges oder vermeintlich erklärungsbedürftiges Verhalten, für das vorschnell eine Erklärung gefunden wird: Es wird vermutet, in der Vergangenheit sei es zu belastenden oder traumatisierenden Erfahrungen gekommen, von denen wiederum angenommen wird, man würde sie nicht erinnern oder zumindest nicht darüber sprechen können. Deswegen werden Techniken angewandt, die das «Wiedererinnern» oder das Sprechen über die Erfahrungen erleichtern sollen. Die Kombination von Voreinstellung (Überzeugung, dass Sachverhalte, die aktuell nicht erinnert werden oder über die aktuell nicht gesprochen wird, dennoch sicher passiert sind), unkritischer Verwendung von Methoden zur Wiedererinnerung oder von suggestionslastigen Befragungstechniken (*Suggestion*), dem Ignorieren von nicht zur Ausgangshypothese passenden Informationen und der Verstärkung von erwarteten Antworten kann schließlich zur Ausbildung von P. führen. *R. Volbert*

Pseudofovea (= P.) [engl. *pseudofovea*; gr. ψεῦδος *(pseudos)* unecht, falsch], [**BIO, WA**], die Bildung einer neuen Stelle des schärfsten Sehens (*visuelle Wahrnehmung*) anstelle der funktionell ausgefallenen anatomischen *Fovea (centralis retinae)*. Auch beim Schielenden wird eine P. gebildet.

Pseudohalluzinationen [engl. *pseudohallucinations*; gr. ψεῦδος *(pseudos)* unecht, falsch], [**KLI**], Trugwahrnehmungen, die im Ggs. zu den *Halluzinationen* als unwirklich erkannt werden.

pseudoisochromatische Tafeln (= P.) [engl. *pseudoisochromatic plates*; gr. ψεῦδος *(pseudos)* unecht, falsch, ἴσος *(isos)* gleich, gr. χρῶμα *(chroma)* Farbe], [**DIA, WA**], Tafeln, die in vielen farbigen Punkten durch unterschiedliche Färbung (*Farbe*) Zahlen oder Buchstaben erkennen lassen. Der Farbenblinde (-untüchtige) erkennt dann alle oder einzelne Zahlen (Buchstaben) nicht. *Achromatopsie*, *Dyschromatopsie*.

Pseudokonditionierung [engl. *pseudoconditioning*; gr. ψεῦδος *(pseudos)* unecht, falsch, *condicio* Bedingung], [**KOG**], Reflexintensivierung; eine bedingte Reaktion wird von einem neutralen Reiz ausgelöst, obgleich sie vorher nicht mit ihm gepaart worden ist. Als Ursache dieses Phänomens wird ein durch die wiederholt ausgelöste Reaktion auf einen starken Reiz entstandener Erregungszustand diskutiert, der dazu führt, daß auch andere oder schwächere Reize zu der gleichen Reaktion führen. Die Reaktion beruht somit nicht auf Lernen sondern auf Erregung und kann als unspezifische Erhöhung der Reaktionsbereitschaft verstanden werden. *Konditionierung, klassische*.

Pseudokontingenz *soziale Beziehungen*.

Pseudolismus, Pseudologismus (= P.) [engl. *pseudol(og)ism*; gr. ψευδολόγειν *(pseudologein)* falsch reden, lat. *pseudolus* der Lügner], *krankhafte Lügensucht*, [**KLI**], P. erscheint gehäuft auf sexuellem Gebiet, wobei der Pseudologe die erfundenen Handlungen in einer Art *Tagtraum* durchlebt, zumeist im Bewusstsein, dass es sich um Fiktion handelt.

Pseudologia phantastica (= P.) [engl. *pseudologia fantastica*; gr. ψευδολόγειν *(pseudologein)* falsch reden, lat. *phantasma* Hirngespinst], [**KLI**], die zwanghafte Neigung zum Lügen, bei der Kranke meist selbst an die Wahrheit des Vorgebrachten glauben. Eine bes. Form stellt das *Münchhausen-Syndrom* dar.

pseudologisch [engl. *pseudologic*; gr. ψευδολόγειν *(pseudologein)* falsch reden], [**KLI**], Bez. für *krankhaft lügnerisch*.

Pseudopsychopathien [engl. *pseudopsychopathy*; gr. ψεῦδος *(pseudos)* unecht, falsch, ψυχή *(psyche)* Seele, πάθος *(pathos)* Krankheit], [**KLI, PER**], Persönlichkeitsveränderungen, die einer *Psychopathie* ähnlich sehen, jedoch durch organische (z. B. postenzephalitische; *Enzephalitis*) Hirnprozesse ausgelöst sind.

Pseudo-R-Quadrat, Pseudo-R^2, [**FSE**], für Regressionsmodelle (*Regressionsanalyse*), bei denen nicht intervallskalierte, sondern lediglich nominal- oder ordinalskalierte Maße als Kriterium vorhergesagt werden (*Regression, logistische*, *Regression, multinomiale*, *Regression, ordinale*), sind die *Varianz* des Kriteriums und damit Maße der Varianzaufklärung R^2 (*Determinationskoeffizient*) nicht definiert. Für diese Modelle wurden versch. Alternativmaße entwickelt, die den Anteil des durch die Prädiktoren aufgeklärten Informations- bzw. Variationsanteils angeben:

(1) McFadden-Index:
$$MF = \frac{ln(L_0) - ln(L_M)}{ln(L_0)}$$

(2) Cox-Snell-Index:
$$CS = 1 - \left(\frac{L_0}{L_M}\right)^{\frac{2}{n}}$$

(3) Nagelkerke-Index:
$$NK = \frac{CS}{CS_{max}} = \frac{CS}{1 - (L_0)^{\frac{2}{n}}}$$

L_M = Wahrscheinlichkeit (*likelihood*; *Maximum-likelihood-Methode*) der Ausprägugnen des Kriteriums, wenn alle Prädiktoren berücksichtigt werden.

L_0 = Likelihood, wenn lediglich die Regressionskonstante im Modell enthalten ist (Nullmodell, keine Prädiktorvariablen).

n = Stichprobengröße.

Für alle drei Maße gilt, dass der min. Wert gleich 0 ist. Für CS gilt, dass dieser im Falle der multiplen linearen Regressionsanalyse (*Regression, multiple*) identisch ist mit R^2. Da im Falle kategorialer Variablen für CS auch bei perfekter Vorhersage niemals der Wert 1 erreicht werden kann, berücksichtigt NK eine Korrektur: Lediglich für NK gilt somit ein Wertebereich [0;1]. Eid et al. 2013.

Pseudo-Selbst [engl. *pseudo self*; gr. ψεῦδος *(pseudos)* unecht, falsch], [**KLI**], das verinnerlichte Rollenmuster, das das soziale *Selbst* (bei S. Freud: *Über-Ich*, bei C. G. Jung: *Persona*) vorschreibt.

Pseudoskop [engl. *pseudoscope*; gr. ψεῦδος *(pseudos)* unecht, falsch, σκοπεῖν *(skopein)* betrachten], [**WA**], Gerät zur Vertauschung der Netzhautbilder (*visuelle Wahrnehmung*, *Auge*), wodurch die Reliefs der gesehenen Objekte umgekehrt erscheinen, ein Balken also als Rinne erscheint und dgl.

Pseudozufallszahlengenerator [engl. *pseudo random number generator*, PRNG], [**FSE**], deterministischer Zufallszahlengenerator, der meist auf einem Computer installiert und in einem Statistikprogramm integriert ist, erzeugt nur Pseudozufallszahlen. Es wird eine Zahlenfolge erzeugt, die dem Anwender nur zufällig erscheint, aber durch einen deterministischen Algorithmus ermittelt wird. Die Erzeugung von richtigen Zufallszahlen ist für einen Computer wesentlich komplexer. Bei jedem Start der Erzeugung von Pseudozufallszahlen mit identischem Startwert [engl. *seed* Saatkorn] wird eine identische Folge von Zufallszahlen generiert. Hierdurch können Pseudozufallszahlen bei Kenntnis des Startwerts reproduziert werden, was bspw. eine *Randomisierung* nachvollziehbar macht. *R. Leonhart*

Psi, der gr. Buchstabe ψ *(Psi)* wird als Symbol für Psychisches gebraucht. Auch gebräuchlich für Parapsychisches (Paranormales). *Parapsychologie.*

Psi-Funktion [engl. *psi function*], eine für die Erklärung paraps. Phänomene wie *Außersinnliche Wahrnehmung (ASW)* und Psychokinese (*PK-Test*) angenommene ps. Funktion. *Parapsychologie.*

Psi-Kappa, Bez. für paranormale Aktion (z. B. Psychokinese). *PK-Test.*

Psilocin [engl. *psilocin*], **[PHA]**, Substanz aus der Gruppe der Indolamine, zur Klasse der *Psychotomimetika* bzw. *Halluzinogene* bzw. *Rauschmittel* gehörend; kommt zus. mit *Psilocybin* in einer mexikanischen Pilzart vor.

Psilocybin (= P.), **[PHA]**, P. ist ein Indolalkaloid aus der Gruppe der Tryptamine. P. gehört zur Gruppe der klassischen *Halluzinogene*, sog. Halluzinogenen 1. Ordnung. Meistens wird es in seiner natürlich vorkommenden Form (P.pilze als «biogene Droge») konsumiert. P. erzeugt einen von *Halluzinationen* geprägten Rauschzustand, der kürzer als der klassische LSD-Rausch dauert. Die Wirkung erzeugt Psilocin, das durch eine Hydrolyse aus P. entsteht und die eigentlich aktive Form des P. darstellt. P. und Psilocin sind in Anlage I zu §1 BtMG (nicht verkehrsfähige und nicht verschreibungsfähige Stoffe) aufgelistet. M. Paulzen

Psi-Missing, Bez. dafür, dass das Ausbleiben einer erwarteten Wirkung parapsychisch zu deuten sei. *Parapsychologie.*

Psi-System [engl. *psi system*], **[KLI]**, bei Freud (*Psychoanalyse*) der Oberbegriff für die versch. psych. Mechanismen wie Gedächtnissystem, System des *Unbewussten* und des *Vorbewussten*.

Psychagogik (= P.) [engl. *psychagogy*; gr. ψυχή (*psyche*) Seele, Hauch, ἄγειν (*agein*) führen]; syn. *Seelenführung*, **[KLI, PÄD]**, älterer Sammelbegriff für psychoth. Maßnahmen zur Reduktion von *Verhaltensstörungen* und Konfliktbewältigungen im Kindes- und Jugendalter. Zu Beginn der Einführung der Klin. Ps., die v. a. in der *Erziehungsberatung* stattfand, wurde P. syn. zur Klin. Ps. verwendet. Während aus der Pädagogik allg. erzieherische Maßnahmen (Trainingsverfahren, *Entspannungsverfahren*) zur Anwendung kamen, wendet die auf das Individuum orientierte P. sämtliche Interventionstechniken der Klin. Ps. an. Die für die P. zuständigen Berufsorganisationen werden aufgrund des *Psychotherapeutengesetzes* bzgl. berufsrechtlicher Voraussetzungen und den damit verbundenen Qualifikationen neu best.

Psychalgien [engl. *psychalgia*; gr. ψυχή (*psyche*) Seele, Hauch, ἄλγος (*algos*) Schmerz], **[GES, KLI]**, *psychogene* Schmerzzustände, die meist mit emot. Äquivalenten einhergehen und nicht mit den anatomisch bedingten Schmerzbegrenzungen übereinstimmen (*Schmerz*). Best. Kopf-, Herz-, Brustschmerzen sind bekannte Bsp.

Psychasthenie (= P.) [engl. *psychasthenia*; gr. ψυχή (*psyche*) Seele, Hauch, ἀσθένεια (*astheneia*) Kraftlosigkeit], **[KLI]**, *seelische Schwäche*; heute kaum noch gebräuchlicher Begriff für konstitutionelle psych. Kraftlosigkeit mit Neigung zu depressiven Verstimmungen, Selbstunsicherheit, Schreckhaftigkeit, Unfähigkeit, seelischen Belastungen standzuhalten, starker Ermüdbarkeit.

Psychästhesie [engl. *psychaesthesia*; gr. ψυχή (*psyche*) Seele, Hauch, αἴσθησις (*aísthesis*) Empfindung, Wahrnehmung], **[EM]**, seltene Bez. für seelische Empfindlichkeit bzw. für psych. empfindlich/empfindsam.

Psyche (= P.) [engl. *psyche, mind*; gr. ψυχή (*psyche*) Seele, Hauch], das Wort bedeutet ursprünglich *Hauch*, dann *Atem*. Da der Atem Kennzeichen des Lebens ist, wurde P. gleichbedeutend mit dem Leben und zuletzt mit der *Seele* als dem Prinzip des Lebens. Dabei bedeutet P. dann die Hauch- oder Schattenseele im Ggs. zur Körperseele. In der Ps. steht P. für die Gesamtheit Bewusstes/Unbewusstes. Grundsätzlich ist P. gegensätzlich zum Körper *(soma)*.

Psychiatrie (= P.) [engl. *psychiatry*; gr. ψυχή (*psyche*) Seele, Hauch, ἰατρός (*iatros*) Arzt], **[KLI]**, Teilgebiet der Med., das sich mit der Diagnostik, Klassifikation und Behandlung von Menschen mit *psychischen Störungen* befasst. Es bestehen starke Überlappungen und Interaktionen mit der Klin. Ps. Die vorherrschenden Klassifikationssysteme (*Klassifikation psychischer Störungen*) verwenden den Begriff *Störung* statt *Krankheit* und beschränken sich weitgehend auf eine Präzisierung der Symptomatologie (*Symptom*). Damit sollen problematische ätiologische Annahmen (*Ätiologie*) vermieden werden. Zunehmend hat sich eine biopsychosoziale Betrachtungsweise durchgesetzt (*Krankheitsmodelle*). Das psychiatr. Versorgungssystem enthält ambulante Anteile (vor allem niedergelassene Ärzte), komplementäre Dienste und stationäre Anteile (psychiatrische Kliniken, psychiatrische Abteilungen an Allg.krankenhäusern).

Psychiatrie, biologische (= P.), **[GES, KLI]**, Richtung der *Psychiatrie*, die sich mit sog. biol., d. h. somatischen Aspekten befasst. Wichtige Teilbereiche ergeben sich bei Einbeziehung von Disziplinen wie Genetik und Neurochemie. Irrtümlicherweise wird oft die Verwendung von *Psychopharmaka* in der Therapie als charakteristisch für die P. angesehen. Barondes 1996, Fritze 1989, Trimble 1996.
 W. Janke

psychiatrische Notfallsituationen, Pharmakotherapie *Erregungszustände, Pharmakotherapie.*

psychical research [engl.], in den angelsächsischen Ländern Bez. für die *Parapsychologie*.

psychisch [engl. *psychic, psychical, mental*; gr. ψυχή (*psyche*) Seele, Hauch], umgangssprachlich *seelisch*; die Psyche betreffend. Ggs. zu physisch, körperlich, somatisch. Zus. fassende Bez. für Merkmale und Prozesse der menschlichen *Informationsverarbeitung* sowie für alle Prozesse des mehr oder weniger bewussten Erlebens (insbes. Wahrnehmen, Fühlen, Denken, Wollen) wie auch der unbewussten Verarbeitung (*Unbewusstes*) von Erlebtem. Der Begriff «psych.» impliziert i. d. R., dass es sich um *subj.* repräsentierte oder prinzipiell subj. repräsentierbare Erlebensaspekte handelt. Zudem kann «Psychisches» i. S. eines *Konstrukts* als das Gesamt aller personinternen Erlebens- und Informationsverarbeitungsprozesse aufgefasst werden, die das Verhalten beeinflussen oder determinieren: Somit kann von *Verhalten* auf «Psychisches» bzw. auf psych. Prozesse zurück geschlossen werden (*Behaviorismus*). Dieser Aspekt ist insbes. wichtig, um z. B. Leistungsdispositionen (z. B. *Intelligenz*) als psych. Merkmale einzuschließen.

psychische Energie [engl. *psychic energy*; gr. ψυχή *(psyche)* Seele, Hauch, ἐν *(en)* innen, ἔργον *(ergon)* Wirken], [**PHI**], die in den psych. Vorgängen und Abläufen hervortretende *Kraft*. Sie hat allerdings übertragene Bedeutung, da es sich nicht um eine der mechanischen vergleichbare Energieform handelt.

psychische/psychologische Werkzeuge [engl. *mental/ psychological tools*; gr. ψυχή *(psyche)* Seele, Hauch], *Entwicklung, soziokultureller Ansatz nach Wygotski*.

psychische Sättigung (= p. S.) [gr. *psychic saturation*; gr. ψυχή *(psyche)* Seele, Hauch], [**AO, EM, KLI**], nach DIN 33405 ein Zustand der nervös-unruhevollen, affektbetonten Ablehnung sich wiederholender Tätigkeiten oder Situationen, bei denen das Erleben des Auf-der-Stelle-Tretens, des Nichtweiterkommens vorliegt. Weitere Symptome sind: Ärgerlichkeit, Leistungsabfall und Ermüdung. P. S. unterscheidet sich von *Monotonie* und herabgesetzter Vigilanz (Wachsamkeit) durch eine nicht abgesunkene oder sog. gesteigerte *Aktivierung*.

psychisches Tempo [engl. *mental speed*; gr. ψυχή *(psyche)* Seele, Hauch], *Psychomotorik*.

Psychische Störung (= Psych. St.) [engl. *mental disorder*; gr. ψυχή *(psyche)* Seele, Hauch]; s. auch Einleitung *Klinische Psychologie und Psychotherapie*, [**KLI**], Begriff, der sich in den 1980er-Jahren als Kompromiss zw. Klinischer Ps. und *Psychiatrie* für behandlungsbedüftige psych./seelische Leiden und Beeinträchtigungen etabliert hat. Während in der Med. und Psychiatrie traditionell der Begriff *Krankheit* bevorzugt wurde, betont die Bez. *Psych. St.* die Orientierung an einem psychosozialen und insbes. einem bio-psycho-sozialen *Krankheitsmodell*. Sowohl die ICD als auch das DSM verwenden den Begriff der *Psych. St.*. Allg. liegt eine best. Form Psych. St. vor, wenn die Klassifikationskriterien (*Klassifikation psychischer Störungen*) der ICD oder des DSM erfüllt sind. Die Abb. zeigt die Verteilung der 12-Monats-*Prävalenz* wichtiger Psych. St.

Gemäß DSM-5 (Falkai & Wittchen 2015, 26) ist eine Psych. St. als ein *Syndrom* definierbar, «welches durch klin. bedeutsame Störungen in den *Kognitionen*, der *Emotionsregulation* oder des *Verhaltens* einer Person charakterisiert ist. Diese Störungen sind Ausdruck von dysfunktionalen psychol., biol. oder entwicklungsbezogenen Prozessen, die psych. und seelischen Funktionen zugrunde liegen. Psych. St. sind typischerweise verbunden mit bedeutsamem Leiden oder *Behinderung* hinsichtlich sozialer oder berufs-/ ausbildungsbezogener und anderer wichtiger Aktivitäten. Eine normativ erwartete und kult. anerkannte Reaktion auf übliche Stressoren oder Verlust, wie z. B. der Tod einer geliebten Person, sollte nicht als Psych. St. angesehen werden. Sozial abweichende Verhaltensweisen (z. B. politischer, religiöser und sexueller Art) und Konflikte zw. Individuum und Gesellschaft sind keine Psych. St., es sei denn, der Abweichung oder dem Konflikt liegt eine der oben genannten Dysfunktionen zugrunde.»

In dieser Def. spiegeln sich wesentliche Aspekte der historischen und disziplinär geprägten Beschäftigung mit der

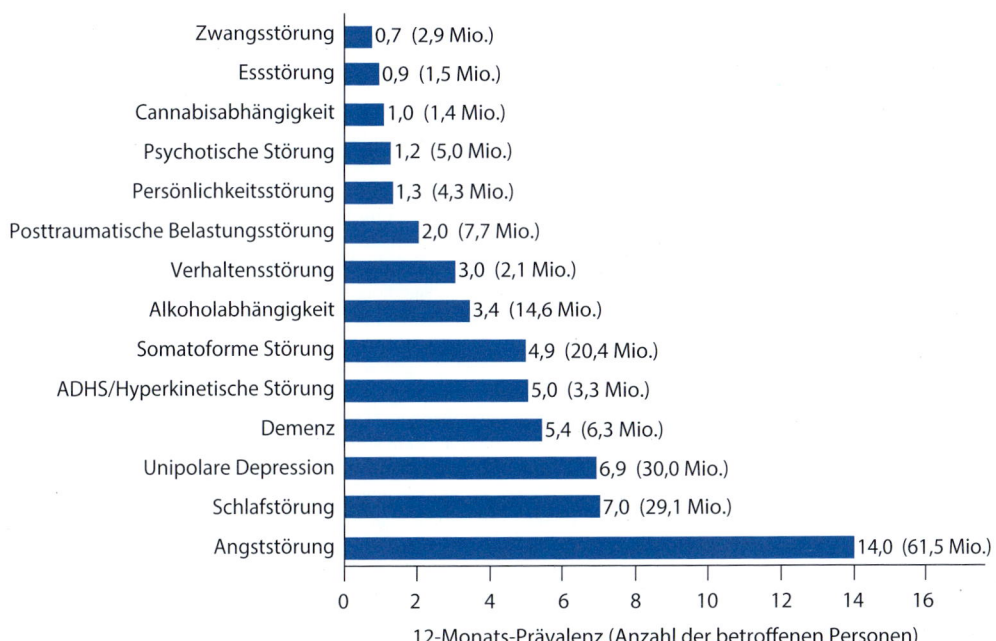

Psychische Störung: 12-Monats-Prävalenz in Europa; in Klammern: geschätzte Anzahl in Millionen (nach Wittchen et al. 2011)

theoretischen Fundierung und Terminologie wider. (1) Psych. St. sind als *auffällig abweichende Erlebens- und Verhaltensweisen* charakterisierbar. Dies impliziert, dass die Def. und Diagnostik einer Psych. St. vor dem Hintergrund sozial-normativer und kult. geprägter Referenzsysteme erfolgt. Insbes. der in den 1970er-Jahren prominente *Etikettierungsansatz* betonte, dass sich im Umgang mit psych. Krankheiten (damalige Bez.) gesellschaftliche *Normen* und Machtverhältnisse widerspiegeln, die zu *Stigmatisierung* nicht normativ akzeptierten Verhaltens führen. Soziale Faktoren und insbes. die Stigmatisierung und gesellschaftliche Ausgrenzung wurden als wesentliche Determinanten der Entstehung psych. Auffälligkeiten sowie deren weiterer Aggravation aufgefasst (vgl. z. B. gesellschaftlicher Wandel und dessen Folgen im Umgang mit *Homosexualität* oder geschlechtsstereotyper Rollenbilder). Eine Normabweichung alleine ist aber kein hinreichendes Kriterium für das Vorliegen einer Psych. St. (2) Das *medizinische Modell* psych. St. geht vom med. Krankheitsbegriff aus, nach dem sich pathologische Phänomene durch eine krankhafte, qual. Veränderung der psych. Prozesse ergeben. Psych. St. werden als körperlich, biol. oder somatisch bedingt angesehen. Externe Faktoren (z. B. *kritische Lebensereignisse*) sind eher als auslösende Bedingungen aufzufassen. Wie bei somatischen Erkrankungen ist demnach auch für Psych. St. ein interindiv. stabiler, typischer Verlauf charakteristisch. (3) I. S. psychosozialen Modellvorstellung werden Psych. St. als Extremausprägung normalen (*Bezugsnorm*) menschlichen Erlebens und Verhaltens angesehen (*Kontinuitätsannahme*). Psych. Gesundheit und Krankheit werden nicht als grundlegend qual. versch. strukturiert, bedingt und veränderbar angenommen (*Äquivalenzannahme*). Der soziale Kontext beeinflusst die Entstehung und den Verlauf Psych. St. (*Kontextannahme*) und Psych. St. sind i. d. R. multifaktoriell bedingt (*Multikausalitätsannahme*; z. B. *Vulnerabilitäts-Stress-Modell*). (4) Die *bio-psycho-soziale Modellvorstellung* stellt eine Integration der med. und einer psychosozialen Perspektive dar: Psych. St. sind durch eine komplexe Beziehung biol., psych. und sozialer Aspekte gekennzeichnet, die nicht isoliert betrachtet werden können. Bei Fragen der *Ätiologie*, Symptomatik und Behandlung müssen diese Aspekte möglichst integrativ berücksichtigt werden. (5) Psych. St. sind kontextunabhängig durch *Symptome* und Syndrome des Individuums gekennzeichnet, die i. S. von Funktionsstörungen zu Beeinträchtigungen des Individuums in Bezug auf funktionale Normen führen (z. B. *Phobische Störungen*, die das Arbeits-, Familien- oder Sozialleben kritisch beeinträchtigen), (bei Krankheitseinsicht) subj. Leidensdruck erzeugen, das Risiko für unerwünschte und belastende Folgen (z. B. Trennung, Berufsaufgabe, soziale Isolation, Tod) erhöhen und von beobachtbaren körperlich-biol., psych. und behavioralen Funktionsbeeinträchtigungen begleitet werden.

Die Def., die Modellierung und das Verständnis Psych. St. ist darüber hinausgehend durch psychol. Schulen geprägt (Bastine 1998), z. B.: (1) *Psychoanalyse*: Psych. St. werden als die Konsequenzen lebensthematischer, unbewusster *Konflikte* angesehen, die durch unverarbeitete Entwicklungsaufgaben insbes. in der frühen Kindheit bedingt sind. Gelingt es dem *Ich* nicht, die Konflikte, die aus den widerstrebenden Triebbedürfnissen des *Es* und den sozialisierten Ansprüchen des *Über-Ich* resultieren, bewusst zu bearbeiten, so resultieren durch die Verdrängung der Konflikte ins *Unbewusste* (*Abwehrmechanismen des Ich*) potenziell pathogen bedeutsame Prozesse. (2) *Humanistische Therapien*, *Gesprächspsychotherapie*: Psych. St. entstehen, wenn indiv. Persönlichkeitsanteile, die von wichtigen Bezugspersonen (z. B. Eltern) nicht wertgeschätzt werden, abgespalten bzw. als inkongruent erlebt werden. Psych. St. resultieren aus innerer Spannung, ambivalenten Motivationen und einem unklaren Selbstbild (s. auch *Konsistenztheorie des psychischen Geschehens*). (3) *Behaviorismus*, *Verhaltenstherapie*: Die Verhaltenskomponente psych. St. steht hier im Mittelpunkt. Verhaltensstörungen resultieren aus pathogenen Lernprozessen bzgl. gelernter Auslösefaktoren (*Konditionierung, klassische*) und Verhaltenskonsequenzen (*Konditionierung, operante*, *SORKC-Modell*). (4) *Kognitive Modelle* (*Kognitive Verhaltenstherapie*, *Kognitive Therapie nach Beck*, *Schematherapie*): Das behavioristische Reiz-Reaktions-Modell wird um kogn. (*Kognition*), nicht beobachtbare Informationsverarbeitungsaspekte erweitert: insbes. *Erwartungen*, *Attributionen*, *Selbstregulationsmechanismen* sind neben auslösenden Reizkonstellationen und erfahrenen Verhaltenskonsequenzen wesentliche Determinanten psych. Auffälligkeit (*kognitive Um-/Restrukturierung*). (5) *Interpersonale Modelle* (*Systemische Therapie*, *Familientherapie*): Psych. St. werden als Symptome pathologischer zw.menschlicher Beziehungen und Systemstrukturen angesehen. Sie indizieren ein Verhalten, dem z. B. eine stabilisierende Funktion im Gesamtsystem zukommt (z. B. *Koabhängigkeit* von Familienangehörigen im Falle von *Alkoholismus*).

Psychobiol. und neuropsychol. Ansätze fokussieren insbes. neuronale, endokrinolog. und neuroimmunolog. Prozesse, die mit psych. Störungsbildern einhergehen. Diese können als Ursache, Manifestation oder Konsequenz psych. Erlebens-, Verarbeitungs- und Verhaltensaspekte Gegenstand dieser Betrachtungsperspektive sein. Biol. Grundlagen konnten insbes. durch neuropsychol. und psychobiol. Grundlagenforschung und die Wirkung psychotroper Substanzen (*Psychopharmaka*) identifiziert werden. Als zentrale störungsrelevante Korrelate psych. Zustände und Prozesse gelten bspw. (Köhler 2005): *Euphorisierung* (*Lust, Verstärkung*): Aktivierung mesotelencephaler dopaminerger Bahnen (*Dopamin*) spez. zum Nucleus accumbens; *Psych. Aktivierung*: Vermehrte Aktivität des noradrenergen Systems (*Noradrenalin*); *Sedierung und Anxiolyse*: Aktivierung des GABAergen Systems, Besetzung von *Benzodiazepin-Rezeptoren*; *Angst*: Reduzierte Aktivität des GABAergen Systems (ggf. durch Mangel an Benzodiazepinrezeptoren), vermutlich erhöhte Aktivität des noradrenergen und serotonergen (*Serotonin*) Systems; *Aggressivität und mangelnde Impulskontrolle*: Dysfunktion (vermutlich Unterfunktion) des serotonergen Systems.

Psychobiol. und neuropsychol. Ansätze stehen dabei keineswegs im Widerspruch zu originär psychol. Zugangsweisen, sondern sind i. R. des bio-psycho-sozialen Krankheitsmodells als komplementäre Betrachtungs- und Modellierungsansätze zu begreifen. Die Identifikation (neuro-)biol. Äquivalente zu psych. Prozessen und St. liefert die Basis für fundierte Behandlungskonzepte, die eine reflektierte Entscheidung für die Auswahl von oder die Kombination und Integration pharmakotherap. und psychotherap. Interventionen ermöglicht. Auckenthaler 2012, Hautzinger & Thies 2009, Wittchen & Hoyer 2011, Köhler 2005.

psychische Verbindungen [engl. *mental connections*; gr. ψυχή *(psyche)* Seele, Hauch], **[KOG]**, die von *Wilhelm Wundt* stammende Bez. setzt psych. Prozesskomponenten (*Elemente*) voraus, die sich dann im Verlauf der *Apperzeption* durch *Assimilation*, *Assoziation*, *Hemmung*, *Komplikation*, *Verdichtung*, *Verschiebung*, *Verschmelzung*, Zergliederung u. a. Funktionen verknüpfen. *J. Fahrenberg*

Psychismus [engl. *psychism*; gr. ψυχή *(psyche)* Seele, Hauch], **[PHI]**, eine dem *Idealismus* und auch dem Spiritualismus nahestehende und das Psychische zentral wertende phil. Auffassung. Alles Wirkliche (*Wirklichkeit*) ist ps. Natur.

Psychoakustik [engl. *psychoacoustics*; gr. ψυχή *(psyche)* Seele, Hauch, ἀκούειν *(akouein)* hören], **[BIO, WA]**, Sammelbez. für die Ps. einschließlich Physiologie und Physik der Schallwahrnehmung. Schick 1979.

Psychoanaleptika [engl. *psychoanaleptics*; gr. ψυχή *(psyche)* Seele, Hauch, ἀνά *(ana)* hinauf, hindurch, λεπτός *(leptos)* dünn, klein], **[PHA]**, Bez. nach Delay und Deniker für eine Psychopharmakagruppe, bestehend aus Psychotonika (*Psychostimulanzien*), *Nootropika* und einer Teilgruppe der *Antidepressiva*. *W. Janke*

Psychoanalyse (= P.) [engl. *psychoanalysis*; gr. ψυχή *(psyche)* Seele, Hauch, ἀνάλυσις *(analysis)* Auflösung], Bedeutung «Seelenzergliederung», **[KLI]**, ist ein ursprünglich von Josef Breuer (1842–1925) und Sigmund Freud (1856–1939) Ende des 19. Jhd. in Wien entwickeltes Verfahren zur Heilung nicht körperlich bedingter Erkrankungen (*Katharsis*). Später wurde sie von Freud zu einer tiefenpsychol. Lehre ausgebildet. Die von Freud selbst gegebene Def. lautet: «P. ist der Name (1) eines Verfahrens zur Untersuchung seelischer Vorgänge, welche sonst kaum zugänglich sind; (2) einer Behandlungsmethode neurotischer Störungen, die sich auf diese Untersuchung gründet; (3) einer Reihe von psychol., auf solchen Wegen gewonnenen Einsichten, die allmählich zu einer neuen wiss. Disziplin zus.wachsen.»

Nach der P. wird die Psyche von unbewussten Abläufen beherrscht. Das *Unbewusste* ist ein eigenes seelisches Reich mit eigenen (vor allem sexuellen) Wünschen, Ausdrucksformen und besonderen «Mechanismen». Schon das Kind besitzt ein reichhaltiges Sexualstreben, das zunächst an best. Körperteile (erogene Zonen, *orale Phase*, *analsadistische Phase*) und später an das Geschlechtsteil («phallisches» Stadium) geknüpft ist. Mit etwa 5 Jahren tritt eine *Latenzperiode* in der Entwicklung des Geschlechtstriebs auf, bis mit der Pubertät das «genitale» Stadium erreicht wird. Bei Störungen der Sexualentwicklung kommen *Fixierungen* auf einem best. Stadium vor, ebenso *Regressionen* (Rückfall auf eine frühere Stufe) bei seelischen Konflikten. Das Sexualstreben setzt sich über alle Schranken der Konventionen hinweg. Zuerst ist es auf den eigenen Körper gerichtet (*autoerotisch*), später wendet es sich auf die Personen der Umwelt, namentlich auf den andersgeschlechtlichen Elternteil (*Ödipuskomplex*). Die Auseinandersetzung mit dem Ödipuskomplex ist für die Charakterentwicklung von entscheidender Bedeutung. Die Forderungen des Geschlechtstriebes stoßen auf Widerstand (*Abwehrmechanismen des Ich*), es kommt zu *Konflikten*, die nicht durch bewusste Entscheidung gelöst werden, und die affektgeladenen, unlustbetonten Vorstellungen werden aus dem Bewusstsein verbannt, ins Unbewusste abgedrängt, aktiv vergessen (verdrängte *Komplexe*). Diese sind dadurch aber nicht ausgelöscht, sondern es kommt zu einer Aufstauung der *Libido*, der sexuellen Energie. Die verdrängten Inhalte zeigen sich in sog. *Fehlhandlungen*, wie Vergessen, Versprechen, Verschreiben und vor allem im *Traum*. Auch im Traum ist ein *Zensor* wirksam, wodurch die latenten Traumgedanken in den manifesten Trauminhalt umgeformt werden (*Traumarbeit*). Der Traum war Freuds «Königsweg» zum Unbewussten. Aus den Traumsymbolen muss die eigentliche Bedeutung erschlossen werden. So erscheinen im Traum längliche und spitze Gegenstände als Symbole für das Männliche und Hohlräume, Schachteln, Zimmer und dergleichen als Symbole für das weibliche Genitale (*Traumdeutung*). Die *Verdrängungen*, die regelmäßig bis ins das Kindesalter zurückführen, sind die Grundlagen der *Neurosen*. Von bes. Bedeutung sind bei den Neurosen der Ödipuskomplex und der *Kastrationskomplex* (Angst vor Strafe für unerlaubte sexuelle Wünsche und Handlungen).

Heute ist P. ein psychotherap. Verfahren, das eine Reihe von einzelnen therap. Methoden einschließt; durch eine Reihe von Vereinbarungen (*Behandlungsregeln*) wird zw. Pat. und Arzt eine therap. wirksame Situation geschaffen, in der die den Pat. belastenden körperlichen Symptome und Beziehungsstörungen auf der Grundlage der lebensgeschichtlichen Entwicklung in einer neuen, anderen Weise betrachtet werden können. Theoretische Gesichtspunkte, ausgehend von den Erfahrungen mit hysterischen Patientinnen verallgemeinerte Freud zur Grundformel, dass Symptome symbolische Kompromisslösungen für konflikthafte, unverarbeitete und aus inneren Gründen unverarbeitete Erfahrungen des persönlichen Lebensvollzuges sind, die in dieser Form zugleich festgehalten und vor dem Bewusstsein verhüllt werden. In der psychoanalytischen Situation sollen die in den Symptomen gebundenen Konflikte wieder in zw.menschliche Interaktionen zurückverwandelt, was in der P. mit dem Begriff *Übertragung* bez. wird. In der Übertragungsbeziehung zum Analytiker erlebt der Pat. Wünsche und Abneigungen, die er mit einer bewussten erwachsenen Person schlecht zu verbinden vermag. Die Natur dieser Wünsche hat einen umstrittenen Status: Ob es sich um *Triebe* handelt in dem Sinn des Wortes, wie es in der Biologie lange Zeit sinnvoll war, ist für den *Aggressionstrieb* wenig wahrscheinlich. Selbst für die *Sexualität* wirft ein solches Verständnis größere theoretische Probleme auf. In den Phasen der menschlichen Entwicklung wurden versch. Bedürfnisse und Wünsche an wichtige Interaktionspartner (Eltern) gerichtet, die mit Bedingungs- und Enttäuschungserlebnissen verknüpft sind. Spätere auslösende Konfliktsituationen führen zu einem Rückgriff auf frühere, unreife Konfliktverarbeitungsmuster, was mit dem Begriff der *Regression* beschrieben wird. Versteht man die Übertragung als Wiederbelebung verdrängter, ungelöster konflikthafter Beziehungsmuster, in denen Wünsche und Abwehrfunktionen gleichermaßen enthalten sind, dann wird die *Gegenübertragung* als gefühlsmäßige Reaktion des Analytikers auf das unbewusst determinierte Beziehungsangebot des Pat. verstehbar. Die subtile Diagnostik der zw.menschlichen Beziehungskonflikte, an denen der Pat. leidet, ist nicht ohne Verwendung der eigenen gefühlshaften Reaktionen auf den Pat. möglich. Diese sind sowohl durch die persönliche Erfahrung wie auch durch die wiss. Schulung des Analytikers geprägt. Übertragung und Gegenübertragung können als einander ergänzende Rollen verstanden werden, mit denen Pat. und Analytiker einander begegnen. Eine wichtige Voraussetzung für die therap. Arbeit ist jedoch, dass sie gemeinsam reflektierend sich als unfreiwillige Träger dieser Rollen erleben können. Deshalb muss die Fähigkeit, sich aus den intensiven Verwicklungen dieser affektiven Begegnung lösen zu können, durch die vorgängige Entwicklung und Pflege einer hilfreichen Beziehung (nach Luborsky) aufgewogen werden. Es ist hilfreich den Analogcharakter der psychoanalytischen Erfahrung zu unterstreichen; erst durch einen Transfer in den Alltag lässt sich die Wirksamkeit einer Therapie bewerten.

Die Schaffung neuer emot. intensiver Beziehungserfahrungen kann, muss aber nicht zu einer vertieften reflektierenden Einsicht führen. In Übereinstimmung mit neurowiss. Befunden ist davon auszugehen, dass die Bewusstwerdung verdrängter, konflikthafter Erfahrung diesen nachgeordnet ist. Diese Sichtweise ist noch relativ neu, aber aufgrund empirischer Untersuchungen gut bestätigt. Der *therapeutische Prozess* wird vom Analytiker durch versch. konversationelle Mittel (*Klarifikation*, *Konfrontation*, *Deutung*) gefördert, unter denen die neutrale, jedoch engagiert-hilfreiche Einstellung und die Durcharbeitung der jew. bestehenden Beziehungs- und Konfliktmuster auf dem Hintergrund der Lebensgeschichte die wichtigsten sind. Jeder Pat. entwickelt jedoch *Widerstände* gegen die schmerzlichen Gefühle, die mit der Wiederbelebung oft traumatischer, vergangener, scheinbar bewältigter Konflikte verbunden sind. Deshalb gehört die Arbeit am Widerstand unter Vermeidung unnötig kränkender Erfahrungen zu den wichtigsten Aufgaben einer Therapie. Widerstand ist jedoch kein neg. Begriff, sondern beinhaltet die Summe der vom Pat. bisher geleisteten Bewältigungsarbeit und Überwindung bisheriger belastender Erfahrungen.

In einer späteren, spekulativen Weiterbildung seiner Lehre kam Freud dazu, neben Sexualtrieben und Ich-Trieben, die auf die Erhaltung des Lebens gerichtet sind, zerstörende, verwüstende *Todestriebe* anzunehmen, deren Ziel die Vernichtung des Lebens ist. In der Struktur des Seelenlebens unterscheidet Freud in späteren Schriften das *Es* (in Anlehung an Groddeck), die Sphäre des Unbewussten, der primitiven Wünsche und Triebe, das *Ich* als Träger des bewussten Erlebens und das *Über-Ich*, den Träger des Ich-Ideals und des Gewissens, als die Instanz, von der die Verdrängung ausgeht. Die von Freud selbst in Gang gesetzte Weiterentwicklung der P. wurde in den nachfolgenden Generationen von vielen Psychoanalytikern fortgesetzt. Hervorzuheben ist insbes. die Einführung der psychoanalytischen *Ich-Psychologie* durch Hartmann, Kris und Loewenstein sowie die Begriffserweiterung und -wandlung des *Narzissmus* durch Kohut und andere und die Einbeziehung der sozialpsychol. und ökologischen Dimension (Erikson, Fromm, Mitscherlich u. a.). Letztere führte auf der meth. Seite zur Entwicklung der *Gruppentherapie*. Auch neue tiefenpsychol. Richtungen haben sich von der Schule Freuds abgezweigt. Die bedeutendsten von ihnen sind die *Individualpsychologie* Adlers und die *Analytische Psychologie* C. G. Jungs und die neufreudianischen bzw. neopsychol. Schulen K. Horneys, S. Sullivans und H. Schultz-Henckes.

Indiziert sind psychoanalytisch orientierte Therapieformen für fast alle Formen der neurotisch-psychosomatischen Störungen wie z. B. *Angststörungen*, depressive Störungen (*Depression*), *Somatoforme Störungen*, *Essstörungen*, *Borderline-Störungen*. Für die Differenzialindikation zw. ambulanter, teil-stationärer und stationärer Therapie sind i. d. R. in der psychosozialen Situation des Pat. liegende Gründe verantwortlich. Initial gering motivierte Pat. finden im stationären Setting einen besseren Zugang. Thomä & Kächele 2006a, Thomä & Kächele 2006b, Thomä & Kächele 2006c. *H. Kächele*

Psychoanthropologie Anthropologie, psychologische.

Psychobiologie (= P.) [engl. *psychobiology*; gr. ψυχή *(psyche)* Seele, Hauch, βίος *(bios)* Leben, λόγος *(logos)* Wort, Lehre], [PHI], Biologie der Psyche. Eine Lehre, die in allen ps. Abläufen die biol. Vorgänge so entscheidend beteiligt sieht, dass sie rein biol. Erklärungen für angezeigt hält. *Psychobiology* und *biological psychology* werden praktisch gleichbedeutend mit *physiological psychology* gebraucht. *Physiologische Psychologie*.

Psychochirurgie [engl. *psychosurgery*; gr. ψυχή *(psyche)* Seele, Hauch, χείρ *(cheir)* Hand, ἔργον *(ergon)* Werk, Arbeit], [BIO, KLI], heutzutage nicht mehr übliche hirnchirurgische Eingriffe zur Therapie bei einigen psych. Schädigungen oder Erkrankungen, die nur noch operativ angehbar sind (z. B. schwere Schmerzzustände (*Schmerz*), *Depressionen*, *Psychose*). stereotaktische Hirneingriffe, *Lobotomie*.

Psychodelika [engl. *psychedelics*; gr. ψυχή *(psyche)* Seele, Hauch, δῆλος *(delos)* offenkundig], [PHA], syn. *Halluzinogene* bzw. *Psychotomimetika*, *Rauschmittel*.

psychodelisch [engl. *psychedelic*; gr. ψυχή *(psyche)* Seele, Hauch, δῆλος *(delos)* offenkundig], syn. *psychedelisch*, [KLI], Bez. für einen Zustand mit (erhöhter) sensorischer Empfänglichkeit, meist begleitet von Sinnestäuschungen

(*Halluzination*) und euphorischer bzw. depressiver Stimmungslage. *Psychodelika*.

Psychodiagnostik *psychologische Diagnostik*.

psychodiagnostisches Gespräch (= p. G.) [engl. *psychodiagnostic interview*], *psychologische Diagnostik*, [**DIA, KLI, SOZ**], eine mit diagn. Zielsetzung und unter meth. Kontrolle verlaufende Begegnung zw. Pb und Untersucher. Ohne Bindung an besondere Aufgaben wie in der Testdiagnostik ist das p. G. zugleich ein Explorieren (*Exploration*), ein Erkunden, und ebenso ist es das Aufnehmen der *Anamnese*. Die dem p. G. nahestehenden (auch gleichbedeutenden) Bez. *Erkundungsgespräch* (Arnold 1957), *Entfaltungsdialog* (Heiss 1949) belegen dies. Keine indiv. Diagnostik kommt ohne zusätzlich erschließendes Gespräch aus. Die Formen des p. G. ergeben sich aus dem Zweck. Man unterscheidet zw. dem *Gespräch* als Informationssammlung, als Instrument der Persönlichkeits- (*Persönlichkeitspsychologie*) und *Eignungsdiagnostik* und als Mittel der *Beeinflussung*. Der Gesprächszweck entscheidet auch über den Freiheits- bzw. Gebundenheitsgrad des Gesprächs und über die Frage, ob es in dualer Form oder mit Partnern beim Untersucher bzw. beim Pb geführt wird. Sozialpsychol. Determinanten (Persönlichkeit des Untersuchers, Rollenproblem und dgl.) sind schließlich ebenso entscheidend wie Fragen der Gesprächstechnik (Raum, Zeit, Sprache, Ausdruck, Formulierung). Schraml 1975.

Psychodrama (= P.) [engl. *psychodrama*; gr. ψυχή *(psyche)* Seele, Hauch, δρᾶμα *(drama)* Handlung], [**KLI**], das klassische P. nach Moreno (1946) ist eine psychoth. (interpersonale und interaktionelle) Aktionsmethode, bei der Vorstellungen, Situationen, interpersonelle wie intrapsych. *Konflikte* über die Verbalisation hinaus in Handlung und szenische Darstellung umgesetzt werden. Hierdurch sollen *Emotionen* und Konflikte sichtbar gemacht, wiedererlebbar und veränderbar werden. Die zugrunde liegenden Prinzipien sind Begegnung, Spontanität, Kreativität, Spiel und Handeln. Es werden die Konstituenten Bühne, Protagonist (Problemsteller), Leiter bzw. Therapeut, Mitspieler, Gruppenteilnehmer und P.-Techniken (Rollenwechsel, Doppeln, leerer Stuhl, Spiegeln) unterschieden. Das P. verläuft in drei Phasen, der *Erwärmungs- oder Initialphase* (Problemfindung), der *Spiel- oder Aktionsphase* (Problembearbeitung) und der *Gesprächs- oder Integrationsphase*. P. kann in unterschiedlicher Form umgesetzt werden: protagonistenorientiertes P., gruppenzentriertes P., Monodrama, *Rollenspiel*, Soziodrama, Stegreifspiel. Eine wichtige Wirkvariable scheint die affektive und aktive Beteiligung der Pat. am psychodramatischen Prozess zu sein. Insges. ist diese Therapieform allerdings noch nicht ausreichend untersucht. Die bisherigen Ergebnisse sprechen dafür, dass das P. eher als Komponente in einem umfassenden Behandlungsangebot und weniger als eigenständige Behandlungsmethode von Bedeutung ist. Leutz & Oberbohrbeck 1980. *F. Caspar*

Psychodynamik (= P.) [engl. *psychodynamics*; gr. ψυχή *(psyche)* Seele, Hauch, δύναμις *(dynamis)* Kraft], [**KLI**], ist allg. die Lehre von den psych. Kräften und deren Wechselwirkungen zur Erklärung von Erleben und Verhalten. Ursprünglich wurde die P. in der psychoanalytischen Theorie (*Psychoanalyse*) als Interaktion der Instanzen nach Freud verstanden (*Instanzenmodell*). So konnte bspw. das *Über-Ich* nicht nur als Instanz, sondern auch in seiner Wirkung auf das *Es* und die Konsequenzen dieser Wechselwirkung auf das *Ich* beschrieben werden. Die P. umfasst heute eine Vielzahl psychol. Modelle, z. B. die Theorien zu Grundkonflikten (*Konflikt*), Objektbeziehungen und Bindungsverhalten (*Bindung*). Entspr. werden in psychodynamischen Therapierichtungen Störungen bspw. auf unbewusste intrapsych. Konflikte, unterdrückte Impulse oder neurotische Verarbeitungsmuster zurückgeführt. Sie arbeiten mit Klärung, Konfrontation und Deutung und zielen so auf Änderung durch Einsicht und Verständnis. *T. Altmann*

Psychodysleptika [engl. *psychodysleptics*; gr. ψυχή *(psyche)* Seele, Hauch, δύς *(dys)* miss-, schlecht, λεπτός *(leptos)* dünn, klein], [**PHA**], Bez. durch Delay und Deniker für Psychopharmakagruppen, die Dysfunktionen psych. Vorgänge auslösen, syn. *Halluzinogene*, *Psychotomimetika*.

Psychoedukation (= P.) [engl. *psychoeducation*; gr. ψυχή *(psyche)* Seele, Hauch, lat. *educare* erziehen], [**GES, KLI**], unter P. versteht man *Interventionen*, die sich auf die Information und Motivierung von Pat. und ggf. auch ihrer Angehörigen mit Blick auf die Erkrankung und ihre sachgerechte Behandlung richten. Es geht darum, Krankheitsverständnis und -akzeptanz zu erhöhen sowie *Empowerment* und *Selbstmanagement* zu erreichen. P., die v. a. bei Menschen mit psych. Erkrankungen entwickelt wurde, entspricht dabei konzeptionell weitgehend der *Patientenschulung*, die im Bereich *chronischer (körperlicher) Erkrankungen* ausgearbeitet wurde. Während der Begriff *Edukation* bereits von Paul Dubois im Jahr 1908 als Teil seiner *Persuationstherapie* verwendet wurde, finden sich ausdrückliche Konzepte zur P. erst in den 1980er-Jahren, als die Ärztin C. M. Anderson in den USA darunter die Aufklärung von schizophrenen Pat. (*Schizophrenie*) und ihren Familienangehörigen über die Symptome und den Verlauf der Erkrankung sowie die Förderung sozialer Kompetenzen und die Verbesserung der Beziehungen innerhalb der *Familie* sowie die Verbesserung der *Stressbewältigung* verstand. Historisch wird P. häufig in einen engen Zus.hang mit der Ausbreitung verhaltenstherap. Behandlungskonzepte gestellt, weil in der *Verhaltenstherapie* das Wissen des Pat. über seine Erkrankung und die sachgerechte Behandlung sowie seine Motivation (*Selbstmanagement*) immer schon eine bes. Rolle gespielt haben. Während P. in der ersten Zeit überwiegend als Schulung und Unterrichtung über das Krankheitsgeschehen verstanden wurde und die Förderung von *Compliance/Adhärenz* ein wichtiges Ziel darstellte, wenden modernere Konzepte ein partizipatives Vorgehen an und versuchen einem umfassenderen, aber auch strukturierten und didaktisch ausgearbeiteten Ansatz zu folgen, der das zu vermittelnde Wissen in den Zus.hang mit Einstellungen, Lebensstil und *Motivation* stellt und insbes. auf ein verändertes Krankheits- und Gesundheitsverhalten, einschließlich Rückfallprophylaxe, abstellt. In Abgrenzung zu diesem weitverbreiteten Begriffsverständnis wird in Kanada, spez. im frankophonen Teil, unter P. ein spezif., tiefenpsychol. orientierter heilpäd. Ansatz in der Arbeit mit Kindern, z. B. in Heimen, verstanden (*Tiefenpsychologie*). Heute wird P. als wesentlicher Baustein eines Gesamtbehandlungskonzeptes bei allen psych. Störungen verstanden – mit störungsspezif. Schwerpunkten und Inhalten. Sie erfolgt zumeist im Gruppensetting. Dies hat nicht nur wirtschaftliche Vorteile, sondern auch didaktische, weil i. R. des Gruppenprogramms die Gruppe bzw. die Erfahrungen der jew. anderen Gruppenmitglieder und der Austausch mit ihnen in der Gruppenarbeit sinnvoll genutzt werden können. Es werden auch zunehmend mehr Gruppenprogramme/Manuale für die P. erstellt und evaluiert. Sie enthalten häufig auch sorgfältig ausgearbeitete und erprobte Informationsmaterialien für Pat. Die manualisierte Ausarbeitung ist schließlich Grundlage für Übertragbarkeit und wiss.-empir. *Evaluation* und darauf fußende Weiterentwicklung. Trotz der breiten Einsatzmöglichkeiten von P. ist auch an ihre Grenzen zu denken. Insbes. für schwer psych. kranke Menschen mit akuter schizophrener Psychose (*Schizophrenie*), bei denen erhebliche Einschränkungen der Denk-, Konzentrations- oder Aufmerksamkeitsfähigkeit oder geringe Gruppenfähigkeit vorliegen, dürfte eine Gruppenteilnahme kontraindiziert sein. In diesen oder ähnlichen Fällen ist immer zu überlegen, ob der Pat. von der Gruppe profitieren kann. In diesen Fällen wird sich die P. auf die indiv. Vermittlung notwendiger und unterstützender Informationen konzentrieren. Im Unterschied zur *Psychotherapie* geht es bei der P. primär um die Vermittlung von Wissen, Einstellungen und Verhaltensweisen, die zur Bewältigung der Erkrankung (*Krankheitsbewältigung*) hilfreich sein können, während die Psychoth. die Lösung psych. Konfliktlagen/Probleme anstrebt. Gerade bei der kognitiven Verhaltenstherapie sind aber Übergänge bzw. Überschneidungen nicht zu leugnen, denn diese betont auch die Veränderung dysfunktionaler Einstellungen, Denkweisen und Verhaltensweisen und die Art des Umgangs mit Problemen. Letztlich werden in der P. auch über weite Strecken psychoth. Elemente verwendet und Psychoth. kommt nicht ohne informierende, schulende Anteile aus. Behrendt & Schaub 2005, Rabovsky & Stoppe 2008. H. Vogel

psychoedukative Intervention [engl. *psychoeducational intervention*; gr. ψυχή *(psyche)* Seele, Hauch, lat. *educare* erziehen, *interveniere* einschreiten, sich einmischen], [**GES, KLI**], *Psychoedukation* (= P.) kann im Einzelgespräch oder in Gruppen erfolgen und wird im dt.sprachigen Raum meist von Psychologen, Ärzten, aber auch von Sozialpädagogen oder geschultem Pflegepersonal durchgeführt. Auch Informationsbroschüren oder Bücher (Bibliotherapie) sowie Online-Informationen können i. w. S. als Formen der P. verstanden werden. In den Gruppen (P. i. e. S.) werden mehrere Pat. oder auch Angehörige von Pat. gemeinsam über die Erkrankungen informiert und veränderte Formen des Umgangs mit der Erkrankung erarbeitet und erprobt (*Krankheitsbewältigung*). Dabei spielen auch der Erfahrungsaustausch zw. den Betroffenen und die gegenseitige Unterstützung (*soziale Unterstützung*) eine wichtige Rolle. Wichtige Elemente bzw. Bausteine einer *Intervention* sind dabei: (1) Informationsvermittlung (Symptomatik der Störung, Ursachen (*Ätiologie*), Behandlungskonzepte etc.), (2) emot. Entlastung (Verständnis fördern, Erfahrungsaustausch mit anderen Betroffenen, Kontakte etc.), (3) Unterstützung einer medikamentösen oder psychoth. Behandlung, indem die Kooperation zw. Behandler und Pat. (*Compliance, Adhärenz*) gefördert wird. «Hilfe zur Selbsthilfe» (z. B. Trainieren, wie Krisensituationen (Krise) frühzeitig erkannt werden und welche Schritte dann unternommen werden können). In stationären und zunehmend häufiger auch in teilstationären und ambulanten Behandlungssettings umfasst die psychiatrische und psychoth. Behandlung bei psych. Störungen strukturierte P., zumeist in der Gruppe. Die versch. *Leitlinien* zählen sie i. d. R. auch zu notwendigen Bausteinen der Behandlung. Entspr. dem Anspruch von P. als qualifiziertem Behandlungsbaustein ist auch zu fordern, dass sie in strukturierter (manualisierter) Form durchgeführt wird, und dass erfolgreich evaluierte Formen von P. umgesetzt werden. *Evaluationen* liegen dementspr. verhältnismäßig häufig von Gruppenprogrammen vor, P. im Einzelsetting orientiert sich häufig an diesen Manualen. Für andere Formen der P., wie Bibliotherapie oder Informationsbroschüren, liegen erst sehr wenige Evaluationsstudien vor. H. Vogel

Psychoendokrinologie *Psycho(neuro)endokrinologie*, [**BIO**], Bez. für ein Teilgebiet der *Endokrinologie*, das sich mit den psych. Wirkungen von Hormonen (*Hormone*) befasst. W. Janke

psychogalvanische Reaktion (PGR) [engl. GSR *galvanic skin response*, EDR *electro dermatic reaction*; gr. ψυχή *(psyche)* Seele, Hauchauch, frz. *galvanique* mit Gleichstrom behandelt], syn. GHR *galvanische Hautreaktion*, heute: EDA (*elektrodermale Aktivität*), [**BIO**]. Die zuerst von G. Fontaine beobachtete, dann von C. Féré und J. Tarchanoff beschriebene, im Anschluss daran bes. von O. Veraguth untersuchte Erscheinung, dass sich die elektrische Leitfähigkeit bzw. der Widerstand, den die Haut einem durch sie geleiteten schwachen (2 bis 10 mA/cm) Gleichstrom bietet, beim Eintreten sensorischer Reize, motorischer Reaktionen oder best. seelischer Prozesse in charakteristischer Form ändert: rasches Absinken (*Negativierung*), darauf wieder langsames Ansteigen des Widerstandes (*exosomatischer galvanischer Hautreflex*). Eine gleichartige Erscheinung, rasches Absinken (*Negativierung*), dann langsames Ansteigen, kann auch bei der Messung von Aktionspotenzialen der Haut (also ohne Verwendung einer äußeren Stromquelle) beobachtet werden (*endosomatische galvanische Hautreaktion*). Der Entstehungsmechanismus der Erscheinungen ist noch nicht völlig geklärt. Doch scheint die Hautwiderstandsänderung im Wesentlichen von der (Innervierungs-)Aktivität der Schweißdrüsen bestimmt zu sein (und nicht so sehr von der absolut produzierten Schweißmenge). Die ps. Bedeutung der EDA-Kennwerte ergibt sich aus der Steuerung der Schweißdrüsen ausschließlich durch den Sympathicus (*Gehirn*). In der Praxis unterscheidet man: (1) *Basalwiderstand* (Basiswerte, Grundniveau). Langzeitige Änderungen, die sich während des Tagesablaufes, beim Lösen von Aufgaben und in Zusammenhang mit emot. Umstimmungen ergeben. (2) Die PGR i. e. S. (SCR bzw. SRR s. u.) besteht in zusätzlichen kurzfristigen, zum Teil mehrphasigen Senkungen des Hautwiderstandes, die durch äußere oder auch innere Stimulation (*Spontanfluktuation, Spontanschwankungen*) ausgelöst werden können.

In der *Psychophysiologie* (*psychophysiologische Methodik*) werden v. a. die kurzfristigen Änderungen zur Untersuchung z. B. des Aktivierungsniveaus oder zur Abschätzung der Intensität zugeordneter Emotionen herangezogen. Während diese phasischen Änderungen sich i. d. R. nur in einem Bereich von weniger als 300 Ohm abspielen, schwanken die Änderungen des (tonischen) Grundwiderstandes sowohl zw. Personen als auch innerhalb ein und derselben Person zw. 10 und 500 KOhm.

Zur besseren begrifflichen Klärung des Phänomenbereichs schlugen Venables und Martin (1967) im engl. Sprachraum folgende eindeutigere Bez. vor, die als Kürzel auch im dt. Sprachraum übernommen wurde: SRR (*skin resistance response*, Hautwiderstandsreaktion); SRL (*skin resistance level*, Hautwiderstandsniveau), SCR (*skin conductance response*, Hautleitfähigkeitsreaktion. Reziprokwert des Widerstandes), SCL (*skin conductance level*, Hautleitfähigkeitsniveau. Reziprokwert des Widerstandes), SPR (*skin potential response*, Hautpotenzialreaktion), SPL (*skin potential level*, Hautpotenzialniveau). *C. Becker-Carus*

psychogen [engl. *psychogenic*; gr. ψυχή *(psyche)* Seele, Hauch, γένεσις *(genesis)* Geburt, Entstehung], [**KLI**], aus psych. Vorgängen entstanden. Der Begriff bez. bes. körperliche Störungen und Anomalien des Verhaltens, die auf psych. Ursachen beruhen oder denen eine eher psych. als physiol. Verursachung zugeschrieben wird. Ggs. *physiogen*, somatogen.

psychogenetisches Grundgesetz [engl. *psychogenetic basic law*; gr. ψυχή *(psyche)* Seele, Hauch, γένεσις *(genesis)* Geburt, Entstehung], [**EW**], Bez. für die Annahme einer Parallele zum *biogenetischen Grundgesetz*: Die psychol. Ontogenese ist Wiederholung der psychol. Phylogenese. *Hall, Granville Stanley*. Bergius 1959.

Psychognosis (= P.) [engl. *psychognosis*; gr. ψυχή *(psyche)* Seele, Hauch, γνῶσις *(gnosis)* Erkennen, Wissen], [**HIS**], die vorwiss. Seelenkunde, die über die Jahrtausende hinweg durch eine Vielzahl von Beobachtungen, Charakterbeschreibungen und Selbstbesinnungen eine wachsende Menschenkenntnis geliefert hat. Dessoir griff hierfür die Bez. P. auf. Nach ihm sind die Sinnsprüche der Gnomiker des 7. Jh. v. Chr. früheste Belege der P. Theophrast und Augustin haben neben vielen anderen ebenso Anteil an der Weiterentwicklung der P. wie Balthasar Gracian, K. P. Moritz und Lichtenberg oder Kant und Schopenhauer. Dessoir 1911.

Psychognostik (= P.) [engl. *psychognostics*; gr. ψυχή *(psyche)* Seele, Hauch, γνῶσις *(gnosis)* Erkennen, Wissen], [**DIA, PER**], von Stern (1911) in seinem Programm der Differentiellen Ps. (als «Angewandte Wissenschaft») so bezeichnete Teildisziplin, die die «Menschenkenntnis möglich macht». Stern forderte damals bereits die Untersuchung psychodiagnostisch bedeutsamer «Varietäten» (= Variablen) und «Prüfmittel» (= Tests), um die «Grade» (= Ausprägungen) der Eigenschaften feststellen zu können. Damit ist P. der Vorläufer der heutigen Psychodiagnostik (*psychologische Diagnostik*). Den zweiten Bereich einer angewandten Differentiellen Ps. stellt die *Psychotechnik* nach Stern dar, worunter heute sämtliche Interventionstechniken zu verstehen sind.

psychohydraulisches Energiemodell [engl. *psychohydraulic (energy) model*; gr. ὕδωρ *(hydor)* Wasser, αὐλός *(aulos)* Rohr], [**KOG**], Zusammenfassung der doppelten Quantifizierung des Verhaltens in einem Modell durch K. Lorenz (1950). Es veranschaulicht das Zusammenwirken der Stärke der endogenen Produktion aktionsspezifischer Energie und der Reizkumulation im angeborenen *Auslösemechanismus* (AAM) bei der Aktualisierung der Instinkthandlung (Tembrock 1964). *R. Bergius*

Psychohygiene (= P.) [engl. *psychohygiene*; gr. Ὑγίεια *(hygieia)* gr. Göttin der Gesundheit], [**KLI**], historisch bedeutsame Disziplin, deren Aufgaben in einem grundlegenden Programm schon im Jahre 1907 festgelegt wurden. Die Hauptpunkte waren in ihrer damaligen Formulierung: (1) Sorge für die Erhaltung der seelischen und geistigen *Gesundheit* und Verhütung von «Geistes- und Gemütskrankheiten», (2) Vervollkommnung der Behandlung, Pflege und Überwachung der «Geistes- und Gemütskranken», (3) Aufklärung über die Bedeutung der seelischen und geistigen Anomalien für die Erziehung, für das Berufs- und Wirtschaftsleben sowie für die Ausübung von Verbrechen. Diese Aufgaben, nämlich die Behandlung und Nacherziehung des kranken Menschen, die Aufklärung seiner Umweltpersonen (neg. P.) und die Erhaltung der seelischen und geistigen Gesundheit in der Gesellschaft sowie die Verhütung von *Neurosen* und *Psychosen*, Süchten und Verbrechen durch wirksame, psychol. fundierte päd. und psychagogische, soziale und politische Maßnahmen (prohibitive P., Psychoprophylaxe) bildeten die Grundziele der P. Geschichtlich ist daran zu erinnern, dass zu allen Zeiten die geistig-seelische Gesundheit als «hygienische» und erzieherische Aufgabe erkannt worden ist. Sämtliche Kulturvölker des Altertums lassen entspr. Bemühungen erkennen. Für das 19. Jhd. und Dt. sei an Hufeland erinnert. Der Gießener Psychiater R. Sommer (1864–1937) gründete einen dt. Verband für ps. Hygiene. In der Zeit des Nationalsozialismus wurde der Begriff der P. i. S. der nationalsozialistischen Doktrin politisch instrumentalisiert, was insbes. durch Umbenennung des Verbands in «Dt. Verband für psych. Hygiene und Rassenhygiene» deutlich wird. 1948 sind die psychohygienischen Gesellschaften in der Weltföderation für seelische Gesundheit (WFMH – *World Federation for Mental Health*) zus.gefasst. P. ist auch Aufgabe der UNESCO. *therapeutische Gemeinschaft, Gemeindepsychologie*. Graneist 1991.

Psychoide [engl. *psychoid (layer)*; gr. ψυχή *(psyche)* Seele, εἶδος *(eidos)* Gestalt], [**KLI**], nach C. G. Jung (*Analytische Psychologie*) diejenige seelenähnliche Schicht, die (teils angrenzend an die chemischen Körperabläufe, teils an den Raum des Archetypischen) der Triebwelt nahesteht.

Psychoimmunologie (= P.) [engl. *psychoimmunology*, gr. *ψυχή (psyche)* Seele, lat. *immunis* frei, unberührt, *λόγος* (logos) Lehre], [**BIO**], Teilgebiet der Immunologie, das sich mit der Beziehung zw. Immunsystem und psych. Vorgängen befasst. Der Begriff wird häufig syn. mit *Psychoneuroimmunologie* verwendet. *H. Himmerich*

Psychokinese *PK-Test*.

psychokritische Pädagogik, [**PHI**], von Poppelreuter (1933) geprägter Begriff, mit dem er, von experimentalps. Arbeiten ausgehend, auf die Grenzen jedes Verstehens (*Verstehen, verstehende Psychologie*) und damit auch auf das Unvollkommene allen Wissens (*Wissen*) und aller *Bildung* ausführlich eingegangen ist. Er zeigt, wie der Mensch beim «Verstehen» den «gröbsten Selbsttäuschungen» verfällt und ständig von der Gefahr des Scheindenkens, des Scheinwissens und des Scheinschöpferischen bedroht ist. *dialektisches Scheindenken*.

Psycholepsie [engl. *psycholepsis*; gr. *ψυχή (psyche)* Seele, Hauch, angelehnt an; *επιληψία (epilrpsia)* Fallsucht], [**KLI**], kaum noch gebräuchl. Bez. für den plötzlichen und kurzzeitigen Zus.bruch der psych. Spannung mit Aussetzen des *Denkens*, bes. bei *Psychasthenie* und *Schizophrenie*.

Psycholeptika [engl. *psycholeptics*; gr. *λεπτός (leptos)* gering, klein], [**PHA**], bez. nach Delay und Deniker für Drogen mit dämpfendem Einfluss auf psych. Vorgänge. *Psychopharmaka*, *Tranquillanzien*, *Hypnotika*, *Neuroleptika*, *Psychotomimetika*.

Psycholinguistik (= P.) [engl. *psycholinguistics, psychology of language*; gr. *ψυχή (psyche)* Seele, Hauch, lat. *lingua* Sprache], [**KOG**], s. auch *Sprachps.* (= S., *Sprache*). Die historischen Wurzeln der P. liegen in den psychol. und klin. Arbeiten seit der Mitte des 18. Jhd., der Entwicklungsps. und der psychol. Hirnforschung (Levelt 2013), also eher in der S. Dennoch hat sich in den letzten Jahren eher die Bez. P. eingebürgert, internat. fast ausschließlich. Gleichwohl lassen sich Spuren des Zusammenwachsens in den unterschiedlich starken Beiträgen der beiden anfangs für sich existierenden Ps. und *Linguistik* wahrnehmen. Sie resultieren aus den unterschiedlichen, einander ergänzenden Forschungs- und Lehrprofilen. In der S. werden Untersuchungen eher aus der Sicht bestehender, empirisch bestätigter Modelle oder Effekte konzipiert. Prominente Beispiele sind das *Zwei-Ebenen-Modell* (Garrett 1980), das *Modell der modularisierten Sprachproduktion* (Levelt 1989), das *konnektionistische Modell des Lesenlernens* (Seidenberg & McLelland 1989), der Stroop-Effekt (*Stroop-Verfahren*, Roelofs 2005). Die Herangehensweise der Linguistik in der P. erwächst öfter aus aufschlussreich vergleichbaren sprachlichen Konstruktionsunterschieden wie passiv/aktiv, einfachen vs. komplexen Sätzen und Sprechaktunterschieden (Clark & Clark 1977). Die Spuren der S. in der P. sind bes. deutlich im Bereich der Methodenentwicklung, die heute in dem Repertoire der exp. Verfahren und Paradigmen vollst. oder in einem Repertoire ergänzend genutzt werden. Zur Illustration ein Verweis auf die Anfänge und die Gegenwart: Apparativ gesteuerte *Reaktionszeit*messung zur Untersuchung des Erkennens von Buchstaben und *Wörtern* wurde schon seit der Mitte des 19. Jhd. durchgeführt (Cattell 1885, Wundt 1904; hier bes. Kap. 5, Abs. II die Beschreibung von Experimenten mit dem Fall-Tachistoskop). Bis heute folgten die Entwicklung von Methoden der *Blickbewegungsmessung* (Henderson & Ferreira 2004), die Messung neuronaler Aktiviationspotenziale, *Magnetenzephalografie* und *funktionelle Magnetresonanztomografie* (Stemmer & Whittaker 1998, Gazzaniga 2009). In den Anfängen entstand P.-Forschung in mehreren, weitgehend unabhängig betriebenen Themenfeldern. Eine explizite, interdisziplinär getragene Programminitiative von J. B. Carroll, Charles E. Osgood et al. legte nach dem Zweiten Weltkrieg die Saat zu der rasch und internat. wachsenden Wissenschaft von heute (Carroll 1951, Cutler 2005). In engem inhaltlichen und meth. Kontakt haben sich drei große Arbeitsbereiche entwickelt. Dies sind der *Erst- und Zweitspracherwerb* (*Sprachentwicklung*, *Fremdspracherwerb*, Grimm 2000), *Inhalt und Aufbau des sprachlichen Wissens* (*Wissen*, Dietrich 2007) und die *Sprachverarbeitung* mit der längeren Tradition im Feld des *Sprachverstehens* (*Sprachrezeption*, Friederici 1999) gegenüber der *Sprachproduktion* (Herrmann & Grabowski 2003). Vielerlei Berührungen bestehen zudem zu den klin. Bereich der Sprachkrankheiten (*Sprachstörungen*; Blanken et al. 1993). Leuninger 1989, Prucha 1974. *R. Dietrich*

Test Psycholinguistischer Entwicklungstest (PET), 2. Aufl. 1977, M. Angermaier, [www.testzentrale.de], [**DIA, EW, PER**]. Erstauflage 1974. Deutsche Bearbeitung des *Illinois Test of Psycholinguistic Abilities* von S. A. Kirk, J. J. McCarthy und W. D. Kirk. Test zur sprachlichen Entwicklung. Testbatterie mit 10 Untertests und 2 Zusatztests zur Messung der kogn. Entwicklung von normalen und lernbehinderten Kindern. AA von 3;0 bis 9;11 Jahren. Es können sprachliche Kommunikationsschwierigkeiten und die allg. sprachliche Leistungsfähigkeit ermittelt werden. Studien zu Korrelationen zw. PET und gebräuchlichen Schul- und Intelligenztests liegen vor. Split-Half-Reliabilitäten (Spearman-Brown) lagen für die einzelnen Untertests und je nach Alter der Pbn zw. $r_{tt} = .68$ und $r_{tt} = .95$. Retest-Reliabilitätskoeffizienten für den Gesamttest bei $r_{tt} = .97$ ($N = 46$ Kindergartenkinder) und bei $r_{tt} = .84$ bzw. $r_{tt} = .88$ (Stichproben des 2. und 4. Schuljahres). Der Test kann vollst. oder in zwei Kurzformen durchgeführt werden. Es existiert eine Dialektfassung versch. Untertests für die Schweiz von Wettstein et al. (1977, 1980). *Normierung*: $N = 2622$, Altersnormen sind jew. für Altersdrittel angegeben. Bearbeitungsdauer: ca. 60 Min.

Psychologem, [**PHI**], Bez. für eine ps. Behauptung, Theorie oder Lehre.

Psychological Abstracts (= P. A.) [engl.] «psychol. Zusammenfassungen»; eine monatlich in Zeitschriftenform (heute in digitaler Form) erscheinende und von der *American Psychological Association (APA)* herausgegebene Sammlung von Kurzfassungen über Veröffentlichungen auf dem Gebiet der Ps. und einiger Nachbargebiete. Die P. A. erscheinen in engl. Sprache und umfassen die Publikationen fast aller Länder der Erde. *Abstract*.

Psychologie [engl. *psychology*; gr. *ψυχή (psyche)* Seele, Hauch; *λόγος (logos)* Lehre, Vernunft, Wort], s. I. *Einleitung*.

Psychologie, interkulturelle *interkulturelle Psychologie*.
Psychologie, mathematische *mathematische Psychologie*.
Psychologie, reflexive [engl. *reflexive psychology*], *Psychologie, sozialwissenschaftliche*.
Psychologie, respondente [engl. *respondent psychology*; lat. *respondere* antworten], *Management-Diagnostik*.
Psychologie, sozialwissenschaftliche (= s. Ps.) [engl. *psychology, social scientific approach*], **[FSE, HIS, PHI]**, versucht, einen «dritten (integrativen) Weg» zwischen den sich gegenseitig ablehnenden Traditionen der natur- und *geisteswissenschaftlichen Psychologie* zu konzipieren und zu beschreiben. Schon *Wundt* hat am Beginn der einzelwiss. Objektdisziplin Ps. eine Kontrastierung der Methoden- und Gegenstandskonzeptionen eingeführt, nämlich in Form der naturwiss.-exp. vs. hermeneutisch-introspektiven Methodik zur Erforschung der niederen vs. höheren Bewusstseinsprozesse. Doch während Wundt beide Richtungen noch in Personalunion vereinte, haben sie sich in der Folge zunehmend aus- und gegeneinander entwickelt, wobei die naturwiss. Ps. im 20. Jhd. (vom *Behaviorismus* bis zum Informationsverarbeitungsansatz; *Informationsverarbeitung*) den Hauptstrom darstellt, während geisteswiss. Ansätze (von der *Verstehenden Ps.* (*Verstehen*) Spranger'scher Prägung bis zum *Symbolischen Interaktionismus*) nur als Nebenströmungen bezeichnet werden können. Die bis zur Dichotomisierung (gegenseitige Ausschließlichkeit) gesteigerte Kontrastierung geht v. a. auf die wissenschaftstheoret. Konzeption des *Monismus* zurück, wie sie (auch) von der naturwiss. Ps. vertreten wird. Danach können und sollen alle Wissenschaften nach der einen (daher: Monismus) szientifisch-exp. Methodik (*experimentelle Psychologie*) vorgehen, gleichgültig in welchem Gegenstandsbereich sie arbeiten. Der Monismus impliziert daher ein Primat der Methodik vor dem Gegenstand. Dem hält die geisteswiss. Konzeption einen *Dualismus* entgegen, wie er zeitlich parallel zu Wundt bereits von Dilthey für die Ps. konzipiert und vertreten worden ist. Danach erfordern die unterschiedlichen Gegenstände (nämlich Natur vs. *Kultur/Geist/Seele*) auch unterschiedliche Erkenntnismethoden. Der Dualismus impliziert also ein Primat des Gegenstandes vor der Methodik. In der konkreten Forschungspraxis der Ps. hat sich diese Dichotomisierung zum einen methodologisch als Konkurrenz zw. dem sog. (nomologisch-exp.) quant. und dem (idiografisch-verstehenden) qual. (*qualitative Sozialforschung*) Paradigma niedergeschlagen; in Bezug auf die Gegenstandskonzeption strebt die naturwiss. P. i. R. einer Schichten-Ontologie die Fundierung in der organismischen Basis des Menschen an (also qua Kooperation und Ausweitung «nach unten» zur *Biologie*, Med., Neurowiss. etc.), während für die geisteswiss. Ps. die Verbindung «nach oben» zu den Wissenschaften zentral ist, die sich mit dem Geist qua Sinndimension des Menschen beschäftigen (also *Soziologie*, *Pädagogik*, Literaturwissenschaft etc.). Aus der fortdauernden Permanenz dieser Divergenzen resultierte im 20. Jhd. eine nie (auf-)gelöste «Krise der Psychologie» (*Bühler*). In diesem Spannungsfeld versucht die s. Ps. eine Integration bei beiden Traditionen (und damit auch Synthese von Monismus und Dualismus), indem sie auf der Ebene des Gegenstandsverständnisses von dem Bild des Menschen als «(sozialen) Sinn schaffendem Organismus» ausgeht; auf der Ebene der Methodologie entspricht dem eine möglichst gleichgewichtige Gegenstand-Methodik-Interaktion als Basis für die konstruktive Verbindung von quant. und qual. Methoden (*Mixed-Methods-Ansatz*). Daraus ergibt sich für die praktische Forschungskonzeption, dass unter metatheoretischer Perspektive (*Wissenschaftstheorie* und Methodologie) durchaus an den klass. szientifischen Wissenschaftskriterien festgehalten wird, allerdings unter Fortschreibung der bereits in der analytischen Wissenschaftstheorie begonnenen Liberalisierungen. Das betrifft die (Ziel-)Kriterien des präzisen und expliziten Definierens genauso wie die Konzeptionen von *Kausalität*, Erklärung und *Technologie*; hier sind Konzepte wie die stat. Kausalität, aber auch narrative Erklärung (*narrative Rekonstruktion*) etc. aus den aktuellen metatheoretischen Diskussionen heranzuziehen und fruchtbar zu machen. Gleiches gilt für die Konzepte der Bewährung, des Erkenntnisfortschritts und der Wahrheitskriterien: Dabei geht es um die fließende Grenze zw. Theorie- und Beobachtungssprache, die Rekonstruktion von vorausgesetzten anthropologischen Annahmenkernen (entspr. den Kernannahmen in der strukturalistischen Theoriekonzeption, *Strukturalismus*) sowie die Einbeziehung des dialog-konsens-theoretischen Wahrheitskriteriums (*Dialog-Konsens-Methodik*), das v. a. bei der Rekonstruktion der Innensicht von Menschen als Erkenntnisobjekten unverzichtbar ist. Entsprechende qual. Erhebungsverfahren berücksichtigen, dass in der Ps. nicht nur das Erkenntnissubjekt, sondern gleichermaßen das Erkenntnisobjekt zur Reflexion fähig ist, weswegen eine s. Ps. vom Grundansatz her auch immer eine reflexive Ps. ist. Dies manifestiert sich nicht zuletzt in einer fließenden Grenze zw. analytischen und synthetischen Annahmen (weil z. B. manche Attributionshypothesen schon analytisch im Sprachgebrauch verankert sind). Außerdem wird die Sozialität der menschlichen Sinngenerierung in der s. Ps. insbes. dadurch abgedeckt, dass sie über den methodologischen Individualismus (der naturwiss. Ps.) hinaus die Kollektiv- und Systemebene der menschlichen Gemeinschaft und Gesellschaft/en einbezieht, und zwar in Form von methodologischen wie ontologischen Mehr-Ebenen-Ansätzen (Holismus). Das impliziert die interdisziplinäre Vernetzung sowohl mit jenen angrenzenden Wissenschaften, die ontologisch «tiefere» (biol.) Schichten erforschen (*Ontologie*), als auch solchen, die traditionell für die «höheren» (kult.) Ebenen zuständig sind. Dadurch spielen folglich auch die anthropologische Reflexion und die ethische Rechtfertigung der Forschungspraxis sowie Theorieanwendung für die s. Ps. eine essenzielle Rolle.

Parallel bearbeitet die s. Ps. unter objekttheoret. Perspektive (in Bezug auf die inhaltlich gegenstandsbezogenen Probleme) alle Fragestellungen von den organismischen Grundlagen bis zu den kult. Leistungen des Menschen. Dabei sind naturgemäß jene Probleme von besonderem

Interesse, die sich auf die Relation von biol. Basis und sozialer Entwicklung beziehen: wie etwa das *Anlage-Umwelt*-Problem, die Dispositionismus-Situationismus-Frage oder das Verhältnis von *Sprache* und *Denken*. Innerhalb der Sinndimension besitzen jene Themen ein besonderes Gewicht, die sich mit den Möglichkeiten, aber auch Grenzen der menschlichen Reflexivität und Rationalität beschäftigen, von der Relation *Kognition/Emotionen* über kogn. Täuschungen und indiv. vs. soziale Rationalitätskonzeptionen bis hin zur autobiografischen Narration und Entwicklungsentwürfen des Selbstkonzepts (Selbstutopien; *Selbstkonzept*). Dabei bezieht die s. Ps. nicht nur die sozialpsychol. (bzw. mikrosoziologische) Einbettung der jew. Strukturen und Prozesse in die Meso- und Makro-Ebene der sozialen Institutionen und Gesellschaften ein, sondern verfolgt mit besonderem Gewicht auch die Theorie-Praxis-Integration (von der Forschung z. B. zur Genese und Veränderung von *Vorurteilen* über Intergruppenkonflikte bis zur friedenspsychol. Implementation versöhnungsorientierter Prozesse (*Friedenspsychologie*) zw. Kriegsgegnern etc.). Zugleich führt der integrative Impetus der s. Ps. dazu, dass sie mit bes. Nachdruck die Wiederentdeckung alter phil. Grundfragen für die Ps. (mit) betreibt, wie das *Leib-Seele-Problem* (heute in der Relation von Gehirn und Geist thematisch), die Grundfragen der menschlichen Intentionalität, des *Bewusstseins*, der Erlebnisqualitäten (Qualia-Problem) und nicht zuletzt der *Willensfreiheit*. Dabei verfolgt sie naturgemäß in erster Linie Gegenmodelle zur (naturwiss.) «Naturalisierung des Mentalen», kann aber gerade dadurch im Optimalfall auf lange Sicht zu einer intra- und interdisziplinären Theorienintegration beitragen. Groeben 1997, 1999, 2001, 2003, Mey & Mruck 2010. *N. Groeben*

Psychologie der Dienstleistung (= PD.), **[WIR]**, die PD. untersucht den Prozess und die Bedingungen der Erstellung von Dienstleistungen, wobei der Fokus auf den daran beteiligten Akteuren liegt. Den Kern von Dienstleistungen bildet die Begegnung zw. dem Dienstleister (Kundenkontaktmitarbeiter) und seinem Kunden (Klienten, Pat. etc.). Diese beiden Personen produzieren i. d. R. gemeinsam die Leistung, für die ein Kunde direkt oder indirekt bezahlt. Die Qualität der Interaktion zw. den beiden Produzenten entscheidet über das Gelingen bzw. das Scheitern des Produkts «Dienstleistung». Im Zentrum dieses Tätigkeitsfeldes steht somit ein (sozial-)psychol. Phänomen – die *Interaktion* zw. (fremden) Menschen. In diesem Merkmal unterscheiden sich Dienstleistungen von den meisten gewerblichen Tätigkeiten und erfordern daher die eigenständige psychol. Untersuchung, die eine PD. konstituiert. I. R. einer PD. werden die Rolle der an der Produktion der Dienstleistung beteiligten Akteure – Dienstleister und Kunde – sowie die Interaktionsprozesse zw. diesen Akteuren untersucht. Weitere Untersuchungsgegenstände bilden das *Servicescape* i. S. der Gestaltung der Umwelt, in der die Interaktion zw. Dienstleister und Kunde abläuft, sowie die von den Dienstleistungsunternehmen eingesetzten Methoden zur Beeinflussung der Einstellungen und zur Steuerung des Verhaltens der Mitarbeiter und der Kunden. Als abhängige Variable dient gewöhnlich die von den Kunden wahrgenommene *Dienstleistungsqualität* bzw. die *Kundenzufriedenheit*, da beide Größen auch Einfluss auf den ökonomischen Erfolg haben. Mit Blick auf die Folgen der Arbeit für die Person des Dienstleisters werden spez. die Anforderungen zur *Emotionsarbeit* mit der Konsequenz des *Burn-out* untersucht. Nerdinger 2011. *F. W. Nerdinger*

Psychologie des Alterns (= P.) [engl. *psychology of aging*], **[EW, GES]**, geschichtlich gesehen war *Altersforschung* lange Zeit stark von med. bzw. biol. Forschungsarbeiten dominiert. Trotz erster verhaltenswiss. Erforschung des Alterns (v. a. des kogn. Alterns in den 1920er-Jahren) ist die P. erst seit den 1950er-Jahren zu einer im interdisziplinären Kanon der *Altersforschung* voll anerkannten Disziplin geworden. Heute ist völlig unstrittig, dass Altern (= A.) als Veränderung nicht nur in körperlich-biol., sondern auch in psych. Bereichen begriffen werden muss. Psychisches A. ist stets im Kontext anderer Systeme zu sehen, z. B. auf der Ebene hirnorganischer A.veränderungen oder gesellschaftlicher Einflüsse und Prägungen des A. So ist die P. besonders durch ihre «Scharnierfunktion» zw. biol. Altersgeschehen und gesellschaftlich-politischen und damit auch historischen Überformungen des Alters gekennzeichnet. In Anlehnung an Weinert (1992) sind v. a. vier grundlegende Fragestellungen für die P. forschungsleitend: (1) *Beschreibung und Analyse der A.veränderungen psych. Merkmale und Mechanismen*: v. a. die differenzierte Beschreibung des Verlaufs und der Variationen psych. *Leistungen*, von *Verhalten* und *Erleben*, primär altersbezogen, aber auch durch Abstand vom Tod (*Sterben*) oder von markanten Lebenserfahrungen getriebenen. (2) *Analyse der sich psychol. manifestierenden Bedingungen menschlichen A.*; hier steht die Frage im Vordergrund, in welcher Weise psych. Entwicklungen A.verläufe und A.ausgänge beeinflussen. Z. B. gehört die subj. bewertete, nicht die obj. gegebene Gesundheit zu den entscheidenden Prädiktoren von Wohlbefinden und *Lebensqualität*, und subj. *Gesundheit* leistet selbst nach Kontrolle der obj. Gesundheit noch einen eigenständigen Beitrag zur Varianzaufklärung von Unterschieden im Todeszeitpunkt. (3) *Untersuchung der psych. Verarbeitung und Bewältigung* (*Coping*) *des A. bzw. der mit dem Älterwerden verbundenen Defizite, Einschränkungen und Verluste*: eine diesbzgl. bedeutsame Thematik hat v. a. unter der Bez. *Wohlbefindensparadox* (*Wohlbefinden*) ihren Niederschlag gefunden, d. h. Menschen halten im Durchschnitt trotz zunehmender Verlusterfahrungen bis weit in ihr spätes Alter hinein ein hohes Maß an Wohlbefinden aufrecht. Heute werden vielfach ressourcenorientierte Sichtweisen (*Ressource*) des A. präferiert, die proaktive *Selbstregulations*- und Zielprozesse beinhalten. (4) *Psychosoziale Beeinflussung unerwünschter Erscheinungen und Begleiterscheinungen des A.*: die Entstehung einer auch interventionsbezogenen P. war historisch gesehen ein sehr bedeutsamer Schritt in der Entwicklung der A.forschung insges., denn lange Zeit ist man davon ausgegangen, A. sei ein relativ unveränderliches biol. Abbauprogramm, das kaum beeinflussbar sei. Es liegt sehr robuste *Evidenz* dahingehend vor, dass unterschiedliche *Intervention*sformen wie unterschiedliche Trainingsansätze (kogn., soziale, *körperliche Aktivität*) sowie *Psychotherapie* auch bei alten Menschen bedeutsame *Effektgrößen* erreichen. Solche Befunde sind wiederum gesellschaftlich und versorgungsbezogen von hoher Relevanz, unterstreichen sie doch, was alten Menschen und damit unserer alternden Gesellschaft alles möglich wäre, wenn die entspr. Rahmen-, Trainings- und Anregungsbedingungen geschaffen bzw. weiter intensiviert würden. *Lebensalter, drittes und viertes*, *Altersbilder*, *Altersveränderungen, Altersunterschiede, Selektion, Optimierung und Kompensation, Modell der (SOK-Modell)*. Wahl et al. 2008. *H.-W. Wahl*

Psychologie des Geldes [engl. *psychology of money*], *Finanzpsychologie*.

Psychologie ohne Seele [engl. *psychology without soul*], *Aktualitätstheorie*.

Psychologische Diagnostik [engl. *psychological assessment/diagnostics*], s. Einleitung, Gebietsüberblick «I.14 Psychologische Diagnostik».

psychologische Ökologie (= ps. Ö.) [engl. *psychological ecology*; gr. οἶκος *(oikos)* Haus(halt), λόγος *(logos)* Lehre, Vernunft], **[SOZ]**, von Lewin (in Abhebung von E. Brunswik) vorgeschlagener Begriff, unter dem sich die Ps. mit best. «nichtps.» Gegebenheiten befassen sollte, und zwar solchen, die «Grenzbedingungen des Lebens des Individuums und der *Gruppe*» mit konstituieren, bspw. Klima, Verkehrsverhältnisse, Gesetze eines Landes oder einer Organisation, und die somit gleichsam rahmenhafte Vorgaben für (ps. relevante) Situationen und Handlungen bilden. ps. Ö. wird gelegentlich auch i. w. S., etwa gleichbedeutend mit *ökologische Psychologie* verwendet. Kaminski 1987, Lewin 1963. *G. Kaminski*

psychologischer Vertrag (= psychol.V.) [engl. *psychological contract*], **[AO]**, bezeichnet die indiv. *Wahrnehmung* von Beschäftigten über gegenseitige Verpflichtungen (basierend auf impliziten oder expliziten Versprechen) im *sozialen Austausch* mit dem Arbeitgeber. Brüche des ps.V. stehen u. a. in Zusammenhang mit geringeren Ausprägungen in *Arbeitszufriedenheit*, *Commitment* und höheren Kündigungsabsichten sowie *psychischer Beanspruchung*. Unterschieden werden kann der *Bruch des psychol. V.* (kogn. Bewertung, dass ein wahrgenommenes Versprechen nicht eingehalten wurde, engl.: *breach*) und die *Verletzung* (emot. Reaktion *Emotionen*), engl.: *violation*). *T. Rigotti*

psychologisches Gutachten (= psychol. G.) [engl. *psychological report*], **[DIA]**, ist ein wiss. Produkt in Form eines (schriftlichen oder mündlichen) Berichts. Es nutzt Verfahren, die auf der Ps. als Wissenschaft aufbauen. Diese Verfahren dienen der Sammlung und Verdichtung von Informationen über die zu begutachtende Person mit dem Ziel, eine Antwort auf eine Fragestellung des Auftraggebers zu finden. Bei einem psychol. G. handelt es sich somit um die sachverständige Beantwortung einer Fragestellung durch einen Psychologen. Die Fragestellung betrifft dabei best. psych. Phänomene des Erlebens und Verhaltens, und zwar grundsätzlich in Zusammenhang mit einer indiv., konkreten Fallbehandlung einer oder mehrerer Personen. Sehr häufig geht es dabei um eine *Prognose*. Das psychol. G. dient als Entscheidungshilfe für den Auftraggeber, der oftmals ein ps. Laie ist. Die Fragestellung betrifft dabei zumeist die Themenbereiche (1) ausbildungs- und berufsbezogene *Eignungsdiagnostik*, (2) ausbildungs- und berufsbezogene *Rehabilitation*sdiagnostik, (3) *Entwicklungsdiagnostik* im frühen Kindesalter, (4) forensisch-psychol. bzw. rechtspsychol. Diagnostik (*Rechtspsychologie*), (5) *neuropsychologische Diagnostik*, (6) gerontopsychol. Diagnostik (*Diagnostik bei alten Menschen*), (7) klinisch-psychol. Diagnostik (*Diagnostik, klinische*; Kubinger 2009a). Konkret handelt es sich um Fragen, die z. B. von «Besteht bei dem Kindergartenkind N. N. tatsächlich eine generelle bzw. spez. Entwicklungsverzögerung im visumotorischen Bereich?» über «Besteht bei N. N. eine Lese- und Rechtschreibstörung?», «Ist N. N. hochbegabt?» und «Welcher Kandidat ist am besten geeignet für die Stelle XY?» bis hin zu «Wie groß ist das Ausmaß der alkoholbedingten kogn. Beeinträchtigung von N. N.?» bzw. «Wie lautet die Kriminalrückfallprognose des zu lebenslanger Freiheitsstrafe verurteilten N. N.?» reichen (Fallbeispielsammlung bei Kubinger & Ortner 2010).

Der Gutachter führt mit der betroffenen Person eine psychol. Untersuchung durch und bedient sich dabei versch. psychol.-diagn. Verfahren. Zu Letzteren zählen insbes. *Exploration* und Anmneseerhebung (*Anamnese*), (systematische) *Verhaltensbeobachtung*, psychol. (Leistungs-) Tests (*Leistungstest*) und *Persönlichkeitsfragebogen*. Dabei liegt es kraft seiner Kompetenz in der Verantwortung des Gutachters, welche Verfahren er jew. einsetzt; immer aber entspricht die Auswahl dem aktuellen Stand der Ps. als Wissenschaft. Minimalvoraussetzung ist dabei wohl die Erfüllung der *DIN 33430* (Deutsches Institut für Normung e. V. 2002) als rechtsnächster Norm; sie reglementiert u. a., dass «die Gültigkeit der eingesetzten Verfahren empirisch nachgewiesen ist» und «die Gültigkeit der Normwerte spätestens alle acht Jahre überprüft wird» (*Normierung*).

Für die Erstellung von psychol. G. gibt es zur Wahrung des Konsumentenschutzes Standards, die von Fachverbänden (Föderation deutscher Psychologenverbände) oder Verwaltungseinrichtungen (z. B. Psychologenbeirat des österreichischen Gesundheitsministeriums) erstellt werden und auf «Lehrmeinungen» (Kubinger 2009a; Westhoff & Kluck 2014) aufbauen. Diesen Standards gemäß muss ein psychol. G. den gesamten *diagnostischen Prozess* transparent machen. Das umfasst (1) die Konkretisierung des zunächst oft nur umgangssprachlich gegebenen Auftrags zu einer fachlich beantwortbaren Fragestellung, (2) die Herleitung psychol. Hypothesen über Bedingungszusammenhänge zw. best. (erwünschten/angestreben bzw. unerwünschten) psych. Erlebens- und/oder Verhaltensweisen der zu begutachtenden Person einerseits und gegebenen Umfeld-/Rahmenbedingungen andererseits, (3) die Auswahl anzuwendender psychol.-diagn. Verfahren, (4) die daraus gewonnenen Ergebnisse und Gelegenheitsbeobachtungen sowie (5) die aus allen gewonnenen Informationen getroffenen Schlussfolgerungen (Interpretationen). All das soll dazu führen, dass der Adressat die Beantwortung der

Fragestellung des G. nachvollziehen kann. Was dabei die Herleitung psychol. Hypothesen über Bedingungszusammenhänge betrifft, hilft z. B. die «Verhaltensgleichung» von Westhoff & Kluck (2014), wonach jedes Verhalten abhängig von Umgebungsbedingungen, Organismusbedingungen, kogn., emot., motivationalen sowie sozialen Bedingungen ist. *Diagnostik*. *K. D. Kubinger/K. Westhoff*

psychologische Testung [engl. *psychological testing*], *Teststandards*.

Psychologismus (= P.) [engl. *psychologism*], [**PHI**], kritische Bez. für die Auffassung, dass die Ps. die Grundlage anderer Disziplinen, ja sogar aller Wissenschaften sei. I. e. S. wird als P. die von Frege und Husserl kritisierte These verstanden, dass die Gesetze der Logik auf die empirischen Gesetze des Denkens (*Denken*) zurückführbar seien. Dem P. wurde vorgeworfen, die Frage der Geltung von Aussagen und Normen unzulässigerweise mit der Frage nach dem Bestehen empirisch-psychol. Tatsachen zu verwechseln. *V. Gadenne*

Psychologists for Social Responsibility (PsySR) [engl. Psychologen für soziale Verantwortung], [**SOZ**], US-amerikanische Organisation, seit 1982, die ps. Wissen für gesellschaftliche Veränderungen einsetzt: in den 1980-er Jahren zur Verhinderung eines Atomkrieges, nach Ende des Ost-West-Konfliktes für eine *Kultur des Friedens* und für soziale Gerechtigkeit [www.psysr.org]. *G. Sommer*

Psycholyse, psycholytische Therapie [engl. *psycholysis, psychedelic therapy*; gr. ψυχή (psyche) Seele, Hauch, λύειν (lyein) auflösen], [**KLI**], die von R. A. Sandison u. a. in den USA 1954 eingeführten Verfahren der Ergänzung der psychoth. Behandlung durch Anwendung von *Halluzinogenen* (*LSD*, *Meskalin*). Wird nur noch vereinzelt angewendet; Wirksamkeitsbelege liegen nicht vor.

Psycholytika [engl. *psycholytic/psychedelic drug*; gr. ψυχή (psyche) Seele, Hauch, λύειν (lyein) auflösen]; *Psychopharmaka*.

Psychometrie (= P.) [engl. *psychometrics*, gr. ψυχή (psyche) Seele, Hauch, μέτρον (metron) Maß], [**DIA, FSE**], ursprünglich die Untersuchung der zeitlichen Verhältnisse in den seelischen Vorgängen, heute die Messung (*Messtheorie*) psych. Erscheinungen ganz allg., auch das Forschungsgebiet, das sich mit der Messung des Psych. beschäftigt. Die P. hat sich aus der *Psychophysik*, die die Enstehung oder Veränderung von Wahrnehmungsempfindungen in Abhängigkeit von physikal. Reizeigenschaften untersucht, entwickelt. Die P. untersucht allg. funktionale Beziehungen zw. psych. oder zw. psych. und nicht psych. *Variablen* und beschäftigt sich mit Herstellung psychol., insbes. diagn. *Skalen*. Es handelt sich dabei (1) um Beziehungen zw. Reizen und den dadurch hervorgerufenen Erlebnissen. Der Begriff Reiz ist dabei weit gefasst, es können damit alle Gegebenheiten außerhalb des Organismus gemeint sein (z. B. auch Fragebogenitems). Weitere Forschungsbereiche bilden (2) die Beziehungen zw. körperlichen (physiol.) Vorgängen und ihren psychol. Korrelaten (z. B. zw. einer körperlichen und einer emot. Veränderung) und (3) die funktionalen Beziehungen der psychol. Variablen untereinander, z. B. zw. der Verlaufszeit eines seelischen Vorgangs und dem Grad der Motivation. Für die Diagnostik sind psychometrische Modelle v. a. bei der Erfassung von Merkmalsausprägungen mittels *Fragebogen* oder *Tests* von Bedeutung. Die *Messtheorie* nutzt psychometrische Modelle (insbes. *Item-Response-Theorie (IRT)*, *Klassische Testtheorie*), um den Zus.hang zw. einem oder mehreren latenten Merkmalen (*Konstrukt*) und manifesten Itembeantwortungen bzw. von Antwortwahrscheinlichkeiten math. zu modellieren. Hierdurch kann insbes. die *Reliabilität* und *Validität* von Messprozeduren empir. geprüft werden (*Gütekriterien*). *Empirische Sozialforschung*.

Psychometrikon (= P.), [**DIA**], ist ein Open-Access-Internetportal zur Publikation psychol. Testverfahren. Eingereichte Testverfahren unterliegen einem *Peer-Review*-Prozess. Publizierte Tests werden entspr. ihrem Entwicklungsstand gekennzeichnet (*Teststandards*), erhalten einen eigenen Digital Object Identifier (DOI) und sind somit zitier- und verlinkbar. Alle publizierten Tests sind für fachkundige Anwender, die angemeldete Nutzer des Portals sind, frei zugänglich. Das Copyright publizierter Testverfahren verbleibt bei den Autoren. Das Hosting erfolgt über das Leibniz-*Zentrum für Psychologische Information und Dokumentation, ZPID* in Trier. [www.psychometrikon.de] Forkmann 2013. *T. Forkmann*

psychometrische Funktion (= P.) [engl. *psychometric function*; gr. ψυχή (psyche) Seele, Hauch, μέτρον (metron) Maß], *Phi-Funktion von Gamma*, *Psychometrie*.

Psychomimetika [engl. *psychomimetics*; gr. μίμησις (mimesis) Nachahmung], [**PHA**], Substanzen, durch die psychoseähnliche *Symptome*, sog. exp. Psychosen (*Modellpsychose*) erzeugt werden. Bsp.: *Meskalin*, *Lysergsäurediäthylamid* (LSD). *Psychopharmaka*.

Psychomotilität [engl. *psychomotility*; gr. ψυχή (psyche) Seele, Hauch, lat. *movere* bewegen], *Psychomotorik*.

Psychomotorik (= P.) [engl. *psychomotricity*, *psychomotor domain*; gr. ψυχή (psyche) Seele, Hauch, lat. *movere* bewegen], [**BIO, KOG, WA**], Teilgebiet der *Allgemeine Psychologie* mit enger Verbindung zur *Differentiellen Psychologie* und *Angewandte Psychologie*; gleichzeitig Teil einer interdisziplinären Bewegungswiss. (*movement science*). Wichtige Phasen in der Entwicklung: um die Wende vom 19. zum 20. Jhd. Untersuchungen des Erlernens einfacher (*Thorndike*) und komplexer (Bryan & Harter) sensomotorischer *Fertigkeiten* sowie der Steuerung einfacher Bewegungen (Woodworth); zw. den Weltkriegen ganzheits- (Klemm) und gestaltpsychol. (Derwort; *Gestaltpsychologie*) Untersuchungen; nach dem Zweiten Weltkrieg oft praktisch motivierte Untersuchungen des *tracking* (Craik) und der *Zielbewegung* (Fitts) unter dem Einfluss der *Kybernetik* und *Informationstheorie*; in den 1950er- und 1960er-Jahren Untersuchungen indiv. Unterschiede (Fleishman, *psychomotorische Faktoren*) sowie der Übung und der Pausenwirkung v. a. am *pursuit rotor*; seit den 1970er-Jahren Entfaltung des Gebiets durch neue Entwicklungen in der kogn. Ps. und Wahrnehmungsps. sowie die Entwicklung einer interdisziplinären Bewegungsforschung. Mittlerweile bezeichnet der Begriff der P. vorrangig einen Ansatz der Heilpädagogik. Bei den versch. Richtungen der P. wird von

Psychomotorische Faktoren

Betroffene Körperteile	Art der Befähigung						
	Stärke	Stoß-Vermögen	Schnelligkeit	Genauigkeit statische	Genauigkeit dynamische	Koordination	Gelenkigkeit
molar	allg. Körperstärke	allg. Reaktionszeit		stat. Gleichgewicht	dyn. Gleichgewicht	molare Körperkoordination	
Rumpf	Rumpfstärke						Rumpfgelenkigkeit
Glieder	Gliederstärke	Gliederpropagation	Armgeschwindigkeit	Armsicherheit	sicheres Armzielen		Armgelenkigkeit
Hände		Klopfen	Handgeschwindigkeit		sicheres Handzielen	Handgeschick	
Finger			Fingergeschwindigkeit			Fingergeschick	

der engen Verzahnung der Motorik mit anderen psych. Funktionen ausgegangen und im Prinzip angestrebt, Letztere durch motorische Übungen zu fördern. *Motorik*. Heuer & Jäncke 2006, Rosenbaum 1990. *H. Heuer*

psychomotorische Faktoren [engl. *psychomotor factors*], [KOG], *Psychomotorik*; um sowohl die Anzahl der gegeneinander abgrenzbaren Dimensionen zu erheben, als auch Tests zur Vorhersage des psychomotorischen Leistungsverhaltens bei Eignungsuntersuchungen verwenden zu können, wurde v. a. in den 1950er- und 1960er-Jahren mit der Methode der *Faktorenanalyse* versucht, sämtliche Leistungen, bei denen motorische Prozesse eine Rolle spielen, auf die hinter ihnen stehenden hypothetischen Konstrukte zurückzuführen. Je nach einbezogenen psychomotorischen Variablen und Testverfahren wurde eine unterschiedliche Anzahl von Faktoren ermittelt. Guilford (1957) gibt in einer Matrix für die psychomotorischen Faktoren einen Überblick über die damals bekannten Dimensionen. Der *Stärkefaktor* resultiert aus Leistungsproben der versch. Körperteile. Motorische Leistungsproben, bei denen der Kräfteeinsatz maßgeblich ist, um die Bewegung in Gang zu bringen, lassen sich unter den Faktor *Beschleunigung* oder *Antrieb* zus.fassen. Die Schnelligkeit, mit der eine Bewegung dann weiter durchgeführt wird, bildet bezüglich der versch. Gliedmaßen ebenfalls einen Faktor, den der *Geschwindigkeit*. Der Faktor des *statischen Gleichgewichts* resultiert aus Aufgaben des Balancierens. Werden bei etwas schwierigeren Bewegungsaufgaben Genauigkeitsleistungen verlangt, so lassen sich diese ebenfalls wieder faktoriell zus.fassen (*dynamischer Genauigkeitsfaktor*). Je nachdem, welche Körperteile für die *Koordination* von Bewegungen benötigt werden, lassen sich *Handgeschicklichkeitsfaktoren* oder *Fingerfertigkeitsfaktoren* ermitteln. Die für sportliche Tätigkeiten notwendige allg. Beweglichkeit lässt sich auch faktorenanalytisch unter Heranziehung solcher «Flexibilitätsübungen» als *Gelenkigkeitsfaktor* nachweisen.

Pawlik (1968) hat die versch. P. nach dem Grad ihrer Bestätigung zus.gestellt. Mit apparativen Tests (z. B. *pursuit rotor*) konnte der Faktor der *psychomotorischen Koordination* gesichert werden. Der Faktor der Zielbewegungskoordination *(aiming)* wird gefunden, wenn mit Papier-und-Bleistift-Tests Aufgaben wie *dotting* durchgeführt werden. Werden bei der Bewegungsausführung Handgelenk und Armgelenk mitbenutzt, so lässt sich der Faktor *tapping* ermitteln. Werden Arm-Hand-Bewegungen auf ihre feinmotorische Sicherheit hin beansprucht, so lässt sich aus diesen Aufgaben der Faktor der Bewegungsruhe *(steadiness)* ableiten. Als speziellere Faktoren der Psychomotorik sind der Faktor der *Händigkeit*, das *allg. motorische Tempo* und die *Artikulationsgeschwindigkeit* aufzuführen. Unter diesen Faktoren könnten auch noch diejenigen, die sich mit der Schreibmotorik in Beziehung bringen lassen, hinzugerechnet werden. Fleishman 1954. *H. O. Häcker*

Psycho(neuro)endokrinologie [engl. *psychoneuroendocrinology*; gr. ψυχή (*psyche*) Seele, Hauch, νεῦρον (*neuron*) Nerv, ἔνδον (*endon*) innen, κρίνειν (*krinein*) abscheiden, λόγος (*logos*) Wort, Lehre], [BIO], Forschungsrichtung, die mit allen Fragen und Problemen der endokrinen Verhaltenssteuerung (*endokrines System*) befasst ist. *Hormone*.

Psychoneuroimmunologie (= P.) [engl. *psychoneuroimmunology*; gr. ψυχή (*psyche*) Seele, gr. νεῦρον (*neuron*) Nerv, lat. *immunis* frei, unberührt, gr. λόγος (*logos*) Lehre], [BIO], dieser interdisziplinäre Forschungsbereich befasst sich mit den Wechselbeziehungen zw. dem NS (*Nervensystem*), dem Hormonsystem (*Hormone, endokrines System*), dem *Immunsystem* und psych. Prozessen. Das Immunsystem reagiert auf neurochemische Signale von Nerven- und Hormonsystemen. Andererseits werden Funktionen des Nerven- und Hormonsystems von Signalmolekülen des aktivierten Immunsystems beeinflusst. Die Existenz dieser Wechselbeziehungen bildet die exp. Grundlage für die Erforschung von Verhaltenseffekten auf das Immunsystem bzw. von Auswirkungen immunologischer Prozesse auf das

Verhalten. Die Erforschung dieses komplexen Netzwerks wird in enger Kooperation von Immunologen, Endokrinologen, Physiologen, Pharmakologen, Psychologen, Onkologen und Psychiatern betrieben. Während die Immunologie primär die autoregulativen Prozesse zw. den und innerhalb der einzelnen Zellen des Immunsystems untersucht, befasst sich die P. weiter mit deren Wechselwirkungen zum psych. Verhalten und den Funktionen des NS. 1964 prägt G. F. Solomon den Begriff der P. in seiner Arbeit über den Zus.hang zw. *Emotionen*, *Krankheit* und Immunreaktion, in der er nachweisen konnte, dass die Autoimmunkrankheit der rheumatoiden Arthritis insbes. bei den Familienmitgliedern zum Ausbruch kam, die deutlich mehr psych. Belastungen hilflos ausgeliefert waren (Solomon & Moos 1964). In den 1970er-Jahren konnten Ader & Cohen (1975) eine bereits von der Pawlow'schen Schule beschriebene Entdeckung wiss. belegen, dass nämlich Immunreaktionen klassisch konditionierbar sind (*Konditionierung, klassische*). Mit dieser Arbeit, die zugleich Auslöser für eine schnell wachsende Forschungstätigkeit auf diesem Gebiet war, führten sie den heute gebräuchlichen umfassenderen Begriff P. ein. Aufgrund dieser Grundlagenerkenntnisse wurde erklärbar, warum psych. und psychoth. Prozesse sich nachweisbar auf körperliche Funktionen auswirken oder auch *Stress* die Immunfaktoren neg. beeinflussen kann: z. B. Absinken der Konzentration von sekretorischem Immunglobulin A im Speichel und bei chronischen Stress die vermehrte Ausschüttung von Glukokortikoiden (wirken immunsuppressiv).

Bei psych. Erkrankungen konnten in den letzten Jahren spezif. immunologische Auffälligkeiten beschrieben werden, die möglicherweise an deren Pathophysiologie kausal beteiligt sind. Bei Pat. mit *Schizophrenie* wird von einer reduzierten Typ-1-Immunantwort mit einer verminderten Produktion der Typ-1-Zytokine und einem Übergewicht der Typ-2-Immunantwort mit einer vermehrten Produktion der Typ-2-Zytokine ausgegangen; zum Ausgleich dieser Imbalance wurde in einer klin. Studie der Cyclooxygenase (COX)-2-Hemmer Celecoxib, ein immunmodulatorisches Medikament, als Augmentation zur Behandlung mit *Antipsychotika* mit Erfolg für die Subgruppe der akut erkrankten schizophrenen Pat. getestet.

Die *Zytokinhypothese der Depression*, für die in den letzten Jahren vielfache Belege gefunden wurden, besagt, dass die vermehrte Produktion proinflammatorischer Zytokine das Risiko für das Auftreten einer Depression erhöht; entspr. sind die therap. Gabe von Zytokinen sowie entzündliche Erkrankungen mit depressiven Störungen assoziiert; die exp. Gabe von Zytokinantagonisten und Immunmodulatoren wie Etanercept, Acetylsalicylsäure und Celecoxib führt dagegen zu einem früheren Ansprechen auf Antidepressiva oder hat selbst eine antidepressive Wirkung.

Bei der *Alzheimer-Krankheit* (*Demenz*) spielt ein neuroinflammatorischer Prozess, der durch Amyloid-b 42 (Ab42) getriggert ist, eine zentrale Rolle; dieser inflammatorische Prozess ist durch aktivierte Mikroglia, Astrozyten und die Induktion der Zytokinproduktion charakterisiert und führt zu Synapsen- und Nervenzellschäden.

Eine wichtiges Themengebiet der P. sind außerdem mit Vorgängen im Immunsystem assoziierte *Nebenwirkungen* der *Psychopharmaka* wie Fieber, Blutbildungsstörungen, entzündliche und allergische Reaktionen (*Allergie*). Himmerich 2012, Himmerich & Schneider 2012b.

H. Himmerich/C. Becker-Carus

Psychoneurose (= P.) [engl. *psychoneurosis*; gr. ψυχή (*psyche*) Seele, νεῦρον (*neuron*) Nerv], [**KLI**], nach S. Freud (*Psychoanalyse*) diejenige Gruppe der *Neurosen*, deren psych. oder somatische Symptome Ausdruck einer unvollständigen Triebverdrängung auf dem Hintergrund eines chronischen, meist schon in die frühe Kindheit zurückreichenden Triebkonflikts darstellen. Je nach der Triebabwehr und dem Triebschicksal entwickeln sich die einzelnen Formen der P.: (1) die hysterischen Syndrome; (2) die phobischen Syndrome (*Phobie*); (3) die anankastischen Syndrome (*Zwangsneurose*); (4) die Charakterneurosen. Die P. werden von Freud den vegetativen oder *Aktualneurosen* gegenübergestellt.

psychonom [engl. *psychonomic*; gr. ψυχή (*psyche*) Seele, νόμος (*nomos*) Gesetz], dem Bereich des Psychischen zugehörend.

Psychoonkologie (= P.), [engl *psycho-oncology*; gr. ψυχή (*psyche*) Seele, ὄγκος (*ogkos*) Schwellung], syn. *psychosoziale Onkologie*, [**GES, KLI**], die P. ist ein eigenes Arbeitsgebiet in der Med., das sich mit dem Erleben und Verhalten sowie den psych. und sozialen Ressourcen von Krebspat., deren Behandlung sowie damit verbundenen Problemlagen befasst. Aufgabe der P. ist es, die Bedeutung psychol. und sozialer Faktoren in der Entstehung (*Ätiologie*), Früherkennung, Diagnostik, Behandlung, *Rehabilitation*, *Nachsorge* sowie im gesamten Verlauf einer Tumorerkrankung wiss. zu untersuchen und die gewonnenen Erkenntnisse in der Versorgung der Pat. nutzbar zu machen und in konkrete Unterstützungs- und Behandlungsangebote umzusetzen (Holland et al. 2010). Die P. versteht sich als ein interdisziplinäres Arbeitsgebiet, in dem versch. Berufsgruppen, insbes. Psychologen, und andere Fachdisziplinen zus.arbeiten und ihre jew. Fachexpertise einbringen (Koch & Weis 2009). Nach heutigen Erkenntnissen wird davon ausgegangen, dass Krebserkrankungen multifaktoriell bedingt sind und das Ergebnis eines komplexen Zus.spiels von biol.-genetischen Faktoren, Umwelteinflüssen und Lebensstil (v. a. Ernährung, Bewegung, *Gesundheitsverhalten*) darstellen. Die Annahme einer Entstehung der Krebserkrankung primär durch psychogene Faktoren, wie bspw. durch in den Anfängen psychoonkologischer Forschung angenommene Verursachung durch Verlustereignisse, seelische Konflikte oder *Persönlichkeitsmerkmal* («Krebspersönlichkeit»), konnte in zahlreichen wiss. Studien nicht bestätigt werden (Garssen 2004). Trotz vielfältiger Fortschritte in der psychoneuroimmunologischen Forschung zur Untersuchung der Leib-Seele-Wechselwirkungen fehlt es bislang auch an überzeugenden Daten für die Annahme, dass Krebs durch psychosozialen *Stress* entstehen kann. Der Schwerpunkt der P. liegt heute in der Untersuchung der Bedeutung der *Krankheitsbewältigung* und der psychosozialen Belastungen (*Tumorerkrankung, psy-*

chosoziale Belastung) für die Anpassung und den Verlauf der Erkrankung sowie in der Entwicklung von geeigneten Maßnahmen und Interventionen (*Beratung, psychologische, Psychoedukation*, Einzeltherapie und Gruppentherapie) zur Unterstützung der Pat. Da sich insbes. depressive Störungen (*Depression*) infolge einer Tumorerkrankung neg. auf den Verlauf auswirken können, ist die frühzeitige Erkennung und gezielte Behandlung psych. Folgeprobleme bei Tumorpat. eine zentrale Aufgabe der P. Eine psychoonkologische Beratung und bedarfsgerechte Behandlung von psychosozialen Problemlagen (*psychoonkologische Interventionen*) ist heute ein unverzichtbares Element einer modernen Krebstherapie und wird in der Akutbehandlung, Rehabilitation und Nachsorge in versch. Institutionen angeboten. Johansen 2012. *J. Weis*

psychoonkologische Interventionen (= p. I.) [engl. psycho-oncological interventions; lat. *intervenire* dazw.-treten], **[GES, KLI]**, der Begriff p. I. (*Psychoonkologie*) umfasst alle Maßnahmen der Beratung und Behandlung, die auf die psychosozialen Belastungen infolge der Krebserkrankung, ihrer Behandlung oder deren Folgeprobleme ausgerichtet sind (*Tumorerkrankung, psychosoziale Belastung*). P. I. haben primär supportiven Charakter und verfolgen das Ziel einer Verbesserung der *Krankheitsbewältigung*, Stärkung der personellen und sozialen Ressourcen sowie der *Lebensqualität* des Pat. Im Vergleich zur klassischen Psychoth. werden dabei die körperlichen Aspekte und Besonderheiten der Krebserkrankung einbezogen. Es lassen sich vier Gruppen von p. I. unterscheiden: (1) p. Einzeli. (*Einzeltherapie*), (2) psychoth. Paari., (3) *Gruppentherapie* und *Psychoedukation*, (4) *Entspannungsverfahren*. Das Spektrum p. Einzeli. reicht von *Beratung* über *Kurzzeittherapie* bis hin zur klass. Psychoth. Elemente der *Psychoedukation* werden häufig auch in der Einzelbehandlung eingesetzt. Bei komorbiden psych. Störungen (*Komorbidität*) wie Anpassungsstörung, Angststörungen oder depressiven Störungen (*Depression*) ist eine Einzelpsychoth. indiziert, je nach Schweregrad auch in Kombination mit einer psychopharmakol. Behandlung (*Psychopharmakotherapie*). Psychoth. Paari. zielen primär auf die gemeinsame Bewältigung der Folgeprobleme sowie die Stärkung der wechselseitigen Unterstützung sowie Verbesserung der *Kommunikation* ab (Heinrichs & Zimmermann 2008). Gruppeni. kombinieren psychoth. Vorgehensweisen mit Methoden der Psychoedukation sowie der Gesundheitsförderung. In dem breiten Spektrum versch. Gruppenangebote lassen sich zwei Konzepte unterscheiden: ein eher auf psychodynamische Prozesse abzielender Ansatz der *supportiv expressiven Gruppentherapie* sowie die *psychoedukativ ausgerichtete Gruppentherapie* (Weis et al. 2006). *Entspannungsverfahren* (z. B. *Progressive Muskelentspannung*) sind wichtige Verfahren zur *Selbstregulation* und zum persönlichen Stressmanagement (*Stressbewältigung*), die von Krebspat. in allen Phasen der Erkrankung eingesetzt werden können. Sie sind nach entspr. *Instruktion* unter professioneller Anleitung leicht erlernbar und können von den Pat. eigenständig mit und ohne Unterstützung durch Medien selbständig fortgeführt werden. Faller et al. 2013. *J. Weis*

^{Test}**Psychopathic Personality Inventory – Revised (PPI-R)**, 2008, G. W. Alpers & H. Eisenbarth, [www.testzentrale.de], **[DIA, KLI, RF]**. Fragebogen zur Erfassung von *Psychopathie*. AA Erwachsene. Das Verfahren ist eine Übersetzung des *Psychopathic Personality Inventory – Revised* (PPI-R) von Lilienfeld und Andrews (1996) und Lilienfeld & Widows (2005). I. Ggs. zu den in den klassifikatorischen Diagnosemanualen beschriebenen Persönlichkeitsstörungen soll damit eine dimensional variierende Persönlichkeitseigenschaft beschrieben werden. In Anlehnung an die klass. Def. von Cleckley (1964) werden mit den 154 Items des PPI-R die Dimensionen *Schuldexternalisierung, rebellische Risikofreude, Stressimmunität, sozialer Einfluss, Kaltherzigkeit, machiavellistischer Egoismus, sorglose Planlosigkeit* und *Furchtlosigkeit* erfasst und durch die Skala *unaufrichtige Beantwortung* zur Überprüfung von Antworttendenzen manipulativer Art ergänzt. *Normierung*: Das Verfahren ist für gesunde Pbn der Altersgruppe von 18 bis 25 Jahren normiert (T-Werte), kann jedoch auch bei älteren Erwachsenen angewendet werden. Bearbeitungsdauer: ca. 20 Min.

Psychopathie (= P.) [engl. psychopathy; gr. ψυχή *(psyche)* Seele, πάθος *(pathos)* Leiden(schaft), Krankheit], **[KLI, PER]**, wörtlich die *Krankheit* des «Psychopathen». 1888 wurde erstmals durch den Psychiater J. L. A. Koch die Formgruppe «psychopathische Minderwertigkeit» abgegrenzt. Die P. bezieht sich v. a. auf eine abnorme (neg.) Abweichung von *Persönlichkeitsmerkmalen* (Affektivität, Willensbildung). Heute wird der P.begriff eher gemieden und von einer *Persönlichkeitsstörung* gesprochen. Früher wurden unterschiedliche «Formen» der P. abgegrenzt (z. B. depressive, erregbare, hyperthyme, phlegmatische, schizioide, zyklothyme). *psychopathische Persönlichkeit*.

psychopathische Persönlichkeit (= p. P.) [engl. *psychopathic personality*], **[DIA, KLI, PER, RF]**, oder persönlichkeitsbasierte (*Persönlichkeit*) *Psychopathie* stellt einen Ansatz zur Beschreibung der Psychopathie dar, der ohne das Auftreten kriminell-delinquenten oder antisozialen Verhaltens messbar ist. Dieser Ansatz zeichnet sich somit von der ursprünglichen Def. der Psychopathie nach Cleckley ab und hilft, die Konzepte der Psychopathie und der dissozialen oder *antisozialen Persönlichkeitsstörung* voneinander zu trennen. Ein teilweise persönlichkeitsbasiertes Model der Psychopathie bildet die Grundlage des am häufigsten im forensischen Bereich eingesetzten Psychopathie-Inventars, der *Psychopathy Checklist – Revised (PCL-R)* nach Hare (1991). Dieser argumentiert, dass zwar ein großer Teil der Psychopathen in Haft Anzeichen antisozialer Persönlichkeitsstörung zeigt, da diese in diagn. Katalogen vorwiegend verhaltensbasiert definiert ist, jedoch umgekehrt nur ein geringer Teil der antisozial Persönlichkeitsgestörten tatsächlich als Psychopathen beschrieben werden können. Ebenso beschreibt er die Existenz des «erfolgreichen Psychopathen» (z. B. Babiak & Hare 2006), der zwar eine hohe Ausprägung psychopathischer Persönlichkeitseigenschaften (*Persönlichkeitsmerkmal*) aufweist, aber diese derart einzusetzen weiß, dass er nicht nur nicht mit dem Gesetz in Konflikt gerät, sondern darüber hinaus beruflich überdurchschnittlich erfolgreich ist. Hares PCL-R hat somit zwei große Faktoren, von denen der erste rein persönlichkeitsbasiert ist und der zweite einen sozial-devianten Lebenswandel abbildet. Ein rein persönlichkeitsbasiertes Model der Psychopathie erfasst das von Lilienfeld & Andrews (1996) entwickelte *Psychopathic Personality Inventory (PPI)*. Dieses Selbstberichtsinventar (*Selbstbericht*) erfasst Items (*Item*) aus acht Skalen (*Skala*, z. B. Kaltherzigkeit, Furchtlosigkeit, Egozentrizität), von denen jedoch keines kriminelles Verhalten erfasst. Es ist somit in der Lage, sowohl die Kern-Persönlichkeitsmerkmale der Psychopathie zu messen als auch innerhalb einer *Population* erheblich mehr *Varianz* zu erfassen als die PCL-R, da diese als Fremdrating u. a. aufgrund der Kriminalakte des zu diagnostizierenden Individuums geratet wird. *P. Grant*

Psychopathologie (= P.) [engl. *psychopathology*; gr. ψυχή *(psyche)* Seele, πάθος *(pathos)* Leiden(schaft), Krankheit], **[KLI]**, Lehre von den Leiden der Seele. P. beruht auf der *Beobachtung*, Beschreibung und Strukturierung psych. Auffälligkeiten bei Menschen, basierend auf deren sprachlichen Äußerungen, der *Beobachtung* des Verhaltens und dem Einsatz psychometrischer Verfahren (*Psychometrie*). P. dient somit v. a. der Beschreibung psych. Erlebens und Verhaltens, die kleinsten Beschreibungseinheiten werden auch als *psychopathologische Symptome* bez. (*AMDP-System*), die da Basis für den psychopathologischen Befund (*Befund, psychologischer*) darstellen. Spez. Aufgaben der P. sind: Deskription von Pat. im Querschnitt wie im Verlauf, Basis für die Zuordnung von Pat. zu diagn. Gruppen i. R. eines Klassifikationssystems (*Klassifikation psychischer Störungen*), Ausgangspunkt für Indikationsentscheidungen und *Evaluation* der Effektivität therap. Interventionen und spez. unter dem didaktischen Gesichtspunkt die Vermittlung von Begriffen in Form einer gemeinsamen Sprache (Kommunikation, Fachsprache der *Psychiatrie*). *Pathopsychologie*. Payk 2010.

Psychopathologie, elterliche (= e. P.) [engl. *parental elterlich*], **[KLI]**, etwa 9–10 % aller Frauen und 5–6 % aller Männer erkranken während der Elternschaft psych. (Parker et al. 2009). Die e. *Psychopathologie* bzw. psych. Erkrankung wirkt als psychosozialer Risikofaktor auf den e. Umgang mit dem Kind und damit auf seine Entwicklung und psych. Gesundheit (Wiegand-Grefe et al. 2011). Mehr als die Hälfte der betroffenen Kinder entwickeln in Kindheit und Jugend eine psych. Störung (Beardslee et al. 1998). Neben genetischen Faktoren haben u. a. die krankheitsbedingte Einschränkung des e. Verhaltens und ein niedriges familiäres Funktionsniveau sowie erhöhte psychosoziale Belastungen (z. B. Trennung der Eltern, Armut oder soziale Randständigkeit) einen erheblichen Einfluss auf die kindliche Symptomentwicklung (Mattejat & Remschmidt 2008). Präventive/interventive Angebote (*Prävention*, *Intervention*) auf unterschiedlichen Ebenen (Eltern, Kind, Familie, soziales Umfeld) sind ggf. indiziert, um die vorhandenen psychosozialen Belastungen zu reduzieren, um die indiv. und sozialen Schutzfaktoren (*Ressourcenorientierung*) zu stärken und um eine normale kindliche Entwicklung zu ermöglichen. *U. Ravens-Sieberer*

Psychopathologischer Befund [engl. *psychopathological assessment/report*]; *AMDP-System*.

Psychopharmaka (= P.) [engl. *psychopharmaceuticals, psychotropic drugs*; gr. ψυχή *(psyche)* Seele, φάρμακον *(pharmakon)* Heilmittel], s. Einleitung *Psychopharmakologie*, Singular: Psychopharmakon, **[PHA]**, Substanzen, die ihre Wirkung über eine direkte Einwirkung auf das ZNS (*Nervensystem*) vermitteln und das Erleben wie das Verhalten (i. d. R. reversibel) verändern. Die Wirkungsmechanismen der heute verfügbaren P. sind nicht exakt aufgeklärt. Sie interagieren jedoch über spezif. molekulare Bindungsstellen (Rezeptoren, Transporter) im ZNS mit versch. Neurotransmittersystemen (*Neurotransmitter*) und modulieren deren Funktion. P. werden immer noch eingeteilt nach ihrer ursprünglichen klin. Hauptwirkung, z. B. als *Antidepressiva*, obwohl sie heute über nosologische Grenzen hinweg eingesetzt werden (Antidepressiva z. B. bei *Depressionen*, *Zwangs-*, *Angst-* und *Essstörungen* u. a.). Eine befriedigende Klassifikation der P. nach Wirkmechanismen steht noch aus. Die ersten P. im modernen Sinne waren das *Antipsychotikum* (s. a. *Neuroleptika*) *Chlorpromazin* (eingeführt 1952 von Jean Delay und Pierre Deniker in Paris) und das Antidepressivum *Imipramin* (entdeckt 1956 von Thomas Kuhn in der Schweiz). Mit diesen Substanzen begann das Zeitalter der modernen Psychopharmakotherapie. Die Tab. zeigt die Klassifikation in P.gruppen und bsp.haft Wirksubstanzen. Gründer & Benkert 2012, Weber 1999, Eckert & Müller 2012. *G. Gründer*

Psychopharmaka, Fahrtüchtigkeit [engl. *driving capability* Fahrtüchtigkeit], **[PHA]**, *Psychopharmaka* (= P.) können die Fahrtüchtigkeit/-tauglichkeit beeinträchtigen. Eine einmalige Applikation von P. ist dabei zeitlich begrenzt und betrifft somit zunächst nur die *Fahrtüchtigkeit* (= *State*-Variable), dagegen beeinflusst eine überdauernde Einnahme bei chronischen Erkrankungen evtl. die *Fahrtauglichkeit* (= *Trait*-Variable). Unbedingt ist aber zu beachten, dass bei vielen Erkrankungen die Fahrtauglichkeit durch die entspr. Medikation erst (wieder)hergestellt werden kann (*Netto-Effekt der Medikation*). Nach den *Begutachtungsleitlinien zur Kraftfahrereignung* der Bundesanstalt für Straßenwesen 2009 (Kaußner & Krüger 2012) ist entscheidend, ob die medikamentöse Therapie fahrrelevante psychophysiol. Leistungsbeeinträchtigungen mit sich bringt. Dies kann empirisch durch epidemiologische (*Epidemiologie*) oder exp. Studien (*Experiment*) untersucht werden. Letztere sind als zielführender anzusehen, da die meisten Substanzen (anders als *Alkohol*) im Feld zu selten auftreten, insbes. wenn innerhalb von Medikamentklassen nach einzelnen Substanzen oder Dosierungen differenziert werden soll. Experimente sind bes. aussagekräftig, wenn versch. Substanzen mit vergleichbaren Versuchsanordnungen getestet werden. I. d. R. bestehen aber sehr große Unterschiede zw. den Studien (und v. a. in der *Operationalisierung* von Fahrtüchtigkeit/-tauglichkeit). Dann bietet die *Metaanalyse* einen sehr attraktiven Zugang zur Bewertung. Allerdings ist die Datenbasis bislang noch sehr dünn, v. a. bzgl. Studien mit Mehrfachapplikationen (*Toleranzentwicklung*) und Pat. (*Netto-Ef-*

Psychopharmaka: Klassifikation

Klassifikation von Psychopharmaka und anderen zentral wirksamen Substanzen		
Psychopharmakagruppen	**Beispiel**	**Synonym**
Antipsychotika	Haloperidol Olanzapin	Neuroleptika Major-Tranquilizer
Tranquillanzien	Diazepam Lorazepam	Minor-Tranquilizer Ataraktika
Antidepressiva	Citalopram Amitriptylin Tranylcypromin	Thymoleptika Thymeretika (speziell für MAO[1)]-Hemmer)
Psychostimulanzien	Amphetamine Methylphenidat	Psychoanaleptika Psychotonika
Antidementiva	Donepezil	Nootropika Cognition enhancers
Psychotrope Nichtpsychopharmakagruppen		
Halluzinogene	LSD[2)]	Psychodysleptika
Andere zentral angreifende Pharmakagruppen		
Hypnotika	Benzodiazepine	Schlafmittel
Analgetika	Morphin	Opiate
Antikonvulsiva	Carbamazepin	Antikonvulsiva
Antiparkinson-Substanzen	L-DOPA Biperiden	– Zentrale Anticholinergika

1) MAO: Monoaminooxidase
2) LSD: Lysergsäurediethylamid

fekt). Einen Überblick zu Methodik und Befunden geben Kaußner & Krüger (2012). Basierend auf der akt. Datenlage und Expertenurteilen wurden im EU-Projekt DRUID über 1500 im europäischen Handel erhältliche Substanzen bzgl. ihres Einflusses auf die Fahrtüchtigkeit/-tauglichkeit in vier Kategorien (*no–minor–moderate–severe*) unterteilt. Die größte Gefahr geht von *Tranquillanzien* und *Hypnotika* aus. Generell als kritisch zu bewerten sind Therapiebeginn und -ende sowie Dosisveränderungen und Umstellungen. Hindmarch et al. 1988, Sanders & Wauschkuhn 1988.

Y. Kaußner

Psychopharmaka, Substanzdatenbanken, [**PHA**], die Tab. zeigt kommerzielle und frei verfügbare Datenbanken mit umfangreichen Sammlungen chem. und biol. Wirksubstanzen, die in der psychopharmakol. Wirkstoffforschung von Bedeutung sind. Kühne & Krause 2012.

Psychopharmaka, Substanzdatenbanken: Online-Ressourcen (aus Kühne & Krause 2012, 81) (Fortsetzung n. Seite)

Wichtige Substanzdatenbanken		
Datenbank	**Beschreibung**	**Adresse**
PubChem	Frei verfügbare Datenbank mit > 84.000.000 Substanzen	http://pubchem.ncbi.nlm.nih.gov
Comprehensive Medicinal Chemistry (CMC)	Enthält zwei- und dreidimensionale Strukturmodelle, biochemische und physikochemische Eigenschaften von pharmazeutischen Substanzen, enthält ca. 7500 Moleküle und 7100 Modelle, kommerzielle Datenbank	http://accelrys.com/products/databases/bioactivity/comprehensive-medicinal-chemistry.html

MDL Drug Data Report (MDDR)	Enthält biologisch relevante Strukturen einschließlich der therapeutischen Wirkung und biologischen Aktivität, wertet Patentliteratur und Zeitschriften aus, ca. 180.000 Einträge (jährlicher Zuwachs etwa 10.000 Einträge), kommerzielle Datenbank	http://www.akosgmbh.de/Symyx/software/databases/mddr.htm
NCI DIS 3D Database	Enthält 3D-Strukturen biologisch aktiver Substanzen besonders aus dem Bereich der Krebs-, AIDS-Forschung etc., > 400.000 Einträge, frei verfügbar	http://dtp.nci.nih.gov/docs/3d_database/dis3d.html
Available Chemical Directory (ACD)	Enthält chemische Strukturen aus einer Vielzahl von Katalogen, keine biologischen Daten verfügbar, ca. 300.000 (> 3.870.000) Einträge, kommerzielle Datenbank	http://accelrys.com/products/databases/sourcing/available-chemicals-directory.html
Symyx Screening Compounds Directory (SCD)	Enthält Verbindungen für Hochdurchsatz-Assays, (erlaubt Substruktursuchen), erleichtert die Zusammenstellung von Substanzbibliotheken für die Testung, enthält > 500.000 Einträge (> 6,8 Mio. einzigartige Substanzen)	http://www.akogmbh.de/Symyx/software/databases/acd-sc.htm
Merck Index	Sammlung biologisch aktiver Verbindungen, ca. 20.000 Einträge, kommerzielle Datenbank, enthält > 10.000 Monographien über einzelne Substanzen oder Wirkstoffklassen	https://www.rsc.org/merck-index?e=1
Chem Sources – Online	Online-Suchmaschine für kommerziell verfügbare Substanzen, kommerzielle Datenbank	http://www.chemsources.com/csonline.htm
eMolecules	Suchmaschine für kommerziell verfügbare Substanzen	http://www.emolecules.com
CHEMCATS	Datenbank kommerziell verfügbarer Substanzen mit > 43 Mio. Produkten	https://www.cas.org/content/chemical-suppliers
ZINC	Frei verfügbare Datenbank kommerziell erhältlicher Substanzen zum virtuellen Screening mit > 13 Mio. Einträgen	http://zinc.docking.org
SPRESIweb	Wissenschaftliche Datenbank mit > 4,5 Mio. Molekülen, 3,5 Mio. Reaktionen, 380.000 Referenzen und 98.000 Patenten der Jahre 1974–2009	http://www.spresiweb.de
Crystallography Open Database	~ 34.000 Einträge	http://www.crystallography.net
ChemSub Online	Frei verfügbare Datenbank mit Informationen über 237.000 Substanzen	http://chemsub.online.fr
CML Reference Collection	Kommerzielle Datenbank für > 120.000 3D-Molekülstrukturen	http://www.randomfactory.com/cml.html
ChEBI	Frei verfügbare Datenbank kleiner Moleküle	http://www.ebi.ac.uk/chebi

Psychopharmaka im Alter [engl. *psychotropic drugs in old age*], [**PHA**], für die Behandlung *psych. Störungen* im Alter ist die Verabreichung von *Psychopharmaka* in vielen Fällen unerlässlich und die Wirksamkeit im klin. Verlauf oft genauso gut wie in den anderen Lebensphasen. Physiol. Alterungsprozesse haben jedoch einen starken Einfluss auf Wirkung und Verträglichkeit von Arzneimitteln im zentralen *Nervensystem*. Ein veränderter Stoffwechsel im alternden Körper beeinflusst bei gleichzeitig sinkender Organfunktion die Wirksamkeit, Verträglichkeit und den Ausscheidungsprozess von Medikamenten. Aufgrund einer vermehrten Anzahl unterschiedlicher Erkrankungen im höheren Lebensalter besteht die Gefahr der Polypharmazie mit einem erhöhten Risiko von unerwünschten Wechsel- und *Nebenwirkungen*. Grundsätzlich sollte die Devise «Start low, go slow» Anwendung finden, d. h., die Dosierung sollte niedrig angesetzt und langsam einschleichend erfolgen. Therapiestrategien sollten bei Polypharmazie und *Multimorbidität* regelmäßig überprüft werden. *M. Paulzen*

Psychopharmaka im Kindes- und Jugendalter [engl. *psychopharmacotherapy in childhood and adolescence*], **[PHA]**, bez. den Einsatz von *Psychopharmaka* zur Behandlung von psych. Erkrankungen bei Minderjährigen. Die hauptsächlich in der Kinder- und Jugendpsychiatrie verwendeten Psychopharmaka sind Stimulanzien, *Antidepressiva* und *Antipsychotika*. Indikationsgebiete sind für Stimulanzien hyperkinetische Störungen (*Aufmerksamkeitsdefizit-/Hyperaktivitätsstörung, ADHS*), für Antidepressiva vornehmlich depressive Störungen (*Depression*), *Angststörungen*, *Mutismus* und *Zwangsstörungen*, für Antipsychotika bei Kindern und Jugendlichen Impulskontrollstörungen (sog. *behavioral use*) und *Tic-Störungen*. Daneben finden Antipsychotika wie in der Erwachsenenpsychiatrie Verwendung bei schizophrenen *Psychosen* (*Schizophrenie*) und zur Stimmungsstabilisierung. Aufgrund fehlender Zulassungsstudien sind viele Psychopharmaka oftmals nicht im Kindes- und Jugendalter zugelassen (*off-label use*). Dennoch finden sich für viele Substanzen in klin. Studien Hinweise für die Wirksamkeit, somit kann bei Störungsbildern wie ADHS, depressiven Störungen, Zwangsstörungen, Psychosen etc. evidenzbasiert (*Evidenzbasierung*) pharmakotherap. interveniert werden. Eine weitere Besonderheit der (Psycho-)Pharmakotherapie bei Minderjährigen ist, dass aufgrund des sich entwickelnden Organismus stoffwechselbedingt Wirkung, *Nebenwirkungen*, Dosis etc. vom Erwachsenen versch. sein können. Mit diesen Unterschieden in der *Pharmakokinetik* und *-dynamik* befasst sich die *Entwicklungspsychopharmakologie*. Die Tab. gibt einen Überblick über Indikationen und den Zulassungsstatus von Medikamenten im Kindes- und Jugendalter. Eggers 1993, Kölch et al. 2012. *M. G. Kölch/P. Plener*

Psychopharmaka im Kindes- und Jugendalter: Indikationen und Zulassungsstatus (Kölch et al. 2012, 1189–1190) (Fortsetzung n. Seite)

Indikationen und Zulassungsstatus für ausgewählte Arzneimittel im Kindes- und Jugendalter (Stand: Sommer 2011)[1)]		
Arzneimittel (Präparat)	**Indikationen im Kindes- und Jugendalter**	**Alter**
Psychostimulanzien und verwandte Substanzen		
Methylphenidat	ADHS	Ab 6 Jahre
Atomoxetin	ADHS	
Amphetaminsaft	ADHS	
Antipsychotika		
Risperidon	Impulskontrollstörungen mit disruptivem Verhalten bei unterdurchschnittlicher Intelligenz	Ab 5 Jahre
Clozapin	Störungen aus dem schizophrenen Formenkreis Cave: Strenge Indikationsstellung und Monitoring	Ab 16 Jahre
Aripiprazol	Schizophrenie und Manie	Ab 15 Jahre
Ziprasidon	Manische und gemischte Episoden bei bipolarer Störung	Ab 10 Jahre
Sulpirid	Schizophrenie	Ab 6 Jahre
Haloperidol	Störungen aus dem schizophrenen Formenkreis Organisch bedingte psychotische Zustände Akute Erregungszustände Tic-Störungen (Tourette-Syndrom)	Ab 3 Jahre
Chlorprothixen	Psychomotorische Unruhe- und Erregungszustände im Rahmen akuter psychotischer Symptome	Ab 3 Jahre

Levomepromazin	Psychomotorische Unruhe- und Erregungszustände im Rahmen akuter psychotischer Symptome	Ab 16 Jahre (unter 16 Jahre mit **Vorsicht**)
Pipamperon	Schlafstörungen Psychomotorische Erregungszustände	Unter 18 Jahre nur unter besonderer Berücksichtigung des Nutzen-Risiko-Verhältnisses
Promethazin	Unruhe und Erregungszustände im Rahmen psychiatrischer Grunderkrankungen	Ab 2 Jahre
Melperon	Schlafstörungen Verwirrtheitszustände und zur Dämpfung von psychomotorischer Unruhe und Erregungszuständen	Ab 12 Jahre
Antidepressiva		
Fluvoxamin	Zwangsstörung	Ab 8 Jahre
Fluoxetin	Mittelgradige bis schwere depressive Episode	Ab 8 Jahre
Sertralin	Zwangsstörung	Ab 6 Jahre
Diverse Johanniskrautpräparate	Leichte bis mittelschwere depressive Episode	Ab 12 Jahren
Imipramin (Tofranil)	Pavor nocturnus Enuresis	Ab 4 Jahre
Anafranil	Enuresis nocturna Zwangsstörungen Phobien Panikstörungen	Ab 5 Jahre
Trimipramin	Depressive Störungen	Ab 14 Jahre, aber Anwendungsbeschränkung unter 18 Jahre
Amitriptylin(-oxid)	Depressive Störungen und Schmerzsyndrome	Ohne Altersangabe, aber Anwendungsbeschränkung unter 18 Jahre
Doxepin	Angstsyndrome Leichte Entzugssyndrome bei Alkohol- oder Opioidabhängigkeit	**Kontraindikation** Kinder unter 12 Jahre
Anxiolytika		
Diazepam	Unruhe- oder Erregungszustände, Status epilepticus, Prämedikation	Ab dem 6. Lebensmonat
Lorazepam (Tavor)	Kurzzeitbehandlung von Angst-, Spannungs- und Erregungszuständen, Prämedikation	Kinder und Jugendliche unter 18 Jahre sollten nicht mit Lorazepam behandelt werden, außer nach strenger Indikationsstellung zur Sedierung vor diagnostischen sowie vor und nach operativen Eingriffen Für Kinder unter 6 Jahren nicht empfohlen
Oxazepam	Angst-, Spannungs- und Erregungszustände	Ab 7 Jahre

Antikonvulsiva		
Topiramat	Nicht in psychiatrischer Indikation (Manie/Stimmungsstabilisierung) zugelassen Für fokale Krampfanfälle	Ab 6 Jahre für neurologische Indikationen
Lamotrigin	Nicht in psychiatrischer Indikation (Manie/Stimmungsstabilisierung) zugelassen	Ab 2 Jahre für neuologische Indikationen
Carbamazepin	Nicht in psychiatrischer Indikation (Manie/Stimmungsstabilisierung) zugelassen Prophylaxe biopolarer affektiver Erkrankungen, wenn Behandlung mit Lithium nicht ausreicht	Ab 0 Jahre für neurologische Indikationen
Oxacarbazepin	Nicht in psychiatrischer Indikation (Manie/Stimmungsstabilisierung) zugelassen	Neurologisch ab 6 Jahre
Valproat (einige Präperate)	Für Behandlung von akuten Manien und zur Prophylaxe bipolarer Störungen, wenn andere Therapien nicht ausreichen	Ohne Altersangabe, aber Unbedenklichkeit und Wirksamkeit bei der Behandlung einer manischen Episode Bei einer bipolaren Störung nicht untersucht bei Patienten unter 18 Jahre Generell auch in neurologischer Indikation bei kleineren Kindern Nicht Mittel der 1. Wahl
Weitere Substanzen		
Lithium	Prophylaxe bipolarer affektiver Erkrankungen Behandlung manischer Episoden	Ab 12 Jahre
Opipramol	Generalisierte Angststörung Somatoforme Störungen	Ab 6 Jahre

1) Die Zulassungssituation unterliegt häufigen Veränderungen, z. B. weil neue Befunde vorliegen. Diese Tabelle bietet nur eine Auswahl und Übersicht zum Zeitpunkt der Drucklegung des Buches. Verbindlich für Ärzte ist die Fachinformation.

Psychopharmaka während Schwangerschaft und Stillzeit (= P.) [engl. *psychopharmacotherapy during pregnancy and lactation*], [**PHA**], P. erfordern stets ein sorgfältiges Abwägen zw. der Exposition des Kindes auf der einen und dem *Risiko* des *Rezidivs* der psych. Erkrankung der Mutter nach dem Absetzen der Medikation auf der anderen Seite. Auswirkungen auf das sich im Mutterleib befindliche Kind oder den zu stillenden Säugling durch *Psychopharmaka* sind zu keiner Zeit gänzlich auszuschließen, denn nahezu alle Psychopharmaka sind plazentagängig und gehen in die Muttermilch über. Eine Behandlung mit P. insbes. im ersten Trimenon der Schwangerschaft sollte nur dann durchgeführt werden, wenn das mit der psych. Störung assoziierte Risiko für Mutter und Fetus das mit einer medikamentösen Behandlung verbundene Risiko übersteigt. Vor der Gabe von P. sollte Kontakt zu Gynäkologen bzw. Pädiatern aufgenommen werden. Mit einer in der Schwangerschaft durchgeführten *Psychopharmakotherapie* verbundene Problemkomplexe sind Teratogenität (z. B. strukturelle Malformationen), direkte toxische Wirkungen auf den Fetus (z. B. intrauterine Wachstumsretardierung), Perinatalsyndrome (z. B. *Frühgeburtlichkeit*, Adaptationsschwierigkeiten) oder neurobehaviorale Auswirkungen (z. B. postnatale Entwicklungsstörungen (*Entwicklungsstörungen, tiefgreifende*, *Entwicklungsstörungen, umschriebene*) und *Verhaltensstörungen*). Gründer & Benkert 2012, Benkert & Hippius 2013. *M. Paulzen*

Psychopharmakologie, s. Einleitung *Gebietsüberblick «I. 15 Psychopharmakologie»*. Janke et al. 2000.

Psychopharmakotherapie (= P.) [engl. *psychopharmacotherapy*], s. Einleitung *Gebietsüberblick «I. 15 Psychopharmakologie»*, [**PHA**], wichtige therap. Modalität innerhalb der Psychiatrie, die sich die Wirkungen von Arzneimitteln (*Psychopharmaka*) auf *Denken*, Stimmung und Handeln des Menschen i. R. der Behandlung *psychische Störungen* zunutze macht. Die ältere Neuropharmakologie befasst sich mit den Effekten von Medikamenten auf Nervenzellen, die Neuropsychopharmakologie integriert beide Ansätze, um durch das Verständnis der Wirkungen von Arzneimitteln auf Nervenzellen und Systeme von Nervenzellen deren gestörte Funktion i. R. von psych. Erkrankungen zu beeinflussen. Die Therapie von psych. Erkrankungen mit Psychopharmaka hat seit 1952 ältere Somatotherapien wie Insulin- und Cardiozolschock vollst. und Elektrokrampftherapie weitgehend abgelöst. Heute werden Pharmakotherapie und *Psychotherapie*, insbes. *Verhaltenstherapie*, i. R. eines indiv. Gesamtbehandlungsplanes für die meisten Störungen kombiniert. Die P. orientiert sich heute zunehmend an Zielsyndromen über nosologische Grenzen hinweg. Wichtige Felder der P. sind die Prädiktionsforschung (mit dem Bemühen um die Entwicklung von Biomarkern für ein Therapieansprechen), die Therapieevaluation und die Pharmakovigilanz. Die Pharmakotherapieevaluation wird meist gegen etablierte Referenzsubstanzen durchgeführt, für die Zulassung neuer Pharmaka sind Placebokontrollen notwendig (*Placebo-Effekt*). 60 Jahre nach der Einführung der ersten Psychopharmaka spricht man von der «Krise der P.», da innovative Therapiekonzepte fehlen und sich mehrere pharmazeutische Konzerne wegen des hohen Risikos der Forschung mit Psychopharmaka (die Entwicklungskosten für ein neues Arzneimittel betragen mind. 1 Mrd. USD) aus dem Gebiet zurückgezogen haben. Gründer & Benkert 2012, Benkert & Hippius 2013. *G. Gründer*

Psychopharmakotherapie, Operationalisierung [engl. *psychopharmacotherapy, operationalization*], [**PHA**], das amerik. *RDoC-System* verfolgt das Ziel, *psychische Störungen* auf der Basis von Verhaltensdimensionen und neurobiol. Parametern – unabhängig von aktuellen Klassifikationssystemen (*Klassifikation psychischer Störungen*) – mit den Methoden der modernen *Genetik*, Neurobiologie und Verhaltenswissenschaften zu charakterisieren [www.nimh.nih.gov/research-priorities/rdoc/index.shtml]. Das RDoC-System wurde mit folg. Zielvorstellungen entwickelt: (1) Berücksichtigung von Erkenntnissen zur Pathophysiologie psych. Störungen in deren Klassifikation, um daran zukünftig die Therapie zu orientieren; (2) Identifikation neuer (molekularer) Targets für die Therapieentwicklung; (3) Identifikation von Pat.-Subgruppen für die Anwendung individualisierter Therapiestrategien; (4) Klin. Entscheidungsbildung auf der Basis von Forschungsergebnissen (*Evidenzbasierung*).

Das *RDoC-System* basiert auf drei grundlegenden Annahmen: (1) Psych. Störungen sind Erkrankungen des Gehirns. Während neurologische Erkrankungen auf einer identifizierbaren Läsion beruhen, werden psych. Störungen als Ausdruck gestörter Funktion interagierender Hirnsysteme verstanden. (2) Diese Dysfunktionen können mit den Methoden der modernen Neurowiss. identifiziert und charakterisiert werden. (3). Die Ergebnisse dieser Methoden führen zur Identifikation von biol. Signaturen, die sich klin. Symptomen zuordnen lassen und folglich das Management von Pat. mit psych. Störungen verbessern.

Das System besteht aus einer Matrix, in der die Zeilen spezif. *funktionelle Konstrukte* repräsentieren. Diese Konstrukte (und Sub-Konstrukte) repräsentieren wiederum Verhaltensdimensionen, die in fünf Domänen zus.gefasst werden. Folgende fünf große Domänen werden gegenwärtig unterschieden: (1) *Systeme für neg. Valenz* (Systeme, die primär für die Reaktion auf aversive Reize oder Kontexte verantwortlich sind); (2) *Systeme für pos. Valenz* (Systeme, die primär für die Reaktion auf belohnende Reize oder Kontexte verantwortlich sind); (3) *Kognitive Systeme* (Systeme für versch. kognitive Prozesse); (4) *Systeme für soziale Prozesse* (Systeme für die Vermittlung von Reaktionen auf interpersonelle Situationen); (5) *Arousal- und regulatorische Systeme* (Systeme, die zur Aktivierung neuraler Systeme in Abhängigkeit vom Kontext führen, und die solche Systeme homöostatisch regulieren).

Das *RDoC* stellt die Grundannahme, dass best., gemeinsam zu beobachtende Symptommuster eine abgrenzbare Krankheitsentität bilden, der gegenwärtigen Systeme zur *Klassifikation psychischer Störungen* (z. B. DSM, ICD) infrage. Vor allem die akademische Psychiatrie kritisiert an diesen Grundannahmen, dass diese erstens moderne Erkenntnisse aus Neurobiologie und Genetik nicht berücksichtige, zweitens daraus kein Therapieansprechen prädiziert werden könne, und drittens ein solches deskriptives System keine Entsprechung in gestörten fundamentalen Hirnfunktionen finde (Insel et al. 2010). Dies habe zu einem Stillstand in der Entwicklung neuer Therapien geführt (*Arzneimittelentwicklung*). Es ist naheliegend, dass die Entwicklung z. B. neuer *Antidepressiva* für die Behandlung depressiver Störungen scheitern muss, wenn letztere eine Gruppe von Störungen ist, die durch eine sehr heterogene Genetik und Neurobiologie (*Depression, Neurobiologie der*) gekennzeichnet ist. Ein neues Pharmakon wird zur Behandlung einer Störung nur dann hilfreich sein, wenn es in ein System eingreift, dessen Funktion i. R. dieser Störung beeinträchtigt ist. Daher diskutiert man schon lange darüber, die traditionellen kategorialen durch dimensionale Klassifikationssysteme (*Diagnostik, dimensionale*; *Diagnostik, kategoriale*) zu ersetzen. Freyhan hatte schon 1955 vorgeschlagen, die Therapie nicht an Krankheitsentitäten, sondern an Zielsymptomen [engl. *target symptoms*] zu orientieren (Freyhan 1955).

Obwohl heute Konsens ist, dass ein profundes Verständnis von *Neuroanatomie, -physiologie und -biochemie* die Grundlage jeder rationalen Psychopharmakotherapie ist, ist die klin. Praxis noch weit von einer *Psychopharmakotherapie*, die sich an solchen Domänen und Konstrukten bzw. deren Störungen orientiert, entfernt. Die völlige Abwendung von unseren klassischen Diagnosen ist auch nicht unumstritten, stellt sie doch die Basis für das seit mehr als 100 Jahren gewachsene Selbstverständnis der Psychiatrie dar. Es wird befürchtet, dass im Zuge einer «Biologisierung» psych. Störung ein tiefes Verständnis der *Psychopathologie* immer mehr an Bedeutung verlieren wird. *G. Gründer*

Psychophonetik (= P.) [engl. *psychophonetics*; gr. ψυχή *(psyche)* Seele, φωνή *(phone)* Ton, Stimme, [**KOG, WA**], Bez. für ein uneinheitliches Forschungsgebiet mit heterogenen ps. Fragestellungen, die mit der *Phonetik* des lautsprachlichen Verhaltens (*Sprachproduktion*) zu tun haben (formal analoge Bildungen: Psychosemantik, Psychosyntaktik). I. R. einer P. kann man Probleme behandeln, die zus.hängen (1) mit der Psychomotorik der *Artikulation;* (2) mit psychisch oder zentralnervös bedingten Störungen der

Artikulation (*Sprachstörungen*); (3) mit der phonetischen Seite der Sprachwahrnehmung (*Sprachrezeption*), insbes. (4) mit der perzeptiven Verarbeitung phonetischer Reizmuster im internalisierten System der einzelsprachlichen *Phonem*en (Lautklassen) und ihren distinktiven Merkmalen (*distinctive features*; Jakobson & Halle 1956); (5) mit der Silbengliederung (*Silbe*) des phonetischen Reizflusses; (6) mit *diachronisch* (sprachgeschichtlichen) Phänomenen wie Lautverschiebungen unter psychol. Aspekt; (7) mit dem Zusammenhang zw. der Lautgestalt eines Wortes und der zugeordneten Bedeutung (*Lautsymbolik*, *Lautgebärde*, *Lautmalerei*); (8) mit intraindiv. Varianzen der *Phonation* (Realisierung des phonetisch Standardisierten) bei versch. Motivations- und Affektlagen; (9) mit interindiv. Varianzen der Phonation, insbes. habituellem Sprechausdruck, der mit generellen Merkmalen der indiv. Persönlichkeit zus.hängen kann (*Ausdruckspsychologie*). S. Ertel

Psychophysik (= P.) [engl. *psychophysics*; gr. ψυχή *(psyche)* Seele, φύσις *(physis)* Natur], **[WA]**, die Wissenschaft von den Beziehungen zw. physischen *Reizen* und den ihnen entspr. Erlebnissen (*Erleben*, *Empfindung*). Das Interesse der P. richtete sich im Laufe ihrer historischen Entwicklung auf versch. Teilprobleme. Das älteste Problem der P. ist die Bestimmung von *Reizschwelle*n und *Unterschiedsschwelle*n für die versch. Sinnesempfindungen. Weber entdeckte 1834 bei Untersuchungen über den Tastsinn die nach ihm benannte Regelhaftigkeit (*Weber'sches Gesetz*), dass die relative Intensitätsunterschiedsschwelle (zumindest in mittleren Reizbereichen) eine Konstante darstellt. Fechner und Müller entwickelten die wichtigsten Methoden zur Bestimmung von Reiz- und Unterschiedsschwellen. *psychophysische Methoden*.

Fechner, der als Begründer der wiss. P. gilt, leitete aus dem Weber'schen Gesetz unter Hinzufügung der Annahme, dass ebenmerkliche Unterschiede über die ganze Skala der Reizgrößen hinweg subj. gleich groß seien, das nach ihm benannte *Fechner's Gesetz* $E = k \log R + c$ ab, wonach die Empfindungen E in arithmetischer Reihe wachsen, wenn die Reize R in geometrischer Reihe zunehmen. Plateau (1872) und Merkel (1888) gingen nicht, wie Fechner, von Schwellenbestimmungen und Zusatzannahmen über die Größe ebenmerklicher Empfindungsunterschiede aus, um die Empfindungsgrößen zu skalieren (indirekte Skalierungsmethoden), sondern benutzten Verfahren, die eine direkte Beurteilung der Größenbeziehungen von Empfindungen durch die Vp erforderten, heute als *direkte Skalierungsmethoden* bez. (*Skalierung, Methoden der*). So entwickelte der Erstgenannte die *Methode der mittleren Abstufung*, welche die Herstellung eines Reizes verlangt, der empfindungsmäßig in der Mitte zw. zwei vorgegebenen Reizen liegt. Letzterer wandte bereits die *Verhältnisherstellungsmethode* an, indem er Reizstärken subj. verdoppeln ließ. Die Beziehung der solcherart gewonnenen subj. Skalenwerte Psi zu den Reizwerten Phi entsprach nicht dem Fechner'schen Gesetz, sondern, wie Stevens (1957) für versch. Sinnesgebiete bestätigen konnte, einem *Potenzgesetz* $Psi = k \cdot Phi^n$. Dies ist gleichbedeutend mit einer doppelt-logarithmischen Abhängigkeit log Psi = n log Phi + k.

Neben der Diskussion über die Diskrepanzen zw. den beiden mittels versch. Methoden gewonnenen *Gesetzen* wird von Anbeginn der P. an auch eine Kontroverse über die Ursachen des Zustandekommens einer einfach- bzw. doppelt-logarithmischen Reizempfindungs-Urteils-Beziehung geführt. Die Transformation könnte am Übergang von Reiz zu physiol. Sinnerregung, von Sinneserregung zu Empfindung oder von Empfindung zu quant. Urteil stattfinden. Im Vordergrund der Auseinandersetzung steht einerseits die *Hypothese* einer elektrophysiol. Transformation von Reiz zu nervöser Erregung, andererseits die Deutung i. S. von *Lernprozessen*, aufgrund derer den Empfindungen unterschiedlicher Intensität best. quant. formulierte Urteile zugeordnet werden. *Signalentdeckungstheorie*, *Ankerreiz*. Fechner 1860, 1907, Gigerenzer & Sarris 1982, Woodworth & Schlosberg 1954, Gundlach 1993.

Psychophysiognomik (= P.) [engl. *psycho-physiognomics*; gr. ψυχή *(psyche)* Seele, φύσις *(physis)* Natur, γνώμη *(gnome)* Erkenntnis, Wissen], **[PER]**, veralteter Ansatz. Vertreter der P. nahmen an, dass man aus den Gesichtszügen und der Schädelform eines Menschen etwas über dessen *Persönlichkeit* und besondere Begabungen ablesen kann. Hierzu wurden weit mehr als 100 Deutungsareale definiert (z. B. Augenabstand, Ohrgröße, Nasenbreite, Wölbungen an versch. Schädelstellen) die jew. mehrere Ausprägungen annehmen können. Z. B. schrieb man Menschen mit großen Ohrläppchen ein besonderes wirtschaftliches Geschick zu. Die Ursprünge der P. werden bis auf Aristoteles zurückgeführt, der angeblich die These vertreten hat, dass Menschen, wenn ihr Gesicht dem eines best. Tieres ähnelt, auch die vermeintlichen Eigenschaften des Tieres haben sollten (z. B. Schafsgesicht = Genügsamkeit, Dummheit). Über die Jhd. wurde die P. immer wieder neu belebt, nachdem sie zw.zeitlich in Vergessenheit geraten war. Es gibt weder eine zeitgenössische Theorie über die Entstehung der behaupteten Zusammenhänge noch existieren empirische Belege. Zudem gibt es mehrere meth. Defizite, die sie als fragwürdige diagn. Methode qualifizieren. Einige zentrale Probleme: (1) Die meisten Deutungsareale sind auf dem Schädel nicht eindeutig lokalisiert. (2) Die meisten Deutungsareale liegen unter der behaarten Kopfhaut und entziehen sich daher der Diagnose. (3) Es gibt keine eindeutigen Def. zur Ausprägung best. Merkmale (z. B. zu der Frage, ab wann ein Ohrläppchen als klein, mittel oder groß zu bez. ist). (4) Es gibt keine Messinstrumente, alles unterliegt dem Augenschein. (5) Es existieren keine Regeln, wie Dutzende von Einzeldeutungen pro Schädel zu einer Gesamtdiagnose integriert werden sollen. (6) Versch. Deutungskataloge widersprechen einander. (7) Manche Vertreter zogen auch Kriterien wie Kleidung oder Haartracht heran, die kult. Einflüssen unterliegen. *Typologie*, *Körperbautypen*. Kanning 2010a. U. P. Kanning

Psychophysiologie (= P.) [engl. *psychophysiology*; gr. ψυχή *(psyche)* Seele, φύσις *(physis)* Natur, λόγος *(logos)* Lehre], **[AO, BIO, DIA, EM, KLI, PER]**, befasst sich mit den Beziehungen zw. psych. Vorgängen und den zugrunde liegenden körperlichen Prozessen. Sie beschreibt, wie Bewusstseinsänderungen (*Bewusstsein*), *Emotionen*, kogn.

Leistungen (*Kognition*), Überforderung (*Stress*) und andere Aktivierungsprozesse mit zentralnervösen Funktionen, Kreislauf, Atmung, *Motorik*, Hormonausschüttung (*Hormone*) u. a. biochemischen Parametern zus.hängen. Seit es in der zweiten Hälfte des 19. Jhd. möglich wurde, den Puls (*Herzfrequenz*), die Atmung, die *elektrodermale Aktivität* (elektrischer Hautwiderstand), später auch den *Blutdruck*, die elektrische Herzaktivität (*Elektrokardiogramm*, EKG) und Hirnaktivität (Elektroenzefalogramm, EEG) während einer Reaktionsaufgabe oder einer Gefühlsreaktion aufzuzeichnen, gilt die *Polygrafie* physiol. Veränderungen als typisch für diese Forschungsrichtung. Der Begriff P. wurde im Jahr 1822 von dem dt. Psychiater Christian Friedrich Nasse ungefähr im heutigen Sinn geprägt. Hans Berger, der Entdecker des EEG, betonte 1921 in seiner *Psychophysiologie*, dass es auf die Gleichberechtigung psychol. und physiologischer Methoden ankäme.

Dagegen war in der vorwiegend tierexp. arbeitenden *physiologischen Psychologie* und in der *Neuropsychologie* häufig eine reduktionistische Orientierung zu erkennen, d. h. Wahrnehmung, Emotion, Lernen usw. werden auf die Tätigkeit best. Hirnstrukturen zurückgeführt und neurophysiol. erklärt. Demgegenüber wurde in der psychoanalytisch beeinflussten *Psychosomatik* oft von psych. (psychogenen) Ursachen körperlicher Krankheiten gesprochen. Die Begriffsgeschichte dieser Biologischen Ps. im Grenzgebiet versch. Disziplinen spiegelt die Auseinandersetzung wider, die im 19. Jhd. zw. *Psychikern* und *Somatikern* in der Ps. und Psychiatrie geführt wurde und bis in die Gegenwart reicht. Es gibt versch. phil. Auffassungen, ob Bewusstsein und Hirntätigkeit wechselseitig aufeinander einwirken können, ob es sich nur um zwei Seiten desselben psychophysischen Prozesses handelt oder ob es zwei kategorial versch., aber einander ergänzende, komplementäre Beschreibungen von Hirnfunktionen sind (*Leib-Seele-Problem*). Diese versch. Perspektiven können die theoretischen Ansätze der Wissenschaftler und die Auswahl der Methoden beeinflussen.

Das Gebiet der P. lässt sich nach den psychol. Fragestellungen, z. B. in P. der Emotionen, Kognitive P., Klinische P., nach hauptsächlichen physiol. Funktionssystemen, z. B. kardiovaskuläre, respiratorische, endokrine, kortikale P., oder nach den Anwendungsfeldern gliedern (Rösler 1998, 2001; Schandry 2006). Gelegentlich wurde zw. der auf das EEG gestützten kortikalen P. und der peripher-physiol. P. unterschieden. Doch wenn die Funktionen der vegetativen, endokrinen und motorischen Effektorgane gemessen werden, interessieren diese Daten i. d. R. nur als Indikatoren zentraler Steuerungen. Deshalb müssen die lokalen, störenden Einflüsse kontrolliert oder stat. separiert werden, z. B. die Trennung der bewegungsbedingten (metabolischen) von den emot. bedingten Varianzanteilen der Herzfrequenz oder die Eliminierung von «Augen-Artefakten» im EEG. Auf vielen Forschungsgebieten ist heute eine zus.wachsende Neuro-P. mit überlappenden theoretischen Konzepten und einander ergänzenden Methoden zu erkennen, die zus. mit der Psycho-Neuroendokrinologie und *Psychoneuroimmunologie* auch als ein Teil der Neurowissenschaften zu sehen sind.

Emotionen, *Beanspruchung*, *Erholung* und *Schlaf*, *Informationsverarbeitung* bei sensorischer Stimulation und bei kogn. Leistungen, das motivierte Verhalten oder soziale Zuwendung, sowie viele andere organismische Zustände und Zustandsänderungen können auf drei Ebenen, jew. in mehreren Funktionssystemen beschrieben werden: (1) als Prozesse des Bewusstseins, Erlebens und körperlichen Befindens, die der Selbstbeobachtung (Introspektion, Interozeption) zugänglich und sprachlich mitteilbar sind, (2) als Verhaltensmuster, die in Tätigkeiten, Bewegungen und mimischem Ausdruck obj. beobachtet werden, und (3) als physiol. Veränderungen, die in vielen, wechselseitig aufeinander einwirkenden Funktionssystemen zu messen sind. Im unmittelbaren Erleben, z. B. in einem starken Ärger über ein Ereignis oder in Zuständen der Angst, scheinen diese Aspekte eine Einheit zu bilden.

Aktivierung (Aktivation, *Arousal*) und indiv. Unterschiede der *Reaktivität* sind zwei zentrale Begriffe der P. In multivariaten psychophysiol. Untersuchungen, die zahlreiche psychol. Variablen und bis zu 20 kontinuierlich gemessene Biosignale umfassen, kann bei Zunahme der subj. Wachheit und Anspannung ein typisches vegetatives, neuromuskuläres, kortikales und endokrines Aktivierungsprofil festgestellt werden (*Alarm- und Bereitstellungsreaktion*). Diese Aktivierungsprozesse lassen große indiv. Unterschiede erkennen, und das ältere Konzept einer einheitlichen Intensitätsdimension der psychophysischen Aktivierung wurde durch die Beschreibung von Mustern (Unterschieden zw. oder innerhalb Personen bzw. Unterschieden zw. Bedingungen) abgelöst. Die Reaktionsmuster sind bedingt: (1) *situationsabhängig* von den aktuellen Anforderungen bzw. *Motiven* (den biobehavioralen Funktionszielen); (2) *personenabhängig* von *Dispositionen* und körperlicher Konstitution, d. h. individualspezifisch von der untersuchten Person; (3) *kontextabhängig* von den bes. Rahmenbedingungen der Untersuchung; (4) *motivationsabhängig* von *Compliance* und Interaktionsstil (Vp-Verhalten); (5) *symptomabhängig* von einer gegebenen somatischen Funktionsstörung.

In Laboruntersuchungen ergaben sich i. d. R. keine oder nur geringfügige, inter- und intraindiv. *Korrelationen* zw. den subj. Einstufungen von Anspannung, Beanspruchung (Stress) und den physiol. und den behavioralen Aktivierungsvariablen. Dieser Sachverhalt wird als *Kovariationsproblem* bzw. als *Reaktionsfraktionierung* (*response fractionation*) bezeichnet. Demnach ist z. B. ein deutliches Angstgefühl nicht regelmäßig von einer messbaren vegetativ-endokrinen Angst*physiologie* oder von einem entspr. Angst*verhalten* (Vermeidung) begleitet. Die geringe oder insignifikante Koppelung der versch. Reaktionssysteme eines Aktivierungsprozesses wurde in der psychophysiol. Angstforschung ausführlich diskutiert, ohne dass jedoch bisher ein Standard entwickelt werden konnte, wie in der Praxis, bspw. bei psychophysiol. auffälligen *Angststörungen* (Panikattacken), mit den Diskrepanzen und Desynchronien umzugehen ist (Fahrenberg & Wilhelm 2009).

Die psychophysiol. Emotionsforschung versuchte, physiol. Unterschiede zw. basalen Emotionen (Affekten) nachzuweisen. Im Erleben von Gefühlen und auch in der Mimik sind solche Muster deutlich, doch blieben die physiol. Untersuchungsergebnisse unbefriedigend. Nach Stemmlers (1998, 2004) Untersuchungen und Metaanalysen existieren am ehesten Hinweise auf somatoviszerale Differenzierungen bei *Ärger*- und *Angst*-Reaktionen. Auch die psychophysiol. Interozeptionsforschung führte zu Differenzierungen. Die Wahrnehmung von körperlichen Vorgängen (*Interozeption*), d. h. von normalen Funktionsänderungen und symptomatischen Funktionsstörungen, ist nur in sehr eingeschränkter Weise oder überhaupt nicht möglich. Nur wenige Personen können ihren Herzschlag oder Blutdruckanstieg zuverlässig erkennen. Körperwahrnehmungen sind von situativen Faktoren, Ursachenzuschreibungen und Persönlichkeitsmerkmalen beeinflusst und bei Pat. deshalb nur im Zusammenhang mit dem *Krankheitsverhalten* zu interpretieren. Zwischen subj. Beschwerden und dem Ausmaß der obj. Befunde bestehen, insbes. bei chronisch Kranken, kaum Zusammenhänge (Myrtek 1998, 2004). Die psychophysiol. Persönlichkeitsforschung (*Persönlichkeit*) befasst sich mit den physiol. Grundlagen best. Persönlichkeitseigenschaften und aktueller, motivationaler und sozialer Verhaltenstendenzen (Henning & Netter 2005), bspw. mit den Aspekten emot. und vegetativer Labilität in der von Eysenck postulierten Persönlichkeitsdimension *Emotionalität*.

Ein hervorragendes Anwendungsgebiet ist die psychophysiol. Diagnostik von mentaler und emot. Beanspruchung sowie Überforderung und *Stress am Arbeitsplatz*, um Arbeitsabläufe, Pausenregelung, Arbeitsgestaltung usw. verbessern zu können. Chronische Überforderung wird als Mitursache einiger Krankheiten, u.a. des Bluthochdrucks, angesehen und kann einen neg. Einfluss auf viele andere Krankheiten haben (*Burn-out*). Von großer praktischer Bedeutung ist das ambulante psychophysiol. Monitoring (*Monitoring, ambulantes*), d.h., die regel-

Psychophysiologie: Themenbereiche und Fragestellungen

Themenbereiche	Typische Fragestellungen
Psychophysiologische Grundlagen	
Reaktionssysteme	Orientierungs-, Defensiv- und Schreckreaktionen; Schmerzreaktionen
Perzeptive und kognitive Leistungen	Aufmerksamkeitssteuerung, Stimulusevaluation und Chronometrie
Emotionen, Stress, Aktivierung, Anspannung/Anstrengung (Effort)	Physiobiologische Muster der Basisemotionen; Diskrepanz subjektiver und vegetativer Stressreaktionen
Motiviertes Verhalten	Kardiovaskuläre Muster von Angriffs-, Verteidigungs- und Fluchtverhalten
Persönlichkeits- (Temperaments-) Eigenschaften	Emotionale und vegetative Labilität, Introversion und corticales Arousal (Eysenck)
Kindliche Entwicklung und Altern	Entwicklungsverlauf von EEG-Charakteristika und Okulomotorik
Angewandte Psychophysiologie	
Mentale, emotionale und körperliche Belastung bzw. Beanspruchung	Überwachung riskanter Arbeitsplätze, Überforderung bzw. Monotonie und Arbeitsgestaltung
«Objektivierung» von Erlebnisweisen	Soziale Interaktion; Wirkung von Medien, Musik, «Lügendetektor» in der forensischen Psychologie
Klinische Psychophysiologie und Verhaltensmedizin	
Funktionelle Syndrome und organische Krankheiten	Untersuchung somatoformer Gesundheitsstörungen; Monitoring der Blutdruckreaktivität (Hypertonie)
Psychopathologie	Vegetative und elektrocorticale Parameter bei affektiven Störungen oder Schizophrenie; Monitoring von Borderline-Persönlichkeitsstörungen
Psychophysiologische Diagnostik und Therapie	Diagnostik und Therapieevaluation bei Angststörungen; Entspannungstraining
Monitoring, Selbstmonitoring und Selbstmanagement	Überwachung von Risikopatienten; Selbstmanagement chronischer Krankheiten (u.a. Asthma, Diabetes, Hypertonie)

mäßige Überwachung von Körperfunktionen und Symptomen im Alltag. Im therap. Bereich haben sich psychophysiol. orientierte *Entspannungsverfahren* bewährt, bei denen diese Übungen z.B. durch Rückmeldung der Atmung oder Muskelspannung (EMG-Aktivität) unspezifisch unterstützt werden. Dagegen hat sich die exp. Methodik des *Biofeedback*, d.h. die visuelle oder akustische Rückmeldung von Messwerten der gestörten Funktion, um die Symptomreduktion, z.B. die Blutdrucksenkung, spezif. zu «lernen», empirisch weniger bewährt, als ursprünglich erwartet wurde. Der Einsatz psychophysiol. Methoden, um die Wirkung von *Werbematerial* zu prüfen oder um unwahre Aussagen zu erkennen (*Lügendetektion*), gehört zu den problematischen und umstrittenen Anwendungen. *psychophysiologische Methodik*. Fahrenberg 2008c.   *J. Fahrenberg*

psychophysiologische Methodik [engl. *psychophysiological methods*], [**BIO, DIA, WA**], die Wahl psychophysiol. Untersuchungsmethoden ist von der Blickrichtung bestimmt: Sind in einer Untersuchung die psychol. oder die physiol. Maße abhängige bzw. unabhängige Variablen i.S. eines *Experiments* oder wird die gemeinsame Veränderung (Kovariation, *Korrelation*) betrachtet? Allg. ist zw. Untersuchungen unter Laborbedingungen und unter Alltagsbedingungen (*psychophysiologisches Monitoring*) zu unterscheiden. Zur Labormethodik gehören exemplarische psychol. Aufgaben (Paradigmen), die psychophysische Reaktionsmuster provozieren, bspw. die Betrachtung emot. stimulierender Bilder, Aufmerksamkeitstests, Rechenaufgaben und andere Anforderungen. Wegen der – innerhalb der zumutbaren Grenzen – meist nur geringen Reaktionsintensität und wegen mangelnder Lebensnähe ist die *externe Validität* der Ergebnisse fraglich. Auch die im Labor notwendige Immobilisierung der Untersuchten erlaubt i.d.R. nur eine enge Auswahl von Aufgaben, ohne die Option, integrierte biobehaviorale Muster zu erfassen.

Nach Janke (1969) sind vier Untersuchungstypen zu unterscheiden: (1) *Induktion best. Umweltvariationen* (definierte Einzelreize, komplexe Situationen), (2) *Variation der Intensität oder Qualität von Verhaltens- bzw. Erlebensmerkmalen*, (3) *Variation physiol. Prozesse* durch Läsionen, Reizungen oder chemische Manipulation (Pharmaka), jew. mit Beobachtung oder Messung der damit korrespondierenden Änderungen der Verhaltens- und/oder Erlebensmerkmale bzw. der damit verbundenen physiol. Veränderungen, sowie (4) *Rückmeldung der Verlaufsstruktur einzelner oder mehrerer biol. Parameter* an die untersuchte Person und Beobachtung der Lern- und *Konditionierungs*prozesse, *Biofeedback*. Stemmler (2001) gliedert aus differentiell-psychol. Sicht in verschiedene Assessmentstrategien (*Assessment, ambulantes*) bzw. Datenerhebungspläne (*Datenerhebungsverfahren*) zur Erfassung und Vorhersage von indiv. Differenzen nach dem Bereich des *Konstrukts* (Modi: Variation zw. Personen, Settings/Situationen, Variablen oder Kombinationen hiervon), nach dem entspr. Modus der Operationalisierungen und dem Modus des Anwendungsbereichs.

Als kortikale *Psychophysiologie* (= P.) und peripher-physiol. P. werden zwei Bereiche der P. unterschieden. Kortikale P. bezieht sich auf die indirekt, d.h. äußerlich von Kopfelektroden abgeleitete elektromagnetische Hirnaktivität (*Elektrodiagnostik*), wobei zw. der spontanen und der reaktiven Aktivität (evozierte Potentiale) zu unterscheiden ist. Das EEG erfasst jedoch nur die elektrophysiol. Veränderungen in den äußersten Zellschichten der Hirnrinde (Kortex); diese Repräsentation ist wegen der indiv. versch. Struktur und Furchung des Kortex räumlich verzerrt. Deshalb wird versucht, durch eine große Anzahl von Ableitelektroden, durch räumliche Projektionen und Umrechnungen sowie durch Hinzunahme magnetischer Aktivität (*Magnetenzephalografie*) und bildgebender Verfahren (*bildgebende Verfahren*, u.a. *funktionelle Magnetresonanztomografie*, fMRT) zutreffendere Aussagen zu gewinnen.

Alle anderen, nicht am Gehirn, sondern an best. Organen (Effektororganen) gemessenen Funktionen werden als peripher bezeichnet. Diese Funktionen unterliegen zwar der zentralnervösen Kontrolle, repräsentieren jedoch auch die lokalen Bedingungen und Wechselwirkungen mit anderen Funktionssystemen und Umgebungsbedingungen. Dies gilt für die *Augenbewegungen* (Okulomotorik) ebenso wie für den *Blutdruck* oder die Sekretion der *Hormone*. Die Veränderungen, z.B. von Herz-Kreislauf-Funktionen, interessieren in diesem Zusammenhang i.d.R. nur als Indikatoren zentralnervöser Prozesse. Die peripheren vegetativen Reaktionen während einer Emotion oder einer motivierten Verhaltenssequenz sind wahrscheinlich die geeigneteren Hinweise auf die Aktivität in den Strukturen des *limbischen Systems* als das – aus größerer räumlicher Nähe – abgeleitete EEG. Als große Funktionsbereiche sind das *vegetativ-endokrine System*, das mit dem *Immunsystem* zus.hängt, und das motorische System zu nennen. Da in der P. i.Allg. nur nicht invasive («unblutige») Methoden verwendet werden und klin.-chemische bzw. biochemische Bestimmungen an geeignete Labormöglichkeiten geknüpft sind, kann i.d.R. nur eine sehr begrenzte Auswahl physiol. Messungen für psychophysiol. Fragestellungen genutzt werden.

Bei der Interpretation der physiol. Messwerte müssen u.a. die Ausgangsbedingungen, der Kontext in physiol. und behavioraler Hinsicht und zweifellos auch der Erlebniskontext (Antizipationen, Versuchserleben) berücksichtigt werden. Abgesehen von der Messtechnik gibt es einige spez. Methodenprobleme: die Def. und Reproduzierbarkeit der Ausgangsbedingungen und der Laboraufgaben, die adäquate *Veränderungsmessung* (Reaktionsskalierung), die Ausgangswert-Abhängigkeiten, die Verteilungs- und Kennlinienprobleme (nicht lineare Beziehungen), die Muster und Verläufe der Aktivierungsprozesse und die Modellierung einzelner Komponenten der vegetativen Steuerung. Die am häufigsten verwendeten Biosignale bzw. physiol. Parameter sind – mit Abk. und hauptsächlicher Indikatorfunktion – in der Tab. aufgeführt. Fahrenberg 2008c.   *C. Becker-Carus/J. Fahrenberg*

Psychophysiologische Methodik: Typische Biosignale (Fahrenberg 2015)

Biosignal/Variable	Abkürzung	Ableitung/Messung	Indikator für
Elektrokardiogramm[1] – Herzfrequenz (Herzperiode)	EKG HF	Elektroden RR-Intervalle	chronotrope Effekte und sympatho-vagale Balance am Herzen
– Herzfrequenzvariabilität	HFV	Mittleres Quadrat sukzessiver Differenzen, Spektralwerte (z. B. 0,10 Hz-Band)	
– Respiratorische Sinusarrhythmie	RSA	RSA-Parameter (bei kontrollierter Atmung)	vagaler Einfluss auf das Herz
– spezielle EKG-Parameter			Arrhythmien, ischämische Reaktionen
Impedanzkardiographie (mit EKG)	IKG (PEP, LVET, SV)	Bandelektroden um Hals und Thorax	Hämodynamik (Systolenzeiten, Schlagvolumen)
Pulsregistrierung	HF	Fotoelektrischer Pulssensor	vgl. Herzfrequenz
Arterieller Blutdruck[1] – systolische, diastolische Werte	BP SBP, DBP	Automat mit Manschette am Oberarm (oszilometrisch), Finger-Blutdruck	Zentrale Blutdruckregulation
Atmung/Atemfrequenz[1] (ohne Gasanalyse)	AF	Atemgurt oder Impedanz-Plethysmographie mit Thoraxelektroden	Atmung, Atemmuster, Kontrolle für RSA
Elektrodermale Aktivität[1] – Leitwertniveau – Leitwertreaktionen	EDA SCL SCR	Elektroden an Handinnenflächen	sympathisch-cholinerge Effekte an der Haut
Periphere Durchblutung (Pulsvolumenamplitude) Hauttemperatur[1]	PVA	Sensor am Finger Temperatursensor am Finger	sympathisch-vasokonstriktive Effekte
Elektromyogramm[1]	EMG	Hautelektroden über Muskeln (Stirn, Arm, Oberschenkel u. a.)	Muskelaktivität, Tremor, emotionalen Ausdruck
Akzelerometrie (Aktimetrie)[1]	ACC	Kalibrierte piezoresitive Beschleunigungssensoren (Sternum, Hand, Oberschenkel u. a.)	Körperposition, Bewegungsmuster, Tremor
Elektroenzephalogramm	EEG	Kopfelektroden in Standardpositionen	elektrocorticale Aktivität (Frequenz, Amplitude, Topographie)
Ereigniskorrelierte Potenziale	EKP, u. a. P300	Kopfelektroden in Standardpositionen	Verarbeitung repetitiver Stimulation
Okulomotorik (Elektrookulogramm)[1]	(EOG)	Fotoelektrischer Sensor oder EMG (EOG)	Blickrichtung, Blickbewegungen (Sakkaden u. a.)
Pupilometrie		Fotoelektrischer Sensor	Diatation, Konstriktion bei Stimulation
Sprachaktivität[1]		Mikrofon (Kehlkopf)	Zeitliche Struktur der Sprechaktivität

1) Registrierung auch im ambulanten Monitoring gut oder sehr gut möglich

psychophysiologisches Monitoring *Monitoring, psychophysiologisches*.
psychophysische Methoden [engl. *psychophysical methods*], [**BIO, DIA, WA**], *Psychophysik*, 1860 von Fechner (*Fechner, Gustav Theodor*; Elemente der Psychophysik) zus.gestellte drei klassische Methoden, um das Verhältnis zw. (eindimensionalen) physikal. Reizgrößen und ihrer Eindrucksbeurteilung (*Empfindung*) zu messen. Dazu benutzte er Schwellenbestimmungsmethoden, die, verglichen mit den direkten Methoden (*Skalierung*, *Psychophysik*), indirekte Verfahren sind. Ferner beschrieb er wesentliche Fehlerquellen (Raum-, Zeitfehler).
(1) *Methode* (= M.) *der ebenmerklichen Unterschiede*; Grenzverfahren, Methode der kleinsten wahrnehmbaren Unterschiede [engl. *method of limits*]. (a) *Feststellung der (absoluten) Schwelle*: Der physikal. Reiz (z. B. die Intensität eines Schalls) wird mehrmals in kleinen «unterschwelligen» Schritten von unhörbar bis hörbar gesteigert (*aufsteigendes Verfahren*) bzw. von hörbar bis unhörbar gemindert (*absteigendes Verfahren*). Die Vp gibt zu jedem Reiz ein Urteil ab, z. B. hörbar, nicht hörbar. Die errechneten Reizgrößen, die beim aufsteigenden und absteigenden Verfahren jew. in der Mitte liegen, werden gemittelt, und dieser Wert ist die Schwelle. Diese Methode wird hauptsächlich zur Bestimmung der unteren und oberen Schwelle, d. h. (Hör-)Grenze genutzt, und daher leitet sich der Name *Grenzverfahren* ab. (b) Zur *Feststellung der ebenmerklichen Unterschiedsschwelle* wird ein Vergleichsurteil erhoben. Ein *Standardreiz* wird vorgegeben. Die Vp soll vom Vl mehrmals auf- und absteigend vorgegebene Vergleichsreize danach beurteilen, ob sie größer, gleich oder kleiner sind als der Standardreiz. Die Vorgabe des Vergleichsreizes erfolgt im Regelfall nicht gleichzeitig mit der Vorgabe des jew. Standards. Es wird ein Unsicherheitsintervall berechnet als Differenz zw. dem Mittelwert der Reize, die in die Kategorienmitte zw. Größer- und Gleichurteile fallen, und dem Mittelwert der Reize, die in die Kategorienmitte zw. Kleiner- und Gleichurteile fallen. Die Hälfte dieses Unsicherheitsintervalles ergibt die ebenmerkliche Unterschiedsschwelle. Der Mittelpunkt des Unsicherheitsintervalles ist der *Punkt subj. Gleichheit*, dessen Größe üblicherweise nicht mit der des Standardreizes übereinstimmt. Die Differenz zw. Standardreiz und Punkt subj. Gleichheit wird als konstanter Fehler bez.
(2) *Methode der richtigen und falschen Fälle*; Konstanzverfahren [engl. *method of constant stimuli*], Frequenzmethode. (a) Zur Feststellung der Schwelle wird eine Serie gleichmäßig abgestufter physikal. Reize einer Vp mehrfach in Zufallsfolge vorgegeben. Diese Reizverteilung wird um den vermuteten Schwellenwert liegend gewählt. Die Reize bleiben während des Verfahrens konstant (*Konstanzverfahren*). Die Vp muss beurteilen, ob sie den jew. Reiz wahrnimmt oder nicht (richtige oder falsche Fälle). Es ergibt sich eine Verteilung der Häufigkeit (*Frequenzmethode*), mit der die einzelnen Reize wahrgenommen werden. Der Reiz, der in 50 % der Fälle wahrgenommen wird, ist der Schwellenreiz. (b) Zur Feststellung der Unterschiedsschwelle werden Vergleichsreize mit dem Standardreiz, um den sie streuen, auf Gleichheit oder Ungleichheit verglichen. Es ergibt sich eine Häufigkeitsverteilung der Gleichurteile. Der Reiz, der in 50 % der Fälle ein Gleichurteil erfährt, ist der Punkt subj. Gleichheit. Der konstante Fehler ergibt sich als Differenz zw. dem Standardreiz und dem Punkt subj. Gleichheit. Die ebenmerkliche Unterschiedsschwelle ergibt sich als der (halbe) Bereich zw. dem 1. Quartil (25 % der Gleichurteile fallen auf diesen Reiz) und dem 3. Quartil (75 % der Gleichurteile) der Häufigkeitsverteilung. Dieser Bereich entspricht dem wahrscheinlichen Fehler. Es können auch mehrere Urteilskategorien vorgegeben werden (z. B. größer, gleich, kleiner). Die Berechnung der Unterschiedsschwelle kann auch stat. anders erfolgen. *Signalentdeckungstheorie*.
(3) *Methode der mittleren Fehler*; *Herstellungsverfahren*, *Methode der Reizfindung* [engl. *method of average error*, *adjustment method*]. (a) Schwellenbestimmung: Die Vp selbst (Methode der Reizfindung) variiert physikal. Reize im Schwellenbereich (z. B. mittels Lautstärkeregler), bis sie den Reiz gerade noch wahrnimmt. Das Mittel aus mehreren Wiederholungen ist die Schwelle. (b) Unterschiedsschwellenbestimmung: Die Vp variiert mehrmals einen physikal. Vergleichsreiz solange um einen Standardreiz hin- und herpendelnd, bis sie einen Gleicheindruck hat. Das Mittel der Reize, die diesem Gleicheindruck entsprechen, ist der Punkt subj. Gleichheit, die Standardabweichung dieser Reize entspricht der ebenmerklichen Unterschiedsschwelle. Der wesentliche Unterschied zum Grenzverfahren besteht darin, dass die Vp ein Gleichurteil über den Standard- und Vergleichsreiz abgibt.
Die versch. Methoden führen zu unterschiedlichen Schwellenmaßen. Wird die Funktion über den Zusammenhang zw. den Standardreizen eines physikal. Kontinuums und den jew. zugehörigen Schwellen (Empfindungsgrößen) hergestellt, ergibt sich das Fechner'sche Gesetz (*Fechner'sches Gesetz*). Das Anliegen der klassischen Psychophysik wurde weiterentwickelt bzw. verändert aufgenommen in der *Skalierung*. Durch die heutigen Möglichkeiten, Standard- und Vergleichsreize computergesteuert vorzugeben und die Urteile online auszuwerten, ist es möglich, den Vorgabebereich der Reize entspr. der Reaktionsweise der Vp adaptiv einzustellen. Durch diese Möglichkeiten ergeben sich vielfältige Abwandlungen der klassischen Vorgabe- und Auswertungsverfahren. *P. Day*
psychophysischer Parallelismus *Parallelismus, psychophysischer*, *Leib-Seele-Problem*.
psychophysisches Grundgesetz [engl. *basic law of psychophysics, Fechner's law*], *Fechner'sches Gesetz*.
Psychoplegika [engl. *psychoplegics*], *Psychopharmaka*.
Psychoreflexologie [engl. *psychoreflexology*; gr. ψυχή (*psyche*) Seele; lat. *re-* zurück, *flectere* beugen, richten, gr. λόγος (*logos*) Lehre], [**PHI**], auch *Objektive Psychologie* genannte Anschauung (Bechterew 1907), die die psychol. Vorgänge als «neuropsychische» allein gelten lässt und subj. Ausdeutungen und Beobachtungen keinen Raum gewährt. Alle seelischen Vorgänge zeigen sich im Körperlichen, aus dem sie stammen.

psychoregulatives Training (= p. T.) [engl. *psychoregulatory training*; gr. ψυχή *(psyche)* Seele, lat. *regulare* regeln, einrichten], **[EM, KOG, PÄD]**, ist innerhalb der *Sportpsychologie* ein Sammelbegriff für versch. Formen systematischen Einübens von Techniken, die die psych. Bedingungen für Handlungsvorbereitung, -ablauf, -ergebnis und Ergebnisverarbeitung bei (leistungs-)sportlichen Tätigkeiten optimieren sollen (z. B. *Konzentration* erhöhen, beruhigen, Misserfolge besser verarbeiten). Es werden z. T. unkritisch psychol. Interventionsverfahren übernommen, z. B. *mentales Training*, *Autogenes Training*, *Biofeedback*, *Systematische Desensibilisierung*). Empirisch abgesicherte Hinweise auf Leistungsverbesserung durch p. T. sind kontrovers. Eberspächer 1979. *P. Day*

Psychose (= P.) [engl. *psychosis*; gr. ψυχή *(psyche)* Seele], **[KLI]**, schwere *psychische Störung* mit zeitweiligem Realitätsverlust. Ursprünglich als allg. Bez. psych. Krankheiten eingeführt, erfuhr der Begriff im Laufe des 19. und 20. Jhd. eine zunehmende Spezifizierung. Während der Psychiater und Neurologe Griesinger (1817–1868) noch eine Einheitsp. annahm, erfolgte durch Kraepelin und Bleuler eine systematische Einteilung in versch. P.formen und die Gegenüberstellung der Formenkreise *manisch-depressives* Irresein (Kraepelin), *Schizophrenie* (Bleuler) und *Epilepsie*. Ferner wurden organische P. (syn. *exogene*, symptomatische, körperlich begründbare P., exogener Reaktionstyp), z. B. akute traumatische P. (*Psychose, akute traumatische*) von nicht organischen P. (syn. *endogene*, nicht körperlich begründbare P.), z. B. *schizoaffektive Störung*, unterschieden. Bei der ersten Gruppe finden sich die Ursachen in strukturellen pathologisch-anatomisch bzw. organisch ausgelösten reversiblen Veränderungen des *ZNS*, z. B. als Folge von *Hirntumoren*, Intoxikationen, Infektionen, *Epilepsie* oder endokrinen Störungen. Bei der zweiten Gruppe werden ein komplexes Zus.spiel körperlicher, psych. und sozialer Faktoren (*Vulnerabilitäts-Stress-Modell*) sowie Störungen des Metabolismus und der *Neurotransmitter* diskutiert. *J. Brauer*

Psychose, akute traumatische [engl. *acute traumatic psychosis*; lat. *acutus* spitz, scharf, gr. τραύμα *(trauma)* Verletzung], früher *Kommotions- und Kontusionspsychose*, **[KLI]**; diese akute traumatische Ödempsychose (*Psychose*) zeigt nach der Gewalteinwirkung des Hirntraumas einen regressiven Verlauf. Bei subduralem und epiduralem Hämatom (Blutungen nahe der Hirnhäute; *zerebrovaskuläre Erkrankungen*) und zerebralen Fettembolien treten sowohl primäre als auch sekundäre Traumafolgen mit epileptischen (*Epilepsie*) oder choreatischen (*Huntington-Chorea*) Syndromen, katatoner Sperrung (*Katatonie*), *Akinesie*, *Stupor*, *Mutismus*, *Korsakow-Syndrom* ähnlichen Psychosen, depressiven oder manischen Bildern oder Wahnpsychosen (*Depression*, *Manie*, *Wahn*) auf.

psychosexuelle Entwicklung [engl. *psychosexual development*], *Entwicklung, psychosexueller Ansatz nach Freud*.

Psychosomatik, psychosomatische Medizin (= PSM) [engl. *psychosomatics, psychosomatic medicine*; gr. ψυχή *(psyche)* Seele, σῶμα *(soma)* Körper], **[KLI]**, die PSM beschäftigt sich traditionell mit der Interaktion von psychosozialen Faktoren und körperlichen Prozessen im Kontext von Erkrankungen, bei denen körperliche *Symptome*, durchaus mit organischem Substrat, im Vordergrund stehen, ohne dass zwangsläufig ein organischer Krankheitsprozess eindeutig identifizierbar ist. Der Begriff der PSM lässt sich auf Johann Christian August Heinroth (1773–1849) zurückführen, der im Jahr 1811 auf eine Professur für Psychol. Therapie berufen wurde. Er betonte, dass eine Person nicht auf den Körper allein, aber auch nicht nur auf die Seele reduziert werden könne, sondern als ganzer Mensch betrachtet werden müsse. Als PSM wird einerseits ein Ansatz bei der Erklärung und Behandlung solcher Erkrankungen unter Berücksichtigung psych. Faktoren bez., spez. in Dt. stellt die PSM aber auch eine med. Fachdisziplin mit entspr. Facharztweiterbildung und spez. Behandlungseinrichtungen dar. In den USA ist die PSM ein Teilgebiet des Faches *Psychiatrie*. In Dt. gibt es deutliche Überlappungen zw. der psychiatrischen und psychosomatischen Krankenversorgung, die PSM beschäftigt sich zunehmend auch mit psych. Störungen (z. B. *Essstörungen*, *Persönlichkeitsstörungen*). V. a. in ihren Anfängen lag ein Schwerpunkt der PSM auf best. körperlichen Erkrankungen (z. B. *essenzielle Hypertonie*, *Ulcus duodeni*, atopische Dermatitis, Asthma, rheumatoide Arthritis). Basierend auf tiefenpsychol. Konzepten (*Tiefenpsychologie*, z. B. F. Alexander) wurde die Organpathologie auf best. innerpsych. *Konflikte* zurückgeführt, die ihren Ursprung in der frühen Kindheit haben, und die dann bei entspr. gegebener Organdisposition zur Organpathologie führen. Dieser vornehmlich auf best. «psychosomatische» Krankheitsbilder ausgerichtete und tiefenpsychol. orientierte Ansatz wird zunehmend zugunsten biopsychosozialer Modelle aufgegeben, denen zufolge grundsätzlich jede körperliche Erkrankung als Resultat des Zus.wirkens physiol., psych. und psychosozialer Faktoren zu verstehen und zu behandeln ist (*Krankheitsmodelle*), wobei je nach theoretischer Perspektive Lernprozesse und/oder tiefenpsychol. zu erklärende konflikthafte Verarbeitungsmechanismen als entscheidend betrachtet werden. Dementsprechend erfolgt eine Behandlung auf Grundlage der PSM stets auch psychoth. Adler et al. 2010. *C. Hermann*

Psychosomimetika, syn. *Halluzinogene*; *Psychopharmaka*.

Psychosoziale ressourcenorientierte Diagnostik (PREDI) *Sucht- und Substanzbezogene Störungen*.

Psychostimulanzien (= P.) [engl. *psychostimulants*; gr. ψυχή *(psyche)* Seele, lat. *stimulare* antreiben, reizen], **[PHA]**, Untergruppe der *Psychoanaleptika*, psychotrope Stoffe mit stimulierender Wirkung auf das ZNS (*Nervensystem*), i. d. R. schon nach einmaliger Gabe. Kennzeichnend sind Erhöhung der subj. Aktiviertheit, Beseitigung von Müdigkeit, Leistungsverbesserung, v. a. hinsichtlich der Geschwindigkeit, nicht unbedingt der Genauigkeit, Verbesserung der Stimmung, jedoch bei hohen Dosen oft Missstimmung (*Dysphorie*). Die meisten Stoffe haben auch sympathikomimetische Wirkungen (*Sympathikomimetika*), daher auch vegetative *Symptome* wie Herzklopfen. Klin. bedeutungsvoll ist die appetithemmende Wirkung der meisten P. Nach Abklingen der Wirkung häufig

Zustände, die denen in der Wirkungsphase entgegengesetzt sind, etwa Müdigkeit und schlechte Stimmung (sog. *Rebound-Effekt*). Bei längerem Gebrauch Abhängigkeit, bes. bei *Amphetaminen*; bei einigen Gruppen nur Missbrauch (z. B. *Coffein*). Die wichtigsten Gruppen sind *Kokain*, die Amphetamine (z. B. Methamphetamin) und Nichtamphetamine wie *Methylphenidat, Fenetyllin*, deren Wirkung über eine Erhöhung von *Noradrenalin* und *Dopamin* an den entspr. *Synapsen* vermittelt wird. Coffein, das zu den Methylxanthinen zählt, wirkt über die Blockade der Adenosinrezeptoren. Ein untypischer Stoff wegen geringer subj. Aktivierung ist *Pemolin*. P. (v. a. Methylphenidat) werden bei der Therapie von Kindern mit *Aufmerksamkeitsdefizit-Hyperaktivitätsstörung (ADHS)* eingesetzt. Einsatz als *Appetitzügler* fanden früher einige Substanzen dieser Gruppe (*Fenfluramin, Phenmetrazin*). Von den P. schwer abzugrenzen sind die zentralen Stimulanzien (*Analeptika*), die die Erregtheit des ZNS erhöhen und in hohen Dosen zu zerebralen Krampfanfällen führen (*Picrotoxin, Pentetrazol*). Auch Stoffe aus der Gruppe der *Antidepressiva* können stimulierende Wirkungen über eine Erhöhung der Verfügbarkeit von Noradrenalin entfalten, so z. B. *Atomoxetin*. Eggers 1992, Koelega 1993.

W. Janke/P. Zimmermann

Psychosyndrom (= P.) [engl. *(organic) psycho syndrome*; gr. ψυχή *(psyche)* Seele, gr. σύνδρομος *(syndromos)* begleitend, zus.treffend], **[KLI]**, Sammelbegriff für versch. organisch (zerebral) bedingte Störungen der psych. Funktionen. Der Gemeinsamkeit der Verursachung der Störungen im Organischen (es gibt eine unbegrenzte Vielzahl möglicher körperlicher Noxen) steht aber nur eine begrenzte Anzahl von in Erscheinung tretenden Krankheitsbildern (psychopathologische Syndrome; *Psychopathologie*) gegenüber. Vor allem in der älteren Literatur werden folg. Formen unterscheiden: (1) *organisches P.* (psychoorganisches Syndrom). Durch chronisch diffuse Gehirnschädigung entstehende Symptomentrias: Merkfähigkeitsstörung (*Korsakow-Syndrom*), Orientierungsstörungen, Denkstörungen, bes. der Kritik- und Urteilsfähigkeit, außerdem affektive Inkontinenz. Tritt häufig ein als Folge von Hirnschädigungen durch Krankheit, äußere Einwirkungen oder Alterungsprozesse. (2) *hirnlokales P.*: Syndrom psych. Veränderungen nach umschriebener hirnlokaler Schädigung, bei dem v. a. der Antrieb und die *Affektivität* betroffen sind. (3) *endokrines P.*: Psychopathologische Symptomatik je nach der Erkrankung der endokrinen Organe: Hyperthyreose (*Basedow-Krankheit*), Myxödem, Hypoparathyreodismus, Addison'sche Krankheit, adrenogenitales P. und *Dystrophia adiposogenitalis*. Die Störungen bestehen zumeist in der Steigerung oder Abschwächung der hormonalen Funktion (*Hormone*). (4) *akutes hirnorganisches P.*: somatogene *Psychose*. Die Krankheit ist zumeist Folge schwerer körperlicher Allg.- und Hirnerkrankung (Infekt, Intoxikation, akute diffuse *Hirnschädigung*). Je nach Schwere der Erkrankung oder der indiv. psych. Eigenart treten versch. Symptome auf, wobei die Bewusstseinsstörung im Vordergrund steht. Zumeist rasche Remission, oft Übergang in ein residuales, organisches P. (5) *frühkindliches exogenes P.*: Durch diffuse Schädigung des Gehirns (prä-, peri- und postnatal) hervorgerufene psych. Störungen, die sich im Laufe der Entwicklung des Kindes als erhöhte motorische Unruhe, Konzentrationsschwäche, Reizüberempfindlichkeit u. a. manifestieren und mit der Pubertät abklingen.

Psychosynthese [engl. *psychosynthesis*; gr. ψυχή *(psyche)* Seele, σύνθεσις *(synthesis)* Zusammensetzung], **[KLI]**, ein als Ergänzung bzw. im Ggs. zur *Psychoanalyse* gebildeter Begriff für alle synthetischen Maßnahmen der Psychotherapie. Die Selbstfindung und offene Entwicklungsmöglichkeiten (verbunden mit appellativen Verfahren) werden für wichtiger erachtet als letzte ursächliche Aufhellung.

Psychotechnik (= P.) [engl. *psychotechnics*; gr. ψυχή *(psyche)* Seele, τέχνη *(techne)* Kunstfertigkeit, Handwerk], **[AO, HIS]**, nach *Stern*, der den Begriff einführte, Menschenbehandlung im Ggs. zur *Psychognostik* (Menschenkenntnis). *Münsterberg* def. anschließend den Begriff i. w. S. als Anwendung psychol. Verfahren auf die gesamte Kultur, so die Gesellschaftsordnung (Berufsps., Gruppenps. mit Verkehrsformen und Menschenkenntnis), Volksgesundheit (Psychotherapie, Psychoanalyse, Hypnose, Eugenik), Wirtschaftsleben (Taylor-System, Eignungsps., Reklame), Recht (Zeugenaussage, Tatbestandsdiagnostik, Verbrechensstatistik, Urteilsstatistik), Erziehung (exp. Pädagogik, Unterrichtspläne, Übungsschulen, Begabtenauslese, Sonderschulwesen), Kunst (exp. Ästhetik, Ps. des Spiels, Kunstschaffen, Einfühlung, Gefühlsuntersuchung, Sinneswahrnehmung) und Wissenschaft (z. B. Sprachtypen, Völkerkunde, Geschichte, Musik, Vererbungswiss., Kulturgeschichte).

P. ist also nicht «Technik der Psychologie», analog z. B. Schreibtechnik, ebensowenig nur Ps. der Technik (etwa als Ps. im Maschinenbau, industrielle Ps.), wenn auch eingeengt gegenüber der Münsterberg'schen Def. P. heute vorwiegend zur Bez. der psychol. Methoden geworden ist, die im wirtschaftlichen, gewerblichen und industriellen Leben dazu dienen, die Berufseignung, die Arbeitsplatzzuteilung, die Arbeitsleistung zu klären und zu verbessern (*Personalauswahl, Personalpsychologie*).

Auch der Begriff *Technopsychologie* wurde in diesem Zusammenhang geprägt. Die weiteren, oben aufgeführten Gebiete werden heute als Aufgaben der *Angewandten Ps.* gesehen. Schon Stern (1903) definierte diese Trennungslinie wie folgt: «Liefert die angewandte Ps. als Psychodiagnostik die Hilfsmittel, persönliche Werte zu beurteilen, so liefert sie als Psychotechnik die Hilfsmittel, wertvolle Zwecke durch geeignete Handlungsweisen zu fördern … Denn ihre Aufgabe ist: Herstellung des Optimums in dem Verhältnis von Mittel und Zweck.» Giese hat zusätzlich die Unterscheidung nach *Subjektspsychotechnik* und *Objektpsychotechnik*. Letztere hat die Aufgabe der Anpassung der obj. gegebenen Bedingungen (Arbeitsplatz, Werkzeug, Belüftung usw.) an die psych. Voraussetzungen und Möglichkeiten des Menschen. *Angewandte Psychologie, Arbeitspsychologie, Ergonomie, Arbeitsgestaltung, Moede, Walt(h)er*.

F. Dorsch/S. Greif

Psychothanatologie *Thanatopsychologie*.

Psychotherapeut [engl. *psychotherapist*; gr. ψυχή *(psyche)* Seele, θεραπεύειν *(therapeuein)* heilen, dienen], **[KLI]**, Person, die qualifiziert und gesetzlich zugelassen ist, Psychoth. auszuüben. Die Regelungen für die gesetzliche Zulassung sind national und teils sogar von Land zu Land bzw. Kanton zu Kanton unterschiedlich. Grundsätzlich wird eine postgraduale *Weiterbildung*, meist aufbauend auf Ps. oder Med., verlangt. In Dt. haben Mediziner und Psychologen bei etwas unterschiedlichen Ausbildungsvoraussetzungen grundsätzlich die gleichen Rechte in der psychoth. Behandlung. *Psychotherapeutengesetz*.   *F. Caspar*

Psychotherapeutengesetz (PsychThG) [engl. *psychotherapy act*], **[KLI]**, das zum 1. Januar 1999 in Dt. in Kraft getretene PsychThG hat zwei neue akademische Heilberufe, den *Psychol. Psychotherapeuten (PP)* und den *Kinder- und Jugendlichenpsychotherapeuten (KJP)*, geschaffen und damit eine für viele Psychotherapeuten schwierige rechtliche Konstellation beseitigt. Mit dem Gesetz wurde eine Absicherung der beruflichen Tätigkeit von PP und KJP erreicht, sodass diese nun nicht mehr eine Heilpraktikerzulassung benötigen, um – als Niedergelassene – selbstständig heilberuflich tätig sein zu dürfen. Dies war zuvor notwendig, weil in Dt. seit dem Heilpraktikergesetz (HPG) von 1939 alle Personen, die keine ärztliche (einschließlich zahnärztliche) Approbation haben, eine Erlaubnis nach den Regeln des HPG benötigen, wenn sie selbstständig heilberuflich tätig sein wollen. Das Gesetz legt fest, wer sich *Psychotherapeut* nennen darf (neben PP und KJP auch ärztliche Psychotherapeuten), und es gibt eine sog. Legaldef. von Psychoth. vor: Psychoth. ist danach jede nach wiss. anerkannten Psychoth.verfahren begründete Tätigkeit zur Feststellung, Heilung oder Linderung von Störungen mit Krankheitswert, bei denen Psychoth. indiziert ist. Ferner wird ein *Wissenschaftlicher Beirat Psychotherapie* def., der für die wiss. Anerkennung von Psychoth.verfahren für den Kontext der *Psychotherapieausbildung* zuständig ist. Das PsychThG verpflichtet zur somatischen Abklärung innerhalb von Psychoth. und legt fest, dass KJP i. d. R. nur Personen bis zum vollendeten 21. Lebensjahr behandeln dürfen. Insbes. regelt das PsychThG auch die zur Ausbildung berechtigenden Hochschulabschlüsse (PP: Diplompsychologe mit Schwerpunkt Klin. Ps.; KJP: zusätzlich Diplomsozialpädagogen und Diplompädagogen) sowie Eckpunkte der Ausbildung. Die Ausbildungen dauern für beide Berufe 3 Jahre bei vollzeitiger Ausbildung, 5 Jahre bei Teilzeitausbildung und finden in staatlichen oder staatlich anerkannten Ausbildungsinstituten statt. Sie umfassen insges. 600 Std. Theorieausbildung und 600 Std. praktische Ausbildung. Näheres über die Ausbildungsinstitute und die Inhalte der Ausbildung sowie die Abschlussprüfungen wird in den Ausbildungs- und Prüfungsverordnungen [www.gesetze-im-internet.de/psychth-aprv/] festgelegt, die per Rechtsverordnung des Bundesgesundheitsministeriums erlassen wurden: die Ausbildung umfasst insges. 4200 Std., es gehören neben den genannten Bausteinen auch 150 Std. *Supervision* und 120 Std. *Selbsterfahrung* dazu. Im Zus.hang mit dem PsychThG wurden die PP und KJP auch als den Ärzten gleichberechtigte Berufsgruppen in die ambulante vertragsärztliche/-psychoth. Versorgung zulasten der gesetzlichen Krankenversicherung (GKV) eingeführt und ihre Mitwirkung in der sog. Kassenärztlichen Selbstverwaltung (Kassenärztliche Vereinigung, KV) festgelegt. Wittmann & Kommer 2002, Schildt 2007, Behnsen & Bernhardt 1999.   *H. Vogel*

Psychotherapie (= P.) [engl. *psychotherapy*; gr. ψυχή *(psyche)* Seele, θεραπεύειν *(therapeuein)* heilen, dienen], **[KLI]**, bez. allg. die gezielte, professionelle Behandlung *psychischer Störungen* und/oder psych. bedingter körperlicher Störungen mit psychol. Mitteln. Konkrete psychotherap. Verfahren, Methoden und Konzepte sind insbes. durch P.schulen geprägt, die bspw. behaviorale (klassische Verhaltenstherapie), kognitiv-behaviorale (*Kognitive Verhaltenstherapie*, *Schematherapie*, *Kognitive Therapie nach Beck*, *Metakognitive Therapie*, *Interpersonelle Therapie*), analytische (z. B. *Psychoanalyse*, *Analytische Psychologie*, *Individualpsychologie*), tiefenpsychol. (z. B. *Tiefenpsychologisch fundierte Therapie*, *Katathym-imaginative Psychotherapie*), humanistische (z. B. *Gesprächspsychotherapie*, *Gestalttherapie*, *Psychodrama*, *Transaktionsanalyse*), systemische (*Systemische Therapie*) oder körperorientierte (*bewegungs- und körperorientierte Therapien*) Theoriemodelle psych. Störungen bzw. der Beinflussbarkeit gestörten Erlebens und Verhaltens in den Mittelpunkt stellen. Zudem hat die Organisationsform als *Einzeltherapie*, *Gruppentherapie*, *Familientherapie*, *Paartherapie* oder auch als *Internet-Intervention* sowie die Versorgung in ambulanten oder stationären Settings Einfluss auf die Konzeption psychotherap. Behandlungen.

Eine integrative Def., die für alle P.ansätze Gültigkeit beanspruchen kann, stammt von Strotzka (1975, 4): «P. ist ein bewusster und geplanter interaktioneller Prozess zur Beeinflussung von Verhaltensstörungen und Leidenszuständen, die in einem Konsensus (möglichst zw. Pat., Therapeut und Bezugsgruppe) für behandlungsbedürftig gehalten werden, mit psychol. Mitteln (durch Kommunikation), meist verbal aber auch averbal, in Richtung auf ein definiertes, nach Möglichkeit gemeinsam erarbeitetes Ziel (Symptomminimalisierung und/oder Strukturänderung der Persönlichkeit) mittels lehrbarer Techniken auf der Basis einer Theorie des normalen und des pathologischen Verhaltens. I. d. R. ist dazu eine tragfähige emot. Bindung notwendig». Im Methodenpapier des Wissenschaftlichen Beirats Psychotherapie (2010; 4–5) nach § 11 PsychThG werden die Begriffe *P.-verfahren*, *P.methode* und *psychotherap. Technik* unterschieden: «Ein zur Krankenbehandlung geeignetes *P.-verfahren* ist gekennzeichnet durch eine umfassende Theorie der Entstehung und Aufrechterhaltung von Krankheiten und ihrer Behandlung bzw. versch. Theorien der Entstehung und Aufrechterhaltung von Krankheiten und ihrer Behandlung auf der Basis gemeinsamer theoretischer Grundannahmen, und eine darauf bezogene psychotherap. Behandlungsstrategie für ein breites Spektrum von Anwendungsbereichen oder mehrere darauf bezogene psychotherap. Behandlungsmethoden für ein breites Spektrum von Anwendungsbereichen, und darauf bezogene Konzepte zur Indikationsstellung, zur in-

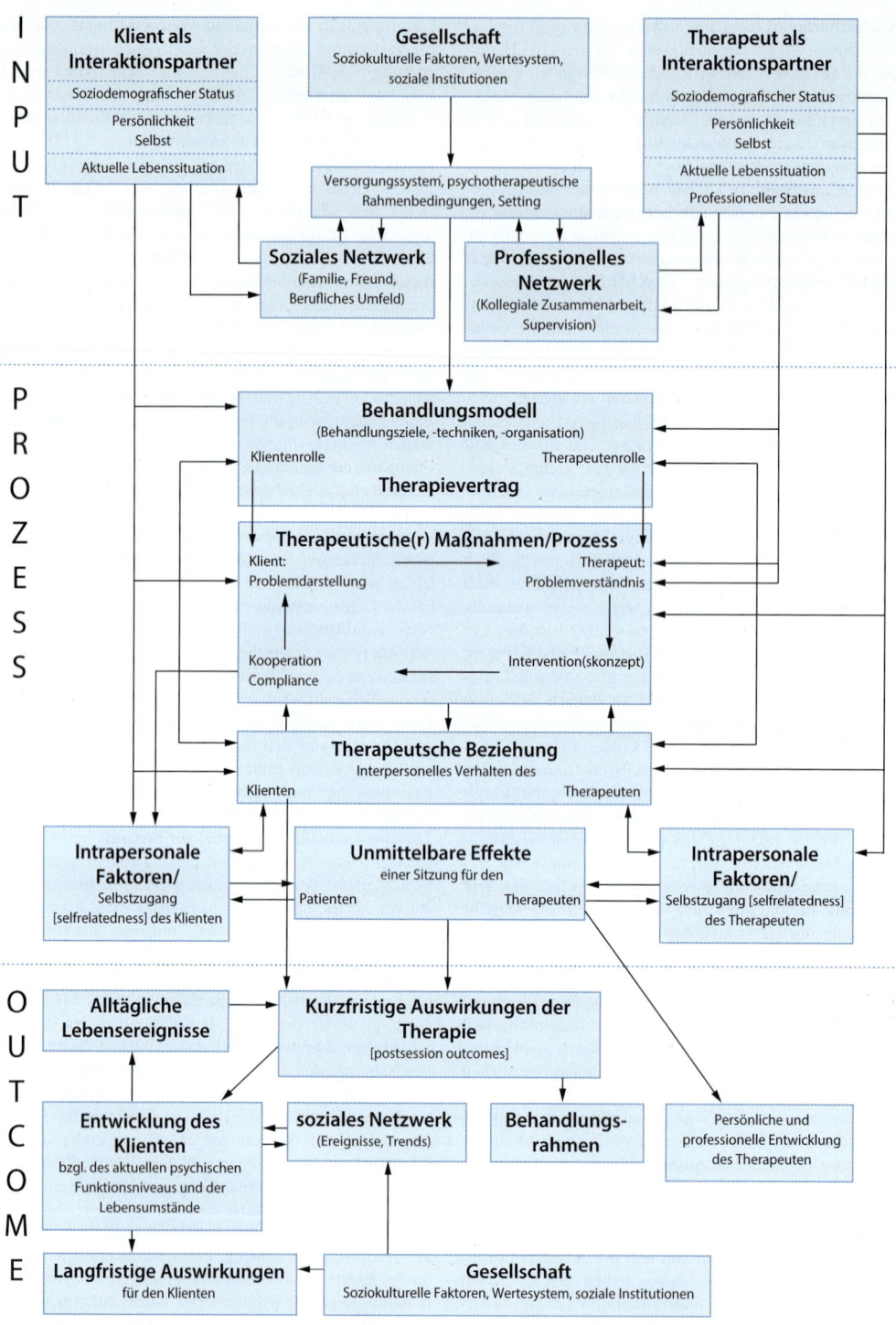

Psychotherapie: Allgemeines Modell der Psychotherapie (Orlinsky et al. 2004)

div. Behandlungsplanung und zur Gestaltung der therap. Beziehung. ... Eine zur Behandlung einer oder mehrerer Störungen mit Krankheitswert geeignete P.methode ist gekennzeichnet durch eine Theorie der Entstehung und der Aufrechterhaltung dieser Störung bzw. Störungen und eine Theorie ihrer Behandlung, Indikationskriterien einschließlich deren diagn. Erfassung, die Beschreibung der Vorgehensweise und die Beschreibung der angestrebten Behandlungseffekte. ... Eine *psychotherap. Technik* ist eine konkrete Vorgehensweise, mit deren Hilfe die angestrebten Ziele i. R. der Anwendung von psychotherap. Methoden und Verfahren erreicht werden sollen, z. B. im Bereich des psychodynamischen Verfahrens: die Übertragungsdeutung zur Bewusstmachung aktualisierter unbewusster Beziehungsmuster, oder in der Verhaltenstherapie: Reizkonfrontation in vivo».

Strukturmodelle und Wirkfaktoren: Gemäß des *Common component model* von Frank (1971) kommt allg. Wirkfaktoren eine wesentliche Bedeutung zu, die sich unabhängig von der spezif. Art der P. günstig auswirken: Emotionale vertrauensvolle Beziehung, Vermittlung oder Erarbeitung eines Erklärungsmodells der psych. Störung, bewältigungsunterstützende *Problemanalyse*, Vermittlung von Hoffnung, Erfolgserlebnisse, die Sicherheit und Kompetenz fördern, und Förderung emot. Erlebens als Basis für Veränderungen von Einstellungen und Verhalten. Orlinsky & Howard (1986) haben ein *Allgemeines Modell der P.* [engl. *general model of psychotherapy*] vorgeschlagen (s. Abb.). Es verdeutlicht insbes. die Komplexität des Zusammenwirkens der Merkmale von Therapeut und Klient, des therap. Interaktionsprozesses sowie von situativen und organisatorischen Rahmenbedingungen. Es werden sechs zentrale Therapiefaktoren definiert: *Formaler Aspekt* (Therapievertrag [engl. *therapeutic contract*]; *Behandlungsvertrag*): P. muss indiziert sein und formale Bedingungen der Durchführung müssen geklärt sein; *Technischer Aspekt* (Therap. Maßnahmen [engl. *therapeutic operations*]): Auf diagn. Basis müssen ein Behandlungsmodell und eine Störungstheorie entwickelt sowie ein Interventionsplan erstellt werden; *Interpersoneller Aspekt* (*Therapiebeziehung* [engl. *therapeutic bond*]): Schaffung einer therap. Allianz und Klärung der Rollen im Interaktionsprozess; *Intrapersonaler Aspekt* (innere Selbstbezogenheit [engl. *self-relatedness*]): Sichtweise des Klienten und des Therapeuten auf sich selbst. Z. B. psychoanalytisch: *Abwehrmechanismen des Ich*, verhaltenstherapeutisch: *Selbstkontrolle*, gesprächspsychotherap.: *Inkongruenz*; *Klinischer Aspekt* (unmittelbare Effekte der Sitzung [engl. *in-session impacts*]): Unmittelbare Änderungen des Erlebens und Verhaltens durch die Therapiesitzung; *Sequenzieller Aspekt* (Prozessverlauf [engl. *temporal patterns*]): Charakteristika, die in unterschiedlichen Phasen des Therapieprozesses bedeutsam sind (z. B. Kontaktaufnahme, Trennung).

Grawe (1995) hat u. a. auf der Basis umfangreicher empirischer Befunde und mit dem Ziel einer breiten Integration psychoth. Verfahren die Entwicklung einer *Allgemeinen Psychotherapie* angestrebt (*Konsistenztheorie des psychischen Geschehens*). Dieses postuliert vier zentrale Wirkfaktoren der Psychoth.: (1) *Ressourcenaktivierung*: Fokussierung von pos. Möglichkeiten, Fähigkeiten, Interessen und Motivationen des Klienten (*Ressourcenorientierung*); (2) *Problemaktualisierung*: Schaffung eines direkteren Zugangs zu dem Problemen, indem diese durch bewusste Thematisierung oder Konfrontation gezielt erfahrbar gemacht werden. (3) *Aktive Hilfe zur Problembewältigung*: Förderung von Kompetenzen, die die Bewältigung (*Coping*) und den Umgang mit störungsrelevanten Aspekten ermöglichen. (4) Motivationale Klärung: Klärung der Ziele und Werte, die das Verhalten des Klienten motivieren.

Anerkennung von P.verfahren: Die moderne P.forschung orientiert sich vor allem an Wirksamkeitsnachweisen (*Evidenzbasierung*) und nachweisbaren Wirkfaktoren von P. (Grawe 1998). Der Wissenschaftliche Beirat Psychotherapie (2010; 6–7) formuliert im Methodenpapier vier Kriterien die die Anerkennbarkeit einer p. Behandlung bedingen: «Kriterium 1: Der Einsatz der Intervention erfolgt bei Personen, die unter einer Störung mit Krankheitswert leiden, und der beobachtete therap. Effekt stellt eine Heilung oder Linderung dieser Störung dar. ... Kriterium 2: Der beobachtete therap. Effekt ist inter-subj. feststellbar und replizierbar. ... Kriterium 3: Der erzielte Effekt muss mit hoher Wahrscheinlichkeit auf die psychoth. *Intervention* zurückführbar sein (*interne Validität*). ... Kriterium 4: Die untersuchte psychoth. Intervention ist in der Praxis unter den Rahmenbedingungen des Gesundheitswesens effektiv durchführbar (*externe Validität*).» Die *Wirksamkeit* von P. und ein gutes Kosten-Nutzen-Verhältnis gelten generell als gut belegt, Übergreifend zeigen sich in kontrollierten Studien *Effektstärken* von *Cohens d* ungefähr gleich 1,2, wobei sich unterschiedliche Therapieansätze Effektstärkenunterschiede von ca. 0,4 ergeben. Obwohl das Ziel der P.forschung allg. eher darstellt, die spezif. Wirksamkeit einzelner Methoden und Techniken bei spezif. Störungsbildern differenziert zu identifizieren, orientiert sich die Anerkennung insbes. durch Krankenkassen an psychotherap. Schulen. Abrechnungsfähig sind in Dt. die vom *Wissenschaftlichen Beirat P.* anerkannten *Richtlinienverfahren* (Kognitive) Verhaltenstherapie, Psychoanalyse und Tiefenpsychologisch orientierte P. Zusätzlich anerkannt, jedoch nicht sozialrechtlich abrechnungsfähig sind die Gesprächsp. und die Systemische Therapie (Frühjahr 2015). *Psychotherapeutengesetz*, *Psychotherapie, ökonomische Aspekte*. Hautzinger & Eckert 2007, Orlinsky et al. 2004.

Psychotherapie, internet- bzw. webbasierte *Internet-Intervention*, *VR-Behandlungen*.

Psychotherapie, ökonomische Aspekte [engl. *psychotherapy, economic aspects*], [**KLI**], spätestens seit den 1980er-Jahren werden bei Untersuchungen zur *Wirksamkeit* der *Psychotherapie* immer häufiger auch die wirtschaftlichen Aspekte behandelt. Studien zu diesem Thema müssen sowohl die Kosten der Psychoth. als auch die – verhältnismäßig schwer zu bewertenden – Nutzenaspekte (*Evaluation, ökonomische*) erfassen und bewerten. Hierzu haben sich, angelehnt an das dazugehörige Forschungsfeld der Gesundheitsökonomie und die Volkswirtschaftslehre insges., neben eigenen Begrifflichkeiten auch spez. Fragestellungen und Untersuchungsansätze etabliert. Man unterscheidet *direkte Kosten* (die Kosten der Behandlungen und anderer damit verknüpfter Ausgaben wie z. B. Krankengeld) von *indirekten Kosten*, d. h. solchen Kosten, die durch Produktivitätsverluste und soziale Nachteile entstehen. Die sog. *intangiblen Kostenfaktoren* versuchen, psych. Belastungen vergleichend darzustellen, dies geschieht oft darüber, dass die mit der Belastung verbundenen *Lebensqualität*sverluste festgestellt werden und diese dann wiederum mit dem Ansatz der qualitätsadjustierten Lebensjahre (*quality-adjusted life year (QALY)*) einer Standardisierung und vergleichenden (wirtschaftlichen) Bewertung zugänglich gemacht werden. Wichtig für die vergleichende Bewertung von Behandlungen sind auch die sog. *Opportunitätskosten*; sie bez. den Wert bzw. den Nutzen der entgangenen Verwertungsalternative. Bei der *Kostenanalyse* werden die Kosten versch. Behandlungen dargestellt und miteinander verglichen. Weitergehende Analysen berücksichtigen Ergebnismaße. Bei der *Kosten-Nutzen-Analyse* werden die Ergebnisse einer Behandlung in wirtschaftliche (Geld-)Werte umgerechnet. Bei der *Kosten-Wirksamkeits-Analyse* oder *Kosten-Effektivitäts-Analyse* werden die Behandlungsergebnisse nicht in Geldwerte umgerechnet, aber mit den gleichen Variablen erfasst, um die Behandlungskosten versch. Therapien über diesen Weg vergleichen zu können. Die zunehmende Bedeutung gesundheitsökonomischer Untersuchungen zur Psychoth. ergibt sich u. a. daraus, dass die Finanzierungsmöglichkeiten jedes Gesundheitswesens begrenzt sind und dass daraus eine gesellschaftliche und ethische Notwendigkeit entsteht, Behandlungsleistungen hinsichtlich ihrer Effektivität und Wirtschaftlichkeit zu überprüfen und vor diesem Hintergrund über die angemessenen Versorgungsangebote zu entscheiden (*effectiveness*, *efficacy*). Versch. Autoren haben auf der Basis unterschiedlicher Studien die Wirtschaftlichkeit von Psychoth. im Vergleich zu alternativen Behandlungen bestätigt. Vogel & Wasem 2004, Margraf 2009. *H. Vogel*

Psychotherapieausbildung (= P.) [engl. *education/advanced training in psychotherapy*], **[KLI]**, postgraduale Weiterbildung zum *Psychotherapeuten*. Seit dem 01. Januar 1999 wird die Ausübung von Psychotherapie in Deutschland durch das *Psychotherapeutengesetz (PsychThG)* geregelt. Durch das erfolgreiche Absolvieren der P. kann die Approbation beantragt werden, die eine Voraussetzung zur Kassenzulassung und somit zur Möglichkeit der Kostenübernahme einer psychotherap. Behandlung durch die Krankenkassen darstellt. Zulassungsvoraussetzung ist ein abgeschlossenes Studium der Med. oder Ps. Die P. umfasst mind. 4200 Ausbildungsstunden, die i. d. R. in einem Zeitraum von 3 bis 6 Jahren absolviert werden und in deren Rahmen sowohl theoretische als auch praktische Kenntnisse zur *Diagnostik*, Behandlung (*Psychotherapie*) und *Rehabilitation* von psych. Störungen vermittelt und vertieft werden. Ausbildungsbestandteile sind eine praktische Tätigkeit, ein theoretischer Ausbildungsteil, eine praktische Ausbildung mit Krankenbehandlungen unter *Supervision* sowie eine *Selbsterfahrung*. Die P. schließt mit einer staatlichen Prüfung ab, die sich aus einem schriftlichen (theoretischen) sowie einem mündlichen (praktischen) Prüfungsteil zus.setzt. [Ausbildungs- und Prüfungsverordnung für Psychologische Psychotherapeuten (PsychThAprV)].

In naher Zukunft wird dieses Ausbildungsmodell wahrscheinlich durch ein Direktstudium Psychotherapie ersetzt, das ausschließlich von Universitäten über fünf Jahre angeboten wird und zur Approbation führt. An diese universitäre Ausbildung wird sich eine Weiterbildungsphase anschließen, die sich an der Ärzteausbildung orientiert.

C. Koentges

Psychotherapieforschung (= P.) [engl. *psychotherapy research*], **[KLI]**, verfolgt mit der Durchführung von Studien zur Psychoth.evaluation (*Evaluation*) unterschiedliche Ziele und Aufgaben, die sich in zwei Hauptaufgabenbereiche unterteilen lassen: (1) Überprüfung der allg. und vergleichenden Wirksamkeit psychoth. Verfahren und Modelle (*Wirksamkeitsprüfung*), (2) Herausarbeitung der Wirkungsweise bzw. der wirksamen Prozesse (*Prozessforschung*). Vergleicht man die Ausgabe des Standardwerkes der P. aus dem Jahre 2012, das *Handbook of Psychotherapy and Behavior Change* (Lambert 2012) mit vorangegangenen Ausgaben, zeigt sich, dass die P. in den letzten 20 Jahren quant. und qual. eine starke Zunahme zu verzeichnen hat. Die Wirksamkeitsprüfung befasst sich mit dem Vergleich versch. Interventionsmodelle (*Intervention*) hinsichtlich ihrer Wirksamkeit und *Effizienz* sowie der *Qualitätssicherung* und *Versorgungsforschung*. Die P. hat die *Effektivität* spezif. Therapieverfahren bei best. psych. Störungen auf der Basis von großen klin.-exp. Studien unter Einbezug klarer def. diagn. Kriterien und der Verwendung manual- oder leitlinienbasierter therap. Interventionen überzeugend nachweisen können und dies mit hohen *Effektstärken*. Diese Forschungstradition wird seit Ende der 1990er-Jahre zusätzlich durch eine stärkere Individuumsorientierung (*patientenorientierte Psychotherapieforschung*) gekennzeichnet, die versucht Forschungsergebnisse für den Einzelfall nutzbar zu machen und auf diese Weise die «Wissenschaftler-Praktiker-Kluft» zu überwinden. Die Prozessforschung untersucht die Wirkungsweise therap. Verfahren im Therapieprozess mit dem Ziel, durch ein besseres Verständnis der aktiven Wirkprinzipien und psych. Veränderungsprozesse (*therapeutische Veränderung*) eine effektivere Gestaltung psychoth. Interventionen zu ermöglichen. Auf diese Weise fördert P. die Weiterentwicklung der theoretischen und klin. Grundlagen der *Psychotherapie* auf der Basis empirischer Befunde. Lutz 2010, Roth & Fonagy 1996. *W. Lutz/J. Rubel*

Psychotherapie-Richtlinie [engl. *german guidelines for psychotherapy*], **[KLI]**, Richtlinie des *Gemeinsamen Bundesausschusses* über die Durchführung der *Psychotherapie*. Sie dient gemäß § 92 Absatz 6a des fünften Buches Sozialgesetzbuch der «Sicherung einer den gesetzlichen Erfordernissen entspr. ausreichenden, zweckmäßigen und wirtschaftlichen Psychoth. der Versicherten und ihrer Angehörigen in der vertragsärztlichen Versorgung». [www.g-ba.de]

A. L. Gerlach

Psychotiker [engl. *psychotic (person)*], [**KLI**], der an einer *Psychose* Leidende.

Psychotizismus (= P.) [engl. *psychoticism*], [**KLI, PER**], einer der drei grundlegenden Persönlichkeitsfaktoren (neben *Extraversion* und *Neurotizismus*) im Persönlichkeitssystem von *Eysenck*. P. wird als unabhängig von den beiden anderen angenommen. Hypothetisch hat Eysenck den P. aus der *Typologie Kretschmers* abgeleitet. Empirisch resultiert er als isolierbarer Faktor bei Stichproben von Personen ohne psychische Störung, Schizophrenen (*Schizophrenie*) und Manisch-Depressiven (*bipolare Störungen*) mittels *Leistungstests* (z. B. Wahrnehmungsaufgaben, Motoriktests). Eysenck hat den Faktor P. auch mithilfe von *Fragebogen* zu erfassen versucht. In späterer Fragebogenentwicklung ist die P.-Skala mit *tough-mindedness* bezeichnet. Diese Skala weist Beziehungen zur *Kriminalität* und zum *Sensation-Seeking* auf. *Persönlichkeit, klassische faktorenanalytische Ansätze*.

Psychotogene [engl. *psychotogenes*]; *Psychopharmaka*.

Psychotomimetika (= P.) [gr. μίμησις *(mimesis)* Nachahmung], syn. *Psychodysleptika, Psychosomimetika, Psychedelika, Halluzinogene,* Alltagsbez. *Rauschmittel*, [**PHA**], nach Delay und Deniker neben den *Psychoanaleptika* und *Psycholeptika* die dritte Hauptgruppe der *Psychopharmaka*. P. sind Stoffe, die schon in niedriger Dosis zu Störungen der Wahrnehmung (z. B. *Halluzination*) und Orientierung (z. B. *Depersonalisation*) führen. Sie können vorübergehend Zustände auslösen, die Ähnlichkeit mit *Psychosen* haben (sog. *Modellpsychosen*). Prototypische Stoffe sind *Meskalin, Lysergsäurediethylamid, Psilocybin, Phencyclidin*. Strukturchemisch handelt es sich um unterschiedliche Klassen, wobei Ähnlichkeiten mit biogenen Stoffen bestehen, v. a. mit *Serotonin (Lysergsäurediethylamid, Psilocybin,* Ololiuqui, *Harmin, Bufotenin)* und mit den *Catecholaminen (Meskalin, 2,5-Dimethoxy-4-methylamphetamin)* und *Glutamat (Phencyclidin)*. Dementspr. sind die Wirkungsmechanismen auch versch., so sind die serotoninbeeinflussenden Stoffe wie LSD u. a. Serotoninantagonisten (5-HT2). Einige Stoffe, die erst in höheren Dosen psychotomimetisch bzw. *psychodelisch* wirken, werden meist nicht zu den P. gerechnet, obzwar sie als eigene Klasse dazugerechnet werden könnten, etwa die *Anticholinergika (Atropin* und *Scopolamin).* P. sind ursprünglich aus Pflanzen gewonnen und seit Jahrtsd. in allen Erdteilen als Genuss- und Rauschmittel, auch zu kultischen Zwecken, verwendet worden. Julien 1997, Snyder 1994. W. Janke

psychotomimetisch [engl. *psychotomimetic*; gr. μίμησις *(mimesis)* Nachahmung, [**PHA**], Wirkungsart von Substanzen, die psychoseähnliche Wirkungen haben, etwa *Halluzinationen,* Bewusstseinsveränderungen. *Psychotomimetika*.

Psychotonika [engl. *psychic energizer, mental stimulants*]; *Psychopharmaka, Stimulanzien*.

Psychotoxika [engl. *psychotoxics*; gr. τοξίνη *(toxine)* Gift], [**PHA**], bisweilen (selten) benutzte Begriffe für Substanzen, die bereits in niedrigen Dosen neg. psych. Wirkungen hervorrufen. *Psychopharmaka*.

psychotrope Substanzen [engl. *psychotropic substances/drugs*; gr. τροπή *(trope)* Wendung], [**PHA**], Bez. für Substanzen (Wirkstoffe, Drogen, natürliche oder synthetische), die vorwiegend psych. Veränderungen hervorrufen. *Psychopharmaka*.

PsychThG *Psychotherapeutengesetz (PsychThG)*.

PsycINFO, Datenbanksystem internat. psychol. Literatur, in dem Zeitschriftenaufsätze, Dissertationen, Monografien und Buchkapitel nachgewiesen werden. Das Datenbanksystem, das in engl. Sprache absuchbar ist, liegt in versch. Online-Versionen vor. In der CD-ROM-Version *PsycLIT* reichen die Literaturnachweise bis zum Erscheinungsjahr 1974 zurück. Produzentin von PsycINFO/PsycLIT ist die *American Psychological Association (APA)*.

PSYNDEX, Datenbank ps. Literatur aus den dt.sprachigen Ländern, weist in Kurzreferaten dt.- und engl.sprachige Zeitschriftenaufsätze, Monografien, Sammelwerkbeiträge, Reports und Dissertationen von Autoren aus den deutschsprachigen Ländern nach sowie einschlägige audiovisuelle Medien. Anfang 2003 umfasste PSYNDEX mehr als 168000 Nachweise ab dem Publikationsjahr 1977. Monatlich kommen ca. 800 aktuelle Nachweise hinzu. Die Datenbank, die in dt. und engl. Sprache absuchbar ist, wird in Online-Versionen von den Hosts *Deutsches Institut für Medizinische Dokumentation und Information (DIMDI)* in Köln und *Gesellschaft für Betriebswirtschaftliche Information (GBI)* in München angeboten und kann, kombiniert mit der Datenbank *PSYTKOM*, als SilverPlatter-CD-ROM *PSYNDEXplus with TestFinder* abonniert werden. PSYNDEX wird vom *Zentrum für Psychologische Information und Dokumentation, ZPID* produziert.

PSYTKOM, [**DIA**], Datenbank psychol. und päd. Testverfahren, weist in den dt.sprachigen Ländern entwickelte und angewandte Tests, Skalen, Fragebogen, Interviewmethoden, Beobachtungsmethoden, apparative Verfahren, Methoden der computerunterstützten Diagnostik und andere diagn. Instrumente nach. Neben selbstständigen, in Testverlagen publizierten Verfahren sind auch zahlreiche informelle Forschungsinstrumente dokumentiert. Die zitierten Testverfahren sind entweder sehr ausführlich beschrieben – mit Angaben zu Testkonzept, Testkonstruktion, Testgütekriterien, Durchführungs- und Auswertungsmodalitäten, Anwendungsmöglichkeiten und kritischer Bewertung – oder in einem Kurzreferat dargestellt. Anfang 2003 umfasste PSYTKOM mehr als 4600 Testnachweise. Die Datenbank, die halbjährlich aktualisiert wird und in dt. und engl. Sprache absuchbar ist, wird online vom Host *Gesellschaft für Betriebswirtschaftliche Information (GBI)* in München angeboten, außerdem kann sie zus. mit der Datenbank *PSYNDEX* als SilverPlatter-CD-ROM *PSYNDEXplus with TestFinder* abonniert werden. P. wird vom *Zentrum für Psychologische Information und Dokumentation, ZPID* produziert. Die Testnamen sämtlicher in PSYTKOM dokumentierten Verfahren werden vom ZPID jährlich in einem Testverzeichnis aufgelistet. [www.zpid.de/].

PTBS *Posttraumatische Belastungsstörung (PTBS)*.

P-Technik (= P.) [engl. *P-technique*], [**FSE**], bei der P. der *Faktorenanalyse* werden bei einer Stichprobe von Vpn zu versch. Zeitpunkten dieselben Variablen gemessen. Die Variablen werden über die Situationen interkorreliert und faktorenanalysiert. Die auf diesem Wege gewonnenen Faktoren nennt man Zustandsfaktoren (*State*-Faktoren). O-*Technik*, *Kovariationsschema*.

pubertas praecox [engl. *precocious puberty*; lat. *pubertas* Geschlechtsreife, *praecox* vorzeitig], [**BIO, EW**], verfrühte *Pubertät*. Unter pathologischen Bedingungen, z. B. bei Tumoren der Keimdrüsen, bei Jungen auch durch Tumoren der Nebennierenrinde, vorzeitig eintretende Pubertät mit rascher Ausprägung der sekundären Geschlechtsmerkmale. Reifezeichen treten bei Knaben vor dem 10., bei Mädchen vor dem 8. Lebensjahr auf. Mögliche ps. Merkmale sind neben Reizbarkeit u. Ä. eine gewisse Rat- und Hilflosigkeit dem eigenen Körper gegenüber.

Pubertät (= P.) [engl. *puberty*, *adolescence*; lat. *pubertas* Geschlechtsreife], [**BIO, EW**], ist ein universelles Merkmal und ein Meilenstein der Adoleszenz. P. beschreibt die umfassende Umgestaltung biol. und physischer Funktionen des Menschen mit dem Ziel der körperlichen bzw. sexuellen Geschlechtsreife. In der P. sind funktionelle und morphologische Veränderungen in *Motorik* und versch. Organsystemen (wie Atmung, Stoffwechsel, Herz) zu beobachten, und Körperproportionen und -behaarung verändern sich in geschlechtstypischer Weise. Zusätzlich laufen umfassende strukturelle (z. B. Verlust von Synapsen (*Synapse*), fortschreitende Myelinisierung) und funktionale Veränderungen (z. B. veränderte Funktion hemmender und erregender neuronaler Systeme (*Neuron*)) im *Gehirn* ab, die nicht nur für fortgeschrittene Denkprozesse (*Denken*) relevant sind, sondern jugendtypisches – z. B. risikoreiches – *Verhalten* erklären können (*Adoleszenz*, *Risikoverhalten*). Für Mädchen betreffen weitere Veränderungen in der P. die Schambehaarung (9–13 Jahre), das Längenwachstum (10–14 Jahre) und die erste Regelblutung (Menarche, 10–14 Jahre). Bei Jungen sind Hodenwachstum (9–14 Jahre), Schambehaarung (10–15 Jahre), Vergrößerung des Penis (11–16 Jahre), Stimmbruch und der erste Samenerguss (Spermarche) zu beobachten. Der Stand der körperlichen Entwicklung (Pubertätsstatus) wird meist basierend auf der Ausreifung der sekundären Geschlechtsmerkmale mittels sog. *Tanner-Stadien* eingeschätzt. Fortschreitender Pubertätsstatus geht mit einer Reihe psychol. (z. B. Unzufriedenheit bei Mädchen, höherer Selbstwert (*Selbstwertgefühl*) bei Jungen) und sozialer Folgen (z. B. Abgrenzung von den Eltern, größerer Einfluss der Peers (*Peergroup*)) einher. Sowohl die Abfolge als auch der Zeitpunkt und das Tempo der körperlichen Veränderungen in der P. variieren stark. Interindiv. Unterschiede im Zeitpunkt der hormonellen Veränderungen (nicht klin. auffällige wie *pubertas praecox*, *pubertas tarda*; *Retardation*) werden durch genetische Faktoren beeinflusst: KiSS1, KiSS1R (*Pubertätsgene*) steuern den Ablauf des genetischen Programms zur körperlichen Reife und werden durch einen epigenetischen *silencing-Mechanismus* koordiniert. Dazu spielt der Anteil des Körperfetts (höherer *Body-Mass-Index* korreliert bei Mädchen mit früher, bei Jungen mit später Reife in der P.), Ernährung und Sport eine Rolle. Weitere Einflussfaktoren sind alterstypische neuronale Veränderungen in den beteiligten Hirnstrukturen und psychosoziale Faktoren (z. B. Konflikte (*Konflikt, sozialer*) oder kritische Lebensereignisse (*Life-Event, kritisches*) sowie deren biol. Korrelate wie *Kortisol* infolge von *Stress*). Allgemein ergab sich über die letzten 150 Jahre ein Wandel hin zu immer früherer Reife in der P. (*säkularer Trend*). Gründe hierfür liegen in der Verbesserung von Ernährung (*Ernährung, gesundheitsförderliche*), Gesundheitsvorsorge (*Vorsorgeverhalten*) und sanitären Bedingungen in der Kindheit. Kontrovers wird heute diskutiert, ob diese Tendenzen in den letzten Dekaden (verbunden mit dem Trend zu größerem Körpergewicht in Kindheit und Jugend) weiter anhalten – die Mehrheit der Befunde deutet jedoch auf eine Stagnation der Vorverlagerung im Zeitpunkt der P. hin. Unterschiede im Zeitpunkt und Tempo der pubertären Reife sind mit psychosozialen und gesundheitlichen Konsequenzen bis ins Erwachsenenalter verbunden (z. B. *Depression*, früher und hoher Substanzkonsum (*Substanzmissbrauch*), frühe sexuelle Beziehung und Elternschaft bei früh Reifenden). Ursächlich dafür sind soziale Reaktionen (z. B. Hänseln) und deren indiv. Wahrnehmung, Über- oder Unterforderung in interpersonalen Beziehungen sowie zentralnervöse und hormonelle Prozesse (*Nervensystem*, *Hormone*). Bei Jugendlichen, die neg. Kontexteinflüssen während der P. ausgesetzt und für diese empfindlich sind (z. B. auf physiol. Ebene stark auf Stress reagieren), und bei jenen, die schon in der Kindheit psychosoziale Probleme zeigen, fallen die Konsequenzen früher vs. später Reife in der P. neg. aus. Solche Personengruppen sollten i. R. von *Prävention*sbemühungen bes. Berücksichtigung finden. Weichold & Silbereisen 2008, Susman & Dorn 2013. *K. Weichold*

Pubertät, Gesundheitsrisiken [engl. *puberty, health risks*], [**GES**], die *Pubertät* (= P.) ist durch spezif. Gesundheitsrisiken gekennzeichnet. Zwar weist das frühe Jugendalter im Vergleich zu allen anderen Altersgruppen generell das niedrigste Erkrankungsrisiko auf. Bestimmte psych. Erkrankungen (z. B. depressive Störungen (*Depression*), *Schizophrenie*, *Zwangsstörungen*) treten dagegen verstärkt erst ab der P. auf. Zugleich steigt mit dem Jugendalter das Mortalitätsrisiko deutlich an, wobei die Sterblichkeit unter Jungen doppelt so hoch ist wie unter Mädchen. Haupttodesursache sind Unfälle und Vergiftungen. Jugendliche zeigen eine erhöhte Responsivität für Stressoren und neg. Affekte. Die Suche nach neuen Erfahrungen und riskanten Verhaltensweisen (*Alkohol*, Drogenkonsum, Rauchen, riskantes Verhalten im Straßenverkehr, riskantes *Sexualverhalten*), von denen zugleich eine erhöhte Anerkennung durch die *Peergroup* erwartet wird, können die Funktion haben, neg. Erlebnisse und Affekte zu bewältigen. Gleichzeitig werden alte Verhaltensmuster hinterfragt und ggf. ersetzt: Dies kann neg. Effekte auf die *Gesundheit* haben, wenn dadurch in der Kindheit etabliertes gesundheitsförderliches Verhalten aufgegeben wird. Das Jugendalter ist neben dem Vorschulalter ein in Bezug auf das *Gesundheitsverhalten* prägender Lebensabschnitt. Der steigende Autonomieanspruch von Jugendlichen verringert die Einflussmöglichkeiten von Eltern und Schule. Gleichzeitig wächst die Beeinflussbarkeit durch die Peergroup. Sie gibt gesundheitsrelevante Werte und Normen vor und setzt damit Orientierungsmaßstäbe für Risikowahrnehmung, -bewertung und Risikoverhalten. Gesundheitsförderung bei Jugendlichen gelingt nur, wenn der Einfluss der Gleichaltrigen berücksichtigt wird. Lohaus & Klein-Heßling 2009.   *J. Klein-Heßling*

publication bias (= p. b.) [engl. *publication* Veröffentlichung, *bias* Fehler], *Fehler aufgrund der Veröffentlichungspraxis*, **[FSE]**, systematische Verzerrung bei der Sammlung und Zusammenfassung empirischer Studienbefunde aufgrund der Tatsache, dass Studien mit signifikanten Befunden mit erhöhter Wahrscheinlichkeit publiziert werden. I. R. von *Metaanalysen* kann durch den p. b. eine Überschätzung des Effekts einer Maßnahme resultieren. *Funnel-Plots* und die *Fail-Safe-N-Methode* bieten Möglichkeiten, das Ausmaß an Verzerrungen durch den p. b. abzuschätzen. *bias*.

Public-Goods-Dilemma [engl. *public* öffentlich, allgemein, *goods* Güter], *Dilemma, soziales*.

Public Health (= PH.) [engl. *public* öffentlich, allgemein, *health* Gesundheit], **[GES]**, kennzeichnet geregelte Ansätze zur Verringerung von Erkrankungen (*Krankheit*) und Verbesserungen der *Gesundheit* auf der Ebene der Bevölkerung bzw. Subpopulationen. Sie schließt alle staatlich bzw. öffentlich und privat geregelten Maßnahmen zur Gesundheitsvorsorge ein, i. w. S. auch die Infrastruktur des öffentlichen Gesundheitswesens. PH. integriert wiss. Erkenntnisse der Gesundheitsforschung, insbes. über Umweltfaktoren, Lebensweisen, Humanbiologie und Gesundheitssysteme. Zu wichtigen PH.-Aktivitäten zählen die Verhinderung der Ausbreitung von Epidemien, Förderung gesundheitsrelevanter Umweltfaktoren (insbes. Arbeitsplatz, Wohnumgebung, Nahrung, Wasser), Gesundheitsberichterstattung, Katastrophenmanagement, die Sicherstellung von Qualität, Zugang und Verantwortlichkeit für med. Versorgung, Umgang mit Hoch-Risiko-Personen und schwer zu erreichenden Personen mit med. Versorgungsbedarf sowie die Entwicklung von Gesundheitspolitiken. Zu wichtigen Errungenschaften von PH. gehören Impfungen, die Anerkennung gesundheitsgefährdender Wirkungen von Tabakkonsum, Verbesserungen der Sicherheit im Straßenverkehr und am Arbeitsplatz, Kontrolle übertragbarer Erkrankungen, Reduzierung von Todesfällen durch Herzerkrankungen (*Herzerkrankung, koronare*) und Schlaganfall (*zerebrovaskuläre Erkrankungen*), Verbesserung der Sicherheit und Gesundheit von Nahrungsmitteln, Verbesserung der Mütter- und Säuglingsgesundheit sowie Familienplanung/Verhütung. I. Ggs. zu den angelsächsischen Ländern hat PH. in Dt. vor dem Hintergrund des massiven Missbrauchs des Gedankens der Volksgesundheit durch den Nationalsozialismus erst seit den 1990er-Jahren wieder eine wiss. und inhaltliche Bedeutung erlangt. PH.-Forschung integriert eine Vielzahl wiss. Disziplinen und Methoden, u. a. *Epidemiologie*, *Genetik*, Umweltmedizin, *Soziologie*, Psychologie, *Demografie*, Politikwissenschaften, *Versorgungsforschung*, Sozialpharmakologie, *Sozialmedizin*, Gesundheitsökonomie und Gesundheitssystemforschung. Schwarz et al. 2012, Margraf & Kunath 1995, Schmidt 1997, Weitkunat et al. 1997.   *T. Thomsen*

Public Relations (=PR.) [engl. Öffentlichkeitsarbeit; *public* öffentlich, *relation* Beziehung], syn. *PR*, **[SOZ, WIR]**, beschreibt den bewussten, zielorientierten und systematischen Aufbau, die Pflege und die Veränderung der Beziehungen zw. einem Individuum, einer *Gruppe* oder *Organisation* und deren Anspruchsgruppen. Die Anspruchsgruppen können je nach Situation sehr unterschiedlich sein. Meist wird PR. auf politische Entscheider, Investoren und Anteilseigner, Medien, geografische Nachbarn (etwa von Produktionsstandorten) oder die Mitglieder der eigenen Organisation (z. B. die Mitarbeiter) gerichtet sein. PR. zielt dabei auf psychol. Konstrukte (*Konstrukt*) wie *Aufmerksamkeit, Einstellung, Wissen, Emotionen,* Motive (*Motiv*) oder *Verhalten*. Grunig 2013.   *F. Becker*

Publikumsforschung (= P.) [engl. *audience research*], **[MD]**, P. bez. in einer institutionellen Begriffsfassung die Erfassung der Medienkontakte von Rezipienten sowie die Hochrechnung der Medienkontakte zur Beschreibung von Zielgruppen. Klassische Beschreibungsindikatoren der P. sind hierbei die Größe, Reichweite und Zusammensetzung des Publikums. Die P. ist in dieser institutionellen Fassung des Begriffes einerseits medienökonomisch geprägt, da sie im Auftrag der Medienunternehmen sowie von Vermarktungsorganisationen (bspw. Media-Agenturen) Forschung zur Bestimmung des Geldwertes der angebotenen Werbeplätze betreibt. Andererseits bezieht sich die institutionelle Begriffsfassung der P. auf die Erfassung von Publikum im Interesse rundfunkrechtlicher Kontrollgremien. Beide Perspektiven auf die P. eint das Interesse an der deskriptiven Erfassung von Nutzergruppen über den reinen Kontakt zu einem Medienangebot. Ein Bsp. einer solchen Kontaktmessung stellt die Erfassung der Fernseheinschaltquoten und Fernsehreichweiten dar, die in Dt. durch die *Gesellschaft für Konsumforschung (GfK)* im Auftrag der *Arbeitsgemeinschaft Fernsehforschung (AGF)*, durchgeführt wird. Aus wiss. Perspektive kann die Publikumsforschung als ein Teilgebiet der *Mediennutzungsforschung* betrachtet werden. Neben dem Kontakt mit dem Medienangebot geraten aus dieser Sicht Rezeptionsbedingungen, Situationsvariablen des Medienkontakts – wie etwa zeitlich-räumliche Merkmale oder Gesellschaft in der Rezeptionssituation – in den Blickpunkt. Einen weiteren Teil der wiss. P. stellt die Beobachtung gesellschaftlicher Teilgruppen (bspw. Kinder, Nutzer mit Migrationshintergund oder ältere Mediennutzer) in ihrem Mediennutzungsverhalten dar sowie die Untersuchung potenziell als bedenklich bewerteter Nutzungsroutinen. Insbes. sind hier die in Bezug auf das Fernsehen durchgeführten *Vielseher-Studien* und Studien zur Medienvermeidung zu nennen. Schenk 2007.
 T. Meitz

Pufferreiz [engl. *buffer stimulus*], **[FSE]**, ein zu Anfang eines Versuches gesetzter Reiz, durch den die Vp mit dem Ablauf des Versuches vertraut gemacht werden soll. *Reiz, Stimulus*.

Pulfrich-Effekt [engl. *Pulfrich effect*], [**WA**], nach dem Physiker Carl Pulfrich; Wahrnehmungstäuschung: Eine Marke, die in einer Ebene pendelt, schwingt nur bei gleicher Beleuchtungsstärke für die beiden beobachtenden Augen ebenflächig. Stellt man eine ungleiche Beleuchtung (etwa durch verdunkelndes oder farbiges Glas vor einem Auge) her, so entsteht eine scheinbar kreisende Bewegung. *Scheinbewegungen.*

Pulsfrequenz [engl. *pulse rate*], *Herzfrequenz.*

punktbiseriale Korrelation (= p. K.) [engl. *point biserial correlation*; lat. *bi* zwei, *series* Reihe], [**FSE**], parametrisches Verfahren zur Bestimmung des Ausmaßes des Zusammenhangs (*Korrelation*) zw. einer intervallskalierten Variable X und einer dichotomen Variable bzw. einem Alternativmerkmal D (*Dichotomie*). Die Berechnung der p. K. erfolgt nach der Formel:

$$r_{pbis} = \frac{\bar{x}_p - \bar{x}_q}{\hat{\sigma}_x} \cdot \sqrt{p \cdot q}$$

p, q = relative Häufigkeit der beiden Ausprägungen Merkmals D.

$\bar{x}_p, \bar{x}_q$ = *arithmetisches Mittel* von X in den beiden durch D definierten Gruppen.

$\hat{\sigma}_x$ = *Standardabweichung* von X.

Die p. K. und der *t-Test* für unabhängige Stichproben sind insofern äquivalente Verfahren, als die Ergebnisse direkt ineinander überführt werden können und der p-Wert (*Signifikanztest*) für beide Verfahren identisch ist. *Statistische Datenanalyseverfahren.* Eid et al. 2013.

Punktschätzung (= P.) [engl. *point estimation*], [**FSE**], Bestimmung eines einzelnen Wertes zur *Schätzung* eines unbekannten Parameters der Grundgesamtheit aus einer gegebenen Stichprobe. Ziel der P. ist es, den bestmöglichen Näherungswert des Parameters anzugeben. Da die P. mit Unsicherheit behaftet ist, wird sie i. d. R. durch eine *Intervallschätzung* ergänzt. Verfahren zur P. sind z. B. die *Methode der kleinsten Quadrate* und die *Maximum-Likelihood-Methode.* *Verteilungsparameter.* *D. Krampen*

Punktschrift *Braille-Schrift.*

Punkt-Vierfelder-Korrelation [engl. *fourfold point correlation*], *Phi-Koeffizient.*

Pupillenreflex [engl. *pupillary (light) reflex*], [**BIO**], die Einstellung der Pupillenweite auf Lichtreize (*Licht*) entspr. der Lichtintensität. *Auge.*

Pupillometrie (= P.) [engl. *pupillometry*; gr. μέτρον (*metron*) Maß], [**WA, KOG**], unter P. wird die Messung der Veränderung der Pupillengröße (Durchmesser oder Fläche) verstanden. Von besonderem Interesse ist der Befund, dass die Pupille neben einer Konstriktion bei Lichteinfall auch bedeutsame Veränderungen bei der kogn. und emot. Verarbeitung aufweist. Generell gilt, dass bei steigender kogn. bzw. emot. Beanspruchung eine aufgabenbezogene phasische Erweiterung des Pupillendurchmessers zu beobachten ist. Auf diese Weise sind eine feine Abstufung der Aufgabenschwierigkeit und die damit einhergehende differenzierte Beanspruchung eines Pbn online abbildbar. Gegenwärtig bedient man sich häufiger einer Reizdarbietung bei nahezu normaler und konstanter Raumausleuchtung, die für einen mittleren Ausgangswert der Pupillengröße sorgt. Bei kogn. oder emot. Beanspruchung ist eine Erweiterung im Vergleich zu einem Basiswert (Pupillengröße ohne kogn. bzw. emot. Beanspruchung) zu erwarten, quantifizierbar z. B. über den Parameter max. Pupillenerweiterung. Beyer 2006. *R. Beyer*

Purgationskonzept [engl. *purgation concept/therapy*; lat. *purgare* reinigen], *Katharsis.*

Purging [engl. *to purge* reinigen, abführen, sühnen], [**KLI**], Verhalten, das bei *Essstörungen* auftreten kann, indem – als ungeeignete Maßnahmen zur Kompensation von (vermeintlich oder tatsächlich) übermäßiger Nahrungsaufnahme – Erbrechen induziert wird und/oder *Laxanzien* oder Diuretika missbraucht werden.

Purifikation [engl. *purification* Reinigung; lat. *purificare* reinigen], *Katharsis.*

Purkinjesche Aderfigur, syn. *Netzhautgefäßschattenfigur;* nach J. E. Purkinje (1787-1869), [**WA**], entoptisches Bild der Netzhautgefäße (*entoptische Erscheinungen*). Kommt zustande beim Betrachten einer dunklen Fläche und gleichzeitigem Hin- und Herbewegen einer Lichtquelle seitlich vom Auge.

Purkinje'sches Phänomen [engl. *purkinje phenomenon/effect*], [**WA**], Jan Evangelista Purkinje (1787-1869); bei Dunkel*adaptation* heller als Rot aussehendes Blau erscheint bei Helladaptation und stärkerem Licht dunkler als das Rot. Dieser Wechsel erklärt sich aus der Verschiebung der *spektralen Hellempfindlichkeitskurve.* Damit hängt auch die Erscheinung zus., dass Gemälde in der Dämmerung anders «leuchten» als im Hellen (Grün und Blau treten hervor). *Duplizitätstheorie, Helligkeit, spezifische.* Goldstein 2007.

Purposivismus (= P.) [engl. *purpose* Absicht, Ziel, Zweck], [**EM, KOG**], wörtlich «Zielstrebigkeitslehre». Bez. für den üblichen und meist gar nicht ausdrücklich vertretenen Standpunkt, wonach Handlungen durch *Ziele* (bzw. Zielvorstellungen) bestimmt oder beeinflusst werden. Spezieller ist P. im Neobehaviorismus (*Behaviorismus*) die Ansicht, dass man das Verhalten von Tieren auch unter Wahrung behavioristischer Grundsätze als zielbestimmt deuten könne (*purposive behaviorism*) (Tolman).

pursuit rotor (= p. r.) [engl. *pursuit* verfolgen, *rotor* Drehkörper], [**DIA, KOG**], ein 1922 von Koerth beschriebenes und zus. mit C.E. Seashore entwickeltes Gerät zur Prüfung der motorischen Geschicklichkeit bei einer Auge-Hand-Koordinationsaufgabe. Der p. r. stellt eine Weiterentwicklung von *apparativen Tests* dar, bei denen die Augenbewegungen beim Verfolgen von bewegten Objekten oder die Auge-Hand-Koordination bei kreisenden Pendeln registriert wurde (*Sinnesfunktionen*). Beim p. r. kreist eine Scheibe mit einem Zielpunkt. Die Vp muss mit einem Griffel den Zielpunkt verfolgen. Als Maßzahl für die motorische Leistung gilt die Kontaktzeit mit dem Zielpunkt. Es gibt heute versch. technische Versionen. Während frühere Ausführungen hauptsächlich elektromechanisch funktionierten, wurde innerhalb der *Motorischen Leistungsserie* (Schoppe) eine fotoelektrische Version gewählt. Der p. r. wurde außerdem in der lerntheoretisch orientierten Persönlichkeitsforschung (z. B. von Eysenck) als apparativer Test zum Nachweis der *reaktiven Hemmung* verwendet. Wird die Leistung des p. r. unter massierter Übung gefordert, so ist der Leistungsanstieg gegenüber verteilter Übung wesentlich geringer. Eysenck hat die Leistungswerte beim p. r. gleichzeitig zum Nachweis des *Reminiszenz*effektes benutzt. Extravertierte Vpn zeigten gegenüber Introvertierten einen höheren Reminiszenzeffekt. Ammons 1955, Eysenck 1947. *H. O. Häcker*

Putamen [lat. Schale, Hülse] *Gehirn*.

Pygmalioneffekt *Versuchsleiter-Erwartungseffekt*.

Pykniker [engl. *pyknic type*; gr. πυκνος (*pyknos*) dicht, fest, stark], [**PER**], der kräftig (breit) Gewachsene, der breitwüchsige Körperbautyp. *Typologie*.

Pyramidenbahn (= P.) [engl. *pyramidal tract*; lat. *tractus corticospinalis*], [**BIO**], mächtiges paariges Faserbündel, das bei Mensch und Säugetieren von der Hirnrinde (*Gehirn*) zum *Rückenmark* zieht. Die *Nerv*enfasern entspringen in den motorischen Arealen beider Großhirnhälften, kreuzen im verlängerten Mark zu 75–90 % jew. auf die Gegenseite (Pyramidenkreuzung), laufen im dorsalen Quadranten des Rückenmarks als Pyramidenseitenstrangbahn weiter und führen hinab bis zu den spinalen Motoneuronen der Skelettmuskeln, während der andere, kleinere Teil ungekreuzt in den vorderen mittleren Abschnitten weiter verläuft. Der größte Teil (ca. 95 %) der etwa 1 Mio. Fasern endet an Interneuronen (*Neuron*) und nur ca. 5 % haben direkten Kontakt zu den Motoneuronen. Auf ihrem Weg in das Rückenmark geben die *Axone* zahlreiche Kollateralen zu den für die *Motorik* wichtigen Strukturen ab, u. a. zum Thalamus, zu den Kernen des Brückenhirns und von dort Moosfasern zum Kleinhirn und wahrscheinlich auch zur *Fovea reticularis*. Die P. vermittelt die Impulse, die zur Funktion der willkürlichen Muskulatur unerlässlich sind. In erster Linie versorgen sie die distale Extremitätenmuskulatur, also u. a. die Muskeln der Unterarme, der Hände, der Unterschenkel und der Füße, und sind zuständig für das Funktionieren der Feinmotorik. Eine Unterbrechung der P. führt bei Menschen zu einer oft schlagartigen Stilllegung des Bewegungsmechanismus einer oder beider Körperseiten (z. B. Schlaganfall; *zerebrovaskuläre Erkrankungen*). Schmidt et al. 2000, Schandry 2006. *C. Becker-Carus*

Pyridostigmin (= P.), [**PHA**], gehört zur Gruppe der Cholinesterasehemmstoffe und ist damit ein reversibler Inhibitor der Cholinesterase, also des Enzyms, das *Acetylcholin* metabolisiert und inaktiviert. Es erhöht damit die Konzentration des Acetylcholins am neuromuskulären Übergang der Skelettmuskulatur. Das klin. Einsatzgebiet ist die Myasthenia gravis. Bei einer Überdosierung kann es zu einer cholinergen Krise kommen mit Akkomodationsstörungen, Bronchokonstriktion und einer Schwächung der Atemmuskulatur. Eine cholinerge Krise macht eine intensivmed. Überwachung erforderlich. Wird eine solche Situation verkannt, so besteht wegen muskulärer Atmungslähmung Lebensgefahr. *M. Paulzen*

Pyritinol [engl. *pyritinol*],[**PHA**], *Psychopharmakon* aus der Klasse der *Nootropika*. Wirkt relativ unspezif. über die Beeinflussung des Gehirnstoffwechsels (z. B. Erhöhung der Glukoseverwertung, Aktivierung des Nukleotid-, Phospholipid- oder Proteinstoffwechsels). Riederer et al. 1993.

Pyromanie [engl. *pyromania*; gr. πῦρ (*pyr*) Feuer, μανία (*mania*) Raserei, Wahnsinn], [**KLI**], krankhafter Trieb, Brände zu legen und anzusehen. Nach *DSM* (312.33) eine *Impulskontrollstörung*, deren Kriterien u. a. ein Spannungsgefühl oder affektive Erregung vor der Handlung sowie Vergnügen, Befriedigung oder Entspannung beim Feuerlegen, Zusehen oder Beteiligtsein an den Folgen sind.

Q-Analyse [engl. *Q-analysis*], *Q-Technik*.
QDA-Software (= Q.) [engl.], Abk. für *qualitative-data-analysis software, Computer Assisted/Aided Qualitative Data Analysis Software, CAQDAS*, [**FSE**], Sammelbegriff für Software zur Unterstützung der qual. Auswertung von Texten, Bildern, Audio- oder Videodaten. Q. bietet Funktionen zur Anwendung *qualitativer Datenanalyseverfahren*. Sie unterstützt bei der Bearbeitung und Strukturierung des Materials und bei der Verwaltung erstellter Memos und Anmerkungen. Q. liefert somit keine automatisierte Auswertung, sondern ist ein Hilfsmittel zur Archivierung und Strukturierung der theoretisch-konzeptionellen Arbeit der Forschenden. Der Funktionsumfang variiert je nach Hersteller. Überwiegend sind folg. Kernfunktionen enthalten: (1) Hilfen zur Verwaltung und Strukturierung von Materialien, meist (Interview-)Texte, aber auch Bilder, Videomaterial u. a.; (2) Aufbau und Strukturierung eines Code- bzw. Kategoriensystems; (3) Zuweisung von Textsegmenten zu einem Code- bzw. Kategoriensystem; (4) Erstellen von Notizen, Memos oder Kommentaren; (5) Unterstützung von Mixed-Methods-Verfahren (*Mixed-Methods-Ansatz*). Q. ermöglicht zudem i. d. R. die Zusammenarbeit in Teams und eine grafische oder textuelle Ausgabe der erstellten Strukturierungen. Überblick über bestehende Softwarelösungen: [www.sosciso.de/de/software/datenanalyse/qual./]. *Datenanalysemethoden, qualitative*, *Qualitative Sozialforschung*. Lewins & Silver 2007. *T. Dresing*
Q-Daten [engl. *questionary data, questionnaire data; questionnaire* Fragebogen], [**DIA, PER**], nach Cattell (*Cattell, Raymond Bernard*) diejenige Gruppe von Daten zur Persönlichkeitsbeschreibung (*Persönlichkeitsmerkmal*; neben den *L-Daten* und den *T-Daten*), die aus der Selbstbeurteilung des Individuums mit *Fragebogen* oder Ratings (*Ratingskala*) erhoben werden. Cattell 1973.
Q-Index [engl. *Q-index*], *unskalierbare Personen*.
Q-Korrelation (= Q.) [engl. *Q-correlation*], [**FSE**], von einer Q. wird gesprochen, wenn n Individuen über m Merkmale korreliert werden, wobei m > n. Diese Art Korrelationstechnik (*Korrelation*), die sich in stat. Hinsicht in keiner Weise von der üblichen *R-Technik* unterscheidet, geht auf Stephenson (1935) zurück. *Q-Technik*.
Q-Sortierung (= Q.) [engl. *Q-sort*], syn. *Q-sort*, [**DIA, FSE, KLI, PER**], Datenerfassungsverfahren i. R. der Q-Methodik. Bei der Q. werden dem Pb schriftliche Aussagen (wie z. B. «Ich fühle mich unsicher» oder andere Reize wie Bilder) einzeln nacheinander vorgelegt, und er soll diese Aussagen nach dem Grad des Zutreffens auf die eigene Person in (früher 11, heute eher 9; von z. B. «trifft gar nicht zu» bis «trifft vollständig zu»; *Ratingskala*) Stufen einordnen. Die Antworten werden üblicherweise mit korrelationsstatistischer Methodik (*Q-Korrelation, Q-Technik*) weiter verarbeitet, wozu es spez. Auswertungssoftware (auch Freeware) gibt. Der Grad der freien Selbstbeurteilung wird im Regelfall aus stat. Gründen eingeschränkt, indem die Anzahl der pro Stufe einzuordnenden Aussagen so vorgegeben wird, dass annähernd eine Normalverteilung resultiert (z. B. California Q-set) oder eine Gleichverteilung (*California Child Q-set (CCQ)*). Die Q-Methodik wurde 1935 von W. Stephenson in einem kurzen Brief an die Zeitschrift *Nature* zur Erforschung von *Persönlichkeit* vorgeschlagen. Seither wurde sie vielfältig angewendet und weiterentwickelt. So setzte *C. R. Rogers* die Q-Sortierung 1951 erstmals zur Therapiekontrolle ein. Die Klienten müssen u. a. ihr reales *Selbstbild* (aktuelle Befindlichkeit) und ihr ideales Selbstbild mittels der Q. zu Beginn der Therapie und am Ende (bzw. während des Verlaufs und nach der Therapie) einschätzen. Annäherungen zw. Real- und Idealbild werden als Therapieerfolg gewertet. *Jack Block* basierte eine der ersten Langfriststudien zur Persönlichkeitsentwicklung auf Q-Sorts zur breiten Erfassung der Persönlichkeit in Kindes- und Erwachsenenalter (Block, 1971). Q-Sorts werden auch zur Erfassung des Verhaltens in standardisierten Situationen und zur Beschreibung dieser Situationen eingesetzt (*Riverside Behavioral Q-Sort* RBQ und *Riverside Situational Q-Sort* RSQ [www.rap.ucr.edu]). Stephenson 1935. *P. Day/J. B. Asendorpf*
QTc-Zeit-Verlängerung unter Psychopharmakotherapie [engl. *QTc time prolongation*], [**PHA**], Verlängerung des QT-Intervalls (= QT-Zeit) im *Elektrokardiogramm (EKG)*, wie sie unter vielen *Psychopharmaka* und anderen Arzneimitteln beobachtet wird. Gemessen wird die Zeit vom Beginn der Q-Zacke bis zum Ende der T-Welle. Sie ist das elektrokardiografische Korrelat für die Erregung der Herzventrikel. Da die QT-Zeit von der Herzfrequenz abhängig ist, wird sie um diese korr. und dann als QTc-Zeit bez. (c steht für «corrected»). Zu Verlängerungen der QTc-Zeit unter einer Arzneimitteltherapie kommt es durch deren Interaktion mit Ionenkanälen des Reizleitungssystems oder auch der Herzmuskelzelle. Bei einer Verlängerung der QTc-Zeit besteht die Gefahr gefährlicher ventrikulärer Rhythmusstörungen, sog. *Torsades-de-pointes-Tachykardien*, die in ein lebensbedrohliches Kammerflimmern übergehen können. Versch. Faktoren können eine QTc-Z.-V. begünstigen, z. B. eine Hypokaliämie (= Verringerung der Kaliumkonzentration im Serum). Angaben zur normalen QT-Zeit schwanken, als sicher verlängert gelten Zeiten > 450 ms bei Männern und > 470 ms bei Frauen. Zahlreiche *Antipsychotika* (z. B. *Pimozid*, *Sertindol*, *Thioridazin*), *Antidepressiva* (trizyklische Antidepressiva, aber auch die *selektiven Serotonin-Wiederaufnahmehemmer Citalopram* und *Escitalopram*) und andere Substanzen (z. B. *Methadon*) können zu einer Verlängerung der

QTc-Zeit führen. Eine vollst. Aufstellung findet sich unter [www.crediblemeds.org]. *G. Gründer*

Q-Technik (= Q.) [engl. *Q-technique*], [**FSE, PER**], syn. *Q-Analyse*, eine *Faktorenanalyse*, die von Q-Korrelationen ausgeht. Da bei der Q. Personen faktorisiert werden, können die extrahierten Faktoren als Typen interpretiert werden. Die Faktorenmatrix einer Q. enthält die Faktorenladungen der einzelnen Personen in den Typenfaktoren. Zw. R- und Q-Technik besteht insofern Reziprozität, als die Faktorenmatrix der *R-Technik* gleich der Faktorenwertmatrix der Q-Technik ist und umgekehrt. *Kovariationsschema*. *G. Mikula*

Quadrantenanopsie (= Q.) [engl. *quadranopia, quadrantanopsia*; gr. α- (a-) ohne; ὄψις *(opsis)* Sehen], [**BIO, WA**], Verlust des Sehens in einem *Gesichtsfeld*viertel (oben bzw. unten, links bzw. rechts). Bei der homonymen Q. ist das Sehen in korrespondierenden Vierteln ausgefallen. *J. Zihl*

quadratische Abweichung (= q. A.) [engl. *quadratic deviation*], syn. *Abweichungsquadrat*, [**FSE**], die quadrierte Abweichung einer Maßzahl vom Mittelwert der Verteilung. Die q. A. findet bei der Berechnung versch. stat. Kenngrößen, insbes. der *Varianz*, Anwendung.

Quadratsumme (= QS.) [engl. *sum of squares (SS)*], [**FSE**], die Summe der quadrierten Abweichungen der Maßzahlen von ihrem Mittelwert (*arithmetisches Mittel*). Sie bildet den Zähler in der Formel zur Berechnung der *Varianz*:

$$QS = \sum_{i=1}^{N}(x_i - \bar{x})^2 = \sum_{i=1}^{N} x_i^2 - \frac{\left(\sum_{i=1}^{N} x_i\right)^2}{N}.$$

Insbes. i. R. der *Varianzanalyse* werden versch. QS. in Bezug auf unterschiedliche Mittelwerte berechnet, um Variationskomponenten der Datenverteilung (systematische vs. zufallsbedingte) unterscheiden zu können. *eta-Quadrat*. *G. Mikula*

Quadrattäuschung [engl. *square illusion*], [**WA**], bei zwei gleich großen Quadraten, von denen das eine auf der Spitze steht, erscheint dieses größer. *geometrisch-optische Täuschung*.

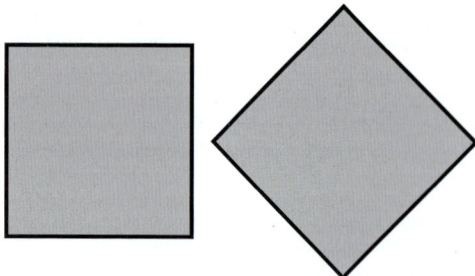

Quale (= Q.) [engl. *quale*], pl. *Qualia* [lat. *qualis* welcher Art/Beschaffenheit], [**PHI, WA**], die erlebte Qualität eines psych. Zustands oder Ereignisses, z. B. einer Schmerzempfindung, einer Vorstellung der Farbe Rot, eines Gefühls der Freude oder Trauer usw. Oft werden auch die erlebten psych. Vorkommnisse selbst Q. genannt. Q. sind mit einer subj. Perspektive (Erste-Person-Perspektive) verbunden. Sie sind auch durch die Formulierung beschrieben worden, «wie es für ein Subjekt ist», in dem jew. psych. Zustand zu sein, wie sich der Zustand «anfühlt». Der Begriff Q. wird vorwiegend in der Philosophie des Geistes verwendet, um auf den Erlebnisaspekt des *Bewusstseins* hinzuweisen. Man bez. die Gesamtheit der Q. als das phänomenale Bewusstsein. Als entscheidend wird in der gegenwärtigen Debatte die Frage angesehen, ob Q. auf physikal. Ereignisse oder funktionale Beziehungen reduzierbar sind. Wenn sie es nicht sind, so ergibt sich daraus ein starker Einwand gegen alle Spielarten des *Materialismus*. Kim 1998, Gadenne 2004. *V. Gadenne*

Qualia-Problem [engl. *problem of qualia*], *Quale, Bewusstsein, Leib-Seele-Problem, Psychologie, sozialwissenschaftliche*.

Qualifikation, berufliche (= b. Q.) [engl. *occupational/ professional/vocational qualification*; lat. *qualis* welcher Art/Beschaffenheit, *facere* tun machen], [**AO**], Oberbegriff für die Gesamtheit der leistungsbezogenen Merkmale einer Person zur erfolgreichen Bewältigung der Anforderungen von *Arbeitstätigkeiten*. Als Hauptmerkmale werden i. d. R. fachliche Kenntnisse, Handlungskompetenzen und Fähigkeiten betrachtet. Im Unterschied zur *differentiellen Psychologie* und zu faktorenanalytischen Ansätzen (*Persönlichkeit, klassische faktorenanalytische Ansätze*) basieren industriesoziologisch geprägte Konzepte der b. Q. eher auf Zusammenfassungen von Befragungsergebnissen und Expertenmeinungen über typische Qualifikationsanforderungen (vgl. im Unterschied dazu standardisierte Methoden der *Anforderungsanalyse*). Neben fachlichen gewinnen sog. überfachliche b. Q., insbes. soziale Qualifikationen (als Befähigung zur *Kommunikation*) und sog. Schlüsselqualifikationen, für die Bewältigung der Anforderungen in der modernen Wirtschaftswelt an Bedeutung, wie *soziale Kompetenzen, Kreativität*, Methodenkompetenzen und technologische Kompetenzen. Der Prozess des Erwerbs der Q. wird als *Qualifizierung* bezeichnet (*Aus- und Fortbildung*). Greif & Kluge 2004, Semmer & Schardt 1982. *S. Greif*

Qualifizierung (= Q.) [engl. *qualification*; lat. *qualis* welcher Art/Beschaffenheit, *facere* tun machen], [**AO**], ist die zielgerichtete und geplante Veränderung arbeitsbezogener und allg. Fertigkeiten (*Fertigkeit*) und Handlungskompetenzen (*Handlungsregulationstheorie*) erwachsener Menschen. Während insbes. im angloamerik. Sprachraum im Gebiet der *Arbeits- und Organisationspsychologie* ein weit gefasster Begriff *Training* bevorzugt wird, ist in der Berufspädagogik, Industriesoziologie und arbeitspsychol. Handlungstheorie der Begriff der Q. gebräuchlicher. Er stellt die Bedeutung langfristiger Sozialisationsprozesse und Wechselwirkungen zw. Arbeitsanforderungen allg. Persönlichkeitsentwicklung heraus (*Aus- und Fortbildung; berufliche Sozialisation*). Baitsch & Frei 1980, Greif & Kluge 2004, Semmer & Schardt 1982. *S. Greif*

Qualität (= Q.) [engl. *quality*, lat. *qualitas* Beschaffenheit, Eigenschaft], [**AO, FSE, PÄD, WIR**], ist zunächst ein wertneutraler Begriff und bezeichnet die Beschaffenheit eines Gegenstandes. In der *Qualitätssicherung* wird Q. als die Güte der Eigenschaften eines Gegenstandes aufgefasst. Q. als Güte ist die Gesamtheit von Eigenschaften eines Produktes oder einer Dienstleistung, die sich auf deren Eignung zur Erfüllung festgelegter Erfordernisse oder *Ziele* beziehen. Qualität kann somit auch als Grad der Zielerreichung definiert werden und weist Überschneidungen zur *Evaluation* auf. Es werden drei Arten von Q. unterschieden: die *Ergebnis-*, *Prozess-* und *Strukturqualität*. Die Ergebnisqualität bezieht sich auf die *Effektivität*, *Effizienz* und den *Nutzen* eines Gegenstandes. Sie kann nicht direkt beeinflusst werden, sondern nur durch *Interventionen* in der Struktur und dem Prozess der Leistungserbringung. Mit Prozessqualität sind die Maßnahmen, die im Laufe eines Produktions- oder Dienstleistungsprozesses ergriffen werden, gemeint. Strukturqualität umfasst die personelle und materielle Ausstattung sowie den organisatorischen Rahmen eines zu beurteilenden Gegenstandes. Qualitätssicherung beschreibt die Erfolgskontrolle von Produkten oder Dienstleistungen. Ein Bsp. für Qualitätssicherung in der Ps. ist die *DIN 33430*, die Anforderungen an Verfahren und deren Einsatz bei berufsbezogenen Eignungsbeurteilungen (*Eignung, Eignungsdiagnostik*) def. Im Bildungsbereich ist z. B. die Verpflichtung der Schulen zu *interner Evaluation* und *externer Evaluation* als Teil einer umfassenden Qualitätssicherung aufzufassen. *Qualitätsmanagement* hingegen bezeichnet die Gesamtheit der Handlungen, die auf die Herstellung eines Qualitätssicherungssystems ausgerichtet sind. Prominente Modelle des Qualitätsmanagements sind das EFQM (*EFQM-Excellence-Modell*) sowie die EN ISO 9001.   R. Soellner

qualitative Fallauswahl (= q. F.) [engl. *qualitative case selection*], **[FSE]**, die Ausgangslogik der q. F. ist, dass *Qualitative Sozialforschung* andere Erkenntnisziele verfolgt als die standardisierte, d.h quantifizierende Sozialforschung: Es sollen nicht soziale Phänomene hinsichtlich ihrer Verteilungsstrukturen und stat. Kausalzusammenhänge erforscht werden, wofür im Hinblick auf die *Validität* der Ergebnisse (induktiv-)stat. Verfahren des Samplings, der Datenerhebung und Auswertung erforderlich sind (*Stichprobe*). Es sollen vielmehr soziale Phänomene hinsichtlich der qual. Struktur ihrer Sinnhaftigkeit und ihrer sozialen Entstehungsprozesse umfassend beschrieben und verstehend erklärt werden. Dies stellt einen fallverstehenden Ansatz dar, der das Ziel hat, sozialen Sinn hinsichtlich seiner qual. Muster, seiner symbolischen Gestalthaftigkeit valide zu erfassen – ein Grundansatz, der insbes. in der Wissenssoziologie von Karl Mannheim exemplarisch deutlich wird (s. hierzu auch *Dokumentarische Methode*). In der qual. Sozialforschung wird also nicht mit großen Stichproben gearbeitet, die zudem meistens über stat. Verfahren generiert werden (*Zufallsstichprobe*), da in Anlehnung an die Unterscheidung von quant. und qual. *Induktion* bzw. Induktionsschlusslogik von Charles S. Peirce der qual. Sozialforschung eben nicht eine quantifizierende Logik der Erkenntnisziele zugrunde liegt (Kruse 2013). Dies hat zur Folge, dass mit einer bewussten Fallauswahl gearbeitet wird, die über

versch. theoret. angeleitete und reflektierte *qualitative Rekrutierungsverfahren* gebildet wird. Um jedoch die Validität der empirischen Analysen zu gewährleisten, muss die q. F. einem Grundprinzip folgen: dem der Kontrastierung, d. h. der max. oder auch min. strukturellen Variation der qual. Fallauswahl, um so der Heterogenität des Feldes gerecht zu werden (Kleining 1982; Strauss & Corbin 1996; Merkens 2003). Der Gedanke dahinter ist, dass die rekonstruierten gemeinsamen Muster innerhalb des Phänomenbereichs eine höhere Aussagekraft besitzen, wenn stark unterschiedliche Fälle im Sample aufgenommen worden sind (max. Kontrastierung), die damit zu Repräsentanten versch. sozialer Lagerungen werden (Kelle & Kluge 1999). Die min. Kontrastierung verfolgt in umgekehrter Weise die Frage, ob die rekonstruierten Muster tatsächlich stabil bleiben, auch wenn sehr ähnliche Fälle verarbeitet werden, oder ob sich trotz der starken Ähnlichkeit der Fälle im Hinblick auf die verfolgten sozialen Phänomene Binnendifferenzen zeigen. Damit geht es insges. in der qual. Fallauswahl nicht um stat. Repräsentativität (*repräsentativ*), sondern um qual. Repräsentation. Die Kontrastierung der Fälle innerhalb der q. F. kann dabei über die theoretisch angeleitete Vorabfestlegung der zu kontrastierenden Merkmale vollzogen werden. Dieser Ansatz ist jedoch nicht unproblematisch, da implizite Vorurteile darüber, welche Merkmale Fälle unterschiedlich machen, einfach nur reifiziert werden. Diese Kritik eröffnet die Idee des *theoretical sampling* aus der *Grounded Theory* Methodology (Strauss & Corbin 1996), in der die Kontrastierung von Merkmalen in Hinblick auf die Variation der untersuchten Fälle in iterierender Weise in den gesamten Forschungsprozess verlagert wird, um so die Sampling-Entscheidungen stärker an das empirische Material zurückzubinden; das qual. Sample entwickelt sich in diesem Ansatz also erst sukzessiv im Forschungsprozess und wird nicht vorab def.   J. Kruse

Qualitative Forschungsmethoden (= Q.) [engl. *qualitative research methods*; lat. *qualis* welcher Art/Beschaffenheit], **[FSE]**, *Qualitative Sozialforschung*; typ. qual. *orientierte Forschungsdesigns* (vgl. Mayring 2002) sind bspw.: (1) *Fallanalysen*: Durch Rückgriff auf die Komplexität einzelner Fälle (z. B. Biografien) sollen Zusammenhänge zumindest explorativ geklärt werden. (2) *Feldstudien*: Über eine längere Dauer sollen Phänomene in ihrem natürlichen Kontext, unter Alltagsbedingungen untersucht werden (z. B. explorative Studien zur Hypothesengenerierung; *Forschungsprozess*). (3) *Deskriptive Studien*: Phänomene sollen in ihren versch. Erscheinungsformen erhoben werden (z. B. Ethnografie), ggf. typische Ausprägungen näher beschrieben werden. Typische qual. orientierte Forschungsmethoden sind bspw.: (1) *Narratives Interview*: Durch freie Berichte, auf einen Erzählimpuls hin, sollen subj. Deutungsmuster eruiert werden, die nicht durch die Methode vorgegeben wurden. (2) *Halbstrukturierte Interviews*: In einem theoriegeleitet entwickelten Interviewleitfaden werden Thematiken vorgegeben, zu denen offene Antworten erhoben werden. (3) *Fokusgruppe*: Eine Gruppe von Personen wird nach einem Leitfaden, von einem Moderator geleitet, gemeinsam befragt und zu einem Diskussions-, ggf. Einigungsprozess angeregt. (4) Offene *Beobachtung*: Durch zumeist direkte Beteiligung an Alltagsprozessen (teilnehmende Beobachtung) werden, in Feldnotizen zeitnah festgehalten, Explorationen durchgeführt. (5) *Textanalytische Auswertungskonzepte*: Die in qual. orientierten Erhebungen zumeist anfallenden Texte (Interview- bzw. Beobachtungsprotokolle, Dokumente) werden in interpretativ orientierten Ansätzen ausgewertet (z. B. psychoanalytische Textinterpretation, hermeneutische Ansätze, *Qualitative Inhaltsanalyse*).vVorteile qual. orientierter Forschungsmethoden sind ihre stärkere Gegenstandsnähe und Alltagsorientierung (Validität), ihre Probleme liegen zumeist in der intersubj. Vergleichbarkeit (Reliabilität, Objektivität) und der Generalisierbarkeit der Ergebnisse, was deshalb hier besonderer meth. Anstrengungen bedarf (*Gütekriterien qualitativer Forschungsprozesse*). Zunehmend wird in den Sozialwissenschaften bisweilen heftig geführte Debatte zw. qual. und quant. Forschungsmethoden (*paradigm war* oder *science war*) als wenig zielführend gehalten (z. B. innerhalb eines Mixed-Methods-Konzeptes), sodass es besser erscheint, nur von qual. *orientierten* Methoden zu sprechen.   *P. Mayring*

^Test^**Qualitative Führungsstilanalyse** [engl. *qualitative leadership style analysis*; lat. *qualis* welcher Art/Beschaffenheit], [**AO, DIA**], Fragebogen mit 56 Items zum Führungsverhalten (*Führung*). Es liegen zwei Fassungen des Fragebogens für Vorgesetzte sowie für die direkt zugeordneten Mitarbeiter vor. Fünf Dimensionen des Führungsverhaltens werden erhoben: *Planung und Organisation, Entscheidungsverhalten, Soziale Kompetenz, Anerkennung und Mitwirkung, Leistungs- und Führungsverhalten*. Ergebnis: Vergleich der Selbst- und Fremdbewertung (*Selbstbeurteilung, Fremdurteil*; deskriptive Ergebnisse, Textgutachten). Anwendungsbereich: *Personalentwicklung* (Analyse des Verhaltens von Führungskräften aller Hierarchieebenen). Fennekels 2000.

^Test^**Qualitative Inhaltsanalyse** (= QIA) [engl. *qualitative content analysis*; lat. *qualis* welcher Art/Beschaffenheit], [**FSE**], Techniken der QIA wurden zur systematischen Auswertung von Textmaterial in Forschungsprojekten entwickelt und stellen ein qual.-quant. Mischverfahren dar. Analysiert werden können besonders auch größere Datenmengen wie bspw. Interviewtranskripte (*Interview*), Beobachtungsprotokolle (*Beobachtung*), offene Antworten im *Fragebogen*, Dokumente (Akten, Webpages; *Dokumentenanalyse*). Es sind Vorgehensweisen entwickelt worden (Mayring 2010) für: *Textzusammenfassungen*: Induktive Kategorienentwicklung, spezif. am Material, nach einer Kategoriendefinition; *Explikationen* unklarer Textstellen (enge oder weite Kontextanalyse), *Strukturierungen* (deduktive Kategorienanwendungen nach formalen, inhaltlichen, typisierenden oder skalierenden Kriterien, einem ausgearbeiteten Kodierleitfaden mit Kategoriendefinitionen, Ankerbeispielen und Kodierregeln folgend).
Die konkreten inhaltsanalytischen Regeln für diese Techniken basieren auf Studien der Ps. der Textverarbeitung und der Kategorisierungsprozesse im Alltag (Allgemeine Ps.). Die QIA behält dabei Grundlagen quant. Inhaltsanalyse (*content analysis*; *Inhaltsanalyse*) bei, wie die Festlegung von Auswertungs-, Kodier- und Kontexteinheit, die strenge Befolgung eines je spezif. Ablaufmodelles sowie die Überprüfung der *Beurteilerübereinstimmung* versch. Inhaltsanalytiker am gleichen Material zur Objektivierung des Verfahrens. Sie belässt jedoch den zentralen Kodiervorgang als interpretativen, aber regelgeleiteten Akt. Die gefundenen Kodierungen können dann wieder quant. weiterverarbeitet werden (z. B. Kodehäufigkeiten). Die QIA unterscheidet sich dadurch von offeneren hermeneutisch-interpretativen Textanalyseansätzen (*Hermeneutik*, *Interpretation*). Für die einzelnen Techniken der QIA ist eine spez. interaktive, webbasierte Software entwickelt worden, die frei zur Verfügung steht: [www.qualitative-inhaltsanalyse@uni-klu.ac.at]. *Qualitative Sozialforschung*.   *P. Mayring*

qualitative (Leitfaden-)Interviews (= qual.I.) [engl. *qualitative interviews, guideline-based*; lat. *inter-* zw., *videre* sehen], [**FSE**], vor dem Hintergrund der wesentlichen Grundprinzipien *Qualitativer Sozialforschung* bzw. rekonstruktiver Sozialforschung wird deutlich, dass sich qual. I. grundsätzlich von standardisierten Befragungen unterscheiden (Helfferich 2009, Kruse 2013). Das Hauptmerkmal der q. I. ist es, den Befragten so viel offenen Raum wie möglich zu geben, damit diese so weit wie möglich ohne fremdgesteuerte Strukturierungsleistungen und theoretische Vorannahmen, die von außen an sie herangetragen werden, ihre subj. Relevanzsysteme, Deutungen und Sichtweisen verbalisieren können (Bohnsack 2010). Das *Prinzip der Offenheit* und das *Prinzip der Kommunikation* erfordern eine Interview- (= I.) bzw. Gesprächsführung, die nicht direktiv, also nicht steuernd und nicht strukturierend ist. Die konkreten Fragen und Stimuli innerhalb offener qual. I. müssen damit weitestgehend hörerorientiert und erzählgenerierend sein, um den Befragten weitestgehend das monologische Rederecht zu überlassen, damit sie so viel wie möglich von sich aus und auch authentisch explizieren können. Ein solcher Ansatz wird am deutlichsten in der Form des *Narrativen Interviews*. In der Forschungspraxis haben sich aber verschiedenste leitfadengestützte qual. I.formen weitestgehend durchgesetzt. Der Begriff qual. I. ist somit selbst wiederum ein Oberbegriff für eine best. Art und Weise der qual. I.führung: Die Kommunikation in einem Leitfadeni. wird mittels eines Interviewleitfadens strukturiert, sodass der I.verlauf einem best. vorgegebenen Themenweg bzw. einer best. Phasendynamik folgt. Leitfadeni. können dabei ein unterschiedlich starkes Strukturierungsniveau aufweisen: Einerseits können die I.leitfäden das I. nur sehr wenig strukturieren, sodass die Befragten den Gesprächsfluss selbst steuern können; dem I.leitfaden kommt dann die Funktion zu, dass lediglich darauf geachtet wird, dass best. Themen im I. behandelt werden, die anhand von wenigen, teilweise auch vage-offenen (vor-)formulierten Fragen bzw. Stimuli angesprochen werden. Wie, wann und auf welche Weise die Befragten diese thematischen, forschungsgegenständlichen Interessen behandeln, obliegt ihnen allein (Helfferich 2009). Andererseits können I. differenzierter ausgearbeitet sein, eine Vielzahl an unterschiedlichen, dezidierten Fragen bzw. Stimuli umfassen, die den Befragten gestellt werden, worauf diese offen antworten sollen bzw. worauf diese noch so offen wie möglich antworten können sollten. Ein solcher I.leitfaden steuert das I. also sehr viel stärker. Jedoch muss weiterhin darauf geachtet werden, dass die vorformulierten Fragen bzw. Stimuli offen, erzählgenerierend – bzw. allg. gesprochen: explikationsförderlich – und hörerorientiert formuliert sind. Qual. I. scheinen sich damit per se in einem Spannungsfeld von Offenheit und Strukturierung zu befinden. Kruse 2013.   J. Kruse

qualitative Merkmale (= q. M.) [engl. *qualitative characteristics*; lat. *qualis* welcher Art/Beschaffenheit], **[FSE]**, q. M. können ausschließlich in inhaltlich versch. Klassen einer *Nominalskala* gegliedert werden, zw. denen keine zahlenmäßigen Relationen bestehen. Nach Anzahl der möglichen Klassen wird zw. Alternativmerkmalen (z. B. Geschlecht) und mehrklassigen q. M. (z. B. Familienstand) unterschieden. q. M. sind diskrete (diskontinuierliche) Variablen (*Variable, diskrete*). *Skalierung, Methoden der*. Eid et al. 2013.   G. Mikula

qualitative Rekrutierungsverfahren (= q. R.) [engl. *qualitative recruitment procedures*; lat. *qualis* welcher Art/Beschaffenheit, *recrescere* nachwachsen], **[FSE]**, in der *qualitative Sozialforschung* beruhen qual. Samples nicht wie in der standardisierten Sozialforschung auf dem Grundprinzip stat. Fallauswahlprinzipien, sondern auf dem Prinzip der bewussten Auswahl von max. und min. kontrastierenden Fällen, um so die Heterogenität des Feldes berücksichtigen zu können (*qualitative Fallauswahl*). Um in der Forschungspraxis konkrete Fälle heranziehen zu können (Wolff 2003), bieten sich versch. Rekrutierungsstrategien an (s. auch Kruse 2013). Hierzu gehören insbes. (1) *Schneeballsystem*: Hierbei werden Personen angesprochen, die wiederum andere ansprechen sollen, die wiederum andere ansprechen sollen usw., um so die geeigneten Interviewpersonen in Hinblick auf die Sampleüberlegungen zu finden. Dieses Verfahren ist nicht unproblematisch, da sich die Frage stellt, welche systematischen Lücken ein solch generiertes Sample in Hinblick auf die eigentliche Heterogenität des Feldes aufweist. Denn es ist nicht garantiert, dass das Schneeballsystem überhaupt in sehr unterschiedliche soziale Felder vordringen kann. (2) *Gatekeeper* bzw. *Multiplikatoren*: Es werden Gatekeeper («Türsteher»), die über einen bes. guten Überblick über bzw. Zugang zu potenziellen Stichprobenmitgliedern verfügen, gebeten, passende Fälle herauszufinden bzw. zu benennen oder auszusuchen und anzusprechen, ob sie an dem Forschungsprojekt teilnehmen würden. Diese Strategie ist v. a. dann üblich, wenn Interviewpartner aus best. Institutionen und Organisationen gesucht werden, wie z. B. Ämtern, Behörden oder Firmen, aber auch dann, wenn in vertrauensvollen Feldern Interviewpartner gesucht werden. Ähnlich verhält es sich mit dem Ansatz, Multiplikatoren einzusetzen, die einen Vertrauensstatus in dem betreffenden sozialen Feld genießen und hierüber potenzielle Interviewpersonen überzeugen können, an der Studie teilzunehmen, bzw. weitere Personen instruieren können, Pbn zu rekrutieren. Die Auswahl von geeigneten Interviewpersonen über einen Gatekeeper bzw. über Multiplikatoren ist immer dann sinnvoll, wenn über solch einen vermittelnden Zugang leichter Interviewpersonen gefunden werden können. Diese Rekrutierungsstrategie ist jedoch ebenfalls nicht unproblematisch, denn der Gatekeeper/Multiplikator kann eigene Strategien der Fallauswahl verfolgen: So könnte z. B. ein Firmenchef Mitarbeiter als Pbn vorschlagen, von denen er weiß, dass diese die Firma sehr pos. darstellen werden. Somit könnten die i. R. des Forschungsprojektes durchgeführten Überlegungen der Fallauswahl regelrecht korrumpiert werden. (3) Verschiedene *direkte Recherchestrategien*: Es gibt eine ganze Reihe direkter Recherchestrategien für die Rekrutierung von Fällen wie die Suche über Telefonbücher, über Internetpräsenzen (Homepages, Chatrooms, Foren, Mailinglisten) oder über Anzeigen aufgeben in Zeitschriften, Zeitungen und Anzeigenblättern bzw. über Anzeigen rezipieren oder auch über *pick-up* (direktes Aufgreifen vor Ort). (4) *Gestufte und kombinierte Verfahren*: Hier werden versch. Rekrutierungsstrategien gleichzeitig oder nacheinander angewendet. Ziel ist es erstens, über die unterschiedlichen Zugangswege unterschiedliche Zielgruppen zu erreichen, und zweitens, die unterschiedlichen Verzerrungen, die durch jede Rekrutierungsstrategie gegeben sind, auszugleichen. *Stichprobe*.   J. Kruse

Qualitative Short Survey (QSS), **[DIA, FSE]**, der QSS bzw. die qualitative Kurzumfrage ist eine Datenerhebungsmethode (*Datenerhebungsverfahren*), die gezielt die Eigenschaften der qualitativen Forschung (*Qualitative Forschungsmethoden*, z. B. offener, tiefergehender, an subj. Erfahrungen und Bsp. orientiert) mit der der quant., standardisierten Umfrage/Survey verbindet (z. B. größere *Stichproben*, die u. a. Gruppenvergleiche ermöglichen; anonyme Datenerhebung, inferenzstat. Analysen (*Statistik*) möglich durch randomisierte Stichprobenauswahl). Dieses sog. *intra-method mixing* wird mittels eines semistrukturierten *Fragebogens* umgesetzt, der eine oder mehrere offene Fragen und ausreichend Platz zum Antworten enthält sowie ggf. ergänzende soziodemografische Fragen. Analysiert werden die schriftlichen Daten aus dem QSS z. B. mit der *Inhaltsanalyse*. Insgesamt eignet sich diese pragmatische Methode für spezif. Forschungsfragen wie z. B. eine Basisexploration neuer Themen; bei einfachen und wenig komplexen Forschungsfragen; wenn Gruppen qual. und quant. verglichen werden sollen; Anonymität gewährleistet und *soziale Erwünschtheit* reduziert werden muss; eine kostensparende, schnelle und flexible Studie durchgeführt werden muss. I. Ggs. zur klassischen qual. Forschung kann man mit dem QSS keine tiefen Einblicke in ein neues Themenfeld bekommen und entspr. auch keine *Hypothesen* bzw. *Theorie* ableiten, da umfassende Informationen über Erfahrungen, ihre subj. *Bedeutung* und den Kontext nicht vorliegen.   M. Neumann

Qualitative Sozialforschung [engl. *qualitative social research*; lat. *qualis* welcher Art/Beschaffenheit], **[FSE]**, ist der paradigmatische Oberbegriff für versch. empirische Methoden, die in nicht standardisierter, quantifizierender Weise die Komplexität sozialer Wirklichkeit und deren sinnhafte Art und Weise der Konstruktion erforschen

(*Sozialkonstruktivismus*), um sie umfassend verstehend erklären zu können. Hierzu gehören insbes.: (1) *qualitative (Leitfaden-)Interviews*, (2) teilnehmende Beobachtung, (3) ethnografische Feldforschung (*Ethnografie, Ethnomethodologie*), (4) die qual. Erforschung von Materialitäten (z. B. Architekturen, Artefakte) sowie (5) versch. Formen der Dokumenten- und Diskursanalyse.

Das disziplinäre, forschungsprogrammatische und meth. Feld der qual. Sozialforschung hat sich enorm ausdifferenziert, sodass sich die Frage stellt, wie das Grundverständnis dieses Paradigmas umrissen werden kann. Ernst von Kardorff (1995, 4) hat hierzu sehr treffend, aber außerordentlich verdichtet formuliert: «Der kleinste gemeinsame Nenner der qual. Forschungstraditionen lässt sich vielleicht wie folgt bestimmen: Qualitative Forschung hat ihren Ausgangspunkt im Versuch eines vorrangig deutenden und sinnverstehenden Zugangs zu der interaktiv ‹hergestellt› und in sprachlichen wie nicht sprachlichen Symbolen repräsentiert gedachten sozialen Wirklichkeit. Sie bemüht sich dabei, ein möglichst detailliertes und vollst. Bild der zu erschließenden Wirklichkeitsausschnitte zu liefern. Dabei vermeidet sie so weit wie möglich, bereits durch rein meth. Vorentscheidungen den Bereich möglicher Erfahrung einzuschränken oder rationalistisch zu ‹halbieren›. Die bewusste Wahrnehmung und Einbeziehung des Forschers und der Kommunikation mit den ‹Beforschten› als konstitutives Element des Erkenntnisprozesses ist eine zusätzliche, allen qual. Ansätzen gemeinsame Eigenschaft: Die Interaktion des Forschers mit seinen ‹Gegenständen› wird systematisch als Moment der ‹Herstellung› des ‹Gegenstandes› selbst reflektiert.»

Diese Def. macht eine begriffliche Differenzierung von qual. Forschung i. w. S. und rekonstruktiver Forschung (= R.) i. e. S. in der Forschungspraxis sinnvoll (Przyborski & Wohlrab-Sahr 2008), die wie folgt umrissen werden kann: Alle Forschenden, die rekonstruktiv arbeiten, nutzen qual. Methoden (*Qualitative Forschungsmethoden*). Aber nicht alle Forschenden, die qual. Methoden nutzen, forschen rekonstruktiv. R. basiert zwingend auf einem Set an rekonstruktionslogischen Basisannahmen über Wirklichkeit und Forschungspraxis (*Fremdverstehen*) und drückt sich insbes. in einer spezif. Haltung aus. Ralf Bohnsack (2010) hat dies mit Bezug auf die Wissenssoziologie sowie die *Dokumentarische Methode* von Karl Mannheim und die *Ethnomethodologie* von Harold Garfinkel prägnant als Paradigmenwechsel vom «Was» zum «Wie» bezeichnet: Nicht die Wirklichkeit in substanzieller Hinsicht – das «Was» – steht im Vordergrund des forscherischen Erkenntnisinteresses, sondern seine praktische bzw. soziale Genese (*Sozialphänomenologie, symbolischer Interaktionismus*) und seine Funktion – das «Wie» und das «Wozu» –, welche die konkrete Existenz einer eigentlich kontingenten Wirklichkeit (*Sozialkonstruktivismus*) überhaupt erst zu klären vermögen. Grundprinzipien der qual. Forschung sind damit vor allem: (1) *Prinzip der Offenheit*, das sich insbes. aus dem Problem des Fremdverstehens (*Fremdverstehen*) und dem Problem der *Indexikalität* menschlicher Sprache und Kommunikation ergibt, (2) *Prinzip der Kommunikation*, (3) *Prinzip der Reflexivität*, (4) *Prinzip der Prozessualität*.

Q. S. erhebt schließlich den Anspruch, in datenzentrierten, d. h. induktiven Erkenntnisprozessen gegenstandbegründete Theorien (*Grounded Theory*) zu generieren; es soll also nicht vorab determiniertes Wissen (Hypothesen) überprüft werden. Allerdings operiert q. S. auch nicht theorielos; die angewendeten bzw. zu verfolgenden theoretischen Konzepte werden jedoch nur in einem heuristischen Sinne als *sensitizing concepts* verwendet. *Gütekriterien qualitativer Forschungsprozesse, Interpretation, Qualitative Forschungsmethoden*. Lamnek 2010, Kruse 2013.

J. Kruse

qualitatives Sample [engl. *sample* Stichprobe], *qualitative Fallauswahl, qualitative Rekrutierungsverfahren*.

Qualitäts-Kompetenz-Vergleich *Glaubhaftigkeitsbegutachtung, Merkmalsorientierte Inhaltsanalyse*.

Qualitätskultur (= Q.) [engl. *quality culture*; lat. *cultura* Pflege], **[AO, FSE, WIR]**, bezieht sich auf das Ziel einer *Organisation* und ihrer Mitglieder, *Qualität* dauerhaft zu sichern und nachhaltig weiterzuentwickeln. Damit handelt es sich bei der Q. – ähnlich wie bei dem Konzept der Lernkultur (Sonntag et al. 2004) – um einen Teilaspekt der gesamten *Organisationskultur*, dem ein indiv. und kollektives Qualitätsbewusstsein zugrunde liegt. Q. setzt sich aus zwei zentralen Elementen zus.: erstens aus einem *organisationspsychol.-kult.* Element, das versch. Aspekte – wie geteilte *Werte*, Überzeugungen, Erwartungen und ein gemeinsames *Commitment* der Organisationsmitglieder gegenüber Qualität – beinhaltet. Darüber hinaus wird zweitens ein *struktural-formales* Element der Q. postuliert, das sich durch einzelne Evaluationsinstrumente und definierte *Qualitätssicherung*ssicherungsprozesse auszeichnet. Es ist davon auszugehen, dass sich die struktural-formale Seite der Q. vor allem in Top-down-Prozessen äußert, da Prozesse zur Sicherung und Verbesserung von Qualität im Allgemeinen durch die Führungsebene vorgegeben und implementiert werden. I. Ggs. dazu wird die organisationspsychol.-kult. Ebene als Bottom-up-Prozess verstanden, indem die Wichtigkeit des *Commitment*, der Verantwortung (*Verantwortungsübernahme*) und der *Einstellungen* jedes Organisationsmitglieds gegenüber Qualität betont wird, die in ihrer Summe einen wesentlichen Aspekt der Q. darstellen. Darüber hinaus ist davon auszugehen, dass die beiden Q.elemente nicht getrennt voneinander existieren, sondern dass zw. diesen gewisse Wechselwirkungen bestehen, die sich in verbindenden Prozessen wie Kommunikation, Partizipation und Vertrauen äußern (Ehlers 2008; European University Association 2006). Der Begriff der Q. wird in unterschiedlichen Kontexten verwendet. Hierzu zählen u. a. Krankenhäuser, Unternehmen und Hochschulen. Gerade im Hochschulkontext wird seit einiger Zeit zunehmend die Wichtigkeit der Förderung und Entwicklung einer hochschulspezifischen Q. betont (Loukkola & Zhang 2010). Diesem zunehmenden Bewusstsein stehen bis dato allerdings nur vereinzelte empirische Forschungsarbeiten gegenüber, die sich mit der *Operationalisierung* des Q.konstrukts auseinandersetzen.

C. Sattler/K. Sonntag

Qualitätsmanagement (= Q.) [engl. *quality management*; *management* Führung; lat. *qualitas* Beschaffenheit, Eigenschaft], **[AO, KLI, FSE]**, die DIN EN ISO 9000: 2005 def. Q. als «aufeinander abgestimmte Tätigkeiten zum Leiten und Lenken einer Organisation bzgl. *Qualität*». Hierunter werden insbes. organisatorische Maßnahmen subsummiert, die Voraussetzungen zur Sicherstellung von Struktur- und Prozessqualitätsmerkmalen als Determinanten einer guten Ergebnisqualität schaffen. Q. ist auf der obersten Leitungsebene lokalisiert und umfasst u. a. Fragen der Qualitätskultur und -ziele, alle Maßnahmen der *Qualitätssicherung* sowie ökonomische und betriebliche Aspekte. Gemäß DIN EN ISO 9000: 2005 sind folg. Grundmerkmale kennzeichnend: (1) Kunden-/Pat.orientierung, (2) Organisation auf Ebene der Führungskräfte, (3) Partizipation der Mitarbeitenden, (4) Prozessorientierung, (5) Systemorientiertes Management, (6) Kontinuierliche Verbesserung (*PDCA-Zyklus*), (7) Sachliche, daten- und informationsbasierte Entscheidungsfindung, (8) Beziehungen zu Kooperationspartnern zum gegenseitigen Nutzen. Die Richtlinien des *Gemeinsamen Bundesausschusses* [www.g-ba.de/informationen/richtlinien/20/] fordern für das Q. in der psychoth. Behandlung: (1) Integration aktueller fachlicher und wiss. anerkannter Standards in den Behandlungsalltag, (2) Berücksichtigung von *Leitlinien*, (3) Beratung und Mitwirkung der Pat. bei Entscheidungsfindung (*Partizipative Entscheidungsfindung*), (4) Information der Pat. bzgl. präventiver, diagn. und therap. Maßnahmen, (5) Strukturierte Behandlungsabläufe in der Praxis, (6) Geregelte Kommunikation und Zus.arbeit innerhalb der Praxis sowie zw. ärztlichen/psychoth. Kollegen, (7) Festlegung von Qualitätszielen, (8) Systematische Prüfung der Zielerreichung, (9) Explikation und Beschreibung von Prozessen und Arbeitsabläufen, (10) Pat.befragungen, (11) Geregelter Umgang mit Beschwerden, (12) Geregelter Umgang mit (Behandlungs-)Fehlern und (13) Notfallpat., (14) Dokumentation von Behandlungsverläufen und Pat. beratungen. Die systematische Orientierung an und Umsetzung von Q.-modellen kann durch externe Zertifizierungen dokumentiert werden, die in allen Phasen durch Audit-Prozesse begleitet werden. Zertifizierungsprozesse erfordern eine langfristige Begleitung (Orientierung: 2 Jahre Planung, 2 Jahre Umsetzung, 1 Jahr Überprüfung und endgültige Implementierung). Neben der DIN ISO-Norm sind insbes. die Zertifizierung nach dem *EFQM-Modell* und die *KTQ-Zertifizierung* [www.ktq.de] etabliert.

Qualitätssicherung (= Q.) [engl. *quality assurance*; lat. *qualitas* Beschaffenheit, Eigenschaft], **[AO, FSE]**, Unteraspekt des *Qualitätsmanagements*. Q. verfolgt das Ziel durch kontinuierliche Beschäftigung mit Aspekten der Struktur- und Prozessqualität die Erreichung von Qualitätsanforderungen (*Qualität*) sicherzustellen. Charakteristisch ist eine Orientierung am *PDCA-Zyklus*, der die systematische Erfassung von Qualitätsindikatoren verlangt, und nach Identifikation von Defiziten die Einleitung potenziell qualitätsverbessernder Maßnahmen einfordert, deren *Effektivität* möglichst unmittelbar kritisch im Hinblick auf die Zielsetzungen geprüft werden muss. Q. weist deutliche Ähnlich-

keiten zur *formativen Evaluation* auf, unterscheidet sich von dieser, da nicht die Bewertung der *Wirksamkeit* einzelner Maßnahmen, sondern die steuernde Beeinflussung ggf. komplex und dynamisch determinierte Ausprägung der Zielkriterien durch Maßnahmen im Mittelpunkt steht. *Qualitätsplanung*, *Qualitätssteuerung* und *Qualitätskontrolle* (Monitoring) können als Teilaspekte von Q. unterschieden werden. Q. ist weiter def. als *Qualitätsentwicklung* (Fokussierung der Verbesserung der Qualität), da sie auch den Erhalt bereits zufriedenstellender Qualitätsaspekte als zentrale Aufgabe betont. *Total Quality Management*, *Qualitätszirkel*. Schmitt & Pfeifer 2010.

Qualitätszirkel (= QZ.) [engl. *quality circle*; lat. *qualitas* Beschaffenheit, Eigenschaft, *circus* Kreis], **[DIA, FSE]**, sind i. Allg. kleine Gruppen aus fünf bis neun Mitarbeitern der unteren Hierarchieebenen einer Organisation, die sich regelmäßig auf freiwilliger Grundlage treffen, um selbstgewählte Probleme aus ihrem Arbeitsbereich zu bearbeiten. Das QZ.-Konzept versucht, die reichhaltigen praktischen Erfahrungen der Mitarbeiter zur Verbesserung ihrer Arbeitsprodukte, Arbeitsorganisation und -bedingungen zu nutzen. Die QZ. treffen sich i. d. R. ein- bis zweimal im Monat für jew. ein bis zwei Stunden. Die Gruppengespräche werden im Idealfall durch ausgebildete Moderatoren mit Problemlösetechniken (z. B. *Brainstorming*; *Moderationstechniken*) angeleitet. Die Gruppen können Experten zur Beratung heranziehen. Die erarbeiteten Lösungen werden schließlich von einem Entscheidungsgremium bewertet und zur Umsetzung empfohlen. QZ. haben keine Entscheidungsbefugnis zur Umsetzung der Vorschläge. *Qualität*, *Qualitätssicherung*. Bungard 1991, Bungard & Antoni 2007. S. Greif

Quality-adjusted Life Year (QALY) [engl. *adjust* anpassen, bereinigen], **[FSE]**, «Qualitätsadjustiertes Lebensjahr»; ein i. R. der ökonomischen *Evaluation* verwendetes Maß, das die durch eine Maßnahme gewonnene Lebenszeit ins Verhältnis zu der in diesem Zeitintervall vorliegenden *Lebensqualität* setzt. Ein QALY wird wie folgt berechnet:

$$QALY = q \cdot y$$

q = Nutzwertfaktor (0 = «Tod» bis 1 = «max. Wohlbefinden»)

y = Anzahl der gewonnenen Lebensjahre.

Je geringer der Nutzwertfaktor ausgeprägt ist, desto stärker reduziert sich der Wert von QALY gegenüber der tatsächlich gewonnenen Lebensdauer. Zehn gewonnene Jahre würden bei einem Nutzwertfaktor von 0,5 fünf QALY entsprechen.

Quantentheorie [engl. *quantum theory*], *Theorien, physikalische*.

Quantifikation, Quantifizierung (= Q.) [engl. *quantification*; lat. *quantum* wie viele, *facere* machen], **[FSE, WA]**, Zuordnung von Zahlen zu Merkmalen (*Messen*) bzw. die Rückführung von Qualitativem (*qualitative Merkmale*) auf Quantitatives (*quantitative Merkmale*), z. B. die Rückführung der Farbqualitäten auf die ihnen entspr. Schwingungszahlen. In der naturwissenschaftlichen Forschung ist Q. ein unbedingt notwendiges Verfahren, da durch sie eine exakte Bestimmung der Erscheinungen ermöglicht wird und sie vergleichbar und überschaubar und in ihren Wirkungen und Abhängigkeiten erkennbar werden. Im Übrigen ist die Q. häufig eine Voraussetzung der *Theorie*nbildung. In der Ps. ist die Q. mit einer gewissen Vorsicht anzuwenden. Vor allem ist darauf Rücksicht zu nehmen, dass die psychol. Vorgänge oder *Konstrukte* nicht selbst, sondern nur ihre Äußerungen exakt erfasst werden können. *Datenerhebungsverfahren*, *Operationalisierung*, *Messtheorie*.

Quantität (= Q.) [engl. *quantity*; lat. *quantitas* Anzahl, Menge], [**FSE, PHI**], Menge, Anzahl, allg. messbar im Ggs. zur *Qualität*. In der Ps. ist Q. insbes. die Grundlage aller quantitativen Methoden. *Messtheorie*, *Statistik*.

quantitative Merkmale (= q. M.) [engl. *quantitative characteristics*; lat. *quantitas* Anzahl, Menge], [**FSE**], variieren in ihrem Ausprägungsgrad und sind daher (grundsätzlich) einer Messung zugänglich. I. d. R. wird angenommen, dass q. M. kontinuierlich sind (*Variable, kontinuierliche*); Ausnahme bspw. Häufigkeiten), dies auch dann, wenn die angewendeten Messmethoden nur diskontinuierliche Werte ermöglichen (z. B. *Likert-Skala*). Je nach Art der möglichen Quantifizierung wird zw. Ordinal-, Intervall- und Verhältnisvariablen unterschieden. *Datenerhebungsverfahren*, *Quantifikation, Quantifizierung*, *Messtheorie, Skalierung, Methoden der*. Döring & Bortz 2016. *G. Mikula*

Quartile (= Q.) [engl. *quartile*; lat. *quartus* der vierte], [**FSE**], jene drei Werte einer Häufigkeitsverteilung, die diese in vier gleich große Bereiche teilen. Bis zum 1. Q. einer Verteilung liegen daher 25 % aller Fälle, bis zum 2., dem Median, 50 % und bis zum 3.Q. 75 %. Das 1. und 3. Q. werden auch als unteres und oberes Q. bezeichnet. Q. werden zur Bestimmung von Dispersionsmaßen für Ordinalvariablen (mittleres Quartil) und zur Bestimmung der Schiefe und des Exzesses einer Verteilung verwendet. Eid et al. 2013. *G. Mikula*

Quartimax-Methode, syn. *Quartimax-Rotation* [engl. *Quartimax rotation*], [**FSE**], analytische Methode der *Rotation* einer Faktorenmatrix zur *Einfachstruktur*. Die Varianzen der Faktorenladungen pro Variable werden maximalisiert. *Faktorenanalyse, exploratorische*.

Quasi-Bedürfnis [engl. *quasi-needs*; lat. *quasi* (gleich) wie], *Bedürfnis*.

Quasi-Experiment (= Q.) [engl. *quasi-experiment*; lat. *quasi* (gleich) wie], [**FSE**], entspricht einem *Experiment* insofern, als Pbn unterschiedlichen Bedingungen (*Variable, unabhängige*; UV) zugewiesen werden und Effekte der Bedingungen auf eine *abhängige Variable* (AV) untersucht werden sollen. Im Unterschied zum Experiment erfolgt jedoch keine zufällige Zuweisung (*Randomisierung*) der Pbn zu den Vergleichsgruppen. Hierdurch besteht die Gefahr einer *Konfundierung*, da ggf. unkontrollierte Merkmale, hinsichtlich derer sich die Vergleichsgruppen systematisch unterscheiden, die *interne Validität* beeinträchtigen können. Folglich kann eine eindeutige Kausalbeziehung von UV und AV nicht abgeleitet werden. Zumindest muss eine Unter- oder Überschätzung der Beziehungsstärke befürchtet werden. *Evidenzbasierung, Forschungsdesign, Kontroll-*

techniken, Experiment, Propensity score. Döring & Bortz 2016, Shadish et al. 2001, Huber 2005.

quasistationärer Prozess [engl. *quasi-stationary process*; lat. *quasi* (gleich) wie, *statio* Ankerplatz, Stillstehen], [**PHI, WA**], Aufrechterhaltung einer Verlaufsgestalt (z. B.: ein Fluss, der sich fortbewegt und doch eine erkennbare Gestalt behält). In der *Gestalttheorie* verwendeter Begriff, insbes. in der Lehre vom *Isomorphismus* von Köhler.

Quecksilber (= Q.) [engl. *mercury*], [**BIO**], Schwermetall in Luft, Boden, Nahrungsmitteln u. a. vorkommend, in höheren Dosen und bei chronischer Exposition neurotoxische Wirkung mit ps. Folgen, so Störungen der *Aufmerksamkeit* und der *Intelligenz* hervorrufend. Q. wird verdächtigt, eine Rolle bei Zahnersatz mit Amalgamfüllungen in Zähnen zu spielen und Beschwerden wie Kopfschmerzen hervorzurufen. Hartman 1995, Seidel 1996. *W. Janke*

Quellenanalyse [engl. *source analysis*], *Magnetenzephalographie*.

Quellengedächtnisaufgabe [engl. *source memory task*], *Prozessdissoziation*.

Querdisparation (= Q.) [engl. *lateral disparity*; lat. *disparare* trennen], [**WA**], horizontale Abweichung der beiden *Netzhautbilder* eines *distalen Objekts* von *korrespondierenden Netzhautpunkten*. Die Q. ist für die auf dem *Horopter* liegenden Objekte gleich null; wenn die Q. steigt, findet sich im Bereich des Panum'schen Areals zunächst *Einfachsehen*, bei größerer Q. *Doppelbilder*. Ferner steigt bei zunehmender Q. zunächst der Tiefeneindruck (*räumliches Sehen*); wird die Q. zu groß, nimmt die wahrgenommene Tiefe wieder ab; die Empfindlichkeit für die Wahrnehmung von Tiefe durch Q. ist sehr hoch; die wahrgenommene Tiefe (bei gegebener Q.) hängt von der Entfernung des Fixationspunktes vom Beobachter ab (*Konstanz*). Für Objekte, die hinreichend weit vom Horopter entfernt liegen, ist die Q. so groß, dass man Doppelbilder sehen müsste; u. a. infolge des *Sehwettstreits* werden diese im Alltag normalerweise nicht gesehen.

Analog zum *Sehwinkel* wird auch die Q. durch einen Winkel angegeben. Für den im Bogenmaß gemessenen Disparationswinkel gilt näherungsweise $\eta\,[rad] = i\delta/D^2$, mit D als Entfernung des Fixationspunktes, delta als Tiefe und i als Abstand zw. den Drehpunkten beider Augen; der Disparationswinkel ist die Differenz zw. (1) dem Winkel zw. den beiden Richtungslinien zum interessierenden Objekt und (2) dem Konvergenzwinkel (absolute Q.; für die relative Q. wird der Fixationspunkt durch ein zweites Objekt ersetzt und der Konvergenzwinkel durch den Winkel zw. den beiden Richtungslinien zu diesem Objekt). Tyler 1983. *H. Heuer*

Querschnittuntersuchung (= Q.) [engl. *cross-sectional study*], [**FSE**], differenzial-psychol. oder diagn. Untersuchung, bei der eine *Stichprobe* aus einer def. *Population* zu einem best. Zeitpunkt untersucht wird. Ziel ist die Bestimmung des Zus.hangs (*Korrelation*) von Merkmalen zum Erhebungszeitpunkt, z. B. Ermittlung der Leistungsfähigkeit in der Abhängigkeit vom Alters- bzw. Entwicklungsfortschritt, Bestimmung des Zus.hangs psych. Merkmale mit Lebensumständen. Für generalisierbare

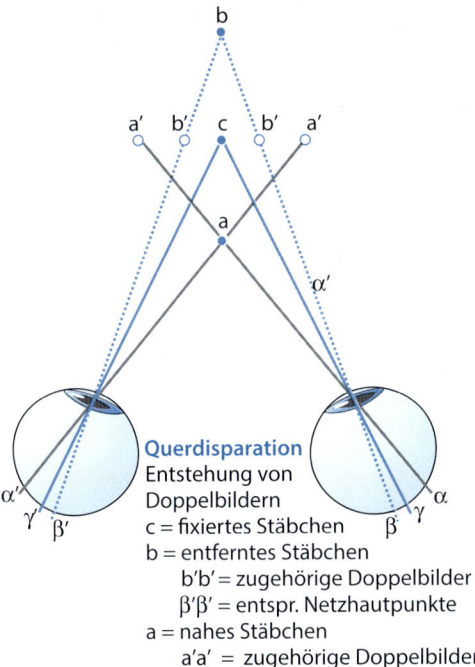

Querdisparation
Entstehung von
Doppelbildern
c = fixiertes Stäbchen
b = entferntes Stäbchen
b'b' = zugehörige Doppelbilder
β'β' = entspr. Netzhautpunkte
a = nahes Stäbchen
a'a' = zugehörige Doppelbilder
α'α' = entspr. Netzhautpunkte

Querdisparation

Aussagen müssen Stichproben herangezogen werden, die für die infrage stehenden Fakten repräsentativ sind (*Kohorte*). Schwächen der Q. bestehen insbes. hinsichtlich der *internen Validität*, wenn sich das Forschungsinteresse auf den Nachweis kausaler Wirkprozesse (*Kausalität*) oder die Analyse intraindiv. Veränderungen bezieht. *Epidemiologie*, *Evidenzbasierung*, *Längsschnittuntersuchung*.

Quetiapin [engl. *quetiapine*], *Antipsychotika*.

Quincke-Ödem (= Q.) [engl. *Quincke-oedema*], [**PHA**], syn. *Angioödem* ; schwere allerg. Hautreaktion, die durch rasche Schwellung der Haut unter Beteiligung auch der Submukosa gekennzeichnet ist und durch eine patholo-gische Erhöhung der Gefäßpermeabilität entsteht. Wenn die Atemwege beteiligt sind, kann das Q. lebensbedrohlich sein. Ein Q. wird vor allem unter best. *Antihypertensiva* (Angiotensin-converting-enzyme-Hemmer, ACE-Hemmer) beobachtet, es kann aber auch unter Behandlung mit *Lamotrigin* auftreten. *G. Gründer*

Quinkunx [engl. *quincunx*; lat. *quincunx* von *quinque* = 5 und *uncia* = 1/12, d. h., 5/12 – in schrägen Reihen gesetzt], nach *Galton, Francis, Sir*, [**FSE**], Trichterapparat mit keilförmig angeordneten Stiften. Werden Kugeln eingeschüttet, so ordnen sich diese beim Vorbeilaufen an den Stiften nach der sog. *Gauß'schen Kurve* auf und verteilen sich nach der in der *Statistik* benutzten Wahrscheinlichkeitsberechnung. Apparat dient zur Darstellung der Verteilungstheorie (*Verteilung*, *Verteilungsfunktion*).

Quota-Auswahl [engl. *quota sampling*; lat. *quota* Anteil], *Meinungsbefragung, Meinungsforschung*, *Quoten-System*.

Quote (= Q.) [engl. *rate, quota*; lat. *quota* Anteil], [**FSE**], rechnungsmäßiger Anteil. Bei Ziehung einer *Stichprobe* bez. Q. (Stichprobenquote) eine festgelegten Anteil best. Merkmalsausprägungen. Spiegeln die Q. aller relevanten Merkmale der Stichprobe die Verhältnisse in der *Population* wider, so kann die Stichprobe als *repräsentativ* bez. werden. Döring & Bortz 2016.

Quotenplan [engl. *quota plan/scheme*; lat. *quota* Anteil], *Verstärkerpläne*.

Quotenstichprobe [engl. *quota sample*; lat. *quota* Anteil], *Stichprobe*.

Quoten-System [engl. *quota system*; lat. *quota* Anteil], [**FSE**], in der *Meinungsforschung* gebräuchliches Prinzip der *Stichprobe*nauswahl. Nach bevölkerungsstatistischen Unterlagen erfolgt eine anteilmäßige Aufschlüsselung der *Population* (im Allg. nach den Kriterien Wohnort, Alter, Beruf, Geschlecht). Der Interviewer erhält eine Quotenanweisung, in der die Zusammensetzung der von ihm zu befragenden Stichprobe angegeben ist. Er wählt die Personen selbstständig aus.

Quotenverstärkung [engl. *quota reinforcement*; lat. *quota* Anteil, syn. Ratenverstärkung, [**KOG**], partielle oder intermittierende *Verstärkung* mit fixem oder variablem Verhältnis (*ratio*) zw. verstärkten und nicht verstärkten Reaktionen. *Verstärkerpläne*.

R

r, [FSE], als Symbol für Korrelationskoeffizienten (*Korrelation*) verwendet.

RADAR-Logik *EFQM-Excellence-Modell*.

radikal (= R.) [engl. *radical*; lat. *radix* Wurzel], als Adjektiv Verhaltensbezeichnung gleichbedeutend mit *übergründlich, extrem*.

Radikale, freie (= f. R.) [engl. *free radicals*], [BIO], im Organismus bei der Oxidation von Nahrung entstehende Atome, Moleküle, die als reaktionsfähige Radikale (freie Elektronen-Valenz) alle im Organismus vorkommenden Verbindungen oxidativ verändern und/oder damit Zellen beeinträchtigen können. Sie werden auch als Prooxidanzien bezeichnet. Ihre Wirkungen können verhindert werden durch Antioxidanzien, die beim Gesunden im Gleichgewicht mit den Prooxidanzien stehen. Ist das nicht der Fall, so kommt es zu oxidativem Stress, der zu Krankheit führen kann. Stimulationsbedingungen dafür sind u. a. Zigarettenrauch, Strahlung (UV-Licht), körperliche Belastung, Entzündungen, mehrfach ungesättigte *Fettsäuren*. f. R. werden erforscht bzgl. Beteiligung an der Entstehung von alkoholismusbegleitenden Erkrankungen, u. a. Hirnatrophie, Polyneuropathie sowie neurodegenerativen Erkrankungen, u. a. Parkinson und Alzheimer. *Antioxidanzien*, *Mikronährstoffe*. Siess 1991, Siess 1997. — W. Janke

radikal-pragmatischer Theorieansatz [engl. *radical pragmatics*; lat. *radix* Wurzel, gr. πρᾶγμα (*pragma*) Handlung], *Metapher*.

Ragoni-Scinas-Kontrastversuch [engl. *Ragoni Scina contrast experiment*], [WA], zw. zwei weißen Flächen, die senkrecht zueinander stehen, ist eine farbige Glasplatte so angebracht, dass sie zu jeder Fläche im Winkel von 45° steht. Ein auf der einen Fläche befindliches Quadrat erscheint durch das Glas betrachtet in dessen *Komplementärfarbe*, dagegen erscheint ein von der anderen Fläche im Glas gespiegeltes schwarzes Quadrat in der Farbe des Glases.

Rahmenkoordination, [KOG], *Koordination*, welche die qual. Eigenarten eines Bewegungsmusters ausmacht (z. B. Schwimmen, Schlips binden); soll relativ kurzfristig erworben und kaum vergessen werden (im Ggs. zur Feinkoordination). *Motorik*, *Psychomotorik*. Rüssel 1976.

Randgruppe [engl. *marginal group*], *Minorität*.

Randkontrast [engl. *border contrast*], *Kontrast*.

Randneurose, [KLI], nicht mehr gebräuchliche Bez. von J. H. Schultz (1955) für eine psych. Problematik, die beim Pat. nicht im «Kern», sondern «außen an der Persönlichkeit» liegt, wie z. B. falsche Schlafgewohnheiten. Diese können über bedeutsame mediierende Folgeprobleme (z. B. Schlaflosigkeit) zu einer *Neurose* führen.

random coefficient model [engl. *random* zufällig, *coefficient* Koeffizient], *Mehrebenenanalyse*.

random effects, one-way-ANOVA [engl. Zufallseffekte, einfaktorielle Varianzanalyse], *Mehrebenenanalyse*.

random intercepts model [engl. *random* zufällig, *intercept* Achsenabschnitt], *Mehrebenenanalyse*.

Randomisierte kontrollierte Studie (= RCT) [engl. *randomized control trial*; *random* zufällig], syn. *Experiment*, [FSE], ein Studiendesign, bei dem die Versuchsobjekte mind. zwei Vergleichsgruppen (*Variable, unabhängige*) per Zufall (*Randomisierung*) zugeteilt werden. Die Vergleichsgruppen erhalten i. d. R. (1) eine Intervention (*Experimentalgruppe, Versuchsgruppe*) und (2) eine Kontrollbehandlung (*Kontrollgruppe*) zur Bestimmung des Interventionseffekts (*Efficacy*) in Bezug auf eine Zielgröße (*Variable, abhängige*). Durch die Randomisierung und das Vorliegen einer Kontrollgruppe wird die *interne Validität* des ermittelten Interventionseffekts sichergestellt. Soll die Wirkung in natürlichen Anwendungssituationen im Mittelpunkt stehen, sollte zusätzlich die *effectiveness* bestimmt werden. Der Begriff *RCT* hat sich anstatt des Begriffs *Experiment* vor allem in der evidenzbasierten Forschung als Standardbezeichnung etabliert. *CONSORT statement für randomisierte kontrollierte Studien*. Döring & Bortz 2016, Shadish et al. 2001.

Randomisierung [engl. *randomization*; *random* zufällig], [FSE], syn. Zufallsauswahl, Zufallszuordnung; die Auswahl von Individuen, insbes. bei der Bildung einer *Stichprobe* durch Verfahren, die jede systematische Bevorzugung bzw. Vernachlässigung best. Individuen ausschließen, also z. B. die Auswahl durch das Los, nach einer Zufallsfolge von Ziffern oder anderen Techniken. Beim *Experiment* werden Personen zufallsgesteuert bzw. randomisiert den Vergleichsgruppen zugeordnet. *Randomisierungstest*.

Randomisierungstest (= R.) [engl. *randomization test*; *random* zufällig], [FSE], ein R. ist ein Permutationstest, der auf einer zufälligen Zuordnung (*Randomisierung*) der Untersuchungseinheiten (Personen, Beobachtungszeiten, Phasen oder Trialblöcke) zu den Behandlungsbedingungen beruht. Die Prüfgröße (*test statistic*) wird nicht nur für die erhaltene Zuordnung, sondern für alle Datenpermutationen berechnet. Diese Datenpermutationen bilden die Referenzmenge für die Prüfgrößenverteilung (*sampling distribution*). Unter der *Nullhypothese* ist das Ergebnis jeder Datenpermutation gleich wahrscheinlich. Da bei R. die Prüfgrößenverteilung nicht auf eine best. theoret. Verteilung (z. B. die *Normalverteilung*) Bezug nimmt, sondern erst durch Permutationen des jew. vorliegenden Datensatzes generiert wird, kann sie nicht generell für best. Stichprobenumfänge tabelliert werden. Falls es möglich ist, die Beobachtungszeiten den Behandlungsbedingungen nach dem Zufall zuzuordnen oder den Interventionszeitpunkt innerhalb eines im Voraus fixierten Intervalls nach einem Zufallsverfahren zu bestimmen, dann stellen R. für die zufallskritische Auswertung von Einzelfalldaten eine echte Alternative zu den klassischen zeitreihentheoretischen Ansätzen der allg. Klasse der *ARIMA- (autoregressive integrated moving average)*-Modelle dar (*Zeitreihenanalyse*). *Bootstrapping*, *Jackknifing*, *Statistik*. H. Huber

randomizer [engl. *random* zufällig], *Zufallszahlengenerator*.

random slopes [engl.] zufällige Steigungen. *Mehrebenenanalyse*.

Randpersönlichkeit (= R.) [engl. *marginal man*], [**SOZ**], veralteter Begriff in der *Gruppenpsychologie*. Die soziale Stellung der R. ist gekennzeichnet durch die gleichzeitige Zugehörigkeit zu zwei Gruppen mit starker gegenseitiger sozialer Distanz. Hierzu kommt, dass beide Gruppen ein Heterostereotyp (*Stereotyp*) gegenüber der R. entwickeln. Diese soziale Einstellung äußert sich meist in Unsicherheit und stereotypisierendem Denken der R. *marginal*. E. Klippstein

range [engl.] *Streubreite*.

Rang-Korrelationen (= R.) [engl. *rank correlation*], [**FSE**], Bez. für alle jene Korrelationsverfahren, die auf Rangdaten (*Ordinalskala*) aufbauen. R. wurden u. a. von Spearman (*Spearmans rho*) und Kendall (*Kendalls tau*, *Konkordanzkoeffizient*) entwickelt. Eine R. wird auch berechnet, wenn der Zusammenhang eines intervallskalierten mit einem ordinalskalierten Merkmal berechnet wird. *Korrelation*.

Rangordnung [engl. *rank order*], [**DIA, FSE**], die Anordnung einer Anzahl von Individuen bzw. *Daten* (Schätz- oder Messwerten (*Messen*)) nach einer Reihenfolge. *Skalenniveau*.

Rangordnung, soziale (= s. R.) [engl. *social hierarchy/rank order*], [**SOZ**], (1) durch Binnengliederung von *Gruppen* entstehende hierarchische Ordnung der *Positionen*, denen (dadurch) ein Ort entlang eines Status-Kontinuums zukommt; (2) Soziometrische R., definiert durch die Häufigkeiten der Bevorzugungen und Ablehnungen der einzelnen Gruppenmitglieder (Höhn & Seidel 1969); (3) die Stellung in der Geschwisterreihe kann als s. R. dargestellt werden (Adler); (4) Prestige und Machtzuschreibung (*Macht*) oder -verteilung an Stände, Schichtungen oder Klassen in einer *Kultur* (davon abgeleitet: *Status, sozioökonomischer*). Ein Bsp. für (1), s. R. als Produkt des *Gruppenbildung*sprozesses, ist die *Hackordnung* auf dem Hühnerhof (Schjelderup-Ebbe). Die Schlussfolgerungen aus ähnlichen Beobachtungen bei Primaten sind wahrscheinlich voreilig, wie Kolato durch die Sammlung sich widersprechender Befunde belegt. Danach habe die Rangordnung bei Primaten keine entspr. soziale Funktion. Beim Menschen kann der Status (wie die Position) verliehen oder erworben sein (Linton). Eine Person kann mehrere versch. hohe Status haben, je nach dem sozialen System, das man in Betracht zieht, die s. R. nach dem beruflichen, dem auf Freizeit und Hobby bezogenen, dem ökonomischen oder dem bildungsmäßigen Rangordnungssystem. Die Begriffe der s. R. unter (1), (4) und evtl. (2) bestimmen jenen von Kluth (1957) gemeinten Status des Menschen, das das tragende Element seines Daseins, seines *Selbstvertrauens* und seiner Sicherheit ist. Hoher Status ist meist mit *Toleranz* gegenüber Normabweichungen verbunden (*Idiosynkratischer Kredit*, Hollander 1958). Eine Person mit hohem Status wird (1) bewundert, (2) mit Ehrerbietung behandelt, (3) nachgeahmt, (4) als anregend und (5) als Mittelpunkt der Anziehung erlebt (Benoit-Smullyan, nach Hartley & Hartley 1955). Für die s. R. als sozioökonomische Statusverteilung werden versch. amerikanische Messmethoden von Moore (1969) revidiert, der feststellt, dass wegen der Möglichkeit, mehreren Gruppen anzugehören, dieses Maß häufig kein Verhaltensprädiktor sei; Standes-(Klassen-)Zugehörigkeit ist also eine nur wenig analysierte soziologische, keine ps. Bedingung für das *Verhalten*. Streben nach Status und Statusverlust sind dagegen wichtige ps. Aspekte (Hartley & Hartley 1955). *Prestige, soziales*, *Rolle*. R. Bergius

Rangvarianzanalyse [engl. *analysis of variance by ranks*], *Friedman-Test*.

Ranschburg, Pal (auch: Paul) (1870–1945), [**HIS, KOG**], ungarischer Psychologe und Psychiater, Med.studium an der Universität Budapest, 1894 Promotion. Ranschburg gründete 1899 das erste ps. Laboratorium in Ungarn. Ab 1902 gehörte dies zur Hochschule für Heilpädagogik, Budapest. Mithilfe eines von Ranschburg entwickelten Messgerätes, des *Mnemometers*, führt Ranschburg Gedächtnisexperimente an Gesunden und an Pat. der Psychiatrischen Klinik durch. Er beobachtet Verwechslungen vor allem bei ähnlichen Zahlen oder Worten und entwickelt 1902 das *Gesetz der homogenen Hemmungen* (*Ranschburg'sches Phänomen*), das später durch *Münsterberg* und andere als eine Grundlage für die Monotonieforschung dient. Ranschburg prägte 1916 die Begriffe *Legasthenie* und Arithmasthenie (*Dyskalkulie, Rechenschwäche*), 1918 wird Ranschburg Professor, 1928 Präsident der Ungarischen Gesellschaft für Ps. H. E. Lück

Ranschburg'sches Phänomen [engl. *Ranschburg phenomenon*], [**KOG**], besonders ausgeprägte *retroaktive (rückwirkende) Hemmung* des Lernens, Behaltens und Reproduzierens, wenn zwei unmittelbar aufeinanderfolgende Reize gleich oder sehr ähnlich sind. *Ranschburg*. Ranschburg 1905, Wellek 1963a.

Ranvier'sche Einschnürung [engl. *Ranvier's nodes*], syn. *Ranvier'sche Schnürringe*, [**BIO**], in regelmäßigen Abständen vorkommende ringförmige Einschnürungen der Myelinscheide markhaltiger Nervenfasern. *Nerv*.

Rapid Cycling [engl.], [**PHA**], rasche Stimmungsumschwünge; beschreibt den schnellen Wechsel der Episoden einer *bipolaren Störung*. Bei dieser spez. Form treten innerhalb von zwölf Monaten mind. vier (oder mehr) Episoden einer *Manie*, einer *Hypomanie* oder einer *Depression* auf. Es kann auch zu gemischten Episoden kommen. Von *Ultra Rapid Cycling* spricht man, wenn der Phasenwechsel innerhalb von Tagen stattfindet. Benkert & Hippius 2013. M. Paulzen

rapid response [engl.] schnelle Antwort/Reaktion; *therapeutische Veränderung*.

Rapport (= R.) [frz. Beziehung], [**KLI**], allg. ist R. die auf Befehl erfolgte Berichterstattung. Intensive Hypnotiseur-Hypnotisierter-, Vl-Vp-, *Therapiebeziehung*, die sich auf *Vertrauen* gründet, aber auch Ablösungsschwierigkeiten (in der *Psychoanalyse* als *Übertragungs*beziehung intensiv untersucht) beinhalten kann.

Raptus [engl. *raptus*, lat. *rapere* fortreißen], **[KLI]**, Bez. für einen abrupt einsetzenden oder wieder einsetzenden Erregungszustand, z. B. bei schwerer *Depression*.

RAS, **[BIO]**, Abk. für Retikuläres Aufsteigendes System. *ARAS*.

Test Rasch-basiertes Depressionsscreening (DESC), 2011, von T. Forkmann et al., [www.psychometrikon.de], **[DIA, KLI]**, eindimensionales Selbstbeurteilungsverfahren. AA 14- bis 94-jährige Gesunde und Pat. mit psych. oder somatischen Erkrankungen. Der DESC umfasst zehn Items, die auf einer fünfstufigen Likertskala bezogen auf die letzten 14 Tage beantwortet werden. Er liegt für Verlaufsmessungen in zwei parallelen Formen vor. Der DESC erfasst *Depressivität* eindimensional und ist zur Beurteilung der Depressionsschwere als auch als *Screening*verfahren für das Vorliegen einer *Depressiven Episode* geeignet. Er wurde nach den Annahmen des *Rasch-Modells* entwickelt. Es wurden zahlreiche psychometrische *Gütekriterien* ermittelt. *Normierung*: Normierungsdaten für eine bevölkerungsrepräsentative Referenzstichprobe liegen vor. Bearbeitungszeit: 3–5 min. Forkmann et al. 2012. *T. Forkmann*

Rasch-Modell (= R.) [engl. *Rasch model*], **[DIA]**, gilt als Grundmodell der *Item-Response-Theorie (IRT)*. Es geht auf den dänischen Statistiker Georg Rasch (1901–1980; Rasch 1960) zurück und beschreibt die Wahrscheinlichkeit, dass eine Person ν Aufgabe i löst (+), in Abhängigkeit eines Personenparameters ξ_ν (alternative Notation: θ_ν), das ist das (wahre) Fähigkeitsausmaß von ν, und eines Aufgaben- oder Itemparameters σ_i, das ist der (wahre) Schwierigkeitsgrad von i. Die Modellannahmen lauten wie folgt: (1) Das Ausmaß an interessierender Fähigkeit je Person ist durch einen einzigen Parameter zu charakterisieren; die Fähigkeit stellt also ein eindimensionales Merkmal dar. (2) Der Grad der Schwierigkeit je Aufgabe ist durch einen einzigen Parameter zu charakterisieren; die Schwierigkeit stellt also ein eindimensionales Merkmal dar. (3) Beide Parameter messen auf derselben Skala. (4) Die Leistungen (gelöst oder eben nicht gelöst) sind für jede Person über alle Aufgaben hinweg «lokal stochastisch unabhängig»; d. h., ob eine best. Person eine best. Aufgabe löst oder nicht löst, hängt – abgesehen vom Zufall – nur von ihrer Fähigkeit und der Schwierigkeit der Aufgabe ab, nicht aber davon, welche anderen Aufgaben sie bereits gelöst hat oder noch lösen wird. Als Wahrscheinlichkeitsfunktion wird die logistische Funktion postuliert:

$$P(+|\xi_\nu, \sigma_i) = \frac{e^{\xi_\nu - \sigma_i}}{1 + e^{\xi_\nu - \sigma_i}}.$$

Die *Wahrscheinlichkeit* für «–», also dafür, dass Person ν Aufgabe i nicht löst, resultiert als Komplementärwahrscheinlichkeit. Aus der Formel ist unmittelbar abzuleiten: (1) Die Wahrscheinlichkeit für die Lösung einer Aufgabe strebt mit immer größerem Fähigkeitsausmaß ξ_ν und/oder mit immer kleinerem Schwierigkeitsgrad σ_i gegen 1 ($-\infty \leq \xi_\nu \leq \infty$; $-\infty \leq \sigma_i \leq \infty$). (2) Die Wahrscheinlichkeit für die Lösung einer Aufgabe strebt im umgekehrten Fall, das ist bei immer kleinerem Fähigkeitsausmaß ξ_ν und/oder bei immer größerem Schwierigkeitsgrad σ_i gegen 0. (3) Sind ξ_ν und σ_i gleich, d. h., entspricht der Schwierigkeitsgrad einer Aufgabe dem Fähigkeitsausmaß, also dem indiv. Leistungsniveau einer Person, dann beträgt die Wahrscheinlichkeit für die Lösung ½ = 0,50.

Die Bedeutung des R. ist darin begründet, dass es immer dann gelten muss, wenn ein psychol. *Test* als Testwert die Anzahl gelöster Aufgaben verrechnet (*Skalierung, testtheoretisches Gütekriterium*). D. h., geht in den Testwert nicht ein, genau welche Aufgaben von der Testperson gelöst wurden und welche nicht, so müssen die Aufgaben des Tests diesem Modell empirisch bestätigt konform gehen, um zu garantieren, dass dieser Testwert tatsächlich die gesamte relevante Information in Bezug auf das fragliche Fähigkeitsausmaß der Testperson ausschöpft und die Testleistungen versch. Testpersonen fair miteinander vergleichen lässt (einen Beweis dieses Gesetzes gibt Fischer 1995).

Eine besondere Eigenheit des R. erlaubt einen Modelltest per se und nicht nur, wie etliche andere Modelle (der IRT), eine Feststellung der Güte der Passung von Daten an das Modell (sog. *goodness-of-fit*). Der Modelltest leitet sich daraus ab, dass das R. (stat.) stichprobenunabhängig misst: Der Vergleich je zweier Aufgaben, etwa i und j, bzgl. ihrer Itemparameter σ_i und σ_j ist im Fall der Geltung des R. unabhängig davon, welche Personenstichprobe dafür verwendet wird – bei der Schätzung dieser Parameter spielt die Wahl der Stichprobe aus einer best. Population für die stat. Inferenz keine Rolle (Kubinger 2009a); man spricht von *Spezifischer Objektivität* der Vergleiche (Scheiblechner 2009). Wenn demnach in zwei versch. Teilstichproben (z. B. männlich vs. weiblich) wenigstens bei einer Aufgabe (deutlich) unterschiedliche Schätzungen des zugehörigen Itemparameters resultieren (*Differential Item Functioning DIF*), so bedeutet das, dass das R. nicht gilt, der psychol. Test mit seiner Verrechnungsvorschrift leistungsinadäquate Testwerte produziert: Gleiche Testwerte drücken nicht gleiche Leistungen aus. Die Methode der Wahl als entspr. Modelltest stellt Andersens (bedingter) *Likelihood-Ratio-Test* dar (diesen und etliche andere Modelltests zum R. beschreiben Kubinger 1989a, Glas & Verhelst 1995).

Da sich bei der Kalibrierung eines psychol. Tests nach dem R. zumeist einige (wenige) Aufgaben als nicht modellkonform erweisen, werden diese üblicherweise ausgeschieden, bevor der Test zum Einsatz in der Praxis kommt. Kubinger (2005) schlägt dafür Standards vor, die im Wesentlichen auf Folgendes abzielen: (1) Um den «Grad der Bewährung» *sensu Popper* für einen psychol. Test in Bezug auf Konformität mit dem R. hoch zu halten, sollten Modelltests betreffs mehrerer Teilungen der Personenstichprobe durchgeführt werden. (2) Um dabei das Risiko 1. Art (*Fehler erster Art*) nicht allzu sehr zu überhöhen, sollten allerdings nicht zu viele solche Modelltests durchgeführt werden. (3) Ein Ausscheiden von Aufgaben sollte – am besten unter Zuhilfenahme von Raschs Grafischem Modell-Check – sukzessive so lange erfolgen, bis a posteriori Modellkonformität gegeben ist. (4) Gelingt dies, ist die Modellkonformität für genau diesen verbleibenden Aufgabenpool noch anhand einer neuen, unabhängigen Stichprobe zu prüfen («Art *Kreuzvalidierung*», Kubinger et al. 2011).

Problematisch im Zusammenhang mit der Kalibrierung eines psychol. Tests nach dem R. ist, dass der zur möglichst genauen Schätzung der (Item-)Parameter notwendige, extrem große Stichprobenumfang zumeist dazu führt, dass der Modelltest signifikant (*Signifikanz*) wird, obwohl die Modellabweichung praktisch vernachlässigbar ist. Der Theorie der Statistik besser entspricht es daher, den nötigen (min.) Stichprobenumfang bei gegebenem relevantem Effekt (d. i. das Ausmaß praktisch nicht mehr tolerierbarer Modellabweichung) für den Modelltest vorweg danach zu berechnen, dass bei festgelegten Risiken 1. und 2. Art (*Fehler erster Art*, *Fehler zweiter Art*) noch größere Modellabweichungen höchstens mit einer Wahrscheinlichkeit in der Höhe ebendieses Risikos 2. Art nicht entdeckt werden. Eine Lösung dieses Problems geben Kubinger et al. (2009) bzw. Draxler 2010.

Kritisch ist, dass sich manche Anwendungen des R. gar nicht seiner herausragenden Eigenheit bedienen, nämlich spezif. obj. Vergleiche zu ermöglichen. Verwendet man aber statt bedingter Maximum-Likelihood-Schätzungen (CML-Schätzungen, «C» von *conditional*) – bei denen also die Schätzung der Itemparameter unter der Bedingung erfolgt, die ebenfalls unbekannten Personenparameter aller Personen sind je Anzahl gelöster Aufgaben immer gleich – diverse unbedingte Schätzmethoden z. B. mit best. Verteilungsannahmen über die Personenparameter, wird man dieses Vorteils verlustig. Nicht nur, dass dann die Kalibrierung eines psychol. Tests (extrem) stichprobenabhängig wird bzw. auf unprüfbaren Voraussetzungen beruht, gibt es auch keinen Modelltest mehr, sondern lediglich Ansätze zur Bestimmung der Anpassungsgüte der Daten an das Modell.

Verallgemeinerungen zum R., insbes. solche, die nicht spezif. obj. Vergleiche der Itemparameter ermöglichen, s. *Item-Response-Theorie (IRT)*. Zu Modellen, die über eine Bewertung von gelöst vs. nicht gelöst hinausgehen und mehrkategorielle Goutierungen vorsehen, s. *Rasch-Modell, ordinales*. *Rasch-Modell, mehrdimensionales*, *Rasch-Modell, mehrdimensionales nominales*.　　　　K. D. Kubinger

Rasch-Modell, mehrdimensionales (= MRM) [engl. *multidimensional Rasch model*], [**DIA, FSE**], während das Linear-logistische Testmodell (*linear-logistisches Testmodell (LLTM)*) trotz der Spezifizierung einer Struktur der Itemschwierigkeiten ein eindimensionales Testmodell bleibt (Eindimensionalität, *Item-Response-Theorie (IRT)*, *Rasch-Modell*; = RM), erlaubt die analoge Vorgehensweise der additiven Zerlegung der *Itemparameter* die Spezifikation von mehrdimensionalen RM. Obwohl auch hier die Q-Matrix eine Struktur zw. Item- (θ) und Basisparametern (η) definiert, nämlich:

$$\theta_{vj} = \sum_{j=1}^{h} q_{ij}\eta_{vj},$$

wird diese Strukturmatrix ganz anders eingesetzt. Wird nur eine *Dimension* für den gesamten Test angesetzt, so besteht die Q-Matrix aus dem Einheitsvektor (h=1), misst jedes Item eine andere Dimension, so ist Q die Einheitsmatrix mit den Werten 1 in der Hauptdiagonale (h=k). Dieser Spezialfall widerspricht jedoch der formalen Bedingung, dass die Q-Matrix vollen Rang haben muss, also keine linearen Abhängigkeiten zw. den Spaltenvektoren haben darf. Zwischen diesen beiden Extremen können sehr viele MRM spezifiziert werden. Steht in jeder Zeile der Q-Matrix genau eine Eins (und sonst Nullen), so spricht man von *between item multidimensionality*, stehen mehrere Einsen in den Zeilen der Q-Matrix, so heisst es *within item multidimensionality*. In der Sprache der *Faktorenanalyse* heißt der erste Fall *Einfachstruktur*, der zweite Fall *multiple Ladungen* in der Ladungsmatrix. Die q-Gewichte müssen nicht auf die Werte 0 und 1 beschränkt sein. Trägt man in einen Q-Vektor die vermuteten Trennschärfen der Items ein, so erhält man das *Birnbaum-Modell* (*Item-Response-Theorie (IRT)*) mit bekannten Trennschärfen. Dieses Modell wird als OPLM (*one parameter logistic model*) bezeichnet. Die Verallgemeinerung der mehrdimensionalen Modelle auf ordinale Daten ist möglich und wird in einigen Softwareprodukten angeboten. Auch variiert das Angebot der Softwareprodukte hinsichtlich der Komplexität, eine Q-Matrix für die Items oder die Personen oder beides vorzusehen. Ein weitgehend missachtetes MRM lässt sich für nominale, also mehrkategorielle Daten ohne Rangordnung der Antwortkategorien ableiten (*Rasch-Modell, mehrdimensionales nominales*). Davier & Carstensen 2007.　　　　J. Rost

Rasch-Modell, mehrdimensionales nominales [engl. *multidimensional nominal Rasch model*], [**DIA, FSE**], viele Fragebögen werden mit nominalen, d. h. mehr als zwei Antwortkategorien, aber nicht ordinalen Kategorien konstruiert (*Nominalskala*). Bsp. sind *Attribution*sfragebögen mit den vier Antwortalternativen, die sich aus der Kreuzung der beiden Dichotomien «intern-extern» und «stabil-labil» ergeben, oder Fragebögen zu *Kontrollüberzeugungen* mit den drei Kategorien «intern – extern – Zufall». Unter der Voraussetzung, dass jedes Item dieselbe Anzahl von Kategorien hat, die zudem dieselbe Bedeutung haben, lässt sich ein Modell (*Rasch-Modell*) spezifizieren, das für jede der Antwortkategorien sowohl einen Personen- (θ) als auch einen Item-Parameter (σ) vorsieht.

$$p(X_{vi}=x) = \frac{exp(\theta_{vx} - \sigma_{ix})}{\sum_{s=0}^{m} exp(\theta_{vs} - \sigma_{is})}.$$

Im Unterschied zum *ordinalen Rasch-Modell* werden hier keine Schwellenparameter kumuliert oder die Rangordnung der Kategorien überprüft. Trotzdem lassen sich die Funktionen der vier Antwortkategorien auf einer Dimension anordnen. Die Abbildung zeigt die Kategorienfunktionen eines Items mit vier nominalen Antwortkategorien, die – anders als beim ordinalen Rasch-Modell – monoton steigend oder monoton fallend, nicht aber eingipflig sind. Die Grafik ist eine von vier möglichen Abbildungen mit jew. einer anderen Fähigkeitsdimension als Abszisse.

Für die korrespondierende Kategorie (x = 0) ist die Funktion monoton steigend, für alle anderen monoton sinkend. Die ansteigende Funktion ist in der Abb. dargestellt: $p(x=0) = f(\theta_{v0})$. Anwendbar wird dieses Modell mithilfe eines Programms mit linearen Restriktionen für Personen und Items.

J. Rost

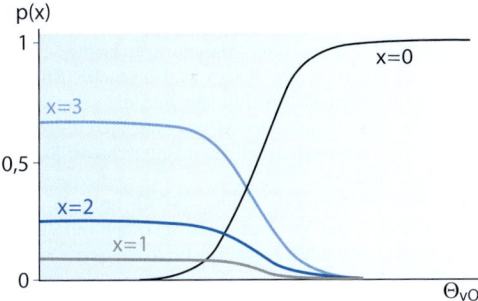

Kategorienfunktionen eines Items mit vier nominalen Antwortkategorien für das nominale mehrdimensionale Rasch-Modell

Rasch-Modell, ordinales (= o. R.) [engl. *ordinal Rasch model*], [**DIA, FSE**], Verallgemeinerung des *Rasch-Modells* für mehr als zwei geordnete Antwortkategorien (daher die Bez. dichotomes R. für das einfache R.; *Ordinalskala*). Diese Antwortkategorien können durch die abgestufte Bewertung von Leistungstests entstanden sein (falsch – halb-richtig – völlig richtig) oder durch die Verwendung von Urteilsskalen (*Ratingskala*). Dementsprechend nennt man diese Modelle auch *partial credit models* oder *Ratingskalen-Modellen*. Die Verallgemeinerung des dichotomen R. zum *partial credit model* geschieht mittels sog. *threshold parameters* (Schwellenparameter). Während man beim dichotomen R. im Antwortprozess nur eine Schwelle zu überschreiten hat, nämlich die von falsch zu richtig, so sind es beim partial credit model so viele Schwellen, wie es Antwortkategorien gibt (minus 1). Jede Schwelle ist auf dem latenten Kontinuum lokalisiert. Je weiter rechts eine Schwelle auf dem Kontinuum liegt, desto schwerer ist es, sie zu überschreiten. Arbeitet man z. B. mit einer fünfstufigen Ratingskala, so gibt es statt eines Schwierigkeitsparameters für jedes Item vier Schwellenparameter. Jeder Schwellenparameter markiert einen Schnittpunkt zw. zwei benachbarten Kategorienfunktionen (Antwortfunktionen). Solange sich die Schnittpunkte entlang des latenten Kontinuums anordnen (s. Abb.), kann man von geordneten Antwortkategorien sprechen. In der Abb. liegen sie bei den Werten −1.0, +0.5, +1.0 und +2.0 und indizieren, dass die Antwortkategorien der Ratingskala bei diesem Item geordnet sind. «Geordnet» heißt hier, dass die entlang des Kontinuums angeordneten Schwellenparameter jew. fünf Intervalle auf dem Kontinuum def., die disjunkt (überschneidungsfrei) und exhaustiv (das gesamte Kontinuum abdeckend) sind. Jedes Item definiert mit seinen Schwellenparametern Abschnitte auf dem Kontinuum, in denen die Personen mit einem entspr. Parameter am wahrscheinlichsten antworten.

Betrachtet man die Modellgleichung dieses Modells, so fallen folg. Ähnlichkeiten und Unterschiede zum dichotomen Modell auf.

$$p(X_{vi} = x) = \frac{exp(x\theta_v - \sigma_{ix})}{\sum_{s=0}^{m} exp(s\theta_v - \sigma_{is})},$$

mit $\sigma_{ix} = \sum_{s=0}^{x} \tau_{is}$ und $\sigma_{i0} = 0$.

Modelliert wird das Antwortverhalten in x Kategorien (x ∈ 0, 1, 2, … m) und jede Person setzt ihren Fähigkeits- oder Attitude-Parameter so oft erfolgreich ein, bis sie ihre Stufe erreicht hat (daher ein x als Koeffizient des Personenparameters). Jedes Item hat seine eigenen Schwellenparameter (sigma doppelt indiziert), wodurch es passieren kann, dass bei einigen Items die verwendete Antwortskala geordnete Kategorien hat, bei anderen nicht. Der in der Modellgleichung aufgeführte (vektorielle) Itemparameter σ_{ix} spezifiziert nicht direkt die Schwellenlokation. Vielmehr sind die dekumulierten Parameter τ_{ix} die Schwellenparameter, die über die Ordnung der Kategorien Auskunft geben. Während es von einigen als geniale Lösung angesehen wird, die Frage nach der Skaleneigenschaft (z. B. *Ordinalskala* vs. *Intervallskala*) von Daten empirisch zu überprüfen, bestreiten andere, dass dies wirklich ein Ordnungsnachweis ist. Die Skeptiker führen an, dass das *Partial-Credit-Modell* auch auf einen empirischen Datensatz passt, in dem die Schwellen nicht geordnet sind, und argumentieren, dass die Verletzung einer Rangordnungsannahme zu einer stat. Zurückweisung des ganzen Modells führen müsse. Ein zweites Argument betrifft die Verletzung der *joining assumption*, die besagt, dass in Item-Response-Modellen (*Item-Response-Theorie (IRT)*) angrenzende Antwortkategorien zus.gelegt werden können (*joining*), ohne dass sich am *model-fit* irgendetwas ändert. Auch das ist hier nicht gegeben (Roskam 1995). Davier & Rost 1995, Rost 1999.

J. Rost

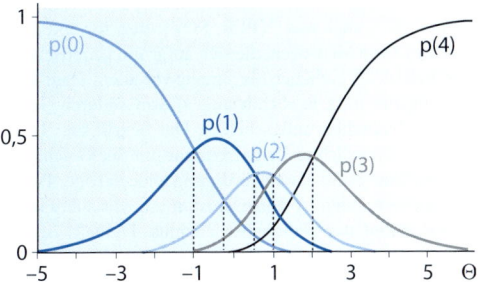

Kategorienfunktion für 5 Antwortstufen (0 bis 4) nach dem ordinalen Rasch-Modell (y-Achse: Wahrscheinlichkeit der Kategorienwahl)

Rasch-Reliabilität [engl. *Rasch reliability*], [**DIA**], die *Reliabilität* eines Tests ist neben der *Validität* das wichtigste *Gütekriterium* eines Tests. Sie ist als ein Varianzverhältnis definiert, nämlich als Anteil der *Varianz* der wahren Werte an der Varianz der beobachteten Messwerte. Das Konzept ist i. R. der *Klassischen Testtheorie* (KTT) definiert worden und wird dort bis heute standardmäßig angewandt. I. R. der Messtheorie von Rasch (*Rasch-Modell*) wird die Reliabilität selten berechnet und angewendet, obwohl die Voraussetzungen einer Berechnung hier wesentlich günstiger sind. Von den drei beteiligten Varianzanteilen, $Var(\hat{\theta}) = VAR(\theta) + VAR(\hat{\theta} - \theta)$, der Varianz der beobachteten Meßwerte, die der wahren Werte und die der Fehler, ist in der klassischen Testtheorie nur die erstgenannte, die beobachtete Varianz berechenbar. Zur Schätzung der Fehler- oder der wahren Varianz muss man sich daher des Hilfsmittels der Berechnung von Korrelationen bedienen (*Paralleltests*, *Retest-Methode*, *Split-Half-Methode*), während man im Rasch-Modell alle drei Varianzanteile direkt schätzen kann. Die Varianz der *latenten Variable* wird von Programmen nach der marginalen Maximum-Likelihood-Methode (MML) als Modellparameter geschätzt und hat vorteilhafte stat. Eigenschaften wie erwartungstreue Schätzungen. Die beobachtete Varianz ist die Varianz der geschätzten Personenparameter, wobei die Schätzung der Personenparameter nicht ganz unproblematisch ist. So ist die bekannteste, die *Unconditional-ML-Methode* der Parameterschätzung, eine wenig geeignete Methode zur Schätzung der beobachteten Varianz. Sie führt zu einer grob überschätzten beobachteten Varianz. Die nach Warm modifizierte *Methode der WLE* zeigt dagegen wesentlich bessere und vor allem erwartungstreue Schätzer der Personenparameter. Die Fehlervarianz der Meßwerte kann über die *Standardschätzfehler* der Personenparameter berechnet werden. Es gibt also mehrere Möglichkeiten, die Reliabilität eines Tests mit den Mitteln der Rasch-Messtheorie zu berechnen, ja präziser zu berechnen, als es in der KTT möglich ist. Wenn es trotzdem nur wenige Testanalysen gibt, die mit dem Konzept der Reliabilität arbeiten, so liegt das vielleicht an der Annahme, dass der Test in allen Bereichen der latenten Fähigkeit gleich gut misst. Dass dies nicht der Fall ist, erkennt man an der *Testinformationsfunktion*. Walter & Rost 2011. *J. Rost*

Rasse (= R.) [engl. *race*], [**PER, SOZ**], Bez. für eine große Gruppe von Menschen, die sich aufgrund genetisch determinierter körperlicher Merkmale, vor allem Hautfarbe und Augenform (z. B. «Schlitzauge»), von anderen Gruppen von Menschen unterscheidet. Der Begriff der R. hat eine lange Geschichte, die untrennbar mit der Geschichte der Ablehnung und Herabwürdigung andersartiger Populationen verbunden ist (*Rassismus*), in Dt. vor allem während der Zeit des Nationalsozialismus. Deshalb ist der Begriff der R. seit dem 2. Weltkrieg in der dt.sprachigen Ps. diskreditiert. R. ist bedingt geeignet, um auf den Lebensraum von Vorfahren hinzuweisen. Deshalb ist R. in Einwanderungsländern wie USA, Kanada und Australien eine durchaus «politisch korrekte» Bez. der geografischen Herkunft der Teilnehmer an psychol. Studien (z. B. *African-American*, *Asian-American*, *European-American*, *Hispanic* (aus Süd- und Mittelamerika stammend), früher auch *Black* und *White* oder *Caucasian* (letzteres geht auf den Zoologen und Anthropologen Johann Friedrich Blumenbach 1775 zurück, der den Kaukasus für den Ursprungsort der Weißen hielt).

Zur Charakterisierung der genetischen Ähnlichkeit (*Genetik*, *Verhaltensgenetik*) ist ein auf Hautfarbe und Augenform reduzierter R.-Begriff nicht geeignet. Z. B. haben die Aborigines in Australien und viele afrikanische Ethnien eine ähnlich dunkle Hautfarbe, weil sie einen Selektionsvorteil bei starker Sonneneinstrahlung bietet, obwohl sie sich genetisch und von ihrer Migrationsgeschichte her vgl. weise stark unterscheiden. Relativ zu den genetischen Unterschieden innerhalb von Ethnien sind die genetischen Unterschiede zw. unterschiedlichen Ethnien jedoch gering (5 %–6 % der gesamten genetischen Unterschiede; Rosenberg et al., 2002). *J. B. Asendorpf*

Rassismus (= R.) [engl. *racism*], [**SOZ**], unter R. wird i. d. R. ein extremes *Vorurteil*, meist verknüpft mit diskriminierendem *Verhalten* gegenüber Personen oder *Gruppe*, verstanden, die einer anderen Ethnie («*Rasse*») angehören. Repräsentiert in indiv. Vorurteilen oder aber auch in sozialen Strukturen bzw. Institutionen (institutioneller R.). Bei der generellen Unterscheidung von *traditionellem R.* und *modernem R.* wird mit traditionellem R. eine ebenso offensichtliche wie antiquierte Vorstellung von R. verstanden. Traditionelle Rassisten sind Personen oder Gruppen, deren bigotte Überzeugungen gegenüber *Minoritäten* derartig offenkundig sind, dass sie in weiten Teilen der Öffentlichkeit auf Ablehnung stoßen. Der *moderne R.* zeigt sich in unterschiedlichen Varianten: als ambivalenter R., bei dem je nach Kontext pos. oder neg. *Einstellungen* gegenüber den Mitgliedern einer ethnischen Minorität gezeigt werden. Symbolischer R. zählt zu den subtileren Formen des R., der sich vor allem dadurch zeigt, dass die Diskriminierung von Minoritäten geleugnet wird. In der Form des modernen R. wird den Minoritäten vorgeworfen, zu viele und ungerechtfertigte Forderungen zu stellen, innerhalb der *Gesellschaft* im Vergleich zu sehr gefördert zu werden und damit *Gerechtigkeit* und Leistungsprinzip außer Kraft zu setzen. *Aversiver* R. ist dadurch gekennzeichnet, dass einerseits egalitäre Normen unterstützt werden und damit eine Gleichbehandlung aller gesellschaftlichen Gruppen gefordert wird, andererseits aber im Umgang mit Minderheiten Ängste und Vorurteile ebendiesen Minderheiten gegenüber bestehen. Die in diesem Zusammenhang wichtige Unterscheidung subtiler vs. offener (offenkundiger) Vorurteile (Pettigrew & Meertens 1995) soll verdeutlichen, dass die neueren Varianten des R. eigentlich nur noch über indirekte Itemformulierungen abgefragt werden können, da zu offenkundige Formulierungen durchschaut werden. Zarate 2009, Zick & Küpper 2008, Zick 1997, McConahay 1986, Mackie & Hamilton 1993, Jones 2002. *B. Six*

Ratenverstärkung *Quotenverstärkung.*

rater [engl.] Beurteiler. *Beurteilerübereinstimmung.*

Rateversuch *Shannonscher Rateversuch.*

rating [engl.] Einstufung, Schätzung; *Beobachtung*, *Fremdbeurteilungsverfahren.*

Ratingskala (= R.) [engl. *rating scale*; *rating* Bewertung, Einschätzung], [**FSE**], eine abgestufte, mehrstufige *Skala*, oft mit etikettierten Kategorien, auf der der Befragte seine

Antwort auf eine Frage ausdrücken soll. Ein typ. Bsp. ist die *Likert-Skala*, eine fünfstufige bipolare Zustimmungs- bis Ablehnungsskala, meist bezeichnet mit «trifft voll und ganz zu», «trifft zu», «teils/teils», «trifft nicht zu» bzw. «trifft überhaupt nicht zu». Die Antwortkategorien werden codiert von 1 bis 5 oder von -2 bis +2. Antwortet der Befragte also auf die Aussage «Ich bin ein geselliger Mensch» mit «trifft zu», dann erhält er den Antwortwert «4» bzw. «+1» . **[DIA, KLI]**, mehrfache Bedeutung: Antwortskala und Verfahrensgruppe. Als Antwortskala bezeichnet der Begriff das Antwortformat bei der Bewertung eines Items (z. B. mehrstufig hinsichtlich Schweregrad oder Häufigkeit). Als Verfahrensgruppe in Form von Beurteilungsskalen, die meist mittels faktorenanalytischer Methoden (*Faktorenanalyse*) konstruiert worden sind und dazu dienen, versch. Facetten einer psych. Störung abzubilden. Unterschieden wird zw. ein- und mehrdimensionalen Ratingskalen. Bei eindimensionalen Ratingskalen wird nur eine Dimension erfasst (z. B. Depressivität), während in mehrdimensionalen Ratingskalen versch. Facetten psych. Störung abbildbar sind (z. B. Ängstlichkeit, Depressivität, vegetative Symptomatik). Innerhalb der Ratingskalen wird weiterhin zw. sog. *Selbstbeurteilungsverfahren* und *Fremdbeurteilungsverfahren* unterschieden. In der Forschung wird im Hinblick auf stat. Analysen meist Ordinal- oder Intervallskalenniveau (*Skalenniveau*) angenommen (z. B. non-parametrische bzw. parametrische *Varianzanalyse* bei Gruppenvergleichen).
[SOZ], in der Sozialps. werden Ratingskalen vor allem zur abgestuften Erfassung/Schätzung einer i.d.R. als latent kontinuierlich angenommenen *Einstellung* (= E.) verwendet. Die E. werden vorwiegend nach vier Dimensionen gemessen: Richtung, Grad, Intensität, Bedeutsamkeit. In der Hauptsache sind fünf Arten von Skalen entwickelt worden: (1) die *Skala für soziale Distanz*, (2) die *Skala nach der Methode des Paarvergleichs* und der gleich erscheinenden Intervalle (*Thurstone-Skala*), (3) die Skala nach der Methode der Wertadditionen (*Likert-Skala*), (4) die Skalenanalyse nach Guttman (*Skalogrammanalyse*) und (5) die Skalenunterscheidungsmethode nach Kilpatrick. Bei der Methode der gleich erscheinenden Intervalle (z. B. nach Thurstone) ist zu berücksichtigen, dass die Zuordnung von Feststellungen (*statements*, *item*) zu Skalenwerten von extremen E. der Zuordner beeinflusst werden können (Hovland & Sherif 1952). Am Pol der eigenen Einstellung wird sehr gut differenziert, wogegen neutrale und entgegengesetzte Feststellungen sehr wenig differenziert werden. Verschiebungen der Beurteilungen der Items sind verschieden erklärt worden: (1) Nach der *Adaptationstheorie* ist die Lage der Nullpunkte nicht nur von den Reihenreizen abhängig, sondern auch von den in der Erfahrung häufigeren Feststellungen des Pols, der einer extremen Einstellung entspricht. (2) Nach dem *Range-Frequency-Modell* von Parducci (1965) werden die gleichen Feststellungen versch. Werten zugeordnet in Abhängigkeit von der subj. (psychol.) Erstreckung der Bewertungen und von den gewohnheitsmäßig festen Proportionen, in denen die Urteilskategorien verwendet werden. (3) Nach dem *Gummiband-Modell* von Volkman (1951) bestimmt nur die subj. Erstreckung (der Umfang der Bewertungen) die gewohnheitsmäßig benutzte Zahl der Kategorien. Da bei der Methode der Beurteiler-Einschätzung der Feststellungen (Items) sowohl die Zahl der Items als auch die Zahl der Kategorien festlegt, sind die Endpunkte bei der Erstreckungen der Beurteiler entscheidend. Es kann Beurteiler geben, bei denen ein Beurteilungspol außerhalb der angebotenen Feststellungen liegt (*out-of-range judges*). Stroebe (1971) hat der Analyse dieser Modelle ein weiteres hinzugefügt, in dem berücksichtigt wird, dass die Beurteilungen der Items nicht nur auf der Dimension «Zustimmung – Ablehnung» variieren. *Beobachtung, Beurteilerübereinstimmung, Skalierung, Methoden der, Rasch-Modell, ordinales, semantisches Differenzial*. Stieglitz 2008a, Borg & Staufenbiel 2007. *I. Borg/R.-D. Stieglitz*

Ratingskalen-Modell (= R.) [engl. *ratingscale model*], **[DIA, FSE]**, ist ein ordinales Rasch-Modell (= RM; *Rasch-Modell, ordinales*), dessen Itemparameter σ_{ix} bzw. die Schwellenparameter τ_{ix} so restringiert werden, dass sie best. Annahmen über die verwendete Ratingskala ausdrücken. Soll z. B. eine zehnstufige Urteilsskala mit den ganzzahligen Werten von 1 bis 10 als Kategorienbeschriftung mit der Erwartung verwendet werden, dass die Antwortkategorien äquidistant (gleich-abständig) sind, so kann man diese Annahme in zwei Schritten prüfen. Man schätzt die Schwellenparameter des (unrestringierten) ordinalen RM. und prüft, ob diese für alle Items geordnet sind und ob eine Regelmäßigkeit in den Schwellenabständen vorhanden ist. Im zweiten Schritt wird das sog. *Äquidistanz-Modell* auf die Daten angewendet, in dem ein konstanter Abstand jeder Schwelle von beiden benachbarten Schwellen angenommen wird. In diesem Modell wird für jedes Item ein Schwierigkeitsparameter σ_i geschätzt, sowie ein Distanzparameter δ_i, der den Schwellenabstand bei Item i parametrisiert.

Das Interessante an diesem Modell ist der Sachverhalt, dass die Distanzparameter als eine eigene Art von *Trennschärfe*parametern interpretiert werden können. Große Schwellendistanzen drücken eine schmale Verteilung der Personenparameter und somit eine geringe Trennschärfe, kleine Distanzen eine breite Verteilung und somit eine große Trennschärfe des betreffenden Items aus. Salopp kann man sagen, dass das RM. sehr wohl unterschiedliche Item-Trennschärfen kennt. Die Voraussetzung dafür ist, dass die Daten mind. drei-kategoriell sind (für weniger als drei Kategorien gibt es keine Schwellendistanzen). Zu beachten ist jedoch, dass es sich hierbei um eine ganz andere Art von Trennschärfe handelt, als es etwa der zweite Itemparameter im *Birnbaum-Modell* ist (*Item-Response-Theorie (IRT)*). Eine Prüfung, ob die Äquidistanzannahme überhaupt für alle Items gültig ist, kann über *Informationstheoretische Maße* wie den BIC oder Likelihoodquotiententests erfolgen. Auch eine grafische Darstellung der Schwellenparameter gibt eine gute Auskunft, ob Äquidistanz bei diesen Daten angenommen werden kann.

Das Typische bei der Verwendung von *Ratingskalen* liegt jedoch nicht in der Annahme von Äquidistanz aller Kategorien eines Items, sondern gleicher Abstände der Antwortkategorien über alle Items. Im Normalfall wird dieselbe Ratingskala, (z. B. «0» = «trifft nicht zu», «1» = «trifft eher nicht zu», «2» = «trifft überwiegend zu», «3» = «trifft völlig zu»), für alle Items verwendet, ja die Benutzung derselben Ratingkategorien für alle Items gilt gleichsam als Voraussetzung für die Interpretation und Auswertung der Daten. Das R. weist daher neben dem Schwierigkeitsparameter für jedes Item σ_i noch m Schwellenparameter auf, die die Schwellendistanzen über alle Items hinweg parametrisieren. Es lassen sich jedoch auch beide Annahmen kombinieren, d. h., ein Modell mit den m Kategorienparametern des Ratingskalen-Modells und den k (= Anzahl der Items) Distanzparametern formulieren. Das resultierende *Dispersionsmodell* (*Dispersion* = Streuung) vereinigt nicht nur die Eigenschaften des R. mit denen des Äquidistanz-Modells mit seinen Pseudo-Trennschärfeparametern. Es spart auch im Vergleich zum ordinalen RM. viele Parameter ein. Rost 1988a, Rost 1988b. *J. Rost*

Rationale [engl. *rationale*; lat. *ratio* Vernunft], Prinzip, logische Grundlage, Grundannahme.

Rational-emotive Therapie (= RET) [engl. *rational-emotive therapy*; lat. *ratio* Vernunft, *emovere* herausbewegen], [**KLI**], eine den *kognitiven Verhaltenstherapien* zuzurechnende, 1977 von A. Ellis entwickelte Methode der Psychoth., die von der Einschätzung ausgeht, dass damit psych. Probleme oft schneller und wirksamer bearbeitet werden können als mit traditionellen Formen der *Psychoanalyse*. Ausgangspunkt war die Annahme, dass Menschen sich, letztlich auf biol. Schwächen zurückführbar, ständig mit automatisierten, *irrationalen Annahmen* re-indoktrinieren und so ihre Probleme selber verursachen. Problemat. Gefühle und Verhaltensweisen entstehen nach dem *ABC-Ansatz* (A = *activating event*, Auslöser, B = *belief*, Bewertung, C = *consequence*) nicht zwingend aus einem best. Ereignis oder Faktum, sondern erst aufgrund von Bewertungen. Solche Bewertungen können dabei sehr konkret («Verhalten X von Person Y bedeutet, dass sie mich ablehnt»), aber auch auf philosophischer Ebene sein («ich kann nur in einer Welt leben, die fair ist»). In der Therapie wird der Einfluss problematischer Annahmen analysiert, und es werden Alternativen diskutiert. Dies kann in unterschiedlicher Weise geschehen. Traditionell bedeutsam ist der *sokratische Dialog*, in dem beim Pat. Fragen und Widersprüche erzeugt werden, wodurch er selber auf bessere Alternativen kommt. Es werden, insbes. auch zur Übertragung erarbeiteter *Einsichten* ins reale Leben, Imaginations- und Verhaltensübungen etc. verwendet. Die RET gilt, v. a. i. R. einer nicht auf kogn. Techniken i. e. S. beschränkten Therapie, als ein wirksames therap. Mittel, v. a. in Einzeltherapie. Anwendung u. a. bei *Depression*, *Ängsten*, Eheproblemen, sexuellen Problemen (*Sexualstörungen*) und *psychosomatischen* Störungen. *F. Caspar*

Rationalisierung, Rationalisation (= R.) [engl. *rationalization*; lat. *ratio* Rechnung, Vernunft], [**AO, WIR**], alle praktischen, besonders technisch-wirtschaftlichen Bemühungen um die bestmögliche Leistungshebung, Ertragssteigerung, Arbeitsverbesserung (Betriebsrationalisierung), Standardisierung, Automatisierung u. a. m. *Effizienz*.

[**KLI, PER**], Tiefenpsychol. bedeutet R. das verstandesmäßige Rechtfertigen eines Verhaltens (Innere Ausrede). Das *Ich* ersetzt aus dem *Es* stammende, wahre, aber nicht eingestandene Motive (*Motiv*, vom *Über-Ich* verboten) durch unwahre, aber eingestandene Motive (vom Über-Ich nicht verboten). *Psychoanalyse*.

Rationalismus [engl. *rationalism*; lat. *ratio* Vernunft], [**PHI**], der erkenntnistheoretische Standpunkt (*Erkenntnistheorie*), dass die Erkenntnis im Wesentlichen auf der *Vernunft*, nicht auf der *Erfahrung* beruht. Gegensatz: *Empirismus*, *Sensualismus*. Die Geisteshaltung, in der die Vernunft bestimmend ist oder wenigstens vorherrscht. Ggs. *Irrationalismus*.

Rationalismus, kritischer *Kritischer Rationalismus*.

Rationalität (= R.) [engl. *rationality*; lat. *ratio* Vernunft], [**EM, KOG**], ist aufgeklärtes und vernunftgeleitetes *Denken* und Handeln (*Handlung*), das von bloßem Glauben oder der Unfähigkeit, sich seines eigenen Verstandes (*Verstand*) zu bedienen, unterschieden wird. Theorien rationalen Verhaltens sind meist normativ, d. h., sie beschreiben, wie man sich in einer Situation verhalten sollte. In der Ps. werden normative Theorien auch als deskriptive Modelle untersucht, d. h. als *Hypothese* darüber, wie sich Menschen tatsächlich verhalten. Was unter R. verstanden werden soll, darüber gibt es unterschiedliche Ansichten. In der Ps. existieren mind. drei versch. Positionen: *Unbegrenzte R.*, *Optimierung mit Randbedingungen*, und *ökologische R.*

Unbegrenzte R.: Viele ökonomische und einige psychol. *Theorien* setzen voraus, dass Menschen alle für ein Problem relevanten Alternativen, Konsequenzen und *Wahrscheinlichkeiten* bekannt seien. Diese Theorien beantworten die Frage, wie man sich verhalten sollte, wenn man alle Informationen hat (und keine erst suchen muss). Die Maximierung des erwarteten Nutzens (*Kosten-Nutzen-Kalkulation*) bildet z. B. die Basis für Theorien über Entscheidung (*Entscheiden*, rational choice theory), moralisches Verhalten (*Moral*, Konsequentialismus) und kogn. Prozesse (*Kognition*, Bayesianische Modelle des *Gehirns*). Kennzeichnend für diese Klasse von Modellen ist, dass meist unbegrenzte Kapazitäten angenommen werden, etwa ein perfektes *Gedächtnis*, vollst. *Wissen* und unbeschränkte *Zeit*. Kennzeichnend für die entspr. psychol. Experimente ist, dass den Vpn alle Information zur Verfügung gestellt und künstliche Problemstellungen verwendet werden. Da unbegrenztes Wissen psychol. unrealistisch ist, werden diese Theorien oft als Als-ob-Theorien (statt Theorien über kogn. Prozesse) bezeichnet. In der Ökonomie sind Als-ob-Theorien die Regel, denn sie erlauben, die math. Werkzeuge der Optimierung anzuwenden.

Optimierung mit Randbedingungen: Eine zweite Klasse von Theorien versucht realistische Randbedingungen (constraints) zu berücksichtigen, aber dennoch das Ideal der Optimierung beizubehalten. Eine begrenzte Gedächtnisspanne etwa ist eine interne Randbedingung, Informationskosten eine externe Begrenzung. Modelle unbegrenzter R. spezifizieren nicht, wie Information gesucht wird – der Entscheider verfügt ja über vollst. Wissen. Optimierung unter Randbedingungen modelliert dagegen Informationssuche unter einer oder mehreren Randbedingungen. Der Prototyp für entspr. Modelle ist Abraham Walds *sequenzielle Entscheidungstheorie*. Ein Kunde sucht bspw. so lange nach einem Gebrauchtwagen, bis die erwarteten Kosten einer weiteren Suche höher werden als der erwartete Nutzen. Dann wird die Suche abgebrochen. In Andersons rationaler Theorie des Gedächtnisses wird entspr. so lange nach einem Item gesucht, bis die erwarteten Kosten den Nutzen übersteigen (Anderson 1990). Das Problem dieser Theorien ist: Je mehr realistische Randbedingungen berücksichtigt werden, desto komplizierter wird die math. Optimierung und – paradoxerweise – desto unrealistischer werden die kogn. Prozesse, die angenommen werden müssen. Das hat oft dazu geführt, dass man wieder zu einfacheren Theorien zurückgeht, die unbegrenzte R. postulieren.

Ökologische Rationalität befasst sich mit der Passung von kogn. Strategien und der Umwelt. I. Ggs. zu beiden anderen Theorieklassen wird nicht Optimierung als notwendige Bedingung für rationales Verhalten gesehen, sondern die Passung zw. *Kognition* und Umwelt. In dieser adaptiven Sichtweise kann der Rationalitätsbegriff auf Situationen mit nicht vollst. bekannter Information angewendet werden. Frühe ökologische Theorien finden sich bei Egon Brunswik, J.J. Gibson und Herbert A. Simon. Nach Simons *Scheren-Analogie* (mit Kognition und Umwelt als die beiden Klingen) ist rationales Verhalten als Passung von kogn. Strategien und Umweltstrukturen zu verstehen und nicht alleine als das Ergebnis «interner» Prozesse wie die Konsistenz zw. Argumenten. Damit unterscheidet sich diese Form von R. von jener psychol. Forschung, in der eine Regel der Logik oder Wahrscheinlichkeit als rational in allen Umwelten angesehen und abweichende Urteile als kogn. Fehler interpretiert werden. Simons R. als Passung von kogn. Strategien und Umwelt wurde in dem Programm zur ökologischen R. ausgearbeitet. R. ist hier ein relativer Begriff: Eine Strategie (wie *Bayes-Theorem*) ist demnach nicht generell rational, sondern sie ist in einer Umwelt erfolgreicher als in einer anderen. Dieses Programm führt zu neuen Fragen wie nach der Identifikation von Umweltstrukturen, die best. kogn. Prozesse erst «rational» machen. Die Forschung zur ökologischen R. hat neue Ergebnisse wie Weniger-ist-mehr- (*less-is-more*)-Effekte gezeigt, die es den anderen beiden Rationalitätskonzepten zufolge nicht geben sollte. Chater & Oaksford 2008, Gigerenzer 2008, Hertwig et al. 2013, Simon 1979, Todd et al. 2012. *G. Gigerenzer*

rational traders [engl.] «rationale Händler», *Anlegerverhalten*.

Ratio-Skala, ratio scale [lat. *ratio* Rechnung], *Verhältnisskala*.

RATZ-Index, Abk. für *Relativer Anstieg der Trefferquote gegenüber der Zufallstrefferquote*, *Entwicklungsscreening*.

Raub (= R.) [engl. *robbery*], [**RF**], faßt jene vielgestaltigen illegalen Handlungen zus., die Täter unter Anwendung von bzw. Drohung mit *Gewalt* ausführen, um sich fremden Besitz anzueignen. Die ps. Forschung zu diesem Tatkomplex hat sich auf als Geldraub zu bezeichnende Delikte wie Überfälle auf Banken und Geldboten konzentriert, die allerdings meist nur ca. zehn Prozent der Raubdelikte ausmachen. Als wichtige Tatmotivation, mit der sich solche Taten von anderen Vermögensdelikten unterscheiden, hat sich eine kurzfristig verschärfte wirtschaftliche Bedürfnislage herausgestellt. Diese Bedingung ist jedoch nicht mehr bei wiederholten Taten dieses Typs nachweisbar. Aufgrund motivationsps. Erkenntnisse (*Motivation*, *Motiv*) muß postuliert werden, daß bei R. die implizite Zielsetzung der Gewaltanwendung den Handlungsablauf bestimmt und damit Gesichtspunkte des Vermögensvorteils in den Hintergrund drängt. Diese motivationale Bedingung ist auch für sog. sekundären R. zu reklamieren, der sich unmittelbar an eine andere Straftat, z.B. *Vergewaltigung*, meist zu Lasten desselben Opfers anschließt (*Raubmord*). Steck 2008. *P. Steck*

Raubmord (= R.) [engl. *robbery with murder*], [**RF**], bezeichnet vorsätzliche Tötung in Verbindung mit *Raub*. Als maßgebliche Bedingung für diese stat. seltenere Verschärfung eines Raubdelikts gilt der Kontrollverlust des Täters über die Tatsituation. In der Minderheit der Fälle wird die gezielte Tötung des Opfers vor der Beraubung beobachtet. Der Kontrollverlust wird in der einschlägigen Literatur hauptsächlich auf mangelhafte Tatplanung und auf Alkoholisierung (*Alkohol*) des Täters bei Tatausführung zurückgeführt. Weitere beobachtete Besonderheiten bei R., häufigere Bekanntschaft zw. Täter und Opfer sowie eher geringerer ökonomischer Druck als bei Raub, deuten darauf hin, dass eine komplexe Tatmotivation das Risiko des tödlichen Verlaufes erhöht. Steck 2008. *P. Steck*

Raucherentwöhnung (= R.) [engl. *smoking cessation*], [**GES, KLI**], Methoden zur R. sind versch. Maßnahmen, die Raucher dabei unterstützen, mit dem Rauchen aufzuhören. Die *WHO* schätzt, dass jährlich etwa sechs Mio. Menschen weltweit an den Folgen von Tabakkonsum sterben. Das Risiko für *Krankheiten*, die mit Rauchen in Verbindung stehen, geht innerhalb von wenigen Jahren nach einer erfolgreichen R. zurück und nähert sich nach 15 bis 20 Jahren dem Niveau von lebenslangen Nichtrauchern. Somit leistet die R. einen wichtigen Beitrag für das Gesundheitswesen. Viele Ex-Raucher benötigen mehr als einen Versuch, um langfristig mit dem Rauchen aufzuhören. Sog. *kalter Entzug*, Nikotinersatztherapie, medikamentöse Unterstützung mit *Bupropion* oder Vareniclin und *kognitive Verhaltenstherapie* gehören zu den häufigsten angewandten Methoden der R. 76 bis 88 % aller Ex-Raucher berichten, ohne Pharmakotherapie oder andere Hilfsmaßnahmen mit dem Rauchen aufgehört zu haben. Die Erfolgsaussichten einer langfristigen R. liegen unter Zuhilfenahme von Pharmakotherapie mit 25 bis 30 % allerdings höher als bei einem kalten Entzug (7,3 %). Der größte Erfolg bei der langfristigen R. wird für eine Kombination aus pharmakol. und psychosozialen Ansätzen berichtet. Eine geringe *Selbstwirksamkeitserwartung* gilt als wichtiger soziokogn. Prädiktor von Rückfällen bei der R. Der Erfolg der R. kann mittels eines Kohlenmonoxid-Atemtests oder über die Cotininkonzentration im Urin oder Blut gemessen werden. *N. Schüz*

Raucherentwöhnung, Pharmakotherapie (= R.) [engl. *smoker withdrawal, pharmacotherapy*], [**PHA**], für eine medikamentöse R. stehen drei versch. Therapiestrategien zur Wahl: *Nikotinersatzstoffe* (Kaugummi, Pflaster, Lutschtabletten), der *selektive Noradrenalin-Dopamin-Rückaufnahmehemmer Bupropion* und der partielle Agonist an α4-β2-nikotinischen Acetylcholinrezeptoren *Vareniclin*. Als Therapie der Wahl zur Nikotinentwöhnung gilt in Dt. die ambulante *Verhaltenstherapie*, bei Auftreten von Entzugssymptomen ggf. in Kombination mit Nikotinersatzstoffen. Bei fehlendem oder nicht ausreichendem Erfolg kann zusätzlich Bupropion versucht werden. Vareniclin ist in klin. Studien wirksamer als Bupropion, es wurde jedoch über ausgeprägte Stimmungsschwankungen und auch Suizidgedanken und -impulse und eine erhöhte *Inzidenz* kardiovaskulärer Ereignisse unter dieser Substanz berichtet. Nutzen und *Risiko* sind daher bei Anwendung von Vareniclin gegen die Therapiealternativen abzuwägen. *G. Gründer*

Raum (= R.) [engl. *space*], [**KOG, WA**], wahrgenommene, vorgestellte, begrifflich erfasste oder kogn. prozesshaft repräsentierte Abstandsrelationen bzw. Lagerelation zw. *Grenzen*, Oberflächen von natürlichen und gemachten Dingen oder Lebewesen (vgl. aber *Ganzfeld*). Im R. sind die Ressourcen lokalisiert, derer Lebewesen zum Leben bedürfen. R. umgreift Lebewesen und ermöglicht ihnen Bewegung (Stellung, *Lokomotion*, Manipulation und Transformation von Objekten). Regionen im Raum, Plätze, können bewertet, emot. oder symbolisch belegt sein. In diesem R. ist Orientierung (*Raumorientierung*) nötig. Die unterschiedlichen Orientierungsformen werden von unterschiedlichen sensomotorischen, kogn. Systemen geleistet, z.B. Gleichgewichtssinn. *Ohr*, *räumliches Sehen*, *räumliches Hören*, Tastraum, Greifraum, sensomotorisch(e) (Koordination), *kognitive Karte*. Der Ausbreitung von Signalen im R. dienen versch. Medien, z.B. Licht/Sehen, Luft/Hören. Taktil orientiert sich ein Lebewesen über den direkten Kontakt (*Kinästhesie*) mit den Oberflächen. Bewegungen, die vom Organismus ausgeführt werden, sind durch die Schwerkraft eingeschränkt. Der erlebte R. ist dem Individuum mit vielen Verhaltens- und Erlebnismerkmalen gegeben (z.B. voll – leer, eng – weit, nah – fern, bedrohlich – vertraut, ruhig – lärmig, gedämpft – hallig). Die Wahrnehmung, das Erleben des eigenen Körpers und die funktionale, räumlich-metrische Körperlichkeit (z.B. Größe der Hand als Bedingung für Greifarten zu Objekten), fallen unter die Konzeptfamilie *Körperschema*, Körperbild.

Unterschiedliche Teildisziplinen der Ps. untersuchen mit unterschiedlichen Herangehensweisen Aspekte von R. bzw. räumlichem und raumbezogenem Verhalten und Erleben (*Raumkognition*, *Raumrepräsentation*). Die *Entwicklungspsychologie* erforscht z.B. die Entwicklung von *Raumwahrnehmung* und zugeordneter Bewegung (*Tiefenwahrnehmung*, Entwicklung, *Greifreflex*), von Raumkonzepten (Piaget). In der Allgemeinen Ps. werden sensomotorische Vorgänge (s. o.) und kogn. raumbezogene Leistungen (z.B. räumliches Vorstellen, *affordance*, *Anisotropie*, *Tiefenlokalisation*; Bedeutung und Gebrauch von räumlichen Begriffen wie z.B. vorne – hinten, oben – unten, rechts – links) untersucht; in der Neurops. widmet man sich zentralnervösen Vorgängen/Ausfällen, die an R.wahrnehmung, Bewegung und R.vorstellung beteiligt sind (z.B. *Neglect*, das Ausfallen eines Teils des Sehfeldes aus der Beachtung, der Wahrnehmung). In der Differentiellen Ps. werden u.a. Intelligenzfaktoren untersucht, die mit r.bezogenen Leistungen kovariieren. In der Sozialps. und/oder Ökologischen Ps. werden u.a. Formen der interpersonalen Abstandsregulation und ressourcenbezogenen R.planung, R.nutzung, R.gestaltung und des R.bedarfs behandelt (persönlicher R., *Grenzkontrolle*, *Proxemik*, *Privatheit*, *crowding*, *Territorialverhalten*, *kognitive Karte*, *behavior setting*, *Habitat*). R.darstellung (*Perspektive*, *Perspektivtäuschung*, *geometrisch-optische Täuschung*) und R.symbolik werden u.a. in der Kunstps. behandelt. Aspekten virtueller R. wird zunehmend Beachtung geschenkt, z.B., welchen Realitätsgrad können sie einnehmen, welche spez. Gestaltungsprobleme werfen «in» virtuellen R. stattfindende Verhaltensweisen wie z.B. Interaktionen auf Videokonferenzen auf. R. wird als Ordnungskonzept für Relationen zw. Variablen benutzt, z.B. *Problemraum*, Handlungsr. (Relation der Zustände und Operatoren, die eine Aufgabe durchläuft, wenn ein Lösungsweg gesucht bzw. verfügbar ist), Farbr., *Urfarbenkreis*. R. wird meth. als math. abstrakte Relation von *Dimensionen* aufgefasst, auf denen Variablenausprägungen metrisch darstellbar sind, z.B. Farbenanalyse, Farboktaeder, *mehrdimensionale Skalierung*; semantischer R. (*semantisches Differenzial*, *Kovariationsschema*). R. ist auch in anderen Wiss., die die Ps. beeinflussen, ein z.T. zentrales Konzept wie z.B. in der Geometrie (Spezialfall: Euklidischer R.) oder der Physik und Philosophie (R./Zeit als Grundkategorie). Architektur kann als Gestaltungswiss. von Wohnraumgelegenheiten aufgefasst werden. Aus der Ethnologie (*Proxemik*) und *Ethologie* (Territorialität, *Habitat*, *Ökologie*, *Ökosystem*) wurden in die Ps. versch. Konzepte entlehnt, wobei sie z.T. einem deutlichen Bedeutungswandel unterliegen. Bollnow 1972, Gibson 1979, Kruse 1974. *P. Day*

Raum, peripersonaler (= p.R.) [engl. *peripersonal space*; gr. περί *(peri)* um, herum], [**WA**], Mit p.R. wird der Raum bezeichnet, der den Körper unmittelbar umgibt. Bedeutung für die Ps. erlangt der p.R. durch Befunde, die spezif. neuronale Repräsentationen des p.R. nahelegen. So wurden multisensorische Neurone beschrieben, die auf visuelle Stimuli in räumlicher Nähe zu einem Körperteil, z.B. einer Hand, sowie auf taktile Stimuli an diesem Körperteil antworten. Ebenfalls wurde eine Erweiterung der *rezeptiven Felder* der Neuronen auf den Nahraum verwendete Werkzeuge beschrieben. *Raumwahrnehmung*. Rizzolatti et al. 1981, Ladavas 2002. *K. Drewing*

Raumfahrtpsychologie [engl. *space psychology*], ein entspr. der Entwicklung der bemannten Raumfahrt aus der Luftfahrt abgeleiteter spez. Zweig der *Luftfahrtpsychologie*. Untersuchte Schwerpunkte sind: Verhalten der Besatzungen (Astronauten, Kosmonauten, Nutzlastspezialisten) im geschlossenen System in künstlicher Atmosphäre, psychophysische Belastungsreaktionen auf extreme Umweltbedingungen (Schwerelosigkeit, Beschleunigung, Strahlung, Bewegungsarmut, Isolation, Monotonie), Training, Selektion. Anthropotechnische Anpassung der Raumfahrzeugführungs- und Arbeitssysteme an den Menschen. Lange vor Beginn der bemannten Raumfahrt hat in den amerik. und russischen Raumfahrtzentren Grundlagenforschung über die Verträglichkeit extremer und künstlicher Umweltbedingungen im Hinblick auf den extraterrestrischen Einsatz begonnen. Die Autoren B. S. Aljakrinskij, O. N. Kusnezow, K. Galubinska, V. V. Parin und F. D. Garbow in der ehemaligen UdSSR; T. M. Fraser, S. J. Gerathewohl, B. O. Hertman, S. B. Sells und C. A. Berry in den USA haben die Entwicklung initiiert, die schließlich zu den spektakulären Mondflügen des Apolloprogramms und den orbitalen Einsätzen des amerikanischen Skylab- sowie des russischen Sojus-Programms geführt haben. Schwerpunkt der gegenwärtigen Raumfahrt ist die Nutzung von Orbitalflügen für wiss.-technologische Vorhaben, für die vorwiegend Wissenschaftsastronauten eingesetzt werden. Für das Europäische Raumfahrtprogramm hat die *European Space Agency* (ESA) das vom DFVLR-Institut für Flugmedizin entwickelte med. und psychol. Auswahlverfahren für Nutzlastspezialisten als verbindliche Standards herausgegeben.

Raumfehler [engl. *spatial error*], **[FSE, KOG]**, *Fechner*; ein konstanter Fehler, der beim Verfahren des *Paarvergleichs* und bei verwandten Methoden auftreten kann. Wenn jew. zwei Reize an versch. Stellen dargeboten werden (z. B. rechts und links, oben und unten), so kann die Stellung das Urteil beeinflussen. Der Fehler ist zu vermeiden, indem dafür gesorgt wird, dass jeder Reiz gleich häufig an jeder Stelle erscheint. *Zeitfehler*.   E. Klippstein

Raumkognition (= R.) [engl. *spatial cognition*; lat. *cognoscere* erkennen], **[KOG]**, ist ein etwas unscharfer Sammelbegriff für ein in den 1970er Jahren begonnenes und in den letzten Jahren zunehmend interdisziplinär (unter Beteiligung von Biologie, Geografie, Informatik, *Linguistik*, *Neurologie*, *Philosophie*) ausgerichtetes Forschungsgebiet, das Strukturen und Prozesse der raum- und umweltbezogenen *Informationsverarbeitung* bei Mensch, Tier und Maschinen untersucht. R. spielt bei einer Vielzahl von menschlichen Aktivitäten eine Rolle und hilft, verschiedenste Arten von Problemen zu lösen (*Problemlösen*), die selbst nicht unbedingt räumlicher Natur sein müssen (s. z. B. *räumliche Heuristiken*). Insbesondere beim Menschen verweist der Begriff der R. auf mentale und neurale Prozesse der Verarbeitung und Nutzung von *Raumrepräsentation*, also z. B. auf Prozesse und Strukturen, die mit der Aufnahme, dem Erwerb, der Speicherung, des Abrufes, der Auswahl, der Umwandlung, der Manipulation oder der Versprachlichung von Rauminformation zu tun haben. Kennzeichnend für die Forschung zur R. ist die Beschäftigung mit räumlichen Eigenschaften und Relationen wie Distanzen, Richtungen, Lokationen, Größen, Mustern, Invarianten, Formen, Pfaden, Plätzen, Gebieten, Karten, Bewegungen. Die große Mobilität des Menschen in versch. Räumen und Umwelten (z. B. Gebäuden, Städten, Straßen, unter Wasser,

Gebirgen, Wüsten, im Weltraum, in virtuellen Umgebungen), z. T. unter Nutzung technischer Hilfsmittel (z. B. Karten, GPS-Navigation, 3-D-Brillen) erfordert eine robuste und dennoch flexibel funktionierende R. *Raum*, *Raumwahrnehmung*, *Raumorientierung*, *räumliche Navigieren*. May 2006a, Newcombe 2002, Suppes 1977.   M. May

räumliche Heuristiken (= r. H.) [engl. *spatial heuristics*; gr. εὑρίσκειν (heuriskein) entdecken], **[KOG, WA]**, sind räumliche Ordnung nutzende kogn. Prozeduren, die bei komplexen Problemen oder Systemen eingesetzt werden, um eine Problemlösung (*Problemlösen*) trotz kogn. Kapazitäts- oder Verarbeitungsbegrenzungen (z. B. der *Arbeitsgedächtnis*kapazität, begrenzter *Aufmerksamkeits*ressourcen, Komplexität von Berechnungen) zu ermöglichen oder zu begünstigen. R. H. nutzen zur Steigerung der Effizienz der beteiligten Verarbeitungsprozesse häufig interne (z. B. *Schema*, *mentales Modell*) oder externe (z. B. Diagramme, Zeichnungen) räumliche Repräsentationen (*Raumrepräsentation*). Bsp. sind die Verwendung von räumlichen Skizzen, Metaphern oder inneren Vorstellungsbildern beim logischen Schlussfolgern (*Schließen, logisches*), als Methode der Gedächtnisunterstützung (*Gedächtnismethoden*, z. B. Loci-Methode) oder zum Verstehen von komplexen technischen Systemen. Johnson-Laird 1983, Kirsh 1995.   M. May

räumliche Kodierung [engl. *spatial coding*], *Duplex-Theorie*, *Rauheit*, *Hippocampus*.

räumliches Hören [engl. *spatial hearing*], **[BIO, WA]**, *Wahrnehmung* der räumlichen Lage einer Schallquelle (in der Umwelt oder, bei Verwendung von Kopfhörern, auch innerhalb des Kopfes). Die Wahrnehmung der Richtung einer Schallquelle in einer horizontalen Ebene wird wesentlich durch die *binauralen* Differenzen im Schalldruckpegel sowie die binauralen Zeitdifferenzen bestimmt (das eine Ohr liegt von der Schallquelle weiter entfernt als das andere und zudem auf der der Schallquelle abgewandten Seite des Kopfes; *Lokalisation*); Zeitdifferenzen beziehen sich auf die Zeitpunkte, zu denen relativ abrupte Änderungen im Schall die beiden Ohren erreichen. Beim monauralen Hören finden sich richtungsabhängige Änderungen des Schalls (wegen der Ohrmuschel), die ebenfalls Richtungshören erlauben, das zudem durch Kopfbewegungen gefördert wird. Die Vorn-hinten-Unterscheidung wird ebenfalls durch Änderung des Schalls durch die Ohrmuschel ermöglicht, ferner durch Kopfbewegungen; gleiches gilt für die Unterscheidung versch. Höhen. Entfernungshören wird ermöglicht durch das Sinken der *Schallintensität* mit dem Quadrat der Entfernung sowie bei Entfernungen von mehr als ca. 15 m durch die Veränderung im *Spektrum* des Schalls (hohe Frequenzen werden stärker abgeschwächt als niedrige).   H. Heuer

räumliches Lernen (= r. L.) [engl. *spatial learning*], **[KOG, WA]**, Bez. für das Lernen (*Lernen, Lernforschung*) von Orts-, *Raum*- und Umweltrelationen aufgrund von direkten (*Raumwahrnehmung*) oder indirekten (z. B. Kartennutzung) räumlichen Erfahrungen. In der Literatur werden versch. Formen des r. L. bei Mensch und Tier unterschieden, wobei zur Kennzeichnung zumeist die engl.

Bez. verwendet werden: (1) Antwortlernen (*response learning*), d. h. Lernen einer Serie von festen räumlichen Verhaltensantworten in Bezug auf ein zu erreichendes Ziel; (2) *Pfadintegration* (*path integration* bzw. *dead reckoning*), d. h. Lernen eines Weges durch kontinuierliche Aktualisierung der Eigenposition auf diesem Weg mithilfe von visuellen, vestibulären und kinästhetischen Bewegungssignalen; (3) Hinweislernen (*cue learning*), d. h. Lernen von Assoziationen (*Assoziation*) zw. räumlichen Hinweisreizen und Wegentscheidungen; (4) Ortslernen (*place learning*), d. h. Lernen von lokalen räumlichen Relationen (z. B. Distanzen, Richtungen) zw. Gegenständen im Raum (allozentrisch) oder zw. eigenem Körper und Gegenständen (egozentrisch) in der Umwelt; (5) Kognitive Kartierung (*cognitive mapping*), d. h. Lernen von übergreifenden räumlichen Relationen zw. Gegenständen und Strukturen in zumeist komplex aufgebauten Umwelten und deren Integration zu einer *Raumrepräsentation*. *kognitive Karte*. Gallistel 1990, May 2006a, Golledge 1999. *M. May*

räumliches Navigieren (= r. N.) [engl. *spatial navigation*; lat. *navigare* fahren, segeln], **[KOG, WA]**, ist ein Begriff aus der Forschung zur *Raumkognition* bzw. *Raumorientierung*, der sich auf die kontrollierte und zielgerichtete Bewegung von Menschen, Tieren, Robotern oder technischen Fahrzeugen durch die Umwelt bezieht. I. d. S. schließt r. N. Prozesse der Planung (*Planen*), der Durchführung sowie der Überwachung von zielgerichteten Bewegungen (*Motorik*, *Psychomotorik*) in der räumlichen Umwelt ein. In der Fachliteratur wird zw. positionsbasierter Navigation [engl. *piloting*] auf der Basis der Wahrnehmung von sichtbaren Landmarken oder Zielen und bewegungsbasierter Navigation [engl. *path integration*; *Pfadintegration*] auf der Basis von internen oder externen Bewegungssignalen über eigene Fortbewegungen im Raum unterschieden. Der Begriff *Lokomotion* [engl. *locomotion*] bezieht sich auf Bewegungen in vollst. einsehbaren lokalen Umwelten, der Begriff *Wegfindung* [engl. *wayfinding*] auf Bewegungen in komplexeren und nicht vollst. einsehbaren Umwelten unter Nutzung des räumlichen Gedächtnisses. *Raumrepräsentation*. Montello 2005, May 2006a. *M. May*

räumliches Sehen (= r. S.) [engl. *space perception*], **[WA]**, dreidimensionale *visuelle Wahrnehmung* (der engl. Begriff *spatial vision* hat eine andere Bedeutung). Das zentrale Problem des r. S. ist das Entstehen einer dreidimensionalen Wahrnehmung aus zweidimensionalen Netzhautbildern; traditionell werden dazu Hinweisreize für Tiefe (*depth cues*) beschrieben, Merkmale der Netzhautbilder, der *Konvergenz* und der *Akkommodation*. Genauer handelt es sich um Merkmale des Proximalreizes, die auf der einen Seite von der Tiefe/Distanz des *distalen Objekts* abhängen und die auf der anderen Seite die anschauliche Tiefe/Distanz beeinflussen. Die Begriffe der Tiefe und Distanz (Entfernung) werden nicht immer klar unterschieden; wenn sie unterschieden werden, bezieht sich die Distanz auf den Beobachter (egozentrische Distanz), die Tiefe aber auf zwei distale Objekte (auch als relative Distanz bezeichnet). Die versch. Hinweisreize hängen z. T. von der Distanz und z. T. von der Tiefe ab.

Im Nahbereich ist das *binokulare* Tiefensehen dem *monokularen* überlegen; Ursache dafür ist die binokulare *Parallaxe* (*Querdisparation*), deren Einfluss auf das räumliche Sehen zu einem umfassenden Forschungsgebiet geworden ist (stereoskopisches Sehen: Wahrnehmung auf der Grundlage von Information, die nur binokular verfügbar ist). Das *monokulare* Tiefensehen kann durch Kopfbewegungen erheblich verbessert werden; Ursache dafür ist die *Bewegungsparallaxe*. Das bewegte *Netzhautbild* (*Fließmuster*) enthält eine Vielzahl weiterer Merkmale, die zu Tiefeneindrücken führen (*Bewegungswahrnehmung*, *Stereokinese*); die Analyse solcher Merkmale ist ein Gebiet der *ökologischen Optik*. Bei unbewegtem Netzhautbild tragen u. a. folg. Merkmale zum Tiefeneindruck bei: *Perspektive*, Unterschiede in der Textur von Oberflächen (*Gibson-Gradienten*), relative Größe (relativ kleinere Objekte erscheinen weiter entfernt), Verdeckungen (ein verdeckendes Objekt erscheint näher als ein verdecktes), Licht-Schatten-Verteilung (Kreise, die oben hell sind und unten dunkel, erscheinen als Ausbuchtungen, Kreise, die oben dunkel sind und unten hell, als Einbuchtungen; der Einfluss der Licht-Schatten-Verteilung auf die erlebte Tiefe impliziert eine Beleuchtung von oben), relative Höhe im Gesichtsfeld (höhere Objekte erscheinen weiter entfernt als niedrigere, sofern sie unterhalb des Horizonts liegen). Alle hier genannten Hinweisreize (oder Tiefeninformation) betreffen die Tiefe i. e. S., nicht die (egozentrische) Distanz; sie geben jedoch indirekt über die Distanz Aufschluss, wenn die Distanz zumindest eines Objekts in einer Tiefenstaffelung gegeben ist. *visuelle Raumhinweise*. Goldstein 2007. *H. Heuer*

Raumorientierung (= R.) [engl. *spatial orientation*], **[BIO, KOG, WA]**, bezeichnet den Sachverhalt, dass ein Organismus es schafft, den eigenen Körper (oder auch einzelne Körperteile) in ein definiertes und kontrolliertes Verhältnis zu seiner räumlichen Umwelt zu bringen und dieses Verhältnis über Ganzkörperbewegungen (oder Körperteilbewegungen) hinweg auch definiert zu halten (*Motorik*, *Psychomotorik*). Menschen und Tiere bewegen sich normalerweise in gut wahrnehmbaren Räumen (*Raum*) problem- und reibungslos, d. h., sie bewahren bspw. das Gleichgewicht trotz evtl. Unebenheiten des Bodens oder Veränderungen des Untergrunds (*Vertikalen-Orientierung*). Menschen und Tiere finden sich auch in ihren vertrauten und komplexen Umwelten gut zurecht, d. h., sie kollidieren bspw. nicht mit Hindernissen oder laufen nicht in Wände und sie erreichen selbst gesetzte Ziele meist problemlos und ohne sich zu verirren (*Horizontalen-Orientierung*). Sich im Raum stabil zu orientieren, ist ein wesentliches Merkmal eines gesunden und überlebensfähigen Organismus; umgekehrt sind gravierende Probleme bei der R. häufig ein Anzeichen für den Ausfall von wichtigen sensorischen oder kogn. Funktionen (z. B. Altersdemenz) oder für ernsthafte neurale Schädigungen (z. B. *Hirnschädigung*). *Raumrepräsentation*. Mallot 2003, Schöne 1983. *M. May*

Raumrepräsentation (= R.) [engl. *spatial representation*], **[KOG, WA]**, ist ein theoretisches Konzept aus der Forschung zur *Raumkognition*, das zur Kennzeichnung von mentalen oder neuronalen wissensverarbeitenden Prozessen oder Strukturen auf der Ebene von *Arbeitsgedächtnis* oder Langzeitgedächtnis (*Gedächtnis*) verwendet wird. Ein Bsp. für eine best. Form von R. ist die sog. *Kognitive Karte*. R. wird i. d. R. unter Zuhilfenahme von räumlichen Referenzsystemen beschrieben, wobei Letztere ein Mittel zur Def. von Lokationen im *Raum* sind, wie wir es bspw. aus der Geometrie in Form von Koordinatensystemen kennen. Bei der R. ist die Unterscheidung von *egozentrischen* (d. h. Lokalisierung relativ zum eigenen Körper) und *allozentrischen Referenzsystemen* (d. h. Lokalisierung relativ zur Umwelt) von zentraler Bedeutung. Theorien der Raumkognition nutzen Annahmen über R. und diesen zugrunde liegende Referenzsysteme zur Theoriebildung, indem sie z. B. versuchen, Antwortzeiten mithilfe von Prozessannahmen, die auf R. wirksam werden (z. B. räumliche Konflikte oder Transformationen), zu erklären. In einem erweiterten Sinne werden manchmal auch extern vorliegende, sprachliche, grafische oder geografische Darstellungen (z. B. Karten, Wegbeschreibungen, Zeichnungen) als R. bezeichnet. May 2000, Klatzky 1998. *M. May*

Raumschwelle in der taktilen Sinnesmodalität, (= R.) [engl. *spatial resolution in tactile sensation*], [**KOG, WA**], Bez. für das räumliche Auflösungsvermögen der Hautoberfläche bei synchroner Berührungsreizung einer Körperregion. Die Raumschwelle ist von der Dichteverteilung der Rezeptoren abhängig (*Zwei-Punkt-Diskrimination*). Die unterschiedliche taktil-räumliche Auflösung spiegelt sich in der kortikalen Repräsentation in einem Vergrößerungsfaktor für die Körperregionen im *somaosensorischen Kortex* wider. Körperregionen mit hohem taktilem Unterscheidungsvermögen, bspw. Finger, sind kortikal wesentlich größer repräsentiert als etwa Arme, Beine oder Rumpf. Die *simultane* R. wird durch die gleichzeitige Setzung der Hautreize (statische *Zwei-Punkt-Diskrimination*, Zweipunktschwelle [engl. *two-point limen*]) ermittelt. Sie erlaubt einen Rückschluss auf die Funktion langsam reagierender Rezeptoren bzw. Nervenfasern. Die *sukzessive* R. wird durch die sukzessive Setzung von Hautreizen bestimmt (dynamische Zwei-Punkt-Diskrimination). Diese ist i. d. R. besser als die simultane R. und erlaubt Rückschlüsse auf die Funktion schnell reagierender Rezeptoren und Nervenfasern. Birbaumer & Schmidt 2010. *C. Kiese-Himmel*

Raumsinn [engl. *sense of space*], *räumliches Sehen*.

Raumsymbolik (= R.) [engl. *spatial symbolism*], [**KOG**], Begriff für das Beachten und Deuten des Merkmals «räumliche Anordnung». In der *Grafologie* wird die R. besonders hervorgehoben. Auch bei der tiefenps. Traumdeutung wird auf die R. Wert gelegt (z. B. unten – oben = unbewusst – bewusst).

Raumtäuschungen [engl. *spatial illusions*], [**WA**], Irrtümer im Einschätzen von Winkeln, Flächen, Strecken, Körpergrößen. *geometrisch-optische Täuschung*.

Raumwahrnehmung (= R.) [engl. *spatial perception* bzw. *spatial vision*], [**KOG, WA**], bez. die Fähigkeit, die in drei Dimensionen angelegte Ordnung von Gegenständen und Strukturen der räumlichen Umwelt mithilfe eines oder mehrerer Sinnessysteme zu erfassen und weiterzuverarbeiten. Untersuchungen zur menschlichen R. sind für die Forschung zur *Raumkognition* und *Raumorientierung* von großer Bedeutung, weil eine intakte und stabile R. die Voraussetzung für räumliche Bewegungen, Handlungen und räumliches Denken ist. Zur R. stehen dem Menschen folg. Sinnessysteme zur Verfügung: visuelles System (Auge), auditives System (Ohr), taktiles System (Haut), haptisches System (Greiforgane), olfaktorisches System (Nase), vestibuläres System (Gleichgewichtsorgan im Innenohr), kinästhetisches System (Sehnen, Muskeln und Gelenke); zudem wird die R. bei aktiven Bewegungen des Organismus durch motor-efferente zentralnervöse Signale unterstützt. Auf der Grundlage von einem oder mehrerer dieser Sinne findet eine Weiterverarbeitung von Rauminformation auf zunehmenden Abstraktions- und Integrationsniveaus in versch. neuronalen Arealen und Bahnen statt. Im Bereich der visuellen R. wird in den letzten Jahren zw. objektzentrierten (sog. Was-System) und bewegungs- und umweltzentrierten räumlichen Verarbeitungsbahnen und -mechanismen (sog. Wo- oder Wie-System) unterschieden. *räumliches Sehen*. May 2006b, Milner & Goodale 2008. *M. May*

Raumwahrnehmung, nichteuklidische [engl. *non-euklidian spatial perception*], [**KOG, WA**], Theorien, wonach die visuelle *Raumwahrnehmung* den Axiomen (spez. den Parallelaxiomen) der euklidischen Geometrie nicht entspricht. Teilweise werden in diesen Theorien alternative Geometrien postuliert (z. B. T. Reid die «sphärische» Raumwahrnehmung oder R. K. Luneburg bzw. A. A. Blank die hyperbolische Geometrie mit konstanter Krümmung), teilweise wird angenommen, dass der visuell wahrgenommene Raum hinsichtlich der Geometrie inhomogen sei (J. M. Foley, R. N. Shepard).

Euklid hatte in seiner «Optik» eine Wahrnehmungstheorie postuliert, die den Axiomen seiner «Geometrie» entsprach. Diese Position wurde bis ins 19. Jh. mit Ausnahme von Reid (1764) als a priori wahr angenommen. Helmholtz (1867) griff B. Riemanns Hypothesen über die Fundierung der Geometrie auf und zeigte, dass physikal. (und damit implizit auch wahrgenommene) Räume die freie Beweglichkeit fester Körper voraussetzen; damit reduzieren sich die dafür möglichen Geometrien auf die euklidische, die sphärische und die hyperbolische. In W. Blumenfelds Experimenten (1913) zu parallelen bzw. äquidistanten Alleen (*Blumenfeld-Allee*) wurde die Frage der Geometrie des Wahrnehmungsraumes zum ersten Mal systematisch untersucht. Unter Geltung der euklidischen Geometrie sind diese Alleen gleich; die exp. Ergebnisse weisen jedoch systematische Abweichungen auf, die eine Verletzung des Parallelenaxioms implizieren. Auf diesen Ergebnissen aufbauend hat Luneburg (1947) seine *Theorie der binokularen Wahrnehmung* entwickelt, die auf der Annahme eines hyperbolischen Riemannschen Raums mit konstanter Krümmung basiert. Die exp. Ergebnisse von Foley über räumliche Relationen (Strecken und Winkel) bzw. von Shepard über *Scheinbewegungen* legen die Annahme eines hinsichtlich der Geometrie inhomogenen Wahrnehmungsraumes nahe, der lokal euklidisch oder hyperbolisch, aber global sphärisch ist. *A. Zimmer*

Rausch (= R.) [engl. *intoxication*], **[EM, PHA]** Zustand gesteigerter und überschießender Stimmungen und Gefühle, der sowohl durch R. (z.B. *Alkohol*) als auch durch erregende, meist begeisternde Erlebnisse hervorgerufen wird. Der patholog. R. ist ein v.a. durch Alkohol und *Rauschmittel* hervorgerufener Dämmerzustand mit Verkennung der Umgebung und mit *Sinnestäuschung*, evtl. verbunden mit *Angst*, Wut, Unruhe, *Delir*, Illusionen, *Halluzinationen* und ggf. Terminalschlaf.

Rauschen (= R.) [engl. *noise*], **[KOG, WA]**, ursprünglich in der *Akustik* als Sonderfall eines *Geräusches* verwendet. Bez. für ein irrelevantes oder störendes Schallereignis, dessen Verlauf im Ggs. z.B. zu *Lärm* [engl. ebenfalls *noise*] hinsichtlich Frequenz und Intensität relativ kontinuierlich ist. R. gilt als wesentlicher Störfaktor bei der Nachrichtenübertragung, besonders bei der *Sprachrezeption*, weil es die *Maskierung* der Signale bewirkt. Für systemat. Laboruntersuchungen verwendet man ein aus allen hörbaren Frequenzen gleich verteilt zus.gesetztes R., das *Breitbandrauschen* oder – in Analogie zum Ergebnis der Mischung aller Spektralfarben – *weißes R.* genannt wird. Für R., in dem nicht alle Frequenzen gleichmäßig enthalten sind oder das nur aus einzelnen Frequenzbändern besteht, findet man gelegentlich noch die Bez. *rosa R.* Eine erweiterte Bedeutung erhielt R. durch die *Informationstheorie*: Hier ist R. die allg., nicht auf die auditive Sinnesmodalität beschränkte Störgröße, deren Ausprägung relativ zum Signal ein Maß für die Beeinträchtigung der Übertragungsqualität liefert. So weist z.B. ein verwaschenes, von einem entfernten Sender stammendes Fernsehbild einen hohen Anteil von *visuellem R.* auf. *Signalentdeckungstheorie*.

Rauschmittel (= R.) [engl. *intoxicant*], **[PHA]**, Alltagsbez. für Stoffe, die zur Induktion von Rauschzuständen (selbst) verabreicht werden. Seit Jhd. wurden R. i.R. religiöser Handlungen und Riten verwendet. Der Begriff ist in der Pharmakologie nicht gebräuchlich. Die meisten R. sind *Halluzinogene* oder *Psychotomimetika*. Die wichtigsten R. sind *Belladonna-Alkaloide* wie *Atropin* oder *Scopolamin*, *Meskalin*, *Psilocybin*, *Kokain*, *Amphetamine* und inhalierbare Stoffe (*Schnüffelstoffe*). Balick & Cox 1997, Snyder 1994. *W. Janke*

Rauwolfia-Alkaloide [engl. *Rauwolfia alkaloids*], **[PHA]**, psychotrope Stoffe aus der in Indien beheimateten Pflanze *Rauwolfia serpentina* mit antipsychot. Wirkung, deshalb zu den *Neuroleptika* gerechnet. Wichtigste Substanz ist *Reserpin*, heute nicht mehr als Neuroleptikum angewendet. Balick & Cox 1997.

Révész, Géza (1878–1955), **[HIS, KOG, WA]**, war Ungar jüdischer Herkunft; er studierte in Budapest Jura und promovierte 1902. In Göttingen arbeitete er anschließend bei Georg Elias Müller im Bereich der exp. Ps. (*experimentelle Psychologie*) und promovierte 1906 mit einer experimentalpsychol. Arbeit zur *Farbwahrnehmung*. 1908 erhielt er an der Universität Budapest eine Privatdozentur für experimentelle Ps. Er lehrte auch an der Budapester Militärakademie und gilt als Pionier, da er der militärischen Ausbildung eine päd. Grundlage gab, indem er (zus. mit Gustav Kafka) psychol. *Tests* entwickelte. Nach dem Krieg wurde Révész zum ordentlichen Professor für Ps. ernannt und eröffnete das erste psychol. Universitätslaboratorium in Ungarn. Nach dem Aufkommen antidemokratischer und antisemitischer Tendenzen in Ungarn emigrierte er 1920 in die Niederlande. Ab 1923 lehrte er Industrieps., und nach Annahme der niederländischen Staatsbürgerschaft wurde er 1931 Professor der Ps. an der Universität Amsterdam und Direktor des Ps. Laboratoriums. 1935 begründete er zus. mit *David Katz* die Zeitschrift «Acta Psychologica». Die Zeitschrift wurde in der NS-Zeit zu einer Fachzeitschrift der dt. Emigranten. Révész blieb bis zu seinem Tod Herausgeber. Während der NS-Diktatur unterstützte er Zwangsemigranten wie *Otto Selz*. Révész untersuchte und testete u.a. das musikalische Wunderkind Ervin Nyíregyházi (1903–1987); diese Arbeit gilt als erste psychol. Untersuchung einer musikalischen Hochbegabung (*Hochbegabung, intellektuelle*). Révész gilt durch seine Untersuchungen und sein zweibändiges Werk zum Tastsinn (1938) als «Vater der Blindenpsychologie», er forschte aber auch über *Sprache* und *Denken*. In Siófok am Balaton sind eine Straße und ein Fußballstadion nach Révész benannt. 1948 erhielt Révész von der Universität Würzburg die Ehrendoktorwürde (Dr. phil. h.c.). Die *Deutsche Gesellschaft für Psychologie (DGPs)* verlieh Révész die Ehrenmitgliedschaft. *H. E. Lück*

Razemat [engl. *racemate*; lat. *acidumracemicum* Traubensäure], syn. *razemisches Gemisch*, **[PHA]**, chem. Gemisch, das sich aus gleichen Anteilen links- und rechtsdrehender Moleküle (Enantiomere) zus.setzt. Ein R. ist optisch inaktiv, da sich links- und rechtsdrehende Element optisch neutralisieren. Enantiomere und R. unterscheiden sich hinsichtlich ihrer physiol. Eigenschaften trotz physikal. identischen Eigenschaften.

RCT *Randomisierte kontrollierte Studie*.

readability [engl.], **[PÄD]**, Lesbarkeit. *Verständlichkeitsforschung*.

Reafferenzprinzip [engl. *reafference principle*; lat. *re* zurück, *afferre* herbeitragen], *Bewegungskontrolle*, *Feedback*, *prädiktive Modellierung*, *Regulation*. Holst 1950.

Reïfikation [engl. *reification*; lat. *res* Sache, *facere* machen], Verdinglichung. *Hypostase*.

Reaktanz, gesundheitliche Aspekte [engl. *reactance, health-related aspects*], **[EM, GES, SOZ]**, wird einer Person durch Ge- oder Verbote ihre Freiheit eingeschränkt, so entsteht *Reaktanz* (= R.), deren Ziel die Wiederherstellung der bedrohten Freiheit ist. Dies geschieht z.B. dadurch, dass das bedrohte Verhalten «jetzt erst recht» ausgeübt wird oder dass es attraktiver wird. Die zur Wiederherstellung oder Erhaltung von *Gesundheit* notwendigen Therapien umfassen häufig Verhaltensempfehlungen («nehmen Sie unbedingt dieses Medikament N Tage lang», «gehen Sie täglich eine Stunde spazieren», «hören Sie auf zu rauchen»), die von den Pat. als Bedrohung ihrer Handlungsfreiheit wahrgenommen werden können. Die aus dem therapeutischen Einflussversuch – z. B. den Konsum von *Alkohol* zu reduzieren – resultierende R. könnte die *Konformität*sbereitschaft verringern oder sogar zu einem gegenüber vorher erhöhten Alkoholkonsum führen. Auch bei Medien-Anzeigen gegen z. B. Drogen- oder Alkoholkonsum muss mit R. gerechnet werden, wenn die Botschaft direktiv und damit freiheitsbedrohend wahrgenommen wird. Gesundheitskampagnen wirken umso eher ihrem Ziel entgegengesetzt, je deutlicher sie als Einflussversuch wahrgenommen werden und damit zu R. führen, womit das verbotene Verhalten attraktiver werden kann. Ist die Stärke der persönlichen R.-Tendenz bekannt, so kann eine Therapie darauf abgestimmt werden. Z. B. haben in einer Anti-Rauchen-Studie Personen mit hohen R.-Werten weniger Zigaretten geraucht, wenn sie wenig Ratschläge erhielten, als wenn sie viele Ratschläge erhielten. In der *Psychotherapie* wird R. therap. nutzbar gemacht, indem Klienten in Form einer *paradoxen Intention* das Gegenteil des gewünschten Verhaltens verordnet wird, um so bei hoch reaktanten Personen die zur Besserung notwendige Verhaltensänderung herbeizuführen. Fogarty & Youngs 2000, Miller et al. 2006.   D. Dickenberger

Reaktanz, Reaktanztheorie (= R.) [engl. *reactance*; lat. *re-* zurück, *actio* Handlung], [**SOZ**], erklärt die Reaktionen von Personen, deren Handlungs- bzw. Entscheidungsfreiheit bedroht ist. R. ist eine motivationale (*Motivation*) Erregung mit dem *Ziel*, die bedrohte Freiheit wiederherzustellen. Freiheit impliziert, zw. Alternativen wählen oder eine Handlung ausführen zu können (Erfahrung, Gewohnheit, Regeln oder Beobachtung). Eine Freiheit ist bedroht, wenn die Ausübung der Handlung schwieriger bis unmöglich geworden ist. Die Stärke der R. steigt mit der Wichtigkeit der eingeengten Freiheit, dem Umfang des (subj.) Freiheitsverlustes und der Stärke der Einengung. Die motivationale Erregung wird abgebaut durch (1) direkte Wiederherstellung der Freiheit (zu tun, was verboten, oder zu lassen, was geboten wurde, ist die effektivste Art der Wiederherstellung der Freiheit); (2) indirekte Wiederherstellung der Freiheit (z. B. ein anderes, aber vergleichbares Verhalten ausüben oder aber in einer anderen Situation das bedrohte Verhalten zeigen); (3) *Aggression* (die einengende Instanz kann körperlich oder psych. attackiert werden, damit die Freiheitseinengung aufgehoben wird) und (4) Attraktivitätsveränderungen (die verbotene Alternative wird attraktiver, die gebotene weniger attraktiv). In typischen Laborexperimenten zur Prüfung der R.-Theorie wird für die Vpn die Freiheit der Wahl zw. drei Handlungsalternativen etabliert; anschließend wird die zweitattraktivste Alternative durch Ge- oder Verbot bedroht. Als abhängige Variable wird die Attraktivität der bedrohten Alternative erhoben. Bei Geboten zeigt sich der R.-Effekt als niedrige Attraktivität und bei Verboten als hohe Attraktivität der kritischen Alternative. Neben den situativen Determinanten von R. wird psychol. R. auch als *Disposition* diskutiert. Die R.-Theorie kann Reaktionen auf Ge- und Verbote in unterschiedlichen Alltagssituationen erklären bzw. vorhersagen: z. B. in der *Erziehung*, in der Massenkommunikation, der Werbung oder im Gesundheitsbereich. *Reaktanz, gesundheitliche Aspekte*. Brehm 1966, Miron & Brehm 2006.   D. Dickenberger

Reaktion [engl. *reaction*; lat. *re-* zurück, *actio* Handlung], [**KOG**], Gegenwirkung, Rückwirkung. Antwortendes Verhalten auf Reize. Reizsituationen in Form von Bewegungen (z. B. Reflexen) oder – durch Vorerfahrungen und kogn. Prozesse modifiziert – als komplexe Verhaltensweise bzw. zielgerichtete *Handlung*.

Reaktionsaufgabe, serielle [engl. *serial reaction task*, SRT; lat. *serere* aneinander reihen], [**BIO, KOG**], von Nissen und Bullemer (1987) eingeführte Variante einer *Reaktionszeit*aufgabe zur Untersuchung vor allem des *impliziten Lernens* von Ereignisfolgen; die Aufgabe hat eine hohe Verbreitung auch in der *Neuropsychologie* gefunden. Von Interesse ist in erster Linie der Vorteil wiederholter Folgen von Reaktionssignalen gegenüber zufälligen, in dem sich das Lernen der Folge niederschlägt, und zwar auch unter Bedingungen, in denen die Folge nicht berichtet werden kann. Buchner & Frensch 2000.

Reaktionsbildung (= R.) [engl. *reaction formation*; lat. *re-* zurück, *actio* Handlung], [**KLI**], in der *Psychoanalyse* einer der *Abwehrmechanismen des Ich* bzw. die Entwicklung einer dem ursprünglichen, aus dem *Es* stammenden Triebimpuls entgegengesetzten Verhaltensweise. So wird z. B. ein ursprünglich starker Hass gegen eine Person durch eine überzärtliche Liebe ersetzt oder eine ursprüngliche Schmutzlust durch eine übertriebene Reinlichkeit. Diese R. ist die Folge strenger Verbote des *Über-Ich* gegenüber diesen ursprünglichen Es-Impulsen. Die normale Abwehr durch das *Ich* mit der *Verdrängung* reicht im Hinblick auf die Über-Ich-Strenge nicht aus und muss zur Vermeidung einer Bestrafung durch das Über-Ich durch eine Mobilisierung des gegenteiligen Impulses verstärkt werden. Alle R. sind durch eine der Realität nicht entspr. Intensität ihres Motivs gekennzeichnet.   L. Bayer

Reaktionseinstellung *response set*.

Reaktionsfähigkeit (= R.), [**KOG**], Möglichkeit, auf *Reize* richtig zu antworten. Vom Informationsfluss her wird unterschieden zw. sensorischer R., zentraler Verarbeitung und effektorischer R. (z. B. Betätigung von Tasten, *Reaktionsversuch*). Die indiv. R., von der *Psychotechnik* besonders beachtet, wirkt sich bei überraschenden Situationen (eingeschränkte Handlungsantizipation) und bei Sport aus. Die R. wird durch Messung der *Reaktionszeit* ermittelt, die durch *Monotonie*, *Ermüdung* und Drogen erhöht wird. Durch Behinderung wird die R. eingeschränkt (aber: Kompensationsmöglichkeiten).

Reaktionsfraktionierung *Psychophysiologie*.

Reaktionsinitiierung [engl. *response initiation*; lat. *initiare* einführen], [**KOG**], die willkürliche Ingangsetzung einer zuvor ausgewählten Reaktion.   P. Wühr

Reaktionsmanagement *Konfrontation mit Reaktionsverhinderung*.

Reaktionsmethode [engl. *reaction method*], *Reaktionsversuch*, *Reaktionszeit*.

Reaktionsmuster [engl. *reaction pattern*], *individualspezifisches Reaktionsmuster*, *Reaktionsspezifitäten*.

Reaktionspotenzial [engl. *reaction potential*, auch *excitatory potential*; lat. *re-* zurück, *actio* Handlung, *potentia* Kraft, Wirkung], **[EM]**, im theoretischen System von C. L. Hull Bez. für die hypothetisch angenommene Stärke einer Tendenz, in best. Weise zu reagieren (*Reaktion*). Gedacht als Produkt aus *Antrieb*, Habitstärke (*habit*) und Stimulusdynamik unter Abzug der reaktiven und konditionierten Hemmung (*Hemmung, reaktive, Hemmung, konditionierte*). Hull 1952.

Reaktionssimulator [engl. *reaction simulator*; lat. *simulare* ähnlich machen], **[SOZ]**, heute nicht mehr verwendetes Verfahren; Bez. für Geräte, die mit einem «Schockgenerator» (Schockerzeuger) die Fehler, die die Vp im Versuch macht, mit elektrischen Stromstößen (z. B. über Fingerelektroden) «bestrafen». Buss (1961) hat solche Apparate zur Aggressionsmessung konstruiert. Die Spannung (Volt) gilt als Maß für die Aggression. Milgram (1974) entwickelte gleichartige Geräte zur Untersuchung des gehorsamen Verhaltens (*Autoritätsgehorsam*). Zur Unfällerauslese (*Unfäller*) sind Apparate, die bei Fehlverhalten einen elektr. «Schlag» versetzen, schon von den Psychotechnikern der 1920er Jahre (*Psychotechnik*) entwickelt worden. So konstruierte Giese (1928b) unter der Bez. Rotator (Unfällerrotator) ein Gerät, bei dem Kontakte unter einem rotierenden und mit Induktionsstrom geladenen Flügelpaar zu bedienen waren.

Reaktionsspezifitäten [engl. *response specifities*; lat. *species* Gestalt, *facere* machen], **[KOG]**, nach Engel (1972) werden in der *Psychophysiologie* zwei fundamentale Spezifitätskategorien unterschieden: (1) Reiz- bzw. situationsspezif. Reaktionsmuster (SSR) und (2) individualspezif. Reaktionsmuster (ISR). Ein situationsspezif. Reaktionsmuster liegt vor, wenn versch. Personen in einer best. Situation ein konkordantes Reaktionsmuster zeigen (*stimulus consistency*); damit verbindet sich das Postulat, dass versch. Reize bzw. Situationen bei einer best. Person unterschiedliche Reaktionsmuster auslösen (*stimulus uniqueness*). Hingegen versteht man unter einem individualspezifischen Reaktionsmuster die Tendenz einer Person, auf versch. Reize bzw. in unterschiedl. Situationen ein konkordantes Reaktionsmuster zu zeigen (*individual consistency*); gleichzeitig wird gefordert, dass eine best. Situation bei versch. Personen unterschiedl. Reaktionsmuster auslöst (*individual uniqueness*). *H. Huber*

Reaktions-Stimulus-Intervall (RSI) [engl. *response stimulus interval*], **[KOG]**, bezeichnet die Zeit, die zwischen dem Ende der Pb-*Reaktion* und dem Beginn eines darauffolgenden Reizes (*Reiz*) vergeht.

Reaktionsumkehr (= R.) [engl. *habit-reversal training*], **[KLI]**, die R. ist eine ursprünglich von N. H. Azrin und R. G. Nunn entwickelte *verhaltenstherapeutische* Behandlung der *Tic-Störungen*. Das Trainingsprogramm umfasst die fünf Komponenten Selbstwahrnehmungstraining, *Entspannungsverfahren*, Training inkompatibler Reaktionen, Kontingenzmanagement (*operante Konditionierungsmethoden*) und Generalisierungstraining. Den eigentlichen Kern der Behandlung stellt das Training inkompatibler Reaktionen dar. Dabei wird die betroffene Person angeleitet, wenn eine Vorempfindung die Ausführung eines Tics ankündigt, stattdessen eine mit dem Tic inkompatible Reaktion auszuführen. Bei motorischen Tics handelt es sich dabei meist um die isometrische Anspannung des Antagonisten, bei vokalen Tics um spez. Atemmuster. R. ist nachgewiesenermaßen wirksam (*Wirksamkeitsprüfung*) sowohl bei chronischen motorischen und/oder vokalen Tics (*Gilles-de-la-Tourette-Syndrom*). Azrin & Nunn 1973. *A. L. Gerlach*

Reaktionsversuch, **[DIA, KOG]**, Test, mit dem *Reaktionszeit* gemessen wird, oder Versuch, bei dem Unterschiede in der Reaktionszeit bestimmt werden.

Reaktionszeit (= RZ.) [engl. *reaction time*], **[KOG]**, *Zeit*, die (unter best. Bedingungen, s. u.) vergeht zw. einem Signal (*Reiz*) und dem Beginn der mechanischen Bewegungsantwort (*Motorik*), der offen beobachtbaren motorischen *Reaktion* auf dieses Signal unter der *Instruktion*, möglichst schnell (und fehlerfrei) zu reagieren. RZ.-Angaben bestehen im Regelfall aus Durchschnittswerten. Üblicherweise wird die RZ. auf Signale gemessen, die in einer durch ein Achtungssignal angekündigten Vorperiode (ca. 1–3 Sek. Dauer) zufallsverteilt erscheinen. Ist der Signalzeitpunkt vorhersagbar, so handelt es sich um *Antizipationszeiten*, die 0 Sek. betragen können, die Reaktion kann sogar vor dem Signal erfolgen (Frühstart). Um zu verhindern, dass die Vp antizipativ reagiert, werden in die RZ.messserie Fangdurchgänge (*catch trials*) eingestreut: Es erfolgt eine Signalankündigung, aber kein Signal. RZ. bezieht sich auf instruierte, willkürliche Bewegungsantworten auf vereinbarte Signale, nicht auf physiol. *Reflexe*. Die Bez. *Latenz*zeit wird für unterschiedliche nicht RZ.-Zeiten benutzt, u. a. für die Zeit zw. Reiz und habitueller konditionierter Reaktion (*Konditionierung*, *bedingter Reflex*), für die Dauer versch. physiol. Signalleitungsprozesse und für die Zeiten zw. Komponenten einer Bewegungssequenz, z. B. die Anschläge beim Tippen eines Wortes. Letztere Zeiten sind kürzer als einfache RZ., was dafür spricht, dass die Sequenz vorprogrammiert ist. Die Zeit für die Ausführung der Reaktionsbewegung, also von Beginn der offenen Antwort bis zu ihrem Ende, wird Bewegungszeit (*movement time*) genannt. Die Zeit für die RZ. und Bewegungszeit zus. wird u. a. Ausführungszeit (*performance time*) genannt.

Die RZ. kann als Summe des Zeitbedarfs unterschiedlicher Teilvorgänge aufgefasst werden, u. a. werden unterschieden: die sensorische Reizleitungszeit (*Wahrnehmung*), die zentrale, kogn. Verarbeitungszeit und die motorische Reizleitungszeit eines externen Signals. Unter der Voraussetzung, dass die peripheren (sensorischen, motorischen) Zeiten bekannt bzw. konstant sind, kann auf die zentrale, kogn. Verarbeitungszeit geschlossen werden. Diese Überlegungen, die auf Donders (1868) zurückgehen, führten zur Entwicklung der Methodiken der Mentalen *Chronometrie* (*Donders'sche Subtraktionsmethodik*). RZ.messungen werden also sehr vielfältig meth. verwendet, um den Zeitbedarf psych. Prozesse zu untersuchen bzw. um Modelle über kogn. Prozesse zu prüfen. Der Ansatz von Donders wurde durch Sternberg methodisch weiterentwickelt (*Sternberg-Paradigma*).

Um herauszufinden, welche Teilvorgänge während der RZ. ablaufen, wird der kogn. Teil der RZ. hypothetisch weiter untergliedert, z. B. in Reizerkennungsvorgänge, Antwortauswahlvorgänge und Bewegungsantwortprogrammiervorgänge, und exp. vielfältig, auch intensiv neuropsychol. untersucht. Übliche einfache RZ. (s. u.) betragen auf einen Lichtreiz (*visuelle Wahrnehmung*) ca. 180 ms, auf einen akustischen Reiz (*Hören*) ca. 140 ms, auf einen taktilen Reiz (*Hautsinne*), z. B. Stirn berühren) ca 130 ms. Unterscheidungsreaktionen (s. u.) und Wahlreaktionen (s. u.) bis zum Vierfachen der einfachen RZ. Die min. erreichbaren Zeiten werden *irreduzibles Minimum* genannt. Werden mehrere Signale kurz hintereinander dargeboten, auf die reagiert werden soll, ist die RZ. auf das zweite Signal verlängert. *Refraktärperiode, psychologische*. Die RZ. ist vom Alter abhängig, bei Vorschulkindern und Senioren ist die Zeit wesentlich länger als bei Jugendlichen und jungen Erw. Die RZ. korreliert (*Korrelation*) eher gering mit komplexeren kogn. Leistungen wie z. B. der *Intelligenz* oder mit komplexeren *Fertigkeiten* wie z. B. Autofahren. Die RZ. ist von vielen Bedingungen der Instruktion bzw. Aufgabeneinstellung (*Geschwindigkeits-Genauigkeits-Abgleich*), der Reizdarbietung bzw. Darbietungsfolge (*Wettlaufmodell*), der Reize (*Stroop-Verfahren*), der Reaktion (*S-R-Kompatibilität*) und von Personmerkmalen wie z. B. Alter abhängig.

Problemgeschichtlich geht die Untersuchung der RZ. auf den Astronomen Bessel im Jahre 1822 zurück. Vor der Erfindung der Stoppuhr wurde der Zeitpunkt, zu dem ein Himmelskörper durch das Fadenkreuz eines Teleskops ging, durch Mitzählen bzw. Weiterzählen von vorausgehenden Pendeluhrschlägen ermittelt. Bei diesen Urteilen, wann der Himmelskörper im Zentrum des Fadenkreuzes steht, gab es konstante Unterschiede zw. versch. Beobachtern. Diese Unterschiede drückte Bessel als Differenzen aus. Solch eine Differenz wurde von Robinson (Astronom, 1830) *persönliche Gleichung* genannt. Nach der Konstruktion des Vorläufers der Stoppuhr, des Chronoskops von Hipp im Jahre 1842, wurde es möglich, nicht nur die relativen Unterschiede der Zeiten anzugeben, sondern diese absolut zu messen. Die absolute persönliche Gleichung, eine Form der RZ., war messbar geworden. Die Erfindung der Stoppuhr hat die Forschung in der Ps. sehr beeinflusst. Die Gründe für die personabhängige Verschiedenheit der absoluten persönlichen Gleichung wurden noch von J. Müller im Jahre 1834 als nur zentral, «kognitiv» bedingt angesehen, da die periphere Reizleitung als keine Zeit verbrauchend angesehen wurde. Helmholtz (1850) vermaß als Erster die periphere Reizleitungszeit, die er Latenzzeit nannte. Die Beobachtungsaufgabe der Astronomen verlangt im Prinzip die Verknüpfung eines auditiven und visuellen Ereignisses. Solche intermodalen Verknüpfungen hatte *Herbart* (1816) «Komplikationen» genannt. Wundt (1862) griff diese Bez. bzw. Problemstellung auf und untersuchte im Labor exp. Aufgaben, die den astronomischen Beobachtungsaufgaben analog waren. Diese Versuche nannte er Komplikationsversuche, später auch Reaktionsversuche, RZ.messversuche, die er als prototypisch für die Untersuchung von Willenshandlungen ansah. L. Lange, ein Schüler Wundts, untersuchte 1888 die Wirkung der Einstellung *(set)* auf die RZ. und fand (ein bis heute umstrittenes Ergebnis), dass die RZ. kürzer ist, wenn sich die Vp auf die Reaktion (motorische Einstellung) konzentriert, als wenn sie sich auf den Reiz (sensorische Einstellung) konzentriert. Exner untersuchte 1873 die Wirkung der *Aufmerksamkeit* auf die RZ., und er prägte den Begriff RZ. Die Arbeiten von Exner und Lange bilden einen Beginn der exp. Aufmerksamkeitsforschung, die u. a. von *Külpe* und Ach (*Ach, Narziss Kaspar*) introspektiv weitergeführt wurde. J. M. *Cattell*, ein Schüler Wundts, promovierte 1903 über RZ. Er untersuchte u. a. assoziative Vorgänge (*Assoziation*) mittels RZ. und kann als ein Vorläufer best. psycholinguistischer Methoden (*Psycholinguistik*) angesehen werden. Auf seine Zusammenarbeit mit F. Galton geht die amerik. Tradition der Eignungsfeststellung (*Eignungsdiagnostik*) mittels RZ.maßen zurück. Eine parallele Entwicklung verlief auch in Europa, z. B. in der dt. *Psychotechnik*. Donders (1868) entwickelte die Subtraktionsmethode, um den Zeitverbrauch ps. Teilvorgänge bei Reaktionsversuchen zu erfassen. Der Methode liegt folg. Gedanke zugrunde: Wenn die einfache RZ. auf einen Reiz 200 ms dauert und die auf zwei Reize (Unterscheidungsreaktion) 240 ms, so bedarf es für die Unterscheidung 40 ms. Aus der Subtraktionsmethode hat sich die moderne *Chronometrie* mentaler Prozesse entwickelt. Die Subtraktionsmethode ist zur additiven Faktorenmethode (*Sternberg-Paradigma*) weiterentwickelt worden. Merkel untersuchte 1885 als Erster systematisch Wahlreaktionen. U. a. unter Rückgriff auf Merkels Daten formulierte Hick (1952) das nach ihm benannte Gesetz über die Abhängigkeit der RZ. von der Alternativenanzahl (*Hick'sches Gesetz*). Das Gesetz gilt nicht für hoch geübte, automatisierte Reiz-Reaktionszuordnungen, wie schon Merkel empirisch aufgewiesen hat. Pieron, ein Schüler Binets, bearbeitete 1919 ebenfalls systematisch die RZ.-Problematik. Er entwickelte den Fallstab, eine einfache apparative Vorrichtung zur Messung der RZ. Der Beginn des Fallens eines Stabes ist der Reiz, die Vp soll als Reaktion den Stab möglichst schnell stoppen. Aus der Fallstrecke lässt sich die RZ. errechnen.

Die RZ. kovariiert mit einer großen Anzahl psychol. Variablen, außer mit der Sinnesmodalität des Reizes, z. B. mit seiner Intensität, Ort und Fläche der gereizten Netzhautstelle beim optischen Reiz, Modalität und ausführendem *Organ* der Reaktion (z. B. gesprochenes Reaktionswort, Tastendruck mit linker/rechter Hand, Pedaldruck mit linkem/rechtem Fuß), Aufmerksamkeit, Ermüdung, Geschwindigkeits-Genauigkeits-Abgleich (*speed-accuracy tradeoff*; Wender et al. 1980) und Komplexität der inneren Prozesse zwischen Reiz und Reaktion. Seit Donders (1868) unterscheidet man die Einfach- oder a-Reaktion auf nur einen Reiz (z. B. weißes Licht) mit einer Reaktion (z. B. Tastendruck) von der Wahl- oder b-Reaktion mit mehreren Reiz- und Antwortalternativen (z. B. grünes und rotes Licht, linke und rechte Taste) und von der Unterscheidungs- oder c-Reaktion, in der mehreren Reizalternativen eine Reaktion so zugeordnet ist, dass auf einen Teil der Reize zu reagieren, auf den Rest nicht zu reagieren ist. Boring 1929, 1950, Pachella 1974, Welford 1980, Woodworth & Schlosberg 1954. *P. Day/W. Glaser*

Reaktion unter Zeitzwang [engl. *time constraint reaction*], [**DIA, KOG**], von W. Poppelreuter. Heute nicht mehr angewendetes Testverfahren. Der Test diente der apparativen Erfassung des bewussten Zweckreagierens im Ggs. zu den «einfachen halbautomatischen Bewegungsreaktionen (Greifreaktionen)». Als Testmaterial dienen acht Zelluloidstreifen (Kerzen genannt) und acht Gummidruckbälle mit sich mehrfach überkreuzenden Schläuchen, die neben den Kerzen in Glasspitzen enden. Der Pb soll nach dem Anzünden der Zelluloidstreifen möglichst schnell den zugehörigen Druckball ausfindig machen, um die Kerze auszublasen. Die Kerze brennt etwa zehn Sek.

reaktiv [engl. *reactive*; lat. *re-* zurück, *actio* Handlung], rückwirkend, [**KOG**], Bez. für ein Geschehen, das die Folgeerscheinungen eines anderen darstellt, in der Ps. für ein *Verhalten*, das unmittelbar auf Umweltreize (*Reiz*) hin eintritt. Ggs. *aktiv, spontan*.
[**FSE**], *Datenerhebungsverfahren*.

reaktive Hemmung (= r. H.) [engl. *reactive inhibition*], [**KOG**], die Annahme von Hull (1952), dass analog der Refraktärphase bei der Erregung von Nervenzellen (*Nerv*) nach jeder *Reaktion* ein mit der Zeit schwächer werdender Widerstand gegen das sofortige Wiederauftreten der gleichen Reaktion entsteht. Die r. H. wird auch als neg. *Antrieb* (Antrieb, nichts zu tun) klassifiziert. *Reaktionspotenzial, Hemmung, Refraktärperiode, psychologische*. Lustig et al. 2001.

Reaktivitätstest [engl. *reactivity test*], [**PHA**], Verabreichung eines chemischen Stoffes und Erfassung der indiv. Reaktion zum Zwecke der Prüfung der indiv. Reaktion auf chemische Stoffe. Im engl. Sprachraum hat sich der Begriff *drug challenge test* eingebürgert, der auch in Deutschland gebraucht wird. Sog. *Funktionstests* stellen eine spezielle Klasse dar. Janke & Kallus 1995, Russell 1987. *W. Janke*

Reaktologie [engl. *reactology*], *Kornilow, Konstantin Nikolajewitsch*.

Realangst (= R.) [engl. *real anxiety*; lat. *realitas* Wirklichkeit], [**KLI**], bei Freud (*Psychoanalyse*) Bez. für die *Angst* vor einer äußeren Gefahr, äußeren Gegebenheiten, die für das Sub. eine reale Bedrohung darstellen. Die R. steht im Ggs. zur Triebangst, sie bez. nicht die Angst selbst, sondern das, was diese erzeugt. Nach Freud kann und muss zur R. anerzogen werden, da Kinder anfängl. keine kennen.

Realisierung [engl. *actualization, realization*; lat. *realitas* Wirklichkeit], [**PHI**], Verwirklichung, Wirklichwerden. I. e. S. die von Külpe begründete Wissenschaftsmethode der Setzung (Anerkennung) bzw. Bestimmung von Realem als Wirklichem (*Wirklichkeit*) mit Betonung der *Wahrnehmung* als der *Erfahrungs*grundlage und des *Denkens* als dem Vermittler der Strukturen und der Gesetzlichkeit des Wahrgenommenen. Eine eigene Form der Denkpsychologie wurde mit dieser Methode verbunden (*Würzburger Schule*).

Realismus, realistisch, Realität (= R.) [engl. *realism, realistic, reality*; lat. *realitas* Wirklichkeit], [**PHI**], die phil.

Richtung (*Philosophie*), die den sog. Wirklichkeitsstandpunkt zum Leitprinzip hat und damit eine außerhalb des *Bewusstseins* liegende *Wirklichkeit* behauptet. Vom naiven R. bis zum kritischen R. bestehen zahlreiche Übergänge in der Annahme der Bedeutung des real Wahrgenommenen (*Wahrnehmung*). I. w. S. ist Realität auch die erlebte Welt (*Erleben*), das unmittelbar Anzutreffende gegenüber dem Vergegenwärtigten.

realistischer Gruppenkonflikt *Theorie des realistischen Gruppenkonflikts*.

Realitätsbereich, [**KOG**], fundamentaler Begriff in der Problemlösungsps. (*Problemlösen*), mit dessen Hilfe best. Vorgegebenheiten für den Problemlöser beschreibbar und abgrenzbar gemacht werden sollen, entspricht etwa *task environment* [engl. Aufgabenumgebung] (*Aufgabe*). Problemlösungen spielen sich danach innerhalb je spezif. «Bereiche» ab, die ganz allg. durch Zustände und alle möglichen Übergänge zwischen ihnen gekennzeichnet werden können. Sowohl die Zustände als auch die Übergänge (auch *Operator*) können unter verschiedenen inhaltlichen und formalen Gesichtspunkten taxonomisiert werden. So können (Dörner 1974) bspw. die Bereiche «Schach» und «Autoreparatur» systematisch voneinander unterschieden werden. Besonders konsequenzenreich ist die Unterscheidung von statischen und dynamischen (sich selbstständig verändernde Komponenten enthaltenden) Realitätsbereichen. *Problem, Problemraum*. *G. Kaminski*

Realitätsleugnung (= R.) [engl. *denial of reality*], [**KLI**], nach der *Psychoanalyse* einer der *Abwehrmechanismen des Ich* gegenüber der Realität, bei dem eine Negation relevanter Fakten stattfindet. Das Ich nimmt bei der R. best. bedeutsame Tatbestände oder Vorgänge einfach nicht wahr, man ignoriert den tatsächl. Sachverhalt. Die R. unterscheidet sich trotz gewisser Ähnlichkeiten eindeutig von der *Projektion* und der *Isolierung*.

Realitätsprinzip (= R.) [engl. *reality principle*], [**KLI**], nach Freud (*Psychoanalyse*) das Prinzip, das die nur an dem Triebreiz orientierten und auf unmittelbare Triebbefriedigung gerichteten Impulse aus dem *Es* nach ethischen und soz. Forderungen abwandelt. So wird das Individuum davor bewahrt, in Verfolgung der nach dem *Lustprinzip* ausgerichteten Triebwünsche in bedrohl. *Konflikte* mit der Realität zu kommen. Das *Ich* und das *Über-Ich* werden vom R. regiert. Freud 1945.

Realitätsverlust (= R.) [engl. *loss of reality*], [**KLI**], meist temporär auftretender, über einen Zeitraum von wenigen Min. bis hin zu mehreren Monaten andauernder Zustand, in dem es den Betroffenen nicht möglich ist, einzelne oder mehrere Objekte der Umwelt in einen sinnvollen Zus.hang mit dem eigenen *Denken* und Handeln zu bringen. Dabei äußern die Betroffenen oftmals Gedanken oder zeigen Verhaltensweisen, die von der Außenwelt als nicht nachvollziehbar oder verstehbar erlebt werden (s. auch *Wahn*). Tritt z. B. im Zshg. mit psychotischen Erkrankungen (*Psychose*), schweren *Depressionen, Traumata* oder akuten *Intoxikationen* auf. *C. Koentges*

Realkennzeichen (= R.) [engl. *reality criteria*], [**RF**], als R. werden inhaltliche Merkmale einer Aussage bezeichnet, die eher in erlebnisbegründeten Schilderungen auftreten als in erfundenen Aussagen (*Aussagepsychologie*). Erfundene Aussagen enthalten weniger schemainkonsistente und -irrelevante Details (z. B. Ungewöhnliches, Nebensächliches, Handlungsabbrüche) als erlebnisbegründete Schilderungen und zeichnen sich durch ein Fehlen solcher Aussageelemente aus, die intuitiv für Lügenindikatoren (*Lügenstereotype*) gehalten werden oder die Kompetenz der aussagenden Person infrage stellen könnten (z. B. Zugeben von Erinnerungsunsicherheiten, spontane Selbstkorrekturen). Die R. wurden zunächst von praktisch tätigen Sachverständigen aus authentischem Aussagematerial herausgearbeitet. Erst wesentlich später wurde von Steller und Köhnken (1989) eine Systematisierung vorgenommen, auf Grundlage derer zahlreiche empirische Validitätsprüfungen erfolgten. Die Begriffe R., Glaubhaftigkeitsmerkmal und Qualitätsmerkmal werden innerhalb der aussageps. Literatur syn. verwendet. Die Bezeichnung R. hat auch in die juristische Literatur und die Rechtsprechung Eingang gefunden, ist jedoch insofern ungünstig, als sie irreführend ist. Denn eine hohe Aussagequalität spricht zwar gegen die Annahme, dass eine aussagende Person darum bemüht ist, eine Erfindung überzeugend zu präsentieren, kann also geeignet sein, die Lügenhypothese zurückzuweisen, dies lässt aber noch nicht den Schluss zu, dass die Schilderung einen Realitätsbezug aufweist, da die Lügenhypothese nur eine der i. R. der *Glaubhaftigkeitsbegutachtung* zu widerlegenden Gegenhypothesen zur *Wahrannahme* darstellt (Volbert, 2010). *Merkmalsorientierte Inhaltsanalyse, primäre Täuschung, sekundäre Täuschung*. Volbert 2010. S. Niehaus

Reallokationsentscheidungen *Entscheiden, finanzbezogenes*.

Real-Selbst (= R.) [engl. *real self*; lat. *realitas* Wirklichkeit], [**EM, SOZ, PER**], syn. *Aktual-Selbst, wahres Selbst*, ist ein Bereich des *Selbst*, der mit *Emotionen*, Kognitionen (*Kognition*), Motivationen (*Motivation*) und Handlungen (*Handlung, Verhalten*) des Individuums zus.hängt. Das R. wird nach der *Selbstdiskrepanztheorie* (*Selbstdiskrepanz*) von Higgins (1987) sowohl mit dem *Ideal-Selbst* als auch mit dem *Soll-Selbst* (engl. *ought self*) konfrontiert. In der narzisstischen Selbstregulation (*Narzissmus*) wird z. B. zw. *implizitem Selbstwert* und *explizitem Selbstwert* unterschieden. Während impliziter Selbstwert automatischen Prozessen unterliegt und eher unbewusst abläuft, beruht expliziter Selbstwert auf Selbstwissen und ist eher bewusst. Taxonomisch lassen sich vier Gruppen von Individuen ableiten, bei denen expliziter und impliziter Selbstwert in Diskrepanz oder in Kongruenz zueinander stehen: Individuen, deren Selbstwertgefühl niedrig implizit/niedrig explizit (Gr. 1), niedrig implizit/hoch explizit (Gr. 2), hoch implizit/hoch explizit (Gr. 3) bzw. hoch implizit/niedrig explizit (Gr. 4) ist. Klassische, d. h. «offene» Narzissten lassen sich der zweiten Gruppe zuordnen. Der implizite Selbstwert kann nach Bierhoff & Herner (2009, 143) als genauso genuin bez. werden wie der explizite Selbstwert. Inwieweit der implizite Selbstwert dem R. des Narzissten entspricht, hängt davon ab, ob sich das Selbst in seiner Entwicklung ein Mindestmaß an Autonomie hat bewahren können oder nicht (vgl. Campbell & Miller 2011). M. J. Herner/H.-W. Bierhoff

Reappraisal, kognitives [engl. *cognitive reappraisal*; engl. *reappraisal* Neubewertung]; *Emotionsregulation*.

reasoning [engl.], schlussfolgerndes Denken. *Schlussprozesse*.

Rebirthing (= R.) [engl.] «wiedergeboren werden», [**KLI**], wurde Mitte der 1970er Jahre von Leonard Orr begründet und misst der Geburt eine überragende Bedeutung zu: Die Persönlichkeit eines Menschen wird hiernach durch die im Geburtserleben gewonnenen Eindrücke von Selbst und Realität gebildet. Über das Wiedererleben der Geburt soll der Klient dazu befähigt werden, seine persönlichen Konzepte zu überprüfen, zu entscheiden, ob er diese realitätsgerechter formulieren oder aufgeben will. Beim R. kommen zwei Haupttechniken zur Anwendung: (1) die Methode des ununterbrochenen Atmens, bei der zwischen Ein- und Ausatmen bei einem einfachen Atemrhythmus keine Pause gelassen wird (*Hyperventilation*). Wird über einen längeren Zeitraum geatmet, soll die Aufmerksamkeit vom Einhalten des Atemrhythmus abrücken und sich rückblickend Ereignissen der persönlichen Vergangenheit zuwenden. (2) Die Methode der Affirmation: Feststellungen über Veränderungen bzgl. des gegenwärtigen realen Lebens werden wiederholt angehört, aufgesagt oder aufgeschrieben. Es handelt sich hier um eine regressive Methode, die starke körperliche Effekte und Erfahrungen bewirken kann. Die genannten Verfahren beziehen sich auf das körperliche, geistige, emot. und spirituelle Erleben. Es wird eine Wiedergeburt auf allen diesen Ebenen angestrebt. Ein weiterer Anwendungsbereich des R. wird in Anspruch genommen, ohne dass hinreichende Wirksamkeitsnachweise vorliegen würden. Es mehren sich Hinweise auf unerwünschte Nebenwirkungen. F. Caspar

Rebound-Effekte (= R.) [engl. *rebound effects*], syn. *carbon leakage, Jevons' paradox*, [**SOZ, WIR**], beschreiben in der Umweltps. die Kompensation von Einsparungen bzgl. Energie, Geld oder Zeit durch zusätzlichen Konsum. R. über 100 % werden auch *backfire* genannt. Die historischen Wurzeln liegen in der Beobachtung von Jevons (1865), wonach technologische Verbesserungen bei der Nutzung von Kohle deren Verbrauch nicht verringerten, sondern durch eine Ausweitung der Nutzungsbereiche erhöhten. Direkte R. reduzieren *Effizienz*gewinne bei der Nutzung einer *Ressource* durch verstärkten Konsum derselben Ressource (mit einem effizienteren Fahrzeug erzielte Einsparungen rechtfertigen eine höhere Fahrleistung, sog. *moral-hazard*; bei sparsamen Leuchtmitteln ist es vertretbar, die Lichtstärke zu erhöhen oder sie länger brennen zu lassen, sog. *moral-leaking*). Bei indirekten bzw. gesamtwirtschaftlichen R. bezieht sich der erhöhte Konsum auf eine andere Ressource oder einen anderen Wirtschaftszweig (eine Einsparung im Energiebereich wird in einen Kurzstreckenflug investiert; ökologisch einwandfreier Konsum entschuldigt den Konsum eines ökologisch bedenklichen Produkts, sog. *moral-licensing*). Die Forschung konzentriert sich vorwiegend auf direkte R. in den Bereichen Raumtemperierung und Verkehr. R. sind demnach abhängig u. a. vom Grad der bereits erzielten Befriedigung relevanter *Bedürfnisse* sowie von den wahrgenommenen Einsparungen bzw. den dadurch bewirkten Veränderungen von *Einstellung* und *Normen*. Zudem können Einsparungen zu höherer wahrgenommener Verhaltenskontrolle (finanzieller Spielraum) und so zu tendenziell größeren R. führen. Stabile *Gewohnheiten* können R. entgegenwirken

[KLI], starke Reaktion auf das Absetzen eines Medikamentes (*Psychostimulanzien*). Wortmann 2010. *M. Stumpf*

Reboxetin (= R.) [engl. *reboxetine*], [PHA], *Psychopharmakon* aus der Gruppe der *Antidepressiva*. R. hemmt die Wiederaufnahme von *Noradrenalin*. R. hat keine *antihistaminergen* Eigenschaften. Häufige *Nebenwirkungen* von R. sind Schlaflosigkeit, Miktionsbeschwerden und Blutdruckregulationsstörungen. Bei *Intoxikationen* können epileptische Anfälle auftreten. Harnverhalt macht bei Männern ein sofortiges Absetzen notwendig. Benkert & Hippius 2013. *H. Himmerich*

Recency-Effekt (= R.) [engl. *recency effect*; *recency* Neuheit], syn. *Rezenzeffekt*, [KOG], der R. ist ein *Gedächtnis*phänomen. Er bezieht sich auf die *serielle Positionskurve* und tritt sowohl bei freiem Recall als auch bei seriellem Recall (*Gedächtnisprüfung*) auf. Der R. besagt, dass die letzten Items einer zu behaltenden Liste häufiger korrekt wiedergegeben werden als Items aus der Listenmitte. Beim freien Recall ist der R. stärker ausgeprägt als beim seriellen Recall. Die Erklärungen für den R. unterscheiden sich je nach Recall-Anforderung. Da Pbn im freien Recall die Items in beliebiger Abfolge wiedergeben können, beginnen sie die Wiedergabe meist mit den zuletzt dargebotenen Items. Der R. im freien Recall wird deshalb häufig auf den Umstand zurückgeführt, dass die letzten Items noch im Kurzzeitgedächtnis repräsentiert sind. Allerdings steht diese Erklärung im Widerspruch zu einer Reihe exp. Befunde, etwa dem Umstand, dass der R. nicht verschwindet, wenn das Kurzzeitgedächtnis mit einer Sekundäraufgabe ausgelastet wird oder wenn auf die Darbietung der Liste ein gefülltes Intervall folgt, das *Rehearsal*-Prozesse unterbindet, die zur Aufrechterhaltung der im Kurzzeitgedächtnis repräsentierten Information erforderlich wären (Engelkamp & Zimmer 2006). Im seriellen Recall stehen entspr. Kurzzeitrepräsentationen für die letztgenannten Items nicht zur Verfügung. Deshalb ist der R. hier auch geringer ausgeprägt. Man nimmt an, dass der Erinnerungsbzw. Behaltensvorteil hier v. a. deshalb auftritt, weil die am Ende der Liste befindlichen Items die Liste begrenzen. Das gilt v. a. für das letzte Item. Bei auditiver Darbietung ist dieser auf Distinktheit beruhende Zugewinn bes. groß, weil dem letztgehörten Item eine Stillephase folgt. Diesen auditiven Behaltensvorteil nennt man deshalb auch auditiven R. (bzw. *Modalitäts-Effekt*). Ein auditiver R. findet sich sowohl für unverbundene Listen von Wörtern, Buchstaben und Ziffern als auch für Sätze und kurze Texte (Rummer et al. 2011). *R. Rummer/J. Schweppe*

^{Test}**Rechenfertigkeiten- und Zahlenverarbeitungs-Diagnostikum für die 2. bis 6. Klasse (RZD 2-6)**, 2014, 2. Aufl., C. Jacobs & F. Petermann, [www.testzentrale.de], [DIA, PÄD]. Mathematiktest. AA Schüler Ende der 2. bis Mitte der 6. Klasse. Das RZD 2-6 ist ein individualdiagnostischer Rechentest mit einer hohen Differenzierungsfähigkeit im unteren Leistungsbereich. Neben einer Aussage zum Vorliegen einer umschriebenen Rechenstörung (*Rechenschwäche*) kann dieses Diagnostikum auch Hinweise auf das Vorliegen möglicher weiterer Teilleistungsstörungen geben. Im Einzelnen werden Zählfertigkeiten, Zahlenwissen, visuell-räumliche Mengenaspekte, Kopfrechnen, schriftliches Rechnen, Textaufgaben sowie das Wissen und flexible Anwenden von Rechenregeln überprüft. Das Diagnostikum ermöglicht insbes. über die Speedkomponente (Bearbeitungsgeschwindigkeit) einen Ausgangspunkt für die qual. Fehleranalyse. *Normierung*: 497 Kinder aus Bremen und Niedersachsen, Aufteilung der Normen nach Klassenzugehörigkeit, Unterscheidung zwischen der Bearbeitungsgüte und der Bearbeitungsgeschwindigkeit. Bearbeitungsdauer: zw. 30 und 45 Min.

Rechenschwäche *Dyskalkulie*.

^{Test}**Rechentest 9+ (RT 9+)**, 1992, M. H. Bremm & R. Kühn, [www.testzentrale.de], [DIA, PÄD]. Mathematiktest. AA Ende der 9. Klasse bzw. Anfang der 10. Klasse in Haupt- und Realschule. Der RT 9+ überprüft Mathematikleistungen, basierend auf dem Unterrichtsstoff, der in diesem Fach bis zum Ende des 9. Schuljahres der Hauptschule geboten wird (Bruchrechnen, Prozentrechnen, Zinsrechnen, Gleichungen, Potenzen und Wurzeln sowie Rechnen mit Größen). *Normierung*: N = 3191 Schülern aus acht Bundesländern. Die Normentabellen erlauben eine differenzierte Auswertung in Bezug auf die einzelnen Untertests bzw. hinsichtlich der Bundesländer. Bearbeitungsdauer: zwei Unterrichtsstunden.

Rechtfertigungen [engl. *apologies*, *justifications*], *Eindrucksmanagement*.

^{Test}**Rechtschreibtest für 6. und 7. Klassen (RST 6-7)**, 1992, O. Rieder, [www.testzentrale.de], [DIA, EW, PÄD]. Rechtschreibtest. AA Schüler der 6. und 7. Klasse. Der RST 6-7 erfasst die Rechtschreibung der Schüler dieser Klassenstufen auf zweierlei Art. Teil 1: Es wird die Fähigkeit der Schüler, kritisch zu lesen und Fehler zu erkennen, überprüft. Der Test überprüft das Korrekturlesen mit Antwort-Auswahl-Aufgaben hinsichtlich folgender Fehlerkategorien: (1) Groß-/Kleinschreibung, (2) Zeichensetzung, (3) Buchstabenfehler, (4) Zusammen-/Getrenntschreibung. Teil 2: Es wird die Rechtschreibleistung durch Ausfüllen eines Lückentextes mit Wörtern überprüft, die in einer Voruntersuchung aus einer großen Zahl von in 6. und 7. Klassen noch auftretenden Schreibfehlern nach Schwierigkeitsgrad und Trennschärfe ausgesucht wurden. *Normierung*: Prozentränge, T-Werte und Quartile getrennt nach Schulart und Klassenstufe ($N = 6956$). Bearbeitungsdauer: Die Gesamtzeit beträgt 45 Minuten (Teil 1: 13 Min. Instruktionszeit und 12 Min. reine Arbeitszeit, Teil 2: 5 Min. Instruktionszeit und 15 Min. reine Arbeitszeit).

Rechtschreibtests (= R.) [engl. *spelling tests*], [DIA, PÄD], als R. bezeichnet man Tests zur Bestimmung der Rechtschreibleistung (*Schreiben*). Qualität und Aussagekraft der R. variieren in Abhängigkeit von den Testgütekriteri-

en (*Gütekriterien*) und der Aktualität der *Normierung*. Die meisten R. sind als Lückentextdiktat konzipiert (z. B. DRT 3, R. Müller 2004; WRT 2+, Birkel 2007). Die Auswertung kann in zwei Schritten erfolgen. Bei der quant. Auswertung wird die Anzahl an fehlerhaften Wörtern bzw. die Anzahl an korrekt verschrifteten Wörtern bestimmt. Bei der qual. Auswertung werden die einzelnen Rechtschreibfehler best. Fehlerkategorien zugeordnet. Wird ein Wort so verschriftet, dass es beim lauten *Lesen* korrekt klingt, aber nicht der Orthografie entspricht (z. B. Hunt statt Hund) handelt es sich um einen *orthografischen Fehler*. Kann ein Wort nicht korrekt gelesen werden, da Buchstaben oder Silben weggelassen, hinzugefügt oder verändert wurden (z. B. Laume statt Pflaume), spricht man von einem Verstoß gegen die lautgetreue Schreibung (*nicht lautgetreuer Fehler*). Auswertungshinweise finden sich in den meisten Testmanualen.
Weber & Marx 2008. *J. Weber*

^Test^**Rechtschreibungstest (RT)**, 2004, M. Kersting & K. Althoff, [www.testzentrale.de], [**DIA, KOG, PÄD**]. Diagnostik der Rechtschreibleistung. AA 15 bis 30 Jahre. Der RT fragt ausschließlich Wörter ab, deren Schreibweise sich nach den alten und neuen Regeln der Rechtschreibung nicht unterscheidet. Der RT umfasst drei parallele, jew. separat einsetzbare Lückendiktate. Den Testteilnehmern wird jeweils ein Text, in dem eine Reihe von Wörtern ausgelassen sind, vorgelegt. Der vollständige Text wird dann vom Testleiter vorgelesen. Die Testteilnehmer müssen die fehlenden Wörter in die entspr. Lücken eintragen. Das Verfahren eignet sich für Gruppentestungen. *Normierung*: Die Normen wurden an über 1700 Personen mit unterschiedlicher Schulbildung ((Fach-)Abitur und Mittlere Reife) neu bestimmt. Bearbeitungsdauer: pro Lückendiktat ca. 15 min.

Rechtsgewährungsanspruch *Familienrechtspsychologie*.
Rechts-Ohr-Vorteil [engl. *right ear advantage*], *Sprachlateralisierung*.
Rechtspsychologie [engl. *legal psychology*], s. Einleitung Gebietsüberblick «*I.16 Rechtspsychologie und Forensische Psychologie*».
Rechtspsychologie, indirekte Verfahren in der [engl. *indirect (measuring) procedures in legal psychology*], [**RF**], werden mit dem Ziel entwickelt, rechtsps. relevante Konstrukte (wie z. B. sexuelle Präferenzen oder die Erlebnisbasiertheit von Aussagen) ohne Rückgriff auf den *Selbstbericht* von Personen zu erfassen. Stattdessen werden die Konstrukte indirekt aus dem Verhalten erschlossen. Dazu können physiol. Reaktionen (z. B. *Lügendetektion* oder *Penisplethysmografie*) oder qual. Merkmale von Aussagen herangezogen werden (*Merkmalsorientierte Inhaltsanalyse*). Bei diesem Verfahren wird zwar der Selbstbericht der aussagenden Person genutzt, es wird aber nicht der Inhalt der Aussage, sondern qual. Merkmale wie z. B. der Detailreichtum, die chronologische Ordnung und die logische Konsistenz beurteilt, um zw. erlebten und erfundenen Aussagen zu unterscheiden.In jüngster Zeit wurden verstärkt reaktionszeitbasierte Verfahren (z. B. *Impliziter Assoziationstest (IAT)*) wie auf rechtspsychol. Fragestellungen angewandt. Das Interesse an indirekten Verfahren im Bereich der Rechtsps. beruht auf der Hoffnung, dass eine bewusste Verfälschung von Untersuchungsergebnissen unmöglich oder zumindest schwieriger ist als bei direkten Verfahren. Das gilt allerdings nur eingeschränkt und auch nur unter der Voraussetzung, dass Pbn nicht wissen, wie das gezeigte Verhalten interpretiert wird. Informierte Pbn können jedes indirekte Verfahren manipulieren oder zumindest sabotieren. Ein weiteres Problem indirekter Verfahren besteht in der häufig unzureichenden *Objektivität*, *Reliabilität* und *Validität*. Gerade im rechtspsychol. Anwendungsbereich ist daher eine besonders sorgfältige *Validierung* indirekter Verfahren unabdingbar. Schmidt et al. 2015. *R. Banse*

reciprocal teaching (= r.) [engl. *reciprocal* gegenseitig, *teaching* unterrichten], [**PÄD**], bez. eine *Lehrstrategie* nach den Prinzipien der *kognitiven Meisterlehre*. Die Lehrperson fungiert dabei in kollaborativen Kleingruppen (*Lehrstrategien, kollaborative*) zunächst als Modell (*Modelllernen*, *Beobachtungslernen*) und führt bestimmte Lernstrategien durch *lautes Denken* vor (*modeling*). Sie fasst z. B. in einer Art Selbstgespräch einen Textabschnitt zus., um durch die Informationsreduktion eine Verdichtung der Textvorlage mit der Absicht zu erreichen, die Inhalte besser behalten zu können. Durch die *kognitive Modellierung* schafft die Lehrperson so (optimalerweise an der *Zone der nächsten Entwicklung* der Lernenden orientiert) ein Gerüst für den weiteren Lernprozess (*Lehr-Lern-Prozesse*, *scaffolding*). Im weiteren Verlauf ist es Aufgabe der Lernenden, in die *Rolle* der Lehrperson zu wechseln, um die Strategie selbst auszuführen. Die Lehrperson beobachtet und moderiert die Aktivitäten und gibt Hilfen (*coaching*), mit dem Ziel, sich immer weiter aus der Lern- bzw. Interaktionsprozess zurückzuziehen (*fading*). In der ursprünglichen Form wurde die Instruktionsform des r. von Palincsar und Brown (1984) zur Förderung des Textverstehens durch die Anwendung von Verständnis fördernden und überwachenden Lesestrategien entwickelt. Theoretische Grundlage für die Gestaltung des Interaktionsprozesses ist die soziokult. verankerte Entwicklungstheorie von L. S. Wygotski (*Entwicklung, soziokultureller Ansatz nach Wygotski*). Dabei wird davon ausgegangen, dass Kinder i. R. sozialer Interaktion mit anderen Personen in ihrem kulturellen Kontext neues *Wissen* zunächst gemeinsam kokonstruieren und erst anschließend indiv. internalisieren. *Metaanalysen* belegen die *Effektivität* des r. zur Förderung des Textverstehens (Rosenshine & Meister 1994). Als besonders wirksam erwies sich eine explizite Erläuterung der Lesestrategien durch die Lehrperson vor Beginn der eigentlichen *Gruppenarbeit*. Komponenten des r. finden in der pädagogischen Praxis mittlerweile in versch. Formen des tutoriellen und *kooperativen Lernens*) Anwendung. *F. Borsch*

recodieren (= r.) [engl. *recode* neu verschlüsseln], syn. rekodieren, [**KOG**], semantische Codierung (*Code*, *semantisches Gedächtnis*) des im Kurzzeitgedächtnis gespeicherten Inhalts; gemäß der Mehrfachspeicher-Hypothese des *Gedächtnisses* ein Vorgang, der bei dem *Abruf* der Items mithilfe von Informationen, die im Langzeitgedächtnis gespeichert sind, abläuft (Bredenkamp & Wippich 1977).

Produkte des R. sind aber auch die bereits von G.A. Miller (1956) beschriebenen *chunks* und die von Bousfield beobachteten *cluster*, überhaupt alle auf einem höheren Codierungsniveau stehenden Organisationseinheiten, die aus dem vorläufig codierten, eingegangenen Material *(input)* neu gebildet werden, um die Langzeitspeicherung zu ermöglichen und die Kapazität und Reproduktion zu verbessern. *R. Bergius*

recognition [engl.] Erinnerung. *Gedächtnisprüfung.*

Redeflussstörung [engl. *fluency disorder*], *Sprechflüssigkeitsstörung.*

Reduced-Social-Cues-Ansatz (= R.) [engl. *reduced* reduziert, *social* sozial, *cue* Hinweisreiz], Kiesler et al. 1984; Sproull & Kiesler 1986, [**MD, SOZ**], ist ein Modell der *computervermittelten Kommunikation* (= C.). Der Ansatz geht davon aus, dass C. im Vergleich zur Face-to-Face-*Kommunikation* defizitär ist, da soziale Hinweisreize wie nonverbale Signale in der C. – insbes. bei einer rein textbasierten Kommunikation – herausgefiltert werden. Durch das Fehlen sozialer Hinweisreize erhöht sich die Anonymität und die Kommunikationspartner können sich nur unvollständig wahrnehmen. Das führt wiederum zu einer geringeren Kontrolle des eigenen *Verhaltens*. Daraus resultiert dem Ansatz zufolge enthemmtes, *antisoziales Verhalten*. Andererseits werden auch pos. Effekte der reduzierten sozialen Hinweisreize angenommen, da etwa mögliche Statusunterschiede zw. den Kommunikationspartnern verdeckt werden. Dadurch soll es zu einer Demokratisierung und Egalisierung der Kommunikation kommen. Die empirische Befundlage zu den Annahmen des Modells ist uneinheitlich. Differenziertere Annahmen zu den sozialen Auswirkungen der C. finden sich in der *Theorie der sozialen Informationsverarbeitung* sowie im *SIDE-Modell*. Hartmann 2004. *J. Kimmerle*

Reduktion (= R.) [engl. *reduction*; lat. *reducere* zurückführen], [**PHI**], sehr allg. Bez. für Verminderung, Verkleinerung, Zurückführung von Erscheinungen auf Ursachen, komplexeren Gegebenheiten auf einfachere Bedingungen oder Besonderem auf Allgemeines. In der *Wissenschaftstheorie* werden Triaden von Sätzen wie das folg. Bsp. als wiss. Systematisierung bezeichnet: (1) Alle Edelmetalle sind gute Stromleiter, (2) Silber ist ein Edelmetall und (3) Silber ist ein guter Stromleiter. Die formale Logik nennt die Ableitung von (3) aus (1) und (2) einen gültigen Schluss im Modus Barbara. Die wiss. Systematisierung ist die Grundlage fast aller Argumentations- und Ableitungstechniken in den empirischen Wissenschaften. R. war lange Zeit der Oberbegriff für alle in wiss. Systematisierungen gebräuchlichen, logisch oder meth. begründeten Ableitungen, also für die *Deduktion* (logisch gültiger Schluss von (1) und (2) auf (3)), die *Falsifikation* (logisch gültiger Schluss von nicht-(3) und auf nicht-(1)), die *Induktion* und die *Verifikation* (logisch nicht gültiger, aber methodisch zu begründender Schluss von (2) und (3) auf (1) oder von (1) und (3) auf (2)). Der Begriff R. wird z. B. noch von Bochenski ausgedehnt verwendet und erläutert, hat jedoch inzw. an Bedeutung verloren, da man heute die spezielleren Ausdrücke Deduktion, Falsifikation usw. bevorzugt.

Die Phänomenologie (*Phänomen*) lehrt, dass der alltägliche Umgang ebenso wie die empir.-wiss. Untersuchung die Wesenserkenntnis ihrer Gegenstände geradezu systematisch verfehlen. Sie entwickelt eine erlernbare Methode anschauender Analyse, die als *Wesensschau* «zu den Sachen selbst» vordringen soll. Nach phänomenologischer Auffassung ist der «reine» Gegenstand im alltäglichen und wiss. Erkennen «immer schon» durch subj. Einflüsse wie Erfahrungen und praktische Erwartungen, Handlungszwänge, Einstellungen und Interessen, durch ein Übergewicht der *Interpretation*, in die Gewusstes, Erschlossenes und theoretisch Erwartetes einfließen, verstellt. Das Durchstoßen dieser Verdeckungen, das Vordringen zum Gegenstand selbst in einer sensiblen, streng nur dem wirklich Gegebenen zugewandten und die sich ständig aufdrängenden Deutungen immer wieder zurückweisenden, schauenden Erkenntnishaltung wird R. oder Epoché genannt. Bochenski 1993, Seiffert 1996. *W. Glaser*

Reduktionismus (= R.) [engl. *reductionism*; lat. *reducere* zurückführen], [**PHI**], damit werden in der Ps. häufig Theorien (*Theorie*) bezeichnet, die sich in ihren Grundannahmen hinsichtlich des Teil-Ganz-Verhältnisses und anderem weitgehend an der älteren Physik (klassische Mechanik) orientieren. R. ist z. B. die isolierte Betrachtung von einzelnen Elementen, ohne ihre Verflochtenheit in einem Ganzen in Rechnung zu ziehen, oder die Beachtung der Ganzheiten (*Ganzqualität*) als einfache (summenhafte) Zusammensetzung konstanter Einzelteile (Atome, Elemente). Ebenso liegt R. vor, sobald Prinzipien, die auf einer niedrigeren Betrachtungsebene gelten, wie einfache Lerngesetze (*Lernen*; im Tierversuch gewonnen) ohne weitere Vorbehalte auf eine höhere Ebene und auf menschliches Lernen übertragen werden. Der *Psychologismus* ist eine Form des R. Sloane 1945.

Reduktionssprache (= R.) [lat. *reducere* zurückführen], [**KOG**], aus einer Kultursprache durch Vereinfachung (Reduktion) entstandene Neusprache. Verzicht auf Deklination, Personalendungen beim Verbum, Geschlechtsunterscheidungen. Die R. zeigen Parallelen zur Kindersprache, aber auch zur pathologischen Sprachreduktion bei *Schizophrenie*.

Reduktionsteilung [engl. *reduction division*], [**BIO**], erste Reifeteilung der *Meiose*, bei der das väterliche vom mütterlichen *Chromosom* der Chromosomenpaare getrennt wird. Die Aufteilung der väterlichen und mütterlichen Chromosomen auf die beiden Tochterzellen erfolgt zufallsbedingt. *Äquationsteilung.*

Redundanter-Zielreiz-Effekt (= R.) [engl. *redundant target effect, redundant signals effect*; lat. *redundare* etw. im Überfluss haben], [**BIO, KOG**], bez. den *Reaktionszeit*vorteil von Reaktionen auf mehrfache *Zielreize* gegenüber Reaktionen auf einen einzelnen Zielreiz. Der R. wurde sowohl bei unimodalen als auch multimodalen Reizen beobachtet und kann in Einfachreaktionsaufgaben, Go/No-Go-Aufgaben und Wahlreaktionsaufgaben nachgewiesen werden. Ist die Höhe des R. mit der *Wettlaufungleichung* vereinbar, spricht dies für eine Verarbeitung der redundanten Zielreize nach dem *Wettlaufmodell*. Wird die Wettlaufungleichung hingegen verletzt, spricht dies für eine Verarbeitung der redundanten Zielreize nach *Koaktivierungsmodellen*. Split-Brain-Pat. (*Split-Brain-Forschung*) zeigen einen besonders großen unimodalen visuellen R. sowie eine ausgeprägte Verletzung der *Wettlaufungleichung*, wenn jew. ein Reiz im rechten und linken Gesichtsfeld dargeboten wird. Dieser Befund hat zu einer Neubewertung der Funktion des *Corpus callosum* und der Interaktion der beiden Hemisphären (*Hemisphärenspezialisierung, Lateralität*) geführt. Miller 2004. H. Schröter

Redundanz (= R.) [engl. *redundancy*; lat. *redundare* etw. im Überfluss haben], [**KOG**], Weitschweifigkeit, Überladung einer Aussage mit überflüssigen Elementen. Ein informationstheoretischer (*Informationstheorie*) Begriff für nicht ausgenutzte Information bzw. Abweichung von dem max. möglichen Informationsbetrag. R. ist im einfachsten Fall ein Maß für den Grad der Abweichung einer gegebenen Verteilung von Wahrscheinlichkeiten von einer Gleichverteilung. R. wird in der Ps. häufig als Maß für Struktur, Ordnung, Abweichung von einem völlig ungeordneten Zustand verwendet. Die R. einer *Nachricht* macht zwar einen erhöhten Übertragungsaufwand erforderlich (*Nachrichtenübertragung*), doch bietet sie auch einen gewissen Schutz vor Übermittlungsstörungen, da die Regelhaftigkeit der Zeichenfolge Schlüsse auf das Fehlen oder auf die Fehlerhaftigkeit von *Zeichen* zulässt (*Kontextredundanz*). Jede sprachliche Mitteilung ist schon deshalb redundant, weil die einem begrenzten Repertoire entnommenen Sprachzeichen (Buchstaben, Silben, Wörter etc.) unterschiedlich häufig auftreten und weil sie gemäß orthografischen und syntaktischen Regeln zueinander in seriellen Wahrscheinlichkeitsrelationen stehen (*Sprachstatistik, Grammatik*). E. Mittenecker

reengineering (= r.) [engl.] Umstrukturieren, [**AO**], r. oder *business r.* ist ein als Oberbegriff für eine grundlegende Veränderung der Kernprozesse der *Organisation*, das sind die erfolgsentscheidenden, vollständigen Arbeitsablaufketten in allen ihren Schritten. Ein Bsp. für einen Kernprozess in einem Unternehmen, das Waren herstellt und verkauft, ist die gesamte Auftragsabwicklung vom Eingang des Kundenauftrags über die Planung, Herstellung, Auslieferung der Waren an die Kunden bis zur Rechnungslegung und Bezahlung der Ware. Die zu verbessernden Abläufe sind oft nicht sehr effizient gestaltet, erfordern unnötig viele Abstimmungen zw. versch. Arbeitsbereichen und Hierarchieebenen. Ziel ist, diese durch Vereinfachungen, Delegation von Entscheidungen auf die Hauptarbeitsebene und Einführung von Verantwortlichen für größere Prozessabschnitte zu verkürzen. In ihrem sehr beachteten Buch beschreiben Hammer und Champy (1993) ein Konzept zum *radikalen Redesign* der Unternehmensprozesse. Erforderlich sind dazu eine Analyse und ein fundamentales Überdenken der Notwendigkeit jedes einzelnen Schritts und aller Prozesse. Ziel ist eine völlige Neugestaltung der Prozesse, die sich nicht mit kleinen Verbesserungen zufriedengibt. Wie Champy (1995) aber selbst eingesteht, gibt es viele Misserfolge beim Umsetzen des Konzepts (Pfeiffer & Weiß 2006). Inzwischen werden beim r. vorsichtigere Ziele gesetzt. Die Verbesserung der Kernprozesse und *Effizienz* – oft in Verbindung mit der Einführung neuer Informationstechnologien – bleibt aber eine ständige Aufgabe der Unternehmen, um im Wettbewerb bestehen zu können. Um wirksam zu werden, sind dabei kontinuierliche Prozessverbesserungen und ein systematisches Prozessmanagement erforderlich (Dierkes & Diedrich 2006; *PDCA-Zyklus, Qualitätskultur, Qualitätssicherung*). Das Ziel, die Prozesse eines Unternehmens zu analysieren und mit wenigen Hierarchieebenen und einfacheren Abläufen effizienter zu gestalten, ist keineswegs neu. Dazu können versch. Analysemethoden, insbes. *Arbeitsablaufanalyse*, und *Aufgabenanalyse* eingesetzt werden. Um das Ziel zu erreichen, wird oft auch Outsourcing eingesetzt. Hierbei werden Prozesse und Arbeitsbereiche als selbstständige externe Unternehmen ausgegliedert, die nicht zum sog. Kerngeschäft gehören (Greaver 1999). S. Greif

REFA, [**AO**], Abk. für «Reichsausschuss für Arbeitszeitermittlung» (1936 umbenannt in «Reichsausschuss für Arbeitsstudien»; Bez. seit 1948 «Verband für Arbeitsstudien, REFA e. V.»). 1924 wurde dieser Ausschuss von Industriellen und Ingenieuren gegründet mit dem Ziel, die *Zeitstudie* zur *Arbeitsstudie* auszubauen und darüber hinaus den industriellen Arbeitsprozess in der Vielfalt der Beziehungen zwischen Mensch und Arbeit zu beachten und zu untersuchen (Rationalisierung, Arbeitsschulung usw.).

reference group [engl.] *Bezugsgruppe, Gruppe*.

Referenz (= R.) [engl. *reference*; lat. *referre* zurückwenden, auf etw. beziehen], [**AO, WIR**], R. werden zur *Personalauswahl* in einer ganzen Reihe dt. Unternehmen eingesetzt, in anderen Ländern, insbes. im angloamerik. Raum, gelten sie als nahezu unverzichtbar. Sie werden mit zunehmendem Stellenwert des zu besetzenden Arbeitsplatzes in Unternehmen bedeutsamer und kommen insbes. bei mittleren und höheren Führungspositionen zum Einsatz. In der Umgangssprache wird die Bez. R. z. T. fälschlicherweise gleichbedeutend mit *Arbeitszeugnis* verwendet. Ein Unterschied besteht darin, dass ein Arbeitgeber rechtlich angehalten ist, jedem Mitarbeiter ein Arbeitszeugnis auszustellen, das wohlwollend formuliert ist. Ein R.geber hingegen kann die Auskunft ohne Weiteres verweigern, kann aber ebenso zumindest bei telefonischen R.auskünften auch dezidiert neg. Aussagen machen. In dieser Hinsicht gilt die R. dem Arbeitszeugnis als überlegen, da arbeitsrechtliche Konsequenzen bei mündlichen Aussagen de facto nicht relevant sind, insofern die entspr. Aussagen selten nachvollziehbar dokumentiert werden und daher auch kaum Gegenstand von Arbeitsgerichtsprozessen werden können. Kennzeichen jeglicher R. ist, dass ein Dritter von einem R.einholer und Informationen über einen Bewerber gebeten wird. Üblicherweise ist der Dritte ein ehemaliger Vorgesetzter des Bewerbers, manchmal sind es auch Kollegen oder Lehrer.

Es gibt versch. Varianten von R., neben mündlichen Auskünften können es auch frei formulierte Briefe (*Empfehlungsschreiben*) sein. Sehr selten werden Einstufungsskalen oder sonstige strukturierte Referenzvordrucke eingesetzt. Ebenfalls variabel ist der Zeitpunkt innerhalb des Selektionsprozesses, zu dem eine R. eingeholt wird. In Großbritannien ist es bspw. im gewerblichen Bereich üblich, einem Bewerber nach dem Interview ein *bedingtes Arbeitsangebot* zu machen, dass also eine noch einzuholende zufriedenstellende R. des vorherigen Arbeitgebers Bedingung für das Angebot bzw. dessen Aufrechterhaltung ist. Zwei inhaltliche Varianten von R. lassen sich unterscheiden. Der eine Typus beabsichtigt vor allem die Verifizierung der vom Bewerber angeführten Angaben, bspw. über die frühere Position oder das Gehalt. Der andere Typus stellt eine qualifizierte R. dar, die eine Beurteilung der früheren Arbeitsleistung durch den R.geber beinhaltet. Aufgrund dieser Information soll der künftige berufliche Erfolg des Bewerbers vorhergesagt werden. Während einige R.einholer vor allem daran interessiert sind, die generelle berufliche Leistung des Bewerbers vorherzusagen, ist anderen in erster Linie daran gelegen, kritische Punkte aufzudecken, weshalb dann etwa Fragen zur Pünktlichkeit, zu Fehltagen oder zu Unregelmäßigkeiten beim Umgehen mit Geld gestellt werden.

R. werden von Praktikern in der Personalarbeit (*Personalmanagement*) als zumindest durchschnittlich valide eingeschätzt (Schuler et al. 1993) und sind aufwandsökonomisch zu erheben. Die Ergebnisse zur *Reliabilität* von R. sind allerdings ernüchternd. Die Stabilität der Urteile von R.gebern hat sich als frappierend gering erwiesen (Reilly & Chao 1982). Möglicherweise liegt dies daran, dass die Art der R.einholung oft weder strukturiert noch anforderungsbezogen erfolgt. Nach den Ergebnissen älterer Studien ist mehr als eine mäßige Prognose der künftigen Leistung aufgrund von R. nicht möglich (Schmidt & Hunter 2004). Und schließlich scheint bei R.gebern die Tendenz zu bestehen, entweder grundsätzlich nichts Negatives aussagen zu wollen oder aber aufgrund von Urteilsunsicherheit pos. Urteile abzugeben (Moser & Rhyssen 2001). Neuerdings wurde vorgeschlagen, R. strukturierter zu erheben (Taylor et al. 2004). Insbes. der Anforderungsbezug und die Strukturierung in der Datengewinnungsphase dürften validitätserhöhend (*Validität*) wirken. *Personalbeurteilung, Personalentscheidungen, Nutzen von.*   K. Moser

Referenz, sprachliche [engl. *linguistic reference*; lat. *referre* zurückwenden, auf etw. beziehen], **[KOG]**, zentrale Funktion der *Sprache* oder eines anderen Zeichensystems, z. B. der Gestik, die beinhaltet, dass man mit einem oder mehreren sprachlichen Zeichen auf etwas Außersprachliches verweisen kann. Ziel ist dabei, die Aufmerksamkeit eines Hörers/Lesers auf einen best. Gegenstand, eine best. Person etc. zu lenken. Dazu muss auf das Gemeinte so verwiesen werden, dass der Hörer/Leser es nicht mit anderen Alternativen verwechseln kann.   T. Pechmann

reflektierendes Schreiben (= r. S.) [engl. *reflective writing*; lat. *re-* zurück, *flectere* beugen]; syn. *therap., heilendes Schreiben, Schreib-* oder *Poesietherapie*, **[GES, KLI]**, *Selbsthilfe-Technik*, in der das Schreiben i. w. S. als therap. Instrument sowie zur Selbstreflexion und Selbstentwicklung genutzt wird. Im r.S. können Gedanken, Gefühle und Erfahrungen bzgl. der Vergangenheit, Gegenwart und Zukunft reflektierend, loisch., persönlich, hypothetisch, kritisch oder kreativ betrachtet werden. Das r. S. ist eine Aktivität, die sowohl das Beschreibende (was, wann, wer) beinhalten kann als auch analysierende (wie, warum, was wenn) sowie ausdrückende Komponenten (z. B. ich denke, ich fühle, ich glaube). Ein zentrales Element des r. S. ist, dass man keine schriftstellerischen Fähigkeiten dazu benötigt, sondern dass es im Gegenteil darum geht, möglichst authentisch die eigenen Gedanken, Gefühle und Erfahrungen in Worte zu fassen. Innerhalb des r. S. existieren wiederum viele Methoden, mit deren Hilfe die Therapie, Selbstreflexion und Selbstentwicklung angeregt werden soll. Das r. S. ist bei Alltagsproblemen und vielen psych. und körperlichen Erkrankungen bzw. Störungen wirksam, es ist emot. entlastend und kann letztlich auch Schreibblockaden lösen. Psychoth. genutzt wird es v. a. in den USA und Großbritannien, wobei auch eine Zunahme in Dt. zu verzeichnen ist. Pennebaker 2010.   M. Neumann

reflektierendes Team [engl. *reflective team*; lat. *re-* zurück, *flectere* beugen], **[KLI]**, systemtherap. Ansatz (*Systemische Therapie*) des norweg. Psychiaters Tom Andersen. In der Weiterentwicklung des *Mailänder Modells* finden Therapiegespräche statt, die von anderen anwesenden Therapeuten mitverfolgt und in Anwesenheit der Klienten kommentiert werden. Andersen 1990.

reflektive Messung *Messung, formative vs. reflektive.*

Reflektoplastik [lat. *re-* zurück, *flectere* beugen, gr. πλαστική (*plastike*) das Geformte], **[WA]**, Anaglyphenbilder, ineinander gezeichnete stereoskopische Bilder, von denen das eine in blauer oder grüner, das andere in roter Farbe gehalten ist. Durch eine Brille mit einem roten und einem blauen (grünen) Glas werden die Bilder betrachtet, wobei das gleichfarbige Bild ausgelöscht wird und ein räumlicher Eindruck entsteht. *Stereoskop, Stereoskopie.*

Reflex (= R.) [engl. *reflex*; lat. *reflexus* das Zurückbeugen, aus *re-* zurück, *flectere* beugen], (allg.) das Zurückwerfen z. B. von *Licht*, *Schall* usw. (Reflexion).

[BIO], Eine auf einen best. *Reiz* hin bei Mensch und Tier automatisch und unwillkürlich ablaufende *Reaktion*. Vom *Eigenreflex* wird der Fremdreflex unterschieden. Die vom *Sinnesorgan* (z. B. beim *Kniesehnenreflex* durch erzwungene Dehnung der Muskelspindel (*Muskel, Muskeltonus*)) ausgehende nervöse Erregung wird im Sinnesnerv (*Nerv*) zum *Rückenmark*, verlängerten Mark oder Hirnstamm geleitet (*Gehirn*, *Nervensystem*). Hier kommt es zur Umschaltung über eine *Synapse* (= monosynaptisch beim Eigen-R.) oder über mehrere Synapsen (polysynaptischer R., Fremd-R.) auf efferente Bewegungs- oder Drüsennerven, die die Reaktion im Erfolgsorgan auslösen. Unter normalen Bedingungen dienen solche monosynaptischen Dehnungsreflexe dazu, die jew. Körperpositionen (z. B. beim aufrechten Stehen) oder die Gliedmaßenstellung (z. B. beim Halten einer Tasse) gegen äußere Kräfte aufrechtzuerhalten. Nach ihrer Entstehung unterscheiden sich von diesem natürlichen R. die auf Lernprozesse (*Lernen, Lernforschung*) zurückgehenden bedingten Reflexe (*bedingter Reflex, bedingte Reaktion*). Bei einfachen R. wird nur ein Muskel bzw. eine Muskelgruppe aktiviert (Lidschluss-, Kniesehnen-R.). Als kompliziertere R. gel-

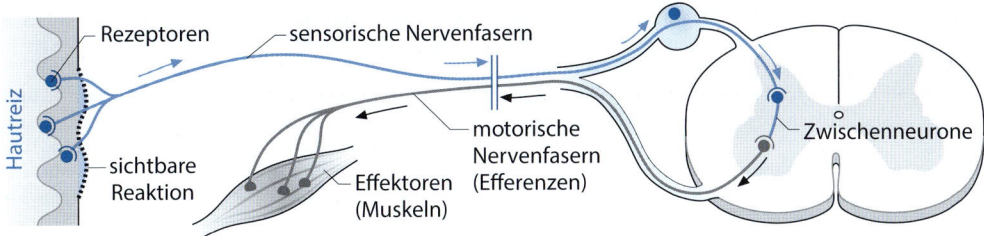

Reflexbogen

ten z. B. Flucht-, Abwehr-, Schutz-, Begattungs-R.; als unbedingt lebenswichtig die von der Schleimhaut des Mundes, des Rachens und der Luftröhre gesteuerten Saug-, Schluck- und Husten-R. (*Reflexbogen*). Sie sind polysynaptischer Natur. Entwicklungspsychol. bedeutsam sind *Greifreflex* und *Moro-Reflex*. Die erste klare Unterscheidung von Willkür- und Reflexhandlung vollzog der engl. Physiologe Marshall Hall (1790–1857), während der Begriff bereits ein Jhd. früher von Astruc eingeführt worden war. Galen beschrieb schon den Pupillarreflex. In der *Reflexologie* erfuhr der Begriff eine Ausweitung zur Gesamterklärung aller seelischen Vorgänge, was sich aber nicht halten ließ. Vgl. u. a. *Ethologie*. Schmidt et al. 2000, Pinel 1997.   *C. Becker-Carus*

Reflexbewegung [engl. *reflex movement*], [**KOG**], die unwillkürliche Bewegung aufgrund eines auslösenden Reizes (*Reiz*), z. B. Lidschließen bei plötzlichem grellem Licht. *Eigenreflex*, *Reflex*.

Reflexbogen [engl. *reflex arc/circuit*], [**BIO, KOG**], das Schema der anatomischen Grundlage des *Reflexes*, d. h. die sensorischen neuronalen und effektorischen Stationen, die beim Ablauf eines Reflexes nacheinander aktiviert werden. Die vom *Rezeptor* (z. B. *Sinnesorgan*) bei Reizung ausgehende Erregung wird über afferente (*Afferenz*) zentripetale, sensible Fasern zu einem Reflexzentrum (Interneurone im ZNS *Rückenmark* (*Nervensystem*)) geleitet. Dort erfolgt Umschaltung auf den efferenten (*Efferenz*) zentrifugalen *Nerv* (motorische Einheiten, Motorneuron), der die Erregung zu dem ausführenden Erfolgsorgan, dem Effektor (z. B. *Muskel*), führt, s. Abb. Die Zahl der Interneurone ist sehr unterschiedlich; beim monosynaptischen Dehnungsreflex ist als einzige Ausnahme der afferente Schenkel direkt mit dem efferenten Schenkel gekoppelt. Die Latenzzeit des Reflexes hängt einerseits von der Leitungsstrecke im afferenten und efferenten Schenkel ab, andererseits auch von der Zahl der Interneurone im Reflexzentrum. Für die Konstanthaltung der Gelenkstellung, z. B. des Knies, sind vier Reflexbögen verantwortlich, die bei einer von außen erzwungenen Änderung aktiv werden und die insges. dazu dienen, die Änderung weitgehend rückgängig zu machen, also die (willentlich) vorgegebene Muskellänge konstant zu halten. Zusammen bilden diese (reziprok und antagonistisch arbeitenden) Reflexbögen das Längen-Kontroll-System des Muskels. Als vegetativer Reflexbogen wird die synaptische Verschaltung zw. Afferenzen und vegetativen Efferenzen auf spinaler segmentaler Ebene des Rückenmarks bez. Er hat jeweils insges. mind. drei *Synapsen*. Schmidt et al. 2000.   *C. Becker-Carus*

Reflexhemmung [engl. *reflex inhibition*], [**KOG**], die willentliche Unterdrückung des Ablaufs einer *Reflex*bewegung (z. B. des Hustens), auch die (nicht willkürliche) Abschwächung der Reflexe durch Einflüsse aus dem Großhirn (*Gehirn*) oder durch andere gleichzeitig ausgelöste Reflexbewegungen. *Hemmung*.   *C. Becker-Carus*

Reflexion, diskursive [engl. *discursive reflection*; lat. *discurrere* umherlaufen, *re-* zurück, *flectere* beugen], *Validierung, kommunikative*.

Reflexion, kognitionspsychologisch (= R.) [engl. *reflection*; lat. *re-* zurück, *flectere* biegen, beugen], [**GES, KOG, PÄD, PHI**], neben der physikal. Wortbedeutung für das Zurückwerfen von Wellenbewegungen bezeichnet R. vor allem das «Sich-zurück-Wenden» des *Denkens* und des *Bewusstseins* auf sich selbst. Allg. hat R. die Tendenz des Sich-inne-Werdens; sofern es auf das Denken bezogen wird, besteht die Def. von Aristoteles zu Recht, nach der R. das *Wissen* vom Wissen erstrebe. *Metakognition*. R. bez. insbes. die Fähigkeit, eigenes Verhalten, mentale Konzepte, Gefühle und Haltungen wahrzunehmen und in Bezug zur Umwelt kritisch zu hinterfragen. Sie ist notwendige Voraussetzung, um aus gemachten Erfahrungen zu lernen, vor, während oder nach dem Ereignis (*Lernen, pädagogische Perspektive*). Durch die eigenständige, aber auch mit anderen gemeinsam durchgeführte R. kann ein differenzierteres Verständnis des Selbst, des Anderen oder der Situation als Ganzem entstehen. Eine frühe Konzeptualisierung erfuhr der Begriff durch John Dewey (1997), der im Spannungsfeld der Reformpädagogik und traditionellen *Pädagogik* den sinnvollen Umgang mit den Erfahrungen der Schüler im Lernzusammenhang erarbeitete. Dabei schrieb er der von Schüler und Lehrer gemeinsamen und einfühlsamen R. dieser Erfahrungen einen wichtigen Stellenwert zu. Donald Schön (1987) entwickelte den Begriff weiter im Zusammenhang mit *Aus- und Fortbildung* und der Frage, wie Menschen, die an Universitäten theoretisches und systematisches Wissen erworben haben, im teilweise komplexen und unsystematischen Praxisalltag lernen und sich weiterentwickeln können. Während man für klar umschriebene Praxissituationen am besten die Standardisierung von Abläufen lernt, bedarf es in komplexen, schwierigen Alltagssituationen häufig zunächst einer Analyse der zugrunde liegenden Probleme, um adäquate Lösungen entwickeln zu können. Für solche Situationen kann eine unreflektierte Anwendung standardisierter Abläufe ein Qualitätsproblem darstellen, wohingegen eine reflektierte und differenzierte Analyse der Situation unter Einbezug aller möglicher Perspektiven eine größere Aussicht auf adäquate Lösungen und damit verbesserte Ergebnisse hat.

Das heute in der Med.-Ausbildung am häufigsten verwendete *zyklische Reflexions-Modell* ist das *Vier-Phasen-Modell von Kolb* (1984), in dem ausgehend von einer konkreten Erfahrung (Phase 1) und deren vertiefter Wahrnehmung und R. unter Einschluss aller beteiligten Perspektiven (Phase 2) ein neues und differenzierteres Verständnis der Situation, aber auch des eigenen Lernbedarfes entstehen kann (Phase 3). Unter den eingeschlossenen Perspektiven finden sich neben den allg.gültigen Fakten auch subj. Faktoren wie mentale Konzepte, affektive Faktoren, kult. Einflüsse etc. Anhand der aus der R. erfolgten Schlussfolgerung kann eine neue Erfahrung geplant, umgesetzt und erneut ggf. reflektiert werden (Phase 4). R. wird in der Entwicklung guter *Therapiebeziehungen*, in der Ausbildung von adäquaten professionellen Fähigkeiten und Haltungen, sowie allg. beim Lernen in der Praxis eingesetzt. *Professionalisierung, ärztliche*. Quirk 2006, Dewey 1997, Schön 1987, Kolb 1984. *G. Lutz*

Reflexion, wahrnehmungspsychologisch [engl. *reflection, perceptual*; lat. *re-* zurück, *flectere* beugen], **[WA]**, trifft ein Lichtstrahl eine Oberfläche, so wird er teilweise reflektiert, d. h. in eine oder mehrere neue Richtungen zurückgeworfen. Im Fall der Spiegelung ist der ausfallende Strahl in einer Richtung konzentriert. Einfalls- und Ausfallsrichtung liegen in einer Ebene mit der lokalen Oberflächennormalen und bilden mit dieser jew. den gleichen Winkel (*R.gesetz*). Diffuse oder *Lambert'sche R.* liegt vor, wenn das einfallende Licht in alle oberhalb der Oberfläche liegenden Richtungen gleichmäßig abgestrahlt wird; dies ist näherungsweise bei matten Oberflächen wie Gips und ungewalztem Papier der Fall. Viele natürliche Oberflächen weisen mittlere R.eigenschaften auf, indem sie einen Teil des Lichtes diffus und einen anderen Teil des Lichtes mehr oder weniger fokussiert in die Ausfallsrichtung abstrahlen (vgl. etwa das *Phong-Schattierungsmodell in der Computergrafik*). Bei der diffusen R. interagieren die Photonen stärker mit der Oberfläche als bei der Spiegelung. Glanzlichter haben daher die spektrale Zusammensetzung des eingestrahlten Lichtes, während diffuse Reflexion die *Farbe* verändert. Man beschreibt Letzteres mit dem R.spektrum der Oberflächenpigmente, das mit dem Spektrum des einfallenden Lichtes multipliziert wird.

Durch R. entstehen im Bild Hinweise auf die Beschaffenheit und Form der reflektierenden Oberflächen. Glanzlichter entstehen auf spiegelnden Oberflächen an der Stelle, an der die ausfallenden Strahlen vermöge des R.gesetzes ins Auge des Betrachters gelenkt werden. Da dieser Punkt für die beiden Augen an leicht verschiedenen Stellen liegt, hat das Glanzlicht eine stereoskopische *Disparität*, die nicht der Tiefe der Oberfläche, sondern ihrer Krümmung entspricht. Im Fall diffuser R. hängt die Lichtstärke eines Oberflächenpunktes vom Winkel zw. der lokalen Oberflächennormalen und der Richtung des einfallenden Lichtes ab, da die Fläche, auf die sich das einfallende Licht verteilt, mit dem Cosinus dieses Winkels variiert (*Lambert'sches Gesetz*). Eine matte Kugel erscheint daher dort am hellsten, wo das Licht senkrecht auf sie auftrifft, unabhängig vom Standort des Betrachters. Die Schattierung enthält damit Informationen über die lokale Oberflächenorientierung. *Raumwahrnehmung*, visuelle Raumhinweise (*Tiefenwahrnehmung*), *visuelle Wahrnehmung*. *H. A. Mallot*

Reflexionstraining, klinisches (= k. R.) [engl. *clinical reflection training*; lat. *re-* zurück, *flectere* beugen], **[GES]**, ist eine Ausbildungsintervention für Med.studenten im klin. Abschnitt der Ausbildung. Mit den meth. Zugängen von Reflexion (*Reflexion, kognitionspsychologisch*) und *Kommunikation* werden auf die eigene Person bezogene oder interpersonelle sowie ethische Problemstellungen (wie moralische Konflikte, Umgang mit schwierigen Pat. oder Kollegen, eigene Defizite, Umgang mit Idealen und Realität) aus der klin. Praxis in einer Klein-Gruppe bearbeitet. Dabei werden sowohl der Situation als auch der eigenen Person gemäße Umgangsweisen entwickelt. Die Gruppe wird von einem Leiter, der einerseits Felderfahrung im med. Bereich, andererseits aber auch psychol. und Gruppen-Erfahrungen hat, geleitet. Im Mittelpunkt steht jedoch nicht die Expertise des Leiters, sondern die aktiven Reflexionsbemühungen der Studenten und die Kommunikation untereinande. Mithilfe vorstrukturierter Lern- und Übungsschritte lernen die Studenten, (1) Schwächen, Konflikte, Lernbedarf wahrzunehmen und damit Situationen zu identifizieren, die Reflexionsbedarf zeigen; (2) über solche persönlichen Themen mit Kollegen zu sprechen, (3) neue kognitive und affektive Perspektiven auf die eigene Person und das Gegenüber zu entwickeln, dadurch (4) ein differenzierteres und vertieftes Verständnis zu entwickeln. Aus diesem vertieften Verständnis werden (5) kreative Handlungsoptionen entwickelt und diese (6) im akt. klin. Alltag angewandt, was (7) zu einer Lernerfahrung oder zu einer erneuten Reflexionsspirale führen kann. Die Erfahrung der Erleichterung einer vormals schwierigen Situation kann zu erhöhter Selbstwirksamkeit (*Selbstwirksamkeitserwartung*) führen, jedoch auch zu dem Erleben, welchen Stellenwert das Trainieren von Reflexion und Kommunikation auf dem Weg der Professionalisierung (*Professionalisierung, ärztliche*) haben. Das k. R. intendiert die Erleichterung der Professionalisierung, die Verringerung von *Stress* und die Verbesserung der Patientenversorgung (*Patientenorientierung*). In den vorstrukturierten Lern- und Übungsschritten wird die Verfeinerung der Wahrnehmung, der Einbezug nicht kogn. Wahrnehmungsinhalte, Perspektivenübernahme, soziales Lernen, Aushalten von Unsicherheit und Ambivalenz trainiert. Lutz et al. 2013. *G. Lutz*

Reflexivität [engl. *reflexivity*; lat. *re-* zurück, *flectere* beugen], **[KOG]**, Tendenz zum überlegten, besonnenen Handeln im Ggs. zur Impulsivität. *Äquivalenz* **[FSE]**, *Prinzip der Reflexivität*.

Reflexologie [engl. *reflexology*; lat. *re-* zurück, *flectere* beugen, gr. λόγος *(logos)* Lehre], **[BIO, KOG]**, im Sinne

Bechterews (Bechterew 1907) der Versuch, möglichst alle seelischen Inhalte aus physiol. Reflexvorgängen zu erkennen bzw. abzuleiten (*bedingter Reflex*).

Reflexstadium *sensumotorische Entwicklungsstufe.*

Reflexumkehr [engl. *reflex reversal*], [**BIO, KOG**], Änderung/Umkehr eines polysynaptischen *Reflexes* im Verlauf einer willkürlichen Bewegung; in der Stemmphase und Schwingphase des Schrittzyklus (*Gang*) z. B. unterschiedliche Reflexantworten auf Berührung der Haut am Fuß/Bein. *H. Heuer*

Reflexzentren, veralteter Begriff, s. *Reflexbogen*, *Rückenmark*.

refraktäre Phase (= r. P.) [engl. *refractory period*; lat. *refractarius* halsstarrig, unempfänglich], [**BIO**], der auf die Kontraktion folg. Zeitabschnitt, in dem reizbares Gewebe unerregbar ist. Unterschieden werden die absolute r. P. (völlig unerregbar) und die relative r. P. (schwach oder nur durch starken *Reiz* erregbar). *Refraktärperiode, psychologische*.

Refraktärperiode, psychologische (= p. R.) [engl. *psychological refractory period paradigm*; lat. *refractarius* halsstarrig, unempfänglich], [**KOG**], die p. R. ermöglicht die Testung einer Reihe sehr einfacher und scharf zu prüfender Annahmen über die Existenz und genaue zeitliche Lokalisation einer Kapazitätsbegrenzung mit multiplen Aufgaben (*multiple Handlungen, Kapazitätsbegrenzungen*). I. R. der p. R. reagieren Personen auf zwei kurz nacheinander folg. Signale (*Reiz, Reaktion*). Ein typ. Ergebnismuster ist, dass die Bearbeitungszeit des zweiten Signals i. Ggs. zur Bearbeitungszeit des ersten Signals verlängert ist und die Verlängerung nimmt mit kürzerem Intervall zwischen beiden Signalen zu. Diese Zunahme wird durch die Existenz eines Informationsverarbeitungskanals mit begrenzter Kapazität erklärt (*Handlungen, Kapazitätsmodelle*). Nach Annahmen von Kapazitätsmodellen (Pashler 1994) sind bestimmte Prozesse einer Kapazitätsbegrenzung unterworfen und andere nicht. Wenn diese Prozesse bei der Bearbeitung des ersten Signals den Kanal begrenzter Kapazität benötigen, dann können Prozesse des zweiten Signals diesen Kanal nicht gleichzeitig nutzen. Es kommt zur Unterbrechung der Bearbeitung dieses Signals, was als Effekt des Paradigmas der p. R. bezeichnet wird, und die Dauer dieser Unterbrechung ergibt den Betrag der Verlängerung der Bearbeitungszeit des zweiten Signals. Welford 1952. *T. Schubert/T. Strobach*

Refraktion [engl. *refraction*; lat. *re-* zurück, *fractus* gebrochen], [**BIO, WA**], Brechung. Der Begriff wird vor allem auf das Lichtbrechungsvermögen des *Auges* und dessen Anomalien bezogen.

Regel (= R.) [engl. *rule*], [**KOG**], wird in der Ps. als erlernbares, Verhalten steuerndes Prinzip verstanden. Insbes. von der *Linguistik* (*Grammatik, Grammatiktheorie*) nahm der Begriff über die *Psycholinguistik* Einfluss auf die Ps. Er sollte das für dispositionelle Organisation im Bereich der *Sprache* fragwürdig gewordene Prinzip der assoziativen Verknüpfung ersetzen und neue Formen der Hierarchisierung kogn. Organisation modellieren helfen. *Hierarchie*. Herrmann 1972b, Osgood 1963.

[**AO**], stellen eine Form der Steuerung (*Steuerung, psychologische*) und *Koordination* organisationaler Prozesse dar. Eine hohe R.dichte wird als ein wesentliches Kennzeichen bürokratischer Organisationsformen angesehen. Während aus Sicht der traditionellen Organisationslehre R. zur Starrheit organisationaler Prozesse beitragen, wird in neueren Ansätzen betont, dass R. sowohl einen einschränkenden als auch einen unterstützenden Charakter haben können (*enabling bureaucracy*, Adler & Borys 1996). Dabei spielt auch eine Rolle, um welche Arten von R. es sich handelt, d. h., auf welcher Ebene der Handlungsregulation (*Handlungsregulationstheorie*) (Ziel, Prozess, Handlung/Operation) die R. ansetzt. R., die Ziele oder Prozesse vorgeben, unterstützen flexibles Handeln mehr als sehr detaillierte Handlungsregeln (Grote 2009). *G. Kaminski/G. Grote*

Regelkreis (= R.) [engl. *regulatory circuit*], [**KOG, PHI**], bis zum ersten Drittel des 20. Jhd. galt die Kategorie von Ursache und Wirkung (*Kausalität*) als einziges meth. Prinzip, das eine theoretische Welterkenntnis in Gesetzesaussagen erlaubt. Resultate der Biologie zu Homöostase und Ultrastabilität, der Frage also, wie es Organismen gelingt, physikal. labile (Körpergleichgewicht) oder Störungen unterliegende indifferente (Körpertemperatur) Systeme zu stabilisieren, führten zum R. als Denkmodell (*Denken*), in dem eine Wirkung als Ursache auf ihre eigene Ursache zurückgelenkt wird. Dieses Prinzip wird Rückkopplung [engl. *feedback*] genannt. In der Technik entstanden vergleichbare Probleme bei der Verlagerung der Kontrolle physikalischer Zustände oder Prozesse vom Menschen auf Maschinen. Älteste Bsp. für R. sind hier der Fliehkraftregler der Dampfmaschinen im 18. Jhd. und der Thermostat. Von einem R. kann überall da gesprochen werden, wo an einem Geschehen folg. Aspekte unterscheidbar sind: (1) *Regelgröße*, eine Variable, deren Wert (auch Istwert genannt) bei Störungen (Störgröße) möglichst wenig von einem Sollwert, der auch zeitlich variieren kann, abweicht. (2) *Regelstrecke*, ein System, das die Regelgröße als Ausgangsvariable *(output)* in Abhängigkeit von einer oder mehreren Eingangsvariablen *(input)* erzeugt. (3) Sollwert-Istwert-Vergleicher, ein System, das Sollwert und Regelgröße als Eingangsvariablen, ggf. über Messfühler, zugeführt erhält und als Ausgang eine Information über die Differenz liefert. (4) *Regler*, ein System, das aus der Differenzinformation des Vergleichers ein Signal erzeugt, das die Regelgröße in der Regelstrecke steuert. Von R. spricht man, weil der geschlossene Informationsfluss von der Regelgröße über Vergleicher, Regler, Regelstrecke auf sich selbst topologisch Kreisstruktur hat. Die math. Beschreibung des Zeitverhaltens von R. führt in vielen einfachen Fällen auf Differenzialgleichungen zweiter Ordnung, meist jedoch auf kompliziertere und nur näherungsweise auswertbare Terme. Ihre Lösungen sind exponentiell gedämpfte Sinusschwingungen. Ein wichtiges Klassifikationsschema unterscheidet zw. Proportional-(P-)-, Integral-(I-)- und Differenzial-(D-)Regelung. Kombinationen dieser Eigenschaften lassen sich durch Buchstabenkombinationen ausdrücken (z. B. PID-Regelung). Eine P-Regelung liefert bei Sollwertabweichung der Regelgröße eine

Rückstelltendenz als Funktion der Sollwertabweichung. Bei der I-Regelung ist die Rückstellgeschwindigkeit eine Funktion der Sollwertabweichung, der Rückstellprozess integriert also die Sollwertabweichung über die Zeit, und bei der D-Regelung ist die Rückstelltendenz eine Funktion des Differentialquotienten der Sollwertabweichung nach der Zeit. Im Allg. spricht man von R. nur bei neg. Rückkopplung, bei der eine Sollwertabweichung eine Gegensteuerung der Regelstrecke auslöst. Positive Rückkopplung führt bei Sollwertabweichungen zu einer Tendenz zu deren Vergrößerung, ein für ps. Prozesse, z. B. Circulus vitiosus, brauchbares Modell. Auch bei neg. Rückkoppelung kann die Wiederherstellung des Sollwertes nach einer Störung unmöglich sein: Wenn der Verstärkungsfaktor des Regelkreises bezogen auf die übrigen Kenngrößen (z. B. Zeitkonstanten) zu groß ist, wird der R. instabil und beginnt zu schwingen. D-Komponenten erhöhen, I-Komponenten vermindern die Stabilität von Regelkreisen. Die Binnenstruktur der Elemente des R. kann wiederum R. enthalten, die Regelgröße eines R. kann den Sollwert eines anderen R. bilden. Bei komplexem Zusammenwirken mehrerer R. spricht man von vermaschten R. In der *Auge-Hand-Koordination* ist z. B. die Positionierung der Hand Regelgröße im R. Auge-Hand, Sollwert im R. Muskelfaser-ZNS.

Strukturen, die auf das Modell R. abgebildet werden können, sind in der Ps. häufig. Das Modell ist jedoch nur da fruchtbar anzuwenden, wo die Variablen und Prozesse, die den Elementen des Modells zugeordnet werden, hinreichend identifizierbar und metrisierbar sind. Solange diese Präzisierungen nicht vorliegen, bleibt das Sprechen vom R. metaphorisch und analogisierend. *Kybernetik, kybernetische Feedbackschleifenmodelle, PDCA-Zyklus*. Busch 1999, Glaser 1997. *W. Glaser*

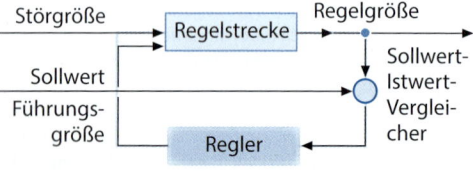

Regelkreis

Regellernen (= R.) [engl. *rule learning*], [**KOG**], Erlernen eines Prinzips, das den Zusammenhang zwischen Gliedern (*Konzepten*) verallgemeinert; R. ist Stufe der Lernhierarchie von Gagné (1969), der die höchste Stufe, das *Problemlösen* als Regel höherer Ordnung durch Kombination mehrerer zuvor erworbener Regeln, folgt. Voraussetzungen für das R. sind, dass die Konzeptbildung verstanden wird und die Verknüpfung gelingt (Problem der unverstandenen rein verbalen Kette).

Regeln im Klassenzimmer (= R.) [engl. *classroom rules*], [**PÄD**], R. können als «Ordnungsstifter» verstanden werden und stellen versch. Erwartungen an das *Verhalten* von Schülern und Lehrern. Sie steuern dabei wirksam das Verhalten der Schüler und machen Ermahnungen und mögliche Sanktionen (*Sanktionen im Klassenzimmer*) vorhersehbar. R. erleichtern der Lehrkraft die *Interaktion* mit den Schülern und die Steuerung des *Unterricht*sgeschehens. Bspw. lassen sich Verfahrensregeln für wiederkehrende Anforderungen als Routinehandlung einüben. Für die Einführung von R. gilt: Wichtige R. sollten zu Schuljahresanfang klargestellt werden und pos. formuliert sein. Neben der Darstellung von Konsequenzen für Regelverstöße sollen *Anreize* für ihre Einhaltung gegeben werden. Um die Akzeptanz der R. zu erhöhen, sind kooperative Regelfindungen der direktiven Vorgabe durch die Lehrkraft vorzuziehen. *Klassenführung, Klassenführung, effiziente.* *E. Gärtner*

Regelraum [engl. *control room*], *Problemraum*.

Regelung [engl. *regulation*], [**KOG, SOZ**], Bez. für die Funktion von Gesetzen und Verordnungen und für Absprachen zur Lösung von Interessenkonflikten. *Mediation, Regel, Regelungstheorie*. In kybernetischer Betrachtungsweise Bez. für die Darstellung einer Variablen und ihres Wertes als Regelgröße in einem *Regelkreis*. *W. Glaser*

Regelungstheorie [engl. *(self-)regulation theory*], *Kybernetik, Regelkreis*.

Regenbogenfamilie (= R.) [engl. *rainbow family*], [**SOZ**], als R. wird ein gleichgeschlechtliches Paar (*Homosexualität*) mit Kindern bezeichnet. Es sind überwiegend von lesbischen Frauen geführte Familien. Die Kinder stammen aus zuvor bestandenen heterosexuellen Partnerschaften, aus einer Verbindung von lesbischen und schwulen Paaren oder Einzelpersonen, die lesbische Frau kann das Sperma zur Zeugung des Kindes aber auch von einer Samenbank beziehen (was allerdings nicht in allen europäischen Ländern erlaubt ist) oder von einem ihr persönlich bekannten Mann erhalten. Die mitunter geäußerte Befürchtung, die Kinder in Regenbogenfamilien könnten aufgrund des Aufwachsens mit einem gleichgeschlechtlichen Elternpaar psych. und soziale Probleme haben, ist in etlichen Studien widerlegt worden (Gartrell et al. 2005, 2010). Die Kinder entwickeln sich genauso wie andere Kinder. Ein rechtliches Problem liegt darin, dass gleichgeschlechtlichen Paaren nur in einigen Ländern (Andorra, Belgien, Dänemark, Frankreich, Island, Niederlande, Norwegen, Schweden, Spanien und Vereinigtes Königreich) die gemeinschaftliche Adoption erlaubt ist. Die Stiefkindadoption leiblicher Kinder ist für gleichgeschlechtliche Paare in Dt., Finnland, Slowenien und in der Schweiz möglich. Rauchfleisch 2011, Rauchfleisch 2012, Eggen 2009. *U. Rauchfleisch*

Regenbogenhaut, syn. *Iris* [engl. *iris*], *Auge*.

Regeneration [engl. *regeneration*; lat. *re-* zurück, *generare* herstellen], [**GES, KLI**], Wiederherstellung eines früheren Zustandes; Heilung.

Regenerierungshypothese, konzeptuelle [engl. *conceptual regeneration hypothesis*], [**KOG**], von Potter und Lombardi (1990) postuliert, dass beim *Satzlernen* die konzeptuell-inhaltliche Satzinformation entscheidend ist. Denn die inhaltliche Information stellt die Basis für das inhaltlich korrekte Behalten von Sätzen dar und ist im Normalfall (unabhängig von der Darbietungsmodalität) länger verfügbar als visuelle, akustische, phonologische, lexikalische oder syntaktische Satzinformationen. *U. Christmann*

Test**Regensburger Wortflüssigkeitstest (RWT)**, 2000, von S. Aschenbrenner, O. Tucha & K. W. Lange, [www.testzentrale.de], [**BIO, DIA**], Vorgängerversion im engl. Sprachraum war der Controlled Oral Word Association Test (COWAT) von Benton (1968), der weiterhin ein Untertest einer Aphasie-Testbatterie (NCCEA, u. a. Spreen & Benton, 1969) ist. Der RWT ist ein neuropsychol. Verfahren zur Erfassung von exekutiver Dysfunktion (*exekutive Dysfunktion*) nach *Hirnschädigung*. AA Erwachsene von 18 bis über 65 Jahre. 3 Bildungsgruppen werden differenziert. Der RWT erfasst die *Wortflüssigkeit* als ein Maß für *divergentes Denken*, also als eine offene Problemlöseaufgabe, bei der möglichst viele Lösungsmöglichkeiten erzeugt werden sollen. Es sollen möglichst viele Wörter nach einem best. Kriterium innerhalb eines begrenzten Zeitraums erzeugt werden. Es gibt 14 Untertests, die in 4 Gruppen zus.gefasst werden: *formallexikalische Flüssigkeit, formallexikalischer Wechsel, semantisch-kategorielle Flüssigkeit, semantisch-kategorialer Wechsel*. Jeder Untertest kann einzeln durchgeführt werden. Durchführungszeit ca. 10 Min.   *S. V. Müller*

regio olfactoria [lat. *regio* Gebiet, *olfacere* reichen], *Geruch*.

Regression (= R.) [engl. *regression*; lat. *regredi* zurückkehren/-greifen], [**KLI**], sowohl i. S. der Rückbildung als *Atrophie*, *Degeneration*, *Dissimilation* als auch des Zurückgreifens auf frühere Entwicklungsstadien. *Atavismus*.

Psychoanalyse: Der Begriff der R. wird v. a. in genetischer Perspektive gebraucht. Er bez. eine Rückkehr zu früheren Entwicklungsformen des Denkens, der Trieborganisation, der Objektbeziehungen und der Verhaltensstrukturen. Freud arbeitet mit dem Axiom, dass die infantile Vergangenheit des Menschen unvergänglich ist. Der Rückschritt in einen früheren Entwicklungszustand, z. B. in eine frühere Triebbefriedigungsform, liegt dann nahe, wenn die Möglichkeiten zur entwicklungsadäquaten *Trieb*befriedigung oder zu einem progressiven Entwicklungsschritt verschlossen sind. In klin. Perspektive hat es sich eingebürgert, eine gutartige (d. h. entwicklungsfördernde) von einer malignen Regression zu unterscheiden.

[**FSE**], *Regressionsanalyse*, *Regression zur Mitte*, *Regressionsprinzip*. Freud 1916/1917b, Balint 1971/1912.   *L. Bayer*

Regression, atavistische [engl. *atavistic regression*], *Atavismus*.

Regression, hierarchische (= h. R.) [engl. *hierarchical/sequential regression*], [**FSE**], *Regressionsanalyse*, die h. R. ist eine Strategie zur Anwendung der multiplen R. (*multiple R.*), bei der die Prädiktoren (unabhängige Variablen, UV) nicht simultan eingeführt werden, sondern stufenweise einzeln oder in Blöcken in einer vorher festgelegten Reihenfolge. Davon zu unterscheiden ist die sog. schrittweise R., bei der die UV nach ausschließlich stat. Kriterien eingeführt werden (*Wherry-Doolittle-Verfahren*). Dies erlaubt die gezielte Prüfung von unterschiedlichen wiss. Hypothesen über die Art der Zusammenhänge zw. den UV und der abhängigen Variablen (AV). Auf jeder Stufe wird ermittelt, welchen zusätzlichen Varianzteil (meist semi-partielles R^2-change; *Varianzaufklärung*) die neu eingeführten Prädiktoren in der AV erklären und ob dieser sich überzufällig von 0 unterscheidet (*F-change*).

Bei der Untersuchung eines Ursache-Wirkungs-Zusammenhangs (*Kausalität*) sollen die Prädiktoren nach kausaler Priorität eingeführt werden, d. h. kausal grundlegendere UV sind früher einzuführen als später auftretende, möglicherweise von ihnen beeinflusste. Wird bspw. die Abhängigkeit des Ausbildungserfolg (AV) von Schulleistung und Intelligenz untersucht, werden Schulnoten nach Intelligenztestergebnissen eingeführt. Damit wird die gemeinsame Varianz der beiden (Blöcke von) UV den grundlegenden Ursachenvariablen zugeschrieben, wodurch Fehlinterpretationen durch sog. *Scheinkorrelationen* (*spurious correlations*) vermieden werden. Bei anderen, eher pragmatischen Fragestellungen können dagegen andere Reihenfolgen sinnvoll sein. Soll z. B. geprüft werden, ob der Ausbildungserfolg praktisch wesentlich besser vorhergesagt wird, wenn über die Schulnoten hinaus die aufwendigen Intelligenztests verwendet werden, müsste man die Schulnoten auf der ersten und die Tests auf der zweiten Stufe einführen.

Entsprechend der kausalen Priorität werden zur stat. Kontrolle von *Störvariablen* (SV) insbes. in Quasi-Experimenten (*Quasi-Experiment*) diese vor den inhaltlich interessierenden UV eingeführt, damit ermittelt werden kann, welchen Netto-Effekt auf die AV diese UV über die auspartialisierten SV hinaus haben. Grundsätzlich werden Hypothesen über den Zusammenhang einer Variablen(gruppe) mit der AV umso strenger geprüft, je mehr andere bedeutsame Variablen vorher auspartialisiert worden sind. Cohen et al. 2003, Tabachnick & Fidell 2013.   *R. Westermann*

Regression, lineare (= l. R.) [engl. *linear regression*], [**FSE**], *Regressionsanalyse*, bei der ein *linearer Zusammenhang* zw. einer Kriteriumsvariablen Y und einer (einfache l. R.) oder mehreren (multiple l. R.) Prädiktorvariablen X_k angenommen wird. Die Prädiktorvariablen müssen dichotom (ggf. auch nominalskalierte Variablen nach *Dummy-Codierung* oder intervallskaliert sein (*Skalenniveau*). Im Falle einer Prädiktorvariablen lautet die Modellgleichung:

$y_{ij} = b_0 + b_1 \cdot x_i + e_{ij}$

y_{ij} = Messwert in der Kriteriumsvariablen bei Person i
x_i = Messwert in der Prädiktorvariablen bei Person i
b_0 bzw. b_1 = Regressionsgewichte
e_{ij} = Vorhersagefehler

Im Rahmen der l. R. werden die *Regressionswichte* so bestimmt, dass die Kriteriumswerte y_{ij} optimal vorhergesagt werden (*Methode der kleinsten Quadrate*). Im Falle eines signifikanten Wertes (*Signifikanz*) von β_1 können für jede Pb aufgrund des Wertes in der Prädiktorvariablen X Schätzwerte $\hat{y}_i$ bestimmt werden. Die Güte der Vorhersage wird über r^2 (*Determinationskoeffizient*) als Maß der *Varianzaufklärung* abgebildet. Dieses entspricht im Falle der einfachen l. R. dem Quadrat der *Produkt-Moment-Korrelation* der Variablen X und Y.

Werden n Prädiktorvariablen $X_1...X_n$ simultan berücksichtigt, so lautet die multiple Vorhersagegleichung:

$y_{ij} = b_0 + b_1 \cdot x_{1i} + ... + b_n \cdot x_{ni} + e_{ij}$

$$= b_0 + \left(\sum_{k=1}^{n} b_k \cdot x_{ki}\right) + e_{ij}$$

Bei der Schätzung der R.gewichte wird redundante Information in den Prädiktoren kontrolliert, sodass ein Prädiktor, der hoch mit den übrigen Prädiktoren korreliert, i. d. R. keine oder nur eine schwache zusätzliche Varianzaufklärung ermöglicht. Korrelieren zwei Variablen X_i und X_j bivariat gleich stark mit der Kriteriumsvariblen Y, so leistet diejenige Prädiktorvariable i. d. R. die höhere zusätzliche Varianzaufklärung, die in geringerem Maße mit den übrigen Prädiktorvariablen in Zusammenhang steht. Für die multiple l. R. wird das multiple R^2 als Varianzaufklärungsmaß angegeben.

Da auch dichotome und nominalskalierte Prädiktoren berücksichtigt werden können, kann im Rahmen des Allgemeinen Linearen Modells gezeigt werden, dass die *Varianzanalyse* einen Spezialfall der l. R. darstellt. *Allgemeines Lineares Modell (ALM)*, *Supressorvariable*. Eid et al. 2013, Steyer 2002.

Regression, logistische (= l. R.) [engl. *logistic regression*; gr. λογιστική *(logistike) Rechenkunst*], syn. *binomiale l. R.*, **[FSE]**, *Regressionsanalyse* zur stat. Vorhersage einer dichotomen abhängigen Kriteriumsvariable (= K., z. B. Erfolg «1» = «ja» vs. «0» = «nein»; «1» = «geeignet» vs. «0» = «nicht geeignet») aus einer oder mehreren dichotomen, nominalen (*Dummy-Kodierung*) oder intervallskalierten Prädiktorvariablen. Der Modellierungsansatz unterscheidet sich von demjenigen der linearen Regressionanalyse (*Regression, lineare*) vor allem in zwei Aspekten: (1) Nicht die Werte der K. selbst, sondern die Wahrscheinlichkeit des Eintretens der Merkmalsausprägung «1» wird modelliert. (2) Der Zusammenhang zwischen den Prädiktorvariablen und der K. wird nicht durch eine lineare Funktion (Gerade), sondern durch eine ogivenförmig verlaufende, logistische Funktion beschrieben (Link-Funktion). Der Wertebereich der logistischen Funktion liegt zwischen 0 und 1, wodurch insbes. für die durch die l. R. vorhergesagten Werte die Interpretation im Sinne einer *Wahrscheinlichkeit* ermöglicht wird. Die Modellschätzung erfolgt mittels der *Maximum-Likelihood-Methode*.

Die Ähnlichkeit der Modellgleichung zu derjenigen der linearen Regression wird durch die Definiton der sog. Logits möglich. Ein Logit entspricht dem natürlichen Logarithmus der *Odds* des Ereignisses, also dem Quotienten der Wahrscheinlichkeit des Eintretens des Merkmals und der Wahrscheinlichkeit des Nichteintretens des Merkmals. Angenommen, es liegt nur eine Prädiktorvariable X mit den Ausprägungen x_i vor, dann gilt:

$$Logit(Y=1|x_i) = ln\left(\frac{P(Y=1|x_i)}{P(Y=0|x_i)}\right)$$

Diese Logits stehen dann in linearer Abhängigkeit zu der Prädiktorvariablen:

$$Logit(Y=1|x_i) = \beta_0 + \beta_1 \cdot x_i$$

Bestimmt man die exponentialtransformierten Werte der durch das Verfahren ermittelten β-Gewichte als $exp(\beta_i)$, so ermöglicht dies eine Interpretation im Sinne des *Odds Ratio*. Angenommen, es wurde für den dichotomen Prädiktor Rauchen («ja» vs. «nein») ein Wert von $\beta_1 = .695$ zur Vorhersage einer Lungenkrebserkrankung ermittelt. Dann ergibt sich $exp(\beta_1) = 2.00$. Dieser Wert kann so interpretiert werden, dass sich die Chance (*Odds*) für den Eintritt einer Lungenkrebserkrankung verdoppelt, wenn eine Person raucht. Werte von $exp(\beta_1) > 1$ können i. S. einer Risikoerhöhung und Werte von $exp(\beta_1) < 1$ können i. S. einer Riskoverringerung interpretiert werden. Liegt eine intervallskalierte Prädiktorvariable vor, so gibt $exp(\beta_i)$ an, in welchem Maße die Chance für das Ereignis mit der Erhöhung der Prädiktorvariablen um eine Einheit zunimmt.

Folg. Möglichkeiten stehen zur Testung der Bedeutsamkeit der Prädiktoren und zur Beurteilung der Modellgüte zur Verfügung: *Signifikanztestung der β-Gewichte*: Wald-Statistik, *Likelihood-Ratio*; *Aufgeklärte Information im Kriterium*: *Pseudo-R-Quadrat*, ROC-Analyse; *Globale Datenpassung*: Hosmer-Lemeshow-Test. *ROC, ROC-Kurve*. Hosmer & Lemeshow 2000, Tabachnick & Fidell 2013, Eid et al. 2013.

Regression, multinomiale (= m. R.) [engl. *multinomial regression*; lat. *multus* viele, *nomen* Name], syn. *multinomiale logistische R.*, **[FSE]**, *Regressionsanalyse* zur stat. Vorhersage einer polytomen, nominalskalierten (*Skalenniveau*) abhängigen Kriteriumsvariablen (z. B. «0» = «unauffällig», «1» = «Risikotyp A», «2» = «Risikotyp B») durch eine oder mehrere dichotome, nominalskalierte (z. B. *Dummy-Kodierung*) oder intervallskalierte Prädiktoren. Das Verfahren kann als Erweiterung des Ansatzes der *logistischen Regression* aufgefasst werden: I. R. der m. R. muss eine Gruppe als Referenzgruppe definiert werden (z. B. Gruppe der Unauffälligen oder Kontrollgruppe) in Referenz zu der dann für jede der übrigen Gruppen eine logistische Modellierung erfolgt. Die m. R. kann somit im Falle von k Gruppen als die integrierte Schätzung von k-1 logistischen Regressionsmodellen aufgefasst werden. Die Interpretation der Parameterschätzungen und die Beurteilung der Modellgüte erfolgt im Wesentlichen genau wie bei der logistischen Regression. Kühnel & Krebs 2010.

Regression, multiple [engl. *multiple regression*; lat. *multus* viele], *Regression, lineare*, *Regressionsanalyse*.

Regression, nicht lineare [engl. *nonlinear regression*], **[FSE]**, *Regressionsanalyse*, bei der ein nicht linearer Zusammenhang zw. einer Kriteriumsvariablen Y und einer oder mehreren Prädiktorvariablen X bzw. $X_1...X_k$ angenommen wird. Die Art der nicht linearen Beziehung (z. B. exponentiell, logarithmisch, curvilinear) muss auf Basis des Wissens über bekannte funktionale Beziehungen oder aufgrund von theoretischen Überlegungen festgelegt werden. Bspw. kann der Zusammenhang von Lernleistung und Motivation nach dem *Yerkes-Dodson-Gesetz* als umgekehrt u-förmig angenommen werden. Für Reaktionszeiten ist bekannt, dass häufig logarithmische Beziehungen zu anderen Variablen plausibel sind. Die korrekte Spezifizierung des funktionalen Zusammenhangs ist essentiell, um valide empirische Schätzungen zu erhalten. Dass in der Ps. oft ohne Begründung lineare Beziehungen (*linearer*

Zusammenhang) angenommen werden, wird u. a. damit begründet, dass nicht lineare Beziehungen durch lineare Modelle zumeist gut approximiert werden können. Ritz & Streibig 2008.

Regression, ordinale (= o. R.) [engl. *ordinal regression*], [**FSE**], *Regressionsanalyse* zur stat. Vorhersage einer polytomen, ordinalskalierten (*Skalenniveau*) abhängigen Kriteriumsvariablen (= K.) durch eine oder mehrere dichotome, nominalskalierte (z. B. *Dummy-Kodierung*) oder intervallskalierte Prädiktoren. Es können zwei Modelle der Analyse zugrunde gelegt werden. Das *kumulative Modell* nimmt an, dass eine latente, normalverteilte Variable (*Variable, latente*, *Normalverteilung*) der ordinalen K. zugrunde liegt. Die ordinalen Stufen entstehen nach diesem Modell durch Polytomisierung des kontinuierlichen Spektrums der latenten Variablen: So könnte die Eignung für einen Beruf vereinfacht als «0» = «nicht geeignet», «1» = «eingeschränkt geeignet» und «2» = «geeignet» erfasst werden, obwohl das zugrunde liegende Merkmal kontinuierlich skaliert ist. Das *sequentielle Modell* nimmt an, dass eine höhere Stufe nur erreicht wird, wenn alle darunter liegenden Stufen durchlaufen wurden: z. B. «0» = «gesund», «1» = «arbeitsunfähig», «2» = «pflegebedürftig». Die o. R. kann als Erweiterung des Ansatzes der *logistischen Regression* aufgefasst werden, bei dem das Erreichen von mindestens Kategorie j im Kontrast zum Erreichen von höchstens Kategorie j-1 (für alle 0 < j) in einem simultanen Schätzprozess (*Maximum-Likelihood-Methode*) analysiert wird. So würden im zweiten Beispiel implizit zwei logistische Modelle geschätzt: (1) «gesund» vs. «arbeitsunfähig + pflegebedürftig» und (2) «gesund + arbeitsunfähig» vs. «pflegebedürftig». Die Interpretation der Parameterschätzungen und die Beurteilung der Modellgüte erfolgt im Wesentlichen genau wie bei der logistischen Regression. Kühnel & Krebs 2010.

Regression, schrittweise (= s. R.) [engl. *stepwise regression*], syn. *Wherry-Doolittle-Verfahren*, [**DIA, FSE**], ein stat. Selektionsverfahren, mit dem bei einer *Regressionsanalyse* oder *Diskriminanzanalyse* aus mehreren *Prädiktoren* zur Vorhersage eines Kriteriums bedeutsamen selektiert werden. Alternative zum *Einschluss-Verfahren*, bei dem alle vorgegebenen Prädiktoren unabhängig von deren *Signifikanz* im Modell erhalten bleiben. Stellt eine Kombination von *Vorwärts*- (Prädiktoren werden sukzessive in das Regressionsmodell aufgenommen, wenn sie signifikant zur zusätzl. Varianzaufklärung beitragen) und *Rückwärtsselektion* (Prädiktoren werden sukzessive aus dem Regressionsmodell entfernt, wenn sich die Varianzaufklärung nicht signifikant verringert) dar. Nach Aufnahme signifikanter Prädiktoren werden bei der s. R. ggf. bereits vorher aufgenommene Prädiktoren wieder aus dem Modell entfernt. Die s. R. soll insbes. sicherstellen, (1) dass die Gesamtvarianzaufklärung im Kriterium (*Determinationskoeffizient*) nicht durch unbedeutsame Prädiktoren überschätzt wird, und (2) dass bei korrelierten Prädiktoren der signifikante Vorhersagebeitrag einzelner Prädiktoren nicht unentdeckt bleibt bzw. die Stärke deren Vorhersagebeitrags unverzerrt abgebildet wird. Es muss berücksichtigt werden, dass die Selektionsergebnisse nicht theorie- sondern datenbasiert (exploratorisch) identifiziert werden und ggf. stichprobenspezif. bzw. instabil sein können.

Regressionen [engl. *regressions*; lat. *regredi* zurückkehren/-greifen], *Lesen, Methoden zur Erfassung*.

Regressionsanalyse (= R.) [engl. *regression analysis*; lat. *regredi* zurückkehren/-greifen, gr. ἀνάλυσις *(analysis)* Auflösung], [**FSE**], stat. Verfahren zur Analyse und Spezifikation der funktionalen Abhängigkeit einer Variablen Y (Kriteriumsvariable, = K.) von einer oder mehreren Variablen X_i (Prädiktorvariablen). Je nach Zahl der Prädiktorvariablen unterscheidet man zwischen einfacher und multipler R. Je nach Skalierung der K. kann eine der folgenden Varianten der R. angewendet werden: *Regression, lineare* (intervallskalierte K.), *Regression, logistische* (dichotome K.), *Regression, multinomiale* (nominalskalierte K.), *Regression, ordinale* (ordinalskalierte K.). Bei allen Verfahren können dichotome, nominalskalierte (z. B. *Dummy-Kodierung*) und intervallskalierte Prädiktorvariablen berücksichtigt werden. Bei allen Regressionsverfahren wird die *Signifikanz* und Stärke des Vorhersagewerts der einzelnen Prädiktorvariablen (*b-Gewicht, beta-Gewicht*) sowie die Signifikanz und Vorhersagegüte (z. B. *Determinationskoeffizient*) der Prädiktorvariablen bestimmt. Kühnel & Krebs 2010, Steyer 2002, Hosmer & Lemeshow 2000.

Regressionsanalyse, Mehrebenen- *Mehrebenenanalyse*.

Regressionseffekt [engl. *regression effect*], *Regression zur Mitte*.

Regressionsersetzung [engl. *regression imputation*], [**FSE**], Imputationsverfahren (*Imputation*) zur Ersetzung fehlender Werte (*Missing Data*). Mittels vollst. Teildatensätze wird eine *Regressionsgleichung* ermittelt, die zur Vorhersage und somit zur Ersetzung der Merkmalsausprägungen bei Personen mit fehlenden Werten verwendet wird. Folge ist hierbei eine Überschätzung der *Kovarianz* der betroffenen Variablen mit weiteren Variablen im Datensatz. Dies ist der Tatsache geschuldet, dass kein *Vorhersagefehler* modelliert wird. Dies kann z. T. durch die Berücksichtigung einer additiven Zufallskomponente (z. B. *Normalverteilung*) korrigiert werden. Leonhart 2013.   R. Leonhart

Regressionsgerade [engl. *regression line*], syn. *Regressionslinie*, [**FSE**], die grafisch dargestellte Beziehung zw. einer Prädiktorvariablen X (Abszisse) und der für eine Kriteriumsvariable Y vorgesagten Werte (Ordinate) i. R. der einfachen linearen Regression (*Regression, lineare*).

Regressionsgewichte (= R.) [engl. *regression weights*], [**FSE**], als R. bezeichnet man die Vorhersagekoeffizienten einer *Regressionsgleichung*, die die Gewichtung der Prädiktorvariablen $X_1...X_n$ zur optimalen Vorhersage der Kriteriumsvariablen Y repräsentieren (*Regressionsanalyse*). Die *unstandardisierten* R. $b_1...b_n$ geben die Gewichtung der Prädiktorvariablen für die nicht transformierten Analysevariablen an. Für die *lineare Regression* können die b_i wie folgt interpretiert werden: Eine Erhöhung des Wertes der Prädiktorvariablen um eine Einheit korrespondiert mit einer Erhöhung der Kriteriumsvariablen um b_i-Einheiten. Hierbei muss jedoch berücksichtigt werden, dass eine kausale Interpretation (*Kausalität*) insbes. bei

Querschnittsdaten (*Querschnittuntersuchung*) nicht zulässig ist. Angenommen, bei der Vorhersage des Lernerfolgs (Y) ergibt sich für die Prädiktorvariable Lernmotivation (X_i) ein Wert von $b_i = 0.3$. Dies entspräche einer erwarteten Erhöhung des Lernerfolgs um 0.3 Einheiten, wenn die Lernmotivation um 1 Einheit ansteigt. In der linearen Regressionsgleichung wird zudem der y-Achsenschnittpunkt b_0 geschätzt, der den erwarteten Wert der Kriteriumsvariablen angibt, wenn alle Prädiktorvariablen gleich 0 sind.
Die Werte der *standardisierten* R. (syn. *Standardpartialregressionskoeffizienten*) $\beta_1...\beta_n$ geben die Vorhersagegüte in dem normierten Wertebereich –1 bis +1 wieder. Bei hohen Interkorrelationen der Prädiktoren können auch Werte $|\beta_i| > 1$ resultieren. Die Werte der β_i können ähnlich wie Korrelationskoeffizienten als *Effektgröße* interpretiert werden: $|\beta_i| = .1$ entspricht einem schwachen, $|\beta_i| = .3$ einem mittleren und $|\beta_i| = .5$ einem starken Effekt (Cohen 1988). Unstandardisierte und standardisierte R. unterscheiden sich um das Verhältnis der *Standardabweichung* des Prädiktors und des Kriteriums:

$$b_i = \beta_i \cdot \frac{s_y}{s_{x_i}}$$

Bei gleicher Standardabweichung des Prädiktors und des Kriteriums gilt: $b_i = \beta_i$. Wirtz & Nachtigall 2012.
Regressionsgleichung (= R.) [engl. *regression equation*], [**FSE**], math. Modellgleichung, die den angenommenen funktionalen Zusammenhang zw. einer oder mehreren Prädiktorvariablen (X bzw. $X_1...X_k$) und einer Kriteriumsvariablen beschreibt. R. für den linearen Fall: *Regression, lineare*.
Regressionsprinzip [engl. *regression principle*], [**FSE, PER**], *Rückschlaggesetz*; besagt, dass die Nachkommenschaft im Mittel dem Durchschnitt der Bevölkerung näher steht als die (etwa hochbegabten) Eltern. *Regression zur Mitte*.
Regression zur Mitte (= R.) [engl. *regression to the mean*; lat. *regredi* zurückkehren], syn. *Regressionseffekt*, [**FSE**], ein stat. Effekt, bei dem Messwerte allein aufgrund stat. Variabilität tendenziell näher am Populationsmittelwert liegen als die Ausgangswerte. In der psychol. Forschungspraxis sind zwei wichtige Formen der R. zu berücksichtigen. (1) R. ist insbes. in Längsschnittstudien von Bedeutung, wenn Extremgruppen betrachtet werden. Wählt man bspw. aus einer Population eine Gruppe von extrem belasteten Pat. zum Zeitpunkt t_i aus, so ist zu erwarten, dass zu einem Zeitpunkt t_{i+1} die Belastung im Betrag relativ zum Populationsmittelwert tendenziell abnimmt. (2) Die in der *Regressionsanalyse* vorhergesagten Kriteriumswerte $\hat{y}_i$ weisen ein geringere Standardabweichung auf als die tatsächl. Kriteriumswerte y_i. Dies ist immer dann der Fall, wenn die *Korrelation* im Betrag kleine 1 ist. Für das lineare Modell (*Regression, lineare*) gilt allg. folgende Beziehung:

$$z(y'_i) = |r_{xy}| \cdot z(x_i)$$

wobei
$z(y'_i) = (y'_i - \bar{y})/\sigma(y)$ = z-standardisierte Werte der vorhergesagten Kriteriumsvariable y (*z-Standardisierung*),
r_{xy} = Pearsonscher Korrelationskoeffizient
$z(x_i)$ = z-standardisierte Werte der Prädiktorvariablen x. Diese Formel besagt, dass die vorhergesagten Werte in der Kriteriumsvariablen – in Einheiten der *Standardabweichung* des Merkmals – um den Faktor r näher am Mittelwert liegen als die Werte in der Prädiktorvariablen. Bspw. würde bei einer Korrelation von r = .5 der Körpergröße von Vätern und Söhnen folg. Aussage zutreffen: Für einen Vater, der zwei Standardabweichungen in der Körpergröße über dem Mittelwert der *Population* liegt, würde erwartet, dass der Sohn lediglich 1 Standardabweichung nach oben vom Mittelwert der Population aufweisen wird. Regressionsanalytisch vorhergesagte Werte liegen also systematisch näher am Mittelwert, da stat. Beziehungen in der Empirie stets mit Zufallsfehlern behaftet sind.
Es ist zu beachten, dass die R. nicht zu einer Verringerung der Variabilität der tatsächlichen Werte eines Merkmals führt, sondern nur zur Verringerung der Variabilität der vorhergesagten Werte. Die R. ist kein zeitlich gerichteter Effekt, sondern gilt auch für stat. Schätzungen von Merkmalsausprägungen in der Vergangenheit. Die R. ist umso stärker, je schwächer zwei Messwertreihen korrelieren. Dies führt insbes. dazu, dass in Längsschnittstudien die R. umso stärker ist, je länger das Intervall zwischen den betreffenden Erhebungszeitpunkten ist. Eine Kontrolle des Effekts in Evaluationsstudien ist nur durch die Verwendung adäquater Kontrollgruppen i. R. von *Experimenten* möglich. Zwingmann & Wirtz 2005. *J. Rost*
regressiv (= r.) [engl. *regressive*; lat. *regredi* zurückkehren/-greifen], [**KLI**], rückschreitend, im Ggs. zu progressiv. *Psychische Störungen* können sich r. entwickeln.
Regularisierungsfehler [engl. *regulation error*], *Phonologisches Dekodieren*.
Regulation (= R.) [engl. *regulation*; lat. *regula* Maßstab, Regel], [**EM**], bez. Vorgänge, die die Anregung, den Ablauf und die Ausführung von zumeist zielgerichteten Handlungen (*Ziele*, *Handlung*) unterstützen (*Handlungskontrolltheorie*, *Persönlichkeits-System-Interaktionen*, *Selbstbestimmungstheorie*). Bewegründe (*Motivation*) für die Zielverfolgung (*Warum handle ich?*) werden auf einem Kontinuum von heteronom (fremdbestimmt) bis autonom (selbstbestimmt) eingeordnet. Der heteronome Endpol (Nicht-R.) beschreibt amotiviertes Verhalten (z. B. dösen oder ein unkontrollierter Wutausbruch). Der autonome Endpol beschreibt intrinsisch motiviertes Verhalten, das frei von äußerem Druck und inneren Zwängen erfolgt, weil die Tätigkeit an sich Spaß macht. Dazwischen liegt extrinsisch motiviertes Verhalten, das instrumentell eingesetzt wird, um eine von der Handlung separate Konsequenz zu erlangen, und in vier Typen der R. differenziert wird. Integrierte und identifizierte R. wurden mit größerer Ausdauer, effektiverer *Leistung* und besserer psych. und physischer *Gesundheit* in Verbindung gebracht als externale und introjizierte R.
Externale R. ist von äußeren Anregungsfaktoren abhängig, auf die das Individuum keinen direkten Einfluss hat. Personen streben nach etwas, weil andere es von ihnen erwarten oder weil sie etwas dafür bekommen (z. B. Haus-

aufgaben machen, weil die Eltern es verlangen). Die wahrgenommene Handlungsverursachung ist external.
Introjizierte R. (*Selbstinfiltration*) ist von inneren Anstößen wie z. B. innerem Druck abhängig. Personen streben nach etwas, weil sie sich sonst beschämt (*Scham*), schuldig oder ängstlich (*Angst*) fühlen; sie selbst meinen, dass sie es tun sollten oder es sich gehört (z. B. Hausaufgaben machen, weil man selbst das Gefühl hat, es zu müssen). Die wahrgenommene Handlungsverursachung ist eher external.
Identifizierte R. liegt vor, wenn eine Verhaltensweise (*Verhalten*) als wertvoll anerkannt und teilweise in das *Selbst* integriert wird. Personen streben nach etwas, weil sie es für wichtig halten. Obwohl ein Ziel ursprünglich von anderen vermittelt worden sein mag, verfolgen sie es jetzt freiwillig und identifizieren sich damit (z. B. Hausaufgaben machen, weil sie für gute Noten wichtig sind). Die wahrgenommene Handlungsverursachung ist eher internal.
Integrierte R. resultiert aus der weitergehenden Integration von Zielen, Werten (*Werte*) und Handlungsstrategien in ein kohärentes Selbst. Sie schließt auch den Fall ein, dass durch die Bewältigung leidvoller Erfahrungen ein Aufgehen in einer Beziehung oder Tätigkeit entsteht, das mit einer vertieften Form intrinsischer *Freude* verbunden sein kann, PSI-Theorie: Selbstwachstum). Integrierte Verhaltensweisen unterscheiden sich von intrinsischen auch durch ihre instrumentelle Funktion. Sie werden freiwillig ausgeführt, weil das Handlungsergebnis subjektiv hoch bewertet wird (z. B. Hausaufgaben machen, um möglichst viel zu lernen). Die wahrgenommene Handlungsverursachung ist internal. Deci & Ryan 2000. *N. Baumann/J. Kuhl*

Regulation, gesundheitsbezogene [engl. *regulation, health-related*], *Common-Sense-Selbstregulationsmodell (CSM)*.

Regulationsfokustheorie (= R.) [engl. *regulatory focus*], [**EM**], von Higgins (1997) geprägter Begriff für *Selbstregulation*sstile). Die R. postuliert zwei Fokusse, die sich hinsichtlich ihrer Entstehung und ihrer Auswirkungen auf diverse Aspekte motivierten Verhaltens (*Motivation, Verhalten*) unterscheiden.
Der *Promotionsfokus* (*promotion focus*) ist gekennzeichnet durch das Anstreben von pos. Ergebnissen. Er entsteht durch eine *Erziehung*, der die Befriedigung von Pflege- und Ernährungsbedürfnissen (*nurturance needs*) sowie Fortschritt, Wachstum und die Entwicklung der *Fähigkeiten* des Kindes ein Anliegen sind. Sie richtet sich nach Vorstellungen davon, wie das Kind idealerweise sein sollte, und belohnt bzw. bestraft (*Belohnung, Bestrafung*) durch das Geben und Nehmen von pos. Konsequenzen. Dementspr. werden Idealvorstellungen (*Ideal-Selbst, Selbstdiskrepanz*) und Belohnungen zu bevorzugten Zielen von Personen mit einem Promotionsfokus und kann ein solcher auch situativ durch Hinweise auf mögliche Gewinne oder Nichtgewinne induziert werden. In Bezug auf die Informationsverarbeitung zeigt sich ein Promotionsfokus in einer risikoreichen Strategie, die sicherzustellen versucht, dass möglichst viele Treffer erzielt und keine Auslassungsfehler begangen werden (*Signaldetektionstheorie*). Entspr. werden im Verhalten vermehrt Annäherungsstrategien gewählt, die ein Erreichen des Ziels garantieren sollen. Zudem führen Schwierigkeiten nicht zum Aufgeben, sondern zu Leistungssteigerungen. Für Personen mit einem Promotionsfokus gelten auch die Vorhersagen der gängigen *Erwartung-Wert-Theorien* (*Entscheiden*), da sie möglichst wertvolle Ziele (Ideale) anstreben, die gleichzeitig aber auch erreichbar sein müssen. Beim Erreichen oder Verfehlen dieser Ziele wie auch bei der *Evaluation* zielrelevanter Reize bewegen sich die *Emotionen* dieser Personen auf der Dimension *Freude* (Glück, Zufriedenheit, *Wohlbefinden*) – *Trauer*, Enttäuschung (*Ärger*), Unzufriedenheit).
Der *Präventionsfokus* (*prevention focus*) ist hingegen gekennzeichnet durch das Anstreben von nicht neg. Ergebnissen. Er entsteht durch eine Erziehung, der die Befriedigung von Sicherheitsbedürfnissen (*security needs*), Schutz, Verantwortlichkeit und Verpflichtungen wichtig sind. Sie richtet sich danach, welchen *Normen* das Kind genügen sollte, und bestraft bzw. belohnt durch das Geben und Nehmen von negativen Konsequenzen. Dadurch werden Normvorstellungen (*Soll-Selbst*) und Nichtbestrafungen zu bevorzugten Zielen von Personen mit einem Präventionsfokus und lässt sich ein solcher durch Hinweise auf mögliche Verluste oder Nichtverluste situativ erzeugen. Bezüglich der Informationsverarbeitung zeigt sich ein Präventionsfokus in einer konservativen Strategie, die möglichst viele korrekte Verneinungen und möglichst wenige falsche Alarme erreichen will. Folglich werden im Verhalten eher Vermeidungsstrategien genutzt, die ein Nichterreichen des Ziels verhindern sollen, und wird bei Schwierigkeiten relativ schnell aufgegeben, damit keine Fehler passieren. Da Personen mit einem Präventionsfokus häufig Ziele mit einem normativen Charakter verfolgen, verkehrt sich bei ihnen die gängige Erwartung-Wert-Verknüpfung ins Gegenteil: Sie versuchen nicht, das Produkt der beiden Variablen zu maximieren, sondern handeln dann, wenn das Ziel entweder sehr einfach zu erreichen oder aber so wertvoll ist, dass die Erreichbarkeit kaum mehr eine Rolle spielt (*Risikowahl-Modell*). Bei Erfolgen, Misserfolgen und der Bewertung von zielrelevanten Reizen bewegen sich die Emotionen dieser Personen auf der Dimension *Entspannung* (Beruhigung, Erleichterung, Sicherheit) – Anspannung (Unruhe, Bedrohung, Ängstlichkeit).
Beide Foki können sowohl bei günstigen als auch bei ungünstigen Erfolgserwartungen vorkommen. Zudem sind beide Foki in Verbindung mit der Annäherung an erwünschte (Gewinne, Nichtverluste) oder der Vermeidung von unerwünschten Zielen (Nichtgewinne, Verluste) vorstellbar. *M. Schneider*

^Test^**Regulationshindernisse in der Arbeitstätigkeit (RHIA)**, 1987, Leitner et al., [**AO, DIA**], arbeitswiss. Verfahren für Arbeitsplätze in der industriellen Fertigung. Bedingungsbezogene *Aufgabenanalyse*. Die zur Erfassung der aufgabenbezogenen psych. Belastungen (1) *Regulationshindernisse*, wie Erschwerungen, Unterbrechungen und (2) *Regulationsüberforderungen* (aufgabenimmanent und aufgabenunspezifisch). *Analyseergebnisse (quant.)*: Dauer jeder Einzelbelastung, Dauer der Gesamtbelastung, Dauer monotoner Arbeitsbedingungen, Ausmaß des Zeitdrucks.

Analyseergebnisse (qual.): Beschreibung der psych. Belastungen, Begründung von Bewertungen, Vorschläge zur Beseitigung von psych. Belastungen. Wird als Beobachtungsinterview mit trainierten Beobachtern durchgeführt. Für Tätigkeiten im Bürobereich für Industrieunternehmen wurde ein spez. RHIA-Büro-Verfahren entwickelt. Leitner et al. 1993.

Regulieren (= R.) [engl. *regulate*; lat. *regula* Maßstab, Regel], [**PÄD**], das R. des indiv. Lernverhaltens während des *selbstreguliertes Lernen* ist eine *metakognitive Lernstrategien*. Dabei wird das eigene Lernverhalten in Abhängigkeit von auftretenden Lernschwierigkeiten adaptiert.

M. Händel

Rehabilitation (= R.) [engl. *rehabilitation*; lat. *rehabilitatio* Wiederherstellung], [**GES, KLI**], Wiedereingliederung. Maßnahme zur Wiederherstellung allg. und spez. *Fähigkeiten* und *Fertigkeiten,* die vor einem Unfall, einer *Krankheit* bzw. einer psychosozialen Störung vorhanden waren. Es geht dabei nicht um Höchstleistungen, sondern um altersgerechtes Funktionieren. Eine *Behinderung* soll – auch wenn sie nicht behoben werden kann – möglichst wenig zu einer dauerhaften Beeinträchtigung des persönlichen, sozialen und beruflich-ökonomischen Lebens führen. R. umfasst dabei alle med., schulischen, beruflichen und psychosozialen Maßnahmen, die über die Akutbehandlung hinausgehen. Psychol. R. kann in versch. Bereichen eingesetzt werden. In der körperlichen R. können bei peripheren *Lähmungen,* spastischen Störungen (*Krampf*) und Inkontinenz *Biofeedback-* und *verhaltenstherapeutische* Verstärkungsverfahren eingesetzt werden. Neuropsychol. R. nach *Hirnschädigungen* wird an die Art der Ausfälle angepasst. Aufmerksamkeitsübungen (*Aufmerksamkeit*) und Gedächtnistraining (*Gedächtnis*) sind meist die wichtigsten Trainingsformen. Zur R. bei psych. Problemen kann jegliche Art wirksamer *Psychotherapie* mit einer Betonung der für die R. relevanten Aspekte eingesetzt werden. Die Bemühungen der R. in der Sozialpsychiatrie gehen dahin, nicht mehr nur eine relative Optimierung der Funktionstüchtigkeit anzuzielen, sondern die Gesamtpersönlichkeit in ihrem sozioökonomischen Beziehungsgefüge zu erkennen und hierauf folgend eine an den spez. Gegebenheiten orientierte, umfassende Förderung der sozio-psycho-biol. Umstände einzuleiten. Nicht zuletzt, um den in der konventionellen *Psychiatrie* häufig beobachteten «Drehtüreffekt» zu vermeiden, wird die R. schrittweise durchgeführt mit dem Einsatz auch präventiv wirksamer Maßnahmen (*Prävention*) wie z. B. Tages- bzw. Nachtkliniken, *Selbsthilfegruppen,* Patienten-Clubs. R. setzt nicht bei den betroffenen Menschen, sondern auch bei Rahmenbedingungen an. Im internat. Vergleich ist der R.-Bereich in Dt. bes. gut ausgebaut, wobei die psychosoziale R. vgl.weise noch weiter ausgebaut werden sollte. *Rehabilitation, berufliche, Rehabilitation, medizinische, Rehabilitation, psychosomatische, Rehabilitationspsychologie.*

F. Caspar

Rehabilitation, Assessmentverfahren (= A.) [engl. *assessing* einschätzen, feststellen], syn. *diagn. Verfahren,* [**DIA, FSE**], in der *Rehabilitation* werden A. insbes. zur indikationsorientierten Diagnostik (elektive und adaptive Diagnostik), behandlungsbegleitenden Verlaufs- und Prozessdiagnostik und zur *Evaluation* (Bestimmung des Behandlungseffekts, Zielerreichung, Qualitätskontrolle) eingesetzt. Neben *Anamnese* und *Exploration* sind A. die wichtigste Säule der Rehabilitationsdiagnostik. Als theoretisches Rahmenmodell hat sich die *International Classification of Functioning, Disability and Health (ICF)* etabliert, die eine umfassende Berücksichtigung indiv. und sozialer Auswirkungen (Teilhabe) *chronischer Erkrankungen* impliziert (Buchholz et al. 2015). Im Bereich des Assessments dominieren Selbstbeurteilungsverfahren (*Selbstbericht*), die zentrale *Konstrukte* (z. B. gesundheitsbezogene *Lebensqualität,* Erkrankungsmerkmale, behandlungsrelevante Merkmale, soziale bzw. sozialmed. Rahmenbedingungen) aus Pat.perspektive zugänglich machen. Die Tab. zeigt typische Inhaltsbereiche und A. (Bengel et al. 2008). Wirtz & Bengel 2011.

Rehabilitation, berufliche [engl. *occupational rehabilitation*], [**AO, GES, KLI**], berufliche *Rehabilitation* (= b. R.) bezeichnet die weitestmögliche berufliche (Wieder-)Eingliederung Behinderter (*Behinderung*). Die b. R. hat das Ziel, behinderte, von Behinderung bedrohte und chronisch kranke (*chronische Erkrankungen*) Menschen am Arbeitsleben teilhaben zu lassen und damit auch deren soziales Ansehen wiederherzustellen. Rechtliche Grundlagen der b. R. sind das Dritte und Neunte Buch des Sozialgesetzbuches (SGB III, IX), hieraus insbes. das Arbeitsförderungsgesetz (AfG) sowie das Schwerbehindertengesetz (SchwbG) und das Bundessozialhilfegesetz (BSHG). Aufgabe der b. R. ist, alle Förderungsmaßnahmen und -hilfen zu stellen, die eine individuelle und optimale Qualifizierung und eine dauerhafte (Wieder-)Eingliederung auf dem Arbeitsmarkt ermöglichen.

Akt. Rehabilitationsansätze fußen konzeptionell auf dem Modell der ICF der WHO (*International Classification of Functioning, ICF, World Health Organization (WHO)*). B. R. ist dementsprechend am Ziel der bestmöglichen Integration in das Alltags- und Berufsleben auszurichten. Während diese Zielorientierung und das Rahmenmodell in früheren Jahrzehnten trotz der in Dt. breit ausgebauten R.versorgung nur sehr allg. formuliert und verfolgt worden sind und auch die meisten R.einrichtungen in erster Linie eine umfassende med. Versorgung einschließlich körperlichem Training und Maßnahmen der Gesundheitsbildung/*Patientenschulung* (*Psychoedukation*) gewährleisteten, so ist ein zunehmender Trend festzustellen, dass insbes. der b. Bereich in der med. R. und Fragen bzw. Probleme der b. Integration der Rehabilitanden verstärkt thematisiert werden und von den Reha-Einrichtungen aufzugreifen sind. Dieser Trend wurde maßgeblich durch das in dieser Hinsicht sehr modern ausgerichtete Sozialgesetzbuch IX (*Rehabilitation und Teilhabe*) von 2001 ausgelöst und von der Deutschen Rentenversicherung (DRV) getragen. Bzgl. der Zuständigkeit für b. R. sind zunächst die Fachdienste der Arbeitsämter (Berufsberater, Psychol. Dienst, Ärztlicher Dienst, Technischer Beratungsdienst) angesprochen, da eine Förderung die Feststellung der Behinderung und der

Rehabilitation, Assessmentverfahren (Bengel et al. 2008)

Dimensionen des Rehabilitationsassessment (Bengel et al. 2008)	
Indikationsübergreifende Verfahren	
↗Lebensqualität und Funktionszustand	z. B. ↗Fragebogen zum Gesundheitszustand (SF-36), ↗Indikatoren des Rehabilitationsstatus (IRES-3), ↗Nottingham Health Profile (NHP), WHO-Instrumente zur internationalen Erfassung von Lebensqualität (WHOQOL-100 und WHOQOL-BREF)
Gesundheitskönomisch orientiertes Assessment von Lebensqualität	z. B. 15D-Fragebogen, EuroQol-Fragebogen (EQ-5D)
Reha-Motivation (↗Behandlungsmotivation) und Behandlungserwartung	z. B. ↗Patientenfragebogen zur Erfassung der Reha-Motivation (PAREMO-20), ↗Fragebogen zur Messung der Psychotherapiemotivation (FMP), ↗Fragebogen zur Psychotherapiemotivation (FPTM)
↗Gesundheitsverhalten und gesundheitsbezogene Kognitionen	z. B. Fragebogen zur Erfassung des Gesundheitsverhaltens (FEG), ↗Fragebogen zur Erhebung von Kontrollüberzeugungen zu Krankheit und Gesundheit (KKG), ↗Sense-of-Coherence-Fragebogen (SOC)
↗Krankheitsverarbeitung	z. B. ↗Freiburger Fragebogen zur Krankheitsverarbeitung (FKV), ↗Stressverarbeitungsfragebogen (SVF), ↗Trierer Skalen zur Krankheitsbewältigung (TSK)
↗Soziale Unterstützung	z. B. ↗Fragebogen zur Partnerschaftsdiagnostik (FPD), ↗Fragebogen zur sozialen Unterstützung (F-SOZU), Interview und Fragebogen zum sozialen Netzwerk und zur sozialen Unterstützung (SONET)
↗Schmerz	z. B. ↗Fragebogen zur Erfassung der Schmerzverarbeitung (FESV), ↗Kieler Schmerz-Inventar (KSI), ↗Schmerzempfindungsskala (SES)
Screening ↗psychischer Störungen und Beschwerden	z. B. ↗Beck-Depressions-Inventar (BDI-II), ↗Freiburger Beschwerdenliste (FBL), ↗Gießener Beschwerdebogen (GBB), ↗Hospital Anxiety and Depression Scale – Deutsche Version (HADS-D), ↗Patient Health Questionnaire (PHQ-D), ↗Symptom-Checkliste (SCL-90-R)
Rehabilitations- und Behandlungszufriedenheit	z. B. ↗Fragebogen zur Messung der Patientenzufriedenheit (ZUF-8)
Indikationsspezifische Verfahren	
Dermatologie	z. B. Fragebogen zur Bewältigung von Hautkrankheiten (FBH)
↗Diabetes	z. B. Diabetes-Wissens-Test (DWT), Kissinger Fragebogen zur Diabetesrehabilitation (KFD)
Gastroenterologie	z. B. Fragebogen zur Erfassung von Patientensorgen bei chronisch entzündlichen Darmerkrankungen (PS-CEDE)
Kardiologie	z. B. D14 – Typ-D-Persönlichkeit, MacNew Heart Disease Quality of Life Questionnaire
Onkologie (↗Psychoonkologie)	z. B. European Organisation for Research and treatment of Cancer – Quality of Life Core Questionnaire (EORTC QLQ-C30), Functional Assessment of Chronic Illness Therapy (FACIT)
Orthopädie und Rheumatologie	z. B. Funktionsfragebogen Hannover (FFbH), Funktionsfragebogen Bewegungsapparat (SMFA-D), Western Ontario and McMaster Universities Arthritis Index (WOMAC)
Pneumologie	z. B. Asthma-Wissenstest (AWT)
Sozialmedizinische Begutachtung	z. B. ↗Arbeitsbezogene Verhaltens- und Erlebensmuster (AVEM), Diagnoseinstrument zur Arbeitsmotivation (DIAMO), Integration von Menschen mit Behinderung in die Arbeitswelt (IMBA), Index zur Messung von Einschränkungen der Teilhabe (IMET), Fragebogen zur Erfassung von Mobilität und Selbstversorgung (MOSES), Skala zur Messung der subjektiven Prognose der Erwerbstätigkeit

b. Eignung voraussetzt. Auf der Grundlage des indiv. Förderbedarfs eines Menschen mit Behinderung wird über den Lernort und die Form der b. R. (stationär, teilstationär, ambulant) gemeinsam mit dem Behinderten entschieden. Dieser Entscheidungsprozess kann durch Maßnahmen, wie Arbeitserprobung, unterstützt werden.

Die DRV ist für den überwiegenden Teil der med. R.leistungen zuständig und hat per gesetzlichem Auftrag bei ihren R.leistungen die Verbesserung der Leistungsfähigkeit im Erwerbsleben im Blick. Die Rentenversicherung verpflichtet dementsprechend die von ihr belegten Reha-Einrichtungen zur «med.-beruflichen Orientierung» der R. behandlungen. Darunter wird verstanden, dass zu Beginn der b. R. eine differenzierte Klärung beruflicher Belastungen (*Beanspruchung*) und Problemfelder zu erfolgen hat, möglichst unterstützt durch *Screenings* oder spezif. Assessments (*Einzel-Assessment*), und im Laufe der med. R. darauf durch entsprechende Behandlungsbausteine einzugehen ist. Die Einrichtungen müssen ein best., abgestuftes Angebot von med.-beruflich orientierten Behandlungsleistungen vorhalten. Maßnahmen der b. R. (BfA 2002) umfassen dabei: berufsvorbereitende Bildungsmaßnahmen (*Bildung, Aus- und Fortbildung*, z. B. Berufsvorbereitungsjahr, Förderlehrgänge, Werkstatt für Behinderte); Berufsausbildung in Betrieben, in außerbetrieblichen Einrichtungen (meistens mit ausbildungsbegleitenden Hilfen) und Reha-Einrichtungen (insbes. behinderungsspezifische Berufsbildungswerke); Umschulung und Fortbildung (z. B. Berufsförderungswerke). Die begleitende Betreuung zur (Wieder-)Eingliederung auf dem Arbeitsmarkt erfolgte durch die psychosozialen Dienste und durch unterstützende Maßnahmen wie Zuschüsse zur Einarbeitung, Probebeschäftigung und begleitende Hilfen. Auch die Reha-Einrichtungen verfügen über psychol. Dienste mit häufig gut ausgebauten Diagnostik- und Beratungsangeboten (*psychologische Diagnostik, Beratung, psychologische*), die sich zunehmend auch einer ambulanten wohnortnahen b. R. widmen sollen (Mutzeck et al. 2002). Hillert et al. 2009, Müller-Fahrnow et al. 2006.

W. Mutzeck/H. Vogel

Rehabilitation, medizinische (= med. R.) [engl. *medical rehabilitation*; lat. *rehabilitare* wiederherstellen, in einen früheren Zustand bringen], **[KLI]**, das med. Ziel der med. R. ist die Wiedereingliederung in den Alltag und in den Beruf auf Ebene der Funktionen und Körperstrukturen, Aktivitäten und Teilhabe (*ICF*). R. stellt damit die Integration aller Möglichkeiten der Diagnostik, der kurativen Med. und *Prävention* in eine gezielte Hilfe zur Selbsthilfe für körperlich, geistig oder seelisch Behinderte (*Behinderung*) zum Zwecke ihrer optimalen R., d. h. der bestmögl. Eingliederung bzw. Wiedereingliederung in *Familie*, Beruf, Arbeit und Gesellschaft, dar. Im modernen Verständnis umfasst die med. R. alle med., psychoth., sozialen und beruflichen Maßnahmen, die eine Wiedereingliederung in Familie, Gesellschaft und Berufsleben beinhalten. Diese Maßnahmen sollen es den Betroffenen ermöglichen, *chronische Erkrankungen* und spez. deren Krankheitsfolgen (*Krankheitsfolgenmodell*) besser zu bewältigen. In der Tab. sind typische Rehabilitationsziele am Bsp. der onkologischen Rehabilitation aufgeführt (Bergelt et al. 2002). Die Bedeutung der med. R. beruht im Wesentlichen auf sozialpolitischen Aspekten und Entwicklungen. Die Erhöhung der durchschnittlichen Lebenserwartung in unserer Gesellschaft hat zu einem Wandel des Krankheitsspektrums geführt, insbes. zur Zunahme von chronischen Erkrankungen bzw. degenerativen Erkrankungen. Es kommt hinzu, dass das gleichzeitige Auftreten von versch., zumeist chronischen Krankheiten ein bekanntes Kennzeichen des älteren Menschen ist. Analysen der Berliner Altersstudie (Lindenberger 2010) ergaben, dass bei 96 % der 70-Jährigen und Älteren mind. eine und bei 30 % fünf oder mehr internistische, neurologische, orthopädische und psych. Erkrankungen diagnostiziert wurden, die behandlungsbedürftig sind. Das Vorliegen einer chronischen Erkrankung birgt darüber hinaus das Risiko weiterer *Komorbiditäten* bzw. Folgeerkrankungen und psych. Beeinträchtigungen. *Rehabilitationspsychologie*. Bergelt et al. 2006.

F. Petermann

Rehabilitation, medizinische: Rehabilitationsziele am Beispiel der Onkologie (Bergelt & Koch 2002)

Rehabilitationsziele am Beispiel der Onkologie (Bergelt & Koch, 2002)	
Medizinische Ziele	– Fortsetzung der nach der Primärbehandlung begonnenen Therapie – Erkennung and Behandlung von Erkrankungs- und Therapiefolgestörungen
Psychologische und soziale Ziele	– Wiederherstellung der psychischen und sozialen Funktionsfähigkeit – Unterstützung im Umgang mit der Krankheit und ihren Folgen – Optimale Nutzung eingeschränkter und gezielte Förderung kompensierender Fähigkeiten – Stabilisierung der persönlichen, familiären, gesellschaftlichen und beruflichen Situation
Edukative Ziele	– Informationen über Risikofaktoren und Modifikation von gesundheitsgefährdendem Verhalten – Informationen über Krankheit und Behandlung sowie Möglichkeiten psychosozialer Unterstützung
Berufliche Ziele	– Reintegration in den vorherigen Arbeitsplatz oder eine den Krankheitsfolgen angepasste Beschäftigung

Rehabilitation, psychosomatische (= p. R.) [engl. *psychosomatic rehabilitation*], [**GES, KLI**], auf der Grundlage der *Psychosomatik* zielt die p. R. auf die Wiederherstellung (*Rehabilitation*) der Gesundheit des Menschen i. S. des biopsychosozialen Modells der ICF (*International Classification of Functioning, Disability and Health (ICF)*). Eine psychosomatische Behandlung ist vor allem dann indiziert, wenn psych. bzw. soziale Faktoren wesentlich zur Entstehung und/oder Aufrechterhaltung der Krankheit beitragen. Beachtet werden die wechselseitigen Beziehungen zw. den als ICD-10-Diagnose (*Klassifikation psychischer Störungen*) festgestellten Krankheitsbildern, den daraus resultierenden Beeinträchtigungen der Körperfunktionen sowie assoziierten Beeinträchtigungen der Aktivitäten und der Teilhabe am gesellschaftlichen und beruflichen Leben. Auch wenn die Indikationen für p. R. nicht durch die ICD-10-Systematik deutlich abzubilden sind, liegt der Schwerpunkt jedoch auf Krankheitsbildern des ICD-F-Kapitels «Psychische und Verhaltensstörungen» mit kombinierten körperlichen und psych. Komponenten. Die p. R. ruht auf der Annahme, dass die funktionale Gesundheit (*Gesundheitszustand, funktionaler*) des Menschen nicht auf das Körperliche reduzierbar ist, sondern ein Gleichgewicht zw. Körper, Psyche, sozialem Umfeld und Umwelt voraussetzt. Ziel der Rehabilitation ist, die drohenden oder bereits manifesten Beeinträchtigungen der Teilhabe am Arbeitsleben und Leben in der Gesellschaft zu beseitigen, zu mindern, ihre Verschlimmerung zu verhüten oder ihre Folgen zu mildern. Ein wichtiger Aspekt dabei ist die aktive Partizipation der Betroffenen in der Planung und Durchführung der Therapie. Sie sollen lernen, kompetent und selbstverantwortlich mit ihrer Gesundheit und Krankheit umzugehen. Spezifische Maßnahmen sind somatisch, psychotherapeutisch, sozialberatend und edukativ ausgerichtet. Damit ist die p. R. interdisziplinär, aktivierend, holistisch und zielt sowohl auf die Beseitigung von Defiziten als auch die Aktivierung von Ressourcen (*Ressourcenorientierung*).
G. Schmid-Ott/S. Stock Gissendanner/D. Böhm

Rehabilitationsphase [engl. *rehabilitation phase*], *Phasenmodell psychotherapeutischer Veränderungen*.

Rehabilitationspsychologie (= R.) [engl. *rehabilitation psychology*], [**GES, KLI**], Teilgebiet der Klinischen Ps. und eine zentrale Disziplin der Rehabilitationswissenschaften. Sie beschäftigt sich mit den psych. und psychosozialen Folgen insbes. chronischer körperlicher Erkrankung (*chronische Erkrankungen*) und *Behinderung* und deren *Prävention* und Behandlung (*Intervention*, auch *Somatopsychologie*). Zielsetzungen einer Ps. in der *Rehabilitation* liegen in der Unterstützung bei der *Krankheitsbewältigung*, der Reduktion von psychosozialen Belastungen (*Belastung, psychische*) und der Versorgung von psychischen Störungen (somatopsychische *Komorbidität*) bei den Rehabilitanden und deren Angehörigen. Ps. Maßnahmen zielen auf eine Stärkung der Veränderungsmotivation (*Therapiemotivation*) und eine Änderung eines gesundheitlich risikoreichen Lebensstils (*Risikoverhalten, gesundheitsbezogenes*) und schließen damit auch die Prävention einer potenziell drohenden Behinderung oder einer Chronifizierung mit ein. Die R. stellt ein angewandt-psychol. Tätigkeitsfeld dar, das in Dt. insbes. in der med. Rehabilitation, aber auch innerhalb von Leistungen zur *Teilhabe* am Arbeitsleben und zum Leben in der Gemeinschaft besondere Bedeutung erfährt. Überschneidungen der R. bestehen insbesondere zur *Verhaltensmedizin*, *Gesundheitspsychologie*, *Medizinischen Psychologie* und Psychosomatik (*Rehabilitation, psychosomatische*). In den angloamerik. Ländern versteht sich die R. primär als angewandte *Neuropsychologie*. Rehabilitationspsychologen arbeiten in stationären und ambulanten Rehabilitationseinrichtungen für chronisch Kranke (z. B. *Herzerkrankung, koronare*, *Tumorerkrankung, psychosoziale Belastung*), im Konsiliardienst (*Konsiliar- und Liaisonarbeit*) von Akutkrankenhäusern und in psychosomatischen Rehabilitationskliniken.
J. Bengel

Reharmonisierung [engl. *reharmonization*; lat. *re-* zurück, *harmonia* Einklang], [**EW**], Weg und Prozess zum psych. Gleichgewicht (Balance, gute *Gestalt*) nach dessen zeitweisem Verlust. Bsp.: (entwicklungspsychol.) nach Erreichen der Geschlechtsreife (zwischen dem 14. und 18. Lebensjahr.) zunehmende Übereinstimmung der Körperproportionen und der *Motorik*.
[**KOG, SOZ**], Widersprüche zwischen *Denken* und Handeln (*Handlung*) werden ausgeglichen: Reduktion der *kognitiven Dissonanz*. *Äquilibration*.

rehearsal [engl.] Wiederholung, [**KOG**], bei Lernexperimenten das innere Hersagen des Lernmaterials in Intervallen zwischen der Darbietung und der Prüfung, mit oder ohne Selbstinstruktion. *Gedächtnis*.

Reid-Bewegungstäuschung [engl. *Reid's movement illusion*], [**WA**], Bez. für die von R. L. Reid angegebene, der optischen Vertikalen-Horizontalen-Täuschung (*Vertikalen-Täuschung*) entspr. *Bewegungstäuschung*. Witte 1966.

Reife [engl. *maturity*], [**EW**], ein durch Differenzierung und Integrierung erreichter Zustand, der sich durch eine weitgehende Komplettierung best. physischer bzw. psych. Entwicklungsprozesse auszeichnet. Häufig wird versucht, die Erreichung best. Reifegrade aufgrund empirischer Befunde mit festen Lebensaltern in Verbindung zu bringen (z. B. das Erreichen der Geschlechtsreife). In versch. Kontexten (z. B. Schulreife) wurde der Begriff der Reife jedoch kritisiert und zunehmend durch andere Begrifflichkeiten ersetzt (*Schulfähigkeit*), die vermehrt die Relevanz von z. B. Umwelteinflüssen in den Blick nehmen. *Reifung*.

Reifeprozesse (= R.) [engl. *maturation process*], [**FSE**], programmexterner Störfaktor bei Evaluationsstudien (*interne Validität, Bedrohungen für die*). R. bezeichnet eine entwicklungsbedingte Veränderung eines Merkmals bei den Untersuchungsteilnehmern einer *Evaluation*sstudie. Erhöhen sich bspw. die sozialen Fähigkeiten von Grundschülern unabhängig von der Beschulung, so dürfen diese nicht als Effekt der Beschulung interpretiert werden. Die Effekte von R. können durch eine adäquate *Kontrollgruppe* i. d. R. ausreichend kontrolliert werden.

Reifezeit [engl. *adolescence*], *Pubertät*.

Reifung (= R.) [engl. *maturation*], [**BIO, EW**], ist die durch die Erbanlagen, d. h. die genetisch (*Genetik*) gesteuerte Ausbildung psych., physiol. oder motorischer Strukturen (Kavšek 2011). Prozesse der R. waren in älteren, biogenetisch orientierten ps. Entwicklungstheorien populär, nach denen Entwicklung stufen- oder phasenförmig (*Stufentheorien*) oder auch in Form von Wachstumsprozessen, d. h. in Analogie zu physiol. Vorgängen, stattfindet. In neueren nativistischen Modellen wird angenommen, dass es ein angeborenes rudimentäres *Kernwissen* in unterschiedlichen Inhaltsbereichen, z. B. über physikal. Vorgänge, gibt. Alternativ wird postuliert, dass das menschliche *Gehirn* schon bei der Geburt von seiner Organisation her auf die Verarbeitung best. Arten von Informationen angelegt ist (*Informationsverarbeitung*). Der relative Beitrag von (endogenen) Anlage- und (exogenen) Umwelteinflüssen auf die Entwicklung von Funktionsbereichen wird insbes. mithilfe der Deprivationsmethode und populationsgenetischer Analysen untersucht (*Anlage-Umwelt*). Die *Deprivationsmethode* schaltet Umwelteinflüsse aus, um den Nettoeffekt von Reifungsvorgängen auf die Ausbildung einer Funktion festzustellen. Das Verfahren der populationsgenetischen Analyse beobachtet den Effekt von Anlageunterschieden unter Konstanthaltung von Umwelteinflüssen und umgekehrt. Ein Bsp. ist der systematische Vergleich von Personenpaaren unterschiedlichen Verwandtschaftsgrades, d. h. unterschiedlicher Anlageähnlichkeit, die entweder in getrennten oder in derselben Entwicklungsumwelt untergebracht waren (*Zwillingsstudien*). Das Paradebsp. eines Funktionsbereichs, der intensiv auf seine Reifungs- und Anlagebedingtheit untersucht worden ist, ist die *Intelligenz*. Das Problem bei den Methoden, den relativen Beitrag von R. und Umwelt auf die Entwicklung einer Funktion festzulegen, ist die prinzipielle Unmöglichkeit, im Humanversuch die Umweltvariable zu manipulieren. M. Kavšek

Reifungsteilung [engl. *meiotic division*], *Meiose.*

Reihenfotografie (= R.), **[DIA, KOG]**, veraltetes Verfahren zur Veranschaulichung und Erfassung von Bewegungsverläufen durch Aneinanderreihen oder Übereinanderkopieren sukzessiver Einzelaufnahmen. Zur R. zählt auch das *Lichtspurverfahren* (*Bewegungsanalyse*). Die R. wurde bereits im 19. Jh. entwickelt und ist heute durch elektronisch gesteuerte Verfahren ersetzt.

reinforcement [engl.] Bekräftigung, *Verstärkung. bedingter Reflex, bedingte Reaktion.*

Reinforcement Sensitivity Theory (RST) [engl.] «Verstärkungs-Sensitivitäts-Theorie»; *Persönlichkeit, neurowissenschaftliche Ansätze.*

Reinkarnation [engl. *reincarnation*; lat. *re-* zurück, *in* in, *caro* Fleisch], Wiedergeburt, Wiederverkörperung einer Seele. Die mit der Vorstellung der Seelenwanderung einhergehende Annahme der Wiederholung des Individuallebens in neuer Diesseitsverkörperung, z. B. im Buddhismus.

^Test^**Reisberg-Skalen GDS, BCRS, FAST**, 1991, von R. Ihl und L. Fröhlich, **[BIO, DIA]**, zurückgehend auf B. Reisberg. Die *Global Deterioration Scale (GDS)* und die *Brief Cognitive Rating Scale (BCRS)* dienen der Einstufung von *Demenzen* bei älteren Menschen. Die GDS beschreibt als Fremdbeurteilungsskala sieben Ausprägungsgrade eines demenziellen Syndroms als Stadien. Die BCRS ermöglicht die gleiche Aussage anhand von Einschätzungen in zehn Teilbereichen der demenziellen Symptomatik: *Konzentration, Kurzzeitgedächtnis, Langzeitgedächtnis, Orientierung, Alltagskompetenz und selbstständige Versorgung der Person, Sprache, Psychomotorik, Stimmung und Verhalten, konstruktive Zeichen- und Rechenfähigkeit.* Das *Functional Assessment Staging (FAST)* ermöglicht eine Beurteilung der «activities of daily living» (ADL), insbes. für die Schweregrade 6 und 7 von Demenzen, und es beurteilt differenziert deren Ausprägung im Bereich der Alltagskompetenz und der selbstständigen Versorgung der Person.

Reiz (= R.) [engl./lat. *stimulus*], *Stimulus*, **[BIO, WA]**, in der Ps. die äußere oder innere Einwirkung, die über *Rezeptoren* auf einen Organismus einwirken kann. Die *Reaktionsfähigkeit* des Organismus heißt Reizbarkeit (Irritabilität, Erregbarkeit) und ist allg. Kennzeichen des Lebendigen. Jeder Reiz braucht eine best. Stärke, um eben noch bemerkt zu werden (*absolute Reizschwelle*), genauer: Der Reiz muss sowohl zwischen den *Reizintensitätsschwellen* als auch innerhalb der *Reizqualitätsschwellen* liegen (*Psychophysik*). Diejenigen Reize, auf die ein Sinnesorgan optimal reagiert, auf die es von Natur aus spezialisiert ist, werden als adäquate Reize bezeichnet. Für das Auge sind elektromagnetische Schwingungen mit Wellenlängen zw. 400 bis 500 nm adäquate Reize, für das Ohr Schalldruckwellen mit einer Frequenz von 20 bis ca. 16000 Hz. Aber auch nicht adäquate Reize können das Sinnesorgan erregen und erzeugen dabei i. d. R. dem Sinnesorgan entspr. *Wahrnehmungen* (der Druck auf das Auge erzeugt Lichterscheinungen). Alle Sinnesorgane können inadäquat durch elektrischen Strom erregt werden. Beim Überschreiten einer best. Intensität bewirken alle Reize eine Schmerzempfindung (Mitreizung der Schmerzrezeptoren). *Reizverarbeitung* heißt der Gesamtvorgang von der Aktivierung des Rezeptors bis zur Auslösung der Empfindung oder Reaktion. Die Empfindlichkeit eines Sinnesorgans für Reize ist nicht konstant, sondern in gewissen Grenzen von dessen jew. Zustand (*Anpassungsniveau, Habituation*) sowie von Einstellungen des Individuums (*Konzentration, Aufmerksamkeit, Aktivierung*) abhängig.

[KOG], in der *klassischen Konditionierung* heißen Reize, die ohne Lernerfahrung eine Verhaltensreaktion aktivieren, biol. signifikante Reize (Auslösereize). Durch mehrfache Paarung (*klassische Konditionierung*) erhält auch ein zunächst neutraler Reiz (z. B. Ton) die Eigenschaft, die Verhaltensreaktion auszulösen, er wird zum konditionierten Reiz (*konditionierter Stimulus*). Von Reiz*Generalisation* spricht man, wenn im Laufe der Konditionierung auch andere ähnliche Reize die gleiche konditionierte Reaktion auszulösen vermögen (*bedingter Reflex*). Durch *Reizdiskrimination*straining hingegen lernt der Organismus, nur noch auf den einen Reiz zu reagieren, d. h., die Reizgeneralisation wird aufgehoben. Diskriminativer Reiz bezeichnet entsprechend in der *operanten Konditionierung* einen Reiz, auf den hin gelerntermaßen eine

Verhaltensreaktion erfolgt (wir gehen ans Telefon, wenn es klingelt). Atkinson et al. 2001, Becker-Carus 2004, Schmidt et al. 2000. *C. Becker-Carus*

Reizdiskrimination [engl. *stimulus discrimination*; lat. *discriminare* unterscheiden], [**KOG**], das Erkennen von Unterschieden zwischen Reizen bzw. das unterschiedliche Reagieren auf versch. Reize. *Diskriminationslernen*.

Reize, regelnde [engl. *regulating stimuli*], [**FSE**], auch *innere* oder *zentrale Reize* (Pauli), die Bedingungen sind für die innere Verfassung der Vp im psychol. *Experiment*. Zu ihnen gehört insbes. die *Instruktion*. Die eingeführten *unabhängigen Variablen*, auf die die Vp reagieren soll, werden im Unterschied dazu auch *auslösende Reize* genannt. Für diese benutzt man i. d. R. die engl. Bez. *treatment*.

Reizeinstellung [engl. *stimulus adjustment*], [**KOG, WA**], im *Reaktionsversuch* die auf das Erscheinen des Reizes gerichtete sensorielle Einstellung im Unterschied zur motorischen oder muskulären Einstellung. *motorische Vorbereitung*.

Reizhandlungen, alle aus Reizen folgenden, reaktiven Handlungen.

Reizhöhe, [**BIO, WA**], diejenige Intensität eines *Reizes*, die noch eine *Empfindung* auslöst, auch als obere *Reizschwelle* bezeichnet. Reize, die diese Grenze übersteigen, lösen keine adäquaten Empfindungen, sondern nur noch *Schmerz* aus. *Schmerzschwelle*.

Reizirrtum, Reizfehler [engl. *stimulus error*], nach *Titchener*, [**WA**], eine Fehlerquelle der ps. Untersuchung, die in dem Vorurteil gegeben ist, dass eine Empfindung den äußeren *Reizen* entsprechen müsse, z.B. die Annahme, dass man das tiefste Schwarz in einem lichtlosen Raum wahrnehmen würde (*visuelle Wahrnehmung*), während man hier tatsächlich das sog. subj. Augengrau sieht. Das tiefste Schwarz wird dagegen nur als *Kontrast*erscheinung wahrgenommen, z.B. als schwarzer Fleck auf einem weißen Papier. *Köhler* nennt dieses Phänomen *Objektentgleisung*.

Reizkonfrontation [engl. *stimulus confrontation*]; *Konfrontation mit Reaktionsverhinderung*.

Reizqualitätsschwelle [engl. *stimulus-quality threshold*; lat. *qualis* wie beschaffen], *Reiz*.

Reiz-Reaktions-Generalisation [engl. *stimulus-reaction generalization*], *Generalisation*.

Reiz-Reaktions-Kompatibilität (= R.) [engl. *stimulus-response compatibility*], syn. *Reiz-Reaktions-Kongruenz*, *affordance*, [**KOG, WA**], bezieht sich auf die *Effizienz*, mit der bestimmte Reaktionen auf bestimmte Reize hin ausgeführt werden können. Der Begriff stammt ursprünglich aus der *Ergonomie*, wo er (deskriptiv) für intuitiv plausible Kombinationen von Informationsanzeigen und Handlungsauswirkungen oder Handlungssimplikationen verwendet wird – wenn z.B. die Zu- bzw. Abnahme (oder die Erhöhung bzw. Verringerung) der Raumtemperatur durch steigende bzw. fallende Pegel einer visuellen Anzeige dargestellt wird. Allg. gilt, dass Handlungen desto schneller und akkurater ausgeführt werden können, je mehr Merkmale (z.B. räumliche Position, zeitliche Struktur, aber auch semantische Assoziationen) sie mit dem auslösenden Reiz teilen. Falls mehrere Reize auftreten und mehrere Aktionen ausgeführt werden können, so wird das Ausmaß der R. durch zwei Faktoren bestimmt: (1) Effekte der R. treten nur dann auf, wenn Reize und Reaktionen relevante bzw. auffällige Merkmale teilen, wie z.B. wenn sowohl Reize als auch Reaktionen räumlich definiert sind (sog. *set-level compatibility*). (2) Ob eine best. Reiz-Reaktions-Kombination kompatibel oder inkompatibel ist, hängt davon ab, ob sie vergleichbare Werte/Parameter auf der geteilten Reizdimension haben, wie z.B. wenn ein linker Reiz die Bedienung einer linken Taste erfordert, oder versch. Werte/Parameter, wie z.B. wenn ein linker Reiz die Bedienung einer rechten Taste verlangt (*element-level compatibility*). Studien der zugrunde liegenden Funktionsmechanismen führen Phänomene der R. auf eine enge Beziehung zw. *Wahrnehmung* und Handlung (und den entspr. neuronalen Systemen; *Handlungsregulation*) zurück. Diese enge Beziehung drückt sich auch in verwandten Phänomenen aus, wie dem Imitationslernen, der spontanen Nachahmung (engl. *mimicry*) oder der Verhaltensansteckung. Proctor & Vu 2006, Kornblum et al. 1990. *B. Hommel*

Reiz-Reaktions-Psychologie [engl. *stimulus-reaction psychology*], *Behaviorismus*.

Reizschwelle (= R.) [engl. *stimulus threshold*], [**BIO, WA**], die untere Grenze, ab der ein *Sinnesorgan Reize* empfindet. Darunter findet keine *Wahrnehmung* statt. Die R. kennzeichnet die Minimalempfindung. *psychophysische Methoden*, *Reizhöhe*.

Reizselektion [engl. *stimulus selection*; lat. *seligere* auswählen], [**KOG**], ein in der Ps. des *verbalen Lernens* untersuchter Prozess, der zur Unterscheidung zwischen nominalem und funktionalem Reiz z.B. beim *Paar-Assoziations-Lernen* geführt hat. Der nominale Reiz ist vom Experimentator definiert, während der davon abweichende funktionale Reiz tatsächlich in einer assoziativen Verknüpfung verwendet wird. *J. Bredenkamp*

Reizspur [engl. *stimulus trace*], [**KOG, WA**], von C.L. Hull gebrauchte hypothetische Bez. für die allmählich abklingende Nachwirkung eines Reizes (*Reiz*) im Organismus. *Engramm*, *Spurenfeld*.

Reizsuche, [**EM**], das aus der triebhaften Unruhe (im Zusammenhang mit Trieben wie Nahrungssuche, Sexualtrieb, sozialen Trieben, Aggression, Flucht) hervorgehende Suchen der Reizkomplexe, an oder mit denen der *Trieb* sich befriedigen könnte.

Reizsucht [engl. *stimulus addiction*], [**EM, KLI**], im Anschluss an die antagonistische Aktivierungstheorie von Fiske und Maddi 1961 eingeführte Bez., wenn der *Reizhunger* [engl. *sensation-seeking motive*] bes. ausgeprägt ist, weil gewohnheitsmäßig für das Wohlbefinden ein hohes inneres Aktivierungsniveau benötigt wird, das von Umwelten mit hohem Aktivierungspotenzial abhängig ist. *Sensation-seeking*.

Reizsummation (= R.) [engl. *stimulus summation*; lat. *summa* Gesamtergebnis], [**BIO**], wenn ein einzelner *Reiz* nicht ausreicht, um eine *Empfindung* oder einen *Reflex* auszulösen, so kann wiederholte Reizung oder Einwirkung über einen gewissen Zeitraum hinweg im Sinne von

R. den betreffenden Vorgang schließlich in Gang bringen (z. B. Niesreflex). Übertragend spricht man z. B. in der Werbeps. von R. dort, wo man sich durch fortgesetztes Darbieten eines best. *Begriffs* oder *Zeichens* eine Wirkung verspricht. Brandis & Ansorg 1994, Schandry 2006, Schmielau 1982.

Reizsummenregel [engl. *Seitz's summation law*], syn. *Reizsummenphänomen*, [**KOG**], nach Seitz in der Verhaltensforschung Bez. für die Tatsache, dass Schlüsselreize (*Schlüsselreiz*), die eine Instinkthandlung auslösen, additiv zus.wirken (*Konditionierung*). Für das Eintreten der Reaktion ist wesentlich, wie viel an Reizwerten im Ganzen vorhanden ist, unabhängig davon, wie stark oder schwach ein einzelner Schlüsselreiz ist. Daher kann ein schwacher oder sogar fehlender Schlüsselreiz in der gesamten Reizkombination durch einen anderen, besonders starken, kompensiert werden. Je mehr Auslösereize vorhanden sind, umso stärker wird die Reaktion ausgelöst. Der Begriff des Reizsummenphänomens besagt jedoch nicht, dass eine Addition der Reizparameter im streng math. Sinn erfolgt. Man nimmt an, dass sich die von Reizen ausgehenden Erregungen im Nervensystem (*Auslösemechanismus*) irgendwie summieren und die Instinkthandlung auslösen. (*psychohydraulisches Energiemodell*). Da die Reize durchaus verändert werden können, ohne die auslösende Wirkung zu zerstören, konnte mit Erfolg versucht werden, die Einzelreize zu übertreiben. Attrappen mit derart supernormalen Reizen (z. B. auch in Cartoons) lösen das Verhalten stärker aus als die natürlichen auslösenden Objekte. Franck 1985, Schmielau 1982.

Reizüberflutung (= R.) [engl. *stimulus satiation*], [**BIO**], Bez. für den durch Menge, Umfang und Verschiedenartigkeit der auf den Menschen einwirkenden Reize gegebenen Zustand, der durch die Möglichkeit selektiver Wahrnehmung kompensiert wird.
[**KLI**], in der *Verhaltenstherapie* wird R. [engl. *flooding*] oder auch *Implosion* bei *Angststörungen* und Phobien eingesetzt, indem der Klient massiv mit den angstauslösenden Reizen konfrontiert wird, um ein Verhalten der Angstvermeidung i. S. der operanten Konditionierung der angstbesetzten Reiz-Reaktionsverknüpfung zu erreichen (Desensibilisierung). *Überflutungstherapie, Konfrontation mit Reaktionsverhinderung, Reiz.*

Reizumfang, [**WA**], das Gebiet zwischen Reizschwelle und *Reizhöhe*, in dem mit der Reizänderung eine Empfindungsänderung korrespondiert.

Reizvariable [engl. *stimulus variable*], [**WA**], die kontinuierlich oder in Stufen veränderliche Quantität oder Qualität eines *Reizes* bzw. eines def. Merkmals einer Reizsituation. Auch als S-Variable [nach lat. *stimulus* Reiz] bez. *Variable*.

Reizverarmung [engl. *sensory/stimulus deprivation*], Abnahme der Zahl der Reize (*Reiz*). *Deprivation.*

Reizwort [engl. *stimulus word*], [**DIA, KOG**], der Vp akustisch oder optisch dargebotenes Wort, auf das sie eine Reaktion geben soll, die wiederum in einem Wort (Reaktionswort) oder in einer best. Handlung oder in einer Ausdruckserscheinung (z. B. *psychogalvanische Reaktion*

(PGR)) bestehen kann. *Assoziationsversuche, Erzählmethode, Tatbestandsdiagnostik.*

Rekapitulationstheorie [engl. *recapituation theory*; lat. *re-* wieder, *capitulare* das Kapitel beginnen], *Genese, genetisch.*

Reklame [engl. *advertisement*; lat. *reclamare* entgegenschreien], *Werbepsychologie.*

Rekognitionsaufgabe (= R.) [engl. *recognition task*; lat. *re-* wieder, *cognoscere* erkennen, wissen], [**KOG**], eine R. ist ein direkter Gedächtnistest (*Gedächtnisprüfung*), bei dem das Wiedererkennen von Informationen (typischerweise Wörter oder Bilder) aus einer vorherigen Lernepisode geprüft wird. Man unterscheidet zw. einem *Ja-Nein-Rekognitionstest* (*yes-no recognition test*) und der *erzwungenen Wahlaufgabe* (*forced-choice recognition task*). Beim Ja-Nein-Rekognitionstest werden Stimuli aus einer Lernepisode und zusätzliche neue Stimuli (sog. Distraktoren oder *lures*) in Zufallsfolge dargeboten. Aufgabe des Pb ist es, für jedes Testitem anzugeben, ob es in der vorherigen Lernepisode vorhanden war («ja») oder nicht («nein»). Bei der erzwungenen Wahlaufgabe werden mehrere Testitems gleichzeitig dargeboten, ein Item aus der Lernepisode und mind. ein neues Distraktoritem zusätzlich). Aufgabe ist es, das Item auszuwählen, das in der Lernepisode vorkam. Zur Analyse von Rekognitionstestleistungen sind geeignete Messmodelle unverzichtbar, um Gedächtniseinflüsse und Antworttendenzen zu separieren (*Verarbeitungsbaummodelle, multinomiale; Signalentdeckungstheorie*). In der Prozessdissoziationsprozedur werden Rekognitionstests zur Messung von kontrollierten und automatischen Gedächtnisprozessen eingesetzt (*Prozessdissoziation*). Richardson-Klavehn & Bjork 1988. E. Erdfelder

Rekognitionsheuristik [engl. *recognition heuristic*; lat. *re-* wieder, *cognoscere* erkennen, wissen, gr. εὑρίσκειν (*heuriskein*) entdecken], *Finanzpsychologie.*

Rekonstruktion, wissenschaftstheoretische (= R.) [engl. *reconstruction, meta-theoretical*; lat. *re-* wieder, *construere* errichten], [**PHI**], R. sind systematische und verbesserte Neuformulierungen. Insbes. im *wissenschaftstheoretischen Strukturalismus* werden Theorien mit ihren Anwendungen und Entwicklungen mithilfe mengentheoretischer Axiomatisierungen rekonstruiert. R. sollen einerseits den ursprünglichen Darstellungen und Absichten möglichst genau entsprechen, andererseits aber möglichst präzise, konsistent und sachgerecht sein, Ungenauigkeiten beseitigen und Lücken schließen, was stets Konflikte und Entscheidungen beinhaltet. R. Westermann

Rekonstruktion narrativer Identität [engl. *reconstruction of narrative identity*], *narrative Rekonstruktion, narratives Interview.*

Rekonstruktionsmethode [engl. *reconstruction method*; lat. *re-* wieder, *construere* errichten], [**DIA, KOG**], ein exp. Verfahren für Gedächtnisuntersuchungen (*Gedächtnisprüfung*). Gelernte Eindrücke werden der Vp zur Reproduktion einer gegenüber den früheren Darbietungen veränderten Reihenfolge zur Verfügung gestellt. Die Aufgabe der Vp besteht in der Wiederherstellung der ursprünglichen Ordnung.

rekonstruktive Forschung [engl. *reconstructive research*, lat. *re-* wieder, *construere* errichten]; *Qualitative Sozialforschung*.

Rekrutierungsverfahren *qualitative Rekrutierungsverfahren*, *Stichprobe*.

Rekurrenz [engl. *recurrence*; lat. *recurrere* zurückkehren], **[BIO, KOG]**, allg. Rückbezüglichkeit, oft wird Rekurrenz i. e. S. zur Bez. der Rückverbindung zw. ZNS-Arealen oder Neuronen verwendet, etwa in PDP-Modellen (*Parallel Distributed Processing (PDP)*). U. Ansorge

Relationalität [engl. *relationality*; lat. *relatio* Beziehung], *elterliche Strategien*.

relational models theory *soziale Beziehungen*.

Relationship Closeness Inventory (RCI) *soziale Beziehungen*.

Relationstheorie [lat. *relatio* Beziehung], **[WA]**, sie besagt, dass die *Wahrnehmung* einer *Gestalt* stärker von den Beziehungen zw. den Teilkomponenten abhängig ist als von den Teilkomponenten selbst. *Gestaltgesetze*.

Relativ (= R.) [engl. *empirical relational system*], **[FSE]**, Begriff in der *Messtheorie*; die Menge der empirischen (beobachteten) Dinge und der dazugehörigen Relationen: *empirisches R.*; die Menge der numerischen Dinge (z. B. Zahlen) und ihrer Relationen: *numerisches R.*

relative Häufigkeiten (= r. H.) [engl. *relative frequencies*], **[FSE]**, die auf den Gesamtstichprobenumfang bezogenen Klassenfrequenzen einer *Häufigkeitsverteilung*. Wenn sich von 160 Objekten 40 in Klasse I befinden, so ist h(I) = 40/160 = 0.25. Zur grafischen Darstellung von r. H. werden meist Säulen- oder Sektordarstellungen verwendet. *Wahrscheinlichkeit* Eid et al. 2013.

relative Koordination [engl. *relative coordination*], **[KOG]**, lockere Form der *Koordination*, die weder durch eine strenge wechselseitige Abhängigkeit (*absolute Koordination*) noch durch völlige Unabhängigkeit gekennzeichnet ist. Relative Koordination ist ein Kompromiss zw. *Magneteffekt* und *Beharrungstendenz*. *Motorik*, *Psychomotorik*. Holst 1936, Holst 1939. H. Heuer

Relative Risiko-Reduktion (= r. R.) [engl. *relative risk reduction*], **[DIA, FSE]**, Grundlage für die Bestimmung der r. R. ist eine *randomisierte kontrollierte Studie*, in der die Ereignisrate (geschätztes *Risiko*) in einer *Experimentalgruppe* ($Risiko_{exp}$) und die Ereignisrate in einer unbehandelten *Kontrollgruppe* ($Risiko_{kon}$) best. wurde. Die r. R. gibt das Verhältnis der Ereignisraten der Experimental- in Referenz zu derjenigen in der Kontrollgruppe an:

$$R. = \frac{Risiko_{exp}}{Risiko_{kon}}.$$

Tritt ein Rückfall in einer geschulten Gruppe in 10 % der Fälle auf und in der Kontrollgruppe in 25 % der Fälle, so beträgt r. R. = (0.1/0.25) = 0.4. Der Rückfall würde also nur in 40 % der sonst zu erwartenden Fälle auftreten, wenn die Schulung durchgeführt würde. *absolute Risiko-Reduktion*, *Epidemiologie*, *Interventionseffekt bei dichotomen Zielgrößen*, *odds ratio*, *relatives Risiko*. Ressing et al. 2010.

Relatives Risiko (= r. R.) [engl. *relative risk*], **[DIA, FSE]**,- bez. einen Kennwert, der den Unterschied im *Risiko* eines Ereignisses (z. B. eine Krankheit zu erleiden) zw. versch. Gruppen (z. B. Männern und Frauen) ausdrückt. Das r. R. entspricht dem Quotienten aus dem Risiko für eine Gruppe und dem Risiko der anderen Gruppe. Das r. R. liegt zw. 0 und unendlich. Haben zwei Gruppen das gleiche Risiko, dann liegt r. R. bei 1, ein r. R. von 2 bedeutet ein doppelt so hohes Risiko für die betreffende Gruppe. R. R. wird typischerweise bei *Längsschnittuntersuchungen* und RCTs (*randomisierte kontrollierte Studie*) verwendet. *absolute Risiko-Reduktion*, *Epidemiologie*, *Interventionseffekt bei dichotomen Zielgrößen*, *odds ratio*, *relative Risiko-Reduktion*. M. Hautzinger

Relativität, linguistisch [engl. *relativity*; lat. *relatus* bezogen auf], *Sapir-Whorf-Hypothese*.

Relativitätssatz [engl. *logarithmic law*], **[KOG]**, Bez. für die bei zahlreichen psychol. Erscheinungen aufgewiesene Tatsache, dass sich eine subjektive Größe mit einer obj. Variablen, von der sie abhängt, derart ändert, dass sie sich anfangs schneller, später immer langsamer einem Grenzwert nähert (i. S. der logarithmischen Kurve). Bsp. hierfür sind: der Zusammenhang von Reiz und Empfindung (*Fechner'sches Gesetz*, *Weber'sches Gesetz*), das Anwachsen der Gedächtnisleistung mit der Anzahl der Darbietungen (Gedächtniskurve; *Gedächtnisprüfung*), die Zunahme des Sprachschatzes mit dem Alter.

Relativitätstheorie [engl. *theory of relativity*], *Theorien, physikalische*.

Relaxanzien [engl. *relaxants*; lat. *relaxare* lockern, lösen], **[PHA]**, unspezif. und ungenaue Bez. für entspannende Pharmaka. Je nach Funktionsbereich, auf den sich die Entspannung beziehen soll, sind Spezifikationen mögl., etwa *Muskelrelaxanzien*, Psychorelaxanzien (Syn. für *Tranquilanzien*). Meyer & Quenzer 2005.

Relaxation [engl. *relaxation*; lat. *relaxare* lockern, lösen], **[BIO]**, Lockerung, Erschlaffung (z. B. des *Muskel*tonus). *Entspannung*.

Relaxation, progressive [engl. *progressive relaxation*; lat. *progredi* voranschreiten, *relaxare* lockern, lösen], **[KLI]**, *Progressive Muskelentspannung*

Relaxationsverfahren [engl. *relaxation techniques*; lat. *relaxare* lockern, lösen], *Entspannungsverfahren*.

releasing hormones [engl. *releasing* Lösen], **[BIO]**, Freisetzungshormone, im Hypothalamus produzierte Neurohormone, die die Produktion des *Wachstumshormons* und der *glandotropen Hormone* im Hypophysenvorderlappen anregen. Stoffe, die die Produktion der Hypophysenhormone hemmen, nennt man *inhibiting hormones* bzw. *factors*. *Endokrines System*, *Hormone*. W. Janke

Relevanz, praktische [engl. *practical relevance/significance*], *Effektgröße*.

Reliabilität (= R.) [engl. *reliability*; *to rely on someone* sich auf jemanden verlassen, *able* fähig (zu)], **[DIA]**, unter R. versteht man die Zuverlässigkeit (Genauigkeit), mit der eine psychol. Erfassungsmethode (psychol. *Test*; *Datenerhebungsverfahren*) interindiv. Unterschiede in einem Merkmal erfasst. Die R. basiert auf der grundlegenden Zerlegung der *Klassischen Testtheorie*, nach der ein beobachteter Wert (z. B. Testwert) additiv zerlegt wird in einen wahren Wert und einen Messfehlerwert. Die R. ist das Verhältnis der *Varianz* der wahren Werte zur Varianz der beobachteten Werte. Sie ist ein differenzialpsychol. Maß und zeigt an, inwieweit sich in beobachtbaren Unterschieden zw. Menschen wahre Unterschiede niederschlagen. Sie kann Werte zw. 0 und 1 annehmen. Eine R. von 0 zeigt an, dass alle beobachtbaren Unterschiede messfehlerbedingt sind. Eine R. von 1 impliziert, dass es keinen Messfehlereinfluss gibt und alle beobachtbaren Unterschiede wahre Merkmalsunterschiede widerspiegeln.

Um die R. bestimmen zu können, muss ein Merkmal mehr als einmal gemessen werden. Hierzu gibt es versch. Methoden. Bei der *Retest-Methode* wird ein Test mehrmals vorgegeben. Bei der *Paralleltest-Methode* werden zwei versch. Tests, die dasselbe Merkmal messen sollen, erhoben. Bei der *Testhalbierungsmethode (Split-Half-Methode)* wird ein Test in zwei Testhälften aufgeteilt. Schließlich kann die R. auch auf der Ebene aller Items eines Tests untersucht werden (*innere Konsistenz*). Die R. kann anhand der *Korrelationen* der mehrmaligen Messungen bestimmt werden, wenn sich die wahren Werte, die den versch. Messungen zugrunde liegen, nur um eine Konstante unterscheiden und alle Messungen dieselben Fehlervarianzen aufweisen (sog. *Modell essentiell τ-paralleler Variablen*). Die Gültigkeit dieser Annahmen kann empirisch getestet werden. Ist das Modell essentiell τ-paralleler Variablen in einer Anwendung gültig, kann die R. des Gesamttests, der eine Summierung bzw. Mittelung der mehrmaligen Messungen darstellt, anhand der Formel nach der *Spearman-Brown-Formel* bestimmt werden. Unterscheiden sich die wahren Werte um eine Konstante, die Fehlervarianzen sind jedoch nicht gleich, kann die R. i. R. des Modells *essentiell τ-äquivalenter Variablen* bestimmt werden. Die R. des Gesamttests kann in diesem Fall über *Cronbachs Alpha* berechnet werden. Sind die wahren Werte linear voneinander abhängig, kann die R. anhand des Modells τ-*kongenerischer Variablen* geschätzt werden, die Berechnung der R. des Gesamttests erfolgt dann über *McDonalds Omega*. Die R. kann auch in mehrdimensionalen Modellen anhand der *konfirmatorischen Faktorenanalyse* geschätzt werden. Die bisher beschriebenen Methoden setzen streng genommen metrisches Skalenniveau voraus. Im Falle kategorialer Variablen erfolgt die Schätzung der R. anhand von Modellen der *Item-Response-Theorie (IRT)*. *Rasch-Reliabilität.* Steyer & Eid 2001, Eid & Schmidt 2014. *M. Eid*

Reliabilitäts-Validitätsdilemma [engl. *reliability-validity dilemma/-tradeoff*; gr. δισ- (dis) zwei, λημμα (lemma) Annahme], **[DIA]**, *Reliabilität* (= R.; Genauigkeit) und *Validität* (= V.; Gültigkeit) stellen die beiden wichtigsten *Gütekriterien* der Testkonstruktion dar. Bei der Entwicklung eines Tests gilt es, beide Kriterien gleichzeitig zu optimieren. Die R. eines Tests steigt an, wenn man die Testitems inhaltlich homogener, also ähnlicher macht, die V. steigt an, wenn man die Items inhaltlich heterogener macht (vorausgesetzt, die Items repräsentieren valide das zu messende *Konstrukt*). Gleichzeitig den Test reliabler und valider zu machen hat also etwas von einem Dilemma an sich. I. R. der KTT (*Klassische Testtheorie*) ist ableitbar, dass die V. eines Tests nicht größer sein kann als seine R., sofern die R. des Kriteriums kleiner oder gleich der R. des Tests ist. Man muss also eine hohe R. des Tests anstreben, um der V. «eine Chance» zu lassen: Tatsächlich lässt sich aber auch im Rahmen der KTT formal ableiten, dass die Validität eines Tests sinkt, wenn man die R. des Tests steigert. Bezeichnet X das Testergebnis und Y ein V.kriterium des Tests, so entspricht die V. des Tests der *Korrelation* r(X,Y) von Test und Kriterium. Die besagte Formel beschreibt die V. eines Tests als einen Quotienten, in dessen Zähler die V. aller Items i auftreten $r(x_i, Y)$, und in dessen Nenner die Trennschärfen der Items und somit deren R. $r(X, y_i)$ auftreten . Die V. des Gesamttests kann also mit steigender R. sinken. Die Optimierung eines Tests in Richtung des einen Kriteriums macht den Test hinsichtlich des anderen Kriteriums schlechter. Die Konsequenzen dieses Dilemmas sind jedoch nicht sehr dramatisch, wenn die gewünschte V. des Tests auch über die Aufteilung des Tests in mehrere Untertests realisiert werden kann. Wird jedoch nur die R. eines Tests berücksichtigt und werden ggf. Items einer Testskala eliminiert, die trotz wichtiger V.aspekte eine schwache R. aufweisen, so kann die V. der Messung beeinträchtigt werden. Erfragen alle Items einer Angstskala Informationen zu «Angst im Dunkeln», so ergibt sich ggf. eine hohe Homogenität bzw. R. der Skala, ohne dass diese den Anspruch einlöst, das Konstrukt Angst in seiner Breite valide abzubilden. *J. Rost*

Reliable Change Index (RCI) [engl.] «Index zuverlässiger Veränderung», **[DIA, FSE]**, Maß der stat. Bedeutsamkeit (*Signifikanz*) der Veränderung der Merkmalsausprägung (2 Messzeitpunkte, z. B. prä-post) von Individuen. Während der *t-Test* für abhängige Stichproben prüft, ob sich der Mittelwert einer Gruppe über die Zeit verändert, quantifiziert der RCI die Veränderung der Messwerte von Einzelpersonen. Es wird geprüft, ob die indiv. Veränderung stärker ausgeprägt ist, als dies aufgrund der mangelnden Zuverlässigkeit der Messungen erwartet werden kann. Die Differenz der Messwerte wird ins Verhältnis zur *Reliabilität* der Messung und der *Standardabweichung* zum Prä-Messzeitpunkt (z. B. Referenzverteilung vor der Behandlung) gesetzt. Betragswerte größer 1,96 indizieren eine signifikante Veränderung des Individuums (Signifikanzniveau = 5 %). Jacobson & Truax 1991.

Religionspsychologie (= R.) [engl. *psychology of religion*], Teilgebiet der Ps., meist in Verbindung mit den Religionswissenschaften und der Theologie. Die R. erforscht das Erleben und Verhalten, das im Zusammenhang mit religiösen Phänomenen steht (z. B. Gottesvorstellung, Weltverständnis, Heilsbegriffe). Nachdem religionspsychol. bedeutsame Phänomene durch *Philosophie* und Theologie beschrieben und erklärt wurden, hat sich die empirisch orientierte Ps. Ende des 19. Jhd. mit diesen Phänomenen befasst. Die ersten systematischen R.-Analysen gehen auf Hall und das Jahr 1882 zurück. An der *Clark University* befasste sich Hall hauptsächlich mit der moralischen und religiösen Erziehung von Kindern. In Dt. beschäftigte sich *Wundt i. R.* seiner völkerpsychol. Analysen mit der R. Eine weitere Forschungsrichtung hat sich an den exp.

Introspektionsmethode der *Würzburger Schule* orientiert. So wurde dabei auf der Grundlage der Lektüre von religiösen Texten die Vp aufgefordert, ihre Gefühle, Vorstellungen und sonstigen kogn. Prozesse wiederzugeben. Bei diesen Forschungsbemühungen stand v. a. die Analyse des religiösen Erlebens im Mittelpunkt. Auch die phänomenologisch-hermeneutisch orientierte Ps. widmete sich in den 1920er-Jahren dem religiösen Erleben. Mit dem Argument, dass solche Bewusstseinslagen weder dem *Experiment* noch der *Introspektion* zugänglich sind, wurden die religiösen Lebensformen über literarische Dokumente untersucht. Auch in den psychodynamischen Systemen von Freud und Jung wurde versucht, religiöses Leben zu interpretieren (*Psychoanalyse*). Für Freud stellt die Religiosität eine Illusion bzw. eine «universelle Zwangsneurose» (*Neurose*) dar, die aus unbewussten Schuldgefühlen entsteht. Eine lange Tradition hat ebenso die Forschungstradition auf der Basis von *Einstellungsskalen*. Der Beginn der einstellungsorientierten religionspsychol. Unterssuchungen ist mit der Publikation von L. D. Thurstone im Jahre 1929 verbunden (Thurstone 1929). Nachdem Thurstone 1927 seine Methode des *law of comparative judgement* vorgestellt hatte, übertrug er diese Methode der klassischen *Psychophysik* auf «soziale Reize». Dieser Forschungsansatz wurde 50 Jahre später in Dt. wieder aufgegriffen (S. Huber 1996).

Die zweidimensional orientierten Forschungsstrategien gehen auf G. W. Gordon zurück und sind persönlichkeitstheoret. bzw. motivationspsychol. fundiert. In seinem Hauptwerk «The Individual and His Religion», das 1950 erschien, spielen die Konzepte der «funktionellen Autonomie» und der «reifen Person» eine Rolle und es unterscheidet eine *intrinsisch* motivierte von einer *extrinsisch* geprägten Religiosität. Dieses Konzept wird in einen psychometrisch konstruierten Fragebogen überführt und in zahlreichen Untersuchungen verwendet. Mithilfe der *multidimensionalen Skalierung* wurde versucht, die Urteilsräume religiöser Vorstellungen zu modellieren.

Im Zuge der *kognitiven Wende* der Ps. hat sich die angloamerikanische Ps. wieder dem Phänomen des Religiösen zugewandt und das Konstrukt der Religiosität untersucht. Für das Konstrukt der Religiosität wurden mehrere Bedingungen formuliert. Religiosität liegt im Erleben und Verhalten dann vor, wenn Personen Vorstellungen von der weltlichen Wirklichkeit haben, die über die sinnlich wahrnehmbare Welt hinausgehen. Zusätzlich muss die Person mit religiösen Vorstellungen auch der Überzeugung sein, dass diese «nicht sinnliche Welt» mit ihrer physischen, sozialen und kult. Welt in Verbindung steht. Somit muss beim Vorliegen einer religiösen Auffassung auch das Phänomen der *Transzendenz* gegeben sein und es genügt damit nicht, Religiosität mit der Zugehörigkeit zu einer religiösen Gemeinschaft gleichzusetzen. Unter diesen Voraussetzungen hat sich die empirische R. folg. Untersuchungsfragen gestellt: Welche Glaubensinhalte und -praktiken charakterisieren die indiv. Religiosität? Welche Konsequenzen hat Religiosität für das Erleben und Verhalten religiöser Personen? Welche Beziehungen und Interaktionen bestehen zw. der Religiosität des Individuums und seiner religiösen oder nicht religiösen Umwelt? Wie entwickelt sich die Religiosität und warum ist der Mensch religiös? In einem solch umfassenden Programm ist Religiosität sowohl abhängige wie auch unabhängige Variable und somit ist auch nicht überraschend, dass mit diesem *Konstrukt* vielfältige Untersuchungsprogramme durchgeführt werden.

Im angloamerik. Sprachraum wurden für die Publikation der sehr großen Zahl von jährlich durchgeführten Untersuchungen mehrere spez. Zeitschriften gegründet (*Journal of Psychology and Theology, Journal of Psychology and Christianity, Psychology and Religion, Psychology of Religion and Spirituality*). Zahlreiche Handbooks aggregieren in regelmäßigen Abständen den aktuellen Forschungsstand. Das neueste *APA Handbook of Psychology, Religion, and Spirituality* wurde 2013 herausgegeben (Pargament et al. 2013). Während in den nordeurop. Ländern das Fach R. an Universitäten angesiedelt ist (Murken & Namini 2006), ist für den deutschsprachigen Raum festzustellen, dass der R. kein fester Platz im Spektrum der psychol. Teildisziplinen zugeordnet ist (Grom 2010). Gorsuch 1988.   *H. O. Häcker*

Religionssoziologie [engl. *sociology of religion*], [**SOZ**], ein von Weber (1922) begründeter Forschungszweig, dessen Hauptgegenstand die Wechselbeziehung zwischen Eigenart und Gestaltung der Religion einerseits und den Erscheinungen des Gemeinschaftslebens andererseits bildet. Mensching 1968.

REM [engl. *rapid eye movement* schnelle Augenbewegung], *Schlaf*.

Remediationsphase [engl. *remediation phase*; lat. *remedium* Heilmittel], [**KLI**], *Phasenmodell psychotherapeutischer Veränderungen*.

Reminiszenz (= R.) [engl. *reminiscence*; lat. *reminiscere* sich besinnen], [**KOG**], Erinnerung, Wiedererinnern. Bez. für den Lernerfolgsanstieg (bei einer teilweise erlernten Aufgabe, *Lernerfolg*), der auf eine eingeschobene Ruhepause zurückzuführen ist. Die R. ist u. a. abhängig von der Pausenlänge, vom Lernniveau vor der Pause und vom Grad der Massierung der Übung vor der Pause. Die R. wird auch als Spezialfall der altbekannten Erfahrung bez., dass bei verteilter Übung mit Pausenfolgen bessere *Leistungen* erzielt werden als bei *massierter Übung*. R. kann damit auch als die Wirkung einer einzigen Pause gesehen werden. Das *Ballard-Williams-Phänomen* (beschrieben von Ballard 1913 und bestätigt von Williams 1926), wobei Gelerntes nach längerem zeitlichen Abstand seit der Einübung besser reproduziert werden kann als nach Abschluss des Lernens, wird gelegentlich auch als R. bez., verdient dies nach Hovland aber nicht, weil sich innerhalb des Abstandes vom Gelernten Gelegenheit zum Nachlernen bietet. Das *Ward-Hovland-Phänomen* mit Leistungsanstieg nach einem Intervall von zwei bis zehn Minuten wird als echter Reminiszenzeffekt bewertet. Für die Erklärung der R. wird angenommen, dass die Phänomene *Ermüdung* und *Perseveration* eine Rolle spielen. (Die Pause bedeutet eine Erholung gegenüber der Ermüdung und die Perseveration die Fortführung des Lernprozesses.) Zur Deutung der R. kommen auch die von Hull eingeführten

Hemmungskonstrukte hinzu: *reaktive Hemmung* und *konditionierte Hemmung*. Eysenck (1965) versucht, die R. mit einer Dreifaktorentheorie zu erklären. *R. Bergius*

Remission, remittierend [engl. *remission, remitting*; lat. *remittere* zurücksenden, nachlassen], **[KLI]**, das (vorübergehende) Nachlassen, v. a. bei Krankheitssymptomen.

Remoralisierungsphase [engl. *remoralization phase*], **[KLI]**, *Phasenmodell psychotherapeutischer Veränderungen*

Remoxiprid (= R.) [engl. *remoxipride*], **[PHA]**, *Psychopharmakon* aus der Klasse der atypischen *Antipsychotika* vom Typ der Benzamide, das selektiv D_2/D_3-Rezeptoren blockiert. Antipsychotische Wirksamkeit mit geringen extrapyramidalen *Nebenwirkungen* (*extrapyramidalmotorische Störungen*). R. wurde schon kurz nach dem Markteintritt wieder vom Markt zurückgezogen, nachdem es zu mehreren Fällen von aplastischer Anämie gekommen war. Julien 1997.

REM-Schlaf-Suppressionshypothese [engl. *REM-sleep suppression hypothesis*; lat. *suppressio* Unterdrückung], **[BIO, KLI]**, stützt sich auf die Beobachtung, dass REM-*Schlaf* bei Depressiven (*Depression*) vermehrt ist und dass die meisten trizyklischen *Antidepressiva* eine REM-Suppression bewirken. Selektiver REM-Schlafentzug erzielt einen antidepressiven Effekt, wenn REM-Schlaf während mehrerer aufeinanderfolg. Nächte entzogen wurde. Auch die systematische Vorverlagerung der Schlafphase von Tag zu Tag und die damit einhergehende Minimalisierung von REM-Schlaf in der zweiten Nachthälfte, das sog. Vorverlagerungsprotokoll, zeigt einen rapiden antidepressiven Effekt. *Schlafregulation, reziprokes Interaktionsmodell*.

REM-Schlaf-Verhaltensstörung [engl. *REM sleep behavior disorder*, RBD], **[BIO, KLI]**, eine *Parasomnie* des REM-*Schlafs* mit Ausagieren des Traumerlebens mit untypischer Erhöhung des Muskeltonus, Umsichschlagen, Treten und lauter Vokalisation, verbunden mit Verletzungsgefahr für den Schläfer und Bettpartner. Betroffen sind v. a. ältere Männer. RBD ist häufig assoziiert mit oder ist ein Vorläufer von *neurodegenerativen Erkrankungen* (Synucleinopathie). *H. Schulz*

Renin [engl. *renin*; lat. *ren* Niere], **[BIO]**, Stoff, der bei Minderdurchblutung (pathologisch erniedrigtem Blutdruck oder reduziertem Blutvolumen) der Niere dort freigesetzt wird. Es wandelt das im Blut zirkulierende Angiotensinogen in Angiotensin I um und ist damit Bestandteil des RAAS (*Renin-Angiotensin-Aldosteron-System*), das an der Regulation der Kreislauffunktionen beteiligt ist. Freisetzung bei Durst. Löffler & Petrides 1997. *P. Weyers/W. Janke*

Renin-Angiotensin-Aldosteron-System, Abk. RAAS, **[BIO]**, System versch. Hormone (*Renin*, *Angiotensin* I und II, *Aldosteron*) zur Regulation des Blutdrucks und des Wasser-Elektrolyt-Haushalts des Körpers. Löffler & Petrides 1997. *P. Weyers/M. Ising*

Rentenneurose (= R.) [engl. *compensation neurosis*], syn. *Begehrensneurose*, **[KLI]**, Konzept einer psych. Störung, die sich kausal aus der andauernden und hartnäckigen Verfolgung von tatsächlich oder vermeintlich bestehenden rechtlihen Ansprüchen, Erwartungshaltungen und dem subj. Unrechtrechtserleben bei Nichtgewährung geltend gemachter Ansprüche ableitet. Im Ggs. zu einer *Simulation* oder *Aggravation* werden im Rahmen einer R. keine psych. oder körperlichen Störungen vorgetäuscht. Diagn. kann die Abgrenzung schwierig sein. Nach höchster Rechtsprechung werden in Dt. Ansprüche, die zwar aus einem ursprünglichen Schadensereignis hervorgehen, die im Grunde jedoch i. S. einer R. zu beurteilen sind, regelmäßig nicht anerkannt, auch wenn eine mittelbare Kausalität zum Schadensereignis zu bejahen ist. Der Begriff wird heute nur noch selten verwendet. Diagn. wird bei Dominanz psych. Beschwerden eine dem Beschwerdenspektrum entspr. Diagnose vergeben (z. B. *Depression*), bei Vorherrschen somatischer Beschwerden wird nach der *ICD-10* eine eigenständige Diagnose vergeben: Entwicklung körperlicher Symptome aus psych. Gründen (F68.0), während das *DSM* keine spezif. Kodierung für die R. vorhält. Hall & Hall 2012. *T. Merten*

reparenting [engl. *re-* wieder, *parents* Eltern], **[KLI]**, bez. die begrenzte nachträgl. elterliche Fürsorge, die der Pat. durch den Therapeuten i. R. einer Psychoth. erfährt. *Schematherapie*.

[Test]**Repertory-Grid-Technik (RGT)**, 1991, 1. Aufl., von R. Riemann. **[DIA, PER]**, klinisches Verfahren, Berufsberatung, Einstellungs- und Selbstkonzeptforschung. RGT umfasst Verfahren zur indiv. Erfassung des subj. Erfahrens und Erlebens. Der Pb generiert assoziativ Begriffe, die anschließend in ihrer Beziehung analysiert werden. Mind. 60 Min. *Gitter-Technik*. *J. M. Müller*

Replikation [engl. *replication; lat. replicare* wiederholen], Wiederholung, **[FSE]**, (1) Unterteilung bei Experimenten in Abschnitte, von denen jeder alle wesentlichen Parameter enthält (die sog. *replica*), um die exp. Bedingungen von anderen, evtl. einflussnehmenden Bedingungen zu unterscheiden. *Paralleltest*. (2) Für wiss. Untersuchungen gilt, dass sich die Befunde als replizierbar erweisen müssen, damit sie als verlässlich gelten können. Wissenschaftliche Untersuchungen müssen so dokumentiert werden, damit diese von unabhägigen Forschern nachgestellt bzw. repliziert werden können.

Repräsentation (= R.) [engl. *representation*; lat. *repraesentare* vergegenwärtigen, vor Augen stellen], **[KOG]**, zentraler Begriff der Kognitiven Ps., der nicht nur die Organisationsformen indiv. Wissens umfasst, sondern auch die Prozesse der Veränderung dieses Wissens (autonome Veränderungen), der Ableitung neuen Wissens mittels bewusster oder unbewusster Schlussfolgerungsprozesse und der Generierung von Handlungsplänen (*Denken*, *Handlungsplanung*, *Schließen, analoges*, *Schließen, logisches*). Die o. g. Problemkomplexe werden in Anlehnung an den Sprachgebrauch der Informatik bzw. in Analogie zur maschinellen Informationsverarbeitung modelliert (*Computermetapher*); so wurden hinsichtlich der Organisationsformen unterschiedliche Formate postuliert (deklarativ vs. prozedural; semantisch vs. imaginal; propositional vs. episodisch etc.; *Gedächtnis*). In *Assoziationstheorie* (Anderson 2013; *HAM-Modell*) werden analog zur elektronischen Speicherung in Netzwerken Relationen und Prozesse postuliert (üblicherweise in Form von *Produktionsregeln*), in denen sich durch ausbreitende Aktivierung (*spreading activation*) Gedächtnis-, Schlussfolgerungs- und Plangenerierungsphänomene beschreiben lassen. Die Notwendigkeit, eine von der unmittelbaren Wahrnehmung abstrahierte mentale Repräsentation anzunehmen, geht auf Kants *Schematheorie* zurück («Schema als kogn. Mechanismus, der ein Bild dem Begriff zuordnet») bzw. auf Hoeffdings Problem der Zuordnung von Reiz und Wahrnehmung (*Schematheorie*). *symbolische Prozesse*, *Vorstellung*, *internes (inneres) Modell*, *Cognitive Load Theory (CLT)*, *Cognitive Theory of Multimedia Learning (CTML)*.

Repräsentation, enaktive [engl. *enactive representation*; gr. *ἐν (en)* innerhalb, während, *activus* tätig, wirksam], *Repräsentation, ikonische*.

Repräsentation, ikonische (= i. R.) [engl. *iconic representation*; gr. *εἰκών (eikon)* Bild], [**EW, KOG**], die Fähigkeit, sich ein nicht vorhandenes Objekt/Ereignis durch Bilder/anschauliche Vorstellungen intern zu vergegenwärtigen und sie für den späteren Gebrauch verfügbar zu machen (*imagery*, *Repräsentation*). Bruner und Kollegen (Bruner et al. 1956, Bruner et al. 1966) unterscheiden von der i. R. die ontogenetisch frühere enaktive und die spätere symbolische R. *Symbol*, *Symbolfunktion*. Sie lösen einander nicht wie in einer Stufenfolge ab, sondern sind auf verschiedenen Entwicklungsstufen unterschiedlich dominant. Während schon in den ersten Lebensmonaten beginnende Imitationen bei Anwesenheit eines Modells (*Nachahmung*, Imitation) als Vorläufer eigentlicher R. gelten können, wird erst die Nachahmung unabhängig von der Anwesenheit des Modells als Anzeichen eigentlicher R. angesehen. Bei der *enaktiven R.* erhält die Welt durch ausgeführte (anfangs irreversible, durch sensomotorische Rückkoppelung gesteuerte) Handlungsmuster *Bedeutung*. Der Übergang zur i. R. erfolgt ungefähr am Ende des ersten Lebensjahres. In der Weltorientierung dominieren dann mehr bildhaft erlebte, durch qual. Strukturen des Wahrnehmungsfeldes vermittelte räumliche Schemata. Bei der wegen fehlender Abstraktionsmechanismen noch instabilen Wahrnehmungsorganisation bleibt das kleine Kind auf anschauliche «Oberflächenmerkmale» angewiesen. Mit der Erschließung begrifflicher Merkmale (*Begriffsentwicklung*) wird das Kind auf der Stufe der symbolischen Repräsentation von der Reizgrundlage zunehmend unabhängig. Die Ordnungsform der hierarchischen Gliederung (*Hierarchie*) erlaubt jetzt die Gruppierung von Ereignissen nach den Prinzipien der Einschließung, Ausschließung und Überschneidung. Die Bruner'sche Sequenz «enaktiv – ikonisch – symbolisch» schließt an Piaget (1945) an. Berlyne (1965) unterscheidet die drei R. formen nach ihrer informatorischen Korrespondenz: die i. R. besitzt ihm zufolge einen hohen Grad informatorischer Korrespondenz mit dem Reizmuster (Bsp.: Landkarte) und die *enaktive* mit dem Reaktionsmuster (Bsp. Geste). Die *symbolische R.* stellt hingegen eine völlig neue Transformation dar, wobei ein sprachliches Symbol der obersten (abstrakten) Ebene entspricht und zusätzlich ein «symbolisches Symbol» sein kann. *Cognitive Theory of Multimedia Learning (CTML)*. H. Grimm

Repräsentation, messtheoretische (= m. R.) [engl. *representation*; lat. *repraesentare* vergegenwärtigen, vor Augen führen]. [**FSE**], eine repräsentationale und fundamentale Messung liegt dann vor, wenn ein empirisches relationales System, d. h. eine Struktur (*Struktur, mathematische*) mit mind. einer beobachtaren Relation zw. best. Objekten, strukturerhaltend (homomorph) auf ein numerisches relationales System, d. h. auf eine Struktur mit Relationen zwischen reellen Zahlen, abgebildet wird. In diesem Fall kann den Objekten (z. B. versch. Berufen) jeweils eine Zahl so zugewiesen werden, sodass diese die empirisch festgestellten Relationen zw. ihnen (z. B. hinsichtlich des eingeschätzten Ansehens) eindeutig ausdrücken. Die einzeln notwendigen und insges. hinreichenden Bedingungen für die Existenz einer derartigen R. werden in einem *Repräsentationstheorem* spezifiziert (Messmodell) und können zum Teil empirisch überprüft werden. So müssen Paarvergleichsurteile (z. B. «x hat höheres Ansehen als y») transitiv sein, um konsistent numerisch repräsentiert zu werden. Je nach Art der empirischen Relation können unterschiedliche Skalenniveaus erreicht werden (*Eindeutigkeit, messtheoretische*). Wenn die Datenerhebung unmittelbar zu Rangordnungen oder sogar Zahlen (z. B. bei Ratingskalen oder psychometrischen Tests) führt, kann nicht geprüft werden, ob eine m. R. empirischer Relationen vorliegt (Indexmessung). *Messtheorie*. Steyer & Eid 2001, Dawes 1977. R. Westermann

Repräsentation, symbolische [engl. *symbolic representation*], *Repräsentation, ikonische*.

repräsentationale Einsicht [engl.] *representational insight*.

repräsentationales Momentum [engl. *representational momentum*; lat. *repraesentare* vergegenwärtigen, vor Augen stellen], [**WA**], Effekt bei der *Lokalisation* sich bewegender Reize. Die zuletzt gesehene Position des Objektes wird durch dessen Bewegung beeinflusst und wird in Richtung der Objektbewegung verschoben wahrgenommen. Diese Verschiebung ist abhängig von der Objektgeschwindigkeit und dem Zeitintervall zw. dem Verschwinden des Objektes und dem Urteil über die Ortsangabe. *Bewegungswahrnehmung*. Freyd & Finke 1984. M. Daum

Repräsentationsschluss [lat. *repraesentare* vergegenwärtigen, vor Augen stellen], [**FSE**], Rückschluss; der Schluss von einem Teil aufs Ganze, wie er aufgrund einer repräsentativen *Stichprobe* auf die zugrunde liegende *Population* gezogen wird. *Inklusionsschluss*, *Transponierungsschluss*, *repräsentativ*.

Repräsentationsstufen [engl. *stages of mental representation*; lat. *repraesentare* vergegenwärtigen, vor Augen stellen], [**EW, KOG**], unter Repräsentation (= R.; *Repräsentation*) versteht man in der Ps. die «Abbildung» oder Kodierung von Ereignissen, d. h. von Weltausschnitten, *Regeln*, Erfahrungen, *Wissen* etc. Solche Kodierungen können intern (z. B. motorische Gewohnheiten, Vorstellungen, gewusste Regeln) oder extern (z. B. schriftliche Aufzeichnungen, Computereinträge) sein. *Piaget* (*Entwicklung, Stufentheorie nach Piaget*) unterschied drei Klassen von internen Repräsentationen, nämlich sensu-motorische, vorstellungsbezogene oder konkrete und formal-logische oder zeichenhafte. Sie werden im Lauf der individuellen Entwicklung in dieser Reihenfolge erworben resp. aufgebaut.

Die frühesten Repräsentationen sind sensu-motorische (*sensu-motorische Entwicklungsstufe*). Entwicklung besteht dann zunächst darin, Sensorik (*Wahrnehmung*) und *Motorik* miteinander in Verbindung zu bringen und zu koordinieren; Bsp.: Finger in den Mund stecken, Ball wegschieben. Sodann geht es darum, zus.hängende Strukturen von mehreren Schemata (*Assimilationsschema*) zu bilden; Bsp.: einen Ball nehmen, werfen und wieder holen. Die sensu-motorische Repräsentation ist mehr als ein primitiver kleinkindlicher Umgang mit der Welt; auch wir Erwachsene «wissen» vieles nur oder in entscheidenden Belangen nur sensu-motorisch, z. B. Radfahren, Notbremsung im Auto, Erkennen einer best. Weinsorte.

Spätestens im Laufe des zweiten Lebensjahres kommen (mentale) Vorstellungen von Dingen und Abläufen dazu. Das ermöglicht *Sprache* und das Sprechen über Abwesendes, die Planung eines Weges oder die Entscheidung, bei Regen und Dunkelheit einen vergessenen Ball im Garten heute nicht mehr holen zu gehen. Auch der Umgang mit und die mentale Neukreation von Vorstellungen wird effizienter, wenn die Schemata dieser Stufe in Strukturen (*Strukturgenese*) einbezogen und so koordiniert werden. Wenn das geschieht, spricht Piaget von konkreten Operationen (*konkret-operatorische Entwicklungsstufe*), die dann schon sehr raffinierte Leistungen ermöglichen, bspw. die sichere Vorhersage, dass der Wasserspiegel in einem Trog zwar ansteigt, wenn man einen Holzklotz hineinwirft, dass die Wassermenge aber die gleiche bleibt, denn man kann sich gut vorstellen, den Holzklotz wieder herauszunehmen, wodurch der Wasserspiegel wieder sinken würde.

Die höchste Stufe wird mit der sog. formal-operatorischen Ebene (*formal-operatorische Entwicklungsstufe*) erreicht. Auf dieser Stufe können wir mit Dingen umgehen, ohne sie weder vor uns zu sehen noch sie uns vorzustellen; wir hantieren nur noch mit abstrakten Zeichen und können ihnen nach Bedarf Realitätsausschnitte zuordnen. Wir können uns bspw. aufgrund des Durchmessers d eines Kreises seinen Umfang allein mithilfe der Formel $U = d \cdot \pi$ sicher bestimmen oder Dinge behaupten und beweisen wie: Bei der Halbierung des Durchmessers reduziert sich der Umfang ebenfalls um die Hälfte.

Piaget hat postuliert, dass diese Repräsentationsstufen im Lauf der Entwicklung in dieser Reihenfolge erworben werden, aber einander nicht ersetzen. Sie bleiben bestehen, und wir nutzen sie alle auch als Erw., im besten Fall wieder in gezielter Koordination. Bsp.: einen rechteckigen Bretterboden best. Ausmaße herstellen, d. h. voraus die genau nötige Zahl von Brettern berechnen, kaufen, zurechtschneiden etc. Dass die höheren R. erst nach den vorherigen und erst nach Jahren erklommen werden, ist durch die empirische Forschung nicht durchgehend bestätigt worden. Es gibt offensichtlich sehr breite Überlappungen (s. *décalage*). Flammer 2009b. *A. Flammer*

repräsentativ (= r.) [engl. *representative*; lat. *repraesentare* vergegenwärtigen, vor Augen stellen], [**DIA, FSE**], als r. werden *Stichproben* bez., die in ihrer Zusammensetzung der *Population* – bis auf zufallsbedingte Schwankungen – entsprechen, der sie entnommen wurden. Zur Herstellung r. Stichproben können Zufallsverfahren (*Zufallsauswahl*) oder gesteuerte Verfahren (z. B. *Quotenstichprobe*) verwendet werden. Aufgrund von Stichprobenergebnissen lassen sich nur dann Schlüsse auf die *Population* ziehen, wenn die Stichproben, aus denen sie gewonnen sind, für die Population r. sind.

Repräsentativbefragung [engl. *representative survey*], *Meinungsbefragung*, *Meinungsforschung*, *Stichprobe*.

Repräsentativgruppenmethode, [**FSE**], stat. Methode zur *Validität*sbestimmung eines *Test*, bei der die Validierungs*stichprobe* mit der später zu testenden Pbn-Gruppe in den wesentlichen Merkmalen identisch ist. *Extremgruppenmethode*.

Repräsentativitätsheuristik [engl. *representativeness heuristic*], [**KOG**], einfache Suchmethode für die Entscheidung, ob ein Ereignis A Element der Population B sei, gemäß der Ähnlichkeit zw. A und B (statt gemäß der Wahrscheinlichkeit). *Entscheiden, Entscheidungstheorie, Entscheidungsheuristiken*. Kahneman & Tversky 1973.

representational guidance [engl. Lenkung durch die Repräsentation], [**KOG, PÄD**], bezeichnet die Beeinflussung von Denk-, Kommunikations- und Verhaltensweisen aufgrund best. aufmerksamkeitslenkender Eigenschaften einer externen *Repräsentation*, z. B. die Suche nach fehlender Information in einer Tabelle aufgrund der Salienz (*salience*) leerer Zellen. Bedeutung hat das Konzept vor allem im Forschungsbereich *computer-supported collaborative learning* erlangt, wo es didaktisch eingesetzt wird, um lernförderliche Verhaltensweisen, wie die Diskussion best. Inhalte, nahezulegen. *D. Bodemer*

representational insight (= r. i.) [engl. repräsentationale Einsicht], [**MD**], r. i. bezeichnet die Erkenntnis, dass eine Beziehung zw. einem Symbol (z. B. Modell/Video eines Raumes) und einem Referenten (z. B. echter Raum) besteht. Die Fähigkeit zur r. i. entwickelt sich zw. dem zweiten und dritten Lebensjahr. In typischen Untersuchungsszenarien wird während der Betrachtung eines Videos oder Modells eines Raum ein Gegenstand versteckt. r. i. zeigt sich durch das erfolgreiche Auffinden des Gegenstandes im referenzierten echten Raum. DeLoache 1995. *F. Papenmeier*

Repression [engl. *repression*; lat. *reprimere* zurückdrängen], [**KLI**], Bez. für *Verdrängung* (gelegentl. auch für Motivrückdrängung). *repression-sensitization*.

repression-sensitization (= r., s.) [engl.] Verdrängung-Sensibilisierung, [lat. *reprimere* zurückdrängen, *sentire* fühlen, empfinden], [**EM, KOG, PER**], r. bezeichnet ein Persönlichkeitsmerkmal, das interinv. Differenzen der *Stressbewältigung*- und *Angstbewältigung* thematisiert. Ursprünglich wurde das Merkmal eindimensional-bipolar konzipiert. Danach lassen sich Personen hinsichtlich der von ihnen präferierten Strategien auf einem Annäherungs-Vermeidungskontinuum (*Annäherungs-Vermeidungs-Konflikt*) lokalisieren. Der Pol r. ist charakterisiert durch kogn. Vermeidung, Nivellierung des Bedrohungscharakters von Situationen und Unterdrücken des Emotionsausdrucks. Der Pol *s.* ist gekennzeichnet durch Vigilanz (*Vigilanz, Bewältigungsstrategie*), akzentuierte Bedrohungsbewertungen und das Mitteilen bzw. Thematisieren negativer Gefühle. In neueren Konzeptionen zur Stress- und Angstbewältigung werden zwei relativ unabhängige Merkmale der Annäherung und Vermeidung postuliert, die entweder eher kogn. Prozesse (*Vermeidung, kognitive*) oder offenes Verhalten (*Monitoring-Blunting*) zum Gegenstand haben. Krohne 2010, Bell & Byrne 1978. C.-W. Kohlmann/M. Hock

Reproduktion [engl. *reproduction*; lat. *re-* wieder, *producere* erzeugen], [**KOG**], Bez. für das Wiederhervorbringen früherer Bewusstseinsinhalte. *Gedächtnis*.

Reproduktionsaufgabe (= R.) [engl. *recall task*; lat. *re-* wieder, *producere* erzeugen], [**KOG**], ist ein direkter Gedächtnistest (*Gedächtnisprüfung*), bei dem das Wiedergeben (Reproduzieren) von Informationen (typischerweise Wörter oder Bilder) aus einer vorherigen Lernepisode geprüft wird. Man unterscheidet im Wesentlichen zw. freier und geförderter Reproduktion (*free recall*; *cued recall*). Bei der freien Reproduktion sind alle Informationen einer Lernepisode in beliebiger Reihenfolge zu reproduzieren. Bei der geförderten Reproduktion wird zuvor eine Abrufhilfe (*cue*) für jedes Item der Lernepisode dargeboten, bspw. die semantische Kategorie, der ein Wort angehört. Richardson-Klavehn & Bjork 1988. E. Erdfelder

reproduktives Denken (= r.D.) [engl. *reproductive thinking*; lat. *re-* wieder, *producere* erzeugen], [**KOG**], *Problemlösen* mithilfe von Wissensaktualisierung. Bei r.D. wird verstärkt auf bereits Bekanntes zurückgegriffen und es werden bevorzugt solche Vorgehensweisen angewandt und auf neue Situationen und Probleme übertragen, die sich bereits als brauchbar erwiesen haben. *Denken*.

rep test [engl. *role construct repertory test*], [**DIA, PER**], Rollen-Konstrukt-Repertoire-Test, von Kelly 1955 eingeführtes Verfahren zur Erhebung von personalen *Konstrukten*, weiterentwickelt zu verschiedenen Formen der *repertory grid technique* (Technik des Repertoire-Gitters). *Gitter-Technik*.

Reputation [engl. *reputation*; lat. *reputatio* Erwägung, Betrachtung], *Image*.

requisite decision models (= r.) [engl. *requisite* Anforderung, *decision* Entscheidung], [**KOG**], Strukturierung und Darstellung eines Entscheidungsproblems, sodass es nach Form und Inhalt von einer Gruppe von Personen akzeptiert und für die Lösungsfindung als ausreichend betrachtet werden kann (*Problemlösen*). r. haben anders als empirisch-deskriptive Modelle heuristische Funktion (*Heuristik*) beim Lösen eines konkreten Problems und beanspruchen keine *Validität* über die konkrete Situation hinaus. Phillips 1984. A. Engemann

Resampling-Verfahren (= R.) [engl. *resampling*; *re-* wieder, *sampling* Stichprobenziehung], [**FSE**], Verfahren zur stat. Hypothesenprüfung; wie beim klassischen *Signifikanztest* wird i.d.R. mit einer Nil-*Nullhypothese* (Annahme: in der *Population* liegt kein Effekt vor) gearbeitet, allerdings wird die theoretische Prüfverteilung durch eine empir. Prüfverteilung ersetzt. Dazu werden aus der empirischen *Stichprobe* (= S.; Ausgangs.) systematisch Unters. gezogen. Aus den einzelnen Ergebnissen der Unters. wird dann die Testverteilung gebildet. Das empir. S.ergebnis der Ausgangss. lässt sich somit im Licht der möglichen anderen S.ergebnisse der Unters. bewerten. Handelt es sich um ein sehr unwahrscheinliches Ergebnis (extreme Lage in der Testverteilung; z.B. 5% im Betrag größer-gleich dem S.ergebnis), so spricht dies gegen die Nullhypothese und für die Existenz eines systematischen Effekts i.S. der Alternativhypothese. Bei kleinen S.umfängen werden R. als sog. *Randomisierungstests* (*Randomisierungstest*; auch: *Permutationstests, exakte Tests*) konstruiert: Die Unters. werden ohne Zurücklegen systematisch so gebildet, dass jede mögliche Ergebniskonstellation genau einmal vorkommt. Randomisierungstests werden als nonparametrische bzw. verteilungsfreie Verfahren bez. (*nicht parametrische Tests*). Sie sind auf kleine bis sehr kleine S. anwendbar sowie auf Datensätze, in denen übliche Verteilungsvoraussetzungen (z.B. *Normalverteilung*) parametrischer Verfahren nicht erfüllt sind. Bei großen S. wird aus der Gruppe der R. das *Bootstrapping* angewendet. Man spricht auch von Monte-Carlo-Studien (*Monte-Carlo-Methode, MCM*). Hierbei wird aus der Ausgangss. mit Zurücklegen per Zufallsprinzip eine vordefinierte Anzahl von Unters. gebildet, um das empir. Ergebnis wiederum im Kontext der Verteilung möglicher anderer Ergebnisse zufallskritisch zu bewerten. *Statistik*. N. Döring

Rescorla-Wagner-Modell [engl. *Rescorla-Wagner model*], nach R. A. Rescorla, A. R. Wagner, [**KOG**], math. Modell zur Vorhersage von Effekten der *klassischen Konditionierung*. *Blockierung*.

Reserpin (= R.) [engl. *reserpin*], [**PHA**], Substanz mit antipsychot. und blutdrucksenkender Wirkung. R. ist ein *Alkaloid* der Pflanze *Rauwolfia serpentina*, die in der indischen Volksheilkunde seit Jhd. verwendet wird. Die antipsychot. Wirkung ist verknüpft mit dem Auftreten von extrapyramidalen Wirkungen. *Rauwolfia-Alkaloide* W. Janke

Residuum [engl. *residuum*], [lat.] Rest, Rückstand, [**KOG**], Gedächtnisspur, *Engramm*, Spurenfeld.
[**FSE**], *Restvarianz*.
[**KLI**], Rest einer Störung. *schizophrenes Residuum*.

Resignation [engl. *resignation*; lat. *resignare* kapitulieren, widerrufen], [**GES, KLI**], passive Hinnahme des scheinbar Unabwendbaren. Ein Bewältigungsstil, der bei der Auseinandersetzung mit *Krankheiten* ungünstig auf deren Verlauf wirkt. *Krankheitsbewältigung*

Resilienter Typ (= R.) [engl. *resilient type*], [**EW, PER**], Persönlichkeitstyp (*Persönlichkeit, Typologien*) in der auf J. H. Block und J. Block (1980) (*Block, Jack*) zurückgehenden Persönlichkeitstypologie im Kindes- und Erwachsenenalter, die auf den Dimensionen *Ego-control* und *Ego-resiliency* beruht. Der R. ist gekennzeichnet durch *soziale Kompetenzen* und *Resilienz* in Belastungssituationen. Der R. wird regelmäßig in Persönlichkeits-Typologien auf Grundlage von stat. Klassifikationsverfahren gefunden (*Clusteranalyse*, *Latente Klassenanalyse*). Meeus et al. 2011.

Resilienz (= R.) [engl. *resilience*; lat. *resiliere* abprallen, sich zus.ziehen], [**GES, KLI, PER**], bez. die Widerstandsfähigkeit eines Individuums, sich trotz ungünstiger Lebensumstände und kritischer Lebensereignisse (*Life-Event, kritisches*) erfolgreich zu entwickeln. R. wird z. T. als Gegenteil zu *Vulnerabilität* verstanden. Allerdings kann man nicht r. sein, wenn keine stressreiche bzw. traumatische Erfahrung vorliegt: R. manifestiert sich als eine Wiederherstellung normaler Befindlichkeit nach einem Schicksalsschlag (*bouncing back from adversity*). Erforscht wurde das Konzept v. a. bei Kindern, die sich trotz widriger Lebensumstände (z. B. Armut, Gewalt) zu physisch und psych. unauffälligen und erfolgreichen Erwachsenen entwickelten, wohingegen weniger r. Kinder bei gleichen Risikofaktoren ein höheres Risiko für psych. und physische Auffälligkeiten hatten (Master 2001). R. baut auf eine Vielzahl von *Schutzfaktoren* (= S.) auf. Zu den *personalen* S. gehören biol. (z. B. weibliches Geschlecht, gute *Gesundheit*), kogn. und affektive Faktoren (z. B. *Selbstwert, Intelligenz, Selbstwirksamkeitserwartung*, realistische Selbsteinschätzung). *Familiäre* S. sind z. B. *Bindungsqualität* zu den Geschwistern und Familienkohäsion mit gleichzeitigem Platz zur Entfaltung. Zu den *sozialen* S. zählen z. B. eine pos. Bindung zu einem Erwachsenen außerhalb der Familie und zu prosozialen Gleichaltrigen sowie die Qualität der besuchten Bildungseinrichtung (Lyssenko et al. 2010). Die Vielzahl der Faktoren von R., das Zus.wirken und die unterschiedliche Bedeutung der S. über die Lebensspanne erschweren die *Operationalisierung* des Konstrukts und damit allg.gültige Aussagen. Die einzelnen S. selbst sollten vergleichend erforscht werden, um aussichtsreiche Interventionsansätze zu entwickeln. *Resilienzskala (RS).*

L. M. Warner

Test Resilienzskala (RS), 2002, K. Leppert, L. Dye & B. Strauß (RS-25); 2005, J. Schumacher, K. Leppert, Th.. Kunzelmann, b. Strauß & E. Brähler (RS-11); K. Leppert, B. Koch, E. Brähler & B. Strauß (RS-13); Originalversion *Resilience Scale*, 1993, G. M. Waldning & H. M. Young, [med-psy.uniklinikum-leipzig.de/], [**DIA, GES, KLI**], AA ab 18. Selbstbeurteilungsverfahren zur Erfassung der Bewältigungsfähigkeit i. S. persönl. Kompetenz und indiv. Widerstandsfähigkeit. *Resilienz* wird als die dynamische Fähigkeit def., pos. *Affekte* situations- und kontextadäquat kontrollieren und modifizieren zu können. Die drei Versionen der RS erfassen jew. die beiden Faktoren *Persönliche Kompetenz* und *Akzeptanz des Selbst und des Lebens* mit insges. 25, 13 bzw. 11 Items. 7-stufiges Ratingformat. *Objektivität* wird durch die standardisierte Durchführung und Auswertung gewährleistet. *Reliabilität*: *Cronbachs Alpha* > .85. *Validität*: Die zweifaktorielle Struktur wurde für die die RS-25 und RS-11 mittels exploratorischer *Faktorenanalyse* belegt. Bei konfirmatorischer Modellierung zeigte sich die beste Stuktur für die RS-13. Gruppenunterschiede (z. B. onkologische vs. nicht onkologische) konnten erwartungskonform nachgewiesen werden. Geringe oder keine *Korrelationen* mit Alter und Geschlecht. *Normierung* liegt vor. Bearbeitungsdauer max. 10 Min., Auswertungsdauer 5 Min.

resistance [engl. Resistenz; lat. *resistere* Widerstand leisten], *elektrodermale Aktivität, Gesundheit, organisationale Veränderungen, Resistenz bei, Steuerpsychologie.*

Resonanz [engl. *resonance*; lat. *resonare* widerhallen], [**EM, KLI, SOZ**], in der Ps. das Mitansprechen von Gefühlen bzw. der Widerhall, den Gefühle oder Gedanken in einem anderen Menschen finden. *Therapiebeziehung.*

Resonanzmethode [engl. *resonance method*; lat. *resonare* widerhallen], [**KLI, PER**], intuitives, auf Einfühlung beruhendes Ausdrucksverstehen. Nach Stern alle Verfahren, die strukturelle Eigenschaften Verstorbener, etwa geschichtlich bedeutender Menschen, nachträglich aufgrund der hinterlassenen Werke (Dichtungen, Zeichnungen) zu ermitteln suchen. Wesentliches Hilfsmittel sind die Einfühlung und die damit verbundene motorische Einstellung beim Reproduzieren von Werken des Verstorbenen (Singen eines Liedes, Lesen eines Gedichtes, Abzeichnen einer Zeichnung usw.). *Ausdruckstheorien.*

Resonanztheorie des Hörens [engl. *resonance theory of hearing*; lat. *resonare* widerhallen], [**BIO, WA**], (Helmholtz), die Annahme, dass beim *Hören* die Fasern der Basilarmembran im *Ohr* wie Resonatoren auf die *Töne* antworten und auf eine Wellenbewegung ansprechen, sobald diese die gleiche Eigenschwingungsperiode besitzen wie sie. Differenztöne erklärt Helmholtz aus Bewegungen des Trommelfells und der Gehörknöchelchen. *Schallbild.*

Resource-Mobilization-Theorie *Politische Partizipation.*

Respirografie [engl.] Atmungsmessung, [lat. *respirare* ausatmen, gr. γράφειν (*graphein*) schreiben]. *psychophysiologische Methodik.*

response (= r.) [engl.] Antwort, Erwiderung, Reaktion; [lat. *respondere* antworten], [**KOG**], grundsätzlich eine zeitlich begrenzte, dabei oft auch relativ komplizierte Verhaltenseinheit innerhalb dessen, was der Organismus auf einen *Stimulus* hin tut. Es können unterschieden werden: *conditional response* (*bedingter Reflex*); *delayed response* (*delayed reaction*), eine längere Zeit nach dem Verschwinden des auslösenden *Reizes* auftretende *Reaktion*; *overt response*, die im Verhalten (z. B. als Aussage) unmittelbar hervortretende r.; *covert response*, die von einem Beobachter nicht unmittelbar festzustellende r.

Response, antidepressive (= a. R.) [engl. *antidepressive response*; *response* Ansprechen], [**PHA**], bez. eine mind. 50 %ige Reduktion der depressiven Symptomatik (*Depression*; gemessen anhand einer Schweregradskala). Als partielle R. wird dabei eine Besserung zw. 25 % und 50 % bez. *Depression, Remission.* Gründer & Benkert 2012.

N. Schwertfeger

response bias [engl. *response* Antwort, *bias* Fehler, Verzerrung], Antworttendenz, -verzerrung. *response set, Beurteilungsfehler, bias.*

response by analogy [engl. Antwort gemäß *Analogie*], *Lerngesetze.*

response cost [engl. *response* Antwort, *cost* Kosten], *Verstärkerentzug.*

Response-Offenheit [engl. *response* Antwort], *Management-Diagnostik.*

Response-Schock-Intervall (R-S-Intervall) [engl. *response-shock intervall*], *Response*.

response set (= r. s.) [engl. *response* Antwort, *set* Satz, Anlage], syn. *response bias*, **[DIA, FSE, SOZ]**, Antworttendenz bzw. Antwortverzerrung. Unter r. s. wird eine Gruppe von Antwortverzerrungen subsummiert, die bei der Beantwortung von Fragebogen die Vp – je nach Untersuchungsanlass – dazu veranlassen können, die Antwort nicht in Übereinstimmung mit der eigentlich zutreffenden Selbsteinschätzung zu geben. Man kann zwei Arten von r. s. unterscheiden. Bei den *formalen r. s.* wird die Antworttendenz durch das Antwortformat der Testaufgabe provoziert. So ist bei Einschätzskalen z. B. die *Tendenz zur Mitte* oder die *Tendenz zu Extremwerten* zu beoachten. Je nach Anordnung der Items können *Positionseffekte* oder Reihenfolgeeffekte das Antwortverhalten bestimmen. *Inhaltsbezogene r. s.* liegen dann vor, wenn der Iteminhalt Antwortverzerrungen hervorruft. Dazu gehören z. B. die Jasagetendenzen als Zustimmungstendenzen oder *Akquieszenz*. Ein sehr systematisch untersuchter r. s. ist die *soziale Erwünschtheit*. Sie ist dadurch gekennzeichnet, dass der Pb die seiner Meinung nach sozial erwünschte Antwort gibt. Geht das verfälschende Verhalten des Pb über die Beantwortung von Testitems hinaus, so spricht man genereller von *Simulation* bzw. *Dissimulation*. Verfälschungstendenzen sind seit deren Nutzung von Persönlichkeitsfragebogen (*Personal Data Sheet*) bekannt. Cronbach (1946) hat r.s. im Hinblick auf ihre validitätsmindernde Wirkung untersucht. Da die r. s. die Messintention der Tests maßgeblich beeinflussen, die *Fehlervarianz* also erhöhen, ist man bemüht, über die Konstruktion von Testverfahren solche r. s. auszuschalten oder durch entspr. Korrekturmaßnahmen nach der Testdurchführung zu korrigieren. So enthalten z. B. die Persönlichkeitsfragebogen MMPI (Hathaway, McKinley; *Minnesota Multiphasic Personality Inventory 2 (MMPI-2)*) oder der 16 PF (Cattell, Eber; *16-Persönlichkeitsfaktoren-Test Revidierte Fassung (16 PF-R)*) sog. Korrekturskalen bzw. *motivation distorsion scales*, die eine solche Korrektur zulassen. Aufgrund dieser Verfälschungsmöglichkeiten hat Cattell für die Messung von Persönlichkeits- bzw. Motivdimensionen *objektive Tests* entwickelt. *Beobachtungsfehler*. Cattell 1957, Bühner 2010, Cronbach 1950. *H. O. Häcker*

Ressentiment [frz.] heimlicher Groll, [lat.] *re-* wieder, *sentire* fühlen, **[EM]**, wörtlich das Wiedererleben (*Erleben*) eines Gefühls (*Gefühl*), insbes. eines schmerzlichen und dabei sich verstärkenden Nachgefühls. Auch Abneigung, Vorurteil (*Vorurteile*), Unterlegenheit, *Neid*. Nietzsche führte den Begriff in den allg. Sprachgebrauch ein.

Ressource [engl. *resource*, frz. *ressource*; lat. *resurgere* wiedererstehen, hervorquellen], **[SOZ, WIR]**, Hilfsquelle, Rückgriff auf Produktionsmittel wie Rohstoffe und Energieträger, aber auch Geld, Finanzen. Rohstoff- und Energiekonsum bzw. -einsparung sind Themen der *Wirtschaftspsychologie*. *Dilemma, soziales*, *Human Resource Management*, *Job-Demands-Resources-Modell*, *Ressourcen am Arbeitsplatz*.

[GES], als gesundheitsbezogene R. werden alle Faktoren bezeichnet, die die *Gesundheit* erhalten und schützen, insbes. bei einer Belastung oder Gefährdung. Es lassen sich psych., soziale, materielle und strukturelle Ressourcen unterscheiden. In der Gesundheitsps. werden insbes. die psych. und kogn. (syn. personalen) Ressourcen untersucht: *Gesundheitserwartungen*/*Gesundheitsüberzeugungen*, wie u. a. *Selbstwirksamkeitserwartung* und *Optimismus*, Persönlichkeitsmerkmale, wie u. a. soziale Orientierung sowie Kompetenzen (*soziale Kompetenzen*), wie u. a. Umgang mit Stressoren und *Emotionsregulation*. Ihre schützende Wirkung erreichen diese Faktoren wahrscheinlich über die biopsychol. Regulation und über den pos. Effekt auf gesundheitsbezogene Verhaltensweisen. *Empowerment*. Joerges 1980, Weber 2002.

Ressourcenaktivierung in der Psychotherapie (= R.) [engl. *activation of resources in psychotherapy*; lat. *resurgere* wiedererstehen, hervorquellen], **[KLI]**, R. beschreibt den auf die eigene Person bezogenen Möglichkeitsspielraum eines Pat., der zur Erreichung seiner Therapieziele genutzt werden kann. Die R. stellt einen von fünf zentralen Wirkfaktoren des Therapieprozesses (*Psychotherapie*) dar und ist somit notwendige Bedingung zur Erreichung eines Therapieerfolgs. Als *Ressource* können neben jeglichen brachliegenden oder vorhandenen *Fähigkeiten* und *Fertigkeiten* eines Pat. auch jeder Aspekt des seelischen Geschehens und darüber hinaus der gesamten Lebenssituation, also z. B. motivat. Bereitschaften (*Motivation*), Wünsche, *Ziele*, *Interesse*, Werte, Überzeugungen (*Gesundheitsüberzeugungen*), Geschmack, *Einstellungen*, Wissen, Bildung, Interaktionsstile, *Gewohnheit*, physische Merkmale wie Aussehen, Kraft, Ausdauer, finanzielle Möglichkeiten sowie seine zw.menschlichen Beziehungen gesehen werden (Grawe & Grawe-Gerber 1999). Die Gesamtheit all dessen stellt, aus der Ressourcenperspektive betrachtet, das pos. Potenzial des Pat. dar, das ihm zur Befriedigung seiner Grund*bedürfnisse* zur Verfügung steht. Im Rahmen der Ressourcendiagnostik und -aktivierung muss somit zu Beginn eines jeden *therapeutischen Prozesses* eine breite Exploration des Lebensraums eines jeden Pat. erfolgen. Die Funktionen der R. i. R. einer *Psychotherapie* sind vielseitig und unterscheiden sich in deren Verlauf, sie umfassen z. B. die Initiierung und Förderung einer pos. *Therapiebeziehung*, eine erhöhte Selbstöffnungsbereitschaft sowie eine erhöhte *Selbstwirksamkeitserwartung* des Pat. Ressourcen können anhand psychometrischer *Tests*, die im Hinblick auf vorhandene Ressourcenpotenziale interpretiert werden, diagnostiziert werden oder im unmittelbaren therap. Prozess vom Therapeuten erkannt, angesprochen und genutzt werden. Flückiger & Kosfelder 2010. *K. Bergmann-Warnecke/W. Lutz*

Ressourcen am Arbeitsplatz [engl. *resources at work*; lat. *resurgere* wiedererstehen, hervorquellen], **[AO, GES]**, sind personale (auch: innere) sowie situative (auch: äußere, organisatorische, tätigkeitsbezogene) Potenziale, die einen direkten Effekt auf Gesundheit und psych. Befinden (*Gesundheit, psychische*, *Wohlbefinden*) haben können, dabei helfen, mit *Stressoren* besser umzugehen, oder die Motivation und Leistung pos. beeinflussen (*Job-Demands-Resources-Modell*). *T. Rigotti*

Ressourcenorientierung [engl. *resource orientation*], *anagogische Methode*, *Anforderungsressourcen-Modell*, *Ressource*, *Ressourcenaktivierung in der Psychotherapie*.

Ressourcen-Theorie [engl. *resources theory*; lat. *resurgere* wiedererstehen, hervorquellen], *Aufteilungsgerechtigkeit*.

Restitution (= R.) [engl. *restitution*; lat. *restitutio* Wiederherstellung], **[BIO, KLI]**, R. bez. die Verbesserung bzw. Optimierung intellektueller Beeinträchtigungen oder Verhaltensstörungen nach *Hirnschädigungen* oder bei psych. Störungen. Therap. Verfahren zur Förderung der R. sind die im Bereich der neuropsychol. *Rehabilitation* eingesetzten Funktionstherapien. Durch Wiederholung und Training einzelner kogn. Funktionen (z. B. Basisfunktionen wie *Aufmerksamkeit* oder *Fertigkeiten*) oder umfassender Funktionskomplexe sollen Prozesse der neuronalen *Plastizität* und letztlich die funktionelle Reaktivierung und Reorganisation angeregt werden. Sturm et al. 2009. *M. Peper*

Restless-Legs-Syndrom (RLS) [engl.] «Syndrom unruhiger Beine», **[PHA]**, häufige neurologische Erkrankung (*Prävalenz* bei älteren Menschen 2–10 %), die zu den schlafbezogenen Bewegungsstörungen zählt. Frauen sind häufiger betroffen als Männer. Das RLS ist durch sensible Störungen vor allem der Beine, seltener auch der Arme, und einen quälenden Bewegungsdrang gekennzeichnet, der zu ausgeprägten *Schlafstörungen* führen kann. Im Schlaf-*EEG* lassen sich bei 80–90 % der Betroffenen charakteristische periodische Beinbewegungen ([engl.] *periodic limb movements, PLM*) nachweisen. Die Erkrankung kommt familiär gehäuft vor, mehrere Risikogene sind bekannt. Es liegt offenbar eine Minderfunktion nigrostriataler *dopaminerger* Systeme vor. Leichtere Formen des RLS müssen nicht behandelt werden. Die medikamentöse Behandlung schwererer Formen wird mit *Nicht-Ergot-Dopaminagonisten*, in zweiter Linie auch mit *L-Dopa,* durchgeführt. Auch *Opiate* und *Antikonvulsiva* können versucht werden. Ein manchmal vorliegender Eisenmangel muss substituiert werden. Ein RLS kann auch medikamentös verschlimmert oder ausgelöst werden, vor allem durch *Antipsychotika*, aber auch durch (*serotonerg*) wirkende *Antidepressiva*. *G. Gründer*

Restorff-Effekt [engl. *Restorff effect*], nach H. v. Restorff (1906–1962), **[KOG]**, in einen Lernstoff eingefügte, andersartige Elemente werden besser gelernt als der umgebende, in sich homogene Lernstoff. *retroaktive (rückwirkende), proaktive (vorwirkende) Hemmung*.

Restricted Environmental Stimulation (REST) [engl. eingeschränkte Anregung durch die Umgebung], **[KLI]**, bei versch. *Verhaltensstörungen* als psychoth. Behandlung eingesetzt. Bereits nach 24 Std. REST, meist gekoppelt mit *Selbstinstruktion*, die vom Therapeuten eingewirkt wird, treten lang anhaltende Reduktionen von Rauchen, Fresssucht, Phobien, manchen kindl. Verhaltensstörungen und psychiatr. Störungen auf. Suedfeld 1980. *N. Birbaumer*

Restriktion [engl. *restriction*; lat. *restringere* zurückbinden], Einschränkung, z. B. eines Urteils. In der Ps. bisweilen Bez. für Abwendung, Flucht vor der Umwelt wie vor der Innenwelt (im Ggs. zur *Aggression*).

restringierter Code [engl. *restricted (language) code*; lat. *restingere* beschränken], *Soziolinguistik*.

Restvarianz (= R.), syn. *Residualvarianz* [engl. *residual variance*], **[FSE]**, als R. wird jener Teil der Gesamtvarianz (*Varianz*) von Daten bezeichnet, der nicht auf systematische, exp. Variation zurückzuführen ist. Die R. stellt bei der Berechnung der *Varianzanalyse* die Referenzgröße dar, mit der die «Varianz zwischen» verglichen wird, wenn keine direkte Schätzung der Fehlervarianz («Varianz innerhalb») möglich ist. *Varianzzerlegung*. Eid et al. 2013. *G. Mikula*

Resultante [engl. *resultant*; lat. *resultare* widerhallen], die Vektorsumme gerichteter physikal. Größen. In allg. Bedeutung: die sich aus dem Zusammenwirken mehrerer Bedingungen ergebende Folgeerscheinung, z. B. der sich aus mehreren psychol. Vorgängen ergebende neue Zusammenhang (*Wundt*; Prinzip der schöpferischen Resultanten).

resultierende Valenz, Theorie der resultierenden Valenz (= TRV) [engl. *theory of resulting valence*; lat. *valere* kräftig/gesund sein], **[EM, PÄD]**, die TRV. wurde von *Kurt Lewin* und Mitarbeitern vorgestellt (Lewin et al. 1944). Sie basiert auf einer der wichtigsten empir. Arbeiten der Motivationsps. (*Motivation*); diese wurde von Hoppe (1930) unter Anleitung von Kurt Lewin durchgeführt. Hoppes Arbeit ist die erste empirische Untersuchung zur Setzung eines indiv. *Anspruchsniveaus* im Leistungskontext. Das Unterschreiten des eigenen Anspruchsniveaus (die Leistung, die eine Person explizit zu erreichen sucht) wird i. d. R. als Misserfolg gewertet; das Erreichen oder Überschreiten des eigenen Anspruchsniveaus als Erfolg (*Erfolg und Misserfolg*). Hoppe untersuchte die Dynamik von Anspruchsniveau-Setzungen und den nachfolgenden Reaktionen; Lewin und Mitarbeiter erarbeiteten auf der Basis dieser Erkenntnisse die TRV. In der TRV. wird angenommen, dass Leistungssituationen durch einen *Annäherungs-Vermeidungs-Konflikt* zw. dem angestrebten Erfolg und dem zu vermeidenden Misserfolg gekennzeichnet sind. Folglich wirken auf eine Person in Leistungssituationen zwei Kräfte ein, den Erfolg aufzusuchen (*Hoffnung auf Erfolg, Annäherungs-Leistungsziel*) und den Misserfolg zu vermeiden (*Furcht vor Misserfolg, Vermeidungs-Leistungsziel*). Erstmals in der Motivationsforschung werden diese beiden Konzepte nun durch *Erwartung-Wert-Theorien* beschreiben: Die Kraft, Erfolg aufzusuchen, setzt sich zus. aus der *Valenz* des Erfolgs (hoch pos. bei schwierigen Aufgaben, schwach pos. bei leichten Aufgaben) sowie der subj. Wahrscheinlichkeit von Erfolg. Analog setzt sich die Kraft, Misserfolg zu vermeiden, aus der Valenz des Misserfolgs (hoch neg. bei leichten Aufgaben, schwach neg. bei schwierigen Aufgaben) sowie der subj. Wahrscheinlichkeit von Misserfolg zus. Anhand der TRV. kann besonders gut erklärt werden, warum misserfolgsängstliche Personen sich in Leistungssituationen anders verhalten als erfolgszuversichtliche Personen; beide gewichten die positiven und negativen Valenzen auf jew. andere Weise: So haben für misserfolgsängstliche Personen Misserfolge deutlich höhere negative Valenzen als für erfolgszuversichtliche

Personen. Die TRV. bildet die konzeptuelle Grundlage für spätere Theorien der *Leistungsmotivation* (so bspw. die Theorie von John Atkinson und David McClelland). Rudolph 2013. *U. Rudolph*

RET, [**KLI**], Abk. für *rational-emotive therapy*. *Rational-emotive Therapie*.

Retardation, Retardierung [engl. *retardation*; lat. *retardare* verzögern, aufhalten], [**EW**], Zurückhaltung, Verlangsamung. Bez. für Entwicklungsverzögerung (z. B. Verlangsamung der Intelligenzentwicklung (*Entwicklung, kognitive*; *Intelligenzminderung*) relativ zur Altersnorm). Ggs. *Akzeleration*.

retentive Hemmung (= r. H.) [engl. *retentive inhibition*; lat. *retentio* Zurückhalten], [**EM**], nach Schultz-Henke (1947) wie die *kaptative Hemmung* eine Hemmung des Besitzstrebens. Der Begriff «retentiv» beinhaltet das Gleiche wie der Begriff «anal» bei Freud (*analer Charakter*), ist jedoch unabhängig von der Freud'schen Theorie zu verstehen. Die r. H. äußert sich in einer Einschränkung der Strebungen des Behaltenwollens.

Retest-Methode [engl. *test-retest procedure*], [**FSE**], zur Bestimmung der Zuverlässigkeit eines Tests (*Test*) wird er nach einem best. Zeitraum wiederholt und die *Korrelation* bzw. *Intraklassenkorrelation* mit den Ergebnissen der ersten Untersuchung ermittelt. *Reliabilität*. Bühner 2010.

retikuläres System, Retikulärformation *Formatio reticularis*.

Retina [engl. *retina*; lat. *rete* Netz], die Netzhaut, *Auge*.

retinal fixierte Bilder (= r. B.), [**WA**], stabilisierte Netzhautbild [engl. *stabilized images on the retina*]. Normalerweise führen die Miniaturbewegungen (*Augenbewegung*) zu einem dauerhaft bewegten *Netzhautbild* (*Retina*). Von Pritchard entwickelte die Technik der r. B., bei der mittels einer Kopplung von Projektoren und Kontaktlinsen sichergestellt wird, dass trotz Sakkaden und sonstiger Blickbewegungen ein Bild stets auf den gleichen Bereich der Retina projiziert wird. Nach spätestens 60 bis 90 s werden Teile des Bildes nicht mehr wahrgenommen, am Ende das gesamte Bild. Dies geschieht jedoch nicht zufällig, sondern in sinnvollen Teilen und in Abhängigkeit von der *Aufmerksamkeit*. D. A. Norman hat gezeigt, dass ein vergleichbarer Vorgang auch bei nicht r. B. auftritt, wenn die Konturen unscharf sind. Diese Ergebnisse werden als Beleg für *chunking* im Prozess der visuellen Wahrnehmung interpretiert. Ditchburn 1973, Goldstein 2007. *A. Zimmer*

Retinex-Theorie [engl. *retinex theory (of colour vision)*], [**WA**], von Land aufgestellte Theorie der *Farbwahrnehmung* unter natürlichen Bedingungen, d. h. bei wechselnden Beleuchtungen. Die dabei auftretenden Phänomene von Helligkeits- und Farbkonstanz (*Konstanz*) sind für Land keine erklärungsbedürftigen Sonderfälle der Farbwahrnehmung, sondern der Regelfall für das gekoppelte *Retina-cortex*-System (daher Retinex; *Retina*, *Gehirn*), in dem die relative Reflektanz von Objekten unabhängig von der Strahlungsenergie bewertet wird. Die Pigmente der Retina werden als sensitiv für lange, mittlere und kurze Wellen angenommen, die dementsprechend auch die Achsen der Retinex (Farbraum) darstellen. Aus diesem Code von der retinalen Reizverteilung wird im Kortex die wahrgenommene Helligkeit bzw. Farbe konstruiert. Technisch kann dieser Konstruktionsprozess durch die Berechnung des Verhältnisses der Integrale des Produkts von *Zapfen*-Absorption, Reflektanz und Beleuchtung für angrenzende Flächen simuliert werden. Land 1977. *A. Zimmer*

Retinitis pigmentosa unter Psychopharmakotherapie (= R. p.) [engl. *Retinitis pigmentosa during psychopharmacotherapy*], auch: *Retinopathia pigmentosa*, [**PHA**], genet. bedingte Netzhautdegeneration mit Zerstörung der Photorezeptoren. Sehr langsam verlaufende Erkrankung, die mit oft mit Nachtblindheit beginnt und bei der die Sehbehinderung langsam voranschreitet. Sehr selten wird eine R. p. auch mit einer Arzneimittelgabe assoziiert beobachtet, darunter die nicht mehr gebräuchl. *Antipsychotika Chlorpromazin* und *Thioridazin*. *G. Gründer*

Retinotopie [engl. *retinotoy*; gr. τόπος *(topos)* Ort], [**BIO, WA**], topografische Organisation der Zellen, entspr. der räumlichen Anordnung von lichtempfindlichen Zellen auf der *Retina* (*Auge*, besteht z. B. in *Corpus geniculatum laterale*, CGL). Benachbarten Rezeptoren oder Zellverbünden auf der Retina entsprechen benachbarte Zellen im CGL. *U. Ansorge*

retro... [lat.], in Wortverbindungen rückwärts, nach hinten.

retroaktive (rückwirkende), proaktive (vorwirkende) Hemmung (= r. H., p. H.) [engl. *retroactive/proactive inhibition*; lat. *retro* rückwärts], [**KOG**], wird eine Serie sinnloser Silben gelernt und anschließend eine zweite Serie irgendwelchen Materials, so kann die zweite Serie auf die Erinnerung der vorher gelernten einen ungünstigen Einfluss ausüben (r. H.). Entsprechend kann sich vorher gelerntes Material ungünstig auf die Wiedererinnerung des später Gelernten auswirken (p. H.). Das Phänomen der r. H. wurde zuerst von G. E. Müller und Pilzecker 1900 untersucht und als Folge der Stärke der Prozesse im *Gedächtnis* interpretiert. Eine andere Deutung der r. H. lieferte v. Restorff (1933), wonach diese durch Bereichsbildung im *Spurenfeld* zustande kommt. Solche Bereiche organisieren sich nach Ähnlichkeit der Spuren. Enthalten zwei gelernte Serien viele ähnliche Elemente, schließen sich die Spuren solcher ähnlicher Elemente aus beiden Serien zus., wodurch die Erinnerungshemmung verursacht werden soll. Das Phänomen der r. H. und p. H. kann auch i. S. eines neg. Übertragungseffektes (*Transfer*) angesehen werden (Düker 1967). *Hemmung*, *Interferenz*.

retroaktive Suggestion [engl. *retroactive suggestion*], [**KLI**], *Suggestion*, die veranlasst, Erinnerungsbilder und frühere Bewusstseinsinhalte zu aktivieren.

retrograd [engl. *retrograde*; lat. *retro-* zurück, *gradi* schreiten, gehen], rückläufig, zurückgehend. Ggs. *anterograd*.

retrograde Amnesie [engl. *retrograde amnesia*; lat. *retro-* zurück, *gradi* schreiten, gehen], [**BIO, KOG**], zurückgreifender Erinnerungsausfall, nach Unfällen auftretender, immer weiter in die Vergangenheit fortschreitender Erinnerungsverlust, der sich wieder (in umgekehrter Folge) beheben kann. Auch ein Erinnerungsausfall, der sich auf eine Zeit erstreckt, in der die Auffassung und Merkfähigkeit noch normal waren, und der sich nicht weiter ausbreitet. *Amnesie*.

Rett-Syndrom [engl. *Rett syndome*], nach A. Rett (1924–1997), [**KLI**], *Entwicklungsstörungen, tiefgreifende*

Return on investment (ROI) [engl. *return* Rückkehr, *investment* Investition], syn. Kapitalrendite, [**AO, WIR**], ROI ist eine in den Wirtschaftswiss. verwendete Kennzahl zur Bestimmung des Verhältnisses von investiertem Kapital und betrieblichem Gewinn. ROI wird analog auch in Programmen zur *Gesundheitsförderung in Organisationen* benutzt. Maßnahmen der *Verhältnisprävention* und *Verhaltensprävention* werden von Unternehmen durchgeführt, um die hohen leistungs- und produktivitätsmindernden Kosten, die vor allem durch *Stress am Arbeitsplatz* entstehen, zu reduzieren sowie die personalen und situativen gesundheitlichen *Ressourcen* am Arbeitsplatz zu fördern. Meta-Analysen und Gesamtevaluationen von betrieblichen Gesundheitsprogrammen belegen eine ökonomischen Nutzen. Danach beträgt ROI als Kosten-Nutzen-Relation (*Kosten-Nutzen-Kalkulation*) zw. 1:2 bis 1:6 bei Einsparungen von Krankheitskosten und bis zu 1:10 bei Einsparungen durch geringere Fehlzeiten (*Absentismus*). Bödeker et al. 2009.
I. Udris

Reuptake [engl.] Wiederaufnahme, [**BIO**], Wiederaufnahme eines in den synaptischen Spalt ausgeschütteten *Neurotransmitters* in den präsynaptischen Teil der *Synapse*. Chemische Stoffe können diese fördern oder hemmen. *Serotonin-Wiederaufnahmehemmer, selektive (SSRI)*.
W. Janke

^Test^**Reutlinger Test für Schulanfänger (RTS)**, 1993, H. Kratzmeier, [www.testzentrale.de], [**DIA, PÄD**]. Schulreifetest. AA Schulanfänger. Der RTS dient dazu, schon vor Schuleintritt Aufschluss über die *Schulreife* zu geben. Mit der Formunterscheidung, Verhältniserfassung, Lückenerkennung, Randverzierung, Inhaltserfassung, Zahlgliederung, Wortgliederung, Zuordnung, Formwiedergabe und Blumenzeichnung werden *realistisch-sachliche Einstellungen, Aufmerksamkeit* und *Differenzierungsfähigkeit* auf verschiedenste Weise geprüft. Da der RTS gut bei leistungsschwächeren Kindern differenziert, ermöglicht er dem Lehrer, solche Kinder im Falle der Einschulung frühzeitig in besonderer Weise zu fördern. Bearbeitungsdauer: 30 bis 35 Min.

reverberatorische Neuronenkreise [engl. *reverbatory (neural) circuits*], Verbände von Neuronen [engl. *cell assemblies*], in denen durch starke erregende synaptische Verbindungen (*Synapse*) Erregungsmuster zirkulären können. *Engramm*.

Reversibilität (= R.) [engl. *reversibility*; lat. *revertere* umkehren, zurückkehren], [**EW**], Umkehrbarkeit. Eine math. Operation kann z. B. durch ihre Umkehrung rückgängig gemacht werden (A + A+ = B; B – A+ = A). In der Theorie der *kognitiven Entwicklung* von Piaget (*Entwicklung, Stufentheorie nach Piaget*) ist R. ein wichtiges Charakteristikum des Denkens des Kindes ab dem konkret-operationalen Stadium.

Reversion (= R.) [engl. *reversion*; lat. *revertere* umkehren, zurückkehren], [**WA**], Umschlagen, bezogen auf R.figuren, die bei Betrachtung «bedeutungsgemäß» umschlagen bzw. «kippen». Bsp.: *Necker'scher Würfel, Schroeder'sche Treppe, Rubin'scher Becher, Wundt'scher Serviettenring*. Auch Vexier- bzw. Kippfiguren genannt. Die R. spielt in der Ps. beim *Figur-Grund-Verhältnis* und damit auch in der *Gestaltpsychologie* eine besondere Rolle. *geometrisch-optische Täuschung*, *Schaefer-Murphy-Effekt*.

[**KLI**], in der *Psychoanalyse* ist R. (nicht syn. mit *Verkehrung ins Gegenteil*) ein *Abwehrmechanismus des Ich*. Die Rückwendung eines aus dem Es stammenden und ursprünglich gegen ein äußeres Objekt gerichteten Triebimpulses gegen die eigene Person. Die R. ist die Folge eines den Triebimpuls betreffenden Verbotes des Über-Ich und hat als Ziel die Bestrafung des Ich. Dabei kann die R. auch als Abwehr des Triebimpulses mittels *Verschiebung*, d. h. durch *Substitution* des äußeren Objektes durch das Ich interpretiert werden. Die R. des Sexualtriebs ist gleichbedeutend mit dem sekundären *Narzissmus*, während die R. des Aggressionstriebes zum *Masochismus* führt.

^Test^**Revidierter Allgemeiner Büroarbeitstest (ABAT-R)**, 1994, von G. A. Lienert und H. Schuler. Revidierte Form des Allgemeinen Büroarbeitstests von G. A. Lienert, 1. Version, 1967, [www.testzentrale.de], [**DIA, AO**], Auslesetest. AA ab 14 Jahren und Erwachsene bis ca. 25 Jahre. In Anlehnung an den *Psychological Corporation General Clerical Test* wurde der ABAT-R für das deutsche Sprachgebiet entwickelt und standardisiert. Der Test umfasst zwei Parallelformen A und B mit jeweils sechs Untertests: *Kundenbriefe sortieren, Adressen prüfen, Summen prüfen, Rechtschreibung korrigieren, Textaufgaben lösen, Zeichen setzen*. *Reliabilität*: Cronbachs Alpha zw. $r = .79$ und $r = .82$. Korrelationen mit ähnl. Tests zwischen $r = .35$ und $r = .68$. *Normierung* an $N = 1654$ Pbn. Durchführungsdauer: ca. 45 Minuten.

Revierverhalten, syn. *Territorialverhalten*.

reward [engl.] *Belohnung*.

Rezeption [engl. *reception*; lat. *recipere* aufnehmen], [**KOG, WA**], Empfangen, Aufnehmen, Übernahme, im engeren Sinn Reizaufnahme, *Wahrnehmung*.

rezeptive Felder (= r. F.) [engl. *receptive fields*; lat. *recipere* aufnehmen], [**BIO, WA**], der sensorische Bereich aller jener Punkte (z. B. der Retina (*Auge*) oder der Körperperipherie), von denen aus ein nachgeschaltetes sensorisches *Neuron* durch spezif. *Reize* beeinflusst werden kann, wird als r. F. dieses Neurons bezeichnet. R. F., z. B. der Retina, der Haut oder der Basilarmembran, sind dadurch charakterisiert, dass ihre *Rezeptoren* zumeist über Zwischenneurone alle gemeinsam auf ein ganz best. zugehöriges Neuron verschaltet sind (r. F. eines Neurons), wie dies zuerst von Kuffler im Jahre 1950 (vgl. Kuffler 1953) beim Auge entdeckt und später von Hubel & Wiesel (1962) ausgearbeitet wurde. Hierbei zeigte sich, dass r. F. eine Unterstruktur aufweisen, die darin besteht, dass Teile dieser Felder, zumeist ringförmige Peripherie außen und zentraler Bereich innen, unterschiedliche (i. d. R. entgegengesetzte) Reaktionen am zugehörigen Neuron auslösen, d. h., erregen bzw. hemmen. Z. B. erfolgt auf eine Reizung im Zentrum eines Feldes eine gesteigerte Impulsrate (*On-Ant-*

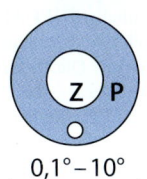

On-Zentrum-Neuron

0,1° – 10°

Off-Zentrum-Neuron

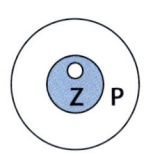

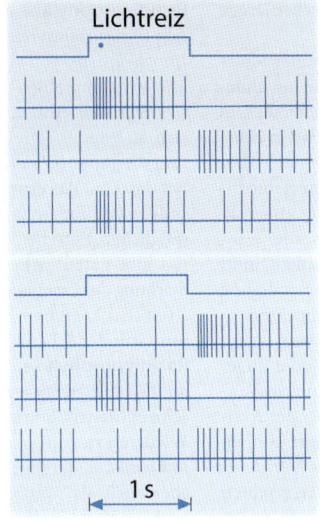

Rezeptive Felder der Ganglienzellen der Säugetiernetzhaut: Funktionelle Organisation

wort), die nach dem Reiz zur Ruhefrequenz zurückkehrt, dagegen erfolgt auf eine Reizung im Randfeld (Peripherie) eine Reduktion (*Hemmung*) der Impulsrate (*Off*-Antwort). Ein solches r. F. wird als *An-Zentrum*-Feld (On-Zentrum-Feld) bezeichnet und das zugehörige Neuron als *On*-Zentrum-Neuron. Ebenso häufig kommen umgekehrt organisierte *Aus-Zentrum*-Felder (*Off*-Zentrum-Felder) vor, mit einem zugehörigen *Off*-Zentrum-Neuron (s. Abb.).

Die Größe der r. F. reicht von sehr kleinen r. F., z. B. bei den Neuronen des visuellen Kortex (*Gehirn*) mit nur 0,02 mm Netzhautoberfläche, bis zu Neuronen mit sehr großen r. F., etwa der Körperoberfläche eines ganzen Armes. Die Größe eines r. F. kann aber auch durch zentral gesteuerte Hemmungsmechanismen verkleinert werden, oder die relative Größe von Zentrum und Peripherie kann, zentral gesteuert, verschieden eingestellt werden. Z. B. werden bei der Dunkeladaptation des Auges die *On*-Zentren der r. F. der Retina-Ganglienzellen relativ zur *Off*-Peripherie vergrößert. Die Ausbildung und Eigenschaften kortikaler rezeptiver Felder lassen sich zumindest während der frühen Entwicklung durch visuelle Erfahrung beeinflussen. Felder verschiedener nachgeschalteter Neurone überlappen sich, d. h., einzelne Rezeptorzellen (z. B. der Retina) können gleichzeitig zum jew. r. F. versch. Neurone gehören. Funktionell lassen sich die r. F. auch als Filter oder Detektoren beschreiben, die je nach ihrer Organisation selektiv Einzelantworten auf best. Reize ausfiltern. So gibt es in dem visuellen Kortex Neurone mit unterschiedlich gestalteten r. F.: längliche, balkenförmige mit jew. versch. Raumorientierung, andere, die zusätzlich nur auf Bewegung reagieren, wieder andere haben versetzte binokulare Felder, sodass sie max. bei best. Querdisparation reagieren (*Tiefenwahrnehmung*). Die nach dem Prinzip der *lateralen Hemmung* verschalteten Felder führen in ihrer Wirkung z. B. zu einer Hervorhebung der *Kontrast*wirkung von Grenzen zw. dunklen und hellen Feldern sowie zur Verschärfung des räumlichen Unterscheidungsvermögens oder der Erkennung räumlich ausgerichteter linearer Muster (*Mustererkennung*). Becker-Carus 1981, Hubel & Wiesel 1962, Goldstein 2007.

C. Becker-Carus

Rezeptor (= R.) [engl. *receptor*; lat. *recipere* aufnehmen], [**BIO, WA**], Empfänger, Empfangsorgan, vielfach gleichbedeutend mit *Sinnesorgan*; während *Sinne* auch als Aufnahmeorgane entspr. den subj. erlebbaren *Sinnesqualitäten* verstanden wurden, bez. R. (1) in der *Sinnesphysiologie* reizaufnehmende und verarbeitende (codierende) Strukturen, deren Aktivität u. U. nicht unbedingt perzeptive Erlebnisse (*Perzeption*) hervorrufen muss, wie z. B. die versch. Chemor. im Hypothalamus (*Gehirn*) oder Pressor. zur Steuerung des *Blutdrucks*. R. sind demnach durch ihre biol. kybernetische Funktion als Informationswandler gekennzeichnet. Die einzelne R.zelle, auf ein enges Reizspektrum spezialisiert, erzeugt bei Reizung ein elektrisches «Generatorpotenzial» (= R.potenzial), das mit ansteigender Reizung zunimmt und beim Überschreiten einer jew. best. *Depolarisation*sgrenze (beim auf Druck reagierenden Pacini'schen Körperchen (*Vater-Pacini-Lamellenkörperchen*) 10 mV) wird im fortleitenden sensiblen *Nerv* ein *Aktionspotenzial* erzeugt bzw. bei stetiger Reizung rezeptive Aktionspotenziale. Bei konstanter Dauererreizung kommt es zur Abnahme der Aktionspotenzial-Frequenz (*Anpassungsniveau*). Bei unterschiedlicher Einteilung werden unterschieden: *Teler.* (für entfernte Vorgänge), *Exterozeptoren* (für unmittelbare äußere Umgebung), *Interozeptoren* (für inneres Milieu), *Viszerozeptoren* (spez. für den inneren Organbereich), *Propriozeptoren* (für jew. Körperlage im Raum, Muskel- und Sehnenspannungen), *Chemor.* (für Änderungen des chemischen Milieus), *Nocir.* (Schmerzr.), *Osmozeptoren* (osmotischer Druck in Körperflüssigkeiten).

(2) In der Molekularbiologie werden heute darunter Molekülkomplexe in Zellmembranen verstanden, die mit anderen Molekülen (z. B. *Hormone*) spezif. reagieren. Auch in dieser Weise wird der Begriff R. heute zunehmend in Lehrbücher der physiol. Ps. und der Ps. übernommen. Aber auch in der Sinnesphysiologie gibt es heute unterschiedliche Bedeutungen. So verstehen Anatomen unter einem R. eine morphologisch charakterisierbare Sinneszelle, während Sinnesphysiologen als R. einen Membranabschnitt einer Sinneszelle oder einer rezeptiven Nervenendigung ansehen, der darauf spezialisiert ist, Reize aufzunehmen. Neuroanatomisch bez. ein R. die spezif. *Struktur* in der Zellmembran, an der sich ein körpereigener oder zugeführter Stoff bindet, was mit einer best. Änderung verbunden ist, etwa der Öffnung eines *Ionenkanals* oder der Aktivierung eines *second messenger*. Chemische Stoffe können diese Bindung fördern oder hemmen. Für das Verständnis der Wirkung chemischer Stoffe haben *Autorezeptoren* eine große Bedeutung. R. können wie Eigenschaften zeitlich konstant oder labil sein und mit psych. und somatischen Zuständen variieren. Bedeutungsvoll sind krankheitsbezogene und pharmakonbezogene Variationen. Sie können vermehrt oder vermindert sein, was sich durch chemische und physiol. Methoden nachweisen lässt. Bei chronischer Medikation können die Anzahl und/oder die Sensitivität der Rezeptoren zunehmen (sog. «Heraufregulierung», engl. *up-regulation*) oder abnehmen (sog. «Herunterregulierung», engl. *down-regulation*). Bradford 1995, Fritze 1989, Meyer & Quenzer 2005, Schmidt et al. 2000.
W. Janke/C. Becker-Carus

Rezeptorenblocker (= R.) [engl. *receptor blockers*], **[BIO, PHA]**, Stoffe, die die Wirkung von *Überträgersubstanzen* an den prä- oder postsynaptischen Rezeptoren hemmen. Eine bes. Bedeutung haben *adrenerge* R., die in Alpha- und Beta1- sowie Beta2-Blocker differenziert werden können. In der Therapie wichtig sind die Beta-Rezeptorenblocker (*Beta-Blocker*), die u. a. bei kardiovaskulären Störungen sowie *Angst* eingesetzt werden. Meyer & Quenzer 2005.
W. Janke

Rezeptorpotenzial [engl. *receptor potential*], *Generatorpotenzial*.

Rezessivität, rezessiv (= R.) [engl. *recessivity, recessive*; lat. *recedere* zurücktreten], **[BIO, PER]**, zurückschlagend, gedeckt, überdeckt. R. nennt die Vererbungslehre eine Eigenschaft, die wohl erbgutmäßig noch vorhanden ist, aber nicht beim indiv. Träger in Erscheinung tritt. Nur bei der Vereinigung von zwei gleichen r. Anlagen gelangt diese zur Auswirkung oder dann, wenn die r. Anlage im männlichen Geschlechtschromosom liegt und (deswegen) keinen dominanten Partner hat. *Chromosom*, *Allele*.

Rezidiv [engl. *recurrence, relapse*; lat. *recidere* zurückfallen], **[KLI]**, Rückfall. Ein Krankheitssymptom, das verschwunden bzw. erfolgreich behandelt war, tritt wieder auf.

Rezidivangst [engl. *fear of recurrence/relapse*; lat. *recidere* zurückfallen], **[KLI]**, *Tumorerkrankung, psychosoziale Belastung*.

Rezidivprophylaxe, antidepressive (= a. R.) [engl. *prevention of recurrence/relapse, antidepressive*; gr. προφυλάσσειν (*prophylassein*) von vornherein ausschließen], **[PHA]**, eine a. R. wird empfohlen bei Pat., die bereits wiederholt *depressive Episoden* erlitten haben (*Depression*). Die R. schließt sich an eine erfolgreich durchgeführte Akut- und Erhaltungstherapie (*Erhaltungstherapie, antidepressive*) an und hat das Ziel, das erneute Auftreten einer depressiven Episode zu verhindern und langfristige Symptomfreiheit zu ermöglichen. Entscheidend für eine erfolgreiche R. sind dabei u. a. eine gute *Psychoedukation* und die damit verbundene Stärkung der *Compliance* des Pat. In Dt. sind zur antidepressiven R. u. a. *Lithium* und mehrere *Antidepressiva* zugelassen. Gründer & Benkert 2012.
N. Schwertfeger

Rezidivprophylaxe, antipsychotische (= a. R.) [engl. *antipsychotic relapse prevention*], **[PHA]**, die a. R. hat bei schizophrenen Störungen (*Schizophrenie*) das Ziel, die Wiedererkrankung zu verhindern. Sie wird mit einem *Antipsychotikum* durchgeführt, i. d. R. als Monotherapie, ggf. aber auch als Kombination zweier Antipsychotika oder auch als Kombination eines Antipsychotikums mit einem *Stimmungsstabilisierer* oder einem *Antidepressivum*. Nach einer ersten psychot. Episode (*Psychose*) sehen die internat. Leitlinien eine medikamentöse antipsychotische Behandlung für die Dauer von mind. 12 Monaten vor, nach einem ersten *Rezidiv* wird eine Behandlungsdauer von 2–5 Jahren empfohlen, bei mehreren Rezidiven auch lebenslang. Eine a. R. kann mit oraler Medikation oder auch mit *Depot-Antipsychotika* durchgeführt werden.
G. Gründer

Rezipienten-Variablen [engl. *recipient variables*], **[SOZ]**, die in der exp. Forschung zum *Altruismus* am Empfänger (einer Hilfe oder Wohltat) isolierten *Variablen*, die Einfluss auf das Hilfeverhalten hat, z. B. Attraktivität, Unselbstständigkeit, «Wir-» bzw. «Außen-»-Gruppen-Zugehörigkeit, Einheiten der sozialen Reziprozität, tatsächliche oder attribuierte Macht. *prosoziales Verhalten*.

reziprok [engl. *reciprocal*; lat. *reciprocare* hin und her bewegen, auf gleicher Bahn zurückbringen], wechselseitig sich bedingend.

reziproke Hemmung [engl. *reciprocal inhibition*], *Hemmung*.

reziproker Altruismus *Altruismus, reziproker*.

Reziprozität (= R.) [engl. *reciprocity*], **[AO, SOZ, WIR]**, R. bedeutet, pos. oder neg. Handlungen einer anderen Person in gleicher Weise zu erwidern. In einem klassischen sozialpsychologischen Experiment (Regan 1971) wurde gezeigt, dass eine kleine Aufmerksamkeit (einen Softdrink zu schenken) die Bereitschaft der Empfänger deutlich steigert, der späteren Bitte der Geber (Lose zu kaufen) nachzukommen. R. kann unterschiedlich motiviert sein (*Motivation*, *Motiv*) – etwa durch Eigeninteresse oder *reziproken Altruismus*. Mit *starker R.* wird daher Verhalten bezeichnet, bei dem eigene *Ressourcen* zur *Belohnung* pos. Verhaltens oder zur *Bestrafung* neg. Verhaltens geopfert werden, obwohl dadurch weder aktuelle noch zukünftige materielle Vorteile entstehen (Fehr et al. 2002). R. wird als *soziale Norm* verstanden (Gouldner 1960), welche die Stabilität in sozialen Systemen erhöht. Die Norm wird auch auf indirektem Wege verstärkt – etwa indem erhaltene Hilfe dazu führt, unbeteiligte Dritte zu unterstützen, oder indem Personen bestraft werden, die sich Dritten gegenüber nicht reziprok verhalten. In der Konsumpsychologie ist R. als Mechanismus versch. Beeinflussungstaktiken (z. B. *Door-in-the-Face-Technik*, *Verkaufstechniken*) relevant. In der Verhaltensökonomie dient R. zur Erklärung kooperativen Verhaltens (*Kooperation*) in Ultimatum-, Vertrauens- und Public-Good-Spielen (*Dilemma, soziales*) sowie in Arbeitsmärkten. In der Organisationspsychologie ist R. als Grundbestandteil des psychol. Vertrags (*psychologischer Vertrag*) relevant für *Commitment* oder *kontraproduktives Verhalten* in Organisationen. *E. Hölzl*

RGB-Farbraum *Farbenmischung.*
Rhabdomyolyse (= R.) [engl. *rhabdomylosis*], [**PHA**], Zerfall der quergestreiften Muskulatur von Skelett, Herz und Zwerchfell. Eine R. kann vielerlei Ursachen haben (mechanisch z. B. nach Unfällen und Operationen, infektiös, toxisch, aber auch nach *Suizid*-Versuchen mit *Sedativa* durch langes Liegen), sie wird selten auch bei Behandlung mit best. Arzneimitteln beobachtet, darunter *Antipsychotika* und *Statine* (Medikamente zur Cholesterinsenkung). Im Labor lässt sich eine R. durch die Erhöhung des Enzyms Creatinkinase (CK) nachweisen. Lebensbedrohlich kann eine R. i. R. eines *malignen neuroleptischen Syndroms* sein. Dann kann es zur Ausscheidung von Myoglobin (= sauerstoffbindendes Muskelprotein) über die Nieren kommen (Myoglobinurie), es droht ein Nierenversagen. *G. Gründer*
Rheobase (= R.) [gr. *ῥέος (rheos)* Fließen], [**BIO**], das elektr. Potenzial, das gerade noch eine Reaktion an *Nerven* oder *Muskeln* hervorruft. R. ist gleichbedeutend mit galvanischer *Reizschwelle*. *Chronaxie.*
Rheotaxis [gr. *ῥέος (rheos)* Fließen, *τάξις (taxis)* Ordnung], freie Ortsbewegung, die durch einen Strömungsreiz ausgelöst wird. Fische z. B. bewegen sich immer gegen den Wasserstrom. *Taxis*, *Tropismus.*
Rheotropismus [engl. *rheotropism*; gr. *ῥέος (rheos)* Fließen, *τροπή (trope)* Wendung], Wachstumsbewegung, die durch einen Strömungsreiz ausgelöst wird. *Taxis*, *Tropismus.*
Rhine, Joseph Banks (1896–1980), Begründer der exp. *Parapsychologie*, der bereits im Jahre 1927 an der Duke University seine Untersuchungen zur extrasensorischen Wahrnehmung (ESP) durchführte.
Rhinencephalon [engl. *rhinencephalon*; gr. *ῥίς (rhis)* Nase, *ἐγκέφαλον (enkephalon)* Gehirn], [**BIO**], Riechhirn. Phylogenetisch der älteste Teil (Allokortex) des Endhirns (Telencephalon). *Gehirn.*
Rhodopsin [engl. *rhodopsin*], *Photorezeptoren*, *Sehpurpur.*
Rhombencephalon [gr. *ῥόμβος (rhombos)* Raute, *ἐγκέφαλον (enkephalon)* Gehirn], [**BIO**], Rautenhirn. *Gehirn.*
Rhotazismus [engl. *rhotazism*; *ῥ (rho)* gr. Buchstabe «r»], syn. *Schnarren*, [**KOG**], fehlerhafte Artikulation des Lautes «r» in Richtung eines stimmhaften «s». *Sprachstörungen.*
Rhythmus [engl. *rhythm*; gr. *ῥυθμός (rhythmos)* Takt, Rhythmus], (bei Aristoteles die stoffliche, bei Aristoxenos die zeitliche Ordnung), ist der Pulsschlag innerhalb eines metrischen Gerüstes und bildet die *Agogik* des vorgegebenen Metrums. Zahlreiche Theorien seit der Antike. Verwendung von Rhythmus bei psychomotorischen und anderen Störungen i. S. schöpferischer Entfaltung (Musik, Atmung, Bewegung, Gymnastik u. a.). *Biorhythmus.*

RIASEC *Interessen, hexagonales Strukturmodell (Holland).*
Ribonukleinsäure, Abk. RNS [engl. *ribonuclein acid, RNA*], [**BIO**], Bestandteil der Zelle, von Bedeutung für die Realisierung der genetischen Information (Anordnung der *Aminosäuren* bei der Synthese von Proteinen). Die Annahme der Ps., in der RNS ein Substrat für *Gedächtnis* zu haben, hat sich nicht bestätigt, auch wenn sie indirekt an der Gedächtnisbildung beteiligt sein dürfte. Löffler & Petrides 1997. *W. Janke*
Ribot'sches Gesetz [engl. *Ribot's law*], [**BIO, KOG**], die von T. Ribot im Jahre 1882 verfasste Regel über den Abbau des Gedächtnisses bei *Hirnschädigung* im Alter. In umgekehrter Reihenfolge wie beim Aufbau werden zuerst die jüngsten Erinnerungen, die Affekte, das Komplexe und das Ungewohnte, zuletzt dagegen die ältesten *Erinnerungen*, die stabilen und gefestigten Gewohnheiten, das Einfache und das Gewohnte gelöscht.
Richtlinien-Verfahren *Psychotherapie*, *Verhaltenstherapie.*
Richtungsdisposition (= R.), [**PER**], da in jeder *Disposition* Potenz und Tendenz zugleich enthalten sind, unterschied Stern (1935) die R. von der *Rüstungsdisposition*. So ist die *Intelligenz* Rüstungsdisposition, da es auf die instrumentale Bedeutung ankommt. *Interessen* sind dagegen R. entspr. dem Tendieren auf ein best. *Ziel*. Die sog. *praktische Intelligenz* ist gleichfalls R.
Richtungshören [engl. *auditory localization*], [**WA**], Fähigkeit zur *Lokalisation* eines akustischen Reizes bzw. einer akustischen Schallquelle auf der Grundlage der Auswertung der binauralen Informationen (*binaural*, *Hören*). Störungen der auditiven Lokalisation sind Folge einer gestörten Verarbeitung der Richtung und Entfernung einer Schallquelle infolge einer peripheren oder zentralen Störung des binauralen Hörens. *räumliches Hören*. *J. Zihl*
Richtungslinie, Richtungsstrahl [engl. *visual line, visual axis, line of sight*], [**WA**], Linie von einem Punkt auf einem *distalen Objekt* durch den *Knotenpunkt des Auges*; ihr Schnittpunkt mit der Netzhaut ist die Position des Bildpunktes (*Netzhautbild*). Die Richtungslinie, die in der *Fovea centralis* (*Auge*) auf die Netzhaut trifft, heißt auch *Blicklinie*; der zugehörige Punkt auf dem distalen Objekt ist der Blickpunkt. Der Knotenpunkt des Auges ist nicht ohne weiteres zu bestimmen; statt seiner wird auch die Mitte der Pupille verwendet. Für die meisten praktischen Zwecke ist der Unterschied vernachlässigbar; auch der Unterschied zu Linien durch den Drehpunkt (*Augenachsen*) ist gering. Statt von Richtungslinien wird auch von *Visierlinien* oder *Gesichtslinien* gesprochen. Die exakte Def. der Begriffe kann variieren. *H. Heuer*
Richtungsvorstellung, [**KOG**], eine Vorstellung von etwas Gesuchtem, die dieses nur undeutlich, andeutungsweise oder abstrakt enthält, z. B. die undeutliche Ausgangsvorstellung beim Vorgang des Sichbesinnens auf einen Namen. *Tatonnement.*

Riechen [engl. *smelling*], *Geruch*.
Rigidität (= R.) [engl. *rigidity*; lat. *rigidus* starr], [**PER**], Starrheit, Unbeweglichkeit, mangelnde *Flexibilität* v. a. psych. Funktionen. Der Begriff belegt (bes. gegenüber der ähnlichen *Perseveration*) das «Nicht-loskommen-Können» von Denk- und Handlungsweisen und Einstellungen. Habituelle R. [lat. *habitus* Gewohnheit, Gestalt] nach R. B. Cattell die Unfähigkeit, Verhaltensweisen, die von der Person einmal angenommen und gebahnt sind, umzustrukturieren. Zu unterscheiden von der aus einer Trägheit der psych. Prozesse resultierenden Unfähigkeit der raschen Umstellung. [**BIO**], physiol. bez. R. den gespannten Muskelzustand, die Starrheit der Muskulatur. Bsp. in der *Hypnose* oder bei Schädigung von Nervenbahnen.

Rigor [engl. *rigor*; lat. Steifheit, Starre], [**BIO**], erhöhte Ruhespannung der Muskulatur. Die Muskulatur setzt passiven Bewegungen einen zähen Widerstand entgegen. Dieser Widerstand ist gleichmäßig, vermindert sich jedoch im Schlaf und schwindet in der Narkose. Wenn *Tremor* besteht, wird die Rigidität der Muskulatur ruckweise geändert, was sich bei der Prüfung der passiven Beweglichkeit als *Zahnradphänomen* auswirkt.

Rigorismus (= R.) [engl. *rigorism*; lat. *rigor* Steifheit, Starre], [**PHI**], die starre, strenge, unnachgiebige Vertretung eines Standpunkts, z. B. ethischer R. bei Kant.

Rimonabant [engl. *rimonabant*], [**PHA**], *Appetitzügler*, *Essstörungen, Psychopharmakotherapie*.

Ringelmann, Maximilien (auch Max) (1861–1931), [**HIS, SOZ**], frz. Prof. für Landmaschinenbau. Studium der Ingenieurwissenschaften, ab 1887 Unterricht an der École Nationale d'Agriculture in Grand Jouan, Nozay, Frankreich, ab 1888 Leitung eines Instituts zur Bewertung von Landwirtschaftsmaschinen in Paris. Entwicklung der sog. *Ringelmann-Skala* zur Messung der Rauchdichte, Abfassung einer Geschichte des Landmaschinenbaus, 1913 Entdeckung des heute als *Ringelmann-Effekt* benannten Phänomens (Kravitz & Martin 1986): Ringelmann ließ Studenten einzeln und in Gruppen an einem Tau ziehen und fand (pro Individuum) einen mit zunehmender Gruppengröße wachsenden Leistungsabfall in der Gruppensituation (*soziales Faulenzen*). Ringelmann kann daher als einer der frühen exp. arbeitenden Sozialpsychologen angesehen werden. *H. E. Lück*

Ringelmann-Effekt [engl. *Ringelmann effect*], *Ringelmann, Maximilien (auch Max)*.

Ringsektorentäuschung, [**WA**], *geometrisch-optische Täuschung*. Gleich große Ausschnitte einer Ringfigur erscheinen nebeneinandergelegt versch. groß. *Jastrow'sche Täuschung*.

Rinne-Versuch [engl. *Rinne (hearing) test*], [**BIO, DIA, WA**], erstmal beschrieben von A. Rinne im Jahre 1855; dient zur Unterscheidung zw. Mittelohr- und Innenohrschwerhörigkeit (*Ohr*). Eine angeschlagene Stimmgabel wird auf den Kopf aufgesetzt und, sobald sie dort nicht mehr hörbar ist, vor das Ohr gehalten. Wird sie dort erneut gehört, ist die Schallleitung intakt, andernfalls gestört. *Hören*.

Risiko (= R.) [engl. *risk*; lat. *risicare* Klippe umschiffen oder altarabisch *rizq* der von dem Geschick/Schicksal abhängige Lebensunterhalt], [**DIA, FSE**], das bes. Kennzeichen einer Situation, die durch mangelhafte Voraussehbarkeit des Kommenden mögliche Schäden, Verluste und dergleichen in Aussicht stellt. Stat.: das R. gibt die *Wahrscheinlichkeit* an, eine Merkmalsausprägung (z. B. als Reaktion auf eine Exposition) in einem best. Zeitraum zu entwickeln. Eine Schätzung des Risikos kann erfolgen, wenn die *relative Häufigkeit* in einer für die entspr. *Population* repräsentativen Stichprobe (*repräsentativ*) best. wurde. Entwickeln 35 von 1000 Schülern ein Merkmal A, so beträgt die Schätzung des R. 35/1000 = 0.035. *Epidemiologie, Interventionseffekt bei dichotomen Zielgrößen, Inzidenz, Prävalenz, relatives Risiko, Risiko, lebenslanges*.

Risiko, lebenslanges [engl. *lifetime risk*], *Inzidenz*.

Risiko-Homöostase (= R.-H.) [engl. *risk homeostasis*; gr. ὁμοῖος (*homoios*) gleich, στάσις (*stasis*) Stand], [**KOG**], Erklärungskonzept von Wilde (1988, 1994), nach dem ein Mensch (z. B. als Verkehrsteilnehmer) so viel an Gefahr zulässt, wie es seiner *Persönlichkeit* entspricht. Vergrößert sich das wahrgenommene Risiko, verhält sich der Verkehrsteilnehmer vorsichtiger – und umgekehrt. Dieser Vorgang der internalen Kompensation führt dazu, dass technisch und rechtlich geschaffene neue Sicherheitsreserven – sofern sie vom Verkehrsteilnehmer wahrgenommen werden – bald durch riskanteres Verhalten verspielt werden. Andererseits werden Gefahren auch manchmal überkompensiert. Das subj. und das obj. Risiko sollten einander entsprechen (Klebelsberg 1982). Eine institutionalisierte Intervention zur Änderung solcher Einstellungen und Überzeugungen ist die *Nachschulung*. Die *Risikowahrnehmung* kann durch Belohnungen und durch pos. Erwartungen (Incentives) verbessert werden (Wilde 1994). Das Konzept der R.-H. lässt sich auch auf andere Lebensbereiche übertragen (Trimpop 1994). *W. Echterhoff*

Risikokommunikation, gesundheitsbezogene (= g. R.) [engl. *health related risk communication*], [**GES, SOZ**], bezeichnet die Verbreitung von Informationen über Gefahren und Bedrohungen. Sie dient allgemein der Identifikation, der Beschreibung bzw. Erklärung und der Bewertung sowie dem Management von Risiken und ist ein wichtiger Begriff in versch. Anwendungsfeldern der Ps. (z. B. Allgemeine, Umwelt-, Sozial-, Gesundheits- und Verkehrsps.). Wichtige Bezugsbegriffe umfassen die *Risikowahrnehmung*, -beratung und *-prävention*. G. R. vor, während und/oder nach einer Krise soll die Adressaten adäquat über Art und Ausmaß einer Bedrohung und die geeigneten Vorsorge- und Schutzmaßnahmen informieren. Schwerpunkte der g. R. sind die Information über Risiken, das Initiieren von *Verhaltens*änderungen und Vorsorgemaßnahmen, die Information bei Notfällen und Katastrophen sowie der Prozess der gemeinsamen Problem- und Konfliktlösung (Organisation von *Kommunikation*sprozessen, Lösungssuche bei gesellschaftlichen *Konflikten*, g. R. als Dialog). G. R. basiert auf psychol., soziol. und kommunikationstheoret. Prinzipien und Modellen (Furcht- und Informationsappelle, *Furchtappelltheorien*). Risikominimierendes Verhalten ist das Resultat eines komplexen Evaluationsprozesses. Dieser beinhaltet Beurteilungen hinsichtlich der Umsetzung von Handlungsmöglichkeiten und der Gefahrenerkennung sowie der indiv. Bewertungs- und Entscheidungsprozesse (*Entscheiden*) hinsichtlich eines Risikos. Ferner spielen persönliche Eigenschaften (*Persönlichkeitsmerkmal*), vorausgehende *Einstellungen* sowie die Einbettung in den sozialen und gesellschaftlichen Kontext eine Rolle. Merkmale einer g. R. sind Verständlichkeit, Berücksichtigung von Vorwissen (*Wissen*), Einstellungen und *Erwartungen* der Empfänger, Glaubwürdigkeit von Warnhinweisen, Glaubwürdigkeit von Sendern, Vermeidung von widersprüchlichen Informationen und Effektivität der empfohlenen Schutzmaßnahmen und Umsetzbarkeit.

I. e. S. bez. g. R. ein zentrales Element i. R. der *Partizipativen Entscheidungsfindung*, insbes. bei sog. präferenzsensitiven gesundheitsbezogenen Entscheidungen. Laien, aber auch Fachleute (z. B. Ärzte) schätzen sehr oft Risiken im Hinblick auf die Gesundheit oder die Wirkung von Behandlungen nicht korrekt ein. Um eine gut informierte Entscheidung zu unterstützen, sollten Vor- und Nachteile bzw. Nutzen und Risiken unterschiedlicher diagn. oder therapeutischer Optionen in Form von *Wahrscheinlichkeiten* gegeneinander abgewogen werden. Den Nutzen einer Behandlung kann man primär in drei unterschiedlichen Formen ausdrücken: als *Relative Risiko Reduktion* (RRR), als *Absolute Risiko Reduktion* (ARR) oder als Anzahl der Personen, die behandelt werden müssen, um einen Todes-/Krankheitsfall zu verhindern (NNT = *number needed to treat*). Diese Angaben sollten mit konstanten und für Pat. verständlichen Bezugsgrößen und Zeiträumen dargestellt werden. Bsp.: «Mit dem Angebot eines Darmkrebs-Screenings (z. B. durch eine Darmspiegelung) erhalten pro Jahr (oder über 10 Jahre) von 1000 anspruchsberechtigten Personen X Personen eine Darmkrebsdiagnose und X Personen sterben an Darmkrebs. Ohne Screening wären es X von 1000 Personen pro Jahr (über 10 Jahre)». Zur Unterstützung der g. R. im gesundheitsbezogenen Kontext eignen sich insbes. *Medizinische Entscheidungshilfen* (*decision aids*), in denen Risiko und Nutzen schriftlich mit Text und Abbildungen dargestellt werden. Probleme können in der Kommunikation im Hinblick auf die Nachvollziehbarkeit von Wahrscheinlichkeiten, den Einfluss des Framings und der Form der Darstellung von Wahrscheinlichkeiten auf die Entscheidung, die Transformation von Wahrscheinlichkeiten in binäre Ereignisse und den Wunsch nach Gewissheit bei den beratenen Personen entstehen. *Risikokommunikation, kognitionspsychologische*. Wegwarth & Gigerenzer 2011, Härter et al. 2011, Edwards & Elwyn 2009.
J. Bengel/M. Härter

Risikokommunikation, kognitionspsychologisch

(= k. R.) [engl. *risk communication, cognitive*], [**KOG, SOZ**], ist ein Aspekt der *Risikokompetenz*. Es geht dabei um die Art und Weise der Vermittlung von Risiken, etwa von Therapeut zu Pat., Bankberater zum Kunden oder Regierung zur Öffentlichkeit. Die *Kommunikation* von Risiken ist von der Messung oder Schätzung der Risiken zu unterscheiden; Letztere geht Ersterer voraus. Risiken können bekannt sein, wie bei einem Krebs-Screening, oder unbekannt sein, wie im Fall eines neuen Grippevirus. Bekannte Risiken lassen sich in stat. Information fassen, die jedoch mehr oder weniger transparent kommuniziert werden kann. Dies gilt für die Kommunikation von Risiken und deren Veränderung wie auch der Schlussfolgerung mit der Regel von Bayes. Die Darstellung eines Risikos durch eine Einzelfall-*Wahrscheinlichkeit* ist potenziell irreführend, eine *relative Häufigkeiten* wird dagegen meistens verstanden. Die Aussage «Morgen regnet es mit einer Wahrscheinlichkeit von 30 %» ist eine Einzelfall-Wahrscheinlichkeit (denn morgen regnet es entweder oder nicht). Bei dieser Aussage wird aber nicht kommuniziert, auf welche Referenzklasse sich die 30 % beziehen. Bei Studien dachten einige Teilnehmer, dass es am nächsten Tag in 30 % der Zeit regnen würde, andere dagegen, dass es in 30 % der Gegend regnen sollte. Gemeint ist aber, dass es an 30 % der Tage regnet, für die diese Vorhersage aufgrund best. meteorologischer Bedingungen gemacht wird. Nur wenn man die Referenzklasse benennt, wie es in den letzten drei Aussagen mit relativen Häufigkeiten geschieht, verstehen die meisten Befragten, was gemeint ist.

Auch die Veränderung eines *Risikos* kann entsprechend transparent oder irreführend kommuniziert werden. Wenn ein Medikament ein best. Risiko (z. B. Tod durch Schlaganfall) von 2 in je 100 Personen (die das Medikament nicht nehmen) auf 1 in 100 Personen (die das Medikament nehmen) reduziert, beträgt die absolute Risikoreduktion 1 in 100. Die Werbung kommuniziert diesen Nutzen jedoch meist als eine relative Risikoreduktion (*Relatives Risiko*) von 50 %. Relative Zahlen suggerieren schnell unbegründete Hoffnungen oder auch Ängste, wenn es sich um einen Risikoanstieg handelt. Von «Doppelzüngigkeit» (*mismatched framing*) spricht man, wenn der Nutzen des Medikaments in relativen Risiken (50 % Reduktion), aber der Schaden in absoluten Risiken (1 % Erhöhung) kommuniziert wird. *Emotionen* und Konsumentenverhalten lassen sich durch die Form der k. R. steuern.

Die Regel von Bayes (*Bayes-Theorem*) beschreibt, wie die Wahrscheinlichkeit eines Ereignisses (z. B. die A-priori-Wahrscheinlichkeit von Krebs) aufgrund neuer Information (positiver Screeningtest) in die A-posteriori-Wahrscheinlichkeit von Krebs transformiert wird. Wird die relevante Information in bedingten Wahrscheinlichkeiten (*Sensitivität*, *Spezifität*) kommuniziert, dann haben die meisten Laien, aber auch Experten wie Ärzte und Richter Probleme, die Antwort zu finden und zu verstehen. Wird die gleiche Information aber in natürlichen Häufigkeiten vermittelt, dann wird die Kommunikation wesentlich verbessert. Der Grund liegt darin, dass natürliche Häufigkeiten die bayesianischen Berechnungen vereinfachen. Das aus der Ps. stammende Konzept der natürlichen Häufigkeiten gehört heute zum Standardrepertoire der evidenzbasierten Med. (*Evidenzbasierung*, *evidenzbasierte Behandlung*). Risiken können auch durch bildliche Darstellungen (Bildstatistik, Piktogramm) statt durch Zahlen kommuniziert werden. In der ersten Hälfte des 20. Jhd. entwickelte Otto Neurath eine Bildersprache (Isotype), um bildungsferne Schichten der Gesellschaft zu erreichen. Heute werden Baumdiagramme und computergestützte, interaktive Visualisierungen verwendet. K. R. ist ein expandierendes Anwendungsgebiet der Ps., das insbes. für die Gesundheitsversorgung (*Gesundheit*), das Finanzsystem und die Rechtsprechung relevant ist und dort zur Verbesserung der Kommunikation und zur Verringerung diagn. Fehlurteile beitragen kann. Gigerenzer 2002, Gigerenzer et al. 2007, Neurath 2010, Spiegelhalter et al. 2011. *G. Gigerenzer*

Risikokompetenz (= R.) [engl. *risk literacy, risk savvy*], [**KOG**], bez. allg. die Fähigkeit, informiert, kritisch und reflektiert mit bekannten und unbekannten Risiken der modernen technologischen Welt umzugehen. R. lässt sich nach spezif. Inhalten unterscheiden wie *Gesundheitskompetenz, Finanzkompetenz* und *digitale R.* Zu den einzelnen Kompetenzen zählen statistisches Denken, heuristisches Denken, Systemwissen und psychol. Wissen. *Statistisches Denken* ist die Fähigkeit, stat. *Evidenz* zu suchen, zu finden und kritisch zu bewerten. Dabei arbeitet statistisches Denken auf der Grundlage bekannter Risiken. Ein wichtiger Aspekt des stat. Denkens ist die Risikokommunikation (*Risikokommunikation, kognitionspsychologische*). *Heuristisches Denken* ist die Fähigkeit, mit unbekannten Risiken umzugehen, d. h. mit Risiken, die man nicht berechnen kann (*Entscheidungsheuristiken*). Heuristisches Denken ist also notwendig bei Entscheiden unter Unsicherheit. Eine Heuristik ist eine Regel, die sich auf das Wesentliche konzentriert und den Rest ignoriert. Bsp. sind soziale Regeln wie «vertraue deinem Arzt» und «imitiere den Erfolgreichen». Die Forschung zur *ökologische Rationalität* analysiert, in welchen Umwelten eine best. Heuristik erfolgreich ist. *Systemwissen* betrifft die Kenntnis der Funktion oder auch Dysfunktion eines Systems wie etwa des Gesundheits- oder Bankenwesens. Dazu gehört das Wissen um strukturelle Eigendynamiken, um Ziel- und Interessenkonflikte der versch. Akteure und damit einhergehenden Strategien wie defensives Entscheiden, irreführende Information, Suggestion usw. *Psychol. Wissen* bezieht sich auf innere Faktoren, die das Risikoverhalten beeinflussen. Dazu gehören individuelle Eigenschaften (z. B. *risikosuchend* vs. *risikoscheu*), aber auch Auslöser von Angst und Vermeidungsverhalten wie z. B. Schockrisiken (*dread risks*). Schockrisiken wie Flugzeugabstürze und Katastrophen, bei denen viele Menschen gleichzeitig sterben, lösen schnell große Angst aus, während Risiken, bei denen genauso viele oder mehr Menschen verteilt über die Zeit hinweg sterben (Motorradfahren, Rauchen), als weniger gefährlich wahrgenommen werden. Ein weiterer psychol. Mechanismus ist das *soziale Lernen*, d. h., man lernt Gefahreneinschätzung nicht durch eigene Erfahrung, sondern stellvertretend durch die Bezugsgruppe. Das hat zur Folge, dass Menschen nicht konsistent risikosuchend oder risikoscheu sind, sondern sich in jedem beides findet, je nachdem, was die Bezugsgruppe fürchtet oder akzeptiert. Soziales Lernen kann starke kult. Unterschiede bei der Einschätzung von Risiken erzeugen. *Entscheiden*. Slovic 2000, Renn 2008, Gigerenzer 2013, Gigerenzer 2002. *G. Gigerenzer*

Risikoschub-Effekt (= R.), [engl. *risky shift effect*], [**SOZ**], der R. beschreibt das Phänomen, dass individuelle risikohafte Entscheidungen (*Entscheiden*) in und nach der Interaktion (*soziale Interaktion*) in der *Gruppe* verändert werden – meist in Richtung auf größere Risikobereitschaft oder Risikofreudigkeit (*Risikoverhalten*, Stoner 1961). Das vor allem mit Fragebogen untersuchte Entscheidungsverhalten wird mit einer ganzen Serie von Konzepten und Modellen erklärt, wie z. B. der *Führungshypothese*, der *Risiko-Rhetorik-Hypothese*, normativen und kult. Standards (*Normen, soziale*), der *Gewöhnungs- und Bekanntheitshypothese*. Die meisten Erklärungen waren partieller Natur, die Entscheidungen mehr oder weniger beliebig bzw. konsequenzlos für die Vpn, sodass in den letzten zehn Jahren kaum noch Publikationen zu diesem Themengebiet erschienen sind. Stattdessen gibt es zahlreiche Untersuchungen zur Gruppenpolarisierung, wonach sich risikoreichere oder vorsichtigere Entscheidungen während des Gruppendiskussionsprozesses in Abhängigkeit von der anfänglich diskutierten Position ergeben. Die Polarisierung ist dann das Ergebnis des Diskussionsverlaufs, der zu einer Extremisierung der Entscheidungen führt. Kogan & Wallach 1964, Lamm 1975, Six 1981, Witte 1989. *B. Six*

Risikostudien/-forschung [engl. *high-risk studies/research*], [**DIA, FSE**], haben in der Klin. Ps. zum Ziel, solche Individuen in einer *Population* zu identifizieren, die mit erhöhter *Wahrscheinlichkeit* gefährdet sind, im Verlaufe ihres weiteren Lebens z. B. psych. Störungen auszubilden. Langfristiges Ziel der Risikoforschung ist es, über die Ermittlung von Risikofaktoren die *Inzidenzrate* insbes. psychopathologischer Erkrankungen zu verringern. *Epidemiologie, Kohortenstudie, Fall-Kontroll-Studie, Risiko*.

Risikoverhalten (= Rv.) [engl. *risk behavior*], [**EM, KOG**], bezeichnet *Verhalten* in Risikosituationen (Rs.). Rs. können dadurch gekennzeichnet werden, dass (1) in einer best. Ausgangslage versch. Handlungsalternativen mit entspr. Handlungszielen gewählt werden können und dass (2) das Nichterreichen des gewählten Handlungsziels zu einem Zustand führt, der subj. unerwünschter ist als die Ausgangslage. Risiko bedeutet dabei den wahrscheinlichen Anteil subj. neg. gewichteter Handlungsausgänge (bezogen auf die Ausgangslage) an allen möglichen Handlungsausgängen. Rv. als bes. Fall von Entscheidungsverhalten (*Entscheiden unter Risiko*) in Ungewissheitssituationen wurde zunächst überwiegend von Ökonomen und Mathematikern i. R. der Entscheidungs- und *Spieltheorie* untersucht. Dabei ging es vor allem um die «optimale» Entscheidung, die nach dem Grundsatz des max. *Nutzen* ermittelt werden sollte (Bernoulli 1738). Mit fortschreitender Entwicklung dieser Forschungsrichtung fanden subj. Momente der Entscheidungskriterien zunehmende Beachtung, so etwa im Modell der max. subj. Nutzenerwartung (SEU = *subjectively expected utility*, Savage 1954), bei dem nicht mehr eine überindiv. «objektive» Ereigniswahrscheinlichkeit im Vordergrund steht.

Entscheidungs- und spieltheoret. Analysen des Rv. erscheinen unter einem psychol. Gesichtspunkt nicht genügend repräsentativ für ein Verhalten in Rs., da sie sich

meist auf Situationen beschränken, in denen dem Entscheidenden die Ereigniswahrscheinlichkeiten bekannt sind (z. B. Glücksspiele und Wetten). Demgegenüber zeichnen sich folg. Schwerpunkte in der Entwicklung der psychol. Erforschung des Rv. ab: (1) Untersuchungen des Rv. in Situationen mit Verlustmöglichkeiten, deren Wahrscheinlichkeiten dem Entscheidenden nicht oder nur teilweise bekannt sind und bei denen die Handlungsausgänge sowohl von außerindiv. Verhaltensbedingungen als auch vom indiv. Verhalten abhängen. (2) Bevorzugte Verwendung stochastischer Entscheidungsmodelle, bei denen Sachverhalte wie Inkonsistenz (unterschiedliche Entscheidungen bei gleichem Entscheidenden, gleichen Handlungsalternativen und gleichen Entscheidungsbedingungen) und Intransitivität der Alternativbevorzugung (A wird B, B wird C, C wird A vorgezogen) mehr berücksichtigt werden als in deterministischen Entscheidungsmodellen, wo die Alternativenwahl durch den größten subj. erwarteten Nutzen bestimmt wird. (3) Stärkere Einbeziehung feldtheoretischer Interpretationsmöglichkeiten, aus denen sich (im Ggs. zum SEU-Modell) eine Wechselbeziehung zw. subj. Nutzen und subj. Wahrscheinlichkeit ergibt (u. a. Lewin et al. 1944, Irwin 1953). (4) Bevorzugung deskriptiver Zielsetzung (Beschreibung des Verhaltens in Rs.) gegenüber normativen Zielsetzungen (Wie soll sich das Individuum in Rs. verhalten?) und damit Betonung persönlichkeits- bzw. differenziell-psychol. (Kogan, Wallach 1964) und sozialpsychol. Gesichtspunkte (z. B. das exp. und theoretisch noch umstrittene *Risky-Shift*-Phänomen (*Risikoschub-Effekt*), wonach Individuen in der *Gruppe* zu riskanteren Entscheidungen neigen als allein; Kogan 1967). (5) Untersuchung der Beziehungen zw. Rv. und *Leistungsmotivation* (insbes. Anspruchsniveau), wobei von Wechselwirkungen zwischen Erfolgs- und Misserfolgsmotivation (*Hoffnung auf Erfolg*, *Furcht vor Misserfolg*), subj. Erfolgswahrscheinlichkeit und Aufgabenanreiz (*Anreiz*) (Atkinson 1957) ausgegangen wird. (6) Betonung des zeitlichen Verlaufs des Rv. als Konfliktverhalten (*Konflikt, sozialer*) bei gegensätzlichen Leistungs- und Sicherheitstendenzen, die bis zum Entscheidungszeitpunkt beide maximiert und erst dann gewählt werden (Klebelsberg 1969) und/oder als informationsverarbeitendes Verhalten (*Informationsverarbeitung*) in Form sequenziellen Vergleichens von vier Risikodimensionen (Gewinn- und Verlustwahrscheinlichkeit, Gewinn- und Verlusthöhe; Carrol & Payne 1976).
Zugrunde gelegte *Risiko*begriffe, gewählte Rs. und Untersuchungsmethoden sind möglicherweise Ursachen für die sehr unterschiedlichen Ergebnisse in der bisherigen psychol. Forschung und für das Fehlen einer einheitlichen Theorie des Rv. Die vorläufigen Ergebnisse weisen auf eine überwiegend situative und weniger indiv. Bedingtheit unterschiedlichen Rv. hin. Schwenkmezger 1977.   *D. Klebelsberg*

Risikoverhalten, gesundheitsbezogenes [engl. *health-related risk behavior*], [**GES**], bez. alle Verhaltensweisen, die ein Risiko (*Risikoverhalten*) für die *Gesundheit* darstellen. Dazu zählen u. a. Rauchen, Bewegungsmangel, Alkoholkonsum, übermäßiges, ungesundes Essen, dysfunktionale Belastungsverarbeitung, sexuelles Risikoverhalten, Sonnenbaden (*Sonnenschutzverhalten*).

Risikowahl-Modell (= R.) [engl. *choice under risk model*], [**EM**], das R. ist ein von Atkinson (1957) entwickeltes, zu den *Erwartung-Wert-Theorien* zählendes *Motivations*modell, das der Analyse und Vorhersage versch. Aspekte des *Leistung*shandelns – insbes. der Aufgabenwahl und der Motivationsstärke – dient. Dafür berücksichtigt das R. zwei Personenmerkmale, die *Hoffnung auf Erfolg* (Erfolgsmotiv) und die *Furcht vor Misserfolg* (Misserfolgsmotiv), sowie zwei Aufgabencharakteristika, die Attraktivität des mit der Aufgabe verbundenen Ziels (*Anreiz*) und die Erwartung, dieses Ziel erreichen zu können (subj. Erfolgswahrscheinlichkeit). Außerdem geht es davon aus, dass bei reinen Leistungsaufgaben Anreiz und Erfolgswahrscheinlichkeit linear zus.hängen: Bei einem Erfolg ist der Stolz (also der Anreiz des Erfolgs) umso größer, je schwieriger die Aufgabe war, während bei einem Misserfolg die *Scham* (also der negative Anreiz des Misserfolgs) umso größer ist, je einfacher die Aufgabe war. Wird die Erfolgswahrscheinlichkeit also von We = 0 bis We = 1 gefasst, gilt dementsprechend für den Erfolgsanreiz Ae = 1-We und für den Misserfolgsanreiz Am = -We. Diese Werte werden nun mit der gemessenen Stärke der Motive Hoffnung auf Erfolg (Me) und Furcht vor Misserfolg (Mm) multipliziert, woraus sich die Resultierende Motivation (RM) ergibt: RM = (Me * We * Ae) + (Mm * Wm * Am). Da zudem angenommen wird, dass sich die Wahrscheinlichkeit des Misserfolgs und die Wahrscheinlichkeit des Erfolgs zu 1 ergänzen, können außer den Motiven alle Werte aus der Erfolgswahrscheinlichkeit abgeleitet werden. Deshalb kann die Formel auch als RM = (Me * We * (1-We)) + (Mm * (1-We) * -We) ausgedrückt werden.

Aus dieser Formel lassen sich folg. Aussagen ableiten: Ist die Hoffnung auf Erfolg stärker ausgeprägt als die Furcht vor Misserfolg (Me > Mm), ergibt sich die höchste RM immer bei einer mittleren Erfolgswahrscheinlichkeit (We = 0.5). Erfolgsmotivierte Personen sollten daher bevorzugt Aufgaben mit einem mittleren Schwierigkeitsgrad wählen. Ist die Furcht vor Misserfolg stärker ausgeprägt als die Hoffnung auf Erfolg (Me < Mm), ergeben sich ausschließlich Werte, die kleiner oder gleich null sind. Die *Leistungsmotivation* ist bei allen Aufgabenschwierigkeiten neg., wobei die am stärksten neg. Werte wieder bei einer mittleren Erfolgserwartung vorkommen. Misserfolgsmotivierte Personen sollten Leistungssituation daher generell meiden. Müssen sie sich aber für eine Leistungsaufgabe entscheiden, sollten sie vor allem die mittelschwieren Aufgaben meiden und entweder eine möglichst einfache oder eine möglichst schwierige Aufgabe wählen. Bei Personen mit gleich stark ausgeprägtem Erfolgs- und Misserfolgsmotiv (Me = Mm) besteht ein *Annäherungs-Vermeidungs-Konflikt* und RM ist gleich null. In diesem Fall entscheiden nicht zur Leistungsmotivation gehörende Faktoren die Aufgabenwahl. Besteht keine Wahlmöglichkeit, sollten sich sowohl erfolgs- als auch misserfolgsmotivierte Personen bei mittelschwieren Aufgaben am meisten Mühe geben; die einen, weil sie hier

am meisten Stolz empfinden können, die anderen, weil hier die Gefahr, sich schämen zu müssen, am größten ist. Erfolge steigern und Misserfolge senken die subj. Erfolgserwartung. Daher steigt dem Modell zufolge die Motivation von Erfolgsmotivierten, wenn sie bei einer einfachen Aufgabe einen Misserfolg oder bei einer schwierigen Aufgabe einen Erfolg verbuchen, weshalb sie sich in diesen beiden Fällen auch besondere Mühe geben. In allen anderen Fällen sinkt ihre Motivation. In den beiden genannten Fällen steigt auch die Vermeidensmotivation von misserfolgsmotivierten Personen, weshalb sie dann bevorzugt Aufgaben aus dem jew. anderen Ende der Schwierigkeitsskala wählen, da diese nun die noch angenehmste Alternative darstellen. Eine besonders hohe Persistenz ist bei ihnen hingegen zu erwarten, wenn sie Misserfolg bei einer schwierigen Aufgabe oder Erfolg bei einer einfachen Aufgabe haben.
Zus.gefasst ergeben die Resultate versch. Studien, die sich mit dem R. befassten, zum einen, dass sich die Vorhersagen für Erfolgsmotivierte besser bestätigen lassen als für Misserfolgsmotivierte, und zum anderen, dass sich die Vorhersagen im Feld besser bestätigen lassen als im Labor. Dies rührt vor allem daher, dass Misserfolgsmotivierte im Labor ein weniger ausgeprägtes Vermeidungsverhalten zeigen, als erwartet werden könnte. *Labor-Feld-Problem*. M. Schneider

Risikowahrnehmung (= R.) [engl. *risk perception*], [**GES**], beschreibt das subj. wahrgenommene *Risiko*, d. h. die subj. wahrgenommene *Wahrscheinlichkeit* für das Eintreten eines best. neg. Ereignisses (z. B. Auftreten einer Krebserkrankung). Die Risikowahrnehmung bildet Laienkonzepte (*Gesundheit, Laienkonzepte*) über Auftretenswahrscheinlichkeiten ab und ist abzugrenzen von der Risikoabschätzung durch Experten, die auf objektiven Daten (*Objektivität*) und Abschätzungsalgorithmen beruht. Innerhalb der R. kann zw. allg. und selbstbezogener R. unterschieden werden. Die Wahrnehmung des allg. Risikos bezieht sich auf die Einschätzung von Risiken in der Allgemeinbevölkerung (z. B. Herzinfarktrisiko) bzw. in einer best. Referenzgruppe (z. B. Herzinfarktrisiko unter Rauchern). Dahingegen bildet die selbstbezogene R. das Risiko ab, selber von dem neg. Ereignis betroffen zu werden. Die selbstbezogene R. ist Bestandteil von Modellen der Verhaltensänderung (*Health Belief Model*, *Health Action Process Approach*) und wird bspw. zur Erklärung und Vorhersage von Gesundheitsverhalten herangezogen. Die Beeinflussung der R. wird über Strategien der *Risikokommunikation* (*Furchtappelle* und Informationsappelle) angestrebt (Renner et al. 2009). L. Krämer

Riskanter Konsum (= r. K.) [engl. *risky consumption*], [**PHA**], im Zshg. mit dem Konsum von *Alkohol* spricht man von r. K., wenn noch keine gesundheitl. oder psychosoz. Folgeschäden des Alkoholkonsums eingetreten sind, bei langfristigem Fortbestehen des Konsums über best. krit. Mengen aber damit gerechnet werden muss. Als Grenzwerte gelten 20 mg reinen Alkohols pro Tag bei Frauen und 40 mg/Tag bei Männern (WHO). G. Gründer

Risperidon (= R.) [engl. *risperidon*], [**PHA**], *Psychopharmakon* aus der Klasse der *Antipsychotika*, spez. der Benzisoxazol-Derivate. Atypisches Antipsychotikum mit kombiniertem D_2-/$5-HT_{2A}$-Antagonismus. Zusätzlich bindet R. an H_1- und $Alpha_1$-Rezeptoren, allerdings ohne *anticholinerge* Wirkungen. R. hat eine mehr als 20-mal höhere Affinität zu $5-HT_{2A}$-Rezeptoren als zu D_2-Rezeptoren. Die versch. Angriffsorte, verbunden mit den Interaktionen zw. *Serotonin*- und *Dopamin*system, sind vermutlich für die klin. Wirkungen, antipsychotischen Wirkungen bei verminderten extrapyramidalmotorischen Wirkungen, verantwortlich. In höheren Dosierungen führt auch R. zu *extrapyramidalmotorischen Störungen*. W. Janke/M. Reuter

Ritalin [engl. *ritalin*], [**PHA**], *Methylphenidat*.

Ritanserin [engl. *ritanserin*], [**PHA**], *Psychopharmakon* aus der Klasse der *Serotoninantagonisten*. Wirkt auf $5-HT_{2A/C}$-Rezeptoren. Nach psychol. Untersuchungen desaktivierende Effekte. Klin. geprüft zur Alkoholentwöhnung. Wesemann & Weiner 1993.

Ritualisierung (= R.) [engl. *ritualization*; lat. *ritualis* den religiösen Brauch betreffend], [**KOG**], bezeichnet den stammesgeschichtlichen Prozess, durch den sich ursprünglich neutrale Verhaltensweisen wie Übersprungshandlungen (*Übersprung, Übersprungshandlung*) oder Intentionsbewegungen an ihre neu übernommenen Signalfunktionen anpassen. Veränderung eines Verhaltensmusters zum *Signal*, zur Signalhandlung, die nun der innerartlichen *Kommunikation* dient. Sehr oft wurden Bewegungen, die einem Angriff vorangehen, zu Drohbewegungen. Aus dem Öffnen des Mauls als Intension des Zubeißens wurde das drohende Zähnezeigen und Zähnefletschen vieler Raubtiere und Nager. In dieser Weise werden im *Kommentkampf* z. B. viele agonistische Verhaltensweisen, die den Gegner beschädigen oder töten können, zu reinen Drohgebärden ritualisiert (z. B. Kommentkämpfe der Hirsche). Der Prozess der R. zielt stets darauf ab, die Signalhandlung auffälliger, deutlicher und unverwechselbar werden zu lassen. (1) Durch Übertreibung (z. B. aus Nistverhalten): Haubentaucherpärchen tauchen in der Paarungszeit nach einem Büschel Wasserpflanzen, die jetzt jedoch nicht als Nistmaterial verwendet, sondern in einer hoch aufgerichteten Balzstellung gegenseitig präsentiert werden. (2) Durch rhythmische Wiederholung der Bewegung oder Lautäußerung. Viele Eidechsen balzen oder Drohen mit rhythmischen Nickbewegungen. (3) Durch Hinzutreten morphologischer Auslöser. Z. B. ist bei der Winkerkrabbe, die – wie bei Krabben üblich – das Winken mit der Schere (Waffe) zum Drohen gegen Artgenossen oder auch bei der Balz verwenden, eine Schere der Männchen zur Winkschere vergrößert. Franck 1985, Kappeler 2006. C. Becker-Carus

Rivalität [engl. *rivalry*; lat. *rivalis* Nebenbuhler, an der Nutzung eines Wasserlaufes mitberechtigter Nachbar], *Eifersucht*.

Riva-Rocci-Verfahren [engl. *Riva-Rocci method*], von S. Riva-Rocci 1896 erfunden, auch: *Sphygmomanometer* oder *auskultatorische Methode*, [**DIA, BIO**], es wird eine aufblasbare Armmanschette mit Druckmesser (= *Sphygmomanometer*) sowie ein Stethoskop benötigt. Über die Armmanschette wird zunächst ein Druck auf den Oberarm appliziert, der den zu erwartenden max. arteriellen *Blutdruck* bei Blutauswurf (= systolischer Blutdruck) übersteigt. Mit dem Stethoskop wird die Brachialarterie unterhalb der aufgeblasenen Armmanschette abgehört. Der Druck wird nun kontinuierlich aus der Manschette abgelassen. Unterschreitet der Druck in der Manschette den systolischen Blutdruck, werden über das Stethoskop die sog. *Korotkow-Geräusche* wahrgenommen. Während dieser Phase überschreitet der Blutdruck den Manschettendruck nur während des Auftretens der arteriellen Pulswelle. Der diastolische Blutdruckwert ist der geringste Wert des arteriellen Blutdrucks, der meist kurz vor dem Auftreten der nächsten Pulswelle gemessen wird. Unterschreitet der Manschettenwert ebenfalls den diastolischen Blutdruckwert, verschwinden die Korotkow-Geräusche wieder. Beide Schwellenwerte werden häufig manuell notiert und sind daher fehleranfällig. Das Verfahren basiert auf einer Methode, die von dem ital. Arzt Scipione Riva-Rocci (1863–1937) entwickelt wurde. *A. Schulz*

Rivastigmin (= R.), **[PHA]**, *Acetylcholinesterasehemmer*, zugelassen zur Behandlung der leichten bis mittelschweren *Alzheimer*-Demenz und der leichten bis mittelschweren *Demenz* bei idiopathischer *Parkinson'scher Erkrankung*. Zusätzliche Hinweise für Wirksamkeit auch bei anderen Demenzformen. R. hemmt die Acetylcholinesterase durch Carbamylierung des Enzyms, das durch Hydrolisierung langsam seine Funktion wiedergewinnt (sog. «pseudoirreversible» Hemmung für eine Dauer von bis zu 10 Std.). R. ist als Tablette und als Pflaster verfügbar, Letzteres führt zu gleichmäßigeren Plasmaspiegeln. *Bioverfügbarkeit* bei oraler Applikation ca. 36%, *Eliminationshalbwertzeit* 1–2 Std. Bei oraler Gabe Beginn mit 2 x 1,5 mg täglich, Höchstdosis 12 mg/Tag. Bei Pflasterapplikation Beginn mit 4,6 mg/24 Std., Steigerung nach 4 Wochen auf 9,5 mg/ 24 Std. Weitere Dosissteigerung auf 13,3 mg/ 24 Std. ist mögl. R. erhöht wie alle Acetylcholinesterasehemmer den Vagotonus, daher ist bes. Vorsicht geboten bei bradykarden Rhythmusstörungen, supraventrikulären Erregungsleitungsstörungen, Asthma bronchiale, obstruktiven Lungenerkrankungen sowie Magen- und Duodenalulcera. Wesentlich unerwünschte Wirkungen sind Schwindel, Appetitlosigkeit, Übelkeit, Erbrechen und Durchfall. *G. Gründer*

RMSEA – Root mean square error of approximation [engl. Wurzel aus dem durchschnittlichen quadrierten Fehler der Anpassung], *Faktorenanalyse, konfirmatorische, Strukturgleichungsmodelle.*

RNS [engl. RNA] *Ribonukleinsäure.*

RNS-Theorie des Gedächtnisses [engl. *RNA theory of memory*], **[BIO, KOG]**, beschreibt die Annahme, dass *Ribonukleinsäure* (RNS) bzw. die Zusammensetzung/Kombination der RNS in den Neuronen als Basis für die Erklärung von Gedächtnisinhalten herangezogen werden kann. *Gedächtnis*. Hyden 1963.

Robotik [engl. *robotics*; russ. *работа (rabota)* Arbeit], **[KOG]**, Teilgebiet der künstlichen Intelligenz (*Künstliche Intelligenz*), das sich mit der Steuerung von Robotern beschäftigt.

Robustheit von Prüfverfahren [engl. *robustness*; lat. *robustus* aus Eiche, fest, stark], **[FSE]**, das Ausmaß, in dem stat. Prüfverfahren anfällig gegen eine Verletzung ihrer Voraussetzungen sind. Sie bez. also den Grad, in dem die zu ziehenden Wahrscheinlichkeitsschlüsse durch Nichterfüllen der Voraussetzungen verfälscht werden. Z. B. ist die *Varianzanalyse* ziemlich robust gegen Abweichungen von der Normalverteilung, etwas weniger gegen solche der *Varianzhomogenität*. Bortz & Schuster 2010. *G. Mikula*

ROC, ROC-Kurve, Abk. für [engl.] *Receiver Operating Characteristic*, *Empfänger-Verhaltens-Charakteristik*, **[DIA, FSE]**, Grafische Darstellung des Verhältnisses der *Wahrscheinlichkeiten* bzw. *relativen Häufigkeiten* von Treffern (richtiges Erkennen eines Merkmals; *richtig Positive*) und *falschem Alarm* («Erkennen» eines nicht vorhandenen Merkmals; *falsch Positive*; *Signalentdeckungstheorie*) bei Verwendung eines dichotomen diagn. Entscheidungskriteriums (z. B. Diagnosestellung). Zur Erstellung einer ROC-Kurve müssen für jede Beobachtungseinheit bekannt sein: (1) (Nicht-)Vorliegen des zu identifizierenden Ereignisses E (z. B. «0» = «gesund» oder «Signal nicht vorhanden», «1» = «krank» oder «Signal vorhanden»; (2) eine metrische Größe X (z. B. «Testscore»), für die die Prädiktionsleistung für das Ereignis E analysiert werden soll. Für jeden Wert x_i der Variable X kann dann für alle Beobachtungseinheiten festgelegt werden, dass bei einem Wert größer-gleich (vs. kleiner) x_i in E der Wert «1» (vs. «0») diagnostiziert wird (*cut-off point*). Die ROC-Kurve wird dann erstellt, indem für jeden Trennwert x_i (1) der Anteil korrekt vorhergesagter Merkmalsträger (*richtig Positive*; *Sensitivität*, *Vierfeldertafel*) als Ordinatenwert und (2) der Anteil von Beobachtungseinheiten, für die fälschlicherweise das Vorliegen des Merkmals (*falsch Positive*; 1-*Spezifität*) diagnostiziert wird, als Abszissenwert verwendet wird. Im Falle einer Zufallsvorhersage entspricht die ROC-Kurve der Winkelhalbierenden im Koordinatensystem. Je besser die Vorhersagegüte, desto stärker weicht die dann konvexe Kurve pos. von der Winkelhalbierenden ab. Als *Area-under-the-curve* (*AUC*; [engl.] Fläche unter der Kurve) wird die Fläche unter der ROC-Kurve bez. Im Falle einer Zufallsvorhersage beträgt diese 0,5. Je besser die Vorhersagegüte ist, desto mehr nähert sich AUC dem Wert 1 an. Der AUC-Wert kann als Wahrscheinlichkeit für die korrekte Erkennung eines Merkmalsträgers interpretiert werden. Die ROC-Analyse kann zudem zur Bestimmung optimaler diagn. Cut-Off-Werte genutzt werden. Bspw. auf Basis des *Youden-Index*:

Youden Index = Sensitivität + Spezifität − 1

Der optimale Cut-Off-Wert in X entspricht demjenigen Wert x_i, für den der Youden-Index max. ist. *Diagnostik, kategoriale,Interventionseffekt bei dichotomen Zielgrößen, Regression, logistische, Signalentdeckungstheorie*. Eid et al. 2013.

Roethlisberger, Fritz Jules (1898–1974), **[AO, HIS]**, Sozialwissenschaftler und Organisationstheoretiker. Studium der Ingenieurwiss. an der *Columbia University* und am MIT in Boston und Promotion 1925 in Philosophie an der *Harvard University*. Roethlisberger war Professor an der

Harvard Business School. Gemeinsam mit William J. Dickson veröffentlichte er 1937 Befunde der *Hawthorne-Untersuchung*, 1939 erschien deren Buch «Management and the Worker», das als Meilenstein der *human relations* angesehen wird. Roethlisberger & Dickson 1939. *H. E. Lück*

Rogers, Carl Ransom (1902–1987), [**HIS, KLI**], wurde als viertes von sechs Kindern einer religiösen Familie in einem Vorort von Chicago geb. Er studierte zunächst Agrarwissenschaften, wechselte dann zur Theologie, dann schließlich – nach religiösen Zweifeln – zur Ps. Rogers studierte (MA 1928) und promovierte (Ph.D. 1931) an der *Columbia University*. Rogers lehrte 1935–1940 an der *University of Rochester*; 1940 wurde er Professor für Klinische Ps. an der *Ohio State University*. Dort verfasste er sein Buch «Counseling and Psychotherapy» (1942). 1945 baute er ein Beratungszentrum an der University of Chicago auf, 1947 wurde er als Präsident der *American Psychological Association* gewählt. Durch seine Bücher sowie durch Therapie-, Beratungs- und Lehrtätigkeit begründete er die Klientenzentrierte bzw. Personzentrierte Psychotherapie (in Dt. häufig *Gesprächspsychotherapie* (GT) genannt). Rogers lehrte dann an der *University of Wisconsin*, 1963 ging er an das *Center for Studies of the Person in La Jolla*, Kalifornien. Rogers starb hochgeehrt 1987 in La Jolla. Rogers' Arbeiten stellen das Bedürfnis des Menschen nach Selbstverwirklichung, Anerkennung und innerem Wachstum heraus. Diese Ziele soll der Klient in sich finden. Der Therapeut hat daher alle lenkenden, dirigistischen und auch deutenden Maßnahmen zu vermeiden, sich jedoch um Verwirklichung der drei Grundhaltungen (*Basisvariablen*) Empathie, Wertschätzung und Kongruenz zu bemühen. Die so praktizierte Personenzentrierte Psychotherapie ist der Humanistischen Ps. zuzurechnen und hat bis heute erheblichen Einfluss auf die Entwicklung weiterer Therapie- und Beratungsformen. Groddeck 2002. *H. E. Lück*

Rohracher, Hubert (1903–1972), [**FSE, HIS, PER**], österreichischer Psychologe; Jurastudium in Innsbruck und Philosophie/Ps.-Studium in Wien parallel. In München 1926 Promotion zum Dr. phil. mit einer Dissertation über Fechner (*Fechner, Gustav Theodor*), in Innsbruck 1929 zum Dr. jur. Tätigkeit als Hilfskraft bei Erismann in Innsbruck, 1932 dort Habilitation mit einer Arbeit über die Theorie des Willens. 1934–1937 Medizinstudium in Innsbruck, Beginn gehirnelektrischer Experimente; Kontakt mit *Karl Bühler* und *Charlotte Bühler* und *Egon Brunswik*. 1938, nach dem «Anschluss» Österreichs, Entlassung aus dem Hochschuldienst, 1939 Wehrdienst. Briefe, in denen Rohracher geschrieben hatte, Dt. werde hoffentlich den Krieg verlieren, wurden zensiert, sodass die Gestapo forderte, Rohracher in ein KZ zu überstellen. Er entging dem KZ, indem er sich freiwillig für den Frontdienst meldete. Rohracher wurde dann im April 1943 überraschend als außerordentlicher Professor nach Wien berufen. Dies geschah trotz seiner bekannten Gegnerschaft zum Nationalsozialismus. Der Grund der Berufung war sehr wahrscheinlich, dass Rohracher ein EEG-Gerät besaß und die Wehrmacht sich von seinen Untersuchungen kriegswichtige Ergebnisse versprach (Benetka 1998). 1947 wurde Rohracher zum o. Prof. ernannt. Neben seinen charakterologischen und willensps. Arbeiten vertrat Rohracher eine für die österreichische Ps. wegweisende naturwiss.-*experimentelle Psychologie*. Zu seinen Entdeckungen zählt die *Mikrovibration*. Rohracher 1972. *H. E. Lück*

Röhrengesichtsfeld [engl. *tubular vision, tunnel vision*], [**WA**], beidseitige homonyme *Gesichtsfeldeinschränkung*; das Gesichtsfeldzentrum ist erhalten (syn.: *Tunnelgesichtsfeld*). *J. Zihl*

Rohwert (= R.) [engl. *raw score*], [**DIA, FSE**], Bez. für die Anzahl der Punkte oder der gelösten Einzelaufgaben, die bei einer Vp bei einem best. *Test* festgestellt wurde. Dieser Wert ist insofern «roh» bzw. ungenügend, da er keinen Ausdruck der Merkmalsausprägung oder *Leistung* im Vergleich zu einem allg. Maßstab darstellt und auch nicht erlaubt, Merkmalsausprägungen oder Leistungen bei versch. Tests zu vergleichen. Die R. müssen deswegen meist in Standardwerte (*Standardisierung*) transformiert werden. *Normierung, Normskalen*.

Rolle (= R.) [engl. *role*], [**SOZ**], vom Begriff der dramatischen R. des altgriechischen Schauspiels als ein durch Thema und Inhalt vorgeschriebenes Verhalten eines Akteurs abgeleitet, bedeutet R. in der Sozialps. die Summe der von einem *Individuum* erwarteten Verhaltensweisen (*Verhalten*), auf die das Verhalten anderer Gruppenmitglieder abgestimmt ist (*Gruppennorm*). Eine R. ist zwar von ihren möglichen Trägern abhebbar, sobald diese aber eine R. übernehmen, werden sie von Erwartungen (*Rollenerwartung*) hinsichtlich ihrer eigenen R., der Partnerrolle und der Art des Zusammenspiels zw. den beiden (mehreren) R. geleitet (Hofstätter 1973). Der Begriff R. gewann umso mehr an Bedeutung, je mehr der Mensch als Person im Zusammenhang mit anderen in der Gruppe betrachtet wurde. Die R. erscheint dann als ein geordnetes Modell von Verhaltensweisen, relativ zu einer gewissen *Position* des Individuums in einem interaktiven Gefüge; als ein Satz von Erwartungen (Rollenerwartungen) bzgl. des Inhabers der Position. *rollentheoretische Persönlichkeitsauffassung, Gruppenrollen und Quasi-Rollen*. Aronson et al. 2004. *B. Six*

Rolle, semantische (= s. R.) [engl. *semantic role*], [**KOG**], der Begriff s. R. definiert die semantische Relation zw. einem Verbum und einer nominalen Ergänzung dieses Verbums. Diese Art Relation wird i. Ggs. zur syntaktischen Relation (z. B. Subjekt von) semantisch def. (z. B. Agent-Aktion, Patient-Aktion). So bez. in dem Satz «Das Holz trocknet» «Holz» die syntaktische Relation Subjekt und die s. R. Patient, weil «Holz» hier von dem Vorgang des «Trocknens» betroffen wird, weil es diesen Vorgang erleidet. Die s. R. werden auch Argumente genannt. Eine Zusammenstellung von s. R. haben Fillmore (1968) und Chafe (1970) versucht. Über den Einfluss dieses Konzeptes auf die Satzverarbeitung informiert Engelkamp (1974). *Semantik, Syntax*. *J. Engelkamp*

Rollenambiguität [engl. *role ambiguity*; lat. *ambiguus* ungewiss, schwankens], *Rollenkonflikte*.

rollende Straße, [**AO, DIA**], heute nicht mehr gebräuchliches Verfahren; Bez. für Prüfstände zur Verkehrseignung, wobei auf einem über Rollen laufenden Band durch Bedienung eines Steuerrades einer aufgezeichneten Linie (Spur) zu folgen ist. Zudem ist auf weitere Reize zu reagieren. Das erste Modell konstruierte Rupp unter der Bez. *Lenkprobe*. *Reaktionssimulator*.

Rollendisposition [engl. *role disposition*], [**PER, SOZ**], nach Krech et al. (1962) eine primäre interpersonale (soziale) Verhaltenseigenschaft wie z. B. Forschheit, Couragiertheit (Gegenpol: soziale Schüchternheit); Überlegenheit, *Dominanz* (Gegenpol: Unterwürfigkeit); Neigung zum Ergreifen sozialer Initiative (sozial passiv); Selbstständigkeit, Unabhängigkeit (Unselbstständigkeit). *Disposition*.

Rollendivergenz [engl. *role divergence*; lat. *divergere* weg-/auseinanderstreben], [**AO, SOZ**], Bez. für geringe Beziehung zw. dem leistungsmäßigen Beitrag zur Erreichung von Gruppenzielen und der Beliebtheit bei den übrigen Gruppenmitgliedern (Tüchtigkeit vs. Beliebtheit); u. a. bei *Führung*.

Rollenerwartung [engl. *role expectation*], *Rolle*, *Gruppenrollen*, *Quasi-Rollen*.

Rollenkonflikte (= R.) [engl. *role conflicts*], [**AO, SOZ, WIR**], im strukturfunktionalistischen Ansatz der Rollentheorie (Katz & Kahn 1978) wird unter einer *Rolle* ein Bündel normativer Erwartungen verstanden, die an den Inhaber einer best. sozialen Position gerichtet sind. Die Position im sozialen System wird in erster Linie über den Beruf bzw. die ausgeübte Tätigkeit festgelegt. Die Erwartungen, die im Berufsleben an Mitarbeiter gerichtet werden, können sich widersprechen, wodurch R. entstehen. Unterschieden werden *Inter-R.*, *Person-R.* und *Intra-R.*, wobei Letztere wiederum nach Inter-Sender- und Intra-Senderkonflikten differenziert werden (Nerdinger 2012; *Kommunikation*, *Konflikt*, *sozialer*). Ein *Inter-R.* entsteht aufgrund der Tatsache, dass eine Person verschiedene gesellschaftliche Positionen einnimmt (z. B. Kollege, Ehemann). Dieser Konflikttyp betrifft letztlich alle Menschen, im Berufsbereich sind die anderen Konfliktformen spezifisch. *Person-R.* entstehen, wenn die gesendeten Erwartungen mit dem Selbstbild des Empfängers kollidieren (z. B. werden Mitarbeiter im Dienstleistungsbereich nicht selten von den Kunden als Diener betrachtet, was zu Konflikten mit deren Selbstbild führt). *Intra-R.* treten auf, wenn an einen Rolleninhaber unterschiedliche oder uneindeutige Erwartungen gerichtet werden. Der erste Fall wird als *Inter-Senderkonflikt* (oder auch «Two-Bosses-Dilemma») bezeichnet. So können sich z. B. die Erwartungen des Vorgesetzten (mehr Gewinn) und des Kunden (bessere Leistungen) widersprechen. Wenn ein Sender widersprüchliche Rollenerwartungen sendet, liegt ein *Intra-Senderkonflikt* vor (z. B. die gleichzeitig gesendeten, widersprüchlichen Erwartungen eines Vorgesetzten an Gewinnerzielung und Kundenbindung). Werden die Erwartungen im Unklaren gehalten, so entsteht Rollenambiguität – die Rollenempfänger sind sich unsicher, wie sie sich in kritischen Situationen verhalten sollen. R., speziell Rollenambiguitäten, bilden einen bes. gravierenden *Stressor* mit negativen Auswirkungen auf Gesundheit und Wohlbefinden.

F.W. Nerdinger

Rollenselbstbild [engl. *role self-perception*], *Gruppenrollen*, *Quasi-Rollen*, *Rolle*.

Rollenspiel (= R.) [engl. *role-playing*], [**KLI**], Methode insbes. in der *Verhaltenstherapie*. Im Therapieverlauf kann das R. unterschiedliche Funktionen haben, wie z. B. das Sichtbarmachen problematischer Verhaltensweisen (diagn. R.), eine Perspektiv- und Rollenübernahme, das Experimentieren mit unterschiedlichen Verhaltens- und Reaktionsmöglichkeiten, das Einüben erwünschter Verhaltensweisen sowie die Möglichkeit zur Rückmeldung (über mündliches Feedback bis hin zu Videomitschnitten). Vorteile sind neben der breiten Einsetzbarkeit und der Möglichkeit zur Adaption auf den indiv. Therapieverlauf das direkte Erfahrbarmachen der bearbeiteten Erlebensbereiche sowie die Möglichkeit, unbekannte Verhaltensweisen im geschützten therap. Rahmen einzuüben. *Psychodrama*. Hautzinger 2007.

C. Koentges

rollentheoretische Persönlichkeitsauffassung [engl. *role-theoretic conception of personality*], [**PER, SOZ**], aus der Tatsache, dass ein *Individuum* im Laufe des *Sozialisations*prozesses in versch. *Positionen* und *Rollen* hineinwächst, die seine Eigenart kennzeichnen, ergibt sich die Möglichkeit, *Persönlichkeit* als «Schnittpunkt» aller Positionen, die sie in einem sozialen Gefüge innehat, bzw. als *System* von internalisierten Rollen zu beschreiben. Ausgangspunkt der Definition von Persönlichkeit i. d. S. ist somit nicht das Individuum, sondern die *Kultur*, die *Gesellschaft* bzw. die Interaktion ihrer Mitglieder (*soziale Interaktion*). Rolle als Einheit der Kultur ist dann die strukturierte Abfolge gelernter *Handlungen*, ausgeführt von einer Person in einer Interaktion (Sarbin). R. B. Cattell spricht i. R. seines Persönlichkeitssystems u. a. von *role traits* als einer Klasse dynamischer *Merkmale* des Menschen. Er versteht darunter Merkmale, die mit der Rolle einhergehen, die Menschen in der Gesellschaft bzw. in ihrer sozialen *Gruppe* übernehmen. Der Mensch hat bereits (als Vater, Lehrer, Taubenzüchter …), insofern er diese Rolle einnimmt, spezif. Merkmale, die sein Verhalten «determinieren». Dem Einwand, dass die Fassung von Persönlichkeit soziale Determinanten überbetone, damit mögliche interindiv. Differenzen vernachlässige, begegnen Vertreter der Rollentheorie mit der Annahme einer indiv. versch. «Rollenselbstdeutung» oder mit der Def. von Persönlichkeit als «Handlungssystem», das aus der Interaktion von *Selbst* und Rolle entsteht (Sarbin).

E. Roth

Rollentheorie (= R.) [engl. *role theory*], [**SOZ**], seit Sarbins (1954) Handbuchartikel übliche Bez. für relativ heterogene Hypothesen über Inhalt und Funktion uneinheitlicher Rollenkonzepte (*Rolle*). Biddle und Thomas (1966) wiesen daher den Anspruch einer umfassenden Theorie zurück. Habermas (1973) und Haug (1974) kritisieren die der R. immanenten Anpassungsvorgänge des Individuums (*Individuum*) an anscheinend invariant und übermächtig vorgegebene gesellschaftliche Verhältnisse sowie die schichtenspezifischen Verlaufsformen der *Sozialisation*. Untersuchungen zur mehrfachen Gruppenzugehörigkeit und den damit verknüpften Konflikten (*Konflikt, sozialer*) sollten zu einer Eingrenzung der Aussagen, einer

zunehmenden Vereinheitlichung der Begriffsbestimmung von Rolle evtl. zu mehreren R. mittlerer Reichweite führen. *Rollenkonflikte.* Sader 1969, Secord & Backman 1961.
Rollenübernahme [engl. *adoption of role*], *Perspektivenübernahme.*
Rollenverhalten [engl. *role behavior*], *Gruppenrollen, Quasi-Rollen, Rolle.*
romantische Entwicklung *Entwicklung, romantische.*
Romberg-Versuch, syn. *Romberg-Test* [engl. *Romberg's test, Romberg maneuver*], **[KOG, DIA]**, Vergleich der Standsicherheit mit parallel dicht nebeneinanderstehenden Füßen bei offenen bzw. geschlossenen Augen.
Rooming-in [engl. *rooming* wohnen], **[EW]**, Begriff für die Unterbringung von Neugeborenem und Mutter im gleichen Raum im Anschluss an die Geburt. Der frühe ständige Kontakt ist von elementarer Bedeutung für eine vertrauensvolle Mutter-Kind-Beziehung (optimiert noch durch eine häufige Präsenz des Vaters). Papousek & Papousek 1979, Rauh 1978.
Ropinirol, **[PHA]**, *Dopaminagonist* aus der Gruppe der *Nicht-Ergot-Dopaminagonisten,* Bindung vor allem an D2- und D3-*Dopaminrezeptoren.* Zugelassen zur Behandlung des mittelschweren bis schweren *Restless-Legs-Syndroms (RLS)* und zur Behandlung der *Parkinson'schen Erkrankung* in Frühstadien oder in Kombination mit *L-Dopa. Bioverfügbarkeit* 50 %, hepatischer Metabolismus in erster Linie über CYP1A2, in zweiter Linie auch über CYP3A4, *Eliminationshalbwertszeit* 3–10 Std. Dosierung initial 0,25 mg, langsame Dosissteigerung auf bis zu 4 mg (RLS) ist möglich, bei M. Parkinson werden bis zu 24 mg täglich gegeben. Wesentliche unerwünschte Wirkungen sind Müdigkeit, Übelkeit und Synkopen. *G. Gründer*
Test Rorschach-Test, Formdeute-Test, 1992, H. Rorschach, [www.testzentrale.de], **[DIA, PER]**, *projektiver Test*. AA keine Altersbegrenzung. Um 1911 begann Hermann Rorschach mit der Entwicklung seines auf der Deutung von symmetrischen Klecksgebilden beruhenden projektiven Verfahrens. Aus seinen Forschungsergebnissen schloss Rorschach, dass sich aus den Deutungen Rückschlüsse auf Persönlichkeitsstruktur (*Persönlichkeitsmerkmal*) und Dynamik eines Menschen ziehen lassen. Die Auswertung erfolgt formal und inhaltlich. Der formale Aspekt nimmt Bezug auf Ganz- oder Detaildeutung, Bevorzugung von Farbe, Form oder Bewegung sowie außerdem Inhalt und Originalität der Deutung. Zur Erstellung des Psychogramms werden daneben die Antwortenzahl, die Aufeinanderfolge der Erfassungsmodi, der Erlebnistypus, Vulgär- und Originalantworten u. a. untersucht. Es kann eine Nachbefragung erfolgen. Die abschließende inhaltsanalytische Interpretation ist tiefenpsychol. orientiert.
Rosenstiel, Lutz v. (1938–2013), **[AO, HIS, WIR]**, Lutz von Rosenstiel studierte in Freiburg und München. Er promovierte 1968 in München und habilitierte sich 1974 in Augsburg, wo er von 1974 bis 1977 lehrte. Von 1977 bis zu seiner Emeritierung 2006 lehrte er *Organisationspsychologie* und *Wirtschaftspsychologie* an der Ludwig-Maximilians-Universität in München. In mehreren hundert Aufsätzen und vielen Büchern stellte von Rosenstiel Themenbereiche der Organisations- und Wirtschaftsps. einschl. der Markt- und *Werbepsychologie* dar, so z. B. zur *Führung*. Rosenstiel erhielt 1993 den Deutschen Psychologie-Preis und 2000 das Bundesverdienstkreuz. *H. E. Lück*
Rosenthal, Robert, **[HIS, SOZ]**, wurde 1933 in Gießen geboren und floh als Kind mit seinen Eltern in die USA. Er studierte an der *University of California*, Los Angeles, und arbeitete ab 1967 viele Jahre an der *Harvard University.* Seit seinem Eintritt in den Ruhestand ist er an der *University of California,* Riverside, tätig. Rosenthal wurde bekannt durch seine Untersuchungen zum *Versuchsleiter-Erwartungseffekte* [*experimenter expectancy effect*] auch «Rosenthal-Effekt» genannt: Vl, die bestimmte Ergebnisse in ihren Experimenten erwarten, kommen eher zu Ergebnissen i. S. ihrer Hypothesen als Vl in Kontrollgruppen ohne entspr. Erwartungen. Später konnte Rosenthal die sich selbst erfüllende Vorhersage (*self-fulfillig prophecy*) auch für Lehrer bzgl. deren Schüler nachweisen (*Pygmalion-Effekt*). Wesentlich für die Wirkungen solcher Effekte sind offenbar nonverbale Prozesse, die Rosenthal auch für Arzt-Pat.-, Therapeut-Klient- und Richter-Angeklagter-Beziehungen untersuchte. Rosenthal erhielt zahlreiche Auszeichnungen; so 2003 die Ehrendoktorwürde der Universität Gießen. *H. E. Lück*
Rosenthal-Effekt *Versuchsleiter-Erwartungseffekt.*
Rosenzweig, Saul (1907–2004), **[HIS, KLI]**, amerikanischer Psychologe und Psychotherapeut, Promotion am Harvard College. Rosenzweig arbeitete an verschiedenen Einrichtungen, von 1948 bis zu seiner Pensionierung 1975 war er an der Washington University in St. Louis tätig. Rosenzweig wurde bekannt durch exp. sozialps. Untersuchungen, durch Psychoth.forschung und bes. durch den *Rosenzweig Picture Frustration Test*, ein *projektiver Tests* zur Erfassung der Aggressionsrichtung und -stärke. Rosenzweig schrieb später ein Buch über die USA-Reise von *Freud* im Jahr 1909. *H. E. Lück*
Test Rosenzweig Picture Frustration Test, Form für Erwachsene bzw. für Kinder (PFT), 1957, S. Rosenzweig, H. Hörmann & W. Moog, [www.testzentrale.de], **DIA, PER**]. Projektives Verfahren. AA 7–14 Jahre (Kinder) bzw. 14–85 Jahre (Erw.). Der PFT von S. Rosenzweig dient der Untersuchung der *Frustrationstoleranz,* d. h. der Belastbarkeit einer Persönlichkeit in sozialen Konfliktsituationen. Der PFT besteht aus 24 skizzenartig gezeichneten Situationen. In diesen Situationen richtet eine Person frustrierende Äußerungen an eine zweite, deren Antwort der Pb assoziativ ergänzen soll. Die Antworten werden bei der Auswertung nach Reaktionsformen signiert (z. B. *aggressive Reaktionen, Selbstbeschuldigung, resignatives Verhalten, Ausweichtendenzen, Eigeninitiative*); die Ergebnisse lassen sich auf einem Profilblatt darstellen. *Normierung*: Kinder Quartil- und Medianwerte (N = 320); Erwachsene Quartil- und Medianwerte (N = 300). Bearbeitungsdauer: ca. 15 bis 20 Min.
Rossiter-und-Percy-Modell (= R.) [engl. *Rossiter-Percy grid*], **[WIR]**, im R. werden *Motive* für den Kauf von Produkten danach unterschieden, ob durch ihre Nutzung entweder unangenehme *Gefühle* vermieden bzw. gelindert

oder angenehme Gefühle erlebt werden können. Motive für die Vermeidung unangenehmer Gefühle heißen *informationell* und Motive für das Erleben angenehmer Gefühle *transformationell*. Bsp. für Produkte, die informationelle Motive erfüllen sind Kopfschmerztabletten und Versicherungen; Bsp. für Produkte, die transformationelle Motive erfüllen, Schokolade und Urlaub. Weiter werden die Produkte nach dem Risiko eines Fehlkaufs in zwei Kategorien unterteilt, das in den Bsp. für Versicherungen bzw. Urlaub höher ist als für Kopfschmerztabletten bzw. Schokolade. Dieses Merkmal der Kategorisierung heißt im R. *Involvement*. *A. Mattenklott*

Rotation (= R.) [engl. *rotation*; lat. *rotare* sich kreisförmig herumdrehen], [**FSE**], bezeichnet die analytische oder grafische Transformation der aus einer Faktorenanalyse (= F.; *Faktorenanalyse, exploratorische*) resultierenden Faktoren. R.verfahren werden mit dem Ziel eingesetzt, die Interpretation der Faktoren zu erleichtern. Ein weit verbreitetes Kriterium der R. ist das Erreichen einer *Einfachstruktur*, in der jedes untersuchte Merkmal auf jew. einem Faktor eine hohe Ausprägung, d. h. eine hohe Faktorladung aufweist und auf den übrigen Faktoren möglichst niedrige Faktorladungen hat. Das Kriterium einer Einfachstruktur ist in der *Varimax-Methode* durch die Maximierung der Varianz der Faktorladungen eines Faktors implementiert. R.verfahren können danach klassifiziert werden, ob die Orthogonalität (Rechtwinkligkeit) der Faktoren gewährleistet sein soll (z. B. Varimax-Methode) oder ob schiefwinklige) Faktoren zugelassen werden (z. B. Promax-Methode). *S. Krolak-Schwerdt/T. Hörstermann*

Rotations-Reflexions-Gruppen (R-R-Gruppen) [engl. *rotation-reflection group*; lat. *rotare* im Kreis herumdrehen, *reflectere* zurück biegen/werfen], [**KOG, WA**], zentrales Konzept in Garners informationstheoretischem Zugang zur *Mustererkennung* [engl. *Garner's theory of rotation and reflection*]; danach bemisst sich die Redundanz eines Musters nach der Anzahl von Rotationen und Reflexionen, die das ursprüngliche Muster unverändert lassen (*Symmetrie*). *A. Zimmer*

Rotationstachistoskop [engl. *rotation tachistoscope*; lat. *rotare* sich drehen], *Tachistoskop*.

rote learning [engl. *rote routine*, *learning* lernen], *Behaviorismus*.

Rot-Grün-Blindheit [engl. *red-green blindness*], *Protanopie*.

Rotigotin (= R.), [**PHA**], *Dopaminagonist* aus der Gruppe der *Nicht-Ergot-Dopaminagonisten*, Bindung vor allem an D2- und D3-*Dopaminrezeptoren*. Zugelassen zur Behandlung des mittelschweren bis schweren *Restless-Legs-Syndroms (RLS)* und zur Behandlung der *Parkinson'schen Erkrankung* in Frühstadien oder in Kombination mit *L-Dopa*. R. wird als Pflaster appliziert, das alle 24 Std. erneuert wird. Innerhalb eines Tages werden ca. 45 % des Wirkstoffes aus dem Pflaster über die Haut aufgenommen. Hepatischer Metabolismus in erster Linie über CYP2C19, *Eliminationshalbwertszeit* 3–8 Std. Dosierung initial 1 mg/24 Std., Dosissteigerung auf bis zu 3 mg/24 Std. (RLS) ist möglich, bei M. Parkinson werden bis zu 8 mg täglich gegeben. Wesentliche unerwünschte Wirkungen sind Müdigkeit, Kopfschmerzen, Übelkeit und Hautreaktionen auf das Pflaster. *G. Gründer*

Rotter, Julian B. (1916–2014), [**HIS, EM, PER, SOZ**], Julian B. Rotter hat Beiträge zur sozialen Lerntheorie und zu Kontrollüberzeugungen geleistet. Rotter wurde als drittes Kind jüdischer Einwanderer in New York geb. Er studierte Chemie und Ps. am *Brooklyn College* und dann bei *Kurt Lewin* an der *University of Iowa*. Rotter promovierte 1941 an der *Indiana University*. Geprägt wurde Rotter während seines Studiums durch Lerntheoretiker wie *Clark Hull* und *Kenneth W. Spence*, *Burrhus F. Skinner* und *Edward C. Tolman*, aber auch durch eine Vortragsreihe von *Alfred Adler*. Rotter lehrte 17 Jahre an der *Ohio State University*, später an der *University of Connecticut*. Rotter bemühte sich, die klass. Lerntheorien mit vorausschauendem Verhalten zu verbinden. Dazu schuf er eine eigene Lerntheorie (*soziale Lerntheorien*), in der er davon ausging, dass die Erwartungen eines Handlungsergebnisses Auswirkungen auf die Handlungsmotivation haben. Rotters Unterscheidung von Personen, die Erfolge und Misserfolge internal oder external attribuieren (*locus of control*), führte zu einer relevanten Persönlichkeitsdimension und entspr. diagn. Verfahren zur Erfassung der *Kontrollüberzeugungen* (Rotter 1966). Ein weiteres Konstrukt aus der sozialen Lerntheorie von R. ist die generalisierte Erwartungshaltung des Vertrauens (interpersonelles Vertrauen), zu der entspr. Tests (Rotter 1967) und zu Untersuchungen in vielen Anwendungsbereichen (Politik, Institutionen, Unternehmen, Schule usw.) führte. Rotter wurde vielfach ausgezeichnet. Er starb 2014 im Alter von 97 Jahren. *H. E. Lück*

Rouge-Test (= R.) [engl. *rouge test, mirror self recognition test*], syn. *Flecktest*, [**EW**], erfasst das Erkennen des eigenen Selbst im Spiegel und somit ein rudimentäres *Selbstkonzept*. Zuerst bringt man im Gesicht des Kindes heimlich einen Fleck an. Oftmals appliziert die Mutter beim Naseputzen unbemerkt den Fleck auf Nase oder Kinn des Kindes. Anschließend führt man das Kind vor einen Spiegel und beobachtet die Reaktion auf den Fleck. Man nimmt an, dass ein rudimentäres Selbstkonzept vorhanden ist, wenn das Kind erkennt, dass es sich selbst im Spiegel sieht. Dabei wird als Kriterium für das Selbsterkennen gewertet, ob das Kind den Punkt im Spiegel auf sich bezieht. Dies kann durch ganz versch. Verhaltensweisen ausgedrückt werden. Bspw. kann das Kind durch den Versuch, den Fleck im eigenen Gesicht wegzuwischen, das Deuten auf sich selbst, das verbale Identifizieren von sich selbst oder durch Grimassenschneiden zeigen, dass es sich selbst im Spiegel entdeckt hat. Zw. 18 und 24 Monaten entwickelt sich die Fähigkeit, sich selbst im Spiegel zu identifizieren. *Theory of Mind*. *F. Degé*

R-Quadrat [engl. *r-squared*], r^2, *Determinationskoeffizient*.

R (Software), [**FSE**], ein freies (kostenloses) Programmpaket für die stat. Datenanalyse, das in den letzten Jahren verstärkt der sozialwiss. Forschung eingesetzt wird. R ist eine neue Programmierung des Statistikprogramms S und hiermit kompatibel. Das Programm kann durch viele einzelne Pakete erweitert werden, die vom Anwender für ei-

musste geschehen) geglaubt wird, und (3) auf der Ebene der Selbsteinschätzung in Form von Fehleinschätzungen der eigenen Fähigkeiten, des eigenen Wissens und der Vorhersehbarkeit von Ereignissen (z. B. *Ich wusste, es würde geschehen* bzw. *es war leicht vorhersehbar*). Beeinflusst werden die drei Ebenen des R. von kognitiven (z. B. Erinnerung, Aktualisierung von Wissensinhalten, Sinnstiftung; *Kognition*), metakognitiven (z. B. Verarbeitungsflüssigkeit, Fehlattribution, *Metakognition*) und motivationalen (z. B. Bedürfnis nach kognitiver Geschlossenheit, Selbstwert; *Motivation*) Prozessen. Als Konsequenzen des R. lassen sich übersteigertes *Selbstvertrauen* in die eigenen Urteile und Prognosen sowie Kurzsichtigkeit bei der Suche nach und Analyse von möglichen *Kausalitäten* beobachten (Rose & Vohs 2012). E. Kirchler/J. Stark

Rückverlegungshypothese, [WA], syn. *exzentrische Projektion* [engl. *excentric projection*]; die introspektive Beobachtung, dass Sinneswahrnehmungen gewöhnlich außerhalb des Körpers an der Stelle lokalisiert werden, wo sich das Reizobjekt befindet. So wird das Blau gesehen, als befinde es sich am Himmel und nicht in der *Retina*. (Helmholtz nahm hierzu fälschlich bzw. unnötig an, dass die Reize vom ZNS über die Nervenbahnen zurück in die Peripherie transportiert werden.) Beim projizierten Schmerz wird subj. die Schmerzempfindung in das Versorgungsgebiet des gereizten Spinalnervs zurückverlegt. *Projektion*.

Rückwärtsplanung [engl. *backward scheduling*], *Problemlösen*.

rückwirkende Hemmung *retroaktive (rückwirkende), proaktive (vorwirkende) Hemmung*.

Rudiment, rudimentär, rudimentäre Bewegungen [engl. *rudiment, rudimentary (motions)*; lat. *rudimentum* erster Anfang], [EM, KOG, SOZ], etwas nicht voll Ausgebildetes, z. B. ein auf früher Stufe der Stammesentwicklung stehen gebliebenes Organ. Rudimentär andeutungsweise vorhanden. Bei Bewegung (*Motorik*, *Mimik* und *Gebaren* (d. h. in der *Ausdruckspsychologie*) spricht man von Rudimentärformen, wenn eine Bewegung, die vormals voll ausgeprägt war, auf Andeutungen zurückgegangen oder auch über das ansatzweise nicht hinausgekommen ist (z. B. Mundwinkel senken für Bitterkeit, Ablehnung). *Nichtverbale Kommunikation*.

^Test^**Ruff Figural Fluency Test (RFFT)**, 2004, von B. Feldmann & P. Melchers. [BIO, DIA], der erste Design Fluency Test wurde 1977 von Jones-Gotman und Milner veröffentlicht. Fehlende Normen und geringe Auswertungsreliabilität schränkten den klin. Einsatz ein. Zur Vermeidung dieser Probleme entwickelten Regard et al. (1982) den «5-Punkte-Test» *Five Points Test*. Ruff et al. änderten die Vorlage und nahmen eine Normierung für die USA vor. Der RFFT ist ein neurops. Verfahren zur Erfassung der figuralen Flüssigkeit analog zur *verbalen Flüssigkeit* als ein Teil der *Exekutivfunktionen*. AA Erwachsene von 16 bis 70 Jahre. Der RFFT ist ein Papier-und-Bleistift-Test zur Erfassung des nonverbalen fluiden Denkens. Das Testheft besteht aus fünf Vorlagen, für die jeweils eine Minute Bearbeitungszeit zur Verfügung steht. Jede Vorlage enthält 35 Kästchen mit identischen Punkt- bzw. Distraktormustern. Unter Beachtung von vorgegebenen Regeln sollen Strategien entwickelt werden, um möglichst viele unterschiedliche Muster zu produzieren und *Perseverationen* zu vermeiden. S. V. Müller

Ruffini-Körperchen [engl. *Ruffini corpuscles*], nach A. Ruffini (1864–1929), *Mechanorezeption, Mechanosensorik*.

Ruffinische Kolben, nach A. Ruffini (1864–1929), [BIO, WA], Wärmerezeptoren der Haut. *Sinne*, *Hautsinne (Tast-, Temperatur-, Schmerzsinn)*.

Ruhepotenzial [engl. *resting potential*], [BIO], unterschiedliche Ladung zw. Innenseite (negativ) und Außenseite (pos.) der Nervenmembran im Ruhezustand des Nervs. Ggs. *Aktionspotenzial. Nerv*.

Ruhepuls (= R.) [engl. *resting heart rate*], [BIO], die – aufgrund der indiv. Leistungsfähigkeit – in Ruhe vorherrschende *Herzfrequenz*. R. wird im Sitzen, Liegen oder Stehen gemessen.

Ruhestand, Anpassung an [engl. *retirement, adaptation/ adjustment*], [AO, EW], während ältere Studien häufiger eine geringere Lebenszufriedenheit bei Personen im Ruhestand im Vergleich zu noch Erwerbstätigen ermittelten, zeigen neuere Studien, dass die Anpassung an die nachberufliche Lebensphase aus Sicht der meisten Männer und Frauen eher gut gelingt. Diese sind zum weit überwiegenden Teil im Ruhestand mit ihrem Leben genauso zufrieden wie gegen Ende ihrer Erwerbstätigkeit; der Anteil der eher Unzufriedenen liegt meist zw. 10 und 25 %. In diesen Befunden spiegelt sich eine heute im Vergleich zu früher positivere gesellschaftliche Bewertung des Ruhestandes ebenso wider wie das subj. Erleben einer «späten Freiheit» und eine stärkere Freizeitorientierung. Probleme bei der Anpassung an den Ruhestand sind dann wahrscheinlicher, wenn gesundheitliche (*Krankheit*, *Behinderung*) oder finanzielle Einschränkungen vorliegen, die familiäre Situation als eher belastend erlebt wird, soziale Kontakte überwiegend an die Erwerbstätigkeit gebunden waren und Beziehungen zu wichtigen Bezugspersonen nicht aufgebaut oder aufrechterhalten werden konnten. Zudem wirkt sich das Fehlen von effektiven Bewältigungsstrategien (*Coping*) neg. auf die (schöpferische) Anpassung an die nachberufliche Zeit aus.

Pos. erlebte Arbeitsbedingungen und insbes. höhere berufliche Positionen wirken sich dagegen eher günstig auf die Zufriedenheit mit dem Ruhestand und die Bewältigung neuer Anforderungen aus. Auch wenn Arbeiter ihre Situation vor bzw. zu Beginn der nachberuflichen Lebensphase positiver bewerten als Angestellte und Arbeitnehmer in höheren beruflichen Positionen, kehrt sich dieser Unterschied langfristig um. Eine höhere Identifikation mit dem Beruf ist bei Personen mit höheren beruflichen Positionen stärker ausgeprägt, was den Übergang zunächst erschweren kann. Größere Rollenflexibilität, höhere soziale und kommunikative Kompetenz (*soziale Kompetenzen*), größere Kontrolle hinsichtlich des Austrittszeitpunktes, ein höheres Einkommen und ein besserer Zugang zu sozialen und med. *Ressourcen* tragen dazu bei, dass Personen, die in höheren beruflichen Positionen tätig waren, im Ruhestand mehr Pläne haben, aktiver, zufriedener und optimistischer sind, dass also bei ihnen eine Anpassung an die neue Lebenssituation langfristig besser gelingt. *Psychologie des Alterns, Vorruhestand, Akzeptanz.* A. Kruse

RULEG [engl. *rule* Regel, lat. *e.g.* für *exempli gratia* zum Beispiel], *Regel-Beispiel-Methode* (Technik), **[PÄD]**, Bez. für ein Verfahren in der Instruktionsps. (*Instruktion*), bei dem zuerst die allg. Regel und anschließend dazugehörige Bsp. dargeboten werden. *EGRUL, programmierter Unterricht, Lernen, programmiertes.*

Rumination [engl. *rumination*; lat. *ruminare* wiederkäuen], *Emotionsdysregulation, Irritation, Präsentismus, Selbstinfiltration.*

Rupp, Hans (eigentlich Johann Baptist Carl Rupp), (1880–1954), **[AO, HIS]**, österreichischer Psychologe, Studium in Wien und Innsbruck, 1904 Promotion an der Universität Innsbruck, 1904–1907 Assistent bei G. E. Müller (*Müller, Georg Elias*) an der Universität Göttingen, dann an der Universität Berlin (1907–1944) als Verwaltungsdirektor, 1909 Habilitation bei *C. Stumpf* mit einer Arbeit «Über die Raumwahrnehmung des Tastsinns» an der Universität Berlin. R. betreibt im Berliner Institut die Pädagogische Ps. und die Arbeitsps., 1916 wird R. als österreichischer Staatsbürger zum Militärdienst nach Österreich einberufen und 1918 entlassen; 1919 erfolgt in Berlin die Ernennung zum Professor, 1921 die Ernennung zum nicht beamteten a. o. Prof., 1927 wird R. Oberassistent am Berliner Institut. Über Jahrzehnte nimmt R. umfangreiche Lehraufgaben war, er forscht und publiziert u. a. gemeinsam mit *K. Lewin*, ab 1925 gibt er die «Psychotechnische Zeitschrift» heraus, die mit Beiträgen zur Diagnostik, zu Anlernverfahren, Arbeitsstudien, Arbeitsgestaltung, ethischen Fragen usw. eine der führenden Zeitschriften im Bereich der *Psychotechnik* wird. Wendelborn & Müller 2003. H. E. Lück

Rüstungsdisposition *Richtungsdisposition.*

S

saccadiert, sakkadisch [engl. *saccadic*; frz. *saccadé* ruckartig], [**KOG**], ruckweise; nicht flüssiger Bewegungsablauf. *Sakkade*.

Sacculus [lat. Säckchen], *Ohr*.

Sachverständigentätigkeit [engl. *expert* Sachverständiger], *Familienrechtspsychologie*, *Forensische Psychologie*, *Psychologisches Gutachten*.

Sachvorstellung *Wort-Sach-Vorstellung*.

SAD *Saisonal abhängige affektive Störung*.

Sadismus (= S.) [engl. *sadism*], [**KLI**], bez. eine Störung der Sexualpräferenz (*Sadomasochismus*, F65.5), sex. deviantes Sexualverhalten mit Befriedigung bis zum Orgasmus durch Schmerzzufügen, Misshandeln, Demütigen. Der S. ist die Gegenposition zum *Masochismus*. Der Begriff wurde von Krafft-Ebing eingeführt, benannt nach dem frz. Schriftsteller Marquis de Sade (1740–1814). In der *Psychoanalyse* gelten sadistisches Verhalten und sadistische Zwangsgedanken als reaktive (kompensatorische) Äußerungen beim gehemmten Neurotiker (*Neurose*).

Sadomasochismus [engl. *sadomasochism*; nach *Marquis de Sade* (frz. Autor) und *Leopold von Sacher-Masoch* (österr. Autor)], (F65.5), [**KLI**], Bez. für das Zus.spiel von *Sadismus* und *Masochismus* als Ziel sex. Befriedigung im gleichen Individuum. Nur deutl. ausgeprägte Formen können damit bez. werden, da nach S. Freud (*Psychoanalyse*) in Grenzen beide Triebrichtungen im Menschen angelegt sind.

sagittal [engl. *sagittal*; lat. *sagitta* Pfeil], [**BIO**], parallel zur Pfeilnaht des Schädels verlaufend, also von der Stirn zum Hinterhaupt, vom Bauch zum Rücken. Sagittalebene: jede parallel zur *Medianebene* durch den Körper gelegte Ebene.

Saisonal abhängige affektive Störung (= SAD) [engl. *seasonal affective disorder*], [**PHA**], umgangssprachl. auch «Winterdepression» (*Depression*). Wird in den aktuellen Klassifikationssystemen ICD-10 und DSM-5 (*Klassifikation psychischer Störungen*) der rezidivierenden depressiven Störung zugeordnet (in DSM-5 mit der Zusatzkodierung «mit saisonalem Muster»). Die Diagnose kann gestellt werden, wenn: (1) ein regelmäßiger zeitl. Zs.hang zw. dem Auftreten von depressiven Episoden und einer best. Jahreszeit (z.B. Herbst oder Winter) besteht, (2) vollst. *Remissionen* ebenfalls regelmäßig in der gleichen Jahreszeit auftreten (z.B. Remission im Frühling), (3) in den letzten zwei Jahren zwei depressive Episoden auftraten, die den o.g. saisonalen Bezug hatten und in dieser Zeit keine depressiven Episoden auftraten, die keinen saisonalen Bezug hatten, und (4) die Zahl saisonal gebundener depressiver Episoden im Lebenszeitverlauf die Zahl von nicht saisonal gebundenen Episoden deutlich übersteigt. Die SAD kommt in höheren Breitengraden gehäuft vor. Die Behandlung kann mit der *Lichttherapie* erfolgen. Die psycho- oder pharmakotherap. Behandlung erfolgt nach den Behandlungsprinzipien der rezidivierenden depressiven Störung. Die prophylaktische Therapie mit *Bupropion* während der Herbst- bis Wintermonate konnte gezeigt werden. *G. Gründer*

Sakkade [engl. *saccade*; frz. *saccadé* ruckartig], [**WA**], sehr schnelle, ruckartige Augenbewegung (*Augenbewegung*) zum Wechsel des Fixationspunktes; die Dauer von Sakkaden wächst etwa linear mit der Weite (für Weiten oberhalb von ca. 5°: 20 bis 30 ms + 2 ms/°). Bei großen Weiten fallen Sakkaden typ.weise zu kurz aus, und ca. 200 ms nach Beginn der ersten Sakkade folgt eine Korrektursakkade, auch wenn das Fixationsziel nicht mehr sichtbar ist. Bereits kurz vor Beginn und über die Dauer der Sakkade hinaus ist die Empfindlichkeit des Sehens vermindert (*saccadic suppression*). Den Zweck der max. schnellen Bewegung kann man in der Minimierung der Zeit sehen, während der das Sehen durch ein bewegtes/verwischtes *Netzhautbild* beeinträchtigt ist. Von den willkürlichen Sakkaden sind die unwillkürlichen *Mikrosakkaden* (Weiten von wenigen Winkelminuten) abzugrenzen, die während einer Fixation beobachtet werden können. Ohne Hilfsmittel gut zu beobachten sind Sakkaden beim Lesen, die eine geringe Winkelbreite haben; bei schwierigeren Texten sind sie kürzer, bei leichteren Texten weiter; die Fixationsintervalle zwischen den Sakkaden dauern ca. 250 ms. Carpenter 1977. *H. Heuer*

sakkadische Unterdrückung [engl. *saccadic suppression*], [**WA**], Unterdrückung der visuellen Wahrnehmung während einer *Sakkade*. *U. Ansorge*

Säkulärer Trend (= S.T.) [lat. *saeculum*, Zeitalter; engl. *secular trend*], [**PER, SOZ**], langfristige Veränderung im Verlauf mehrerer Jahrzehnte im Mittelwert best. *Persönlichkeitsmerkmale* inkl. *physischer Merkmale* in best. Populationen. In westlichen Kulturen zeigte sich z.B. im Verlauf des 20. Jahrhunderts eine deutliche Zunahme von Körperhöhe und -gewicht und eine frühere Pubertät, die vor allem auf eine bessere med. Versorgung und Ernährung zurückgeführt werden. Der S.T. zu immer besseren Leistungen in *Intelligenztests* (Flynn 1987) wird nach seinem Entdecker James R. Flynn auch *Flynn-Effekt* [engl. *Flynn effect*] genannt. Bei jungen Erwachsenen in den USA wurde zw. den 1980er- und den 2000er-Jahren eine Zunahme individualistischer Merkmale (*Individualismus*) wie z.B. *Narzissmus* und *Selbstwert* gefunden (Twenge et al., 2008).

Salienz (= S.) [engl. *salience*; lat. *salire* springen], [**SOZ**], Bedeutsamkeit, das Hervortreten, z.B. von Merkmalen bei einer Person.
[**KOG**], *Metapher*.
[**WA**], visuelle S. bez. die Deutlichkeit von visuellen Reizen. Im dominierenden Salienzmodell (= SM.) von Itti et

al. (1988) wird sie im zweidimensionalen Bild als stellenweise lokale Merkmalsabweichung in den Merkmalen Farbe (mit einem Blau-Grün- und einem Rot-Gelb-Kanal), Luminanz und Orientierung berechnet. An jeder Bildstelle werden diese Merkmalsdifferenzen berechnet, normalisiert und addiert. So entsteht eine räumliche S.karte, in der Regionen mit hohen summierten Merkmalsdifferenzen hohe S.werte aufweisen. Das SM. wird verwendet, um die spontane Zuwendung der Aufmerksamkeit und des Blicks zu erklären. Nach dem SM. ziehen saliente Bildregionen die *Aufmerksamkeit* und den Blick *bottom-up*, also absichtsunabhängig an. Bspw. würde eine gelbe Plastikente in der weißen Badewanne salient erscheinen. Das visuelle SM. wurde durch physiol. Ergebnisse inspiriert, die eine hirnseitig frühe und nach Merkmalen getrennte Verarbeitung visueller Merkmalsdimensionen, wie Farbe oder Form, belegen. Das SM. von Itti et al. wurde mehrfach adaptiert. So gibt es etwa eine Version, in der visuelle Bewegung zu den salienten Merkmalen zählt. Andere Arbeitsgruppen haben andere Vorschläge zur Def. und Berechnung von S. gemacht. *U. Ansorge*

Salivation [engl.] Speichelbildung; [lat. *saliva* Speichel], **[KOG]**, Speichelbildung war für Pawlow ein wichtiges Reaktionsmaß. *Konditionierung, klassische, S-R-Theorie, Dressur, Pawlow'scher Hund.*

Salpêtrière (= S.), **[HIS, KLI]**, berühmtes Hospital in Paris. Charcot entwickelte dort seine Theorien über *Hysterie*. Auch S. Freud ließ sich 1886 als Assistenzarzt an der S. von Charcot (Charcot 1886) einführen. In Verbindung mit diesen Theorien spricht man von der Salpêtrière-Schule (Pariser Schule). Die S. war zuerst Allgemeinkrankenhaus. Epileptiker und Hysteriker waren stark vertreten. Später unter P. Pinel wurde sie psychiatr. Klinik.

Salutogenese (= S.) [engl. *salutogenesis*; lat. *salus* Gesundheit, gr. γένεσις *(genesis)* Entstehung], **[GES]**. Warum bleiben Menschen – trotz vieler potenziell gesundheitsgefährdender Einflüsse – gesund? Wie schaffen sie es, sich von Erkrankungen oder extremen Belastungen wieder zu erholen? Der israelische Medizinsoziologe Aaron Antonovsky (1923–1994) hat für diese Perspektive den Neologismus *Salutogenese* geprägt (*salus*, lat. Unverletztheit, Heil, Glück; *genesis*, gr. Entstehung), um den Ggs. zur *Pathogenese* hervorzuheben. Die salutogenetische Perspektive fragt primär nach den Bedingungen von *Gesundheit* und nach Faktoren, die Gesundheit schützen. Das Konzept der S. wurde von A. Antonovsky in seinen beiden Hauptwerken «Health, Stress and Coping» (Antonovsky 1979) und «Unraveling the Mystery of Health. How People Manage Stress and Stay Well» (Antonovsky 1987) formuliert. Antonovsky geht von einem Kontinuum mit den Polen Gesundheit und körperliches *Wohlbefinden* auf der einen und *Krankheit* und körperliches Missempfinden auf der anderen Seite aus (*health ease/dis-ease continuum*). Der Gesundheits- bzw. Krankheitszustand eines Menschen wird danach wesentlich durch eine indiv., ps. Einflussgröße, das *Kohärenzgefühl* [engl. *sense of coherence, SOC*] bestimmt. Es setzt sich aus den Komponenten (1) Gefühl von Verstehbarkeit [engl. *sense of comprehensibility*], (2) Gefühl von Handhabbarkeit bzw. Bewältigbarkeit [engl. *sense of manageability*] und (3) Gefühl von Sinnhaftigkeit bzw. Bedeutsamkeit [engl. *sense of meaningfulness*] zus. Ein stark ausgeprägtes Kohärenzgefühl führt nach Antonovsky dazu, dass ein Mensch flexibel auf Anforderungen reagieren kann. Ob sich ein starkes oder ein schwaches Kohärenzgefühl herausbildet, hängt v. a. von den gesellschaftlichen Gegebenheiten, d. h. von der Verfügbarkeit sog. *generalisierter Widerstandsressourcen*, ab. In Anlehnung an Lazarus (*Coping*) vertritt Antonovsky ein Stresskonzept (*Stress*), in dem Stressoren nicht mehr grundsätzlich als krankmachend angesehen werden, sondern als Stimuli, die einen physiol. Spannungszustand (psychophysische Aktivierung) herbeiführen. Das Modell der S. wurde insbes. in der *Prävention* als Grundlage für Maßnahmen der Gesundheitsförderung pos. aufgenommen. Die Komplexität des Modells erschwert eine empirische Überprüfung, das zentrale Konstrukt des Kohärenzgefühls weist starke Überschneidungen zur Depressivität (*Depression*) und zur *Selbstwirksamkeitserwartung* auf. Bengel & Lyssenko 2012. *J. Bengel*

^Test^**Salutogenetische Subjektive Arbeitsanalyse (SALSA)**, **[AO, DIA, GES]**, Fragebogen zur personenbezogenen *Arbeitsanalyse* unter besonderer Berücksichtigung gesundheitserhaltender Aspekte der Arbeitstätigkeit. Der Fragebogen besteht aus folgenden fünf Teilen: Angaben zur Person, Arbeit und Betrieb, Privatbereich und Freizeit, persönliche Einstellungen, Gesundheit und Krankheit. Im zentralen Bestandteil Arbeit und Betrieb werden *Aufgabencharakteristika* (Ganzheitlichkeit der Aufgaben, Qualifikationsanforderungen und Verantwortung), *Arbeitsbelastungen* (Überforderung, Unterforderung, belastendes Sozialklima, belastendes Vorgesetztenverhalten), *Organisationale Ressourcen im Betrieb* (Aufgabenvielfalt, Qualifikationspotenzial, Tätigkeitsspielraum, Partizipationsmöglichkeiten, persönliche Gestaltungsmöglichkeiten, Spielraum für persönliche und private Dinge), *Soziale Ressourcen im Arbeitsbereich* (positives Sozialklima, mitarbeiterorientiertes Vorgesetztenverhalten) und *Soziale Unterstützung im Betrieb* (soziale Unterstützung durch Vorgesetzte sowie Arbeitskollegen) erfasst. Ergebnis: Skalenwerte zur subjektiven Beschreibung der Arbeitstätigkeit in den genannten Dimensionen. Anwendungsbereich: alle Branchen; Gruppenvergleiche (z. B. Vergleich verschiedener Berufsgruppen oder von Betrieben mit unterschiedlicher Arbeitsgestaltung). Rimann & Udris 1997.

^Test^**Salzburger Lese-Screening für die Klassenstufen 1–4 bzw. 5–8 (SLS 1–4, SLS 5–8)**, 2003 (SLS 1–4) bzw. 2005 (SLS 5–8), H. Mayringer & H. Wimmer (SLS 1–4) bzw. M. Auer, G. Gruber, H. Mayringer & H. Wimmer (SLS 5–8), [www.testzentrale.de], **[DIA, EW, KOG, PÄD]**. Lesetest (*Lese-Rechtschreibschwierigkeiten*). AA Ende der 1. bis Ende der 4. Klassenstufe (SLS 1–4) bzw. Ende der 5. bis Ende der 8. Klassenstufe (SLS 5–8).

(1) Das SLS 1–4 wurde in Zusammenhang mit dem indiv. durchzuführenden Salzburger Lese- und Rechtschreibtest (SLRT) konzipiert. Beim SLS 1–4 wird den Kindern eine Liste sehr einfacher richtiger und falscher Sätze vorgelegt (z. B. «Bananen sind blau»), die möglichst schnell gelesen

und nach ihrer Richtigkeit beurteilt werden sollen. Gemessen wird, wie viele Sätze die Kinder in 3 Min. korrekt bearbeiten können. Da die Sätze in lesetechnischer Hinsicht zunehmend schwieriger werden, kann von Ende der 1. bis Ende der 4. Klassenstufe ein und dasselbe Material verwendet werden. Es liegen zwei Parallelformen vor («Satzversionen» Form A und B).
(2) Das SLS 5–8 erfasst die Lesegeschwindigkeit mit dem Lesen von Sätzen. Eine Liste inhaltlich einfacher Sätze, die auf das Wissen der Schüler abgestimmt wurde, muss möglichst schnell gelesen und der Wahrheitsgehalt jedes Satzes beurteilt werden. Das Testverfahren liegt in zwei Versionen mit inhaltlich unterschiedlichen, den gestellten Leseanforderungen nach aber vergleichbaren Sätzen vor («Satzversionen» Form A und Form B). Dies ermöglicht es, unter meth. günstigen Bedingungen, den Test sogar in kurzen Zeitabständen zu wiederholen. Für beide Satzversionen gibt es zudem zwei Varianten mit geringfügig veränderter Satzabfolge.
Normierung: SLS 1–4: Separate Normen (N = 1.867) liegen für das Ende der ersten Schulstufe bzw. den Beginn der 2. Schulstufe und für jedes Halbjahr der 2. bis 4. Klassenstufe vor. SLS 5–8: Für jede der vier Schulstufen basiert die Normierung auf Stichproben zwischen 714 und 850 Schülern. Für jede Klassenstufe liegen separate Normen vor. Bearbeitungsdauer: SLS 1–4: ca. 15 Min. (die reine Bearbeitungszeit beträgt 3 Min.). SLS 5–8: ca. 10 Min. (die reine Bearbeitungszeit beträgt 3 Min.).

Test Salzburger Lese- und Rechtschreibtest (SLRT), 1997, K. Landerl, H. Wimmer & E. Moser, [www.testzentrale.de], **[DIA, PÄD]**, Lese- und Rechtschreibtest. AA 1. bis 4. Schulklasse. Der SLRT ist ein Verfahren zur differenzierten Diagnose von Schwächen beim Erlernen des Lesens und Schreibens und umfasst fünf Subtests zum Lesenlernen und ein Lückendiktat zur Rechtschreibung. Der Lesetest ermöglicht eine separate Diagnose zweier Teilkomponenten des Wortlesens: Defizite in der *automatischen, direkten Wortkennung* und Defizite des *lautierenden Lesens*. Reliabilitätskoeffizienten zu vier Normierungszeitpunkten liegen überwiegend zw. $r = .60$ und $r = .95$. *Normierung*: erfolgte an unterschiedlichen Teilstichproben von insges. über 2800 österreichischen Schulkindern. Bearbeitungsdauer der beiden Untertests zwischen 10 und 30 Min.

Salzburger Treffen, **[HIS]**, der erste Kongress (1908), auf dem *Freud* einem wiss. Publikum seine Theorien vortrug und auch den ersten Kontakt mit *Bleuler* und *Jung* aufnahm. Zwei Jahre später wurde die *Internationale Psychoanalytische Gesellschaft* gegründet (1910).

sample [engl.] *Stichprobe*.

Sampling-Theorie der Intelligenz [engl. *sampling theory of intelligence*; *sampling* Stichprobenziehung], **[PER]**, von Thomson und Thorndike entwickeltes Intelligenzmodell (*Intelligenz*). Demnach liegt jeder Intelligenzleistung eine ganz best. *Stichprobe* aus der Grundgesamtheit nicht näher identifizierter Elementarfaktoren zugrunde. *Intelligenzfaktoren*.

Sander, Friedrich (1889–1971), **[HIS, WA]**, Mitbegründer der *genetischen Ganzheitsps.* (sog. Zweite *Leipziger Schule*). 1913 Dr. phil. in Leipzig, 1913–14 Assistent und Abteilungsvorstand am Psychologischen Institut Leipzig, 1914–1918 Kriegsdienst, 1919–1929 erneut Assistent und Abteilungsvorstand am Psychologischen Institut Leipzig (letzter Assistent von *Wundt*), 1929–1930 a. o. Prof. in Gießen, 1933–1945 o. Prof. für Ps. in Jena, 1945 entlassen, 1949–1951 Prof. in der Lehrerbildung, 1951 Lehrbeauftragter an der TU und der FU Berlin, 1952 Mitarbeiter am Max-Planck-Institut für Anthropologie Berlin. 1954–1960 o. Prof. und Direktor des Psychologischen Instituts Bonn. Die Entwicklung von Gestalterlebnissen aus «Gestaltkeimen» bez. Sander als *Aktualgenese*, experimentell z. B. durch stufenweise Darbietung eines zunächst unscharfen, dann immer schärfer werdenden Bildes nachweisbar. In der sog. (*Sander'schen Täuschung*) erscheinen zwei gleich lange Linien in einem Parallelogramm (Sander'sches Parallelogramm) als verschieden lang, was Sander auf den Gestaltzusammenhang zurückführt. Sander war Mitglied der NSDAP und versuchte die Ps. in den Dienst nationalsozialistischer Ideale zu stellen (vgl. Fitzek & Wittmann 2003). Zu den Ehrungen, die Sander erhielt, zählt die Ehrenmitgliedschaft des *Berufsverbands Deutscher Psychologen*. H. E. Lück

Sander'sche Täuschung [engl. *Sander's parallelogram illusion*], **[WA]**, Parallelogrammtäuschung. Die Diagonale (vgl. Abb.) links erscheint merklich länger als die rechte, ist aber ebenso lang. *geometrisch-optische Täuschung*.

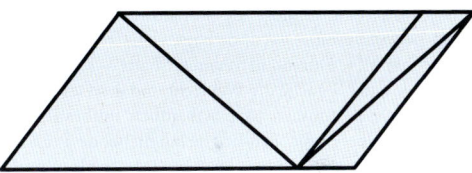

Sander'sche Täuschung

Sanguiniker [engl. *sanguinic person/temperament*; lat. *sanguis* Blut]; gemäß der altgriech. Temperamentenlehre (Hippokrates) ein Mensch mit expressivem, lebensfrohem und energiegeladenem *Temperament*. Als neg. Eigenschaften gelten u. a. Unzuverlässigkeit und Wankelmütigkeit. *Typologie*.

Sanktion (= S.) [engl. *sanction/penalty*; lat. *sanctio* Strafbestimmung], **[KOG, PÄD]**, Bewertung eines Verhaltens durch Einzelpersonen oder Gruppen. Positive S. ist eine ausdrückliche Billigung, neg. S. ist eine Missbilligung. S. dienen der Unterscheidung zw. erwünschtem (normangemessenem) und unerwünschtem Verhalten und haben meist eine Stabilisierung bestehender Verhältnisse zur Folge. Allerdings sind auch Gegeneffekte wie *Reaktanz* oder Ablehnung der die S. aussprechenden Personen möglich. S.formen: Lob (*Verstärkung*), Strafe (*Bestrafung*).

Sanktionen im Klassenzimmer (= S.), **[PÄD]**, *Sanktion*; bei S. handelt es sich um Maßnahmen der Lehrkraft gegenüber einzelnen Schülern oder gegenüber der Klasse. S. werden als Ausnahmereaktionen verstanden und eingesetzt, wenn vereinbarte *Regeln im Klassenzimmer* oder

Normen (*Normen, soziale*) verletzt wurden. S. werden somit verstanden als *Reaktion* auf eine Abweichung von Verhaltensregelmäßigkeiten und als Demonstration für die *Gruppe*, dass abweichendes Verhalten nicht hingenommen wird. Bei einer S. handelt es sich um eine deutliche erzieherische Einflussnahme (*Erziehung*), die das Verhalten und die Einstellungen der Schüler ändern soll. Ein anderer, in der päd. Literatur selten verwendeter Begriff, der synonym verwendet werden kann, ist die *Strafe*. Problematisch in diesem Zusammenhang ist, dass durch S. bei den Schülern unerwünschte emot. Nebeneffekte eintreten können, bspw. Schulangst und Wut, oder dass eine S. als Aufmerksamkeit und damit pos. *Verstärkung* wahrgenommen wird. Durch S. kann ein weiteres Arbeiten im Klassenzimmer nachhaltig gestört werden. S. auch *Bestrafung*. *Klassenführung*, *Klassenführung, effiziente*, *Konditionierung*. Kauffman 2005. E. Gärtner

Sapir-Whorf-Hypothese [engl. *Sapir-Whorf hypothesis*], **[KOG]**, ein Komplex von Behauptungen, die sich auf das Verhältnis von *Sprache* und *Denken* beziehen. Der Sprachforscher Whorf (1956) behauptete, ähnlich wie sein Lehrer Sapir, aufgrund des Vergleichs von Indianersprachen mit *SAE*-Sprachen, dass angesichts der nachweislichen erheblichen Verschiedenheiten dieser Sprachen in ihren semantischen (*Semantik*) und syntaktischen (*Syntax*) Charakteristika das Weltbild und damit das Denken der jew. Sprachgemeinschaften unterschiedlich sein müssten. In Verallgemeinerung wird daraus das *linguistische Relativitätsprinzip*, dem implizit die Annahme eines linguistischen *Determinismus* zugrunde liegt, wonach – wie schon weit früher W. v. Humboldt vermutet hatte – strukturelle Merkmale einer Sprache die Weltsicht und das Denken ihrer Benutzer bestimmen bzw. wesentlich mitbestimmen sollen. Eine die empir. Prüfung ermöglichende Präzisierung dieses Hypothesenkomplexes erwies sich als nur sehr eingeschränkt realisierbar (*codability*), sodass diese Behauptungen trotz einiger für sie günstiger Untersuchungsergebnisse umstritten bleiben. Lenneberg 1972, Gipper 1972. G. Kaminski

Sarin [engl. *sarin (gas)*], **[BIO]**, hochtoxischer Stoff aus der Gruppe der irreversiblen Cholinesterasehemmer, der als Kampfstoff entwickelt wurde. *Organophosphate*.

Sarkosin, **[PHA]**, Methyl-Glycin, nicht proteinogene Aminosäure, die vor allem im Muskel gefunden wird. S. hemmt den Glycintransporter vom Typ 1 (GlyT1) und erhöht damit die Konzentration von Glycin an der Glycin-Bindungsstelle des *NMDA-Glutamat*-Rezeptors. In mehreren kleineren kontrollierten klin. Studien konnte gezeigt werden, dass die Gabe von S. zusätzlich zu einer antipsychotischen Pharmakotherapie bei *Schizophrenien* Pos.- wie auch Neg.symptome verbessert. Dies führte zur Entwicklung synthetischer GlyT1-Inhibitoren, die sich jedoch bisher sämtlich in der klin. Prüfung der Phase III als nicht wirksam erwiesen. G. Gründer

SAS, **[FSE]**, Abk. für *Statistical Analysis System*. Kommerzielle Statistik-Software. S. ermöglicht mittels versch. Module Data Mining, Text Analysen, stat. Datenanalysen, Analyse von Zeitreihen und deren Vorhersage, stat. Qualitätssicherung, Optimierung und Datenvisualisierung. [www.sas.com]. M. Reutlinger

Satisfizierungsprinzip [engl. *satisficing principle*; lat. *satisfacere* befriedigen], **[KOG]**, Befriedigungsprinzip in der *Entscheidungstheorie*.

Sättigung, psychische (= ps.S.) [engl. *mental/psychic satiation/saturation*], **[EM, KOG]**, ein Erlebnis, das auftreten kann bei fortwährender Ausführung einer best. *Handlung*, beim Anhören z. B. von Musik über einen längeren Zeitraum u. a. m. Es tritt bei fast allen Tätigkeiten auf, gleich ob ausführend oder aufnehmend. Das Phänomen wurde von K. Lewin und A. Karsten (1928) untersucht: Pbn mussten z. B. auf einem Blatt Papier monoton kleine Striche zeichnen. Dabei zeigten sich nach einer best. Zeit ein Gestaltzerfall (*Gestaltqualität*) und spontane Variation, bis sich die Vpn schließlich für unfähig erklärten, die Tätigkeit weiter auszuführen. Dieser Endzustand wird als ps.S. bezeichnet. Keine Ermüdung im physiol. Sinn, denn die Pbn waren in der Lage, unmittelbar ihre Aufgabe fortzuführen, wenn man die Tätigkeit durch eine veränderte Instruktion einen anderen Sinn gab. Ferner zeigte sich, dass Sättigung bei größerer Ichnähe der Aufgabe eher eintrat als bei relativer Ichferne. Auch in Tierversuchen lässt sich zeigen, dass bei p. S. infolge genügender Nahrungsaufnahme nichts mehr von demselben Futter angenommen wird, das Tier jedoch spontan wieder zu fressen beginnt, sowie anderes Futter gereicht wird bzw. nach Veränderung der gesamten Fresssituation (D. Katz). *Monotonie*.

Sättigung, semantische (= s. S.) [engl. *semantic satiation/saturation*; gr. σημαίνειν (semainein) bezeichnen], **[KOG]**, der Bedeutungsverlust, den ein Wort durch massierten Gebrauch erfährt. Lässt man z. B. ein Wort eine Zeit lang wiederholt laut von einer Person aussprechen und misst die Wortbedeutung vor und nach dem wiederholten Aussprechen mit dem *semantischen Differenzial*, so zeigt sich eine Bedeutungsabnahme. Das Wort wird nach dem Aussprechen bedeutungsneutraler eingestuft. Vgl. alltagssprachliche Ausdrücke wie abgedroschen, sinnentleert usw. Konditionierungstheoret. (*Konditionierung*) wird die s. S. als *Extinktion* des konditionierten Anteils einer Wortbedeutung interpretiert (*bedingter Reflex*): Die wiederholte Aussprache eines Wortes ohne die Möglichkeit zur Bekräftigung der Verbindung zw. Wortzeichen und Bedeutung führt zu einem allmählichen Verblassen der Bedeutungsanteile, die konditionierbar sind. Exp. Untersuchungen zu diesem Phänomen stammen v. a. von Lambert & Jakobovits (1960). Hörmann 1967, 1977. J. Engelkamp

Sättigungskurve, spektrale [engl. *spectral saturation curve*], **[WA]**, nach der Definition haben alle Spektralfarben maximale Sättigung (*Spektrum*). Nach ihrem anschaulichen Sättigungsgehalt (*Farbe*) unterscheiden sich Spektralfarben jedoch erheblich voneinander. Es wirken z. B. Violett und Blau gesättigter als die folgenden Grüntöne, und Rot wirkt wiederum gesättigter als Gelb, bei dem das anschauliche Minimum der Sättigung liegt. Um methodologische Schwierigkeiten bzgl. eines direkten Vergleichs der einzelnen Farben auf Sättigung zu umgehen, definiert man die *Sättigung* einer Spektralfarbe durch denjenigen

Leuchtdichte-Betrag, der einem Standardweiß zugemischt werden muss, um die Empfindung «ebenmerklich farbig» hervorzurufen. Aus diesen Ergebnissen definiert man nach der Formel

$$p = \frac{L\lambda}{Lw + L\lambda}$$

(wobei Lλ der Leuchtdichte einer best. Spektralfarbe und Lw derjenigen für Standardweiß entspricht) den Begriff der *kolorimetrischen Reinheit (colorimetric purity)* und schreibt die für jede Wellenlänge festgestellten Werte als Ordinate über dem Spektrum als Abszisse an. Dieses Verfahren, ein Äquivalent zur Sättigung zu def., findet man hauptsächlich bei den angelsächsischen Autoren. Eine andere Möglichkeit besteht darin, für jede Spektralfarbe die Anzahl der Unterschiedsschwellen zu einem Standardweiß auszuzählen und wiederum als Funktion über dem Spektrum darzustellen. Beide Verfahren stimmen in Bezug auf das Minimum der Sättigung bei ca. 570 nm überein. *Farbwahrnehmung*. Graham 1965.

Satz [engl. *phrase, sentence*], [**KOG**], grundlegender Begriff und Untersuchungsgegenstand der *Grammatik*, spez. der *Syntax*, aber auch der *Psycholinguistik*. Wie für das *Wort* fehlt bis heute eine allg. anerkannte Definition. Der Satz gilt allg. als die umfassendste sprachliche Einheit, in der alle Strukturmerkmale der *Sprache* zu finden sind. Die *Texttheorie* weist allerdings darauf hin, dass Sprache primär nicht in Gestalt von Sätzen vorkommt, sondern in Gestalt von Texten mit einer kommunikativen Funktion (*Kommunikation*) und in einer sozialen Situation (was bes. anhand der sog. *Ein-Wort-Sätze* deutlich wird), sodass auch die Untersuchung und Beschreibung von Sätzen (z. B. hinsichtlich ihrer *Bedeutung* oder ihrer *Grammatikalität*) nur vom Text her, von dessen kommunikativer Funktion sowie von der sozialen Situation her, in der er geäußert wird, erfolgen kann. Die Zerlegung der Sätze führt nach der traditionellen Grammatik über die Satzglieder und die Satzgliedteile als den funktionalen Bestandteilen der Satzglieder zu den Wörtern. Zusammengehörende Wortgruppen nennt man auch Phrasen oder Syntagmen. Die Kombination von Haupt- und Nebensätzen heißt Satzgefüge. Schmidt 1973.

Satzentwicklung, [**EW, KOG**], das Entstehen der gesprochenen Sätze in der Kindersprache. Stufenfolge: (1) Einwortsatz. (2) Sätze aus zwei (und mehr) Wörtern. (3) Einführung des Zeitwortes sowie von Deklination, Konjugation. Dauert bis zum 3. Jahr. (4) Entwicklung zum grammatikalisch und syntaktisch richtigen Satz. *Sprachentwicklung*.

Satzlernen (= S.) [engl. *sentence learning*], [**KOG**], bezieht sich darauf, wie Sätze kognitiv repräsentiert (*Kognition*, *Repräsentation*), gespeichert und behalten werden. Die Forschung zum S. geht davon aus, dass Wörter im Verarbeitungsprozess nach best. syntaktischen (*Syntax*) und semantischen (*Semantik*) Ordnungsgesichtspunkten strukturiert und aufeinander bezogen werden, und fragt danach, welchen Einfluss syntaktische und semantische Satzstrukturen auf das Behalten von Sätzen haben. Die Forschung hat sich zunächst auf die Frage der syntaktischen Verarbeitung konzentriert und sich dabei auf die in der Linguistik von Noam Chomsky entwickelte *generative Grammatik* (= GG) gestützt. Die GG ist ein Regelsystem, das auf mehreren Abstraktionsstufen die logische Kombinierbarkeit von grammatikalischen Wortklassen zur Generierung einer unbegrenzten Anzahl von Sätzen beschreibt. Relevant für die Ps. ist insbes. die Unterscheidung zw. *Tiefenstruktur* und *Oberflächenstruktur* geworden, wobei Erstere sich auf den Sinn des Satzes, Letztere sich auf die sprachliche Verpackung bezieht; Sätze mit gleicher Tiefenstruktur können also an der Oberfläche unterschiedlich realisiert sein (z. B. als Passiv- oder Aktivsatz). Die Verbindung zwischen Oberflächen- und Tiefenstruktur wird mittels Transformationsregeln (*generative Transformationsgrammatik*) hergestellt, die angeben, wie die Tiefenstruktur oberflächenstrukturell realisiert werden kann. Die Ps. hat in einer Fülle von Experimenten die ps. Relevanz der syntaktischen Tiefenstruktur nachgewiesen. Z. B. sind Sätze umso schwieriger zu behalten, je mehr Transformationen erforderlich sind, um aus einem tiefenstrukturellen Satz einen Satz an der Oberfläche zu erzeugen. Allerdings ist auch deutlich geworden, dass für das S. die Semantik in Relation zur Syntax eine deutlich gewichtigere Rolle spielt. Die Syntax wird offensichtlich nur zur Dekodierung der Satzbedeutung herangezogen und wird dann vergessen. Dies wurde später durch die sog. *konzeptuelle Regenerierungshypothese* bestätigt, nach der die semantische Information die Basis für das kurzfristige Behalten von Sätzen darstellt und im Normalfall länger verfügbar ist als die syntaktische, phonologische oder visuelle Satzinformation.

Die semantische Struktur eines Satzes wird seit den 1970er-Jahren als tiefenstrukturelle Relation zwischen einem Prädikat (*Prädikat*; Zustände, Ereignisse, Eigenschaften) und den von ihm implizierten Argumenten (*Argument*; Objekte, Personen, Sachverhalte) beschrieben. Die semantische Satz-Verarbeitung besteht danach in der Extraktion von Prädikat-Argument-Strukturen (auch: Propositionen; *Prädikat-Argument-Struktur, Propositionen*) aus der zugrunde liegenden Satzstruktur. Die psychol. Relevanz dieser ursprünglich aus der *linguistischen Kasusgrammatik* stammenden Verarbeitungseinheiten ist exp. bestens belegt. Daher wird heute übereinstimmend davon ausgegangen, dass bei der semantischen Verarbeitung von Sätzen Wortfolgen zu propositionalen Einheiten integriert und im *Gedächtnis* abgebildet werden. In Bezug auf die Rolle, die syntaktische Informationen bei der Extraktion von Propositionen spielen können, ist noch nicht abschließend geklärt, zu welchem Zeitpunkt im Verarbeitungsprozess die syntaktische Information für die Decodierung der Satzbedeutung herangezogen wird. Außerdem wird vermutet, dass eine komplette syntaktische Analyse ohnehin nur dann vorgenommen wird, wenn die Satzbedeutung im ersten Anlauf nicht erfasst wird. *Textlernen*. Christmann 2006.

U. Christmann

Satzverifikation (= S.) [engl. *sentence verification (task)*; lat. *verificare* prüfen], [**KOG**], Technik zur Identifikation zugrunde liegender Begriffsstrukturen, in der Sätze der Form «Objekt X ist ein K» verwendet werden, wobei für

K versch. abstrakte Oberbegriffe eingesetzt werden. Die Zeiten für die Bejahung eines korrekten Satzes korrespondieren in etwa mit der Anzahl notwendiger Abstraktionsschritte (*Chronometrie*), wenn Objekte gleicher *Typikalität* verwendet werden. Ist K eine basale Kategorie, dann ist dafür die S. schneller als bei Unter- und Oberbegriffen für K. Hoffmann 1982.
A. Zimmer

Säuglingsforschung (= S.) [engl. *infant research*], [**EW**], Teilbereich der Entwicklungsps., in dem angeborene und erworbene *Fertigkeiten* des Säuglings sowie deren Entwicklung von der Geburt bis zum Ende des ersten Lebensjahres untersucht werden. Die Bereiche der S. umfassen die Entwicklung der *Wahrnehmung* (*Entwicklung, sensorische*), *Motorik* (*Entwicklung, motorische*), *Sprache* (*Sprachentwicklung*), *Kognition* (*Entwicklung, kognitive*) und sozialen Fertigkeiten (*Entwicklung, soziale*). Ebenso heterogen wie die Themengebiete der S. sind die verwendeten Methoden, die auf das Verhaltensrepertoire der Säuglinge in der vorsprachlichen Entwicklungsstufe ausgerichtet sind: das Blickverhalten, bei dem beobachtet wird, welchen Reizen sich Säuglinge (länger) zuwenden; motorische Reaktionen, wobei bspw. erfasst wird, wonach Säuglinge greifen oder wie häufig sie an einem Schnuller saugen, während ihnen ein *Reiz* präsentiert wird; physiologische Parameter wie Herzfrequenz, Hautleitfähigkeit und Hirnaktivität.

Die experimentelle S. versucht durch die Darbietung bestimmter Reizanordnungen, die an die Wahrnehmungsfähigkeiten und die Aufmerksamkeitsspanne des Säuglings angepasst sind, Entwicklungsprozesse zu verstehen. Etablierte Methoden der S. sind die Präferenzmethode (= P., *Präferenzparadigma*, *visuelles Präferenzverfahren*), die Habituations-Dishabituations-Methode (= H., *Habituations-Dishabituations-Paradigma*) und das Erwartungsverletzungsparadigma (= E.). Mit der P., bei der zwei visuelle Reize simultan präsentiert werden und dabei erfasst wird, welchen Reiz Säuglinge länger anschauen, wurde gezeigt, dass Säuglinge schon in den ersten Lebenswochen einfache *Kategorisierungen* vornehmen und bspw. gesichtsähnliche Muster anderen visuellen Reizen vorziehen. Bei der H. wird ein zuvor mehrfach dargebotener Reiz anschließend zus. mit einem zweiten, variierten Reiz dargeboten. Betrachten die Säuglinge nun den variierten Reiz im Mittel signifikant länger, wird daraus geschlossen, dass sie diesen als neu wahrnehmen (*Neuigkeitspräferenz*) und den Habituationsreiz wiedererkennen. Es wurde gezeigt, dass Säuglinge schon früh, zumindest für eine kurze Dauer, Objekte aus der Umwelt im *Gedächtnis* repräsentieren (*Repräsentation*) und wieder abrufen können. Durch das E. wurde belegt, dass Säuglinge bereits *Kernwissen* (*Intuitive Biologie*, *intuitive Physik*, *mentalistische Alltagspsychologie*) in spezif. Bereichen (bspw. physikalisches Wissen) besitzen, das dazu führt, dass sie Erwartungen über best. Ereignisse ausbilden. Wird ihnen bspw. eine Situation dargeboten, in der die Gesetze der Schwerkraft außer Kraft gesetzt sind (z. B. Flasche schwebt neben einem Tisch in der Luft), so betrachten Säuglinge diese physikalische Unmöglichkeit länger als ein vergleichbares, mögliches Ereignis (Flasche steht auf dem Tisch).

Die S. hat kritische Phasen im Entwicklungsprozess identifiziert, in denen für eine optimale Entwicklung best. Erfahrungen gegeben sein müssen. Bspw. konnten fehlende Seheindrücke in den ersten Lebensmonaten (durch eine Trübung beider Linsen) auch Jahre nach der erfolgreichen Korrektur der Augen nicht vollst. kompensiert werden, einhergehend mit einer eingeschränkten visuellen Verarbeitung in spezif. Bereichen. Es besteht die Annahme, dass das kindliche *Gehirn* zu Beginn des Lebens für die Verarbeitung einer größtmöglichen Vielfalt von Reizklassen ausgestattet ist und dass mit zunehmender Erfahrung, die Säuglinge in ihrer Lebensumwelt machen, eine Spezialisierung für solche Reizklassen einsetzt, die häufig auftreten (bspw. die Laute der eigenen Muttersprache), wobei gleichzeitig die Sensitivität für seltenere Reizklassen verloren geht (Konzept des *perceptual narrowing*). Mit diesem Konzept hat die S. grundlegende Prozesse identifiziert, die den Entwicklungsverlauf von anfänglich basalen Fertigkeiten hin zu einer immer größer werdenden *Expertise* in unterschiedlichen Funktionsbereichen beschreiben. In der zweiten Hälfte des ersten Lebensjahres bilden zunehmend komplexere Verhaltensweisen der Säuglinge, wie bspw. die Fähigkeit, die eigene *Aufmerksamkeit* mit der eines Interaktionspartners zu koordinieren, grundlegende Prozesse für *Lernen*. Auf der Basis der empir. S. wird der Säugling heute als ein von Geburt an lernfähiges, in Interaktion stehendes Individuum angesehen. Keller 2011.
C. Freitag

Säulendarstellung, Säulendiagramm [engl. *bar graph*, *bar chart*], [**FSE**], Bez. für die in aneinandergereihten Rechtecken (Säulen) gebotene grafische Darstellung. Z. B. Abszisse: Parteien; Ordinate: Wahlhäufigkeit. *Häufigkeitsverteilung*. Bortz & Schuster 2010.

Scaffolding (= S.) [engl.] Gerüst, [**EW, KOG**], in theoret. Ansätzen zur Sprachentwicklungsps. (*Sprachentwicklung*), die die sozial-kommunikativen Merkmale beim Erstspracherwerb (z. B. J. Bruner) fokussieren, ist das Scaffolding (dt. *Gerüst*; im Sinne von *stützender Sprache*) einzuordnen. Die stützende Sprache meint die intuitiven Bemühungen einer Sprachlehrerin beim Erstspracherwerb, i. d. R. der Mutter, die *Aufmerksamkeit* des Kindes auf einen spezif. Ausschnitt der Realität zu lenken (*gemeinsamer Aufmerksamkeitsfokus, geteilte Aufmerksamkeit*), das Kind in einen sprachlichen Dialog einzubeziehen und es in einer feststehenden Dialogstruktur vor allem beim Erwerb des *Wortschatzes* zu unterstützen. Es wird angenommen, dass diese Dialogform etwa ab dem 2. Lebensjahr eingesetzt wird und dabei die sog. *Ammensprache* ablöst. Typ. Dialogroutinen des S. bestehen aus der Formulierung einer Frage (*Was ist das nur?*), der Bez. des fokussierten Gegenstands, die zunehmend häufiger vom Kind eingefordert wird (*Das ist ein Vogelhäuschen*) und der bestätigenden Antwort der Mutter (*Ja, genau, das ist ein Vogelhäuschen*).
[**PÄD**], *Reciprocal Teaching*. Weinert & Grimm 2012.
M. Knopf

scapegoat [engl.] Sündenbock. *Sündenbock-Theorie*.

Scedastizität [engl. *scedasticity*; gr. σκεδαστός (*skedastos*) zerstreut], *Homoscedastizität*.

^Test^Sceno-Test (ScT), 1964, G. v. Staabs, [www.testzentrale.de], [**DIA, EW, KLI**], allgemeiner Entwicklungstest, projektiver Spieltest. AA Kinder ab 3 Jahren, Jugendliche und Erw. Ein Gestaltungstest mit Spielzeug (Bäume, Häuser, Tiere, Puppen, Eltern, Geschwister, die eigene Person usw.) zum Aufbau beliebiger Szenen. Der Pb soll «wie ein Regisseur die Figuren miteinander agieren lassen». Der Test war ursprünglich für kindertherapeutische Zwecke gedacht, hat sich aber inzwischen auch für charakterologische und tiefenpsychol. Zwecke (*Tiefenpsychologie*) bewährt, hierbei geht der Anwendungsbereich auch über das Kindesalter hinaus. Es liegt keine Normierung vor, aber Mittelwerte, Standardabweichungen der Materialverwendung und Häufigkeitstabellen sind angegeben. Bearbeitungsdauer: maximal eine Stunde.

Schablonenvergleich (= S.) [engl. *template matching*], [**KOG**], beim Mustererkennen sollen «Prototypen» mit den zu erkennenden neuen Figuren zusammengehalten werden, um die Übereinstimmung zu prüfen. S. wird auch zur Erklärung der Sprachwahrnehmung und der visuellen Worterkennung angenommen. Neisser 1974.

Schachter, Stanley (1922–1997), [**EM. HIS, SOZ**], amerikanischer Psychologe rumänisch-jüdischer Herkunft, Studium an der Yale University, 1942 B. S., 1944 M. A., dann Arbeit bei *Lewin* am MIT, 1949 Ph.D. an der University of Michigan mit Betreuung der Dissertation nach Lewins Tod durch *Festinger*; 1961 Berufung an die Columbia University, 1992 Emeritierung. Schachter wurde bekannt durch seine Experimente zum Gesellungsstreben bei Angst und Furcht, in den späten 1950er Jahren entwickelte er zus. mit Festinger eine exp. begründete Emotionstheorie, die zwischen physiologischer Erregung und der kognitiven Deutung dieser Erregung unterscheidet (Zweikomponentenmodell der Emotion, *Emotionstheorien*). In den 1960er Jahren untersuchte Schachter Ursachen und Wirkungen der Fettleibigkeit, später intuitive Börsenps.

H. E. Lück

Schädelbruch *Commotio* cerebri, *Contusio* cerebri.
Schädel-Hirn-Trauma [engl. *traumatic head and brain injury/craniocerebral trauma*; gr. τράυμα *(trauma)* Verletzung], [**BIO**], Oberbegriff für Verletzungen des Schädels mit assoziierter Funktionsbeeinträchtigung und/oder Substanzschädigung des *Gehirns*. Üblicherweise wird eine Schweregradeinteilung anhand der Dauer der posttraumatischen Bewusstlosigkeit vorgenommen, die auch einen wichtigen prognostischen Faktor darstellt: (1) *Commotio cerebri* (lat. *commotio* Erschütterung), syn. *Gehirnerschütterung*: unmittelbar eintretende *Bewusstlosigkeit* für die Dauer von max. einer Stunde; oftmals treten Symptome wie Übelkeit, Schwindel oder Kopfschmerzen auf. Man unterscheidet hier nochmals zwischen Schädel-Hirn-Traumata ersten Grades (SHT I, Bewusstlosigkeit < ½ Stunde) und Schädel-Hirn-Traumata zweiten Grades (SHT II, Bewusstlosigkeit > ½ Stunde, jedoch < 1 Stunde) (*Commotio*). (2) *Contusio cerebri* [lat. *contusio* Quetschung, Prellung], syn. *Gehirnprellung*: unmittelbar eintretende Bewusstlosigkeit, die sich zeitlich länger als eine Std. erstreckt; geht i. d. R. mit neurologischen Herdsymptomen einher. Man spricht hier auch von einem Schädel-Hirn-Trauma dritten Grades (SHT III) (*Contusio*). Eine mögliche Komplikation stellt die *Compressio cerebri* [lat. *compressio* Druck], syn. *Gehirnquetschung*, dar. Bedingt durch entstehende Hirnödeme und/oder Schwellungen kommt es zu einer steten Zunahme des Hirndrucks, was zunächst Hirnschädigungen und schließlich die tödliche Einklemmung des Gehirns (*Herniation*) zur Folge haben kann.

M. Friedrich/S. Lautenbacher

Schädelindex [engl. *cephalic index*], [**BIO**], Maßverhältnis am Schädel, insbes. Verhältnis von Breite zu Länge (Breiten-Längen-Index).

Schädellehre *Phrenologie*.

Schadenfreude (= S.) [engl. Lehnwort, gelegentlich *malicious pleasure*], [**EM**], soziale *Emotion*. Die Freude, wenn einer beneideten, ungeliebten, Ärger auslösenden Person oder Gruppierung ein Missgeschick/Unglück widerfährt. Die Stärke der S. ist von der Verdientheit des Leides, Genugtuung/Gerechtigkeit, *Selbstbewusstsein*, wahrgenommener Bedrohung, Neid, Gruppenzugehörigkeit abhängig. S. geht oftmals mit *Lachen* einher. Der Ausdruck ist meist nicht sozial erwünscht (*Sozialverhalten*), wird oft maskiert/reguliert (*Normen, soziale*). *Humor*. van Dijk & Ouwerkerk 2014.

J. Hofmann

Schädlicher Gebrauch [engl. *harmful use*], [**PHA**], diagn. Kategorie der ICD-10, die im *DSM* dem Missbrauch entspricht (*Klassifikation psychischer Störungen*). Die Kriterien für eine *Abhängigkeit* werden noch nicht erfüllt, allerdings besteht der Substanzkonsum trotz des Wissens um schädl. körperl. und psych. Konsequenzen fort. Das schädl. Gebrauchsmuster muss seit mind. einem Monat bestehen oder es trat wiederholt in den letzten 12 Monaten auf.

G. Gründer

Schaefer-Murphy-Effekt [engl. *Schaefer-Murphy effect*], [**KOG, WA**], die bevorzugte *Wahrnehmung* einer best. Figur-Grund-Verteilung bei sog. Kippfiguren (*Reversion*), nachdem im vorangehenden Training mit den Figurteilen auf die Darbietung des einen Teils eine Belohnung (*Verstärkung*), auf die des anderen Teils eine Bestrafung (*Bestrafung*) gefolgt ist. Der exp. Nachweis für die Rolle der gelernten Motivation in der Wahrnehmung ist von Schaefer und Murphy (1943) geliefert worden. Dember 1966.

Schall [engl. *sound*], [**WA**], vom Ohr als Schallempfindung wahrnehmbare Luftschwingungen zwischen ca. 16 und 20000 Hz. Die unterhalb liegenden Schwingungen heißen Infraschall, die oberhalb liegenden Schwingungen Ultraschall. *Schwingungszahl*.

Schallbild, [**WA**], grafische Darstellung des Frequenzspektrums eines Tones (*Ton*). *Hören, tonales Hören*.

Schalldruck [engl. *sound pressure*], [**WA**], physikalisches Maß für die Stärke eines Schalls (*Schall*, Kraft pro Flächeneinheit); Wurzel aus dem über die Zeit berechneten Mittelwert der quadrierten Abweichungen des Drucks vom statischen Druck. Als Einheiten werden verwendet: 1 μbar (Mikrobar) = $1 dyn/cm^2$ = 105 μPa (Mikropascal) = $102 N/m^2$.

H. Heuer

Schalldruckpegel (= S.), [engl. *sound pressure level*], [**WA**], physikalisches Maß für die relative Stärke eines

Schalls in der Einheit Dezibel (dB SPL). Der S. ist definiert als

$$L = 10 \cdot log_{10}\left(\frac{\tilde{p}^2}{p_0^2}\right) dB = 20 \cdot log_{10}\left(\frac{\tilde{p}}{p_0}\right)$$

mit $\tilde{p}$ als Schalldruck des interessierenden Schalls und p0 als Bezugsschalldruck, der gleich 20 µPa = 2 × 10-4 µbar gesetzt ist. Dieser Wert entspricht der absoluten *Reizschwelle* für einen *Ton* mit einer *Schwingungszahl* von 1000 Schwingungen pro Sek.; $\tilde{p}$ und p_0^2 sind die *Schallintensitäten*. Als Bezugsschalldruck werden gelegentlich andere Werte verwendet, z. B. die indiv. absolute Schwelle für einen best. Schall (dB SL, SL: *sensation level*).

H. Heuer

Schallintensität [engl. *sound intensity*; lat. *intentus* heftig, stark], **[WA]**, physikal. Maß für die Stärke eines Schalls (Leistung pro Flächeneinheit); Einheit ist W/m^2. Bei Ausbreitung des Schalls in einem gegebenen Medium mit gegebener Geschwindigkeit ist die Schallintensität dem Quadrat des Schalldrucks proportional.

Schalllokalisation [engl. *localization of sound*; lat. *locus* Ort], *Lokalisation, räumliches Hören*.

Scham (= S.) [engl. *shame*], **[EM]**, ist eine neg. *Emotion*, die entsteht, wenn man das Gefühl hat, best. *Werten, Normen*, Regeln oder Ansprüchen nicht gerecht geworden zu sein. Sie geht mit physiol. Reaktionen wie Erröten und mit charakteristischen Verhaltensweisen einher, die dem Wunsch entspringen könnten, sich unsichtbar zu machen. Wenn man sich schämt, schlägt man die Augen nieder, senkt den Kopf oder bedeckt das Gesicht mit den Händen. Man möchte sprichwörtlich im Boden versinken. S. gehört zu den *selbstbezogenen Emotionen* (*Emotionen, sekundäre*), die erst ab etwa der Mitte des zweiten Lebensjahrs entstehen. Erst ab diesem Zeitpunkt entwickeln Kinder ein Konzept von sich selbst, werden sie sich ihres *Selbst* bewusst. Dies kann man z. B. dadurch feststellen, dass sie sich selbst im Spiegel erkennen (*Selbstkonzept, Entwicklung, Rouge-Test*). In der Leistungsmotivationsforschung (*Leistungsmotivation*) geht man davon aus, dass S. vor allem dann entsteht, wenn Misserfolg auf internale Faktoren, insbes. mangelnde Fähigkeit, zurückgeführt wird (*Kausalattribution*). Scheler 1957.

R. M. Puca

Schatten (= S.) [engl. *shadow*], **[KLI]**, die *Analytische Psychologie* (C. G. Jung) versteht unter dem S. die bisher im *Ich*-Aufbau vernachlässigten Eigenschaften. Er setzt sich zus. aus teils verdrängten, teils gar nicht gelebten «psych. Zügen» des Menschen, die aus sozialen, erzieherischen oder anderen Gründen vom Mitleben ausgeschlossen wurden und darum der Verdrängung anheimfielen. Demzufolge kann der S. durch pos. oder neg. Qualitäten gekennzeichnet sein. Es gibt (1) einen *persönlichen S.* (verdrängte Eigenschaften der betreffenden Person), (2) einen *kollektiven S.* (vom jew. Kulturkreis verdrängte Eigenschaften) und (3) einen *archetypischen S.* (die nicht mehr reduzierbare Destruktivität im Menschen; *Archetyp*). In die *Individuation* gehören als 1. Etappe das Bewusstmachen der S.eigenschaften und nachfolg. ihre Integration, d. h. ihre Nachreifung bzw. die bewusste Übernahme der Verantwortung für gelebte S.seiten. Jacobi 1965.

Schattenwirtschaft (= S.) [engl. *shadow economy*], **[WIR]**, bezieht sich im weitesten Sinne auf alle wirtschaftlichen Tätigkeiten, die außerhalb der stat. erfassten Wirtschaft stattfinden. Die exakte Zuordnung wirtschaftlicher Aktivitäten zur S. variiert in der Literatur: Meist werden illegale Aktivitäten (z. B. Schwarzarbeit und *Steuerhinterziehung*) und legale Aktivitäten, (z. B. Nachbarschaftshilfe) unterschieden. Das Ausmaß und die Entwicklung der S. kann mittels direkter (z. B. Prüfungen, Befragungen) oder indirekter (z. B. Analyse von Arbeitsmarkt- und anderen Indikatoren, Simulationen) Methoden best. werden. Da die Anwendung direkter Methoden nur unzureichend Informationen über das Ausmaß nicht erfasster wirtschaftlicher Aktivitäten liefern kann, werden häufig versch. Indikatoren zur Schätzung der S. herangezogen (Schneider 2011). Unter anderem geben der veränderte Bargeldumfang in der Wirtschaft, die Variation im Verbrauch von Elektrizität oder die Differenz zw. Haushaltseinnahmen und -ausgaben Auskunft über die Veränderung der Höhe der S. Aus ökonomischer Sicht steigt das Ausmaß an S., wenn die damit verbunden Aktivitäten im Vergleich zu offiziellen Aktivitäten profitabel sind und demnach die Einnahmen hoch, aber die möglichen Kosten (z. B. Strafen) gering sind. Als Ursachen für S. werden häufig steuerliche Belastungen, hohe Sozialversicherungsabgaben, *Arbeitslosigkeit* sowie steigende staatliche Regulierung der offiziellen Wirtschaft und komplexe Bürokratie genannt. Die Forschung über die S. konzentriert sich vor allem auch auf die Thematik der Steuerhinterziehung, also darauf, dass Individuen oder Unternehmen auf illegale Weise weniger Steuern zahlen, als das Gesetz vorschreibt (Kirchler 2007). *Wirtschaftskriminalität.*

B. Hartl/E. Kirchler

Schattierung [engl. *shading*], **[WA]**, monokularer Raumhinweis, bei dem der Schattenwurf von Bildelementen es dem Betrachter ermöglicht, die Größe, Entfernung oder Form von Bildinhalten genauer zu bestimmen (*visuelle Raumhinweise*). Goldstein 2007.

M. May

Schätzfehler (= S.) [engl. *estimation/statistical error*], **[DIA]**, Fehler der subjektiven Beurteilung, z. B. bei der Schätzung *(rating)* von Zeitstrecken als Unter- oder Überschätzung. Der S. wird meist in ±% der tatsächlichen Größe angegeben. *Beobachtungsfehler.*
[FSE], Fehler bei der Schätzung von Parametern aus Statistiken mit Differenzierung nach *Standardfehler* (*Stichprobenfehler*) und wahrscheinlichem Fehler. *Standardschätzfehler.* Döring & Bortz 2016.

Schätzskala *Ratingskala*.

Schätzung (= S.) [engl. *estimation, rating*], **[DIA, FSE, KOG]**, die qual. oder quant. Bestimmung eines Merkmals ohne den Gebrauch eines äußeren Maßstabes oder auch die eindrucksmäßige Feststellung einer Anzahl, ohne zu zählen. Im Unterschied zur *Messung* (*Psychometrie*), bei der eine Wahrnehmung (nämlich die des Messobjekts) direkt auf eine andere (die des Maßstabs) bezogen wird, besteht die S. darin, dass an das Wahrgenommene ein «inneres» Bezugssystem herangetragen wird, das aus früheren Erfahrungen oder gemäß einer festgelegten Vereinbarung gebildet worden ist. Schätzwerte erreichen i. d. R. nicht den Präzisions- und Objektivitätsgrad (*Objektivität, Reliabilität*) von Messwerten, da sie in weit höherem Maß als diese zufälligen und systematischen Fehlern (*bias, Fehler*) unterworfen sind. In der Ps. müssen in großem Umfang Methoden der S. angewendet werden, da zahlreiche komplexe Merkmale (z. B. viele Persönlichkeits- und Verhaltensmerkmale) nicht mit Messinstrumenten, sondern nur eindrucksbasiert erfasst und beurteilt werden können. Zur Erhöhung der Exaktheit der S. bedient man sich versch. Möglichkeiten (z. B. *Beurteilertraining*, Gebrauch einer *Ratingskala*). *Beurteilerübereinstimmung, Beurteilerübereinstimmung, Verbesserung der, Skalierung, Methoden der, Testkonstruktion, Intervallschätzung, Vertrauensintervall*.

Schätzverfahren [engl. *estimation/rating procedure*], [**DIA, FSE**], i. d. R. eine Methode zur Beurteilung eines Merkmals aufgrund einer *Ratingskala*.

Schätzwert [engl. *estimated value*], [**FSE**], aus Messwerten einer *Stichprobe* gewonnene stat. Maßzahl, die stat. Parameter (*Verteilungsparameter*) auf Ebene der *Population* schätzt. *Vertrauensintervall*.

Scheidung (= S.) [engl. *divorce*], [**EW, RF, SOZ**], mit einer S. wird eine bestehende Ehe juristisch formell aufgelöst. Die S.raten sind in Dt. seit Beginn des 20. Jhd. und insbes. seit den 1970er-Jahren mehr oder minder kontinuierlich gestiegen. Obwohl die absolute Zahl der S. in den letzten Jahren auf hohem Niveau stagniert, steigt das Risiko einer S. angesichts rückläufiger Heiratszahlen. Gegenwärtig werden rund 43 % aller Ehen durch eine S. beendet, wobei Dt. im europäischen Mittelfeld liegt. Bis 1977 musste entspr. dem Schuldprinzip bei einer S. einem der Partner die Schuld am Scheitern der Ehe zugewiesen werden. Mit der damaligen Reform des Familienrechts wurde das Schuldprinzip durch das Zerrüttungsprinzip abgelöst, das auf eine Schuldzuweisung verzichtet. Nach aktuell geltendem Recht behalten nach einer S. beide Eltern das gemeinsame Sorgerecht (*Sorgerecht: Regelung nach Trennung und Scheidung*), sofern nicht auf Antrag eines der Partner anders entschieden wird.

Die S.forschung befasst sich sowohl mit Risikofaktoren für eine S. als auch mit ihren Folgen für die Familienmitglieder (*Familie*). I. R. der entwicklungspsychol. Forschung interessieren v. a. die Konsequenzen einer elterlichen S. für mit betroffene Kinder. Hierbei wird jedoch weniger der juristische Akt der S. zum Bezugspunkt gemacht als vielmehr die dauerhafte räumliche Trennung der Eltern, die oftmals mehrere Jahre – nach dt. S.recht, das ein Trennungsjahr vorsieht, i. d. R. zumindest ein Jahr – vor der eigentlichen S. liegt. Überwiegend wird auf stresstheoret. Konzeptionen (*Stress*) Bezug genommen, um die Auswirkungen einer elterlichen Trennung für Kinder zu erklären. Hierbei werden auch Begleitumstände und Folgen für das Familienleben wie die vielfach gegebene Verknappung finanzieller Ressourcen, Streitigkeiten und juristische Auseinandersetzungen zw. den Eltern (um das Sorgerecht, das Aufenthaltsbestimmungsrecht, den Unterhalt), mögliche Belastungen der seelischen *Gesundheit* und des Erziehungsverhaltens (*Erziehung, Erziehungsstile*) der Eltern, verminderter *Kontakt* der Kinder zum getrennt lebenden Elternteil, neue Partnerschaften der Eltern u. v. m. in den Blick genommen. Einen breiten Rahmen hierfür bietet die *S.-Stress-Bewältigungsperspektive* nach Amato (2010), die neben den scheidungsbedingten Stressoren für Eltern und Kinder auch deren Ressourcen für die S.bewältigung in den Blick nimmt. Im Zuge von Prospektivstudien, die S.familien schon vor der elterlichen Trennung erfasst haben und längsschnittlich über die Trennung hinaus verfolgen, zeigte sich allerdings, dass Kinder aus späteren S.familien oftmals schon vor der Trennung der Eltern vermehrte Belastungen (*Belastung, psychische*) aufweisen. Als alternative Erklärung für solche Nachteile von S.kindern gegenüber Kindern in Kernfamilien wird im Rahmen der sog. Selektionsperspektive auf jene Belastungsfaktoren rekurriert, die einer S. vorausgehen und ihrerseits das S.risiko erhöhen. Eine prominente Rolle kommt hierbei anhaltenden, dysfunktionalen Konflikten (*Konflikt, sozialer*) zwischen den Eltern zu, die sich als deutlicher Risikofaktor für die kindliche *Entwicklung* erwiesen haben.

Als Hilfe im S.prozess stehen Familien spezialisierte Beratungsangebote (*Beratung, psychologische*) zur Verfügung, die auch schon in der sog. Ambivalenzphase, also vor der endgültigen Entscheidung (*Entscheiden*) zur Trennung, in Anspruch genommen werden können. Ein konfliktminderndes Verfahren zur außergerichtlichen Einigung stellt die *Mediation* dar, mit der die Anliegen der Parteien herausgearbeitet werden, um auf dieser Basis eine konsensuelle Lösung (etwa in finanziellen Belangen oder bei der Regelung der Kontakte zwischen getrennt lebendem Elternteil und Kind) zu finden. Sofern es zu einer Entfremdung zwischen dem getrennt lebenden Elternteil und seinem Kind bzw. den Kindern gekommen ist und der hauptbetreuende Elternteil den Kontakt ablehnt, kann über begleiteten Umfang eine Kontaktanbahnung versucht werden. Auf begleiteten Umfang wird auch zurückgegriffen, wenn trotz bestehender Sicherheitsbedenken (z. B. nach Missbrauchsvorwürfen) der Kontakt zum getrennt lebenden Elternteil aufrechterhalten werden soll. Für S.kinder bieten einige Beratungsstellen (*Erziehungsberatung*) eigene Gruppen- oder Therapieangebote an. *Modell ehelicher Stabilität*. Walper & Bröning 2008. S. Walper

Scheinbewegung (= S.) [engl. *apparent motion/movement*], [**WA**], wahrgenommene Bewegung physikalisch unbewegter Objekte (*Bewegungstäuschung*); in engerem Sinne wird die stroboskopische Bewegung als S. bezeichnet (*Phi-Phänomen, stroboskopische Erscheinungen*). Die *Gestaltpsychologie* hat sich ihrer im Zuge der allg. Untersuchung zu den Wahrnehmungsvorgängen (optische Täuschungen usw.) angenommen. Auch die technische Verwendung der *stroboskopischen* (kinematografischen) Erscheinungen hat mitgewirkt und ließ die Überlegungen und Experimente von Faraday, Plateau, Mach (1875) oder auch das von Horner entwickelte «Lebensrad» wieder Beachtung erhalten. Die Theorien von Marbe (Reizverschmelzungs- bzw. Nachbildtheorie) und von Wundt (reproduktive Assimilationen) entstanden. An den Deutungen i. R. der Gestaltps. der S. haben sich v. a. Wertheimer, Koffka, Benussi und Linke beteiligt. Eine Reihe versch.

Verfahren wurde zur Erzeugung von S. entwickelt (z. B. die einfache Nacheinander-Exposition von Kreisbögen und Punkten oder von sich überschneidenden Quadraten mit Punkten, wobei diese zum «Springen» gebracht werden, Versuche mit Aufhellung rotierender Scheiben und vieles andere mehr). Dabei lernte man, die S. in Einzelphänomene zu zerlegen, die man mit Alpha-, Beta-, Gamma-, Delta- und Epsilon-Bewegung oder auch als sog. *Korte'sche Gesetze* bezeichnet hat. Wertheimer, der die Bewegung als eine Erscheinung auffasste, die so elementar sei wie die Empfindung und die nicht in einfachere Bestandteile zerlegt werden könne, benannte die S. deswegen Phi-Phänomen (Phänomen *sui generis*). *Bewegungsnachbild*, *Bewegungswahrnehmung*. Metzger 1936/1953, Goldstein 2007, Wittmann 1921.

Scheinkorrelation (= S.) [engl. *apparent/spurious correlation*], [**FSE**], eine in Korrelationskoeffizienten (überhöht) nachgewiesene wechselseitige Beziehung zw. zwei oder mehr Variablen, die nicht auf einen kausalen Zus.hang der Variablen zurückzuführen ist, sondern darauf, dass die Variablen mit dritten in der Analyse nicht berücksichtigten Variablen kovariieren, konfundiert sind (*Konfundierung*, *Korrelation*). Eine S. läge bspw. vor, wenn bei Kleinkindern eine Leistungssteigerung mit einem Training korreliert (und auf dieses zurückgeführt wird), tatsächlich aber mit dem Älterwerden einhergehende *Reifeprozesse* die Leistungssteigerung bewirken. Korrelationen dürfen aufgrund mögliche Konfundierungen grundsätzlich nicht kausal (*Kausalität*) interpretiert werden. Der Begriff S. ist insofern irreführend, als impliziert wird, dass eine Korrelation i. d. R. eindeutig interpretierbar sei und nur im Falle einer S. dies nicht der Fall sei. Eine Interpretation einer Korrelation ist bzgl. möglicher Wirkgefüge aber grundsätzlich spekulativ und kann nicht als Beleg dienen. *Validität, interne*. Wirtz & Nachtigall 2012.

Scheinoperation [engl. *sham/pseudo/placebo surgery*], [**GES**], Operation, bei der die spezif. Behandlung, der der symptombessernde Effekt zugeschrieben wird, nicht durchgeführt wird, sondern nur die Rahmenbedingungen einer Operation durchgeführt werden oder die Operation imitiert wird. Dient der Kontrolle von unspezifischen Placebo-Effekten (*Placebo-Effekt*) der chirurgischen Therapie, wird aber aus ethischen Gründen selten durchgeführt.

K. Weimer/P. Enck

Scheitellappen, syn. *Parietallappen* [engl. *parietal lobe*], *Gehirn*.

Schema (= S.) [engl. *schema*; gr. σχῆμα *(schema)* Gestalt, Form, Haltung], Mehrzahl *Schemata*; syn. *Form, Muster*, vereinfachte anschauliche Darstellung, Gerüst, Entwurf, Plan. (1) Die Vereinfachung durch *Abstraktion* vom Individuellen und Unwesentlichen sowie (2) die Betonung der Beziehungen zw. (auswechselbaren) Teilen, also der Struktur von Sachverhalten.
[**KOG**], *Kognitives S.* bez. abstrakte Wissensrepräsentationen oder -strukturen (Anderson & Pearson 1984). Der Def. von kogn. S. nach Bartlett (1932) liegt die Auffassung zugrunde, dass sämtliche Objekte, Situationen, Ereignisse oder Handlungen vom Individuum mental erfasst und so verarbeitet werden, dass ihre einzelnen Komponenten kogn. als zus.hängendes Konzept abgebildet werden. Wichtig ist dabei, dass die Zusammenhänge zwischen den einzelnen Wissenseinheiten spezifiziert werden. Kogn. S. sind demnach kogn. Strukturen und Prozesse, die dem menschlichen Wissen und Können zugrunde liegen (Brewer & Nakamura 1984; *Wissen*, *Wissensdiagnostik*). Kogn. S. können auf unterschiedlichen Abstraktionsebenen repräsentiert werden (z. B. konkrete Objekte oder abstrakte Zusammenhänge), sie weisen Leerstellen auf, die durch unterschiedliche Variablen besetzt werden können, und können ineinander eingebettet sein. Darüber hinaus haben kogn. S. eine Prozesskomponente, da sie durch Erfahrungen aktiv erworben und in versch. Situationen angewendet werden. Des Weiteren sind kogn. S. Wahrnehmungsinstrumente, deren Instanziierung darauf abzielt, bestmöglich mit den Informationen übereinzustimmen, die verarbeitet werden müssen, um Verstehen zu ermöglichen. Damit lenken kogn. S. bei der *Wahrnehmung* die *Aufmerksamkeit* und unterstützen die Integration und Erinnerung von Wissen. Am Erwerb und der Veränderung von Schemata sind nach Rumelhart (1980) die folg. Prozesse beteiligt: (1) Wissenszuwachs [engl. *accretion*], (2) Feinabstimmung [engl. *tuning*] und (3) Umstrukturierung [engl. *restructuring*]. Beim Wissenszuwachs wird das bereits erworbene S. nicht verändert, sondern die bestehenden Leerstellen mit zusätzlichen Informationen angereichert. Die Feinabstimmung besteht aus einer aktuellen Modifikation oder Weiterentwicklung eines existierenden Schemas durch strukturelle Veränderungen. Neue S. können durch Umstrukturierung erworben werden. Dies erfolgt anhand von zwei Prozessen: durch einen Mustervergleich sowie durch die S.induktion. Bei einem *Mustervergleich* werden neue Informationen auf ein bereits bestehendes S. abgebildet. Bei einer *S.induktion* – dem eigentlichen S.erwerb – wird aus einer best. bedeutungsvollen Konfiguration, die bereits mehrmals wahrgenommen wurde, ein S. gebildet. *internes (inneres) Modell*, *kognitives Selbstschema*, *Schematheorie*.
[**KLI**], vor allem in Zusammenhang mit der kogn. *Verhaltenstherapie* wird auch in der Klinischen Ps. der S.-Begriff in unterschiedlichen Varianten verwendet. Es wird davon ausgegangen, dass dysfunktionale S. bei der Entstehung und Aufrechterhaltung psych. Störungen, wie z. B. Depressionen (*Depression*), eine wichtige Rolle spielen und in *Psychotherapie* verändert werden müssen. *Schematherapie*.
[**EW**], *Kindchenschema*, *Entwicklung*, *Stufentheorie nach Piaget*.
[**PÄD**], *Lernen, schemaorientiertes*. B. Kopp/F. Caspar

Schemata, frühe maladaptive [engl. *early maladaptive schemas*; lat. *malus* schlecht, *adaptare* anpassen], [**KLI**], *Schematherapie*.

Schematheorie (= S.) [engl. *schema theory*, gr. σχῆμα *(schema)* Gestalt, Form, Haltung], [**KOG**], ist die Theorie zum Erwerb und zur Veränderung von Schemata im sensorischen *Gedächtnis*, im Kurzzeit- und im Langzeitgedächtnis (deklaratives und prozedurales Wissen, *Wissensdiag-*

nostik) eines Individuums. Schemata sind übergeordnete kogn. Strukturen von Gegenständen, Situationen und Inhalten, die das Verstehen gewährleisten, indem neu wahrgenommene Informationen einem adäquaten Schema zugeordnet werden. Zugleich werden dadurch die neuen Informationen für das kogn. System zugänglich, abrufbar und erweiterbar gemacht (*Informationsverarbeitung*). Damit einher geht ein Reduktionsprozess: Umfangreiche Informationen werden an den adäquaten Stellen hinzugefügt bzw. zu einer übergeordneten Struktur zus.gefasst. Diese Prozesse laufen in der alltäglichen Wahrnehmung des Individuums unbewusst ab. Damit lenken Schemata bei der *Wahrnehmung* die *Aufmerksamkeit*: Um Objekte aus der Umwelt wahrzunehmen, werden best. Schemata aktiviert, die das Wahrgenommene in der Weise strukturieren, dass die Informationen kogn. verarbeitet werden können. Damit ist der jew. Kontext, in dem Teile eines Objekts wahrgenommen werden, für deren Interpretation zentral. Zugleich wird die Aufmerksamkeit der Individuen durch die Instanziierung von Schemata selektiv gelenkt (Anderson & Pearson 1984). Da Schemata auch Leerstellen umfassen, die durch jew. Kontexthinweise adäquat ausgefüllt werden können, wird der Verarbeitungsaufwand auf wenige Informationen reduziert. Darüber hinaus unterstützen Schemata die Integration und Erinnerung von *Wissen*: Sobald ein Schema instanziiert wird, können die neuen Informationen besser wiedergegeben werden. Je elaborierter gemäß der S. ein Schema ist, umso leichter fällt die Integration neuen Wissens (*Wissenserwerb*). Auch die Verarbeitung und Wiedergabe von Informationen erfolgt schemakonsistent. Die S. bezieht sich nicht nur auf das kogn. System, sondern auch auf das prozedurale System (z. B. Ablauf eines Restaurantbesuchs = *Skript*) und das motorische System (*Lernen, motorisches*), z. B. dem Lernen des Fahrradfahrens. *B. Kopp*

Schematherapie (= S.) [engl. *schema therapy*; gr. σχήμα (*schema*) Gestalt, Form, Haltung], **[KLI]**, ist eine Weiterentwicklung der Kognitiven *Verhaltenstherapie* (= KVT), die zunächst von Jeffrey Young und Kollegen zur Behandlung von KVT-Nonrespondern entwickelt wurde. Mittlerweile hat sich S. als Verfahren zur Behandlung von *Persönlichkeitsstörungen* und chronischen *Achse-I Störungen* etabliert. S. integriert die KVT mit Bindungstheorien (*Bindung*), Techniken der humanistischen Ansätze (insbes. der *Gestalttherapie*) und eine Betonung der Bedeutung früher Bindungserfahrungen. Eine große Rolle in der S. spielen erfahrungsorientierte Techniken (*Stuhldialoge*, *Imaginationstechniken*) und eine therap. Beziehungsgestaltung mit *begrenztem Nachbeeltern* [engl. *limited reparenting*]. Dies differenziert S. auch von der KVT.

Zentrale Konzepte: Als sog. *frühe maladaptive Schemata* [engl. *early maladaptive schemas*; lat. *malus* schlecht, *adaptare* anpassen] beschreibt Young insges. 18 breite Muster (z. B. Verlassenheit; Misstrauen/Missbrauch), die Gedanken, Gefühle, Erinnerungen und Aufmerksamkeitstendenzen beinhalten und sich in der Kindheit entwickeln, wenn zentrale Bedürfnisse nicht gestillt werden. Diese 18 Schemata können auf den Schemadomänen (1) Abgetrenntheit und Ablehnung, (2) Beeinträchtigung von *Autonomie* und Leistung, (3) Beeinträchtigungen im Umgang mit Begrenzungen, (4) Fremdbezogenheit und (5) übertriebene Wachsamkeit und *Gehemmtheit* abgebildet werden. Wenn ein Schema getriggert wird, können entweder die damit zusammenhängenden Gefühle (z. B. Verlassenheit, *Angst*) auftreten, oder Bewältigungsreaktionen i. S. von *Vermeidung*, *Überkompensation* oder Unterwerfung. Die Überlegung, dass sich Schemata in versch. Zuständen zeigen können, ist reflektiert im Konzept der sog. Schema-Modi. Ein *Schema-Modus* ist ein dysfunktionaler Zustand, der einem Schema zugeordnet werden kann. Schema-Modi werden unterteilt in (1) *Kindmodi*, die mit intensiven schemaassoziierten Gefühlen verknüpft sind (z. B. Verlassenheit, Wut), (2) *dysfunktionale Elternmodi*, die mit übertrieben hohen Standards und Selbstabwertungen verbunden sind, (3) *dysfunktionale Bewältigungsmodi*, die sich durch Zustände der Vermeidung, Überkompensation oder Erduldung auszeichnen, (4) *funktionale gesunde Modi*. Das Schema-Modus-Konzept dient der Fallkonzeptualisierung (*Fallkonzeption*). Für die meisten Persönlichkeitsstörungen wurden mittlerweile auch störungsspezif. Modusmodelle beschrieben (Jacob & Arntz 2015).

Behandlung: Im ersten Schritt wird ein Schema-Modus-Modell entwickelt, in dem alle Symptome, Probleme und interpersonellen Auffälligkeiten des Pat. abgebildet werden. Der biograf. Hintergrund wird dabei stark betont. In der Folge werden die Themen, die der Pat. in die Therapie einbringt, i. S. des Modusmodells interpretiert und behandelt (z. B. Trinken infolge von Einsamkeitserleben als vermeidendem Bewältigungsmodus nach Aktivierung des verlassenen Kindmodus). Jedem Modus sind spezif. Behandlungsziele und -techniken zugeordnet. Dabei hat der Einsatz *emotionsfokussierter Techniken* insbes. zu Beginn der Behandlung Priorität, um Veränderung auf der Ebene von Schemata und zentralen *Emotionen* zu bewirken. Ergänzend werden kognitive und verhaltensbezogene Techniken eingesetzt und die *Therapiebeziehung* i. S. von *limited reparenting* gestaltet. Dabei stehen i. d. R. zunächst Bewältigungsmodi im Vordergrund. Der Pat. lernt, diese Modi zu identifizieren, ihre Vor- und Nachteile werden diskutiert und es werden (auch verhaltensbezogene) Strategien zur Reduktion dieser Modi entwickelt. Im Anschluss wird auf dysfunktionale Kindmodi fokussiert. Für ihre Veränderung wird vor allem auf emotionsfokussierte Techniken gesetzt, insbes. *Imaginatives Überschreiben*. Dysfunktionale Elternmodi müssen reduziert werden, um ihren Einfluss im Leben des Pat. zu verringern. Stuhldialoge und *historische Rollenspiele* zur Bekämpfung dieser Modi stehen hier im Vordergrund. Über den Verlauf einer S. werden gesunde Modi in vielerlei Hinsicht gefördert, insbes. auch durch das Modell des Therapeuten.

Befundlage: Eine Reihe von eher grundlagenorientierten Studien weist insges. auf eine akzeptable Validität der Modelle hin. Allerdings ist kritisch anzumerken, dass die zentralen Konzepte sehr breit sind und dysfunktionale Schemata und Schemamodi hoch untereinander sowie mit generellen Konzepten der *Psychopathologie* korrelieren. Wirksamkeitsstudien mit dem Modusmodell zeigen eine sehr gute und versch. Kontrollbedingungen überlegene *Wirksamkeit* bei *Borderline-Persönlichkeitsstörung*, anderen Persönlichkeitsstörungen (insb. Cluster C) und forensischen Pat. (Bamelis et al. 2014). Allerdings liegen für alle genannten Indikationen bisher noch nicht mehrere *RCTs* gegen *TAU* oder eine aktive Kontrollbehandlung vor. Eine Studie zu S. bei Pat. mit Suchterkrankung (*Sucht- und Substanzbezogene Störungen*) und Persönlichkeitsstörung fand keine Überlegenheit gegenüber der Kontrollbedingung. Allerdings wurde hier nicht das Modus-, sondern das ursprüngliche Schemamodell eingesetzt. Zu anderen chronischen Störungsbildern, für die S. klin. teilweise bereits empfohlen wird (z. B. chronische Störungen, *Essstörungen, Zwangsstörungen*), liegen bisher nur erste Fallberichte vor.   G. Jacob

Schetismus [ש (*Schin*), einundzwanzigster Buchstabe des hebräischen Alphabets], **[KOG]**, fehlerhafte Artikulation der sch-Laute (*Sigmatismus*), z. B. Schule wie «Fule». *Sprachstörungen*.

Schicht [engl. *layer*], **[SOZ]**, Begriff bzw. Metapher, der/die in der Ps. für die Annahme übernommen wurde, dass Anlagen, Fähigkeiten, Aufbau der Person, das soziale Gefüge u. a. m. in einem «geschichteten» Zusammenhang stehen. *Schichttheorie*.

Schichtarbeit [engl. *shift work*], **[AO]**, wird jede von einer typischen Wochenarbeitszeitregelung (Montag bis Freitag, zwischen etwa 7.00 bis 17.00 Uhr) abweichende Regelung der Arbeitszeit genannt. Zu unterscheiden sind feste Schichten (z. B. Dauernachtschicht) von wechselnden Schichten (z. B. abwechselnd Früh-, Spät- und Nachtschicht) sowie vollkontinuierliche Schichtsysteme, bei denen einschließlich Wochenende rund um die Uhr gearbeitet wird (Konti-Systeme) sowie flexible und diskontinuierliche Systeme mit kurzer oder langer Rotationsphase. Bei der Untersuchung der psych. Folgen der Schichtarbeit sind Erkenntnisse über biol. Rhythmen von Bedeutung, weil sich Biorhythmen nur langsam an wechselnde Schichtzeiten anpassen. Zu beachten sind nicht nur Veränderungen des psychischen Befindens, Schlafstörungen und chronische Ermüdung, sondern auch Folgen für das Familienleben, Freizeitverhalten und die Beteiligung am öffentlichen Leben. *Arbeitszeit*. Nachreiner et al. 1989, Frese & Okonek 1984.   S. Greif

Schichten-Ontologie [engl. *layered ontology*; gr. ὄν (*on*) seiend, λόγος (*logos*) Lehre, Wort], *Psychologie, sozialwissenschaftliche*.

Schichtentheorie (= S.), **[HIS, PER, PHI]**, die auf Plato [engl. *Plato's tripartite soul*], zurückgehende Vorstellung, dass das Seelische in übereinandergelagerte Schichten aufgegliedert sei, und die von Aristoteles vertretene Annahme, dass das gesamte Sein fünfschichtig sei (Materie, Dinge, Lebewesen, Seele und Geist), wurde in der Neuzeit unter mehreren Aspekten wieder aufgenommen. Aus phil. Sicht besteht nach der Ontologie von Nicolai Hartmann der Aufbau des Kosmos aus anorganischen, organischen und geistigen Schichten, wobei die jew. «niedrigere Schicht» die höhere zwar trägt, aber auch wechselseitige Abhängigkeiten angenommen werden. Aus psychoanalytischer Sicht bilden Bewusstes, Vorbewusstes und Unbewusstes Schichten der Psyche (*Persönlichkeitstheorien, psychoanalytische*). In der dt.sprachigen Ps. waren Schichtentheorien von *Lersch*, Werner (1953) und Rothacker (1952) einflussreich, über die sich Eysenck (1959) kritisch äußerte. Seitdem hat es keine bekannteren Versuche mehr gegeben, eine umfassende Schichtentheorie für die *Persönlichkeit* zu formulieren, auch wenn der Schichten-Gedanke sich in Unterscheidungen wie z. B. *Grundeigenschaft* vs. *Oberflächeneigenschaft* bei Raymond Cattell, *basic tendencies* versus *characteristic adaptations* in der Fünf-Faktoren-Theorie von McCrae & Costa (2008) (*Fünf-Faktoren-Modell*) oder *human nature, dispositional traits, characteristic adaptations* von McAdams & Pals (2006) wiederfinden lässt.   J. B. Asendorpf

Schichtung [engl. *stratified sample*]; *Stichprobe*.

Schicksal [engl. *destiny*], **[PHI]**, der Lebenslauf des Menschen, wie er sich aus eigenen Strebungen und äußeren Einflüssen ergibt. I. e. S. nur die Gesamtheit der Geschehnisse, die den Lebensweg eines Menschen entscheidend bestimmen und oft als von einer höheren Macht zugefügt bzw. als Vorherbestimmung angesehen werden. *Schicksalsanalyse*.

Schicksalsanalyse (= S.) [gr. ἀνάλυσις (*analysis*) Auflösung], **[KLI]**, Bez. von L. Szondi für die von ihm in tiefenpsychol. Ausrichtung entwickelte Analyse des Lebensablaufs. Beachtet werden in Ausweitung der engeren Personsphäre die Familie, Freundschaften, Partner, Beruf, Krankheit. Der Begriff der *indiv. Existenzskala* wurde hier eingeführt. Damit hat Szondi Faktoren ins Spiel gebracht, die von dem familiären *Unbewussten* (das von ihm als Annahme neu eingeführt wurde und vergleichbar ist mit dem *persönlichen Unbewussten* von Freud sowie dem *kollektiven Unbewussten* von Jung; *Analytische Psychologie*) über die «Wahl» gelenkt werden (*Tropismus*: Orientierung der Wachstumsbewegungen bei Pflanzen an äußeren physikal. Reizquellen). Soweit Fehler der Wahl hervortreten, sieht die S. als Therapie ihre Aufgabe darin, den «wahlkranken» Menschen zu heilen. Szondi 1948.

Schicksalskontrolle *Partnerkontrolle*.

Schiefe, Schiefheit (= S.) [engl. *skewness*], **[FSE]**, syn. 3. Zentralmoment; Asymmetrie einer *Verteilung*; *Verteilungsparameter*. Schiefheitsmaß: stat. Maßzahl als numerischer Ausdruck für die Größe der Asymmetrie einer Verteilung. Für eine empirische Häufigkeitsverteilung ist die S. definiert als:

$$S = \frac{1}{N} \sum_{i=1}^{N} \left(\frac{x_i - \bar{x}}{s_x} \right)^3$$

s_x = *Standardabweichung*.

Es gilt: S < 0: linksschief, rechtssteil; S = 0: symmetrisch; S > 0: linkssteil, rechtsschief. Eid et al. 2013.

Schielen (= S.) [engl. *cross-eye, strabismus*], **[BIO, WA]**, Störung des Gleichgewichts der Augenmuskeln, die in einer Fehlstellung eines Auges oder beider Augen zueinander resultiert (*Auge*). Dabei weichen die Blicklinien der beiden Augen bei der Fixation eines optischen Reizes zeitweise oder dauerhaft in einem best. Winkel (*Schielwinkel*) voneinander ab. Die Folge deutlicher Abweichungen sind Doppelbilder, eine herabgesetzte *Sehschärfe* auf dem schielenden Auge sowie eine Beeinträchtigung bzw. ein Verlust der *Stereopsis*. S. kann angeboren sein oder nach einer Schädigung der peripheren Augenmuskeln bzw. ihrer (zentral-)nervösen Steuerung (z. B. bei Schlaganfall oder Schädelhirntrauma) auftreten. Karnath & Thier 2012.

J. Zihl

Schikanehandeln *Familien, Hochkonflikt-*.

Schilddrüse (= S.) [engl. *thyroid (gland)*; lat. *glandula thyreoidea*], [**BIO**], innersekretorisches *Organ* vor dem Kehlkopf. Bildungsort der *Schilddrüsenhormone*.

Schilddrüsenhormone (= S.) [engl. *thyroid hormones*], [**PHA**], Sammelbegriff für die in den Follikelepithelzellen der Schilddrüse gebildeten *Hormone*. Die beiden mit Abstand wichtigsten S. sind Triiodthyronin (T3) und Thyroxin (Tetraiodthyronin, T4). Sie enthalten als Grundgerüst die Aminosäure Thyronin, die an ihren beiden aromatischen Ringen entweder drei (T3) oder vier (T4) Iodatome enthält. Die Iodierung der S. findet in der Schilddrüse statt, das Iod muss in ausreichender Menge mit der Nahrung aufgenommen werden. S. steuern den Energiemetabolismus (*Metabolisierung*) der Zellen, im Kindesalter sind sie für das Wachstum des Organismus notwendig, im Erwachsenenalter steigern sie den Stoffwechsel. Die Sekretion der S. steht unter dem stimulierenden Einfluss des Thyreoidea-stimulierenden Hormons (TSH; Thyreotropin), das im Hypophysenvorderlappen gebildet wird. Die Sekretion von TSH wird wiederum durch das Thyreotropin releasing hormone (TRH, Thyreoliberin) des Hypothalamus gesteuert. TRH und TSH stehen unter dem neg. Feedback der peripheren S. *G. Gründer*

Schirm-Effekt, [**WA**], Bez. für das besondere Phänomen in der *Wahrnehmung*, dass ein Objekt ein anderes teilweise verdeckt, ohne dass das verdeckte Objekt unvollständig erscheint. *Tunnelphänomen*. Michotte 1966, 1974.

Schizo…, Schisto… [engl. *schizo-*; gr. *σχίζειν (schízein)* (ab)spalten], [**KLI**], Vorsilbe, die allg. den Zustand des Gespaltenseins, der Abspaltung bez.

Schizoaffektive Störung (= S.) [engl. *schizoaffective disorder*; gr. *σχίζειν (schízein)* (ab)spalten, lat. *affectus* Gemütslage], [**KLI**], bei der S. handelt es sich nach ICD-10 (*Klassifikation psychischer Störungen*) um episodische Störungen, bei denen «sowohl affektive als auch schizophrene Symptome in derselben Krankheitsphase auftreten, meist gleichzeitig, oder höchstens durch einige Tage getrennt». Sie werden dort im Subkapitel F2 (*Schizophrenie, schizotype und wahnhafte Störungen*; s. Anhang I) aufgeführt. Anders als oft bei der *Schizophrenie* bleibt nach Abklingen der Phase gewöhnlich keine Symptomatik zurück, und es entwickelt sich nur selten ein Residuum. Beim manischen Typ (*Manie*) der schizoaffektiven *Psychose* (oder in ICD-10-Terminologie: bei der *schizoaffektiven Störung, gegenwärtig manisch*) ist die *Stimmung* gehoben, «begleitet von vermehrtem *Selbstbewusstsein* und Größenideen». Gelegentlich stünden «aber auch Erregung und Gereiztheit mit aggressivem Verhalten (*Aggression, klinische Perspektive*) und Verfolgungsideen im Vordergrund». Hinzu kommen typischerweise klassische schizophrene Symptome wie das Gefühl der Gedankeneingebung und -ausbreitung, die Vorstellung, von fremden Kräften kontrolliert zu werden, Stimmenhören oder bizarre Wahnideen (*Wahn*). In den schizodepressiven Episoden finden sich neben den genannten schizophrenen Symptomen Zeichen einer depressiven Symptomatik (*Depression*, etwa Antriebsverlust, Schuldgefühle, Hoffnungslosigkeit). Während schizomanische Episoden meist akut beginnen, augenfällige Symptomatik zeigen, aber innerhalb weniger Wochen sich i. d. R. vollst. zurückbilden, sind schizodepressive Episoden oft weniger ausgeprägt, dafür länger andauernd mit eher ungünstigerer Prognose; in einzelnen Fällen kann sich ein *schizophrenes Residuum* entwickeln. Die nosologische Stellung (*Nosologie*) der S. ist unklar, ihre biol. Grundlagen (etwa beteiligte Transmittersysteme, genetische Determinierung; *Genetik*) bleiben vorläufig weitgehend im Dunklen. Auch bzgl. Therapie sind die Empfehlungen nicht einheitlich: Zur Akutbehandlung werden vornehmlich atypische *Antipsychotika* empfohlen – wobei Personen mit S. möglicherweise bes. anfällig für die mit diesen Medikamenten assoziierten metabolischen Störungen sind. Der Einsatz von *Antidepressiva*, *Lithium* und *Antikonvulsiva* bei Akutbehandlung und Prophylaxe wird kontrovers diskutiert. Benkert & Hippius 2013.

T. Köhler

Schizoaffektive Störung, Pharmakotherapie [engl. *schizoaffective disorder, pharmacotherapy*], [**KLI, PHA**], zur Pharmakotherapie der *Schizoaffektiven Störung* liegen wenige kontrollierte Studien vor. Die Behandlung erfolgt i. d. R. nach dem vorherrschenden *Syndrom*. Eine psychotische Symptomatik (*Psychose*) wird regelhaft mit einem *Antipsychotikum* behandelt, zur Behandlung eines manischen Syndroms (*Manie*) kommen *Lithium* und *Antikonvulsiva* ebenso infrage wie eine alleinige Therapie mit einem («atypischen») Antipsychotikum. Bei schizodepressiven Syndromen kann ein Antipsychotikum mit einem *Antidepressivum* versucht werden (Datenbasis begrenzt), auch eine Monotherapie mit z. B. Quetiapin kommt infrage. Auch eine Kombination von Antipsychotikum und *Lamotrigin* kann erwogen werden. Rezidivprophylaktisch kommen «atypische» Antipsychotika, Lithium oder auch *Carbamazepin*, ggf. auch in Kombination infrage. *G. Gründer*

schizoid, Schizoidie [engl. *schizoid*, gr. *σχίζειν (schízein)* (ab)spalten], [**KLI**], der *Schizophrenie* ähnlich. In der Typologie E. Kretschmers Bez. für abnorme (psychopathische) Persönlichkeiten, die in ihrer seelischen Eigenart zwischen den (gesunden) Schizothymen und den Schizophrenen stehen. Schizoide Personen weisen Symptome der Schizophrenie in leichten Graden auf (z. B. Kontaktschwäche, starkes Misstrauen). F60.1, *schizoide Persönlichkeitsstörung*.

schizoide Persönlichkeitsstörung [engl. *schizoid personality disorder*; gr. *σχίζειν (schízein)* (ab)spalten], [**KLI**], (F60.1), gekennzeichnet durch ein tief greifendes Muster der sozialen Distanziertheit und des eingeschränkten Gefühlsausdrucks im zw.menschlichen und gesellschaftlichen Bereich. Zu den Diagnosekriterien gemäß *DSM*-IV zählen Interessenlosigkeit an engen Beziehungen bzw. sexuellen Erfahrungen, Gleichgültigkeit gegenüber Lob und Kritik, emot. Kälte, Distanziertheit oder eingeschränkte *Affektivität*. Schizoide Persönlichkeiten haben selten enge Freunde, wählen gewöhnlich einzelgängerische Unternehmungen, und es gibt kaum Tätigkeiten, die ihnen Freude bereiten. *Persönlichkeitsstörungen*.

schizophren, Schizophrener [engl. *schizophrenic*; gr. σχίζειν *(schízein)* (ab)spalten, φρήν *(phren)* Seele, Zwerchfell], [**KLI**], an *Schizophrenie* leidend, der Schizophrenie-Erkrankte. Wird in der Umgangssprache oft falsch als Synonym für Begriffe wie *gegensätzlich, zerrissen, verrückt* oder *absurd* gebraucht.

schizophrenes Residuum (= s. R.) [engl. *residual schizophrenia*; gr. σχίζειν *(schízein)* (ab)spalten, φρήν *(phren)* Seele, Zwerchfell, lat. *residuum* Rest], [**KLI**], es handelt sich dabei um ein typischerweise irreversibles Endstadium im Verlaufe einer s. Erkrankung (*Schizophrenie*), in das immer noch ein beträchtlicher Anteil der Betroffenen (keineswegs aber alle) gelangt. Anders als meist in den zuvor zu beobachtenden Frühstadien finden dabei kaum mehr psychotische Symptome, sondern eine ausgeprägte Negativsymptomatik wie Affektverflachung, Antriebslosigkeit, verminderte soziale Leistungsfähigkeit und Sprachverarmung. In vielen Fällen stellt sich eine Verwahrlosung mit Vernachlässigung der Körperpflege ein. Dieses Endstadium hatte offenbar E. Kraepelin im Auge, als er die Störung mit *Dementia praecox* bez. Personen im s. Residualzustand sind meist auf Betreuung in Heimen oder Wohngemeinschaften angewiesen bzw. bilden einen nicht unbeträchtlichen Teil der Obdachlosen. T. Köhler

Schizophrenie (= S.) [engl. *schizophrenia*; gr. σχίζειν *(schizein)* (ab)spalten, φρήν *(phren)* Seele, Zwerchfell], [**KLI**], das klin. Störungsbild der S. weist zahlreiche, zumindest beim ersten Ansehen nicht unbedingt zueinander passende Symptome auf; deshalb dauerte es sehr lange, bis endlich Emil Kraepelin gegen Ende des 19. Jhd. erkannte, dass es sich dabei um eine Krankheitseinheit handelte, die er – im Hinblick auf den sich damals noch häufiger einstellenden Residualzustand – *Dementia praecox* («vorzeitige Verblödung») nannte. Einige Jahre später gab ihr Eugen Bleuler den – leicht misszudeutenden – Namen «Schizophrenie» («Spaltungsirresein»), formulierte erste Diagnosekriterien und unterschied mehrere Unterformen – eine Arbeit, die durch K. Schneider fortgeführt wurde. Im Allg. werden zwei große Symptomgruppen unterschieden, die *Positivsymptomatik* (in etwa gleichzusetzen mit psychotischer Symptomatik) und die *Negativsymptomatik*, welche vornehmlich durch motivationale und affektive Defizite gekennzeichnet ist (*Schizophrenie, Typ-I-, Typ-II-*). Aus didaktischen Gründen scheint es sinnvoll, als weitere Gruppe die *psychomotorischen Symptome* wie Bewegungsstereotypien, katatone Erregung und katatoner Stupor (*Katatonie*) zu definieren, da sie nicht bruchlos der Negativ- bzw. Positivsymptomatik zugeordnet werden können. I. d. R. geht die S. auch mit kogn. Einschränkungen einher, welche sich nicht zuletzt in Störungen der *Aufmerksamkeit* und des Differenzierungsvermögens äußern.

Zu den Positivsymptomen wird als *formale Denkstörung* die *Zerfahrenheit* (*Inkohärenz*) gerechnet, indem ein Gedankengang nicht aufrechterhalten wird, sondern mittels assoziativer Sprünge rasch sich neuen Themen zuwendet. Zu den *inhaltlichen Denkstörungen* gehört der *Wahn* (insbes. Beziehungs-, Kontroll- und Verfolgungswahn, seltener die Vorstellung, eine historisch bedeutsame Persönlichkeit zu sein); dabei finden sich häufig akustische Halluzinationen, vornehmlich Stimmen (oft dialogisch), die kommentieren, aber auch befehlen können. Ausgesprochen schizophrenietypisch sind die *Ichstörungen*, der Eindruck des «Gemachten», das Gefühl, die eigenen Gedanken eingegeben oder entzogen zu bekommen, außerdem das Gefühl, dass die eigenen Gedanken allg. zugänglich werden (*Gedankenausbreitung*). Auch die *Affektinadäquatheit* (also etwa Lachen beim Erhalt einer traurigen Nachricht) zählt zur Positivsymptomatik. Als psychomotorische Symptome fallen zunächst stereotype, ritualisierte Bewegungen auf, Bizarrheiten und Manierismen der Bewegung, Mimik und Sprache (z. B. Neologismen), seltener, dann aber sehr eindrucksvoll Befehlsverweigerung (oft mit *Mutismus*, also völligem Unwillen zu sprechen) und ihr Gegenstück, der Befehlsautomatismus, weiter als markante Verhaltensweisen *Echolalie* bzw. *Echopraxie* (Wiederholen der Reden und Handlungen des Untersuchers). Extremste Formen gestörter Psychomotorik sind die katatone Erregung sowie der (heute selten gewordene) katatone Stupor, bei dem die Pat. mit ihrer Regungslosigkeit und Nichtansprechbarkeit wie im Wachkoma wirken, in Wirklichkeit jedoch sehr wohl alles registrieren und später auch berichten können. Interessanterweise lassen sich ihre Glieder passiv problemlos bewegen (*flexibilitas cerea* = wächserne Biegsamkeit) und in die skurrilsten Stellungen bringen, in welchen die Erkrankten lange – anscheinend mühelos – verharren können.

An Negativsymptomatik ist zunächst die *Antriebslosigkeit* (*Apathie*) zu nennen, die sich unter anderem in Form von Nachlassen der Leistungen in Schule, Studium oder Beruf zeigt, weiter die *Affektverflachung*, der Verlust der emot. Schwingungsfähigkeit; damit eng verknüpft ist die *Anhedonie*, die Unfähigkeit, ausgeprägtere Freude zu empfinden. Auffallend ist weiter der Rückzug von sozialen Bindungen und gesellschaftlichen Aktivitäten («Autismus»), der sich in zunehmender (meist nicht weiter bedauerter) Einsamkeit und eigenbrötlerischen Tätigkeiten (etwa in Form von unproduktiven Beschäftigungen am Computer) manifestiert. Anzuführen ist zudem die Unwilligkeit, längere Gespräche zu führen (*Alogie*), weiter die Ambivalenz, das Fehlen eindeutiger Einstellungen, welches sich als *Abulie* zeigt, als mangelnde Fähigkeit, in oft kleinsten, banalen Dingen zur Entscheidung zu gelangen.

Zunehmend ins wiss. Interesse gelangen neuropsychol. Einschränkungen s. Personen, so etwa die Unfähigkeit, *Konzentration* und Aufmerksamkeit länger aufrechtzuerhalten, was sich bspw. im Unvermögen äußert, einem sich bewegenden Lichtpunkt kontinuierlich mit den Augen zu folgen (*eye tracking dysfunction*). Die in der *ICD-10* angemerkte Tatsache, dass die *Intelligenz* i. Allg. nicht gemindert sei, gilt wohl eher für frühere Stadien der Störung und ist insofern einzuschränken, als sich auch da gewisse Defizite hinsichtlich Abstraktionsvermögen und Differenzierungsfähigkeit erkennen lassen. *DSM-5* schließt den Grad beeinträchtigter *Kognition* in die Symptombeschreibung explizit ein.

Ätiologie: Psychol. Erklärungsansätze haben gegenüber biol. Entstehungsmodellen merklich an Bedeutung verloren. Freud (*Psychoanalyse*) sah als *Pathogenese* der Schizophrenie eine narzisstische *Regression* mit Aufgabe aller libidinösen Beziehungen (*Libido*) zu äußeren Obj. an; die floriden psychotischen Symptome fasste er bereits als Versuch einer Selbstheilung auf. Er stellte als Folge dieser Regression auch keine *Übertragung* fest und betrachtete daher die Störung als mit psychoanalytischen Verfahren nicht heilbar. Wenig überzeugend und letztlich ohne große Resonanz geblieben sind lerntheoretische Ansätze (*operante Konditionierungsmethoden*), welche die psychotischen Symptome als verstärkte Verhaltensmuster erklären. Größere Beachtung fanden Modelle, die das s. Verhalten als Folge gestörter Interaktion in der Familie (*Familiensystem, Interaktion*) des späteren Schizophrenen ansehen, indem durch widersprüchliche Botschaften paranoides Denken gefördert wird (*double-bind hypothesis*); wenn, würde das bestenfalls für die paranoid-halluzinatorische Variante der Störung gelten; zudem könnte es nicht den Übergang in das *schizophrene Residuum* mit zunehmender Minussymptomatik erklären. Ernster zu nehmen sind Modelle, welche die S. primär als Störung der Aufmerksamkeit auffassen und aus solchen Defiziten die Symptome herleiten. Lediglich aus historischem Interesse seien die mit dem Autor Th. Szasz bzw. der sog. *Labeling-Theorie* zu verbindenden Ansichten, welche die S. nicht als nosologisches Faktum ansehen, sondern als gesellschaftliches Produkt, indem abweichendes Verhalten einfach als «krank» hingestellt wird. Biol. Modelle zu *Ätiologie* und *Pathogenese* geraten in den letzten Jahren zunehmend in den Blickpunkt (Köhler 2005). Nicht ganz unbestritten, jedoch plausibel ist die Annahme, dass bei Schizophrenen primär als Entwicklungsdefizit eine Beeinträchtigung des präfrontalen Kortex (des vorne und oben gelegenen Abschnitts des Stirnlappens; *Gehirn*) vorliegt. Die kogn. Störungen, insbes. die beeinträchtigte Aufmerksamkeit und Stimulusdiskrimination, lassen sich zwanglos mit einer verminderten Leistung dieses für Denkprozesse zentralen Hirnbereichs erklären. Aufgrund exp. induzierbarer Schizophreniesymptomatik («Modellpsychosen») durch *NMDA-Rezeptorantagonisten* leitet sich die Vermutung ab, dass generell bei s. Pat. nicht ausreichend funktionierende NMDA-Rezeptoren für den Transmitter *Glutamat* vorliegen. Die Positivsymptome (die «psychotischen» Symptome) werden durch dopaminerge Überaktivität (*Dopamin*) in Bereichen des limbischen Systems erklärt (bspw. in dem basal im Frontalhirn gelegenen orbitofrontalen Kortex), die als Resultat der eingeschränkten präfrontalen Leistungsfähigkeit nicht mehr ausreichend gehemmt werden. Unklar bleibt die biol. Grundlage der Negativsymptomatik (möglicherweise ebenfalls eine Minderaktivität im präfrontalen Kortex) sowie der psychomotorischen Symptome, spez. der Katatonie. Als Ursachen der präfrontalen Fehlentwicklung werden im Wesentlichen genetische Bedingungen angenommen – wobei der Erbgang angesichts der multifaktoriellen Genese bis jetzt wenig klar ist. Beeinträchtigt sind nach gegenwärtigem Erkenntnisstand u. a. Gene, die den Dopaminstoffwechsel, die Ausbildung von NMDA-Rezeptoren sowie die Entwicklung synaptischer Verbindungen determinieren; ätiologische Bedeutung haben zudem perinatale und intrauterine Schädigungen (bspw. durch Grippe und andere infektiöse Erkrankungen der Schwangeren, Geburtskomplikationen), schließlich auch regelmäßiger (vielleicht auch nur gelegentlicher) Cannabiskonsum in jungen Jahren, welcher durch Überstimulation des die Hirnreifung modulierenden *Endocannabinoidsystems* die normale Entwicklung stört. Im Sinne eines *Diathese-Stress-Modells* (*Vulnerabilitäts-Stress-Modell*) kommt auch psychol. externen Eindrücken gewisse Bedeutung zu, wohl allerdings eher im Sinne auslösender, nicht jedoch kausal-bedingender Faktoren.

Klassifikation: ICD-10 (*Klassifikation psychischer Störungen*; s. Anhang I, F20) unterscheidet – in Rückgriff auf die Überlegungen von Bleuler und Schneider – mehrere Subtypen der Störung, von denen die paranoid-halluzinatorische Form mit dem Vorherrschen von Wahnvorstellungen, Ichstörungen und akustischen Halluzinationen als die häufigste gilt. Die *hebephrene Form* ist dadurch charakterisiert, dass die ersten Symptome oft schon sehr früh auffallen [gr. *ήβης* (*hebes*) Jugend], zudem stehen affektive Veränderungen im Vordergrund, etwa «selbstzufriedenes, selbstversunkenes Lächeln»; auch treten frühzeitig Negativsymptome wie Antriebslosigkeit und Affektverflachung auf. Die hierzulande selten gewordene *katatone S.* ist vornehmlich durch psychomotorische Symptome gekennzeichnet, im Extremfall durch katatonen *Stupor*, die *Schizophrenia simplex* durch Hervortreten von ausgeprägter Negativsymptomatik gleich zu Beginn («ohne vorhergehende floride psychotische Symptome») – welche insofern dem typischerweise erst später auftretenden s. Residualzustand klinisch ähnelt –, die *undifferenzierte Schizophrenie* dadurch, dass die diagn. Zuordnung zu keiner der genannten Kategorien gelingt. Der s. Residualzustand (*schizophrenes Residuum*), der sich in seinem Vollbild bei vielen Erkrankten nach längerem Verlauf einstellt, ist vornehmlich durch Negativsymptomatik gekennzeichnet, sodass die Betreffenden in betreuten Wohnanstalten oder Pflegeheimen untergebracht werden müssen oder ihr Leben als Obdachlose führen. Die in der ICD-10 def. diversen Subtypen zeigen sich oft nicht in der erwarteten Klarheit im klin.-diagn. Alltag. Im DSM-5 ist daher – auch in Abhebung von DSM-IV und seinen Revisionen – ein solches kategoriales Modell (*Diagnostik, kategoriale*) aufgegeben. Vielmehr werden mehrere Dimensionen (z. B. *Wahn*, desorganisiertes Denken bzw. Sprache, Negativsymptome) vorgegeben, auf denen die Pat. hinsichtlich der Ausprägung ihrer Symptomatik angeordnet werden. Zwar zwingt diese neue Betrachtungsweise nicht mehr zur Festlegung auf klin. unsichere kategoriale Syndrome, erschwert jedoch die Zus.fassung zahlenmäßig überschaubarer, unterschiedlich sich entwickelnder und zu behandelnder Symptombilder.

Prävalenz und Verlauf: Die Lebenszeitprävalenz wird mit etwa 1 % angegeben; Frauen und Männer sind ungefähr gleich häufig betroffen, nach neueren Statistiken Letztere etwas stärker und wahrscheinlich mit prognostisch ungünstigeren Verläufen. Spez. die paranoid-halluzinatorische S. verläuft typischerweise in Schüben, das bedeutet mit Phasen ausgeprägter Positivsymptomatik, die sich – vielfach aufgrund der Medikation – nach einiger Zeit teilweise oder gar vollst. zurückbildet. Bei nicht wenigen Pat. bleibt es bei einem einzigen Schub; bei den meisten jedoch treten (zumindest unmediziert oder nach eigenmächtigem Absetzen der Medikamente) weitere Schübe auf, nach denen zunehmende Minussymptomatik zurückbleibt. Immer noch etwa 25–30 % der Erkrankten entwickeln langfristig eine mehr oder weniger ausgeprägte Form des beschriebenen Residualzustandes. Bei den von vornherein eher chronisch verlaufenden und zugleich zu Beginn mit ausgeprägterer Negativsymptomatik verlaufenden Formen, wie spez. der hebephrenen S., ist die diesbzgl. Prognose generell ungünstiger.

Diagnostik: Diese erfolgt anhand der klin. Symptomatik, wobei mittlerweile diverse Inventare vorliegen, um die Diagnose standardisierter zu erstellen und den Schweregrad besser zu operationalisieren: Sichere Biomarker konnten noch nicht identifiziert werden. Möglicherweise zeigt gestörtes eye-tracking ein gewisses Risiko für die Entwicklung der Störung an; diese Aufmerksamkeitseinschränkung findet sich jedoch auch häufig bei gesunden Angehörigen s. Pat. *Schizophrenie, Psychotherapie*, *Schizophrenie, Psychopharmakotherapie*. T. Köhler

Schizophrenie, kognitive Interventionen, [**KLI**], kogn.-behaviorale Interventionen für *Schizophrenie* (KVT-S) [engl. *Cognitive Behavioral Therapy for psychosis, CBTp*] beinhalten den Aufbau einer tragfähigen *Therapiebeziehung* mittels gesprächstherap. Techniken (*Gesprächspsychotherapie*) und einer empathischen (*Empathie*) und entpathologisierenden Haltung, die Entwicklung indiv. Erklärungsmodelle für psychotische Symptome wie *Wahn*, *Halluzination* und Neg.symptomatik, die Vermittlung von Strategien zum Umgang mit belastenden Symptomen, die gezielte *kognitive Um-/Restrukturierung* wahnhafter Überzeugungen und zugrunde liegender dysfunktionaler Überzeugungen und Schemata sowie Interventionen zur Rückfallprävention (*Verhaltenstherapie*). Das Rational für die Annahme, dass KVT bei psychotischer Symptomatik indiziert sein könnte, liegt in epidemiologischen Studien (*Epidemiologie*), die dafür sprechen, dass psychotische Symptome in der Bevölkerung kontinuierlich verteilt sind und sich zw. «gesund» und «krank» eher in Quantität als in Qualität unterscheiden. Dies unterstützt die Annahme, dass normale Mechanismen der Wahrnehmung und Meinungsbildung an psychotischen Erlebnissen beteiligt sind, und diese somit für kogn. Interventionen zugänglich sein könnten. Die Wirksamkeit von KVT-S ist durch *randomisierte kontrollierte Studien* belegt worden. *Metaanalysen* finden Effektstärken im kleinen bis moderaten Bereich. KVT-S wird in gängigen Behandlungsleitlinien (*Leitlinie, Behandlungsleitlinie*) wie den Leitlinien der *Dt. Gesellschaft für Psychiatrie, Psychoth. und Nervenheilkunde* (DGPPN) empfohlen. Verschiedentlich sind Prädiktoren des Therapieerfolges und die *Effektivität* von KVT-P bei spezif. Zielgruppen (z. B. Pat. ohne Medikamente/mit vorrangiger Neg.symptomatik/im Akutstadium) untersucht worden. Diese sprechen gegen eine Indikationseinschränkung von KVT-S auf best. Untergruppen von Pat. mit Schizophrenie. Lincoln 2014. T. Lincoln

Schizophrenie, Lebensqualität als Outcome [engl. *schizophrenia, quality of life as outcome*; *outcome* Ergebnis], [**KLI**], der Begriff *Lebensqualität* (= L.) hat im Kontext der Durchführung und Evaluation von Enthospitalisierungsprogrammen bzw. gemeindepsychiatrischen Modellen (*Gemeindepsychiatrie*) für chronisch psych. kranke Menschen in den 1980er-Jahren Einzug in die psychiatr. Literatur gehalten. Im Ggs. zur in der somatischen Med. verbreiteten Idee der L. (Funktionsfähigkeit und *Wohlbefinden* in gesundheitsbezogenen Lebensbereichen aus Sicht der Betroffenen) war die Sozialindikatorforschung prägend für den L.begriff in der *Psychiatrie*, d. h. die Integration der Abbildung obj. Lebenssituation und subj. Bewertung aller relevanter Lebensbereiche. In den 1990er-Jahren wurde L. erstmals als *Outcome* für Pharmastudien (*Neuroleptika*) mit entspr. fokussierteren L.instrumenten eingesetzt. Dass schizophren Erkrankte (*Schizophrenie*) i. d. R. in der Lage sind, valide Auskünfte in Form von *Fragebögen* oder *Interviews* zu geben, gilt mittlerweile als weitestgehend anerkannt. Die Erfassung der L. erfolgt in der Regel mit generischen, d. h. krankheitsübergreifenden L.instrumenten, oder krankheitsspezif. Instrumenten, die auf die bes. Problemlagen der betroffenen Personen eingehen. Trotz des Versuches konzeptueller Klärungen – insbes. in den 1990er-Jahren – versammeln sich mittlerweile unter dem Begriff L. im gesamten Bereich der Psychiatrie sehr heterogene Konzepte. Dazu gehört die Berücksichtigung der subj. Perspektive der Betroffenen, ihres Funktionsniveaus, aber ebenso von Merkmalen ihrer obj. Lebenssituation. Die selbstbewertete, d. h. subj. L. weist eine hohe zeitliche Stabilität, ein ausgeprägtes Potenzial zur Anpassung auch an sehr widrige Lebensumstände sowie substanzielle Zusammenhänge mit *Depressivität* und *Persönlichkeitsmerkmalen* auf. Franz & Meyer 2013. T. Thomsen

Schizophrenie, Psychopharmakotherapie [engl. *schizophrenia, psychpharmacotherapy*], [**KLI, PHA**], während die *Elektrokrampftherapie (EKT)* im dt.sprachigen Raum bestenfalls in sehr akuten Fällen eine Rolle spielt (etwa bei schwerer katatoner Symptomatik), stellt die pharmakol. Behandlung mit *Neuroleptika* (*Antipsychotika*) das Mittel der Wahl zur Behandlung von *Schizophrenien* dar. Die Wirkung sowohl der sog. «klassischen» (auch Antipsychotika der ersten Generation) wie auch der sog. «atypischen» Antipsychotika (auch Antipsychotika der zweiten Generation) auf die Positivsymptomatik wird über die Blockade von D2-Dopaminrezeptoren (*Dopamin*) vermittelt, während die Bedeutung ihrer Wirkung auf zahlreiche andere Transmittersysteme (z. B. *Serotonin*, *Acetylcholin*, *Noradrenalin*) für die klin. Effekte der Antipsychotika nicht ganz geklärt ist. Eine weitergehende Behandlung bestünde entspr. in der Aktivierung des präfrontalen Kortex, spez. durch die Verbesserung der unzureichenden glutamatergen Neurotransmission; vielfältige, zunächst aussichtsreich erscheinende Versuche haben sich jedoch in späteren Phasen der klin. Prüfung als gegen *Placebo* nicht überlegen erwiesen. Die Überlegenheit der atypischen Antipsychotika über die klassischen Antipsychotika wurde in mehreren großen sog. *effectiveness*-Studien infrage gestellt, sie lässt sich jedoch metaanalytisch zeigen. Zudem sind die beiden Gruppen als nicht homogen aufzufassen. Sie weisen nicht nur erhebliche pharmakol., sondern auch Unterschiede im klin. Wirkprofil auf. Die Wirksamkeit aller Antipsychotika gegen Negativsymptome und kogn. Störungen ist unzureichend, und eine Überlegenheit neuerer Antipsychotika gegenüber älteren Substanzen ist nicht überzeugend belegt (Köhler 2014). Was *Nebenwirkungen* betrifft, so werden bei Behandlung mit atypischen Antipsychotika die *extrapyramidalmotorischen Störungen* wie *Frühdyskinesien*, *Akathisie*, Parkinsonoid (*Parkinson'sche Erkrankung*) und *Spätdyskinesien* seltener beobachtet. Allerdings gibt es auch hier erhebliche Substanzunterschiede. So werden unter Substanzen wie *Clozapin* oder *Quetiapin* EPMS nicht häufiger als unter Placebo beschrieben, während andere Medikamente wie z. B. *Risperidon* insbes. bei höheren Dosierungen nicht selten zu EPMS führen. Dafür finden sich bei einigen dieser Medikamente (bes. ausgeprägt unter Clozapin und *Olanzapin*) ernstzunehmende metabolische Veränderungen wie teils erhebliche Gewichtszunahme, Entwicklung von Diabetes und Fettstoffwechselstörungen. Eine Erhöhung der Konzentration des Hormons *Prolaktin* (*Hyperprolaktinämie*) mit der Folge von Brustwachstum und Milchfluss bei Frauen, bei Männern zudem häufig *Erektionsstörungen*, tritt unter Substanzen beider Gruppen auf, bes. ausgeprägt ist sie häufig unter *Amisulprid*, *Haloperidol* oder *Risperidon*.

T. Köhler

Schizophrenie, Psychotherapie [engl. *schizophrenia, psychotherapy*], [**KLI**], die psychotherap. Behandlung der *Schizophrenie* gibt nur in Zs.hang mit medikamentöser Therapie einen Sinn und ist nur von eher begrenzter Wirksamkeit. Freud hatte die Schizophrenie wegen der mangelnden Übertragungsfähigkeit der Betroffenen als mit *Psychoanalyse* unbehandelbar angesehen, eine Auffassung, die viele spätere Analytiker nicht mehr teilen, ohne allerdings in kontrollierten Studien die *Wirksamkeit* ihrer Therapie nachweisen zu können. Die alten verhaltenstherap. *Token-Programme* zur Verstärkung erwünschten Verhaltens haben keine allzu große Bedeutung mehr. *Kognitive Verhaltenstherapie*, bei der die Pat. u. a. lernen, mit ihren Halluzinationen besser umzugehen und sich von wahrgenommenen Stimmen weniger leiten zu lassen, zeigt durchaus vielversprechende Resultate (Morrison et al. 2014). Bes. sinnvoll ist der Einsatz in den Prodromalphasen und bei der Rückfallprophylaxe. *Schizophrenie, kognitive Interventionen*.

T. Köhler

Schizophrenie, Typ-I-, Typ-II- [engl. *schizophrenia, type-I, typ-II*], [**KLI**], in den 80er- und 90er-Jahren des letzten Jhd. wurde der Versuch gemacht, die diagnostischen Subtypen der *Schizophrenie* zu vereinfachen und zu zwei großen *Kategorien* zus.zufassen, nämlich Typ-I-Schizophrenie mit überwiegender Positivsymptomatik und die hauptsächlich durch Negativsymptome gekennzeichnete Typ-II-Schizophrenie (s. etwa Crow 1985). Die erste Kategorie, die v. a. Fälle von paranoider Schizophrenie umfasste, sollte – so die Charakterisierung – besser auf *Neuroleptika* ansprechen, prognostisch günstiger sein, mit weniger ausgeprägten Hirnveränderungen einhergehen und in geringerem Ausmaß genetisch determiniert sein (s. Köhler 2005, 101 f.). Diese Grobeinteilung hat sich aber nie wirklich durchsetzen können – wurde bspw. weder in ICD-10 noch DSM-5 (*Klassifikation psychischer Störungen*) übernommen – und hat heute eher historische Bedeutung. Problem war offenbar, dass viele Fälle von Schizophrenie sich nicht in dieses einfache Schema pressen ließen und dass die katatone Schizophrenie mit ihren überwiegend psychomotorischen Symptomen von vornherein dort keinen Platz finden konnte.

T. Köhler

schizophreniforme Störung (= s. S.) [engl. *schizophreniform disorder*], [**KLI**], bez. eine psych. Störung in der Kategorie der psychotischen Störungen mit Symptomen der *Schizophrenie* in abgeschwächter Form. Die betroffene Person zeigt für einen erheblichen Teil eines Zeitraums von mind. einem Monat mind. zwei der folg. (floriden) Symptome: (1) *Wahn*, (2) Halluzinationen (*Halluzination*), (3) desorganisierte Sprechweise, (4) grob desorganisiertes oder katatones Verhalten (*Katatonie*), (5) neg. Symptome (nur ein Symptom notwendig bei bizarrem *Wahn* oder beim Hören von kommentierenden oder miteinander sprechenden Stimmen). I. Ggs. zur Schizophrenie dauert die S. insges. mit Prodromal- und Residualsymptomen jedoch höchstens sechs Monate und mind. einen Monat und setzt keine deutlichen Beeinträchtigungen in sozialen, beruflichen und wichtigen zw.menschlichen Bereichen voraus. Eine *schizoaffektive Störung*, eine affektive Störung (*Affektstörungen*) mit psychotischen Symptomen und eine Verursachung durch einen med. Krankheitsfaktor oder eine Substanz müssen für die Diagnose einer s. S. ausgeschlossen werden. Da nach *ICD-10* bereits nach einem Monat mit entspr. Symptomen eine Schizophrenie diagnostiziert wird, ist hier die Diagnose der s. S. auf eine Dauer von weniger als einem Monat beschränkt. Die *Prävalenz* der S. ist in Industrienationen niedriger als die der Schizophrenie, also unter 1 %, in Entwicklungsländern jedoch höher. Ursachen und The-

rapie sind mit denen der Schizophrenie vergleichbar.
M. Hautzinger/C. Heil

Schizotypie (= S.) [engl. (adj.) *schizotypal*; gr. *σχίζειν (schízein)* (ab)spalten, *τύπος (typos)* Form, Gepräge], **[KLI, PER]**, S. beschreibt eine Reihe von subklin. *Schizophrenie-* oder *Psychose*-artigen Persönlichkeitseigenschaften. Vor allem werden pos. und neg. S.facetten beschrieben, die in Anlehnung an die Pos.- und Neg.symptomatik der Schizophrenie benannt sind. Während Pos.-S. bspw. ungewöhnliche Erlebnisse und Wahrnehmungen, magisches oder übernatürliches Denken erfasst, beschreibt Neg.-S. anhedonische und *Introversions*-ähnliche Eigenschaften sowie Schwierigkeiten mit oder Desinteresse an der Interaktion mit Sozialpartnern (*soziale Interaktion*). Wie auch bei der Schizophrenie erfasst das S.-Konzept auch Einschränkungen kogn. Fähigkeiten (*Kognition*) wie Konzentrationsschwierigkeiten (*Konzentration*) oder leichte Ablenkbarkeit. Der Begriff der S. wurde 1953 von Rado als Kontraktion des «schizophrenen *Phänotypen*» geprägt, der aufgrund eines von den Eltern vererbten schizophrenen *Genotypus* entsteht, jedoch über das Leben hinweg durch eine schizophrenigene Umwelt moduliert wird (Rado 1953). Dieses taxonomische Modell der S. sieht also eine Zugehörigkeit zu einer genetisch klar def. Gruppe vor, wobei durch Lebensereignisse intraindiv. Differenzen auftreten (*Life-Event-Forschung*). Dem taxonomischen oder quasi-dimens. Modell steht das von Claridge (1997) vorgeschlagene voll-dimensionalen Modell gegenüber, welches S. rein als ein Persönlichkeitskonstrukt (*Konstrukt*) ansieht, das intraindiv. relativ stabil, jedoch interindiv. annähernd normal verteilt ist (*Normalverteilung*). Eine bes. starke S.-Ausprägung, ohne das Vorhandensein klar erkennbarer psychot. Episoden, kann zur Diagnose der *schizotypischen Persönlichkeitsstörung* führen. Hohe S.-Ausprägungen sind jedoch nicht grundsätzlich neg. zu bewerten, da sich u. a. eine hohe *Korrelation* mit bspw. *Kreativität* findet. Das voll-dimensionale Model sieht i. Ggs. zum taxonomischen Modell keinen klaren *cut-off point* zw. Gruppen vor, sondern propagiert lediglich ein mit der S.-Ausprägung pos. korrelierendes Psychoserisiko, weshalb Claridge alternativ zum Begriff der S. auch den Begriff *psychosis-proneness* ([engl.] Psychosegefährdung) vorschlägt. Das voll-dimensionale Modell umfasst zusätzlich zu den eingangs genannten Facetten auch Aspekte der *Impulsivität* und Antisozialität (*Antisoziale Persönlichkeitsstörung*) und trägt somit der anhaltenden Debatte über Ähnlichkeiten zw. versch. Störungsbildern mit psychotischer Symptomatik (z.B. *Bipolare Störungen* oder *Borderline-Störung*) Rechnung. Es existieren sowohl für das taxonomische als auch das voll-dimensionale Modell der S. etablierte psychometrische Inventare, mittels derer zunehmend gezeigt werden kann, dass die biol. Ursachen der S. denen der Schizophrenie stark ähneln. Die S. eignet sich somit vermutlich zur Untersuchung der Patho-Mechanismen (*Pathogenese*) der Schizophrenie, jedoch unter Umgehung vieler konfundierender Faktoren (*Konfundierung*), die aus dem klin. Bild sowie der *Psychopharmakotherapie* psychotischer Störungen resultieren. Arbeiten aus dem Kontext der *Verhaltensgenetik* def. S. als einen *Endophänotyp* (Grant et al. 2013).
P. Grant

Schizotypische Persönlichkeitsstörung (= s. P.) [engl. *schizotypal personality disorder*; gr. *σχίζειν (schízein)* (ab)spalten, *τύπος (typos)* Form, Gepräge], **[KLI]**, nach *ICD-10* (F21) Bez. für eine aufgrund von extrinsischem Verhalten und Anomalien des Denkens und der Stimmung als schizophren wirkende Störung ohne eindeutige schizophrene Symptome. Innerhalb der s. P. lassen sich die gleichen sozialen und interpersonalen Defizite wie bei der *schizoiden Persönlichkeitsstörung* finden. Darüber hinaus treten Verzerrungen der Wahrnehmung oder des Denkens und eigentümliches Verhalten auf. Im *DSM* wird eine Reihe von Kriterien genannt – wie z. B. Beziehungsideen, ungewöhnliche Wahrnehmungserfahrungen einschließlich körperbezogener Illusionen, seltsame Überzeugungen oder *magisches Denken* – die zwar exzentrisch sind, aber hinsichtlich des Schweregrades die Diagnosekriterien einer *Schizophrenie* nicht erfüllen. Die s. P. kann als schwache Form der Schizophrenie begriffen werden. Zw. beiden Störungen gibt es Parallelen bzgl. einiger biol. Parameter (z. B. *Monoaminooxidase*-Spiegel); zudem ist die *Prävalenz* der s. P. bei Verwandten von Schizophrenen erhöht, sodass ein genetischer Zs.hang wahrscheinlich ist. *Persönlichkeitsstörungen*.
J. Brauer

Schizotypische Persönlichkeitsstörung, Psychopharmakotherapie *Persönlichkeitsstörungen*.

Schlaf (= S.) [engl. *sleep*], **[BIO]**, ein gewöhnlich periodisch auftretender, der *Erholung* dienender Zustand der Ruhe und des Sich-Abschließens von der Umwelt unter Herabsetzung oder Aufhebung des Tagesbewusstseins und der willkürlichen Bewegung (*Motorik*). Man unterscheidet heute zumindest zwei Formen des S.: den orthodoxen (Non-REM-S., traumloser S.) und den paradoxen oder REM-S. (engl. *rapid-eye-movement* schnelle Augenbewegungen). Polyphasischer S. heißt der typische S.rhythmus im Neugeborenen- bis Vorschulalter mit mehr als einer S.phase pro 24 Std. mit mittäglichen Nickerchen (*naps*).

Der normale S.rhythmus des Erwachsenen ist biphasisch. Diese S.phasen, wie auch die vier bzw. fünf Stadien der S.tiefe (s. Abb. 1), lassen sich mittels der S.-Elektroenzephalografie einschließlich weiterer Ableitungen wie EOG, EMS (*Polysomnographie*) unterscheiden und bestimmen, ohne den Schläfer zu wecken. Jeder reguläre S. beginnt mit orthodoxem S. geringer S.tiefe und führt nach spätestens 50 Min. zum ersten und meist längsten (20–30 Min.) Tiefs.stadium (s. Abb. 2). Im orthodoxen Tief-S. sind die meisten Körperfunktionen herabgesetzt: reduzierte *Herzfrequenz* und Atemfrequenz, verengte Pupille (Miose) als Zeichen des verminderten sympathischen und vermehrten parasympathischen Tonus (*Nervensystem*). Die mit dem Auftreten der Delta-Wellen (*Elektrodiagnostik*, *Enzephalografie*) im Tiefs.stadium korrelierte Erhöhung des *Wachstumshormon*spiegels im Blutplasma weist auf eine mögliche Rolle des orthodoxen S. beim (Wieder-)Aufbau (vermehrte mitotische Zellteilungen) und der Geweberestituierung hin. Auch die Verlängerung des Non-REM-S. nach körperlichen Anstrengungen weist auf den restitutiven Charakter dieser S.phase hin. Der REM-S. zeigt bei praktisch vollst. Erlöschen des *Muskel*tonus, auch bei Untertemperaturen kein Kältezittern mehr) eine stärkere Aktivierung: Herzfrequenz, *Blutdruck* wie auch Atemfrequenz steigen an und werden unruhiger. Die Gesamthirndurchblutung, die sich im Non-REM kaum ändert, nimmt nach autoradiografischen Untersuchungen (Katze) beim Übergang zum REM-S. um etwa 200 % zu.

Die REM-Phasen werden gewöhnlich mit kurzer EMG-Aktivität (*Elektromyogramm (EMG)*, Bewegung) eingeleitet. Das EEG zeigt schnelle Wellen niederer Amplitude, und die Aktivität einzeln gemessener *Neurone* der Hirnrinde zeigt mind. ebenso hohe, teils etwas höhere mittlere Entladungsfrequenzen wie im aktiven Wachzustand. Die (unter geschlossenen Augen) auftretenden horizontalen und vertikalen konjugierten raschen Augenbewegungen, die eine Unterteilung des REM-S. in einen tonischen und einen phasischen Anteil zulassen, zeigen oft Übereinstimmungen mit dem Trauminhalt, der im REM-S. (= Traum-S.) seinen höchsten Grad an Organisiertheit, *Emotionalität* und Dramatik erhält. Die nach selektiven REM-S.-Entzug (durch gezieltes Wecken) beobachteten psych. Störungen (Hyperphagie, neurotische Reizbarkeit, *Gedächtnis*lücken u.a.) lassen sich zurzeit noch nicht mit Sicherheit auf den intendierten «Traumentzug» zurückführen. Dem REM-S. wird heute eine wesentliche Bedeutung für die *Konsolidierung* (und Umschichtung) von Gedächtnisinhalten zugesprochen, die wir vermutlich als *Traum* miterleben. Während oder kurz nach dem REM-S. geweckt, können wir über Träume berichten, die bereits nach 30 Minuten nachfolgendem Non-REM-S., der die Konsolidierung zu hemmen scheint, nur noch in 8.9 % der Fälle erinnert werden können. Die i.d.R. 4–6 REM-S.phasen einer Nacht nehmen gegen Schlafende an Länge zu. Ihr zeitlicher Anteil am Gesamts. beträgt bei Neugeborenen etwa 50 %, bei über 80 Jahren etwa 14 %. S.wandeln (*Somnambulismus*), das insbes. bei Adoleszenten vorkommt, tritt entgegen der früheren Ansicht, dass dies ein «somatisierter Traum» sei, nur im Stadium 3 und 4 (Tiefs.) auf. Entsprechendes gilt für das Bettnässen beim Kind (*Enuresis nocturna*, *Ausscheidungsstörungen*) sowie das *Sprechen* im S. (*somniloquie*) oder die Nachtangst der Kinder (*Pavor nocturnus*), die ebenfalls hauptsächlich im Stadium 4 auftritt.

Nach den neueren «aktiven S.theorien», die auf dem exp. Nachweis gründen, dass der S.-Wach-Rhythmus von versch. Strukturen im Brückenhirn und verlängertem Mark gesteuert wird, ist der S. ein vom ZNS aktiv induzierter Vorgang. Zu den unspezif. Hemmungsstrukturen, die sowohl indirekt hemmend auf das *ARAS* in der *Formatio reticularis* als auch direkt synchronisierend auf den Kor-

Schlaf, Abb. 1: Wie im Wachen, so bestehen auch im Schlaf regelmäßige Beziehungen zw. dem Aktivitätszustand des Gehirns – wie er sich im Elektroenzephalogramm zeigt – und dem psych. Erleben. Die Nervenzellen des Gehirns sind auch während des Schlafs aktiv. Ein «Abschalten» gibt es nicht.

Schlafstadien	Hirnstromkurve (EEG)	Augenbewegungen	Weckschwelle	Bewusstseinsvorgänge	Erinnerbarkeit
wach				Wachbewusstsein (an der Realität orientiertes Denken)	selektiv gut
1			—	Hypnagoge Halluzinationen, auftauchende Bilder, fragmentarisch	flüchtig oder fehlend
2			—	Tageserinnerungen, Gedanken- und Traumbruchstücke (wenig emotional)	fehlend
3			—		
4			—		
5			—	Träume, organisiert dramatisch, emotional	partiell selektiv oder fehlend

(Stadien 2–4: Tiefschlaf)

tex wirken, gehören: Der *Nucleus raphé*, der durch Freisetzung des Monoamins Serotonin (5-HT) den S. langsamer Wellen (= orthodoxer S.) einleitet; der *Nucleus caerulus*, von dessen Aktivität (Freisetzung von Noradrenalin der Übergang zum paradoxen S. abhängig ist; ferner der vordere Hypothalamus sowie der orbitale Frontalkortex. Die Wirksamkeit solcher «hypnogener» Systeme wurde durch ihre elektrische Stimulation belegt, die bei best. Reizparametern (3–7 Pulse/s im medialen Thalamus) normales S.verhalten auslösen. *Schlaf, Erholungstheorie, Schlafregulation, Zweiprozessmodell, Schlafregulation, reziprokes Interaktionsmodell*.

Becker-Carus 1994, Berger 1992, Schulz 2006, Zulley 1995.   *C. Becker-Carus*

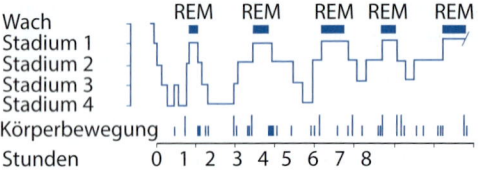

Schlaf, Abb. 2: Unsere Schlafenszeit gliedert sich in etwa drei bis fünf periodische Wechsel der Schlaftiefe, die zumeist mit einer REM-Phase abschließen. Die Dauer einer jeden Phase beträgt etwa 90 Min.

Schlaf, Erholungstheorie [engl. *restoration theory of sleep*], [**BIO, GES**], die älteste «restitutive» Schlaftheorie (*Schlaf*; = S.) geht auf den gr. Arzt Alkmaeon (um 520 v. Chr.) zurück und ist bis zur Gegenwart modernisiert worden. Nach ihr soll sich während der Wachaktivität ein Energiedefizit entwickeln, erkennbar als Sauerstoffdefizit, das dann während des S. wieder restituiert wird, jedoch wurde ein solches Defizit nie nachgewiesen. Hinweise auf eine restitutive Funktion des S. geben Untersuchungen, in denen gezeigt werden konnte, dass während des «tiefen» Non-REM-S. (Stadium 3 und 4) eine deutliche Aktivitätszunahme des Wachstumshormons stattfindet, was auf eine während dieser Zeitspanne erhöhte Gewebe-Restitution hinweist. Neuere Untersuchungen zeigten jedoch, dass diese Hormonausschüttung an den Eins.zeitpunkt gekoppelt ist und bei Tiefs.unterdrückung auch im leichten S. auftritt (Born & Debus 1998). Dafür spricht ferner, dass bei Tier und Mensch der tiefe Non-REM-S. nach intensiver körperlicher Anstrengung (Fitnesslauftraining) verlängert und auch «intensiviert» wird und erhöhte Spitzen des Wachstumshormonspiegels (in der ersten Non-REM-Phase) auftreten. Die Restitutionstheorie scheint weiter gestützt durch die Befunde, dass während des S. die mitotische Aktivität (Kernteilung) in versch. Geweben deutlich erhöht ist, dies ist aber auch während einfacher Ruhephasen der Fall. Schließlich wird angeführt, dass der Tiefs. (Stadium 3,4, SWS-S.) während der stärksten kindlichen Entwicklungsphase einen Höhepunkt erreicht und mit zunehmendem Alter abnimmt.

Ein weiterer Interpretationsversuch ist die *Programmierungs-Reprogrammierungshypothese*. Für sie spricht die Tatsache, dass Kinder, deren Gehirn während der frühen Entwicklung stark mit intensiver «Programmierung» befasst ist, mehr als doppelt so viel S. wie Erw. haben, wobei ein großer Teil davon REM-S. ist. So zentrieren sich neuere Theorien auch stärker auf die Möglichkeit, dass der REM-S. mehr für die Restauration des Gedächtnisses und der intellektuellen Fähigkeiten verantwortlich ist. Auch bei Erw. steigt der REM-Anteil während Zeiten intensiven Lernens. Diskutiert wird neuerdings (Horne 1983) die Auffassung, dass der S. sich hinsichtlich der Funktion aus zwei grundlegend versch. Typen zus.setzt: Aus obligatem oder Kern-Schlaf, der aus Non-REM- und REM-Anteilen besteht und der zur Hauptsache restitutiven Funktionen dient, zweitens fakultativem oder Füll-S., dem eher die Konservierung von Energie obliegt. Wenngleich es bisher noch kein eindeutiges Verständnis über die Bedeutung des S. gibt, so sind sich die S.forscher heute doch einig: Das Gehirn braucht S., um normal zu funktionieren. Becker-Carus 2006b, Koella 1973.

C. Becker-Carus

Schlafapnoe [engl. *sleep apnea*; gr. ἄπνοια (apnoia) Windstille], [**BIO, GES**], wiederholtes Sistieren der Atmung im Schlaf. Dadurch kommt es zum Auftreten von Atempausen, die spontan enden, meist mit einer kurzen Weckreaktion (*arousal*). Ursachen sind Veränderungen des zentralen Atemantriebs im Schlaf sowie eine Tonusminderung der oropharyngealen Muskulatur. Als pathologisch gelten fünf oder mehr Atempausen von ≥ 10 sek. Dauer pro Stunde. Unterschieden wird zw. der häufigen Form des *obstruktiven Schlafapnoe-Syndroms* (OSAS), bedingt durch eine Engstellung oder Verlegung der oberen Atemwege im Schlaf, einer seltenen zentralen Form (Ausbleiben des zentralen Atemantriebs) und einer gemischten Form. Schlafapnoe ist ein Risiko für kardiovaskuläre Erkrankungen und eine Hauptursache für Tagesmüdigkeit und Leistungsbeeinträchtigung am Tage, abhängig vom Schweregrad. Die *Amerikanische Gesellschaft für Schlafmedizin (AASM)* empfiehlt die Unterscheidung von drei Schweregraden: «mild» mit einem Apnoe-Hypopnoe-Index (AHI) 5-15 Ereignisse/Stunde), «mittel» (AHI 15-30) und «schwer» (AHI >30). [www.charite.de/dgsm/dgsm/downloads/akkreditierung_ergebnisqualitaet/S3-Leitlinie_Nicht_erholsamer_Schlaf-Schlafstoerungen.pdf].   *H. Schulz*

Schlafdauer (= S.) [engl. *sleep duration*], [**BIO, GES**], Subjektiv, die in Befragungen angegebene Dauer des Schlafes (*Schlaf*); obj., die schlafpolygrafisch gemessene Schlafzeit oder die aktometrisch gemessene Ruhezeit während der im Bett verbrachten Zeit. Am häufigsten sind berichtete S. von 7–8 Stunden, mit großer Streubreite. Die mittlere S. verkürzt sich in den ersten 25 Lebensjahren von 550 auf 450 Min., im höheren Lebensalter (75–80 J.) auf 350 Min. (Ohayon et al. 2004). Frauen geben im Mittel etwas längere S. an als Männer. Es besteht eine U-förmige Beziehung zwischen S. und Mortalitätsrisiko (*Mortalität*) mit dem geringsten Risiko bei S. zwischen 7 und 8 Stunden. Verantwortlich dafür sind verschiedene med. und soziale Risikofaktoren. *H. Schulz*

Schlafeffizienz [engl. *sleep efficiency*]; *Schlafstörungen, Psychopharmakotherapie*.

Schläfenlappen [engl. *temporal lobe*; lat. *Lobus temporalis*], syn. *Temporallappen*, *Gehirn*.

Schlafentzugstherapie [engl. *sleep deprivation therapy*], syn. *Wachtherapie*, [**KLI**], der akute stimmungsaufhellende Effekt von Schlafentzug (= S.) bei depressiven Pat. ist ein gut belegter Befund und zeigt eine mittlere Ansprechrate von ca. 60 %, ungeachtet der *Nosologie* des depressiven Syndroms. Der partielle S., bei dem die Pat. in der 1. Nachthälfte schlafen (*Schlaf*) und im 2. Teil der Nacht geweckt und wachgehalten werden, weist eine ebenso günstige therap. Wirkung auf wie der totale S. I. Ggs. dazu ist S. in der 1. Nachthälfte nicht wirksam. Beim partiellen S. darf der Pat. ab 1.30 Uhr nicht schlafen und auch nicht einnicken. Er kann jeder beliebigen Beschäftigung nachgehen, z. B. Lesen, Essen, Umhergehen. Auch am auf den S. folg. Tag muss der Pat. bis abends wachbleiben, um den therap. Effekt nicht zu zerstören. Ein großer Nachteil ist der Wirkungsverlust nach der 1. Erholungsnacht. Die Wiederholung der S.therapie sowie eine Kombination mit *Antidepressiva* scheinen dabei die Wirkdauer zu verlängern. Der S. kann bei demselben Pat. mehrmals wiederholt werden, wenn dazw. jew. mind. eine bis zwei gewöhnliche Nächte eingeschaltet werden. So kann z. B. eine 2er- oder 3er-Serie von partiellen S. innerhalb von sechs Tagen durchgeführt werden, d. h. alternierend eine Schlafentzugsnacht und eine Schlafnacht. Die Durchführung des partiellen S. hat mehrere Vorteile: Der Pat. ist zu diesem Eingriff eher bereit, denn er findet abends den gewünschten Schlaf und am folg. Tag fühlt sich der Pat. praktisch nicht beeinträchtigt. Insges. handelt es sich bei der S.behandlung um eine sichere, nebenwirkungsarme Therapiemaßnahme, wenn man einmal von den Missbefindlichkeitsphänomenen während der S.nacht absieht. Indikationen für partiellen oder totalen S. bei allen kollaborationsfähigen, hirngesunden Depressiven: unipolare oder bipolare (*Bipolare Störungen*) *Depression*, therapieresistente oder chronifizierte Depression, *Dysthymie*, Depression bei *schizophrener* oder *schizoaffektiver* Grunderkrankung. Kontraindikationen: Depression mit hirnorganischer Symptomatik, schwere körperliche Krankheiten, aktive *Epilepsien*, psychotische Symptome (*Psychose*) bzw. maniforme Zustände, *Substanzabhängigkeit*. Holsboer-Trachsler & Seifritz 2000, Steiger & Kimura 2010. *M. Hatzinger*

Schlafhygiene [engl. *sleep hygiene*], [**BIO**], Verhaltensregeln, die der Unterstützung eines regelrechten und erholsamen *Schlafes* dienen. Hierzu zählen z. B. körperl. Training, Aufenthalt im Tageslicht und die Vermeidung des Schlafens tagsüber sowie die Vermeidung von *Coffein*, *Nikotin*, *Alkohol* und großer Mahlzeiten vor dem Schlafen. Darüber hinaus können die Etablierung einer Zu-Bett-Geh-Routine und die alleinige Nutzung des Bettes (Schlafzimmers) zum Schlafen einen erholsamen Schlaf fördern. *Schlafstörungen*. *S. Lammertz*

Schlafkur (= S.), [**GES, KLI**], medikamentös erzeugter, therap. erwünschter Dauerschlaf von Tagen bis Wochen. Zumeist mit dem Ziel, Erregungs- und Erschöpfungszustände zu beenden bzw. einen neuen psychosomatischen Zustand zu ermöglichen. Die S. soll auf russische Anregungen bzw. die Lehren Pawlows zurückgehen. *Wirksamkeit*. Findet heutzutage in der Medizin keine Verwendung mehr, ohne medikamentöse Unterstützung Teil von Wellnesskuren.

Schlaflatenz [engl. *sleep latency*; lat. *latens* verborgen], *Multipler Schlaflatenz-Test (MSLT)*.

Schlafmittel *Hypnotika*.

Schlafphasenvorverlagerung [engl. *forward displacement of the sleep-wake cycle*], [**BIO**], Therapiemethode bei depressiven Störungen (*Depression*), bei der versucht wird, den gestörten *Schlaf*-Wach-Rhythmus zu normalisieren. Nach einem totalen *Schlafentzug* wird die Schlafphase in der Woche darauf um jew. eine Std. pro Tag nach vorne verlagert. Am ersten Tag nach dem Schlafentzug geht der Pat. um 17 Uhr zu Bett und wird um 24 Uhr geweckt. An den darauffolg. Tagen wird die Schlafzeit je eine Std. nach hinten verschoben (Tag 2: 18 Uhr bis 1 Uhr; Tag 3: 19 Uhr bis 2 Uhr usf.), bis sich wieder ein normaler Schlafrhythmus von 23 Uhr bis 6 Uhr einstellt. Durch die Methode kann bei etwa der Hälfte der Schlafentzugs-Responder eine Stabilisierung des Effektes des Schlafentzugs erreicht werden. *Schlafstörungen*. *S. Lammertz*

Schlafregulation, neuroendokrin erweitertes Zweiprozessmodell (= S.) [engl. *two-process model of sleep regulation, neuroendocrine amended*], [**BIO, KLI**], Erweiterung des Zweiprozessmodells der Schlafregulation (*Schlafregulation, Zweiprozessmodell*). Das S. korreliert die neurophysiol. mit der neuroendokrinen Aktivität: Prozess S mit der Aktivität des somatotropen Systems und Prozess C mit der Aktivität der Stressachse (hypothalamisch-hypophysäre Nebennierenrinden (HPA)-Achse; *HPA-System*) in Verbindung gebracht. Bei Depressiven (*Depression*) besteht eine Erhöhung der Stressachsenaktivität. Eine Dämpfung derselben führt zu einer Verbesserung der klinischen Symptomatik. *M. Hatzinger*

Schlafregulation, reziprokes Interaktionsmodell [engl. *sleep regulation, reciprocal interaction model*, lat. *reciprocus* zurückkehrend], [**BIO**], postuliert, dass das zyklische Auftreten von REM-Schlaf und Non-REM-*Schlaf* über cholinerge (REM-induzierend) und aminerge (*Serotonin* und *Noradrenalin* = REM-hemmend) Neuronen gesteuert wird. In der *Depression* überwiegt die cholinerge Aktivität, was zu einer Zunahme von REM-Schlaf führt. Durch Unterdrückung von REM-Schlaf resp. durch Stärkung der aminergen Übertragung erzielt man demnach einen antidepressiven Effekt. *M. Hatzinger*

Schlafregulation, Zweiprozessmodell, [**BIO, KLI**], das Modell beschreibt zwei unterschiedliche regulatorische Mechanismen, deren Interaktion zur physiologischen Steuerung des *Schlaf*-Wach-Rhythmus führt. Prozess C, gekennzeichnet durch das zyklische Auftreten von REM-Schlaf (*rapid eye movement*), die Einschlafneigung sowie die Aufwachbereitschaft über den 24-Stunden-Tag, unterliegt dem zirkadianen Oszillator (gesteuert über den suprachiasmatischen Nucleus) und verhält sich relativ autonom. Prozess S hingegen akkumuliert mit zunehmender Wachzeit und entspricht der vom Schlaf-Wach-Verhalten abhängigen Schlafbereitschaft im Wachzustand sowie im Schlaf der Tiefschlafaktivität. Bei depressiven Pat. (*Depression*) zeigen sich im Schlaf-EEG (*Elektrodiagnostik*, *Enzephalografie*) neben einer ausgeprägten REM-Schlaf-Veränderung eine typische Verminderung des Tiefschlafanteils und eine Verkürzung der Schlafdauer. Letztere Befunde wurden als ungenügender Aufbau von Prozess S gewertet. Durch Schlafentzug wird dieser Prozess wieder restituiert. M. Hatzinger

Schlafstörungen (= S.) [engl. *sleep disorders*], syn. *Agrypnie*, [**KLI**], Ein- und/oder Durchs., die sich neg. auf die Leistungsfähigkeit oder die Tagesbefindlichkeit auswirken, werden als *Insomnien* (Morin & Benca 2012) bez. Eine typische Beeinträchtigung am Tag umfasst dabei eines oder mehrere der folg. Symptome: Müdigkeit, Aufmerksamkeits- oder Konzentrationsprobleme, daraus resultierende Schwierigkeiten in Schule, Ausbildung oder Beruf, Veränderungen in der Stimmung, Anfälligkeit für Unfälle, z. B. bei der Arbeit oder beim Autofahren, Kopfschmerzen, gastrointestinale Symptome und ausgeprägte Sorgen aufgrund der und um die S.

Ätiologie: Akuter *Stress* führt bei den meisten Menschen zur Entwicklung einer akuten S. Jedoch chronifiziert sich die Symptomatik nur bei einem Teil derjenigen, die von einer akuten S. betroffen sind. Für diese Entwicklung einer chronischen Insomnie werden versch. Faktoren als bedeutsam erachtet. So wird davon ausgegangen, dass eine genetische Prädisposition für die Entwicklung von chronischen S. eine Rolle spielt, da Insomnien familiär gehäuft auftreten. Ätiologische Modelle postulieren darüber hinaus, dass Hyperarousal, eine kogn., emot. und physiol. Übererregung, eine wichtige Rolle spielt. So berichten viele Betroffene, dass es ihnen vor allem abends im Bett kaum gelingt, gedanklich «abzuschalten», was als *kogn. Hyperarousal* bez. wird. Inhaltlich denken diese Menschen häufig an belastende Lebensumstände oder an ihre S. und deren Auswirkungen auf ihren Alltag. Diese Zuwendung von *Aufmerksamkeit* zum Thema *Schlaf* ist pathophysiol. bedeutsam, da dadurch der bei Gesunden automatisiert ablaufende Prozess des Einschlafens gestört wird. Darüber hinaus neigen viele Betroffene abends im Bett zum Erleben von neg. *Emotionen*, was als *emot. Hyperarousal* bezeichnet wird. Z. B. erleben viele Menschen mit S. intensiven *Ärger*, da sie nicht (ein)schlafen können oder ausgeprägte *Angst* in Bezug auf ihre Leistungsfähigkeit am nächsten Tag. Zudem wird von einem sog. *physiologischen Hyperarousal* ausgegangen, also einer körperlichen Übererregung, was sich bspw. durch eine erhöhte Herzfrequenz oder eine erhöhte Gehirnaktivität im Schlaf zeigt. Bei vielen Betroffenen lässt sich außerdem dysfunktionales Verhalten beobachten, das zu der Entwicklung und Aufrechterhaltung der S. beiträgt. Dazu zählen z. B. unregelmäßige Bettzeiten sowie Fernsehen, Lesen oder Arbeiten im Bett. Darüber hinaus legen sich viele Betroffene abends schon früh schlafen, stehen morgens spät auf und versuchen zusätzlich, tagsüber zu schlafen. Viele tun dies in dem Glauben, dass eine Verlängerung der Bettzeit zwangsläufig zu mehr Schlaf führt. Tatsächlich wird es damit jedoch wahrscheinlicher, dass Ein- und Durchs. auftreten. Viele Betroffene schauen nachts wiederholt auf die Uhr, um zu kontrollieren, wie lange sie schon wach liegen bzw. wie viele Stunden sie noch schlafen können. Auch dieses Verhalten ist eher dysfunktional, da es nächtliches Grübeln verstärken kann.

Klassifikation: Für die Diagnose *nicht organische Insomnie* (ICD-10) bzw. *Insomnische Störung* (DSM-5) wird gefordert, dass Betroffene über Ein- und/oder Durchs. klagen, und dass diese mit neg. Folgen am Tag assoziiert sind (*Klassifikation psychischer Störungen*; s. Anhang I, F51). Als *sekundäre Insomnien* wurden in Abgrenzung zu *primären Insomnien* im DSM-IV solche Insomnien bez., die i. R. einer körperlichen oder psych. Erkrankung oder als Folge der Einnahme von psychotropen Substanzen auftreten. In der Neufassung des DSM (DSM-5) wurde die Unterscheidung in primäre und sekundäre Insomnien jedoch aufgegeben. Der Grund hierfür ist, dass in den meisten Fällen nicht sicher festgestellt werden kann, ob eine Insomnie tatsächlich durch eine andere gleichzeitig vorliegende Erkrankung verursacht wurde oder nicht.

Prävalenz und Verlauf: Insomnien zählen zu den häufigsten psych. Störungen, denen klin. arbeitende Psychologen begegnen. Etwa 10 % der Menschen in westlichen Industrienationen leiden unter einer Insomnie, wobei Frauen etwa eineinhalbmal häufiger betroffen sind als Männer, und die Prävalenz mit dem Lebensalter deutlich ansteigt. Bei den meisten Betroffenen verläuft die Schlafstörung chronisch. So erfüllen mehr als 70 % der Pat., die an einer Insomnie erkranken, auch ein Jahr später noch die Diagnosekriterien. Insomnien erhöhen das Risiko für andere psych. und körperliche Erkrankungen. So haben Menschen, die an einer chronischen Insomnie leiden, ein erhöhtes *Risiko* für die Entwicklung von *Depressionen*, *Angststörungen* und substanzbezogenen Störungen (*Sucht- und substanzbezogene Störungen*). Zudem sind Insomnien bedeutsam für den Verlauf von Depressionen und substanzbezogenen Störungen, das bedeutet, Pat. mit S. erleiden häufiger Rezidive bzw. Rückfälle. Darüber hinaus sind Insomnien ein Risikofaktor für kardiovaskuläre Erkrankungen. Insges. sind unbehandelte Insomnien mit einer deutlich erhöhten Inanspruchnahme des Gesundheitssystems sowie mit einer verminderten Arbeitsleistung und höheren Arbeitsfehlzeiten verbunden, was ausgeprägte gesundheitsökonomische Folgen hat.

Diagnostik: Der wichtigste Baustein der Diagnostik von Insomnie ist die schlafmed. *Anamnese*. Zusätzlich wird der Einsatz von Schlaftagebüchern zur präzisen Erfassung der Symptomatik empfohlen. In Dt. stehen hierfür die Schlaftagebücher der Deutschen Gesellschaft für Schlafforschung und Schlafmedizin (DGSM) zur Verfügung, die von der Homepage der Fachgesellschaft bezogen werden können [www.dgsm.de]. In Bezug auf den Einsatz von Schlaflaboruntersuchungen gibt es in der Diagnostik von Insomnie bislang kein weltweit einheitliches Vorgehen. Bei schweren oder therapieresistenten Insomnien, beim Verdacht auf das zusätzliche Vorliegen anderer S. sowie beim Verdacht auf eine starke Fehlwahrnehmung des Schlafzustands wird in Deutschland eine derartige Untersuchung empfohlen (Mayer et al. 2009). *Schlafstörungen, Psychotherapie*, *Schlafstörungen, Psychopharmakotherapie*.

K. Spiegelhalder/D. Riemann

Schlafstörungen, Psychopharmakotherapie (= S.) [engl. *sleep disorders, psychopharmacotherapy*], **[KLI, PHA]**, eine Vielzahl von Arzneimitteln kommt als Schlafmittel (*Hypnotika*) zur Anwendung. Unter diesen spielen die Substanzen, die spezif. an die Benzodiazepin-Bindungsstelle des $GABA_A$-Chloridionenkanalkomplexes (*GABA-A-Rezeptor*) binden und damit die Leitfähigkeit des Kanals erhöhen, die bedeutsamste Rolle. Dazu zählen die *Benzodiazepine* (auch Benzodiazepinrezeptor-Agonisten) und die Non-Benzodiazepin-Hypnotika (sog. *Z-Substanzen*), die ebenfalls an die Benzodiazepin-Bindungsstelle binden, aber strukturchemisch keine Ähnlichkeit mit den Benzodiazepinen aufweisen. Unter der Vielzahl der verfügbaren Benzodiazepine ist nur der kleinere Teil auch als Hypnotikum zugelassen. Letztere weisen i. d. R. eine kürzere *Eliminationshalbwertszeit* und keine aktiven Metaboliten auf (Ausnahmen: *Flunitrazepam* und *Flurazepam*). Die Z-Substanzen *Zaleplon*, *Zolpidem* und *Zopiclon* unterscheiden sich vor allem hinsichtlich ihrer Eliminationshalbwertszeit und damit in ihrer Wirkdauer. Sie binden präferenziell an Benzodiazepinrezeptoren mit einer α1-Untereinheit und wirken damit ausschließlich hypnotisch und – anders als Benzodiazepine – nicht anxiolytisch. Gewöhnung, Missbrauch und Abhängigkeit werden unter ihnen seltener als unter Benzodiazepinen beobachtet. Benzodiazepine und Z-Substanzen haben über einen Zeitraum von einigen Wochen einen pos. Effekt auf den Schlaf. Sie können v. a. bei vorübergehenden *Schlafstörungen* angewendet werden. Bei langfristiger Einnahme besteht jedoch die Gefahr einer Abhängigkeit, sodass die Substanzen nicht länger als 3 Monate verschrieben werden sollten. In den Fällen, in denen Insomnien einen chronischen Verlauf nehmen, sollte die Indikation für die Behandlung mit einer dieser Substanzen allerdings zurückhaltend gestellt werden, auch weil es keine *Evidenz* dafür gibt, dass Benzodiazepinrezeptor-Agonisten einen pos. Effekt haben, der über den Behandlungszeitraum hinausgeht. Alternativen zu Benzodiazepin- und Non-Benzodiazepinhypnotika sind *Antihistaminika* sowie best. *Antidepressiva* und *Antipsychotika*. Die beiden letztgenannten Substanzgruppen wirken einerseits ebenfalls hypnotisch, wenn sie H_1-Histaminrezeptoren antagonisieren, andererseits wenn sie 5-HT2-serotoninrezeptorantagonistische Eigenschaften aufweisen. Nachteile ihrer Anwendung stellen die substanzspezif. unerwünschten Wirkungen dar, die sich z. T. wiederum aus ihren pharmakol. Profilen erklären lassen. So sind H1-Antagonisten regelmäßig mit einer Gewichtszunahme assoziiert. Antipsychotika sollten nur mit großer Zurückhaltung als Hypnotika eingesetzt werden, da sie auch in niedrigen Dosierungen langfristig zu *Spätdyskinesien* führen können. Serotonerge Antidepressiva können bei entspr. Prädisposition die Häufigkeit nächtlicher periodischer Beinbewegungen erhöhen, was sich neg. auf die Schlafqualität auswirkt. Die Aminosäure *Tryptophan* kann als Vorstufe des *Serotonins* andere Maßnahmen unterstützen. *Melatonin* ist nur bei Pat. über 55 Jahre und mit einer max. Behandlungsdauer von 13 Wochen zugelassen. Bei leichteren Schlafstörungen können auch *Phytopharmaka* gegeben werden. Diese enthalten Baldrian (Valeriana officinalis), Melisse (Melissa officinalis), Hopfen (Humulus lupulus), Passionsblume (Passiflora), Hafer (Avena sativa) oder auch Kombinationen dieser Pflanzenextrakte. Ihr Wirkmechanismus ist meist unklar und ihre Wirkung weniger gut evaluiert als jene von synthetischen Hypnotika.

K. Spiegelhalder/D. Riemann

Schlafstörungen, Psychotherapie [engl. *sleep disorders, psychotherapy*], **[KLI]**, für die Behandlung von Insomnie (*Schlafstörungen*; = S.) empfiehlt die dt. S3-Leitlinie (Mayer et al. 2009) die *kognitiv-behaviorale Therapie für Insomnien (KVT-I; Verhaltenstherapie)* als Methode der ersten Wahl. Diese ist gemäß einer Vielzahl an Untersuchungen sehr wirksam, auch mehrere Jahre über den Behandlungszeitraum hinaus (Riemann, &Perlis 2009). Als wichtigste Nebenwirkung tritt dabei für einige Wochen eine erhöhte Tagesmüdigkeit auf. Dementsprechend empfehlen Behandlungsmanuale, diese Problematik vor Behandlungsbeginn mit den Pat. zu besprechen, um Behandlungsabbrüchen vorzubeugen. Die KVT-I umfasst vier Bausteine: *Psychoedukation, Entspannungsverfahren, behaviorale Verfahren* (Schlafrestriktion und *Stimuluskontrolle*) sowie *kogn. Techniken*. I. R. der *Psychoedukation* werden Betroffene über grundlegende Erkenntnisse zu den Themen Schlaf und S. aufgeklärt. Dabei werden u. a. auch die sog. Regeln zur Schlafhygiene vermittelt. Dazu gehören ein regelmäßiger Schlaf-Wach-Rhythmus, das Vermeiden von Alkohol, Nikotin, Koffein, anderen Stimulanzien sowie schweren Mahlzeiten am Abend, das Vermeiden des nächtlichen Auf-die-Uhr-Sehens, regelmäßige sportliche Betätigung, morgendliche Lichtexposition, eine angenehme Schlafzimmeratmosphäre und eine allmähliche Verringerung geistiger und körperlicher Aktivitäten vor dem Zubettgehen. *Entspannungsverfahren* umfassen körperliche Entspannungsverfahren wie die *progressive Muskelentspannung* nach Jacobson oder *autogenes Training* und kognitive Entspannungsverfahren wie Ruhebilder oder Fantasiereisen. Die Übungen sollten dabei zu Behandlungsbeginn nicht direkt im Bett ausgeführt werden, um zu vermeiden, dass die in der Übungsphase nur gering ausgeprägten Effekte auf die S. die *Compliance* reduzieren. Bei der *Schlafrestriktion* wird die Bettzeit von Betroffenen zunächst für eine Dauer von einer Woche auf die durchschnittliche Schlafdauer der letzten 1–2 Wochen reduziert, wobei typischerweise eine min. Bettzeit von 4–5 Std. verwendet wird. Dadurch wird eine sehr große Müdigkeit erzeugt, die bei erfolgreicher Therapie dazu führt, dass Ein- und Durchs. stark vermindert werden. Danach wird die vereinbarte Bettzeit wöchentlich um 15–30 Min. erhöht, wenn die Betroffenen die meiste Zeit, die sie im Bett verbringen, auch schlafen, und um 15–30 Min. vermindert, wenn weiterhin ausgeprägte Ein- und Durchs. vorhanden sind. Durch diese Methode gelangen sehr viele Betroffene zu einer Bettzeit von 6 bis 7½ Std. und berichten vor allem auch, dass sie tagsüber weniger beeinträchtigt sind. Nachteilig ist, dass das Verfahren aufgrund der temporär stark ausgeprägten Tagesmüdigkeit sehr mühselig ist. Die *Stimuluskontrolle* basiert auf der Annahme, dass die psychol. Verknüpfung des Stimulus «Bett» mit der Reaktion «Schlafen» bei Menschen mit S. verloren gegangen ist. Dementsprechend werden versch. Strategien empfohlen, um diese Verknüpfung zu stärken. Bspw. wird Menschen, die für einen Zeitraum von 15–30 Min. nicht einschlafen können, empfohlen, aufzustehen und einer angenehmen Tätigkeit nachzugehen, bis sie sich müde genug fühlen, um wieder schlafen zu gehen. Ähnlich wie die Schlafrestriktion führt die Umsetzung dieser Empfehlungen vorübergehend zu starker Tagesmüdigkeit und damit verbunden zu einer Abnahme von Ein- und Durchs. Dysfunktionale Einstellungen und Erwartungen bzgl. des *Schlafs* können teilweise ebenfalls durch Psychoedukation infrage gestellt werden. Darüber hinaus lassen sich auch durch eine detaillierte Auswertung des Schlaftagebuchs dysfunktionale Kognitionen wie bspw. «wenn ich schlecht schlafe, kann ich am nächsten Tag nicht leistungsfähig sein» hinterfragen. Eine weitere kogn. Technik ist die *paradoxe Intention*. Dabei werden Betroffene instruiert, abends im Bett so lange wie möglich wach zu bleiben. Dies soll den *Teufelskreis* aus dem frustrierenden Versuch, den Schlaf durch willentliche Kontrolle zu erzwingen, und dem daraus resultierenden erhöhten Arousal durchbrechen. Darüber hinaus kann der sog. *Gedankenstuhl* helfen, nächtliches Grübeln zu reduzieren, indem abends aktiv außerhalb des Bettes Gedanken nachgegangen wird, die mit Stress assoziiert sind.   K. Spiegelhalder/D. Riemann

Schlaftiefe, Schlaftiefenmessung (= S.) [engl. *depth of sleep*], [**BIO**], die S. (*Schlaf*) wird üblicherweise durch Messung der *Weckschwelle* bestimmt. Sie wird operational definiert auf der Basis des Widerstandes, den der *Organismus* einer Unterbrechung des Schlafes entgegensetzt. Ist ein Individuum durch gegebene Sinnesreize (*Reiz*) nur schwer zu wecken, wird angenommen, dass es tief schläft, andernfalls leicht. Nach dieser Methode ist der Schlaf im ersten Drittel der Nacht tiefer (hohe Weckschwelle) als im zweiten und in diesem wiederum tiefer als im dritten (niedrige Weckschwelle). Bei älteren Apparaten wurden Schallreize durch Metallkugeln oder Fallpendel ausgelöst, die man aus versch. Höhe auf eine Unterlage auftreffen ließ (Fallphonometer) und die je nach der Höhe der Fallstrecke versch. starke *Geräusche* hervorbrachten. Heute verwendet man als Weckreize meist digitalisierte Geräusche von genau bestimmter Lautstärke. Auch Wärme-, Kälte-, Licht-, Berührungs- und elektrische Reize (*Hautsinne (Tast-, Temperatur-, Schmerzsinn)*) werden als Weckreize verwendet. Die Schlaftiefenmessung zu versch. Zeiten des Schlafs ergibt eine Schlaftiefenkurve. Außer der Bestimmung mithilfe von Weckreizen versucht man, die Schlaftiefe auch durch Registrierung der Körperbewegungen (*Motorik*) während des Schlafs zu erfassen, deren Häufigkeit sich umgekehrt zur Schlaftiefe verhält. Da die Weckschwellen-orientierte Def. unbefriedigend ist, finden sich in der Literatur verschiedene andere Ansätze. So lässt sich die Schlaftiefe z. B. aus der momentanen Form (Frequenz, Amplitude, Leistungsmaxima in gegebenen Frequenzbändern) des EEGs (*Elektrodiagnostik*, *Enzephalographie*) ermitteln. Die prinzipielle Weckbarkeit aus dem Schlaf variiert im Laufe der Nacht in Abhängigkeit von der sog. Schlaftiefe, als deren Maß üblicherweise die Weckschwelle bestimmt wird (Mindestintensität eines Weckreizes). Das «Abschalten» des Organismus gegenüber der Außenwelt im Schlaf geschieht einerseits durch verschiedene periphere Mechanismen (z. B. verengte Pupille, aktiver Lidschluss im Non-REM-Schlaf, aktiv induzierte Anspannung der Mittelohrmuskeln im REM-Schlaf) als auch durch zentrale *Hemmung* afferenter Impulse. Die Höhe der Weckschwelle bzw. der Schlaftiefe ist abhängig vom Schlafstadium, dem Zeitpunkt der Nacht, dem zirkadianen Effekt (*circadian*), der vorausgegangenen Wachdauer, dem Alter und von pharmakogenen Einflüssen (*Hypnotika* erhöhen, *Stimulanzien* erniedrigen die Weckschwelle). Spontanes Erwachen tritt deutlich häufiger aus dem REM- als dem Non-REM-Schlaf auf, sodass angenommen wird, dass der REM-Schlaf mit seiner ausgeprägten vegetativen und zentralnervösen Aktiviertheit physiol. gesehen optimale Bedingungen für den Übergang vom Schlaf zum Wachzustand darstellt. Becker-Carus 2006b, Müller 1997, Schulz 2006.   C. Becker-Carus

Schlaf und Gedächtnis [engl. *sleep and memory*], [**BIO, KOG**], eine bedeutende Funktion von *Schlaf* ist sein Beitrag zur *Konsolidierung* von *Gedächtnis*inhalten. Grundlagenwissen. Studien, die die Gedächtniskonsolidierung nach Schlafperioden mit der Konsolidierung nach Wachperioden gleicher Dauer vergleichen, demonstrieren vielfach den pos. Einfluss von Schlaf auf die Gedächtnisbildung (Diekelmann & Born 2010). Akt. Annahmen zufolge werden neu encodierte und zunächst instabile Gedächtnisspuren im Schlaf reaktiviert und in das Langzeitgedächtnis übertragen. Dabei scheinen differenzierte neurophysiol. Charakteristika des Schlafs (insb. *Schlafspindeln*) relevante neuronale Netzwerke einerseits zu stärken. Andererseits scheinen die Gedächtnisspuren auch durch eine Herabregulierung der Verbindungsstärke zw. *Neuronen* im Tiefschlaf (*slow wave activity*) geschärft zu werden (Hypothese der synaptischen Homöostase). Es ist davon auszugehen, dass sich die Konsolidierungsvorteile des Schlafs für beide Hauptgedächtnissysteme (deklaratives und prozedurales Gedächtnis) durch ein Zusammenspiel dieser Mechanismen ergeben. Klin. Untersuchungen zeigen, dass Schlafmangel und klin. gestörter Schlaf (z. B. bei Pat. mit *Insomnie*) mit Defiziten der Gedächtniskonsolidierung verbunden sind. Neuere Studien sind bestrebt, Schlaf bspw. mittels transkranieller Gleichstromstimulation oder Pharmaka direkt zu

beeinflussen, um die Mechanismen der schlafbezogenen Gedächtniskonsolidierung weiter aufzudecken. Die Befunde dieser Studien könnten von klin. Relevanz für die Behandlung von *Schlafstörungen* und für eine gezielte Modulation von Gedächtnisspuren sein, bspw. im Zusammenhang mit *Posttraumatischen Belastungsstörungen*.
C. Nissen/H. Piosczyk

Schlaf-Wach-Rhythmusstörungen *Zirkadiane Schlaf-Wach-Rhythmusstörungen*.

Schlafwandeln *Somnambulismus*, *Schlaf*.

Schlaganfall [engl. *stroke*, *apoplexia*], syn. *Apoplexie*. *zerebrovaskuläre Erkrankungen*.

Schlagvolumen des Herzens [engl. *stroke volume*], [**BIO**], gemessen in ml. Blutvolumen, das während eines Kontraktionsvorgangs der kardialen Ventrikel ausgeworfen wird. In der *Psychophysiologie* nicht invasiv nur indirekt zu bestimmen über Impedanzkardiografie, bei der nach einer Annäherungsgleichung (z. B. Kubicek-Formel) Schlagvolumen und Herzzeitvolumen geschätzt werden können (Kubicek et al. 1966). Schlagvolumen kann durch periphere sympathische Erregung (z. B. Adrenalin-Zirkulation; *Sympathikus*) signifikant ansteigen (inotrope Wirkung). Typ. Werte in Ruhe: 60–100 ml und während Aktivität: 110–150 ml. *A. Schulz*

Schlangentäuschung [engl. *snake illusion*], [**WA**], eine der von Adelson (2000) präsentierten Helligkeitstäuschungen (*Adelsons Helligkeitstäuschungen*). In der Abb. erscheint die mit A bezeichnete Raute deutlich heller als Raute B, obwohl beide dieselbe *Leuchtdichte* besitzen. Dieser Effekt ist in der rechten und unteren Darstellung

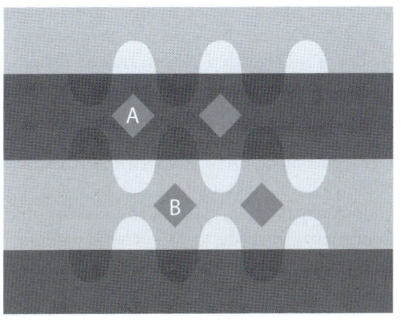

Schlangentäuschung (Adelson 2000)

deutlich schwächer, obwohl der Kontrast der Rauten zur unmittelbaren Umgebung in allen drei Darstellung identisch ist (*Simultankontrast*). Adelson nimmt an, dass der Effekt auftritt, weil in der ersten Darstellung die Bildorganisation die Empfindung transparenter dunkler Streifen («Folien») konsistent unterstützt. Die Empfindung von Transpenz führt zu einer deutlichen Korrektur der Wahrnehmung der scheinbar überlagerten Bildelemente. *Bressansche Täuschung*, *Logvinenko-Täuschung*, *White-Täuschung*.

Schließen, analoges (= a. S.) [engl. *analogical reasoning*; gr. ἀνάλογος *(analogos)* entsprechend], [**KOG**], ist eine Schlussfolgerungsmethode, bei der auf der Grundlage einer Verknüpfung zw. den *Repräsentationen* zweier Sachverhalte Wissen von einem bekannten Sachverhalt, dem Quellbereich, auf einen anderen, häufig weniger bekannten Sachverhalt, den Zielbereich, übertragen wird, um ein best. Verständnis des Zielbereichs zu erzeugen (z. B. Finanzinvestoren als Heuschrecken) oder um beim *Problemlösen* Wissenslücken im Zielbereich zu schließen (z. B. Übertragung des Lösungswegs). Zentral für das Gelingen von a. S. sind (1) der *Abruf* geeigneter Quellsachverhalte aus dem *Gedächtnis*, (2) die Bestimmung systematischer Korrespondenzen zw. den beiden Bereichen durch Abb. von Elementen und der zwischen ihnen geltenden Relationen, und (3) der auf (2) basierende *Transfer* von Wissen (z. B. Lösungswegen) vom Quell- in den Zielbereich. Dem a. S. liegt die Erwartung zugrunde, dass sich zwei Sachverhalte, die sich in einigen Aspekten ähneln, auch in anderer Hinsicht ähnlich verhalten. Während (1) stark von der Oberflächenähnlichkeit der Ziel- und Quellbereiche abhängt, d. h. von der Übereinstimmung perzeptueller bzw. inhaltlicher Merkmale ihrer Elemente, ist für den Erfolg von (2) und (3) das Erkennen und Nutzen von strukturellen Ähnlichkeiten zw. den Bereichen wesentlich, d. h. von Ähnlichkeiten bzgl. der zugrunde liegenden Struktur bzw. des (abstrakten) Prinzips. Letzteres gilt insbes. für ferne Analogien, bei denen Quell- und Zielbereich aus unterschiedlichen Wissensdomänen stammen, und für nahe *Analogien* aus der gleichen Wissensdomäne, bei denen Oberflächenmerkmale und *Tiefenstruktur* unabh. sind (z. B. math. Textaufgaben). Da a. S. einer Vielzahl von Leistungen des *Denkens*, des *Lernens* und der *Sprache* zugrunde liegt, wird es als zentrales Merkmal von *Intelligenz* angesehen und in Subskalen einiger Intelligenztests mit erfasst. Holyoak 2005, Wenke 2006. *D. Wenke*

Schließen, deduktives (= d. S.) [engl. *deductive reasoning*; lat. *de* von…her, *ducere* führen, leiten], [**KOG**], beim d. S. wird aus *Prämissen* eine *Schlussfolgerung* gezogen. Sie ist gültig, wenn die Prämissen gültig sind und der Schluss korrekt gezogen wird. Beispiele sind das Schließen mit *aussagenlogischen Operatoren* (wie: nicht, und, oder, wenn-dann), *Quantoren* (wie: alle, einige, keine, einige nicht) und *räumlichen Relationen* (wie: vor, hinter, links von, rechts von). In ps. Experimenten wird untersucht, inwieweit auch Personen ohne spez. Vorbildung logisch korrekt *denken* und welche typ. Fehler (*biases*) sie machen. Zugleich interessiert die Frage, welche Denkprozesse korrektem und falschem Schließen zugrunde liegen und wie diese Aufgaben mental repräsentiert sind (*Repräsentation*). Das typ. Vorgehen ist, Personen die Gültigkeit vorgegebener Schlüsse beurteilen zu lassen oder sie aufzufordern, aus Prämissen selbst einen Schluss zu ziehen. Einige Bsp.: Gegeben sei das Konditional: «Wenn A, dann B und A ist gegeben». Ist hier der Schluss auf B gerechtfertigt? Die korrekte Antwort ist: Ja. Es handelt sich bei der Schlussfigur um den sehr einfachen *Modus ponens*. Deutlich schwieriger ist der ebenfalls korrekte *Modus tollens*: Aus «Wenn A, dann B und B ist nicht gegeben» kann auf «nicht A» geschlossen werden. Unzulässig ist hingegen die Schlussfigur der *Affirmation der Konsequenz*: Aus «Wenn A, dann B und B ist gegeben» kann nicht schlüssig abgeleitet werden, dass A gegeben ist. Ebensowenig kann bei Vorliegen des Falls «Wenn A dann B und A ist nicht gegeben» darauf geschlossen werden, dass B nicht gegeben ist (= *Ablehnung des Antecedens*). Eine wichtige Theorie zum d. S. stammt von Johnson-Laird (1983). Er geht davon aus, dass Personen derartige Aufgaben dadurch lösen, dass sie sich die Bedeutung der Prämissen in *mentalen Modellen* veranschaulichen. Nach diesem Ansatz hängt die Schwierigkeit einer Aufgabe u. a. davon ab, wie viele Modelle zur gültigen Ableitung eines Schlusses gebildet werden müssen. Der Modus ponens ist danach deshalb so einfach, weil aus der Repräsentation der beiden Prämissen nur ein Modell folgt, aus dem der Schluss direkt übernommen werden kann. Konkurrierende Theorien stammen beispielsweise aus der Evolutionären Ps. Hier wird angenommen, dass der Mensch keineswegs über eine mehr oder minder gute allg. *Kompetenz* verfügt, logisch zu denken. Sein Denken sei geprägt durch die evolutionäre Anpassung an spezifische Situationen. Den Bruch von Vereinbarungen («wenn ich dir helfe, dann hilfst du mir») erkenne er sofort; der Umgang mit abstrakten Inhalten (A, B) sei evolutionär nicht gebahnt. Opwis et al. 2006. *H. Spada*

Schließen, induktives (= i. S.) [engl. *inductive reasoning*; lat. *in-* in … hinein, *ducere* leiten], [**KOG**], generell bezeichnet i. S. Prozesse des schlussfolgernden *Denkens*, die sich vom Konkreten und Besonderen auf das Allgemeine und Abstrakte beziehen (*Induktion*). I. S. gilt u. a. als Mittel zur wiss. Entdeckung und wird in der *Logik* von der *Deduktion* unterschieden. Beim i. S. in einem stat. Sinne wird aus einer gegebenen Datenstichprobe auf latente, nicht direkt beobachtbare Eigenschaften geschlossen (*Konstrukt, Messung, formative vs. reflektive*). I. S. geht demnach über die unmittelbar gegebenen Informationen hinaus. Darin besteht eine Verwandtschaft zum Bereich des *Konzeptlernens*. I. S. ist meistens *Urteilen* unter Unsicherheit, weil eine deterministische, fehlerfreie Regel nicht bekannt oder nicht vorhanden ist. Das Erkennen von Stichprobeneigenschaften ist deshalb nur mit einer best. *Wahrscheinlichkeit* möglich. I. S. drückt sich dementsprechend häufig in Form einer Wahrscheinlichkeitsaussage aus. Nach seiner Funktion wird beim i. S. zw. *Kategorisierung* (der Zuordnung eines Exemplars zu einer Kategorie), *Diskriminierung* (dem Vergleich von zwei oder mehr Kategorisierungen) und dem *Kontingenz-Urteil* unterschieden. Typ. Anwendungsfelder des i. S. sind Schlüsse von beobachteten Symptommustern auf eine ursächliche Krankheit, Vorhersagen von Anlageentwicklungen aufgrund aktueller Daten am Aktienmarkt, das Erkennen von Zusammenhängen zw. best. Diäten und den körperlichen Wohlbefinden oder zw. versch. Aspekten der Körpersprache und dem Lügen. Kommt es beim i. S. zu systematischen Abweichungen von normativen Modellen, spricht man von *kognitiven Täuschungen*. *H. Plessner*

Schließen, logisches [engl. *syllogistic reasoning*, gr. λόγος *(logos)* Wort, Vernunft], [**KOG**], nach den Regeln der Logik vollzogene Denkschritte von Obersätzen (*Prämissen*) zur Folgerung (*Konklusion*), vielfach nicht nur als normative Regel der Logik, sondern auch als psychol. Vorgang angesehen und als solcher z. B. von Wertheimer (1925) untersucht. *Denken*, *Schließen, induktives*, *Schließen, deduktives*. Suppes 1957.

Schlüsselerlebnis [engl. *key/crucial experience*], [**EM, KOG**], ein von E. Kretschmer eingeführter Begriff für Erlebnisse, die besonders geeignet sind, bei einer best. Person die gerade für sie bezeichnenden Reaktionen zu ermitteln. Außerdem allg. Bez. für Ereignisse oder Situationen, die emot. besonders bedeutsam für eine Person sind, bspw. im Hinblick auf eine best. Reaktion (Kognition, Emotion oder Handlung).

Schlüsselqualifikation (= S.) [engl. *key qualification/skill*], [**AO**], päd. Begriff zur Bez. allgemeiner Fähigkeiten, Einstellungen und Strategien, die bei der Lösung von Problemen und dem Erwerb neuer Kompetenzen (*Kompetenz*; *Fertigkeitserwerb*) nutzbar sind. Der Schlüsselcharakter wird in der grundlegenden Wichtigkeit der Qualifikation für die persönliche, meist berufliche, Entwicklung gesehen. Als S. werden zumeist handlungsbezogene, auf unterschiedliche Problemstellungen (*Problemlösungslernen*) übertragbare Kompetenzen (*Kompetenzentwicklung*, *Erfahrungsbildung*) bezeichnet und in die Bereiche der Sozial- (*soziale Kompetenzen*), Methoden-, Selbst- und Handlungskompetenz gegliedert. Die Handlungskompetenz muss dabei in allen anderen Bereichen enthalten sein, da sie vor allem die Fähigkeit zur *Anforderungsbewältigung* betrifft. S. kann im Allgemeinen durch den ps. Begriff *Transfer* ersetzt werden. Die Prägung des Begriffs geht auf Mertens (1974) zurück. Gesellschaftliche Popularität hat der Begriff auf dem Hintergrund der Geschwindigkeit der Veränderung von beruflichen Anforderungen erfahren (*Wissensveraltung*). *W. Echterhoff*

Schlüsselreiz (S.) [engl. *key stimulus*], [**KOG**], (biol.) Einzelreiz oder *Reiz*muster, das bei Wahrnehmung eine best., meist angeborene Verhaltensweise (*Verhalten*) auslöst. S. wird in der *Ethologie* als *Auslöser* verstanden, der jew. einem ganz bestimmten (vielfach) angeborenen *Auslösemechanismus* (AAM) zugeordnet ist, den er auslösen kann und zu dem er wie ein Schlüssel zum Schloss passt. Die Pute erkennt ihr Küken nur am Piepen (mit dem Gehör!) und hudert einen ausgestopften Iltis, in dem ein Lautsprecher nach Jungenart piept. Sie tötet dagegen die selbst erbrüteten Jungen, wenn sie taub ist. S. gelten für das Tier auch nur in einem best. Funktionskreis: Damit die Silbermöwe ein Ei einrollt (ins Nest), muss es gefleckt sein. Für den Eiraub dagegen ist dieses Merkmal ohne Bedeutung. Der Samtfalter beachtet die Farben Blau und Gelb als Schlüsselreize beim Blütenbesuch. Bei der Balz dagegen verhält er sich farbenblind. Charakteristisch für S. ist, sie sind (1) einfach (bestehen aus wenigen Merkmalen), (2) auffällig, (3) eindeutig. Sie können unterschiedlichster Modalität sein, z. B.: visuell (eine Farbe, eine Bewegungsabfolge), akustisch (ein Warnruf), chemisch (ein Pheromon), taktil: (Erschütterung des Nestes; durch landende Eltern wird bei blinden Amselnestlingen das Sperren der Schnäbel ausgelöst, während dann Farbe und Farbmuster der geöffneten Schnäbel der Jungen bei den Elterntieren das Füttern auslösen.) Der verhaltensauslösende Reiz ist gewissermaßen abstrakt: Nicht «das Weibchen» wird als Auslöser für Balzverhalten wahrgenommen, sondern eine best. arttyp. Färbung an einem tierartigen Objekt oder ein best. Balzgesang. Welche Bestandteile der Gesamtwahrnehmung die wirksamen S. sind, wird mithilfe von *Attrappen* im Attrappenversuch analysiert. Eibl-Eibesfeldt 1967, Kappeler 2006.

Schlussprozesse *Schließen, logisches*, *Schließen, analoges*, *Schließen, induktives*, *Denken*.

Schmerz (= S.) [engl. *pain*], [**BIO, GES**], unangenehme sensorische Erfahrung, die in vielen Qualitäten gegeben sein kann (z. B. stechend, ziehend, spitz, dumpf, brennend, juckend). Tritt auf bei Verletzung der Körperoberfläche (Nozirezeptoren, *Schmerzpunkte*), bei Reizung innerer Organe als Tiefens., meist dumpf ziehend und weit ausstrahlend (erschwert die Diagnostik eines entzündeten Organs), ferner bei überstarker Reizung eines Rezeptors (S.schwelle bei überlauten Tönen). Für die S.entstehung werden einige adaptationsfähige Rezeptoren und zugehörige neurale Systeme angenommen. Oberflächens. lässt sich durch gleichzeitige andere Reize hemmen (z. B. Vibration, Schlenkern eines verletzten Fingers). Die Empfindlichkeit für S. ist interpersonal und situationsabhängig (Aufmerksamkeitszuwendung, Schockzustand) sehr verschieden. Neben S. aufgrund von Verletzungen gibt es vermutlich *neurohumoral* ausgelöste wie z. B. allergische S. Zentral ausgelöste S. sind die z. T. extremen *Phantomschmerzen*, die an Stellen amputierter Gliedmaßen auftreten können. I. ü. S. spricht man von S. bei unlustgetönten Stimmungen (seelischer S., Welts.; Geldard 1972, Sauerbruch, Wenke 1936).

S. gilt im med. *Krankheitsmodell* als Signal für körperliche Schädigung. Klinisch-psychol. Erkenntnisse konzentrieren sich auf die Abhängigkeit der S.erfahrung von subjektiv-psychol. Bewertungskategorien (Erfahrung, Erinnerungsvermögen, Kulturkreis). Die S.reaktion wird nach Fordyce (1976) in einem trimodalen Modell operationalisiert. (1) *Offenes S.verhalten*: Klagen über S., nonverbales S.verhalten (Mimik, Gestik); (2) *verdecktes S.verhalten*: Gedanken, Gefühle, Vorstellungen; (3) *physiol. S.reaktion*: Veränderungen kardiovaskulärer Parameter, Atmung, Muskelspannung etc. Verhaltensanalyt. kann respondentes und operantes S.verhalten unterschieden werden. *Respondent*: körperschädigende Reize rufen S. hervor; *operant*: neg. und pos. Konsequenzen kontrollieren S. (Larbig 1980; *Konditionierung, operante*). Wesentlichen Einfluss auf Neurophysiologie und *Psychotherapie* des S. hat die *Gate-Control*-Therapie von Melzack (1978). In den Hinterhörnern des Rückenmarks wird das *gate* (Tor, Schleuse) durch den spinalen «Tormechanismus» modifiziert. Der spinale *Gate*-Mechanismus steht unter der zentralen Kontrolle kognitiver Prozesse *(central control trigger)*, die über dicke, schnellleitende Fasern aktiviert, efferent die Nervenübertragung in den Hinterhörnern regulieren (*Nervensystem*). Die Melzack'sche S.theorie bietet viele Erklärungsmöglichkeiten für die Wirkungsmechanismen verschiedener S.therapien (*Akupunktur*, transkutane Nervenstimulation, Hypnose, kognitive und operante Verfahren). Nach Befunden der biochem. Forschung spielen v. a. das *Endorphin*system, *Substanz P*, *Prostaglandine* und andere *Neurotransmitter* bei der S.übertragung eine wesentliche Rolle.

Wegen der Verbreitung von S., der starken *Lebensqualitäts*beeinträchtigung durch chronischen S. und der beschränkten Möglichkeiten somatischer Therapie bei einigen S.formen sind hier weitere therapeutische Ansätze von großer Bedeutung. Gute Wirkung zeigt *Biofeedback* an den relevanten Muskeln bei Kopf- und Rückenschmerzen, allerdings nur, wenn die gelernte Muskelentspannung dauerhaft weitergeübt wird. Eine vergleichbare Wirkung hat die *progressive Muskelentspannung* nach Jacobson, bei der das Weiterüben leichter durchführbar ist, da keine Apparate gebraucht werden. Gute und dauerhafte Besserung wurde auch unter *Hypnose* erzielt. Auch operante S.behandlungen, die der Förderung von Aktivität und dem Aufgeben von S.- und Schonverhalten dienen, haben sich als effektiv erwiesen. Ein wichtiger Wirkfaktor dürfte das Erleben sein, dem S. nicht ohne Kontrolle ausgeliefert zu sein. Ergebnisse, die zeigen, dass bei starker Zuwendung von Pat. und Umgebung zum S. dessen Repräsentation im Gehirn intensiviert wird, tragen zu einem besseren Verständnis der subj. Erlebens bei und sind bei typischen Disputen zwischen Behandler und Pat., ob ihr S. «rein psychisch» sei, zu berücksichtigen. *Neuralgie, neuralgischer Schmerz*, *Schmerz, neuropathischer*. Larbig 1982.

W. Larbig/F. Caspar

Schmerz, neuropathischer (= n. S.) [engl. *neuropathic pain*], [**BIO**], Form des *Schmerzes*, die – anders als nozizeptive Schmerzen, die durch eine Reizung von Schmerzrezeptoren (Nozizeptoren) durch eine Gewebeschädigung ausgelöst werden – auf einer Schädigung des somatosensiblen *Nervensystems* beruht. Unterschieden werden der zentrale n. S. (bei Erkrankungen des ZNS wie Rückenmarksverletzungen, multipler Sklerose oder best. Hirninfarkten) und der häufigere periphere n. S., der z. B. bei *Diabetes mellitus* oder metabolischen Schädigungen des peripheren *Nerven* beobachtet wird. N. S. werden häufig erfolgreich mit *Neuropsychopharmaka* behandelt, z. B. mit *Antikonvulsiva*, *Antidepressiva*, *Cannabinoiden* oder *Opiaten*.

G. Gründer

TestSchmerzempfindungsskala (SES), 1996, E. Geissner & A. Schulte, [www.testzentrale.de], [**BIO, DIA, GES, KLI**], Verfahren zur Schmerzmessung. AA 16 bis 80 Jahre. Die SES erlaubt die Messung und differenzierte Beschreibung der subj. wahrgenommenen *Schmerzen*. Der Fragebogen besteht aus 24 Items, die sich fünf Teilskalen zuordnen lassen. Zwei Skalen beschreiben affektive Merkmale der Schmerzempfindung. Die drei weiteren Skalen beschreiben sensorische Aspekte der Schmerzempfindung. Um die Ökonomie der Durchführung bei umfassenden Studien zu erhöhen, sind drei Survey-Versionen, getrennt nach dem jeweiligen Beurteilungszeitraum, beziehbar. *Normierung*: Es liegen allg. Normwerte für die beiden Globalskalen (N = 1.048) und für die drei sensorischen Teilskalen vor. Darüber hinaus werden spezielle Normwerte für einige Krankheits- und Schmerzlokalisationsgruppen angegeben. Bearbeitungsdauer: ca. 5 Min.

Schmerzmesser *Algesimeter*.

Schmerzmittel [engl. *pain killers*]; *Analgetika*.

Schmerzpunkte [engl. *pain points/spots*], [**BIO, WA**], punktförmige Hautstellen, die von Schmerznervenendigungen (*Nerv*) versorgt und daher schmerzempfindlich sind (*Schmerz*). Auch als *Nozirezeptoren* bez. *Hautsinne*.

Schmerzschwelle [engl. *pain threshold*], [**WA**], diejenige Intensität eines *Reizes* (z. B. eines Schall- oder Lichtreizes), bei der dieser neben der ihm entspr. *Empfindung* auch *Schmerz* auslöst bzw. bei dem die adäquate Empfindung in eine Schmerzempfindung übergeht. *Reizhöhe, Reizschwelle*.

Schmerzsyndrom, somatoformes *Somatoforme Störungen*.

Schmerzsyndrome, Psychopharmakotherapie [engl. *pain syndromes, psychopharmacotherapy*], [**PHA**], *Psychopharmaka* haben einen festen Stellenwert bei der Pharmakotherapie von Schmerzsyndromen der unterschiedlichsten Genese (*Schmerz*). Dadurch können oftmals Schmerzmittel (*Analgetika*), insbes. *Opiate*, eingespart werden. Bes. wirksam sind Psychopharmaka bei *neuropathischen Schmerzsyndromen*, z. B. bei diabetischer Polyneuropathie, postherpetischer Neuralgie oder Trigeminusneuralgie. Zur Anwendung kommen vor allem *Antidepressiva* und *Antikonvulsiva*. Versch. Substanzen dieser Gruppen haben einen antinozizeptiven Effekt, der unabhängig von ihren psychotropen Wirkungen ist. Antidepressiva mit einem kombinierten *serotonerg/noradrenergen* Wirkprofil (trizyklische Antidepressiva, *Duloxetin*, *Venlafaxin*) wirken besser als *selektive Serotonin-Wiederaufnahmehemmer*. Unter den Antikonvulsiva kommen Gabapentin und *Pregabalin* sowie *Carbamazepin* (bei Trigeminusneuralgie) zum Einsatz. *G. Gründer*

Schnecke syn. *Cochlea* [engl. *cochlea*], *Ohr*.

Schneeballsystem [engl. *snowball system, pyramid scheme*], *qualitative Rekrutierungsverfahren*.

Schnelligkeitstest [engl.] *speed tests*.

Schnittstelle (= S.) [engl. *interface*], [**AO, KOG**], bei der konzeptuellen oder funktionalen Analyse von *Informationsverarbeitungssystemen* kann es zweckmäßig sein, das Gesamtsystem in Untersysteme «aufzuschneiden». An solchen S. passen Systemteile funktional zus., können sie interagieren. Entspricht einer Passstelle zw. Teilsystemen ein physisch (quasi-)unabhängiges Element, so wird dieses auch S. genannt, z. B. serielle S. als Hardwaremodul. Bei der Untersuchung und Evaluation von Mensch-Computer-Systemen (*Mensch-Computer-Interaktion*) sind Fragen nach der Gestaltung der Benutzer-S. [engl. *user interface*], den Informationsübergabestellen zwischen Mensch und Maschine (z. B. Bildschirm, Maskenaufbau und Inhalt; Dateneingabevorrichtungen wie Tastatur, Maus) und der Gestaltung des multimodalen Mensch-Maschine-Dialogs zentral. *Software-Ergonomie*. S. wird definiert nach DIN 44300: «gedachter oder tatsächlicher Übergang an der Grenze zw. zwei gleichartigen Einheiten, wie Funktionseinheiten, Baueinheiten oder Programmbausteinen, mit den vereinbarten Regeln für die Übergabe von Daten oder Signalen». Card, Moran & Newell 1983, Dzida 1983. *P. Day*

Schnüffelstoffe (= S.) [engl. *inhalants*], [**PHA**], Substanzen, die inhalatorisch missbraucht werden, um psych. Effekte zu erzielen, bes. euphorische Stimmung. Die bedeutsamsten S. sind *Lösungsmittel*. Sharp et al. 1992.

Schock (= S.) [engl. *shock* Erschütterung, Stoß, Schlag], [**BIO**], das reflektorische plötzliche Aussetzen gewisser normaler *Körperfunktionen*, z. B. *Herzfrequenz, Bewusstsein*, Atmung, bei unerwarteten Störungen (Verletzungen, innersekretorischen Vorgängen). Man unterscheidet (1) *anaphylaktischer S.*, durch Übersensibilisierung eintretende Zyanose, Streckkrämpfe, Aussetzung der Atmung, (2) *apoplektischer S.* nach Hirngefäßverletzungen, (3) *Bauchschock*: nach starkem Stoß gegen den Bauch, (4) *hypoglykämischer S.*: Schwächegefühl mit Schweißausbruch, (5) *psych. oder Nervenschock* mit Gemütserschütterung, (6) *traumatischer S.*, Wundschock nach größeren Verletzungen, (7) *apperzeptiver S.* Das Blockieren der Apperzeption durch Schockwirkung (Orientierungsverlust, Fassungslosigkeit). In der Ps. hat der Begriff S. Verbreitung gefunden, um die Plötzlichkeit, das Unerwartete und die Intensität der nervösen oder auch psych. Reaktion zu kennzeichnen. Psych. S. und Nervens. können traumatische psych. Störung (z. B. *Posttraumatische Belastungsstörung*) veranlassen.

Schockgenerator [engl. *shock generator*], *Reaktionssimulator*.

Schocktherapie [engl. *shock treatment*]; *Elektroschock*.

SCHOLASTIK-Studie (= S.), Abk. für *Schulorganisierte Lernangebote und Sozialisation von Talenten, Interessen und Kompetenzen* [engl. *School Organized Opportunities to Learn, Socialization of Talents and Competencies*], [**PÄD**], bei S. handelt es sich um eine in den Jahren 1987 bis 1997 am Max-Planck-Institut für ps. Forschung in München durchgeführte *Längsschnittuntersuchung* zur *kognitiven Entwicklung* und *motivationalen Entwicklung* während der Grundschulzeit. Ziel war es, die Entwicklung lern- und leistungsrelevanter Schülermerkmale in Abhängigkeit von unterrichtlichen und schulischen Kontextbedingungen zu untersuchen. Zentrale Fragestellung war die nach der Bedeutung allg. kognitiver Fähigkeiten, fachspez. Vorkenntnisse, motivationaler Faktoren und *Unterrichtsmerkmale* sowie von Merkmalen des Schul- und Klassenkontexts (*Schulklima, Klassenklima*) für die Vorhersage schulischer *Leistungen*. Weitere Schwerpunkte waren die Entwicklung des Selbstkonzepts (*Selbstbild*) und von *Aufmerksamkeit*sleistungen. Die *Stichprobe* umfasste 54 Klassen (N = 1.150 Schüler) aus städtischen und ländlichen Teilen des Raums München. Erfasst wurden Leistungen in Mathematik und Deutsch (*Lesen*, Rechtschreiben (*Schreiben*)) und versch. motivationale Schülermerkmale (Lernfreude, Selbstkonzept eigener Fähigkeit (*Fähigkeitsselbstkonzept*)), ergänzt durch Lehrerbefragungen und -einschätzungen (*Fremdbeurteilungsverfahren*). Der *Unterricht* wurde systematisch beobachtet und beurteilt, ergänzt durch differenzierte *Verhaltensbeobachtungen* einzelner Schüler. Voraussetzung für den Erfolg der Längsschnittstudie war eine regelmäßige Feldbetreuung der beteiligten Lehrkräfte. Wesentl. Ergebnisse wurden auf einer im Jahre 1995 durchgeführten Fachkonferenz berichtet. Helmke & Schrader 1998.

F.-W. Schrader/A. Helmke

schöpferische Synthese (= s. S.) [engl. *creative synthesis*; gr. σύνθεσις (*synthesis*) Verknüpfung], [**PHI**], nach Wundt ein allg. Prinzip des psych. Geschehens. Es besagt, dass die Eigenschaften eines Zusammenhangs psych. Vorgänge nicht in der Summe der Eigenschaften seiner Komponenten bestehen, sondern dass in der Verbindung völlig neue Eigenschaften auftreten, die aus denen ihrer Elemente nicht zu erklären sind. Das Prinzip der s. S. entspricht im Wesentlichen dem der *Ganzheit*.

Schreck, Schreckreaktion (= S.) [engl. *startle reflex/response*], [**BIO, EM, KOG**], der unlustvolle *Affekt*, der als Reaktion auf plötzlich Wahrgenommenes oder Vorgestelltes auftritt, wenn dieses als bedrohlich erlebt wird. Körperliche Erscheinungen sind hierbei: Zus.fahren, Erblassen, Schweißausbruch, gesteigerte Herzfrequenz u. a. Eine tiefergehende Folge ist die S.lähmung. Von Bedeutung ist auch die S.aphasie, d. h. der plötzliche Verlust der Sprache nach Erschrecken. Als S.sekunde wird (z. B. beim Autofahren) die Zeit bez., die zw. Reiz (Auftreten der Gefahr) und Reaktion (beantwortende Handlung) liegt. Die Dauer ist je nach den Umständen unterschiedlich. In der Verkehrsrechtsprechung werden mind. 0,8 Sek. zugebilligt.

Schreckstoffe (= S.) [engl. *repellents*], [**BIO, KOG**], von Tieren abgegebene chem. Substanzen, die Artgenossen oder Artfremde vor einem Fressfeind warnen oder diesem die Beute verleiden. Verletzte Elrizen z. B. sondern einen S. ab, der bei anderen Fischen *Fluchtverhalten* auslöst.

Schreiben (= S.) [engl. *writing*], [**KOG, PÄD**], in der Ps. unter den Gesichtspunkten der *Psychomotorik* und *Grafologie* behandelt. Zur Analyse des S. werden spezielle Geräte wie Digitalisiertabletts, *Schreibwaage* usw. verwendet; eine genaue Registrierung der *Koordination* aller versch. Gelenkbewegungen, die letztendlich im Schriftverlauf resultieren, ist bisher nicht möglich. Die kursive Schrift wird i. d. R. in einzelne Striche [engl. *strokes*] segmentiert. Eine wichtige Untersuchungsmethode ist auch die Analyse von Fehlern. Modelle der *Bewegungssteuerung* beim S. haben als zentrale Komponente meist ein hierarchisch organisiertes *Bewegungsprogramm*, dessen kleinste Einheiten die Striche sind. Bei Annahme best. Geschwindigkeitsprofile für einzelne Striche lässt sich die indiv. Handschrift mit hoher Genauigkeit reproduzieren. Wie beim Malen findet sich auch beim S. eine näherungsweise Gültigkeit des Gesetzes der konstanten Figurzeit; innerhalb eines Schriftzuges variiert die Geschwindigkeit mit der Krümmung (bei stärkerer Krümmung ist sie kleiner). Rosenbaum 1990, Tobias 2006.

H. Heuer

Schreibmotorik [engl. *handwritng motor activity*], [**KOG**], syn. *Graphomotorik*; die Gesamtheit der Bewegungsabläufe beim *Schreiben*. Die apparative kurvenmäßige Erfassung der Schreibdruck-, Griffdruck- sowie Schreibrhythmus-Verlaufsformen dienten zur klin. und praktischen *Diagnostik*, insbes. der Funktion des *Antriebs*, der *Affektivität* und des Temperaments im normalen und pathologischen Bereich. Methodisch und apparativ wurde die Differenzialdiagnostik der Feinmotorik (*Motorik*) zu einem spez. Untersuchungsverfahren ausgebaut. *Grafologie*.

Schreibtherapie *reflektierendes Schreiben*.

Schreibwaage, Schriftwaage, [**DIA, KOG**], veraltete diagn. Vorrichtung, um die Schreibdruckbewegungen auf die Schreibunterlage zu registrieren. Gleichzeitig kann das Schreibtempo von Buchstaben, Silben und Wörtern usw. gemessen werden. An Geräten stehen zu Verfügung: die alte Schriftwaage nach Kraepelin; verfeinerte Schreibwaagen nach Gildemeister und Wirtz, Katz («Skriptochronograf»), Luthe, Steinwachs; elektrische Schreibwaagen nach v. Bracken und Mühlfeld sowie Steinwachs und Boucke (Infraton-Druckkondensatoren).

Schriftexpertise, [**RF**], Ermittlung des Urhebers einer Schrift durch Vergleich der fraglichen Schrift mit Schriften bekannter Urheber. Pfanne 1973.

Schriftsprache (= S.) [engl. *written language*], [**KOG, PÄD**], ist die geschriebene Form einer *Sprache* gegenüber ihrer gesprochenen Form; in einer weiteren Verwendung auch als Bez. einer Sprache, die über eine geschriebene Form verfügt im Unterschied zu einer schriftlosen Sprache. S. als die geschriebene Form einer Sprache umfasst einerseits diejenigen sprachlichen Ausdrucksformen, die typisch für geschriebene Sprache sind. Diese werden durch die besonderen Bedingungen der schriftlichen Sprachproduktion (*Schreiben*) und -rezeption (*Lesen*) möglich bzw. notwendig. In den meisten Fällen erfolgt das Schreiben langsamer als das *Sprechen* und insbes. hat der Schreiber die Möglichkeit, das bereits Geschriebene noch einmal zu lesen und damit seinen verbalen Arbeitsspeicher (*Arbeitsgedächtnis*) zu entlasten. Dadurch ist es in der S. leichter, grammatisch (*Grammatik*) komplexere *Sätze* oder Texte zu produzieren. Umgekehrt kann ein Leser gegenüber einem Hörer komplexere sprachliche Ausdrücke verarbeiten, da er die Lesegeschwindigkeit der Textschwierigkeit anpassen und schwer zu verarbeitende Abschnitte erneut lesen kann. In den meisten Kulturen hat die S. ein höheres Prestige bzw. wird als *high variety* angesehen. Damit steht auch in Zusammenhang, dass sprachliche Normvorstellungen häufig an der S. ausgerichtet werden.

Andererseits umfasst die S. das Schriftsystem, das aus einem Inventar von *Zeichen* und *Regeln* besteht (Weingarten 2011). Die Schriftzeichen oder Grapheme repräsentieren sprachliche Einheiten oder Strukturen; die Regeln geben an, wie die sprachliche und die graphemische Ebene aufeinander zu beziehen sind. Im Falle der graphemischen Repräsentation segmental-lautlicher Einheiten spricht man von einem *Phonem-Graphem-Konversionsmechanismus*. Viele Schriftsysteme wie etwa das Deutsche beziehen sich nicht nur auf *Phoneme*, sondern auch auf silbische oder syntaktische Strukturen (*Syntax*).

Neben dem Schriftsystem nimmt man für die meisten S. ein orthografisches Lexikon an, in dem mindestens diejenigen schriftlichen Ausdrücke enthalten sein müssen, die nicht nach dem Regelsystem gebildet werden. Neben diesen irregulär gebildeten Ausdrücken enthält das orthografische Lexikon auch weitere häufig verarbeitete Ausdrücke. Dies schlägt sich in der Sprachverarbeitung als *Frequenzeffekt* so nieder, dass häufig verarbeitete Ausdrücke schneller verarbeitet werden (z. B. in *Reaktionszeit-* oder Lesezeitmessungen). Die Kombination aus regelbasierter und lexikonbasierter schriftlicher Sprachverarbeitung führte zur Entwicklung des Zwei-Wege-Modells (*Lesen, Zwei-Wege-Modell*, Coltheart et al. 2001). Die schriftliche Sprachproduktion kann z. B. durch die Messung des Zeitverlaufs des Schreibens untersucht werden. Eine wichtige Untersuchungsmethode der schriftlichen Sprachrezeption ist die Augenbewegungsforschung (*Blickbewegungsmessung*). S. gegenüber schriftlosen Sprachen stehen in Zusammenhang mit zahlreichen sozialen und kognitiven Entwicklungen, die häufig im Begriff *Literalität* gegenüber *Oralität* zus.gefasst werden. Komplexe soziale Einrichtungen in Recht, Wirtschaft, Religion oder Wissenschaft setzen eine ausgebaute Literalität voraus. Unter kognitiver Perspektive trug Literalität zur Ablösung von oral tradiertem und in formelhafter Sprache verfasstem Wissen bei und begünstigte argumentative Formen der Wissenskommunikation (vgl. Goody 1987).

R. Weingarten

Schriftspracherwerb (= S.) [engl. *learning of written language*], **[KOG, PÄD]**, anders als der Spracherwerb basiert der Erwerb der Schriftsprache auf gezielter, meist schulischer Instruktion (*instruktionale Erklärungen*). In einer Vorstufe entwickeln Kinder eine gewisse Sensibilität für die Merkmale der *Sprache* (Vorläuferfertigkeiten wie *phonologische Bewusstheit* und Buchstabenwissen), die i. R. von Programmen zur Schulvorbereitung auch spielerisch angeregt werden kann. Am Beginn des Lesenlernens (*Lesen*) in Alphabetschriften wie der dt. steht das Wortlesen im Vordergrund. Im Zuge des Leseunterrichts entwickelt sich meist rasch eine Einsicht in das *alphabetische Prinzip* der Zuordnung von Schriftzeichen (Graphemen) zu Sprachlauten (Phonemen), und zwar in enger Wechselwirkung mit der Entwicklung phonologischer Bewusstheit (= explizites Wissen, dass Sprache aus Lauteinheiten wie Silben, Reimen, Lauten besteht). Mit dem Erlernen der Buchstaben praktisch Hand in Hand geht das *Zusammenlauten* von Buchstaben zu Wörtern (*phonologisches Dekodieren* bzw. synthetisches Lesen). Mit ausreichender Übung des anfangs mühsamen Leseprozesses kann die Leseflüssigkeit durch zunehmende Automatisierung des Erlesens der Wörter gesteigert werden, indem Wortschreibungen als Einträge in einem mentalen orthografischen Lexikon (*mentales Lexikon*) gespeichert und in weiterer Folge direkt abgerufen werden. Beim Schreibenlernen werden oft zuerst zumindest annähernd *lautgetreue* Schreibungen produziert, die auf einer Laut-Buchstabe-Übersetzung basieren. Für das Rechtschreiben sind neben phonologischen Fähigkeiten auch wortspezifisches Wissen, Wissen um orthografische Regeln und Regularitäten und Kenntnisse über die Schreibung von Wortbausteinen und deren Zusammensetzung (*morphologische Ableitungsregeln*) erforderlich. Ziel des S. sind das sinnerfassende Lesen und Kompetenzen im Verfassen von Texten. Beides sind aktive, strategisch planvolle (Problemlösungs-)Prozesse (*Problemlösen*), die auf der Kenntnis von Wortschreibungen und allg. verbalen Fähigkeiten basieren. Eine eindeutige zeitliche Abfolge des Erwerbs schriftsprachlicher Kompetenzen, wie sie in älteren Stufenmodellen diskutiert wurde, scheint nicht vorzuliegen. Kinder entwickeln eine Reihe von Fähigkeiten, die sich in einer typischen, aber nicht strikt chronologischen Abfolge und teils auch parallel herausbilden.

K. Landerl

Schröder, Heinrich (1810–1885), **[HIS, WA]**, Georg Friedrich Heinrich Schröder war ein vielseitiger Naturforscher und Pädagoge. 1840–1873 war Schröder Leiter der Höheren Bürgerschule in Mannheim, wo er Mathematik, Physik und Chemie lehrte. Nach Schröder ist die Kippfigur der *Schröder´schen Treppe* benannt, die er 1858 beschrieben hat. Schröder 1858.

H. E. Lück

Schröder'sche Treppe [engl. *Schroeder stairs*], **[WA]**, bekannte *Kippfigur*, die bei längerer Betrachtung abwechselnd als Treppe oder als überhängende Mauer erscheint. *geometrisch-optische Täuschung*.

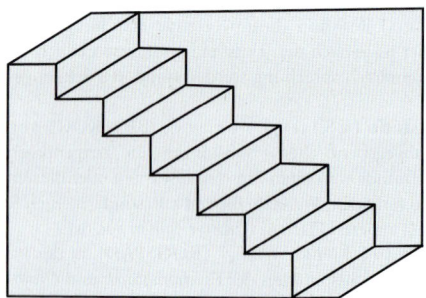

Schroeder'sche Treppe

Schub (= S.) [engl. *episode*], **[KLI]**, in der Ps. und Pathologie die Bez. für einen Vorgang, der sich nicht gleichförmig fortschreitend entwickelt, sondern fallweise in unregelmäßigen Zeitabständen akut wird bzw. sich steigert. In der *Psychopathologie* insbes. Kennzeichnung für die Entwicklungsweise der *Schizophrenie*, die nicht stetig ist, sondern in einzelnen, in längeren zeitl. Abständen aufeinanderfolg. Verstärkungen der Krankheitserscheinungen besteht (*schubweiser* Verlauf). Zu unterscheiden von *Phase* und *Reaktion*.

Schulangst (= S.) [engl. *school anxiety/phobia*], [**KLI**], stellt keine Diagnose i. e. S. dar, sondern weist Merkmale einer Leistungs-/*Prüfungsangst* (*DSM-5*), *Trennungsangst* (DSM-5, *ICD-10*) und der *sozialen Phobie* (nach DSM-5) bzw. der Störung mit *sozialer Ängstlichkeit* (nach ICD-10) auf (Petermann & Suhr-Dachs 2013). Die Gründe für eine S. sind präzise diagn. abzuklären und reichen von der Angst, den schulischen Leistungsanforderungen nicht zu genügen (*Versagensangst*), bis zur Angst, von Klassenkameraden abgelehnt und gemobbt (*Mobbing*) zu werden. Häufig bilden jedoch überhöhte Leistungserwartungen der Eltern und Bewertungsängste des Kindes wesentliche Ursachen der S. Die *Bewertungsängste* beziehen sich sowohl auf die Benotung der schulischen Leistung als auch auf soziale Dimensionen der Angst; dies betrifft die Bewertungsangst im Kontext der sozialen Hervorhebung (in der Klasse) und Aufmerksamkeit durch Gleichaltrige. Prinzipiell ist diagn. abzuklären, ob S. einen Aspekt von sozialer Angst darstellt oder ob beide Ängste identisch sind. Für Schulsituationen lassen sich folg. Kennzeichen festhalten: (1) Leistungsmessungen und Prüfungen in der Schule können mit öffentlicher Bewertung verknüpft sein. (2) Selbstbewertungen erfolgen im sozialen Vergleich mit Klassenkameraden. (3) Durch die öffentliche Bewertung und die Selbstbewertung im sozialen Vergleich wird die soziale Stellung in der Klasse festgelegt. Diese drei Kennzeichen verdeutlichen, dass Schulsituationen, die durch Leistungsanforderungen, Prüfungen und Noten gekennzeichnet sind, zugleich auch soziale Situationen darstellen. Manche Kinder reagieren auf Bewertungen bes. empfindlich, v. a. in Anwesenheit anderer. Einen wesentlichen Kern der S. bildet die Befürchtung, neg. bewertet zu werden. Vor diesem Hintergrund ist die S. (ebenso wie die Leistungs- und Bewertungsangst) ein zentraler Bestandteil der *Störung mit sozialer Ängstlichkeit* nach ICD-10 (F93.2). *Schulversagen*. Petermann & Suhr-Dachs 2013.   *F. Petermann*

Test Schulangst-Test (SAT), 1978, von E. Husslein, [www.testzentrale.de], [**DIA, KLI, PÄD**], klin. Test zur Angsterfassung; projektives verbal-thematisches Verfahren. AA von 7 bis 13 Jahren. Test zur qual. Erfassung schulischer Ängste (*Schulangst*). Mithilfe von schulisch bedeutsamen Bildtafel-Inhalten werden über die inhaltsanalytische Auswertung der Erzählungen die emot. Befindlichkeit, körperliche Reaktionen, Ich-Abwertung, soziale Angst und zukunftsorientierte Bedrohung erfasst. Keine Normierung. Retest-Reliabilitäten der einzelnen Angst-Dimensionen zw. $r = .50$ und $r = .72$. (Intervall: sechs Wochen; $N = 25$ verhaltensgestörte Kinder). Inter-Rater-Übereinstimmung bezogen auf die fünf «Angst-Dimensionen» zw. $r = .89$ und $r = .96$ angegeben (drei Beurteiler). *Normierung*: Über Experten-Ratings liegen relative Antwortnormen für die Verrechnung und Gewichtung von Angstaussagen vor. Bearbeitungsdauer: Durchführungszeit ca. 30 bis 50 Min.; Auswertungszeit ca. 20 bis 30 Min.

Schuld [engl. *guilt/blame*]; *Emotionen, sekundäre*.   *J. Roos*

Schuldfähigkeit (= S.) [engl. *criminal responsibility*], [**RF**], juristisches Konstrukt strafrechtlicher Verantwortlichkeit. S. beschreibt den Grad der Vorwerfbarkeit einer Straftat. Nach dt. Strafrecht ist das Ausmaß indiv. Schuld Grundlage für die Zumessung von Strafe. Kinder bis zum vollendeten 14. Lebensjahr gelten generell als schuldunfähig (§ 19 StGB). Jugendliche vom vollendeten 14. bis zum vollendeten 18. Lebensjahr werden als bedingt schuldfähig betrachtet. S. muss bei ihnen pos. festgestellt werden (*Verantwortungsreife, strafrechtliche*, § 3 JGG). Bei erwachsenen Straftätern geht das Gericht für die Schuldzumessung von S. aus, solange keine Anzeichen für eine Beeinträchtigung vorliegen. Relevante Anzeichen für eine Beeinträchtigung der S. werden in den *Eingangsmerkmalen* des § 20 StGB definiert. Nach § 20 StGB ist ein Täter nicht schuldfähig, wenn er infolge «krankhafter seelischer Störung», «Schwachsinns», «tiefgreifender Bewusstseinsstörung» oder einer «schweren anderen seelischen Abartigkeit» nicht in der Lage war, das Unrecht der Tat einzusehen (Einsichtsfähigkeit) oder nach dieser Einsicht zu handeln (Steuerungsfähigkeit). S. kann nach § 20 StGB aufgehoben (*Exkulpation*) oder nach § 21 StGB vermindert (*Dekulpation*) werden.

Psychologen können als Sachverständige vom Gericht zur Beurteilung der Frage zugezogen werden, ob etwaige psych. Beeinträchtigungen der S. zum Zeitpunkt der Tat vorgelegen haben. Diese müssen einem oder mehreren der in § 20 StGB genannten *Eingangsmerkmale* (schuldausschließende oder -mindernde Bedingungen erster Ordnung) zugeordnet und bzgl. des Schweregrades ihrer Auswirkungen auf Einsichts- und Steuerungsfähigkeit (schuldausschließende oder -mindernde Bedingungen zweiter Ordnung) beschrieben werden. Beeinträchtigungen der S. können immer nur auf den Zeitpunkt der Tat bezogen und nicht unabhängig von einer konkreten Tat angenommen werden. S. bzw. deren De- oder Exkulpation wird ausschließlich vom Richter festgestellt. Die Aufgabe des psychol. Sachverständigen besteht darin, dem Richter die entsprechenden (auffälligen) psych. Erlebens- und Verhaltensweisen sowie ihre konkreten Auswirkungen auf das Tatverhalten als Voraussetzung für eine potenzielle Beeinträchtigung der S. darzulegen. Scholz & Schmidt 2008.   *A. F. Schmidt*

Schuldwahn [engl. *delusion of guilt*], [**KLI**], syn. Versündigungswahn, *wahnhafte Störung, Wahn*; wahnhafte Überzeugung, schuldig zu sein. I. d. R. einhergehend mit der irrationalen Überzeugung, gegen moralische oder religiöse Prinzipien verstoßen bzw. gesündigt zu haben. *ekklesiogene Neurose*. Tölle 2007.

Schuleffektivität [engl. *school effectiveness*], *Bildungsevaluation, Unterrichtsforschung, Unterrichtsqualität*.

Schuleintritt, gesundheitsrelevante Aspekte [engl. *school entry, health-related aspects*], [**EW, GES, PÄD**], der Schuleintritt (= S.) stellt Kinder vor neue psychosoziale Anforderungen, deren Bewältigung (*Coping*) sich mittelbar und unmittelbar auf ihre *Gesundheit* auswirkt. Der Ausbau kogn., emot., motivationaler und sozialer Kompetenzen ist eine mit dem S. verbundene *Entwicklungsaufgabe*. Eine wesentliche neue Anforderung ist das im Vergleich zum Kindergarten oder der Betreuung im familiären Kontext weniger individualisierte und unflexiblere Regelsystem der Schule. Schulunterricht ist stärker strukturiert und die Mitarbeit erfordert lange Aufmerksamkeitsspannen (*Gesundheit im Vorschulalter*). Zugleich wächst die Bedeutung von Leistungsbewertungen. Spätestens mit der Vergabe von Schulnoten fallen damit interindiv. Unterschiede in der Leistungsfähigkeit und der soziale Vergleich stärker ins Gewicht.

Die neuen schulbezogenen Anforderungen prägen die allg., schulischen und sozialen *Selbstwirksamkeitserwartungen*, die mit der Gesundheit und dem *Gesundheitsverhalten* von Kindern in direktem Zusammenhang stehen. Negative Selbstwirksamkeitserwartungen führen zu einem erhöhten *Stress*erleben und erhöhen das Risiko für körperliche Beschwerden (wie Kopf- und Bauchschmerzen) sowie psych. Erkrankungen (z. B. *Angst*, *Depression*). Zugleich werden maladaptive Kompensationsversuche wahrscheinlicher, die sich auch in Form von gesundheitsbezogenem Risikoverhalten (z. B. ungünstige Ernährung, mangelnde Bewegung, Alkoholkonsum) zeigen können. Gelingt im schulischen Kontext dagegen der Aufbau hoher Selbstwirksamkeitserwartungen, wird ein bedeutsamer *Resilienz*faktor gestärkt. Lohaus & Klein-Heßling 2009. *J. Klein-Heßling*

Schülerfeedback [engl. *feedback* Rückmeldung], *Unterrichtsqualität*.

Schulfähigkeit (= S.) [engl. *school ability*], [**EW, PÄD**], Bez., welche die für eine erfolgreiche Teilnahme am Grundschulunterricht notwendige Befindlichkeit des Kindes zu def. versucht, wobei die zum Erwerb der Kulturtechniken i. R. eines schulisch organisierten Unterrichts notwendigen Fähigkeiten und Fertigkeiten kogn., affektiver und motorischer Art als Kriterium verwendet werden. Die Feststellung der S. erfolgt durch hierfür entwickelte (Gruppen-)Tests (z. B. Unterscheiden, Wiedererkennen, Zuordnen von Mengen). *Schulfähigkeitstests*.

Schulfähigkeitstests (= S.) [engl. *school ability tests*], [**DIA, KOG, PÄD**], Bez. für Verfahren zur Beurteilung des geistigen und sozialen Entwicklungsstandes im Hinblick auf die Einschulung. S. sind somit auf die Schulanforderungen ausgerichtete *Entwicklungstests*. Die zu erfassenden schulkindcharakteristischen Fähigkeiten sind u. a.: Beobachtung (auch kritische), *Konzentration*, *Gedächtnis*, Formauffassung, Formunterscheidung, Erfassen von Größen, Mengen, Ordnungen, bildlich gebotenen Gegenständen und Situationen, Sprachverständnis, Begriffsbildung, körperlicher Entwicklungsstand, Körperbeherrschung, Feinmotorik, soziales Verhalten.

Schulklima (= S.) [engl. *school climate*], [**PÄD**], umfasst die von allen an der Schule beteiligten Personengruppen (Schüler, Eltern, Lehrer) dauerhaft als typisch wahrgenommenen Merkmale der Schulumwelt (z. B. soziale Beziehungen in der Schule, Partizipations- und Mitbestimmungsmöglichkeiten). Hierbei spielen insbes. die spezif. Konfiguration wesentlicher Merkmale des erzieherischen Verhältnisses (*Erziehung*) zw. Lehrern und Schülern, des Verhältnisses von Schülern untereinander sowie erzieherisch bedeutsamer kollektiver Einstellungen und Verhaltensbereitschaften von Lehrern und Schülern innerhalb der jew. Lernumwelt eine Rolle. Während der Klimabegriff im päd. Bereich zunächst mit den obj. vorhandenen psychosozialen Umweltverhältnissen gleichgesetzt wurde, erfolgte im Zuge der kogn. Wende in der Ps. eine Verlagerung des Klimabegriffs hin zu den indiv. oder kollektiv geteilten Kognitionen (*Kognition*) der jew. Gruppenmitglieder (*Gruppe*). Nicht obj. Kriterien, sondern subj. Erfahrungen in einer Schule bestimmen also ihr Klima. Die Wahrnehmung des S. wird in erster Linie von der innerschulischen Umwelt und den intrapsych. Prozessen und Verhaltensweisen beeinflusst, wobei auch Kultur, Gesellschaft und Schulorganisation indirekt Einfluss auf die S.wahrnehmung nehmen. Akt. Forschung zeigt, dass ein pos. S. sowohl die schulische *Leistung* von Schülern als auch ihr soziales und emot. *Wohlbefinden* und ihre sozialen und persönlichen *Einstellungen* beeinflusst. Dreesmann et al. 1992, Goetz et al. 2008, Pekrun 1985.
S. Lichtenfeld

Schulleistungsstudien (= S.) [engl. *school achievement studies*], [**DIA, FSE, PÄD**], erheben Daten zu den *Fähigkeit* von Schülern sowie zu versch. Umweltfaktoren (z. B. Schule und Elternhaus). S. haben das Ziel, Aussagen über den Entwicklungsstand der jew. *Stichprobe* und möglicher Bedingungsfaktoren sowie über die Qualität der Bildungssysteme geben zu können und daraufhin Handlungskonsequenzen für das Bildungssystem ableiten zu können. Internationale S. wie IGLU, *PISA-Studien* oder *TIMSS* vergleichen die Bedingungen und den Entwicklungsstand versch. Länder. *Large Scale Assessment*. *M. Händel*

Schulleistungstests (= S.) [engl. *school achievement tests*], [**DIA, PÄD**], Bez. für *Test*verfahren der päd. Diagnostik, die in enger Beziehung zu den Inhalten des *Curriculums* eines Schulfaches stehen. Sie werden genutzt, um Bedingungen, Verläufe und Ergebnisse schulischer *Lehr-Lern-Prozesse* zu erfassen und für das päd. Handeln nutzbar zu machen. Im engeren Sinne sind mit S. nach wiss. Kriterien konstruierte standardisierte Verfahren gemeint. Für diese Verfahren ist geprüft, inwieweit sie den Haupt- und Nebengütekriterien (*Gütekriterien*) von Erhebungsverfahren genügen. I. w. S. umschließen S. auch sog. informelle Verfahren zur Erfassung schulischer Leistungen, deren Testgüte weitgehend ungeprüft ist. Hierzu zählen z. B. von Lehrkräften konstruierte Tests zur Lernerfolgskontrolle (*Lernerfolgsmessung*).

S. erfassen anhand von Aufgaben eine Verhaltensstichprobe im päd. Kontext, die als Indikator für die Voraussetzungen, Probleme und Erträge schulischer Lernprozesse oder für die päd. relevanten *Fähigkeiten*, *Eigenschaften* oder *Kompetenzen* der Schüler betrachtet wird. Ausgangspunkt der Aufgabenkonstruktion bilden curriculare Analysen oder Standards, die angeben, welche Leistungen bzw. Kompetenzausprägungen bei den Schülern zu einem bestimmten Zeitpunkt zu erwarten sind. Die Aufgaben beziehen sich auf eine *repräsentative* Auswahl der im *Unterricht* behandelten bzw. in den Bildungsstandards vorgegebenen Lerninhalte. Werden S. im Sinne von wiss. Kriterien konstruiert, sind i. R. empir. Analysen Indikatoren für die Güte der eingesetzten Aufgaben (*Itemanalyse*) sowie des gesamten Tests (*Testkonstruktion*) zu bestimmen.

Der Einsatz von S. hat sich i. R. versch. päd. Entscheidungssituationen (*Entscheiden*) bewährt. Diese umfassen die Schullaufbahn- und Bildungsberatung sowie die Feststellung von spez. *Lernschwierigkeiten* und *-begabungen* einschließlich der Zuweisung zu *Intervention*smaßnahmen, aber auch die Beurteilung von didaktischen Maßnahmen zur Unterrichtsverbesserung (*Evaluation*). Grundsätzlich erlauben S. immer Aussagen über den Einzelfall mit dem Ziel, eine indiv. *Leistung* in ein Bezugssystem (*Bezugsnorm*) einzuordnen. Diese Einordnung kann dabei relativ zu einer Gruppe vergleichbaren Alters oder Beschulung (*soziale Bezugsnorm*), zur individuellen Leistungsentwicklung (*ipsative Bezugsnorm*) oder zu einem festgelegten Kriterium (*kriteriale Bezugsnorm*) erfolgen. Insbes. im Zusammenhang mit Bildungsstandards und Kompetenzmodellen (Kompetenzstufenmodelle, Kompetenzstrukturmodelle) kann die kriteriale Bezugsnorm dahingehend erweitert werden, dass die individuelle Leistung einer Niveau- bzw. Kompetenzstufe zugeordnet wird, die über das Können und die Fähigkeiten der untersuchten Person informiert. Der überwiegende Teil der S. sind vor dem Hintergrund einer sozialen oder kriterialen Bezugsnorm konstruiert. S. mit sozialer Bezugsnorm sind auf eine überregionale Anwendbarkeit ausgelegt und fokussieren i. d. R. übergreifende *Lehrziele*. Ihr bes. Wert liegt zum einen in der hohen Vorhersagekraft für zukünftige Schulleistungen. Zum anderen erlauben sie, anders als Schulnoten, einen obj. interindiv. Vergleich zw. Schülern versch. Schulformen, Schulen und Schulklassen. S. mit kriterialer Bezugsnorm sind häufig an den Feinzielen des Curriculums ausgerichtet, insbes. wenn es sich um informelle S. handelt. V. a. in Verbindung mit Kompetenzstufen bieten sie Lehrkräften und Schülern Informationen darüber, inwieweit Lehrziele erreicht bzw. Kompetenzen entwickelt wurden. Somit können sie auch zur Unterrichtsoptimierung genutzt werden. Roick 2008, Spinath 2011. *T. Roick*

Schulnoten-Norm [engl. *grade norms*]; *Normierung, Standardwert*.

Schulpsychologie (= S.) [engl. *school psychology*], [**PÄD**], die S. umfasst Forschung und Praxis des Tätigkeitsfeldes von Schulpsychologen. Der Berufsverband BDP benennt die Aufgaben der S. wie folgt: S. unterstützt und berät Einzelne und Gruppen (Lehrerkollegien, Schulklassen, Schüler, Eltern, Lehrkräfte, Schulleitungen und Schulaufsicht), S. unterstützt bei Fragen, die sich aus dem Lehren und Lernen in der Schule ergeben (Lern-, Entwicklungs- und Verhaltensprobleme von Schülern, Förderung indiv. Begabungen, Entwicklung von Fördermaßnahmen, Bewältigung von Krisen, Personalentwicklung von Lehrkräften, Schulentwicklung, Stärkung der Kompetenzen von Lehrenden und Lernenden; *Belastung, psychische, Lehr-Lern-Methoden, Lehr-Lern-Prozesse, Unterrichtsforschung*), S. unterstützt im schulischen Kontext die Information und Beratung der Öffentlichkeit und Politik zu Fragen der schulischen Erziehung, *Bildung* und Schulentwicklung, die Entwicklung von präventiven Maßnahmen in Schulen sowie Maßnahmen zur Fortbildung und zum Erhalt der Gesundheit von Lehrkräften (*Gesundheitsförderung, schulische*. Im Unterschied zur *Pädagogischen Psychologie* stehen schulpsych. konkret praktische Handlungsmöglichkeiten im schulischen Alltag im Vordergrund, seltener grundwiss. Fragen. S. ist politisch und gesellschaftlich eine Reaktion auf das Entstehen von dysfunktionalen Problemen im Schulsystem. Allein die behandlungsbedürftigen Schüler mit externalisierenden und internalisierenden psychischen Störungen (*psychische Störung*) werden, nach Abzug der Spontanremissionen (Persistenzraten), auf rund 10% geschätzt.

Internat. hat sich die wechselseitige Nichtaustauschbarkeit der Beratungs- und Assistenzkräfte durchgesetzt: S. haben andere Aufgaben als *Beratungslehrer* (*school counselors*, Beschäftigung mit schulfachlichen Themen) und Sozialarbeiter/Sozialpädagogen (*social worker*, Themen der außerschulischen Kinder- und Jugendarbeit, vorrangig tätig in Pausen und im Ganztag). Schulpsychologen zeichnen sich durch mehr Expertise in der Diagnostik und *Verhaltensanalyse*, in Störungsbildern, in Forschungsmethoden und durch die Fähigkeit, die internat. Forschung kritisch auf Anwendbarkeit zu prüfen und auf evidenzbasierte praktische Anwendungen zu achten (*Evidenzbasierung*), aus. Schulpsychologen können die Terminologie und die stat. Methoden verstehen und anwenden, sie können engl.sprachige Fachartikel lesen, also am internat. Forschungsfortschritt teilnehmen. Beratungsstellen der S. haben deshalb andere Aufgaben als die *Erziehungsberatung*. Als problematisch werden – wie in den anderen Berufen – Etikettierungsprobleme (durch Aufsuchen von Beratung der S.) und Vertraulichkeitsprobleme (als potenzielles Kooperationsproblem) eingeschätzt. S. arbeitet internat. in enger Kooperation mit Schule, weshalb praktische Erfahrungen in und mit Schule zusätzlich zum Ps.studium erforderlich sind. Früher wurde gar ein Doppelstudium Lehramt und Ps. verlangt. International werden eigenständige universitäre Ausbildungsgänge bzw. BA- und MA-Abschlüsse für die S. gefordert bzw. längst angeboten, in Dt. sind Anfänge gemacht (z. B. Uni Hildesheim). Auch Promotionsstudiengänge werden internat. gewünscht.

Die internat. empfohlene Mindestausstattung mit Schulpsychologen (1:5000) wird in Dt. in den meisten Bundesländern (Durchschnitt 1:16000) nicht erreicht, von der Ausstattung der skandinavischen Länder (z. B. Dänemark 1:800) sind alle Bundesländer weit entfernt. Die Effektivität der S. für ein Bildungssystem kann durch die Evidenzbasierung der Beratungs- und Therapiemethoden in der Ps. ermittelt werden. Allerdings ist dabei auf deren richtige Anwendung (*treatment integrity*) zu achten. Zumeist kann Einzelpersonen im Schulsystem so geholfen werden, dass rund 70% der *Treatment*-Gruppe nachher besser als die *Kontrollgruppe* sind. Pekrun 1994, Schwarzer 1997. R. Dollase

Schulreife [engl. *school maturity*], **[EW, PÄD]**, veralteter und weitgehend durch die Bez. *Schulfähigkeit* ersetzter Begriff. *Schulfähigkeits-Tests*.

Schulreifetests [engl. *school maturity tests*], **[DIA, PÄD]**, veralteter und weitgehend durch die Bezeichnung *Schulfähigkeitstests* ersetzter Begriff.

Schulte, Robert Werner (1897–1933), **[AO, DIA, HIS]**, Kriegsdienst, Studium in Leipzig, 1919 Promotion mit einer Dissertation über Schleiermacher. Umsiedlung noch im gleichen Jahr nach Berlin; unter dem Eindruck von *Münsterberg* Beginn der Entwicklung und Durchführung von psychotechnischen Auswahlverfahren für Friseurlehrlinge, bei der Polizei, in der Elektroindustrie usw. Neu war Schultes Bemühen, die Grundgedanken einer differenziellen *Psychotechnik* auf Bereiche des Sports anzuwenden. Schulte lehrte ab 1920 als Dozent für Ps. und Pädagogik an der neu gegründeten, von Carl Diem geleiteten Deutschen Hochschule für Leibesübungen in Berlin-Spandau. An dieser Hochschule richtete Schulte – gerade erst 21 Jahre alt – das erste sportpsychol. Laboratorium in Dt. ein (*Sportpsychologie*). Schulte entwickelte eine Vielzahl von psychotechnischen Apparaten und hinterließ ein umfangreiches Werk (Psychodiagnosik, Körperkultur, Schauspiel, Lyrik, Film). 1933 starb Schulte durch Suizid. Lück 1994. H. E. Lück

Test Schultestbatterie zur Erfassung des Lernstandes in Mathematik, Lesen und Schreiben I und II (SBL I und SBL II), 2000 (SBL I) bzw. 2002 (SBL II), H. Kautter, L. Storz & W. Munz, [www.testzentrale.de], **[DIA, PÄD]**, Schulleistungstest. AA Ende 1. Klasse (SBL I) bzw. Ende 2. Klasse (SBL II). (1) Die Anwendung der *SBL I* erfolgt mit dem Ziel, Ansatzpunkte für die indiv. Förderung von Schülerinnen und Schülern mit Lernschwierigkeiten in den Bereichen Mathematik, Schreiben und Lesen zu erkennen. Aus diesem Grunde ist die durchschnittliche Aufgabenschwierigkeit verhältnismäßig niedrig gewählt worden. Die Testbatterie liefert beim unteren Leistungsdrittel der Grundschülerpopulation differenzierte Informationen über den Lernstand. Es handelt sich um eine heterogene Screeningtestbatterie mit jew. wenigen Aufgaben zu den unterschiedlichen Leistungsanforderungen. Alle Tests liegen in zwei Parallelformen vor und können als Gruppen- oder Individualtest durchgeführt werden (außer Lesen-Einzeltest). (2) Die *SBL II* entspricht in Aufbau, Durchführung und Auswertung der SBL I. *Normierung*: SBL I: Prozentrangbänder für Grundschüler der 1. Klasse. Für Forschungszwecke werden außerdem mittlere T-Werte mitgeteilt. Durchführung der Eichungsuntersuchungen in den Schuljahren 1996/97 (Schuljahresende) bis 1998/99 (Schuljahresanfang) in 16 Bundesländern. Stichprobengrößen zwischen N = 622 und N = 1.093. SBL II: analog zu SBL I für die 2. Klasse. Stichprobengrößen zw. N = 524 und N = 1.016. Bearbeitungsdauer: Mathematik ca. 90 Min. (in 2 Sitzungen), Schreiben ca. 45 Min., Lesen (Gruppentest) ca. 45 Min. und Lesen (Individualtest) ca. 20–30 Min.

Schulversagen (= S.) [engl. *school failure*], **[KLI, PÄD]**, mit dem Eintritt in die Schule, in Dt. i. d. R. im Alter von sechs Jahren, beginnt für alle Kinder eine lange Zeit der *Bildung* und Ausbildung (*Aus- und Fortbildung*), die nicht in jedem Falle reibungslos verläuft. Nicht allen Kindern gelingt es, die vorgegebenen *Lernziele* in der dafür vorgesehenen Zeit zu erreichen, was im Verlauf der Schullaufbahn ganz unterschiedliche Folgen haben kann. Zu berücksichtigen sind hier versch. S.formen wie Zurückstellung vom Schulbesuch, Klassenwiederholung, Wechsel in eine niedrigere Schulstufe, fehlender Schulabschluss und Beschulung bei sonderpäd. Förderbedarf. Die versch. Formen von S. machen deutlich, dass der Begriff kein diagnostischer Terminus im Sinne einer Störung ist, die in einem Klassifikationssystem psychischer Störungen (*Klassifikation psychischer Störungen*) zu finden wäre. Es handelt sich vielmehr um einen Sammelbegriff für die genannten Phänomene, die mit Abweichungen von der normalen Schullaufbahn einhergehen. Aufseiten des Schülers gehen dem S. *Lernschwierigkeiten* voraus, die je nach Umfang und Dauer zu einer Form des S. führen können. Von *Lernschwierigkeiten* wird gesprochen, «wenn die Leistungen eines Schülers unterhalb der tolerierbaren Abweichungen von verbindlichen institutionellen, sozialen und indiv. *Bezugsnormen* (Standards, Anforderungen, Erwartungen) liegen oder wenn das Erreichen (bzw. Verfehlen) von Standards mit Belastungen verbunden ist, die zu unerwünschten Nebenwirkungen im *Verhalten*, *Erleben* oder in der *Persönlichkeitsentwicklung* des Lernenden führen» (Weinert & Zielinski 1977, 292).

Grundsätzlich kommen als mögliche Ursachenfaktoren für Lernschwierigkeiten und das damit potenziell verbundene S. interne, d. h. in der Person des Schülers begründete Faktoren, externe, d. h. außerhalb des Schülers zu verortende Faktoren sowie moderierende Bedingungsfaktoren infrage. Es ließe sich auch differenzieren zw. intellektuellen oder kogn. (*Intelligenz*, *Kognition*, *Denken*), motivationalen (*Motivation*), verhaltensmäßigen oder auch sozialen Beeinträchtigungen, die das S. bedingen, häufig miteinander verbunden sind in einem komplexen Bedingungsgefüge. Kinder können Schwächen oder Störungen in Teilleistungsbereichen (*Lernstörungen*, *Entwicklungsstörungen, umschriebene*) entwickeln (*Lesen*, *Schreiben*), auf die häufig die Diagnose nach ICD-10 *Entwicklungsstörungen schulischer Fertigkeiten* (F 81) zutrifft. Obwohl diese Lernstörungen bereichsspezif. sind und mit unbeeinträchtigter Intelligenz einhergehen (IQ > 70, *Diskrepanzkriterium*), können sie aufgrund ihrer Chronizität zu massiven Leistungsrückständen und in der Folge zu S. führen. Aber auch generelle Lernbehinderungen (i. S. unterdurchschnittlicher Intelligenz) oder Aufmerksamkeitsstörungen (*Aufmerksamkeitsdefizit-/Hyperaktivitätsstörung*) können die Teilnahme am Regelunterricht beeinträchtigen. Die hohe *Komorbidität* von Lernstörungen und Aufmerksamkeitsstörungen erhöht zusätzlich das Risiko für S. Nicht selten führen kritische Lebensereignisse (*Life-Event, kritisches*) wie Trennung oder Scheidung der Eltern, Umzug, Verlust wichtiger Bezugspersonen (Freunde), psych. oder körperliche Krankheiten der Eltern oder andere psychosoziale Belastungsfaktoren (*Belastung, psychische*) zu vorübergehenden oder länger andauernden *Anpassungsstörungen*, die mit zumindest zeitweiligem S. einhergehen. *C. Mähler*

Schumann, Friedrich (1863–1940), [**HIS, WA**], 1881–1885 Student von G. E. *Müller* in Göttingen; Promotion 1885 mit Physik als Hauptfach, Habilitation 1892 in Göttingen, 1894–1905 war Schumann Assistent von *C. Stumpf*) in Berlin, 1905–1910 Ordinarius in Zürich, ab 1910 Dozent für Philosophie an der Akademie für Sozial- und Handelswissenschaften in Frankfurt/Main, die 1914 zur Universität umgewandelt wurde. 1914–1928 war Schumann dort Ordinarius für Philosophie, insbes. Ps. Schumann gehörte zu den Gründungsmitgliedern der 1904 gegründeten Gesellschaft für exp. Ps. (seit 1929 *Deutsche Gesellschaft für Psychologie*), zu deren Ehrenmitglied er 1933 ernannt wurde. Schumann war Mitherausgeber der *Zeitschrift für Psychologie und Sinnesphysiologie*. Zu seinen wichtigen Arbeiten zählen Untersuchungen zur Zeitwahrnehmung und zur visuellen Raumwahrnehmung. Das von ihm konstruierte *Tachistoskop* diente in seinen eigenen Untersuchungen (1907) und in den Arbeiten der Forschergruppe *Wertheimer*, *Koffka* und *Köhler* in den Jahren ab 1910 in seinem Laboratorium zu den gestaltpsychol. Untersuchungen zu *Scheinbewegungen* (Wertheimer 1912). *H. E. Lück*

Schütz, Alfred *Fremdverstehen*.

Schutzbedarf des Kindes *Kindeswille, Sorgerecht, Herausgabe eines Kindes.*

Schutzfaktoren [engl. *protective factors*], *Resilienz*.

Schutzhemmung *Überbelastungshemmung.*

Schutzmotivation, Theorie der (= T. d. S.) [engl. *Protection Motivation Theory*], [**EM, GES**], ist ein von Rogers (1975) konzipiertes Modell des *Gesundheitsverhaltens*. Die T. d. S. zählt zu den *Furchtappelltheorien*, die auf der Annahme basieren, dass *Furchtappelle*, wie bspw. erlebte Gesundheitsbedrohungen, dazu führen, dass Menschen ihr Gesundheitsverhalten ändern wollen, genauer gesagt, dass sie *Gesundheitsverhaltensintentionen* (hier: S.) ausbilden. In der T. d. S. wird angenommen, dass die S. von zwei Bewertungsprozessen abhängt. Die Bedrohungseinschätzung ist das Ergebnis eines Abwägens der Kosten und Nutzen (*Kosten-Nutzen-Kalkulation*) eines Verhaltens (z. B. Rauchen). Die Kosten ergeben sich aus dem eingeschätzten Schweregrad einer Gesundheitsbedrohung (*Wie schlimm ist Lungenkrebs?*) und der wahrgenommenen eigenen Vulnerabiltät (*Wie anfällig bin ich für diese Erkrankung?*, *Erwartung-Wert-Prinzip*). Der Nutzen meint die intrinsische Belohnung (Genuss beim Rauchen) und extrinsische Belohnung (Anerkennung in Peergroup) durch das Verhalten (*Verstärkung*). Der zweite Bewertungsprozess ist die Bewältigungseinschätzung, die sich aus den (*Selbstwirksamkeitserwartungen*: Traue ich mir zu, das Rauchen unterlassen zu können?), den (*Handlungsergebniserwartungen*: Führt das Nichtrauchen tatsächlich dazu, dass ich schwerwiegende Erkrankungen vermeiden kann?) und den Handlungskosten (*Wie viel Überwindung und Anstrengung kostet es mich, das Rauchen aufzugeben?*) errechnet. Wird die Gesundheitsbedrohung als hoch eingeschätzt und die Bewältigungseinschätzung fällt pos. aus, kommt es zur Ausbildung einer S. (*Ich will das Rauchen aufgeben*). Diese Verhaltensintention führt wiederum zu gesundheitsförderlichem Verhalten (Unterlassen von Risikoverhalten wie Rauchen, Aufnahme von Gesundheitsverhalten wie sportliche Aktivität). Die T. d. S. findet v. a. bei der Förderung eines gesunden Lebensstils (z. B. körperlich aktiver Lebensstil) und in der Krankheits*prävention* (z. B. Verhinderung von alkoholbedingten Erkrankungen) ihre Anwendung.

Schutzverantwortung (= S.) [engl. *responsibility to protect*], [**SOZ**], moderne Variante der Konzepte *Gerechter Krieg* und *humanitäre Intervention*. Gemeint ist die Verantwortung eines jeden Staates, seine Bevölkerung vor Völkermord, Kriegsverbrechen, Vertreibungen und Verbrechen gegen die Menschlichkeit zu schützen. Ist ein Staat dazu nicht willens oder nicht in der Lage, dann hat – entspr. dem UN-Gipfel 2005 – die int. Gemeinschaft die Aufgabe, diplomatische, humanitäre und andere friedliche Mittel einzusetzen. Sofern diese nicht erfolgreich sind, können – vom Weltsicherheitsrat zu genehmigende – militärische Mittel eingesetzt werden. S. war wesentliche Begründung für den Libyenkrieg 2011. Daran kritisiert wird insbes., dass die Mächte, die S. forderten, friedliche Mittel nicht ausschöpften und – durch einseitige diplomatische und militärische Unterstützung der Opposition – den Bürgerkrieg mit verursachten und intensivierten. Zudem wurden im Libyenkrieg aus der S. bald Forderung und Durchsetzung eines Regimewechsels. Problematisch sind nicht das Konzept S., insbes. seine Komponenten Prävention (rechtzeitiges Erkennen und Einleiten von Maßnahmen) und Unterstützung von Regierungen, sondern seine Ausgestaltung und sein möglicher Missbrauch bis hin zum Krieg. *G. Sommer*

Schwachsinn [engl. *cretinism*], *Eingangsmerkmale*.

Schwangerschaftsdepression (= S.) [engl. *depression during pregnancy*], [**KLI, PHA**], *depressive Episode* während der Schwangerschaft, die bei gut 10 % der schwangeren Frauen auftritt (Stewart 2011). Eine S. konnte mit einem höheren Risiko für *Suizide*, Fehlgeburten, *Frühgeburten* und verzögerter bzw. gestörter Entwicklung des ungeb. und geb. Kindes in Verbindung gebracht werden. Das Risiko, eine S. zu entwickeln, ist bes. bei Frauen, die im Vorfeld bereits eine depressive Episode hatten, erhöht. Auch bei Frauen, die alleinerziehend sind, mehr als drei Kinder oder fehlende *soziale Unterstützung* haben, die unter 20 Jahre alt sind oder in deren Familie es eine Häufung von Erkrankungen mit einer *Depression* gibt, haben ein erhöhtes Risiko, an einer S. zu erkranken. Neben einer psychoth. Behandlung kann auch eine Behandlung mit einem *Antidepressivum*, je nach Schwere der Erkrankung und nach Abwägung des Risikos für das ungeb. Kind, in Erwägung gezogen werden (Ross et al. 2013). *Schwangerschaft und Stillzeit, Psychopharmakotherapie.* *S. Lammertz*

Schwangerschaft und Stillzeit, Psychopharmakotherapie *Psychopharmaka während Schwangerschaft und Stillzeit.*

Schwankungen (= S.) [engl. *deviations, variations*], [**FSE**], die Abweichungen eines Merkmals (Zustands oder Vorgangs) von einer mittleren Lage bei dem gleichen Individuum (intraindiv. S.) oder in einer Gruppe von Individuen (interindiv. S.). Messbare S. werden als Abweichungen von einem Mittelwert dargestellt (*Varianz*). *Variation*.

^(Test)Schwarzfuß-Test (SF-Test), 2007, L. Corman, [www.testzentrale.de], [**DIA, PER**], Projektiver Test (*projektive Tests, projektive Verfahren*). AA Kinder und Erwachsene. Der SF-Test, die dt. Ausgabe des frz. Tests *Patte Noire* von Corman, basiert auf den Auswertungen von Erfahrungen mit vorangegangenen Testmethoden, wie z. B. dem TAT (*Thematischer Apperzeptionstest (TAT)*), dessen Modifizierung durch Bellak, dem Blacky Pictures Test (Blum) und dem CAT. Der vorliegende SF-Test arbeitet mit der Anregung durch Bilder zur Projektion unbewusster Tendenzen. Die Projektion auf den Helden gelingt hier besonders gut, weil nur ein Wesen, Schweinchen Schwarzfuß, als Identifikationsfigur angeboten wird.

Schweigepflicht (= S.) [engl. *professional discretion/confidentiality*], gemäß § 203 StGB (vgl. auch Berufsordnung für Psychologen des BDP *Berufsverband Deutscher Psychologen (BDP)*) ist der Psychologe verpflichtet, über alle ihm in Ausübung seiner Berufstätigkeit bekannt gewordenen Tatsachen zu schweigen, soweit nicht das Gesetz Ausnahmen vorsieht oder ein bedrohtes Rechtsgut überwiegt. Diese S. ist auch gegenüber Familienangehörigen des Klienten und gegenüber Vorgesetzten zu wahren. Die S. kann entfallen, wenn der Klient eine Entbindung von ihr deklariert, ferner gegenüber Helfern/Mitarbeitern des Psychologen sowie ggf. im Kollegenkreis bei gleichzeitiger Behandlung von mehreren Psychologen und Ärzten. *Diagnostik, gesellschaftliche und rechtliche Rahmenbedingungen*.

Schweigespirale (= S.) [engl. *spiral of silence*], Noelle-Neumann 1974, [**MD, SOZ**], die Theorie der S. dient zur Erklärung kollektiver Meinungsverteilungen und massenmedienwirkungsabhängiger Meinungswechsel innerhalb einer Gesellschaft (öffentliche Meinung, *Meinungsbefragung*). Ihre Kernaussage beschreibt die Tendenz des einzelnen Gesellschaftsmitglieds, die eigene Meinung mit der wahrgenommenen öffentlichen Meinung abzugleichen und im Falle einer vermuteten Abweichung die eigene Meinung zu verschweigen oder ggf. anzupassen. Noelle-Neumann unterstellt Menschen diesbzgl. ein *quasistatistisches Organ*, das es uns erlaubt, Änderungen des Meinungsklimas und Häufigkeitsverteilungen sensibel wahrnehmen zu können. Die S. schließt an sozialpsychol. Experimente von Solomon Asch (1952) zur Meinungskonformität innerhalb von Gruppen (*Konformität*) an und verbindet diese mit gesellschaftstheoretischen Annahmen zur *Isolationsfurcht* des einzelnen Individuums. Die für die Theorie der S. zentrale Isolationsfurcht des Einzelnen bezieht sich auf gesellschaftstheoret. Erwägungen des 19. und frühen 20. Jhd., indem – vor dem Hintergrund einer entstehenden anonymen Massengesellschaft – gesellschaftliche Integration am Grad der Teilhabe an gesellschaftlicher Öffentlichkeit und Übereinstimmung mit öffentlicher Meinung bemessen wird. Unter *öffentlicher Meinung* versteht die S. insbes. moralisch aufgeladene, wertgeladene Meinungen und Verhaltensweisen, die als gesellschaftlich akzeptiert gelten und deren Einhaltung oder Äußerung die Integration in die Gesellschaft befördert. Entsprechend ist die Isolationsfurcht auch als zentraler gesellschaftlicher Integrationsfaktor zu betrachten. Noelle-Neumanns theoretische Erwägungen schließen hier unter anderem an die Arbeiten Alexis de Tocquevilles, Ferdinand Tönnies und Floyd Allports an und betten die Anpassungsbestrebungen des Einzelnen an die als vorherrschend wahrgenommene Mehrheitsmeinung in einen Theorieentwurf der öffentlichen Meinung ein. Als Teil dieser übergeordneten Theorie beschreibt die S. einen Wirkungsmechanismus, der die durch massenmediale Berichterstattung wahrgenommene, vermeintlich öffentliche Meinung zum Ausgangspunkt eines Anpassungsdrucks auf diejenigen Gesellschaftsmitglieder nimmt, die sich mit ihrer persönlichen Meinung als abweichend von der vermeintlichen Mehrheitsmeinung und folglich in der Minderheit wahrnehmen. Die S. geht idealtypisch von opponierenden Grundstimmungen aus, zwischen denen sich Mitglieder einer Gesellschaft aus Angst vor *sozialer Isolation* entscheiden müssen. Entstehungsgeschichtlich ist die S. hierbei vor allem in der politischen Kommunikationsforschung anzusiedeln. Noelle-Neumanns Entwicklung der S. fußt auf Beobachtungen der Bundestagswahlen 1965 und 1972, die sich im Vorfeld der Wahlen durch ein Kopf-an-Kopf-Rennen der CDU/CSU und SPD in den Meinungsumfragen auszeichneten. Neben diesen im Vorfeld der Wahlen ausgeglichenen Wahlabsichten äußerten die Befragten in beiden Wahlkämpfen auch den von ihnen vermuteten Wahlsieger. Noelle-Neumann konnte im Rahmen der Meinungsumfragen des durch sie geleiteten Allensbacher Instituts für Demoskopie mit der Abfrage des vermutlichen Wahlsiegers zeigen, dass sowohl 1965 als auch 1972, kurz vor den Wahlterminen, die in den Befragungen erhobene Wahlabsicht sich in Richtung der jew. erwarteten Wahlsieger entwickelte. Dieser Last-Minute-Swing wird in der S. auf die massenmediale Berichterstattung zurückgeführt. Eine S. kommt in der Folge durch die Isolationsfurcht von Rezipienten massenmedialer Medienangebote zustande, die sich in der Minderheit gegenüber der medial dargestellten vermeintlichen Mehrheitsmeinung wahrnehmen und in der Folge die öffentliche Äußerung ihrer eigenen Meinung zunehmend unterlassen. Hierbei geht die S. von einem sich selbst verstärkenden Effekt – einer Spirale – aus, der zu einer Verdrängung von opponierenden Meinungen aus der öffentlichen Wahrnehmung führen kann. Neben der sozialpsychol. und gesellschaftstheoretischen Sicht auf den Rezipienten von Medienangeboten stehen in der Theorie der S. jedoch auch die Massenmedien selbst im Fokus. Als Lieferant gesellschaftlich relevanter Themen erfüllen Massenmedien eine wichtige Orientierungsaufgabe für die Mitglieder einer Gesellschaft. Dieser Einfluss einzelner Medien ist umso größer, je eher Rezipienten der Glaubwürdigkeit eines Mediums trauen. Insbes. das *Authentizität* vermittelnde Fernsehen und die von den Rezipienten als glaubwürdig eingeschätzte Fernsehberichterstattung haben nach der S. signifikanten Einfluss auf die Wahrnehmung des gesellschaftlichen Meinungsklimas. Für diesen Einfluss lassen sich in der S. drei Faktoren geltend machen: (1) *Konsonanz*: Hiermit bezeichnet Noelle-Neumann die inhaltliche Übereinstimmung der medialen Berichterstattung, (2) *Kumulation*: definiert als die ständige Wiederholung und Präsenz medialer Berichterstattung im Alltag der Rezipienten, (3) *Öffentlichkeitseffekt*: Dieser Effekt basiert auf der starken Präsenz der Medien in der Gesellschaft und beschreibt das wechselseitige Wissen der Rezipienten, dass nicht sie allein, sondern auch alle anderen Gesellschaftsmitglieder Medieninhalte rezipieren. Wirkungsstarke Medien wie das Fernsehen sorgen folglich für das Entstehen eines doppelten Meinungsklimas in der Gesellschaft, das bei Rezipienten, die Medien stark nutzen, eine andere Wahrnehmung der Mehrheitsverhältnisse innerhalb der Öffentlichkeit auslöst, als dies bei weniger starker Mediennutzung der Fall wäre. Das Zusammenspiel aus sozialer Isolationsfurcht und medialer Darstellung vermeintlicher Mehrheitsmeinungen kann i. S. der S. zu einem vollst. Verdrängen tatsächlicher öffentlicher Mehrheiten zugunsten effektiv vorgetragener Minderheitsmeinungen führen. Dies ist etwa dann der Fall, wenn gut organisierte Minderheiten über entspr. massenmediale Präsenz verfügen. Die in der S. charakterisierte Wirkmächtigkeit des Fernsehens ist Ausgangspunkt für die empirische Untersuchung des Bundestagswahlkampfes von 1976, der zugunsten der SPD ausgeht. Nach Noelle-Neumanns Befunden hat insbes. bei starken Fernsehnutzern die konsonante Berichterstattung zugunsten der SPD mehrheitlich in ihrer eigenen politischen Präferenz SPD-orientierte Journalisten zu einer verzerrten Wahrnehmung der tatsächlichen Mehrheitsverhältnisse geführt. Die S. geht in der Folge davon aus, dass das vor allem durch die Fernsehberichterstattung verzerrte Meinungsklima nicht nur zu Zurückhaltung hinsichtlich der Äußerung vermeintlich unterlegener politischer Meinungen geführt hat, sondern auch mittelfristig die politischen Einstellungen der Rezipienten zugunsten der als Mehrheit wahrgenommenen Positionen beeinflussten. Die S. geht hiermit im Zeitverlauf konkret von der Möglichkeit aus, dass der Prozess der S. bedeutsam Einfluss auf das Wahlverhalten der Rezipienten nimmt. Insbes. dieser starke Zusammenhang zwischen Mediennutzung und konkreter *Einstellungsänderung* und Verhaltensänderung stellt einen stetigen Kritikpunkt in der wiss. Diskussion der S. dar. In der neueren Forschung zur S. konzentriert sich die Forschungslogik stärker auf die Klärung der öffentlichen Thematisierungsbereitschaft von Individuen. Die empirische Überprüfung konkreter Verhaltensänderungen wird hingegen zugunsten der Beobachtung von Rezipientenerwartungen an die Entwicklung des Meinungsklimas abgeschwächt. *Minorität*, *Soziale Dominanz*. Noelle-Neumann 1980. *T. Meitz*

Schweißdrüsen, ekkrine (= e. S.) [engl. *perspiratory glands, eccrine*], **[BIO]**, neben den *apokrinen Schweißdrüsen* eine von zwei Schweißdrüsen-Subtypen. Primäre Funktion ist die der Thermoregulation. Es besteht eine relativ gleichmäßige Verteilung über die Hautoberfläche, mit besonderer Dichte auf Handinnenflächen und Fußsohlen (über 2000/cm^2). Sie werden innerviert durch das sympathische *Nervensystem*. E. S. sind hauptverantwortlich für *elektrodermale Aktivität*. Der sekretorische Teil der Drüse befindet sich in der Subkutis, der Schweißdrüsengang durchquert Dermis und Epidermis (Gramann & Schandry 2009). Die Aktivität der e. S. ist Grundlage aller Kennwerte elektrodermaler Aktivität, da eine Füllung des Schweißdrüsengangs die elektrische Leitfähigkeit der Haut erhöht. *A. Schulz*

^{Test}**Schweizer Rechentest 4.–6. Klasse (SR 4–6)**, 1990, A. Lobeck, M. Frei & R. Blöchlinger, [www.testzentrale.de], **[DIA, EW, PÄD]**, Rechenfähigkeitstest. AA 4. bis 6. Klasse. Der Test zeigt an, in welchen Bereichen der Mathematik die möglichen Schwierigkeiten der Schüler liegen: Operationsverständnis, Symbolverständnis, Relationen, Mengen, Rechnen nach Stellenwert, Größen und Maßeinheiten, Textaufgaben u. a. m. *Normierung*: Prozentrang- sowie Quartilwerte und äquivalente Schulnoten für 4., 5. und 6. Klassen in der deutschsprachigen Schweiz ($N = 1500$). Bearbeitungsdauer: 70 bis 80 Minuten.

Schwelle [engl. *threshold*], **[BIO, KOG, WA]**, der Grenzwert bei Empfindungen (*Empfindung*). *Reizschwelle*, *Unterschiedsschwelle*, *psychophysische Methoden*. Als Schwelle des Bewusstseins (*Bewusstsein*) wird auch jene Grenze bez., über die hinaus uns alles klar und voll bewusst erscheint (Wachbewusstsein) und unterhalb derer alle Inhalte liegen, die als unterbewusst gelten können.

Schwellensetzungsprozeduren *Wahrnehmungsschwelle*.

Schwereempfindung [engl. *sensation of gravity*], **[WA]**, Gewichtsempfindung, beruht auf Muskel-, Gelenk- und Tastempfindung. Bei ruhender Hand beträgt der ebenmerkliche Zuwachs 1/3, bei bewegter 1/17 des ursprünglichen Gewichts.

Schwererziehbarkeit (= S.), **[PÄD]**, veraltete Bez. für die geringe Beeinflussbarkeit im Hinblick auf eine Erziehungsnorm, bei der Erwartungen im psychosoz. Bereich nicht erfüllt werden. Heute bez. *Verhaltensauffälligkeit* oder *Verhaltensstörungen* Probleme, die früher unter diesem Begriff gefasst wurden.

Schwerhörigensprache (= S.) [engl. *language of hearing-impaired people*], **[KOG]**, Dysregulationen der *Sprachproduktion* durch Einschränkung der exterozeptiven (auditiven) Rückmeldungen; zu hohe Stimmlage, kreischender und überlauter Stimmklang (*Monotonie*, *Monodynamie*) sowie fehlerhafte Artikulation verschiedener Phoneme (audiogene *Dyslalie*). Angeborene oder frühkindlich erworbene *Hörstörungen* behindern neben den Kontrollfunktionen die zur *Sprachentwicklung* notwendige Aufnahme aller Sprachmuster aus der Umwelt (*Sprachrezeption*), sodass die S. des Kindes auch anhaltenden *Dysgrammatismus* und engen *Wortschatz* aufweist. Früherkennung (*Audiometrie*) und -behandlung (elektrische Hörhilfen, Hör- und Sprachtraining sowie Früh-Lesenlernen) sind daher dringend notwendig. Biesalski et al. 1973, Seeman 1969.

Schwerin-Kurve, **[WIR]**, Darstellung der U-förmigen Beziehung zwischen der Behaltensleistung (*Gedächtnis*) von Werbematerial in Abhängigkeit vom Gefühlston (*Gefühl*),

der durch dieses Material erzeugt wird. Angenehme und unangenehme Inhalte werden besser behalten als neutrale.
Schwermut [engl. *melancholia*], *Melancholie*.
Schwierigkeitsabstufung *Steigerungsprinzip*.
Schwierigkeitsindex [engl. *difficulty index*]; *P-Index*.
Schwindel (= S) [engl. *dizziness*; lat. *vertigo*], [**BIO, WA**], Gefühl des gestörten Gleichgewichts, die Umgebung oder der eigene Körper scheinen sich zu drehen (Dreh-S.), der Boden zu schwanken (Schwank-S.), z. T. verbunden mit Übelkeit, Schweißausbruch, Schwarzwerden vor den Augen u. a.
Schwingungszahl (= S.) [engl. *number of oscillations*], [**WA**], bei Tönen die Zahl der Schwingungen in der Sekunde (Frequenz). Als Normalton gilt das eingestrichene *a* = 440 Schwingungen/s = Kammerton. Die Tonleitertöne verhalten sich, wenn der Grundton gleich 1 gesetzt wird, der S. nach wie 9/8, 5/4, 4/3, 3/2, 5/3, 15/8. Die S. best. die Tonhöhe. Die musikalischen Töne liegen zw. 40 und 4000 Hz. Überhaupt hörbar sind solche zw. 15 und 20000 Hz. Die *Lautstärke* von Tönen ist auch von ihrer Frequenz abhängig. *Hören, tonales*.
Schwitzen unter Psychopharmakotherapie *Hyperhidrosis unter Psychopharmakotherapie*.
Schwundquote [engl. *attrition*], [**FSE**], Verhältnis der ausgefallenen zu den verbliebenen Einheiten (z. B. Verhältnis der Anz. von Pat. am Ende einer Therapiestudie vs. zu Studienbeginn). *Attrition bias, CONSORT-Flussdiagramm*.
scientific community (= s. c.) [engl. *Wissenschaftsgemeinschaft*], meint die *Gemeinschaft* der Forschenden in einem best. Forschungsgebiet oder einer Wiss.disziplin. Die Wiss.gemeinschaft organisiert sich national und internat. in fach- sowie themenbezogenen wiss. Fachgesellschaften (z. B. *American Psychological Association (APA)*, *Deutsche Gesellschaft für Psychologie (DGPS)*, Gesellschaft für Evaluation DeGEval). Üblicherweise werden Forschende ab Doktorgrad und mit einschlägigen Publikationen als Vollmitglieder der jew. Wiss.gemeinschaft anerkannt bzw. auf Antrag in entspr. Fachgesellschaften aufgenommen. Die Wiss.gemeinschaft und ihre Mitglieder (d. h. die fachwissenschaftlichen Kollegen bzw. Peers) sind entscheidend für die *Qualitätssicherung* in der Forschung, die vor allem als *Peer-Review*-Prozess (doppelblinde Begutachtung von Zeitschriftenartikeln oder Drittmittelanträgen im Kollegenkreis) organisiert ist. Die Wiss.gemeinschaft hat eine zentrale Position im wiss. Erkenntnisprozess, da die «Wahrheit» oder Gültigkeit wiss. Aussagen gemäß führender Wissenschaftstheorien (z. B. *Kritischer Rationalismus*, *Konstruktivismus*) letztlich immer Ergebnis kritischer Diskurse und Konsensfindungen der Wiss.gemeinschaft ist. Nicht zuletzt bemüht sich die Wiss.gemeinschaft über ihre Fachgesellschaften auch um die Weiterentwicklung der einzelnen Disziplinen, indem sie das wiss. Leben gestaltet (z. B. über Fachzeitschriften und Konferenzreihen), Öffentlichkeitsarbeit betreibt und auch an wissenschafts- und bildungspolitischen Entscheidungsprozessen partizipiert (z. B. Stellungnahmen und Vorgaben zu Ausbildung und Berufsausübung im Bereich der *Psychotherapie*). Durch das *Internet* haben sich Kommunikationsprozesse innerhalb der s. c. stark verändert (z. B. Abwicklung von Peer-Review-Prozessen über Online-Plattformen; wachsende Bedeutung szientometrischer Maßzahlen (z. B. *Impact Factor*), die durch die Digitalisierung des wiss. Publikationswesen verstärkt zur Verfügung stehen; intensivierte internat. Forschungskooperationen; vermehrte Bereitstellung wiss. Texte und Daten für die Öffentlichkeit: Open Access; Open Science).
N. Döring
scientific literacy [engl. (natur)wissenschaftliche Grundbildung], *Allgemeinbildung*.
scientific management [engl. *scientific* wissenschaftlich, *management* Führung]; *Taylor-System, Taylorismus*.
Scintillating-Grid-Täuschung [engl. *scintillating-grid illusion* «Flimmergittertäuschung»], [**WA**], Schrauf et al. (1997); in der Abb. scheinen sich die weißen Punkte bei peripherer Wahrnehmung blinkend zu verdunkeln. Der Effekt kann durch Augenbewegungen verstärkt werden. Die Reizanordnung entspricht bis auf die weißen Punkte an den Linienkreuzungen derjenigen des Hermann-Gitters (*Kontrast*). Während beim Hermann-Gitter jedoch stabile Kontrastempfindungen an den peripher betrachteten Kreuzungspunkten wahrgenommen werden, werden bei der S. dynamisch-flimmernde Kontrasteindrücke erzeugt. Die Annahme *lateraler Hemmung* reicht zur Erklärung der Wahrnehmung der S. nicht aus. Schrauf et al. 1997.

Scintillating-Grid-Täuschung (Schrauf et al. 1997)

Scopolamin (= S.) [engl. *scopolamin*], syn. *Hyoscin*, [**PHA**], als Medikament nicht mehr im Handel, zur Klasse der *Anticholinergika* gehörende Substanz, mit starken zentralnervösen und demgemäß psych. Effekten, in Nachtschattengewächsen (Tollkirsche) vorkommend, zu den *Belladonna-Alkaloiden* gehörend, seit Jhd. missbraucht. Hinsichtlich vieler physiol. Wirkungen mit *Atropin* vergleichbar (z. B. Speichelreduktion, Reduktion von *EEG*-Arousal bei Stimulation, langsame EEG-Wellen). Psych. Wirkungen sind jedoch z. T. andersartig; beim Menschen im Unterschied zu Atropin müdemachend und leistungshemmend (bes. *Konzentration*, Vigilanz, *Gedächtnis*, bes. Arbeitsgedächtnis). Die Wirkung hält mehr als 5 Std. an. In höheren Dosen *psychotomimetisch*. Die S.-Wirkung wurde als Modell für kogn. Veränderungen bei der *Alzheimer-Krankheit* vorgeschlagen. In Tierversuchen zeigt S. überraschenderweise keine desaktivierenden Effekte. Viele Versuche zeigen Aktivitätssteigerung. S. führt im Tierversuch zur Verzögerung der Habituation an neue Stimuli. Ott & Oldigs-Kerber 1992, Julien 1997. W. Janke/M. Reuter

score [engl.] Kerbe, Punktzahl, [**DIA, FSE**], geschätzter oder gemessener Zahlwert, Messwert, Punktzahl (z. B. bei Testergebnissen). *Messtheorie*.

scoring [engl.], [**FSE**], Zuweisen einer Maßzahl. *Skalierung, Methoden der*.

Screening (= S.) [engl. *to screen* durchsieben], [**DIA, GES, KLI**], bezeichnet eine standardisierte und ökonomische Reihenuntersuchung einer großen Anzahl augenscheinlich unauffälliger Personen unter *Risiko*, eine best. Störung zu entwickeln, mit dem Ziel, bereits in der symptomfreien, präklinischen Phase biol. oder psychol. Marker der Störung zu identifizieren und den Zeitvorteil bis zur symptombasierten Diagnose [engl. *lead time* Vorlaufzeit] zur Abwehr der Störung oder zur Minderung ihrer Folgen zu nutzen. Ein S. ist i. d. R. ein Schnelltest und ersetzt keine *Diagnose*, sondern stößt sie an. Bsp.: Im med. Kontext führt ein positives Karzinom-S. zu einer Diagnosestellung mit Biopsie und im Bestätigungsfall zu einer Tumorsektion noch vor Metastasierung; im ps. Kontext führt ein Screening zu Vorläuferfertigkeiten im positiven Fall zu einer vollst. Leistungsdiagnostik und im Bestätigungsfall zu einer Frühförderung vor Schuleintritt. Liegen sowohl S.-Befunde als auch Diagnosen vor, kann eine *Vierfeldertafel* als Klassifikationsmatrix gebildet werden: Für Richtig-Positive RP [Richtig-Negative RN] stimmen Screener-Markierung und tatsächlicher Zustand überein, bei Falsch-Positiven FP markiert das S. gesunde Pbn zu Unrecht als auffällig, bei Falsch-Negativen FN werden tatsächlich Kranke als unauffällig ausgewiesen. Beide Fehlklassifikationen führen zu unerwünschten Folgen des S. (psych. Belastung, unnötige Diagnostik, Falschbehandlung bzw. Ausbleiben notwendiger Diagnostik und Therapie). Die Screener-Güte wird durch Quotierung korrekter Screener-Markierungen an versch. Bezugsmengen ermittelt (Diagnose: *Sensitivität* und *Spezifität*; Screener-Befund: *positiv prädiktiver Wert, negativ prädiktiver Wert*). Die Treffer-Rate eines S. ist u. a. abhängig von der *Prävalenz* der Störung, der *Validität* des Tests und der Strenge des Messwerts (*cut-off point, cutting score*), ab dem das S. eine Positiv-Markierung vornimmt (*Taylor-Russell-Tabellen*). *Epidemiologie*. Gordis 2008.

H.-C. Waldmann

Test Screening der Erstsprachfähigkeit bei Migrantenkindern (Russisch-Deutsch, Türkisch-Deutsch) (SCREEMIK 2), 2008, L. Wagner, [www.testzentrale.de], [**DIA, KOG, PÄD**], Verfahren zur Sprachdiagnostik, AA Kinder mit den Erstsprachen Russisch oder Türkisch von 4;0 bis 5;11 Jahren (*Bilingualismus*). SCREEMIK 2 ermöglich durch die computergestützte Umsetzung dt. sprachigen Fachpersonen ohne Kenntnisse der Erstsprache des Kindes eine differenzialdiagnostische Abgrenzung zwischen erwerbsbedingten Auffälligkeiten in der Zweitsprache Deutsch und einer *Sprachentwicklungsstörung*, die sich sprachübergreifend in allen Sprachen eines mehrsprachigen Kindes äußert. Das Screening überprüft die phonetisch-phonologische, morphologisch-syntaktische und semantisch-lexikalische Ebene in der Erstsprache, ist kindgerecht als PC-Spiel und für die Praxis konzipiert und leicht in der Durchführung und Bedienung. *Normierung*: $N = 406$ russisch-dt. und $N = 388$ türkisch-deutsch in Dt. lebende bilinguale Kinder. Für die Altersstufen der 4- und 5-jährigen russisch-dt. und türkisch-dt. Kinder liegen jeweils separate Normen vor. Bearbeitungsdauer: ca. 15–20 Minuten.

Test Screening für Schul- und Bildungsberatung (SSB), 2001, A. Kormann & R. Horn, [www.testzentrale.de], [**DIA, KOG, PÄD**], Leistungstest, AA Testteil Rechtschreibung: 1. bis 10. Jahrgangsstufe. Testteil Intelligenz: 4. bis 9. Jahrgangsstufe. Das SSB besteht aus 2 Teilen: Der erste Teil erfasst die Rechtschreibleistung (*Rechtschreibtests*) mittels eines «konventionellen Diktats», eines sog. Lückentexts und eines Diktats, bei dem nur einzelne kritische Wörter diktiert werden und der Sinnzusammenhang eines Satzes entfällt. Beim zweiten Teil handelt es sich um einen sprachfreien *Intelligenztest*, der nach der Anweisung ohne weitere sprachliche Fertigkeiten bei den Testbearbeitern auskommt. Als Vorlage für dieses Verfahren diente der *Figure Reasoning Test FRT*. Das SSB kann als Einzel- und Gruppenverfahren eingesetzt werden. Das Rechtschreibscreening kann unabhängig vom Intelligenzscreening durchgeführt werden. *Normierung*: Rechtschreibscreening: Prozentrangnormen basierend auf insges. 19 756 Schülern, je nach Schulstufe zw. $N = 148$ (Klasse 10) und $N = 2851$ (Klasse 4). Intelligenzscreening: Grobeinstufung in «überdurchschnittliche», «durchschnittliche» und «unterdurchschnittliche» Leistung auf der Grundlage von Altersnormen für 4319 Schülern der Klassen 4 bis 10.

Test Screening für somatoforme Störungen (SOMS), 2008, von W. Rief & W. Hiller, [www.testzentrale.de], [**DIA, KLI**], AA Erw. und Jugendl. ab 15 Jahren. Das SOMS dient der Erfassung von körperlichen Beschwerden, die nicht auf eine organische Erkrankung zurückzuführen sind (*somatoforme Störungen*). Dabei werden sowohl die Kriterien nach ICD-10 als auch die Kriterien nach DSM-IV berücksichtigt. Mit SOMS-2 und SOMS-7T liegt jew. eine Form zur Statusdiagnostik und eine Form zur Veränderungsmessung vor. Anhand der Ergebnisse aus SOMS-2 können drei Somatisierungsindizes gebildet werden: (1) Somatisierungsindex nach DSM-IV, (2) Somatisierungsindex nach ICD-10 und (3) SAD-Index zur Abklärung einer somatoformen autonomen Funktionsstörung. Darüber hinaus lässt sich für SOMS-2 auch ein klassifikationsübergreifender Somatisierungsindex bestimmen. Eine Verlaufsmessung kann anhand von SOMS-7T vorgenommen werden. *Normierung*: Es werden Prozentrangwerte für Gesunde und für Pat. sowohl zum SOMS-2 als auch zum SOMS-7T angeboten. Bearbeitungsdauer: für beide Fragebogen etwa 5 Min.

Test **Screening psychischer Störungen im Jugendalter – II (SPS-J-II)**, 2012, P. Hampel & F. Petermann, [www.testzentrale.de], [**DIA, KLI**], klinisches Verfahren, AA Jugendliche im Alter von 11 bis 16 Jahren. Das SPS-J-II ist ein ökonomisches Verfahren zur Erfassung psychischer Störungen im Jugendalter. 32 Items erfassen folg. vier Bereiche: *Aggressiv-dissoziales Verhalten, Ärgerkontrollprobleme, Ängstlichkeit/Depressivität* und *Selbstwertprobleme.* Die ersten beiden Subtests können den externalisierenden Störungen zugeordnet werden, während die letzten beiden Subtests internalisierende Störungen erheben. Der Gesamtwert bildet ein globales Maß zur Einschätzung psych. Störungen ab. *Normierung:* Das SPS-J-II wurde an 1076 Jugendlichen im Alter zwischen 11 und 16 Jahren normiert. Es liegen T-Wert- und Prozentrang-Normen vor. Bearbeitungsdauer: Die Durchführung ist altersabhängig. Sie beansprucht zw. 5 und 15 Min.; Auswertung etwa 5 Min.

Test **Screeningverfahren zur Erfassung von Sprachentwicklungsverzögerungen (SEV)**, 1993, M. Heinemann & C. Höpfner,[www.testzentrale.de], [**DIA, EW, KOG**], Sprachentwicklungstest, AA Kinder zw. 3;5 und 4 Jahren (bei der U8). Das SEV überprüft den sprachlichen Entwicklungsstand in Bezug auf Sprachverständnis für Oberbegriffe, Wortschatz, Nachsprechen von Sätzen, Artikulation und Befolgen von Anweisungen. Nach der Diagnose einer Sprachentwicklungsverzögerung (*Sprachentwicklungsstörung*) sollte eine eingehende phoniatrische und logopädische Untersuchung erfolgen. Bearbeitungsdauer: 15 bis 20 Min.

Scree-Plot-Kriterium [engl. *scree* Geröll(halde), *plot* grafische Darstellung], *Faktorenanalyse, exploratorische*

scripted reality (= s. r.) [engl.] *Drehbuch-Realität/Pseudo-Dokumentation*, [**MD**], als s. r. wird ein Fernsehformat charakterisiert, dessen Inhalte dokumentarisch und als reale Geschehnisse dargestellt werden, deren Handlungsverlauf jedoch narrativ durch ein Drehbuch vorgegeben ist. Gescriptete Formate simulieren Realitätsbeobachtungen in einer Form wie sie in nonfiktionalen Dokumentationen den Mediennutzern vertraut sind. Bei einer eng gefassten Def. von s. r. handelt es sich um die «Fiktionalisierung erzählender Formen der Realitätsunterhaltung» (Weiß & Ahrens 2012), wobei hier insbes. die Fiktionalisierung von Doku-Soaps gemeint ist. I. d. S. kann s. r. als eine Weiterentwicklung des Reality-TV gesehen werden, das versucht, den Unterhaltungswert durch fernsehgerechte Spannungsbögen, Übersteigerungen und Dramatisierung erzählerisch auszuschmücken. s.-r.-Formate entstehen i. d. R. unter kostengünstigen Produktionsbedingungen, als Darsteller finden zumeist gecastete Laien Verwendung. s. r. – als gescriptete Darstellung realen Geschehens – wird für die sie rezipierenden Mediennutzer als in ihrer Wirkung problematisch diskutiert, wenn Rezipienten den fiktionalen Charakter entspr. Medienangebote nicht erkennen können (*Kultivierungseffekte*). I. R. der Fernsehprogrammforschung wird die hiermit verbundene Aufhebung der Trennung zwischen Information und Unterhaltung so-

wie die v. a. bei den privat-kommerziellen Fernsehanbietern feststellbare Zunahme dieser Formate im Gesamtprogramm kritisch beobachtet. *T. Meitz*

Scripture, Edward Wheeler (1864–1945), [**HIS, KOG**], amerik. Psychologe und Arzt. Zusammen mit seiner Frau May Kirk Scripture erlernte Scripture bei H. Gutzmann, einem Logopäden in Deutschland, die Sprachtherapie. Er promovierte 1891 bei *Wundt* in Leipzig «über den associativen Verlauf von Vorstellungen», 1892 war er Mitbegründer der *American Psychological Association (APA)*. 1906 promovierte er in München in Med. Scripture lehrte an der *Clark University* und an der *Yale University*, wo er ein Laboratorium aufbaute. 1903 wurde Scripture wegen eines Streites mit G. T. Ladd entlassen, dem er eine *armchair psychology* vorgeworfen hatte, wohingegen er selbst eine radikal exp. Ps. vertrat. 1915 lehrte Scripture an der *Columbia University*, ab 1919 in Großbritannien, ab 1929 in Wien, 1933 kehrte er nach England zurück. Scriptures Arbeitsfelder waren Psychoakustik, Ps. der Sprache und der Stimme sowie die Logopädie. *H. E. Lück*

SD, [**FSE**], Abk. für [engl.] *standard deviation. Standardabweichung.*

[**SOZ**], Abk. für [engl.] *social desirability. soziale Erwünschtheit.*

[**KOG**], (auch S+), Symbol für den Trainingsreiz beim Diskriminierenlernen, bei dessen Anwesenheit verstärkt wird, im Ggs. zu dem mit Nichtverstärkung verbundenen SDelta, auch S–. *Verstärkung.*

SE, Abk. für [engl.] *standard error*, Standardfehler. *Stichprobenfehler.*

Seashore, Carl Emil (1866–1949), [**KOG, HIS, WA**], wurde als Carl Emil Sjöstrand in Schweden geb., emigrierte mit seinen Eltern 1870 in die USA, wo die Familie (wie zuvor schon emigrierte Verwandte) den Namen ändern ließ; er studierte bei George T. Ladd und promovierte 1895. Seashore besuchte dann auf einer Studienreise europäische Psychologen wie *Carl Stumpf*, durch die er einige Anregungen erhielt. Seashore führte im Ersten Weltkrieg akustische Untersuchungen zur Ortung von Schiffen durch und entwickelte bereits 1919 den ersten Test zur Messung musikalischer Begabungen und Fähigkeiten, den *Seashore Test of Musical Ability*, der modifiziert noch heute verwendet wird. Seashore verfolgte in späteren Jahren seine musikpsychol. Interessen u. a. durch die Entwicklung von Verfahren zur Erfassung des musikalischen Gedächtnisses. Zusammen mit Norman C. Meier entwickelte Seashore 1929 den *Art Judgement Test*. 1911 war Seashore Präsident der *American Psychological Association (APA).* Stoddard 1950. *H. E. Lück*

second messenger (= s. m.) [engl. *second* zweiter, *messenger* Bote(nstoff)], [**BIO**], chemische Systeme, die alternativ oder zusätzlich zu den primären Mechanismen (über Botenstoffe gesteuerte und *Ionenkanälen*) die Wirkung chemischer Stoffe vermitteln. Bei einer Aktivierung eines *Rezeptors* durch einen chemischen Stoff führt eine biochemische Veränderung zu Aktivierung eines zweiten Stoffes, s. m., im Zellinneren. Der aktivierte s. m. kann seinerseits eine Reihe von Folgereaktionen in Gang setzen. Im Vergleich zur schnellen Ionenkanalübertragung nimmt dieser Mechanismus mehr Zeit in Anspruch und erzeugt (von der Inaktivierung des s. m. abhängige) länger anhaltende Effekte. S.-M.-Systeme sind hochinteressant, da sie zu der Erklärung auch zur Kennzeichnung von Stoffen mit hemmender Wirkung auf das ZNS (*Nervensystem*) Veränderungen und Konsolidierungen ps. Phänomene (wie z. B. Behalten) über die Zeit hinweg bewerkstelligt. Als s. m. fungieren z. B. Ca++, zyklisches Adenosinmonophosphat und Inositoltriphosphat. Bradford 1995, Meyer & Quenzer 2005. *W. Janke/M. Ising*

Sedativa [engl. *sedatives*; lat. *sedare* beruhigen, hemmen], **[PHA]**, Stoffe (Pharmaka, Drogen), die zur Minderung von psych. und motorischer Erregtheit sowie zur Reduktion von Aktiviertheit verwendet werden. Bisweilen wird der Begriff auch zur Kennzeichnung von Stoffen mit hemmender Wirkung auf das ZNS (*Nervensystem*) verwendet. Meist niedrig dosierte Schlafmittel. Die heute verwendeten sind meist *Benzodiazepine*, pflanzliche Beruhigungsmittel (z. B. *Johanniskraut*), *Phytopharmaka*. *Tranquillanzien*, *Neuroleptika*, *Psychopharmaka*. *W. Janke/P. Weyers*

Sedierung (= S.) [engl. *sedation*; lat. *sedare* beruhigen, hemmen], **[BIO, PHA]**, unter S. wird ein Zustand herabgesetzter neuronaler Aktivität verstanden, der sich in psych. *Symptomen* äußert (Entspanntheit, affektiver Distanziertheit, Angstfreiheit, Müdigkeit), teilweise in neurologischen Begleiterscheinungen (verwaschener Sprache, unsicherem Gang), sich zudem psychophysiol. bemerkbar machen kann (niedrigfrequente *EEG*-Aktivität, langsamer Puls (*Herzfrequenz*), herabgesetzte Muskelspannung). Wie ihr Gegenstück, die *Aktivierung*, dürfte die S. wesentlich mit der Feuerungsrate des im Hirnstamm gelegenen aufsteigenden retikulären aktivierenden Systems (ARAS) zus.hängen (*Gehirn*). An der S. sind diverse *Neurotransmitter*systeme beteiligt. Eine zentrale Rolle spielen GABAerge *Synapsen* (bei denen also die Übertragung mittels des hemmenden Neurotransmitters *GABA* = Gamma-Amino-Buttersäure erfolgt). Von den drei bekannten Typen von GABA-Rezeptoren ist der *GABAA-Rezeptor* (präziser: der GABAA-Benzodiazepinrezeptor-Komplex, *Benzodiazepine*) am genauesten untersucht. Er besteht aus fünf Bindungsstellen, wovon zwei der Anlagerung des eigentlichen Transmitters GABA dienen, zwei weitere, an denen u. a. die Benzodiazepine (die wichtigste Gruppe der *Sedativa*) andocken können und dadurch zur Sensibilisierung der GABA-Bindungsstellen führen, schließlich eine Einheit, an der mutmaßlich *Alkohol* ansetzt und dort ähnliche Wirkung wie GABA ausübt. Die genannten Substanzen führen direkt oder indirekt über die Öffnung des vom Komplex kontrollierten Chloridionenkanals zu verminderter Erregbarkeit des subsynaptischen Abschnitts. Ebenfalls sedierende Wirkung hat die Besetzung der Rezeptoren für endogene *Opioide* (daher S. durch exogene Opioide wie *Morphin*). Auch Anregung von *Acetylcholin*rezeptoren hat mutmaßlich diesen Effekt; so wirkt das einen best. Typus dieser Bindungsstellen anregende *Nikotin* i. d. R. beruhigend und antiaggressiv. S. ist ebenfalls zu erreichen durch Hemmung von aktivierenden Transmittersystemen. Blockade von H1-Rezeptoren für das auch als Neurotransmitter fungierende *Histamin* macht bekanntlich müde (unangenehme Nebenwirkung der zur Linderung von Heuschnupfen eingesetzten *Antihistaminika*, erwünschter Effekt der auf diesem Prinzip basierenden Schlaf- und Beruhigungsmittel). Blockade von Bindungsstellen für den erregenden Transmitter *Glutamat* (z. B. durch *Alkohol*) wirkt gleichfalls sedierend. Auch die sowohl *Noradrenalin*- wie *Dopamin*rezeptoren blockierenden *Neuroleptika* haben einen dämpfenden Effekt (der möglicherweise jedoch auf der gleichzeitigen Blockade von Histaminrezeptoren basiert). Diesbzgl. letztlich unklar ist die Rolle des Transmitters *Serotonin*. Köhler 2010. *T. Köhler*

Seele (= S.) [engl. *soul*; gr. ψυχή *(psyche)*, lat. *anima*], syn. *Psyche*, **[PHI]**, ursprünglich das lebensspendende Prinzip im Menschen, auch die den Leib gestaltende und bewegende Kraft. Neben der S. beim Menschen findet sich auch die Annahme einer Seele bei Tieren, Pflanzen und bei unbelebten Dingen und Naturerscheinungen (*Animismus*); weiterhin der Glaube an eine Weltseele, teils mit der Annahme, dass die indiv. S. in diese eingehen kann oder mit ihr letztlich identisch ist. In vielen Kulturen verbreitet ist die Idee einer dem Körper innewohnenden, unsterblichen S. Platon unterschied die drei S.vermögen Begierde, Mut bzw. Willen, Denken bzw. Vernunft, die er den Körperteilen Unterleib, Brust und Kopf zuordnete. In ähnlicher Weise unterschied Aristoteles eine (allen Lebewesen eigene) vegetative, eine animalische und eine (dem Menschen zukommende) vernünftige S. Letztere wurde oft als unsterblich aufgefasst und wird häufig auch als *Geist* bezeichnet. Einflussreich war Descartes' *Dualismus*, wonach die Seele denkende Substanz ist, im Unterschied zur ausgedehnten Substanz, der Materie (*Leib-Seele-Problem*).

In der zeitgenössischen Philosophie und Ps. dominiert die Auffassung, dass es keine substanzielle Seele gibt und dass die sog. seelischen (psych., mentalen) Vorgänge auf das *Zentralnervensystem* als physischen Träger angewiesen sind. Die Annahme einer substanziellen S. ist nicht notwendig, um Verhalten zu erklären. Sie ist auch nicht phänomenologisch begründbar, im Unterschied zu den Erlebnissen (*Bewusstsein*), die als Ereignisse Gegenstand innerer Erfahrung sind (*Selbstbeobachtung*). Die verbreitete Annahme einer substanziellen S. ist erklärbar einerseits durch religiöse Motive, andererseits durch den jew. unterschiedlichen Erkenntnisstand: Vor der Entwicklung der Kybernetik und Informationswissenschaft war es schwer vorstellbar, dass ein physisches System allein zur Selbststeuerung und komplexen Informationsverarbeitung fähig sein könnte. Im *Behaviorismus* und *Neo-Behaviorismus* wurde der Begriff S. zus. mit allen mentalistischen Begriffen als wiss. unbrauchbar erklärt. Mit dem Einfluss der neueren *kognitiven Psychologie* wurden mentalistische Begriffe (Wahrnehmen, Verstehen, Denken) wieder als notwendig anerkannt, doch findet der Begriff S. wegen seiner Assoziation mit metaphysischen Fragen (Unsterblichkeit, Beziehung zu Gott) kaum Verwendung. Im Engl. gibt es für die Gesamtheit der mentalen Vorgänge den Begriff *mind*, im Unterschied zu *soul*. *V. Gadenne*

Seelenblindheit [engl. *soul blindness*], *visuelle Agnosie*.

gen und bei vielen psychischen Abläufen. *endokrine Drüsen*.

Sektorendiagramm [engl. *pie-chart*], syn. *Kreisdiagramm*, [**FSE**], *grafische Darstellung* der *Häufigkeitsverteilung* einer Nominalvariablen (*Skalenniveau*); die relativen *Häufigkeiten* der Klassen werden durch entspr. große Sektoren eines Kreises veranschaulicht. Eid et al. 2013.

sekularer Trend [lat. *saecularis* weltlich], *Pubertät*.

Sekundäranalyse (= S.) [engl. *secondary analysis*; lat. *secundus* der zweite/folgende, gr. ἀνάλυσις *(analysis)* Auflösung], [**FSE**], unter S. werden unterschiedliche Strategien verstanden, die zum Ziel haben, Untersuchungen (Experimente, Programme etc.) zu evaluieren. Eine solche Bewertung kann unter einer neuen Fragestellung, unter unterschiedlichen bzw. anderen Datenanalysetechniken oder anderer theoret. Fragestellung vorgenommen werden. S. kann auch als Re-Analyse der Rohdaten einer Primäranalyse und zudem als Bewertung und Integration von Primäranalyse ohne Datenanalyse verstanden werden. Werden stat. Analysen und Integration der Rohdaten aus mehreren Primäranalysen bzw. stat. Analysen und Integration der Ergebnisse mehrerer Primäranalysen durchgeführt, so handelt es sich um eine *Metaanalyse*. Ausgangspunkt solcher S. sind die meist in den Sozialwissenschaften aufgrund von Stichproben und Selektion von Variablen inkonsistente Ergebnisse beim Vergleich von Untersuchungen zu gleichen oder ähnlichen Fragestellungen. Wittmann & Matt 1986. *H. O. Häcker*

sekundäre Antriebe [engl. *secondary drive*; lat. *secundus* der zweite/folgende], die erworbenen Antriebe. *primäre Antriebe*.

Sekundäreigenschaften *Sekundärfaktoren*.

sekundäre Kreisreaktion [engl. *secondary circular reaction*; lat. *secundus* der zweite/folgende], *Kreisreaktion*.

sekundärer Verstärker (= s. V.) [engl. *secondary reinforcer*; lat. *secundus* der zweite/folgende], [**KOG**], nach Hull ein Reiz, der wiederholt gleichzeitig mit einem *Verstärker* anwesend ist und dadurch dessen Eigenschaft, unmittelbar vorhergehendes Verhalten in ähnlichen Situationen wahrscheinlicher zu machen, erhält. Syn. *konditionierter Verstärker*. Sekundäre Verstärkung wird meist angenommen, wenn *Lernen* ohne beobachtbare (primäre) Verstärkung, z. B. ohne Futteraufnahme, erfolgt ist. In der modernen (kognitivistischen) Ps. wird der Effekt des s. V. durch die Information erklärt, die er über die antizipierte Anwesenheit eines primären Verstärkers gibt. *R. Bergius*

sekundäres Willenserlebnis [engl. *secondary act of will*; lat. *secundus* der zweite/folgende], [**EM**], (Brentano), das Anstreben eines Zieles, um damit ein anderes, ursprüngliches, primäres Ziel zu erreichen. Ggs. *primäres Willenserlebnis*. Rohracher 1963, 1971.

sekundäre Täuschung (= s. T.) [engl. *secondary deception*; lat. *secundus* der zweite/folgende], [**RF**], als s. T. wird die strategische Selbstpräsentation als glaubwürdiger Kommunikator i. R. einer verbalen Täuschungshandlung bezeichnet. Bei dem von Köhnken (1990) eingeführten Begriff der s. T. handelt es sich um die strategische Komponente der Täuschung, die als eine der beiden Anforderungen angesehen wird, die eine falsch aussagende Person zu bewältigen hat. *primäre Täuschung, Täuschungsstrategien*. Niehaus 2008a. *S. Niehaus*

Sekundärfaktoren (= S.) [engl. *secondary factors*; lat. *secundus* der zweite/folgende], syn. *Faktoren 2. Ordnung*, [**FSE, PER**], Faktoren, die aus den Interkorrelationen der Primärfaktoren extrahiert werden. Werden Variablen bzw. Testwerte interkorreliert bzw. faktorenanalysiert, so erhält man Faktoren 1. Ordnung bzw. *Primärfaktoren*. Im Bereich der Variablen von Persönlichkeitseigenschaften spricht man dann von *Primäreigenschaften*. Werden i. R. einer *explorativen Faktorenanalyse* die so gewonnenen Ladungen auf der Basis der schiefwinklig rotierten Faktoren als Interkorrelationsmatrix betrachtet und einer weiteren Faktorenanalyse unterzogen, so stellen die extrahierten Faktoren S. dar. Bezieht man diese wieder auf Persönlichkeitseigenschaften, so spricht man von *Sekundäreigenschaften*. Faktoriell konstruierte *Persönlichkeitsfragebogen* lassen in der Regel die Auswertung auf dem Niveau von Primär- als auch Sekundäreigenschaften zu. *Persönlichkeit, klassische faktorenanalytische Ansätze*. *H. O. Häcker*

Sekundärfunktion *Typologie* (Primär-Sekundär-Funktionstypen). *Primärfunktion*.

Sekundärgruppe [engl. *secondary group*; lat. *secundus* der zweite/folgende], *Gruppe*.

Sekundärvorgang [engl. *secondary process*; lat. *secundus* der zweite/folg.]; *Primärvorgang*.

Selbst (= S.) [engl. *self*], [**PER**], das S. besteht aus einem semantischen System, das alle selbstbezogenen *Wissens*- und *Gedächtnis*repräsentationen in hochstrukturierter Form (*Selbstkonzept*) sowie deren Bewertungen durch die Person (*Selbstwert*) beinhaltet. Es unterscheidet sich von allg. Wissensstrukturen ausschließlich durch seine Reichhaltigkeit und seine S.bezogenheit, es stellt keine abgrenzbare Struktur dar. Die Perspektive des *realen S.* in Vergangenheit, Gegenwart und Zukunft wird ergänzt durch die des *möglichen Selbst* («Ich könnte auch ganz anders sein»). Besondere motivationale Funktion (*Motivation*) wird dabei kogn. Repräsentationen von als möglich erachteten zukünftigen Zuständen [engl. *possible selves*] zugeschrieben. Mit diesen selbstbezogenen Inhalten operieren alle grundlegenden psych. Prozesse (*Prozesse des S.*), bes. Aufmerksamkeit erhalten häufig diejenigen, die explizit auf eine Veränderung des S. abzielen (selbstregulative Prozesse; *Selbstregulation, Informationsverarbeitung, Selbstregulationsmodell*). Der Gedanke des Dualismus von Inhalten und Prozessen des S. geht zurück auf William James' Annahme eines *I-Self* als erkennendes Subjekt, das sich des *Me-Self* bewusst ist. Das S. ist ein flexibles, dynamisches System, es entwickelt sich sowohl in Abhängigkeit des situativen Kontextes (aktualgenetisch) als auch über die gesamte Lebensspanne (ontogenetisch).

Einen markanten Punkt in der Entwicklung des S. stellt der Nachweis eines physischen S.konzepts dar, häufig operationalisiert über das Erkennen der eigenen Person im Spiegel (*Rouge-Test*). Mit der voranschreitenden sprachlichen Entwicklung des Kindes kommt es auch vermehrt zu sprachlichen S.beschreibungen. Diese sind zunächst bezogen auf beobachtbare Merkmale wie Aussehen, Fähigkeiten, Besitztümer, in der späten Kindheit nehmen S.beschreibungen anhand psych. Merkmale zu. Der Übergang zur Adoleszenz ist gekennzeichnet durch die Fähigkeit zur Bildung abstrakter selbstbezogener Konzepte, die sich in den folg. Jahren kontext- und rollenspezif. (*Rolle*) ausdifferenzieren. Die einzelnen Aspekte des S.konzeptes stehen zunächst relativ unverbunden nebeneinander, erst die kognitive Fähigkeit zur Integration einzelner Abstraktionen ermöglicht die Integration zu einem kontextübergreifenden, kohärenten S.konzept. Im Erwachsenenalter stellt die beeindruckende *Stabilität* des S. eine Herausforderung für die Forschung dar. Befunde einer hohen Stabilität auch im höheren Lebensalter trotz zunehmender physischer, kogn. und sozialer Einschränkungen und Verluste (*Wohlbefindensparadox*) führten zu der Annahme, dass diese im Sinne einer Stabilität durch Anpassung vom Individuum aktiv (wenn auch nicht notwendigerweise intentional) hergestellt wird und zu einer daraus resultierenden Beschäftigung mit selbststabilisierenden Mechanismen (*Persönlichkeitsstabilisierung, Mechanismen der*). *Identität und Selbst*, *Persönlichkeitspsychologie*.

In der kulturvergleichenden Forschung (*Kulturvergleichende Psychologie*) wird zw. dem interdependenten und dem independenten (unabhängigen) S. unterschieden [engl. *interdependent self, independent self*] (Markus & Kitayama 1991). Ersteres ist typisch für kollektivistische Kulturen, in denen das S. wesentlich über die Beziehungen zu Mitgliedern der eigenen Ingroup (Familie, Arbeitskollegen) definiert ist, Letzteres ist typisch für individualistische Kulturen, in denen das S. unabh. von anderen über indiv. Merkmale (*Persönlichkeit*) def. ist (*Idiozentrismus–Allozentrismus*). Asendorpf & Neyer 2012, Greve 2007, Harter 2012.   R. Mößle/T. Loepthien/J. B. Asendorpf

Selbst, analytisch nach C.G. Jung (= S.) [engl. *self, analytical according to C. G. Jung*], [**KLI, PER**], in der *Analytische Psychologie* ist das S. die letzte Stufe der *Individuation*. Es ist (1) ein *Archetyp* der Ganzheit, der den Individuationsprozess steuert und reguliert, (2) eine annäherungsweise Vereinigung von *Bewusstsein* und *Unbewusstem* zu einer umfassenderen, vollst. *Persönlichkeit* mit hellen und dunklen Seiten und (3) eine dem *Ich* übergeordnete Instanz, zu der sich das Ich bewusst werdend und entscheidend oder aber passiv-geschehen-lassend verhalten muss. Das S. steuert die Konstellation der Archetypen, die die Individuation vorantreiben. Symbole des S. zeichnen sich durch höchste Numinosität aus und ihnen wird eine persönlichkeitsverändernde, pos.-heilende und neg.-zerstörende Wirkung (in der *Psychose*) zugesprochen. Diese können sich bspw. darstellen als: alter Weiser, große Naturmutter, göttliches Kind, goldene Kugel, Kristall oder Mandala. Jacobi 1959.

Selbst, falsches (= f. S.) [engl. *false self*], [**KLI, PER**], aus psychoanalyt. Perspektive (*Psychoanalyse*) eine innerpsych. Konstellation defensiver Natur mit dem Ziel, «das wahre *Selbst* zu verbergen und zu beschützen, was immer dieses auch sein mag» (Winnicott 1974, 185). Als Ursache benennt Winnicott eine Mutter, «die nicht gut genug ist», dem Säugling dabei zu helfen, über dessen Omnipotenzfantasien sein schwaches *Ich* zu stärken und so sein wahres S. zu entwickeln. (ebd., S. 189). Die daraus resultierende Unterordnung («Gefügigkeit») des Säuglings «ist das früheste Stadium des f. S. und gehört zur Unfähigkeit der Mutter, die Bedürfnisse ihres Säuglings zu spüren» (ebd.). Die Äußerungsformen der Spontaneität und des Lebendigen («spontane Geste», «persönliche Idee»; Kreativität und das Gefühl, sich real zu fühlen), verschwinden; stattdessen herrscht Anpassung vor. *Winnicott* beschreibt versch. Abstufungen und unterschiedliche Grade einer «Spaltung» zw. wahrem und f. S.   R. Butzer

Selbst, Ideal- *Ideal-Selbst*.

Selbst, independentes [engl. *independent self*; lat. *independentia* Unabhängigkeit], *independente, elterliche Strategie*.

Selbst, interdependentes [engl. *interdependent self*; lat. *inter* zwischen *dependere* abhängig sein], *interdependente, elterliche Strategie*.

Selbst, kategoriales (= k. S.) [engl. *categorical self*], [**EW, PER, SOZ**], ist eine frühe Form des *Selbstkonzepts*. Es entsteht, wenn Kinder sich selbst erkennen können und dadurch den verschiedenen Dimensionen, in denen sich Menschen unterscheiden, mehr Beachtung schenken. Infolgedessen beginnen sie damit, sich selbst auch nach diesen Dimensionen, wie z. B. Alter und Geschlecht, zu kategorisieren. Das k. S. besteht also aus best. Attributen, die sich Kinder selbst zuschreiben (Stipek et al. 1990). Bei diesen Attributen handelt es sich während des Vorschulalters meist um konkrete und sichtbare Merkmale wie bestimmte Fähigkeiten, äußeres Erscheinungsbild und Geschlechtszugehörigkeit. Die versch. Merkmale, die das k. S. bilden, sind in diesem Alter noch kaum integriert. Erst im Schulalter werden indiv. psychol. Merkmale (z. B. «Ich bin hilfsbereit») in der Beschreibung des eigenen Selbst berücksichtigt.   F. Degé

Selbst, mögliche(s) (= m. S.) [engl. *possible selves*], [**EM, KOG, SOZ**], ist eine mentale *Repräsentation* eines zukünftigen *Selbst* und somit als eine Vorstellung einer Person darüber zu verstehen, wie sie sich selbst in der Zukunft sieht. Personen können zu jeder Zeit unterschiedliche m. S. haben. Diese existieren domänenspezifisch für versch. Lebensbereiche, bspw. bezogen auf Beruf (z. B. «Ich könnte ein Geschäftsmann werden»), Sport (z. B. «Ich könnte ein Marathonläufer werden»), Freizeit (z. B. «Ich könnte auf viele Reisen gehen»), oder generelle Fähigkeiten (z. B. «Ich könnte ein erfolgreicher Redner werden»). M. S. können neben Hoffnungen und Zielen (z. B. «Ich wünsche mir, glücklich zu werden; ich will Arzt werden») auch Ängste und Bedrohungen umfassen (z. B. «Ich könnte depressiv werden»). M. S. setzen Anreize für *Denken*, Handeln (*Handlungsabsicht*) und *Fühlen* (*Emotionen*; d. h. sie stellen einen Endzustand dar, den es zu erreichen oder zu vermeiden gilt). Außerdem stellen sie Kontexte her, in denen das aktuelle Selbst evaluiert und interpretiert wird (d. h. Personen bewerten ihr aktuelles Selbst daran, inwieweit sie an ein relevantes m. S. denken und wie erfolgreich sie bei der Realisierung des m. S. sind). M. S. sind besonders

dann effektiv für Selbregulation (*Selbstregulation, Informationsverarbeitung*), wenn sie balanciert und plausibel sind. Balanciert bedeutet, dass pos. m. S. (z. B. in Form von Hoffnungen und Annäherungszielen; *Annäherungs-Leistungsziel*) und neg. m. S. (z. B. in Form von Ängsten und Vermeidungszielen; *Vermeidungsorientierung*) in einer Lebensdomäne relativ ausgewogen vorhanden sind. Sind m. S. balanciert, benutzen Personen sowohl Strategien, um die pos. m. S. zu erreichen, als auch Strategien, um die neg. m. S. zu vermeiden. Plausibel bedeutet, dass die m. S. mit konkreten Strategien verknüpft sind, wie das pos. m. S. erreicht bzw. das neg. m. S. vermieden werden kann (z. B. «Ich erledige jeden Tag meine Hausaufgaben» oder «Ich gehe nicht auf eine Party in der Nacht vor einem Examen"»). Kinder mit balancierten und plausiblen m. S. erzielen bessere Noten, erledigen häufiger ihre Hausaufgaben und beteiligen sich mehr am Unterricht als Kinder, die keine balancierten und plausiblen m. S. haben. Markus & Nurius 1986, Oyserman et al. 2006.
C. Gawrilow/G. Oettingen/A.T. Sevincer

Selbst, phänomenales [engl. *phenomenal self*; gr. φαινόμενον *(phainomenon)* Erscheinung], *Selbsttheorien der Persönlichkeit*.

Selbst, psychoanalytische Perspektive (= S.) [engl. *self, psychoanalytic view*], **[KLI, PER]**, *Psychoanalyse*; eine Instanz oder ein Konzept, das bei manchen Theoretikern im Zentrum ihrer Theorie steht und oftmals semantische Überschneidungen mit der frühen Verwendung des *Ich*-Begriffs bei Freud (*Instanzenmodell*) aufweist; neben *Winnicott* und E. Jacobson verwendet Kohut explizit einen S.-Begriff. Hartmann (1950, 132) hat darauf hingewiesen, dass das Gegenteil von Objektbesetzung nicht Ich-Besetzung ist, sondern «Besetzung der eigenen Person, d. h. S.besetzung». Er wollte damit zur Klärung des *Narzissmus*-Begriffs beitragen, indem dieser nicht als «Libidobesetzung des Ichs» (*Libido*), sondern des S. zu verstehen ist. Jacobson (1973, 17) geht von einer «undifferenzierten psychosomatischen Matrix» aus, die sie «als das früheste psychophysiol. S.» bez. S. bez. also allg. die innerpsych. Repräsentanz der Gesamtheit einer Person (einschließlich des Körpers und ihres seelischen Bereichs). *Selbst* *R. Butzer*

Selbst, reales [engl. *real self*], *Selbst*.

Selbstachtung [engl. *self-respect/regard*], *Selbstwertgefühl*.

Selbstaktualisierung, soziale [engl. *social self-actualisation*; lat. *actualis* tätig, wirksam], **[KLI, SOZ]**, Ggs. soziale *Abhängigkeit*.

Selbstaktualisierungstendenz [engl. *tendency of self-actualization*], *Gesprächspsychotherapie*, *Persönlichkeitstheorien, humanistische*.

Selbstaufmerksamkeit (= S.) [engl. *self-attention*], **[PER, SOZ]**, auf das *Selbst* gerichtete *Aufmerksamkeit*. Ausgehend von Meads Auffassung über die Entstehung des *Selbstkonzepts* und auch von Bems Theorie der *Selbstwahrnehmung* (*Selbstwahrnehmungstheorie*), mit der u. a. die Einstellungen (*attitudes*, *Einstellung*) aus der Beobachtung des eigenen Verhaltens abgeleitet werden, entwickelten Duval & Wicklund (1972) eine Theorie der obj. S. (*self-awareness*).

Durch Selbstkonfrontation (exp. z. B. mithilfe von Spiegel oder Tonbandgerät erzeugt) oder Selbstreflexion wird die Aufmerksamkeit von der Umwelt weg auf das eigene Selbst gelenkt. Das Hauptinteresse der exp. Forschung liegt bisher bei den Folgen des Vergleichs des Ergebnisses der Selbstwahrnehmung (*Real-Selbst*) mit einem Ideal (*Ideal-Selbst*) oder mit *sozialen Normen* und bei der Wirkung des Selbst auf die Einstellungs-Verhaltens-Konsistenz (Pryor et al. 1977). *Selbstbeobachtung*. *R. Bergius*

Selbstbefehle [engl. *self instruction*], *Introvision*.

Selbstbehauptung *Selbstsicherheit, Selbstbehauptung*.

Selbstbeobachtung (= S.) [engl. *introspection, self-observation*], **[KLI]**, *Introspektion*, die bewusst auf seelische Vorgänge und Zustände gerichtete *Aufmerksamkeit*, um die versch. Phasen des Ablaufs psych. Vorgänge und die Mannigfaltigkeit der Inhalte festzustellen und zu beschreiben. Systematisch durchgeführt ist die S. eine der Forschungsmethoden der Ps. (*Beobachtung*). Sie gliedert sich, je nach ihrer Anwendung, in *eigene S.*, wobei sich der Forscher selbst der S. unterzieht, oder in *vermittelte S.*, bei der psych. Vorgänge anderer Personen als Ergebnisse ihrer S. mitgeteilt werden.

Als sich die Ps. im 19. Jhd. mit dem Gegenstand *Bewusstsein* oder der *inneren Erfahrung* als selbstständige Wiss. etablierte, war – da man bewusstes Erleben nirgendwo anders findet als in sich selbst – die S. ihr wichtigstes meth. Instrument. Insofern Erleben als indiv. Gegebenheit an die Innenwelt seiner indiv. Träger gebunden ist, sprach man der S. auch in der Persönlichkeitsforschung eine wesentliche Bedeutung zu. Als zureichende psychol. Methode der Datengewinnung wird die S. aber wie folgt kritisiert: (1) die Gefahr der Selbsttäuschung (auf die schon Brentano hinweist), bes. wenn die S. zugleich eine Selbstbeurteilung provoziert oder eine moralische bzw. eine soziale Bewertung mit einschließt; (2) die Frage, ob es gelingt, trotz der unbestrittenen möglichen Rückwendung der Erkenntnisintention auf das eigene *Selbst* im strengen Sinne gleichzeitig ein Erlebnis zu haben als es auch zu beobachten; (3) die Tatsache, dass jede Beobachtung als solche das zu beobachtende Phänomen ändert; (4) das Problem, inwieweit unsere Sprache dazu ausreicht, die außerordentlich differenzierten und veränderlichen, flüchtigen psych. Vorgänge auszudrücken; (5) das wiss. Kriterium der Vergleichbarkeit kann nicht erfüllt werden. Aufgrund dieser Einwände wird die S. von vielen Forschern abgelehnt, bes. von den Behavioristen (*Behaviorismus*). Brentano und Ach messen der S. – trotz Bedenken – neben dem *Experiment* eine beträchtliche Bedeutung bei, wenn sie systematisch durchgeführt wird. Für die S. spricht, dass sie für das indiv. Erleben der Wahrnehmung, des Denkens, Fühlens, des Bedürfnisses etc. den einzig möglichen direkten Zugang bildet. Die Schwächen dieser Methode können durch Ergänzungsverfahren (z. B. Ausdrucksbeobachtung, Analyse psychopathologischer Erscheinungen, Studium von Selbstbiografien) etwas gemildert werden.

In der Psychoth. (v. a. *kognitive Verhaltenstherapie*), dient die systematische S. als wichtige Datenquelle für die *Problemanalyse* und kann u. U. wegen der größeren Aufmerksamkeit und Konfrontation mit unangenehmen Verhaltensweisen allein zu einer Reduktion derselben führen. *Selbstaufmerksamkeit*, *Selbsterkenntnis*, *Spaltentechnik*.

F. Caspar

Selbstbericht (= S.) [engl. *self report, self rating*], [**DIA, PER**], syn. Selbsturteil, ist eine Methode der Persönlichkeits- und Verhaltensbeurteilung zu diagn. oder Forschungszwecken, bei der Personen gebeten werden, sich selbst zu beschreiben oder zu beurteilen. Dabei wird unterstellt, dass Personen am besten über sich selbst informiert sind, i. d. R. gern von sich berichten und die preisgegebenen Informationen einfach zu interpretieren sind. Darüber hinaus sind S. ökonomisch und praktisch handhabbar. S. können diverse Formate besitzen (Persönlichkeitsbeurteilungen, Häufigkeitseinschätzungen, Verhaltenskodierungen, Interviews) und grob unterteilt werden in direkte, indirekte und freie S. Mit *direkten* S. werden alltagsps. gut repräsentierte Persönlichkeitsmerkmale (z. B. Selbstwert), mit *indirekten* S. eher komplexe und sozial evaluative Merkmale (z. B. *Aggressivität*) und mit *freien* S. offene Beschreibungen der Persönlichkeit erfasst. Typischerweise werden bei S. Antworten über versch. Fragen (*Item*) eines Fragebogens oder Interviews aggregiert. Damit kann die *Reliabilität* der Testwerte gesteigert werden (Interne Konsistenz, Aggregationsprinzip, *Spearman-Brown-Formel*).

Die *Objektivität* von S. kann nicht eindeutig abgesichert werden. Allerdings kann die *Konstruktvalidität* der durch S. erhobenen Testwerte über die Prüfung der konvergenten und diskriminanten Validität geschätzt werden. Die konvergente Validität (*Validität, konvergente*) wird über die Korrelation mit verwandten S.maßen geprüft; allerdings kann diese durch geteilte Methodeneffekte überschätzt werden. Die *Korrelation* von S. mit Fremdberichten (*Fremdbericht*) ist weniger anfällig für geteilte Methodeneffekte und i. d. R. mittelhoch (zw. $r = .30$ und $r = .60$). Die Korrelation in Bezug auf Verhaltensmaße fällt selten höher als $r = .30$ aus, u. a. weil diese nicht ausreichend aggregiert sind.

Arbiträres Antwortverhalten, begrenztes Wissen über sich selbst und Antworttendenzen wie *soziale Erwünschtheit*, *Akquieszenz* und die Tendenz zu extremen Antworten (*Tendenz zu Extremwerten*) können die *Validität* von S. beeinträchtigen. Unterscheiden sich Personen dauerhaft in der Nutzung von Antworttendenzen, wird von differenziellen Antwortstilen gesprochen, die selbst wiederum durch indirekte S. erfasst werden können (Fragebogen zur Erfassung sozialer Erwünschtheit wie z. B. die *Marlowe-Crowne-Skala*). Diese können die Persönlichkeitsdiagnostik insofern belasten, als indiv. Besonderheiten zwischen Personen damit verzerrt werden können. Zwischen Personen geteilte Antworttendenzen können zwar allg. Untersuchungsergebnisse verzerren (z. B. Mittelwertunterschiede zw. Gruppen über- oder unterschätzen), führen jedoch nicht zu einer Verzerrung indiv. Unterschiede.

Möglichen Verzerrungen durch soziale Erwünschtheit kann durch adäquate Testinstruktion sowie die Zusicherung von Anonymität und Vertraulichkeit vorgebeugt werden. Die stat. Kontrolle der mit S. erhobenen Daten für soziale Erwünschtheit ist nicht empfehlenswert. Stattdessen sollte soziale Erwünschtheit als überdauerndes Persönlichkeitsmerkmal betrachtet werden. Verzerrungen durch Aquieszenz kann durch balancierte Itempolung vorgebeugt werden; dies kann allerdings zulasten der internen Konsistenz (*Cronbachs Alpha*) gehen und die Faktorenstruktur des zu erfassenden Merkmals verzerren (*Persönlichkeit, klassische faktorenanalytische Ansätze*). Tendenzen zu extremen Antworten (Extremitätstendenz) kann vorgebeugt werden durch die Vorgabe dichotomer Antwortformate oder die Nutzung der Q-Sort-Methode (*Q-Sortierung*). *Persönlichkeitstests*. Paulhus & Vazire 2007, Asendorpf & Neyer 2012.

F. J. Neyer

Selbstberuhigung (= S.) [engl. *self-relaxation*], [**EM, PER**], ist die Fähigkeit, neg. *Affekt*, innere Anspannung und Nervosität gezielt abzubauen. Diese *Selbststeuerungs*kompetenz wird durch einen guten Zugriff auf parallel verarbeitende Netzwerke bisheriger Lebenserfahrungen unterstützt (*Persönlichkeits-System-Interaktion, Theorie der*), die dazu beitragen, negative Erlebnisse vor dem Hintergrund bisheriger Erfahrungen zu relativieren und den Überblick über vielfältige Handlungsoptionen zu behalten. S. entsteht in der Kindheit (und danach) durch erfahrene Beruhigung durch Bezugspersonen in positiven Beziehungen (in denen sich das Kind angenommen fühlt). Während der selbstregulatorische Prozess dem Bewusstsein nicht vollst. zugänglich ist, können Gefühle von Selbstbestimmung und Selbstwirksamkeit (*Selbstwirksamkeitstheorien*) als erfahrbare Begleiterscheinungen einer hohen Kompetenz für S. angesehen werden. Personen mit einer *Disposition* zur misserfolgsbezogenen Handlungsorientierung (*Handlungskontrolltheorie*) können S. auch unter Bedrohung effizient einsetzen. Baumann & Kuhl 2005.

N. Baumann/J. Kuhl

Selbstbesinnung [engl. *self-reflection*], *Reflexion, kognitionsps.*.

Selbstbestätigungstheorie (= S.) [engl. *self-affirmation theory*], [**GES, SOZ**], eine sozialpsychol. Theorie, die davon ausgeht, dass Menschen grundliegend motiviert sind, ein positives und integres *Selbstbild* aufrechtzuerhalten. Informationen von außen, welche die Integrität des Selbstsystems angreifen, stellen demnach eine Bedrohung dar, die es abzuwenden gilt. Dies geschieht oft über *defensives Verhalten*. Definiert sich z. B. ein Raucher als kluge und gesundheitsbewusste Person, können Warnhinweise über die gesundheitsschädigenden Wirkungen von Tabakkonsum das Selbstbild des Rauchers bedrohen, da hier eine Nichtübereinstimmung von Selbstwahrnehmung und wahrgenommener Information vorliegt. Nach der S. kann die Bedrohung des Selbstsystems abgewendet werden, indem andere, vom angegriffenen Bereich unabhängige Bereiche des Systems gestärkt werden. Wird dem Raucher bspw. Gelegenheit gegeben, sich an Situationen zu erinnern, in denen er anderen geholfen hat, kann er ein generell pos. Bild von sich selbst bestätigen. Die Nichtübereinstimmung im Gesundheitsbereich muss so nicht zwingend aufgelöst werden. Dies stellt eine Neuerung im Vergleich zu *Festingers* Theorie der *kognitiven Dissonanz* dar. Steele 1988.

N. Schüz

Selbstbestimmtheit *Empowerment*.
Selbstbestimmung/Selbstbestimmungstheorie (= S.) [engl. *self-determination theory*], [**EM**], in den 1980er-Jahren von Deci und Ryan entwickelte Motivationstheorie (Deci & Ryan 1987; Ryan & Deci 2000). In der Tradition früherer kogn. Motivationstheorien betrachtet die S. *Motivation* als intentionales Geschehen (*Intention*). Ihr Kernstück ist die Unterscheidung zw. selbstbestimmten, autonomen und fremdbestimmten, kontrollierten Handlungen (*Handlung*). Zwischen diesen beiden Polen werden sechs Stadien der Verhaltensregulation unterschieden.
(1) *Nicht-Regulation* (Amotivation): keine Handlungsabsicht, da die Handlung keinen *Wert* besitzt, nicht zum gewünschten Ergebnis führt oder die *Kompetenz* dafür fehlt.
(2) *Externale Regulation* (extrinsische Motivation, kontrolliert): Handeln aufgrund von äußerem Druck (Ansprüche, *Belohnung*, *Bestrafung*). Die Handlungsursache liegt außerhalb der Person. (3) *Introjizierte Regulation* (extrinsische Motivation, eher kontrolliert): Handeln aufgrund von innerem Druck (Selbstachtung, schlechtes Gewissen, *Angst*, *Scham*). Obwohl keine äußeren Anstöße nötig sind, wird die Handlung als von außen verursacht erlebt.
(4) *Identifizierte Regulation* (extrinsische Motivation, eher autonom): Handeln aufgrund von bewusster persönlicher Wertschätzung. Obwohl man sich nicht vollst. damit identifiziert, wird die Handlung als selbst verursacht erlebt. (5) *Integrierte Regulation* (extrinsische Motivation, autonom): Die Handlung gehört zum *Selbst* und stimmt mit eigenen Werten (*Werte*) und Bedürfnissen (*Bedürfnis*) überein. Die Handlungsursache liegt in der Person selber. (6) *Intrinsische Regulation* (intrinsische Motivation, autonom): Die Handlung ist interessant (*Interesse*), macht Spaß und bereitet eine im Handeln selber liegende Befriedigung (*Freude*). Der Prototyp der Selbstbestimmung, die intrinsische Motivation (*intrinsische Motivation, Theorien*), entsteht bei Tätigkeiten, für die ein inhärentes Interesse besteht, d. h., die den Charakter der Neuheit oder Herausforderung oder einen ästhetischen Wert besitzen. Intrinsische Motivation kann durch Wahlfreiheit gefördert, durch als Kontrolle wahrgenommene Umstände (z. B. Drohungen, Deadlines, Selbst- oder Fremdbeobachtung oder -beurteilung sowie best. Formen von Belohnungen oder Rückmeldungen) aber auch vermindert werden. Ist sie vorhanden, führt sie u. a. zu pos. *Stimmung*, *Vertrauen*, *Kreativität*, besserer *Leistung* und *Persistenz* sowie längerfristig auch zu besserer Selbstachtung, *Wohlbefinden* und Anpassung in versch. Lebensbereichen.
Sofern sie als selbstbestimmt erlebt wird, weist extrinsische Motivation ähnliche Eigenschaften auf wie intrinsische. Sind die verfolgten Intentionen jedoch nicht oder nur wenig internalisiert (Stufen 2 und 3), geht sie u. a. mit Anspannung, neg. Stimmung, schlechterer Leistung, ungünstigem Umgang mit Misserfolgen und geringerem Wohlbefinden einher. Eine Internalisierung geschieht i. d. R. dadurch, dass *Verhalten*, für das ursprünglich keine Motivation besteht, von wichtigen Bezugspersonen wertgeschätzt, vorgelebt oder gefordert wird. Dieses Verhalten wird dann umso eher internalisiert, je kompetenter man sich dabei fühlt und je selbstbestimmter man es zeigen kann. Daher spielt die Befriedigung der von der S. postulierten drei angeborenen, universellen Grundbedürfnisse nach Zugehörigkeit (*Hoffnung auf Anschluss*), Kompetenz (*Leistungsmotiv*) und Autonomie (*Entwicklung, motivationale*) eine entscheidende Rolle im Internalisierungsprozess. Entsprechend kann eine Nichtbefriedigung dieser drei Bedürfnisse autonomes Verhalten aber auch behindern und das Wohlbefinden senken. *Regulation*. M. Schneider

Selbstbestimmungsrecht [engl. *right to self-determination*]; *Beratung, psychologische, Kindeswille*.

Selbstbestrafung (= S.) [engl. *self-punishment*], [**KLI**], ist eine Form der Kontingenzkontrolle (*Kontingenz*), bei der die Person selbst über die Vergabe von Konsequenzen eines Verhaltens entscheidet. S. meint die kontingente Darbietung eines aversiven Reizes als Folge eines von der Person selbst als unerwünscht beurteilten Verhaltens (*Konditionierung, operante*). Nach den Prinzipien der *Verhaltenstherapie* führt die Prozedur der S. zu einer ähnlichen Reduktion von der zukünftigen Rate von Verhalten derselben operanten Klasse wie die Strategie der externen *Bestrafung*. Vorteile der S. liegen darin, dass die Person selbst über die Vergabe der Kontingenzen entscheidet, dies betrifft v. a. einen motivationalen Aspekt (*Motivation*). Da die Kontingenzen kogn. (verdeckter) Natur sein können, können auch kogn. Zielverhaltensweisen (*targets*) zum Ansatzpunkt der Intervention werden (z. B. depressives Grübeln). Strategien der Bestrafung sind v. a. aus ethischen Gründen i. R. der Psychoth. deutlich in den Hintergrund gerückt. Ein entscheidender Punkt der Wirksamkeit von S. liegt nach versch. Befunden in der Vermittlung einer persönlichen Kontrolle über eigenes (unerwünschtes) Verhalten sowie in einer frühen Unterbrechung der Verhaltenskette (z. B. bei aggressivem Verhalten (*Aggression*), *Sucht*verhalten). Als bes. bedeutsam ist anzuführen, dass durch S. v. a. die Gelegenheit geschaffen wird, alternatives Verhalten aufzubauen; dieses kann dann schrittweise verstärkt (*Verstärkung*) werden, sodass sich die Durchführung von S. erübrigt. Kanfer et al. 2012. H. Reinecker

Selbstbetrug [engl. *self-deception*], *Finanzpsychologie*.

Selbstbeurteilung (= S.) [engl. *self-assessment*], [**AO, DIA**], Variante der Leistungsbeurteilung, bei der die Quelle der Beurteilung die zu beurteilende Person selbst ist. Sie kann Evaluationsinstrument sein, kommt aber vor allem im Bereich der *Personalentwicklung* zum Einsatz. Bspw. nutzen viele größere Unternehmen *360-Grad-Feedback*-Systeme zur Führungskräfteentwicklung, deren integraler Bestandteil S. sind. S. fallen etwas milder als Beurteilungen durch Vorgesetzte aus, sowohl dieser Effekt als auch die Höhe der Korrelation zw. S. und Beurteilung durch Vorgesetzte werden durch zahlreiche andere Faktoren moderiert. *Selbstbericht*. Heidemeier & Moser 2009. K. Moser

Selbstbeurteilungsverfahren (= S.) [engl. *self-rating scale*], syn. *Selbsteinschätzungsverfahren*, [**DIA, KLI**], Selbsteinschätzungsskala, oft auch nur Fragebogen; Ratingskala, bei der der Prozess der Informationserhebung ganz aufseiten des Pat. liegt. Die Aufgabe des Pat. ist, die meist in Fragebogenform vorliegenden Aussagen auf einer mehrstufigen Skala hinsichtlich ihrer Zustimmung (z. B. nach Häufigkeit, Schweregrad) zu bewerten. S. fokussieren von ihren Inhalten her vor allem auf solche Aspekte, die nicht durch Dritte beobachtbar sind, wie Befindlichkeiten, Stimmungen oder körperliche und Allgemeinbeschwerden. S. stellen neben den *Fremdbeurteilungsverfahren* die im psychiatrischen Kontext häufigste Verfahrensgruppe dar mit vielfältigen Anwendungsmöglichkeiten und werden oft anhand psychometrischer Kriterien wie ein Test bewertet. Vorteile: u. a. zeitökonomisch, meist Normen; Nachteile: u. a. nicht bei schweren Störungsgraden anwendbar, Verfälschungstendenzen möglich. Bsp.: *Beck-Depressions-Inventar (BDI-II)* oder *Symptom-Checkliste (SCL-90-R)*. *Selbstbericht*. Stieglitz & Freyberger 2001.

R.-D. Stieglitz

Selbstbewertungmodell nach Heckhausen [engl. *self-evaluation model*], *Leistungsmotivation, Selbstbewertungsmodell.*

Selbstbewusstheit (= S.) [engl. *self-consciousness*], [PER], Tendenz zu hoher versus niedriger *Selbstaufmerksamkeit*. Unterschieden werden *private* S. [engl. *private self-consciousness*], die Tendenz oft über sich selbst nachzudenken, und *öffentliche* S. [engl. *public self-consciousness*], die Tendenz, oft über die eigene Wirkung auf andere nachzudenken (Fenigstein et al. 1975). Letztere ist bei *Gehemmtheit* stark erhöht.

Selbstbewusstsein [engl. *self-consciousness, self-awareness*], [PER], im Ggs. zum Außenweltbewusstsein das Erleben der geschlossenen Eigenheit und Einheit des persönlichen Ich. I. ü. S. die Willenshaltung (Handlung) der Person in Beziehung zum Geltungstrieb. *Persönlichkeit, klassische faktorenanalytische Ansätze* Popper & Eccles 1982.

Selbstbild (= S.) [engl. *self-image*], [PER, SOZ], *Selbstkonzept*, die Kognitionen und Gefühle, die man sich selbst gegenüber hat. *Selbst*. Das S. entsteht sowohl durch die *Selbstbeobachtung* der eigenen Erlebnisse und eigenen Handelns als auch durch die versch. Formen der Beurteilung durch andere (Lob, Tadel, Lohn und Strafe). Letztere führt auch zu dem idealen S. und zur *Ich-Ideal-Diskrepanz* (*Selbsterkenntnis*). Die Beziehung zu anderen ist außerdem gegeben im vermuteten Fremdbild, d. h. den Annahmen, die man über das Bild macht, das vermeintlich andere von einem selbst haben. Das vermutete Fremdbild ist ein konstituierender Teil des Fremdbildes, das in der *interpersonalen Wahrnehmung* entsteht, und geht über in das soziale S., das mit dem S. verglichen wird. Das vermutete fremde S. ist ebenfalls ein Teil des Fremdbildes (z. B.: «er ist eingebildet»), weil es die Kognitionen und Gefühle beschreibt, die nach eigener Meinung der andere sich selbst gegenüber hat. *Selbst, kategoriales, Selbsttheorien der Persönlichkeit, Q-Sortierung.* Filipp 1979, Filipp & Mayer 2005.

R. Bergius

Selbstbildung (= S.) [engl. *self-formation, self-organisation, autopoiesis*], [PÄD, PER], aufgrund der Bedeutungsvielfalt des (dt.) Bildungsbegriffs und der substantivischen, pronominalen bzw. adverbialen Verwendung der Wörter *Selbst* bzw. *selbst* wird der Terminus S. sehr uneinheitlich verwendet (*Selbst*).

In der wechselvollen, bis in die Antike zurückreichenden Geschichte des Begriffs der S. lassen sich drei Hauptbedeutungen unterscheiden: (1) in Abgrenzung von *Erziehung* (Fremdbildung) als Oberbegriff für alles, was der (erwachsene) Mensch *selbst*, d. h. in Eigenregie, aus eigenem Antrieb, ohne Anstoß von außen für die Entwicklung seiner *Persönlichkeit* tun kann; (2) in substantivischer Form (Bildung des *Selbst*) als Bez. für den Prozess der Entfaltung (A. Maslow *Selbstverwirklichung*; C. G. Jung *Individuation*) oder der Kultivierung und Modellierung des je eigenen Lebens (*Person, Identität*, Existenz u. ä.); (3) i. S. von *Selbstorganisation* (U. Maturana *Autopoiese, autopoietisch*) als Kennzeichnung der Eigenschaft geschlossener Systeme, *sich selbst* durch das funktionale Zusammenspiel der Systemkomponenten in dynamischen Fließgleichgewichten erhalten zu können.

In der Elementarpädagogik findet die zuletzt genannte Variante zunehmend Verwendung, um die aktive Beteiligung des kindlichen Organismus an seinen indiv. Konstruktions- und Bildungsprozessen zu betonen. In diesem «neuen Bild des Kindes», das «reich und kompetent genug ist, seine Bildungsprozesse selbst voranzutreiben» (G. E. Schäfer) treten sowohl die Bedeutung sozialer Prozesse der *Kokonstruktion* als auch der auf Selbstbeherrschung, Selbstüberschreitung, Selbstbestimmung und *Befähigung zur S.* abhebende päd. Kern klassischer (Cicero, Shaftesbury, Goethe; R. Guardini u. a.) und neuerer (M. Foucault, P. Sloterdijk) S.konzepte stark zurück.

Eine systemat. Darstellung der Vielfalt der phil., psychol. (*W. James, J. Dewey*, G. H. Mead, C. G. Jung, H. Kohut u. a.) und päd. Begriffsbildungen bzw. der als S. bezeichneten Phänomene liegt nicht vor. Menze 1995, Schäfer 2011.

F. Grell

Selbstbiografie *Autobiografie.*

Selbstdarstellung *impression management, Selbstwert.*

Selbstdefinition [engl. *self-definition*], *Idiozentrismus-Allozentrismus, Indigene Psychologie, independente, elterliche Strategie, interdependente, elterliche Strategie, Selbstinvolvierung.*

Selbstdiskrepanz (= S.) [engl. *self-discrepancy*; lat. *discrepare* nicht übereinstimmen], syn. Soll-/Ist-Vergleich, [PER, SOZ, EM], ist ein Maß, das qualitativ eine Abweichung zw. versch. Entitäten des *Selbst* aufzeigt. Bei hoher S. kann Selbstregulation (*Selbstregulationsmodell*) einsetzen, bes. bei hoher *Selbstaufmerksamkeit* (Wicklund & Frey 2001). S. ist maßgeblich mit dem Ansatz von Higgins (1987, 1998) verbunden, der in seiner S.-Theorie versch. Selbstzustände unterscheidet: Aktual-Selbst [engl. *actual self*], Ideal-Selbst [engl. *ideal self*] und Soll-Selbst [engl. *ought self*], und zwar jeweils aus der Perspektive des Selbst (der Person) oder aus der Perspektive wichtiger Bezugspersonen des Selbst (z. B. des Vaters). Das Aktual-Selbst wird auch als *Real-Selbst* bezeichnet. Methodisch lassen sich Selbstzustände mittels Repräsentationen von Attributen des Selbst (z. B. Eigenschaften wie «begabt») herleiten. Bsp.: Der Schüler Klaus kann die Frage «Wer bin

ich?» wie folgt beantworten: «Ich bin ein begabter Schüler» (Aktual-Selbst). Die Frage «Wer möchte ich sein?» kann er mit «Ich wünsche mir, ein begabter Schüler zu sein» (Ideal-Selbst) beantworten. Schließlich kann er die Frage «Wer sollte ich sein?» mit «Ich sollte ein begabter Schüler sein» (Soll-Selbst) beantworten. In diesem Bsp. sind Aktual-Selbst, Ideal-Selbst und Soll-Selbst übereinstimmend. In vielen Fällen wird es aber Diskrepanzen geben. Nach der S.-Theorie sind – je nach Ausmaß der subj. wahrgenommenen S. – qual. unterschiedliche *Emotionen* und Motivationen (*Motivation*) die Folge. S. hat hohe Relevanz bei der narzisstischen Selbstregulation (*Narzissmus*), wobei Diskrepanzen zw. dem Aktual-Selbst und Ideal-Selbst im Mittelpunkt stehen. Nicht minder wichtig dürfte in diesem Zusammenhang auch das Soll-Selbst sein, kann es doch dem häufig sinnsuchenden und eigennützig auftretenden narzisstischen Menschen gewisse «moralische Planken» aufzeigen, die ihn an seine *soziale Verantwortung* erinnern können (Bierhoff & Herner 2009, Higgins 1998).

M. J. Herner/H.-W. Bierhoff

Selbstdisziplin (= S.) [engl. *self-discipline*; lat. *disciplina* Lehre, Unterweisung], **[EM]**, ist eine Selbststeuerungskompetenz, die eine konsequente Zielverfolgung unterstützt, wenn diese durch konkurrierende Ziele oder andere Bedürfnisse gefährdet erscheint (*Selbststeuerung*). Eine einmal gefasste *Absicht* (z. B. für eine Prüfung zu lernen) wird gegen konkurrierende Absichten (z. B. Sport zu treiben), emot. Präferenzen (z. B. mit Freunden zu treffen) und Gewohnheiten (z. B. abends fernzusehen) durchgedrückt, indem Personen sich selbst unter Druck setzen, sich zus. reißen und zwingen, bei der Sache zu bleiben (oft indem der Selbstzugang unterdrückt wird). S. ist effizient, aber auch anstrengend und erschöpfend (*Ich-Erschöpfung*). Ihr chronischer Einsatz kann dazu führen, dass andere wichtige Ziele und Bedürfnisse zu kurz kommen. Alternative Formen der Selbststeuerung sind pos. Selbstmotivierung sowie Identifikation (*Regulation, identifizierte*) und Integration (*Regulation, integrierte*). Baumann & Kuhl 2005.

N. Baumann/J. Kuhl

Selbsteinstellungsmethode *psychophysische Methoden*.

Selbstentfaltung (= S.) [engl. *self-deployment*], **[EM, PER]**, Persönlichkeitsentfaltung, oftmals in demokratischen Verfassungen verankertes Recht von Bürgern auf Zuwachs an Handlungskompetenz auf freiheitlicher Grundlage. Geht hinein in die Auswahl der *Ziele* für *Bildung* und gehört zu den inhaltlichen Fragen der Motivationsforschung (*Motivation, Leistungsmotivation, Bedürfnishierarchie*). Empir. Studien über Möglichkeiten und Grenzen von S. finden sich nur indirekt in Studien mit anders gelagerter Thematik (z. B. *Arbeitszufriedenheit, Ich, Hilflosigkeit, gelernte/erlernte, Verstärkerkontrolle*).

Selbstentwicklung (= S.) [engl. *self-development*], **[KLI]**, S. kann als grundlegendes *Bedürfnis* des Menschen bez. werden, das zu sein, was man in Wahrheit ist, und nicht das, was man hat sein sollen oder müssen. Entspr. kann die S. als ein reflektierender und/oder therap. Prozess beschrieben werden, das eigene, indiv. bzw. «wahre» *Selbst* zu entdecken und zu entwickeln. Basis der S. ist ein sukzessives, prozesshaftes Bewusstwerden und Verstehen des eigenen Selbst, d. h. des Handelns, Denkens, Fühlens und Körpererlebens durch Psychoth. oder *Körpertherapie, Coaching* und/oder durch *Selbsthilfe-Technik*. Die Bewusstheit von und das Reflektieren über eigene und fremde Anteile des Selbst stellt einen weiteren prozesshaften Schritt der S. dar. Selbstveränderung, d. h. das Verändern gewohnter, aber fremder *Schemata* in neue, aber dem eigenen Selbst näher stehende Schemata des Handelns, Denkens, Fühlens und/oder Körpererlebens, kann schließlich das Resultat eines S.prozesses sein. Diese Selbstveränderung kann wiederum die Notwendigkeit zu einem weiteren S.prozess auslösen.

M. Neumann

Selbsterfahrung (= S.) [engl. *self-experience*], **[KLI]**, hat allg. zum Ziel, sich selber besser kennenzulernen und in der Folge weiterzuentwickeln. Dies kann für daran interessierte Personen ein Selbstzweck sein, oft ausgelöst durch persönliche Krisen, die nicht zu Störungen von Krankheitswert und damit nicht zur Inanspruchnahme professioneller Psychoth. führen. S. (in Form von Gruppen- und/oder Einzels.) wird i. d. R. auch als Teil von Psychoth.ausbildungen vorgeschrieben: Persönliche Schwächen, die eine therap. Tätigkeit beeinträchtigen könnten, sollen erkannt und die Flexibilität in der Beziehungsgestaltung vergrößert werden. S. kann einzeln und in Gruppen durchgeführt werden. Eine bes. Form ist die *Lehranalyse*. Dass S. tatsächlich zu den erwünschten Effekten führt, ist empirisch nicht belegt, was angesichts des hohen Kostenanteils von S. für einige Therapieausbildungen unerfreulich ist.

F. Caspar

selbsterfüllende Prophezeiung (= s. P.) [engl. *self-fullfilling prophecy*], **[KOG, SOZ]**, bez. das Phänomen, dass die Wahrscheinlichkeit eines Ereignisses allein durch die Erwartung dieses Ereignisses erhöht wird. In päd. Kontexten wurde bspw. nachgewiesen, dass Vorannahmen oder Stereotype einen Einfluss auf das Verhalten des Lehrenden (z. B. resignativ vs. nicht resignativ) insbes. bei Misserfolgen des Lerners haben können, sodass das Eintreten des Lernerfolgs gemäß der Erwartungen bzgl. der Lernfähigkeit des Lerners beeinflusst wurde: Erwartet die Lehrkraft, dass ein Schüler keinen Lernerfolg hat, so verringert dies die Wahrscheinlichekeit des Lernerfolgs. Erwartet ein depressiver Pat., dass er in einer sozialen Interaktionssituation scheitern wird, so wird dies ggf. sein Interaktionsverhalten bzw. die Bewertung des Verhaltens des Interaktionspartners neg. beeinflussen und damit die befürchteten neg. Konsequenzen wahrscheinlicher machen. S. P. sind abzugrenzen von bewusster Manipulation. S. P. sind den Handelnden i. d. R. nicht bewusst, vielmehr wird davon ausgegangen, dass Einstellungen und Überzeugungen u. a. das para- und nonverbale Interaktionsverhalten beeinflussen, sodass eine Beeinflussung i. S. der *Erwartungen* möglich wird. *Placebo-Effekt, Versuchsleiter-Erwartungseffekte*. Watzlawick et al. 2011.

Selbsterhaltungstrieb [engl. *instinct of self-preservation*], **[EM, KLI]**, Sammelname für die Antriebe zu allen Verhaltensweisen, die für die Erhaltung des normalen Zustandes, der Gesundheit, des Lebens eines Individuums zweckmäßig sind, wie z. B. Nahrungstrieb, Verteidigungstrieb usw.

Arterhaltungstrieb. *Psychoanalyse*: *Abwehrmechanismen des Ich*, *Eros*, *Ich-Triebe*.

Selbsterkenntnis (= S.) [engl. *self-knowledge/-awareness*], [**KLI, PER**], Hinwendung des Erkennens auf das eigene Ich. Das *Selbst* als eine gestaltete und überdauernde Vorstellung in der Erfahrung des Menschen wird auf seine Eigenarten untersucht (eigenes Sein, Verhalten, Anlagen, Fähigkeiten, Einstellungen, Motivationen). Diese Vorstellung hat ihre eigene Entwicklungsgeschichte und ist jedem Individuum in je für ihn einzigartiger Weise gegeben. Als Voraussetzung für die Entfaltung und Gestaltung der eigenen *Persönlichkeit* wurde S. schon bei den Griechen der Antike als Grundlage gefordert, wie es u. a. aus der Aufschrift des Apollotempels in Delphi hervorgeht: *Gnothi seauton* («Erkenne dich selbst»). Die S., das Innewerden des *Selbst*, beruht einerseits auf der *Selbstbeobachtung*, andererseits auf Rückempfindungen, die aus der Konfrontation des Menschen mit Problemen in seiner Umwelt und der zwischenmenschlichen Kommunikation erfasst werden. Trotz der berechtigten Forderung nach S. (Pascal, Kant) hat es an skeptischen Stimmen ihr gegenüber nie gefehlt (Goethe, Nietzsche), die auch auf die Neigung des Menschen hinweisen, sich (auch) vor sich selbst zu maskieren. Die *Psychoanalyse* hat diese Tatsache in hinreichenden Untersuchungen bestätigt. Das andauernde Bemühen um S. als Voraussetzung für ihren Berufsauftrag wird für die Pädagogen besonders von Langeveld, Spranger und Kerschensteiner, für die Psychologen besonders von Hector gefordert. Die tiefenpsychol. Schulen tragen seit Langem dieser Notwendigkeit Rechnung, indem sie von jedem auszubildenden Analytiker eine eigene Lehranalyse fordern. Die S., wie sie Hector vorschlägt, soll an kein Lehrsystem gebunden sein, mit der Übersicht über den eigenen Lebenslauf beginnen, äußere Situationen und seelische Umstände der persönlichen Entwicklung betreffen und so eine kritische Beurteilung der Besonderheiten des eigenen seelischen Seins ermöglichen. Da das *Selbst* in ganz best. Weise wahrnehmungsmäßig erkannt und verkannt werden kann, besteht die Möglichkeit der Selbsttäuschung. Diese wiederum kann zu Schwierigkeiten bei einer realitätsnahen Anpassung an eine gegebene Umwelt führen. Die therapeutischen Bemühungen zielen auf eine Korrektur der S. und die daraus mögliche Lösung der indiv. Konflikte. Sartre 1973, Brockdorff 1942, Hector 1971, Hofstätter 1959, Scheler 1919.

Selbsterklärungen (= S.) [engl. *self-explanations*], [**PÄD**], i. Ggs. zur typischen Situation, in der eine Lehrkraft etwas erklärt (*instruktionale Erklärungen*), kann man einen Lernenden auch auffordern, sich etwas selbst zu erklären. Dies führt zu tieferem Verständnis und Transferleistungen (*Selbsterklärungseffekt*). Das «Selbst» hat damit eine doppelte Bedeutung: Die Erklärungen sind von einem Lernenden selbst generiert und sie sind an sich selbst gerichtet. Von S. spricht man i. d. R. nur, wenn *Inferenzen* gezogen werden, die über das gegebene *Lernmaterial* hinausgehen. Eine klassische S. wäre es, wenn ein Lernender sich den Sinn eines Lösungsschritts in einer math. Bsp.lösung bewusst machen würde, etwa i. d. S., welches Zwischenziel der Lösungsschritt erreicht oder welches Prinzip (hier: math. Satz) ihm zugrunde liegt. S. könnten aber auch die argumentativen Elemente (z. B. Gegenthese und deren Widerlegung) identifizieren, die in einer wiss. Argumentation (z. B. zur Stammzellenproblematik) vorkommen; damit würde etwas über argumentative Strukturen anhand von konkreten Beispielen gelernt. Obgleich das S.-Konzept zunächst entwickelt wurde, um produktives Lernverhalten beim Studium von Lösungsbeispielen zu erklären, wird dieses Konzept inzwischen auch für andere Lernarten (z. B. Lernen aus Texten oder Diagrammen) verwendet. Da nur wenige Lernende spontan lernförderliche S. zeigen, ist es meist sinnvoll, S. zu trainieren oder über Leitfragen anzuregen. Obgleich S. i. d. R. den Lernerfolg erhöhen, scheint es eine Ausnahme zu geben. Bei für Lernende sehr komplexem Lernstoff kann die Anforderung, sich etwas selbst erklären, zur Überforderung und zur kognitiven Überlastung führen. Fonseca & Chi 2011. *A. Renkl*

Selbstevaluation [engl. *self-evaluation*], *Evaluation, interne*.

Selbstexploration (= S.) [engl. *self-exploration*; lat. *explorare* erkunden], [**KLI**], von Truax eingeführte Klientenvariable. Der Klient setzt sich mit den eigenen Empfindungen, Haltungen und Bedürfnissen auseinander, um seiner eigenen Zielperspektive näher zu kommen. Hohe S. ist ein wichtiger Bestandteil der Klient-Therapeuten-Interaktion (*Therapiebeziehung*). In der klientenzentrierten Psychoth. (*Gesprächspsychotherapie*) wird die S. als wichtige Variable des Klienten angenommen. *Humanistische Therapien*, *Selbstbeobachtung* Garfield & Bergin 1978, 1994.

Selbstformung *Autoplastie*.

selbstgesteuertes Lernen *Lernen, selbstgesteuertes*.

Selbsthemmung (= S.) [engl. *self-inhibition*], [**EM**], bei der S. unterbindet neg. Affekt bzw. Stress den Zugang zu integrierten Selbstrepräsentationen (*Selbstzugang*), die nützlich sind, um auf Erfahrung basierende kreative Problemlösungsmöglichkeiten zu finden, Emotionen flexibel und effektiv zu regulieren und sich für schwierige Aufgaben zu motivieren. Eine Folge davon ist, dass man in seiner augenblicklichen (meist neg.) Lage mit entsprechendem *Tunnelblick* verhaftet bleibt. Zudem behindert S. die Integration negativer Erfahrungen in bestehende, hochvernetzte Wissensstrukturen selbstrelevanter Erfahrungen und somit persönliches Wachstum. Personen mit hoher *Lageorientierung* sind besonders anfällig für S. Kuhl 2001.

M. R. Quirin/J. Kuhl/J. Lindemann

Selbsthilfegruppen (= S.) [engl. *self-help group, support group*], [**KLI**], Kleingruppen, die ohne oder nur mit marginaler Beteiligung von Therapeuten mit ihren Problemen und Konflikten umgehen lernen sollen (Moeller 1984). S. bestehen für psychosoziale Probleme vielfältiger Art und im Bereich der Med. zur Verarbeitung von schweren Krankheiten und ihren Folgen. S. gibt es für Pat., aber auch Angehörige. Bsp. sind S. für Alkoholiker (*Anonyme Alkoholiker*), die für die Rückfallprophylaxe sehr wichtig sein können, und S. für die Angehörigen von Pat. mit Hirnschädigung, deren Ausfälle oft dramatische Folgen für Familien haben. Bei leichten psych. Problemen können

S. durchaus eine Inanspruchnahme fachlicher Hilfe überflüssig machen, es ist allerdings für Laien i. d. R. schwer zu beurteilen, ob ihr Leidenszustand durch kompetente fachliche Hilfe schneller oder gründlicher verbessert werden könnte. Eine vorherige Abklärung oder eine Kombination von S. mit *Psychotherapie* i. e. S. ist daher oft empfehlenswert. *L. R. Schmidt/F. Caspar*

Selbsthilfetechnik [engl. *self-help technique*], [**KLI**], nachhaltige Technik oder Methode, die Menschen dazu befähigt, sich in schwierigen Lebenssituationen (z. B. Krisen, Konflikte, Stress- oder Entscheidungssituationen, körperliche und/oder emot. Probleme) selbstständig zu helfen, um damit unabhängig von Dritten handeln zu können («Hilfe zur Selbsthilfe»). *M. Neumann*

Selbsthypnose *Autohypnose*.

Selbstinfiltration (= S.) [engl. *self-infiltration*; lat. *in-* hinein, *filtrare* dringen, saugen], [**EM**], beschreibt den Prozess, bei dem Erwartungen anderer Personen als eigene Ziele fehlinterpretiert werden und mit wenig *intrinsischer Motivation* verfolgt werden (auch *unbewusste Introjektion*). Im letzteren Aspekt unterscheidet sich die S. von der Identifikation und *Integration*, bei der übernommene *Ziele* stark als zum *Selbst* gehörig empfunden werden und aufgrund der pos. Besetzung mit hoher Motivation verfolgt werden (*autonome Zielverfolgung*). In klassischen Experimenten zur S. wählt der Pb aus einer Liste versch. Aufgaben selbst einige aus und bekommt zusätzlich einige Aufgaben aufgetragen. Statt die Aufgaben später auszuführen, soll der Pb dann einen unerwarteten Gedächtnistest durchführen, bei dem er angibt, ob die Aufgabe zuvor selbst gewählt oder zugewiesen wurde. Das Ausmaß der S. wird darüber bestimmt, wie oft der Pb aufgetragene Aufgaben fälschlicherweise für selbst gewählt hält (wobei allg. Gedächtniseffekte kontrolliert werden). Dabei zeigt sich, dass sog. bedrohungsbezogen lageorientierte Personen (*Lageorientierung*), d. h. solche mit geringen Emotionsregulationsfähigkeiten und einer Tendenz zu Rumination, insbes. unter Stress oder neg. Affekt, zu S. tendieren. Kuhl & Kazén 1994. *M. R. Quirin/J. Kuhl/J. Lindemann*

Selbstinstruktion (= S.) [engl. *self-instruction*; lat. *instruere* unterrichten, unterweisen], [**KLI**], ein von D. Meichenbaum entwickelter Ansatz innerhalb der kognitiven *Verhaltenstherapie* mit guter *Wirksamkeit*, bei dem Menschen lernen, ihr Verhalten und Empfinden gezielt durch an sich selber gerichtete Anweisungen zu steuern. S. ist u. a. ein geeignetes Mittel, *Selbstkontrolle* aufzubauen und außerhalb kritischer Situationen gewonnene Einsichten auch in diesen wirksam werden zu lassen. S. wird i. d. R. eingebettet in umfassendere Therapien verwendet. *Selbstkontrollverfahren*. *F. Caspar*

Selbstinvolvierung (= S.) [engl. *self-involvement*; lat. *involvere* einwickeln], [**EM**], Handlungen lassen sich bezüglich der Gründe (*Motiv*) für ihre Ausführung auf einem Kontinuum von *unpersönlich/materiell* bis *persönlich/selbstbestimmt* einordnen. S. bezeichnet die Tatsache, dass eine *Handlung* für die Selbstdefinition, den Selbstwert (*Selbstwertgefühl*, *Selbstwertregulation*) und die persönlichen Interessen einer Person bedeutsam ist. Das Ausmaß an S. variiert je nach Handlung. Selbstinvolvierende Handlungen können von Handlungen unterschieden werden, in denen Personen lediglich nach *materiellen* Anreizen (z. B. Geld) oder *physischen* Anreizen (z. B. Schmerzvermeidung) streben, die keine direkten Konsequenzen für ihren Selbstwert und ihre Selbstdefinition haben. Handlungen, die direkte Konsequenzen für Selbstwert und Selbstdefinition haben, führen zu hoher S. Handlungen, die nur wenig relevant für das Selbst sind, führen zu niedriger S. Typisch für selbstinvolvierende Handlungen sind Tests hoch bewerteter Fähigkeiten (soziale Bewertung, *soziale Bewertungstheorie*, Ich-Involvierung, *ego involvement*), Handlungen unter persönlicher Bewertung bei hoher *Selbstaufmerksamkeit* und Handlungen, die mit persönlich wichtigen *Zielen* und *Interessen* in Verbindung stehen. Der motivationale Effekt von S. besteht darin, dass sie mit einer hohen Erfolgswichtigkeit einhergeht. Die Folge ist, dass S. hohe Anstrengung rechtfertigt (*Theorie der Motivationsintensität*). *Motivation*. Ryan & Deci 2000, Gendolla & Richter 2010. *G. H. E. Gendolla/K. Brinkmann/M. Richter*

Selbstkategorisierungstheorie [engl. *self-categorization theory*], *Gruppenpolarisation*, *Identität und Selbst*, *Minorität*.

Selbstkongruenz [engl. *self-congruence*; lat. *congruentia* Übereinstimmung]; *Echtheit*, *Gesprächspsychotherapie*.

selbstkontingenzerhöhende Wahrnehmungsverzerrung *Selbstkonzept, Mechanismen der Stabilisierung*.

Selbstkontrolle (= S.) [engl. *self-control/-monitoring*], [**EM, KLI, SOZ**], ist als ein Spezialfall von *Selbstregulation* zu sehen. Von S. spricht man dann, wenn sich das Individuum in einem Konflikt befindet, zw. mehreren Verhaltensweisen zu entscheiden, wobei jede der Alternativen pos. bzw. neg. Konsequenzen besitzt. Wichtig ist dabei zu beachten, dass diese unterschiedlichen Konsequenzen auch in versch. zeitlichem Abstand zum jew. Verhalten erfolgen. Grundsätzlich unterscheidet man zwei Haupttypen von Konflikten, die mit den Bez. *heldenhaftes Verhalten* (Abb. 1) bzw. *Widerstehen einer Versuchung* (Abb. 2) charakterisiert werden können. Widerstehen einer Versuchung meint, dass die Person kurzfristig auf eine prinzipiell erreichbare pos. Konsequenz verzichtet, um dadurch langfristig (mehrere) bedeutsamere pos. Konsequenzen zu erreichen (Bsp.: Verzicht auf Alkohol). Heldenhaftes Verhalten meint, dass sich die Person für ein Verhalten entscheidet, das zwar kurzfristig aversive Konsequenzen nach sich zieht, das aber langfristig (mehrere) bedeutsame pos. Konsequenzen bietet (Bsp.: Vorsorgeuntersuchung). Grundsätzlich stellt S. für die klass. Verhaltenstheorie (*Lernen*, *Konditionierung*) ein Paradoxon dar: In der Verhaltenskette müsste sich die Person jew. für dasjenige Verhalten entscheiden, das kurzfristig pos. Konsequenzen hat. Aus diesem Grund bedarf die Theorie einer entspr. Erweiterung um kognitive Elemente (*Kognition*). Hartig hat dies bereits 1973 auf den Punkt gebracht: «Wir sind der Ansicht, dass jeder Versuch, das Problem der S. anzugehen, ohne ein bewusstseinsfähiges Individuum in Rechnung zu stellen, das sich von seinem *Verhalten* distanzieren, *Konflikte* bewusst erleben, reflektieren, antizipieren, Entschlüsse fassen und die-

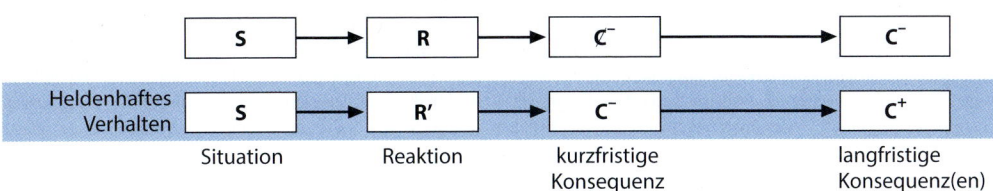

Selbstkontrolle: Schematische Darstellung des Prinzips «Heldenhaftes Verhalten»

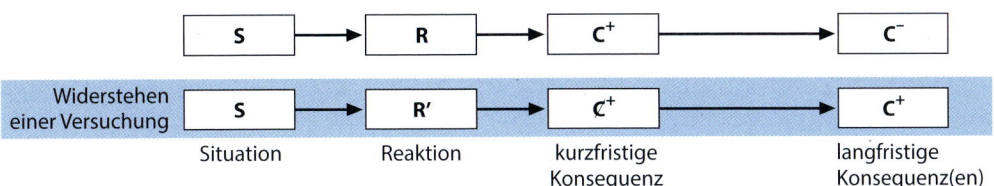

Selbstkontrolle: Schematische Darstellung des Prinzips «Widerstehen einer Versuchung»

se verwirklichen kann, unweigerlich in eine Sackgasse führen muss» (Hartig 1973, 16). Der entscheidende Punkt des Konfliktes wird an beiden Modellen dadurch deutlich, dass man beim Vorliegen eindeutiger biol. (z. B. Schmerzen) oder externer (z. B. Einschränkung) nicht von S. sprechen würde; das unterstreicht die Bedeutung von internen Variablen in der Steuerung menschlichen Verhaltens. Baumeister & Vohs 2004, Kanfer et al. 2012. *H. Reinecker*

Selbstkontrollverfahren (= S.) [engl. *self-control therapy*], [**KLI**], S. zielen darauf ab, dass der Pat. sein eigenes *Verhalten* so regulieren kann, dass sich die Auftretenswahrscheinlichkeit und/oder die Intensität des problematischen Verhaltens verringern. Den versch. Interventionsstrategien, die unter diesem Begriff zus.gefasst werden, ist gemeinsam, dass der Therapeut den Pat. zu best. Änderungen im Verhalten anregt, ihn zur Übernahme eines Programms motiviert (*Compliance*) und bei der Erstellung der einzelnen Therapieschritte sowie bei der Durchführung berät und unterstützt. Die Systematik der Beschreibung und Einordnung der S. fällt bei den einzelnen Forschern und Therapeuten z. T. recht unterschiedlich aus. Eine häufig benutzte Gruppierung dieser Methoden macht die Unterscheidung zw.: (1) Techniken, die sich auf versch. Abschnitte des zunächst von Kanfer vorgeschlagenen Arbeitsmodells zur Selbststeuerung beziehen: *Selbstbeobachtung* (Identifizierung des Problems), Selbstverpflichtung, Selbstbewertung, *Selbstverstärkung* und *Selbstbestrafung*; (2) Verfahren der verdeckten *Konditionierung* (verdeckte Verstärkung, Löschung, Desensibilisierung); (3) Methoden, die zu den kogn. Verhaltenstherapien (*Verhaltenstherapie*) i. S. von Mahoney zu rechnen sind: *Rational-Emotive-Therapie* nach Ellis, die *kognitive Therapie nach Beck*, Meichenbaums Selbstinstruktionstherapien, das Problemlösetraining nach D'Zurilla und Goldfried. *Selbstinstruktion. Selbstregulation, Selbstmanagement, Selbstkontrolle.* Kanfer & Goldstein 1977, Kanfer 1977.

Selbstkonzept [engl. *self-concept*; lat. *concipere* erfassen, verfassen], [**KLI, SOZ**], unter S. versteht man das Gesamtsystem der Überzeugungen zur eigenen Person und deren Bewertung. Dazu gehört u. a. das Wissen über persönliche Eigenschaften (*Persönlichkeitsmerkmal*), Kompetenzen, Interessen, Gefühle und Verhalten. *Selbstkonzept, Entwicklung, Selbstkonzept, Mechanismen der Stabilisierung, Selbstkonzeptmodell, Selbstbild, Selbst, kategoriales.*

Selbstkonzept, akademisches [engl. *academic self-concept*], *Fähigkeitsselbstkonzept.*

Selbstkonzept, altersbedingte Veränderungen [engl. *self-concept, age-related changes*], [**EW, KOG, PER**], das Selbstkonzept (= S.; *Fähigkeitsselbstkonzept, Selbstbild*) ist ein zentrales ps. Konstrukt, das eine kognitive Repräsentation der eigenen Person im Sinne eines Selbstschemas und eine selbst bewertende Komponente bzgl. leistungs- und nicht leistungsbezogene Aspekte integriert. In der Literatur ist die Modellvorstellung eines hierarchisch organisierten S. vorherrschend, bei dem konkrete und einzelne leistungs- und nicht leistungsbezogene Ereignisse und Rückmeldungen sich zu einem höher geordneten, abstrakteren S.-Bereich entwickeln. Die aus der Theorie ableitbare Annahme eines globalen, bereichsübergreifenden S. hat sich in der Forschung nicht immer als fruchtbar erwiesen. Neben intraindiv., sozialen (Bezugsgruppeneffekt; *Bezugsgruppe; sozialer Vergleich*) und kriterialen Vergleichsprozessen sind ab der mittleren Kindheit auch dimensionale Vergleiche («Ich bin zwar nicht gut in Mathematik, dafür aber umso besser in Sport!») zu beobachten.

Die Entwicklung des S. kann anhand der absoluten Höhe, seiner dimensionalen Struktur und seiner Beziehung zu objektivierbaren Außenkriterien beschrieben werden: Die globale Überschätzung der eigenen Fähigkeiten in den meisten Lebens- und Erlebensbereichen des Kindes, die bis ins Schulalter als *normativ* anzusehen ist, weicht einer realistischeren *Selbstwahrnehmung*, die sich in einer kontinuierlichen, absoluten Abnahme des S. in den ersten

Schuljahren niederschlägt. Gleichzeitig weist das S. bereits im Kindergartenalter mind. zwei empirisch trennbare Dimensionen auf, nämlich eine eher akademische und eine nicht akademische, die sich im Verlauf der weiteren S.-Entwicklung noch weiter ausdifferenzieren. Schließlich kann bereits ab einem jungen Alter von einer wechselseitigen Beziehung zwischen S. und Leistung ausgegangen werden. Sowohl die Stärke als auch die dominante Richtung des Einflusses zw. S. und Leistung scheinen jedoch im Verlauf der Entwicklung Veränderungen zu unterliegen. Roebers 2007. *C. Roebers*

Selbstkonzept, Entwicklung [engl. *self-concept, development*], [**EW, PER**], unter Selbstkonzept (= S.) versteht man das Gesamtsystem der Überzeugungen bzw. kogn. und affektiven *Einstellungen* zur eigenen Person. Dabei werden versch. Formen und Facetten des S. unterschieden, die unterschiedliche Entwicklungsverläufe aufweisen (Neisser 1988). Rudimentäre Fähigkeiten der vorbegrifflichen Unterscheidung zwischen *Selbst* und Anderen etwa finden sich schon bei Säuglingen in den ersten Lebensmonaten: Sie können bereits Live-Filmaufnahmen von sich selbst unterscheiden von ähnlichen Aufnahmen von anderen Kindern. Klare Hinweise auf erste Formen einer konzeptuellen Vorstellung von sich selbst finden sich im Laufe des zweiten Lebensjahres: Ab etwa 18 Monaten bestehen Kinder den sog. *Spiegel-Selbsterkennungstest* (*Rouge-Test*): Wird dem Kind zunächst unbemerkt ein Fleck im Gesicht angebracht und wird das Kind dann mit einem Spiegel konfrontiert, fasst es sich ins Gesicht und versucht, den ungewöhnlichen Fleck zu beseitigen (während jüngere Kinder ins Spiegelbild fassen). Diese Fähigkeit zur Spiegelselbsterkennung entwickeln übrigens neben Menschen nur wenige andere Spezies wie Menschaffen und evtl. manche Vogelarten. Im Anschluss an diesen kogn. Meilenstein entwickelt sich gegen Ende des zweiten Lebensjahres die entspr. linguistische Kompetenz, auf sich selbst zu referieren: Kinder beginnen, Personalpronomina wie «ich» und «du», deren Referenz variiert, je nachdem, von wem sie verwendet werden, richtig anzuwenden und zu verstehen. Während diese frühen Formen des S. sich zunächst auf die Gegenwart beziehen (*synchrones S.*), entwickelt sich in der Folge ein Konzept von sich selbst als in der Zeit, in Zukunft und Vergangenheit hinein ausgedehntes Subjekt (*diachrones S.*). Ab etwa drei bis vier Jahren entwickeln Kinder autobiografisches *Gedächtnis*, d. h. die *Erinnerung* an eigene vergangene Erlebnisse, und verstehen, wie die eigene Vergangenheit die Gegenwart beeinflusst. Zur gleichen Zeit entwickelt sich die Fähigkeit, sich selbst in der Zukunft vorzustellen und entspr. zu planen (*Planen*), etwa in Aufgaben zum *Belohnungsaufschub*, in denen künftige eigene *Bedürfnisse* und gegenwärtige gegeneinander abgewogen werden müssen. Die nachfolgende Entwicklung des S. in der Kindheit und Jugend ist gekennzeichnet durch die folgenden grundlegenden Entwicklungstrends:

Das S. wird ausdifferenziert, d. h. nach feineren Maßstäben und in mehrerlei Hinsicht beschrieben, etwa bzgl. der eigenen Leistung in versch. Bereichen wie Schule, Sport etc. (*Fähigkeitsselbstkonzept*). *Soziale Vergleiche* gewinnen an Bedeutung («Wie bin ich im sozialen Vergleich?»). Schließlich entwickelt sich das S. hin zu abstrakterer und systematischerer Organisation. So können nun gegenläufige Attribute in der Selbstbeschreibung (z. B. *rücksichtsvoll* vs. *egoistisch*) dadurch vereinbart werden, dass sie relativ zu best. Kontexten gesehen werden («Ich bin rücksichtsvoll zu meinen Freundinnen, kann aber egoistisch sein in Wettbewerbssituationen»). Vereinzelte Selbstzuschreibungen (z. B. «Ich kann gut springen, kann schnell laufen» etc.) werden in höherstufigen Kategorien organisiert («Ich bin sportlich»). Und versch. Vergleichsmaßstäbe können simultan angewendet werden («Ich kann besser rechnen als noch vor einigen Wochen, bin aber immer noch schlechter als die meisten in meiner Klasse»). Nach dem Jugendalter (*Adoleszenz*) bleibt die Struktur des S. über das Erw.alter hinweg weitgehend konstant, während seine Inhalte sich je nach Lebenserfahrungen natürlich stetig ändern und anpassen können (Filipp & Mayer 2005). *H. Rakoczy*

Selbstkonzept, implizites [engl. *implicit self-concept*], [**SOZ, PER**], während *Selbstkonzepte* traditionell durch Fragebogen-Beurteilungen erhoben werden, gibt es in neuerer Zeit Versuche, sie auch indirekt durch *objektive Tests* zu erfassen (z. B. durch *Implizite Assoziationstests (IAT)* und *Priming*. Dadurch sollen Selbstdarstellungstendenzen (*response set*) und andere meth. Probleme von Fragebogenverfahren umgangen werden. In Abgrenzung zu den erfragten expliziten Einstellungen werden die indirekt erfassten Selbstkonzepte als implizite Selbstkonzepte bezeichnet. Im Falle der Einstellung zum *Selbst*, dem *Selbstwert*, spricht man dann auch vom *impliziten Selbstwert*.

Selbstkonzept, Mechanismen der Stabilisierung [engl. *self-concept, mechanisms of stabilization*], [**PER, SOZ**], dass das Selbstkonzept (= S.) trotz variierender sozialer Rückmeldungen über die eigene Person (*Symbolischer Interaktionismus*) und variierender Bezugsgruppen, mit denen man sich vergleicht, sich bis zum frühen Erwachsenenalter zunehmend stabilisiert, wird im wesentlichen auf fünf Mechanismen zurückgeführt. (1) Da die *Selbstwahrnehmung* wie jede *Wahrnehmung* erwartungsgesteuert ist (wobei hier das S. die Erwartung ist), tendieren wir dazu, uns so wahrzunehmen, wie wir zu sein glauben (selbstkonsistenzerhöhende Verzerrung [engl. *self-consistency bias*]). (2) Dasselbe gilt für unsere Erinnerung an uns selbst (*autobiografisches Gedächtnis*): Wir passen unsere Erinnerung an unser aktuelles S. an. Das verleiht uns das Gefühl der *Identität* (d. h. der Kontinuität zwischen erinnertem und jetzigem S.): Wir glauben zu wissen, wer wir sind. (3) Wir werden zwar in den Rückmeldungen anderer über unsere Person gespiegelt (*soziales Spiegeln* [engl. *looking glass self*]), werden dadurch aber nur bedingt beeinflusst, weil das Spiegelbild aufgrund von (1) bereits an unser S. angepasst ist: Wir tendieren dazu, uns so zu sehen, wie wir glauben, dass andere uns sehen. (4) Unser S. wird zwar durch den Vergleich mit einer Bezugsgruppe von Personen beeinflusst (z. B. nehmen sich Schüler als leistungsschwächer wahr, wenn sie von der Grundschule ins Gymnasium wechseln, weil die Klasse leistungsstärker ist als zuvor: Fischteicheffekt (*Big-Fish-Little-Pond-Effekt*). Aber derartige Vergleiche beruhen auf der subj. Wahrnehmung der Bezugsgruppe und unterliegen deshalb auch (1): Wir vergleichen uns mit Eigenschaften, von denen wir glauben, dass andere sie haben. (5) In sozialen Situationen tendieren Menschen zur Selbstdarstellung und können so den Eindruck anderer und damit auch deren Rückmeldungen beeinflussen (*Impression Management*). Letzteres ist auch indirekt möglich durch Verbreiten von Gerüchten über die eigene Person oder gezielte Einflussnahme hierauf. Diese selbststabilisierenden Mechanismen operieren mit wachsendem Alter immer effektiver i. S. einer kumulativen *Stabilität*. Asendorpf & Neyer 2012, Schütz 2010.

J. B. Asendorpf

Selbstkonzept, synchrones [engl. *synchronic self-concept*; gr. σύν *(syn)* gemeinsam, zugleich, χρόνος *(chronos)* Zeit], *Selbstkonzept, Entwicklung*.

Selbstkonzept der Begabung *Fähigkeitsselbstkonzept*.

Selbstkonzept eigener politischer Kompetenzen (= SKP.) [engl. *self-concept of political competence*], [**SOZ**], mit SKP. wird ein bereichsspezif. Selbstkonzept (*Selbstbild*) bez., das sich auf die Selbsteinschätzung indiv. politischer *Fähigkeiten* und *Handlungsbereitschaften* bezieht (*Fähigkeitsselbstkonzept*). Eine hohe Ausprägung des SKP. spiegelt dabei die subj. Überzeugung wider, politische Sachverhalte verstehen und politisch Einfluss nehmen zu können (*Einfluss, sozialer*). Das Konzept wurde von Krampen (1991) im Rahmen seines *handlungstheoretischen Partialmodells der Persönlichkeit* entwickelt (*Handlungstheorie*). Das SKP. entspricht in diesem Modell einer *generalisierten Situations-Handlungs-Erwartung*, bei der eine Person erwartet, dass ihr in einer konkreten politischen Situation versch. Handlungsmöglichkeiten zur Verfügung stehen. Das SKP. gilt als zeitlich stabile Erwartungshaltung: Wesentliche Aspekte des SKP. sind bereits in der *Adoleszenz* ausgebildet und wirken sich bis ins junge Erwachsenenalter (z. B. auf das Wahlverhalten) aus. Eine Längsschnittstudie von Krampen (1991) zeigt, dass sich die Höhe des SKP. bei Jugendlichen im Alter zw. 14 und 17 Jahren kaum verändert. Dies ist insofern ungewöhnlich, als das Jugendalter für weitere politische Handlungsorientierungen eine änderungssensible Phase darstellt (z. B. politisches *Wissen*, Anzahl realisierter politischer Aktivitäten). In der Forschung hat sich das SKP. neben dem politischen Wissen als wichtiger Prädiktor für *politische Partizipation* erwiesen. Das SKP. sowie das politische Wissen korrelieren dabei pos. mit der politischen Partizipation(sbereitschaft). In der Politikwissenschaft wird das SKP. als Teilaspekt der *political efficacy* (Vetter 1997) konzeptualisiert. Political efficacy umfasst dabei neben der Selbsteinschätzung politischer Kompetenzen auch die Überzeugung (*internal political efficacy*), dass das politische System empfänglich ist gegenüber Beeinflussungsversuchen der Person (*external political efficacy*).

C. Beierlein/S. Preiser

Test Selbstkonzept-Inventar (SKI), 2004, R. von Georgi & D. Beckmann, [www.testzentrale.de], [**DIA, PER**]. Persönlichkeitsstrukturtest. AA Erwachsene. Das SKI ermöglicht die Erfassung von *Selbstkonzepten*, Erfasst werden die Dimensionen Ich-Stärke, Attraktivität, Vertrauen, Ordnungs- *liebe* und *Durchsetzung*. Neben der Erfassung des Selbstbildes (SKI-S) ist auch die Erhebung von Fremd- und Idealbild (SKI-F und SKI-I) möglich. Daraus ergeben sich weitere Einsatzmöglichkeiten (z. B. Paar- und Familiendiagnostik, Erfassung von Therapeut- bzw. Arzt-Pat.-Beziehung). *Normierung*: Das SKI wurde an einer repräsentativen Stichprobe (alte und neue Bundesländer) von $N = 1008$ normiert. Es liegen T-Werte für die Gesamtgruppe sowie für Frauen und Männer vor. Zudem werden Kennwerte unterschiedlicher (Sub-)Stichproben angegeben (Pat.gruppen und sozioökonomische Gruppen). Bearbeitungsdauer: bei gesunden Testpersonen ca. 10 Min.

Selbstkonzeptmodell (= SM.) [engl. *model of self-concept*], [**EM, PÄD, PER**], Modellvorstellungen, die eine mögliche Struktur des Selbstkonzepts (= S.) beschreiben, werden als SM. bezeichnet. Eines der einflussreichsten Modelle ist das SM., das Shavelson et al. (1976) vorgeschlagen haben. In diesem wird das S. durch eine multifaktorielle, hierarchische Struktur mit dem *allg.* S. an der Spitze der Hierarchie charakterisiert. Auf der nächsten Hierarchieebene werden ein *akademisches* S. sowie *nicht akademische* S. *(soziales, emot. und physisches* S.) voneinander unterschieden. Für das akademische S. (syn. *Fähigkeitsselbstkonzept*) werden dann auf der darunter liegenden Hierarchieebene Fähigkeitss. in Bezug auf versch. Inhaltsbereiche (z. B. Domänen oder Fächer) postuliert. Weiterhin wird postuliert, dass das S. nicht nur Selbstbeschreibungen, sondern auch Selbstbewertungen umfasst und dass es mit verwandten Konzepten (z. B. dem Verhalten der Person) zwar zus.hängt (etwa weil das S. das Verhalten beeinflusst), von diesen jedoch empirisch ausreichend trennbar sein sollte. In nachfolgender Forschung konnte insbes. die multifaktorielle Struktur des S. bestätigt werden, während sich die Hierarchie als komplexer herausstellte, als von Shavelson et al. angenommen. Weiterhin liegen Hinweise für die empirische Trennbarkeit von Selbstbeschreibungen und Selbstbewertungen vor. Letztere werden eher dem Konzept des allgemeinen Selbstwerts (*Selbstwertgefühl*) zugeordnet. Marsch 1990.

O. Dickhäuser

Selbstmanagement (= S.) [engl. *self-management*], [**KLI**], S. meint ein therap. Prinzip, das Menschen dabei unterstützen soll, eigenes *Verhalten* gemäß den eigenen Zielvorstellungen zu steuern. Dabei sind zwei Ebenen zu unterscheiden, nämlich (1) S. als *Ziel*: Dies meint, dass es eine grundlegende normative Vorgabe gibt, die besagt, dass Menschen danach streben, eigene Bedürfnisse wahrzunehmen und diese auch realisieren zu wollen. (2) S. als Methode: Gemeint ist damit, dass Menschen dazu befähigt werden sollten, eigenes Verhalten durch den Einsatz von spezif. therap. Strategien zu steuern. Von bes. Bedeutung sind dabei Strategien auf der Ebene der β-Kontrolle, d. h. von Maßnahmen auf der Ebene des Selbstregulationssystems. Kennzeichnend für S. (und zwar für beide genannten Ebenen) sind Prinzipien, die sich den Annahmen eines spez. Menschenbildes zuordnen lassen (Kanfer et al. 2012): Bedeutsames Ziel ist Autonomie und Selbstregulation; Relevanz einer aktiven Rolle von Pat.; Maximierung persönlicher Freiheit; Pluralismus an *Werten*, *Einstellungen* und *Lebensstilen*; Annahme eines ganzheitlichen Modells von *Persönlichkeit*; Betonung der Dynamik des menschlichen Lebens; Selbstregulation als prinzipiell erlernbare Fähigkeit; therap. *Optimismus*; Verpflichtung zu einer wiss. Haltung. Bedeutsam für S. ist der Versuch, das Ausmaß an *Selbstkontrolle* dadurch zu optimieren, dass die Steuerung des eigenen Verhaltens v. a. durch die Ebene der β-Kontrolle übernommen wird. Dies leugnet natürlich nicht die Relevanz von externer bzw. biol.-somatischer Kontrolle, unterstreicht aber die Dynamik des Modells der *Selbstregulation*. Diagn. Instrumente, die im Bereich S. eingesetzt werden, sind im Verzeichnis diagn. Verfahren im Index aufgeführt. *H. Reinecker*

Selbstmotivierung (= S.) [engl. *self-motivation*], [**EM, PER**], ist eine Selbststeuerungskompetenz (*Selbststeuerung*, *Motivation*), die die Umsetzung von Zielen unterstützt. S. ist besonders dann wichtig, wenn i. R. der Zielverfolgung schwierige oder unangenehme Aufgaben erledigt werden müssen. *Positive S.*, ist die Fähigkeit, auch unangenehmen Dingen etwas Positives abzugewinnen, sich bei Laune zu halten und sich selbst durch pos. Gedanken zu motivieren (z. B. wie schön es sich anfühlen wird, den Prüfungsstoff zu beherrschen). Positive S. fällt besonders leicht, wenn es schon bei der Zielbildung gelingt, viele Randbedingungen (z. B. eigene Wünsche, übergeordnete Ziele und soziale Erwartungen) gleichzeitig zu berücksichtigen und Ziele in das *Selbst* zu integrieren (*Regulation*, integrierte). Positive S. ist eine Form willentlicher Steuerung, die nicht anstrengt und erschöpft (*Ich-Erschöpfung*), sondern energetisiert. Personen mit einer *Disposition* zur prospektiven Handlungsorientierung (*Handlungskontrolltheorie*) können pos. S. auch unter Belastung effizient einsetzen. Positive S. entsteht in der Kindheit (und danach) durch *Internalisierung* erfahrener Ermutigung von Bezugspersonen in positiven Beziehungen (in denen sich die Person angenommen fühlt). *Ängstliche S.* liegt vor, wenn Personen sich motivieren, indem sie sich die neg. Konsequenzen der Handlungsunterlassung vorstellen (z. B. eine Prüfung nicht zu bestehen, wenn man nicht lernt). Diese Form der *vermeidungsmotivierten* Steuerung kommt eher zum Tragen, wenn Personen sich wenig mit ihren Zielen identifizieren (*Regulation*, introjizierte, externale) und wenig selbstbestimmt sind (*Fremdbestimmtheit*). Ängstliche S. ist zwar wirksam, aber anstrengend und erschöpfend (*Ich-Erschöpfung*). Baumann & Kuhl 2005, Martens & Kuhl 2005. *N. Baumann/J. Kuhl*

Selbstobjekt (= S.) [engl. *self-object*], [**KLI**], ein von H. Kohut in der *Psychoanalyse* eingeführter Terminus, um zunächst das spezif. Erleben eines narzisstisch gestörten Subjektes zu kennzeichnen (*Narzissmus*). Ein solcher Pat. erlebt den Analytiker (oder eine andere ihm bedeutungsvolle Person) nicht als ein von ihm getrenntes (autonomes) Individuum, sondern als eine anonyme Funktion, die ihm bei der Erfüllung best. narzisstischer Bedürfnisse (z. B. allg.: *Selbstwertregulation* oder spezif.: Bewundertwerden) dient. Ziel ist immer, den Zus.halt des Selbstgefühls zu sichern. Damit akzentuiert Kohut die Differenzierung von zwei Arten von Objekten: solchen, die mit Triebenergie (Objektlibido) besetzt sind (*Triebobjekte*), und solchen, die mit narzisstischer *Libido* (Ich-Libido) besetzt sind (narzisstische Objekte oder S.; *Objekt, psychoanalytische Betrachtung*). Kohut unterscheidet *archaische* von *reifen* S.-Beziehungen und meint, dass Letztere lebenslang andauern (es bestehe eine prinzipielle Angewiesenheit auf S.), wobei er den entwicklungsfördernden Charakter betont. *R. Butzer*

Selbstoffenbarung [engl. *self-disclosure*], [**PER, SOZ**], die indiv. variierende Bereitschaft, anderen Personen Informationen über die eigene Person mitzuteilen, die für die eigene Person sehr zentral und bedeutsam sind. Das Ausmaß wird z. T. von *sozialen Normen* gesteuert, da i. d. R. selbstrelevante Informationen nur an wenige, vertraute Personen weitergegeben werden.

Selbstoffenbarungsaspekt Vier-Seiten-Modell der Kommunikation von Schulz von Thun.

Selbstorganisation (= S.) [engl. *self-organization*; gr. ὄργανον (*organon*) Instrument, Werkzeug], [**AO, SOZ**], bezeichnet die eigenständige Strukturierung und Ordnung der Prozesse in einem physikal., biol. oder sozialem System (Kriz 1992). In der *Arbeits- und Organisationspsychologie* und ihren Nachbardisziplinen wird der Begriff S. unter Verweis auf selbstorganisierte *Gruppenarbeit* und selbstorganisiertes (oder *selbst gesteuertes*) *Lernen* Lernen (*Aus- und Fortbildung*) sowie zur Beschreibung geplanter, nicht geplanter oder auch chaotischer Prozesse in *Organisationen* verwendet. Der Begriff *Management* bezieht sich spez. auf zielgerichtete, nach Kriterien der *Effizienz* geplante Tätigkeiten. Da der Begriff der S. zusätzlich auch die spontanen und nicht vorhersehbaren Prozesse und Ergebnisse umfasst, ist er allg. als der mitunter syn. verwendete Begriff *Selbstmanagement* (*Management*).

Aus den Naturwiss. entlehnte Theorien der S. werden auch zur Beschreibung selbst determinierter, dynamischer oder chaotischer Prozesse in Organisationen herangezogen (Kasper 1991, Kirsch & Knyphausen 1991, Probst 1987). Nach Weick (1977a, 1977b) interpretieren Organisationen und ihre Mitglieder ihre Umwelt an Sinn- und Deutungsmustern des eigenen Handelns und versuchen die «Realitäten» sinnstiftend so zu konstruieren und zu verändern, dass organisationale Identität erhalten bleibt (*Lernende Organisationen*). Nach konstruktivistischem Organisationsverständnis bilden soziale Systeme wie Industriebetriebe ihre Strukturen durch kontinuierliche Kommunikationsprozesse. Nach der konstruktivistischen Theorie von Probst (1987) kann man Organisationen nicht planbar steuern, sondern ihre S. und Lernfähigkeiten nur indirekt fördern, insbes. zu lernen mit Unsicherheit umzugehen, Möglichkeiten zu erhalten und zu schaffen oder Flexibilität zu erhalten. Nach der synergetischen S.theorie der Organisation von Greif et al. (2004) gibt es in Organisationen sowohl instabile Phasen, die nicht vorhersagbar und nur indirekt beeinflussbar sind, aber durchaus auch stabil geordnete Phasen, in denen sich die Prozesse sehr gut vorhersagen und zielgerichtet geplant beeinflussen lassen. Durch Aktivierung der S.kompetenzen der Organisationsmitglieder auf den Systemebenen Individuum, Gruppe und Organisation und durch Vorgabe von Rahmenbedingungen und Zielkriterien können die Organisationsmitglieder nicht vorhersehbare evolutionäre Verbesserungen erzielen und gemeinsam vorgegebene konkrete Ziele erreichen. Die Wege und Lösungen sind dabei nicht vorhersehbar, durch ständige meth. Analysen und Förderung von Problemlöseprozessen können aber zum Ziel führende Optimierungs- und Lernprozesse gefördert werden. S. Greif

Selbstorganisationstheorie der Organisation [engl. *self-organization theory*], *Organisation*.

Selbstpräsentation (= S.) [engl. *self-presentation*; lat. *präsentare zeigen*], **[SOZ]**, i. S. d. *Interdependenztheorie* (Kelley & Thibaut 1978) beschreibt S. die Absicht (*Intention*) von Personen, in Interdependenzsituationen (*Interdependenz, Interdependenz, soziale*) dem Interaktionspartner die *Motive* und *Dispositionen* zu kommunizieren, die relevant für ihr *Verhalten* in der jeweiligen Situation sind. Während ein Interaktionspartner durch S. versucht, die Gründe für sein Verhalten zu kommunizieren, werden vom anderen Interaktionspartner Attributionen (*Kausalattribution*) vorgenommen, um vergangenes Verhalten des anderen zu erklären und zukünftiges Verhalten vorhersagen zu können. Beides, S. und Attribution, werden durch die *Interdependenzstruktur* beeinflusst, da unterschiedliche Situationen das Kommunizieren best. Motive erfordern bzw. akkurate Attribution erschweren können.
[RF], *Täuschungsstrategien*. Van Lange & Rusbult 2011.
S. Macher

Selbstpsychologie [engl. *self-psychology, psychology of the self*], **[KLI]**, Kohut gilt als Begründer dieser Richtung der *Psychoanalyse*, die den Akzent weniger auf die Triebtheorie (*Triebtheorie nach Freud*) mit ihren libidotheoretischen Überlegungen legt als auf die narzisstische Entwicklung als eigenständiger Linie. Das Selbst und seine Entwicklung, für das Kohut (analog den psychosexuellen Phasen) Entwicklungsphasen beschreibt, hängt wesentlich von der Rolle der ersten Selbstobjekte (deren Empathie und Versagen; *Selbstobjekt*) ab und best. die Entwicklung eines «gesunden» oder «pathologischen» *Narzissmus*. Grob lassen sich vier zentrale Paradigmen innerhalb der Psychoanalyse identifizieren und gegeneinander durch ihre Hauptannahmen abgrenzen: Triebtheorie, Ich-Ps., Objektbeziehungstheorie und Selbstps. Butzer 1997. R. Butzer

Selbstreferenzialität [engl. *self-referentiality*, lat. *referre zurück tragen*], *Autopoiese, autopoietisch, Konstruktivismus, radikaler, Organisation*.

Selbstregulation (= S.) [engl. *self-regulation*; lat. *regula Maßstab, Regel*], **[EM, KLI, DOZ]**, S. meint die Tatsache, dass Menschen in der Lage sind, eigenes *Verhalten* im Hinblick auf selbst gesetzte *Ziele* zu steuern. Grundlage dafür ist das Modell der S., wonach menschliches Verhalten durch unterschiedliche Determinanten gesteuert wird: α-Variablen: Einflüsse der Umgebung, aber auch eigenes und fremdes Verhalten; β-Variablen: kognitive Ereignisse und Prozesse (Erwartungen, Schemata); diese Variablen sind durch die Entwicklung und Biografie stark beein-

flusst und bilden das Kernstück des Modells. γ-Variablen: biol.-somatische Determinanten, sowohl aktueller (z. B. Hunger, Müdigkeit) als auch überdauernder Art (z. B. Geschlecht, *Genetik*). Der Ablauf wird in der Abb. dargestellt. Im Modell der S. wird von einer engen Interaktion der einzelnen Variablen (Determinanten) ausgegangen, wobei die Dynamik des Modells durch kontinuierliche Prozesse der Rückkopplung verdeutlicht wird. Grundsätzlich baut das Modell auf folg. Schritten auf: (1) *Selbstbeobachtung*: Das Individuum beobachtet Merkmale des eigenen Verhaltens, erfasst somit eine Art Ist-Zustand. Mit Verhalten sind alle vorher genannten Ebenen, also neben den beobachtbaren Merkmalen auch Aspekte kogn. Variablen bzw. auch physiol. Prozesse (Physiologie) gemeint. (2) *Selbstbewertung*: Hier erfolgt ein Vergleich mit Standards des eigenen Verhaltens, d. h. ein Abgleich mit einem Soll-Wert. Daran schließt sich ein Prozess der *Selbstverstärkung* (bzw. im neg. Falle auch der *Selbstbestrafung*). Dies meint ein bes. motivationales Element (*Motivation*) der Rückkopplung zur Selbstbewertung bzw. auch zur Veränderung des eigenen Verhaltens. Wichtig ist, darauf hinzuweisen, dass Prozesse der S. keineswegs bewusst sein müssen, viele Prozesse der S. laufen vielmehr automatisch ab (z. B. hormonelle Regulation des Körpers, *Hormone*). Bewusst werden die Prozesse i. d. R. dann, wenn es zu einer Störung im Ablauf der S. kommt (z. B. bei Hunger, Durst). Dies trifft auch dann zu, wenn ein Vergleich von eigenem Verhalten mit selbst gesetzten Standards (Zielen) einen Konflikt ergibt. In diesem Falle spricht man von *Selbstkontrolle*. Kanfer et al. 2012. H. Reinecker

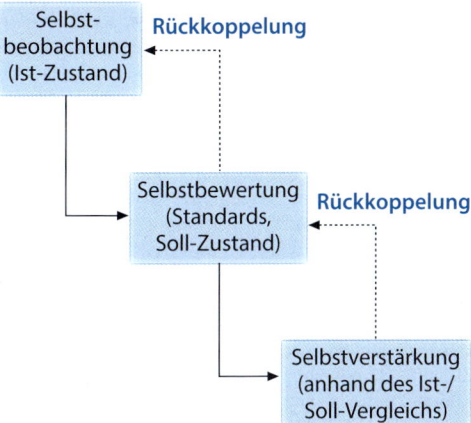

Selbstregulation: Modell nach F. H. Kanfer (Kanfer et al. 2012)

Selbstregulation, Informationsverarbeitung [engl. *self-regulation, information processing*], *selbst gesteuertes Lernen*.

Selbstregulationsfehler (= S.) [engl. *self-regulation error*], **[KOG]**, S. beeinträchtigen die *Selbstregulation* und können durch Fehl- oder Unterregulation entstehen (Baumeister & Heatherton 1996). Fehlregulation geht auf inadäquate Zielstandards, *Selbstbeobachtung* oder Regulationsstrategien zurück (*kybernetische Feedbackschlei-*

fenmodelle). Zwar wird das Verhalten ausreichend entspr. ausgewählter Zielstandards kontrolliert, doch reicht dies nicht aus, um übergeordnete Ziele zu erreichen. Dagegen ist die Unterregulation darauf zurückzuführen, dass trotz adäquater Zielstandards nur ungenügend Kontrolle über das zu steuernde Verhalten ausgeübt wird. Hierbei reichen die Selbstbeobachtung und die Regulationsbemühungen nicht aus, um sich ungewollten Gedanken, Gefühlen oder Impulsen zu widersetzen. Dies ist z. B. auf verminderte *Aufmerksamkeit* oder Müdigkeit zurückzuführen. S. häufen sich in Situationen mit hohen Anforderungen und eingeschränkten Ressourcen. S. Burkert

Selbstregulationsmodell [engl. *self-regulation model*], *Common-Sense-Selbstregulationsmodell (CSM), Selbstregulationstheorie (Carver & Scheier, 1998).*

^Test^**Selbstregulationsstrategientest für Kinder (SRST-K)**, 1993, von J. Kuhl & E. Christ, [www.testzentrale.de], **[DIA, EM, EW, KOG, PER]**, Persönlichkeitstest für Kinder. AA Grundschulkinder. Der SRST-K ist ein Test zur Überprüfung des *Selbstregulations-Strategiewissens* bei Kindern. Er dient dazu, zu überprüfen, ob ein Kind über ein seinem Alter angemessenes Ausmaß an Wissen darüber verfügt, welche Strategien es prinzipiell in Situationen anwenden kann, die *Selbstregulation* erfordern. Folgende Subskalen liegen vor: *Motivationskontrolle, Aufmerksamkeitskontrolle, Emotionskontrolle* und *Misserfolgsbewältigung. Normierung* an *N* = 752 Kindern der 1. bis 4. Klasse, angegeben werden klassen- und geschlechtsbezogene Prozentrangwerte. Es liegt eine Form für Jungen und eine für Mädchen vor. Durchführungsdauer ca. 20 bis 25 Min.

Selbstregulationstheorie (Carver & Scheier, 1998) (= S.) [engl. *self-regulation theory*], **[EM, KOG]**, *Selbstregulation* anhand von kybernetischer Feedbackkontrolle (*Kybernetische Feedbackschleifenmodelle*), angelehnt an Feedbackkontrollsysteme der Physik. Für die Feedbackkontrolle werden wiederholt pos. oder neg. Feedbackschleifen durchlaufen, in denen jeweils ein Abgleich zw. Zielzustand/-verhalten (Soll-Wert) und aktuellem Zustand/Verhalten eines Individuums (Ist-Wert) vorgenommen wird. Ständige *Selbstbeobachtung* ist eine notwendige Voraussetzung dafür. Ergibt ein Vergleich eine Diskrepanz, so wird aktive Selbstregulation benötigt, um diese durch eine Verhaltensänderung (d. h. Änderung des Ist-Werts) zu reduzieren (neg. Feedbackkontrolle). Eine Diskrepanzreduktion durch (temporäre) Zieladaptation oder Zielentbindung [engl. *goal disengagement*] ist eher unerwünscht, es sei denn, eine Zielrealisierung ist (vorerst) nicht möglich. Stimmen aktuelles und Zielverhalten überein (Zielerreichung), ist keine Selbstregulation notwendig. In diesem Fall kann das Kontrollsystem verlassen werden. In der S. sind Ziele hierarchisch nach Abstraktionslevels organisiert. *Sequenzen* stellen das unterste Level dar, gefolgt von Programmen, Prinzipien und Systemen auf dem höchsten Abstraktionslevel. Auf dem Systemlevel werden abstrakte *Ziele* basierend auf Wertvorstellungen definiert (z. B. moralisches Handeln; *Werte*). Grundlegende Vorgehensweisen, mit denen diese Ziele erreicht werden können, werden auf der Prinzipienebene formuliert (z. B. ehr-

lich sein). Auf der Programmebene werden dann konkrete Verhaltensziele für die Erfüllung der Prinzipien beschlossen (z. B. Kilometergeld korrekt abrechnen), die sich durch nahezu automatische Handlungsabläufe (Sequenzen; z. B. vor und nach der Fahrt Eintrag ins Fahrtenbuch machen) ohne weitere Unterziele umsetzen lassen. Eine erfolgreiche Selbstregulation priorisiert die Erreichung von relevanteren Zielen. Die Relevanz von Zielen ist indiv. abhängig von der Wichtigkeit und Anzahl der übergeordneten Prinzipien. Carver & Scheier 1998. A. U. Wiedemann

^Test^**Selbstregulations- und Konzentrationstest für Kinder (SRKT-K)**, 1992, von J. Kuhl & K. Kraska, [www.testzentrale.de], **[DIA, KOG, PER]**, Konzentrationstest, Persönlichkeitstest. AA Kinder der 1. bis zur 4. Grundschulklasse. Der SRKT-K ist ein computerunterstützter Test zur Prozessdiagnostik mehrerer Komponenten der *Selbstregulation* und der *Konzentration*. Der SRKT-K wird dem Kind als attraktives Computerspiel vorgestellt. Die Anwendung des Tests erfolgt menügesteuert. Das integrierte Auswertungsprogramm ermöglicht die sofortige Darstellung von indiv. Grafiken auf dem Bildschirm. Normierung an *N* = 985 Grundschülern der 1. bis 4. Klasse. Durchführungsdauer ca. 30 Min.

selbst reguliertes Lernen [engl. *self-regulated learning*]; *selbst gesteuertes Lernen.*

Selbstsicherheit, Selbstbehauptung (= S.) [engl. *assertiveness, self-assertion*], **[KLI, PER, SOZ]**, die Fähigkeit, in def. mikrosozialen Konflikten ohne *Angst* mit einem adäquaten Verhalten zu reagieren. S. wird auch als *soziale Kompetenz* bez. und wurde als Gegenbegriff zur *sozialen Angst* in die *Verhaltenstherapie* eingeführt. Während früher (Wolpe 1972) mit S. alles nicht ängstliche Verhalten gemeint war, wird heute eine deutliche Abgrenzung zu aggressivem Verhalten (*Aggressivität*) vorgenommen. S. ist jedoch nicht nur durch Abwesenheit starker *Angst* und durch flexibles Verhaltensrepertoire zu kennzeichnen. Vielmehr muss die Fähigkeit zur Diskrimination sozialer Situationen und zur Entscheidung zw. mehreren Verhaltensalternativen hinzukommen. Weiterhin ist eine übergreifende Normorientierung dergestalt nötig, dass sich das Individuum erlaubt, eigene Bedürfnisse zu haben und aktiv für sie einzutreten, ohne dabei andere zu beeinträchtigen oder langfristige Bindungen unmöglich zu machen. Der Begriff S. sollte auf konkrete Situationen und Verhaltensziele bezogen werden. Als situationsübergreifendes *Persönlichkeitsmerkmal* ist S. empirisch nicht bestätigt. Zimmer 1978. D. Zimmer

Selbstsicherheit, zweifelnde *Kreativität.*

Selbstsicherheitstraining [engl. *assertiveness training*], **[KLI]**, verhaltenstherap. Technik, eines der bestens kontrollierten und effektivsten Breitbandverfahren, bei dem versch. Prinzipien der *Verhaltenstherapie* zum Einsatz kommen, um soziale Angst, Verhaltensdefizite und Interaktionsschwierigkeiten zu behandeln. I. e. S. sind die Ziele: Reduktion von Ängsten (*Angststörungen*), Aufbau und Erweiterung eines flexiblen Verhaltensrepertoires, die Fähigkeit zur Diskrimination sozialer Situationen und die Entscheidung bei der Auswahl von Verhaltensstrategien sowie die Selbstakzeptierung eigener Bedürfnisse und rationaler Normvorstellungen. Häufig spielen folg. Zielverhaltensklassen eine große Rolle: Angst, unberechtigte Forderungen abzulehnen; Angst, eigene Wünsche und Forderungen mit Nachdruck zu vertreten; offener und direkter Ausdruck pos. und neg. Gefühle; Kontaktängste; Angst vor eigenen Fehlschlägen und Kritik anderer. In Einzeltherapien und Gruppentherapien, die zw. 10 und 40 Sitzungen dauern, werden meist folg. Methoden angewandt: hierarchisch abgestufte Übungen als Rollenspiele und *in vivo*, d. h. in der Realität, oft unter Einbeziehung realer Bezugspersonen. Instruktion, Modell-Lernen, Feedback und Verstärkung, Tonband- und Video-Feedback, *Selbstregulation*sverfahren und Methoden der *kognitiven Umstrukturierung*. Vertrauen in das eigene Verhaltensrepertoire (Kompetenzvertrauen oder self-efficacy: Bandura, *Selbstwirksamkeitserwartung*) wird v. a. über real bewältigte Erfahrungen in schwierigen Situationen erreicht. Bei den teilweise mehrjährigen *Katamnesen* wurden pos. Generalisierungseffekte auf andere Lebensbereiche beobachtet. Neg. Effekte wurden v. a. von Ansätzen erzielt, die weniger prosoziales als vielmehr aggressives Durchsetzungsverhalten trainierten.   *F. Caspar*

Selbstständigkeit, berufliche (= b. S.) [engl. *self-employment*], **[AO, WIR]**, umfasst Erwerbstätigkeiten, die relativ überdauernd und regelmäßig praktiziert werden und sich in Abgrenzung zu angestellten Beschäftigungsverhältnissen dadurch auszeichnen, dass Personen Zeit, Ort, Dauer und Inhalt einer Tätigkeit frei bestimmen und ihre Arbeitskraft nach eigenem Ermessen einsetzen können, dass sie keinen Weisungsbefugnissen eines Arbeitgebers unterliegen und in ökonomischen, finanziellen, personellen, steuerlichen und rechtlichen Belangen ihrer Tätigkeit alleinige Verantwortung tragen. Der Anteil von b. S. in der erwerbstätigen Bevölkerung variiert im internat. Vergleich zw. 5 und 25 Prozent. In Dt. liegt er mit leichten Schwankungen seit vielen Jahren bei etwa 10 Prozent. Zu den Schwerpunkten einer ps. Erforschung der b. S. gehören indiv. und soziale Determinanten und Korrelate einer entspr. Erwerbstätigkeit. Untersucht werden Fragen, welche *Bedürfnisse*, *Motive*, *Eigenschaften*, Fähigkeiten, Kenntnisse und Fertigkeiten (*Fertigkeit*) den Schritt in die S. begünstigen (*unternehmerische Persönlichkeit*, *Unternehmensgründung*) und von welchen intra- und interindiv. Faktoren es abhängt, wie ökonomisch und psychol. erfolgreich b. selbstständiges Handeln ist. Die Affinität zur b. S. kann durch psychoanalytische Ansätze (frühkindliche *Prägung*, *Psychoanalyse*), differentialpsychol. Theorie (genetische Veranlagung (*Verhaltensgenetik*), Ausprägung von Eignungsmerkmalen), sozialpsychol. Theorien (Teamgründung, Intentionsbildung; *Intention*) und handlungstheoret. Ansätze (*Handlungstheorie*, *Kompetenzentwicklung*) erklärt werden. Ps. Erklärungen verbessern das Verständnis einer erfolgreichen S. ebenso wie deren Scheitern. Durch Einsatz ps. fundierter Methoden ist es zudem möglich, eine Verbesserung s.förderlicher Ausbildungs-, Weiterbildungs- und Beratungskonzepte zu erreichen (aktivierende Formen der Wissensvermittlung, *Aus- und Fortbildung*, *Coaching*). Müller 2015.   *G. F. Müller*

Selbststeuerung [engl. *self-regulation/-control*], *Selbstkontrolle*, *Selbstinstruktion*.

Selbststudium (= S.) [engl. *self-study, private study*; lat. *studere* nach etwas streben], **[PÄD]**, Teilmenge des von Weltner begrifflich eingeführten autonomen *Lernens*. Dieses selbstbestimmte Lernen beinhaltet die Komponenten der Selbstbestimmung der *Lernziele* sowie der Lernaktivitäten, wohingegen beim selbst gesteuerten Lernen die Lernziele verstärkt vorgegeben sind. Die Fähigkeit zur Selbstinstruktion und die Übernahme der Verantwortung für die Entwicklung der eigenen *Fähigkeit* ist sowohl Bedingung als auch Ziel von Bildungs- und Ausbildungssystemen und wird bei erwachsenen Lernern besonders im Rahmen des Universitätsstudiums vorausgesetzt. Die Lösung von institutionell vorgegebenen Bildungszielen und -strategien stellt eine erhöhte Anforderung an das autonom lernende Individuum dar, für deren Bewältigung Bildungs- und Lernmotivation (*Lernmotivation, aktuelle und habituelle*, *Lernmotivation, intrinsische und extrinsische*) wichtige Aspekte sind. Eine organisatorische Sonderform des S. stellt das *Fernstudium* dar. *Lernen, selbstgesteuertes*.   *M. Heinecke-Müller*

Selbstsuggestion *Autosuggestion*.

Selbsttäuschung [engl. *self-deception*]; *Selbsterkenntnis*.

Selbsttheorien der Persönlichkeit [engl. *self-theories of personality*], **[PER]**, der Begriff *Selbst* (= S.) hat in den modernen Persönlichkeitstheorien (*Persönlichkeit*, *Persönlichkeitspsychologie*) seit W. James (1890) eine zweifache Bedeutung bekommen: Einerseits ist er def. als das Total der Einstellungen und Gefühle sich selbst gegenüber, andererseits wird er definiert als eine Gruppe von psych. Prozessen, die das Verhalten i. S. einer optimalen Umweltanpassung steuern. Diese zwei Auffassungen des Selbstkonzepts sind so unterschiedlich, dass es besser wäre, je einen eigenen Ausdruck einmal für das *S. als Objekt*, ein andermal für das *S. als Prozess* (Psychoanalyse), als *dynamisches Ego* (James), als *transzendentales Ich* (Kant) zu prägen. In den gegenwärtigen Theorien wird das S. sowohl in der einen wie in der anderen Bedeutung gebraucht. In keiner modernen S.theorie jedoch, ob sie nun das S. als Objekt oder als Prozess auffasst oder auch (in undifferenzierter Weise) als beides, hat es noch die Bedeutung eines *inneren Männchens*, welches das Verhalten steuert: als *Homunculus*, *Mann in der Brust* oder als *leibunabhängige Seelensubstanz*. Vielmehr versteht man unter dem S.begriff das Objekt psychischer Prozesse bzw. diese Prozesse selbst, die alle den naturwiss. kausalen Erklärungsschema genügen müssen. Das S. ist also heute kein Begriff mehr mit metaphysischem oder religiösem Bedeutungsgehalt, sondern ein hypothetisches *Konstrukt*, das als (logisches) Zwischenglied zw. der Stimulierung des Organismus und seiner Reaktion fungiert. Die modernen S.theorien repräsentieren in ihrer Vielfalt einen Versuch, best. Erlebens- und Verhaltensphänomene, wie sie sich aus mehr oder weniger kontrollierter S.- und Fremdbeobachtung ergeben, zu beschreiben und in einen wiss. Erklärungszusammenhang zu bringen.

Auch in der Sicht dynamischer S.theorien (vorwiegend psychol. Provenienz) bedeutet das *S. als Tür* (vgl. Freuds (*Psychoanalyse*) Akt-Ich, dessen Konzeption bereits bei Brentano zugrunde gelegt war) nichts anderes als einen Komplex von Steuerungsprozessen. Als *phänomenales S.* (Snygg & Combs 1949) oder als System persönlicher Konstrukte (Kelly 1955; *Kelly, George Alexander*) liegen Versuche vor, das *Selbstkonzept* als analytische Einheit im Bedingungssatz indiv. Verhaltens für die Weiterentwicklung der Persönlichkeitsps. fruchtbar zu machen. Auch die theoretische Integration mit den Bereichen der Wahrnehmungs-, Entwicklungs-, Sozial-, Päd. und Klinischen Ps. wird mit dem Ziel einer weiteren Nutzbarmachung des S.konzepts verfolgt. Das Problem einer adäquaten Operationalisierung ist allerdings noch nicht gelöst. John et al. 2008, Asendorpf & Neyer 2012.

Selbstüberschätzung (= S.) [engl. *self-enhancement*] **[PER, SOZ]** ist als übermäßig pos. Selbstbewertung zu verstehen und unterscheidet sich damit von gesundem *Selbstwert*. S. bedeutet, dass Personen sich positiver beurteilen als entspr. Evidenz nahelegt, Selbsteinschätzungen also von Fremdurteilen oder obj. Leistungsindikatoren divergieren. Eng verwandt mit dem *Konstrukt* S. ist das Konstrukt *Narzissmus*. Soweit es um die pos. Präsentation der eigenen Person vor anderen geht, spricht man von Selbstaufwertung [im Engl. ebenfalls *self-enhancement*]. Im frühen Kindesalter tendieren die meisten Menschen zu S., was im Lauf der Entwicklung abnimmt. Prinzipiell unterscheiden sich Menschen im Hinblick auf ihre S. Entgegen der klass. Annahme, dass eine realistische Wahrnehmung der eigenen Kompetenzen adaptiv sei, argumentierten Shelley Taylor und Jonathon Brown im Jahre 1988, dass pos. Illusionen normal und Kennzeichen psych. Gesundheit sind, was zu einer langen und kontrovers geführten Debatte führte. Selbstüberschätzer werden oft zunächst als attraktiv wahrgenommen, aber bei längerer Bekanntschaft nehmen neg. Bewertungen zu. Intrapersonell ist S. mit selbstwertdienlicher *Attribution* und *Wohlbefinden* verbunden und fördert die Bereitschaft, sich herausfordernde Ziele zu setzen. Interpersonell werden Selbstüberschätzer als einflussreich und emot. stabil wahrgenommen. Allerdings besteht langfristig die Gefahr nachlassender Motivation und Leistung. Möglicherweise kommt es auf das Ausmaß der Überschätzung an: leichte S. ist günstig, starke S. aber problematisch. Die Messung von S. erfolgt u. a. mit *Kriteriums-Diskrepanz-Maßen* oder der *Overclaiming-Technik* [engl. *to overclaim* «überzogene Ansprüche geltend machen»]. Im *Social-Relations-Ansatz* kontrastiert man Selbstbewertungen damit, wie jemand andere Personen wahrnimmt und wie andere Menschen diese Person wahrnehmen – so kann S. von fundiert pos. Selbstbewertungen einerseits und grundsätzlichen Tendenzen pos. Bewertung andererseits unterschieden werden. Dufner et al. 2013, Schütz & Hoge 2007. *A. Schütz*

Selbstüberwachung (= S.) [engl. *self-monitoring*], **[PER, SOZ]**, beschrieb nach Mark Snyder 1974 interindiv. Unterschiede in der Tendenz zur *Selbstdarstellung* (einem Teilbereich der Eindruckslenkung, [engl. *impression management*]). *Self-Monitoring* wird im Deutschen als S. übersetzt, allerdings wird auch hierzulande der engl. Begriff Self-Monitoring häufig verwendet. Starke Selbstüberwacher sind nach Snyder motiviert und fähig, ihr Auftreten und ihren expressiven Ausdruck zu kontrollieren und sich so den wahrgenommenen Anforderungen einer Situation anzupassen. Schwache Selbstüberwacher streben dagegen nach Kongruenz zw. ihrem *Selbstkonzept* und ihrem Verhalten unabhängig von der jew. Situation. Verglichen mit starken Selbstüberwachern variiert ihr Verhalten also wenig zw. Situationen, womit S. in der *Person-Situationsdebatte* auch einen sog. Meta-*Trait* darstellt. Snyders ursprüngliche Skala zur Erfassung von S. wurde wegen nicht nachgewiesener *Eindimensionalität* kritisiert. Lennox und Wolfe stellten in Reaktion darauf ein bimodales Modell der S. mit der rev. Self-Monitoring-Skala (*Revised Self-Monitoring Scale*) vor, die Wahrnehmungssensibilität und Selbstdarstellungskompetenz als einen Faktor und das Bedürfnis nach sozialer Angemessenheit der Selbstdarstellung (*Concern-for-Appropriateness Scale*) als zweiten Faktor erfasst. Eine dt. Version wurde von Laux und Renner veröffentlicht. Die Autoren zeigten, dass Selbstdarstellungskompetenz nicht notwendigerweise mit geringer Authentizitätsneigung verbunden ist und differenzieren mit der revidierten Self-Monitoring-Skala *akquisitive* und *protektive* Stile der Selbstdarstellung. Akquisitive Selbstdarsteller streben in Interaktionen soziale Gewinne und Anerkennung an, während Selbstdarsteller mit einem protektiven Stil bemüht sind, Missbilligungen zu vermeiden. Festgestellt wurden positive *Korrelationen* zwischen akquisitiver Selbstdarstellung und *Selbstwert*, Authentizität und aktiver Bewältigung. Auch ist akquisitive Selbstdarstellung für individualistische Kulturen typ. als für kollektivistische. Protektive Selbstdarstellung hingegen korreliert mit *Neurotizismus* und *Introversion*. Laux & Renner 2002, Schütz et al. 2011. *A. Schütz*

Selbstverbalisierung (= S.), **[KLI]**, Methode zur *kognitiven Um-/Restrukturierung*. S. werden als kogn. Prozesse aufgefasst, die die Emotionen und Handlungen von Pat. wesentlich determinieren. Die Identifikation dysfunktionaler S. und deren Substitution durch realitätsbezogenere, funktionalerer S. ist bspw. ein wesentliches Ziel von *Selbstkontrollverfahren*. *Selbstinstruktion*.

Selbstverletzendes Verhalten (= S. V.) [engl. *self-injurious/-harming behavior*], **[KLI]**, unter S. V. wird eine funktionell motivierte, direkte und offene Verletzung oder Beschädigung des eigenen Körpers verstanden, die nicht sozial akzeptiert ist und die nicht mit suizidalen Absichten (*Suizidalität*) einhergeht (Petermann & Winkel 2009). Betroffene verletzen sich meist durch Schneiden oder Ritzen der Haut; primär sind davon die Arme betroffen. S. V. tritt gehäuft unter Jugendlichen (*Adoleszenz*) auf (Petermann & Nitkowski 2011): Eine Studie aus den USA schätzt die Lebenszeit*prävalenz* in der Gesamtbevölkerung auf ca. 5,9 % (Klonsky 2011). Für Jugendliche werden Prävalenzraten zw. 13 % und 25,6 % für die Lebenszeit und ca. 24 % für den 12-Monats-Zeitraum berichtet. Im Vgl. zu Jungen schienen sich Mädchen häufiger selbst zu verletzen. Ein erstes

Auftreten von nicht suizidalen Selbstverletzungen wird im Alter von 12 bis 14 Jahren verortet. S. V. ist von *Suizid*versuchen zu unterscheiden. Zw. beiden Phänomenen besteht in der Erscheinung eine gewisse Ähnlichkeit. Eine Nähe beider Konzepte besteht auch darin, dass S. V. das Risiko für Suizidversuche erhöht. Abzugrenzen sind beide Phänomene, gerade im Falle milder Suizidversuche, weniger gut anhand oberflächlicher Merkmale wie bspw. der gewählten Schädigungsmethoden, sondern vielmehr durch die inneren Vorgänge und *Motive*. Wichtigster Unterscheidungspunkt ist die Abwesenheit einer Suizidabsicht. Es ließen sich eine Reihe von Defiziten bei Betroffenen mit S. V. feststellen. So fanden sich Zus.hänge von Selbstverletzungen mit einer Schwankung in der emot. Aktivierung (*Emotionen*), einer geringeren Stresstoleranz (*Stressbewältigung*) und einer starken emot. Reaktivität in *Selbstbericht*. Die Betroffenen scheinen intensiven neg. Gefühlen gegenüberzustehen, für deren Bewältigung sie kaum über andere effektive Strategien als S. V. verfügen. Mehrere Studien konnten die emotionsregulierende Funktion (*Emotionsregulation*) von S. V. belegen: So gaben Betroffene an, dass nicht suizidale Selbstverletzungen die emot. Befindlichkeit verbessern und eine unangenehme psychophysiol. Erregung reduzieren können. Der Effekt scheint jedoch nicht nachhaltig zu sein und schon innerhalb von Std. wieder nachzulassen. *F. Petermann*

Selbstverstärkung (= S.) [engl. *self-reinforcement*], syn. *Selbstbelohnung, -bestrafung*, [**KLI, KOG**], S. ist eine *Verstärkung*sart, die in Analogie zur Fremdverstärkung bei *operanter Konditionierung* entwickelt wurde. Wie die Fremdverstärkung ist S. für die Handlungsausführung (*performance*) relevant, nicht für den Erwerb (*acquisition*) der (neuen) Verhaltensweisen. Als motivationale Grundlage für die Handlungsausführung bildet S. allerdings die wirksamste Variante, insofern sie im Konfliktfall nicht nur die stellvertretende Verstärkung (das beobachtete Modell wird verstärkt: *Beobachtungslernen*), sondern sogar die direkte externe Verstärkung (die lernende Person wird fremdverstärkt) außer Kraft setzt. Damit werden auch Befunde erklärbar, die für behavioristische Verstärkungstheorien Anomalien darstellen, wie etwa der Widerstand in politischen Diktaturen. Nicht zuletzt durch solche existenziell gravierenden Bsp. aus der gesellschaftlichen Realität wird deutlich, dass der S. eine Selbstbewertung (*self-evaluation*) vorausgeht, die von selbst gesetzten Standards und damit Einstellungen abhängt. Dementspr. ist der Aspekt der S. mittlerweile in umfassenderen Theoriemodellen zur Selbstregulation (Kanfer 1996; Schunk & Zimmerman 2013) aufgegangen. Danach stellt die Selbstbewertung das entscheidende Mittelstück zw. vorauslaufender *Selbstbeobachtung* (*self-monitoring*) und nachfolg. Reaktion (z. B. S.) dar. Das damit zentrale Konstrukt der Selbstbewertung deckt kogn. wie affektive Dimensionen (bis hin zu moralischen Werthaltungen des *Real-Selbst* und *Ideal-Selbst*) ab, von denen aus die Einordnung in übergreifende Theorien der Selbstwirksamkeit (*Selbstwirksamkeitserwartung*) (*self-efficacy*) möglich und sinnvoll ist. In dieser zugleich reflexiven und handlungsorientierten Funktion wird die S. neben der Selbstbeobachtung und -bewertung beim Erwerb sowie bei der Aufrechterhaltung von Handlungskompetenzen in der Therapie zunehmend systemat. berücksichtigt und eingesetzt. *Selbstkontrolle*. *B. Scheele*

Selbstvertrauen (= S.) [engl. *self-confidence, self-efficacy*], [**EM, KLI**], ein der *Selbstwirksamkeitserwartung* weitgehend entspr. Konzept; das Gefühl, mit möglichen Schwierigkeiten fertigwerden zu können und durch eigene Kraft etwas zu schaffen.

Selbstverwirklichung [engl. *self-realization*], *Selbst*.

Selbstwahrnehmung [engl. *self-perception*], *Selbstwahrnehmungstheorie*, *Selbstbeobachtung*.

Selbstwahrnehmungstheorie (= S.) [engl. *self-perception theory*], [**KLI, PER, SOZ, WIR**], eine von Daryl Bem (Bem 1972) entwickelte Theorie über die Entstehung von *Einstellungen*. Sie postuliert, dass Menschen durch die Beobachtung ihres eigenen *Verhaltens* und der Situationen, in denen das Verhalten gezeigt wird, auf ihre Einstellungen schließen. Einstellungsbildung oder *Einstellungsänderung* erfolgt nur dann aufgrund von *Selbstbeobachtung*, wenn folg. zwei Voraussetzungen erfüllt sind. (1) Individuen müssen sich bzgl. ihrer Einstellungen und Gefühle unsicher sein, d. h. andere innere Hinweisreize (*cue*) sind schwach, mehrdeutig oder nicht interpretierbar. (2) Das Verhalten muss auf *intrinsischer Motivation* beruhen und darf nicht durch Zwang entstanden sein. Nur dann erachten Individuen ihr Verhalten als Quelle des Wissens über ihre eigenen Einstellungen. Die S. nimmt eine funktionale Äquivalenz von Fremd- und Selbstwahrnehmung an. Ähnlich wie bei der *Fremdbeobachtung* verlässt sich ein Individuum auf äußere Hinweisreize (d. h. in dem Fall das eigene Verhalten), um innere Zustände zu erschließen. Einstellungen müssen also nicht zwangsläufig Verhalten vorausgehen, sondern können auch eine Folge von Verhalten sein – eine Annahme, die zunächst kontraintuitiv erscheint, aber in zahlreichen sozialpsychol. Studien bestätigt werden konnte. Entwickelt wurde die Theorie ursprünglich als Alternative zur Dissonanztheorie (*Dissonanz, kognitive*). Die Dissonanztheorie postuliert, dass einstellungsdiskrepantes Verhalten einen aversiven Spannungszustand erzeugt und damit auch die *Motivation*, diesen z. B. durch eine Einstellungsänderung zu reduzieren. Die S. kommt ohne diese motivationale Erklärung aus und ist daher sparsamer. Darüber hinaus ist die Dissonanztheorie von der Vorstellung des Menschen als rationalisierendes Wesen geprägt, wohingegen die S. den Menschen als rationales Wesen sieht. Nach einer kontroversen Debatte, ob eher die Dissonanztheorie oder die S. Einstellungsänderung erklären kann, ist inzwischen klar, dass die jew. vorliegenden Bedingungen eine entscheidende Rolle spielen: Dissonanztheoretische Prinzipien kommen eher zum Tragen, wenn Personen sich inkonsistent zu ihren eigenen, ihnen wichtigen Einstellungen verhalten. Die S. hingegen ist eher anwendbar, wenn die eigenen Einstellungen eher mehrdeutig und weniger wichtig sind. Anwendung findet die S. zum einen in psychoth. Settings. Der Ansatz ist hier, dass Personen mit psych. Problemen zunächst ihr Verhalten ändern sollen, um auf Grundlage des geänderten Verhaltens in einem zweiten Schritt dann auch ihre Einstellung zu verändern. Im Bereich *Marketing* und *Persuasion* ist die sog. *Foot-in-the-Door-Technik* ein typisches Bsp. für die Wirkungsweise der in der S. postulierten Mechanismen. *T. Glaser*

Selbstwerdung syn. *Individuation. Selbst.*

Selbstwert (= S.) [engl. *self-esteem, self-worth*], [**PER, SOZ**], auch *Selbstwertschätzung* genannt, ist die Bewertung des Bildes von sich selbst (*Selbstkonzept*) und damit eine grundlegende *Einstellung* gegenüber der eigenen Person. Obwohl es sich nicht um ein Gefühl im eigentlichen Sinne handelt, spricht man im Alltag oft von *Selbstwertgefühl*. Verwandte Alltagsbegriffe sind *Selbstsicherheit, Selbstachtung, Selbstbewusstsein* oder *Selbstvertrauen.* S. ist teilweise genetisch, teilweise durch Erfahrungen bedingt. Hoher S. steht in Zusammenhang mit *Wohlbefinden* und psych. Gesundheit. Allerdings fällt es Personen mit hohem S. oft schwer aufzugeben – selbst wenn die Kosten von Beharrlichkeit ihren Nutzen überschreiten. Die Fokussierung auf eigene Stärken kann außerdem die Bereitschaft zu persönlicher Weiterentwicklung reduzieren. Personen mit niedrigem S. tendieren dagegen zu Selbstkritik. Sie neigen dazu, Ursachen für Misserfolge und Fehler primär in der eigenen Person zu sehen und erleben sich dadurch als wertlos. Niedriger S. ist dabei einerseits Ursache, andererseits Folge von erlebten Misserfolgen und sozialen Belastungen. S. kann als stabile Eigenschaft (*trait*) oder als Zustand (*state*) untersucht werden. I. S. von Zwei-Prozess-Theorien wird zwischen explizitem und implizitem S. unterschieden. *Expliziter S.* wird als *Persönlichkeitsmerkmal* i. d. R. mit standardisierten Selbstbeschreibungsfragebogen erfasst, z. B. mit der eindimensionalen *Rosenberg-Skala* oder der multidimensionalen *Selbstwertskala*. Expliziter S. korreliert hoch mit *Neurotizismus*. Zur Erfassung des S. als Zustand liegt eine (mehrdimensionale) Skala von Heatherton und Polivy vor. *Impliziter S.* wird mit indirekten Verfahren wie dem *Impliziten Assoziationstest (IAT)* oder der *Initials Preference Task* (IPT) ermittelt. Varianten instabilen S. haben sich als problematisch erwiesen. Mit Defensivität und geringem Wohlbefinden verbunden sind außerdem Diskrepanzen zw. implizitem und explizitem S., die als *fragiler* und *verletzter* S. bez. werden. Schütz 2005, Orth et al. 2012. *A. Schütz*

Selbstwert, expliziter [engl. *explicit self-esteem*], *Real-Selbst.*

Selbstwert, impliziter [engl. *implicit self-worth*]; *Selbstkonzept, implizites.*

Selbstwertgefühl *Selbstwert* Jonas et al. 2007.

Selbstwertkontingenz (= S.) [engl. *contingent self-esteem, contingencies of self-worth*; lat. *contingere* zeitlich zusammenfallen, in Beziehung stehen), [**EM, PÄD, PER, SOZ**], unter S. wird die Abhängigkeit des Selbstwerts von dem Erreichen interner und externer Standards in selbstwertrelevanten Bereichen verstanden. Die S. stellt eine Facette des Selbstwerts dar und ist zu unterscheiden von der *Selbstwerthöhe* sowie von der *Selbstwertstabilität.* Versch. theoret. Ansätze konzipieren die S. entweder als eindimensionale Eigenschaft des Selbstwerts (*wahrer* vs. *kontingenter* Selbstwert) oder fokussieren auf die intraindiv. verschiedenen Kontingenzbereiche, von denen Personen ihren Selbstwert in unterschiedlichem Ausmaß abhängig machen. Das mehrdimensionale Modell ist empirisch insges. besser angepasst als das eindimensionale. Zu den stärker untersuchten Bereichen gehören *Kompetenz, Attraktivität, Moral*/Tugendhaftigkeit, Anerkennung anderer, familiäre Unterstützung und Wettbewerb; es werden weitere Kontingenzbereiche postuliert.

Die Erfassung der S. erfolgt überwiegend über Selbstberichtsskalen. Frauen weisen im Mittel eine höhere S. auf als Männer, wobei Ausmaß und Richtung der Geschlechtsunterschiede abhängig sind von den Kontingenzbereichen. Während die Ursachen von S. wenig erforscht sind, gibt es eine Reihe von Befunden zu den Auswirkungen. Ein kontingenter Selbstwert kann sowohl als *Vulnerabilität*sfaktor (z. B. für *Depression*) wie auch als bedeutsame Motivationsquelle aufgefasst werden. Personen mit kontingentem Selbstwert nehmen Situationen stärker als potenzielle Selbstwertbedrohung bzw. als Chance zur Steigerung ihres Selbstwertgefühls wahr und verfolgen sog. Selbstvalidierungsziele. S. geht u. a. einher mit höherer *Selbstaufmerksamkeit, Stress, Risikoverhalten* sowie mit geringerer Selbstwerthöhe und -stabilität. Auch zeigen sich in der Folge Unterschiede bzgl. der in die jew. Domänen investierten Zeit und Anstrengung (z. B. Interesse, Engagement, Berufswahl, persönliche Ziele). Zusammenhänge mit weiteren motivationalen Faktoren werden diskutiert. Crocker & Park 2004. *C. Schöne*

Selbstwertmanagement *Selbstwertregulation.*

Selbstwertregulation (= SR.) [engl. *self-esteem regulation*; lat. *regula* Maßstab, Regel], [**EM, KOG, PÄD, SOZ**], unter S. können alle Verhaltensweisen verstanden werden, die dem Bestreben zugrunde liegen, den *Selbstwert* (= S.) zu erhöhen, aufrechtzuerhalten oder wiederherzustellen. Der Schutz bzw. die Erhöhung des S. wird als ein zentrales und grundlegendes Bedürfnis des Menschen postuliert und stellt damit eine wichtige Determinante für das Verhalten dar. Tiefgreifende Veränderungen der Lebensbedingungen, aber auch alltägliche negative Erfahrungen/Erlebnisse können den S. einer Person bedrohen und den Prozess der SR. anstoßen. Ob und inwiefern das Erleben oder die Antizipation neg. Ereignisse (z. B. soziale Zurückweisung) zu einer Bedrohung des S. führt, wird maßgeblich von der Art und dem Ausprägungsgrad der *Selbstwertkontingenz* – der Abhängigkeit des S. von Erfolg bzw. Misserfolg in einem Bereich (z. B. Anerkennung anderer) – bestimmt. Zur Regulation des S. setzen Personen eine Vielzahl unterschiedlicher Strategien ein. *Sozial abwärtsgerichtete Vergleiche* [engl. *social-downward comparison*] bspw. führen zu einer Aufwertung der eigenen Person und ermöglichen es, den S. auch nach einem Misserfolg aufrechtzuerhalten. Bei der *Selbstbestätigung* [engl. *self-affirmation*] kann eine Bedrohung für den S. durch die Fokussierung auf andere Quellen des S., die nicht in Beziehung zur Bedrohung stehen, abgewendet werden. Wenn die Bedrohung z. B. in einer neg. Rückmeldung über die eigene Attraktivität besteht, kann der S. geschützt werden, indem man sich auf Fähigkeiten in anderen Bereichen (z. B. akademische Kompetenz) konzentriert. Neben den genannten Strategien gehören selbstwertdienliche Ursachenzuschreibungen (*Kausalattributionen*) für Erfolg und Misserfolg zu den am häufigsten untersuchten Mechanismen der SR. Hier zu nennen sind vor allem der *egocentric bias*, der *self-serving bias* und *self-handicapping*. S. Tandler

Selbstwertstabilität (= S.) [engl. *stability of self-esteem*; lat. *stabilis* fest, standhaft], [**PÄD, PER, SOZ**], S. ist eine Facette des Selbstwerts (*Selbstwert*) und ist zu unterscheiden von dessen Höhe sowie von dessen Abhängigkeit (*Selbstwertkontingenz*). Die Verwendung des Begriffs S. ist nicht einheitlich. S. wird meistens i. S. zeitlicher *Stabilität* der Selbstwerthöhe, d. h. geringer Schwankung des Selbstwertgefühls, verstanden, wobei zw. langzeitlichen und kurzzeitlichen Fluktuationen um ein indiv. Selbstwert-Level unterschieden wird. Andere Ansätze verstehen S. eher i. S. eines sicheren, robusten (vs. fragilen) Selbstwerts oder als Kombination beider Ansätze. Die Erfassung der S. erfolgt – je nach Ansatz und Zweck – über die Mehrfacherhebung der Selbstwerthöhe in geringen Abständen mit anschließender Ermittlung der intraindiv. *Standardabweichung*, über die Erfassung der Selbstwerthöhe zu eher weiter auseinander liegenden Messzeitpunkten mit anschließender Betrachtung der Rangstabilität, oder aber per Selbstbericht über die Erhebung der subj. wahrgenommenen Variabilität und Fragilität. Diese Maße weisen eher geringe Zusammenhänge untereinander auf. Es werden versch. Determinanten der S. diskutiert. Es zeigt sich ein enger Zusammenhang mit der Selbstwertkontingenz sowie mit dem Ausmaß an Kongruenz zw. implizitem und explizitem Selbstwert. Darüber hinaus zeigen verhaltensgenetische Studien eine moderate Erblichkeit der S. sowie Einflüsse nicht geteilter Umwelt. Die Entwicklung der S. über die Lebensspanne folgt mit einem Anstieg ab der Adoleszenz einem von anderen Persönlichkeitsmerkmalen bekannten Verlauf in Richtung besserer Anpassung. Ein instabiler Selbstwert ist assoziiert mit Gefühlen von Bedrohung, Ängstlichkeit, Unsicherheit und mit Vulnerabilität-Sensitivität. Hohe S. ist nicht zwangsläufig mit pos. Emotionen verbunden, sondern bedeutet eher eine Abwesenheit von neg. Emotionen. Es zeigten sich Zusammenhänge der S. mit *Motivation*, *Depression*, *Aggression*, Vermeidungsverhalten und selbstwertregulierenden Strategien (*Selbstwertregulation*). Schütz 2010. C. Schöne

Selbstwirksamkeitserwartung (= S.) [engl. *perceived self-efficacy*], [**EM, GES, KLI, KOG, PÄD**], Kompetenzerwartung, ist die subjektive Überzeugung, neue oder schwierige Anforderungssituationen aufgrund eigener *Kompetenzen* bewältigen zu können. Das Konzept beruht auf der sozialkognitiven Theorie von Albert Bandura (1986). S. ist eine *Kognition*, die menschliches *Denken*, Fühlen (*Gefühl*) und Handeln (*Handlung*) beeinflusst. Sie wird benötigt für Aufgaben, deren Schwierigkeitsgrad Anstrengung und Ausdauer erfordern. Personen mit hoher S. sind überzeugt, ihre Umwelt aufgrund ihrer Kompetenzen beeinflussen zu können. Sie gehen schwierige Aufgaben eher an und verfolgen sie mit mehr Ausdauer als dies weniger selbstwirksame Personen tun, wodurch sich S. indirekt auf *Leistung* auswirkt. S. ist zu unterscheiden von den *Fähigkeiten* eines Individuums (geringe Fähigkeiten können durchaus mit hoher S. einhergehen und umgekehrt), Konsequenzerwartung, *Optimismus* und *Selbstwert*, *Fähigkeitsselbstkonzept*. Neben diversen handlungsspezif. S. (z. B. schulische S.: «Ich kann mich auch dann motivieren zu lernen, wenn ich eigentlich mehr Lust auf andere Aktivitäten hätte» oder sportspezifische S.: «Ich bin mir sicher, dass ich regelmäßig Sport treiben kann, auch wenn schlechtes Wetter ist») drückt die allg. S. eine optimistische Einschätzung der generellen Lebensbewältigungskompetenz aus («Wenn ein Problem auftaucht, kann ich es aus eigener Kraft meistern»). Hohe S. wurde u. a. in Zusammenhang gebracht mit seltener auftretenden *Angststörungen* und *Depressionen*, guter schulischer und beruflicher Leistung, niedrigen *Stress*reaktionen, schneller Bewältigung von *kritischen Lebensereignissen*, hoher Schmerztoleranz, mehr *Gesundheitsverhalten*, besserem *Immunsystem*, zufriedenstellenden Sozialbeziehungen und hohem *Wohlbefinden*. Hohmann & Schwarzer 2009, Bandura 1997.

L. M. Warner

Selbstwissen [engl. *self-knowledge*], *Biografie*, *Real-Selbst*, *soziales Wissen*.

Selbstzugang (= S.) [engl. *self-access*], [**EM, KOG**], S. bezeichnet den Zustand oder die Eigenschaft, bei dem/der eine Person Zugriff auf selbstrelevante Informationen wie eigene Wünsche, *Bedürfnis*, *Werte* und Erfahrungen hat. Durch hohen S. können *Ziele* und Handlungen mit den genannten Inhalten auf Kompatibilität geprüft werden. Die resultierende *Selbstkongruenz* vermittelt Sinn im Leben und fördert Wohlbefinden und Gesundheit. Zugleich hilft S. beim Umgang mit neg. Emotionen (*Selbstberuhigung*) und stellt pos. Emotionen bei der Zielverfolgung bereit (*Selbstmotivierung*). S. kann durch *Stress* und negativen *Affekt* beeinträchtigt werden, wobei sich zeigte, dass dies insbes. bei sog. lageorientierten (*Lageorientierung*), nicht aber handlungsorientierten (*Handlungsorientierung*) Personen der Fall ist, was als Ursache für deren Schwäche bei der Bewältigung neg. Emotionen angesehen wird. S. geht mit ganzheitlich-paralleler *Informationsverarbeitung* einher, wodurch ermöglicht wird, dass Ziele und Handlungen mit einer Vielzahl von Selbstrepräsentationen gleichzeitig abgeglichen werden können. Quirin & Kuhl 2009.

M. R. Quirin/J. Kuhl

selection bias (= s. b.) [engl.] Fehler durch Auswahl/Zuteilung, [**FSE**], systematischer Unterschied zw. Vergleichsgruppen aufgrund nicht zufälliger Zuweisung (*Randomisierung*) zu den Vergleichsgruppen. Durch den s. b. können strukturelle Inhomogenitäten entstehen, die Konfundierungen (*Konfundierung*) und somit Einschränkungen der *internen Validität* zur Folge haben können. Z. B. geht zumeist die freiwillige Teilnahme an einer *Intervention* mit einer un*repräsentativen* Verteilung der Veränderungsmotivation einher. Deswegen kann die Effektivität der Intervention nur verzerrt geprüft bzw. geschätzt werden. Döring & Bortz 2016.

selection ratio [engl. *selection* Auswahl *ratio* Rate, Anteil, Verhältnis], [**DIA**]; *Ausleseverhältnis*, *Personalauswahl*.

selective accessibility model (= S.) [engl.] «Modell der gezielten Zugänglichkeit», [**KOG, SOZ**], eine ursprünglich zur Erklärung von *Ankereffekten* entwickelte Urteilstheorie im Bereich der *social cognition* (*soziale Kognition*, *Urteilen, Entscheiden, Entscheidungstheorie*), die später allg. auf Vergleichsurteile (*sozialer Vergleich*) bezogen wurde. Im Wesentlichen geht es darum, die beim Vergleichen eines Urteilsobjekts mit einem Standard häufig resultierenden *Assimilations-* und *Kontrasteffekte* (*Assimilations-Kontrast-Theorie*) zu erklären. Nach dem S. werden beim vergleichenden Urteilen die folg. Stufen durchlaufen. Durch einen raschen, oberflächlichen Urteilsprozess wird festgelegt, ob eine *Ähnlichkeitshypothese* oder eine *Unähnlichkeitshypothese* überprüft wird. Ausgehend von der jew. Hypothese werden Informationen gesucht, die zu dieser Hypothese passen. I. d. R. führt diese pos. Teststrategie dazu, dass mehr Informationen gefunden und damit aktiviert werden, die die Ausgangshypothese bestätigen, als solche, die sie widerlegen. Das eigentliche Vergleichsurteil beruht dann auf den (selektiv) aktivierten Informationen, da sie eine höhere Zugänglichkeit (*accessibility, availability*) besitzen. Dieses führt dazu, dass die Anfangshypothese tendenziell eher bestätigt wird, je nachdem kommt es im Ergebnis zu Assimilations- oder Kontrasteffekten.

H. Plessner

selective exposure [engl.] «selektive Aufdeckung/Enthüllung», [lat. *selectio* Auswahl], [**SOZ**], im Rahmen der Dissonanztheorie die selektive Suche nach neuen Informationen, die primär dazu verwendet werden, die getroffenen Entscheidungen zu validieren. *kognitive Dissonanz*.

Selegilin (= S.), [**PHA**], hemmt selektiv den Abbau von *Dopamin*, indem es selektiv das dopaminabbauende Enzym *Monoaminooxidase* B sowie Wiederaufnahme von Dopamin hemmt. S. wird in Kombination mit *L-Dopa* gegeben. Einsatz bei *Parkinson'scher Erkrankung*.

Selektion (= S.) [engl. *selection*; lat. *selectio*] Auslese, Auswahl], [**BIO, KOG, PER**], i. R. der *Evolutionstheorie* Anpassung von Genen und Organismen an ihre Umwelt (*natürliche S.*). Die S. von Organismen beruht nach Charles Darwin (1859) darauf, dass die besser angepassten Varianten bei gleichem Energieaufwand mehr fortpflanzungsfähige Nachfahren haben (sie haben eine höhere *Fitness*; [engl.] Passung). Später wurde die S. auch auf die S. von Gen-Varianten (*Allele*) bezogen. Die S. wurde von Darwin auch als *survival of the fittest* beschrieben, was bis heute zu Missverständnissen führt, weil dies oft i. S. von «Überleben der Stärkeren» verstanden wurde. Fitness nach Darwin meint dagegen Fortpflanzungserfolg in einer bestimmten Umwelt, diese ist also umweltabhängig; ändert sich die Umwelt, kann sich die Fitness ändern. Fitness beruht nur z. T. auf der Lebenserwartung; Allele, die die Lebenserwartung fördern, aber die Zahl der Nachkommen senken, wären nicht fit. Fit sind dagegen Allele, die Kinderwunsch oder Nachlässigkeit bei der Schwangerschaftsverhütung fördern.

Unterschieden werden spezif. Mechanismen der S.: Schon Darwin (1871) beschrieb ausführlich die *sexuelle S.* bei Arten, die sich sexuell fortpflanzen. Die *intrasexuelle S.* bezieht sich auf die Rivalität innerhalb der Geschlechter bei dem Versuch, Sexualpartner zu gewinnen und gegen Rivalen abzuschirmen. Allele, die diese Fähigkeiten fördern, haben einen S.vorteil. Die *intersexuelle* S. bezieht sich auf die Attraktivität beim anderen Geschlecht. Allele, die körperliche oder Verhaltensmerkmale fördern, die vom anderen Geschlecht für attraktiv gehalten werden, haben einen S.vorteil. Unter der *frequenzabhängigen S.* wird verstanden, dass die Fitness eines Allels von seiner Häufigkeit in der Population abhängt. Frequenzabhängige S. wird zur Erklärung von stabilen Persönlichkeitsunterschieden herangezogen, wenn eine Zunahme der einen Variante die Fitness einer alternativen Variante fördert, z. B. bei Unterschieden in *Soziosexualität*. Betrifft die S. umweltabhängige indiv. Entwicklungsverläufe, wird von *konditionalen Entwicklungsstrategien* gesprochen. Ein Bsp. ist der frühe Pubertätszeitpunkt von Mädchen bei geringer väterlicher Fürsorge in der Kindheit; in Umwelten mit geringer väterlicher Investition kann eine frühe Pubertät mit vielen eigenen Kindern den Nachteil durch das Fehlen väterlicher Investitionen ausgleichen und deshalb einen S.vorteil haben (Ellis 2004).

[**DIA**], werden Pbn aufgrund von diagn. *Daten* entweder aufgenommen oder zurückgewiesen, werden sie also nur einer *Kategorie* zugeordnet, so spricht man von S. bzw. S.entscheidungen. Wird die S. sequenziell durchgeführt (*sequenzielle Strategie*), so werden die ersten groben Sondierungen als *Screening* bez. *Klassifikation*.

[**KOG**], v. a. die Auswahl der lexikalen Einheiten, spez. bei der Produktion von Sätzen (*Sprachproduktion*). Nicht jede Einheit kann mit jeder anderen kombiniert werden. Um unzulässige Kombinationen zu vermeiden, sieht das Lexikon (*Wörterbuch*) bei den einzelnen lexikalen Eintragungen Informationen über Selektionsrestriktionen vor, das sind Angaben darüber, mit welchem *Kontext* die betreffende Eintragung kompatibel ist. Die Angaben werden in Form semantischer Merkmale (Bedeutungselemente) gemacht, die der Kontext erfüllen muss. Das heißt, dass best. Bedeutungskomponenten im Kontext einer lexikalischen Einheit auftreten müssen, soll eine Äußerung nicht inakzeptabel werden. Eine ps. Theorie der S. liefert Broadbent (1958). Die sprachlichen S.vorgänge können bei Aphatikern gestört sein (*Aphasie*).

J. B. Asendorpf

Selektion, Optimierung und Kompensation, Modell der (SOK-Modell) [engl. *model of selection, optimization, and compensation (SOC)*; lat. *selectio* Auswahl, *compensare* aufwiegen, ausgleichen] [**EM, EW**], das SOK-Modell von Baltes und Baltes (1990) ist ein allg. Modell erfolgreicher Entwicklung, nach dem die drei Prozesse *Selektion*, *Optimierung* und *Kompensation* zentral für die Entwicklungsregulation über die gesamte Lebensspanne (*Lebensspannenpsychologie*) sind. Das Modell postuliert, dass lebenslange Entwicklung vor allem von der ständigen und immer wieder neuen Orchestrierung dieser drei grundlegenden Entwicklungsstrategien geprägt ist, die überwiegend bewusst eingesetzt werden. Freund und Baltes (2002) betten das SOK-Modell handlungstheoretisch ein und

stellten die Rolle von persönlichen *Zielen* für die indiv. Entwicklung in den Mittelpunkt der erfolgreichen Entwicklungsregulation. Zentral ist in diesem Modell sowohl die motivationspsychol. Unterscheidung von Zielsetzung und -verfolgung (vgl. *Rubikonmodell der Handlungsphasen*) sowie die lebensspannenps. relevante Unterscheidung von Entwicklungsgewinnen und -verlusten. Die Lebensspannenps. geht davon aus, dass jede Phase der *Entwicklung* sowohl durch Gewinne als auch durch Verluste charakterisiert ist. Das Verhältnis von Gewinnen und Verlusten verändert sich jedoch dergestalt, dass in jüngeren Altersphasen Gewinne vorherrschen und im hohen Alter die Verluste (z. B. gesundheitliche Probleme, kogn. Verluste) überwiegen. Erfolgreiche Entwicklungsregulation bezieht sich nach diesem Ansatz auf eine pos. Gestaltung der sich verändernden Ressourcenlage (Schaffung von Ressourcen (*Ressource*) und Umgang mit Verlusten). Hierzu tragen nach dem SOK-Modell die folg. Prozesse bei:
(1) *Selektion* wird als die Entwicklung, Auswahl, Priorisierung und Kontextualisierung von Zielen (d. h. die Abstimmung persönlicher Ziele auf den jew. Lebenskontext) sowie die (subj.) Verpflichtung gegenüber ausgewählten Zielen definiert: Elektive Selektion bezieht sich auf Prozesse der Entwicklung und Auswahl von Zielen. Durch die Festlegung auf best. Ziele wird der Entwicklung eine Richtung gegeben und ermöglicht die Fokussierung von Ressourcen. Damit trägt Selektion zentral zu der indiv. Entwicklung i. S. einer zunehmenden Spezialisierung und Integration durch die Kanalisierung von Ressourcen bei. Da Ressourcen begrenzt sind, ist die Auswahl einer Teilmenge potenzieller Ziele notwendig, auf die die Ressourcen gebündelt werden. Verlustbasierte Selektion bezieht sich auf die Umstrukturierung von Zielen, wenn diese aufgrund von Verlusten oder Einschränkungen nicht aufrechterhalten werden können. Hierzu zählen das Setzen neuer Prioritäten, die Konzentration auf zentrale Ziele und die Anpassung von Zielen an neue Gegebenheiten.
(2) *Optimierung* bez. den Prozess der Zielverfolgung durch den Einsatz von zielrelevanten Mitteln. Zentrale Optimierungsprozesse sind der Erwerb neuer Fertigkeiten oder Ressourcen, die Übung von Fertigkeiten, die Investition von Zeit und Anstrengung und die Integration von einzelnen Fertigkeiten in größere Handlungsabläufe. Optimierung trägt damit zu den Entwicklungsgewinnen bei.
(3) *Kompensation* ist def. als der Einsatz von Mitteln, um Verlusten entgegenzuwirken. Kompensation bezeichnet die Substitution von verlorenen Handlungsmitteln durch neu erworbene oder zuvor ungenutzte Ressourcen sowie die Inanspruchnahme von Hilfsmitteln oder der Unterstützung durch andere Personen. Kompensation ist nach dem SOK-Modell neben der verlustbasierten Selektion die zweite Möglichkeit, Ressourcenverluste zu bewältigen.
Durch die fundamentalen Prozesse Selektion, Optimierung und Kompensation kann ein relativ stabiles Funktionsniveau und damit einhergehend ein hohes subj. *Wohlbefinden* hergestellt, gesteigert oder stabilisiert werden. Altersbezogen geht eine zentrale Annahme des Modells dahin, dass im mittleren Erwachsenenalter das Wechselspiel zw. den drei zentralen Prozessen optimal ausgeprägt und koordiniert ist, während dies im frühen und späten Erwachsenenalter durch noch nicht stattgefundene Aneignungsprozesse (junges Erwachsenenalter) oder zunehmende Verluste (höheres Lebensalter) weniger der Fall ist. Das SOK-Modell kann als empirisch gut belegt angesehen werden. Mithilfe versch. Operationalisierungen und meth. Zugänge wurde sowohl im Selbstbericht als auch in Verhaltensmessungen, in korrelativen und in exp. Studien gezeigt, dass die SOK-Prozesse während des gesamten Erwachsenenalters bis ins hohe Alter (*Lebensalter, drittes und viertes*) eingesetzt werden und zur erfolgreichen Entwicklung i. S. der gleichzeitigen Maximierung von Gewinnen und Minimierung von Verlusten auf der subj. Ebene (z. B. subj. Wohlbefinden) und in Bezug auf obj. Performanz (z. B. kogn. Leistungen) beitragen. Das SOK-Modell gehört heute zu den meist genutzten Ansätzen in der *Psychologie des Alterns*, aber auch weit darüber hinaus. Z. B. Anwendungen in den Gebieten Klin. Ps., Gesundheitsps., Arbeits- und Organisationsps.

A. M. Freund/H.-W. Wahl/M. Landis/M. Martin

Selektionsrate (= S.) [engl. *selection ratio*; lat. *selectio* Auswahl, Auslese], [**AO, DIA**], das Verhältnis der Anzahl der für einen Arbeitsplatz auszulesenden bzw. anzustellenden Bewerber zu der Anzahl der Bewerber für diesen Arbeitsplatz. In Prozentwerten ausgedrückt ist die S. der Prozentsatz der ausgelesenen Bewerber. Von der Höhe der S. hängt es ab, wie nützlich die Anwendung eines Tests für die Auslese ist. Ist der Prozentwert hoch, so kann auch ein sehr valider Test den Ausleseprozess kaum verbessern, während bei einer niedrigen S. ein Test mit mittlerer *Validität* eine Steigerung der Vorhersagevalidität erreichen kann. *Taylor-Russell-Tabellen*.

selektive Partnerwahl [engl. *mate choice/selection*], [**PER, SOZ**], *Korrelation* zwischen Merkmalsausprägungen der Eltern gemeinsamer Kinder. Findet man z. B. bezüglich *Intelligenz* und sozialer *Einstellungen*. *Verhaltensgenetik*.

selektive Platzierung [engl. *selective placement*], [**PER, RF**], *Korrelation* zwischen den Merkmalsausprägungen der leiblichen und der Adoptiveltern von Adoptierten.

selektive Wahrnehmung (= s. W.) [engl. *selective perception*; lat. *selectio* Auswahl], [**KOG, WA**], eine Bez. für die Wirkung der unwillkürlichen (manchmal auch willkürlichen) *Aufmerksamkeit*, d. h., für die Tatsache, dass aus der Menge der gleichzeitig vorhandenen *Reize* nur einige «ausgefiltert» und beachtet werden. Hernandez-Peon (1966) weist sensorische *Hemmung* bedeutungsloser (unwichtiger) Reize als physiol. Mechanismus der s. W. nach.

self-affirmation theory *Selbstbestätigungstheorie*.

self-assessment (= S.) [engl. *self* selbst, *assessment* Einschätzung], [**DIA**], beim S. testet sich eine Person (zumeist über das Internet) selbst, d. h., sie absolviert den *diagnostischen Prozess* eigenverantwortlich und fachpsychol. unkontrolliert. Trotzdem kommen einschlägige psychol.-diagn. Verfahren (vor allem ps. *Tests*) zum Einsatz; allerdings selten dieselben wie in der psychol. Fallbehandlung im traditionellen Setting. Ursprünglich waren S. zur Selektionsdiagnostik gedacht, und zwar als Internet-Testung mit der Funktion eines *Screenings*; in der Zwischenzeit haben S. im Zusammenhang mit der Studienberatung große Bedeutung erlangt (Kubinger et al. 2012). Eine eignungsbezogene Rückmeldung über Stärken und Schwächen in Bezug auf das angestrebte Studium bietet Studienplatzbewerbern nicht nur eine obj. Entscheidungsgrundlage, sondern liefert förderungsorientiert auch Tipps, wie allfällige Schwächen mittelfristig durch psychol. Maßnahmen egalisiert oder zumindest reduziert werden können. In diesem Zusammenhang besteht der bes. Vorteil, dass trotz ihrer grundsätzlichen Verfälschbarkeit (*Unverfälschbarkeit*) auch *Persönlichkeitsfragebogen* eingesetzt werden können, weil es eben allein im Interesse des Bewerbers liegt, verwertbare Testergebnisse zu erhalten. Da es das Ziel einer berufsbezogenen Eignungsbeurteilung hat, muss ein solches S. jedenfalls der *DIN 33430* (Anforderungen an Verfahren und deren Einsatz bei der berufsbezogenen Eignungsbeurteilung; DIN Deutsches Institut für Normung e. V. 2002) entsprechen.   K. D. Kubinger

self-awareness [engl.], [**KLI, PER**], Selbstwahrnehmung. *Selbstbeobachtung*, *Selbstaufmerksamkeit*, *Selbstwahrnehmungstheorie*.

self-consistency bias [engl.] «Fehler der Konsistenz des Selbst»; [lat. *consistere* feststehen], *Selbstkonzept, Mechanismen der Stabilisierung*.

^Test^**Self-Description Questionnaire (SDQ)**, [**DIA, EW, PÄD, PER**], der SDQ ist eine Verfahrensreihe zur Erfassung des multidimensionalen Selbstkonzepts (*Selbstbild*) in versch. Altersgruppen, die um Herbert W. Marsh entwickelt wurde: der SDQ I für das späte Kindesalter und frühe Jugendalter (*Adoleszenz*, 8–12 Jahre), der SDQ II für das Jugendalter (13–16 Jahre), der SDQ III für das späte Jugend- und frühe Erw.alter (Erw.alter, 16–25 Jahre). Die SDQ-Verfahren können als Individual- oder als Gruppentest angewendet werden. Die Items der SDQ-Verfahren sind als Aussagesätze formuliert, zu denen auf einer *Likert-Skala* (SDQ I: fünfstufig, SDQ II: sechsstufig, SDQ III: achtstufig) das Zutreffen für die eigene Person angegeben werden soll. Die SDQ-Verfahren wurden ursprünglich zur *Validierung* des Selbstkonzeptmodells von Shavelson et al. (1976) entworfen (*Selbstkonzeptmodell*), in dem ein multidimensional und hierarchisch strukturiertes Selbstkonzept angenommen wird. Entsprechend umfassen die SDQ-Verfahren versch. Skalen zur Erfassung bereichsspezifischer Facetten des akademischen (z. B. Selbstkonzept in Mathematik, *Fähigkeitsselbstkonzept*) und nichtakademischen Selbstkonzepts (z. B. Selbstkonzept sportlicher Fähigkeiten). Die Einzelskalen der akademischen Selbstkonzepte können zu einem Kennwert für das *globale akademische Selbstkonzept* zus.gefasst werden; ebenso bilden die Einzelskalen der nichtakademischen Selbstkonzeptskalen das *globale nichtakademische Selbstkonzept* ab. Das globale akademische und das globale nichtakademische Selbstkonzept können in ein globales Selbstkonzept integriert werden. Allerdings hat die Forschung zu den SDQ-Verfahren gezeigt, dass die Multidimensionalität des Selbstkonzepts stark ausgeprägt ist, sodass die Erfassung und Interpretation der Einzelskalen der der globalen Kennwerte vorgezogen werden sollte. Neben den bereichsspezifischen akademischen und nichtakademischen Selbstkonzeptfacetten beinhalten die SDQ-Verfahren eine eigenständige Skala zur Erfassung des *Selbstwertgefühls*. Die versch. SDQ-Verfahren für die versch. Altersgruppen unterscheiden sich durch die Anzahl erfasster Selbstkonzeptfacetten (SDQ I: 8 Skalen/76 Items; SDQ II: 11 Skalen/102 Items; SDQ III: 13 Skalen/136 Items), da angenommen wird, dass sich das Selbstkonzept mit zunehmendem Alter ausdifferenziert. Die SDQ-Verfahren zeichnen sich allesamt durch eine gute psychometrische Qualität aus (*Gütekriterien*). Ihre *Konstruktvalidität* wurde in zahlreichen Studien durch exploratorische und konfirmatorische *Faktorenanalysen* untersucht. Zudem verweisen Zusammenhänge zwischen den erfassten Selbstkonzeptfacetten und Außenkriterien auf die *Validität* der SDQ-Verfahren zur Erfassung eines multidimensionalen Selbstkonzepts: Die einzelnen Selbstkonzeptfacetten zeigen jeweils die höchsten Zusammenhänge zu solchen Außenkriterien, zu denen ein inhaltlich logischer Zusammenhang besteht (z. B. Selbstkonzept in Mathematik und Mathematik-Leistung). Die SDQ-Verfahren dienen als Forschungsinstrumente sowie zur Individualdiagnostik des Selbstkonzepts und *Evaluation* von *Interventionen*. Auf den SDQ-Verfahren basierende Studien trugen zur Weiterentwicklung der Selbstkonzeptforschung bei, da sie u. a. wichtige Erkenntnisse zur Selbstkonzeptstruktur, zu Alters- und Geschlechtseffekten und zur Rolle von Vergleichsprozessen (*sozialer Vergleich*) bei der Entstehung des Selbstkonzepts lieferten. Zudem dienten sie als Ausgangspunkt für die Entwicklung weiterer Selbstkonzeptinstrumente wie z. B. einer Vorschulversion des SDQ (SDQ for Preschoolers (SDQP)), eines Verfahrens zur Erfassung des akademischen Selbstkonzepts (Academic SDQ I und II (ASDQ I, ASDQ II)) und eines Verfahrens zur Erfassung des Selbstkonzepts im Sport (Physical SDQ (PSDQ)). Für den dt. Sprachraum liegen empirisch validierte Versionen des SDQ I (sowohl als Lang- als auch als Kurzversion: Arens et al. 2013) und des SDQ III (Schwanzer et al. 2005) vor. Byrne 1996.   K. Arens

self-destroying prophecy [engl.], [**SOZ**], sich selbst zerstörende Prophezeiung, die eine Vorhersage darstellt, deren Eintreffen durch das Bekanntwerden der Vorhersage verhindert wird. Dieses Phänomen wird nach dem Prinzip der *self-fulfilling prophecy* erklärt.

Self Determination Theory *Unterhaltung*.

Self-Evaluative Emotions Coding System (SEECS), [**EM**], ist ein System zur Kodierung des Ausdrucks selbstbewertender *Emotionen*. Neben mimischen Ausdruckselementen, die mit dem *Facial Action Coding System (FACS)* beschrieben werden, werden Merkmale der Haltung, der *Gestik*, des Blickverhaltens und der Situation erhoben. Das System soll das Verhalten von zwei- bis fünfjährigen Kindern in exp. Leistungs- und Wettbewerbssituationen erfassen. Im Mittelpunkt steht dabei selbstbewertendes Verhalten als Reaktion auf Erfolg und Misserfolg sowie Gewinn und Verlust. SEECS stellt also ein situiertes Verfahren dar, das für die Anwendung in diesem spezif. exp. Setting entwickelt wurde. Die theorieunabhängig kodierten Einzelmerkmale werden zuerst isoliert voneinander auf einer Zeitachse aufgetragen. Mithilfe von Merkmalskombinationsformeln, die nach vordefinierten emotionsspezifischen Mustern suchen, und einer Unterteilung des Verhaltensstroms in Episoden sollen dann emotionsauslösende Situationen spezifiziert werden. Neben den Emotionen Freude, Zufriedenheit und Stolz auf der einen Seite sowie Trauer, Unzufriedenheit, Enttäuschung, Verlegenheit und Beschämung auf der anderen Seite werden auch Verhaltensindikatoren für Dominanz und Submission erfasst. *Mimikanalyse*. Geppert et al. 1997.   S. Kaiser/T. Wehrle

self-fulfilling prophecy *Selbsterfüllende Prophezeihung* Aronson et al. 2004.

self-handicapping (= s.) [engl. *self* selbst, *handicap* Beeinträchtigung, Behinderung], [**PÄD, SOZ**], s. bezeichnet eine Strategie zum Schutz des eigenen Selbstwerts, bei der eine Person sich vor einer Bewertungssituation (z. B. Prüfung, Vorstellungsgespräch) ein Handicap verschafft, das ihr bei einem evtl. Misserfolg als Ausrede dient. Ein typ. Bsp. für s. stellen Schüler oder Studierende dar, die vor einer wichtigen Prüfung zu spät mit dem Lernen beginnen. Im Fall einer schlechten Prüfungsnote begründen sie diese mit ihrer zu späten Vorbereitung. Das Handicap sorgt dafür, dass die Ursache für den Misserfolg nicht in der eigenen Person (z. B. mangelnde *Intelligenz*) gesehen wird, und entfaltet so seine selbstwertschützende Wirkung. S. zeigt sich gleichermaßen im akademischen wie im sozialen Bereich und äußert sich zudem in sehr unterschiedlichen Formen, wobei es wichtig ist, zwischen verhaltensbasiertem [engl. *behavioral*] und lediglich behauptetem [engl. *claimed*] s. zu unterscheiden. Im Laufe der Jahre wurden als Bsp. für verhaltensbasiertes s. u. a. Substanzmissbrauch, Prokrastination, ungünstig gewählte Lernumgebungen und das Setzen unerreichbarer *Ziele* untersucht. Bsp. für behauptetes s. sind das Anführen von *Prüfungsangst* oder die Behauptung, krank zu sein. Verhaltensbasiertes s. hat den Vorteil, dass es für Außenstehende meist glaubwürdiger ist (z. B. ist der Schlafmangel eines Schülers klar erkennbar). Allerdings hat es i. Ggs. zu nur behauptetem s. auch meist ungünstigere Folgen. Im Lern- und Leistungskontext zeigen sich häufig neg. Effekte von verhaltensbasiertem s. auf z. B. schulische Leistungen, intrinsische Motivation (*Lernmotivation, intrinsische und extrinsische*) sowie die Nutzung tiefer gehender *Lernstrategie*. Als bekannte indiv. Auslöser für s. gelten ein niedriger, instabiler und kontingenter Selbstwert sowie die Orientierung an *Vermeidungs-Leistungs-Zielen*, während ein von Druck und Kontrolle gekennzeichnetes Lern- und Arbeitsklima relevante Kontextfaktoren repräsentieren. *Impression Management, Eindruckssteuerung*. Schwinger & Stiensmeier-Pelster 2012, Berglas & Jones 1978.   M. Schwinger

self-report bias [engl.] *Selbstberichtfehler*. *Gefährdungsbeurteilung psychischer Belastung (GPB)*, *Selbstbericht*.

self-serving bias [engl.] «selbstdienliche(r) Fehler/Verzerrung». *Attributionsfehler*, *Selbstwertregulation*.

Selye, Hans (1907–1982), [**BIO, GES, HIS**], Begründer des *Stress*-Konzepts. Studium in Prag, Paris, Rom. Direktor des Institute of Experimental Medicine and Surgery, University of Montreal. Präsident des International Institute of Stress.

Selz, Otto (1881–1943), [**HIS, KOG**], Studium der Rechtswissenschaften, Abschluss 1907, Studium der Philosophie und Ps., 1909 Dr. phil. in München bei Lipps, 1912 Habilitation in Bonn bei *Külpe*, 1915–1918 Kriegsdienst, 1923 o. Professor für Philosophie, Ps. und Pädagogik an der Handelshochschule Mannheim, dort 1929–1930 Rektor, 1933 aufgrund nationalsozialistischer Rassengesetze in den vorzeitigen Ruhestand versetzt, daraufhin wiss. Tätigkeit zurückgezogen in Mannheim, 1938 nach Verhaftung im Zusammenhang mit der Reichskristallnacht Internierung für fünf Wochen im KZ Dachau, 1939 Auswanderung in die Niederlande, dort Lehrtätigkeit, nach dem nationalsozialistischen Überfall der Niederlande 1943 verhaftet, über das Lager Westerbork Überstellung zum KZ Auschwitz, vermutlich dort am 27.8.1943 ermordet (Beckmann 2001, Métraux 2012, Seebohm 1970). Durch seine Beziehung zu Külpe wird Selz der *Würzburger Schule* zugerechnet. Sein Interesse war auf die Erforschung produktiven Denkens gerichtet (van Strien, 1997). Der Ansatz von Selz wurde von seinen Schülern *Julius Bahle* und Adriaan de Groot weiterentwickelt. Heute wird Selz als Vorläufer der *Kognitionspsychologie* und als Ideengeber für Karl Popper gesehen und von einer *Mannheimer Schule der Ps.* gesprochen. ter Hark 2004.   H. E. Lück

Semantic-Network-Modell [engl. semantisches Netzwerkmodell], *Sprachwahrnehmung*.

Semantik, allgemeine (= a. S.) [engl. *general semantics* (GS); gr. σημαίνειν *(semainein)* bezeichnen], [**KOG, SOZ**], erstrebt eine Veränderung unseres Verhältnisses zur *Sprache* und erwartet davon eine Reduzierung der menschlichen Konflikte (*Konflikt, sozialer*). Ihr Ziel ist die Verbesserung der menschlichen Beziehungen. Das Mittel, dieses Ziel zu erreichen, ist die Bewusstmachung der linguistischen *Relativität* und die linguistischen *Determinismus*. Begründet wurde die a. S. in den USA durch den Polen Korzybski im Jahre 1933. Ihr bekanntester Vertreter ist Hayakawa. Im Mittelpunkt der a. S. steht die Beziehung Sprache – Denken. Nach der a. S. hält der Mensch das, was ihm die Struktur der Sprache zeigt, fälschlicherweise für die Struktur der Wirklichkeit. Diese Einstellung soll abgebaut werden. Deshalb lautet das Hauptprinzip der a. S.: Die Sprache verhält sich zur Wirklichkeit wie eine Landkarte zum Gelände. Das heißt, die Sprache bildet einzelne Aspekte der Wirklichkeit ab (*Prinzip der Nichtidentität*). Das zweite Prinzip der a. S. ist das der *Nichtvollständigkeit*: Was die Sprache darstellt, ist weniger als das Dargestellte. Die Landkarte muss immer von Einzelheiten des Territoriums absehen. Das dritte Prinzip der a. S. lautet: Wir verwenden die Sprache, um über Sprache zu sprechen, wir fällen Urteile über Urteile, werten Wertungen (*Prinzip der Selbstreflexivität*). Mit dem Bewusstmachen und dem Gegenwärtighalten dieser Prinzipien soll erreicht werden, dass der Mensch lernt, nicht auf die sprachlichen Etiketten, sondern auf das zu reagieren, worauf sie sich beziehen, auf die nicht verbale Realität. Damit soll der Gefahr von *Vorurteils*bildungen vorgebeugt und eine durch *Reflexion* verzögerte, an der Realität selbst orientierte Reaktionsweise erreicht werden (Hörmann 1967). *J. Engelkamp*

Semantik, generative *generative Semantik*.

Semantik (Semiologie) (= S.) [engl. *semantics*; gr. σημαίνειν (*semainen*) bezeichnen], **[KOG]**, ist die Wissenschaft von der sprachlichen *Bedeutung*. So umfassend dieser Begriff ist, so umfassend ist der Gegenstand der S. Systematische Darstellungen des Gesamtgebietes finden sich in Maienborn et al. (2011/2012), Heusinger et al. (2012), kompakter in Saeed (2003). Ausgangspunkt der S. ist, dass *Sprache* ein spezifisches System von *Zeichen* ist. Sprachliche Zeichen sind *Symbole* mit einer durch die jew. Sprachgemeinschaft konventionell gegebenen Beziehung zu dem, was das Symbol jew. bezeichnet, dem Designat. Als das Bezeichnete werden – je nach theoretischer Konzeption – Dinge und Sachverhalte in einem definierten Weltmodell (Logische S.) bzw. ihre geistigen *Repräsentationen* im *Wissen* und *Denken* des Menschen angenommen, also in *Begriffen* und kogn. Repräsentationen von Sachverhalten i. w. S. Befunde psychol. und neurologischer Experimente seit Ende des letzten Jhd. stützen die alternative Annahme, dass nämlich eine Wortform nicht mit einem Begriff, sondern direkt mit der kogn. Repräsentation von *Wahrnehmung*seinheiten (*Bild*, *Geräusche*, *Geruch* etc.) und mit seinem neuronalen Substrat verbunden sei; vgl. Barsalou (1999); Gegenevidenz begründet allerdings die Annahme eines kombinierten Systems mit zwei Repräsentationsebenen, einer begrifflichen und einer «außersprachlichen» mit wahrnehmungsnahen Einheiten (vgl. Paivio 1986). Jede natürliche Sprache besteht aus einem Repertoire an Zeichen, dem Lexikon, und Kompositionsregeln zur Bildung komplexer Ausdrücke, *Sätze* und Texte. Die Bedeutung von komplexen Ausdrücken, so die fundamentale Grundannahme der S., ergibt sich kombinatorisch aus den Bedeutungen der Komponenten und der Struktur ihrer Zusammensetzung (*Frege-Prinzip*). Die Bedeutung der Elemente des Lexikons (*Wörter* und *Morpheme*) ist Gegenstand der lexikalischen S. Grundsätzlich gilt, dass die Bedeutung eines Wortes der ihm lexikalisch zugeordnete Begriff ist. Versch. Kategorien von Begriffen entsprechen grob gesehen verschiedenen lexikalischen Klassen, im Dt. z. B. den Begriffen von Dingen die Nomina, von Eigenschaften die Adjektive und Adverben, von Zuständen und Sachverhalten die Verben, von Relationen die Präpositionen und Konjunktionen (Heusinger et al. 2012). Das semantische Lexikon bildet keine bloße Liste von isolierten Bedeutungseinheiten; jede Bedeutungseinheit ist vielmehr mit jeder anderen durch semantische Beziehungen (Sinnrelationen) unmittelbar oder mittelbar über andere in einem so gebildeten mehrdimensionalen Netz verbunden. Sinnrelationen sind Synonymie (Ergebnis – Resultat) Antonymie (arm – reich), Hyponymie (Pferd – Tier) und andere (Saeed 2003). Bezogen auf ein solches *semantisches Netz*, lässt sich die Bedeutung einer lexikalischen Einheit maximal bestimmen als Menge aller Bedeutungen, mit denen sie über Sinnrelationen unmittelbar und mittelbar verbunden ist (De Saussure 1916, 159: «Puisque la langue est un système dont tous les termes sont solidaires et où la valeur de l'un ne résulte que de la présence simultanée des autres (…)»). Eine empir. plausible Theorie, die sog. Komponentensemantik, nimmt lediglich einen stark begrenzten Ausschnitt der Netzstruktur als die Bedeutung eines Wortes an, z. B. nur die Bedeutung seiner unmittelbaren Nachbarn im Netz, bei Haus also z. B. [Wohnraum, Gebäude]. Inhaltliche Schwerpunkte der lexikalischen S. bilden Untersuchungen von Raumausdrücken, Zeitausdrücken, Quantoren, Bewegungsverben sowie Phänomenen von nicht wörtlicher Bedeutung und Mehrdeutigkeit (Stern 2008). Gemäß dem *Frege-Prinzip* ist die Bedeutung eines Satzes die semantische Struktur aus den Bedeutungen der Wörter und den Beziehungen im Satz. Als ganze bezeichnet sie einen Sachverhalt, engl. auch *situation*. Theorien der Satzsemantik werden in der formalen S. als Sprachen der Modallogik formuliert (Saeed 2003). In der Universalgrammatik (*Universalien, universelle Grammatik*) ist die logische Repräsentation der Satzbedeutung über das sog. *conceptual interface system* mit der Syntaxkomponente der Sprachbeschreibung systematisch verbunden (Culicover & Jackendoff 2005) und in der Kognitiven Linguistik mit kogn. Kategorien und Strukturen formuliert (Talmy 2000). In Äußerungen der täglichen *Kommunikation* stehen Sätze nicht isoliert, sondern in Texten verbunden (*Kohärenz*) und auf Parameter der Verwendungssituation (*Deixis*) bezogen. Einschlägige sprachliche Mittel sind Pro-Formen zum Verweis auf vorher bezeichnete Personen, Zeiten, Orte (Anaphern), logische Verknüpfungen von Satzbedeutungen, Kausal-, Implikations-, Konditionalrelationen u. a., implizierte Sachverhalte (Präsuppositionen) sowie schließlich die Gliederung der Einzelinformation im Satz unter Bezug auf vorangegangene Textinformationen (Informationsstruktur; Klein 2008, Zimmermann 2012). *R. Dietrich*

Semantisches Differenzial (= S. D.) [engl. *semantic differential*; gr. σημαίνειν (*semainen*) bezeichnen, lat. *differentia* Unterschied], **[DIA, FSE]**, ein von Osgood entwickeltes Skalierungsverfahren (*Skalierung, Methoden der*) zur Messung der konnotativen Bedeutung (affektiven Qualität, *Konnotation*) beliebiger sprachlicher oder nichtsprachlicher Stimuli. Im dt. Sprachbereich werden auch die Bez. Polaritäts- oder Polaritätenprofil und Eindrucksdifferenzial verwendet. Der Beurteiler hat vorgegebene Stimuli, z. B. Begriffe, auf einen Satz vorgegebener, meist mit Adjektiven bipolar etikettierter Ratingskalen (*Ratingskala*) vom Typ Likerts einzustufen.

Z.B. *Liebe*: rund 3–2–1–0–1–2–3 eckig. Urteilsgrundlage soll die lediglich metaphorische Beziehung, die gefühlsmäßige Affinität der Begriffe sein, die denotativ (sachlich) oft nichts miteinander zu tun haben (z. B. *Liebe* passt eher zu *rund*, hat aber mit geometrischer Form nichts zu tun). Im typ. Anwendungsfall werden nach Einstufung einer Stichprobe von Begriffen auf einem Satz von Skalen die Skalenvariablen interkorreliert und faktorenanalytisch auf zugrunde liegende Dimensionen reduziert. Sprachvergleichende Untersuchungen Osgoods mit dem S. D. haben gezeigt, dass folg. drei Dimensionen universell auftreten: *evaluation* (Valenz, z. B. angenehm – unangenehm), *potency* (Potenz, z. B. stark – schwach), *activity* (Aktivität, Erregung, z. B. erregend – beruhigend). Diese konstituieren den affektiven «semantischen Raum» (*generative Semantik*). Die konnotative Ähnlichkeit zw. je zwei Begriffen wird durch Distanzen zw. Punkten in diesem Raum metrisch repräsentiert. Zu den noch ungelösten methodologischen Problemen des S. D. gehören das der Wechselwirkung zw. Urteils- und Skalenbegriff *(concept-scale interaction)* und die Ausschaltung oder Isolierung des Einflusses denotativer Bedeutungsrelationen. Das S. D. ist als generelles (unspezifisches) Messverfahren bei Untersuchungen zur Allg. Ps., zur Persönlichkeits- und Sozialps. verwendet worden. Es wird eingesetzt etwa bei Fragen der Emotion, der *Motivation*, der *Einstellung*, der *Synästhesie*, der *Persönlichkeitstests*, der *Soziometrie* und bei angewandten Problemen, z. B. affektive Wirkung durch Industriewerbung, durch politische Slogans. Snider & Osgood 1969, Borg & Staufenbiel 2007. *S. Ertel*

semantisches Gedächtnis *Gedächtnis, semantisches.*

semantisches Merkmal (= s. M.) [engl. *semantic characteristic*], [**KOG**], ein s. M. ist eine elementare Bedeutungsdimension, die es ermöglicht, Wörter bzw. Gruppen von Wörtern zu unterscheiden. Die wichtigste Methode zur Entdeckung s. M. ist die Komponentenanalyse (Engelkamp 1974). Für eine Gruppe von Wörtern werden die relevanten gemeinsamen (für *Mann* und *Frau* z. B. *menschlich, erwachsen*) bzw. unterscheidenden Bedeutungsdimensionen (für *Mann* und *Frau* z. B. *Geschlecht*) gesucht. S. M. lassen sich im Hinblick auf ihre Allgemeinheit bzw. *Spezifität* unterscheiden. Je allgemeiner ein s. M. ist, umso umfassender ist die Klasse von Wörtern, die es beschreibt. Das Konzept des s. M. hat sich für die Sprachps. (*Sprache*) als äußerst anregend erwiesen (Hörmann 1976). So lassen sich z. B. über das Konzept des s. M. Gruppen von Wörtern kennzeichnen, die einem gemeinsamen semantischen Feld (*Wortfeld*) angehören (Clark & Clark 1977). *J. Engelkamp*

semantische Transparenz [engl. *semantic transparency*], *Wortbildung*.

Semiologie *Semantik (Semiologie)*, *Semiotik*.

Semiotik (= S.) [engl. *semiotics*; gr. σημεῖον *(semeion)* Zeichen], [**KOG**], allg. Zeichentheorie. Sie stellt nach Brekle (1972) das theoretische Paradigma für spezielle Zeichentheorien dar. Paradigma heißt, die S. kann als Metatheorie für spezielle Zeichentheorien wie z. B. für die *Linguistik* angesehen werden, insofern in der S. Begriffe wie *Zeichen*, *Bedeutung* usw. eingeführt und definiert werden, die bei der Konstruktion spezifischer Zeichentheorien als brauchbare Elemente dieser Theorien eingesetzt werden können. Die allgemeine Zeichentheorie besteht aus drei aufeinander bezogenen Komponenten, der *Syntax*, der *Semantik* und der *Pragmatik*.

Die allgemeinste Voraussetzung für die Herstellung eines Zusammenhanges zw. diesen Komponenten ist, dass sie alle in charakteristischen Beziehungen zu best. Zeichenformen stehen. Die Syntax hat es mit den Relationen zw. verschiedenen Zeichenformen bzw. zwischen Reihen von Zeichenformen zu tun. Diese Komponente muss jedoch notwendig durch eine semantische ergänzt werden, weil es eine wesentliche Bedingung eines semiotischen Prozesses ist, Informationen durch Abfolgen von Zeichenformen zu vermitteln. Dies ist erst möglich, wenn die Zeichenformen etwas bedeuten, wenn eine Abbildungsbeziehung zw. Zeichenformen und deren Abfolge einerseits und Objekten oder Sachverhalten andererseits hergestellt wird. Diese Abbildungsbeziehung geschieht durch die Regeln der semantischen Komponente. Nach Brekle (1972) stellt eine semantische Regel eine Abbildungsbeziehung zwischen der Menge von Objekten oder Sachverhalten ($x1 \ldots xn$) – deren Elemente jeweils durch die Merkmalsmenge (*alpha, beta, …, gamma*) charakterisiert sind – und einer Zeichenform A her. Damit fungiert die begriffliche Merkmalsmenge (*alpha, beta, …, gamma*) als wesentliche Konstituente einer semantischen Regel für die Abbildung von Mengen der Art ($x1 \ldots xn$) auf Zeichenformen der Art A. Bei der Beschreibung natürlicher (menschlicher) *Sprachen* geschieht die Abbildung von Zeichenformen auf Objekte oder Sachverhalte traditionell durch das *Lexikon* (*mentales Lexikon,*). Die Abbildungsbeziehung zwischen einer Zeichenform und einer Menge von Objekten oder Sachverhalten heißt Zeichen. Die Zeichenformen und ihre Beziehungen zu den Objekten oder Sachverhalten können verschieden sein. Man unterscheidet nach Peirce (1932) *Index-Zeichen*, ikonische Zeichen (*Ikon*; u. a. *anschauliches Denken*) und (*Symbol*). Mit der Rolle des anschaulichen Denkens bzw. der Vorstellung bei der Verarbeitung sprachlicher Zeichen beschäftigt sich die *Imagery*-Forschung (Paivio 1971). Die pragmatische Komponente behandelt die Beziehungen zw. Zeichenbenutzern (Sprechern – Hörern) und syntaktisch geformten und semantisch interpretierbaren Zeichenreihen. *J. Engelkamp*

Sender [engl. *sender*], *Kommunikation*.

Senderkonflikt, Inter- bzw. Intra- *Rollenkonflikte*.

Seneszenz [engl. *senescence*; lat. *senescere* altern], [**EW**], degenerativer Anteil des Altwerdens, Alterns, der altersbedingte körperliche und geistige Leistungsverfall. *Psychologie des Alterns*.

senil [engl. *senile*; lat. *senilis* greisenhaft], [**EW**], Senium: Greisenalter, Senilität: Greisenhaftigkeit, Vergreisung; durch den fortschreitenden Alterungsprozess phys. und/oder psych. nicht mehr voll leistungsfähig. *Senilitas praecox*: vorzeitiges Greisenalter.

Sensation [engl. *sensation*; lat. *sensus* Sinn, Wahrnehmung], [**WA**], Sinnesempfindung (*Empfindung*, *Wahrnehmung*), Sinneseindruck. Nach allg. Sprachgebrauch auch Bez. für das Aufsehenerregende.

sensation-seeking [engl. *sensation* Empfindung, Sensation, *seeking* suchen], [**EM, PER**], nach M. Zuckerman (1974) eine Verhaltensdisposition auf genetischer und biochemischer Basis (*Verhaltensgenetik*) für das Konstrukt des Suchens nach neuen Anreizen. S. zeichnet sich durch das *Bedürfnis* von Personen nach abwechslungsreichen, neuen und komplexen Eindrücken sowie durch die Bereitschaft, um solcher Eindrücke willen physische und soziale Risiken in Kauf zu nehmen, aus. Das Konstrukt geht auf sensorische Deprivationsstudien, auf Freuds Konzept der Trieb- oder Spannungsreduktion (*Triebtheorie nach Freud*) und auf das Modell der optimalen Stimulation und Erregung zurück. Zuckerman hat eine Sensation-Seeking-Skala mit vier Subskalen entwickelt: TAS (*thrill- and adventure-seeking* – Tendenz zu risikoreichen Aktivitäten in Sport und Freizeit mit hohem Erlebniswert), ES (*experience-seeking* – Tendenz zu neuen *Erfahrungen* durch Reisen, Kunst, interessante Personen, *Drogen* etc.), DIS (*disinhibition* – Tendenz zur Enthemmung in sozialen Situationen, z. B. Partys, in sexuellen Beziehungen etc.), BES (*boredom susceptibility* – Tendenz, monotonen, sich wiederholenden Darbietungen und Tätigkeiten sowie langweiligen Personen aus dem Wege zu gehen). Die vier Dimensionen wurden an zahlreichen externen Verhaltensvariablen validiert.

H. O. Häcker

TestSense-of-Coherence-Fragebogen (SOC), 1995, T. Abel, T. Kohlmann & H. Noack (SOC bzw. SOC-13); Kurzform: SOC-L9, 2000, J. Schumacher, G. Wilz, T. Gunzelmann & E. Brähler; Originalversion: 1987, A. Antonovsky, [**DIA, GES, KLI**], Singer, Brähler 2007. AA ab 16 Jahre. Selbstbeurteilungsverfahren zum Einsatz i. R. klin. Diagnostik, Gesundheitsforschung und *Epidemiologie*. Basiert auf Antonovskys *Salutogenese*-Theorie, nach der das *Kohärenzgefühl* eine wichtige Ressource zur gesundheitsförderlichen Stressbewältigung. Die SOC bzw. die Kurzform SOC-13 erfasst die drei *Konstrukte Verstehbarkeit* [engl. *comprehensability;* 11 bzw. 5 Items], *Handhabbarkeit* [engl. *manageability;* 8 bzw. 4 Items] und *Sinnhaftigkeit* [engl. *meaningfulness;* 10 bzw. 4 Items] (7-stufiges Antwortfomat). Da die 3-faktorielle Struktur nicht hinreichend belegt werden konnte, wurde die SOC-9L als eindimensionale Skala entwickelt, für die die Berechnung eines Gesamtscores empfohlen wird. *Objektivität*: Wird durch standardisierte Durchführung und Auswertung unterstützt. *Reliabilität*: Unter Annahme der Homogenität der Skalen wurden für den Gesamtscore Werte von Cronbachs Alpha gleich .92 (SOC-29), .85 (SOC-13) bzw. .87 (SOC-9L) ermittelt. *Validität*: Faktorielle Validität ist nur für die SOC-9L gegeben. Stärkere pos. *Korrelation* mit Indikatoren des subj. Gesundheitszustands als mit körperlichen. Pos. Korrelation mit sozioökonomischen Indikatoren. *Normierung*: Bevölkerungsrepräsentative Normdaten liegen für den SOC-29 und SOC-13 vor. Bearbeitungsdauer und Auswertungsdauer jew. max. 10 Min.

sensibel [engl. *sensible;* lat. *sensibilis* empfindsam, [**EM, WA**], zur *Empfindung* gehörend, wahrnehmbar (*Wahrnehmung*), z. B. in *mundus sensibilis* = die Welt der wahrnehmbaren Dinge. I. w. S. empfindlich, feinfühlig. *Fühlen*.

sensibilisieren [engl. *sensibilize, sensitizing;* lat. *sensibilis* empfindsam], syn. *sensitivieren*, [**KLI**], die Empfindlichkeit/Empfänglichkeit für einen Reiz verbessern. Ggs. desensibilisieren, unempfindlich machen, z. B. gegenüber Angstzuständen (*Systematische Desensibilisierung*). In fast allen therap. Ausbildungsformen (z. B. Training in *Gesprächspsychotherapie*, *sensitivity training*, T-Gruppen, *Balint-Gruppe*) wird versucht, durch Beachtung von Interaktionsmustern und -effekten Fähigkeiten zu entwickeln, die die Interaktion in Beratung und Therapie fördern sollen.

Sensibilität (= S.) [engl. *sensibility/sensitivity;* lat. *sensibilis* empfindsam], [**BIO, WA**], die Fähigkeit zur Empfindung, Feinfühligkeit. Oft wird der Begriff weiter gefasst und die Irritabilität = Reizbarkeit einbezogen. Unterschieden werden: *Oberflächensensibilität* für Berührungs-, Druck-, Schmerz-, Temperaturempfindung und die Fähigkeit zur Lokalisation der Hautreize sowie *Tiefensensibilität* für die Empfindung der Lage, Bewegung, Vibration und Muskelspannung.

Zu unterscheiden ist auch nach epikritischer und protopathischer S. (Head 1905). Erstere ermöglicht feine Unterscheidungen hinsichtlich Schmerz, Druck und Temperatur, letztere vermittelt Schmerzempfindungen und starke Temperaturschwankungen in vager und schwer lokalisierbarer Form. Beide Rezeptoren leiten auf verschiedene Nervenbahnen weiter, beide liegen in der Haut. *Rezeptor*.

Sensibilitätsstörungen (= S.) [engl. *sensitivity disorders;* lat. *sensibilis* empfindsam], [**BIO, KOG**], typische Ausfälle der *Sensibilität* oder Reizerscheinungen mit oder ohne Beteiligung der motorischen (*Motorik*) und sekretorischen Funktionen (An-, Hyp-, *Hyperästhesie*, An-, Hyp-, *Hyperalgesie*).

sensitiv [engl. *sensitive;* lat. *sentire* empfinden], [**PER**], übermäßig empfindlich. Dementsprechend die Bez. *sensitive* Reaktion und *sensitive* Reaktionstypen. *sensitive Persönlichkeit*, *sensitiver Beziehungswahn*.

sensitive Persönlichkeit [engl. *sensitive personality;* lat. *sentire* fühlen], [**PER**] ist kein Fach-, sondern ein umgangssprachl. Begriff. Gemeint sein kann entweder eine *vermeidend-selbstunsichere Persönlichkeitsstörung*, gekennzeichnet durch anhaltende Angst vor neg. Beurteilung, starke Verlegenheits- und Minderwertigkeitsgefühle, oft Vermeidung sozialer Kontakte und beruflicher Herausforderungen; oder *Hochsensibilität*. P. Y. Herzberg

sensitiver Beziehungswahn (= s. B.) [engl. *delusion of reference*], [**KLI**], eine *Wahn*vorstellung, beobachtet, verfolgt, beeinflusst zu werden aufgrund von Verfehlungen und beschämenden Insuffizienzkomplexen (*Paranoide Persönlichkeitsstörung*). Bei einem s. B. nehmen betroffene Personen dabei häufig an, dass sie aufgrund von moralisch verwerflichem Verhalten im Zentrum der Aufmerksamkeit stehen. Durch moralische Selbstverurteilung und das Erleben von moralischer Insuffizienz entwickeln sie schließlich starke Scham- und Schuldgefühle und sie haben Angst, dass ihre Verfehlung bekannt werden könnte. Durch das ständige Bestreben, ihr Fehlverhalten möglichst geheim zu halten, entwickeln sie schließlich den Beobachtungs- bzw. Verfolgungswahn.

Sensitivierung (= S.) [engl. *sensitization;* lat.*sentire* empfinden], [**BIO, KOG**], unter S. versteht man einen einfachen Lernprozess, bei dem das wiederholte Darbieten eines Reizes zu einer erhöhten oder verstärkten Antwort des Individuums (bzw. der involvierten Nervenzellen) führt. Der Vorgang der S. wird insbes. als Modell zur Erklärung der Generierung epileptischer Anfälle herangezogen (*kindling*): Wiederholte Reize wie Flickerlicht können ein Anfallsgeschehen auslösen. Auch in anderen Zusammenhängen wird von S. ausgegangen wie bei chronischen (Rücken-)Schmerzen oder bei Drogenabhängigkeit. Insbes. die Arbeiten von Eric Kandel an der Meeresschnecke Aplysia demonstrierten Auftreten und Wirksamkeit von S. im *Nervensystem*. H. J. Markowitsch

Sensitivität (= S.) [engl. *sensitivity*; lat. *sentire* empfinden], [**DIA, FSE**], S. ist ein Maß für die Entdeckungsleistung eines diagn. Verfahrens. Sie gibt den Anteil der korrekt diagnostizierten Objekte an, die das zu diagnostizierende Merkmal aufweisen. Besitzen 100 Schüler eine zu identifizierende Kompetenz und erreichen von diesen 90 ein pos. Testergebnis, so ist die S. = (korrekt Positive/(korrekt Positive + falsch Negative)) = 90/(90+10) = .9. Bei der Beurteilung der S. als Gütemaß eines Tests muss i. d. R. simultan die *Spezifität* des Verfahrens berücksichtigt werden. Unter ansonsten gleichen Umständen sinkt die Sensitivität mit zunehmender Spezifität. *Vierfeldertafel*, *Diagnostik, kategoriale*, *Likelihood-Ratio*, *Signalentdeckungstheorie*. [**EM**], *sensitiv*. Bautsch 2009.

sensitivity training (= s. t.) [engl. *sensitivity* Empfindsamkeit, Fehlererkennbarkeit; lat. *sentire* empfinden], [**AO, SOZ**], neben den *Encounter-Gruppen* die wichtigste gruppendynamische Trainingsform. Das s. t. (auch *human-relations training*) befasst sich z. B. mit dem Interessenkonflikt zw. Arbeitnehmer und Arbeitgeber und sucht Lösungen zur Produktionssteigerung bei gleichzeitigem Abbau der Entfremdung im Arbeitsprozess. Dabei wird von der Annahme ausgegangen, dass *Kommunikations*struktur und *Führung*sstil das *Wohlbefinden* der Betriebsangehörigen beeinflussen und dass das Wohlbefinden sich auf den Arbeitsprozess auswirkt. Zur Verbesserung der Arbeitsatmosphäre werden *Gruppenarbeit* statt autoritärer Lenkung sowie Offenheit gegenüber fassadenhaftem Rollenverhalten angestrebt. Dazu werden die Wahrnehmung für das Innenleben anderer, die Einsicht in eigene und fremde Einstellungen und Rollen, Offenheit und Rückmeldung über zwischenmenschliche Beziehungen trainiert. Sensitivity-Gruppen unterscheiden sich danach, ob sie mehr die Organisationsstruktur oder die individuelle Entwicklung in den Vordergrund stellen. Im ersten Fall nehmen die Betriebsangehörigen gemeinsam an den Trainingsprogrammen teil, im zweiten Fall können Angehörige versch. Betriebe in anonymen Gruppen zus.kommen. D. Revenstorf

Sensitization [engl. *sensitize* sensibilisieren; lat. *sentire* empfinden], Sensibilisierung, empfindlich machen, gefühlsempfindlich machen. *Repression-Sensitization*.

sensitizing concepts (= s. c.) [engl.] sensibilisierende Konzepte; [lat. *sentire* empfinden], [**FSE, SOZ**], der Ansatz der s. c. geht ursprünglich auf Herbert Blumer (1954) zurück (Strübing 2004). Dieser kritisierte das damals in der empir. Sozialforschung vorherrschende normative Paradigma, das maßgeblich auf Talcott Parsons mit zurückgeht und das mit vermeintlich präzisen begrifflichen Konzepten versuchte, soziale Phänomene zu untersuchen und auch empirisch zu quantifizieren. Nach Blumer können aber die fachlichen Begriffe niemals stringent definiert werden. Sie können immer nur in einer offenen, heuristischen Form (*Heuristik*) verwendet werden, die eine Sensibilisierung auf jew. unterschiedliche sinnhafte Verwendungsweisen ermöglicht. Blumers Kritik rückt damit in einen engen Zusammenhang mit den Arbeiten von Harold Garfinkel, der ebenfalls das normative Paradigma kritisierte i. R. seiner Entwicklung der *Ethnomethodologie* und der konversationsanalytischen Pointierung des Konzepts der *Indexikalität* (Kruse 2009b): So stellt der Ansatz, begriffliche Konzepte aufgrund deren grundsätzlich fehlender definitorischer Exaktheit immer nur in sensibilisierender Weise zu verwenden, nichts anderes als die Anerkennung der Indexikalität aller Begriffe dar. Damit stellen nicht nur in einem disziplinären Sinne Fachbegriffe lediglich s. c. dar. Aufgrund der Indexikalität menschlicher *Sprache* und *Kommunikation* haben alle begrifflichen Konzepte lediglich sensibilisierenden Charakter. Dies ist vermutlich auch der Grund dafür, warum der Ansatz der s. c. vor allem in der *qualitativen Sozialforschung* inzw. einen hohen Stellenwert besitzt (Strübing 2004, van den Hoonaard 1997). So übernimmt Anselm Strauss, Schüler von Herbert Blumer, den Ansatz der s. c. in seiner Fassung der *Grounded Theory*, die er nach der Trennung von Barney Glaser mit Juliet Corbin weiter ausarbeitet (Strübing 2004). Das Konzept der *theoretischen Sensibilität* (*theoretical sensitivity*), das von Barney Glaser begründet wurde und auf das sich auch Anselm Strauss und Juliet Corbin in ihrer Grounded-Theory-Methodologie beziehen und das sie forschungspraktisch weiterentwickeln (Kruse 2009b; Strübing 2004), steht somit ebenfalls in unterschiedlichen Entwicklungszusammenhängen mit dem Ansatz der s. c. Bei Strauss und Corbin (1996) steht dabei dann die Auseinandersetzung mit der Art und Weise des Umgangs mit Literatur, (theoretischem) Vorwissen und den eigenen begrifflichen Konzepten der Sozialforschenden im Mittelpunkt, wie dieser keinen erkenntnisdeterminierenden Charakter erhält, sondern eine lediglich tentative, heuristische und somit sensibilisierende Funktion aufweist – i. S. der Eröffnung, nicht des überprüfenden Abschließens von Erkenntnisprozessen. Der Ansatz der s. c. steht damit auch wiederum in einem engen Zusammenhang mit dem Problem des *Fremdverstehens*. J. Kruse

sensomotorisch, Sensomotorik [engl. *sensomotoric, sensorimotorics*; lat. *sensus* Empfindung, *movere* bewegen], [**BIO, EW**], Bez. für Nervenprozesse, bei denen sowohl sensorische wie motorische Fasern in Tätigkeit sind, so wie für die Nervenstruktur, die der Träger dieses Prozesses ist. Hierher gehören die primären und sekundären somatosensorischen Felder der Hirnrinde, die auch als *sensomotorischer Kortex* bez. werden (*Gehirn*). In entspr. Sinne auch Bez. für Prozesse, in denen ein unmittelbarer Zusammenhang zw. Wahrnehmungen und Verhalten besteht, z. B. bei der Koordination von Auge- und Handbewegungen (visuomotorische Koordination). Solche Koordinationsprozesse können als *Wirkungsgefüge* entweder genetisch weitgehend fixiert sein oder wie die Auge-Hand-Koordination (Perceptual-Motor-Koordination) des Menschen durch ständige Lernprozesse mit aktivem und passivem Feedback über Propriozeptoren (*Rezeptoren*) adaptiv und plastisch bleiben, bzw. sie können sich ohne Stimulation überhaupt nicht entwickeln. Dies zeigten Studien, in denen die Personen normale Stimulation erhielten, aber daran gehindert wurden, übliche motorische Reaktionen auf die Stimulation durchzuführen. Unter solchen Bedingungen, unter denen z. B. die Tiere sich nicht selbst bewegen konnten, sondern nur umhergetragen wurden, kann sich die perzeptual-motorische Koordination nicht entwickeln, d. h., die visuell wahrgenommene und die akustisch oder taktil geortete Lokalisation von Objekten stimmen nicht überein. Die relevanten Zusammenhänge von Wahrnehmung, Gehirn, Nerventätigkeit und Bewegungsabläufen werden im Bereich der Neurowissenschaften, aber auch der Sportwissenschaft untersucht. Mit dem Wiederaufbau gestörter sensomotorischer Funktionen befasst sich auch die *Ergotherapie*. Becker-Carus 1969, Held & Richard 1976, Pinel 1997. *C. Becker-Carus*

sensoriell, sensorisch [engl. *sensorial, sensoric*; lat. *sensus* Empfindung], **[BIO, WA]**, auf die Sinne bezogen, z. B. sensorielle *Aphasie*. Worttaubheit, *Wortblindheit*.

sensorische Entwicklung *Entwicklung, sensorische*.

sensorische Kontrolle [engl. *sensory control*; lat. *sensus* Empfindung], *Lernen, motorisches*.

sensorischer Speicher [engl. *sensory storage*; lat. *sensus* Empfindung], *ikonischer Speicher, echoischer Speicher, Gedächtnis*.

sensorisches Register [engl. *sensory register*; lat. *sensus* Empfindung], *Gedächtnis*.

sensorisches Rindenfeld [engl. *sensory cortical area*; lat. *sensus* Empfindung], *Gehirn*.

sensorisches Vorkonditionieren (= s. V.) [engl. *sensory preconditioning*; lat. *sensus* Empfindung], **[KOG]**, in der Periode des s. V. werden zwei neutrale Reize (*bedingter Reflex, Konditionierung, klassische*) wiederholt geboten. Danach erfolgt die *Konditionierung* mit einem der beiden Reize, die Prüfung mit dem anderen. Seidel 1959.

sensorisch evoziertes Potenzial (SEP) [lat. *sensus* Empfindung, *evocere* herausrufen], **[BIO]**, elektrische Gehirnreaktion auf einen Einzelreiz, auch ERP [engl.], Abk. für *event-related potentials*. *Psychophysiologie*.

sensorisch-tonische Feldtheorie [engl. *sensory-tonic field theory*; lat. *sensus* Empfindung, gr. τόνος *(tonos)* Spannung], **[WA]**, von Werner (Werner & Wapner 1949) entwickelte *Wahrnehmungs*theorie, die versucht, die Interaktion von sensorischen und motorischen Prozessen bei der Perzeptbildung zu integrieren. *Tonisch* bezieht sich in dieser Theorie sowohl auf nervöse Prozesse (*Nervensystem*) wie auf die Gestimmtheit, dynamische Ausgerichtetheit des psych. Systems. *P. Day*

Sensorium [engl. *sensorium*; lat.*sensus* Empfindung], **[KOG, WA]**, ältere Bez. für *Bewusstsein*, das Wahrnehmen (*Wahrnehmung*), «Sinnesapparat».

Sensorpotenzial [engl. *sensor potential*; lat. *sensus* Empfindung, *potentia* Vermögen, Macht], *Wanderwelle*.

sensory-reactivity hypothesis (= s. h.) [engl. *Hypothese sensorischer Reaktivierung*; lat. *sensus* Empfindung, **[KOG, RF]**, der s.h. zufolge unterscheiden sich Erinnerungen an erlebnisbasierte Ereignisse von induzierten Erinnerungen in ihrer sensorischen Reichhaltigkeit (*Gedächtnis*). Das Erleben von Ereignissen ist mit zahlreichen sensorischen Eindrücken unterschiedlicher Modalitäten (visuell, auditiv, olfaktorisch, gustatorisch, taktil) verbunden. Die Enkodierung (*Enkodierprozesse*) der perzeptorischen Details ist mit einer spezif. Aktivierung best. Hirnareale assoziiert. Während des Abrufs einer erlebnisbasierten Erinnerung kommt es zu einer Reaktivierung dieser Regionen, die nicht stattfindet bzw. geringer ausfällt, wenn stattdessen induzierte Erinnerungen abgerufen werden. Schacter & Slotnick 2004. *A. Tamm*

Sensualismus [engl. *sensualism, sensationalism*; lat. *sensus* Empfindung], **[PHI]**, ps. und erkenntnistheoretische Anschauung, nach der alle Erkenntnis und alle Bewusstseinsinhalte von den Sinnesempfindungen abhängig sind. «Seelenleben» ist die Summe von Empfindungen und deren Nachwirkungen, verursacht durch innere und äußere Reize.

sensu-motorische Entwicklungsstufe (= s. E.) [engl. *sensorimotor stage*; lat. *sensus* Empfindung, *movere* bewegen], **[EW, KOG]**, im Verständnis von *Jean Piaget* (*Entwicklung, Stufentheorie nach Piaget*) die erste Repräsentationsstufe in der indiv. Entwicklung. Auf dieser Stufe werden die motorischen (*Motorik, Psychomotorik*) und die mit ihnen koordinierten sensorischen Fähigkeiten (*Wahrnehmung*) erworben, eingeübt und gegenseitig koordiniert. Piaget unterschied sechs sensu-motorische Stadien, von denen das *Reflexstadium* das erste ist und den ersten Lebensmonat kennzeichnet. Darauf folgen der Erwerb erster Gewohnheiten und ihre gegenseitige Koordination. Mit deren Festigung kommt immer mehr die Lust auf, zu experimentieren und Neues zu versuchen (*Kreisreaktion*). Piaget setzte die s. E. ungefähr in den ersten 18 Lebensmonaten an, wobei er diese Altersangaben nur als allg. Orientierung auf der Lebenslaufachse verstanden haben wollte. Wichtiger hingegen war ihm, dass auch die sensu-motorische Entwicklung im Laufe des Lebens immer noch weitergeführt werden kann, nämlich bzgl. Tempo, Genauigkeit, neuen Handlungsbereichen etc. Noch wichtiger ist, dass diese Entwicklungsstufe durch die nachfolgenden (die *konkret-operatorische Entwicklungsstufe* und die *formal-operatorische Entwicklungsstufe*) nicht abgelöst, sondern nur durch diese erweitert und ergänzt wird. Flammer 2009a. *A. Flammer*

Sentiment [engl. *sentiment*; lat. *sentire* fühlen], *Gefühl*.

sentiments (= s.) [engl.; lat. *sentire* fühlen], **[EM, PER]**, bez. im faktorenanalytischen/dynamischen Motivationskonzept von R. B. Cattell Motivinhalte, -dispositionen, die als kult. kanalisierte Produkte «angeborener Triebe» die Dimensionen *Sexualität, Selbstbehauptung, Sicherheitfurcht, Narzissmus* und *Aggression* umfassen. S. sind als soziale und kulturell bedingte Einstellungen zu verstehen. Sie umfassen das Selbstbild, die beruflichen Einstellungen, die Einstellung zum anderen Geschlecht und die Elternbeziehung. S. werden im *Motivation Analysis Test nach Catell (MAT/D)* operationalisiert. *H. O. Häcker*

Separate-Activation Model [engl. *seperate* geteilt, *activation* Aktivierung], *Wettlaufmodell*.

Sequenzanalyse [engl. *sequence analysis*; lat. *sequentia* Folge], *Konversationsanalyse*.

sequenzieller Test (= s. T.) [engl. *sequential test*; lat. *sequentia* Folge], **[FSE]**, *Signifikanztest*, bei denen anlässlich des Ergebnisses einer jeden Einzelbeobachtung festgestellt wird, ob der Versuch fortgesetzt werden muss oder ob eine Entscheidung über die exp. Hypothese getroffen werden kann. S. T. finden bei Experimenten oder Beobachtungen Verwendung, die möglichst ökonomisch (möglichst kleiner Stichprobenumfang) durchgeführt werden sollen und die ein sukzessives Vorgehen gestatten. *E. Mittenecker*

sequenzielles System [engl. *sequential system*; lat. *sequentia* Folge], *System*.

sequenzielle Strategie [engl. *sequential strategy*; lat. *sequentia* Folge], **[DIA]**, nach Cronbach und Gleser (1957) dasjenige Vorgehen bei der Selektion, bei dem schrittweise von Testung zu Testung entschieden wird, welche weiteren Informationen über die Pbn eingeholt werden. Während bei dem konventionellen Vorgehen *(battery procedure)* mehrere Testwerte von allen Pbn erhoben werden, diejenigen Pbn, welche die höchsten Testwerte erreicht haben, angenommen werden, der Rest abgewiesen wird, werden beim sequenziellen Vorgehen die Gruppen der Angenommenen, die der Abzuweisenden und diejenigen, welche weiter getestet werden, gebildet. Erst durch die neue Testuntersuchung werden weitere Entscheidungen gefällt. *H. O. Häcker*

Serienhandlung [engl. *sequential operation*], **[AO, KOG]**, die aus best., aufeinanderfolgenden Teilhandlungen notwendig sich zus.setzende *Handlung* und Gesamtheit einer *Tätigkeit*. Bsp.: das Arbeiten an einer Zahlkasse, die Tätigkeit an elektrischen Schaltvorrichtungen. Im Exp. prüft man (etwa in der *Arbeitsanalyse* oder zur Klärung der Eignung) den Ablauf der zu einer Gesamthandlung gehörenden Teilhandlungen. Z. B. muss beim Aufleuchten eines Signallichts die Vp ein bis acht Teilhandlungen hintereinander ausführen, um die Lampe vorschriftsmäßig zum Erlöschen zu bringen. *Reaktionsversuch*.

serious games (= s. g.) [engl.] ernsthafte Spiele, **[MD]**, s. g. sind *Computerspiele*, die die Vermittlung von Wissen oder Fertigkeiten zum Ziel haben. Dazu werden typische Merkmale von Spielen genutzt (z. B. ein vorgegebenes Spielziel, Regeln oder unterschiedliche Level) um Bildung und Unterhaltung zu verbinden (*Edutainment*). S. g. sollen die Lernmotivation (*Lernmotivation, aktuelle und habituelle*, *Lernmotivation, intrinsische und extrinsische*) erhöhen, indem ein fesselnder und aufregender Lernkontext angeboten wird, und so Lernen und Verstehen gefördert wird. I. Ggs. zu *Simulationen*, die i. d. R. einen Ausschnitt aus der Realität darstellen oder technische, kogn. oder soziale Prozesse nachbilden, basieren s. g. oft auf fiktiven oder konstruierten Szenarien. S. g. werden auch in der beruflichen *Aus- und Fortbildung* eingesetzt, z. B. um *interkulturelle Kompetenz* zu trainieren, oder zur Präsentation von Produkten und Dienstleistungen. Ritterfeld et al. 2009. *J. Moskaliuk*

serotonerg [engl. *serotonergic*; gr. ἔργον (ergon) Werk, Tätigkeit], **[BIO, KLI, PHA]**,Wirkungsart von Substanzen, die die Wirkung von *Serotonin* verstärken. Selektive *Serotonin-Wiederaufnahmehemmer* wirken hauptsächlich durch diesen Mechanismus antidepressiv. Wichtige serotonerge *Nebenwirkungen* sind Übelkeit, Erbrechen, Zittern und Störung der sexuellen Funktion. *H. Himmerich*

Serotonin, serotonerges System [engl. *serotonin, serotonergic system*], **[BIO, KLI, PHA]**, dieser zu den Monoaminen zählende *Neurotransmitter* wird aus der Aminosäure L-Tryptophan über die Zw.stufe L-5-Hydroxytryptophan synthetisiert – der eigentliche chemische Name von Serotonin (= S.) ist 5-Hydroxytryptamin (5-HT), was sich noch in der Bez. der Rezeptoren wiederfindet (s. u.). Das in den Spalt ausgeschüttete S. wird durch Carrierproteine (*S.transporter*) in die präsynaptische Zelle zurücktransportiert, dort teils wieder zur baldigen Ausschüttung in die Vesikel eingelagert, teils durch das (intrazellulär lokalisierte) Enzym MAO = Monoaminooxidase abgebaut. Für S. kennt man sieben versch. Typen von Bindungsstellen (als 5-HT1–5-HT7-Rezeptoren bez., jede wiederum mit zahlreichen Unterformen). S.agonistisch (d. h. die Übertragung an serotonergen *Synapsen* verstärkend) wirken u. a. die die S.wiederaufnahme hemmenden trizyklischen *Antidepressiva* sowie die *SSRI*, *MAO-Hemmer* (darunter die selektiv die Unterform MAO-A blockierenden Substanzen; Monoaminooxidase-Hemmer), zudem die best. 5-HT-Rezeptoren stimulierenden klassischen *Halluzinogene* (LSD, *Meskalin*, *Psilocybin*), weiter wohl auch *Ecstasy* (MDMA). Psychopharmakol. relevante S.antagonisten sind u. a. offenbar einige der neueren *Antipsychotika*; eine komplizierte Wirkung an S.rezeptoren hat das *Anxiolytikum Buspiron*. Als *serotonerges System* wird die Gesamtheit der S. zur Ausschüttung verwendenden *Neurone* bez. Serotonerge Nervenzellen befinden sich im Darmnervensystem, vornehmlich aber zentralnervös in den Raphe-Kernen, die von der *Medulla oblongata* bis in die oberen Teile des Hirnstamms reichen (*Gehirn*). Sie projizieren teils nach unten in die Hinterhörner der Rückenmarks, wo sie wesentlich an der Hemmung der Schmerzweiterleitung beteiligt sind (analgetischer Effekt (*Analgetika*) einiger Antidepressiva). Weiter enden serotonerge Neurone aus dem Hirnstamm im Endhirn, wo sie insbes. (im Zus.spiel mit noradrenergen Neuronen, antagonistisch zu cholinergen) an der Induktion des Non-REM-*Schlafs* mitwirken, aber u. a. auch für die Regulation der Nahrungsaufnahme, der Stimmung und der *Impulskontrolle* mitverantwortlich sind. In nach wie vor sehr vager Weise werden *affektive Störungen* (insbes. *depressive Episoden*) mit einer Dysfunktion im serotonergen System in Verbindung gebracht, wobei die einfache Vorstellung eines synaptischen Transmittermangels mit Sicherheit zu kurz gegriffen ist. Auch bei Zwängen (*Zwangsstörungen*) und einigen Formen von Ängsten (*Angststörungen*) scheint das serotonerge System aus dem Gleichgewicht geraten zu sein, des Weiteren bei *Essstörungen* (insbes. wohl der *Bulimia nervosa* mit den charakteristischen Heißhungerattacken) und bei Impulskontrollstörungen. S. befindet sich in großen Mengen in den Blutplättchen. Migräneattacken werden u. a. auf Dysregulation des S.haushalts in den kranialen Gefäßen zurückgeführt. Köhler 2005, Köhler 2013a. *T. Köhler*

Serotoninagonisten (= S.) [engl. *serotonin agonists*], [**PHA**], Serotoninrezeptor-*Agonisten*. Substanzen, die an Serotoninrezeptoren (*Serotonin*) agonistische Wirkungen entfalten. Zu den S. zählen versch. Arzneimittel und halluzinogene Drogen. Agonisten an 5-HT1A-Rezeptoren, z. B. *Buspiron*, haben anxiolytische Eigenschaften. *Triptane*, hochwirksame Medikamente zur Behandlung des akuten Migräneanfalls, sind Agonisten an 5-HT1D-Rezeptoren. Halluzinogene Drogen wie Lysergsäurediethylamid (LSD), *Meskalin* oder *Psilocybin* sind Agonisten an 5-HT2A- und 5-HT2C-Rezeptoren. G. Gründer

Serotoninantagonisten (= S.) [engl. *serotonin antagonists*], [**PHA**], Arzneimittel, die die Wirkungen des Neurotransmitters *Serotonin* an Serotoninrezeptoren hemmen. Zahlreiche *Psychopharmaka* entfalten serotoninantagonistische Wirkungen. Fast alle «atypischen» *Antipsychotika* (Ausnahme: die Benzamide *Amisulprid* und *Sulpirid*) sind *Antagonisten* an 5-HT2A/2C-Rezeptoren. Arzneimittel zur Behandlung von Chemotherapie-induzierter Übelkeit und Erbrechen sind 5-HT3-Antagonisten. Auch versch. *Antidepressiva*, z. B. trizyklische Antidepressiva, *Mianserin*, *Mirtazapin* und *Vortioxetin*, sind Antagonisten an diversen Serotoninrezeptoren, ohne dass die funktionelle Bedeutung dieses Antagonismus verstanden wäre. G. Gründer

Serotonin- und Noradrenalinwiederaufnahmehemmer, selektive (SSNRI) [engl. *selective serotonin and noradrenaline reuptake inhibitors*], gelegentlich auch abgekürzt als SNRI, [**PHA**], *Antidepressiva*, die über die Blockade von Transportermolekülen relativ selektiv die *Serotonin*- und *Noradrenalin*-Wiederaufnahme in das präsynaptische *Neuron* hemmen. Zu diesen zählen *Duloxetin*, *Venlafaxin* und das in Österreich, nicht aber in Dt. und der Schweiz, zugelassene *Milnacipran*. Duloxetin hemmt etwa gleich stark die Serotonin- und die Noradrenalinwiederaufnahme, während Venlafaxin stärker an den Serotonintransporter bindet, sodass Letzteres erst bei höheren Dosierungen als 75 mg klin. relevant auch die Noradrenalinwiederaufnahme hemmt. SSNRI sind nicht nur zur Behandlung von *Depressionen* wirksam und zugelassen, sondern auch bei einer Reihe von anderen psychiatrischen und nicht psychiatrischen Indikationen (Details siehe die einzelnen Substanzen). G. Gründer

Serotonin-Wiederaufnahmehemmer, selektive (SSRI) [engl. *selective serotonin reuptake inhibitors*; lat. *selectio* Auswahl], [**PHA**], *Antidepressiva*, die relativ selektiv die Wiederaufnahme von *Serotonin* hemmen. Wichtige Stoffe sind u. a. *Citalopram*, *Escitalopram*, *Sertralin*, *Fluvoxamin*, Fluxetin und *Paroxetin*. Ihr therap. Einsatz erstreckt sich u. a. auf die Behandlung von *Depression*, *Angststörungen*, *Zwangsstörungen* und die *Posttraumatische Belastungsstörung*. Typische *Nebenwirkungen* sind Übelkeit, *Schwindel*, Zittern und sexuelle Funktionsstörungen (*Sexualstörungen*). Gründer & Benkert 2012, Feighner & Boyer 1996. H. Himmerich

Serotonin-Wiederaufnahmeverstärker [engl. *serotonin reuptake enhancers*], [**PHA**], Klasse der *Antidepressiva*, die die Wiederaufnahme von *Serotonin* verstärken. Das einzige für die Behandlung der *Depression* zugelassene Bsp. ist *Tianeptin*. Sein Wirkmechanismus steht damit im Ggs. zu dem der *selektiven Serotonin-Wiederaufnahmehemmer*. Wiss. ist dieser Wirkmechanismus paradox zur Monoamin-Mangelhypothese der Depression, die einen Mangel an Serotonin und *Noradrenalin* als biol. Korrelat der Depression postuliert und so die antidepressive Wirkung der selektiven Serotonin-Wiederaufnahmehemmer erklärt, die diesen Mangel wieder ausgleichen. H. Himmerich

Sertindol (= S.), [**PHA**], *Antipsychotikum* mit Phenylindolpiperidinstruktur, Einstufung als sog. «atypisches» Antipsychotikum. S. blockiert am stärksten 5-HT2A-, 5-HT2C-, 5-HT6- und 5-HT7-*Serotonin*-Rezeptoren, D2-*Dopamin*-Rezeptoren und α1-Adrenorezeptoren, daneben auch D1- und D4-Rezeptoren. Die Substanz hat keine *antihistaminergen* oder *anticholinergen* Eigenschaften. Nach oraler Einnahme von S. werden max. Plasmakonzentrationen (tmax) erst nach ca. 10 Std. erreicht, *Eliminationshalbwertszeit* 55–90 Std., *Bioverfügbarkeit* etwa 74 %. Keine aktiven Metaboliten, *Metabolisierung* über CYP2D6 und CYP3A4. S. kann zu einer ausgeprägten *Verlängerung der QTc-Zeit* führen, daher ist die Substanz nur Therapie der 2. Wahl. Sie sollte nur eingesetzt werden, wenn mind. ein anderes «atypisches» Antipsychotikum nicht wirksam war oder nicht vertragen wurde. Vor und während der Behandlung sind *EKG*-Kontrollen notwendig. Bedeutsamste unerwünschte Wirkungen sind verstopfte Nase, retrograde Ejakulation, *Schwindel*, Gewichtszunahme, orthostatische *Hypotonie* und in mäßigem Umfang auch *extrapyramidalmotorische Störungen*. G. Gründer

Sertralin (= S.) [engl. *sertralin*], [**PHA**], S. gehört durch seinen Wirkmechanismus als potenter und selektiver Hemmer der neuronalen Wiederaufnahme von Serotonin (5-HT) zur Gruppe der *selektiven Serotonin-Wiederaufnahmeinhibitoren (SSRI)*. S. zeigt keine Affinität zu muskarinischen Acetylcholin-, Serotonin-, Dopamin-, adrenergen, Histamin-, GABA- oder Benzodiazepin-Rezeptoren. Auch zeigt S. kein Missbrauchspotenzial. S. ist zugelassen zur Behandlung von depressiven Störungen (*Depression*, *Depression*, *Psychopharmakotherapie*), zur Rezidivprophylaxe von depressiven Störungen, zur Behandlung der *Panikstörung* (*Panikstörung*, *Psychopharmakotherapie*) mit oder ohne *Agoraphobie*, bei *Zwangsstörungen* (*Zwangsstörungen*, *Psychopharmakotherapie*) bei Erwachsenen und pädiatrischen Pat. im Alter von 6 bis 17 Jahren, bei sozialer Angststörung (*Angststörungen*, *Angststörungen*, *Psychopharmakotherapie*) ebenso wie bei *posttraumatischer Belastungsstörung (PTBS)* (*Posttraumatische Belastungsstörung (PTBS); Psychopharmakotherapie*). Die Plasmaproteinbindung beträgt circa 98 %. S. wird unter anderen durch die Cytochrome CYP3A4, CYP2C19 und CYP2B6 metabolisiert und die mittlere *Eliminationshalbwertszeit* beträgt etwa 26 Stunden. Je nach Indikation sollte die Behandlung mit einer Tagesdosierung zwischen 25-50 mg begonnen werden, eine Tageshöchstdosis von 200 mg sollte nicht überschritten werden. Plasmakonzentrationen zwischen 10-150 ng/ml werden als therapeutischer Referenzbereich empfohlen. S. ist ein nichtsedierender SSRI mit breitem Indikationsspektrum und sehr guter Verträglichkeit, allerdings treten Durchfälle als unerwünschte Arzneimittelwirkung häufiger als bei anderen SSRI auf. Eine *Gewichtszunahme* ist selten, das geringe kardiovaskuläre Risiko begünstigt einen Einsatz insbesondere bei älteren Pat. *M. Paulzen*

Serumspiegel [**PHA**], Konzentration eines Medikamentes im Blutserum. *Plasmaspiegel*.

Servicescape (= S.), [**WIR**], der Begriff S. – eine Wortschöpfung aus der Verbindung von *service* und *landscape* – verweist darauf, dass sich für die an der Dienstleistungserstellung beteiligten Akteure (Dienstleister und Kunde) alle Einzelaspekte der Umwelt, in der die Dienstleistung produziert wird, jeweils zu einem Gesamteindruck verdichten. Das S. repräsentiert das ganze wahrnehmbare Angebot der Dienstleistungsorganisation und vermittelt dabei sinnlich fassbare Merkmale der Organisation und der *Dienstleistungsqualität*. Der Gesamteindruck bildet sich aus den versch. Dimensionen der Umwelt und führt zu unterschiedlichen Reaktionen. Im Modell der S. von Bitner (1990) werden drei Umweltdimensionen unterschieden: (1) *Ambiente* (Merkmale wie die Temperatur, die Qualität der Luft, Lärmpegel, Musik, Gerüche etc.), (2) *Raum/Funktion* (gezielte Planung und Gestaltung von Räumlichkeiten) und (3) *Zeichen/Symbole/Artefakte* dienen u. a. der Orientierung im Raum bzw. versuchen Vertrauen in die Dienstleistung zu wecken wie z. B. für den Kunden sichtbar aufgehängte Diplome). Als wichtigste Reaktionen auf die Umwelt unterscheidet das Modell Annäherungs- und Vermeidungsverhalten (*Annäherungs-Vermeidungs-Konflikt*, *Konflikttheorie*). Persönlichkeitsmerkmale (*Persönlichkeitsmerkmal*) der beteiligten Akteure können die Wirkung des S. auf das *Verhalten* moderieren. Von besonderer Bedeutung ist das Prinzip des optimalen Stimulationsniveaus, demzufolge für jede Person in einer gegebenen Situation ein mittleres Niveau der Stimulation existiert, das für ihre *Leistung* optimal ist oder von ihr am meisten geschätzt wird. Daneben wirken auch der Zweck des Aufsuchens einer best. Umwelt, die Stimmungslage und die vorab gebildeten *Erwartunen* moderierend auf den Zusammenhang zw. S. und Annäherungs- bzw. Vermeidungsverhalten. *Psychologie der Dienstleistung*. Nerdinger 2011. *F.W. Nerdinger*

set [engl.] Reihe, Zusammenstellung. *Lernregeln*.

Setting (= S.) [engl.] Anordnung, [**PÄD, SOZ**], meint allg. die gegliederte Umgebung, in der menschliches Verhalten stattfindet. Barker und Mitarbeiter haben sehr genaue Aufzeichnungen typ. *behavior settings* im Alltag (*ecological psychology*; *Ökologische Psychologie*) vorgenommen. Diese Beschreibungen sollen im Hinblick auf Ort, Zeit, Einrichtung und Gegenständen, anwesende Personen und beobachtete Tätigkeiten möglichst obj. sein. Demgegenüber wird der Begriff *Situation* für die von einer bestimmten Person indiv. wahrgenommenen bzw. erlebten Merkmale eines S. verwendet oder auch zus.fassend für beides, S. und Situation. Didaktisch ist S. die Bildung von leistungshomogenen Gruppen in einzelnen Unterrichtsfächern unter Beibehaltung der heterogenen Zusammensetzung der Stammklasse in den übrigen Fächern. *Agenda-Setting*, *behavior setting*, *streaming*. *J. Fahrenberg*

SEU/SEV, Abk. für [engl.] *subjective expected utility/value*, [**KOG**], der subj. def. Nutzen, der von einer der mehreren Alternativen erwartet wird. *Entscheiden*, *Entscheidungstheorie*, *Erwartung-Wert-Theorien*, *Risikoverhalten*.

Sexismus (= S.) [engl. *sexism*; lat. *sexus* Geschlecht], [**SOZ**], S. zeigt sich in vorurteilsbesetzten (*Vorurteile*) *Einstellungen* und diskriminierenden Verhaltensweisen gegenüber Personen aufgrund ihrer Geschlechtszugehörigkeit. In der am weitesten verbreiteten Version ist S. die Diskriminierung von Frauen. Ähnlich wie beim Konzept des *Rassismus* wird zw. dem *traditionellen* und dem *modernen* S. unterschieden. Traditioneller S. zeigt sich in der Unterstützung traditioneller *Geschlechterrollen*, ist von der Minderwertigkeit des weiblichen Geschlechts überzeugt und betont generell persönlichkeitsspezif. Unterschiede zw. Männern und Frauen (Frauen sind emot. (*Emotionalität*), weniger durchsetzungsfähig, Männer sind rational und aggressiver (*Aggression*)). Die Varianten des modernen S. zeigen sich in einer explizit so bezeichneten Form – dem *modernen* S. und dem *ambivalenten* S. Moderner S. akzeptiert die Diskriminierung von Frauen nicht und ist der Überzeugung, dass bereits jetzt die Gleichberechtigung von Männern und Frauen realisiert ist. Im ambivalenten S. werden sowohl pos. wie neg. Formen des S. unterschieden. S. zeigt sich demnach einmal in der Form des *benevolenten (wohlwollenden)* S., wonach Frauen umsorgt und beschützt werden sollen, aber auch in der Form des *hostilen (feindseligen)* S., der sich in einer neg. Bewertung von Frauen zeigt. In beiden Fällen wird die Dominanz des Mannes über die Frau propagiert: Frauen als das schwache Geschlecht bedürfen der Unterstützung der patriarchalischen Männerwelt bzw. werden in der hostilen Variante als nicht gleichberechtigt angesehen und damit z. B. aus best. Positionen in der Arbeitswelt ausgeschlossen. In neueren Arbeiten (Ashmore et al. 1995) wird sowohl auf der Basis theoretischer Überlegungen, aber auch bei der Erfassung von S. durch entspr. *Skalen* die inhaltlich strukturierte Mehrdimensionalität von S. (auf der Berufsebene, der indiv. Ebene, der interpersonellen Ebene und der soziokult. Ebene) untersucht. Six-Materna 2008, Swim & Hyers 2009, Wood & Eagly 2010. *B. Six*

Sexualdelinquenz (= S.) [engl. *sexual deliquency*; lat. *delinquere* sich vergehen, eine Schuld auf sich nehmen], [**KLI**], spez. Art der *Delinquenz*. Die Therapie von S. (*Pädophilie*, *Perversion*, *sexueller Missbrauch*) ist i. d. R. unfreiwillig, was nicht heißt, dass die Täter nicht auch sehr motiviert sein können. Zur Anwendung kommen versch., oft integrative Formen von Therapie, die u. a. Arbeit an problematischen Annahmen und *Einstellungen*, Aufbau sozialer Fähigkeiten (*Kompetenztraining*) sowie Opferempathie, einzeln und in der Gruppe, beinhalten. Durch versch. Fälle von Wiederholungstaten durch Täter, die psychoth. behandelt worden waren, sind Therapieansätze tendenziell umfassender (ganze Therapieprogramme statt einzelner therap. Sitzungen) und Risikoabschätzungen vorsichtiger geworden. Die Gesellschaft hat ein großes Interesse an adäquater Risikobeurteilung ebenso wie an einer therap. Reduktion des Rückfallsrisikos. Dass die Zahl von gefassten und behandelten Sexualdelinquenten doch vergleichsweise gering ist wie auch die notwendige Zeitspanne zur Beurteilung des Therapieerfolgs, macht dieses vergleichsweise schwierig, es kann aber bei umfassenden Therapieansätzen von einer deutlichen Reduktion des Rückfallrisikos ausgegangen werden. Ein bes. Forschungsschwerpunkt stellt auch die Genauigkeit und Validität der Rückfallrisikoeinschätzung dar, wobei eine höhere Güte für strukturierte Assessments im Vergleich von unstrukturierten Expertenurteilen nachweisbar ist (Hanson & Morton-Bourgon 2009).

Sexualhormone [engl. *sex(ual) hormones*], *Gonadenhormone*.

Sexualisierung (= S.) [engl. *sexualization*], **[MD, SOZ]**, meint im Kontext von *Massenmedien* und *Internet* (1) die ausdrückliche Behandlung sexueller Themen (z. B. in Songtexten, TV-Serien, Video- und Onlinespielen) und/oder (2) die Nutzung einer sexualisierenden Darstellungsweise, obwohl es gar nicht primär um *Sexualität* geht (z. B. in der Sportberichterstattung oder Werbung; *Werbepsychologie*). In den letzten Jahrzehnten wird eine zunehmende Sexualisierung der Medienlandschaft beobachtet, teilweise ist auch von *Pornografisierung* die Rede. S. erzeugt starke emot. Reaktionen und erregt somit *Aufmerksamkeit* beim Publikum, sie soll der Steigerung von Quoten, Auflagen und Umsatz dienen. S. stößt jedoch auch auf Ablehnung, wenn das Publikum sich durch übermäßige und unpassende sexuelle Bezüge gestört fühlt. Teilweise wird durch die starke Präsenz sexualisierter Mediendarstellungen wachsender sexueller Leistungsdruck empfunden. S. erfolgt zudem hochgradig geschlechterasymmetrisch: Meist werden einseitig Mädchen und Frauen als Sexualobjekte für den heterosexuellen männlichen Betrachter in Szene gesetzt; unabhängig von ihrem Aussehen tauchen sie viel seltener als kompetente Akteurinnen in den Medien auf. In der einseitigen Art der S. spiegeln und manifestieren sich machtasymmetrische Geschlechterverhältnisse (*Sexismus*). Allgegenwärtige sexualisierte Frauendarstellungen, die sich an strengen und oft unrealistischen (z. B. durch digitale Bildbearbeitung erzeugten) Schönheitsidealen orientieren, wirken sich neg. auf das *Selbstwertgefühl* und Körperbild von Mädchen und Frauen aus. Entsprechende Effekte zeigen sich auch bei Jungen und Männern, wenn sie mit stark idealisierten und sexualisierten Darstellungen von Männerkörpern konfrontiert werden, die jedoch insges. in den Massenmedien vergleichsweise selten auftauchen. Döring 2013, Collins et al. 2010, Atwood 2009. *N. Döring*

Sexualität (= S.) [engl. *sexuality*; lat. *sexus* Geschlecht], **[EM, BIO, SOZ]**, primäres *Motiv* menschlichen Verhaltens. (1) Def. nach biol., reproduktivem, instrumentellem Zweck: Handlungen und Reaktionen, die der Fortpflanzung dienen. (2) Psychoanalytische Def. (*Psychoanalyse*): S. bzw. sexuelle Befriedigung (*Libido*) wird als zentrales Thema menschlichen Erlebens und Verhaltens angesehen. Entspr. enthalten alle Erlebens- und Verhaltensweisen, die der Lustbefriedigung dienen, eine sexuelle Komponente. (3) Empirische Def.: Verhalten, das mit einer Erregung der Sexualorgane in Zus.hang steht. Essenzialistische Theorien zur S. fokussieren die Beziehung zw. der biol. Basis und Erscheinungsformen indiv. sexuellen Erlebens und Verhaltens (*sexual nature, sex*), konstruktivistische Theorien beziehen in bes. Maße psychosoziale, gesellschaftliche und kult. Aspekte mit ein (*sexual culture, gender*). Das *Dual Control Model der S.* (Bancroft et al. 2009) integriert indiv. differierende sexuell hemmende und erregende physiol. Prozesse, verhaltensrelevante Präferenzen (indiv. sexuelle Neigungen) sowie soziokult. Beutungsaspekte der S. Entwicklungspsychol. ist insbes. (neben *Entwicklung, psychosexueller Ansatz nach Freud*) das Konzept eines *sexuellen Skripts*, das kognitive Schemata zu Erfahrungen, Einstellungen und Erfahrungen mit S. enthält, von Bedeutung. Dieses best. und reguliert die Verarbeitung sexueller Reize und enthält indiv. sexuelle Verhaltens- und Handlungspläne. Die Fähigkeit zur *Bindung*, Geschlechtsidentität (*Entwicklung der Geschlechtsidentität*), Geschlechtsrollen (*Geschlechtsrollen-Selbstkonzept*) werden hierdurch ebenfalls mit determiniert bzw. sind Bestandteil des Skripts. Dieses Skript entwickelt sich im Lebensverlauf aufgrund von zw.menschlichen und insbes. sexuellen Erfahrungen. Diese Erfahrungen sind zudem prägend für Merkmale des Skripts. Aus psychoanalytischer Perspektive unterscheidet Lichtenberg (2007) fünf motivationale Aspekte der S.: (1) Befriedigung physiol. Bedürfnisse; (2) Bindung und Vebundenheit; (3) Exploration und Selbstbehauptung; (4) aversive Reaktion durch Widerspruch/Rückzug; (5) sinnliches Vergnügen und sexuelle Befriedigung. Durch die Verbreitung zuverlässiger Verhütungsmethoden und veränderter gesellschaftlicher Werte und Normen ist der Umgang mit der S. weniger durch den repoduktiven Aspekt und zunehmend durch Aspekte der Bedeutung für die indiv. Lebensgestaltung bzw. Entwicklung der *Persönlichkeit* und *Identität*, der Bedeutung der S. für die Partnerschaft sowie dem Umgang mit Formen der S., die nicht klassischen gesellschaftlichen Normvorstellungen entsprechen, dominiert (*Homosexualität*, *Transsexualität*, *Pädosexualität*). Die Zufriedenheit mit der S. bzw. die Entstehung sexueller Probleme wird maßgeblich durch folg. Aspekte bedingt (Strauß et al. 2012, 654): «Gefühl der Sicherheit, Sich-Fallen-Lassen-Können; Erwartungen an die S.; Kommunikation über S.; Missverständnisse und Informationsdefizite; ungünstige Umstände, Zeitmangel; Schwangerschaftsängste; Angst vor Geschlechtskrankheiten; Selbstsicherheit und Stimmung; Beziehungsprobleme; Adaptation an Veränderungen der Beziehung». Diagn. Instrumente, die zur Erfassung von Aspekten der S. eingesetzt werden, sind im Verzeichnis diagn. Verfahren im Index aufgeführt.

Das *psychosomatische Modell der S.* des Menschen (s. Abb.) beschreibt den komplexen Zus.hang zw. physiol. (insbes. hormonellen, biochemischen) und psychol. Prozessen (*Kognition*, *Angst*, *Erwartungen*). Dies verdeutlicht insbes., dass bei der Therapie von *Sexualstörungen* i. d. R. ein

multimodaler Ansatz berücksichtigt werden muss, der die wechseitige Beeinflussung körperlicher, indiv. und interaktiv-kommunikativer psychol. Aspekte berücksichtigt.
Der Verlauf des Sexualakts wird in vier Phasen unterteilt, die situativ, indiv. und insbes. in Abhängigkeit vom Geschlecht unterschiedlich zeitlich ausgedehnt sind: *Erregungsphase* (schnelles Ansteigen des Erregungsniveaus), *Plateauphase* (anhaltendes hohes Errregungsniveau), *Orgasmusphase* (schneller zusätzlicher Anstieg und Abfall des Erregungsniveaus), *Rückbildungsphase*. Strauß et al. 2012.

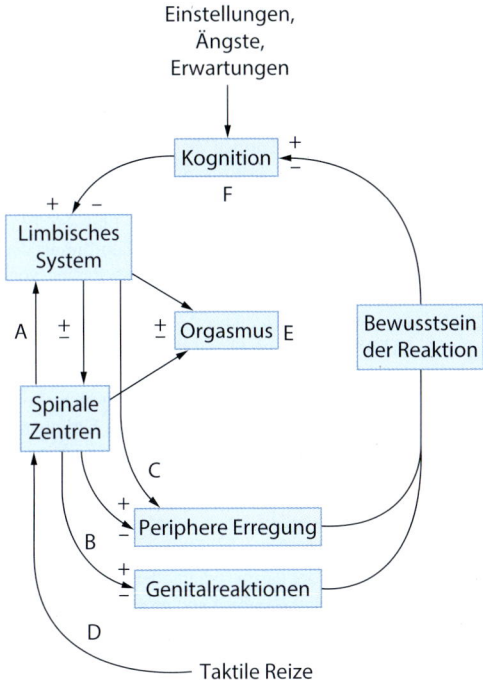

Sexualität: Psychosomatisches Modell (Bancroft 1986)

Sexualität, infantile [engl. *infantile sexuality*; lat. *infans* Kind], *Entwicklung, psychosexueller Ansatz nach Freud*.
Sexuallockstoffe [engl. *sexual attractants*], *Pheromone*.
Sexualmord (= S.) [engl. *sexual murder*], **[EM, RF]**, steht für unterschiedlich motivierte vorsätzliche Tötungsdelikte in Verbindung mit sexueller Gewalttat (*Gewaltdelikt, sexuelles*). Die Verdeckung einer vorausgegangenen Vergewaltigung gilt als häufiges Tatmotiv. In der Realität erweist sich die Motivation aber meist als komplex. Außer durch das Deckungsmotiv wird die Tötungsabsicht durch eine im Tatverlauf gesteigerte *Aggressivität* hervorgerufen, die die Täter hernach oft mit Wut oder *Angst* umschreiben. Tätlicher Widerstand oder herabsetzende Äußerungen des Opfers im fortgeschrittenen Stadium der Tat, aber auch die Erfahrung von Impotenz beim Täter kommen als eskalierend wirkende Anreize infrage. Eine dissoziale Persönlichkeitsstruktur (*Dissozialität*) des Täters erhöht das Risiko für den tödlichen Verlauf. Bei einer seltenen Form des S., die als sadistische Triebvariante (*Sadismus*) interpretiert werden kann, bildet die Tötung des Opfers das primäre Handlungsziel. Steck 2008. *P. Steck*

Sexualpsychologie, Sexualwissenschaft (= S.) [engl. *sexual psychology, sexology*], **[BIO, EM, PER]**, Originaldarstellung von F. Dorsch; Teilgebiet der Ps., das alle mit der *Sexualität* zus.hängenden psych.. Vorgänge und Verhaltensweisen in ihrer Verschiedenheit bei Mann und Frau und in ihrer *Entwicklung* sowie in ihren Erscheinungsformen zu erforschen und zu beschreiben hat. *Freud* wies in besonderer Weise und für die Zeit Anfang des 20. Jhd. erstmals (theoret. ausgerichtet) auf die grundlegende und über alle Lebensbereiche ausgebreitete Bedeutung der Sexualität hin. Nicht nur die «Neurosenlehre», auch die Allgemeine Ps., die *Pädagogik*, die *Soziologie* und nicht zuletzt die *Geisteswissenschaften* haben daraus Nutzen gezogen. Doch eine eigene S. entstand noch nicht. Der Anstoß hierfür lag in der Interessenzuwendung einzelner Ärzte, die wie P. Penta in Italien (1896) und M. Hirschfeld in Dt. (1908) mit eigenen Veröffentlichungen hervortraten. Auch Namen wie W. Fließ, R. Krafft-Ebing, M. Marcuse und A. Moll sind zu nennen. Der Begriff S. wurde 1906 durch I. Bloch geprägt und als selbstständige Disziplin «vom Sexuellen, d. h., von den Erscheinungsformen und Wirkungen der Sexualität in körperlicher und geistiger, in indiv. und sozialer Beziehung» definiert. Auf zwei vorherrschende Probleme wurde dabei verwiesen: die Bedeutung des sexuellen Chemismus und die Bedeutung der sexuellen Variabilität. Ersteres mag an die Hormonforschung (*Hormone*) jener Zeit erinnern, während Letzteres darauf hinweist, wie die Deszendenztheorie, Eugenik, Fragen der *Homosexualität* und *Bisexualität* und der sexuellen Zwischenstufen im Vordergrund des Interesses standen. S. war jener Zeit das indiv. sexuelle Erleben wohl wichtig, und auch das Streben nach einer natürlichen Sexualethik (*Ethik*) war wach, aber erst in der Weiterentwicklung kam es zu einer Forschung im heutigen Sinn, die auch mit modernen Forschungsmitteln (*Interview*, *Fragebogen*) das Wesen und die Erscheinungsformen der Sexualität zu klären sucht. Seit 1950 treten dazu Kongresse in Erscheinung. In den USA ist die S. wohl am stärksten von Kinsey durch dessen Tatbestandsaufnahmen (Sozialstatistik der körperlichen Vorgänge der Sexualität, *Kinsey-Report*) vorangetrieben worden. Als Ertrag wurde die hohe Variabilität der sexuellen Verhaltensweisen und damit auch die Häufigkeit vieler bisher als abwegig betrachteter sexueller Reizsituationen erwiesen. Bornemann 1980, Ford & Beach 1968, Kinsey et al. 1948, Masters & Johnson 1966, Schmidt 1976. *F. Dorsch*

Sexualstörungen (= S.) [engl. *sexual disorders*]; syn. *sexuelle Funktionsstörungen*, **[KLI]**, umfassen versch. Beeinträchtigungen im sexuellen Erleben, Verhalten und/oder in physiol. Reaktionsweisen, die eine befriedigende sexuelle Interaktion der beteiligten Partner einschränken oder gänzlich unmöglich machen. Es wird zw. *funktionellen* S. (psych. bedingten Beeinträchtigungen, die auftreten, obwohl die organischen Voraussetzungen gegeben sind) und *sexuelle Dysfunktionen* (weitgehend oder vollst. organisch bedingten Beeinträchtigungen) differenziert. *Paraphilie* bez. hingegen eine Fixierung auf unübliche Sexualziele oder -objekte. S. beim Mann umfassen *sexuelle Appetenzstörungen (Unlust)*, *Erektionsstörungen*, *Ejakulationsstörungen*, Schmerzen beim Geschlechtsverkehr (*Dyspareunie*) sowie gesteigertes sexuelles Verlangen. S. bei der Frau umfassen sex. Appetenzstörungen, sexuelle Aversion und mangelnde sexuelle Befriedigung, *Erregungsstörungen* und das Versagen genitaler Reaktionen, die *Orgasmusstörung*, *Vaginismus*, Schmerzen beim Geschlechtsverkehr, *nachorgiastische Verstimmungen* (z. B. Unruhe, Leere oder Traurigkeit nach dem Orgasmus) sowie gesteigertes sexuelles Verlangen.

Ätiologie: Zumeist sind S. auf psychosoziale Einflussfaktoren zurückzuführen. Überlegungen zur Entstehung psych. bedingter S. fokussieren i. d. R. auf psychol., emot. und soziale Faktoren wie allg. Geheimhaltung, *Ängstlichkeit* bzw. *Angst* (vor allem bei der Frau in Bezug auf Schwangerschaft, Schmerzen oder eigene/fremde Erwartungen), Tabuisierungen, Stimmungsproblematiken (z. B. depressive Verstimmungen) oder *Stress* sowie auf Lernprozesse, Lerndefizite und hinderliche Normvorstellungen. Auch beziehungsspezif. Faktoren (Abneigung gegen den Partner, allg. Beziehungsunzufriedenheit, Macht- oder Nähe-Distanz-Problematiken) können bei S. eine Rolle spielen. Aus psychodynamischer Perspektive werden versch. Ängste (z. B. Triebängste, Beziehungsängste, Gewissensängste) in der jew. Situation diskutiert. In 5–10 % der Fälle können (zusätzlich) organische Ursachen für S. angenommen werden. Dabei kommen u. a. infrage: kardiovaskuläre Erkrankungen (z. B. *Herzerkrankung, koronare*), neuroendokrine Störungen (z. B. *Hypothyreose*), neurologische Erkrankungen (z. B. *multiple Sklerose*), Erkrankungen des zentralen Nervensystems (z. B. *Schädel-Hirn-Trauma*) sowie urologische Erkrankungen. Zusätzlich sollten die Nebenwirkungen von Medikamenten sowie – bei Frauen – hormonelle Verhütungsmittel als mögliche Auslöser in Betracht gezogen werden.

Klassifikation: In den meisten Fällen werden Sexualstörungen in der *ICD-10* unter F52 eingeordnet (*Nicht organische sexuelle Funktionsstörungen*; *Klassifikation psychischer Störungen*; s. Anhang I). Für die Diagnose einer S. wird typischerweise gefordert, dass die Symptome wiederholt oder ständig auftreten. Zudem wird seit dem *DSM-IV* das Kriterium des persönlichen Leidensdrucks genannt. Bei der differenzierten Klassifikation (exklusive Paraphilien) wird deutlich, dass die Einteilung und Beschreibung danach erfolgt, in welcher Phase der sexuellen Erregung sie auftreten (Appetenz, Erregung, Orgasmus bzw. Entspannung). Zusätzlich zu dieser inhaltlichen Beschreibung hat sich eine formale Beschreibung bewährt, welche eine Einteilung nach den Kriterien der Häufigkeit (immer oder gelegentlich), der Umstände und Bedingungen (wann bzw. wo und mit wem tritt es auf?), der bisherigen Dauer sowie des Schweregrads vornimmt. Differenzialdiagn. sollten vor allem (assoziierte) neuroendokrine Erkrankungen, Herz-Kreislauf-Erkrankungen, neurologische Erkrankungen, Erkrankungen des zentralen Nervensystems, urologische Erkrankungen sowie Medikamentennebenwirkungen ausgeschlossen werden.

Prävalenz und Verlauf: Angaben zur Verbreitung von S. sind aus versch. Gründen (wenige Untersuchungen, unterschiedliche Klassifikationen, hohe Dunkelziffer) schwierig. Überblicksarbeiten ermitteln bei Männern i. d. R. eine Prävalenz von 4–9 % bei Erektionsstörungen und bis zu 38 % bei vorzeitiger Ejakulation. Bei Frauen werden Prävalenzraten von bis zu 40 % angegeben, wobei Appetenzstörungen die häufigste Problematik darstellen. In klin. Stichproben liegen die Werte etwas höher. Bzgl. der Aufrechterhaltung werden vor allem Selbstunsicherheit, dysfunktionale Selbstverstärkungsmechanismen (*Selbstverstärkung* der Versagensangst; *Teufelskreis*) sowie die Verunsicherung des Betroffenen und des Partners genannt. Bzgl. des Verlaufs weisen Befunde darauf hin, dass zumindest bei manchen Formen der S. ohne Behandlung eine relativ große Gefahr der Chronifizierung besteht.

Diagnostik: Der *diagnostische Prozess* zielt darauf ab, ein möglichst umfassendes und vollständiges Bild der Problematik von S. zu erlangen sowie eine Zuordnung der Problematik nach gängigen Klassifikationssystemen vorzunehmen. Dabei können versch. Methoden zum Einsatz kommen. In *Anamnese*- oder Explorationsgesprächen wird zunächst allg. die Problemwahrnehmung des Pat. erfragt. Hierbei interessiert insbes., wie sich das aktuelle Problem äußert, wodurch es ausgelöst wird, welche konkreten eigenen Verhaltensweisen bzw. welche Verhaltensweisen des/r Partners/in daraus resultieren (*funktionale Verhaltensanalyse*), welche Kognitionen und Emotionen vorwiegend auftreten, welche körperlichen Reaktionen auftreten, ob es best. Bedingungen gibt, unter denen das Problem verstärkt auftritt, ob die S. schon immer bestand oder erst im Verlauf der Partnerschaft oder seit einem best. Ereignis auftritt (Unterscheidung von *primärer* und *sekundärer Sexualstörung*) sowie ob sie ständig vorhanden oder abhängig von best. Gegebenheiten (z. B. Stress, Arbeitsbelastung), Partnern oder Praktiken ist. Des Weiteren werden auch Aspekte erfasst, die sich nicht unmittelbar auf die vorliegende S. beziehen, wie z. B. die allg. Einstellung zu *Sexualität* (einschliesslich eigener sexueller Normen), des eigenen Körpers oder der Partnerschaft. Und auch eine ausführliche Anamnese der früheren Sexualität (in versch. Partnerschaften, Veränderung der persönlichen Sexualität in der Lebensgeschichte, sexuelle Aspekte in der Familie, Aspekte der erfahrenen Aufklärung, Umgang mit dem eigenen Körper usw.) kann zielführend sein. Neben Interviewverfahren kann der Einsatz von Fragebögen als gute Ergänzung betrachtet werden. Des Weiteren können diese eher subj. und auf Selbstwahrnehmung basierenden Verfahren von psychophysiol. Methoden (z. B. Messung der vaginalen Durchblutung oder der Erektionsstärke) und weiteren med. Abklärungen (Bestimmung des Hormonstatus, Ausschluss körperlicher Krankheiten, Anomalien und Medikamentengebrauch) flankiert werden. Zudem sollte das potenzielle Vorliegen anderer psych. Störungen (z. B. *Depression*, *Angststörungen*, *Somatoforme Störungen*) berücksichtigt werden. Auch ein Einbezug des/r Partners/in kann zielführend sein (*Paartherapie*). Prinzipiell muss beachtet werden, dass es Betroffenen nicht unbedingt leicht fällt, die Problematik offen anzusprechen und dass daher eine vertrauensvolle *Therapiebeziehung* eine dringend notwendige Voraussetzung darstellt. *Sexualstörungen, Psychotherapie*, *Sexualstörungen, Psychopharmakotherapie*. Gromus 2002, Kockott & Fahrner 2000, Hernandez & Alfonso 1997, Müller 2012.   *J. Strohmer/D. Zimmer*

Sexualstörungen, Psychopharmakotherapie [engl. *sexual disorders, psychophrmacotherapy*], [**KLI, PHA**], bei Störungen der sexuellen Appetenz können bei beiden Geschlechtern *Androgene* (*Testosteron*, Dehydroepiandrosteron/DHEA) und bei Frauen in der Menopause *Östrogene* versucht werden. Allerdings ist wegen der nicht unerheblichen Risiken (Mammakarzinom, kardio- und zerebrovaskuläre Ereignisse) die Indikation streng zu stellen. Die Wirksamkeit des *dopaminerg* wirkenden Antidepressivums *Bupropion* konnte gegenüber *Placebo* gezeigt werden. Zur Behandlung von Störungen der sexuellen Erregung (Männer: erektile Dysfunktion, ED; Frauen: Erregungsstörung der Frau, [engl. *female sexual arousal disorder/FSAD*]) stehen für die Behandlung von Männern in erster Linie die selektiven Inhibitoren der Phosphodiesterase vom Typ 5 (PDE-5-Inhibitoren) *Sildenafil*, *Tadalafil* und *Vardenafil* zur Verfügung. Diese unterscheiden sich vor allem durch ihre unterschiedliche *Pharmakokinetik*. Andere medikamentöse Verfahren (z.B. *Yohimbin*) mit z.T. nicht auf belegter Wirkung spielen demgegenüber keine Rolle mehr. Bei Therapieresistenz kommen Schwellkörperinjektionstherapien infrage. Die Wirksamkeit von PDE-5-Inhibitoren bei Frauen ist weniger klar belegt, möglicherweise spricht eine Subgruppe von Frauen mit FSAD darauf an. Ggf. können Androgene oder die topische Applikation von *Prostaglandin* E1 versucht werden. Unter den Orgasmusstörungen ist die Ejaculatio praecox des Mannes durch serotonerge Pharmaka, v. a. *Serotonin-Rückaufnahmehemmer*, gut behandelbar. Der SSRI *Dapoxetin*, der durch eine kurze Wirklatenz und rasche Elimination gekennzeichnet ist, ist in dieser Indikation zugelassen. Für die Behandlung von Orgasmusstörungen der Frau stehen keine Pharmaka zur Verfügung. Hernandez & Alfonso 1997, Müller 2012.   *G. Gründer*

Sexualstörungen, Psychotherapie [engl. *sexual disorders, psychotherapy*], [**KLI**], die Behandlung funktioneller *Sexualstörungen* (= S.) wurde als Kurzzeittherapie bes. durch die empirischen Arbeiten von Masters & Johnson (1966) gefördert. Sie beziehen erstmals Partnerschaftsprobleme mit ein und versuchen in realen Übungen, die hierarchisch strukturiert sind, Ängste abzubauen, das Verhaltensrepertoire zu erweitern und Fehlinformationen und problematische Normen zu reflektieren. Je nach der Diagnose in der Problem- bzw. *Verhaltensanalyse* und der therap. Orientierung werden Elemente der *Psychoanalyse*, der *Kommunikationstherapie* oder anderer Schulen angewendet. Die konkreten therap. Vorgehensweisen sind sehr vielfältig, da bereits die Störungsbilder eine große Variabilität in ihrer Erscheinung aufweisen. Allen Herangehensweisen ist jedoch gemeinsam, dass sie versuchen, *Sexualität* als einen wichtigen Aspekt allg. *Wohlbefindens* sowie allg. *Lebensqualität* und -zufriedenheit zu begreifen und zu betonen. Inhalt therap. Sitzungen kann dabei zunächst ein gegenseitiger Austausch der Beteiligten sein, welcher u. a. ein gemeinsames Besprechen von Erfahrungen, die Mitteilung von *Kognitionen*, *Emotionen* und Wünschen sowie die Möglichkeit zur Nachfrage beinhalten kann. Eine ebenfalls zentrale Rolle bei der Therapie von S. spielen allein oder gemeinsam ausgeführte graduierte Verhaltensübungen. Eine typische Form von Verhaltensübungen stellen dabei Empfindungsübungen dar, welche die betroffenen Personen sowie deren Partner oder Partnerin für den eignen sowie für den fremden Körper sensibilisieren sollen (z. B. *Sensualitätstraining*, bei dem in mehreren Schritten die Empfindungen, die versch. Berührungen und Praktiken am eigenen Körper auslösen, bewusst wahrgenommen werden sollen). Aber auch Übungen zur besseren Kontrolle von Erregungsverläufen (z. B. bei *Ejakulationsstörungen*) sind häufiger Bestandteil sexualtherap. Vorgehens. Klassischerweise sollen diese Übungen in Form von Hausaufgaben ein- oder mehrmals pro Woche durchgeführt und in den Therapiesitzungen besprochen werden. Die Therapieziele bei S. sind so vielfältig wie die Störungsbilder: Mal kann die Auflösung problematischer Selbstverstärkungsmechanismen (*Selbstverstärkung*) und dysfunktionaler Gedanken und Gefühle im Mittelpunkt stehen, ein andermal die Schulung der Fähigkeit zur *Selbstwahrnehmung* und *Selbstkontrolle*, in wieder anderen Fällen die Auflösung von Partnerschaftsproblemen (*Paartherapie*). In einigen Fällen kann es dabei hilfreich sein, die Psychoth. mit einer somatischen Therapie (z. B. Gabe von Hormonen, med. oder mechanischen Hilfsmitteln (z. B. Vakuumpumpen) oder sogar invasiv wie z. B. in Form von Penisprothesen) zu unterstützen. Bzgl. des Therapieerfolgs werden gute Ergebnisse (ca. 50 % Heilung) bes. bei Kombination versch. *Verhaltenstherapie*-Methoden berichtet. Welche konkreten Methoden bei der Therapie von S. angewendet werden, hängt von der jew. Form der S. ab. Kockott & Fahrner 2000, Gromus 2002.   *J. Strohmer/D. Zimmer*

Sexualtrieb nach Freud [engl. *sexual drive*]; *Eros*, *Ich-Triebe*, *Libido*, *Psychoanalyse*, *Triebtheorie*.

Sexualverhalten [engl. *sexual behavior*], [**BIO, KOG, SOZ**], Sammelbegriff v. a. für Verhaltensweisen gleichartiger Tiere, die dem Sexualpartner gegenüber geäußert werden. *Fortpflanzungsverhalten*. *Sexualität*.

sexuelle Appetenzstörungen (Unlust) (= s.A.)[engl. *appetence disorders*], [**KLI**], sind eine Form von *Sexualstörungen* und zeigen sich in einem Mangel, sexuelle Aktivitäten selbst zu initiieren, aber auch in einer mangelnden Bereitschaft, auf Aktivitäten des Partners einzugehen. Dabei spielt zunächst keine Rolle, ob körperliche sexuelle Reaktionen normal verlaufen (können) oder nicht. Zu einem belastenden Problem werden s. A. meist dann, wenn die Partnerschaft darunter leidet (i. d. R. wenn der Partner Unzufriedenheit äußert). Prinzipiell kann bei s. A. zw. *primären* und *sekundären* s. A. unterschieden werden: Primäre s. A. liegen vor, wenn der Betroffene noch nie (also in keiner anderen Situation bzw. bei keinem anderen Partner) sexuelle Lust oder sexuelles Verlangen gezeigt hat, bei sekundären s. A. wird hingegen ein Nachlassen oder Verschwinden früherer Lust oder früheren Verlangens beobachtet. Generell können gerade sekundäre s. A. in vielen Fällen auf offene oder unausgesprochene Partnerschaftskonflikte sowie auf Unzufriedenheit, *Ärger* und *Stress* im privaten oder beruflichen Umfeld zurückgeführt werden. Als weitere Form von s. A. können sexuelle Aversionen (unangenehme Gefühle wie *Furcht*, *Angst*, Ablehnung oder Ekel) genannt werden, welcher sich – zumindest bei betroffenen Frauen – z. T. bereits durch den bloßen Gedanken an sexuelle Handlungen auslösen lässt. Frauen berichten zudem, dass das Ekelgefühl typischerweise an körperliche Gegebenheiten gebunden ist (z. B. Ekel vor dem Körper des Partners bzw. dessen Ausdünstungen; z. B. Schweiß, Ejakulat). Insges. werden s. A. bei Frauen häufiger beobachtet, in den vergangenen Jahren werden sie jedoch auch zunehmend von Männern angegeben. Die Behandlung und Therapie von s. A. richtet sich nach den ermittelten Auslöse- und Aufrechterhaltungsfaktoren (z. B. Ermittlung und Behandlung bereits längerfristig bestehender sowie durch die Störung entstandener Partnerschaftsprobleme; *Paartherapie*) und umfasst z. B. Strategien zum Umgang mit angstauslösenden Faktoren oder die Ermittlung und Betonung pos. *Emotionen* und *Kognitionen* in Zus.hang mit sexuellen Aktivitäten. Gromus 2002, Kockott & Fahrner 2000.

sexuelle Belästigung (= s. B.) [engl. *sexual harassment*], [**AO, SOZ**], Belästigung, die sich auf das Geschlecht der betroffenen Person bezieht und damit eine Form von *Diskriminierung* und i. S. des allgemeinen Gleichbehandlungsgesetzes rechtswidrig ist. s. B. umfasst beleidigendes, ausgrenzendes oder *kontraproduktives Verhalten*, das dazu dient, Personen auf ihr Geschlecht zu reduzieren oder aufgrund ihres Geschlechts abzuwerten (z. B. sexuell bestimmte körperliche Berührungen, Bemerkungen sexuellen Inhalts und Zurschaustellen pornografischen oder sexistischen Materials); abzugrenzen von *sexuellem Missbrauch* sowie körperlicher Gewaltanwendung. Unter psychol. Gesichtspunkten ist das neg. *Erleben* der Zielperson ausschlaggebend, eine *Absicht*, sexuell zu belästigen, wird nicht vorausgesetzt. S. B. ist v. a. in Abhängigkeitsverhältnissen wie etwa am Arbeitsplatz weit verbreitet, wobei insges. mehr Frauen als Opfer betroffen und mehr Männer Täter sind. Etwa 30 bis 50 % der weiblichen und 10 % der männlichen Arbeitnehmer wurden schon einmal sexuell belästigt (European Commission 1998). Oftmals befinden sich Opfer und Täter auf der gleichen Hierarchieebene. S. B. kann zum einen zahlreiche neg. psych. und gesundheitliche Auswirkungen für das Opfer haben (z. B. Irritation, *Angst*, chronische Kopfschmerzen und *Depression*) und zum anderen zu wirtschaftlichen Einbußen führen (z. B. durch Leistungsabfall, geringere *Arbeitszufriedenheit* und *Arbeitsmotivation*, verringertes *Commitment* und vermehrte *Arbeitsabwesenheit*). *Prävention* hat sich vor allem auf Unternehmensseite bewährt, da die Förderung von Bewusstsein und Sensibilisierung für die Problematik sowie Etablierung entspr. *Regeln* und *Normen* in der *Organisationskultur* (z. B. klare Abläufe bei Beschwerden über s. B.) die Häufigkeit von s. B. reduzieren können. Daneben gibt es öffentlich zugängliche Beratungsstellen, die Opfern Unterstützung bieten. Einen umfassenden Forschungsüberblick bieten die Reviews von McDonald (2012) und Pina & Gannon (2012). *C. Diehl*

sexuelle Funktionsstörungen unter Psychopharmakotherapie (= s. F.) [engl. *sexual dyfunction during psychopharmacotherapy*], [**PHA**], zahlreiche Medikamente, nicht nur *Psychopharmaka*, können zu s. F. führen. Unter den Nicht-Psychopharmaka sind s. F. häufig zu beobachten bei Behandlung mit versch. *Antihypertensiva* (ACE-Hemmer, Clonidin, Calciumantagonisten, Methyldopa, Betablocker, Korikosteroiden, Thiaziddiuretika, Spironolacton, Cimetidin, u. v. a. S. F. treten i. R. einer Psychopharmakotherapie unterschiedlich häufig auf unter *Antidepressiva* (*SSRI*, trizyklische Antidepressiva), *Antipsychotika*, *Benzodiazepinen* und auch *Stimmungsstabilisierern* wie *Carbamazepin*, *Valproinsäure* oder *Lithium*. Unter den Antidepressiva wird eine Ejakulationsverzögerung (bei Männern) bzw. eine *Orgasmusstörung* bis zur Anorgasmie (bei Frauen) bes. häufig bei Behandlung mit *serotonergen* Substanzen (SSRI, SSNRI) beobachtet, während *Erektionsstörungen* vor allem unter trizyklischen Substanzen mit α1-adrenolytischer Wirkung auftreten. Verminderungen der Libido werden unter beiden Arzneimittelklassen beobachtet. Unter *Agomelatin*, *Bupropion*, *Moclobemid* und *Johanniskraut*-Präparaten sind die *Inzidenzen* s. F. niedrig bis sehr niedrig. *Trazodon*, aber auch andere Antidepressiva, können einen *Priapismus* (= schmerzhafte Dauererektion) induzieren. – Unter Antipsychotika werden vor allem Libidominderungen sowie Orgasmus und Erektionsstörungen beobachtet. Bes. problematisch sind Substanzen, die einen bes. starken *Dopaminantagonismus* entfalten. Ursächlich sind wahrscheinlich einerseits die direkte Hemmung *dopaminerger* Systeme (Belohnungssystem), andererseits die Erhöhung der Prolaktinkonzentration (*Prolaktinerhöhung unter Psychopharmakotherapie*) mit der konsekutiven Beeinflussung weiterer endokriner Systeme. Aber auch die *anticholinergen* und α1-adrenolytischen Wirkungen vieler Antipsychotika können zu s. F. führen. Unter α1-adrenolytischen Substanzen werden zudem manchmal eine retrograde Ejakulation oder auch ein Priapismus beobachtet. Carbamazepin kann s. F. durch die Verminderung des freien *Testosterons* im Serum induzieren. Valproinsäure hat versch. endokrine unerwünschte Wirkungen, die in der Folge zu s. F. führen können. Unter Lithium und Benzodiazepinen ist die Inzidenz von s. F. insges. niedriger, sie können jedoch in allen Formen vorkommen. *G. Gründer*

sexuelle Orientierung (= s. O.) [engl. *sexual orientation*], [**PER**], *Disposition*, durch Menschen eines best. Geschlechts sexuell erregt zu werden. Ob es zu tatsächlichem Geschlechtsverkehr oder Partnerschaften mit einem best. Geschlecht kommt, ist dagegen sekundär. Unterschieden werden heterosexuelle, homosexuelle und bisexuelle Orientierung. Homo- und bisexuell sind in Dt. ca. 7% der erwachsenen Männer und Frauen, wobei bei Frauen der Anteil der homosexuellen niedriger und der Anteil der bisexuellen höher ist. Die s.O. ist genetisch und durch nicht genetische hormonelle Faktoren beeinflusst, während ein umweltvermittelter Einfluss der s.O. der Eltern auf ihre Kinder (z.B. bei Adoptivkindern von homosex. Paaren) nicht gefunden wurde. Homosexuelle Frauen und Männer zeigen bereits in der Kindheit oft eine geschlechtsuntypische Präferenz für Aktivitäten des anderen Geschlechts, die genetisch beeinflusst ist (Bailey et al. 2000). Nach der Theorie von Bem (1996) ist dies der entscheidende Zwischenschritt auf dem Weg zur homosexuellen Orientierung, da generell das «exotische» Geschlecht mit Einsetzen der Pubertät zum «erotischen» Geschlecht werde; bei geschlechtstypischen Präferenzen führe dies zu *Heterosexualität*, bei geschlechtsuntypischen Präferenzen zu *Homosexualität*. Dieser Entwicklungsverlauf wurde bei männlichen Homosexuellen häufiger bestätigt als bei weiblichen. *Bem Sex Role Inventory (BSRI)*, *Geschlechtsrollen-Selbstkonzept*.   J. B. Asendorpf

sexueller Missbrauch (= s.M.) [engl. *sexual abuse/exploitation/harassment/assault/maltreatment, child molestation/rape*]; syn. s. M. *von Kindern, s. Kindesm., s. (Kindes)misshandlung, s. Ausbeutung, s./sexualisierte Gewalt*, **[KLI]**, bez. die Beteiligung eines Kindes (bis zum 14. Lebensjahr)/Jugendlichen (bis zur Vollendung des 17. Lebensjahrs) an einer s. Aktivität durch einen Erw., einen Jugendlichen oder ein anderes Kind, welche das Kind/der Jugendliche aufgrund seines Alters/Entwicklungsstandes nicht vollst. verstehen und deshalb dazu keine informierte Einwilligung (*informed consent*) geben kann oder welche die Gesetze oder gesellschaftlichen Tabus verletzt. Die Motivation des Täters umfasst dabei nicht nur s. Bedürfnisse, sondern auch soziale Bedürfnisse wie *Macht* oder *Aggression*, zu deren Befriedigung ein Kind oder ein Jugendlicher instrumentalisiert wird. In Dt. sind die Straftaten gegen die s. Selbstbestimmung im 13. Abschnitt des Strafgesetzbuches geahndet. S. M. von Kindern (unter 14 Jahren § 176 StGB), s.M. von Schutzbefohlenen (unter 18 Jahren § 174 StGB). Der Täter nutzt die körperliche, psych., kogn. und sprachliche Unterlegenheit des Kindes/Jugendlichen aus, um seine Bedürfnisse auf Kosten des Kindes/Jugendlichen zu befriedigen. Bestimmend ist nicht, ob physische Gewalt angewandt wurde und ob Gegenwehr stattfand, denn der Entwicklungsstand des Minderjährigen schließt rechtfertigendes Einverständnis und Zustimmungskompetenz aus (s.o.), sodass unterschiedliche Tatmodalitäten wie Überreden, Verleiten oder Zwang unerheblich werden. S.M. kann durch ein Familienmitglied, eine Person des sozialen Nahraumes oder eine fremde Person durchgeführt werden. Die Kriminalstatistik (BKA-Statistik 2012) beschreibt eine Hellfeldprävalenz (*Prävalenz*) von 0,11 % für Minderjährige. Repräsentative Untersuchungen, die auch das Dunkelfeld erfassen, ergeben bei retrospektiv befragten Frauen in Dt. Zahlen zw. 5 % und 15 % und bei Männern zw. 1 % und 5 % für s.M. mit Körperkontakt. Im Bereich des s.M. existieren in der Fachliteratur/Forschung versch. Begriffsbestimmungen, die zum einen auf einem Kontinuum von eng zu weit anzusiedeln sind, aber auch je nach Bereich (z.B. entwicklungspsychol., gesellschaftlicher, juristischer, feministischer, klin. Bereich) unterschiedliche Schwerpunkte herausarbeiten. Aspekte, in denen sich die Def. unterscheiden können, umfassen die Art der sexuellen Handlung, das festgelegte Alter von Opfer und Täter, die Annahme zur Entwicklung des Opfers, dessen Zustimmung, das Verhältnis zw. Opfer und Täter, die vom Täter eingesetzte Macht, Gewalt, Druck, die Folgen der Handlungen für das Opfer. Neben der *Posttraumatischen Belastungsstörung* zählen zahlreiche andere Traumfolgestörungen wie z.B. *Substanzmissbrauch, Angst, Essstörungen, Depression, Suizidalität* und die Entwicklung von *Persönlichkeitsstörungen* sowie somatische Langzeitbelastungen zu den möglichen Folgen des s.M. Enge Def. beschreiben s.M. vorwiegend als direkten körperlichen Kontakt, sog. *Hands-on-Taten*, zw. Täter und Opfer (z.B. oraler, analer oder genitaler Geschlechtsverkehr, bzw. zumindest Kontakt mit unbekleideten Genitalien, dem Brustbereich), es werden oft auch konkrete Altersdifferenzen zw. Täter und Opfer (z.B. zwei oder fünf Jahre) festgelegt. Weite Def. schließen jede s. Aktivität mit oder ohne Körperkontakt (z.B. Belästigung, obszöne Reden, Anleitung zur Prostitution, Exhibitionismus, *Pornografie*) ein. Wipplinger & Amann 2005, Fegert et al. 2013.   H. Dettenborn/J. Fegert/N. Sproeber

s-Faktor [engl. *s factor*], **[PER]**, der von Spearman angenommene und durch *Faktorenanalyse* aufgewiesene spezifische Faktor *(specific factor)* in der Struktur der *Intelligenz*. *g-Faktor, Intelligenzfaktoren*.

shadowing [engl.] Beschatten, Überdecken, **[KOG]**, auf Cherry (1953) zurückgehende exp. Technik zur Untersuchung der *selektiven Aufmerksamkeit*, bei der einer Vp mittels Lautsprecher oder Kopfhörer für jedes Ohr versch. akustische Reize dargeboten werden. Die akustischen Reize (Töne oder Sprache) können sich in der Lautstärke oder in der Tonhöhe, nach der Stimmlage des Sprechers oder nach dem Textinhalt unterscheiden. Die Aufgabe der Vp besteht darin, nur einen an einem Ohr ertönenden Reiz bzw. Text zu beachten und begleitend nachzusprechen oder sich zu merken, hingegen den am anderen Ohr ertönenden Reiz bzw. die andere Information auszublenden. Geprüft wird, wie viel und welche Information mit demjenigen Ohr *(shadowed ear)* aufgenommen und verarbeitet bzw. nachgesprochen wurde, mit dem die Reize gemäß der Instruktion beachtet werden sollte. *Cocktailparty-Phänomen*.   K.-H. Stapf

Shame-attack-Übungen (= S.) [engl. *shame-attack exercises*], **[KLI]**, eine S. ist ein ursprünglich i.R. der *Rational-emotiven Therapie* entwickeltes *Verhaltensexperiment*, bei dem ein Pat. zuerst aufgefordert wird, vorherzusagen, wie die Umwelt auf ein bes. absurdes oder beschämendes Verhalten (z.B. eine Gummiente durch die Fußgängerzone ziehen, eine Person nach dem Weg zu einem bekannten Gebäude fragen, vor dem man gerade steht) reagieren wird. Das Verhalten soll dann auch ausgeführt werden. Die S. dienen dazu, katastrophisierenden

Überzeugungen bzgl. peinlichen Verhaltens zu korrigieren und werden am häufigsten i. R. der Behandlung einer sozialen Angststörung (*soziale Phobie*) eingesetzt.

A. L. Gerlach

Shannon'scher Rateversuch [engl. *Shannon-guessing-game*], **[DIA, KOG]**, Verfahren zur subj. *Informationstheorie* über die Erwartungswahrscheinlichkeit von *Zeichen*. Im ursprünglichen Versuch ließ Shannon Studenten den jew. nächsten Buchstaben in einem verdeckten Text raten und zählte die Anzahl der benötigten Rateversuche, bis der richtige Buchstabe gefunden wurde. Auf dieser Basis ermittelte er die jew. Erwartungswahrscheinlichkeiten.

Shannon-Wiener'sche Entropieformel *Informationstheorie*, *Entropie*.

shaping [engl. *shaping* Formung], Verhaltensformung, **[KOG]**, bezeichnet den Aufbau von Verhaltensweisen durch Prinzipien der operanten Konditionierung (*Konditionierung, operante*). Verhaltensweisen, die eine Annäherung an das Zielverhalten darstellen, werden sukzessive verstärkt (*Verstärkung*) bis das Zielverhalten gezeigt werden kann. Durch Verhaltensvariabilität kann s. auch zum Aufbau bisher nicht gezeigter Verhaltensweisen genutzt werden.

Shared-Decision-Making [engl.] geteilte/gemeinsame Entscheidungsfindung, *partizipative Entscheidungsfindung*.

Sheldon-Typen *Körperbautypen*.

Shepard'sche Täuschung [engl. *Shepard's illusion/tables*], **[WA]**, die Parallelogramme, die in der Abb. die Tischflächen bilden, sind identisch. Trotzdem werden sie aufgrund der in der Wahrnehmung impliziten Tiefeninterpretation des Raumes (*Tiefenwahrnehmung*) als in Form und Größe deutlich versch. wahrgenommen. Nicht die geometrischen Eigenschaften der Vorlage, sondern deren mentale Rekonstruktion von Objekten in einem dreidimensionalen Raum erzeugt den Täuschungseindruck. *geometrisch-optische Täuschung*, *Jastrow'sche Täuschung*. Shepard 1990.

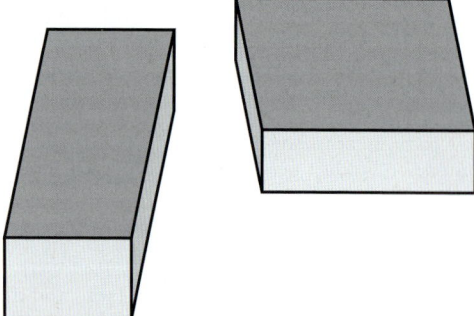

Shepard'sche Täuschung (Shepard 1990)

Sheppard'sche Korrektur [engl. *Sheppards's correction*], **[FSE]**, eine von Sheppard vorgeschlagene Korrektur, die z. B. bei der Berechnung der *Varianz* von in Klassen zusammengefassten Daten Anwendung findet. Da aufgrund derartiger Daten berechnete Varianzkennwerte die tatsächliche Varianz überschätzen und da die Größe des resultierenden systematischen Fehlers von der Klassenbreite B abhängt, wird die errechnete Varianz nach der Formel

$$\hat{\sigma}^2_{korr} - \frac{B^2}{12}$$

korrigiert. Im Nenner steht immer die Häufigkeit der in der Mitte gelegenen bzw. am stärksten besetzten Klasse.

Sherif, Muzafer (geb. als Muzaffer Şerif Başoğlu) (1906–1988), **[HIS, SOZ]**, in Odemir, Izmir, geboren, studierte Sherif auf einem amerikanischen College in Izmir, ging dann in die USA und erwarb seinen zweiten MA an der Harvard University. Dann studierte er bei *Köhler* in Berlin. 1935 promovierte er an der Columbia University und veröffentlichte 1936 sein Buch über *soziale Normen*, in dem er die Normbildung von Personengruppen bei unklarem Reizmaterial, dem *autokinetischen Phänomen*, untersuchte (Sherif, 1936). 1937–1944 arbeitete Sherif wieder in der Türkei. Aufgrund seiner Ablehnung des Nationalsozialismus wurde Sherif in der Türkei zu einer hohen Gefängnisstrafe verurteilt, dann jedoch nach vier Monaten freigelassen. Sherif emigrierte erneut in die USA. Viele seiner Untersuchungen führte er in der Folgezeit zus. mit seiner Frau Carolyn W. Sherif (Heirat 1945) durch, so u. a. die Ferienlagerexperimente in den Jahren 1949, 1954, 1959, aus denen das Ehepaar Sherif u. a. den Schluss zog, dass Konflikte zw. Gruppen und Nationen durch übergeordnete Ziele lösbar sind, deren Erreichung beide Gruppen nur gemeinsam möglich ist. Heute wird dieser Ansatz als *Theorie des realistischen Gruppenkonflikts* bez. Sherif 1936.

H. E. Lück

Shock-Absorber [engl. *shock* Schock, *absorb* dämpfen, absorbieren], **[DIA, FSE]**, bei jeder Anwendung von psychodiagn. Verfahren ist mit «Prüfungsunbehagen», bisweilen «*Prüfungsangst*» zu rechnen. Die Schwierigkeiten können verringert werden, wenn man der eigentlichen Test-Untersuchung eine Aufgabe vorausgehen lässt, die ohne Bewertung bleibt: Shock-Absorber oder *Pufferreiz*.

Shortlist-Modell [engl. *shortlist* Auswahlliste], *Sprachwahrnehmung*.

Sibutramin (= S.), **[PHA]**, Amphetaminderivat mit *Serotonin*- und *Noradrenalin*-wiederaufnahmehemmenden Eigenschaften, Appetitzügler. S. wurde in allen Industrieländern wegen eines erhöhten Risikos von Herzinfarkten vom Markt genommen.

Sicherheit (= S.) [engl. *safety, security*], **[AO]**, Zustand ohne Schädigung oder Wahrnehmung eines Zustands ohne Schädigung oder potenzieller Schädigung (*Unfallforschung*, *Verkehrspsychologie*, *Illusion*, *locus of control*). S. betrifft den Zustand von Individuen in natürlicher, sozialer oder technischer Umgebung. S.wissenschaft befasst sich mit der Beschreibung, Analyse und Verbesserung von S. Die Messung von S. erfolgt u. a. über Unfalldaten (z. B. Indizes; *Fehler, menschliches Versagen*), Risikoberechnungen (z. B. Kuhlmann 1979), Erfassung von Konfliktsituationen, durch Systemanalysen und durch *tolerierte Unsicherheit* (*Wahrnehmung von Risiken*, Jungermann 1982). Ein wichtiges Anwendungsfeld der S.wissenschaft ist die Reduzierung der Risikobedingungen in Arbeit und Beruf (*Arbeitssicherheit*). W. Echterhoff

Sicherheitsgrenze, -schranke, -schwelle [engl. *confidence limit*], *Vertrauensintervall*.

Sicherheitskultur (= S.) [engl. *safety culture*], [**AO**], der Begriff S. wurde im Zusammenhang mit der Verbesserung der Sicherheit von Kernkraftwerken in Folge der Tschernobyl-Katastrophe entwickelt. Das Konzept der S. baut auf Ansätzen der *Organisationskultur* auf. Man versteht darunter die von den Mitgliedern einer *Organisation* geteilten sicherheitsbezogenen Grundannahmen und *Normen*, die ihren Ausdruck im konkreten Umgang mit Sicherheit in allen Bereichen der Organisation finden. Dabei wird zw. *materiellen* und *immateriellen* Merkmalen der organisationalen S. unterschieden. Unter materiellen Merkmalen sind die gemeinsame Optimierung von Technikeinsatz und Arbeitsorganisation, um Störungen am Entstehungsort besser steuern zu können, sowie die Verankerung der Sicherheit in der Aufbau- und Ablauforganisation zu verstehen (z. B. Verteilung von Verantwortlichkeiten in Bezug auf Sicherheitsaspekte i. R. der *Führung*sstruktur). Bei den immateriellen Merkmalen sind die von allen Organisationsmitgliedern geteilten Normen und *Werte*, die die Integration von Sicherheit in den Arbeitsprozess und die Sicherheit des Gesamtsystems fördern, gemeint. Das S.-Konzept verweist außerdem darauf, dass Sicherheit nicht an einzelne Teilsysteme (z. B. die Sicherheitsabteilung) delegiert werden kann, sondern als Leistung des Gesamtsystems zu betrachten ist. Es bedarf daher eines kontinuierlichen *Organisationsentwicklung*sprozesses, um bei allen Systemmitgliedern ein entspr. Verständnis über die Rolle der Sicherheit als bedeutendes Organisationsziel und das entspr. *Verhalten* zu erreichen.

Zur Entwicklung und Umsetzung einer S. weist Reason (1997) vor allem auf vier Merkmale bzw. Aspekte i. S. einer gestaltbaren S. hin: (1) *Berichtskultur*: Hier geht es darum, ein funktionierendes Berichtssystem für sicherheitsrelevante Vorfälle in der Organisation zu implementieren. Voraussetzung dafür ist, dass ein organisationales Klima (*Organisationsklima*) erzeugt wird, in dem die Mitarbeiter bereit sind, eigene Fehler einzugestehen, auch von Beinahe-Unfällen zu berichten und auf latente Risikofaktoren aufmerksam zu machen. (2) *Gerechte Vertrauenskultur*: Zu einer S. gehören auch Transparenz und ein gerechtes Sanktionssystem dazu, was akzeptables und inakzeptables Verhalten im Umgang mit Sicherheitsfragen ist. (3) *Flexible Kultur*: Hiermit ist die *Fähigkeit* des organisationalen *Systems* verbunden, sich bei Gefahrensituationen flexibel zu verhalten und mit den Anforderungen umgehen zu können. (4) *Lernkultur*: Die Bereitschaft und Fähigkeit, auf allen Ebenen die richtigen Schlussfolgerungen aus sicherheitsrelevanten Informationen (z. B. des Berichtssystems) zu ziehen und die notwendigen Reformen bzw. Maßnahmen umzusetzen und zu implementieren. Die Entwicklung und Gestaltung einer S. sollte außerdem eine systematische Analyse der relevanten organisationalen Bedingungen und der Ausgangssituation beinhalten. Hierzu existieren Mess- und Bewertungsinstrumente, die auch für die *Evaluation* von Entwicklungsmaßnahmen genutzt werden können (Büttner et al. 1999). N. Schaper

Sicherheitsmanagement [engl. *security management*], *Prozesssicherheit*.

Sicherheitsmarginal [lat. *margo* Grenze], [**KOG**], nach D. Katz muss bei jeder psychische *Leistung*, die ihrer Natur nach die Erreichung eines best. Grenzwertes fordert, dieser Grenzwert um einen wenn auch nur min. Betrag überschritten werden, um die Leistung sicherzustellen.

sick building syndrome [engl. *sick* krank, *building* Bauwerk], syn. *building sickness, tight building syndrome, office illness*, [**GES**], Bez. für ein umweltausgelöstes Krankheitssyndrom. Unspezifische psych. und körperliche Beschwerden (Reizung von Augen, Nase und Rachen, Trockengefühl an Schleimhäuten und Haut, Kopfschmerzen, Müdigkeit, Benommenheit, vermehrte Atemwegsinfektionen). Auftretend in best. Gebäuden (meist mit raumlufttechnischen Anlagen ausgestattet), bei Verlassen des Gebäudes nachlassend. Beziehungen zur Raumluftqualität werden diskutiert. Wahrscheinlich multifaktoriell bedingtes Syndrom. Die Beziehung zum *MCS* ist nicht geklärt. Hartman 1995, Seidel 1996.

M. Hüppe/W. Janke

SIDE-Modell (= S.) [engl. *social identity model of deindividuation effects*] Modell der sozialen Identität und Deindividuation], Reicher et al. 1995, Spears & Lea 1994, [**MD, SOZ**], ist eine Theorie der *computervermittelten Kommunikation* (= c. K.). Die Grundlage des Modells bilden die *Social Identity Theory* (Tajfel & Turner 1986) und die Selbstkategorisierungstheorie (Turner et al. 1987). Diese Theorien unterscheiden soziale und personale Identität. *Soziale Identität* ist das Zugehörigkeitsgefühl einer Person zu einer sozialen Gruppe, das auf den Merkmalen dieser Gruppe beruht. *Personale Identität* entsteht hingegen durch indiv. Eigenschaften. Das S. nimmt an, dass die bei einer Person in einer best. Situation jeweils vorherrschende Identität einen Einfluss auf das Verhalten in der c. K. ausübt. Das S. unterscheidet außerdem zwei Dimensionen der *De-Individuation:* Anonymität und fehlende Identifizierbarkeit. *Anonymität* bezieht sich darauf, dass eine Person die anderen Kommunikationspartner selbst nicht sehen kann. *Fehlende Identifizierbarkeit* bedeutet dagegen, dass eine Person selbst von anderen nicht identifiziert werden kann. Das S. unterscheidet einen kognitiven und einen strategischen Aspekt. Der kogn. Aspekt beschäftigt sich mit den Effekten von Anonymität, der strategische mit den Auswirkungen der Identifizierbarkeit. Der *kogn. Aspekt* des S.: Ist die personale Identität vorherrschend, wird diese durch die Anonymität verstärkt. Die Anonymität verringert die wahrgenommene *Gruppenhomogenität*. Folglich orientieren sich Personen mit vorherrschender personaler Identität vor allem an ihren eigenen Werten und Normen (*Norm*). Ist hingegen die soziale Identität vorherrschend, wird diese ebenfalls durch die Anonymität intensiviert und die wahrgenommene Gruppenhomogenität wird verstärkt. Dementsprechend orientieren sich Personen vor allem an den Normen und Werten der Gruppe. Der *strategische Aspekt* des S.: Eine geringe Identifizierbarkeit führt dazu, dass sich Personen an ihren eigenen Werten und Normen orientieren, da sie keine Sanktionen zu befürchten haben. Mit zunehmender Identifizierbarkeit orientieren sich Personen dagegen stärker an den Normen und Werten der Gruppe. Hartmann 2004. *J. Kimmerle*

Siderisches Pendel [engl. *siderical pendulum*], *Pendelversuch*.

Siegel-Wachs-Metapher *Zeichenkonzeptionen der Wahrnehmung*.

SIFT-Modell (= S.) [engl. *scale-invariant feature transform* skaleninvariante Merkmalstransformation], **[WA]**, Lowe (1999) entwickelte das computationale S., um das Problem der visuellen Wiedererkennung von Objekten und Szenen über verschiedene Ansichten zu lösen (*visuelle Wahrnehmung*). Das S. verwendet eine Signatur aus visuellen Raumfrequenzbandanteilen einzelner Bildregionen, die über die unterschiedlichen Ansichten eines Objektes oder einer Szene auf Übereinstimmung verglichen werden. Punkte mit hoher Ähnlichkeit beziehen mit hoher Wahrscheinlichkeit übereinstimmende Bildinhalte aus unterschiedlichen *Perspektiven* richtig aufeinander.
U. Ansorge

Sighele, Scipio (1868–1913), **[HIS, RF, SOZ]**, ital. Kriminologe, Mitbegründer der sog. romanischen Massenps. Nach Sigheles Auffassung ist in Kollektiven mit einer Kriminalisierung des Verhaltens zu rechnen, sodass dem Individuum juristisch eine nur verminderte Zurechnungsfähigkeit zugebilligt werden kann. Sigheles Hauptwerke «La folla delinquente» wurde in mehrere Sprachen übersetzt und prägte die spätere frz. Massenps. Sighele 1891.
H. E. Lück

Sigma [gr. Buchstabe], **[FSE]**, σ = Symbol für die *Standardabweichung*; σ^2 = *Varianz*. Zeichen für 1/1000-Sekunde. Σ = Summe.

Sigmatismus (= S.) [engl. *sigmatism*; Σ, σ *(sigma)* gr. Buchstabe], **[KOG]**, Lispeln, die weit verbreitete, fehlerhafte Artikulation der Zischlaute s, ch (*Chitismus*), sch (*Schetismus*) und ihrer Verbindungen mit anderen Lauten, z. B. ts (z) oder ks (x). Je nach dem jeweiligen Stellungsfehler der Zunge, der Lippen oder Gaumensegel beschreibt man den *S. interdentalis, S. addentalis, S. lateralis* (Hölzeln), *S. labiodentalis, S. nasalis* und andere Formen. Wird der Zischlaut durch ein anderes, richtig gebildetes *Phonem* ersetzt (z. B. durch f), nennt man dies Parasigmatismus (*Paralalie*).

Signal [engl. *signal*; lat. *signum* Zeichen], **[KOG]**, nach DIN 44300 «die physikal. Darstellung von Nachrichten» oder *Daten*. Ein Ereignis, das eine von seiner Eigenart unterschiedene Bedeutung mit sich führt und dadurch bei der einseitigen oder wechselseitigen *Kommunikation* zwischen Systemen als Träger von Information wirkt. Ein *Reiz* hat deshalb nur dann den Charakter eines Signals, wenn nicht seine direkte physikal. Einwirkung, sondern seine (i. d. R. gelernte) Bedeutung Verhalten auslöst und steuert (*Schlüsselreiz*). Diese Unterscheidung wird von Pawlow nicht getroffen. Für ihn konstituieren alle nicht sprachlichen verhaltenswirksamen Reize (auch bei direkter physikal. Einwirkung) das «erste Signalsystem», während die Sprachzeichen samt Kombinationsregeln wegen ihrer die «Realität» symbolisierenden Funktion das *zweite Signalsystem* bilden. *H.E. Zahn*

Signaldetektionstheorie (SDT) [lat. *detegere* aufdecken], *Signalentdeckungstheorie*.

Signale (= S.) [engl. *signals*; lat. *signum* Zeichen], (biol.), **[KOG, SOZ]**, alle *Reize* bzw. Reizmuster, die der Verständigung zw. sozialen Partnern dienen, d. h. im Dienste der inner- und/oder zwischenartlichen *Kommunikation* stehen (körperliche Strukturen, Lautäußerungen, Duftstoffe, spezif. Verhaltensweisen). Sie werden auch als *Auslöser* bezeichnet. S. können durch *Mimikry* von artfremden Tieren nachgeahmt werden. *Ritualisierung*.
C. Becker-Carus

Signalentdeckungstheorie (= SET) [engl. *signal detection theory*], **[DIA, FSE, KOG, WA]**, ist ein Modell zur Empfindlichkeitsmessung einer Reizwahrnehmung. In einem SET-Experiment wird Pbn ein *Reiz* (z. B. ein Ton) gleicher Intensität mehrfach dargeboten; es gibt jedoch auch Durchgänge, in denen der Reiz nicht präsentiert wird. Die Aufgabe der Pbn ist, anzugeben, ob der Reiz präsentiert wurde; dabei werden die Gesamteindrücke der Umwelt als Rauschen (R) und der Reiz selbst als Signal (S) bezeichnet. Da der Reiz typischerweise sehr schwach ist und immer zusammen mit dem Rauschen auftritt, kann er mit dem Rauschen verwechselt werden. Daraus ergeben sich vier Möglichkeiten, nämlich *Treffer* (S+R richtig erkannt), *korrekte Zurückweisungen* (R richtig erkannt), *falsche Alarme* (R mit S+R verwechselt) und *Verpasser* (S+R mit R verwechselt). Die Frage ist also, wie gut Pbn zwischen R und S+R unterscheiden können. In der SET wird davon ausgegangen, dass die Antworten eines Pb in einem solchen Experiment durch zwei Parameter beeinflusst werden, die *Sensitivität* und das *Antwortkriterium*. Die *Sensitivität* bez. dabei den mittleren Abstand der Wahrscheinlichkeitsverteilungen von R und S+R (die Wahrscheinlichkeitsverteilungen geben an, mit welcher *Wahrscheinlichkeit* ein perzeptueller Effekt des Pb auf R oder S+R zurückgeht, bei gleicher physikal. Intensität des Reizes). Das Antwortkriterium bez. hingegen den subj. Wert, den der perzeptuelle Effekt erreichen muss, damit der Pb angibt, den Reiz wahrzunehmen; bspw. produziert eine Person mit einem liberalen Kriterium viele falsche Alarme bei gleichzeitig vielen Treffern, während eine Person mit konservativem Kriterium kaum falsche Alarme, dafür jedoch einige Verpasser produziert. Das Antwortkriterium lässt sich dabei direkt beeinflussen, z. B. indem man falsche Alarme bestraft (dies macht das Kriterium konservativer). Der Vorteil der SET besteht darin, dass die Sensitivitätsmessung unabhängig vom Antwortkriterium des Pb vorgenommen werden kann. Die Grundlagen der Theorie stammen aus der Radartechnik und wurden erstmalig von Tanner &

Swets (1954) auf die Wahrnehmung visueller Stimuli angewandt. Außer in der Wahrnehmungsps. findet die SET jedoch auch Anwendung in der Gedächtnisps. (hier z. B. wird die Stärke der Gedächtnisspur untersucht; *Gedächtnismethoden*) und Diagnostik (*Signalentdeckungstheorie, Diagnostik und Forschungsmethoden*). *Psychophysik*, *ROC*, *ROC-Kurve*. Green & Swets 1966, Velden 1982.

N. Nett/C. Frings

Signalentdeckungstheorie, Diagnostik und Forschungsmethoden (= SET) [engl. *signal detection theory*], [**DIA, FSE**], in der klin. Diagnostik werden die Termini der *Signalentdeckungstheorie* mit folg. Bedeutung verwendet: *Signal + Rauschen*: Es liegt eine Störung vor; *Rauschen*: Es liegt keine Störung vor; *Erregung*: Messwert auf einem diagn. Instrument; *Treffer*: Störung wird korrekt erkannt; *korrekte Zurückweisung*: Das Fehlen einer Störung wird korrekt erkannt; *falscher Alarm*: Es wird eine Störung diagnostiziert, obwohl keine Störung vorliegt; *Verpasser*: Es wird keine Störung diagnostiziert, obwohl eine Störung vorliegt. Je schwächer die Störung ausgeprägt ist und je unzuverlässiger das diagn. Instrument, desto häufiger erfolgen falsche Diagnosestellungen. Ob eine Störung eher zu unrecht unerkannt bleibt (*Verpasser*) oder eher zu unrecht als vorhanden diagnostiziert wird (*falscher Alarm*), hängt vom verwendeten kritischen Wert ab, der zur Diagnosestellung verwendet wird (*cut-off point*). Wird schon bei geringen Störungsindikatoren eine Störung vermutet oder festgestellt (eher kleine Werte auf dem diagn. Instrument genügen als Hinweis, also niedriger Cut-off-Wert; typisch im Falle eines *Screenings*), so ist die Gefahr von *falschen Alarmen* erhöht. Wird erst bei starken Störungsindikatoren eine Störung vermutet oder festgestellt (z. B. wenn unbedingt vermieden werden soll, Pat. mit einer falschen Diagnose zu konfrontieren), so ist die Gefahr von *Verpassern* erhöht. Bei dichotomen Datenformaten (insbes. bei Diagnosestellung, *Epidemiologie*) können durch die SET viele systematische Effekte und Beziehungen zw. Kenngrößen modelliert werden (*Interventionseffekt bei dichotomen Zielgrößen, Sensitivität, Spezifität, positiv prädiktiver Wert, negativ prädiktiver Wert*). Als stat. Verfahren kann die ROC-Analyse (*ROC, ROC-Kurve.*) angewendet werden, um insbes. die Auswirkungen von Cut-off-Werten auf die Wahrscheinlichkeit der jew. Fehlentscheidungen zu bestimmen.

Bei stat. *Signifikanztests* haben die Termini der SET folg. Bedeutung: *Signal + Rauschen*: Die *Alternativhypothese* (H1) ist korrekt. *Rauschen*: Die *Nullhypothese* (H0) ist korrekt; *Erregung*: Ausprägung der stat. Prüfgröße; *Treffer*: Signifikantes Ergebnis bei Gültigkeit der H1; *korrekte Zurückweisung*: nicht signifikantes Ergebnis bei Gültigkeit der H0; *falscher Alarm*: *Fehler erster Art* (α-Fehler); *Verpasser*: *Fehler zweiter Art* (β-Fehler). Die Bestimmung *optimaler Stichprobenumfänge* kann i. S. der SET so interpretiert werden, dass – unter der Annahme einer best. *Effektgröße* (Signalstärke) – derjenige Stichprobenumfang ermittelt wird, bei dem die Varianz der Zufalls- oder Rauschverteilung so klein wird, dass eine def. *Teststärke* (Wahrscheinlichkeit eines *Treffers*) resultiert. Benesch & Raab-Steiner 2013.

Signalfälschung *Mimikry*.

Signallernen [engl. *signal learning*; lat. *signum* Zeichen], *Konditionierung, klassische*.

Signalparameter [engl. *signal parameter*], nach DIN 44300 diejenige Kenngröße eines *Signals* bzw. diejenige physikal. Darstellungsgröße (z. B. Amplitude, Frequenz) eines Signals, deren Wert oder Werteverlauf die Nachricht oder die Daten darstellt.

Signal-Rausch-Verhältnis *Signalentdeckungstheorie*, *signal-to-noise ratio*.

Signalsystem, zweites *zweites Signalsystem*.

signal-to-noise ratio [engl.] Signal-Rausch-Verhältnis, Abk. *s/n*, [**WA**], psychophysikalisches Konzept. Ganz allg. versteht man darunter das Energieverhältnis zwischen einem wahrzunehmenden Signal *s* und einem Hintergrundgeräusch *n*. *Psychophysik*, *Signalentdeckungstheorie*.

R. Ulrich

Signifié [lat. *signum* Zeichen], *Zeichen*.

Signifiant [lat. *signum* Zeichen], *Zeichen*.

Signifikanz (= S.) [engl. *significance*; lat. *significare* zu erkennen geben, anzeigen], [**FSE**], Bedeutsamkeit, insbes. die stat. Bedeutsamkeit die i. R. der Hypothesentestung mittels des S.tests (*Signifikanztest*). Klin. S. (syn. *klin. Relevanz, praktische Relevanz*) berücksichtigt neben stat. S. das Ausmaß der Veränderung (*Effektgröße*) in Richtung eines zufriedenstellenden Behandlungserfolgs. Zudem basiert die Beurteilung der klin. S. (ggf. auf mehreren) Indikatoren, deren Validität explizit begründet werden muss. *Evidenzbasierung*, *Outcome*.

Signifikanzniveau (= S.) [engl. *significance level*], [**FSE**], ist die *Wahrscheinlichkeit* des tolerierten Alpha-Fehlers (*Fehler erster Art*) bei der Hypothesenprüfung i. R. eines *Signifikanztests*. Am häufigsten wird auf dem 1 %- oder auf dem 5 %-S. entschieden. *Nullhypothese*.

Signifikanztest (= St.) [engl. *test of significance*], syn. stat. St., [**FSE**], bezeichnet die verbreitetste Form der stat. Überprüfung von *Hypothesen* im Kontext der quant. Sozialforschung (*empirische Sozialforschung*). Beim St. wird anhand von Stichprobendaten (*Stichprobe*; z. B. Mittelwert der Experimental- vs. der Kontrollgruppe; *Experiment*) eine Entscheidung über die Gültigkeit einer Forschungshypothese in der *Population* getroffen (z. B. die Merkmalsausprägung in der Experimentalbedingung ist systematisch höher als in der Kontrollbedingung). Somit fällt der stat. St. (*Statistische Datenanalyseverfahren*) als quant. Datenanalyseverfahren (*Datenanalysemethoden*) in den Bereich der Inferenzstatistik (*Statistik*), denn es wird von Stichprobendaten auf Populationsverhältnisse geschlossen. Der klass. St. prüft stets ein Hypothesenpaar bestehend aus der Forschungs-/Alternativhypothese H1, die i. d. R. den erwarteten Populationseffekt postuliert (z. B. H1: µE [Populationserwartungswert in der Experimentalbedingung] > µK [Populationserwartungswert in der Kontrollbedingung]), und einer komplementären Nullhypothese H0, die das Vorliegen des erwarteten Effekts negiert bzw. das Gegenteil behauptet (z. B. H0: µE ≤ µK). Die Logik des klass.

St. besteht darin, bei einem Stichprobenergebnis, das unter Annahme der Gültigkeit der H0 sehr unwahrscheinlich (< α) ist, die Nullhypothese zu verwerfen und stattdessen die Alternativhypothese anzunehmen (signifikantes (= sign.) Ergebnis). Zeigt sich dagegen, dass unter Annahme der Gültigkeit der H0 das gefundene Stichprobenergebnis (oder ein extremeres) recht wahrscheinlich (>= α) ist, so wird die Nullhypothese nicht verworfen, die Alternativh. darf nicht angenommen werden, das Ergebnis gilt als nicht sign.

Der klassische St. ist ein *Nullhypothesentest*. Es wird ein Wahrscheinlichkeitsmodell theoret. konstruiert, das Auskunft darüber gibt, welche Stichprobenergebnisse mit welcher relativen Häufigkeit zu erwarten wären, wenn in der P. die H0 gelten würde und man theoret. unendlich viele Stichproben zöge (*Wahrscheinlichkeit*). Dieses Wahrscheinlichkeitsmodell (H0-Modell) wird – unter best. Vorannahmen – mithilfe theoret. Prüfverteilungen (z. B. *Normalverteilung*, *t-Verteilung*, *F-Verteilung*, *Chi-Quadrat-Verteilung*) konstruiert. Das empir. Stichprobenergebnis wird im Licht des H0-Modells bewertet. Die bedingte Wahrscheinlichkeit des Auftretens des Stichprobenergebnisses oder eines extremeren Ergebnisses unter Annahme der Nullhypothese wird auch als Irrtumswahrscheinlichkeit p(D|H0) bez. Es hat sich etabliert, mit einem *Signifikanzniveau* (= S.niveau) von α=5% zu operieren. Will man eine mögliche Fehlentscheidung zugunsten der Alternativhypothese (sog. *Fehler erster Art* bzw. α-Fehler) erschweren, wird mit einem noch strengeren S.niveau von α=1% oder α=0,1% gearbeitet. Ein sign. Ergebnis, das zur Entscheidung für die Alternativhypothese führt, ist gegeben bei p(D|H0) < α. Die Irrtumswahrscheinlichkeit lässt sich dabei nur mit entspr. Statistiksoftware exakt bestimmen. Beim Rechnen per Hand/Taschenrechner wird stattdessen mit den Werten der austabellierten zur Verfügung stehenden Prüfverteilungen gearbeitet: Dem S.niveau α entspricht dabei ein sog. kritischer Wert (z. B. t_{krit} bei Testung mittels der *t-Verteilung*), der die extremen α * 100% der Verteilung «abschneidet». Ein sign. Ergebnis liegt vor, wenn gilt: $|Testwert_{emp}| > |Testwert_{krit}|$. Bei einer gerichteten Hypothese (z. B. H1: µE > µK) wird einseitig auf dem α=5%-Niveau getestet, dabei muss die Richtung des Effekts in der Alternativhypothese festgelegt werden. Bei einer ungerichteten H. (z. B. H1: µE ≠ µK) wird zweiseitig getestet (an beiden Seiten der H0-Verteilung) und somit der eigentlich dem Sn. α/2=2,5% entspr. kritische Wert verwendet.

Da der klass. St. typ.weise mit einer Nil-Nullh. arbeitet, also einer Nullhypothese, die postuliert, dass in der Population überhaupt kein Effekt vorliegt, können – bei großem Stichprobenumfang bzw. hoher *Teststärke* – prinzipiell auch sehr kleine, praktisch unbedeutende Effekte mit hoher Wahrscheinlichkeit stat. sign. werden. Bei einem sign. Ergebnis (insbes. bei großen Sp.) ist deswegen immer auch die *Effektgröße* zu betrachten und hinsichtlich ihrer praktischen Bedeutsamkeit inhaltlich zu diskutieren.

Bei einem nicht sign. Ergebnis wird die Alternativhypothese nicht angenommen, gleichzeitig darf aber auch nicht die Nullhypothese als bestätigt gelten. Denn ein nicht sign. Ergebnis kann sowohl zustande kommen, wenn in der Population kein Effekt vorliegt, als auch, wenn Zufallseffekte den Effekt überlagern bzw. der Test aufgrund mangelnder Datenbasis keine genaue Auskunft geben kann. Während die fälschliche Annahme der Alternativhypothese als α-Fehler bzw. Fehler erster Art bez. wird, begeht man bei fälschlicher Beibehaltung der Nullhypothese einen β-Fehler bzw. *Fehler zweiter Art*. Immer wenn die Nullhypothese angenommen werden soll (*Äquivalenzstudie*), muss also nicht nur das S.niveau α, sondern vor allem auch das β-Niveau kontrolliert werden. Dies kann nur geschehen, wenn für einen als plausibel angenommenen Populationseffekt die *Teststärke* ausreichend ist.

Der klass. St. hat sich seit den 1940er-Jahren in der empir. Sozialforschung etabliert, obwohl seit Dekaden grundlegende Kritik an diesem Vorgehen vorgebracht wird. (1) Vereinzelt wird die gesamte Logik des Verfahrens, bei dem anhand bedingter Datenwahrscheinlichkeit Entscheidungen über Hypothesen getroffen werden, als math. inkonsistent abgelehnt. (2) Der konventionalisierte St. stellt eine – oft unreflektierte – Mischung von zwei konträren Vorläufermodellen der H.prüfung dar, nämlich dem St. von *Fisher* (Fisher 1925), der lediglich die Wahrscheinlichkeit eines solch extremen oder noch extremeren Stichprobenergebnisses unter Annahme der Nullhypothese bestimmt, und dem entscheidungstheoret. Modell von Jerzey Neyman und Egon Pearson (Neyman & Pearson 1933, sog. *Neyman-Pearson-Lemma*), bei dem es anhand der Stichprobendaten eine Entscheidung zugunsten der Alternativ- vs. Nullhypothese getroffen wird. Als Alternative zum klass. St. wird auf der Basis dieser Grundsatzkritik u. a. eine Prüfung der Signifikanz (=S.) gemäß *Bayes-Statistik* empfohlen, die eine direkte Bestimmung der Wahrscheinlichkeit von Hypothesen erlaubt. (3) Misskonzeptionen über die Bedeutung von St. sind weit verbreitet: Insbes. widerspricht die Tendenz, stat. sign. Ergebnisse für besonders wichtig und publikationsfähig zu halten, wissenschaftstheoretisch den Vorgaben des *Kritischen Rationalismus*, der gemäß Falsifikationsprinzip Erkenntnisfortschritt über die Aussonderung falscher Hypothesen/Theorien definiert, was nur dann möglich wäre, wenn nicht sign. (also hypothesen- bzw. theoriekonträre Befunde) in vollem Umfang publiziert und beachtet würden. Stattdessen ist jedoch ein *publication bias* zugunsten sign. Effekte zu verzeichnen, der den wiss. Erkenntnisfortschritt behindert, weil Effekte überschätzt werden. (4) Die oft alleinige Betrachtung der S. ist ein verbreiteter Fehler: eine Diskussion der praktischen Bedeutsamkeit von Befunden anhand ihrer Effektgrößen (inkl. *Konfidenzintervall*) sowie eine Beachtung des Aussagekraft jedes St. anhand seiner Teststärke wird inzw. zunehmend von den wiss. Fachgesellschaften und Fachzeitschriften eingefordert.

Es existieren zahlreiche Arten von St. Für die zu prüfende Forschungsh. ist jeweils der passende St. auszuwählen

(*Indikationsfrage*). Die Auswahl hängt v. a. davon ab, (1) wie viele Variablen zu berücksichtigen sind (z. B. uni-, bi-, multivariate Analysen), (2) welches *Skalenniveau* die Variablen haben und (3) welcher Stichprobenumfang und welche Verteilungseigenschaften bei den Daten vorliegen (Verteilungsvoraussetzungen sind z. T. mit entsprechenden Voraussetzungstests zu prüfen, z. B. Tests auf *Normalverteilung*) und (4) ob (a) eine Zusammenhangs- (z. B. *Korrelation*, *Regression*), (b) Unterschieds- (zumeist Mittelwertsunterschiede zwischen zwei oder mehr Gruppen: *t-Test*, *Varianzanalyse*, *Kovarianzanalyse*, *Allgemeines Lineares Modell (ALM)*), (c) Veränderungs- (indiv. Merkmalsveränderungen im Verlauf der Zeit, wobei die Zeit hier den Charakter einer *unabhängigen Variable* hat; z. B. *t-Test* für abhängige Stichprobe, *Varianzanalyse* mit Messwiederholung, *Mehrebenenanalyse*, *Zeitreihenanalyse*, *Wachstumskurvenmodelle, latente*) oder (d) Einzelfallhypothese (*Einzelfallexperiment*) zu prüfen ist.

Bei der Anwendung und Nutzung klass. St. ist angesichts verbreiteter Missekonzeptionen auf deren korrekte Durchführung und Interpretation bes. zu achten. Das betrifft die Auswahl eines geeigneten Verfahrens im Zuge der Beantwortung der Indikationsfrage sowie das Verständnis der Logik des Verfahrens (Bedeutung von stat. S., Stellenwert von Effektgröße und Teststärke). Eine valide Interpretation des St. muss sich darauf beschränken, dass – mit einer definierten Irrtumsw. – in der Population von einem von 0 versch. Effekt ausgegangen werden kann (sign. Befund) oder nicht (nicht sign. Befund). Hierzu muss der St. in ein explizites, Theorie basiertes Hypothesentestungsschema eingebettet sein. Wichtig ist zudem, dass das S.niveau nur gültig ist, wenn die Hypothese vor Kenntnis der Datenstrukturen (a priori) und nicht aufgrund exploratorisch identifizierter auffälliger Datenmuster (a posteriori) formuliert wurden. Es gilt der Grundsatz, dass Hypothesen nicht an denselben Daten valide geprüft werden können, an denen Sie entwickelt wurden. Eine Wahrscheinlichkeitsprüfung im Sinne des St. ist nur begründbar, wenn die Datenstrukturen, die zur Prüfung herangezogen werden, bei Formulierung der Hypothesen nicht bekannt sind. St. sollten ökonomisch eingesetzt werden, um ein aufgrund multipler Testung verringertes nominelles S.niveau (*Bonferroni-Korrektur*) und falsch pos. Befunde zu vermeiden. Im Kontext der hypothesenprüfenden stat. Datenanalyse ist die Feststellung von S. oder Nichts. allein nicht ausreichend. Vielmehr muss das Ergebnis der stat. Hypothesenprüfung stets inhaltlich mit Blick auf die Theorie interpretiert werden, aus der die Forschungshypothese abgeleitet wurde (*Forschungsprozess*). Nicht zuletzt sind auch Alternativen zum klass. St. in Erwägung zu ziehen (*Statistik*). Kline 2005, Döring & Bortz 2016, Bortz & Schuster 2010.
N. Döring

Silbe (= S.) [engl. *syllable*], [**KOG**], die kleinste Spracheinheit, die aus dem S.träger, einem Vokal oder Diphthong, und keinem, einem oder mehreren Konsonanten besteht (Bünting 1971). S. sind wie *Morpheme* aus *Phonemen*, den kleinsten *Laut*einheiten, aufgebaut; im Unterschied zum Morphem ist die S. jedoch keine Bedeutung streng zugeordnet. S. und Morpheme können Wörter deshalb unterschiedlich segmentieren. Das Wort «Ho-sen» besteht z. B. aus den beiden S. «Ho-» und «sen», aber aus den Morphemen «Hose-» und «n», wobei das erste ein lexikalisches und das zweite ein grammatisches Morphem bildet. Während häufig dem Morphem die größere sprachpsychol. Relevanz zugesprochen wird, darf nicht übersehen werden, dass der S. bei der lautartikulatorischen *Sprachproduktion* und *Sprachrezeption* eine entscheidende Rolle zukommt (Lenneberg 1972). Kinder lallen z. B. S. und nicht Morpheme. Ebenso spielt die S. bei der Sprachdiagnostik und in der Lernps. eine wichtige Rolle. Hier werden sinnlose S. (*Trigramm*, CVC-S.) häufig als Lernmaterial benutzt. Dabei erweisen sich die Bedeutungshaltigkeit (*meaningfulness*), Wahrscheinlichkeitsstruktur sowie *familiarity* als wirksame Eigenschaften.
J. Engelkamp

Silbenstolpern [engl. *syllable stumbling*], syn. *literale Ataxie*, [**KOG**], das Verdoppeln, Versetzen, Umstellen oder Auslassen von Silben und Buchstaben beim Sprechen; gehäuft bei progressiver *Paralyse*.

Sildenafil (= S.), [**PHA**], S. war als Viagra® der weltweit erste selektive Hemmer der cGMP-spezif. Phosphodiesterase Typ 5 (PDE-5), der zur Behandlung der *erektilen Dysfunktion* zugelassen wurde. Nach Ablauf des Patentschutzes im Jahr 2013 sind inzw. zahlreiche Generika verfügbar, mit deren Markteintritt der Absatz von S. weiter beträchtlich zunahm. Die PDE-5 kommt vor allem in der glatten Muskulatur der Schwellkörper im Penis (Corpora cavernosa) vor. S. verstärkt hier den Effekt des endogenen Stickstoffmonoxids, das als Reaktion auf sexuelle Stimulation freigesetzt wird. Es kommt zu einer Entspannung der glatten Muskulatur in den Corpora cavernosa und zum vermehrten Bluteinstrom in das Penisgewebe, wodurch eine Erektion hervorgerufen wird. Für den therap. Effekt von S. ist eine gleichzeitige sexuelle Stimulation erforderlich, die Substanz hat keine Auswirkungen auf die Libido. Wirkungseintritt nach ca. 30 Min., max. *Plasmaspiegel* nach ca. 1 Std., *Eliminationshalbwertszeit* 2–5 Std., Wirkdauer 4–5 Std. Dosis i. d. R. 50 mg, Höchstdosis 100 mg, manchmal sind 25 mg ausreichend. *Metabolisierung* im Wesentlichen über CYP3A4, weniger über CYP2C9. CYP3A4-Inhibitoren können die Plasmaspiegel von S. erhöhen. Häufigste unerwünschte Wirkungen sind Kopfschmerzen, *Schwindel*, verstopfte Nase, Sehstörungen (S. hemmt schwach auch die PDE6 in der Netzhaut). Bei gleichzeitiger Anwendung von *Antihypertensiva* kann der *Blutdruck* zusätzlich abgesenkt werden, aus dem gleichen Grund ist die gleichzeitige Einnahme von Nitraten oder Stickstoffmonoxid-Donatoren (wie Amylnitrit) kontraindiziert.
G. Gründer

silent organization [engl.] stille Organisation, *Plateaubildung*.

Simmonds'sche Krankheit [engl. *Simmonds' syndrome*], syn. *Morbus Simmonds*, [**BIO**], Hypophysenvorderlappeninsuffizienz. *Hormone*.

Simon, Herbert Alexander (1916–2001), [**HIS, KOG**], amerikanischer Politikwissenschaftler, Ökonom, Soziologe und Psychologe. Simon, Sohn des in die USA ausgewanderten deutschen Ingenieurs Arthur Simon, studierte ab 1933 an der University of Chicago Sozialwiss. und Mathematik, leitete dann an der University of California eine Forschungsgruppe, wechselte an andere Hochschulen und wurde 1949 Professor für Unternehmensführung an der Carnegie Tech, später Carnegie Mellon University genannt, wo er auch Ps. unterrichtete. Simon gilt als Pionier der Erforschung *künstliche Intelligenz* und der Simulation von Problemlösungsprozessen (*Problemlösen*). In Arbeiten zur Wirtschaftsps., teils gemeinsam mit James G. March verfasst, wies Simon auf die begrenzte Rationalität (*bounded rationality*) des Menschen bei wirtschaftlichem Handeln hin und entwarf hierzu eigene Modelle. Simon arbeitete ferner zu Fragestellungen in den Bereichen der Wissenschaftstheorie, Politikwissenschaften, Unternehmensführung und Pädagogik. Herbert A. Simon erhielt eine Vielzahl von Auszeichnungen, darunter 1978 den Nobelpreis für Wirtschaftswiss. Simon 1978.

H. E. Lück

Simon-Effekt [engl. *Simon effect*], [**KOG**], der Effekt der Kompatibilität (*Handlungs-Wahrnehmungs-Kompatibilität, Reiz-Reaktions-Kompatibilität*) einer irrelevanten Position eines Reizes auf die *Reaktionszeit*. Soll z. B. auf ein Dreieck mit der rechten Hand reagiert werden und auf einen Kreis mit der linken, so ist die Reaktionszeit beim Dreieck kürzer, wenn es auf der rechten Seite dargeboten wird als bei Darbietung auf der linken Seite; bei der Reaktion auf den Kreis ist der Unterschied entsprechend umgekehrt.

H. Heuer

Simoneit, Max (1896-1962), [**HIS, PER**], war der wissenschaftliche Leiter der Wehrmachtpsychologie (*Nationalsozialismus, Psychologie im*). Nach Kriegsdienst und Ausbildung zum Volksschullehrer absolvierte Simoneit das Studium der Ps. und schloss dies mit der Promotion 1921 in Königsberg ab. 1927 wurde Simoneit Heerespsychologe in Berlin, 1930 übernahm er die wiss. Leitung der Heerespsychologie, die er bis zur Auflösung im Dezember 1942 innehatte. 1936 bis 1945 war Simoneit Mitglied des Vorstandes der Deutschen Gesellschaft für Psychologie (*Deutsche Gesellschaft für Psychologie (DGPs)*) und in dieser Funktion maßgeblich an der Entwicklung der Diplomprüfungsordnung für Psychologen beteiligt. Simoneit habilitierte sich 1942 in Göttingen, nach der Auflösung der Wehrmachtpsychologie leistete Simoneit erneut Kriegsdienst (Auszeichnung u. a. mit Ritterkreuz); nach der Kapitulation war Simoneit in Gefangenschaft sowie im Umerziehungslager Neuengamme, danach war er aktiv an der Mitbegründung des Berufsverbandes deutscher Psychologen (*Berufsverband Deutscher Psychologen (BDP)*) im Jahr 1946 beteiligt und in dessen Vorstand aktiv; 1946 ging Simoneit erneut in den Schuldienst, übte dann in Köln freiberufliche Tätigkeiten aus. In Abgrenzung zu psychotechnischen Eignungsuntersuchungen vertrat Simoneit in seinen wehrpsychologischen Arbeiten (*Wehrpsychologie*) die ganzheitliche Charakterprüfung (*Charakter, Charakterologie*), forderte jedoch deren Ergänzung um diagnostische Verfahren.

H. E. Lück

simple view of reading (= s.) [engl.] «einfache Sichtweise des Lesens», [**KOG, PÄD**], gemäß der s. (Hoover & Gough 1990) besteht das Leseverständnis (*Lesen, Lesekompetenz*) aus zwei wesentlichen Teilkomponenten, nämlich der *Wortlesefertigkeit* und dem *Sprachverständnis*. Defiziten im Leseverständnis liegen demgemäß zumeist entweder eine nicht ausreichend entwickelte Wortlesefähigkeit oder Beschränkungen im Sprachverständnis zugrunde.

K. Landerl

Simpson-Paradoxon (= S.) [engl. *Simpson's paradox, Yule–Simpson effect*], syn. *Simpson-Effekt*, [**FSE**], wird eine Gesamtstichprobe in Teilstichproben unterteilt, so können sich in allen Teilstichproben Zusammenhänge zeigen, die systematisch nicht dem Zusammenhang in der Gesamtstichprobe entsprechen oder gar konträr ausfallen. Dieser von Edward Hugh Simpson 1951 erstmals beschriebene Effekt kann sich aufgrund einer *Konfundierung* ergeben: Steht die Variable, aufgrund derer die Teilgruppen gebildet werden, in systematischem Zusammenhang mit den Analysevariablen, so kann die Betrachtung der Verhältnisse in der Gesamtstichprobe irreführend sein. In der Tab. ist eine entspr. Datenverteilung dargestellt (fiktive Daten). In der Tab. oben zeigt sich, dass 25 % der Kinder, die eine traditionelle Schulform besuchen, eine Gymnasialempfehlung erhalten. Es scheint vorteilhaft, eine traditionelle Schule zu besuchen, da die Gymnasialempfehlungsquote in der Ganztagsschule mit 21 % geringer ausfällt. Nach Aufteilung der Datenverteilung nach sozialem Hintergund ergibt sich jedoch sowohl für Kinder der unteren als auch der mittleren/oberen sozialen Schicht eine höhere Gymnasialempfehlungsquote für Besucher der Ganztagsschule. Die aggregierten Daten (oben) zeigen eine den Einzelverteilungen (unten) widersprechende Struktur. Dies ist dadurch bedingt, dass sich Kinder der unteren und mittleren/oberen sozialen Schicht systematisch unterschiedlich auf die Schulformen verteilen (Konfundierung): Aufgrund der Tatsache, dass Kinder der unteren sozialen Schicht eher die Ganztagsschule besuchen, erscheint die Ganztagsschule auf aggregierter Ebene unterlegen.

Das S. verdeutlicht die Notwendigkeit kontrollierter Studien, bei denen die Struktur der Vergleichsgruppen durch den Vl gesteuert wird (*randomisierte kontrollierte Studie*), um eine eindeutige Interpretierbarkeit der Analyseergebnisse gewährleisten zu können (*Evidenzbasierung, Validität, interne*). Kontrolle würde im Bsp. bedeuten, dass Analysestichproben betrachtet werden, deren Merkmale nicht mit beiden Analysevariablen im Zusammenhang stehen (im Bsp.: soziale Schicht). Alternativ können stat. Verfahren, die den Effekt potenziell konfundierter kontrollieren (*matching, propensity score*), zur Verbesserung der internen Validität eingesetzt werden. Eid et al. 2013.

Simulation (= S.) [engl. *malingering, fake bad*; lat. *simulare* ähnlich machen, nachahmen], [**GES, KLI**], auf ein externales Ziel, einen sekundären *Krankheitsgewinn* ausgerichtete bewusste Vortäuschung einer Gesundheitsstörung. In Abgrenzung zur *Aggravation*, bei der ein authentischer

	Ganztags-schule	Traditionelle Schule
Empf. Gymnasium	24	43
Empf. andere Schule	88	132
Gesamt	112	175

Empfehlung für das Gymnasium an der
Ganztagesschule = (**24**/112)*100% = **21%**
Empfehlung für das Gymnasium an der
traditionellen Schule = (**43**/175)*100% = **25%**

Untere soziale Schicht

	Ganztags-schule	Traditionelle Schule
Empf. Gymnasium	10	4
Empf. andere Schule	62	40
Gesamt	72	44

Empf. ‚Gymnasium'–Ganztagesschule = **14%**
Empf. ‚Gymnasium'–traditionelle Schule = **9%**

Mittlere/obere soziale Schicht

	Ganztags-schule	Traditionelle Schule
Empf. Gymnasium	14	39
Empf. andere Schule	26	92
Gesamt	40	131

Empf. ‚Gymnasium'–Ganztagesschule = **35%**
Empf. ‚Gymnasium'–traditionelle Schule = **30%**

Simpson-Paradoxon: Zusammenhang von Gymnasialempfehlung und aktuell besuchter Grundschulart. Oben: Gesamtstichprobe; unten: Teilstichproben. Die Werte oben ergeben sich als Summe der unteren beiden Tabellen. (fiktive Daten)

Kern an Beschwerden oder Symptomen bejaht und diese lediglich ausgeweitet oder erhöht dargestellt werden, werden simulierte Gesundheitsstörungen erfunden. Die Abgrenzung ist häufig schwierig. Aus diesem Grunde fasst Wurzer S. und Aggravation als *simulative Tendenzen* zusammen. Der engl. Begriff des *malingering* fasst ebenfalls S. und Aggravation zus.
Differenzialdiagn. abzugrenzen ist eine S. ebenfalls von der *artifiziellen Störung*, von *somatoforme Störungen* und *dissoziativen Störungen*. Zur Abgrenzung müssen eine Motivationsanalyse (externale vs. internale Zielausrichtung, Bewusstheit der Zielsetzung, *Motivationsdiagnostik*) und Annahmen über die Bewusstheit der nicht authentischen Symptompräsentation herangezogen werden. Zur Feststellung einer möglichen S. sind spezielle Verfahren, *Beschwerdenvalidierungstests*, entwickelt worden.
[**MD**], vereinfachte Darstellung oder Abbildung eines Realitätsausschnittes durch ein Simulationsmedium (z. B. Film, Computerbildschirm) zu Vorführ-, Experimentier- oder Schulungszwecken (z. B. Pilotenausbildung). Modellhafte Nachbildung psychol. (meist kognitiver) oder sozialer Prozesse auf einem Digitalrechner (Computersimulation) mit dem Ziel, zu einem besseren Verständnis dieser Prozesse und der sie beeinflussenden Größen zu gelangen (Lehman 1977). Das der S. zugrunde liegende Computerprogramm hat dabei den Status eines theoret. Modells (Computermodell). *Artifizielle Intelligenz*. T. Merten/A. Engemann
Simulationsdiagnostik [engl. *assessment of malingering*; lat. *simulare* nachahmen, vorspiegeln], *Beschwerdenvalidierung*.

Simultanagnosie [engl. *simultanagnosia*; lat. *simultaneus* zeitgleich], [**BIO, KOG, WA**], *Agnosie*; Störung der ganzheitlichen Erfassung einer Szene (eingeengter Überblick) oder eines Objekts (ganzheitliche Gestaltwahrnehmung); meist durch eine beidseitige Hirnschädigung verursacht. Pat. berichten entspr. vorwiegend Details und haben (sekundäre) Schwierigkeiten im visuellen Erkennen. *Visuelle Agnosie*. J. Zihl
simultaner Bilingualismus [engl. *simultaneous bilingualism*; lat. *simultaneus* zeitgleich], *Bilingualismus*.
Simultanität, Mechanismus der [engl. *mechanism of simultaneity*], *Informationsverarbeitungsgeschwindigkeit, altersbedingte*.
Simultankontrast (= S.) [engl. *simultaneous contrast*; lat. *simultaneus* zeitgleich], [**WA**],eine graue Fläche erscheint heller bzw. dunkler, wenn diese von einer dunklen bzw. hellen Fläche umgeben ist oder an diese angrenzt (*Mach'sche Bänder*, *Chevreul-Täuschung*). Ebenso werden Farbempfindungen im Kontrast zur jew. *Komplementärfarbe* verstärkt. Der S. wird bereits in der retinalen Verarbeitung durch *laterale Hemmung* erzeugt bzw. unterstützt.
Simultanschwelle [engl. *simultaneous threshold*; lat. *simultaneus* zeitgleich]; *Raumschwelle*.
single major locus (SML) [engl.] «einzelner Hauptort», [**BIO, PER**], einzelnes *Gen*, das einen *Phänotyp* stark beeinflusst. Findet sich bei «klassischen» Erbkrankheiten wie Mukoviszidose, Phenylketonurie, Bluterkrankheit usw. *Verhaltensgenetik*.
Single-Route-Modelle [engl. *single* einzeln, *route* Weg], *Wortbildung*.

Single-Step-Aufgabe [engl. *single* einzeln, *step* Schritt], *mentales Set*.

Sinistralität [engl. *sinistrality*; lat. *sinister* links], Linkshändigkeit. *Hand*, *Händigkeit*, *Lateralität*.

Sinn (= S.) [engl. *sense, meaning*], [**EM, KLI, PHI**], in jeder Wiss. hat der S. als das Sinnvolle, zugleich Geordnete und sich selbst Rechtfertigende hohe Bedeutung. In der *Gestaltpsychologie* ist der S. bes. verbunden mit der Erfüllung von Gefordertem (Prägnanztheorie und Gefordertheit) wie z. B. der Art der Zusammenfassung von Teilen zu einem Ganzen oder der Wirksamkeit von *Bezugssystemen*. Im Bereich der Psychotherapie hat V. E. Frankl dem S. (als «Wille zum Sinn») eine zentrale Bedeutung gegeben. *Existenzanalyse*, *Logotherapie*, *Verstehen*, *Teleologie*.

Sinn des Lebens [engl. *meaning/sense of life*], *Lebenssinn*.

Sinne (= S.) [engl. *senses*], [**BIO, WA**], Sinnesorgane, dienen dem Organismus zur Aufnahme verschiedenartigster *Reize* und vermitteln dem zentralen *Nervensystem* die vielfältigen Informationen über das innere und äußere Milieu des Organismus. Die S. enthalten *Rezeptoren*, Zellen, die spezif. versch. Energieformen der Umgebung derart in nervöse Impulse umsetzen, dass die Information des Reizes durch die Impulsfrequenz und/oder die Zahl der Rezeptoren verschlüsselt wird. Die Rezeptoren eines S.organes reagieren auf eine ausgewählte Energieform mehr oder weniger spezif., d. h. mit wesentlich niedrigerer Reizschwelle, als andere Rezeptoren (adäquate Reize, *spezifische Sinnesenergien*). So reagieren die *Stäbchen* und *Zapfen* des *Auges* vornehmlich auf Licht (adäquater Reiz), doch reagieren sie auch auf Druck, wenn auch mit einer wesentlich höheren Reizschwelle als die Druckrezeptoren in der Haut; eine Einteilung der Sinne nach ihrer Modalität, dem Sinnesorgan und den Rezeptoren gibt die beistehende Tab. Auch diese Einteilung nach den heute gebräuchlichsten Kriterien ist nicht voll befriedigend. Eine ältere Einteilung nach den qualitativen Unterschieden der Erlebnisse umfasst zwölf Sinne. In der klassischen Medizin des Altertums und der frühen Neuzeit wurden fünf Sinne unterschieden: Gesicht, Gehör, Geschmack, Geruch, Gefühl. Etliche Sinnesorgane haben überwiegend oder ausschließlich die Aufgabe, als Messfühler an der Regelung physiologischer Prozesse mitzuwirken. Manche von ihnen vermitteln keine bewussten Empfindungen, z. B. *Propriozeptor* zur Erfassung der Muskellänge oder Sehnendehnung. Schmidt et al. 2000, Goldstein 2007, Karnath & Thier 2012. *C. Becker-Carus*

Sinnenvikariat [lat. *vicarius* stellvertretend], [**WA**], Stellvertretung eines Sinnes durch einen anderen, z. B. Tastempfindung für fehlende optische Wahrnehmung bei Blinden.

Sinnesempfindungen [engl. *sensory impressions*]; *Empfindung*.

Sinnesenergie, spezifische [engl. *sensory energy*; gr. ἐν (en) innen, ἔργον (ergon) Werk, Wirken], *spezifische Sinnesenergie*.

Sinnesfunktionen (= S.) [engl. *sensory funtions*], [**KOG, WA**], Bez. für die den *Sinnesorgane* zukommenden Funktionen der Aufnahme, Verarbeitung und Umwandlung der Sinnes*reize* in *Empfindungen* und *Wahrnehmungen*, wobei sechs Funktionsbereiche zu unterscheiden sind: optische, akustische, taktile (= Tastsinn) und olfaktorische (= Geruchs-)Wahrnehmung, Geschmacks-, Körper- und Gleichgewichtswahrnehmung. Zusätzlich wird der Bereich der *Geschicklichkeit* miteinbezogen. Die Untersuchung der S. stellt einen umfassenden Teil der ps. Forschung dar, weil einerseits die grundlegenden Mechanismen der S. von Interesse sind und damit die Basis für die Struktur unserer Wahrnehmungswelt gegeben ist. Andererseits sind die interindiv. Unterschiede, die bei den S. zu beobachten sind, für diagn. Zwecke (Selektion und *Intervention*) von Bedeutung. Die physiol. Grundlagen der S. werden in der *Sinnesphysiologie* untersucht. Das subj. *Erleben* ist Gegenstand der *Psychophysik*. Innerhalb der *Psychotechnik* wurden v. a. zahlreiche Anordnungen und Verhaltensstichproben zur Prüfung der S. entwickelt, die oft Vorläufer für die heute computergestützten apparativen Verfahren darstellen. Zur Bestimmung versch. Parameter der visuellen Wahrnehmung wurde das *Augenmaß* durch Schätzen und Vergleichen von Längen, Breiten etc. ermittelt. Auch mechanisch-apparative Verfahren wie z. B. Mikrometer und Winkeleinstellvorrichtungen wurden verwendet (Schraubenvergleichstest, Streckenteiler). Das visuelle System beinhaltet eine Reihe eigenständiger Kategorien wie z. B. Helligkeits-, Form-, Bewegungs- und Farbwahrnehmungen, die in ursprünglich einfachen Anordnungen geprüft wurden, heute mittels standardisierter apparativer Verfahren der *Ophthalmologie* erfasst werden. Komplexere Qualitäten des visuellen Systems wie z. B. *Gestalt*auffassung oder räumliches Vorstellungsvermögen, die früher mit Wabentests, Würfelaufgaben, Zeichnen von Schnitten etc. operationalisiert wurden, sind heute immer noch Gegenstand von Untersuchungen.

Bei der Überprüfung der akustischen Wahrnehmung sind nicht standardisierte Verfahren durch audiometrische Verfahren ersetzt worden (*Audiometrie*). Zur Überprüfung des Tastsinns wurden einfache Apparaturen verwendet, wie z. B. ein Gerät, bei dem min. Niveauunterschiede von Zylindern erkannt werden mussten. Bereits Binet hatte das Verfahren zum Vergleich von Gewichten vorgeschlagen. Umfangreiche Analysen wurden durch die Psychotechnik für die Analyse von Arbeitstätigkeiten vorgenommen. Dabei wurden nicht nur Bewegungsstudien konstruiert, sondern auch Lageprüfungen zur kinästhetischen Empfindung bei Winkeleinstellungen des Armes, des Rumpfes und der Beine durchgeführt. Derartige Bewegungsanalysen können heute mit telemetrischen Anordnungen durchgeführt werden, die den gesamten Bewegungsablauf bei komplexen Tätigkeiten (z. B. Beförderung eines Servierwagens im Flugzeug) simultan mithilfe computerisierter Simulationstechniken erfassen. Der Bereich der Geschicklichkeit wurde in der *Psychotechnik* untersucht. Zahlreiche Verfahren zum Handgeschick (*Handgeschicklichkeit*), zur Handkraft und zur Impulsgebung der Hand (*Dynamometer*, *Ergograf*, Klopftest, Aktionsprüfer, Tremometer) sind heute im Be-

Sinnesmodalitäten und -organe

Sinnesmodalität	Sinnesorgan	Einteilung Receptoren	Sinne
Gesicht	Auge		
Gehör	Ohr	Teleceptor	
Geruch	olfactorische Membran (Chemoreceptor)		spezielle S.
Geschmack	Geschmacksknospen (Chemoreceptor)	Interoceptor	
Winkelbeschleunigung	Bogengänge		
Linearbeschleunigung	Utriculus		
Schmerz	freie Nervenendigungen (Nociceptor)		
Berührung	Meissner-Körperchen etc.		
Druck	Pacini-Körperchen	Exteroceptoren	
Wärme	Ruffini-Endorgane		Haut-Sinne
Kälte	Krause-Endkolben		
Muskeldehnung	Golgi-Sehnenorgane		
Muskeldehnung	Muskelspindeln	Proprioceptoren	
Gelenkslage	Nervenendigungen um Gelenke		
arterieller Blutdruck	Wand von Carotissinus u. Aortenbogen		
«zentraler» Venendruck	Wand der großen Venen, Vorhöfe		
Lungendehnung	Vagusendigungen in Lungen		
Bluttemperatur i. Kopf	Hypothalamuszellen		
O_2-Partialdruck	Carotis- und Aortenkörperchen (Chemoreceptor)	Interoceptoren (Visceroceptoren)	viscerale S.
Liquor-pH	Receptoren an der ventralen Oberfläche der Med. oblong.		
osmot. Druck d. Plasmas	Receptoren im vord. Hypothalamus		
	Zellen im Hypothalamus		
arterio-venöse Blutzuckerdifferenz	(Glucostaten)		

reich der *Psychomotorik* weiterentwickelt worden. Von bes. Interesse für diagn. Fragestellungen war die Koordination von Auge und Händen (Support-Apparaturen, Zweihandprüfer, *Drahtbiegeprobe*). Für bes. berufliche Anforderungen wurde die Anfälligkeit für den Drehschwindel (*Drehstuhlversuch*) untersucht. Die Qualität der S. ist Voraussetzung für höhere kogn. Leistungen und somit auch in die Intelligenzmessung (*Intelligenzfaktoren*, *Intelligenztests*) und die Strukturbestimmung der *Psychomotorik* einbezogen.

Sinnesorgan [engl. *sensory organ*; gr. ὄργανον (*organon*) Werkzeug], *Sinne*.

Sinnesphysiologie, [**BIO, WA**], die Lehre von den mit den Wahrnehmungsprozessen (*Wahrnehmung*) verknüpften physiologischen Vorgängen in den Sinnesorganen (*Sinne*, *Sinnesorgan*, *Rezeptor*) und den fortleitenden afferenten Nervenbahnen (*Nerv*, *Leitungsbahnen*). Sie untersucht Lage, Struktur und Erregungsbedingungen der verschiedenen Rezeptoren sowie die Fortleitung und fortschreitende Integration und Verarbeitung der Erregungen im ZNS (*Nervensystem*). Dabei beschränkt sie sich nicht nur auf die Beschreibung der physikalisch-chemischen Reaktionen an diesen Strukturen (sog. *objektive Sinnesphysiologie*), sondern beschäftigt sich auch mit den Bedingungen und Gesetzmäßigkeiten, die den subjektiven Empfindungen (*Empfindung*) und Wahrnehmungen zugrunde liegen. In der praktischen Medizin werden meist subjektive Empfindungen des Patienten zur Prüfung der Leistungen von Sinnesorganen herangezogen, etwa bei Hör- oder Sehtests. Dieser bis vor Kurzem als subjektive Sinnesphysiologie bezeichnete Wissenschaftszweig wird heute der Wahrnehmungsps. (*Sinnespsycho-*

logie) zugeordnet. *Biopsychologie*, Psychophysiologie der Sinne. Schmidt et al. 2000. C. Becker-Carus

Sinnespsychologie (= S.) [engl. *sensory psychology*], [BIO, WA], der Teil der Ps., der sich mit den psychischen Erscheinungen im Bereich der Sinne befasst. Young, Purkinje, Joh. Volkmann gelten als die Begründer der S. und Fechner, Helmholtz, Hering, Wundt als die großen Schrittmacher. Heute wird der Begriff S. kaum noch gebraucht. Die Erforschung der Sinnesempfindungen und -funktionen teilt sich auf in folgende Teilgebiete: (1) *Sinnesphysiologie*, die sich mit der objektiv physiologischen Seite der Sinnesreizverarbeitung vom Sinnesorgan bis hin zu den Gehirnzentren befasst und daher heute als objektive Sinnesphysiologie bezeichnet wird. (2) *Psychophysik*, die sich mit der Beziehung zwischen der durch die Sinnesreize ausgelösten Sinnesaktivität und den dadurch in uns ausgelösten Wahrnehmungen und Sinnesempfindungen befasst. Sie ist zugleich Teil der umfassenderen (3) Wahrnehmungsps. (früher auch: *subjektive Sinnesphysiologie*), die sich vornehmlich mit den von uns erlebten subjektiven Wahrnehmungen und Empfindungen befasst, wie sie etwa bei Patienten zur Prüfung der Leistung von Sinnesorganen herangezogen werden. Schmidt et al. 2000, Schmidt & Birbaumer 2006. C. Becker-Carus

Sinnesqualität [engl. *sensory quality*], [WA], Bez. für Art (Inhalt) der Sinnesempfindung, wie *rot*, *bitter*, *kalt* usw. *Empfindung*.

Sinnessystem [engl. *sensory system*], [BIO, WA], Gruppe von Rezeptoren (spez. Sinneszellen, *Rezeptor*) und Nerven (Leitungsbahnen, *Nervensystem*), die «Meldungen» (überschwellige Reize) zum Gehirn leiten.

Sinnestäuschung [engl. *sensory illusion*], [WA], Verkennung der obj. Gegebenheiten durch die *Sinnesorgane* einschließlich der weitergehenden *Reiz*verarbeitung im *Gehirn*. Zu unterscheiden sind *Illusion* und *Halluzination*. Bei Ersterer ist ein Objekt vorhanden, während es sich bei der Halluzination um keine in der Außenwelt obj. vorhandenen Gegebenheiten handelt. Sinnestäuschungen stellen einen wichtigen Zugang zur Untersuchung der *Wahrnehmung* dar; sie zeigen die Grenzen «fehlerfreier» Funktion an und erlauben dadurch Rückschlüsse auf die Funktionsprinzipien.

Sinneswahrnehmung [engl. *sensory perception*], *Sinne*.

Sinneszentren [engl. *sensory centers*; gr. κέντρον (kentron) Mittelpunkt], [BIO, WA], Gehirnregionen, von denen anzunehmen ist, dass in ihnen bestimmte Sinneseindrücke (*Wahrnehmung*, *Empfindung*) zustande kommen. *Gehirn*.

Sinnkriterium (= S.), [PHI], vom logischen *Empirismus* (auch logischer *Positivismus*, Neopositivismus) vorgeschlagenes Kriterium, wonach eine auf die Wirklichkeit bezogene Aussage nur dann als sinnvoll gelten soll, wenn sie anhand von Beobachtungen verifizierbar ist. Man sagte auch, der Sinn eines Satzes sei die Methode seiner Verifikation. Das S. wurde bald als zu streng erkannt und aufgegeben, da selbst physikal. Theorien nicht anhand von Beobachtungen verifizierbar (als wahr beweisbar) sind. Weitgehend anerkannt wird heute jedoch die schwächere Forderung, dass empirisch-wiss. Aussagen anhand von Beobachtungen überprüfbar sein sollen (*Falsifikation*). D. Dörner/V. Gadenne

sinnlose, sinnarme Silben [engl. *nonsense syllable*], [KOG], KVK-Trigramme nach der Bildungsregel Konsonant/Vokal/Konsonant [engl. *CVC-Trigram, consonant/vowel/consonant*]. Von Ebbinghaus bei der Begründung der exp. Gedächtnisps. (*Gedächtnis*) eingeführte quasisprachliche Einheiten, mit denen Bedeutungsgehalt und Schwierigkeitsgrad des Lernmaterials kontrolliert werden sollten. Die leichte Erzeugbarkeit und Handhabbarkeit des Materials ist ebenfalls ein Grund für die häufige Verwendung bei der Untersuchung des Gedächtnisses. Aus dem Gegenstandsbereich der Gedächtnisps. werden mit diesem Material aber Bedeutung und Kontext weitgehend verbannt. Diese die Gedächtnisleistungen bestimmenden Faktoren können in ihrer Wirkung also an diesem Material kaum beobachtet werden. (Gegenposition: F. C. Barttlet, *Schema*). *Trigramm*, *Silbe*, *meaningfulness*. P. Day

sinnloses Lernen [engl. *rote learning*], [KOG], rein mechanisches Lernen, bloßes Üben und Auswendiglernen. *sinnlose Silben*, *Gedächtnis*.

Sinnrekonstruktion [engl. *reconstruction of meaning*], *Hermeneutischer Zirkel*, *Fremdverstehen*, *Verfremdungshaltung*.

Sinntherapie *Logotherapie*.

Sitte [engl. *custom*], [SOZ], eine in einer Gemeinschaft (Stamm, Glaubensgemeinschaft, Gesellschaftsklasse) als Ausdruck einer Werthaltung geschichtlich entstandene Verhaltensform, die kein staatliches Gesetz ist, deren Befolgung aber als Verpflichtung erlebt wird und deren Nichtbefolgung als anstößig gilt.

situational judgement tests [engl.] situative Beurteilungstests. *Intelligenz, praktische*, *Tacit Knowledge Inventory for Managers (TKIM)*.

situation awareness (= s. a.) [engl.] Situationsbewusstsein, syn. *situational awareness*, [KOG]. Der Begriff s. a. wurde ursprünglich genutzt, um die Resultate von Übungsflügen von Piloten zu erklären sowie um überdurchschnittlich erfolgreiche von durchschnittlichen Piloten zu unterscheiden. Vereinfacht kann von zwei s. a.-Perspektiven in der Human-Factors-Forschung gesprochen werden: (1) Die *Informationsverarbeitung*sperspektive (z. B. Endsley 2000) geht von drei s. a.-Ebenen aus. S. a. ist demnach die Fähigkeit, in einem best. Zeit-Raum-Fenster relevante Informationen in der Umwelt wahrzunehmen (Level 1 s. a. – *Perception*), diese Informationen adäquat zu beurteilen (level 2 s. a. – *comprehension*) und auf Grundlage dieser momentanen Situationsbeurteilung zukünftige Situationsentwicklungen zu prognostizieren (level 3 s. a. – *projection*). S. a. wird als Produkt der Informationsgewinnung definiert, während der Prozess der Informationsaufnahme und -verarbeitung als *s. assessment* bezeichnet wird. (2) Die Neo-Gibsonianische Perspektive (z. B. Adams et al. 1995) hingegen definiert s. a. in der Tradition von Gibson als *Prozess* und Produkt. Als Produkt ist s. a. hiernach das momentan aktive *Schema*, das den konzeptionellen Rahmen oder

Kontext liefert, der die Selektion und *Interpretation* von Ereignissen leitet. Als Prozess ist s. a. der momentane Zustand des perzeptuellen Zyklus zu einem best. Zeitpunkt. S. a. als Produkt und Prozess ist demnach ein sich wechselseitig beeinflussender Zyklus. Abgrenzung zu anderen Konstrukten: Endsley sieht s. a. als ein eigenständiges Modul der Informationsverarbeitung, das dem Entscheidungsfindungsprozess (*Entscheiden*) und dem daraus resultierenden Verhalten vorgeschaltet ist. Carretta et al. (1996) gehen hingegen davon aus, dass Informationsverarbeitung, Vorhersage zukünftiger Ereignisse, Entscheidungsfindung und tatsächliches *Verhalten* Bestandteile von s. a. sind. S. a. ist demnach ein Metakonstrukt für mehrere Module und kein eigenständiges Modul. Mehrere Konstrukte der Kognitiven Psychologie wie *Arbeitsgedächtnis*, *Aufmerksamkeit*, *mentales Modell*, Schemata und *chunks* werden als konstituierende Substrukturen von s. a. angesehen. *Expertise* bzw. *Leistungsexzellenz* (Expertenwissen) sowie *mentale Arbeitsbelastung* beeinflussen s. a. Messinstrumente: S. a. wird vornehmlich anhand dreier Strategien gemessen. Am häufigsten werden Performanzmaße (*task performance*) verwendet, gefolgt von Gedächtnisproben (*Gedächtnis*, memory probes) und Selbst- bzw. Fremdeinschätzungen. Performanzmaße: Anhand des gezeigten Verhaltens während einer Simulationsaufgabe, z. B. *Reaktionszeit*, Anzahl der *Fehler*, Anzahl der Steuerbewegungen, wird überprüft, inwieweit ein Training oder ein verändertes Instrumenten-Display die s. a.-Leistung steigert bzw. herabsetzt. Gedächtnisproben: Gedächtnisproben und Fragenkataloge, die während einer Simulationsaufgabe zu festgesetzten Zeitpunkten abgefragt werden. Die Simulation wird unterbrochen und der Bildschirm wird eingefroren (*freeze*), anschließend werden mehrere Fragen zu wichtigen Details der letzten Minuten der Simulation gestellt (z. B. Flugposition, Flughöhe, Geschwindigkeit). Dann wird die Simulationsaufgabe fortgesetzt. Subjektive Einschätzungen: Fremdsowie Selbsteinschätzungen werden anhand von *Fragebogen* erhoben. Die Fremdeinschätzungen werden z. B. von Flugpsychologen, Fluglehrern oder Pilotenkollegen vorgenommen, dies entweder während oder nach einer Simulationsaufgabe. Einsatzgebiete: S. a. wird einerseits genutzt, um neue Displayoberflächen bzw. Fahrassistenzsysteme bzgl. ihrer Wahrnehmungstauglichkeit für z. B. Piloten, Fluglotsen oder Kraftfahrer zu überprüfen, andererseits um Erfolge von Trainingsmaßnahmen zu evaluieren (*Trainingsevaluation*). D. Seitz

Situationismus (= S.) [engl. *situationism*], **[KOG, PER]**, Begriff für ein von Mischel (1968) in die Persönlichkeitsforschung und *Differentielle Psychologie* wiedereingeführtes Argument, dass menschliches Verhalten – im Ggs. zu den von der *Trait*-Ps. postulierten Ansätzen – von Situation zu Situation stark variiert und daher die Prognosen für zukünftiges Verhalten relativ unzuverlässig sind. Mischel führte diese Argumentation auf eine Analyse einiger Untersuchungen zurück, bei denen das Verhalten nur unzureichend mittels ps. Konstrukte vorhersagbar war. Der S. hat auch Stellung zu der Entstehung von interindiv. Differenzen innerhalb der Differentiellen Ps. genommen und erklärt diese Differenzen aus den vorausgegangenen Lern- bzw. Sozialisationsbedingungen (*Lernen*, *Sozialisationspsychologie*). Der S. greift somit die aus den 1920er-Jahren von einer Forschergruppe (Hartshorne et al. 1928, 1929) vorgelegten Befunde zurück. Die Autoren haben in einer Untersuchung zur Effektivität von religiöser Unterweisung herausgefunden, dass das Verhalten von Schülern bzgl. Ehrlichkeit etc. von Situation zu Situation variiert. Zu diesen Befunden gibt es jedoch eine Reihe grundsätzlicher Bedenken. Zunächst ist es völlig berechtigt anzunehmen, dass das Verhalten von jüngeren Kindern in entwicklungspsychol. Perspektive noch keine *Stabilität* erreicht hat. Außerdem konnten Re-Analysen zu diesen Befunden zeigen, dass bei der Selektion von reliablen Messwerten eine weit höhere transsituative Konsistenz erreicht werden konnte. Gegen den S. wurde bedeutsame Kritik geäußert. So ist z. B. die Bedeutung von einer Situation für das Verhalten von Individuen wie auch der Unterschied in der Bewertung von Situationen nicht geklärt. Bei der Unterscheidung von sog. schwachen und starken Situationen ist die Stärke bzw. Schwäche für Individuen von Bedeutung. Außerdem muss unterschieden werden zw. Situationen, die von Individuen aufgesucht werden, und solchen, denen sich Individuen nicht entziehen können. Es wäre also wichtig, Taxonomien von Situationen zu erstellen, die dieser intra- und interindiv. Differenzierung gerecht werden. *Situationstaxonomie*. Endler & Magnusson 1976. H. O. Häcker

Situationsanalyse [engl. *situation analysis*], *Denken, heuristische Methoden*.

Situationsangst [engl. *state anxiety*], *state-Angst*.

Situations-Ergebnis-Erwartung [engl. *situation-result expectation*], *Erwartung*.

Situationspsychose [engl. *situational psychosis*], **[KLI]**, durch bestimmte äußere Lagen ausgelöste Psychose, z. B. *Haftneurose*.

Situationstaxonomie (= S.) [engl. *situation taxonomy*], **[PER, SOZ]**, geordnete (und meistens sparsame) Struktur (*Taxonomie*) von grundlegenden Kategorien oder Dimensionen situationaler Information. Situationale Informationen können sich auf (1) obj. messbare physische Stimuli [engl. *cues*], (2) Gruppen von untereinander ähnlichen Situationen [engl. *classes*] und (c) wahrgenommene «psychol. aktive» Merkmale [engl. *characteristics*] beziehen (Rauthmann 2015). Eine Taxonomie von Situationsstimuli lässt sich um W-Fragen strukturieren: Ort (Wo fand die Situation statt?), Zeit (Wann fand sie statt?), Personen (Wer war dabei?), Geschehnisse (Was fand statt?). Van Heck (1984) ordnete Situationen 10 Klassen zu: *Konflikte, gemeinsames Arbeiten, Intimität/Beziehungen, Erholung, Reisen, Rituale, Sport, Ausschweifungen, Dienen, Handel*. Die bisher umfassendste Taxonomie wahrgenommener Situationsmerkmale umfasst 8 Dimensionen, mit DIAMONDS abgekürzt (Rauthmann et al. 2014): *Duty* (Etwas muss erfüllt werden), *Intellect* (Tiefe Informationsverarbeitung ist erforderlich/erwünscht), *Adversity* (Jemand wird bedroht), *Mating* (Eine Situation ist sexuell/romantisch aufgeladen), *Positivity* (Die Situation bringt Spaß/Freude), *Negativity* (Die Situation kann neg. Gefühle nach sich ziehen), *Deception* (Man könnte jemandem misstrauen), *Sociality* (Bedeutungsvolle soziale Interaktionen sind erforderlich/erwünscht). J. Rauthmann

Situationsvalidität *ökologische Validität*, *externe Validität*.

Situations-Verhaltens-Assoziation [engl. *situation behavior association*], *Implementierungsintention*.

situatives Schema [engl. *situational scheme*], *Schema*.

Skala (= S.) [engl. *scale*; lat. *scala* Treppe, Leiter], [**DIA, FSE**], ein Messinstrument, mit dem man empirischen Gegenständen Zahlenwerte zuordnet, die der Stärke best. Eigenschaften dieser Gegenstände entsprechen. Eine S. besteht aus einer Messlatte mit Skalenwerten [engl. *scores*] und dazugehörigen (meist: impliziten) Anwendungsregeln. Ein Bsp. ist die Celsius-S. auf einem Thermometer. Sie ist empirisch verankert in zwei Punkten: Der Temperatur, bei der Wasser gefriert (bezeichnet als «0 Grad C») und der Temperatur, bei der Wasser kocht («100 Grad C»). Die Fahrenheit-S. (F) ist eine ähnliche Skala. Sie ist empirisch anders verankert, sodass F-Werte und C-Werte zueinander in der linearen Beziehung (*linearer Zusammenhang*) «y (Grad F) = 32 + 1,8 x (Grad C)» stehen. Ein anderes Bsp. ist die Meter-S. Bei ihr ist der Nullpunkt nicht mehr willkürlich, sondern liegt als «Länge null (0 m)» fest. Der zweite Verankerungspunkt, die Länge «1 m», ist willkürlich mit dem Ur-Meter definiert. Ähnliches gilt für die Inch-S., sodass 1 Inch = 0,0254 Meter (multiplikative Beziehung).

Umrechnungen von Messungen auf andere, gleichgute Skalen sind *zulässige Transformationen*, weil dabei alle empirisch bedeutsamen Informationen erhalten bleiben (Gleichheit, Ordnungsbeziehungen, Differenzen, Verhältnisse von Differenzen, Verhältnisse der Skalenwerte). Diese Transformationen zeigen daher, welche Informationen die Skalen enthalten bzw. nicht enthalten. So ist z. B. eine Aussage wie «20 Grad Celsius sind doppelt so warm wie 10 Grad Celsius» unsinnig, weil sich das 20:10-Verhältnis bei einer Umrechnung der Werte (durch die lineare Transformation $x = a+by$) auf die ebenso gute Fahrenheit-S. in 68:50 ändert. Für Meter- und Inch-Skalen sind Verhältnisaussagen dagegen bedeutsam. Sie haben ein «höheres Skalenniveau», bezeichnet als *Verhältnisskalen*, und gekennzeichnet dadurch, dass auf ihnen nur Ähnlichkeitstransformationen zulässig sind (d. h., sie unterscheiden sich nur durch den Faktor b, während immer $a=0$ ist). Celsius- und Fahrenheit-Skalen sind dagegen nur *Intervallskalen*, auf die die Verhältnisse der Skalenwerte keine Bedeutung haben, sondern nur die Verhältnisse von Skalenwert-Differenzen. Noch weniger Informationen enthalten *Ordinalskalen*: Dort kann man einem großen Skalenwert zwar entnehmen, dass die gemessene Eigenschaft größer ist als bei einem kleineren Wert, aber nicht um wie viel größer; diese Eigenschaft bleibt invariant bei jeder Transformation der Skala, die die Ränge der Skalenwerte erhält (monotone Transformation). *Nominalskalen* kann man überhaupt nur entnehmen, ob zwei Gegenstände in der gemessenen Eigenschaft gleich oder versch. sind. Auf diesen Skalen ist also fast jede Transformation der Skalenwerte zulässig, solange diese nur die Relationen «gleich» und «ungleich» erhält (Permutation).

Das *Skalenniveau* von Daten oder Scores wird versch. bestimmt. (1) Durch (meist sehr aufwendige) empirische Tests: So wird z. B. in der «*Magnitude-Skalierung*» erhoben, wie groß das Merkmal M beim Objekt x im Verhältnis zum Referenzobjekt r ist. Wenn x als v-mal so groß (im M-Sinn) bewertet wird wie r (z. B. als doppelt so groß) und y als w-mal so groß wie r (z. B. als 3-mal so groß), dann sollte ein direkter Vergleich von x mit y den Wert v/w ergeben (im Bsp.: x sollte dann als 2/3-mal so groß wie y beurteilt werden), wenn die numerischen Urteile auf einer Verhältnisskala liegen (für alle x, y). (2) Durch formale Ableitung: In einem Skalierungsmodell kann man das Skalenniveau aus den Eigenschaften des Modells math. ableiten, allerdings nur «konditional», d. h. relativ zu dem Skalenmodell, dass das Modell für die von ihm verarbeiteten Daten voraussetzt. (3.) Durch Annahme: Für Daten wird oft ein best. Skalenniveau (meist: Intervallniveau) einfach gesetzt. Die Fruchtbarkeit dieser Annahme muss sich in der weiteren Forschung mit diesen Daten zeigen (Theoriebildung, ps. Gesetze).

In der Ps. werden routinemäßig zahlreiche «fertige» Skalen verwendet, die z. T. in Skalenhandbüchern gesammelt werden. Ein einfaches Bsp. ist die *Kunin-S.* zur Messung der Arbeitszufriedenheit. Hier wird die Frage gestellt «Wie gefällt Ihnen Ihr Job?»; dazu wird eine siebenstufige Antworts. angeboten, die mit Smileys von *lachend* bis *traurig* etikettiert ist. Diese S. besteht also aus nur einem *Item* (engl. *single item*). Die meisten ps. Skalen bestehen aus Batterien mehrerer Items, weil diese i. Allg. reliabler (*Reliabilität*), valider (*Validität*) und differenzierter messen als Einzelitems (z. B. *Intelligenztest*, *Persönlichkeitstests*). Bei solchen Skalen werden nach Sicherstellung der *Gütekriterien* entweder die Antworten einer Person für jedes Item zu einem Gesamtscore (z. B. dem Mittelwert aller Items) verrechnet («*Punkt-Items*») oder das Item mit dem größten Skalenwert, das die Person noch löst bzw. dem sie noch zustimmt, als ihr Skalenwert gewählt («*kumulative Items*»). Wie man solche Skalenwerte bewerten soll, kann man aus empirisch ermittelten «*Normenskalen*» entnehmen (z. B. liegt eine Person mit IQ = 115 genau 1 Standardabweichung über dem Durchschnittswert von IQ = 100 der Gesamtbevölkerung, d. h., Personen mit diesem IQ gehören zu den 16 % Leistungsbesten; *Normierung*). Borg & Staufenbiel 2007. I. Borg

^{Test}**Skala dysfunktionaler Einstellungen (DAS)**, 2005, von M. Hautzinger, J. Joormann und F. Keller, [www.testzentrale.de], [**DIA, KLI**], AA Erwachsene im Alter von 18 bis 80 Jahre. Anwendung i. R. der Therapieplanung und der Verlaufskontrolle bei affektiven Störungen sowie zur Erfassung des Depressionsrisikos. Die Skala erfasst die Ausprägung und die Art dysfunktionaler Grundüberzeugungen und findet in der klin. Ps., der Therapieforschung sowie in der Forschung zu Vulnerabilitäts-Stress-Modellen Anwendung. Sie enthält insges. 40 Aussagen, die in der

Mehrzahl Kontingenzen zw. Verhaltensmerkmalen und dem Selbstwerterleben formulieren. In der klin. Anwendung ermöglicht die DAS die Identifikation von blockierenden, krank machenden Sichtweisen, die mit dem Ziel der Differenzierung und Auflösung zum Gegenstand der therapeutischen Arbeit gemacht werden können. *Reliabilität*: Die internen Konsistenzen der Gesamtskala und der Subskalen liegen zw. .86 und .94. *Validität*: Korrelationen mit konstruktverwandten Skalen zur Messung von Depressivität oder Hoffnungslosigkeit erreichen Werte von .71 bis .85. Verschiedene Studien belegen die Änderungssensitivität der DAS. Die Struktur der Skala konnte faktorenanalytisch repliziert werden. *Normierung*: Es liegen orientierende Prozentränge für die Gesamtskala sowie die Subskalen zur Verfügung. Bearbeitungsdauer: ca. 10 bis 15 Min., bei klin. Gruppen kann sich die Bearbeitungszeit deutlich verlängern.

^Test^**Skala zur Erfassung der Schwere der Alkoholabhängigkeit (SESA)**, 2001, U. John, U. Hapke & H.-J. Rumpf, [www.testzentrale.de], [**DIA, KLI**], Verfahren zur Bestimmung der Schwere einer bestehenden *Alkoholabhängigkeit*. AA Erw. Mithilfe der SESA kann anhand von Selbstaussagen des Patienten der Schweregrad, d. h. die quant. Ausprägung einer Alkoholabhängigkeit erfasst werden. Mit 28 Items kann der Ausprägungsgrad folgender Kernsymptome eingeschätzt werden: *Einengung des Trinkverhaltens, Körperliche Entzugssymptome, Alkoholkonsum zur Vermeidung von Entzugssymptomen, Psychische Entzugssymptome (Verlangen), Toleranzsteigerung, Extreme Toleranzsteigerung* und *Toleranzumkehr*. Weitere fünf Zusatzitems dienen der Erfassung des Wiederauftretens des Syndroms nach Abstinenz. Die Auswertung erfolgt sowohl auf Skalenebene als auch für den Gesamttestwert und gibt differenzierte Hinweise für die Therapie. *Normierung*: Normen liegen für Pat. in Alkoholentzugsbehandlungen, für Pat. im Allgemeinkrankenhaus sowie für die Allgemeinbevölkerung vor. Bearbeitungsdauer: 5 bis 10 Min.

^Test^**Skala zur Erfassung sozialer Reaktivität – Dimensionale Autismus-Diagnostik (SRS)**, 2007, S. Bölte & F. Poustka, [www.testzentrale.de], [**DIA, EW, KLI**], klin. Fremdbeurteilungsverfahren. AA Kinder und Jugendliche zw. 4 und 18 Jahren. Die SRS ist ein 65 Items umfassender Elternfragebogen zur Beurteilung sozialer, kommunikativer und rigider Verhaltensweisen bei Kindern und Jugendlichen i. S. einer dimensionalen Diagnostik von Autismus (*Autismus-Spektrum-Störung*). Im Extrembereich der Skala besteht eine hohe Konvergenz mit Autismus-Spektrum-Störungen. Die SRS enthält 45 Fragen zu *reziproker sozialer Interaktion*, 12 zu *repetitiv-stereotypem Verhalten* und 6 zu *sozialem Sprachgebrauch*. *Normierung*: Eichung an $N = 1436$ Kindern und Jugendlichen: 838 aus Kindergärten, Grundschulen und weiterführenden Schulen, 537 kinder- und jugendpsychiatr. Pat. (davon 160 mit Autismus-Spektrum-Störung). Für den SRS-Gesamtwert liegen differenzierte T-Normen für Mädchen und Jungen, für Ratings von Müttern und Vätern sowie kumulative Autismusnormen vor. Bearbeitungsdauer: 15 bis 20 Min., für Auswertung und Interpretation werden 5 bis 10 Min. benötigt.

Skalenanalyse *Persönlichkeitsfragebogen, Testkonstruktion.*

Skalenäquivalenz [engl. *scale equivalence*], *kulturübergreifende Äquivalenz.*

Skalenkonstruktion [engl. *scale construction/development*], *Fragebogen, Gütekriterien, Itemanalyse, Skalierung, testtheoretisches Gütekriterium, Testkonstruktion, Teststandards.*

Skalenniveau (= S.) [engl. *scale level*], [**FSE**], bezeichnet die Transformierbarkeit einer *Skala* x in alle anderen Skalen y, die die gleichen empirisch bedeutsamen Informationen enthalten: Aussagen über die mit der Skala x gemessenen Eigenschaften der Beobachtungsobjekte auf der Basis der Skalenwerte (wie z. B. Gleichheit, Ordnungsrelationen, Verhältnisse von Skalenwerten, Verhältnisse von Differenzen von Skalenwerten), die auf x (nicht) sinnvoll sind, gelten auch (nicht) auf y und umgekehrt. Konvertiert man z. B. Grad-Celsius-Werte in Grad-Fahrenheit-Werte, dann bleiben gleiche Temperaturwerte gleich; Ordnungsrelationen bleiben erhalten; die Verhältnisse von Differenzen («*Intervalle*») bleiben invariant; aber die Verhältnisse der Skalenwerte ändern sich. Eine solche Skala nennt man *Intervallskala*. Die drei wichtigsten weiteren Skalentypen sind die *Nominalskala* (bedeutsam sind nur Äquivalenzrelationen), *Ordinalskala* (bedeutsam sind Äquivalenz- und Ordnungsrelationen) und *Verhältnisskala* (bedeutsam sind alle Relationen bis zu Verhältnissen der Skalenwerte). Die Zuweisung eines best. Skalenniveaus ist eine wichtige Voraussetzung für die sinnvolle Weiterverarbeitung der Skalenwerte in stat. Operationen: Die stat. Aussagen über die Beobachtungsobjekte müssen unter zulässigen Transformationen gleich bleiben, d. h., sie dürfen nicht davon abhängen, ob man die Skala x oder die gleich gute Skala y gewählt hat. Borg & Staufenbiel 2007. *I. Borg*

^Test^**Skalen zum Erleben von Emotionen (SEE)**, 2004, M. Behr & M. Becker, [www.testzentrale.de], [**DIA, EM**], Verfahren zur Erfassung des Emotionserlebens. AA ab 14 Jahren. Die SEE können bei Erw. in Einzel- und Gruppenuntersuchungen eingesetzt werden. Sie dienen der Persönlichkeits- und Störungsdiagnostik in der Klinischen, A&O-, Sozial- und Emotionsps. und eignen sich für Fragestellungen der Psychotherapie, Personalförderung und Kommunikationsps. Die insgesamt 42 Items des SEE gliedern sich in 7 faktorenanalytisch gewonnene und voneinander unabhängige Skalen: (1) *Akzeptanz eigener Emotionen*, (2) *Erleben von Emotionsüberflutung*, (3) *Erleben von Emotionsmangel*, (4) *Körperbezogene Symbolisierung von Emotionen*, (5) *Imaginative Symbolisierung von Emotionen*, (6) *Erleben von Emotionsregulation*, (7) *Erleben von Selbstkontrolle*. Die Skalen messen, wie Personen eigene Gefühle wahrnehmen, bewerten und damit umgehen (*Emotionen*). Die SEE gründen theoretisch auf der Personzentrierten Persönlichkeits- und Störungstheorie und auf den Konzepten zur emot. Intelligenz. Es liegen auch fremdsprachige Papierversionen für Personen mit der Muttersprache Italienisch, Türkisch, Französisch und Englisch vor. *Nor-*

mierung: Es liegen z-, T-, Prozentrang- und Stanine-Werte ($N = 1047$), getrennt für Geschlechter- und Altersgruppen und Vergleichswerte für Psychoth.patienten sowie für die ital. und türkische Version vor. Bearbeitungsdauer: 10 bis 15 Min.

Test**Skalen zur Erfassung der Lern- und Leistungsmotivation (SELLMO)**, 2012, von B. Spinath, J. Stiensmeier-Pelster, C. Schöne und O. Dickhäuser, 1. Aufl. 2002, [www.testzentrale.de], [**DIA, EM, PÄD, PER**], rational konstruiertes Fragebogenverfahren, Selbstbericht. AA Schüler der Primar- und Sekundarstufe I, Klassenstufe 3–10 sowie Studierende. Die SELLMO erfassen vier Ziele, die in Lern- und Leistungskontexten verfolgt werden können: *Lernziele, Annäherungs-* und *Vermeidungs-Leistungs-Ziele* sowie *Arbeitsvermeidung*. Diese Ziele können entweder situational angeregt werden (Ziele als zeitlich begrenzte motivationale Zustände, *state*) oder als Persönlichkeitsmerkmale gegeben sein (Zielpräferenzen als zeitlich überdauernde und über Situationen konsistent wirksame Eigenschaften, *trait*). Die Skalen bestehen aus jew. 7 oder 8 Items (insges. 31 Items), die auf einer fünfstufigen Skala durch Ankreuzen beantwortet werden. Es resultieren vier Testwerte, ein Gesamtwert über alle vier Skalen wird nicht gebildet. Die Durchführung erfolgt durch diagnostisch geschulte Anwender als Einzel- oder Gruppentest. Die Bearbeitungszeit liegt bei 8 bis 15 Min. Die *Objektivität* ist durch exakte Anweisungen, durch detaillierte Auswertungshinweise inkl. einer Auswertungsschablone sowie durch Interpretationshilfen mit Fallbsp. sichergestellt. *Reliabilität*: Die Split-Half-Reliabilitäten liegen in der Gesamtstichprobe zw. $r = .73$ und $r = .78$, die Retestreliabilitäten (6-Monats-Intervall mit Zwischenzeugnis) zw. $rtt = .54$ und $rtt = .63$. *Validität*: Die faktorielle Validität konnte bestätigt werden. Korrelationen mit Außenkriterien (u.a. Schulleistung, verwandte Konstrukte) belegen die Kriteriumsvalidität des Verfahrens. *Normierung*: Die SELLMO wurden 2012 neu normiert. Die Normstichprobe umfasst 3348 Schüler aller Regelschulen aus sieben Bundesländern. Es liegt eine parallele, nicht normierte Version für Studierende vor. *B. Spinath*

Test**Skalen zur Erfassung des schulischen Selbstkonzepts (SESSKO)**, 2012, von C. Schöne, O. Dickhäuser, B. Spinath & J. Stiensmeier-Pelster, 1. Aufl. 2002, [www.testzentrale.de], [**DIA, PÄD**], rational konstruiertes Fragebogenverfahren, Selbstbericht. AA Schüler der Primar- und Sekundarstufe I, Klassenstufe 3–10. Die SESSKO erfassen das allg. (d.h. nicht fachspezifische) *Fähigkeitsselbstkonzept* (= F.) von Schülern. Über vier Skalen wird die Wahrnehmung eigener schulischer Fähigkeiten im sozialen Vergleich, im Vergleich mit den schulischen Anforderungen (kriterial), im intraindividuellen Vergleich sowie ohne Vorgabe eines Referenzrahmens (*Selbstkonzept – absolut*) erfasst. Das erfasste F. ist gemäß der zugrunde gelegten Def. auf kogn. Aspekte beschränkt und schließt affektive Aspekte aus. Der Einsatz der SESSKO ist i. R. einer umfangreichen *Motivationsdiagnostik* und Fähigkeitsdiagnostik insb. dann angezeigt, wenn erwartungswidrige Leistungen vorliegen und unrealistische Fähigkeitsselbst-einschätzungen als eine Ursache dessen vermutet werden. Die Durchführung erfolgt durch diagn. geschulte Anwender als Einzel- oder Gruppentest. Die Bearbeitungszeit liegt bei 7–15 Min. (Primarstufe) bzw. 10–15 Min. (Sekundarstufe I; jew. zzgl. Instruktion). Die Auswertung nimmt etwa 5–7 Min. in Anspruch. Die Skalen bestehen aus jew. 5 oder 6 Items (insg. 22 Items), die auf einer fünfstufigen Zustimmungsitems in Form eines *semantischen Differenzials* durch Ankreuzen beantwortet werden. Es resultieren vier Testwerte, ein Gesamtwert über alle vier Skalen wird nicht gebildet. *Normierung*: Die SESSKO wurden 2012 neu normiert. Die Normstichprobe umfasst 3348 Schüler aller Regelschulen aus sieben Bundesländern. Es werden getrennte Normwerte für Primar- und Sekundarstufe I zur Verfügung gestellt. Die Normtabellen bieten Prozentrangwerte, T-Werte sowie T-Wert-Bänder. Die Objektivität ist durch exakte Anweisungen und Instruktion, durch detaillierte Auswertungshinweise inkl. einer Auswertungsschablone sowie durch Interpretationshilfen mit Fallbeispielen sichergestellt. *Reliabilität*: Die interne Konsistenz liegt in der Primarstufe bei $\alpha = .80–.86$ und in der Sekundarstufe bei $\alpha = .82–.89$. Die Testhalbierungsreliabilität liegt bei $r = .84–.87$ (Primarstufe) bzw. $r = .84–.89$ (Sekundarstufe). *Validität*: Die faktorielle Validität konnte in zwei aktuellen Stichproben erneut bestätigt werden. Korrelationen mit Außenkriterien (u.a. Schulleistung, Selbstwert, Prüfungsangst, Zielorientierung) belegen die Kriteriumsvalidität des Verfahrens. Es liegt eine parallele, nicht normierte Version für Studierende vor. *C. Schöne*

Skalierung, Methoden der (= S.) [engl. *scaling methods*; lat *scala* Treppe], [**DIA, FSE**]. (1) *Anwendung einer Skala.* Im einfachsten Fall befragt man Personen (z. B. «Wie gefällt Ihnen Venedig?») mit einer vorgegebenen Antwortskala (z. B. 0 = «gar nicht» bis 10 = «sehr gut»). Die Person beantwortet die Frage mit der Wahl einer der Kategorien der Antwortskala; oder sie antwortet nicht (KM = «keine Meinung», «trifft nicht zu», «weiß nicht»). Der Person wird dann der numerische Code der Antwortkategorie (bzw. KM oder «missing») als Messwert zugewiesen. Bei Skalen mit mehreren Items zum selben Thema werden die einzelnen Antwortwerte (mit Ausnahme von KM-Antworten) zu einem Gesamtwert aggregiert (d.h. meist mittels Mittelwertsbildung). Ein Bsp. hierfür ist die *Introversion-Extraversion-Skala* mit den Items «Ich bin eher zurückhaltend, reserviert» und «Ich gehe aus mir heraus, bin gesellig», jeweils kombiniert mit der fünfstufigen Likert-Antwortskala (*Likert-Skala*) von −2 = «trifft überhaupt nicht zu» bis +2 = «trifft voll und ganz zu». Antwortet eine Person hier mit −2 bzw. mit 1, dann erhält sie den Gesamtscore 1,5 auf dieser IE-Skala, also einen relativ hohen Extraversionswert (Rammstedt & John 2007).

(2) *Konstruktion einer Skala*. Diese beruht auf einem S.modell, das postuliert, wie die beobachteten Beziehungen der Elemente (Personen, Stimuli) generiert werden. *Bsp. A*: Die Testaufgaben der Skala sind auf einer Dimension (z. B. «Grundrechnen» oder «Erkennen von Morse-Codes») von leicht bis schwer geordnet; jede Person löst alle Testaufgaben bis zu einem best. Schwierigkeitsgrad und keine

Testaufgabe, die schwerer ist als diese Testaufgabe (*Guttman-Skala*, *Skalierung, testtheoretisches Gütekriterium*, *Rasch-Modell*); eine fähigere Person löst also immer alle Aufgaben, die eine weniger fähige Person auch löst, und darüber hinaus mind. eine weitere. *Beispiel B*: Die Einstellungsobjekte (z. B. politische Parteien) liegen «im Kopf» des Befragten auf einer Dimension (z. B. dem politischen Links-Rechts-Spektrum); die Person wählt die Partei, die ihrem Idealpunkt am nächsten liegt bzw., allgemeiner, ihre Präferenz für die verschiedenen Parteien nimmt mit der Distanz der Parteien von ihrem Idealpunkt monoton ab (*Unfolding*-Modell). *Bsp. C*: Fechner-Modelle (*Fechner-Skalierung*) postulieren, dass die Wahrscheinlichkeit, mit der die Objekte i und j verwechselt werden (p_{ij}), der Distanz der Punkte i und j in einem durch eine ein- oder mehrdimensionale Skala aufgespannten «psychologischen Raum» (d_{ij}) entspricht, d. h., es soll $d_{ij} = f\,[abs(p_{ij} - 0.5)]$ gelten, wobei f eine monoton steigende Funktion ist.

S.modelle werden zunächst mit einer Startmenge von Items an Testpersonen wiederholt ausprobiert (*Testkonstruktion*). Wenn sich die Antworten der Testpersonen im gewählten Modell «gut genug» (d. h. mit nur kleinen Fehlern) darstellen lassen, dann wird das Modell zusammen mit den Items als geeignet akzeptiert: Es soll sich dann dazu eignen, eine potenziell unendliche Vielfalt von Beobachtungen best. Art (d. h. das Universum best. Items) sparsam zu erklären und zu messen (i. S. eines «so könnte der Befragte seine Antworten erzeugt haben» oder i. S. von «so lassen sich die Daten einfach beschreiben»). Selten eignen sich plausibel erscheinende S.modelle allerdings auf Anhieb für einen best. Gegenstandsbereich. Sie müssen vielmehr entwickelt werden. Dazu gehört zum einen, die Items so auszuwählen oder zu modifizieren, dass sie in das S.modell passen (z. B. *Testtheorie*, bei der die *Items* bzgl. Kriterien wie *Trennschärfe*, Schwierigkeit und *Reliabilität* bewertet und entwickelt werden; *Gütekriterien*). Zum anderen muss auch beurteilt werden, ob sich das Modell überhaupt eignet, d. h. insbes., ob Items, die alle in eine best. Grundgesamtheit von Items passen (z. B. alle Items zur Intro- und Extraversion), wirklich ein- oder nicht vielmehr multidimensional sind (*Faktorenanalyse*). Zudem kann die vom Modell postulierte Verrechnungsregel [engl. *composition rule*] anders sein als vermutet, d. h., die Personen erzeugen ihre Antworten oder Urteile aus den gegebenen Informationen nicht so wie vom Modell vermutet (z. B. nicht nach der Regel «Distanz vom Idealpunkt» im *Unfolding*-Modell, sondern per stufenweiser Elimination unattraktiver Alternativen).

Ein vollst. Austesten von S.modellen wird in der Praxis selten realisiert. Meist wird einfach angenommen, dass ein best. Gegenstandsbereich skalierbar ist, d. h. insbes., dass die Gegenstände auf einer Dimension liegend geordnet werden können, dass sie also z. B. vom Befragten alle als in nur einem (wesentlichen) Merkmal verschieden wahrgenommen werden. Items, die nicht in dieses Modell passen, werden eliminiert oder so lange verändert, bis sie passen (*Skalierung, testtheoretisches Gütekriterium*). *Einstellungsskalen*. Borg & Staufenbiel 2007. *I. Borg*

Skalierung, multidimensionale multidimensionale Skalierung.

Skalierung, testtheoretisches Gütekriterium [engl. *scaling, test-theoretical quality criterion*; lat. *scala* Treppe], [**DIA**], innerhalb der psychol. *Testtheorie* bez. Skalierung (= S.) ein besonderes *Gütekriterium* (Kubinger 2009b): Ein Test erfüllt das Gütekriterium S., wenn die laut Verrechnungsvorschriften resultierenden Testwerte die empir. Verhaltensrelationen adäquat abbilden. Grundsätzlich bestehen psychol. *Tests* immer auch aus genauen Regeln, wie die einzelnen Reaktionen der untersuchten Person je Aufgabe zu einem numerischen Testwert zu verrechnen sind. Werden solche Regeln einfach willkürlich festgelegt, besteht die Gefahr, dass die resultierenden Testwerte nicht diejenigen Relationen zw. versch. Personen wiedergeben, wie sie als empirisch feststellbare Verhaltensrelationen gegeben sind: z. B. entsprechen teilrichtig gegebene Antworten nicht selbstverständlich einer Leistung, die genau zw. jener einer falschen und einer völlig richtigen Antwort liegt, wonach zwei teilrichtige Antworten dasselbe Fähigkeitsausmaß wie eine einzige richtige Antwort ausdrücken würden. Vielmehr bedarf es testtheoretischer Methoden, die empirisch prüfen, welche Verrechnungsvorschrift je Test angemessen ist. Es geht also darum, dass die Zahlenrelationen der erhaltenen Testwerte mit den Relationen der – sowohl innerhalb ein und derselben Person als auch zw. versch. Personen – beobachtbaren Verhaltensweisen übereinstimmen.

Die einfachste Verrechnungsvorschrift (*Skalierung*) sieht als Testwert die Anzahl gelöster Aufgaben vor. D. h., unabhängig davon, welche Aufgaben von einer Person gelöst und welche nicht gelöst wurden, zählen nur die «Treffer». G.H. Fischer (1995) gibt dazu einen Beweis, wonach ein ganz best. Modell der *Item-Response-Theorie (IRT)*, nämlich das (dichotome) *Rasch-Modell*, notwendigerweise gelten muss: Diese Verrechnungsvorschrift ist nur dann fair in dem Sinn, dass empirische und numerische Relationen übereinstimmen, wenn sich herausstellt, dass die Testleistungen pro Person und Aufgabe so zustande kommen, wie sie die spezif. Wahrscheinlichkeitsfunktion in Form des Rasch-Modells behauptet. Und zwar beschreibt dieses Modell die Wahrscheinlichkeit, dass Person ν Aufgabe i löst (+), in Abhängigkeit des Personenparameters ξ_ν, das ist das (wahre) Fähigkeitsausmaß von ν, sowie des Aufgaben- bzw. Itemparameters σ_i, das ist der (wahre) Schwierigkeitsgrad von i, wie folgt:

$$p\,(+|\xi_\nu, \sigma_i) = \frac{e^{\xi_\nu - \sigma_i}}{1 + e^{\xi_\nu - \sigma_i}}$$

(Genaueres s. unter *Rasch-Modell*). Da das Rasch-Modell ein prüfbares Modell ist, kann auch tatsächlich die Angemessenheit der genannten Verrechnungsvorschrift für jeden betroffenen Test untersucht werden. D. h., bes. stat. Modelltests erlauben, das Rasch-Modell auf empirische Gültigkeit zu prüfen. Dabei stellt sich regelmäßig heraus, dass psychol. Tests, die diese Verrechnungsvorschrift vorsehen, aber bei ihrer Entwicklung (noch) nicht entspr. geprüft wurden, mit dem Rasch-Modell eben nicht konform gehen: Immer finden sich dann relevante Personengruppen, die hinsichtlich best. Aufgaben systematisch und gravierend in ihrem wahren Fähigkeitsausmaß verkannt werden. Andererseits gelingt es genauso regelmäßig, Tests zu entwickeln, deren Verrechnungsvorschrift nachweislich, aufgrund einschlägiger Analysen bzw. Modelltests zum Rasch-Modell fair ist.

Für best. andere Verrechnungsvorschriften existieren innerhalb der IRT andere Modelle bzw. Verallgemeinerungen des Rasch-Modells (Kubinger 1989b). Wenn also z. B. zusätzlich zur Bewertung richtig vs. falsch auch teilrichtige Antworten berücksichtigt werden sollen (zumeist 1 Punkt für gewisse teilrichtige Antworten im Vergleich zu vollst. richtigen Antworten mit 2 und zu falschen Antworten mit 0 Punkten), dann müssten modellspezifische, aus den Daten geschätzte Kategorienparameter in ihren Relationen zueinander den angenommenen Relationen entsprechen (hier also: teilrichtige zu vollst. richtige Antworten in der Form 1:2). Wieder zeigen entsprechende stat. Modelltests häufig für nicht eigens danach konstruierte ps. Tests, dass dies eben nicht der Fall ist.

Je komplizierter die vorgesehene Verrechnungsvorschrift ist, umso strenger sind die Voraussetzungen bzw. Modellansprüche an einen ps. Test. So kann der geläufige *Intelligenzquotient* (IQ) – er bestimmt sich im Wesentlichen aus der Summe von *T*-Werten oder dgl. in mehreren Untertests einer Testbatterie – zwar mithilfe des Poisson-Modells von Rasch auf Verrechnungsfairness geprüft werden; Testbatterien, für die sich das Modell dann auch tatsächlich als gültig erweist, finden sich aber nicht in der Praxis. Für Verrechnungsvorschriften, die vorsehen, einzelne Aufgabenlösungen mit unterschiedlich vielen Punkten zu gewichten, kommen die Modelle von Birnbaum (2- und 3-PL-Modell; *Item-Response-Theorie*) zum Tragen; auch diesbezüglich gibt es aber im dt.sprachigen Raum (noch) keine entspr. geprüften Verfahren. Bei den versch. Verrechnungsmodi und Modellen ist allerdings wesentlich zu unterscheiden: Während das Rasch-Modell eine notwendige Voraussetzung darstellt und prüfbar ist, ist das 2-PL-Modell zwar notwendige Voraussetzung für den fraglichen Verrechnungsmodus, aber nicht eigentlich prüfbar; andere Modelle wiederum sind insofern hinreichend, als ihre Geltung die betreffende Verrechnungsvorschrift legitimiert, aber nicht zwingend notwendig ist, sodass die Angemessenheit der Verrechnungsvorschrift auch gegeben sein kann, selbst wenn das Modell für den betroffenen Test nicht gilt (Kubinger 1989b).

Dies alles ist grundsätzlich auch für Persönlichkeitsfragebogen (*Persönlichkeitstests*) und andere psychol.-diagn. Verfahren zutreffend. Bei Persönlichkeitsfragebogen ist bloß der Begriff «*Fähigkeit*» durch «*Eigenschaft*» zu ersetzen, «*Schwierigkeit*» durch «*Herausforderung, einer bestimmten Erlebens- oder Verhaltensweise zuzustimmen*», und «*Lösung*» eben durch «*Zustimmung*». Allerdings ergibt sich bei Persönlichkeitsfragebogen das praktische Problem, dass Testpersonen Antworten gemäß *sozialer Erwünschtheit* oder zu ihrem persönlichen Vorteil geben können (vgl. das Gütekriterium *Unverfälschbarkeit*). Wegen der üblichen Voraussetzung der Modelle der IRT, nämlich eindimensional zu messen (*Eindimensionalität*), sind sie zur Erklärung des Zustandekommens der Antworten bei Persönlichkeitsfragebogen nur ausnahmsweise geeignet: In die Antwort fließt nicht nur der Grad der eigentlich zu messen beabsichtigten Eigenschaft einer Person ein, sondern auch der Grad ihrer Eigenschaft, ehrlich antworten zu wollen – ganz abgesehen davon, dass bei Persönlichkeitsfragebogen immer auch die Unsicherheit besteht, ob die untersuchte Person überhaupt fähig ist, ihre Erlebens- und Verhaltensweisen «wahrhaftig» zu erfassen. Für die Praxis der Testkonstruktion findet das Gütekriterium S. in dem Testbeurteilungssystems TBS-TK (Testkuratorium 2006, 2007) seinen Niederschlag: Nach diesen Richtlinien wird der Reviewer eines (neu erschienenen) psychol.-diagn. Verfahrens angehalten, auch darauf einzugehen, «ob die laut Verrechnungsvorschriften resultierenden Testwerte die empir. Verhaltensrelationen adäquat abbilden».

K. D. Kubinger

Skalogrammanalyse (= S.) [engl. *scalogram analysis*; lat. *scala* Treppe, gr. γράφειν *(graphein)* schreiben], [DIA, FSE], die auf *Louis H. Guttman* zurückgehende S. ist ein Testmodell, das sich aus den folg. Annahmen über die dichotomen Antworten (*Variable, dichotome*; nur 0 und 1 als Antwort) einer Menge von Personen auf eine Menge von Items ergibt. Die Summenscores der Datenmatrix stellen die Messwerte der Personen (Summe über alle Items) und der Items (Summe über alle Personen) dar. Diese Summenscores messen dann eine Dimension (eine *Fähigkeit* oder eine *Einstellung* [engl. *attitude*], wenn sich die Datenmatrix durch Vertauschung von Zeilen und Spalten in eine sog. Dreiecksmatrix überführen lässt. Sortiert man nach aufsteigender Fähigkeit (der Personen) und absteigender Schwierigkeit der Items, so darf unterhalb und rechts von einer 0 keine 1 stehen. Diese Bedingung drückt die Annahme aus, dass eine Person, die eine Aufgabe in einem Leistungstest löst, auch alle leichteren Aufgaben löst und dass ein Item, das von einer Person gelöst wird, auch von allen fähigeren Personen gelöst wird.

Personen-mal-Item-Datenmatrix, Dreiecksmatrix:

```
0 0 0 0 0
0 0 0 0 1
0 0 0 1 1
0 0 1 1 1
0 1 1 1 1
1 1 1 1 1
```

Ist die Überführung der beobachteten Datenmatrix in eine solche Dreiecksmatrix möglich, so misst der Test eine Dimension, er ist eindimensional. Die Summenscores sind die Messwerte von Personen und Items, die Messung erfolgt auf *Ordinalskalen*-Niveau und das Antwortverhalten ist deterministisch. Es gibt ein effizientes Verfahren der Prüfung der Modellgeltung, nämlich die Sortierung der Zeilen und Spalten nach deren Summenscore. Entsteht mit dieser Sortierung keine Dreiecksmatrix, so passt das Modell der S. nicht auf die Daten. Damit man das Modell nicht aufgrund nur eines Verstoßes gegen die Modellannahmen als falsifiziert betrachten muss, gibt es zwei Möglichkeiten einer Erweiterung des Modells. Man kann den Modellannahmen eine Fehlertheorie hinzufügen oder man betrachtet die modellierten Ereignisse, also die Aufgabenlösungen, als probabilistische Ereignisse. Ersteres wird mit der Einführung von Reproduzierbarkeitsmaßen getan, mit denen man die Anzahl der Modellverletzungen zählen und bewerten kann. Hierzu gehört auch der Versuch, durch Item- oder Personenselektion eine Modellanpassung zu erreichen (*unskalierbare Personen*). Ein Schritt in die Richtung eines probabilistischen Modells besteht darin, Rate- und Irrtumswahrscheinlichkeiten bei der Aufgabenlösung zuzulassen. Ein Modell, das von probabilistischem Antwortverhalten ausgeht und ebenfalls die Summenscores als ordinale Messwerte konzipiert, ist die *Mokken-Analyse*. Rost 2004. *J. Rost*

Skandale, politische (= p. S.) [engl. *political scandal*s; gr. σκάνδαλον (skandalon) Anstoß, Ärgernis], **[SOZ]**, sind in der Öffentlichkeit wahrgenommene Wertkrisen (*Werte*), die für Empörung sorgen, weil sie das *Moral*empfinden der Bürger beleidigen. Ein latenter p. S., d. h. ein skandalöser Zustand oder skandalöses Handeln, wird zum manifesten p. S., wenn (1) ein obj. oder vermeintlicher Amts- oder *Macht*missbrauch zu privaten oder parteilichen Zwecken erkennbar ist, (2) moralische Ansprüche und Erwartungen an die Akteure oder das System gestellt werden, die als verletzt wahrgenommen werden, und (3) eine moralisch integre Instanz (z. B. angesehene *Massenmedien*) Öffentlichkeit herstellt und den Konflikt öffentlich austrägt. Besonders bedeutsam sind p. S., die entweder als tatsächliches Fehlverhalten aufgedeckt oder als denunziatorisches Mittel von politischen Gegnern inszeniert werden. P. S. können zu *Politikverdrossenheit* beitragen, aber auch zu rechtlichen und moralischen Klärungen und somit zu einer Entwicklung der politischen Kultur. Dass Einstellungsänderungen aufgrund von p. S. vielfach ausbleiben, wird als Wirkung von «motivierten Kognitionen» (Schröder & Thagard 2011) oder des Strebens nach Konsonanz interpretiert. *Wahrnehmungen* und *Einstellungen* werden subjektiv so arrangiert, dass sie möglichst wenig *Dissonanz* zu bestehenden Einstellungen und Bewertungen aufweisen. Moser 1989. *S. Preiser/C. Beierlein*

Skandieren [engl. *to scan*; lat. *scandere* sich erheben], **[BIO, KOG]**, dysarthrische Sprachstörung (*Dysarthrie*) mit einer verlangsamten und oft stockenden, staccatoähnlichen Redeweise, bei der jede einzelne Silbe betont wird. Häufig in Zusammenhang mit *Ataxien* bei Funktionsstörungen des Kleinhirns oder nach zerebraler Kinderlähmung. *Monodynamie*.

Skepsis, Skeptizismus [engl. *skepticism*; gr. σκέψις (skepsis) Überlegung, Zweifel], phil. Richtung, die den Zweifel zum Prinzip des Denkens (*Denken*) macht.

Skeptical Inquirer [engl.] «zweifelnder Fragesteller»; eine amerikanische Zeitschrift, die vom Comitee for Skeptical Inquiry sechsmal jährlich herausgegeben wird. Sie widmet sich insbes. der wiss. fundierten und fairen Untersuchung paranormaler Phänomene. Ein replizierbarer, wiss. Nachweis paranormaler Phänome oder Fähigkeiten konnte bisher nicht erbracht werden. [www.csicop.org]. *James Randi Educational Foundation (JREF)*, *Parapsychologie*.

Skeptizismus, methodischer [engl. *methodological skepticism*]; *Verfremdungshaltung*.

SKID [engl. *Structured Clinical Interview for DSM; SCID*], Abk. für *Strukturiertes Klin. Interview nach DSM*, [**DIA, FSE**]. Es handelt sich hierbei um ein strukturiertes und standardisiertes Verfahren, mit dem psych. Syndrome und Störungen nach dem Kriterienkatalog des *DSM* diagnostiziert werden können. Das SKID ermöglicht es, valide Diagnosen zu stellen, wenn der Interviewer über klin.-psychiatr. Erfahrung sowie über eine gute Kenntnis des Manuals verfügt. Für die angemessene Durchführung und Interpretation des *Interviews* ist ein umfassendes Training unerlässlich. Das SKID wird zur Exploration von erwachsenen Pat. eingesetzt. In Dt. liegt das SKID für DSM-IV vor. Mit dem SKID-I können akt. und frühere *Achse-I-Störungen* und mit dem SKID-II *Persönlichkeitsstörungen* nach DSM-IV erfasst werden. Das SKID-I beinhaltet zehn Sektionen (A–J), anhand derer *psychische Störungen* aus dem Bereich der (1) *affektiven Störungen*, (2) psychotischen Störungen (*Psychose*), (3) Substanzmissbrauch und Substanzabhängigkeit (*Sucht- und Substanzbezogene Störungen*), (4) *Angststörungen* (inkl. *Zwangsstörung* und *Posttraumatische Belastungsstörung*), (5) *Somatoformen Störungen*, (6) *Essstörungen* und (7) *Anpassungsstörungen* diagnostiziert werden. Kindspezif. Kriterien dieser Störungen werden entspr. den DSM-IV-Vorgaben erwähnt (z. B. bei der Major Depression). Seit 2000 liegt eine Zusatzsektion mit dem SKID-D vor, welches spez. zur Erfassung *dissoziativer Störungen* dient. Das SKID-I gestattet zusätzlich, körperliche Störungen zu kodieren (Achse-III) und das allg. psychosoziale Funktionsniveau (Achse-V) zu beurteilen. Das SKID-I startete mit Fragen zur *Exploration* und Screeningfragen zur Hauptsymptomatik ausgewählter Störungsbilder (z. B. Zwangsstörung). Findet sich ein Hinweis im *Screening*, ist die entspr. Diagnose genau zu überprüfen, andernfalls auszulassen. Best. Störungsbilder sind stets abzuklären (z. B. affektive Störungen). Die Fragen im Interviewheft zur Durchführung sind streng auf der Basis der diagn. Kriterien vorformuliert worden und müssen daher wortwörtlich gestellt werden. Der Interviewer hat die Aufgabe zu beurteilen, ob die einzelnen diagn. Kriterien (nicht allein die Antworten) gar nicht, teilweise oder sicher erfüllt werden. Das SKID-II umfasst alle Persönlichkeitsstörungen des DSM-IV zusätzlich der zwei Forschungsdiagnosen der depressiven Persönlichkeitsstörung und der negativistischen Persönlichkeitsstörung. Die Symptomatik der Störungen wird in einem Fragebogen zu Beginn des Interviews von dem Interviewten selbst beurteilt. Dieser Fragebogen kann quant. ausgewertet werden und stellt die Grundlage für das folg. Interview dar. I. Ggs. zu SKID-I werden alle Persönlichkeitsstörungen durchgegangen.

Mit der Herausgabe des DSM-5 ist das SKID an den neuen Kriterienkatalog angepasst und Interviewfragen revidiert worden. In den USA liegen drei Versionen des SKID für DSM-5 vor. Neben dem *SKID für Persönlichkeitsstörungen (SCID-5-Personality Disorders)*, dem Nachfolger des SKID-II, sind zwei Ausführungen des SKID-I verfügbar. Das *SKID-5 für die klin. Praxis (SCID-5-Clinician Version)* ist auf die Bedürfnisse der Tätigkeit in der klin. Praxis zugeschnitten. Inhaltlich bedeutet dies u. a., dass nur diejenigen Störungen berücksichtigt werden, die im klin. Setting häufig vorzufinden sind. Diese werden auch nur so weit spezifiziert, wie es für die Praxis von Relevanz ist (z. B. keine Abfrage einer früheren *sozialen Phobie*, sondern nur einer gegenwärtigen). Gegenüber SKID-I wurde zusätzlich die *ADHS* auf-, aber die somatoformen und die Essstörungen herausgenommen. Diese als auch weitere Störungen (optionale Störungen) sind nur noch anhand von Screeningfragen zu beurteilen. Neben dieser Version existieren noch eine Fassung für den Forschungsgebrauch (*SCID-5-Research Version*). In dem Manual zum Forschungs-SKID-5 werden die neuen DSM-5-Diagnosen, wie *Binge-Eating-Störung* oder das *prämenstruelle dyshoprische Syndrom*, und diejenigen psych. Störungen, die aus dem SKID-5 für die klin. Praxis herausfielen und da nur gescreent werden. Das SKID-5 für die Forschung weist insges. zwölf Sektionen auf (A bis L). Die Sektionen sind im Vergleich zum SKID-I neu geordnet, erweitert oder neu erstellt worden. Neue Bereiche stellen die Sektion H *Schlafstörungen* und die Sektion K *Externalisierende Störungen* dar. Mit der Aufteilung in eine Forschungs- und eine Praktikerversion wurde mit dem SKID-5 auf praktischer Ebene ein Grundgedanke realisiert, der ursprünglich für das DSM-5 konzeptuell geplant war.

D. Nitkowski/F. Petermann

skill [engl.] *Fertigkeit*, *Skill-Training*.

skill learning [engl.] Fertigkeitserwerb. *Lernen, motorisches*, *Lernpotenzial*.

Skill-Training (= S.) [engl.] *Fertigkeitstraining*, [**AO, KLI, SOZ**], Workshops zur Verbesserung sozialer Skills standen am Anfang der Entwicklung der angewandten *Gruppendynamik*; in ihnen ging es um den Kampf gegen Vorurteile und gegen die Diskriminierung sozialer Minderheiten (Back 1972). S. wenden sich in erster Linie an Tätigkeitsbereiche und Berufe, in denen u. U. mit schwierigen menschlichen Problemen umgegangen wird, z. B. Schule, Telefonseelsorge, Strafvollzug, Polizei. Gegenstand sind wichtige soziale Skills wie z. B. differenzierte Verhaltensdiagnosen in sozialen Situationen, Führung von Arbeitseinheiten in Belastungssituationen, Umgang mit und Beratung in *Konflikt-* und Entscheidungssituationen mit weitreichenden Konsequenzen, Unterstützung von Kooperationsprozessen in heterogenen Gruppen. Auch im Bereich *psychologische Beratung* und Psychoth. werden S. eingesetzt, z. B. bei Belastungsstörungen zur Reduktion von *Stress*. Sendera & Sendera 2012, Rechtien 2007, Däumling 1974.

W. Rechtien

Skinner, Burrhus Frederic (1904–1990), [**HIS, KOG**], war ein bedeutender Vertreter des *Behaviorismus*, Erfinder, Autor und Sozialphilosoph. Er war Begründer des sog. deskriptiven Behaviorismus, den er selbst als «radikalen Behaviorismus» bezeichnete. Nach dem Erwerb des B. A. in New York studierte Skinner an der *Harvard University*. Seine Auseinandersetzung mit *Watsons* «Behaviorism» brachte ihn zur Entwicklung der *operanten Konditionierung*, einer sehr breit anwendbaren *Lerntheorien*. Skinner promovierte 1931 und arbeitete bis 1936 an der *Harvard University*. Er lehrte dann an der *University of Minnesota* und an der *Indiana University*. 1946 fand die erste Versammlung der «Society of the Experimental Analysis of Behavior» statt. 12 Jahre später wurde das «Journal of the Experimental Analysis of Behavior» begründet. 1948 kehrte Skinner an die *Harvard University* zurück. Skinner gilt als Erfinder der programmierten Unterweisung (*programmierter Unterricht*), nachdem er 1953 die erste Lernmaschine gebaut hatte und in den drei folg. Jahren an programmierten Unterweisungen arbeitete. Skinner verfasste Erzählungen und Romane, u. a. «Walden two» (in Deutschland unter «Futurum zwei» erschienen) und «Beyond Freedom and Dignity» (in Dt. unter «Jenseits von Freiheit und Würde» erschienen). Skinner erhielt eine Vielzahl von Auszeichnungen, darunter 20 Ehrendoktorwürden.

H. E. Lück

Skinner'scher Kasten (= S. K.) [engl. *Skinner box*], [**KOG**], nach *Skinner, Burrhus Frederic*; Apparat für Tierexperimente, der eine Vorrichtung enthält, mittels derer bei Druck auf einen Hebel ein Stück Futter in einen Behälter fällt. Während das Tier gewöhnlich zunächst nur durch einen Zufall (*Versuch und Irrtum*) die richtige Bewegung macht, wird sein Verhalten mit der Zeit zielgerichtet. Der Lernerfolg wird als Herstellung eines *bedingten Reflexes* gedeutet. Der S. K. ist eine Weiterentwicklung einer ursprünglich von Thorndike (1898) zu Untersuchungen über das Lernen bei Tieren entwickelten Methode mit Puzzlebox, Problemkasten (Vexier-, Experimentierkäfig). *Labyrinthverfahren*, *Vexierkasten*, *Konditionierung, operante*. Thorndike 1932, 1971.

Sklera [engl. *sclera*; gr. σκληρός *(skleros)* hart], Lederhaut des Auges, *Auge*.

Sklerose [engl. *sclerosis*; gr. σκληρός *(skleros)* hart, trocken, spröde], krankhafte Organverhärtung.

Skotom [engl. *scotoma*; gr. σκότος *(skotos)* dunkel], [**BIO, WA**], *Gesichtsfeldbereich*, in dem das Sehen nach einer Schädigung des peripheren oder zentralen visuellen Systems (homonymes Skotom) verloren wurde (*parazentrales Skotom*, *Zentralskotom*).

J. Zihl

Skotom, parazentrales (= p. S.) [engl. *paracentral scotoma*; gr. σκότος *(skotos)* dunkel, παρα- *(para-)* neben, κέντρον *(kentron)* Mittelpunkt], [**BIO, WA**], Verlust des Sehens in einem meist kleinen, umschriebenen Bereich im zentralen *Gesichtsfeld*. Beim homonymen p. S. handelt es sich um den Verlust des Sehens in korrespondierenden parafovealen Gesichtsfeldbereichen.

J. Zihl

Skotomisation [engl. *scotomization*; gr. σκότος *(skotos)* dunkel]; Nichtsehen der oder eines Teils der Realität. *Realitätsleugnung*.

skotopisches Sehen [engl. *scotopic vision*; gr. σκότος

(skotos) dunkel], **[WA]**, Sehen in der Nacht und in der Dämmerung. In dieser Bedingung sind die fovealen Funktionen (*Fovea (centralis retinae)*) herabgesetzt; Farben können z. B. nicht mehr wahrgenommen werden. *Fotorezeptoren*, *visuelle Wahrnehmung*. Goldstein 2007.
J. Zihl

Skript (= S.) [engl. schriftliche Aufzeichnung, Drehbuch], **[KOG]**, eine Eintragung (Speicherung) im Langzeitgedächtnis (*Gedächtnis*), die die reguläre Ereignisabfolge in best. (spezif.) Situationen, Kontexten (z. B. Restaurant, Arzt, Bahnfahrt) beschreibt. Bsp.: Betreten einer Gaststätte, Platz nehmen, auswählen, bestellen, essen, bezahlen, Gaststätte verlassen. Ein S. kann Rollen (Gast, Bedienung, Wirt, andere Gäste) und Verzweigungen für speziellere Unterskripts (z. B. Art des Lokals) enthalten. Das im S. gespeicherte Wissen dient der Orientierung in häufig auftretenden Situationen. Der Begriff S. wird auch in der kogn. *Verhaltenstherapie* und der *Transaktionsanalyse* verwendet. Schank & Abelson 1977.
A. Engemann

S-Kurve (= S.), syn. *Ogive*, **[FSE]**, Kurvenverlauf, wie er bei Integration der Gauß'schen *Normalverteilung* entsteht. Andere Bsp. für S. sind die sog. *Gompertz-Kurve* und die logistische Funktion (*Regression, logistische*, *Item-Response-Theorie (IRT)*), die zur Beschreibung des organischen Wachstums und der Zunahme der Bevölkerung geeignet sind, sowie die psychometrische Funktion. *Psychometrie*.
G. Lüer

Sleeper-Effekt [engl. *sleeper effect*; *sleeper* Schläfer], **[SOZ]**, Langzeiteffekt in Form eines relativen Wirkungszuwachses einer persuasiven *Kommunikation* (*Persuasion*) aus unglaubwürdiger Quelle. So tritt z. B. die intendierte *Einstellungsänderung* einer Werbebotschaft nicht sofort nach Nachrichtenempfang ein, sondern erst im Laufe der Zeit. Ein möglicher Erklärungsansatz liegt darin, dass im Zeitverlauf die neg. Effekte mangelnder Glaubwürdigkeit der Quelle abnehmen und damit in Relation die pos. Effekte überredender Argumente zunehmen. Weiss 1953.

Slippery-Slope-Modell [engl. *slippery* rutschig, *slope* Abhang], *Steuerpsychologie*.

slots [engl.] Schlitz, Eingabeöffnungen an Automaten], **[KOG]**, Leerstellen in *Schemata*, in die Werte eingesetzt werden können.

Smuts, Jan Christiaan (1870–1950), **[HIS, PHI]**, südafrikanischer Politiker und Philosoph. In seinem 1927 erschienenen Buch «Holism and Evolution» (dt.: «Die holistische Welt», Smuts 1938) formulierte Smuts die Idee, dass sich in der Natur durch kreative Evolution Ganzheiten bilden, die größer sind als die Summe der Teile. Wissenschaftler wie Einstein und *Adler* waren von der Idee des *Holismus* von Smuts beeindruckt.
H. E. Lück

SNDRI *Noradrenalin- und Dopaminwiederaufnahmehemmer, selektive (SNDRI)*.

Snellen'sche Tafeln [engl. *Snellen charts*], **[DIA, WA]**, *Sehproben* zur Messung der *Sehschärfe*; die *Optotypen* sind Buchstaben best. Form, die der Beobachter lesen muss; die Buchstaben haben gleiche Breite und Höhe, die Dicke der Linien beträgt ein Fünftel davon.

SNRI *Noradrenalinwiederaufnahmehemmer, selektive (SNRI)*.

SOA *stimulus-onset asynchrony (SOA)*.

Social Cognitive Career Theory (SCCT) [engl.] *Berufswahltheorien*.

Social-Desirability-Skala; SD-Skala *soziale Erwünschtheit*.

social engineering [engl. *social* sozial, *engineering* Entwickeln, Konstruieren], *human engineering*.

social entrepreneur (= s. E.) [engl.] sozialer Unternehmer, **[AO, SOZ, WIR]**, ist die Bez. für unternehmerisch tätige Personen, deren Aktivitäten und Betätigungsfelder im *Non-Profit-Bereich* (*Non-Profit-Organisation*) oder Bürgersektor angesiedelt sind. Soziale Unternehmer agieren hauptsächlich in zivilen Kreisläufen und engagieren sich in erster Linie dort, wo aufgrund problematischer gesellschaftlicher Entwicklungen oder sozialer Missstände Veränderungen erforderlich erscheinen (Bekämpfung von Armut, Analphabetismus oder Umweltzerstörung, Schutz von Kindern, Behinderten, Benachteiligten oder Minderheiten). Ps. interessant sind Beweggründe, die den s. E. vom Unternehmer unterscheiden, der sich mit primär eigennützigen und zumeist auch kurzfristigen Ertragszielen in Markt- und Wirtschaftskreisläufen bewegt. Ein Unterschied ist die *Motivation* des s. E., die aus gemeinnütziger und langfristiger Nutzengenerierung und aus sozialen Zielen mit großer persönlicher Bedeutsamkeit resultiert. Ein zweiter Unterschied sind ethische Maximen des unternehmerischen Handelns. Der s. E. lässt sein Handeln nicht hauptsächlich davon leiten, sein eigenes materielles Wohlergehen zu steigern. Er fühlt sich vielmehr solchen *Werten* verpflichtet, die eine Verbesserung der sozialen und materiellen Situation benachteiligter oder bedürftiger Personen und des kollektiven Wohlergehens beinhalten. Neben Unterschieden weisen soziales und ökonomisches Unternehmertum auch Gemeinsamkeiten auf. Dazu gehören *Eigeninitiative*, *Risikobereitschaft* und andere Merkmale der *unternehmerischen Persönlichkeit*. Zur Erforschung des s. E. werden bislang primär *Fallstudien* durchgeführt, die zeigen, dass es fließende Übergänge zw. sozialem und ökonomischem Unternehmertum gibt. Praszkier et al. 2010.
G. F. Müller

social identity model of deindividuation effects [engl.], *SIDE-Modell*.

Social-Judgment-Theorie [engl.] *Soziale Urteilstheorie*.

Social Media Sourcing [engl. *social media* soziale Medien, *sourcing* Beschaffung], *Human Resource Management*.

Social Web [engl.] soziales Netz, *Web 2.0*.

Sodhi, Kripal Singh (1911–1961), **[HIS, SOZ]**, Studium der Ps. in Indien (M. A. 1936 Allahabad), 1937 Übersiedlung nach Berlin, um bei *Köhler* weiterzustudieren (Bergius 1961, Rösgen 2003). Köhler war jedoch aufgrund von Nazi-Repressalien zwei Jahre zuvor in die USA emigriert. Sodhi blieb aus finanziellen Gründen in der Nazi-Zeit in Berlin. Er promovierte 1941 bei Hans Keller über Tiefensehen. In den unmittelbaren Nachkriegsjahren lehrte Sodhi an der Amerikanischen Universität in Berlin. An der neu gegründeten Freien Universität erhielt Sodhi eine Diätendozentur. 1948 erhielt er ein Forschungsstipendium, wodurch er in den USA mit Wolfgang Köhler zus.arbeiten konnte. 1953 erschien Sodhis Habilitationsschrift (Sodhi 1953); nach dem Tod Krohs im Jahr 1955 erhielt Sodhi eine apl. Professur, 1959 wurde er Nachfolger von Kroh. Sodhi starb völlig überraschend am 3. Mai 1961, also nur zwei Jahre nach seiner Berufung. Sodhis Forschung lag im Bereich der *Konformität*sforschung, der *sozialen Wahrnehmung* und der *Stereotyp*forschung. Sodhi vertrat eine moderne Sozialps. unter dem Einfluss amerikanischer Ansätze. Mehrere seiner Arbeiten entstanden in Zusammenarbeit mit *R. Bergius* und *K. Holzkamp*. H. E. Lück

Sodomie [engl. *sodomy, zoophilia*, lat. *sodomia* nach der biblischen Stadt Sodom], **[KLI]**, syn. *Zoophilie*; Bez. für sex. Mensch-Tier-Beziehungen. Störung der Sexualpräferenz. *Paraphilie*.

Software-Ergonomie (= S.) [engl. *software ergonomics*], **[AO, MD]**, S. ist ein interdisziplinär angelegtes Spezialgebiet der *Ergonomie*, an dem im Wesentlichen Informatik und *Arbeitswissenschaft* einschließlich Ps. beteiligt sind. I. w. S. richtet sich die S. auf die menschengerechte Gestaltung der Interaktion zw. Mensch und Computer unter Berücksichtigung von Nutzer- und Aufgabencharakteristika. Die Gestaltung berücksichtigt nicht nur die sog. Schnittstelle zw. Mensch und Computer (syn. Dialogschnittstelle; *Mensch-Computer-Interaktion*) sowie der erforderlichen Ein- und Ausgabeformen, sondern auch organisatorische und soziale Randbedingungen. Als softwareergonomisches Gestaltungskonzept kommt dem Begriff der Gebrauchstauglichkeit (engl. *usability*) ein hoher Stellenwert zu. Gebrauchstauglichkeit bezeichnet das Ausmaß, in dem Software – unter Berücksichtigung des Nutzungskontextes – die effektive, effiziente und für den Nutzer zufriedenstellende Zielerreichung ermöglicht (ISO 9241-11 1999). Das Ziel der S., sowohl eine nutzer- als auch aufgabengerechte Gestaltung von Software zu leisten, stellt bes. Anforderungen an Methoden der Arbeits- und Anforderungsanalyseanalyse (*Aufgabenanalyse* und *Tätigkeitsanalyse*), Gestaltung und *Evaluation*.

Für die Gestaltung von Software-Systemen hat sich der Versuch, aus allgemeinps. Theorien und Modellen konkrete Gestaltungskonzepte abzuleiten, bisher eher als begrenzt erwiesen. Konzepte aus der (kogn.) Ps. (*Kognition*) spielen im Bereich der S. aber bis heute eine bedeutende Rolle. Darüber hinaus wurden schon früh Entwicklungsmodelle formuliert, die die Nutzer i. R. iterativer Entwicklungsmodelle (Gould 1988, Nielsen 1994, ISO 13407 1999) aktiv an der Systemgestaltung beteiligen (*user-centered design*, Karat 1997), um eine bestmögliche Anpassung an personale und situationale Anforderungen, die den Nutzungskontext charakterisieren, zu erreichen. Hierbei spielen insbes. Evaluationsmethoden eine wichtige Rolle, mithilfe derer sich prototypische Gestaltungslösungen bereits im Entwicklungsprozess bewerten und schrittweise optimieren lassen (Gediga et al. 2002). Computergestützte Arbeitssysteme mit komplexer Software haben sich in Industrie und Verwaltungen generell durchgesetzt. Für die Umsetzung softwareergonomischer Gestaltungsgrundsätze wie z. B. des Konzepts der Gebrauchstauglichkeit (*Usability*, s. ISO 9241) spielt deren Konkretisierung z. B. in Form anerkannter Normen und Standards eine wichtige Rolle. Shneiderman 1992, Eberleh et al. 1994, Helander et al. 1997. K.-C. Hamborg

SOK-Modell *Selektion, Optimierung und Kompensation, Modell der (SOK-Modell).*

Sokratischer Dialog [engl. *socratic dialogue*; gr. διάλογος *(dialogos)* Gespräch], **[KLI]**, Gesprächstechnik der kogn. *Verhaltenstherapie*, i. R. der *kognitiven Re-/Umstrukturierung*. Dialogtechnik, die das Ziel verfolgt, kogn. Verzerrungen des Pat. zu hinterfragen und Widersprüche aufzudecken. Hierbei vermittelt der Therapeut keine alternativen Denkansätze, sondern versucht die neg. Grundannahmen des Pat. durch eine naiv-zugewandte Fragetechnik zu erfassen, bis dieser selbst auf Widersprüche stößt, die zu einer Verunsicherung innerhalb der bestehenden kogn. Schemata führen und somit eine Veränderung ermöglichen. Indikation häufig i. R. der Behandlung depressiver Störungen (*Depression*). C. Koentges

Solidarität (= S.) [engl. *solidarity*; lat. *solidare* zusammenführen, fest machen], **[SOZ]**, umfasst unterschiedliche Verhaltensformen (*Verhalten*), die von Individuen oder *Gruppen* als hilfreich, unterstützend oder kooperativ (*Kooperation*) wahrgenommen werden (Thome 1999). Solidarisches Verhalten kann unterschiedlich motiviert sein (*Motivation, Motiv*). Entweder gibt es ein rationales Interesse, durch das die S. mit anderen gefördert wird, oder es besteht eine soziale Kontrolle, die S. nahelegt (*Gruppensolidarität*). Z. B. gilt es in der spanischsprachigen Welt als hochgradig erwünscht, anderen Familienmitgliedern zu helfen (*prosoziales Verhalten*), wenn diese auf ein Problem gestoßen sind. Jedes Familienmitglied ist persönlich verpflichtet, sich zugunsten anderer zu engagieren. Wenn diese Verpflichtung nicht eingehalten wird, droht die Marginalisierung im Familienverband oder im Extremfall der Ausschluss. Eine weitere Möglichkeit besteht darin, dass S. auf Einsicht beruht. In der *Ziel/Erwartungstheorie* von Pruitt und Kimmel (1977) wird angenommen, dass individualistisch orientierte Egoisten in sozialen Beziehungen lernen, sich kooperativ zu verhalten und auf diese Weise S. aufzubauen (*sozialer Austausch*). Das Ziel der Kooperation und das *Vertrauen* in andere sind entscheidend. Das Ziel der Kooperation wird aufgebaut, wenn die Person aufgrund früherer Misserfolge die Einsicht erwirbt, dass sie nur durch solidarisches Handeln langfristig Erfolge erzielen kann (*Hedonismus, psychologischer*). Das Vertrauen in die Kooperationsbereitschaft anderer baut sich z. B. dann auf, wenn die anderen bei früheren Gelegenheiten kooperativ gehandelt haben. Es kann auch durch ein Versprechen gefördert werden, solidarisch zu handeln. Ein weiterer Faktor, der S. nahelegt, ist die Konkurrenz zw. Gruppen (Lilli & Luber 2001).

Grundsätzlich wird zw. zwei Formen der S. unterschieden: S. bei gemeinsamen *Interessen* (Gruppensolidarität) und S. bei unterschiedlichen Interessen (vgl. Bierhoff & Schülken 2004). S. gegenüber Mitgliedern einer Außengruppe entspricht S. bei unterschiedlichen Interessen, die durch prosoziale Motive gekennzeichnet ist. Erklärungsansätze von S. bei unterschiedlichen Interessen umfassen *Empathie*, existenzielle Schuld, den *Gerechte-Welt-Glauben* und *soziale Verantwortung*. Die Bedeutung der Empathie für S. wird in der *Empathie-Altruismus-Hypothese* thematisiert. Existenzielle Schuldgefühle basieren auf der wahrgenommenen Verbindung zw. den persönlichen Vorteilen als Mitglied einer privilegierten Gruppe und den Nachteilen von anderen. Sie können S. in einer globalisierten Welt hervorrufen (Bierhoff, im Druck). Außerdem gilt, dass Menschen, die an eine gerechte Welt glauben, motiviert sind, ungerechtfertigt erscheinende Notlagen von anderen Personen durch solidarisches Verhalten zu mildern (vgl. Bierhoff et al. 1991; *Fairness*). Allerdings besteht dieser Zusammenhang nur solange, wie es realistisch erscheint, dass ein solches Verhalten zum Ziel führt, indem die Notlage aufgelöst wird. Wenn Unterstützung als aussichtslos erscheint (z. B. weil die Notlage zu groß ist), fällt der Gerechte-Welt-Glaube als Motiv der S. aus. Dann wird eine Abwertung der Opfer wahrscheinlich. Soziale Verantwortung beinhaltet das Bewusstsein normativer Verpflichtung und die Befolgung *sozialer Normen* der Humanität (*soziale Verantwortung*). In normativen sozialen Systemen kann die soziale Verantwortung solidarisches Verhalten fördern. Voraussetzung dafür ist, dass auf der Grundlage der sozialen Norm eine persönliche Norm gebildet wird, die ein Verpflichtungsgefühl beinhaltet, aktiv zu werden, um einen sozialen Missstand zu beseitigen (Bierhoff 2010). Ein wichtiges Anwendungsfeld ist die S. unter Arbeitnehmern in der Berufs- und Arbeitswelt. *H.-W. Bierhoff*

Solipsismus (= S.) [engl. *solipsism*; lat. *solus ipse* allein ich selbst], [**PHI**], theoret. *Egoismus* als phil. Richtung, die das subj. Ich zum einzig Seienden erklärt. Ein meth. S. dient zur Grundlegung der Erkenntnistheorie des Neo-*Positivismus* (Carnap).

Soll-Selbst [engl. *nominal self*], *Real-Selbst*.

Sollwert [engl. *nominal value*], [**FSE**], der Wert, den eine Größe im betrachteten Zeitpunkt unter festgelegten Bedingungen haben soll (Normenblatt DIN des Dt. Normenausschusses). *Qualität*.

Solomon-Vier-Gruppen-Plan (= V.) [engl. *Solomon four-group design*], [**FSE**], der von Solomon (1949) entwickelte exp. Versuchsplan (*Experiment*) stellt eine Kombination zweier Kontrollgruppen-Versuchspläne mit und ohne Vortest dar. Bereits der Kontrollgruppen-Versuchsplan mit Vortest (Vorher-nachher-Messung) gestattet, Störvariablen zu kontrollieren, die den Effekt (*Validität, interne*) der *unabhängigen Variablen* abschätzen. Beim V. wird zusätzlich exp. geprüft, ob die Vortestung einen Effekt auf das Antwortverhalten hat. Schematisch lässt sich dieser Versuchsplan wie in der Abb. darstellen. Die Symbole haben folg. Bedeutung: R weist darauf hin, dass die vier Versuchsgruppen I–IV per *Randomisierung* gebildet wurden, 0 bezeichnet einen Beobachtungs- bzw. Messvorgang und X symbolisiert, dass eine Gruppe einer exp. Variablen unterworfen wurde, deren Auswirkungen gemessen werden sollen. Döring & Bortz 2016. *K.-H. Stapf*

	Vortest		Nachtest	
I	R	O_1	X	O_2	Kontrollgruppen-Versuchsplan mit Vortest
II	R	O_3		O_4	
III	R		X	O_5	Kontrollgruppen-Versuchsplan ohne Vortest
IV	R			O_6	

Solomon-Vier-Gruppen-Plan

Soma [gr. σῶμα (soma)], Körper.

Somästhesie [engl. *somesthesia*; gr. σῶμα (soma) Körper, αἴσθησις (aisthesis) Wahrnehmung], [**BIO, WA**], Haut- und Tiefensensibilität (Berührung, Druck, Wärme, Kälte, Jucken, Kitzel, *Schmerz* u. a.). *Hautsinne (Tast-, Temperatur-, Schmerzsinn)*.

Somatic-Marker-Hypothese (= S.) [engl. *somatic* somatisch/körperlich, *marker* Markierung], [**BIO, EM**], die sog. *Somatic Marker* Hypothese von Damasio et al. (1991) weist i. R. moderner neurowiss. Emotionsforschung auf die Bedeutung peripherphysiol. bzw. somatischer Reaktionen hin, die durch emot. relevante Reize oder Situationen hervorgerufen werden. Damit steht sie in der Tradition der sog. *James-Lange-Theorie* der *Emotionen*, die besagt, dass voll ausgebildete Gefühle aufgrund von Rückmeldungen der peripheren physiol. und motorischen Reaktionen an das zentrale Nervensystem entstehen. Die S. von Damasio geht nun davon aus, dass vor allem die Aktivierung jener Gehirnareale für das emot. Erleben wichtig sind, die mit der Repräsentation somatischer Prozesse zu tun haben (Damasio et al. 2000). Die Aktivierung der Repräsentationen charakteristischer körperlicher Reaktionen sind damit Marker best. Emotionen und den damit assoziierten Handlungs- bzw. Entscheidungsoptionen. Durch die Feststellung, dass somatische Marker integraler Bestandteil des emot. Erlebens und Handelns sind, tritt Damasio vor allem dem historischen *Dualismus* entgegen, den er bis heute im gesellschaftlichen sowie wiss. Diskurs vorfindet (Damasio 1994). Die S. nimmt insbes. an, dass diese somatischen Reaktionen auf emot. bedeutsame Reize einen zentralen Einfluß auf komplexe Entscheidungsprozesse (im sozialen Bereich) ausüben. Dies wurde anhand spezif. Einschränkungen in Entscheidungsexperimenten bei unterschiedlichen neurologischen Störungen vielfach gut belegt. Damasio und seine Arbeitsgruppe entwickelten zu diesem Zweck spez. exp. Laborparadigmen, die den Lernprozess bei uneindeutigen Entscheidungsaufgaben abbilden können (*Iowa Gambling Task*). Aus evolutionärer Perspektive wird angenommen, dass eine solche körperliche Repräsentation (ein sog. Bauchgefühl) durch automatisierte und schnell auslösbare Reaktionen auf Bedrohungsreize ermöglicht und somit damit das Überleben sichert. Der durch die S. angeregte Forschungsansatz hat erheblichen Einfluss auf *neuroökonomische* Forschungsansätze. *G. W. Alpers*

somatisch [engl. *somatic*; gr. σῶμα *(soma)* Körper], körperlich, auf den Körper bezogen, im Ggs. zu *psychisch*.
somatische Sensibilität [engl. *somatic sensibility*], *Somatosensorik*.
somatisches Syndrom *Depression*.
Somatisierungsindex *Somatoforme Störungen*, *Screening für somatoforme Störungen (SOMS)*.
Somatisierungsstörung [engl. *somatization disorder*; gr. σῶμα *(soma)* Körper], (F45), [**KLI**], Störungsform aus der großen Klasse der *Somatoformen Störungen*. Kennzeichnend sind vielfältige, oft wechselnde und wiederholt auftretende körperl. Symptome ohne nachweisbare körperliche Ursachen. Es können alle Körperteile und -systeme betroffen sein, wobei Schmerz, gastrointestinale Beschwerden, pseudoneurolog. und sex. Symptome bes. häufig sind.
L. R. Schmidt

Somatoforme Störungen (= SST.) [engl. *somatization disorders*; gr. σῶμα *(soma)* Körper], [**KLI**], umfassen komplexe Problembereiche von körperlichen Symptomen, für die kein kausaler organischer Befund vorliegt. Sie werden unterteilt in *körperdysmorphe Störungen*, *Hypochondrie*, *Somatisierungssyndrom*, *dissoziative Störungen* (früher *Konversionsstörung*) und das *somatoforme Schmerzsyndrom*. Bei den *körperdysmorphen Störungen* liegt eine übermäßige Beschäftigung (mehr als eine Stunde täglich) mit dem äußeren, makelhaften Erscheinungsbild vor. Die Pat. empfinden sich trotz unauffälligem Aussehen als entstellt und hässlich. Dieses Selbstbild und die übermäßige Beschäftigung mit dem Äußeren führt zu psych. und alltagsbezogenen Funktionseinschränkungen, die durch eine Reduktion des *Selbstwerts*, *Depressionen*, sozialen Rückzug, berufliche und zwischenmenschliche Schwierigkeiten, steigenden Alkohol- und Drogenkonsum bis hin zu Suizidversuchen und Suizid (*Suizidalität*) gekennzeichnet sind. Bei *Hypochondrie* leiden die Pat. unter ausgeprägten *Ängsten* ernsthaft erkrankt zu sein, ohne dass es hierfür einen angemessenen, obj. Befund gibt. Die Betroffenen benennen ausdrücklich körperliche Beschwerden. I. Ggs. zur Hypochondrie werden beim *Somatisierungssyndrom* per se keine schwerwiegenden Symptome von den Betroffenen benannt, sondern die Furcht vor körperlichen Erkrankungen steht im Vordergrund. Das Hauptkennzeichen der *dissoziativen Störungen* (Oberbegriff: *somatoforme Dissoziation*) ist der Verlust von zus.gehörigen Informationen, (Körper-)Wahrnehmungen oder Gedanken, meist i. R. einer Traumatisierung (*Posttraumatische Belastungsstörung (PTBS)*), die nicht mehr miteinander in Verbindung gebracht werden können. Das *somatoforme Schmerzsyndrom* ist durch einen subj. empfundenen, intensiven *Schmerz* in einem oder mehreren spezif. Körperteilen geprägt, für den es keine körperliche Ursache oder kein biol. Geschehen gibt. Die Symptome der SST. können sich auf Kopfschmerzen, Oberbauchschmerzen, Ermüdung, Erschöpfung, Schmerzen im Bereich des Bewegungsapparates, Herzschmerzen, Herzklopfen, Unterbauchbeschwerden, Appetit- und Essstörungen, starkes Schwitzen, periphere Durchblutungsstörungen, Schwindel, Ohnmacht, Erbrechen, Übelkeit, Störungen der Blasen- und Sexualfunktion beziehen (S3-Leitlinie der AWMF, 2012; [www.awmf.de]).

Ätiologie: Die genaue Ursache der SST. ist nicht bekannt. Allerdings gibt es eine Reihe meist an versch. psychotherap. Schulen orientierter, ätiopathogenetischer Modelle, von denen aber keines als bewiesen gelten kann. Alle diese Modelle gehen von komplexen Wechselwirkungen psychosozialer, biol., *iatrogener*/medizinsystemischer und soziokult. Faktoren aus (multifaktorielle Genese), die für die Prädisposition, Entstehung und Aufrechterhaltung (Chronifizierung) der Somatisierungsstörung eine bedeutsame Rolle spielen (*Krankheitsmodelle*). Dabei werden unterschiedliche Risikofaktoren für die Entwicklung von SST. beschrieben. Es konnte etwa eine familiäre Häufung bei SST. gezeigt werden, wobei für weibliche Verwandte 1. Grades ein *relatives Risiko* von 20 % vorliegen soll. Die *Spezifität* dieser Risikofaktoren bzw. Abgrenzung als ätiologische oder prognostische Faktoren sind jedoch noch nicht abschließend geklärt. Als unspezif. Faktoren werden genetische und belastende Faktoren in der Kindheit (z. B. *Missbrauch*) und ein sekundärer *Krankheitsgewinn* angenommen. Als spezif. Faktoren werden eine frühe Störung in der Beziehung zum eigenen Körper, mangelnde *Stressbewältigung*, *Modelllernen* und Bindungsstörungen (*Bindung*) vermutet. Aus *psychoanalytischer* Sicht liegen als Ursachen der SST. ungelöste innere *Konflikte* zugrunde, die durch Schuldgefühle oder *Angst* entstehen. Die Betroffenen würden dabei ihre Aufmerksamkeit auf körperliche Störungen fokussieren, um sich nicht mit den tatsächlich zugrunde liegenden inneren Konflikten auseinandersetzen zu müssen (*Symbolisierung*). Kognitiv-behaviorale Erklärungsmodelle (*Kognitive Therapie*) gehen davon aus, dass körperliche Symptome dysfunktional als gefährlich bewertet werden (*Fehlinterpretation*). Zudem verfügen die Pat. nicht über angemessene *Bewältigungsstrategien* zur Reduktion des Bedrohungsgefühls und der wahrgenommenen physiolog. Erregung. Es besteht ein kogn. und emot. *Teufelskreis*, der zudem durch operante Mechanismen (z. B. Zuwendung durch wichtige Bezugspersonen) aufrechterhalten und verstärkt wird.

Klassifikation: Die SST. werden im *DSM-5* als *Somatic Symptom Disorder (SSD)* aufgeführt (*Klassifikation psychischer Störungen*). Von einer Somatisierungsstörung wird dabei gesprochen, wenn körperliche Symptome vorliegen, die entweder als sehr quälend erlebt werden oder in einer deutlichen Beeinträchtigung des indiv. Funktionsniveaus resultieren. Damit einhergehend sollen exzessive und unverhältnismäßige Gedanken, Gefühle und Verhalten im Hinblick auf diese Symptome vorliegen. Gegenüber dem DSM-IV müssen nicht mehr eine best. Anz. an Beschwerden von vier Symptomgruppen gegeben sein. Zudem ist die mangelnde Erklärung für die körperlichen Symptome weder Voraussetzung noch eine *hinreichende Bedingung* für die SSD. Die Hypochondrie wird im DSM-5 nicht mehr als Diagnose aufgeführt. Sie wird jetzt als *Illness Anxiety Disorder* bez. Die *ICD-10*-Klassifikation sieht sieben Kategorien vor (s. Anhang I, F45).

Prävalenz und Verlauf: Die Einjahresprävalenz wird auf 4 bis zu 10 % in der Bevölkerung für die SST. geschätzt. Frauen sind doppelt so häufig betroffen wie Männer. Ca. 20 % aller Pat. in der hausärztlichen Praxis sind davon betroffen. In spezialisierten Einrichtungen, wie etwa in somatischen Spezialambulanzen und Facharztpraxen, muss von einem noch höheren Anteil (bis etwa 50 %) von Pat. ausgegangen werden. Bei Pat. in den psychosomatischen, psychiatrischen und psychotherap. Kliniken sind funktionelle bzw. somatoforme Körperbeschwerden extrem häufig (bis > 70 %). Die SST. beginnen meist schon in der Jugend oder im frühen Erwachsenenalter mit hohem Chronifizierungspotenzial. Auslöser sind häufig – bes. bei Frauen – belastende, manchmal auch traumatisierte Lebenssituationen. Leichte Verläufe mit Verbesserungen von Funktionsfähigkeit und *Lebensqualität* liegen bei ca. 50 bis 75 % der Betroffenen, schwere Verläufe mit Verschlechterung der Lebensqualität bei 10 bis 30 % der Pat. vor. Es besteht eine hohe *Komorbidität* mit *Depression* (ca. 50 %), *Angststörungen* (ca. 25–40 %), *Drogenmissbrauch* und *Persönlichkeitsstörungen* (z. B. Borderlinetypus, histrionische Persönlichkeitsstörung). Differenzialdiagn. müssen organisch bedingte neurologische, kardiovaskuläre und intestinale Erkrankungen ausgeschlossen werden.

Diagnostik: Der med. und psychol. Diagnostik kommt bei SST. eine bes. Bedeutung zu. Meist liegen spezif. *Kausalattributionen* bei den Pat. vor, die i. d. R. davon ausgehen, dass bei ihnen eine nicht erkannte körperliche Erkrankung vorliegt. Für die Diagnose der SST. ist zunächst der Ausschluss einer organischen Verursachung der beklagten Körperbeschwerden von zentraler Bedeutung. Zudem muss eine umfassende psychol. Diagnostik (systematische *Verhaltensanalyse*) durchgeführt werden, die die respondenten und operanten Bedingungen des Problemverhaltens (*Konditionierung, operante*) und darüber hinaus gegenwärtige psych. Konflikte, Aspekte der psych. Struktur, biografische Belastungen und soziale und kult. Faktoren berücksichtigt. Zur Abklärung der psychiatrischen Diagnosen nach *ICD-10* und *DSM-5* bieten sich strukturierte *klinische Interviews* an. Zudem können spezif. Fragebögen vorgegeben werden, anhand derer die Spezifität und Schwere der Störung eingeschätzt werden können. Bspw. dient das *Screening für somatoforme Störungen (SOMS)* der Erfassung von körperlichen Beschwerden, die nicht auf eine organische Erkrankung zurückzuführen sind. Dabei können drei *Somatisierungsindizes* gebildet werden: (1) Somatisierungsindex nach DSM-IV, (2) Somatisierungsindex nach ICD-10 und (3) SAD-Index zur Abklärung einer somatoformen autonomen Funktionsstörung. Darüber hinaus lässt sich auch ein klassifikationsübergreifender Somatisierungsindex bestimmen, der auch für die Bewertung des Therapieverlaufs verwendet werden kann. *Somatoforme Störungen, Psychotherapie, Somatoforme Störungen, Psychopharmakotherapie.* Sauer & Eich 2009.

W.-D. Gerber/G. Gerber-von Müller/F. Petermann

Somatoforme Störungen, Psychopharmakotherapie [engl. *somatization disorders*; gr. σῶμα *(soma)* Körper], **[KLI, PHA]**, die medikamentöse Therapie bei *Somatoformen Störungen* (= SST.) stellt ein zwiespältiges Thema dar. Einerseits wünschen sich die Mehrzahl der Pat. aufgrund deren med. *Krankheitsmodells* eine schnelle medikamentöse Hilfe und Lösung. Andererseits reduziert dies die *Compliance* für Psychotherapie und somit die Akzeptanz eigener *Bewältigungsstrategien*. Die medikamentöse Therapie stellt daher keine alleinige und längerfristige Vorgehensweise dar; eine begleitende psychotherap. Behandlung (*Somatoforme Störungen, Psychotherapie*) ist immer erforderlich. Es ist jedoch zu berücksichtigen, dass Pat. mit SST. primär von Allgemeinärzten und Internisten gesehen werden. Unabhängig von der Verfügbarkeit von Psychotherapien sind daher somatische Therapieverfahren in einen Gesamtbehandlungsplan sinnvoll zu integrieren. Das einzige bei SST. zugelassene Psychopharmakon ist die trizyklische Substanz *Opipramol*. Umfangreiche Erfahrungen liegen vor allem mit *Antidepressiva* vor, wobei duale Substanzen (*Duloxetin*, *Venlafaxin*) mögl.weise besser wirksam sind als *SSRI*. Auch trizyklische Antidepressiva können versucht werden. Keine dieser Substanzen ist jedoch in dieser Indikation zugelassen, und ihre *Effektstärken* sind geringer als bei der Therapie *affektiver Störungen* oder *Angststörungen*. *Tranquilizer* (v. a. *Benzodiazepine*) sollten wegen des Risikos der Abhängigkeitsentwicklung nicht zum Einsatz kommen. Bei somatoformen autonomen Funktionsstörungen (F45.3) kann eine symptomorientierte Pharmakotherapie (z. B. Betarezeptorenblocker) in Phasen mit erheblichen Beschwerden oder bei anhaltenden somatoformen Schmerzempfindungen ergänzend eingesetzt werden. Tranquilizer oder *Antipsychotika* und Opioide sind bei somatoformen Schmerzen nicht indiziert. Dagegen können Antidepressiva (z. B. *Amitriptylin*) eine analgetische und psychotrope Wirkung entfalten. Insbes. trizyklische Antidepressiva (auch in geringer Dosierung) sind hier sinnvoll. Amitriptylin und *Clomipramin* sind hier auch zugelassen. G. Gründer

Somatoforme Störungen, Psychotherapie [engl. *somatization disorders; psychotherapy*], **[KLI]**, die primäre Zielsetzung in der *verhaltenstherapeutischen* Behandlung von *Somatoformen Störungen* (= SST.) bezieht sich auf das Erarbeiten eines indiv. Genesemodells und der Änderung der eher auf somatische Veränderungsstrategien bezogenen Attributionen (*Kausalattribution*) der Pat. Der Wiedererwerb des Vertrauens in die Funktionsfähigkeit des eigenen Körpers sowie der psych. und sozialen Handlungs- und Erlebensfähigkeit sollte im Vordergrund des therap. Bemühens stehen. Das Vertrauen in die Funktionsfähigkeit des eigenen Körpers ist bei den Pat. meist tief erschüttert. Erschwerend haben die Pat. nach einer Odyssee von Arztbesuchen keine Antwort für ihre somatische Ursachenerklärung erhalten. Dies verhindert häufig eine gute *Compliance* für eine psychotherap. Behandlung, die für eine günstige Prognose dringliche Voraussetzung ist. Die Herstellung einer vertrauensvollen Therapeut-Pat.-Beziehung (*Therapiebeziehung*; *Psychotherapie*) ist somit von herausragender Bedeutung. Im Gespräch mit dem Pat. ist es daher zunächst sehr wichtig die Glaubhaftigkeit der Beschwerden zu bestätigen. Dabei ist es sinnvoll, dem Pat. anschaulich zu erklären, dass seine Beschwerden durch eine Fehlwahrnehmung von Körperprozessen bedingt sind. Gerade Pat. mit SST. benötigen eine umfassende Transparenz des therap. Vorgehens, sodass die geplanten Schritte und ihre Konsequenzen aufgezeigt werden sollten. In der kognitiv-behavioralen Therapie wird dem Pat. der Einfluss von *Stress* auf körperliches *Wohlbefinden* vermittelt. Es soll verdeutlicht werden, dass internaler und externaler Stress maßgeblich Einfluss auf die körperlichen Beschwerden ausüben kann. I. R. von Techniken des *Stressmanagements* sollen spezif. Körperwahrnehmungsübungen (*Entspannungsverfahren*, *Achtsamkeitstraining*, Sinnes- und Genusstraining) zur *Stressimpfung* eingesetzt werden. Mithilfe kogn. Techniken, wie Identifikation dysfunktionaler körperbezogener Kognitionen, Veränderung von Gedanken- und Grübelspiralen, rationale *Problemanalyse* und Problembewertung, *kognitive Um-/Restrukturierung* und *Sokratischer Dialog* soll eine Veränderung der Bewertung der Bedeutung der Symptome erreicht werden. Dabei soll eine Neubewertung der körperlichen Symptome mit einer Verbesserung der Alltagskompetenz verknüpft werden. Unter Berücksichtigung der Ressourcen (*Ressourcenorientierung*) des Pat. sollen dabei pos. aktivierende Verhaltensweisen gefördert werden (Genuss- und Sinnestraining). Neben diesen Therapieverfahren sind bes. auch spezif. Techniken des *Biofeedbacks* indiziert, da sie dem Bedürfnis nach körperbezogener Kontrolle des Pat. entgegenkommen. Biofeedbacktherapie unterstützt die Kontrolle der Körperwahrnehmung und sollte als Modul einer umfassenden multimodalen Therapie eingesetzt werden. Die Effektivität der verhaltenstherapeutischen Techniken bei SST. ist durch zahlreiche Studien belegt (Voderholzer & Hohagen 2013). Zahlreiche Autoren weisen auf die bes. Rolle der Verbesserung der Lebensführung der Pat. hin. Dabei können sporttherap. Maßnahmen und Ernährungsberatung eine zusätzliche Hilfestellung darstellen. Obwohl der Beginn der SST. häufig schon im Kindes- und Jugendalter liegt, erfolgt nur selten bereits in diesem Alter eine psychiatrische und psychotherap. Vorstellung und Behandlung. In manchen Fällen sind bereits bei Jugendlichen aufgrund der Symptome für die Betroffenen neg. soziale, schulische und familiäre Probleme entstanden, sodass es in manchen Fällen zu einer stationären Versorgung gekommen ist. Aus diesen Gründen erscheint es wichtig, die diagn. und therap. Bemühungen schon frühzeitig zu beginnen und ein besseres Verständnis für die SST. im Kindes- und Jugendalter zu erreichen. Bauchschmerzen, Kopfschmerzen und andere somatische Beschwerden im Kindesalter können nach einer entsprechenden somatischen Abklärung als spezif. und typische Warnsignale für die psych. Belastung von Kindern und Jugendlichen gewertet werden. Daher sind die frühzeitige Beratung und psychotherap. Behandlung der Kinder und Jugendlichen sowie deren Eltern von höchster Wichtigkeit. Entsprechende empirisch evaluierte Trainingsprogramme, wie *MIPAS-Family*, können hier präventiv (*Prävention*) wie therap. wirken (Gerber et al. 2010). Sauer & Eich 2009.

W.-D. Gerber/G. Gerber-von Müller/F. Petermann

somatogen [engl. *somatogenic*; gr. σῶμα *(soma)* Körper, γένεσις *(genesis)* Ursprung], aus körperl. Verursachung, im Ggs. zu *psychogen*.

Somatoliberin [engl. *somatoliberin*], *GH-Freisetzungshormon*.

Somatologie [engl. *somatology*; gr. σῶμα *(soma)* Körper, λόγος *(logos)* Wort, Lehre], **[BIO, GES]**, die Lehre vom Körper und seinen Eigenschaften, im Unterschied zur Ps.

Somatomedine (= S.) [engl. *somatomedins*], **[BIO]**, syn. *insulin-like growth factors* (Abk. IGFs), in der Leber, aber auch in anderen Organen und Geweben wie Niere und Muskulatur gebildete wachstumsfördernde Faktoren. Bildung der S. wird durch Wachstumshormone (*Wachstumshormon*) angeregt. Das wichtigste S. ist Somatomedin C, das über Verstärkung der Proteinsynthese in allen Körperzellen die Zellteilung stimuliert; kurz dauernde insulinartige (*Insulin*) Wirkung. Aktories et al. 2005, Mutschler 2001. *M. Ising/W. Janke*

Somatopsychologie [engl. *somatopsychology*; gr. σῶμα *(soma)* Körper], **[KLI]**, ältere Bez. für die Analyse von den körperl. Begleiterscheinungen psych. Prozesse. *Physiologische Psychologie*.

Somatosensorik [engl. *somatosensation*; gr. σῶμα *(soma)* Körper, lat. *sensus* Empfindung], syn. *somatische Sensibilität* [engl. *somatic sensitivity*], **[WA]**, Bez. für *Oberflächensensibilität* und *Tiefensensibilität*.

Somatostatin [engl. *somatostatin*], *GH-Hemmungshormon*.

Somatotherapie, **[KLI]**, Therapie (insbes. Psychoth.) vom Körperlichen aus (z. B. durch Atmung, Entspannung, Haltung, Tanz). *Bewegungs- und körperorientierte Therapien*.

Somatotopagnosie [engl. *somatotopagnosia*; gr. σῶμα *(soma)* Körper, τόπος *(topos)* Ort, ἀγνωσία *(agnosia)* Unkenntnis], **[BIO]**, *Agnosie*, die sich auf das Erkennen des eigenen Körpers bezieht, ohne dass Störungen der Sensibilität oder der Motorik vorliegen bzw. das gestörte Erkennen erklären können. *Körperwahrnehmungsstörungen*. Karnath & Thier 2012. *J. Zihl*

Somatotopie [engl. *somatotopia*; gr. σῶμα *(soma)* Körper, τόπος *(topos)* Ort], *Kortex, somatosensorischer*.

Somatotropes Hormon (= STH) [engl. *somatotropic hormone*], auch: *Somatotropin* [engl. *Growth Hormone (GH)*], **[PHA]**, STH wird im Hypophysenvorderlappen gebildet. Es wird durch die Hypothalamushormone *Growth-Hormone-Releasing-Hormone (GHGR)* und *Somatostatin* reguliert. STH wird vor allem in der Wachstumszeit benötigt. Ein Mangel führt zu Minderwuchs, eine Überproduktion zu Riesenwuchs. Beim erwachsenen Menschen führt die Überproduktion, z. B. i. R. eines Hypophysenadenoms, zur *Akromegalie*. *G. Gründer*

Somatotropin *somatotropes Hormon*.

Somatotypologie [engl. *somatotypology*; gr. σῶμα *(soma)* Körper, τύπος *(typos)* Form, Gepräge], **[PER]**, gleichbedeutend mit *Körperbautypen*.

Somatropin *somatotropes Hormon*.

Sommer, Robert (1864-1937), **[HIS]**, Psychiater, Mitbegründer der Gesellschaft für exp. Ps. Sommer studierte in

Freiburg, Leipzig und Berlin, promovierte in Berlin bei Heinrich von Stein zum Dr. phil., er schloss dann sein Medizinstudium ab, arbeitete als Assistenzarzt und promovierte in Würzburg 1891 zum Dr. med. 1896 wurde Sommer o. Prof. für Psychiatrie in Gießen, 1904 organisierte er eine Tagung für exp. Ps. in Gießen, die zur Gründung der *Gesellschaft für experimentelle Psychologie* (heute: *Deutsche Gesellschaft für Psychologie (DGPs)*) führte. Sommer gehörte deren Vorstand bis 1929 an. Er war ein vielseitiger Autor, Forscher und Erfinder. Zudem war Sommer politisch aktiv. *H. E. Lück*

Somnambulismus (= S.) [engl. *somnambulism*; lat. *somnus* Schlaf, *ambulare* herumgehen], (F51.3), [**KLI**], Schlafwandeln, Nachtwandeln, Noctambulie (die Sonderform des S. zur Vollmondzeit = Mondsucht, Lunatismus); findet nicht in der *Traum*phase statt. Beim S. werden Handlungsfolgen wie Aufstehen, Ankleiden, best. Erledigungen «aus dem *Schlaf* heraus» ausgeführt. Nachträglich besteht Erinnerungslosigkeit. Die Parallele zur Tiefenhypnose hat schon Charcot erwähnt; sie hat wohl dazu geführt, dass mit S. das Stadium tiefer Hypnose schlechthin bez. wird, in dem der Hypnotisierte nach gegebenem Auftrag Handlungen ausführt.

Somniloquie [engl. *somniloquy, sleep-talking*; lat. *somnus* Schlaf, *loqui* reden], [**BIO**], im Schlaf reden. *Schlaf.*

Somnolenz [engl. *somnolence*; lat. *somnus* Schlaf], [**BIO**], Bewusstseinsstörung mit eingeschränkter Wachheit und abnormaler Schläfrigkeit. Bei der S. handelt es sich um eine leichte Form der Bewusstseinstrübung bei erhaltener Ansprechbar- und Weckbarkeit.

Sonderpädagogik [engl. *special (needs) education*], [**PÄD**], auf Erkenntnissen sozialpäd., psychol., soziologischer, psychotherap. und med. Art aufbauende Lehre von intensivierter Erziehungshilfe und deren Praxis bei Personen, bei denen ein besonderer Förderbedarf vorliegt. Dabei handelt es sich um solche Kinder und Jugendliche, die mit üblichen päd. Mitteln und Wegen nicht allseitig zu fördern sind, weil sie Behinderungen körperlicher oder geistiger Art, Wahrnehmungsstörungen bzw. Sinnesschwächen oder andauernde bzw. nur durch längerfristige Behandlungen zu behebende Verhaltensauffälligkeiten oder *Lernschwierigkeiten* (Lernbehinderungen) aufweisen. Ziel ist die optimale Realisierung der individuellen Möglichkeiten eines Kindes oder Jugendlichen und eine unter gegebenen Bedingungen sinnvolle, den sozialen Anforderungen entspr. Eingliederung durch Hilfe, Förderung und Rehabilitation in gesellschaftliche und berufliche Gruppierungen und Institutionen. Das erfordert unterschiedliche, auf die Besonderheit der Fälle ausgerichtete Bildungsinstitutionen (Schulen und -heime) und entspr. ausgebildete Lehrer, Erzieher und Therapeuten, wobei durch den oftmals syn. gebrauchte Begriff der *Heilpädagogik* nicht angenommen werden darf, dass Heilung (im heilkundlichen Sinne) vollumfänglich möglich ist. Seit den 90er-Jahren wurde die Bez. «Sonderschule» zudem weitgehend durch die Bez. «Förderschule» ersetzt. Auf Empfehlung der Kultusministerkonferenz sowie des Verbandes für Sonderpädagogik werden Förderschulen dabei bis heute als mögliche, nicht jedoch als einzige bzw. optimale Form der Beschulung von betroffenen Kindern betrachtet. Sonderpädagogen werden somit aktuell in vielen versch., inklusiven Settings (*Inklusion*) und multiprofessionellen Teams wirksam.

sone (= S.) [engl. *sone*], [**WA**], bezeichnet in der *Psychoakustik* eine Maßeinheit zur Beschreibung der subj. empfundenen *Lautstärke* (*Lautheit*) eines Schallereignisses. Hierbei entspricht eine Lautheit von 1 sone einem Lautstärkepegel von 40 phon (*Isophone*). Für Lautstärkepegel über 40 phon gilt, dass eine Zunahme um 10 phon zu einer Verdopplung des Lautheitswerts in Sone führt.

Sone-Skala, syn. *Sone-Bark-Frequenzspektrum* [engl. *sone-bark-scale*], *Lautheit.*

Sonnenschutzverhalten (= S.) [engl. *sunscreen/sunprotective behavior*], [**GES**], S. ist ein Sammelbegriff für Verhaltensweisen, die dazu dienen, sich vor den Gefahren der Sonnenexposition zu schützen, die durch die im Sonnenlicht vorhandenen ultravioletten Strahlen (UV-Strahlen) bedingt sind. Die ungeschützte Sonnenexposition kann zu Hornhaut- und Bindehautentzündungen sowie zu Linsentrübungen führen. Langfristige Folgen der ungeschützten Sonnenexposition sind frühzeitige Hautalterungen und Hautkrebs (*Hautkrebsprävention*). Unter S. subsumiert man zum einen das *Risikoverhalten* (Aufsuchen vs. Meiden der Sonne), zum anderen das *Schutzverhalten* (Ergreifen von Schutzmaßnahmen während der Sonnenexposition: Tragen von Sonnebrille, Hut, schützender Kleidung sowie Anwendung von Sonnenschutzmitteln). Risiko- und Schutzverhalten sind weitgehend unabhängig voneinander und hängen partiell von unterschiedlichen Bedingungen ab. Risikoverhalten wird eher von Personen gezeigt, die ihre äußere Erscheinung für besonders wichtig erachten, Furcht vor neg. Bewertung durch andere haben, sich generell eher risikohafter verhalten und deren soziale Bezugsgruppe sich auch eher risikohaft verhält. Schutzverhaltensmaßnahmen ergreifen eher Personen, die sich durch Hautkrebs bedroht fühlen, über größeres Wissen und höhere *Selbstwirksamkeitserwartung* in Bezug auf S. verfügen, die Vorteile von S. erkennen und soziale Unterstützung bzgl. S. erfahren. S. kann über *Selbstbericht*, *Fremdbericht*, *Verhaltensbeobachtung* und physikal. Methoden (z. B. spektrocolorimetrische Hautmessungen, UV-Dosimeter, Volumen verbrauchter Sonnenmilch) erfasst werden. Eid & Mallach 2009. *M. Eid*

Sonografie [engl. *sonography*; lat. *sounus* Schall, griech. γράφειν (*graphein*) schreiben]; *bildgebende Verfahren.*

Sophismen, sing. *Sophismus*, [engl. *sophisms*; gr. σοφός (*sophos*) geschickt, klug], *Fallazien.*

Sophisten, Sophistik [engl. *sophists*; gr. σοφός (*sophos*) geschickt, klug], Weisheitslehre, [**PHI**], gr. Philos.-Schule des 5./4. Jh. v. Chr. Merkmale: *Rhetorik* (auch mit Scheinbeweisen: sophistische Haltung), *Anthropologie* (Protagoras: der Mensch als Maß aller Dinge), Psychologisierung des Götterglaubens (Kritias), Sozialethik, Dialektik (Gorgias).

Sopor [engl. *sopor*; lat. tiefer Schlaf], [**BIO**], quant. Bewusstseinsstörung, bei der die Betroffenen sich in einem schlafähnl. Zustand (*Schlaf*) befinden. Der Muskeltonus ist herabgesetzt und der Pat. ist nicht ansprechbar. S. ist insofern von einem *Koma* zu unterscheiden, als dass der Pat. noch auf starke Reize (z. B. *Schmerzen*) reagiert, dies ist beim Koma nicht der Fall. *S. Lammertz*

Sorgerecht, Herausgabe eines Kindes [engl. *custody* Sorgerecht], **[RF]**, Herausgabe (= H.) eines Kindes betrifft das Recht, die H. von jedem zu verlangen, der es den Eltern oder einem Elternteil widerrechtlich vorenthält (§ 1632 Abs. 1 BGB), und ist Bestandteil der Personensorge. Der «klassische» H.konflikt findet zw. Eltern und Pflegeeltern statt, aber auch der Wechsel der Pflegeeltern oder der Wechsel von der Pflege- in die Adoptionsfamilie wird als Konfliktkonstellation i. R. des § 1632 BGB entschieden. Nach § 1632 Abs. 1 BGB gilt: Lebt das Kind seit längerer Zeit in Familienpflege und wollen die Eltern das Kind von der Pflegeperson wegnehmen, so kann das Familiengericht anordnen, dass das Kind bei der Pflegeperson verbleibt, wenn und solange das Kindeswohl durch die Wegnahme gefährdet würde (*Verbleibensanordnung*). Der H. von Eltern ist gemeinsam oder von einem Elternteil mit Einverständnis des anderen geltend zu machen, sofern beide sorgeberechtigt sind. Die H. steht nur dem Elternteil zu, der das Sorgerecht oder mind. das Aufenthaltsbestimmungsrecht besitzt. Dies gilt auch, wenn sich Eltern getrennt haben, ohne eine gemeinsame Entscheidung über den Lebensmittelpunkt des Kindes getroffen zu haben. Auch hier kann das Familiengericht (*Familienrechtspsychologie*) anordnen, dass das Kind bei einem Elternteil verbleibt, wenn und solange das Kindeswohl durch die Wegnahme gefährdet würde (§ 1632 BGB). Aus diesen Regelungen ist erkennbar, dass das *Kindeswohl* Maßstab für die Rechtmäßigkeit eines H.verlangens ist. Wesentliche Ziele sind, kindeswohldienliche Beziehungen und Bindungen (*Bindung*) nicht zu zerstören, sondern zu erhalten und den Wechsel in kindeswohlgefährdende Erziehungsbedingungen (*Erziehung*) zu vermeiden. Weil diese Gefährdungsmöglichkeiten schwer zu beurteilen sind, bedarf es nach inzw. gefestigter Rechtsprechung der Einholung eines ps. Sachverständigengutachtens (Peschel-Gutzeit 2004). Dabei ist die Beurteilung zugespitzt auf die Dialektik von Bindung und Trennung bzw. von Bindungsbedürfnis und Trennungsangst. Deshalb sind Bindungstheorie und Stresstheorien (*Stress*) relevant. Vor allem wenn die H. eine Trennung von Bindungspersonen bedeutet, wird sie zu einem Risikofaktor. Aber auch das Verbleiben kann gefährdend sein, weshalb es legitim sein kann, Trennung zu veranlassen. Es ist also abzuwägen, ob die H. oder das Verbleiben das geringere Schadensrisiko für das Kind darstellt. Die Fragestellung lautet deshalb: Gefährdet die H. oder der Verbleib des Kindes mit größerer Wahrscheinlichkeit das Wohl des Kindes?

Der Fragealgorithmus muss dem gerecht werden. Beim klassischen H.verlangen leiblicher Eltern gegenüber Pflegeeltern z. B. steht am Beginn die Frage nach den Bindungen des Kindes zu den Pflegeeltern. Deshalb sind H.verlangen umso genauer zu prüfen, je länger ein Kind bei ihnen gelebt hat. Der Gesetzgeber nennt als Indikator, ob «das Kind seit längerer Zeit» in Familienpflege lebt (§ 1632 Abs. 4 BGB; analog § 1682 BGB). Bestehen Bindungen, ist faktische oder soziale Elternschaft gegeben. Der *Kindeswille* ist dann im Normalfall adäquat. Gegen den Willen des Kindes wird nur bei Schutzbedarf entschieden. Selbstgefährdender Kindeswille kann aber gegeben sein, wenn z. B. erziehungsunfähige Eltern ein Kind beeinflussen zurückzukehren, ferner wenn ein Kind aus Angstbindungen (*Angst*) und Schuldgefühlen heraus Beziehungspersonen und Beziehungen fehlrezipiert. Die nächste Frage gilt der erzieherischen Eignung der Pflegeeltern. Dies ist mehr logisch folgerichtig als ps. zwingend, denn der gelungene Bindungsaufbau involviert meist die Eignung. Wenn keine Bindungen zu Pflegeeltern bestehen, ist zunächst zu fragen, ob zu anderen Personen Bindungen bestehen und der Wille des Kindes darauf ausgerichtet ist, bei ihnen zu leben. Trifft dies in Bezug auf die h.fordernden Eltern zu, ist deren Eignung zu prüfen. Diese Konstellation dürfte am häufigsten dann eintreten, wenn i. R. zeitlich begrenzter Familienpflege Bindungen zu den Pflegeeltern nicht angezielt waren oder nicht entstehen konnten, Bindungen zu den leiblichen Eltern aber noch erhalten sind. Spez. Begutachtungsprobleme sind Vorschädigung eines Kindes, seine Rezeption der H.situation sowie seine Stressresistenz, ferner das Verhältnis zwischen dem meist unangemessenen Zeitverbrauch für Entscheidungen und dem spezif. Zeitempfinden von Kindern. Dettenborn 2008, Kindler & Lillig 2004. *H. Dettenborn*

Sorgerecht: Regelung nach Trennung und Scheidung [engl. *custody* Sorgerecht, *seperation* Trennung, *divorce* Scheidung], **[RF]**, die elterliche Sorge umfasst nach § 1626 Abs. 1 BGB die Sorge für die Person des Kindes (*Personensorge*) und das Vermögen des Kindes (*Vermögenssorge*). Streiten sich die Eltern um das Sorgerecht, kann der Staat in Wahrnehmung seines «Wächteramtes» (Art. 6 Abs. 2 Grundgesetz) intervenieren und den Schutz der Privatheit der Familie und das alleinige Bestimmungsrecht der Familie nachrangig bewerten im Vergleich zum Schutz des Kindes und der Gewährleistung des Kindeswohls (*Kindeswohl*). Können sich Eltern nicht auf eine einvernehmliche Lösung einigen, wird davon ausgegangen, dass sie vorübergehend auf ihren Autonomieanspruch verzichten. Es wird angenommen, dass er in Widerspruch zu den dafür erforderlichen Kompetenzen steht. Das gilt für dauerhaft getrennt lebende Eltern bei gemeinsamer elterlicher Sorge (§ 1671 BGB) oder bei elterlicher Sorge der Mutter (§ 1672 BGB) und für die elterliche Sorge nicht miteinander verheirateter Eltern (§ 1626 a BGB). Psychol. Sachverständige werden beauftragt, wenn der Familienrichter aufgrund der Konflikteskalation im Sorgerechtsstreit besondere Sachkunde benötigt. Vom Sachverständigen werden sowohl eine fundierte Diagnostik zum Erleben und Verhalten der Konfliktbeteiligten, eine Analyse der Konfliktdynamik und ein Beitrag zur Entschärfung des Konflikts erwartet (*Konflikt, sozialer*). Er hat dabei den Bezug zum Kindeswohl herzustellen. Gemäß § 163 Abs. 2 FamFG kann das Gericht anordnen, «dass der Sachverständige bei der Erstellung des Gutachtens (*psychologisches Gutachten*) auch auf die Herstellung des Einvernehmens zwischen den Beteiligten hinwirken soll». Dies ermöglicht ihm, ps. Fachkompetenz in konfliktminderndes und interventionsorientiertes diagn. Vorgehen einzubringen. Wird er nicht gemäß § 163 Abs. 2 FamFG beauftragt, erkennt aber dennoch Vermittlungsoptionen, wendet er sich an das Familiengericht und strebt an, den Gutachtensauftrag zu erweitern. Palandt 2013, Salzgeber 2011. *H. Dettenborn*

^{Test}**Sorge- und umgangsrechtliche Testbatterie (SURT)**, 2009, W. Hommers, [www.testzentrale.de], [**DIA, EW, RF**], rechtsps. Verfahren. AA Kinder im Alter von 4–8 Jahren. Die SURT dient der objektiven Erfassung emot. Beziehungen von Kindern zu ihren Eltern (*Familienrechtspsychologie*). Die Testdurchführung erfolgt indiv. sowie spielbasiert und anhand grafischen Materials. Die SURT besteht aus drei Untertests mit unterschiedlichen methodischen Ansätzen: Projektiver Familien-Szenen-Test (PFST), Semi-Projektive Entscheidungsfragen (SPEF) und projektive Eltern-Wahrnehmungsunterschiede (EWU). Erfasst werden Unterschiede in der emotionalen Beziehung von Kindern zu ihren Elternteilen, Präferenzen des Kindes hinsichtlich eines Elternteils in versch. Situationen sowie Unterschiede in der Wahrnehmung der Kinder bzgl. der Kompetenzen ihrer Elternteile. *Normierung*: Es liegen Prozentrangnormen und kritische Werte für die Anzeichen von emot. Bevorzugung eines Elternteils in den drei Untertests vor. Bearbeitungsdauer: ca. 30 Min. für alle drei Untertests.

Sorgfaltspflichtverständnis [engl. *duty of care/deligence* Sorgfaltspflicht], *Delikthaftung*.

SORKC-Modell [engl. *SORKC-model*], [**KLI**], von Kanfer & Saslow (1974) vorgestelltes Modell, das in der kogn. *Verhaltenstherapie* der Diagnostik, Erklärung und Veränderung von (Problem-)Verhalten dient. Es wird auch als *horizontale Verhaltensanalyse* bez., die zur Identifikation von auslösenden und aufrechterhaltenden Einflüssen auf das betrachtete Verhalten genutzt wird (*Bedingungsanalyse*). In der behavioristischen Terminologie (*Behaviorismus*) steht S für die auslösenden externen oder internen Reize (*Stimulus*; z. B. Situation, Gedanken). Unter O, der *Organismus-Variablen*, werden indiv. Prädispositionen wie biol. Prozesse, aber auch Persönlichkeitseigenschaften, Erfahrungen und Überzeugungen gefasst. R steht für die *Reaktion*, also das *Verhalten*, das auf mehreren Ebenen (motorisch, affektiv, physiol., kogn.) beschrieben wird. Die *Konsequenzen C* wirken auf das Verhalten zurück. I. S. *operanter Konditionierung* tragen sie zum Abbau, Aufbau oder zur Aufrechterhaltung des Verhaltens bei. *K* stellt die *Kontingenz* zw. *R* und *C* dar und gibt damit an, wie häufig und regelmäßig kurz- und langfristige Konsequenzen auf das Verhalten folgen. Damit ist das SORKC-Schema von der vertikalen *Verhaltensanalyse* abzugrenzen, bei der übergeordnete Pläne und Ziele identifiziert werden, die in vielen Situationen das Verhalten des Individuums beeinflussen. Aus dem SORKC-Schema können Ansatzpunkte für die aktive Verhaltensveränderung abgeleitet werden. Aufgrund der Beteiligung von Feedback- und Feedforwardschleifen (*kybernetische Feedbackschleifenmodelle*) an der Verhaltensentstehung und -änderung lieferte das SORKC-Modell die Grundlage für Kanfers Theorie der *Selbstregulation*. *Verhaltensformel*, *Verhaltensdiagnostik*. Kanfer et al. 2012. *S. Burkert*

Sotalol [**PHA**], Pharmakon mit sympathikolytischer Wirkung aus der Klasse der nicht selektiven *Beta-Rezeptorenblocker*. Verlängert außerdem die Aktionspotenzialdauer im Herzen durch Blockade von Kalium-Kanälen und wird deshalb als Antiarrhythmikum (Klasse III) eingesetzt. *Beta-Rezeptorenblocker*.

source trait [engl. *source* Quelle, Ursprung, *trait* Eigenschaft], *Grundeigenschaft*.

Soziabilität [engl. *sociability*; lat. *socialis* kameradschaftlich, gesellig, engl. *ability* Fähigkeit], [**SOZ**], Begriff zur Kennzeichnung des menschlichen Kontaktbedürfnisses (Geselligkeit) wie auch der individuellen Fähigkeit zur gesellschaftlichen An- und Einpassung.

Sozialaggregat [engl. *social aggregate*; lat. *socialis* kameradschaftlich, gesellig, *aggregare* zusammen schließen], [**SOZ**], syn. *soziales Aggregat*; Bez. für das lockerste mitmenschliche Kontaktverhältnis. *Aggregat*, *Gruppe*.

Sozialanthropologie (= S.) [engl. *social anthropology*], [**PHI, SOZ**], soziale *Anthropologie*, soziokulturelle Anthropologie, ein mehr oder weniger mit *Kulturanthropologie (cultural anthropology)*, *Ethnologie*, *Ethnografie* bedeutungsgleicher Begriff. S. ist auch Bez. für eine aus der naturalen Betrachtungsweise der menschlichen Gesellschaften (*Sozialdarwinismus*) hervorgegangene Lehre. Bernsdorf & Bülow 1972.

Sozialarbeit (= S.) [engl. *social work*], [**SOZ**], Bereich und Tätigkeit des sozialen Dienstes in einer Gemeinschaft mit dem Ziel der Verbesserung der sozialen Situation. Aufgaben der S. sind Hilfe (Not lindern, Feldbedingungen ändern), Kontrolle und Schutz. *Soziale Arbeit*.

Sozialdarwinismus [engl. *social darwinism*], [**SOZ**], die auf H. Spencer (nicht auf *Darwin, Charles Robert*) zurückgehende Annahme der «natürlichen Auslese» und des «Überlebens des Tauglichsten/Angepasstesten» [engl. *survival of the fittest*] auch bei den menschlichen Gesellschaften. *Darwinismus*. Bernsdorf & Bülow 1972.

soziale Adaptation [engl. *social adaptation*; lat. *adaptare* anpassen]; *Anpassung*.

soziale Ansteckung [engl. *social contagion/infection*], *Finanzpsychologie*.

Soziale Arbeit (= S. A.) [engl. *social work*], [**SOZ**], der Begriff S.A. vereint die früher getrennten Bereiche *Sozialarbeit* und *Sozialpädagogik*. Ursprünglich galt, dass Sozialarbeit die schwindenden familiären Sicherungsleistungen, Sozialpädagogik hingegen die schwindenden familiären Erziehungsleistungen kompensiert. Inzw. ist eine Unterscheidung zw. den beiden Bereichen jedoch kaum noch möglich, und die S. A. weist versch. Tätigkeitsschwerpunkte auf, u. a. die Arbeit mit Kindern und Jugendlichen, die Schulsozialarbeit, die Jugendgerichtshilfe, die Unterstützung von Menschen mit *Behinderung*, körperlich oder psych. Beeinträchtigungen oder Suchtproblemen (*Sucht*), die Unterstützung von Personen mit Migrationshintergrund oder die Beratung und Betreuung von alten Menschen, Demenzkranken (*Demenz*) und ihren Angehörigen.

soziale Attraktion [engl. *social attraction*; lat. *attrahere* anziehen], *Sozialverhalten*.

soziale Bewegung (= s. B.) [engl. *social movement*], [SOZ], als Thema der *Soziologie* behandelter Versuch von Gruppen (*Gruppe*), eine alte Wertordnung (*Werte*) in einer *Gesellschaft* durch eine neue (vermeintlich bessere) zu ersetzen. Die *Motivation* Einzelner, an kollektiven Aktionen teilzunehmen, ist auch Forschungsgegenstand in der *Massenpsychologie*.

soziale Bewertungstheorie [engl. *social evaluation theory*], [SOZ], i. R. der sozialen Austauschtheorie (*sozialer Austausch*) werden Wettbewerb und *Kooperation* unter Gesichtspunkten des Wertes (*Wert*) für den Einzelnen betrachtet (Pettigrew 1967).

soziale Beziehungen (= s. B.) [engl. *social relationships*], syn. interpersonale Beziehungen, [SOZ], bestehen, wenn zw. Personen ein *sozialer Einfluss* ausgeübt wird. Diese sozial erzeugte Stimulation wird durch die selbst erzeugte Stimulation ergänzt oder überlagert (Jones & Gerard, 1967). Die indiv. erzeugte Stimulation ist durch Pläne (*Planen*, *Ziel*), Präferenzen und *Gewohnheiten* der Person gekennzeichnet. In dem Zusammenspiel der beiden Stimulationsquellen kann eine unterschiedliche Gewichtung stattfinden. Generell lässt sich zw. s. B. unterscheiden, in denen die soziale Stimulation die selbst erzeugte Stimulation dominiert, und solchen s. B., in denen umgekehrt die selbst erzeugte Stimulation die soziale Stimulation überwiegt. Schließlich gibt es auch s. B., in denen beide Stimulationsquellen in etwa gleich stark ausgeprägt sind. Der erstgenannte Fall wird als *reaktive Kontingenz* bezeichnet. Die beteiligten Personen werden in ihrem *Verhalten* weitgehend durch die Reaktionsmuster der jew. anderen Person gesteuert. In diesem Fall ist die Bedeutung von indiv. Präferenzen gering, während gleichzeitig der soziale Impact hoch ist. Ein Bsp. ist eine Paniksituation. Der zweite Fall wird als *Pseudokontingenz* bezeichnet. Die beteiligten Personen werden in ihrem Verhalten im Wesentlichen durch eigene Pläne, Präferenzen und Gewohnheiten gesteuert, während zusätzlich noch ein schwacher sozialer Einfluss auftritt. Ein Bsp. sind Autofahrer, die die Strecke von A nach B zurücklegen und dabei auf andere Autofahrer Rücksicht nehmen. Der dritte Fall wird als *wechselseitige Kontingenz* benannt. Der soziale Einfluss ist gegenseitig, während die beteiligten Personen gleichzeitig indiv. Präferenzen in ihrer Verhaltenssteuerung berücksichtigen. Diese Kontingenz lässt sich als ein gegenseitiges Nehmen und Geben beschreiben. Ein Bsp. ist ein Gespräch, in dem die Gesprächspartner aufeinander eingehen und gleichzeitig ihren eigenen Standpunkt vertreten. Eine vierte Beziehungsvariante wird als *asymmetrische Kontingenz* bezeichnet, in der ein dominanter Partner mit einem untergeordneten Partner interagiert. Im Unterschied zu der wechselseitigen Kontingenz besteht keine gleiche, sondern eine ungleiche Machtverteilung. Ein Bsp. ist ein Gespräch über ein Thema, von dem der eine Gesprächspartner deutlich mehr versteht als der andere. Von den asymmetrischen Kontingenzen lässt sich schließlich noch eine *umspringende Kontingenz* abheben, in der die Dominanz des einen Partners an einem best. Punkt an den anderen übergeht. Das könnte im Bsp. eines Gesprächs dann eintreten, wenn das Thema gewechselt wird, wobei das neue Thema ein Spezialgebiet des Gesprächspartners darstellt, der im ersten Teil des Gesprächs durch das Wissen des anderen gelenkt wurde.

S. B. umfassen neben Nachbarn, Freunden, Ehepartnern, *Familien*, Verwandten auch Vorgesetzten-Untergebenen-Beziehungen und Lieferanten-Kunden-Beziehungen sowie die Beziehungen von Vereinsmitgliedern und Organisationsmitgliedern untereinander. Während in kooperativen Beziehungen (*Kooperation*) der Austausch von pos. Konsequenzen angestrebt wird, sind Wettbewerbsbeziehungen durch Nullsummenspiele (*Konflikt, sozialer, Zwei-Personen-Nullsummenspiel*) gekennzeichnet, in denen der Gewinn des einen den Verlust des anderen darstellt. Schließlich ist auch daran zu denken, dass eine *Gruppe*, deren Mitglieder untereinander kooperieren, mit einer anderen Gruppe im Wettbewerb steht, wie das häufig bei Sportspielen anzutreffen ist. Dann sind s. B. *Intergruppenbeziehungen*. Wie s. B. gelebt werden, wird teilweise durch kult. Regeln (*Kultur, Normen, soziale*) bestimmt. Aber jenseits dieser kulturellen Besonderheiten (z. B. Südeuropa vs. Nordeuropa) lassen sich best. Strukturen von s. B. nennen, die in allen menschlichen Gesellschaften unabhängig von Inhalt, Kontext oder Kultur auftreten (Fiske, 1992; Rai & Fiske 2011).

Diese Strukturen, denen *mentale Modelle* entsprechen, lassen sich in Analogie zu den vier *Skalenniveau* der Messung beschreiben (Nominal-, Ordinal-, Intervall- und Ratioskala), die best. Charakteristika aufweisen (Kategorie oder Einheit, die äquivalente Elemente enthält, Rangreihe, Gleichheit und Proportionalität). Dementsprechend wird in der *relational models theory* (Rai & Fiske, 2011) zw. vier grundlegenden Strukturen sozialer Beziehungen unterschieden: (1) *Kommunales Teilen* (communal sharing) unter Gleichgestellten, zw. denen nicht weiter differenziert wird. Bsp.: In Jäger-und-Sammler-Gesellschaften werden in der Regel Ressourcen unter denen, die eine Einheit bilden, geteilt, wobei jedes Mitglied der Einheit die gleichen Rechte hat. (2) *Autoritäts-Rangreihe* (authority ranking) unter Ungleichen, die eine Hierarchie beinhaltet. Bsp.: Das Militär ist nach Rängen gestaffelt, wobei die höheren Ränge Befehlsgewalt über niedrigere Ränge ausüben. (3) *Gleichheits-Passung* (equality matching), bei der *Reziprozität* innerhalb eines angemessenen Zeitrahmens erwünscht ist. Bsp.: Austausch von Leistungen nach dem Prinzip: «Wie du mir, so ich dir.» Addition und Subtraktion werden zur Bestimmung der Gleichheit durchgeführt wie in der Feststellung: «Ich habe dich zweimal eingeladen und du hast mich nur einmal eingeladen, sodass du jetzt wieder dran bist.» (4) *Marktpreisgestaltung* (market pricing) bestimmt die Preise, Dividenden oder Lizenzgebühren auf der Basis von Kosten-Nutzen-Analysen (*Kosten-Nutzen-Kalkulation*). Bsp.: Verteilung der Belohnung auf der Grundlage der Vorleistungen, wie sie die *Equity-Theorie* darstellt. Obwohl Menschen in s. B. mehrere dieser Strukturen berücksichtigen können, wird doch angenommen, dass typischerweise eine Beziehungsstruktur dominant ist. Mit s. B. sind Verpflichtungen und moralische *Motive* verbunden, die für die zugrundeliegende Struktur angemessen sind. Die relational models theory nimmt an, dass die Moral in jede der vier sozialen Beziehungen eingebettet ist. Bsp. ist Kommunales Teilen mit der Moral der Einheit verbunden, die die Fürsorge unter den Mitgliedern der Gruppe zur Sicherstellung des *Wohlbefinden* von jedem einzelnen Gruppenmitglied beinhaltet. Die Grundlage dafür ist kollektive Verantwortung (*soziale Verantwortung*) und die Wahrnehmung eines gemeinsamen Schicksals, die durch *Gruppen-Entitativität* gekennzeichnet ist (Campbell 1958) bzw. durch *Einheit der Gruppe* (Hamilton & Sherman 1996).

Mit hoher Entitativität bzw. Einheit korrespondiert das Konzept der *moralischen Inklusion/Exklusion* (Opotow 1990). Das moralische Interesse richtet sich hauptsächlich auf die Mitglieder der Binnengruppe, während Mitglieder von Fremdgruppen tendenziell ausgeschlossen sind. Innerhalb der Binnengruppe wird Fürsorge und Nahrungsteilen praktiziert, während die Fremdgruppe überwiegend Desinteresse hervorruft. In der Struktur der Gleichheits-Passung wird die Moral der Gleichheit verwendet, die auf Ausbalancierung und Reziprozität aufgebaut ist. Die Betonung liegt auf Gleichverteilung und nicht auf der absoluten Menge der Ressource, die jemand erhält. I. d. R. soll die «Rückzahlung» in der gleichen «Münze» erfolgen wie die Vorleistung. Im Kontext von Kooperation und Wettbewerb hat sich die *Tit-for-tat-Regel* bewährt, die für die Gleichheits-Passung wie geschaffen ist (Bierhoff & Jonas 2011). Nach dieser Regel wird im ersten Zug eine kooperative Handlung ausgeführt. In den weiteren Zügen wird die kooperative oder nichtkooperative Wahl des Gegenübers imitiert. Die Regel der Reziprozität (*Altruismus, rezipoker*) gilt in unterschiedlichen Kulturen gleichermaßen (Bierhoff, 2010).

S. B. variieren in der Nähe, die sie auszeichnet. Das gilt für Partnerbeziehungen genauso wie für Freundschafts-, Eltern-Kind- oder Intergruppenbeziehungen. Die Nähe variiert auf drei Dimensionen (Berscheid et al., 1989): Umfang der gemeinsam verbrachten Zeit innerhalb eines best. Zeitraums (eine Woche oder ein Monat), Anzahl der gemeinsamen Aktivitäten (wie Fernsehen, Restaurantbesuch) und wahrgenommener Einfluss in versch. Bereichen (*Werte* oder Zukunftsdenken). Diese drei Dimensionen erfassen Häufigkeit, Vielfältigkeit und Stärke von s. B., die sich durch den *Relationship Closeness Inventory* (RCI) messen lassen. Da die drei Dimensionen i. d. R. pos. zusammenhängen, kann auch ein Gesamtindex der Beziehungsnähe gebildet werden. H.-W. Bierhoff

soziale Bezugsnorm [engl. *social reference norm*]; *Bezugsnorm*.

soziale Deprivation [engl. *social deprivation*], *Deprivation*.

soziale Distanz *Distanz, soziale*.

soziale Dominanz (= s. D.) [engl. *social dominance (theory)*; lat. *dominari* herrschen], **[SOZ]**, die Theorie der s.D. (Pratto 1999, Sidanius & Pratto 1999) geht davon aus, dass alle menschlichen *Gesellschaften Systeme* gruppenbasierter (*Gruppe*) sozialer Hierarchien (*Hierarchie*) sind, in denen die jew. dominierende Gruppe über einen disproportional großen Anteil an materiellen und symbolischen *Werten* verfügt.

Sie postuliert, dass sich alle Gesellschaften durch drei Hierarchiesysteme ausreichend charakterisieren lassen: (1) durch ein System der Altersgruppierung, in dem Erw. und Personen mittleren Alters disproportional mehr soziale *Macht* über Kinder und jüngere Erwachsene haben, (2) durch ein System der *Geschlechterrollen*, in dem Männer disproportional mehr soziale und politische Macht haben als Frauen, und (3) durch ein drittes System (*arbitrary-set system*), das jeweils gesellschaftsspezif. durch sozial konstruierte Gruppen definiert wird, deren Mitglieder besonders einflussreich sind (z. B. aufgrund ihrer Zugehörigkeit zu einer best. nationalen, religiösen, politischen oder ökonomischen Mitgliedschaft).

Die indiv. Ausprägung der s.D. wird als *soziale Dominanzorientierung (SDO)* bezeichnet und ist zentraler Bestandteil einer der drei Grundannahmen der Theorie, wonach indiv. psychol. Prozesse mit institutionalisierten Formen der *Diskriminierung* und der sozialen Struktur in der Weise verknüpft werden, als dass angenommen wird, dass es eine menschliche Prädisposition gibt, gruppenbasierte Hierarchien zu bilden. In einer weiteren Grundannahme wird postuliert, dass das dritte System (*arbitrary-set system*) nur in solchen Gesellschaften entsteht, die über ein lang anhaltendes ökonomisches Wachstum verfügen. Mithilfe der dritten Grundannahme erfolgt eine Art Dynamisierung der Theorie, denn es wird angenommen, dass es sowohl hierarchieverstärkende wie hierarchieminimierende Kräfte innerhalb einer Gesellschaft gibt, die mehr soziale Gleichheit bzw. weniger soziale Gleichheit produzieren. Die Vermittlung zw. dem indiv. Merkmal der SDO und der s.D. im Sinne der genannten gruppenbasierten sozialen Hierarchien, die als gesellschaftliche Strukturmerkmale fungieren, erfolgt über sog. «legitimierende Mythen». Dieser von den Autoren nach unserer Einschätzung nicht sehr glücklich gewählte Begriff beinhaltet v. a. moralische (*Moral*), politische, religiöse und soziale Vorstellungen (*Überzeugungssystem*) und *Ideologien*, die zur Stabilisierung, Rechtfertigung oder Veränderung der indiv. SDO wie der strukturellen Hierarchien beitragen können. Zu ihnen zählen u. a. *Rassismus*, Sexismus, religiöser Fundamentalismus, Humanismus, Sozialismus, christliche Nächstenliebe. Wird die SDO durch den Status der Gruppe, die Geschlechtszugehörigkeit, die indiv. *Sozialisation* und best. *Persönlichkeitsmerkmale* beeinflusst, so werden die gruppenbasierte sozialen Hierarchien durch institutionelle und indiv. Diskriminierung stabilisiert, aber auch durch Verhaltensasymmetrien, in denen vorgeschrieben wird, wie sich Mitglieder best. Gruppen im Alltag in ihrem *Verhalten* gegenüber Mitgliedern anderer Gruppen zu orientieren haben.

Zur Erfassung der SDO wurde von der Forschergruppe um Sidanius eine *Skala* der SDO entwickelt, mithilfe derer eine generelle Einstellungsorientierung (*Einstellung*) gegenüber Intergruppenbeziehungen erfasst werden soll. Diese in mehreren Varianten seit 1979 entwickelte Skala liegt auch in einer dt. Variante vor (Six et al. 2001), die allerdings im Unterschied zu der eindimensionalen Ursprungsversion zweidimensional ist. Zu den wichtigsten Ergebnissen i. R. der Theorie der s.D. zählt u. a. die Bestätigung der sog. *Subordinate-Male Target Hypothese* (SMTH), wonach Männer aus *Minoritäten*gruppen mehr als Frauen aus ebendiesen Gruppen Opfer von Aggressionen und Diskriminierungen werden. Ein weiterer wichtiger Befund, der sich auch interkulturell als stabil erwiesen hat, ist die Bestätigung der sog. *Invarianz-Hypothese*, nach der Männer ein höheres Maß an SDO aufweisen als Frauen. In einem anspruchsvollen, inzw. auch empir. überprüften Modell hat Duckitt (2001) mit seiner *kognitiv-motivationalen Zwei-Prozess-Theorie der Ideologie und Vorurteile* und *Right-Wing Authoritarianism (RWA)* als zentrale Determinanten der Einstellungen und Vorurteile gegenüber Minoritäten und Majoritäten ermittelt. Six 2008. *B. Six*

soziale Emotionen [engl. *social emotions*], *Emotionen, gruppenbasierte*.

soziale Entwicklung *Entwicklung, soziale*.

soziale Erleichterung [engl. *social facilitation*], *soziale Leistungsaktivierung*.

soziale Erwünschtheit (= s. E.) [engl. *social desirability*], **[DIA, PER, SOZ]**, eine ursprünglich von Edwards umfassend untersuchte Antworttendenz (*response set*) bei der Beantwortung von *Persönlichkeitsfragebogen* und anderen Selbsteinschätzungsverfahren (z. B. auch *Einstellungsinterviews*), der z. T. der Rang einer Persönlichkeitsfacette zugesprochen wird. Die betreffende Person tendiert dazu, nicht die für sie tatsächlich zutreffende Antwort zu geben, sondern diejenige, von der sie erwartet, dass sie sozial gebilligt oder erwünscht ist. Dies fußt auf der Befürchtung, eine wahrheitsgetreue Auskunft führe zu Nachteilen oder Ablehnung. Entscheidend bei der Entstehung von s. E. ist das Zusammenspiel der inneren Befragtenmerkmale (z. B. *Motiv*) und der wahrgenommenen situativen Bedingungen. Zu unterscheiden sind: (1) *impression management* (bewusste Fremdtäuschung, um einen best. Eindruck zu erzeugen), (2) *self deception* (Selbsttäuschung, bei der die Person davon ausgeht, dass die Einschätzung tatsächlich auf sie zutrifft). Bei s. E. lässt sich zudem *egoistic bias* (Übertreibung des eigenen sozialen und intellektuellen Status) von *moralistic bias* (Inanspruchnahme von best. Attributen wie z. B. Vorurteilsfreiheit) abgrenzen. Zur quant. Bestimmung der Neigung zu s. E. wurde von Edwards eine sog. *SD-Skala* entwickelt. Zu den Auswirkungen hinsichtlich der *Validität* von Personalentscheidungen (*Personalauswahl*) auf Basis persönlichkeitsorientierter Inventare weist die akt. Forschungslage sowohl dämpfende, steigernde wie auch neutrale Effekte aus. Mummendey 1981. *R. Hossiep*

soziale Flexibilität (= soz.F.) [engl. *social flexibility*], **[PER, SOZ]**, ist die *Fähigkeit*, möglichst viele unterschiedliche Erklärungen für eine mehrdeutige soz. Situation oder Lösungen für ein soz. Problem zu finden (*Problemlösen*, *divergentes Denken*). Dieser Begriff hat seinen Ursprung im *Structure of Intellect Model (SOI-Model)* von Guilford (1967). In diesem facettentheoretischen Strukturmodell der *Intelligenz* ist die divergente Produktion von behavioralen Inhalten eine spezif. Komponente der kreativen soz. Intelligenz. Zur *Kreativität* gehören bei Guilford neben Menge und Vielfalt von Ideen auch die Originalität. Soz. F. oder soz.-kogn. F. findet sich als eigenständiger Begriff erst in neueren Arbeiten (Jones & Day 1997; Lee et al. 2002; Süß et al. 2005) und wird als Subkonstrukt der soz. Intelligenz gesehen. Lee und Kollegen def. soz.-kogn. Flexibilität als die flüssige Anwendung von *sozialem Wissen*. Diese Def. entspricht dem Konzept der allg.kogn. F. in Modellen der akademischen Intelligenz als Fähigkeit zum Abruf von gespeichertem *Wissen* (*broad retrieval ability; three stratum theory*; Carroll 1993) und des Faktors Langzeitgedächtnis (*Gedächtnis*) und *Abruf* von Wissen (*long-term storage and retrieval; Cattell-Horn-Carroll Theory*; McGrew 2009). Soz. F. und andere (soz.-)kogn. Fähigkeiten bilden das kogn. Potenzial für s. kompetentes (Süß et al. 2005) und flexibles Sozialverhalten. Neben den Fähigkeiten bedingen aber auch *Persönlichkeitsmerkmale*, *Einstellungen*, Wertvorstellungen (*Werte*) und andere nicht kogn. Komponenten das Sozialverhalten mit, das demnach von den ausschließlich kogn. Konstrukten abgegrenzt werden muss. Zur Diagnostik von soz. F. sollen Pbn auf Basis mehrdeutiger sozialer Stimuli Lösungen oder Erklärungen für die dargestellte Situation finden. Die Leistung bestimmt sich über Menge und Vielzahl der Lösungen oder Erklärungen. Einen theoriegeleiteten, umfassenden Versuch, soz. F. zu erfassen, stellt die nicht publizierte Testbatterie von Hendricks et al. (1969) dar. Weitere Einzeltests zur Operationalisierung von s. F. finden sich bei Probst (1982), Jones & Day (1997) sowie Lee et al. (2002). Die vorliegenden Validitätsbefunde (*Validität*) deuten auf einen von allg.-kogn. F. separierbaren, aber positiv korrelierten (*Korrelation*) Faktor hin.

S. Weis/K. Conzelmann/H.-M. Süß

soziale Hemmung [engl. *social inhibition*], *Hemmung, prosoziales Verhalten, bystander effect*.

soziale Identität [engl. *social identity*; lat. *identitas* Weseneinheit], *Identität und Selbst, SIDE-Modell, Organisationale Identifikation*. Abrams & Hogg 2010, Simon 2004.

soziale Intelligenz [engl. *social intelligence*], *Intelligenzfaktoren, soziale Flexibilität, soziale Kognition, soziale Kompetenzen*.

soziale Interaktion (= soz. I.) [engl. *social interaction*; lat. *inter* zwischen, *agere* handeln], **[SOZ]**, die Vorgänge der gegenseitigen Beeinflussung zw. einzelnen Personen und soz. *Gruppen* (*sozialer Einfluss*) sowie die dadurch entstehende Veränderung z. B. von Verhaltensweisen und Einstellungen (*Einstellungsänderung*). Ein weiterer Begriff als *Kommunikation*, z. T. aber auch dem syn. Gelegentlich wird berücksichtigt, dass Kommunikation ein asymmetrischer Prozess sein kann, während I. stets einen symmetrischen Prozess meint. P ist Stimulus für O und O ist Stimulus für P, bzw. die Responses von O und P haben diese Funktionen. Soz. I. als «Austausch von materiellen und nicht materiellen Gütern» (Homans) anzusehen, ist der Grundgedanke der versch. Theorien des soz. Austauschs [engl. *social exchange theories*]. Thibaut & Kelley (1959)

verwenden in ihrem I.modell zur Analyse der Austauschprozesse eine Matrix möglicher Handlungskonsequenzen *(pay off matrix)*, in der die Verluste *(costs)* und der Nutzen *(rewards)* als Folgen der Responses der Partner eingetragen werden. Die Auswertung der I.konsequenzen hängt von dem Vergleichsniveau (CL, *comparison level*), insbes. von dem Vergleichsniveau für Alternativen (CL-alt) ab. Jones & Gerard (1967) unterscheiden genauer, ob I. tatsächlich stattfindet, indem sie die Art der *Kontingenz* von Reaktionen der Partner berücksichtigen (Pseudo-, asymmetrische, reaktive und wechselseitige Kontingenz). Von Argyle (1972) wird I. als soz. Fertigkeit beschrieben *(social skill)*. *Kosten-Nutzen-Kalkulation. Interaktionismus.*
R. Bergius

soziale Interdependenz [engl. *social interdependence*; lat. *inter* zwischen *dependere* von etw. abhängen], *Interdependenztheorie, Interdependenz, soziale, Interdependenzstruktur.*

soziale Isolation [engl. *social isolation*]; *Deprivation, Kaspar Hauser.*

soziale Kategorisierung [engl. *social categorization*], *SIDE-Modell.*

soziale Klasse, soziale Schicht (= s. K., s. S.) [engl. *social class, social stratum*], [**SOZ**], nicht eindeutig definierbare Begriffe, die in der *Soziologie* für die Bez. von gesellschaftlichen Großformationen benutzt werden und die ps. Beziehungen zu Merkmalen wie *sozialer Status, Macht* und *Rangordnung* haben. Die Bestimmung der Zugehörigkeit einer Person zu einer s. K. oder s. S. wird in der Sozialps. ersetzt durch verschiedene Methoden der Kennzeichnung des *sozioökonomischen Status. Warner-Index.*

soziale Kognition (= s. K.) [engl. *social cognition*], [**KOG, SOZ**], Bez. für Informationsaufnahme- und -verarbeitungsprozesse, welche die s. Welt des Individuums und ihrer Beziehungen umfassen und somit im Schnittpunkt von Kognitions- und Sozialps. stehen. S. K. hat Personen und andere potenzielle Akteure (Tiere, künstliche Akteure etc.) und deren *Gedanken, Gefühle* und *Handlungen* zum Gegenstand sowie größere s. Gebilde wie *Gruppen, Gesellschaften*. Versch. Teilformen der s. K. werden unterschieden, je nachdem auf welche Art von Subjekt (Einzelperson, Gruppe etc.) sie sich beziehen bzw. auf welche Art von Zuständen, die den Subjekten zugeschrieben werden (Gefühle, Gedanken etc.). Von Relevanz sind dabei u. a. die Besonderheiten s. Prozesse (z. B. Reagibilität, Variabilität des Erscheinens), Phänomene der Eindrucksbildung (*interpersonale Wahrnehmung, Eindruck, erster*, Verrechnung versch. Aspekte) sowie die Erklärung von Eindrücken, *Einstellungen* und Verhaltensweisen (*Kausalattribution, soziale Urteilstheorie, soziales Vorurteil, sozialer Vergleich, Balance-Theorien*). *Soziale Kognition, Entwicklung.*

soziale Kognition, Entwicklung [engl. *social cognition, development*], [**EW, KOG, SOZ**], *soziale Kognition* (= soz. K.) hat Personen und andere potenzielle Akteure (Tiere, künstliche Akteure etc.) und deren *Gedanken, Gefühle* und *Handlungen* zum Gegenstand sowie größere s. Gebilde wie *Gruppen*, Gesellschaften. Versch. Teilformen der soz. K. werden unterschieden, je nachdem auf welche Art von Subjekt (Einzelperson, Gruppe etc.) sie sich beziehen bzw. auf welche Art von Zuständen, die den Subjekten zugeschrieben werden (Gefühle, Gedanken etc.). Zwei Formen der soz. K. sind in den letzten Jahrzehnten aus entwicklungspsychol. Perspektive bes. gut erforscht worden.

(1) *Empathie* bez. die *Fähigkeit* der Einfühlung in andere und des Mitfühlens mit anderen. Als solche scheint sie eine einzigartig menschliche Fähigkeit zu sein, die sich bereits früh in der *Ontogenese* herausbildet (spätestens ab dem zweiten Lebensjahr). Wenn z. B. kleine Kinder andere beobachten, die traurig sind oder unter Schmerzen leiden, zeigen sie oft spontan Mitgefühl und versuchen, die andere Person zu trösten und ihr zu helfen. In der nachfolg. Entwicklung differenziert sich das Einfühlungsvermögen aus, sodass Kinder auch als Reaktion auf diverse und fein abgestimmte *Emotionen* mit Mitgefühl reagieren und auch dann, wenn die andere Person und ihr Gefühlsausdruck nicht direkt beobachtbar sind (wenn sie etwa nur hören, dass jemandem ein Zahn gezogen wird). Außerdem wird das Mitgefühl nun flexibler, kontextspezif. und moderiert von anderen kognitiven Einstellungen. Z. B. empfinden viele Erwachsene dann weniger Mitgefühl mit den Schmerzen anderer, wenn sie diese als Resultat gerechtfertigter Strafe ansehen.

(2) *Theory of Mind* (ToM, *mentalistische Alltagspsychologie*) (Premack & Woodruff 1978) bezeichnet das Begriffssystem, mit dem wir einander als rationale Akteure mit subj. mentalen Zuständen (Gedanken, Wünschen, Gefühlen, Absichten (*Intention*) etc.) beschreiben, verstehen und erklären. Einfache Formen der ToM entstehen bereits im ersten Lebensjahr. Spätestens gegen Ende des ersten Lebensjahres beginnen Kinder zu verstehen, dass andere Personen Objekte und Sachverhalte wahrnehmen, und zwar nicht notwendigerweise immer dieselben wie sie selbst («Ich sehe was, das du nicht siehst» und umgekehrt – sog. *Ebene-1-Perspektivwechsel*). Ferner verstehen sie, dass andere absichtliche Handlungen ausführen und nicht nur bloße Verhaltensweisen (*Verhalten*). Ein zentraler Meilenstein in der Entwicklung der ToM findet sich um vier Jahre herum. Kinder beginnen dann zu verstehen, dass Personen die Welt subj. repräsentieren (*Repräsentation*) und u. U. miss-repräsentieren, also falschen Überzeugungen unterliegen, denen gemäß sie handeln. Das ermöglicht in der Nachfolge das aktive Herbeiführen von falschen Überzeugungen bei anderen: das Lügen. Kinder verstehen nun außerdem, dass andere und sie selbst je nach Perspektive ein und denselben Gegenstand unterschiedlich wahrnehmen können (z. B. «von hier aus sieht es aus wie eine 6, von dort aus aber wie eine 9» – sog. *Ebene-2-Perspektivwechsel*).

In der nachfolgenden Entwicklung entstehen komplexere und höherstufige Formen der Zuschreibung von mentalen Zuständen («Sie denkt, dass er weiß, dass ich will, dass er ...»), die für unser s. Leben als Erwachsene im Alltag allgegenwärtig und unabdingbar sind. Neuere Forschung zur ToM-Entwicklung über die Lebensspanne deutet darauf hin, dass es im höheren Alter zu leichten Einbußen von ToM-Fähigkeiten kommt. Ältere sind etwa langsamer, ungenauer und fehleranfälliger in manchen Bereichen der *Perspektivübernahme* und bei der Interpretation von emot. Gesichtsausdrücken. Noch ist jedoch unklar, ob diese Einbußen spezif. Einbußen in s. K. sind oder ob sie nicht vielleicht nur allg. kogn. Defizite in der sog. fluiden Intelligenz (*Intelligenz, kristalline und fluide,* Informationsverarbeitungsgeschwindigkeit, *exekutive Funktionen* etc.) widerspiegeln, die sich in versch. Bereichen äußern. Harris 2006. *H. Rakoczy*

soziale Kohäsion [engl. *social cohesion;* lat. *con-* zusammen, *haerere* haften, kleben], **[SOZ]**, der besonders durch gemeinsame *Motive* und *Ziele* gewährleistete innere Zusammenhalt einer sozialen *Gruppe*.

soziale Kompetenzen (= soz.. K.) [engl. *social competencies;* lat. *competere* zu etwas fähig sein, wetteifern], **[PER, SOZ]**, bilden einen Komplex von Fähigkeiten, die dazu dienen, dem Individuum die Möglichkeit zu geben, in *Kommunikations-* und *Interaktion*ssituationen, entsprechend den Bedürfnissen der Beteiligten Realitätskontrolle zu übernehmen. Bestimmt werden diese Fähigkeiten durch die Eigenschaften der *Handlungsregulation,* die spezif. Anforderungsstruktur des Tätigkeitsbereichs, die möglichen Ergebnisse des Sozialverhaltens in der Situation und die Entscheidungswahrscheinlichkeit für das Verhalten. Ps. setzen sich soz. K. aus relativ konsistenten Personvariablen und Mechanismen der Tätigkeitsregulation zus. Sie beinhalten kognitive Konzepte über die eigene Person und Situation sowie Affekte i. S. motivationaler Bestrebungen und interpersonale Fertigkeiten. Wesentliche Bestimmungsstücke soz. kompetenten Verhaltens sind *Zweckrationalität,* verstanden als Angemessenheit der eingesetzten Mittel, und *Situationsangemessenheit* (auch Soziotopografie sozialer Kompetenzen genannt, um zu verdeutlichen, dass Kompetenzausprägungen in ihrer Wirksamkeit situationsabhängig sind). Soz. kompetentes Verhalten lässt sich nur in Interaktionssituationen beurteilen. Zielerreichung ist eine weitere wichtige Komponente. *B. Runde*

soziale Kompetenzen, Diagnostik (= D. s. K.) [engl. *diagnostics/assessment of social competencies*], **[DIA, SOZ]**, zur D. s. K. stehen zahlreiche Methoden zur Verfügung, die entweder nach den Prinzipien kognitiver *Leistungstests,* mit *Verhaltensbeobachtung,* Verhaltensbeschreibungen oder mit komplexen Indikatoren *sozialer Kompetenz* arbeiten. Leistungstests konfrontieren die Pbn mit Aufgaben, bei denen aus vorgegebenen Alternativen die richtige auszuwählen ist. Die richtige Lösung wurde i. d. R. zuvor über Expertenbefragung festgelegt, da sie im Ggs. zum *Intelligenztest* nicht logisch zu def. sind. Z. B. sehen die Pbn die Gesichtszüge eines Menschen und sollen die emot. Befindlichkeit der Person einschätzen. Bei der *Verhaltensbeobachtung* erfolgt die Einschätzung der s. K. über ein *Sozialverhalten*, das in der diagn. Situation beobachtbar ist. Dabei wird das Verhalten nach definierten Kriterien eingestuft. Es kann zw. *Selbstbeobachtung* (z. B. i. R. einer Therapie) und Fremdbeobachtung (z. B. *Assessment-Center* zur Personalauswahl) unterschieden werden. Bei der *Verhaltensbeschreibung* stehen keine unmittelbar beobachtbaren Verhaltensdaten in der diagnostischen Situation zur Verfügung. Stattdessen wird – vergleichbar zu einem *Persönlichkeitsfragebogen* – im Nachhinein eine abstrahierende Einschätzung vorgenommen. Auch dies kann durch das Subjekt selbst oder andere Personen (z. B. Eltern, Kollegen, Vorgesetzte) erfolgen. Bei der *Messung über komplexe K.indikatoren* differenziert man nicht zw. einzelnen *Kompetenzen,* sondern schließt von einem Indikator (z. B. gute Integration eines Schülers in den Klassenverband) auf das Vorhandensein s. K. Im Zuge der Selbsteinschätzung werden die Indikatoren z. B. über *biografische Fragebögen*, bzw. i. R. der Fremdeinschätzung z. B. per *Soziogramm* erfasst. Kanning 2009. *U. P. Kanning*

soziale Koordination [engl. *social coordination;* lat. *co-* zusammen, *ordinare* ordnen]; *Sozialverhalten.*

soziale Leistungsaktivierung (= soz. L.) [engl. *social facilitation*], **[KOG, SOZ]**, mit soz. L. wird das Phänomen beschrieben, dass Personen einfache und/oder gut gelernte Aufgaben in *Gruppen* erfolgreicher bewältigen (mehr leisten) als in Situationen, in denen sie alleine sind (Guerin 1993). Dieses Ergebnis zeigte sich bereits in sehr frühen Versuchen von Triplett (1898), in denen Radfahrer zu schnelleren Rundenzeiten kamen, wenn sie mit anderen gemeinsam fuhren als allein gegen die Uhr. Ergebnisse, die zeigten, dass die Anwesenheit anderer eher zu einer Leistungsreduktion führten, erklärte Zajonc (1965) damit, dass die durch die Anwesenheit anderer entstehende Erregung die dominanten Reaktionen (einfache Aufgaben) verstärkte, bei komplexeren Aufgaben die Erregungen aber zu einer Leistungsbeeinträchtigung führten. Neben diesem triebtheoretischen Ansatz von Zajonc (1968) gehen Cottrell und andere (Cotrell 1972) davon aus, dass in derartigen Situationen Personen Angst vor der Bewertung ihrer Leistungen haben (*evaluation apprehension*). Die Anwesenheit anderer führt zwar immer zu einer physischen Erregung, aber nur bei einfachen Aufgaben kommt es zu einer Leistungssteigerung. Eine dritte Erklärung liefert Sanders (1983), der einen Aufmerksamkeitskonflikt (*distraction-conflict*) postuliert, wonach anwesende Personen ablenkend wirken und ein Teil der *Aufmerksamkeit* sich auf die anderen richtet, während sich ein anderer Teil auf die eigene Aufgabenlösung konzentriert. Dieser Konflikt produziert seinerseits aber eine stärkere Erregung, die zu einer Aktivierung dominanter und zu einer Hemmung nicht dominanter Reaktionen führt. Die bereits früh erschienene Metaanalyse von Bond & Titus (1983) auf der Basis von 241 empir. Untersuchungen konnte zwar den Effekt bestätigen, allerdings sind die Auswirkungen der Anwesenheit anderer auf das Leistungsverhalten insges. eher gering. *B. Six*

soziale Lerntheorien [engl. *social learning theory*], **[KOG, SOZ]**, lerntheoretisch fundierte Modelle/Theorien (*Lerntheorien*), die zu beschreiben und zu erklären versuchen, wie nach lernpsychol. Prinzipien komplexere (soziale) Verhaltensweisen entstehen, aufrechterhalten (verstärkt, *Verstärkung*) oder gelöscht (*Auslöschung*) werden können, und damit die Erklärungen der *klassischen Konditionierung* und *operanten Konditionierung* erweitern. Vertreter dieser Theorien sind u. a. *Bandura* und *Rotter* mit jew.

unterschiedlichen Forschungsschwerpunkten. Während Bandura sich in seinen Untersuchungen v. a. sozialen Verhaltenskategorien zuwendet (z. B. *Aggression*), entwickelte Rotter Konstrukte, die eher klass. Persönlichkeitsdimensionen zuzuordnen sind. Für beide Forscher ist das Prinzip der Verstärkung die Basis für die Verhaltensformung; kogn. und i. S. des klassischen *Behaviorismus* nicht beobachtbare Prozesse werden als relevant betrachtet. Bandura führt das Prinzip der stellvertretenden Verstärkung ein (*Beobachtungslernen*) wie auch kognitive «vermeidende» Prozesse, die die Konsequenzen des Verhaltens möglich machen und das Prinzip der *Antizipation* voraussetzen. Rotter hat seine Konzeption in der *Verhaltensgleichung* verdeutlicht, in der vier Variablenklassen eingeführt werden: Verhaltenspotenzial, Erwartungen, Verstärkerwert und *psych. Situationen*. Während Bandura dem Modell des *Situationismus* zuzuordnen ist, gilt Rotter als Vertreter des *Interaktionismus*.

soziale Mobilität [engl. *social mobility*; lat. *mobilis* beweglich], [**SOZ**], das in versch. *Gesellschaften* und *Kulturen* unterschiedliche Ausmaß, in dem die einzelnen Angehörigen ihre Zugehörigkeit zu einer best. *sozialen Klassen* (*Status, sozioökonomischer*) wechseln bzw. wechseln können.

soziale Motivation [engl. *social motivation*], [**EM, SOZ**], *Motivation* bzw. Anreiz zu *Aggression*, helfendem Verhalten (*prosoziales Verhalten*) und sonstiger *sozialer Interaktion* und außerdem die im sozialen Kontext gelernte oder beeinflusste Motivation. Nach Zajonc (1965) bewirkt die bloße Gegenwart von anderen Personen eine Erhöhung des allg. Antriebs (*general drive* i. S. Hulls). Brody (1980) berichtet über kognitivistische Kritik an dieser Auffassung. Pro- und antisoziale Motivation wie etwa Aggression und Hilfehandeln konnten in den letzten Jahren insbes. unter Zuhilfenahme attributionstheoretischer Konzepte weiter aufgeklärt werden (Mummendey 1983, Weiner 1986). *helfendes Verhalten. Zürcher Modell der sozialen Motivation*.
H.-D. Schmalt

soziale Netzwerkanalyse [engl. *social network analysis*], [**FSE, MD, SOZ**], empir. Methode zur Analyse von soz. Netzwerken (*soziale Netzwerke im Internet*), basiert auf der von Moreno entwickelten *Soziometrie*. Durch die Verfügbarkeit leistungsstarker Digitalrechner und entspr. Analysesoftware wird die soz. Netzwerkanalyse in der psychol. Forschung zunehmend zur Analyse großer Netzwerke eingesetzt, z. B. um Kommunikationsverhalten in soz. Netzwerken im Internet oder *Wissenskonstruktion* im *Web 2.0* zu untersuchen. *Netzwerkforschung*. Moreno 1953. *J. Moskaliuk*

soziale Netzwerke im Internet (= N.) [engl. *social networks*], [**MD, SOZ**], Gemeinschaften von Menschen im Internet, die Plattformen im *Web 2.0* nutzen, um miteinander zu kommunzieren, gemeinsam Inhalte zu erstellen oder sich zu organisieren. Die Nutzer von N. legen i. d. R. persönliche Profile an, um sich anderen Mitgliedern des Netzwerks oder Nutzern des Internets zu präsentieren (*impression management*) und miteinander zu kommunzieren. Viele N. integrieren weitere Funktionen wie das Teilen von Texten, Bildern und Videos, das gemeinsame Arbeiten an Inhalten oder Browser-Spielen. In der psychol. Forschung werden soziale (*Cyber-Mobbing*), motivationale (*Internetabhängigkeit*) und emot. Aspekte (*Mediengewalt*) der Nutzung von N. untersucht. Eine weitere Forschungsfrage ist die Bedeutung von N. für die *Wissenskonstruktion* und das Entstehen wissensbezogener Gemeinschaften (*community of practice*). Da N. meist umfangreiche Nutzungsdaten speichern, wird u. a. die *soziale Netzwerkanalyse* eingesetzt, um Strukturen innerhalb des N. und deren Entwicklung zu analysieren (z. B. Kommunikationsverhalten der Nutzer, Verlinkung von Inhalten). Im Zusammenhang mit der Speicherung personenbezogener und privater Daten werden auch psychol. Aspekte des Artenschutzes (*Datenschutz*) diskutiert. *Netzwerkforschung, Soziometrie*. *J. Moskaliuk*

soziale Norm *Normen, soziale*.

soziale Phobie, Sozialphobie [engl. *social phobia*; gr. φόβος (*phobos*) Furcht], [**KLI**], ausgeprägte Angst vor der Beurteilung durch andere Menschen, häufig in Leistungssituationen. Die angstauslösenden Situationen werden vermieden oder nur unter intensiver Angst ertragen. *Angst, Angststörungen, diagnostische Verfahren, Phobische Störungen, Störungen des Sozialverhaltens*

Sozialepidemiologie [engl. *social epidemiology*], [**KLI, SOZ**], *Epidemiologie*; Wissenschaft, die die Zusammenhänge psych. Störungen mit sozialen Faktoren (Kulturunterschiede (*Kulturvergleichende Psychologie*), soziale Schichtung (*soziale Klasse, soziale Schicht, Status, sozioökonomischer*), Urbanisierung, *soziale Mobilität* u. a. m.) untersucht.

soziale Präsenz [engl. *social presence*; lat. *praesens* gegenwärtig], *Media-Richness-Theorie*.

soziale Prozesse, Theorie (= s. P.) [engl. *social processes*], [**KOG, SOZ**], Theorie der s. P.; nach Homans (1961) sind die grundlegenden s. P., aus denen erst die Strukturen und Systeme der *Soziologie* hervorgehen, Austauschp.: Das s. Verhalten des Menschen sei Funktion seiner Folgen (*payoffs*); allerdings räumt Homans auch ein, dass die Belohnungen oder Verstärkungen (*Verstärkung*) der Handlungen *Handlung* keine absoluten Werte haben. Mit seinem dritten Grundsatz werden sie relativiert, indem anerkannt wird, dass Belohnungen mehr oder weniger wertvoll für jemanden sein können und dass die Wahrscheinlichkeit der Ausübung einer Tätigkeit von dem Wert der Belohnung für den Einzelnen abhängt (Graumann 1972). *R. Bergius*

soziale Rangordnung *Rangordnung, soziale*.

sozialer Austausch (= soz. A.) [engl. *social exchange*], [**SOZ, WIR**], findet zw. den Beteiligten einer *Interaktion* statt, indem *Handlung* und die damit verbundenen Konsequenzen in die Beziehung eingebracht werden. Soz. A. erzeugt i. d. R. eine wechselseitige Abhängigkeit der Beteiligten (= *Interdependenz*), da die Ergebnisse, die eine Person bei einem Austausch erzielen kann, auch von dem Verhalten der Interaktionspartner abhängig sind. Die Abhängigkeit kann aber auch einseitig sein. Die Bewertung des Austauschergebnisses ist durch *Belohnungen* und Kosten (*Kosten-Nutzen-Kalkulation*) bestimmt, die das Individuum aus der Interaktion erwartet. Aus der Differenz von

soziales Informationsverarbeitungsmodell [engl. *social information processing model/theory*], *Attributionsstil, feindseliger*.

Soziales Investitionsprinzip [engl. *social investment principle*], **[EW, PER]**, von Roberts et al. (2006) formuliertes Prinzip, wonach typische Persönlichkeitsveränderungen im Verlauf des jungen Erwachsenenalters, insbes. die Abnahme von *Neurotizismus* und die Zunahme von *Verträglichkeit* und *Gewissenhaftigkeit*, auf der unterschiedlich frühen Investition in soziale *Rollen* beruht. Z. B. senke das Eingehen einer stabilen Partnerschaft den Neurotizismus, erhöhe eine fürsorgliche Elternschaft die Verträglichkeit und die stabile Integration in einen Beruf die Gewissenhaftigkeit. Dieses Prinzip konnte vor allem für Neurotizismus und Gewissenhaftigkeit bestätigt werden.

soziale Skills *Skill-Training*.

soziales Klima [engl. *social climate*], **[SOZ]**, in der Ökops. (*Ökologische Psychologie*) als ein globales Charakteristikum einer Institution, einer (sozialen) Umgebung verstanden (auch *social atmosphere, organizational* oder *environmental climate*; Moos & Insel 1974). Institutionen wie Kliniken, Schulen, Universitäten können den Bedürfnissen der in ihnen lebenden Menschen mehr oder weniger entgegenkommen oder widerstreiten (*Führungsstil*). Derartige «Passung» *(environmental fit)* kann unter versch. Perspektiven in versch. Teilbereichen beurteilt und mithilfe von Einschätzskalen gemessen werden. *Klassenklima*. G. Kaminski

soziales Lernen *Lernen, soziales*, *Unterrichtsorganisation*.

soziales Netz, soziales Netzwerk (= soz. N.) [engl. *social network*], **[GES, KLI, SOZ]**, Bez. für Interaktionsstrukturen mit materiell, emot. unterstützenden und Sinndeutungsmuster festlegenden Funktionen. Soz. N. ist ein Schlüsselkonzept der Gemeindeps., das deskriptiv, funktionalistisch und kausalistisch verwendet wird. Soz. N. wird häufig zus. mit dem Konzept *soziale Unterstützung* [engl. *social support*] verwendet, wobei die Betonung auf institutionellen, materiell-physischen Aspekten der Umwelt liegen kann. Beide Konzepte werden zus.gezogen zu Umweltnetzwerk, dessen angemessene Gestaltung in der *Gemeindepsychologie* Voraussetzung zur Lösung der meisten Krisen darstellt. Im Internet gibt es ein vielfältiges Angebot von soz. N. *Krisenintervention*. Röhrle 1994. P. Day

soziales Schema [engl. *social schema/scheme*], *Schema*.

soziales Spiegeln [engl. *social mirroring*], *Selbstkonzept, Mechanismen der Stabilisierung*.

soziales Verständnis (= soz. V.) [engl. *social understanding*], **[DIA, KOG, PER, SOZ]**, *Fähigkeit*, soz. Informationen vor dem Hintergrund der gegebenen Situation korrekt zu verstehen und deren Implikationen richtig einzuschätzen. In der ursprünglichen Def. von *soz. Intelligenz* als der Fähigkeit, andere zu verstehen und zu managen und sich in menschlichen Beziehungen weise zu verhalten *(to understand and manage other people, and to act wisely in human relations*, Thorndike 1920), stellt soz. V. bereits den zentralen kogn. (*Kognition*) Fähigkeitsbereich dar. Synonym verwendete Begriffe sind u. a. *soz. Urteilsfähigkeit* (Wedeck 1947), *soz. Einsicht* (Vernon 1933), *Fähigkeit zur Rollenübernahme* (Feffer 1959), *kogn. Empathie* (*Perspektivenübernahme*; Davis 1994) und *Dekodierungsfähigkeit soz. Informationen* (Barnes & Sternberg 1989). Auch der Begriff *soziale Wahrnehmung* (*social perception*) wird verschiedentlich syn. zu soz.V. verwendet. Dieser Gebrauch ist allerdings nicht adäquat, da soz. Wahrnehmung die Fähigkeit ist, soz. Hinweisreize (*cue*) zu erkennen. Im Unterschied zu soz. V. sind interpretatorische oder schlussfolgernde Anforderungen (*Schließen, logisches*) nicht enthalten (Weis, Seidel & Süß 2006). Überlappungen gibt es auch zur Theory of Mind (= ToM, *mentalistische Alltagspsychologie, soziale Kognition, Entwicklung, deklarativ-metakognitives Wissen, Vorläufer*), welche die Entwicklung der Fähigkeit beschreibt, mentale Zustände anderer Personen repräsentieren und erschließen zu können. Die ToM wird auch zur Beschreibung psychopathologischer Störungsbilder (z. B. *Schizophrenie* und Autismus (*Autismus-Spektrum-Störung*)) verwendet (Moran 2013). In diagn. Ansätzen zur Erfassung von soz. V. ist es Aufgabe der Testpersonen, auf Basis von Stimulusmaterialien (z. B. verbale Situationsbeschreibung, Video, Audiosequenz, Bild) auf die mentalen Zustände (z. B. *Emotionen*, *Ziele*, Beweggründe für *Verhalten*) von Zielpersonen zu schließen. An vielen, v. a. älteren *Tests* wurde kritisiert, dass nur verbales, artifizielles und/oder dekontextualisiertes Stimulusmaterial verwendet wurde (Süß et al. 2008). Aufgaben dieser Art zeigten keine oder nur geringe *diskriminante Validität* zu akademischen *Intelligenztests*. Neben Einzeltests (z. B. *Social Insight Test*, Chapin 1942), sind Aufgaben zu s. V. auch in umfassenden Testbatterien zur s. Intelligenz enthalten (z. B. *George Washington Social Intelligence Test*, Moss et al. 1955; *Four/Six Factor Test of Social Intelligence*, O'Sullivan & Guilford 1966, 1976 und der *Magdeburger Test zur sozialen Intelligenz (MTSI)*, Süß et al. 2008). Im MTSI wird versucht, durch Verwendung von ausschließlich realem, in den s. Kontext eingebundenem Stimulusmaterial und systemat. Variation von Situationen den oben genannten Kritikpunkten Rechnung zu tragen. Empir. konnte so ein von der allg. *Intelligenz* unabhängiger Faktor soz. V. aufgezeigt werden. Ein Problem bei der Diagnostik von soz.V. bleibt die Methode der Leistungsbewertung (*scoring*), da sich die richtige Antwort nicht wie bei Tests zur akademischen Intelligenz eindeutig erschließen lässt. Zur Verfügung stehen drei Methoden: *Targetscoring* (die Zielperson, d. h. die Person, deren mentaler Zustand erkannt werden soll, bestimmt die richtige Antwort), *Expertenscoring* (eine Gruppe von Experten bestimmt die richtige Antwort) und *Konsensscoring* (die Antwortverteilung in der Stichprobe bestimmt die richtige Antwort). Jede der genannten Methoden birgt Vor- und Nachteile, wobei das Konsensscoring am umstrittensten ist.

S. Weis/H.-M. Süß/K. Conzelmann

soziales Vorurteil [engl. *social prejudice*], *Vorurteile, Stereotyp, stereotyp*.

soziales Wissen (= soz. W.) [engl. *social knowledge*], **[KOG, SOZ]**, ist in seinem breitesten Sinne *Wissen* über die soz. Welt. Soz. W. ist soz. vermitteltes Wissen, d. h.

Wissen, das in *sozialen Interaktionen* explizit oder implizit erworben wird, und vom Individuum konstruiertes Wissen über die Bedeutung sozialer Phänomene. Soz. W. ist soz. Erfahrungswissen, Wissen über Konventionen und *sozialen Normen* (moralisches Wissen), Wissen über akzeptiertes und effektives Verhalten in soz. Situationen, z. B. im Umgang mit Kollegen, Vorgesetzten, Angestellten oder Kunden. Soz. W. wird beginnend mit der frühen Kindheit durch Beobachtung, Nachahmung, pos. und neg. Verstärkung (*Konditionierung, operante*) sowie soz. Schlussfolgern erworben und generiert, um soz. Geschehen einordnen und verstehen zu können. Personen mit reichhaltigem soz. W. haben mehr Verhaltensoptionen und können neue Situationen leichter einordnen. Soz. W. liefert daher die Grundlage für Verstehen und Handeln. S. W. ist in hohem Maße kontext-, gruppen- und kulturspezif., d. h. der Geltungsbereich des s. W. ist entspr. begrenzt. Für Cantor und Kihlstrom (1985) ist soz. W. das Fundament der *sozialen Intelligenz*. Für Wagner und Sternberg (1985) ist soz. W. *stilles Wissen* [engl. *tacit knowledge*], d. h. informell erworbenes Alltagswissen und bildet die Grundlage für das Konstrukt der *praktischen Intelligenz*. Bye und Jussim (1993) ordnen zudem Selbstwissen [engl. *self-knowledge*], d. h. Wissen über die eigene Lebensgeschichte (*Biografie*), über eigene Fähigkeiten und Grenzen, dem soz. W. zu. Soz. W ist bes. für interkulturelle Vergleiche und *interkulturelle Kommunikation* von Relevanz. Forschungsergebnisse zu sog. *Kulturstandards* zeigen, dass Mitglieder einer Kultur best. Normen, Werte, Überzeugungen, Einstellungen, Regeln etc. teilen, die eine Orientierung für eigenes Verhalten geben und die Grundlage dafür liefern, welches Verhalten als normal, typisch oder akzeptabel angesehen wird. Kulturstandards werden im Laufe der Sozialisation erlernt und verinnerlicht und sind den Angehörigen einer Kultur nicht ständig bewusst. Kulturspezifisch erlernte Regeln [engl. *cultural display rules*] bestimmen z. B., inwieweit Emotionen kommuniziert werden. Soz. W. liefert die Grundlage, um in interpersonalen Situationen von der eigenen kult. Norm abweichende (unerwartete) Reaktionen einordnen und bewerten zu können und sich an die Normen einer anderen Kultur anpassen zu können (Matsumoto 1990). Aufgrund der Breite des Konstrukts kann s. W. nicht umfassend erfasst werden. Erforderlich wäre dafür eine erschöpfende Klassifikation soz. Situationen, was nicht möglich scheint. Aspekte von soz. W. können mit *Situational Judgement Tests* erfasst werden, z. B. mit dem *Tacit Knowledge Inventory for Managers (TKIM)* oder Subtests des MSCEIT (*Four Branch Ability Model of Emotional Intelligence*, *Intelligenz, emotionale*). Cantor & Kihlstrom 1987. H.-M. Süß/K. Conzelmann/S. Weis

Sozialethik [engl. *social ethics*; gr. ἠθικός (*ethikos*) sittlich], [EW, SOZ], *Ethik* der Normen und Prinzipien menschenwürdigen Zusammenlebens unter besonderer Berücksichtigung des Prinzips der Gerechtigkeit in sozialen Institutionen wie Familie, Schule, Betrieb, Erziehung, Moral, Recht. Mit psychol. Fragestellungen und Methoden kann das Verständnis der Entstehung und Bewältigung sozialethischer Probleme gefördert werden. Der Begriff des *sozialethischen Problems* oder der *sozialethischen Differenz* enthält das Problemverständnis: dass ein Widerspruch besteht zw. einer ethischen Norm oder Rechtsnorm einerseits und einer historisch realisierten Praxis oder Rechtswirklichkeit andererseits; enthält weiterhin das Problemkarriere: wie die Soziogenese des Problems verlaufen ist und dass es sich aus den realisierten Praxis- oder Lebensformen herausentwickeln werde; und das Problemlösungsverständnis: dass im moralischen oder Verantwortungsdiskurs anerkannt wird, dass der Widerspruch in Richtung auf Verwirklichung der ethischen oder Rechtsnorm überwunden werden soll.

Sozialethische Probleme (z. B. im Bereich von Arbeit, Wohnen, Bildung, körperlicher und psych. Gesundheit, sozialer Sicherheit, Umweltschutz, Umgang mit Minderheiten) stellen Herausforderungen an die Ps. als Wissenschaftssystem und als Anwendungssystem: einerseits gesellschaftliche Herausforderungen an das psychol. Anwendungssystem, als in zunehmendem Maße Psychologen in den genannten Bereichen als Berater, Planer, Schiedsrichter oder Erzieher oder Therapeuten tätig sind; andererseits wiss. Herausforderungen an das psychol. Wissenschaftssystem, insofern das Verständnis der Entstehung und Bewältigung sozialethischer Probleme die Überwindung der Dauerkrise in der Ps. (K. Bühler 1927) im Zuge der Klärung ps.-psychol. Fragen nach Lebensqualität und den Entwicklungs- und Innovationschancen in nationalen und internat. Rahmen verspricht: Gesellschaftspolitik, Entwicklungshilfe, Frieden (*Friedenspsychologie*), *Menschenrechte*.

I. S. der genetischen *Epistemologie* (*Piaget, Jean*) können phil. Probleme der Ethik mit entwicklungspsychol., spez. moralwiss. Fragestellungen und Methoden zu lösen versucht werden. Damit wird das historische und systematische Abhängigkeitsverhältnis der Ps. von der Philosophie vom Kopf auf die Füße gestellt. Dies kann nach Kohlberg (1971) dadurch gelingen, dass die *Ontogenese* der Moralentwicklung als die entwicklungsabhängige Bereitschaft aller von einem sozialethischen Problem Betroffenen beschrieben wird, ihre interaktive Kompetenz für eine gerechte Lösung des anstehenden Konflikts einzusetzen (Miller 1980). *moralische Entwicklung*. Fairweather & Tornatzky 1977, Goodstein & Sandler 1978.

soziale Überschneidungssituation *kulturelle Überschneidungssituation*.

soziale Unterstützung (= soz. U.) [engl. *social support*], [GES, KLI, PER, SOZ], unter soz. U. lassen sich ganz allg. die Möglichkeiten eines Individuums, U. und Hilfe aus dem persönlichen *sozialen Netz* zu erhalten, verstehen. Soz. U. beinhaltet den Aspekt der subj. Wahrnehmung und Bewertung, den Aspekt der vorhandenen Netzwerkressourcen (*Ressource*) und der soz. Integration und als dritten Aspekt die konkreten unterstützenden Maßnahmen. Die versch. Def. von soz. U. unterscheiden sich in der Betonung der relativen Bedeutung dieser drei Aspekte. Soz. U. lässt sich also weder ausschließlich als indiv. Merkmal einer Person (*Persönlichkeitsmerkmal*) festmachen noch an den strukturellen Merkmalen des *sozialen Netzes* (z. B. Größe, Dichte, Homogenität, Art und Dauer der Beziehungen), in dem eine Person eingebunden ist. Soz. U. bezieht sich inhaltlich typischerweise auf emot. Unterstützung, praktisch-instrumentelle Hilfe, Unterstützung beim Problemlösen einschließlich informationeller Hilfe sowie der subj. erlebten soz. Integration und dem Vertrauen auf verlässliche Beziehungen. Die Relevanz von soz. U. ergibt sich aus deren pos. Wirkungen auf die körperliche und psych. *Gesundheit* und das *Wohlbefinden*. Zwei Modelle werden diskutiert, beide schließen sich nicht gegenseitig aus. Zum einen kann soz. U. den Gesundheitszustand unmittelbar günstig durch Befriedigung von Grundbedürfnissen nach Zugehörigkeit, Wertschätzung und emot. Sicherheit beeinflussen. Zum anderen kann soz. U. die ungünstigen Effekte von Belastungen und *Stress* abpuffern. Empirische Belege existieren für beide Modelle. Die Wirkung von soz. U. ist zum einen behavioral (z. B. gesundheitsförderliches Verhalten), aber auch durch kognitiv-psychol. Mechanismen (z. B. Gefühl der Zugehörigkeit, Sicherheit, Lebenskontrolle, *Kohärenzgefühl*) vermittelt, beides wiederum beeinflusst neuroendokrine (*Neuroendokrinologie*), autonome (*Nervensystem*) und immunologische (*Immunsystem*) Funktionen pos. Uchino 2006.

C. Hermann

soziale Urteilstheorie (= s. U.) [engl. *social judgement theory (SJT)*], [**KOG, SOZ**], die von Sherif und Kollegen (Sherif et al. 1965) entwickelte s. U. unterteilt persuasive Argumente (*Persuasion*) danach, ob sie für den Einzelnen in einen von drei Abschnitten seines Einstellungskontinuums (*Einstellung*) fallen. Persuasive Argumente, die in den *Zustimmungsbereich* (latitude of acceptance) des Einstellungskontinuums fallen, werden akzeptiert, wenn nicht vollst., so doch in modifizierter Version. Es kommt zu einer *Assimilation* der Argumente.

An diesen Teil des Einstellungskontinuums schließt sich der *Bereich der Indifferenz* an (latitude of non-commitment). Von außen kommende Informationen, die in diesen Bereich fallen, können zu *Einstellungsänderung* führen, sofern sie nah an den Akzeptanzbereich reichen, und werden dann assimiliert. Sie können aber auch, da an der Grenze zum dritten Bereich des Kontinuums, dem *Ablehnungsbereich* (latitude of rejection) liegend, abgelehnt werden. Je nachdem wie groß diese Ablehnung ausfällt, kann es zu deutlichen Kontrasteffekten kommen bei extremer Ablehnung sogar zu Bumerangeffekten (*Bumerangeffekt*), die eine anfängliche Ablehnung noch vergrößern.

Neben der Dreiteilung des Einstellungskontinuums und den beiden Mechanismen der Einstellungsänderung, die auf Assimilation und Kontrast beruhen, hat die Theorie v. a. dadurch zusätzliche Bedeutung erlangt, dass sie als eine der ersten das sog. *ego-involvement* einer Person berücksichtigt, bei dem die indiv. Einstellungen als für die eigene Person (ego) von besonderer Bedeutung sind. Bei derartigen Einstellungen oder Thematiken gibt es keinen Indifferenzbereich (Ablehnungsbereich), i. d. R. aber einen großen Ablehnungsbereich und einen relativ kleinen Akzeptanzbereich (Eagly & Chaiken 1993). *B. Six*

soziale Verantwortung (= soz. V.) [engl. *social responsibility*], [**EM, SOZ, WIR**], soz. V. hat zwei Aspekte: das Wohlergehen anderer unterstützen und Verfolgung der eigenen *Ziele*, ohne andere zu schädigen. Ein Mensch handelt gemäß Auhagen (2001) dann v.voll, wenn er ethische Standards (*Ethik*) berücksichtigt und sich für rechenschaftspflichtig für die Konsequenzen der *Handlung* hält. Soz. V. umschließt mehrere prototypische Fälle (Montada 2001). Dazu zählen politische V. (*politische Partizipation*) für Fehlentscheidungen, finanzielle V. für andere, Vermeidung von unnötigen Risiken für andere und freiwillige Arbeit in einer ehrenamtlichen *Organisation* (*Freiwilligenarbeit*). Soz. V. lässt sich mit zwei prosozialen Motiven (*prosoziales Motivsystem*) verknüpfen, *Empathie* und Schuld. Empathie ist eine Voraussetzung für die Übernahme von V., die sich in der Sorge für andere ausdrückt, während Schuldgefühle aufgrund von Nachlässigkeit, Fehlern und unverdienten Privilegien zustande kommen.

Heider (1958) unterscheidet in seinem Modell zur Attribution (*Kausalattribution*) von V. versch. Stufen ansteigender Schuld für die Auslösung neg. Konsequenzen (z. B. Missgeschicke, Unglücke): (1) bloße *Assoziation* i. S. eines zufälligen gleichzeitigen Ereignisses (die Person ist «zur falschen Zeit am falschen Ort»), (2) *Kausalität* (die Person hat den Effekt bewirkt), (3) Vorhersehbarkeit (die Person hätte aufgrund ihrer Vorkenntnisse wissen können, dass eine neg. Konsequenz durch ihre Handlung hervorgerufen werden könnte), (4) Absicht (*Intention*, die Person hat das Auftreten der neg. Konsequenzen intendiert). Eine fünfte Stufe reduziert das Ausmaß der wahrgenommenen Schuld: (5) Rechtfertigung durch unkontrollierbare Bedingungen, die die zur Verfügung stehenden Handlungsmöglichkeiten der Person begrenzen.

Wenn Hilfeempfänger ihre Notlage selbst verursacht haben, ist die Hilfeleistung (*prosoziales Verhalten*) ihnen gegenüber eher gering (Weiner 2001). Dieser Zusammenhang wird durch die v.basierte Theorie des sozialen Verhaltens thematisiert. Sie basiert auf der Annahme, dass die Zuschreibung von V. für die Notlage des Opfers affektive Reaktionen (*Affekt*) auslöst, die der Entscheidung (*Entscheiden*) über prosoziales Verhalten durch den potenziellen Helfer unmittelbar vorausgehen. Affektive Reaktionen, die das Modell einschließt, sind Mitgefühl und *Ärger*, wobei Mitgefühl zu Hilfeverhalten führt und Ärger zu Verweigerung der Hilfe und Verurteilung der Person, die in Not geraten ist. Wenn das Opfer für seine Notlage verantwortlich zu sein scheint, wird überwiegend Ärger hervorgerufen. Wenn das Opfer unschuldig in seine Notlage gekommen zu sein scheint, überwiegt das Mitgefühl. Empir. Unterstützung für diese Annahmen liefert eine *Metaanalyse* von Weiner (2001). Ein wichtiges Anwendungsfeld ist die V. für die Umwelt. Empir. Untersuchungen zeigen, dass V.gefühl in einem pos. Zusammenhang mit umweltbewusstem Verhalten steht (Kaiser et al. 2001). *H.-W. Bierhoff*

soziale Vergleichsprozesse [engl. *social comparison processes*], *Gruppenpolarisation*, *Leistungsangst*, *Selbstkonzept*, *altersbedingte Veränderungen*. Frey et al. 1993. *B. Six*

soziale Vorstellungen *soziale Repräsentationen*.

soziale Wahrnehmung *soziale Kognition*, *soziales Verständnis*.

Sozialindikatoren [engl. *social indicators*; lat *indicare* anzeigen], [**DIA, SOZ**], versch. das Sozialleben betreffende Kenngrößen, die den Qualitätszustand einer Gesellschaft anzeigen sollen. Sowohl objektive Daten aus versch. gesellschaftlichen Subsystemen (wie z. B. Arbeitslosenquote, Säuglingssterblichkeit, versch. bildungs- und kriminalstatistische Parameter, Grad der Luftverschmutzung, durchschnittliche Zeitaufwendung für best. Freizeitbetätigungen) als auch subj. Einschätzungen von Zufriedenheit und Wohlbefinden können als Kriterien für Planung und Evaluation von sozialen Maßnahmen verwendet werden (*Lebensqualität*). [www.gesis.org/publikationen/archiv/datenreport/2008/]. Andrews & Withey 1976, Mann 1977. G. Kaminski

sozialintegrativ [engl. *social integrative*; lat. *integrare* wieder aufnehmen], [**AO, PÄD**], demokratischer (nach Lewin) *Führungsstil* bzw. *Erziehungsstile* im Unterschied zu *autokratisch* (*autoritär* nach *Lewin*) und *laissez-faire*. Tausch und Tausch (1991) untersuchten diese Stile im Erziehungsverhalten von Lehrern. Ein sozialintegrativer Erzieher, Lehrer bzw. Vorgesetzter übt lediglich ein mittleres Maß an Kontrolle aus und lässt seine emot. Wärme (Wertschätzung des anderen bzw. Zuneigung zum anderen) deutlich erkennen. Lewin et al. 1939, Mietzel & Rüssmann-Stöhr 1993.

Sozialisation, Sozialisierung (= S.) [engl. *socialisation*; lat. *sociare* verbinden, *socius* gemeinsam, gemeinschaftlich, verbunden], [**EW, SOZ**], gelegentlich auch *Vergesellschaftung*, Bez. für die Anpassung (das Hineinwachsen) des Individuums, v. a. des Kindes in die «Normen» der Gesellschaft (*Normen, soziale*). S. ist sowohl ein Prozess, der aus dem Individuum entwicklungsgemäß (Anlagen, *Fähigkeiten*) abläuft, als auch eine Aufgabe, die erzieherisch (*Erziehung*, lenkend, führend, anleitend) von der Gesellschaft geleistet wird. Die volle Aufnahme der Normen, wobei die Überzeugungen, Verhaltensstandards etc. der Gesellschaft als «eigen» erlebt werden, ist die *Internalisierung*. S. als das vom Leben geforderte Erlernen immer neuer Rollen dauert durch alle Lebensalter. Einige Autoren führten zusätzlich den Begriff *Enkulturation* ein für die Aufnahme der tradierten kult. *Werte*. *berufliche Sozialisation*. Schneewind 1994b, Schneewind & Pekrun 1994, Schneider 1994.

Sozialisationspsychologie (= S.) [engl. *psychology of socialization*], [**EW, PÄD, SOZ**], bearbeitet das Gebiet der inzidentell (*Sozialpsychologie*, *Erfahrungsbildung*) und intentional (*Erziehungspsychologie*) beeinflussten psych. Entwicklung im kult. und sozialen Kontext. S. befasst sich mit *moralischer Entwicklung* (Montada 1994, Preiser 1994, Ulich 1994) einschließlich prosozialem/aggressivem Verhalten (Schmidt-Denter 2005) und mit päd.-psychol. Intervention (Perrez 1994, Schmidt 1994, Schwarzer 2004). S. befasst sich mit Beschränkungen, Spielräumen, Aufgaben und Selbstrepräsentationen von psych. Entwicklungsprozessen (Brandtstädter & Greve 1994). Die Ergebnisse der Sozialisation bestehen in der Aneignung von soziokult. Lebensbedingungen und wirken sich auch aus auf die individ. körperlichen und seelischen Lebenserscheinungen (Schneewind & Pekrun 1994, Oerter 1994). S. leistet einen zentralen Beitrag zum Verstehen der Entwicklung der Persönlichkeit, selbst wenn die Wirkung genetischer Einflüsse adäquat berücksichtigt wird (Asendorpf (1994) zum Einfluss der Familie; Trautner (1994) zur geschlechtsspezif. Differenzierung.

Die *emotionale Entwicklung* (z. B. Entfaltung und Ausdifferenzierung von Emotionen, Aufbau von Objektbeziehungen, Entwicklung von Bindungssicherheit, Erwerb von kogn. kontrollierter emot. Kompetenz, Aufbau emot. Schemata, Ulich 1994) ist Gegenstand der S. ebenso wie Bedingungen der Entwicklung von *Intelligenz*, *Kreativität* und von *Wissen* (z. B. Helmke & Weinert 1997 zum Einfluss der Schule), der Entwicklung von Kontrollüberzeugungen (*locus of control*; Krampen 1994) oder der Entwicklung von weltanschaulichen, religiösen und politischen *Überzeugungssystemen* (Preiser 1994). Zum Einfluss gleichaltriger Kinder und der Arbeitswelt z. B. Krappmann (1994). Den Einfluss von Gruppen auf Erwachsene zeigt am Bsp. des Lernens Witte (1997) u. a. an den Merkmalen Zielfindung, Leitung der Gruppe, Strukturierung, Anpassungsdruck, Leistungsanspruch. Pekrun 1994. W. Echterhoff

Sozialisationsziel [engl. *socialization goal*], *Erziehungsziel*.

sozialisierte Sprache [engl. *socialized language*], [**EW, SOZ**], tritt nach *Piaget* (*Entwicklung, Stufentheorie nach Piaget*) ungefähr im Alter zw. 7 und 8 Jahren auf; zu dieser finden sich Kinder häufig in Kleingruppen zus., und nonverbale Handlungen wie mimische und gestische Äußerungen verlieren innerhalb der Sprechsituation an Bedeutsamkeit (*nichtverbale Kommunikation*). Diese Veränderung in der *Sprachentwicklung* geht der kogn. Entwicklung voraus; das *Denken* ist zu diesem Zeitpunkt immer noch *egozentrisch* zu nennen, sodass eine wichtige Funktion der sozialisierten Rede in einer entspr. Sozialisierung kognitiver Vorgänge besteht. Von der Unterscheidung in die zwei großen Gruppen von Äußerungen ausgehend, den egozentrischen und den sozialisierten, kommt Piaget dazu, letztere in fünf Grundkategorien aufzuteilen, wobei der ersten eigentlich ein übergreifender Stellenwert zukommen müsste: (1) angepasste Information: Das Kind geht auf den Standpunkt des Partners ein und will auf ihn einwirken. (2) Kritik: Das Kind äußert sich über die Arbeit und das Verhalten anderer, wobei die Äußerungen eher affektiven als intellektuellen Charakter haben. (3) Befehle, Bitten, Drohungen: Das Kind wirkt auf andere ein. (4) Fragen und (5) Antworten: Es besteht jetzt das Bedürfnis nach echten Antworten sowie auch die Bereitschaft, diese selbst zu geben. Ist bei Piaget das sozialisierte Sprechen erst nach dem egozentrischen möglich, so wird bei Wygotski (*Entwicklung, soziokultureller Ansatz nach Wygotski*) umgekehrt die sozialisierte Rede als Vorbedingung für die egozentrische betrachtet. Piaget 1972, Wygotski 1934, 1969, 1972. H. Grimm

Sozialisierungsphase [engl. *socialization phase*], [**EW, SOZ**], Zeitraum plastischer Ansprechbarkeit auf best. Sozialpartner. Dass Früherfahrungen das Verhalten von Tieren stark festlegen können (*Prägung*), zeigten Untersuchungen von Harlow (1962) mit Rhesusaffen, Freedman mit Hunden und Lorenz bei Wasservögeln. Die Übertragbarkeit und v. a. die Irreversibilität dieser Sozialisierungswirkung beim Menschen ist umstritten (*Hospitalismus*). Bowlby 1973a.

Sozialkategorie [engl. *social category*], **[SOZ]**, demografische Gruppe, Personenmenge mit mehr oder weniger gleichen, insbes. sozial relevanten Merkmalen (z. B. Gastarbeiter, geschiedene Frauen).

Sozialklima, schulisches [engl. *school social climate*], *Schulklima*.

Sozial-kognitive Theorie [engl. *social cognitive theory*], *Health Action Process Approach*, *Handlungsergebniserwartungen*, *Katharsis*, *Persönlichkeitstheorien*, *lerntheoretische Ansätze*.

Sozialkonstruktivismus (= S.), [engl. *social constructivism*; lat. *construere* herstellen; *constructio* Zusammenschichtung], **[FSE, KOG, PHI, SOZ]**, nimmt an, dass die den Menschen umgebende Wirklichkeit keine objektiv gegebene, sondern eine soz. konstruierte ist (*Symbolischer Interaktionismus*, *Ethnomethodologie*, *Sozialphänomenologie*). Die Menschen treten dabei stets einer bereits sinnhaft konstruierten Wirklichkeit entgegen und reproduzieren oder modifizieren diese durch ihre weiteren Interaktionen: «Sowohl nach ihrer Genese (Gesellschaftsordnung ist das Resultat vergangenen menschlichen Tuns) als auch in ihrer Präsenz in jedem Augenblick (sie besteht nur und solange menschliche Aktivität nicht davon ablässt, sie zu produzieren) ist Gesellschaftsordnung als solche ein Produkt des Menschen» (Berger & Luckmann 1974, S. 55). Sozialkonstruktivistische Ansätze bilden dabei keine einheitliche Theorie; es lassen sich unterschiedliche Vorstellungen differenzieren darüber, durch welche Prozesse oder Mechanismen die soz. Wirklichkeit hergestellt, verobjektiviert wird. Allerdings bauen wohl alle sozialkonstruktivistischen Annahmen auf «drei Axiomen» (Kruse 2013) auf:

1. Axiom: Wirklichkeit ist immer kontingent, da sie stets konstruiert ist! Qualitative Sozialforschung ist im Prinzip empirisch angewandter Konstruktivismus. In der qual. Forschung ist es eine wissenschaftstheoretische Basisannahme, dass Wirklichkeit niemals obj. Wirklichkeit ist, sondern stets interaktiv hergestellte, also konstruierte Wirklichkeit (*Konstruktivitätspostulat*). Wirklichkeit liegt damit immer in unterschiedlichen Versionen vor (*Versionenhaftigkeit*) und es verbietet sich damit, die Frage zu stellen, wie wahr diese Wirklichkeit ist; allenfalls kann man fragen, wie nützlich sie ist, d. h. wozu sie dient (Watzlawick 1976). Mit diesem konstruktivistischen Wirklichkeitsverständnis wird aber auch deutlich, dass Wirklichkeit stets kontingent ist, d. h., Wirklichkeit könnte immer auch ganz anders aussehen (*Kontingenzannahme*). Dass Wirklichkeit immer kontingent, da stets sozial konstruiert, ist, heißt aber nicht – was ein häufiges konstruktivistisches Missverständnis ist –, dass sie willkürlich, beliebig oder zufällig ist, denn sie vollzieht sich immer nach spezif. Regeln und Relevanzen (die auch erforscht werden können) in sinnhafter Weise. Dass Wirklichkeit immer kontingent, da stets sozial konstruiert, ist, heißt ebenfalls nicht, dass sie nicht «objektiv» ist für die sozialen Akteure, die sich in ihr bewegen. Dies kann allein über das bekannte *Thomas-Theorem* verdeutlicht werden: «If men define situations as real, they are real in their consequences» (Thomas & Thomas 1928, S. 572).

2. Axiom: Alles hat bzw. ergibt einen Sinn! Aus diesem Konstruktivitätspostulat und der damit inhärenten Kontingenzannahme folgt ein zweites Axiom, das sich auf den ersten Blick wie eine Zumutung äußert: Alles hat bzw. ergibt einen Sinn. Diese Sinnhaftigkeitsunterstellung ist jedoch elementar für die qualitative Sozialforschung. Sie ergibt allerdings nur Sinn, wenn ein spezif. Sinnbegriff angewendet wird, der in seinem ersten Zugang zur Wirklichkeit nicht normativ bzw. moralisch-ethisch konzipiert ist, sondern rein existentialistisch (eine Wirklichkeit ist existent geworden und damit muss es einen Grund, einen Sinn geben, dass diese genau so existent geworden ist) und erst im Nachhinein in diesen Dimensionen wertend reflektiert wird.

3. Axiom: Nichts ist selbstverständlich! Aus den beiden vorherigen Voraussetzungen qual. Sozialforschung ergibt sich das dritte Axiom: die Infragestellung alles Selbstverständlichen, die als «Ent-Selbstverständlichung» bezeichnet werden kann (*Verfremdungshaltung*), ist eine erste Voraussetzung, sich auch von den Selbstverständlichkeiten in Hinblick auf die eigenen Wirklichkeitskonstruktionen zu lösen. Sie ist von elementarer Bedeutung in Bezug auf ganz unterschiedliche Dimensionen und Phasen des qual. Forschungsprozesses. Schütz 2004. *J. Kruse*

Sozialmedizin (= S.) [engl. *social medicine*; lat. *socialis* gemeinschaftlich, *ars medicina* Heilkunst], **[GES]**, ein vieldeutiger Begriff, der zus. mit *Sozialhygiene* und *preventive medicine* gebraucht wird und vieles abdeckt, was als öffentliche Gesundheitspflege verstanden wird. Auch die Sozialversicherung wird als zugehörig zum Begriff S. angesehen.

Sozialökologie [engl. *social ecology*; lat. *socialis* gemeinschaftlich, gr. οἶκος (*oikos*) Haus(halt), λόγος (*logos*) Wort, Lehre], **[SOZ]**, Sammelbez. für Arbeitsrichtungen in der Ps. und in benachbarten Disziplinen, denen gemeinsam ist, dass sie sich theoretisch und empirisch mit sozialen (teils auch nicht soz.) Einflussfaktoren befassen, wie sie in natürlichen Umgebungen wirksam werden, bspw. Einflüssen aus der alltäglichen und familialen oder schulischen Umgebung auf die Sozialisation; Einflüsse einer Klinik auf Patienten und Personal. Bronfenbrenner 1976, Moos & Insel 1974. *G. Kaminski*

Sozialpathologie [engl. *social pathology*; lat. *socialis* gemeinschaftlich, gr. πάθος (*pathos*) Leiden(schaft), λόγος (*logos*) Wort, Lehre], **[GES, KLI]**, ein nicht eindeutiger Begriff, da er einerseits eine Sammelbez. für alle Wiss. ist, soweit sie sich mit der soz. Seite von *Krankheiten* beschäftigen, und andererseits eine Bez. für diejenige Wiss. darstellt, die die Krankheitserscheinungen des sozialen Organismus zum Thema hat. *Soziopathie*. Bernsdorf & Bülow 1972.

Sozialphänomenologie (= S.) [engl. *social phenomenology*; lat. *socialis* gemeinschaftlich, gr. φαινόμενον (*phai-*

nomenon) Erscheinung, λόγος *(logos)* Wort, Lehre], [**FSE, PHI, SOZ**], innerhalb des sozialkonstruktivistischen Paradigmas (*Sozialkonstruktivismus*) ist die S. nach Peter L. Berger und Thomas Luckmann (1974) besonders prominent. Sie baut auf der Wissenssoziologie von Alfred Schütz (*Fremdverstehen*) auf. Auch die hermeneutische Wissenssoziologie (Soeffner 2004), die für das Feld *qualitativer Sozialforschung* von großer Bedeutung ist, rekurriert auf sie: «Die Hermeneutische Wissenssoziologie (= H.) setzt daran an, dass soziale Akteure sinnorientiert bzw. unter Bezug auf Sinnstrukturierungen, also sinnhaft-deutend agieren. Sie bezieht sich damit in der Tradition der Analysen von Alfred Schütz […] auf entspr. Konstitutionsprozesse im Bewusstsein bzw. der Praxis der Handelnden. Zugleich betont sie, wie Schütz, die soziale Genese oder *Konstruktion* der Deutungsschemata, die in Bewusstseinsprozessen zum Einsatz kommen und ein einfaches sinnliches ‹Erleben› erst in reflektierte, sinnhafte ‹Erfahrung› verwandeln. Wissenssoziol. zugänglich ist dann nicht die Intentionalität, das Erleben oder die Erfahrungsqualität im Einzelbewusstsein. Behauptet wird auch keineswegs der originale ‹Ursprung› der erwähnten Deutungsschemata im indiv. Bewusstsein – ganz im Gegenteil: Die H. interessiert sich für den ‹sozialen Sinn›, die sozialen Erzeugungsprozesse und Erscheinungsformen der gesellschaftlichen Wissensvorräte» (R. Keller 2008, S. 78f.). Zentral für die H. bzw. die S. ist, dass sie sich von den bewusstseinsphänomenologischen bzw. introspektiv-hermeneutischen Ansätzen – wie v. a. die von Alfred Husserl oder Wilhelm Diltey – abgrenzt: Diese versuchen, über Interpretationsprozesse auf die bewusstseinsförmigen Erfahrungen und Erlebnisse der erforschen Subjekte zuzugreifen, und verorten damit Deutungen vorrangig im indiv. Bewusstsein. Die S. löst also – allerdings nicht vollst. – die Genese von Sinn aus den Subjekten heraus auf hebt sie auf die Ebene des Sozialen selbst. *J. Kruse*

^{Test}**Sozialphobie und -angstinventar für Kinder (SPAIK)**, 2001, S. Melfsen, I. Florin & A. Warnke, [www.testzentrale.de], [**DIA, EW, KLI**], klin. Verfahren. AA Kinder von 8;0 bis 16;11 Jahren. Das SPAIK gibt 26 Situationen vor, die somatische, kogn. und Verhaltensaspekte der Sozialphobie (*soziale Phobie*) im Kindes- und Jugendalter in einer großen Bandbreite repräsentieren. Bei 16 Situationen bzw. Items werden mehrere (bis zu vier) Unteraspekte erfasst. Die Beantwortung erfolgt auf einer dreistufigen Likert-Skala. Die Konstruktion des Inventars erfolgte vor dem Hintergrund der internat. Diagnosekriterien. *Normierung*: geschlechtsspezif. Normen ($N = 1197$) für die Altersbereiche 8;0–10;11 sowie 11;0–13;11 und 14;0–16;11 Jahre. Die Rohwerte lassen sich in T-Wert- und Prozentrangbänder transformieren. Bearbeitungsdauer: ca. 20–30 Min.

Sozialphysik [engl. *social physics*; lat. *socialis* gemeinschaftlich, φύσις *(physis)* Natur], [**SOZ**], vom franz. Mathematiker und Philosophen A. Comte (1798–1857) geprägter Begriff einer quantifizierenden Lehre von den gesellschaftlichen Vorgängen, den er später als *Soziologie* bezeichnete.

Sozialpsychiatrie (= S.) [engl. *social psychiatry*; lat. *socialis* gemeinschaftlich, gr. ψυχή *(psyche)* Seele, ιατρός *(iatros)* Arzt], [**KLI**], Begriff, der erstmals bei L.L. Bernard 1943 erwähnt wird. Er resultiert aus der Kritik am med. Modell (*Krankheitsmodelle*), aus der die moderne S. entstand. Sie betont bei Diagnose und Therapie indiv. und/oder zw.menschl. Störungen den Einfluss soziokult. und ökonomischer Faktoren, die eine schichtbezogene Chancenungleichheit bedingen. Realisierungsversuche (z.B. *therapeutische Gemeinschaft*) stoßen dabei häufig auf den Widerstand konventioneller Normensysteme.

Sozialpsychologie (= S.) [engl. *social psychology*; lat. *socialis* gemeinschaftlich, gr. ψυχή *(psyche)* Seele, λόγος *(logos)* Wort, Lehre], s. Einleitung *Gebietsüberblick «I.17 Sozialpsychologie und Kommunikationspsychologie».* Zur geschichtl. Entwicklung s. Rösgen 2008.

Sozialverhalten (= S.) [engl. *social behavior*], [**KOG, SOZ**], der Begriff umfasst alle Verhaltensweisen von Menschen und Tieren, die sich auf Reaktionen und/oder Aktionen anderer Gruppenmitglieder beziehen. Es wird unterschiedlich diskutiert in (1) der *Soziologie*, (2) der *Sozialpsychologie* und (3) der *Verhaltensbiologie*. Hier ist S. ein Sammelbegriff für Verhaltensmuster, die von einem Tier in einer Gruppe geäußert werden und sich (i.d.R.) von den Verhaltensweisen (*Verhalten*) gegenüber fremden Artgenossen unterscheiden. Soz. Verhalten bringt Artgenossen zus. (*soziale Attraktion*) und koordiniert das Zusammenleben in der Gemeinschaft (*soziale Koordination*). Als kleinste soz. Einheit gilt die Geschlechtergemeinschaft, in der auch extreme Einzelgänger wie der Kuckuck S. zeigen. S. kann über den innerartlichen Bereich hinaus auch Artfremde einbeziehen, z.B. in den gemischten Winterschwärmen von Saatkrähen und Dohlen oder den großen Huftierherden der afrikanischen Savanne (versch. Antilopenarten, Zebras). Das S. bringt eine Reihe von Selektionsvorteilen: (1) Nahrungserwerb (Auffinden und Mitteilen von Wasser oder Futterstellen, kooperativ jagende Wölfe), (2) Gefahrenvermeidung (Gefahr schneller erkennen, gemeinsam angreifen), (3) soz. Lernen (Weitergabe von Erfahrung an die Jungen, z.B. für Gefahrvermeidung), (4) Temperaturregulierung (soz. Zusammenleben im Bienenstock).

Nahezu alle Elemente lassen sich als ritualisierte Verhaltensweisen anderer Lebensbereiche (Brutpflege (*Brutpflegeverhalten*), *Aggression*, Körperpflege usw. ableiten: Junge Schabrackenschakale z.B. stoßen die Eltern an die Schnauze, was bei diesen Futterwürgen hervorruft. Dieses Schnauzenstoßen ist bei adulten Tieren zum Begrüßungsritual geworden. *Ethologie, soziale Kompetenzen*. Eibl-Eibesfeldt 1967. *C. Becker-Carus*

Sozialwissenschaften [engl. *social sciences*], Sammelbez. für die mit dem sozialen *Verhalten* im engeren (z.B. *Soziologie*, Ps., Politologie) wie auch weiteren Sinne (z.B. *Sozialmedizin*, soziale *Anthropologie*) befassten Wissenschaften.

Soziobiologie [engl. *social biology*; lat. *socialis* gemeinschaftlich, gr. βίος *(bios)* Leben, λόγος *(logos)* Wort, Lehre], [engl. *sociobiology*], [**BIO, PER**], Versuch, das *Sozialverhalten* von Tieren und Menschen als evolutionäre Anpassungsleistung an die Umweltbedingungen der evolutionären Vergangenheit zu verstehen (*ultimate Erklärung*). Dieser Ansatz einer evolutionär ausgerichteten *Verhaltensbiologie* wurde von Edward O. Wilson (1975) geprägt und löste seinerzeit heftige Kontroversen mit Sozialwissenschaftlern aus, die bis dahin glaubten, menschliches Sozialverhalten allein auf aktuelle Umweltbedingungen zurückführen zu können. Später wurden die ultimaten Erklärungen auch von Biologen (eingeschlossen E. O. Wilson selbst) als zu hypothetisch kritisiert. Als Reaktion hierauf entstand die *Evolutionspsychologie*, die zusätzlich zu ultimaten Erklärungen deren Umsetzung durch konkrete physiol. und psychol. Mechanismen forderte (*proximate Erklärung*).

Soziodrama [engl. *sociodrama*; lat. *socius* gemeinsam, gr. δρᾶμα (*drama*) Handlung]; *Psychodrama*.

sozio-emotionale Selektivitätstheorie (= S.) [engl. *socio-emotional selectivity theory*; lat. *selectio* Auswahl], **[EM, EW, SOZ]**, Laura Carstensen argumentiert in der Anfang der 1990er Jahre vorgeschlagenen S., dass es im Laufe der menschlichen Entwicklung zu fundamentalen Verschiebungen motivationaler Kräfte (*Motivation*) kommt, und zwar getrieben von der Art der Zukunftsperspektive und nicht vom kalendarischen Alter. Je ausgedehnter sich die Zukunftsperspektive (= Z.), v. a. in frühen Phasen der Lebensspanne, darstellt, desto eher rückt das *Motiv* der Informationssuche in den Vordergrund und treibt Entwicklung an. In der Folge werden vielfältige Entwicklungswege beschritten und die Lebensmöglichkeiten auf vielfachen Wegen aktiv exploriert und mit Information aufgeladen. Wird die Z. hingegen als begrenzt wahrgenommen, was vor allem im höheren Lebensalter der Fall ist, konzentrieren sich Zielprozesse auf den Erhalt emot. bedeutsamer Erlebensinhalte (*Emotionen*), v. a. im Bereich der sozialen Beziehungen. So wird erwartet, dass ältere Menschen proaktiv in den Erhalt von besonders bedeutsamen Sozialpartnern mit hohem Intimitätsgrad investieren, während weniger wichtige Sozialbeziehungen eher aufgegeben werden. Seit ihrer Einführung hat sich der Anwendungsbereich der S. ständig ausgeweitet, was v. a. in der Annahme einer allg. höheren Positivität bei Menschen mit begrenzter Z. zum Ausdruck kommt. Eine bedeutsame Voraussage der S. besteht ferner darin, dass sich die behaupteten motivationalen Verschiebungen auch in jüngerem Lebensalter zeigen, wenn entspr. Randbedingungen die Z. verkürzen (z. B. Umzug, Krankheit). Die S. hat seit ihrer Einführung eine Vielzahl von empirischen Bestätigungen gefunden, welche die *Lebensspannenpsychologie* insges. sehr bereichert haben. Carstensen 2006. *H.-W. Wahl*

Soziogramm (= S.) [engl. *sociogram*; lat. *socius* gemeinsam, gr. γράφειν (*graphein*) schreiben], *Soziometrie*.

Soziolekt [engl. *sociolect*], **[KOG, SOZ]**, in soz. Gruppen entwickelte Sondersprache, die abweicht von der allg. Verkehrssprache und dem geografisch abgegrenzten Dialekt.

Soziolinguistik (= S.) [engl. *sociolinguistics*; lat. *socius* gemeinsam, *lingua* Zunge, Sprache], **[KOG, SOZ]**, die Beschreibung und Systematisierung linguistischer Merkmale von gruppen-, schicht- und kulturspezif. Sprachgebrauch (*Sprache*) in Abhängigkeit von soziologisch erfassbaren Daten; sie beschäftigt sich demgemäß mit Gesetzlichkeiten von kollektivem *Kommunikation*sverhalten. Dies stellt die S. in ein komplementäres Verhältnis zur *Psycholinguistik*, die ihrerseits mit den Voraussetzungen und dem Vorkommen des Sprechens als soziale Tätigkeit von Individuen befasst ist (*Sprachproduktion*). Mit der Psycholinguistik verbindet die S. nicht nur das Interesse, mit je unterschiedlichem Schwerpunkt, am Thema Sprache/Sprechen, sondern auch eine Parallelität in der Wissenschaftsentwicklung im jeweiligen Bereich. In Dt. haben S. und Psycholinguistik eine bedeutende Tradition (im Falle der S. die *Völkerpsychologie* von Steinthal und Lazarus 1860–1890 und Wundt 1900), und beide haben in den letzten zwei Jahrzehnten, ausgehend von angloamerik. Impulsen, eine bes. – wenn auch thematisch jew. eingeschränkte – Aktualität gewonnen. Diese besteht bei der S. in einem sozialpolitischen Engagement: Ausgehend von der Erkenntnis, dass einerseits in hoch entwickelten Leistungsgesellschaften die Sprachfähigkeit eine entscheidende Rolle für persönliche Entfaltungsmöglichkeiten spielt, und von der Beobachtung andererseits, dass unterschiedliche Schichten der Bevölkerung über unterschiedliche sprachliche Gewohnheiten und Fertigkeiten verfügen (bei Bernstein 1970: Mittelschicht: *elaborierter Code*; Unterschicht: *restringierter Code*), wird die Forderung erhoben, durch ausgleichende bildungspolitische Maßnahmen soziale Ungerechtigkeiten zu mildern. *Bildungschancen*, *Bildungsdefizit*. Oevermann 1972, 1980, Schlieben-Lange 1973. *G. List*

Soziologie (= S.) [engl. *sociology*; lat. *socius* gemeinsam, gr. λόγος (*logos*) Wort, Lehre], **[SOZ]**, die Gesellschaftswissenschaft, Beschreibung und Theorie der soz. Gebilde und des kollektiven *Verhaltens*. Wenn nur die *Interaktion*, *Kommunikation* oder *Rollen* und Rollenverhalten thematisiert sind, wird S. auf der Mikroebene betrieben und ähnelt manchen Themen der Sozialps.; wenn *Gruppen*, Kollektive und andere soziale Kategorien behandelt werden, könnte man von der Mesoebene der S. sprechen, und die Beschäftigung mit *Kultur*kreisen, Schichten, Ständen und Klassen (*Status, sozioökonomischer*) führt auf die Makroebene der S. Außerdem gibt es die spez. S. der *Familie*, Jugend (*Adoleszenz*), des Berufs etc. (de Jager & Mok 1973). In Bezug auf die Sozialps. ist S. insofern Hilfswiss., als ihre Abstraktionen einige unabhängige Variable def., ähnlich wie es in der *Psychophysik* deren Hilfswiss., die Physik, tut. Nach v. Wiese ist die S. die Grundwissenschaft der Sozialwiss. Nach Comte sollte die von ihm sog. S. allerdings erst zus. mit der *Biologie* die letzten Erklärungen in einer neuen Wiss. ermöglichen, die er *la morale* nannte und die als Verhaltenswiss. verstanden werden muss. Weber meinte, dass die S. die «Wissenschaft (sei), welche soz. Handeln deutend verstehen und dadurch in seinem Ablauf und seinen Wirkungen ursächlich erklären will». I. w. S. schließt die S. auch die soz. Prozesse in Tier- und Pflanzenwelt ein. Die Existenzberechtigung der S. wurde von den Nachbarwiss. wie Geschichte, Rechtswiss., Nationalökonomie und Ps. vielfach in Zweifel gezogen, heute beginnt sich die S. jedoch zusehends als empirische, ja exp. (*Soziometrie*) Wiss. zu legitimieren. Die Möglichkeit einer relativen Grenzziehung zw. den Arbeitsgebieten der S. und der Sozialps. bietet sich z. B. durch die Tatsache, dass sich als Ausgangspunkt der Sozialps. das *Individuum* mit seinen zw.menschlich relevanten psych. Erscheinungen ansehen lässt, während in der S. «die Gruppe, die nicht weiter ableitbare Grundkategorie, das soziol. Urphänomen» (Vierkandt) ist. König 1967, 1974. *R. Bergius*

Soziologie, klinische [engl. *clinical sociology*]; *Mayo, Elton*.

Soziologismus (= S.) [engl. *sociologism*], [**PHI, SOZ**], Bez. für die Überbewertung des Soziologischen (*Soziologie*). Soziales wird nur durch Soziales erklärt und z. B. psychol. Begründungen werden abgelehnt. In der Wissenschaftssystematik bedeutet S., dass der Soziologie die zentrale Stellung innerhalb der Wiss. überhaupt zugewiesen wird.

Soziomatrix [engl. *sociomatrix*], *Soziometrie*.

Soziometrie (= S.) [lat. *socius* gemeinschaftlich; gr. μέτρον (*metron*) Maß], [**DIA, PER, SOZ**], bez. die Erhebung, Darstellung und Analyse interpersoneller Beziehungen in *Gruppen* und die dazugehörige empirische Forschung und Anwendung. Folgende formale Kriterien sind für die *Datenqualität* der Beziehungen kennzeichnend: (1) *Relationalität*, d. h. Wer-Wen-Daten; (2) *Doppelte Identifizierung* der Sender und Empfänger von interpersonellen Beziehungen; (3) *Gruppenspezifität*, die Beziehungen bestehen innerhalb eines Kollektivs; (4) *Einschränkungsfreiheit*, jedes Gruppenmitglied kann Sender und Empfänger sein (*Kommunikation*). Bsp.: In einem soziometrischen Test wählen alle Schüler jene aus der Klasse, die sie als Sitznachbarn wünschen. Diese Wahlen kann man dann im *Soziogramm* (grafische Darstellung der Wahlen in einem Netzwerk, Personen als Symbole, Wahlen als Pfeile) bzw. in einer Tab. (*Soziomatrix*, Personen als Wähler und Gewählte in identischer Reihenfolge an den Rändern abgetragen, Wahlen als 1, Nichtwahl als 0) darstellen. Zur Analyse des Netzwerkes können Indizes gebildet werden. Der bekannteste Index ist der *soziometrische Status* (z. B. Anzahl der erhaltenen Wahlen). Unzählige Varianten der Erhebung, der Erhebungskriterien (z. B. Sympathie, Antipathie, Tüchtigkeit, Beobachtungen), der Darstellungsformen (z. B. Rangsoziogramm, Zielscheibensoziogramm) und Analysetechniken (z. B. Matrixmultiplikation, *matrix rearrangement*, graphentheoretische Auswertungen) sind möglich.

Die Erfindung der klass. S. wurde dem Psychiater *Jacob Levy Moreno* zugeschrieben – allerdings gab es zahlreiche Studien vorher, die solche Verfahren eingesetzt haben, z. B. Delitzsch. Moreno ist singulär mit seiner Idee, die soziometrischen Wahlen zur Umstrukturierung der Gruppe bzw. von formalen Strukturen (Ersetzung der *Oberflächenstruktur* durch die *Tiefenstruktur*, d. h. im Bsp.: Veränderung der Sitzordnung nach den Sitznachbarwahlen) einzusetzen. In der modernen S., für die der Name *Netzwerkforschung* häufiger verwendet wird, verzichtet man oft auf das Vorliegen der Datenkriterien *Gruppenspezifität* und *Einschränkungsfreiheit*. Bsp.: Individualsoziogramme stellen Netzwerke nur aus der Sicht eines Individuums dar, Netzwerke elektronischer Kontakte sprengen die Grenzen definierter Kollektive, zwangsläufig kann eine doppelte Identifizierung nicht vorgenommen werden. Netzwerke haben in vielen Bereichen eine empir. gesicherte, große Bedeutung: Kommunikation, Mobbing, Leistung und Arbeit in Gruppen, Schulklassenstrukturen, Fremdenfeindlichkeit, Integration, Sozialisationsforschung.

Soziometr. Techniken sind zunächst Diagnose- und Forschungsinstrumente. Sie können aber auch in der praktischen Arbeit eingesetzt werden: (1) als Lern- und Fortbildungsgegenstand in Schule, Arbeit und Therapie. (2) Als Grundlage sozialer Lernprozesse kann die Rückmeldung von anonym erhobenen soziometr. Daten dienen. (3) Probleme der optimalen Gruppierung, der Zusammenarbeit von Menschen in Gruppen, können mithilfe soziometrischer Daten und entspr. Algorithmen systematisch gelöst werden. (4) Ergebnisse soziometrischer Untersuchungen, z. B. des *peer-ratings* zur Leistung von Mitarbeitern, können als Grundlage und Ergänzung von Beurteilungen bei Selektionsentscheidungen benutzt werden. (5) Zur Begründung und *Evaluation* sozialerzieherischer Maßnahmen bzw. Programme (z. B. der Integration von Ausländern in Arbeitsgruppen oder zur Verminderung von *Mobbing*, bossing, bullying) (6) Die Verwirklichung informeller Strukturen (i. S. von Moreno) auf der Basis soziometrischer Beziehungen kann z. B. bei der Bestimmung der Zusammensetzung von Klassen und Kursen, von Arbeits- und Projektgruppen, Reparaturtrupps oder Pflegeteams angewendet werden. (7) Schließlich dienen soziometr. Daten Lehrkräften, Gruppenleitern und Therapeuten auch zur Kontrolle der Genauigkeit ihrer sozialen Beziehungswahrnehmungen. Stadler 2013, Trappmann et al. 2005, Moreno 1954. *R. Dollase*

Soziopathie (= S.) [engl. *sociopathy*; lat. *socius* gemeinsam, gr. πάθος *(pathos)* Leiden(schaft), Krankheit], [**KLI, SOZ**], in seiner ursprünglichen Bedeutung veralteter Begriff, Bez. für eine Störung des *Sozialverhaltens*, bei der die betroffenen Personen nicht oder nur in sehr eingeschränktem Maße fähig sind, sich in andere Personen hinein zu versetzen und deren geistige Prozesse nachzuvollziehen (geringe *Theory of Mind*-Fähigkeiten), empathisch zu sein (*Empathie*), Verantwortung zu übernehmen, längerfristige und tragfähige Beziehungen aufrechtzuerhalten, Frustrationen zu ertragen und Schuld oder fremdes Leid angemessen zu erkennen und zu empfinden. Daraus resultierend wurde zudem eine klare Ablehnung und Missachtung *sozialer Normen* und Regeln sowie die Neigung zu aggressivem und gewalttätigem Verhalten (*Aggression, Gewalt*) beschrieben. Im Alltagsgebrauch ist S. heute kein eindeutig definierter klinscher Zustand, sondern eine Beschreibung von Erlebens- und Verhaltensmustern, die als antisozial oder sogar kriminell betrachtet werden. In der ICD (*Klassifikation psychischer Störungen*) entspricht S. dem Störungsbild der dissozialen Persönlichkeitsstörung, im DSM dem der *antisozialen Persönlichkeitsstörung*. Mit

S. assoziierte Erlebens- und Verhaltensmuster manifestieren sich bei betroffenen Personen dabei z. T. bereits in der Kindheit (*Störungen des Sozialverhaltens*).
Soziosexualität [engl. *sociosexuality*], *Untreue, partnerschaftliche*.
soziotechnische Systeme und Systemgestaltung [engl. *sociotechnical systems*], *Komplementäre Analyse und Gestaltung von Produktionsaufgaben in soziotechnischen Systemen (KOMPASS), Mensch-Technik-Organisationsanalyse, MTO-Konzept, Gruppenarbeit*.
Soziotop (= S.) [engl. *sociotope*; lat. *socius* gemeinschaftlich, gr. τόπος *(topos)* Ort], **[PÄD, SOZ]**, das Konstrukt des S. wurde von Albert Ziegler zur Analyse der Umwelten von Lernenden in die *Pädagogische Psychologie* eingeführt. Es bezeichnet die kontextuellen Bedingungen von indiv. Handlungen wie bspw. Klassenzimmer, Bibliotheken, Wohnzimmer. Ein S. bietet erstens einen obj. Handlungsraum (*Handlungstheorie*), der das Gesamt an grundsätzlich möglichen Handlungen meint. Best. Lernhandlungen können in S. institutionalisiert sein, d. h., sie gelten dort als erwünscht oder unerwünscht. Sie def. den normativen Handlungsraum. Da sich manche S. darin ähneln, wer in ihnen handelt und welche Handlungen in ihnen normiert sind, erscheint es nach Ziegler gerechtfertigt, sie als sechs Typen zus.zufassen (s. Abb). Ziegler 2011, Ziegler & Phillipson 2012. *A. Ziegler*

Objektiver Handlungs-raum	Normativer Handlungsraum		
	Lernen gilt als		
	positiv	negativ	weder noch
Lernen ist möglich	Lern-soziotop	Vermei-dungssoziotop	Infrastrukturelles Soziotop
Lernen ist nicht möglich	Thematisches Soziotop	Antagonistisches Soziotop	Konkurrierendes Soziotop

Soziotop: Sechs Soziotoptypen nach A. Ziegler

space to reason theory [engl. *space* Raum, *reason* überlegen, schlussfolgern], *Vorstellung, bildhafte*.
Spaltentechnik (= S.), **[KLI]**, kogn. Verfahren zur *Selbstbeobachtung*, Dokumentation, Reflexion und Modifikation neg., dysfunktionaler Bewertungen und Gedanken, die unangenehme *Emotionen* auslösen. Bei der *Fünf-S.* werden in fünf Spalten tabellarisch folg. Aspekte eingetragen: (1) *Auslöser/Situation*: Beschreibung der konkreten Auslösesituation (z. B. «Ich muss bis heute abend einen Text schreiben»). (2) *Gefühle/Stärke der Gefühle* (0 = min. bis 100 = max.): Beschreibung der erlebten Gefühle in der Situation (z. B. «Ich fühle mich der Aufgabe nicht gewachsen, ängstlich und überfordert. Ich schäme mich (Stärke = 80)». (3) *Automatische Gedanken*: Nennung der mit den Gefühlen in Zus.hang stehenden, auslösenden Gedanken. (z. B.

«Ich bin unorganisiert und inkompetent. Ich krieg' alles, was mein Studium betrifft, nicht auf die Reihe, ich bin ein Versager. Das wird peinlich enden.» (4) *Realistischere Gedanken*: Beschreibung rationaler, angemessener Gedanken, die zur Problemsituation beitragen (z. B. «Ich habe zu spät angefangen und hätte mir früher eine Arbeitsstruktur überlegen und Materialien besorgen sollen. Wenn ich mein Arbeitsverhalten besser in den Griff bekäme, würde ich nicht am Ende so unter Druck stehen. Jetzt muss ich retten, was zu retten ist, aber ich weiß, was ich nächstes Mal anders machen sollte». (5) *Ergebnis/Stärke der Gefühle*: Beschreibung der emot. Konsequenzen, die durch die realistischen Gedanken ausgelöst werden (z. B. «Ich bin immer noch verzweifelt in Bezug auf diesen Text, ärgere mich aber vor allem über mein Verhalten und habe das Gefühl, es nächstes Mal besser machen zu können». Vorbereitend können die vereinfachten Varianten der *Zwei-S.* (1. Spalte: Situationsbeschreibung; 2. Spalte: Gefühle und Gedanken) und *Drei-S.* (1. Spalte: Situationsbeschreibung; 2. Spalte: Gefühle; 3. Spalte: Automatische Gedanken) eingesetzt werden, um insbes. explizit die Differenzierungsfähigkeit bzgl. emot. und gedanklicher Aspekte zu fördern. Linden & Hautzinger 2011.
Spaltungsgesetz [engl. *law of seperation*], *Mendelsche Regeln*.
Spannungsempfindung [engl. *sensation of tension*], *Kinästhesie*.
Sparverhalten (= S.)[engl. *savings behaviour*], **[KOG, WIR]**, die Arten des S. können im Wesentl. durch zwei Unterscheidungen beschrieben werden: (1) kontraaktuelles (= planvolles) Sparen (*Planen*) vs. diskretionäres Sparen (= Gelegenheitssparen) sowie (2) Vorsorgesparen (als Absicherung gegen unvorhergesehene Ereignisse) vs. Konsumsparen (für geplante Konsumausgaben). Wann überhaupt gespart wird und auf welche *Motive* S. zurückzuführen ist, wurde dabei mehrfach untersucht. Motive wie z. B. der Wunsch nach Sicherheit oder Vorsorge, Rendite aber auch Vererbungsabsichten oder der Wunsch nach Ausübung eines best. Hobbys wurden vorgeschlagen. Zusammengefasst scheint eine hierarchische Struktur der *Ziele* von S. angemessen. Auf oberster Ebene finden sich dabei eher abstrakte psyvhol. Ziele wie z. B. Selbstwert (*Selbstwertgefühl*), *Freude* oder Autonomie. Diese abstrakten Ziele werden wiederum dadurch handlungsleitend, indem sie konkretere Ziele tieferer Ebenen (z. B. Urlaubswünsche) aktivieren. Derartigen das S. fördernden Motiven entgegen stehen jedoch der Wunsch nach unmittelbarer *Bedürfnis*befriedigung sowie das Phänomen, dass *Belohnungen* umso unsicherer und geringer wahrgenommen werden, je weiter sie in der Zukunft liegen (*Diskontierung*). Dies entspricht auch dem sog. *myopischen Effekt*, bei dem Verhaltenskonsequenzen umso deutlicher unterschätzt werden, je weiter sie in der Zukunft liegen. Als das S. moderierende Variablen werden zudem Persönlichkeitseigenschaften (*Persönlichkeitsmerkmal*, Fähigkeit zum *Belohnungsaufschub*, *Selbstkontrolle*, Risikovermeidung, *locus of control*), sozioökonomische Aspekte (Alter, Bildung) sowie *Einstellungen* und *Gewohnheiten* diskutiert. S. hängt zudem von

den jeweils aktuell herrschenden Sparmöglichkeiten (v. a. dem Einkommen) ab, was v. a. in Überlegungen zum Sparen über die Lebensspanne dokumentiert wird. Hiernach liegt der Spitzenwert der Sparquote bei ca. 14 % des Einkommens und setzt dann ein, wenn das Einkommen im Mittel erstmals das Sparen eines größeren Prozentanteils ermöglicht (ab ca. 30 Jahren). Schulz-Hardt et al. 2015.
F. Vogelgesang

Spasmolytika (= S.) [engl. *spasmolytics*; gr. *σπασμός (spasmos)* Krampf, *λύειν (lyein)* lösen], **[PHA]**, Substanzen, die zu einer Tonusverminderung der glatten Muskulatur, insbes. des Magen-Darm-Traktes, führen. Die meisten S. gehören zu den parasympathikolytischen (*anticholinergen*; *Parasympathikomimetika*) oder zu den *sympathikomimetischen* Substanzen. Entspr. ihrer Angriffspunkte treten häufig unangenehme vegetative *Nebenwirkungen* auf (z. B. bei anticholinergen S. Mundtrockenheit), bei einigen Stoffen (z. B. Butylscopolamin) kaum vegetative Nebenwirkungen, daher Verwendung als exp. Substanz. Aktories et al. 2005.
W. Janke

Spasmophilie [engl. *spasmophilia*; gr. *σπασμός (spasmos)* Krampf, *φίλος (philos)* Freund], **[BIO]**, Neigung zu Muskelspasmen (Erhöhung des Muskeltonus). *Krampf.*

Spasmus [engl. *spasm*; gr. *σπασμός (spasmos)* Krampf], *Krampf, Krampus.*

spastische Lähmung [engl. *spastic paralysis*; gr. *σπασμός (spasmos)* Krampf], **[BIO, GES]**, nicht schlaffe, sondern mit tonischer Kontraktion verbundene Muskellähmung (*Lähmung*).

Spätdyskinesie [engl. *tardive dyskinesia*; lat. *tardare* verzögern], syn. *tardive Dykinesie*; *extrapyramidalmotorische Störungen.*

Spätentwickler [engl. *late developers*]; *Retardation.*

spätes Erwachsenenalter [engl. *late adulthood*], **[EW]**, das späte Erwachsenenalter wird i. d. R. in hohes oder drittes Alter (vom Austritt aus dem Erwerbsleben bis zum Erreichen der mittleren Lebenserwartung; ca. 65–80 Jahre) und in sehr hohes oder viertes Alter (80+) aufgeteilt. *Entwicklungstheorien, kompetenzorientierte; spätes Erwachsenenalter, Entwicklungstheorien, kontextorientierte; spätes Erwachsenenalter, Entwicklungstheorien, regulative; spätes Erwachsenenalter.*
M. Landis/M. Martin

S-p-Diagramm [engl. **s**timulus Reiz, **p**robability Wahrscheinlichkeit], **[FSE, KOG]**, grafische Darstellung einer *Verteilung* von *Urteilen* über Reizgrößen (*Reiz*). Als Urteilskategorien kommen z. B. «größer» und «kleiner» in Bezug auf einen Vergleichsreiz infrage. Auf der Abszisse sind die Reize der Größe nach abgetragen, auf der Ordinaten sind die Häufigkeiten der beiden Urteilsmöglichkeiten in Prozenten angegeben. *Psychometrie.* Traxel 1964.

Spearman, Charles Edward (1863–1945), **[FSE, HIS, PER]**, Psychologe, studierte bei Wundt/University of London. *Intelligenzfaktoren, Spearman-Brown-Formel, Spearmans rho.*

Spearman-Brown-Formel [engl. *Spearman–Brown (prediction) formula*], **[DIA, FSE]**, Formel zur Bestimmung der Gesamt*reliabilität* eines *Tests* aufgrund seiner Hälften. Basiert auf der *Klassischen Testtheorie*. Die Formel lautet:

$$r_{tt} = \frac{2 \cdot r_{12}}{1 + r_{12}},$$

r_{12} gleich der *Korrelation* der beiden Testhälften.
Sie wird als Spezialfall der allg. Beziehung zw. Testlänge und Testkonsistenz angesehen. Die Formel geht von der Voraussetzung aus, dass die Streuung der Rohwerte aus der Testhälfte 1 identisch ist mit der Streuung der Rohwerte aus der Testhälfte 2. Die Formel wird auch *prophecy formula* genannt. Nachfolgend wurden von weiteren Autoren Formeln entwickelt, die z. T. weniger Voraussetzungen beinhalten, z. T. jedoch auch präziser sind. Eine Formel für beliebige Verlängerungs- oder Kürzungsfaktoren liegt ebenfalls vor. *Testinformationsfunktion.* Lienert & Raatz 1994.
H. O. Häcker

Spearmans rho [engl. *Spearman's rank correlation coefficient*], syn. *Spearmans Rangkorrelationskoeffizient*, ρ, r_s, **[FSE]**, Koeffizient einer nicht parametrischen *Korrelation*stechnik für zwei Ordinalvariablen (*Ordinalskala*), der nach

$$\rho = 1 - \frac{6 \cdot \sum_{i=1}^{N} D_i^2}{N \cdot (N^2 - 1)}$$

berechnet wird, wenn keine Rangbindungen (keine Mehrfachbesetzung einzelner Ränge) vorliegen. D_i bez. die Differenzen der Rangplätze eines Beobachtungspaars in X und Y: $D_i = Rang(x_i) - Rang(y_i)$. N entspricht der Anzahl der Fälle bzw. der Wertepaare. Der Wert von ρ entspricht der *Produkt-Moment-Korrelation* der Rangreihen. Die Ränge werden somit implizit als intervallskaliert angenommen und ρ quantifiziert im Unterschied zu *Kendalls tau* nicht nur die reine Ordinalinformation. Wirtz & Caspar 2002.

Spearman-Test, Kategorienbildung [engl. *Spearman test, categorization*], *Spearman, Charles Edward*, **[DIA, PER]**, *Intelligenztest*, ein Test, der lineare Muster verschiedener Formgebung so darbietet, dass jeweils zwei prinzipiell unterschiedliche Gruppen sich gegenüberstehen (z. B. sind bei der ersten Gruppe alle Zeichen horizontal oder offen oder konvex, bei der zweiten Gruppe dagegen vertikal, geschlossen, konkav). Aus einem Vorrat von acht Zeichen der beiden Arten sind die herauszusuchen, die zur ersten Gruppe passen.

specimen record [engl. *specimen* Muster, Probe, *record* Aufzeichnung], **[DIA, FSE]**, eine von Barker und Wright entwickelte Datenerhebungsmethode, mit der, entspr. den Grundintentionen ihrer *Ökologischen Psychologie*, menschliches Handeln im Lebensalltag erfasst werden sollte. Dabei wurde der indiv. Verhaltensstrom (*stream of behavior*) einzelner Personen (spez. Kinder) jew. einen ganzen Tagesablauf hindurch beobachtet und zus. mit dem jew. Kontext möglichst detailliert und vollst. alltagssprachlich beschrieben. Craik griff die Methode unter veränderter Zielsetzung nochmals auf und wandelte sie durch Einschaltung von Dauer-Videoaufzeichnungen ab. Wright 1967.
G. Kaminski

Speed, umgangssprachl. für *Amphetamine.*

speed-accuracy tradeoff (= s. t.) [engl.] Geschwindigkeits-Genauigkeits-Ausgleich, **[KOG]**, Austausch zw.

oder Abgleich von Geschwindigkeit und Genauigkeit bei der Bearbeitung einer Aufgabe; bei sehr vielen Aufgaben steigt die Genauigkeit bei geringerer Geschwindigkeit und sinkt bei höherer. Ausführlich untersucht wurde der s. t. bei *Reaktionszeiten* und *Zielbewegungen*. Bei Reaktionszeiten steigt die Genauigkeit meist neg. beschleunigt an, wenn die Reaktionszeit länger wird. Bei Zielbewegungen wird der s. t. zumeist durch das *Fitts'sche Gesetz* beschrieben; wenn die Dauer der Bewegung vorgegeben wird, findet sich auch eine lineare Beziehung zw. Genauigkeit und mittlerer Geschwindigkeit. *H. Heuer*

Speed-Hypothese des kognitiven Alterns [engl. *speed* Geschwindigkeit], *Entwicklungstheorien, kompetenzorientierte; spätes Erwachsenenalter*.

speed tests [engl. *speed* Geschwindigkeit], [**DIA, KOG, PER**], Tests, bei denen die Bearbeitungsgeschwindigkeit als Leistung bewertet wird. Der Schwierigkeitsgrad der Aufgaben ist dabei sehr niedrig. Die Anzahl der zu bearbeitenden Aufgaben ist zumeist hoch bzw. die Bearbeitungszeit limitiert. Zur Messung von interindiv. Differenzen wird ein Testscore dadurch gewonnen, dass die Testdurchführung begrenzt und die Aufgabenmenge als Leistungsmaß definiert wird, oder es wird ein Zeitscore für die Lösung bzw. Beantwortung einer Aufgabenmenge gebildet. Außer wenigen Tests für spez. Fähigkeiten, wie z. B. Konzentration, stellen die meisten Testverfahren ein Gemisch zwischen *Speed-* und *Power-*Komponenten dar (z. B. *Aufmerksamkeitsbelastungstest (d2-Test)*). *H. O. Häcker*

Speichelreflex [engl. *salivation* Speichelbildung], *bedingter Reflex*.

Speichertheorie [engl. *theory of storage*], *Gedächtnis*.

spektrale Hellempfindlichkeitskurve [engl. *spectral brightness sensitivity curve*], [**WA**], die für die Zwecke der *Photometrie* und *Kolorimetrie* internat. normierte Kurve der Hellempfindlichkeit des menschlichen Auges in Abhängigkeit von der Wellenlänge. Sie wurde von der Internationalen Beleuchtungskommission (IBK) besonders mit Rücksicht auf das «Additivitätstheorem der Helligkeiten» festgelegt. Sie stellt den Durchschnittswert sehr vieler Beobachtungen unter normierten Bedingungen dar.

spektrale Unterschiedsempfindlichkeit (= s. U.) [engl. *sensitivity for spectral differences*], [**WA**], ermittelt man im psychophysischen *Experiment* (*Psychophysik*), wie groß an jeder Stelle des Spektrums der ebenmerkliche Farbtonunterschied (*Unterschiedsschwelle*) ist, und schreibt diese Werte, in Wellenlängen ausgedrückt, auf der Ordinate über dem Spektrum als Abszisse an, so ergibt sich eine nicht monotone wellenförmige Funktion. Man erkennt relative Minima im Violett und Blaugrün, Gelb und Rot (etwa 430, 490, 570, 620 nm). Entsprechende relative Maxima liegen bei 460, 530, 600 nm. Die Werte variieren erheblich nach den versch. Autoren. Es ist bemerkenswert, dass die s. U. sich zur physikal. Variablen nicht i. S. irgendeines psychophysischen Gesetzes (*Fechner'sches Gesetz* oder Exponentialgesetz) verhält. Graham 1965.

Spektralfarben (= S.) [engl. *spectral colors*; lat. *spectrum* Gespenst], [**WA**], schickt man einen Strahl weißen Lichtes durch ein Prisma auf eine neutral gefärbte Fläche, so erscheint ein farbiges Band mit immer gleicher Reihenfolge der *Farben* (*Farbenlehre*) von Rot über Orange, Gelb, Grün, Blau bis Violett. Dieses farbige Band heißt Spektrum. Als S. bez. man die i. S. von Newton homogenen Lichter oder gleichbedeutend damit solche, die nur einem sehr kleinen Ausschnitt des sichtbaren Spektrums entsprechen (häufig *Lichter einer Wellenlänge* oder monochromatische Lichter genannt). Für die *Psychophysik* der Farben haben die S. große Bedeutung, weil nur sie durch Wellenlängen physikal. eindeutig zu kennzeichnen sind. Schwellenwertuntersuchungen (*spektrale Unterschiedempfindlichkeit*) u. ä. beziehen sich stets auf das nach Wellenlängen gestufte Spektrum als physikal. Variable. Von S.eichung spricht man in der *Kolorimetrie*, wenn die S. geometrisch in einem normierten Gemischsystem dargestellt werden. Die physikal. Wellenlängenskala erleidet dabei Verzerrungen und verliert ihre metrischen Eigenschaften. Der Begriff der *Eichung* bezieht sich hier nur auf die Ausgangsfarben des Gemischsystems.

Spektroskopie [engl. *spectroscopy*; lat. *spectrum* Bild, Vorstellung, gr. σκοπεῖν *(skopein)* betrachten]; *bildgebende Verfahren*.

Spektrum [engl. *spectrum*; lat. *spectrum* Gespenst], [**WA**], *Farbspektrum*, allgemeiner die Beschreibung einer Funktion (der Zeit, des Ortes usw.) durch die Amplituden (oder deren Quadrate) der in ihr enthaltenen trigonometrischen Funktionen unterschiedlicher Frequenzen (*Fourier-Analyse*).

Spence, Kenneth Wartinbee (1907–1967), [**EM, HIS, KOG**], amerik. Lerntheoretiker der neobehavioristischen Schule (*Neo-Behaviorismus*) von *Hull*. Spence wurde in Chicago geb., wuchs in Kanada auf und studierte an der McGill University, arbeitete dann im Laboratorium von *Robert M. Yerkes* an der Yale University, wo er Clark Hull kennenlernte. Nach seinem Abschluss war er in der Primatenforschung tätig. 1937 wurde er Assistenzprofessor an der University of Virginia, 1938 ging er an die State University of Iowa (Heute University of Iowa), wo er 26 Jahre lang lehrte und ab 1942 Leiter des Departments für Ps. wurde. 1964 ging Spence an die University of Texas. Mit *Kurt Lewin*, Gustav Bergmann und anderen wurde das Ps.department der University of Iowa zu einem der führenden Institute in den USA. Spence entwickelte die Theorie von Hull weiter. Er hat Leistungen im Bereich der Lern- und Motivationstheorien erbracht, hat hierzu exp. geforscht und er hat zur Methodologie und Wissenschaftsphilosophie gearbeitet. Spence nahm an, dass zum Lernen kein *reinforcement* erforderlich ist, sondern Lernen latent erfolgt, *reinforcement* beeinflusse das Auftreten eines Verhaltens, nicht aber das Erlernen der Reaktion. Spence war mit der Psychologin Janet Taylor Spence (geb. 1923) verheiratet. *H. E. Lück*

Spezies [engl. *species*; lat. *species* Anblick, Gestalt], [**WA**], *Bild*, Abbild, z. B. die in den Sinnesorganen (*Sinnesorgan*) erzeugten Bilder, *species sensibiles*.

[**BIO**], *Art*.

Spezifikationsgleichung *Bestimmungsgleichung*.

spezifische Objektivität [engl. *specific objectivity*; lat. *specificus* eigentümlich, *obicere* vor Augen führen, sich zeigen], *Item-Response-Theorie (IRT)*, *Rasch-Modell*.

spezifische Phobien (= spezif. P.) [engl. *specific phobias*; lat. *specificus* eigentümlich, φόβος *(phobos)* Furcht], **[KLI]**, unter einer spezif. P. versteht man eine stark ausgeprägte *Angst*, die übertrieben und unbegründet ist. Bes. weitverbreitet sind P., die sich auf Tiere (Spinnen, Hunde, Schlangen), Höhen, enge Räume, Blut, Naturereignisse (Gewitter) beziehen. Bekannt ist auch die Blut- und Verletzungsphobie im Kontext einer med. Behandlung (z. B. vor Spritzen, Zahnarztbesuch). Die Ängste sind auf best. Objekte oder Situationen bezogen. Typische situationsbezogene Ängste sind: Angst vor Höhen, engen Räumen, Flugangst oder Angst vor der Autobahn. Durch die Konfrontation mit dem spezif. Auslöser wird i. d. R. sofort eine massive Angstreaktion ausgelöst. Die betroffene Person erkennt, dass die Angst unbegründet ist. Die erlebte Angst und das *Vermeidungsverhalten* schränken die Lebensführung und die *Lebensqualität* des Betroffenen nachhaltig ein. Spezif. P. können über die gesamte Lebensspanne auftreten. Die spezif. P. tritt mit einer Lebenszeit*prävalenz* von 7 bis 12% sehr häufig auf. Die Ursachen sind nicht völlig geklärt, wobei man von einem *Vulnerabilitäts-Stress-Modell* ausgehen kann, es besteht zudem eine familiäre Häufung. Für die Entstehung einer s. P. sind versch. Lernprozesse zentral (*Konditionierung, klassische*, *Konditionierung, operante*, *Modelllernen*).

Als Therapiemethode der ersten Wahl hat sich die kogn. *Verhaltenstherapie* bes. bewährt, wobei eine Kombination von Methoden zum Einsatz kommt (*Psychoedukation*, *Entspannungsverfahren*, Konfrontationstherapie (*Konfrontation mit Reaktionsverhinderung*), *kognitive Um-/Restrukturierung*, *Systematische Desensibilisierung*). V. a. die Reizkonfrontation und Reaktionsverhinderung hat sich als bes. erfolgreicher Behandlungsansatz bewährt. Die Erfolgsquote bei dieser Therapie liegt bei ca. 80 bis 95 %. Die Behandlung einer spezif. P. i. R. einer Expositionstherapie erfolgt schrittweise (graduelle Annäherung an den angstauslösenden Reiz) oder massiert. Die *Exposition* kann in der Realität (*in vivo*) oder in der Vorstellung (*in sensu*) erfolgen. Die In-vivo-Exposition ist am effektivsten, aber oft praktisch schwer umsetzbar. *Phobische Störungen*. Mühlberger et al. 2005. *F. Petermann*

spezifische Sinnesenergien [engl. *specific sensory energy*; lat. *specificus* eigentümlich, gr. ἐν *(en)* innen, ἔργον *(ergon)* Werk, Wirken], **[BIO, WA]**, von Johannes Müller 1826 formuliertes Gesetz, nach dem die Qualität einer *Empfindung* vom gereizten *Sinnesorgan/Nerv* abhängt, aber nicht vom *Reiz*; die Qualität der Empfindung bleibt demnach dieselbe, wenn adäquate oder inadäquate Reize (etwa Druck, Stoß, Strom beim Auge) verwendet werden. Müller unterschied fünf spezifische Energien der klassischen fünf *Sinne*; allgemeiner lässt sich das Prinzip verstehen als die Abhängigkeit der Wahrnehmungsinhalte vom gereizten Ort z. B. im Kortex (*Gehirn*, *Detektor*). Müller 1878. *H. Heuer*

spezifische Umwelt [engl. *specific environment*]; *Umwelteffekt, nicht geteilter*.

Spezifität (= S.) [engl. *specificity*; lat. *specificus* von besonderer Art, eigentümlich], **[DIA, FSE]**, S. ist ein Maß für die Entdeckungsleistung eines diagn. Verfahrens. Sie gibt den Anteil der korrekt diagnostizierten Objekte an, die das zu diagnostizierende Merkmal nicht aufweisen. Besitzen 100 Schüler eine zu identifizierende Kompetenz nicht und erhalten von diesen 90 ein neg. Testergebnis, so ist die S. = (korrekt Negative/(korrekt Negative + falsch Positive)) = 90/(90+10) = .9. 90 % derjenigen, die die Kompetenz nicht besitzen, werden korrekt diagnostiziert. Bei der Beurteilung der S. als Gütemaß eines Tests muss i. d. R. simultan die *Sensitivität* des Verfahrens berücksichtigt werden. Unter ansonsten gleichen Umständen sinkt die Sensitivität mit zunehmender Spezifität. *Epidemiologie*, *Vierfeldertafel*, *Likelihood-Ratio*. Bautsch 2009.

Sphygmomanometer [engl. *sphygmomanometer*; gr. σφυγμός *(sphygmos)* Puls, μέτρον *(metron)* Maß, lat. *manus* Hand], *Riva-Rocci-Verfahren*.

Spiegeleffekt *Supervision*.

Spiegel-Ich *Cooley, Charles Horton*.

Spiegelneurone (= S.) [engl. *mirror neurons*], **[BIO, EM, KOG]**, sind Neurone (*Neuron*) im *Gehirn* des Menschen und von manchen Tieren, darunter Affen und Vögel, die sowohl bei der Ausführung einer best. *Handlung* als auch bei der *Wahrnehmung* dieser Handlung feuern, d. h., Aktivität in Form von Nervenimpulsen zeigen. Bspw. würden auf die Handlung «Zähne fletschen» spezialisierte S. sowohl dann feuern, wenn ein Tier selbst die Zähne fletscht, als auch dann, wenn es beobachtet, wie ein anderes Tier seine Zähne fletscht. S. wurden in den Neunzigerjahren des 20. Jhd. vom Neurophysiologen Giacomo Rizzolatti und Kollegen entdeckt. U. a. fanden diese mittels Einzelzellableitung im prämotorischen Kortex von Makaken Neuronen die sowohl dann feuerten, wenn die Affen beobachteten, wie ein menschlicher Vl Futter auf einem Tablett ergriff, als auch dann, wenn sie selbst dieses Futter ergriffen (Gallese et al. 1996). Es wurden mittels Bildgebung (*bildgebende Verfahren*) Belege für S. beim Menschen in versch. Gehirnarealen erbracht, u. a. im inferioren Frontalkortex, im *Lobulus parietalis superior*, im supplementärmotorischen Areal und im medialen Temporalkortex. Es existiert eine Reihe von Theorien, die S. als physiologische Grundlage versch. psych. Funktionen postulieren. Für die Postulierung einer einheitlichen Repräsentation von Handlung und Wahrnehmung (*common coding*) könnten S. partiell die Basis bilden. Darüber hinaus zählen etwa das Verstehen von Absichten (*Intention*), *Sprachentwicklung*, Imitation (*Nachahmung, Imitation*) und *Theory of Mind* (*mentalistische Alltagspsychologie*). Auch für *Empathie* und das Erkennen versch. *Emotionen* wurden S. mitverantwortlich gemacht, darunter Ekel, *Angst*, *Ärger*, *Freude*, *Überraschung* und Traurigkeit (*Trauer, Trauern*). Dysfunktionen von S. oder deren Fehlen wurden in Zusammenhang mit Autismus (*Autismus-Spektrum-Störung*) gebracht. *T. Tempel/C. Frings*

Spiel (= S.) [engl. *game*], **[EM, EW, KLI, SOZ]**, Aktivität von Mensch (und Tier), die ohne Zwang und Zweck (*Ziele*, *Intention*) um ihrer selbst willen ausgeübt wird. J.

Huizinga (1871–1945), der niederländische Sprach- und Kulturanthropologe, der eine anthropologische Theorie des Spiels entwickelte («Homo ludens», Huizinga 1938), bezeichnet die S. als «primäre Lebenskategorie». Es können u. a. folg. Spielarten unterschieden werden: (1) *Funktionsspiele* (*Motiv*) ist der Bewegungsdrang (*Motorik*). Beim Kind dienen sie der Einübung von Bewegungsabläufen, (2) *Fiktionsspiele, Symbolspiele* (wesentlich ist die Entfaltung der *Nachahmung*, sich in eine andere *Rolle* versetzen, Herstellung des sozialen Bezugs, Entwicklung der Fantasie), (3) *Konstruktionsspiele* (Umgang mit Material steht im Mittelpunkt), (4) *Regelspiele* (vorgegebene *Regeln* und Vorschriften sind einzuhalten), (5) *Gruppenspiele* (S., die ohne ausreichende Teilnehmerzahl nicht durchführbar sind). Benesch gliedert das S. als Lebenshilfe in zwölf Funktionen, darunter S. als Spannungsausgleich, als Selbstverwirklichung, als Lustgewinn, als Ausleben, als Konfrontation. Mit der ps. Beachtung der S. ist eine sehr wechselnde Theorienbildung einhergegangen (nicht gleichbedeutend mit *Theorie der Spiele*), die von den «energetischen Theorien» (zum S. führe Kraftüberschuss, S. sei das Aufsuchen von Spannung und Lösung; Spencer 1855, Heckhausen 1963) über lerntheoretische, kognitionstheoretische, sozialkommunikatorische u. a. Deutungen bis zu den tiefenpsychol. Annahmen mit Kartharsis (*Katharsis, psychoanalytisch*), *Projektion* und Ersatzbefriedigung reicht. Piagets Spieltheorie fand bes. Beachtung, die den Wandel im Spielverhalten vom Säugling zum Erwachsenen über drei Phasen zu deuten sucht (Assimilation, Akkommodation, Balance beider Prozesse). Das Kleinkind spielt *sensomotorisch* – es stellt die «geistige» Frage, ob sich die Dinge der Umgebung zum «Lutschen» eignen. Im 2. Lebensjahr treten noch sehr unangepasste Vorstellungsbilder auf, doch zunehmend verschafft sich das Kind über S. Kenntnisse, die in der Realitätsanpassung des Erwachsenen enden. Eine wichtige Rolle hat das S. auch im therapeutischen Bereich, z. B. als Rollenspiel, innerhalb der *Verhaltenstherapie* und im *Psychodrama*, als Interaktionsspiel, in der Gruppentherapie u. a. (*Spieltherapie, Transaktionsanalyse*). Flitner 1973.

Spielstrategie (= S.) [engl. *gaming strategy*], [**KOG**], in der *Theorie der Spiele* ist S. der Plan eines Spielers, mit dem die Auswahl der Aktionen (oder Züge) unter Berücksichtigung der Situationen festgelegt wird, und dessen Ausführung. Es werden «reine» (deterministische) und «gemischte» (stochastische) S. unterschieden.

Spieltheorie [engl. *game theory*], *Koalitionsspiele, Theorie der Spiele.*

Spieltherapie (= S.) [engl. *play therapy*], [**KLI**], Methode der *Kinderpsychotherapie* auf der Basis unterschiedlicher Orientierungen, die versucht, über das Spiel und die damit verbundenen Verbalisationen psych. Fehlhaltungen und Konflikte zu beseitigen. Kinder und teilweise auch Jugendliche werden in Einzel- und Gruppensituation behandelt, wobei auf direktive Weise die jew. Konflikte von dem Therapeuten gesteuert werden oder auf nicht direktive Weise, d. h., ohne direkte Eingriffe des Therapeuten in das Spielgeschehen, nur die jew. gezeigten Verhaltensweisen reflektiert werden. Es gibt Hinweise dafür, dass S. pos. Wirkungen erzielen kann, für fundierte Wirksamkeitsaussagen ist die Untersuchungsbasis ungenügend. *F. Caspar*

Spina, spinal [engl. *spina, spinal*; lat. *spina* Dorn, Rücken, Stachel], [**BIO**], Rückgrat, zum *Rückenmark* gehörig. Spinalganglien = die Nervenzellen der hinteren Wurzeln der Rückenmarksnerven. *Neuron.*

Spiralennacheffekt [engl. *spiral after effect*], *Bewegungsnachbild.*

Spiritismus, Sammelbezeichnung für eine seit Mitte des 19. Jh. in den USA und Europa entstandene soz. Massenbewegung des Geisterglaubens, die auf der Voraussetzung beruht, dass es mithilfe bes. begabter Personen (*Medium*) oder Techniken (z. B. Tischrücken) in besonderen Sitzungen (Séancen) möglich sei, Kontakte mit Verstorbenen aufzunehmen, die sich auch in sog. *Materialisationen* manifestieren könnten. Mit den psychol. Grundlagen und potenziellen Gefahren spiritistischer Techniken beschäftigt sich die *Parapsychologie.* Beloff 1993.

Spiritualismus [engl. *spiritualism*; lat. *spiritus* Hauch, Geist], *Idealismus.*

Spiritualität (= S.) [engl. *spirituality*; lat. *spiritualis* zum Geist gehörend, geistlich], (allg.) bez. S. die Belange des menschlichen Wesens, die man früher eher dem übernatürlichen und religiösen Bereich zuordnete. S. meint all jene Bereiche und Erfahrungen von Menschen, die über die je unmittelbare Wirklichkeit des Individuums hinausreichen. Oft wird dafür der Begriff *Transzendenz* gebraucht. Von manchen wird dieser säkular verstanden und alles, was das Individuum übersteigt, z. B. die Ökosphäre, die menschliche Gemeinschaft, wird dieser Transzendenz zugerechnet. Von anderen wird diese in einem eher traditionell theistischen Sinne verstanden und mit einem jüdisch-christlichen Gottesbegriff in Verbindung gebracht als auf eine über den Menschen hinausweisende personale Wirklichkeit. Eine akzeptierte klare Definition von S. gibt es derzeit nicht. Im modernen Sprachgebrauch bez. S. eher die Ausrichtung von Menschen auf eine über ihre unmittelbaren indiv. Bedürfnisse hinausreichende Wirklichkeit jenseits von traditioneller Religion und wird häufig als Gegenpol zu ihr verstanden.

[**GES**], in der Wissenschaft ist S. durch die Onkologie (*Tumorerkrankung, psychosoziale Belastung*) wieder ins Blickfeld geraten. Denn gerade in der Auseinandersetzung mit dem Tod tauchen Fragen nach dem Sinn, dem Zweck und spirituelle Themen auf. Es sind pos. Effekte von S. berichtet worden (z. B. besseres *Coping* und bessere *Krankheitsbewältigung*), aber auch neg. Effekte von rigiden Glaubenssystemen. Insges. scheint die Zugehörigkeit zu traditionellen religiösen Gemeinschaften gesundheitliche Vorteile zu bringen. Ob dies durch die Gemeinschaft oder die S. als solches vermittelt wird, ist unklar. Etwa zwei Drittel aller Menschen geben an, spontan spirituelle Erfahrungen gemacht zu haben, und empir. Untersuchungen zufolge kann man S. als eine Ressource ansehen. Unter dem Thema *Achtsamkeit* wird S. derzeit intensiv beforscht. Walach 2011, Koenig et al. 2001, Hofmann & Walach 2011, Büssing et al. 2006. *H. Walach*

Spironolacton (= S.) [engl. *spironolactone*], **[PHA]**, *Aldosteron-Antagonist*, therap. Einsatz bei *Krankheiten*, bei denen vermehrte Mengen biol. aktiven *Aldosterons* zu einer Störung des Wasserhaushalts geführt haben (Conn-Syndrom, *Hyperaldosteronismus*). Auch Hinweise auf prophylaktische Wirkungen bei *Manie*. S. hat jedoch auch extrarenale Wirkungen, so antiandrogene Effekte (*Antiandrogene*). Beim *prämenstruellen Syndrom* scheint das Befinden pos. beeinflusst zu werden. S. hat zentralnervöse Angriffspunkte, die hippocampalen Mineralokortikoid-Rezeptoren, zu denen es eine hohe Affinität besitzt. Tieruntersuchungen liefern Hinweise auf die psych. Wirkungen, wozu v. a. anxiolytische Effekte gehören. Durch *Scopolamin* induzierte kogn. Dysfunktionen konnten mit S. reduziert werden. In Humanuntersuchungen rief S. *EEG*-Veränderungen und eine Beeinflussung der Schlafstruktur hervor. Der Wirkmechanismus für die psych. Wirkungen wurde noch nicht aufgeklärt. *W. Janke/P. Zimmermann*

Spitz, René A. (1887–1974), **[HIS, EW, KLI]**, René Arpad Spitz war Säuglingsforscher und Psychoanalytiker, dessen Forschung zum *Hospitalismus* für Med., Entwicklungsps. und Klin. Ps. von Bedeutung wurde. Spitz wurde als Kind wohlhabender ungarischer Eltern jüdischer Herkunft in Wien geb. und wuchs in Budapest auf. Er studierte dort, in Lausanne und Berlin, später in Prag sowie in New York Med. Schon 1911/1912 unterzog er sich bei *Sigmund Freud* einer Lehranalyse. Im Ersten Weltkrieg arbeitete er als Lazarettarzt, danach hatte er in Wien und Berlin eine freie Praxis. Zeitweise arbeitete Spitz mit *Charlotte Bühler* zus. 1932 ging er nach Paris, lehrte dort Entwicklungsps. und *Psychoanalyse*; 1938 ging er nach New York, wo er psychoanalytisch arbeitete und eine Gastprofessur am *City College of New York* wahrnahm und am *Mount Sinai Hospital* psychiatrisch tätig war. 1956–1963 war er an der *University of Colorado* in Denver tätig. In den USA wurde Spitz einer der führenden Psychoanalytiker. In den vierziger Jahren untersuchte er die Wirkungen früher Mutterentbehrungen bei Kindern in versch. Kulturen und kam zu dem Ergebnis, dass Kinder, die ohne Liebe der Bezugsperson aufwachsen, je nach Zeitpunkt und Dauer der Entbehrung erhebliche psych. Schäden erleiden können (*anaklitische Depression*). Sein Film «Psychogenic diseases in infancy (An attempt at their classification)» (1952) machte den Problembereich eindringlich deutlich. Ein weiteres Forschungsfeld von Spitz war die Erwiderung des frühkindlichen Lächelns. *H. E. Lück*

Spitzenpotenzial (= S.) [engl. *peak potential*], **[BIO]**, ein im Laufe des Erregungsverlaufs in einem *Neuron* auftretender neg. Ausschlag im *Aktionspotenzial*, der als Reaktion eines erregten Neurons zu deuten ist. Während das S. anhält, ist das entspr. Neuron nicht weiter erregbar, auch kurze Zeit danach nicht in der sog. absoluten refraktären Phase. Der gesamte Erregungsvorgang dauert bis zu etwa 100 ms. *G. Lüer*

split attention [engl.] geteilte Aufmerksamkeit. *Modalitätseffekt*.

Split-Brain-Forschung [engl. *split brain research*; *split* gespalten, *brain* Gehirn], **[BIO]**, Erforschung der Wirkungen bei Trennung der beiden Großhirnhemisphären durch Zerstörung des *Corpus callosum*, der *Commissura anterior* und der *Massa intermedia* des Thalamus (*Gehirn*). Die psych. Effekte wurden erstmals von Sperry et al. (1969) beschrieben. *N. Birbaumer*

Split-Half-Methode [engl. *split* aufteilen, *half* Hälfte], **[FSE]**, Methode zur Bestimmung der *Reliabilität* eines Tests. Mit ihr wird der Aspekt der *inneren Konsistenz* eines Tests bestimmt. Der Test wird dabei nur einmal durchgeführt. Die Aufgaben werden dann in zwei gleichwertige Hälften aufgeteilt, die beiden Testhälften werden interkorreliert (*Korrelation*) und die Reliabilität mittels einer Schätzung für den gesamten Test bestimmt. Bühner 2010.

Split-Span-Paradigma [engl. *split-span paradigm*; *split* aufteilen, *span* Abgrenzung, Abstand], **[KOG]**, der Begriff bezeichnet ein exp. Vorgehen, das zur Untersuchung des Einflusses des Darbietungsorts bzw. der Lokalisierung eines (auditiven) *Stimulus* auf dessen Selektion und Speicherung in einem Kurzzeitgedächtnis verwendet und mit Arbeiten von Broadbent assoziiert wird. In einer seiner exp. Bedingungen präsentierte Broadbent (1954) Nachrichten geteilt (*split*) ans linke und rechte Ohr der Pbn, um die Hypothese zu testen, dass zwei an räumlich unterschiedlichen Quellen dargebotene Stimuli einer nach dem anderen wahrgenommen werden, obwohl sie simultan präsentiert werden. Die Stimuli waren simultan dargebotene Sequenzen von Ziffernpaaren (z. B. 2-7, 6-9, 1-5), wobei jeweils eine Ziffer über Kopfhörer dem linken und die andere dem rechten Ohr dargeboten wurde. Die Pbn hatten die Aufgabe, die Ziffern möglichst vollst. wiederzugeben, wobei die Reihenfolge, in der die Ziffern berichtet wurde, keine Rolle spielte. Die Ergebnisse zeigten, dass die Wiedergabe bevorzugt nach Ohr (2-6-1, 7-9-5) erfolgte, nicht jedoch nach dem Zeitpunkt der Darbietung, d. h. nach Paaren (2-7, 6-9, 1-5). Wenn also zwei unterschiedliche auditive Stimuli gleichzeitig die *Sinnesorgane* erreichen, so erfolgt die Verarbeitung der Stimuli seriell, d. h., ein Stimulus wird etwas früher verarbeitet als der andere. Insgesamt ist nach Broadbent (1954) die Aufgabe erheblich schwieriger zu lösen, als wenn alle Ziffern hintereinander in einer einzigen Sequenz (2-6-1-7-9-5) dargeboten werden. Aus den Ergebnissen kann geschlossen werden, dass physikal. Merkmale der Eingangsinformation (die Quelle) effektive Hinweisreize (*cue*) sind, um die unterschiedlichen Stimuli erfolgreich auseinanderzuhalten. *H. J. Müller/J. Krummenacher*

Splitting, therapeutisches *Systemische Therapie*.

Spontanerholung [engl. *spontaneous recovery*; lat. *sponte* aus eigenem Antrieb], **[KOG]**, Erscheinung, dass ein bereits im Erlöschen begriffener *bedingter Reflex* nach einer längeren Ruhepause spontan erneut auftritt, allerdings mit geringerer Intensität. *Konditionierung, klassische*.

Spontanremission [lat. *sponte* aus eigenem Antrieb, *remissio* Nachlassen, Zurückgehen], **[KLI]**, ist die Verbesserung oder der Wegfall von psych. oder somatischen Problemen ohne fachliche Hilfe. Erklärungen sind das natürliche Fluktuieren von Phänomenen generell (wodurch psych. stark Belastete im Laufe der Zeit weniger belastet, andere dagegen stärker belastet werden; *Regression zur Mitte*), das Wegfallen belastender Probleme, nicht professionelle Hilfe aus der Umgebung, das Mobilisieren eigener Ressourcen der Pat., aber auch biol. Prozesse. Bei der Untersuchung der *Wirksamkeit* von Therapien ist zu belegen, dass die Besserungsrate über derjenigen von Spontanremissionen liegt. Bei selektiver Beachtung nur pos. Veränderungen können auch solche Ansätze als erfolgreich erscheinen, denen bei systematischer Betrachtung keinerlei über Spontanremission hinausgehende Wirksamkeit attestiert werden kann. Bei der Beurteilung der Wirksamkeit von Psychoth. ist allerdings auch zu beachten, dass viele Fälle ohne Therapie nicht stabil bleiben bzw. sich verschlechtern können. *interne Validität, Bedrohungen für die.* *F. Caspar*

Sportpsychologie (= S.) [engl. *sport and exercise psychology*], die S. ist in Forschung, Lehre und Praxis ein Teilgebiet der Ps. Als sozial- und verhaltenswiss. Disziplin beschreibt und erklärt sie die Antezedenzen (z. B. *Erwartung*), die Begleitphänomene (z. B. affektive Reaktionen, *Affektivität*) und die Konsequenzen (z. B. Wohlbefinden) des Aktivitätsverhaltens (*Aktivität, körperliche*) sowie deren Interaktion in sportlichen Inszenierungen (Training, Wettkampf) oder in Alltagssituationen. S. ist auch jene praktische Tätigkeit, bei der spezif. qualifizierte Personen sportpsychol. fundiertes Änderungswissen einsetzen, um sportliche Leistung oder körperlich aktives Verhalten und die damit verbundenen psych. Zustände oder Prozesse bei einer Person oder einer Gruppe von Personen in der Absicht zu beeinflussen, diese Zustände oder Prozesse zu stabilisieren, zu optimieren oder zu verändern. Sportpsychologen lehren und forschen an Hochschulen, dort meist der Sport- und Bewegungswissenschaft zugeordnet, oder sie arbeiten im Leistungs-, Freizeit- oder Gesundheitssport, in der aktivitätsbezogenen *Prävention*spraxis und der *Rehabilitation*. Ein Teil von ihnen ist in Fachgruppen organisiert, für die in Dt. die Arbeitsgemeinschaft für S. (ASP) steht, die mit der *Zeitschrift für S.* ein eigenes Publikationsorgan herausgibt. Internat. existieren weitere Fachgruppen und auch sportpsychol. Zeitschriften, die im *Science Citation Index* gelistet sind. Die Systematik des Fachgebiets enthält nahezu alle Gebiete der wiss. Ps. Die Forschung ist sowohl grundlagen- als auch technologisch orientiert und bedient sich des geläufigen Methodenrepertoires der Ps. Derzeit ist eine dominante Orientierung an der empirisch-analytischen *Epistemologie* erkennbar. Schlicht 2009. *W. Schlicht/D. Kahlert*

Spotlight-Metapher [engl. *spotlight* Scheinwerfer], *Aufmerksamkeit, Aufmerksamkeit, Scheinwerfermetapher*.

Sprachbarriere (= S.) [engl. *language barrier*], [**KOG, PÄD, SOZ**], die wesentlichste der sog. Bildungsbarrieren. Die S. bewirkt Minderung der sozialen Aufstiegschancen in Schule und Beruf durch Einschränkung der sprachlichen Kommunikationsfähigkeit (*Sprache, Kommunikation*) bes. von Kindern mit niedrigem sozioökonomischem Status. Nach soziolinguistischer Theorie der soziokulturellen Determiniertheit verfügen versch. gesellschaftliche Gruppen (v. a. Sozialschichten) über unterschiedliche Möglichkeiten in Sprachfähigkeit (*Kompetenz*) und Sprachverwendung (*Performanz*), wodurch Rollenverhalten und kogn. Stil des Individuums geprägt werden. *Soziolinguistik, Bildungschancen*. Bühler 1972, Oevermann 1969, 1974.

^Test^**Sprachbeurteilung durch Eltern Kurztest (SBE-2-KT)** 2011, von v. Suchodoletz. [**DIA, EW, KOG**], zur Früherkennung von *Sprachentwicklungsverzögerungen* im Alter von 21–24 Monaten. Der SBE-2-KT besteht aus einer sprachproduktiven Wortschatz-Checkliste mit 57 Wörtern und einer Frage zu Mehrwortäußerungen. Handbuch und Fragebogen sind im Internet kostenlos zum Download verfügbar. Das Instrument wurde in über weit 20 Sprachen übersetzt [www.kjp.med.uni-muenchen.de/sprachstoerungen/sbe2kt_fremd.php]; die fremdsprachigen Versionen sind ebenfalls im Internet abrufbar, wurden aber nicht hinsichtlich ihrer Reliabilität überprüft und sind nicht normiert. *Reliabilität*: interne Konsistenz von .98 insgesamt wie auch für nach Geschlecht und Alter differenzierte Gruppen. Halbierungsreliabilität (Guttman): .98. *Validität*: Konstrukt-, Kriteriums-, Klassifikations- und prognostische Validität sind gegeben. *Normierung*: Normen (N = 685 aus Bayern): geschlechts- und altersspezifische Prozentränge für das Lebensalter 21–22 sowie 23–24 Monate und Angabe eines kritischen Wertes pro Altersgruppe. Bearbeitungsdauer: ca. 5 Min. [http://www.kjp.med.uni-muenchen.de/download/SBE-2-KT-Handbuch.pdf]. *C. Kiese-Himmel*

Sprachcode, Sprachkode [engl. *speech code*; lat. *caudex* Hauptbuch, Verzeichnis], *Soziolinguistik, Code, Kode*.

Sprache (= S.) [engl. *language, speech*], [**KOG, SOZ**], das dem Menschen eigene Symbolsystem zum Ausdruck von *Gedanken, Gefühlen* und Handlungsabsichten (*Handlung, Intention*, Gabelentz 1891). Von S. macht der Mensch in der alltäglichen *Kommunikation* und in der Dichtung Gebrauch. Dazu befähigen ihn die kogn. Mechanismen des *Sprechens Sprachproduktion*) und des Sprachverstehens (*Sprachrezeption*). Kommunizieren ist ein Typus *sozialer Interaktion* und demgemäß in seiner jew. Realisierung von kult. und sozialen Regeln und Gepflogenheiten geprägt. S. ist somit die Bez. für eine vielfältige Gruppe von Phänomenbereichen, deren jeder Gegenstand spezialisierter wiss. Untersuchung ist. S. als System von *Zeichen*, ihrer lautlichen und strukturellen Beschaffenheit, ihrer Kombinatorik, ihrer geschichtlichen Entwicklung und typologischen Vielfalt bildet den Gegenstand der *Linguistik* im engeren Sinne. S. als Fundus von Ausdrucksmitteln (*Ausdruck*) im täglichen Umgang von Menschen miteinander ist Gegenstand der Sprachverwendungsforschung, je nach Schwerpunktsetzung der Konversationsanalyse, auch Diskursanalyse, der Sprechaktanalyse und der Soziolinguistik (Clark 1996). Die kogn. Zustände und Prozesse, die zus. die Sprachbeherrschung ausmachen, untersucht die *Psycholinguistik*, Sprachps. Die Installation der Sprachfähigkeit und der Sprachverwendung in Arealen und in Aktivationen des menschlichen *Gehirns* untersucht die Neurolinguistik, ebenso – mit der Klinischen Linguistik – die Sprachkrankheiten und *Sprachstörungen*.

Sprachliche Besonderheiten als Spiegelungen kult. Prägung der jew. Sprachgemeinschaft untersucht die Ethnolinguistik und S. als Instrument und Ausdruck wiss. Erkennens die Sprachphilosophie; die Sprachverwendung in der Dichtung schließlich wird in den ling. Analysen der Literaturwissenschaft behandelt. In der frühen Kindheit bis zum Alter von drei bis vier Jahren erworben, umfasst das sprachliche Symbolsystem lexikalisches *Wissen* (W.), d.h. deklaratives W., und grammatisches W., d.h. prozedurales W. Das lexikalische W. des Erwachsenen enthält ca. 30 000 lexikalische Einheiten, gemessen an der Zahl der Konzepte. Jede Einheit ist ein gegliedertes Ensemble aus Laut- und ggf. Schriftmerkmalen, Lexem, Merkmalen syntaktischer Eigenschaften, Lemma, und Angaben zur *Bedeutung, Konzept*. Das grammatische W. ist ein hierarchisch organisiertes System aus syntaktischen Kategorien (*Syntax*), zw. denen drei Typen von Beziehungen bestehen. Über vertikale Beziehungen, Dominanz, ist jede syntaktische Kategorie mit den hierarchisch niedrigeren *Kategorien*, Konstituenten, verbunden, aus denen sie zus.gesetzt werden kann. Horizontal ist eine Kategorie mit denjenigen verbunden, die aus der gemeinsamen höheren Kategorie abgeleitet werden können, Kokonstituenten. Im Vergleich weist jede der ca. 6000 kulturspezifisch geprägten Einzelsprachen typologische Charakteristika lautlicher, syntaktischer und/oder lexikalischer Merkmale auf. Anhand von Gemeinsamkeiten solcher Charakteristika lassen sich strukturell best. Sprachgruppen bestimmen, ebenso Sprachfamilien, deren Mitglieder sich geschichtlich aus einer gemeinsamen Vorgängersprache ableiten. Eine strukturell best. Sprachgruppe ist z.B. die Gruppe der sog. Tonsprachen; das sind die S., in denen semantisch diskrete lexikalische Einheiten mit gleicher Lautfolge unterschiedliche Tonverlaufskonturen aufweisen. Eine Sprachfamilie ist z.B. die Familie der sog. indoeuropäischen S., also Sanskrit, germanische und romanische S. u.a. (Comrie 1987). Ziel der Linguistik als Kerndisziplin der Sprachforschung ist eine begrifflich kohärente, vollst. und empir. bestätigte Theorie der S. und des sprachlichen Verhaltens. Seit dem Beginn der gut hundertjährigen Geschichte der Linguistik wird dies von verschiedenen Ausgangspunkten angestrebt. Allen gemeinsam ist der Befund, dass jede S. ein System von symbolischen Einheiten ist, die hinsichtlich Form, Funktion und Zusammenhang untereinander drei Klassen von Merkmalen aufweisen: Bedeutung, syntaktische Merkmale und Lautmerkmale. Bei aller Verschiedenheit zwischen den einzelnen S. ist allen eines gemeinsam: Es besteht keine systematische Beziehung zwischen der Bedeutung eines Wortes und seiner lautlichen Form. Diese Zuordnung ist von S. zu S. versch. und in allen arbiträr. Was im Dt. als *Buch* bezeichnet wird, heißt im Japanischen *hon* und im Lat. *liber*. Die Sonne wird im Dt. mit einem femininen, der Mond mit einem maskulinen Nomen bezeichnet; im Französischen ist es umgekehrt. Andere Verbindungen sind dagegen regelhaft und auf sie richtet sich die linguistische Forschung in ihren drei Analysebereichen *Semantik*, *Grammatik* und *Phonetik, Phonologie*. In allen drei Teildisziplinen werden Antworten auf drei Fragen gesucht: (1) Worin bestehen die in jedem Bereich vorzufindenden sprachlichen Einheiten? (2) Nach welchen Gesetzmäßigkeiten verbinden sie sich zu komplexeren Einheiten? (3) Welche systematischen Beziehungen bestehen zw. den Einheiten der drei Gliederungsbereiche Semantik, Syntax und Phonologie? Angesichts der bei aller Verschiedenheit bestehenden grundsätzlichen Ähnlichkeit der Einzelsprachen stellt sich schließlich eine vierte Frage: (4) Wie erklären sich die allen Sprachen gemeinsamen Struktureigenschaften? In der Bemühung um eine kohärente, begrifflich präzise und empirisch begründete theoretische Gesamtkonzeption werden im Wesentlichen zwei konkurrierende Strategien verfolgt, die funktionale und die universalgrammatische Sprachtheorie. Erstere, die funktionale Sprachtheorie (Halliday 1985), geht von der semantischen Funktion einer (Teil-)Struktur aus und erfasst die formalen Mittel, die die jew. Funktion ausdrücken. Die universalgrammatische Theorie (UG.-Theorie, *Universalien, universelle Grammatik*) geht von einem artspezifisch menschlichen, als universal postulierten sprachlichen W. von universalen sprachlichen Strukturprinzipien aus, die den syntaktischen Aufbau des Satzes und seiner Konstituenten sowie deren Abbildung auf die lineare Abfolge der Wörter im Satz erklären (Chomsky 1981, 1995). Diese hat den Vorzug, mehrere typologisch versch. S. in einem gemeinsamen und einheitlichen Modell beschreiben zu können, ebenso ihre Verschiedenheit, einschließlich Schnittstellen zur semantischen und phonologischen Beschreibungsebene (Culicover & Jackendoff 2005). Problematisch ist allerdings, dass der Erklärungsansatz auf der Annahme angeborenen, unbewussten sprachspezifischen Strukturwissens jedes Menschen beruht, eine Annahme, die bisher keine unabh. empir. Bestätigung erfahren hat. Fodor et al. 1974, Paul 1886. *R. Dietrich*

Sprache, figurative [engl. *figurative language/speech*; lat. *figurare* bilden, formen], *Metapher*.

Sprache, innere (= i.S.) [engl. *covert speech*, *inner speech*], syn. *subvokales Sprechen*, [**EW, KOG**], Wygotski (1964) hielt i.S. für interiorisierte, in der *Sprachentwicklung* mehr und mehr semantisch und syntaktisch modifizierte, verdichtete egozentrische S., die u.a. der Regulation von Tätigkeiten dient. Damit wurden auch die traditionsreichen Fragen nach der Natur des Denkens und nach den Beziehungen zwischen *Sprache* (bzw. Sprechen) und Denken berührt (*Würzburger Schule*, *Sapir-Whorf-Hypothese*). In der Frage nach den psychophysiol. Grundlagen von i.S. berührt sich die Forschung teilweise mit der *motor theory* des Denkens, die auf der Basis behavioristischer (*Behaviorismus*) Grundanschauungen Denken auf subvokale Sprechaktivität zurückzuführen tendierte und für die i.S. von vornherein mehr den Charakter einer hypothetischen Konstruktion hatte (*Vermittlungstheorie*). Die meth. Schwierigkeiten der Erfassung von i.S. versucht man durch komplementäre Anwendung heterogener Methoden (introspektive, exp.-bedingungsanalytische, psychophysiologische) zu überwinden. *Semantik (Semiologie)*, *Syntax*. McGuigan & Schoonover 1973, Wygotski 1934, 1969, 1972. *G. Kaminski*

Anfang an vorhanden; sie tritt in allen Sprachen auf, die ein Kind im jungen Alter natürlich erwirbt, und ist genetisch bedingt. Mit einer Auftretenshäufigkeit von 6–8 % zählt sie zu den häufigsten Entwicklungsstörungen im jungen Kindesalter und kann die gesamte Entwicklung folgenschwer beeinträchtigen. Jungen sind zwei- bis dreimal häufiger betroffen als Mädchen. Eine *expressive* Form der SSES wird von einer *rezeptiven* unterschieden (vgl. *ICD-10*: F80.1 expressive Sprachstörung; F80.2 rezeptive Sprachstörung). SSES sind ab dem 36. Altersmonat diagnostizierbar. Die Diagnose erfolgt über med. resp. psychol. Ausschlusskriterien sowie durch die Ermittlung der expressiven und rezeptiven Anteile der Störung auf den einzelnen linguistischen Ebenen, die in ihrem Ausmaß in einer def. Diskrepanz (*Diskrepanzkriterium*) zur jew. Altersnorm (*Normierung*) stehen müssen. Die Notwendigkeit einer rechtzeitigen Therapie ist unumstritten. 40–80 % der Kinder mit SSES weisen noch Jahre später Residualsymptome auf. SSES stellen ein Risiko für die gesamte Entwicklung dar (psychosoziale Folgeprobleme; Schwierigkeiten beim Schriftspracherwerb; Schulleistungsschwierigkeiten; Probleme beim Aufbau sprachlich vermittelten Wissens). Der gegenwärtige Kenntnisstand zu SSES ist in einer S2k-Leitlinie zus.gefasst, die bei der Arbeitsgemeinschaft der Wissenschaftlichen Med. Fachgesellschaften (AWMF) als ein Instrument der Qualitätsentwicklung online abzurufen und bis zum 15. Dezember 2016 gültig ist: [www.awmf.org/leitlinien/detail/ll/049-006.html]. Sie liegt auch in Buchform vor (de Langen-Müller et al. 2012). *Sprachentwicklung*. Kiese-Himmel 2008. *C. Kiese-Himmel*

^Test^**Sprachentwicklungstest für drei- bis fünfjährige Kinder (SETK 3-5)**, 2010, 2. überarb. Aufl. v. H. Grimm, M. Aktaş & S. Frevert, [www.testzentrale.de], **[DIA, EW, KOG]**, Verfahren zur Diagnose von Sprachverarbeitungsfähigkeiten und auditiven Sprachgedächtnisleistungen. AA Kinder von 3;0–5;11 Jahren und ältere Kinder mit bekannten Entwicklungsschädigungen. Einzeltest. Der SETK 3-5 versteht sich als entwicklungslogische Fortsetzung des SETK-2 und umfasst 4 theoriegeleitete Untertests für den Altersabschnitt 3-Jährige: (1) Verstehen von Sätzen (Zeige- u./o. Manipulationsaufgaben); (2) Enkodierung semantischer Relationen (Verbalisierung von abgebildeten Situationen und Handlungen; eine vollst. Beschreibung erfordert die Benennung von Subjekt, Aktion sowie die Verwendung einer Präpositionalstruktur); (3) Phonologisches Arbeitsgedächtnis von Nichtwörtern (Reproduktion von Nicht- bzw. Kunstwörtern); (4) Morphologische Regelbildung (Pluralbildung bei realen Normen). 4- und 5-Jährige werden mit 5 Untertests untersucht: (1) Verstehen von Sätzen (Manipulationsaufgaben); (2) Phonologisches Arbeitsgedächtnis von Nichtwörtern (Reproduktion von Nicht- bzw. Kunstwörtern); (3) Satzgedächtnis (Reproduktion von gesprochenen Sätzen mit sinnvollen und sinnlosen Sprachzusammenhängen zunehmender Komplexität); (4) Morphologische Regelbildung (Pluralbildung bei realen Nomen und Kunstwörtern); (5) Gedächtnisspanne für Wortfolgen (Reproduktion von zunehmend länger werdenden Wortreihen bestehend aus realen, unverbundenen Wörtern).

Durchführungs- und Interpretationsobjektivität sind gegeben. Die Auswertungsobjektivität kann bei Kindern mit Artikulationsstörungen eingeschränkt sein. Reliabilität: interne Konsistenz der Subtests von .62–.89. Im Einzelnen: Verstehen von Sätzen: .71–.82. Enkodierung semantischer Relationen: .86 für beide Altersabschnitte. Morphologische Regelbildung: .78–.85. Phonologisches Arbeitsgedächtnis von Nichtwörtern: .62–.81. Satzgedächtnis: .88–.89. Validität: Differenzierungsfähigkeit, Konstrukt-, Kriteriums-, diskriminante und prognostische Validität wurden belegt. Mit dem SETK 3-5 werden aber nicht alle Kinder erfasst, bei denen klinisch eine Sprachentwicklungsstörung diagnostiziert wird. *Normierung*: Halbjahresnormen (T-Werte; Prozentränge) für die Altersstufen 3 und 4 Jahre sowie 5;0–5;11 Jahre (N = 495 insges.). Für den Subtest «Gedächtnisspanne für Wortfolgen» existieren nur kritische Werte, mit denen die Leistung eines Kindes verglichen werden kann. Testdauer: 20–30 Min. *C. Kiese-Himmel*

^Test^**Sprachentwicklungstest für zweijährige Kinder (SETK-2)**, 2000, H. Grimm, M. Aktaş & S. Frevert, [www.testzentrale.de], **[DIA, EW, KOG]**, Verfahren zur Diagnose rezeptiver und produktiver (expressiver) Sprachverarbeitungsfähigkeiten. AA Kinder im Alter von 2;0–2;11 Jahren sowie ältere Kinder mit bekannten Entwicklungsschädigungen in der diagnostischen Einzelfalluntersuchung. Der SETK-2 besteht aus 4 Subtests. Verstehen I: Wörter (Identifikation benannter Objekte auf Bildkarten mit 4 Wahlmöglichkeiten); Verstehen II: Sätze (Identifikation des Bildgeschehens, das die Bedeutung eines vorgesprochenen Satzes darstellt im Hinblick auf Identifikation von Subjekt, Prädikat, Präposition und Negation mit 4 Wahlmöglichkeiten – ausgenommen der Überprüfung des Negationsverstehens, hier nur ein Distraktor); Produktion I: Wörter (Benennung von 6 konkreten Objekten und 24 abgebildeten Einzelobjekten aus dem Alltag); Produktion II: Sätze (Bildbeschreibung von 16 Bildkarten: 4 Bildkarten, die durch Sätze mit einwertigen Verben zu beschreiben sind; 4 Bilder, die Subjekt-Prädikat-Objekt-Struktur, und 8 Bilder, die Präpositionalstruktur verlangen). Reliabilität (interne Konsistenz) wurde jew. für zwei Altersabschnitte zu 6 Monaten und insges. berechnet. Verstehen I: .55–.70; Verstehen II: .28–.62; Produktion I: .87–.89; Produktion II: Sätze (vollst. Version): .92–.95; DAWA: .85–.90. Validität: Differenzierungsfähigkeit und prognostische Gültigkeit werden belegt. *Normierung*: Halbjahresnormen (T-Werte; Prozentränge), gewonnen an n = 283 Kindern. Testdauer: 25–30 Min. *C. Kiese-Himmel*

Sprachentwicklungstests [engl. *tests of language development*], **[DIA, EW, KLI, KOG]**, es wird zw. allg. und spezif. Sprachentwicklungstests (= SET) unterschieden. Ein allg. SET besteht aus mehreren Subtests, er beansprucht die sprachlichen Fähigkeiten eines Kindes in versch. linguistischen Bereichen rezeptiv und/oder expressiv mit bes. aussagefähigen Items möglichst genau zu erfassen und damit den aktuellen indiv. Stand der *Sprachentwicklung* abzubilden, z. B. *Heidelberger Sprachentwicklungstest (H-S-E-T)*, *Sprachentwicklungstest für zweijährige Kinder (SETK-2)*, *Sprachentwicklungstest für drei- bis fünfjährige Kinder (SET*

3-5), *Sprachstandserhebungstest für Kinder im Alter zwischen 5 und 10 Jahren (SET 5-10)*. Spezif. SET beurteilen eine oder mehrere sprachliche Ebenen (Phonologie, Morphologie, Syntax, Semantik, Lexikon, Pragmatik) isoliert, z. B. *Aktiver Wortschatztest für 3- bis 5-jährige Kinder - Revision (AWST-R), Wortschatz- und Wortfindungstest für 6- bis 10-Jährige (WWT 6-10)*. Sprachtests müssen sprachtheoretischen und messtheoretischen Standards genügen (*Gütekriterien, Teststandards*).   C. Kiese-Himmel

Sprachentwicklungsverzögerung (= SEV) [engl. *delay of language development*], **[EW, KLI, KOG]**, Bez. für den Sprachentwicklungsrückstand eines Kindes bis zum 36. Lebensmonat; äußert sich durch spätes Sprechenlernen (*late talker*) und langsamen Sprachaufbau, ggf. auch mit Sprachauffälligkeiten, deren Ursachen diagn. abzuklären sind. Die *Sprachentwicklung* muss mind. sechs Monate von der aktuellen Altersnorm nach unten abweichen. Eine SEV kann eine vorübergehende Retardierung sein, in eine *spezifische Sprachentwicklungsstörung* übergehen wie auch Symptom einer globalen Entwicklungsstörung (*Entwicklungsstörungen, tiefgreifende*) sein. Unabhängig von der (von der Diagnostik abhängigen) Indikation zu einer Einzeltherapie, z. B. im letztgenannten Fall, ist alltägliche Sprachförderung und sprachbasiertes Interaktionstraining von Eltern/primären Bezugspersonen bzw. durch institutionelle Betreuer in der Krippe oder Kita wichtig. Diese müssen zu sprachförderlichem Verhalten durch zertifizierte Trainer angeleitet werden. Buschmann & Jooss 2011.   C. Kiese-Himmel

Spracherlernen (= S.) [engl. *language learning*], **[EW, KOG]**, die Frage, wie sich die Fähigkeit zur spontanen *Sprachproduktion* und zum Wahrnehmen, Entschlüsseln und Interpretieren von Sprachsymbolen (*Sprachrezeption, Symbol*) entwickelt, wurde und wird versch. beantwortet. Es können drei versch. Ansätze unterschieden werden: (1) *Behaviorismus*: Watson 1919, Skinner 1957, (2) *Neo-Behaviorismus*: Osgood 1953, Staats 1968b, (3) *Rationalismus*: Chomsky 1965, McNeill 1966, 1970. Wird im ersten ein Einstufenmodell der verbalen Konditionierung vertreten, so werden im zweiten *intervenierende* Variablen oder hypothetische Konstrukte als nicht beobachtbare Zwischenglieder in das Stimulus-Response-Modell eingeführt (*Vermittlungstheorie*). Die Erklärungsadäquatheit beider Systeme wird wiederum von den Vertretern des Rationalismus in Zweifel gezogen, nach denen Sätze durch Anwendung von Regeln konstruiert werden. Setzt sich heute gegenüber dem assoziationistischen Ansatz immer mehr ein kognitionspsychol. durch, so wird doch nach wie vor für die Beschreibung des *Bilingualismus* und Multilingualismus auf die Mediationstheorie (Osgood 1953) zurückgegriffen. Dass unter S. primär das Lernen der sprachlichen Fähigkeit erfasst wird, d. h., dass darunter Fragen zum Spracherwerb und zur *Sprachentwicklung* fallen, geht auf den in den 1950er-Jahren beginnenden Einfluss der Linguistik und der Anthropologie auf die Ps. zurück. Zwar hatte man seit Ebbinghaus (1885) mit sog. sinnlosen Silben operiert und Anfang der 1930er-Jahre auch Interesse an Wortbedeutungen als unabhängigen Variablen gezeigt;

alle diese Bestrebungen wie auch die Wortassoziationsexperimente waren jedoch primär darauf hin angelegt, best. Aspekte des Lernprozesses zu untersuchen, und nicht darauf hin, die Entwicklung des ganzen sprachlichen Systems zu verfolgen.   H. Grimm

Sprachförderung [engl. *promotion of language skills*], **[EW, KOG, PÄD]**, informelle Bez. für eine päd. Intervention bei Sprachauffälligkeiten ohne Störungswert (*Sprachentwicklung, Sprachentwicklungsstörung*). Sie wird bei umgebungsbedingten Sprachauffälligkeiten (z. B. zu wenig sprachliche Anregung, unzureichende bzw. fehlerhafte Sprachmodelle, etwa bei Kindern mit Dt. als Zweitprache) eingesetzt und ist von Sprachtherapie abzugrenzen. Neben elternzentrierten Ansätzen wird päd. Sprachförderung in Frühförderstellen sowie für Risikokinder in Kindertagesstätten angeboten. *Entwicklungsförderung*.   C. Kiese-Himmel

sprachfreie Tests [engl. *non verbal tests* nicht verbale Tests], **[DIA, PER]**, Bez. für die Testgruppe der *Intelligenz*-Diagnose, die keine oder möglichst geringe Anforderungen an das Verständnis eines Wortmaterials bzw. an den sprachlichen Ausdruck stellt (z. B. bei ausländischen Schülern, Pbn mit Leseschwierigkeiten, geistig Behinderten). Zumeist werden Tests verwendet in der Art des Würfeltests von Kohs, des Labyrinthtests (*Labyrinthtest*; Porteus), des Bildlückentests von Healy, oder es sind Zahlenreihen zu ergänzen und Zeichnungen mit dem größten Unterschied herauszusuchen, einfache Figuren aus dem «Gedächtnis» zu zeichnen (*Benton-Test*). Auch Testserien sind zus.gestellt und Gruppentests aufgebaut worden.

Sprachlateralisierung (= S.) [engl. *language lateralization*; lat. *lateralis* seitlich], **[BIO, KOG]**, S. (wie auch die Lateralisierung der Handfunktion, *Händigkeit, Lateralität*) ist ein Bsp. für eine funktionale zerebrale Asymmetrie, die auf Unterschiede in der *Informationsverarbeitung* zw. der linken und rechten Hirnhemisphäre zielt (*Gehirn*). Gehörte *Sprache* aktiviert ein bilaterales frontotemporales Netzwerk bei linkshemisphärischer Dominanz und ebenso ist die *Sprachproduktion* bei den meisten Menschen linkshemisphärisch lateralisiert. Das EEG-Frequenz-Beta-Band (*Elektrodiagnostik*) stellt den funktional reliabelsten EEG-Marker für sprachhemisphärische Dominanz dar (Spironelli & Angrilli 2010).

Bei Frauen soll die S. weniger ausgeprägt sein als bei Männern, was den Informationsaustausch zw. ihren Hirnhemisphären erhöht (strukturelles Korrelat ist ein dickeres *Corpus callosum, Gehirn, strukturelle und funktionelle Geschlechtsunterschiede*). Nicht zuletzt werden bessere Sprachleistungen von Frauen darauf zurückgeführt. Die empir. Evidenz hierfür ist aber unklar. Sind Mädchen pränatal einem hohen *Testosteron*einfluss ausgesetzt, ist dies ihrer linkshemisphärischen Sprachverarbeitung förderlich, bei Jungen hingegen schränkt dieser den Informationstransfer über das *Corpus callosum* ein (Lust et al. 2010). Zw. S. und Handdominanz besteht ein Zusammenhang. Bei Rechtshändern liegt in ca. 92–95 % der Fälle zerebral eine Linkslateralisierung von Sprachfunktionen vor, bei Linkshändern in 70–85 % (der jew. Rest ist rechtshemisphärisch lateralisiert oder bihemisphärisch). Rechts- wie auch Linkshänder mit linkshemisphärischer S. haben einen *Rechts-Ohr-Vorteil*, Linkshänder mit rechtshemisphärischer S. zeigen einen *Links-Ohr-Vorteil* (van der Haegen et al. 2013). Es gibt Hinweise auf die Beteiligung genetischer Faktoren (*Genetik*) am S.sgrad. Die Hirnregionen zwei Tage alter Säuglinge, die durch Sprache getriggert werden, gleichen schon denen, die später bei Kindern und Erwachsenen aktiv sind, wenngleich die Lateralisierung der involvierten links- und rechtshemisphärischen Areale weniger ausgeprägt ist (Perani et al. 2011). Für die S. bei links- wie auch bei rechtshändigen Kindern scheinen ähnliche Mechanismen zuständig zu sein, was aus ähnlichen Zuwachsraten in der linkshemispärischen Lateralisierung im Alter von 5 bis 18 Jahren abgeleitet wird. Läsionen (*Hirnschädigung*) in den Sprachzentren in den ersten 5 Lebensjahren können eine atypische S. zur Folge haben.

Die Bestimmung der S. geschieht mittels *funktionelle Magnetresonanztomografie* (fMRI), funktioneller Dopplersonografie (fTCD), *dichotischer* Hörtestung oder Verhaltensdaten zur Händigkeit, selten mit dem invasiven *Wada-Test* (intracarotidale Natriumamytaltestung). Die *Sensitivität* von fMRI für eine atypische Sprachdominanz beträgt 83,5 % (95 %-CI: 80,2–86,7 %), die Spezifität 88,1 % (95 %-CI: 87,0–89,2 %), verglichen mit dem Wada-Test (Dym et al 2011). Die Kombination von dichotischer Hörtestung und fMRI ist einer Untersuchung mit nur einem Verfahren überlegen (Norrelgen et al. 2012).

C. Kiese-Himmel

sprachliche Verständigung [engl. *linguistic/verbal communication*], [**KOG, SOZ**], bezieht sich auf die Situation der dialogischen *Kommunikation* und markiert die Qualität expliziter Übereinstimmung in Weltwissen und gegenseitigen Partnermodellen. Dementsprechend ist das eher rezeptive Verstehen von Sprache lediglich als Vorstufe von Verständigung anzusetzen. Wegen der Komplexität natürlicher Sprachen bietet ein solches Verstehen keine Sicherheit vor dialogischem Missverstehen. Das betrifft nicht zuletzt interkult. Unterschiede (*interkulturelle Kommunikation*), die durch den Einfluss der *Sprache* auf das *Denken* zustande kommen. Zugleich kann dieser Einfluss aber auch gemeinsame (wenn auch nicht unbedingt realitätsadäquate) Weltsichten befördern, z. B. durch *Stereotype*, dispositionelle Eigenschaftsbegriffe mit einem Bias in Richtung auf internale *Attribution*. Eine implizite Form von Verständigung liegt bei interaktivem Verstehen vor, das v. a. durch Sprechhandlungskonventionen gesteuert wird. Ein paradigmatisches Beispiel sind indirekte Sprechakte (*Sprechakttheorie*), bei denen die grammatische Satzform nicht mit der illokutiven Sprecherintention übereinstimmt (z. B. die Frage: «Kannst du mir die Butter geben?» als Bitte oder Aufforderung). Das adäquate Verstehen der sprecherseitigen Intention wird dabei vor allem durch den Kontext ermöglicht, der z. B. darüber entscheidet, ob eine Äußerung («Ich werde dir helfen!») als Versprechen oder als Drohung gemeint ist. Eine gemeinsame Weltsicht kommt hier durch adressatenorientiertes Sprechen auf Senderseite und Perspektivenübernahme auf Hörerseite

zustande. Den Rahmen stellen die Konversationsmaximen (Grice 1975) der Qualität, Quantität, Relevanz etc. dar. Im Zweifelsfall sind allerdings explizite Einigungsbemühungen in Bezug auf das gegenseitige Verstehen nötig. Solche expliziten Verständigungformen bestehen zunächst einmal aus zustimmenden Verstehenssignalen, die verbaler wie non- und paraverbaler Art sein können, also Zustimmungen wie «Ja, genau» etc., das aus der *Gesprächspsychotherapie* bekannte «Mmh» bis zu Mimik und Gestik. Allerdings haben diese Signale häufig vor allem die Funktion, soziale Akzeptanz auszudrücken und den Gesprächsfluss aufrechtzuerhalten, weswegen sie ebenfalls Missverständnisse nicht mit Sicherheit ausschließen können. Deshalb werden im Fall von Verständigungsproblemen dialogische Reparationsanstrengungen eingesetzt, z. B. *Paraphrasierung* des vom Gegenüber Gemeinten, Einigung über Wortbedeutungen und, über Sprechhandlungsabsichten (Illokutionen), im Extremfall sogar Absprachen zu umfassenden Weltbildannahmen und Werthaltungen. Hier spielt die Bereitschaft und Fähigkeit zur *Metakommunikation* eine (noch unzureichend erforschte) wichtige Rolle. In dem Moment, wo ein diskursiver Dissens bzw. eine strittige Frage als explizit festgestellter Ausgangspunkt vorliegt, stellt die Argumentation als komplexer Gesprächstyp den Königsweg zur interaktiven Verständigung auch im Sinn eines beide Seiten befriedigenden Interessensausgleichs dar. Auf alle Fälle setzt eine erfolgreiche interaktive Verständigung die Etablierung des sog. *common ground* (gemeinsames Wissen von Sprecher und Hörer: Clark & Carlson 1981) voraus. Strittig ist dabei, ob dieses gemeinsame Wissen bereits bei der Äußerungsplanung oder erst beim Auftreten von Verständigungsproblemen berücksichtigt wird, desgleichen ob der Partnerbezug automatisiert oder bewusst kontrolliert erfolgt. Wegen der Komplexität und Flexibilität von Sprache können de facto alle konkurrierenden Modelle passende Sprachphänomene anführen, sodass auf Dauer eher zu klären ist, unter welchen Bedingungen (z. B. Zeitdruck) welches Modell besser zutrifft. *Kommunikationsmodell von Watzlawick et al.*, *Vier-Seiten-Modell der Kommunikation von Schulz von Thun*. Holtgraves 2002, Graumann & Foppa 1995, Barr & Keysar 2007.

N. Groeben/U. Christmann

Sprachpathologie [engl. *language/speech pathology*; gr. πάθος *(pathos)* Leiden(schaft), Krankheit, λόγος *(logos)* Lehre], syn. Patholinguistik, [**KLI, KOG**], Teilgebiet der Psycholinguistik, das sich mit der Untersuchung von *Sprachstörungen* befasst.

Sprachphilosophie (= S.) [engl. *linguistic philosophy, philosophy of language*], [**KOG, PHI**], sehr heterogene theoret. Überlegungen, denen gemeinsam ist, dass sie sich unter dem Anspruch phil. Grundsätzlichkeit (*Philosophie*) mit *Sprache* befassen. Es können drei Hauptaspekte unterschieden werden (Fahrenbach 1970): (1) Frage nach dem Wesen der Sprache, die ähnlich auch von der allg. Sprachwiss. (*Linguistik*) gestellt wird; (2) kritische wissenschaftstheoretisch-methodologische Reflexion sprachwiss. Ansätze; (3) Untersuchung der fundamentalen Bedeutung von Sprache für die Philosophie selbst, insges. und in ihren verschiedensten Teilgebieten und Problemstellungen. Im letztgenannten Sinne hat die Sprachthematik in der Philosophie im 20. Jhd. ihre eminente Bedeutung gewonnen, was zu tief greifenden Auswirkungen auch auf viele Formal- und Realwiss. führt. Bsp. für Problemstellungen der S. wären: Funktion der Sprache im Erkenntnisprozess, logische Analyse natürlicher Sprachen, Möglichkeiten des Aufbaus von Kunstsprachen, Analyse von Grammatik- und Bedeutungstheorien, Analyse ethischer Aussagen, Zusammenhang zw. Sprache und Weltanschauung (*Sapir-Whorf-Hypothese*), Analyse sprachlichen Handelns (*Sprechhandlung*, *Sprechakttheorie*). Kutschera 1971, Schnelle 1973. G. Kaminski

Sprachproduktion (= S.) [engl. *language/speech production*; lat. *producere* erzeugen], [**KOG**], bez. die Gesamtheit derjenigen kogn. und motorischen Prozesse (*Kognition*, *Motorik*), durch die Intentionen, Ideen oder Emotionen einer Person in ein akustisches (beim *Sprechen*) oder optisches Signal (beim *Schreiben* und Gebärden; *Gebärdensprache*) umgesetzt werden, das vom Rezipienten als auditives oder visuelles Sprachsignal dekodiert wird. Die nachfolgenden Ausführungen beziehen sich v. a. auf die Produktion gesprochener *Sprache*.

Es werden üblicherweise drei größere Teilprozesse unterschieden: *Konzeptualisierung*, *Formulierung* und *Artikulation* (Levelt 1989). (1) Während der Konzeptualisierung wird eine vorsprachliche Botschaft generiert, in der kodiert ist, welche Inhalte in welcher Form und in welcher Reihenfolge verbalisiert werden sollen. (2) Während der nachfolgenden Formulierung wird diese vorsprachliche Botschaft auf eine sprachliche Repräsentation abgebildet; am Ende entsteht dabei ein *phonetischer Plan*. (3) Dieser wird während der abschließenden Artikulation in eine Sequenz artikulatorischer Motorkommandos umgesetzt, deren Ausführung zum akustischen Signal führt. Im Mittelpunkt der akt. Forschung zur S. stehen Studien zur Formulierung. Bei diesem Teilprozess werden zwei Planungsebenen unterschieden: (1) eine *syntaktische Planungsebene*, auf der die grammatische Enkodierung stattfindet, und (2) eine *phonologische Planungsebene*, auf der die *phonologische Enkodierung* erfolgt. Parallel dazu wird ein zweistufiger lexikalischer Abrufprozess angenommen, bei dem jew. diejenige Information aus dem *mentalen Lexikon* abgerufen wird, die während des betreffenden Kodierungsprozesses benötigt wird. Ist in der vorverbalen Botschaft bspw. das Konzept Frau spezifiziert, wird in einem ersten Schritt die mit diesem Konzept assoziierte *syntaktische Information* abgerufen (z. B. syntaktische Kategorie: Nomen, grammatisches Genus: femininum), sodass eine korrekte *syntaktische Struktur* gebildet werden kann (z. B. eine Nominalphrase mit dem definiten Artikel die). In einem zweiten Schritt wird die zugehörige phonologische Information abgerufen (z. B. einsilbig, bestehend aus den Lauten /f/, /r/ und /au/) und in die phonologische Struktur der intendierten Äußerung integriert. Diese Annahme eines zweistufigen lexikalischen Zugriffs erklärt u. a. auch, warum uns mitunter ein Wort «auf der Zunge liegt», wir es aber nicht aussprechen können. Experimentelle Studien haben gezeigt, dass in solchen Fällen der erste Abrufprozess (Zugriff auf syntaktische Merkmale des intendierten Wortes; *Abruf*) erfolgreich ist, ohne dass der zweite Abrufprozess (Zugriff auf die phonologische Form) gelingt.

Wie weit planen Sprecher ihre Äußerungen voraus? Intuitiv einleuchtend ist die Annahme, dass nicht jede – komplexe – Äußerung vor Artikulationsbeginn vollst. vorausgeplant ist. Es gibt deutliche Hinweise darauf, dass Äußerungen inkrementell («stückchenweise») geplant werden, die Größe der Planungseinheiten auf den versch. Ebenen aber variieren kann. Entsprechende Belege liefert u. a. die Analyse von natürlich auftretenden Vertauschungsfehlern. Wenn Wörter innerhalb einer Äußerung die Position tauschen (z. B. «Ich kann nur über die Teile kennen, die ich spreche» statt «Ich kann nur über die Teile sprechen, die ich kenne»), finden die Vertauschungen i. d. R. zw. Wörtern derselben syntaktischen Kategorie statt. Dies spricht dafür, dass diese Wortvertauschungsfehler während der grammatischen Enkodierung entstehen. Die Tatsache, dass die vertauschten Elemente in der Satzoberfläche oftmals weit voneinander entfernt sind, legt dann den Schluss nahe, dass die grammatische Enkodierung mit relativ großen Planungseinheiten arbeitet. Wenn Laute miteinander vertauscht werden (z. B. «Sorte von Tacher» statt «Torte von Sacher») spielt die syntaktische Ähnlichkeit der involvierten Elemente keine Rolle, jedoch sind die Umgebungen der vertauschten Elemente meist phonologisch ähnlich. Dies spricht dafür, dass diese Lautvertauschungsfehler während der phonologischen Enkodierung entstehen. Die Tatsache, dass die vertauschten Elemente in der Satzoberfläche i. d. R. eng beieinander liegen, legt dann den Schluss nahe, dass die phonologische Enkodierung mit kleineren Planungseinheiten als die grammatische Enkodierung arbeitet. Sprecher kontrollieren kontinuierlich und auf versch. Ebenen das Ergebnis ihrer Planungsprozesse hinsichtlich Korrektheit; dies wird als *Monitoring* bez. Durch das Hören und Analysieren der eigenen vokalen Produktion können fehlerhafte Äußerungen rasch nach deren Auftreten entdeckt und Selbstkorrekturen initiiert werden (z. B. «Der hat ja schon vor Hosen – vor Angst in die Hosen gemacht»). Monitoring findet jedoch auch bereits vor der tatsächlichen Artikulation statt. Dieser präartikulatorische Prozess ermöglicht es, Fehler noch vor dem tatsächlichen Auftreten zu eliminieren.

In meth. Hinsicht waren *Sprechfehler* – neben strukturellen Ausfällen bei *Aphasie* – lange Zeit primäre Datenbasis für die Modellbildung (Dell & Reich 1981; Garrett 1980). Erst Anfang der 1990er-Jahre kamen exp. chronometrische Techniken (*Chronometrie*) zum Einsatz, die es erlaubten, dezidierte Aussagen über den Zeitverlauf der einzelnen Planungsprozesse zu treffen (Levelt et al. 1999). Zu einem wichtigen Forschungsansatz wurde dabei das *Bild-Wort-Interferenzparadigma* (*Interferenz*). In diesem Paradigma benennen Pbn Bilder von Objekten oder Szenen, während sie eingeblendete Störwörter ignorieren. Bei systematischer Variation der zeitlichen und inhaltlichen Relation von Zielbildern und Störwörtern können über die beobachteten Distraktionseffekte Rückschlüsse auf die zeitliche Koordination und mögliche Interaktion der verschiedenen (semantischen, syntaktischen, phonologischen) Teilprozesse gezogen werden. In jüngster Zeit werden auch elektrophysiol. Ansätze (*Elektrophysiologie*) herangezogen, um die Dynamik von Sprechplanungsprozessen mit noch höherer zeitlicher Auflösung zu untersuchen. *J. D. Jescheniak*

Sprachrezeption *Sprachwahrnehmung*.

Test Sprachscreening für das Vorschulalter (SSV), 2003, H. Grimm, M. Aktas & U. Kießig, [www.testzentrale.de], [**DIA, EW, KOG**], Sprachtest. AA von 3;0 bis 5;11 Jahren. Das SSV erlaubt die Identifikation von Risikokindern im späteren Vorschulalter. I. R. kinderärztlicher Vorsorgeuntersuchungen werden zur U6 und U7 die Elternfragebogen für die Früherkennung von Risikokindern (ELFRA) eingesetzt, zur U8 und U9 greift das hier vorliegende Screeningverfahren (*Sprachentwicklungsstörung*). Der diagn. Nutzen des Sprachscreenings ist theoretisch und empirisch belegt. Es stellt eine Kurzform des SETK 3-5 dar und teilt mit diesem Gesamttest inhaltliche und methodische Aspekte. Für dreijährige Kinder besteht die Kurzform aus den beiden Untertests PGN (*Phonologisches Arbeitsgedächtnis für Nichtwörter*) und MR (*Morphologische Regelbildung*). Für vier- bis fünfjährige Kinder enthält die Kurzform wiederum PGN und hinzukommend SG (*Satzgedächtnis*). *Normierung*: Es liegen kritische Werte für die Untertests vor. Zudem wurden T-Werte und Prozentränge errechnet. Bearbeitungsdauer: Die Durchführung einer Kurzform dauert max. 10 Min., für die Auswertung sind nur wenige zusätzliche Min. notwendig.

Sprachspiel (= S.) [engl. *language game*], [**KOG**], ein von Wittgenstein in die *Sprachphilosophie* eingeführter Begriff zur Kennzeichnung des Wesens von *Sprache*. Wittgenstein warf älteren, Wort- und Satz-*Bedeutungen* in den Mittelpunkt stellenden Auffassungen vor, sie würden dem differenzierten und komplizierten alltäglichen Gebrauch der Sprache nicht gerecht und träfen bestenfalls auf wenige spez. Sprachverwendungsarten zu. Gebrauch der Sprache sei vielfältig mit Tätigkeiten verwoben und basiere auf vorgängiger Kenntnis und mannigfachem unausgesprochenem Einvernehmen, vergleichbar mit an *Regeln* orientierten Gemeinschaftsspielen. So bezeichnet er sowohl spez. Sprachverwendungsarten als auch das Gesamt von Sprache und Sprachverwendung als S. (*Sprechhandlung*). *G. Kaminski*

Sprach-(Sprech-)Typen *Typologie*.

Test Sprachstandserhebungstest für Kinder im Alter zwischen 5 und 10 Jahren (SET 5-10), 2012, 2. überarb. Aufl. v. F. Petermann, [www.testzentrale.de], [**DIA, EW, KOG**], diagn. Einzeltest zur umfassenden Beurteilung des Sprachstandes sowie der Verarbeitungsgeschwindigkeit und auditiven Merkfähigkeit. AA Kinder im Alter von 5;0–10;11 Jahren. Sein Einsatz ist primär zur Untersuchung monolingual dt.sprachig aufwachsender Kinder mit Verdacht auf Sprachentwicklungsverzögerung oder -störung konzipiert. Der SET- 5-10 besteht aus 10 theoret. und empir. fundierten Subtests aus den Bereichen Wortschatz, semantische Relationen, Verarbeitungsgeschwindigkeit, Sprach-

verständnis, Sprachproduktion, Morphologie und auditive Merkfähigkeit (nur für 5- und 6-Jährige). Reliabilität: interne Konsistenzen der Subtests zw. .71 und .91. Objektivität in Durchführung (festgelegte Instruktionen), Auswertung (pro Subtest auf Basis der erreichten Rohwerte; Rohwertaddition) und Interpretation (Normen) ist gegeben. Validität: Erste Analysen zur konvergenten Kriteriumsvalidität sowie Studien zur Konstruktvalidität belegen eine mittlere bis hohe Testgültigkeit. *Normierung*: T-Werte; Prozentrangwerte für 7 Altersgruppen (N = 1052 zw. 5;0 und 10;11 Jahren aus 4 Bundesländern). Für 5-Jährige existieren Halbjahresnormen für jeden Subtest. Testdauer: ca. 45 Min. *C. Kiese-Himmel*

Sprachstatistik [engl. *language statistics*], [**KOG**], Gesamtheit der Methoden zur quant. Analyse von gesprochenen und geschriebenen Texten mit dem Ziel, allg. Gesetzmäßigkeiten sowie sprach-, text- und individuumsspezifische Unterschiede aufzuzeigen und sie (im Bereich der Psycholinguistik) der ps. Interpretation zugänglich zu machen. Grundlage der Analyse sind Auszählungen und Schätzungen der Häufigkeiten von Sprachelementen und Elementenkombinationen. Als Elemente gelten – je nach Ziel und Komplexität der Analyse – Buchstaben, *Morpheme*, *Phoneme*, *Silben*, *Wörter*, Satzteile und *Sätze*. Aus den Häufigkeitsverteilungen und aus den daraus nach Methoden der *Informationstheorie* gewonnenen Maßen lassen sich generelle und spezif. Aussagen über die Struktur von Sprachen, sprachlichen Mitteilungen und Sprachwelten herleiten (*Zipf'sches Gesetz*, Codabilität (*codability*), *Inhaltsanalyse*, *Diversifikationsquotient*). Die eine sprachliche Mitteilung bildende Abfolge von Sprachelementen kann als *Markoff-Prozess* derart analysiert werden, dass sich eine teilweise Entsprechung zw. der stat.-informationstheoret. Struktur des Textes und den dem Sprachgebrauch unterliegenden Regeln (Wortgeläufigkeit, *Grammatik*, *Syntax* etc.) zeigt. Durch systematische Variation von sprachstat. Kennwerten (*Approximation*, *Ordnungsgrad*) gelangt man zu allgemein- und differentiellpsychol. Aussagen über Lese- und Sprechverhalten (*Lesen*, *Sprechen*). Die vorgefundene text- und autorenspezifische (in der Zeit häufig konsistente) Ausprägung solcher Kennwerte gestattet Rückschlüsse auf die Urheberschaft von Texten (*Authentizitätsanalyse*). Sprachstat. Aussagen sind wegen der Vielfalt der möglichen Elementenkombinationen i. d. R. nur dann zuverlässig, wenn sie auf Auszählungen sehr großer Textstichproben basieren. Deshalb ist meist der Einsatz elektronischer Datenverarbeitung unerlässlich. Fucks 1955, Miller 1951, Schnelle 1968. *H.E. Zahn*

Sprachstörungen (= S.) [engl. *language disorders*], [**BIO, DIA, EW, KLI, KOG**], pathologische Beeinträchtigungen des zentralen Sprachsystems. Folg. Dimensionen werden bei S. unterschieden: (1) *Zeitpunkt ihres Auftretens im Entwicklungs- bzw. Lebensverlauf*: Während erworbene S. nach vollendetem Spracherwerb auftreten (*Aphasie*, *Aphasie*, *(primär) progressive*, S. bei *Schizophrenie*) oder die bis zum Erkrankungsbeginn normal verlaufende *Sprachentwicklung* stören (kindliche Aphasie, S. bei Schizophrenie im Kindesalter, *Landau-Kleffner-Syndrom*,

Heller'sche *Demenz*), verläuft bei entwicklungsbedingten S. die Sprachentwicklung nicht altersgemäß (*Sprachentwicklungsverzögerung, spezifische (umschriebene)*). (2) *Klin. Erscheinungsbilder (Symptome)*: S. zeigen sich in der Spontansprache und/oder in gezielten Testaufgaben als Beeinträchtigungen von Sprachfunktionen wie bspw. dem auditiven Verstehen von Wörtern und Sätzen. Wortfindungsstörungen, bzw. ein geringer Wortschatz bei Kindern, gehören zu den häufigsten bzw. frühen Symptomen. Es können vorwiegend eine der linguistischen Komponenten (*Semantik, mentales Lexikon, Phonologie, Morphologie, Syntax*) und Modalitäten (*Sprachproduktion, Sprachrezeption*) betroffen sein oder auch mehrere gleichzeitig. (3) *Kognitiv-funktionale Ursache*: Insbes. auf Wortebene werden die gestörten Sprachfunktionen häufig in einem kognitiv-funktionalen Modell der Sprachverarbeitung (z. B. *Logogen-Modell*) erklärt. Die *Sprachtherapie* kann dann direkt auf die im Modell festgestellten Störungsursachen bzw. auf die gestörten Funktionen ausgerichtet werden, die gestörten sprachlichen Funktionen umgehen und/oder bestehende Kapazitäten nutzen. (4) *Verlauf*: Handelt es sich um ein einmaliges, akutes Ereignis (z. B. beim Auftreten einer (kindlichen) Aphasie), so kann sich aufgrund der neuronalen Plastizität und mit sprachtherap. Unterstützung (Sprachtherapie) die S. vollst. oder teilweise zurückbilden. Handelt es sich um eine degenerative Grunderkrankung (Heller'sche Demenz) oder um eine persistierende Grunderkrankung ggf. mit fortgesetzten Ereignissen (z. B. Multiinfarkt-Demenz), so ist eine progrediente Verschlechterung der Leistung zu erwarten. (5) *Med. Ursache (Ätiologie)*: Zu den med. Ursachen der neurologisch bedingten, erworbenen Sprachstörungen zählen *Schlaganfall, Schädel-Hirn-Trauma* und *Demenz*. Die resultierenden Schädigungen und Dysfunktionen umfassen Sprachareale des menschlichen Gehirns (*Sprachzentrum*). Für entwicklungsbedingte S. werden primär genetische Faktoren verantwortlich gemacht, während Umwelteinflüsse weniger bedeutsam zu sein scheinen, und es wurde eine abweichende Entwicklung von Konnektivitäten und *Sprachlateralisierung* im Gehirn berichtet. S. als pathologische Beeinträchtigungen sind insbes. abzugrenzen von (a) vorübergehenden sprachlichen Fehlleistungen, wie sie bspw. bei Versprechern sprachgesunder Personen vorkommen, (b) psychogenen S. (psychogen) aufgrund von Erlebnissen bzw. als Teil einer psych. Sörung, (c) peripheren Beeinträchtigungen von Sprechplanung und *Motorik* sowie von Sensorik und Wahrnehmung und (d) Störungen von *Kognition, Wahrnehmung* und *Gedächtnis*. Allerdings kann neben der primären S., bei der die Beeinträchtigung der Sprache ursächlich für das klin. Erscheinungsbild ist, eine sekundäre S. auftreten, bei der Komorbiditäten sich neg. auf die Sprachleistung auswirken oder sie im Falle einer Sprachentwicklungsstörung (mit) verursachen, nämlich bei peripheren (z. B. Hörstörung, Sprechapraxie/Entwicklungsdyspraxie), kogn./kommunikativen (z. B. *Autismus-Spektrum-Störung*) und mnestischen (z. B. *Alzheimer-Krankheit*) Störungen. Primäre und sekundäre S. können gleichzeitig in einer Person auftreten und die Diagnose der zugrunde liegenden Störungsursache erschweren. *Entwicklungsstörungen, umschriebene*. La Pointe 2011, Croot 2009, AWMF 2011, Leonard 1997. S. Abel

Sprachtheorie [engl. *linguistic theory*], **[KOG]**, zu einer sprachtheoretischen Reflexion i. w. S. rechnet man theoret. Ansätze, deren Ziel es ist, über die Beobachtung von Einzelphänomenen hinaus allg. Gesetzmäßigkeiten über die menschliche *Sprache* zu formulieren und damit zu definieren, was letztlich unter einer natürlichen Sprache zu verstehen ist und worin sie sich von anderen *Kommunikations*formen (*nicht verbale Kommunikation*) unterscheidet (Schlieben-Lange 1975, Wunderlich 1976). Es gibt bis zum heutigen Zeitpunkt keine umfassende *Theorie*, die dem Phänomen Sprache in seiner Komplexität gerecht wird und die in der Lage wäre, für alle Ebenen sprachlicher Strukturbildung (z. B. *Phonetik, Syntax, Morphologie, Semantik, Pragmatik*) entspr. Gesetzmäßigkeiten vorzulegen. Die Heterogenität verfügbarer Ansätze ist u. a. darauf zurückzuführen, dass man sich sprachlichen Phänomenen mit unterschiedlichen Methoden (z. B. deduktiv (*Deduktion*) oder induktiv (*Induktion*)) und mit Präferenzen für eher formale oder funktionale Erklärungszusammenhänge nähern kann. Während funktionale Ansätze die soziale Aufgabe sprachlicher Zeichen in der Kommunikation betonen (zur Koexistenz versch. Funktionen vgl. schon Bühler (1934) und neuere pragmatische Perspektiven), stehen für formal orientierte Arbeiten systeminterne Strukturzusammenhänge im Vordergrund. Zu den für die Ps. bedeutsamsten formalen Ansätzen gehört die generative Theorie. Nach Chomsky (1965, 1986) besteht ihre wichtigste Aufgabe darin, eine Theorie möglicher *Grammatiken* zu erstellen. Es gilt also, folg. Abstraktionsstufen zu unterscheiden (Bense 1978, Janssen 1982): (1) die Ebene der Sätze (*Satz*) einer jew. Einzelsprache (des Englischen, Russischen, Dt. etc.), d. h. sprachliche Daten, über die generalisiert werden soll. (Man beachte, dass auch «Satz» schon eine Idealisierung beinhaltet; der Beobachtung zugänglich sind allenfalls Äußerungen in ihren Kontexten.) (2) Die Ebene der einzelsprachlichen Grammatik (d. h. eine Grammatik des Englischen, des Russischen etc.), die eine Beschreibung der jew. Einzelsprache (und damit auch schon eine «Theorie») darstellt. (3) Die Ebene der linguistischen Theorie (*Linguistik*), welche die Gesetzmäßigkeiten enthält, denen sämtliche einzelsprachliche Grammatiken der Ebene (2) gehorchen.

Diese Theorie wird auch als *Universale Grammatik* bez. (in der Literatur oft abgekürzt als UG), ihre einzelnen Axiome als *Universalien*. Die Universale Grammatik (*Universalien, universelle Grammatik*) enthält ein Inventar von *Kategorien, Merkmalen, Regel*typen etc., aus dem alle natürlichen Sprachen schöpfen können. Beschränkt (und «erklärt») durch die Theorie wird also in erster Linie die Form möglicher Grammatiken und nur indirekt die Form natürlicher Sprachen (Chomsky 1985). Ein wichtiges Ziel besteht darin zu zeigen, dass sich viele Unterschiede zw. Einzelsprachen innerhalb eng eingeschränkter Variationsräume (sog. Parameter, Felix & Fanselow 1987, Grewendorf et al. 1987) bewegen. Für die Ps. bedeutsam sind weiterhin einige von Chomsky (1965) explizit gezogene Parallelen, wonach (1) die linguistischen Theorien ihr ps. Äquivalent in einer *a priori* vorhandenen Sprachfähigkeit (Prädisposition) des Kindes finden und (2) die einzelsprachliche Grammatik ein Modell des sprachlichen Erkenntnis- oder Wissenssystems (*Kompetenz*) eines Sprechers/Hörers darstellt. Chomskys nativistische Annahme (*Nativismus*), dass Universalien weder induktiv entdeckt noch auf allgemeinere kogn. Konzepte und Verarbeitungsprinzipien reduziert werden können, hat eine Fülle kontroverser Diskussionen ausgelöst und das klass. Spannungsverhältnis zw. versch. erkenntnistheoret. Positionen (*Empirismus* vs. *Rationalismus*) und psychol. Paradigmen (neobehavioristische, nativistische und kognitivistische) neu belebt (Piattelli-Palmarini 1980, Hornstein & Lightfoot 1981, Felix & Fanselow 1987). *R. Tracy*

Sprachtherapie [engl. *language/speech therapy*], [**EW, KLI, KOG**], Therapie von *Sprachstörungen* (= S.). (1) Bei *entwicklungsbedingten* S.: Ausgangspunkt ist eine breit angelegte Diagnostik, von *Entwicklungstests* bis zum Hörtest, um den indiv. *Sprachentwicklung*sstand zu ermitteln. Verhaltenstherap. Programme (*Verhaltenstherapie*) betonen stärker die Einübung best. Äußerungsformen, ein neuerer Ansatz dahingegen das vereinfachte Sprachangebot an das Kind. U. U. müssen inkompatible Verhaltensprobleme zuerst therapiert werden (mangelnde *Aufmerksamkeit*, Unruhe, Störverhalten; *ADHS*). Die Programme gehen von einer langen Übungszeit (*Üben*) und der Einbeziehung der Eltern als Kotherapeuten aus. Es werden z. T. gute Therapieerfolge berichtet. (2) Bei *erworbenen* S.: Im *defizitorientierten* Ansatz wird die Behandlung direkt auf die im kogn.-funktionalen Modell festgestellte Störungsursache (z. B. *Logogen-Modell*) bzw. die gestörte Sprachfunktion (z. B. auditives Satzverständnis), ausgerichtet. Der *partizipationsorientierte* Ansatz stellt die Verbesserung der Alltagskommunikation in den Vordergrund und fördert bestehende Ressourcen (*Ressourcenorientierung*) und Umwegstrategien. Möglicherweise vorliegende *Komorbiditäten* werden bei der Behandlung berücksichtigt. Bei *Aphasie* können, je nach Rückbildungsphase, deutliche Verbesserungen von Sprache und Alltagskommunikation durch Techniken der Stimulation, des Wiedererlernens und/oder der Kompensation erreicht werden. Bei progredienten Erkrankungen (*(primär) progressive Aphasie*, *Alzheimer-Krankheit*, frontotemporale *Demenz*) ist weniger die Verbesserung, sondern vielmehr der möglichst lange Erhalt von sprachlichen und kommunikativen Funktionen erklärtes Ziel der Behandlung. Die Angehörigenberatung ist hier von bes. großer Bedeutung. *S. Abel*

Sprachwahrnehmung (= S.) [engl. *speech perception*], [**KOG, PÄD, WA**], S. ist ein Oberbegriff für Verarbeitungsprozesse gesprochener, geschriebener oder gebärdeter *Sprache*. Dabei werden Prozesse wie Segmentieren und Identifizieren der akustischen oder visuellen Information, Zugriff auf das *mentale Lexikon* und Auswahl der lexikalen *Repräsentation*, Strukturierung der Wortfolgen auf syntaktischer Ebene (*Syntax*), Zuweisung thematischer Rollen, Bedeutungsintegration auf propositionaler Ebene und Integration des Satzkontextes in den Diskurs postuliert. Es gibt derzeit kein Modell der S., das alle Verarbeitungsprozesse integriert. Vielmehr werden die Teilbereiche unabhängig voneinander beschrieben.

Für das *Lesen* geschriebener Sprache beschreiben Modelle wie das *Dual-route-cascaded-Modell* (*Lesen, Zwei-Wege-Modell*), das *Triangle-Modell* oder das *E-Z-Reader-Modell* den lexikalen Zugriff (*lexical access*) und die Auswahl (*lexical selection*) des gelesenen Wortes. Im Dual-route-cascaded-Modell bilden Grapheme (Buchstaben oder Kombinationen von Buchstaben, die Phoneme (*Phonem*) repräsentieren) die sublexikalen Zugriffseinheiten auf die Wortbedeutung. Für Wörter, die eine irreguläre Aussprache haben, gibt es eine zweite Route, bei der Grapheme in Phoneme umgesetzt werden. Diese (phonologisch-vermittelte) Umsetzung erlaubt den Zugriff auf die Bedeutung bzw. lautes Lesen. Auch im Triangle-Modell gibt es orthografische, phonologische (*Phonologie*) und semantische (*Semantik*) Information. Hier kann entweder direkt über die Orthografie auf die Bedeutung zugegriffen werden oder der Zugriff verläuft von Orthografie über die Phonologie auf die Bedeutung. Eine Übersetzung der Grapheme in Phoneme fehlt jedoch. Das E-Z-Reader-Modell ist ein Modell, das versucht, die Augenbewegungen, die beim Lesen gemacht werden, zu erklären. Eine zentrale Annahme, die in dem Modell gemacht wird, ist, dass die Aufmerksamkeit erst nach erfolgter Wortidentifikation zum nächsten Wort verlagert wird. Augenbewegungen reflektieren somit Wortverarbeitungsprozesse. Im E-Z-Reader-Modell entspricht die erste Stufe der Wortidentifikation einer Bekanntheitskontrolle («Kenne ich das Wort?»). Erst auf der zweiten Stufe erfolgen die Aktivierung der Bedeutung (lexikaler Zugriff), die Integration in den Kontext und die Verschiebung der Aufmerksamkeit auf das nächste Wort. Laut Modell kann eine Sakkade auch ohne lexikalen Zugriff, also am Ende der ersten Verarbeitungsstufe, programmiert werden.

Im Ggs. zu geschriebener Sprache gibt es in gesprochener Sprache keine systematischen Pausen, durch die Wörter (oder Phoneme) voneinander abgrenzt werden. Außerdem ist gesprochene Sprache akustisch sehr variabel. Aufgrund dieser beiden Eigenschaften ergeben sich das *Invarianzproblem* und das *Segmentierungsproblem*. Das Invarianzproblem beschreibt den Umstand, dass ein Phonem in Abhängigkeit von seinem Kontext unterschiedlich klingt. Die [b]s in «Ball», «Buch», «Binde» oder «Weber» unterscheiden sich akustisch voneinander. Darüber hinaus führen phonologische Prozesse wie z. B. Assimilation dazu, dass die meisten Sprecher des Dt. im täglichen Gebrauch [le:bm] statt [le:bən] produzieren. Die unterschiedlichen Realisierungen von Phonemen werden i. d. R. nicht wahrgenommen, sondern es findet eine kategorielle Phonemwahrnehmung statt. Für gesprochene Sprache bieten Ansätze wie die *Motor-Theorie* (*motor theory*) Erklärungen, wie das akustische Signal in kategoriale Repräsentationen übersetzt werden kann. Der Motor-Theorie zufolge wird das akustische Sprachsignal in die motorischen Kommandos (*Motorik*) umgesetzt, die notwendig sind, um das

Gehörte zu erzeugen. Das Segmentierungsproblem beschreibt die Schwierigkeit, Wörter bzw. Phoneme in gesprochener Sprache voneinander zu trennen. Welche Wörter enthält die Aussage «Mähenäbteheu»? Ist es «I scream» oder «ice cream»? Ein Vorschlag, wie gesprochene Sprache in Wörter segmentiert werden kann, ist der *possible word constraint*. Demzufolge segmentieren wir Sprache so, dass alle prälexikalen Einheiten an Wörter gebunden sind. Außerdem werden in Abhängigkeit von der jew. Sprache Silben (z. B. im Französischen) oder Betonung (im Englischen) als Indikatoren für Wortgrenzen benutzt.

Das *Cohort-Modell* bzw. das *Shortlist-Modell* bilden den lexikalen Zugriff und die Auswahl, die der phonetisch-phonologischen Verarbeitung folgen, ab. Bei beiden Modellen wird signalgesteuert (*Bottom-up-Verarbeitung*) eine Kohorte passender Wortkandidaten aktiviert. Je nach Grad der Passung ist ein Eintrag mehr oder weniger stark aktiviert. In der konnektionistischen Variante des Kohortenmodells werden phonologische Eigenschaften (stimmhaft, nasal usw.) auf verteilt repräsentierte lexikale Einträge abgebildet. Aufgrund der verteilten Repräsentation der lexikalen Einträge findet hier ein «natürlicher» Wettbewerb zwischen den aktivierten Einträgen statt. Im Shortlist-Modell aktiviert die Spracheingabe Phoneme. Lokal repräsentierte lexikale Einträge, die zu den aktivierten Phonemen passen, werden in Abhängigkeit von ihrem Grad der Passung aktiviert. Nur wenige lexikale Einträge, die Shortlist, werden so stark aktiviert, dass sie in einem Netzwerk mit lateraler Hemmung miteinander in Wettbewerb treten.

Wie die Bedeutung von Wörtern repräsentiert ist, wird in beiden Modellen nicht beschrieben. Üblicherweise wird Wortbedeutung in eine kontext- und situationsunabhängige Kernbedeutung (*Denotation*) und eine variable, situative, emot. oder bewertende Bedeutung (*Konnotation*) unterschieden. Eine Annahme zur Repräsentation von Wortbedeutung besteht darin, dass die Bedeutung eines Wortes durch seine Einbettung in ein Netzwerk der Bedeutungen anderer Wörter bestimmt wird (*Semantic-Network-Modell*). In anderen Ansätzen wird Wortbedeutung dadurch repräsentiert, dass ein Wort in kleinere semantische Einheiten (*semantic features, semantic primitives*) aufgespalten wird. Die Analyse und Kombination semantischer Eigenschaften der versch. Wörter erlaubt die Bedeutung eines Wortes und des einbettenden Satzes zu erschließen. So können nur best. semantische Eigenschaften des mehrdeutigen Wortes *Bank* mit dem Verb *sitzen* kombiniert werden und führen somit zu dem Schluss, dass *Bank* im Satz «Der beste Spieler saß auf der Bank» auf ein Sitzmöbel und nicht auf ein Geldinstitut referiert wird. Ein weiterer, mit semantischen Featuretheorien kompatibler Ansatz organisiert Begriffe in *Kategorien* aufgrund ihrer Ähnlichkeit mit einem Prototyp oder dem Kategoriemittelwert. Den *Prototyp* muss man sich hier als eine Art Platzhalter vorstellen, der eine Reihe von Eigenschaften mit Durchschnittswerten enthält. Ein Protopy teilt viele Eigenschaften mit anderen Kategoriemitgliedern, aber wenige Eigenschaften, die eine verwandte Kategorie def.

In *semantischen Featuretheorien* sowie in *Prototypentheorien* wird vom spezif. Bsp. abstrahiert. In Beispieltheorien (*instance* oder *exemplar theory*) wird, unter Aufgabe einer ökonomischen Speicherung, jedes erfahrene Bsp. gespeichert. Konzeptuelle Entscheidungen werden durch Vergleich mit den gespeicherten Bsp. getroffen (*Gedächtnis*). In diesem Ansatz wird eine ökonomische Speicherung zugunsten einer vielfältigen, reichhaltigen und damit detaillierten Speicherung aufgegeben. Dieser Ansatz kann jedoch den Erwerb neuer Konzepte schlechter erklären, als es Feature- oder Prototypenansätze können.

Mit der Wortbedeutung wird auch syntaktische und thematische Information verfügbar, die der syntaktischen und semantischen Struktur zugeordnet werden muss. Thematische Rollen («Wer tat wem was?» Agent, Thema, Rezipient, Instrument) müssen Wörtern zugewiesen werden. Die syntaktische Analyse unterstützt diesen Zuweisungsprozess, indem sie Wörter syntaktischen Kategorien (Subjekt, Verb, Objekt, Adverb usw.) zuordnet, die dann in Phrasen (Nominalphrase: NP, Verbphrase: VP, Präpositionalphrase: PP usw.) kombiniert werden.

Psycholinguistische Untersuchungen (*Psycholinguistik*) zur syntaktischen Verarbeitung orientierten sich mehr an linguistischen Theorien als an psychol. Prozessen. In der Linguistik dominiert die Vorstellung, dass die *Oberflächenstruktur* des Satzes in eine zugrunde liegende *Tiefenstruktur* übersetzt wird. Eine zentrale Frage psycholinguistischer Forschung ist, inwieweit semantische Information die syntaktische Analyse beeinflusst. Im *Garden-Path-Modell* verläuft die syntaktische Analyse in einem zweistufigen Prozess. In der ersten Stufe wird ein syntaktischer Strukturbaum (*Baumdiagramm*) nach Prinzipien *minimal attachment* und *late closure* unbeeinflusst von anderen sprachlichen Informationen aufgebaut. *Minimal attachment* bedeutet, dass die zu verarbeitenden Wörter mit so wenigen Verbindungen wie möglich an die vorhandene Phrasenstruktur gebunden werden sollen. Für den Satz «Die Professorin verletzte den Studenten mit dem Laserpointer» gibt es zwei syntaktische Analysen. Nach dem Minimal-Attachment-Prinzip wird der Student durch die Professorin, die den Laserpointer hat, verletzt. In der nicht min. Analyse verletzt die Professorin einen Studenten, der den Laserpointer hat. Das nachgeordnete Prinzip der *late closure* bezeichnet die Annahme, dass Wörter an die zuletzt bearbeitete Phrase gebunden werden sollen. Ein Strukturbaum wird so früh wie möglich und allein aufgrund struktureller Informationen erstellt. Wenn dieser Strukturbaum nicht zu der im Folgenden auftretenden sprachlichen Information passt, wird in einem zweiten Durchgang der syntaktische Strukturbaum unter Heranziehung semantischer Information erneut analysiert, um die thematische Zuweisung zu vollenden. In *Constraint-Based-Modellen* erfolgt die Verarbeitung einphasig. Die syntaktische Struktur wird unter Zuhilfenahme syntaktischer, semantischer und diskursiver Information (*constraints*) aufgebaut. Je mehr *constraints* zu einer syntaktischen Struktur passen, desto stärker wird diese Struktur aktiviert und im Weiteren verarbeitet.

Das Sprachverstehen (*language comprehension*) folgt der Verarbeitungsstufe der Worterkennung und der syntaktischen Analyse. Auf der Sprachverstehensstufe wird das gerade wahrgenommene in das zuvor wahrgenommene Material integriert. Es wird zwischen semantischer (Was bedeuten die Wörter und Sätze?) und der darauf folg. referenziellen (Worauf in der Welt bezieht sich die sprachliche Information?) Verarbeitung unterschieden. In dem zweiphasigen *Construction Integration Model* wird beschrieben, welche Gedächtnisstrukturen aktiviert bzw. aufgrund des Textes aufgebaut werden und wie diese in den aktuellen Diskurs integriert werden. In der ersten Phase werden Wortbedeutungen aktiviert und Propositionen (kleinste Bedeutungseinheiten, die einen Wahrheitswert annehmen können) gebildet. Lücken im Text werden durch *Inferenzen* geschlossen und das Wesentliche des Textes wird extrahiert. Das Ergebnis wird in einem assoziativen Netzwerk repräsentiert, dessen Knoten *Konzept* oder *Propositionen* sind, die aktivierend oder hemmend miteinander verbunden sind. Da in der ersten Phase eine Vielzahl möglicher Propositionen, syntaktische Bäume usw. gebildet werden, werden in der Integrationsphase ungewollte Elemente aus dem Netzwerk gelöscht. Taucht z. B. das Wort Bank im Text auf, können Propositionen wie BANK(Finanzinstitut), BANK(Sitzgelegenheit) sowie Assoziationen wie GELD, ÜBERFALL bzw. RASEN, SPIELPLATZ usw. aktiviert sein. Durch die zyklische Ausbreitung von Aktivierung werden Widersprüche sowie falsche Schlüsse aufgelöst und das Netzwerk durch Zugriff auf Information aus dem Langzeitgedächtnis in eine kohärente Struktur überführt. *J. Bölte*

Sprachzentrum (= S.) [engl. *speech center*], **[BIO, KOG]**, die Rindenareale des Gehirns (*Gehirn*), bei deren Ausfall es zu *Sprachstörungen* kommt: (1) motorisches S. = Broca'sches S. (*Broca-Aphasie*); (2) sensorisches S. = Wernicke'sches Zentrum (*Wernicke-Aphasie*); (3) optisches S. oder Lesezentrum. Alle in der dominanten (meist linken) Großhirnhälfte. *Lokalisation*, *Hemisphärenspezialisierung*.

Spranger, Eduard (1882–1963), vorehelich geboren als Franz Ernst Eduard Schönebeck in Lichterfelde bei Berlin, **[HIS, PÄD, PER]**, Philosoph, Pädagoge, Psychologe; einflussreicher Vertreter einer geisteswiss. Pädagogik und Ps. (*geisteswissenschaftliche Psychologie*). Studium an der Universität Berlin, u. a. bei *W. Dilthey* und F. Paulsen, 1905 Promotion bei Paulsen und *C. Stumpf* zum Dr. phil. mit einer Arbeit über «Die erkenntnistheoret. und psychol. Grundlagen der Geschichtswiss.», 1909 Habilitation mit einer Schrift über «Wilhelm von Humboldt und die Humanitätsidee», 1911 Berufung auf eine a. o. Prof. in Leipzig, 1912 dort auf eine o. Prof., 1919 Berufung nach Berlin. Vom Nationalsozialismus verspricht sich Spranger zunächst die Verwirklichung einiger Ziele, er wird jedoch nicht NSDAP-Mitglied und lehnt den Rassismus ab. 1933 reicht Spranger ein Rücktrittsgesuch beim Kultusminister ein, u. a. weil er sich bei einer Lehrstuhlbesetzung übergangen fühlt, 1936–37 lehrt Spranger in Japan. Ab 1945 bemüht sich Spranger um die Wiederaufbau der Universität Berlin im Ostsektor, er lehrt ab 1947 über seine Emeritierung 1950 hinaus bis 1958 an der Universität Tübingen. Spranger knüpft in seiner Lehre an W. Dilthey an. 1914 erscheinen seine «Lebensformen», die eine Typologie von Lebenszielen und Wertvorstellungen in idealtypischer Beschreibung enthalten. Diese Typologie bildet später die Grundlage des Werteinstellungstests von G. W. *Allport* und P. E. Vernon. In Abhebung von exp. Ps., die Spranger auch als «Elementenps.» kritisiert, bezeichnete er seine eigene Richtung als «Strukturps.», mit der er seelische Einzelerscheinungen in ihrer wertbestimmten Stellung im einheitlichen Ganzen verstehen will. 1924 erscheint Sprangers «Ps. des Jugendalters», die eine «verstehende Ps.» sein will, und durch Nacherleben, Deuten usw. ein besseres Verstehen der Jugend und der Typen des jugendlichen Lebensgefühls erreichen will. Spranger stützt sich so gut wie nie auf empirische Forschungsergebnisse, stattdessen auf eigene Erinnerungen, einzelne Beobachtungen, Tagebücher usw. Damit hat er die Situation der männlichen Jugendlichen in bürgerlichen Verhältnissen im Blick. Das Buch trifft den Nerv seiner Zeit, erreicht viele Auflagen und dient jahrzehntelang in der Lehrerbildung. Spranger hat eine große Anzahl an Auszeichnungen erhalten, so das Bundesverdienstkreuz, den Orden Pour le Mérite, mehrere Ehrendoktortitel und u. a. die Ehrenmitgliedschaft der *Deutschen Gesellschaft für Psychologie (DGPS)*.

spreading activation [engl.] Aktivierungsausbreitung, **[KOG]**, Annahme, dass sich die Aktivierung eines Gedächtnisinhaltes auf konzeptuell assoziierte Gedächtnisinhalte ausbreitet und diese ggf. dadurch aktiviert. *Netzwerkmodelle*, *Priming-Paradigma*.

Sprechakttheorie [engl. *speech act theory, theory of linguistic acts*; lat. *agere* ausführen], **[KOG, SOZ]**, geht davon aus, dass sich die sprachliche *Kommunikation* (*Sprache*) in Form von regelgesteuerten Sprechakten vollzieht. Sprechakte sind komplexe Akte, in denen versch. Aktsorten unterschieden werden können: (1) *Äußerungsakte*, d. h., der Sprecher äußert best. Wörter einer Sprache; (2) *propositionale Akte*, d. h., der Sprecher verwendet die Äußerung mit einer best. *Bedeutung* (Referenz und Prädikation); (3) *illokutionäre (bzw. illokutive) Akte*, d. h., der Sprecher vollzieht in und mit dem propositionalen Akt eine best. Sprechhandlung (wie Befehlen oder Behaupten); (4) *perlokutionäre (bzw. perlokutive) Akte*, d. h., aus der Sprechhandlung ergeben sich Konsequenzen für den weiteren Kommunikations- und Handlungsprozess der Kommunikationspartner. *Ironie*. Maas & Wunderlich 1972, Searle 1969. *J. Engelkamp*

Sprechangst, Logophobie (= S.) [engl. *logophobia*; lat. λόγος (*logos*) Wort, φόβος (*phobos*) Furcht], **[KLI]**, die *Angst* vor dem Aussprechen best., häufig misslingender Phonemfolgen, schließlich vor dem *Sprechen* überhaupt. S. ist sekundäres Störungssymptom beim *Stottern*. S. kann aber auch als «inneres Stottern» für sich allein vorkommen oder als Restsymptom nach überwundenem Stottern oder anderen Sprachstörungen; dann hat S. funktionale Ähnlichkeit mit der dynamischen *Aphasie*.

Sprechen [engl. *speaking*], *Sprachproduktion*.
Sprechfehler *Sprachproduktion*, *Sprechstörung*.

Sprechflüssigkeitsstörung [engl. *(speech) fluency disorder*], syn. *Redeflussstörung*, **[KLI, KOG]**, Unflüssigkeit im Sprechen, die sich im Sprechablauf (Redefluss) durch Störungen im Sprechtempo, in der Sprechdynamik und/oder Sprechmelodie bemerkbar macht. Eine gestörte Sprechflüssigkeit liegt unbeabsichtigt und unkontrollierbar beim *Poltern* oder beim *Stottern* vor. *C. Kiese-Himmel*

Sprechhandlung [engl. *speech act*], **[KOG, SOZ]**, (1) *Sprechen* selbst (*Sprachproduktion*, *Sprechtätigkeit*), als *Handlung*, als auf ein bestimmtes Ziel (z. B. subj. befriedigendes Zum-Ausdruck-Bringen eines best. gedanklichen Inhalts) gerichtete Aktivität interpretiert (*TOTE-Einheit*). (2) Mit sprachlichen Mitteln beabsichtigte Folgen (spez. bei Kommunikationspartnern, *Kommunikation*) herbeiführen. Hier wird die sprachliche Äußerung in ihrer Wirksamkeit in einem weiteren Kontext gesehen, was unter jew. versch. Voraussetzungen in der *Linguistik*, spez. der Pragmalinguistik (*Testtheorie*), der *Sprachphilosophie* (*Sprechakttheorie*, *Pragmatik*), der Ps. (*Psycholinguistik*), der Soziologie (*Soziolinguistik*) geschieht. Schmidt 1974, Wunderlich 1972. *G. Kaminski*

Sprechpausen (= S.) [engl. *speech pauses*], **[KOG, SOZ]**, die Länge der Pausen innerhalb gesprochener Äußerungen bestimmt in hohem Maße die Variabilität des *Sprechtempos*. S. werden in Zusammenhang gebracht mit den Entscheidungsvorgängen bei der sprachlichen En- und *Decodierung* (Hörmann 1967) von Mitteilungen. Sie sind aber auch wichtige Träger der *nicht verbalen Kommunikation* und somit Gegenstand von *Psycholinguistik* und *Paralinguistik*.

Sprechstörung [engl. *speech disorder*], **[KLI, KOG]**, ist eine beeinträchtigte Fähigkeit, Sprachlaute korrekt und deutlich zu bilden. *Sprechflüssigkeitsstörung*, *Sprachpathologie*.

Sprechtätigkeit, Sprachtätigkeit [engl. *speaking activity*], **[AO, KOG]**, Begriff aus der *Handlungsregulationstheorie* (Hacker 1978), der im Zusammenhang mit der Ausführungsregulation von *Arbeitstätigkeiten* eingeführt wurde. In Anlehnung an zahlreiche empir. Befunde, in denen sich die *Sprache* als förderlich für die Bewältigung sprachfreier bzw. auch sprachgebundener Aufgaben erwiesen hat, wird die analytische und synthetische Funktion der Verbalisierung als förderlich für die Bildung von Handlungsschemata und Plänen erachtet. In spezif. Bedeutung treten diese Begriffe in früherer sowjetischer Fachliteratur bzw. bei ihr nahestehenden dt. Autoren auf. Sie werden von verwandten Begriffen aus «westlicher» sprachwiss. Tradition wie *Sprechen*, *Sprechhandlung*, parole, z. T. kritisch abgehoben (Leontev 1971). Sie sollen die Implikationen marxistischer Sprachauffassung, d. h. sowohl materialistische (morphologisch-physiol. und phylogenetische) als auch historisch-gesellschaftstheoretische (sozialkommunikative) Aspekte, zur Geltung bringen, wobei im Wesentlichen auf die Vorarbeit Wygotskis (Wygotski 1972) verwiesen wird. *G. Kaminski*

Sprechtempo (= S.) [engl. *rate of speech*], **[KOG]**, die Ablaufgeschwindigkeit der *Sprachproduktion* setzt sich zus. aus der Anzahl artikulierter *Silben* oder *Phoneme* und aus der Anzahl und Dauer der *Sprechpausen* pro Zeitabschnitt.

Die *Artikulation* erreicht beim Erwachsenen mit nur geringen interindiv. Abweichungen (Lenneberg 1972) die hohe Geschwindigkeit von 5 bis 6 Silben bzw. etwa 14 Phonemen pro Sekunde, auch bei langfristiger Ausführung. Kinder erreichen ein langsameres S. Die indiv. Höchstfrequenz bei der seriellen Erzeugung sinnloser Silben wie ta-ta-ta (artikulatorische Diadochokinese) gleicht der max. Geschwindigkeit beim psychomotorischen *Tapping-Test*, bei dem so schnell wie möglich z. B. mit einem Bleistift auf eine Unterlage geklopft werden soll. Stärkere Variierung des S. durch die unterschiedliche Dauer der Sprechpausen (Goldman-Eisler 1964); z. B. innerhalb von Teilphrasen kürzer als zw. Teilphrasen oder bei der Beschreibung der Bedeutung eines Erlebnisses doppelt so lang wie bei der Schilderung des Ereignisses selbst und Abnahme der Pausenlänge bei Wiederholung der Darstellung. Vom S. hängen auch die ineinander verzahnten Vorgänge der *Sprachrezeption* (Osgood 1963) mit der Transformation von akustischen in phonematische, sodann in syntaktische (*Syntax*) und semantische (*Semantik*) Strukturen ab (Epstein 1962).

SPSS (Software), Abk. für *Statistical Package for the Social Sciences*, **[FSE]**, ein Paket von Computerprogrammen für die stat. Datenanalyse, das in der sozialwiss. Forschung an vielen Universitäten verwendet wird. Nachdem SPSS 1968 als erstes kommerzielles Statistikprogramm auf Lochkarte angeboten wurde, erschien 1983 die erste MS-DOS-Version, wobei sich im Laufe der Entwicklung der Name mehrmals änderte (z. B. Version 17 SPSS Statistics, danach PASW). Mit der Übernahme der Software von IBM 2009 fand eine Umbenennung in IBM SPSS Statistics statt. Das Programm wird für alle gängigen Betriebssysteme angeboten (Windows, Linux, Mac Os X). Neben der empfehlenswerten Steuerung über die Syntax sind fast alle Berechnungen auch über die Menüleiste aufrufbar. [www-01.ibm.com/software/de/analytics/spss/]. Leonhart 2010. *R. Leonhart*

SPSSI (Society for the Psychological Study of Social Issues) [engl. *society* Gesellschaft, *psychological study* psychologische Untersuchung, *social issues* soziale Themen], **[SOZ]**, gegründet 1936 mit dem Ziel, psychol. Forschung zur Lösung sozialer Probleme und internat. Konflikte einzusetzen. 1937 «divisional status» bei der *APA*, seit 1987 NGO (Nichtregierungsorganisation) bei der UNO.

Spurenfeld (= S.), **[KOG]**, nach Auffassung der *Gestalttheorie* bilden die Spuren vergangener Erlebnisse eine *dynamische Ganzheit* (*Feld*), die sich nach Gestaltgesetzen organisiert. Jeder in einem best. Augenblick stattfindende Wahrnehmungsprozess korrespondiert mit dem ihm nach dem *Ähnlichkeitsgesetz* zugehörigen S. und verbindet sich mit diesem zu einer Wirkungseinheit (Köhler). Eine derartige Ausbildung von in Wechselwirkung stehenden Spurenklassen in den S. wird auch als *Bereichsbildung* bez. Mithilfe des S. lässt sich der Einfluss vorhergegangener Erfahrungen auf gegenwärtige Prozesse erklären. Umgekehrt kann der gegenwärtige Prozess das S. verändern. Dies geschieht z. B. bei der Vervollkommnung einer best. Leistung durch Wiederholung. Dabei wird das S. im Sinne der *Prägnanztendenz* verändert, wodurch spätere Wiederholungen gleichsam besser vorgeformte Bedingungen vorfinden. Letzteres entspricht dem Begriff *Bahnung*. Schon lange ist bekannt, dass sich die Spur eines wahrgenommenen Gebildes spontan in Richtung auf größere Prägnanz verändert. Hierzu die Erfahrung, dass Partien eines eben gehörten Musikstückes sich nicht sofort, aber nach einem oder mehreren Tagen reproduzieren lassen (Koffka). Es lässt sich dies als Spontanorganisation des S. auffassen (*Organisation*).

Spurenkonditionierung [engl. *trace conditioning*; lat. *condicio* Bedingung], *bedingter Reflex, bedingte Reaktion*.

Spurenzerfall [engl. *trace decay*], *Gedächtnis, Vergessen*.

Spurverfolgen *tracking*.

SQ3R-System, **[KOG, PÄD]**, Abk. für eine Methode, wiss. Texte zu erarbeiten: S = Überblick verschaffen [engl. *survey*], Q = Fragen zum Text [engl. *questions*], R = Lesen mit Beachtung der Fragen [engl. *reading*], R = Wiedergeben, z. B. Laien informieren [engl. *reporting*], R = Zusammenfassung von Verstandenem [engl. *review*]. Robinson 1961, Anderson 2013.

S-R-Kontiguitäts-Theorie, S-R-Verstärker-Theorie [engl. *theory of S-R contiguity*; *response* Reaktion, lat. *stimulus* Reiz, *contiguus* angrenzen], **[KOG]**, Verhaltens- und Lerntheorien, die als Erklärungsprinzip die *Konditionierung* von *responses* an zunächst neutrale Stimuli verwenden. Nach der S-R-K-Theorie genügt die Kontiguität = raumzeitliche Berührung (Guthrie), nach der S-R-V-Theorie sind von der Motivation abhängige Verstärkungen (Bekräftigungen) für den Erwerb der neuen *responses* notwendig (Hull). *Lernen, Lernforschung, Kontiguität, Verstärkung*.

S-R-Theorie [engl. *s-r theory*; **s**timulus Reiz, **r**esponse Reaktion], **[KOG]**, Abk. für *Stimulus-Response-Theorie*, Verhaltenstheorie, in der das Lernen ausschließlich als ein Konditionierungsprozess aufgefasst wird. *Konditionierung, klassische, Konditionierung, operante, Behaviorismus*.

SSNRI *Serotonin- und Noradrenalinwiederaufnahmehemmer, selektive (SSNRI)*.

SSRI Abk. für *selective serotonin reuptake inhibitors*; *Serotonin-Wiederaufnahmehemmer, selektive*.

S-S-Theorie [engl. *s-s theory*; *stimulus* Reiz], **[KOG]**, Abk. für *Stimulus-Stimulus-Theorie*, Bez. für verschiedene Verhaltenstheorien, in denen das Orientierungslernen und die Erwartungs- bzw. Signaleigenschaften von *cues* (*cue*) betont werden (z. B. Tolman).

Stäbchen [engl. *rod(s)*], **[BIO, WA]**, die lichtempfindlichen nervösen Elemente (*Rezeptor*) der *Netzhaut*, die das Dämmerungssehen vermitteln, neben den *Zapfen* für das Farbensehen. *Auge, Fotorezeptoren*.

stabilisierende Bedingungen [engl. *stabilizing conditions*]; *Ätiologie*.

Stabilität (= S.) [engl. *stability*; lat. *stabilis* standhaft, beständig], **[EW, PER]**, S. bez. in der Ps. (1) die Standhaftigkeit psych. Zustände gegenüber inneren und äußeren Einflüssen, (2) die Beständigkeit des Verhaltens über Situationen und Kontexte, (3) die Unveränderlichkeit von Merkmalsausprägungen über die Zeit. Bsp. für die erste Bedeutung von S. sind die Persönlichkeitseigenschaften der *emot. S.* (*Neurotizismus*) und der *hardiness* (Widerstandsfähigkeit gegen belastende Lebensereignisse). Bsp. für die zweite Bedeutung von S. (*transsituative Verhaltenskonsistenz*) ist die Gleichheit der indiv. Gewissenhaftigkeit am Arbeitsplatz und im Straßenverkehr. Transsitive Verhaltenskonsistenz ist eine wichtige Voraussetzung des Eigenschaftsmodells (*Interaktionismus*) der *Differentiellen Psychologie*. Die *Zeitstabilität* von Merkmalen ist Thema der Entwicklungsps. Folgende Arten von Zeitstabilität werden unterschieden: *Intraindiv. Stabilität* liegt vor, wenn die individuelle Ausprägung eines Merkmals konstant bleibt. *Interindiv.* oder *relative S.* liegt vor, wenn Merkmalsunterschiede zwischen Personen konstant bleiben (hohe Retestkorrelation, *Retest-Methode*). *Normative Stabilität* bedeutet, dass sich die mittlere Ausprägung eines Merkmals in einer Gruppe von Personen nicht ändert (*Stabilität, normative*). *Streuungsstabilität* ist gegeben, wenn das Ausmaß der interindiv. Unterschiedlichkeit eines Merkmals konstant bleibt. Bspw. nimmt die *Streuung* schulischer Leistungen zu, wenn Schüler von Unterrichtsangeboten umso stärker profitieren, je begabter sie sind (*Fächereffekt*). *Profilstabilität* bedeutet, dass die Ausprägungen mehrerer Merkmale (*absolute Profilstabilität*) oder deren Unterschiede (*relative Profilstabilität*) innerhalb einer Person konstant bleiben. *Strukturelle Stabilität* bedeutet, dass Korrelationen zw. Merkmalen konstant bleiben. So nimmt die *Korrelation* zw. Komponenten der *Intelligenz* während Kindheit und Jugend ab und im hohen Alter wieder zu (*Differenzierungshypothese*). *Persönlichkeitsmerkmale, Stabilität von*. Baltes et al. 1988, Rudinger & Petermann 2002. M. Schmitt

Stabilität, absolute (= a. S.) [engl. *absolute stability*; lat. *absolutus* vollständig, *stabilis* standhaft, beständig], **[EW, PER]**, bedeutet, dass sich weder eine Gruppe von Individuen insges. in Persönlichkeitsmerkmalen, Verhaltensweisen oder Eigenschaften verändert, noch die indiv. Positionen innerhalb der Gruppe sich verändern. *Entwicklungsstabilität, Stabilität*. C. Spiel

Stabilität, heterotype [engl. *heterotype stability*; lat. *stabilis* standhaft, gr. ἕτερος (*heteros*) andere, τύπος (*typos*) Form], **[EW, PER]**, bedeutet Kontinuität des zugrunde liegenden Prozesses (*Entwicklungskontinuität*), z. B. Veränderung des Ausdrucks von Aggression über die Zeit bei gleicher zugrunde liegender Emotion.

Stabilität, homotype [engl. *homotype stability*; lat. *stabilis* standhaft, ὁμοῖος (*homoios*) gleich, τύπος (*typos*) Form], bedeutet Kontinuität des identischen Verhaltens (*Entwicklungskontinuität*), z. B. gleiche Leistung in ein und demselben Test über die Zeit.

Stabilität, normative (= n. S.) [engl. *normative stability*; lat. *stabilis* standhaft, *norma* Regel, Norm], **[EW, PER]**, bez. die Konstanz der indiv. Position in Bezug auf eine Gruppe von Individuen. Sie wird auch als Positionss. oder Rangordnungss. bezeichnet (*Stabilität*). N. S. wird mittels *Korrelation* zw. zwei Messzeitpunkten quantifiziert. Eine Korrelation von r = 1 zw. zwei Messzeitpunkten bedeutet, dass alle Individuen ihre Positionen innerhalb der Grup-

pe behalten haben (*Entwicklungsstabilität*). Sie sagt jedoch nichts über die Veränderungen der Messwerte zw. den beiden Messzeitpunkten aus (*Entwicklungskontinuität*). Eine Korrelation von r = 0 belegt völlig unterschiedliche Veränderungen der Individuen über die Zeit. Sie sagt jedoch ebenfalls nichts über die mittlere Veränderung der Gruppe über die Zeit aus. Spiel et al. 2007.
C. Spiel/A. Schabmann/J. Glück

Staffelprinzip *Steigerungsprinzip* (Staffelsystem).

stages of change [engl.] Stadien der Veränderung. *Transtheoretisches Modell*.

stakeholder (= S.) [engl.] Anspruchsberechtigte, Mitglieder einer Interessengruppe, [**FSE**], Kreis der Personen, deren Interessen und Informationsansprüche systematisch bei der Konzeption und Durchführung einer *Evaluation* berücksichtigt werden sollte. Hierzu zählen insbes. Auftraggeber und Programmverantwortliche, direkt an der Projektumsetzung Beteiligte (z. B. Therapeuten, Lehrer), Adressaten des Projekts (z. B. Klienten, Schüler) und ggf. deren Angehörige sowie die von den Projektergebnissen indirekt beeinflussten oder interessierten Personenkreise (Öffentlichkeit, Politik). Wottawa & Thierau 2003.

Stalking (= S.) [engl.] Anschleichen, [**KLI, RF, SOZ**], Straftatkomplex, der in unbefugter beharrlicher Nachstellung besteht. Dazu gehört das Aufsuchen der räumlichen Nähe eines anderen Menschen ebenso wie die Herstellung von Kontakt mithilfe versch. Kommunikationsmittel und über dritte Personen, die missbräuchliche Verwendung personenbezogener Daten und die Verletzung des Lebens, der körperlichen Unversehrtheit oder der Gesundheit des S.opfers oder einer ihm nahestehenden Person. Ausschlaggebend zur Erfüllung des Straftatbestands ist die unzumutbare und schwerwiegende Beeinträchtigung der Lebensgestaltung des Opfers. S. findet mehrheitlich zw. Personen statt, die sich persönlich kennen (z. B. durch Partnerschaft oder Pat.verhältnis) und geht häufig mit gewalttätigen Übergriffen vonseiten des Stalkers einher. Die Auswirkungen auf die S.opfer bestehen überwiegend in Angstgefühlen (*Angst*), die auch nach Beendigung des S. anhalten können und die Gesundheit (z. B. in Form von *Schlafstörungen*) und die freie Entfaltung der Person beeinträchtigen (z. B. durch Vorkehrungen wie Wohn- und Arbeitsortwechsel). Stalker selbst sehen im S. ebenfalls ein einschneidendes Erlebnis, das Einfluss auf ihre Persönlichkeit nimmt, berichten als Gründe für ihr Tun jedoch seltener, Macht und Kontrolle ausüben zu wollen, als einer schicksalhaften Bestimmung zu folgen. Voß et al. 2006.

Stammeln, Dyslalie (= S.) [engl. *lingual titubation, dyslalia*; gr. δυσ- (dys-) miss-, λαλέιν (lalein) sprechen], [**EW, KLI, KOG**], Erscheinungsbild verbreiteter *Sprachstörungen* im Kindesalter. Beschrieben wird v. a. eine gestörte Artikulation, es kann der best. Phoneme oder Phonemgruppen völlig fehlen, durch andere Phoneme ersetzt (*Paralalie*, z. B. Parasigmatismus) oder fehlerhaft gebildet werden (*Dyslalie* i. e. S., z. B. Zunge zw. den Schneidezähnen beim *Sigmatismus interdentalis*), während sie bei manchen Arten des S. auditiv richtig unterschieden werden können. Einteilung nach Fehlerhäufigkeit in partielles S. (Ausfall von 1 bis 2 Lauten), multiples S. (Ausfall von mehr als 2 Lauten; Verständlichkeit vermindert) und universelles S. (gesamter Lautbestand betroffen). Andere Formen sind ferner das Silbens. und das Worts. (besser: unregelmäßiges S.); hierbei werden die Phoneme einzeln oder in manchen Verbindungen richtig, in anderen aber fehlerhaft ausgesprochen, ausgelassen (*Elision*), umgestellt (*Prolepsie, Metalepsie*) oder ineinander verschmolzen (*Kontamination*). Wenn das S. die Periode einer noch unvollkommenen, aber normalen *Sprachentwicklung* des Kindes (physiol. S.) überdauert, muss in einer multidisziplinären Sprachdiagnostik deutlich unterschieden werden zw. das S. bedingenden, funktionalen Störungen (z. B. Hörbehinderungen, akustische Agnosie, auditive Unaufmerksamkeit; Anomalien im Bau der Sprechwerkzeuge wie etwa Gaumenspalten; *Dysglossien, Dysphasien* und *Oligophrenien*) und deren *Ätiologie* (z. B. frühkindliche Hirnschädigungen, erbliche Faktoren, Stoffwechselstörungen, Erkrankungen, unzureichende sprachliche Vorbilder in der Umgebung usw.). In der späteren Entwicklung häufig Vorliegen von LRS (*Lese-Rechtschreib-Störung*) mit ähnlichen Fehlerarten, *Poltern, Stottern* oder Sprachschwäche.

Stammesgeschichte, syn. *Phylogenese, Phylogenie*, die Entwicklung der Arten in der Zeit. *Abstammungslehre*.

Stammhirn [engl. *brain steam*], *Gehirn*.

Standardabweichung (= S.) [engl. *standard deviation*], [**FSE**], stat. Kennwert der Streuung oder *Dispersion* einer *Verteilung*. Die S. ist die positive Quadratwurzel aus der *Varianz*. Auch bei der S. unterscheidet man Populationss. σ, geschätzte Populationss. $\hat{\sigma}$ und Stichprobens. s.

Standard Average European (SAE) [engl. *average* Durchschnitt], [**KOG**], von Whorf (1956) eingeführte Bez. für eine Gruppe vorwiegend europ. Sprachen, die hinsichtlich ihrer grammatischen Grundstrukturen (*Grammatik*) relativ ähnlich sind. (*Sapir-Whorf-Hypothese*). G. Kaminski

Standard-Demographie *Antwortskala*.

Standardfehler (= S.) [engl. *standard error*], syn. *Stichprobenfehler*, [**DIA, FSE**], parametrisches Maß für die geschätzte *Standardabweichung* einer Kennwerteverteilung in der *Population*. Z. B. Standardabweichung von Stichprobenmittelwerten (*arithmetisches Mittel*) $\bar{x}$ um den Populationsparameter bzw. Erwartungswert μ. Der S. entspricht dann dem Quotienten der Standardabweichung der Rohwerte x_i in der Stichprobe (Zähler) und der Wurzel des Stichprobenumfangs N (Nenner). *Vertrauensintervall*. Bortz & Schuster 2010.

Standardisierung (= S.) [engl. *standardization*], [**DIA**], *Normskalen, Normierung*; die Transformation von Rohdaten in Standardwerte, das sind Maßzahlen mit einem festgelegten Mittelwert und einer festgelegten Streuung (z. B. $M = 100$, $s = 10$). Eine S. wird mit dem Ziel vorgenommen, Messungen, die auf versch. Maßstäben gewonnen wurden, vergleichbar zu machen.

Standardisierung von Arbeitsprozessen [engl. *standardization of working processes*], [**AO**], stellt eine Form unpersönlicher *Koordination* von Arbeitsprozessen dar. Indem Arbeitsprozesse durch technisch definierte Abläufe, Produktionsprogramme oder *Regeln* vorgegeben werden, kann der Aufwand, der für persönliche Koordination in der *Arbeitsgruppe* und durch den Vorgesetzten geleistet werden muss, reduziert werden (Rosenstiel & Wegge 2004). Dieser Zusammenhang wird bspw. in der *substitutes for leadership theory* von Kerr und Jermier diskutiert (Dionne et al. 2005). *G. Grote*

standardized effect size (SES) [engl.] standardisierte Effektgröße, **[FSE]**, Maß der *Effektgröße* für die Standardisierung der Mittelwertsdifferenz zweier Messzeitpunkte, das von *Cohens d* abgeleitet wurde. Es wird die Merkmalsstreuung (*Standardabweichung*) zum Prä-Messzeitpunkt zur Standardisierung verwendet. Leonhart 2004.
R. Leonhart

standardized response mean (SRM) [engl. *standardized* standardisiert, *response* Reaktion, *mean* Mittelwert], **[FSE]**, Maß der *Effektgröße* für die Standardisierung der Mittelwertsdifferenz zu zwei Messzeitpunkten, welches von *Cohens d* abgeleitet wurde. Hierbei wird im Nenner die Streuung (*Standardabweichung*) der Differenzwerte zur Standardisierung verwendet. Leonhart 2004. *R. Leonhart*

Standardmessfehler (= S.) [engl. *standard error of measurement*], **[DIA]**, Maß für die Genauigkeit von indiv. Testergebnissen. Aus der mangelnden *Reliabilität* (r_{tt}) eines *Tests* resultierender Messfehler (Differenz Testwert und wahrer Wert; *Klassische Testtheorie*). Es handelt sich dabei um den *Stichprobenfehler* des Testwertes. Durch die Berechnung des S. lässt sich die Frage nach der *Signifikanz* und nach dem *Vertrauensintervall* des Testwertes beantworten. Die Formel für die S. lautet:

$$s_e = s_x \cdot \sqrt{1 - r_{tt}}.$$

s_x = *Standardabweichung* der Rohwerte. Lienert & Raatz 1994.

Standardnormalverteilung [engl. *standard normal distribution*], *Gauß'sche Kurve*.

Standardnormen [engl. *standardized norms*], *Normierung*, *Normskalen*.

TestStandard Progressive Matrices (SPM), 2009, J. C. Raven, R. Horn, [www.testzentrale.de], **[DIA, KOG, PER]**, *Intelligenztest*. AA Jugendliche und Erw. Die SPM erfassen die kogn. Fähigkeiten von Personen in einem breiten Bereich und sind weitgehend unabhängig von Alter, Bildung, Nationalität und körperlicher Verfassung der Testpersonen. Die Matrizentests sind für die Anwendung in interkult. vergleichenden Untersuchungen geeignet (*Culture-Fair-Tests*). Die SPM-Plus-Version erweitert den Test um einige Aufgaben mit hohem Schwierigkeitsgrad; gleichzeitig wurden einige Items mittlerer Schwierigkeit entfernt. Die SPM bestehen aus fünf Sets mit je zwölf grafischen Testaufgaben. Die Testperson soll die unvollständigen Darstellungen vervollständigen, indem sie aus den vorgegebenen Antwortmöglichkeiten das zu ergänzende Teil auswählt. *Normierung*: Eine erste dt.sprachige Normierung der SPM Plus fand 1998/1999 statt ($N = 1796$). Die Normstichprobe setzte sich primär aus Schülern der letzten beiden Abschlussklassen von Haupt- und Realschule und aus Gymnasiasten zus. Nach einer Umwandlung der SPM-Plus-Testwerte in SPM-Testwerte anhand einer Tab. kann die Vielzahl von Normtafeln für die SPM verwendet werden. Bearbeitungsdauer: Die Durchführung erfolgt ohne Zeitlimit.

Standardreiz [engl. *standard stimulus*], **[BIO, DIA]**, der bei der psychophysischen Methode des Konstanzverfahrens konstant gehaltene Normalreiz. *psychophysische Methoden*.

Standardschätzfehler (= S.) [engl. *standard error (of estimate)*], syn. *Standardfehler*, **[DIA, FSE]**, Wurzel der *Fehlervarianz*, Maß der Vorhersagegenauigkeit i. R. der *Regressionsanalyse* (*Allgemeines Lineares Modell*). Schätzung des Fehlers, der resultiert, wenn von Prädiktorwerten auf einen Kriteriumswert geschlossen wird (*Kriteriumsvalidität*). Je größer die Streuung in Y-Richtung um die Regressionsgerade, desto größer ist der S. Erwartungstreue Schätzung der *Standardabweichung* der Fehler in der *Population*, die für Intervallschätzung (*Vertrauensintervall*) benötigt wird. Eid et al. 2013.

Standardskala [engl. *standard scale*; lat. *scala* Treppe], **[DIA]**, normierter Vergleichsmaßstab mit dem Mittelwert 100 und der Standardabweichung von 10. *Intelligenzquotient*, *Normierung*, *Normskalen*.

Standardwert (= S.) [engl. *standard score*], **[DIA]**, zahlenmäßiger Ausdruck einer Testleistung in Bezug auf die zur Standardisierung des Tests verwendete *Population*. Dabei wird der Abstand des Rohwerts (z. B. Punkte, gelöste Aufgaben), den eine best. Vp erzielt hat, von dem Durchschnittswert (*arithmetisches Mittel*) der Standardisierungspopulation im Streuungsmaß (*Standardabweichung*) der Verteilung ausgedrückt. Der S. gibt nicht nur die Möglichkeit, die Höhe einer einzelnen Leistung relativ zu einer repräsentativen Gruppe (*Stichprobe*) etwa für eine Bevölkerung zu beurteilen, sondern es lassen sich auch beliebige Leistungen unter best. Bedingungen in versch. Tests miteinander vergleichen. Gebräuchliche S. für Testskalen sind: Abweichungs-IQ, C-Normen, Schulnoten-Normen, Stanine-Normen, T-Normen, Z-Normen. *Normierung*, *Normskalen*.

Stanford prison experiment [engl.] Stanford-Gefängnis-Experiment, **[SOZ]**, Philip Zimbardo wies Studenten per Zufall die Rolle eines Gefangenen oder eines Wärters zu. Die Gefangenen verbrachten 24 h, die Wärter 8 h am Tag in einer simulierten Gefängnissituation. Die zuvor gesunden und friedlichen Studenten verhielten sich als Wärter aggressiv, z. T. sadistisch, und als Gefangene pathologisch. Das Experiment musste vorzeitig abgebrochen werden. Haney & Zimbardo 1977.

Stanine [engl. aus *standard* Standard, *nine* neun], *Normskalen*, *Normierung*.

Starbuck, Edwin Diller (1866–1947), **[HIS, PER]**, wurde in Indiana als Sohn einer Quäkerfamilie geboren. Er war Student von William James an der Harvard University, später Schüler von G. Stanley Hall an der Clark University. Er forderte schon früh die stat. Erforschung religiöser Vorstellungen und Erfahrungen (Starbuck 1899). Mit seinen Untersuchungen über Bekehrungserlebnisse (Starbuck 1897) kann er als einer der ersten empir. arbeitenden Religionspsychologen gelten. Starbuck lehrte Morallehre und -erziehung an versch. Universitäten. *H. E. Lück*

Starch-Test (= S.) [engl. *Starch test*], **[DIA, KOG, WIR]**, ist ein klassisches Verfahren der *psychologischen Marktforschung* und wurde zur Werbewirksamkeitsmessung eingesetzt. Er ist als *werbepsychologischer Erinnerungstest* beabsichtigt. Bei einem S. wird der Vp eine Zeitschrift zum Lesen vorgelegt. Anschließend geht der Vl die Zeitschrift mit der Vp durch und befragt sie bzgl. der enthaltenen Anzeigen. Hierbei wird unterschieden, ob die Anzeige gesehen wurde (*noted*), soweit betrachtet wurde, dass die Marke identifiziert wurde (*seen-associated*) oder mehr als die Hälfte gelesen wurde (*read most*). Es ist jedoch unklar, was der S. genau erfasst. Verschiedene Forscher beziehen hierzu unterschiedliche Positionen und sehen den S. entweder als *Reproduktionsaufgabe*, als *Rekognitionsaufgabe*, als Maß für geweckte und aufrechterhaltene *Aufmerksamkeit* oder gar als Maß für die Bereitschaft, sich mit Wiedererkanntem auseinanderzusetzen. Döring et al. 2014.   *R. Singh/A. S. Göritz*

Stärke-ist-Schwäche-Effekt [engl. *strength-is-weakness phenomenon*], *Verhandlungstheorie von Komorita und Chertkoff*.

state (= s.) [engl.] Zustand, [lat. *status* (Zu-)Stand], **[EM, KLI, PER]**, s. bez. den psychischen Zustand einer Person zu einem best. Zeitpunkt. Das Konzept des s. wurde von Cattell und Scheier (1961) als Pendant zum Konzept des *trait* (*Eigenschaft*) eingeführt. Während Eigenschaften zeitlich überdauernde und über Situationen generalisierte Verhaltenstendenzen beinhalten, beschreibt ein s. die zeitlich fluktuierende und zumeist situationsspezifische Befindlichkeit einer Person. Ursprünglich wurde das Konzept des s. nur für emot. Zustände wie die momentane Angst einer Person verwendet. Es lässt sich aber auch auf andere psych. Zustände sinnvoll anwenden (Bedürfnisse, Motivzustände, Persönlichkeitszustände, momentane Gedanken, Bewusstseinsinhalte). Inhaltliche Theorien (Cattell, Spielberger (*State Trait Anxiety Inventory*), Endler) und formale Theorien (Latent-State-Trait-Theorie von Steyer u. a.) gehen davon aus, dass ein s. (Angst, Leistungsmotivation) aus der *Wechselwirkung* zw. einem *trait* (Ängstlichkeit, Leistungsmotiv) und einem funktional äquivalenten Situationsmerkmal (Bedrohung, Leistungsanreiz) resultiert. Steyer et al. 1999.   *M. Schmitt*

Test State Trait Anxiety Inventory (STAI), 1981, L. Laux, P. Glanzmann, P. Schaffner & C. D. Spielberger, [www.testzentrale.de], **[DIA, EM, PER]**. Persönlichkeitstest. AA ab 15 Jahren. Messverfahren zur Erfassung der zwei Komponenten der Angst: Eigenschaftsangst (*A-Trait*) und Zustandsangst (*A-State*). Unter Trait-Angst wird eine erworbene, zeitstabile Verhaltensdisposition verstanden, die ein Individuum veranlasst, ein breites Spektrum an obj. wenig gefährlichen und wenig bedrohlichen Umständen als Bedrohung wahrzunehmen. Als Zustandsangst werden die subj., bewusst wahrgenommene Unzulänglichkeit und das Spannungsgefühl definiert, die mit einer Erhöhung des Erregungszustandes im autonomen Nervensystem einhergehen. *Reliabilität*: Konsistenzkoeffizienten (Cronbachs alpha) zw. $r = .88$ und $r = .94$ für die Trait-Skala und zw. $r = .90$ und $r = .94$ für die State-Skala. *Normierung* an $N = 2385$ (T-Werte, Stanine-Werte, Prozentränge). Durchführungsdauer je Skala: 3 bis 4 Min.

Test State-Trait-Ärgerausdrucksinventar (STAXI), 1992, P. Schwenkmezger, V. Hodapp & C. D. Spielberger, [www.testzentrale.de], **[DIA, EM, PER]**, Persönlichkeitsverfahren. AA Jugendliche ab 14 Jahren und Erw. Das STAXI ist ein ökonomisches Verfahren zur Messung der Intensität von situationsbezogenem *Ärger* (*Zustandsärger*) und vier dispositionellen Ärgerdimensionen (*Eigenschaftsärger, nach innen gerichteter Ärger, nach außen gerichteter Ärger, Ärgerkontrolle*). Es wurde in Anlehnung an das von C. D. Spielberger konzipierte amerik. Originalverfahren entwickelt, für den deutschen Sprachraum aber völlig neu konstruiert. *Normierung*: Alters- und geschlechtsspezif. Stanine- und Prozentrang-Werte ($N = 990$); Vergleichswerte für die neuen Bundesländer ($N = 106$). Bearbeitungsdauer: ca. 10 Min.

State-Trait-Modell der Affektivität [engl. *state* Zustand, *trait* Eigenschaft], **[EM, PER]**, *Affekt*, *Positive and Negative Affect Schedule (PANAS)*. Unterscheidung zw. relativ stabilen Persönlichkeitseigenschaften (*traits*) und zeitlich oder situativ variierenden Zuständen (*states*) der *Affektivität*.

Statine (= S.), **[PHA]**, Arzneimittel, die durch Hemmung des Enzyms 3-Hydroxy-3-Methylglutaryl-Coenzym-A-Reduktase (HMG-CoA-Reduktase) die Cholesterinsynthese hemmen und dadurch die Serum-Cholesterinkonzentration beim Menschen signifikant und hochwirksam senken. HMG-CoA ist ein Intermediärprodukt in der Synthese des Cholesterins. Durch die Synthesehemmung kommt es zu einer vermehrten Expression von Rezeptoren für das low density lipoprotein (LDL), das folglich vermehrt in die Zellen aufgenommen wird. Die Konzentration des Serum-LDL, das wesentlich für die Arteriosklerose verantwortlich gemacht wird, sinkt. S. senken signifikant die kardio- und zerebrovaskuläre *Mortalität*. Zudem gibt es gute Belege dafür, dass auch das Risiko, an einer *Demenz* vom Alzheimer-Typ zu erkranken, signifikant gesenkt wird. Es gibt heute eine Vielzahl von S., die Substanzen mit dem größten Marktanteil sind Atorvastatin, Pravastatin und Simvastatin. Wichtigste Komplikation der Behandlung mit S. sind toxische Myopathien (= Erkrankungen des Muskels), z. T. mit potenziell lebensbedrohlichen *Rhabdomyolysen*. S. sind *teratogen*, in der Schwangerschaft sind sie daher kontraindiziert.   *G. Gründer*

stationär [engl. *stationary*; lat. *statio* Wache], **[GES, KLI]**, Bez. für Behandlung (Diagnostik, Therapie, Pflege) mit Unterbringung in einer Versorgungseinrichtung. Ggs. *ambulant*.

statisch (= s.) [engl. *static*; lat. *status* Lage, Zustand], **[KOG]**, in Ruhe befindlich, ruhend, fest, beharrlich. Ggs: dynamisch. Auf das Stehen oder das Gleichgewicht bezogen. S. *Aufmerksamkeit* bedeutet andauernde und relativ gleichmäßig gespannte Aufmerksamkeit im Ggs. zur dynamischen Aufmerksamkeit.

Statistik (= S.) [engl. *statistics*; lat. *status* Zustand, Beschaffenheit, *statistica* Staatslehre, frz. *statistique* Staatswissenschaft, Wissenschaft], **[FSE]**, bez. dasjenige Forschungs- und Praxisfeld, das sich mit der Darstellung und

Auswertung numerischer empirischer Daten befasst. Aus der Perspektive der *Empirischen Sozialforschung* wird zw. math. S. (logisch-math. Begründung von stat. Verfahren) und Forschungss. (Anwendung und Weiterentwicklung von stat. Verfahren zur Analyse empirischer Daten) unterschieden. Von der S. im Sinne einer vor allem auf *Datenanalysemethoden* fokussierten Disziplin abzugrenzen sind weitere Begriffsverwendungen: (1) Als *Statistik* werden einzelne Kennwerte (z. B. *Maße der zentralen Tendenz*, *Koeffizient*) oder die Darstellung einer Merkmalsverteilung (*Verteilung*; z. B. Übersicht der Angaben zur Mitarbeiterzufriedenheit in einem Unternehmens) bezeichnet. (2) Der S.begriff wird verwendet, um Forschungs- und Praxisfelder zu bezeichnen, die sich mit der Sammlung und Aufbereitung (ggf. großer Mengen) numerischer Daten zu einem best. Themengebiet befassen (z. B. amtliche Hochschuls.: erhebt, analysiert und dokumentiert jew. i. R. rechtlicher Regelungen Hochschuldaten als Basis für politische Entscheidungen; s. Statistisches Bundesamt: [www.destatis.de]).

Im Kontext der Forschungss. erfüllen stat. Methoden vor allem sechs Funktionen für die empirische Sozialforschung:

(1) *Entwicklung und Überprüfung von Messinstrumenten*: Stat. Berechnung von *Gütekriterien* wie Reliabilitäts- und Validitätskoeffizienten von psychol. *Tests*, *Fragebogen* oder *Beobachtung*ssystemen (*Testtheorie*).

(2) *Qualitätssteigerung von Datensätzen*: Z. B. stat. Imputationsverfahren, um fehlende Werte in einem Datensatz zu schätzen, sowie stat. Gewichtungsverfahren, um fehlende Fälle in einer *Stichprobe* auszugleichen (*Datenqualität*, *missing data*).

(3) *Stichprobenbeschreibung*: Systemat. Darstellung der Zusammensetzung untersuchter Stichproben anhand von Stichprobenkennwerten einschlägiger soziodemografischer und sonstiger relevanter Variablen (z. B. Alter, Geschlecht). Die hierfür verwendeten Verfahren werden der *Deskriptivstatistik* (beschreibenden S.) zugeordnet. Diese fasst die Daten einer Stichprobe anhand von Stichprobenkennwerten (z. B. *Maße der zentralen Tendenz*; Maße der *Dispersion*; *Häufigkeit*; *Korrelation*) zusammen und stellt diese ggf. in Tabellen und Grafiken (z. B. Linien-, Balken-, Kreisdiagramm, Piktogramm) anschaulich dar. Stichprobenkennwerte werden konventionell mit lat. Buchstaben bezeichnet (z. B. «M» für den Mittelwert der Stichprobe). Die Deskriptivs. erhebt ausdrücklich nicht den Anspruch, Aussagen über die *Population* zu treffen, aus der die Stichprobe stammt.

(4) *Parameterschätzung*: Schätzung von Populationsparametern von Variablen anhand von Stichprobenkennwerten. Populationsparameter (*Verteilungsparameter*) werden konventionell mit gr. Buchstaben bezeichnet (z. B. μ für den P.erwartungswert). Die Verfahren der Parameterschätzung werden der *Inferenzstatistik* (induktiven S., schließenden S.) zugeordnet, da ein Rückschluss von der Stichprobe auf die Population erfolgt, der sie entstammt. Bei der Parameterschätzung sind die Punktschätzung und die Intervallschätzung (*Konfidenzintervall*) zu unterscheiden. Parameterschätzungen sind insbes. in der *Epidemiologie* und in der mit bevölkerungsrepräsentativen Stichproben operierenden Umfrageforschung von Bedeutung (*Demoskopie*), z. B. um zuverlässige Angaben über Verbreitung und Intensität bestimmter Verhaltens- und Erlebensweisen oder Störungsbilder in der Bevölkerung zu gewinnen. Empirische Studien, deren Erkenntnisinteresse auf die möglichst präzise Schätzung von Populationsparametern gerichtet ist, werden als deskriptiv-populationsbeschreibende Studien bez.

(5) *Hypothesenprüfung*: Prüfung von vor der Datenerhebung anhand des aktuellen Theorie- und Forschungsstandes aufgestellten *Hypothesen* über Populationseffekte anhand von Stichprobendaten. Stat. Verfahren der Hypothesenprüfung werden ebenfalls der Inferenzs. zugeordnet und haben in der Forschungspraxis die größte Bedeutung. Denn empir. Studien verfolgen in der quant. Sozialforschung überwiegend ein explanativ-hypothesenprüfendes Erkenntnisinteresse, das sich wissenschaftstheoret. aus dem *Kritischer Rationalismus* ableitet. Die Wahl des Datenanalyseverfahrens (*Statistische Datenanalyseverfahren*) erfolgt in Abhängigkeit (a) von der Art der Hypothesen, (b) der Anzahl der Variablen, (c) ihres *Skalenniveaus* sowie des Stichprobenumfangs und (d) der Verteilungseigenschaften der Daten (z. B. *t-Test*; *Mann-Whitney-U-Test*; *Varianzanalyse*; *Regressionsanalyse*). Die begründete Auswahl eines passenden Datenanalyseverfahrens wird auch als *Indikationsfrage* bezeichnet. Ob ein Datensatz die für ein best. Analyseverfahren verlangten stat. Voraussetzungen erfüllt, kann teilweise mit stat. Voraussetzungstests geprüft werden (z. B. Test auf *Normalverteilung* oder *Varianzhomogenität*).

Zur Prüfung der stat. Signifikanz stehen versch. Ansätze der stat. H.prüfung zur Auswahl, die auf unterschiedlichen methodologischen Annahmen basieren: (a) klass. stat. *Signifikanztests*, (s. a. *Äquivalenzstudie*), (b) Resampling-Signifikanztests (*Resampling-Verfahren*), (c) *Minimum-Effektgrößen-Tests*, (d) Verfahren der *Bayes-Statistik*, (e) Prüfung von komplexen Modellstrukturen (z. B. Prüfung der Passung der empirischen und modellbasiert prognostizierten Varianz-Kovarianzmatrix für *Strukturgleichungsmodelle*; Modell-Fit von Modellen der *Item-Response-Theorie (IRT)*)

(6) *Hypothesenbildung*: Bildung von neuen H. über P.effekte anhand von Sp.daten. Von der stat. H.prüfung bzw. konfirmatorischen Datenanalyse wird die *exploratorische Datenanalyse (EDA)* abgegrenzt. Sie verfolgt ein explorativ-h.bildendes Erkenntnisinteresse, das ansonsten eher für die *qualitative Sozialforschung* typisch ist. Stat. Verfahren im Kontext der exploratorischen Datenanalyse zielen darauf ab, ohne best. Vorannahmen Datenmengen auf bislang unbekannte oder unerwartete Muster hin zu untersuchen (*Forschungsprozess*). Aus den in der Stichprobe gefundenen Mustern werden dann neue Hypothesen über die Populationsverhältnisse entwickelt, die anschließend in h.prüfenden Studien zu testen sind. Zu den exploratorischen Verfahren gehört z. B. die *exploratorische Faktorenanalyse*, die Variablen gemäß ihrer

Interkorrelationen zu Faktoren bündelt. Wachsende Bedeutung haben EDA-Verfahren im Zusammenhang mit *big data*, den vor allem im Zuge der Digitalisierung der Gesellschaft neuerdings verfügbaren riesigen Datenmengen, die durch automatische Protokollierung computergestützter Prozesse entstehen. Hier wird bspw. mit stat. *Data-Mining-Techniken* gearbeitet, um anhand der Nutzungsdaten von Onlineshops Hypothesen über das Kundenverhalten zu gewinnen.

Stat. Datenanalysen erfolgen heute mithilfe von Computerprogrammen, wobei es sich entweder um allg. Statistikprogrammpakete mit großem Funktionsspektrum (z. B. *Mplus*, *SPSS*, SAS, *R (Software)*) oder um spezialisierte Software für einzelne stat. Verfahren handelt (z. B. AMOS, Lisrel für SGM, *HLM* für *Mehrebenenanalyse*, *G*power* für Teststärkeanalysen). Im Zuge der Verfügbarkeit immer leistungsfähigerer Computer wird das Spektrum stat. Datenanalyseverfahren fortwährend erweitert.

Um auszudrücken, wie viele Variablen gleichzeitig in eine best. stat. Auswertung einbezogen werden, wird von uni- (eine Variable), bi- (zwei Variablen) oder multivariaten (mehr als zwei Variablen) Verfahren gesprochen (*multivariate Statistik, multivariable Statistik*). Voraussetzung einer aussagekräftigen stat. Datenanalyse ist immer eine sorgfältige Datenerhebung (*Datenerhebungsverfahren*) im Kontext eines auf das jew. Forschungsproblem ausgerichteten Forschungsprozesses sowie eine gründliche Datenaufbereitung (z. B. adäquate Behandlung von fehlenden Werten und Ausreißern, *Datenqualität*). Ungenauigkeiten und Fehler bei der Datenerhebung können im Zuge der stat. Datenauswertung oft nicht mehr korrigiert oder kompensiert werden (sog. *GIGO-Prinzip: garbage in, garbage out*). Jede stat. Datenauswertung i. R. der empir. Sozialforschung muss theoriebezogen erfolgen (theoriegenerierend oder -prüfend; *Theorie*) und in eine inhaltliche *Interpretation* münden, die eine verbale Gesamtschau der Ergebnisse vor dem Hintergrund einer Theorie des Inhaltsbereichs liefert (*Forschungsprozess*), Aussagen über die Forschungsfragen bzw. die geprüften oder gebildeten Hypothesen trifft und Schlussfolgerungen für die Praxis und zukünftige Forschung ableitet. Auch die Grenzen der Aussagekraft und Generalisierbarkeit der stat. Ergebnisse müssen i. S. der Wissenschaftlichkeit ausdrücklich angesprochen werden. Stat. Analysen und Ergebnissen wird in der breiten Öffentlichkeit oft mit Skepsis begegnet, sie gelten als bes. manipulationsanfällig. Gleichzeitig werden stat. Befunde immer häufiger zur Grundlage politischer und wirtschaftlicher Entscheidungen herangezogen und als Argumente in öffentlichen Debatten verwendet. Stat. Analysen im Kontext empir. Sozialforschung müssen immer ergebnisoffen erfolgen und nachvollziehbar dokumentiert sein. I. d. R. sollten sie in ein theoretisch fundiertes explizites Hypothesentestungsschema eingebettet sein (*Signifikanztest*). Eine willkürliche Verzerrung der Ergebnisse, die irreführende Darstellung oder gar die Erfindung von Daten, um «Wunschergebnisse» zu produzieren, stellen gravierende Verletzungen der Wissenschaftsethik dar (*Forschungsethik*). Gefordert wird aber auch eine Förderung der Statistik-Bildung bzw. -Kompetenz (*statistical literacy*) aller Bürger und insbes. von Multiplikationspersonen (z. B. im Journalismus), um mit den in der Sozialforschung produzierten stat. Befunden und darauf aufbauenden Interpretationen sachgerecht umgehen zu können, was dann weder auf Wissenschaftsgläubigkeit (ein stat. Einzelbefund wird für «die Wahrheit» gehalten) noch auf Wissenschaftsfeindlichkeit (stat. Forschungsergebnisse werden als grundsätzlich beliebig und belanglos abqualifiziert) hinauslaufen sollte. Kline 2005, Döring & Bortz 2016, Eid et al. 2013. *N. Döring*

Statistische Datenanalyseverfahren [engl. *statistical analysis procedures, statistical tests*], [**FSE**], stat. Verfahren zur Quantifizierung von empir. Merkmalsverteilungen und Effekten sowie zur Hypothesenprüfung (*Datenanalysemethoden, quantitative*, *Signifikanztest*, *Statistik*). In der Tab. sind die gebräuchlichen Verfahren sowie Entscheidungskriterien für deren Auswahl zus.gefasst dargestellt. Die einzelnen Verfahren sind unter den entspr. Stichworteinträgen beschrieben.

Statistische Datenanalyseverfahren: Überblick und Entscheidungskriterien

Univariate Statistiken: Deskriptive Maße für die Verteilung *eines* Merkmals[1]

Skalenniveau	Maße der zentralen Tendenz	Streuungsmaße
Nominalskala	↗Modus	↗Entropie (Informationstheorie)
Ordinalskala	↗Median	↗Quartile
Intervallskala	↗Arithmetisches Mittel	↗Spannweite ↗Interquartilabstand ↗Mittlere durchschnittliche Abweichung (AD) ↗Standardabweichung ↗Varianz
Verhältnisskala	↗Geometrisches Mittel	↗Variationskoeffizient

1) Maße für niedrigere Skalenniveaus sind auch für höhere Skalenniveaus definiert

Statistische Datenanalyseverfahren: Überblick und Entscheidungskriterien

Statistische Tests für die Verteilung eines Merkmals in *einer* Stichprobe

Skalenniveau	Statistischer Parameter/ Eigenschaft	Testverfahren	Fragestellung
Nominalskala	↗Merkmals- verteilung	↗Binomialtest ↗Chi-Quadrat-Test	Weicht die Verteilung eines kategorialen Merkmals von einer theoretisch angenommenen Verteilung (z. B. Gleichverteilung) ab?
Ordinalskala	↗Median	↗Wilcoxon-Vorzeichen-Rang-Test ↗Vorzeichen-Test	Weicht der Median von einem festgelegten Wert ab?
mind. Intervallskala	↗Arithmetisches Mittel	↗Einstichproben-t-Test	Weicht das arithmetische Mittel von einem festgelegten Wert ab?
	↗Varianz	↗F-Test	Weicht die Varianz von einem festgelegten Wert ab?
	↗Verteilung	↗Chi-Quadrat-Test ↗Kolmogorov-Smirnov-Test ↗Lilliefors-Test	Weicht die Verteilung eines kontinuierlich verteilten Merkmals von einer theoretisch angenommenen Verteilung ab?

Statistische Maße für die Verteilung zweier bzw. den Zusammenhang *zweier* Merkmale (bivariate Korrelationsmaße)

Für alle in der Tab. aufgeführte Verfahren lautet die untersuchte Fragestellung: Besteht bzw. wie stark ausgeprägt ist ein Zusammenhang der beiden Analysevariablen? Die Auswahl der Verfahren wird durch das Skalenniveau (und ggf. Verteilungsannahmen) bestimmt. Maße des manifesten Zusammenhangs quantifizieren den Zusammenhang der gemessenen Werte. Maße des latenten Zusammenhangs quantifizieren den Zusammenhang der den gemessenen Werte unterliegenden als normalverteilt angenommenen Merkmalsverteilungen.

Maße des manifesten Zusammenhangs zweier Variablen				
	intervallskaliert	ordinalskaliert	nominalskaliert	
			dichotom	polytom
intervallskaliert	↗Produkt-Moment-Korrelation	↗Spearmans rho[2] ↗Kendalls tau	↗punkt-biseriale Korrelation[1]	↗eta-Koeffizient (Varianzanalyse)
ordinalskaliert		↗Spearmans rho[2] ↗Kendalls tau	↗biseriale Rangkorrelation	↗Kontingenzkoeffizient ↗Cramers V
nominalskaliert: dichotom			↗phi-Koeffizient[1] ↗Yules Y	↗Kontingenzkoeffizient ↗Cramers V
nominalskaliert: polytom				↗Kontingenzkoeffizient ↗Cramers V

Maße des latenten Zusammenhangs künstlich dichotomisierter oder polytomisierter normalverteilter Variablen			
	künstlich dichotom	künstlich polytom/ordinal	intervallskaliert
natürlich dichotom	↗nue-Koeffizient[3]	↗Biseriales eta[3]	
künstlich dichotom	↗tetrachorische Korrelation[4]	↗polychorische Korrelation[4]	↗biseriale Korrelation[4]
künstlich polytom/ordinal	↗polychorische Korrelation[4]	↗polychorische Korrelation[4]	↗polyseriale Korrelation[4]

1) entspricht der Produkt-Moment-Korrelation
2) entspricht der Produkt-Moment-Korrelation der Rangreihen
3) entspricht der geschätzten punkt-biserialen Korrelation des dichotomen Merkmals mit dem latent normalverteilten Merkmal
4) Schätzung der Produkt-Moment-Korrelation der latenten bivariaten Normalverteilung

[Anmerkung: Diese Kategorie umfasst z. T. implizit auch Verfahren für Mittelwertvergleiche. Im Rahmen des ↗ Allgemeinen Linearen Modells sind bspw. die punkt-biseriale Korrelation und der t-Test für abhängige Stichproben äquivalent bzw. ineinander überführbar.]

Maßzahlen der epidemiologische Forschung sind z.T. ebenfalls als Indikatoren des bivariaten Zusammenhangs interpretierbar. Eine Übersicht findet sich in der Tab. zum Stichwort Epidemiologie.

Statistische Datenanalyseverfahren: Überblick und Entscheidungskriterien

Statistische Tests für Gruppenunterschiede[1]

↗Skalen-niveau der AV	Statistischer Parameter / Eigenschaft	Gruppen-anzahl	Anz. UV's	Testverfahren	Fragestellung Unterscheiden sich …
Nominalskala	Häufigkeits-Verteilung	2	1	Zweistichproben-Chi-Quadrat-Test Fisher-Yates-Test	die Häufigkeitsverteilungen zweier Gruppen?
	zentrale Tendenz gemäß Logit-Modell	> 1	1	Logistische Regression Multinomiale Regression[2]	die Häufigkeiten eines kategorialen Merkmals zwischen Gruppen?
Ordinalskala	Median	2	1	Mann-Whitney-U-Test	die Mediane zwischen zwei Gruppen?
		> 2	1	Kruskal-Wallis-Test	die Mediane zwischen mehr als zwei Gruppen?
	zentrale Tendenz gemäß Logit-Modell	> 1	1	Ordinale Regression[2]	die ordinalen Merkmalsausprägungen zwischen Gruppen?
mind. Intervallskala	Arithmetisches Mittel	2	1	t-Test für unabhängige Stichproben Brown-Forsythe-Test Welch-Test	die arithmetischen Mittelwerte zwischen zwei Gruppen?
		> 2	1	einfaktorielle Varianzanalyse Brown-Forsythe-Test Welch-Test Varianzanalyse mit Messwiederholung[3] Mehrebenenanalyse[3]	die arithmetischen Mittelwerte zwischen mehr als zwei Gruppen?
		> 1	1	Lineare Regression[2]	die arithmetischen Mittelwerte zwischen Gruppen?
		> 1	> 1	Mehrfaktorielle Varianzanalyse	*die arithmetischen Mittelwerte der Gruppen der einzelnen Faktoren (Faktor-spezifische Haupteffekte)?* *Sind für Kombinationen von Stufen verschiedener Faktoren Mittelwertseffekte nachweisbar, die über die Haupteffekte der Einzelfaktoren hinausgehen (Interaktionseffekt)?*
	Varianz	2	1	F-Test Levene-Test	die Varianzen zwischen zwei Gruppen?

1) Wurden die Pbn in Gruppen bzw. sozialen/organisationalen Verbünden (z. B. Schulklassen, Arbeitsgruppen) erfasst, so bietet die Mehrebenenanalyse i. d. R. einen günstigeren Analyseansatz.
2) [Codierte (↗Codierung)] Gruppenvariable als Prädiktor. Der Regressionsansatz erlaubt zudem die simultane Berücksichtigung weiterer Prädiktoren (s. z. B. ↗Kovarianzanalyse).
3) Im Falle mehrerer abhängiger Stichproben.

Statistische Datenanalyseverfahren: Überblick und Entscheidungskriterien

Statistische Tests für die Veränderung von Merkmalsausprägungen über die Zeit (bzw. abhängige Stichproben)

Skalenniveau	Statistischer Parameter / Eigenschaft	Anzahl Messzeitpunkte	Testverfahren	Fragestellung Verändert sich …
Nominalskala	Häufigkeit	2	↗McNemar-Test ↗Bowker-Test	die Häufigkeit von Merkmalsausprägungen für zwei Messzeitpunkte?
Ordinalskala	Median	2	↗Wilcoxon-Vorzeichen-Rangtest	der Median eines Merkmals über die Zeit?
		> 2	↗Friedman-Test	
mind. Intervallskala	Arithmetisches Mittel	2	↗t-Test für abhängige Stichproben	das arithmetische Mittel über die Zeit?
		> 2	↗Varianzanalyse mit Messwiederholung	das arithmetische Mittel über die Zeit?
		> 1	↗Wachstumskurvenmodelle, latente	die Ausprägung latenter Variablen über die Zeit (durchschnittliche und indiv. Veränderungsprozesse)?
		Orientierung > 20	↗Zeitreihenanalyse	Insbes. Analyse von Trends und periodischen Entwicklungen.

Die Mehrebenenanalyse bietet einen alternativen Analyserahmen zur Analyse abhängiger Daten. Dieser erlaubt die Modellierung unterschiedlicher Skalenniveaus und setzt z. B. im Vergleich zur Varianzanalyse mit Messwiederholung nicht die Annahme der Homoskedaszidität voraus.

Wird analysiert, ob die Veränderung über die Zeit von (einem) anderen Merkmale(n) (Faktoren; z. B. Gruppenzugehörigkeit: Experimental- vs. Kontrollgruppe) abhängig ist, so werden diese z. B. in der Varianz-, Regressions- oder Mehrebenenanalyse als weitere Faktoren (Prädiktoren) neben dem Zeitfaktor in das Modell aufgenommen (mehrfaktorieller Analyseansatz). Der Interaktionseffekt von Zeit und dem/n übrigen Faktoren repräsentiert dann heterogene (z. B. gruppenspezifische) Entwicklungen über die Zeit.

Regressionsanalytische Verfahren[1]

Alle Verfahren dienen der Modellierung des Zusammenhangs eines Prädiktors oder mehrerer Prädiktoren mit einem Kriterium oder mehreren Kriterien. Es resultiert eine gewichtete Gleichung zur optimalen Vorhersage.

Skalenniveau/ Datenformat der Prädiktoren[1]	Skalenniveau/ Format der Kriteriumsvariablen	Anzahl der Kriteriumsvariablen	Testverfahren	Fragestellung Modellierung der Vorhersage-/ Zusammenhangstruktur der Prädiktoren und
dichotom und/ oder mind. Intervallskala	dichotom	1	Logistische Regression[2,3] ROC-Analyse	einem dichotomen Kriterium.
	Nominalskala	1	Multinomiale Regression[2,3] Diskriminanzanalyse	einem dichotom, polytomen Kriterium.
	Ordinalskala	1	Ordinale Regression[2,3]	einem ordinalen Kriterium.
	mind. Intervallskala	1	Lineare Regression[2,3] Nichtlineare Regression[2,3]	einem mind. intervallskalierten Kriterium.
		> 1	Kanonische Korrelation Strukturgleichungsmodelle	mehreren mind. intervallskalierten Kriterien.
	Überlebenszeiten	1	Cox-Regression[2,3]	der Zeit bis zum Eintritt eines Ereignisses.

1) Wurden die Pbn in Gruppen bzw. sozialen/organisationalen Verbünden (z. B. Schulklassen, Arbeitsgruppen) erfasst, so bietet die Mehrebenenanalyse i. d. R. einen günstigeren Analyseansatz.
2) ‹Einfache› Modelle: ein Prädiktor; ‹Multiple› Modelle: Simultane Modellierung mehrerer Prädiktoren.
3) Hierarchische Regression: Prädiktoren werden sukzessive (ggf. in Blöcken) in das Modell eingeführt. Schrittweise Regression (Wherry-Doolittle-Verfahren): Nur Prädiktoren, die die Vorhersage substantiell verbessern, werden ins Modell aufgenommen.

Analyse latenter Merkmale auf Basis manifester Indikatoren

Diese Modelle kommen vor allem im Bereich der Test-/Skalenanalyse und Kompetenzmodellierung zum Einsatz. Es wird keine Unterscheidung in Prädiktoren und Kriterien vorgenommen, sondern die Ausprägung der gemessenen manifesten Merkmale wird als messfehlerbehafteter oder stochastischer Indikator einer latenten Merkmalsausprägung angenommen.

Skalenniveau des/r latenten Merkmals/e	Skalenniveau / Format der manifesten Indikatoren	Analysemodell/-verfahren
Nominalskala	Dichotom Polytom, Nominalskala Ordinalskala	↗Latente Klassenanalyse
Intervallskala /kontinuierlich	Dichotom	↗Item-Response-Theorie (insbes. dichotomes Rasch-Modell)
	Polytom, Nominalskala	↗Item-Response-Theorie (insbes. Rasch-Modell, mehrdimensionales nominales) ↗Latent Structure Analysis
	Ordinalskala	↗Item-Response-Theorie (insbes. Rasch-Modell, ordinales)
	mind. Intervallskala	↗Faktorenanalyse, exploratorische[1]
		↗Faktorenanalyse, konfirmatorische
Merkmal 1: Nominalskala Merkmal 2: > Intervallskala/kontinuierlich	Dichotom Ordinalskala	↗Mixed-Rasch-Modell[1]

[1] Exploratorische Modelle, bei denen Anzahl der latenten Merkmalen und die Zuordnung der Indikatoren zu den latenten Merkmalen im Rahmen der Analyse bestimmt und nicht theoriebasiert festgelegt werden.

Weitere multivariate Analyseverfahren und Modellierungsansätze

Verfahren/Modell	Anmerkungen/Analyseziele
↗Allgemeines Lineares Modell	Gemeinsamer Modellrahmen für multivariate Zusammenhangsanalyse, innerhalb dessen sich insbesondere die Unterscheidung in Regressions- und Varianzanalytische Verfahren erübrigt.
↗Clusteranalyse	Exploratorischer Ansatz zur Identifikation von Personentypen oder Merkmalsprofilen (z. B. Belastungsprofile, Persönlichkeitstypen, Käufertypen). Ähnliche Zielsetzung wie die > Latente Klassenanalyse. Bei der Clusteranalyse werden die manifesten Antwortmuster direkt modelliert. Bei der Latenten Klassenanalyse werden hingegen die Antwortwahrscheinlichkeiten modelliert.
↗Conjoint-Analyse	Bestimmung des Einflusses oder Nutzens einzelner Eigenschaften auf die Präferenzwahl, wenn zwischen verschiedenen Alternativen gewählt werden muss (z.B. Relevanz von Behandlungsmerkmalen bei der Entscheidung für eine Behandlungsform).
↗Data Mining	Überbegriff für den Einsatz unterschiedlicher explorativer Datenanalyseverfahren (z. B. Klassifikationsbäume, Neuronale Netze) in großen Datenmengen mit dem Ziel Hinweise auf markante Datenstrukturen zu erhalten.
↗Konfigurations-frequenzanalyse	Identifikation von Typen oder Mustern in Itemgruppen mit kategorialem Antwortformat.
↗Korrespondenz-analyse	Analyse von Daten einer zweidimensionalen Kontingenztabelle (z. B. Zeilen: Persönlichkeitstypen, Spalten: gezeigte Emotionen) mit dem Ziel der Visualisierung des Merkmalsraums bzgl. Nähe/Distanz von Alternativen.
↗Kovarianzanalyse	Analyse von Gruppenunterschieden oder zeitlichen Veränderungen mittels Varianzanalyse mit statistischer Kontrolle potentiell verzerrender konfundierter Variablen.
↗Loglineare-Modelle	Modellierung der Zellhäufigkeit in einer Kontingenztabelle aufgrund der kategorialen Ausprägung der Zeilen- und Spaltenausprägungen (z. B. Spalten: Persönlichkeitstyp; Spalten: gezeigte Emotionen).

statistische Erleichterung

↗Loglineare-Modelle	Modellierung der Zellhäufigkeit in einer Kontingenztabelle aufgrund der kategorialen Ausprägung der Zeilen- und Spaltenausprägungen (z. B. Spalten: Persönlichkeitstyp; Spalten: gezeigte Emotionen).
↗Mehrebenenanalyse	Analyse multivariater Zusammenhangsstrukturen (insbes. Varianz-, Regressions- und Faktorenanalyse), wenn die Pbn sozialen Einheiten (Gruppen/Clustern, z. B. Schulklassen, Arbeitsgruppen) angehören. Bietet auch einen günstigen Analyseansatz bei Messwiederholungsdaten.
↗Moderatoranalyse (Moderatorvariable)	Identifikation von Unterschieden in der Stärke des Zusammenhangs zweier Merkmale z. B. für verschiedene Gruppen oder in Abhängigkeit eines kontinuierlich verteilten Merkmals.
↗Multidimensionale Skalierung	Identifikation von Wahrnehmungs- oder Bewertungsdimensionen auf Basis von Ähnlichkeitsurteilen (z. B. Urteile in Form von Triadenvergleichen: Welche beiden der Alternativen A, B und C sind sich am ähnlichsten?).
↗Multitrait-Multimethod-Analyse	Identifikation von Antwortkomponenten, wenn angenommen wird, dass die Ausprägungen der gemessenen Daten sowohl von der zu messenden Eigenschaft (trait) als auch von der verwendeten Erhebungsmethode (z. B. Fragebogen, Beobachtung) determiniert werden. Ein ähnliches Analyseziel verfolgt die die dreimodale Faktorenanalyse.
↗Neuronale Netze	Computerbasierte Simulation neuronaler Verarbeitungsstrukturen (Informationsknoten, -schichten und -verbindungen) die durch Erfahrungen lernen, in dem Sinne, dass die Modellparameter innerhalb des Netzes sukzessive auf Basis von Prognoserfolgen vs. -misserfolgen optimiert eingestellt werden. Können als erfahrungsbasiert optimierte Prognosemodelle aufgefasst werden, deren Struktur sich exploratorisch, adaptiv und dynamisch entwickelt.
↗Pfadanalyse	Korrelationsstatistische Analyse theoriebasiert entwickelter Modelle von Kausalgefügen. Kann z. B. der Effekt von X auf Y durch ein zwischengeschaltetes Merkmal Z partiell oder komplett modelliert werden, so wird Z als Mediatorvariable bezeichnet.
↗Strukturgleichungsmodelle	Multivariater Analyseansatz, der zur Schätzung (beliebig komplexer) theoriebasierter Modelle unter Berücksichtigung metrischer latenter Merkmale eingesetzt werden kann. Vereinigt u. a. die Merkmale pfad-, regressions- und faktorenanalytischer Modellierungsansätze. Die konfirmatorische Faktorenanalyse stellt einen Spezialfall dar.
↗Survivalanalyse	Analyse bzw. Vorhersage der Zeit bis zum Eintritt eines Ereignisses.

statistische Erleichterung [engl. *statistical facilitation*], *Wettlaufmodell*.

statistische Inferenz [engl. *statistical inference*], *Inferenzstatistik*, *Konfidenzintervall*, *Statistik*, *Signifikanztest*.

statistisches Denken [engl. *statistical thinking/reasoning*], *Risikokompetenz*.

statistische Sicherheit [engl. *statistical confidence/security*], *Vertrauensintervall*.

statistische Vorhersage [engl. *statistical prediction*], *Prognose*, *Regressionsanalyse*.

statistische Zwillinge/statistische Mehrlinge (=SZ./SM.) [engl. *statistical twins/multiples*], **[FSE]**, sind dadurch gekennzeichnet, dass sie sich hinsichtlich eines oder mehreren M.-Merkmalen nicht bzw. kaum unterscheiden. Als M.-Merkmale können eine beliebige Anzahl von Einzelitems, wie auch Skalen verwendet werden. SZ./SM. ermöglichen die Bildung von Vergleichsgruppen aus einer oder mehreren großen Stichproben die sich bei den Matching-Merkmalen gleich bzw. ähnlich sind. SZ. bzw. SM. können mittels Abstandsmaßen (z. B. Euklidische Norm, Manhattan-Metrik), einer neu abgeleiteten Variable (z. B. *propensity score*) basierend auf linearer Regression (*Regression, lineare*), logistischer Regression (*Regression, logistische*) oder *Diskriminanzanalyse*) oder auf der Fuzzy-Logik basierenden Fuzzy-Matching. Für die statistischen Anwendung sind Syntaxprogrammierungen für *R (Programmiersprache)*, PASW bzw. *SPSS* (ein Bsp. für die *Propensity Score* Variante findet sich bei Bacher (2002), *Matlab* (ein Bsp. für das Fuzzy-Matching Verfahren findet sich bei Noll (2009)) oder anderen Programmiersprachen notwendig. M. Reutlinger

statoakustisches Organ [engl. *statoacoustic organ*; lat. *status* sichere Stellung; gr. ἀκούειν *(akouein)* hören], **[BIO]**, die Zusammenfassung der im *Ohr* gelegenen Schnecke mit Basilarmembran sowie Bogengängen, *Sacculus* und *Utriculus*.

Status, sozialer (= s. S.) [engl. *social status*; lat. *socialis* gemeinschaftlich, *status* bürgerliche Stellung], **[SOZ]**, mit einer *Position* in einer *Gruppe* verbundenes Ansehen und verbundene Rechte, die einer Person von der eigenen Gruppe offiziell oder inoffiziell zugestanden werden. Äußerlich wird Status häufig durch best. Statussymbole gekennzeichnet. Unter dem Statuskontinuum versteht man die *soziale Rangordnung* innerhalb einer Gruppe. Von Linton (1936) wird s. S. mit *Position* gleichgesetzt.

Status, sozioökonomischer [engl. *socio-economic status*], **[SOZ]**, der *soziale Status* (*Rangordnung, soziale*), der u. a. durch das Einkommen, die Wohngegend, den Beruf und gelegentlich auch durch das Ausbildungsniveau def. wird. *Warner-Index*.

Statusdiagnostik [engl. *status diagnostics*; lat. *status* Zustand], **[DIA]**, diagn. Vorgehen (*Diagnostik*) mit Verfahren, die mit dem Ziel eingesetzt werden, bei Pbn einen Ist-Zustand festzustellen. *Prozessdiagnostik*.

Statuskonsum [engl. *status consumption*], *Konsum, symbolischer*.

Status-quo-Fehler (= S.) [engl. *status quo bias*; lat. *status* Zustand *quo* wie, in der Art], **[KOG, SOZ, WIR]**, bestehender Zustand; als S. bez. Samuelson & Zeckhauser (1988) die Tendenz, in Entscheidungs- und Wahlsituationen nichts zu unternehmen oder eine getroffene Entscheidung beizubehalten, also im Status quo zu verweilen. Der S. wird überproportional häufig anderen Wahlalternativen vorgezogen. Der S. hängt von der Anzahl der Wahlalternativen, dem Wissen um die Wahlalternativen und deren Konsequenzen und die Klarheit der Präferenz einer anderen Wahlalternative ab. Je mehr Alternativen zur Auswahl stehen, je weniger Wissen über die Alternativen und deren Konsequenzen vorhanden ist, desto stärker ist der S. ausgeprägt; je klarer die Präferenz für eine Alternative ist, desto schwächer ist der S. ausgeprägt. Die gängigste Erklärung für den S. ist die *Verlustaversion*, da der S. häufig den Referenzpunkt darstellt, von dem aus mögliche Veränderungen entweder als Verlust oder Gewinn eingeschätzt werden (Kahneman et al. 1991). Weitere Erklärungen bieten das Streben nach Konsistenz, die Theorie der *kognitiven Dissonanz* und die Selbstwahrnehmungstheorie (*Selbstwahrnehmung*). Der S. tritt häufig in Verbindung mit anderen Abweichungen vom ökonomischen Rationalmodell (Entscheidungsanomalien) wie dem *sunk cost effect* und dem *Besitzeffekt* auf. *E. Kirchler/J. Stark*

S-Technik (= S.) [engl. *s technique*], **[FSE]**, bei der S. der *Faktorenanalyse* wird bei einer Stichprobe von Vpn eine Variable in versch. Situationen gemessen. Die Vpn werden über die Situationen interkorreliert. Aus der S. resultieren Typenfaktoren. *T-Technik*, *Kovariationsschema*.

Steigerungsprinzip, syn. *Staffelsystem*, **[DIA]**, Bez. für Tests, die so aufgebaut sind, dass die Lösungsschwierigkeit von Aufgabe zu Aufgabe ansteigt (Staffelung). *power test*. Unter Staffelsystem ist auch diejenige Testanordnung zu verstehen, die Binet eingeführt hat, um durch Verteilung der Tests mit steigenden Schwierigkeiten auf versch. Altersstufen den Entwicklungsstand des Kindes festzustellen.

Steinthal, Hermann (auch Heymann oder Heyman, seltener auch Heinrich) (1823–1899), **[HIS, KOG]**, dt.-jüdischer Sprachforscher, Philosoph und Völkerpsychologe (*Völkerpsychologie*). Er studierte ab 1843 an der Universität Berlin, 1947 promovierte er in Tübingen, 1849 habilitierte er sich in Berlin. Dort hielt er erste Vorlesungen über Sprachen, Sprachsystematik, Grammatik und über Wilhelm von Humboldt. Ein Preis erlaubte ihm 1852–1856 zu Sprachstudien nach Paris und London zu reisen. 1860 begründete Steinthal zus. mit seinem Schwager Moritz Lazarus die «Zeitschrift für Völkerps. und Sprachwissenschaft», deren letzter, 20. Band 1890 erschien. Vom Sommer 1872 ab lehrte Steinthal auch an der neu eröffneten *Hochschule für Wissenschaft des Judenthums*. 1862 wurde er zum außerordentlichen Professor ernannt. Das blieb er bis an sein Lebensende. *H. E. Lück*

Stenie, stenisch [gr. στενός (*stenos*) eng], **[BIO, PER]**, Enge, Beklemmung, eng (wie in Stenokardie, Stenose). Stenischer (stenoplastischer) Typus = schmalwüchsiger (leptosomer) Typus. *Sthenie*, *Typologie*, *Körperbautypen*.

Sterbehilfe, Sterbenshilfe (= S.), **[EW, GES]**, (1) Euthanasie [engl. *euthanasia*; gr. εὐ (*eu*) gut, schön, θάνατος (*thanatos*) Tod], als med. Begriff für die aktive Verkürzung des Lebens von todkranken Personen durch Medikamente oder die passive Beschleunigung des Sterbens durch Absetzen der Intensivbehandlung oder Nichtbehandlung neu eintretender Komplikationen. (2) Ps. Beistand für Sterbende [engl. *assisted suicide*], der von Angehörigen, Ärzten, Krankenschwestern, Pfarrern und Psychologen gegeben werden kann. In den USA gibt es eine spez. psychol. Ausbildung für die S. (Kastenbaum & Costa 1977). *Euthanasie*, *Sterben*, *Sterben und Tod, Einstellungen zu*. Eser 1976, Mayer-Scheu 1974.

Sterben (= S.) [engl. *dying*], **[EW, GES]**, bzgl. S. als dem letzten Lebensabschnitt können drei Aspekte unterschieden werden: das Aussetzen der Vitalfunktionen (körperliches S., kurz), den Rückzug aus zw.menschlichen Beziehungen (soziales S., lang) und das Erleben und Verhalten des Betroffenen im Vorfeld des Übertritts vom Leben zum Tod (psychisches S., lang). Aus verhaltenswiss. Sicht beginnt S., wenn (1) obj. nachweisbare Voraussetzungen dafür gegeben sind, dass der Tod in einem konkret eingrenzbaren Zeitraum vorzeitig, d. h. früher als ohne die schädigenden Bedingungen zu erwarten, eintreten wird, und wenn (2) der Sterbende seine Situation so weit wahrgenommen hat, dass diese spezif. Wahrnehmung in seinem Erleben und Verhalten wirksam ist. Objektive Schädigung oder Bedrohung und subj. Wahrnehmung dieser Schädigung/Bedrohung müssen zus.kommen, damit psych. S. stattfindet. I. d. S. kann S. einen langen Zeitraum (z. B. mehrere Monate) umfassen. Diese Kennzeichnung des S. gilt nicht nur für Kranke, sondern auch für andere Konstellationen (z. B. Suizid, Hinrichtung). Zum Verlauf des Sterbeprozesses wurden mehrere Phasenmodelle entwickelt, die auf den klin. Erfahrungen der Autoren als teilnehmend beobachtenden Therapeuten beruhen, durch empirische Befunde jedoch nur teilweise gestützt werden. Ps. kann man Sterben auch als antizipatorisches Trauern (*Trauer*, *Trauerarbeit*) um den Verlust der Welt oder – in jüngeren und mittleren Jahren – der eigenen Zukunft betrachten. Man geht davon aus, dass der Sterbeprozess durch vier Gruppen von Faktoren beeinflusst wird: die *körperliche*, die *psych.*, die *soziale* und die *spirituelle* Dimension. Die Qualität des S. ist auch davon abhängig, inwieweit körperliches, soziales und psych. S. synchron verlaufen. *Sterben, Tod und Trauer; Unterrichtung über*, *Sterben und Tod, Einstellungen zu*. Wittkowski 2011. *J. Wittkowski*

Sterben, Tod und Trauer; Unterrichtung über (= U.) [engl. *death education*], **[EM, GES]**, bezeichnet sowohl informelle erzieherische Maßnahmen als auch planvolle und zielgerichtete Veranstaltungen, die den Adressaten Kenntnisse über die Todesthematik vermitteln und ihre diesbzgl. Gefühle beeinflussen. Das allg. Anliegen der U. entspricht dem Ziel der Bewegung des Todesbewusstseins, nämlich durch die Entwicklung einer persönlichen Lebensanschauung, die das Wissen um die Endlichkeit des Lebens einschließt, die *Lebensqualität* des Individuums und letztlich diejenige der Gesellschaft zu steigern. U. ist ein wichtiges Anwendungsgebiet der *Thanatopsychologie*. In der Praxis der formellen U. werden Kenntnisvermittlung (kogn. Aspekt) und Selbsterfahrung (affektiver Aspekt) mit didaktisch miteinander verbunden. Die Befundlage zu den (kurzfristigen) Effekten von U. ist uneinheitlich, was die Abschwächung der Angst vor Sterben und Tod betrifft. Die Frage dauerhafter langfristiger Wirkungen von U. ist ungeklärt. Es existieren zahlreiche Unterrichtsveranstaltungen zum Umgang mit Sterben und Tod in dt. Sprache. *Sterben und Tod, Einstellungen zu, Trauer, Trauern, Trauerarbeit*. Durlak 2003, Wittkowski & Krauß 2000. J. Wittkowski

Sterben und Tod, Einstellungen zu (= E.) [engl. *dying and death, attitudes toward*], **[EM, GES, PER]**, bez. Vorstellungen und Gefühle beim Gedanken an das *Sterben* (Sterbeprozess) einerseits und an den Tod (Totsein) andererseits. Dabei kann der Angesprochene z. B. als Sterbender selbst unmittelbar von Sterben und Tod betroffen sein. E. sind aber auch ein (Persönlichkeits-)Merkmal des gesunden Menschen. Man kann den Bezug auf die eigene Person (mein Sterben, mein Tod) vom Bezug auf andere Personen (sein/ihr Sterben bzw. Tod) unterscheiden. Bei der Angst vor Sterben und Tod handelt es sich um Unbehagen, Unruhe etc. beim Gedanken an Sterben und/oder Tod mit oder ohne akute Bedrohung des Lebens und im letzteren Falle daher um Ängstlichkeit (*trait*). Korrelationsstudien zeigen bei Nicht-Sterbenden eine mäßige inverse Beziehung zw. der Angst vor Sterben und Tod und solchen Persönlichkeitsmerkmalen, die psych. Gesundheit ausmachen. Frauen äußern stärkere Angst vor Sterben und Tod als Männer. Alte Menschen äußern schwächere Angst vor dem eigenen Tod als Menschen im mittleren Lebensalter, jedoch stärkere Angst vor dem eigenen Sterben. Zwischen der Angst vor dem eigenen Tod und intrinsischer Religiosität besteht eine umgekehr u-förmige Beziehung. Beim Akzeptieren von Sterben und Tod unterscheidet man zwischen *neutralem Akzeptieren* (Sterben und Tod werden als natürliche Bestandteile des Lebens gleichsam wertfrei annerkannt), *annäherungsorientiertem Akzeptieren* (Glaube an ein erstrebenswertes Danach) und *vermeidend-resignativem Akzeptieren* (Flucht aus schwer erträglichen Lebensumständen bzw. Sichfügen in das Unvermeidliche). Je nach der Art des Akzeptierens besteht keine oder eine mäßig neg. *Korrelation* mit der Angst vor Sterben und Tod. Neimeyer et al. 2003. J. Wittkowski

Stereognosis [engl. *stereognosis*; gr. στερεός (stereos) fest, räumlich; γνῶσις (gnosis) Erkennen, Wissen], **[WA]**, Erkennen von Objekten allein durch Tasten (z. B. aufgrund von Textur, Temperatur), ohne visuelle Kontrolle, v. a. manual und oral. Birbaumer & Schmidt 2010.

C. Kiese-Himmel

Stereokinese [engl. *stereokinesis*; gr. στερεός (stereos) fest, räumlich; κινεῖν (kinein) in Bewegung versetzen], **[WA]**, stereokinetischer Effekt, Bez. für die dreidimensionale *Wahrnehmung* von zweidimensionalen Objekten (Schatten von Körpern), die in best. Weise bewegt werden.

Stereophonie, stereophonisch [engl. *stereophonic, stereophony*; gr. στερεός (stereos) fest, räumlich, φωνή (phone) Ton], **[WA]**, die gleichzeitige Darbietung akustischer, z. B. sprachlicher Information, von zwei versch. platzierten Schallquellen aus auf beide Ohren. *räumliches Hören monaural, binaural, dichotisch*.

Stereopsis [engl. *stereopsis, stereoscopic vision*; gr. στερεός (stereos) fest, räumlich; ὄψις (opsis) Sehen, Sehvermögen], **[WA]**, *räumliches Sehen* (Tiefensehen, plastisches Sehen), das auf der Auswertung von Unterschieden in der Querdisparität (*Querdisparation*) zw. den Netzhautbildern des linken und des rechten Auges beruht. *Asteropsis, Tiefenwahrnehmung*. Goldstein 2007. J. Zihl

Stereoskop [gr. *stereoscope*; gr. στερεός (stereos) fest, räumlich, σκοπεῖν (skopein) betrachten], **[WA]**, Wheatstone 1838, Gerät für die Darbietung dichotischer Reize; wird benutzt für die Untersuchung des beidäugigen (stereoskopischen) Sehens (*Disparation, räumliches Sehen, Sehwettstreit*). Zwei Bilder desselben Gegenstandes, die entspr. dem Augenabstand, von etwas gegeneinander verschobenen Standpunkten aus aufgenommen sind, werden durch Linsen oder Spiegel so dargeboten, dass mit jedem Auge nur das ihm entspr. Bild gesehen wird. Beide Bilder verschmelzen zu einem einzigen, und infolge der zur Geltung kommenden *Querdisparation* entsteht ein plastischer, d. h. räumlicher, dreidimensionaler Eindruck. *Reflektoplastik*. S. können auf unterschiedliche Arten realisiert werden; im Prinzip werden stets die *Gesichtsfelder* beider Augen räumlich getrennt. Die dargebotenen Reize (Stereogramme) können unterschiedlichster Art sein, je nach Zweck der Untersuchung. Goldstein 2007. H. Heuer

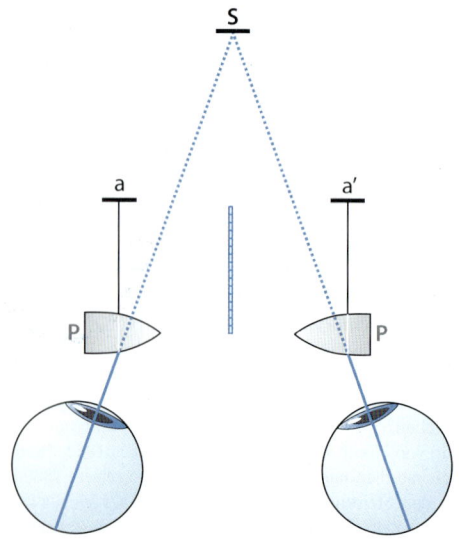

Stereoskop: Schema eines Prismenstereoskops. B und B' sind die betrachteten querdisparaten Bilder, die sich zum plastischen Bild S vereinigen.

Stereoskopie [engl. *stereoscopy, stereoscopics*; gr. στερεός *(stereos)* fest, räumlich, σκοπεῖν *(skopein)* betrachten], **[WA]**, Vermittlung eines Tiefeneindruckes über die Präsentation zweier Halbbilder für das linke und rechte Auge (*räumliches Sehen*). Die Halbbilder werden aus horizontal versetzten Positionen aufgenommen und imitieren damit den horizontalen Versatz der Augen (*Stereoskop*). Dies ermöglicht die Präsentation zusätzlicher Tiefeninformationen auf zweidimensionalen Präsentationsebenen (z. B. Kinoleinwand, Monitor). Typ. Verfahren zur Präsentation der jew. Halbbilder auf das dazugehörige Auge sind Farbfilter (Anaglyph, *Reflektoplastik*), Polarisationsfilter oder Shutterbrillen. Bei sog. autostereoskopischen Displays sind keine Hilfsmittel vor den Augen notwendig, da die Halbbilder vom Display so abgestrahlt werden, dass sie auf das entspr. Auge treffen. *F. Papenmeier*

stereoskopischer Glanz [engl. *stereoscopic gloss*; gr. στερεός *(stereos)* fest, räumlich, σκοπεῖν *(skopein)* betrachten], **[WA]**, eine Erscheinung, die bei der Beobachtung versch. heller (*Helligkeit*) oder versch.farbiger stereoskopischer (*Stereoskop*) Bilder auftritt. Das vereinigte Bild scheint hinter einer durchsichtigen, glänzenden Fläche zu liegen.

stereotaktische Hirneingriffe (= s. H.) [engl. *stereotactic surgery*; gr. στερεός *(stereos)* fest, τάξις *(taxis)* Ordnung], **[BIO, KLI]**, neurochirurgische Verfahren, bei denen nach vorausgegangener Lokalisation der Operationsstelle eine Sonde (z. B. Elektrode, Chemietrode) mit dem am Schädel festsitzenden (= s.) Zielgerät in Verbindung mit einem s. Atlas durch kleine Bohrlöcher in der Schädelkapsel in das Innere des *Gehirns* geführt wird. Das Prinzip wurde bereits um 1910 von Horsley und Clark im Tierexperiment entwickelt und fand 1947 durch Spiegel und Wycis seinen Eingang in die Humanmed. S. H. werden sowohl zu diagn. als auch zu therap. Zwecken angewendet, z. B. bei *Schüttellähmungen* (*Parkinsonismus*) oder *Schizophrenie*. Durch die mit Hirnatlanten genau vorbestimmbare *Lokalisation* der Elektrodenspitzen können recht gezielt best. Hirnstellen z. B. durch Elektrokoagulation (Gerinnung) ausgeschaltet werden (wesentlich geringere Nebeneffekte als bei *Leukotomie*). Mit chronisch implantierten Elektroden (bis zu zwei Jahren) können gleichzeitig an versch. Hirnstellen die elektrischen Hirnströme auch telemetrisch bei voller Bewegungsfreiheit in Korrelation zum Verhalten beobachtet werden. Es lassen sich mit chronisch implantierten Elektroden auch Anordnungen treffen, in denen sich die Pat. selbst in versch. Hirnregionen elektrisch stimulieren können (hypothalamische Motivationszentren). Mit implantierten Chemietroden (Mikrokanülen) lassen sich gezielt Pharmaka auch für längere Zeit injizieren und das Verhalten sowie (über zusätzliche Dauerelektroden) Veränderungen in der Hirnaktivität beobachten. Neben den unmittelbar klin. Wirkungen hat man mit dieser Methode Einsichten in die Wirkungsweise von Gehirnstrukturen zu verdanken und insbes. die wohl wichtigste Entdeckung der intrakraniellen Selbstreizung (ICSS) als Basis von Verstärkungsmechanismen in psychol. Lernprozessen. Zur s. Lokalisation wichtiger Funktionen im Gehirn verwendet man heute präoperativ die genauer arbeitenden *bildgebenden Verfahren*, *Positronen-Emissions-Tomografie (PET)*, *Magnetenzephalografie (MEG)* und *Magnetresonanztomografie (MRT)*. Pinel 1997. *C. Becker-Carus*

Stereotyp, stereotyp (= S.) [engl. *stereotype, stereotypical*; gr. στερεός *(stereos)* fest, τύπος *(typos)* Form], **[KOG, SOZ]**, Bez. für Abläufe (motorisch, kognitiv, sprachlich), die starr und wie «festgefahren» erscheinen. S. *Verhalten* wird einheitlich und wenig variabel in einer best. Konfliktsituation hervorgerufen und ist kaum durch Gründe oder Umstände zu ändern. S. *Bewegung*: abnorme, wiederholte oder andauernde Bewegung, Haltung oder verbale Äußerung, z. B. die starren Bewegungsabläufe bei katatonen Psychosen. Außerdem die von Lippmann (1922) in die Sozialwissenschaften eingeführte Bez. für vereinfachende schematisierende und verzerrte Kognition von Aspekten der sozialen Welt (Gruppen, Klassen, Nationen, Berufen etc. sowie von sozialen Institutionen). S. sind dabei nach Fischer et al. (2013) vorwiegend kogn. Natur, d. h., sie beziehen sich darauf, was und wie eine best. Person über andere Personen auf Grundlage deren Merkmale bzw. Gruppenmitgliedschaft denkt. Das S. für die eigene Gruppe wird dabei *Autostereotyp*, das für andere Gruppen *Heterostereotyp* genannt. Es handelt sich dabei also um subj. Annahmen bzw. Zuschreibungen, die sowohl neg. als auch neutral bzw. pos. sein können. Somit sind S. nicht zwangsläufig mit neg. Gefühlen oder feindseligem Verhalten verbunden und kommen zustande, da Personen bestrebt sind, ihre komplexe Umwelt möglichst einfach zu strukturieren. Die Merkmalszuschreibung aufgrund von Gruppenzugehörigkeiten dient dabei als Vereinfachung und Orientierungshilfe – bes. in Situationen, in denen wenig Verarbeitungsressourcen zur Verfügung stehen. Alltagssprachlich wird der Begriff jedoch häufig mit zusätzlichen Bedeutungen verwendet: Starrheit, d. h., geringe Beeinflussbarkeit durch die Erfahrung und die Tönung mit neg. Affekten sind meist mitgemeint. Die reine S.forschung spielte dabei lange Zeit nur eine untergeordnete Rolle am Rande der Vorurteilsforschung. Mit der Zeit kam es jedoch zu einer Vielzahl theoret. und empir. Arbeiten sowie zu einer Art Loskoppelung der S.forschung von der Vorurteilsforschung. Als theoret. Grundmuster überwiegen dabei sog. kogn. Ansätze (Hamilton 1981). Eine große Rolle im Kontext der S.enforschung spielten insges. die Arbeiten zu Geschlechtsrollens., ein Themengebiet, das sowohl theoret. (Eckes 1994) wie meth. (Williams, Best 1990) erheblich zu Weiterentwicklungen beigetragen hat. Im Kontext der Auto- und Heteros. in Bezug auf Völker übten Sodhi 1953 bzw. Sodhi 1957 Kritik an der Begrifflichkeit und zogen den Ausdruck «Bilder über Völker» vor. *attitude*. Fiedler & Walther 2004, Macrae et al. 1996, Spears et al. 1997. *R. Bergius/B. Six*

stereotype accuracy [engl] «Genauigkeit eines Stereotyps»; *Beurteilerakkuratheit*.

Stereotype-Content-Modell [engl. *stereoretype* Stereotyp, *stereotyp*, *content* Inhalt], *ageism*.

Stereotypenbedrohung *stereotype threat*.

stereotype threat (= s. t.) [engl.] Bedrohung durch Stereotype; [gr. στερεός *(stereos)* fest, τύπος *(typos)* Form], **[PÄD,**

SOZ], bezeichnet die Befürchtung von Angehörigen einer stigmatisierten sozialen *Gruppe*, aufgrund von neg. Stereotypen über diese Gruppe anders beurteilt oder behandelt zu werden oder durch eigenes Verhalten in best. Situationen ein Stereotyp zu bestätigen (Steele et al. 2002). Ironischerweise kann es dabei zu einer tatsächlich messbaren Leistungsminderung in psychol. *Tests*, z. B. *Intelligenztests*, kommen.

In klass. Studien demonstrierten Steele und Kollegen etwa, dass afroamerik. Studierende in einem Test schlechter abschnitten, wenn dieser als diagn. (vs. nicht diagn.) für ihre intellektuellen Fähigkeiten eingeführt wurde. Weiter konnte gezeigt werden, dass die bloße Salienz der entspr. Gruppenzugehörigkeit ausreicht, um die Leistungsminderung hervorzurufen (Steele & Aronson 1995). Parallele S. T.-Effekte sind bspw. für die Leistung von Frauen in Mathematiktests dokumentiert. In zahlreichen Studien wurden vermittelnde Prozesse untersucht, die wahrscheinlich durch die Blockade von Kapazitäten zu den Auswirkungen von s. t. beitragen, darunter kogn. (z. B. Aktivierung von Stereotypen), affektive (z. B. *Ängstlichkeit*) und motivationale (z. B. Erfolgserwartung). Außerdem wurden spontane und langfristige *Coping*-Strategien identifiziert, mit denen Individuen s. t. begegnen. Inzw. wird s. t. auch auf neuronaler Ebene untersucht (z. B. in EEG- und fMRT-Studien, *Elektrodiagnostik*, *funktionelle Magnetresonanztomografie*).

Wenn s. t. als situationsspezif., mit einer best. *sozialen Identität* verknüpftes *Stigma* verstanden wird, können daraus Interventionen abgeleitet werden, um den Effekt abzuschwächen (Steele et al. 2002). Wichtig ist hierbei insbes., dass beobachtbare Leistungsunterschiede nach der S.-T.-Theorie nicht allein aufgrund von Unterschieden in *Fähigkeit* oder Vorbereitung begründet liegen, sondern auch in gesellschaftlich geteilten, den Getesteten bewussten Stereotypen gegen die sozialen Gruppen, denen sie angehören. *J.H. Rees/R.M.J. Boege*

Stereozilien, Sinneshärchen [engl. *stereocilia*; gr. στερεός (*stereos*) fest, lat. *cilium* Härchen], *Wanderwelle*.

Stern, Clara, geb. Clara Joseephy (1877–1948), **[EW, HIS]**, war keine ausgebildete Psychologin, trug jedoch an der Seite ihres Mannes *William L. Stern* erheblich zu den Untersuchungen über frühkindliche Entwicklung bei. Hervorzuheben ist die Tagebuchmethode, mit der die Entwicklung ihrer drei Kinder Hilde, Günther und Eva von Geburt an beobachtet und erfasst wurde. In Veröffentlichungen zur Kindersprache und zur Lüge in der Kindheit fanden die Ergebnisse ihrer Arbeit ihren Niederschlag. Nach der Machtübernahme durch die Nationalsozialisten emigrierte sie mit ihrem Mann über die Niederlande in die USA, wo sie zehn Jahre nach ihrem Ehemann starb. Deutsch 2011. *H. E. Lück*

Stern, William Louis (1871–1938), **[HIS, EW, PER]**, William Louis Stern war ein vielseitig tätiger Psychologe und Philosoph. Heute wird er vor allem als Entwicklungspsychologe und Begründer der sog. *Differentiellen Psychologie* gesehen. Auf William Stern geht die Bez. *Intelligenzquotient* zurück. Er selbst sah seine Theorie des kritischen *Personalismus* als wichtigen Beitrag zur Ps. (Stern 1935). Stern forschte aber auch zur *Aussagepsychologie* und anderen Fragestellungen der *Angewandten Psychologie*. Gemeinsam mit seiner Frau Clara Stern führte er Tagebuch zur frühkindlichen Entwicklung der drei Kinder Hilde (1900–1961), Günther (1902–1992) – später *Günther Anders* – und Eva (1904–1992). Die erhobenen Daten waren Gegenstand weit späterer Untersuchungen zur Sprachentwicklung (*Deutsch, Werner*). Stern wurde am 29. April 1871 als einziger Sohn des Kaufmanns Sigismund Stern und seiner Frau Rosa in Berlin geb. Bereits mit 17 Jahren begann er in Berlin mit dem Studium der Philosophie und Ps., 1893 promovierte er. Als Doktorvater wird meist *Hermann Ebbinghaus* angegeben, doch war der Betreuer der Arbeit über die Analogie im volkstümlichen Denken sicher *Moritz Lazarus*. Die Disputation erfolgte bei den Professoren Wilhelm Dilthey und Eduard Zeller. Unter dem Einfluss der Lehrer *Carl Stumpf* und Hermann Ebbinghaus entstanden mehrere exp. Arbeiten über die Wahrnehmung von Helligkeitsveränderungen, von Bewegungen und Tonhöhenveränderungen. Zu Letzteren entwickelte Stern den Tonvariator, einen Apparat zur Erzeugung gleichmäßig veränderbarer Töne (Stern 1902). Nach der Habilitation 1897 mit einer experimentalpsychol. Arbeit trat Stern zum Wintersemester 1897/98 eine Professur in Breslau an. Ab 1916 lehrte er als Professor für Philosophie und Ps. in Hamburg. Dort war Stern aktiv an der Gründung der Universität beteiligt. An dem von Stern geleiteten Psychol. Institut entstanden u. a. die entwicklungspsychol. Arbeiten von *Martha Muchow* zum Lebensraum des Kindes. 1933 wurde Stern aufgrund der rassistischen Beamtengesetze in den vorzeitigen Ruhestand versetzt. Stern emigrierte daraufhin mit seiner Frau *Clara Stern* über die Niederlande in die USA, wo er an der *Duke University* lehren konnte. 1938 starb er in Durham, NC. Bühring 1996, Stern 1927. *H. E. Lück*

Sternberg-Paradigma (= S.-P.) [engl. *Sternberg paradigm*; gr. παράδειγμα (*paradeigma*) Beispiel, Muster], nach S. Sternberg, **[KOG]**, auch *Additive Faktorenmethode* nach S. Sternberg genannt; exp. Technik zur Analyse eines zw. *Reiz*darbietung und *Reaktion* ablaufenden kogn. Prozesses in einzelne, hintereinander geschaltete, empirisch unterscheidbare, durch ihre Funktion und ihren Zeitverbrauch zu kennzeichnende Verarbeitungsstufen aufgrund der Reaktionszeitmessung.

Das S.-P. besteht in einem varianzanalyt. (*Varianzanalyse*) Versuchsplan mit der abh. Variablen *Reaktionszeit*, in dem mehrere unabh. Variablen (Faktoren), die je mind. zwei Ausprägungen enthalten, gekreuzt sind. Die Faktoren werden so ausgewählt, dass jeder wenigstens eine der zunächst nur theoret. postulierten kogn. Verarbeitungsstufen mutmaßlich beeinflusst (z. B. Reizqualität – Reizencodierungsstufe, Vergleichsschwierigkeit – Vergleicherstufe, relative Häufigkeit einer Antwort – Antwortausführungsstufe usw.). Ein signifikanter Haupteffekt wird dann als Bestätigung der Existenz einer zugehörigen Verarbeitungsstufe und ihrer Beeinflussung durch den entspr. Faktor, eine signifikante Zweifachwechselwirkung als Beeinflussung einer

Stufe durch zwei Faktoren, eine Dreifachwechselwirkung als Beeinflussung einer Stufe durch drei Faktoren interpretiert usw. Bedeutsam für die Methode ist v. a. der Umkehrschluss: Wenn zwei Faktoren zwei Haupteffekte, aber keine Wechselwirkung erzeugen, kann die Existenz zweier Stufen, deren jede zu einem der beiden Faktoren gehört, postuliert werden. Das Verfahren enthält z. T. induktive und stat. schwache Schlüsse (z. B. vom Fehlen einer Wechselwirkung auf die Existenz zweier Stufen) und kann deshalb nicht mechanisch angewandt werden; es hat jedoch seit Mitte der 1960er Jahre in vielen gut durchdachten Versuchsreihen so bedeutsame Resultate erbracht, dass man von einem Durchbruch in der Reaktionszeitforschung sprechen kann.

Mit dem Begriff S.-P. wird oft auch eine spez. Anwendung der Methode der additiven Faktoren bez., Sternbergs Experiment zur Suche im *Kurzzeitgedächtnis* (Sternberg 1966, *Gedächtnis*). *Informationsverarbeitung*. Ashby & Townsend 1980, Taylor 1976. W. Glaser

Steroide, anabole [engl. *anabolic steroids*], [**PHA**], *Anabolika*, synthetische Derivate von *Testosteron*, häufig Verwendung ohne therap. Indikation, etwa zur Erhöhung der sportlichen Leistungsfähigkeit.

Steroide, neurotrope *Neurosteroide*.

Steroidhormone (= S.) [engl. *steroid hormones*], [**PHA**], *Hormone*, die chemisch aus Steroiden oder steroidähnlichen Stoffen bestehen. Die wichtigsten S. sind die Sexualhormone.

Steuerhinterziehung (= S.) [engl. *defraudation of tax, tax/fiscal fraud*], [**WIR**], unter S. wird kriminelles Verhalten verstanden, bei dem Steuerpflichten verschleiert oder ignoriert werden, z. B. indem Einkommen nicht vollst. deklariert wird, Abschreibungen übertrieben werden, oder wenn «ohne Rechnung» gearbeitet wird. I. Ggs. zu den legalen Möglichkeiten, die Steuerschuld durch Steuerflucht oder -umgehung zu reduzieren, widerspricht S. eindeutig der Gesetzgebung. Von manchen Autoren (Veit 1927) wird das gezeigte Hinterziehungsverhalten auch als *Steuermoral* bezeichnet, das von der psychologischen Disposition, der Steuerwilligkeit, abhängt. Aus gegebener Steuerwilligkeit (in späteren Ansätzen als freiwillige Kooperation bez., vgl. Kirchler 2007) folgt immer ehrliches Verhalten, bei geringer Steuerwilligkeit kann ein solches aber auch durch staatliche Behörden erzwungen werden (sog. erzwungene Kooperation). Aus der Differenzierung von freiwilliger und erzwungener Kooperation folgt, dass je nach Disposition unterschiedliche Regulationsstrategien zur Bekämpfung von S. angewendet werden müssen. Diese lassen sich in vertrauensbildende Maßnahmen und in Methoden zur Abschreckung unterteilen. Einerseits sollte z. B. durch Transparenz und Fairness das Vertrauen der Steuerzahler geweckt und ihre Steuerwilligkeit durch Bereitstellung von Services unterstützt werden, die die Abwicklung von Steuerzahlungen vereinfachen. Andererseits muss die Behörde durch effizientes Prüfen und adäquate Bestrafung von S. Macht demonstrieren, um bei fehlender Steuerwilligkeit die Kooperation zu erzwingen. Für einen Überblick der wiss. untersuchten Determinanten von S. siehe Kirchler (2007). *Schattenwirtschaft*, *Wirtschaftskriminalität*. E. Kirchler/S. Mühlbacher

Steuerpsychologie (= S.) [engl. *psychology of tax behavior*], [**AO, EM, KOG, SOZ, WIR**], Teilgebiet der *Wirtschaftspsychologie*, dessen Gegenstand das Wissen über staatliche Regulation und Steuern, *Einstellung* und *Motivation* sowie das *Verhalten* von Individuen und Unternehmen gegenüber Abgaben und Steuern bildet. Die Anfänge der S. gehen maßgeblich auf Günter Schmölders zurück, der sich mit Fragen der Steuerbelastung, Steuermoral, Steuermentalität und des Steuerwiderstands auseinandersetzte. Zentrales Thema der S. sind Determinanten von Steuerehrlichkeit und -hinterziehung. Die zahlreichen in der sozialwiss. Literatur beschriebenen Determinanten können nach Kirchler (2007) in fünf Kategorien eingeteilt werden:

(1) *Politische Perspektive*: Aus politischer Perspektive beeinflussen Charakteristika der Finanzpolitik und des Steuersystems, insbes. die Komplexität der Steuergesetze und die Höhe der Steuersätze, das Steuerverhalten.

(2) *Sozialpsychol. Perspektive*: Der Einfluss von Wissen über Steuergesetze, Einstellungen und soziale Repräsentationen, *Normen*, wahrgenommener prozeduraler und distributiver *Gerechtigkeit* wird untersucht. Das Konzept der motivationalen Grundhaltungen der Steuerzahler (*motivational postures*) von Braithwaite fasst die Einstellungen, Bewertungen und Erwartungen einer Person gegenüber Steuern und der Steuerbehörde zusammen. Abhängig vom Muster motivationaler Grundhaltungen nehmen Steuerzahler unterschiedliche Positionen ein: Ein großer Prozentsatz der Steuerzahler zahlt ehrlich Steuern und ist nicht bestrebt, Steuern zu hinterziehen (*commitment*). *Capitulation* beschreibt eine Haltung, wonach Steuerzahler den Gesetzen entsprechend handeln, obzwar sie Steuern vermeiden möchten. *Resistance* und *disengagement* beschreiben Motivationsmuster, die zur bewussten Entscheidung gegen Kooperation in Form von Widerstand oder Ignoranz der staatlichen Regeln führen. Die motivationale Grundhaltung des *game-playing* beschreibt schließlich eine negative Einstellung der Steuerzahler zu Staat und Steuergesetzen und den Versuch, Gesetze geschickt zu umgehen. Sie suchen nach Schlupflöchern im Steuergesetz und versuchen mehr oder minder legal, der Steuerlast zu entkommen.

(3) *Perspektive der rationalen Entscheidungsfindung* (*Entscheiden*): Die Entscheidung zur korrekten Entrichtung der Steuern stellt ein *soziales Dilemma* dar, d. h. eine Situation, in der die Interessen des Einzelnen in Konflikt mit den kollektiven Interessen stehen. Der indiv. Nutzen ist dann am höchsten, wenn ein Steuerpflichtiger keine Steuern entrichtet und dennoch Leistungen des Staates (öffentliche Güter) in Anspruch nehmen kann, die durch Steuerbeiträge finanziert werden. Aus ökonomischer Sicht sind die Prüfwahrscheinlichkeit, das Strafausmaß bei Zuwiderhandeln sowie die Einkommenshöhe und Steuerrate dafür entscheidend, ob eine Person ehrlich ihre Steuern zahlt oder nicht. Zahlreiche empirische Studien bestätigen die Wirksamkeit von Kontrollen und Strafen. Allerdings sind

die Effekte geringer als theoretisch erwartet, sodass anzunehmen ist, dass das Steuerverhalten außer von rationalen Überlegungen von weiteren Faktoren abhängt. Aus der Perspektive rationaler Entscheidungen sind auch *Entscheidungsheuristiken* oder das Framing der Entscheidungssituation relevant. Die *Prospect-Theorie* von Kahneman und Tversky findet in der S. u. a. zur Erklärung von sog. *Withholding*-Phänomenen Anwendung. Withholding-Effekte beziehen sich auf riskantes, steuervermeidendes Verhalten von jenen Steuerzahlern, die zu geringe Steuervorauszahlungen leisteten und bei der Anfertigung der Steuererklärung feststellen, dass sie eine Steuerschuld haben, während jene Steuerzahler, die zu hohe Vorauszahlungen leisteten, sodass ein Guthaben resultiert, risikovermeidende Handlungen setzen und ehrlicher ihre Steuern zahlen. Laut *Prospect-Theorie* resultiert in Verlustsituationen Risikofreude, während in Gewinnsituationen, wie sie bei der Erwartung einer Steuerrückerstattung gegeben sind, risikoaverse Handlungen gesetzt werden (*Verlustaversion*).

(4) *Möglichkeiten zur Steuerhinterziehung (Unternehmerische Selbstständigkeit)*: Selbstständig Erwerbstätige und unternehmerisch tätige Steuerzahler sind in der S. von besonderem Interesse. Sie zahlen im Ggs. zu Netto-Lohnempfängern Steuern «out of pocket» und dürften deshalb ein intensiveres Verlustempfinden haben als jene Personen, deren Steuern vom Bruttogehalt einbehalten wurden. Laut Theorie der mentalen Buchführung von Richard Thaler könnten selbstständig Tätige entweder (a) Bruttoeinnahmen als ihr eigenes Vermögen betrachten und nicht zw. tatsächlichem Einkommen, den Sozialabgaben und dem Steueranteil unterscheiden (*Integration*) oder (b) sie verstehen sich als «Verwalter» des Geldes, das sie zu einem späteren Zeitpunkt als der Einnahme aufgrund ihrer unternehmerischen Tätigkeit als Steuern abführen müssen und trennen den Steueranteil mental oder physisch von ihrem Nettoeinkommen. Die Wahrscheinlichkeit der Steuerhinterziehung dürfte im Falle der Integration geringer sein als im Falle mentaler Segregation.

(5) *Interaktion zw. Steuerbehörde und Steuerzahlern*: Die Beziehung zw. Steuerbehörde und Steuerzahlern bestimmt das Steuerklima, das auf einem Kontinuum von antagonistischem zu synergistischem Klima beschrieben werden kann. Herrscht ein antagonistisches Klima (*cops and robbers*) vor, so arbeiten Steuerzahler und Steuerbehörde gegeneinander. Steuerzahler fühlen sich von der Behörde verfolgt, die wiederum annimmt, dass die Bürger Möglichkeiten nutzen würden, Steuern zu umgehen oder zu hinterziehen. Herrscht hingegen ein synergistisches Klima (*service and client*) vor, so teilen Steuerzahler und Behörde dieselben Ziele und kooperieren. Die Steuerbehörde agiert in transparenter Weise und wird von Steuerzahlern als Autorität akzeptiert, die Dienstleistungen für die Gemeinschaft verrichten.

Ausgehend vom antagonistischen oder synergistischen Klima werden im *Slippery-Slope-Rahmenmodell* (Kirchler 2007) erzwungene und freiwillige Steuerehrlichkeit unterschieden. Freiwillige Steuerehrlichkeit resultiert aus dem Vertrauen in den Staat und in die Behörden. Fehlt das Vertrauen, so kann Steuerehrlichkeit auch erzwungen werden, sofern die Behörden über ausreichend Macht verfügen und durch effiziente Kontrollen und wirksame Strafen Steuerehrlichkeit erzwingen können. Geringe Steuerehrlichkeit ist dann zu erwarten, wenn Behörden die Mittel fehlen, Steuerzahler durch abschreckende Maßnahmen zur Ehrlichkeit zu zwingen und die Bürger gleichzeitig den Behörden und dem Staat gegenüber misstrauisch sind. Braithwaite 2003. *E. Kirchler/B. Hartl*

Steuerung [engl. *regulation*], *Qualitätssicherung, Regulation, Dysfunktion, exekutive.*

Steuerung, psychologische (= p. S.) [engl. *psychological regulation*], [**KOG**], Die Bedeutung des Terminus *Steuerung* (= S.) wird in den versch. Teilgebieten der Ps. verschieden akzentuiert. S. spielt in den Bewusstseins- und Aufmerksamkeitstheorien im Sinne der *Handlungssteuerung* eine zentrale Rolle. In der Verhaltenswiss. spielt die S. als Vorläufer kybernetischer Theorien (*Kybernetik*) und in der kogn. Ps. i. S. motorischer Handlungsorganisation eine Rolle. (1) «Handlungssteuerung». Bei B. F. *Skinner* wird Verhalten von der Genetik, seiner umweltbestimmten Geschichte sowie von der Person selbst gesteuert, d. h., wir können kein Leben ohne Steuerung wählen. Auch der Psychoanalytiker H. Hartmann betrachtete S. als Moment der Anpassung an die Umwelt. (2) Vorläufer der kybernetischen Theorie der S. Bei *Karl Bühler* findet S. als zweckvolle, gegenseitige Beeinflussung des Verhaltens in tierischen und menschlichen Gemeinschaften statt. Jedes Mitglied der Gemeinschaft ist dabei zugleich ein Sender, ein Aktionssystem und ein Empfänger. N. Bischof benutzt den Begriff S. im Sinne gerichteter Wirkung, d. h., ein Signal verändert ein anderes. Diese Konzeption findet sich auch in der *Kybernetik*. Miller et al. (1960) beschreiben in dieser Tradition bei Betrachtung der *Test-Operate-Test-Exit* (TOTE)-Einheit allg. Formen der Verhaltenssteuerung i. S. von Ablauffolge. (3) S. in der kogn. Ps. R. M. Shiffrin und W. Schneider schlagen eine Zwei-Prozess-Theorie der menschlichen *Informationsverarbeitung* vor, die zw. automatischen und gesteuerten Prozessen unterscheidet, welche Aufmerksamkeit beanspruchen und kapazitätsbeschränkt sind. *S. V. Müller*

Stevens, Stanley Smith (1906–1973), [**DIA, FSE, HIS, WA**], Psychologe, 1933 Promotion an der Harvard University bei Boring. Ist v. a. durch seine psychophysischen Experimente zur Tonwahrnehmung (*Hören*) und psychol. Skalierung (*Skalierung, Methoden der*) bekannt. Angeregt durch Bridgmans logischen *Operationalismus* versuchte Stevens, eine Brücke zw. Operationalismus und logischem *Positivismus* zu schlagen.

Stevens-Gesetz [engl. *Stevens' (power) law*], nach S. S. Stevens (1906-1973), *Potenzgesetz.*

Stevens-Johnson-Syndrom (= S.-J.-S.) [engl. *Steven-Johnson syndrome*], [**PHA**], leichtere Form der toxischen epidermalen Nekrolyse (TEN, *Lyell-Syndrom*). Schwere allergische Hautreaktion, meist als Folge einer kürzlich begonnenen Arzneimitteltherapie, seltener als Folge einer Infektion (Mykoplasmen) oder i. R. von Krebserkrankungen. Zahlreiche Medikamente können ein S.-

J.-S. auslösen (z. B. *nicht steroidale Antiphlogistika*, best. *Antibiotika*, u. v. a.). *Psychopharmaka*, unter denen relativ häufiger – aber insges. selten – ein S.-J.-S. beobachtet werden, sind *Carbamazepin* und *Lamotrigin* (bei Letzterem insbes. dann, wenn es mit *Valproinsäure* kombiniert wird). Wichtigste Maßnahme ist das Absetzen der auslösenden Medikation. G. Gründer

STH Abk. für *somatotropes Hormon*.

Sthenie [engl. *sthenia, sthenic*; gr. σθένος *(sthenos)* Stärke], **[KLI]**, Kraft, Körperkraft, Unternehmungsdrang, Tatendrang. Ggs. *Asthenie*.

Stichprobe (= S.) [engl. *sample*], **[FSE]**, eine für Forschungszwecke gebildete Auswahl von Fällen aus der Gesamtheit von Fällen, über die im Rahmen einer empirischen Studie Aussagen getroffen werden sollen (Grundgesamtheit, *Population*). Bei den Fällen handelt es sich in der Ps. oft um Personen (Personens.), es können aber je nach Forschungsfrage auch Objekte aller Art (z. B. Zeitungsartikel, Curricula von Studiengängen, Unternehmen) die interessierenden Fälle einer Grundgesamtheit bilden, aus der eine S. ausgewählt wird. S.erhebungen sind in der Ps. sowie in der *empirischen Sozialforschung* generell typ.; nur selten wird mit Vollerhebungen gearbeitet, bei denen alle zur Population gehörenden Fälle untersucht werden. Eine S. ist für die Forschung i. d. R. umso nützlicher, je besser sie im Kleinen die interessierende Population abbildet. Jede S. zeichnet sich durch zwei zentrale Merkmale aus: (1) die *S.art*, die bezeichnet, nach welchem Auswahlverfahren Fälle aus der Population in die S. gelangen (z. B. bewusst oder zufällig ausgewählt), und (2) den *S.umfang* (kleine oder große S.), der durch die Anzahl der Fälle in der S. definiert ist. Welche S.art und welcher S.umfang zu wählen sind, hängt maßgeblich vom Erkenntnisinteresse einer Studie ab, insbes. werden in der qual. Forschung andere S.auswahlverfahren verwendet als in der quant. Forschung (*Datenerhebungsverfahren*, *Datenanalysemethoden, quantitative*).

Über Art und Umfang der in einer Studie realisierten S. entscheiden in der Praxis nicht nur methodologische Gründe, sondern auch forschungsökonomische Rahmenbedingungen, denn mit wachsendem S.umfang steigt meist der Arbeitsaufwand der S.bildung. Zudem unterscheiden sich versch. S.auswahlverfahren hinsichtlich Zeit-, Personal- bzw. Kostenaufwand erheblich. Forschungspraktisch reicht es nämlich nicht, ein S.auswahlverfahren für die eigene Studie zu def. Die ausgewählten Fälle müssen bei Personens. auch entspr. rekrutiert, d. h. für die tatsächliche Teilnahme an der Studie gewonnen werden. *Rekrutierungsverfahren* sind bspw. postalische, telefonische oder persönliche Ansprache und Einladung. Probleme bei der Rekrutierung (z. B. Nichterreichbarkeit ausgewählter Fälle) beeinflussen die Realisierbarkeit geplanter Samples. Nicht zuletzt ist zu beachten, dass aus forschungsethischen Gründen die Teilnahme an jeder wiss. Studie freiwillig ist und für Forschungszwecke gebildete Personens. demnach immer Freiwilligens. sind. In dieser Hinsicht besteht eine systemat. Verzerrung nahezu aller Personens. gegenüber der zugehörigen Population, in sich meist auch Personen befinden, die eine Teilnahme an wiss. Studien generell ablehnen und deswegen nie in Samples auftauchen.

In der qual. Forschung (*Datenanalysemethoden, qualitative*, *Qualitative Sozialforschung*) wird typ.weise mit relativ kleinen S. im ein- bis unteren zweistelligen Bereich gearbeitet, da die differenzierte interpretative Rekonstruktion jedes einzelnen Falles angestrebt wird. Typ. für qual. S. ist eine bewusste Auswahl von Fällen nach Maßgabe ihres Informationsgehaltes i. d. S., dass die Heterogenität des Feldes bzw. der Population sich möglichst erschöpfend widerspiegelt (*qualitative Fallauswahl*). Häufig sind in der qual. Forschung die Auswahl- und das Rekrutierungsverfahren von S. eng miteinander verknüpft (*qualitative Rekrutierungsverfahren*). Bei dem aus der Grounded-Theory-Methodologie (*Grounded Theory*) stammenden Typ der *theoretischen* S. handelt es sich um eine bes. konsequente Umsetzung der Prinzipien qual. Forschung auf die S.bildung: Es wird nicht vorab ein S.plan festgelegt, sondern es werden nach und nach anhand der vorliegenden Zwischenergebnisse der laufenden qual. Studie gemäß unterschiedlicher theoret. und empir. Kriterien immer wieder neue Fälle hinzugenommen, bis weitere Fälle keinen zusätzlichen Erkenntnisnutzen mehr bringen (*theoretische Sättigung*).

In der quant. Forschung wird typ.erweise mit größeren bis sehr großen S. im drei- bis vier- oder noch höherstelligen Bereich operiert, da es v. a. darum geht, fallübergreifende Aussagen über Merkmalsausprägungen, Merkmalszusammenhänge sowie Ursache-Wirkungs-Relationen zu treffen. Während z. B. für standardisierte Befragungsstudien in der Umfrage-, Markt-, Meinungs- oder Wahlforschung S. im oberen drei- bis vierstelligen Bereich typisch sind, werden in der quant. Online-Forschung (internetbasierte Methoden) – je nach Rekrutierungsverfahren – teilweise Tausende von Fällen untersucht. Im Zuge der Digitalisierung der Gesellschaft erschließt sich die quant. Sozialforschung eine Fülle digitaler Dokumente als Spuren menschlichen Verhaltens (Abrufprotokolle von Webservern, Postings in Online-Foren, Handyverbindungsdaten etc.). Abgesehen von den methodischen und wissenschaftsethischen sowie erkenntnistheoret. Aspekten dieser Entwicklung, *big data*, ist aus forschungsökonomischer Perspektive zu beachten, dass durch die nonreaktive Datenerhebung und S.bildung aus digitalen Archiven und Datenbanken hier alle mit herkömmlichen Personens. sowie auch mit nicht digitalen Objekts. verbundenen Rekrutierungs- bzw. Beschaffungsprobleme entfallen und somit S. bislang ungewohnter Größe zus.gestellt und analysiert werden können. Tendenziell nimmt mit wachsendem S.umfang die Aussagekraft einer quant. Studie zu. So sind bei größeren Fallzahlen genauere stat. Schätzungen der Populationsparameter (*Punktschätzung* oder *Intervallschätzung*) anhand der S.kennwerte möglich. Mit dem S.umfang steigt die *Teststärke* stat. *Signifikanztests*, d. h., die Wahrscheinlichkeit steigt, dass ein in der Population vorliegender Effekt tatsächlich anhand der S.daten aufgedeckt werden kann. Stets eine extrem große oder auch nur möglichst große S. zu realisieren, ist jedoch aufgrund der damit meist verbundenen Kosten kein rationales Vorgehen. Empfehlenswert ist es, bei quant. Studien im Vorfeld festzulegen, welche Effektgrößen (*Effektgröße*) im Signifikanztest noch nachweisbar sein sollen bzw. wie präzise Parameterschätzungen ausfallen sollen, und auf dieser Basis den *optimalen Stichprobenumfang* festzulegen.

Quant. S., d. h. S., die auf die Erkenntnisziele der quant. Forschung abgestimmt sind, werden anhand ihres Umfangs, aber vor allem auch anhand ihres Auswahlverfahrens dahingehend bewertet, wie gut sie die Population abbilden. Man spricht von stat. Repräsentativität, wenn sich die Populationsverhältnisse hinsichtlich Ausprägungen und Relationen der interessierenden Merkmale bzw. Variablen in der S. entspr. widerspiegeln und die S.kennwerte somit gute Schätzer der Populationsparameter (*Verteilungsparameter*) darstellen. Der beste Garant für eine möglichst repräsentative S. ist ein *zufallsgesteuertes Auswahlverfahren* von Fällen aus der Population, das im Ergebnis eine probabilistische (zufällige, zufallsgesteuerte) S. liefert. Damit das stat. Zufallsprinzip angewendet werden kann, wird bei probabilistischen S. ein Auswahlrahmen (*sampling frame*) benötigt, d. h. eine möglichst vollst. Darstellung aller Fälle der Population, aus denen ausgewählt werden kann (z. B. stellt das Einwohnermelderegister einen Auswahlrahmen für die Population der lokalen Wohnbevölkerung dar).

Probabilistische Personens. aus der Wohnbevölkerung werden i. d. R. nur in der vorexp. Umfrage-, Markt-, Meinungs- und Wahlforschung genutzt (Demoskopie), nicht in quasi-exp. oder exp. Untersuchungsdesigns (*Experiment, randomisierte kontrollierte Studie*), in denen eher nicht probabilistische S. zum Einsatz kommen (die Zufallss. ist nicht mit der *Randomisierung* – der zufälligen Zuordnung von Pbn zu den Untersuchungsgruppen im Experiment – zu verwechseln). Man unterscheidet v. a. folg. fünf Arten von probabilistischen S., die für unterschiedliche Arten von Populationen und Datenerhebungsmethoden geeignet sind:

(1) *einfache Zufallss.* (direkte Zufallsauswahl von Fällen aus der Population, setzt eine vollst. Liste aller Fälle in der Population voraus); (2) *Geschichtete bzw. stratifizierte S.* (separate Zufallsauswahl von Fällen aus merkmalshomogenen Schichten der Population; setzt eine Strukturierung der interessierenden Population in Schichten voraus: z. B. Population eines Landes ist geschichtet nach Bildung); (3) *Klumpens.* (Zufallsauswahl von natürlichen Gruppen von Fällen = Klumpen, die dann jew. vollst. untersucht werden; setzt eine Strukturierung der interessierenden Population in Klumpen voraus: z. B. Population der Studierenden ist geklumpt gemäß ihren Hochschulen); (4) *zwei- oder mehrstufige S.* (S.auswahl, die über zwei oder mehr Ziehungsstufen erfolgt: Bsp. 1: dreistufige Bevölkerungsstichprobe eines Landes: a) Ziehungsstufe: zufallsgesteuerte Gebietsauswahl von Wahlbezirken des Landes, b) Ziehungsstufe: zufallsgesteuerte Adressauswahl von Haushalten in den ausgewählten Wahlbezirken, c) Ziehungsstufe: zufallsgesteuerte Auswahl von Personen in den ausgewählten Haushalten; Bsp. 2: zweistufige Stichprobe aus der Population der Studierenden in Dt.: a) Ziehungsstufe: Zufallsauswahl von Hochschulen aus der Liste aller Hochschulen in Dt., b) Ziehungsstufe: einfache Zufallsauswahl von Studierenden aus dem jew. Immatrikulationsregister der ausgewählten Hochschulen). (5) *Zufallsgesteuerte Telefons.* (S.auswahl für Telefonumfragen, bei der nach einem best. System zufällig Telefonnummern für Festnetz- und/oder Mobilfunkanschlüsse generiert werden).

Bei einer nicht probabilistischen S. erfolgt die Auswahl der Fälle willkürlich (ohne Ansehen der Merkmale der Fälle) und/oder systemat. (gezielt unter Berücksichtigung einzelner Merkmale der Fälle) – in jedem Fall nicht durch *blinden* Zufall, sondern durch aktives Zutun der Forschenden, was zu diversen Verzerrungen führt. Somit ist unbekannt, welche Auswahlwahrscheinlichkeit die einzelnen Fälle der Population haben bzw. in welcher Weise und in welchem Ausmaß die S.zusammensetzung von der Zielpopulation abweicht. Man unterscheidet vor allem vier Arten von nicht probabilistischen S.:

(1) *Gelegenheits-, Ad-hoc-, Anfallss.* (es wird eine günstige Gelegenheit abgepasst, bei der man eine gewisse Zahl von Fällen aus der Population erreichen oder antreffen kann, z. B. Musikfans werden auf einem Musikfestival angesprochen, für die Stichprobe rekrutiert und ggf. gleich vor Ort befragt); (2) *Selbstselektionss.* (ein öffentlicher Teilnahmeaufruf wird z. B. per Zeitungs- oder Internetanzeige verbreitet und die S. setzt sich aus denjenigen zus., die sich für die Studie melden); (3) *Quotens.* (die S. wird willkürlich zus.gestellt, dabei werden einzelne Merkmalsverteilungen vorgegeben, sei es, um die Populationsverhältnisse hinsichtlich dieses Merkmals abzubilden oder eine für die Fragestellung besonders aussagekräftige S. zu erhalten, in der z. B. eine gesellschaftliche Minderheit überproportional vertreten ist; z. B. Quote 50 % Inländer und 50 % Ausländer in der S.). (4) *Schneeballs.* (eine Personens. wird willkürlich zusammengestellt, indem man Personen, die bereits rekrutiert wurden, darum bittet, weitere Personen über ihre sozialen Netzwerke zu rekrutieren; dieses Verfahren kommt v. a. bei schwer zugänglichen Populationen – z. B. Drogenkonsumenten, Angehörige gesellschaftlicher Minoritäten – zum Einsatz).

Nicht probabilistische S. sind in der akademischen Forschung weit verbreitet, dürfen aber niemals den Anspruch erheben, auf die Population generalisierbare Aussagen über deren Merkmalsverteilungen treffen zu können (*Validität, externe*). Wohl aber können mit nicht probabilistischen S. verallgemeinerbare Aussagen über Kausaleffekte getroffen werden. So arbeitet z. B. die psychol. Experimentalforschung i. d. R. mit Gelegenheits- oder Selbstselektionss., die bewusst homogen gehalten werden und relativ klein sind (oft mittlerer zweistelliger Bereich). Boyd & Crawford 2012, Kauermann & Küchenhoff 2010, Schreier 2011, Thompson 2002, Döring & Bortz 2016. *N. Döring*

Stichproben, organisierte (= o. S.) [engl. *organized samples*], **[FSE]**, werden so erstellt, dass sie hinsichtlich mehrerer Merkmale eine gewünschte Zusammensetzung aufweisen. Innerhalb der einzelnen Merkmalsgruppen werden die Elemente der Stichprobe nach dem Zufallsprinzip ausgewählt. Die o.S. unterscheidet sich in ihrer Herstellung von der *Zufallsstichprobe*. *Parallelgruppen*, *Stichprobe*.   *G. Mikula*

Stichprobenbeobachtung [engl. *time-sampling observation*], [**FSE**], zur Feststellung von Verhaltensweisen und Eigenschaften kann es zweckmäßig sein, die Vp über einen langen Zeitraum bei einer best. Arbeit zu beobachten. Dies geschieht in Abständen, z. B. je fünf Min. mit halbstündiger Pause. *Zeitprobentechnik der Beobachtung*.

Stichprobenfehler [engl. *sampling error*], [**FSE**], die Abweichung eines aufgrund einer *Stichprobe* berechneten stat. Kennwertes vom entspr. Wert der *Population*. Die Größe zufälliger Stichprobenfehler nimmt mit steigender Stichprobengröße ab. *Vertrauensintervall*. Eid et al. 2013.

Stichprobenkalkulation [engl. *sample size determination*; lat. *calculus* Rechenstein, Rechnung]; *G*power*, *optimaler Stichprobenumfang*, *Teststärke*.

Stichprobenumfang, optimaler *optimaler Stichprobenumfang*, *G*power*, *Teststärke*.

Stichprobenverteilung (= S.) [engl. *sample distribution*], [**FSE**], zieht man aus einer endlichen *Population* alle möglichen *Stichproben* des Umfangs *n* oder aus einer unendlich großen Population theoretisch unendlich viele Stichproben des Umfangs und bestimmt für jede Stichprobe einen stat. Kennwert (z. B. *arithmetisches Mittel*, *Varianz*), so bez. man die sich ergebende Kennwerteverteilung als S. Eid et al. 2013.

Stichprobenziehung, qualitative *qualitative Fallauswahl*, *qualitative Rekrutierungsverfahren*.

Stickoxydul [engl. *nitrous suboxide*], syn. *Lachgas*; *Distickstoffmonoxid*.

Stieffamilie (= S.) [engl. *stepfamily*; ahd. *stiof* beraubt, hinterblieben, verwaist], [**EW, SOZ**], S. entstehen, wenn mind. ein Elternteil ein leibliches Kind hat, das nicht gleichzeitig leibliches Kind dessen Partners im Haushalt ist. Häufig wird heute der Begriff *Patchwork-Familie* statt der Bez. S. verwendet, da S. mit neg. *Stereotypen* behaftet sind. Insbes. Stiefmütter werden in Märchen (Aschenputtel, Hänsel und Gretel) häufig als feindselig (*Feindseligkeit*) oder vernachlässigend charakterisiert. S. weisen beträchtliche Heterogenität auf. Während lange nur diejenigen *Familien* als S. betrachtet wurden, in denen ein (wiederverheiratetes) Ehepaar mit mind. einem Stiefkind eines Partners zus.lebt, werden heute auch nicht eheliche Lebensgemeinschaften als S. gesehen, sofern einer der Partner ein Stiefkind hat. Darüber hinaus ist zu unterscheiden zw. *primären* S., in denen die Partner mit dem Stiefkind bzw. den Stiefkindern in Haushaltsgemeinschaft zus.leben, und *sekundären* S. (auch «Wochenend-Stieffamilien»), in denen dasjenige Kind, das Stiefkind eines Partners ist, in einem anderen Haushalt lebt (i. d. R. beim anderen leiblichen Elternteil). *Einfache* S. sind Familien, in denen nur ein Partner ein bzw. mehrere Kinder aus einer früheren Verbindung mitgebracht hat. Hierbei kann es sich um eine Familie mit Stiefmutter oder Stiefvater handeln. In *zus.gesetzten* S. haben beide Partner Kinder aus früheren Verbindungen. Als *komplexe* oder *blended* S. werden S. bezeichnet, in denen auch gemeinsame Kinder des Paares geboren wurden. In diesen Familien sind die Kindschafts- und Elternschaftsverhältnisse besonders unterschiedlich bzw. komplex.

In der Vergangenheit sind S. überwiegend nach dem Tod eines Elternteils durch Wiederheirat des hinterbliebenen Elternteils entstanden. Durch den Anstieg von Trennungen und Scheidungen bilden sich S. heute überwiegend nach einer Trennung bzw. Scheidung der leiblichen Eltern, sodass Familienkonstellationen entstehen, in denen die Position eines oder beider Elternteile doppelt besetzt ist. Damit ergeben sich veränderte Anforderungen an die Kooperation in der Elternrolle (*coparenting*). Daten aus dem *Generations and Gender Survey* von 2005 lassen darauf schließen, dass 13,6 % der Haushalte mit minderjährigen Kindern primäre S.haushalte sind und 10,9 % der minderjährigen Kinder in Dt. mit einem Stiefelternteil zus.leben. S.-Haushalte sind nach Kernfamilien (71,5 %) und Ein-Eltern-Familien (14,8 %) die dritthäufigste Familienform. Überwiegend handelt es sich bei den primären S. um Stiefvaterfamilien (68,1 %), da die Kinder nach einer Trennung bzw. Scheidung der Eltern überwiegend bei der leiblichen Mutter verbleiben, während Stiefmutterfamilien (27 %) seltener vertreten sind und zus.gesetzte S. (4,1 %) nur eine Minderheit ausmachen.

Asymmetrien in der Elternschaft, wie sie in S. gegeben sind, finden sich auch in Familien, die durch Samenspende entstanden sind. In der Forschung zu Besonderheiten solcher sog. Inseminationsfamilien werden daher S. häufig als Vergleichsgruppe herangezogen. Unterschiede bestehen allerdings insofern, als die soz. Elternschaft des nicht leiblichen Elternteils in Inseminationsfamilien schon ab Geburt des Kindes gegeben ist und gezielt gewünscht war, während sie in S. i. d. R. erst in einer späteren Entwicklungsphase des Kindes durch die Partnerschaft mit dem leiblichen Elternteil entstanden ist. Insofern ist die soz. Elternrolle in S. in stärkerem Maße auf die Vermittlung durch den leiblichen Elternteil angewiesen.

Besonderheiten von S. werden i. R. unterschiedlicher Theorien diskutiert. Während *soziobiologische Modelle* von einem Vorrang leiblicher Elternschaft hinsichtlich der Investitionsbereitschaft von Eltern in den Nachwuchs ausgehen und das größere Risikopotenzial für Misshandlung und Vernachlässigung durch Stiefeltern betonen, stellt die *These unvollständiger Institutionalisierung* heraus, dass in S. die Verwandtschaftsverhältnisse und *Rollen* weniger klar institutionalisiert sind. *Systemisch-entwicklungsorientierte Ansätze* fokussieren stärker auf die Anforderungen im Zusammenwachsen des komplexen Familiensystems mit unterschiedlicher Familiengeschichte und Vorerfahrung der beiden Partner im Umgang mit dem Stiefkind, verweisen aber auch auf Vorteile von S. gegenüber Ein-Eltern-Familien hinsichtlich der für die Kinder verfügbaren soz. und ökonomischen *Ressourcen*. Insges. spricht die Forschung für allenfalls moderate Nachteile von Stiefkindern gegenüber Kindern in Kernfamilien, wobei die Befundlage in Dt. für geringere Nachteile spricht, als sie in Studien aus den USA aufgezeigt wurden. Booth & Dunn 1994, Steinbach 2008, Walper & Wild 2002.   *S. Walper*

Stigma [engl. *stigma*; gr. στίγμα *(stigma)* Stich, Punkt], Kennzeichen, Merkmal, Wundmal (Stigmatisierung). *Soziopathie, Stigmatisierung durch Psychotherapie*.

Stigmatisierung durch Psychotherapie (= S.) [engl. *stigmatization*], [**KLI**], ein *Stigma* [gr. Brandmal, Stich] ist etwas, wodurch jemand deutlich und meist in neg. Weise gekennzeichnet ist. In der Sozialwiss. steht Stigma für eine Beziehung zw. einer persönlichen *Eigenschaft* und einem Stereotyp. Durch S. werden persönliche Eigenschaften etikettiert. Aufgrund dessen wird die betroffene Person mit unerwünschten Charaktereigenschaften in Verbindung gebracht. Folglich wird ihr als «Fremde» der Zugang zur gesellschaftlichen Mitte verwehrt. Reelle Diskriminierung kann folgen. S. durch Psychoth. ist die S. einer Person aufgrund ihrer bekannt gewordenen psychoth. Behandlung. Kult. Grundlage für die S. sind weitverbreitete falsche Annahmen wie: Psych. Störungen seien unheilbar, die bloße Konsultation eines Psychiaters oder Psychotherapeuten spreche für ernste Zweifel an der Gesundheit oder psych. Störungen wurzelten in moralischen Verfehlungen. Vorurteile werden durch die verzerrte Darstellung von Psychotherapeuten und Psychiatern in den Medien und durch mangelndes Wissen in der Bevölkerung gestärkt. Vermutlich verhindert Angst vor S. oder Selbsts. in vielen Fällen die angemessene Inanspruchnahme psychoth. Behandlung. Link & Phelan 2001.

G. Schmid-Ott/S. Stock Gissendanner/D. Böhm

stilb [engl. *stilb*; gr. στίλβειν *(stilbein)* glänzen], [**WA**], Abk. sb, Einheit für Leuchtdichte. *lichttechnische Maße*.

Stillen unter Psychopharmakotherapie *Schwangerschaft und Stillzeit, Psychopharmakotherapie*.

Stilling'sche Tafeln [engl. *Stilling's pseudo-isochromatic plates*], *pseudoisochromatische Tafeln*.

Stimmstörung (= S.) [engl. *dysphonia, voice disorder*], [**BIO, KOG**], Dysphonie (Missklang der Stimme), Heiserkeit, belegte Stimme u. a. kann organisch bedingt sein durch Tumore, Entzündungen und Missbildungen des Kehlkopfes, auch durch Muskelerkrankungen, zentrale und periphere Lähmungen der Kehlkopfnerven (Stimmbandlähmung). Viel diskutierte angeborene S. bei Chromosomenaberration, *Cri-du-chat*-Syndrom (Katzenschrei), verbunden mit geistiger Entwicklungsstörung. Funktionell bedingte Dysphonie kann durch versch. Fehler der Stimm- und Atemtechnik (Phonoponose) oder psychogen verursacht sein. Zur Therapie der funktionellen S. gehören Regulierung der Stimm- und Atemtechnik. Taschenfaltenstimme entweder bei falscher Stimmtechnik oder grober anatomischer Veränderung an den Stimmlippen. Spastische Dysphonie, seltene Form der S., vorwiegend bei zentralnervöser Dysfunktion (*Nervensystem*). Aphonie = Stimmlosigkeit bei Verlust des Kehlkopfes oder schwersten anatomischen Veränderungen. Ersatzstimme ist erlernbar: Ösophagus-, Ructus-, Rülpsstimme. Auch Einsatz von elektrischen Sprechgeräten ist möglich. Funktionelle Aphonie ist meist psychogen bedingt und heilbar (*Logopädie*, Stimm- und Spracharzt). Böhme 1974, Luchsinger & Arnold 1959, 1970.

Stimmung (= S.) [engl. *mood*], [**EM, KOG**], S. sind *Gefühle*, die als entweder angenehm oder unangenehm erlebt werden (*affektives Gefühl*). Sie unterscheiden sich von *Emotionen*, insofern das Objekt des affektiven *Erlebens* bei S. nicht notwendigerweise bekannt sein muss, während dies bei Emotionen immer der Fall ist. Außerdem werden in Abhebung zu Emotionen mit S. eher länger andauernde Gefühlszustände geringerer Intensität bez. Während Emotionen meist durch kogn. und evaluative Prozesse (*Kognition, appraisal*) ausgelöst werden, können S. auch die Folge von physiol. Prozessen (*Physiologie*) sein. Dem *Core Affect Modell* (Russell 2003) zufolge gehen Stimmungen und Emotionen mit ähnlichen rudimentären Gefühlen einher, die lediglich durch zusätzliche und hiervon unabhängige kogn. Prozesse differenziert werden. Auf der Grundlage dieses Modells können sich S. und Emotionen auch wechselseitig beeinflussen.

Das stärkste Forschungsinteresse galt bisher dem Einfluss von S. auf kogn. Prozesse und Inhalte. Hierzu wurden im Wesentlichen drei Ansätze formuliert: I. R. des Netzwerkmodells von Gordon Bower (1981) werden S. als Knoten im *semantischen Netzwerk* aufgefasst, die benachbarte Inhalte aktivieren können. Dementsprechend sollten Inhalte, die in pos. S. gelernt wurden, unter pos. S. leichter abrufbar sein als unter neg. S. (*mood state dependent memory*). Außerdem sollten in pos. S. eher pos. Inhalte erinnert werden und in neg. S. neg. Inhalte (*mood congruency*). Während der *Mood-Congruency*-Ansatz inzw. als empir. gut belegt gelten kann, gibt es wenig *Evidenz* für den Ansatz des *mood state dependent memory*.

I. R. des *Stimmung-als-Information-Modells* von Schwarz & Clore (1983) wird angenommen, dass S. als Information bei der Generierung von *Urteilen* herangezogen werden. Auch hier kann die pos. S. zu positiveren Urteilen und neg. S. zu negativeren Urteilen über den Urteilsgegenstand führen. Wird jedoch erkannt, dass die S. nicht durch den Urteilsgegenstand selbst, sondern durch einen hierfür irrelevanten Faktor ausgelöst wurde (*Attribuierung*), wird sie nicht länger als Urteilsgrundlage herangezogen. Dementsprechend aktivieren S. nicht unmittelbar kongruente kogn. Inhalte im *Gedächtnis*, sondern Schlussfolgerungsprozesse vermitteln zw. S. und kogn. Inhalt. Zahlreiche Untersuchungen belegen das *Stimmung-als-Information-Modell*.

Schließlich werden nicht nur die Inhalte, sondern auch die Prozesse der *Informationsverarbeitung* durch S. beeinflusst. Schwarz & Bless (1991) haben hierzu ein Modell formuliert, wonach neg. S. dem Individuum Probleme in der Umwelt signalisieren und pos. S. anzeigen, dass die Umwelt in Ordnung ist. Dementsprechend führt pos. S. zu einer oberflächlicheren und neg. S. zu einer analytischeren Form der Informationsverarbeitung. Dieser Ansatz wird durch zahlreiche Befunde empirisch gestützt. Ganten & Pfaff 1988, Schwarz 2011. *R. Neumann*

Stimmung-als-Information-Modell [engl. *mood-as-information model*], *Stimmung*.

Stimmungsinduktion [engl. *mood induction*; lat. *inducere* einführen, veranlassen], *Emotionsinduktion*.

Stimmungskongruenz [engl. *mood congruence*; lat. *congruere* überienstimmen], *Stimmungs-Verhaltens-Modell*.

Stimmungsregulation [engl. *mood regulation*; lat. *regula* Maßstab, Regel], *Mood-Management-Theorie*.

Stimmungsstabilisierer (= S.) [engl. *mood stabilizer*; lat. *stabilis* standhaft], **[PHA]**, Klasse von Pharmaka mit rezidivprophylaktischer Wirkung bei *bipolaren Störungen*. Ebenso Einsatz zur Behandlung manischer *Syndrome* (*Manie*). Hauptvertreter der S. sind *Lithium(-salze)*, deren antimanische Wirkung erstmals von Cade 1949 beschrieben wurde. Daneben finden Präparate aus der Gruppe der *Antikonvulsiva* (u. a. *Carbamazepin*, *Valproinsäure* oder *Lamotrigin*) ihren Einsatz und seit einigen Jahren werden atypische *Antipsychotika* (AAP) bzw. Zweitgenerationsantipsychotika zur Rezidivprophylaxe manischer bzw. *depressiver Episoden* i. R. bipolarer Störungen eingesetzt. Benkert & Hippius 2013. *M. Paulzen*

Stimmungsübertragung (= S.) [engl. *mood transfer*], **[EM, KOG]**, (biol.) Übertragung bzw. Auslösung einer *Handlungsbereitschaft* durch «ansteckende» Verhaltensäußerungen. So kann durch Verhaltensäußerungen einzelner Tiere das Verhalten einer ganzen Gruppe beeinflusst werden: In Abflugstimmung befindliche Graugänse z. B. beginnen umherzuwandern, schütteln den Kopf bei gestrecktem Hals und rufen, bis der gesamte Schwarm hiervon ergriffen wird und gemeinsam auffliegt. S. durch Rufäußerungen ist auch beim Sich-Niederlassen großer Vogelschwärme zu beobachten. S. wird in der *Ethologie* auch für den Zusammenhalt von Vogel- sowie Fischschwärmen verantwortlich gemacht. Ferner: Isolierte Hühner, die sich satt gegessen haben, fangen sofort wieder an, wenn sie andere picken sehen. Erklärt werden diese Reaktionen durch Wiederauslösung unterschwelliger Handlungsbereitschaft. Auch das menschliche Gähnen kann als eine (schläfrig machende) S. interpretiert werden. Eibl-Eibesfeldt 1967, Tinbergen 1951. *C. Becker-Carus*

Stimmungs-Verhaltens-Modell (= M.) [engl. *mood-behavior model*, MBM], **[EM, KOG]**, das M. erklärt über zwei Prozesse, wie *Stimmungen* (z. B. Deprimiertheit, Euphorie) den *Motivation*sprozess und das Handeln beeinflussen. Zum einen wird ein *direktiver* Stimmungseinfluss angenommen, der sich auf die Richtung von Verhalten bezieht. Intensive und saliente Stimmungen sollen ein hedonisches (*Hedonismus*) *Motiv* stärken und so das Interesse an Handlungen intensivieren, die Wohlbefinden versprechen. Zum anderen können Stimmungen einen *informationalen* Einfluss haben: Stimmungen können als Information für handlungsbezogene Urteile und Bewertungen genutzt werden (z. B. «Habe ich schon genug getan?», «Wie schwierig ist diese Aufgabe?») und somit über *Kongruenzeffekte* (*Stimmungskongruenz*) auf diese Urteile den generellen Anforderungseindruck beeinflussen. Der informationale Stimmungseinfluss betrifft die Intensität und Dauer von Handlungen und ist daher relevant für Stimmungseffekte auf die Ressourcenmobilisierung zur Handlungsausführung. Zahlreiche Studien zu manipulierten Stimmungen und dispositionellen Stimmungsunterschieden (z. B. Depressivität) haben die Modellvorhersagen zum *direktiven* und *informationalen* Einfluss von Stimmungen auf Verhalten gestützt. Sie zeigen, dass (1) Stimmungen an sich keine anstrengungsmobilisierende Funktion haben, (2) stimmungskongruente Anforderungsbewertungen die mobilisierte *Anstrengung* bei Handlungen beeinflussen und (3) leistungskontingente Anreize hierbei die Höhe max. gerechtfertigter Anstrengung festlegen. *Handlungsregulation*. Gendolla 2003, Gendolla et al. 2012.
G. H.E. Gendolla/K. Brinkmann/M. Richter

Stimulanzien [engl. *stimulants*; lat. *stimulare* anspornen], syn. *Psychostimulanzien*, *Psychoanaleptika*.

Stimulation, sensorische [engl. *sensoric stimulation*; lat. *sentire* fühlen, *stimulare* anspornen], Reizung einer Sinneszelle. *Stimulus*.

Stimulus (= S.) [engl. *stimulus*; lat. *stimulus* Treibstachel, Reiz], **[KOG]**, *Reiz*, der eine Klasse von *Verhalten*sweisen auslöst oder in Gang bringt. In der *S-R-Theorie* jede Umweltbedingung für ein Verhalten (S), zu der die afferente Stimulusspur (s) gehört sowie propriozeptive (von Körperzuständen ausgehende) Impulse. Es sind distale S. (entfernte Bedingungen für S.) von proximalen S. (am Rezeptor wirksame Bedingungen) zu unterscheiden. Da die Wirksamkeit der S. von Zuständen des Organismus abhängt, wird das von der S-R-Theorie angestrebte Ziel, die S. als unabhängige Variable einzusetzen, oft nicht erreicht. S-Äquivalenz = Auslösewirkungen von physikal. unterschiedlichen S. Vom Vl gesetzte S. = nominale S. (situationale, *Spence*). Wirksame S. = funktionale S. (effektive, *Hull*).

stimulus addicts [engl.] *Reizsüchtige*.

Stimuluseigenschaften (= S.) [engl. *stimulus characteristics*], **[KOG, WA]**, *Stimulus*; (1) primäre S.: die sensorische Qualität und Quantität (empfindungsnah) eines Reizes; (2) sekundäre S.: Gestaltqualitäten wie Gliedhaftigkeit in einer Melodie; (3) tertiäre S. *Tertiärqualitäten*.

Stimulusgeneralisierung [engl. *stimulus generalization*; lat. *generalis* allgemein], *Angst*, *Zwei-Prozess-Theorie*, *bedingter Reflex*, *bedingte Reaktion*, *Generalisierungsgradient*.

Stimuluskontrolle (= S.) [engl. *stimulus control*], **[KLI, KOG]**, nach den Grundlagen der modernen Verhaltenstheorie ist menschliches *Verhalten* ganz eng mit situationalen Bedingungen verknüpft (*Verhaltensgleichung* nach Kanfer). I. R. der S. wird versucht, die für ein (erwünschtes) Verhalten relevanten Situationen so zu verändern, dass die zukünftige *Wahrscheinlichkeit* für dieses Verhaltens erhöht wird. Im Prinzip kann auch die Person selbst Bedingungen schaffen, die zukünftiges Verhalten entspr. beeinflussen (z. B. Kauf von Wanderschuhen, Vereinbarung einer Wanderung mit Freunden). Entscheidend bei S. ist also, dass eine weitgehend automatisierte Verhaltenskette unterbrochen und durch ein neues Arrangement von situativen Bedingungen die Wahrscheinlichkeit für das Zielverhalten erhöht wird. Dieses Prinzip gilt natürlich auch für den umgekehrten Fall, dass nämlich die Wahrscheinlichkeit für unerwünschtes Verhalten durch eine Einschränkung situativer Bedingungen reduziert wird (z. B. Rauchen). Für den Einsatz von S. gibt es mehrere Möglichkeiten: (1) Ausweiten und Beschränken von Bedingungen, z. B. die Erleichterung von Verhalten durch Bedingungen, die die Wahrscheinlichkeit erhöhen bzw. reduzieren; (2)

Kontrakte und verbale (oder schriftliche) Vereinbarungen (*contract management*), (3) Steuerung des Verhaltens durch verbale Stimuli, z. B. durch *Selbstinstruktion*. Falls S. i. R. externer Steuerung realisiert wird, ist es unabdingbar, dies in Richtung der mit dem Pat. vereinbarten Ziele und unter max. Transparenz durchzuführen. Bes. sinnvoll ist es, die Kontrolle – spez. gegen Ende des *therapeutischen Prozesses* – schrittweise und vermehrt an den Pat. zu übergeben, damit eine entspr. Stabilisierung des Verhaltens unter den Bedingungen der natürlichen Umgebung erfolgen kann. Kanfer et al. 2012. H. Reinecker

Stimulus-Mehrdeutigkeit [engl. *stimulus ambiguity*], *Management-Diagnostik*.

stimulus-onset asynchrony (SOA) [engl.] «zeitversetzter Reizeinsatz», [**KOG**], bez. die Zeit vom Beginn oder Onset eines ersten Reizes bis zum Beginn oder Onset eines zweiten Reizes, unabhängig davon, ob zw. den beiden Reizen eine Pause liegt (vgl. *Interstimulusintervall (ISI)*) oder ob die beiden Reize teilweise gleichzeitig präsentiert werden. *Stroop-Verfahren*, *Priming*. C. Bermeitinger

Stimulus-Response-Schema [engl. *stimulus* Reiz, *response* Reaktion], *Behaviorismus*.

Stimulus-Response- und Stimulus-Organism-Response-Modelle (= SR/SOR) [engl.] Reiz-Reaktions-/ Reiz-Organismus-Reaktionsmodell, [**KOG, MD**], als SR bezeichnet die Medienwirkungsforschung Konzepte aus der Frühphase der Medienwirkungsforschung zu Beginn des 20. Jhd., die zumeist von linearen Wirkungen von Medieninhalten ausgehen. Die häufig monokausale Wirkungsannahme geht von einer direkten Übertragung von Bedeutungen vom Sender auf den Empfänger aus, was diesen Ansätzen in der Folge auch die Bezeichnungen *Bullet Theories*, *Transmission Belt Models* oder *Hypodermic Needle Models* einbrachte. Dieses «Beschießen» eines Rezipienten mit den Absichten eines Kommunikators findet in der Diskussion der 1920er-Jahre vor allem vor dem Hintergrund der Erfahrungen des Ersten Weltkrieges und der hiermit einhergehenden nachrichtendienstlichen Kriegsführung Beachtung. Diese frühe Propagandaforschung stützt sich allerdings nicht auf empirische Ergebnisse, sondern formuliert allg. Annahmen zur Beeinflussbarkeit der menschlichen *Persönlichkeit* im Umfeld der *Massenpsychologie* sowie des frühen *Behaviorismus*. Durch H. D. Lasswell (1927) findet eine systematische Analyse der Propagandatechniken des Ersten Weltkrieges statt, allerdings generiert Lasswell selbst nur Wirkungshypothesen, die er aus der Analyse des Propagandamaterials ableitet. Ebenfalls in den 1920er-Jahren erscheint R. S. Woodworths Einführungswerk in die Ps., das lineare SR vor dem Hintergrund neobehavioristische Ansätze (*Neo-Behaviorismus*) hinterfragt und den menschlichen Organismus als Mediator integriert (SOR). Die Integration des Mediennutzers in die SR vollzieht sich in der Folge bis in die späten 1940er-Jahre. Als wichtige Vertreter einer empirischen SOR-basierten Medienforschung gelten P. F. Lazarsfelds und H. Herzogs Untersuchungen i. R. des *Radio-Projekts* zur Wirkung des neuen Mediums Hörfunk sowie C. I. Hovlands *Yale-Ansatz zur Einstellungsänderung* zur Erfassung der Wirkung persuasiver Kommunikationsangebote (*Einstellungsänderung*). Bussemer 2003. T. Meitz

stimulus sampling theory, SST [engl.] Reiz-Stichproben-Theorie. *mathematische Lerntheorien*.

Stirnlappen [engl. *frontal lobe*; lat. *lobus frontalis*] *Gehirn*.

Stochastik [engl. *stochastics*; gr. στόχος (*stochos*) Mutmaßung, Vermutung], [**FSE**], die an der *Wahrscheinlichkeit* orientierte, somit auf das «Gesetz der großen Zahl» gründende Betrachtung empir. Sachverhalte, die vom Zufall abhängig sind. *Statistik*.

stochastischer Prozess (= s. P.) [engl. *stochastic process*], [**FSE**], *Stochastik*; ein Prozess, in dem die Abfolge der einzelnen (ein- oder mehrdimensionalen) Ereignisse mehr oder minder vom *Zufall* abhängt. Als s. P. können zahlreiche physikal. und biol. Prozesse beschrieben werden, z. B. der radioaktive Zerfall, Schwankungen der Tagestemperatur und auch ps. Prozesse wie z. B. Lernverläufe. Für die Beschreibung der in s. P. vorhandenen Gesetzmäßigkeiten wurde ein umfangreiches Inventar wahrscheinlichkeitstheoretischer Methoden entwickelt. Ein s. P. ist *ergodisch*, wenn die für seinen Verlauf geltenden Wahrscheinlichkeitsgesetze konstant bleiben. *Markoff-Prozess*. D. Dörner

stoffungebundene Suchterkrankungen [engl. *non-substance related disorders*], *Verhaltenssucht*.

Stoffwechsel [engl. *metabolism*], [**BIO**], die Umsetzung der Nährstoffe in körpereigene Substanz, Energie und Abfallprodukte durch biochemische Reaktionen.

Stoffwechselhormone [engl. *metabolic hormones*], [**BIO**], *Hormone* oder hormonartige Substanzen, die Stoffwechselvorgänge regulieren oder beeinflussen.

Stolz [engl. *pride*], *Emotionen, sekundäre*.

Störbarkeit, [**BIO, KLI, PER**], Bez. für die inter- und intraindividuellen Unterschiede sowie das Ausmaß, mit dem auf Störungen in den psych. Abläufen, Funktionen usw. reagiert wird (unterschiedliche Ursachen wie z. B. Läsionen, pathologische Prozesse, *Psychopharmaka*, Blockbildung). *Interferenz*, *Signaldetektionstheorie*.

Störfaktor [engl. *disruptive factor*], *Störbarkeit*, *Störvariablen*.

Storge [gr. στοργή (*storge*) Liebe, Zuneigung], syn. engl. *familial love*, [**EM, SOZ**], sich langsam entwickelnde freundschaftliche Form der Liebe, bei der gemeinsame Interessen im Vordergrund stehen. *Liebesstile*.

Storming [engl.] «einen Sturm entfachen», *Gruppenentwicklung*.

Störung [engl. *disorder*]; *Psychische Störung*.

Störungen des Antriebs und Affekts [engl. *affective disorders*], [**BIO, KLI**], Beeinträchtigungen des affektiv-motivationalen Zustandes (*Emotionen*, *Motivation*) finden sich im Kontext neurologischer Erkrankungen häufig und beeinflussen in großem Maße den Rehabilitationserfolg (*Rehabilitation*) der Betroffenen. Störungen des *Antriebs* in Form von *Apathie* oder Hypobulie äußern sich i. d. R. durch eine verminderte emotionale Ansprechbarkeit, Beeinträchtigungen im Bereich des Entscheidens und zielgerichteten Handelns. Häufige affektive Symptome (*Affektivität*) nach *Hirnschädigung* stellen Angst, Gereiztheit/

Aggressivität, *Depressivität* sowie Euphorie dar. Hermann & Lautenbacher 2009. *M. Friedrich/S. Lautenbacher*

Störungen des Sozialverhaltens (= SSV.) [engl. *conduct disorders*], **[KLI]**, werden zu den externalisierenden Störungen gezählt. Das Erscheinungsbild dieser Störung ist durch ein wiederholt auftretendes und andauerndes Muster von aggressiven, dissozialen oder aufsässigen Verhaltensweisen gekennzeichnet, die Grundrechte anderer sowie altersentsprechende soziale Erwartungen, Normen und Regeln verletzen. Starke Wutausbrüche, Ungehorsam, absichtliche Zerstörung des Eigentums anderer oder körperl. Grausamkeiten gegenüber anderen Menschen sind Bsp. für aggressives Verhalten i. R. der SSV. Zu *delinquenten* Handlungen, deren alleiniges Vorliegen die Diagnose nicht rechtfertigt, zählen u. a. das Stehlen von Wertgegenständen, Brandstiftung oder der Einbruch in Häuser, Gebäude und Autos.

Ätiologie: Aggressives Verhalten (= aggr. V.) *Aggression, klinische Perspektive*) entsteht durch Zusammenwirken einer genetischen *Disposition* und ungünstigen Umwelteinflüssen. Frühe Risikofaktoren stellen pränatale Komplikationen, psych. Belastung der Mutter während der Schwangerschaft sowie peri- und neonatale Schwierigkeiten dar. Ein schwieriges *Temperament*, Regulationsstörungen im ersten Lebensjahr, die sich u. a. in excessivem Schreien äußern können, und Störungen im *Bindungsverhalten* bahnen den Weg für aggr. V. Liegt eine allg. Überforderung aufseiten der Eltern vor, z. B. durch eigene psych. Störungen, können die Herausforderungen in der Kindererziehung, wie den Kindern zu helfen, ihre Gefühle adäquat zu regulieren, nicht gut bewältigt werden. In solchen Fällen können die Eltern die Kinder nicht gut unterstützen, eine angemessene *Emotionsregulation* zu erlernen, was später den Erwerb von adäquatem *Sozialverhalten* erschwert. Dem Erziehungsverhalten der Eltern kommt bei der Entstehung einer aggr. Symptomatik eine wichtige Bedeutung zu. Erziehungsmethoden, die sich durch wenig pos. emot. Rückmeldungen, harsche Disziplinierungen bis hin zur körperlicher Misshandlung auszeichnen, begünstigen aggr. V. Aber auch ein vernachlässigendes oder ein inkonsistentes Verhalten gegenüber den Kindern, gelten als Risikofaktoren. Befunde zeigen, dass rezeptive und expressive *Sprachstörungen* bei Jungen im Alter von fünf Jahren in Zshg. mit aggr. V. in der *Adoleszenz* stehen. Es wird vermutet, dass diese sprachlichen Defizite nicht direkt auf aggr. V. wirken, sondern schulische Misserfolge provozieren und ein neg. *Selbstbild* entstehen lassen, das seinerseits die Symptomatik unmittelbar beeinflusst. Schlechte schulische Leistungen und defizitäre *soziale Kompetenzen* können dazu führen, dass sich betroffene, vor allem männliche Jugendliche an Gleichaltrigen orientieren, die delinquentes und aggr. Verhalten pos. verstärken.

Klassifikation: Im *DSM-5* kann eine SSV. vergeben werden, wenn mind. drei von 15 symptomatischen Verhaltensweisen aus den Bereichen (1) *Aggr. V. gegen Menschen und Tiere* (z. B. bedroht oder schüchtert andere ein; beginnt häufig Schlägerei), (2) *Zerstörung von Eigentum* (z. B. beging vorsätzliche Brandstiftung mit der Absicht, schweren Schaden zu verursachen), (3) *Betrug und Diebstahl* (z. B. brach in fremde Wohnungen, Gebäude oder Autos ein) und/oder (4) *Schwere Regelverstöße* (z. B. schwänzt schon vor dem Alter von 13 Jahren häufig die Schule) in den vergangenen 12 Monaten gezeigt wurden, wobei ein Verhalten in den letzten sechs Monaten aufgetreten sein muss. *ICD-10* und *DSM-5* unterscheiden sich nur geringfügig in den Symptomkriterien. In der Einordnung der Symptomatik findet sich aber eine bedeutsame Abweichung. Im *DSM-5* wird eine separate Diagnose für aufsässiges und oppositionelles Verhalten definiert: die *Störung mit Oppositionellem Trotzverhalten*. Diese wird zwar als häufige Vorläuferstörung der SSV. verstanden, aber unabhängig von diesen kodiert. In der *ICD-10* wird die oppositionell-wütende Symptomatik hingegen als eine mildere Form der SSV. aufgefasst und entspr. als ein Subtypus als *Störungen des Sozialverhaltens mit oppositionellem, aufsässigen Verhalten* diagnostiziert. Das *DSM-5* gestattet es jedoch, gleichzeitig die Diagnosen *Störung mit oppositionellem Trotzverhalten* und SSV. zu vergeben. In der *ICD-10* werden insges. sechs symptomatische Subtypen an SSV. differenziert. Die Unterscheidung dieser Typen erfolgt anhand des Kontextes des Auftretens (generalisiert vs. auf den familiären Kontext beschränkt), der sozialen Bindungen (fehlend vs. vorhanden) oder der Schwere des Verhaltens (oppositionell-aufsässig vs. aggressiv-dissozial) (*Klassifikation psychischer Störungen*, s. Anhang I, F91/92).

Prävalenz und Verlauf: Die Einjahresprävalenz wird auf 2 bis zu 10 % für eine SSV. nach DSM-5 geschätzt. Die Prävalenzraten steigen von der Kindheit bis ins Jugendalter an. Geschlechtsunterschiede in der Häufigkeit treten erst mit zunehmendem Alter in Erscheinung. Es kann von einem Geschlechtsverhältnis von Jungen und Mädchen von 2 zu 1 ausgegangen werden. Im DSM-5 als auch in der ICD-10 sind Unterteilungen der Diagnose SSV. vorgenommen worden, um empirischen Befunden Rechnung zu tragen, die zeigen, dass betroffene Kinder und Jugendliche hinsichtlich Verlauf und Prognose beachtlich divergieren können. Aggr. V. gilt als äußerst stabil und belastet die familiären und sozialen Beziehungen sowie die psych. Gesundheit der Betroffenen massiv. Dennoch variiert das Ausmaß in Abhängigkeit versch. Merkmale. Das DSM-5 unterteilt deshalb die Gruppe der Störung des Sozialverhaltens anhand der drei Merkmale *Störungsbeginn in Kindheit oder Jugend*, *Schweregrad* und *Mangel an prosozialen Emotionen*, um so eine präzisere Prognose aus der Diagnose ableiten zu können. Tritt ein Symptom der SSV. bereits vor dem zehnten Lebensjahr auf, wird von einem Beginn in der Kindheit gesprochen – andernfalls von einem Beginn in der Jugend. Wenn einzelne aggr. Symptome seit der Kindheit vorliegen, ist die Wahrscheinlichkeit erhöht, dass die Störung einen ungünstigen, chronischen Verlauf nimmt. Bei dieser Gruppe treten körperliche Aggressionen, *Drogenmissbrauch* und kriminelles Verhalten stärker auf. Das Risiko, eine *Antisoziale Persönlichkeitsstörung* zu entwickeln, ist in dieser Gruppe im Vgl. zu einem Störungsbeginn in der Adoleszenz deutlich erhöht. Mit dem letzten Merkmal *Mangel an prosozialen Emotionen*

im DSM-5 wurden Studienergebnisse berücksichtigt, die den Zshg. der SSV. mit dem Konzept der *Psychopathie* bzw. den kühl-unemotionalen Persönlichkeitsmerkmalen (*callous unemotional traits*, CU-Traits) herausstellten (Stadler 2014). Auch komorbide Störungen, bes. die *Aufmerksamkeitsdefizit-Hyperaktivitätsstörung*, beeinflussen den Verlauf der SSV. Ein gemeinsames Auftreten beider Störungen stabilisiert und fördert aggr. und delinquentes Verhalten.
Diagnostik: Die Diagnose einer SSV. sollte sich auf eine umfangreiche Datengrundlage stützen, die durch den Einsatz multipler Methoden und durch die Befragung der Betroffenen, der Erziehungsberechtigten und der Lehrkräfte gewonnen wird. Zur Abklärung der psychiatrischen Diagnosen nach ICD und DSM bieten sich strukturierte *klinische Interviews* an, die mit dem betroffenen Jugendlichen und den Eltern durchgeführt werden. Hinzuzuziehen sind psychometrische Fragebögen, anhand derer die Schwere der Störung eingeschätzt werden kann. Wichtige Erkenntnisse können auch der *Verhaltensbeobachtung* entnommen werden. Insbes. die Beobachtung der Interaktion zw. den Eltern und dem Kind bzw. Jugendlichen können Hinweise auf den typischen familiären Umgang miteinander und auf Prozesse der *Verstärkung* liefern. In der *Anamnese* sind u. a. auf Indikatoren von körperlicher Misshandlung, *sexuellem Missbrauch*, elterlicher *Psychopathologie* zu achten sowie der *Erziehungsstil* zu erheben. Für die Therapie sind weitere diagn. Informationen von Bedeutung, die ebenfalls multimodal erhoben werden sollten. So können erst verlässliche Auskünfte gewonnen werden, welche aggr. V.weisen wie intensiv und in welchen Situationen (und in welchen nicht) gezeigt und aufrechterhalten werden. Unverzichtbar für eine effektive Therapie sind Kenntnisse von indiv., veränderbaren wie stabilen, Risiko- und *Schutzfaktoren* des Kindes und der psychosozialen Umwelt. Bspw. muss abgeklärt werden, ob die Eltern psych. stabil genug sind, um die Behandlung des Kindes aktiv unterstützen zu können. Auf Ressourcenseite (*Ressourcenorientierung*) ist es ferner relevant abzuklären, in welchem Ausmaß pos. Beziehungen zu Familienmitgliedern und Gleichaltrigen bestehen. Hieraus können Ableitungen direkt getroffen werden, wie defizitär entwickelt die sozialen Kompetenzen sind und wie stark diese gefördert werden müssen. Diagn. Instrumente, die zur Erfassung von Aspekten des Sozialverhaltens eingesetzt werden, sind im Verzeichnis diagn. Verfahren im Index aufgeführt.
D. Nitkowski/F. Petermann

Störungen des Sozialverhaltens, Psychopharmakotherapie [engl. *conduct disorders, psychopharmacotherapy*], [KLI, PHA], medikamentöse Therapie hat einen nachrangigen Stellenwert in der Behandlung der *Störungen des Sozialverhaltens* (= SSV.). Sollte ein Einsatz von Psychopharmaka erwogen werden, ist zu bedenken, dass eine psychopharmakol. Therapie nur impulsiv-aggressive Symptome abbauen. Eine instrumentell eingesetzte Aggression lässt sich bislang nicht erfolgreich mit Medikamenten behandeln. Atypische *Antipsychotika*, *Stimmungsstabilisierer* und *Psychostimulanzien* werden eingesetzt, um Aggressivität zu behandeln. Unter den atypischen Antipsychotika ließ sich für *Risperidon* eine hohe Wirksamkeit nachweisen. Diese Substanz ist zugelassen für die «symptomatische Kurzzeitbehandlung (bis zu 6 Wochen) von anhaltender Aggression bei Verhaltensstörung bei Kindern im Alter ab 5 Jahren». Im Vgl. hierzu erzielen *Lithium* und *Valproinsäure* als Phasenprophylaktika nur kleine *Effektstärken*. Für den Fall der Behandlung der Komorbidität mit *Aufmerksamkeitsdefizit-Hyperaktivitätsstörung* hat sich als Psychostimulanz *Methylphenidat* sehr gut bewährt. Insges. gelten die Medikamente als relativ gut verträglich.
D. Nitkowski/F. Petermann

Störungen des Sozialverhaltens, Psychotherapie [engl. *conduct disorders, psychotherapy*], [KLI], i. R. *verhaltenstherapeutischer* Programmen werden Problemlöse- (*Problemlösen*) und soziale Fertigkeiten (*soziale Kompetenzen*) vermittelt, wodurch sich das eingeschränkte Verhaltensrepertoire bei *Störungen des Sozialverhaltens* (SSV.) erweitert (Petermann & Petermann 2012). Defizite in der Wutbewältigung, Antizipation von Handlungskonsequenzen und Situationswahrnehmung werden verbessert, indem u. a. die Wahrnehmung geschult, Einfühlungsvermögen, kooperatives Handeln und eine angemessene Selbstbehauptung eingeübt werden. Kinder lernen zw.menschliche Situationen besser zu verstehen und Konflikte adäquat zu bewältigen. Bei jüngeren Kindern (bis 8 Jahren) sind die *Elterntrainings* zentral. Diese basieren auf der Annahme, dass Eltern durch ihr unangemessenes Erziehungsverhalten beachtlich dazu beitragen, dass sich eine aggressive Störung entwickelt und stabilisiert. Ziel ist es, ein Verhalten aufseiten der Eltern aufzubauen, das in der Familie pos. Interaktionsmuster mit den eigenen Kindern ermöglicht (*Interaktionsstörungen*). In den Trainings werden die Eltern über das aggressive Verhalten und Bedingungen aufgeklärt, die es aufrechterhalten. Es wird ein wertschätzend-positiver, aber auch konsequenter Umgang mit ihren Kindern gefördert. Die *Effektivität* der Elterntrainings hängt sehr stark von der psych. Verfassung der Eltern und deren Motivation ab. Die höchste Intensitätsstufe repräsentiert die *multisystemische Therapie*, die für Jugendliche mit schweren SSV. konzipiert wurde (Henggeler et al. 2012). Bei dieser Herangehensweise wird berücksichtigt, dass das aggressive Verhalten in Wechselwirkung mit mehreren Bereichen (Familie, Eltern, Freundeskreis, Schule etc.) steht. Der Ansatz zielt daher nicht allein auf den Betroffenen alleine, sondern bezieht das soziale Umfeld mit ein. Entspr. werden individuums-, eltern- und familienzentrierte Therapien integriert und weitere Maßnahmen, wie *Paartherapie*, angeboten. Die Interventionen finden wöchentlich innerhalb der Familie statt. Die multisystemische Therapie ist als *Fallmanagement* zu verstehen, in dem der Therapeut mit den Familien und weiteren relevanten Personen Therapieziele aufstellt und die Umsetzung in den versch. Lebensbereichen unterstützt. Die Kontakte finden hochfrequent statt – bis zu 15 Std. pro Woche – über einen Zeitraum von vier bis fünf Monaten. Trotz der Kürze hat sich die Maßnahme als sehr wirksam erwiesen, die familiäre Funktionsfähigkeit zu bessern und aggressives Verhalten abzubauen. Insges. sollte die Therapie der SSV. multimodal erfolgen. Eltern- und kindzentrierte Therapien sind kombiniert zu realisieren. Im Falle schwer ausgeprägter Störungen muss das Behandlungskonzept um weitere Therapieangebote ergänzt werden, hierzu zählen auch päd. Maßnahmen und Pharmakotherapie (*Störungen des Sozialverhaltens, Psychopharmakotherapie*). Am geringsten von den Maßnahmen zu profitieren scheinen Betroffene, die eine SSV. mit ausgeprägten *psychopathischen* Merkmalen aufweisen. *D. Nitkowski/F. Petermann*

Störungsanalyse *Bedingungsanalyse*.

Störungsexperimente, Störexperimente, [**FSE, WA**], wahrnehmungspsychol. *Experimente*, in denen die *Wahrnehmung* durch eine «Störung» verändert wird, z. B. durch eine Umkehrbrille (Vertauschung von oben-unten, rechts-links), eine Farbbrille, Keilprismen. Typischerweise finden sich in diesen Exp. eine *Adaptation* an die Störung und, wenn die Störung entfernt wird, ein *Nacheffekt*. Die Exp. dienen der Untersuchung der *Plastizität* der Wahrnehmung; z. T. wird die Anpassung an die Störung auch als analog zur Entwicklung der Wahrnehmung gedacht. Die wohl bekanntesten Störexp. sind die von Stratton begonnenen Versuche mit *Umkehrbrillen*, die später von Erismann und vor allem von Kohler wieder aufgegriffen wurden. Während an diese Brillen eine sehr gute sensomotorische Anpassung erfolgt, bleibt die Änderung der (bewussten) Wahrnehmung unklar; die vereinfachten Folgerungen, dass nach hinreichend langer Zeit wieder «aufrecht» gesehen wird oder nicht, sind nicht haltbar. Einfacher zu durchschauen sind die Ergebnisse bei weniger massiven Störungen, als sie Umkehrbrillen darstellen, z. B. bei Änderung der visuellen Richtung mithilfe eines Keilprismas. Je nach Bedingungen kann die Anpassung an diese Situation auf unterschiedliche Arten erfolgen; insbes. kann die visuelle Wahrnehmung unverändert bleiben, während sich z. B. die wahrgenommene Position des eigenen Arms verändert. Kohler 1966, Welch 1978. *H. Heuer*

Störvariablen (= S.) [engl. *confounders*], [**FSE**], in einem *Experiment* oder *Quasi-Experiment* zur Prüfung eines Ursache-Wirkungs-Zusammenhangs (*Kausalität*) ist jede Variable S., die mit der untersuchten *unabhängigen Variable* (UV;) stat. assoziiert ist, eine potenzielle S. der *internen Validität* (Validität der *Ceteris-paribus*-Bedingungen). Eine derartige Assoziation (ausgedrückt z. B. in r oder η^2) liegt insbes. vor, wenn die Mittelwerte von S. in den Untersuchungsbedingungen nicht gleich sind. Eine tatsächliche S. ist eine potenzielle S. nur dann, wenn sie auch mit der später erhobenen *abängigen Variablen* (AV) assoziiert ist. Mögliche Unterschiede auf der AV zw. den Untersuchungsbedingungen sind dann nicht eindeutig kausal auf die UV zurückzuführen, weil UV und S. konfundiert sind (*Konfundierung*). S. können Unterschiede in den räumlichen, zeitlichen und sonstigen situationalen Umstände sein, vor allem aber Unterschiede zw. den Personen in den Untersuchungsgruppen. Da jede potenzielle S. das Risiko für eine fehlerhafte Entscheidung über die empirische Hypothese (falsche Ablehnung bzw. Beibehaltung) erhöhen kann, sollte sie in ihrer Wirkung minimiert werden. Um zu vermeiden, dass die Untersuchungseinheiten sich zw. den Bedingungen in möglicherweise relevanten Merkmalen systematisch unterscheiden, werden sie ihnen zufällig zugeordnet (*Randomisierung*). Der mögliche Einfluss eines Merkmals von Untersuchungseinheiten (z. B. Alter, Studienfach) oder Untersuchungssituation (z. B. Untersuchungsleiter und -zeit) kann außerdem kontrolliert werden, indem diese potenzielle S. vollst. eliminiert wird (z. B. durch automatische Versuchsdurchführung), indem sie nur mit einer Ausprägung realisiert wird (Konstanthaltung z. B. des VI, die aber die Allgemeinheit der Befunde einschränkt) oder indem sie gezielt mit mehreren Abstufungen als unabhängige Variable (Kontrollfaktor, *matching*) eingeführt wird. *interne Validität, Bedrohungen. propensity score.* Westermann 2000, Hertel et al. 2010. *R. Westermann*

story grammar [engl. *story* Geschichte, *grammar* Grammatik], *Textstruktur*.

Stottern (= S.) [engl. *stuttering*; lat. *balbutire* stammeln, lallen], [**BIO, KLI, KOG**], ein weder homogener noch klar abzugrenzender Formenkreis einer *Sprechstörung*, die sich als häufige Unterbrechung des Redeflusses [engl. *fluency disorders*] (nicht zu verwechseln mit Sprachpausen) äußert. (1) Die vielfältigen Symptome des Erscheinungsbildes zeigen *klonische* (rasche Phonem-, Silben-, Wortwiederholungen; *Iteration*), *tonische* (Diskoordination und Verkrampfung der Artikulations-, Phonations- und Respirationsmotorik; vor und bei Sprecheinsatz = Initial-S., zw. Phonemen oder Morphemen = Binnen-S.; mangelhafte motorische Selektivität, Mitinnervation der Gesichts-, Hals-, Rumpf- und Extremitätenmuskulatur; Sprechen während Inspiration oder mit Residualluft) und *gemischte* Formen. Häufig kommen situative Unterschiede ohne interindiv. festlegbare Regel hinzu; schließlich kommen Kaschierungsversuche oder aggressives Einsetzen der Symptome, Sprechangst oder Verzicht auf Kommunikation und andere sekundäre Störungen hinzu. (2) Hinter den S.-Phänomenen stehen Dysregulationen der neurophysiol. Prozesse, die mit der Synchronisation, Rhythmisierung und Tempogestaltung sowie mit der Initiierung und Stopp-Regelung der sequenziell-hierarchischen Sprach-, Sprech-, Stimm- und Atemverläufe i. R. der Kommunikation befasst sind und die gleichzeitig in die Regulation der Aktivierung, des Antriebs, der Aufmerksamkeit innerhalb der gesamten intra- und interpersonellen Situationserfassung verzahnt sind. Betroffen ist die Funktion best. Thalamus-Kerne als Zeitgeber im Zus.wirken mit den Stammganglien, Teilen des limbischen Systems sowie der *Formatio reticularis* in Koordination mit dem sprachmotorischen und frontalen Kortex auf der einen, dem zerebralen System auf der anderen Seite (*Gehirn*). (3) Bzgl. der *Ätiologie* ist zw. Faktoren zu unterscheiden, die das neurophysiol. Störungsgeschehen des S. hervorrufen können, und solchen, die es aufrechterhalten; Hirnreifungsstörungen; mechanische (Hirnblutung) oder biochemische (z. B. Anoxie, Ikterus) frühkindliche Hirnschädigungen; Stoffwechselstörungen; spätere Hirnverletzungen (aphatisches S.) oder -erkrankungen (postenzephalitisches S.); asynchrone Entwicklung in einzelnen neurophysiol. Teilsystemen. (4) Abgesehen von Zuständen nach frühkindlicher Hirnschädigung mit *Dysphasien* nach Enzephalitiden oder

Hirntraumen und bei Oligophrenien liegen die Schwerpunkte des Einsetzens von S. gehäuft im 3./4., seltener im 7. Lebensjahr und gelegentlich erst in der Pubertät. Das Entwicklungss., früher irreführend physiol. S. genannt, zeigt Abweichungen von normaler kleinkindlicher Sprachproduktion in Tempo, Flüssigkeit und Wiederholungstendenz, unterscheidet sich aber andererseits vom bereits fixiertem, späterem S., indem tonische Verkrampfungen und sekundäre Störungen noch weitgehend fehlen. (5) Entspr. der Vielfalt der Störungsbilder und der wechselseitigen Interaktion von physiol. und psychol. Faktoren kann kein einzelnes therap. Verfahren einen sicheren Erfolg bei allen Stotterern jeder Altersstufe und in allen kommunikativen, interpersonalen Konstellationen versprechen. Stets muss aus versch. sprach-/sprech-, verhaltens-, persönlichkeits- und sozialtherap. Techniken ausgewählt werden: atemtechnische Hilfen, Sprechhilfen, Sprechtraining, Mitsprechen, Kaumethode, Akzentmethode, Stopp-Training, rhythmische Sprecherziehung, biokybernetische Therapie, modifiziertes autogenes Training mit Ermutigungs- und Ernüchterungstraining (Übersicht bei Böhme 1980). Hinzu kommen verhaltenstherap. Methoden (*Verhaltenstherapie*, Übersicht bei Wendlandt 1980) wie *Systematische Desensibilisierung*, auch über *Biofeedback*, Selbstsicherheitstraining, Einstellungsänderung, Rhythmisierung, Atemmodifikation, verzögerte Sprachrückkopplung (*Lee-Effekt*), *Masking* (*Lombard-Effekt*), *Shadowing* (Nachsprechen), neg. Praxis, Bestrafungs- oder Belohnungstechniken, Kontingenzveränderung in der Umgebung. Dazu wird eine medikamentöse Zusatzbehandlung diskutiert. Dauerhafte Heilung oder wenigstens Besserung kann bei sorgfältiger und langfristiger Nachkontrolle auch unter Berücksichtigung von Therapeutenwechsel keinesfalls überall nachgewiesen werden, bes. wenn eine Behandlung erst jenseits des 8. Lebensjahres einsetzt. Demgegenüber darf nicht übersehen werden, dass S. im Schul- und Pubertätsalter häufig auch ohne Behandlung überwunden wird. Fiedler & Standop 1978.

STP Abk. für *Serenity* [engl.] Gelassenheit, *Tranquillity* [engl.] Ruhe, *syn. Peace* [engl.] Frieden, *2,5-Dimethoxy-4-methylamphetamin*.

Strabismus [engl. *strabism(us)*; gr. στραβισμός (strabismos) Schielen], *Schielen*.

Strahlenfigur [engl. *ray figure*], syn. *Sternfigur*. *geometrisch-optische Täuschung*.

strain [engl.], Bez. für *Beanspruchung*.

Strategie (= S.) [engl. *strategy*; gr. στρατεγία (strategia) Feldherrenkunst], **[KOG]**, kann als ein Plan (*Planen*) oder eine Sammlung von *Regeln* verstanden werden, wie ein best. *Ziel* erreicht oder ein *Problem* gelöst werden kann (*Problemlösen*). In Entscheidungssituationen (*Entscheiden*) legen S. fest, wie aus den gegebenen Optionen eine Auswahl getroffen werden kann (Jungermann et al. 2010). Dabei können S. sowohl unscharf best. *Heuristiken* als auch klar definierten *Algorithmen* folgen. Innerhalb der Problemlöseforschungen besteht großes Interesse daran, die verwendeten Lösungss. der Problemlöser aufzudecken und mit formalen Suchs. zu vergleichen. *Hill climbing* (*Bergsteigen*) kann z. B. als effiziente und einfache Strategie verstanden werden, um aus einer Vielzahl von Zugoptionen denjenigen Zug auszuwählen, der die Distanz zum Ziel so weit wie möglich reduziert. S. stellen *Wissens*strukturen über die Lösung von Problembereichen dar (Schmid 2008). *Unternehmensstrategien*. M. Öllinger

Strategiemodell von van Dijk & Kintsch (1983) [engl. *strategies of discourse comprehension*], *Textverarbeitung*.

Strategische Therapie [engl. *strategic therapy*]; *Kommunikationstherapie*.

stratifizierte Stichprobe [engl. *stratified sample*; lat. *stratum* Decke, Schicht, *facere* machen, tun], *Stichprobe*.

Stratifizierung [engl. *stratified sample*; lat. *stratum* Decke, Schicht, *facere* machen, tun]; *Stichprobe*.

Stratton, George Malcolm (1865–1957), **[HIS, WA]**, Psychologe. Studierte als einer der ersten amerikanischen Psychologen bei *Wundt* in Leipzig, ab 1896 Berkeley University. Stratton wurde besonders bekannt durch seine Umkehrbrillenversuche, mit denen er die empirische Konzeption der optischen Wahrnehmung (*visuelle Wahrnehmung*) belegte. *Umkehrbrille*.

Stratton'scher Versuch *Störungsexperimente*.

streaming [engl.] Einrichtung von Leistungsklassen, **[PÄD]**, Bildung von Niveauklassen mit relativ leistungshomogener Gruppierung über alle Fächer hinweg. *setting*.

Strebungen (= S.), **[EM]**, veraltetes Konzept; psychische Antriebe, die auf das Erreichen eines Ziels, die Verwirklichung best. Pläne gerichtet sind; Willensrichtungen. Bei Lersch entstammen die S. dem endothymen Grund und stellen die oberste Stufe der Antriebserlebnisse dar. *Motiv*, *Bedürfnis*.

Strecken- und Richtungstäuschung *geometrisch-optische Täuschung*.

Streetworker [engl.], **[KLI]**, «Straßenarbeiter», Sozialarbeiter oder Sozialpädagoge, der nicht an einem festen Standort von Ratsuchenden aufgesucht werden muss, sondern der aktiv und regelmäßig *auf die Straße* geht, um Menschen mit Problemen (Wohnungslose etc.) in deren Lebensumgebung vor Ort Hilfestellungen zu geben.

Streitmuster, destruktive [engl. *conflict pattern, destructive*; lat. *destruere* zugrunde richten], *Familien, Hochkonflikt-*.

Strenge-Fehler [engl. *error of severity*], **[DIA]**, systemat. Beurteilungsfehler (z. B. bei Schätzskalen; *Beobachtungsfehler*), der die Vergabe zu neg. Urteile bez. Ggs. zu *Leniency-Effekt*.

Strephosymbolie [gr. στρεφειν (strephein) drehen], **[WA]**, seitenverkehrte *Wahrnehmung* (wie im Spiegel).

Stress (= S.) [engl. Beanspruchung, Belastung, Druck, Anspannung; *distress* Sorge, Kummer], **[AO, BIO, GES, KLI]**, im allg. Sprachgebrauch bedeutet S. eine subj. unangenehm empfundene Situation, von der eine Person neg. beeinflusst wird (*Distress*), i. Ggs. zum anregenden pos. S. (*Eustress*). Der neg. Distress führt nachweislich zu somatischen Schädigungen, wobei nicht nur die vermehrte Ausschüttung von sog. Stresshormonen (*Hormone*, *Adrenalin*, *Kortisol* etc.) eine Rolle spielt, sondern nach neueren zellphysiologischen Befunden ebenso ein bei S. in best. Blutzellen nachweisbares *Protein* (NF-kappaB), das Abbauprozesse im Körper in Gang setzt. Der Wirkmechanismus vom S.reiz bis zur schädigenden Wirkung im Körper wird durch eine Vielzahl von Mediatoren (z. B. *Hypothalamus-* und *Hypophyse*aktivitäten) gesteuert. Ausgangspunkt der heutigen Verwendung des *Konstrukts* war eine endokrinologische Untersuchung (*Endokrinologie*) von Selye (1936) an Ratten, bei denen unter Einfluss von Stressoren Organveränderungen im Bereich von Lymph-, Thymusdrüsen etc. beobachtet werden konnten (*Adaptationssyndrom, allgemeines (AAS)*). Zur weiteren Präzisierung des Begriffs wurden Analogien zur Elastizitäts- bzw. Festigkeitstheorie der Materialforschung herangezogen. Unter load wird dabei die auf einen physikal. Körper wirkende Kraft verstanden. S. ist dabei die im Material erzeugte Spannung (und *strain* die Dehnung). Andere Analogien stammen aus der Biologie und Homöostasetheorie. Die zahlreichen Untersuchungen zu S. können heute unter drei Perspektiven zus.gefasst werden: Bei der stimulusorientierten Sicht werden Stressoren i. S. *unabhängiger Variablen* über best. *Reize*, Situations- oder Bedingungsmerkmalen operationalisiert. Dabei hat sich ergeben, dass Personen unterschiedlich auf denselben Reiz reagieren. In der Arbeitsps. (*Stress am Arbeitsplatz*) konnten Faktoren (Stressorenklassen) identifiziert werden, die als Stressoren wahrgenommen werden (z. B. extremer Zeitdruck, Monotonie). Bei der reaktionsorientierten Perspektive wird S. als Ergebnis mehr oder weniger globaler Auslösebedingungen verstanden. Im Vordergrund der transaktionalen Perspektive (*Stressmodell, transaktionales*) steht die Inkongruenz zwischen den Anforderungen der Umwelt und den *Ressourcen* des Individuums. Vermittelnde Bewertungsprozesse (z. B. Einschätzung der eigenen Bewältigungsmöglichkeiten, *appraisal*) bestimmen das Ausmaß des S.empfindens. S. kann allg. als intensiver, unangenehmer Spannungszustand in einer stark aversiven Situation verstanden werden, dessen Vermeidung als subjektiv wünschenswert erlebt wird. Zur Bewältigung von S. sind die Strategien des *Coping* von entscheidender Bedeutung.

Stress, chronischer (= c. S.) [engl. *chronic stress*], [**BIO, GES, KLI**], unter c. S. versteht man lang andauernde oder häufig wiederkehrende Belastungen, wobei entweder das Individuum wiederholt unterschiedlichen Stressoren (*Stress, Stress am Arbeitsplatz*) ausgesetzt sein kann, sodass keine *Habituation* der S.reaktion eintritt, oder bei wiederholtem Auftreten desselben Stressors adaptive Mechanismen nur unzureichend aktiviert werden und keine Erholung mehr eintritt. C. S. kann schleichend und ohne erkennbaren Beginn einsetzen und ohne erkennbares Ende andauern, außerdem trägt die Antizipation von Belastungen und ständige Besorgnis zu c. S. bei. C. S. ist häufig mit täglicher Routine und rollenbedingten Beanspruchungen verbunden. C. S. kann auch entstehen, wenn relevante Bedürfnisse (*Bedürfnis*, z. B. nach Anerkennung, nach Wertschätzung) nicht befriedigt werden oder erwünschte Ereignisse (z. B. Beförderung) nicht eintreten. C. S. wirkt gesundheitsschädigend aufgrund der damit einhergehenden neuroendokrinen (*Neuroendokrinologie*), autonomen (*Nervensystem*) und immunologischen (*Immunsystem*) Dysfunktionen. McEwen 1998. *C. Hermann*

Stress am Arbeitsplatz (= S.) [engl. *stress at work*], [**AO, GES**], in der *Arbeitswissenschaft* einschließlich *Arbeits- und Organisationspsychologie* finden wir unterschiedliche Begriffe und Definitionen, die auf das Phänomen *Stress* bezogen werden können. Die unmittelbaren Auswirkungen von *Belastungen* werden als *psychische Beanspruchung* bez. Von S. wird in der Arbeitswelt gesprochen, wenn eine Beanspruchung als unangenehmer Spannungszustand erlebt wird (Semmer 1988). Genauer lässt sich Arbeitsstress (i. S. einer *Stressempfindung*) als subj. intensiv unangenehmer Spannungszustand def., der aus der Befürchtung entsteht, dass eine stark aversive, subj. zeitlich nahe (oder bereits eingetretene) und subj. lang andauernde Situation besteht, die sehr wahrscheinlich nicht vollst. kontrollierbar ist, deren Vermeidung aber subj. wichtig erscheint (Greif 1991b). Zu unterscheiden sind kurz- und langfristige, unspezif. und spezif. Auswirkungen von Stress. Als Stressoren können diejenigen hypothetischen Belastungen bezeichnet werden, die mit erhöhter Wahrscheinlichkeit zu Stress(empfindungen) führen. Oft genannte Stressoren sind Zeitdruck und intensive konzentrative Anspannung, Umgebungsbelastungen (Lärm, Hitze, Zugluft, Schmutz usw.), Schichtarbeit, Ärger mit Kollegen oder Vorgesetzten oder ständige «kleine» Ärgernisse (Reibungen in der Arbeitsorganisation; *Handlungsunterbrechungen*) und Mehrfachbelastungen. Auch die sog. *Emotionsarbeit* kann insbes. im Dienstleistungsbereich durch die Anforderung an die Mitarbeiter, gleichbleibende Freundlichkeit zu zeigen, auch wenn Kunden sich aggressiv verhalten, bei großen Diskrepanzen zw. erlebtem und gefordertem Schauspielen anderer Gefühle Stress hervorrufen.

Oft gefundene Folgeprobleme von Arbeitsstress sind psych. Befindensbeeinträchtigungen wie Gereiztheit, psychosomatische Beschwerden und allg. erhöhte gesundheitliche Beeinträchtigungsrisiken. Aus betrieblicher Sicht entstehen Kosten durch erhöhte Fehlerrisiken und vor allem durch krankheitsbedingte *Arbeitsabwesenheit*. Als praktische Maßnahmen werden Veränderungen der Arbeitstätigkeiten und Umgebungsbedingungen, Entspannungstechniken und andere Trainingsmaßnahmen zum Zeit- und Stressmanagement empfohlen. Nach dem *Job-Strain-Modell* von Karasek sind hoher Stress und geringer Handlungsspielraum eine bes. kritische Konstellation. Nützlich ist es demnach bei Arbeitsplätzen mit hohem Stress wenigstens den Handlungsspielraum zu erhöhen. Dadurch kann der Stress etwa durch selbst gewählte Pausen oder Arbeitsmethoden gewissermaßen abgepuffert werden. Der Handlungsspielraum wird deshalb als wichtige *Ressource* zur Verbesserung der Möglichkeiten zur Stressbewältigung (*Coping*) eingeordnet. Auch die soziale Unterstützung durch Kollegen und Vorgesetzte ist eine Ressource, durch die Stressfolgen abgemildert werden können. Auch ein positives *Selbstwertgefühl* oder die Überzeugung, dass man fähig ist, den anstehenden Stress zu bewältigen (*Selbstwirksamkeitserwartung*), kann eine Ressource sein, allerdings fehlende Wertschätzung aber

auch ein wichtiger Bestandteil der Stresssituation und geringes Selbstwertgefühl ein Ergebnis von nicht bewältigtem Arbeitsstress (Semmer & Jacobshagen 2003). Hier wäre ein Stressmanagementtraining oder *Coaching* eine geeignete Intervention. Vorschläge zur Verringerung von Arbeitsstress können auch in sog. Gesundheitszirkeln durch die Mitarbeiter entwickelt werden. *Gesundheitszirkel* sind kleine Arbeitsgruppen, die im Prinzip ähnlich wie *Qualitätszirkel* ihre belastenden Arbeitsbedingungen und ihr Gesundheitsverhalten selbstständig analysieren und Initiativen zur Verbesserung ergreifen sollen (vgl. ferner *Klinische Organisationspsychologie*).
S. kann mit Fragebogen- und Beobachtungsmethoden wie dem *Instrument zur stressbezogenen Tätigkeitsanalyse (ISTA)* erfasst werden. In einer großen Quer- und Längsschnittuntersuchung mit diesem Instrument von Greif et al. (1991a) zeigt sich, dass entspr. dem Job-Strain-Modell psychosomatische Beschwerden sowohl durch mit Fragebogen- als auch Beobachtungsdaten erhobenem Stress vorhergesagt werden können. Allerdings lassen sich in Längsschnittuntersuchungen zwar relativ durchgängig relevante negative Wirkungen auf die psych. und somatische Gesundheit nachweisen, aber nicht immer die Pufferwirkungen von Handlungsspielraum. Dies gilt auch für psychophysiol. Längsschnittuntersuchungen und Laborexperimente (Boucsein & Grass 2007). Stress verlängert danach allerdings die sog. Rückstellung (engl. *unwinding*) der erhöhten physiol. Stressindikatoren nach dem Stress in der Erholungsphase auf Normalwerte. *Gesundheitsförderung in Organisationen*. Semmer & Mohr 2001. *S. Greif*

Stressbewältigung (= S.) [engl. *Coping*], [**EM, GES, KOG**], bez. alle Anstrengungen einer Person, mit externen und internen Anforderungen, die die eigenen Fähigkeiten beanspruchen oder übersteigen, fertigzuwerden. Das Konzept beruht auf dem *transaktionalen Stressmodell*. Danach findet Bewältigung immer dann statt, wenn eine Diskrepanz zwischen Anforderungen und eigenen Reaktionskapazitäten wahrgenommen wird und einfache Anpassung mittels automatisierter Reaktionen nicht ausreicht. In Abgrenzung zum psychoanalytischen Konzept der Abwehrmechanismen (*Abwehrmechanismen des Ich*) wird Bewältigung als bewusstes, zielgerichtetes Handeln verstanden. Der Bewältigungsbegriff umfasst nicht nur solche Strategien, die auf eine aktive Meisterung der Belastungssituation abzielen, sondern auch alle Reaktionen, die ein Tolerieren oder Vermeiden zum Ziel haben. Im Unterschied zur Alltagssprache definiert sich Bewältigung im wiss. Verständnis nicht über den Erfolg, sondern allein über das Bemühen, mit Anforderungen fertigzuwerden. Bewältigung kann sich entweder auf die Veränderung der stressauslösenden Situation selbst bzw. auf deren Wahrnehmung und Bewertung (*problemzentrierte Bewältigung*, z. B. Suche nach sozialer Unterstützung, Aufgabendelegation, Prioritäten setzen, Zeitmanagement, Umbewerten der Situation und Einstellungsänderung) oder auf die Regulierung von körperlichen und emot. Stressreaktionen (*reaktionszentrierte Bewältigung*, z. B. Entspannungsübungen, Sport, Ablenkung, Bagatellisierung) beziehen. Ob und wie sich Stressbelastungen auf die Gesundheit auswirken, hängt wesentlich auch davon ab, welche Strategien zu ihrer Bewältigung die Person jew. einsetzt. Zur *Prävention* stressbedingter Gesundheitsrisiken stellen Interventionen zur Verbesserung der indiv. Stressbewältigung (*Stressbewältigungstrainings*) daher einen zentralen Ansatz in der psychol. Gesundheitsförderung dar. Lazarus & Folkmann 1984, Kaluza & Renneberg 2009. *G. Kaluza*

Stressbewältigungstrainings (= S.) [engl. *stress management training*], [**GES, KLI**], haben eine Verbesserung der indiv. *Stressbewältigung* zum Ziel. Sie beruhen zum einen auf der biopsychol. Stressforschung, wonach neuroendokrine und vegetative Stressreaktionen längerfristig die Gesundheit gefährden können. Zum anderen beziehen sich S. auf *transaktionale Stressmodelle*, wonach *Stress* weniger durch die Anforderungen an sich als vielmehr durch deren subj. Interpretation und die eingesetzten Bewältigungsstrategien erzeugt wird. Grundsätzlich lassen sich drei Ansatzpunkte für S. unterscheiden: (1) die belastenden Situationen selbst mit dem Ziel, diese abzubauen (*instrumentelles Stressmanagement*), (2) stressbezogene Bewertungen und Einstellungen mit dem Ziel, diese zu erkennen und zu verändern (*mentales Stressmanagement*) und (3) körperliche und psych. Stressreaktionen mit dem Ziel, diese zu regulieren und für Ausgleich zu sorgen (*palliativ-regeneratives Stressmanagement*).
S. integrieren i. d. R. mehrere unterschiedliche Interventionsmethoden wie psychophysiol. Entspannungsverfahren (z. B. *progressive Muskelentspannung, Autogenes Training*), *kognitive Um-/Restrukturierung*, die Vermittlung von Kompetenzen zum *Selbstmanagement* in Bereichen wie systematisches Problemlösen, Zeitmanagement und persönliche Arbeitsorganisation sowie ein Training von selbstbehauptendem Verhalten. Ferner sind körperliche Aktivitätsprogramme sowie Anleitungen zu einer erholsamen Freizeitgestaltung und zum Aufbau eines unterstützenden *sozialen Netzes* häufige Bestandteile von S. S. kommen v. a. primärpräventiv (*Prävention*) in der allg. und betrieblichen Gesundheitsförderung zum Einsatz. Sie werden auch sekundärpräventiv z. B. bei *essenzieller Hypertonie* oder Spannungskopfschmerzen eingesetzt. Klin. Anwendungen von S. bestehen u. a. bei der Behandlung von *somatoformen Störungen* und psychovegetativen *Erschöpfung*szuständen sowie in der kardiologischen *Rehabilitation*. Meichenbaum 1991, Kaluza 2011. *G. Kaluza*

Stresshormonsystem [engl. *stress hormone system*], *Hypothalamus-Hypophysen-Nebennieren-Achse (HHN-Achse)*.

Stressimpfungstraining [**KLI**], Verfahren zur kogn. Bewältigung von *Stress*. Basiert insbes. auf der Anwendung von *Selbstverbalisierungen*. In der *Vorbereitung* auf eine Stresssituation werden hilfreiche Kognitionen und Handlungsoptionen identifiziert, die in einer anschließenden *Konfrontationsphase* erinnert werden und in einer *Phase des Gefühls, überwältigt zu werden*, situationsbezogen weiter eingeübt werden. Pos. Effekte werden in einer *Selbstverstärkungsphase* mit dem Ziel der Stabilisierung verstärkt. Parallel kommen *Entspannungsverfahren* zum Einsatz. Meichenbaum 1991.

Stressmanagement [engl. *stress mangement*; *management* Führung, Leitung]; *Stressbewältigung*.

Stressmaß [engl. *stress*], *multidimensionale Skalierung*.

Stressmodell, identitätsbasiertes (= i. S.) [engl. *social identity model of stress*], **[AO, GES]**, transaktionale Erklärungsmodelle für die Entstehung von Stress. Das *transaktionale Stressmodell* fokussiert z. B. das Individuum. In der ersten Bewertungsphase fragt sich das Individuum angesichts eines Stressors, ob dieser (potenziell) herausfordernd oder (neg.) bedrohlich ist. In der zweiten Bewertungsphase wird bewertet, ob der *Stressor* bewältigt werden kann oder nicht. Nur wenn die Situation als bedrohlich wahrgenommen wird und die eigenen Ressourcen für die Bewältigung nicht als ausreichend eingeschätzt werden, resultiert *Stress*. Im Sinne von körperlicher und psych. *Beanspruchung* (z. B. *Burn-out*). Das i. S. nimmt einen zweiten, grundsätzlich anderen Bewertungsprozess an, der immer greift, wenn sich das Individuum angesichts der Situation nicht als Einzelner sondern als Gruppenmitglied begreift. Dann wird in der ersten Phase gefragt, ob die Situaion bedrohlich für die Gruppe ist, und in der zweiten Phase, ob die Gruppe die Situation bewältigen kann. Haslam, van Dick und Kollegen konnten in einer Reihe von Studien zeigen, dass die Identität als Gruppenmitglied tatsächlich zu einer anderen Bewertung der Situation führt und dass durch die Aktivierung sozialer Unterstützung Belastungen besser bewältigt werden können. *organisationale Identifikation*, *organisationale Identifikation, Messung*. van Dick & Haslam 2012. *R. van Dick*

Stressmodell, transaktionales (= t. S.) [engl. *transactional model of stress*; lat. *trans* jenseits, *actio* Tätigkeit, Handlung], **[GES]**, im t. S. wird *Stress* als Prozess definiert, der sich in einem spezif. Zusammenspiel zw. Person und Umwelt vollzieht. Das Modell (in seiner Version der 1980er-Jahre) sieht ein System von Variablenklassen vor, das den Stressprozess beschreibt: (1) *Antezedenzien*. Beim Stressprozess treffen zunächst personenspezifische Antezedenzien wie *Zielhierarchien*, Verpflichtungen, generalisierte *Erwartungen* und Überzeugungen (*Überzeugungssystem*) auf umweltspezifische Antezedenzien, die z. B. die zeitliche Erstreckung der situationalen Anforderungen sowie das Vorhandensein sozialer *Ressourcen* betreffen. (2) *Mediatoren*: kogn. Bewertung und Bewältigung (*Coping*). Kogn. Bewertungen erklären die Entstehung des Stressprozesses. *Primärbewertungen* [engl. *primary appraisal*] sind Situationseinschätzungen, bei denen das Individuum die motivationale Relevanz (*Motivation*) der Situationsanforderungen beurteilt, ob etwa die Verfolgung aktueller *Ziele* behindert wird. Die *Sekundärbewertung* [engl. *secondary appraisal*] betrifft die eigenen Ressourcen, hier schätzt die Person ein, ob sie die wahrgenommenen Situationsanforderungen bewältigen kann. Zwar legt die Benennung der Bewertungsformen eine Sequenz nahe, die Autoren betonen jedoch, dass die Bewertungen in unterschiedlicher Reihenfolge ablaufen können und voneinander abhängig sind. Die Ergebnisse der kombinierten Bewertungen entscheiden darüber, ob Stress entsteht. Stress entsteht nicht, wenn eine Situation als gewinnbringend oder motivational irrelevant bewertet wird. Stressbegünstigende Bewertungen umfassen Schaden/Verlust, Bedrohung oder Herausforderung; sie entstehen, wenn die wahrgenommenen situationalen Anforderungen die eigenen Ressourcen strapazieren oder überfordern. Bewältigung bez. den Prozess der Handhabung der Diskrepanz zw. den wahrgenommenen Anforderungen und Ressourcen (*Stressbewältigung*). Im t. S. werden zwei Bewältigungsfunktionen unterschieden, die abhängig von den Ergebnissen der kogn. Bewertung zur Anwendung kommen sollen. *Problemorientierte Bewältigung* umfasst die Veränderung des problemverursachenden Umstands oder den Ausbau der eigenen Ressourcen (z. B. Planung der Problemlösung). *Emotionsorientierte Bewältigung* reguliert die Stress-assoziierten *Emotionen* (z. B. pos. Umdeutung). (3) *Kriterien*. Bewertung und Bewältigung beeinflussen zunächst die unmittelbaren affektiven und physiol. Reaktionen auf die erlebte Stressepisode (*Stressreaktivität*), die ihrerseits Auswirkungen auf die langfristige emot., gesundheitliche und soziale Anpassung des Individuums haben. Nach erfolgreichen Bewältigungsanstrengungen, aber auch bei wahrgenommenen Veränderungen der Situation oder der eigenen Ressourcen startet der Prozess erneut (Neubewertung, engl. *reappraisal*). Häufig geäußerte Kritik am Modell betrifft z. B. die Konfundierung der unterschiedlichen Bewertungsformen, die schwierige Operationalisierung der Prozessannahmen und Mediatoren sowie die daraus entstehenden Einschränkungen der empir. Überprüfbarkeit. Lazarus & Folkmann 1987. *N. Knoll*

Stressor [engl. *stressor, stress factor*], **[KLI]**, Stressauslöser, psychosozialer Belastungsfaktor. *Stress*.

Stress-Puffer-Modell (= S.), **[GES]**, im interaktiven S. [engl. *stress buffering*] der Wirkung *sozialer Unterstützung* wird im Unterschied zu sog. Haupteffektmodellen eine Wechselwirkung zwischen belastenden Stressereignissen und sozialer Unterstützung auf die subjektive stressbedingte Beeinträchtigung (*distress*) angenommen (Cohen & Wills 1985; Thoits 1982). Diesem Modell zufolge wird die stat. Beziehung zwischen objektiver Belastung und subjektiver Beeinträchtigung umso enger, je weniger soziale Unterstützung vorliegt. Der wesentliche Unterschied zu einem Haupteffektmodell besteht somit in der Annahme, dass soziale Unterstützung nicht generell als Prädiktor, sondern als Moderator (*Moderatorvariable*) von Stresseffekten angesehen wird. Eine weitere Implikation des S. besteht entsprechend darin, dass soziale Unterstützung nur bei hoher äußerer Belastung Unterschiede in der subj. Beeinträchtigung hervorruft, bei geringem Stress jedoch keine Effekte auf Befindlichkeitsmerkmale nach sich zieht. *T. Klauer*

Stressreaktivität (= S.) [engl. *stress reactivity*], **[GES, PER]**, ist eine *Disposition*, die interindiv. Unterschieden in *Stress*-Reaktionen zugrunde liegt. S. ist ein *Vulnerabilitäts*faktor für die Entwicklung von Gesundheitsstörungen und daher besonders relevant für die *Gesundheitspsychologie* und *Verhaltensmedizin*. S. zeigt sich in zeitlich stabilen Unterschieden zw. Personen in einem (spezif. S.) oder allen (allg. S.) der Bereiche, in denen Reaktionen auf Stress beobachtet werden können: *Verhalten*, *Physiologie* (insbes. *kardiovaskuläre Aktivität*, *endokrines System*), *Emotion* und *Kognition*. S. wird durch genetische und frühe Umweltfaktoren beeinflusst. Die Messung der S. erfolgt durch Erfassung aktueller Stressreaktionen im Labor oder im Feld durch psychometrische und psychophysiol. Methoden (z. B. Blutdruck, Herzratenvariabilität, Kortisol). Alternativ können typische Stressreaktionen in versch. Situationen über Selbstberichte mittels psychometrischer Skalen erfasst werden. Erhöhte kardiovaskuläre S. ist ein Risikofaktor für kardiovaskuläre Krankheiten zusätzlich zu den klassischen Risikofaktoren (z. B. Adipositas, Rauchen). Es bestehen auch Hinweise auf Zusammenhänge spezif. S. in anderen Reaktionsbereichen (emot. Reaktionen; Reaktionen der *Hypothalamus-Hypophysen-Nebennieren-Achse (HHN-Achse)*) mit körperlichen Krankheiten und psych. Störungen. Das Konzept der allg. S. beruht auf der Annahme, dass Stressreaktionen einen gemeinsamen Ursprung in Gehirnarealen haben, die den Zusammenhang zw. Stressexposition und Stressreaktionen in versch. Bereichen vermitteln, sodass die Stressreaktionen homogen sein sollten. Neben moderaten *Korrelationen* finden sich aber häufig auch Dissoziationen zw. Stressreaktionen versch. Bereiche. Dementsprechend ist es nicht sinnvoll, eine spezif. indiv. Stressreaktion in einem Bereich als Indikator für die allg. S. heranzuziehen. *Stress, chronischer*, *Stressbewältigung*. Schlotz 2013. W. Schlotz

Stress- und Immunreaktion, präoperative [engl. *preoperative stress and immune reaction*], [**GES**], die Befindlichkeit vor einem operativen Eingriff übt einen deutlichen Einfluss auf körperliche *Stress*reaktionen nach dem Eingriff und damit auf die Qualität der postoperativen Erholung aus. Bspw. stellt man bei Patienten mit hoher Stressbelastung vor dem Eingriff eine verminderte Leistungsfähigkeit des *Immunsystems* nach der Operation fest. Dadurch erhöht sich das Risiko einer verzögerten Wundheilung und anderer klinischer Komplikationen (z. B. Infektionen). Die wahrgenommene Stressbelastung hängt dabei entscheidend mit dem Geschlecht, dem Alter und dem sozioökonomischen Status zus. Frauen, ältere Pat. und Personen aus einkommensschwachen Gesellschaftsschichten sind besonders stark belastet. Auch eine hohe Ausprägung in Persönlichkeitseigenschaften wie *Ängstlichkeit* und *Neurotizismus* und die Wahrnehmung, dass man nur schlecht sozial durch Freunde und Familie unterstützt wird, trägt zu einer erhöhten Belastung, körperlichen Stressreaktionen und deren physiol. Folgen (z. B. stärkere Schmerzen, häufigere Komplikationen) bei. Studienergebnisse weisen darauf hin, dass Stress und Schmerzen durch die mit ihnen verbundenen endokrinen und immunologischen Reaktionen die Wundheilung verzögern und zu postoperativen Komplikationen beitragen können. Die Wundheilung ist zwar nur einer von mehreren postoperativen Genesungsbereichen, jedoch ist er von zentraler Bedeutung für den Genesungsfortschritt in der ersten Zeit nach der Operation. Kiecolt-Glaser et al. (1998) schlagen ein Modell vor, in dem skizziert wird, wie psych. Reaktionen und postoperative Genesung zus.hängen könnten (s. Abb.). Linn et al. (1988) untersuchten den Einfluss präoperativ empfundener Belastung auf prä- und postoperative Immunreaktionen. Tatsächlich zeigten sich bei Pat. mit hoher präoperativer Stressbelastung eine verringerte Immunfunktion (geringere In-vitro-Lymphozytenaktivität auf die Mitogene PHA, ConA, PWM) und häufigere postoperative Komplikationen sowie ein höherer Schmerzmittelverbrauch als bei Pat. mit geringerem Stressniveau. C. Vögele

^{Test}**Stressverarbeitungsfragebogen nach Janke und Erdmann angepasst für Kinder und Jugendliche (SVF-KJ)**, 2002, von P. Hampel, F. Petermann und B. Dickow, [www.testzentrale.de], [**DIA, EW, PER**], Persönlichkeitstest. AA 8 bis 13 Jahre. Die Stressverarbeitung wird in neun Untertests erfasst, dabei wird zw. stressreduzierenden und stressvermehrenden Strategien unterschieden. 72 Items werden durch fiktive Belastungssituation erfragt. Innere Konsistenzen (Cronbachs alpha) der neun Untertests lie-

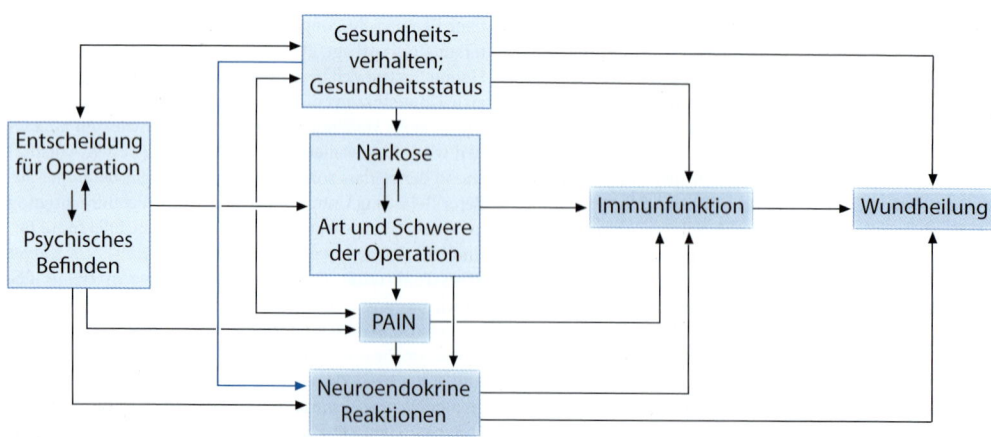

Stress- und Immunreaktion, präoperative: Modell zum Zusammenhang von psychischen Faktoren und postoperativer Genesung (nach Kiecolt-Glaser et al. 1998)

gen zw. $r = .71$ und $r = .89$, Retest-Reliabilitäten zw. $r = .61$ und $r = .70$.

Test Stressverarbeitungsfragebogen (SVF/SVF 120/ SVF-S/SVF-ak/SVF-KJ), 1997, von W. Janke, G. Erdmann, K. W. Kallus und M. Ising. Vorgängerversion ist der Stressverarbeitungsfragebogen (SVF), 1985, von W. Janke, G. Erdmann und K. W. Kallus, zurückgehend auf W. Janke, G. Erdmann und W. Boucsein, 1978, [www.testzentrale.de], [**DIA, GES, KLI, PER**], Persönlichkeitsverfahren. AA 20 bis 64 Jahre (SVF) bzw. 20 bis 79 Jahre (SVF 120). Mit dem Fragebogen werden Bewältigungs- bzw. Verarbeitungsmaßnahmen (*Stressbewältigung*) in belastenden Situationen erfasst, insbes. Merkmale, die sowohl kurz- und/oder langfristig zu einer Reduktion als auch zu einer Steigerung der Belastungsreaktion führen können. Der SVF besteht aus 114 Items, die 19 Subtests zugeordnet sind (6 Items pro Skala). Der SVF 120 wurde um den Subtest *Entspannung* erweitert, sodass dieser Test aus 120 Items besteht. *Normierung*: Der SVF wurde an $N = 96$ Männern und $N = 104$ Frauen normiert. Es liegen geschlechtsspezif. T-Werte vor sowie Normen einer Studentenstichprobe ($N = 173$ männliche Studenten). Für den SVF 120 werden ebenfalls geschlechtsspezifische Normen (*T*-Werte) angegeben ($N = 144$ Männer und $N = 144$ Frauen). *Reliabilität*: innere Konsistenz (Cronbachs Alpha) je nach Subtest zw. $r = .67$ und $r = .92$ (SVF) und zw. $r = .65$ und $r = .91$ (SVF 120). Als Spezial- und Kurzform des SVF wurden der *Situative Stressverarbeitungsfragebogen* (SVF-S), der *Aktuelle Stressverarbeitungsbogen* (SVF-ak) zur Erfassung der aktuellen, in best. Belastungssituationen eingesetzten Stressverarbeitung und der *Stressverarbeitungsfragebogen nach Janke und Erdmann angepasst für Kinder und Jugendliche* von P. Hampel, F. Petermann und B. Dickow (SVF-KJ) entwickelt. PC-Version vorhanden. Durchführungszeit: ca. 15 bis 20 Min. Auswertungszeit: ca. 15 Min.

Streubreite (= S.) [engl. *range*], [**DIA, FSE**], als Dispersionsmaß gibt die S. den Gesamtstreubereich einer Messwertreihe an. Sie setzt Intervallskalenniveau voraus (*Intervallskala*) und wird aus der Differenz zw. max. und min. Wert einer Datenreihe errechnet. *Dispersion*.

Streuung (= S.) [engl. *dispersion*], [**FSE**], allg. das Auftreten unterschiedlicher Messwerte oder deren Abweichung vom gemeinsamen *Mittelwert*. Häufig wird der Begriff S. auch syn. zu *Standardabweichung* [engl. *standard deviation*] verwendet.

Streuungsmaße (= S.) [engl. *measures of variation/ variability*], [**FSE**], stat. Kennwerte für die Variabilität von Messwerten bzw. für deren Abweichung von ihrem gemeinsamen Mittelwert (*Maße der zentralen Tendenz*). Zu den bekanntesten S. zählen die *Standardabweichung*, *Varianz*, Streubreite, mittlere Variation und das mittlere *Quartile*. *Statistische Datenanalyseverfahren*.

Striatum, corpus striatum [engl. *striate cortex*; lat. *corpus* Körper, *striatum* gestreift], *Gehirn*.

stroboskopische Erscheinungen [engl. *stroboscopic phenomenon*; gr. στρέφειν (strephein) drehen, σκοπεῖν (skopein) betrachten], [**WA**], das Entstehen scheinbarer Bewegungen bei an sich ruhend dargestellten Bildern. *Scheinbewegungen*.

strong programme [engl.] starkes Programm, syn. *Strong Sociology* [engl.] starke Soziologie. *Wissenschaftstheorie*.

Stroop-Verfahren [engl. *stroop procedure*], [**DIA, KOG, WA**] ein von Stroop (1897–1973; amerikanischer Psychologe) beschriebenes und angewandtes Verfahren zur Messung der indiv. *Interferenzneigung* (*Farbe-Wort-Interferenztest (FWIT)*). Stroop hatte dieses Verfahren im Anschluss an die Untersuchungen von Wundt, Cattell u. a. zu den Farbbenennungsversuchen mittels Farbvorlagen und Farb-Wort-Vorlagen entwickelt, um die in Konflikt stehenden Reize in ein und dieselbe Testaufgabe einzubeziehen. Das Originalverfahren bestand aus einer Wortkarte, einer Farbkarte und einer inkongruenten Farb-Wort-Karte. Die Wortkarte enthielt schwarze Farbnamen, die Farbkarte enthielt Farbnamen, die mit der Farbe identisch waren. Bei der Farb-Wort-Karte war die Bedeutung des Wortes von der Farbe versch. Als Interferenzmaß benutzte Stroop die zeitliche Differenz beim Lesen zw. Farbkarte und Farb-Wort-Karte. In der Zwischenzeit sind versch. weitere Interferenzmaße und Testversionen entwickelt worden, z. B. ein Gruppenverfahren, bei dem die Farbbenennungen über den Anfangsbuchstaben der Farbe von der Vp notiert werden, oder ein erschwertes Stroop-Verfahren, bei dem das inkongruente Farbwort noch auf einer versch.farbigen Unterlage geschrieben ist. *Priming-Paradigma*. Stroop 1935, Jensen & Rohwer 1966, Roeflofs 2005. *H. O. Häcker*

Structure of Intellect Model (SOI-Model) [engl.] «Struktur des Intellekts», *Intelligenzfaktoren*, *soziale Flexibilität*, *soziales Gedächtnis*.

Struktur (= S.) [engl. *structure*; lat. *structura* Bau, Ordnung], [**PHI**], (1) die S. ist der formale Aufbau von Ordnungsverhältnissen in einem Zusammenhang. Der Begriff ist sowohl in den Natur- wie in den Geisteswissenschaften wichtig. Ausgedehnten Gebrauch macht besonders die Chemie von ihm, indem sie den Aufbau von Molekülen in best. Anordnung durch Strukturen (Strukturformeln) darstellt. (2) Dilthey führte den Strukturbegriff in die Geisteswissenschaften ein. Er bezeichnet mit ihm das seelisch-geistige Leben als gegliedertes Gefüge (= Ganzheit), das nicht aus Teilen zus.gesetzt und ein Wirkungsgefüge von teleologischem (zielgerichtet) Charakter ist und von seiner Ziel- und Zweckgerichtetheit her verstanden werden kann. Die *geisteswissenschaftliche Psychologie* übernahm den Strukturbegriff und baute ihn zum Aufbaugesetz der geistigen Welt aus (Spranger). Durch dieses Strukturgesetz kann sowohl die indiv. Welt eines Menschen als auch eine ganze Kultur (obj. Geist) begriffen werden. (3) In der *Ganzheitspsychologie* ist die S. ein denknotwendig zu den Erlebnissen hinzugedachtes Prinzip, das die Erklärung seelischer Erscheinungen vom Range der Ganzheit erst möglich macht. (4) In der *Gestaltpsychologie* ist die S. im Erleben als Aufbau, Anordnung und Gliederung sowohl der «stehenden» Gebilde (wie in der Gesichtswahrnehmung) als auch der in der Zeit verlaufenden wie Melodie, Bewegungen, *Handlung*, Denkprozesse (*Denken*) usw. direkt anschaulich gegeben. Die S. bestimmt mit ihren dynamischen Faktoren Art und Größe der durch sie gegebenen Funktionen. (5) S. ist auch ein Begriff für den

Ordnungsgrad in der *Informationstheorie*. Köhler 1920, Krueger 1953, Metzger 1936/1953.

Struktur, mathematische (= m. S.) [engl. *structure, mathematical*; lat. *structura* Aufbau, Bauart], **[FSE]**, in der m. Mengenlehre ist eine S. ein geordnetes Tupel {$M1$, …, Mn, $R1$, …, Rk} aus Mengen $M1$ bis Mn und Relationen $R1$ bis Rk auf allen oder einigen dieser Mengen. Versch. Arten von S. können durch mengentheoret. Axiomatisierung definiert werden. Viele wiss. Begriffe entsprechen mengentheoretisch S. Das Messen von obj. oder subj. Merkmalen ist eine Abbildung von S. (*Repräsentation, messtheoretische*). Theorien können als S. rekonstruiert werden, die sich wiederum aus anderen S. zus.setzen (*Strukturalismus*). Klassifikatorische *Begriffe* entsprechen Äquivalenzstrukturen. In der Ps. entstehen sie, wenn wir Personen oder andere Objekte nach best. Merkmalen (z. B. *Diagnose*) in disjunkte und erschöpfende Untergruppen einteilen. Ordnungsrelationen müssen transitiv sein, sie dürfen aber nicht symmetrisch sein. Wiss. Begriffe, die Ordnungsstrukturen entsprechen, werden als ordinale oder komparative Begriffe bezeichnet (z. B. die Grade der *Intelligenzminderung* nach der *International Classification of Diseases (ICD)*). Starke Ordnungen entstehen, wenn für alle Paare (z. B. von soz. Situationen) eindeutig und konsistent (d. h. asymmetrische und transitive) die Rangordnung hinsichtlich eines Merkmals (z. B. ausgelöste Angst) vorliegt. Bei *partiellen Ordnungen* liegen Informationen über die Rangordnung nicht für alle Paare vor (z. B. ist nur $a > b$ und $a > c$ bekannt). Bei *einer Quasi-Ordnung* [engl. *quasi-series* oder auch *weak order*] sind zwei Objekte entweder stark geordnet oder äquivalent, d. h., es besteht eine starke Ordnung zw. Äquivalenzklassen von Objekten (z. B. *Bedürfnishierarchie* nach Maslow). *Messtheorie*. Westermann 2000, Reinhardt & Soeder 1994. *R. Westermann*

Struktur, sprachliche (= s. S.) [engl. *structure, linguistic*], **[KOG]**, bez. die Gesamtheit der Beziehungen zw. Einheiten einer *Sprache* (Crystal 1997). Das System einer natürlichen Sprache umfasst versch. Klassen von Einheiten (Laute, Wörter (*Wort*), Wortgruppen, Sätze (*Satz*)); zw. diesen Einheiten bestehen vielfältige Arten von Relationen. Lautliche Einheiten (*Phonem*) verbinden sich zu Silben; das Ergebnis ist eine Kette von Phonemen – hier im Text durch einen einleitenden und schließenden Querstrich gekennzeichnet – und gleichzeitig eine hierarchisch organisierte Struktur. /hant/, schriftlich *Hand*, besteht aus der Kette von vier Phonemen. Zusätzlich nimmt /h/ die Position des Onset, einer Teilstruktur der Silbe, ein, /ant/ bildet den sog. Reim; die Reimkomponente besteht ihrerseits aus dem Nukleus /a/ und der Koda /nt/; die hierarchische S. der Silbe ist also zweigliedrig mit einer wiederum zweigliedrigen Teilstruktur, dem Reim: [Onset [Nukleus Koda] Reim]. Silben ihrerseits sind die lautlichen Teils., die Bausteine, der Wörter. /hant/ einsilbig, /oː - fŋ/ zweisilbig – (Ofen; der «ː» zeigt lautlich Langvokal an) oder /raː-di-o/ (Radio), dreisilbig. Zwischen Wörtern als Bestandteilen eines Satzes bestehen zwei Arten von Beziehungen, Reihenfolgebeziehungen, also lineare, und Beziehungen der syntaktischen Zusammengehörigkeit, hierarchische, oft auch strukturelle genannt. In dem Satz *Die Sonne schien ihm auf das Hirn* erkennt man z. B., dass im Deutschen der Artikel, *die*, *das*, vor dem Nomen steht, *die Sonne*, *das Hirn*. Ferner empfindet man, dass *das* und *Hirn* strukturell enger zus.gehören als *auf* und *das*. *das Hirn* bildet eine syntaktische Einheit, *auf das* bildet keine syntaktische Einheit (*Syntax*). Schließlich bestehen auch auf der Bedeutungsebene (*Bedeutung*, *Semantik (Semiologie)*) Beziehungen innerhalb des Wortschatzes (*Wortschatz*) und zw. den Wörtern eines Satzes. *Säugetier* ist semantisch ein Oberbegriff (*Hyperonym*) von *Pferd* und *Rappe* ein Unterbegriff (*Hyponym*). Diese Klasse von Beziehungen heißen *Sinnrelationen*. Die Gesamtheit aller Sinnrelationen bildet eine semantische S. des Lexikons. Strukturelle Beziehungen im Satz sind z. B. die Konjunktion wie in *Rote und gelbe Rosen bedecken das Feld*, die Prädikation wie *rote (Rosen)*, die Implikation, *wenn … dann* oder die Modalisierung *kann (man diese Pilze essen?)*. *R. Dietrich*

Strukturalismus (= S.) [engl. *structuralism*; lat. *structura* Bau, Ordnung], **[KOG, PHI]**, auf *Wundt* und besonders dessen Schüler *Titchener* zurückgehende psychol. Richtung, die bes. darauf hinwies, dass psychol. Einheiten in bes. Art verbundene (strukturierte) Elemente sind. Dieser S. fragte nach dem *Ist* i. Ggs. zur gleichzeitig herrschenden Richtung des *Funktionalismus*, die auf das *Wozu* zielt. Die Unterscheidung zw. S. und Funktionalismus hatte schon James getroffen. S. ist auch in den kultur- und sozialwiss. Forschungen eine Strömung, die in der Sprachwiss. (*Linguistik*) ihren Ausgang nahm, spez. in einer die synchronische Analyse von Sprachen ermöglichenden Methodologie (*Struktur, sprachliche*). Allgemeines Kennzeichen strukturalistischer Arbeitsrichtungen ist, «dass menschliche Äußerungen und Verhaltensweisen nicht als isolierte Einzelerscheinungen betrachtet werden, sondern auf dem Hintergrund eines systematischen Zusammenhangs, der ihre Struktur bestimmt» (Bierwisch 1966). Schiwy 1969. *G. Kaminski*

Strukturalismus, wissenschaftstheoretischer (= w. S.) [engl. *structuralism, structuralist theory/view of science, non-statement view*], **[FSE, PHI]**, der w.S. beinhaltet die einheitliche *Rekonstruktion* von Theorien und Forschungsprozessen aus versch.artigen Wissenschaftsbereichen (z. B. Physik, Ökonomie, Psychologie) mithilfe von math. *Strukturen*. Zwischen den Theorien einer wiss. Disziplin bestehen vielfältige Verbindungen und Beziehungen, die durch intertheoretische Bänder beschrieben werden können. Jede einzelne wiss. Theorie kann als eine geordnete Struktur versch. Theorie-Elemente beschrieben und grafisch durch ein Theorie-Netz veranschaulicht werden. Das Basiselement dieses Netzes umfasst die Grundannahmen der Theorie, die anderen Theorie-Elemente stellen Erweiterungen für versch. Anwendungsbereiche oder Modifikationen aufgrund abweichender Ergebnisse dar (*Fortschritt, wissenschaftlicher*). Auch für die empirische Anwendung notwendige (Hilfs-)Annahmen (z. B. zur Begründung von Operationalisierungen, Gütekriterien) können als Theorie-Elemente rekonstruiert werden. Jedes Theorie-Element besteht aus einem abstrakten Kern und einer Menge von konkreten Situationen, auf die diese abstrakten Begriffe und Zusammenhänge angewendet werden sollen. Im abstrakten Kern eines Theorie-Elementes werden die verwendeten *Begriffe* charakterisiert (*Definition*) und die angenommenen gesetzesmäßigen Zusammenhänge (*Aussagen, Kausalität*) spezifiziert. Dies erfolgt in relativ präziser Weise durch informell-mengentheoretische Axiomatisierungen. Die Menge der intendierten Anwendungen besteht aus den paradigmatischen Anwendungen (i. S. von Kuhn), den übrigen streng geprüften und bewährten Anwendungen (i. S. von Popper) und den daraus abgeleiteten vermuteten Anwendungen. Ein wesentliches Ziel der Forschung besteht aus strukturalistischer Sicht darin, durch ausgewogen strenge und wohlwollende Prüfungen den Geltungsbereich der Theorie und ihrer Elemente von den Situationen zu trennen, auf die sie nicht erfolgreich angewendet werden kann. Balzer et al. 1987, Westermann 2000.   *R. Westermann*

Strukturgenese (= SG.) [engl. *structural genesis*; lat. *structura* Bau, Ordnung, gr. γένεσις (*genesis*) Geburt, Entstehung], **[EW, KOG]**, Strukturen (= S.) gibt es überall auf der Welt, und fast alle Wiss. handeln davon. Unter S. versteht man eine best. Menge von Elementen, die zueinander in spezif. Beziehungen stehen, wodurch ein best. Ganzes entsteht. Der Begriff SG. kann entspr. vielerorts verwendet werden, wurde aber in der Entwicklungstheorie vor allem durch Jean Piaget prominent (*Entwicklung, Stufentheorie nach Piaget*). Er verstand unter (kognitiven!) S. organisierte Verbindungen von Erkenntnis- oder *Assimilationsschemata*. Nach seinem Verständnis bauen sich kogn. S. im Umgang mit strukturierten Erkenntnisgegenständen auf (*Konstruktivismus*). Entwicklungsmäßig frühe kogn. Strukturen sind einfach und gestatten entspr. nur vereinfachte Erkenntnisse über die Welt. Im Lauf der Auseinandersetzung mit der Welt werden kogn. S. komplexer und flexibler. SG. geschieht vielfältig, manchmal sehr lokal oder nur indiv. Vor allem aber bilden sich S. auf versch. *Repräsentationsstufen*. Piaget hat funktionsfähige Strukturen mit math. Begriffen zu beschreiben versucht. So basiert für ihn die sensu-motorische Fähigkeit (*sensu-motorische Entwicklungsstufe*), von A nach B zu gehen und den Heimweg nach A wieder zu finden, auf einer *Negation* (AB + BA = 0), die konkret-operatorische Fähigkeit (*konkret-operatorische Entwicklungsstufe*), die Unveränderheit einer Wassermenge trotz Eintauchens eines festen Gegenstands, auf einer *Identitätsaktion* (x + 0 = x) oder die formal-operatorische Fähigkeit (*formal-operatorische Entwicklungsstufe*), von zwei ungleichen Reihenfolgen von Additionen mit Zahlen das gleiche Ergebnis zu erwarten, auf der Erkenntnis ihrer *Assoziativität* von Additionen (4 + 2 + 6 = 6 + 2 + 4). S. streben im Lauf ihrer Genese, d. h. im Lauf der Entwicklung, Gleichgewichte an (*Äquilibration*). Damit meint Piaget Kompatibilität in der S. verbundenen Assimilationsschemata, d. h. Widerspruchsfreiheit und Zusammensetzbarkeit je nach Handlungsziel. Piaget spricht von *Reversibilität* und meint damit beliebige Umkehrbarkeit und Kombinierbarkeit innerhalb der Erkenntnis- und Handlungsstrukturen. Piaget 1975b, Flammer & Gasser 2007.   *A. Flammer*

Strukturgleichungsmodelle (= S.) [engl. *structural equation models*], **[FSE]**, syn. *Kovarianzstrukturanalyse*; konfirmatorisches stat. Verfahren zur Analyse multivariater Zusammenhänge intervallskalierter, polytom ordinaler und dichotomer Variablen und zur Überprüfung theoriebasierter Pfadmodelle. S. vereinigen die analytischen Möglichkeiten multivariater stat. Verfahren (z. B. *Pfadanalyse, Regressionsanalyse, Faktorenanalyse*). Durch die Verknüpfung dieser Elemente können auch komplexe Theoriemodelle auf empirischer Basis hinsichtlich ihrer Datenpassung getestet werden und die Ausprägungen der spezifizierten Pfadkoeffizienten geschätzt werden. Die Schätzung erfolgt im Falle intervallskalierter Merkmale zumeist mittels der *Maximum-Likelihood-Methode*, wobei eine multivariate *Normalverteilung* der Analysevariablen vorausgesetzt wird. I. d. R besteht ein S. (1) aus latenten Konstrukten (*Variable, latente*) oder Faktoren, die mittels manifester Variablen geschätzt werden, und den in einer Theorie spezifizierten Beziehungen (korrelative Beziehung oder Regressionspfade) zwischen den Konstrukten. Man unterscheidet Messmodelle, in denen die Beziehungen der manifesten Variablen zu dem jew. latenten Konstrukten definiert sind, und das Strukturmodell, in dem die Beziehungen der latenten Konstrukte definiert sind. Damit die Ergebnisse von S. als plausible Schätzungen interpretiert werden dürfen, muss die Datenkompatibilität mittels Maßen der lokalen Anpassung und der globalen Anpassung geprüft werden. *Maße der lokalen Anpassung* quantifizieren die Güte der Messung einzelner latenter Konstrukte. Als Kriterien gelten: *Faktorreliabilität* > .6, *Durchschnittlich erfasste Varianz* > .5, *Indikatorreliabilitäten* > .4 sowie Erfüllung des *Fornell-Larcker-Kriteriums*. *Maße der globalen Anpassung* quantifizieren die Güte, mit der die empirischen Beziehungen im Datensatz insges. durch das Modell vorhergesagt werden. Man unterscheidet hier globale Anpassungsmaße (z. B. χ^2-Wert, *Goodness of Fit Index* (GFI), *Root Mean Square Error of Approximation* (RMSEA), inkrementelle Anpassungsmaße (z. B. *Normed Fit Index* (NFI) *Tucker-Lewis Index* (TLI), *Comparative Fit Index* (CFI)) sowie Maße der Sparsamkeit (z. B. *Normed χ^2, Adjusted Goodness of Fit Index* (AGFI)). Als Kriterien für gute Modellpassung wird gefordert: nicht signifikanter χ^2-Wert, GFI > .95, RMSEA < .05, NFI > .95, TLI >.95, CFI > .95, Normed χ^2 < 2, AGFI > .9. Zur Analyse dichotomer oder ordinaler Merkmale stellt z. B. die Software Mplus geeignete Schätzalgorithmen zur Verfügung (z. B. WLSMV-Schätzung; [www.statmodel.com]). *konfirmatorische Faktorenanalyse*. Kline 2010, Bühner 2010, Schermelleh-Engel et al. 2003.

Test**Strukturiertes Interview für die Diagnose der Demenz vom Alzheimer-Typ, der Multiinfarkt-Demenz und Demenzen anderer Ätiologie nach DSM-III-R und ICD-10 (SIDAM)**, 1996, M. Zaudig, W. Hiller, B. Geiselmann, E. Hansert, G. Linder, W. Mombour et al., [www.testzentrale.de], **[BIO, DIA, KLI]**, neurops. Verfahren. AA ältere Erw. ab ca. 60 Jahren. Das SIDAM ermöglicht in einfacher und praktikabler Weise die Diagnose einer Demenz nach DSM-III-R und ICD-10. Reliabilität der SI-

DAM-Syndromscores (Spearman'sche Rangkorrelationen) zwischen r_{tt} = .47 und r_{tt} = .89. *Normierung*: An N = 150 psychiatr. Patienten und älteren Nichtpatienten, für die versch. klin. Referenzgruppen und Teilstichproben gebildet wurden.

[Test]**Strukturiertes Inventar für anorektische und bulimische Essstörungen nach DSM-IV und ICD-10 (SIAB)**, 1999, M. Fichter & N. Quadflieg, [www.testzentrale.de], [**DIA, KLI**], klinisches Verfahren. AA 12 bis 65 Jahre. SIAB dient der Erfassung des gesamten Spektrums der Essstörungssymptome (*Essstörungen*) sowie der häufig mit Essstörungen einhergehenden Komorbidität (Depression, Angst, Alkohol- und Drogenprobleme). Dabei werden Ausschlusskriterien und Medikation miteinbezogen. SIAB besteht aus einem 87 Fragen umfassenden Interview für Experten (SIAB-EX) und einer die gleichen Dimensionen erfassenden Fragebogenversion zur Selbstauskunft (SIAB-S), die als Screening vorgeschaltet werden kann. *Normierung*: Für die Subskalen und den Gesamtwert liegen für anorektische und bulimische Pat. Vergleichszahlen vor. Bearbeitungsdauer: zw. 30 und 60 Min.

Strukturlegetechniken (= S.) [engl. *concept mapping*], [**FSE, SOZ**], sind innerhalb der *Qualitativen Sozialforschung* dialogisch orientierte Interviewansätze, die weniger nach dem *Prinzip der Offenheit* in der Datengenerierungssituation operieren, sondern einen dialoghermeneutischen Ansatz fokussieren. Sie verlagern damit die *kommunikative Validierung*, also die Überprüfung, ob die Forscher bzw. Interpreten die Ausführungen der Befragten richtig verstanden/interpretiert haben, was in einigen Verfahren nach der Datengenerierung und -auswertung als eine letzte separate Schleife vorgesehen ist, direkt in die Interview (= I.)- bzw. Datenerhebungssituation hinein. Sie stellen damit einerseits eine spezif. Strategie dar, mentale Modelle bzw. kogn. Konstrukte von Befragten gezielt in der I.kommunikation herauszuarbeiten und diese auch direkt mit den Befragten dialogisch zu validieren. Andererseits stellen diese Ansätze auch eine Technik zur dialogischen Strukturierung der I.kommunikation im Allgemeinen bereit. Insofern können diese I.ansätze für versch. Forschungsprogramme sehr interessant und nützlich sein. Die S. gehen insbes. mit zurück auf das Forschungsprogramm der Subjektiven Theorien (*Subjektive Theorien, Forschungsprogramm*) von Groeben und Scheele (2010). Die S. soll dabei als gesprächsführungstechnische Strategie ermöglichen, die komplexen Kognitionssysteme (*subjektive Theorien*) systematisch und kontrolliert in der Dialog-Konsens-Situation (*Dialog-Konsens-Methodik*) herauszuarbeiten. Als Visualisierungstechniken hierbei dienen z. B. bekannte Metaplan-, Flipchart- oder Mindmap-/Mentalmap-Techniken. Auch die Repertory-Grid-Verfahren (*Gitter-Technik*; Dick 2005) folgen dem Forschungsprogramm, in einem dialoghermeneutischen Datenerhebungsprozess systematisch persönliche Konstrukte zu erheben (Fromm 2004). Sowohl die S. als auch die Repertory-Grid-Verfahren entstammen damit spezif. psychol. Forschungsprogrammen. Durch ihren bewusst dialoghermeneutischen bzw. Dialog-Konsens-Ansatz weisen sie in ihrem Kommunikationsmuster, das sich in der I.situation prozessiert, auch eine Nähe zur psychol. Beratungskommunikation auf. *J. Kruse*

Strukturlehre v. S. Freud [engl. *Freud's structural theory*]; *Apparat, psychischer bzw. seelischer*, *Ich*, *Instanzenmodell*.

strukturorientierte Studie (= s. S.) [engl. *structure-oriented study*], [**FSE, PER, SOZ**], ist eine Form des Kulturvergleichs, bei der ein interkult. Vergleich von Zusammenhängen zw. Variablen vorgenommen wird. S. S. fokussieren daher i. Ggs. zu *levelorientierten Studien* auf interkult. Ähnlichkeiten und Unterschiede in Bezug auf psychol. Konstrukte und Prozesse (*interkulturelle Psychologie*). Es kann zwischen s. S., die die strukturelle Ähnlichkeit eines ps. Konstrukts (z. B. Faktorenstruktur der *Intelligenz*) im Kulturvergleich untersuchen, und s. S., die funktionale Zusammenhänge zw. versch. Konstrukten untersuchen (z. B. kult. ähnliche bzw. unterschiedliche Effekte von *Persönlichkeitsmerkmalen* auf das Wohlbefinden), unterschieden werden. Erstere können zur Überprüfung der Konstruktäquivalenz (*kulturübergreifende Äquivalenz*) durchgeführt werden, für Letztere ist die Konstruktäquivalenz eine Voraussetzung, um unverzerrte Ergebnisse zu erhalten. Trommsdorff & Mayer 2005, van de Vijver 2007. *B. Mayer*

Strukturqualität [engl. *structural quality*], *Qualität*.

Strychnin (= S.) [engl. *strychnine*], [**PHA**], chemischer Stoff aus der Gruppe der *Alkaloide*, aus den Samen der Brechnuss (*Nux vomica*), kreislauf- und atmungsanregende Substanz, führt in stärkeren Dosen zu Krämpfen (als Rattengift verwendet), wegen Konvulsionsgefahr heute ohne therap. Bedeutung. S. wirkt antagonistisch auf *Glycin*-Rezeptoren (). Durch die Blockade von Hemmungssystemen hat S. eine stark erregende Wirkung auf das ZNS, einschließlich Rückenmark. Wirkt außerdem bahnend auf gamma-motorische Systeme. Durch subkonvulsive Dosen wurde bei Ratten das Behalten verbessert. S. diente als Testsubstanz in der tierexp. Gedächtnisforschung und *Neurophysiologie*. Der Mechanismus dieser Behaltensverbesserungen ist unklar. McGaugh & Herz 1972, Meyer & Quenzer 2005. *W. Janke*

Student-Verteilung [engl. *Student's t-distribution*], [**FSE**], *t-Verteilung*., *Student*: Pseudonym für *Gosset, William Sealy*.

Studiendesign [engl. *study design*], *Forschungsdesigns*.

Studieneingangstests *Self-Assessment*.

Study of Mathematically Precocious Youth (SMPY), [**EW, KOG, PÄD**], eine von Julian C. Stanley (1918–2005) im Jahre 1971 initiierte, auf 50 Jahre angelegte Längsschnittstudie (*Längsschnittuntersuchung*) mit fünf Hochbegabten-Stichproben (N > 5000; *Hochbegabung, intellektuelle*), deren Leistungsentwicklung insbes. im math.-naturwiss. Bereich ab dem Alter von ca. 12 Jahren nachgezeichnet wird (Stichprobe 5: Studierende in Hochleistendenprogrammen). Die Identifikation der Stichproben 1 (*Prozentrang* [PR] ≥ 99), 2 (PR ≥ 99.5) und 3 (PR ≥ 99.99) erfolgte zur Vermeidung von Deckeneffekten u. a. mit einem Hochschulzulassungstest für ältere Schüler (SAT; *above level testing*), das Kriterium in Stichprobe 4 war weniger streng (mit 12–14 Jahren: $PR \geq 97$ in einem Leistungstest-Untertest). Im Mittelpunkt standen im Schulalter erhobene Variablen (wie Begabung, Begabungsprofil, Interessen, Geschlecht), die konsistent spätere Studiums- und Berufswahlen sowie -leistungen und Erfolge vorhersagten. Insges. zeigten die Pbn herausragende Leistungen. Die wiss. Bedeutung der Studie liegt u. a. in Befunden zur Leistungsentwicklung, die z. B. einer Schwellenwerttheorie widersprechen: Beim Vergleich von 12-jährigen Schülern mit Leistungstestergebnissen im oberen Perzentil ($PR \geq 99$) waren diejenigen mit Ergebnissen von $PR \geq 99.75$ – verglichen mit Schülern zwischen $PR = 99.00$ und $PR = 99.25$ – 20 Jahre später erfolgreicher (häufiger: Promotion, Patent, Dauerstelle an einer Spitzenuniversität; höheres Einkommen). Anwendungsbezogene Befunde dokumentieren z. B., dass extrem Hochbegabte (ca. 12-jährige; $PR \geq 99.5$) in einem dreiwöchigen Sommercamp den Inhalt eines High-School-Kurses bewältigen können (abstrakteres, vertieftes und beschleunigtes Curriculum). U. a. aufgrund der Selbstselektion zur SMPY-Teilnahme und entspr. Förderung bleibt die Frage der Generalisierbarkeit auf nicht derart betreute Hochbegabte bislang unbeantwortet. *Marburger Hochbegabtenprojekt*, *Genetic Studies of Genius*. [my.vanderbilt.edu/smpy]. Lubinski & Benbow 2006.

J. R. Sparfeldt/S. R. Buch/D. H. Rost

Stufendiagramm [engl. *step diagram*], *Häufigkeitsverteilung*.

Stufenmodell der Informationsverarbeitung (= S. d. I.) [engl. *stage model of information processing*], **[KOG, WA]**, ein S. beschreibt die menschliche *Informationsverarbeitung* als serielle Abfolge diskreter Verarbeitungsstufen. Die genaue Anzahl und Charakteristik der Stufen ist umstritten; typischerweise werden fünf Stufen unterschieden: *Reizentdeckung, Reizidentifikation, Reiz-Reaktions-Übersetzung (Reaktionsauswahl), Reaktionsinitiierung, Reaktionsausführung*. Frans Cornelius Donders entwickelte das erste, empir. fundierte S. mithilfe der Subtraktionsmethode (*Donders'sche Subtraktionsmethode*). Neuere empirische Arbeiten zur Organisation der I. verwenden dagegen eher die *Additive Faktorenmethode (additive factor method)* nach Saul Sternberg (*Sternberg-Paradigma*). S. sind in der psychol. Literatur weit verbreitet und erklären empirische Befunde zur Funktionsweise von *Wahrnehmung*, *Gedächtnis* und *Handlungssteuerung*. Manche Grundannahmen der S. (sowie der AFM) sind jedoch umstritten, z. B. ob der Informationsfluss zw. den Stufen diskret oder kontinuierlich erfolgt. Den Gegenentwurf zum S. stellen *konnektionistische Netzwerke* (s. a. *PDP*) dar. Sternberg 1969. *P. Wühr*

Stufentheorie der kognitiven Entwicklung *Entwicklung, Stufentheorie nach Piaget*.

Stufentheorien [engl. *stage/step theories*], **[EW]**, Entwicklungsmodelle, die als erklärendes Entwicklungskonstrukt die Stufe benutzen. Bsp.: Gesell (Sensomotorik), Piaget (Kognition, *Entwicklung, Stufentheorie nach Piaget*), Kohlberg (Moral, *Entwicklung, moralische*). *Entwicklungsphasen, -stufen*.

Stuhldialoge (= S.), syn. *Stuhltechniken*, **[KLI]**, bez. eine therap. Technik, die ursprünglich im *Psychodrama* entwickelt wurde und traditionell wohl am meisten mit der *Gestalttherapie* in Verbindung gebracht wird. Sie lässt sich einsetzen, um innere *Konflikte* oder Widersprüche oder konflikthafte soziale Dynamiken zu erfahren, zu verstehen und einen besseren Umgang damit zu finden. Dazu wird jeder Anteil des Pat. oder des sozialen Systems auf einem eigenen Stuhl repräsentiert; über die Einnahme der versch. Perspektiven wird ihre Dynamik nachvollzogen und mit Veränderungen experimentiert. Ein weiteres bekanntes Format der Stuhltechnik ist die Arbeit mit einem *unfinished business* ([engl.] unabgeschlossene Angelegenheit], wenn sich der Klient von einer best. (lebenden oder verstorbenen) Person nicht lösen kann. Dabei wird für diese Person ein leerer Stuhl aufgestellt, dem sich der Pat. gegenübersetzt, um seine Gefühle und insbes. seine Ambivalenzen auszudrücken und zu klären. S. sind sehr flexibel nutzbar und lassen sich daher in nahezu jeden therap. Ansatz integrieren. Hier soll exemplarisch auf 3 Ansätze eingegangen werden, die in jüngerer Zeit Stuhltechniken systematisch einsetzen und die Technik so zunehmend auch in der aktuellen Psychoth. etablieren. In der *Schematherapie* werden S. insbes. genutzt, um die Therapieziele i. S. des Schema-Modus-Ansatzes zu verfolgen. Mithilfe von S. können bspw. Bewältigungsmodi «interviewt» und ihre Funktionalität erfahrbar gemacht werden. Ärgerliche Kindmodi können ventiliert, verletzliche Kindmodi getröstet werden. Eine bes. Bedeutung kommt der Bekämpfung von strafenden Elternmodi i. R. von S. zu, bei denen bspw. auch der Stuhl des strafenden Elternmodus aus dem Raum verbannt werden kann. In der *emotionsfokussierten Therapie* wird der sog. *self-critical-split* ([engl.] selbstkritische Aufspaltung) des Pat. bearbeitet, d. h., *Emotionen* wie z. B. Scham, Schuld, Einsamkeit, welche durch selbstkritische bzw. selbstverurteilende Selbstanteile aktiviert werden. In der Zwei-Stuhl-Arbeit werden diese konfliktären Selbstanteile (das kritische *Selbst* und das erlebende, leidende Selbst) in einen Dialog gebracht und deren Integration angestrebt. Hierbei wird das erlebende Selbst in Kontakt mit seinen adaptiven Bedürfnissen gebracht und dazu ermutigt, diese gegenüber dem Kritiker selbstbewusster zu vertreten. Die Haltung des Kritikers hingegen wird aufgeweicht und dieser in einen angemessenen Dialog mit dem erlebenden Selbst gebracht. Für die *Wirksamkeit* der emotionsfokussierten Therapie gibt es mittlerweile eine Vielzahl an empirischen Nachweisen. In der *compassion-focused therapy* werden S. insbes. zum Aufbau von Selbstmitgefühl und zur Bekämpfung innerer kritischer Stimmen eingesetzt.

Wirksamkeit: Zu einigen der erwähnten Ansätze, in denen S. einen festen Platz haben, liegen Wirksamkeitsnachweise vor, die prinzipiell auch auf eine gute *Wirksamkeit* von S. hinweisen. Studien zur Wirksamkeit von Stuhltechniken als einziger Intervention sind noch rar und beschränken sich auf kurze Interventionen und Pilotstudien. Allerdings sind hier in letzter Zeit pos. Entwicklungen zu beobachten. *Randomisierte kontrollier-*

te Studien mit längeren Behandlungszeiträumen stehen noch aus. Kellog 2004.   *C.-H. Lammers*

Stumpf, Carl (1848–1936), **[HIS, WA]**, studierte bei Brentano und Lotze. Er wurde bereits 1873 mit 25 Jahren ordentlicher Prof. in Würzburg, lehrte an versch. Hochschulen, ab 1893 in Berlin, wo er durch seine Schüler *Edmund Husserl*, *Wolfgang Köhler*, *Kurt Koffka*, *Kurt Lewin*, *Oskar Pfungst*, den späteren Schriftsteller *Robert Musil* und viele andere prägenden Einfluss auf die Philosophie und Ps. des 20. Jhd. hatte. Stumpf hat eine umfassende *Tonpsychologie* erarbeitet und diese im Streit mit *Wundt* vertreten; er gilt als geistiger Vater der *Gestaltpsychologie*. Zu seinen Leistungen zählen aber auch die Begründung des Phonogramm-Archivs und die Förderung angewandt-psychol. Untersuchungen. Die 2010 gegründete interdisziplinäre Carl-Stumpf-Gesellschaft [www.carl-stumpf.de] will seinen Arbeiten Gehör verschaffen und sein Denken für die modernen Wiss. fruchtbar machen. Zu den Ehrungen, die Stupf erhielt, zählt die Auszeichnung mit dem Orden «Pour le mérite». Sprung & Sprung 2006.   *H. E. Lück*

Stupor (= S.) [engl. *stupor*; lat. *stupere* betäubt sein], **[KLI, PHA]**, Zustand starker psychomotorischer Hemmung bei erhaltener Wachheit. Der S. ist in aller Regel Manifestation einer schweren *psychischen Störung*. Er kommt vor bei *Schizophrenien*, v. a. bei der katatonen Form, und bei schweren *Depressionen*. Ein S. kann auch i. R. einer Komplikation einer Pharmakotherapie, z. B. bei *malignem neuroleptischem Syndrom* bei antipsychotischer Behandlung (*Antipsychotika*), vorkommen.   *G. Gründer*

stützende Sprache [engl. *subsidiary speech*], *Scaffolding*.

Stützmotorik [engl. *postural motor system*; lat. *movere* bewegen], *Zielmotorik*.

Stützstrategien [engl. *subsidiary strategies*], *Lernstrategien, ressourcenbezogene*.

Subception *Wahrnehmung, unterschwellige*.

Subjekt [engl. *subject*; lat. *sub* unter, *iacere* werfen], **[PER, PHI]**, ursprünglich das Zugrundeliegende, so die Substanz bei Aristoteles. Allmählich wurde der Begriff zum «Ich» als dem Gegenüber des «Nicht-Ich», des Objekts. **[FSE]**, *Versuchsperson*.

subjektive Krankheitstheorien *Krankheitskonzepte, subjektive*.

^Test^**Subjektive Tätigkeitsanalyse (STA)**, 1981, von Ulich. **[AO, DIA]**, arbeitswiss. Verfahren für alle manuellen und geistigen Tätigkeiten. *Tätigkeitsanalyse* in *Arbeitsgruppen* zur gemeinsamen Untersuchung und Bewertung der Tätigkeiten nach den folgenden Merkmalen: *Entscheidungsmöglichkeiten, Abwechslung bei der Tätigkeit, Möglichkeit zum Lernen, gegenseitige Unterstützung und Respektierung, sinnvoller Beitrag für Betrieb und Konsumenten, persönliche Entwicklungsmöglichkeiten*. Ergebnisse: Skalenwerte und Beschreibungen nach gemeinsamen Diskussionsprozessen in der Gruppe, vergleichende Bewertung versch. Tätigkeiten oder Aufgaben, Grundlage für die partizipative Veränderung der Aufgabenverteilung und Tätigkeiten. Das Verfahren wird als teilstandardisierte Methode in Gruppen durch Experten angeleitet.

subjektive Tests (= s. T.) [engl. *subjective tests*], **[DIA]**, eine Gruppe von Tests – meist *Persönlichkeitstests* –, bei denen im Unterschied zu Intelligenz- und anderen Fähigkeitstests gefordert wird, dass die Vp in der Lage ist, Auskunft über das eigene Erleben und Verhalten zu geben. S. T. werden i. d. R. als Fragebogen konzipiert und für die Persönlichkeitsdiagnostik und die Interessenmessung (*Interessentests*) verwendet. *objektiver Test, klassische Verfahren*.

subjektive Theorie [engl. *subjective theory*], *Alltagstheorien*.

subjektive Theorien, Forschungsprogramm (= F.) [engl. *subjective theories, research program*], **[KOG, SOZ]**, geht explizit von einem pos. handlungstheoret. *Menschenbild* aus (*epistemologisches Subjektmodell*), das als konstitutive anthropologische Merkmale des Menschen Sprach- und Kommunikationsfähigkeit (*Kommunikation*), Reflexivität (*Prinzip der Reflexivität*) und potenzielle *Rationalität* ansetzt. Das impliziert eine grundsätzliche Strukturparallelität zw. dem Erkenntnis-Subjekt (ES gleich Wissenschaftler) der Ps. und ihrem Erkenntnis-Objekt (EO qua Alltagspsychologe; *Alltagspsychologie*). Entsprechend werden in Analogie zu den intersubjektiven (*objektiven*) Theorien der Wissenschaft die komplexen Kognitionen des reflexiven (Alltags-)Subjekts als *subjektive Theorien* (s. T.) konzipiert. Das weite Verständnis dieses Konstrukts versteht darunter Kognitionen der Welt- und Selbstsicht, die als komplexes Aggregat mit (zumindest impliziter) Argumentationsstruktur (*Argumentationstheorie*) ausgestattet sind und die zu wiss. *Theorien* parallelen Funktionen der Erklärung, Prognose und Technologie (im Alltag: Handlungsleitung) erfüllen. Darunter fallen also auch *Attributionen*, *Implizite Persönlichkeitstheorien* etc. der Alltagspsychologen. Im engeren Verständnis von s. T. werden ausgehend von den anthropologischen Kernannahmen noch zwei Merkmale hinzugefügt, nämlich dass die Kognitionen vom EO im Dialog-Konsens mit dem ES aktualisiert sowie verbalisiert und auf ihre Validität (gleich Akzeptierbarkeit als «obj.» Erkenntnis) überprüft werden können. Daraus resultiert die zweiphasige Forschungsstruktur des F., bei der zunächst in der *kommunikativen Validierung* die Gründe, Intentionen und Ziele des Handelnden rekonstruiert werden, und zwar unter Anwendung der *Dialog-Konsens-Methodik* als Übereinstimmung zw. der Perspektive der ersten Person (subj. Theoretiker) und zweiten Person (verstehender Forscher). Auf der Grundlage der so rekonstruierten s. T. wird in der Phase der *explanativen Validierung* aus der Perspektive der dritten Person überprüft, ob die subj. Gründe und Intentionen des Handelnden in der Tat Ursachen und Wirkungen der zu beobachtenden Handlungen darstellen. Während die vor-, aber untergeordnete kommunikative Validierung also eine Beschreibung unter dem dialog-konsenstheoret. Wahrheitskriterium leistet, zielt die nach-, aber übergeordnete explanative Validierung eine Erklärung unter falsifikationstheoretischem Wahrheitskriterium an. Dafür sind im F. vor allem drei Untersuchungsparadigmen entwickelt und eingesetzt worden: Korrelations-, Prognose- und Modifikationsstudien. Die Anwendung des F. war bisher v. a. auf dem Gebiet der subj. Berufstheorien (insbes. von Lehrpersonen) erfolgreich, greift aber mittlerweile auch auf die Bereiche des Gesundheitssystems, der Wirtschaft, des Sports, Fremdsprachenunterrichts etc. aus. *Struktur-Lege-Techniken.* Groeben et al. 1988, Groeben & Scheele 2010. N. Groeben/B. Scheele

Subjektivismus [engl. *subjectivism*], **[PHI]**, die philosophische Richtung, die das *Bewusstsein* als das primär Gegebene und als Ausgangspunkt vertritt. Im Grenzfall *Solipsismus.* Ggs. *Objektivismus.*

Subjektivität (= S.) [engl. *subjectivity*], **[PHI]**, das Vorhandensein oder Gültigsein allein für das Subjekt, für das auffassende *Bewusstsein*. S. ist ein wichtiges Kennzeichen der psych. Vorgänge, d. h., von niemand anderem direkt zu beobachten. Einseitiges Urteilen vom eigenen Standpunkt aus, starke Ichbezogenheit im Urteilen. *Objektivität, Sensitizing Concepts.*

Subjektivität, reflektierte [engl. *reflected subjectivity*], *qualitative Sozialforschung, Prinzip der Offenheit, Prinzip der Offenheit.*

Subjektivität, strukturelle [engl. *structural subjectivity*], *Interpretation.*

Sublimierung [engl. *sublimation*; lat. *sublimare* erhöhen], syn. *Sublimation,* **[KLI]**, bei Freud (*Psychoanalyse*) einer der *Abwehrmechanismen des Ich*. Fähigkeit, auf verpönte Triebe bzw. Wünsche verzichten zu können. Neutralisierung der psychosex. Energie (*Libido*) und deren Verwendung für differenzierte soziale und kult. Leistungen. S. stellt demnach eine best. Umwandlungsform des Sexualtriebs dar, in der ein sex. Ziel oder Objekt gegen ein anderes, nicht mehr sexuelles ausgetauscht wird. Mithilfe dieses Konzepts beschreibt Freud best. sozial und kult. hoch bewertete Aktivitätsformen, v. a. künstlerische und intellektuelle Betätigungen als Abkömmlinge und Derivate des Sexualtriebs bzw. des infantilen Sexuallebens. Nach diesem Konzept entwickelt sich die Architektur aus der Sehnsucht nach der Mutterleib und die Schöpfung von Gebäuden und Häusern repräsentiert den unbewussten Wunsch, in den Mutterleib zurückzukehren. Die intellektuelle Wissbegierde und den wiss. Forschungsdrang kann man auf die sex. Neugier und die infantile Sexualforschung zurückführen. Aus dem infantilen *Sadismus* (zerfetzen, zerstören) kann sich nach Freud das Interesse an Anatomie und Chirurgie (zergliedern, sezieren usw.) entwickeln. Bayer 2007. L. Bayer

subliminale Reize [engl. *subliminal stimuli*; lat. *sub* unter, *limen* Schwelle], **[WA]**, *Reize* die nicht wahrgenommen (*Wahrnehmung*) bzw. nicht bewusst (*Bewusstsein*) aufgenommen werden (z. B. weil sie zu kurzzeitig einwirken), dennoch wirksam sind und auch registriert werden können. *Wahrnehmung, unterschwellige.*

Subordinationsindex (= S.) [engl. *subordination index*; lat. *sub* unter, *ordinare* ordnen], **[EW, KOG]**, Quotient aus allen Hauptsätzen durch alle Nebensätze und somit ein Indikator für die Satzkomplexität (grammatikalische Komplexität). Der S. hat sich als Indikator für die Sprachfähigkeit allerdings nur bedingt bewährt. Grimm 1973.

Substanzabhängigkeit (= S.) [engl. *addiction*], *Sucht- und Substanzbezogene Störungen.*

Substanzbezogene Störungen *Sucht- und Substanzbezogene Störungen.*

Substanzialitätstheorie [engl. *substancialism*; lat. *substantia* Wesen, Bestand], **[PHI]**, *Substanzialismus,* die Lehre, dass die *Seele* eine Substanz, ein einheitliches, selbstständiges Wesen sei, das den seelischen Vorgängen zugrunde liege. Die Substanzialitätstheorie wurde von der rationalen Ps. und von der Scholastik vertreten.

Substanzmissbrauch (= S.) [engl. *substance abuse*], syn. *Drogenmissbrauch,* **[GES, KLI, PHA]**, chronische oder übermäßige Anwendung von Medikamenten, Pharmaka und Drogen bei fehlender med. Indikation. Im Ggs. zu *Substanzabhängigkeit* umfassen die Kriterien für S. keine *Toleranzentwicklung*, keine Entzugssymptome und kein Muster zwanghaften Substanzgebrauchs. Im Vordergrund stehen somit die schädlichen Konsequenzen wiederholten Substanzgebrauchs. Perkonigg et al. 1996. W. Janke

Substanz P (= S.) [engl. *substance P*], **[PHA]**, Neuropeptid, zu der Gruppe der *Tachykine* gehörend, mit Funktion als *Neurotransmitter* bzw. -modulator in der *Amygdala*, der *Substantia nigra*, den Basalganglien, dem Hypothalamus und im Rückenmark. S. erfüllt wahrscheinlich versch. Aufgaben: Es vermittelt die nozizeptive Information im Rückenmark, ist an der Verarbeitung sensorischer Information beteiligt, erhöht Erregung und Aktivität und fördert das Sexualverhalten. Einfluss auf die Immunkompetenz. S. gehört zu den am stärksten gefäßerweiternden und damit *blutdruck*senkenden Stoffen und beeinflusst die glatte Muskulatur. Malek-Ahmadi 1992, Meyer & Quenzer 2005. W. Janke

Substitution (= S.) [engl. *substitution*; lat. *substituere* an die Stelle setzen]; syn. *Ersatz, Surrogat,* **[KLI]**, einer der *Abwehrmechanismen des Ich* bei Freud (*Psychoanalyse*). Ersetzen eines ursprünglichen Triebobjektes durch ein Ersatzobjekt. Die S. kann eintreten, wenn die Befriedigung eines *Bedürfnisses* aus inneren oder äußeren Gründen unmöglich ist bzw. verhindert werden soll. So kann z. B. die aus dem *Es* stammende und gegen ein äußeres Objekt (Vorgesetzter) gerichtete *Aggression* an einem Ersatzobjekt (Untergebener) entladen werden. Aber es kann ebenso die gegenüber einem äußeren Objekt bestehende Aggression auf das *Ich* zurückgewendet (*Reversion*) werden und damit das äußere Objekt durch das Ich ersetzt werden. Schließlich kann auch eine aus dem *Über-Ich* stammende und gegen das Ich gerichtete Aggression (Selbsthass, Selbstbeschuldigung) auf ein äußeres Objekt umgeleitet und damit das Ich durch ein äußeres Objekt (Sündenbock) ersetzt werden.

[PHA], Medikamentöser Ersatz eines dem Körper fehlenden Stoffes (z. B. Insulin oder *Methadon*; *Sucht- und Substanzbezogene Störungen, Psychopharmakotherapie*).

[KOG], beim Reiz syn. für den konditionellen Reiz (*bedingter Reflex, bedingte Reaktion*).

[BIO], bei organbedingten Funktionsausfällen (insbes. *Hirnschädigung*) die ersetzende Übernahme der Funktion durch Ausgleich.

Substitutionstheorie [engl. *substitution theory*; lat. *substituere* an die Stelle setzen], *Metapher*.

Substitutionstherapie (= S.) [engl. *substitution therapy*; lat. *substituere* ersetzen], **[PHA]**, Heilbehandlung durch (insbes. medikamentösen) Ersatz eines dem Körper fehlenden Stoffes. In der Suchtbehandlung bez. S. die Gabe von Substanzersatz (z. B. *Methadon*). *Sucht- und Substanzbezogene Störungen*.

Subsumption [engl. *subsumption*; lat. *subsumere* unterstellen], **[PHI]**, Zurückführen eines besonderen oder eines Einzelfalles auf das Allgemeine, das Unterstellen unter einen Oberbegriff, ein Gesetz.

Subsumptionstheorie des Lernens [engl. *subsumption theory of meaningful learning and retention*; lat. *sumptio* Annahme], **[KOG]**, betrachtet das Lernen als Einordnen neuer Wissensinhalte in bereits verfügbare Konzepte (Ausubel 1974). *advance organizers*, *Lehrziel*, *Lernziel*.

Subtraktionsmethode *Donders'sche Subtraktionsmethode*, *Reaktionszeit*.

subvokaler Rehearsalprozess [engl. *process of subvocal rehearsal*; lat. *sub* unter, *vox* Stimme, engl. *rehearsal* Wiederholung], *Arbeitsgedächtnis im Kindesalter*.

Suchbereich [engl. *search area*], *Problemlösen*.

Suchfeldbestimmung *Innovationsverhalten*.

Suchmodell [engl. *search model*], *Problemlösen*.

Sucht *Sucht- und Substanzbezogene Störungen*.

Suchterkrankungen, stoffungebundene [engl. *non-substance related disorders*], *Verhaltenssucht*.

Suchtkrankenfürsorge [engl. *addiction care*], **[GES, KLI]**, eine Form der Gefährdetenhilfe, die überwiegend von den freien Wohlfahrtsverbänden, von Abstinenzorganisationen und Selbsthilfeorganisationen geleistet wird. Sie umfasst Maßnahmen der Therapie und *Rehabilitation*: Kontaktaufnahme und Motivierung (*Compliance*), körperlichen Entzug, Vorbereitung einer stationären Entwöhnungskur, in der mit psycho- und soziotherap. Methoden gearbeitet wird, *Arbeits- und Beschäftigungstherapie*, Partnertherapie, Methoden der *beruflichen Rehabilitation*; Familienfürsorge und Nachsorge über mehrere Jahre.

Suchtprävention *Verhaltensprävention*.

Suchtstoffe (= S.) [engl. *addictive drugs*], syn. *Suchtmittel*, **[KLI]**, unscharfer Sammelbegriff für natürliche oder synthetische Stoffe, die bei häufigem Gebrauch Drogen- bzw. Substanzabhängigkeit oder Sucht (*Sucht- und Substanzbezogene Störungen*) aller Intensitäten hervorrufen (können). Eine Einteilung ist nicht möglich, da viele psychotrope Substanzen Substanzabhängigkeit oder Sucht bei best. Personen und/oder bei Vorliegen außergewöhnlicher Lebensumstände auslösen können. Die größte Bedeutung als S. haben *Alkohol*, *Analgetika*, *Hypnotika* vom Typ der *Barbiturate*, *Psychostimulanzien*, *Rauschmittel*. W. Janke

Sucht- und Substanzbezogene Störungen [engl. *substance-related disorders*], **[KLI]**, *Sucht* [engl. *addiction*] beschreibt ein zwanghaftes Verhalten, trotz erheblicher langfristig neg. Auswirkungen anhaltend eine *psychotrope Substanz* zu konsumieren bzw. ein best. Verhalten auszuüben. *Abhängigkeit* [engl. *dependency*] ist demgegenüber in erster Linie def. durch neurobiol. Veränderungen wie *Toleranzentwicklung* und Auftreten eines *Entzugssyndroms*, wenn die Substanz nicht mehr verabreicht wird. Nach Abklingen der Entzugssymptome kann die körperliche Abhängigkeit überwunden sein, während die psych. Sucht bestehen bleibt. Der Begriff *Sucht* war wegen seiner begrifflichen Unschärfe im *DSM-IV-TR* und in der *ICD-10* zugunsten der Bez. *Abhängigkeit* und *Missbrauch* bzw. *schädlicher Gebrauch* aufgegeben und auf den pathologischen Konsum psychotroper Substanzen eingegrenzt worden. Die nicht stoffgebundenen Süchte (*Verhaltenssucht*; z. B. *Computerspielsucht*, *Glücksspielsucht*, Internet-Sucht) wurden den *Impulskontrollstörungen* zugeordnet. In diesem Bereich ist im DSM-5 eine grundlegende Neuordnung vorgenommen worden, die die definitorische Trennung zw. *Abhängigkeit* und *Missbrauch* wieder aufhebt. Substanzkonsumstörungen und Substanzinduzierte Störungen sowie ausgewählte nicht substanzbezogene Verhaltenssüchte werden jetzt in der diagn. Kategorie *Störungen im Zusammenhang mit psychotropen Substanzen und abhängigen Verhaltensweisen* zus.gefasst und die Diagnose jew. nur noch nach Schweregrad differenziert. In der ICD-10 besteht derzeit weiterhin die Trennung nach *Abhängigkeit* und *schädlichem Konsum*. Substanzkonsumstörungen sind neben dem fortgesetzten Konsum trotz klin. bedeutsamer Probleme charakterisiert durch ein spezif. Muster kogn., behavioraler und körperlicher Symptome: Kontrollverlust, soziale Beeinträchtigungen, *riskanter Konsum* und pharmakol. Abhängigkeitsphänomene (Toleranzentwicklung und Entzugssyndrom). Die Akutwirkungen, Entzugssymptome und Langzeitfolgen der psychotropen Substanzen variieren sehr stark, je nach unterschiedlichen Substanzklassen (sowie ihrer Interaktionen bei Mischkonsum), Dosierung, Applikationsform (Schlucken, Inhalieren, Sniefen, Injizieren), Personmerkmalen und situativen Kontextfaktoren. Ausgeprägte *Störungen im Zusammenhang mit psychotropen Substanzen und abhängigen Verhaltensweisen* stellen potenziell schwerwiegende psych. Störungen mit einem breiten Spektrum von gravierenden psych. und körperlichen Symptomen sowie Folgeerscheinungen und Langzeitschäden dar. Sowohl die akute Intoxikation als auch das Entzugssyndrom können gefährliche bis lebensbedrohliche Ausmaße annehmen. Überdosierungen sowie chronischer Missbrauch führen häufig zu massiven irreversiblen Organschäden, bleibenden neurokogn. Beeinträchtigungen sowie zu ebenfalls nicht oder nur teils reversiblen substanzinduzierten psych. Störungen (z. B. *Psychosen*, *Manien*, *Depressionen*, *Angststörungen*), die im Extremfall in körperliche und/oder *geistige Behinderung* (*Intelligenzminderung*) münden können.

Ätiologie: Die Entwicklung einer Substanzbezogenen Störung ist als multifaktorielles Geschehen zu begreifen, die im Zusammenspiel einer gewissen genetischen Veranlagung (z. B. Anzahl von Rezeptoren, Verfügbarkeit spezif. Enzyme, Funktion der Transmittersysteme) mit erworbenen Vulnerabilitäten sowie äußeren Belastungsfaktoren begünstigt wird (*Vulnerabilitäts-Stress-Modell*). Empirisch wurden unterschiedliche Korrelate für die Entwicklung von Substanzbezogenen Störungen gefunden, die sowohl Personenmerkmale als auch spezif. Umgebungsbedingungen umfassen. Zu den personenbezogenen Merkmalen, die mit Substanzmissbrauch oder -abhängigkeit assoziiert sind, zählen unter anderem komorbide *psychische Störungen*, eine unzureichende exekutive Kontrolle (*exekutive Dysfunktion*) und Selbststeuerungskompetenz, emotionale Labilität (*Neurotizismus*) und mangelnde Fähigkeit zur *Emotionsregulation*, gering ausgeprägte soziale und Problemlösekompetenz (*Problemlösen*), Tendenz zu vermeidendem Bewältigungsstil (*Coping*), ungünstige Lebensbedingungen und anhaltende Stressoren. Ungünstige Umgebungsbedingungen im Kindes- und Jugendalter bestehen darüber hinaus in frühen Beeinträchtigungen des Sozialverhaltens [engl. *behavioral inhibition*]; *Störungen des Sozialverhaltens*, *Psychopathologie*/psych. Diagnose mind. eines Elternteiles, neg. familiären Vorbildern, instabilen Familienkonstellationen, konflikthafter familiärer Atmosphäre und Problemen in der Schule sowie mit den Peers. Psychotrope Stoffe erhöhen massiv die Ausschüttung von Neurotransmittern im mesolimbischen Dopaminsystem (*Lust- und Belohnungszentrum*; *Dopamin*) und führen u. a. zu einer Dopaminüberflutung des Nucleus accumbens, was den primären Rauschzustand (Euphorie, Wohlgefühl) hervorruft und lerntheoretisch als pos. Verstärker (*Konditionierung, operante*) fungiert. Um die Neurotransmitterkaskade zu kompensieren und die normalen Funktionen aufrechtzuerhalten, reagiert der Organismus mit neuroanatomischen und biochemischen Gegenregulationsvorgängen, die zu einer Abschwächung der Drogenwirkung führen. Zur Aufrechterhaltung der Rauschwirkung werden in der Folge immer größere Mengen der psychotropen Substanz benötigt (*Toleranz*). Wird dem Organismus die Substanz dann plötzlich vorenthalten (*Entzug*), gerät das System massiv aus der Balance, und es entwickeln sich substanzspezif. Entzugssyndrome mit z. T. quälenden psych. und körperlichen Akutentzugszuständen, die bei einigen *Drogen* (*Alkohol*, *Opiate*) lebensbedrohliche Ausmaße annehmen können (körperl. Abhängigkeit) und die wiederum mit erneuter Substanzeinnahme kompensiert werden (neg. *Verstärkung*). Drogenabhängige bleiben über lange Zeiträume, möglicherweise lebenslang, rückfallgefährdet: Selbst Jahre und Jahrzehnte nach dem Substanzentzug können Hinweisreize auch niedrigschwelliger Reizintensität genügen, um das unwiderstehliche Verlangen (*Craving*) nach dem Stoff zu wecken. Für die andauernde Sensitivierung gegenüber der psychotropen Substanz sind wahrscheinlich sowohl neuroanatomische Strukturveränderungen als auch komplexe Konditionierungsprozesse verantwortlich.

Klassifikation: Der im *DSM-5* neu eingeführte Begriff *Störungen im Zusammenhang mit psychotropen Substanzen und abhängigen Verhaltensweisen* bezieht sich auf spezif. Störungen beim Konsum psychotroper Substanzen, also von Stoffen, die auf psych. Erlebensweisen und Bewusstseinszustände einwirken (*Klassifikation psychischer Störungen*; s. Anhang I, F10–F19). Das DSM-5 kategorisiert dafür zehn Substanzklassen, die neben den legalen Drogen versch. natürliche und synthetisch hergestellte illegale Rauschmittel umfassen: *Alkohol*, *Coffein*, *Cannabis*, *Halluzinogene*, Inhalanzien, *Opioide*, Medikamente (*Sedativa*, *Hypnotika*, *Anxiolytika*), Stimulanzien (*Amphetamine*, *Kokain* u. a.), Tabak sowie andere (oder unbekannte) Substanzen. Die letzte Kategorie bezieht sich in erster Linie auf die zunehmende Anzahl von Designerdrogen, das bedeutet chemisch leicht abgewandelte oder neuartige psychotrope Substanzen, die vom Index des Betäubungsmittelgesetzes nicht erfasst (sog. *Legal Highs*) und als *Räuchermischungen*, *Badesalze* oder *Research Chemicals* getarnt mit dem täuschenden Hinweis «für menschlichen Verzehr nicht geeignet» u. a. im Internet frei vertrieben werden. Die Störungen im Zshg. mit psychotropen Substanzen unterteilen sich in zwei Gruppen: (1) *Substanzkonsumstörungen* und (2) *Substanzinduzierte Störungen*. Neben diesen Substanzbezogenen Störungen wird dem DSM-5-Kapitel auch das pathologische Glücksspiel als nicht substanzbezogene Verhaltenssucht subsumiert. Die diagn. Kriterien für eine Substanzkonsumstörung umfassen im DSM-5 vier Symptomgruppen (*Kontrollverlust, soziale Beeinträchtigung, riskanter Konsum, pharmakologische Kriterien*) mit insges. elf Kriterien: (1) Konsum in größeren Mengen und über längere Zeiträume als beabsichtigt; (2) anhaltender Wunsch, den Konsum zu beenden bzw. zu kontrollieren und erfolglose Versuche der Konsumreduktion; (3) großer Zeitaufwand für Erwerb, Konsum der Substanz oder Erholung von deren Konsum; (4) Craving ([engl.] Suchtverlangen); (5) Versagen bei Rollenaufgaben; (6) Fortsetzung des Konsums trotz andauernder oder wiederkehrender sozialer oder zwischenmenschlicher Probleme; (7) Aufgabe oder Einschränkung wichtiger sozialer, beruflicher oder Freizeitaktivitäten aufgrund des Substanzkonsums; (8) wiederholter Konsum in Situationen mit körperlicher Gefährdung; (9) Fortführung des Konsums trotz andauernder oder wiederkehrender psych. oder körperlicher substanzassoziierter Probleme; (10) Toleranzentwicklung; (11) Entwicklung eines Entzugssyndroms.

Die Schweregradeinteilung der Substanzkonsumstörungen gemäß DSM-5 erfolgt nach Anzahl erfüllter Kriterien in leicht (2–3 Kriterien), mittel (4–5 Kriterien) und schwer (6+ Kriterien). Zusätzlich sollen Verlaufsmerkmale kodiert werden: *Frühremittiert, anhaltend remittiert, in Erhaltungstherapie, in geschützter Umgebung*. Die Kategorie *Polysubstanzkonsum* wird komplett aufgegeben. Stattdessen soll jeder Substanzkonsum separat erfasst und statt der Substanzklasse die spezif. Substanz (z. B. *Methamphetamin*/«Crystal») kodiert werden. Zusätzlich kann für jeden der im diagn. Katalog psychotroper Substanzen erfassten Stoffe das Vorliegen einer substanzinduzierten Störung (akute Intoxikation, Entzugssyndrom, induzierte körperliche oder psychische Störung) kodiert werden.

Die *ICD-10* klassifiziert die *Psychischen und Verhaltensstörungen durch psychotrope Substanzen* (F10–F19) abweichend vom *DSM-5*. Die Einteilung in Substanzkonsumstörungen und Substanzinduzierte Störungen erfolgt ähnlich. Allerdings besteht in der ICD-10 die Trennung von *Abhängigkeit* und *schädlichem Gebrauch* psychotroper Substanzen fort. Dafür werden in der substanzbezogenen

Kodierung der *ICD-10-CM* die klin. Merkmale der Substanzkonsumstörung mit denen einer substanzinduzierten Störung in einem gemeinsamen Diagnosecode zus.gefasst. *Prävalenz und Verlauf*: Die Störungen im Zusammenhang mit psychotropen Substanzen und abhängigen Verhaltensweisen stellen eine der epidemiologisch bedeutsamsten Störungsklassen in der Gesamtbevölkerung dar und gehen zudem mit bes. Einschränkungen und Einbußen an *Lebensqualität* einher (Wittchen et al. 2011; Jacobi et al. 2014). Nach den Daten der *bevölkerungsrepräsentativen epidemiologischen Gesundheitserhebung in Deutschland (DEGS-1; DEGS-MH*; Stand 2015) leiden im 12-Monats-Zeitraum 16,6 % (M: 19,4 %; F: 13,9 %) der Gesamtbevölkerung (= 10,6 Mio. Menschen) an irgendeiner Störung durch Substanzgebrauch (ohne illegale Drogen). Die Diagnosekriterien für *Alkoholabhängigkeit* werden insges. von 3,0 % erfüllt (M: 4,4 %; F: 1,6 %), für *Alkoholmissbrauch* von 1,8 % (12-Monats-Prävalenz). Nach den Angaben des Selbstauskunftsfragebogen AUDIT-C tritt Risikokonsum bei jüngeren Menschen (19–29 Jahre) am häufigsten auf. *Rauschtrinken* ([engl.] binge drinking) findet sich unter Männern dreimal so häufig wie unter Frauen. Die 12-Monats-Prävalenz für die *Nikotinabhängigkeit* liegt insges. bei 13,1 % (M: 14,6 %; F: 11,7 %) und nimmt über die Altersstufen kontinuierlich ab. In Bezug auf *Medikamentenmissbrauch* wurde eine 12-Monats-Prävalenz von insges. 1,6 % und bzgl. *Medikamentenabhängigkeit* von 0,5 % festgestellt. Hier ist allerdings von einer hohen Dunkelziffer auszugehen. Es wird bspw. geschätzt, dass 40–50 % der Dauerkonsumenten von *Benzodiazepinen* abhängig werden und dass mind. 5–10 % der über 60-Jährigen einen problematischen Gebrauch psychoaktiver Medikamente oder von Schmerzmitteln betreiben. Das Experimentieren mit illegalen Drogen gehört europaweit zum normalen Verhalten von Jugendlichen. Die Prävalenzschätzungen in Bezug auf den Konsum illegaler Drogen sind aufgrund methodischer Schwierigkeiten und möglicherweise verzerrter Selbstangaben mit hohen Unsicherheiten behaftet. Zudem unterliegt der Konsum illegaler Drogen bes. starken Schwankungen, u. a. weil sich die Verfügbarkeit illegaler Substanzen auf dem Schwarzmarkt ständig verändert. Neue kostengünstigere Substanzen (z. B. «Crystal Meth») verdrängen frühere Modedrogen (z. B. Kokain) und erobern neue Konsumentengruppen und «Marktsegmente» (z. B. bürgerliche Schichten, Leistungsträger, Schichtarbeiter und ländliche Milieus). Angaben zur Prävalenz von Substanzkonsum bei Kindern und Jugendlichen stützen sich in Dt. im Wesentlichen auf zwei regelmäßig durchgeführte nationale suchtepidemiologische Querschnittserhebungen der *Bundeszentrale für gesundheitliche Aufklärung (BZgA)* und des *Instituts für Therapieforschung (IFT Süd)*. Fast jeder dritte Bundesbürger (29 %) berichtet von Erfahrungen mit illegalen Drogen. Den Hauptanteil macht dabei der Cannabiskonsum aus, gefolgt von Amphetaminen, Ecstasy und halluzinogenen Pilzen, Kokain und LSD. Heroin und Crack werden in Dt. nur in marginalem Ausmaß konsumiert. In einigen Bundesländern (Sachsen, Bayern) hat der Konsum von Methamphetamin (*Crystal Meth*) innerhalb weniger Jahre sprunghaft zugenommen. Insges. sind etwa 6 % der Jugendlichen Mehrfachkonsumenten. Das Erstkonsumsalter psychotroper Substanzen hat sich in den letzten 20 Jahren kontinuierlich vorverlagert. Die Zahl der ambulant betreuten Fälle in der Altersgruppe 12–14 hat sich seit den 1990er-Jahren verzehnfacht. Im Ggs. zu fast allen anderen psych. Störungen sind bei den meisten Substanzstörungen (mit Ausnahme des Tabakkonsums und des Medikamentenmissbrauches) Männer/männliche Jugendliche deutlich (etwa 4- bis 7-mal) häufiger betroffen als Frauen/weibliche Jugendliche. Die Verbreitung des aktuellen Konsums (4 Wochen) illegaler Drogen fällt mit 5 % allerdings deutlich geringer aus.

Diagnostik: Zur Diagnosestellung einer *Störung im Zusammenhang mit psychotropen Substanzen und abhängigen Verhaltensweisen* ist dringend ein multimodales und multimethodales Vorgehen zu empfehlen, also eine Kombination von dialogischer *Exploration* und *Anamnese* mit versch. Erhebungsinstrumenten unter Heranziehung mehrerer Datenquellen. Zu Screeningzwecken (*Screening*) lassen sich für den Bereich Alkohol die *Internationalen Diagnosen-Checklisten (IDCL)*, der *Patient Health Questionnaire (PHQ)* oder die *Primary Care Evaluation of Mental Disorders (PRIME-MD)* einsetzen, die eine ökonomische Abfrage der Kriterien von Abhängigkeit und Missbrauch ermöglichen. Die *kategoriale Diagnostik* wird auf Basis der diagn. Kriterien der ICD-10 bzw. der DSM-5-Kriterien vorgenommen und sollte möglichst mithilfe strukturierter *klinischer Interviews* (z. B. *M-CIDI*, *SKID*, *DIPS*, WHO-Checklisten) erfolgen. Für die *dimensionale Diagnostik* zur Ausprägungs- und Schweregradbestimmung liegen substanzspezif. Instrumente vor. Der *WHO-ASSIST* eignet sich bspw. für eine möglichst vollst. Erfassung des Konsums aller def. psychotropen Substanzklassen. Für die genauere Schweregradbestimmung ist der *European Addiction Severity Index (EuropASI)* geeignet. Der EuropASI ist in sieben Sektoren gegliedert, die diagn. Informationen zum körperlichen Zustand, dem psych. Status, der rechtlichen Situation, dem Arbeitsstatus, den sozialen Beziehungen, dem familiären Hintergrund und spezif. Konsummustern generieren, aus denen sich dann ein Schweregradprofil bestimmen lässt. Für die *interventionsbezogene Diagnostik* und differenzielle Indikationsentscheidungen ist der *Measurements in the Addictions for Triage and Evaluation Version (MATE)* bes. zu empfehlen. Der MATE erfasst in 12 Sektoren therapierelevante Informationen zum Substanzkonsum, Therapiemaßnahmen und Vorbehandlungen, körperliche und psych. Komorbiditäten, Abhängigkeits- und Missbrauchskriterien, körperliche Beschwerden, Persönlichkeitsaspekte, Aktivitäten und Partizipation, Umweltfaktoren (*ICF*), Craving sowie *Stress*, *Angst* und *Depressionen*. Das Instrument wurde mit sehr guten Ergebnissen evaluiert und gilt als das am besten geeignete Instrument für die interventionsbezogene Diagnostik. Der *PREDI (Psychosoziale ressourcenorientierte Diagnostik)* als Instrument zur interventionsbezogenen Diagnostik zielt auf die Identifikation von

Ressourcen (*Ressourcenorientierung*) für die Therapieplanung ab. *Sucht- und Substanzbezogene Störungen, Psychotherapie*, *Sucht- und Substanzbezogene Störungen, Psychopharmakotherapie*. S. Mühlig

Sucht- und Substanzbezogene Störungen, Psychopharmakotherapie [engl. *substance-related disorders, psychopharmacotherapy*], [**KLI, PHA**], bei der Pharmakotherapie von *Sucht- und Substanzbezogenen Störungen* müssen mehrere Indikationsbereiche unterschieden werden: (1) Im Bereich der schweren akuten Intoxikation sind notfallmed. Maßnahmen erforderlich, die von den spezif. Substanzwirkungen abhängen. (2) Für die Akutbehandlung mittel- bis schwergradiger Entzugssyndrome sind *Clomethiazol* (ein Thiazolderivat mit sedativen, hypnotischen und antikonvulsiven Eigenschaften) und *Diazepam* als Mittel der ersten Wahl zur Behandlung des Alkoholentzugssyndroms und des Alkoholentzugsdelirs empfohlen. Bei deliranten und halluzinatorischen Syndromen kann zusätzlich eine neuroleptische Medikation erfolgen (z. B. *Butyrophenone*, Tiaprid, *Carbamazepin*, *Clonidin*). (3) Zur Rückfallprophylaxe werden häufig sog. *Anti-Craving*-Medikamente eingesetzt, die die längerfristigen Entzugssymptome lindern und das Suchtverlangen abschwächen sollen. Diese wiederum lassen sich unterteilen in Medikamente zur Substitution des primären Rauschmittels, *Rezeptorantagonisten* und andere Psychopharmaka. In der Substitutionstherapie Opiatabhängiger kommen in erster Linie Substitutionsopioide mit verringertem Abhängigkeitspotenzial (z. B. *Buprenorphin*, *Methadon*, Polamidon, Dihydrocodein/ *Codein*, Diamorphin, retardierte *Morphine*) zum Einsatz, in der Tabakentwöhnung Nikotinersatzprodukte (Pflaster, Sprays, Sublingualtabletten). In der Alkoholentwöhnungsbehandlung haben sich insbes. *Acamprosat* (inhibitorischer Neuromodulator mit glutamatantagonistischer Wirkung) und *Naltrexon* (Opiatantagonist mit dopaminabschwächender Wirkung) bewährt. Des Weiteren kommen gelegentlich *Antidepressiva* oder *Neuroleptika* zum Einsatz. Während die meisten dieser übrigen Psychopharmaka in der Suchttherapie *off-label* eingesetzt werden können, besitzt bspw. der selektive *Noradrenalin- und Dopamin-Wiederaufnahmehemmer (NDRI) Bupropion* eine Zulassung für die Tabakentwöhnung in Dt. Die Evidenzlage (*Evidenzbasierung*) zeigt, dass eine Reihe von Anti-Craving-Medikamenten die Abstinenzrate mit mittleren bis hohen Effektstärken verbessert. Kern einer jeden Entwöhnungsbehandlung sollte jedoch die dauerhafte Verhaltensänderung mittels verhaltenstherap. Interventionen (*Sucht- und Substanzbezogene Störungen, Psychotherapie*) darstellen, die in der Entzugsphase nach gründlicher Abwägung des Nutzen-Risiko-Verhältnisses (*Nebenwirkungen* und -risiken) durch adjuvante Medikation unterstützt werden kann. S. Mühlig

Sucht- und Substanzbezogene Störungen, Psychotherapie [engl. *substance-related disorders, psychotherapy*], [KLI], die Therapie *Sucht- und substanzbezogener Störungen* kann zwei prinzipiell unterschiedliche Zielsetzungen verfolgen, die zugleich zwei konkurrierende Behandlungsphilosophien widerspiegeln: (1) die *Abstinenztherapie*, die auf völligen Konsumverzicht und dauerhafte Enthaltsamkeit abzielt, und (2) die *Selbstmanagementtherapie* (*Selbstmanagement*), die einen kontrollierten Konsum anstrebt oder den Drogenkonsum unter weniger gesundheitsgefährdenden Bedingungen ermöglicht ([engl.] *harm reduction*). Die Entscheidung für einen der beiden Ansätze hängt von den bes. Risiken und Charakteristika der jew. Substanz sowie von personalen und sozialen Bedingungen des indiv. Falles ab. So steht beim *injizierenden Konsum von Opioiden* i. d. R. die *Substitutionstherapie* mit dem Primärziel der Schadensbegrenzung im Vordergrund, um den Betroffenen das Überleben zu sichern und ernsthafte Gesundheitsfolgerisiken (Hepatitis, HIV und andere) zu minimieren. Beim *Alkohol* wird i. d. R. Totalabstinenz angestrebt, aber es kommt in Einzelfällen auch das Therapieziel eines kontrollierten und reduzierten Konsums in Betracht. Bei der *Tabakabhängigkeit* ist das Ziel des kontrollierten Rauchens weder aus suchttherap. noch aus med. Perspektive sinnvoll (*Raucherentwöhnung*). Die Behandlung von Abhängigkeitsstörungen beinhaltet i. d. R. mehrere therap. Stufen: (1) Körperlicher Entzug des Suchtmittels (med. Entgiftungsbehandlung), (2) psychotherap. Entwöhnungsbehandlung, (3) Resozialisierung und Mitbehandlung der Angehörigen/Bezugspersonen und (4) Mitarbeit in einer Selbsthilfegruppe. In Dt. liegen AWMF-S3-Therapieleitlinien unter Federführung der *Deutschen Gesellschaft für Suchtforschung und Suchttherapie* und der *Deutschen Gesellschaft für Psychiatrie, Psychotherapie und Nervenheilkunde* (DG-Sucht und DGPPN, 2015, [www.dg-sucht.de/s3-leitlinien]) für die Bereiche Alkohol und Tabak vor. Für Opioide, Cannabis und Partydrogen existieren bislang Leitlinien auf S2-Niveau (DG-Sucht und DGPPN, 2004), deren Aktualisierung in Planung ist.

Psychotherap. Ansätze mit ausreichender *Evidenzbasierung* im Bereich der Substanzstörungen sind vor allem kogn.-verhaltenstherap. Gruppeninterventionen (*Verhaltenstherapie*) und *Social-Support-Gruppen* sowie motivationsfördernde Maßnahmen. Im Einzelnen kommen i. R. einer komplexen Suchttherapie folg. evidenzbasierte Komponenten zum Einsatz: *Psychoedukation* (Wirkcharakteristika der Substanzen, Abhängigkeitsmechanismen, Risiken), motivierende Gesprächsführung, *soziale Unterstützung* (soziales Netz, Angehörigenarbeit, *Selbsthilfetechniken*), verhaltensherap. Verfahren (Reiz- und Reaktionskontrolle (*Bedingungskontrolle*), Triggervermeidung, *Selbstkontrolle*, *Verhaltensverträge*, Kontingenzmanagement (*operante Konditionierungsmethoden*), *Verstärkerpläne*, *Exposition*), kogn. Verfahren (*Selbstmanagement*, Stärkung der Selbstkontrolle, *kognitive Um-/Restrukturierung*), Training *sozialer Kompetenzen* (Ablehnungstraining, Erlernen von *Bewältigungsstrategien* für interpersonelle Konflikte). Internat. liegen zahlreiche evaluierte Therapieprogramme zur Behandlung von Substanzstörungen vor. Die meth. besten *randomisierten kontrollierten Studien* wurden mittlerweile in *Metaanalysen* und Systematic Reviews (z. B. *Cochrane Collaboration*) zus.gefasst und belegen insges. mittlere bis hohe *Effektstärken* der psychotherap. Interventionsverfahren in der Suchtbehandlung. Allerdings sind die langfristigen Therapieerfolgsquoten in der Versorgungspraxis der Suchtkrankenhilfe nach wie vor unbefriedigend. Im Durchschnitt werden nicht mehr als 30–60 % der Abhängigen in der Entzugstherapie dauerhaft abstinent; von den übrigen Pat. erreichen max. 50 % zumindest eine signifikante Reduktion der Konsummenge. In der Suchttherapie sind mehrere Therapieanläufe bis zum Erfolg eher die Regel als die Ausnahme. *S. Mühlig*

sudden gains/losses [engl.] plötzliche Gewinne bzw. Verluste; *therapeutische Veränderung*.

suffiziente Statistik [engl. *sufficient statistic*; lat. *sufficere* ersetzen], *Item-Response-Theorie (IRT)*, *Rasch-Modell*.

Suggestibilität [engl. *suggestibilty*]; *Suggestion*.

Suggestion (= S.) [engl. *suggestion*; lat. *sugerere* unterschieben, eingeben], **[EM, KLI, KOG, SOZ]**, ein bes. Weg der *Übertragung*. «S. ist die Beeinflussung des Denkens, Fühlens, Wollens oder Handelns eines Menschen unter Umgehung seiner rationalen Persönlichkeitsanteile auf der Grundlage eines zw.menschlichen Grundvollzuges, der zur affektiven Resonanz führt» (Stokvis & Pflanz 1961). Diese Def. legt das Gewicht auf die *Interaktion*. S. ist aber ebenso Begriff für die Fähigkeit des Suggerierenden (*Suggestivität*), für die suggestive Empfänglichkeit (*Suggestibilität*) und für den in die S. eingegebenen Inhalt. Die *Suggestibilität* ist abhängig von der habituellen Persönlichkeitsstruktur (Denk- und Urteilsfunktion, Selbstständigkeit), weiterhin vom Alter und Geschlecht (bei Kindern und Frauen angeblich erhöht) und von der aktuellen Situation (erhöht bei Angst, unbest. Wahrnehmungsfeld, Mangel an mitmenschlicher Beziehung, im leichten Schlaf, unter der Wirkung best. Pharmaka, in der Masse und in der *Hypnose*). Auch die *Suggestivität* erfordert eine herabgesetzte Kritik, ferner Sicherheit und Überlegenheit. Der S.inhalt muss auf die Erwartungen des Suggerendus, seine Intelligenz, Kultur und ethischen Prinzipien abgestimmt sein. Die *Psychoanalyse* versteht unter S. «die Wiederbelebung früherer Objektbeziehungen», was eine Regression voraussetzt. Als wesentlichste Teile der S. ergeben sich demnach: (1) eine affektive Gemeinschaftsbildung, (2) die Umgehung rationaler Persönlichkeitsanteile, (3) das Bedürfnis zur *Introjektion* aufseiten des Suggerendus. Die Partnerschaft ist bei der S. vorgegeben und auf ein gemeinsames Wertziel ausgerichtet, die Partner sind durch «Rückkoppelung» verbunden und fühlen sich trotzdem frei, denn ihre Zus.arbeit bleibt ihnen bewusst. *Aussagesuggestion*.

Suggestivität [engl. *suggestiveness*], *Suggestion*.

Suizid (= S.), [engl. *suicide*; lat. *suus*, *sui* sich, *caedere*, *cidere* töten], syn. *Suicid*, *Freitod*, *Selbsttötung*, **[KLI]**, die Beendigung des Lebens kann bei psych. Gesunden der Ausweglosigkeit einer persönlichen Situation sein (etwa unheilbare Krankheit), sie kann ebenso mit einer psychopathischen Entwicklung in Zus.hang stehen (Ausdruck einer angstvollen, verzweifelten Gefühlslage – S. im *Affekt*) wie auch mit einer *Psychose*, *Schizophrenie* oder Abhängigkeitserkrankung (*Substanzabhängigkeit*) einhergehen. Nach der Auffassung der *Tiefenpsychologie* stellt der S. das letzte Glied der Reihe: Selbstverurteilung – Selbstquälerei – Selbstschädigung – Selbstverstümmelung dar und damit das letzte Ziel der Selbstaggression und Selbstdestruktion. Als Gründe dieser von Freud als Manifestation des *Todestriebs* aufgefassten Selbstdestruktion finden sich verdrängte Schuldgefühle. Der unbewusste Sinn des S. liegt in der Sühne von Schuld durch Tod. Nach der Motivstruktur sind zu unterscheiden: Kurzschluss-, Bilanz-, Opfer-S. (z. B. Versicherungs-S. für die Hinterbliebenen) sowie viele Varianten auch des S.versuchs (Pseudo-S.). Die meisten S. sind Kurzschluss-S. nach einer akuten Krise (vom Entschluss bis zur Tat weniger als 6 Std.). In Dt. betrug die S.rate 1995 je 100 000 Einwohner 15 S. Männer begehen ihn häufiger als Frauen, die aber häufiger S.versuche ausführen. Der S. ist für Menschen unter 70 J. (Männer 70 %) nach Unfällen die zweithäufigste Todesursache. Bei der S.*prävention* ist es wichtig, *Suizidalität* (Selbsttötungsabsicht) zu erkennen und ernst zu nehmen. Regeln wie «Wer darüber spricht, tut es nicht» sind falsch. Wiederholungen und konkrete Vorbereitungshandlungen sind wichtige Hinweise. S.versuche können auch dann zum Tode führen, wenn diese nicht als zwingende Konsequenz geplant waren. In der Tab. sind allg. und spezif. Risikofaktoren für Suizdgefährdung aufgelistet (Hautzinger & Mayer 2006). *Psychotherapie* ebenso wie *Psychopharmaka* können sowohl helfen, S.impulse zu kontrollieren, als auch zugrunde liegende Probleme zu lösen oder zu mildern. Verträge oder Versprechen, sich nicht ohne Melden an einer fachlich kompetenten Stelle mit 24-Std.-Dienst umzubringen, können sehr wichtig sein. Es gibt zwar Menschen, die trotz fachlicher Hilfe S. immer wieder und schließlich mit Erfolg versuchen, vielen gelingt es aber, ihre Situation so zu verbessern, dass S. später kein Thema mehr ist. Nach S. kann auch die Betreuung von Bezugspersonen wichtig sein, um psych. Folgeschäden bei diesen vorzubeugen. Ausführliche Informationen zum therap. Umgang mit Suizidalität finden sich bei Reimer 2007. Bronisch 2007, Reimer 2007. *F. Caspar*

Suizid, erweiterter (= e. S.) [engl. *extended murder/suicide*], **[RF]**, benennt eine suizidale Handlung (*Suizid*), in die eine oder mehrere Personen ohne deren Einwilligung einbezogen werden, meist Kinder der suizidalen Person. Überlebt diese, während das Opfer stirbt, handelt es sich um den sog. unvollendet gebliebenen e. S. E.S. ist vom gemeinschaftlich ausgeführten S. zu unterscheiden, ebenso vom S. nach vorausgegangenem Tötungsdelikt. Bei e. S. wird immer wieder eine symbiotisch erscheinende Täter-Opfer-Beziehung beobachtet, deutlich vor allem bei Tötung des kleinen Kindes durch die Mutter. Die hier zu postulierende Entgrenzung in der Rollenwahrnehmung (*Rolle*) ist vornehmlich einer schwer depressiven Täterverfassung zuzuschreiben (*Depression*). Bronisch 2007. *P. Steck*

Suizidalität (= S.) [engl. *suicidality*; lat. *suus*, *sui* sich, *caedere*, *cidere* töten], Selbsttötungsabsicht. *Suizid*.

Suizidalität unter Psychopharmakotherapie [engl. *suicidality during psychopharmacotherapy*], **[PHA]**, für *Antidepressiva* und *Antikonvulsiva* wird z. T. schon sehr lange diskutiert, dass sie Suizidgedanken oder -impulse auslösen oder verschlimmern können. Große *Metaanalysen* haben

Risikofaktoren für Selbstmordgefährdung (Hautzinger & Mayer 2006)

1. Allgemeine Faktoren	Höheres Lebensalter
	Geschlecht: Frauen häufiger Suizidversuche, Männer sterben häufiger durch Suizid
	Alleinlebend
	Unverheiratet
	Einsamkeit, fehlendes soziales Netz
	Psychische Erkrankungen, u. a. Schizophrenie, affektive Störungen, chronische Störungen
	Persönlichkeitsstörungen
	Massive Schlafstörungen (z. B. längere Phasen von Schlaflosigkeit)
	Trennung oder andere zwischenmenschliche Verluste
	Belastende Lebensereignisse (u. a. Arbeitsplatzverlust)
	Kürzliche Entlassung aus einer psychiatrischen Klinik
	Jahreszeitliche Schwankungen, v. a. Frühjahr (Mai) und Herbst (Oktober/November)
2. Spezifische Faktoren	Selbstmordversuche in der Anamnese des/der Betroffenen
	Selbstmordversuche oder Suizide in der familiären Anamnese
	Impulsivität, v. a. im Zusammenhang mit früheren Suiziden
	In letzter Zeit wiederholt Gedanken an Tod oder Selbstmord oder der Wunsch zu sterben
	Wiederholte Anspielungen auf den Tod
	Androhungen von Selbstmord
	Selbstmordabsichten werden gegenüber spezifischen Dritten (z. B. nur einem bestimmten Freund, nur dem Therapeuten) geäußert
	Zunahme in der Schwere bzw. Gewalttätigkeit der Selbstmordversuche
	Vorsichtsmaßnahmen gegen das Entdecktwerden eines geplanten Suizids eruierbar
	Ein konkreter Selbstmordplan liegt vor, Vorbereitungen wurden oder werden getroffen (z. B. Testament, Abschiedsbrief)
	Verfügbarkeit oder Umsetzbarkeit der Methode ist gegeben (z. B. Waffe, Medikamente)
	Medizinisches Hintergrundwissen ist vorhanden und wird berücksichtigt
	Plötzliche Stimmungsänderungen (positiver wie negativer Art)
	Beginn oder Abklingen einer schweren depressiven Episode
	Starke Schuldgefühle
	Hoffnungslosigkeit
	Gefühl von Wertlosigkeit
	Anhedonie bzw. Verlust der Lebensfreude
	Subjektiv existieren wenig Argumente für ein Weiterleben
	Patient schildert solche Überlegungen und Pläne sehr gelassen und emotionslos

gezeigt, dass in klin. Studien unter Antidepressiva bei Kindern, Jugendlichen und jungen Erwachsenen (18–24 Jahre) mehr Suizidgedanken oder -impulse zu beobachten sind als unter *Placebo*. Das führte zu entspr. Warnungen der Arzneimittelzulassungsbehörden in den Fachinformationen und Packungsbeilagen. Dies ist wahrscheinlich darauf zurückzuführen, dass zu Beginn der Behandlung gerade unter den neueren *serotonergen* Antidepressiva Unruhe, Rastlosigkeit und Erregung auftreten können, die von einigen – entspr. disponierten – Pat. als so aversiv erlebt werden, dass sie Suizidgedanken oder -handlungen verstärken oder sogar auslösen können. Bei Behandlungsbeginn sind Pat. daher auf dieses Risiko hinzuweisen und in den ersten Behandlungswochen engmaschig auf Hinweise für Suizidalität zu untersuchen. Metaanalysen zeigen auch, dass das Risiko der Induktion von Suizidgedanken oder -impulsen durch Antidepressiva mit dem Alter abnimmt, bei Pat. über 65 Jahren ist es geringer als unter Placebo. Es ist zu beachten, dass Suizidalität ein mit einer depressiven Störung assoziiertes *Syndrom* ist, und dass sie nicht notwendigerweise mit der Pharmakotherapie assoziiert ist. Epidemiologische Studien zeigen, dass die mit der Einführung der *selektiven Serotonin-Wiederaufnahmehemmer* verbundene bessere Versorgung von Menschen mit depressiven Störungen weltweit in nahezu allen Industriestaaten zw. 1985 und 2000 mit einer z. T. deutlichen Abnahme der Suizidraten assoziiert war. Auch für Antikonvulsiva veranlasste die amerik. Arzneimittelzulassungsbehörde FDA 2008 die Aufnahme eines Warnhinweises, nachdem Befunde aus klin. Studien auf eine im Vergleich zu Placebo erhöhte Rate von Suizidgedanken und suizidalem Verhalten – vor allem zu Behandlungsbeginn – hingewiesen hatten. Es ist unklar, ob sich Antikonvulsiva in dieser Hinsicht in den Indikationen «*Epilepsie*» und «*bipolare Störungen*» differenziell verhalten. Neuere Bewertungen legen nahe, dass Antikonvulsiva, die zur Behandlung bipolarer Störungen eingesetzt werden (*Carbamazepin*, *Lamotrigin*, *Valproinsäure*), ein geringeres Risiko der Induktion von Suizidgedanken bzw. -handlungen bergen als Antikonvulsiva, die ausschließlich zur Behandlung von Epilepsien eingesetzt werden (*Levetiracetam*, Tiagabin, *Topiramat*, Vigabatrin). Es ist auch hier zu beachten, dass die Nichtbehandlung einer bipolaren affektiven Störung mit einem erheblichen Suizidrisiko einhergeht. Für das *Antipsychotikum Clozapin* und den *Stimmungsstabilisierer Lithium* gilt ein suizidpräventiver Effekt als belegt. *G. Gründer*

Sukzessivkontrast [engl. *successive contrast*; lat. *succedere* folgen], *Kontrast*.

Sukzessivschwelle [engl. *successive threshold*; lat. *succedere* folgen], *Simultanschwelle*.

Sulcus [engl. *sulcus*; lat. *Furche*] *Gehirn*.

Sulcus calcarinus [engl. *calcarine sulcus*; lat. *calcar* Sporn, *sulcus* Furche], [**BIO, WA**], Sehzentrum bzw. Endstelle der *Sehbahn* im Hinterhauptslappen (*Lobus occipitalis*). *Gehirn*, *visuelle Wahrnehmung*.

Sulpirid (= S.) [engl. *sulpiride*, [**PHA**], S. ist ein niedrigpotentes *Antipsychotikum* aus der Gruppe der substituierten *Benzamide*. S. antagonisiert selektiv D2- und D3-Dopaminrezeptoren, wobei es sich wahrscheinlich mehr im mesolimbischen als im nigrostriatalen System des *Gehirns* anreichert und die vornehmlich von den klassischen Antipsychotika der sogenannten ersten Generation (auch: klassische Antipsychotika) bekannten *extrapyramidal-motorischen Nebenwirkungen* seltener auftreten. In niedriger Dosierung scheint S. eine antidepressive Wirkung zu haben (*Depression*, *Depression, Psychopharmakotherapie*). Tierexperimentelle Untersuchungen legen nahe, dass die durch eine Blockade präsynaptischer Dopaminrezeptoren verursachte gesteigerte Neurotransmitterfreisetzung funktionell die Antagonisierung postsynaptischer Rezeptoren überwiegt. Ob die präferentiell mesolimbische Bindung oder der bevorzugte *Antagonismus* von Autorezeptoren eine Rolle beim Menschen spielt, ist unklar. Erst ab höheren Dosierungen von 300 bis 600 mg beeinflusst S. auch psychotische Symptomatik (*Psychose*). S. zeigt kaum Bindung an Plasmaproteine und wird rasch und überwiegend renal eliminiert. Bis zu 95 % des systemisch verfügbaren S. wird unverändert über die Nieren ausgeschieden. S. ist zugelassen zur Behandlung von akuten und chronischen *Schizophrenien* (*Schizophrenie, Psychopharmakotherapie*) im Erwachsenen- und Kindesalter, depressiven Störungen, wenn die Behandlung mit einem anderen Antidepressivum erfolglos war oder nicht durchgeführt werden kann, sowie zur Behandlung peripher-labyrinthärer Schwindelzustände bei Morbus Menière. Dosierung und Anwendungsdauer richten sich nach Art und Schwere des Krankheitsbildes. Im Allgemeinen sollte eine Tagesdosierung von 1000 mg nicht überschritten werden, bei therapieresistenten Schizophrenien sind bis zu 1600 mg täglich zugelassen, bei Depressionen liegt die übliche Tagesdosierung im Bereich bis 300 mg. *M. Paulzen*

Summationston [engl. *summation tone*], [**WA**], *Kombinationston* mit einer *Schwingungszahl*, die gleich der Summe der Schwingungszahlen zweier gleichzeitig dargebotener Töne (*Ton*) ist. *Hören, tonales Hören*.

Summativität (= S.) [engl. *summativity*; lat. *summa* Gesamtergebnis], [**WA**], Kennzeichnung für Strukturen der *Ganzheit* und *Gestalt*. Nach Köhler (1920) ein Zusammen «dann und nur dann eine reine Summe von Teilen oder Stücken, wenn es aus ihnen, und zwar einem nach dem anderen, hergestellt werden kann, ohne dass infolge der Zusammensetzung einer der Teile sich ändert». Bedeutsam wurde diese Def., als durch die *Gestaltpsychologie* nachgewiesen wurde, dass es Ganze gibt (z. B. melodische Tonfolgen), die nicht mit der «Summe» ihrer Teile (der einzeln dargebotenen Töne) übereinstimmen. Bei einer solchen Teil-Ganzes-Beziehung besteht Nichtsummativität (syn. Übersummativität). *Ganzqualität*, *Ganzbeschaffenheit*. Rausch 1967.

Summenkurve, Summenfrequenzpolygon [engl. *cumulative frequency polygon*; gr. πολύς (*polys*) mehrere, γωνία (*gonía*) Ecke], [**FSE**], *grafische Darstellung* der Summenverteilung oder kumulativen *Häufigkeitsverteilung*.

Sündenbocktheorie [engl. *scapegoat theory*], [**SOZ**], ein exp. nicht direkt belegter Erklärungsversuch für die Entstehung von feindlichen Gefühlen (*Feindseligkeit*) zw.

Mitgliedern versch. *Gruppen*: Die innerhalb der eigenen Gruppe (*ingroup*) erlebten Ursachen für *Aggression* werden – zugunsten des Gruppenzusammenhalts – auf Mitglieder von Außengruppen (*outgroup*) «verschoben». Allport 1952, Lindzey 1950.

sunk-cost effect (= S.) [engl. *sunk* versunken *cost* Kosten, syn. *sunk-cost fallacy*; *fallacy* Trugschluss], **[EM, KOG, SOZ, WIR]**, als S. bezeichnen Arkes und Blumer (1985) die Tendenz, ein Vorhaben (z. B. ein Projekt, eine Investition, eine Beziehung) fortzusetzen, wenn bereits eine Investition in Form von Geld, Anstrengung (Energie) oder Zeit getätigt wurde, also versunkene Kosten entstanden sind. Die bereits getätigten Investitionen beeinflussen die Entscheidung über zukünftige Investitionen und führen in Folge dazu, dass «gutes Geld schlechtem hinterhergeworfen wird» und im extremen Fall zu einer Eskalation des *Commitment* (z. B. Vietnamkrieg, Bieterverhalten bei Auktionen). Das Ausmaß des S. ist größer, wenn eine Person selbst für die vergangenen Kosten verantwortlich oder persönlich in die Entscheidungsprozesse und ihre Folgen involviert ist. Dieses aus entscheidungstheoretischer Perspektive irrationale Verhalten wurde erstmals ausführlich in der *Prospect-Theorie* (Kahneman & Tversky 1979) beschrieben. Der S. verletzt die Annahmen der neoklassischen ökonomischen Entscheidungstheorie, wonach versunkene Kosten, da sie unwiederbringbar sind, bei einer gegenwärtigen oder zukünftigen Entscheidung keine Rolle spielen dürfen. Da vergangene Kosten unabhängig von den Entscheidungsalternativen bestehen, sollten nur inkrementelle und zukünftige Kosten im Entscheidungsprozess berücksichtigt werden. Als Ursache des S. kann einerseits *Verlustaversion* angeführt werden und andererseits das Bedürfnis, nicht verschwenderisch zu erscheinen.

E. Kirchler/J. Stark

superadditive Spiele (= s. S.) [engl. *superadditive games*; lat. *super* über, *addere* hinzufügen], **[KOG, SOZ]**, sind *Koalitionsspiele*, bei denen der Zusammenschluss von Koalitionen zu einer größeren Koalition die Bewertung bzw. den Ertrag dieser resultierenden Koalition erhöht. Der Ertrag $v(S \cup K)$ einer Koalition, die sich aus der Vereinigung von zwei kleineren Koalitionen S und K ergibt, ist hier grösser oder gleich der Summer der Erträge der beiden kleineren Koalitionen bzw. in Formalsprache ausgedrückt: $v(S \cup K) \geq v(S) + v(K)$ für alle K; $S \subseteq N$ mit $S \cap K = \emptyset$. Diese Voraussetzung begünstigt Zusammenschlüsse von Koalitionen und legt hierdurch letztlich die Bildung einer großen Koalition nahe, die alle Spieler einschließt und den höchsten Ertrag erzielt. Aufgrund der Komplexität der Verhandlungsprozesses und wegen möglicher Konflikte bei der Bildung und der Aufteilung der Gewinne von großen Koalitionen kommt es jedoch häufig nicht zu deren Bildung und kleinere Koalition werden geformt. Zur Beschreibung und Vorhersage der *Koalitionsbildung* wurden zahlreiche spieltheoretische und psychologische Konzepte entwickelt. Einen bedeutenden Ansatz stellt hierbei die *Verhandlungstheorie von Komorita und Chertkoff* dar. *Spieltheorie*. Michener & Myers 1998, Crott 1992.

R. Hansmann

Super-ego [lat.] *Über-Ich*.

Supernormalität (= S.) [engl. *supernormality*; lat. *super* über, *norma* Regel, Norm], **[DIA, GES, KLI]**, von Cima et al. (2003) eingeführter Begriff für einen Aspekt der *Dissimulation*, mit dem die Tendenz zur systematischen Verleugnung weitverbreiteter Beschwerden bez. wird. I. d. S. wird S. als Gegenstück zur *Simulation* gesehen und ist von Antworten i. S. *sozialer Erwünschtheit* abzugrenzen, wie sie durch Offenheits- oder Lügenskalen (*Lügen-Score*) erfasst wird. Zur Erfassung der S. wurde die *Supernormality Scale – Revised* mit autorisierter dt.sprachiger Adaptation entwickelt. Ein verwandtes Konzept stellt der *good-old-days bias* dar, bei dem rückblickend verbreitete Gesundheitsbeschwerden vor einem (entschädigungspflichtigen) Ereignis verneint werden. *Beschwerdenvalidierung*. *T. Merten*

Superpositionseffekt [engl. *superposition effect*; lat. *super* über, *ponere* setzen, legen], **[KOG]**, Erscheinungsform der relativen Koordination (*relative Koordination*), bei der ein Rhythmus einen anderen überlagert (z. B. bei Flossenbewegungen von Fischen oder Armbewegungen von Menschen).

Supervision (= S.) [engl. *supervision* Aufsicht, Kontrolle; lat. *super-* über, *videre* sehen], **[AO, GES, KLI]**, Beratungsmethoden zur Reflexion von Arbeitsprozessen auf der interpersonellen, gruppen-, teammäßigen sowie organisationsbezogenen Ebene. Ein Supervisor (= Sr.) reflektiert z. B. mit Studierenden und Professionellen (z. B. Psychologen, Psychotherapeuten, Sozialarbeitern, Pädagogen, Pflegekräften) die jew. Arbeitsbeziehungen mit deren (abwesenden) Klienten; ebenso Team- und Organisationsprobleme. Dabei kommt es zu Lernfunktionen wie: reflektieren, unterstützen, konfrontieren, Neues probieren, Grenzen setzen, pos. Absichten unterstellen, Werte, Positionen und fachliche Standards verdeutlichen.

Ende des 19. Jhd. begann die S., aus den USA und Großbritannien kommend, als Hilfe und Kontrolle für Sozialarbeiter. Ferner wurde sie beeinflusst von der Kontrollanalyse für angehende Psychoanalytiker (*Lehranalyse*) bzw. Psychotherapeuten, die während und ggf. auch nach ihrer Ausbildung ihre «Fälle» einem erfahrenen Kollegen vortragen. Auch die von Balint begründete psychoanalytisch orientierte Weiterbildung für Ärzte, Psychotherapeuten, Sozialarbeiter u. a. Berufe (*Balint-Gruppe*) ist eine Form der S., bei der die Gestaltung der bewussten und unbewussten Kommunikation zw. Helfer und Klient im Mittelpunkt steht (*Beziehungsdiagnostik*).

In meth. Hinsicht ist die S. von den versch. psychoth. Richtungen beeinflusst; sie nutzt deren Kommunikationsmöglichkeiten. Allerdings darf die S. nicht mit Psychoth. verwechselt werden; persönliche Probleme der Supervisanden (= Supervisionsnehmer) sind i. d. R. kein Thema. Denn bei der S. handelt es sich um eine Fachberatung für berufliche Zwecke. Inzw. haben viele psychoth. Richtungen eigene (oft sehr ähnliche) Theorien und Methoden der S. entwickelt. Beim prozessorientierten Reflexionsverfahren S. beginnt der Sr. mit der Untersuchung, weshalb S. gerade jetzt gewünscht wird (*Nachfrageanalyse*). Vielleicht wird Druck auf ihn ausgeübt, das Problem möglichst so-

fort zu «lösen». Oft handelt es sich um komplizierte Leitungsprobleme oder Defizite in Team und Organisation wie auch «schwierige» Klienten mit einer langen Vorgeschichte. Dann ist ggf. zu untersuchen, weshalb man so lange gewartet hat. Im S.prozess kommt es zu vom Sr. unterstützten regelgeleiteten gemeinsamen Arbeitsprozessen. Während im Zentrum der S. von Einzelpsychoth. eher *Übertragungs-* und *Gegenübertragungs*prozesse stehen, kommt es bei der S. von Gruppenpsych. noch zu gruppalen Phänomen sowie dem *Spiegeleffekt*.
Obwohl S. in theoretischer Hinsicht in versch. Einzeldisziplinen (z. B. Sozialarbeit) bzw. Richtungen der Psychoth. entstanden ist, gilt sie heute als interdisziplinäre, mehrdimensionale Beratungswissenschaft, als «Hilfe für Helfer». In konzeptioneller Hinsicht gewann die Systemtheorie immer mehr an Bedeutung. Weil diese heutige dt. Auffassung von S. nicht mehr dem engl. Verständnis von «Kontrolle» entspricht, sollte man im engl.sprachigen Raum den Begriff «clinical supervision» verwenden.
Die Settings (Modalitäten, Arbeitsformen) der S. sind Einzel-, Gruppen-, Team- und Organisationss. Hierbei gibt es viele Parallelen zu verwandten Settings und Methoden des *Coaching*, das sich eher mit Leitungs- und Organisationsfragen beschäftigt. Am häufigsten kommt die Teams. vor. Teams. sind oft Teil von komplexen Organisationen, die wiederum eine eigene Geschichte und Kultur entwickelt haben (Gemeinschaftsideologie, Konkurrenz, Mythen, Tabus, Erfolgs- und Kränkungsgeschichten). Viele Probleme in Organisationen werden nicht nur durch das Fehlverhalten einzelner Personen, sondern durch strukturelle Mängel in Kommunikation, Organisation und Leitung bewirkt. Oft ist dann Einzel- oder Teams. nicht sinnvoll, sondern Coaching oder Organisationss. bzw. Organisationsentwicklung. Weiterhin kennt man die *kollegiale S.*, *Intervisionsgruppe* oder *Peergroup-S.* Dabei leitet, jew. im Wechsel, ein erfahrenes Gruppenmitglied die Sitzungen.
Es ist von Vorteil, wenn die Sr. sich im jew. Berufsfeld der Supervisanden auskennen, also über Feldkompetenz verfügen. Sr. sollten sich möglichst «neutral» verhalten und sich nicht in die Probleme oder Konflikte der Supervisanden verstricken lassen. Der Sr. sollte eine möglichst angstfreie Atmosphäre zur «freien Assoziation» herstellen, damit die Supervisanden mit möglichst geringer Ich-Kontrolle berichten können (Balint: Mut zur eigenen Dummheit). Wenn der Sr. (auf Honorarbasis) von außen kommt, spricht man von externer S.; gehört er der gleichen Organisation (etwa in einer Stabsstelle) an, handelt es sich um interne S. Die Ausbildung zum Sr. findet häufig bei versch. psychoth. oder supervisorischen Fachverbänden statt. Ebenfalls berufsbegleitend kann man an einigen Universitäten den akademischen Titel Diplom- bzw. Master-Sr. erwerben. Seit Jahrzehnten ist die S. in der Aus- u. Weiterbildung vieler Berufe bzw. Tätigkeiten etabliert. S. gilt als Qualitätsmerkmal und wird teilweise gesetzlich gefordert. Um die Approbation als ps. oder ärztlicher Psychotherapeut zu erlangen und zu behalten, muss jährlich eine gewisse Anzahl an S.std. (*Qualitätszirkel*) nachgewiesen werden.

Seit vielen Jahren ist die Wirksamkeit von S. gut erforscht. Wiss. Untersuchungen und versch. Fachverbände (z. B. Dt. Gesellschaft für Supervision, DGSv) haben Evaluationsstudien vorgestellt. S. wirkt v. a. auf der persönlichen und kollegialen Ebene (auch als *Burn-out*-Vorbeugung), weniger auf der organisatorischen Ebene. Belardi 2013a, Belardi 2015.
N. Belardi

Supervisory Attentional System (SAS) [engl. *supervisory* überwachend, *attention* Aufmerksamkeit], **[BIO, KOG]**, Norman & Shallice (1980) bzw. Shallice (1982): ein Modell der Aufmerksamkeitskontrolle, das annimmt, dass manche Handlungen automatisch ablaufen, andere jedoch bewusste *Kontrolle* benötigen. Versch. Schemata oder Pläne können parallel ablaufen und ermöglichen so die Ausführung von mehreren Handlungen gleichzeitig. Dadurch können Situationen entstehen, in denen verschiedene Pläne miteinander in Konflikt geraten. Das Modell besteht aus zwei Strukturen, demSAS und dem *Contention Scheduler* (CS). Das SAS hat eine begrenzte Verarbeitungskapazität und wird nur unter best. Bedingungen benötigt. Dazu gehören folg. Situationen: (1) Planung und Entscheidung, (2) neue oder schlecht gelernte Aufgaben und (3) Situationen, bei denen stark überlernte Prozesse überwunden werden müssen. Das Modell sieht neben dem SAS einen automatischen Prozessor, den CS vor, der in Routinesituationen aktiv ist. Der CS gewährt einem Schema zu einem best. Zeitpunkt auf der Basis festgelegter Prioritäten oder in Abhängigkeit von Umweltbedingungen Vorrang. Während der CS in hochautomatisierten Situationen aktiv ist, wird das SAS in neuen oder ungewöhnlichen Situationen benötigt (Shallice & Burgess 1996). Das SAS wird häufig als Modell (Shallice & Burgess 1991) für die Erklärung *exekutiver Dysfunktion* herangezogen. Shallice (1982) selbst schlägt vor, dass die kognitiven Defizite von Pat. mit präfrontalen Läsionen als eine Störung des SAS verstanden werden können. Die Steuerung des Verhaltens erfolgt bei diesen Patienten nur durch den CS. Duncan (1995) beschreibt mit dem SAS-Konstrukt desorganisiertes, inkohärentes Verhalten von Patienten mit dysexekutivem Syndrom. So wird bspw. bei *ADHS*, bei *Schizophrenie*, bei Autismus (*Autismus-Spektrum-Störung*) und bei *Morbus Parkinson* eine Dysfunktion des SAS angenommen.
S. V. Müller

Superzeichen [engl. *supersign*; lat. *super* über], **[KOG]**, *Zeichen* (ursprünglich i. S. der *Informationstheorie*) höherer Ordnung, das durch «Superierung», durch (kognitiven) Zusammenschluss von mehreren elementaren Zeichen entsteht (*recodieren*, «Komplexbildung» bei Dörner 1976). *Zeichen* wird hier jedoch in einem ausgeweiteten Sinne, etwa als Kognition, kogn. *Repräsentation*, verstanden. Frank 1974.
G. Kaminski

Suppression, expressive [engl. *expressive suppression*; lat. *supprimere* unterdrücken, *exprimere* ausdrücken]; *Emotionsregulation*.

Suppressorfelder [lat. *supprimere* unterdrücken], **[BIO, KOG]**, Bez. für Felder der Hirnrinde, die von McCulloch 1944 entdeckt wurden. Deren Reizung setzt die Aktivität anderer Felder herab, was z. B. bei der *Aufmerksamkeit* als

Herabmindern der Empfänglichkeit für andere Eindrücke von besonderer Bedeutung ist. McCulloch 1944.

Suppressortest (= S.) [engl. *suppressor test*], **[DIA, FSE]**, ein Untertest, der eine *Suppressorvariable* enthält. Ein S. korreliert mit dem Kriterium niedrig, aber mit einem anderen oder mehreren Tests hoch. Der S. trägt zur Validitätssteigerung einer Testbatterie bei.

Suppressorvariable (= S.) [engl. *suppressor variable*; lat. *supprimere* unterdrücken], *Regressionsanalyse*, **[DIA, FSE]**, eine Vorhersagevariable in einem Satz von Prädiktoren, die mit dem *Kriterium* niedrig, mit einem anderen Prädiktor aber hoch korreliert ist. Testängstlichkeit als S. könnte bspw. mit anderen Testungsmerkmalen in Zshang. stehen, aber unabhängig vom vorherzusagenden Merkmal (z. B. *Intelligenz*) sein. Bei Verwendung von S. (z. B. *Suppressortest*) kann die multiple Gültigkeit z. B. einer Testbatterie zur Vorhersage eines Kriteriums erhöht werden, da von dem anderen Prädiktor Teile der systematischen Varianz, die nicht mit dem Kriterium korreliert sind, «unterdrückt» werden (*Kriteriumsvalidität*). Das *Beta-Gewicht* einer S. und die *Korrelation* des Merkmals mit dem Kriterium haben unterschiedliche Vorzeichen. Wirtz & Nachtigall 2012.

surface acting [engl. *surface* Oberfläche, *acting* Schauspielerei]; *Emotionsregulation*.

surface trait [engl. *surface* Oberfläche, *trait* Merkmal, Wesenszug], *Oberflächeneigenschaft*.

surgency [engl.], **[PER]**, *Grundwesenszug* (F+) der 16 Persönlichkeitsdimensionen (*16-Persönlichkeitsfaktoren-Test Revidierte Fassung (16 PF-R)*), der unbekümmerten, sorgloses, lebendiges Verhalten charakterisiert. Der Gegenpol wird als *desurgency* (F−) bezeichnet und steht für nüchternes, kluges, schweigsames Verhalten.

Surrogat [engl. *surrogate*; lat. *surrogatus* Ersatz], *Substitution*.

Surrogatkriterium (= S.) [engl. *surrogate criterion*; lat. *surrogatum* Ersatz], **[FSE]**, bezeichnet abhängige Merkmale (*Variable, abhängige*) in einer *Evaluation*sstudie, von denen – theoret. oder empir. basiert – angenommen wird, dass sie in Zusammenhang mit den *Zielkriterien* der Studie stehen. Bspw. kann (1) bei der Evaluation einer Suizidpräventionsmaßnahme die Verringerung von Depressivitätswerten im Verlauf der Behandlung als günstig angesehen werden, um das eigentliche Zielkriterium *Ausbleiben von Suizidversuchen* zu erreichen. Der Nachweis der Wirkung auf das S. kann jedoch nicht gleichgesetzt werden mit dem Nachweis der Wirkung auf das Zielkriterium. (2) Generell kann die Zufriedenheit mit einer Maßnahme i. d. R. nur als S. gelten, da dadurch nicht erfasst wird, ob sich das zu modifizierende Merkmal (z. B. Zielkriterium *soziale Kompetenz* bei einem Training zur sozialen Kompetenz) tatsächlich auch entspr. verändert. (3) Bei psychiatr. erkrankten Straftätern aus dem Maßregelvollzug ist die Veränderung von Persönlichkeitsmerkmalen als günstiges S. anzusehen. Die Evaluation der tatsächlichen Legalbewährung nach Entlassung (Zielkriterium) kann hierdurch jedoch keineswegs ersetzt werden. Ein S. gibt plausible Hinweise auf die Wirksamkeit einer Maßnahme, darf aber nicht als zentrales Kriterium zur *Evaluation* der Wirksamkeit einer Maßnahme verwendet werden. *Outcome*. Metzler & Krause 1997.

survey feedback workshops [engl. *survey* Befragung, *feedback* Rückmeldung, *workshop* Arbeitstreffen], *Mitarbeiterbefragungen*, *Organisationsentwicklung*.

survey research [engl. *survey* Befragung, *research* Forschung], *Meinungsbefragung*.

Survey-Test [engl. *to survey* erheben, untersuchen, genau betrachten], **[DIA]**, *Test* (i. d. R. mittels *Fragebogen*) zur Erhebung von Meinungen und Einstellungen oder des Leistungs- oder Kenntnisstandes auf best. Wissensgebieten.

Survivalanalyse [engl. *to survive* überleben], syn. Ereigniszeitanalyse, **[FSE]**, *regressionsanalyt.* Verfahren zur Vorhersage der Zeit bis zum Eintreten eines Ereignisses aufgrund der Ausprägungen eines (einfaches Modell) oder mehrerer (multiples) Prädiktors/en. *Cox-Regression*, *Kaplan-Meier-Schätzer*, *Statistische Datenanalyseverfahren*, *Überlebenskurven* Hosmer et al. 2008, Machin et al. 2006.

Suvorexant *Orexinantagonisten*.

syllogistic reasoning [engl.], schlussfolgerndes Denken. *Schließen, logisches*, *Denken*.

Symbiose [engl. *symbiosis*; gr. συν *(syn)* mit, gemeinsam, βίος *(bios)* Leben], (biolog.) ein direktes Zusammenleben zweier Organismusarten zum beiderseitigen Nutzen. *Ethologie*.

symbiotische Psychose [engl. *symbiosic psychosis*; gr. συν *(syn)* mit, gemeinsam, βίος *(bios)* Leben]; *induziertes Irresein*.

Symbol (= S.) [engl. *symbol*; gr. συμβάλλειν *(symballein)* zusammenfügen, σύμβολον *(symbolon)* Erkennungs(merkmal)], **[KLI, KOG]**, Zeichen, Kennzeichen, auch Sinnbild, das eine best., nicht ohne Kenntnis des Zusammenhangs ersichtliche Bedeutung ausdrückt oder sogar für einen geheimen Sinngehalt steht. Das S. ist rational-irrational. Beispiele für solche Symbolik sind: religiöse Zeichen (Kreuz), viele Regeln des sozialen Lebens (Verbeugung u. a. m.), die sog. Blumensprache. Symbolgehalte im Erleben und Handeln sind bes. von der *Psychoanalyse* untersucht worden. So sollen best. Begriffe die Bedeutung von Sexualsymbolen besitzen. Eine große Rolle spielen die Symbole im Traum, in dem die latenten Traumgedanken sich in symbolisch verkleideter Form zeigen. In der *Analytischen Psychologie* wird das S. deutlich unterschieden vom Zeichen, das stellvertretend steht, wie z. B. die Flagge für den betreffenden Staat. Das S. ist komplexer Natur und enthält Bewusstes und Unbewusstes (*bewusst – unbewusst*), Rationales und Irrationales, ist zugleich Bild und Dynamik und spricht die vier Funktionen *Denken*, Fühlen, Intuieren und Empfinden an. Wegen dieser vermittelnden Funktion hat das S. große Bedeutung im Energiehaushalt der Psyche, denn es vermag als «Energietransformator» (Jung) vom unbewussten Bild zur bewussten Erkenntnis zu führen und als Vereinigung von Gegensätzlichem heilend zu wirken. S. begegnen uns vor allem in den Gestaltungen des Unbewussten wie Träumen, Bildern, Märchen, Mythen und in Kunst und Religion. S. ist außerdem eine spez. Klasse von *Zeichen*, bei der die Beziehung von Zeichenform und Bezeichnetem (*Bedeutung*) durch Konvention geregelt wird. Die S.zeichen werden damit von allen jenen Zeichen abgehoben, bei denen eine natürliche Beziehung zwischen Zeichenform und Bezeichnetem angenommen wird, wie es beim ikonischen Zeichen und beim Indexzeichen der Fall ist. Die wichtigste Gruppe der S.zeichen sind die Wörter natürlicher Sprachen. Nach dem Prinzip der Arbitrarität zw. Zeichenform und Bedeutung bei diesen Zeichen kann aus den Wortformen im Normalfall nicht auf Eigenschaften der durch die Wortform bezeichneten Gegenstände oder auf ihre Bedeutung geschlossen werden. Dies erklärt, warum gleichen Gegenständen oder Sachverhalten in den versch. natürlichen Sprachen versch. Zeichenformen zugeordnet werden.

Symbolbewusstsein für Wörter [engl. *awareness of symbols*], **[EW, KOG]**, das Verständnis der Wortbedeutung, das Wissen, dass Wörter Zeichen für Gegenstände sind. Tritt beim Kind frühestens mit 1–2 Jahren auf. *Sprachentwicklung*.

Symbolfunktion (= S.) [engl. *symbol function*; gr. σύμβολον (*symbolon*) Erkennungs(merkmal)], **[EW]**, bei Piaget (*Piaget, Jean, Entwicklung, Stufentheorie nach Piaget*) die allg. Fähigkeit des Menschen, aber auch best. höherer Tiere, bildhaft-vorstellungsartige *Repräsentationen* (*Zeichen*) zu entwickeln und zu verwenden. In der *Ontogenese* tritt die S. nach Piaget in den letzten Entwicklungsstadien der sensomotorischen Intelligenz in Erscheinung, wobei er annimmt, bildhafte (bei ihm «symbolische») Repräsentationen entstünden aus verinnerlichten sensomotorischen Nachahmungen. Piaget 1945. *G. Kaminski*

Symbolisation [engl. *symbolization*; gr. σύμβολον (*symbolon*) Erkennungs(merkmal)], **[KLI]**, einer der *Abwehrmechanismen des Ich* in der *Psychoanalyse*. Die Ersetzung eines Triebobjektes durch ein *Symbol* und die Übertragung der ursprünglich gegenüber dem Triebobjekt bestehenden Beziehung auf dieses Symbol, z.B. Ersetzung der Vaterautorität durch militärische Rangabzeichen und die Übertragung der ursprünglich gegenüber dem Vater bestehenden Angst auf militärische Vorgesetzte.

symbolische Prozesse [engl. *symbolic processes*], **[KOG]**, vorwiegend von neobehavioristischen Theoretikern (z.B. Mowrer 1960) verwendeter Sammelname für best. hypothetische Konstrukte, etwa den *representational mediation processes* bei Osgood (1953) entsprechend. Damit sollen unter S-R-theoretischen (*S-R-Theorie*) Voraussetzungen alle diejenigen Erscheinungen und Vorgänge zus.gefasst und interpretiert werden, die von «Kognitivisten» unter Bezeichnungen wie *Bewusstsein*, *Denken* u.Ä. behandelt werden (*imagery*, *zweites Signalsystem*, *Sprache*, *innere*). In der Kettenstruktur der S-R-Theorie werden alle *Repräsentationen* als Prozesse gedeutet, was spez. für zeitlich überdauernde Repräsentationen von Hebb (1949) als unbefriedigend angesehen und mit eigenen Konzeptionen beantwortet wurde. *G. Kaminski*

symbolischer Interaktionismus (= s.I.) [engl. *symbolic interactionism*; gr. σύμβολον (*symbolon*) Erkennungs-(merkmal), lat. *inter* zwischen, *agere* handeln], **[PHI, SOZ]**, baut im Prinzip auf einem analogen Wirklichkeitsverständnis auf wie der *Ethnomethodologie*. Es wird die Annahme zugrunde gelegt, dass die Menschen ihre soz. Wirklichkeit erst im Zuge ihrer Interaktion miteinander sinnhaft konstruieren, dass also keine objektive Wirklichkeit außerhalb dieser Interaktionen existiert. Harold Garfinkel nutzte in diesem Zusammenhang auch den Begriff der *Vollzugswirklichkeit* (vgl. Bergmann 1988, Kurseinheit 1), um deutlich zu machen, dass es jenseits eines konkreten interaktiven Vollzugs von Wirklichkeit keine Wirklichkeit gibt, und dass, wenn ein anderer Vollzug von Wirklichkeit vollzogen wird, sich eine andere Wirklichkeit ergibt (*Sozialkonstruktivismus*). Die Interaktionen sind aber durch symbolische Kodifizierungen vermittelt und basieren in erster Linie auf konventionalisierten Interaktionsformen, Sprachhandlungen, Gesten, Ritualen und anderen Symbolisierungen. Der s.I. leugnet damit also auch nicht – was immer wieder als Kritik an ihn vorgebracht wird – soz. Strukturen, die Menschen in ihren Interaktionen anleiten (Koob 2007); diese determinieren die soz. Akteure allerdings nicht. Blumer 2004. *J. Kruse*

Symbolspiel [engl. *symbolic game*], *Spiel*.

Symmetrie (= S.) [engl. *symmetry*; gr. συν (*syn*) mit, gemeinsam, μέτρον (*metron*) Maß], **[KOG, WA]**, exakte Entsprechung von Größe und Position korrespondierender Teile bezogen auf eine Referenzachse (z.B. bei Spiegelungss./Reflexionss.) oder einen Referenzpunkt (z.B. bei Drehs./Rotationss.) bzw. bei Wiederholung. Spiegelungss., Drehs. und Wiederholungss. treten – zumindest annähernd – bei vielen natürlichen Objekten auf (Kristalle, Pflanzen, Tiere); darüber hinaus spielt die Zentrals. für die Raum- und Bewegungsorientierung (*Bewegungswahrnehmung*) eine bes. Rolle. Formal gesehen handelt es sich bei den versch. Arten von S. um ineinander überführbare Gruppenstrukturen (H. Weyl). Physikalisch betrachtet werden bei symmetrischen Formen Minima für die zu ihrer Aufrechterhaltung notwendigen Energien erreicht (Köhler). Die vor allem von Gestaltpsychologen (*Gestaltpsychologie*) postulierte Tendenz zur S. bezieht sich in der visuellen Wahrnehmung vor allem auf die Zentrals. und die Spiegelungss. (vor allem mit senkrechter Referenzachse), im akustischen Bereich, spez. bei der Sprach- und Musikwahrnehmung, zeigt sich dagegen eine Tendenz zur Wiederholungss.. Stevens 1984, Zimmer 1984. *A. Zimmer*

Symmetrietäuschung [engl. *symmetry illusion*], **[WA]**, ein im Optischen (*visuelle Wahrnehmung*) wie im Haptischen (*Hautsinne (Tast-, Temperatur-, Schmerzsinn)*) wirksamer wahrnehmungsdynamischer Effekt (Witte 1960). Ist eine figurale Größe a (Strecke, Winkel, Fläche) in eine gleichartige Größe b oder eine Gruppe solcher Größen mit b als größtem Glied radial- oder axialsymmetrisch eingebettet, so wird die eingebettete Größe gegenüber einer geometrisch gleichen, aber isolierten Größe überschätzt. Das relative Maß dieser Abweichung hängt von einer für alle Täuschungen dieser Art charakteristischen Beziehung zwischen a und b ab. Heller & Witte 1961.

Sympathie [engl. *sympathy*; gr. συν (*syn*) mit, gemeinsam, πάθος (*pathos*) Leiden(schaft)], **[EM, SOZ]**, Mitgefühl; durch einfühlendes Verstehen bestimmte Zuneigung,

zwischenmenschliche *Attraktivität*, interpersonale Attraktion. Ggs. *Antipathie*. Mikula & Stroebe 1977.
Sympathikolytika (= S.) [engl. *sympathicolytics*], syn. *Sympatholytika*, [**BIO, PHA**], chem. Substanzen, die mit vorwiegend *sympathikolytischer* Wirkung die Aktivität des *Sympathikus* hemmen. Repräsentative Bsp. *VNS-Pharmaka*. Die praktisch wichtigsten S. sind die *Beta-Rezeptorenblocker*.
sympathikolytisch [engl. *sympathicolytic*], [**BIO, PHA**], Wirkungsart chemischer Substanzen, die die *Sympathikus*aktivität hemmen/blockieren, gemeinsames Kennzeichen ist die Hemmung der Wirkungsentfaltung von biogenen *Katecholaminen*, insbes. *Noradrenalin* im peripheren vegetativen *Nervensystem*.
Sympathikomimetika (= S.) [engl. *sympathomimetics*], [**BIO, PHA**], Substanzen, die zu Erregung des *Sympathikus* (*Nervensystems*) führen. Man unterscheidet zw. indirekten S., die die Wirkung von *Noradrenalin* an den postganglionären sympathischen *Synapsen* verstärken (Förderung der Freisetzung oder Hemmung der Inaktivierung), und direkten S., die die Wirkung von *Adrenalin* und/oder Noradrenalin an den postsynaptischen Rezeptoren nachahmen. Nach Art der beeinflussten Rezeptoren werden Alpha- und Beta-S. unterschieden. Eine Gleichsetzung der S. mit *Adrenergika* ist, obwohl häufig vorgenommen, problematisch, weil (1) das sympathische System nicht allein durch Noradrenalin oder Adrenalin bzw. verwandte Substanzen erregt wird und weil (2) viele adrenerge Substanzen auch auf das ZNS wirken, ohne dass das periphere sympathische System erregt wird. Viele S. haben zugleich starke zentrale Effekte und sind als *Psychostimulanzien* zu betrachten. Wirkungen von S. sind unterschiedlich entspr. den Wirkungsmechanismen und den zusätzlich veränderten physiol. Systemen. Nach den Wirkungsmechanismen können Substanzen, die direkt an den Rezeptoren angreifen (*Rezeptorenblocker*), von solchen, die die Biosynthese oder Speicherung der *Catecholamine* beeinflussen, differenziert werden. Nach Angriffsorten können Alpha- und Beta-Rezeptoren unterschieden werden. Die Effekte von S. auf das Verhalten sind vollkommen unterschiedlich. Es finden sich sowohl stimulierende als auch desaktivierende Effekte. *VNS-Pharmaka*. *W. Janke*
sympathikomimetisch [engl. *sympathomimetic*], [**BIO, PHA**], Wirkungsart chemischer Substanzen, die den *Sympathikus* erregen. Sie ist unterschiedlich, je nachdem ob vorzugsweise die sog. Alpha- oder Beta-Rezeptoren erregt werden. Erregung der Alpha-Rezeptoren (z. B. durch *Noradrenalin*) induziert u. a. Blutgefäßverengung (nur in einigen Systemen, z. B. Haut, Skelettmuskeln, Niere), Speichelflussverminderung, Hemmung der Magensaftsekretion, lokalisiertes (*adrenerges*) Schwitzen. Erregung der Beta-Rezeptoren führt u. a. zur Steigerung der Herzfrequenz, Herzschlagvolumen, Dilatation der Blutgefäße der Skelettmuskeln und der Bronchien, Reduktion der Magen-Darm-Motilität (Glykogenmobilisierung, Lipolyse). *W. Janke*
Sympathikotonie [engl. *sympathicotonia*; gr. τόνος *(tonos)* Spannung], *Ergotropie, ergotrop*.

Sympathikus, sympathisches Nervensystem [engl. *sympathetic nervous system*], [**BIO**], Untergruppe des autonomen (vegetativen) *Nervensystems*. In funktioneller Hinsicht antagonistisch wirkend zum Parasympathikus.
Symptom (= S.) [engl. *symptom*; gr. σύμπτωμα *(symptoma)* (zufällige) Begebenheit], [**DIA, KLI**], kleinste Beschreibungseinheit psych. oder somatischer Beeinträchtigung. Eine Zus.stellung und Def. von psychopathologischen S. findet sich im *AMDP-System*. Im engl.sprachigen Bereich wird weiter zw. sog. *symptoms* (= vom Pat. berichtet) und *signs* (= von außen beobachtbar) unterschieden. Im Bereich der *Psychiatrie* existiert kein S., das für sich alleine eine Diagnose abzuleiten erlaubt bzw. für ein Krankheitsbild spezif. ist (= pathognomisch).
Symptomatologie: Lehre von den S. (Beschreibung, Bedeutung, differenz. Abgrenzung und gegenseitige Verwandtschaft). Im Bereich der Psychiatrie werden S. oft auf höher angeordneten Ebenen gruppiert. *Syndrom*ebene: Kombination überzufällig häufig gemeinsam auftretender S. (z. B. Depressivitätssyndrom, Hostilitätssyndrom). Diagnoseebene: Kriterien in der Operationalisierung psych. Störungen i. R. von Klassifikationssystemen (*Klassifikation psychischer Störungen*). Payk 2010. *R.-D. Stieglitz*
Symptomatologie *Symptom*.
^(Test)**Symptom-Checkliste (SCL-90-R)**, 2002, G. H. Franke, [www.testzentrale.de], [**DIA, GES, KLI**], klinisches Verfahren. AA ab 12 Jahren. Die SCL-90-R wurde von Derogatis 1975 als ein klin.-psychol. bzw. med.-psychol. *Fragebogen* zur Erfassung der subj. Beeinträchtigung durch körperliche und insbes. psych. Symptome (*Symptom*) entwickelt. Die dt. Version wurde von G. H. Franke im Jahr 2002 in 2. Auflage mit neuer *Normierung* veröffentlicht. Die SCL-90-R kann ab dem 12. Lebensjahr eingesetzt werden und besteht aus 90 Items, davon sieben Zusatzitems, die neun Symptomskalen (*Somatisierung, Zwanghaftigkeit, Unsicherheit im Sozialkontakt, Depressivität, Ängstlichkeit, Aggressivität/Feindseligkeit, phobische Angst, paranoides Denken* und *Psychotizismus*) zugeordnet sind und die Berechnung von drei Kennwerten zur Quantifizierung der Gesamtbelastung ermöglichen. Augenschein- und Inhaltsvalidität (*Validität*) sind gegeben, die postulierte Faktoren- bzw. Skalenstruktur (*Faktorenanalyse*) ist nicht konsistent bestätigt worden. *Interne Konsistenzen* für die Skalen liegen zw. $r = .64$ und $r = .89$, für die Globalkennwerte .92-.95. Es liegen geschlechts- und altersspezif. Normwerte für Jugendliche und Erw. und außerdem für Studierende vor. Für die Bewertung von Veränderungen sind Konfidenzintervalle (*Konfidenzintervall*) und der *reliable change index* angegeben. Die SCL-90-R und ihre Kurzform (*Brief Symptom Inventory von Derogatis (BSI)*) gehört zu den am häufigsten eingesetzten Verfahren in der klin.-psychol. Diagnostik und bei der *Evaluation* klin. Interventionen. Eine PC-Version ist vorhanden. *C. Hermann*
Symptomhandlung [gr. σύμπτωμα *(symptoma)* (zufällige) Begebenheit], [**KLI**], nach Freud (*Psychoanalyse*) anscheinend spielerisch-nebensächliche Handlung, die aber eine unterbewusste Vorstellung andeutet. Sie tritt oft als Zwangsgewohnheit in Erscheinung.

Symptomtagebuch (= S.) [engl. *symptom diary*], [**DIA, GES, KLI**], bez. ein *Selbstbeobachtungs*verfahren und gehört zu den Standardmethoden der *Verhaltenstherapie*. S. sind jew. symptomspezif. (*Symptom*) gestaltet, dementspr. existieren zahlreiche versch. S. wie z. B. Angsttagebücher, Schmerztagebücher oder Esstagebücher. In einem S. werden Auftreten und Intensität der interessierenden Symptome sowie ggf. spez. Symptomcharakteristika (z. B. einzelne körperliche Symptome bei einer *Panikattacke*) protokolliert, außerdem werden in vielen S. Informationen zum situativen Kontext (Tag, Uhrzeit, Ort, konkrete Situation, auslösende Bedingungen u. Ä.) und zu möglichen Verhaltenskonsequenzen erhoben. In einem S. kann das jew. interessierende Symptom entweder ereignisbezogen, also bei dessen Auftreten (z. B. Beginn/Ende einer Panikattacke), protokolliert werden oder die Symptomatik wird zu festgelegten Zeitpunkten (z. B. morgens, mittags, abends) regelmäßig eingeschätzt. In der Verhaltenstherapie sind S. eine wichtige Grundlage für die *Verhaltensanalyse* und werden häufig zur Verlaufskontrolle während der Psychoth. eingesetzt (*therapeutische Veränderung*). Auch in der Med. werden S. inzw. häufig eingesetzt. *Tagebuch*.   C. Hermann

Symptomvalidierung [engl. *symptom validity assessment*], *Beschwerdenvalidierung*.

Symptomverschiebung, Symptomsubstitution (= S.) [engl. *symptom shifting/substitution*; lat. *substituere* ersetzen], [**KLI**], Prozess, der anstelle eines verschwundenen Symptoms ein anderes aufkommen lässt. Symptomwandel, wenn ein neues *Symptom* zu einer anderen Krankheitsklasse gehört. In den 1960er-Jahren war das Thema Streitpunkt zw. *Verhaltenstherapie* («Mythos S.») und *Psychoanalyse* («Verhaltenstherapie heilt nicht»). Freuds Erfahrungen, dass nach *Hypnose* S. auftreten kann, führten zur Erklärung, dass eine erhaltene neurotische Disposition und aktuelle innere Konfliktsituation Entstehungsgrundlage neuer Symptome über Abwehrmechanismen (*Abwehrmechanismen des Ich*) seien. Es gilt als gut belegt, dass S. selten auftreten, was v. a. damit zu erklären ist, dass, wie immer ein Problem ursprünglich entstanden ist, dessen Eigendynamik (z. B. *Teufelskreis* der Vermeidung bei Angst) bei der Aufrechterhaltung im Vordergrund steht und erfolgreich behandelt werden kann. Andererseits kann eine Störung z. B. aufrechterhalten werden, oder es können problematische andere «Lösungen» entwickelt werden, wenn die Störung für den Betroffenen relevante offene oder versteckte Vorteile hatte (Perrez & Otto 1978). [**KOG**], Lernpsychol. Modell der S. sind Wechselwirkungen zw. versch. *Verhaltensebenen*, die therap. unterschiedlich stark gelöschte Symptomreste wiederbeleben.
    F. Caspar

Symptomverschreibung [engl. *symptom prescription*], *negative Übung*, *Systemische Therapie*.

Symptomwahrnehmung (= S.) [engl. *symptom perception*], [**GES, KLI**], im Unterschied zu diskreten, vom Subjekt nicht ohne Hilfsmittel oder Hilfestellungen zu erfassenden Symptomen sind subj. Körpersymptome das Ergebnis von Prozessen der Informationsverarbeitung, die als S. bez. werden. Zu diesen Prozessen gehören neben der Wahrnehmung somatischer Vorgänge (vgl. *Interozeption*, *Propriozeption*) auch kogn. Attributions- (*Kausalattribution*) und Interpretationsformen. Ob eine unklare *Empfindung* als *Symptom* interpretiert wird, hängt so u. a. davon ab, ob ein Begriff für die Empfindung zur Verfügung steht, ob Hypothesen für deren Bewertung vorliegen und welchen Ursachen die Empfindung zugeschrieben wird.   T. Klauer

Synanon-Gruppen [engl. *synagon groups*; gr. *σύν (syn)* mit, gemeinsam, *ἄγειν (agein)* führen], [**KLI**], Selbsthilfegruppen für Drogenabhängige. 1958 in den USA erstmals hervorgetreten. Alle Teilnehmer sind Drogenabhängige oder ehemals Drogenabhängige (*Anonyme Alkoholiker*). Hohe Gruppenkohäsion durch ähnliches Schicksal und wenig geglückte Außenbeziehungen. Strenge Disziplin und Anwendung verbaler Angriffe als Therapie (*Hot-Seat-Technik*).

Synapse (= S.) [engl. *synapse*; gr. *σύν (syn)* zus., *ἅπτειν (haptein)* berühren, fassen], [**BIO**], Verbindungsstelle zur Erregungsübertragung von einem *Neuron* auf ein anderes oder auf ein Organ (z. B. Muskel). Der Begriff S. stammt von Sherrington (1897) und bez. die Endverzweigung des Axons, durch die in knöpfchenförmiger Enderweiterung der Kontakt zu anderen Neuronen hergestellt wird. Jede S. besteht aus einem präsynaptischen Teil (dem markscheidenlosen Endknopf eines Neuriten mit der präsynaptischen Membran) (s. Abb.) und dem postsynaptischen Teil, bestehend aus der subsynaptischen Membran z. B. des Dendriten eines anderen Neurons. Beide haben keine direkte Verbindung miteinander, sondern sind durch den 200 bis 600 Å (1 Ångström = 10^{-10} m) breiten synaptischen Spalt voneinander getrennt. Die Erregungsübertragung erfolgt an diesen «Schaltstellen» des Nervensystems durch chemische Übertragersubstanzen (*Neurotransmitter*), die in winzigen Bläschen, den synaptischen Vesikeln, im Endknöpfchen gespeichert sind und durch die ankommende elektrische Erregung in den Spaltraum freigesetzt werden. Das bewirkt eine Depolarisierung an der subsynaptischen Membran und führt hier zur Entstehung des sog. exzitatorischen postsynaptischen Potenzials (EPSP) mit relativ niedriger Amplitude (10^{-20} mV) und charakteristischem Zeitgang. Wird durch mehrere EPSP am Neuron eine kritische Schwelle überschritten (Summation, Dekodierung), dann kommt es zur Erregung des gesamten Neurons und zur Entstehung eines Aktionspotenzials. Außer diesen exzitatorischen S. gibt es auch inhibitorische (hemmende) S. Bei einer ihrer Formen, der postsynaptischen Inhibition, bewirkt eine entspr. freigesetzte Transmittersubstanz nicht eine De-, sondern eine Hyperpolarisation (weitere Negativierung) der subsynaptischen Membran und damit die Entstehung eines (neg.) *inhibitorischen postsynaptischen Potenzials (IPSP)*, das die Erregbarkeit der Nervenzelle herabsetzt und damit auf die Weitergabe anderer – über andere S. an der Nervenzelle ankommende – Erregungen hemmend wirkt. Eine Nervenzelle kann von wenigen bis zu einigen hundert S. angesteuert werden. Man unterscheidet nach Art der Neurotransmitter cholinerge S. (mit z. B. *Acetylcholin*) und adrenerge S. (mit z. B. *Adrenalin*).

Weiter lassen sich nach der Struktur unterscheiden: axodendritische S., das sind Verbindungen zw. Axon und einem Dendriten der Nachfolgezelle, axosomatische S., also zw. Axon und Zellkörper, die bisweilen Signale in beiden Richtungen übertragen können, und axo-axonale S., die eine präsynaptische Hemmung vermitteln können und dadurch die Wirkung der anschließenden S. beeinflussen. Becker-Carus 2004, Schmidt et al. 2000.

C. Becker-Carus

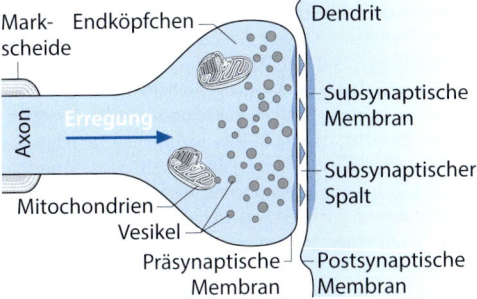

Synapse

Synästhesie (= S.) [engl. *synesthesia*; gr. σύν *(syn)* mit, gemeinsam, zusammen, αἴσθησις *(aisthesis)* Empfindung], [**EM, WA**], syn. *Mitempfindung*, d. h. gleichzeitiges Empfinden von zwei verschiedenen Eindrücken bei Reizung eines Sinnesorgans. Hören von Tönen bei Farbeneindruck, Sehen von Farben bei Tönen, Verbindungen zw. Sehen und Geschmack, Geruch und Geschmacksempfindung, Ton und Geschmack u. a. m. Synästhetiker ist die Bez. für den, der S. erlebt. S. kann durch die Wirkung einer Substanz (z. B. best. Drogen) oder durch körperliche oder psych. Erkrankungen ausgelöst werden, aber manche gesunde Menschen erleben S. auch in ihrer alltäglichen *Wahrnehmung*. Erste Beschreibungen der S. stammen aus dem 19. Jhd. Die S. wird seit den frühen 1980er-Jahren von Forschergruppen wieder verstärkt untersucht. Man geht heute davon aus, dass die Zahl der genuinen Synästhetiker, die S. seit ihrer Kindheit in ihrer alltäglichen Wahrnehmung erleben, zw. 1:500 und 1:25 000 liegt. S. tritt familiär gehäuft und bei Frauen achtmal häufiger auf als bei Männern. Es wird daher vermutet, dass Anlagen auf dem X-Chromosom oder hormonelle Faktoren bei der Gehirnentwicklung für die Entstehung verantwortlich sein könnten. Die häufigste Form ist das *Farbenhören*, bei dem das Hören best. Geräusche, Töne, Buchstaben oder Zahlen mit dem Sehen best. Farben auf einem inneren Monitor oder außerhalb des eigenen Körpers einhergeht. S. ist i. d. R. unidirektional, z. B. das Hören eines Buchstabens geht immer unwillkürlich mit dem Sehen einer best. Farbe einher, aber das Sehen dieser Farbe geht nicht mit dem Hören des Buchstabens einher. Synästhetiker unterscheiden sich untereinander stark in ihren synästhetischen Wahrnehmungen, jedoch ist die S. intraindiv. sehr konsistent, z. B. ruft der Buchstabe «a» bei derselben Person lebenslang ein best. Rot hervor. Von der genuinen S. unterscheidet man eine metaphorische oder Gefühlss., bei der z. B. das Hören von Musik von synästhetischen Wahrnehmungen begleitet wird oder synästhetische Wahrnehmungen mit starken *Emotionen* einhergehen. Mithilfe bildgebender Verfahren wird untersucht, welche Gehirnareale mit der S. in Verbindung stehen. Das *limbische System*, der präfrontale Kortex und die Großhirnrinde (*Gehirn*) allg. scheinen von zentraler Bedeutung zu sein. Anschütz 1927, Argelander 1927, Emrich et al. 2002. *M. Hautzinger/C. Heil*

synchronisch [engl. *synchronic*; gr. σύν *(syn)* mit, gemeinsam, χρόνος *(chronos)* Zeit], [**KOG**], bez. in der Sprachwissenschaft (*Linguistik*) seit de Saussure (1916) – im Unterschied zur diachronischen (*diachronisch*) – eine Betrachtungsweise, in der jew. einzelne natürliche Sprachen (*Sprache*) in ihren Elementen und in deren systematischem Zusammenhang beschrieben und analysiert werden, so wie sie zu einem best. historischen Zeitpunkt verwendet werden. Lyons 1970. *G. Kaminski*

Synchronizität [engl. *synchronicity*; gr. σύν *(syn)* mit, gemeinsam, χρόνος *(chronos)* Zeit], [**KLI**], Gleichzeitigkeit, insbes. ein Prinzip in der Lehre Jungs. *Analytische Psychologie*.
[**MD**], *Media Synchronicity Theory*.

Syndrom (= S.) [engl. *syndrome*; gr. σύνδρομος *(syndromos)* begleitend, zus.treffend], [**DIA, KLI**], überzufällig häufig auftretende Kombination von psych. *Symptomen*. Syndromatologie = Lehre von den S. Die S.bildung, die zunächst oft klin.-intuitiv erfolgt, lässt sich meist durch multivariate Verfahren (z. B. *Faktorenanalyse*) bestätigen. Derart abgeleitete S. werden dann oft in Form sog. psychopathologischer S.skalen (= *Ratingskalen*) umgesetzt und haben dann oft den Status von *Tests*. Sie dienen dann u. a. zur Quantifizierung dieser S. (z. B. depressives S., paranoid-halluzinatorisches S.). S. sind neben den Symptomen die Basis des deskriptiv-diagn. Prozesses (*diagnostischer Prozess*), stellen einen wichtigen Schritt in Richtung Diagnosestellung dar und dienen weiterhin zur differenzierten, meist mehrdimensionalen Beschreibung von Krankheitsbildern (*Diagnostik, dimensionale*). Ihre hohe klin.-therap. Bedeutung besteht weiterhin darin, dass bis heute die Therapien meist syndromal ausgerichtet sind. Payk 2010.

R.-D. Stieglitz

Synektik, synektische Methode [engl. *synectis*; gr. συνέχεια *(synecheia)* das Zusammengewachsene], [**KOG**], zu den sog. Kreativmethoden gehörende Technik des Vorgehens, bei der nach dem Prinzip, das Fremdartige vertraut und das Vertraute fremdartig zu machen, versch., vielfach anscheinend irrelevante Elemente zus.gefügt und in Analogie gesetzt werden. Die Absicht besteht darin, für neuartige Weisen der Problemlösung das Bewusstsein zu wecken und Einsicht in die zugrunde liegenden Faktoren zu vermitteln. *Problemlösen*.

Synergie [engl. *synergy*; gr. σύν *(syn)* mit, gemeinsam, ἔργον *(ergon)* Werk, Tätigkeit], syn. *Synergetik*, [**SOZ**], allg. das Mitwirken, Zusammenwirken versch. Kräfte, Faktoren, Organe zu einer Gesamtleistung; z. B. das Zusammenwirken von Muskeln bei einer Bewegung, das Zusammenspiel innersekretorischer Drüsen. Sozialpsychol. ist S.

nach Cattell die einer *Gruppe* zur Verfügung stehende Gesamtmenge der Energie, die zur Erfüllung ihrer Aufgaben aufgewendet werden kann, wobei nochmals unterschieden werden kann in (1) *task* oder *effective energy*, die zur eigentlichen Aufgabenerledigung notwendig ist, und (2) *maintenance* oder *intrinsic energy, die* für den Gruppenzusammenhalt notwendig ist. S. ist dabei abhängig von den physischen und motivationalen Voraussetzungen der einzelnen Gruppenmitglieder. Der Vorteil einer S. besteht darin, dass versch. Aktivitäten zus. effektiver und effizienter sein können als die Summe einzelner Aktivitäten. *Gruppenarbeit, Arbeitsgruppe, Organisation*. Kruse 1972, Haken 1989. R. Bergius

Synökie [gr. *συν-* (*syn-*) mit, gemeinsam, *οἶκος* (*oikos*) Haus(halt)], *Ethologie*.

Synomorphie [engl. *behavior-milieu synomporh*; gr. *συν-* (*syn-*) mit, gemeinsam, *μορφή* (*morphe*) Gestalt], **[KOG]**, bez. das Aufeinanderabgestimmtsein von konkretem Handeln (*Handlung*) und seiner unmittelbaren Umgebung (z. B. Papier, Bleistift und eine Unterlage ermöglichen Schreiben, zugleich geben sie dafür spezif. Randbedingungen vor, *Affordanz*; in der Ausübung passt sich das Schreiben seinerseits an diese Umgebungsbestandteile an, *Akkommodation*; somit «passt» beides zueinander). Ein Gesamtkomplex aus gleichartig wiederkehrenden Handlungsmustern und der Umgebung, an und in der sie verwirklicht werden, wird *behavior milieu synomorph* oder einfach «ein Synomorph» genannt. Ein *behavior setting* ist ein bes. eingegrenzter Spezialfall davon. Barker 1968. G. Kaminski

Synonymie, synonym (= S.) [engl. *synonym(ic)*; gr. *συν-* (*syn-*) mit, gemeinsam, *ὄνομα* (*onoma*) Name], **[KOG]**, wird zumeist als Ähnlichkeit von *Begriffen* oder *Bedeutungen* interpretiert. Fasst man eine Bedeutung als Bündel semantischer Merkmale auf, so sind zwei oder mehr Begriffe umso synonymer, je mehr Merkmale sie miteinander teilen. S. lässt sich aber auch, wie *Homonymie*, auf das Verhältnis von *Zeichen*form und Bezeichnetem bzw. Bedeutung beziehen. Hiernach sind zwei Wörter s., wenn sie versch. Formen, aber gleiche Bedeutung haben, d. h., die gleichen Bedeutungskomponenten enthalten. J. Engelkamp

Synopsie [engl. *synopsia*; gr. *συν-* (*syn-*) mit, gemeinsam, *ὄψις* (*opsis*) Sehen, Sehvermögen], **[WA]**, optische Mitempfindung i. S. der *Synästhesie*.

synsemantisch [engl. *synsemantic*; gr. *συν-* (*syn-*) mit, *σημαίνειν* (*semainein*) bezeichnen], **[KOG]**, *Semantik*; Verwendung sprachlicher *Zeichen* entspr. den grammatischen Regeln (*Grammatik*). Im Ggs. zum sympraktischen Gebrauch ist das Zeichenverständnis unabhängig von der Sprechsituation sowie dem vorausgehenden und nachfolgenden Kontext.

syntagm(at)ische Beziehung [engl. *syntagmatic association*; gr. *σύνταγμα* (*syntagma*) das Zusammengesetzte], *Assoziation, Zeichen, Klassifikation, Struktur, sprachliche*.

Syntax (= S.) [engl. *syntax*; gr. *σύν* (*syn*) mit, gemeinsam, *τάξις* (*taxis*) (An)ordnung], **[KOG]**, bezeichnet die Konstruktionseigenschaften des Satzes (*Satz*) als größter grammatischer Einheit der *Sprache*. Der S. gelten drei große Fragen der Sprachwissenschaft und der Psycholinguistik: (1) Welche formal unterscheidbaren Wortklassen weist eine Sprache auf?, (2) welche strukturellen Beziehungen bestehen zw. den grammatischen Einheiten des Satzes? und (3) welche syntaktischen Funktionen (Satzglieder) sind in den Sätzen einer gegebenen Sprache realisiert? Daraus ergeben sich für die Syntaxforschung entspr. mehrere Aufgaben. Die sachlogisch erste ist, Beschreibungskategorien für die Erfassung der Wortarten (Nomina, Verben, Adjektive usw.), die strukturellen Relationen (Konstituenz, Valenz, Dominanz, C-Kommando, Rektion u. a.) sowie für die Funktionen (Subjekt, Apposition, Prädikat u. a.) zu erarbeiten und damit die Formeigenschaften aller grammatischen Sätze einer Sprache zus.hängend zu beschreiben. Aus der Tatsache, dass Sätze aller natürlichen Sprachen ineinander übersetzbar sind, ergibt sich als zweite Aufgabe, die syntaktischen Gegebenheiten der Einzelsprachen als Ausprägung universaler Eigenschaften zu erklären. Und da die S. nur einer der Regelungsbereiche der Sprache ist, stellt sich als dritte Aufgabe, die Natur und die Mechanismen der Verbindungen der S. mit der Lautseite des Satzes (*Phonetik*) und der Bedeutung des Satzes (*Semantik*) zu explizieren. Wissenschaftshistorisch gehört die S. zu den am frühesten systemat. bearbeiteten Feldern der *Linguistik*. Zeugen der mehr als zweitausendjährigen Geschichte der S.Forschung sind Paninis Grammatik des Sanskrit spätestens aus dem 4. Jhd. v. Chr. (Böthlingk 1840) und die Grammatik des Griechischen von Dionysios Thrax aus Alexandria (s. Ahrens 1969). Die wesentlichen Entwicklungen bis auf die heutige Zeit bestehen in der Wendung der Syntaxforschung von hoch stilisierten Texten der Dichtung und religiöser Rituale zur alltäglichen Gebrauchssprache. Als Meilensteine in der Theorieentwicklung gelten der Strukturalismus (de Saussure 1916, Bloomfield 1933, Tesnière 1959), die einheitliche Beschreibung von Lautklassen und syntaktischen als Merkmalbündel (Chomsky & Halle 1968), die generative S. (Baltin & Collins 2001), die semantische Erklärung von Kasus und Argumentstruktur im Satz (Fillmore 1968) die kohärente Modellierung von S. und Semantik (Culicover & Jackendoff 2005) und die Entwicklung der *Construction Grammar*, die eine integrierte Beschreibung von S. und Bedeutung ermöglicht (Fillmore et al. 1988, Goldberg 1995). Als begrifflich zus.hängende Erklärung der syntaktischen Formen unter Bezug auf die biol. Ausstattung des Menschen mit angeborenem universalem Wissen sprachlicher Strukturprinzipien gilt Chomskys Theorie der Universalgrammatik (*Universalien, universelle Grammatik*). Eng mit ps. Fragestellungen verbunden sind die Phänomene des syntaktischen Verstehens, *human parsing* (Pickering & van Gompel 2006), sowie die Lernbarkeit von syntaktischen Regelsystemen natürlicher Sprachen (Goldberg 2006). R. Dietrich

Synthesis (= S.) [engl. *synthesis*; gr. *σύνθεσις* (*synthesis*) Zusammensetzung], **[PHI]**, Zusammensetzung aus versch. Bestandteilen, auch das Zusammenbringen gegensätzlicher Teile zu einer Einheit mit Ausgleich der Widersprüche. Ggs. *Analyse* = Zergliederung, Auflösung in

Einzelbestandteile. Als schöpferische S. (*Wundt, Wilhelm*) wird die Annahme bez., dass die aus Elementen zus.gefügten psych. Gebilde mit ihren Eigenschaften über die Elemente hinausreichen.

System (= S.) [engl. *system*; gr. σύστημα *(systema)* Verbund, das Zusammengestellte], [**KOG, PHI**], ein Aggregat von mehreren Einzelvorgängen, die nach best. Gesetzen wechselseitig aufeinander wirken, also dynamisch voneinander abhängig sind, i. d. S., dass ein gemeinsamer Effekt erzielt wird. Ein S. kann Untersysteme enthalten, die i. R. des Gesamtverbandes relativ selbstständig sind. Begriffe wie *Gestalt* und *Feld* sind Sonderfälle von S. Es lassen sich offene und geschlossene S. unterscheiden. Das Universum wird von vielen als geschlossenes S. bezeichnet. Sonst kommen geschlossene S. im strengen Sinn in der Natur nicht vor. Organismen können als offene S. angesehen werden, die durch ständige Energieaufnahme und -abgabe einen quasistationären Zustand (neg. *Entropie*) aufrechterhalten (*Humphrey's Prinzip*). Erweitert ist auch dort von S. die Rede, wo dieses nicht wie physikal. S. als Realsystem gegeben ist, sondern erlebnismäßig. Z. B. Dinge, die in der Anschauung als ähnlich erlebt werden, fügen sich zu einem S. zus. Auch dort, wo willkürlich gewählte Ordnungsprinzipien Zusammenhänge schaffen, spricht man von S. (Linne'sches S. der Pflanzen).

In der *Kybernetik* bez. man als S. einen Realitätsausschnitt, des über eine Menge X von Eingangsvariablen (Rezeptoren, *Rezeptor*), eine Menge Y von Ausgangsvariablen (Effektoren, *Effektor*) und eine Menge Z von inneren Zuständen verfügt. Der Zustand x_i aller Eingangsvariablen eines Systems zu einem best. Zeitpunkt heißt Eingang *(input)*, der Zustand y_i aller Ausgangsvariablen heißt Ausgang *(output)*. x_i und y_j sind gewöhnlich mehrdimensionale Größen. Der Eingang des «Systems» Mensch ist z. B. der Zustand aller Rezeptorzellen des Nervensystems (*Nervensystem*) in einem best. Zeitpunkt. Die Generalität kybernetischer Beschreibungsweisen liegt wesentlich in dem allg. anwendbaren Konzept des S. begründet. Es lassen sich mit den gleichen Mitteln der S.- und Automatentheorie sowohl technische als auch biol. S. beschreiben und vergleichen. Nach der Weise, wie der Ausgang eines S. vom Eingang abhängt, unterscheidet man versch. Arten. Existiert eine *Abbildung* der Menge der Eingangsgrößen auf die Menge der Ausgangsgrößen, so heißt das S. *kombinatorisch*. Die Reaktion eines kombinatorischen S. hängt eindeutig vom Eingang des S. ab. Ein Zigarettenautomat ist z. B. ein kombinatorisches S. Hängt der Ausgang eines S. nicht allein vom gegebenen Eingang, sondern zusätzlich von einer vorausgegangenen Folge von Eingangsreizen ab, so spricht man von einem *sequenziellen* S. In ihm muss die Folge von Eingangsreizen, die dem zu einem best. Zeitpunkt gegebenen vorausging, irgendwie memoriert werden. Dies geschieht durch den inneren Zustand Z des S., der sich in Abhängigkeit vom jew. Eingang und vom vorher gegebenen inneren Zustand ändert. Der Ausgang eines sequenziellen S. hängt eindeutig ab vom gegebenen Reiz x_i und dem gegebenen inneren Zustand z_j. Ein lernfähiges S. ist notwendigerweise ein sequenzielles. Das Auftreten eines *bedingten Reflexes* kann z. B. als Vorgang in einem sequenziellen S. beschrieben werden. Ob der bedingte Reflex nach einem best. *Reiz* auftritt oder nicht, hängt nicht allein von der Art des Reizes ab, sondern zusätzlich von der Reizfolge, die vorausging. Neben der Unterscheidung von sequenziellen und kombinatorischen S. kann man *determinierte* und *Zufallss.* unterscheiden. Determiniert ist ein kombinatorisches oder sequenzielles S., wenn sich die Abhängigkeiten zw. Eingang, innerem Zustand und Ausgang in der angegebenen Weise durch Vektorenfunktionen ausdrücken lassen. Von einem kombinatorischen oder sequenziellen Zufallssystem spricht man, wenn sich diese Abhängigkeiten nur durch Wahrscheinlichkeitsfunktionen ausdrücken lassen. Ein kombinatorisches Zufallss. ist dadurch gekennzeichnet, dass sich die statist. Eigenschaften des Zusammenhanges von Eingang und Ausgang im Zeitverlauf nicht ändern, während dies bei sequenziellen Zufallssystemen der Fall ist. Bertalanffy 1950, Klir 1972, Tjaden 1971. D. Dörner

System, soziales (= s. S.) [engl. *social system*], [**SOZ**], das allgemeinste und fundamentale Merkmal eines *Systems* ist die wechselseitige Abhängigkeit (*Interdependenz*) von Teilen oder Variablen (Parsons & Shils 1951). Da mit Interdependenz eine Ordnung der Beziehungen zw. den Komponenten (i. Ggs. zur Zufälligkeit der Variabilität) gemeint ist, trifft diese Def. auf soziale *Gruppen* zu, in denen eine Tendenz zum Gleichgewicht und zur Erhaltung der Grenzen (auch bei Wechsel der einzelnen Glieder) besteht. Daraus folgt, dass es hinsichtlich der Verträglichkeit (Kompatibilität) einzelner Teile mit dem s. S. Grenzen gibt. Die wichtigsten Prozesstypen für die Aufrechterhaltung des Gleichgewichts sind Allokation und Integration, also eine dem Gleichgewicht dienende Anordnung der Teile, und die Prozesse der Vermittlung mit der Umgebung der s. S., die bei der Variabilität der äußeren Verhältnisse Eigenschaften und Grenzen des s. S. aufrechterhalten. Für Parsons und Shils sind *Persönlichkeit* und s. S. zwei verschiedene Systeme, die nicht aufeinander reduzierbar sind. Es gibt aber Gemeinsamkeiten: (1) Beide Systeme sind aufgebaut aus den Komponenten der *Handlung*; (2) beide Systeme sind vom Typ der «Grenzen bewahrenden» und selbsterhaltenden Systeme; (3) beide Systeme durchdringen sich: Persönlichkeit kann nicht ohne das s. S. existieren und umgekehrt. *Informationsverarbeitungssystem*. R. Bergius

Systematische Desensibilisierung (= S. D.) [engl. *systematic desensitization*; lat. *de-* von, weg, *sentire* fühlen], [**KLI**], von J. Wolpe im Jahre 1958 (Wolpe 1981) entwickelte verhaltenstherap. (*Verhaltenstherapie*) Methode zur Behandlung von *Angststörungen*. Die Wirkung der S. D. beruht nach Wolpe in einer wiederholten *Hemmung* der *Angst*. Durch das gleichzeitige Auftreten der mit Angst inkompatiblen *Entspannung* wird die Angst schrittweise abgebaut. Die S. D. untergliedert sich in drei Maßnahmen: (1) *Entspannungsverfahren*: Zu Beginn der Therapie lernt der Pat. sich gezielt zu entspannen (*progressive Muskelentspannung* nach Jacobson). (2) *Erstellung einer oder mehrerer Angsthierarchien*: Gemeinsam tragen

Pat. und Therapeut eine Liste angstauslösender Gegenstände/Situationen zus., die entspr. ihrer angstauslösenden Wirkung in eine hierarchische Rangordnung gebracht werden. (3) *Darbietung der einzelnen Items unter Entspannung*: Der Pat. stellt sich in entspanntem Zustand die wichtigsten Angstsituationen möglichst realitätsnah vor (*Konfrontationstherapie in sensu*). Dabei wird mit den am wenigsten angstauslösenden Stimuli begonnen und erst dann zur nächstschwierigeren Vorstellung übergegangen, wenn die angstauslösende Vorstellung wenig oder keine subj. Erregung mehr auslöst, usw. Es wurden einige weitere Varianten der S. D. entwickelt (S. D. *in vivo* oder in *Gruppen*) und auch alternative Erklärungsweisen zum Wirkungsmechanismus aufgestellt. Die S. D. wird v. a. bei *spezifischen Phobien* und *Prüfungsangst* angewendet. Die *Wirksamkeit* ist sehr gut belegt, dennoch hat ihre Bedeutung in der Verhaltenstherapie eher abgenommen, da andere Techniken wie *Konfrontation mit Reaktionsverhinderung* bzw. ohne Entspannung bedeutsamer wurden und z. B. bei *Agoraphobie* wirksamer sind. Margraf & Schneider 2009a. F. Caspar

systematische Fehler [engl. *systematic error*], *Fehler*.
Systematisierung [engl. *systematization*; gr. σύστημα (*systema*) Verbund, das Zusammengestellte], *Reduktion*.
Systemeigenschaft [engl. *system characteristic*], *Bezugssystem*.
^{Test}**System for Multiple Level Observation of Groups (SYMLOG)**, 1982, von Bales und Cohen, [**DIA, SOZ**], Beobachtungssystem für Gruppenprozesse zur Registrierung des Interaktionsverhaltens (verbales und nonverbales Verhalten; *nichtverbale Kommunikation, nonverbale Kommunikation*), Erschließung subj. Eindrücke der Gruppenteilnehmer sowie persönlicher Werte und Vorstellungen aus den Daten. Kann durch trainierte Beobachter oder Selbstanalysegruppen durchgeführt werden.
systemisches Anforderungs-Ressourcen-Modell (SAR-Modell) [engl. *systemic demand-resource-model*], *Anforderungs-Ressourcen-Modell*.
Systemische Therapie (= S. T.) [engl. *systemic therapy*], [**KLI**], Psychotherapiemethode, bei der die *Kommunikation* zw. den Mitgliedern der wichtigen sozialen Systeme von Pat. (z. B. Partnerschaft, Familie, Nachbarschaft, Therapeut-Patient-Beziehung, Team, Institution, Versorgungssystem) und deren Zusammenhänge mit Gedanken, Gefühlen, Verhaltensweisen bis hin zu physiol. Reaktionen und körperlichen und geistigen Erkrankungen im Mittelpunkt stehen. Das Settingspektrum reicht von der Einzel- über die *Gruppentherapie*, wobei insbes. die *Paartherapie* und *Familientherapie* bis hin zu Mehrfamiliengruppen und sog. Multisystemischen Therapien zu betonen sind. Ein *System* ist ethymologisch das, was zus. [gr. σύν (syn)] steht [gr. σταμειν (stamein)] oder liegt [griech. ισταμειν (histamein)] – anders gesagt ein Satz von Elementen und Obj., verbunden durch Beziehungen und durch eine Grenze von ihrer Umwelt unterscheidbar. *Systemisch* ist eine Betrachtungsweise, die das Verhalten von Elementen nicht aus ihrem endogenen «So-Sein», sondern aus ihren Beziehungen zu anderen Elementen zu erklären versucht. Insoweit gibt es keine Systeme, sondern Systeme sind Beschreibungen von Realitätsbereichen durch Beobachter. Wichtige Beschreibungskonzepte für Systeme sind (1) zirkuläre *Kausalität* (Mitgliedselemente sind füreinander zugleich Ursache und Wirkung ihres Verhaltens), (2) Kommunikation (die Differenz von gesendeten und empfangenen Botschaften mit ihren Inhalts- und *Beziehungsaspekten*) und (3) regelhafte Beziehungsmuster (sich wiederholende Kommunikationsabläufe, Redundanzen, können von Beobachtern als formal ähnliche Kommunikationsabläufe bei wechselnden Inhalten mit benennbaren Ablaufregeln formuliert werden).

Geschichte: Die S. T. ist polyzentrisch entstanden, entwickelt durch viele miteinander zugleich kooperierende und konkurrierende «Urväter» und «Urmütter». In den 1960/70er-Jahren waren *psychoanalytische*, an Mehrgenerationsprozessen interessierte Ansätze (Boszormenyi-Nagy, Sperling, Stierlin) oder humanistische Ansätze (Satir; *Humanistische Therapien*) einflussreich. Andere bezogen sich schon damals auf die klassische Systemtheorie, auch Kybernetik 1. Ordnung genannt (Watzlawick, Haley, Minuchin, Selvini). Seit den 1980er-Jahren sind andere interne Nuancen wichtiger, z. B.: zw. «Interventionisten», die Therapiesitzungen mit gezielten Abschlussinterventionen beenden, vs. «Konversierern», die den Klienten eine breite und ungefilterte Palette versch. Sichtweisen mit nach Hause geben; zw. stärker *verbal-narrativ* vs. stärker *handlungs- und erlebnisorientiert* arbeitenden Therapeuten; zw. einseitig *lösungsorientierten* vs. solchen Therapeuten, die gerne weiterhin das *Problem verstehen* wollen. Aber diese Unterschiede sind über die Jahre hinweg fließender geworden.

Therap. Haltungen: «Handle so, dass du die Zahl der Möglichkeiten vergrößerst»: dieser basale *systemische Imperativ* bedeutet in der *Psychotherapie* «Hilf, die Denk- und Handlungsspielräume deiner Klienten zu erweitern». Dem entspricht eine stark als «Ideen- und Experimentierwerkstatt» begriffene Praxis. Es gilt, neben dem bestätigenden Verstehen hinreichend viel Neues, Ungewohntes, vielleicht sogar Verstörendes oder Provokatives geschehen zu lassen. «Achtung vor der Selbstorganisation»: Diese dem Autopoiese-Konzept (Varela, Maturana) entspr. Haltung erfordert zunächst vom Therapeuten viel Neugier auf die eigene Weltsicht der Klienten unter weitgehendem Verzicht, eigene normative Expertenvorstellungen über angemessene psych. und Beziehungsentwicklungen zur Leitschnur zu machen. Dazu ist eine neutrale Haltung erforderlich, ein bewusstes Nicht-Bewerten und Nicht-Partei-Ergreifen zw. miteinander streitenden Personen, Werten, Ideen und insbes. konfligierenden Veränderungs- und Nichtveränderungsimpulsen. Viele Systemiker bevorzugen allerdings den älteren, von Stierlin geprägten Begriff der *Allparteilichkeit* gegenüber dem der *Neutralität*. *Ressourcenorientiert* ist eine Haltung, nach der Klienten «nichts fehlt», was sie entweder «nachreifen» lassen oder «neu lernen» müssten. Sie geht davon aus, dass die Fähigkeiten zur Problemlösung im Klientensystem bereits vorhanden sind, aber derzeit nicht gefunden oder genutzt werden. *Lösungsorientierung* bedeutet in ihrer radikalen Variante: «Man

braucht das Problem nicht näher zu erkunden, man kann sich gleich an die Konstruktion von Lösungen begeben».
Kontext- und Auftragskonstruktion: Eine genaue Konstruktion und ausführliche Klärung der oft widersprüchlichen Erwartungen der Therapiebeteiligten hilft zu Therapiebeginn bei einer realistischen, angemessen komplexen Therapieplanung. Zu diesen Beteiligten gehören oft auch abwesende Familienmitglieder, ein überweisender Hausarzt, eine zuvor behandelnde Klinik, ein skeptisch im Vorzimmer sitzender Partner.
Fragen als therap. Interventionen: In der S. T. sind Fragen wichtige «Träger» und «Erreger» von Informationen. Sie dienen der Unterschiedsbildung, die bei den Klienten angestoßen werden soll, und sie dienen der Informationsgewinnung und -erzeugung. Wichtige Fragetypen sind z. B. Erklärungsfragen («Wie erklärt sich Ihre Frau Ihr Verhalten?»), Fragen, die Eigenschaften zu Verhalten verflüssigen («Was tun Sie, wenn Sie depressiv sind?») und die Verhaltensweisen in einen spezif. räumlichen, zeitlichen oder Beziehungskontext stellen («Zeigt sich Ihre Tochter eher Ihnen oder Ihrem Mann gegenüber antriebslos?»), Fragen, die aus Opfern Mitverantwortliche machen («Wie könnten Sie Ihre Partnerin am intensivsten ärgern?»), allg. gesagt Verschlimmerungsfragen («Wie könnten Sie das Auftreten eines erneuten psychotischen Schubs bei Ihrem Partner ungewollt begünstigen?») oder umgekehrt lösungsorientierte Fragen wie die Wunderfrage («Wenn heute Nacht eine Fee Ihr Problem wegnähme, woran würden sie merken, dass das Wunder geschehen ist?»). Häufig verwendet werden allg. hypothetische Fragen («Was wäre wenn …?»).
Schlusskommentare, Schlussinterventionen, Reflektierendes Team: Viele systemische Therapeuten nutzen die Möglichkeit, am Ende der Sitzungen Abschlusskommentare und -interventionen den Klienten mit «auf den Weg zu geben». Abschlusskommentare beginnen meist mit einer «pos. Konnotation», also einer Anerkennung vorhandener Ressourcen und gezeigter Besserungen oder einer pos. Umdeutung des Problemkreislaufs. Bei veränderungsmotivierten Klientensystemen können Handlungsvorschläge folgen, die zum Experimentieren zw. den Sitzungen einladen. Das können Rituale sein, z. B. Konflikt-, Trauer-, Versöhnungsrituale. Das können *Symptomverschreibungen* sein: Einen unerwünschten Zustand absichtlich, aber nur kurz an best. Orten oder zu best. Zeiten herbeizuführen. Das können *So-tun-als-ob-Aufgaben* sein: Ein symptomatisches oder Problemverhalten absichtlich vorzutäuschen, um dann zu beobachten, ob und wie die Umgebung anders als auf «Echtsituationen» reagiert. Bei noch weniger veränderungsmotivierten Klientensystemen empfehlen sich eher Beobachtungsaufgaben, z. B. bei häufig heftig streitenden Paaren: Am Ort der häufigsten Streits ein Tonband aufstellen, wie gewohnt weiterstreiten, aber zu Streitbeginn jew. kurz das Tonband einstellen und sich hinterher anhören. Im *therapeutischen Splitting* [engl. *to split* aufspalten] konfrontieren Therapeuten ihre Klienten gleichzeitig mit mehreren konfligierenden Sichtweisen und Lösungsideen. Alternativ zum früher dominierenden *Team hinter einer Einwegscheibe* hat das *Reflektierende Team* zunehmende Verbreitung gefunden: zwei oder drei Kollegen sitzen im selben Raum und werden zwei- oder dreimal während des Interviews um eine Zwischenreflektion gebeten, der der Therapeut und das Klientensystem gemeinsam zuhören.
Teilnehmerkreis, Sitzungszahl und Zeitabstände zw. den Sitzungen: An S. T. nehmen nicht mehr zwangsläufig alle im Haushalt lebenden Familienmitglieder teil. Vielmehr kommt, wer zur Auflösung des Problemsystems beitragen kann und will. Der Teilnehmerkreis kann sich ferner von Sitzung zu Sitzung partiell ändern. Im Modell der *langen Kurzzeittherapie* (sog. *Mailänder* und *Heidelberger Ansatz*) wird ein Standardangebot von meist zehn Sitzungen gemacht, welche genutzt werden können, aber nicht genutzt werden müssen. Zw. den Sitzungen werden Abstände von meist vier Wochen, später bis zu einem halben oder auch ganzen Jahr eingelegt. Die Sitzungen sollen Anregungen erzeugen, die außerhalb der Therapie erprobt werden. Je mehr sich gerade verändert, desto dichter werden die Zeitabstände gewählt. Bei Akutbehandlung und *Krisenintervention* müssen die Abstände kürzer gehalten werden. Auch s. Einzeltherapie ist in diesem Setting möglich, hier werden die Beziehungen zu nicht anwesenden Familienmitgliedern oft mittels Genogramm oder Familienbrett visualisiert. Eine *Single Session Therapy* beschränkt sich auf eine einmalige, bes. sorgfältig vorbereitete und telefonisch nachbereitete Therapiesitzung. Bei Behandlung unter Therapieauflage etwa eines Gerichtes ist die Grundfrage: «Was müssen wir in den Gesprächen hier tun, damit dies den Richter davon überzeugt, dass Sie künftig nicht mehr zu mir hierher kommen müssen?»; die Therapiedauer ist mit der Auflage bzw. deren Auflösung verknüpft. Bei stationärer Familientherapie gilt es, die stationäre Einzel-, Gruppen- oder *Milieutherapie* sorgfältig mit dem familientherap. Vorgehen abzustimmen. In der Organmed. können Ärzte oder Krankenpfleger meth. Elemente der s. Familientherapie in wiederkehrende zwei- bis fünfminütige Kurzberatungskontakte einbauen. Familienberatung in der sozialen Arbeit, insbes. mit armen Klienten, erfordert die Kombination s.-beraterischer Kompetenzen mit anwaltschaftlichen und fürsorgenden Aktivitäten zur Gewährleistung materieller Ressourcen.
Verbreitung, Wissenschaftliche Anerkennung und Forschungsergebnisse: S. T. hat in den letzten Jahren breite Anwendung gefunden, vor allem in den Bereichen der Psychiatrie, Kinder- und Jugendpsychiatrie, Psychosomatik, Pädiatrie, Familienrehabilitation, Paar-, Familien-, Kinder- und Jugendberatung in öffentlichen und verbandlichen Beratungsstellen, stationärer und ambulanter Jugendhilfe, Suchttherapie. S. T. ist seit 2008 als *evidenzbasiertes* Verfahren vom *Wissenschaftlichen Beirat Psychotherapie (WBP)* anerkannt. 2015 wird im Auftrag des *Gemeinsamen Bundesausschusses (G-BA)* eine mögliche Kassenfinanzierung vom Institut für Qualität und Wirtschaftlichkeit im Gesundheitswesen (IQWIG) geprüft. Die S. T. zeigt sich ähnlich wirksam wie andere etablierte Psychotherapieschulen, d. h. in *kontrollierten Studien* zeigen ca. 80 % der Teilnehmer in einer unbehandelten *Kontrollgruppe*

schlechtere Werte als der Mittelwert der Behandlungsgruppe zu Therapieende. Dies ist bei Erwachsenen (über 50 Outcomestudien) belegt für *affektive Störungen*, *Schizophrenie* und *wahnhafte Störungen* sowie *Essstörungen*, aber auch für Abhängigkeiten und Missbrauch (*Sucht- und Substanzbezogene Störungen*), psych. und soziale Faktoren bei somatischen Krankheiten, *Zwangsstörungen* und *somatoformen Störungen*. Bei Kindern und Jugendlichen (über 80 Outcomestudien) ist dies belegt für affektive Störungen und *Suizidalität*, Essstörungen, psychosoziale Faktoren körperlicher Erkrankungen, *ADHS*, *Störungen des Sozialverhaltens*, Suchtmittelmissbrauch. Zu einzelnen Techniken liegen Wirksamkeitsnachweise zur *paradoxen Intention*, zur pos. Umdeutung und zu szenischen Verfahren wie den Systemaufstellungen vor. Gegenüber anderen Psychotherapieschulen zeigt sich S. T. kostengünstig aufgrund einer relativ geringeren Sitzungszahl, der möglichen Synchronbehandlung mehrerer erkrankter oder stark belasteter Familienangehöriger und einer (zumindest bei Suchtmittelmissbrauch) höheren Halterate in der Therapie.

Weiterbildung: S. Weiterbildung ist grundsätzlich berufsgruppenübergreifend angelegt und integriert neben Ärzten und Psychologen insbes. Pädagogen, Sozialpädagogen und Sozialarbeiter, aber teilweise auch Klinikseelsorger, Fachtherapeuten, Erzieher und Fachkrankenschwestern sowie -pfleger ohne interne Segregation in ihren Weiterbildungsgängen. Die Verbände haben ein anspruchsvolles Zertifizierungssystem für zwei- bis vierjährige Weiterbildungen entwickelt. [www.dgsf.org; www.systemische-gesellschaft.de].

Fragebögen und Ratingskalen: Es liegen seit vielen Jahren mehrere Familienfragebögen, oft in dt. Fassungen vor: *Family Assessment Device* (Epstein)/*Familienbögen* (Cierpka), *Family Cohesion Scales* (Moos)/*Familienklimaskalen* (Schneewind), *Family Adaptation and Cohesion Scales* (Olson). An neueren Instrumenten verdienen ein amerik. Prozess/Outcomemaß zur Erfassung und automatisierten Rückmeldung von Veränderungen während S. T. (STIC, Pinsof, Lebow et al.) sowie der derzeit in ganz Europa in Validierung befindliche SCORE (Stratton, Carr u. a.) Erwähnung. Schiepeks *Ratinginventar lösungsorientierter Interventionen (RLI)* eignet sich zur Einschätzung des Gesprächsverhaltens s. Therapeuten anhand von Videoausschnitten. Unsere eigene Arbeitsgruppe hat zwei Kurzfragebögen mit 9 bzw. 12 Items zum *Erleben in sozialen Systemen (EXIS*, Hunger-Schoppe, Schweitzer) und zur *Bewertung sozialer Systeme (EVOS*, Aguila-Raab und Schweitzer) entwickelt, die mit identischen Items sowohl auf private (z. B. Paar, Familie) als auch auf organisationale Systeme (z. B. Schule, Team, Arbeitgeber-Angestellter) systemübergreifend anwendbar sind und gute Veränderungssensibilität zeigen.

Verbände: S. Therapeuten sind weltweit in der *International Association of Family Therapy (IFTA)* und europaweit in der *European Association of Family Therapy (EFTA)* organisiert, in Dt. in der *Deutschen Gesellschaft für S. T., Beratung und Familientherapie (DGSF*, 2015 ca. 6.000 Mitglieder) und der *S. Gesellschaft* (SG, 2015 ca. 1200 Mitglieder), in kleinem Umfang auch in der *Deutschen Gesellschaft für S. Pädagogik (DGSP)* und in der *Deutschen Gesellschaft für Systemische Soziale Arbeit (DGSSA)*. Sydow et al. 2007, Schweitzer & Schlippe 2014, Schlippe & Schweitzer 2012.   *J. Schweitzer/C. Hunger-Schoppe*

Systemkausalität (= S.) [engl. *system causality*; gr. σύστημα *(systema)* Verbund, das Zusammengestellte, lat. *causa* Ursache, [**KOG, PHI**], die in einem *System* gegebene wechselseitige, dynamische Verbundenheit aller Einzelmomente kann als ein Kausalzusammenhang (*Kausalität*) angesehen werden, der sich von der einfachen, mechanistischen Kausalauffassung (Stoß, Druck usw. als jew. Einzelursachen) dadurch wesentlich unterscheidet, dass die dynamische Konstellation des Gesamtverbandes mit allen Einzelvorgängen gewissermaßen i. S. von Ursache – Wirkung gekoppelt ist. Bertalanffy 1950.

System-Response-Zeit (= S.) [engl. *system response time*; *response* Antwort], syn. *systembedingte Wartezeiten*, [**AO, MD**], Wartezeit eines Systembenutzers nach der Eingabe auf die erwartete Operation des Systems. Bes. im Gebiet der *Mensch-Computer-Interaktion* sind die psych. und physiol. Beanspruchungen durch S. untersucht worden. Beanspruchungsfolgen lassen sich bereits bei konstanten und variablen Wartezeiten von etwa acht Sekunden nachweisen. Boucsein 1988b, Holling 1989.   *S. Greif*

Systemsicherheit (= S.) [engl. *system security*; gr. σύστημα *(systema)* Verbund, das Zusammengestellte], [**AO**], beschreibt die Eigenschaft komplexer Systeme, die es dem System gestattet, zuverlässig und mit akzeptablem Risiko zu funktionieren. Sie beinhaltet die *Prozesssicherheit* und die *Arbeitssicherheit*. Der Begriff der S. betont das Zusammenwirken organisationaler, technischer und menschlicher Faktoren in der aktiven Herstellung von Sicherheit. Fahlbruch & Wilpert 1999.   *G. Grote*

Systemtheorie (= S.) [engl. *system theory*; gr. σύστημα *(systema)* Verbund, das Zusammengestellte, θεωρία *(theoria)* Betrachtung], [**PHI**], versucht i. Ggs. zu einzelwissenschaftlichen Theorien, *Systeme* unabhängig von ihrer materiellen Realisierung aufgrund der formalen Merkmale ihrer Komponenten und der Art ihres Zusammenspiels zu beschreiben. Unter S. werden eine Reihe recht heterogener theoret. und prakt. Ansätze zus.gefasst: die auf Bertalanffy zurückgehende «Allgemeine S.», die «kybernetische S.» von N. Wiener (*Kybernetik*). Systemsimulation (*Simulation*). *Organisation*. Lenk & Ropohl 1978.   *A. Engemann*

S-z-Diagramm (= S-z-D.) [engl. *s-z diagram*, [**FSE**], wie beim *S-p-Diagramm* eine *grafische Darstellung* zur Veranschaulichung einer Urteilsverteilung über Reizgrößen. Während im S-p-Diagramm auf der Ordinate Prozentangaben über das Vorkommen von Urteilshäufigkeit abgetragen sind, sind diese Werte im S-z-D. durch die dazugehörigen *z-Werte* ersetzt worden. Dadurch entsteht anstelle einer *S-Kurve* der psychometrischen Funktion bei *Normalverteilung* eine Gerade, auf die die Urteilshäufigkeiten über die Reize fallen. *Psychometrie*.

Szenario [engl. *scenario technique*], *Moderationstechniken*.

Szintigrafie [engl. *scintigraphy*; lat. *scintilla* Funke, griech. γράφειν *(graphein)* schreiben]; *bildgebende Verfahren*.

Szondi, Lipot (1893–1977), [**HIS, KLI**], Promotion 1919 an der Universität Budapest. Gründete das staatliche Forschungslaboratorium für *Psychopathologie*. Ab 1941 praktizierender Psychoanalytiker (*Psychoanalyse*) in Zürich. Begründer der sog. Schicksalanalyse.

^(Test)**Szondi-Test (SZ-T)**, 1972, von L. Szondi. 1. Aufl. 1947, [**DIA, PER**], mehrdimensionaler klinischer Persönlichkeitstest, projektives Verfahren (*projektive Tests, projektive Verfahren*). AA Kinder ab 5 Jahren und Erwachsene. Auswahl von je zwei sympathischen und zwei unsympathischen Physiognomien aus einer Serie von 6-mal 8 Abbildungen von Menschen mit sog. «Trieberkrankungen» (*Sadismus*, *Masochismus*, *Katatonie*, *Paranoia* u. a.). In dem Test wird die Wahl des «Selbstprofils» und des Wunschprofils verwendet. 1956 erschien eine Modifikation des Tests: der L-Test von C. Laszlo. 1961 hat A. Friedemann den Gruppen-Szondi eingeführt (Diapositiv-Test). Veraltetes, spekulatives Verfahren.

T

Tabes dorsalis (= T. d.) [lat. *tabere* schwinden, *dorsum* Rücken], [**BIO, KLI**], von Romberg 1846 beschriebene *Rückenmarksschwindsucht*. Spätform der Syphilis der Hinterwurzeln und Hinterstränge des *Rückenmarks*. T. d. ist mit organischem *Psychosyndrom* verbunden, bes. wenn sie zus. mit progressiver *Paralyse* als Tabo-Paralyse vorkommt.

Tabu (= T.) [engl. *taboo*; polynesisch *unberührbar*], [**KLI, SOZ**], Meidungsvorschrift in einer Gesellschaft, deren Verletzung Strafen nach sich ziehen kann. Die T. der modernen Gesellschaft sind vielfach in der Rechtsprechung verankert oder werden als Verhaltensregeln anerzogen. Freud erkannte die sozialpsychol. Funktion als wirksame Einschränkung der *Trieb*befriedigung, die ein geregeltes soziales Leben ermöglicht. *Triebtheorie nach Freud*.

Tachistoskop (= T.) [engl. *tachistoscope*; gr. ταχύς *(tachys)* schnell, σκοπεῖν *(skopein)* betrachten], [**WA**], Vorrichtung, um Objekte (Figuren, Zahlen, Buchstaben, Bilder) dem beobachtenden *Auge* kurzzeitig darzubieten. Die Darbietungen können bis zu Bruchteilen von Sek. dauern. Gebräuchliche Konstruktionen waren: (1) Fallt. (Wundt) (2) Rotationst. (Wirth, Michotte, Netschajeff) (3) Pendelt. (Berliner) (4) Spiegelt. (Dodge). Seit der Einführung der EDV werden ausschließlich elektronisch gesteuerte T. verwendet.

Tachykardie [engl. *tachycardia*; gr. ταχύς *(tachys)* schnell, lat. *cor* Herz], [**BIO, GES**], Herzrhythmusstörung, bei der die *Herzfrequenz* auf mehr als 200/Min. ansteigt.

Tachykine [engl. *tachykinin peptides*], [**BIO**], Gruppe von Peptiden (*Peptide*), die Ende der 1980er Jahre bei vielen Säugern entdeckt wurde. Gegenwärtig sind mehrere T. bekannt, die als *Neuropeptide* wirksam sind, so Neurokinin A und B, *Neuropeptid Y* und *Substanz P*. Einige fungieren als *Neurotransmitter*. Meyer & Quenzer 2005.

Tachylalie [engl. *tachylalia, tachylogia*; gr. ταχύς *(tachys)* schnell, λαλεῖν *(lalein)* sprechen], [**KOG**], syn. *Tachyphrasie*, Ggs. *Bradylalie*, überhastetes Sprechtempo (z. B. beim Poltern).

Tachyphemie [engl. *tachyphemia*; gr. ταχύς *(tachys)* schnell, φημεῖν *(phemein)* sagen], [**BIO, KOG**], auf unverständliches Gemurmel reduzierte *Sprachproduktion*, z. B. bei extrapyramidalen (*Pyramidenbahn*) Erkrankungen. Wird syn. für *Poltern* verwendet.

Tachyphylaxie [engl. *tachyphylaxis*; gr. ταχύς *(tachys)* schnell, φύλαξις *(phylaxis)* Schutz], [**PHA**], sehr schnelle (in der Größenordnung von Min. oder Std. anstelle von Tagen oder Wochen) *Toleranzentwicklung* gegenüber chem. Stoffen.

tacit knowledge [engl. *tacit* still, *knowledge* Wissen], syn. *Wissen, stilles. Intelligenz, praktische, Imagery, Tacit Knowledge Inventory for Managers (TKIM)*.

ᵀᵉˢᵗTacit Knowledge Inventory for Managers (TKIM), 1991, von R. K. Wagner und R. J. Sternberg, [**AO, DIA, PER**], berufsspezifischer soz. Wissenstest, konzipiert als *situational judgement test*. Vorgegeben werden Kurzbeschreibungen von neun typ. soz. Situationen (Szenarien) aus dem Berufsalltag mittlerer und höherer Führungskräfte und jew. zehn mögliche Maßnahmen zur Bewältigung der Situationen. Für jede Maßnahme soll auf einer Skala von 1 (sehr schlecht) bis 7 (sehr gut) beurteilt werden, wie gut sie für die erfolgreiche Bewältigung der Situation geeignet ist. Bsp.: «Ihr direkter Vorgesetzter fragt Sie nach Ihrer Meinung zu einer neuen Werbekampagne. Sie finden diese Kampagne schrecklich und halten ihren Einsatz für einen großen Fehler. Sie stellten aber bereits in der Vergangenheit fest, dass Ihr Vorgesetzter wenig kritikfähig ist und außerdem im vorliegenden Fall eher an einer Zustimmung als an einer ehrlichen Meinung interessiert zu sein scheint. Mögliche Maßnahmen: (1) Sie sagen Ihrem Vorgesetzten, dass die Werbekampagne wunderbar ist. (2) Sie sagen Ihrem Vorgesetzten, dass Sie die Arbeit mögen, aber nicht ganz sicher sind, ob das die richtige Werbekampagne für den Kunden ist.» Mit dem TKIM soll berufsspezif. *soziales Wissen* erfasst werden, stilles Wissen [engl. *tacit knowledge* (= TK)], das nur selten offen ausgedrückt oder unterrichtet wird, aber als bedeutsam für effektives Managerverhalten erachtet wird (Alltagswissen [engl. *common sense*]; Straßenwissen [engl. *street smarts*]). Das TKIM differenziert drei Wissensbereiche: *Managing others* umfasst Wissen über den Umgang mit Vorgesetzten, Kollegen und Mitarbeitern. *Managing self* bezieht sich auf praktisches Wissen über selbstmotivationale und organisatorische Aspekte des eigenen Verhaltens. *Managing tasks* erfasst Wissen darüber, wie arbeitsbezogene Aufgaben erfolgreich ausgeübt werden können. Die Auswahl der Situationen und Handlungsalternativen erfolgte mit Hilfe der *Critical Incident Technique* durch Befragung erfahrener Manager nach typischen und schwierigen sozialen Situationen im Berufsalltag sowie auf der Grundlage des *Experten-Novizen-Paradigmas* durch den Vergleich der Antworten von Experten und Berufseinsteigern. Die mittlere Expertenantwort gilt als richtige Antwort. Die Antwort der Testperson wird als Abweichungsscore bestimmt. Items, bei denen sich die Experten einig waren, werden stark, solche, bei denen sie uneins waren, gering gewichtet (euklidische Distanzscores). TK-Tests liegen für etwa 24 Berufe vor (z. B. Wirtschaftsmanager, Bankmanager, Versicherungsagenten, Offiziere im militärischen Dienst). *Reliabilität*: Als Reliabilitätsschätzungen (interne Konsistenz) werden Werte von .74 bis .80 berichtet. *Validität*: Verschiedene TK-Tests korrelieren zu .50, aber nicht oder nur gering mit Maßen der akademischen Intelligenz und allg. Wissen. Berich-

Rauigkeit (*Duplex-Theorie, Rauheit*), Klebrigkeit, Feuchtigkeit). Lederman & Klatzky 1990, Jouen & Molonia 2005, Ruff 1984. *C. Kiese-Himmel*

Tastempfindung [engl. *touch sensation*], **[BIO, WA]**, durch die Haut (Fingerspitzen) vermittelte *Empfindung* (*Wahrnehmung*) für Oberflächen von Körpern, räumliche Entfernungen, in Verbindung mit Gelenkempfindungen. Als Tastkörper sind die sog. Meissner'schen Nervenpapillen zu nennen, von denen bis zu 20 auf 1 mm² Haut kommen. Hier enden die Tastnerven. Sie verteilen sich am dichtesten auf Hand, Fußsohle, Lippen, Sexualorgane, am geringsten auf Rücken und Gesäß. *Hautsinne (Tast-, Temperatur-, Schmerzsinn)*. Witte 1966.

Tastleisten *Papillarlinien.*

Tastsinn [engl. *tactile sense, sense of touch*], *Drucksinn, Sinnesfunktionen, Tastempfindung, Hautsinne (Tast-, Temperatur-, Schmerzsinn).*

Tasttäuschung [engl. *tactile/touch illusion*], **[WA]**, Täuschung in der räumlichen Tastwahrnehmung (*Hautsinne (Tast-, Temperatur-, Schmerzsinn)*). Z. B. scheinen sich die gleich entfernt bleibenden Spitzen eines Tasterzirkels beim Entlangfahren über die Haut einander zu nähern bzw. zu spreizen. Beim Abfühlen zweier Lineale, von denen eines auf der Kante gleichmäßige Kerben enthält, erscheint dieses beträchtlich länger.

Tatbestandsdiagnostik, **[DIA, RF]**, eingeführt von M. Wertheimer und J. Klein (1905) zur Bez. einer psychol. Methode, mithilfe derer gezielt untersucht werden kann, ob der Untersuchte eine best. ihn betreffende Tatsache (z. B. Ausführung einer kriminellen oder unerlaubten Handlung) verheimlicht. Die gebräuchlichsten Verfahren sind der *Assoziationsversuch* und die Untersuchung mit dem Polygrafen (*Polygraf*). *U. Undeutsch*

Täter-Opfer-Traumatisierung *Traumatheorie, psychoanalytisch.*

Täterperspektive [engl. *offender's perspective*], *Ungerechtigkeitssensibilität.*

Tätersensibilität [engl. *offender sensitivity*], *Gerechtigkeit, Gerechtigkeitsprinzip.*

Tätigkeit (= T.) [engl. *activity, work task*], **[KOG]**, wird in dt.sprachigen, am Marxismus und insbes. an sowjetischen Ansätzen orientierter Ps. als zentraler Gegenstand der Ps. angesehen (T.psychologie), wobei *Arbeitstätigkeit* als die für den Menschen wichtigste Form der T. erscheint. T. wird ähnlich wie *Handlung* charakterisiert, als aktiv, zielgerichtet, über einfachere, reaktive Formen von Verhalten hinausgehend, vom *Bewusstsein* aufgabengerecht reguliert (*Handlungsregulation*), versch. psychol. Teilaspekte integrativ vereinigend und ist in seinen Bewusstseinsgrundlagen gesellschaftlich bedingt. Hacker 1978. *G. Kaminski*

Tätigkeit, vollständige [engl. *complete work tasks*], *Arbeitsgestaltung.*

Tätigkeitsanalyse (= T.) [engl. *job/task analysis*], **[AO, DIA]**, in der *Arbeitswissenschaft* oder *Arbeits- und Organisationspsychologie* Untergruppe von Methoden der *Arbeitsanalyse* zur Untersuchung und Bewertung von *Arbeitstätigkeiten* und -bedingungen nach Kriterien zur menschengerechten *Arbeitsgestaltung*. Im Unterschied zur *Aufgabenanalyse* steht bei der T. im Allg. nicht die detaillierte Analyse einzelner Aufgaben oder der Abfolge von Aufgaben (*Arbeitsablaufanalyse*), sondern die Analyse allg. Merkmale von Tätigkeiten oder der gesamten Arbeitstätigkeit (bspw. Handlungsspielraum oder Qualifikationsanforderungen in der Arbeitstätigkeit) und Arbeitsbedingungen (bspw. Umgebungsbelastungen, *Belastung, psychische, Stress am Arbeitsplatz*) im Vordergrund.

T. werden i. d. R. durch Befragungen (teilstandardisierte und standardisierte Interviews oder Fragebogen) oder durch trainierte Beobachter mithilfe von Tätigkeitsbeobachtungen verbunden mit Interviews (sog. Beobachtungsinterviews; *Interview*) durchgeführt. Bei strukturellen Merkmalen der Arbeitstätigkeit (Arbeitskomplexität, Variabilität und Entscheidungs- oder Handlungsspielraum) finden sich relativ gute Übereinstimmungswerte zw. entspr. Skalen aus Befragungen der Beschäftigten und Beobachtungsinterviews. Bei Belastungsfaktoren wie Zeitdruck oder Fragen zu konfligierenden Anforderungen in der Tätigkeit finden sich dagegen nur geringe Übereinstimmungen. Systematische Vergleiche zw. Fragebogen- und Beobachtungsskalen und Analysen typischer Fehler dieser Erhebungsmethoden hat Zapf (1989) durchgeführt. Danach sind entgegen üblichen Einwänden zur Verwendung subjektiver Fragebogen in der Stressforschung diese Instrumente im Vergleich zu Beobachtungsinterviews zur Prognose zukünftiger Befindensbeeinträchtigungen in Längsschnittuntersuchungen vorzuziehen.

Zur T. gibt es eine Reihe von standardisierten Untersuchungsinstrumenten, die sich in den erfassten Hauptmerkmalen (*Arbeitsgestaltung*) überschneiden. Die erste Hauptgruppe umfasst allg. Verfahren mit einer großen Brandbreite der einbezogenen Merkmale, wie den klassischen, am amerikanischen *Position Analysis Questionnaire* (PAQ) orientierten *Fragebogen zur Arbeitsanalyse (FAA)*, das *Job Diagnostic Survey (JDS)*, die *Mensch-Technik-Organisationsanalyse (MTO)*, den *Fragebogen zur subjektiven Arbeitsanalyse (SAA)*, das *Tätigkeitsanalyseinventar (TAI)* und das *Tätigkeitsbewertungssystem (TBS/TBS-L)*. In dieser Gruppe gibt es auch Verfahren, die für spez. Organisationsarten entwickelt wurden, wie z. B. für Krankenhäuser das *Tätigkeits- und Arbeitsanalyseverfahren für das Krankenhaus (TAA-KH-S*; Büssing & Glaser 1999). Eine zweite Verfahrensgruppe umfasst Skalen speziell zum Bereich Belastungen und Beanspruchungen oder Stressoren am Arbeitsplatz. Hierzu gehören das *Instrument zur stressbezogenen Tätigkeitsanalyse (ISTA)* und das Verfahren zur Erfassung der *Regulationshindernisse in der Arbeitstätigkeit (RHIA)*. Eine dritte, heterogene Gruppe dient zur Erfassung sehr spezif. Einzelmerkmale, wie das *Verfahren zur Ermittlung von Regulationserfordernissen in der Arbeitstätigkeit (VERA)* oder im Bereich der *Arbeitssicherheit* den *Fragebogen zur Sicherheitsdiagnose (FSD)*, Verfahren zur *Analyse von Arbeit im Haushalt (AVAH)* oder um Entscheidungen bei der Einführung von neuen Technologien in Büro und Verwaltung zu treffen (*Kontrastive Aufgabenanalyse im Bereich Büro und Verwaltung (KABA)*). Bei vielen der aufgeführten Verfahren werden gleichzeitig

Analysen einzelner Aufgaben oder Anforderungen bei der Durchführung der Aufgaben durchgeführt. Sie können daher auch zur Aufgaben- oder Anforderungsanalyse dienen. Landau & Rohmert 1989, Dunckel 1999, Zapf 1989, Schüpbach & Zölch 2007. *S. Greif*

Test Tätigkeitsanalyseinventar (TAI), 1984, E. Frieling, E. Kannheiser, C. Facaoaru, H. Wöcherl & E. Dürholt, **[AO, DIA]**, arbeitswiss. Verfahren. Umfassendes, modular aufgebautes Analyseinstrument mit Teilverfahren und zahlreichen Skalen zu den folg. Hauptbereichen: (1) emot. beanspruchungsrelevante Tätigkeitsbedingungen, (2) kogn. beanspruchungsrelevante Tätigkeitsbedingungen, (3) Qualifikationsanforderungen, (4) Erfolge und zu erwartende Veränderungen. Je nach Schwerpunkt können versch. Teilinstrumente modular ausgewählt werden. Ergebnisse: quant. und qual. Beschreibungen und Bewertungen zu den einbezogenen Merkmalsbereichen.

Test Tätigkeitsbewertungssystem – Geistige Arbeitstätigkeiten (TBS-GA), 1987, von E. Rudolph, E. Schönfelder und W. Hacker, **[AO, DIA]**, arbeitsps. Verfahren. AA Erwachsene. Der TBS-GA ist ein Verfahren zur obj. Analyse, Bewertung und Gestaltung von geistigen Arbeitstätigkeiten mit und ohne Rechnerunterstützung. Der Test umfasst 60 Skalen, die folg. Bereichen zugeordnet sind: *organisatorische und technische Bedingungen*; *Kooperation und Kommunikation*; *Verantwortung, die aus dem Arbeitsauftrag erfolgt*; *erforderliche geistige (kogn.) Leistung und Qualifikations- und Lernerfordernisse*. Eine Kurzform ist vorhanden. Durchführungsdauer: ca. 1–2 Std., Auswertungsdauer: ca. 1–2 Std.

Tatonnement, reproduktives [frz. *tâtonner* unsicher, tappend vorgehen], **[KOG]**, beim (zunächst vergeblichen) Versuch des *Abrufs* eines «vergessenen» Namens benutztes «Abtasten» mithilfe von «Stütznamen», die dem Gesuchten ähnlich sind. Von Witte (1960) als dynamisches Phänomen analysiert.

Tatsachenwahrheiten *Aussagen, wissenschaftliche*.
Tatwissentest *Lügendetektion*.
TAU-Bedingung, Abk. für *Treatment-as-usual-Bedingung* ([engl.] «Behandlung-wie-üblich»-Bedingung), **[FSE]**, liegt vor, wenn i. R. einer *kontrollierten Studie* die *Kontrollgruppe* gemäß eines üblichen Behandlungskonzepts behandelt wird, das sich kritisch hinsichtlich der parallel applizierten *Intervention* in der *Experimentalgruppe* unterscheidet. Somit stellt der etablierte Behandlungsstandard die Referenz zur Beurteilung der *Wirksamkeit* der Intervention dar. Eine TAU-Bedingung ist insbes. dann zu wählen, wenn der zusätzliche (inkrementelle) Effekt einer Intervention im Vergleich zur üblichen Behandlung geprüft werden soll.

Taubheit [engl. *deafness*], *Gehörlosigkeit*.
Taubheit, kortikale [engl. *cortical deafness*], *Lautagnosie*.
Taubstummensprache [engl. *deaf-and-dumb language, sign language*], *Gehörlosigkeit*.
tau-kongenerische Messung [engl. *tau-congeneric measurement*; gr. τ *(tau)* Symbol für den wahren Wert, lat. *con-* zusammen, *gignere* erzeugen], *Reliabilität*.
Tau-Phänomen [engl. *tau phenomenon*], **[WA]**, ein von Gelb (1914) beschriebenes Phänomen. Bietet man drei Lichtpunkte in obj. gleichen räumlichen Abständen sukzessiv, lässt aber den dritten schneller auf den zweiten folgen als den zweiten auf den ersten (ungleicher Zeitabstand), so scheint der zweite Punkt räumlich dichter am dritten zu liegen, d. h., der ungleiche zeitliche Abstand wirkt sich räumlich aus. Ebenso wird der obj. gleiche Abstand zwischen zwei Linien, die sukzessiv dargeboten werden, abhängig von dem Zeitabstand der beiden Darbietungen über- bzw. unterschätzt. Helson & King 1931.

Tausch, Anne-Marie (1925–1983), **[HIS, KLI]**, war ausgebildete Lehrerin (PH Hannover), studierte in Göttingen Ps., promovierte dort mit einer Arbeit über den Erwachsenen im Erlebnis des Kindes und arbeitete gemeinsam mit ihrem Mann, Reinhard Tausch, in Marburg, Weilburg, Kettwig und schließlich viele Jahre ehrenamtlich in Hamburg an der Entwicklung und Evaluation der *Gesprächspsychotherapie* nach *Rogers* sowie an einer Erziehungsps., die humanistisch-psychol. Idealen folgte. In vielen empirischen Untersuchungen überprüfte sie die Wirkung personzentrierter Haltungen auf Entwicklung, Erziehung und Erleben. Mehrere ihrer Bücher, die sie meist gemeinsam mit ihrem Mann verfasste, erreichten hohe Auflagen. 1978 begann sie eine Untersuchung über die Wirkung von Gesprächen mit Krebskranken; ein Jahr später wurde bei ihr selbst Krebs diagnostiziert. Anne-Marie Tausch starb an den Folgen dieser Erkrankung. *H. E. Lück*

Tausch, Reinhard (1921–2013), **[EW, HIS, KLI, PÄD]**, war der Wegbereiter der *Gesprächspsychotherapie* in Dt. Nach fast sechsjähriger Teilnahme am Zweiten Weltkrieg und schwerer Verwundung absolvierte Tausch in Hannover ein Kurzstudium zum Volksschullehrer. Dies ergänzte er um ein Psychologiestudium in Göttingen und promovierte 1951 bei J. von *Allesch* in Göttingen mit einer experimentalpsychol. Arbeit. Anschließend arbeitete er als Assistent von *H. Düker* in Marburg. Nach seiner Habilitation lehrte Tausch an der Pädagogischen Hochschule Kettwig. Nach kurzer Zeit an der Universität zu Köln wurde Tausch 1965 nach Hamburg berufen, wo er gemeinsam mit seiner Frau *Anne-Marie Tausch* und mit Mitarbeitern und Studierenden die Gesprächspsychoth. nach *Carl Rogers* durch empirische Untersuchungen stützte und weiterentwickelte. Ebenfalls gemeinsam mit seiner Frau erarbeitete er auch eine eigene Erziehungsps. mit dem Ziel «sozial-integrativer» Erziehung in Abhebung zu lenkender und autoritärer Erziehung (*Erziehungsstile*). 1970 war Tausch Mitbegründer der Gesellschaft für wiss. Gesprächspsychoth. (GwG). Publikationen mit hohen Auflagen, Seminare, Vorträge und Fernsehsendungen machten Tausch nicht nur in der Bundesrepublik bekannt. Er wurde mehrfach ausgezeichnet, so 1991 mit der Hugo-Münsterberg-Medaille des BDP und 2002 mit dem Bundesverdienstkreuz. Tausch 1992. *H. E. Lück*

Täuschung (= T.) [engl. *deception*], **[SOZ]**, absichtlich verfälschte Angaben (über Sachverhalte bzw. über die eigene Person), die die Gültigkeit von Methoden (Anamnese, Exploration), die auf ungeprüften Selbstauskünften von Pbn beruhen, maßgeblich beeinträchtigen können. Zum Erkennen der T. dienen meist nichtverbale *cues*. Kom-

munikationsbarrieren, *nichtverbale Kommunikation*, *Täuschungsindikatoren, nonverbale und paraverbale*. Fugita et al. 1980.

Täuschung, kognitive [engl. *cognitive illusion*], *Schließen, induktives*.

Täuschungen [engl. *illusions*], *geometrisch-optische Täuschung*, *Helligkeitstäuschungen*.

Täuschungsindikatoren, nonverbale und paraverbale [engl. *non- and paraverbal indicators of deception*], **[RF]**, vermutlich durch den Einfluss von Sigmund Freud gilt es heute als Binsenweisheit, dass sich Täuschung in beobachtbaren Lügensignalen widerspiegelt. Nach dem *Erregungsansatz* wird angenommen, dass nonverbale, d. h. visuell wahrnehmbare Verhaltensweisen wie Blickabwendung oder Arm-, Hand- und Beinbewegungen als Anzeichen von Täuschung anzusehen sind (*nichtverbale Kommunikation*). Auch paraverbale Verhaltensweisen, wie z. B. die Erhöhung der Stimmfrequenz oder verlangsamte Reaktionszeiten bei Fragen werden als Indikatoren von Täuschung angenommen. Dabei wird vielfach übersehen, dass diese Symptome auch bei Unschuldigen auftreten, die z. B. einer Straftat verdächtigt werden. Mehrere Metaanalysen haben gezeigt, dass die meisten der untersuchten nonverbalen und paraverbalen Verhaltensweisen nur sehr geringe, zum Teil sogar erwartungswidrige Zusammenhänge mit Täuschung zeigen, d. h., eher mit einer Abnahme als einer Zunahme dieser Verhaltensweisen einhergehen. Wenn überhaupt Zusammenhänge erkennbar sind, dann sind sie meist von einer Reihe von *Moderatorvariablen* wie z. B. der Gelegenheit zu Planung und Motivation abhängig. *Aussagepsychologie*, *Glaubhaftigkeitsbegutachtung*. Sporer & Schwandt 2006, Sporer & Schwandt 2007. *S. Sporer*

Täuschungskonturen, -kontrast, -helligkeit [engl. *illusory contours/contrast/brightness*], **[WA]**, bei optischen Täuschungen (*geometrisch-optische Täuschung*), bei denen Bildinformationen im Wahrnehmungsprozess ergänzt werden (z. B. *Ehrenstein-Täuschung*, *Kanizsa-Dreieck*), können Konturen, Bildkontraste und Helligkeitseindrücke empfunden werden, denen keine physikal. Merkmale in der Reizvorlage entsprechen. In der Abb. (Kanizsa 1979) wird z. B. ein starker Täuschungseinduck wahrnehmbar:

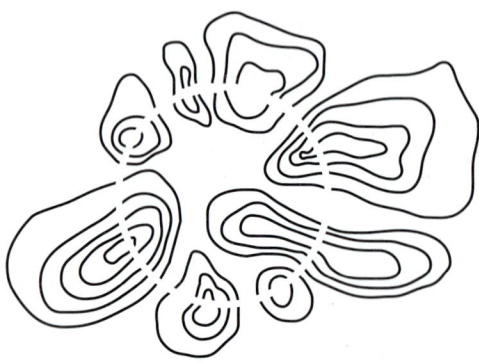

Täuschungskonturen, -kontrast, -helligkeit: Ein weißer Ring scheint die schwarzen Formen zu überlagern (Kanizsa 1979

Ein weißer, aufgehellter Ring (Täuschungshelligkeit bzw. -kontrast; «Weißer-als-weiß-Effekt») scheint durch «Täuschungskonturen» begrenzt. Die schwarzen Linien werden als durch diesen Ring künstlich unterbrochen oder überlagert wahrgenommen, sodass diese *amodal* vervollständigt erscheinen. Die Wahrnehmung solcher Täuschungsempfindungen wurde insbes. zur Weiterentwicklung und Prüfung der Annahmen der *Gestalttheorie* (Kanizsa 1979) sowie zur Untersuchung neuronaler Bildverarbeitungs- und -organisationsprozesse (Pinna, Ehrenstein & Spillmann 2004) genutzt. *Figur-Grund-Verhältnis*, *Gestaltgesetze*, *Gestaltfaktoren*, *Prägnanztendenz*. von der Heydt et al. 1984.

Täuschungsstrategien (= T.) [engl. *strategies of deception*], **[RF]**, als T. werden explizite strategische Überlegungen falsch Aussagender bezeichnet, wie eine Falschaussage zu gestalten und zu präsentieren ist, um das Gegenüber vom Wahrheitsgehalt der eigenen Aussage zu überzeugen (*sekundäre Täuschung*). In Situationen, in denen Aussage gegen *Aussage* steht, wie dies insbes. bei Straftaten gegen die sexuelle Selbstbestimmung (*sexuelle Belästigung*, *sexueller Missbrauch*) häufig der Fall ist, kommt einer überzeugenden Darstellung der eigenen Version des Geschehens große Bedeutung zu. Aussagende setzen Strategien ein, um den Eindruck zu kontrollieren, den sie ihrem Gegenüber vermitteln (*impression management*). Versucht eine Person, i. R. einer gezielten Täuschung einen irreführenden Eindruck zu erzeugen, wird dies als *strategische Selbstpräsentation* bezeichnet (Köhnken 1990). Die Wahl von Impression-Management-Strategien ist situationsabhängig. Dementsprechend unterscheidet sich auch die strategische Selbstpräsentation falsch Aussagender in Abhängigkeit von der Thematik der Falschbeschuldigung und der Schwere des erhobenen Vorwurfs. Bei dem schwerwiegenden und für den forensischen Anwendungskontext bes. relevanten Vorwurf einer Vergewaltigung wird unter Bezug auf das Konzept der sekundären Täuschung (*sekundäre Täuschung*) davon ausgegangen, dass eine falsch aussagende Person i. S. strategischer Selbstpräsentation die folg. Ziele verfolgt (Niehaus et al. 2005): Eine falsch aussagende Person wird versuchen, die eigene Person als kompetent, z. B. durch strategisches Vermeiden von Unsicherheiten oder Erinnerungsbemühungen, und als moralisch makellos darzustellen (Köhnken 1990), z. B. durch strategisches Vermeiden von Selbstbelastungen oder Einwänden gegen die Glaubwürdigkeit der eigenen Person (*motivationsbezogene Inhalte*). Sie wird versuchen, die beschuldigte Person abzuwerten, um deren *Glaubwürdigkeit* zu untergraben und selbst als glaubwürdigere Informationsquelle wahrgenommen zu werden, z. B. durch strategisches Vermeiden von Entlastungen. Schließlich wird sie darauf achten, ihre Aussage inhaltlich und formal unauffällig zu präsentieren, um keine unnötige Angriffsfläche für Zweifel zu bieten, z. B. durch eine hohe Plausibilität und das Vorbringen schemakonsistenter Emotionen (*Emotionsschilderungen*) sowie durch strategisches Vermeiden schemainkonsistenter Inhalte (*Realkennzeichen*). Um vermeintlich selbstschädigende oder verräterische Äußerungen zu vermeiden, scheinen Täuschende sich an *Lügenstereotypen* zu orientieren (Niehaus 2008b). Inhalte, die von falsch Aussagenden gezielt vermieden werden, sind aussagepsychologisch insofern interessant, als deren Auftreten dagegen spricht, dass eine aussagende Person darum bemüht ist, eine Lüge überzeugend zu präsentieren (*sekundäre Täuschung*). Die Annahme, dass falsch Aussagende best. Inhalte gezielt vermeiden, weil diese einer pos. Selbstpräsentation zuwiderlaufen, bildet eine wesentliche Basis für die Anwendung der *merkmalsorientierten Inhaltsanalyse*. Die Befunde empirischer Untersuchungen zu inhaltsbezogenen T. von Kindern, Jugendlichen und Erwachsenen stützen diese Annahme, verweisen auf Unterschiede hinsichtlich der strategischen Bedeutsamkeit einzelner *Glaubhaftigkeitsmerkmale* und darauf, dass nicht allein *motivationsbezogenen Inhalten*, sondern auch *nicht motivationale Inhalte* täuschungsstrategische Bedeutung zukommt. Erkenntnisse zu inhaltsbezogenen T. können im Anwendungsfeld der *Glaubhaftigkeitsbegutachtung* als Interpretationshilfe für die Beurteilung der Qualität einer Aussage dienen. Niehaus et al. 2005, Niehaus 2008c. *S. Niehaus*

Täuschungsverhalten, syn. *proteanes Verhalten* [engl. *protean behavior*], **[KOG]**, Verhaltensweisen, die darauf ausgerichtet sind, einen Feind von seiner Beute abzulenken. Viele Vögel locken ein Raubtier von der Nähe des Brutplatzes fort, indem sie sich flügellahm stellen. *Totstellverhalten*.

Tauzismus [τ *(tau)* gr. Buchstabe «t»], **[KOG]**, fehlerhafte Artikulation des Lautes «t», z. B. Tasche wie «Dasche». *Sprachstörungen*.

Taxis (= T.) [engl. *taxis*; gr. τάξις *(taxis)* Ordnung], **[KOG]**, Bez. für eine durch einen *Reiz* ausgelöste, freie Ortsbewegung von ein- oder mehrzelligen Organismen. Nach Art des Reizes unterscheidet man chemo-, geo-, foto- (usw). taktische Bewegungen. Erfolgt auf den Reiz eine ungerichtete (Schreck-)Reaktion, spricht man von *Phobot.*, ist sie auf die Reizquelle bezogen, von *Topot*. Hierbei unterscheidet man eine pos. T. (bei Zuwendung zur Reizquelle) und eine neg. T. (bei Abwendung von der Reizquelle). Den taktischen Reaktionen ist der *Tropismus* – eine Wachstumsbewegung – gegenüberzustellen.

Taxonomie (= T.) [engl. *taxonomy*; gr. τάξις (taxis) Ordnung, νόμος *(nomos)* Gesetz], **[KOG, PÄD]**, mithilfe einer T. kann ein Ordnungssystem (z. B. hierarchisch) aufgebaut werden. *Lernziele* im kogn. Bereich werden nach zunehmender Komplexität (Bloom 1976), im affektiven Bereich nach zunehmender Internalisation (Krathwohl et al. 1969) und im psychomotorischen Bereich nach zunehmender Koordination der *Leistung* (Dave 1968) zugeordnet. Im erziehungswiss. Sinne versteht man unter T. inhaltlich neutrale, hierarchisch aufgebaute Kategorienschemata zur Beschreibung bzw. Beurteilung zu erreichender oder erreichter Lernziele. Neben der Bestimmung von Lernzielen finden T. zunehmend Verwendung bei der Klassifizierung von Medien (Schwittman 1973). Echterhoff 1978, Glück 1973.

Taxonomie, numerische (= n. T.) [engl. *numerical taxonomy, cluster analysis*], **[FSE]**, *Taxonomie*; unter n. T. werden Verfahren zusammengefasst, die, ausgehend von einer Matrix von Ähnlichkeiten (auch *Korrelation*) zw. Objekten oder Variablen, diese in möglichst homogene und disjunkte Klassen einteilen. Außer in den angewendeten Homogenitätskriterien unterscheiden sich die Verfahren prinzipiell darin, ob eine *Hierarchie* von Klassifikationen (z. B. Johnson 1967) oder nur die *Klassifikation* auf einer Ebene (z. B. Cattell & Coulter 1966) bestimmt wird. Die hierarchischen Verfahren unterscheiden sich in ihrem Vorgehen zusätzlich noch darin, ob sie aufteilend (divisiv) oder zuordnend (agglomerativ) vorgehen; der Vorteil der agglomerativen Verfahren ist direkte Anwendbarkeit einfacher stat. Prüfgrößen zur Bestimmung der Homogenität. *A. Zimmer*

Taylor-Russell-Tabellen [engl. *Taylor Russell tables*], **[DIA]**, von den Autoren gleichen Namens (Taylor & Russell 1939) publizierte Tab., welche die Beziehung darstellen zwischen der Höhe der *Validität* eines Tests, der Höhe des Ausleseverhältnisses und des Prozentsatzes derjenigen Pbn, die sich auch ohne die Anwendung eines Tests in der vom Kriterium geforderten Richtung bewährt haben. Aus diesen Tab. lässt sich ablesen, welchen Erfolg ein Test unter den vorgegebenen Bedingungen hat. Noack & Petermann 1995. *H. O. Häcker*

Taylor-System, Taylorismus [engl. *taylorism*], **[AO]**, Begriff nach dem amerik. Ingenieur F. W. Taylor (1856–1915) für die Gesamtheit der Verfahren zur ökonomischen Betriebsführung. 1895 führte Taylor seine Untersuchungen zur wissenschaftlichen Betriebsführung (*scientific management*) unter der Annahme durch, dass der arbeitende Mensch nur durch monetäre Anreize zur Arbeit motiviert werden kann (*incentives*). Taylor suchte für jede Arbeitsverrichtung die einzige und beste Verfahrensweise (*the one best way*), die in Listen und Programmen festgelegt und vorgeschrieben wurde. Straffe Zeitnutzung, technische Optimierung und rationale Organisierung aller betrieblichen Vorgänge und Bewegungsabläufe waren das vorrangige Ziel des Taylor-Systems, das auch zu einer Trennung von Kopf- und Handarbeit führte.

TBS-TK, **[DIA]**, ein vom *Testkuratorium* vorgeschlagenes Testbeurteilungssystem, das dazu dient, die Qualität von Tests zu bewerten. *Skalierung, testtheoretisches Gütekriterium* Testkuratorium 2006, Testkuratorium 2007.

T-Daten [engl. *test data*], **[DIA, PER]**, nach Cattell (*Cattell, Raymond Bernard*) diejenige Gruppe von Daten zur Persönlichkeitsbeschreibung (*Persönlichkeitsmerkmal*, neben den *L-Daten* und den *Q-Daten*), die aus Testergebnissen (*Test*), Aufgabenerledigungen und Versuchen (*trials*) erschlossen und als Leistung bzw. Verhaltensbeobachtungen erhoben werden können. Cattell hat 21 sog. U. I.-Dimensionen faktorisiert, die nur in geringem Umfang mit Dimensionen, die aus Q-Daten stammen, konvergieren. *Persönlichkeit, klassische faktorenanalytische Ansätze*. Cattell 1957.

TDM *Therapeutisches Drug Monitoring*.

TEACCH *Entwicklungsstörungen, tiefgreifende*.

^Test^**Teamklima-Inventar (TKI),** 2001, F.C. Brodbeck, N. Anderson & M. West, [www.testzentrale.de], **[AO, DIA]**, Fragebogen zur Messung des Klimas für Innovation und Leistung in sozialen Arbeitskontexten. AA Erwachsene.

Auf Gruppenebene wird das Teamklima für Innovation anhand von vier Faktoren (*Vision, Aufgabenorientierung, Partizipative Sicherheit* und *Unterstützung für Innovation*) und insges. 13 Subskalen (z. B. *Klarheit, Wertschätzung, Einigkeit* und *Erreichbarkeit* beim Faktor *Vision*) erfasst. Zudem werden Tendenzen der *sozialen Erwünschtheit* gemessen. Ergebnis: Skalenwerte auf den Dimensionen. *Normierung*: Im dt.sprachigen Raum umfasst die Normierungsstichprobe derzeit insges. $N = 810$ Personen aus 149 Arbeitsgruppen in versch. Bereichen. Bearbeitungsdauer: ca. 15 Min. Brodbeck et al. 2000, Brodbeck et al. 2002.

Teamsupervision *Supervision*.

Technik (= T.) [engl. *technique*; gr. τέχνη *(techne)* Kunst, Hand-/Kunstwerk], [**AO**], i. w. S. ist T. das bei jeder menschlichen Tätigkeit einsetzbare Prinzip zur Systematisierung, Verbesserung, Veredlung, Sicherung der Tätigkeitsformen. *Psychotechnik*.

Technologie (= T.) [engl. *technology*; gr. τέχνη *(techne)* Kunst, Hand-/Kunstwerk, λόγος *(logos)* Wort], [**AO**], ist in der Betriebswirtschaft und *Arbeitswissenschaft* einschließlich der *Arbeits- und Organisationspsychologie* ein Oberbegriff zur Bez. der Gesamtheit der Verfahren und Methoden bei der Gewinnung oder Verarbeitung von Rohmaterialien zu Produkten in einer *Organisation*. Gemeint ist damit nicht nur die Technik i. e. S. (z. B. Werkzeuge, mechanische Geräte, computerunterstützte Systeme wie CNC-Drehmaschinen bis hin CIM-Technologien), sondern auch die typische Arbeitsweise gruppiert nach der Auflagenhöhe (Einzel-, Serien- und Massenfertigung), nach Art der Aufstellung (Werkstatt, Reihen- und Fließfertigung sowie Prozessfertigung) oder nach dem Automatisierungsgrad (Handarbeit, Mechanisierung, Automatisierung). Nach Kontingenztheorien der *Organisation* bestimmen Merkmale der *Organisationsumwelt* (insbes. Spezialisierung und Dynamik des Produktmarkts), die T. für die Organisation optimale *Effizienz* und *Effektivität* erwarten lässt. Kieser & Kubicek 1983, Scholl 2007. *S. Greif*

Technologieakzeptanzmodell, Technology Acceptance Model (= TAM.), [**AO, WIR**], neben der *Theorie des überlegten Handelns* versucht auch das TAM. zu erklären, unter welchen Bedingungen neue Technologien Akzeptanz bei Anwendern finden und später benutzt werden. Im Bereich der Wirtschaftsinformatik gehört es zu den bekanntesten und meist untersuchten Modellen, die dazu dienen, die Nutzungsabsicht einer Technologie im organisationalen Rahmen vorherzusagen. In der *Marktforschung* wird es zur Vorhersage der Adoption von Neuerungen verwendet. Kernaussage des TAM. ist, dass die Wahrscheinlichkeit der Nutzungsabsicht und später das Nutzungsverhalten von zwei bedeutsamen Faktoren abhängig ist, dem wahrgenommenen Nutzen und der wahrgenommenen Einfachheit der Verwendung. In nachfolgenden Modellerweiterungen wurden zahlreiche weitere Variablen aufgenommen, u. a. subj. Normen und Freiwilligkeit der Nutzung (Venkatesh et al. 2003). *G. Gunnesch-Luca*

Technopsychologie *Psychotechnik*.

[Test]**Teddy-Test**, 1998, G. Friedrich, [www.testzentrale.de], [**DIA, EW, KOG**], *Sprachentwicklungstests*. AA 3–6 Jahre. Der Teddy-Test ist ein Verfahren zur Erfassung der verbalen Verfügbarkeit semantischer Relationen. Er gibt Aufschluss über den Entwicklungsstand sowie über inter- und intraindiv. Besonderheiten beim Relationserwerb. Untersucht werden die zwischenbegrifflichen semantischen Relationen Aktor-Aktion, Aktion-Objekt, Lokation, Instrument und Finalität mit zehn Items in jew. zwei versch. Anforderungssituationen. Bei der unspezifischen Aktivierung werden die Kinder aufgefordert, zu vorgegebenen Bildern eine kleine Geschichte zu erzählen. Bei einer zweiten Betrachtung der Bilder erhalten die Kinder durch standardisierte Fragen Hilfen und Anregungen zur Verbalisierung der untersuchten Relationen. Erfasst wird darüber hinaus die Sprechaktivität (Anzahl der Worte) je Item. *Normierung*: Es liegen Halbjahresnormen für die Altersgruppen 3;0 bis 5;11 Jahre vor; außerdem Normen für Schulanfänger von 6;1 bis 6;11 Jahren sowie Normen für sprachauffällige und lernbehinderte Kinder zwischen 4;0 und 8;6 Jahren. Bearbeitungsdauer: ca. 20 bis 30 Min.

Tedium Measure [engl. *tedium* Eintönigkeit, *measure* Maß], *Burn-out*.

teilautonome Arbeitsgruppen [engl. *semi-autonomous workgroups*], *Gruppenarbeit*.

Teilgruppenrationalität [engl. *subgroup rationality*], *Koalitionsspiele*.

Teilhabe syn. *Partizipation*, [**GES**], *International Classification of Functioning, Disability and Health (ICF)*.

Teilleistungsschwächen (= T.) [engl. *partial performance weaknesses*], [**KLI**], (F81, *umschriebene Entwicklungsstörungen* schulischer Fertigkeiten), neurogene Leistungsminderungen einzelner Faktoren und Glieder innerhalb eines funktionellen Systems, das zur Bewältigung einer komplexen physiol. oder psychol. Anpassungsaufgabe wie Atmung, Lokomotion, Rechtschreiben, Rechnen, Denken erforderlich ist. Bei der Möglichkeit des Eintretens einzelner funktioneller Teilglieder füreinander und bei ihrer Polyvalenz, mit der sie in jew. anderer Konstellation an der Bildung mehrerer funktioneller Systeme beteiligt sind, sind zum Nachweis von T. etliche nach wahrnehmungs-, handlungs-, lern-, gedächtnis- und aktivierungstheoretischen sowie nach neuroanatomischen und -physiol. Gesichtspunkten systematisch variierte Aufgabenstellungen erforderlich. In der Abgrenzung zur allg. Lernunfähigkeit (*Intelligenzminderung*) finden sich neben T. andere, leistungsfähigere Teilfunktionen im gleichen Organismus. Über die *Ätiologie* von T. ist mit dem Begriff nichts ausgesagt.

Teilzielbildung [engl. *formation of sub-goals*], [**KOG**], strategisches Prinzip, mit dem sich der Problemlöser bei best. Arten von Problemen die Lösungsfindung erleichtern kann, indem er zunächst einen Zwischenzustand anstrebt. *Problemlösen*. Klix 1971, 1976.

Telearbeit (= T.) [engl. *teleworking*; gr. τῆλε *(tele)* fern], [**AO**], Konzept der Arbeitsorganisation, das im Allgemeinen die räumliche Auslagerung einzelner oder mehrerer informations- und kommunikationstechnologisch gestützter Tätigkeiten aus einem Unternehmen bezeichnet, die ausschließlich oder alternierend an einem außerhalb des Betriebs liegenden Arbeitsplatz verrichtet werden, wobei der Telearbeiter mit der zentralen Betriebsstätte durch elektronische Kommunikationsmittel verbunden ist. Das Konzept der T. beinhaltet organisatorische, technische, wirtschaftliche, rechtliche und soziale Aspekte. Die drei wesentlichen Unterscheidungsdimensionen der T. sind der Arbeitsort, die Arbeitszeit, die technische Ausstattung sowie die Rechtsform des Arbeitsverhältnisses. Bzgl. des Arbeitsortes lassen sich stationäre und mobile Organisationsformen unterscheiden (*home-based telework, center-based telework, on-site telework und mobile telework*), hinsichtlich der Arbeitszeit lassen sich permanente, alternierende und flexible Formen von T. unterscheiden. T. kann grundsätzlich in unterschiedlichen Rechts- bzw. Arbeitsverhältnissen, vom Angestelltenverhältnis bis zu freier Mitarbeit und Selbstständigkeit sowie Heimarbeit, geleistet werden. Sämtliche Rechte, Schutzvorschriften und Pflichten, wie sie für normale Arbeitnehmer gelten, treffen auch auf Telearbeiter zu. Je nach Art der T. gibt es unterschiedliche Anforderungen an den Telearbeiter und das Unternehmen. Generell zählen dazu aufseiten des Telearbeiters neben der fachlichen Eignung im Wesentlichen Kenntnisse und Fähigkeiten im Umgang mit Informations- und Kommunikationstechnologien, eine zeitlich flexible Einsatzbereitschaft, Zeit- und Selbstmanagementfähigkeiten, selbstständiges und eigenverantwortliches Arbeiten, Kommunikationsfähigkeit und Kundenorientierung (bes. im Dienstleistungsbereich). Auf Arbeit- bzw. Auftraggeberseite sind die zu erfüllenden Anforderungen personeller Art (z. B. Auswahl geeigneter Telearbeiter sowie delegationsfähiger Führungskräfte), organisatorischer Art (z. B. Schulung für Telearbeiter und deren Vorgesetzte, technischer Art (z. B. Auswahl und Bereitstellung tätigkeitsbezogener Telearbeitsmittel) sowie arbeitsrechtlicher Art (z. B. Vergütung, Wahl eines angemessenen Arbeitsverhältnisses). Da mit dem Konzept der T. die Standortbindung zur Erbringung einer Leistung aufgehoben wird, stellt es eine Arbeitsform dar, die eine andere Organisation der Balance von Arbeit und außerberuflichem Leben erfordert (*Life-Domain-Balance*, *Work-Life-Balance*). Büssing 2003, Reichwald et al. 2000, Olsen & Olson 1997.   *I. Seeberg*

Telegrammstil (= T.) [engl. *telegraphic style*; gr. τῆλε (tele) fern, γράφειν (graphein) schreiben], [**EW, KOG**], das Weglassen von nebensächlicher (z. B. konnotativer, *Konnotation*) Information, das Vermeiden von Redundanz in der Formulierung sowie die kostensparende Verringerung der Wortanzahl in sprachlichen Mitteilungen (Weizsäcker 1959). Ausgelassen, oder wenigstens mit einem Inhaltswort vereinigt, werden Funktionswörter; dagegen bleiben die – als *Morpheme* in Worteinheiten eingebundenen – Flexionsendungen erhalten, und morphematische Veränderungen werden ausgeführt (z. B. *eintrafen* statt *wir trafen ein*). Bez. für *Dysgrammatismus* bei Aphasien (*Aphasie*) sowie für unvollkommenes Sprachvermögen bei *Oligophrenie*. Die ersten Zwei- und Mehrwortäußerungen in der normalen kindlichen *Sprachentwicklung* wurden ebenfalls als T. (*telegraphic speech*) bez. (Brown & Fraser 1963, Brown & Bellugi 1964). Bei Untersuchungen zum Nachsprechen einfacher Sätze hatten die Kinder die Reihenfolge der Wörter beibehalten, die Funktionswörter aber ausgelassen (daher T.); im Unterschied zum T. der ungestörten *Sprachproduktion* bei Erwachsenen fehlten jedoch hier (wie auch bei dem dysphatischen T.) die Flexionen. Spätere Modifikationen dieser Bez. durch Brown (1973) unter Berücksichtigung auch der spontanen Sprachäußerungen: Selbst auf dieser frühen Stufe der kindlichen Sprachentwicklung fehlen Funktionswörter nicht gänzlich. Nur einige von ihnen erscheinen nicht, andere treten in häufigen Redewendungen gelegentlich mit auf, und eine dritte Gruppe wird offenbar «voll kontrolliert» eingesetzt. Dieses unterschiedliche Auftreten der sog. Funktionswörter wird unter Anwendung einer *rich interpretation* (*Holophrase*) in Zusammenhang gebracht mit deren sehr unterschiedlicher Ausdrucksfunktion (z. B. werden Funktionen, die nur eine semantische Modifikation wie etwa den Plural bez., eher ausgelassen als solche, die eine semantische Relation wie etwa Verschwinden oder Wiederauftauchen eines Gegenstandes ausdrücken). Aber auch vom unterschiedlichen Hervorstechen der Klangbilder von Funktoren im Prozess der *Sprachrezeption* des Kindes scheint deren Verwendung abzuhängen; z. B. treten volle und betonte Silben wie etwa engl. *there (milk)* häufiger auf als die in die rhythmische Einheit anderer Silben einbezogenen Formen wie etwa *is in there i(s) milk*.

Telekinese [engl. *telekinesis*; gr. τῆλε (tele) fern, κινεῖν (kinein) in Bewegung versetzen], paranormale Verschiebung oder Bewegung von Gegenständen auf Distanz, verbreitetes Phänomen im sog. physikal. Mediumismus. *Parapsychologie*.

Telenzephalon [engl. *telencephalon*; gr. τέλος (telos) Ziel, ἐγκέφαλον (enkephalon) Gehirn], syn. *Endhirn*, [**BIO**], *Gehirn*.

Teleologie (= T.) [engl. *teleology*; gr. τέλος (telos) Ziel, λόγος (logos) Lehre], [**EM, PHI**], Lehre von der Zweckmäßigkeit und dem Zweckbestimmtsein alles menschlichen wie auch geschichtlichen und natürlichen Handelns (*Handlung*) und Geschehens. *Teleologisch* bedeutet auf ein *Ziel* oder einen Zweck bezogen, einen Zweck unterstellend. Die teleologische Betrachtung ist metaphysisch, wenn sie in Analogie zu menschlichen Zwecken und Zielsetzungen auf Außermenschliches schließt. Die T. ist im logischen Sinn die Umkehrung der *Kausalität*, da ein gegenwärtiges Phänomen aus seiner zukünftigen Bestimmung, d. h. ein zeitlich Früheres aus zeitlich Späterem, erklärt wird. Häufig wird die T. als notwendige Erkenntniskategorie des Lebenswiss. vom «bloß blind kausalen» physikal. Prozess abgehoben und als genügender Erkenntnisgrund für eine wissenschaftliche Aussage angesehen. Dazu muss aber auch über die Feststellung der Zweckmäßigkeit eines lebendigen Geschehens hinaus nach der Bedingungsanalyse gefragt werden, um festzustellen, welche funktionalen Abhängigkeiten diese oft vordergründig in Erscheinung tretende T. erst in ihrem Zustandekommen ermöglichen.

Telepathie [engl. *telepathy*; gr. τῆλε (tele) fern, πάθος (pathos) Leiden(schaft), Krankheit], syn. *Fernfühlen*, die paranormale Erfassung der mentalen Inhalte (Gedanken, Gefühle, Stimmungen) einer anderen Person außerhalb bisher bekannter Sinneskanäle. *Parapsychologie*.

Teleplastie [engl. *teleplasty*; gr. τῆλε *(tele)* fern, πλαστική *(plastike)* das Geformte], *Materialisation*.

Telepräsenz [engl. *telepresence*], *Presence*.

Telerezeptoren [engl. *telereceptor*], *Rezeptor*.

Teletutoring (= T.) [gr. τῆλε *(tele)* fern, engl. *to tutor* unterrichten], **[MD, PÄD]**, unter T. wird eine Form der Betreuung beim *e-learning* (*electroniclearning*) verstanden, bei der ein Tutor über das Internet lehrt (*Lehren*) oder einen bzw. mehrere Lernende unterstützt, die räumlich getrennt von ihm best. Aufgaben bearbeiten. Dabei bezeichnet man das e-learning als das Lernen mit elektronischen Medien (Computer/Internet). Der ausgebildete Teletutor hat die Aufgabe der organisatorischen, technischen und inhaltlichen Betreuung der über das Internet Lernenden und ist in erster Linie in einer moderierenden Funktion. Der Begriff T. setzt sich aus den Komponenten *tele* und *Tutoring* bzw. *Tutor* zus. Es sind synchrone und asynchrone Kommunikationsformen, die eingesetzt werden und die auch für die Kommunikation und Kooperation der Lernenden untereinander genutzt werden. I. d. R. basiert der synchrone Kontakt auf einer Audio-Verbindung und einer Application-Sharing-Funktion. Dadurch können Tutor und Lernende dasselbe Programm oder Dokument auf ihrem Monitor betrachten und auch bearbeiten. Dieses den Lernenden zur Verfügung gestellte Material ist vom Teletutor multimedial aufbereitet. In den Lernprozess kann der Teletutor jederzeit eingreifen, zum Nachdenken anregen und Sachverhalte klären. Im asynchronen Austausch läuft die Kommunikation über E-Mail oder Diskussionsforen. *R. Brinkmann*

telische Orientierung [engl. *telic orientation*; gr. τέλος *(telos)* Ziel], *zweidimensionales Modell metatelischer Orientierungen*.

Temazepam [engl. *temazepam*], **[PHA]**, ist eine psychotrope Substanz aus der Klasse der *Benzodiazepine* mit sedierenden (*Sedierung*, *Sedativa*) und hypnotischen (*Hypnotika*) Eigenschaften sowie mit angstdämpfenden (*Angst*, *Anxiolytika*), spasmolytischen (*Spasmolytika*) und antikonvulsiven (*Antikonvulsiva*) Effekten. Verstärkt die hemmende Wirkung *GABA*erger *Neurone*. Rasche und nahezu vollst. Resorption mit mittellanger Halbwertszeit von 7–11 Std. ohne aktive Metaboliten. Benkert & Hippius 2013. *M. Paulzen*

Temperament (= T.) [engl. *temperament*; lat. *temperare* mäßigen, mischen, *temperamentum* Maß], **[KLI, PER]**, Bez. für *Persönlichkeitsmerkmale*, die der «drei A der Persönlichkeit» betreffen: *Affekt*, *Aktivierung* und *Aufmerksamkeit* (Rothbart & Bates 2006). Sie lassen sich schon im ersten Lebensjahr beobachten. Zusätzlich wurde vielfach angenommen (Buss & Plomin 1975), dass sie vergleichsweise stark genetisch beeinflusst seien und sich bes. gut neurowiss. erfassen ließen («biologienah») sowie zeitlich bes. stabil seien; dies lässt sich jedoch nicht bestätigen (Asendorpf 2011). Die erste Unterteilung in vier T. geht auf Hippokrates (ca. 460–370 v. Chr.) zurück; er begründete damit seine Humoralpathologie (= Viersäftelehre). Danach hängt der Gesundheitszustand, das *Verhalten* und die *Persönlichkeit* des Menschen vom Mangel und Überfluss der vier Körpersäfte (gelbe u. schwarze Galle, Schleim, Blut) ab. Immanuel Kant (1724–1804) griff diese T.lehre auf und unterschied vier T.typen: *Sanguiniker* (= Sorglose u. Unbeständige), *Melancholiker* (= Menschen, die zu Weltschmerz und Niedergeschlagenheit neigen), *Choleriker* (= Hitzköpfe) und *Phlegmatiker* (= Affektarme u. Antrieblose). Diese Typenbeschreibung konnte durch wiss. Befunde nicht belegt werden und gilt als überholt. Die moderne T.forschung wurde von den Kinderpsychiatern Thomas & Chess (1980) i. R. ihrer *New York Longitudinal Study (NYLS)* begründet. In dieser Studie konnte man bereits bei Kleinkindern in den ersten Lebensmonaten neun T.dimensionen bestimmen: *Ablenkbarkeit, Aktivität, Annäherung–Rückzug, Anpassungsfähigkeit, Aufmerksamkeitsdauer, Reaktionsintensität, sensorische Empfindlichkeit, Stimmungslage* und *Tagesrhythmus*. Unter sensorischer Empfindlichkeit wird dabei das Ausmaß von sensorischer Stimulation verstanden, das nötig ist, um wahrnehmbare Reaktionen bei einem Kind hervorzurufen. Prinzipiell bezieht sich dies auf sehr unterschiedliche Reize (visuelle, auditive, taktile; inkl. einer stark ausgeprägten Schmerzempfindlichkeit), auf die ein Kind übermäßig reagiert. Bei der NYLS wiesen 40 % der Kinder ein einfaches T. auf, das sich durch ein pos. Zugehen auf neue Reize, ein hohes Anpassungsvermögen und eine pos. Stimmungslage auszeichnet; ein gegensätzliches, schwieriges T. konnte bei 10 % der Kinder festgelegt werden. Ein langsam auftauendes T. zeigten 15 % aller Kinder, 35 % konnten diesen empirisch gefundenen Typen nicht zugeordnet werden. Das schwierige T. besitzt für die klin. Diagnostik eine große Bedeutung, da man dadurch die Entwicklung externalisierender Verhaltensstörungen (*ADHS*, *Störungen des Sozialverhaltens*) gut vorhersagen kann. Unter entwicklungspsychol. Perspektive wandte sich Kagan (Kagan et al. 1998) dem T.merkmal Behavioral Inhibition (= *Verhaltenshemmung*) zu, das empirisch gut gesichert und ab dem 20. Lebensmonat umfassend und gut erfassbar ist. Verhaltenshemmung zeigt sich darin, dass ein Kind auf neuartige oder Furcht auslösende Reize mit sozialem Rückzug und Angst reagiert. In Längsschnittstudien konnte man belegen, dass das T.merkmal Verhaltenshemmung *Angststörungen* (= *Trennungsangst*, *spezifische Phobien* und *soziale Phobien*) vorhersagen kann. Verhaltenshemmung lässt sich durch versch. Merkmale beschreiben u. a.: herabgesetzte Risikobereitschaft, geringe Entscheidungsfreude und eine erniedrigte Erregungsschwelle im limbischen System (= genetische Basis), die dafür verantwortlich ist, schnell – auch bei einem mittleren Stressniveau – mit einer stark beschleunigten Herzfrequenz, einem Anstieg der Muskelspannung und einer starken Kortisolausschüttung zu reagieren. Dieser schnell auslösbare Zustand führt dazu, dass Informationsverarbeitungsprozesse nicht ungehindert ablaufen können, sodass es zu den für Angststörungen typischen Denk- und Handlungsblockaden kommen kann. Ein weiterer Ansatz der modernen T.forschung bietet das biol. ausgerichtete Persönlichkeitsmodell von Cloninger

(1994a), bei dem von 4 Temperamentsfaktoren ausgegangen wird: *Neugierde* (= impulsiv, überspannt, begeistert, unordentlich), *Schadensvermeidung* (= besorgt, ängstlich, pessimistisch, schüchtern), *Belohnungsabhängigkeit* (= empfindsam, gutmütig, liebevoll, herzlich), *Beharrungsvermögen* (= hart arbeitend, ehrgeizig, leistungsorientiert, perfektionistisch). Cloninger def. T. als automatische emot. Reaktionsstile, die auch mit entspr. ausgearbeiteten klin. Erhebungsverfahren erfasst werden können (z. B. JTCI: *Junior Temperament and Charakter Inventar*). Studien zeigen, dass diese multidimensionale Klassifikation von T.merkmalen mit versch. psych. Störungen korrelieren und teilweise i. S. einer prämorbiden Persönlichkeitsstruktur in der Lage sind, die Entstehung und den Verlauf psych. Störungen vorherzusagen. In der Persönlichkeitsps. gibt es weiterhin neben Eysencks zweidimensionalem Modell mit den Dimensionen *Extraversion* und *Neurotizismus* zahlreiche neurowiss. Ansätze zur Erklärung von T.unterschieden, insbes. versch. neuere Varianten der *Reinforcement Sensitivity Theory* von Gray (1982; *Persönlichkeit, neurowissenschaftliche Ansätze*). Buss & Plomin 1975, Asendorpf 2011. *F. Petermann/J. B. Asendorpf*

Temperaturempfindung [engl. *perception/senzation of temperature*], *Sinne*.

Temperaturpunkte [engl. *temperature points*], [**BIO, WA**], Hautstellen, die die Temperaturempfindungen vermitteln. Man unterscheidet Kälte- und Wärmepunkte. Diese geben immer die gleiche *Empfindung* (spezifische Sinnesempfindung). *Kälteempfindung*, *Hautsinne* (Tast-, Temperatur-, Schmerzsinn).

Temporal Construal Theory *Construal Level Theory*.

Temporallappen [engl. *temporal lobe*; lat. *tempus* Schläfe], [**BIO**], Schläfenlappen des Gehirns. *Gehirn*.

temporäre Bezugsnorm [engl. *temporary reference norm*; lat. *tempus* Zeit], *Bezugsnorm*.

Tenazität (= T.) [engl. *tenacity*; lat. *tenacitas* das Festhalten], [**EM, KOG**], Zähigkeit, Hartnäckigkeit. In der Ps. besonders T. der *Aufmerksamkeit*, bei Gefühlen, in der *Konzentration*.

Tendenz (= T.) [engl. *tendency*; lat. *tendere* spannen, lenken], [**FSE**], (Verlaufs-)Richtung, z. B. einer Reihe von als Kurve darstellbaren Messwerten, oder *zentrale Tendenz* einer Verteilung. [**EM, KOG**], Gerichtetheit psych. Funktionen (*Wahrnehmung*, *Denken*, *Lernen*) oder auch die Gerichtetheit von Prozessen (z. B. Handeln, *Handlung*) auf ein *Ziel* oder Ergebnis. Unterschieden wird zw. determinierender Tendenz (Begriff von Ach zu den Denk- und Willensvorgängen), antizipatorischer Tendenz (Begriff der Lernps.) und perseverativer Tendenz (Begriff der Persönlichkeitsforschung). *Perseveration*, *antizipatorische Reaktion*.

tendenziöse Apperzeption [engl. *tendentious apperception*; lat. *tendere* spannen, lenken], [**KLI**], nach Adler (*Individualpsychologie*) der Vorgang, dass die *Apperzeption* von best. Tendenzen (*Leitlinie*) gesteuert wird.

Tendenz zu Extremwerten (T.) [engl. *error of tendency to extrem values*], [**DIA, PER, SOZ**], systematischer *Beobachtungsfehler* oder *response-set* bei Beurteilungen (z. B. mittels *Likert-Skala*, *visuelle Analogskala*), wenn eine Person dazu tendiert, unerwartet häufig die extremen Ausprägungen der Skala zu wählen. vgl. *Tendenz zur Mitte*.

Tendenz zur Mitte (T.) [engl. *error of central tendency*], [**FSE, SOZ**], systematischer *Beobachtungsfehler* oder *responseset* bei Beurteilungen (z. B. mittels *Likert-Skala*, *visuelle Analogskala*), wenn eine Person dazu tendiert, unerwartet häufig die mittleren oder neutralen Antwortkategorien oder -bereiche zu wählen. Ursachen können u. a. Unsicherheit, geringe Offenheit, mangelnde Motivation oder mangelnde Aufmerksamkeit sein. Rost et al. (1999) konnten zeigen, wie mittels des *ordinalen Rasch-Modells* der unerwartet häufige Gebrauch der Mittelkategorie bei Unsicherheit der antwortenden Person die psychometr. Qualität der Antwortskalen beeinträchtigen kann. Vgl. *Tendenz zu Extremwerten*.

Tension (= T.) [engl. *tension*; lat. *tendere* spannen], [**BIO, EM, KOG**], Bez. für die Spannung/Anspannung (1) der Muskeln (Hyper- und Hypo-T.), (2) als gesamte Aktivität, (3) als emotionale T.

Teratogene (= T.) [engl. *teratogens*; gr. τέρας *(teras)* Drache, Ungeheuer, γένεσις *(genesis)* Entstehung], [**BIO, EW, PHA**], als T. bez. man äußere Einwirkungen, die Fehlbildungen beim Embryo (*Embryonalentwicklung*) hervorrufen können. Hierzu zählen z. B. Chemikalien (fruchtschädigende Stoffe), Viren und ionisierende Strahlung. Unter den sog. CMR-Stoffen (*cancerogenic, mutagenic and toxic to reproduction*) fasst der Gesetzgeber u. a. als reproduktionstoxisch die beiden Fälle «kann die Fortpflanzungsfähigkeit beeinträchtigen» und «kann das Kind im Mutterleib schädigen» zus. Stärke und Art der Wirkungen hängen außer vom Stoff und indiv. Faktoren wie Abstammung (*Genetik*), Lebensalter, Lebensweise vor allem von der Zeit der Einwirkung (sensible Periode) und der Dauer ab. Als bes. sensible Periode gilt die Zeit der Entwicklung des *Nervensystems* (pränatal 3–8 Wochen). Arzneimittel mit möglicher teratogener Wirkung beim Menschen sind u. a. Zytostatika, *Antikonvulsiva* und *Alkohol*. Die weitaus häufigsten Schäden sind auf Alkoholmissbrauch (*Alkoholismus*) der Mutter zurückzuführen. *M. Paulzen*

Terberg, Hugo *Münsterberg, Hugo*.

Terman, Lewis Madison (1877–1956), [**HIS, KOG, PER**], Studium *Clark University*, 1905 Promotion, 1910–1973 Prof. *Stanford University*, dort 20 Jahre Leiter des Psychol. Instituts. Terman ist vor allem bekannt durch seine Intelligenzmessungen (*Intelligenz*, *Intelligenztest*) und Hochbegabungsforschung. Konstruierte den *Stanford-Binet-Intelligenztest*. Untersuchte ca. 1500 hochintelligente Kinder. Dadurch konnte er mit dem Vorurteil aufräumen, dass Hochbegabte kränklich, schlecht angepasst und exzentrisch sein sollen, und nachweisen, dass sie körperlich besser entwickelt, gesünder und erfolgreicher sind. *Hochbegabung, intellektuelle*.

Termineingebung, [**KLI**], *posthypnotische Suggestion*, durch die einer Person aufgegeben wird, eine bestimmte Handlung zu einer bestimmten Zeit auszuführen. *Hypnose*.

Territorialität [engl. *territoriality*; lat. *territorium* Gebiet], [**SOZ**], ein zunächst aus der Verhaltensforschung stammendes (*Territorialverhalten*), inzw. jedoch in der *Umweltpsychologie* von Sommer (1969) verwendetes Konzept zur Kennzeichnung von Verhaltensweisen und Kognitionen bei Personen oder Gruppen, die sich aus dem wahrgenommenen Besitzanspruch bzgl. geografischer Räume ableiten. Es wird standardmäßig zw. drei Formen von Territorien unterschieden, die hinsichtlich ihrer Bedeutung für den Einzelnen bzw. für die Gruppe, hinsichtlich der Aufenthaltsdauer, der subj. Interpretation des Besitzanspruches und der Bereitschaft, das jew. Territorium zu verteidigen, voneinander abweichen: (1) *primäre Territorien* wie das eigene Zuhause, der individuelle Arbeitsplatz, (2) *sekundäre Territorien* wie die Schule, die Firma, der Ort bzw. die Institution, wo man arbeitet, (3) *öffentliche Territorien* wie Fußgängerzonen, Freizeitparks, Kneipen, Strände. Die vollst. Kontrolle des Territoriums hinsichtlich der Anwesenheit anderer und die Wahl, in einer selbst aufgesuchten Situation zu einer selbst definierten Zeit und für eine selbstbestimmte Zeitdauer alleine zu sein, wird als Privatheit bezeichnet. Bell et al. 1990. *B. Six*

Territorialverhalten (= T.), [**KOG**], Revierverhalten, *Territorialität*. Aggressive (*Aggression*) verteidigende Verhaltensweisen (*Verhalten*), die darauf gerichtet sind, ein eigenes Territorium gegen andere Tiere der gleichen Art zu verteidigen und gegen deren Territorien abzugrenzen. Es dient dazu, Nahrungs- und Sexualkonkurrenten auf Distanz zu halten, und sichert einem Tier oder einer Tiergruppe einen best. Lebensraum oder best. Zufluchtsstätten z. T. einschließlich der Nahrungsressourcen für seine Jungen. Es führt zugleich dazu, dass sich die Art über eine größere Fläche verteilt und die Überausbeutung eines Raumes etwa durch Überbeweidung vermieden wird. Ähnlich wie Rangordnungsverhalten wirkt T. aggressionsbegrenzend. Sobald Territorien abgegrenzt sind und die Nachbarn sich persönlich kennen gelernt haben, wird das Aggressionsverhalten diesen gegenüber zumeist auf bloße Drohhandlungen (*Drohen*) reduziert. T. kann der Bildung sozialer Verbände entgegenwirken: Goldammern leben im Winter in kleinen Schwärmen, die sich im Frühjahr auflösen, sobald die Männchen beginnen, Fortpflanzungsterritorien abzugrenzen. Das von einem Tier oder Tiergruppe (z. B. Rudel) besetzte Gebiet wird oft in besonderer Weise gekennzeichnet, bei Säugern z. B. oft durch besondere Duftmarken (Drüsesekrete), Harn oder Kot, die an bestimmten Punkten des Reviers abgesetzt werden Aber auch Lautäußerungen dienen der Reviermarkierung. So grenzen sie meisten Vögel durch ihren Gesang im Frühjahr ihre Territorien gegen Artgenossen ab. Ein Territorium kann je nach seiner biol. Bedeutung oder Tierart unterschiedlich groß sein. Der Kolkrabe errichtet zur Brutzeit ein Fortpflanzungsterritorium, das mehrere Kilometer im Durchmesser beträgt und auch den Nahrungserwerb einschließt. Säugetierterritorien sind meistens sehr groß und haben oft für best. Aktivitäten (Trinken, Baden, Kotabsetzen usw.) feste Plätze, die durch Wechsel miteinander verbunden sind. In großen Seevogelkolonien verfügt jedes Brutpaar nur über ein kleines eigenes Territorium, dessen Größe bis auf Hackdistanz reduziert sein kann. Abgrenzendes menschliches Verhalten in soz. Räumen, das aber nur bei Einengung wahrgenommen wird, wird auch als T. bez. *Territorialität*. Franck 1985, Gniech & Preuss 1980. *C. Becker-Carus*

Terrorismus (= T.) [engl. *terrorism*; lat. *terror* Schrecken, Angst], [**SOZ**], politischer bzw. politisch motivierter Begriff für best. Formen des politischen Extremismus, gekennzeichnet durch eine die Öffentlichkeit, öffentliche Ordnung oder Repräsentanten des Staats- und Wirtschaftssystems bedrohende Gewalttätigkeit. Der Begriff T. wurde in Dt. in den 1970er-Jahren v. a. gegenüber den sich als «links» bezeichnenden gewaltbereiten revolutionären Gruppierungen verwendet, während auf der rechten Seite eher von «Rechtsextremismus» gesprochen wird. Staatst. meint die durch staatliche Institutionen ausgeübte oder tolerierte Gewalt (Folter, Morde, Unrechtsurteile) gegen Oppositionelle oder Minderheiten (*Minorität*) zum Zwecke der Einschüchterung und Unterdrückung. *S. Preiser/C. Beierlein*

Terror-Management-Theorie (= TMT.) [engl. *terror management theory*; lat. *terror* Schrecken, Angst], [**EM, SOZ**], Kern der TMT. sind die potenziellen Bewältigungsstrategien (*Coping*) angesichts der Tatsache, dass wir sterben müssen (Greenberg et al. 2009). Der theoretische Ausgangspunkt (Greenberg et al. 1997) ist die auf evolutionsbiol. Zielvorstellungen basierende Annahme der eigenen Unvergänglichkeit, die mit der menschlichen *Einsicht* kollidiert, dass wir über ein reflektierendes *Selbstbewusstsein* verfügen und genau wissen, dass wir vergänglich sind und dem Tod nicht entgehen können. Die Frage ist: Wie werden wir mit dieser max. *Furcht* (dem Terror) fertig, wie bewältigen oder managen wir dieses Problem? Die Autoren benennen als Puffer oder Schutzfunktionen dieser Angstvorstellung zwei Mechanismen: zum einen eine Weltsicht, wonach das Leben einen *Sinn* hat und es darin eine geordnete Struktur gibt und dass diejenigen, die sich an die geltenden *Werte* und Normen unserer Gesellschaft (*Normen, soziale*) halten, einschließlich der religiösen Vorstellungen, ein Leben nach dem Tod erhoffen können. Der zweite Mechanismus, durch den diese Vorstellung von der Unausweichlichkeit des Todes gemildert wird, ist die Überzeugung (*Überzeugungssystem*), als Person wichtig und bedeutend zu sein (*Selbstwertgefühl*). Der Glaube an die kult. Weltsicht, die eng mit dem eigenen Selbstwert verknüpft ist, muss allerdings verteidigt werden, sobald sie bedroht wird (Greenberg et al. 2009). In einer Reihe von empir. Untersuchungen lässt sich u. a. zeigen, dass Personen mit einem ausgeprägten Selbstwert in geringerem Maße ängstlich reagieren (*Ängstlichkeit*) und damit ein ausgeprägtes Selbstwertgefühl die postulierte Pufferfunktion übernimmt. Personen gegenüber, die über andere Weltanschauungen oder Kulturen verfügen, werden zur Zielscheibe von *Vorurteilen* und *Ethnozentrismus*. Die induzierte Furcht vor dem eigenen Tod kann aber auch dazu führen, dass man auf die Einhaltung der Standards der eigenen Kultur großen Wert legt, die Identifikation mit der eigenen *Gruppe* (*ingroup*) zunimmt, Fremdgruppen (*outgroup*) deutlich ablehnt, Zusammengehörigkeitsgefühle verstärkt und seine Hilfsbereitschaft (*Altruismus*) steigert (Greenberg et al. 2009). Die Autoren plädieren für eine relativistische Weltsicht, in der Kulturen als Perspektiven und nicht als feindselige Bollwerke interpretiert werden, um auf diese Weise Vorurteile und *Aggressionen* zu minimieren. *B. Six*

tertiäre Kreisreaktion [engl. *tertiary circular reaction*; lat. *tertia* dritte], *Kreisreaktion*.

Tertiärqualitäten (von Reizen), [engl. *tertiary qualities*; lat. *qualis* wie beschaffen, *tertia* dritte], [**EM, WA**], in der Ästhetik der *Gestaltpsychologie* gebräuchlicher Ausdruck für *Reiz*folgen im *Erleben*, die am besten mit Bez. belegt werden, wie man sie auch für *Stimmungen* verwendet (z. B. ein unbehaglich wirkendes Zimmer, ein freundliches Gesicht). Köhler 1971.

Test (= T.) [engl. *test*; lat. *testari* bezeugen], [**DIA, FSE**], (1) *psychol.* T. sind *Datenerhebungsverfahren*, die i. d. R. aus mehreren T.aufgaben (T.bogen/T.material) sowie festgelegten Regeln zu dessen Anwendung und Auswertung (T.manual) bestehen. Ziel eines psychol. T. ist es, ein latentes psychol. Merkmal (*Konstrukt*, *Variable, latente*) – typischerweise eine Fähigkeit (z. B. *Intelligenztests*; *Leistungstests*), ein *Persönlichkeitsmerkmal* oder die absolute oder relative Ausprägung von Indikatoren einer psych. Störung quant. zu erfassen. Psychol. T. müssen def. *Gütekriterien* entsprechen (*Testkonstruktion*, *Teststandards*). Qual. ausgerichtete projektive T.verfahren (*projektive Tests*) spielen heute in Forschung und Praxis eine untergeordnete Rolle. Wird ein indiv. T.wert mit empirischen Normwerten verglichen und daraus das T.ergebnis abgeleitet (*Normierung*), so spricht man von *normorientiertem Testen*, hierbei geht es um interindiv. Vergleiche. Wird ein indiv. T.wert mit einem vorab def. Kriterium verglichen (z. B. Festlegung von Mindestpunktzahl 50 zum Bestehen eines Schulleistungstests), so handelt es sich um *kriteriumsorientiertes Testen*.
(2) *Diagn.* T. dienen der Diagnosestellung (*Diagnose*). Bei der Diagnostik auf Basis eines Merkmals (z. B. Depressionsskala) werden i. d. R. metrische *Skalen* verwendet, für die ab einem kritischen Schwellenwert (*cut-off point, cutting score*) das Merkmal als vorhanden klassifiziert wird. Zur Begründung und Evaluation solcher Entscheidungen sollten versch. Maßzahlen berücksichtigt werden: *Sensitivität*, *Spezifität*, *negativ prädiktiver Wert (NPV)*, *positiv prädiktiver Wert (PPV)*, *Odds Ratio (OR)*, *ROC, ROC-Kurve*.
Bzgl. psychol. und diagn. T. wird weiterhin zw. Speedt. (Geschwindigkeitst.) und Powert. (Niveaut.) unterschieden. Bei Speedt. müssen möglichst viele leichte bis mittelschwere Aufgaben in einem vorgegebenen Zeitintervall korrekt gelöst werden. I. d. R. enthält der Test deutlich mehr Aufgaben, als in der vorgegebenen Zeit bearbeitet werden können. Die Anzahl korrekt bearbeiteter Aufgaben im Zeitintervall (*Tempowert*) dient als Grundlage für den indiv. erreichten T.wert (z. B. *d2-Test*). Bei Powert. können Pbn i. d. R. alle Aufgaben in der vorgegebenen Zeit bearbeiten und es kommt darauf an, ob diese bzw. wie viele (ohne markanten Zeitdruck) richtig oder falsch gelöst werden (z. B.: Bis zu welchem Schwierigkeitsniveau ist der Pb in der Lage die Aufgaben zu lö-

sen?). Brähler et al. (2002) unterscheiden drei zentrale Arten von T.verfahren: (a) *Leistungstests*: Entwicklungstests, *Intelligenztests*, Allg. Leistungst., Schult., Spez. Funktions- und Eignungst. (z. B. Berufseignungst.); (b) Psychometrische *Persönlichkeitstests*: Persönlichkeitsstrukturt., Einstellungst. (*Einstellungsskalen*), *Interessentests*, Klin. T.; (c) Persönlichkeitsentfaltungsverfahren: Formdeuteverfahren, verbal-thematische Verfahren, zeichnerische und Gestaltungsverfahren (*projektive Tests*).
(3) *Stat.* T. prüfen hypothesengeleitet, ob Datenstrukturen auf Basis eines Zufallsmodells (a) mit hinreichender Wahrscheinlichkeit erwartbar sind (fehlende Signifikanz, Beibehaltung der *Nullhypothese*) oder (b) eine kritische Wahrscheinlichkeitsgrenze (i. d. R. 5 %) unterschreiten (Signifikanz, Annahme der *Alternativhypothese*). *Signifikanztest*, *Statistik*.

Test, informeller [engl. *informal test*; lat. *in* ohne, *forma* Form], [**DIA**], Bez. für einen Test, dessen Durchführung nicht standardisiert erfolgt.

test adaption guidelines [engl.] Testanpassungsrichtlinien. *Teststandards*.

Testangst [engl. *test anxiety*], [**DIA**], das vor und während der Durchführung von *Tests* (insbes. von ps. und Schulleistungstests) auftretende Angstgefühl beim Pbn/Schüler, das in Extremfällen zur Verzerrung des «wahren» Leistungsvermögens führen kann. Für die *Testtheorie* und *Testkonstruktion* stellt sich Testangst als Problem der Sicherstellung ausreichender *Validität* dar, da ggf. die Merkmalsausprägung ängstlicher Pbn unterschätzt wird. Die Reliabilität muss durch Testangst nicht tangiert werden, falls die Durchführungsbedingungen immer in gleicher Weise angstbesetzt sind. *Prüfungsangst*, *Schulangst*.

Testauswertung [engl. *test evaluation*], *Item-Response-Theorie (IRT)*, *klassische Testtheorie*, *Rasch-Modell*, *Skalierung*, *testtheoretisches Gütekriterium*.

Testbatterie (= T.) [engl. *test battery*; lat. *battuere* sich mit jemandem schlagen; sinngemäß: was zum Schlagen dient], [**DIA, FSE**], eine Kombination von Einzeltests, die zum Ziel hat, die *Validität* des mit einem einzelnen *Test* gemessenen Merkmals zu erhöhen. Die Einzeltests werden also nicht beliebig in die Batterie aufgenommen, sondern für die Validitätssteigerung (*Validität, inkrementelle*) ausgesucht. Die Interkorrelation der Einzeltests orientiert sich bei der T. nach der Dimensionalität des zu messenden Merkmals. Will man mit einer T. z. B. alle Komponenten der *Intelligenz* erfassen, so ist eine Anzahl von relativ heterogenen Einzeltests notwendig. Wird z. B. ein homogenes Persönlichkeitsmerkmal gemessen, so werden die Einzeltests hoch miteinander korrelieren. Bei hoher *Korrelation* der Einzeltests spricht man von homogener T. Eine heterogene T. ist dadurch gekennzeichnet, dass die Einzeltests untereinander nur schwach korrelieren. Eine allg. Forderung an jede T. besteht darin, dass jeder Einzeltest möglichst hoch mit dem Gesamtscore oder mit einem Außenkriterium korrelieren soll (*Kriteriumsvalidität*). Ausnahme: *Suppressortest*. *H. O. Häcker*

Testbatterie Arbeitshaltungen *Persönlichkeitstests, objektive*.

Test Testbatterie für Berufseinsteiger – Persönlichkeit – (START-P), 2010, A. Beauducel & M. Kersting, [www.testzentrale.de], [**AO, DIA, PER**], Test zur Erfassung grundlegender Kompetenzen beim Berufseinstieg. AA 16–28 Jahre. START-P erlaubt eine differenzierte Erfassung berufsrelevanter Persönlichkeitsmerkmale (*Berufseignung*) in zwei Modulen: Das Modul Verhaltens-Input beschreibt mit den vier Dimensionen *Belohnungssensitivität, Bestrafungssensitivität, Sensitivität gegenüber Vorgesetzten und Ausbildern* und *Sensitivität gegenüber dem Team* eher die Reaktion auf eingehende Reize und situative Bedingungen. Das Modul Verhaltens-Output beschreibt mit den sechs Dimensionen *emot. Stabilität, Kontaktorientierung, Empathie, Durchsetzungsvermögen, Sorgfalt* und *Leistungsmotivation* eher die selbstgesteuerten bzw. spontanen Verhaltenstendenzen. Eine Besonderheit dieses Moduls ist die systematische Orientierung an den Metaanalysen zum Zusammenhang von Persönlichkeit und Berufserfolg bzw. -zufriedenheit. Aus den insges. zehn Grunddimensionen können die drei Globaldimensionen *Belastbarkeit, soziale Orientierung* und *Gewissenhaftigkeit* gebildet werden. *Normierung*: Neben einer Gesamtnorm auf der Basis von 2063 Pbn werden alters-, geschlechts- und bildungsspezifische Normen angeboten. Eine Besonderheit des Verfahrens stellt eine Norm zur Korrektur von beschönigten Selbstdarstellungen («*faking good*») in Bewerbungskontexten dar. Bearbeitungsdauer: je nach Modul zw. 10 und 40 Min.

Test Testbatterie zur forensischen Neuropsychologie (TBFN), 2000, D. Heubrock & F. Petermann, [www.testzentrale.de], [**BIO, DIA, RF**]. Neurops. Verfahren. AA Erwachsene. Die TBFN wurde zur Feststellung nicht-authentischer Minderleistungen entwickelt, die nicht auf eine hirnorganische Problematik zurückzuführen sind. Mit den Untertests lassen sich nicht-authentische Symptome neurologischer, ophthalmologischer, audiologischer und mnestischer Störungen identifizieren. Auffällige Testergebnisse sind ein Indikator für *Simulation* oder für *Aggravation*, letztere schließt auch psych. Erkrankungen mit ein. Die Testbatterie enthält u. a.: Bremer Symptom-Validierung (BSV), Rey Memory Test (RMT), Bremer Auditiver Gedächtnistest (BAGT) und den Test zur Überprüfung der Gedächtnisfähigkeit im Alltag (TÜGA und TÜGA-M). Bearbeitungsdauer: ca. 20 Min.

Test Testbatterie zur waffenrechtlichen Begutachtung (TBWB), 2009, A. S. Dobat, E. Prinz & D. Heubrock, [www.testzentrale.de], [**DIA, PER, RF**], Verfahren für waffenrechtliche Begutachtungen. AA Erwachsene. Mit der TBWB, bestehend aus fünf Untertests, liegt eine multidimensionale Testbatterie vor, die die wichtigsten Bereiche indiv. Unterschiede im Kontext der waffenrechtlichen Begutachtung erfasst. Um den spez. Anforderungen der waffenrechtlichen Diagnostik gerecht zu werden, wurden modifizierte Versionen bestehender Verfahren (*NEO Persönlichkeitsinventar (NEO-PI-R), K-FAF, STAXI* nd *FKK*) an einer Gruppe von $N = 293$ Legalwaffenbesitzern neu normiert. Darüber hinaus liefert die TBWB mit dem *Explorationsfragebogen zur Begutachtung nach dem neuen Waffenrecht (EFBW)* einen standardisierten Fragebogen, der bspw. Aussagen über Motive zum Waffenbesitz und die Bedeutung der Waffe ermöglicht. Der Einsatz der TBWB empfiehlt sich für Personen, bei denen die zuständige Waffenbehörde nach § 6 Abs. 2 des WaffG Zweifel an der «persönlichen Eignung» zum Umgang mit Waffen und Munition ausgesprochen hat, sowie bei Erwachsenen, die das 25. Lebensjahr noch nicht vollendet haben und somit nach § 6 Abs. 3 WaffG verpflichtet sind, einen Nachweis über die «persönliche Eignung» und «geistige Reife» zum Umgang mit Waffen und Munition zu erbringen. *Normierung*: $N = 293$. Es werden Normen für eine bevölkerungsrepräsentative Stichprobe berichtet. Mitgeteilt werden jew. Prozentrang- und T-Werte sowie Standardabweichungen (z-Werte). Darüber hinaus werden Vergleichswerte einer Delinquentenstichprobe ($N = 90$) mitgeteilt, die als Referenzstichprobe herangezogen werden kann. Bearbeitungsdauer: insges. ca. 60 Min.

Test Testbeurteilungssystem des Testkuratoriums (TBS-TK), [**DIA**], ein vom *Testkuratorium* vorgeschlagenes Testbeurteilungssystem, das dazu dient, die Qualität von *Tests* zu bewerten [www.zpid.de/index.php?wahl=Testkuratorium]. *Teststandards*. Testkuratorium 2006, Testkuratorium 2007.

Testdecke [engl.] *ceiling effect*.

Testdiagnostik, dynamische (DTD) [engl. *dynamic testing*], [**DIA**], von Guthke und Wiedel (1996) eingeführter Sammelbegriff für alle testdiagnostischen Strategien, die über die gezielte Evozierung und Erfassung der intraindividuellen Variabilität im Testprozess entweder auf eine validere Erfassung des aktuellen und tatsächlichen Standes eines psych. Merkmals und/oder seiner Veränderbarkeit abzielen. *H. O. Häcker*

Test Test d2 – Revision – Aufmerksamkeits- und Konzentrationstest (d2-R), 2010, von R. Brickenkamp, L. Schmidt-Atzert und D. Liepmann, [www.testzentrale.de], [**DIA, KOG, PER**]. AA 9 bis 60 Jahre. Der d2-R stellt eine Weiterentwicklung des bewährten d2-Tests (*Aufmerksamkeits-Belastungstest (d2-Test)*) dar. Er erfasst die *Konzentrationsfähigkeit* der Testperson sowie die *Schnelligkeit* und *Genauigkeit* bei der Unterscheidung ähnlicher visueller Reize (*Detaildiskrimination*). Die Testaufgabe und die zu bearbeitenden Zeichen blieben bei der Revision unverändert; verändert wurden die Anzahl der Items, die Instruktion und die Auswertung, die durch die Verwendung eines Durchschreibebogens schneller erfolgen kann. Kurzanleitung in türkischer Sprache verfügbar. *Reliabilität*: Cronbachs Alpha für die *Konzentrationsfähigkeit* und die *Schnelligkeit* zw. .89 und .95; Retest-Reliabilität nach 1 bzw. 10 Tagen = .94 und .91 bzw. .85 und .92. Cronbachs Alpha für die *Genauigkeit (Fehlerrate)* .80 bis .91; Retest-Reliabilität: .84 bzw. .47). *Validität*: Konzentrationsfähigkeit steht erwartungsgemäß nur in einer schwachen Beziehung zu Intelligenz, Leistungsmotivation, motorischer Schnelligkeit und Belastbarkeit. Zur Kriteriumsvalidität liegen aus mehreren Anwendungsbereichen unterstützende Befunde vor. Der Test kann nicht durch best. Bearbeitungsstrategien «nach oben» verfälscht werden. Eine Verfälschung «nach unten» (Vortäuschen einer schlechten Konzentrationsfähigkeit) kann in vielen Fällen anhand spezieller Indikatoren erkannt werden. *Normierung*: Der Test wurde an rund 4000 Personen für den Altersbereich von 9 bis 60 Jahren neu normiert (altersspezifische Normen). Die reine Testbearbeitungszeit beträgt 4 Min. und 40 Sek. Die Instruktion nimmt einschließlich der Übungsaufgaben knapp 5 Min. in Anspruch. Die Auswertung erfolgt manuell und dauert etwa 5 Min.

Testeichung (= T.) [engl. *test calibration*], **[DIA]**, Phase bei der Testentwicklung bzw. deren Standardisierung, bei der Normwerte gewonnen werden (*Normierung*). Indiv. Testergebnisse können auf diese Weise mit Normwerten verglichen werden. Bei der T. stellen die Größe und die Repräsentativität (*repräsentativ*) der Eichstichprobe ein gewisses Problem dar. Liegt bei einem zu eichenden Test eine nur geringe *Reliabilität* vor, so führen große Eichstichproben zu keiner Verbesserung der Normwerte, da der *Standardmessfehler* groß ist. Tests mit durchschnittlicher Reliabilität sollten daher die Normwerte aus Eichstichproben erhalten, die in hohem Maße repräsentativ sind. Die Eichstichprobe wird bei der Gewinnung von Normen nach den Prinzipien der Stichprobenorganisation durchgeführt. Die aus der T. gewonnenen Vergleichswerte werden i. d. R. in *Normskalen* transformiert, da auf diese Weise Tests mit unterschiedlichen Rohwerten miteinander verglichen werden können. Bühner 2010. *H. O. Häcker*

Testen, adaptiv *Adaptives Testen*.

Testethik [engl. *ethics in (psychological) testing*], *Diagnostik, gesellschaftliche und rechtliche Rahmenbedingungen*.

Testfairness (= T.) [engl. *test fairness*; *fairness* Gerechtigkeit], **[DIA]**, Ausmaß, in dem die aus einem *Test* resultierenden Werte zu keiner systematischen Benachteiligung best. Testpersonen bzw. Gruppen von Testpersonen führen. Eine systematische Benachteiligung kann sich z. B. aufgrund der ethnischen, soziokult. oder geschlechtsspezif. Zugehörigkeit ergeben. Seit den 1970er-Jahren wird das Thema der T. ausgehend vom Bereich der Diagnostik der *Intelligenz* diskutiert. Es wurden vermehrt Tests entwickelt, die von Einflüssen des soziokult., schulischen und erziehungsspezif. Erfahrungshintergrundes möglichst unabhängig und damit fair sein sollten. T. bezieht sich in diesem Zusammenhang vornehmlich auf Aspekte, die unmittelbar mit den Inhalten der Testaufgaben zu tun haben. Bei den sog. *culture-fair tests* [engl. *kulturfaire Tests*] erfolgt die Lösung der Aufgaben unabhängig von der/n Kulturzugehörigkeit/en der Testpersonen. Die Aufgaben sind derart gestaltet, dass sie keine bzw. nur geringe Voraussetzungen an die Beherrschung von Sprache bzw. von anderen Kulturtechniken wie Lesen oder Mathematik stellen. Die *kulturfairen* Verfahren arbeiten daher häufig mit geometrischen Figuren und Symbolik. Bsp. für *kulturfaire* Verfahren zur weitgehend sprachfreien Erfassung von Intelligenz (*sprachfreie Tests*) sind die Grundintelligenztest-Skalen (*Grundintelligenztest (CFT 1 / 2 / 20-R / 3)*) oder Matrizentests wie Ravens progressive Matrizen (*Standard Progressive Matrices (SPM)*, *Coloured Progressive Matrices (CPM)*, *Advanced Progressive Matrices (APM)* oder der *Bochumer Matrizentest (BOMAT)*). *Culture fair* bezeichnet dennoch eher einen Ansatz bei der Konstruktion von Testaufgaben als eine vollkommene Umsetzung. Es konnte vielfach gezeigt werden, dass ein Rest von Kulturabhängigkeit erhalten bleibt (Süß 2003).

T. kann sich nicht nur unmittelbar auf die Inhalte der Testaufgaben beziehen (*Differential Item Functioning (DIF)*), sondern prinzipiell auf alle Aspekte eines Tests – von der Konstruktion über die Durchführung bis hin zur Auswertung. Ein übergeordnetes Verständnis von T. bildet daher die Gleichbehandlung aller Testpersonen, z. B. hinsichtlich Testbedingungen, Zugang zu Übungsmaterial, Rückmeldung und weiteren Aspekten der Testadministration. Alle Testpersonen sollten in einem Test und bei den aus ihm resultierenden Ergebnissen und Schlussfolgerungen in «fairer» Weise behandelt werden (*Teststandards*). Bei der *computerbasierten Diagnostik* spielen für die T. neben sprachlichen Aspekten bspw. auch Aspekte wie die Erfahrung mit Computern eine wichtige Rolle. Wenn ein Testverfahren am Computer dargeboten wird, müsste i. S. der T. sichergestellt werden, dass etwa Testpersonen ohne Computererfahrung durch die Testbearbeitung nicht systemat. benachteiligt werden. Vertrautheit mit Tests (z. B. durch wiederholte Testbearbeitung) kann ein Testergebnis unabhängig von dem zu messenden Merkmal beeinflussen und sollte entspr. berücksichtigt werden. T. beinhaltet auch die Verwendung prognostisch valider Testverfahren sowie gleiche Verläufe von *Regressionsgeraden* für Angehörige versch. Gruppen. Ein Instrument ist dann nicht fair, wenn eine differenzielle *prädiktive Validität* (unterschiedl. Steigungen der Regressionsgeraden; *Moderatorvariable*) oder eine systematische Validitätsüberschätzung oder -unterschätzung (Achsenabschnitte der Regressionsgeraden) vorliegen (zu psychol.-diagn. Fairnessmodellen s. Amelang & Schmidt-Atzert 2006). Bzgl. Testadaptationen oder -übersetzungen sollte i. S. der T. gelten, dass in allen Testversionen dieselben *Konstrukte* erfasst werden und durch die Vorgabe best. Testversionen keine Zielgruppen systematisch benachteiligt werden (*Teststandards*; *Messinvarianz*). Eine insbes. in den Bildungswiss. (*Bildungsforschung*) verbreitete Auffassung von T. bezieht sich auf gleiche Rahmenbedingungen des Lernens (z. B. hinsichtlich Curricula, Bereitstellung von Lernmaterialien, Ausstattung von Bildungsinstitutionen, Qualifikation von Lehrpersonen). Die Testpersonen sollten vergleichbare Gelegenheiten haben, den Testgegenstand zu lernen [engl. *opportunity to learn*].

Bei der T. handelt es sich um ein Testgütekriterium (*Gütekriterien*) zur Beurteilung psychol.-diagn. Testverfahren, das zu den Nebengütekriterien gezählt wird. Nebengütekriterien sind erstrebenswerte, aber nicht notwendige Kriterien eines Tests. Es gibt nicht *den* fairen Test, sondern nur Fairness im Hinblick auf Handlungs- und Entscheidungsaspekte, die expliziert werden müssen. Dasselbe Testinstrument kann in Abhängigkeit von den angestrebten Zielen mehr oder weniger fair sein. Ansätze zur Verbesserung der T. umfassen das nachträgliche Adjustieren von Testergebnissen (z. B. *Differential Item Functioning (DIF)*; *Item-Response-Theorie (IRT)*) oder Mischverteilungsmodelle (*Mischverteilungsmodelle, diskrete*; *Mixed Rasch-Modell*)), die Entwicklung neuer Aufgaben, die weniger benachteiligen, oder die strukturierte Vorbereitung versch. Teilnehmergruppen. *D. Krampen*

^Test^Test für diskrete und kategoriespezifische Benennstörungen (TDKB), 1999, von H. Jokeit, J. Aengenendt, M. Heumann und B. Schneider [**BIO, DIA**], neuropsychologisches Verfahren, computergestützter Benenntest. Zu 156 Bildern, die auf einem Bildschirm präsentiert werden, müssen spontan Begriffe benannt werden. Es werden Reaktionszeit und Qualität der Benennung dokumentiert. Paralleltest-Reliabilität r = .86 für Spearman-Korrelationskoeffizienten. PC-Version vorhanden.

^Test^Test für medizinische Studiengänge (TMS), [**AO, DIA, PÄD**], es handelt sich um eine Testbatterie, die mit 13 Subtests (in einer vorläufigen Version) die Studieneignung für med. Fächer (Human-, Tier- und Zahnmedizin) messen soll mit dem Ziel der Prognose eines künftigen Studienerfolges. Ausgangspunkt der Entwicklung waren der quant. Überhang bei den Studienbewerbern für die med. Numerus-clausus-Fächer und die Tatsache, dass die Abiturnote ein nur mittelmäßiger Prädiktor für den Studienerfolg ist. Die rechtliche Grundlage für die Durchführung des TMS bildete 1983 ein Beschluss der Kultusministerkonferenz, der die Einführung eines besonderen Auswahlverfahrens zum Wintersemester 1986/87 legalisierte. Der TMS wurde auf den Vorarbeiten des *Hochschuleingangstests* aufgebaut und seit 1977 vom Institut für Test- und Begabungsforschung weiterentwickelt. In der ersten Weiterentwicklungsphase (1978–1980) wurden Erprobungen vorgenommen, bei denen v. a. die Überprüfung der zeitlichen Stabilität der Testleistungen, der Übbarkeit von Testleistungen und Analyse der Testfairness wichtig waren. Der TMS umfasst in der standardisierten Endversion neun Aufgabengruppen, die die kogn. Fähigkeiten und Fertigkeiten erfassen, die für das Med.studium besonders bedeutend sind. Es handelt sich dabei um vier Fähigkeitsbereiche: schlussfolgerndes Denken in Med. und Naturwissenschaft, visuelle Informationsverarbeitung, Merkfähigkeit, differenziertes Sprachverständnis. Im sog. Übergangsverfahren wurden an einer Gruppe von Bewerbern Analysen zu den psychometrischen Qualitäten des TMS durchgeführt. Bei der Analyse standen folg. Fragen im Mittelpunkt: Messgenauigkeit des Tests, Schwierigkeitsniveau der Aufgaben, Enge des Zusammenhangs zw. Testleistung und Abiturnote, Trainierbarkeit der Testleistungen, Fairness gegenüber unterschiedlichen Bewerbergruppen, Akzeptanz bei den Bewerbern und Prognosestärke des Testergebnisses bzgl. des Studienerfolges. Der TMS ist nach dem Prinzip der *inkrementellen Validität* konzipiert und konnte über zahlreiche Validitätsuntersuchungen die Verbesserung der Auswahlentscheidungen bei der Zuweisung von Studienplätzen nachweisen. Da die Zahl der Studienplatzbewerber für die o. g. Fächer rückläufig war, wurde das Verfahren – auch wegen der hohen Kosten – letztmalig im Wintersemester 1997/1998 eingesetzt. Das Projekt TMS wurde am 31.12.1997 beendet. In der Schweiz wurde von 1998 an (für ihren dt.-spr. Teil) eine komplette Version des TMS für die Auswahl von Bewerbern für das Med.studium verwendet. Trost 1998. *H. O. Häcker*

Testgütekriterien *Gütekriterien*, *Teststandards*.

Testhalbierungsmethode [engl. *split-half method*], *Reliabilität*.

Testheftdesign (= T.) [engl. *booklet design*], [**DIA**], kann i. R. der *Testkonstruktion* nicht jeder Pb alle Items, die zur Erfassung eines Inhaltsbereiches selektiert/entwickelt wurden, beantworten (z. B. aufgrund mangelnder Zeitressourcen; *Itembank*), so kann die Verwendung systematisch konstruierter Testhefte die dimensionale Analyse und Skalenanalyse des gesamten Itempools ermöglichen. Jedes einzelne Testheft enthält nur einen Teil der Items. Dadurch dass Items aber mit anderen Testitems systematisch kombiniert dargeboten werden (überlappende Testhefte) und die Testhefte zufällig den Pbn zugeordnet werden, kann durch ein T. trotzdem unter best. Umständen die gemeinsame Analysierbarkeit aller Items gewährleistet werden. Die Datenauswertung mittels IRT-Modellen (*Item-Response-Theorie (IRT)*) ist möglich, wenn die Items dasselbe latente *Konstrukt* erfassen. *Adaptives Testen*, *Large Scale Assessment*. Frey et al. 2009.

Testikel, Testes, Testiculi [engl. *testicle*; lat. *testes* Hoden], *Keimdrüsen*.

Testinformationsfunktion [engl. *test information function*], [**DIA**], ein mit dem *Reliabilität*skonzept (*Rasch-Reliabilität*) konkurrierendes Maß dafür, wie gut ein Test misst, ist der Betrag an stat. Information, den ein Item oder ein Test zur Genauigkeit der Messung beiträgt. Dieses Konzept wurde von R. A. Fisher eingeführt und ist weniger weit verbreitet als die Reliabilität. Für das *Rasch-Modell* reduziert sich die Testinformation (= T.) auf den relativ einfachen Ausdruck

$$VAR(\hat{\theta} - \theta) = 1/\sum_{i=1}^{k} p_i \cdot (1 - p_i),$$ der aber schon vieles

verdeutlicht. Die Lösungswahrscheinlichkeit p_i eines Items steht immer im Nenner der Information, kann also nur pos. zur T. beitragen. Die Anteile der Items sind additiv verknüpft, können also nicht in Wechselwirkung miteinander treten. Der Anteil, den ein neues Item an Testgenauigkeit mit sich bringt, kann sehr wohl unterschiedlich groß sein. Der Beitrag hängt davon ab, wie gut die Itemschwierigkeiten zu den Personenfähigkeiten passen. Ist der Personenparameter ξ_i identisch zum Itemparameter σ_i, so ist der Nutzen einer Aufnahme des Items für die Testgenauigkeit des ganzen Tests max. Das Produkt aus Wahrscheinlichkeit und Gegenwahrscheinlichkeit kann max. den Wert .25 erreichen, (.5(1–.5))=.25. Das Prinzip der Passung (von Fähigkeit und Schwierigkeit) ist also nicht nur oft empirisch bestätigt worden, sondern theoretisch auch eine Notwendigkeit. Der Vergleich zum Reliabilitätskonzept ergibt, dass nicht jede Testverlängerung den Test gleich stark optimiert, sondern bes. «mittel-schwere» Items (s. alternativ hierzu die Schätzung des Testverlängerungseffekts mittels der *Spearman-Brown-Formel* auf Basis der *Klassischen Testtheorie*). Zudem erweist sich die

Grundvoraussetzung des Reliabilitätskonzeptes, dass ein Test an allen Stellen des Kontinuums gleich gut misst, die implizit der klassischen Form des *Standardschätzfehlers* zugrunde liegt, als unkorrekt. Rost 2004. *J. Rost*

testing the limits (= t.) [engl. *limit* Grenze], syn. *Ausschöpfungsverfahren*, **[DIA]**, Bez. für Vorgehensweisen bei psychol. Testungen. Ursprünglich bezeichnet t. die 4. Phase der von Klopfer vorgeschlagenen mehrstufigen Testaufnahme des Rorschach-Protokolls (*Rorschach-Test, Formdeutetest*). Auf die Phase der eigentlichen Aufnahme des Testprotokolls erfolgt eine nicht direktive Befragung. Weitere Unklarheiten in der Aussage des Pb werden über den Vergleich mit anderen Antworten zu klären versucht. In der Phase des t. werden gezielte Fragen gestellt, um z. B. Determinanten und Inhalte der Antworten zu klären. Die Methode des t. findet zudem Anwendung im Kontext von Leistungstests. Hierbei wird eine ein- oder mehrfache Testwiederholung mit demselben Test oder Paralleltests unter Standardbedingungen oder gemäß gezielter Hypothesen variiert (z. B. Testung unter möglichst idealen oder weniger idealen zeitlichen, kontextuellen oder motivationalen Bedingungen) mit dem Ziel, *inkrementelle Validität* gegenüber der Einfachtestung zu erreichen. Häufig wird dabei versucht, den Leistungsbereich soweit auszureizen, bis sich die Leistungskurve asymptotisch an einen best. Bereich annährt. *Lernpotenzial-Assessment-Center (LP-AC)*. *H. O. Häcker*

Testkonstruktion (= T.) [engl. *test construction*]; z. T. syn. *Fragebogenkonstruktion*, **[DIA, FSE]**, *Tests* dienen der Messung oder Schätzung best. latenter Merkmalsausprägungen aufgrund der Reaktionen von Pbn auf Testitems. In *Leistungstests* entsprechen die Items i. d. R. zu lösenden Aufgaben, für die die Pb-Antwort den Kategorien richtig vs. falsch zugeordnet werden kann. Im Falle von *Fragebogen* werden subj. Einschätzungen (z. B. Einstellungen, Intensität von Symptomausprägungen) i. d. R. in ordinalen Abstufungen (*Ordinalskala*) erfasst. Im T.-Prozess wird angestrebt, für theoretisch gut def. *Konstrukte* (z. B. Depressivität, Motivation) Itemgruppen zu entwickeln, deren Eignung zur Erfassung der Konstruktausprägungen gemäß psychometrischer *Gütekriterien* empirisch abgesichert ist (*Testtheorie*). Für eine fundierte, psychometrisch (*Psychometrie*) begründete T. müssen – unabhängig von den Itemformaten – i. d. R. dieselben T.schritte durchlaufen werden.

(1) *Def. des zu erfassenden Konstrukts*: Theoretische Modelle des zu erfassenden Konstrukts müssen entwickelt oder identifiziert und i. d. R. durch (eher qual. orientierte) empirische Begleitstudien adaptiert werden. Typische Methoden: Systematische Literaturrecherchen, Expertenbefragungen (*Delphi-Technik*) und Betroffenenbefragungen. Hierbei müssen insbes. theoretische Aspekte der *Konstruktvalidität* beachtet werden: Ein- vs. Multidimensionalität des Konstrukts, dimensionaler (*Skalierung*) vs. typologischer (*Typologie*, *Latente Klassenanalyse*) Modellansatz, zeitliche Stabilität vs. Variabilität (ggf. Situationsabhängigkeit).

(2) *Erstellung eines Itempools*: Die Items müssen das Konstrukt in allen relevanten Aspekten/Facetten möglichst repräsentativ und valide abdecken. Hierbei kommt dem Kriterium der *Inhaltsvalidität* der Items zentrale Bedeutung zu. Zur Identifkation relevanter Inhalte werden i. d. R. systematische Literaturrecherchen, Expertenbefragungen (Delphi-Technik) und Betroffenenbefragungen angewendet. Varianten der Itemkonstruktion: (a) *Rationale/deduktive Itemkonstruktion*: z. B. werden nach Wilson (2005) ausgehend von Annahmen über bedeutsame Dimensionen dimensionsspezif. Iteminhalte identifiziert, die bzgl. der Ausprägung auf der latenten Dimension ranggeordnet werden können (z. B. betrübt, traurig, hoffnungslos). (b) *Induktive Itemkonstruktion*: Es erfolgt eine Sammlung bzw. Entwicklung von Items, die alle für den Konstruktbereich wichtigen Aspekte möglichst repräsentativ abdecken. Hier gehen also keine expliziten Annahmen über die dimensionale Struktur mit ein. (c) *Adaption bestehender Testitems/-skalen* für eine neue Population oder Anwendungsbereich. Bei der Itemkonstruktion sollten grundsätzlich deutlich mehr Items entwickelt werden, als im fertiggestellten Test enthalten sein sollen, da davon ausgegangen werden muss, dass sich i. R. der Skalen- oder *Itemanalyse* Items als ungeeignet herausstellen oder sich Strukturaspekte zeigen, die bei der Itemkonstruktion nicht explizit bedacht wurden. Bei der Formulierung von Items sollten folg. Aspekte als Orientierung berücksichtigt werden: Einfachheit (z. B. Vermeidung von Fremdwörtern oder komplizierter Satzkonstruktionen), Kürze, Neutralität (insbes. Vermeidung von Suggestivität oder Hinweisen auf soziale Erwünschtheit), Konkretheit (Verwendung möglichst verhaltensbezogener Inhalte, Vermeidung hypothetischer, spekulativer Inhalte), inhaltliche Eindeutigkeit (Bezug zu genau einem Sachverhalt; Vermeidung von Konditionalaussagen oder Konjunktionen, wenn möglich), zeitliche Eindeutigkeit (z. B. «in den letzten vier Wochen»), Vermeidung von Negationen (insbes. doppelte Verneinungen). Generell sollten mögliche Antwortverzerrungen aufgrund von *response sets* berücksichtigt werden.

(3) *Auswahl eines Antwortformats*: Bei Leistungstests wird die Wahl der Antwortformate vom Inhaltsbereich (z. B. Intelligenz, Kreativität) und von testspezif. Konstruktionscharakteristika mitbestimmt (z. B. *Multiple-Choice-Antwortformat*, offenes Antwortformat, das durch Beurteiler hinsichtlich Korrektheit eingeschätzt wird). Bei Fragebögen werden die subj. Ausprägungseinschätzungen i. d. R. mittels ordinalen *Ratingskalen* erfasst. Es muss berücksichtigt werden, dass die Voraussetzungen für die vorgesehenen stat. Auswertungsverfahren gegeben sind. Um das i. d. R. vorausgesetzte *Intervallskalenniveau* (Ausnahme: *Leistungstests*) der Daten sicherzustellen, sollten empirische Standardratingformate genutzt werden, für die zumindest approximativ intervallskalierte Daten resultieren (z. B. 4- oder 5-stufige Formate, die mit äquidistanten Zahlenwerten bez. werden und bei denen nur die Extremkategorien benannt sind (z. B. «trifft überhaupt nicht zu» = «–2», «–1», «0», «+1», «2» = «trifft ganz genau zu»). Bei der Verwendung einer neutralen Mittelkategorie (im Bsp. «0») ist zu bedenken, dass hierdurch eine kritische *Tendenz zur Mitte* bei schwierigen Befragungsinhalten oder bei

unmotiviertem Pb-Verhalten resultieren kann. Von einer Ausweichkategorie (i. S. von «Item kann aus inhaltlichen Gründen nicht beantwortet werden») sollte möglichst sparsam Gebrauch gemacht werden, da sich aufgrund einer niedrigschwelligen Auswahl dieser Ausweichkategorien die Datenqualität und Auswertungsoptionen erheblich reduzieren können.
(4) *Vortestung des Itempools*: Die Verständlichkeit der Items und Hinweise auf Verletzungen der Inhaltsvalidität sollten z. B. mittels *kognitiver Interviews* empirisch geprüft werden. Die angemessene Operationalisierung des theoretischen Konstrukts auf Itemebene sollte zudem durch Expertenurteile (ggf. Delphi-Technik) sichergestellt werden.
(5) *Testanalyse*: Von einer für die Zielpopulation möglichst repräsentativen Stichprobe muss der Fragebogen i. d. R. komplett (alternativ: *Testheftdesign*) beantwortet werden, die Stichprobengröße sollte über $N > 100$ betragen und mind. dem 10-fachen (Untergrenze dem 5-fachen) der Itemanzahl entspr. (a) *Dimensionsanalyse*: Die Analyse der dimensionalen Struktur kann exploratorisch (Identifikation einer nicht explizit theoretisch angenommenen stat. max. plausiblen Struktur; *Faktorenanalyse, exploratorische*) oder konfirmatorisch (Prüfung einer theoretisch explizierten eindeutigen Item-Konstrukt-Zuordnung; *Faktorenanalyse, konfirmatorische*, *Item-Response-Theorie*) erfolgen. (b) Mittels *Itemanalyse* werden Items und Itemgruppe identifiziert, die die Selektionskriterien zur Erfassung der identifizierten Faktoren erfüllen. (c) Die *Skalenanalyse* dient der Bestimmung der Messqualität der aggregierten Itemwerte (nach *Klassischer Testtheorie* i. d. R. Summen- oder Mittelwerte; nach *Item-Response-Theorie*: *Personenparameter*). Cronbachs Alpha oder die Rasch-Reliabilität werden in dieser Phase als wichtigstes Maß der Reliabilität der Skala verwendet (i. d. R.: Kriterium > .7 = akzeptabel; > .8 gut). Kann diese Phase i. S. der T.intention nicht zufriedenstellend abgeschlossen werden, so werden die vorangegangenen Phasen erneut durchlaufen, um die Item-, Skalen- und Testqualität gezielt zu optimieren. Anschließend erfolgt die (6) *Normierung* und *Skalierung* an einer größeren Stichprobe und ggf. in unterschiedlichen Anwendungskontexten. In dieser oder folg. Phasen sollten (7) weitere umfassende Validierungsschritte und die Prüfung weiterer psychometrischer *Gütekriterien* umgesetzt werden, um begründete Empfehlungen zum Praxiseinsatz formulieren zu können (z. B. Einsatz zu spez. diagn. oder Evaluationszwecken). (8) Zudem erfolgt die Manualisierung des Tests. *Teststandards* sollten in allen Phasen der T. zur Sicherstellung fachlicher Qualität berücksichtigt werden. Bühner 2010, Eid & Schmidt 2014.

Testkuratorium (= T.), [**DIA**], eine von der *Deutsche Gesellschaft für Psychologie (DGPS)* und dem *BDP* getragene föderative Kommission, deren Aufgabe darin besteht, die Öffentlichkeit vor unzulänglichen diagn. Verfahren (Tests) und unqualifizierter Anwendung solcher Verfahren zu schützen. Sie erfüllt diese Aufgabe durch die Erarbeitung von Stellungnahmen und Empfehlungen zu den Bereichen Testbewertung, -schutz und -entwicklung. Das T. hat einen Kriterienkatalog für die Testbeurteilung erstellt, mit dem Testverfahren bewertet werden können. 2006 wurde das *TBS-TK* als neues Testbeurteilungssystem vorgestellt. *Skalierung, testtheoretisches Gütekriterium, Diagnostik, gesellschaftliche und rechtliche Rahmenbedingungen*. Testkuratorium 2006, Testkuratorium 2007.

Testleiterunabhängigkeit [engl. *independence from test administrator*]; *Objektivität, Gütekriterien*.

Testlinking (= T.) [engl.] Verbindung bzw. Verknüpfung von Tests, syn. *vertical scaling*, [**DIA, FSE**], bezeichnet die Verknüpfung von unterschiedlich schweren Testverfahren (Bildung einer gemeinsamen Schwierigkeitsskala für alle Items), um ein *Konstrukt* unter Vermeidung von Boden- und Deckeneffekten (*floor effect*, *ceiling effect*) über die Zeit hinweg zu messen. Hierbei muss die Eindimensionalität der Itemgruppe vorausgesetzt werde, die mittels Methoden der *Item-Response-Theorie (IRT)* geprüft werden kann. *B. Harder*

[Test]**Test of Everyday Attention for Children (TEA-CH)**, 2007, T. Manly, I. H. Robertson, V. Anderson, I. Nimmo-Smith, R. Horn & R. S. Jäger, [www.testzentrale.de], [**DIA, EW, KOG**], Aufmerksamkeitstest. AA Kinder im Alter von 6 bis 16 Jahren. Beim TEA-CH handelt es sich um eine Testbatterie zur Erfassung der *Aufmerksamkeit* bei Kindern, wobei nicht nur eine, sondern teilweise zwei Aufgaben parallel zu bearbeiten sind (z. B. eine Suchaufgabe und das Zählen von akustisch gegebenen Ereignissen). Der Test erfasst drei Bereiche der Aufmerksamkeit: *selektive Aufmerksamkeit, Daueraufmerksamkeit* und *Aufmerksamkeitskontrolle/-verlagerung*. Die Tests stellen spielerische Situationen in den Vordergrund. Es liegen zwei Testversionen vor, die eine Wiederholung der Testung ermöglichen. *Normierung*: Prozentränge nach Alter. Bearbeitungsdauer: 55 bis 60 Min.

Testökonomie (= T.) [engl. *test efficiency*], [**DIA**], Wirtschaftlichkeit eines Tests (*Test*). Die T. bestimmt sich durch das Verhältnis der Kosten eines Tests zum Nutzen der Erkenntnisse. Kosten und Nutzen betreffen, wenn auch in unterschiedlicher Weise, sowohl Auftraggeber als auch Testleitung und Testpersonen. I. d. R. stimmen diese Personengruppen in ihrem Interesse überein, die Kosten für eine Testung gering bzw. angemessen zu halten. Die Kosten eines Tests werden im Wesentlichen durch zwei Faktoren bestimmt, den finanziellen und den zeitlichen Aufwand. Der finanzielle Aufwand eines Tests ergibt sich hauptsächlich aus der Beschaffung des Tests sowie dem Verbrauch des Testmaterials. Bei *computergestütztem Testen* entstehen Kosten durch die Beschaffung von Hard- und Software sowie durch anfallende Lizenzgebühren für die Testanwendung. Der zeitliche Aufwand eines Tests ergibt sich aus der Zeit der Testvorbereitung, Testdurchführung, Testauswertung, Testinterpretation und Ergebnisrückmeldung. Bei der T. handelt es sich um ein Testgütekriterium (*Gütekriterien*) zur Beurteilung psychol.-diagn. Testverfahren, das zu den Nebengütekriterien gezählt wird. Nebengütekriterien sind erstrebenswerte, aber nicht notwendige Kriterien eines Tests. Den Hauptgütekriterien *Objektivität, Reliabilität* und *Validität* dagegen muss ein Test zur Sicherung seiner Qualität notwendigerweise genügen. Haupt- und Nebengütekriterien sind wechselseitig miteinander verknüpft, z. B. lassen sich Kosten oftmals nicht beliebig reduzieren, ohne dass Gütekriterien wie Objektivität und Reliabilität darunter leiden. Allg. erfüllt ein Test das Gütekriterium der T., wenn er, gemessen am diagn. Erkenntnisgewinn, relativ wenig Ressourcen wie Zeit, Geld oder andere Formen beansprucht (Moosbrugger & Kelava 2012). Im Optimalfall sollte ein Test also einen hohen Erkenntnisgewinn bei gleichzeitig geringer finanzieller und zeitlicher Ressourcenbeanspruchung erzielen. I. d. S. ist die T. häufig nur im Vergleich mit anderen Tests zu beurteilen, die dasselbe Konstrukt erfassen. Computergestützte Tests erfüllen das Kriterium der T. meist leichter als herkömmliche *Papier-Bleistift-Tests*, da Durchführung, Auswertung sowie ggf. Interpretation und Ergebnisrückmeldung automatisiert erfolgen. Insbes. kann auch das *adaptive Testen* einen wichtigen Beitrag zur ökonomischen Erkenntnisgewinnung leisten, da hierbei nur diejenigen Aufgaben von der Testperson bearbeitet werden, die den größten diagn. Informationsgewinn bzgl. der indiv. Ausprägung des zu messenden Merkmals liefern. Damit vereint das adaptive Testen die Merkmale der T.: hoher Erkenntnisgewinn bei vgl.weise geringer Ressourcenbeanspruchung. *D. Krampen*

Testosteron (= T.) [engl. *testorone*; lat. *testes* Hoden], [**PHA**], *Steroidhormon* aus der Gruppe der *Androgene*. Bei der Frau wird T. im Ovar und beim Mann in den Hoden sowie bei beiden Geschlechtern in geringem Maße in der Nebennierenrinde gebildet. Durch den Einfluss von T. bildet sich der männliche *Phänotyp*: der Penis und die Hoden vor der Geburt und während und nach der Pubertät die Körperbehaarung, die tiefe Stimme, der Aufbau von Muskelmasse, aggressiveres Verhalten und die Bildung von Spermien. Der T.spiegel im Blut ist bei einem erwachsenen Mann etwa 7–8-mal so hoch wie bei einer erwachsenen Frau, dieser Unterschied erklärt die Herausbildung des männlichen Erscheinungsbildes. Bei verheirateten Männern mit und ohne Kindern konnten geringere Spiegel des T. im Blut gefunden werden als bei unverheirateten Männern, dieser Effekt zeigt sich auch bei Frauen. Väter, die täglich mehr als drei Std. mit ihrem Kind verbringen, zeigen eine Reduktion des T.spiegels, aber auch Frauen mit Kindern unter 3 Jahren zeigen einen geringeren T.spiegel als Frauen ohne oder mit älteren Kindern. T. scheint somit neben seinen physiol. Wirkungen auch in einem engen Zus.hang mit der Paarbindung und der Versorgung von Nachwuchs zu stehen. *S. Lammertz*

Testprofil (= T.) [engl. *test profile*], [**DIA**], die von Rossolimo (1926) eingeführte grafische Darstellung der Testergebnisse mehrerer Einzeltests. Allg. bedeutet T. die Kombination von Einzeltests (Lienert & Raatz 1994). Die Einzeltests sind dabei mehr oder weniger systematisch zus.gefasst. Werden z. B. die Untertests in einem *Intelligenztest*, in *Persönlichkeitstests* oder *Interessentests* zus.gefasst, so spricht man dementsprechend von Intelligenzprofil, Persönlichkeitsprofil oder Interessenprofil. Damit das *Profil* diagn. interpretiert werden darf, ist es z. B. notwendig, dass die einzelnen Tests, aus denen das T. zus.gesetzt ist, reliabel sein müssen. Sie sollen möglichst niedrig untereinander korrelieren (*Korrelation*). Da mit der Kombination der Einzeltests im Profil eine Validitätssteigerung bezweckt wird, müssen alle Einzeltests und das gesamte Profil validiert werden. In der Praxis werden häufig die an ein Profil gestellten testkonstruktiven Forderungen wenig beachtet und berücksichtigt. *H. O. Häcker*

^Test^**Testreihe zur Prüfung der Konzentrationsfähigkeit von Schülern (TPK)**, 1999, E. Kurth & G. Büttner, [www.testzentrale.de], [**DIA, KOG, PÄD**], Konzentrationstest für Kinder. AA Schulkinder der Klassen 2–6. Die TPK wurde als tätigkeitsorientierter Konzentrationstest (*Konzentration, Diagnostik*) konzipiert. Sie dient der Erfassung der Konzentrationsfähigkeit von Schülern. Das Verfahren besteht aus einem Abschreibtest, Rechenaufgaben und einer Tiergeschichte (Zuhörprobe). Die Retest-Reliabilität nach zwei Monaten bei Schülern der 3. und 5. Klassen ($N = 50$) ergab für den Gesamtkonzentrationswert einen Koeffizienten von $r = .88$. Korrelationen mit anderen Tests sind angegeben; die höchste Korrelation von $r = .63$ ergab sich zw. dem TPK-Rechentest und dem Pauli-Rechentest. *Normierung*: (C-Werte von 1–10) an $N = 1774$ Personen, nach Schulklassen getrennt. Bearbeitungsdauer: ca. 40 Min.

Tests, statistische [engl. *statistical tests*], *Signifikanztest*.

Testschutz (= T.) [engl. *test security*], [**DIA**], in diagn. Situationen, in denen für Testteilnehmer viel auf dem Spiel steht (*high-stakes testing*), spielt der T. eine bes. Rolle, da vermieden werden soll, dass Testleistungen aufgrund der Kenntnis der Testitems und nicht aufgrund der Ausprägung im gemessenen ps. *Konstrukt* zustande kommen. Die Testmaterialien (z. B. Testitems, Auswertungsschlüssel, Interpretationsalgorithmen) sind davor zu schützen, ohne vorherige schriftliche Erlaubnis des Inhabers der Urheberrechte reproduziert zu werden. Entspr. ist eine Testdurchführung unter vollst. kontrollierten Bedingungen geboten. Hier besteht ein hohes Maß an personeller Aufsicht und Kontrolle hinsichtlich der Rahmenbedingungen der Testdurchführung. Dies kann durch Testzentren erreicht werden, in denen der Zugang, die Sicherheit, die Qualifikation des Testpersonals sowie bei computerbasierten Testungen die Qualität und technischen Spezifikationen der Testinfrastruktur garantiert sind. Bei weniger kontrollierten Formen der Testdurchführung besteht der T. darin, unautorisierten Zugang zum Test zu verhindern (z. B. über Verschlüsselung und Passwortschutz) und Folgemaßnahmen zu ergreifen, sollten Testinhalte illegal verbreitet werden. Eine weitere Möglichkeit des T. liegt im itembankbasierten Testen, das u. a. beim *adaptiven Testen* Anwendung findet. Hierbei erhält jede Person eine indiv. Itemzusammenstellung aufgrund der Antworten auf die vorherigen Items. Beim itembankbasierten Testen können Maßnahmen zur Itemexpositionskontrolle integriert werden. Auf diese Weise wird vermieden, dass einzelne Items zu häufig vorgegeben werden, und damit das Risiko vermindert, dass Items bekannt werden. *Diagnostik, gesellschaftliche und rechtliche Rahmenbedingungen, Teststandards*. *P. M. Muck/D. Klinck*

Teststandards [engl. *test standards*], [**DIA**], sind Standards oder Leitlinien, deren Einhaltung – in Kombination mit einem kompetenten diagn. Beurteilungsprozess (*diagnostischer Prozess*) – Qualitätsstandards psychol. Testens sicherstellen soll. Maßgebende Teststandards wurden von der *American Educational Research Association (AERA)*, *American Psychological Association (APA)* (American Psychological Association 1966, 1974, 1985) *National Council on Measurement in Education (NCME)*, dem Testkuratorium der Föderation Deutscher Psychologenvereinigungen (TK; *Föderation Deutscher Psychologenvereinigungen*) und der *International Test Commission (ITC)* entwickelt.

(1) *Testkonstruktion* (Entwicklung und Evaluation von Tests (*Test*)): Ausgehend von den *Standards für päd. und psychol. Testen* (Häcker et al. 1998; engl. Original: AERA, APA & NCME 1999; vgl. auch *DIN 33430*) ist zu berücksichtigen, dass Verfahren hinsichtlich folg. Aspekte und *Gütekriterien* entwickelt und beurteilt werden müssen: (a) *Validität* (Inhaltsvalidität, *kriteriumsbezogene Validität* und *Konstruktvalidität*), (b) *Reliabilität* und Messfehler, (c) Testentwicklung und Testrevision, (d) Skalierung (*Skalierung, testtheoretisches Gütekriterium*) und *Normierung*, (e) Testdurchführung, -auswertung und Ergebnisdarstellung, (f) Testdokumentation. Hierbei wird insbes. gefordert, dass Kennwerte und Normierungsdaten aktuell sein sollten (nicht älter als acht Jahre).

(2) *Testadaptation und -übersetzung*: Veränderungen oder Übersetzungen (z. B. der Itemformulierungen) von Tests müssen hinsichtlich deren Auswirkungen auf Messeigenschaften psychometrisch evaluiert werden. Faire Testanwendungen (*Testfairness*; *Differential Item Functioning*) sind nur möglich, wenn in unterschiedlichen Populationen (*Population*) oder Kulturen invariante psychometrische Eigenschaften gelten, sodass in allen Testversionen dieselben Konstrukte (*Konstrukt*) erfasst werden und durch die Vorgabe best. Testversionen keine Zielgruppe bei der Testung systematisch benachteiligt oder bevorzugt wird. Die *Test Adaptation Guidelines* (TAG) fordern insbes., dass die Äquivalenz von Testversionen nachgewiesen wird und Testkomponenten (z. B. Items oder Einzelskalen) dokumentiert werden, deren psychometrische Güte in Subpopulationen eingeschränkt ist oder variiert.

(3) *Testanwendung*: Bei der adäquaten Durchführung, Auswertung und Interpretation psychol. Tests muss berücksichtigt bzw. entschieden werden, welche Fragestellung durch die Testung beantwortet werden soll, welche Merkmale erfasst werden sollen, wie der Erhebungsplan gestaltet wird und wie letztendlich die auf der Testung basierende Urteilsbildung bzw. Entscheidungsfindung erfolgt. Gemäß den *Internationalen Richtlinien für Testanwendung* (= IRTA) der International Test Commission (2000) müssen Kompetenzen aufseiten des Testanwenders vorliegen, die erforderlich sind, um (a) fachliche und ethische Standards beim Testen zu gewährleisten, (b) die Rechte des Pbn und anderer am Testprozess Beteiligter zu wahren, (c) ggf. alternative Tests auszuwählen, anzuwenden und zu evaluieren, (d) den Test vorzugeben, zu bewerten und zu interpretieren sowie (e) Testberichte fachgerecht anzufertigen und die Ergebnisse adäquat rückzumelden. Testanwender müssen somit über (a) persönliche und handlungsorientierte Fertigkeiten (z. B. Kommunikationsfertigkeiten), (b) kontextbezogene Kenntnisse und Fertigkeiten (z. B. fachliches Hintergrundwissen), (c) Fertigkeiten für die Aufgabenhandhabung (z. B. Aspekte der Testvorgabe und des Umgangs mit Daten), (d) Fertigkeiten zur Bewältigung unvorhergesehener Situationen (z. B. Umgang mit Störungen) verfügen. In der Abb. sind die Phasen und Anforderungen der kompetenten Testanwendung dargestellt. Zur Auswahl angemessener Tests sind folg. Aspekte gemäß IRTA zu berücksichtigen: (a) Geltungsbereich und Repräsentativität des Testinhalts, Angemessenheit der Normgruppen, Schwierigkeitsgrad des Inhalts; (b) Genauigkeit der Messung und nachgewiesene Reliabilität im Hinblick auf die relevanten Populationen; (c) populationsspezifische Validität und Bedeutsamkeit für die vorgesehene Verwendung; (d) Fehlen eines systematischen Fehlers im Hinblick auf die Pbngruppen, (e) Annehmbarkeit für die an der Testanwendung Beteiligten, u. a. die von diesen wahrgenommene Fairness und Bedeutsamkeit; (f) Praktikabilität, u. a. hinsichtlich des notwendigen Zeit-, Kosten- und anderen Ressourcenaufwands. Aufgrund der vielfältigen Kompetenzen, die in der Testanwendung benötigt werden, ist i. d. R. ein Diplom- oder Masterabschluss in Ps. für die adäquate Anwendung erforderlich.

(4) *Qualitätsbeurteilung psychol. Tests*: Es existieren unterschiedliche Ansätze zur einheitlichen Beurteilung von Qualitätskriterien von Tests. Das Testbeurteilungssystem des Testkuratoriums (TBS-TK; Testkuratorium 2007) hat als Basis für eine transparente Qualitätsdokumentation ein dreischrittiges Prüfverfahren durch Testrezensenten entwickelt: (a) Beurteilung der grundsätzlichen Erfüllung der Anforderungen gemäß *DIN 33430*; (b) Kategorisierung des Tests nach ZPID- (*Zentrum für Psychologische Information und Dokumentation, ZPID*) und EFPA-Kriterien (*European Federation of Psychologists Association (EFPA)*); (c) abschließende Bewertung nach den Besprechungs- und Beurteilungskategorien (Informationen zur Testbeschreibung, theoretische Grundlagen, psychometrische Gütekriterien) des Testkuratoriums. Testbeurteilungen werden unter [www.zpid.de/Tk] veröffentlicht. Moosbrugger & Höfling 2010.
I. Preusser

Teststärke (= T.) [engl. *statistical power*], **[FSE]**, die T. eines stat. Tests (*Signifikanztest*) ist die *Wahrscheinlichkeit* $1-\beta$ eines signifikanten Testergebnisses bei Gültigkeit der *Alternativhypothese* (*H1*). Sie bildet das Komplement zur Typ-II-Fehlerwahrscheinlichkeit β, d. h. der Wahrscheinlichkeit, bei Gültigkeit von *H1* fälschlich zugunsten der *Nullhypothese* (*H0*) zu entscheiden (*Fehler zweiter Art*). Die Kenntnis der T. ist wichtig für eine fehlerfreie Interpretation von Signifikanztestergebnissen. Dies gilt unabhängig davon, ob ein Test signifikant (zugunsten von *H1*) oder insignifikant (zugunsten von *H0*) ausfällt. Bei insignifikantem Ausgang ist überzeugende *Evidenz* für die *H0* nur dann gegeben, wenn die T. für kleine Abweichungen von *H0* bereits ausreichend hoch ist. Umgekehrt lässt ein signifikanter Ausgang nicht zwangsläufig auf einen bedeutsamen Effekt (*Effektgröße*) schließen, dann nämlich nicht, wenn die T. bereits für vernachläs-

Psychologische Testung					
Testdurchführung			Testauswertung		
Vorbereitungsphase	Testphase	Ergebnisse	Interpretation	Sicherung	
• Fachliche Qualifikation und Erfahrung • Testauswahl • Information der Pbn • Einholung der Einverständnisse der Pbn • Planung des Testablaufs/Schaffung geeigneter Testatmosphäre	• Berücksichtigung der Instruktionen aus dem Testmanual • Verhinderung von Verfälschung und Täuschung • Anfertigung des Testprotokolls	• Standardisierte Auswertungsmethoden • Überprüfung auf Exaktheit und Korrektheit • Transparentmachen der Auswertung für den Pb	• Berücksichtigung von Einflussfaktoren • Berücksichtigung der Reliabilität und Validität • Auswahl adäquater Norm- und Vergleichswerte • Vorsicht bei Kategorienzuordnung	• Erstellung von Richtlinien zur Aufbewahrung von Testdaten • Herausgabe von (nicht anonymisierten) Testdaten nur mit Einwilligung der Pbn	

Teststandards: Phasen der Durchführung und Auswertung psychologischer Testungen (Moosbrugger & Höfling, 2006)

sigbare Abweichungen von *H0* sehr hoch ist. Skepsis ist bei signifikantem Testausgang natürlich auch dann geboten, wenn die T. für bedeutsame Abweichungen von *H0* nur unwesentlich größer als die Typ-I-Fehlerwahrscheinlichkeit α ausfällt (*Fehler erster Art*). In diesem Fall kann der Test zw. *H0* und *H1* nicht vernünftig diskriminieren, sodass der signifikante Testausgang möglicherweise auf der fälschlichen Behauptung eines Effekts (Typ-I-Fehler) statt auf der korrekten Aufdeckung eines Effekts beruht. Somit ist bei stat. Tests eine routinemäßige Kontrolle der T. unabhängig vom Testausgang geboten. Cohen (1988) hat hierfür zwei Formen der T.analyse vorgeschlagen, *A-priori-* und *Post-hoc*-Analysen. Bei A-priori-T.analysen wird vor der Durchführung einer empirischen Untersuchung der Stichprobenumfang (*Stichprobe*) berechnet, der erforderlich ist, um einen bedeutsamen Populationseffekt (d. h. eine bedeutsame Abweichung von *H0*) bei gewähltem Typ-I-Fehlerrisiko α mit gewünschter Teststärke (*1-β*) aufzudecken (*optimaler Stichprobenumfang*). Umgekehrt wird bei Post-hoc-T.analysen für bereits vorliegende bzw. veröffentlichte Untersuchungen berechnet, wie groß die hierbei erzielte Teststärke bei gegebenem α, gegebener Populationseffektgröße (*Population*) und gegebenem Stichprobenumfang ausfällt. Für die wichtigsten stat. Tests hat Cohen (1988) zudem Effektgrößenkonventionen vorgeschlagen, die def., was unter *kleinen*, *mittleren* und *großen* Effektstärken zu verstehen ist. Zusammen mit den von Cohen (1988) vorgelegten Tab. wird auf dieser Basis eine schnelle, überschlagsmäßige T.kontrolle möglich. Als Daumenregel empfiehlt Cohen, Stichprobenumfänge mind. so groß zu wählen, dass die T. bei konventionellem α = .05 und einer mittleren Populationseffektstärke mind. *1-β* = .80 beträgt. Für die Anwendung empfiehlt die Verwendung von T.programmen wie *G*Power*, die genauer, flexibler und (bei ausreichender Fachkenntnis) auch schneller bedienbar sind als Tabellenwerke. *E. Erdfelder*

Testsystem (= T.) [engl. *test system*], [**DIA**], bei einem T. handelt es sich um ein System, das die Vorbereitung, Durchführung und Nachbereitung *computerbasierter Diagnostik* ermöglicht. Für die Administration von Testverfahren (*Computergestütztes Testen*) wird eine Umgebung geschaffen, die durch das Zus.spiel und gemeinsame Standards versch. Komponenten gekennzeichnet ist: Neben der eigentlichen Testplanung, Ablaufsteuerung und automatisierten Testauswertung sind z. T. auch Module zur Personendatenverwaltung, zur Testentwicklung, zur Testinterpretation und zum Datenexport implementiert. Einheitliche Gestaltungs- und Bedienelemente der Benutzeroberfläche sorgen für ein gleichförmig gestaltetes Interface sowohl für den Testanwender als auch für den Pb. Über die Implementation vieler Tests auf einer Plattform und ihre Gliederung nach Konstruktbereichen wird Flexibilität bei der Testzus.stellung und -abfolge einzelner Subtests oder kompletter Testbatterien gewonnen. Für die Testung ist die einmalige Instruktion der zu testenden Personen zur Bedienung des T. Voraussetzung. Je nach T. sind lokale Testungen in Testzentren, mobile Testungen über Notebooks, Testungen über das Intranet innerhalb lokaler Netzwerke oder Testungen über das Internet mittels Einloggen auf dem zentralen Server des T. möglich. Durch im T. hinterlegte Normen (*Normierung*) und/oder Auswertungs- und Datenaufbereitungsalgorithmen sowie unterschiedliche Möglichkeiten zur Ergebnisdarstellung verläuft die Testauswertung automatisiert. Schnittstellen zu anderen Systemen (z. B. spezif. Verwaltungssysteme einer Organisation) ermöglichen die Integration des T. in eine größere IT-Infrastruktur. *Objektivität*. *P. M. Muck/D. Klinck*

Test Testsystem zur Erfassung von Denk- und Kommunikationsstilen in der Führungskräfte-Entwicklung (TED), 1998, [**AO, DIA**], von P. Rod-Leger. *Personalauswahl-* und *Personalbeurteilungs*verfahren. Der Test erfasst *Fähigkeiten* und Defizite eines Bewerbers oder Mitarbeiters. Der Test liegt in Form eines Selbstbeurteilungsinstruments vor, 140 Items werden auf einer sechsstufigen Skala bewertet. Dabei wird *soziale Erwünschtheit* als Teil des Selbstkonzepts (*Selbstkonzept*) interpretiert. *Reliabilität*: interne Konsistenz (*Cronbachs Alpha*) zw. $r = .82$ und $r =$

.92, Split-Half-Reliabilitäten (Spearman-Brown und Guttman) zw. *r* = .78 und *r* = .90.

Testtheorie (= T.) [engl. *test theory*], [**DIA, FSE**], die Messung ps. Merkmale bedarf einer messtheoretischen Modellgrundlage, damit differentialpsychol. begründet z. B. von Beantwortung von Fragebogenitems oder der Lösung von Testaufgaben (*manifeste Merkmale*; Variable, manifeste) auf zugrunde liegende psych. Eigenschaften (*latente Eigenschaften*; Variable, latente, Konstrukt) der Pbn geschlossen werden kann (Psychometrie). Grundlegend besteht das Problem jeder manifesten Merkmalserfassung darin, dass Angaben der Pbn i. d. R. zufallsbedingt schwanken und somit mehr oder weniger ungenau sind (Reliabilität). Auch bei identischer latenter Merkmalsausprägung (z. B. Ausmaß an Depressivität) kann manifest (z. B. für ein Fragebogenitem, das die Ausprägung eines Depressivitätsindikators mittels einer Ratingskala erfragt) zufallsbedingt eine andere Antwort resultieren. Werden die Antworten auf mehreren Items, die die latente Merkmalsdimension erfassen, zu Summenwerten aggregiert, so verringert sich die Fehlervarianz systematisch und die Reliabilität steigt. Zur math. Modellierung des Zus.hangs von latenter Merkmalsausprägung und Antwortverhalten der Pbn werden insbes. die Klassische Testtheorie (Grundannahme: Manifeste Messwerte ergeben sich durch additive Verknüpfung der wahren, latenten Merkmalsausprägung und einer reinen Zufallskomponente) und Modelle auf Basis der Item-Response-Theorie (IRT; Grundannahme: Die Wahrscheinlichkeit einzelner Antwortalternativen steht in einem funktionalen Zusammenhang mit der zugrunde liegenden Merkmalsausprägung. Weiterhin stellen insbes. modelltheoretische Annahmen und Ableitungen zur Validität von Erhebungsverfahren einen zentralen Aspekt der T. dar. Validität wird insbes. auf Basis systematischer Testkonstruktion und Verfahren zur Sicherstellung sowie empirischer Prüfung der inhaltlichen, Konstrukt- und Kriteriumsvalidität erreicht. Die Gültigkeit der testtheoretischen Modellgrundlagen sollte geprüft werden, um diese begründet anwenden zu können (vgl. Faktorenanalyse, konfirmatorische, Rasch-Modell). Teststandards stellen die Entwicklung und Evaluation von Erhebungsverfahren an einer T. und daraus abgeleiteter Gütekriterien in den Mittelpunkt der Qualitätsbewertung. Bühner 2010.

Testung, psychologische [engl. *psychological testing*], Teststandards.

Test Testverfahren zur Dyskalkulie bei Kindern – revidierte Fassung (ZAREKI-R Dyskalkulietest), 2005, von M. von Aster, M. Weinhold & R. Horn, [www.testzentrale.de], [**DIA, EW, KOG, PÄD**]. AA Kinder 2. bis 4. Klasse, indiv. und in Gruppe; der ZAREKI-R erfasst qual. und quant. Indikatoren der Zahlenverarbeitung und des Rechnens bei Grundschulkindern (Dyskalkulie, Rechenschwäche), die Hinweise für eine vertiefende explorative Diagnostik und für differenzielle Hilfsangebote in Unterricht und Therapie geben. Er ist anschaulich gestaltet und enthält eher leicht zu lösende Aufgaben, um Kinder nicht zu demotivieren und im unteren Leistungsbereich differenzieren können. Als theoretisches Modell für die Entwicklung der aus zwölf Subtests bestehenden ZAREKI-R diente die von Deloche (1995) entwickelte *Akalkuliebatterie für Erwachsene*. Subtests: (1) Abzählen, (2) Zählen rückwärts mündlich, (3) Zahlen schreiben, (4) Kopfrechnen, (5) Zahlenlesen, (6) Anordnen von Zahlen auf einem Zahlenstrahl, (7) Zahlen nachsprechen vorwärts und rückwärts, (8) Zahlenvergleich (Worte), (9) Perzeptive Mengenbeurteilung, (10) Kognitive Mengenbeurteilung, (11) Textaufgaben, (12) Zahlenvergleich (Ziffern). Jeder Subtest prüft einen möglichst umschriebenen Fertigkeitenbereich. *H.-C. Nürk*

Test Test zur Erfassung der Schwere einer Depression (TSD), 1983, von W. Obermair, K. D. Stoll und K. Rickels, [**DIA, KLI**], klin. Test zur *Depressivität*. Der TSD ermöglicht eine quantifizierte Abschätzung depressiver Zustände und dient vor allem zur Verlaufskontrolle und Effizienzprüfung von Behandlungen. Die Selbstbeurteilung wird anhand von vier Subscores (Schuldgefühle, Schlafstörungen, agitierte Depression und ängstlich gehemmte Depression) mit 30 Items sowie des Gesamtpunktwertes interpretiert. Der TSD-Gesamtwert korreliert für 51 Pat. mit der Depressionsskala von Hamilton (HAMD – eine Fremdbeurteilungsskala) mit *r* = .51 zu Beginn einer Psychopharmakotherapie und mit *r* = .74 nach vier Wochen Therapie. Der Punktwert während der Pharmakotherapie veränderte sich parallel bei TSD und HAMD. Eine computerunterstützte Fassung liegt vor. Erfassung der Items und Auswertung: je 5 Min.

Test Test zur Erfassung mathematischer Basiskompetenzen ab Schuleintritt (MBK 1+), in Druck, M. Ennemoser, K. Krajewski & D. Sinner, [**DIA, KOG, PÄD**]. AA gesamtes 1. Schuljahr; ältere Kinder mit Rechenschwierigkeiten oder sonderpädagogischem Förderbedarf (Sonderpädagogik). Gruppentest zur Erfassung math. Basiskompetenzen, die als wichtige Voraussetzung für den späteren Schulerfolg in Mathematik gelten. Dem Verfahren liegt das entwicklungspsychol. *Modell der Zahl-Größen-Verknüpfung* (mathematische Kompetenzen, Entwicklungsmodell) zugrunde. Die numerischen Kompetenzen der Kinder werden durch 54 Aufgaben auf drei versch. Entwicklungsebenen erfasst (1. *Zahlendiktat und Zahlenlücken*, 2. *Zahlvergleich, Zahlenstrahlen, Anzahlkonzept und Anzahlseriation*, 3. *Eins weniger, Zahlzerlegung, Teil-Ganzes und Textaufgaben*), die ein zunehmend tieferes Zahlverständnis widerspiegeln. Das Verfahren liegt in zwei Pseudoparallelformen sowie in Kurz- und Langform vor. Die Ergebnisse liefern Hinweise auf Defizite in der numerischen Entwicklung, die ggf. spätere Rechenschwierigkeiten bedingen und durch Maßnahmen zur Prävention von Rechenschwierigkeiten ausgeglichen werden sollten. *Normierung*: 6086 Kinder aus 14 Bundesländern. Prozentränge und T-Werte für die Gesamtleistungen in Kurz- und Langform, zusätzlich Normtabellen für die drei Kompetenzebenen. Aufgrund der rasanten Entwicklungszuwächse nach Schuleintritt werden für das erste Schuljahr separate Normen für jedes Quartal angegeben. Ergänzend Normwerte für das 2. bis 4. Schuljahr sowie altersgestufte Normen für Förderschüler (jew. nur Langform). Bearbeitungsdauer: je nach Schulquartal Kurzform 20–45 min, Langform 30–60 min. *Reliabilität*: interne Konsistenz .83 – .93, Retest-Reliabilität .67 – .77. Prognostische *Validität*: *Korrelation* mit in der 2. Klasse erhobenem DEMAT 1+ (*Deutscher Mathematiktest für erste Klassen (DEMAT 1+)*) und HRT 1-4 (*Heidelberger Rechentest (HRT 1-4)*) zw. .71 und .74, mit Mathematiknote Ende 4. Klasse .60. K. Krajewski

TestTest zur Erfassung numerisch-rechnerischer Fertigkeiten vom Kindergarten bis zur 3. Klasse (TEDI-MATH), 2009, L. Kaufmann, H.-C. Nuerk, M. Graf, H. Krinzinger, M. Delazer & K. Willmes, [www.testzentrale. de], [BIO, DIA, EW, KOG, PÄD], Mathematiktest. AA 4–8 Jahre. Der TEDI-MATH ist ein auf kogn.-neuropsychol. Theorien beruhender, multikomponentieller Test zur Erfassung numerischer und rechnerischer Fertigkeiten. Aus einer Batterie von insges. 28 Subtests werden altersspezifisch unterschiedliche Kombinationen vorgegeben. Der Gesamttestwert kann zur Diagnostik von Rechenstörungen/*Dyskalkulie* herangezogen werden. Wenn aus Zeitgründen die Durchführung des gesamten Tests nicht möglich ist, kann auf eine «Kernbatterie» von Untertests zurückgegriffen werden. *Normierung*: Die Normstichprobe besteht aus $N = 873$ dt.sprachigen Kindern mit jew. etwa 100 Kindern pro Halbjahresklassenstufe. Die Testergebnisse können für jeden Untertest separat je Altersstufe in Prozenträngen (PR) und für die Untertests der Kernbatterie zusätzlich in C-Werten dargestellt werden. Bearbeitungsdauer: Die Durchführungszeit für die Gesamtbatterie variiert je nach Klassenstufe und beträgt im Durchschnitt ca. 1 Std. Die Durchführungszeit für die Kernbatterie beträgt max. 45 Min. H.-C. Nürk

TestTest zur praktischen Alltagsintelligenz (PAI 30), 2005, H. Mariacher, A.C. Neubauer, [www.testzentrale. de], [DIA, KOG], Test zur praktischen Alltagsintelligenz. AA ab 15 Jahren. Der PAI 30 ist ein spez. Intelligenztest zur Erfassung der praktischen Alltagsintelligenz (*Intelligenz, praktische*). Unter Praktischer Alltagsintelligenz wird die Fähigkeit zur Auffindung von praktischen Problemlösungen bezogen auf materielle Gegebenheiten im Alltag verstanden. Der PAI 30 besteht aus insges. 30 Testaufgaben, die teilweise gebunden (Mehrfachwahl), teilweise ungebunden (stichwortartig) in einem separaten Antwortheft zu beantworten sind. Alle in den Test aufgenommenen Items wurden aus alltagspraktischen Situationen abgeleitet. *Normierung*: Normdaten (Prozentränge, Standardwerte), errechnet an einer Stichprobe von $N = 353$ Personen, und Vergleichswerte aus Stichproben unterschiedlicher Ausbildungsrichtungen liegen vor. Bearbeitungsdauer: ca. 60 Min.

Tetanie, Tetanus [engl. *tetany*; gr. τέτανος (*tetanos*) Spannung, Krampf], [BIO], mehrdeutiger Ausdruck, der sowohl die anhaltende Muskelspannung (*Muskel, Muskeltonus*) als Folge zahlreicher rasch aufeinanderfolgender Reizungen als auch den lang dauernden tonischen Krampf (*Krampf, Krampus*) bez. Kommt als Wundstarrkrampf nach Tetanus-Bazillen-Infektion vor.

Tetrabenazin (= T.), [PHA], als Nitoman® zugelassen für die Behandlung hyperkinetischer Bewegungsstörungen bei *Chorea Huntington* und von mittelschweren bis schweren *Spätdyskinesien* (tardive *Dyskinesien*), die auf andere Behandlungsmaßnahmen (Dosisreduktion des *Antipsychotikums*, ggf. Absetzen, Wechsel des Präparates) nicht angesprochen haben. T. hemmt den im präsynaptischen *Neuron* lokalisierten vesikulären Monoamintransporter und führt dadurch zur Entleerung von Katecholamin-Speichervesikeln. Durch die Verarmung *dopaminerger* Neurone erklären sich die pos. Wirkungen auf die oben angesprochenen Bewegungsstörungen, hohe Dosierungen können jedoch zu parkinsonoiden Bewegungsstörungen (Morbus *Parkinson*) führen. Zudem führt die Entleerung *noradrenerger* und *serotonerger* Speichervesikel sehr häufig zu depressiven Syndromen (*Depression*). Anfangsdosis bei tardiven Dyskinesien 12,5 mg/Tag, bei Chorea Huntington bis zu 3 x 25 mg/Tag. Höchstdosis 200 mg/Tag. G. Gründer

tetrachorische Korrelation (= r_{tet}) [engl. *tetrachoric correlation*; gr. τετρα- (*tetra*-) vier, χώρα (*chora*) Raum], [FSE], die r_{tet} bestimmt den latenten Zusammenhang zweier künstlich dichotomisierter Variablen (*Dichotomie*). Es seien L_x und L_y zwei latente kontinuierliche Variablen, die an den Stellen γ_x und γ_y dichotomisiert werden. Dadurch ergeben sich die beiden binären Variablen X und Y:

$$X = \begin{cases} 0 : L_x \leq \gamma_x \\ 1 : L_x > \gamma_x \end{cases} \quad und\ Y = \begin{cases} 0 : L_y \leq \gamma_y \\ 1 : L_y > \gamma_y \end{cases}$$

Zielsetzung ist es, die Korrelation ρ der beiden latenten Variablen auf der Grundlage der gemeinsamen Verteilung von L_x und L_y zu bestimmen. Pearson (1900) entwickelte ein Verfahren zur Bestimmung dieser latenten *Korrelation*, unter der Voraussetzung, dass X und Y eine gemeinsame bivariate *Normalverteilung* besitzen. Dieses Verfahren und die ermittelte Korrelation bezeichnet man als r_{tet}. Die Berechnung der r_{tet} ist numerisch aufwendig, sodass spez. Computerprogramme (Brown 1977; Mplus, R Software) und hilfreiche Approximationen (Digby 1983) zur praktischen Bestimmung der r_{tet} entwickelt wurden.

Approximation: $r_{tet} = cos\left(\dfrac{\pi}{1 + \sqrt{OR}}\right)$

oder $r_{tet} = \dfrac{OR^{.74} - 1}{OR^{.74} + 1}$.

OR = *Odds Ratio (OR)*

Die r_{tet} wird v.a. in der psychol. *Testkonstruktion* eingesetzt. *polychorische Korrelation*, *Statistische Datenanalyseverfahren*. R. Ulrich

Tetradendifferenzen (= T.) [engl. *tetrad differences*], [DIA, FSE, PER], eine von Spearman 1914 entwickelte Methode zur Feststellung eines einzigen gemeinsamen, math. *Faktors* für alle Interkorrelationen von Testdaten. Als Kriterium gilt, dass alle T. null sein sollten (innerhalb der Zufallsgrenzen). Spearmans g- und s-Faktor-Theorie (*g-Faktor*, *s-Faktor*) der Intelligenz basierten auf der Verwendung von T. Diese Methode ist überholt und wurde durch die *Faktorenanalyse* ersetzt. *Intelligenzfaktoren*. Spearman 1914.

Tetrahydrocannabinol (= THC), Δ9-Tetrahydrocannabinol, [PHA], wichtigster psychoaktiver Bestandteil von

Haschisch und *Marihuana*. Gewinnung aus indischem Hanf (*Cannabis* sativa), aus dem Harz der Pflanze wird Haschisch gewonnen, aus getrockneten Blättern und (weiblichen) Blüten Marihuana. Der THC-Gehalt ist am höchsten in den Blüten (bis zu 20 %) und in den blütennahen Blättern (5–6 %). Konventionelles Marihuana enthält 5–6 % THC, während in sich den letzten Jahren Cannabissorten mit bes. hohem THC-Gehalt (z. T. über 20 %) zunehmend verbreitet haben. *G. Gründer*

Tetrajodthyronin [engl. *tetraiodothyronine*], Abk. T4; *Schilddrüsenhormone*.

Tetrazole [engl. *tetrazoles*], **[PHA]**, Substanzklasse von *Psychopharmaka* aus der Gruppe der zentralen *Analeptika* mit stimulierender Wirkung auf ZNS und VNS (*Nervensystem*). Hauptvertreter ist *Pentetrazol*.

Tetrazyklische Antidepressiva *Antidepressiva*.

Teufelskreis (= T.) [engl. *vicious circle*], syn. *circulus vitiosus*, **[KLI]**, ein Modell zur selbstverstärkenden (insbes. situativen) Dynamik psych. Störungen bzw. deren Symptome: Eine inadäquate Reaktion oder Bewertung führt zu einer ständig neuen Verstärkung von z. B. Angsterzeugung und Vermeidungsversuchen (T. der Angst: *Panikstörung*). Erste physiol. (z. B. Schwindel, Herzklopfen, Atmung) oder kogn. (z. B. Konzentrationsprobleme) Symptome, die ggf. durch körperliche oder situative Bedingungen enstehen (z. B. Koffeineinnahme, körperliche Anstrengung) werden rezipiert und als Gefahrenindikatoren interpretiert (*Erwartungsangst*). Befürchtungen bzw. Bedrohungsempfinden resultieren insbes. aus der Erfahrung früherer Panikattacken. Die wahrgenommene Bedrohung führt sukzessive zur Verstärkung der körperlichen Symptome (z. B. von Atmungsauffälligkeiten zur Hyperventilation, von Pulsveränderungen zu heftigem Herzklopfen). Dieser Rückkopplungsprozess bewirkt eine Selbstverstärkung schwacher Anfangssymptome, sodass ggf. als lebensbedrohlich empfundene Erregungs- bzw. Angstzustände resultieren. Pat. reagieren infolge typischerweise mit Vermeidungsverhalten (*Vermeidungslernen*), da sie dem unkontrollierbaren Effekt erster auslösender Empfindungen und Erregungsindikatoren ausweichen wollen. Die so erlebte neg. *Verstärkung* (Ausbleiben der Angstentstehung bzw. -verstärkung), *Konditionierung, operante*) des Vermeidungsverhaltens kann zu einer erheblich belastenden Einschränkung des Erlebens- und Verhaltensraums des Pat. führen (z. B. *Agoraphobie*). Wirksame Behandlungsansätze liefert vor allem die *Verhaltenstherapie*: u. a. *Konfrontation mit Reaktionsverhinderung*, *operante Konditionierungsmethoden*, *Systematische Desensibilisierung*. Margraf & Schneider 2009b.

Teuro-Illusion *Preisveränderung, Wahrnehmung*.

Textanalyse [engl. *text analysis*], *Inhaltsanalyse, Interpretation, Literaturpsychologie, qualitative Inhaltsanalyse*.

Textbeschreibungsmodelle [engl. *text description models*], *Textverarbeitung*.

Textlernen (= T.) [engl. *text learning*], **[KOG]**, bezieht sich darauf, wie Informationen aus (vor allem Sach-) Texten aufgenommen, verstanden, behalten und generell zur Wissenserweiterung (*Wissenserwerb*) genutzt werden. T. impliziert dabei immer eine Wechselwirkung zw. Text- und Lesermerkmalen (*Text-Leser-Interaktion*). Entsprechend wird danach gefragt, welche Merkmale des Textes und welche Merkmale des Lesers das T. beeinflussen. Die Forschung zum T. ist maßgeblich von zwei Forschungsrichtungen vorangebracht worden: (1) der älteren *päd.-psychol. Instruktionsps.* (*Instruktionspsychologie*) und der neueren allgemeinpsychol. orientierten *Kognitionspsychologie*. Die Instruktionsps. hat sich bereits seit Mitte der 1960er-Jahre damit befasst, relevante Bedingungen des T. zu identifizieren und darauf aufbauend Techniken zur Textoptimierung zu erarbeiten. Die Explikation solcher verarbeitungserleichternden Merkmale (z. B. *advance organizers*, kogn. Gliederung, sequenzielles Arrangieren von Textinhalten) erfolgte unter Rückgriff auf lerntheoretisch begründete Merkmale der kogn. Wissensstruktur der Lernenden. Diese Perspektiven wurden ab den 1980er-Jahren durch die neuere Kognitionsps. präzisiert, ausdifferenziert und erweitert. Danach wird das T. insbes. durch eine kohärente *Inhaltsorganisation*, durch das *sequenzielle Arrangieren* von Textinhalten sowie die *Aktivierung von Vorwissensbeständen* erleichtert. Eine kohärente Inhaltsorganisation wird auf lokaler Textebene durch Koreferenz und die explizite Verwendung von Konnektiva sowie konzeptuell-inhaltlichen Relationen, auf globaler Ebene durch Signale, Topic-Indikatoren, typografische Veranschaulichungen u. Ä. hergestellt. Generell gilt, dass T. umso besser und schneller gelingt, je klarer und deutlicher ein Text Hinweise gibt, wie die Textinformationen aufeinander zu beziehen sind und je weniger Kohärenzlücken durch Schlussfolgerungen oder Umstrukturierungen geschlossen werden müssen. Als besonders lernförderlich hat sich eine *hierarchisch-sequenzielle Inhaltsabfolge* erwiesen. Zur Aktivierung von Vorwissensbeständen sind Vorstrukturierungen sowie die Anreicherung des Textes mit Erklärungen, Spezifizierungen, Beispielen etc. geeignet, weil dadurch ein dichtes Netz von Verbindungen zw. neuen Informationen und dem Vorwissen geschaffen wird. Solche lernrelevanten Textmerkmale sind aber immer auch in Zusammenhang mit Lesermerkmalen zu sehen; das betrifft neben dem Vorwissen vor allem auch die Erwartungen und Zielsetzungen, die kogn. Fähigkeiten (*Kognition*) sowie die verfügbaren Lernstrategien (*Lernstrategie*). Diese Wechselwirkung ist sehr eindrücklich am Bsp. des Vorwissens belegt worden. Lernende mit geringen Vorkenntnissen in einem Wissensbereich benötigen für den Aufbau einer kogn. Struktur einen möglichst kohärenten und strukturell transparenten Text; bei Lernenden mit hohem Vorwissen hat ein solcher Text einen eher neg. Einfluss auf die Lernleistung, weil sie eigenständig Vorwissen und Textinhalt integrieren können. Als nicht optimal gilt eine völlige Angleichung von Text- und Vorwissensstrukturen, weil der Text dann keine kogn. Herausforderung mehr bietet. Die Sicherung weiterer stabiler Muster solcher Wechselwirkungen von Text- und Lernermerkmalen stellt eine wichtige Forschungsaufgabe im Bereich des T. dar. *Satzlernen*. Christmann 2006. *U. Christmann*

Text-Leser-Interaktion (= T.) [engl. *reader-text interaction*], **[KOG]**, in der T. manifestiert sich die grundsätzliche kogn. Konstruktivität der menschlichen *Informationsverarbeitung*, bei der Text- wie Lesermerkmale in gegenseitig moderierender Relation den Prozess und das Produkt des Verstehens von Texten bestimmen. Das betrifft literarisch-fiktionale genauso wie nicht fiktionale Sachbuchtexte und den gesamten Rezeptionsprozess von der Textauswahl über die unmittelbare Lektüre bis zu den Wirkungen der Textrezeption (*Textverarbeitung*).

Bei der Lektüreauswahl wirken sich vor allem motivationale Gratifikationserwartungen aus, durch die außerordentlich stabile Genderpräferenzen zustande kommen: Belletristisch-fiktionale Literatur wird mehr vom weiblichen Geschlecht gelesen, nicht fiktionale Sachliteratur vom männlichen. Außerdem nutzen Frauen den (fiktionalen) Lesestoff mehr zu einem identifikatorischen Probehandeln als Übertragung auf die eigene Lebenswelt, während Männer die (primär Sach-)Literatur eher distanzierend-analytisch zur Wissensvermehrung einsetzen (qua Informations- im Kontrast zur Unterhaltungsfunktion von Literatur).

Am unmittelbaren Verstehensprozess ist die kogn. Konstruktivität der menschlichen Informationsverarbeitung seit den 1960er Jahren am eindrucksvollsten nachgewiesen worden, weil es sich dabei i. Ggs. zur alltagsps.-naiven Intuition gerade nicht um ein passives Dekodieren von Textinformationen handelt, sondern um eine konstruktive Verbindung der Textsemantik mit dem leserseitigen Vorwissen. Deshalb liegt beim Verstehensprozess immer auch eine aktive Ergänzung von Informationen vor, und zwar nicht nur bei fiktionalen, sondern auch bei Informationstexten. Das immer wieder als relevantester Faktor gesicherte Vorwissen bezieht sich dabei sowohl auf Textinhalte wie auch auf Textstrukturen und verbindet sich mit den im Text enthaltenen Informationen zu einem mentalen Situationsmodell, das symbolisch-abstrakte Inhalte und anschaulich-analoge Vorstellungen integriert. Mittlerweile kann sogar als gesichert gelten, dass schon während des Verstehensprozesses relativ verarbeitungstiefe Bewertungen hinsichtlich des Realitätsgehalts der elaborierten Informationen (in Form von epistemologischen Einschätzungen; *Epistemologie*) ablaufen.

Dementsprechend ist auch die Lektürewirkung keineswegs linear aus den rezipierten Textinhalten zu extrapolieren, wie es die frühe behavioristische Forschung zur Massenkommunikation mit ihrer Konzentration auf politische Einstellungsänderungen noch annahm. Textbotschaften können durch leserseitige Einstellungen und Rezeptionsprozesse in vielfältiger Art und Weise sowie in unterschiedlichem Ausmaß gebrochen werden, bis hin zur Verkehrung in ihr Gegenteil. Deshalb haben sich die in der Textwirkungsforschung angesetzten Subjektmodelle vom ursprünglich angenommenen determiniert-passiven Rezipienten wegentwickelt, und zwar über den selektiv-reaktiven und reduktiv-modifizierenden hin zum aktiv-elaborativen Rezipienten, der aus der Verbindung der Textbotschaft mit den persönlichen Voreinstellungen, Vorwissensdimensionen etc. eine eigene Position entwickelt. Drinkmann & Groeben 1989, Richter 2003, Groeben & Hurrelmann 2004a. *N. Groeben/U. Christmann*

Textoberfläche [engl. *text surface*], *Textverarbeitung*.

Textsemantik [engl. *text semantics*], *Text-Leser-Interaktion*, *Textverarbeitung*.

Textstruktur (= T.) [engl. *text structure*], [**KOG**], die einem sprachlichen Text zugrunde liegende Bedeutungsstruktur. Kintsch (1974) versteht unter T. eine Textbasis eine Sequenz von *Prädikat-Argument-Strukturen* oder Propositionen. Nicht alle Propositionen einer T. müssen in dem sprachlichen Text ihren Ausdruck finden. Propositionen können in einem sprachlichen Text implizit enthalten sein. Die T. kommt nach Kintsch im Wesentlichen durch die Überlappung der Argumente der einzelnen Propositionen zustande. Propositionen, die ein Argument in eine T. einführen, sind für die T. bedeutsamer als solche, die Argumente aus anderen Propositionen wieder aufgreifen. Andere Autoren, z. B. Rumelhart (1977), verstehen unter T. vornehmlich ein kogn. *Schema*. Dieses repräsentiert die Organisationsstruktur eines Textes. Schemata sind ganzheitliche Repräsentationen von best. Ereigniszusammenhängen. Das bekannteste Schema ist die sog. *story grammar* (Rumelhart 1975). Sie repräsentiert die Organisationsstruktur eines Erzähltextes. Sie bildet ein Regelsystem analog zu dem der *generativen Grammatik*, das es erlaubt, die Struktur einer Erzählung (*story*) aus dem übergeordneten *Story*-Symbol abzuleiten. *Textlernen*. Bock 1978, van Dijk & Kintsch 1983, Christmann 2006. *J. Engelkamp*

Texttheorie (= T.) [engl. *text theory*], [**KOG, SOZ**], die T. versucht, die Voraussetzungen und Bedingungen konkreter Textproduktion und -rezeption (vgl. auch *Sprachproduktion*, *Sprachrezeption*) in sprachlichen *Kommunikations*prozessen zu erforschen. Schmidt (1973) hat in diesem Zusammenhang ein Faktorenmodell der idealisierten sprachlichen Kommunikation vorgelegt, das versucht, alle diejenigen Elemente und Relationen einzufangen, die für eine theoretische Rekonstruktion von sprachlichen Kommunikationsprozessen erforderlich sind. Unter sprachlicher Kommunikation versteht Schmidt sprachliches, partnerbezogenes, intentionales und informatives Handeln, das in Form von «Texten» vollzogen wird. Sprachliches Handeln vollzieht sich in komplexen «Kommunikationsgeschichten», die in Anlehnung an Wittgensteins Begriff des *Sprachspiels* Handlungsspiele genannt werden (z. B. eine Schulstunde oder eine Gerichtsverhandlung) und deren Elemente einzelne Kommunikationsakte oder *Sprechakte* sind. *Pragmatik*, *Handlung*. *J. Engelkamp*

Texturgradient [engl. *texture gradient*], *Gibson-Gradient*.

Textverarbeitung (= T.) [engl. *text processing*], [**KOG**], bezieht sich auf alle kognitiven Vorgänge, die an der Aufnahme, Speicherung, Organisation, Elaboration, Transformation, Reaktivierung und Reproduktion von Informationen aus Texten beteiligt sind (*Gedächtnis*). Grundlegend für die in den 1970er-Jahren einsetzende Forschung und Theoriebildung ist die bereits von Bartlett (1932) formulierte Kernannahme der kogn. Konstruktivität, nach der die T. keinen passiven, sondern einen aktiven Prozess der Sinnkonstruktion darstellt. Daraus folgt, dass der Verarbeitungsprozess als Interaktion zw. den

Merkmalen des Textes (z. B. Strukturiertheit, Verständlichkeit, Bildhaftigkeit) und den Merkmalen der Rezipienten (z. B. Vorwissen, Interesse, Erwartungen, Ziele) zu konzipieren ist (*Text-Leser-Interaktion*). Kennzeichnend für die T.forschung ist, dass sie sich zunächst auf die Textseite dieses Wechselwirkungsprozesses konzentriert hat (*Textbeschreibungsmodelle*), im Zuge ihrer Entwicklung aber zunehmend die Rezipientenseite berücksichtigt und danach explizit und differenziert das Zusammenspiel von Text- und Leserinstanz behandelt hat.

Im Mittelpunkt der textseitigen Forschung steht die möglichst präzise und obj. Textbeschreibung in Form einer Zerlegung des Textes in Propositionen (Prädikat-Argument-Strukturen) und Makropropositionen; außerdem der (erfolgreiche) Nachweis, dass die Verarbeitungsqualität (das Behalten) eine Funktion der propositionalen Textbeschreibungsmerkmale darstellt. Die rezipientenseitig orientierte Forschung untersucht komplementär vor allem den Einfluss von Rezipientenmerkmalen wie Vorwissen, Interessen, Zielsetzungen und *Arbeitsgedächtnis*kapazität auf die Verarbeitung. Dabei hat sich gezeigt, dass das Vorwissen mit Abstand den stärksten Einfluss ausübt. I. R. der sog. *Schematheorien* wurde herausgearbeitet, dass die als Schemata bezeichneten Wissensstrukturen zum einen die Integration neuer Informationen erleichtern, zum anderen die Rekonstruktion gespeicherter Informationen steuern. Zwei Arten von Vorwissensstrukturen wurden besonders intensiv erforscht: *Skripte* (repräsentieren Wissen über routinisierte Verhaltens- und typ. Ereignisabläufe in stereotypen Situationen; klass. Bsp.: Restaurantbesuch) und Geschichtengrammatiken (beschreiben Art und globale Ordnung von Konstituenten in Erzähltexten: z. B. Thema, Setting, Ereignis, Charaktere).

Die Bedeutsamkeit rezipientenseitig vorhandenen Wissens wurde seit Beginn der 1980er-Jahre zunehmend auch in versch. Prozessmodellen der T. berücksichtigt. Die größte Akzeption hat das Konstruktions-Integrations-Modell von Kintsch (1988) erfahren, das eine Integration von Textinformation und Vorwissen anstrebt und dafür zwei Prozessphasen unterscheidet: In der ersten Phase, der *Konstruktionsphase*, wird mithilfe von text- und einigen vorwissensbasierten Inferenzen eine reichhaltige, aber ungenaue propositionale Repräsentation des Ausgangstextes mit vielen überflüssigen Informationen erstellt; in der zweiten Phase, der sog. *Integrationsphase*, wird diese interne Repräsentation unter Rückgriff auf das Weltwissen hinsichtlich Kohärenz sowie Passung zum situativen Kontext geprüft und entspr. reduziert. Als Ergebnis dieses zweiphasigen Prozesses werden Repräsentationen auf drei miteinander verbundenen Ebenen aufgebaut: eine Repräsentation der Textoberfläche (z. B. exakter Wortlaut, grammatikalische Wortarten, Satzsyntax), eine Repräsentation der propositionalen Textbasis (bildet die Textbedeutungsstruktur ab) und eine Repräsentation in Form eines mentalen Modells (auch: Situationsmodell), das die im Text beschriebenen Sachverhalte oder Situationen in Verbindung mit dem Vor- und Weltwissen weitgehend losgelöst von sprachlichen Strukturen enthält. Insgesamt gilt dieses KIM als empirisch gut gestützt. Das zentrale Problem besteht allerdings in der exakten Beschreibung des Vorwissens, weshalb nur für routinisierte, eng umschriebene Wissensbereichen verlässliche Vorhersagen möglich sind.

In Bezug auf den konkreten T.prozess bietet das *Strategiemodell von van Dijk & Kintsch (1983)* den größten Auflösungsgrad, das fünf Arten von Teilprozessen (propositionale Strategien, lokale Kohärenzstrategien, Makrostrategien, Schemastrategien und pragmatische Strategien) unterscheidet, die beim Lesen eines Textes eine Rolle spielen, miteinander interagieren und stets vom Vorwissen und den Zielsetzungen der Leser beeinflusst sind. Insgesamt hat die Forschung deutlich gemacht, dass Leser in Abhängigkeit von Zielen, Aufgaben, Rezeptionsbedingungen und Interessen eine Vielzahl unterschiedlicher Wissensteilmengen flexibel einsetzen (können). Der Versuch, diese Flexibilität angemessen zu berücksichtigen, stellt die zentrale Herausforderung für die künftige Forschung dar. *Text-Leser-Interaktion*. Christmann 2006, Christmann im Druck.

U. Christmann

Textverständlichkeit (= T.) [engl. *text comprehensibility*], **[KOG, PÄD]**, untersucht die relevanten Textmerkmale, die ein möglichst optimales Textverständnis ermöglichen. Aus der behavioristischen Ära kann die Lesbarkeitsforschung (*Lesbarkeit*, *Lesen*) (1930–60) als Vorläufer gelten, die sich auf Oberflächenmerkmale von Texten (wie Worthäufigkeit und Satzlänge) konzentrierte und von daher die Lesegeschwindigkeit regressionsanalytisch vorhersagte (sog. Lesbarkeitsformeln). Seit der «Kognitiven Wende» (ab 1970) steht das inhaltlich-kogn. Textverstehen als Kriterium im Mittelpunkt, für das sowohl sprachlich wie auch kogn. und motivational relevante Texteigenschaften als Prädiktoren untersucht werden. Dabei hat die intensive Forschungstätigkeit der 1970er- und 80er-Jahre übereinstimmend vier entscheidende Textdimensionen gesichert: (1) kogn. Gliederung/Ordnung, (2) sprachliche Einfachheit, (3) inhaltlich semantische Redundanz und (4) motivationale Stimulanz. Dass die kogn. Strukturierung den wichtigsten Einflussfaktor für das Textverständnis darstellt, ist allg. Konsens. In Bezug auf die Gewichtung der übrigen Faktoren herrscht partielle Uneinigkeit, die aber nicht übermäßig bearbeitet worden ist, da deren mindere Bedeutung gegenüber dem beherrschenden Gliederungsfaktor unbestritten ist. Allerdings besteht eine Verbindung zu der Frage, ob eine max. oder (relativ) optimale T. anzustreben ist. Von der motivationalen Dimension her wird hier die mittlere Schwierigkeit einer optimalen T. bevorzugt, weil max. T. aufgrund von Unterforderung das Leseinteresse und die Verarbeitungstiefe einschränken kann. Die eher globalen vier Verständlichkeitsdimensionen sind vor allem i. R. der propositionalen Textmodelle validiert worden. Seither hat die Forschung den Auflösungsgrad der Untersuchungen erhöht und die konkreten, differenzierten Verstehensprozesse in den Blick genommen, z. B. in Bezug auf den Aufbau mentaler (Situations-)Modelle einschließlich der Rolle z. B. analoger Informationen, Aspekte der Körpergebundenheit (*Embodiment*). *Texttheo-*

rie, *Text-Leser-Interaktion*, *Textverarbeitung*. Christmann 2009, Groeben 1982. *N. Groeben/U. Christmann*
Thalamus [engl. *thalamus*; gr. θάλαμος *(thalamos)* Kammer], *Gehirn*.
Thanatopsychologie (= T.) [engl. *thanatopsychology*; gr. θάνατος *(thanatos)* Tod], syn. *Psychothanatologie, Todespsychologie, Psychologie des Todes*, **[EW, GES]**, als Teilbereich der umfassenderen Thanatologie beschäftigt sich die T. innerhalb eines differenzierten und hochgradig komplexen Merkmalsbereichs mit jenem *Erleben* und *Verhalten* des Menschen, das einerseits durch das *Wissen* um die grundsätzliche Sterblichkeit aller Lebewesen einschließlich der eigenen Person (*Sterben, Sterben und Tod, Einstellungen zu*) und andererseits durch die aktuelle Begegnung mit Sterben und Tod anderer Menschen ausgelöst wird. Gegenstand der T. sind ferner das Erleben und Verhalten des unheilbar Kranken und Sterbenden, seiner Angehörigen und seiner professionellen oder ehrenamtlichen Betreuer. Indem sie das Erleben und Verhalten von Hinterbliebenen einbezieht, fallen auch Trauern (*Trauer*) sowie Interventionen für Trauernde in ihren Bereich. Schließlich gehören auch die Unterrichtung über Sterben, Tod und Trauer (*Sterben, Tod und Trauer; Unterrichtung über*) und ihre Effekte auf die Teilnehmenden zur T. Die Fragestellungen und Befunde der T. sind stets in Bezug zu einem historischen und kult. Kontext zu sehen.

Aus dieser allg. Kennzeichnung ergeben sich als Aufgabengebiete der Grundlagenforschung: Theorieentwicklung, Entwicklung spezif. Untersuchungsverfahren bzw. Messinstrumente, Todeskonzept beim Kind und seine Entwicklung, Einstellungen zu Sterben und Tod, Sterbeprozess, psych. Belastungen von Betreuungspersonen im Umgang mit Sterbenden, suizidales Verhalten, Trauer(n). Anwendungsfelder der T. sind Sterbebegleitung, Unterrichtung über Sterben, Tod und Trauer, Suizidprävention sowie Trauerberatung, -begleitung und -therapie insbes. nach traumatischer Verlusterfahrung. Innerhalb der T. werden auch rechtliche und ethische Fragen erörtert.

Ausgehend von den USA und der dort aufkeimenden klin. Ps. hat die T. seit Ende der 1960er-Jahre einen lebhaften Aufschwung erfahren. Dies betrifft sowohl die Grundlagenforschung als auch ihre Anwendungsfelder, und es zeigt sich in der Etablierung der international ausgerichteten Fachzeitschriften «Death Studies» und «Omega: The Journal of Death and Dying» sowie von wiss. und berufsständischen Organisationen (*Association of Death Education and Counseling; International Work Group on Death, Dying and Bereavement*). Nicht nur in quant., sondern vor allem in qual. Hinsicht hat sich der Kenntnisstand der T. aufgrund dieser Entwicklung in den zurückliegenden Dekaden erheblich verbessert. In internat. Publikationen dominieren empirisch-quant. Untersuchungen. Vorherrschendes Thema ist Trauer, gefolgt von *Suizid* und Einstellungen zu Sterben und Tod nahezu gleichauf. Schwerpunkte internat. Forschung zur T. gibt es außer in den USA in Hongkong/China, Griechenland, Großbritannien bzw. dem Vereinigten Königreich, Israel, Kuwait, Ägyten sowie in den Niederlanden.

Die T. macht sich Methoden, Konzepte und Erkenntnisse aus allen Gebieten der Ps. zunutze (insbes. *Persönlichkeitspsychologie*, *Entwicklungspsychologie* (*Lebensspannenpsychologie*), *Sozialpsychologie*, *Klinische Psychologie* und *Gesundheitspsychologie*; in der Anwendung: *Medizinische Psychologie*). Zur Erklärung des Erlebens gegenüber Sterben und Tod im Allg. und der Angst vor Sterben und Tod im Bes. werden Theorien der *Selbstverwirklichung*, der Sinnfindung, der Verneinung und pos. Illusionen, Eriksons Theorie der psychosozialen Entwicklung (*Entwicklung, psychosozialer Ansatz nach Erikson*) und nicht zuletzt Kellys Theorie der persönlichen Konstrukte (*Selbsttheorien der Persönlichkeit*) herangezogen. Das umfangreichste empirische Befundmaterial (pro und contra) liegt für die Theorie der persönlichen Konstrukte sowie für die Terror-Management-Theorie vor. Versuche, allg. Theorien der Emotionsentstehung auf das Erleben gegenüber Sterben und Tod anzuwenden, wurden bisher kaum unternommen. In der T. dominieren *Selbstbericht*daten. Seit geraumer Zeit liegen sowohl in engl. als auch in dt. Sprache mehrdimensionale Fragebogenverfahren zur Erfassung einerseits versch. Komponenten des Erlebens gegenüber Sterben und Tod (z. B. Bedrohung, Ängstlichkeit, Akzeptieren) und andererseits des Trauerns vor. Corr et al. 2009, Wittkowski 2003, Wittkowski 2013. *J. Wittkowski*

Thanatos-Trieb [engl. *death drive*; gr. θάνατος *(thanatos)* Tod], *Todestrieb*.

Thatcher-Täuschung (= T.) [engl. *(Margret) Thatcher illusion*], benannt nach der ehemaligen britischen Premierministerin, **[WA]**, Thompson 1980; in der Abb. werden die beiden oberen, auf dem Kopf stehenden Gesichter als ähnlich wahrgenommen. Erst bei genauerem Hinsehen erkennt man, dass rechts Augen und Mund Besonderheiten aufweisen (diese Ausschnitte sind um 180 Grad gedreht). Werden die Bilder aufrecht präsentiert (s. unten), so wird der Unterschied sehr deutlich: Die Mimik erscheint im rechten Bild monströs verzerrt. Die T. verdeutlicht, dass der Erkennung

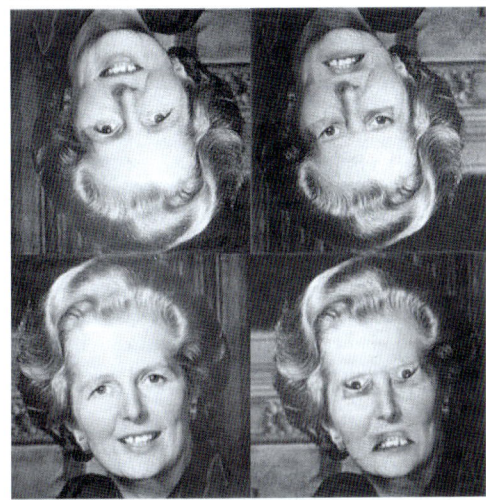

Thatcher-Täuschung (Thompson 1980)

von Gesichtern und deren Mimik hoch spezialisierte Verarbeitungsprozesse zugrunde liegen (*Gesichtserkennung*). Nur wenn Gesichter so präsentiert werden, dass diese Erkennungsprozesse optimal angesprochen werden, ist eine adäquate Interpretation der Mimik möglich. Bei Pat. mit *Prosopagnosie* wird angenommen, dass diese spezialisierten Prozesse selektiv ausfallen. Bartlett & Searcy 1993.

That-is-not-all-Technik (= T.) [engl. *that is not all* das ist nicht alles], [**SOZ, WIR**], eine Methode der sozialen Beeinflussung (*sozialer Einfluss*), bei der ein Anbieter/Verkäufer nach einer anfänglichen Preisnennung, noch bevor der Kunde antwortet, entweder ein zusätzliches Produkt hinzugibt oder den Preis senkt. In zwei Experimenten konnte gezeigt werden, dass diese Technik der Methode überlegen ist, sofort das bessere Angebot zu machen (Burger 1986). Eine Erklärung für diesen Effekt ist, dass die Kunden so zu einer «Gegenleistung» verpflichtet werden (*Reziprozität*). Wichtig ist demnach, dass der Zusatz vor einem Einwand des Kunden kommt, so dass er nicht als Ergebnis eines «Handels» interpretiert werden kann. Zudem darf der Ausgangspreis bzw. die anfängliche Forderung nur moderat höher sein als der «Endpreis». Ansonsten geht die Wirksamkeit der T. verloren oder führt sogar zu einer geringeren Zustimmung zum Beeinflussungsversuch als die unmittelbare Nennung des Zielangebots Burger et al. 1999). *Door-in-the-face-Technik, Foot-in-the-door-Technik, Verkaufstechniken.* K. Moser

THC, Abk. für *Tetrahydrocannabinol*; Wirksubstanz von *Cannabis*.

Theismus [engl *theism*; gr. θεός *(theos)* Gott], [**PHI**], Glaube an den einzigen, persönlichen Gott (*Gott, Götter*) als Schöpfer, Lenker und Erhalter. *Deismus*.

TestThematischer Apperzeptionstest (TAT), [**DIA, EM, KLI, PER**], von Murray (1943) entwickeltes projektives Verfahren zur Diagnostik der *Psychodynamik* einer *Persönlichkeit*. Stimulusmaterial: 20 Bildtafeln mehrdeutiger Art, zu denen Geschichten fabuliert werden sollen. Die ursprünglich verwendete quant. Auswertung hat sich nicht bewährt. Der TAT ist ein heuristisches Verfahren, das nach qual. Gesichtspunkten ausgewertet werden kann und u. a. Hinweise auf die wichtigsten psychodynamischen Konflikte und auf die in der Psychoth. zu erwartenden Übertragungsprozesse liefert. *projektive Tests, projektive Verfahren.* Rauchfleisch 1989.

TestThematischer Gestaltungstest (Salzburg) (TGT-S), 1985 W. J. Revers & H. Widauer, [www.testzentrale.de], [**DIA, KLI**], *projektiver Test*. AA ab 7 Jahren. Mit dem TGT-S legten W. J. Revers und H. Widauer 40 Jahre nach Erscheinen des *Thematischen Apperzeptionstests* von Murray einen neu begründeten und gestalteten Ansatz dieses Verfahrens vor. Die Bildvorlagen können entspr. der im Vergleich zum TAT geänderten Konzeption des Verfahrens auf zuvor anamnestisch (*Anamnese*) erfasste Indikatoren für durchlebte Konfliktsituationen bezogen werden, wozu der standard. anamnestische Datenkatalog dient. Bearbeitungsdauer: insges. zwei Sitzungen. In der Testkonstruktion wurde dem Klienten eine Zeit von 5 bis 6 Min. pro Geschichte vorgegeben.

themenzentrierte Interaktion (= TZI) [engl. *theme-centred interaction (TCI)*], [**SOZ**], ist ein von Ruth Cohn entwickeltes Verfahren der Arbeit in und mit *Gruppen*, das auf ganzheitliches «lebendiges» Lernen zielt. Ihr theoretischer und empirischer Hintergrund wird von der (psychoanalytischen) Gruppentherapie, der humanistischen Ps., der *Gestalttherapie* und der Encounter-Bewegung (*Encounter-Gruppen*) gebildet. Auf der Grundlage eines ganzheitlichen Menschenbildes wird ein Lernprozess angestrebt, in dem die affektiven (*Affektivität*) und die kogn. Prozesse (*Kognition*) der Person berücksichtigt werden und ein Gleichgewicht zw. Arbeitsthema, Gruppe und Individuum entsteht. Vorrangige Zielsetzung ist die Vermittlung und Anwendung konkreten und berufsspezifischen Wissens über Gruppenprozesse und -strukturen und die Verbesserung der Fähigkeit zur Gruppenleitung. Tragende Elemente des Gruppenprozesses sind das *Ich* (die indiv. Person), das *Wir* (die Gruppenmitglieder) und das *Es* (das Thema; nicht zu verwechseln mit dem *ES* der psychoanalytischen Instanzenlehre!, *Psychoanalyse, Es*), die in die Umwelt mit ihren spezif. Bedingungen eingebettet sind. Charakteristisch für die TZI ist dabei die Berücksichtigung von körperlichen Signalen als Gegengewicht gegen die kult. bedingte Vernachlässigung der Körper- und Gefühlswahrnehmung. Cohn 1975. W. Rechtien

Theophyllin [engl. *theophyllin*], [**PHA**], chem. Substanz aus der Gruppe der *sympathikomimetischen Psychostimulanzien*. Die Substanz wird wegen ihrer bronchodilatatorischen Wirkungen zur Behandlung von Asthma und anderer obstruktiver Lungenerkrankungen eingesetzt.

theoretical sampling [engl. *theoretical* theoretisch, *sampling* Stichprobenziehung], *qualitative Fallauswahl*.

theoretische Sättigung [engl. *theoretical saturation*], *Grounded Theory, qualitative Fallauswahl, Stichprobe*.

theoretische Sensibilität *sensitizing concepts*.

Theorie (= T.) [engl. *theory*; gr. θεωρία *(theoria)* Betrachtung], [**PHI**], deduktiv geordnetes System von Gesetzeshypothesen mit einem gemeinsamen Gegenstandsbereich; aus den Grundgesetzen (*Axiome*, Postulate) einer T. sind alle anderen Aussagen der T. (Theoreme) deduktiv-logisch ableitbar. Durch die Konstruktion einer T. wird das Wissen über die Phänomene in einem best. Bereich (empirische Befunde, bestätigte Hypothesen) systematisiert, die Axiome sind eine hoch komprimierte Zusammenfassung dieses Wissens. Ziel ist es, möglichst viele Hypothesen durch möglichst wenige Grundgesetze zu *erklären* und darüber hinaus Vorhersagen über neuartige Phänomene zu machen. T. spielen eine wichtige Rolle innerhalb von Forschungsprogrammen (*Forschungsprogramme*). Einflussreich waren in der Ps. die T. von Lewin (1936), Hull (1943), Festinger (1957), R. C. Atkinson (1964), Norman & Rumelhart (1975) und Anderson (1983). Die meisten psychol. (und auch anderen erfahrungswiss.) T. werden nicht explizit in deduktiv geordneter Form oder gar in einer formalen Sprache dargestellt; um deduktive Systeme handelt es sich dann insoweit, als sie in diese Form gebracht werden könnten. Häufig wird auch eine erste, oft metaphysische Idee, die Ausgangspunkt für die Formulierung eines deduktiven Systems ist, T. genannt. Metaphysische Ansätze können heuristisch fruchtbar sein, auch wenn sie zunächst als nicht prüfbar erscheinen. Daher wird die Forderung nach empirischer Prüfbarkeit (Falsifizierbarkeit) in zunehmendem Maße dahingehend interpretiert, einen vorliegenden Ansatz zu möglichst guter Prüfbarkeit hin zu entwickeln und zunehmend strengeren Tests auszusetzen. Die Begriffe in Grundgesetzen einer T. beziehen sich i. Allg. auf abstrakte, der Beobachtung wenig zugängliche Entitäten (Atome, kogn. Dissonanz, aktiviertes Schema), wobei es allerdings keine scharfe Grenze zw. dem «Theoretischen» und dem Beobachtbaren gibt. Um eine T. gut prüfbar zu machen, müssen Zuordnungsannahmen über Zusammenhänge zw. nicht (bzw. schwer) beobachtbaren und gut beobachtbaren Sachverhalten gemacht werden (*Operationalisierung*). Eine Gesetzesaussage einer Theorie oder eine Zuordnungsannahme sind niemals isoliert prüfbar. Ein erwartungskonträrer empirischer Befund widerspricht immer nur einer Menge mehrerer Aussagen; der Forscher muss dann entscheiden, welche Aussage er verwerfen und ersetzen will, um zu prüfen, ob sich das neue Gesamtsystem von Aussagen besser bewährt.

Qualitätsmerkmale einer T. sind Widerspruchsfreiheit (logische Konsistenz), semantische Konsistenz, *Gehalt, Einfachheit, Wahrheit*, empirische Adäquatheit. Aus der Sicht des wiss. *Realismus* dient der Erfolg bzw. Misserfolg empirischer Vorhersagen als Kriterium, um sich dem Ziel zutreffender (wahrer) Darstellungen (auch nicht beobachtbarer Bereiche) der Realität anzunähern. Der *Instrumentalismus* erhebt anstelle der Wahrheitserkenntnis den Vorhersageerfolg (empirische Adäquatheit) zum Selbstzweck und interpretiert T. als mehr oder weniger nützliche Vorhersageinstrumente. Nach dem *Non-Statement-View* (auch *Strukturalismus* genannt) sind T. nicht als Systeme von Aussagen, sondern als spez. math. Strukturen ohne Aussagencharakter zu interpretieren; erst der mithilfe einer solchen Struktur formulierbare «empirische Satz» behauptet die Anwendbarkeit der Struktur auf empirische Gegebenheiten. T. als deduktive Systeme entstehen i. d. R. erst nach der Bewährung einiger Hypothesen mit demselben Gegenstandsbereich. Andererseits geht «T.» in einem erweiterten Sinne jeder Erfahrung voraus, nämlich in Form von Erwartungen, einzelnen Hypothesen, Alltagsauffassungen, Weltanschauungen; Erfahrung ist i. d. S. «theorieabhängig», «theoriegeladen». *Forschungsprozess*. Popper 1966, Suppe 1977, Westermann 1987, Westermann 2000, Gadenne 1990, Holzkamp 1964, Gadenne 1994. *V. Gadenne*

Theorie der abwärts gerichteten sozialen Vergleiche [engl. *theory of downward social comparison*], *sozialer Vergleich*.

Theorie der Aktivierung und Synthese [engl. *activation-synthesis theory of dreaming*]; *Traum, träumen*.

Theorie der Arbeitsanpassung [engl. *Theory of Work Adjustment, TWA*], *Berufswahltheorien*.

Theorie der Beherrschung [engl. *containment theory*], *Verhandlungstheorie von Komorita und Chertkoff*.

Theorie der gesteuerten Suche [engl. *theory of regulated search*], *Aufmerksamkeit, dimensionsbasierte*.

Theorie der identischen Elemente [engl. *theory of identical elements*], *Transfer*.

Theorie der identischen Produktionen [engl. *identical productions theory*], *Transfer*.

Theorie der minimalen Macht [engl. *minimum power theory*], *Koalitionsspiele, Verhandlungstheorie von Komorita und Chertkoff*.

Theorie der Motivationsintensität (= T.) [engl. *motivational intensity theory*], **[EM]**, nach der T. orientiert sich die Mobilisierung von Energie bzw. *Anstrengung* zur Ausführung zielgerichteten Verhaltens an einem *Energiekonservierungsprinzip*. Bestrebt, möglichst sparsam mit den eigenen *Ressourcen* umzugehen, investieren Organismen nur so viel Energie in eine *Handlung*, wie zu ihrer erfolgreichen Ausführung notwendig ist (*Handlungsergebniserwartungen*). Dementsprechend postuliert die T., dass die Investition von Energie bzw. Anstrengung direkt von der Schwierigkeit der erfolgreichen Handlungsausführung bestimmt wird. Solange eine erfolgreiche Handlungsausführung möglich ist und die dafür notwendigen Ressourcen durch die Wichtigkeit der erfolgreichen Handlungsausführung gerechtfertigt sind, steigt die investierte Energie proportional zur Handlungsschwierigkeit an. Ist eine erfolgreiche Handlungsausführung unmöglich oder benötigt sie mehr Energie, als durch die Erfolgswichtigkeit gerechtfertigt ist, wird keine Energie investiert. Diese Vorhersagen gelten jedoch nur, wenn die Handlungsschwierigkeit bekannt und festgelegt ist. Ist die Handlungsschwierigkeit unbekannt oder nicht festgelegt, ist die investierte Energie bzw. Anstrengung proportional zur Wichtigkeit der erfolgreichen Handlungsausführung. Ursprünglich wurde die T. von Jack W. Brehm entwickelt, um den subj. *Wert* von Handlungszielen (*Zielvalenz, Ziele*) vorherzusagen. Er postulierte, dass die subj. Attraktivität eines Handlungsziels direkt durch die zur Zielerreichung investierte Energie bestimmt wird. Je höher die investierte Energie, desto höher die subj. Attraktivität des Ziels. Am meisten Verwendung hat die T. jedoch in der oben skizzierten Form zur Vorhersage von Anstrengung gefunden. Zur Erfassung von Anstrengung wurden dabei meist kardiovaskuläre Maße eingesetzt. *Motivation*. Brehm & Self 1989, Gendolla et al. 2012.

M. Richter/G. H.E. Gendolla/K. Brinkmann

Theorie der persönlichen Konstrukte (= T.), [engl. *personal constructs theory*], **[DIA, KLI, PER, SOZ]**, die T. von George A. Kelly (*Kelly, George Alexander*, 1905–1966) ist eine Theorie der *Persönlichkeit*, in deren Zentrum interindiv. Unterschiede in der *Wahrnehmung* der eigenen Person und sozialen Umwelt stehen (*soziale Wahrnehmung*). Die T. ist zudem eine Konzeption, die den Menschen konsequent als ein konstruierendes Wesen betrachtet und als eine der ersten konstruktivistischen Theorien in der Ps. angesehen werden kann. Kelly interessierte sich dafür, mit welchen Begriffen einzelne *Individuen* die *Persönlichkeit* von sich und anderen beschreiben. Solche Begriffe nannte er «persönliche Konstrukte» (*personal constructs*) – «*Konstrukte*», weil sie vom Individuum konstruiert werden, «persönliche», weil sie von Individuum zu Individuum variieren können. Kelly interessierte sich somit für die individualtypischen Aspekte des Selbstkonzepts (*Selbstbild*) und der sozialen Wahrnehmung einzelner Menschen. Mit ihrer Betonung der Wahrnehmung wird Kellys Theorie oft auch als eine frühe «kognitive Persönlichkeitstheorie» bezeichnet (nicht zu verwechseln mit der sozialkogn. Lerntheorie der Persönlichkeit).

Kelly wandt sich in seiner Theorie entschieden gegen die in der Ps. weit verbreitete Subjekt-Objekt-Trennung, die den Forscher als (aktiv handelndes) Subjekt, die Vp als (passiv reagierendes) Objekt konstruiert. Für ihn begegnen sich in psychol. Untersuchungen Subjekte auf gleicher Augenhöhe. So sieht Kelly den Menschen als Wissenschaftler und den Wissenschaftler als Menschen: «Man as Scientist», wie es Kelly formuliert. Damit werden die *Ziele* wiss. Handelns zu Zielen menschlichen Handelns ganz allg. Als zentrale Ziele wiss. Handelns gelten Erklärung, Vorhersage und Kontrolle. Bei Kelly stehen Vorhersage und Kontrolle im Zentrum der Betrachtung. Jede Person antizipiert Ereignisse (*Antizipation*) und gewinnt so ein gewisses Ausmaß an Kontrolle über sich und ihre Umgebung. Antizipationen spielen bei Kelly eine Schlüsselrolle. Alle Prozesse eines Menschen werden durch die Art und Weise, wie er Ereignisse antizipiert, psychol. vermittelt und geprägt. Das ist das Grundpostulat seiner T. Aus den elf Korollarien, die er seinem Grundpostulat an die Seite gestellt hat, geht hervor, wie dieses Grundpostulat genauer zu verstehen ist: Das *Konstruktionskorollarium* z. B. macht deutlich, dass Antizipation eine Form der Konstruktion darstellt, das *Individualitätskorollarium*, dass Konstruktionen in interindiv. unterschiedlicher Weise erfolgen, und das *Erfahrungskorollarium*, dass auch intraindiv. mit Veränderungen zu rechnen ist (*Erfahrung*). Grundlage der Antizipationen, die eine Person vornimmt, ist, so wird es im *Organisationskorollarium* behauptet, ein für sie charakteristisches Konstruktsystem, eben ihr «System persönlicher Konstrukte». Veränderungen innerhalb eines Konstruktsystems werden dem *Modulationskorollarium* zufolge durch die Permeabilität oder Durchlässigkeit der Konstrukte begrenzt, die bei hoher Permeabilität die Aufnahme neuer Elemente in ihren Brauchbarkeitsbereich erlauben, bei geringer Permeabilität aber einer derartigen Erweiterung im Wege stehen. Von bes. Bedeutung sind die beiden letzten Korollarien, das *Ähnlichkeits-* und das *Sozialitätskorollarium*, die die Brücke zw. den einzelnen Personen schlagen. Je ähnlicher die Konstruktsysteme zweier Personen sind, so Kelly, desto ähnlicher werden auch ihre Prozesse sein. Gelingende *Kommunikation* zw. zwei Personen setzt voraus, dass beide Personen die Konstruktionen ihres Gegenübers zu rekonstruieren versuchen und dabei Erfolg haben. Vor dem Hintergrund dieser Annahmen setzt Kelly die Persönlichkeit einer Person mit ihrem Konstruktsystem gleich. Eine so verstandene Persönlichkeit einer Person ist nichts, was nicht veränderbar wäre. Es gehört zu den Grundüberzeugungen von Kelly, dass es zu jeder Konstruktion alternative Konstruktionen gibt. Deshalb wird auch von einem «konstruktiven Alternativismus» gesprochen. Diese Überzeugung liegt der therapeutischen Anwendung der T. i. R. der sog. *Fixed Role Therapy* zugrunde, in der der Pat. angehalten wird, eine best. alternative Konstruktion (feste *Rolle*) auszuprobieren.

Wegweisend ist die T. auch für die Konstruktion idiografischer Methoden (*idiografisch*) der Erhebung diagn. Informationen gewesen. Zur Erfassung dieser persönlichen Konstrukte entwickelte Kelly den *role construct repertory test* (*rep test*), der wegen seiner matrixartigen Darstellung Rollen × Konstrukte auch als Grid-Test [engl. *grid* = *Matrix*, Raster] bezeichnet wird (dt. Version von Riemann 1991). Hierbei bekommt die Testperson eine Liste von sozialen Rollen vorgelegt, die wichtige Personen in ihrem Alltag beschreiben, z. B. Mutter, ungeliebter Lehrer, geliebter Lehrer, Ex-Partner, Chef. Für jede Rolle benennt die Testperson eine konkrete Bezugsperson, die in die Rolle passt (falls es eine solche gibt). So werden ca. 20 Rollen konkretisiert. Dann werden jew. zwei dieser Personen vorgegeben und es wird gefragt, in welcher Hinsicht sich diese beiden ähnlich sind und sich von einer ebenfalls ausgewählten dritten Bezugsperson unterscheiden. Worin sie sich nach Meinung der Testperson ähnlich sind, wird das *Ähnlichkeitskonstrukt* genannt, worin sie sich unähnlich sind, das *Gegensatzkonstrukt*. Diese Konstrukte soll die Testperson möglichst knapp verbal beschreiben; anschließend werden sie nach Ähnlichkeit klassifiziert. Die Zahl ähnlicher Konstruktklassen best. die kogn. Komplexität der Person, und Personen können hinsichtlich der Anzahl und Art der Konstruktklassen miteinander verglichen werden.

Der rep test ist ähnlich wie der Q-Sort (*Q-Sortierung*) ein individuumzentriertes Testverfahren (*Test*), bei dem reiche Information über den Einzelfall gesammelt wird, bevor Individuen hinsichtlich ihrer Persönlichkeit verglichen werden. Während beim Q-Sort die Eigenschaften vorgegeben sind, werden sie beim rep test von der Testperson selbst generiert, sodass der rep test als ein idiografisches Verfahren charakterisiert werden kann. Er wird in der *Psychotherapie* und der *Personalpsychologie* angewandt. Weber 2010, Weber & Westmeyer 2005, Kelly 1955. *H. Westmeyer/H. Weber/J. B. Asendorpf*

Theorie der sozialen Identität [engl. *theory of social identity*], *SIDE-Modell*.

Theorie der sozialen Informationsverarbeitung [engl. *Social Information Processing Theory*], Walther 1992, [**MD**, **SOZ**], ist eine Theorie der *computervermittelte Kommunikation* = c. K.). I. Ggs. zum *Reduced-Social-Cues*-Ansatz geht die Theorie davon aus, dass c. K. nicht generell defizitär im Vergleich zur Face-to-Face-*Kommunikation* ist. Zwischenmenschliche Informationen können auch bei textbasierter Kommunikation vermittelt werden, indem die Kommunikationspartner best. Strategien nutzen. Bspw. werden Emoticons oder Akronyme verwendet, um fehlende Mimik bzw. spontane Äußerungen zu ersetzen. Voraussetzungen für eine gelungene sozioemotionale Kommunikation sind das Vorhandensein ausreichender Zeit und die Erwartung zukünftiger Kontakte (Walther 1996). Nach Walther (2007) kann es durch die Anonymität (*SIDE-Modell*) der c. K. dazu kommen, dass persönliche Aspekte sogar stärker betont werden als in der

Face-to-Face-Kommunikation. Eine solche Überattribution (*Attribuierung*) findet bspw. statt, wenn von einer unfreundlichen E-Mail auf den unfreundlichen Charakter des Absenders geschlossen wird. Aufgrund dieser erhöhten Betonung persönlicher Eigenschaften bei anonymer c. K. spricht Walther auch von *hyperpersonaler Kommunikation*. Fischer 2008. *J. Kimmerle*

Theorie der sozialen Vergleiche [engl. *theory of social comparisons*], *sozialer Vergleich*.

Theorie der sozioemotionalen Selektivität [engl. *socioemotional selectivity theory*], *Entwicklung, motivationale*.

Theorie der Spiele (= T.) [engl. *theory of games*], [**KOG, SOZ**], eine in ihren mathematischen Begriffen durch v. Neumann 1928 bzw. 1943 (Neumann & Morgenstern 1947) entwickelte Theorie aus dem Bereich der *Kombinatorik*, die aus dem Studium der Struktur von Gesellschaftsspielen (Schach, Poker usw.) erwachsen ist. Ziel der T. ist die Ermittlung der besten Strategie, die dem Teilnehmer größtmögliche Gewinnchancen sicherstellt. In der weiteren Fortführung (z. B. durch Braithwaite 1955, 1962) wird das ps. bedeutungsvolle Problem behandelt, wie bei Verschiedenartigkeit der *Ziele*, aber gegebener *Kooperation* ein Maximum an Befriedigung (*Nutzen*) für den Einzelnen bei fairer Verteilung auf die Partner erreicht werden kann. Hierzu werden Operationen vorgenommen (wie Aufstellung von Vorzugsskalen der Handlungsmöglichkeiten durch die Partner, Inbeziehungsetzen dieser Rangreihen, dadurch Gewinnung von numerischen Werten (nicht absoluten, sondern reinen Verhältnismaßen)), die es erlauben, ein math., geometrisches oder algebraisches Modell zu bilden, das die isomorphe Abb. der immanenten Logik der tatsächlichen Situation darstellt. An diesem Modell lassen sich die fairen Verteilungsquoten des «Profits» für die Partner ablesen. Die T. vermeidet den falschen Ansatz bisheriger Theorien der Produktion und Verteilung, die im Anschluss an den *Utilitarismus* auf der Annahme gründeten, dass der Nutzen als gemeinsame Einheit wie eine Münzeinheit behandelt werden könne. Die unzulässige Anwendung einer solchen interpersonellen Vergleichbarkeit von Vorteilen wird von der T. umgangen. Luce & Raiffa 1957, Güth 1999.

Theorie der visuellen Aufmerksamkeit (TVA) [engl. *theory of visual attention*], *Aufmerksamkeit, ortsbasierte*.

Theorie des geplanten Verhaltens [engl. *theory of planned behavior, TPB*], [**EM, SOZ**], die TPB lässt sich sowohl als eine Verallgemeinerung wie auch als eine Ergänzung der *Theorie des überlegten Handelns* (TRA) verstehen (Ajzen 1985, 1991). Im Grundmuster ist die Theorie, einschließlich der definitorischen Bestimmung und der Determinationsabfolge, im Aufbau identisch wie die TRA. Zusätzlich wird jedoch berücksichtigt, ob die handelnde Person sich als jemand erlebt (*Erleben*), der sein *Verhalten* kontrollieren kann. Die «wahrgenommene Verhaltenskontrolle» (*perceived behavioral control*) wird als Determinante der Verhaltens*intention* eingeführt. Es wird davon ausgegangen, dass die Ausführung eines Verhaltens umso wahrscheinlicher ist, je größer die subj. Überzeugung (*Überzeugungssystem*) ist, das Verhalten unter Kontrolle zu haben, d. h. z. B. über genügend *Fähigkeiten*, *Fertigkeiten* oder auch *Ressourcen* zu verfügen, um das Verhalten zu realisieren. Die Zahl der Publikationen erreicht zwar nicht die Zahl der Arbeiten auf der Basis der TRA, dennoch demonstrieren auch hier vorliegende *Metaanalysen* eine erhebliche Fülle von Publikationen. (vgl. den Überblick bei Sheeran (2002) und die Metaanalyse von Albarracin et al. (2001), in der beide Theorien bezogen auf die Verwendung von Kondomen als *Prävention* vor Aids verglichen werden). Eine Diskussion beider Ansätze durch die Urheber beider Theorien findet sich bei Ajzen & Fishbein (2005). *B. Six*

Theorie des realistischen Gruppenkonflikts (= T.) [engl. *realistic group conflict theory*], [**SOZ**], erklärt das Zustandekommen von Konflikten zw. *Gruppen* (= G.) durch den Wettbewerb um knappe Ressourcen. Zwischen den G. besteht eine neg. Interdependenz, d. h., die Ziele der G. sind nicht vereinbar, die Erreichung der Ziele der einen G. gehen zwangsläufig zu Lasten der Zielerreichung der anderen G.. Ein Bsp. für neg. Interdependenz ist ein Fußballpokalspiel, in dem beide Mannschaften gewinnen möchten, aber nur eine Mannschaft gewinnen kann – denn der Sieg einer Mannschaft bedeutet zwangsläufig die Niederlage der anderen Mannschaft. Diese Zielinkompatibilität führt zu verstärkter Wettbewerbsorientierung zw. den beteiligten G. und erhöhter Geschlossenheit innerhalb der G. Der berühmteste Vertreter der T. ist *Muzafer Sherif*. Er sieht in der Zielunvereinbarkeit die Haupterklärung für gegenseitige Abwertung und feindseliges Verhalten zw. soz. G. (*Eigengruppenfavorisierung*). Die Annahmen der T. wurden von Sherif in Feldexp., den sog. *Ferienlageruntersuchungen*, empirisch bestätigt. In Sherifs Untersuchungen zeigte sich auch, dass durch pos. Interdependenz Spannungen zw. G. abgebaut werden können. Diese ist bspw. nach Einführen eines übereinstimmenden übergeordneten Ziels gegeben, das nur durch Zusammenarbeit der G. erreicht werden kann. *Minimal-Group-Untersuchungen*. Sherif 1966, Sherif & Sherif 1953. *M. Kauff/C. Issmer*

Theorie des überlegten Handelns (= T.) [engl. *theory of reasoned action*], [**EM, SOZ**], die T. ist eine der am häufigsten verwendeten Theorien der *Verhalten*svorhersage. Als Beleg sei nur auf die zahlreichen *Metaanalysen* verwiesen, die im Kontext der Theorie vorgelegt wurden (vgl. Albarracin et al. 2001, Sheeran 2002, Eckes & Six 1994). Die Theorie, deren Name explizit erstmals in einer Publikation von Fishbein (1980) verwendet wurde, in früheren Publikationen (Fishbein & Ajzen 1975) jedoch bereits konzeptionell als Modell der Vorhersage von Verhaltens*intentionen* vorgestellt wurde, ist auf unterschiedlichste Verhaltensbereiche angewendet worden wie z. B. auf Konsumentenverhalten, die Anwendung von Verhütungsmitteln oder auf die Bereitschaft, sein Körpergewicht zu reduzieren. Terry et al. (1993) haben eine ganze Monographie der Anwendung der Theorie auf Safer-Sex-Verhalten vorgelegt, in der es um Aids-Präventionsverhalten (*HIV*) geht und Fishbein und Ajzen (2010) legen eine fast 500 Seiten starken Forschungsbericht allein zur T. vor und dokumentieren mit der dort zus.gestellten Literatur, dass es keine andere Theorie gibt, die häufiger, erfolgreicher und in den unterschiedlichsten Verhaltensbereichen eingesetzt worden ist als die T. Im Kern liegt der Theorie ein regressionsanalyt. Modell (*Regressionsanalyse*) zugrunde, in dem das offene oder beobachtbare Verhalten die *abhängige Variable* ist, die von drei *unabhängigen Variablen* determiniert wird. Unmittelbare «Vorläufer-Variable» des Verhaltens sind die Verhaltensintentionen, die i. d. R. als Verhaltensbereitschaften formuliert werden. Die Intentionen ihrerseits werden durch zwei Variablen determiniert: (1) durch die indiv. *Einstellungen* – allerdings nicht zum Einstellungsgegenstand, sondern zum Verhalten selbst –, (2) durch die subj. Normen (*Normen, soziale*), die als wahrgenommene *Erwartungen* relevanter anderer Personen oder *Gruppen* definiert sind, ein best. Verhalten auszuführen oder nicht auszuführen. *B. Six*

Theorie des zentralen Kerns (= T.) [engl. *theory of central nucleus*, fr. *théorie du noyau central*], **[KOG, SOZ]**, wird als eine Erweiterung der Theorie der sozialen Repräsentationen (*soziale Repräsentationen*; – s. R.) erachtet. Sie beschreibt die strukturelle Dimension der s. R., demnach sich die Inhalte der s. R. (auch: *Episteme*) in zentrale und periphere Komponenten gliedern lassen. Diese Unterscheidung erfolgt anhand der Funktion, die die Inhalte in der jew. R. haben. Die T. findet bes. bei den empirischen und meth. Arbeiten zu s. R. Beachtung. Die Elemente des zentralen Kerns einer R. konstituieren die inhaltliche Bedeutung einer R. So wären z. B. für die s. R. «Euro» Elemente wie «Währung» und «neues Zahlungsmittel» zentrale, weil normative und bedeutungsgebende Inhalte. In den empirischen Studien zeichnen sich die Kernelemente oft dadurch aus, dass sie linguistisch denotativ sind, also die Hauptbedeutung einer s. R. erfassen. Der zentrale Kern einer s. R. erweist sich insofern bes. veränderungspersistent und zeitlich stabil. Heterogene oder auch inhaltlich widersprüchliche Kernelemente (z. B. «altes» vs. «neues Zahlungsmittel») weisen hingegen bei der Datenananalyse auf versch. s. R. hin. Die peripheren Elemente erfüllen drei Funktionen für den normativen Kern einer s. R.: *Konkretisierung, Adaptierung* und *Schutz*. In der Peripherie der s. R. kommen Verankerungs- und Objektivierungsleistungen zum Ausdruck. Z. B. wird «Euro» als Zahlungsmittel analog zum «Dollar» (Verankerung mit Währungsprototypen) repräsentiert und als Münzen, Scheine und Preise («Teuro») objektiviert. Laut T. erfüllen die peripheren Inhalte die Funktion eines semantischen Stoßdämpfers. Es ist auch in der Peripherie der s. R., dass sich unterschiedliche Stakeholdergruppen einer s. R. empirisch identifizieren lassen. el Sehity & Kirchler 2006, Abric 2001. *T. J. el Sehity/E. Kirchler*

Theorien, physikalische [engl. *physical theories*], **[HIS, PHI]**, hier ist auf zwei *Theorien* hinzuweisen, die grundlegende Wandlungen des Weltbildes unserer Zeit veranlassten. Die sich notwendig ergebenden allg. wissenschaftstheoret. und methodologischen Konsequenzen (insbes. auch für die Ps.) sind in ihrer Tragweite noch nicht zu übersehen. (1) *Quantentheorie*: Die von M. Planck (1900) entwickelte physikal. Theorie, deren Gegenstand die Grundeinheiten von Materie und Energie sind und die die Grundlage der gesamten heutigen Atomphysik darstellt. Nach ihr wird die Strahlungsenergie nicht kontinuierlich, sondern unstetig, in diskreten Quanten abgegeben. Die math. Formulierung der Quanten stellt nicht das Verhalten der Elementarteilchen selbst dar, sondern unsere Kenntnis dieses Verhaltens. Aussagen über die obj. Realität der Korpuskel sind damit prinzipiell unmöglich. Dieser Sachverhalt wird durch die sog. *Unbestimmtheitsrelation* (Heisenberg 1944) ausgedrückt, die weiter die in der Atomphysik vorauszusetzende unvollständige Kenntnis des untersuchten Systems impliziert. Diese Grundvoraussetzung sowie der exp. Nachweis der sowohl Wellen- als auch Teilchennatur der atomaren Materie bedingen den rein stat. Charakter der quantentheoretischen Gesetze. Damit ist die durchgängige Gültigkeit des Kausalitäts- und Determinismusprinzips in der physikal. Wirklichkeit infrage gestellt, das Gesetz der Ursache und Wirkung bleibt auf Teilausschnitte der Natur beschränkt, Wahrscheinlichkeitgesetze treten an seine Stelle. (2) *Relativitätstheorie*: Die von A. Einstein (spez. Relativitätstheorie 1905, allg. Relativitätstheorie 1915) gegründete Theorie, die sich mit den Begriffen *Raum* und *Zeit* sowie der Struktur des Weltalls beschäftigt. Ausgehend vom Relativitätsprinzip der Newton'schen Mechanik wurde der folgenreiche exp. Nachweis erbracht von der Konstanz der Lichtgeschwindigkeit, d. h., sie bleibt unverändert durch die Bewegungsgeschwindigkeit der Messstation, die diese in Richtung auf die Lichtquelle hat. Daran anschließend wurden in weiterer Fortführung der Relativitätstheorie durch stete Wechselwirkung zw. Experiment und math. Aufarbeitung bzw. Hypothesenbildung folg. wesentlichste Ergebnisse gewonnen: In der spez. Relativitätstheorie: (1) *Relativierung von Raum und Zeit*, d. h., diese Begriffe sind keine absoluten, sondern nur definierbar aus einem jew. Bezugsystem. Raum als mögliche Ordnung materieller Objekte, Zeit als mögliche Ordnung von Einzelergebnissen. (2) *Identität von Masse und Energie*, die zwei Erscheinungsweisen desselben Substrats darstellen. Von der allg. Relativitätstheorie: (1) Erstmaliger Fortschritt in der Gravitationstheorie über Newton hinaus durch die Konzeption sog. Gravitationsfelder. Von hier aus (2) die kosmologische These vom Weltall als nicht euklidischem, gekrümmtem, unbegrenztem, aber endlichem vierdimensionalem Raum. Beide Theorien stehen nicht im Ggs. zur klassischen Physik, deren Vorstellungen und Gesetzmäßigkeiten lediglich als Grenzwerte betrachtet werden, die nur für einen best. Erfahrungsbereich gültig sind. Barnett 1952, Heisenberg 1955, Planck 1947a, Planck 1947b.

Theorien der minimalen Ressourcen [engl. *minimum resource theory*], *Koalitionsspiele*, *Verhandlungstheorie von Komorita und Chertkoff*.

theories of actions [engl.] Handlungstheorien. *Lernende Organisationen*.

theory of circumscription and compromise [engl. *circumscription* Umschreibung, *compromise* Kompromiss], *Berufswahltheorien*.

Theory of Mind (= ToM) [engl.; lat. *mens* Geist, Verstand]; die ToM (syn. *Theorie des Geistes/Bewusstseins, native Theorie*) beschreibt die Vorhersage von Handlungen anderer Personen aufgrund von Informationen über deren Absichten und Ziele einerseits und deren Überzeugungen und Glauben andererseits. Eine Grundvoraussetzung der ToM ist die Erkenntnis, dass es einen mentalen Bereich gibt und die Unterscheidung und Abgrenzung dieses Bereichs von der physikal. Realität. Eine bekannte Untersuchung zum kindlichen Verständnis falschen Glaubens stammt von Wimmer & Perner (1983) und ist allg. bekannt geworden unter dem Versuchsparadigma «Maxi und die Schokolade». Die Autoren untersuchen den Einfluss von Informationen über falsche Überzeugungen einer Person (wo Maxi denkt, dass die Schokolade ist) auf die Vorhersage von deren Verhalten (wo das Kind denkt, dass Maxi die Schokolade suchen wird). *deklarativ-metakognitives Wissen, Vorläufer soziale Kognition, Entwicklung*.

Therapeutenverhalten (= T.) [engl. *behavior of therapist*], [**KLI**], professionelles T. ergibt sich aus Anforderungen des inhaltlich-meth. Vorgehens und der *Therapiebeziehung*. Mit modernen techn. Mitteln (Video) ist das T. der *Psychotherapieforschung* heute wesentl. besser zugängl. als früher aufgrund von Erinnerung bzw. schriftl. Aufzeichnung.   *F. Caspar*

therapeutische Breite (= t. B.) [engl. *therapeutic index*], [**PHA**], als t. B. eines Arzneimittels, auch *t. Index* genannt, bez. man den Bereich zw. t. Dosis bzw. Wirkkonzentration und einer Dosis bzw. Konzentration, die zu einer toxischen Reaktion führt. Ein Arzneimittel ist sicher, wenn es eine große t. B. besitzt. Als solche Arzneimittel werden Glukokortikoide, *Benzodiazepine* oder *selektive Serotoninwiederaufnahmehemmer* eingestuft. Bsp. für Medikamente mit enger t. B. sind Herzglykoside, *Lithium(-salze)* oder trizyklische *Antidepressiva*. Brunton 2011.   *C. Hiemke*

therapeutische Gemeinschaft (= t. G.) [engl. *therapeutic community*], [**KLI**], versucht, alle Beteiligten in den Therapieprozess zu integrieren. Kennzeichen der t. G. sind: freie Kommunikation in jeder Richtung, gemeinsame Analyse der Gruppenprozesse, Maßnahmen zum Abbau der Hierarchie, häufige Gesamt- und Gruppentreffen. Die t. G. entwickelte sich in unserem Kulturraum zuerst in England und Betreuung von Kriegsgeschädigten des Zweiten Weltkriegs. Kritiker weisen darauf hin, dass der Einfluss von Verantwortung und Wissensvorsprung des Personals zu einer Kontrolle aller Details führen könne (Deubelius 1981) und die Identifikation zur *folie à deux* oder *folie à plusieurs*. Das Konzept hat an Aktualität verloren.   *F. Caspar*

therapeutischer Prozess (= t. P.) [engl. *therapeutic process*], [**KLI**], der t. P. beschreibt das konkrete t. Geschehen. Nachdem die generelle *Wirksamkeit* von *Psychotherapie* in vielen Studien nachgewiesen wurde, rückt zunehmend das Zustandekommen dieser Wirkung ins Forschungsinteresse. Ausgehend von der Feststellung, dass in der Psychoth. kein linearer und additiver Zus.hang zw. Aufwand und Wirkung besteht (*Phasenmodell psychotherapeutischer Veränderungen*) und dass selbst unter streng selektiven und manualisierten Bedingungen Therapieverläufe sehr unterschiedlich erfolgreich sein können (*Verlaufsforschung*) oder sehr unterschiedliche Therapieverfahren ähnlich gute Behandlungsergebnisse liefern können, stellt sich die Frage nach den tatsächlich t. wirksamen spezif. und allg. Faktoren. Ziel ist es, Wissen über effektive oder ungünstige Therapieprozesse zu generieren, mit dem adaptive t. Handlungsregeln entwickelt werden können, um die t. Praxis zu verbessern (Lutz 2005). Die Erhebung der Prozessvariablen ist mit aufwendiger Datenerhebung (*Datenerhebungsverfahren*) auf versch. Ebenen verbunden: Die Pat.- und Therapeutensicht wird i. d. R. durch *Fragebogen* zur Therapiesitzung (Std.bogen) erfasst. Audio- und Videoaufnahmen von Therapiesitzungen können unter versch. Gesichtspunkten durch unbeteiligte Beobachter ausgewertet werden, die z. B. Aspekte von Beziehungsgestaltung oder Anwendung spezif. Interventionstechniken erfassen. Dabei werden versch. ausdifferenzierte Prozesse ausgemacht. So identifizierten Orlinsky et al. (1994) fünf Prozessmerkmale: die Qualität der *Therapiebeziehung*, die Kompetenz des Therapeuten, die *Kooperation* des Pat. (*Compliance*), die Veränderungsoffenheit des Pat. und die Behandlungsdauer.   *T. Ehrlich /W. Lutz*

Therapeutisches Drug Monitoring (= TDM) [engl. *therapeutic drug monitoring*], [**PHA**], bez. die indiv. Dosierung eines Arzneimittels durch Bestimmung seines *Plasmaspiegels* zum Zweck der Therapieoptimierung, d. h. zur Verbesserung der Wirksamkeit und zur Minimierung unerwünschter Wirkungen (*Nebenwirkungen*). TDM trägt der Tatsache Rechnung, dass eine gegebene Dosis eines Medikamentes bei versch. Menschen zu sehr unterschiedlich hohen Plasmaspiegeln führen kann, was auf eine indiv. unterschiedliche *Pharmakokinetik* zurückzuführen ist. Diese wiederum wird durch die indiv. Genetik des Pat., sein Alter, Begleiterkrankungen, Begleitmedikation und vieles mehr beeinflusst. TDM erlaubt daher eine Individualisierung der Therapie.   *G. Gründer*

therapeutische Veränderung (= t. V.), [engl. *therapeutic change*], [**KLI**], bez. die direkten und indirekten Effekte von *Psychotherapie* auf den Klienten und das ihn umgebende System. Psychoth. als dynamischer und zielgerichteter Prozess kann weitreichende Effekte auf versch. psychol., physiol. und soziale Veränderungsebenen hervorrufen, wobei über den Verlauf der Therapie hinweg unterschiedliche Bestandteile der Therapie zu deren Wirkungen beitragen können (*Phasenmodell psychotherapeutischer Veränderungen*). Da Psychoth. aus einer Vielzahl von möglichen Interventionsbestandteilen besteht, die zu unterschiedlichen Graden miteinander interagieren können, lassen sich die Wirkungen von Psychoth. auf unterschiedlichen zeitlichen Ebenen abstrahieren (Lutz 2010b). Innerhalb einzelner Therapiesitzungen kommen versch. und zahlreiche therap. Techniken (z. B. kogn. *Reframing*) zum Einsatz, die in Form von unmittelbaren therap. Handlungen zu t. V. auf einer Mikroebene beitragen. Zw. den einzelnen Sitzungen einer Therapie zeigen sich ebenfalls Veränderungen, die auf einer Mesoebene betrachtet werden können und nicht kontinuierlich oder linearer Natur sein müssen. Auf dieser Betrachtungsebene lassen sich bspw. Veränderungen, die sehr früh im *therapeutischen Prozess* stattfinden (*rapid response, early change*), und plötzliche Veränderungssprünge (*sudden gains, sud-*

den losses) betrachten. Veränderungen, die über den gesamten Therapieprozess (*Aufwand-Wirkungs-Modell*) und darüber hinaus stattfinden, können auf einer Makroebene betrachtet werden. *D. Rosenbaum/W. Lutz*

Therapie *Psychotherapie.*

Therapieaufwand (= T.), syn. *Therapiedosis* [engl. *therapy dose*], [**KLI**], bez. die Anzahl therap. Sitzungen in Relation zur Verbesserungsrate. Das Forschungsfeld, das sich gezielt mit der Frage nach dem Zus.hang zw. T. und der therap. Wirkung beschäftigt, wird als *Aufwand-Wirkungs-Forschung* oder auch *Dosis-Wirkungs-Forschung* bez. In der Forschungsliteratur lassen sich versch. Modelle und Ansätze ausmachen, die sich mit dem Zus.hang von T. und Therapiewirkung befassen. Das *Aufwand-Wirkungs-Modell* sagt für die ersten Sitzungen einer Therapie das größte Veränderungspotenzial vorher, während mit zunehmender Therapiedauer eine Steigerung der Verbesserungsrate mit einem immer größeren Zuwachs des therap. Aufwandes verbunden ist (*therapeutische Veränderung*). Das *Good-Enough-Level-Modell (GEL)* hingegen postuliert einen eher linearen Verbesserungsverlauf, bis schließlich ein sog. *good-enough-level* erreicht ist, das dadurch gekennzeichnet ist, dass sich Therapeut und Pat. entweder einvernehmlich über die Beendigung der Therapie verständigen oder eine Fokussierung auf andere, bisher nicht behandelte Problembereiche erfolgt. Für praktisch arbeitende Psychotherapeuten spielen Überlegungen zum T. bzw. zur Therapiedauer hinsichtlich der Fallkonzeptualisierung und Behandlungsplanung i. S. einer differenziellen Indikation eine bedeutsame Rolle. Die Frage danach, wie viel Therapie für welchen Pat. angemessen ist, hat auch gesundheitspolit. Relevanz. Im Zuge der Qualitätssicherungsdebatte (*Qualitätssicherung*) wird eine inhaltlich sinnvolle wie auch effiziente Verteilung psychoth. Ressourcen gefordert. Aus Sicht der pat.orientierten *Versorgungsforschung* ist das Ziel deshalb eine adaptive und an den indiv. Bedürfnissen des Pat. orientierte Behandlungsausrichtung und -dosis. *L. Zaunmüller/W. Lutz*

Therapiebeziehung (= T.) [engl. *therapeutic/therapy relationship*], [**KLI**], als T. wird die zw.menschliche *Interaktion* von Therapeut und Pat. bez. Sie umfasst die wechselseitigen *Gefühle* und Haltungen von Therapeut und Pat. und die Art und Weise, wie diese ausgedrückt werden. Als ein Arbeitsbündnis ist sie gekennzeichnet durch unterschiedliche Kompetenzen (*Inhaltsexpertise* des Pat. vs. *Prozessexpertise* des Therapeuten) und daraus resultierende Abhängigkeiten sowie von der Rollendef. von Therapeut (professioneller Helfer) und Pat. (Hilfesuchender mit einer krankheitswertigen psych. Störung). In zahlreichen Therapiestudien und *Metaanalysen* wurde wiederholt ein pos. Zus.hang zw. T. und Behandlungserfolg festgestellt (Lutz 2010a). Die T. wird den *allg. Wirkfaktoren* (*Psychotherapie*) zugerechnet, die für ca. 30 % der *therapeutischen Veränderung*) verantwortlich gemacht werden (Norcross 2011). Die Vorstellungen von Funktionsweise und idealer Umsetzung der T. unterscheiden sich aber teils deutlich. So fokussiert die *Klientzentrierte Psychotherapie* auf die therap. Basiskompetenzen *Echtheit, Empathie* und *Wertschätzung*, mit denen der Klient zur Reaktivierung seiner Selbstheilungskräfte angeregt werden soll. In der klassischen *Verhaltenstherapie* wird die T. als notwendige, aber nicht hinreichende Bedingung für Therapieerfolg aufgefasst, indem sie die Voraussetzung für *Compliance* und damit die Anwendung spezif. *Interventionen* darstellt. Psychodynamische (*Psychodynamik*) und interpersonelle (*Interpersonelle Psychotherapie (IPT)*) Ansätze sehen die T. selbst als eine Intervention an, die korrektive Beziehungserfahrungen ermöglicht und damit heilsam ist. In neueren Therapieansätzen wird häufig die indiv. Ausrichtung der Beziehungsgestaltung an den motivationalen *Bedürfnissen* des Pat. (Lutz 2010a) oder das frühe Erkennen und Bearbeiten von Spannungen und Brüchen in der T. (Norcross 2011) betont. *Helping Alliance Questionnaire (HAQ)*. Muran & Barber 2010. *T. Ehrlich /W. Lutz*

Therapiedosis *Therapieaufwand.*

Therapieerfolg (= T.) [engl. *therapy/therapeutic success, stability*], [**KLI**], Erreichen eines Zielzustandes mit therap. Unterstützung (*Psychotherapie*). Zur Bewertung des T. schlägt Schulte (1993) drei inhaltliche Ebenen vor: (1) Symptom- und Beschwerderückgang, (2) Störungsursache und (3) Störungsfolgen. Nach dem *Phasenmodell psychotherapeutischer Veränderungen* lassen sich zur T.bewertung das subj. *Wohlbefinden* des Pat., der Rückgang der Symptomatik sowie die Wiederherstellung und/oder Verbesserung des allg. Funktionsniveaus als inhaltliche Kategorien heranziehen. Nach wie vor besteht Heterogenität bzgl. der eingesetzten Erfolgsmaße, die am häufigsten eingesetzten Instrumente sind allerdings die SCL-90-R (*Symptom-Checkliste*) sowie das *Beck-Depressions-Inventar (BDI)*. Die Bewertung eines T. sollte immer auf einer multimodalen Messung beruhen. T. lässt sich entweder nach dem Ausmaß der erreichten Veränderung (*therapeutische Veränderung*) oder nach dem Erreichen oder Nichterreichen eines vorher festgelegten Zieles (z. B. *Goal Attainment Scaling*) bewerten. Veränderungen lassen sich durch direkte oder indirekte *Veränderungsmessungen* abbilden. I. R. der indirekten Veränderungsmessung kann unter Zuhilfenahme des Konzeptes der klin. signifikanten Veränderung [engl. *clinically significant change*] entschieden werden, ab wann eine stat. signifikante Veränderung als klin. relevant bewertet werden kann (*Reliable Change Index (RCI)*). Stabilität des T. ist dann erreicht, wenn der therap. Fortschritt auch über das Therapieende hinaus erhalten bleibt. Dies lässt sich i. R. von katamnestischen Studien (*Katamnese*) überprüfen und konnte für einen Zeitraum zw. sechs Monaten und fünf Jahren nachgewiesen werden (Lutz & Böhnke 2010). *K. Bergmann-Warnecke/W. Lutz*

Therapiemotivation [engl. *therapy motivation*]; *Behandlungsmotivation*, *Compliance.*

Therapieresistenz (= T.) [engl. *therapy resistance*], [**PHA**], von T. wird gesprochen, wenn die Erkrankung eines Pat. nicht oder nicht ausreichend auf eine Behandlungsmaßnahme anspricht. Die Def. von T. ist sehr stark abhängig von der Zielsetzung der Therapie (z. B. teilweise Besserung vs. Vollremission). In der Psychopharkotherapie ist die T. i. d. R. operationalisiert def. (z. B. fehlendes oder nicht ausreichendes Ansprechen auf mind. drei versch. Substanzen aus mind. zwei versch. chemischen Stoffklassen, die in ausreichend hoher Dosis über eine Mindestdauer gegeben wurden). Von einer T. sollte nur gesprochen werden, wenn das Arzneimittel den Wirkort (z. B. Rezeptor) wirklich erreicht. Dies kann z. B. durch *therapeutisches Drug Monitoring* sichergestellt werden. Man spricht besser von Pseudo-T., wenn z. B. Arzneimittel aufgrund metabolischer Besonderheiten (z. B. *Ultrarapid-metabolizer*-Status) den Wirkort nicht erreichen. *G. Gründer*

Therapieverweigerung [engl. *refusing therapy, therapy refusal*]; *Misserfolg, psychotherapeutischer*, *Behandlungsablehnung*.

Therblig [engl. *Therblig*], invertierter Nachname der Erfinder F. B. Gilbreth und L. M. Gilbreth, [**AO, DIA, KOG**], Symbolsystem von Gilbreth zur Klassifizierung von Bewegungen, die potenziell für einen Beschäftigten erforderlich sind, um eine Aufgabe durchzuführen. Es werden 17 grundlegende Bewegungsarten unterschieden, die zur Bewertung und Optimierung der Effizienz der Bewegungen bei einer Aufgabendurchführung am Arbeitsplatz eingesetzt werden. Gilbreth 1921. *G. Lüer*

thermischer Sinn [engl. *thermic sense*; gr. θέρμος (*thermos*) Wärme], [**WA**], Temperatursinn, Wärmesinn. *Sinne*, *Hautsinne (Tast-, Temperatur-, Schmerzsinn)*.

Thermorezeptoren [engl. *thermoreceptor*; gr. θέρμος (*thermos*) Wärme], *Sinne*.

Thermotropismus [engl. *thermotropism*; gr. θέρμος (*thermos*) Wärme], *Tropismus*.

Thesaurus (= T.) [lat.] Vorrat, Sammlung; nach DIN 1463 «ein kontrolliertes, dynamisches Vokabular von bedeutungsmäßig und generisch verbundenen Termini, das umfassend einen spezif. Fachbereich abdeckt. Als eine strukturierte Untermenge natürlicher Sprache dient der T. der Beschreibung des Inhalts von Dokumenten und Datensammlungen.» Mithilfe des T. werden die in natürlicher Sprache abgefassten Inhalte von wiss. Dokumenten in eine Systemsprache (Dokumentationssprache) und umgekehrt umgewandelt. Ein T. der ps. Fachbegriffe wurde 1974 von der APA herausgegeben (Kinkade 1974). Im ersten Teil des T. werden die *Deskriptoren* in ihrer begrifflichen Beziehung zueinander dargestellt (Synonyme und Begriffe mit weiterer und engerer Bedeutung). Im alphabetischen Teil sind die Deskriptoren nach ihrer Buchstabenfolge geordnet. Die hierarchische Ordnung, welche die 17 Teilgebiete der Ps. nach der Klassifikation der *Psychological Abstracts* enthält, bildet den dritten Teil des T. ps. Fachbegriffe. Walker 1997. *H. O. Häcker*

^{Test}**The Wisconsin Card Sorting Test -64 (WCST-64)**, 2000, S. K. Kongs, L. L. Thompson, G. L. Iverson & R. K. Heaton, [www.testzentrale.de], [**BIO, DIA**], neurops. Verfahren. AA 6.5–89 Jahre. Der WCST-64 verwendet nur die ersten 64 Karten des WCST (*Wisconsin Card Sorting Test (WCST)*), sodass die Anwendungszeit deutlich verkürzt wird. Normierung: N = 452 Kinder und N = 445 Erwachsene. Bearbeitungsdauer: 10 bis 15 Min.

Thiamin (= T.), [**PHA**], *Vitamin B1*; T. ist insbes. für die Funktion des *Nervensystems* unentbehrlich. Es ist z. B. in Weizenkeimen, frischen Sonnenblumenkernen und Backhefe enthalten, jedoch hitzeempfindlich und wasserlöslich, daher wird es beim Kochen zerstört. Ein Vitamin B1-Mangel kann zu einem *Wernicke-Korsakow-Syndrom* führen, welches vor allem bei Pat. mit einer Alkoholabhängigkeit beobachtet wird. Diesen Pat. sollte T. prophylaktisch verabreicht werden. *G. Gründer*

Thioridazin (= T.), [**PHA**], trizyklisches *Antipsychotikum*. T. bindet mit relativ niedriger Affinität an D2-*Dopaminrezeptoren*, daneben werden 5-HT2A-*Serotonin*-, H1-*Histamin*-, muskarinische *Acetylcholin*- und α1-*adrenerge* Rezeptoren antagonisiert. Insbes. wegen der *anticholinergen* und *antihistaminischen* Wirkungen treten bei Behandlung mit T. *Sedierung* und erhebliche vegetative unerwünschte Wirkungen auf. Wegen seiner starken *QTc-Zeit-verlängernden Wirkung* und der Verfügbarkeit vieler Alternativpräparate gilt T. heute als obsolet. *G. Gründer*

Thioxanthene [engl. *thioxanthenes*], [**PHA**], Psychopharmaka-Klasse, chem. def. Teilgruppe der *Antipsychotika*, chem. und wirkungsmäßig den *Phenothiazinen* ähnelnd.

Third-Person-Effekt [engl.] Effekt der dritten Person, [**MD**], beschreibt den Sachverhalt, dass Personen glauben, ihre eigenen Verhaltensweisen und Einstellungen seien in geringerem Maße von Massenmedien beeinflusst als die Verhaltensweisen und Einstellungen anderer Personen. Der Effekt tritt auf, wenn der Medieneinfluss neg. und unerwünscht ist (etwa bei Gewalt oder Rassismus) und wenn die Vergleichsperson bloß vage vorstellbar ist (nicht bei einem konkreten Bekannten). Carolus & Schwab 2008. *J. Kimmerle*

Thomae, Hans (1915–2001), [**EW, HIS, PER**], Entwicklungs- und Persönlichkeitspsychologe. Thomae begann sein Ps.studium 1935/36 an der Friedrich-Wilhelms-Universität in Berlin. Er hörte bei J. B. Rieffert, *W. Moede* von der TH Berlin und absolvierte ein Praktikum bei H. J. Firgau. Neben der Ps. studierte er Philosophie und Geschichte. Wegen einer Serie von Magenblutungen, deren Ursachen nicht geklärt werden konnten, wurde Thomae empfohlen, aus der unruhigen Reichshauptstadt wegzuziehen. Er ging 1938 nach Bonn, wo er bei Rothacker mit einem Versuch über die Systematisierung des Bewusstseinsproblems promovierte (Rigorosum 1939, Urkunde vom April 1940); 1942 habilitierte er sich in Leipzig mit einer Schrift, die zwei Jahre später unter dem Titel «Das Wesen der Antriebsstruktur» erschien. Erneute Erkrankungen verhinderten die Annahme einer angebotenen Assistentenstelle, bewirkten allerdings auch, dass Thomae keinen Kriegsdienst leisten musste. Nach dem Krieg arbeitete er als Privatdozent an der Universität Bonn. Hier begann Thomae schon früh seine *Längsschnittuntersuchung* über Kriegskinder. Die Stichprobe umfasste 500 Kinder, die eingeschult wurden, und 300, die die Volksschule verließen. Da auch med. und soz. Daten, wie z. B. Flucht, erfasst wurden, waren vielfältige Auswertungen möglich. 1954 nahm Thomae einen Ruf nach Erlangen an, 1960 schließlich erhielt er einen Lehrstuhl für Ps. in Bonn, wo er bis zu seiner Emeritierung 1984 blieb. Noch größere Wirkungen als die Kinderstudie hatte die 1965 begonnene *Bon-*

ner Gerontologische Längsschnittstudie (BOLSA) für die Ps. Hier wurden über viele Jahre Menschen bis ins höchste Alter erforscht. Thomae erhielt zahlreiche nationale und internat. Anerkennungen, darunter vier Ehrendoktorwürden. *H. E. Lück*

Thomas-Theorem [engl. *Thomas theorem*; gr. θεώρημα *(theorema)* das Angeschaute, Lehrsatz], nach W. I. Thomas & D. S. Thomas, *Sozialkonstruktivismus*.

Thorndike, Edward Lee (1874–1949), **[HIS, KOG]**, Edward Lee Thorndike gilt als der erste Psychologe, der im Laboratorium Tierexperimente durchführte; damit zählt er zusammen mit *Robert Yerkes* zu den Pionieren der Tierps. Durch sein Effektgesetz (*Gesetz des Effekts*; Thorndike 1898) leistete er einen wichtigen Beitrag zu den *Lerntheorien*, indem er durch empirische Forschung bestätigte, was seit Jhd. vermutet wurde. Thorndike wurde in Williamsburg, Masschuesetts geb., studierte bei William James an der *Harvard University*, wo er bereits mit Hühnern experimentierte, er ging dann an die *Columbia University* in New York. Dort forschte und lehrte er bis zu seiner Emeritierung. Für seine Doktorarbeit unter der Leitung von *J. McKeen Cattell* führte Thorndike Experimente mit Katzen und Hunden durch, die in selbstgebaute Käfige gesetzt wurden, aus denen sich die Tiere nach Betätigung von Hebeln, Zugseilen usw. befreien konnten (*Vexierkasten*), um außerhalb des Käfigs Futter zu erlangen (Thorndike 1889). Bei Versuchswiederholungen wurde die Zeit bis zur Lösung der Aufgabe immer kürzer. Thorndike schloss hieraus auf Lernen durch *Versuch und Irrtum* [engl. *trial and error*]. Das von Thorndike (1911) formulierte Effektgesetz, bildete als *Instrumentelle Konditionierung* später die Grundlage für die *operante Konditionierung* und für die Reiz-Reaktions-Ps. (*Behaviorismus*). Thorndike war ein produktiver Autor. Er veröffentlichte ca. 450 Arbeiten, darunter Bücher zur Pädagogischen Ps., zur Intelligenzdiagnostik (*Sampling-Theorie der Intelligenz*, *CAVD-Test*), zu Interessen und Einstellungen und zur Differentiellen Ps. Schließlich erstellte Thorndike zus. mit Irving Lorge ein Verzeichnis der Worthäufigkeiten in den USA (Thorndike & Lorge 1944). Dieses Verzeichnis mit 30 000 Worten sollte Lehrkräften für den Unterricht dienen, wurde aber auch in der Sprachforschung verwendet. *H. E. Lück*

Thromboembolien unter Psychopharmakotherapie [engl. *thromboembolism during psychopharmacotherapy*], **[PHA]**, Behandlung mit *Antipsychotika* erhöht wahrscheinlich das Risiko für thromboembolische Ereignisse (tiefe Beinvenenthrombosen, Lungenembolien, aber auch kardio- und zerebrovaskuläre Ereignisse). Es handelt sich wahrscheinlich um einen Gruppeneffekt, der keine einzelne Substanz auslässt. Das absolute *Risiko* ist jedoch gering. Der Mechanismus ist unklar. *Sedierung*, Bewegungsmangel und ungünstige metabolische Wirkungen (*metabolisches Syndrom*) spielen wahrscheinlich eine Rolle. Insbes. bei Immobilisierung von antipsychotisch behandelten Pat. mit *Schizophrenien* ist auf das erhöhte Risiko zu achten und entspr. Maßnahmen zur Thromboseprophylaxe zu ergreifen. *G. Gründer*

Thrombozytenfunktion unter Psychopharmakotherapie [engl. *platelet function during pharmacotherapy*], **[PHA]**, Behandlung mit *Antidepressiva*, deren Wirkmechanismus die Hemmung der *Serotonin*-Rückaufnahme umfasst (*SSRI*, *SSNRI*), führt zu einer erheblichen Reduktion des Serotonin-Gehaltes der Thrombozyten, was zu einer Beeinträchtigung ihrer Funktion i. R. der Blutgerinnung führt. Das Risiko für gastrointestinale Blutungen (= Blutungen im Magen-Darm-Trakt) wird dadurch geringfügig, aber stat. signifikant erhöht. Die Erhöhung des Risikos entspricht etwa der durch Gabe von *nicht steroidalen Antiphlogistika* (NSAID). Bes. Vorsicht ist geboten bei Pat., die beide Substanzgruppen in Kombination erhalten, oder bei Pat., die zusätzlich zu dem *serotonergen* Antidepressivum eine andere Medikation erhalten, die das Blutungsrisiko erhöht, z. B. *Kortison*. Ob serotonerge Antidepressiva auch das Risiko für zerebrale Blutungen erhöhen, wird kontrovers diskutiert. *G. Gründer*

Thurstone, Louis Leon (1887–1955), **[HIS, PER]**, Psychologe/Pittsburgh, Chicago, Chapel Hill. Erster akad. Abschluss als Elektro-Ing. (Cornell University, 1912). Dann Ass. im Laboratorium von T. A. Eddison. Dort Forschungen zur Akustik und Wahrnehmungsps. 1917 Promotion in Ps. (University of Chicago). 28 Jahre an der University of Chicago Prof. für Ps. 1932 Präsident der *American Psychological Association (APA)*, Begründer und erster Präsident der *Psychometric Society*. Thurstone wurde bekannt durch den Entwurf der multiplen Faktorentheorie und die daraus entwickelten Tests zur Messung von *primary mental ability factors*. *Primärfaktoren der Intelligenz*.

Thurstone-Skala (T.) [engl. *Thurstone scale*], **[FSE]**, Familie von Skalierungsmodellen, von *Thurstone, Louis Leon* (Thurstone 1927) als *Law of Comparative Judgment (= LCJ)* bezeichnet. Das LCJ ist ein spez. Fechner-Modell (*Fechner-Skalierung*). Das LCJ ist konzipiert für Dominanzdaten, genauer für die *Wahrscheinlichkeit*, mit der i über j in einem best. Sinn dominiert (p_{ij}). Ein klass. Bsp. sind Vergehen und Verbrechen (Mord, Autodiebstahl, Einbruch usw.); befragt werden N Personen danach, ob sie Einbruch verwerflicher finden als Autodiebstahl, Mord verwerflicher als Einbruch usw., für alle Paare. Die relative Häufigkeit, mit der i über j dominiert, wird als Schätzung für p_{ij} genommen. Diese p_{ij} entsprechen nach dem LCJ der Differenz der Scores von i und j auf einem latenten ps. Kontinuum, einer *Skala* der *Verwerflichkeit*. Im einfachsten Modell des LCJ, dem sog. *Case V*, wird postuliert, dass $s_i - s_j = N^{-1}(p_{ij})$, mit N^{-1} als inverser kumulativer *Normalverteilungs*funktion. Der *z-Wert* von p_{ij} soll also gleich der Differenz der Skalenwerte von i und j, $s_i - s_j$, sein. Das Modell passt dann auf gegebene Daten, wenn die aus jeder Dominanzwahrscheinlichkeit errechneten Skalenwertdifferenzen zus. passen wie versch. lange «Pfeile» auf einer Geraden, wenn also $N^{-1}(p_{ik}) = N^{-1}(p_{ij}) + N^{-1}(p_{jk})$, für alle Tripel i, j, k. *Ratingskala*. Borg & Staufenbiel 2007. *I. Borg*

Thymeretika [engl. *thymeretic agents*; gr. θυμός *(thymos)* Gemüt, ερεθιζειν *(erethizein)* erregen], **[PHA]**, nicht mehr gebräuchl. Bez. für eine Untergruppe der *Antidepressiva*, die eher aktivierende Wirkung hat.

Thymoleptika [engl. *thymoleptics*; gr. θυμός *(thymos)* Gemüt], **[PHA]**, nicht mehr gebräuchl. Bez. für stimmungsaufhellende *Psychopharmaka*. Heute gemeinhin als *Antidepressiva* bez.

Thymologie [engl. *thymology*; gr. θυμός *(thymos)* Gemüt, λόγος *(logos)* Lehre], *Gemüt*.

Thymoplegika [engl. *thymoplegic agents*]; *Psychopharmaka*.

Thymopsyche [gr. θυμός *(thymos)* Gemüt], **[EM]**, veraltete Bez. für den Anteil des Gemüts im Seelenleben. Entsprechende Begriffe wurden geschaffen für den Anteil des Intellekts: Noopsyche; Anteil des Körperlichen: Somatopsyche.

Thymose [engl. *thymosis*; gr. θυμωσις *(thymosis)* Zornmütigkeit], **[EM, EW]**, Bez. für die *Pubertät* kennzeichnende Gemüts- und Stimmungsschwankungen; Gereiztheit, Widersetzlichkeit, Verträumtsein usw. *Adoleszenz*.

Thymus, **[BIO]**, innersekretorisches *Organ* hinter dem Brustbein. Steht in Wechselwirkung mit den *Keimdrüsen*, hat Beziehungen zum Wachstum. Nach der *Pubertät* Umwandlung in Fettgewebe. Neuerdings wurde seine Bedeutung als primäres Immunitätsorgan (*Immunsystem*; zus. mit Appendix und Tonsillen) erkannt. *Hormone*.

Thyreocalcitonin (= T.) [engl. *thyreocalcitonin*; gr. θυρεός *(thyreos)* Schild(drüse)], *Calcitonin*, **[BIO]**, Schilddrüsenhormon (*Schilddrüsenhormone*), das bei erhöhtem extrazellulären Calcium-Spiegel eine Normalisierung bewirkt. T. ist als Antagonist des Parathormons der Nebenschilddrüse zu betrachten. Ausschüttungs- und Wirkungsmechanismus des T. sind noch nicht geklärt.   *W. Janke*

Thyreoida [gr. θυρεός *(thyreos)* Schild(drüse)], *Schilddrüse*.

Thyreotropin-Freisetzungshormon [gr. θυρεός *(thyreos)* Schild(drüse)], syn. *Thyreotropin-Releasinghormon*, Abk. TRH (TRF), **[BIO]**, Hormon des Hypothalamus, das die Freisetzung von *Thyreotropin* in der Hypophyse reguliert.

Thyreotropin (TSH) [engl. *thyrotropin*; gr. θυρεός *(thyreos)* Schild(drüse)], syn. *thyreotropes Hormon*, **[BIO]**, glandotropes Hormon des Hypophysenvorderlappens, das die Ausschüttung von *Schilddrüsenhormonen* anregt. Die Regulation der Ausschüttung vollzieht sich unter dem Einfluss des Hypothalamushormons TRH (*Thyreotropin-releasing hormone*) und durch die Menge der im Blut befindlichen Schilddrüsenhormone (neg. Rückkopplung). Als *Reaktivitätstest* zur Funktionsprüfung der Schilddrüsenachse eingesetzt. *Hormone*.   *W. Janke*

Thyroxin ; Abk. T4, chemisch 3,3',5,5'-Tetraiod-L-thyronin, **[BIO, PHA]**, in der Schilddrüse synthetisiertes *Hormon*, zudem Vorläufer des *Schilddrüsenhormons* Trijodthyronin (T3). T4 wird unter dem stimulierenden Einfluss des Thyreoidea-stimulierenden Hormons (TSH, auch Thyreotropin) gebildet. Im Blut liegt T4 an das Protein Thyroxin bindendes Globulin vor; es hat eine Halbwertszeit von acht Tagen. T4 spielt, zus. mit T3, eine zentrale Rolle im Energiestoffwechsel. Als Arzneimittel wird T4 bei einer Unterfunktion der Schilddrüse (*Hypothyreose*) oder bei einer Vergrößerung der Schilddrüse bei normaler Schilddrüsenfunktion (euthyreote Struma) eingesetzt. Bei therapieresistenten *affektiven Störungen* gilt es als Reservemedikament.   *G. Gründer*

Tianeptin (= T.) [engl. *tianeptine*], **[PHA]**, *Psychopharmakon* aus der Klasse der *Antidepressiva*. T. ist ein *Serotonin-Wiederaufnahmeverstärker*. Sein Wirkmechanismus steht damit i. Ggs. zu dem der *Serotonin-Wiederaufnahmehemmer, selektive*. T. hat keine *antihistaminergen* oder *anticholinergen* Effekte. Häufige *Nebenwirkungen* sind *Essstörungen*, *Schlafstörungen* und lebhafte Träume.   *H. Himmerich*

Tic, Tick (= T.) [frz. *tic* Zucken], **[BIO, KLI]**, Bewegungsabläufe als monoton wiederkehrende, unwillkürliche, motorische (*Motorik*) Entladungen im Gebiet eines oder mehrerer Muskeln wie etwa Stirnrunzeln, Blinzeln, Leck- und Schmatzbewegungen der Zunge, Gesichtszuckungen, ggf. verbunden mit verbalen zwanghaften Äußerungen. *Tic douloureux*: kurzer Schmerzanfall bei chronischer Trigeminusneuralgie. Der T. tritt v. a. bei affektiver Spannung auf. *Tic-Störungen*.   *F. Caspar*

Tic-Störungen [engl. *tic disorders*, frz. *maladie de tic*], **[KLI]**, sind gekennzeichnet durch versch. Formen von Tics; *Motorische Tics* sind plötzlich auftretende, kurz dauernde, abrupte und unwillkürliche Bewegungen von umschriebenen funktionellen Muskelgruppen, ohne dass ein best. Zweck erkennbar ist. Sie treten meist in kurzen Serien auf, die sich wiederholen, sind aber nicht rhythmisch (z. B. Augenblinzeln, Kopfrucken, Grimassieren). Daneben gibt es *vokale Tics* mit entspr. Lautäußerungen (z. B. Räuspern, Schnüffeln, Lautausstoßungen). Die Tics beginnen i. d. R. im Gesichtsbereich und breiten sich dann nach peripher hin aus. Sie können über die Zeit in Häufigkeit, Art, Intensität, Lokalisation, Ausprägung und Komplexität schwanken (meist in einer Periode von 6–12 Wochen). Vielfach geht den Tics ein *sensomotorisches* Körpersignal (z. B. Kribbeln im Bauch) unmittelbar voraus, welches etwa ab dem 10. Lebensjahr subj. wahrgenommen wird. Manchmal folgt ein solches Körpersignal aber auch den Tics und drängt den Betroffenen dazu, das Tic-Muster willentlich zu wiederholen. Emotionale Erregung (freudig oder ärgerlich) kann die Tics verstärken. Tics können für kurze Zeit willentlich (oder bei Konzentration auf andere Dinge) unterdrückt werden. Sie kommen auch im Schlaf vor, allerdings in abgeschwächter Form, und können Schlafprobleme mit sich bringen. Neben den motorischen und vokalen Tics kommen noch selten folg. Phänomene vor: Wiederholung eigener Laute/Wörter (*Palilalie*), motorische Tics als obszöne Gesten (*Kopropraxie*), Ausstoßen obszöner Wörter (*Koprolalie*), zwangsartige Wiederholung von Gesten anderer (*Echopraxie*) bzw. von Wörtern anderer (*Echolalie*).

Ätiologie: Tic-Störungen finden sich gehäuft in Familien von Betroffenen und bes. bei eineiigen Zwillingen. Der Schweregrad ist höher, wenn die Familien beider Elternteile betroffen sind. Mittlerweile sind versch. Risikogene mit kleinem Effekt bekannt. Art und Schwere des klin. Bildes wird zusätzlich durch andere biol. (d. h. nicht genetische) Faktoren bestimmt wie Schädigungen des Zentralnervensystems während der Schwangerschaft (z. B. *Alkoholmiss-*

brauch, Infektionen), oder auch durch allergische Reaktionen oder autoimmunologische Prozesse in der frühen Kindheit. Die Art und Weise der Erziehung spielt keine Rolle. Langanhaltender psychosozialer *Stress* kann aber die Modulation der Tics neg. beeinflussen. Die bisherigen neurobiol. Forschungen erlauben die Darstellung eines vereinfachten Modells der *Pathogenese* von Tic-Störungen (s. Abb.). Da die im Selbstregulationsvorgängen verbundenen exekutiven Funktionen (*exekutive Dysfunktion*) sowie die frontalhirnbezogene hirnelektrische Aktivität bei Pat. mit Tic-Störungen grundsätzlich nicht gestört sind, können entspr. Kompensationsfähigkeiten durchaus erworben und Tics für unterschiedliche Zeiträume unterdrückt werden. Veränderungen der Geschlechtshormone während der Pubertät haben offenbar keinen direkten Einfluss auf die Pathogenese der Tics. Die Verstärkung der Tics im Alter von 10–15 Jahren hängt eher mit dem dann stattfindenden neuronalen Umbau des Gehirns zus. Je mehr sich das Frontalhirn und die damit verbundenen neuronalen inhibitorischen Mechanismen entwickeln, desto mehr kommt es dann zu einer spontanen Linderung der Tics.

Klassifkation: Die Einordnung nach *ICD-10* bzw. *DSM-5* (*Klassifikation psychischer Störungen*; s. Anhang I, F95) ist weitestgehend kompatibel. Diese Einteilung darf aber nicht darüber hinwegtäuschen, dass Tic-Störungen in der Wirklichkeit ein Kontinuum der Symptomatik darstellen. Zur Festlegung der Diagnose einer chronischen Tic-Störung ist es wichtig, dass die Tics mehrmals täglich entweder fast jeden Tag oder intermittierend im Verlauf eines ganzen Jahres auftreten. Der Zeitraum 4 Wochen bis 12 Monate gilt für die vorübergehende/vorläufige Tic-Störung. Um die Diagnose eines Tourette-Syndroms (*Gilles-de-la-Tourette-Syndrom*) stellen zu können, muss die Person Folgendes aufweisen: (1) Zwei oder mehr motorische Tics sowie zusätzlich einen (oder mehrere) vokale Tics. Die Tics müssen nicht unbedingt im gleichen Zeitraum auftreten, d. h. sie können auch sequenziell sein; (2) Chronizität der Tics über mehr als 12 Monate (s. o.); (3) Beginn vor dem 18. Lebensjahr (unsicheres Kriterium!); (4) Tics können nicht durch eine andere med. Ursache oder Substanzmissbrauch erklärt werden.

Prävalenz und Verlauf: Tic-Störungen finden sich häufiger bei Jungen als bei Mädchen (4:1). Etwa 10 % der Grundschulkinder weisen irgendwann einmal einen oder mehrere Tics auf. Chronische vokale bzw. motorische Tic-Störungen finden sich in etwa 4 % der Bevölkerung, ein Tourette-Syndrom in etwa 1 %. Nur ein Teil davon ist behandlungsbedürftig bzw. kommt zur Behandlung. Die Abnahme der Prävalenzrate von Tic-Störungen mit dem Alter weist auf die Tendenz zur *Spontanremission* im Verlaufe der Entwicklung von Jugendlichen zum jungen Erwachsenen hin. Die Langzeitbetroffenheit ist nicht an den Schweregrad geknüpft, d. h., auch leichte, einfache Tics können lebenslang anhalten. Trotz Fortbestehens der Tics zeigt sich im weiteren jahrelangen Verlauf meist eine Reduktion der Nutzung von Therapien, weil diese ausgeschöpft sind bzw. der Umgang mit der Tic-Störung souveräner geworden ist und damit psychosoziale Beeinträchtigungen weitgehend entfallen. Tic-Störungen treten zwar familiär gehäuft auf, kult./ethnische Faktoren zeigen aber keinen Einfluss auf die *Inzidenz* und Kern-Symptomatik, lediglich internalisierende Begleitsymptomatik (z. B. Ängstlichkeit, Zwänglichkeit) kann kult. etwas abweichen. Motorische Tics treten meist erstmals im Alter von 3 bis 8 Jahren mit vorübergehenden Phasen von verstärktem Augenblinzeln oder anderen Bewegungen im Gesichtsbereich auf. Üblicherweise folgen erste vokale Tics wie Räuspern oder Schniefen mit einer Verzögerung von einigen Jahren. In der Mehrzahl der Fälle kommt es im zweiten Lebensjahrzehnt (oft synchron mit der Pubertätsentwicklung) zu einer Zunahme der Tics, während um das 20. Lebensjahr eine deutliche Abnahme bis hin zum Sistieren der Tic-Symptomatik zu beobachten ist. Die Kenntnis dieses schwankenden natürlichen Verlaufs ist für den Praktiker von größter Wichtigkeit. Denn nur aufgrund der adäquaten Einschätzung der längerfristigen Symptom-Ausprägung und keinesfalls aufgrund der kurzfristigen, evtl. dramatischeren Tic-Symptomatik können valide Informationen zu Diagnose, Prognose und Behandlungsregime gegeben werden. Zudem spielt dieser Aspekt auch bei Entscheidungen über evtl. Dosisanpassungen bzw. Medikamentenumstellung eine wichtige Rolle. So kann eine Intervention zu einem best. Zeitpunkt (z. B. *Methylphenidat*, Tiaprid, *Echopraxie*) trotz fehlender *Wirksamkeit* eine Reduktion der Tics nach sich ziehen. Verantwortlich hierfür ist dann evtl. in erster Linie nicht die Effektivität der Intervention, sondern die natürliche Schwankung der Tic-Ausprägung. Umgekehrt kann auf eine zu einem anderen Zeitpunkt erfolgte eigentlich wirksame Intervention zunächst eine Zunahme der Tics folgen, dann möglicherweise aber in abgeschwächter Form. Daher ist die Einschätzung einer Wirkung erst nach längerer Beobachtungszeit möglich. Die Art der Behandlung bzw. Art und Schweregrad assoziierter *Psychopathologie* scheinen den Spontanverlauf der Tic-Symptomatik nicht wesentlich zu beeinflussen.

Diagnostik: Es gibt keinen diagn. Labor- oder Apparatetest, um eine Tic-Störung festzustellen. Über die allg. diagn. Abklärung bei *psychischen Störungen* im Kindes- und Jugendalter hinaus (wichtig wegen den häufigen begleitenden Problemlagen sowie der diffenzialdiagn. Betrachtung) sind bei Tic-Störungen bes. diagn. Aspekte zu beachten. Da die Pat. oft in der Untersuchungssituation keine Tics zeigen, wegen der willentlichen, aber auch unwillentlichen Unterdrückbarkeit derselben, ist eine sehr sorgfältige indiv. und familiär-interaktionelle Entwicklungsgeschichte der Tics zu erheben. Wenn möglich sollte eine Videoaufnahme aus dem Alltag erbeten werden, um die Bewegungsmuster und den Umgang damit genau zu erfassen. Während Kinder unter 10 Jahren ihre Tics selbst weniger wahrnehmen und sich deshalb über die Reaktionen der Umgebung wundern, erleben ältere Kinder und Jugendliche die Symptomatik oft als beschämend und neigen zum Rückzugsverhalten. Sie können bei der *Exploration* daher anfangs verschlossen wirken, was eine sehr bedachtsame und differenzierte Vorgehensweise erfordert. Es ist eine sehr genaue Erarbeitung der einzelnen Tics, der *sensomotorischen* Phänomene sowie der Selbstkontrollversuche (*Selbstkontrolle*) erforderlich, um die Chance und Nützlichkeit einer evtl. Verhaltenstherapie abschätzen zu können. Neben den Informationen der Betroffenen sind diejenigen der Mütter am zuverlässigsten und genauesten. Dies gilt insbes. hinsichtlich Stressempfindlichkeit, Problemverständnis, subj. Erklärungsmodellen, psychosozialer Belastung und *Krankheitsbewältigung*. Über das *klinische Interview* mit Kind und Eltern sowie die unmittelbare *Verhaltensbeobachtung* hinaus sind Videoaufnahmen und Checklisten bzw. Beobachtungsbögen (z. B. *Diagnose-Checkliste für Tic-Störungen, DCL-Tic*; *Yale-Tourette-Syndrom-Symptomliste, YTSS*; *Yale-Global-Tic-Schweregrad-Skala, YGTSS*) hilfreich. Darüber hinaus sind neben der Abgrenzung zu anderen Bewegungsstörungen (z. B. Blepharospasmus, Myoklonus, *Chorea* oder eine *Epilepsie* (z. B. Absencen)) hauptsächlich die Merkmale einer *Aufmerksamkeitsdefizit-Hyperaktivitätsstörung (ADHS)*, sowie einer *Zwangsstörung* entwicklungspsychopathologisch abzuklären; auch *Ängstlichkeit* (z. B. Trennungsangst) sollte bedacht werden. ADHS und Zwangsstörungen kommen bes. häufig gemeinsam mit Tic-Störungen vor. Gerade der psychopathologische Übergang von motorischen Tics über sensomotorische Drangphänomene zu Zwangsverhalten spielt für die differenzierte Therapie eine wichtige Rolle und muss daher eingehend exploriert/beobachtet werden. Die sorgfältige körperliche Untersuchung gehört ebenfalls dazu, eine neuropsychol. Abklärung nur bei evtl. kogn. Problemen. *Tic-Störungen, Psychotherapie*, *Tic-Störungen, Psychopharmakotherapie*. Roessner et al. 2011, Döpfner et al. 2010.   A. Rothenberger

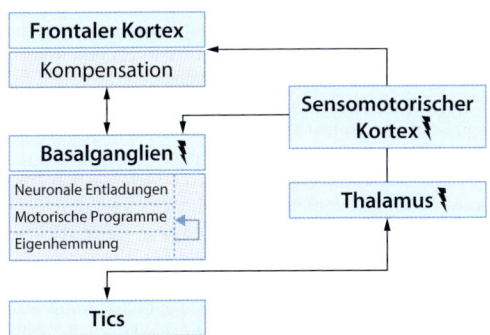

Tic-Störungen: Vereinfachtes Modell der Pathogenese

Tic-Störungen, Psychopharmakotherapie [engl. *tic disorders, psychopharmacotherapy*], [**KLI, PHA**], die medikamentöse Behandlung der Tic-Störungen (= T.) hat sich seit Jahrzehnten bewährt. Diese Therapie kann nicht nur die Tics deutlich lindern, sondern damit auch das Risiko für Probleme in der Familieninteraktion sowie der Persönlichkeitsentwicklung des Kindes senken. Die Indikationsstellung richtet sich in erster Linie nach der psychosozialen Beeinträchtigung durch die Tics, wobei gleichzeitig der Einfluss begleitender psych. Störungen wie *ADHS*, *Zwangsstörungen* und *Angststörungen* zu bedenken ist. In Dt. ist das einzige behördlich zugelassene Medikament zur Behandlung von T. *Haloperidol*. Wegen seiner Risiken hinsichtlich unerwünschter Arzneimittelwirkungen (z. B. EKG-Veränderungen, *Parkinson*, akute und dauerhafte *Dyskinesien*) wird es nur noch als Mittel dritter Wahl eingeordnet. Dies bedeutet aber, dass die medikamentöse Behandlung einer T. i. d. R. im *Off-label*-Status (d. h. als indiv. Heilversuch) stattfinden muss, obwohl die verwendeten Medikamente für andere Indikationen u. a. auch bei Kindern zugelassen sind und sehr gute klin. Erfahrungen bei T. vorliegen. Weltweit werden vorrangig Dopamin-Rezeptor-Antagonisten (z. B. *Benzamide* wie Tiaprid und *Sulpirid*, *Risperidon*, *Aripiprazol*, *Ziprasidon*, *Pimozid*, Haloperidol), aber auch noradrenerge Agonisten wie *Clonidin* und *Guanfacin* eingesetzt. Beim Vorliegen der *Komorbidität* von T. und ADHS ist an *Atomoxetin* zu denken oder an die Kombination eines Stimulans mit einem Dopamin-Rezeptor-Antagonisten (DRA). Bei T. und Zwangssymptomatik können *Sulpirid* oder DRA in Kombination mit einem *Serotonin-Wiederaufnahmehemmer* eingesetzt werden. Die Gabe von Delta-9-tetrahydrocannabiol (Delta-9-THC) ist experimentell und für die Fälle vorgesehen, bei denen die anderen Interventionen nicht ausgereicht haben. Gleiches gilt für die *tiefe Hirnstimulation*, die frühestens ab dem 16. Lebensjahr ins Gespräch kommen kann. Voruntersuchungen (z. B. EKG, Prolactinspiegel, Blutbild, Leber-/Nierenwerte, Elektrolyte) sind durchzuführen, um einen Basisvergleich für die späteren Kontrolluntersuchungen zur Sicherung der Verträglichkeit zu haben. *Tic-Störungen, Psychotherapie*. Roessner et al. 2011, Döpfner et al. 2010.   A. Rothenberger

Tic-Störungen, Psychotherapie [engl. *tic disorders, psychotherapy*], [**KLI**], bevor die Indikation zu einer Psychotherapie oder Pharmakotherapie gestellt werden kann, ist eine ausführliche Aufklärung und *Psychoedukation* zu Tic-Störungen durchzuführen. Ergänzt werden sollte dies durch den Hinweis auf die Selbsthilfegruppen der Tourette-Gesellschaft Deutschland e. V. [www.tourette-gesellschaft.de]. Solche Informationen und Möglichkeiten des Austauschs mit anderen Betroffenen führen zur emot. und interaktionellen Entlastung der Betroffenen und ihrer Familien. Psychotherap. ist die symptomzentrierte *Verhaltenstherapie* (mit *Entspannungsverfahren*) die Intervention erster Wahl. Das Training der *Reaktionsumkehr* (*Habit Reversal*) ist recht wirksam und beinhaltet Training der *Selbstwahrnehmung*, Entspannungsverfahren, Training inkompatibler Reaktionen, *operante Konditionierungsmethoden* zur Stärkung der Störungsbewältigung. Ziel dabei ist entweder eine teilweise oder vollst. Kontrolle der Tics oder auch das sog. *Zurechtstutzen*, d. h. zu lernen, die Tics in verringerter Stärke und modifizierter Ausführung kontrolliert zuzulassen, und zwar so, dass der Betroffene sich im Umgang mit seinen Tics sicher, souverän und sozial unauffällig fühlt. Dabei ist das Erkennen von Trigger-Situationen (z. B. *Stress*, soziale Begebenheiten, *sensomotorische* Phänomene) hilfreich für das Gelingen. *Exposition* und Reaktionsmanagement (*Konfrontation mit Reaktionsverhinderung*) zeigte sich ebenfalls als wirksam, auch wenn schwere Tics und/oder mehrere Tics gleichzeitig vorliegen. Denn beim Habit Revearsal nimmt man sich i. d. R. einen Tic nach dem anderen vor, mit der berechtigten Hoffnung, dass sich der Erfolg, wegen der allg. sich verbessernden Inhibitonsleistung, auch auf andere Tics auswirkt. Für die Nützlichkeit von *Neurofeedback* gibt es erste Hinweise, gerade bei Pat., die neben den Tics noch eine ADHS aufweisen. Bei diesen Einzeltherapien sollte man stets im Blick haben, wie sich die Tic-Störungen in der familiären Interaktion und im weiteren sozialen Umfeld reflektieren. Nur so können unerwünschte Stressreaktionen mit Auswirkungen auf die Tics, den Schlaf und andere psych. Bereiche vermieden werden. Die Evaluation von Behandlungsmaßnahmen ist vor allem deswegen schwierig, weil die Tics über die Zeit spontan zu- bzw. abnehmen können. Eine Behandlung kann diesen natürlichen wellenförmigen Verlauf in seinen Amplituden mildern, aber nicht grundsätzlich anders gestalten. Von daher kann das Behandlungsergebnis erst nach längerer Beobachtungszeit, d. h. etwa 6 Monaten, wirklichkeitsnah beurteilt werden. Roessner et al. 2011, Döpfner et al. 2010. *A. Rothenberger*

Tiefe Hirnstimulation (= DBS) [engl. *deep brain stimulation*], **[BIO]**, neurochirurgische Technik, die die Implantation von Elektroden in das menschliche *Gehirn* beschreibt. Umgangssprachlich wird diese Technologie auch «Hirnschrittmacher» genannt, da analog zum Herzschrittmacher eine Stimulation durch elektrische Impulse erfolgt. Die DBS ist weltweit zur Behandlung des essenziellen *Tremors* und der *Parkinson-Erkrankung* zugelassen, stimuliert werden hier der Thalamus, der Nucleus subthalamicus und der Globus pallidus internus. Auch wenn die Wirksamkeit der DBS vielfach belegt werden konnte, sind die Hintergründe der Wirkung nicht vollst. aufgeklärt. Ein bes. Vorteil der DBS i. Ggs. zur Entfernung von Hirnstrukturen in schweren Fällen einer neurologischen bzw. psychiatrischen Erkrankung ist, dass sie und somit auch ihre Nebenwirkungen reversibel sind. Zudem konnte für die DBS mehrfach eine bessere Wirksamkeit belegt werden (Miocinovic et al. 2013). Daher sind aktuelle Forschungsprojekte zum einen mit der Wirkweise der DBS befasst, gleichzeitig wird aber auch ihre Wirksamkeit bei anderen Störungen, die mit einer veränderten Hirnaktivität einhergehen und eine beträchtliche Beeinträchtigung der Betroffenen mit sich bringen, untersucht. Von bes. Interesse sind hier die *multiple Sklerose*, die Dystonie, das *Gilles-de-la-Tourette-Syndrom*, aber auch psychiatrische Erkrankungen wie die *Zwangsstörung* und die *Depression*. *S. Lammertz*

Tiefenelektroden [engl. *depth electrodes*], *Elektrosubkortikografie*, *Elektrophysiologie*.

Tiefenhandeln [engl. *deep acting*], *Emotionsarbeit*.

Tiefenlokalisation (= T.) [engl. *depth localisation*; lat. *locus* Ort], **[WA]**, das Wahrnehmen der Entfernung eines Objekts vom Beobachter, die Einordnung eines Dinges in den Raum. Die T. des Gesichtssinnes ist beim Menschen der des Gehörs und besonders der T. der taktil-haptischen Wahrnehmung überlegen. Bei manchen Tieren ist der Geruchssinn vorrangig. *räumliches Sehen*, *Querdisparation*, *Tiefenwahrnehmung*, *Tiefensehen*.

Tiefenpsychologie (= T.) [engl. *depth psychology*], **[KLI]**, Sammelbegriff für die Richtung der Ps., die vorgibt, nicht an der «Oberfläche» des bewussten Seelenlebens haften zu bleiben, sondern in die unterbewusste und unbewusste Tiefe der *Seele* hineinzuleuchten und dabei insbes. die Beziehung zw. Gefühl und Willen «triebdynamisch» (*Trieb*) in den Vordergrund zu rücken. Ausgegangen von med. Beobachtungen, ist die T. inzw. Therapie, Wiss. und Weltanschauung zugleich geworden. Die Bez. T. kam etwa um 1930 auf, um sowohl alle Richtungen zu umfassen, die von Freud, Adler, Jung, Stekel u. a. ausgingen, zugleich aber auch, um eine Unterscheidung zw. der *Psychoanalyse* und den nicht Freud'schen Richtungen (z. B. *Analytische Psychologie*, *Individualpsychologie*) einzuführen. *Tiefenpsychologisch orientierte Psychotherapie*.

Tiefenpsychologisch fundierte Psychotherapie (= T. f. P.) [engl. *psychodynamic therapy*], **[KLI]**, ist eine Sammelbezeichnung für psychotherap. Verfahren, die sich in der Tradition der *Psychoanalyse* Freuds (bzw. auch der *Analytischen Psychologie* C. G. Jungs und der *Individualpsychologie* A. Adlers) entwickelt haben (*Tiefenpsychologie*). T. f. P. ist neben der *Verhaltenstherapie* und der psychoanalytischen Therapie eines der drei durch den *Gemeinsamen Bundesausschuss (G-BA)* zugelassenen Therapieverfahren. Gegenüber der Psychoanalyse zeichnen sich t. f. P. Verfahren insbes. durch eine geringere Anzahl (laut G-BA: Kurzzeittherapie: bis 25 Std.; Langzeittherapie: bis 50 Std. mit Verlängerungsoption) und Frequenz von Behandlungssitzungen aus. Sie sehen das psychoanalytische Konzept des *Konflikts* als zentral für die Entstehung, Symptomatik und den Verlauf einer *psychischen Störung* an. Anders als die Psychoanalyse steht jedoch die Arbeit an der aktuellen Konfliktsituation und -struktur und weniger deren frühkindliche Enstehungsproblematik im Mittelpunkt. Neben der emot. Bewältigung wird angestrebt, dass der Klient auf kogn. Ebene Einsicht in die Struktur und die Bedeutung von Konflikten entwickelt. T. f. P. ist in stärkerem Maße als die Psychoanalyse durch eine klienten- und problemorientierte eklektische Vorgehensweise (Identifikation und Anwendung spezif. geeigneter Methoden) geprägt. Zudem steht in stärkerem Maße die Beziehung zur Außenwelt bzw. zu Übertragungsobjekten im Umfeld des Klienten (weniger Aspekte der *Übertragung* in der Therapeut-Klient-Beziehung) im Mittelpunkt. Der Therapeut übernimmt eine aktivere Rolle, indem er z. B. *Hilfs-Ich-Funktionen* im Falle desorganisierter Ich-Organisation des Klienten übernimmt oder aktiver die Verbalisierungs- und analytischen Prozesse des Klienten unterstützt.

Grundlegend für das therap. Vorgehen ist eine sorgfältige *Anamnese* unter tiefenpsychol. und lebenshistorischer Perspektive. Neben der Symptomatik werden die Biografie (vor allem im Hinblick auf die Störungsproblematik) und Aspekte der (früh-)kindlichen und weiteren Persönlichkeitsentwicklung erfragt sowie die Fähigkeit zur Reflexion des Klienten bzw. seine Reflektiertheit bzgl. aktueller Konflikte erfasst. Zusätzlich erfolgt eine Familien- und ggf. Suchtanamnese und die Anamnese somatischer Vorerkrankungen. Neben einer neurosenpsychol.-ätiologischen

Diagnostik (*Neurose*) sollte auch eine Klassifikation der Störungen gemäß ICD-10 erfolgen (*Klassifikation psychischer Störungen*). Zu Beginn des therap. Prozesses ist die Herstellung eines transparenten und vertrauensvollen Arbeitsbündnisses (*Therapiebeziehung*) und die Klärung der Behandlungsziele zentral. Abstinenz (*Abstinenzgebot*) und Neutralität (i. S. von wertungsfreier, unvoreingenommener Grundhaltung) des Therapeuten sind essenzielle Voraussetzungen für einen gelingenden Therapieprozess. Für den Inhalt der Therapie sind vor allem folg. Aspekte zentral: (1) aktuell wirksame neurotische Konflikte, (2) aktuelle Symptomatik, (3) (häufige) Auslöser (z. B. Trennung, Verlust, *kritische Lebensereignisse*) und (4) typische unbewusste Hintergründe aktueller Konflikte (z. B. Bindungsprobleme, Objektverlust, mangelnde Sicherheit, Kränkungen, Schuldgefühle). Die therap. Arbeit wird durch ähnliche Verfahren und Prinzipien wie die Psychoanalyse gestaltet: Insbes. die *Regression*, also die Reaktivierung (früh-)kindlicher Grunderfahrungen, ermöglicht den Zugang zu und die Klärung konfliktbezogener Erlebens- und Verhaltensaspekte – insbes. wenn der Bezug zu *Abwehrmechanismen des Ich* deutlich wird. In der Therapeut-Klient-Kommunikation ist dabei auf Übertragungs- und Gegenübertragungsphänomene zu achten, da diese relevante Grunderfahrungen im Hier und Jetzt zugänglich machen können. Im Vergleich zur Psychoanalyse wird hierbei immer die Bedeutung für die aktuelle Lebenssituation des Pat. im Blick behalten. Dies geht damit einher, dass Regressionserfahrungen begrenzt sind und Übertragungsphänomene in geringerem Maße angeregt werden. Der Klient hat zudem ein höheres Maß an Kontrolle über das Therapiegeschehen im Verlauf des Therapieprozesses. Während die Psychoanalyse eine grundlegende Umstrukturierung der Persönlichkeit anstrebt, zielt die T. f. P. auf eine reifere Verarbeitung (unbewusster) Konflikte ab. Durch die Therapie soll die Bedeutung störungsrelevanter psychodynamischer Konflikte für das Erleben und Verhalten des Klienten (z. B. bzgl. zwischenmenschlicher Beziehungen) verringert werden. Stattdessen sollen gesundheitsförderliche, reflektierte Verarbeitungs- bzw. Konfliktbewältigungsprozesse entwickelt und im Alltag eingesetzt werden.

Die T. f. P. ist indiziert, wenn lebensgeschichtlich bedeutsame psychodynamische Konflikte als wesentliche Störungsursachen und Symptomdeterminanten gelten können und durch die Konfliktaufarbeitung eine wesentliche Besserung erwartet werden kann. Der Klient muss prinzipiell fähig sein, konfliktrelevantes Erleben und Verhalten zu reflektieren und zu verbalisieren, und darf hierdurch nicht intellektuell oder emot. überfordert werden. Der Klient muss zudem motiviert sein, sich auf die tiefenpsychol. Arbeit einzulassen. Psychol. Psychotherapeuten, Kinder- und Jugendlichenpsychotherapeuten sowie ärztliche Psychotherapeuten, die T. f. P. qualifiziert anbieten, sind in der *Deutschen Fachgesellschaft für Tiefenpsychologisch fundierte Psychotherapie e. V.* (DFT) [www.dft-online.de] organisiert. Reimer 2007, Jaeggi & Riegels 2008.

Tiefensensibilität, syn. *Propriozeption* [engl. *proprioception*], [**BIO, KOG, WA**], umfasst Bewegungs-, Spannungs- (Kraft-) und Stellungsempfinden; vermittelt die Stellung des Körpers im Raum und die Eigenwahrnehmung des Körpers (*Körperschema*). Birbaumer & Schmidt 2010.   C. Kiese-Himmel

Tiefenstruktur (= T.) [engl. *deep structure*], [**KOG**], die von Chomsky (1965) entwickelte *generative Transformationsgrammatik* postuliert die T. als das der konkreten *Oberflächenstruktur* von *Sätzen* zugrunde liegende (abstrakte) System der syntaktischen Beziehungen der einzelnen Bestandteile (Konstituenten) der Sätze zueinander, grafisch dargestellt in einem Basis-*P-Marker*. Die T. bestimmt und repräsentiert die inhaltliche Bedeutung der Sätze, da sie sämtliche lexikalischen (*Lexikon*) Bedeutungselemente in ihrem syntaktischen Bezug (*Syntax*) enthält. Die Überführung der abstrakten T. in die konkrete Oberflächenstruktur geschieht mithilfe von Transformationsregeln. So lassen sich viele von der Oberfläche her kaum erklärbare Ähnlichkeiten, Unterschiede und Ambiguitäten in der Bedeutung von Sätzen durch die Annahme unterschiedlicher Transformationen bzw. unterschiedlicher T. erklären. Wenn sich auch das Konzept einer rein syntaktisch definierten T. im weiteren Verlauf der Forschung als nicht haltbar herausstellt (*generative Semantik*), so ist es doch Chomskys Verdienst, durch die Einführung der Dichotomie Oberflächenstruktur – T. den Anstoß gegeben zu haben, die sprachlichen Erscheinungen der Oberfläche immer auf dem Hintergrund ihnen zugrunde liegender sprachlicher oder nicht sprachlicher Beziehungen und Relationen zu diskutieren. Zur Anwendung des Begriffs: *Denken*, *Grammatik*.

Tiefenwahrnehmung, Entwicklung [engl. *depth perception, development*], [**EW, WA**], Untersuchungen an der *visuellen Klippe (visual cliff)* von Gibson und Walk (1960) bei Kleinkindern (im 6. bis 14. Monat) zeigten, dass bereits im frühen Kindesalter Hinweise der Tiefe beachtet werden können. Neuere Untersuchungen deuten darauf hin, dass zumindest einige Komponenten der Tiefenwahrnehmung angeboren sind. Der Mechanismus der Größenkonstanz (*Konstanz*) funktioniert nach Ergebnissen von Slater et al. (1990) grundsätzlich bereits bei Neugeborenen. Im Alter von nur einem Monat reagieren Säuglinge mit Vermeidungsverhalten, wenn sich ein Objekt schnell auf ihren Kopf zubewegt (*Looming*). Mit 3–4 Monaten nutzen sie binokulare und ab ca. 6 Monaten auch statische monokulare Tiefenhinweisreize (*räumliches Sehen*, *visuelle Raumhinweise*). Walk & Gibson 1961, Wilkening & Krist 1995.   F. Wilkening

Tiefenwahrnehmung, Tiefensehen [engl. *depth perception*], *Tiefenlokalisation*, *visuelle Raumhinweise*, *räumliches Sehen*.

Tiermodelle [engl. *animal models*], [**KLI, KOG**], tierexp. Anordnungen oder Untersuchungsansätze, die es ermöglichen, mithilfe von an Tieren gewonnenen Ergebnissen Aussagen über neurobiol. Grundlagen, Entstehung, Symptomatologie, Mediatoren, *Prävention* und Therapie psych. Störungen beim Menschen zu machen. Modelle existieren für alle Störungsarten. Für *Depression* existiert das Modell der *gelernten Hilflosigkeit* bei unkontrollierbarer

aversiver Stimulation, des chronischen milden *Stress*, Separation, für *Angststörungen*, Konfliktanordnungen, sozialer Interaktionstest, Ultraschallvokalisation bei Rattenjungen, erhöhtes Plus-Labyrinth, defensives Vergraben, für *Amnesie* und *Demenz* Scopolamingabe sowie Läsionen des basalen Vorderhirns, für *Drogenabhängigkeit* (*Drogenselbstverabreichung*). Für die *Schizophrenie* existieren eher unzureichende Modelle, so chronische Amphetamingabe oder Arousalmodelle. Weyers & Fritze 1995, McKinney 1988.
P. Weyers/ W. Janke

Tiersprache [engl. *animal language*], [**KOG, SOZ**], Sammelbez. für verschiedenste bei Tieren (z. B. Ameisen, Heuschrecken, Bienen, Vögeln, Delfinen) anzutreffende *Kommunikation*ssysteme. Die Angemessenheit des Begriffs *Sprache* wird dabei im Allg. infrage gestellt, vornehmlich von Linguisten negiert (Lenneberg 1972). Zwar gilt als nachgewiesen, dass Tiere mittels akustischer, optischer, taktiler, olfaktorischer Signale auf das Verhalten vor allem von Artgenossen Einfluss nehmen (wobei offen bleibt, ob u. U. so etwas wie «Absichtlichkeit» angenommen werden darf), etwa i. S. von Drohen, Warnen, Anlocken (Geschlechtspartner, Junge, Beute) u. a. m. Jedoch erscheinen dabei noch zu wenige der die menschliche Sprache charakterisierenden Merkmale als erfüllt, sodass die Annahme einer einigermaßen kontinuierlichen phylogenetischen Entwicklung menschlicher Sprache aus tierischen Vorformen wenig Stützung erfährt. Allerdings vollbrachten Schimpansen in neueren Untersuchungen im Medium von *Gebärdensprache* oder anderen *Zeichensprachen* teilweise überraschende Leistungen (Brown 1973), die auch qualifizierteren Kriterien menschlicher Sprache (wie Fragen stellen, Verwendung syntaktischer Strukturen (*Syntax*) u. a. m.) genügen. Hinde 1972, Marshall 1974.
G. Kaminski

Tierversuch [engl. *animal experiment/testing*], *Forschungsethik*.

Timbre [frz.] Klang, Schall, [**WA**], beschreibt die Klangfarbe eines Tons.

time-and-motion study [engl.] Zeit- und Bewegungsstudie. *Zeitstudie, Bewegungsstudie*.

time-out (= t.) [engl.], Auszeit, [**KLI, KOG**], Ausschluss von pos. Verstärkung. T. wird von der *Verhaltenstherapie* neben *response cost* (Entzug pos. *Verstärker*) als Strafmaßnahme eingesetzt. Probleme: kogn. Repräsentation des Settings (der Betroffene soll diese Maßnahme auch als verstärkerfrei erleben: keine pos. Reize im Raum oder durch die Situation) und Güterabwägung zw. t. und Störung. *operante Konditionierungsmethoden*.

time-sampling [engl.] Zeit-Stichprobenziehung. *Beobachtung, Zeitprobentechnik der Beobachtung, Stichprobe, Stichproben-Beobachtung*.

timing [engl.] Zeiteinteilung.

TIMSS, Abk. für *Third Mathematical and Science Study* [engl. Dritte Mathematik- und Naturwissenschaftsstudie], [**DIA, PÄD**], eine weltweite Studie zur Untersuchung der Schulleistungen (*Schulleistungsstudien*) in den math.-naturwiss. Fächern, an der 45 Staaten teilnahmen. In Dt. nahmen etwa 7000 Schülerinnen und Schüler der 7. und 8. Jahrgangsstufen aller Schulformen aus 15 Bundesländern teil. Die Leistungen der Schüler, erhoben in den Jahren 1994 und 1995, liegen in einem breiten internat. Mittelfeld. Sie fallen in den naturwiss. Fächern etwas günstiger aus als in Mathematik (Baumert & Lehmann 1997). *Large Scale Assessment, PISA-Studien*.

Tinnitus (= T.) [engl. *tinnitus*; lat. *tinnitus aurium* Klingeln der Ohren], [**BIO, WA**], subj. Wahrnehmung von Geräuschen, ohne dass eine Geräuschquelle vorhanden ist. T. kann unterschiedliche Formen annehmen (Brumm- oder Pfeifton, Knacken, Klopfen, Rauschen oder Zischen), wobei die Geräuschempfindung gleichbleibend oder rhythmisch pulsierend sein kann. Beim sog. obj. T. (selten) ist hingegen eine externe Geräuschquelle vorhanden. Bis zu einer Dauer von drei Monaten gilt die Bez. *akuter T.*, bei längerer Dauer *chronischer T*. Als Ursache wird eine Störung der auditiven Funktionen z. B. als Folge einer Erkrankung des peripheren oder zentralen Hörsystems angenommen (*Hören*). Stressfaktoren können den T. verstärken. Mithilfe *bildgebender Verfahren* wurde bei Menschen mit T. eine Zunahme der neuronalen Aktivität insbes. im Bereich des auditorischen Kortex, aber auch in anderen Hirnregionen gefunden. Man vermutet, dass diese veränderte neuronale Aktivität Ausdruck einer Kompensation der auditiven Funktionsstörung ist; diese Überaktivierung ist mit einer auditiven Phantomwahrnehmung assoziiert. Karnath & Thier 2012, Biesinger 1996, Kroener-Herwig et al. 1997.
J. Zihl

^Test**Tinnitus-Fragebogen (TF)**, 1998, G. Goebel & W. Hiller, [www.testzentrale.de], [**DIA, KLI**], klin. Verfahren. AA ab 17 Jahren. Die Items des TF repräsentieren typ. Beschwerden und Klagen von chronischen *Tinnitus*pat. auf sechs Skalen: *emot. Belastung* (E), *kogn. Belastung* (C), *Penetranz des Tinnitus* (I), *Hörprobleme* (A), *Schlafstörungen* (Sl), *somatische Beschwerden* (So). Zusätzlich kann ein globaler Gesamtwert der Tinnitusbelastung gebildet werden. Es handelt sich um ein veränderungssensitives Verfahren, das z. B. auch relativ kurzzeitige Therapieeffekte abbilden kann. *Normierung*: Prozentrangwerte für den TF-Gesamtscore sowie alle Unterskalen bei versch. Referenzgruppen (insg. $N = 673$ Pat.). Bearbeitungsdauer: ca. 5–10 Min.

Tischrücken [engl. *table turning*/tipping], *Levitation*.

Titchener, Edward Bradford (1867–1927), [**HIS**], Psychologe. Studium an der Oxford University und in Leipzig bei *Wundt*. Akad. Tätigkeit an der Cornell University, wo er bes. Wundts *Strukturalismus* in den amerik. Sprachraum übertrug. *Titchener-Täuschung*. Titchener 1909.

Titchener-Täuschung [engl. *Titchener illusion*], nach *Titchener, Edward Bradford*, [**WA**], ein Kontrastmuster (*Kontrast*), wobei von zwei in Abstand nebeneinander stehenden gleich großen Kreisen der eine von größeren, der andere von kleineren Kreisen umgeben ist. Letzterer erscheint größer (s. Abb.). Karnath & Thier 2012.

Tit-for-tat-Regel [engl. *tit-for-tat* wie Du mir, so ich Dir], *soziale Beziehungen*.

T-Norm [engl. *T norm*], *Normierung, Normskalen*.

Tod [engl. *death*], *Thanatopsychologie, Sterben, Sterben und Tod, Einstellungen zu*.

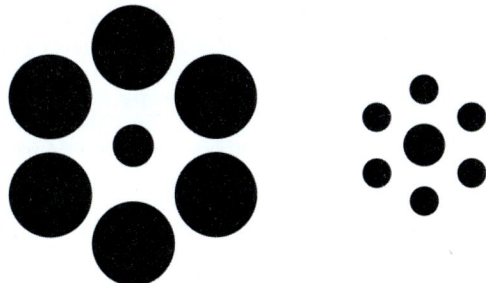

Titchener Täuschung

Tod, psychogener [gr. ψυχή *(psyche)* Seele, γένεσις *(genesis)* Geburt, Entstehung], syn. *Voodoo-Tod* [engl. *voodoo* Zauberkult, Hexerei], Bez. für das (umstrittene) *Sterben* ohne körperl. *Krankheit* bzw. Schädigung, allein aus seelischer Ursache. *Thanatopsychologie*. Beim Voodoo-Kult, der in einigen Kulturen noch lebendig ist, führt das entspr. Besessensein mit einem bösen Geist, einem bösen Befehl u. Ä. in wenigen Tagen zum Tod. Richter 1965.

Todeskonzept beim Kind (= T.) [engl. *children's conceptions of death*], **[EM, EW, KOG]**, steht in enger Beziehung zur allg. kogn. Entwicklung (*Kognition*), hat aber auch einen affektiven Aspekt (*Entwicklung, emotionale*). Am T. lassen sich die Subkonzepte *Universalität*, *Irreversibilität*, *Nonfunktionalität* und *Kausalität* unterscheiden, ferner *körperliches Fortbestehen* und *eigene Sterblichkeit*. Diese Komponenten haben unterschiedliche Entwicklungsverläufe: *Universalität* und *Irreversibilität* werden relativ früh (zw. 5 und 7 Jahren), *Nonfunktionalität* und *Kausalität* später erworben. Ein erwachsenengemäßes Verständnis aller Komponenten wird meist mit dem 9./10. Lebensjahr erreicht. Empirische Befunde legen ferner ein Zwei-Stufen-Modell des T. nahe: In der ersten Stufe (4–10 Jahre) wird ein sog. prämodernes («binäres») Todeskonzept nach Art eines Entweder-oder erworben; in der zweiten Stufe (> 10 Jahre) erfolgt die Entwicklung eines komplexeren «modernen» Todeskonzepts, das Mehrdeutigkeit aufgrund versch. Kontexte bzw. Bedeutungsgehalte und damit die Möglichkeit einer Weiterexistenz aufgrund philosophischer bzw. spiritueller Erwägungen berücksichtigt. Das T. wird beeinflusst durch religiöse Unterweisung, persönliche Erfahrungen bzw. Begegnungen mit dem Tod (auch via Fernsehen), durch kult. Bräuche sowie durch Persönlichkeitsmerkmale (insbes. Ängstlichkeit). Nach vorläufigen Befunden nimmt die Angst vor Sterben und Tod von Kindern in Abhängigkeit vom Alter bzw. kogn. Entwicklungsstand zu. Das T. hat praktische Relevanz, z. B. bei der Begleitung sterbender und trauernder Kinder. *Trauer*. Kenyon 2001, Wass 2003. *J. Wittkowski*

Todespsychologie [engl. *psychology of death*] *Thanatopsychologie*.

Todestrieb (= T.) [engl. *death instincts, death drive*], *Thanatos*-Trieb, **[KLI]**, Freud (*Psychoanalyse*) führte den Begriff des T. 1920 in seiner Schrift «Jenseits des Lustprinzips» ein. In der dort formulierten dualistischen Triebtheorie (*Triebtheorie nach Freud*) steht der T. dem *Eros* gegenüber, der den *Sexualtrieb* und die Selbsterhaltungstriebe als sog. *Lebenstriebe* zus.fasst. Im Ggs. zu den Lebenstrieben strebt der T. danach, das Individuum bzw. den Organismus in einen spannungsfreien, anorganischen Zustand zu überführen. Der T. vertritt mit seiner Tendenz zur absoluten Spannungsabfuhr (das sog. *Trägheitsprinzip*) ein Grundprinzip des Triebgeschehens. In ihm verwirklicht sich die Rückkehr in einen früheren Zustand, die Wiederholung eines vorausliegenden spannungsärmeren Zustandes, den das Individuum aus inneren oder äußeren Gründen verlassen musste. «Ein Trieb wäre also ein dem belebten Organischen innewohnender Drang zur Wiederherstellung eines früheren Zustandes, welchen dies Belebte unter dem Einflusse äußerer Störungskräfte aufgeben musste, eine Art von organischer Elastizität, oder wenn man will, die Äußerung der Trägheit im organischen Leben», schreibt Freud (1920) in «Jenseits des Lustprinzips». Der T. wirkt v. a. nach innen, als selbstzerstörende Tendenz. Obwohl er nie in reiner Form sichtbar wird, sind seine wichtigsten klin. Äußerungen der Masochismus und die neg. therap. Reaktion, in der sich der Pat. gegen die Heilung sträubt. Der T. kann nach außen abgelenkt werden. Freud schlug vor, unter dieser Bedingung von *Destruktionstrieb* zu sprechen. Bayer & Lohmann 2013. *L. Bayer*

token economy system [engl.] Münz-Verstärkungs-Plan, **[KLI, KOG]**, ein von Ayllon und Azrin 1968 entwickeltes Verfahren innerhalb der Verhaltensmodifikation, bei dem Münzen (*tokens*) als *Verstärker* verwendet werden. Ein Kontrakt zw. Therapeut und Klient (bzw. zw. Lehrer und Schüler etc.) legt einmal den Wert einer Münze fest (z. B. 5 *tokens* = 1 Kinobesuch), zum anderen die Art und Häufigkeit erwünschten und unerwünschten Verhaltens in Bezug auf Erhalt bzw. Entzug von *tokens*. Angestrebt wird eine der Internalisierung dieses Systems folg. *Selbstkontrolle*. *Konditionierung, operante*.

Test Token Test (TT), 1982, von B. Orgass, dt. Bearbeitung des TT von E. De Renzi und L. A. Vignolo, [www.testzentrale.de], **[BIO, DIA]**, neurops.Verfahren. AA ab 16 Jahren. Der TT ist ein Verfahren zur Aufdeckung rezeptiver Störungen bei Aphasikern (*Aphasie*) und umfasst in der vorliegenden Form (1) einen Auslesetest zur generellen Trennung aphasischer von nicht aphasischen Hirngeschädigten und (2) bei Aphasikern zugleich einen messenden Leistungstest zur Bestimmung des globalen Schweregrades ihrer Aphasie, unabhängig von deren Typ. Der Konsistenzkoeffizient (KR 20) beträgt $r = .96$ ($N = 100$). Die Wiederholungszuverlässigkeit nach 2 Tagen, berechnet als Spearman-Rangkorrelation bei zwei Aphasikergruppen (je $N = 20$), beträgt $r = .97$ bzw. $r = .96$. Bei Verwendung als Leistungstest korreliert der Gesamtpunktwert im TT hoch mit dem klinisch eingeschätzten globalen Schweregrad der Aphasie. *Normierung*: an je $N = 100$ aphasischen und nicht aphasischen Hirngeschädigten im Alter von 16 bis 75 Jahren. Bearbeitungsdauer: max. 5 Min.

Tolcapon (= T.), **[PHA]**, T. inhibiert selektiv und reversibel die Aktivität des Enzyms *Catecholamin*-O-Methyltransferase (COMT) und verhindert dadurch die *Metaboli-*

sierung der Katecholamine. Unter dem Handelsnamen Tasmar® ist es zur Kombinationsbehandlung mit Levodopa/Benserazid oder Levodopa/Carbidopa bei Pat. mit idiopathischem Morbus Parkinson, bei denen starke Fluktuationen in der Beweglichkeit bestehen, zugelassen. In dieser Indikation darf T. aufgrund des Risikos potenziell letaler, akuter Leberschäden nicht als Präparat der ersten Wahl eingesetzt werden. In den letzten Jahren wurde vermehrt der Annahme des potenziellen Nutzens von T. zur ergänzenden Behandlung von kogn. Symptomen bei Schizophrenien nachgegangen. Hierbei scheint die genetische Charakterisierung von Bedeutung zu sein. Es konnte gezeigt werden, dass T. bei gesunden Pbn mit dem Val/Val(158)-COMT-Genotyp zu einer Verbesserung des Arbeitsgedächtnisses führt, während es bei Personen mit dem Met/Met(158)-COMT-Genotyp zu einer Verschlechterung kommt (Farell et al. 2012). Des Weiteren wurde T. in einer Untersuchung zur Behandlung von pathologischen Spielen (Verhaltenssucht, Grant et al 2013) eingesetzt. Dabei fand sich eine Symptomreduktion (Abnahme der Werte auf der PG-Yale Brown Obsessive Compulsive Scale, PG-YBOCS), die bei Pbn mit dem Val/Val(158)-COMT-Genotyp deutl. ausgeprägter war. *T. Veselinović*

Toleranz [engl. *tolerance*; lat. *tolerare* ertragen, dulden], [**SOZ**], ist eine soziale Einstellung, kogn. Stil, der die Andersartigkeit anderer akzeptiert.

Toleranzentwicklung (= T.) [engl. *development of tolerance*; lat. *tolerare* ertragen, dulden], [**PHA**], bei wiederholter Einnahme eines Medikaments kann es durch adaptive Veränderungen zu einer Abschwächung der Wirkstärke bzw. Wirkung kommen. Um wieder den gleichen Effekt wie zu Beginn der Einnahme zu erzielen, muss die Dosis gesteigert werden. Dieses Phänomen wird als T. bez. Sie ist reversibel und kehrt nach Absetzen des Medikaments wieder auf die Ausgangswirkstärke zurück. Pharmakokinetische Toleranz entsteht durch eine verstärkte Synthese des inaktivierenden Enzyms (Enzyminduktion). Es wird der Abbau des Wirkstoffs beschleunigt, sodass für die Wirkung pro Zeiteinheit weniger Substanz zur Verfügung steht. Ein Bsp. ist das Antikonvulsivum Carbamazepin. 2–3 Wochen nach Ersteinstellung auf Carbamazepin muss die Dosis heraufgesetzt werden. Eine pharmakodynamische Toleranz liegt vor, wenn der Rezeptor, über den das Medikament wirkt, herunterreguliert wird und damit unempfindlicher reagiert. Pharmakodynamische Toleranz ist ausgeprägt bei Einnahme von Opioiden wie Morphin oder Heroin und auch bekannt beim Einsatz von Benzodiazepinen. Gründer & Benkert 2012. *C. Hiemke*

Tolman, Edward Chase (1886–1959), [**HIS, KOG**], Vertreter des kognitiven Behaviorismus, Lerntheoretiker (Lerntheorien). Edward C. Tolman studierte zunächst am Massachusetts Institute of Technology (MIT) Physik, Mathematik und Chemie. Nachdem er «Principles of Psychology» von William James gelesen hatte, entschloss sich Tolman zur Beschäftigung mit Ps. Er arbeitete daher nach einem Dt.besuch an dem von Münsterberg, Hugo geleiteten Institut für Ps. der Harvard University und promovierte dort 1915 mit einer Arbeit über retroaktive Hemmung (retroaktive (rückwirkende), proaktive (vorwirkende) Hemmung). Tolman lehrte ab 1918 vor allem an der University of California in Berkeley. Im Herbst 1923 verfolgte Tolman gestaltpsychol. Interessen am Lehrstuhl von Koffka, Kurt in Gießen. Außer durch Münsterberg und Koffka wurde T. Jahre später auch durch Lewin, Kurt beeinflusst. 1933–34 verbrachte Tolman ein Forschungssemester in Wien und arbeitete mit Brunswik, Egon zus. Man kann das Werk von T. als Versuch bewerten, den Behaviorismus durch eine eigene kogn. Lerntheorie zu erweitern bzw. zu überwinden. Bekannt sind Tolmans Lernexperimente mit Ratten und seine Befunde des latenten Lernens. Tolman führte 1948 den Begriff der kognitiven Karte ein, nachdem er zeigen konnte, dass Ratten in einem Lernexperiment im Labyrinth latente räumliche Lernleistungen erbringen. Tolman war 1937 Präsident der American Psychological Association (APA). Er erhielt eine Reihe von Auszeichnungen. *H. E. Lück*

Ton [engl. *tone, sound*], [**WA**], Klang, der sich aus Grundton und seinen Obertönen zus.setzt. Im Ggs. zum Geräusch wird er durch regelmäßige Schwingungen hervorgebracht (Schallschwingungsgemisch). Nur ein Sinus-Ton (einfache Schallschwingung von Sinus-Form) ist ein Ton. Hören.

Tönesehen [engl. *seeing sound*], [**WA**], Mitempfindung bei Reizung nur eines Sinnesorgans. Synästhesie.

Tonfarbe, Klangfarbe syn. Timbre, Klang.

tonisches Niveau [engl. *tonic activity level*; lat. *tonus* Spannung], elektrodermale Aktivität, Kennwerte.

Tonphysiologie [engl. *physiology of acoustics*], [**BIO, DIA, WA**], naturwissenschaftliche Methode zur Untersuchung der vegetativen Vorgänge (Nervensystem) im menschlichen Körper beim Spielen, Singen und Hören.

Tonpsychologie (= T.) [engl. *psychoacoustics*], [**WA**], Teilgebiet der Wahrnehmungsps. Zunächst Lehre von der Schallwahrnehmung, dann erweitert durch den Begriff der Gehörps. (Hören), die u. a. indiv. Gehör- und Musikbegabungen untersucht. Die angewandte T. befasst sich auch mit der rezeptiven Wirkung von Musik in der Musiktherapie, mit der Beeinflussung des Unbewussten bei Beschallung von Arbeitsplätzen, Supermärkten u. a. m. Musikpsychologie. Die T. wurde von Stumpf (1890) begründet. Die anfänglich starke Beachtung der T., wozu auch die gründlichen, physiol. ausgerichteten Arbeiten von Helmholtz, v. Hornbostel u. a. beitrugen, wurde mit der Entwicklung der Musikpsychologie rückläufig. Die T. (von Wellek als Gehör- und Hörps. bez.) ist Grundlagenforschung zur Musikps. Stevens & Davis 1938.

Tonschwelle [engl. *sound threshold*], Hörschwelle.

Tonus [engl. *tonus*; gr. τόνος *(tonos)* Spannung], [**BIO**], der beim lebenden Körper dauernd vorhandene Spannungszustand von Muskeln (Muskel, Muskeltonus), Nerven (Nerv), Gefäßen usw., gesteuert durch vegetative Nervenzentren und Nervenbahnen, die ihrerseits vagotonisch bzw. sympathikotonisch geregelt sind (Nervensystem, Vagotonie, Sympathikotonie). sensorisch-tonische Feldtheorie.

Top-down-Verarbeitung (= T.) [engl. *top-down processing*; *top* oben, *down* unten], [**KOG, WA**], konzeptgesteuerte Wahrnehmung; die Unterscheidung zw. T. und

Bottom-up-Verarbeitung bildet einen heuristischen Rahmen, um versch. Arten von Determinanten mentaler Verarbeitungsprozesse zu unterscheiden. Von T. spricht man dann, wenn mentale Verarbeitungsprozesse von der Lernerfahrung (z. B. Vorwissen, Erwartungen, Kontext) oder durch Willensakte (z. B. Entscheidungen) und nicht ausschließlich von aktuell vorhandenen physikal. Reizmerkmalen beeinflusst werden. Ein Bsp. für T. wäre die visuelle Durchmusterung einer Szenerie, bei der die *Aufmerksamkeit* aufgabenabhängig bzw. strategisch auf Bereiche gelenkt wird, die mit hoher Wahrscheinlichkeit relevante Informationen enthalten (z. B. die gezielte Suche nach einem unscheinbaren Vogel am Himmel auf einer Abb. des Times Square in New York), obwohl sie keine auffälligen Helligkeits- oder Farbmerkmale aufweisen. Das Erkennen von Strukturen, die nur durch partielle Informationen angedeutet sind (z. B. Formen oder Gesichter in Wolken; Linie, die durch einzelne Punkte angedeutet wird; *Gestaltpsychologie*), ist ein weiteres Bsp. für konzeptgesteuerte Wahrnehmung. T. ist insbes. bei automatisierten Verabeitungsprozessen bedeutsam, z. B. beim Lesen: K8NN3N S13 D13S3N S4TZ L3S3N 8D3R V3RM1SS3N S13 D13 V8K4L3? *L. Huestegge*

Topiramat (= T.), [**PHA**], *Antikonvulsivum*, zugelassen zur Behandlung von fokalen Krampfanfällen mit oder ohne sekundäre Generalisierung und von primär generalisierten tonisch-klonischen Anfällen (*Epilepsie*). Des Weiteren besteht eine Zulassung zur Prophylaxe von Migräne-Kopfschmerzen bei Erwachsenen, jedoch erst nach sorgfältiger Abwägung möglicher Alternativen. Nach den Empfehlungen der Dt. Migräne- und Kopfschmerz-Gesellschaft kann T. auch zur vorbeugenden Behandlung von Cluster-Kopfschmerzen verwendet werden. Darüber hinaus wurde in den letzten Jahren die Anwendung von T. bei versch. psych. Erkrankungen untersucht. So wurde mehrfach ein effektiver Einsatz bei *bipolaren Störungen* beschrieben. Als vielversprechend wird auch die Anwendung von T. (in einer Dosierung von 75 bis 300 mg/Tag) bei Alkoholabhängigkeit gewertet. Dabei werden insbes. pos. Effekte auf die Dauer der Abstinenz, die Reduktion von schweren Trink-Exzessen und *Craving* berichtet. Der Nutzen einer Anwendung bei Kokainabhängigkeit (*Kokainabhängigkeit, Pharmakotherapie*) konnte in einer *Cochrane*-Analyse jedoch nicht bestätigt werden. T. wurde in zahlreichen Untersuchungen bei übergewichtigen Pat. eingesetzt, wobei eine signifikante Gewichtsreduktion festgestellt werden konnte (Kramer et al. 2011). Allerdings war der Einsatz auch mit einer erheblichen Rate von *Nebenwirkungen* (Parästhesien, Störungen des Geschmacksempfindens, psychomotorische Störungen) verbunden. Insbes. psych. und neurokogn. Beeinträchtigungen (Konzentrations-, Aufmerksamkeits- und *Gedächtnisstörungen*, *Depression*, *Angst*, *Panik-Attacken*, *Sedierung*) scheinen unter T. häufig aufzutreten und limitieren somit deutlich die Einsetzbarkeit in den beschriebenen *Off-label*-Indikationen. *T. Veselinović*

topisches Gedächtnis [engl. *topical memory*; gr. τόπος (*topos*) Ort], [**KOG**], *Gedächtnis* für Ortslagen.

topisches Lernen [engl. *topical learning*; gr. τόπος (*topos*) Ort], syn. *topologische Mnemonik*, [**KOG**], das Erlernen von Inhalten mit Unterstützung von Ortsvorstellungen. Bsp. dafür sind Diagramme, Figuren, Schemata, Wege, mithilfe derer Inhalte eingeprägt werden. *Gedächtnis*.

Topografien [engl. *topographies*; gr. τόπος (*topos*) Ort, γράφειν (*graphein*) schreiben], neuromagnetischen Feldverteilungen, *Magnetenzephalographie*.

topografische Agnosie [engl. *topographagnosia*; gr. τόπος (*topos*) Ort, γράφειν (*graphein*) schreiben], [**KOG, WA**], Verlust des visuellen Erkennens bekannter bzw. vertrauter Orte, Gegenden und Wege trotz (ausreichendem) Erhalt visueller und kognitiver Funktionen (auch Topographagnosie oder Umweltagnosie genannt). *Agnosie*, *visuelle Agnosie*. Karnath & Thier 2012. *J. Zihl*

topografischer Aspekt [engl. *topographic aspect*; gr. τόπος (*topos*) Ort, γράφειν (*graphein*) schreiben], [**KLI, PER**], Begriff der psychoanalytischen Schule. Zur Differenzierung des psych. Apparates werden best. Systeme angenommen, die metaphorisch als psych. «Orte» betrachtet werden können. Freud hat zwei Modelle vorgelegt. Im ersten topografischen Modell (Freud 1900) unterscheidet Freud: *Unbewusstes*, *vorbewusst* und bewusst; im zweiten (Freud 1920) unterscheidet er die drei Instanzen *Es*, *Ich* und *Über-Ich*. In späteren Arbeiten versucht Freud, beide Modelle zu verbinden.

topologische Mnemonik [gr. μνήμη (*mneme*) Erinnerung], *topisches Lernen*.

topologische und Vektorpsychologie [engl. *topological and vector psychology*; gr. τόπος (*topos*) Ort], [**EM, KOG, SOZ**], eine von Lewin (1936) math. formulierte *Feldtheorie*. Es werden Grundbegriffe aus der Topologie und der Begriff des Vektors verwandt. Die Topologie handelt von allgemeinsten räumlichen Lagebeziehungen ohne Ansehung der Form und Größe räumlicher Gebilde. Vektor ist ein math. Begriff, mit dem gerichtetes Geschehen ausgedrückt wird. Von beiden Hilfsmitteln dient jedes der Darstellung eines best. Aspektes psychol. Situationen: Topologisch lassen sich *Strukturen* darstellen, d. h. die augenblicklichen gegenseitigen Beziehungen psychol. wirksamer Momente. Vektoren repräsentieren die sich aus einer best. Konfiguration ergebenden dynamischen Momente i. S. gerichteter Kräfte. – Das psychol. Feld, von dem Lewin ausgeht, ist der Lebensraum. Dieser umfasst die handelnde (*Handlung*) Person sowie alle Momente, die für die augenblickliche Handlung bestimmend sind. Da solche sowohl konkrete Gegenstände als auch *Bedürfnisse*, Einbildungen, ideologische *Tabus* sein können, ist der Lebensraum nicht anschaulich, sondern math. zu verstehen. Als math. Raum gefasst, lässt sich auf den Lebensraum die topologische Geometrie anwenden. Dabei wird jeder psychol. gegebenen Einzeltatsache eine topologische Region zugeordnet, und psychol. Beziehungen werden nach geometrischen Regeln gehandhabt. Eine solchermaßen topologisch ausgedrückte psychol. Situation bedeutet eine Erklärung für das augenblickliche *Verhalten* eines Menschen. Um Voraussagen über das Verhalten machen zu können, müssen die dynamischen Momente der Situation, also die Kräfte, die eine Veränderung herbeiführen, dargestellt werden. So ist z. B. ein Bedürfnis durch eine Region mit best. dynamischen Eigenschaften (d. h. ein «gespanntes System») darzustellen. Zw. dieser Region und Regionen, die Anziehendes und Abstoßendes repräsentieren, besteht eine gerichtete Kraft. Eine Region, die z. B. ein Hindernis oder ein Verbot darstellt, ist dynamisch eine *Barriere*. Einem jeden dieser Momente entspricht eine gerichtete Kraft, die durch einen Vektor dargestellt wird. Aus der Stellung der Vektoren in einer topologischen Darstellung lässt sich ableiten, welche Region eine Lokomotion ausführen wird, das bedeutet psychol. eine best. Handlung. Der topologische Weg, auf dem diese erfolgt, ist nicht ohne Weiteres gegeben, sondern setzt die Möglichkeit einer Def. von Richtung voraus. Durch bes. geometrische Überlegungen kam Lewin zur Konzeption einer *Hodologie*, die eine begrifflich eindeutige Behandlung von Richtungsproblemen zulässt. Die Mathematisierung psychol. Gegebenheiten durch die Topologie hat den Vorteil, dass Gegebenheiten dargestellt werden können, die im quant. Sinn nicht messbar sind. Der Begriff *Vektor* erfordert streng genommen eine Messbarkeit psychol. Kräfte, um relative Größenbeziehungen mehrerer Kräfte ausdrücken zu können.

Test Toronto-Alexithymie-Skala-26 (TAS-26), 2001, J. Kupfer, B. Brosig & E. Brähler, [www.testzentrale.de], [**DIA, EM, KLI**], klin. Verfahren. AA Jugendliche ab 14 Jahren und Erw. Der TAS-26 erfasst mit den Skalen *Schwierigkeiten bei der Identifikation von Gefühlen*, *Schwierigkeiten bei der Beschreibung von Gefühlen* und den *extern orientierten Denkstil*. Außerdem können die drei Skalenwerte zu einer «Alexithymie-Gesamtskala» addiert werden (*Alexithymie*). Der Test besteht aus 26 Items, die auf fünfstufigen Antwortskalen beantwortet werden müssen. Bei der TAS-26 handelt es sich um die dt.sprachige Adaption des von G. Taylor entwickelten Fragebogens, der internat. bereits in zahlreichen psychosomatischen und psychophysiologischen Studien eingesetzt wurde. *Normierung*: Es liegen T-, z- und Prozentrangwerte für die Gesamtgruppe und für versch. Untergruppen vor. Bearbeitungsdauer: ca. 10 Min.

Torpor [engl. *torpor*; lat. *torpidus* erstarrt, Erstarrung], Regungslosigkeit, Schlaffheit, *Lethargie*, [**KOG**], Bez. bei Tieren ein Energiesparmodus ähnlich dem Winterschlaf.

Torsades de pointes (= TdP), [**PHA**], Sonderform der ventrikulären *Tachykardie*, bei der es zu wechselnden Amplituden der Herzaktion kommt und im EKG polymorphe, um die isoelektrische Linie spindelförmig angeordnete QRS-Komplexe aufgezeichnet werden. Es handelt sich um eine potenziell lebensbedrohliche Herzrhythmusstörung, da bei einer extrem schnellen Aktion der Herzkammern (Puls über 300/Min.) kein Blut mehr in den Kreislauf gepumpt wird. Ein kleiner Teil der Betroffenen bleibt asymptomatisch, bei den meisten treten jedoch mehr oder minder gefährliche *Symptome* auf: Palpitationen, Angina pectoris, Dyspnoe, arterielle *Hypotonie*, Schwindelanfälle, Krampfanfälle und am häufigsten Synkopen. Bei ca. der Hälfte der Betroffenen kommt es nach einiger Zeit spontan zur Normalisierung des Herzrhythmus. Bei den übrigen Pat. entwickelt sich ein Kammerflimmern, das unbehandelt innerhalb weniger Min. zum Herzstillstand führen kann. Zu den wichtigsten Risikofaktoren für das Auftreten von TdP zählen kardiovaskuläre Vorerkrankungen (KHK, Herzinsuffizienz, Myokardischämien), bradykarde Herzrhythmusstörungen, höhergradige AV-Blockierungen, kongenitale Verlängerungen der QT-Zeit (Long-QT-Syndrom), Elektrolytstörungen (Hypokaliämie und Hypomagnesiämie) und weibliches Geschlecht. Darüber hinaus erhöht sich das Risiko für TdP deutlich bei einer medikamentös bedingten *QTc-Zeit-Verlängerung*. Die Gefahr von TdP ist bes. hoch, wenn es zu einer Verlängerung der QTc-Zeit um mehr als 60 ms im Vergleich zum Therapiebeginn kommt oder wenn QTc-Zeiten von mehr als 500 ms gemessen werden. In diesem Fall muss das als Ursache für die QTc-Zeiten Verlängerung angenommene Präparat herabdosiert bzw. abgesetzt werden.
T. Veselinović

Torsion [engl. *torsion*; lat. *torquere* drehen], Drehung um die Längsachse, Abdrehung.

Torsionsspasmus, Torsionsdystonie [engl. *torsion spasm, torsion dysthonia*; lat. *torquere* drehen, *spasmo* Krampf, gr. δυσ- (dys-) miss-, τόνος (tonos) Spannung], [**BIO**], bei dem seltenen Erbleiden kommt es infolge degenerativer Veränderung im *extrapyramidales System* zu Veränderungen des *Muskel*tonus und zu *Athetose*. Charakteristisch sind krankhafte Überstreckungen der Wirbelsäule, die zu bizarren Körperdrehungen oder Korkzieherbewegungen des Körpers führen. Hierzu gehört auch der spastische Schiefhals (*Torticollis spasticus*).

Total Quality Management (TQM), betriebliches [engl. umfassendes *Qualitätsmanagement*], [**AO, FSE**], TQM ist ein integratives, ganzheitliches Managementkonzept zur präventiven (*Prävention*) und prozessorientierten *Qualitätssicherung* im ganzen Unternehmen, nach dem *Qualität* nicht mehr nur als reines Produktmerkmal, sondern als unternehmensweite Verpflichtung für hervorragende Leistungen und *Kundenzufriedenheit* betrachtet wird. Basis ist ein mehrdimensionales Verständnis von Qualität mit den Kernelementen Mitarbeiter-, Kunden- und Prozessorientierung. Neben den externen Kunden wird von sog. internen Kunden-Lieferanten-Beziehungen gesprochen (bspw. liefert die Personalentwicklungsabteilung (*Personalentwicklung*) als Dienstleistung Trainings (*Training*) für Mitarbeiter anderer Abteilungen). Umfassende TQM-Programme sind mehrstufig und zyklisch aufgebaut und basieren auf der Idee der kontinuierlichen Verbesserung. Als unabdingbar für die Einführung und den Erfolg eines TQM-Programms werden eine rückhaltlose Unterstützung und das glaubwürdige Engagement aller *Führungs*kräfte insbes. des obersten *Managements* im Unternehmen betrachtet. Nach deren Entscheidung für ein TQM-Programm folgen im weiteren Verlauf sog. Ist-Analysen zur Ermittlung von organisationsinternen Schwachstellen und Verbesserungsbereichen, Sensibilisierungskampagnen und Maßnahmen zur Überprüfung der Qualitätsaktivitäten. Gefordert wird die Einbeziehung aller beteiligten Mitarbeiter, Zulieferer und Kunden sowie eine konsequente Orientierung aller Prozesse an den Qualitätsanforderungen sämtlicher interner und externer Kunden. Die Einbeziehung der Mitarbeiter erfolgt durch entspr. Qualifizierungsmaßnahmen und deren Teilnahme an *Qualitätszirkel* oder Problemlösegruppen (*Problemlösen*), in denen Verbesserungsvorschläge entwickelt werden (*kontinuierliche Verbesserungen*). *PDCA-Zyklus*. Hummel & Malorney 1996, Zink 1995. I. Seeberg

TOTE-Einheit, [**KOG**], Abk. aus *test – operate – test – exit* [engl. prüfen – handeln – prüfen – beenden], analog VVR-Einheit, Abk. aus *Veränderung – Vergleich – Rückkopplung*, von Miller et al. (1960) vorgeschlagene schematische Darstellung des kybernetisch interpretierten Handlungsablaufs (*Kybernetik*). Der Ist-Wert des Organismuszustandes, z. B. die gegenwärtig verfügbare Information, wird mit dem Sollwert verglichen *(test)*, aus dem Ergebnis wird eine instrumentelle Handlung gefolgert *(operate)*, deren wahrscheinlicher Erfolg mit dem Sollwert verglichen *(test)* und bei genügender Übereinstimmung ausgeführt wird *(exit)*. Kaminski (1973) hat das Schema erweitert und verbessert. *PDCA-Zyklus*. R. Bergius

Totemismus [engl. *totem*; Algonkin (nordamerikanische Indianersprache) *ototeman* Verwandtschaft, Schutzgeist], Glaube an ein Totem, d. h. ein Wesen oder einen Gegenstand (Tier, Pflanze, Naturerscheinung), das v. a. bei Naturvölkern als übernatürliche Zauberkraft besitzend verehrt wird.

Totstellverhalten, [**KOG**], syn. *Totstellreflex* [engl. *play-dead reflex*], (biol.) angeborene Täuschungsreaktion (*Täuschungsverhalten*) bei drohender Feindgefahr. Viele Jungtiere – vorwiegend nestflüchtender Vögel und Säuger – stellen bei Gefahr oder auf einen Warnruf der Eltern jegliche sichtbare Bewegung ein und verschmelzen – dank ihrer Tarnfärbung – dadurch optisch mit dem Untergrund, sodass der Fressfeind sie kaum oder gar nicht wahrnehmen kann. Käfer ziehen bei Störung die Beine ein und lassen sich zu Boden fallen, wo sie kaum aufzufinden sind. *Notfallreaktion*. C. Becker-Carus

Tötungshemmung (T.) [engl. *killing inhibition*], [**KOG**], (biol.) angeborene Verhaltensweise, die das Töten von Artgenossen verhindern kann. Bei Wölfen z. B. zeigt der in einem Kampf Unterlegene eine Beschwichtigungs- oder *Demutsgebärde*, die beim Sieger eine Beißhemmung auslöst. Löwen, die keine sozialen Beißhemmungen haben, sind aber gegenüber ihnen bekannten Rudelmitgliedern absolut beißgehemmt (T. bei Bekanntheit). Letzteres gilt für viele andere Tiere und wohl auch für den Menschen, was die Verhängung von Fraternisierungsverboten im Kriege deutlich macht. Die Pute tötet die selbst erbrüteten eigenen Jungen, wenn sie taub oder exp. vertaubt ist und daher den für die Tötungshemmung verantwortlichen Schlüsselreiz, das Piepen der Jungen, nicht wahrnehmen kann. C. Becker-Carus

Tourette-Störung [engl. *Tourette syndrome, Tourette's disorder*]; syn. *Gilles-de-la-Tourette-Syndrom (GTS)*, *Tic-Störungen*.

^Test^**Tower of London – Deutsche Version (TL-D)**, 2004, von O. Tucha, K. W. Lange; [**BIO, DIA, KOG**], Shallice (1982) entwickelten den TL-D auf der Grundlage des Tower of Hanoi Tests (*Probleme, einfache*). Es gibt viele unterschiedliche Versionen, die sich z. T. stark von der Originalversion unterscheiden. Der TL-D ist ein neuropsychol. Testverfahren zur Erfassung *exekutiver Dysfunktion*. Der Test besteht aus drei farbigen Kugeln, die auf drei nebeneinanderstehenden Stäben unterschiedlicher Länge platziert sind. Es ist die schrittweise mentale Überführung eines Ausgangs- in einen Zielzustand gefordert. Mithilfe einer klassischen Transformationsaufgabe werden Planungsfähigkeit und konvergentes problemlösendes Denken (*Problemlösen*) erfasst. AA Kinder von 6 bis 15 Jahren, Erwachsene von 18 bis > 65 Jahren. Durchführungsdauer: ca. 20–25 Min. Eine Normierung liegt für die Anzahl gelöster Probleme vor, Planungszeit und Pausen werden nicht erfasst. S. V. Müller

Toxikopsychologie [gr. τοξίνη *(toxine)* Gift], syn. *(neuro-)ps. Toxikologie*, [**BIO, PHA**], (1) Teilgebiet der Pharmakops. oder Neurops., das sich mit den psych. Begleiterscheinungen bei *Vergiftungen* befasst. (2) Teilgebiet, das sich mit den Wirkungen von chem. Stoffen, bes. von Umweltschadstoffen, befasst. Hartman 1995.

Toxikose [engl. *toxicosis*; gr. τοξίνη *(toxine)* Gift], [**BIO, PHA**], Krankheitsbild der *Vergiftung* bzw. durch Vergiftung erzeugte *Krankheit*.

toxisch [engl. *toxic*; gr. τοξίνη *(toxine)* Gift], syn. *giftig*, [**PHA**], Bez. für schädigende Wirkung eines chem. Stoffes.

TQM *Total Quality Management (TQM), betriebliches*.

trace access view [engl. *trace* Spur, *access* Zugriff, *view* Sichtweise], *Feeling-of-Knowing-Urteil*.

tracking [engl. *track* Spur], [**AO, DIA, KOG**], Spurenverfolgung, exp. Aufgabe, mithilfe derer sich die *Bewegungssteuerung* vor allem im Umgang mit Werkzeugen untersuchen lässt. Eine klassische Anordnung ist der *pursuit rotor*, der heute in der Forschung kaum noch verwendet wird. Die Struktur einer *Tracking*-Aufgabe entspricht der eines *Regelkreises*: Vorgegeben wird die Position eines Zielpunktes *(target)*, deren zeitlicher Verlauf die Vorlage *(track)* darstellt (entspricht der Führungsgröße). Die Vp muss mittels einer geeigneten Bewegung einen Folgepunkt *(follower)* mit dem Zielpunkt zur Deckung bringen; dessen Position entspricht der Regelgröße (Zielpunkt und Folgepunkt werden meist auf einem Bildschirm dargeboten). Die Vp entspricht dem Regler, die Position z. B. ihrer Hand der Stellgröße, die Beziehung zw. z. B. Handposition und Folgepunktposition der Regelstrecke. Der Regelabweichung entspricht die Abweichung der Positionen von Ziel- und Folgepunkt. Beim *Folgetracking (pursuit tracking)* werden Zielpunkt und Folgepunkt dargeboten, beim Kompensationstracking *(compensatory tracking)* nur die Abweichung ihrer Positionen. Alle Variablen und Übertragungseigenschaften in einer Tracking-Anordnung können variiert werden; von bes. Bedeutung ist die Variation der Transformation der Eigenbewegung der Vp in die Bewegung des Folgepunktes. Prinzipiell lassen sich eine Vielzahl von *Mensch-Maschine-System* mithilfe von Tracking-Anordnungen simulieren. Poulton 1974. H. Heuer

Traction-Effekt [engl. *traction* Zug, Ziehen], Ziehen- oder Zug-Effekt. *Tunnelphänomen*, *Kausalitätswahrnehmung*.

Tractus opticus [lat.] *Sehbahn.*

trade-off (= t.) [engl.] Austausch(beziehung), **[KOG, WIR]**, Erfordernis, i. S. eines Zielkonflikts Eigenschaften von Entscheidungsoptionen gegeneinander abzuwägen. Wenn keine Option alle bestmöglichen wünschenswerten Eigenschaftsausprägungen auf sich vereint, muss bei einer Entscheidung ein t. vorgenommen werden, d. h. auf eine pos. Ausprägung einer Eigenschaft zugunsten einer pos. Ausprägung einer anderen Eigenschaft verzichtet werden. Dies ist z. B. bei Preis und Qualität oft der Fall, da das billigste Produkt selten das Beste ist und Personen abwägen müssen, welche Eigenschaftskombination einen günstigen Kompromiss darstellt. *Entscheiden, Entscheidungstheorie, Entscheidungsheuristiken, Entscheiden unter Unsicherheit.* Keeney & Raiffa 1976. *H.-G. Wolff*

Tradition (= T.) [engl. *tradition*; lat. *tradere* übergeben, anvertrauen], **[SOZ]**, Überlieferung, ein Gemenge von kult.-zivilisatorischen, geistigen Werten (*Werte*), Werthaltungen, Moralanschauungen (*Moral*) und deren Äußerungsformen (Kulturvollzug). Das Wahren (Übernehmen wie Weitergeben) der T. geschieht überwiegend unreflektiert, gewohnheitsmäßig. Das «Tradieren» besitzt den Charakter der Selbstverständlichkeiten. Je mehr T.bewusstsein aufkommt, umso problematischer steht es meist um die T., umso stärker tritt sie in das Spannungsverhältnis zur Idee des Fortschritts. Dem meist mit Autoritätsglauben verbundenen T.alismus wird erst ungläubig, dann kritisch, zuletzt revolutionär begegnet. *Moralpsychologie.*

Trägheit [engl. *inertness*], **[PER]**, Bez. für die allen Organismen zukommende Gegenhaltung zur Aktivität – vergleichbar mit und angenähert der *Perseveration* und der *Rigidität.* Ein eigener Trägheitsfaktor wird angenommen (z. B. von R. B. Cattell). *Inertia-Effekt.*

Trägheitsprinzip nach Freud [engl. *Freud's principle of neuronic inertia*]; *Abfuhr, Libido, Todestrieb.*

[Test]Trail Making Test (TMT), 1992, von R. M. Reitan **[BIO, DIA]**, der TMT wurde 1944 von der US-Armee sowohl als Eignungsverfahren wie auch als Evaluationsstrument für Hirnverletzungen (*Hirnschädigung*) unter Soldaten verwendet. Es existieren zahlreiche Versionen des TMT, auch für andere Schriftzeichen, weiterhin ist der TMT als Untertest Bestandteil mehrerer neuropsychol. Testbatterien wie z. B. der CERAD. Die *Normierung* an einer dt.sprachigen Stichprobe wurde von Rodewald et al. (2012) durchgeführt. Darüber hinaus wurde eine computerisierte Version entwickelt: der Trail Making Test Langensteinbacher Version (TMT-L). Der TMT ist ein neurops. Testverfahren zur Erfassung von *Aufmerksamkeitsstörungen* und *exekutiven Dysfunktionen* mit einem sehr weiten Verbreitungsgrad. AA Kinder von 9 bis 14 Jahren sowie Erw. ohne Altersangabe. Der TMT ist ein Papier-und-Bleistifttest, der aus zwei Teilen, TMT-A und TMT-B, besteht. Im ersten Teil müssen Zahlen in aufsteigender Reihenfolge verbunden werden und im zweiten Teil Zahlen und Buchstaben alternierend. Es fehlt jedoch eine Einordnung in neuere Konzepte der Neurops., insbes. bzgl. exekutiver Funktionen. Die Interpretation der Testbefunde ist nicht ganz einfach, da neben der kogn. Verarbeitungsgeschwindigkeit sprachliche, exekutive und Aufmerksamkeitskomponenten erfasst werden können. Der TMT ist nicht geeignet, um neurops. Differenzierung vorzunehmen, weist aber als *Screening-*Instrument einen gewissen Nutzen auf. Durchführungsdauer: 4 bis 8 Min. *S. V. Müller*

Training (= T.) [engl. Ausbildung, Übung], **[AO, PÄD]**, ist das systematische und zielgerichtete Durchführen von Übungen zum Erwerb oder zur Steigerung spezif. *Kompetenzen* (*Kompetenztraining*) und *Fertigkeiten* (*Fertigkeitserwerb*; z. B. *Kommunikationstraining*, Stressreduktionstrainings, *Autogenes Training*, mentale Reha-Trainings). Die Einheiten des T. müssen dabei für die Trainierenden einen Anforderungscharakter aufweisen, der das derzeitige Leistungsniveau übersteigt (z. B. höhere Intensität, höhere Schwierigkeit, neue Inhalte). Liegt die Anforderung der Einheiten über der akt. Leistungs- und unter der Überforderungsgrenze, kann sich das angesprochene System anpassen und so ein höheres Leistungsniveau erreichen. Zur Optimierung der Wirksamkeit wird versucht, die T. situation möglichst ähnlich zur Anwendungssituation zu gestalten. *Aus- und Fortbildung, Beurteilertraining, Coaching, interkulturelles Training.* Ulich 1964, 1969, Hacker 1978. *T. Altmann*

Training, interkulturelles *interkulturelles Training.*

Training, mentales (= m. T.) [engl. *mental training*; lat. *mens* Geist, Verstand], **[KOG, PÄD]**, *Training*; m. T. meint eine planmäßige, wiederholte und bewusst durchgeführte Form, sich auf ein singuläres oder wiederkehrendes (meist sportliches) Ereignis vorzubereiten. Dabei wird in der ursprünglichen Form des m. T. mithilfe eines Vorstellungstrainings (hier werden *sprachlich-symbolische, räumlich-bildhafte* und *kinästhetische* Ansätze unterschieden) geübt, sich stark fokussiert eine Situation und eine darauffolgende *Handlung* des trainierenden Subjekts bildlich vorzustellen und diesen Prozess möglichst detailliert durchzugehen (*Bewegungsvorstellung*). Die vorgestellte Sequenz wird hierbei nicht durch die tatsächliche Ausübung der Bewegung begleitet. Der Ursprung des m. T. liegt im Leistungssport und wird von Athleten zur gezielten Wettkampfvorbereitung und trainingsbegleitenden Bewegungsoptimierung genutzt. Dabei können z. B. lange Sequenzen eines gesamten Laufs (z. B. ein Bahnverlauf beim Bobfahren) mental trainiert werden oder auch nur sehr kurze spez. Sequenzen in einer Bewegung (z. B. die Absprungphase beim Skispringen). Der Athlet kann in der Vorstellung entweder die Beobachterperspektive einnehmen und sich selbst in der Vorstellung von außen betrachten oder aber aus der Innensicht heraus mental trainieren und die Bewegung oder den Lauf in der Vorstellung mit eigenen Augen sehen. M. T. ist bes. wirksam, wenn es mit physischem Training kombiniert wird; es kann körperliches Training also nicht ersetzen, aber gewinnbringend ergänzen. Inzw. wird das m. T. auch in anderen Bereichen zur Anwendung gebracht, um sich das gezielte und bewusste Training von Sequenzen und Handlungen etwa bei der *Rehabilitation* nach Erkrankung bzw. Verletzung oder in Feldern der *Arbeitspsychologie* zunutze zu machen.

[KLI], therap. ist m. T. ein kogn.-imaginatives Verfahren, das *verhaltenstherap.* genutzt wird. Schwierige Leistungen, die wegen ihrer hohen Anforderungen oder Besonderheiten der relevanten Situation nicht ständig real geübt werden können, werden geistig geübt. M. T. umfasst drei Schritte: *briefing* (Vorbereiten und Hinterfragen der geistigen Vorstellung): *rehearsing* (Erprobung): *debriefing* (Auswertung, Korrektur, Bestärkung). Mayer & Hermann 2011, Loehr 2012, Heuer 1985. *S. Hellmers/H. Heuer/F. Caspar*

Training, psychoregulatives *psychoregulatives Training.*

Trainingsevaluation (= T.) [engl. *training evaluation*], [AO, FSE], *Evaluation*; als meth. Basis und wesentlicher Bestandteil der Trainingsforschung [engl. *science of training*] untersucht seit rund 40 Jahren umfassend berufliche *Aus- und Fortbildung* [engl. *training*] mit wiss., empir. Methoden und ermittelt dabei Ausmaß und Bedingungen des Trainingserfolgs. Damit ist diese arbeits- und organisationspsychol. Anwendungsforschung zunehmend evidenzbasiert (*Evidenzbasierung*) ausgerichtet, ähnlich wie die *Psychotherapieforschung*. T. in der Praxis genügt jedoch selten wiss. meth. Standards. Die Forschung entwickelt Modelle zur T., identifiziert Variablen und Indikatoren sowie deren Wirkungszusammenhänge im Trainingsablauf. Dabei lassen sich in Anlehnung an Kauffeld (2010) ergebnis- und prozessbezogene Ansätze unterscheiden:

(1) *Ergebnisbezogene Ansätze* erforschen, wie effektiv ein Training ist, und systematisieren Kriterien des Trainingserfolgs. Somit betreiben sie *Wirksamkeitsforschung*. Trotz Kritik und Modifikationen dominiert bis heute das Modell von Kirkpatrick mit seinen pragmatischen Kategorien (*Kirkpatrick-Modell*). Es beschreibt vier Ebenen der Trainingswirkung, die hierarchisch aufeinander aufbauen sollen und die eine idealtypische T. vollst. berücksichtigt. In *Metaanalysen* ergaben sich für betriebliche Weiterbildungen auf diesen Ebenen durchschnittliche *Effektstärken* von $.60 < d < .63$. (a) *Reactions*: Wie erleben die Teilnehmenden die Weiterbildung? Fanden sie diese nützlich oder anregend? (Erfassung z. B. mittels Fragebogen). (b) *Learning*: Ändern sich *Wissen*, *Fertigkeiten* oder *Einstellungen*? (Erfassung z. B. mittels Wissenstests oder Problemlöseaufgaben). (c) *Behavior*: Übertragen die Teilnehmenden das Gelernte auf ihre Arbeit? (Erfassung z. B. mittels *Verhaltensbeobachtung* oder *Arbeitsprobe*). (d) *Results*: Verbessert sich die Leistung der Abteilung oder Organisation? (Erfassung z. B. mittels arbeitsbezogener, häufig betriebswirtschaftlicher Leistungsdaten wie Produktivität, Umsatz oder Fehlerquoten.)

(2) *Prozessbezogene Ansätze* erforschen, wodurch ein Training effektiv wird, eingebettet in die gesamte Personalentwicklung von Berufstätigen. Sie betrachten insbes. *Prädiktoren* des Trainingserfolgs und sind der *Wirkungsforschung* zuzuordnen. Dabei handelt es sich meist um komplexe Modelle, die relevante *Konstrukte*, Zusammenhänge und Wirkprozesse benennen, die letztlich *Lernen* und *Transfer* beeinflussen. Die Modellvariablen werden bis heute zurückgehend auf Baldwin und Ford typischerweise folg. Bereichen zugeordnet, nach denen auch Metaanalysen ihre Auswertungen organisieren: (a) *Trainingsteilnehmende*: Für den Weiterbildungserfolg entscheidende Eigenschaften der Teilnehmenden wie *Wissen*, *Fähigkeiten* oder *Motivation*. (b) *Trainingsgestaltung*: didaktische Aspekte (*Didaktik*) der Weiterbildung wie lerntheoret. Fundierung (*Lerntheorien*), Art der Lerninhalte oder Feedback. (c) *Arbeitsumgebung*: Kontextmerkmale des Arbeitsplatzes, die sich auf *Lernen* und berufliche Anwendung auswirken, wie Transferklima, Unterstützung durch Vorgesetzte oder Kollegen.

(3) *T. in der Praxis* könnte zu einem umfassenden *Qualitätsmanagement* im betrieblichen Bildungscontrolling sowie zu einer evidenzbasierten Trainingspraxis beitragen. Idealerweise beginnt sie mit einer systematischen *Bedarfsanalyse* und evaluiert die Weiterbildung formativ und summativ (*Evaluation, formative, Evaluation, summative*). Tatsächlich finden diese nur selten statt. In diesen Fällen stützen sie sich überwiegend auf Kurzfragebogen, die weder psychometrischen Standards (*Gütekriterien*) entsprechen noch statistisch ausgewertet werden. In solchen sog. *smile sheets* oder *happy sheets* bewerten die Teilnehmenden eher oberflächlich, wie sehr ihnen das Trainingsangebot und die Lehrenden gefallen haben. Schaper 2011, Salas et al. 2012. *S. Hochholdinger*

Trainingsfamilie, [EW, KLI], Ersatzfamilie [engl. *substitute family*], in der Jugendliche mit Ersatzeltern (Ersatzgeschwistern) für best. Zeit *verhaltenstherap.* «trainiert» werden.

Trainingsgruppe (= T.) [engl. *training group, T-group*], [KLI, SOZ], wenig vorstrukturierte Kleingruppen von zumeist 8–15 Teilnehmern i. R. gruppendynamischer Veranstaltungen. Sie werden von 1–2 Trainern begleitet, die durch weitgehende Zurückhaltung und die Weigerung, Führungsaufgaben zu übernehmen, eine Art soz. Vakuum hervorrufen wollen, das von den Teilnehmern selbst gefüllt werden muss. Gegenstand der Trainingsarbeit ist damit die Untersuchung der augenblicklichen Situation, der interpersonellen Dynamik mit ihrer Rollen- und Normendynamik sowie die Entwicklung situationsangemessener Verhaltensformen. Andere Themen als diese sind in der T. nicht zugelassen. Rechtien 2007. *W. Rechtien*

Trainingsprogramm Mengen, zählen, Zahlen (= MZZ.) [engl. *quantities, counting, numbers*], [KLI, PÄD], ist ein entwicklungspsychol. fundiertes Programm zur mathematischen Frühförderung (*mathematische Frühförderung*) sowie zur *Prävention* und *Intervention* von Rechenschwäche (*Dyskalkulie, Rechenschwäche, Dyskalkulie, Rechenschwäche; Prävention, Dyskalkulie, Rechenschwäche; Training*). MZZ. orientiert sich am Entwicklungsmodell der Zahl-Größen-Verknüpfung (*mathematische Kompetenzen, Entwicklungsmodell*) und baut systematisch ein numerisches Verständnis von Zahlen auf. Neben der Vermittlung und Festigung von Zahlwortfolge und Ziffernkenntnis zielt MZZ. insbes. auf die Größenvorstellung von Zahlen und auf das Verständnis für die Beziehungen zw. Zahlen ab. Es fördert die Bewusstheit dafür, dass aufsteigende Zahlen mit zunehmenden Stückzahlen, Volumina und Längen korrespondieren, dass Zahlen in andere Zahlen zerlegt werden können und dass der Unterschied zw. zwei Zahlen wieder eine Zahl ist. MZZ. berücksichtigt die begrenzten Arbeitsgedächtnisressourcen von Kindern (*Arbeitsgedächtnis, Arbeitsgedächtnis im Kindesalter*) und lenkt deren *Aufmerksamkeit* ausschließlich auf die math. Lerninhalte. Aufbau, Regeln und abstrakte Strukturen des Zahlenraums bis 10 werden durch strukturorientierte Darstellungsmittel, mit denen operiert werden kann, äußerlich «sichtbar» gemacht. MZZ. wird i. d. R. in dreimal wöchentlich stattfindenden Sitzungen über einen Zeitraum von acht Wochen (24 Sitzungen) in Einzelförderung, Kleingruppenförderung oder klassenintegriert im schulischen Anfangsunterricht durchgeführt. Mehrere empirische Studien belegen die kurz- und langfristige Effektivität von MZZ. auf die math. Kompetenzen von Kindergartenkindern, Vorklassenkindern und Grundschülern mit verzögerter math. Entwicklung. MZZ. hat sich auch bei Lernhilfeschülern und Schülern mit geistiger *Behinderung* bewährt. Die größten Effekte auf die math. Schulleistungen konnten bei Anwendung in der ersten Klasse nachgewiesen werden. Krajewski et al. 2007, Krajewski 2013. *K. Krajewski*

training within industry (TWI) [engl.] Training in der Industrie, [**AO, PÄD**], eine während des Zweiten Weltkriegs in den USA entwickelte Methode der Unterweisung von Mitarbeitern, der «besseren Gestaltung der Mitarbeiterbeziehungen» und der Arbeitsverbesserung. Kennzeichnende Merkmale sind die *Vier-Stufen-Methode* und die *Konferenzmethode*. Erstere geht auf (z. B. Herbart) zurück: (1) Stufe des richtigen Vorbereitens; (2) Stufe des Vorführens des Arbeitsvorganges mit Zeigen und Erklären nach was, wie, warum; (3) Stufe mit Ausführenlassen durch den Lernenden mit Befragen nach Was, Wie, Warum; (4) Stufe des Abschlusses mit Überwachen beim Alleinarbeitenlassen. Die Konferenzmethode bemüht sich durch systematische Besprechung der versch. im Arbeitsleben vorkommenden Fälle um die Arbeitsverbesserung. *Formalstufentheorie, heuristische Regeln.*

trait [engl.] Wesenszug, Eigenart, [**PER**], ein relativ konstanter Wesenszug, Charakterzug, Eigenschaft einer Person im Ggs. zu *state*. *Persönlichkeit, klassische faktorenanalytische Ansätze, Persönlichkeitsfaktor, Persönlichkeitsmerkmal, Rolle.*

Trait-Angst [engl. *trait anxiety; trait* Eigenschaft, Wesensmerkmal], *Angst.*

^{Test}**Trait Emotional Intelligence Questionnaire (TEIQue)**, 2009, von K. V. Petrides, [www.eiconsortium.org/measures/teique.html], [**DIA, EM, PER**], Fragebogen mit 153 Items (Langform Erwachsene, Langform Jugendliche 13–17 Jahre, Kinder 8–12 Jahre 75 Items, Kurzformen ab 15 Items) zur Messung *emotionaler Intelligenz* (EI) oder *emotionaler Kompetenz* (EK). Petrides unterscheidet Trait-EI (Fragebogenerhebung) von Ability-EI (Leistungstesterhebung). Es werden 15 Facetten erhoben: *emotion expression* (emot. *Expressivität*), *empathy* (*Empathie*), *self-motivation* (*intrinsische Motivation*), *emotion regulation* (*Emotionsregulation*), *happiness* (glückliches Lebensgefühl), *social awareness* (*soziale Kompetenzen* und *Selbstvertrauen*), *low impulsiveness* (geringe *Impulsivität*), *emotion percep-* *tion* (Emotionswahrnehmung), *self-esteem* (*Selbstwertgefühl*), *assertiveness* (Durchsetzungsfähigkeit), *emotion management* (Regulation der Gefühle anderer), *optimism* (zukunftsbezogener *Optimismus*), *relationships* (positive Beziehungen), *adaptability* (Anpassungsfähigkeit), *stress management* (Umgang mit Stress). Als Oberfaktoren gelten *well-being* (pos. Lebensgefühl), *self-control* (gesunde Selbststeuerung), *emotionality, sociability*. Psychometr. *Reliabilitäten* und *Validitäten* liegen im üblichen Bereich, allerdings decken die TEIQue-Skalen neben EI/EK auch Persönlichkeitsdimensionen ab. Die Bearbeitung dauert je nach Länge zw. 5 und 20 Min. Zur Auswertung gibt es SPSS-Syntaxprogramme. Der TEIQue ist frei verfügbar (Manual muss erworben werden). [www.psychometriclab.com]. *Emotionale-Kompetenz-Fragebogen (EKF)*. Freudenthaler et al. 2008. *H. Rindermann*

Trajektorie [engl. *trajectory*], [**KOG**], Kurve in einem (mehrdimensionalen) Raum, die den zeitlichen Verlauf des Zustandes eines Objekts beschreibt; in der *Psychomotorik* spez. die zeitliche Veränderung von Variablen (z. B. Position, Geschwindigkeit), die den Zustand eines bewegten Körperteils zu jedem Zeitpunkt beschreiben.

Tramadol (= T.) [engl. *tramadol*], [**PHA**], Substanz aus der Gruppe der zentralen opioiden *Analgetika*, die nicht dem Betäubungsmittelgesetz unterliegt und eine der am häufigsten verschriebenen opioiden Analgetika ist. Die Wirkung entspricht ca. 1/5–1/10 der von *Morphin*. T. wirkt 4–6 Std.

Trance [lat. *transitus* Übergang, frz. *trance*], [**KLI**], hypnoseähnlicher Zustand mit vielfach nachfolg. Erinnerungslosigkeit, bei dem aber zugleich nicht erwartete Aussagen oder Handlungen möglich sein können. *Ekstase, Hypnose, Somnambulismus.*

Tranquillanzien, Tranquilizer (= T.) [engl. *tranquilizer*; lat. *tranquillare* beruhigen], [**PHA**], *Psychopharmaka*, die psych. Erregung und *Emotionen* neg. Valenz (insbes. *Angst*, Traurigkeit, *Ärger*) beseitigen, ohne dass dies ausschließlich auf unspezif. desaktivierende Eigenschaften zurückzuführen wäre. I. Ggs. zu den in niedrigen Dosierungen zwar auch tranquillisierenden *Antipsychotika* (früher engl. *major tranquilizers*) finden die T. (früher engl. *minor tranquilizers*) hauptsächlich bei emot. gespannten und ängstlichen Pat. sowie bei Gesunden unter emot. Belastungsbedingungen Verwendung. T. haben z. T. Ähnlichkeit mit niedrig dosierten *Hypnotika*, die als *Sedativa* früher die Funktion der heutigen T. und Antipsychotika erfüllten. Wesentlicher Unterschied zu den Sedativa ist die fehlende schlaferzwingende, lediglich schlafanstoßende Wirkung der T. in niedriger Dosierung. Chemisch gliedern sich T. (i. w. S.) in folg. Gruppen: (1) *Meprobamat* und Verwandte, (2) *Benzodiazepine*, (3) andere an Benzodiazepinrezeptor angreifende Substanzen (z. B. *Zopiclon, Zolpidem*), (4) 5-HT1a-Agonisten (z. B. *Buspiron, Ipsapiron*), (5) H1-*Antihistaminika*, (6) *Opipramol* (verwandt mit trizyklischen Antidepressiva), (7) *Antidepressiva* (als *Anxiolytika* bei versch. Angststörungen), (8) *Antipsychotika* (in niedriger Dosierung). Neurophysiol. erfolgt vorwiegend eine Erregungsdämpfung im limbischen und/

oder thalamischen System, in hohen Dosen eine Ausbreitung auf andere Strukturen, jedoch keine Narkotisierung und keine Verwendung als Narkoseadjuvans. Vegetative Wirkungen treten kaum auf. Häufig sind zentral muskelrelaxierende und spasmolytische Wirkungen. Psychol. Untersuchungen ergaben bei niedrigen bis mittleren Dosen keine oder nur geringe Leistungsbeeinträchtigungen, z. T. Verbesserungen in motorischen Funktionen sowie emot. Stabilisierung ohne oder mit nur geringer Müdigkeit. Die Wirkungen kovariieren mit Persönlichkeitsmerkmalen (u. a. *Neurotizismus*, *Extraversion*) und situativen Bedingungen (*Stress*, psych. Beanspruchung), was u. a. zur Annahme einer tranquillisierenden und desaktivierenden Wirkkomponente geführt hat. Tranquillisierung wird verstärkt bei Verschiebung der Ausgangslage habituell oder situativ in Richtung emot. Labilität. Deaktivierung tritt in den Vordergrund bei psych. Beanspruchung. Für den Nachweis von inter- und intraindiv. Differenzen werden faktorielle Versuchspläne benutzt, z. B. von medianhalbierten oder Extremgruppen aufgrund von *fragebogen*erfasster Persönlichkeitsvariablen, Variation von Stress, z. B. induziert durch elektrische Schmerzreize, simulierte Prüfungssituation, *delayed auditory feedback* und Lärm, Variation der psych. Beanspruchung durch unterschiedliche Testdauer und -schwierigkeit. Gründer & Benkert 2012, Stoll & Rickels 1995. *W. Janke/M. Reuter*

Transaktionales Stressmodell *Stressmodell, transaktionales*.

Transaktionalismus [engl. *transactionalism*; lat. *trans* über, *actio* Handlung, Tätigkeit], [**WA**], empiristische Richtung der *Wahrnehmungspsychologie*. Ausgangspunkt ist die Uneindeutigkeit der Beziehung zw. *distalem Objekt* und *Netzhautbild* (gegensätzliche Auffassung in der *ökologischen Wahrnehmungspsychologie*); obwohl bei gegebenem Netzhautbild also im Prinzip sehr viele Möglichkeiten existieren, gibt es meist nur eine einzige *Wahrnehmung*; die Eindeutigkeit der Wahrnehmung trotz des uneindeutigen Netzhautbildes soll durch Interaktionen/Transaktionen mit der Umwelt bedingt sein, sodass die Wahrnehmung letztendlich den realen Objekten entspricht. Zum Beleg der Theorie werden eine Reihe von Täuschungen (*Wahrnehmungstäuschung*) angeführt, bei denen z. T. die Wahrnehmung von Teilen nicht den realen Objekten entspricht, damit die Wahrnehmung anderer Teile der gewohnten Welt entsprechen kann (*Amessche Räume*). Kilpatrick 1961. *H. Heuer*

Transaktionsanalyse (= T.) [engl. *transactional analysis*; lat. *trans* über, *actio* Handlung, Tätigkeit], [**KLI**], auf Berne (1967) zurückgehendes Konzept der Einzel- und *Gruppentherapie*, das auf der Grundlage des humanistischen Menschenbildes (*Humanistische Therapie*n) und der *Psychoanalyse* (Federn, Freud, Erikson, Adler entwickelt wurde. Das Grundkonzept unterscheidet vier Analyseebenen. Bei der *Strukturanalyse* werden *Verhalten* und *Erleben* als Ausdruck wechselnder *Ich*-Zustände verstanden: kindliches Ich (spontane *Gefühle*), Eltern-Ich (internalisierte *Werte*) und Erwachsenen-Ich (kogn. Strukturen (*Kognition*)). Bei einer gesunden *Persönlichkeit* sind die Ich-Zustände klar getrennt und je nach Situation kann die Ich-Haltung wechseln. In der T. i. e. S. werden wiederkehrende Kommunikationsmuster im Hinblick auf ihre *Transaktionen* zw. den versch. Ich-Zuständen analysiert. Die Transaktionsmuster werden als Ausdruck erlernter Rollenspiele gesehen, die Manifestationen eines grundlegenden Lebensdrehbuchs (*Script*) sind. In der *Spielanalyse* wird Verständnis für Beziehungsabläufe und erlernte *Rollenspiele* erarbeitet. In der *Skriptanalyse* wird die Ursache für das «Lebensskript» auf elterliche Indoktrinationen (pos./neg.) zurückgeführt. Dem Pat. kommt in dem Veränderungsprozess eine aktive und selbstverantwortliche Rolle zu. Es liegen bislang keine ausreichenden Wirksamkeitsbelege vor. *F. Caspar*

Transdisziplinarität [engl. *transdisciplinarity*; lat. *trans* über]; *Interdisziplinarität*.

Transduktion [engl. *transduction*; lat. *trans* über, *ducere* führen], [**BIO, WA**], die Übersetzung physikal. Energie in Nervenimpulse durch Sinneszellen (*Sinne*).

Transfer (= T.) [engl. *Übertragung*; lat. *trans* über, *ferre* tragen], syn. Mitlerneffekt, [**KOG, PÄD**], werden best. Vorgänge beim *Lernen*, *Denken*, *Problemlösen* oder *Fertigkeitserwerb*, die in einer ersten Aufgabe erworben wurden, auf eine andere übertragen, spricht man von T. Die Übertragung kann die Erledigung der zweiten Aufgabe pos. oder neg. beeinflussen. Im ersten Fall liegt *pos.* T., im zweiten Fall *neg.* T. vor. Sind beide Aufgaben einander ähnlich, spricht man von einem *nahen* T., während bei sehr unterschiedlichen Aufgaben ein *ferner* T. vorliegt. Ein relativ naher T. ist z. B. zu verzeichnen, wenn die Kenntnis lat. Vokabeln sich pos. auf das Verständnis eines Arztberichtes mit lat. Ausdrücken auswirkt oder wenn beim Autofahren auf ein releativ vergleichbares Fahrzeug umgestiegen wird (Auto – Auto). Relativ fern wäre der T., wenn die Kenntnis der lat. Grammatik das Erlernen der Grammatik einer anderen Sprache begünstigt und somit versch. Domänen verbunden werden (beim Autofahren: Auto – Lkw). Bei *spezifischem* T. werden Handlungsmuster kopiert, bei *unspezifischem* T. allg. Lösungsstrategien übertragen.

Unter welchen Bedingungen entstehen pos. und neg. T.? Thorndike und Woodworth (1901) haben die *Theorie der identischen Elemente* formuliert. Nach dieser Theorie müssen sich die erlernten Reiz-Reaktions-Verbindungen bei der Bewältigung beider Aufgaben überlappen, damit der T. pos. ist. Sehr genau wurde der T. assoziativer Verknüpfungen im Bereich der Ps. des *verbalen Lernens* untersucht. So führt z. B. das Lernen unterschiedlicher verbaler Responses auf dieselben Reize zu neg. T., während das Lernen gleicher oder ähnlicher Responses auf unterschiedliche Reize meistens pos. T. zeitigt. In beiden Fällen handelt es sich um spezif. T., der Ähnlichkeitsbeziehungen zw. beiden Lernstoffen voraussetzt. In der Ps. des verbalen Lernens wurde ebenfalls der generelle T. analysiert. *Generelle Transfereffekte* beziehen sich auf die meist pos. Auswirkungen, die das Aufwärmen und der Erwerb genereller Aspekte in der Auseinandersetzung mit dem ersten Lernstoff auf das spätere Lernen haben.

Der T. assoziativer Verknüpfungen ist ein Spezialfall der Übertragung deklarativen *Wissens* (*Wissenserwerb*). Auch prozedurales Wissen kann auf neue Situationen übertragen werden. Nach der *Theorie identischer Produktionen* von Singley und Anderson (1989) ist prozeduraler T. dann zu erwarten, wenn sich die an der Problemlösung beteiligten Produktionen überlappen. In gestaltps. Terminologie liegt neg. prozeduraler T. in Form der funktionalen Gebundenheit (*heterogene funktionale Gebundenheit*) und des eingestellten Denkens vor. In der neueren T.forschung ist ein theoret. Ansatz wichtig geworden, der dem Konzept der t.angemessenen Verarbeitung (*Gedächtnis*) entgegengesetzt zu sein scheint. Nach der Theorie der situierten Kognition bzw. des situierten Lernens ist der Erwerb von Wissensstrukturen in einen best. inhaltlichen, räumlichen und sozialen Kontext eingebunden. Ein pos. T. tritt ein, wenn der Kontext für das neue Lernen dem alten Kontext sehr ähnlich oder mit ihm identisch ist. Ein ferner T. gelingt nur, wenn die Wissensstrukturen beim späteren Lernen dekontextualisiert, also aus dem früheren Kontext herausgelöst und auf die neue Aufgabe übertragen werden. Bsp. für die Dekontextualisierung und die Beziehung zum t.angemessenen Verarbeiten, demzufolge gute Gedächtnisleistungen dann entstehen, wenn sich die Verarbeitungsprozesse in der Enkodier- und Abrufphase überlappen, behandelt Bransford (1979).

Stehen mehrere Strategien zur Wahl, empfiehlt die *Theorie des Hypothesentestens* (Sweller 1980), erfolgreiche und einfache Strategien vor erfolglosen und komplexen Strategien zu bevorzugen. Theorien analogen Schließens (*Schließen, analoges*) def. Transfer zw. Aufgaben mit gleicher Lösungsstruktur, aber unterschiedlichem Inhalt. Analoge Lösungsstrukturen werden leichter erkannt, wenn sich Fahrzeugtypen ähnlich sehen, und erfolgreicher angewendet, wenn entspr. Bewegungsabläufe übereinstimmen. Steiner 2001a, Brunstein 2006, Bredenkamp 2006.

J. Bredenkamp/A. Brunstein/J.F. Krems

transfer appropriate processing [engl.] «für den Transfer angemessene Verarbeitung», *Enkodierprozesse*.

Transfer-Effekte [engl. *transfer effects*], *Fähigkeitsselbstkonzept, Förderung*.

Transformation (= T.) [engl. *transformation*; lat. *trans* (hin)über, *formare* formen, gestalten], Umwandlung, Umformung, Umspannung, [**WA**], in der Sinnesphysiologie sind mit T. die den Konstanzphänomenen zugrunde liegenden Prozesse gemeint. *Konstanz*.

[**KOG**], nach Guilford (1967) ist T. Produkt (und Operation) des Denkens (*Denken*). In der *generativen Transformationsgrammatik* wird mithilfe von T. die *Tiefenstruktur* von *Sätzen* in ihre *Oberflächenstruktur* überführt.

[**KLI, PER**], psychoanalytisch ist T. ein Abwehrmechanismus des Ich und bezeichnet die Abwehr eines Triebimpulses oder Affekts durch seine Verwandlung oder Einstellung. *Konversion, Sublimierung, Neutralisation*.

[**FSE**], die Umwandlung (Vertauschen) math. Beziehungen zw. Elementen eines Systems wird als T. bezeichnet. *Transposition, Transformation, statistische*.

Transformation, motorische (= m.T.) [engl. *motoric transformation*; lat. *trans* (hin)über, *formare* formen, gestalten], [**KOG**], Sammelbegriff für die Übergänge von der efferenten Erregung (*Efferenz*) zur elektrischen *Muskel*aktivität und weiter zur Muskelkontraktion, zum resultierenden Drehmoment am Gelenk, zur Gelenkbewegung, zur Bewegung z. B. der Hand und schließlich der des z. B. Werkzeugs. Für die erfolgreiche *Bewegungssteuerung* müssen m. T. invertiert werden, d. h., es muss das Muster efferenter Erregung bestimmt werden, das in der gewünschten *Trajektorie* z. B. der Hand oder des Werkzeugs resultiert. Häufig wird zw. *dynamischen* und *kinematischen* T. unterschieden. Erstere betreffen m. T. von Kräften in Bewegungen, Letztere m. T. von Bewegungen (z. B. versch. Gelenke des Arms) in Bewegungen (z. B. der Hand). *H. Heuer*

Transformation, statistische (= s. T.) [engl. *statistical transformation*; lat. *trans* (hin)über, *formare* formen, gestalten], [**FSE**], jede Umformung von Variablen bzw. Messwerten aufgrund irgendeiner Vorschrift oder Regel. Transformationen können mit versch. Zielsetzungen vorgenommen werden. In der *Statistik* werden sie oftmals eingesetzt, um Messwerte, welche die für die Anwendung eines best. Analyseverfahrens erforderlichen Voraussetzungen (z. B. Normalverteilung, Varianzhomogenität, Regressionslinearität) nicht erfüllen, mit diesen Voraussetzungen in Einklang zu bringen. In diesem Zusammenhang häufig angewandte s. T. sind u. a. die logarithmische Transformation, die Quadratwurzeltransformation, die Reziproktransformation und die Winkeltransformation. Ferner werden s. T. zur Angleichung von Datensätzen vorgenommen, die auf einem unterschiedlichen *Skalenniveau* erfasst wurden (z. B. von Messwerten in Rangdaten), sowie dazu, um Messungen, die mittels versch. Maßstäbe gewonnen wurden, vergleichbar zu machen (*Standardisierung*). In der *Testkonstruktion* erfolgen s. T. im Allg. im Dienste der Erstellung von *Normskalen*. Lienert & Raatz 1994, Kline 2010. *G. Mikula*

Transformationsgrammatik *generative Transformationsgrammatik*.

Transidentität (= T.) [engl. *transidentity*; lat. *trans* (hin) über], [**KLI, PER**], T. ist der heute gebräuchlichere Begriff für *Transsexualität*, da T. nicht eine Variante der sexuellen Orientierung, sondern der Geschlechtsidentität ist. Rauchfleisch 2014. *U. Rauchfleisch*

Transinformation (= T.) [engl. *transinformation*; lat. *trans* hin(über)], [**KOG**], übertragene Information, die von einem Sender auf einen Empfänger übertragene Information (*Informationstheorie*). In der Ps. z. B. derjenige Teil der Gesamtinformation, der einem «Reizinventar» und einem «Reaktionsinventar» gemeinsam ist. In diesem Sinne ist die T. ein Kontingenzmaß. *E. Mittenecker*

transitionale Programme (TP) [engl. *transitional programs*], *Unterrichtsprogramme, bilinguale*.

Transitivismus [engl. *transitivism*; lat. *transire* (hin)übergehen], [**KLI**], die Überzeugung mancher psych. Kranker, andere würden das erleben oder tun, was in Wirklichkeit sie selbst erleben oder tun, bis hin zum Glauben, andere und nicht sie selbst seien krank. *Projektion*.

Transitivität (= T.) [engl. *transitivity*; lat. *transire* (hin-)übergehen], [**FSE**], formal: R ist eine transitive Relation, wenn gilt: (aRb) und $(bRc) \rightarrow (aRc)$. Beispiele für R sind «größer als» oder «schwerer als» (formal: $(a > b)$ und $(b > c)$

→ ($a > c$)). Sind a, b, c z. B. physische Objekte (d. h. ein empirisches *Relativ*), dann kann wegen der Möglichkeit des Vorliegens identischer Objekte nur schwache T. gegeben sein (formal: ($a \geq b$) und ($b \geq c$) → ($a \geq c$). Schwache T. ist eine notwendige Voraussetzung eindimensionaler Messstrukturen (*Messtheorie*). Liegen den Relationen R stochastische Prozesse zugrunde oder werden sie empir. bestimmt und sind daher fehlerbehaftet, resultieren Messstrukturen mit stochastischer T. Falmagne 1985. *A. Zimmer*

Transkranielle Magnetstimulation (TMS) [engl. *transcranial magnetic stimulation*; lat. *trans* (hin)über, gr. κρανίον (*kranion*) Schädel], [**BIO**], ist ein nicht invasives Verfahren zur Induktion schwacher elektrischer Ströme durch ein sich schnell änderndes, von außen an den Kopf angelegtes Magnetfeld, das im Gehirn De- oder Hyperpolarisierungen von Nervenzellen (*Nerv*) hervorruft. In exp. Untersuchungen von Strukturfunktionszusammenhängen können auf diese Weise reversible Deaktivierungen von Regionen vorgenommen werden, um die kausale Bedeutung dieser Areale bzw. damit assoziierte Funktionsausfälle zu erkunden. Die Methode der wiederholten TMS wurde auch im Kontext von Behandlungen neurologischer Erkrankungen (z. B. *Epilepsie*, *Parkinson'sche Erkrankung, Morbus Parkinson*, Schlaganfall; *zerebrovaskuläre Erkrankungen*) oder psychiatrischer Störungen (z. B. *Depression*, Psychosen) erprobt. Entsprechende exp. oder sogar therap. Einsätze setzen jedoch empirisch validierte neuropsychol. Strukturfunktions- bzw. Störungsmodelle voraus. *M. Peper*

Transkription [engl. *transcription*; lat. *transcribere* etw. schriftlich übertragen], [**FSE**], bez. die Abschrift von *Interviews* oder Gesprächen. Zumeist werden sprachliche Aussagen festgehalten, aber auch prosodische, paraverbale Äußerungsmerkmale, Stimmverlauf, Pausen oder Zögerungslaute, in der T. von Videomaterial teilweise auch Gesten, Mimik oder Bewegungen (*nicht verbale Kommunikation*). Ziel der T. ist es, die als Audio- oder Videoaufzeichnung festgehaltenen Ereignisse so zu dokumentieren, dass die daraus generierten Daten sowohl zur wiss. Auswertung als auch zur Dokumentation genutzt werden können (*Datenanalysemethoden, qualitative*). Eine T. stellt stets eine Reduktion des Datenmaterials dar, z. B. durch Auslassung nonverbaler Phänomene oder Prosodie. T. liefert somit kein exaktes Abbild der untersuchten Situation, sondern ist stets ein theoriegeleitetes Konstrukt. Eine (Gesprächs-) Situation kann dabei nie vollumfänglich repräsentiert werden. Der Grad der Reduktion kann durch die Wahl des T.systems bestimmt werden. Diese variieren im verwendeten Zeichensatz und in der Auswahl der festzuhaltenden Phänomene. Für unterschiedliche Erkenntnisinteressen sind versch. T.systeme verfügbar, z. B. GAT (gesprächsanalytisch; *Gesprächsanalyse*), CHILDES (psycholinguistisch; *Psycholinguistik*) oder Dresing/Pehl (inhaltsanalytisch; *Inhaltsanalyse*). Zur T. kann T.software genutzt werden, die das verlangsamte Abspielen einer Audio- oder Videodatei, Zeitmarken, kurze Rücksprungintervalle, Wiedergabesteuerung und die Texterfassung ermöglicht. Spracherkennung kann für wiss. T. akt. nicht genutzt werden, da sie keine metasprachlichen Aspekte wie Satzabbrüche, Dialekte oder Sprecherüberlappungen erfassen kann. Dittmar 2004, Mruck & Mey 2010. *T. Dresing/T. Pehl*

transkulturelle Gesundheitswissenschaften *Gesundheitswissenschaften, transkulturelle*.

Transmitter [engl. *transmitter*], *Neurotransmitter*, *Überträgersubstanzen*.

Transpersonale Psychologie (= t. P.), [engl. *transpersonal psychology*; lat. *trans* (hin) über], [**PHI**], t. P. wurde als Begriff zum ersten Mal 1905 von William James in einer Kursankündigung benutzt und meinte damals so viel wie Sozial- und Ethnops. Später hat C. G. *Jung* den Begriff verwendet, um seine Lehre von den *Archetypen* und dem *kollektiven Unbewussten* zu charakterisieren als Inhalte, die über das indiv. Unbewusste eines einzelnen Menschen hinausgehen. Seine endgültige Bedeutung hat t. P. erhalten, als Sutich, Maslow, Grof, Assagioli und andere im Jahre 1969 das *Journal of Transpersonal Psychology* begründeten als Organ der gleichnamigen Bewegung. In einer behelfsmäßigen Def. wurde t. P. damals beschrieben als eine Ps., die nach der *Psychoanalyse*, der *Verhaltenstherapie* und der Humanistischen Ps. als sog. 4. Kraft der Ps. die jenseits (= trans) der indiv. *Psyche* (= personal) zu lokalisierenden *Fähigkeiten* und Erfahrungen erforscht, nutzbar macht und damit dem Einzelnen auch Wege zur Entwicklung des eigenen Potenzials aufzeigt. Aus dem *human potential movement* der 1960er-Jahre entstanden, versuchten die Begründer in der t. P. vor allem jene Dimensionen zu erforschen, die jenseits der Selbstentfaltung zu suchen und zu finden wären, also die *Spiritualität*, den *Sinn* und solche Erfahrungen, die *Raum* und *Zeit* transzendieren. Innerhalb der t. P. haben sich versch. Strömungen gebildet. Stanislav Grof, der zunächst mit Studien zu LSD-Therapie bekannt wurde, hat seine eigene Methode des *holotropen Atmens* entwickelt, eine Art kontrollierter *Hyperventilation*. Dabei machen Teilnehmer oft Erfahrungen, die in früheste Kindheit zurückverweisen oder über die Grenzen der Person hinausgehen, etwa sich in früheren Zeiten oder als andere Person zu erleben. Eher empirisch Forschende betonen die Notwendigkeit der *Operationalisierung* von t. P. und haben ihr Augenmerk auf die Entwicklung von Messinstrumenten gelegt oder dokumentieren in *Feldstudien* außergewöhnliche Vorkommnisse, wie etwa bei indigenen Ritualen des Ajahuasca-Kultes oder bei Heilzeremonien. T.-P.-Psychotherapeuten wie etwa Assagioli, Washburn oder Welwood haben Modelle unterschiedlicher Art entwickelt, wie man spirituelle Erfahrungen induzieren oder therapeutisch nutzbar machen kann. Insofern ergibt sich hier ein Berührungspunkt mit therap. Methoden, die *Achtsamkeit* und *Meditation* integrieren. Überhaupt scheint es in der klin. Praxis mehr Berührungspunkte zu geben als in der Forschung und in der Ausbildung. Andere Berührungspunkte gibt es zur Nahtodforschung, zur *Parapsychologie* und *Ethnopsychologie*. Akademisch ist t. P. vor allem in privaten Institutionen in den USA vertreten, etwa am *Institute for Integral Studies* und in wenigen postgradualen Programmen in Europa. In der eigentlichen Entwicklung der Ps. ist sie nur von geringer Bedeutung. Es ist zu erwarten, dass die Anliegen der t.P derzeit von anderen Bewegungen, etwa der Integration von Achtsamkeit in die *Psychotherapie* oder von einer verstärkten Beforschung des *Bewusstseins*, weitergetragen werden und ggf. von einem aufkeimenden Interesse an den Themenfeldern Spiritualität und Meditation i. R. der Forschung absorbiert werden wird. Belschner 2007, Walach et al. 2005, Walach 2013, Ferrer 2002, Tart 1978. *H. Walach*

Transplantation, postoperative Lebensqualität [engl. *transplantation, postoperative quality of life*; lat. *transplantare* verpflanzen], **[GES]**, *Transplantationspsychologie*, die postoperative Lebensqualität (= p. L.) bezeichnet i. R. der Transplantationsmed. die gesundheitsbezogene L. (*Lebensqualität*) nach erfolgter Organtransplantation und stellt heutzutage ein wichtiges Erfolgskriterium dar. Dank med. Fortschritte konnte das Langzeitüberleben nach Transplantation (= T.) deutlich verbessert werden. So hat sich der Fokus der Erfolgsbewertung vom Pat.überleben und dem rein quant. Zuwachs an Lebensjahren zur Bewertung der Qualität dieses Zuwachses aus Pat.perspektive verschoben. Ziel einer T. ist die Wiedererlangung der körperlichen, psych. und soz. Funktionsfähigkeit. Nachdem mit der Entwicklung geeigneter psychometrischer Instrumente in den 1980er-Jahren die Voraussetzungen für eine reliable (*Reliabilität*) und valide (*Validität*) Messung geschaffen waren, begann in den 1990er-Jahren die systematische Erfassung der L. Zum Einsatz kommen sowohl generische als auch krankheitsspezifische Instrumente. In neueren Untersuchungen wird häufig der *Fragebogen zum Gesundheitszustand (SF-36)* verwendet. Zus.fassend finden sich in der Mehrzahl der Studien deutliche Verbesserungen der L. vom prä- zum postoperativen Zeitraum. Diese sind bereits früh postoperativ messbar und betreffen besonders Skalen der körperlichen Gesundheit. Die Verbesserungen im psychosozialen Bereich sind weniger ausgeprägt. Auch gegenüber Vergleichsgruppen chronisch Kranker zeigt sich eine signifikant höhere L. Die der Normalbevölkerung bzw. gesunden Vergleichspersonen entspr. oder diese sogar übersteigende L. in einigen Studien wird in neueren Literaturanalysen vorwiegend auf veränderte Bewertungsmaßstäbe und Selektionseffekte zurückgeführt. Somit lässt sich schlussfolgern, dass durch eine T. zwar i. d. R. nicht die L. einer gesunden Person erreicht werden kann, jedoch eine wesentliche Verbesserung im Vergleich zum präoperativen Zustand, auch langfristig nach der Operation. Schulz et al. 2002, Schulz et al. im Druck. *S. Kröncke/K.-H. Schulz*

Transplantation, psychologische Evaluation (= T.; = p. E.) [engl. *transplantation, psychological evaluation*; lat. *transplantare* verpflanzen], **[GES]**, die p. E. bezeichnet i. R. der *Transplantationspsychologie* die psychol. Eignungsuntersuchung zur Aufnahme eines Organempfängers auf die Transplantationswarteliste. Die p. E. gehört zu den Kernaufgaben der Transplantationsps. und sollte auf evidenzbasierten Kriterien beruhen (*Evidenzbasierung*). Ziel ist die Identifizierung von Faktoren, die den postoperativen Verlauf neg. beeinflussen könnten. Hieraus sollten unterstützende Maßnahmen abgeleitet werden, die ggf. später eine Aufnahme auf die Warteliste ermöglichen. Der Ausschluss des Kandidaten ist lediglich als Ultima Ratio zu betrachten, wenn z. B. eine fortbestehende mangelnde *Adhärenz* den Verlust des Organs als hochwahrscheinlich erscheinen lässt. Im Evaluationsgespräch werden standardisiert die psychosoziale Situation, psych. Störungen inkl. einer Suchtanamnese, frühere psychol. Behandlungen und *Bewältigungsstrategien* (*Coping*, *Krankheitsbewältigung*) erfasst, der bisherige Informationsstand über die Erkrankung und die T. erhoben, die Motivation und Entschlossenheit zur T. sowie die mit der T. verbundenen Erwartungen eruiert und das Gesundheitsverhalten des Pat. exploriert. Von besonderem Interesse sind die personalen und sozialen *Ressourcen* zur Bewältigung der T. und zur Einhaltung der postoperativen med. Erfordernisse. Die p. E. sollte zudem die Notwendigkeit und Inanspruchnahmebereitschaft psychol. Unterstützung feststellen. Bei Bedarf kann sie mit gezielten Interventionen verbunden werden bzw. eine Empfehlung für weitere Unterstützungsmaßnahmen beinhalten. Die p. E. sollte somit dazu dienen, den Pat. und seine Bezugspersonen bestmöglich auf die T. vorzubereiten, und sollte in jedes Transplantationsprogramm integriert werden. Psychische Störungen vor T. stellen keine absolute Kontraindikation dar. Bei fachkundiger Behandlung, guter *sozialer Unterstützung* und enger Anbindung an das Transplantationszentrum gelten auch psychotische und schwere depressive Erkrankungen (*Depression*), Abhängigkeitserkrankungen (*Abhängigkeit*) und Essstörungen als relative Kontraindikationen ähnlich wie *Persönlichkeitsstörungen* (z. B. Borderline-Störung) und *Angststörungen*. Inwieweit eine Kontraindikation als relativ oder absolut gilt, bleibt im Einzelfall im Behandlungsteam abzuwägen. Schulz et al. im Druck, Schulz et al. 1999. *K.-H. Schulz/S. Kröncke*

Transplantation, psychosoziale Belastung (= T.; = p. B.) [engl. *transplantation, psychosocial strain/burden*; lat. *transplantare* verpflanzen], **[GES]**, bezeichnet i. R. der *Transplantationspsychologie* alle psych. und sozialen Beeinträchtigungen, die im Verlauf einer Organtransplantation auftreten können. Ebenso wie körperliche Veränderungen bestimmen auch Emotionen, Kognitionen und soziale Veränderungen die Symptomatik *chronischer Erkrankungen*. Der Prozess der wachsenden Erkenntnis, chronisch krank zu sein, von den ersten Symptomen über die Diagnosestellung bis hin zur Akzeptanz eines Lebens mit chronischer Krankheit, ist von emot. Krisen begleitet. Niedergeschlagenheit und Hoffnungslosigkeit, Angst, Aggression, Hoffnung und Zuversicht wechseln in nicht vorhersehbarer Weise und sind Ausdruck der graduellen Anpassung an die Erkrankung (*Krankheitsbewältigung*). Unterschiedliche Bewältigungsstrategien (*Stressbewältigung/Coping*) werden eingesetzt, wobei die Funktionalität weniger in der Wahl der einzelnen Strategie zum Ausdruck kommt als vielmehr in einem flexiblen und der Situation angemessenen Einsatz. Begleitet wird dieser intrapsychische Prozess vom zunehmenden Verlust persönlicher *Autonomie* und sozialer *Rollen* in Beruf und Familie sowie einer Einschränkung von Aktivitäten und Kontakten. Im Endstadium der chronischen Erkrankung muss sich der

Pat. mit seiner begrenzten Lebenserwartung und der notwendigen Transplantation auseinandersetzen. Todesangst, Entscheidungskonflikte und die Ungewissheit, ob rechtzeitig ein Organ zur Verfügung stehen wird, stellen in dieser Zeit eine besondere p. B. dar.

Nach der T. steht zunächst die körperliche Rekonvaleszenz mit möglichen med. Komplikationen im Vordergrund, die im Falle ihres Auftretens auch eine p. B. bedeuten. Unmittelbar postoperativ kann zudem ein akutes hirnorganisches *Psychosyndrom* auftreten, das jedoch im Normalfall vollst. reversibel ist. Eine weitere p. B. kann die Integration des neuen Organs darstellen, die in der Mehrzahl der Fälle allerdings wenig Probleme bereitet. Im späteren Verlauf treten unerwünschte Wirkungen der abstoßungshemmenden Medikation und Folgeerkrankungen in den Fokus (z. B. Infektionen, Diabetes mellitus, Bluthochdruck), die langfristig mit einem erhöhten Risiko für Krebserkrankungen, Herz-Kreislauf-Erkrankungen und chronisches Nierenversagen einhergehen. Je nach Auftreten dieser Erkrankungen und den daraus entstehenden Einschränkungen kann die p. B. indiv. sehr unterschiedlich ausfallen. Eine große Rolle spielen zudem Ängste, insbes. vor der Abstoßung des transplantierten Organs und einer notwendigen erneuten Transplantation sowie vor den genannten Folgeerkrankungen. Weitere Herausforderungen bestehen in der Wiedererlangung zufriedenstellender sozialer Rollen in Familie und Partnerschaft und der Wiederaufnahme der beruflichen Tätigkeit oder einer anderen vom Pat. als sinnvoll empfundenen Beschäftigung. Auch finanzielle Probleme und die Durchsetzung von finanziellen Ansprüchen z. B. gegenüber Krankenkassen und Behörden können eine p. B. darstellen. Darüber hinaus wird die notwendige Beachtung eines gesunden Lebensstils und einer guten *Adhärenz* (pünktliche Medikamenteneinnahme, regelmäßige med. Untersuchungen, Beachtung von Verhaltensvorgaben zur Infektionsprophylaxe) von vielen Pat. als belastend wahrgenommen.

Mit einer T. kann die p. B. im Vergleich zum präoperativen Zustand deutlich reduziert werden, dennoch sind die Pat. weiterhin als chronisch krank anzusehen und müssen entspr. Anpassungsleistungen erbringen. Neben dem med. Verlauf hängt der Erfolg einer T. in starkem Maße davon ab, wie gut den Pat. die Bewältigung der p. B. gelingt. Häufig werden Lebensinhalte neu bewertet und neue Lebensziele gesetzt. Gelingt dies nicht, können eine verringerte *Lebensqualität* und psych. Erkrankungen die Folge sein. Das Ausmaß der empfundenen p. B. wird zudem moderiert (*Moderatorvariable*) durch personale und soziale Ressourcen bzw. Resilienzfaktoren (*Resilienz*) wie *Selbstwirksamkeitserwartung* und *soziale Unterstützung*. Schulz et al. 1999, Schulz et al. im Druck. S. Kröncke/K.-H. Schulz

Transplantationspsychologie (= T.) [engl. *psychology of transplantation*; lat. *transplantare* verpflanzen], [**GES**], die T. bezeichnet das Spektrum der im Zusammenhang mit chirurgischen Organtransplantationen auftretenden psychol. Fragestellungen, verwendeten ps. Methoden (wiss., diagn. und interventionelle) sowie erarbeiteten ps. Erkenntnissen. Bei der Transplantation menschlicher Organe handelt es sich um komplexe chirurgische Eingriffe als lebensrettende Maßnahme bei Organerkrankungen im Endstadium. Transplantiert werden heute Niere, Leber, Herz, Lunge und Bauchspeicheldrüse sowie der Dünndarm in bisher geringer Anzahl. Die Transplantation von Gesicht und Extremitäten findet noch exp. statt. Die Übertragung von Knochenmark bzw. Stammzellen sowie von Haut, Knochen, sonstigen Geweben und Zellen erfolgt unter anderen klin. und gesetzlichen Rahmenbedingungen und ist daher nur bedingt mit der Transplantation solider Organe vergleichbar. Psychol. Fragestellungen im Bereich der Organtransplantation ergeben sich spenderseitig hinsichtlich der *Organspendebereitschaft* und der *Organlebendspende*. In Bezug auf die Organempfänger stehen prä- und postoperative psychosoziale Belastungen (*Transplantation, psychosoziale Belastung*), die postoperative Lebensqualität (*Transplantation, postoperative Lebensqualität*) sowie die *Adhärenz/Compliance* mit der med. Therapie im Mittelpunkt. Weitere Forschungsfelder sind z. B. die Rückkehr ins Arbeitsleben und der ps. Betreuungsbedarf. Klin. Aufgabenbereiche umfassen präoperativ die psychol. Evaluation (Eignungsuntersuchung) zur Lebendspende sowie zur Aufnahme des Empfängers auf die Transplantationswarteliste (*Transplantation, psychologische Evaluation*). I. R. der postoperativen Betreuung sind supportive und edukative Therapieelemente von besonderer Bedeutung. Schulz et al. 1999, Schulz et al. im Druck. *K.-H. Schulz/S. Kröncke/U. Koch*

Transponierbarkeit [engl. *transponability*; lat. *transponere* übersetzen/-tragen], [**WA**], eine Grundannahme der *Gestaltpsychologie*, die sich auf die Übertragbarkeit von Reizkonstellationen bezieht. *Gestalt*, *Transposition*, *Ehrenfels-Merkmale*.

Transponierbarkeit von Problemlösungen [engl. *transponability*; lat. *transponere* übersetzen/-tragen], [**KOG**], Bez. für den Sachverhalt, wenn trotz der «äußeren» Verschiedenheit der Probleme ihre gleichartige «innere» Struktur erkannt worden ist und wenn bei den Lösungen die gleichen kogn. Operationen beteiligt sind. *Problemlösen*, *Transfer*.

Transponierungsschluss [lat. *transponere* übersetzen/-tragen], [**FSE**], Schluss von einer bekannten *Stichprobe* auf eine andere Stichprobe aus der gleichen (unbekannten) Grundgesamtheit (*Population*). *Inklusionsschluss*, *Repräsentationsschluss*.

Transportation (= T.) [engl. *transportation*; lat. *transportare* hinüberbringen, übersetzen], [**KOG, MD**], ist der als mühelos erlebte, aktive Prozess des Hineinversetzens bzw. Eintauchens in eine Narration. Dabei werden alle mentalen Systeme und Kapazitäten auf die Geschehnisse in der Narration fokussiert. Dies beinhaltet sowohl kogn. Kapazitäten wie *Aufmerksamkeit* und visuelle Vorstellung als auch emot. Beteiligung, die sich z. B. in Form von Hoffnungen für den Protagonisten, Spannung oder in dem Bedürfnis äußern kann, in die Handlung einzugreifen und die Narration umzugestalten. T. wird auch mit folg. Reisemetapher beschrieben: Der Rezipient reist mithilfe des Transportmittels der Narration in eine andere Welt, lässt dabei seine aktuelle Welt zurück, macht in der narrativen Welt neue (stellvertretende) Erfahrungen und kehrt mit neuen Eindrücken, Einstellungen und Sichtweisen zurück. Während der T. werden also zudem die aktuelle Umgebung des Rezipienten und sein Bewusstsein über sich selbst mit all seinen Sorgen zeitweise ausgeblendet. Dies gelingt umso leichter, je weniger ablenkende Reize im Umfeld des Rezipienten vorhanden sind. Neben solchen kontextuellen Faktoren wird T. zudem beeinflusst durch die Qualität der Narration und durch personale Faktoren wie z. B. Absorptionsvermögen. T. hat außerdem eine persuasive Wirkung. Mit hoher T. sind die Rezipienten den Protagonisten und Inhalten der Narration gegenüber weniger kritisch eingestellt und bewerten sie pos. Diese persuasiven Effekte können durch versch. Mechanismen vermittelt sein: durch die mangelnde kritische Reflexion während der Transportation und/oder durch die Nähe der Narration zu persönlichen Erfahrungen. Das Konzept der T. kommt ursprünglich aus der Literaturforschung, kann aber auch auf Narrationen in Filmen oder mündlichen Erzählungen, faktisch oder fiktional, angewendet werden. Verwandte Konzepte sind *Presence* und *Flow* (*Flow-Theorie (Csikszentmihalyi)*). Green 2008, Green & Brock 2002. *M. Glaser*

Transposition (= T.) [engl. *transposition*; lat. *transponere* übersetzen/-tragen], **[FSE, KOG, WA]**, Gleichbleiben z. B. der Klangfarbe und der Melodie bei wechselnder Tonhöhe, der räumlichen Form bei wechselnder Lage, Größe und Farbe u. Ä. *Wahrnehmung*. Als Verhaltenstransposition (*Verhalten*) ist T. Bez. für das Reagieren (*Reaktion*) auf Reizverhältnisse statt auf den absoluten *Reiz*. Syn. Gestalttransposition (Köhler). In der Mathematik und der Logik ist die T. bedeutungsgleich mit *Transformation*.

Transsexualität (= T.) [engl. *transsexuality*; lat. *trans* (hin)über], **[GES, KLI]**, T. bezeichnet die Überzeugung eines Menschen, nicht dem biol., sondern dem Gegengeschlecht anzugehören. Häufig besteht der Wunsch nach hormonellen und chirurgischen Interventionen zur körperlichen Angleichung an das Gegengeschlecht. In den psychiatrischen Diagnosensystemen der *ICD* und des *DSM*-IV wird die T. als *Störung der Geschlechtsidentität* bezeichnet. Fachleute plädieren heute aber dafür, T. selbst nicht als psych. Störung, sondern als nicht pathologische Variante der Geschlechtsidentität zu betrachten. Die Ursachen sind unbekannt. Da es bei der T. nicht um eine Variante der sexuellen Orientierung geht (die Partnerwahlen in der neuen Rolle können homo- oder heterosexuell sein), wird heute eher der Begriff *Transidentität* verwendet. T. ist abzugrenzen vom *Transvestismus*. Rauchfleisch 2014. *U. Rauchfleisch*

Transtheoretisches Modell (= t.M.) [engl. *transtheoretical model*; lat. *trans* (hin)über], **[KLI]**, ist ein therapieschulenübergreifendes Modell, das den Ablauf der Veränderung menschlichen Verhaltens in und außerhalb der Therapie beschreibt (Prochaska & DiClemente 1982). Hierbei werden Stufen, Prozesse und Ebenen der Veränderung unterschieden. Laut t.M. werden fünf Stufen der Veränderung sequenziell durchlaufen, die jew. den motivationalen Zustand der Person beschreiben. (1) In der Stufe der *Precontemplation* liegt kein Problembewusstsein und kein Änderungswunsch vor. Bestehende Probleme werden entweder nicht wahrgenommen oder verdrängt. (2) In der darauffolg. Stufe der *Contemplation* besteht ein Problembewusstsein, eine Verhaltensänderung wird in Erwägung gezogen. (3) In der Phase der *Preparation* wird eine Veränderung angestrebt und geplant. (4) Wirklich aktive Änderungen erfolgen in der *Action*-Phase. (5) Die *Maintenance*-Stufe kennzeichnet die Phase der Aufrechterhaltung und Stabilisierung von Verhaltensänderungen. (6) In einigen Darstellungen wird noch eine Phase der *Termination* beschrieben, in welcher der Änderungsprozess endgültig abgeschlossen ist. Die Autoren postulieren einen spiralförmigen Durchlauf der Stufen, der sich in mehreren Schleifen vollziehen kann. Es ist also möglich, von höheren Stufen auf niedrigere zurückzufallen. Je nach Stufe werden laut t.M. unterschiedliche Veränderungsprozesse bes. wirksam. Hieraus werden an die Stufen angepasste Interventionsvorschläge für Therapeuten abgeleitet wie z. B. *Sensibilisierung* in *Precontemplation* und *Stimuluskontrolle* in *Action*. Die fünf Ebenen beschreiben den Kontext der Veränderung (z. B. interpersonelle Konflikte). Es liegen zahlreiche Studien zur empirischen Bestimmung der Veränderungsstufen, deren Abfolge und dem Gebrauch der Veränderungsprozesse insbes. im Sucht-, Sport-, und Ernährungsbereich vor. Die empirischen Befunde hierzu sind heterogen. *Selbstwirksamkeitserwartung*, *Health Action Process Approach*. Prochaska & Velicer 1997, Heidenreich & Hoyer 2001. *M.-A. Röttger/W. Lutz*

Transvestitismus, Travestie [engl. *transvestism*; lat. *trans* hin(über), *vestire* kleiden], **[GES, KLI]**, Lustgewinn durch Tragen der Kleider des anderen Geschlechts.

Transzendenz [engl. *transcendence*; lat. *transcendere* hinüberschreiten], **[PHI]**, das Überschreiten der *Erfahrung* und der im *Bewusstsein* gegebenen Grenzen. Ein schon in der Scholastik verwendeter Begriff, der aber erst durch Kant grundlegende Bedeutung bekam. Transzendenz ist nicht das über alle Erfahrung Hinausgehende, sondern das ihr (a priori) Vorhergehende und die Erfahrung erst Ermöglichende.

Tranylcypromin (= T.), **[PHA]**, T. ist ein nicht selektiver, irreversibler *Monoaminooxidase-Hemmer*, der zur Behandlung depressiver Störungen (*Depression*) bei unzureichender Response auf andere *Antidepressiva* eingesetzt wird. Darüber hinaus bestehen Hinweise für eine Wirksamkeit bei *Zwangsstörungen* und *sozialer Phobie*. Der Wirkungseintritt ist nach unterschiedlicher Latenz (bis zu 14 Tagen) zu erwarten. Die *Eliminationshalbwertszeit* liegt bei 1,5 bis 3 Std., die max. Konzentration wird nach 0,5 bis 3 Std. gemessen. Aufgrund der irreversiblen MAO-Hemmung ist die biol. Wirkdauer wesentlich länger. Bei der Eindosierung wird der Beginn mit 10 mg/d in einer morgendlichen Einzeldosis empfohlen. Im Verlauf kann eine Dosissteigerung um 10 mg pro Woche bis zum Erreichen einer Tagesdosis von 20-40 mg/d, verteilt auf 1-3 Einnahmezeitpunkte, erfolgen. Unter stationären Bedingungen kann die Dosis, bei unzureichendem Ansprechen, bis max. 60 mg/d erhöht werden (*off-label*). In Einzelfällen wurden auch noch höhere Dosierungen gegeben. Die letzte Einnahme sollte vorzugsweise nicht nach 15 Uhr erfolgen. Die Nebenwirkungsrate ist bei T. höher als bei anderen neueren Antidepressiva. So werden häufig *Hypotonie*, *orthostatische Dysregulation*, *Schlafstörungen*, Schwäche, Müdigkeit, *Schwindel*, Angstzustände, Agitiertheit, Unruhe, Mundtrockenheit, Palpitationen, *Hypertonie*, *Gewichtszunahme* oder -abnahme beobachtet. Gelegentlich kann es zu hypertensiven Krisen kommen, insbes. bei Nichtbefolgung der Vorgabe zur Einhaltung einer tyraminarmen Diät. Die Verschreibung von T. sollte nur dann erfolgen, wenn die Einschätzung besteht, dass der Pat. diese Diät einhalten kann. Hierbei muss auf zahlreiche Nahrungsmittel mit hohem Tyramingehalt gänzlich oder in erheblichem Maße verzichtet werden. U. a. betrifft dies diverse Käsesorten (bes. reifer, alter Käse; Frischkäse ist erlaubt), gewisse Fleischsorten und Fleischprodukte (Wildfleisch, Innereien, Suppen- und Brühwürfel, industriell hergestellte Fertigsoßen, hart ausgereifte Salami), einige Fischprodukte (Salzhering, Matjeshering, Salzsardinen, Kaviar, kalt geräucherter Fisch, Trockenfisch, Stockfisch, Klippfisch, Dorschleber, Tintenfisch, Fischsoßen, asiatische Soßen), Hefe und Hefeprodukte, mit Hefen durch Gärung hergestellte Getränke, Gerstenkeimlinge (Malz), best. Hülsenfrüchte (reife braune Bohnen), Kakao und Kakaoerzeugnisse (Schokolade in massiven Tafeln oder in Figuren, Nougat, Schoko- und Nougat-Eis), best. Obstsorten (Bananen, hochreife Birnen und Avocados, rote Pflaumen, Feigen, Rumtopf), diverse Gemüse (rohes Sauerkraut, rohe Salzgurken, Gewürzgurken aus dem Fass, Mixed Pickles, sauer eingelegte Pilze), Walnüsse. Ebenfalls untersagt sind versch. Getränke: Säfte mit hohem Birnen-, Bananen- oder Pflaumenanteil, industriell hergestellte Pampelmusensäfte, Nektare aus Zitrusfrüchten, alkoholische Getränke, z. B. Bier, Wein, Sekt, Cognac, Liköre, Weinbrände, Whiskey, Rum u. Ä. (auch Bier und Wein in alkoholfreier Form). Der Einsatz von T. ist mit einem hohen Interaktionspotenzial verbunden. So sind Kombinationen mit TZA, *Bupropion*, serotonergen Antidepressiva (z. B. *SSRI*, *Clomipramin*, *Buspiron*, *Duloxetin*, *Venlafaxin*, *Milnacipran*), *Tryptophan*, *Tramadol*, Naratriptan, Sumatriptan, Dextromethorphan, *Pethidin* sowie mit indirekten *Sympathomimetika* und *Disulfiram* untersagt. Die Wirkung von *Alkohol* kann bei gleichzeitiger Einnahme verstärkt werden. Bes. Vorsicht ist bei der Umstellung von *serotonergen* Antidepressiva auf T. geboten: die Vormedikation sollte für eine Karenzzeit von mind. zwei Wochen (im Falle von *Fluoxetin* mind. fünf Wochen) abgesetzt werden. Eine Umstellung von T. auf ein anderes Antidepressivum darf erst nach einem 14-tägigen Intervall frei von T. erfolgen. T. ist bei zahlreichen komorbiden somatischen Erkrankungen kontraindiziert, z. B. Phäochromozytom, Karzinoid, vaskuläre Erkrankungen des *Gehirns*, Gefäßfehlbildungen wie Aneurysmen, schwere Formen von Hypertonie bzw. von Herz-Kreislauf-Erkrankungen, *Leberfunktionsstörungen* bzw. Lebererkrankungen, schweren Nierenfunktionsstörungen, Porphyrie, Diabetes insipidus, maligne Hyperthermie, *Delirien*. Als relative Kontraindikationen werden kardiale Vorschädigung (v. a. höhergradige Herzinsuffizienz), erniedrigter oder erhöhter *Blutdruck*, erhöhte zerebrale Anfallsbereitschaft, Diabetes und eingeschränkte Nierenfunktion angegeben. Aufgrund des hohen Potenzials für Interaktionen und *Nebenwirkungen* sowie der Notwendigkeit der Einhaltung einer Diät muss der Entscheidung für T. eine sehr gründliche Nutzen-Risiko-Abwägung vorangehen. *T. Veselinović*

Trapeztäuschung, [WA], *geometrisch-optische Täuschung*. Von zwei übereinanderliegenden gleich großen Trapezen scheint das eine größer zu sein. *Jastrow'sche Täuschung*.

Trauer, Trauern (= T.), [EM, GES], bez. die natürliche Reaktion auf das Erleben eines Verlusts bzw. die Bewältigung einer Verlusterfahrung. I. d. R. handelt es sich dabei um den Verlust einer Bezugsperson durch deren Tod, prinzipiell kommen aber auch andere Verlustobjekte in Betracht (z. B. ein Körperteil). Man unterscheidet den Trauerfall mit seinen obj. Merkmalen (*bereavement*), die kogn. und emot. Reaktionen darauf (*grief*), die spezif. Verhaltensweisen des T. (*mourning*) sowie körperliche Erscheinungsformen (z. B. Herz-Kreislauf-Störungen). T. ist somit ein mehrdimensionales Phänomen, das interindividuell und interkulturell große Unterschiede aufweist. Wenngleich per se nicht als Krankheit aufgefasst, ist T. mit dem Risiko einer behandlungsbedürftigen somatischen und/oder psych. Störung verbunden. Bei einem komplizierten (auch: abnormen, chronischen, pathologischen, problematischen, traumatischen) T.prozess bleiben zunächst T.reaktionen aus, beginnen mit Verzögerung, sind bes. intensiv oder werden chronisch. Unterschiede in Dauer, Intensität und Qualität des Trauerprozesses ergeben sich aus der Beziehungsqualität, die zw. der verstorbenen Person und dem Hinterbliebenen bestand, dem Alter bzw. Entwicklungsstand der verlorenen Person einerseits und des Hinterbliebenen andererseits sowie aus der Todesart. Die Vorstellung von einer «*Trauerarbeit*», deren Ergebnis nach der Erledigung spezif. «Aufgaben» in der Lösung der Bindungen an die verstorbene Person besteht, hat der Auffassung Platz gemacht, dass diese Bindungen in veränderter Qualität fortbestehen. Wittkowski 2013, Stroebe et al. 2008. *J. Wittkowski*

Trauerarbeit (= T.) [engl. Freudian term «Trauerarbeit»], [KLI], von Freud (1915a) eingeführter Ausdruck zum Verständnis des ps. Phänomens, dass mit jeder *Trauer* die Tendenz auf Milderung des Schmerzes (im Verlust) einhergeht. Intrapsych. Vorgang, der auf den Verlust eines Beziehungsobjektes folgt und wodurch es dem Subjekt gelingt, sich progressiv von diesem abzulösen. T. wird in versch. Formen der Psychoth. (v. a. bei *Depression*) unterstützt, wobei auch ganz konkrete Maßnahmen wie gemeinsames Betrachten von Fotos, nachgeholte Trauerrituale etc. zum Zuge kommen können.

Traum, träumen (= T.) [engl. *dream, dreaming*], [BIO, KLI, KOG], neben Bedeutungen wie Grenzzustand des Bewusstseins, das Unwirkliche, die Lieblingsvorstellung, das Wunderschöne, bezeichnet T. (in ps. Sicht) das im *Schlaf* mit der Deutlichkeit von Sinneswahrnehmungen (*Wahrnehmung*) auftretende Erleben. T. lässt sich charakterisieren als besondere Form des *Erlebens* im Schlaf, häufig von lebhaften Bildern begleitet und oft mit intensiven *Gefühlen* verbunden, an die sich der Betroffene nach dem Erwachen meist nur teilweise erinnern (*Erinnerung*) kann. Das T. geht sehr wahrscheinlich mit einer veränderten elektrischen Hirnaktivität (REM-Schlaf) einher. Nach einigen Befunden kann aber auch außerhalb der REM-Phasen geträumt werden. In unterschiedlich spezifizierter Weise wird heute angenommen, dass das Träumen einen Beitrag zur Integration des «psychischen Apparates» leistet. Bezeichnend ist die im Laufe der Geschichte wechselvolle Beantwortung der Frage nach dem Wesen. Während in ältesten Zeiten die T.deutung als Kunst bewertet wurde und der T. als Offenbarung Gottes (Bibel), als Sendbote der Götter (Homer), als göttliche Mahnung (Sokrates) aufgefasst wurde, galt der T. zu Beginn des naturwissenschaftlichen 19. Jhd. nur noch als körperlicher, unnützer und vielfach auch krankhafter Vorgang (Binz) oder als Spiegelung der während des Schlafes empfangenen äußeren Sinneseindrücke (Jenssen) und inneren Körpersensationen, wie z. B. der nicht erloschenen Erregungen der *Netzhaut* (Wundt). Als erster brach *Freud* mit der Überschätzung der Körperreize für die Entstehung des T. und formulierte, dass der T. «ein sinnvolles psychisches Gebilde» sei, «welches an angebbarer Stelle in das seelische Treiben des Wachens einzureihen ist.» Er nahm weiterhin die im Bereich des Unbewussten (*Unbewusstes*) liegenden infantilen Triebwünsche (*Triebtheorie*) als die energetische T.quelle an. Sie haben die zur T.bildung notwendige T.arbeit zu leisten. Sie bringen zunächst die einzelnen Bestandstücke des T. (die latenten T.gedanken) hervor und verwandeln dann diese in die manifesten T.bilder, wobei sie außer der Umsetzung der Gedanken in Bilder die Leistungen der *Verdichtung*, der *Verschiebung* sowie die sekundäre Bearbeitung vollziehen. Diese sekundäre Bearbeitung geschieht dabei im Hinblick auf die Ansprüche des wachen Bewusstseins nach logischer Ordnung und besteht in einer Zusammenfügung der einzelnen T.bilder zu einer sinnvollen Ganzheit und Einheit. Die vorhergehende T.arbeit der Verdichtung und Verschiebung bei der Verwandlung der T.gedanken in T.bilder erfolgt in Hinblick auf den Traumzensor, den Repräsentanten des *Über-Ich* bzw. der moralischen Instanz im Menschen und besteht in einem Entstellen, Verhüllen und Verbergen des wahren, in den latenten T.gedanken enthaltenen Triebwunsches, sodass dieser in einer moralisch nicht anstößigen und das Ich nicht beunruhigenden Form im manifesten T.bild in Erscheinung treten kann. Dadurch erhält der T. einen Wunscherfüllungscharakter. Neue Einblicke in das T.geschehen brachten die Untersuchungen von Asrinsky und Kleitman, die bei best. EEG-Anzeichen (*Elektrodiagnostik, Enzephalographie*) ihre Testschläfer weckten und sich ihre T. erzählen ließen. So wurde festgestellt, dass das Träumen regelmäßig jede Nacht und in best. Phasen (REM-Phasen) bei allen untersuchten Personen – auch denen, die angeben, nichts zu träumen – abläuft. Nach unserem gegenwärtigen Kenntnisstand wird die T.entstehung so gedeutet, dass innerhalb der REM-Perioden die ihnen zugrunde liegende psych./geistige Aktivität immer dann besonders intensiv wird, wenn ein momentaner Erregungsanstieg in den visuellen, motorischen und anderen aktivierenden Systemen zu verzeichnen ist. So konnte nachgewiesen werden, dass der Hirnstamm im REM-Schlaf spontan Signale erzeugt, die sensorische Informationen enthalten. Diese Signale stammen aber nicht von Außenreizen wie im Wachzustand, sondern aus eigener Aktivierung. In dem Maße, wie die Sinneskanäle im Kortex durch diese Signale, so wie sonst im Wachzustand durch reale Außenreize, stimuliert werden, werden in ihnen entspr. Wahrnehmungen (Erinnerungen) hervorgerufen. Diese unverschleierten *Gedächtnis*inhalte werden eigenständig, aber assoziativ miteinander verbunden (*Theorie der Aktivierung und Synthese*; Hobson 1990). Die fantastische und kuriose Synthese unvereinbarer Elemente entwickelt sich, weil die Prozesse nicht durch die logischen Regeln des Wachzustandes (Freud sprach von der Kontrolle des Zensors des Ich) kontrolliert werden. Außenreize werden dabei nur schwer integriert und spielen im Wesentlichen keine Rolle beim Auslösen oder Strukturieren der T.erlebnisse. Becker-Carus 1977, Becker-Carus 1981, Becker-Carus 2006a, Boss 1975.

C. Becker-Carus

Trauma [engl. *trauma*; gr. τράυμα (*trauma*) Verletzung]; *Posttraumatische Belastungsstörung (PTBS)*, *Traumatheorie, psychoanalytische*.

Traumatheorie, psychoanalytische [engl. *trauma theory, psychoanalytic*; gr. τράυμα (*trauma*) Verletzung], **[KLI]**, *Psychoanalyse*; beschäftigt sich mit der Def., der Wirkung und der Verarbeitung von seelischen Traumata (= T.). Ein seelisches T. [gr. Verletzung] kann def. werden als ein Ereignis, das aufgrund seiner Plötzlichkeit und Intensität die psych. Verarbeitungsmöglichkeiten einer Person überschreitet. Traumatisierend wirkt dabei nicht das Ereignis selbst, sondern das dadurch angestoßene Erlebnis und die damit verbundene Reizüberflutung. Insofern ist ein Ereignis immer erst in seiner Beziehung zu einem empfindenden Subjekt mit seiner jeweils indiv. Reizschwelle traumatisch. Traumatische Erlebnisse sind verbunden mit absoluter Hilflosigkeit und Verzweiflung, oft auch mit Todesangst – Gefühle, die so überwältigend sind, dass sie die Person zu vernichten drohen. In einer Art Notfallreaktion wird deshalb häufig zunächst die emot. Überforderung eingedämmt, indem die Gefühle «abgeschaltet» werden. Traumatisierte berichten häufig von einem emotionslosen, «glasklaren» Denken. In ihrer Not suchen sie unwillkürlich nach einer mächtigen Person, die Schutz bieten kann. In einer Täter-Opfer-Traumatisierung ist diese mächtige Person i. d. R. der Täter. Durch Unterwerfung und Anpassung an den Täter kann das Opfer sein psych. Überleben sichern – mit der dramatischen Konsequenz, dass dies zur *Identifikation* mit dem Täter führt. Diese Identifikation mit dem Täter bewirkt dann eine längerfristige seelische Schädigung. Danach wird in einem ersten Verarbeitungsschritt das traumatische Erlebnis zunächst vom Zus.hang mit anderen Erlebnisse abgespalten (*Dissoziation*), um die gesunden Anteile der Person zu schützen. Das T. wird dadurch zu einem abgekapselten Anteil der Seele mit der Gefahr einer erneuten innerlichen Überflutung. Die wichtigste seelische Verarbeitungsform zur Abschwächung der seelischen Wucht des T. ist die Wiederholung, z. B. in Albträumen. Die Wiederholung hat die Funktion, die überfordernde Erfahrung in geringerem Maße so oft wieder zu erleben, bis das T. integriert werden kann. Die darin enthaltene strukturelle Umwandlung des eigentlich passiv Erlittenen in etwas aktiv Hergestelltes stabilisiert das *Ich* des Traumatisierten. So kann aus erlittener Überwältigung allmählich wieder Selbstbestimmung werden, ein Prozess, der viele Jahre dauern kann. *Posttraumatische Belastungsstörung (PTBS).* Freud 1920, Ehlert & Lorke 1988. *B. Lorke*

Traumdeutung [engl. *dream interpretation*], [**KLI**], in der psychoanalytischen Therapie (*Psychoanalyse*) gilt der *Traum* (= T.) als ein zentraler Zugang zum Unbewussten, der auch für den therap. Prozess genutzt werden kann. Freud sah in T. eine Ausdrucksform neurotischer *Konflikte*. Für Jung (*Analytische Psychologie*) galten sie als eine kompensatorische Funktion zum bewussten Erleben und als hilfreiche Hinweise für das Leben des Träumers. Vier Haupttypen von deutbaren T. können unterschieden werden: (1) *Situationst.* (dem Träumer wird seine derzeitige Situation vor Augen geführt und/oder es werden künftige Situationen zur «Vorübung» vorweggenommen); (2) *Reduktionst.* (in T. werden falsche Ansprüche und Einschränkungen richtiggestellt); (3) *kompensatorische T.* (Spezialfall der Reduktionst.; hier werden zum realen Leben gegenteilige Gesichtspunkte herausgearbeitet); (4) *Großt.* (T. erscheinen in großer Deutlichkeit, und es besteht ein großes Bedürfnis, sie auszudrücken). Es wird zw. T. auf der *Objektstufe* (Beziehung des Träumers zu den Personen im T.) und T. auf der *Subjektstufe* (alle im T. vorkommenden Gegenstände, Gestalten und Tiere sind Teile des Träumers selbst) unterschieden.

Bei Jung und Freud erfolgt T. über versch. Methoden. Freud versuchte u. a. über *freie Assoziation* zu den immer weiter zurückliegenden Ereignissen bis schließlich zum entscheidenden kindlichen Trauma (*Traumatheorie, psychoanalytische*) oder Konflikt zu kommen (*Reduktion*). Jung dagegen griff einzelne Bestandteile des T. auf und ließ jew. weitere Einfälle produzieren, die schließlich ein vielseitig verstricktes und immer klareres Bild des T. geben (*Amplifikation*). Auch in nicht analytischen Therapien kann auf T. eingegangen werden, wobei typischerweise weniger von festen Interpretationen best. Inhalte ausgegangen wird. Die wiss. Basis für eine von best. therap. Orientierungen unabhängige T.forschung wächst an und ist an den empirischen Erkenntnissen zur therap. Beschäftigung mit T. zu erkennen. Leuschner 2004. *F. Caspar*

Traxel, Werner (1924–2009), [**FSE, HIS**], Kriegsdienst und Gefangenschaft, Studium der Ps. in München: 1949 Diplom. 1952 Promotion in München über das Experiment in der gegenwärtigen Ps. Habilitation zur Eidetik in kritischer Auseinandersetzung mit *Jaensch, Kroh* u. a. Professor in Bayreuth, Kiel und Passau. Forschungsaktivitäten im Bereich der Methodik der Ps. und der Ps.geschichte. 1981 gründete Traxel in Passau das Institut für Geschichte der Neueren Ps. mit vielfältigen Sammlungen von internat. Bedeutung. Mit seiner Frau begründete er die Werner und Rosemarie Traxel Stiftung. *H. E. Lück*

Trazodon (= T.) [engl. *trazodone*], [**PHA**], *Psychopharmakon* aus der Klasse der *Antidepressiva* mit atypischer Struktur. T. ist ein Antagonist an $5-HT_2$-Serotoninrezeptoren und bei höheren Dosierungen ein *Serotonin*-Wiederaufnahmehemmer. *Eliminationshalbwertszeit* 5-8 Std.

Treatment (= T.) [engl.] Behandlung, [**FSE**], Behandlung oder Maßnahme, die eine Person oder Sache einer Handlung oder einem Ziel zuführen bzw. Zielerreichung unterstützen sollen. In der exp. Ps.: Maßnahme zur systematischen Variation der Versuchsbedingungen und die Art, wie jemand den Versuchsbedingungen ausgesetzt wird (*Experiment, Treatmentdiffusion*).

[**KOG**], in der Entscheidungstheorie (*Entscheiden, Entscheidungstheorie*) ist T. jede Entscheidungsmöglichkeit oder Handlungsalternative.

[**KLI**], mit T. wird auch jede Behandlungsmethode bei der *Psychotherapie* bez.

treatment-as-usual (TAU-Bedingung) [engl.] «Behandlung wie üblich»; *Kontrollgruppe*.

Treatmentdiffusion (= T.) [engl. *treatment diffusion*; lat. *diffundere* sich verbreiten, sich ausbreiten], [**FSE**], Form der «Treatmentverunreinigung» bei Evaluationsstudien (*interne Validität, Bedrohungen für die*). Die T. kann insbes. auftreten, wenn das *Treatment* in der *Experimentalgruppe* und die Vergleichsbehandlung in der *Kontrollgruppe* durch dieselben Personen appliziert werden. Soll z. B. dieselbe Lehrkraft zwei Schülergruppen nach zwei unterschiedlichen Konzepten unterrichten, so besteht die Gefahr, dass die Applikation der Vergleichskonzepte «verunreinigt» erfolgt. Elemente von Maßnahme A werden ggf. auch in Bedingung B appliziert, wenn diese von der Lehrkraft als sinnvoll erachtet werden. Die Vergleichskonzepte werden ggf. ähnlicher in der Praxis realisiert, als wenn von jeder Lehrkraft nur ein Konzept umgesetzt werden sollte. T. kann ebenfalls auftreten, wenn durch die simultane Applikation zweier Vergleichsmaßnahmen an derselben Institution (z. B. Schule, Klinik) ein Austausch zw. den Lehrkräften oder Behandlern stattfindet, die unterschiedliche Konzepte umsetzen sollen. T. kann weiterhin erfolgen, wenn sich die Teilnehmer (z. B. Schüler, Pat.), die versch. Studienbedingungen zugewiesen wurden, untereinander austauschen. Shadish et al. 2001.

treatment engagement (= t. e.) [engl. treatment Behandlung, engagement Bindung], [**KLI**], zentraler Aspekt der *Behandlungsmotivation*, der das Ausmaß bez., in dem der Pat. motiviert ist, eine konkrete Behandlungsmaßnahme umzusetzen oder einzuhalten. T. e. ist spezif. als der Begriff *compliance* auf eine konkrete Behandlungsmaßnahme bezogen.

Treatmentverunreinigungen [engl. *treatment contamination*], *interne Validität, Bedrohungen für die*.

Treffermethode [engl. *hit* Treffer], [**DIA, KOG**], allg. die Methode, bei Lernversuchen, Testprüfungen usw. die richtige Lösung als Treffer zu bez. und zu bewerten. *Gedächtnismethoden*.

Tremograf, Tremometer [engl. *tremograph*; lat. *tremor* Zittern, gr. γράφειν (*graphein*) schreiben], [**BIO, DIA,**

KOG], Zitterbewegungsschreiber, Bez. für ein Testgerät zum Nachweis der manuellen Ruhe bzw. Unruhe bei Stress, Angst, Krankheit, etc. (*Tremor*).

Tremor (= T.) [engl. *tremor*; lat. Zittern], [**BIO**], Bez. für ein krankhaftes, grobschlägiges Ruhezittern der unbeeinflussten Extremität, mit einer Frequenz von 3–7 Ausschlägen pro Sek. Durch *Muskel*kontraktion oder -erschlaffung kann der T. in frühen Stadien verschwinden. *Zielbewegungen* gelingen gut im Unterschied zum beabsichtigten Zittern. Affektive Erregungen (*Emotionen*) verstärken die Amplitude der Zitterbewegung. Das Zittern äußert sich u. a. in einem rasch alternierenden leichten Beugen und Strecken der Finger.

Trend (= T.) [engl. Richtung, Neigung], [**FSE**], die systematische Tendenz einer von der Variablen Zeit (oder einer anderen *unabhängigen Variablen*) abhängigen Reihe von Beobachtungswerten. Um die Hauptrichtung des Verlaufs der Werte erkennen zu können, werden nicht nur zufällige Schwankungen der Werte innerhalb einer Klasse der unabhängigen Variablen (z. B. eines Kalenderjahres) durch Mittelwertbildung eliminiert, sondern auch zufällige und evtl. periodische Schwankungen zw. den Klassen (z. B. ein Mehrjahreszyklus). Der T. wird, wenn möglich, durch eine Gleichung bzw. grafisch als Kurve (Gerade, Polynom, Exponentialkurve etc.) dargestellt. *Zeitreihenanalyse*. E. Mittenecker

Trendanalyse [engl. *trend analysis*], [**FSE**], Trendbestimmung, numerische oder grafische Analyse des Trends (*Trend*) bzw. der Komponenten (wie lineare, quadratische etc.), aus denen der gesamte Trend zus.gesetzt gedacht werden kann. *Zeitreihenanalyse*. Eckstein 2010.

Trennschärfe [engl. *discriminatory power, item-total correlation*], *klassische Testtheorie*, *Item-Response-Theorie (IRT)*, *Itemanalyse*, *Reliabilität*, *Testkonstruktion*, *Trennschärfeindex*.

Trennschärfeindex (= T.) [engl. *item-total correlation*], syn. Trennschärfekoeffizient, [**DIA, FSE**], *Korrelation* eines Testitems mit dem Gesamtpunktwert. Trennschärfe bezeichnet die Eigenschaft eines Items (*Item*), zwischen Vpn mit unterschiedlichen Ausprägungen eines Merkmals zu differenzieren. Der T. ist hierfür Maßzahl und kann zudem als *Homogenitätsindex* eines Items bzgl. des gesamten Tests interpretiert werden. Heute wird i. d. R. der korrigierte T. bestimmt, der der Korrelation eines Items mit dem Gesamtpunktwert der übrigen Items der Skala entspricht. *Itemanalyse*, *Reliabilität*, *Skalierung, Methoden der*.

Trennungsangst (= T.) [engl. *separation anxiety*], [**EM, EW**], Reaktion eines Kindes, nachdem es in einer meist nicht sehr vertrauten Umgebung von der primären Bezugsperson (meist der Mutter; *Bindung*) für kürzere oder längere Zeit zurückgelassen worden ist. Sie äußert sich in einem mehr oder weniger heftigen Protest gegen die Trennung, dem aktiven Versuch, der Bezugsperson zu folgen, einem Absinken der *Stimmung*, das bis hin zum Weinen und verzweifelten Schreien gehen kann, sowie in einer Abnahme der Explorations- und Spielaktivität. T. tritt i. d. R. um den siebten Lebensmonat herum erstmals auf und klingt nach dem zweiten und dritten Lebensjahr wieder ab. Ihre Entstehung wird häufig mit der Entwicklung von kogn. Fähigkeiten (*Entwicklung, kognitive*), insbes. der *Objektpermanenz* (Schaffer 1974, Bowlby 1974) und Änderungen in der Gedächtnisleistung (*Gedächtnis*, Kagan 1980) in Verbindung gebracht. Die Tatsache, dass ein Austausch der primären Bezugsperson vor dem Auftreten der T. tendenziell besser möglich ist als nach dem Auftreten, weist aber auch auf einen prägungsähnlichen Vorgang hin (Bischof-Köhler 1994). T. wird häufig mit der *Fremdenreaktion* gleichgesetzt (Spitz 1967), oder es werden für beide Phänomene zumindest teilweise gleiche Entwicklungsvoraussetzungen vermutet (Kagan 1980). Tatsächlich tritt die Fremdenreaktion aber etwa ein bis zwei Monate nach der T. auf. M. Schneider

Trennwert *cut-off point, cutting score*.

Treppenpolygon *Häufigkeitsverteilung*.

Triadenmethode [engl. *complete method of triads*; gr. τρία (tria) drei], [**FSE**], wurde von Torgerson (1958) entwickeltes Verfahren zur *multidimensionalen Skalierung* von Ähnlichkeitsbeurteilungen, die aus *Triadenvergleichen* der Reize gewonnen wurden. Die über die Thurstone'schen Gesetze des Vergleichsurteils gewonnenen Distanzschätzungen zw. je zwei Reizen werden in einem euklidischen Raum angeordnet, von dem durch eine *Faktorenanalyse* die Dimensionen ermittelt werden, auf die die Stimuli durch senkrechte Projektionen abgebildet sind. Das Resultat ist eine Anzahl unabhängiger Faktoren, auf die die Ähnlichkeitsurteile zw. den Reizen zurückgeführt werden. *Skalierung, Methoden der*. Raven & Eachus 1963. G. Lüer

Triadenvergleich (= T.) [engl. *triad comparison*; gr. τρία (tria) drei], [**FSE**], im T. werden drei Reize A, B und C so miteinander kombiniert, dass zu einem Ankerreiz aus den beiden verbleibenden Stimuli derjenige herausgesucht werden muss, der dem Ankerreiz z. B. am ähnlichsten ist. Soll jeder Reiz einmal Ankerreiz sein und ist *n* die Anzahl der Reize, so können versch. Triaden gebildet werden. *Triadenmethode*. G. Lüer

triadisches Interdependenzmodell [engl. *model of triadic interdependence*; gr. τρία (tria) drei, lat. inter zwischen, *dependere* abhängig sein], [**KOG, PÄD**], ein additives Hochbegabungsmodell (*Hochbegabung, intellektuelle*) von Franz J. Mönks, das auf dem Drei-Ringe-Modell von Renzulli basiert. Mönks erweiterte die Modellkomponenten (*Aufgabenzuwendung, Intelligenz, Kreativität*) um den Faktor *Umwelt*, der durch Schule, Peers und Familie repräsentiert wird. M. Reutlinger

trial-and-error learning [engl.] Lernen durch *Versuch und Irrtum*.

Triangle-Modell [engl. *triangle model* Dreiecksmodell], *Sprachwahrnehmung*.

Triangulation (= T.) [engl. *triangulation*; gr. τρία (tria) drei, lat. *angulus* Winkel], [**FSE**], der ursprünglich aus der Vermessungstechnik stammende Begriff steht in den Sozialwissenschaften für eine v. a. von Denzin (1978) entwickelte Methode zur *Validierung* empirischer Daten: Verschiedene Methoden, Forscher, Untersuchungsgruppen, lokale und zeitliche Settings sowie unterschiedliche theoretische Perspektiven werden in der Auseinandersetzung mit einem untersuchten Phänomen kombiniert. Denzin (1978) unterscheidet dabei vier Formen der T.: (1) *data triangulation*: Verschiedene Daten werden unter einer gemeinsamen Fragestellung miteinander in Beziehung gesetzt (bspw. gleiche Methode, gleiche Personen, unterschiedliche Zeitpunkte oder gleiche Methode, unterschiedliche Orte, unterschiedliche Personen etc.); (2) *methodological triangulation*: Kombination versch. Methoden mit nicht identischen Schwächen (z. B. qualit. und quant. Methoden); (3) *investigator triangulation*: Einbeziehung unterschiedlicher Personen in den Prozess der Datenerhebung und -auswertung zur wechselseitigen Kontrolle der jew. Subjektivität (z. B. Forschungswerkstätten oder Interpretationsgruppen); (4) *theory triangulation*: Verwendung versch. Theorien zur Überwindung theoretischer Einseitigkeiten und zur Systematisierung der Erzeugung konkurrierender plausibler Interpretationen. Häufig wird die T. weniger als Validierungsverfahren zur Sicherung der Gültigkeit gewonnener Erkenntnisse, sondern vielmehr als Methode, zu einem tieferen Verständnis des Forschungsgegenstandes zu gelangen, angesehen. *qualitative Sozialforschung*. Denzin & Lincoln 2012, Flick 2000. *M. Petrucci*

Triazolam [engl. *triazolam*], [**PHA**], ist eine psychotrope Substanz aus der Klasse der *Benzodiazepine*, zugelassen als Hypnotikum zur Kurzzeitbehandlung von *Schlafstörungen*. *Eliminationshalbwertszeit* zw. 1,5 und 5 Std. Benkert & Hippius 2013.

Trichotillomanie (= T.) [engl. *trichotillomania*], [**KLI, PHA**], Störung der *Impulskontrolle*, bei der sich die Betroffenen die Haare selbst ausreißen. Zumeist werden Kopfhaare herausgerissen, genau betrachtet und zum Mund geführt, dieser wird berührt, schließlich werden die Haare verschluckt oder weggeworfen. Erstmalig tritt die T. meist während der Pubertät auf, aber auch alle anderen Altersgruppen können betroffen sein. Die T. wird häufig von *affektiven Störungen* und *Angststörungen* begleitet. Auch wenn das Verhalten zwanghaft erscheint, geben etwa 75 % der Betroffenen an, sich ihres Verhaltens nicht bewusst zu sein. Die Behandlung der T. erfolgt vor allem psychoth. und durch die medikamentöse Behandlung der Begleiterkrankungen. Auch *serotonerge Antidepressiva* sind wirksam. *S. Lammertz*

Trieb (= T.) [engl *drive*], [**EM**], eine Gruppe von ps. Faktoren, die (nach Rohracher 1969) folg. Hauptkennzeichen aufweisen: (1) das *Erleben eines Dranges*, wobei meistens, aber nicht immer auch eine Zielvorstellung gegeben ist; (2) *autogene Entstehung*, d. h., T. treten ohne Mitwirkung des *Bewusstseins*, unabhängig von *Wollen* und *Denken* auf; (3) *Gefühlsbegleitung* (*Gefühl*): Die Befriedigung des T. verschafft Lust; solange sie nicht m2öglich ist bzw. verhindert wird, besteht Unlust; (4) *Bewusstseinsminderung*: Die Klarheit des Denkens und selbst der Wahrnehmung kann unter der Wirkung des T. herabgesetzt sein. Die ersten beiden Merkmale treffen auf alle T. zu, die beiden letzten auf die meisten. Als T.handlung bez. man solche Handlungen, die sich durch schnelle Aufeinanderfolge von *Motiv* und Handlung auszeichnen, also unüberlegte (*Affekt*-)Handlungen. Die wichtigsten Impulse für die T.theorie stammen von Freud (*Triebtheorie nach Freud*). Er beschreibt T. als eine aus dem Körperinneren kommende, konstant wirkende Kraft, die den Organismus zu solchen Handlungen anregt, die geeignet sind, die inneren Reizquellen zu verändern. Eine solche Veränderung hebt die Erregung an der Reizquelle (einem Organ) auf und wirkt damit triebreduzierend, was psychol. als Triebbefriedigung gefasst wird. Hull (1943) hat diese Triebkonzeption i. S. einer Bekräftigung (*Verstärkung*) konzipiert und hiervon das Lernen abhängig gemacht. Das Bemühen um Ordnung und Spezifizierung hat zu drei Annahmen geführt: (1) *monothematische T.theorie*: Das menschliche Seelenleben wird auf eine einzige Grundtriebfeder zurückgeführt, z. B. den Sexualtrieb Freuds und das «Machtstreben» bei Adler; (2) *polythematische T.theorien* (McDougall 1947): Sie sind v. a. eingekleidet in die Lehre von den Instinkten i. S. angeb. T. McDougall unterscheidet 18 solcher T.: die der Nahrungssuche, des Ekels, des Sexus, der Furcht, der Neugier, der Fürsorge, der Geselligkeit (Geselligkeit, Gesellungsbedürfnis), der Selbstbehauptung, der Unterwürfigkeit, des Besitzenwollens, des Sich-lustig-Machens, der Behaglichkeit, des Ausruhens, des Wanderns und anderer körperlicher Verrichtungen wie Husten, Niesen, Atmen, Entleerung; (3) *athematische T.theorien*: erkennen eine Vielzahl von T.regungen an, halten aber eine Spezifizierung und systematische Gliederung für unmöglich, da unsere aktuellen Handlungen durch die jew. gegebene Situation mit ihrem konkreten Inhalt best. werden. *Antrieb*. Kernberg 1997b, Allport 1949. *H.-D. Schmalt*

Trieb, psychoanalytische Betrachtung (= T.) [engl. *drive, instinct*; franz. *pulsion*], [**EM, KLI**], ein T. ist nach psychoanalytischer Auffassung (*Psychoanalyse*) ein innerseelischer Drang, der sich aus organismischen Zuständen speist, seine (vermutete) Quelle im biol. Körper besitzt und dessen Dynamik im Psych. eine Entwicklung bzw. Veränderung erfordert, die (durch einen oder mehrere Vorgänge) letztlich auf die Aufhebung des unlustvollen Reizes zielt. Es ist somit ein zentraler, die psych. Entwicklung des Einzelnen beschreibender Begriff, der im Kern der psychoanalytischen *Motivations*lehre steht; dabei soll das *Lustprinzip* durch das *Realitätsprinzip* ersetzt bzw. modifiziert werden. T. sind «die eigentlichen Motoren der Fortschritte» und besitzen einen «konstant drängenden Charakter» (Freud 1915b, 213). Ziel des *psychischen Apparates* ist die Verwandlung des durch den T. ausgelösten unlustvollen Zustandes in einen eigentlich reizlosen (homöostatisches Prinzip, *Homöostase*), meist in Form einer «Abfuhr» (*Katharsis, psychoanalytisch*) oder «Abwehr» (*Abwehrmechanismen des Ich*, *Triebschicksal*) bzw. einer (auto- oder alloplastischen) Veränderung. Freud unterscheidet neben Quelle, Objekt und Ziel eines Triebes auch versch. Triebqualitäten (Selbsterhaltung, Sexualität, Aggression; *Triebtheorie nach Freud*) und den sog. *Drang*. *Quelle*: jener somatische Vorgang, dessen Reiz im Psych. sich als T. bemerkbar macht; Freud spekuliert hier über chemische oder mechanische Kräfte. Eine Einteilung nach Quellen nimmt er ebenfalls vor (erogene Zonen).

Ziel: allg. immer die Befriedigung; jedoch können versch. Wege, auch intermediäre Ziele, miteinander kombiniert oder gegeneinander getauscht werden.
Objekt: «dasjenige, an welchem oder durch welches der T. sein Ziel erreichen kann». Als das variabelste Bestimmungsmerkmal ist es «nur infolge seiner Eignung zur Ermöglichung der Befriedigung zugeordnet» (Freud 1915b, 215).
Drang: motorischer Moment, Summe von Kraft. Der Charakter des Drängenden ist das allg. Wesen des T. Freud entwickelte seinen T.begriff am Modell der *Sexualität*, wobei er den Begriff des Sexuellen maßgeblich erweitert (*Psychosexualität*) bzw. eine größere Zahl von Vorstellungen und Handlungen in ihn einbezieht. Dabei nennt er den Drang als wichtigen, das Wesen des T. bestimmenden Faktor, den er quant. (ökonomischer Gesichtspunkt der Metaps.) als «Arbeitsanforderung» an das Seelische gerichtet sieht. Verstanden wird der T. als «Grenzbegriff zw. Seelischem und Somatischem, als psych. Repräsentant der aus dem Körperinneren stammenden, in die Seele gelangenden Reize, als ein Maß der Arbeitsanforderung, die dem Seelischen infolge seines Zus.hanges mit dem Körperlichen auferlegt ist» (Freud 1915b, 214). In neuerer Zeit lässt sich beobachten, dass anstelle des T.konzeptes auf andere Begriffe zur Erklärung der nämlichen Sachverhalte zurückgegriffen wird; so konzentrieren z. B. Kernberg (1997b) und Krause (1997/1998) ihre Theorien stärker auf den Affektbegriff bzw. um Vorstellungen, die die *Affekte* als Nachfolger des T. erscheinen lassen. R. Butzer

Trieb-Dressur-Verschränkung *Instinkt-Dressur-Verschränkung.*

Triebmischung, -entmischung [engl. *fusion – defusion of instincts*; frz. *union – désunion des pulsions*], **[KLI]**, ökonomisch-energetisches Konzept einer Mischung und Entmischung der zwei Grundtriebe (*Sexualität* und *Aggression* bzw. später: *Eros* und *Thanatos-Trieb*), das Freud (*Psychoanalyse*) anlässlich seiner «Todestriebtheorie» zur Erklärung von *Sadismus* und *Masochismus* anführt; Freuds Idee beinhaltet ein unterschiedliches Maß an sexueller und aggressiver Energie, das letztlich darüber entscheiden soll, ob ein Liebhaber zum Lustmörder wird oder ob es ihn scheu und impotent macht (Freud 1940, 71). Freud geht von einer *Legierung* (oder *Amalgamierung* beider Triebarten aus (Mischung), die jedoch bei best. Abwehrvarianten oder Konstellationen (z. B. soll die *Identifizierung* mit einer *Desexualisierung* einhergehen) aufgespalten (Entmischung) werden, was als (spekulative) Erklärung charakteristischer klin. Phänomene herangezogen wird. R. Butzer

Triebrepräsentanz (= T.) [engl. *instinctual representative*; frz. *représentant de la pulsion*; lat. *repraesentare* vergegenwärtigen], **[EM, KLI]**, bez. den psych. Ausdruck des (somatischen) Triebes (*Triebtheorie nach Freud*); auch *Vorstellungsrepräsentanz* genannt. Die Vorstellungsrepräsentanz kann mit einem *Affektbetrag* besetzt sein, dessen Quantum (ökonomischer Gesichtspunkt der Metaps.; *Objektbesetzung*) der Stärke der Triebregung entspricht. Beides, die Vorstellungsrepräsentanz und der Affektbetrag, bilden die (vollst.) T. im Psych. Spezif. Abwehrvorgänge (*Abwehrmechanismen des Ich*) können entweder an der Vorstellung oder dem Affektbetrag ansetzen (*Triebschicksal*); z. B. kann Erstere verdrängt (*Verdrängung*) und Letztere auf eine andere Vorstellung verschoben werden (*Verschiebung*), wie z. B. bei der Phobie. «Das Schicksal des Affektbetrags der Vorstellung» wird von Freud als «bei weitem wichtiger (…) als das der Vorstellung» erachtet (Freud 1915b, 256). So erfolgt bei der Zwangsneurose eine Trennung von *Affekt* und Vorstellung durch die Isolierung, was die charakteristische Rigidität und emot. Armut des Zwangsneurotikers (*Zwangsneurose*) erklären soll. R. Butzer

Triebschicksal (= T.) [engl. *vicissitudes of the instinct*], **[EM, KLI]**, «Schicksal» meint in diesem Zus.hang den Ausgang bzw. das Endprodukt des Konfliktes zw. *Trieb* (Arbeitsanforderung) und der Bearbeitung durch den psych. Apparat (z. B. durch die Abwehr, *Abwehrmechanismen des Ich*). Im Hinblick auf die Sexualtriebe nennt Freud vier T.: (1) die *Verkehrung ins Gegenteil*, (2) die Wendung gegen die eigene Person, (3) die *Verdrängung* und (4) die *Sublimierung*. Diese allg. Bestimmungen bestehen noch aus weiteren, feineren Mechanismen, die an unterschiedlichen Stellen des Triebes (z. B. dem Ziel oder dem Objekt) ansetzen können. *Triebtheorie nach Freud*. R. Butzer

Triebtest *Szondi-Test.*

Triebtheorie nach Freud (= Tt.) [engl. *Freudian drive theory, instinct theory*], **[EM, KLI, PER]**, mit der Tt. versucht Freud (*Psychoanalyse*) die Kräfte zu erfassen, die das psych. Geschehen determinieren. Die *Triebe* (T.) konzipiert er als «Arbeitsanforderung, die dem Seelischen infolge seines Zus.hangs mit dem Körperlichen auferlegt ist» (Freud 1915b). Die Quelle des T. ist ein körperlicher Reiz, bspw. ein erregender Vorgang in einem erogenen Organ. Das T. ziel ist die Aufhebung dieses Reizes durch eine adäquate Handlung. Die psychoanalytische T.lehre (*Trieb, psychoanalytische Betrachtung*) war von Anfang an dualistisch aufgebaut, d. h., zwei T.arten wirken konflikthaft gegeneinander. Freuds erste Tt., die ab 1905 begriffliche Gestalt annahm, stellte die *Ich-Triebe* und Selbsterhaltungst. dem Sexualt. gegenüber. In dieser Theorie konfligieren die Anforderungen des Sexualt. bzw. der *Libido* mit den Anforderungen des Ich (*Abwehrmechanismen des Ich*) und der Selbsterhaltung. Wenn dieser Konflikt keine angemessene Lösung findet, kann eine *Neurose* entstehen. In ihrem Fall werden die sexuellen T.regungen verdrängt und finden im Symptom eine Ersatzbefriedigung. Einhergehend mit der Einführung des *Narzissmus* (Freud 1914b) setzte sich bei Freud die t.theoretisch relevante Einsicht durch, dass das Ich nicht wie vorher angenommen i. Ggs. zur Libido steht, sondern stattdessen selbst libidinös besetzt ist. Die neuen Erkenntnisse stellten die dualistische T.auffassung infrage und ließen die Perspektive einer monistischen T.lehre aufscheinen. Doch 1920 reetablierte Freud in seiner Schrift *Jenseits des Lustprinzips* (Freud 1920) die dualistische Tt. mit dem Gegensatzpaar *Eros* vs. *Todestrieb*, wobei der Eros Sexualität und Selbsterhaltung umfasst. Sein Bestreben ist es, die lebende Substanz zu erhalten und zu immer größeren Einheiten zus.zuschließen. Der entgegenwirkende Todest. will diese Einheiten auflösen und in einen uranfänglichem, anorganischen Zustand zurückführen. Bis heute ist die psychoanalytische T.theorie wiss. umstritten. V. a. der zweiten T.theorie Freuds ist vorgeworfen worden, sie fördere ein monadologisches, biologistisches, antiempirisches und metaphysisches Verständnis psych. Prozesse. Neuere Untersuchungen weisen darauf hin, wie wichtig das Verhalten der Bezugspersonen für das Entstehen sinnlicher Lust und sexueller Erregbarkeit beim Kind ist. Für den frz. Psychoanalytiker Jean Laplanche (Laplanche 1988) lässt sich die Entstehung des Sexual. nur intersubjektivistisch erklären. Nach seiner *Allg. Verführungstheorie* führt der frühe Körperkontakt mit der Mutter und die Assymetrie zw. erwachsener Sexualität und kindlichen Bedürfnissen zu einer Erogenisierung des kindlichen Körpers und zur Konstitution des t.haften *Unbewussten*. L. Bayer

^Test^**Trierer Alkoholismusinventar (TAI)**, 1987, von W. Funke, J. Funke, M. Klein und R. Scheller, [www.testzentrale. de], **[DIA, KLI]**, klin. Test zur Suchtgefährdung. AA Erwachsene. Fragebogen für therapierelevante differenzialdiagnostische Informationen bei Alkoholabhängigen. Insgesamt 90 vierstufig skalierte Fragen dienen dazu, befragte Personen auf den Dimensionen *Schweregrad, soziales Trinken, süchtiges Trinken, Motive, Schädigung, Partnerprobleme wegen Trinken* und *Trinken wegen Partnerproblemen* einzuordnen. *Normierung*: Es liegen geschlechtsspezifische Prozentrangwerte, *T*-Werte und Stanine-Werte vor (N = 1275 bzw. N = 956 stationär in Fachkliniken behandelte Alkoholiker). Bearbeitungszeit: ca. 30 Min.

^Test^**Trierer Integriertes Persönlichkeitsinventar (TIPI)**, 2003, 1. Aufl. von P. Becker, [www.testzentrale.de], **[DIA, PER]**, Persönlichkeitstest ab 17 Jahre. 254 Items (durchschnittlich 7 Items pro Skala) erfassen vier Globalskalen: *Neurotizismus/geringe seelische Gesundheit*; *Extraversion/Offenheit*; *Unverträglichkeit vs. Verträglichkeit* und *Gewissenhaftigkeit/Kontrolliertheit* sowie 34 Primärskalen (Facetten). Interne Validierung mit dem *ordinalen Rasch-Modell*. Die Auswertung erfolgt in beiden Fällen computergestützt. *Reliabilität*: Cronbachs Alpha zwischen .94 und .68 (M = .80). Retest-Reliabilitäten (ein Jahr) für Personenparametern zw. .88 und .64 (M = .77); Skalenscores zw. .89 und .67 (M = .80). Gute Inhaltsvalidität (Expertenurteil). *Validität*: stabile Vier-Faktoren-Struktur der 34 Primärskalen für Geschlecht und Alter. Validierungen (NEO-PI-R, DAPP-BQ, FPI-R, PSSI, FVE) sowie mit Fremdeinschätzungen und Kriteriumsgruppen liegen vor. *Normierung*: Subgruppenspezifische Normierungen (N = 1026) liegen vor. Computergestützte und Papier-Bleistift-Version. Bearbeitungsdauer: ca. 45 Min. [www.testzentrale.de]. Kleinemas 2006. J. M. Müller

^Test^**Trierer Inventar zum chronischen Stress (TICS)**, 2004, P. Schulz, W. Schlotz & P. Becker, [www.testzentrale. de], **[DIA, GES, KLI, PER]**, mehrdimensionaler klin. Persönlichkeitstest, Selbsteinschätzung. AA ab 16 Jahre. Test zur Erfassung von chronischem *Stress* bei Personen mit oder ohne Berufsarbeit in unterschiedlichen Berufen und Lebenssituationen. Mit 57 Items wird die Häufigkeit von Belastungserfahrungen in den vergangenen drei Monaten in neun Dimensionen erfasst: *Arbeitsüberlastung, soziale Überlastung, Erfolgsdruck, Unzufriedenheit mit der Arbeit, Überforderung bei der Arbeit, Mangel an sozialer Anerkennung, soziale Spannungen, soziale Isolation, Besorgnis*. Die interne Konsistenz liegt je nach Skala zw. .84 und .91. Der Test eignet sich sowohl als Forschungsinstrument als auch für die klin. Praxis, z. B. zur Therapieplanung, zur Evaluation von Stressbewältigungstrainings und zur Stressmessung bei Personen, Personengruppen und in Organisationen. *Normierung*: an N = 604 Personen. Es existiert eine Kurzform mit 12 Items. PC-Auswertung möglich. Bearbeitungsdauer: ca. 10 Min. (Kurzform ca. 2 Min.). W. Schlotz

^Test^**Trierer Persönlichkeitsfragebogen (TPF)**, 1989, P. Becker, [www.testzentrale.de], **[DIA, PER]**, Persönlichkeitstest. AA 18–80 Jahre. Der TPF dient der Messung der beiden varianzstarken, orthogonalen «Superfaktoren» der Persönlichkeit *Verhaltenskontrolle* und *seelische Gesundheit* sowie sieben Teilkomponenten der seelischen Gesundheit. Studien zur Validität liegen vor. Eine Konsistenzanalyse ergab je nach Skala Werte (Cronbachs Alpha) zw. r = .77 und r = .91, Wiederholungsreliabilität nach 11 Monaten zw. r = .69 und r = .78. Fremdsprachige Fassungen liegen in Englisch und Französisch vor. *Normierung*: geschlechtsspezifische Normen für die Altersgruppen 18–40 und 41–80 Jahre (N = 961). Bearbeitungsdauer: ca. 10 bis 30 Min.

^Test^**Trierer Skalen zur Krankheitsbewältigung (TSK)**, 1993, von T. Klauer und S. H. Filipp, [www.testzentrale. de], **[DIA, GES, KLI]**, klin. Verfahren. AA Erwachsene. Multidimensionale verhaltensnahe Erfassung von Bewältigungsverhalten bei schwerer körperlicher Erkrankung. Über Pat.-Selbstauskünfte können einzelne Bewältigungsreaktionen (Copingverhalten) abgebildet und im Profil ausgewertet werden. Reliabilitätskoeffizienten (Cronbachs Alpha) für N = 325 Krebspatienten zw. r = .76 und r = .82. *T*-Werte und Prozentrangwerte für die einzelnen Subskalen für Pat. mit schweren körperlichen Erkrankungen (N = 878; Gesamtstichprobe, Männer, Frauen) sowie für Krebspatienten (N = 408) liegen vor. Eine PC-Version ist vorhanden. Durchführungsdauer: 10 bis 20 Min.

Triftigkeit [engl. *cogency*], **[FSE]**, Kriterium für die Adäquatheit von Interpretationen. *Interpretation*.

Trigeminusneuralgie [engl. *trigeminal neuralgia*; lat. *nervus trigeminus* Drillingsnerv], syn. *Tic douloureux*; *Tic, Tick, Neuralgie, neuralgischer Schmerz*.

Trigramm (= T.) [engl. *trigramm*; gr. τρία *(tria)* drei, γράμμα *(gramma)* Buchstabe], **[KOG]**, als Zeichen höherer Ordnung aufgefasste Dreierkombination von Einzelzeichen, die einer begrenzten Menge von möglichen Zeichen (Zeichenvorrat, Zeichenrepertoire) entnommen sind. Aus dem Vorrat von 26 Buchstaben zzgl. Leerstelle (Lücke) lassen sich 27^3 = 19683 T. bilden (*Sprachstatistik*). Zur Bestimmung der Auftretenshäufigkeiten von T. in Texten s. sinngemäß *Digramm*. Eine künstlich hergestellte Buchstabenabfolge, in der sich die Häufigkeiten der darin enthaltenen T. so verteilen wie in sinnvollem Text, heißt *Approximation* 3. Ordnung. T. werden (insbes. in der Abfolge Konsonant – Vokal – Konsonant) häufig als Material in Lern-, Assoziations- und Gedächtnisuntersuchungen verwendet. Ihre Verwendbarkeit als «sinnarme Silben» hängt von einer Reihe von Bedeutungskennwerten ab, die in umfangreichen Untersuchungen ermittelt worden sind. *sinnlose, sinnarme Silben.* Schönpflug & Vetter 1974. *H.E. Zahn*

Trijodthyronin [engl. *triiodothyronine*], Abk. T3; *Schilddrüsenhormone.*

Trimipramin (= T.) [engl. *trimipramine*], [**PHA**], *Psychopharmakon* aus der Klasse der *Antidepressiva* vom Typ der Trizyklika. T. hemmt die Rückaufnahme von *Serotonin* und *Noradrenalin* und wirkt durch seine*antihistaminergen* Eigenschaften stark sedierend. T. hat außerdem *anticholinerge* Effekte. Häufige *Nebenwirkungen* sind Müdigkeit, Mundtrockenheit, Gewichtszunahme und Akkomodationsstörungen. Benkert & Hippius 2013. *H. Himmerich*

trimodale Faktorenanalyse *Faktorenanalyse, dreimodale.*

Triple-Code-Modell [engl. *triple* Dreiergruppe], [**BIO, KOG**], dieses neurokognitive Modell der Zahlenverarbeitung von Dehaene (1992; Dehaene & Cohen 1995) postuliert separate Verarbeitungskomponenten für drei unterschiedliche Repräsentationsformen (*Repräsentation*) von Zahlen und Mengen, die als «*Codes* bezeichnet werden. Die Verarbeitung des visuell-arabischen Zahlencodes (arabische Zahlen) ist neuroanatomisch im *Gyrus fusiformis* (Brodmann-Areal 19/37) in beiden Großhirnhälften (*Gehirn*) angesiedelt, die Verarbeitung des verbal-phonologischen Zahlencodes (gesprochene und geschriebene Zahlwörter) erfolgt in der *sylvischen Furche* der linken Großhirnrinde. Die analoge Größenrepräsentation, also das *Wissen* um die numerische Größe bzw. Mächtigkeit einer Menge oder Zahl, ist in alle Zahlenverarbeitungs- und Rechenprozesse involviert, die auf die Numerosität von Mengen oder Zahlen zugreifen, und wird bilateral im *parietalen Kortex*, nach neueren Ergebnissen präziser um das horizontale Segment des *intraparietalen Sulcus (IPS)* verarbeitet. Beim kompetenten Erwachsenen interagieren diese drei neurokognitiven Komponenten, wann immer Zahlenverarbeitung stattfindet. Jede dieser Komponenten kann aber laut Dehaene auch spezifisch beeinträchtigt sein. *K. Landerl*

Triplett, Norman D. (1861–1931), [**HIS, SOZ**], Psychologe an der Indiana University. Triplett studierte am Illinois College in Jacksonville sowie an der Indiana University in Bloomington, wo er als sportbegeisterter junger Wissenschaftler die vielzitierte Untersuchung über das Schrittmacherphänomen beim sportlichen Wettbewerb durchführte (Triplett 1898). Diese Untersuchung zum Radrennsport, durchgeführt mit Kindern an einer Wettbewerbsmaschine (*competition machine*), gilt als eins der ersten Experimente sowohl der *Sozialpsychologie* als auch der *Sportpsychologie*. Nach heutigen Maßstäben weist die Untersuchung meth. Schwächen auf, sodass Tripletts These eines Leistungsanstiegs durch Wettbewerb durch seine Daten nicht belegt wird (Lück 1998). 1900 promovierte Triplett an der Clark University unter G. Stanley Hall mit einer Arbeit über die Ps. des Zaubertricks. Er arbeitete später als Dozent. *H. E. Lück*

Triplo-X-Syndrom [engl. *triple X syndrome*], syn. *XXX-Syndrom*, [**BIO, KLI**], Genommutation, die zu den Trisomie-Syndromen mit 3fachem x-Chromosom gehört. Führt zu Verhaltensstörungen und psych. Erkrankungen. *Chromosomen-Aberration.*

Triptane (= T.), [**PHA**], T. sind *Serotonin*rezeptoragonisten, die zur Akutbehandlung von Migräneanfällen eingesetzt werden. Aktuell sind sieben T. auf dem Markt: Sumatriptan, Naratriptan, Zolmitriptan, Eletriptan, Almotriptan, Rizatriptan, Frovatriptan. Der Wirkmechanismus von T. umfasst eine agonistische Wirkung an 5-HT1B- und 5-HT1D–Serotonin-Rezeptoren. Dadurch kommt es zu einer Verengung der dilatierten intrakraniellen Gefäße im *Gehirn* und zu einer Reduktion der Freisetzung vasoaktiver Neuropeptide, wodurch wiederum die neurogene Entzündung an den Blutgefäßen des Gehirns verringert wird. Nach den Ergebnissen der Zulassungsstudien können T. rund 60 % der Pat. helfen, die auf NSAR/Analgetika nicht ansprechen. T. sollten zu Beginn der Migräneattacke, so früh wie möglich, jedoch nicht schon während der Aura, eingenommen werden. Eine prophylaktische Einnahme ist obsolet. T. sollten nicht an mehr als 10 Tagen im Monat eingenommen werden, um das Auftreten von medikamenteninduzierten Kopfschmerzen zu vermeiden. Zu den häufigsten *Nebenwirkungen* gehören: *Schwindel*, Schläfrigkeit, Sensibilitätsstörungen einschließlich Parästhesie und Hypästhesie, Müdigkeit, Schwächegefühl, vorübergehender Blutdruckanstieg kurz nach der Anwendung, Gesichtsrötung (Flushing), Übelkeit und Erbrechen. *T. Veselinović*

Trisomie [engl. *trisomy*; gr. τρία *(tria)* drei, σῶμα *(soma)* Körper], [**BIO, KLI**], Anomalie der Chromosomenzahl (*Chromosomen-Aberration, Chromosomenanomalie*), bei der neben dem normalen Diploidensatz ein oder mehrere *Chromosomen* überzählig sind. *Klinefelter-Syndrom, Down-Syndrom.*

Tritanomalie, Tritanopie [gr. τρίτος *(tritos)* dritter, α- *(a-)* ohne, νόμος *(nomos)* Gesetz, ὄψις *(opsis)* Sehen], [**BIO, WA**], Farbensehschwäche bzw. Farbenblindheit mit eingeschränkter bzw. fehlender Wirksamkeit des dritten (blau-empfindlichen) Zapfenfarbstoffes. *Duplizitätstheorie, Dichromaten.*

Trizyklische Antidepressiva [engl. *tricyclic antidepressants*]; *Antidepressiva.*

Troland [engl. *troland*]; Symbol *td*; Maß der Beleuchtungsstärke nach L.T. Troland (1889–1932), *lichttechnische Maße.*

Trommelfell [engl. *eardrum*], *Ohr.*

trophisch [engl. *trophic*; gr. τρέφειν *(trephein)* ernähren], auf die Ernährung bezogen.

trophotrop [engl. *trophotropic*; gr. τρέφειν *(trephein)* ernähren, τροπη *(trope)* Wendung, Einwirkung]; *Ergotropie, ergotrop.*

Tropismus (= T.) [engl. *tropism*; gr. τροπη *(trope)* Wendung, Einwirkung], [**EM, PER**], Orientierung der Wachstumsbewegungen bei Pflanzen an äußeren physikal. Reizquellen. Führen diese zum Reiz hin, handelt es sich um pos. T., führen sie von ihm ab, um neg. T. Es gibt z.B.

Geo-T., auf die Erde und die Erdbewegung hin, *Helio-, Photo-T.*, Bewegung auf Lichtreize, *Chemo-T.*, Bewegung auf chemische Einflüsse, *Hydro-T.*, zum Wasser hin, bei chemischen Verbindungen: wasserlöslich. In die Ps. wurde der Begriff mit neuer Bedeutung durch *Szondi* eingeführt. Geno-T., ist die durch identische oder verwandte Genfaktoren wirkende Kraft, die Menschen zueinander hinzieht. Bei Ausschaltung der genealogischen Verankerung der Triebe (*Trieb*) spricht man von Triebt. Eine Triebstruktur kann sich in der Wahl eines best. erotischen Partners (*Libido*-T.), eines Freundes (Idealo-T.), des Berufes (Opero-T.), einer Krankheit (Morbo-T.), der Todesart (Thanato-T.) u. a. bemerkbar machen. Sie wird zur unbewussten Determinante, die affine Erscheinungen erzeugt. Beim Abwehr-Opero-T. vermag das *Ich* gefährliche Triebbedürfnisse durch ausgedehnte und sozial verankerte Abwehrfunktionen abzuwehren. Von integralem Opero-T. spricht man bei gleichzeitigem Vorhandensein der drei Formen von Opero-T., die sich in drei scheinbar unabhängigen Gruppen von Berufswünschen äußern. Die Triebdiagnostik von Szondi ist spekulativ und empirisch nicht zu bestätigen. Szondi 1966, 1972.

Trotz (= T.) [engl. *defiance*], **[EM, EW]**, diffuse Abwehr fremder Ideen oder Autoritäten ohne inhaltlich bestimmte Intentionen, häufig mit Affektausbrüchen verbunden (Wut). *Trotzphase, Reaktanz.* Kemmler 1957, Kroh 1928.

Trotzphase (= T.) [engl. *the terrible twos*], syn. *Trotzalter*, **[EW]**, u. a. Bez. für die Zeit vom 3.–5. Lebensjahr, in der das Kind entdeckt, dass es selbst etwas wollen bzw. sich dem Wollen der Erw. widersetzen kann. Es wird jedoch angenommen, dass vermehrter Trotz bereits im 2. Lebensjahr auftreten kann und dass eine deutl. T. auch ausbleiben kann.

trouble shooting [engl. *trouble* Fehler, Störung, *shooting* Abschuss, Schießen], **[AO]**, *Fehler* oder Störungen suchen und beseitigen. *Organisationsentwicklung, Qualitätssicherung*.

Tryptamin (= T.) [engl. *tryptamine*], **[BIO]**, Neurohormon (*Hormone*), biogenes Amin, das aus der Aminosäure *Tryptophan* gebildet wird (Decarboxylierung). T. passiert die *Blut-Hirn-Schranke* und kann deshalb parenteral, z. B. subkutan, verabreicht werden. Es besitzt sympathikomimetische Eigenschaften (z. B. Herzfrequenz-, Blutdrucksteigerung, *Sympathikomimetika*). Verwandte des T. (*Dimethyltryptamin*) haben psychotomimetische Eigenschaften. *Psychotomimetika*. Meyer & Quenzer 2005.
W. Janke

Tryptophan (= T.) [engl. *tryptophan*], **[PHA]**, essenzielle Aminosäure, aus der über 5-Hydroxytryptophan *Serotonin* (5-Hydroxytryptamin) gebildet wird. T. wird jedoch auch z. T. in *Tryptamin*, das als Neurohormon zu betrachten ist, umgewandelt. L-Tryptophan wurde vorübergehend als Schlafmittel eingesetzt. Gaben von T. bei Gesunden induzieren schon in kurzer Zeit (ca. 1 Std.) leichte Verstimmung. T. potenziert die Wirkung von *Monoaminooxydasehemmern*. T. gilt als *challenge test*. So ist die T.-Depletion [engl. *depletion* Entleerung] als *Reaktivitätstest* für das Serotoninsystem etabliert. Depletion von T. führt zu unangenehmen *Nebenwirkungen*. Spring et al. 1987.
W. Janke

T-Skala [engl. *T scale*], *Normierung, Normskalen*.

T-Technik (= T.) [engl. *T technique*], **[FSE]**, bei der T. der *Faktorenanalyse* wird bei einer *Stichprobe* von Vpn zu versch. Zeitpunkten eine Variable wiederholt gemessen. Die in die Faktorenanalyse eingehenden Interkorrelationen (*Korrelation*) beziehen sich also auf versch. Situationen und stellen Situationsfaktoren dar. *S-Technik, Kovariationsschema*.
H. O. Häcker

t-Test, syn. *Student t-Test* [engl. *student's t test*], **[FSE]**, stat. Prüfverfahren, das auf der *t-Verteilung* beruht. Zumeist wird unter t-Test ein parametrischer *Signifikanztest* für Unterschiede zw. den *arithmetischen Mittelwerten* zweier unabhängiger oder abhängiger Stichprobenverteilungen (*t-Test für unabhängige Stichproben* bzw. *t-Test für abhängige Stichproben*) verstanden. Die *Nullhypothese* postuliert, dass in der Population kein Mittelwertsunterschied vorliegt ($\mu_1 - \mu_2 = 0$), die *Alternativhypothese* postuliert, dass in der Population ein Mittelwertsunterschied vorliegt (ungerichtet: $\mu_1 - \mu_2 \neq 0$; gerichtet $\mu_1 - \mu_2 > 0$). Der *Einstichproben-t-Test* prüft, ob der Mittelwert einer Stichprobe von einem festgelegten Wert abweicht (z. B. entspricht der IQ einer Stichprobe dem für die Gesamtpopulation bekannten Erwartungswert $\mu = 100$). *Statistische Datenanalyseverfahren*. Eid et al. 2013.

Test Tübinger Luria-Christensen neuropsychologische Untersuchungsreihe für Kinder (TÜKI), 1997, G. Deegener, B. Dietel, W. Hamster, C. Koch, R. Matthaei, H. Nödl, N. Rückert, U. Stephani & E. Wolf, [www.testzentrale.de], **[BIO, DIA, EW]**, neurops. Verfahren. AA 5–16 Jahre. Die TÜKI ermöglicht eine umfassende Diagnostik und Differenzialdiagnose *neuropsychologischer Störungen* und ihrer spezif. Lokalisation. Neben der Objektivierung und Quantifizierung (Makroanalyse) der neurops. Störung wird durch die sukzessive und qual. Analyse (Mikroanalyse) auch die Struktur der jew. Störungen aufgedeckt und derjenige Faktor oder Primärdefekt ermittelt, der grundlegend für ein beobachtetes oder vermutetes Syndrom ist. Das Verfahren gliedert sich in folg. 15 Untersuchungsbereiche: Gesamtkörperkoordination; motorische Funktionen der Hände; orale Praxie; sprachliche Regulation motorischer Vollzüge; akustisch-motorische Koordination; höhere hautkinästhetische Funktionen; Stereognosie; höhere visuelle Funktionen; räumliche Orientierung; räumliches Denken (Mosaiktest); rezeptive Sprache; expressive Sprache; Lernprozess (Wortreihe); mnestische Prozesse und Denkprozesse. *Normierung*: Es liegen ‹Grobnormen› in Form von Prozentwertverteilungen für die einzelnen Funktionsbereiche getrennt nach den Altersgruppen 5-Jährige, 6- bis 8-Jährige und 9- bis 16-Jährige vor. Bearbeitungsdauer: ca. 2 Std.

Test Tübinger-Luria-Christensen neuropsychologische Untersuchungsreihe (TÜLUC), 1980, W. Hamster, W. Langner & K. Mayer, dt. Version der *LURIA Psychological Investigation*, 1974, D. Christensen, [www.testzentrale.de], **[BIO, DIA]**, neurops. Verfahren. TÜLUC stellt ein multidimensionales Verfahren zur qual. und quant. Erfassung «höherer kortikaler Funktionen» sowie *neuropsychologi-*

scher Störungen dar. *Normierung*: Das Verfahren wurde u. a. an einer Stichprobe von Pat. mit aphasischen Störungen standardisiert. Bearbeitungsdauer: ca. 2 Std.

Tucker-Lewis-Index (TLI) *Strukturgleichungsmodelle.*

Tucker'sches Modell [engl. *Tucker decomposition*], nach L. R. Tucker (1910-2004), *Faktorenanalyse, dreimodale.*

Tumorerkrankung, psychosoziale Belastung [engl. *tumor (disease), psychosocial strain*], **[GES, KLI]**, der Begriff *Tumorerkrankungen* (= T., syn. *Krebs*) [engl. *cancer*] ist ein Sammelbegriff für eine Vielzahl von malignen, d. h. auf unkontrollierbarem Zellwachstum basierenden Erkrankungen, die nahezu alle Organe oder Systeme des Körpers betreffen können und je nach Schweregrad sowie Lokalisation unterschiedliche Prognosen haben. In Dt. erkrankten nach Hochrechnungen des Robert-Koch-Instituts im Jahre 2008 ca. 470 000 Menschen neu an Krebs, wobei die Verteilung und Häufigkeit in Abhängigkeit vom Geschlecht variiert (Gesellschaft der epidemiologischen Krebsregister in Dt. im Jahre 2012). Es ist davon auszugehen, dass insbes. bedingt durch die höhere Lebenserwartung diese Zahlen in den nächsten Jahren steigen werden. Durch die Verbesserung der Behandlungsmöglichkeiten bei versch. T. konnte insges. eine Verlängerung der Überlebenszeit und bei einzelnen Tumorarten auch eine Verbesserung der Heilungsraten erreichen. Gleichzeitig bedeuten diese Fortschritte für die Betroffenen längere Therapiezeiten mit teilweise aggressiven Behandlungsmethoden, die lang andauernde körperliche und psychosoziale Belastungen nach sich ziehen können. Diese umfassen unterschiedliche psych., soziale und spirituelle Probleme, die sich auf alle Lebensbereiche auswirken und die *Lebensqualität* einschränken können (Holland et al. 2010). Unter den erkrankungs- oder behandlungsbedingten körperlichen Belastungen stehen *Schmerzen*, Erbrechen/Übelkeit, Erschöpfung (*Fatigue*) sowie *Schlafstörungen* im Vordergrund. Zu den häufigsten psychosozialen Belastungen bei Krebspat. zählen Sorgen, *Angst*, *Depressivität*, Funktionseinschränkungen (*Activities of Daily Living (ADLs)*) und familiäre Probleme. Da auch die Partner und Familienangehörigen stark belastet sind, können in der Folge Probleme in der *Kommunikation* auftreten, mit neg. Auswirkungen auf die *soziale Unterstützung*. Als belastend kann sich auch eine entstehende oder drohende berufliche und soziale Desintegration erweisen. Starke Belastungen können subsyndromal ausgeprägt sein oder die Kriterien für eine psych. Störung nach *ICD*-Klassifikation erfüllen. Zu den häufigen subsyndromalen Belastungen bei Krebspat. zählen *Distress*, Ängste und Depressivität (Holland et al. 2010). Die Angst vor dem Wiederauftreten und Fortschreiten der Erkrankung (*Rezidiv*- oder *Progredienzangst*) spielt bei Krebspat. eine bes. Rolle. Unter den komorbiden psych. Störungen i. S. der ICD-Klassifikation sind bei Tumorpat. am häufigsten die *Anpassungsstörung*, depressive Störungen sowie *Angststörungen*. J. Weis

Tuning-Kurve [engl. *tuning* Abstimmung, Anpassung], **[WA]**, Abhängigkeit der Aktivität eines Neurons von den Ausprägungen eines Reizes auf einer Dimension (*rezeptive Felder*); allgemeiner auch Charakterisierung der Reaktion eines Detektors oder Filters mithilfe *psychophysischer Methoden* (*Adaptation, selektive*). H. Heuer

Tunnelgesichtsfeld *Röhrengesichtsfeld.*

Tunnelphänomen, -bewegung, -effekt [engl. *tunnel effect*], **[WA]**, zählt zu den *Scheinbewegungen*. Werden in kurzer Abfolge mit einigem Abstand voneinander zwei Lichtreize dargeboten und befindet sich zw. diesen Lichtern ein Schirm, so sieht der Betrachter ein Licht von der einen Seite des Schirms auf die andere «fahren», als ob das Licht, wie beim Durchfahren eines Tunnels, hinter dem Schirm verschwindet und auf der anderen Seite wieder auftaucht. Wird der Schirm entfernt, ohne dass der Betrachter dies bemerkt (z. B. im Dunkeln), bleibt der Effekt erhalten. Das Phänomen bleibt aus, wenn der Betrachter die Entfernung bemerkt bzw. von dem Vorhandensein des Schirms nichts weiß. *Kausalitätswahrnehmung.*

Turgor [engl. *turgor*; lat. *turgescere* anschwellen], **[BIO]**, Turgeszenz, der vom Flüssigkeitsgehalt abhängige Spannungszustand des Gewebes. *Tonus.*

Turing-Test (= T.) [engl. *Turing test*], **[KOG]**, ein von Turing im Jahre 1950 (Turing 2008) vorgeschlagenes Verfahren, nach dem entschieden werden kann, ob das Verhalten eines künstlich intelligenten Systems (*künstliche Intelligenz*) von dem eines Menschen unterscheidbar ist. In der Originalversion des T. kommuniziert ein Pbn mit (1) einer realen Person und (2) mit einem Computer per Tastatur. Der Pbn muss anschließend entscheiden, welche der beiden Kommunikationspartner die reale und welche die simulierte Person war. Kann keine eindeutige Entscheidung getroffen werden, hat der Computer den T. bestanden. Bisher konnte kein Computer den T. in vollem Maße bestehen. *chinesisches Zimmer.*

Turm von Hanoi [engl. *tower of Hanoi*], *Probleme, einfache, Tower of London – Deutsche Version (TL-D).*

^Test^**Turm von London – Deutsche Version (TL-D)** *Tower of London – Deutsche Version (TL-D).*

Turner-Syndrom [engl. *Turner syndrome*], **[BIO]**, auch *Ullrich-Turner-Syndrom*, Bez. für die Missbildung der *Keimdrüsen*, Gonadendysgenesie, durch Chromosomenaberration. Fast ausschließlich bei Mädchen. *Klinefelter-Syndrom, Chromosom.*

tutorielle Systeme [engl. *tutorial systems*; lat. *tutor* Beschützer, Vormund], **[MD, PÄD]**, Bez. für kogn. ausgerichtete Lernangebote auf Medienbasis, insbes. unter Einbeziehung der adaptiven Möglichkeiten von Computern (*computer-based training, CBT*) und anderen audiovisuellen Lehr- und Lernmitteln. Tutorielle Systeme bieten zumeist eine computerunterstützte Lernumgebung, die am besten außerhalb zeitlich organisierter Gruppenlernphasen, z. B. in individuumszentrierter betrieblicher Fortbildung, zum *Wissenserwerb* genutzt werden kann. *blended learning, e-learning, Instruktionsmethoden, multimediale Lehr-Lern-Systeme, reciprocal teaching.* Mandl & Lesgold 1988, Rummer et al. 2008, Mayer 2009, Brünken & Leutner 2008.

Tutoring (=T.) [engl.] Unterrichten; [lat. *tutor* Beschützer, Vormund], **[PÄD]**, bezeichnet die Betreuung einer Person, Tutee, alleine oder in einer Gruppe, durch einen Tutor. Dabei sind Tutoren dadurch gekennzeichnet, dass sie in einem best. Inhaltsgebiet mehr Wissen haben als ihr/ihre Tutee/s, mit denen sie interagieren und dabei das Ziel verfolgen, deren Lernprozesse zu unterstützen. T. benötigt einen strukturellen, vorbestimmten und vorgedachten Lernprozess. Deshalb sollten die Tutoren eine professionelle Ausbildung erfahren haben, um auf die Probleme der Lernenden adäquat reagieren zu können. Der Fokus des T. liegt meist auf der Lernzielerreichung und weniger auf motivationalen und sozialen Aspekten. T. tritt in unterschiedlichen Organisationsformen auf (z. B. akademisches T., *Tele-Tutoring*). Kopp et al. 2009.

Tversky, Amos Nathan (1937–1996), [**HIS, KOG**], in Haifa, Palästina (heute Israel) geb., Militärdienst, Studium an der Hebräischen Universität in Jerusalem, 1964 Promotion an der University of Michigan. Tversky lehrte an der Hebräischen Universität, ging dann an die Stanford University. Mit Daniel Kahnemann entwickelte Tversky die *Prospect-Theorie*. Sechs Jahre nach Tverskys frühem Tod erhielt Kahneman auch den Nobelpreis für Wirtschaftswiss. für seine Zusammenarbeit mit Tversky. *H. E. Lück*

t-Verteilung (= t-V.) [engl. *t distribution*], [**FSE**], theoretische, aufgrund endlicher Freiheitsgrade von der *Normalverteilung* abweichende Verteilung in der *Statistik*. Die Normalverteilung einer Gesamtheit von Daten hat die Parameter $\mu = 0$ und $\sigma = 1$, wenn standardisierte Scores

$$z = \frac{x - \mu}{\sigma}$$

eingesetzt werden. Ist σ unbekannt und wird an seiner Stelle eine Schätzung $\hat{\sigma}$ aus einer Stichprobe mit v Freiheitsgraden verwendet, dann verteilen sich die standardisierten Scores

$$t = \frac{x - \mu}{\hat{\sigma}}$$

nicht normal. Diese Verteilung wird nach dem Pseudonym, unter dem der engl. Mathematiker Gosset sie veröffentlichte, auch *Student-Verteilung* genannt. Sie ist symmetrisch und glockenförmig, hat aber etwas weniger Steilheit (breitgipfliger), sodass die *Wahrscheinlichkeit* im mittleren Bereich geringer und in den Extrembereichen größer ist als für die Normalverteilung. Die t-V. ist Grundlage für die *t-Tests*. *E. Mittenecker*

Two-Bosses-Dilemma [engl. *two bosses* zwei Vorgesetzte], *Rollenkonflikte*.

Typ-A-, Typ-B-Persönlichkeit [engl. *type A/B personality*], [**GES, KLI, PER**], aufgrund klin. Beobachtungen definierten die beiden Kardiologen Friedman und Rosenman (1959) die Typ-A-*Persönlichkeit* (= TAP.) als Risikofaktor und ungünstigen Prognosefaktor *koronarer Herzerkrankung*. Bei TAP. handelt es in erster Linie um ein best. Verhaltensmuster, das charakterisiert ist durch Ungeduld und Ruhelosigkeit, Ehrgeiz, Wettbewerbsstreben sowie *Ärger* und *Feindseligkeit*, die auch unterdrückt sein können, und weniger um ein theoretisch fundiertes Persönlichkeitsmodell mit Bezug zu etablierten *Persönlichkeitsfaktoren*. Personen, die kein Typ-A-*Verhalten* aufweisen, werden als Typ B kategorisiert und zeichnen sich durch mehr Zufriedenheit und Gelassenheit aus. Zahlreiche empirische und insbes. prospektive Studien konnten TAP. nicht als Risiko-/Prognosefaktor bei koronaren Herzerkrankungen bestätigen, allerdings gibt es Evidenz für die Risiko erhöhende Wirkung einzelner Typ-A-Facetten, und zwar speziell Ärger und Feindseligkeit. Chida & Steptoe 2009.

Typ-D-Persönlichkeit (= TDP.) [engl. *type D personality*], [**GES, KLI, PER**], im Kontext *koronarer Herzerkrankungen* wurde das *Konstrukt* der TDP. von Denollet und Kollegen im Jahr 1995 eingeführt (Denollet et al. 1995). Unter TDP. versteht man den *distressed personality type*, der durch eine Kombination ausgeprägter neg. Affektivität und sozialer Inhibition charakterisiert ist. Die soziale Hemmung ist auf *Verhalten*sebene durch eine Inhibition emot. Ausdrucks (*Emotionsregulation*) in sozialen Situationen und intrapsych. durch das *Bedürfnis* nach Vermeidung der Ablehnung durch andere charakterisiert. Zur Diagnose von TDP. wurde von Denollet ein spez. Fragebogen mit den beiden Subskalen *neg. Affektivität* und *soziale Inhibition* entwickelt und validiert, durch Mediansplits beider *Skalen* lassen sich vier Cluster bilden. In Studien werden jedoch in erster Linie Cluster D (hoher neg. Affekt, hohe soziale Inhibition), also TPD., und Non-Cluster D verglichen. Die *Prävalenz* von TDP. bei Pat. mit kardiovaskulären Erkrankungen variiert je nach Studie zw. ca. 15 und 30 %. TDP. erwies sich in einer Reihe von Studien als *Prädiktor* für einen ungünstigen Krankheitsverlauf und *Mortalität* bei Pat. mit kardiovaskulären Erkrankungen. Allerdings wurden diese Studien bis auf sehr wenige Ausnahmen von der Arbeitsgruppe um Denollet veröffentlicht, neuere Studien anderer Arbeitsgruppen konnten TDP. nicht als ungünstigen Prognosefaktor bestätigen. Welche Rolle kult. Unterschiede spielen könnten, ist ungeklärt. Als mögliche pathogenetische Mechanismen für den Einfluss von TDP. gelten Veränderungen der Regulation der *Hypothalamus-Hypophysen-Nebennieren-Achse (HHN-Achse)* von kardiovaskulären Regulationsprozessen, Entzündungsprozesse, aber auch ungünstige gesundheitsbezogene Verhaltensweisen (z. B. mangelnde *Compliance*). *C. Hermann*

Typenanalyse *latente Klassenanalyse*, *Q-Sortierung*.

type token ratio (TTR) [engl. *type* Typ, *token* Wertmarke, *ratio* Bruch], *Diversifikationsquotient*.

Typ-I-Fehler [engl. *type I error*], *Fehler erster Art*.

Typ-II-Fehler [engl. *type II error*], *Fehler zweiter Art*.

Typikalität (= T.) [engl. *typicality*; gr. τύπος *(typos)* Form, Gepräge, Urbild], [**KOG**], nach E. Rosch der Grad, inwieweit ein Begriff oder Gegenstand zu einer Kategorie passt. T. beeinflusst z. B. Wiedererkennung und *Satzverifikation*, speziell wenn es sich um basale Kategorien (z. B. Hund, Stuhl) handelt i. Ggs. zu allg. (z. B. Lebewesen, Möbel). Modelle für die Wirkung von T. haben u. a. Rosch und Lloyd (1978) und Hoffmann (1982) entwickelt. *A. Zimmer*

Typologie (= T.) [engl. *typology*; gr. τύπος *(typos)* Form, Gepräge, Urbild, λόγος *(logos)* Lehre], ist eine mehrdimensionale konzeptionelle *Klassifikation*, die Untersuchungseinheiten nach theoretischen Gesichtspunkten zu vollst. versch., sich gegenseitig ausschließenden Klassen zuord-

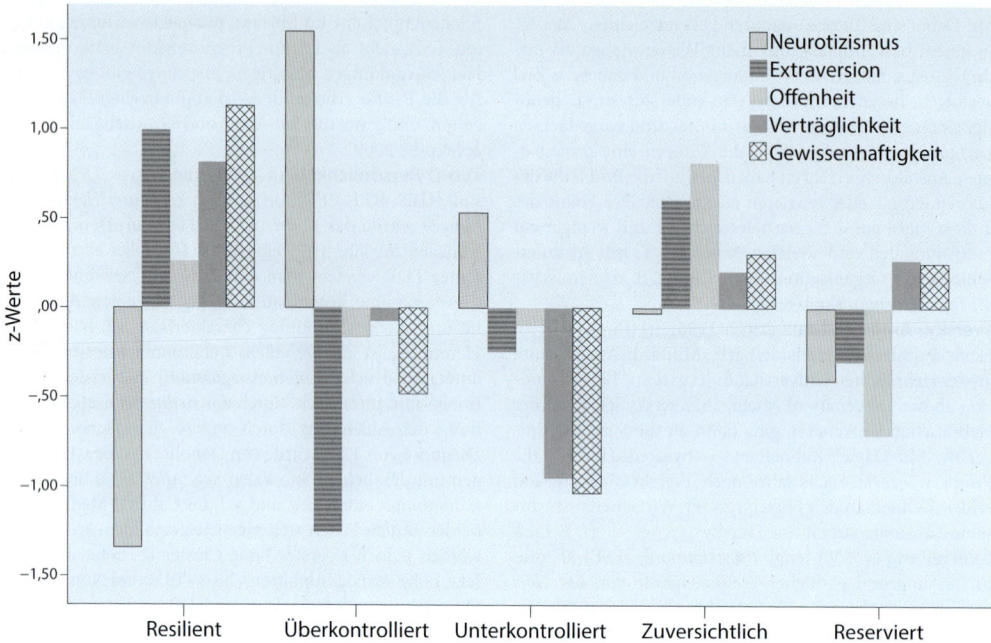

Typologie: Prototypische Big-Five-Profile für fünf Persönlichkeitsprototypen einer bevölkerungsrepräsentativen deutschen Stichprobe (aus Herzberg, Roth 2006)

net. Die *Kategorie* oder Klasse innerhalb einer T. wird als *Typ* bez.
[**PER**], T. innerhalb der Ps. gibt es vor allem in der Persönlichkeitsps. i. S. einer T. der *Persönlichkeit*. Nur noch von historischem Interesse sind die konstitutionspsychol. T. von Kretschmer bzw. Sheldon, die funktionstypologische T. von C. G. Jung (*Analytische Psychologie*) und die philosophisch-weltanschaulich orientierte T. von Spranger. Wissenschaftshistorisch lassen sich die Bestrebungen nach Erstellung von T. der Persönlichkeit zurückverfolgen bis auf die Temperamentstypologie von Galenos von Pergamon (ca. 130–200 v. Chr.), der Sanguiniker, Phlegmatiker, Choleriker und Melancholiker unterschied (*Persönlichkeit, neurowissenschaftliche Ansätze*). Kretschmer und Sheldon unterschieden *Körperbautypen*, denen sie charakteristische Persönlichkeiten zuschrieben. *C. G. Jung* unterschied vier Grundfunktionen, in denen das Bewusstsein und das *Unbewusste* tätig werden: *Empfinden, Denken, Fühlen, Intuieren*. Jung ging davon aus, dass bei jedem Menschen jew. eine der vier Grundfunktionen dominant ist. Diese vier Grundfunktionen kämen in zwei Einstellungsformen vor: *Extraversion* und *Introversion*, was die allg. Einstellung zum Obj. bez. (der Introvertierte entzieht dem Obj. die *Libido*, der Extravertierte verhält sich pos. zum Obj.). Aus der Kombination der zwei Einstellungen und den vier Grundfunktionen resultieren bei Jung acht versch. Typen, die mit dem *Myers-Briggs Typenindikator (MBTI)* erfasst werden können. Das Vorgehen beruhte dabei auf phänomenologischen und heuristischen Strategien, bei Kretschmer und Sheldon auch auf empirischen Korrelationen, die sich jedoch als *Scheinkorrelationen* entpuppten (*Körperbautypen*). Deshalb verlor der Typengedanke in der Ps. zunehmend an Bedeutung. Die Hauptkritikpunkte an den historischen T. sind die geringen meth. Standards und der vorrangig qual. Ansatz der Typengewinnung und -analyse. Heutige T. der Persönlichkeit beruhen auf empir. Klassifikationen von Personen aufgrund ihrer beurteilten oder mit Tests erfassten Persönlichkeitseigenschaften (*Persönlichkeitsmerkmal*). Die einfachste und auch häufig verwendete Methode zur Bildung von univariaten Persönlichkeitstypen ist die Dichotomisierung einer kontinuierlichen Eigenschaftsausprägung. Sind die Messwerte normalverteilt, kann die Dichotomisierung durch den Extremgruppenansatz realisiert werden. Z. B. können ängstliche Personen durch Werte auf einer Ängstlichkeitsskala def. werden, die geringer sind als bei 33 % der Population, also im unteren Drittel der Verteilung liegen (*cut-off point*). Nicht ängstliche Personen werden def. durch Werte, die höher sind als bei 66 % der Population, also im oberen Drittel der Verteilung liegen. Es können beliebige andere Teilungsparameter wie z. B. die *Standardabweichung* verwendet werden. Ein Bsp. für den Extremgruppenansatz ist die Einteilung in gehemmte und nicht gehemmte Kinder (Kagan 1999). Die resultierenden Typen werden als polare Typen bez. Ein wesentlicher Nachteil des Extremgruppenansatzes liegt darin, dass ein Teil der Personen nicht klassifiziert wird. Dieser Nachteil kann ausgeglichen werden, wenn statt der Extremwerte der Median oder der Mittelwert zur Dichotomisierung verwendet wird. Dann sind die Gruppen allerdings nicht mehr extrem und es ist fraglich, ob dann

überhaupt noch sinnvoll von Typen gesprochen werden kann. Die Typenbildung durch Extremgruppenbildung ist beliebig, weil das Kriterium der Gruppeneinteilung beliebig ist. Gegen die Praxis einer künstlichen Dichotomisierung (inkl. der Extremgruppenbildung) sprechen stat. Argumente (McCallum et al. 2002), sodass dieses Vorgehen für die Bildung von Gruppen in der psychol. Forschung nicht mehr verwendet werden sollte.

Neben univariaten T. können durch Hinzunahme eines zweiten Merkmals bivariate T. erstellt werden. Typ.weise werden zwei unabhängige Merkmale durch Median-Split geteilt, sodass vier Gruppen resultieren. Bekanntes Bsp. ist die T. der Represser und Sensitizer (*repression-sensitization*) von Weinberger et al. (1979), die auf den Merkmalen *Angstleugnung* (operationalisiert über *soziale Erwünschtheit*) und *Ängstlichkeit* basiert. Der Typ des Repressers wird durch hohe Werte in sozialer Erwünschtheit (Angstleugnung) und niedrige Werte in Ängstlichkeit charakterisiert. Ein anderes Bsp. ist das Konzept der *Typ-D-Persönlichkeit* (Denollet & van Heck 2001).

Als weitere Möglichkeit können Persönlichkeits-T. durch Prototypen gebildet werden. Ein Persönlichkeitsprototyp ist die Persönlichkeit einer fiktiven Person, die den Persönlichkeitstyp repräsentiert. In diesem multivariaten Ansatz erfolgt eine Klassifizierung der Personen nach der Ähnlichkeit ihrer Merkmalsausprägungen in vielen Persönlichkeitseigenschaften. Die Klassifizierung erfolgt an den indiv. Profilen, die die Messwerte der Persönlichkeitseigenschaften in einem vergleichbaren Maßstab, z. B. als *z-standardisierte* Werte abbilden. Die Profile der Personen können sich in versch. Parametern voneinander unterscheiden, z. B. in der Höhe der einzelnen Ausprägungen und der Verlaufsform. Die Profile versch. Personen lassen sich mit unterschiedlichen stat. Verfahren vergleichen (z. B. *Clusteranalyse*, *Q-Technik*, *Mischverteilungsanalyse*). Personen werden demjenigen Prototyp zugeordnet, dem sie am ähnlichsten sind. So werden Klassen einander ähnlicher Personen gebildet, die als *Persönlichkeitstypen* bez. werden. I. Ggs. zur Klassifikation durch kritische Merkmale, z. B. in Form des Extremgruppenansatzes, muss der Prototyp nicht tatsächlich vorhanden sein. Der Prototyp entspricht einer hypothetischen Person oder einem Persönlichkeitsideal, das möglicherweise von keiner Person erfüllt wird. Prominentes Bsp. sind die auf Block & Block (1980) zurückgehenden Typen *resilienter Typ*, *unterkontrollierter Typ*, *unterkontrollierter Typ*. Die Prototypenbildung erfolgt im Erwachsenenalter meist auf Basis von *Big-Five*-Profilen und im Kindesalter durch das *California Child Q-Set (CCQ)*. Bsp.-profile für Persönlichkeitsprototypen sind in der Abb. dargestellt. Basierend auf *Selbstberichten*, *Fremdurteilen* und Testdaten lassen sich die resilienten Personen als die psychosozial am besten angepasste Gruppe beschreiben. I. Ggs. dazu sind die beiden anderen Persönlichkeitstypen weniger gut angepasst. Überkontrollierte zeigen häufiger sog. *Internalisierungsprobleme* wie *Angst*, *Depression* und sozialen Rückzug (*Störungen des Sozialverhaltens*). Unterkontrollierte zeigen häufiger *Externalisierungsprobleme* wie Verhaltensprobleme oder *Delinquenz* (Asendorpf et al. 2001). Zwei weitere Prototypen (Herzberg, Roth 2006) haben nur schwach ausgeprägte Profile; sie werden als zuversichtlich bzw. als reserviert bezeichnet. Der zuversichtliche und der reservierte Prototyp nehmen eine mittlere Position im Kontinuum der psychosozialen Anpassung zw. dem resilienten und dem über- und dem unterkontrollierten Prototyp ein. Vorteile empirischen T. sind, dass sie ein effizientes Beschreibungssystem für Personen liefern, da die Mitglieder einer Kategorie eine Vielzahl von Merkmalen und Korrelaten teilen. Die personenorientierte Klassifikation entspricht besser dem alltagspsychol. Persönlichkeitskonzept und lässt sich daher einfacher kommunizieren, und sie kann differenzielle Entwicklungsverläufe vorhersagen (z. B. Caspi et al., 2003, Meeus et al. 2011). Nachteilig ist dabei der Informationsverlust bei der Abb. der graduellen Variation der Persönlichkeit. *P. Y. Herzberg*

typologische Tests [engl. *typological Tests*], [**DIA**, **PER**], Bez. für Tests (*Test*) und *Fragebogen* versch. Art, mit denen die «Typenzugehörigkeit» eines Pb bestimmt werden soll (*Typologie*). Das bekannteste typenbildende Testverfahren ist der *Myers-Briggs-Typenindikator (MBTI)*, der zur Bestimmung von 16 Persönlichkeitstypen in Anlehnung an C. G. Jung (*analytische Psychologie*) dient. Der MBTI zählt zu den am häufigsten weltweit eingesetzten nicht klin. Persönlichkeitsverfahren, vorrangig im Personalbereich und *Coaching*. *P. Y. Herzberg*

Tyramin (= T.) [engl. *tyramine*], [**PHA**], aus *Tyrosin* durch Decarboxylierung entstehendes biogenes Amin, das seiner Wirkung nach zu den indirekten *Sympathikomimetika* gehört, die die Verfügbarkeit von *Noradrenalin* durch Hemmung der Wiederaufnahme erhöhen. Der Sympathikustonus wird dadurch indirekt gesteigert. T. wirkt schwächer, aber länger als *Adrenalin* und besitzt eine ausgesprochene Kreislaufwirkung, bes. Blutdruckerhöhung. T. ist auch in Nahrung wie Rotwein, fermentiertem Käse, Salami und einigen Gemüsearten (Tomaten, Bananen, Avocado) zu finden, die deren Genuss bei antidepressiver Therapie mit *Monoaminooxidasehemmern* der ersten Generation wegen Blutdruckerhöhung ausschloss. *W. Janke/P. Zimmermann*

Tyrosin [engl. *tyrosine*], [**BIO**], natürliche aromatische Aminosäure, Ausgangsstoff der Schilddrüsenhormone, des Melanins sowie der *Katecholamine*, wird von Tyrosinhydroxylase unter Anlagerung von OH in Dopa umgewandelt. *Dopamin, dopaminerges System.* Meyer & Quenzer 2005. *W. Janke*

Üben, Übung (= Ü.) [engl. *exercise, practice*], syn. *Training*, [**AO, KOG**], ein Verfahren zur quant.-qual. Verbesserung von Tätigkeiten (*Tätigkeit*), durch häufige, auch systematische Wiederholung. *Arbeitskurve*. Ü. kann dabei zu versch. Resultaten führen, u. a. zu Leistungsverbesserungen in bislang ungeübten Bereichen durch gezielte Trainings oder zur Wiederherstellung verloren gegangener Fähigkeiten (z. B. i. R. der Rehabilitation bei Unfallgeschädigten) – es können sich aber auch versch., nicht durch Leistungssteigerung zutage tretende Ü.effekte zeigen, z. B. wenn unter geringem Energieaufwand der Person das leistungsübliche Maß erreicht wird. Unter mentalem Ü. oder *mentalem Training* versteht man ein systematisches Verfahren für das Beobachtungslernen (Ulich 1964). Für versch. thematische Inhaltbereiche (v. a. im Kontext der versch. Fachdidaktiken) werden versch. Konzeptionen guten Ü. vorgelegt. Ü. wird umgangssprachlich auch *Lernen* genannt, was psychol. jedoch ungenau ist.

Überbelastungshemmung (= Ü.) [engl. *overload inhibition*], [**BIO, KOG**], Schutzhemmung, Hemmung durch *Stress*. Die bei Stress ausgeschütteten Hormone *Adrenalin* und *Noradrenalin* (die Gegenspieler von Transmittern wie *Acetylcholin*) hemmen die Reizübertragung an den *Synapsen*. Bsp.: Denk- und Erinnerungsblockade bei Prüfungen und Unfällen. Nach Pawlow ist Ü. eine angeborene unbedingte Hemmung, durch die Rindenzellen beim Auftreten überstarker *Reize* oder bei der wiederholten einförmigen Reizung geschützt werden sollen. Pickenhain 1955.

Überdetermination [engl. *overdetermination*; lat. *determinare* bestimmen], [**KLI**], von Freud (*Psychoanalyse*) geprägter Ausdruck für die Beobachtung, dass ein *Symptom* so gut wie immer durch eine Mehrzahl von voneinander unterscheidbaren (unbewussten) Wünschen und *Motiven* verursacht ist.

Übereinstimmungsvalidität [engl. *concurrent validity*], [**DIA**], Validitätsbestimmung, bei der *Prädiktor* und *Kriterium* zeitgleich erhoben werden. *Kriteriumsvalidität*.

Überflutungstherapie (= Ü.) [engl. *flooding*], [**KLI**], gehört zu den Konfrontationstherapien (*Konfrontation mit Reaktionsverhinderung*). In der Ü. werden Ängste (*Angststörungen*) durch massierte In-vivo-Reizung ausgelöst, während in der *Implosionstherapie* Angstauslöser, teils übertrieben, nur in der Vorstellung dargeboten werden. Die *Wirksamkeit* liegt bei 60 %. Bes. wirksam ist sie bei Durchführung in der Gruppe. Anwendung bei *Agoraphobie*, *Zwangsstörungen*, *spezifische Phobien*. Blöschl 1979.
F. Caspar

Überformung [engl. *over-shaping*], [**SOZ**], Bez. für die Abwandlung von Verhaltensweisen (*Verhalten*), Tendenzen u. a. durch soziale oder kult. Angleichung (*Sozialisation, Sozialisierung*). H. Thomae belegt mit dem gleichen Begriff auch den Vorgang, dass vermeintlich freie Entscheidungen (*Entscheiden, Entscheidungstheorie*) doch durch best. Normen (z. B. Sozialnormen (*Normen, soziale*)) bestimmt sind.

Übergangsphänomen, Übergangsobjekt (= ÜP, ÜO), [**KLI**], das Konzept des ÜO geht auf den engl. Psychoanalytiker *Donald W. Winnicott* zurück und beschreibt den ersten Nicht-Ich-Besitz des Säuglings. Winnicott verortet das Auftreten des ÜO zw. dem vierten und zwölften Lebensmonat. Ab dem vierten Lebensmonat verliert der Säugling zunehmend sein frühkindliches Omnipotenzgefühl und fängt an, die Mutter als ein eigenständiges, äußeres Objekt zu erkennen. Um die damit verbundenen Verlustgefühle erträglich zu machen, entwickelt der Säugling spezif. Ersatzhandlungen. Winnicott nennt diese ritualisierten Verhaltensweisen, die der Säugling zur Abwehr gegen Ängste einsetzt und mit deren Hilfe er sich von dem Druck entlastet, innere und äußere Realität zunehmend differenzieren und aufeinander beziehen zu müssen, ÜP. Sie stellen eine Art Zw.bereich zw. Innen- und Außenwelt dar und helfen dem Säugling, eine Beziehung zur obj. Welt aufzubauen. Ein bes. wichtiges ÜP stellt das ÜO dar. Es ist i. d. R. ein spezif. Gegenstand, den das Kleinkind lutscht, liebkost aber auch traktiert und verändert und immer in der Nähe haben möchte. Häufige Bsp. sind Teddybären, Kopfkissen oder Schmusedecken. Seine herausgehobene Relevanz gewinnt das ÜO dadurch, dass es dem Säugling hilft, die wachsende und sich entfaltende innere Realität aufrechtzuerhalten und von der äußeren Realität zu unterscheiden. Das Kleinkind beansprucht alle Rechte gegenüber diesem Objekt und setzt es sowohl seiner Liebe als auch seinem Hass aus. Mit zunehmendem Alter entzieht der Säugling dem ÜO normalerweise die Wertigkeit, dabei gerät es selten komplett in Vergessenheit. Es wird weder verinnerlicht, noch unterliegt es der *Verdrängung*. Unter *psychoanalytischer* Perspektive wird das Konzept des ÜO mit einigen Psychopathologien wie *Sucht*, *Fetischismus* oder *Pseudologica fantastica* und *Kleptomanie* in Verbindung gesetzt. Winnicott 2008, Winnicott 2006.
S. Bayer

Übergangswahrscheinlichkeit (= Ü.) [engl. *transition probability*], [**FSE, KOG**], *Wahrscheinlichkeit* dafür, dass (z. B. in einem *Markoff-Prozess*) das Ereignis (der Zustand) A von dem Ereignis (Zustand) B gefolgt wird. Sonderfall der «bedingten» Wahrscheinlichkeit $(B|A)$ mit der Feststellung, dass A zum Zeitpunkt ti und B zum Zeitpunkt tj eintritt und dass $(ti) – (tj)$ größer als null ist. In der *Sprachstatistik* ermittelt man Ü. zw. Sprachelementen als Prädiktoren z. B. für die Sicherheit von *Antizipationen*. Ü. sind zu unterscheiden von der «Verbundwahrscheinlichkeit» $p(A,B)$ als Wahrscheinlichkeit für das Auftreten des *Digramms* AB (in der Abfolge A,B).
H.E. Zahn

Übergeneralisierung [engl. *over-generalization*; lat. *generalis* allgemein], *Sprachentwicklung*.

Über-Ich (= Ü.) [engl. *super-ego*], [**KLI, PER**], Freud (*Psychoanalyse*) hat den Begriff des Ü. 1923 in seiner Schrift «Das Ich und das Es» entwickelt. Das Ü. wird dort neben dem *Es* und dem *Ich* als eine der drei Instanzen des *psychischen Apparats* vorgestellt. Das Ü. entsteht in der frühen Kindheit durch *Identifizierung* mit der Elterninstanz bzw. durch Verinnerlichung der elterlichen Forderungen und Verbote. Auf diese Weise entwickelt es sich zur moralischen Instanz des Individuums, die in strukturellem *Konflikt* mit dem triebhaften Es steht. Das Ü. umfasst die Funktionen der kritischen Selbstbeobachtung, des Gewissens und der Ideale. Seine Wirkung vollzieht sich v. a. unbewusst. Die Spannung zw. Ich und Ü. kann sich als unbewusstes Schuldgefühl äußern und zum Ausgangspunkt psych. Störungen werden. Genetisch betrachtet, entwickelt sich das Ü. aus dem Ich und gilt als Erbe des Ödipuskomplexes. Wenn das Kind im *Ödipuskomplex* auf die Befriedigung seiner inzestuösen Wünsche verzichtet, verwandelt sich seine libidinöse Besetzung (*Libido*) in die Identifizierung mit der elterlichen Instanz, die das ödipale Verbot vertritt. L. Bayer

Überkompensation (= Ü.) [engl. *overcompensation*], [**KLI**], Ich-Mechanismus, der in der *Individualpsychologie* Adlers den Universalmechanismus des *Ich* darstellt. Die Ü. ist ein Ausgleich und Ersatz einer körperlichen oder sozialen Unzulänglichkeit (*Organminderwertigkeit*). Sie resultiert aus einem *Minderwertigkeitsgefühl*, mit dem das Ich zunächst auf diese Unzulänglichkeit reagiert, und ist durch das Streben nach Sicherheit, Macht und Überlegenheit motiviert. Bei der *direkten* Kompensation wird die unterentwickelte Funktion selbst angegangen und überentwickelt, bei der *indirekten* Kompensation dagegen wird zum Ausgleich für die minderwertige Funktion eine Ersatzfunktion in überstarkem Ausmaße entwickelt. Die einzelnen Kompensationen und Ü. können sich zur Sicherung der bedrohten Macht und Überlegenheit verfestigen.

Überkontrollierter Typ (= Ü.) [engl. *overcontroller*], [**EW, PER**], Persönlichkeitstyp (*Persönlichkeit, Typologien*) in der auf J. H. Block und J. Block (1980) (*Block, Jack*) zurückgehenden Persönlichkeitstypologie im Kindes- und Erwachsenenalter, die auf den Dimensionen *Ego-Control* und *Ego-Resiliency* beruht. Der Ü. ist gekennzeichnet durch übermäßig angepasstes Verhalten und *Internalisierungsprobleme*. Der Ü. wird regelmäßig in Persönlichkeits-Typologien auf Grundlage von stat. Klassifikationsverfahren gefunden (*Clusteranalyse*, *Latente Klassenanalyse*). Meeus et al. 2011.

Überlebenskurven (= Ü.) [engl. *survival curves*], [**FSE**], bez. eine grafische Darstellung des Anteils aller Überlebenden in aufeinanderfolg. Zeitabschnitten (z. B. Jahren). Entwickelt wurde diese Methode in der Versicherungsmathematik (für Lebensversicherungen), kann jedoch auf unterschiedlichste Ereignisse wie z. B. Auftreten von Fieber nach Virusinfektion, Rückfall nach Entgiftungsbehandlung bei *Alkoholabhängigkeit*, Überlebenszeit nach unterschiedlichen Krebstherapien, erstmaliges Auftreten einer best. Erkrankung, Erreichung best. Entwicklungsabschnitte (sog. Meilensteine), Aufnahme einer Berufstätigkeit nach best. Trainingsmaßnahmen usw. übertragen werden. Die einzige Voraussetzung für diese Methode ist, dass zu jedem Zeitpunkt alle untersuchten Personen in eine von zwei Kategorien (z. B. depressiv vs. nicht depressiv, ohne Arbeit vs. mit Arbeit) zuordenbar sind. Der gewählte Beobachtungszeitpunkt (z. B. Ende einer Behandlung) startet mit der Überlebenswahrscheinlichkeit von 1, d. h., alle Personen erfüllen den zu definierenden Ausgangszustand (z. B. gesund). Über die Zeit fällt diese Ü. in Richtung 0 (z. B. alle sind nur krank). Zu jedem Messpunkt dazw. können Überlebenswahrscheinlichkeiten für die untersuchten Gruppen, Bedingungen usw. berechnet werden. So entstehende Ü. können z. B. mittels des *Kolmogorov-Smirnov-Tests* stat. gegeneinander geprüft werden. Eine alternativ empfohlene Methode der Darstellung und des stat. Vergleichs ist die *Hazard*-Funktion, die auf den Verläufen der logarithmierten Überlebenswahrscheinlichkeiten beruht. *Cox-Regression*, *Kaplan-Meier-Schätzer*. Singer & Willett 1991. M. Hautzinger

Überlernen (= Ü.) [engl. *overlearning*], [**KOG**], Bez. für die Fortsetzung des Übens, nachdem das *Lernziel* erreicht worden ist. Ü. kann u. a. zur Automatisierung und Ausbildung von Routinen genutzt werden. *Gedächtnis*.

Überoptimismus *Anlegerverhalten*.

Überraschung (= Ü.) [engl. *astonishment, surprise*], [**EM**], Ü. beschreibt die *Reaktion* auf erwartungswidrige Ereignisse (*Erwartung*). Aus einer emotionsps. Perspektive ist Ü. ein Syndrom aus einer Veränderungen des *Verhaltens* (Handlungsunterbrechung, *Orientierungsreaktion*, Emotionsausdruck), des subj. *Erlebens* (Gewahrsein des Ü.gefühls (*Gefühl*), des auslösenden Ereignisses sowie der vorausgegangenen Erwartung) und des autonomen *Nervensystems* (Hautleitfähigkeit, Herzschlag); aus evolutionspsychol. Perspektive eine Anpassung, deren Funktion darin besteht, eine erfahrungsbasierte Handlungssteuerung und die Anforderungen der dynamisch veränderlichen Umwelt in Einklang zu bringen. Lernpsychol. kann Erwartungswidrigkeit als Bedingung für *Lernen* aufgefasst werden, wobei der Lernzuwachs mit der Erwartungsabweichung steigt. Kognitionsps. ist Ü. eine Bedingung unwillkürlicher *Aufmerksamkeit*, verbunden mit der Möglichkeit, Verarbeitungsprioritäten neu zu setzen. G. Horstmann

Übersättigungstherapie [engl. *saturation therapy*], [**KLI**], verhaltensthetrap. Methode (*Verhaltenstherapie*), die mit der gehäuften Darbietung von Reizen, die für den Klienten in unerwünschter Weise attraktiv sind, arbeitet. Diese Technik steht in enger Nachbarschaft zur *negativen Übung*, und ihre Wirkung wird auch i. R. der Hull'schen Lerntheorie erklärt. Bei der Behandlung werden die unerwünscht attraktiven Reize nicht wie bisher entfernt, sondern im Gegenteil extrem häufig dargeboten. Die entspr. Verhaltensweise wird stark gefördert. Unter diesen Bedingungen kann es in kurzer Zeit zu einer Elimination der betreffenden Verhaltensweise kommen. *paradoxe Intention*. Blöschl 1979. M. Limbourg

Überschneidungssituation [engl. *overlapping situation*], *kulturelle Überschneidungssituation*.

Überschuldung *Verschuldung*.
Übersetzungsforschung [engl. *translation research*], *Dissemination*.
Übersichtigkeit [engl. *hyperopia*], *Hypermetropie*.
Übersprung, Übersprungshandlung (= Ü.), syn. *Übersprungbewegung* [engl. *displacement activity*], **[KOG]**, in Konfliktsituationen auftretende irrelevante *Handlung*, die keinem der einander widerstreitenden Stimmungen oder Handlungsbereitschaften zugeordnet werden kann. Kämpfende Hähne z. B., die durch gleichzeitig aktivierte Fluchttendenzen im Angriff gehemmt sind, zeigen unerwartet unvollkommene Pickbewegungen gegen den Boden, obwohl keine Nahrung vorhanden ist. Sehr häufig treten Putzbewegungen, Sichschütteln, Schnabelwetzen, Badebewegungen und andere Verhaltensweisen der Körperpflege als Ü. auf. Sebelschnäbler scheinbrüten in Kampfpausen. Zur Erklärung des Auftretens von Ü. werden in der *Ethologie* diskutiert (1) die *Überflusshypothese* (die beiden Handlungsenergien blockieren sich gegenseitig, und es kommt zum Überfluss in eine irrelevante Handlung), (2) die *Enthemmungshypothese* (durch die gegenseitige *Hemmung* der Handlungsenergien wird die Ausführung einer anderen Handlung enthemmt), z. B. Übersprungputzen, *Auslösemechanismus*, *Leerlaufhandlung*, *Ersatzhandlung*, *Ersatzbefriedigung*. C. Becker-Carus
Übersummativität [engl. *oversummativity*], *Entwicklung, Theorie dynamischer Systeme, Gestalt, Ehrenfels-Merkmale*.
Überträgersubstanzen (= Ü.) [engl. *carrier, transmitter*], **[BIO]**, chemische Substanzen, die der Informationsübertragung dienen. Hierzu gehören: (1) Ü. an den Synapsen (*Synapse*), (2) *Hormone*, (3) *Pheromone. Neurotransmitter*.
Übertragung (= Ü.) [engl. *transference*], **[KLI]**, Ü. ist ein zentraler Begriff der psychoanalytischen Theorie und Praxis (*Psychoanalyse*). In der Ü. werden intensive unbewusste Gefühle, Wünsche, Sinnesempfindungen oder Verhaltensmuster aus wichtigen vergangenen Beziehungen, z. B. zu Eltern oder Geschwistern, in gegenwärtigen Beziehungen aktualisiert (*Projektion*). Ü. ist nicht nur ein klin. Phänomen, sondern findet auch in Alltagsbeziehungen statt, wobei jedoch die psychoanalytische Situation bes. Gelegenheit zur systematischen Entfaltung und Bearbeitung der Ü. bietet. Freud begegnet der Ü. erstmals zus. mit Breuer in seinen Studien zur Hysterie sowie im Zus.hang mit der Entdeckung der *Verschiebung* psych. Energie im *Traum* (Freud 1900). Anhand seiner späteren Behandlungsfälle (z. B. 1905: Dora) entwickelt er das Konzept der Ü. in ihrer wesentlichen Bedeutung für die psychoanalytische Behandlung als das Übertragen starker Gefühle aus einer best. Beziehung auf eine andere Person, die von diesem Ursprung unabhängig ist. Zunächst als Hauptwiderstand gegen die Behandlung betrachtet, konzeptualisiert Freud die Ü. hier als wichtiges Hilfs- und Heilmittel jeder Behandlung. In der psychoanalytischen Therapie stellen sich in der Ü.beziehung zum Therapeuten Wiederholungen von bedeutungsvollen Beziehungssituationen aus der Kindheit wieder her und werden auf den Analytiker übertragen (Ü.-Neurose). Die Ü. wird in der Behandlung durchgearbeitet, zunehmend bewusst gemacht und so der Bearbeitung im therap. Prozess zugänglich. Freud (1912) unterscheidet in pos.-zärtliche und neg.-feindselige Ü. gefühle, wobei eine milde pos. Ü. als notwendig für das Arbeitsbündnis angesehen wird. Das Verständnis der Ü. verändert sich im Zuge theoretischer und praktischer Entwicklungen. Mit der intersubj. Wende in der Psychoanalyse wird der zunächst intrapsych. im Pat. verortete Vorgang der Ü., im Zus.wirken mit der *Gegenübertragung*, zunehmend als interpersonales Beziehungsgeschehen in der Interaktion zw. Pat. und Analytiker verstanden, wobei reale und unbewusste Beziehungen interagieren (Thomä 2001). Der Umgang mit Ü. und Gegenü. ist ein zentraler Aspekt in der psychoanalytischen Ausbildung und der Erfahrung in der persönl. Analyse (*Lehranalyse*). N. Teuber
Übertragungsfunktion, kopfbezogene, syn. *Transferfunktion, kopfbezogene* [engl. *transferfunktion, head-related*], *Außenohrübertragungsfunktion*.
Übertragungswiderstand [engl. *transference resistance*]; *Widerstand*.
Überwachen (= Ü.) [engl. *monitoring*], **[KOG, PÄD]**, das Ü. des eigenen Lernprozesses (*Lehr-Lern-Prozesse*) und persönlicher Lernergebnisse (*Lernerfolg*) ist eine *metakognitive Lernstrategie*, die es ermöglicht, *Wissen*slücken aufzudecken. Maße zur Erfassung der Güte der Ü. unterscheiden sich hinsichtlich des Zeitpunktes der Erfassung (vor oder nach *Abruf* der gelernten Information). Bsp. sind *judgments of learning* (JOL; *Judgement-of-Learning-Urteil*), *feeling of knowing* (FOK; *Feeling-of-Knowing-Urteil*) oder *ease of learning* (EOL). M. Händel
Überzeugungskraft [engl. *power of persuation*], *Interpretation*.
Überzeugungssystem, Glaubenssystem (= Ü.) [engl. *belief system*], **[KOG, PÄD, SOZ]**, Gesamtheit der persönlichen Auffassungen und *Einstellungen*, meist bezogen auf einen bestimmten Sachverhalt. Ü. beeinflusst die *Wahrnehmung* der Umwelt und der eigenen Person sowie des Zusammenwirkens von beiden. Es beinhaltet kognitive (*Kognition*) in Verbindung mit affektiven (*Affektivität*) Komponenten und kann umfassende, in sich geschlossene interne *Repräsentationen* von Kausalzusammenhängen bilden. Als Ursache von *Vorurteilen* sind sie nicht nur in der *Sozialpsychologie* ein wichtiger Forschungsgegenstand, sondern stellen in vielen weiteren Teildisziplinen der Ps. ein Personmerkmal dar, indem sie als mögliche *Operationalisierung* für *Subjektivität* dienen (*Attribution*). In der pädagogischen Ps. bilden selbstbezogene Ü. eine Grundvoraussetzung für Lernen (*epistemologische Überzeugungen, locus of control*), während die Modifikation eines Ü. andererseits oftmals selbst das *Lernziel* darstellt (*Nachschulung, Erfahrungsbildung*). Die Adäquatheit und der Modifikationsbedarf von Ü. richten sich nach ihrer Funktionalität für die aktive Auseinandersetzung mit der Realität. M. Heinecke-Müller
Übung, gruppendynamische [engl. *exercise/practice/training, group dynamic*], **[KLI]**, gruppendynamische Spiele, verbale und nicht verbale Übungsformen, deren Technik vom *Psychodrama*, den T-Gruppen, Interaktionisten (Cohn) und Gestalt-Therapeuten (*Gestalttherapie, Grup-*

pentherapie) stammen. Das *timing* ergibt sich aus den in der Gruppe auftauchenden Problemen, die durch das Spiel verdeutlicht und angehbar gemacht werden sollen. Schwäbisch & Siems (1974) stellten ein Programm solcher Übungen für Gruppen ohne Gruppenleiter zus. (Selbstmodifikation in der Gruppe). Bsp. solcher Übungen sind u. a. das *Soziogramm*, *Rollenspiel*, Vertrauensübungen wie *Blindenführung* und *Pendeln und Wiegen*, Feedback- und Kommunikationsübungen wie *Alter ego*, *Kommunikationskette*, *Hot-seat-Technik*. Antons 1975, 1976.

Übung, massierte *massierte Übung*, *Training*.

Übung, negative *negative Übung*.

Übungseffekt [engl. *training effects*], **[KOG]**, jeder quant. oder strukturelle Leistungszuwachs, sofern er durch wiederholte Reizdarbietungen, Auseinandersetzung, Problemexpositionen sowie durch variierendes Antwortverhalten zustande kommt.

Übungsfirma [engl. *training firm*], *Aus- und Fortbildung*.

Übungstherapie [engl. *exercise therapy*], **[KLI]**, alle Maßnahmen, die Übung therap. nutzen, wie *Entspannungsverfahren*, *Autogenes Training*.

Übungsverlust, **[KOG]**, die Leistungsminderung, die eintritt, wenn eine geübte Tätigkeit nicht mehr ausgeführt bzw. unterbrochen wird.

UCR, Abk. für *unconditioned response*. *unkonditionierte Reaktion*.

UCS, Abk. für *unconditioned stimulus*, *unkonditionierter Stimulus*.

Uexküll, Jakob Johann Baron von (1864–1944), **[BIO, HIS, KOG]**, Biologe und Philosoph, bedeutender Zoologe des 20. Jhd., der den Begriff der Umwelt in die Biologie einführte und als Wegbereiter der *Ökologie* gilt. Der Baltendeutsche Uexküll hatte in Dorpat (heute Tartu, Estland) studiert, dann in Heidelberg gearbeitet; längere Zeit war er Privatgelehrter, 1926 nahm er eine Honorarprofessur an der Universität Hamburg an und gründete dort das Institut für Umweltforschung. Uexküll hielt in Hamburg u. a. Kontakt zu *William Stern* und dessen Mitarbeitern. Uexküll entwickelte Vorstellungen von aktiven Subjekten (Mensch wie Tier), die eine «subjektive Umwelt» wahrnehmen und gestalten. Hiermit stand er i. Ggs. zu einer *Evolutionstheorie*, die von eher passiven Objekten der Selektion ausging. Uexkülls Bild von einem Funktionskreis von Merkwelt und Wirkwelt findet sich sowohl in der *Ethologie* als auch in ps. Arbeiten seit den 1930er-Jahren, so z. B. bei *Muchow*. Uexküll erhielt eine Vielzahl von Preisen und Auszeichnungen, u. a. mehrere Ehrendoktorate. *H. E. Lück*

Ultra-Kurzzeitspeicher [engl. *ultra short-term storage*], syn sensorischer Speicher [engl. *sensory storage*], *Gedächtnis*.

ultrarapid metabolizer (= UM), **[PHA]**, Träger von mehr als zwei Genen des Cytochrom-P450-Isoenzyms 2D6 (CYP2D6); durch Genverdopplung kommt es zu einer erhöhten Enzymaktivität, wodurch Arzneimittel, die über CYP2D6 verstoffwechselt werden, beschleunigt abgebaut werden (s. a. *extensive metabolizer* und *poor metabolizer*). Es werden auch multiple Genverdopplungen beobachtet (ein Fall eines Menschen mit 13 Genkopien ist in der Literatur berichtet), wodurch die Enzymaktivität weiter zunimmt. 1–10 % der europäischen Bevölkerung sind UM. Menschen mit UM-Status bauen für über CYP2D6 metabolisierte Arzneimittel oft keinen ausreichenden *Plasmaspiegel* auf und werden damit zum Pseudo-*Nonresponder*. Oftmals unterstellt man ihnen auch bei nicht nachweisbarem verordneten Arzneimittel oder vermeintlich zu niedrigem Plasmaspiegel mangelnde *Compliance*. *G. Gründer*

Ultraschall [engl. *ultrasound*; lat. *ulter* jenseitig], *Schall*.

Ultraviolett [engl. *ultraviolet*; lat. *ulter* jenseitig], *Licht*.

Umdeutung, kognitive [engl. *cognitive reinterpretation*], *Emotionsarbeit*.

Umfrage [engl. *poll*, *survey*, *inquiry*], *Meinungsbefragung*, *Meinungsforschung*, *Datenerhebungsverfahren*.

Umgebungskontrolle [engl. *environmental control*], *Handlungskontrollmechanismen*.

Umkehrbrille, Prismenbrille [engl. *prism glasses*], **[WA]**, Brille, mit der das visuelle Feld umgekehrt wird und mit der beobachtet werden kann, wie die Vp lernt, das visuelle Netzhautbild (*Auge*) wieder in die Vertikale zu bringen und links und rechts wiederzuerkennen. *Störungsexperimente*. Kottenhoff 1961.

Umkehrlernen [engl. *reversal shift*], *Umlernversuche, experimentelle*.

Umkehrwechsel [engl. *reverse exchange*], *Umlernversuche, experimentelle*.

Umklammerungsreflex [engl. *embrace reflex*], *Greifreflex*.

Umlernen (= U.) [engl. *relearn*], **[KOG]**, ein durch vorheriges Lernen belasteter Lernvorgang, der das Ungültigwerden (nicht unbedingt das Verlernen) einer vorher gelernten Verbindung oder Unterscheidung verlangt und bei dem eine neue, vorher irrelevante Verbindung oder Unterscheidung zu lernen ist. *Umlernversuche, experimentelle*.

Umlernversuche, experimentelle [engl. *experimental relearning trials*], **[KOG]**, Entscheidungsexperimente zur Erklärung der Begriffsbildung nach der Stimulus-Response-Theorie (*S-R-Theorie*) oder Mediationstheorie (*Vermittlungstheorie*). Eine zuerst gelernte Unterscheidung und Klassifizierung von Figuren (z. B. nach der Größe, unabhängig von der Form) aufzugeben zugunsten einer anderen (z. B. nach der Form, unabhängig von der Größe), ist außerdimensionales Umlernen (*nonreversal shift*). Eine Umkehr der Werte innerhalb der einen Dimension (z. B. der Größe) ist innerdimensionales Umlernen (*reversal shift*). Letzteres soll nach mechanistischer S-R-Theorie schwerer zu lernen sein als der Wechsel der Dimension. Gegenteilige Versuchsergebnisse legen die Erklärung mit vermittelnden Begriffen nahe. Kendler & Kendler 1962, Kendler & Kendler 1969. *R. Bergius*

Umschlagfiguren, Umspringbilder [engl. *reversible/ambiguous figures/images*], *Reversion*, *geometrisch-optische Täuschung*.

Umstrukturieren [engl. *restructuring*], **[KLI, KOG, WA]**, wie *Umzentrieren*, ein Gefüge ändern oder eine Struktur neu sehen. Der von Gestaltpsychologen (*Gestaltpsychologie*) (1) bei der Analyse des *Problemlösens* eingeführte

Begriff wird auch (2) in Untersuchungen zur Feldabhängigkeit verwendet und hat schließlich (3) Eingang in gesprächstherap. (Umstrukturierungstherapie nach Goldfried & Goldfried 1977) und verhaltenstherap. (*kognitive Um-/Restrukturierung*) Verfahren gefunden.

Umstrukturierungsheurismus [engl. *restructuring heuristics*], *Denken, heuristische Methoden*.

Umweghandlung (= U.), **[EM, KOG]**, *Handlung* zum Erreichen eines Zieles (*Ziele*) auf einem Umweg. Versuche an Schimpansen (Köhler 1917) und an Kindern (Bühler) haben gezeigt, dass dort, wo weder das instinktive Repertoire und das vorhandene *Wissen* noch die besondere Beschaffenheit der Situation einen unmittelbaren Weg zur Erreichung eines Zieles weisen, häufig produktiv ein Umweg gefunden wird. Die U. kann als Prototyp der *Intelligenz*handlung angesehen werden. Als solche qualifiziert sie sich bes. durch die Transponierbarkeit als auch durch die begleitenden (mimischen) Umstände (*Aha-Erlebnis*). *Übersprung*.

Umwelt (= U.) [engl. *environment*], **[SOZ]**, Bez. für die Gesamtheit des Lebensraums, der ein Lebewesen umgibt, bzw. alle auf dieses einwirkenden Einflüsse (zusätzlich zu den Erbanlagen und begrenzt darauf, dass die Einflüsse bestimmend sind für das Lebewesen). Die Begriffe *Milieu* und U. stehen sich nahe, sind jedoch nicht identisch. v. Uexküll konnte zeigen, wie sehr die U. versch. Lebewesen qual. Unterschiede aufweisen. Je spezif. Merkwelten und Wirkwelten bilden die Summen der dem einzelnen Lebewesen zugänglichen Reize und Reaktionen. Lewin erforschte die U. nochmals in anderer Sicht und begründete von da aus die *topologische und Vektorpsychologie*. *Anlage-Umwelt*, *Umweltpsychologie*, *Feld*, *Ökologie*, *ökologische Psychologie*, *Sozialisationspsychologie*.

Umwelt, ambiente [engl. *ambient environment*; lat. *ambio* das Herumgehen], **[WA]**, *Umwelt*anteile, die nicht oder nicht gut lokalisierbar erscheinen, sondern den Organismus eher diffus-ganzheitlich umgeben, wie Umgebungstemperatur, Lärm, Gerüche u. Ä. m. Sie können u. U. nach Qualität und Intensität subj. lästig und obj. belastend werden (Campbell 1983). Als «Ambiente» wird das Atmosphärische eines Ortes, einer Stadt, was Gefühle, Stimmungen, assoziative Anklänge weckt, bezeichnet (Ittelson et al. 1977). Gibson prägte i. R. seiner ökologischen Optik den darin zentralen Begriff *ambient optic array* (d. h. die zu einem best. «Beobachtungspunkt» gehörende, an ihm gewissermaßen als «Information» im Licht verfügbare «umgebende optische Anordnung»). *Umweltpsychologie*. Gibson 1979. *G. Kaminski*

Umwelt, geteilte [engl. *shared environment*], **[BIO, PER]**, syn. gemeinsame Umwelt, in der *Verhaltensgenetik* Umweltbedingungen, die von allen oder best. Familienmitgliedern geteilt werden und deshalb oft (aber nicht immer) ähnliche Effekte auf die Persönlichkeitsentwicklung haben (*Umwelteffekt, geteilter*).

Umwelt, nicht geteilte [engl. *nonshared environment*], **[BIO, PER]**, syn. spezif. Umwelt,in der *Verhaltensgenetik* Umweltbedingungen, die von allen oder best. Familienmitgliedern nicht geteilt werden und deshalb oft (aber

nicht immer) unterschiedliche Effekte auf die Persönlichkeitsentwicklung haben (*Umwelteffekt, nicht geteilter*).

Umweltagnosie [engl. *environmental agnosia*], *topografische Agnosie*.

Umweltbewusstsein (= U.) [engl. *environmental concern/ awareness*], **[SOZ]**, ist ein im dt. Sprachraum gebräuchlicher Begriff für den theoretisch-konzeptuell korrekten Begriff *Umwelteinstellung* (engl. *environmental attitude*). Umwelteinstellung und somit U. bez. die mehr oder weniger pos. bzw. neg. ausgeprägte Wertschätzung von Personen dem Einstellungsobjekt *Umweltschutz* gegenüber. U. zeigt sich folgerichtig auch in umweltschützenden Verhaltensweisen wie z. B. dem Kauf energieeffizienter Elektrogeräte, der Nutzung möglichst ressourcenschonender Verkehrsmittel und in der Mitgliedschaft von Umweltschutzorganisationen. U. kann sich in der Wertschätzung spezif. Verhaltensbereiche (z. B. Energiesparen) und spezif. Verhaltensweisen (z. B. Nutzung des ÖPNV) zeigen oder generell in der *affektiv*, *kognitiv* und konativ (*Konation*) ausgedrückten Wertschätzung der gesamten Klasse umweltschützenden Verhaltens gegenüber. Die zweidimensionale Struktur zahlreicher Konzeptionen von Umwelteinstellung widerspiegelt die Unterscheidung von U. und Natureinstellung. Letzteres steht für die affektiv, kogn. und konativ ausgedrückte Wertschätzung dem Einstellungsobjekt *Natur* gegenüber. Kaiser 2013, Milfont 2004. *F. G. Kaiser*

Umwelteffekt, geteilter [engl. *shared environmental effect*], **[BIO, PER]**, in der *Verhaltensgenetik* Umwelteinflüsse auf ein Persönlichkeitsmerkmal, die von allen oder best. Familienmitgliedern geteilt werden, meist weil sie gleichen Umwelten ausgesetzt sind (z. B. gleiches Bildungsmilieu, gleiche Behandlung von Geschwistern durch die Eltern, gleiche kritische Lebensereignisse; *Umwelt, geteilte*).

Umwelteffekt, nicht geteilter [engl. *non-shared environmental effect*], **[BIO, PER]**, in der *Verhaltensgenetik* Umwelteinflüsse auf ein *Persönlichkeitsmerkmal*, die von allen oder best. Familienmitgliedern nicht geteilt werden, weil sie unterschiedlichen Umwelten ausgesetzt sind (z. B. unterschiedliche Behandlung durch die Eltern, unterschiedliche Freunde oder Lehrer, kritische Lebensereignisse; *Umwelt, nicht gteilte*) oder weil dasselbe Umweltmerkmal aufgrund des unterschiedlichen Alters oder der unterschiedlichen *Persönlichkeit* versch. verarbeitet wird (z. B. unterschiedlicher Effekt des Todes der Mutter auf Geschwister unterschiedlichen Alters). Bei Geschwistern sind nicht geteilte Umwelteffekte bei den meisten Persönlichkeitsmerkmalen sehr viel größer als geteilte (*geteilte Umwelteffekte*), was neben genetischen Unterschieden der Hauptgrund für die großen Persönlichkeitsunterschiede von Geschwistern ist. Turkheimer & Waldron 2000.

Umwelteinstellung [engl. *environmental attitudes*], *Umweltbewusstsein*.

Umweltkrankheit (= U.) [engl. *environmental disease*], **[GES]**, durch (Schad-)Stoffbelastung in der Umwelt hervorgerufene Krankheiten, z. B. Schwermetallvergiftungen (z. B. Blei) mit chronischen körperlichen und mentalen (Intelligenzminderung, Gedächtnisstörungen) Folgen oder durch Emissionen wie Schall/Lärm, Wärme, Kälte bedingte Stressbelastung mit Krankheitsfolgen (z. B. Lärm: Schwerhörigkeit, Bluthochdruck). Allergien können unter U. eingeordnet werden. Häufig ergeben sich vielfältige, uneinheitliche psychovegetative Symptomatiken (z. B. Muskelschmerzen, Konzentrationsschwäche, Schlafstörungen), die von den Betroffenen Umweltbelastungen zugeschrieben werden, wobei es sehr schwierig ist, solche im Einzelfall «objektiv» auszumachen. *Erschöpfungssyndrom, chronisches*, *Umweltschadstoffe*.   *P. Day*

Umweltnutzungspsychologie (= U.) [engl. *utilization of the environment* Umweltnutzung], [**SOZ**], ist ein Teilbereich der *Umweltpsychologie* und beschäftigt sich mit der Gestaltung räumlich-soz. Umwelten, z. B. von Gebäuden, Innenräumen, Plätzen, Parks, Landschaften, und deren Wechselwirkung mit den Bedürfnissen und Eigenschaften ihrer Nutzer. Ziel ist, eine möglichst gute Passung zw. gestalteter Umwelt und Nutzerbedürfnissen zu erreichen und Planungsfehler zu reduzieren. Hierzu dient das Konzept des *social design*, nach dem zunächst in *user-needs analyses* Bedürfnisse und Wünsche der potenziellen Nutzer systematisch ermittelt und dann in den Gestaltungsprozess miteinbezogen werden. Nach Realisierung wird die Gestaltung mithilfe der *post-occupancy evaluation* nachträglich bewertet. Vorteile solcher partizipativer Prozesse sind, dass die wertschätzende soz. und fachliche Integration der Nutzerexpertise zu besseren, eher akzeptierten und nachhaltigen Lösungen führen kann und die Entwicklung einer lokalen konstruktiv-partizipativen Kultur fördert. Unter U. wird auch die Forschung zur indiv. Nutzung einer kollektiven Umweltressource subsumiert. Im Fokus steht die Erklärung ressourcenschädigender Handlungen mithilfe des *Konzepts des sozial-ökologischen Dilemmas*, das die Abhängigkeiten zw. Mensch und Umwelt verdeutlicht. Die Nutzung sich begrenzt regenerierender Ressourcen, z. B. Fischbestände, Trinkwasser, Rohstoffe, bringt ein doppeltes Dilemma mit sich: zw. indiv. und gemeinschaftlichen Interessen, indem Gewinne der Ressourcennutzung individualisiert, entstehende Schäden aber sozialisiert werden, als auch zw. kurz- und langfristigen Zielen, da von einer Übernutzung einzelne kurzfristig profitieren, langfristig aber die Ressource für die Gemeinschaft zerstört wird. Wichtige Faktoren zur Überwindung des Dilemmas und damit zur Förderung ressourcenschonender Entscheidungen sind u. a. ökologisches Wissen, soziales Wissen durch Kommunikation, Vertrauen sowie prosoziale (*prosoziales Motivsystem*) und kooperative (*Kooperation*) Motive. Hellbrück & Fischer 1999, Linneweber 2008.   *H. Ittner*

Umweltpsychologie (= U.) [engl. *environmental psychology*], *ökologische Psychologie*, [**SOZ**], bezeichnet ein Forschungsparadigma, das sich als Antwort auf die Konsistenzkrise der Ps. versteht. Nach der Doktrin der U. verbessert sich die Verhaltensvorhersage psychol. Konzepte dann, wenn Personen in ihren Umwelten (d. h. Kontexten) zum Gegenstand der Ps. gemacht werden. Dabei geht es um eine Abgrenzung von dem allzu personorientierten Paradigma der *Differentiellen Psychologie*, das den Kontext des Subjekts weitgehend ausblendet, und auch vom Paradigma der Allgemeinen Ps., das Verhalten im Extrem auf den Stimulus und damit auf die Umwelt zurückführt. Während die Differentielle Ps. sich dem *modernen Interaktionismus* zuwandte, machte die U. die sog. Mensch-Umwelt-Einheit (d. h. die Beobachtungseinheit von Menschen in ihren Umwelten) zum Forschungsgegenstand. Wegen Mangels an *externer Validität* lehnte die U. folgerichtig *Laborexperimente* lange Zeit als Mittel ps. Erkenntnisgewinnung grundsätzlich ab. Bahnbrechend sind Befunde zur *interpersonalen Kommunikationsdistanz*, zum *Gedrängestress* und zu Wohn-, Arbeits-, städtischen und restaurativen Umwelten. Große Resonanz findet U. noch stets in der Architektur und der Stadtplanung. Letztlich steckt auch im Programm der Kulturvergleichspsychologie (engl. *cross-cultural psychology*; *kulturvergleichende Psychologie*) der Zweifel an der universellen Gültigkeit und damit die Forderung nach empirischer Prüfung der Umweltunabhängigkeit psychol. Theorien. U. [engl. *conservation psychology*] bez. demgegenüber auch einen Bereich der Ps. mit einem Problemfokus auf Nachhaltigkeit, Umwelt-, Klima- und Ressourcenschutz. Im Sinn von Umweltschutzps. wird U. damit zu einem interdisziplinär orientierten Anwendungsfeld vor allem sozialpsychol. Theorien und Konzepte. Derzeit dürfte dies die im dt. Sprachraum zahlenmäßig dominante Fraktion innerhalb der U. sein. *Umweltnutzungspsychologie*. Kruse et al. 1990, Stokols & Altman 1987, Saegert & Winkel 1990.   *F. G. Kaiser*

umweltschädliches Verhalten, wirtschaftspsychologisch (= u. V.) [engl. *behaviour harmful to the environment, economic psychological perspective*], [**WIR**], als umweltrelevantes *Verhalten* werden alle jene Verhaltensweisen klassifiziert, die direkt oder indirekt einen Einfluss auf die natürliche Umwelt ausüben, wobei das Verhalten für die Umwelt sowohl förderlich als auch nachteilig sein kann (Homburg & Matthies 1998). Aus wirtschaftspsychol. Sicht kann u. V. ein Ressourcendilemma bzw. *soziales Dilemma* darstellen, bei dem einzelne Individuen ihren Gewinn maximieren, indem sie so viel wie möglich von der unentgeltlichen Ressource Natur verwenden. Dieser indiv. Gewinnmaximierung steht die Endlichkeit der natürlichen Ressourcen gegenüber, deren Abbau auf gesellschaftlicher Ebene – und damit auch auf indiv. – langfristig neg. Auswirkungen hat, wenn die natürlichen Ressourcen bis zur Erschöpfung ausgebeutet werden (z. B. Überfischung der Meere). Vor allem Faktoren, die zu förderlichem, umweltfreundlichem Verhalten führen, werden häufig untersucht: Problembewusstsein, internale Attribution (*Attribuierung*), *soziale Normen*, Schuldgefühle, wahrgenommene Verhaltenskontrolle, *Einstellungen* und persönliche moralische Normen (s. Metaanalyse von Bamberg & Möser 2007). Solche Studien zeigen, dass umweltfreundliche Einstellungen zu energiesparendem Verhalten führen, oder dass die Ausprägung von persönlichen Normen den Kauf von biologischen Lebensmitteln beeinflusst. Die Beschäftigung mit biol. Produkten hat aber auch Auswirkung auf das Verhalten. Die ausschließliche Konfrontation mit biologischen Produkten führt vermehrt zu kooperativem Verhalten, der Erwerb von biol. Produkten induziert allerdings weniger *Kooperation*. Es wird angenommen, dass Individuen kogn. Ressourcen sparen und daher Aktivitäten (kooperatives Verhalten), die moralischen Handlungen (Erwerb von biol. Produkten) nachfolgen, nicht hinsichtlich ihrer persönlichen moralischen Prinzipien prüfen. *nachhaltige Entwicklung, nachhaltiger Konsum*. *E. Hofmann/E. Kirchler*

Umweltschadstoffe [engl. *environmental contaminants*], [BIO], anorganische (Metalle wie Blei) und organische Stoffe (Lösungsmittel, Farben), die in der Umwelt (Luft, Wasser, Nahrung) freigesetzt werden und bei Tier und Mensch das *Nervensystem* und damit korrespondierende psych. Vorgänge direkt oder indirekt (etwa immunsystembedingt; *Immunsystem*) beeinflussen können. Die Exposition erfolgt über Herbizide, Pestizide, Nahrungszusatzmittel, natürliche Nahrungsschadstoffe, Industrieprodukte u. a. In geringeren Dosierungen meist unspezifische Wirkungen, etwa Aktivierung, neg. Befinden oder Konzentrationsstörungen, in höheren Dosierungen toxische Effekte, etwa Erregtheit, Angst, Verstimmtheit. Bei chronischer Exposition neurotoxische Effekte mit langfristigen Folgen, etwa kogn. Defekte. Bei pränataler und frühkindlicher Einwirkung, besonders in sensiblen Perioden, dauerhafte Schäden. Vulnerable Personen können schon bei Exposition von niedrigsten Dosierungen körperliche und psych. Beschwerden aufweisen. Abel 1989, Aktories et al. 2005, Hartman 1995, Seidel 1996. *W. Janke/M. Hüppe*

Umweltschutzpsychologie [engl. *environmental protection* Umweltschutz], *ökologische Psychologie*, *Umweltpsychologie*.

Umweltwahrnehmung [engl. *environmental perception*], [SOZ, WA], mehrdeutiger Begriff, der mind. vier unterschiedliche spezif. Bedeutungen annehmen kann: (1) das Wahrnehmen der unmittelbaren Umgebung, wie es unter natürlichen Bedingungen geschieht, im Unterschied zu denjenigen («künstlichen») Wahrnehmungsbedingungen und -prozessen, die in exp. Wahrnehmungsforschung realisiert werden (Ittelson 1973). (2) Sammelbezeichnung für alle Arten von *Wahrnehmungsprozessen* (i. w. S.; Wahrnehmungsps.), die i. R. von ökologischer bzw. *Umweltpsychologie* erforscht werden, eingeschlossen die dafür jew. zuständigen Wahrnehmungstheorien. Besonders anregend wirkte der innovative «ökologische Ansatz» von J. J. Gibson (1979). (3) Perzeptives und kogn., teils auch evaluatives Erfassen (auch Interpretieren und Speichern) von Umweltgegebenheiten, mit denen sich typischerweise die Ökologie bzw. die Umweltpsychologie befassen: architektonische und städtebauliche Einheiten, Landschaften, größere geografische Einheiten (Craik & Zube 1976, Golledge 1987). (4) Nicht klar trennbar von *Umweltbewusstsein*, das Empfänglichsein für diejenigen Aspekte der «Umwelt», die, teilweise weltweit, zunehmend problematischer erscheinen und die i. R. der «ökologischen Bewegung» thematisiert werden: Umweltverschmutzung, Ressourcenverknappung, Landschaftszerstörung u. a. m. *G. Kaminski*

Umzentrieren (= U.) [engl. *recentering*], [KOG], Schwerpunktverlagerung, von Wertheimer (1920) eingeführte Bez. für «Strukturoperationen von größter Bedeutung», die er an Lösungen von räumlichen, math., logischen und sozialen Problemen (*Problemlösen*) demonstrierte. Zentrierung bedeutet Herausfassung best. Merkmale, Zusammenfassung von Teilen oder auch das Begreifen der Teile eines Ganzen von einem best. Teil aus. Wertheimer (1957) beschreibt das U. auch als Übergang von einer einseitigen Ansicht zu der Zentrierung, die von der obj. Struktur der Situation gefordert ist, und sieht in ihm eine Form des *Umstrukturierens* (*Denken*). *R. Bergius*

unabhängige Stichproben [engl. *independent samples*], *abhängige Stichproben*.

Unabhängigkeit, stochastische [engl. *stochastic independence*], *Multiplikationssatz*, *lokale stochastische Unabhängigkeit*.

Unaufmerksamkeit, auditive [engl. *auditory inattention*; lat. *audire* hören], [BIO, WA], die erschwerte Auslösbarkeit einer *Orientierungsreaktion* durch akustische Reize, besonders durch Sprachlaute, obwohl keine gravierenden *Hörstörungen* vorliegen. Teilsymptom von zentralen Hörstörungen (*Agnosie*), Autismus (*Autismus-Spektrum-Störung*) oder *Oligophrenie*; bei Kindern außerdem von Entwicklungsverzögerungen nach frühkindlicher *Hirnschädigung*.

Unaufmerksamkeitsblindheit (= I.) [engl. *inattentional blindness*], [KOG], mit I. wird ein Versagen der *Wahrnehmung* eigentlich auffälliger bzw. gut sichtbarer Objekte bezeichnet, die durch die Nicht-Zuweisung von *Aufmerksamkeit* an den Ort innerhalb einer visuellen Szene, an dem ein Objekt erscheint, oder an das Objekt selber erklärt werden kann. Verwandte Phänomene sind die *Veränderungsblindheit* (*change blindness*) und das *Aufmerksamkeitsblinzeln* (*attentional blink*). I. ist ein alltägliches und häufiges Phänomen, da es aber nicht erfolgte Wahrnehmungen beschreibt, sind spezielle Versuchsanordnungen für dessen exp. Nachweis erforderlich. Ein Nachweis von I. gelingt z. B., wenn Pbn unter Zeitdruck eine schwierige *Diskriminationsaufgabe* zu lösen haben, die die Allokation räumlicher Aufmerksamkeit erfordert, wie z. B. die Beurteilung der relativen Länge der Arme eines Kreuzes. Wird während des Lösens der Aufgabe ein zusätzliches Objekt dargeboten, das die Pbn nicht erwarten und dem sie folglich keine Aufmerksamkeit zuweisen, so sind sie nicht in der Lage, zusätzlich zur Diskriminationsaufgabe die Merkmale des Objekts vollst. zu berichten (*Unaufmerksamkeitsbedingung*). Wird das zusätzliche Objekt erwartet, sodass die Zuweisung von Aufmerksamkeit geplant werden kann (*Bedingung geteilter Aufmerksamkeit*), bzw. der Beschreibung des zusätzlichen Objekts zur Primäraufgabe (*Bedingung voller Aufmerksamkeit*), so können die Merkmale korrekt berichtet werden (Mack & Rock 1998). Ein durch das Fernsehen auch einem breiten Publikum bekanntes Bsp. für eine *überdauernde* U. stammt von Simons und Chabris (1999). Die Pbn betrachten dabei eine kurze Filmsequenz mit der Aufgabe, kontinuierlich den Zähler der Häufigkeit eines wiederholt auftretenden Ereignisses zu inkrementieren. Innerhalb der Filmsequenz wird ein unerwartetes, jedoch sehr auffälliges Ereignis eingeblendet, das – bedingt durch die Fokussierung der *selektiven Aufmerksamkeit* auf das aufgabenrelevante Ereignis und der damit einhergehenden I. für irrelevante Information – von den Pbn nicht wahrgenommen und erst bei einer anschließenden aufgabenfreien Betrachtung des Films zur eigenen Verblüffung entdeckt wird. *Unaufmerksamkeitstaubheit*. J. Krummenacher/H. J. Müller

Unaufmerksamkeitstaubheit (= U.), [engl. *inattentional deafness*], [**KOG, WA**], bez. den Effekt, dass ein salientes akustisches Ereignis wegen geringer *Aufmerksamkeits*zuweisung nicht wahrgenommen wird. U. ist eng verwandt mit *Veränderungstaubheit*, wobei sich ersteres auf die Wahrnehmung eines neu auftretenden Ereignisses, letzteres auf die Wahrnehmung einer Änderung eines bereits präsenten Ereignisses bezieht. Zu beachten ist, dass es sich bei beiden Begriffen um allgemeinpsychol. und nicht um pathologische Phänomene handelt. U. ist das akustische Pendant zu *Unaufmerksamkeitsblindheit*. I. Ggs. dazu ist U. relativ wenig erforscht. Hervorgegangen aus dem Paradigma des dichotischen Hörens (*Maskierung*), befasst sich heutige Forschung zu U. einerseits mit den grundlegenden Mechanismen des Phänomens, andererseits mit angewandten Bereichen (z. B. Wahrnehmung von Warnsignalen). S. Chiller-Glaus

unbedingte Hemmung [engl. *unconditional inhibition*], *reaktive Hemmung, Hemmung*.

Unbestimmheitsrelation, Heisenberg [engl. *uncertainty relation*], syn. Heisenberg'sche Unschärferelation, *Theorien, physikalische*.

Unbewusstes (= U.) [engl. *(the) unconcious*], [**EM, KLI, JOG**], unter versch. Aspekten kommentierter Begriff für eine verborgene psych. Struktur, Schicht, Instanz oder unzulängliches Konstrukt bzw. nicht kontrollierbare psych. Prozesse. Als Antipode zu «Bewusstes» ist es für die empirisch orientierte Ps. und spez. für die behavioristische Ps. (*Behaviorismus*) von der Konzeption her nicht betrachtungsfähig: Was nicht bewusst ist, entzieht sich einem erfahrungswiss. Zugriff. In der geisteswiss. Betrachtung und spez. bei tiefenpsychol. orientierten Systemen (*Psychoanalyse, Tiefenpsychologie*) ist das U. eine Metapher für «seelische Schichten, aus denen das *Bewusstsein* gespeist wird». In der topografischen Theorie des «seelischen Apparates» von Freud (*Apparat, psychischer bzw. seelischer*) hat das U. als System eine bes. Bedeutung erhalten. Seine Funktion wird aus der Bewältigung von *Konflikten* abgeleitet. Wenn Konflikte nicht adäquat bewältigt werden, werden sie aus dem Bewusstsein verdrängt, in das Unbewusste verschoben und dort abgelegt. U. wird gebildet von verdrängten Inhalten (*Verdrängung*), den sog. Triebrepräsentanzen (*Triebtheorie nach Freud*). Sie sind stark mit Triebenergie besetzt, werden beherrscht durch spez. Mechanismen des Primärvorgangs (*Primärvorgang*), z. B. *Verdichtung* oder *Verschiebung*, und versuchen wieder ins Bewusstsein zu gelangen. Dies kann aber erst nach Entstellung durch die Zensur (Zensor) in Form einer Kompromissbildung, z. B. Traum (*Traumdeutung*) oder Symptom, gelingen (*Abwehrmechanismen des Ich*). Gemäß Freuds zweiter Theorie charakterisiert U. nicht mehr ein spez. System, da sowohl dem *Es* als auch Anteilen des *Ich* bzw. des *Über-Ich* Merkmale des U. zugeschrieben werden. Bei C.G. Jung (*Analytische Psychologie*) bez. das persönliche U. das dem Bewusstsein nicht Aktuelle, aber Zuführbare, wie alles Vergessene oder Verdrängte. Shevrin 2004.

Unbewusstes, persönliches, [**KLI**], bei Jung (*analytische Psychologie*) das dem Bewusstsein nicht Aktuelle, aber Zuführbare, wie alles Vergessene oder Verdrängte. *Individuation*.

unbewusste Schlüsse (= u. S.) [engl. *unconcious inferences*], [**WA**], veraltete Bez. für die von Helmholtz (1867) neben den Empfindungen angenommene Grundlage der *Wahrnehmung*. In der neueren Ps. entsprechen den u. S. jene Verarbeitungsprozesse (*processing*), mit denen die *cues* zu Wahrnehmungsresultaten überführt werden.

unbunte Farben [engl. *hueless colors*], [**WA**], Bez. für Weiß, alle Grautöne und Schwarz. *Farbe, Farbspektrum*.

underachievement [engl. schwache Leistung], *overachievement/underachievement*.

Underdog-Effekt [engl. *underdog* Unterdrückter], [**SOZ**], Verlierer-Effekt, Mitleid-Effekt, Ggs. *Bandwagon-Effekt*.

undermanning (= u.) [engl. *unterbesetzen*], [**KOG, SOZ**], in Barkers Theorie des *behavior setting* entwickelter, von Wicker (1984) weiter ausgearbeiteter Begriff, mit dem ein «Unterbesetztsein», d.h. ein Zustand eines *behavior setting*, charakterisiert werden soll, in dem weniger Teilnehmer (*inhabitants*) anwesend sind, als eigentlich für die min. Erfüllung aller Funktionen und *Rollen* erforderlich wären. Die U.-Theorie sagt voraus, was sich unter diesen Umständen am *behavior setting*, spez. am Verhalten der Teilnehmer, ändert, verglichen mit adäquatem *manning*. Entsprechend werden Voraussagen für einen Überbesetztheitszustand (*overmanning*) gemacht. Mittlerweile werden die geschlechtsneutralen Bez. *under-/overstaffing* bevorzugt. Saup 1986.

Undeutsch, Udo (1917–2013), [**HIS, RF**], Undeutsch studierte in Jena und promovierte am 19. Mai 1941 mit der Dissertation «Gestalttypologische Untersuchung des Versuchs zur Sinnerfüllung optischer Komplexe» zum Doktor der Naturwissenschaften (Dr. rer. nat.). Im gleichen Jahr legte er ergänzend die Diplomprüfung ab. Undeutsch war dann als Militärpsychologe tätig. 1946 hatte er eine Dozentur an der neugegründeten Universität Mainz, 1951 wurde er apl. Prof. für Ps. in Köln, ab 1963 dort Ordinarius. U. wurde bekannt durch seine verkehrspsychol. Untersuchungen (*Verkehrspsychologie*) und seine forensischen Gutachten (*Forensische Psychologie*). Viele Jahre lang trat er für die Nutzung des *Polygrafen* als Beweismittel ein. Zur Glaubwürdigkeit von Aussagen (*Aussagepsychologie*) stellte Undeutsch eine Reihe von Kriterien zus., die später von M. Steller (1989) als «Undeutsch-Hypothese» bezeichnet wurden. So nahm er u. a. an, dass erlebnisbegründete, wahre Aussagen unmittelbarer, farbiger, detailreicher und origineller als erfundene Aussagen sind. Undeutsch wurde mit dem Bundesverdienstkreuz und dem Orden Leopolds II. ausgezeichnet. Undeutsch 1992. H. E. Lück

Undeutsch-Hypothese, nach *Undeutsch, Udo, merkmalsorientierte Inhaltsanalyse*.

unerledigte Handlung [engl. *unfinished action*], *Zeigarnik-Effekt*.
Unfall, Hilfeleistung [engl. *assistance after accident*], *bystander effect*, *prosoziales Verhalten*.
Unfalldisposition (= U.) [engl. *accident disposition/proneness*], [**AO, PER**], Unfalldisponiertheit, im Sinn eines explikativen Konstrukts angenommene *Disposition*, die eine Person kennzeichnet, die mit erhöhter Wahrscheinlichkeit an Unfällen – im deskriptiven Sinn: aktiv/passiv – beteiligt ist. Dabei wird ein Zusammenwirken versch. Persönlichkeitsmerkmale im engeren Sinn (z. B. geringe Orientierung an überindividuellen Verhaltensnormen, erhöhte Ichbezogenheit, verringerte willensmäßige Verhaltenskontrolle, erhöhte psych. Gespanntheit) und/oder i. w. S. (tätigkeitsspezif. Leistungsschwächen) angenommen. Indiv. Verhalten am Unfallkriterium zu beurteilen, erscheint aber aufgrund der starken Zufallsabhängigkeit dieses Kriteriums problematisch; dementsprechend wäre es sinnvoller, den Begriff der Unfalldisposition durch einen Begriff der Gefährdungsdisposition zu ersetzen, bei dem der verhaltensspezifische Unfall eingeschlossen, der zufallsbedingte, nicht verhaltensspezifische Unfall jedoch ausgeschlossen ist. *Unfallforschung*. Cattell et al. 1970, Hoyos 1980, Klebelsberg 1982. *D. Klebelsberg*

Unfäller [engl. *accident-prone person*], [**AO**], Kennzeichnung einer Person durch eine erhöhte Anzahl von Unfällen innerhalb eines best. Zeitraumes. Der Ausdruck geht auf Marbe (1926) zurück und wird von diesem Autor auch nach sog. «Einsern» und «Mehrern» differenziert und den sog. «Nullern» gegenübergestellt (ein Unfall bzw. mehrere Unfälle bzw. kein Unfall innerhalb von fünf Jahren). Der Ausdruck differenziert jedoch nicht nach der tatsächlichen Unfallhäufigkeit einer Person und dem indiv. Grad ihrer psych. *Unfalldisposition*. Aufgrund der starken Zufallsabhängigkeit von Unfallereignissen eignet sich der Begriff des Unfällers i. d. S. nicht zur Kennzeichnung von Individuen hinsichtlich ihrer psych. Unfalldisposition. *Unfallforschung*. *D. Klebelsberg*

Unfallforschung (= U.) [engl. *accident research*], [**AO, GES**], bezieht sich in der angewandten Forschung im Wesentlichen auf den Umgang mit technischen Systemen der Arbeitswelt (*Arbeitssicherheit*) oder des Straßenverkehrs (*Verkehrspsychologie, menschliches Versagen*). Mit größerer Verbreitung von motorisierten Fahrzeugen (ca. ab 1920) verstärkte sich in Dt. das öffentliche Interesse an U. Die Ps. gehörte mit zu den Disziplinen, die sich schon früh mit U. befassten. Im Vordergrund stand oftmals die Suche nach *Unfällern* und deren Charakteristika. Bis in die 1970er-Jahre hinein wurde die Unfällertheorie immer wieder behandelt. Nach dem heutigen Stand darf die Unfällertheorie als quant. Übertreibung eines lediglich in einer Minderheit (geschätzt auf 1 % der Population) vorkommenden und einer lebensphasenabhängigen Erscheinung gesehen werden. Konkurrierend zu dem Unfäller-Ansatz wurden ergonomisch und päd. orientierte Paradigmen entwickelt, die mehr einen systemischen Ansatz der Interdependenz von Person und Umfeld verfolgten. Exemplarisch sei hier die Theorie der *Risiko-Homöostase* von Wilde (1994) erwähnt. Um die Arbeit von Unfallfachleuten entwickelten sich im Verlauf von Jahrzehnten weltweit versch. Institute (Echterhoff 1991). Probleme der U. sind z. B.: Exp. Studien mit Unfällen sind nicht möglich; Unfälle als poissonverteilte Ereignisse benötigen spez. inferenzstat. Verfahren; aus Unfalldaten lassen sich nur unzuverlässige Aussagen über Problemlösungen ableiten. Als generelle Erfolge der U. können z. B. gelten: Verminderung des Einflusses naiver und tendenziöser Unfallerklärungen; Entwicklung von Konzepten für technische Systeme unter verbesserter Berücksichtigung der Nutzer; Verbesserung der Ausbildung von Nutzern. Wilde 1992. *W. Echterhoff*

Unfallnachsorge (= U.) [engl. *after/post accident care*], [**GES, KLI**], Teil eines psychol. Unfallmanagements von der *Prävention* bis zur Rückkehr in den privaten und beruflichen Alltag. Nach Extremerlebnissen (*Extremerlebnis*, z. B. Unfall, Überfall, Katastrophe) können eine akute Belastungsreaktion (F43.0 nach ICD-10) und danach eine *Posttraumatische Belastungsstörung (PTBS)* (F43.1 nach ICD-10) auftreten. Symptome sind u. a.: Intrusionen (Wiederleben des Ereignisses), Angst- und *Panikattacken*, *Schlafstörungen* (mit Albträumen), *Depression*, Hypervigilanz, *Somatisierungsstörung*. U. besteht v. a. in der psychol. Ersthilfe (*Erste Hilfe, psychologische*) und in einer spezif. psychoth. Behandlung. Das Ziel der U. ist die Rückkehr des Pat. in den privaten und beruflichen Alltag. Echterhoff 2009, Lassogga & Gasch 2011. *W. Echterhoff*

unfolding (= u.) [engl.] Entfaltung, syn. *Entfaltungstechnik*, [**EM, KOG**], ein Modell für Präferenzurteile, das postuliert, dass versch. Personen die Objekte, die zur Wahl oder zur Bewertung anstehen, alle gleich wahrnehmen (d. h. alle im gleichen psychol. Raum an den gleichen Orten platzieren), sich aber durch die Positionen ihrer «Idealpunkte» unterscheiden. Der Idealpunkt einer Person ist der Ort max. Präferenz: Je näher ein Objekt am Idealpunkt liegt, desto größer ist sein subj. Wert. Eine u.-Analyse verwendet als Daten Präferenzrangreihen versch. Personen und sucht nach dem kleinstmöglichen Raum, in dem die Distanzen zw. den Objektpunkten und den Idealpunkten die Präferenzränge akzeptabel gut repräsentieren. Die Dimensionen des Raums werden dann interpretiert als die den Präferenzurteilen zugrunde liegenden psychol. Attribute der Objekte. Coombs 1965, Borg & Groenen 2005. *I. Borg*

unfreezing [engl.] Auftauen, [**SOZ**], nach K. Lewin (1947b) *Auftauen* (zur Änderung von sozialen Gewohnheiten). *Organisationsentwicklung*.

Ungerechtigkeitssensibilität (= U.) [engl. *sensitivity for injustice*], [**SOZ**]. Seit Mitte der 1990er-Jahre werden in der Differentiellen Ps. zunehmend Persönlichkeitsunterschiede im Erleben von und im Umgang mit Ungerechtigkeit (*Gerechtigkeit*) beforscht. Das Konstrukt der U. spiegelt diese dispositionellen (*Disposition*) Unterschiede wider: Danach unterscheiden sich Menschen systematisch darin, wie leicht sie Ungerechtigkeit wahrnehmen und wie stark sie darauf reagieren (Schmitt et al. 2009). Diese Unterschiede sind zeitlich stabil und lassen sich über versch. ungerechte Situationen hinweg generalisieren. Die Ungerechtigkeit kann dabei aus vier Perspektiven wahrgenommen werden: aus der *Opfer-*, der *Beobachter-*, der *Nutznießer-* und der *Täterperspektive*. Personen können selbst Opfer von Ungerechtigkeit oder Zeuge einer ungerechten Tat werden. Sie können auch passiv von einer Ungerechtigkeit profitieren oder eine ungerechte Tat selbst begehen. Die vier Facetten des U.-Konstrukts lassen sich empirisch ausreichend voneinander trennen (z. B. Schmitt et al. 2010): Nutznießer- und Tätersensibilität weisen dabei den höchsten Anteil gemeinsamer *Varianz* auf; die Opfersensibilität ist am niedrigsten mit den anderen U.-Facetten korreliert (*Korrelation*). Eine Person kann demzufolge Unterschiede hinsichtlich ihrer U. aus Opfer-, der Beobachter-, der Nutznießer- und der Täterperspektive zeigen. Schmitt et al. (2010) legten eine erste Skala zur Messung der vier Facetten der U. vor. Die vier Perspektiven leisten einen substanziellen Beitrag zur Erklärung versch. sozialer Phänomene, z. B. *politische Partizipation*, *Altruismus*, *Zivilcourage* und solidarisches Verhalten (*Solidarität*). Darüber hinaus steht die U. in Zusammenhang mit Phänomenen des *Erlebens* und *Verhaltens* in der Arbeitswelt, z. B. Loyalität gegenüber dem Arbeitgeber oder Racheintentionen infolge von Kündigung des Arbeitsplatzes. *C. Beierlein/S. Preiser*

Ungeselligkeit *Geselligkeit.*

Ungewissheit (= U.) [engl. *uncertainty*], [**KOG**], subj. das Nichtwissen über einen Sachverhalt, obj. eine Wahrscheinlichkeit $p < 1$ für das Eintreten eines Ereignisses oder einer Ereignisalternative. Die reziproke Wahrscheinlichkeit $1/p$, eine Zahl im Bereich $[+1; +\infty]$, ist ein monoton steigendes Maß für die U. Die *Informationstheorie* bezeichnet den dualen Logarithmus daraus als (partiellen) Informationsgehalt eines Ereignisses.

unilateral [engl. *unilateral*; lat. *unus* einer *latus* Seite], einseitig, *Lateralität*.

unimodal [engl. *unimodal*; lat. *unus* einer, *modus* Art und Weise], [**FSE**], eingipflig (bei einer *Häufigkeitsverteilung*). *bimodal*.

unimodel of persuasion (= U.) [engl.] Unimodell der Überzeugung; [lat. *unus* einer, *persuadere* überzeugen], [**KOG, SOZ**], das von Kruglanski und Kollegen entwickelte U. wurde ursprünglich als Kritik an *Zweiprozessmodellen der Persuasion* formuliert. Das U. stellt der Dichotomisierung dieser Modelle die Vorstellung entgegen, dass sowohl Kapazität als auch *Motivation* zur Verarbeitung persuasiver *Kommunikation* als kontinuierliche Variablen (Parameter) zu begreifen sind. Ebenso wird bezweifelt, dass periphere Information (z. B. Hinweise auf mögliche *Heuristiken*) immer niedrigen und zentrale Information (z. B. die präsentierten Argumente) immer hohen Verarbeitungsaufwand erfordert. Empirisch ließ sich dazu etwa zeigen, dass unter geringem Aufwand einfache Information und nur unter hohem Aufwand komplexe Information Einstellungsurteile bestimmen und zwar unabhängig davon, ob es sich um «Hinweisreize» oder inhaltliche Argumente handelt. In seiner neueren Entwicklung beansprucht das U. den Status eines generellen Modells zur Erklärung menschlicher Urteilsbildung (*Urteilsbildung, Dimensionen*). Die Urteilsbildung folgt einem quasi-syllogistischen Schluss (*Schließen, logisches*), bei dem vorhandene Evidenz auf der Grundlage einer allg. Regel folgerichtig zu einem Urteil führt. Glaubt z. B. eine Person (fälschlicherweise), alle Museumsarchivare seien schüchtern (Regel), dann führt die Evidenz, dass die Zielperson X Museumsarchivarin ist, zum Urteil, dass X schüchtern ist. Glaubt die Person nicht an die Regel, hat die Evidenz keine Relevanz für das Urteil über die Schüchternheit der Zielperson. Neben dem Verarbeitungsaufwand werden im U. insbes. *Motive*, ein vorab schon festgelegtes Urteil zu erreichen (z. B. eine pos. Einschätzung der eigenen Person), und die subj. eingeschätzte Relevanz von Information (Glaube an das Zutreffen der anzuwendenden Regel) als kontinuierliche Parameter definiert. Das U. beansprucht nicht nur die Integration von als qual. unterschiedlich definierten Urteilsprozessen (z. B. *peripher* versus *zentral* wie im *Elaborations-Wahrscheinlichkeits-Modell*), sondern auch unterschiedlicher Inhaltsbereiche menschlicher Urteilsbildung (z. B. *Attribuierung*), Anwendung von Heuristiken, Personenwahrnehmung). Erb et al. 2003, Kruglanski et al. 2007. *H.-P. Erb*

uniqueness (= u.) [engl.] Einzigartigkeit, [**FSE**], zerlegt man die Varianz einer Variablen im Anschluss an eine *Faktorenanalyse* (*Varianzzerlegung*) in versch. Komponenten, so lassen sich folg. Teile unterscheiden: gemeinsame, durch die Faktorenanalyse extrahierte systematische *Varianz* (= h^2, *Kommunalität*), spezif. (= systematische) durch die Faktorenanalyse nicht aufgeklärte Varianz (= s^2) und unsystematische Fehlervarianz (= e^2). Als u. wird die spezifische Varianz plus Fehlervarianz bezeichnet: $u = s^2 + e^2 = 1 - h^2$. Eid et al. 2013. *G. Lüer*

unit nonresponse [engl. *unit* Einheit, *nonresponse* Nichtbeantwortung], *Längsschnittuntersuchung*.

univariates Zwillingsmodell [engl. *univariate twin model*; lat. *unus* einer, *variare* (ver)ändern], [**PER**], Abschätzung von genetischen (*Genetik*) und Umwelteinflüssen auf ein Merkmal durch Vergleich der Ähnlichkeiten eineiiger und zweieiiger Zwillinge *multivariate genetische Analysen*, *Anlage-Umwelt*.

univariate Versuchspläne [engl. *univariate designs*; lat. *unus* einer, *variare* (ver)ändern], [**FSE**], Versuchspläne (*Forschungsdesign, Versuchsplan*), in denen eine *abhängige Variable* gemessen und hinsichtlich der variierten Stufen einer *unabhängigen Variable* auf Unterschiede oder Gemeinsamkeiten überprüft wird. *G. Lüer*

Universalhypothese des mimischen Ausdrucks (= U.) [engl. *universal hypothesis of facial expressions*; gr. μιμική (*mimike*) Gesichtsausdruck], [**EM, SOZ**], nach dieser Hypothese soll eine Reihe von Gesichtsbewegungen existieren, die als Ausdruck der *Basisemotionen* gelten und in denen von allen Menschen auch die zugehörigen Emotionen erkannt werden. Die empirische Überprüfung der U. steht im Zentrum der Diskussion um die evolutionsbiol. Verankerung der *Emotionen* – insbes. des mimischen Ausdrucks (*Mimik*) der Basisemotionen – beim Menschen. Ekman (1994) weist in seiner neuro-kult. Theorie der Emotionen darauf hin, dass die U. nicht dahingehend missverstanden werden darf, dass es sich um 100 % Erkennensraten der Gesichtsmuster handelt, sondern er räumt ein, dass Ausdruck und Erkennen von Emotionen durch kulturelle Lernprozesse (*display rules*, *feeling rules*) veränderbar sind. Darwin formulierte diese Hypothese folgendermaßen: «Fünftens schien es mir von großer Bedeutung zu sein, zu ermitteln, ob dieselben Weisen des Ausdrucks, dieselben Gebärden bei allen Menschenrassen, besonders bei denjenigen, welche nur wenig mit Europäern in Berührung gekommen sind, vorkommen, wie so oft, ohne viele Belege zu geben, behauptet worden ist» (Darwin 1998, S.23). Die Gültigkeit der U. ist Gegenstand wiss. Diskussionen, die zugespitzt aus z. T. kontroversen Perspektiven in mehreren Artikeln des *Psychological Bulletin* 1994 erschienen sind. Russell 1994. *J. Merten*

Universalien, universelle Grammatik (= U.) [engl. *universals*, *universal grammar*; lat. *universalis* allgemein], [**EW, KOG**], in der *Grammatik* versteht man unter U. einerseits Eigenschaften, die allen natürlichen Sprachen gemeinsam sind (= substanzielle U.; hierzu werden in erster Linie die distinktiven Schallmerkmale gezählt; *distinctive feature*), andererseits auch das Inventar von Grundbegriffen, das ein Grammatiker bei der Beschreibung jeder beliebigen natürlichen Sprache erfolgreich anwenden kann (= formale U.; hier werden häufig die wesentlichen Begriffe der *generativen Transformationsgrammatik* (z. B. *Oberflächenstruktur*, *Tiefenstruktur*, *Transformation*) genannt. Chomsky (1965) postuliert eine vor dem Erlernen jeder Einzelsprache vorhandene und dazu unbedingt erforderliche angeborene universelle Grammatik, die nur diese in der Lage sei, den allen Einzelsprachen gemeinsamen «kreativen» Aspekt der Sprache zu erfassen, und nur so der sprachlichen *Kompetenz* des Sprechers/Hörers voll Rechnung getragen werden könne. *Sprachentwicklung*.

Universalienproblem [engl. *problem of universals*; lat. *universalis* allgemein], *Ontologie*.

Universalismus [engl. *universalism*; lat. *universalis* allgemein], *Ontologie*.

unkonditionierte Reaktion (= UR) [engl. *unconditioned response*; lat. *condicio* Bedingung], [**KOG**], die u. R. bezeichnet in den Lernparadigmen *klassischer Konditionierung* und *evaluativer Konditionierung* die Reaktion, die durch die Konfrontation des Organismus mit dem *unkonditionierten Stimulus* hervorgerufen wird. Prototypische Bsp. der UR klassischer Konditionierungsstudien sind der Lidschluss als Folge eines Luftstoßes oder die Veränderung der Hautleitfähigkeit als Folge eines Elektroschocks. Die UR evaluativer Konditionierung ist die beobachtbare affektive Reaktion gegenüber dem unkonditionierten Stimulus. *bedingter Reflex*. *G. Halbeisen*

unkonditionierter Stimulus (= u. S.) [engl. *unconditioned stimulus*; lat. *condicio* Bedingung, *stimulus* Antrieb, Reiz], [**KOG**], ein u. S. bezeichnet in den Lernparadigmen *klassischer Konditionierung* und *evaluativer Konditionierung* einen Reiz, gegenüber dem das Individuum bereits vor der Konditionierungsprozedur eine Reaktion zeigt. *unkonditionierte Reaktion*, *bedingter Reflex*. *G. Halbeisen*

unkontrollierte Auswahl (= u.) [engl. *selection bias*], [**FSE**], programmexterner Störfaktor bei Evaluationsstudien (*interne Validität, Bedrohungen für die*; *Evaluation*). U. liegt vor, wenn die Vergleichsgruppen nicht *repräsentativ* für die Zielpopulation sind. Rossi & Freeman 1999.

unmittelbares Behalten (= u. B.) [engl. *immediate memory*], [**KOG**], die kurzzeitige Speicherung von Gedächtnisinhalten. Das u. B. scheint von anderen Gedächtnisleistungen weitgehend unabhängig zu sein. *Gedächtnis* (Merkfähigkeit).

unscharfer Begriff [engl. *fuzzy concept*], [**KOG**], von Zadeh 1965 eingeführte Bez. für Begriffe (*Begriff*), bei denen die ihren Inhalt bestimmenden Merkmale den zugehörigen Objekten nur in versch. Grade zukommen. Die Objekte haben nicht äquivalente Merkmale. Klix 1971, 1976.

Unsicherheit pädagogischen Handelns (U.) [engl. *pedagogic of uncertainty*], [**PÄD**], die U. zeigt sich in seiner Struktur (Kiel & Pollak 2011; Shulman 1991): Der Zusammenhang zw. *Absichten*, päd. Handlungen und Wirkungen ist weder deterministisch, noch ist er kontingent. Der Lehrberuf ist somit technisch weniger leicht funktionalisierbar. Es gibt keine fixen Input-Output-Relationen, päd. Handeln hat keine Erfolgsgarantie. Doyle (1986) charakterisiert die Komplexität des Lehrberufs durch die Aspekte *Mehrdimensionalität*, *Simultaneität*, *Unmittelbarkeit*, *Öffentlichkeit* und *Geschichtlichkeit*: Jedes Phänomen und jede *Handlung* sind in jedem Moment diesen Aspekten unterworfen. Diese Merkmale verweisen auf eine geringe Beherrschbarkeit des Unterrichtsgeschehens und die große Unsicherheit der Unterrichtstätigkeit (*Unterricht*). Trotz der Festsetzung vieler Faktoren (*Lehrplan*, Lehrmittel, Klassengröße usw.) kann eine Vielzahl von Aspekten nicht fixiert werden. Die geringe Planbarkeit führt zu Handlungsstörungen und verlangt von der Lehrperson die Fähigkeit zu spontaner Reaktion und zu situativen Entscheidungen (*Entscheiden*). Eine, wenn nicht die Kernkompetenz päd. Professionalität (*Lehrerprofessionalisierung*) liegt in der Fähigkeit, in der strukturell gegebenen U. in *Möglichkeitsräumen* rational zu handeln. Dieser Möglichkeitsraum zeigt sich im Großen, etwa bei der Wahl zw. Themen für lehrplanbezogenen Projektunterricht, aber auch im Kleinen, etwa in der Wahl des Schülers, der für eine mündliche Leistungsfeststellung an die Tafel gerufen wird. Aus dieser Art der unsicheren Verknüpfung folgt zwingend, dass auf der Seite der Adressaten päd. Handelns immer auch andere Wirkungen möglich sein würden und können. *S. Weis*

Unsicherheitsintervall [engl. *uncertainty interval*; lat. *intervallum* Abstand (zwischen zwei Grenzpfählen)], *psychophysische Methoden*.

unskalierbare Personen (= u. P.) [engl. *unscalable Persons*; lat. *scala* Treppe], [**DIA**], Personen, deren Antwortverhalten auf einer Gruppe von Testitems durch ein für andere geltendes psychometrisches Modell (*Psychometrie*) nicht adäquat beschrieben werden kann. Bei der Entwicklung von Testinstrumenten und Fragebogen werden typischerweise die Items eliminiert, die schlechte Kennwerte haben, während die Selektion von P. auf Vorbehalte stößt (*Testkonstruktion*). Die P. sind die «Datengeber», deren Erleben und Verhalten es zu modellieren gilt; die Selektion unpassender P. ist aus dieser Sicht eine unzulässige Datenmanipulation. Unter dem Stichwort *appropriateness measurement* und *aberrant response patterns*, wurden versch. Maße entwickelt, die das Ausmaß der Modellkonformität einzelner Personen ausdrücken. Der *Q-index* basiert auf der Wahrscheinlichkeit eines Antwortmusters (*response pattern*) und kann sowohl zur Bestimmung der Modellanpassung einzelner Items als auch einzelner Personen dienen. Personen mit einem hohen Abweichungswert werden als unskalierbar bez., ihre Selektion ist aber auch nicht unproblematisch, da in probabilistischen Modellen jedes Antwortmuster eine Auftretenswahrscheinlichkeit besitzt. Sofern man mit einer größeren Menge u. P. rechnet, ist die Berücksichtigung einer Klasse u. P. mithilfe eines Mischverteilungsmodells möglich (z. B. *Mixed-Rasch-Modell*, *Latente Klassenanalyse*). Der Vorteil liegt darin, dass die Größe der Klasse u. P. geschätzt wird, also nicht willkürlich festgelegt werden muss, und anhand der Modellparameter auch identifiziert werden kann, warum diese P. u. sind. *Skalierung, Methoden der*, *Skalierung, testtheoretisches Gütekriterium*. Ponocny & Klauer 2002. *J. Rost*

Unterbewusstes (= U.) [engl. *subconscious*], [**EM, KLI, KOG**], der dem *Unbewussten* nahestehende (oder mit ihm identische) Begriff des U. wird seit dem 18. Jhd. gebraucht, um eine kausale Erklärung für Erscheinungen zu bieten, die innerhalb des *Bewusstseins* nicht ohne Weiteres erklärt werden können. Es wird angenommen, dass psych. Inhalte untertauchen, der Träger keine Kenntnis mehr davon hat, die Inhalte jedoch latent bleiben und teils wieder auftauchen, teils bestimmende Einflüsse auf das Bewusstsein ausüben. *Komplex*, *Tiefenpsychologie*, *Psychoanalyse*.

unterbrochene Handlung [engl. *interrupted task*], *Wiederaufnahme von unterbrochenen Handlungen*.

Unterhaltung (= U.) [engl. *entertainment*], [**EM, MD**], U. wird als ein pos. Grundgefühl verstanden, das entsteht, während Menschen Medien nutzen. Dieses Grundgefühl entsteht, wenn persönliche Faktoren (z. B. *Motive*, Genrepräferenzen etc.), situative Gegebenheiten (z. B. allein oder in *Gruppe*, Medientechnik) und die Art des Medienangebots zus.passen. Die meisten Ansätze zur U. sehen den Menschen als ein tendenziell hedonistisches Wesen, das Medienangebote nutzt, das sich auf eine sichere und unaufwändige Weise durch Mediennutzung in eine pos. *Stimmung* versetzt, um sich zu entspannen und den Anforderungen des Alltagslebens zu entfliehen (*Eskapismus*). Zu den Mechanismen, die dabei zum Tragen kommen, liegen unterschiedliche Ansätze vor.
Die einfachsten Erklärungen argumentieren mit der Fähigkeit der Medien *Emotionen* zu erregen. Medien versetzen Menschen in Erregungszustände, die vor dem Hintergrund der Rezeptionssituation und insbes. des Medieninhalts bewertet und als Emotionen wahrgenommen werden (*appraisal*). So können entspr. Medienangebot pos. Emotionen wie *Freude*, Zuneigung, Stolz etc. anregen, die das pos. U.gefühl ausmachen. Allerdings sind viele mediale U.angebote eher mit Unsicherheit und neg. Emotionen verbunden. Dann lässt sich über Erregungstransfer (*excitation transfer*) argumentieren, dass zumindest ein Teil der mit den neg., medieninduzierten Emotionen verbundenen Erregung nach Ende der Medienrezeption (*Rezeption*) noch vorhanden ist und dann aufgrund der Situation und der weggefallenen neg. Konnotation durch das Medienangebote als pos. *Gefühl* wahrgenommen wird. Ähnlich argumentiert die *Affective-Disposition-Theorie*. Sie sieht das Hoffen für Medienfiguren, die den Nutzern sympathisch sind, als einen Weg zum pos. U.gefühl, insbes. wenn die Hoffnung durch den Medieninhalt bestärkt wird. Sie umfasst aber auch neg. Konstellationen, solange diese den oder die Gegenspieler der sympathischen Medienfiguren betreffen. Andere Ansätze zielen direkt auf die durch Medienangebote erzeugten neg. Emotionen wie *Trauer*, *Angst*, Ekel etc. Diese konstatieren, dass während der Medienrezeption die neg. Emotionen entstehen, diese aber als positive Meta-Emotion wahrgenommen werden (*meta appraisal*), weil die Rezeptionssituation selbst keine Bedrohung oder Gefahr mit sich bringt und die Bewältigung der neg. Inhalte und Emotionen während der Rezeption als Zugewinn bzw. Selbstbestätigung erfahren wird.
Akt. Ansätze vermuten zwei grundlegende Prozesse, die das U.erleben bestimmen. Der erste Prozess zielt auf die Erfüllung hedonistischer *Bedürfnisse* durch den Medienkonsum, also auf das (oben beschriebene) Entstehen pos. Gefühle während der Medienrezeption. Der zweite Prozess dient intrinsischen Motiven. Durch Medienangebote können die grundlegenden Bedürfnisse der Selbstverwirklichung nach sozialem Anschluss, *Kompetenz* und Unabhängigkeit (*Self Determination Theory*) einfach befriedigt werden bzw. die Rezeption von Medienangebote kann den Sinn und die Bedeutung des Lebens verdeutlichen (*Eudaimonia*), auch wenn während der Rezeption dabei neg. Emotionen entstehen. Dabei setzten die meisten Medienangebote schwerpunktmäßig auf einen der beiden Prozesse (*Pleasure versus Meaningful Entertainment*). Nicht zuletzt deshalb wird U. oft als Beschreibung des Medienangebots statt als Beschreibung der Medienrezeption betrachtet. Reinecke & Trepte 2012, Wirth et al. 2006. *V. Gehrau*

Unterkontrollierter Typ (= U.) [engl. *undercontroller*], [**EW, PER**], Persönlichkeitstyp (*Persönlichkeit, Typologien*) in der auf J. H. Block und J. Block (1980) zurückgehenden Persönlichkeitstypologie im Kindes- und Erwachsenenalter, die auf den Dimensionen *Ego-Control* und *Ego-Resiliency* beruht. Der U. ist gekennzeichnet durch *Externalisierungsprobleme*. Der U. wird regelmäßig in Persönlichkeits-Typologien auf Grundlage von stat. Klassifikationsverfahren gefunden (*Clusteranalyse*, *latente Klassenanalyse*). Meeus et al. 2011.

Unternehmensgründung (= U.) [engl. *foundation of an enterprise, start-up*], [**AO, WIR**], ist ein Vorgang, der ps. als Spezialfall einer Einstellungsverhaltensrelation betrachtet und mit der *Theorie des geplanten Verhaltens* beschrieben und erklärt werden kann. Der Theorie zufolge hängt die Stärke von Absichten, ein Unternehmen zu gründen, von drei Faktoren ab: (1) der *Einstellung* einer U. gegenüber, (2) dem mit einer U. einhergehenden normativen Druck des soz. Umfelds und (3) der wahrgenommenen Kontrollierbarkeit von Verhaltensweisen, die zur

U. erforderlich erscheinen. Die *Einstellung* resultiert aus Erwartungen und Bewertungen möglicher Konsequenzen einer U. Erwartungen können sich auf finanzielle Aspekte, Aufgabenanforderungen oder berufsbezogene Bedürfnisse und Ambitionen beziehen. Von der Einschätzung solcher Konsequenzen hängen Stärke und Richtung der Einstellung ab. *Normativer Druck des sozialen Umfelds* kann pos. oder neg. Auswirkungen haben. Er setzt sich zus. aus der Einschätzung, ob und auf welche Weise relevante Bezugspersonen eine U. begrüßen oder ablehnen würden, und der Motivation, den vermuteten Reaktionen relevanter Bezugspersonen gemäß handeln zu wollen. Die *wahrgenommene Verhaltenskontrolle* wirkt sich sowohl intentional als auch aktional aus. Sie ist konzeptuell mit *Selbstwirksamkeitserwartung* [engl. *self-efficacy*] verwandt, die im gegebenen Zusammenhang auf der Stärke von Überzeugungen beruht, ob und wie gut eine U. mit eigenen Fähigkeiten, Kompetenzen und Handlungsmöglichkeiten bewältigt werden kann. Empirisch lässt sich belegen, dass die drei Faktoren der *Theorie geplanten Verhaltens* sowohl signifikante Prädiktoren für die Absichten einer U. bei Studierenden als auch für Absichten und Realisierungen einer U. bei bereits erwerbstätigen Personen sind. Kautonen et al. 2013, Engle et al. 2010. *G. F. Müller*

Unternehmenskultur [engl. *business/corprorate culture*], *Organisationskultur*.

Unternehmensmarkenstrategien *Markenarchitektur*.

Unternehmensstrategien [engl. *business/corporate strategy*], **[AO, WIR]**, sind die Mittel, die zur Erreichung der langfristigen *Unternehmensvisionen* oder grundlegender Entwicklungsziele des Unternehmens führen sollen. Sie beschreiben, wie Ziele erfolgreich erreicht werden können. Sie werden in der strategischen Planung des gesamten Unternehmens mit allen Bereichen etwa für den Zeitraum der nächsten fünf bis zehn Jahre systematisch erarbeitet und schriftlich dokumentiert. Die Leitung der *Organisation* sollte ehrgeizige Zielwerte vorgeben, z. B. Verdopplung der Rendite des investierten Kapitals oder eine Umsatzsteigerung um 150 % in den nächsten fünf Jahren (Kaplan & Norton 1996, 13). Im Ideal sollen mit diesen Zielen zugleich auch die Erwartungen der Kunden erreicht oder übertroffen werden. Die Zielvorgaben müssen von den jew. verantwortlichen Führungskräften auf die Arbeitsbereiche «heruntergebrochen», d. h. auf die internen Arbeitsprozesse übertragen und für die Mitarbeiter konkretisiert werden. Zu den strategischen Zielen werden konkrete operative Ziele in Form von quant. Messwerten/Kennziffern angegeben, die erreicht werden sollen. Die Ziele sollen im gesamten Unternehmen kommuniziert werden. Allen Mitarbeitern soll klar werden, dass die Ziele nur durch gemeinsame Anstrengung erreicht werden können und welchen Beitrag sie zur Zielerreichung leisten sollen. Nach modernen Unternehmenskonzepten (*Balanced Scorecards*) dienen diese Ziele als Sollwerte für die Führung des gesamten Unternehmens und *Zielvereinbarungsgespräche* mit den Mitarbeitern aller Arbeitsbereiche. Werden Sollwerte nicht erreicht, sind Maßnahmen zur Verbesserung der Zielerreichung erforderlich. *Qualitätsmangement*, *Qualitätssicherung*. *S. Greif*

Unternehmensvisionen [engl. *corporate vision*; lat. *videre* sehen], **[AO, WIR]**, sind allg. Richtungsweisungen für Unternehmen. In den *Visionen* werden Vorstellungen über die gewünschte zukünftige Entwicklung des Unternehmens formuliert, die deutlich über bisher erreichte Entwicklungsziele hinausweisen. So könnte ein Unternehmen, das in seinem Marktanteil bisher nur den dritten Platz einnimmt und in der Kundenzufriedenheit nur befriedigende Werte erreicht, als Vision formulieren: «Wir wollen durch ständige grundlegende Verbesserungen unserer Dienstleistungen die Besten in der Kundenzufriedenheit und Marktführer werden!» Nach modernen Unternehmenskonzepten (*Balanced Scorecards*) dienen solche, mitunter noch sehr allg. formulierten Visionen als Ausgangspunkt für die Formulierung erfolgversprechender strategischer Zielsetzungen und konkreter operativer Ziele (*Unternehmensstrategien*) für die Unternehmensführung und *Zielvereinbarungsgespräche* mit den Mitarbeitern. *Qualitätskultur*, *Qualitätssicherung*. *S. Greif*

unternehmerische Persönlichkeit *Persönlichkeit, unternehmerische*.

Unterricht (= U.) [engl. *instruction*], **[PÄD]**, jede zwischen minde. zwei Personen stattfindende, eigens dem Zweck des Lehrens und Lernens (*Lernen, schulisches*, *Lehren*) dienende, im Voraus geplante, in ihren Zielen, Inhalten und Verfahren von der Gesellschaft oder Einzelnen ihrer Gruppen beeinflusste und in zunehmendem Maße an Institutionen gebundene Veranstaltung (Schulz 1973). Die vom Lehrenden beabsichtigte Förderung der Lernenden wird dabei weniger im Bereich des emot. und soz. Erlebens und Verhaltens liegend gesehen – wofür eher der Begriff der *Erziehung* gebraucht wird – als vielmehr im Bereich kogn. Funktionen, der Enkodierung und Speicherung von Informationen (Wissen) sowie im Bereich motorischer Funktionen (Roth 1969a); eine Abgrenzung, der allerdings nur ein relativer Wert zukommt, den schon Herbart betonte, dass jeder U. immer auch erzieherische Wirkung habe. Grundsätzlich kann U. in best. Komponenten oder Strukturmomente zerlegt gedacht werden (anthropogene Voraussetzungen, Intentionalität, Methodik, Medienwahl, sozialkult. Voraussetzungen), die wiederum jew. versch. Varianten umfassen (Schulz 1973); analog können die im U. ablaufenden zw.menschlichen Prozesse nach best. Dimensionen analysiert werden. Alle diese ausgrenzbaren Momente bzw. Dimensionen stehen jedoch im konkreten unterrichtlichen Vollzug in einem komplexen Bedingungs- und Wirkgefüge und werden überdies in hohem Maße von situativen Faktoren beeinflusst, sodass jeder U. stets einen mehr oder weniger gewichtigen nicht planbaren Aspekt enthält, der nur durch Spontaneität und Intuition abzudecken ist (Döring 1972) und der Rede von der «Kunst des Unterrichtens» eine gewisse Berechtigung verleiht. Hierin liegen sowohl die Grenzen der Lernbarkeit des Unterrichtens und damit die besonderen Aufgaben der Lehrerausbildung als auch die Problemstellungen der *Unterrichtsforschung* und *Unterrichtstheorie*. *Instruktion*.

Unterrichtsanalyse [engl. *analysis of instruction*; gr. ἀνάλυσις (analysis) Auflösung], **[PÄD]**, das Vorgehen, die

Komplexität/Ganzheitlichkeit von Unterricht nicht nur situativ-punktuell (anhand sog. «Momentaufnahmen»), sondern auch und gerade hinsichtlich seiner Verlaufsstruktur und Intentionalität nach den wesentlichsten Bestimmungsfaktoren gegliedert zu beschreiben, sodass daraus sowohl Aussagen zu den Auswirkungen best. Unterrichtsarten (und ihrer -methoden, -inhalte, -medien) auf die Schüler als auch Einsichten für eine verbesserte Unterrichtspraxis und Lehrerausbildung gewonnen werden können. *Bildungsforschung, Didaktik, Lehren, Unterricht, Unterrichtsforschung, Unterrichtstheorie.*

Unterrichtsdiagnostik (= U.) [engl. *diagnosis of instruction*], [**DIA, PÄD**], U. ist die systematische Erfassung ausgewählter Merkmale der *Unterrichtsqualität* (bspw. *Klassenführung*, Klarheit und Strukturiertheit oder lernförderliches Klima) mithilfe wiss. fundierter Instrumente und Methoden. I. Ggs. zu einer anspruchslosen Ad-hoc-Erfassung des Unterrichts spricht man von U., wenn die Kriterien theoretisch fundiert sind, dem Forschungsstand zur Lernwirksamkeit des Unterrichts entsprechen sowie best. sprachliche und edumetrische Gütekriterien erfüllen. Verfahren der U. lassen sich danach unterscheiden, ob sie (1) quant. Art sind (wie z. B. das Diagnosewerkzeug EMU; [www.unterrichtsdiagnostik.info] oder die Unterrichtsbeobachtungsbogen vieler Qualitätsagenturen) oder qual. Charakter haben, d. h., dass keine numerischen Daten anfallen, sondern Texte, bspw. i. R. eines leitfragengestützten qual. Interviews (*qualitative (Leitfaden-)Interviews*), (2) ob die diagn. Information von der unterrichtenden Lehrperson, von externen Beobachtern oder von der Schulklasse stammt, (3) ob die Qualitätskriterien fach- und methodenübergreifend oder fachspezifischer Natur sind und (4) ob sich die U. auf eine konkrete Unterrichtsstunde bezieht oder ein kumulatives Urteil über einen längeren Zeitraum erfordert. Liegen Informationen aus allen drei Perspektiven vor oder basieren die Informationen auf unterschiedlichen Methoden, spricht man von *Triangulation*. Gegenstand der U. kann auch videografierter Unterricht sein (*virtuelle Hospitation*); in diesem Fall eröffnet sich die Chance einer datenbasierten Reflexion und eines Abgleichs versch. Sichtweisen auf den gleichen Unterricht im Team (Fachschaft, Kollegium, *Qualitätszirkel*). Helmke 2012, Helmke et al. 2012. *A. Helmke/G. Pham Hong*

Unterrichtseffektivität (= U.) [engl. *effectivity of instruction*; lat. *efficere* bewirken, zur Folge haben], [**PÄD**], bezieht sich auf den Wirkungsaspekt von *Unterrichtsqualität* und somit auf die Frage, wodurch sich erfolgreicher schulischer *Unterricht* kennzeichnen lässt. Wirkungen (oder Produkte) des Unterrichts sind Lernergebnisse, die sich durch best. Zielkriterien beschreiben lassen und im Unterricht mehr oder weniger explizit als Lehr- oder Lernziele (*Lernziel, Lehrziel*) angestrebt werden. Das in der *Unterrichtsforschung* am häufigsten herangezogene Zielkriterium sind fachliche Kompetenzen (*Kompetenz, Leistungen*) der Lernenden (meistens Schüler) am Ende einer Lernphase (z. B. Schuljahr) bzw. der Lern- bzw. Leistungszuwachs in diesem Zeitraum. Unterricht wird als effektiv angesehen, wenn er zu guten Leistungsergebnissen oder einem hohen Lernzuwachs bei den Lernenden führt. Daneben gibt es aber auch nicht kogn. Zielkriterien wie die Entwicklung von Schlüssel- oder Sozialkompetenzen (*soziale Kompetenzen, soft skills, cross-curricular competencies*) sowie erzieherische Wirkungen und Sozialisationseffekte (*Sozialisation, Sozialisierung*) der Schule wie z. B. Lernfreude, *Selbstvertrauen* oder die Verringerung von Ängstlichkeit. Durch welche (Prozess-)Merkmale sich ein effektiver Unterricht auszeichnet, wird i. R. des Prozess-Produkt-Ansatzes der Unterrichtsforschung untersucht. Ein wichtiges Thema ist außerdem die Vereinbarkeit versch. Zielkriterien, also die Frage, ob und unter welchen Umständen versch. als wünschenswert erachtete Zielkriterien gleichzeitig erreicht werden können oder ob best. Zielkriterien (z. B. ein hoher Leistungszuwachs) nur auf Kosten anderer (z. B. einer verringerten Lernfreude) erreicht werden können. Helmke 2012. *F.-W. Schrader/A. Helmke*

Unterrichtsevaluation [engl. *evaluation of instruction*], *Lehrevaluation, Unterrichtsqualität.*

Unterrichtsfluss (= U.) [engl. *flow of (classroom) instruction*], [**PÄD**], wird als Aufgabe der Lehrkraft verstanden, einen reibungslosen, schwungvollen, thematisch entschlossenen und konsequenten *Unterricht* zu halten. Die Bedeutung von U. fällt besonders dann im Klassenzimmer auf, wenn er fehlt. Die Relevanz von U. für einen störungsarmen Unterricht (*Unterrichtsstörungen*) wurde erstmalig von Kounin in dessen *Techniken der Klassenführung* (dt. Erstausgabe 1976, s. Kounin 2006) empirisch nachgewiesen (*Klassenführung, Klassenführung, effiziente*). Kounin identifizierte als Teil von U. Reibungslosigkeit (*smoothness*), Schwung (*momentum*) und die Vermeidung von Sprunghaftigkeit. U. kann hergestellt werden, indem unnötige Unterbrechungen, Hektik und Leerlauf durch *präventive* (Unterrichtsvorbereitung, Medienbereitstellung) und *reaktive* Maßnahmen (nonverbale Reaktion auf Fehlverhalten, Fokus auf Unterrichtsinhalte) der Lehrkraft vermieden werden. *Unterrichtsstörungen, Prävention von, Unterrichtsstörungen, Intervention bei.* *E. Gärtner*

Unterrichtsforschung (= U.) [engl. *research on teaching, research on instruction*], [**PÄD**], Gegenstand der U. sind Voraussetzungen, Prozesse und Ergebnisse schulischer *Bildung*. Die U. nimmt dabei das unterrichtliche Lehr-Lerngeschehen (*Unterricht, Lehr-Lern-Prozesse*) auf indiv. Ebene bzw. im Klassenverband empirisch in den Blick und grenzt sich somit von der *Bildungsforschung* ab, die auch außerschulische Bildungsprozesse (z. B. Elementarbereich (*Entwicklungsförderung, vorschulische*), Hochschule, Beruf) untersucht. Die U. hat eine lange Tradition in Dt. Zu Beginn des 20. Jhd. begründeten Meumann, Lay und Petersen die erfahrungswissenschaftliche U. In den Jahren nach 1945 wurden diese empirischen Ansätze zugunsten eines normativen, geisteswiss. Blicks auf Unterricht zunächst aufgegeben. In den 1970er-Jahren erfuhr auch die U. eine empirische Wende. Seit den 1990er-Jahren lenken internat. *Schulleistungsstudien* wie *TIMSS*, PISA (*PISA-Studien*) oder IGLU den Blick auf eine Verbesserung der *Unterrichtsqualität*. Dies führte im Bereich der U. zu breiten Forschungsaktivitäten in der Erziehungswiss. (*Pädagogik*), der päd. Ps. und den Fachdidaktiken. Als Kriterium für einen erfolgreichen Unterricht (*Unterrichtseffektivität*) wird in der U. meist der inhaltsbezogene *Lernerfolg* der Schüler herangezogen (überwiegend in den Fächern Deutsch, Mathematik, Naturwiss., Fremdsprachen). Bei der multikriterialen Zielerreichung wird darüber hinaus z. B. auch die pos. Entwicklung von *Motivation*, *Interesse* und Lernfreude erhoben. Andere Bildungsziele wie fachübergreifende und *soziale Kompetenzen* werden i. R. der U. bisher weniger untersucht. Dem Prozess-Produkt-Paradigma folg. wurden Prozessmerkmale des Unterrichts (z. B. *Klassenführung* des Lehrers) und Produktmerkmale (z. B. Schülerleistung) erhoben, um Zusammenhänge (*Korrelation*) bzw. Ursache-Wirkungs-Beziehungen (*Kausalität*) aufzudecken. Kritik am Prozess-Produkt-Paradigma richtete sich dann auf die Erfassung von zu wenigen Prozessmerkmalen und Bedingungsfaktoren. In der Folge wurden weitere Merkmale des Schülers, des Lehrers, des Unterrichts und des Kontextes (z. B. familiäre Lebensumwelt) in Forschungsarbeiten miteinbezogen. Im Mittelpunkt der U. steht die systemat. *Beobachtung* und Beschreibung der Interaktionsprozesse von Lehrern und Schülern sowie die Analyse ihres Zusammenhangs mit Schülermerkmalen (z. B. *Lernvoraussetzungen*, -strategien, -ergebnissen) und mit Lehrermerkmalen (z. B. allg. pädagogischem und fachdidaktischem *Wissen*) (Klieme & Rakoczy 2008). Bes. Augenmerk gilt dabei der differenziellen U., bei der Wechselwirkungen (z. B. zw. Lehrmethode (*Lehrstrategien*) und Schülermerkmalen) erfasst werden. Zudem werden nicht lineare Prozesse untersucht, der Einfluss von Schularten und Jahrgangsstufen wird berücksichtigt, fachspezifische Zusammenhangsmuster werden aufgedeckt. Die U. verbindet somit fachübergreifende und fachspezif. Perspektiven auf Lehr-Lern-Prozesse. Diese Komplexität des Unterrichtsgeschehens und möglicher Einflussfaktoren wird durch das *Angebot-Nutzungs-Modell der Wirkfaktoren akademischer Leistungen* abzubilden versucht, das die theoretische Basis vieler Studien der U. darstellt. Als Rahmenmodell verfolgt es den Anspruch, relevante Merkmale mit unterschiedlichem Status (Input, Prozess, Output) auf unterschiedlichen Ebenen (Schule, Klasse, Lehrer, Schüler, Herkunftsfamilie) zu systematisieren. Mit Blick auf konkrete Forschungsfragen der U. wird das Modell durch schulpäd., psychol. und/oder fachdidaktisch verankerte Theorien spezifiziert. Die U. ist gleichermaßen qual.- und quant.-empir. ausgerichtet (*empirische Sozialforschung*), vielfach (wie z. B. i. R. der TIMSS-Videostudie) werden versch. meth. Ansätze verknüpft (*Mixed-Methods-Ansatz*). Helmke 2012, Lipowsky 2009. *K. Lohrmann*

Unterrichtsinhalt [engl. *teaching content*], *Curriculum*, *Lehrplan, heimlicher*, *Bildung*.

Unterrichtsklima [engl. *instructional climate*], [**PÄD**], umfasst als Teilbereich des Klassenklimas (*Klassenklima*) das soziale Klima in Unterrichtssituationen einer Klasse.

Unterrichtsmanagement [engl. *instructional management*], *Unterrichtsorganisation*.

Unterrichtsmerkmal (= U.) [engl. *instructional characteristic*], [**PÄD**], hauptsächlich ein Begriff aus dem Bereich der Schule. U. bezieht sich traditionell auf Lehrerunterricht für Gruppen. Die *Unterrichtsorganisation* liefert den Rahmen für die unterschiedlichen U. wie etwa Lehrer- oder Schülerorientierung, *individualisiertes Lernen*, Mediennutzung (z. B. PC-basiertes Lernen (*Lernen, programmiertes*), *Unterrichtstechnologie*), reproduktives, problemlösendes, entdeckendes Lernen und Lernen in soz. Bezügen. *W. Echterhoff*

Unterrichtsmethoden [engl. *teaching method*], *Lehr-Lern-Methoden*.

Unterrichtsorganisation (= U.) [engl. *instructional organisation*], [**PÄD**], hauptsächlich ein Begriff aus dem Bereich der Schule, bezieht sich traditionell auf Lehrerunterricht für Gruppen. Die Schulorganisation liefert den Rahmen für die U. Die Lehrkraft vermag die U. innerhalb diesen Rahmens in gewissem Umfang zu gestalten und füllt mit der von ihr ausgewählten und mit dem Curriculum kompatiblen Didaktik und Methodik die U. aus. Möglichkeiten der Gestaltung von U. sind z. B. die Aufteilung der Anteile von Informations- und Reproduktionsphasen, Änderung von Gruppengrößen, unterschiedliche Zuordnung von *Lernaufgaben* für Arbeitsgruppen (Binnendifferenzierung (innerhalb eines Klassenverbands) mit Eliteförderung oder *remedialem Lernen*). Außendifferenzierung ist die unterschiedliche Zuweisung von Lernaufgaben auf Kurse unabhängig vom Klassenverband. Der Einsatz von Medien, die stark individualisieren (z. B. PC-basiertes *programmiertes Lernen* und *entdeckendes Lernen* führen zu Lernabläufen, die zw. den Schülern große Leistungs- und Lernzeitunterschiede erzeugen und deswegen mit der üblichen U. in Schulen nicht verträglich sind. Die unterschiedlichen Formen von U. sind wegen des großen pol. Einflusses auf die Schulorganisation und auf Schulcurricula (z. B. Einrichtung von Gesamtschulen oder eines dreigliedrigen Systems im Sekundarbereich) nicht hinreichend empir. entwickelt bzw. evaluiert (*Bildungsevaluation*). *W. Echterhoff*

Unterrichtsprogramme, bilinguale (= b. U.) [engl. *instructional programs, bilingual*; lat. *bi-* zwei-, *lingua* Sprache], [**KOG, PÄD**], dienen der Entwicklung zwei- oder mehrsprachiger *Kompetenzen* durch den Einsatz einer Fremdsprache (L2, *Fremdsprachenerwerb*) als Unterrichtssprache (vgl. auch Content and Language Integrated Learning, CLIL). Der *Unterricht* findet entweder ausschließlich in der L2 oder in Kombination mit der vorherrschenden Landessprache statt. B. U. lassen sich danach unterscheiden, ob sie *subtraktiven* (= s. B.) oder additiven *Bilingualismus* (= a. B.) anstreben (Lambert 1975). S. B. liegt vor, wenn der Unterricht L2-Kenntnisse bei gleichzeitiger Vernachlässigung der Entwicklung und des Erhalts erstsprachlichen (L1) Kompetenzen fördert. Die frühen b. U., *submersion* oder *structured immersion* genannt, zielten mithilfe des L2-Erwerbs i. S. des s. B. auf eine schnelle Assimilierung von Minoritätskindern (*Minorität*) in eine etablierte Kultur der Majoritätsgesellschaft (Baker 2011). Sie führten jedoch nur zu geringer L2-Kompetenz bei gleichzeitigem (weitgehendem) Verlust der L1. Im Unterschied dazu streben b. U. heute eher a. B. an, indem sie den Erwerb umfassender (schrift-)sprachlicher Kompetenzen sowohl in der L1 als auch in der L2 fördern. Diese b. U. lassen sich in schwache und starke Lernformen unterteilen. Schwache b. U. ermöglichen den Erwerb von begrenzten L2-Kompetenzen. Dieser Gruppe von b. U. werden der konventionelle Fremdsprachenunterricht, für Sprecher einer Minoritätssprache auch der reguläre Unterricht in der Landessprache, der kulturerhaltende Unterricht mit einzelnen L1-Unterrichtsstunden sowie *transitionale Programme* (= t. P.) zugeordnet. In t. P. wird die L1 der Lernenden zusätzlich zur L2 so lange als Unterrichtssprache eingesetzt, bis die Schüler die L2 so weit beherrschen, dass sie dem Unterricht in der L2 folgen können. Zu den starken Formen der b. U. gehören der *Immersionsunterricht* (für Schüler, deren L1 Landessprache ist und deren Unterricht teilweise oder komplett in der L2 unterrichtet wird) wie auch die duale Immersion (für Schüler, deren L1 Minoritäts- oder Landessprache ist, die parallel in der L1 und L2 unterrichtet werden). Als starke bilinguale Lernform gilt zudem *kulturerhaltender bilingualer Unterricht*, der sowohl die Minoritäten- als auch die Landessprache bei Schülern, deren L1 der Minoritätensprache entspricht, gleichwertig fördert.

S. K. Gebauer/A. Zaunbauer-Womelsdorf/J. Möller

Unterrichtsprogramme, immersive *Unterrichtsprogramme, bilinguale*.

Unterrichtsqualität (= U.) [engl. *quality of instruction*], [**PÄD**], U. i. e. S. meint die Qualität der unterrichtlichen Prozesse: *Unterricht* ist so gut (oder so schlecht), wie er best. beobachtbaren und beurteilbaren Gütekriterien entspricht. In der empirischen *Unterrichtsforschung* wird die Prozessqualität (*Kinderbetreuung, Struktur-, Prozess- und Orientierungsqualität*) häufig daran gemessen, wie gut best. bei den Lernenden feststellbare Zielkriterien (insbes. der von den Schülern erzielte Lernerfolg) erreicht werden (*Unterrichtseffektivität*). Der internat. Forschungsstand belegt die Lernwirksamkeit eines Unterrichts, der durch folg. Aspekte charakterisiert ist: (1) kogn. Aktivierung, insbes. kooperative Lehr-Lern-Arrangements (*Lernen, kooperatives*), bei denen Schüler selbst Lehrfunktionen übernehmen (z. B. *peer tutoring*) sowie hohe Lehrererwartungen, verbunden mit anspruchsvollen Aufgaben; (2) ein motivierendes Lernklima (*Lernmotivation, aktuelle und habituelle, Lernmotivation, intrinsische und extrinsische*), das durch pos. Fehlerkultur, durch Respekt und Wertschätzung zw. Lehrern und Schülern sowie durch ein hohes Engagement der Lehrkraft gekennzeichnet ist; (3) eine effiziente *Klassenführung* (*Klassenführung, effiziente*), verbunden mit einer ausgesprochen aktiven Lehrerrolle und vor allem (4) *Feedback*, und zwar in beiden Richtungen: von der Lehrkraft zum Schüler (zum Stand des Lernprozesses, zu Fehlern und Missverständnissen, basierend z. B. auf Lernstandserhebungen und Vergleichsarbeiten) wie auch umgekehrt: Feedback der Schüler an die Lehrer zum eigenen Lernstand sowie zur Wahrnehmung des unterrichtlichen Angebotes (*Schülerfeedback*). Obgleich die Datenbasis der *Metaanalyse* Hatties den gesamten in engl. Sprache weltweit verfügbaren Forschungsstand umfasst (über 900 Metaanalysen, die auf über 5000 empirischen Studien basieren), muss zum Thema U. bedacht werden, dass Hatties Zielkriterium der (mit *Tests* gemessene) fachliche Lernerfolg ist – zweifellos das Kerngeschäft der Schule. Legt man andere, ebenfalls wichtige *Kompetenzen* und Bildungsziele von Schule und Unterricht (z. B. Erwerb und Verbesserung *sozialer Kompetenzen* oder ästhetischer Kompetenzen, Lern- und *Medienkompetenzen*) zugrunde, dann ergeben sich andere Muster der Komponenten der U. Hattie 2009, Helmke 2012, Meyer 2011.

A. Helmke/F.-W. Schrader

Unterrichtsstil (= U.) [engl. *teaching/instructional style*], [**PÄD**], in der *Unterrichtsforschung* Bez. für Komplexe als typisch angesehener Unterrichtspraktiken, die primär auf Organisation und Regulierung von *Lernprozessen* ausgerichtet und in der Regel von mehr oder weniger bewussten Unterrichtsprinzipien bestimmt sind (s. a. *Instruktionspsychologie, Lehrplan, heimlicher*). Die Stilbilder versch. Unterrichtsweisen, zunächst aus der Beobachtung vorwiegend sprachlicher Lehrer-Schüler-Interaktionen oder Äußerungen über *Unterricht* und Unterrichtssituationen von Lehrern und Schülern gewonnen, gehen von unterschiedlichen Alternativkonzepten (Anderson: *dominativ–integrativ*; Gordon (1959): *instrumental–expressiv*; Tausch & Tausch (1991): *autokratisch–sozialintegrativ* etc.) aus und setzen dazu das *Leistungs-* und *Sozialverhalten* der Schüler in Beziehung. Die Betrachtung der U. wird ermöglicht durch die Analyse und Bearbeitung einzelner Dimensionen, vorwiegend der der Lenkung, Dirigierung und Kontrolle in min. bis max. Ausprägung und der emot. Wärme bis Kälte bzw. Wertschätzung bis Geringschätzung. Darin finden sich die Dimensionen des Erziehungsverhaltens (*Liberalität – Kontrolle; Zuwendung – Zurückweisung, Erziehungsstile*) wieder. Eindeutige Ergebnisse der Erforschung der U. sind, wenn überhaupt, erst bei Einbeziehung von *Lernzielen/Lehrzielen*, Unterrichtsfächern und -inhalten, also didaktischen Komponenten, zu erwarten. *Führungsstil*. Weber 1973.

Unterrichtsstörungen (= U.) [engl. *classroom disruptions*], [**PÄD**], U. können von Lehrern und Schülern ausgehen oder auch von außen (z. B. Lärm, Durchsagen) den Unterricht beeinträchtigen. Eine U. liegt nach R. Winkel vor, «wenn das *Lehren* und *Lernen* stockt, aufhört, sabotiert, unerträglich oder inhuman wird» (Winkel 2009, S. 29). Die angloamerikanische *Teacher-Effectiveness-Forschung* betrachtet das Phänomen U. prozessorientiert, demnach definiert sie U. als unerwünschte Behinderung des *Unterrichtsflusses*. Laut empirischen Untersuchungen gehören verbale Störungen, nonverbale Aktivitäten (z. B. Zappelphilipp, Raufen zw. Schülern), Passivität, Desinteresse und Opposition zu den häufigsten U. (Seitz 1991). Grundsätzlich gilt, dass für ein effektives Lernen die Frequenz und das Ausmaß an U. möglichst gering zu halten ist. Neuere Forschungsergebnisse (Evertson & Harris 1999, Nolting 2008) ergaben, dass die Prävention von U. (*Unterrichtsstörungen, Prävention von*) effizienter ist (Haag & Streber 2012) als die Intervention (*Unterrichtsstörungen,*

Intervention bei). Mit U. kann eine Lehrkraft *proaktiv, aktiv* und *reaktiv* umgehen. *E. Gärtner*

Unterrichtsstörungen, Intervention bei (= I.) [engl. *classroom disruptions, interventions*], [**PÄD**], Maßnahmen, die nicht integraler Bestandteil der geplanten Unterrichtsvorbereitung und -führung sind, sondern zur Aufhebung unvorhergesehener Störungen im Unterricht (*Unterrichtsstörungen*) eingesetzt werden. Hierbei wird die Störung explizit thematisiert. Die *Intervention* kann sich auf einzelne Schüler (mit oder ohne Beteiligung Dritter, z. B. Eltern) oder die ganze Klasse beziehen. I. auf Klassenebene können *direktiv* erfolgen, sodass die Lehrkraft Maßnahmen (z. B. Regeln, Formulierung von Verhaltenserwartungen) selbst festlegt (z. B. päd. Verhaltensmodifikation). Alternativ können *kooperative* I. auf Klassenebene eingesetzt werden, bei der die gemeinsame Auseinandersetzung aller Betroffenen und ggf. unabhängiger Dritter mit dem Ziel der Lösungsfindung im Mittelpunkt steht (z. B. *kooperative Methode, Lehrer-Schüler-Konferenz*). I. d. R. sollte die Verhaltensänderung aller Beteiligten (z. B. Lehrer und Schüler) bei einem kooperativen Vorgehen als Teil des Lösungsszenarios angestrebt werden. *Unterrichtsstörungen, Prävention von*. Nolting 2008, Freiberg & Lapointe 2006. *E. Gärtner*

Unterrichtsstörungen, Prävention von (= P.) [engl. *classroom disruptions, prevention*], [**PÄD**], Maßnahmen, die zur Vermeidung von *Unterrichtsstörungen* in Schulklassen beitragen. Sie sind wichtig, um neg. Effekten auf die Schüler (bzgl. *Lernerfolg, emotionale Entwicklung*) und der Belastung von Lehrkräften (*Burn-out*) vorzubeugen. *Präinteraktive Störungsprävention* kann u. a. durch Verhaltensregeln, transparente Prozeduren und strukturierte Unterrichtsvorbereitung erfolgen. Methoden der *interaktiven Störungsprävention* sind z. B. Präsenz- und Stoppsignale (z. B. schülerorientierte Aufmerksamkeit und vorwiegend nonverbale Signale der Lehrkraft), die bei Kounin unter *Allgegenwärtigkeit* subsumiert werden, *kollektives Aktivieren* (z. B. Stimulierung der *Aufmerksamkeit* der ganzen Klasse, Lernkontrollen) und *Unterrichtsfluss* (z. B. klar strukturierter Unterrichtsablauf ohne Unterbrechungen). P. kann über die Gestaltung der Lernumwelt und durch die optimierte Kommunikation der Lehrkraft mit den Schülern bzgl. ihrer Erwartungen an den Unterricht (z. B. *COMP*) erreicht werden. *Unterrichtsstörungen, Intervention bei*. Nolting 2002, Julius 2004. *E. Gärtner*

Unterrichtstechnologie (= U.) [engl. *instructional technology*], [**MD, PÄD**], schwerpunktmäßig bezeichnet U. Verfahren und Theorien der Entwicklung und des Einsatzes technischer Medien im *Unterricht*. Das neuere Verständnis der U. bezieht sich auf jedes zweckrationale Vorgehen bei der Planung und Konstruktion von Unterricht unter Einbeziehung wiss. Erkenntnisse und Methoden. Dies bedeutet, dass auch der Medieneinsatz an den Bedingungsfaktoren des didaktischen Feldes relativiert wird. Der Anspruch, Unterricht in seiner Gesamtheit systematisch zu planen, zu steuern und zu evaluieren (*Evaluation*), macht den Begriff U. weitgehend zum Synonym für *Didaktik*. *Mediendidaktik, Medienpädagogik*.

Unterrichtstheorie (= U.) [engl. *instructional theory*], [**PÄD**], Bez. für den Versuch, die Ergebnisse der *Unterrichtsforschung* zu einem möglichst geschlossenen, in sich widerspruchsfreien Aussagesystem so zus.zufassen, dass sowohl die Erfordernisse und Varianten gängiger Unterrichtspraxis miterfasst und erklärt werden als auch weiterführende Fragestellungen für die Forschung ableitbar sind. *Unterrichtsqualität*.

Unterscheidungsaufgabe [engl. *discrimination task*], *Diskriminationsaufgabe, Umlernversuche*.

Unterscheidungsreaktion [engl. *discrimination reaction*], Diskriminationsreaktion. *Reaktionszeit*.

Unterschiedsempfindlichkeit [engl. *contrast sensitivity*], [**WA**], Bez. für die indiv. und situationsbedingt wechselnde Fähigkeit der Unterscheidung voneinander abweichender Reize (*Reiz*). *spektrale Unterschiedsempfindlichkeit*.

Unterschiedsreduktion, Methode der [engl. *hill climbing*], *Hobbits-und-Orks-Problem*.

Unterschiedsschwelle (= U.) [engl. *just noticeable difference, differential threshold*], [**WA**], derjenige Zuwachs, den ein Reiz erfahren muss, damit er gegenüber einem Ausgangsreiz als eben größer bzw. kleiner (stärker bzw. schwächer) beurteilt werden kann. Die U. wird mit *psychophysischen Methoden* bestimmt. Nach dem Weber'schen Gesetz ist die relative (d. h. auf den Ausgangsreiz bezogene) U. innerhalb desselben Sinnesgebietes konstant, was aber nur mit Einschränkungen gilt. Sie beträgt (bezogen auf den Ausgangsreiz) z. B. für die Helligkeit 1/100, für gehobene Gewichte 1/50, für die einzelnen Geschmacksqualitäten 1/7 bis 1/4, für auf die Hand aufgesetzte Gewichte 1/3. Auch für die Stärke emot. Veränderungen lassen sich U. bestimmen (ausgedrückt in Einheiten physischer Korrelate). *Fechner'sches Gesetz*. Pauli & Arnold 1957.

Untersuchungsplan [engl. *study design*], *Forschungsdesigns*.

Untreue, partnerschaftliche (= U.) [engl. *infidelity*], [**SOZ**], ist ein universelles Phänomen, das in allen untersuchen Kulturen beobachtet wurde (Buss 2000). Das Phänomen der partnerschaftlichen U. kann zu Schwierigkeiten und Misserfolgen in einer bestehenden Beziehung beitragen. Evolutionspsychologische Erklärungen der (sexuellen) U. betonen die Möglichkeit, dass U. einen Vorteil für die Weitergabe der eigenen Gene in die nächste Generation haben kann. Nach Buss (2000) sind Männer untreuer als Frauen, weil Frauen mehr in ein Kind investieren müssen und nicht viel davon haben, wenn sie zuvor zahlreiche Männer lieben. Hingegen sind Männer mehr auf Sexualkontakte mit multiplen Partnerinnen ausgerichtet. Dadurch streben sie an, die Anzahl der eigenen Nachkommen zu erhöhen. Es wird darüber spekuliert, dass attraktive Männer durch U. die Anzahl ihrer Kinder erhöhen, während weniger attraktive Männer die Taktik verfolgen, sich als Langzeitpartner begehrenswert zu machen, indem sie Treue betonen (Gangestad & Simpson 2000). Auch Frauen sind untreu, wie schon das Phänomen der männlichen *Eifersucht* vermuten lässt. Warum haben Frauen Affären? Im Wesentlichen sind drei Gründe zu nennen (Buss 2000): wegen der Extrabelohnungen, die sie von den Affärenpartnern erhalten, wegen der Erreichbarkeit besserer Gene und wegen des Anstrebens einer Versicherung gegen den Verlust des gegenwärtigen Partners. Die Neigung zur U. hängt mit der *Soziosexualität* zus. (Simpson & Gangestad 1991, 1992). Diese stellt eine bipolare Persönlichkeitsdimension dar, deren Endpunkte durch sexuelle Restriktion (niedrige Soziosexualität) und sexuelle Freizügigkeit (hohe Soziosexualität) gekennzeichnet sind. Die sexuell restriktive Orientierung äußert sich durch Zurückhaltung bei der Anbahnung sexueller Beziehung und die Betonung von Liebe als Voraussetzung für Sexualität. Hingegen ist die sexuell freizügige Orientierung dadurch charakterisiert, dass kein Problem darin gesehen wird, sexuelle Beziehungen ohne Liebe zuzulassen. Zur Messung der Soziosexualität wurde das *Sociosexual Orientation Inventory (SOI)* entwickelt (Gangestad, Simpson 1991, 1992), das sowohl aus Verhaltensitems (z. B. Zahl der sexuellen Partner im letzten Jahr) als auch aus Einstellungsitems (z. B. «Sex ohne Liebe ist o. k.») besteht. Im Hinblick auf Geschlechtsunterschiede zeigen empirische Studien, dass Männer ein höheres Maß an Soziosexualität aufweisen. Hohe Werte auf dem SOI sind mit einem vermeidenden *Bindung*sstil verbunden. Damit stimmt überein, dass sicher gebundene Personen über weniger Untreue berichten als die anderen drei Bindungsgruppen (ängstlich-ambivalent, ängstlich-vermeidend, gleichgültig-vermeidend; Helms & Bierhoff 2001). Neben dem Bindungsstil finden sich noch weitere Korrelate der Untreue: Untreue hängt pos. mit einem spielerischen Liebesstil zus., während die romantische Liebe hoch neg. mit Untreue korreliert (*Liebesstile*). Weiterhin gilt, dass sexuelle *Permissivität* und sexuelle *Instrumentalität* pos. mit Untreue korrelieren (Helms & Bierhoff 2000). Es gibt einen bedeutsamen Geschlechtsunterschied im Hinblick auf die Wahrnehmung der Partneruntreue (Buss 2000). In diesem Zusammenhang wird zw. zwei Formen der Untreue unterschieden: Sexuelle Untreue (betrifft sexuelle Aktivitäten) und emot. Untreue (romantische Gefühle und Aufmerksamkeit werden auf eine/n andere/n Partner/Partnerin gerichtet). Es wird angenommen, dass für Frauen emot. Untreue des Partners bes. alarmierend ist, da sie die Bereitschaft des Mannes bedroht, seine Ressourcen zukünftig für den gemeinsamen Nachwuchs zur Verfügung zu stellen. Darüber hinaus sollte für Männer die sexuelle Untreue der Partnerin bedrohlicher sein, weil dadurch ihre Zuversicht im Hinblick auf die eigene genetische Vaterschaft etwaiger Kinder bedroht wird. Daher fürchten Männer die sexuelle Untreue ihrer Partnerinnen mehr, Frauen die emot. Untreue ihrer Männer. Die Ursache liegt in der Tatsache der Reproduktionsbiol., dass die Befruchtung innerhalb des weiblichen Körpers stattfindet. Daher haben Frauen das Privileg, sich ihrer genetischen Elternschaft sicher sein zu können Dieser Zusammenhang kommt in der engl. Spruchweisheit: «Mama's baby, papa's maybe» zum Ausdruck (Buss 2000). *H.-W. Bierhoff*

Unverfälschbarkeit (= U.) [engl. *unforgeability*], **[DIA]**, ein Nebengütekriterium (*Gütekriterien*) für diagn. Messverfahren, das erfüllt ist, wenn Pbn das Erhebungsergebnis nicht bewusst und gezielt beeinflussen bzw. verfälschen [engl. *faking behavior*] können. Bei *Leistungstests* kann z. B. die Anstrengungsbereitschaft und bei *Persönlichkeitsfragebögen* kann z. B. *soziale Erwünschtheit* die U. beeinträchtigen.

Unvulnerable [engl. unverwundbar], **[KLI]**, nicht verletzbare Personen, die trotz starker Belastung (*Life-Event, kritisches*) gesund bleiben. *Gesundheit, psychische, coping, Salutogenese, Vulnerabilität, Resilienz.*

unwichtigstes Minimum [engl. *least important minimum – LEASTIMP*], **[KOG]**, *Entscheidungsheuristik*, bei der die Entscheidung allein auf der «unwichtigsten» Dimension beruht. Gewählt wird die Alternative, deren geringste Ausprägung auf der unwichtigsten Dimension liegt.

UR, Abk. für *unconditioned response*, auch UCR, *unkonditionierte Reaktion*.

Urbild *Archetypus, Idee.*

Urfantasien (= U.) [engl. *primal phantasy*], **[KLI]**, in der *Psychoanalyse* Begriff für die sex. Fantasien der frühen Kindheit. Diese werden zuerst real genommen. Urszene und Kastrationsangst (*Kastrationskomplex*) gehen in sie ein. Sie bleiben beim Erwachsenen mehr oder minder latent. Nach Freud sind die U. eine archaische Erbschaft und sind in vielen Träumen, Märchen und Sagen (offen oder verdeckt oder als Motiv) enthalten. *Urszene.*

Urfarbenkreis [engl. *primary colour wheel*], **[WA]**, Hering 1875, die vier Farben Rot, Gelb, Grün und Blau sind im Farbenkreis durch Ähnlichkeit und Verschiedenheit hinsichtlich ihrer benachbarten Mischfarben (z. B. Blaurot und Gelbrot) anschaulich als Urfarben ausgezeichnet. Jeweils zwei Urfarben größter Unähnlichkeit liegen als Gegenfarben (Rot – Grün, Gelb – Blau) auf dem in vier Quadranten geteilten Farbenkreis (Farbenquadrat) diametral gegenüber; Gegenfarben, die mit *Komplementärfarben* nicht identisch sind, schließen sich ggs. aus: Es gibt kein gelbliches Blau, bläuliches Gelb, rötliches Grün, grünliches Rot. *Hering'sche Gegenfarbentheorie, Farbwahrnehmung.*

Urhebertraining (= U.) [engl *origin-training*], **[EM, PÄD]**, das sog. U. ist ein Bestandteil von Feldstudien von DeCharms (1976, 1979), durchgeführt mit Lehrern und Schülern. In deren Rahmen sollten Schüler befähigt werden, sich selbst als Verursacher des eigenen Verhaltens zu erleben. Das Konzept wird von deCharms auch als Förderung einer *persönlichen Verursachung* bez. und weist Bezüge zum Konzept der intrinsischen *Motivation* (*Lernmotivation, intrinsische und extrinsische, Motivation, intrinsische; Theorien*) auf. Elemente des Trainings sind die Anerkennung von Eigenverantwortlichkeit für Lernergebnisse (*Lernerfolg*), das Setzen realistischer *Ziele*, die Entwicklung konkreter Handlungspläne (*Handlungsplanung*), von Mittel-Ziel-Analysen und die fortlaufende Bewertung der Umsetzung dieser Ziele. Rudolph 2013. *U. Rudolph*

Ursache [engl. *cause*], *Kausalität, Attribuierung, Attribution.*

Ursachenzuschreibung [engl. *causal attribution*], *Attribuierung, Attribution.*

Urschrei [engl. *primal scream*]; *Primärtherapie.*

Urszene [engl. *primal scene*], [**KLI**], Begriff für die Konfrontierung des Kindes mit dem Sexualverkehr der Eltern. Wird dieser nicht beobachtet, so wird er fantasiert. Nach Freud (*Psychoanalyse*) erfasst ihn das Kleinkind als aggressives Verhalten des Vaters gegen die Mutter. *Urfantasien*.

Urteil (= U.) [engl. *judgment*], [**KOG**], in der Logik: Aussage, die aus Subjekt (Begriff, über den etwas ausgesagt wird), Prädikat (Begriff, der über das Subjekt etwas aussagt) und Kopula (Verbindungswort) besteht. Nach versch. Gesichtspunkten hat man Arten von U. unterschieden, so z. B. Kant nach der «Quantität», der «Qualität», der «Relation» und der «Modalität». Der ps. Vollzug des U., der U.akt, ist Gegenstand der Denkps. (*Denken*). Es ist zu untersuchen, welche psych. Vorgänge sich bei der Bildung eines U. abspielen. Arbeiten der *Würzburger Schule* waren hierfür richtungweisend. Man lässt Vpn best. Denkaufgaben lösen und die dabei auftretenden Erlebnisse beobachten und beschreiben, um daraus Einblick in allg. Gesetzmäßigkeiten des U.vorgangs zu erhalten. *lautes Denken*.

Urteilen (= U.) [engl. *judging, reasoning*], [**EM, KOG**], mit U. wird der psychol. Prozess bezeichnet, der zugrunde liegt, wenn Menschen einem Urteilsobjekt (z. B. einer Person, einem Gegenstand oder einer Aussage) einen *Wert* auf einer Urteilsdimension zuordnen (z. B. von sehr gut bis sehr schlecht oder wahr/falsch) und das daraus resultierende Urteil explizit zum Ausdruck bringen. U. lässt sich nach der Struktur der Urteilsaufgabe unterscheiden (z. B. in deduktive Urteile (*Deduktion*) vs. induktive Urteile (*Induktion*)) und nach ihrem Inhalt (z. B. evaluative Urteile (*Evaluation*), Vorhersagen, Wahrheitsurteile (*Wahrheit*) und soziale Urteile (*soziale Urteilstheorie*). U. ist zum einen zu unterscheiden vom Prozess des Wahrnehmens (*Wahrnehmung*) und zum anderen vom Entscheiden (*Entscheiden*). U. beruht häufig auf Wahrnehmungen, es beinhaltet jedoch auch Prozesse, die darüber hinausgehen. Eine genaue Unterscheidung dieser Prozesse kann mithilfe der *Signalentdeckungstheorie* getroffen werden. U. kann wiederum die Grundlage für Entscheiden sein, allerdings führt U. nicht notwendigerweise wie Entscheiden zu *Handlungen*. Am bedeutendsten für das Entscheiden gelten Urteile über den Wert von Urteilsobjekten und die Wahrscheinlichkeit, mit der sie vorkommen oder auftreten (*Erwartung-Wert-Theorien*). U. ist von Anfang an Gegenstand der exp. Ps. gewesen, bspw. in den frühen Arbeiten zur *Psychophysik*. Viele aktuelle Arbeiten zum U. lassen sich dem Bereich der *social cognition* (*soziale Kognition*) zuordnen. Den größten Einfluss auf die Ps. des U. übt seit den 1970er-Jahren das *Heuristics-and-Biases-Forschungsprogramm* aus. Theorien zum menschlichen Urteilen lassen sich meist einer von drei Klassen zuteilen: *mathematische-formale Modelle*, *Modelle der Informationsverabeitung* und *konnektionistische Modelle* (*Konnektion*). Forschungsarbeiten zum U. lassen sich i. d. R. danach unterscheiden, ob sie sich primär auf die Phase des Sammelns von Urteilsinformationen, auf die Phase der Integration von Urteilsinformationen, auf Einflüsse aus der Umwelt bzw. des Urteilskontexts oder auf Einflüsse aus der Person des oder der Urteilenden beziehen. Betsch et al. 2011. *H. Plessner*

Urteilsbildung, Dimensionen [engl. *dimensions of social judgment*], [**KOG, SOZ**], Urteile über soziale Sachverhalte (Personen, Selbst, Gruppen, Kulturen, Stereotype, etc.) können auf versch. inhaltliche Dimensionen zurückgeführt werden. *Dimensionen* meint hierbei unterscheidbare Inhaltsbereiche, auf denen einzelne Inhalte, z. B. Eigenschaftsbegriffe (*Eigenschaften*), unterschiedlich stark laden. Eine klassische Studie hierzu stammt von Rosenberg et al. (1968), die eine *multidimensionale Skalierung* von Eigenschaftsbegriffen vorgenommen haben und als inhaltliche Dimensionen «intellektuell gut versus schlecht» (z. B. «intelligent», «dumm») und «sozial gut versus schlecht» (z. B. «zuverlässig», «aggressiv») fanden. Urteile mittels Eigenschaftsbegriffen lassen sich also sowohl auf der *kognitiven Dimension* als auch auf der *sozialen Dimension* abgeben. Ähnliche inhaltliche Differenzierungen wurden auch mittels anderer Methoden (z. B. *Faktorenanalyse*) gefunden. Während die beiden Basisdimensionen von versch. Autoren inhaltlich relativ ähnlich beschrieben werden, unterscheidet sich die Begrifflichkeit teilweise deutlich (Abele et al. 2008). Neben der obigen Beschreibung wird auch von Kompetenz- versus Moralitäts- bzw. Warmherzigkeitsdimension gesprochen, von *Instrumentalität* versus *Expressivität*, von *Macht* versus *Bindung* oder von *Maskulinität* versus *Femininität*. Bei der Beurteilung anderer Personen spielt meist die zweitgenannte Dimension («sozial gut» vs. «schlecht» bzw. Moralität, Warmherzigkeit, Expressivität oder Femininität) eine größere Rolle. So hat bereits Asch (1946) gezeigt, dass die Eigenschaft «warmherzig» den Gesamteindruck über eine andere Person entscheidend prägt (*Halo-Effekt*). *A. E. Abele*

Urteilsfehler [engl. *judgment error*], *Beobachtungsfehler*.

Urvertrauen [engl. *basic/primal (sense of) trust*], [**EW, KLI, PER**], von Erikson (1950) benutzte Bez. für eine sozialen *Einstellung*, die Folge einer stabilen Personenumgebung in der frühen Kindheit (nach *psychoanalyt.* Auffassung in der frühen und späten oralen Phase) sein soll. *Vertrauen*.

US, Abk. für *unconditioned stimulus*, auch UCS, *unkonditionierter Stimulus*.

usability [engl.] Benutzbarkeit, Benutzerfreundlichkeit. *Mensch-Computer-Interaktion*, *Mensch-Technik-Organisationsanalyse (MTO)*, *Software-Ergonomie*.

user-centered design [engl.] nutzerzentriertes Design. *Software-Ergonomie*.

Uses-and-Gratifications-Theorie (= U.) [engl.] Nutzen- und Belohnungsansatz, [**MD**], beschreibt einen aktiven Medienrezipienten, der Massenmedien gezielt für die Bedürfnisbefriedigung einsetzt (Katz & Foulkes 1962). *Interessen* und *Bedürfnisse* (= B.) beeinflussen demnach die Wahl eines spezif. Medienangebots. Dabei wird eine bimotivationale B.klassifikation vorgeschlagen, Rezipienten nutzen Medien entweder zur Befriedigung des *Informationsb.* oder zur Befriedigung des *Unterhaltungsb.* Die U. stellte ein Paradigmenwechsel in der medienps. Forschung dar. Zum ersten Mal stand der Rezipient mit seinen B. im Zentrum. Dennoch wird von Kritikern betont, dass nach der U. jedes Mediennutzungsverhalten mit einem B. in Beziehung gesetzt werden kann. Die Zusammenhänge versch. dahinter liegender B. bleiben unklar; Vorhersagen sind damit nicht möglich (Vorderer 1992). Elliott 1974. M. Huff

U-Test *Mann-Whitney-U-Test*.

Utilitarismus [engl. *utilitarism*; lat. *utilitas* Nutzen], [**PHI**], Nützlichkeitsstandpunkt, philosophische Richtung, die den Zweck allen Handelns nach seinem Nutzen (*Kosten-Nutzen-Kalkulation*), besonders für die Allgemeinheit, bewertet.

utility [engl.] Nützlichkeit; [lat. *utilitas* Nutzen], [**DIA, FSE**], *Nützlichkeit*.
[**EM, KOG**], Begriff für Nutzen. *Entscheidungstheorie, Theorie der Spiele*.

UV, [**FSE**], auch uV, Abk. für unabhängige Variable. *Variable, unabhängige, Prädiktor*.

Uznadzes Volumentäuschung [engl. *Usnadze's volume illusion*; nach *Dimitri Uznadze*, 1886-1950], [**WA**], *Einstellungstäuschung*, d. h. durch Einstellung bedingte Wahrnehmungs- und/oder Urteilstäuschung über den Rauminhalt (Volumen) von zwei gleichen Kugeln, nachdem vorher in einer Reihe von Einstellungsdurchgängen in der einen Hand eine kleinere und in der anderen eine größere zur Beurteilung geboten waren. Im kritischen Versuch wird die Kugel für kleiner als die andere (obj. gleiche) gehalten, die in der Hand liegt, in der vorher die größere war. *Ankerreiz*. Uznadze & Prangishvili 1976.

V1 syn. *Area 17, Area striata, Brodmann-Areal*, [**BIO, WA**], primärer visueller Kortex; Projektionsgebiet der retino-geniculaten Verbindung vom *Auge* zum *Okzipitalkortex*. U. Ansorge

Vaginismus (= V.) [engl. *vaginismus*], syn. *Scheidenkrampf*, [**KLI**], hierunter wird eine Form der *Sexualstörungen* bei der Frau verstanden, bei der das äußere Drittel der die Vagina umgebenden Beckenbodenmuskulatur unwillkürlich verspannt oder verkrampft, sodass der Scheideneingang eng oder wie verschlossen erscheint. Geschlechtsverkehr, aber auch gynäkologische Untersuchung oder z. B. das Einführen von Tampons können dadurch sehr schmerzhaft oder sogar unmöglich sein. V. kann in gewisser Weise als spez. Form der *Dyspareunie* bei der Frau betrachtet werden, und es werden typischerweise zwei Arten von V. unterschieden: (1) *primärer V.*, bei dem es seit Beginn der sexuellen Handlungen einer Frau noch niemals möglich war, etwas ohne entstehende Schmerzen in die Vagina einzuführen sowie (2) *sekundärer V.*, bei dem die Problematik erst seit einem best. Zeitpunkt (z. B. einem best. Ereignis) besteht. Einige Autoren unterscheiden V. zudem hinsichtlich der Frage, ob er immer auftritt bzw. unabhängig von Umständen und Sexualpartnern ist (*konsistenter* bzw. *globaler V.*) oder nicht (*situationsbedingter V.*). Als auslösende Faktoren i. R. des sekundären V. können traumatische Erfahrungen (*Trauma, Lebensereignisse, kritische*) wie z. B. sexuelle Gewalterfahrungen (*sexueller Missbrauch*), aber auch Geburten, Operationen oder auch vgl.weise harmlose Ereignisse wie eine unangenehme med. Untersuchung oder wiederholte Schmerzen i. R. sexueller Aktivitäten genannt werden. Als mögliche Folge von V. werden *Angst* und Verunsicherung sowie – daraus resultierend – Vermeidungsverhalten (*Vermeidungslernen*) und sexuelle Unlust (*sexuelle Appetenzstörungen (Unlust)*) beschrieben. Therap. Ansätze fokussieren im Wesentlichen auf eine Reduktion belastender *Emotionen*, eine Förderung der Selbstwahrnehmung (*Selbstwahrnehmungstheorie, Selbstbeobachtung*), *Entspannungsverfahren*, das Training mit Vaginaldilatoren zur Gewöhnung und Lockerung der Muskulatur, *Biofeedback*, Beckenbodentraining sowie die Thematisierung möglicher (bereits längerfristig bestehender sowie durch die Störung entstandener) Partnerschaftsprobleme (*Paartherapie*). Gromus 2002.

Vagotonie [engl. *vagotonia*; lat. *vagari* umherschweifen, gr. τόνος (*tónos*) Spannung], [**BIO**], Steigerung des Vagustonus. Übergewicht des parasympathischen Systems (*Parasympathikus*) im nervösen Geschehen (*Parasympathikotonie*) mit *Bradykardie*, Pupillenverengung, niederem *Blutdruck*. Ggs. *Sympathikotonie*.

Vagus [engl. (*nervus*) *vagus*; engl. *vagus*; lat. *vagari* umherschweifen], [**BIO**], Kurzbezeichnung für *Nervus vagus*, den X. Hirnnerv. Aus dem *Gehirn* kommender Teil des parasympathischen Systems. *Nervensystem, Parasympathikus*.

Valenz (= V.) [engl. *valence*; lat. *valere* gelten, wert sein], [**SOZ**], Wertigkeit, Gewichtigkeit. In der Ps. auch gleichbedeutend mit Eindrucksstärke, einem funktionalen Interaktionsmerkmal. Der Begriff wurde von *Lewin* eingeführt mit der Unterscheidung nach pos. bzw. neg. V., syn. Aufforderungscharakter.

[**EM**], *Emotionen, dimensionale Modelle*. In der Tierps. die affektiv erregende Wirkung von Wahrnehmungsgegenständen.

[**DIA**], in der Testps. gebrauchte Meili die Bez. «diagnostische Valenz» für Validität, während sich für den gemeinten Sachverhalt der Begriff der *Validität* und *Zulänglichkeit* durchgesetzt hat.

[**PER**], *Persönlichkeit, neuere faktorenanalytische Ansätze*.

Validation [engl. *to validate* für gültig erklären; lat. *valere* wert sein], syn. *Wertschätzung*, [**BIO**], eine von Naomi Feil entwickelte Gesprächstechnik im Umgang mit *Demenz*pat. Die Gesprächstechnik basiert auf Grundannahmen der *Gesprächspsychotherapie* nach Carl Rogers. Dabei ist es das Ziel der Gesprächsführung, die verwirrten Pat. in ihrer persönlichen Realität zu akzeptieren und die damit einhergehenden Gefühle wertzuschätzen, z. B. über das Verbalisieren emot. Erlebnisinhalte. Über Blick- und Körperkontakt wird eine persönliche Nähe zum Pat. hergestellt (*nicht verbale Kommunikation*). Diese Grundannahmen der Akzeptanz prägen nicht nur die Gesprächsführung, sondern eine wertschätzende Grundhaltung gegenüber dem Pat. Die V. gilt als wichtige Gesprächstechnik in der Altenpflege und wurde von einer Expertengruppe im Auftrag des Bundesgesundheitsministeriums insbes. im Umgang mit herausforderndem Verhalten bei Demenzpatienten empfohlen. Bislang fehlen allerdings ausreichend randomisierte kontrollierte Studien, um die wiss. Wirksamkeit nachzuweisen (*Evidenzbasierung*). *Gedächtnisstörungen, Therapie*. Feil 2010, Neal & Barton Wright 2003. A. Thöne-Otto

Validierung [engl. *validation, to validate* für gültig erklären; lat. *valere* wert sein], [**DIA**], Bez. für die Maßnahmen der Herstellung und der Überprüfung der *Validität* eines diagn. Messverfahrens (z. B. *Beobachtung, Fragebogen, Test*). *Gütekriterien, Konstruktvalidität*.

Validierung, explanative [engl. *explanative valiation*; lat. *explanare* erklären, erläutern], *Dialog-Konsens-Methodik, subjektive Theorien, Forschungsprogramm*.

Validierung, kommunikative (= k. V.) [engl. *communicative validation*; lat. *communicare* jemandem etwas mitteilen], syn. *kollegiale Validierung*, [**FSE**], in einer engen Fassung bedeutet k. V. die Diskussion der *Interpretation* von

Daten während oder auch am Ende des Analyseprozesses mit den Pbn selbst in Hinblick auf deren *Validität*. In einer weiteren Fassung bedeutet k. V. – dann auch als kollegiale V. bezeichnet – die diskursive Reflexion der Ergebnisse mit anderen Forschern (Steinke 1999). In einer noch weiteren Fassung stellt die k. V. vor dem Hintergrund des Problems des *Fremdverstehens* eine fortlaufende Ressource der Qualitätssicherung der Erkenntnisprozesse in einem Forschungsprojekt dar, in dem die Selektivität und Subjektivität der Erkenntnisprozeduren eines Forschers über den k. Austausch und die diskursive Einbettung der einzelnen Forschungsschritte – i. S. v. Forscher-*Triangulation* – reflexiv kontrolliert werden (*Prinzip der Reflexivität*). Hierdurch werden die in der *qualitativen Sozialforschung* zentralen Probleme des Fremdverstehens und der *Indexikalität* menschlicher Sprache und Kommunikation methodologisch und forschungspraktisch berücksichtigt bzw. kontrolliert. In diesem Zusammenhang führen im Konzept der «meth. Kontrolle des Fremdverstehens» (Schütze et al. 1973) versch. Verfahrensansätze, Strategien und Techniken zus. Hierbei zeigt sich für die versch. Phasen des Forschungsprozesses, dass die meth. Kontrolle des Fremdverstehens mind. zwei Standbeine hat: (1) konkrete, systematische und regelgeleitete Verfahren – der Entwicklung der Erhebungsinstrumente (für *qualitative (Leitfaden-)Interviews*, Helfferich 2009; Kruse 2013), der Samplebildung (*qualitative Fallauswahl*), der Datenerhebung/-generierung und der Analyse der qual. Daten (*dokumentarische Methode*); (2) Forscher-*Triangulation* (Denzin 1978) i. S. einer diskursiven Reflexion und V. der stets selektiven und subj. Erkenntnisvollzüge. Diese Forscher-Triangulation ist relevant in allen Forschungsphasen, insbes. aber in der Phase der Analyse der qual. Daten. Hier wird die *Analysegruppe* zu einer wichtigen Funktion k. bzw. kollegialer V. *Dialog-Konsens-Methodik*, *Struktur-Lege-Techniken*.   J. Kruse

Validierung, synthetische [engl. *synthetic validation*; gr. σύνθεσις *(synthesis)* Zusammenfassung, Verknüpfung], **[AO]**, Erschließung der *Validität* einer Verfahrensbatterie aus der Aufspaltung einer Tätigkeit in ihre Elemente (*Tätigkeitsanalyse*), einer Bestimmung der Validität eignungsdiagnostischer Verfahren (*Eignungsdiagnostik*) für diese Elemente und schließlich der Kombination dieser «Elementarvaliditäten» zur gemeinsamen «synthetischen Validität». Basis ist eine standardisierte, quant. *Anforderungsanalyse* (keine *critical incident technique*).   H. Schuler

Validität (= V.) [engl. *validity*; lat. *valere* gelten, wert sein, *validus* fest, gesund, bedeutend], syn. *Gültigkeit*, **[DIA]**, ein Hauptgütekriterium (*Gütekriterien*) diagn. Messverfahren, das erfüllt ist, wenn das Verfahren dasjenige Merkmal, das es messen soll bzw. vorgibt zu messen, hinreichend genau misst. Die Bewertung der V. von diagn. Befunden erfordert i. d. R. eine integrative Betrachtung mehrerer empirischer und theoretischer V.aspekte, die die Angemessenheit der Schlussfolgerungen bzgl. Eigenschaften oder des Verhaltens außerhalb des Testkontexts stützen bzw. belegen. Deshalb muss die Wahl der V.prüfung aufgrund der Anwendungs- bzw. Interpretationsintention begründet werden, wobei versch. Schlüsse vom Testergebnis auf das Verhalten außerhalb der Testsituation bedeutsam sein können: (a) *Repräsentationsschluss*: Deckt das Verfahren den zu erfassenden Inhaltsbereich adäquat ab? (Schwerpunkt: *Validität, inhaltliche*); (b) *theoriebasierte Interpretation*: Erfasst ein Verfahren ein *Konstrukt* in theoretisch bedeutsamer, distinkter Weise? (Schwerpunkt: *Konstruktvalidität*). (c) *kriteriumsbezogener Schluss*: Stehen die Testergebnisse in angemessenem Zus.hang mit Drittmerkmalen? (Schwerpunkt: *Kriteriumsvalidität*). **[FSE]**, Gütekriterium von *Forschungsdesigns*, das die Gültigkeit von Schlussfolgerungen aus Studienbefunden betrifft: *Validität, interne*; *Validität, externe*. Hartig et al. 2007.

Validität, Augenschein- *Augenscheinvalidität*.

Validität, äußere [engl. *external criterion validity*]; *Kriteriumsvalidität*.

Validität, differenzielle (= d. V.) [engl. *differential validity*; lat. *differentia* Unterschied], **[DIA]**, die spezif. *Validität* von Tests für best. Stichproben oder Substichproben. Bis in die 1960er-Jahre hinein wurde – z. T. unhinterfragt – angenommen, dass die Beziehung zw. Test und Kriterium auch bei heterogenen Stichproben einheitlich und nur durch Messfehler beeinträchtigt sei. Danach setzte sich zunehmend die Erkenntnis durch, dass die V. bei versch. Substichproben durchaus unterschiedlich ausfallen kann. So gelang es, i. R. schulischer Untersuchungen zum Zusammenhang zw. Intelligenzquotient und Schulleistungen zu zeigen, dass dieser bei Jungen geringer als bei Mädchen ausfällt. Auf Basis der Erkenntnisse der metaanalytischen *Validitätsgeneralisierung*, die mithilfe einer stat. anspruchsvollen Aggregation zahlreicher Studien eine weitgehende Verallgemeinerbarkeit von V.koeffizienten nachgewiesen hat, wurde die Spezifität von V.befunden ab Ende der 1970er-Jahre wiederum relativiert. Heute besteht je nach Forschungsansatz eine unterschiedliche Beleuchtung, inwieweit d. V. tatsächlich gegeben ist oder aber sich diese mehr oder weniger stark auf Messfehleranteile zurückführen lässt, also die wahren Werte kaum unterscheiden. Je nach Zielgruppe ist es allerdings durchaus sinnvoll, nicht nur auf die allg. ausgewiesenen V. zu verweisen, sondern z. B. bei konkreten Bewährungskontrollen einen Fokus auf die ggf. aussagekräftigere d. V. zu legen. Ghiselli 1963.   R. Hossiep

Validität, diskriminante (= d. V.) [engl. *discriminant validity*; lat. *discriminare* unterscheiden], **[DIA]**, ist eine Facette der *Konstruktvalidität* und dient der *Validierung* eines Messinstruments (z. B. *Test*). V. ist dann gegeben, wenn aufgrund der Messungen eines Merkmals mit einem best. Messinstrument keine Rückschlüsse auf die Ausprägungen eines anderen Merkmals, das von dem zu erfassenden Merkmal unabhängig sein soll, gezogen werden können. Zur Bestimmung der d. *Validität* werden häufig die Korrelationen der Messungen versch. Merkmale untersucht. Je weniger die Korrelation von null abweicht, desto größer ist die V. Anhand der *konfirmatorischen Faktorenanalyse* kann überprüft werden, ob schwache Korrelationen zw. den beobachteten Messungen d. V. anzeigen oder aber auf unsystematische Messfehlereinflüsse zurückgeführt werden können. Untersuchungen zur V. werden häufig mittels der *Multitrait-Multimethod-Analyse* durchgeführt. Eid et al. 2006, Campbell & Fiske 1959. M. Eid

Validität, externe (= e. V.) [engl. *external validity*; lat. *exter* außen befindlich], **[FSE]**, ein Studienbefund ist e. valide, wenn die Gültigkeit des Studienbefundes auf andere Personen (*Populationsv.*) oder auf von der Untersuchung abweichende Situationen (*Situationsv.; ökologische Validität*) übertragen oder generalisiert werden kann. *Interne Validität* stellt eine Voraussetzung für e. V. dar, da sich nur für nachgewiesene Effekte die Frage stellt, für welche Populationen und Situationen die Erkenntnisse begründet als gültig angenommen werden können. E. V. auf Basis der Untersuchung einer *Stichprobe* ist bzgl. einer *Population* gegeben, wenn es sich um eine (hinreichend große) *repräsentative* Stichprobe handelt. Werden nicht repräsentative Stichproben unsertsucht, so ist es zur Sicherstellung der e. V. günstig, unterschiedliche Stichproben aus unterschiedlichen Populationen (z. B. alleine vs. in Partnerschaft lebend; erstmalig vs. wiederholt erkrankt) zu untersuchen und auch die Untersuchungsbedingungen (z. B. Gruppen- vs. Einzeltherapie; ambulant vs. stationäre Versorgung) systematisch zu variieren. Je invarianter ein Effekt gegenüber Stichproben- bzw. Untersuchungsmerkmalen ist, desto höher ist die e. V. Erweisen sich Effekte nicht als stabil, so sollten Moderatoren des Effekts explizit untersucht werden. *Generalisierbarkeitstheorie*. Shadish et al. 2001.

Validität, Faktorentheorie *Testtheorie*.

Validität, inhaltliche (= i. V.) [engl. *content validity*; content Inhalt, lat. *continere* beinhalten], syn. Inhaltsv., Kontentv., logische V., **[FSE]**, bez. das Ausmaß, in dem ein diagn. Messverfahren inhaltlich das erfasst, was es zu messen vorgibt (*Validität*). Alle Aspekte, die für ein zu erfassendes *Konstrukt* von Bedeutung sind, müssen durch die Testitems *repräsentativ* erfragt werden. Stellt z. B. Suizidalität einen wesentlichen Aspekt der zugrunde liegenden Def. von *Depression* dar, so muss dieser Aspekt durch das Testverfahren gültig erfasst werden. Zudem dürfen keine für das Konstrukt irrelevanten Aspekte erfasst werden. Ein Wissenstest ist dann inhaltlich valide, wenn die abgefragte Wissen eine repräsentative Stichprobe des gesamten Wissensbereichs ist, um den es geht. Meist ist der zu messende Inhaltsbereich aber nur ungefähr eingrenzbar; dann besteht die Schwierigkeit der i. V. vor allem darin, ihn genauer zu def. I. d. R. sollte die *Augenscheinvalidität* für hinreichende i. V. sichergestellt sein. Systematische Experteninterviews (*Delphi-Technik*) oder Expertenratings können zur Prüfung der i. V. eingesetzt werden: Besteht Expertenkonsens bzgl. der repräsentativen Erfassung aller relevanten inhaltlichen Aspekte und wird die Passung von Item zu dem zu erfassenden Konstrukt übereinstimmend (*Beurteilerübereinstimmung*) hoch eingeschätzt, so indiziert dies hohe i. V. Klauer 1984.

Validität, inkrementelle (= i. V.) [engl. *incremental validity*; lat. *incrementum* Zuwachs, Ergänzung], **[DIA]**, i. V. ist ein von Sechrest (1963) eingeführter Begriff zur Bez. des von einem Prädiktor zusätzlich erklärten Varianzanteils (*Varianzaufklärung*) eines Kriteriums nach Berücksichtigung anderer Prädiktoren (*Validität, kriteriumsbezogene Validität*). I. V. ist somit identisch mit der eigenständigen Prognosekraft eines Messinstruments. Bsp.: (1) Studierfähigkeitstests gelten in dem Maße als inkrementell valide, in dem sie eigenständige Varianz eines Studienerfolgskriteriums (z. B. Abschlussnote eines Studiengangs) nach Berücksichtigung anderer Studienerfolgsprädiktoren wie der Abiturdurchschnittsnote erklären. (2) Auch bei der Diagnose der beruflichen Eignung (*Eignungsdiagnostik*) spielt die i. V. der einzelnen Instrumente (*eignungsdiagnostisches Interview*, *Assessment Center*, Zeugnisse etc.) eine wichtige Rolle. Formazin et al. 2011. M. Schmitt

Validität, innere [engl. *internal criterion validity*]; *Kriteriumsvalidität*.

Validität, interne (= i. V.) [engl. *internal validity*; lat. *interna* das Innere], **[FSE]**, *Validität* einer kausalen Ableitung oder Schlussfolgerung (*Kausalität*); Voraussetzung dafür, eine Variation der *abhängigen Variablen* als kausale Folge der Variation einer *unabhängigen Variablen* zu interpretieren. Shadish et al. (2001) nennen folg. Bedingungen, um aufgrund empirischer Studienbefunde eine kausale Beziehung zw. den untersuchten Variablen ableiten zu können: (1) Die Ursache geht der Konsequenz zeitlich voraus. (2) Es besteht ein Zus.hang zw. den Variablen (*Korrelation*). (3) Es bestehen keine plausiblen alternativen Erklärungsmöglichkeiten für den beobachteten Zus.hang [engl. *nonspuriousness*]. I. V. wird u. a. durch Verwendung adäquater *Kontrollgruppen*, Kontrolle weiterer möglicher Einflussvariablen (z. B. Konstanthaltung, *Randomisierung*; *interne Validität, Bedrohungen*), Verwendung psychometrisch geprüfter Messinstrumente und Vorher-nachher-Messungen der abhängigen Variablen herzustellen versucht. Das *Experiment* gilt als Königsweg zur Sicherstellung der i. V. (*randomisierte kontrollierte Studie*), während z. B. ein *Quasi-Experiment* oder eine Korrelationsstudie eine geringere i. V. besitzen. Je höher die i. V. einer Studie, desto höher ist die Evidenz für die Ableitung einer kausalen Beziehung. *Evidenzbasierung*.

Validität, konkurrente [engl. *concurrent validity*; lat. *concurrere* zus.treffen/fallen]; *Kriteriumsvalidität*.

Validität, konvergente (= k. V.) [engl. *convergent validity*; lat. *con-* zusammen, *vergere* gerichtet sein], **[DIA]**, um ein *Merkmal* zu messen, muss man sich einer Messmethode bedienen (z. B. *Selbstbericht*, *Fremdbericht*, physiol. Messung). Die anhand versch. Messmethoden gewonnenen Erkenntnisse über eine Merkmalsausprägung und über Merkmalsunterschiede können sich daher zw. Messmethoden unterscheiden. K. V. ist dann gegeben, wenn Schlussfolgerungen in Bezug auf eine Merkmalsausprägung oder Merkmalsunterschiede, die anhand einer Messmethode gewonnen wurden, sich auch auf andere Messmethoden verallgemeinern lassen. Die k. V. wird häufig anhand der Korrelationen der Merkmalsausprägungen, die anhand versch. Messmethoden gewonnen wurden, überprüft. Je höher die Korrelationen, desto größer ist die k. V. Liegt geringe k. V. vor, so zeigt dies an, dass man anhand unterschiedlicher Methoden zu unterschiedlichen Schlussfolgerungen kommt. Man spricht dann von hoher Methodenspezifität. Modelle der *konfirmatorischen*

Faktorenanalyse erlauben es, die Methodenspezifität (systematische Methodeneinflüsse) von unsystematischen Messfehlereinflüssen zu trennen (*Reliabilität*). Untersuchungen zur k. V. werden häufig i. R. der *Multitrait-Multimethod-Analyse* durchgeführt. *Konstruktvalidität*. Eid et al. 2006, Campbell & Fiske 1959. *M. Eid*

Validität, kriteriale *Kriteriumsvalidität*.
Validität, logische *Validität, inhaltliche*.
Validität, ökologische *ökologische Validität*.
Validität, prädiktive/prognostische/Vorhersage- [engl. *predictive/prognostic validity*; lat. *praedicere* ankündigen, gr. πρό (pro) vor, γνῶσις (gnosis) (Er-)Kenntnis]; *Kriteriumsvalidität*.

Validität, soziale (= s. V.) [engl. *social validity*; lat. *socialis* gemeinschaftlich], [**AO, SOZ**], Konzept der Gestaltung von Interaktionsprozessen (*Interaktion, Kommunikation*), die durch unterschiedliche Machtverteilung gekennzeichnet sind – in personalps. Kontext insbes. von Auswahl- und Beurteilungsprozessen – i. S. prozeduraler Fairness (*organisationale Fairness*). Als wesentliche Bestimmungsgrößen der s. V. werden angenommen: *Information, Partizipation/Kontrolle, Transparenz* und *Urteilskommunikation/Feedback*. *H. Schuler*

Validität, Vorhersage- [engl. *predictive validity*], *Validität*.
Validitätsgeneralisierung (= V.) [engl. *validity generalization*; lat. *generalis* allgemein], [**AO, DIA, FSE**], ist das Ergebnis der Anwendung metaanalytischer Techniken (*Metaanalyse*) auf *Validität*sdaten (-koeffizienten), bei der die Generalisierbarkeit von Koeffizienten über versch. Erhebungen hinweg stat. anspruchsvoll vorgenommen wird. Kern der Methode ist, die auf stat. Artefakte zurückgehende *Varianz* der Validitätskoeffizienten aus zahlreichen Untersuchungen zu eliminieren. Größte Varianzquellen sind *Stichprobenfehler*, Kriteriumsvarianzeinschränkungen und mangelnde Kriteriums*reliabilitäten*. V. spielt bei der Renaissance der *Eignungsdiagnostik* ab Anfang der 1980er-Jahre ausgehend von den USA eine zentrale Rolle. Durch die Abschätzung der «wahren» Prognostizität konnte der Einsatz von *Personalauswahl*verfahren mit der betriebswirtschaftlichen Kostenrechnung verknüpft werden. Die Methode der V., deren math. Grundlagen auf teilweise durchaus fragwürdigen Annahmen beruhen, ist nicht unumstritten. Unterschiedliche Datenaggregationen führen – trotz z. T. identischer Ausgangsdaten – zu deutlich versch. Maßzahlen. Methodische Probleme bestehen u. a. in der Wahrscheinlichkeit, eine moderate Varianz der «wahren» *Korrelation* zu entdecken, wenn in den Einzelstudien keine großen Datenmengen vorliegen. Eine weitere Problematik besteht in der Auswahl der Daten, die Eingang in die Metaanalyse finden. Zudem ist der Grad der Präzision umstritten, mit dem die Hypothese über den Prädiktor-Kriterium-Zusammenhang formuliert werden muss. Getrübt wird die Belastbarkeit der mithilfe dieser Methode z. B. für die *Personalpsychologie* gewonnenen Erkenntnisse durch die Tatsache, dass nahezu alle verwendeten Ausgangsdaten aus den USA stammen und möglicherweise auch den dt.sprachigen Anwendungskontext nur bedingt übertragbar sind. *Generalisierbarkeitstheorie*. Hunter & Schmidt 2004. *R. Hossiep*

Valproinsäure (= V.) [engl. *valproic acid*], [**PHA**], *Antiepileptikum*, das keine strukturelle Ähnlichkeit mit anderen antikonvulsiven Wirkstoffen (*Antikonvulsiva*) zeigt. Als Wirkmechanismen von V. werden eine Erhöhung der *GABA*-mediierten Inhibition durch einen präsynaptischen Effekt (*Synapse*) auf den GABA-Metabolismus und/oder eine direkte postsynaptische Wirkung auf die Ionenkanälchen der neuronalen Membran angenommen. In Dt. zugelassen zur Behandlung manischer *Syndrome* (*Manie*) sowie zur Rezidivprophylaxe bipolarer affektiver Störungen (*bipolare Störungen*). Hinweis für teratogenes Risiko (*Teratogene*). Benkert & Hippius 2013. *M. Paulzen*

Values in Action Inventory of Strengths (VIA-IS) *Charakterstärken und Tugenden*, *Positive Psychologie*.

Vandalismus (= V.) [engl. *vandalism*; Vandalen germanisches Volk, das im Jahr 455 n. Chr. plündernd in Rom einfiel], [**SOZ**], beschreibt kontraproduktives Verhalten auf Makroebene und geht ursprünglich auf den frz. Bischof Henri-Baptiste Grégoire (Grégoire 1794) zurück, der damit sinnloses Morden und die Zerstörung von Kunstwerken beschrieben hat. In der Gegenwart bezeichnet V. eine im weitesten Sinne bewusste illegale Beschädigung oder Zerstörung fremden Eigentums und verursacht in Dt. jährlich Schäden von etwa 1 Mrd. Euro. Die zumeist jugendlichen Täter mehrheitlich männlichen Geschlechts beschädigen vor allem Güter, die der Allgemeinheit dienen, wie Bahnhofseinrichtungen, öffentliche Verkehrsmittel, Telefonzellen und öffentliche Gebäude. Problematisch sind dabei neben den materiellen auch die soz. Kosten, z. B. wenn rassistische Parolen auf öffentliche Gebäude geschmiert werden. Die zugrundeliegenden Motive können nach Goldstein (1996) anhand von drei unterschiedlichen Theorien erklärt werden: (1) Nach der *Ästhetiktheorie* können Faktoren, die Einfluss auf ästhetische Erfahrungen haben, wie Komplexität, Vorhersagbarkeit und Neuheit, auch Spaß an der Zerstörung von Objekten hervorrufen. Einfache Situationen und Objekte erzeugen demnach schneller Langeweile, während Unerwartetheit zu Überraschung und pos. Aufgeregtheit führt. (2) Die *Enjoyment Theory* [engl. *Theorie des Vergnügens*] betont vor allem eine relative intrinsische (*Motivation, intrinsische; Theorien*) Belohnung durch V., also ein Genießen von unsoz. Verhaltensweisen in Situationen, die als langweilig erlebt werden und denen man sich nur schwer entziehen kann, z. B. im Schulalltag. (3) Die *Gerechtigkeits-Kontroll-Theorie* sieht das Motiv für V. vor allem darin, auf wahrgenommene Ungerechtigkeit mit zerstörerischem Handeln zu reagieren, um so subj. Gerechtigkeit herzustellen. Wenn erlebte Ungerechtigkeit beeinflusst werden kann, wird auf gesellschaftlich akzeptierte Mittel zurückgegriffen, bei empfundener Hilflosigkeit stellt V. eine Möglichkeit dar, das Gefühl fehlender Kontrolle zu kanalisieren. *Gewalt, Gewaltdelinquenz*. *C. Kogler/E. Kirchler*

Vanillinmandelsäure [engl. *vanillylmandelic acid (VMA)*], [**BIO**], neben *MHPG* Abbauprodukt von *Noradrenalin*.

Vardenafil (= V.), Levitra®, [**PHA**], V. ist ein *Phosphodiesterasehemmer*, zugelassen zur Behandlung der *erektilen Dysfunktion* bei erwachsenen Männern. V. verursacht eine gezielte, selektive Hemmung der cGMP-spezif. Phosphodiesterase Typ 5 (PDE-5), die vor allem in der glatten Muskulatur der Schwellkörper im Penis (Corpora cavernosa) zu finden ist. Dadurch wird der Effekt des endogenen Stickstoffmonoxids, das als Reaktion auf sexuelle Stimulation freigesetzt wird, beträchtlich verstärkt. Es kommt zu einer Entspannung der glatten Muskulatur in den Corpora cavernosa und zum vermehrten Bluteinstrom in das Penisgewebe, wodurch eine Erektion hervorgerufen wird. Diese tritt innerhalb von durchschnittlich 25 Min. nach der Einnahme ein. Für den therap. Effekt von V. ist eine gleichzeitige sexuelle Stimulation erforderl. Die empfohlene Dosis beträgt 10 mg (je nach Wirksamkeit und Verträglichkeit angepasst auf 5 bis max. 20 mg). Diese sollte ungefähr 25 bis 60 Min. vor dem Geschlechtsverkehr eingenommen werden, jedoch nicht häufiger als einmal tägl. V. darf nicht unkritisch verschrieben werden. Aufgrund des nicht unerheblichen *Nebenwirkungs-* und Interaktionspotenzials ist die Verschreibung in folg. Fällen kontraindiziert: Bei gleichzeitiger Anwendung von Nitraten oder Stickstoffmonoxid-Donatoren (wie Amylnitrit), bei Pat., die aufgrund einer nicht arteriitischen anterioren ischämischen Optikusneuropathie (NAION) ihre Sehkraft auf einem Auge verloren haben, sowie generell bei Männern, denen von sexuellen Aktivitäten abzuraten ist (z. B. aufgrund von schweren Herz-Kreislauf-Erkrankungen). Ferner ist das Präparat kontraindiziert bei Pat. mit schwerer Leber- und Niereninsuffizienz, *Hypotonie* (Blutdruck < 90/50 mmHg) sowie nach kürzlich erlittenem *Schlaganfall* oder Herzinfarkt. Bekannte erbliche degenerative Erkrankungen der Netzhaut (z. B. Retinitis pigmentosa) stellen ebenfalls eine Kontraindikation dar. Zu den häufigsten Nebenwirkungen von V. gehören Blutdruckabfall, Kopfschmerzen, *Schwindel*, Flush, verstopfte Nase, Dyspepsie, *Schlafstörungen*, *Somnolenz*, Parästhesien, visuelle Störungen, Palpitation sowie gastrointestinale Beschwerden. V. wird hauptsächlich in der Leber über das Cytochrom P450 (CYP) Isoenzym 3A4 und mit geringer Beteiligung der CYP3A5- und CYP2C-Isoenzyme metabolisiert. Inhibitoren dieser Isoenzyme (z. B. einige HIV-Medikamente, Ketokonazol, Erythromycin, Grapefruitsaft) können daher zu einem deutlichen Spiegelanstieg führen. *Erektionsstörungen*.

T. Veselinović

Vareniclin (= V.), **[PHA]**, V. ist unter dem Namen Champix® seit Oktober 2006 in Europa als Medikament zur Raucherentwöhnung zugelassen. Der Wirkmechanismus beruht vornehmlich auf einem Partialagonismus an nikotinischen *Acetylcholin*-Rezeptoren des Subtyps α4β2, denen eine maßgebliche Rolle bei der suchterzeugenden Wirkung des *Nikotins* zugeschrieben wird. Durch den partiellen Agonismus werden einerseits die Entzugssymptome der Raucherentwöhnung gemindert und andererseits die Effekte von extern zugefügtem Nikotin gehemmt, womit zusätzlich Rauchen ohne Wirkung bleibt. V. hat nach vollst. Resorption eine hohe orale *Bioverfügbarkeit*. Der max. *Plasmaspiegel* wird innerhalb von 3–4 Std., das Steady State nach 4 Tagen erreicht. Empfohlen wird eine langsame Eindosierung: Tag 1–3: 0,5 mg 1/d, Tag 4–7: 2 x 0,5 mg/d, ab Tag 8: 2 x 1 mg/d. Es wird eine Behandlung von 12 Wochen empfohlen. Diese kann aber ggf. verlängert werden. V. ist ein verschreibungspflichtiges, jedoch nicht erstattungsfähiges Medikament, sodass es, i. Ggs. zu den freiverkäuflichen Nikotinersatzstoffen auf Privatrezept verordnet werden muss. Häufig beobachtete *Nebenwirkungen* von V. sind Übelkeit (bei 30 %), Kopfschmerzen, abnorme Träume, Schlaflosigkeit, Müdigkeit, *Schwindel*, gesteigerter Appetit, Diarrhö, Dyspepsie, Obstipation, Erbrechen, Flatulenz, Geschmacksveränderungen, Mundtrockenheit. In Einzelfällen sind bei der Anwendung von V. vermehrte Stimmungsschwankungen bis hin zu suizidalen Gedanken und ein erhöhtes Risiko kardiovaskulärer Ereignisse berichtet worden, daher muss bei Pat. mit kardiovaskulären und psych. Vorerkrankungen das Nutzen-Risiko-Verhältnis sorgfältig abgewogen werden. *Raucherentwöhnung, Pharmakotherapie*.

T. Veselinović

Variabilitätskoeffizient (= V.) [engl. *coefficient of variation*; lat. *variatio* Unterschied]; syn. *Variationskoeffizient*.

Variabilitäts-Konstanz-Relation, **[WA]**, die Hauptstreckungsrichtung einer Figur ist zugleich die Richtung, in der eine Figur (jedoch nicht ihre «*Qualität*») verändert werden kann, ohne ihr anschaulich Schaden zu tun; in der dazu queren Richtung liegt die Figur anschaulich fest. Rausch 1952.

Variabilitätsnormen [engl. *variability norms*; lat. *variatio* Unterschied, *norma* Maßstab], **[DIA]**, Normwerte eines standardisierten Tests, die sich auf die Streuung der *Eich-Stichprobe* beziehen. Es wird ermittelt, in welchem Abstand sich die Leistung eines Testwertes eines Pb vom Mittelwert der Eichstichprobe befindet. *Normskalen*.

Variable [engl. *variable*; lat. *variare* verändern], **[FSE]**, veränderliche Größe. Repräsentiert ein Merkmal, bzgl. dessen unterschiedliche Ausprägungen existieren. Ggs. *Konstante*. *Variable, abhängige*, *Variable, unabhängige*, *Variable, dichotome*, *Variable, diskrete*, *Variable, intervenierende*, *Variable, konfundierte*, *Variable, kontinuierliche*, *Variable, latente*, *Variable, manifeste*, *Moderatorvariable*, *Variable, polytome*, *Variable, qualitative*, *Variable, quantitative*, *Variable, stetige*.

Variable, abhängige (= AV) [engl. *dependent variable*], syn. *Kriterium*, **[FSE]**, diejenige(n) *Variable*(n), deren Ausprägungen aus den Ausprägungen einer oder mehrerer *unabhängiger Variablen* erklärt oder vorhergesagt werden sollen (*Prognose*). Z. B. soll mittels einer einfachen linearen Regressionsanalyse (*Regression, lineare*) untersucht werden, ob und inwieweit die Gedächtnisleistung (AV) durch das Lebensalter (unabhängige Variable) vorhergesagt werden kann. Im *Experiment* wird der kausale Effekt (*Kausalität*) der unabhängigen V. auf die AV untersucht. Döring & Bortz 2016.

D. Krampen

Variable, dichotome (= d. V.) [engl. *dichotomous variable*; griech. δύο (*dyo*), τομή (*tome*) das Schneiden], **[FSE]**, *Variable* mit zwei Merkmalsausprägungen. Die Werte einer d. V. repräsentieren *natürlich* d. oder *künstlich* d. Merkmalsausprägungen. Natürlich dichotome (*Dichotomie*) Merkmale können von Natur aus nur zwei Ausprägungen annehmen, z. B. «0» = «männlich» vs. «1» =

«weiblich» oder «0» = «nicht Beruf A» vs. «1» = «Beruf A». Künstlich dichotomisierte Merkmale sind aufgrund einer Messvorschrift zweistufig ausgeprägt, obwohl ihnen ein feiner skaliertes Merkmal zugrunde liegt (*Variable, latente*). Eine künstliche Dichotomie liegt z. B. vor, wenn das kontinuierliche Merkmal *Motivation* (1) vereinfacht in zwei Stufen erfasst wird («Bist du motiviert?»: «0» = «nein» vs. «1» = «ja») oder (2) nachträglich in zwei Gruppenwerte recodiert wird (z. B. «Werte auf einer Motivationsskala < 7» = «0» vs. «Werte auf einer Motivationsskala ≥ 7» = «1»). McCallum et al. 2002.

Variable, diskrete [engl. *discrete variable*, lat. *discernere* unterscheiden], **[FSE]**, *Variable* mit endlich vielen (z. B. natürliche Zahlen von 1 bis 5) oder abzählbar unendlich vielen (z. B. natürliche Zahlen von 1 bis ∞) Ausprägungen. In definierten Intervallen können alle Variablenausprägungen aufgezählt werden. Ggs. *Variable, kontinuierliche*.

Variable, intervenierende (= i. V.) [engl. *intervening variable*; lat. *intervenire* dazw.treten], **[KOG]**, im *Behaviorismus* nach Tolman die zw. vorausgehenden Beobachtungen, die antezedente Bedingungen sind, und dem beobachteten Verhalten einzusetzende Größe. Z. B. «Menschenmenge» → i. V. «Angst» → «physiolog. Reaktion» oder «Flucht». Im Behaviorismus wurde durch Fokussierung auf Auflösebedingungen und beobachtbaren Reaktionen die Beschäftigung mit i. V. als wiss. nicht gewinnbringend eingeschätzt. *Operationalismus*. **[FSE]**, *Mediatorvariable*.

Variable, konfundierte [engl. *confounding variable*; lat. *confundere* vermischen, vermengen], *Konfundierung*.

Variable, kontinuierliche [engl. *continuous variable*; lat. *continuus* zusammenhängend], **[FSE]**, Variable mit unendlich vielen Ausprägungen. Zwischen zwei beliebigen Skalenwerten sind unendlich viele, beliebig fein auflösbare Intervalle definiert. Zur Bez. sind rationale Zahlen mit beliebig vielen Nachkommastellen definiert. Bspw. lassen sich für ein Zeitintervall zw. 0,51 und 0,52 Sek. beliebig viele Zwischenwerte angeben. Eid et al. 2013.

Variable, latente (= l. V.) [engl. *latent variable*; lat. *latere* verborgen/versteckt sein], **[DIA, FSE]**, (1) In einem psychometrischen Modell (*Psychometrie*) postulierte *Variable*, die nicht direkt, sondern nur indirekt auf Basis messbarer Merkmale (*Variable, manifeste*) gemäß einer begründeten Schätzprozedur geschätzt werden kann. So sind z. B. «Intelligenz» bzw. «Depressivität» theoretisch postulierte l. V. (*Konstrukt*), deren Ausprägung über die Bearbeitung von Aufgaben eines Intelligenztests bzw. Depressionsfragebogens geschätzt, aber niemals genau best. werden können. *Faktorenanalyse, konfirmatorische, Item-Response-Theorie (IRT), Latente Klassenanalyse, Messtheorie, Rasch-Modell*. (2) *Strukturgleichungsmodelle* erlauben die Schätzung von Zus.hängen zw. l. V., die jew. über mehrere Indikatoren indirekt abgebildet werden. *Messung, formative vs. reflektive*. (3) Es existieren Korrelationstechniken, die im Falle künstlich dichotomisierter (*Dichotomie*) oder polytomisierter Merkmale, die als l. normalverteilt angenommen werden können, den l. bivariaten Zs.hang. schätzen (*Korrelation, nue-Koeffizient, tetrachorische Korrelation, polychorische Korrelation*). Bollen 2002.

Variable, manifeste (= m. V.) [engl. *manifest variable*; lat. *manifestus* offensichtlich, etw. sichtbar verratend], **[DIA, FSE]**, *Variable*, deren Wert direkt erfasst werden kann. Die Antworten auf die Items eines Fragebogens oder eines Tests sind m. V., die zur Schätzung einer zugrunde liegenden, nicht direkt erfassbaren Merkmalsausprägung (*Konstrukt, Variable, latente*) genutzt werden können, wenn ein begründetes psychometrisches Modell (z. B. *Item-Response-Theorie (IRT), klassische Testtheorie*) zugrunde liegt. *Korrelation, Messtheorie, Messung, formative vs. reflektive*.

Variable, moderierende *Moderatorvariable.*

Variable, polytome [engl. *polytomous variable*; gr. πολύς (polys) mehrere, τομή (tome) das Schneiden], **[FSE]**, Variable mit mehr als zwei diskreten Merkmalsausprägungen. Die Merkmalsausprägungen können nominal-, ordinal- oder metrisch skaliert sein. Für ordinalskalierte Merkmale wird bei stat. Analyseverfahren für latente Merkmalsstrukturen (*Variable, latente, Korrelation*) angenommen, dass diese ordinale Stufung durch eine künstliche Polytomisierung (*Variable, dichotome*) eines feiner skalierten latenten Merkmals entstanden ist (z. B. «IQ < 85» = «geringe Intelligenz», «85 ≤ IQ < 115» = «durchschnittliche Intelligenz», «IQ ≥ 115» = «hohe Intelligenz»).

Variable, qualitative [engl. *qualitative variable*], *qualitative Merkmale.*

Variable, quantitative [engl. *quantitative variable*], *quantitative Merkmale.*

Variable, stetige [engl. *continuous variable*], *Variable, kontinuierliche.*

Variable, unabhängige [engl. *independent variable*], Abk. *UV*, syn. *Prädiktor*, **[FSE]**, diejenige(n) *Variable*(n), aus deren Ausprägungen die Ausprägungen einer oder mehrerer *abhängiger Variablen* erklärt oder vorhergesagt werden sollen (*Prognose*). In einem *Experiment* ist die UV eine V., die planmäßig variiert wird, z. B. wenn die Anzahl der Fehler in einem Konzentrationstest (abhängige V.) in Abhängigkeit von der Gabe unterschiedlich hoher Koffeindosen (UV) untersucht werden soll. *D. Krampen*

Varianz (= V.) [engl. *variance*; lat. *variantia* Verschiedenheit], syn. *zweites Zentralmoment*, **[FSE]**, stat. Kennwert der Variabilität oder *Dispersion* einer Messwertreihe oder *Verteilung*, der mind. Intervallskalenniveau (*Skalenniveau*) voraussetzt. Die V. ist def. als die (geschätzte) durchschnittlich quadrierte Abweichung vom Erwartungswert oder Mittelwert (*arithmetisches Mittel*).

σ^2 bez. die Varianz einer *Population*:

$$\sigma^2 = \frac{1}{N} \cdot \sum_{i=1}^{N} (x_i - \mu)^2$$

N = Anzahl der Populationselemente
μ = Erwartungswert

$\hat{\sigma}^2$ bez. die aus Daten einer *Stichprobe* geschätzte V. der Population und s die V. in einer Stichprobe:

$$\hat{\sigma}^2 = \frac{1}{N-1} \cdot \sum_{i=1}^{N} (x_i - \bar{x})^2$$

$$s^2 = \frac{1}{N} \cdot \sum_{i=1}^{N}(x_i - \bar{x})^2$$

$\bar{x}$ = *arithmetisches Mittel* der Stichprobenelemente
Da die V. ein Maß der Information ist, die eine Variable enthält, und günstige math. Eigenschaften besitzt, ist sie ein bes. zentrales Maß der *Statistik*. In der *Testtheorie* werden bspw. Instrumente so entwickelt, dass diese einen möglichst hohen Anteil systematischer oder wahrer V. erfassen (*Reliabilität*). In der multivariaten, parametrischen Statistik ist der Anteil systematisch erklärbarer V. (*Determinationskoeffizient*) das wichtigste Maß zur Beuteilung der Informationsgüte. *Varianzanalyse*. Wirtz & Nachtigall 2012.

Varianzanalyse (= V.) [engl. *analysis of variance (ANOVA)*; lat. *variantia* Verschiedenheit, gr. ἀνάλυσις *(analysis)* Auflösung], [**FSE**], bezeichnet eine Gruppe stat. *Signifikanztests* zur Prüfung von Mittelwertunterschieden einer *abhängigen Variable* für versch. Stufen einer mehrklassigen *unabhängigen Variable* oder mehrerer unabhängiger Variablen. Das Verfahren basiert auf einer Zerlegung der Variation (*Varianzzerlegung*) der abhängigen Variablen in versch. Varianzkomponenten, die in Zusammenhang mit je einer unabhängigen Variablen allein oder mit der Kombination der Klassen mehrerer unabhängiger Variablen (*Interaktion*) oder auf Messfehler zurückgeführt werden können (*Quadratsumme*). Das Grundkonzept der V. soll anhand einer einfaktoriellen V. dargestellt werden: Liegt eine aus verschiedenen Gruppen (*Stichprobe*) zus.gesetzte Datenmenge vor, so kann die Varianz der ihr zugrunde liegenden Population einerseits aus der Varianz der einzelnen Gruppen geschätzt werden («Varianz innerhalb») und andererseits aus der Varianz der Gruppenmittelwerte um den Gesamtmittelwert aller Beobachtungen («Varianz zwischen»).

Da die erste dieser beiden Schätzungen auf einer größeren Zahl von Daten beruht und von den zw. den Gruppen möglicherweise bestehenden Mittelwertsunterschieden unbeeinflusst ist, stellt sie die verlässlichere Schätzung der Populationsvarianz dar. Entstammen nun die versch. Gruppen einer gemeinsamen *Population* und unterscheiden sich in ihren Mittelwerten daher nur zufällig bzw. nicht systematisch voneinander, dann sollten beide Schätzungen der Populationsvarianz zum gleichen Resultat führen. Unterscheiden sich die Gruppen jedoch in ihren Mittelwerten systematisch, dann wird jene Varianzschätzung, die auf der Variation der Gruppenmittelwerte beruht («Varianz zwischen»), größer ausfallen als die aufgrund der Varianzen der einzelnen Gruppen («Varianz innerhalb»). Rechnerisch werden die Varianzschätzungen durch eine Zerlegung der Summe der quadrierten Abweichungen aller Einzelmessungen vom gemeinsamen Mittelwert («Quadratsumme total») in zwei Komponenten, nämlich in die mittlere Summe der quadrierten Abweichungen der Einzelmessungen vom jew. Gruppenmittelwert («Quadratsumme innerhalb») und in die Summe der quadrierten Abweichungen der Gruppenmittelwerte von ihrem gemeinsamen Mittelwert («Quadratsumme zwischen») gewonnen.

Die einzelnen Quadratsummen werden durch die ihnen zugehörigen Freiheitsgrade dividiert und so in Varianzen bzw. in Varianzschätzungen überführt (MS = mean square). Ob die Schätzung der «Varianz zwischen» (MS_{zw}) signifikant größer als die der «Varianz innerhalb» (MS_{inn}) ist, wird mit dem F-Test geprüft, wobei F nach

$$F = \frac{MS_{zw}}{MS_{inn}}$$

bestimmt wird. Ist der errechnete *F-Wert* (gegeben die entspr. Zähler- und Nennerfreiheitsgrade) signifikant, so sind zur Feststellung, welche der Gruppenmittelwerte voneinander versch. sind, nachträglich paarweise Mittelwertsvergleiche auf Basis von sog. *Kontrasten* durchzuführen.

Die Anwendung der V. setzt Intervallvariablen (*Intervallskala*), *Normalverteilung* der Population und Homogenität der einzelnen Gruppenvarianzen voraus (*Varianzhomogenität*). Während das Verfahren gegenüber Abweichungen von der Normalität robust ist, ist es gegen Verletzung der Homogenität sensibel. Werden die Voraussetzungen nicht erfüllt, so können Korrekturformeln angewendet werden oder anstelle einfacher V. versch. nicht parametrische Verfahren (z. B. *Kruskal-Wallis-Test* für unabhängige und *Friedman-Test* für abhängige Stichproben) angewendet werden. Ausweitungen des ursprünglichen varianzanalyt. Verfahrens sind u. a. in der *Kovarianzanalyse* zu sehen. Die V. kann i. R. des ALM (*Allgemeines Lineares Modell*) als Spezialfall der *Regressionsanalyse* aufgefasst werden. Moosbrugger 2011, Eid et al. 2013.   D. Krampen

Varianzanalyse mit Zufallseffekten [engl. *analysis of variance (ANOVA), random-effects model*], *Mehrebenenanalyse*.

Varianzaufklärung [engl. *explained variance*], *Allgemeines Lineares Modell*, *Determinationskoeffizient*.

Varianzhomogenität [engl. *homogeneity of variance*; gr. ὅμοιος *(homoios)* gleich, -γεν *(-gen)* beschaffen], *Homoscedastizität*.

Varianzzerlegung [engl. *variance decomposition*], *Allgemeines Lineares Modell*, *Determinationskoeffizient*, *Varianzaufklärung*, *Testtheorie*.

Variation (= V.), [**FSE**], jede Abweichung von einem Zentral- oder Durchschnittswert. Der gesamte Spielraum, innerhalb dessen sich alle Varianten finden, heißt Variationsweite oder -breite. *Intervariation*, *Intravariation*.

Als Ausdruck aus der *Kombinatorik* bezeichnet V. die Möglichkeit, n versch. Elemente in Kombinationen zu k Elementen zu bringen, wobei auch Wiederholungen der Elemente zulässig sind. Aus diesem Grund werden V. häufig auch als Kombination mit Wiederholung bezeichnet. Die Anzahl der möglichen Variationen von n Elementen zur k-ten Klasse bestimmt sich aus $_nV_k = n^k$.

[**PER**], in der Vererbungslehre (*Erblichkeit*) teilt man die V. nach (1) vererbbaren Veränderungen zwischen Angehörigen derselben Sippe, hervorgegangen aus neuen Verbindungen früherer Erbanlagen = *Kombination*, (2) Veränderungen, die nur aus den zufälligen Lebensbedingungen (Milieu, Bildung, Aufenthaltsort) folgern = *unvererbbare Modifikation*, (3) Änderungen, die vererbbar sind, aber aus unbekannter Ursache stammen und unvorhergesehen auftreten = *Mutation*. G. Mikula

Variationsbreite [lat. *variatio* Unterschied]; *Streubreite*.

Variationskoeffizient [lat. *variare* verschieden sein], **[FSE]**, *Streuungsmaß* für Verteilung eines verhältnisskalierten Merkmals (*Verhältnisskala*). Die *Standardabweichung* wird am am *arithmetischen Mittel* der Verteilung relativiert

Für *Stichproben*: $\hat{v} = \dfrac{\hat{\sigma}}{\bar{x}}$

Für *Populationen*: $v = \dfrac{\sigma}{\mu}$

v ist im Unterschied zur Standardabweichung oder *Varianz* unabhängig von der Maßeinheit des Merkmals. Trägt der Tatsache Rechnung, dass verhältnisskalierte Daten mit höherem Mittelwert (z. B. Anzahl Schritte pro Tag) i. d. R. eine höhere Variabilität aufweisen.

variety seeking (= V.) [engl. *Suche nach Abwechslung*], **[KOG, WIR]**, beschreibt das *Bedürfnis* von Kunden aus Langeweile und *Neugier* – und trotz Zufriedenheit mit bislang verwendeten Produkten –, auf andere Produkte bzw. andere Marken zu wechseln (*Kaufentscheidungen, Modelle, Kaufentscheidungen, Rationalität von*), und spielt eine zentrale Rolle im Kontext wirtschaftlicher *Kundenbindung*. V. ist vor allem in Bezug auf Produkte mit geringem *Involvement* (*Produktinvolvement*) zu beobachten. Ebenfalls tritt es gehäuft bei Produkten auf, bei denen das Risiko einer falschen Entscheidung (*Entscheiden, Entscheidungstheorie*) und das potenzielle Ausmaß unerwünschter Konsequenzen eher gering ist und bei denen anzunehmen ist, dass mehrere qual. annähernd gleichwertige Produkte existieren (V. würde somit eher beim Kauf von Schokolade, Shampoo oder Zahnpasta auftreten als beim Autokauf). Um dennoch eine möglichst große *Markentreue* zu erreichen, versuchen einige Hersteller, die Wechselbarrieren zu erhöhen bzw. Wechselabsichten gar nicht erst aufkommen zu lassen, indem sie ihre Produkte immer wieder verändern und erneuern. Dies kann in Form von neuen Produktvariationen, aber auch durch eine Aktualisierung und Verbesserung oder den Austausch bestehender Produkte und Produktpaletten geschehen. Sonmezler Arikan 2010.

Varimax-Methode, syn. *Varimax-Rotation* [engl. *Varimax-rotation*], **[FSE]**, i. R. der *explorativen Faktorenanalyse* häufig angewandte analyt. Methode der Rotation einer Faktorenmatrix zur Einfachstruktur. Wird durch Maximierung der Varianzen der Faktorenladungen der identifizierten Faktoren realisiert, wobei Orthogonalität oder Unabhängigkeit der Faktoren angenommen wird. Unterstützt i. d. R. eine eindeutige Interpretierbarkeit einer Faktorösung.

vasodilatierendes intestinales Polypeptid [engl. *vasoactive intestinal peptide*], **[BIO]**, Abk. VIP, chemische Substanz aus der Gruppe der Gewebs*hormone*. Als *Neuropeptid* hat das Hormon neuro-(psycho)logische Wirkungen.

Vasomotoren [engl. *vasomotors*; lat. *vas* Gefäß, *movere* bewegen], **[BIO]**, Nerven (*Nerv*), die die Weite der Blutgefäße und damit auch den *Blutdruck* regeln.

Vasopressin [engl. *vasopressin*], syn. *Antidiuretisches Hormon (ADH)*, **[PHA]**, *Hormon* des Hypophysenhinterlappens (Neurohypophyse), dessen Vorläufer im Hypothalamus gebildet wird. Neuropeptid mit *neurotroper* Wirkung. Es wird auch in anderen Zellen, so im Thymus, gebildet. Somatische Wirkungen: u. a. Blutdrucksteigerung, Antidiurese. Störungen mit ADH-Defizit führen zu *Diabetes insipidus*. Förderung der Sekretion durch *Stress*, *Nikotin* u. a. Verabreichung hat mehrere psych. Wirkungen. Diskutiert wird eine behaltensfördernde, aufmerksamkeitsverbessernde und schmerzreduzierende Wirkung. Baltissen et al. 1991, Rinaman et al. 1995. W. Janke

Vaterimago [engl. *father-imago*; lat. *imago* Bild, Bildnis], **[KLI]**, Bez. nach Jung für das aus dem kollektiven Unbewussten (*Unbewusstes*) stammende Vaterbild mit allen Möglichkeiten der Übersteigerung und Einseitigkeit. *Vaterkomplex*.

Vaterkomplex [engl. *father-complex*, lat. *con-* zus., gr. πλεκτός *(plektos)* verflochten], **[KLI]**, bei Freud (*Psychoanalyse*) Ausdruck zur Bez. einer der wichtigsten Komponenten des *Ödipuskomplexes*.

Vater-Pacini-Lamellenkörperchen [engl. *Vater-pacini corpuscles*], **[BIO, WA]**, Lamellenkörperchen, die über die Hautnerven verteilt sind. Ihre Funktion besteht in der Vermittlung von Tiefensensibilität und Druck, Lageempfindungen der Gliedmaßen. *Hautsinne, Raumorientierung*.

Veblen-Effekt [engl. *Veblen effect*; nach Thorstein Veblen aus dem Jahre 1899], **[WIR]**, bei manchen Konsumgütern steigt mit zunehmendem Preis ihr *Prestige*wert; die Nachfrage nach ihnen wird deshalb größer.

vegetative Dystonie (= v. D.) [engl. *vegetative dystonia*; lat. *vegetare* erregen, beleben, gr. δυσ- *(dys-)* miss-, τόνος *(tonos)* Spannung], **[BIO, GES, KLI]**, Fehlregulationen des vom N. vagus und N. sympathicus gebildeten vegetativen *Nervensystems* ohne nachweisbare Organschädigung, meist verbunden mit Symptomen wie Herzklopfen, -beklemmung, Unruhe, Schlaflosigkeit (*Schlafstörungen*), *Schwindel*, Kopfschmerzen, Magendruck, feuchtkalte Extremitäten.

vegetative Empfindungen [engl. *vegetative sensations*; lat. *vegetare* erregen, beleben], **[BIO]**, die *Empfindungen*, die von den durch das vegetative *Nervensystem* gesteuerten Prozessen (z. B. Atmung, Herztätigkeit, Verdauung, Ausscheidung) vermittelt werden.

vegetative Labilität [engl. *vegetative lability*; lat. *vegetare* erregen, beleben, *labilis* leicht (dahin)gleitend]; *Sensibilität*, Nervosität, gesteigerte Erregbarkeit, **[KLI]**, Reaktionsbildung des vegetativen *Nervensystems*. Sie bildet die Grundlage zur Entwicklung vegetativer Störungen, psychosomatischer Erkrankungen (*Psychosomatik*) und ist oft mit einer bes. Gefährdung gegenüber psych. Störungen verbunden. Symptome sind u. a.: gesteigerte Sehnenreflexe, Dermografismus (Hautreaktion nach mechanischer Reizung), Kopfschmerzen, suggestiv provozierbares *Romberg-Symptom*, Schreckhaftigkeit, Verdauungsstörungen, nervöses Asthma, starke Ermüdbarkeit, Neigung zu Schweißausbruch, Schlaflosigkeit, Potenzstörungen.

vegetatives Nervensystem [engl. *vegetative nervous system*; lat. *vegetare* beleben, erregen]; *Nervensystem*.

Veitstanz [engl. *Huntington's disease*], volkstümliche Bez. für Störungen des extrapyramidalen Systems (*extrapyramidales Systems*). *Chorea*.

Vektion [engl. *vection*; lat. *vectio* Fahren, Reiten], *induzierte Bewegung*.

Vektor (= V.) [engl. *vector*; lat. *vector* Träger], [**FSE**], eine math. Größe, die durch einen Zahlenwert und eine Richtung bestimmt ist. Ein Ausdruck von der Form ($x1, x2, \ldots xi, \ldots xn$), wobei die xi reelle Zahlen sind. In geometrischer Darstellung sind V. gerichtete Strecken; als Anfangspunkt kann der Nullpunkt des Koordinatensystems angesehen werden, als Endpunkt der durch die Koordinaten $x1$ bis xn best. Punkt. Bspw. lässt sich die Leistung von n Vpn in einem Test als Vektor im n-dimensionalen Raum ansehen. Mit den Mitteln der V.rechnung lassen sich dann die Beziehungen zw. versch. Tests übersichtlich darstellen. Anwendung der V.rechnung in der Ps.: *Korrelation*, *Faktorenanalyse*, Skalierung (*Skalierung, Methoden der*). *Matrix*. [**SOZ**], K. Lewin lässt in der von ihm begründeten *topologischen und Vektorpsychologie* die psych. Vektoren die Kräfte im Feld repräsentieren. Horst 1963.

Vektorpsychologie [engl. *vector psychology*; lat. *vector* Träger], *topologische und Vektorpsychologie*.

velopharyngeale Produktionen [engl. *velopharyngealic productions*; lat. *velum* Segel, gr. φάρυγξ (*pharygs*) Rachen], *Gurren*.

Velten-Technik [engl. *Velten's (mood induction) technique*], [**EM**], eine von Velten (1968) zur exp. Induktion pos. und neg. Stimmungen entwickelte Technik. Einer Vp wird eine größere Anzahl selbstbezogener Aussagen vorgelegt, die eine gedrückte Stimmung bzw. gehobene Stimmung ausdrücken. Außerdem wird eine Anzahl selbstbezogener neutraler Aussagen präsentiert. *Emotionsinduktion*. Mecklenbräuker & Hager 1986.

Venlafaxin (= V.) [engl. *venlafaxine*], [**PHA**], V. ist ein *Antidepressivum* aus der Klasse der *selektiven Serotonin- und Noradrenalin-Wiederaufnahmehemmer (SSNRI)*. V. und sein aktiver Metabolit O-Desmethylvenlafaxin (ODV) hemmen die neuronale Serotonin- und Noradrenalin-Wiederaufnahme, zudem hemmt V. schwach die Dopamin-Wiederaufnahme. V. unterliegt einer erheblichen *Metabolisierung*, vor allem zum aktiven Metaboliten ODV. Die durchschnittlichen *Eliminationshalbwertszeiten* betragen 14–18 Stunden bei V. bzw. 10–17 Stunden bei ODV. Die Plasmaproteinbindung ist sehr gering und liegt bei nur 27 % für V. bzw. 30 % für ODV. ODV entsteht durch Metabolisierung via CYP2D6 und zu geringen Anteilen via CYP2C19. Via CYP3A4 entsteht der weniger aktive Metabolit N-Desmethylvenlafaxin (NDV). Zudem ist V. selbst ein schwacher Inhibitor von CYP2D6. Zugelassene Anwendungsgebiete von V. sind die Behandlung von depressiven Störungen (*Depression*, *Depression, Psychopharmakotherapie*), die Rezidivprophylaxe von rezidivierenden Depressionen, die Behandlung der generalisierten Angststörung (*Angststörungen*, *Angststörungen, Psychopharmakotherapie*), die Behandlung der sozialen Angststörung sowie die Behandlung der *Panikstörung* mit oder ohne *Agoraphobie*. Die empfohlene Anfangsdosis beträgt für retardiertes V. 75 mg einmal täglich. Dosiserhöhungen bis zu einer maximalen Dosis von 375 mg/Tag können erforderlich sein. Genetische Unterschiede im Cytochromsystem (poor metabolizer, PM; extensive metabolizer, EM; ultra-rapid metabolizer, UM) können Dosisanpassungen erforderlich machen und das Verhältnis der Muttersubstanz V. zum aktiven Metaboliten ODV verändern. Die Messung von Plasmakonzentrationen der sogenannten aktiven Fraktion, active moiety (Summe aus V. + ODV), hat sich als sinnvoll erwiesen. Ein therap. Referenzbereich für die aktive Fraktion zwischen 100 und 400 ng/ml gilt als gut etabliert. V. zählt zu den nichtsedierenden Antidepressiva mit einem breiten Indikationsspektrum. In der Regel entsteht keine *Gewichtszunahme* bei insgesamt guter Verträglichkeit. Ein dosisabhängiger Blutdruckanstieg ist möglich.
M. Paulzen

Venn-Diagramm [engl. *Venn diagram*], [**FSE**], in der Mengenlehre grafische Veranschaulichung von Mengen durch geschlossene Linien (meist Kreise). Die Punkte der eingeschlossenen Flächen stellen die Elemente der Mengen dar. Relationen zw. Mengen werden dabei prägnant durch die geometrischen Verhältnisse verdeutlicht: die nicht leere Schnittmenge (Und-Verbindung) durch Überschneidung der Kreise, die Mengeneinschlussrelation (Wenn-dann-Verbindung) durch das Enthaltensein einer Kreisfläche in einer anderen usw. *organisationale Identifikation, Messung*. Nachtigall & Wirtz 2009.

ventral [engl. *ventral*; lat. *venter* Bauch], [**BIO**], zur Bauchseite gehörend, bauchwärts. Ggs. *dorsal*.

ventraler Pfad (= v. P.) [engl. *ventral pathway*; lat. *venter* Bauch], [**BIO, KOG, WA**], bez. best. Gehirnregionen im Occipital- und Temporallappen des Gehirns (*Okzipitalkortex*, *Temporallappen*, *Gehirn*). Es wird angenommen, dass der v. P. eine wichtige Rolle bei der Erkennung von Gegenständen spielt (*Objekterkennung*). In das Gehirn eintreffende visuelle Informationen werden zur Weiterverarbeitung von der primären visuellen Sehrinde (V1; *visuelle Wahrnehmung*) aus an eine Vielzahl von weiteren Gehirnregionen gegeben. Obwohl diese sehr komplex und auf zahlreiche Art miteinander verschaltet sind, zeigen sich zwei Hauptverarbeitungskanäle: der ventrale und der *dorsale Pfad*. Beide gehen von V1 aus, wobei der v. P. bis in den vorderen Temporallappen des Gehirns reicht (Ungerleider & Mishkin 1982). Hinsichtlich der Verarbeitung von Informationen spielen beide Pfade eine unterschiedliche, aber dennoch komplementäre Rolle. Im klassischen Sinn werden Informationen, die zur Lokalisation eines Gegenstandes dienen, im dorsalen P. verarbeitet – man nennt diesen auch «Wo-P.». Die Eigenschaften (z. B. Farbe oder Größe) eines Gegenstandes werden im v. P. verarbeitet – man nennt diesen auch «Was-P.». Entlang des v. P. zeigt sich eine hierarchische Verarbeitung der visuellen Informationen: Z. B. antworten Zellen in V1 auf die Kanten eines Gegenstandes; die später geschalteten Gehirnregionen antworten auf zunehmend komplexere visuelle Stimuli. Die retinalen Bilder eines Gegenstandes unterliegen ständigen Veränderungen (z. B. durch Eigenbewegung des Beobachters). Eine der wichtigsten Aufgaben des v. P. besteht darin, die vom Auge eintreffenden Informationen in eine robuste Darstellung der Gegenstände umzuwandeln. Diese Darstellung erlaubt uns nicht nur, Gegenstände zu erkennen, sondern auch diese im Hinblick auf ihre Handhabung zu verstehen (z. B. den Henkel einer Tasse). Dieses Wissen ist v. a. für eine Interaktion mit einem Gegenstand äußerst relevant. Goodale 2000.

K. Dobs/I. Bülthoff/H. Bülthoff

Ventrikel [lat. *ventriculus* Bäuchlein; engl. *ventricle*], [**BIO**], Ausbuchtung im *Gehirn*.

Verallgemeinerung, Generalisierung [engl. *generalization*]. *Generalisation*.

Veränderungsblindheit (= V.), [engl. *change blindness*], [**KOG, WA**], die V. beschreibt die Unfähigkeit, selbst große Veränderungen im visuellen Feld zu bemerken, wenn die *Aufmerksamkeit* zum Zeitpunkt des Wechsels nicht auf den Ort der Veränderung gerichtet ist. Eine typische Versuchsanordnung zur Provokation von V. ist die *Flicker-Aufgabe*, bei der zwei Bilder, die sich in einem Detail unterscheiden, abwechselnd dargeboten werden, wobei zw. den beiden Bildern ein irrelevanter Reiz (Distraktor oder *Maskierung*) interveniert. Unter diesen Bedingungen werden Veränderungen nicht oder erst mit einiger Verzögerung entdeckt, die umso länger ist, je peripherer die Veränderung ist. In anderen Untersuchungen werden Filmszenen dargeboten und Merkmale der Protagonisten oder der Szenerie zw. zwei nicht unmittelbar aufeinanderfolgenden Szenen verändert; auch diese Veränderungen sind schwer zu entdecken. Die V. deutet darauf hin, dass Menschen nur unvollständige *Repräsentationen* ihrer Umwelt im *Kurzzeitgedächtnis* aufbauen und die Inhalte dieser Repräsentationen stark von der *selektiven Aufmerksamkeit* abhängen. *Unaufmerksamkeitsblindheit*, *Unaufmerksamkeitstaubheit*. Simons & Levin 1997. P. Wühr

Test Veränderungsfragebogen des Erlebens und Verhaltens (VEV), 1978, M. Zielke & C. Kopf-Mehnert, [www.testzentrale.de], [**DIA, KLI**], klin. Test. AA Erwachsene. Fragebogen zur Messung der Stärke und der Richtung der Veränderung im Erleben und Verhalten von Pbn nach Beendigung einer *Klientenzentrierten Psychotherapie*. *Reliabilität*: interne Konsistenz zw. α = .97 und α = .99. Retest-Reliabilität nach 8 Wochen von r_{tt} =.61. Neben weiteren Validitätskoeffizienten (*Validität*) ergibt sich ein multipler Korrelationskoeffizient von r = .72 mit versch. Skalen des MMPI. *Normierung*: Es sind Veränderungsnormen mit kritischen Grenzen angegeben. Eine Kurzform VEV-K ist vorhanden. Bearbeitungsdauer: ca. 5 bis 10 Min.

Veränderungsmanagement (= V.) [engl. *change management*; engl. *management* Führung], [**AO, FSE**], ist die praktische Durchführung des *Managements* (*Qualitätsmangement*) von Maßnahmen, die bei organisationalen Veränderungen (*Organisationsentwicklung*) geplant und ausgeführt werden. Genauer betrachtet und umfassender verstanden ist V. ein kontinuierlicher Prozess des Managements vieler kleiner und manchmal auch großer Probleme und Misserfolgsrisiken sowie der kontinuierlichen Exploration, Analyse und Evaluation der Veränderungen (*Prozessanalyse*, *Prozessdiagnostik*, *Prozesskontrolle*, *Qualitätssicherung*). Ziel ist eine hohe Erfolgsrate beim Erreichen erwarteter Ziele und als wichtig angesehener Evaluationskriterien (Greif et al. 2004; *Evaluation*). Die Bewertung organisationaler Veränderungen als Erfolg oder Misserfolg wird nicht nur an wirtschaftlichen Kriterien festgemacht, sondern auch an der Mitarbeiterzufriedenheit, *Kundenzufriedenheit* oder der Sicherung der Arbeitsplätze. Sie beruht auf Vergleichen der resultierenden Veränderungen mit den erwarteten Zielen und beobachteten Ergebnissen (1) anhand objektivierbarer Daten (z. B. wirtschaftliche Erfolgsindikatoren oder Beobachtungsdaten) und (2) auf einer sozialen Validierung der subj. Meinungen und Einschätzungen durch akzeptierte Schlüsselpersonen und -gruppen. *Erfolg* kann deshalb als eine soziale Konstruktion von Personen oder -gruppen angesehen werden.

Ähnlich wie beim *Projektmanagement* werden zum V. Maßnahmen gerechnet wie (1) Analyse des Änderungsbedarfs, (2) Klärung und Def. der strategischen und operativen Ziele, (3) Entwicklung, Bewertung und Entscheidung über geeignete Maßnahmen, (4) Leitung, Planung und Organisation der Umsetzung, (5) Kontrolle und Evaluation der Ergebnisse. V. ist eine Kernverantwortung der Leitungsebenen im Zusammenwirken mit den Mitarbeitern. In größeren Unternehmen werden zur Durchführung der Maßnahmen externe oder interne Unternehmensberater herangezogen, ein Projektteam gebildet und ein Projektleiter eingesetzt.

Erfolgs- und Misserfolgsfaktoren sind erfolgsförderliche Voraussetzungen, Bedingungen und hypothetische Variablen, welche die Prozesse und Ergebnisse beeinflussen. Nach der personenbezogenen Theorie und Erhebungen in acht Ländern von Greif et al. (2004) ist für den Erfolg eine Führung der Veränderungen durch Personen entscheidend, die sich für die Veränderungen eindeutig engagieren (*Commitment*), klare Ziele vorgeben und die Notwendigkeit nachvollziehbar begründen, ihre Mitarbeiter glaubwürdig und gut informieren und bei den Veränderungen einbeziehen (*Führung, transformationale*). Daneben ist ein kompetentes Projektmanagement durch die Führung oder einen Projektleiter mit guten Problemlöse- und Konfliktmanagementfähigkeiten erforderlich. Ferner ist für den Erfolg ein gut ausgesuchtes Projektteam förderlich, dessen Mitglieder gemeinsam mit dem Projektleiter die Veränderungsziele verfolgen, die in ihren Zielen im Allgemeinen harmonisch zus.arbeiten, eine hohe Akzeptanz in ihren Arbeitsbereichen haben und dadurch als Multiplikatoren wirken können. Nicht alle Faktoren und Vorbedingungen lassen sich durch Management-Maßnahmen beeinflussen, sondern müssen als gegeben hingenommen werden. Hierzu zählen im Allgemeinen die Marktbedingungen, aber auch die finanziellen Mittel, über die die Organisation verfügen kann (die finanziellen Ressourcen).

Die Managementaufgaben sind bei langfristigen Prozessen im Unterschied zum Projektmanagement bei zeitlich begrenzten Veränderungsprojekten i. d. R. komplexer und konflikthaltiger. Ihr Erfolg hängt oft von der Unterstützung und Mitarbeit vieler Organisationsmitglieder ab. Starke organisationale Veränderungen lösen meist bei den Betroffenen Verunsicherungen aus und führen zu informellen und formellen Widerständen. Zum V. gehört deshalb auch eine kontinuierliche Exploration potenzieller Probleme und Risiken sowie Analyse, Bewertung und Management der beeinflussbaren Erfolgs- und Misserfolgsfaktoren zus. mit den einflussreichen Schlüsselpersonen der Organisation. Als Instrument kann dazu der *Change Explorer* eingesetzt werden. *S. Greif*

Veränderungsmessung, direkte (= d. V.) [engl. *direct assessment of change*], [**DIA, FSE, KLI**], subj. Methode der Erfassung von Veränderungen (*Veränderungsmessung, klinische*), die nicht auf einem Vergleich von zu unterschiedlichen Zeitpunkten erhobenen Merkmalen (meist *State*-Merkmalen) basiert, sondern auf der unmittelbaren Einschätzung der Veränderung eines Merkmals durch eine Person. Während bei einer *indirekten Veränderungsmessung* die Bestimmungen der Veränderung i. d. R. über die Differenzwertbildung zweier Statuserhebungen erfolgt, versteht man somit unter der d. V. eine Vorgehensweise, bei der eine von einer Person subj. erlebte Veränderung direkt auf einer mehrstufigen Skala eingestuft wird, wobei die Aussagen zur Beschreibung der Veränderung in Komparativform gekleidet sind (z. B. gebessert, verschlechtert). Vorteile: entspricht dem menschlichen Denken in Relationen, nur Ein-Punkt-Erhebung nötig u. a., Nachteile: Erinnerungsprobleme, aufwendige Skalenentwicklung u. a. In der Praxis existieren kaum Verfahren (Ausnahme: *Veränderungsfragebogen des Erlebens und Verhaltens, VEV*). *Veränderungsmessung, messtheoretische Aspekte*. Stieglitz & Baumann 2001. *R.-D. Stieglitz*

Veränderungsmessung, indirekte [engl. *indirect assessment of change*], [**DIA, FSE**], Bildung von Differenzen zw. zwei Statusbeurteilungen und daraus Ableitung von Veränderungsaussagen. Klassischer Ansatz der Veränderungsmessung, der zwar kritisch gesehen wird (u. a. Problem Differenzwertbildung i. R. der klassischen Testtheorie), aber bis zum heutigen Tag i. d. R. auch in Studien die wichtigste Methode der Erfassung von Veränderungen darstellt. *Veränderungsmessung, messtheoretische Aspekte*. Stieglitz & Baumann 2001. *R.-D. Stieglitz*

Veränderungsmessung, klinische (= k. V.) [engl. *measurement of change, clinical*], syn. *Verlaufsmessung*, [**DIA, FSE**], Messung von Veränderungen einer oder mehrerer Variablen (meist *State*-Merkmale) an einem Individuum bezogen auf ein best. Zeitintervall. K. V. dient primär der Abb. intraindiv. Prozesse (z. B. i. R. einer therap. Intervention). Veränderungen können quant. oder qual. Art sein, reversibel oder irreversibel. K. V. kommt eine bes. Bedeutung i. R. der *therapiebegleitenden Diagnostik* zu (z. B. Bewertung Therapiefortschritt oder -erfolg). Fokus der Erfassung können unterschiedliche als klin. relevant angesehene Bereiche sein (z. B. Symptomatik, Therapiemotivation, Beeinträchtigungen). I. R. der k. V. können unterschiedliche Vorgehensweisen zur Anwendung kommen, z. B. *Veränderungsmessung, direkte*, *Veränderungsmessung,*

indirekte. *Veränderungsmessung, messtheoretische Aspekte*. Stieglitz 2008a. *R.-D. Stieglitz*

Veränderungsmessung, messtheoretische Aspekte (= V.) [engl. *measurement of change, measurement theory*], [**DIA, FSE**], unter V. versteht man jenen Bereich einer *Messtheorie*, der sich mit der Messung sich verändernder Objekte befasst. Die Ursachen der Veränderung können Messfehler, exp. Einflussnahme (*Experiment*) oder schulische Lernprozesse sein oder Prozesse des Wachstums, des Alterns, der Reifung und der Entwicklung. Die von der Veränderung der Meßobjekte bedingten meth. Probleme sind inhaltsübergreifend und werden als *problems of measuring change* bez.. Hierzu werden die geringen *Reliabilitäten* von Differenzwerten gerechnet, die *Regression zur Mitte*, wenn man eine Prognose von Veränderungen anhand der Ausgangswerte vornehmen will, sowie die neg. *Korrelation* von Ausgangs- und *Differenzwerten*. Die Liste der Themen, die manchmal den Problemen der Veränderungsmessung zugerechnet werden, umfasst auch die *floor and ceiling effects* (*Deckeneffekt*) und die Frage, ob Vor- und Nachtest infolge der drastischen Veränderungen zw. den Messzeitpunkten noch dasselbe messen. Wäre Letzteres nicht gegeben, wäre die Bildung von Differenzwerten obsolet. Unter dem Thema der Veränderungsmessung haben sich meth. Forschungsgebiete entwickelt wie die *latent state latent trait theory* oder die *growth curve models* (*Wachstumskurvenmodelle, latente*). Rost & Spada 1983. *J. Rost*

Veränderungsmodelle, latente [engl. *latent change models*], [**FSE**], Spezialfall *latenter Wachstumskurvenmodelle*, wenn autoregressive Prozesse (*ARIMA*) im Modellansatz berücksichtigt werden. Hox & Stoel 2005.

Veränderungsschwelle [engl. *difference threshold*], [**KOG, WA**], nach Stern die Unterschiedsschwelle bei der Geschwindigkeitswahrnehmung. *Psychophysik*, *psychophysische Methoden*.

Veränderungstaubheit (=V.) [engl. *change deafness*], [**KOG, WA**], bez. den Effekt, dass aufgrund mangelnder *Aufmerksamkeit* die Veränderung eines akustischen Reizes nicht wahrgenommen wird. V. ist eng verwandt mit *Unaufmerksamkeitstaubheit*, wobei sich ersteres auf die Wahrnehmung einer Änderung, letzteres auf die Wahrnehmung eines neu auftretenden Ereignisses bezieht. V. ist das akustische Pendant zu *Veränderungsblindheit*, wurde aber erst später intensiver beforscht. *S. Chiller-Glaus*

Verantwortung, soziale *soziale Verantwortung*.

Verantwortungsdiffusion *Diffusion der Verantwortung*.

Verantwortungsethik [engl. *ethics of responsibility*], syn. *teleologische Ethik*. *Forschungsethik*.

Verantwortungsreife (= V.) [engl. *mature responsibility*], [**EW, RF, SOZ**], Bez. für die ethische, intellektuelle, emot. und voluntative Sozialreife, die ein Hineingewachsensein in die soziokulturellen (zeitgebundenen) Normen, Werte und Erwartungen zur Voraussetzung hat. V. ist zugleich Rechtsreife. *Verantwortungsreife, strafrechtliche*.

Verantwortungsreife, strafrechtliche [engl. *mature responsibility, penal*], [**RF**], Begriff des Jugendgerichtsgesetzes (JGG), der das Alter in den strafrechtlichen Regelungen berücksichtigt. Die Entwicklung zum voll verantwortlich handelnden und deswegen dafür zur Verantwortung gezogenen Erwachsenen wird auch durch strafgesetzliche Regelungen berücksichtigt. Einerseits durch die strafrechtlichen Altersgrenzen zum vollendeten 14. (§ 19 Strafgesetzbuch, STGB, zur Schuldunfähigkeit der noch nicht 14-Jährigen), 18. und 21. Lebensjahr (§§ 3 und 105 JGG), andererseits durch die Bedingungsstrukturen dieser Regelungen des JGG. Die mit Beweislast beim Ankläger bestehenden Bedingungen für die strafrechtliche Verantwortlichkeit der noch nicht 18-Jährigen nach der Vollendung des 14. Lebensjahres sind gemäß § 3 (1) JGG, dass der Jugendliche «zur Zeit der Tat nach seiner sittlichen und geistigen Entwicklung reif genug» (Voraussetzung) war, «das Unrecht der Tat einzusehen und nach dieser Einsicht zu handeln» (nachzuweisende Leistungsfähigkeit). Die i. Ggs. zu § 3 (1) JGG in hohem Ausmaß angewendeten Vorschriften des JGG auf die Heranwachsenden der Altersgruppen 18, 19 und 20 Jahre sind nach § 105 JGG möglich, wenn «die Gesamtwürdigung der Persönlichkeit des Täters bei Berücksichtigung auch der Umweltbedingungen ergibt, dass er zur Zeit der Tat nach seiner sittlichen und geistigen Entwicklung noch einem Jugendlichen gleichstand, oder es sich nach der Art, den Umständen oder den Beweggründen der Tat um eine Jugendverfehlung» handelte. Die Ausnahmeregelungen nach §§ 20, 21 StGB (*Schuldfähigkeit*) gelten davon unabhängig neben §§ 3 und 105 JGG auch für Jugendliche und Heranwachsende.

Der Entwicklungsstand des Jugendlichen darf bei der Sanktionsfindung nicht auf die beiden Reifungsaspekte des § 3 (1) JGG eingeschränkt werden. Gemäß § 43 (2) JGG ist eine Untersuchung des Beschuldigten soweit erforderlich auch auf andere für das Verfahren wesentliche Eigenschaften vorzunehmen. Dazu zählen u. a. Erziehungsmängel, für eine Erziehung hinderliches Milieu, neg. Gruppenbeeinflussung, Autonomie des Jugendlichen, Ablösung vom Elternhaus, Fähigkeit zu einer verantwortlichen Beziehung, Unrechtstat in der Lebenswelt des Jugendlichen beheimatet.

Empir.-psychol. Hintergrund für *de lege ferenda* und *de lege lata* sind bio-psycho-soziale Ansätze theoret. und empir. Art. Eine vgl.weise direkte empir. Stützung für den Entwicklungstrend im Zusammenhang von geistiger und sittlicher Reife mit der erforderlichen Unrechtseinsicht findet man in den Entwicklungsstufen des moralischen Urteilens nach Kohlberg (*Moralpsychologie*), wenngleich die meth. Erfassung durch das dortige Interview vermutlich die geistigen und sittlichen Fähigkeiten eines Individuums unterschätzt. Empir. Stützung für die Reifung der Steuerungsfähigkeiten findet man in neuerer Zeit in morphol. und physiol. Ansätzen der Gehirnentwicklung während der Pubertät. Ob die strafrechtlich relevante Entwicklung bis zum Alter von 21 Jahren zum Abschluss kommt, erscheint zweifelhaft. *Delikthaftung.* Hommers 2007, Hommers 2014. *W. Hommers*

Verantwortungsübernahme [engl. *assumption/acceptance of responsibility*], *prosoziales Verhalten.*

Verarbeitung, holistische [engl. *holistic processing*; gr. ὅλος *(holos)* ganz], [**KOG, WA**], ganzheitliche Verarbeitung; in der *Wahrnehmung*: über Einzelmerkmale hinausgehende Verarbeitung. Ein Paradebeispiel ist die *Gesichtserkennung.*

Verarbeitungsbaummodelle, multinomiale [engl. *processing tree models, multinomial*], syn. *MVB-Modelle*, [**FSE, KOG**], sind stat. Modelle (*Statistik*) für kategoriale Häufigkeitsdaten, die besonders in der kogn. Ps. und der Sozialps. zur Messung kogn. Prozesse (*Kognition*) und zur Prüfung von Hypothesen (*Hypothese*) über vermittelnde kogn. Prozesse eingesetzt werden (Riefer & Batchelder 1988). Anders als Standardmodelle für Häufigkeitsdaten (z. B. Log-lineare Modelle) sind sie auf spezif. psychol. Fragestellungen, Aufgaben und Untersuchungsparadigmen zugeschnitten. MVB-Modelle basieren auf der Annahme multinomial verteilter Antworthäufigkeiten (*Häufigkeitsverteilung*). Die Wahrscheinlichkeiten für versch. Antworten werden in einem MVB-Modell als Funktion der Wahrscheinlichkeiten zugrunde liegender kogn. Zustände und Prozesse repräsentiert. Für gegebene empirische Häufigkeitsverteilungen können diese Wahrscheinlichkeiten dann mit stat. Standardverfahren (z. B. der *Maximum-Likelihood-Methode*) geschätzt werden (*Punktschätzungen, Konfidenzintervall*). MVB-Modelle ermöglichen insofern eine simultane Messung versch. psychol. Prozesse, die bei einer Aufgabenbearbeitung involviert sind. So ist es bspw. möglich, den Beitrag unterschiedlicher *Gedächtnis*prozesse und Antworttendenzen in versch. *Gedächtnistests* zu separieren oder den Einfluss von Speicherungs- und *Abruf*prozessen auf *freie Reproduktion*sleistungen abzuschätzen. In der Denkps. können analog Einflüsse analytischer und heuristischer Denkprozesse (*Heuristik*) bei der Bearbeitung von Schlussfolgerungsaufgaben (*Schließen, logisches*) untersucht werden, während in der Sozialps. der Einfluss von soz. Kategorisierungs-, Gedächtnis- und Rateprozessen in soz. Gedächtnisurteilen isoliert und quantifiziert werden kann (zus.fassend: Erdfelder et al. 2009). MVB-Modelle können für Gruppenvergleiche ebenso eingesetzt werden wie für differenzialpsychol. Analysen zur Erfassung und Erklärung indiv. Unterschiede in kogn. Prozessen (Klauer 2010). *E. Erdfelder*

Verarbeitungstiefe, Theorie der [engl. *levels of processing theory*], *Gedächtnis, levels of processing.*

verbale Agnosie [engl. *auditory agnosia, word deafness*], [**BIO, KOG**], auch reine Worttaubheit genannt. Verlust des verbalen Sprachverständnisses, des Nachsprechens und des Schreibens nach Diktat infolge einer Störung bzw. des Verlusts der zentralen auditiven Sprachverarbeitung bei deutlich besser erhaltener Spontansprache und schriftsprachlicher Leistung. Die Pat. beschreiben verbale Mitteilungen anderer oft als Geräusch oder als «Stimme ohne Worte». *Agnosie.* Karnath & Thier 2012. *J. Zihl*

verbale Kodierung [engl. *verbal coding*], sprachliche Kodierung; *Code, Kode.*

^Test^**Verbaler Lern- und Merkfähigkeitstest (VLMT)**, 2001 C. Helmstaedter, M. Lendt & S. Lux, [www.testzentrale.de], [**BIO, DIA, KLI**], neurops. Verfahren. AA Kinder ab 6 Jahren und Erwachsene. Der VLMT ist ein Test zum seriellen Listenlernen mit nachfolgender Distraktion,

Abruf nach Distraktion und halbstündiger Verzögerung sowie einem Wiedererkennungsdurchgang. Das Testmaterial des VLMT besteht aus zwei Wortlisten, die sich aus je 15 semantisch unabhängigen Wörtern zus.setzen, und einer Wiedererkennensliste, die die 30 Wörter der beiden Wortlisten sowie 20 weitere semantisch bzw. phonematisch ähnliche Distraktorwörter enthält. Es existieren zwei Paralleltestformen für Wiederholungsuntersuchungen. Mit dem VLMT können unterschiedliche Parameter des deklarativen Verbalgedächtnisses (*deklaratives Gedächtnis*) wie die Supraspanne, die Lernleistung, die langfristige Enkodierungs- bzw. Abrufleistung und die Wiedererkennungsleistung erfasst werden. Das Verfahren differenziert vor allem im unteren Leistungsbereich. *Normierung*: Der Test ist an über 500 Gesunden normiert, wobei auch Normen für Kinder und Ältere vorliegen (Altersbereich 6–79 Jahre). Es werden Prozentränge und T-Werte für fünf Altersgruppen angegeben sowie klin. Cut-off-Werte und zusätzliche Referenzwerte klin. Gruppen von Pat. mit unterschiedlich lokalisierten Epilepsien, rechtshemisphärisch repräsentierten Sprachleistungen, Depression und Verdachtsdiagnose Alzheimer Krankheit. Bearbeitungsdauer: ca. 20 bis 25 Min. effektive Testzeit; inkl. halbstündiger Verzögerung ca. 50 bis 55 Min.

Test Verbaler und nonverbaler Lerntest (VLT/NVLT), 1999, von W. Sturm und K. Willmes, [www.testzentrale.de], [**BIO, DIA, KOG, PER**], Einsatz im klin. Bereich zur Differenzialdiagnostik materialspezif. Lernstörungen, neurops. Begutachtung, Demenzdiagnostik, Eignungsdiagnostik. AA 18–76 Jahre. Der VLT und NVLT sind Verfahren zur Untersuchung sprachlicher und nonverbaler Lernleistungen nach der Wiedererkennungsmethode. Die Verfahren sind bzgl. der Untersuchungsmethode völlig identisch und unterscheiden sich nur im verwendeten Gedächtnismaterial. Den Pbn. werden 160 (in der Kurzform 120) auf Kärtchen aufgedruckte sinnfreie Wörter (VLT) bzw. sinnfreie Figuren (NVLT) jew. drei Sek. lang dargeboten. Während des Tests wiederholen sich acht der gezeigten Items insges. siebenmal (fünfmal in der Kurzform). Bei jedem Item soll die Entscheidung getroffen werden, ob es vorher schon einmal im Laufe des Tests vorkam oder nicht. Bei beiden Tests werden sowohl die Anzahl richtig pos. als auch die Anzahl falsch pos. Antworten und deren Differenzwert zur Leistungsbeurteilung herangezogen. Aus den Ergebnissen der Lernblöcke kann außerdem ein Maß für die Stabilität des Lernverlaufs (Labilitätsindex) bestimmt werden. Im VLT-Manual werden die theoretischen Grundlagen und Interpretationshinweise zu beiden Verfahren dargestellt. *Normierung*: T-Werte für die Testparameter und Prozentränge für den Labilitätsindex unter Einbeziehung von Alters- und Bildungskorrekturen (gesunde Pbn, VLT: $N = 410$; NVLT: $N = 911$). Bearbeitungsdauer: VLT und NVLT jew. ca. 15 Min. (Kurzform jew. 10 Min.).

Verbalisierung emotionaler Erlebnisinhalte (VEE) Gesprächspsychotherapie.

Verbalkonditionierung (= V.) [engl. *verbal conditioning*; lat. *condicio* Bedingung], [**KOG**], Begriff aus dem *Behaviorismus* zur Beschreibung und ggf. Erklärung von unter spezif. Lernbedingungen beobachtbaren Veränderungen relativ einfacher Merkmale sprachlichen Verhaltens (*Sprechen*). Die mit der Erforschung des nicht sprachlichen *Lernens* eingeführten Begriffe der *klassischen Konditionierung* und *operanten Konditionierung* wurden beim Versuch ihrer theoretischen Generalisierung auch auf sprachliches Lernen übertragen (*Sprachentwicklung*, *Spracherlernen*).

Exp. Paradigma der klass. V. (= Konditionieren von Bedeutungen) ist folg. Situation: Eine bedeutungslose Silbe (z. B. *YOF*) wird mit jeweils versch., aber hinsichtlich eines Bedeutungsmerkmals untereinander ähnlichen sinnvollen Wörtern gepaart (z. B. mit *Liebe, schön, Ferien, Mutter* usw.; gemeinsame Komponente: pos. Gefühlston): Jedes sinnvolle Wort tritt mit der sinnfreien Silbe nur einmal zus. auf, sodass keine Paarassoziationen (*Assoziation*) zw. irgendeinem dieser Wörter und der Silbe entstehen. Eine anschließende Einstufung der Silbe *YOF*, z. B. auf einem *semantischen Differenzial*, ergibt dennoch eine im Vergleich zu einer Kontrollgruppe relativ pos. Beurteilung der Silbe, selbst dann, wenn Wissentlichkeit des Versuchszwecks (*awareness*) bei den Vpn auszuschließen ist. Die Bedeutungs-Teil-Response «pos. Gefühlston» wird – unter Ausschluss assoziativer Verknüpfungen – auf die Silbe *YOF* «klassisch» konditioniert, wie beim Pawlow-Hund die Speichel-Response auf ein Tonsignal.

Die instrumentelle oder operante V. kennt zwei klassische exp. Paradigmen: Nach dem *Greenspoon-Verfahren* wird die Vp aufgefordert, eine Zeit lang isolierte Wörter nach freier Wahl aufzusagen. Der Vl bekräftigt das Nennen von Wörtern einer best., z. B. grammatischen (Plural) oder semantischen («menschlich») Klasse möglichst unauffällig durch eine unmittelbar daraufffolgende Äußerung wie «gut» oder «mmh». Ein Anstieg in der Produktionshäufigkeit von Wörtern der bekräftigten Art wird als operante V. interpretiert. Nach dem Tafel-Verfahren erhält die Vp Karten mit einer Anzahl von Wörtern, unter denen sie zur Erledigung einer Satzbildungsaufgabe mehr oder weniger beliebig auswählen darf. Wird dann z. B. das Auswählen von Pronomen der ersten Person aus einer größeren Anzahl von Personalpronomen durch «mmh» etc. bekräftigt, dann wird ein Anstieg in der Wahlhäufigkeit der entspr. Wortart als V. interpretiert. Gegen die Erklärung der exp. Effekte durch V. wurden kognitivistische Einwände (*Awareness*-Problem) erhoben (Spielberger). *Verhaltenstherapie*. Kanfer 1968, Spielberger 1965.

S. Ertel

Verbalverhalten (= V.) [engl. *verbal behavior*], [**KOG**], (1) in unspezifischer Bedeutung Sammelbegriff für alle Arten der Sprachverwendung, spez. der *Sprachproduktion*. (2) Sofern V. als Übersetzung von *verbal behavior* aufzufassen ist, impliziert dieser Begriff im Allg. eine behavioristisch-S-R-theoretische Interpretation von sprachlicher Aktivität, in extremer Form z. B. von Skinner (1957) vertreten, von Chomsky (1959) kritisiert. V. wird dabei im Wesentlichen als *Ma95rkoff-Prozess* aufgefasst (*Verbalkonditionierung, Psycholinguistik, Sprachtheorie, Behaviorismus*).

G. Kaminski

Verbal-Wahrnehmungs-Bildrotationsmodell [engl. *verbal-perceptual rotation model of intelligence*; lat. *rotare* im Kreis herumdrehen], *Intelligenzfaktoren*.

Verbigeration (= V.) [engl. *verbigeration*; lat. *verbum* Wort, *gerere* ausführen], **[KLI]**, stereotypes Wiederholen von Wörtern ohne kommunikative Bedeutung, z. B. bei *Schizophrenie*. In Unterscheidung zu der *Echolalie* können die V. über Std. und Tage verteilt und auch nach längeren Pausen wieder auftreten. *Agrammatismus*.

Verbindungen, psychische (= p. V.) [], **[KOG, WA]**, die von W. Wundt stammende Bez. setzt ps. Elemente voraus, die dann Verbindungen eingehen und zu p. V. werden: Assoziationen [engl. *associations*] (Verschmelzung, Assimilation, Komplikation, assimilative und sukzessive Erinnerungsassoziation). Apperzeptive Verbindungen [engl. *apperceptive connections*] (synthetisch-analytisch).

Verbleibensanordnung [engl. *stay order*], *Sorgerecht, Herausgabe eines Kindes*.

Verblindung [engl. *blinding*], durch den Vl wird sichergestellt, dass Vpn keine Kenntnis darüber haben, welcher Bedingung (z. B. *Experimentalgruppe* vs. *Kontrollgruppe*) sie ausgesetzt sind. *CONSORT statement für randomisierte kontrollierte Studien*.

Verbphrase, Verbalphrase [engl. *verbal phrase*; gr. φράσις (phrasis) Ausdruck], *IC-Analyse*.

Verbrechen [engl. *crime*], *Kriminalpsychologie*.

Verbrecher, These vom geborenen [engl. *assumption/thesis of the born criminal*], *Lombroso, Cesare*.

verbundene Messung (= v. M.) [engl. *conjoint measurement*], **[FSE]**, (1) syn. mit Messwiederholung, abhängige Daten (*abhängige Stichproben*). (2) neben quant. Variablen (*quantitative Merkmale*), die eine einfache Messstruktur besitzen (wie z. B. wahrgenommene Schwere), finden sich in der Ps. viele Variablen, die sich auf das Zus.wirken von mehreren solcher einfach messbaren Variablen zurückführen lassen (z. B. nach der Lerntheorie von Hull ist die Leistung proportional dem Produkt von Antrieb, Anreiz und Habit-Stärke; *Messung, formative und reflektive*). Die Theorie der v. M. stellt empirisch prüfbare Axiome auf, mithilfe derer festgestellt werden kann, ob durch monotone Transformationen der einfach messbaren Variablen die theoretische, geforderte additive, multiplikative oder polynomiale Form des Zus.wirkens erreicht werden kann (Krantz et al. 1974). *A. Zimmer*

Verbundenheit, relationale [engl. *relational connection*; lat. *relatio* Beziehung], *interdependente, elterliche Strategie*.

Verbundwahrscheinlichkeit *Übergangswahrscheinlichkeit*.

verdeckte Sensibilisierung (= v. S.) [engl. *covert sensitization*; lat. *sensibilis* empfindbar], **[KLI]**, dient als *Selbstkontrollverfahren* dazu, übermäßig starke Auslöser zu neutralisieren (z. B. *Alkoholismus* oder anderen Abhängigkeiten; *Substanzabhängigkeit*). In der Fantasie paart der Klient den bislang als übermäßig pos. eingeschätzten Auslöser mit neg. Ereignissen bzw. das Konsumationsverhalten wie Trinken mit neg. Konsequenzen (z. B. sich erbrechen), wodurch Vermeidungs- bzw. Fluchtreaktionen begünstigt werden (Alkohol wegschütten). Dies wird oft in der Fantasie belohnt (*v. Verstärkung*). V. S. hat sich als Selbstkontrollverfahren insofern bewährt, als oft externe *Aversionstherapien* ersetzt werden können. Mahoney 1977. *D. Zimmer*

verdecktes Modelllernen [engl. *covert model/observational learning*], **[KLI]**, i. R. des *Selbstsicherheitstrainings* wurde das Verfahren von Cautela und Kazdin entwickelt. Es besteht darin, dass sich der Klient ein oder mehrere Modelle (*Modelllernen*) mit adäquatem *Sozialverhalten* vorstellt und so eigenes Verhalten in realen Situationen vorbereitet und erleichtert. I. Ggs. zur *Selbstinstruktion* liegt die Betonung jedoch stärker auf der bildhaften Vorstellung. Zimmer 1980. *D. Zimmer*

Verdeckung [engl. *occlusion*], **[WA]**, monokularer Raumhinweis, bei dem die Überlappung von Bildelementen es dem Betrachter ermöglicht, die Größe, Entfernung oder Form von Bildinhalten genauer einzuschätzen. *Tiefenwahrnehmung, visuelle Raumhinweise*. *M. May*

Verdichtung (= V.) [engl. *compression, condensation*], **[KLI]**, der von Freud eingeführte Begriff bez. eine best. psych. Leistung, die durch die Traumarbeit (*Traumatheorie, psychoanalytische*) zustande kommt. Die V. besteht dabei in einer Abk.leistung bei der Verwandlung der latenten Traumgedanken in die manifesten Traumbilder, indem (1) gewisse latente Traumgedanken überhaupt weggelassen werden, (2) manche latente Traumgedanken nur z. T. in das manifeste Traumbild übergehen und (3) versch. latente Traumgedanken, die eine Gemeinschaft aufweisen, im manifesten Traumbild zu einer Einheit verschmolzen werden.

Verdrängung (= V.) [engl. *repression*]; *Psychoanalyse*, **[KLI]**, bez. einen psych. Mechanismus, durch den ein Triebwunsch (*Trieb*; *Es*) oder eine sexuelle Vorstellung ins *Unbewusste* gedrängt oder dort festgehalten wird. Die V. setzt ein, wenn ein sexueller Wunsch im Hinblick auf andere psych. Forderungen (z. B. moralische Bedenken; *Über-Ich*) Angst, Gefahr und Unlust erzeugt. Sie ist einer der *Abwehrmechanismen des Ich*, der sich gegen Triebregungen richtet, die das innere Gleichgewicht bedrohen bzw. Unlust für das *Ich* erzeugen. Die V. bewirkt nicht die Aufhebung eines konfliktträchtigen inneren Reizes, sie hält ihn lediglich außerhalb des Bewusstseins. Damit ist die psych. Wirksamkeit des inneren Triebreizes keineswegs erloschen. Im Status der V. werden «die betreffenden Erregungen dabei wie sonst erzeugt, aber durch psych. Verhinderung von der Erreichung ihres Zieles abgehalten und auf mannigfache andere Wege gedrängt, bis sie sich als Symptome zum Ausdruck gebracht haben», heißt es in den *Drei Abhandlungen zur Sexualtheorie*. Freud 1915a. *L. Bayer*

Vererbung [engl. *heredity*], **[BIO, PER]**, Gesamtheit aller körperlichen, intellektuellen und Persönlichkeitsmerkmale (*Persönlichkeitsmerkmal*), die mit der Vereinigung von Ei- und Samenzelle des Elternpaares im Kind genetisch festgelegt wird. Träger der genetischen Information in den Genen (*Gen*) sind die *Nukleinsäuren*. *Anlage-Umwelt*, *Chromosom*, *Chromosomen-Aberration*, *Dominanz*, *Genetik*, *Rezessivität, rezessiv*, *Verhaltensgenetik*.

Vererbung, geschlechtsgebundene (= g. V.) [engl. *heredity, sex-linked*], **[PER]**, Weitergabe von Genen, die in den Geschlechtschromosomen liegen. So sind z. B. beim

Menschen die rezessiven *Allele* für die Bluterkrankheit und die Rot-Grün-Blindheit im X-Chromosom. Die Klarlegung der g. V. und des Faktorenaustausches erfolgte durch T. Hunt Morgan (Nobelpreis 1933). *Genetik*.

Verfahrensbeistand (= V.) [engl. *guardian ad litem*; lat. *ad* bei, für den, *lis* Prozess], [**RF**], eigenständige und unabhängige Interessenvertretung für Kinder und Jugendliche in familiengerichtlichen Verfahren, gesetzlich normiert in § 158 FamFG (Gesetz über das Verfahren in Familiensachen und in den Angelegenheiten der freiwilligen Gerichtsbarkeit), löste zum 1. September 2009 die Rechtsfigur des *Verfahrenspflegers* ab, die am 1. Juli 1998 neu im Gesetz verankert wurde. Mit dem V. sollen wesentliche Grundrechte des Kindes – insbes. auf rechtliches Gehör gem. Art. 103 Abs. 1 GG (Grundgesetz) – sichergestellt werden. Er ist durch das Familiengericht so früh wie möglich zu bestellen, wenn die Besorgnis besteht, dass die Eltern aufgrund der eigenen Bedürfnislage nicht in der Lage sind, auch die Interessen ihrer Kinder wahrzunehmen, z. B. in Verfahren, in denen es um die Entziehung der elterlichen Sorge, die Trennung des Kindes von seinen Betreuungspersonen oder Konflikte zum Umgangsrecht (*Kindeswille, Parental Alienation Syndrome (PAS)*) geht. Durch den V. werden den Eltern keine Rechte entzogen. In seinen Kontakten mit dem Kind eruiert der V. dessen Interessen und bringt diese mündlich und/oder schriftlich in das Verfahren ein. Er informiert das Kind entwicklungsgerecht über das gerichtliche Verfahren und verhilft ihm zu einer Subjektstellung. Als offiziell Verfahrensbeteiligter stehen ihm best. Rechte, z. B. auf Akteneinsicht oder Rechtsmittel, zu. Das Gesetz sieht die Möglichkeit vor, dem V. zusätzlich die Aufgabe zu übertragen, Gespräche mit den Eltern und weiteren Bezugspersonen des Kindes zu führen sowie am Zustandekommen einer einvernehmlichen Regelung mitzuwirken. Dies ist i. S. einer umfassenden Interessenvertretung i. d. R. angezeigt. Für seine Tätigkeit erhält der V. eine gesetzlich festgelegte pauschale Vergütung. Der V. muss für die anspruchsvolle Tätigkeit geeignet sein. Erwartet werden eine juristische, päd. oder psychosoz. Grundausbildung, eine für diese Aufgabe geeignete Zusatzqualifikation sowie eine persönliche Eignung für die Arbeit mit Kindern. Stötzel 2009, Salgo 2010. M. Stötzel

Test Verfahren zur Ermittlung von Regulationserfordernissen in der Arbeitstätigkeit (VERA), 1983, von Volpert et al., [**AO, DIA**], arbeitswissenschaftliches Verfahren für Arbeitsplätze in der industriellen Fertigung. Bedingungsbezogene Aufgabenanalyse zu Denk- (*Denken*) und Planungsanforderungen (*Planen*). Fünf Ebenen (mit jew. zwei Unterstufen): (1) sensumotorische Regulation, (2) *Handlungsplanung*, (3) Teilzielplanung, (4) Koordination mehrerer Handlungsbereiche und (5) Erschließung neuer Handlungsbereiche. *Analyseergebnisse quant.*: Einstufung der Arbeitsaufgaben nach Denk- und Planungsanforderungen. *Qualitativ*: Aufgabenbeschreibung, Beschreibung der Denk- und Planungsanforderungen, Vorschläge zur Erhöhung der Anforderungen. Das Verfahren wird in Form eines Beobachtungsinterviews mit trainierten Beobachtern durchgeführt. Für Tätigkeiten im Bürobereich von Industrieunternehmen wurde das VERA-Büro-Verfahren entwickelt. Leitner et al. 1993.

Test Verfahren zur quantitativen Bestimmung der individuellen Interferenzneigung, *Stroop-Verfahren*, *Farbe-Wort-Interferenztest (FWIT)*, *Interferenz*.

Verfolgungswahn [engl. *delusion of persecution*], [**KLI**], laienhafte Bez. für die wahnhafte, unkorrigierbare Überzeugung, dass die Absichten und Handlungen anderer Personen auf die Verfolgung, Beeinträchtigung, Verhöhnung, Bedrohung usw. des Wahn-Trägers gerichtet sind. Vorkommen z. B. bei paranoider *Schizophrenie*, senilen Psychosen. *Wahn*.

Verfremdungshaltung (= V.) [engl. *alienative attitude/ commitment*], [**FSE, SOZ**], das Konzept der V. steht in einem unmittelbaren Zusammenhang mit dem Problem des *Fremdverstehens*, das beschreibt, dass wir keine andere Möglichkeit haben, als nur mit unserem eigenen Relevanzsystem zu verstehen. Besteht jedoch das Ziel darin, neue Erkenntnisse zu generieren und nicht tautologisch Wissen anzuwenden, ist es notwendig, das eigene Relevanzsystem so weit wie möglich zurückzunehmen, es also in einen Prozess der V. zu überführen. Dies ist allerdings nur möglich, wenn man sich auf das eigene Relevanzsystems reflexiv sensibilisiert (*Prinzip der Reflexivität*). Dies bedeutet, sich auf die eigenen Akte der Selbstauslegung beim Fremdverstehen zu sensibilisieren. Nur hierdurch wird es möglich, das eigene Relevanzsystem weitgehend zu öffnen, um das Fremde an sich heranzulassen, damit dessen Sinnstruktur sich entfalten kann. Diese selbstreflexive Sensibilisierung kann dabei in enger Anlehnung an das Konzept der theoretischen Sensibilisierung (*theoretical sensitivity*) in der *Grounded Theory*-Methodologie verstanden werden (*sensitizing concepts*), das von Barney Glaser ausgearbeitet wurde und auf das sich auch Anselm Strauss und Juliet Corbin (1996) beziehen. Es zeigt sich hierbei auch eine starke Überschneidung mit dem in der Ethnografie entwickelten Konzept der «Befremdung der eigenen Kultur» (Hirschauer & Amann 1997) und dem Konzept des «meth. kontrollierten Fremdverstehens» (Kruse 2009b), das insbes. auf der V. aufbaut, die auch als Haltung der «Ent-Selbstverständlichung» (Breuer 2009) bezeichnet werden kann, was z. B. Ronald Hitzler (1986) als «meth. Skeptizismus» bezeichnet hat. Alle diese Konzepte fordern, dass es vermieden werden muss, in den eigenen kommunikativ eingebetteten Verstehensprozessen die Sinnstrukturen des eigenen Relevanzsystems in die Sinnstrukturen des fremden Relevanzsystems hineinzulegen. Denn ansonsten verstehen wir von dem fremden Sinn nichts, sondern nur uns selbst bzw. nur das, was uns passt, und somit nur das, was wir ohnehin bereits wissen. Hieraus folgt, dass «wirkliches» Verstehen nur dann möglich wird, wenn wir in unseren Verstehensprozessen irritiert werden, worauf bereits Georges Devereux hingewiesen hat (Kruse 2009): Die Irritation unseres eigenen Relevanzsystems ist der Wegweiser zu neuer Erkenntnis bzw. zum Verstehen fremden Sinns. Wer in Verstehensprozessen nicht mannigfaltige Situationen der Irritation verspürt und diese Irritation zum Anlass der Reorganisation des eigenen Relevanzsystems nimmt, versteht tautologisch, also nur das, was er ohnehin schon weiß. Das Verstehen des Fremden scheitert hierbei. Verstehensprozesse in der *qualitativen Sozialforschung* bzw. rekonstruktiven Sozialforschung, so folgt hieraus, müssen damit stets in höchstem Maße reflexiv sein (*Prinzip der Reflexivität*), um Fremdverstehen zu ermöglichen. Um im Sprachspiel des metaphorischen Begriffes «ver-» (Präfix = weg, von, los) «-stehen» (Standpunkt, Relevanzsystem) zu bleiben: Dieser beschreibt eine Bewegung, dass nämlich der andere Standpunkt eingenommen werden muss (i. S. von «weg-stehen» vom eigenen Standpunkt), um diesen zu verstehen. Dies ist aber nicht möglich, denn man kann sich nicht selbst verlassen. Und dennoch: Fremden Sinn, fremde Standpunkte verstehen nur diejenigen, die dabei «sich verstehen». *Fremdverstehen* ist also nur möglich, wenn das eigene Verstehen verstanden wird und wenn man sich von diesem reflektiert distanziert. J. Kruse

Verfügbarkeit (= V.) [engl. *availability*], [**KOG**], Reproduzierbarkeit, für den erfolgreichen *Abruf* von *Gedächtnis*inhalten und beim *Besinnen* mit Hinweisreizen (*cue*) als wichtiges Merkmal der Gedächtnisinhalte. V. wird von Gestaltpsychologen und deren Nachfolgern zur Erklärung des *Vergessens* in den Fällen gebraucht, wo später – bei passenden Abrufsignalen (Hinweismerkmalen) – wieder die *Reproduktion* gelingt (*availability*). Im Bereich der *Wahrnehmung* und des Problemlösens (*Problemlösen*) ist Disponibilität oder Lockerheit (Duncker 1935) ein ähnlicher Begriff. Ggs. Gebundenheit. Duncker 1935. R. Bergius

Verfügbarkeitsheuristik [engl. *availability heuristic*], [**KOG, SOZ**], einfache Suchmethode in Urteilsprozessen (*Urteil*): Die Wahrscheinlichkeit (Häufigkeit) eines Ereignisses wird nach der Lebendigkeit, Bildhaftigkeit und Vordergründigkeit von Bsp. für diese Ereignisklasse beurteilt, d. h. also nach der Leichtigkeit, mit der es erinnert wird. *Heuristik*. Kahneman & Tversky 1973.

Vergebung (= V.) [engl. *absolution, forgiveness*], [**SOZ**], kann verstanden werden als eine Reaktion auf persönlich oder kollektiv erfahrenes Unrecht. Diese kann Veränderungen in kogn. (z. B. Berücksichtigung der situativen Faktoren i. Ggs. zu den persönlichen, die zur Übeltat geführt haben), affektiven (z. B. Empathie für den Täter oder die Tätergruppe entwickeln und Groll vermeiden), motivationalen (z. B. Vergeltungsimpulse hemmen) und Verhaltenskomponenten (z. B. sich für das allg. Wohlbefinden des Täters oder der Tätergruppe kümmern) beinhalten, die – im Vergleich zu der Anfangsreaktion unmittelbar nach dem Unrecht – in Bezug auf den Täter oder die Tätergruppe vorwiegend pos. sind. Es gibt zwei Traditionen der V.forschung, die sich auf psychologische Vorgänge der V. zw. Individuen (McCollough et al. 1997) bzw. zw. Opfer- und Tätergruppen (Noor et al. 2012) konzentrieren. Es ist umstritten, ob V. auf dem Prinzip der Gegenseitigkeit beruht. Eine Position geht davon aus, dass V. nur dann eine pos. Auswirkung auf die Opfer-Täter-Beziehung haben kann, wenn der V. ein gewisses Maß an Schuldanerkennung, Reue und Wiedergutmachung vorausgeht. Diese ps. Voraussetzungen sollen verhindern, dass die Opfer möglicherweise weiteren Ausbeutungen ausgesetzt werden können und dass die Täter ihrer Verantwortung entfliehen. Eine andere Position geht davon aus, dass bedingungslose V. auch psychol. Nutzen haben kann, etwa in Situationen, in denen Opfer und Täter nicht klar identifizierbar sind aufgrund gegenseitiger Gewaltausübung, oder in Situationen, wo ein großer Teil der Gesellschaft an Massengewalt beteiligt war (z. B. Rwanda). In solchen Verhältnissen können die obigen Voraussetzungen V. erschweren und somit den Weg zur friedlichen Koexistenz zw. Opfern und Tätern verzögern. Darüber hinaus können solche Voraussetzungen zu einer möglichen Konkurrenz um das größere Leid zw. den Konfliktparteien führen (*competitive victimhood*», Noor et al. 2012), was weiterhin die V.chancen verringern kann. *Entschuldigungen*. M. Noor

Vergeltungsgefühle [engl. *desire for retaliation/retribution/revenge*], *Katharsis*, *Vergebung*.

Vergenz (= V.) [engl. *vergence*; lat. *vergere* sich neigen/nähern], [**BIO, WA**], disjugierte (gegensinnige) Bewegungen der Augen entweder zur Nase hin (*Konv.*) oder von der Nase weg (*Div.*). V.bewegungen ermöglichen es die in Fixationsentfernung befindlichen optischen Reize auf korrespondierenden Netzhautstellen abzubilden, und garantieren dadurch das Einfachsehen eines Reizes insbes. im Nahbereich (etwa zw. ca. 25 und 120 cm). Störungen der V. verursachen *Schielen*. Goldstein 2007. J. Zihl

Vergessen (= V.) [engl. *forgetting, neglect, oblivion*], [**KOG**], bedeutet als empirischer Begriff *nicht mehr erinnern* (*Erinnerung*), *nicht reproduzieren können* (*Reproduktionsaufgabe*) oder *nicht wiedererkennen* von früheren Bewusstseinsinhalten. Wenn bedingte Reaktionen von ihren bedingten Reizen nicht mehr ausgelöst werden, spricht man von *Auslöschung* oder Extinktion. Zur Erklärung des V. gibt es versch. Theorien. Nach verbreiteter, aber nicht allg. anerkannter Annahme bedingt die Zeit das V. (*Spurenzerfall in der Zeit*). Mit ihr wird die Gedächtniswirkung vermindert, und zwar umso mehr, je größer der zeitliche Abstand vom Zeitpunkt der Aneignung des Gedächtnismaterials ist. Dies wurde sehr anschaulich schon in der ersten Untersuchung zum Gedächtnis mit der sog. *Vergessenskurve* (auch *Behaltenskurve*) von Ebbinghaus dargestellt. Sie zeigt die jew. Anzahl der nach best. Zeitabständen noch erinnerten, aber zuvor vollst. gelernten sinnlosen Silben. Es ist jedoch sicher, dass in der Zeit weitere für das V. spezif. Faktoren wirken: (1) die angehäufte *reaktive Hemmung* und *konditionierte Hemmung*; (2) *Interferenz*, d. h. der Ersatz von Gedächtnisinhalten durch andere (*retroaktive (rückwirkende), proaktive (vorwirkende) Hemmung*); (3) Störungen des Abrufs (*Abruf*) durch versch. Einbettung der Abrufsignale in der Lernphase und in der Prüfphase (Paradigma: eingebettete (*Gottschaldt*) Figuren); (4) *Kognitive Vermeidung*, d. h. absichtliche oder undeutlich-unabsichtliche Unterdrückung von Inhalten, die sich in der betreffenden Situation als unangenehm (neg. verstärkt) erwiesen haben (*Verdrängung*). Das von Ribot 1881 aufgestellte Gesetz des Vergessens (*Ribot'sches Gesetz*) besagt, dass der Abbau der Gedächtnisinhalte in umgekehrter Reihenfolge ihres Aufbaus vor sich geht. *Gedächtnis*, *Gedächtnisprüfung*. Ebbinghaus 1885, Foppa 1966, Lustig et al. 2001.

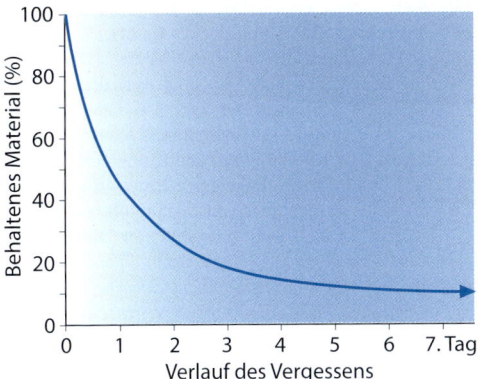

Vergessen: Vergessenskurve

Vergessenskurve [engl. *forgetting curve*], syn. *Behaltenskurve*, *Vergessen*.

Vergewaltigung [engl. *rape*], *Gewaltdelikt, sexuelles*, *Sexualmord*.

Vergiftung (V.) [engl. *toxication, poisoning*]; syn. *Intoxikation* [engl. *intoxication*], [**BIO, PHA**], Bez. für Schäden, die durch Resorption einer Mindestmenge an Substanz (z. B. psychotrope Substanzen, Medikament) entstehen. V. können das *Bewusstsein*, Organe und das *Nervensystem* beeinflussen, sie sollten schnellstmöglich behandelt werden. Das zugehörige Krankheitsbild wird *Toxikose* genannt.

Vergleich, ab-/aufwärtsgerichteter [engl. *comparison, down-/upward-directed*], *sozialer Vergleich*, *Theorie der abwärts gerichteten sozialen Vergleiche*.

Vergleichbarkeit (= V.) [engl. *comparability*], [**DIA**], ein Nebengütekriterium (*Gütekriterien*) für diagn. Messverfahren, das verlangt, dass Parallelformen (*Paralleltests*) eines Verfahrens mit demselben Gültigkeitsbereich vorliegen. Parallelformen können zur Bestimmung der Paralleltestreliabilität (*Reliabilität*) oder zur Vermeidung von Erinnerungs- oder Lerneffekten bei wiederholter Testdarbietung eingesetzt werden.

Vergleichstheorie [engl. *comparison theory*], *Metapher*.

Vergleichsurteil, Gesetz vom (= V.) [engl. *law of comparative judgement*], [**FSE**], eine von Thurstone (1927) vorgeschlagene Gleichung zur eindimensionalen Skalierung von Reizen auf einem ps. Kontinuum (*Skalierung, Methoden der*). Zur Aufstellung dieser Gleichung sind folg. Grundannahmen nötig: (1) Jeder Reiz, der einer Vp dargeboten wird, ruft eine Reaktion in ihr hervor, die durch einen Skalenwert in ihrem Ausprägungsgrad auf einem psychol. Kontinuum repräsentiert ist. (2) Bei mehrmaliger Darbietung des Reizes ist wegen Veränderungen im Organismus mit einer Reaktionsverteilung auf dem psychol. Kontinuum zu rechnen, die die Form einer Normalverteilung hat. Der Mittelwert dieser Reaktionsverteilung ist der für den Reiz charakteristische Skalenwert auf dem Kontinuum, die Streuung gibt die Variation um den Mittelwert an. Für zwei im *Paarvergleich* dargebotene Reize lassen sich weiterhin aufgrund der Annahme einer Normalverteilung von Differenzen zw. den Reaktionsverteilungen Skalenpositionen für die beurteilten Reize ermitteln, die in Abständen einer Intervallskala auf dem psychol. Kontinuum abgebildet werden. Die im V. aufgestellte Gleichung lässt sich ohne zusätzliche Annahmen nicht lösen. Aus diesem Grunde führte Thurstone vereinfachende Bedingungen ein. Nimmt man an, dass auch die Kategoriengrenzen der Klassen auf dem psychol. Kontinuum streuen, so lässt sich das Gesetz vom *Kategorialurteil* anwenden. Guilford 1954, Sixtl 1967. *G. Lüer*

Verhalten (= V.) [engl. *behavior*], [**KOG**], ist ein Begriff der Alltagssprache. Dort bez. er üblicherweise jede Form motorischer Aktivität (*Motorik*) der Skelettmuskulatur eines Organismus. V. ist entspr. als efferent innervierte Muskelaktivität obj. Überprüfung zugänglich. Hierzu gehören auch Laut- und Sprachäußerungen (*Sprache*), nicht jedoch *Reflexe*, Drüsensekretionen (*Drüsen*), humorale Ausschüttungen (*Hormone*, *Immunsystem*), unwillkürliche vasomotorische Aktivitäten wie Niesen oder Weinen und auch keine Urteile und Entscheidungen von Individuen, die sich in keiner motorischen Aktivität niederschlagen. In der Ps. wird V. manchmal mit menschlichen Reaktionen schlechthin – unwillkürliche, humorale, vasomotorische und mentale eingeschlossen – gleichgesetzt. V. mit mentalen Konzepten wie Werthaltungen (*Werte*), *Einstellungen* und *Erwartungen* i. R. von klass. psychol. V.theorien zu erklären, ist nur mit einem V.kriterium sinnvoll, das nachweislich auch auf eine *Intention* des Akteurs zurückgeht. Diese logisch-axiomatische Verknüpfung von Intention und V. stellt nach Werner Greve ein weitgehend ignoriertes, fundamentales Problem klass. psychol. V.erklärung mittels mentaler Konzepte dar. Wenn intentionales V. aber über die Befragung von Intentionen festgelegt wird, ist die Rückführung von intentionalem V. auf Intentionen und damit letztlich auf mentale Konzepte empirisch trivial. Das *Campbell-Paradigma* stellt einen bislang einzigartigen Versuch dar, intentionales V. zu messen, ohne explizit nach der Intention von Akteuren zu fragen. *Behaviorismus*, *Verhaltensebene*. Greve 2001. *F. G. Kaiser*

Verhalten, abstraktes und konkretes *abstraktes und konkretes Verhalten*.

Verhalten, Zweiprozesstheorien [engl. *two-process of behavior*], *Disposition*, *Fertigkeitserwerb*.

Verhalten-in-Situationen (ViS)-Analyse, [**KLI**], Methode i. R. der funktionalen *Verhaltensanalyse* (*Bedingungsanalyse*) zur Identifikation von Bedingungen von Problemverhalten und wünschenswerter Verhaltensalternativen. *Verhalten* (auf motorischer, emot., kogn. und physiol. Ebene) wird in Bezug auf Intensität, Frequenz und zeitlichen Verlauf und in Bezug auf bedingende internale (z. B. Stimmung, Bedürfnisse, körperliches Befinden) und externale Situationscharakteristika (z. B. soziales Umfeld, räumliche und zeitliche Merkmale) analysiert. Verhalten wird als Mittel zu Erreichung internaler (z. B. Kontrollempfinden) und externaler (z. B. sozial akzeptiertes Verhalten) Konsequenzen betrachtet. Die Wahrnehmung und die interne Verarbeitung (Bewertungen, Erwartungen, antizipatorische und volitionale Prozesse (*Volition*) der Handlungsvorbereitung, *Selbstinstruktionen*) werden als Mediatoren des Effekts von Situationsmerkmalen auf das gezeigte Verhalten analysiert. *SORKC-Modell*.

Verhaltensaktivierungssystem *Persönlichkeit, neurowissenschaftliche Ansätze*.

Verhaltensanalyse (= V.) [engl. *behavior assessment, behavioral analysis*], **[DIA, KLI]**, typische Art des Erarbeitens indiv. *Fallkonzeptionen* bei verhaltenstherap. Vorgehen (*Verhaltenstherapie*): In der *Bedingungsanalyse* werden, basierend auf dem *verhaltensanalytischen Interview*), Auslöser, Merkmale der Person, Reaktionen, Konsequenzen und *Kontingenz*verhältnisse nach lerntheoretischen Prinzipien in Beziehung gesetzt (*SORKC-Modell, Verhaltensdiagnostik*). Horizontale V. bez. die diagn. Identifikation situationsspezif. Verhaltensmuster i. S. des SORKC-Modells. Vertikale V. bez. die diagn. Identifikation generischer, situationsübergreifender Verhaltensmuster. I. w. S. gehört zur V. auch die Analyse der *Therapiebeziehung*. *Plananalyse, Verhalten-in-Situationen (ViS)-Analyse*. *F. Caspar*

Verhaltensanalyse, angewandte (nach Lovas) *Entwicklungsstörungen, tiefgreifende*.

Verhaltensanalyse, horizontale [engl. *behavioral analysis, horizontal*], *SORKC-Modell*.

Verhaltensanalyse, vertikale *Plananalyse, Verhaltenstherapie, kognitive Verhaltenstherapie*.

verhaltensanalytisches Interview [engl. *behavioral analysis interview*], **[DIA, KLI]**, syn. *verhaltensdiagnostisches Interview*. Zentrales Ziel des verhaltensanalytisch geführten Interviews ist die Hypothesengewinnung und -generierung auf dem theoretischen Hintergrund des funktionalen Ansatzes der sozialen Lerntheorie. Die in dieser Weise strukturierte *Problemanalyse* beschäftigt sich schwerpunktmäßig mit der Identifizierung änderungsrelevanter Erlebnis- und Verhaltensweisen, der Klärung der Rahmenbedingungen für die Entwicklung und die *aktuelle* Aufrechterhaltung der Störung sowie mit der Frage nach den geeigneten Mitteln (Methoden) alternative Ziele (neue, andere Erlebnis- und Verhaltensweisen) mit dem Befragten zu erreichen. Das verhaltensanalytische Gespräch hat immer sowohl diagn. als auch therap. Aspekte. Zu versch. Zeitpunkten des diagn.-therap. Prozesses sind sie lediglich unterschiedlich gewichtig. Die Umsetzung dieser Anforderungen wird durch funktionale Analyseschemata (Leitfäden) prinzipiell begünstigt, doch gibt es eine Reihe von Schwierigkeiten, diese Grundprinzipien im realen Gespräch zu verwirklichen. Dazu gehört ganz wesentlich die Beurteilung der subj.-verbalen Information hinsichtlich ihrer *Konkretheit* und der vom Klienten angebotenen Sichtweise des Problems. Die Problemkonzeption des Klienten liefert dabei in unterschiedlich expliziter Form wichtige Hinweise für Ansatzpunkte zur Änderung von Verhaltens- und Denkgewohnheiten. *P. F. Schlottke*

Verhaltensaufrechterhaltung, Phasenmodell der [engl. *phase model of behavior maintenance*], *Konsequenzerfahrungen*.

Verhaltensbeobachtung [engl. *behavioral obervation*], *Beobachtung*.

^{Test}**Verhaltensbeurteilungsbogen für Vorschulkinder (VBV 3-6)**, 1993, M. Döpfner, W. Berner, T. Fleischmann & M. Schmidt, [www.testzentrale.de], **[DIA, EW]**, Screening-Instrument zur Erfassung verhaltensauffälliger Kinder. AA 3–6 Jahre. Der VBV 3-6 dient der differenzierten Erfassung von Verhaltensauffälligkeiten auf der Grundlage des Urteils von Eltern und Kindergarten-Erzieher. Eltern- und Erzieherfragebogen liegen in getrennter Form vor, beide werden duch eine Symptomliste für Eltern bzw. Erzieher ergänzt. Die Items sind vier Dimensionen zugeordnet: *sozial-emot. Kompetenzen, oppositionell-aggressives Verhalten, Aufmerksamkeitsschwäche/Hyperaktivität vs. Spieldauer* und *emot. Auffälligkeiten*. *Normierung*: Stanine-Werte für die Normalpopulation getrennt nach Alter und Geschlecht sowie für umschriebene Diagnosegruppen. Bearbeitungsdauer: Elternversion 20 bis 30 Min., Erzieherversion 30 bis 40 Min.

Verhaltensbiologie [engl. *behavioral biology*], *Ethologie*.

Verhaltensdeterminante [engl. *determinant of behavior*; lat. *determinare* bestimmen], **[EM, KOG]**, jede Bedingung für das Verhalten und die Interaktion solcher Bedingungen, z. B. funktionale Reize, *Kognition* der Situation, zentraler motivierender Zustand (*Motivation*), *Anreiz (incentive)*, Kognition der möglichen Folgen des Verhaltens und der Wahrscheinlichkeit ihres Eintretens in der antizipierten Situation.

Verhaltensdiagnostik [engl. *behavioral assessment/diagnostics*], **[DIA, KLI]**, beansprucht – in teilwesem Ggs. zur sog. «traditionellen» Diagnostik – interventionsvorbereitende, -begleitende und -kontrollierende Aufgaben zu erfüllen. Die Datenerhebung orientiert sich dabei an dem Ziel, «funktionale Beziehungen» zw. einzelnen Verhaltensbereichen zu erfassen. Versch. verhaltensanalytische Schemata (z. B. *SORKC-Modell* nach Kanfer & Saslow (1969), *Verhaltensformel*, multimodale *Verhaltensanalyse* nach Lazarus (1979)) und daraus entwickelte Legenden zur funktionalen *Problemanalyse* liefern Ordnungsgesichtspunkte für die Strukturierung der zu erhebenden Informationen. Das Problemverhalten wird nach Möglichkeit auf drei Ebenen erfasst: α = Verhaltensebene (z. B. *Vermeidungsverhalten*), β = Ebene der *Kognitionen* (z. B. Katastrophisieren, Suizidgedanken), γ = Ebene der somatisch-physiol. Prozesse (z. B. hormonelle Prozesse, Herzfrequenz). Mit einer *Konkordanz* der Daten ist hier allerdings nicht in jedem Fall zu rechnen. Das Rationale der diagn. Urteilsbildung, insbes. im Hinblick auf die Zuweisung eines best. Pat. mit einer best. Problematik zu einer ganz best. Behandlungsmethode, ist nicht hinreichend geklärt und bedarf weiter einer gezielten Indikations- und Therapieforschung. Die Tab. zeigt zentrale Schritte der Verhaltensanalyse sowie der darauf aufbauenden Therapiezielbestimmung und der Therapieplanung. *funktionale Verhaltensanalyse*. Reinecker 2005, Reinecker 2006.

Verhaltensdiagnostik, experimentalpsychologische *Persönlichkeitstests, objektive*.

verhaltensdiagnostisches Interview *verhaltensanalytisches Interview*.

Verhaltensdiagnostik (Reinecker 2006)

Aspekte der Verhaltensdiagnostik (Reinecker 2006)
Verhaltensanalyse:
1. Präzise Beschreibung des Problemverhaltens auf den drei Ebenen
2. Erfassung situationaler Bedingungen des Verhaltens
3. Bisheriger Umgang mit dem Problem und Grad der Beeinträchtigung
4. Merkmale des Selbstregulationssystems (β, γ)
5. Genese und Entwicklung des Problems
6. Erstellung eines hypothetischen Bedingungsmodells für die Problematik
7. Erfassung der gesundheitsbezogenen Einstellungen und subjektiven Erklärungen des Patienten
Zielbestimmung:
1. Analyse der sozialen Rahmenbedingungen
2. Klärung motivationaler Aspekte (Bereitschaft zur Veränderung)
3. Analyse möglicher Folgen der Veränderung
4. Festlegen der Ziele der Behandlung
Therapieplanung:
1. Planung des Therapieverlaufs
2. Vermittlung eines plausiblen Ätiologie- und Therapiemodells
3. Therapiebegleitende Diagnostik
4. Veränderungsmessung und Follow-up

Verhaltensebene (= V.) [engl. *behavioral level*], [**KLI**], Bereich innerhalb eines Verhaltensmodells. Unterschieden wird zw. der physiol., motor. (behavioralen), verbal-subj. (erlebnismäßigen) V. Andere Einteilungen für V. sind: Körper (Materie und Energie), System (Organismus und Verhalten) und Erleben und Bewusstsein (Konstrukt und Handlung). Maßnahmen auf der V. sind nachweislich die wirksamsten Faktoren in *Psychotherapie*.

Verhaltenseinheit [engl. *behavioral unit*], [**KOG**], jeder aus dem Zusammenhang des Gesamtverhaltens aufgrund «natürlicher» Abgrenzungen herauslösbare Verhaltensanteil. Man unterscheidet insbes. *molare* und *molekulare* Einheiten. *molar behavior*.

Verhaltensexperiment (= V.) [engl. *behavioral experiment*], [**KLI**], bez. eine Gruppe von Interventionen i. R. der kognitiven *Verhaltenstherapie*, bei denen die Veränderung von pathologischen Überzeugungen im Vordergrund steht. Das Grundschema von V. sieht vor, die Überzeugungen eines Pat. bzgl. der wahrscheinlichen Auswirkungen eines best. Verhaltens oder der Auswirkungen einer best. Situation zu erarbeiten. I. R. des V. werden dann diese Überzeugungen überprüft. Der Vergleich des Ergebnisses dieser Prüfung mit der ursprünglichen Vorhersage dient als Grundlage, um die Überzeugungen neu zu bewerten und ggf. zu verändern. Es wird unterschieden, ob der Pat. selber aktiv eine Überzeugung überprüft oder durch Beobachtung oder Befragung von anderen seine Überzeugung hinterfragt. Bekannte V. sind z. B. das «Nicht-an-den-weißen-Bären-denken»-Experiment, das die paradoxen Effekte von Gedankenunterdrückung veranschaulichen soll, die aktive Fokussierung der *Aufmerksamkeit* auf körperliche Symptome, um die Bedeutung von Aufmerksamkeit für die Amplifikation somatosensorischer Empfindungen deutlich zu machen, Umfragen (z. B. bzgl. der Erfahrung mit Gedanken, wie sie i. R. einer *Zwangsstörung* vorkommen können) oder das «Bewusst-Fehler-machen»-Experiment (z. B. scheinbar i. R. eines Referats kurz den «Faden zu verlieren»), um zu überprüfen, ob dieses Verhalten zu einer neg. Bewertung der eigenen Leistung durch andere führt. Eines der ersten V. ist die *Shame-attack-Übung*, die von A. Ellis i. R. der *Rational-emotiven Therapie* konzeptualisiert wurde. Bennett-Levy et al. 2004. *A. L. Gerlach*

Verhaltensformel (= V.) [engl. *behavior equation*], [**KLI, KOG**], Formel, die wirksame Bedingungshintergründe des Verhaltens (Verhalten) zus.fasst. Die V. gibt Hinweise auf veränderl. Variablen. *Reize, Reaktionen*, körperl. Bedingungen, Konsequenzen des Verhaltens und die Kontingenzverhältnisse (Enge der Verknüpfung, Kontingenz) zw. Verhalten und Konsequenzen werden von Kanfer zum *SORKC-Modell* (Stimulus – Organismus – Response – Kontingenz – Consequenz) zus.gefasst. *Verhaltensdiagnostik*.

Verhaltensforschung, vergleichende [engl. *comparative behavioral research*], *Ethologie*.

^(Test)**Verhaltensfragebogen bei Entwicklungsstörungen (VFE)**, 2007, S. L. Einfeld, B. J. Tonge & H.-C. Steinhausen, [www.testzentrale.de], [**DIA, EW, KLI**], klin. Verfahren. AA geistig behinderte Menschen ab 4 Jahren. Der VFE ist ein Instrument zur Erfassung eines breiten Bereichs von Störungen des Verhaltens und der Emotionen bei Menschen mit geistiger Behinderung (*Behindertendiagnostik im Kindes- und Jugendalter*). Der Fragebogen liegt in einer Fassung für Eltern und primäre Bezugspersonen (VFE-E) mit 96 Items, einer Lehrerversion (VFE-L) mit 94 Items sowie einer Version für Erwachsene (VFE-ER) mit 107 Items vor. Die Auswertung kann auf drei Ebenen erfolgen: dem Gesamtverhaltensproblemwert, den fünf Subskalenwerten *disruptiv/antisoziales Verhalten, Selbstabsorbierung, Kommunikationsstörung, Angst* und *soziale Beziehung* sowie den Werten für die Einzelmerkmale. Der VFE ist die dt. Bearbeitung der australischen *Developmental Behaviour Checklist* (DBC). *Normierung*: Die Elternversion (VFE-E) wurde an einer umfangreichen dt. Stichprobe normiert. Für die Lehrerversion VFE-L können die in Australien ermittelten Normen genutzt werden. Die Erwachsenenversion VFE-ER ist vorläufig noch nicht normiert. Bearbeitungsdauer: ca. 15 Min.

Verhaltensfrequenz (= V.) [engl. *frequency of behavior*; lat. *frequentia* Häufigkeit], [**KOG**], Häufigkeit eines best. Verhaltens. V. ergibt sich aus der Wahrscheinlichkeit des Auftretens und den Verstärkungsbedingungen. Im Tierexperiment wird die V. durch *Hunger* und *Verstärkerpläne* variiert. *Lernen, Verlernen, Motivation*.

Verhaltensgenetik (= V.) [engl. *behavioral genetics, genetics of behavior*; gr. γένος *(genos)* Geschlecht, Gattung], [**BIO, PER**], wendet Methoden und Erkenntnisse der *Genetik* auf die Erforschung von *Verhalten* an. Man unterscheidet zw. quant. und molekularer V. Die quant. V. schätzt die relative Bedeutung von genetischen und Umwelteinflüssen für indiv. Unterschiede in beobachteten Verhaltensmerkmalen, die phänotypische (*Phänotypus*) *Varianz*. Die molekulare V. zielt auf die Identifikation spezif. Gene, die den genetischen Einflüssen zugrunde liegen. Die Erbinformation liegt chemisch in Form der *Desoxyribonucleinsäure DNS (DNA)* vor, und zwar als Abfolge von Paaren vier versch. Basen (Adenin, Thymin, Guanin und Cytosin). Adenin paart sich stets mit Thymin und Guanin stets mit Cytosin. Die gesamte DNA eines Menschen, das menschliche *Genom*, umfasst etwa 3,2 Mrd. Basenpaare, die sich auf 46 *Chromosomen* verteilen und zu mehr als 99 % bei (fast) allen Menschen identisch sind. Bzgl. der anderen Basenpaare sind indiv. Unterschiede, sog. Polymorphismen, zu verzeichnen. Die Wirkungen der DNA resultieren stets aus der Kombination mehrerer Basenpaare. Diese Wirkeinheiten werden als Gene (*Gen*) bez., die versch. Varianten eines polymorphen Gens als *Allele*. Die Zahl der Gene des Menschen beträgt etwa 30 000, wobei der Anteil polymorpher Gene deutlich höher ist als der Anteil polymorpher Basenpaare. Die Allele eines Gens unterscheiden sich strukturell insbes. durch den Austausch einzelner Basenpaare sowie unterschiedlich häufige Wiederholungen von Basensequenzen. Die Effekte der Gene werden einerseits über die Kodierung von Proteinen vermittelt, andererseits über die Regulation der Proteinkodierung durch andere DNA-Sequenzen (Regulation der Genexpression). Ein verhaltensrelevantes Bsp. ist die Regulation des Gens für den Serotonintransporter durch einen Polymorphismus auf Chromosom 17, der mit emot. Stabilität assoziiert ist. Bei der Erklärung indiv. Differenzen durch genetische Einflüsse wird zw. *single major locus* (SML) und polygenetischen Modellen unterschieden. SML-Modelle beinhalten, dass die genetisch bedingten Merkmalsunterschiede überwiegend auf ein effektstarkes polymorphes Gen zurückgehen. SML-Modelle haben sich insbes. bei der Erklärung von Krankheiten bewährt, z. B. der Phenylketonurie, die mit gravierenden Intelligenzeinschränkungen verbunden ist. Bei den meisten psych. Merkmalen und Störungen erweisen sich jedoch polygenetische Modelle als angemessen. Diese implizieren, dass zahlreiche genetische Polymorphismen mit jew. geringer *Effektstärke* zur *Varianz* eines Merkmals beitragen. Dies sollte sich in vielfach abgestuften und einer *Normalverteilung* folg. Merkmalsausprägungen manifestieren, wie sich bei einer Vielzahl psych. Merkmale finden (Borkenau 1993).

Quantitative V.: In der quant. V. unterscheidet man zw. drei Quellen genetischer Varianz: (a) additiver genetischer Varianz, den additiven Wirkungen einzelner Allele, (b) Gendominanz, den interaktiven Wirkungen der beiden Allele am gleichen Genlocus, und (c) Epistase, den interaktiven Wirkungen von Allelen an versch. Genloci. Diese Einflussfaktoren werden von Personen je nach Verwandtschaftsgrad und Verwandtschaftsart in unterschiedlichem Ausmaß geteilt (s. T.). Aus phänotypischen Familienähnlichkeiten kann deshalb auf die relative Stärke dieser Einflussfaktoren geschlossen werden. Dabei ist selektive Partnerwahl, die Korrelation zw. den Merkmalsausprägungen von Vater und Mutter, zu berücksichtigen. Positive Korrelationen zw. genetisch beeinflussten Merkmalen der Eltern erhöhen die Korrelationen zw. Eltern und Kindern, zw. Geschwistern und zw. zweieiigen Zwillingen (ZZ) (s. T.). Bzgl. der Umwelteinflüsse unterscheidet man zw. von Familienmitgliedern geteilten und nicht geteilten Umwelteinflüssen (*Umwelteffekt, geteilter*). Beide tragen zur Merkmalsstreuung bei, aber nur die geteilten Umwelteffekte erhöhen die Ähnlichkeit zw. gemeinsam aufgewachsenen Personen. Die von Messfehlern bereinigten Unterschiede zw. gemeinsam aufgewachsenen eineiigen Zwillingen (EZ) schätzen die Bedeutung der spezif. Umwelt (*Zwillingsstudien*), die Ähnlichkeiten zw. Adoptivgeschwistern die Bedeutung der gemeinsamen Umwelt. Ein wichtiges Ergebnis quant.-genetischer Forschung ist, dass spezif. Umwelteinflüsse sehr viel bedeutsamer sind als gemeinsame Umwelteinflüsse. Neben Haupteffekten von Genom und Umwelt sind stat. Interaktionen zw. Umweltbedingungen und einzelnen Genen oder dem gesamten Genom zu berücksichtigen (*Gen-Umwelt-Interaktion*, *Genom-Umwelt-Interaktion*) sowie Korrelationen zw. Genomen und ihren Umwelten (*Genom-Umwelt-Korrelation*). Genome und ihre Umwelten werden also nicht als unabhängige Faktoren betrachtet.

Zur Abschätzung der Bedeutung der genetischen und Umweltkomponenten werden *Zwillingsstudien* und *Adoptionsstudien* herangezogen. Die Tab. (vgl. Loehlin 1989) gibt an, in welchem Ausmaß versch. Einflüsse zur Ähnlichkeit von Verwandten beitragen. Die Analyse entspr. Datensätze erfolgt zumeist durch *Strukturgleichungsmodelle*. Vorab wird der Anteil spezifiziert, zu dem die Varianzkomponenten von den jew. Verwandten geteilt werden. Die Bedeutung von *a2* (additive genetische Varianz), *d2* (auf Dominanzeffekte zurückgehende Varianz), *i2* (auf Epistase zurückgehende Varianz), *c2* (auf geteilte Umwelteffekte zurückgehende Varianz), und *e2* (auf nicht geteilte Umwelteffekte zurückgehende Varianz) wird dann so aus den Familienähnlichkeiten einschließlich der Merkmalskorrelation der Eltern (*m*) geschätzt, dass: (1) empirische und durch das Modell implizierte Korrelationen möglichst wenig voneinander abweichen, und (2) das Modell mit möglichst wenigen Varianzkomponenten auskommt. Mittels Signifikanztests wird die Passung von Modellen geprüft und werden unterschiedlich komplexe Modelle miteinander verglichen (Neale & Maes 1999). Zunehmende Bedeutung gewinnen *multivariate genetische Analysen*, mit denen untersucht wird, inwieweit Korrelationen zw. versch. Merkmalen auf genetische oder Umwelteinflüsse zurückgehen.

Molekulare V.: Diese zielt auf die Identifikation einzelner Gene, die zu Verhaltensunterschieden beitragen. Für viele Krankheiten, deren Risiko von einzelnen effektstarken Genloci abhängt, konnten die jew. Gene bereits identifiziert werden (Vogel & Motulsky 1997). Aber auch Genloci, die an polygenetischen Erbgängen beteiligt sind, können im Prinzip lokalisiert werden. Man spricht dann von *quant. trait loci (QTL)*. Zwei Methoden der Lokalisation von Genloci stehen zur Verfügung, *Linkage-Studien* und *Allelassoziationsstudien*. Linkage-Studien basieren auf Familienstammbäumen und prüfen, ob innerhalb der Familien das untersuchte Merkmal und ein spezif. DNA-Marker überzufällig häufig gemeinsam vererbt werden. Weil Verwandte relativ lange gleiche Chromosomenabschnitte aufweisen, erlauben Linkage-Studien die Lokalisation auch solcher Gene, die auf dem gleichen Chromosom wie ein bekannter DNA-Marker, aber von diesem doch relativ weit entfernt liegen. Allelassoziationsstudien hingegen können auch mit nicht verwandten Personen durchgeführt werden, die nur kurze Chromosomenabschnitte teilen. Findet man hier Assoziationen zw. einem DNA-Marker und einer phänotypischen Merkmalsausprägung, so lässt sich das an dem Phänotyp beteiligte Gen recht präzise lokalisieren. Die Wahrscheinlichkeit, überhaupt eine Assoziation zu finden, ist jedoch deutlich reduziert. Dieser Ansatz ist deshalb nur dann erfolgversprechend, wenn Hypothesen über sog. Kandidatengene vorliegen. Während für eine erhebliche Anzahl somatischer Krankheiten wichtige Gene bereits lokalisiert wurden, liegen für psych. Merkmale nur wenige replizierte Befunde vor. Zu diesen gehört, dass ein an Leseschwäche (*Lese-Rechtschreib-Schwäche*) beteiligtes Gen in der Region 21.3 auf dem kurzen Arm von Chromosom 6 lokalisiert ist (Cardon et al. 1994, Fisher et al. 1999, Gayán et al. 1999).   *P. Borkenau/F. M. Spinath*

Verhaltensgenetik

Verwandtschaftsbeziehung	Zur Ähnlichkeit beitragende Einflüsse
EZ, gemeinsam aufgewachsen	$a^2+d^2+i^2+c^2$
EZ, getrennt aufgewachsen	$a^2+d^2+i^2$
ZZ, gemeinsam aufgewachsen	$.5a^2(1+a^2m)+.25d^2+c^2$
ZZ, getrennt aufgewachsen	$.5a^2(1+a^2m)+.25d^2$
Geschwister, gemeinsam aufgewachsen	$.5a^2(1+a^2m)+.25d^2+c^2$
Elternteil-Kind, natürliche Familie	$.5a^2(1+m)+c^2$
Leibliche Mutter – adoptiertes Kind	$.5a^2(1+m)$
Adoptivgeschwister	c^2

Anmerkung: EZ = eineiige Zwillinge, ZZ = zweieiige Zwillinge, a^2 = additive genetische Varianz, d^2 = Gendominanz, i^2 = Epistase, c^2 = gemeinsame Umwelt, m = Partnerkorrelation.

Verhaltensgleichung [engl. *behavioral equation*], *Konzentration, Diagnostik, psychologisches Gutachten*.
Verhaltenshemmung [engl. *behavioral inhibition*]; *Temperament*.
Verhaltenshemmungssystem *Persönlichkeit, neurowissenschaftliche Ansätze*.
Verhaltensinstruktionen (= V.) [engl. *behavior instructions*; lat. *instruere* (aus)rüsten, vorbereiten], **[GES]**, geben Empfehlungen, was Personen selbst tun können, um sich bspw. gesünder zu verhalten (z. B. Ernährung, körperliche Aktivität, Stressreduktion; *Gesundheitsverhalten*; *Gesundheitsverhaltensänderung, multiple*) oder um schneller wieder zu gesunden. V. sind bes. wirksam als Methode der psychol. *Operationsvorbereitung*. Bspw. kann durch die richtige Atemtechnik einer Lungeninfektion vorgebeugt werden; rechtzeitig aufzustehen vermindert das Embolierisiko und fördert die allg. Erholung usw. Viele V. sind

natürlich vom Typ des Eingriffs und dem Gesundheitszustand des Pat. abhängig. Der Erfolg von V. ist – wie andere Maßnahmen zur Gesundheitsförderung auch – von den folg. kogn. Faktoren abhängig: *Ergebniserwartung*, wahrgenommene Selbstwirksamkeit (*Selbstwirksamkeitserwartung*), wahrgenommene Bedrohung, wahrgenommene Schwere des Problems und wahrgenommene *soziale Erwünschtheit*. C. Vögele

Verhaltensintention [engl. *behavior intention*; lat. *intendere* beabsichtigen]; *Einstellung*, *Handlungsergebniserwartungen*, *Theorie des geplanten Verhaltens*, *Theorie des überlegten Handelns*.

Verhaltensinventar [engl. *behavior inventory*; lat. *inventarium* Besitz, Verzeichnis; syn. *Aktionskatalog*, *Ethogramm*, [DIA, KLI], Bez. für die zur Durchführung von *Verhaltensanalysen* erforderliche Verhaltens-Bestandsaufnahme.

Verhaltenskartografie [engl. *behavior(al) mapping*], [DIA], typisch ökops. Datenerhebungsverfahren, bei dem in natürlichen Umgebungen beobachtet und registriert wird, welche Verhaltensarten sich (jeweils mit welcher Häufigkeit und zu welchen Zeiten) in welchen Räumen bzw. an welchen Stellen in bestimmten Räumen abspielen (z. B. Patientenverhalten in Klinikstationen). Mittels Daten dieser Art *(behavior maps)* sollen Einsichten in die Raumabhängigkeit bestimmter Verhaltensarten gewonnen werden. *Assessment, ambulantes.* Bechtel et al. 1987. G. Kaminski

Verhaltenskonsistenz, transsituative [engl. *transsituative consistency of behavior*]; *Konsistenz des Verhaltens*.

Verhaltenskontrolle [engl. *behavioral control*], *Kontrolle, gemeinsame*, *Theorie des geplanten Verhaltens*.

Verhaltenslehre *Ethologie*.

Verhaltensmedizin [engl. *behavioral medicine*], [GES, KLI], von Birk (1973) eingeführte Bez. für ein interdisziplinäres Forschungsgebiet, bei dem es um die Integration experimentalpsychol., insbes. lernpsychol.-behavioraler Prinzipien und Techniken mit med. Vorgehen bei der Erforschung von Krankheiten geht. Weiterer Schwerpunkt ist die Anwendung psychol.- v. a. verhaltensthep. (*Verhaltenstherapie*) – Verfahren bei der *Prävention*, Diagnose, Behandlung und *Rehabilitation* insbes. auch organischer Störungen. *Medizinische Psychologie.* Bengel & Jerusalem 2009. H. Flor

Verhaltensmodifikation (= V.) [engl. *behavior modification*; lat. *modificare* umformen], [KLI, KOG], nach einer vorgenommenen *Verhaltensanalyse* werden mit meist aus der Lerntheorie stammenden Verfahren vorhandene Reiz-Reaktions-Muster in ihrer Verknüpfung mit Organismusvariablen und aufgrund einer bisherigen Lerngeschichte in ein neues Verhaltensrepertoire überführt. *SORKC-Modell*, *Verhaltenstherapie*.

[PÄD, KOG], Fengler & Jansen (1994) verstehen unter psychol. V. die Beeinflussung von Schüler-Lehrer-Verhalten mit Verfahren aus *Lerntheorien* und Verhaltenstherapie. Diese Richtungen der Ps. gehen davon aus, dass Probleme des Lebens und Zusammenlebens in erster Linie dadurch entstehen, dass der Mensch sich wichtige *Verhaltens*weisen nur ungenau oder falsch aneignet oder ein im Prinzip richtiges Verhalten in zu vielen oder zu wenigen Situationen praktiziert. Entspr. besteht die Behandlung darin, dass der Mensch übt, manche Verhaltensweisen abzulegen, andere neu zu erwerben und auf unübersichtliche und belastende Situationen angemessener als bisher zu reagieren (Fengler & Jansen 1994). Rost (1998) betont hingegen die Rolle der Verhaltenskonsequenzen und situativen Rahmenbedingungen noch etwas genauer und schreibt: «Päd. V. ist ein Sammelbegriff für empir.-exp. und lernpsychol. (*Lernen*) orientierte Methoden zur gezielten Beeinflussung von Verhaltensweisen im päd. Feld durch systematische Veränderungen situativer Rahmenbedingungen und Verhaltenskonsequenzen sowie durch Verhaltensmodelle.»

Verhaltensmuster [engl. *behavior(al) pattern*], [KOG], ein Komplex von *Verhaltenseinheiten*, die in charakteristischer Weise miteinander verbunden sind und gleichzeitig oder in zeitlicher Abfolge auftreten, wie z. B. das «Schreckmuster» [engl. *startle pattern*], das aus einer Anzahl best. einzelner muskulärer und vegetativer Reaktionen besteht.

Verhaltensnorm [engl. *behavioral norm*], *Normen, soziale*.

Verhaltensökonomik (= V.) [engl. *behavioral economics*; gr. οἶκος *(oikos)* Haus(halt), νόμος *(nomos)* Gesetz], [WIR], geht im Kern der Frage nach, wie sich Menschen in realen Entscheidungssituationen (auf Märkten, in Gruppen oder Haushalten; *Haushaltsentscheidungen*) verhalten. Die Methoden der V. sind grundsätzlich empir. und nutzen häufig *Experimente*, die sowohl in Laboren als auch zunehmend im Feld durchgeführt werden, sowie Befragungen. V. Modelle basieren stark auf psychol., ferner auch auf soziol. Erkenntnissen der *Verhaltensforschung* und ergänzen damit die neoklassischen Modelle der Ökonomik, die lange psychol. Erklärungsfaktoren ignorierten. Zur Frage, wie *Verhalten* beeinflusst werden kann, liefert die v. Forschung zwei Ansätze: (1) Sie lenkt die Aufmerksamkeit auf den Menschen immanente *Entscheidungsheuristiken* und Verhaltenstendenzen (*biases*), die neben kogn. Faktoren wie *Wissen*, *Einstellungen* und *Kompetenzen* das Konsum- und Entscheidungsverhalten immer mehr oder weniger «mitsteuern». (2) Sie fokussiert die Bedeutung der Entscheidungssituation, also den Kontext; dieser beeinflusst Entscheidungen (*Entscheiden*, *Entscheiden unter Unsicherheit*) wesentlich und weitgehend unreflektiert vom Individuum, wie z. B. die Wirkung von Defaults zeigt. Insofern wird der klugen Gestaltung einer *Entscheidungsarchitektur* eine große Bedeutung zugewiesen. Basierend auf dieser Forschung wird seit einiger Zeit der Politikansatz des *Nudging* diskutiert, in Anlehnung an die pol. Philosophie von Richard Thaler und Cass Sunstein (2008). Dieser sog. liberale *Paternalismus* will durch leichte *Stupser* [engl. *nudges*] – anstelle von Verboten oder Geboten – Verhaltensänderungen «anstupsen». Praktisch werden Anreizsysteme und Wahl-Settings bewusst so verändert, dass die soz. gewünschte Handlungsalternative mit einer höheren Wahrscheinlichkeit gewählt wird. Häufig wird dem *Nudging* der Vorwurf gemacht, der Staat zeige sich hier als paternalistischer «Nanny State» [engl. *nanny* Kindermädchen]. Allerdings bleibt die freie Wahl und Souveränität des Konsumenten weiterhin oberstes Prinzip: Jeder Einzelne hat die Möglichkeit, jederzeit aus der vorgegebenen Politikoption auszusteigen [engl. *opt-out* wahlweiser Austritt]. *Konsumverhalten*, *Konsumentensouveränität*, *Kaufentscheidungen, Modelle*. Sunstein 2014, Sunstein & Reisch 2014, Lunn 2014. L. A. Reisch/G. Raab

Verhaltensphänotyp [engl. *behavioral phenotype*; gr. φαίνειν (*phainein*) scheinen, τύπος (*typos*) Form, Gepräge], *Genetische Syndrome*.

Verhaltenspharmakologie [engl. *behavioral pharmacology*], **[PHA]**, Teilgebiet, das die Wirkung von Substanzen auf das Verhalten von Tieren untersucht. Eine wesentl. Aufgabe ist die Entwicklung von sog. Tiermodellen zur Vorhersage von Pharmakawirkungen beim Menschen. Akzeptierte Modelle existieren für *Anxiolytika* und *Antidepressiva*. Die wichtigsten Methoden entstammen der Forschung zum instrumentellen Lernen. Weyers & Fritze 1995. W. Janke

Verhaltensphysiologie (= V.) [engl. *behavioral physiology*], **[KOG, BIO]**, Teilgebiet der Verhaltensforschung oder *Ethologie* (neben z. B. Verhaltensmorphologie, kybernetische V.). Eng verbunden mit den grundlegenden Arbeiten von E. v. Holst, baut sie im Wesentlichen auf Methoden der Biologie und *Physiologie* auf und untersucht nicht einfachste Verhaltensweisen wie Herzschlagmuskelreflexe, Atmung, sondern sucht in erster Linie das Verhalten des gesamten Organismus in seiner Auseinandersetzung mit der Umwelt zu erforschen mit der «messenden Erfassung best. Verhaltensweisen (*Verhalten*) unter systematisch variierten Versuchsbedingungen» am möglichst unbeeinträchtigten Versuchstier. So fragt die V. nach den steuernden und regelnden Mechanismen, die dem Verhalten zugrunde liegen. Ausgehend von einer Eingangs-Ausgangs-Analyse betrachtet sie die Beziehungen zw. den auf das Tier einwirkenden Umweltreizen (*Reiz*) und dem jew. Verhalten. Themen sind u. a. die physiol. Grundlagen angeborener Bewegungsabläufe (Erbkoordination), Mechanismen der Reizselektion (angeborener *Auslösemechanismus*, K. Lorenz), Motivationsstrukturen (*Motivation*) und deren hormonelle und hirnphysiologische (Reizung) Steuerungsprinzipien (*Reafferenzprinzip*). I. Ggs. zur «klassischen Physiologie», die zunächst versucht, die elementaren Prozesse zu verstehen, und dann schrittweise zu komplexeren Zusammenhängen fortschreitet, analysiert der Verhaltensphysiologe von der Ebene des Verhaltens «hinab» und versucht, schrittweise zu immer elementareren Vorgängen der Verhaltenssteuerung vorzudringen. Da beide Wege sinnvoll sein können, verwischen sich heute die Grenzen zw. herkömmlicher *Neurophysiologie* und Verhaltensphysiologie immer mehr. Eibl-Eibesfeldt 1967, Franck 1985, Holst 1970, Mittelstaedt 1961. C. Becker-Carus

Verhaltensprävention (= V.) [engl. *behavioral prevention*; lat. *praevenire* zuvorkommen], **[AO, GES]**, die V. ist ein Sammelbegriff für Maßnahmen, die i. R. von Konzepten der *Gesundheitsförderung in Organisationen* auf die Beeinflussung und Veränderung indiv. gesundheitsschützender und gesundheitsfördernder *Verhalten*sweisen abzielen. Berufskrankheiten, beruflich (mit)bedingte Erkrankungen, *Depressionen* oder psychosomatische Störungen (*Psychosomatik*), die die physischen und psychosozialen Kosten von Belastungen und *Stress* ausmachen, sollen durch Maßnahmen der V. verringert und die indiv. Gesundheitsressourcen (*Ressource*) gestärkt werden. Im Unterschied zur V. zielen Maßnahmen der *Verhältnisprävention* auf die gesundheitsschützenden und -fördernden betrieblichen Bedingungen («Verhältnisse»). Die volks- und betriebswirtschaftlichen Kosten von Krankheiten (*Krankheit*) und Gesundheitsstörungen sind das Hauptmotiv, warum Unternehmen gesundheits- und verhaltensorientierte Interventionsmaßnahmen (*Intervention*) zur Eindämmung dieser Kosten ergreifen. Direkte Ziele sind dabei die Erhaltung der *Gesundheit* und damit der Leistungsfähigkeit der Mitarbeitenden und des Betriebes, indirekte Ziele auch eine stärkere Bindung des Personals an das Unternehmen (*Commitment*), höhere *Motivation* und Zufriedenheit und damit auch eine verbesserte Leistungsbereitschaft der Belegschaft. Die quant. Verbreitung betrieblicher Gesundheitsmaßnahmen ist trotz der immensen Literaturproduktion zur Gesundheitsförderung (z. B. Bamberg et al. 2011) bzw. Gesundheitsmanagement (z. B. Ulich, Wülser 2012) immer noch sehr gering, nimmt aber seit einigen Jahren stetig zu. Untersuchungen in Dt., Österreich und der Schweiz zum Stellenwert der Gesundheitsmaßnahmen im Betrieb erbrachten u. a. folg. Befunde: (1) Orientiert an Risikofaktoren wie Rauchen, schlechte Ernährung (*Essverhalten*), Alkohol (*Alkoholismus*) und Bewegungsmangel, führen Produktions- und Dienstleistungsbetriebe (Industrie, Banken, Versicherungen, Einzelhandel) präventive Verhaltensmaßnahmen (*Prävention*) zur Abwehr dieser Risiken und zur Änderung des Verhaltens der Angestellten durch. (2) Die meisten Betriebe beschränken sich auf einzelne Maßnahmen (z. B. Antirauchkampagnen, Rückenschulen, Haltungs- und Entspannungstrainings; *Entspannungsverfahren*); umfassende Maßnahmenpakete sind wesentlich seltener. Gesundheitsförderung beschränkt sich also überwiegend auf Interventionen auf indiv. Ebene (z. B. Bewegungs- und Ernährungsprogramme, Suchtprävention, Stressmanagement (*Stressbewältigung*) oder *Kompetenztraining*). Diese Ansätze entsprechen den vor allem in den angelsächsischen Ländern (USA, UK) verbreiteten Programmen wie: *Worksite Health Promotion* und *Employee Assistance*. Nach Ansicht vieler Betriebe liegt die Verantwortung für die Gesundheit immer noch bei den einzelnen Mitarbeitenden. Stressintensive und ungesunde Arbeitsbedingungen werden seltener als veränderbar gesehen. Kurz: Es wird viel V., aber wenig Verhältnisprävention praktiziert. Semmer & Zapf 2004. I. Udris

Verhaltensrepertoire [engl. *behavioral repertoire*; lat. *reperire* finden], **[KOG, SOZ]**, eine Gesamtheit von *Verhalten*sweisen bzw. *Verhaltensmustern*, die für die Reaktionsweisen (*Reaktion*) einzelner Individuen oder von *Gruppen* (bzw. auch von Arten) kennzeichnend sind. *Ethogramm*.

Verhaltensstörungen (= V.) [engl. *behavior disorders*], **[KLI]**, bez. eine Gruppe von massiven, entwicklungsabhängigen Verhaltensabweichungen. Bes. dominant und langfristig stabil sind dabei die externalisierenden V. (*ADHS*, oppositionelles und aggressives Verhalten; *Störungen des Sozialverhaltens*); unter dem Begriff *internalisierende V.* fasst man die emot. Störungen (z. B. *Angststörungen*) zus. An der Entstehung von V. können biol. und psych. Faktoren aufseiten des Kindes sowie soziale, umgebungsbedingte Faktoren beteiligt sein. Es handelt sich um ein komplexes Bedingungsgefüge von wenig veränderbaren bis zu gut modifizierten Risikokonstellationen. Bes. soziale und familiäre Bedingungen können präventiv und therap. günstig beeinflusst werden – v. a. bei jüngeren Kindern. Biol. Risikofaktoren (genetische, reifungsbedingte) sind schwer veränderbar und tragen zur *Vulnerabilität* im Entwicklungsverlauf bei. I. d. R. genügt jedoch nicht ein Risikofaktor, um eine V. auszubilden. Erst das Zus.treffen best. ungünstiger biopsychosozialer Risikokonstellationen (*Krankheitsmodelle*) kann dazu führen, dass zw. einem Kind und dem familiären Umfeld eine unzureichende Passform gegeben ist und damit die Wahrscheinlichkeit für die Entwicklung einer V. steigt. Das frühe Auftreten von Risiken erhöht zudem die Wahrscheinlichkeit für die Entwicklung von (meist) sehr stabilen V. (z. B. aggressives Verhalten). In vielen Fällen treten versch. V. komorbide auf (z. B. ADHS, Störungen des Sozialverhaltens), was einen ungünstigen Störungsverlauf und zu einer schlechten Entwicklungsprognose beiträgt. Bei der Behandlung von V. kommen multimodale Behandlungsstrategien zum Einsatz. Bei der Behandlung oppositioneller und aggressiver Kinder verknüpft man dazu Ansätze des *Elterntrainings* und versch. kinderverhaltenstherap. Methoden (*Kinderverhaltenstherapie*). Es kommen sowohl Methoden der kogn. Verhaltenstherapie (z. B. Problemlösetraining, *Selbstkontrollverfahren*, Ärgerkontrolltraining) als auch operante Ansätze zum Einsatz (*operante Konditionierungsmethoden*). I. d. R. sind diese Vorgehensweisen in Therapien mit einem einzelnen Kind sowie in Gruppentherapien (drei oder vier Kinder) anwendbar. *Rollenspiele* dienen vor allem dem Aufbau einer differenzierten *sozialen Kompetenz*. Die Behandlung verhaltensgestörter Kinder umfasst immer eine systematische Arbeit mit den Bezugspersonen eines Kindes (z. B. Eltern und Lehrkräfte, päd. Fachkräfte). Neben wöchentlichen Therapiesitzungen mit einem Kind werden in mehrwöchigen Abständen auch Eltern- oder Familiensitzungen durchgeführt. I. d. R. erstreckt sich eine solche (Verhaltens-)Therapie auf ca. 8 Monate, wobei das Vorgehen detailliert in Manualform ausgearbeitet vorliegt und die notwendigen Therapiematerialien altersangemessen ausgestattet sind. Petermann & Petermann 2012.

F. Petermann/U. Petermann

Verhaltenssucht (= V.) [engl. *behavioral addiction*]; syn. *stoffungebundene Suchtkrankung*, **[KLI]**, das relativ neue Konzept der V. beschreibt versch. Verhaltensweisen, die exzessiv betrieben zu diversen psychosozialen Problemen führen können und phänomenologisch an substanzbezogene Suchtkrankungen (*Sucht- und Substanzbezogene Störungen*) erinnern. Inhärent belohnende Alltagsroutinen wie Arbeiten, Kaufen, Essen, Sammeln, Sexualität oder Sport, aber auch andere, grundsätzlich als angenehm empfundene Tätigkeiten wie die Teilnahme am Glücksspiel (*Glücksspielsucht*) oder best. Internetaktivitäten (Gamen, Chatten, Surfen; *Computerspielsucht*) werden von den Betroffenen trotz auftretender Folgeschäden wiederkehrend und mitunter in eskalierender Weise ausgeführt. Im Zentrum steht dabei der unwiderstehliche, aus subj. Sicht kaum mehr zu kontrollierende Drang zur Umsetzung des jew. Verhaltens. Daneben treten weitere Symptome auf, die größtenteils die Kernkriterien einer klassischen substanzbezogenen Suchtstörung repräsentieren (z. B. Vereinnahmung, *Toleranzentwicklung*, entzugsähnliche Erscheinungen (*Entzugserscheinungen*), Abstinenzunfähigkeit (*Abstinenzerscheinungen*) bzw. hohe Rückfallgefährdung; Grüsser & Thalemann 2006; Mann 2014). Befürworter des Modells der V. gehen davon aus, dass es für das menschliche Gehirn in letzter Instanz unerheblich ist, wie bzw. womit es verstärkt (*Verstärkung*) wird, da es grundsätzlich nicht zw. einer direkten Stimulation durch *psychotrope Substanzen* und einer indirekten Stimulation bei repetitiver Ausführung best. belohnend wirkender Verhaltensweisen unterscheidet. Neurowiss. Studien unterstützen diese Sichtweise weitgehend, da best. Tätigkeiten mit körpereigenen biochemischen Veränderungen im Gehirn einhergehen, die den Effekten beim Suchtmittelkonsum durchaus ähneln. Kritiker des Konstrukts der V. machen hingegen vornehmlich auf die vorschnelle, an sich unzulässige und daher verzerrende Übertragung von Begriffen eines originär organischen *Krankheitsmodells* (mit dem Fokus: körperliche Prozess) auf exzessive Verhaltensmuster (mit dem Fokus: psych. Prozesse) aufmerksam. Zudem ist zu beachten, dass nicht jeder Verhaltensexzess auch die Hauptkriterien einer Suchterkrankung erfüllt, sondern mitunter sogar im Gegenteil mit lustvollen, pos. Wirkungen etwa i. S. eines leidenschaftlichen Interesses assoziiert ist (vgl. z. B. mit einem Künstler, der wochenlang quasi ohne Unterbrechungen an seinem Werk arbeitet). Schließlich implizieren vorschnelle nosologische Schlussfolgerungen die Gefahr einer inflationären und letztlich verwässernden Verwendung des Suchtbegriffs sowohl in der Wissenschaft als auch im Alltagsjargon. Integrative Perspektiven schlagen derweil ein einzelfallanalyt. Vorgehen vor, welches eine Zuordnung der betroffenen Personen in Abhängigkeit der jew. Charakteristik in das Modell der V. oder in alternative Erklärungsmodelle zulässt (hier v. a. die Zwangsspektrumsstörung (*Zwangsstörungen*) und die *Impulskontrollstörung* (Mann 2014). Unabhängig von dieser grundsätzlichen Kontroverse besteht in der Fachliteratur inzw. ein breiter Konsens darüber, dass die exzessive Beteiligung am Glücksspiel den Prototyp einer V. darstellt und in diesem Kontext eine Vorreiterrolle einnimmt (*Glücksspielsucht*). Als zweiter Kandidat wird zunehmend die exzessive Computer- bzw. Internetnutzung diskutiert, die unter dem Label *Internet Gaming Disorder* (Computerspielsucht) als Forschungsdiagnose Eingang in das *DSM-5* gefunden hat. Bei allen anderen Störungsbildern erweist sich die Befundlage zum jetzigen Zeitpunkt jedoch als defizitär bzw. inkonsistent, was einer kohärenten Klassifikation entgegensteht. Um das Konzept der V. im wiss. Diskurs nachhaltig zu etablieren, bedarf es demzufolge weiterer Forschungen zu den einzelnen infrage kommenden Verhaltensdomänen. So dürften in erster Linie einheitliche Definitionen und Operationalisierungen der einzelnen Störungsbilder, die Klärung ihrer klin. Bedeutsamkeit und Eigenständigkeit, die Bestimmung handlungsrelevanter Risikofaktoren sowie die Erfassung der auftretenden indiv. resp. sozialen Folgekosten der jew. Anerkennung Vorschub leisten und wertvolle Hinweise zur nosologischen Einordnung mit sich bringen. Allerdings müssen bei der Bewertung immer auch gesellschaftliche Rahmenbedingungen und Zeitgeistphänomene Berücksichtigung finden. Wurde z. B. Ende des 18. Jhd. vor der «Lesewut» und «Lesesucht» junger Menschen bzw. «gefährlicher Literatur» i. Allg. gewarnt, ist dieser Problembereich schon seit langer Zeit nicht mehr Gegenstand öffentlicher Diskussionen. Gerade im Zuge der zunehmenden Technologisierung sollte entspr. zurückhaltend auf (technische) Neuentwicklungen reagiert und mögliche Anpassungsprozesse aufseiten der Bevölkerung nicht außer Acht gelassen werden. *T. Hayer*

Verhaltenssysteme (= V.) [engl. *behavior systems*; gr. σύστημα *(systema)* das Gebilde, Verbundene], [**KOG**], in der *Ethologie* verwendete Bez. für den Zusammenschluss von (z. T.) artspezifischen *Verhaltensmustern* im Dienste einer ihnen gemeinsamen Funktion, d. h. also Organisationen von Verhaltensmustern auf höherem Niveau (Scott 1969). Scott nennt neun meist im Tierreich aufgefundene V.: Nahrungsaufnahme, *Exploration* (Erkundung), Schutz- und Behaglichkeitssuchverhalten *(comfort)*, sexuelles Verhalten, Kampf, allelomimetisches Verhalten *(Nachahmung, Imitation,* Angleichung in der Leistung an andere), epimeletisches Verhalten (Pflegeverhalten), etepimeletisches Verhalten (pflegeforderndes Verhalten), eliminierendes Verhalten (Entleerung, Verscharren von Kot und Urin, Markieren). Tembrock (1964) hat – ebenfalls zur Vermeidung des *Instinkt*begriffs – für V. die Bez. Verhaltenssyndrome vorgeschlagen. *R. Bergius*

Verhaltenstherapie, kognitive Verhaltenstherapie [= VT] [engl. *(cognitive) behavioral therapy*], [**KLI**], Psychotherapieverfahren, das nach den *Psychotherapie-Richtlinien* des *Gemeinsamen Bundesausschusses* als Verfahren i. S. einer Leistung der gesetzlichen Krankenversicherung (als *Richtlinien-Verfahren*) anerkannt ist. Die zwei Begrifflichkeiten kogn. VT und VT werden heute überwiegend deckungsgleich verwendet. Historisch betrachtet kann VT jedoch auch als Behandlungsform verstanden werden, welche überwiegend von den *Lerntheorien* abgeleitet wurde. Markante Kennzeichen der VT: Orientierung an der empirischen Ps.; Ziel- und Handlungsorientierung i. R. einer transparenten therap. Beziehung auf Augenhöhe; störungsspezif. Konzeption von Interventionen, welche typischerweise auf einer Analyse von prädisponierenden, auslösenden und aufrechterhaltenden ätiologischen Faktoren basieren; kontinuierliche Integration moderner wiss. Erkenntnisse zur Optimierung der verhaltenstherap. Behandlung.

Historische Entwicklung und Verfahrensvarianten: Historisch taucht der Begriff der VT [*behavior therapy*] vermutlich erstmals 1953 in gedruckter Form in einer Publikation der Arbeitsgruppe um B. F. Skinner auf. Die Idee, dass die Modifikation von *Verhalten* i. R. von *Psychotherapie* sinnvoll sein könnte, wurde jedoch bereits in einer Publikation von E. Thornton im Jahre 1911 vorgeschlagen. Neben der Gruppe um F. B. *Skinner* werden weiterhin auch die Arbeitsgruppen um J. Wolpe in Südafrika und von *H. J. Eysenck* in Großbritannien zu den Gründerpersönlichkeiten der VT gezählt. All diese frühen Vertreter der VT hatten Wurzeln sowohl in der tierexp. Forschung als auch in der grundlagenorientierten Experimentalps. und verstanden ihre wiss. Orientierung als Kontrastprogramm zu dem damals vorherrschenden psychoanalytischen Paradigma (*Psychoanalyse*). Die dadurch bedingte Isolation vom damaligen therap. Mainstream war initial ein Hemmnis und brachte z. B. die Notwendigkeit mit sich, eigene wiss. Zeitschriften zu gründen (z. B. die Zeitschrift *Journal of Experimental Analysis of Behavior*), um gute Publikationsmöglichkeiten zu schaffen. Mittel- und langfristig ermöglichte die explizite Orientierung an der empirischen Ps. jedoch den großen Erfolg der VT an den Universitäten sowie in der Behandlung von psych. kranken Menschen.

Seit den Anfängen der VT sind entspr. kontinuierlich neue empirisch-psychol. Erkenntnisse in die Weiterentwicklung des vielseitigen Therapieverfahrens eingeflossen. Ursprünglich basierte die Mehrzahl der *Interventionen* auf den klass. Lerntheorien (*Konditionierung, klassische, Konditionierung, operant*). Sehr bald wurden aber auch z. B. soziale Lerntheorien (*Modelllernen, Beobachtungslernen*), kogn. Lerntheorien und Attributionstheorien (*Kausalattribution*) in die Theoriebildung mit aufgenommen. Zudem wurden im weiteren Verlauf neben der Methode der *Kognitiven Therapie nach A. T. Beck*, A. Ellis und D. Meichenbaum (*Selbstinstruktion, Selbstkontrollverfahren*) ebenso neurowiss. und psychophysiol. Erkenntnisse (*Psychophysiologie*) integriert. Bzgl. der fortdauernden Weiterentwicklung der VT wird historisch auch von der *kognitiven Wende* der VT sowie in neuerer Zeit von der *dritten Welle* der VT gesprochen.

Bsp. für die auf der Grundlage der klass. Lerntheorien entwickelten Interventionen sind Systematische Desensibilisierung, Expositionstherapie (*Konfrontation mit Reaktionsverhinderung*), *Exposition mit Reaktionsmanagement, Aversionstherapie, Selbstmanagement*-Therapie, Soziales Kompetenztraining, Token-Ökonomie (*token economy system*) und *Reaktionsumkehr*.

Die kogn. Therapie kann unterteilt werden in überwiegend *verbalbasierte* und *erfahrungsbasierte* Verfahren. Zu den überwiegend *verbalbasierten* Verfahren gehören Interventionen wie die *Kognitive Umstrukturierung* nach A. T. Beck oder das Selbstinstruktionstraining nach D. Meichenbaum. Zu den überwiegend erfahrungsbasierten kogn. Verfahren gehören zum einen die sog. *Verhaltensexperimente*, mit denen irrationale Befürchtungen oder Überzeugungen anhand der Realität überprüft werden können (z. B. Überprüfung der Auswirkung von Aufmerksamkeitslenkung nach Innen vs. Außen, Aussetzen von Sicherheitsverhalten, *Shame-attack-Übungen* nach A. Ellis).

Zu den *erfahrungsbasierten* kogn. Verfahren können zum anderen auch komplexere und um weitere Inhalte (z. B. Methoden aus der *Gestalttherapie*) angereicherte Varianten der kogn. Therapien wie die *Schematherapie* nach Jeffrey Young gerechnet werden.

Zu den neuesten Entwicklungen gehören Therapieansätze mit Orientierung auf die kogn. Prozesse wie z. B. die *Metakognitive Therapie* nach A. Wells und auch versch. *Aufmerksamkeits-Modifikations-Trainings*; entweder computergestützt oder durch angeleitete Übungen im therap. Kontext. I. R. dieser Interventionen werden Pat. angeleitet, sich mit den eigenen kogn. Prozessen sowie den eigenen Konzepten bzgl. dieser Prozesse auseinanderzusetzen und diese ggf. zu verändern. Ein gutes Bsp. für den Einfluss neuowiss. Erkenntnisse auf die Praxis der VT ist die Entwicklung von Trainings mit dem Ziel einer kortikalen Reorganisation (z. B. der sensorischen oder motorischen Hirnareale) zur Behandlung von *Phantomschmerzen* oder der fokalen Dystonie. In diesen Bereich zählt auch der Einsatz von *Biofeedback*, z. B. zur Behandlung versch. Kopfschmerzarten. Darüber hinaus haben sich eine Reihe von weiteren Varianten entwickelt, die versch. theoretische und behandlungspraktische Einflüsse integriert haben. Dazu gehören die *Emotionszentrierte Psychotherapie* nach L. Greenberg, die *Akzeptanz- und Commitment-Therapie (ACT)* nach S. Hayes, die *Mindfulness (Achtsamkeits)-basierte Therapie* nach J. Kabat-Zinn, das *Cognitive Behavioral Analysis System of Psychotherapy (CBASP)* nach J. P. McCullough und die *Dialektisch-Behaviorale Therapie* nach M. Linehan. Tab 1. gibt einen groben, jedoch bei Weitem nicht vollst. Überblick über gängige Behandlungsmethoden der VT.

Zum großen Erfolg der VT hat auch die klar störungsbezogene Orientierung in der Entwicklung verhaltensherap. Ansätze beigetragen. Dabei werden üblicherweise vor dem Hintergrund einer Analyse ätiologischer Störungsmodelle (bio-psycho-soziale *Krankheitsmodelle*) psychotherap. Interventionen konzeptualisiert. Inzw. kann die VT von sich behaupten, das einzige psychotherap. Verfahren zu sein, welches mit sehr wenigen Ausnahmen für alle in den gängigen klassifikatorischen Diagnosesystemen (DSM-5, ICD-10; *Klassifikation psychischer Störungen*) enthaltenen *psychischen Störungen* nachgewiesenermaßen wirksame Behandlungsansätze bereithält. Ein weitere Besonderheit ist in diesem Zusammenhang der bes. Wert, der auf die Lehrbarkeit und Vermittlung der kogn.-verhaltensherap. Behandlungsansätze gelegt wird. Das Motiv, die entwickelten verhaltensherap. Verfahren wirksam zu verbreiten, hat zur Veröffentlichung einer Fülle von Psychotherapiemanualen geführt, wodurch es für verhaltensherap. Praktiker verhältnismäßig einfach ist, neue Behandlungsansätze zu adoptieren.

Merkmale des verhaltensherap. Diagnostik- und Behandlungsprozesses: Eine verhaltensherap. Intervention basiert i. d. R. auf einer Analyse der Bedingungen, die bei der Entstehung und der Aufrechterhaltung einer psych. Störung bedeutsam sind. Die Mehrzahl der Interventionen setzt hierbei an aufrechterhaltenden Faktoren (z. B. Vermeidung) an. Grundlage dieser *funktionalen Bedingungsanalyse* kann z. B. das *SORKC-Modell* oder die *Verhalten-in-Situationen (ViS)-Analyse* sein. I. R. der *funktionalen Bedingungsanalyse* werden darüber hinaus Ressourcen des Pat. (*Ressourcenorientierung*), vorhandene Bewältigungsstrategien und Verhaltensaktiva wie bspw. Stärken oder besondere Fertigkeiten erfasst. Ergänzt wird die *funktionale (horizontale) Bedingungsanalyse* durch eine *vertikale Verhaltensanalyse*. In dieser werden durch die Analyse sich wiederholender Muster in versch. Situationen *kognitive Schemata* (oder *Oberpläne*) sowie Werte, Normen und Ziele erfasst. Eine Erweiterung dieses Vorgehens stellt die *Plananalyse* nach K. Grawe und F. Caspar dar, mit deren Hilfe zugrunde liegende Motive interpersonellen Verhaltens erfasst werden können. Zur Selektion einer verhaltensherap. Intervention ist entspr. des störungsbezogenen Ansatzes auch die *kategoriale Diagnostik* einer psych. Störung z. B. mithilfe eines halbstrukturierten *diagnostischen Interviews* wichtig. Um den Schweregrad der psychopathologischen Symptomatik zu erfassen, werden üblicherweise dimensionale Maße wie das *Beck Depressions Inventar (BDI)* oder die *Symptom Checkliste (SCL-90)* zu versch. Zeitpunkten im Therapieverlauf eingesetzt (mind. zu Therapiebeginn und -ende). Weitere Testverfahren wie z. B. Konzentrations- oder Intelligenztests werden ja nach Problemlage ebenfalls routinemäßig eingesetzt. Tab. 2 gibt einen Überblick über die gängigen diagn. Bausteine.

Aktuelle Forschungsarbeiten untersuchen darüber hinaus psychoth.begleitende Diagnostik, die z. B. i. R. von Feedbacksystemen zur Einschätzungen des Pat. an den Therapeuten das Potenzial haben könnte, die therap. Wirkung der VT zu verbessern. Nach ausführlicher Diagnostik beginnt eine Intervention i. d. R. mit einer ausführlichen Informationsvermittlung (*Psychoedukation*), in deren Rahmen die Diagnose, ein individualisiertes Störungsmodell und daraus abgeleitet individualisierte Behandlungsansätze vermittelt werden. Zudem erfolgt eine explizite Einigung auf therap. Ziele. Diese können z. B. mit der Methode der *Ziel-Wert Klärung* nach F. H. Kanfer oder der gut individualisierbaren Methode des *Goal Attainment Scaling (GAS)* erfolgen.

Entgegen einem gängigen Vorurteil, dass in der VT der *Therapiebeziehung* keine bes. Rolle zuerkannt wird, wurde schon in frühen Studien (z. B. zur Behandlung der *Zwangsstörung*; Meyer 1966) herausgestellt, dass eine vertrauensvolle und ermutigende Beziehung zu den Pat. eine notwendige, wenn auch nicht hinreichende Voraussetzung für eine erfolgreiche Therapie darstellt. Bereits beim Erstgespräch wird ein pos. Vertrauensverhältnis angestrebt, welches vor allem durch Umsetzung der therap. Grundvariablen nach Rogers (*Kongruenz* («Echtheit»), *Bedingungslose positive Zuwendung* («Akzeptanz»), *Einfühlendes Verstehen* («Empathie»); *Gesprächspsychotherapie*) erreicht werden soll. Die partnerschaftlich ausgerichtete Arbeitsbeziehung ist weiter durch einen möglichst gleichberechtigten und transparenten Umgang mit den Pat. gekennzeichnet. Auch die Bedeutung der sozialen Verstärkung zur Optimierung der therap. Beziehung wird häufig betont. Vor dem Hintergrund der *Plananalyse* ist auch *Psychoeduka-*

Verhaltenstherapie: Beispielhafte Behandlungsmethoden und -techniken

Lerntheoriebasierte Methoden

- ↗Expositionstherapie
- ↗Systematische Desensibilisierung
- ↗Reaktionsumkehr

Kognitive Therapiemethoden

- ↗kognitive Um-/Restrukturierung
- ↗Verhaltensexperiment
- ↗Sokratischer Dialog

Prozessorientierte Therapiemethoden

- ↗Aufmerksamkeits-Modifikations-Trainings
- ↗Metakognitive Therapie
- Achtsamkeitsbasierte Therapie

Neurowissenschaftlich basierte Therapiemethoden

- Taubsches Bewegungstraining
- Tinnitus Sperrfilter-Musiktraining
- ↗Biofeedback

Allgemeine Methoden

- ↗Psychoedukation
- ↗SORCK-Analyse
- ↗Soziales Kompetenztraining
- ↗Progressive Muskelrelaxation
- Problemlösetraining (↗Problemlösen)
- ↗Angstbewältigungstraining

Verhaltenstherapie: Typische diagnostische Bausteine zur Vorbereitung

- Erstgespräch
- Psychopathologischer Befund
- Strukturiertes Klinisches Interview (z. B. ↗SKID, ↗DIPS)
- Biografische ↗Anamnese
- ↗Psychometrie (↗Fragebögen/↗Leistungstestung)
- Funktionelle ↗Bedingungsanalyse (z. B. ↗SORKC-Modell, ↗ViS-Analyse)
- ↗Plananalyse
- Zielanalyse

tion zu nennen, die durch Illustration der Kompetenzen des Therapeuten bzgl. Diagnostik, Störungs- und Veränderungswissen ebenfalls zu einer tragfähigen und guten therap. Beziehung beiträgt.
VT kann sowohl im Einzel-, als auch im Gruppensetting eingesetzt werden. Für versch. Störungsbilder sind verhaltenstherap. paar- (*Paartherapie, Paarlife*) bzw. familientherap. Behandlungsansätze (*Familientherapie*) entwickelt worden. Die enge Anbindung an die empir. Ps. hat sich in einer kaum mehr überschaubaren Zahl von Wirksamkeits- (*efficacy*) und Nützlichkeitsstudien (*effectiveness*) niedergeschlagen, sodass VT für sich in Anspruch nehmen kann, die am häufigsten empirisch untersuchte Psychotherapieform mit pos. Wirkungsnachweis zu sein. Dabei konnte in den Studien sowohl die Wirksamkeit auch bei komplexen Fällen, z. B. mit multipler *Komorbidität*, als auch die Nachhaltigkeit und Kosteneffektivität (*Psychotherapie, ökonomische Aspekte*) der Behandlung nachgewiesen werden. Linden & Hautzinger 2011, Margraf & Schneider 2009a, Margraf & Schneider 2009b, Schneider & Margraf 2009, Schorr 1984. *A. L. Gerlach*

verhaltensverankerte Skala [engl. *behavior-anchored rating scale*], [**DIA**], Spezialfall von Ratingskalen (*Ratingskala*, z. B. *Likert-Skala*) bei der die Antwortkategorien durch konkrete Verhaltensweisen bezeichnet werden. Ein Verfahren zur systematischen Enwicklung wird von Schuler et al. (2003) beschrieben.

Verhaltensverträge *contract management.*

Verhaltenswissenschaften [engl. *behavioral sciences*], [**KOG**], Bez. für alle Wissenschaften, die sich mit der Untersuchung des Verhaltens (*Verhalten*) von Menschen und Tieren in ihrer gegenständlichen und soz. Umwelt beschäftigen. Ps., *Soziologie*, *Pädagogik*, Teile der *Anthropologie* u. a. Wissenschaften werden hierzu gerechnet.

Verhältnisprävention (= V.) [engl. *conditional/structural prevention*; lat. *praevenire* zuvorkommen], [**AO, GES**], die V. ist ein Sammelbegriff für Maßnahmen, die i. R. von Konzepten der *Gesundheitsförderung in Organisationen* auf die gesundheitsschützenden und -fördernden «Verhältnisse» (Situation, Umgebung) im Betrieb abzielen, im Unterschied zur individuumsorientierten *Verhaltensprävention*. Beide Maßnahmenarten dienen der Vermeidung bzw. Verringerung von betriebswirtschaftlichen Kosten durch Erkrankungen und Absenzen des Personals sowie der Stärkung der persönlichen und sozialen *Ressourcen* der Belegschaft und dadurch ihrer Leistungsfähigkeit und Gesunderhaltung (*Gesundheit*). Über das indiv. *Verhalten* hinaus haben vor allem institutionelle Strukturen, ergonomische und technische Bedingungen, die Organisation der Arbeitsprozesse und Produktionsabläufe oder die *Kommunikations-* und *Führungs*kultur bestimmenden Einfluss auf die Gesundheit. Hier setzen *Interventionen* an, die in der europäischen (v. a. skandinavischen und dt.) Tradition der Gestaltung gesundheits- und persönlichkeitsförderlicher, «humaner», Arbeitsbedingungen stehen. Arbeits- und organisationspsychol. Konzepte des «soziotechnischen Systems», der Vollständigkeit der Aufgaben, des Handlungsspielraums, der teamorientierten *Kooperation* oder der mitarbeiterorientierten Führung sind hier zentral (Bamberg et al. 2011; Ulich & Wülser 2012). Als Modell eines partizipativen, integrierten, d. h. Verhalten und Verhältnisse einbeziehenden und praktisch bewährten Ansatzes genießen *Gesundheitszirkel* bes. Aufmerksamkeit (Slesina 2001). Pate gestanden haben dabei die Erfahrungen mit *Qualitätszirkeln* und damit verwandten Gruppenmodellen. Ergebnisse der Zirkelarbeit, vor allem die Analyse von Belastungs-Gesundheits-Zusammenhängen durch deren Mitglieder, lassen sich verhältnismäßig leicht in korrektive, präventive oder prospektive Gestaltung von Arbeitsplätzen und Arbeitsabläufen umsetzen und erhöhen damit die Akzeptanz von organisatorischen Gesundheitsmaßnahmen im Betrieb. *Prävention*. Semmer & Zapf 2004. *I. Udris*

Verhältnisskala (= V.) [engl. *ratio scale*], **[FSE]**, eine Skala, deren Maßeinheiten konstant sind (wie bei der Intervallskala). Zusätzlich besitzt sie einen absoluten Nullpunkt, bei dem das gemessene Merkmal tatsächlich keine Ausprägung besitzt. Daher sind z. B. auch Aussagen wie «A ist doppelt so groß wie B» möglich. Beispiele für V. sind Gewichts- und Längenskalen.

Verhandlungen (= V.) [engl. *bargaining, negotiating*], **[SOZ, WIR]**, sind *Kommunikation*sprozesse, in denen die Vereinbarung einer Einigung bzgl. eines konfliktären Sachverhaltes (*Konflikt, sozialer*) angestrebt wird. V.parteien können Einzelpersonen sein oder auch Gruppen, Organisationen, Nationen bzw. deren Repräsentanten. Sind zwei Seiten beteiligt, spricht man von bilateralen V., bei mehreren V.parteien von multilateralen V. (allg.: n-Parteien-V. mit n > 2). Bei multilateralen V. können Möglichkeiten für eine *Koalitionsbildung* zur besseren Durchsetzung best. Interessen bestehen. Bzgl. des V.gegenstandes gibt es jew. einen Ausgangszustand (Status quo), der einen best. Wert für die Parteien hat. Durch den Eintritt in V. erhoffen sich die Parteien eine Vereinbarung bzw. Lösung, die gegenüber diesem eine Verbesserung erbringt. Die Interessen der Parteien sind somit teilweise gleichgerichtet, was sie zum Eintritt in V. motiviert. Die Ziele stehen aber teilweise auch in Konflikt zueinander (*Mixed-Motive-Interaktionen*). Bspw. streben der Käufer und Verkäufer eines Gutes beide den Besitzwechsel des Gutes an, verfolgen aber gegensätzliche Interessen bzgl. des Preises. V. können sich auf eine oder wenige zentrale Dimension in einem geschlossenen, klar definierten V.raum beziehen. Die Menge pareto-optimaler Lösungsmöglichkeiten (*Pareto-Optimalität*), zu denen es keine Alternative gibt, die für eine Partei besser und für keine der anderen Parteien schlechter ist, kann hier gut beschrieben werden. Es gibt jedoch auch multidimensionale integrative V.situationen, bei denen durch den Informationsaustausch der Raum der Lösungsmöglichkeiten kreativ konstruiert und erweitert werden kann. Empirische Studien zu V. untersuchten u. a. den Einfluss von Informationen über die eigenen und die gegnerischen Gewinnmöglichkeiten, der Kommunikationsbedingungen (nur Austausch von Angeboten, freie Kommunikation: schriftlich, mündlich, mündlich face-to-face), des *Anspruchsniveaus* der Beteiligten, der V.strategie und V.erfahrung, die V. von Repräsentanten im Vergleich zu selbstverantwortlichen Einzelpersonen sowie den Erfolg der Beteiligung von vermittelnden Instanzen (Schlichter, Mediatoren). Freie Kommunikation erleichtert das Finden pareto-optimaler Lösungen und ermöglicht eher ausgeglichene V.lösungen. Wenn die Konfliktintensität nicht extrem stark ist, wirken sich gute Kommunikationsmöglichkeiten zudem pos. auf die Beziehungen zw. den Verhandelnden aus. Für den Aufbau von wechselseitigem *Vertrauen* ist hierbei Face-to-face-Kommunikation bes. förderlich. Bei hoher Konfliktintensität können erweiterte Kommunikationsmöglichkeiten jedoch auch gegenteilige Effekte haben. Exp. Manipulationen des Anspruchsniveaus haben gezeigt, dass Personen mit hohem Anspruchsniveau im Durchschnitt bessere V.ergebnisse erreichen. Überlappende oder gerade vereinbarte Anspruchsniveaus zweier V.partner gehen mit weniger Konflikten und einer schnelleren Einigung einher. Bei einer Unvereinbarkeit der Anspruchsniveaus sind die V. konfliktreicher, und eine Einigung wird weniger häufig getroffen. Die getroffenen Einigungen liegen dann oft in dem Bereich, in dem keiner der beiden V.partner das eigene Anspruchsniveau erreicht. Im Hinblick auf den Einfluss der V.strategie sprechen die Forschungsergebnisse dafür, dass hartes Verhandeln mit hohen Eingangsforderungen und nur kleinen Konzessionen die besten Ergebnisse bei getroffenen Einigungen erbringt. Es besteht hierbei jedoch auch die Gefahr von mehr V.abbrüchen, was eine Abwägung beim Vorgehen notwendig macht. Um eine faire V.lösung (*Fairness*) zu erzielen, erwies es sich als günstig, wenn sich die Konzessionen eines V.partners an der Höhe der Konzessionen der anderen Seite orientierten (*Tit-for-tat-Regel*). Starkes, einseitiges Konzedieren kann hingegen eine ungleiche Aufteilung fördern. Was von den Beteiligten unter einer fairen Lösung verstanden wird, hängt hierbei von versch. Faktoren, wie den unterschiedlichen Gewinnmöglichkeiten, Machtpositionen, Erfahrungen und Investitionen, ab, die wiederum auf die Anspruchsniveaus der V.partner einwirken. Je nach Anspruchsniveau der Beteiligten kann unter austauschtheoret. (*Austauschtheorie*) Gesichtspunkten eher eine Gleichaufteilung oder V.lösung nach Equity-Gesichtspunkten (*Equity-Theorie*) (z. B. Auszahlungen nach Beiträgen) als fair empfunden werden. V. unter Zeitdruck sind häufig im Gesamten betrachtet mit schlechteren V.lösungen (z. B. nicht pareto-optimale Abschlüsse) verbunden. Treten die verhandelnden Personen als Repräsentanten von Gruppen oder Organisationen auf, so tendieren sie eher zu einem härteren V.stil, insbes. wenn sie die Ziele der Gruppe auch persönlich teilen und eine Rechenschaftspflicht bzgl. der erzielten Ergebnisse besteht. Die Beteiligung von Vermittlern in V. ist v. a. dann erfolgreich, wenn diese von den Parteien freiwillig gewünscht wird und die Konfliktstärke nicht extrem hoch ist. *Verhandlungstheorie von Komorita und Chertkoff*, *Risikoschub-Effekt*, *Theorie der Spiele*. Bazermann 2005, Bolton & Croson 2012, Crott 1992, Frank & Frey 2002.

R. Hansmann/H. W. Crott

Verhandlungen bei Intergruppenkonflikten [engl. *negotiations in intergroup conflicts*], **[SOZ]**, ps. Analysen legen folg. Empfehlungen für gewaltfreie und konstruktive Verhandlungsführung nahe: (1) die eigenen Belange und die der anderen ernst nehmen; (2) Positionen von (zugrunde liegenden) Interessen unterscheiden; (3) bei Interessen hart verhandeln, dem Verhandlungspartner aber mit Respekt begegnen; (4) komplexe Probleme so aufgliedern, dass partielle Übereinkünfte und damit Vertrauensaufbau möglich sind; (5) Kompromissbereitschaft in kompromissfähigen Bereichen zeigen; (6) den Konflikt und das Risiko begrenzen. *Ziel* ist dabei eine Interpretation des

Konfliktes als gemeinsames Problem, das (nur) kooperativ und gleichberechtigt gelöst werden kann unter Berücksichtigung der Interessen beider Seiten. *Verhandlungen.* Druckman 2004. *G. Sommer*

Verhandlungstheorie von Komorita und Chertkoff (= V.), [engl. *bargaining theory of coalition formation*], [**KOG, SOZ, WIR**], beschreibt den Prozess der *Koalitionsbildung* und der Aufteilung der Erträge unter den Koalitionsmitgliedern als einen *Verhandlung*sprozess. Hierbei werden Koalitions- und Aufteilungsangebote ausgetauscht, wobei die an einer Koalitionsverhandlung Beteiligten die Stärken und Schwächen ihrer Positionen z. T. erkennen und eine gewisse Voraussicht über den Verhandlungsprozess bzw. mögliche Verhandlungsverläufe besitzen. Die Entwicklung und empirische Prüfung der Theorie erfolgte insbes. anhand der Analyse des Verhaltens von Teilnehmern in *Koalitionsspielen*. Die Spieler wollen hier gemäß der V. eine Koalition bilden, die ihnen selbst einen möglichst hohen eigenen Gewinn einbringt. Wie schon frühere Theorien (*Theorie der Beherrschung, Theorie der minimalen Ressourcen, Theorie der minimalen Macht*; vgl. Crott 1979) sagt auch die V. daher eine Präferenz zur Aufnahme von Koalitionsverhandlungen mit eher schwächeren Spielern (mit weniger Ressourcen oder alternativen Koalitionsoptionen) voraus, die einen gemeinsamen Erfolg gerade noch ermöglichen. Denn das *Anspruchsniveau* schwächerer Spieler bzgl. Gewinnaufteilung ist tendenziell niedriger, was die Gewinnerwartung ihrer Koalitionspartner bei Verhandlungen tendenziell erhöht. Daher kommt es unter best. Umständen zu einem *Stärke-ist-Schwäche-Effekt*, wonach ein Spieler mit vielen Ressourcen seltener in die erfolgreiche Koalition aufgenommen wird als vergleichsweise schwächere Spieler. Wenn ein starker Spieler jedoch viele alternative Optionen für die Bildung erfolgreicher Koalitionen besitzt, so hat er gemäß der Theorie auch eine gute Verhandlungsposition und wird häufig in die erfolgreiche Koalition aufgenommen. In Bezug auf die Aufteilung der Gesamterträge einer Koalition betonen die schwächeren Verhandlungspartner mit wenigen Ressourcen eher die Norm zur Gleichaufteilung, während solche mit vielen Ressourcen eher für eine hierzu proportionale Aufteilung der Gewinne argumentieren. Die Aufteilung erfolgt dann gemäß der V. als ein Kompromiss zw. beiden Prinzipien. Komorita & Chertkoff 1973. *R. Hansmann/H. W. Crott*

Verifikation (= V.) [engl. *verification*; lat. *verus* wahr, *facere* machen], [**PHI, FSE**], Beweis der *Wahrheit* oder Richtigkeit einer wiss. Aussage. Verifizierbar sind singuläre und allg. Aussagen der formalwiss. Logik und Mathematik, z. B. «die Summe der Innenwinkel eines ebenen Dreiecks beträgt 180°»). In den Realwiss. kann man allenfalls für singuläre Aussagen (z. B. «Pb a erzielte im Test b die Maßzahl c») den Begriff V. verwenden. Der *logische Empirismus* suchte die V. als Methode der Geltungsbegründung realwiss. Allg.aussagen, also von *Hypothesen*, Gesetzen und *Theorien*, zu etablieren. Anknüpfend an Hume (Erkenntnistheorie), wies Popper jedoch nach, dass realwiss. Allg.aussagen aus logischen Gründen prinzipiell nicht verifizierbar sind, und entwickelte zu ihrer Geltungsbegründung die Methode des Falsifikationismus (*Falsifikation*). *Fortschritt, wissenschaftlicher, Wissenschaftstheorie.* *W. Glaser*

Verinnerlichung *Internalisierung.*

Verkäufertypus [engl. *merchant type*], *Persönlichkeit, unternehmerische.*

Verkaufspsychologie [engl. *sales psychology*], [**WIR**], veraltete Bez.; dasjenige Teilgebiet der angewandten Ps., das sich mit den Vorgängen beim Verkauf, insbes. auch dem Verkaufsvorgang mit den vielfältigen psychol. Problemen der Kontaktnahme mit den Kunden beschäftigt und Methoden für diese Vorgänge entwickelt. *Wirtschaftspsychologie, Verkaufstechniken, Marketing.* Kotler et al. 2007.

Verkaufstechniken (=V.) [engl. *sales techniques*], [**WIR**], Maßnahmen der Anbieter, um Tauschprozesse auf Märkten zu beeinflussen. Dabei können vielfältige Maßnahmen eingesetzt werden, die unterschiedlich stark den Ansprüchen der *Ethik* genügen und von der offenen obj. Information, um Zielpersonen zu überzeugen, bis hin zur verdeckten *Manipulation* reichen können. Ethisch eher problematische V. sind etwa der Aufbau von Verpflichtungsgefühlen durch kleine Geschenke, der gezielte Einsatz von Ähnlichkeit und *Attraktivität*, um Sympathie zu erzeugen oder soziale Beeinflussung über Gruppen (*sozialer Einfluss*). Ethisch unproblematisch ist z. B. die V. der rationalen *Persuasion* durch Sachargumente. Ein Interessent wird dabei vom Verkäufer über relevante Merkmale eines Angebotes informiert und bekommt den Nutzen des Angebotes für ihn sachlich dargestellt. *Door-in-the-Face-Technik, Foot-in-the-door-Technik, That-is-not-all-Technik.* Cialdini 2013, Dubinsky 1980. *F. Becker*

Verkehrspsychologie (= V.) [engl. *traffic psychology*], derjenige Zweig der *Angewandten Psychologie*, der sich mit der psychol. Grundlagenforschung im Bereich des Verkehrsverhaltens und mit der Verwertung der Ergebnisse aus dieser Forschung für die Beantwortung praktischer Fragestellungen befasst; als Grundlagenforschung sucht sie nach Gesetzmäßigkeiten und Erklärungsmöglichkeiten für ps. Sachverhalte des Verkehrsgeschehens. Die gegebene Def. gilt, wenn man sich nicht an der in neuerer Zeit als unangebracht erkannten Gegenüberstellung von angewandter Ps. und ps. Grundlagenforschung orientiert, sondern an Unterschieden zw. angewandter und nicht angewandter Ps., die sich unter den Gesichtspunkten (1) der Problemstellung und (2) der Ergebnisverwertung zus.fassen lassen. Obwohl sich die V. grundsätzlich auf die Bereiche des Straßen-, Eisenbahn-, Luft- und Schiffsverkehrs zu beziehen hätte, wird ihre Zuständigkeit ganz überwiegend auf den Straßenverkehr begrenzt. Die V. ist somit auch als Teildisziplin der Straßenverkehrsforschung zu sehen und dementspr. auf enge Zusammenarbeit mit den Disziplinen der Verkehrstechnik, Kraftfahrzeugtechnik, Verkehrsrechtswissenschaft, Verkehrspädagogik und Verkehrsmedizin angewiesen. Als Arbeits- bzw. Aufgabengebiet der V. ist zu nennen: Verhaltensanalyse. Diese hat deshalb vorrangige Bedeutung, weil sie für andere Arbeitsgebiete die erforderliche Grundlage liefert. Sie untersucht das Verhalten versch. Verkehrsteilnehmergruppen teils unter Feld-, teils unter Laboratoriumsbedingungen mit dem Ziel der empir. Ermittlung relativ allg. Merkmale des *Verhaltens* im Straßenverkehr. Dabei ist zw. *Beobachtung* im Sinn einer Verhaltensbeschreibung einerseits und Verhaltensbeurteilung andererseits zu unterscheiden. Als Beobachtungsmethoden kommen in Betracht: apparative Messungen (Registrierung von Fahrzeugbedienung, Pulsfrequenz (*Herzfrequenz*), Blickverhalten (*Blickbewegungsmessung*) u. a.), Beschreibung durch mitfahrende Beobachter (Skalierung), Beschreibung durch nachfahrende Beobachter (Skalierung, Filmaufnahme). Die Verhaltensbeobachtung erfolgt demgegenüber im Hinblick auf best. Kriterien (Unfall, Beinahe-Unfall, Verkehrsverstoß, Fahrfehler, Verkehrsangepasstheit). Ergonomische V. untersucht die Auswirkungen der äußeren Verkehrsbedingungen auf das Verkehrsverhalten. Dabei handelt es sich um Verhaltensbedingungen, die durch Fahrzeug, Straße und Verkehrsordnung gegeben sind. Der enge Zusammenhang zw. Grundlagenforschung und praxisbezogenen Folgerungen aus ihren Ergebnissen wird hier ebenso deutlich wie die unmittelbare Zusammenarbeit mit den benachbarten Fachdisziplinen. Bsp. für untersuchte Fragestellungen aus diesem Gebiet: Wahrnehmbarkeit unterschiedlicher Rücklicht-, Blinklicht- und Bremslichtanordnungen; Wahrnehmbarkeit von und Verhaltensbeeinflussung durch Verkehrszeichen; Auswirkungen von Geschwindigkeitsbeschränkungen. Päd. V.: Ergebnisse der verkehrspsychol. Grundlagenforschung werden auch für die Entwicklung neuer Ansätze in der Fahrausbildung und in der Verkehrserziehung und -aufklärung verwertet, wobei Möglichkeiten einer stärkeren Verflechtung dieser beiden Bereiche gesucht werden. Schwerpunkte sind dabei eine mehr als bisher auf Verkehrssicherheit ausgerichtete Fahrausbildung (Wahrnehmungs-, Defensiv-, Gefahrentraining) und eine systematische Verkehrserziehung im Vorschul- und Schulalter. Auch gruppentherap. orientierte Methoden wurden auf diesem Gebiet entwickelt (z. B. *driver improvement*, Gruppengespräche für ältere Fußgänger).

Psychol. Untersuchungen der Fahrtüchtigkeit: Hier werden die Einflüsse zeitvariabler indiv. Bedingungen wie z. B. der Einfluss von *Ermüdung*, *Alkohol* und *Droge* auf das Fahrverhalten untersucht, häufig unter Verwendung von Simulationsmethoden. Ps. Untersuchungen der Fahreignung (*Fahrtauglichkeit*): Die Eignungsdiagnostik stand lange – bes. in der BRD – im Mittelpunkt der V., tritt aber wegen ihres geringen Wirkungsgrades immer mehr in den Hintergrund gegenüber der ergonomischen und päd. V. Solange an einer – verkehrspol. zu rechtfertigenden – Kontrolle der Zulassung zur motorisierten Straßenverkehrsteilnahme festgehalten wird, ist die Bedeutung der Fahreignungsdiagnostik für den Einzelfall unter dem Gesichtspunkt der *inkrementellen Validität* nicht zu bestreiten. Dabei werden *Persönlichkeitsmerkmale* i. e. S. (Charaktereigenschaften (*Eigenschaften*), Haltungen, *Einstellung*), spezif. Leistungsmerkmale (*visuelle Wahrnehmung*, *Psychomotorik*), allg. Leistungsmerkmale (*Intelligenz*, *Konzentration*) und biografische Daten als Prädiktoren (*Prädiktor*) verwendet. *Nachschulung*. Klebelsberg 1982, Häcker & Echterhoff 1993. *D. Klebelsberg*

Verkehrssicherheit [engl. *traffic safety*], *Sicherheit*, *Unfallforschung*, *Verkehrspsychologie*.

Verkehrstherapie (= V.), [engl. *driver improvement*], [**KLI**], päd. oder psychol. Vorgehen (z. B. in Fahreignungsseminaren) zur Rückführung von Verkehrsteilnehmern mit verkehrsrechtlich auffälligem Verhalten in die gefahrenreduzierte aktive Verkehrsbeteiligung. V. ist in einigen europäischen Ländern rechtlich geregelt (z. B. in Dt. durch die Fahrerlaubnis-Verordnung, FEV). V. folgt in der Praxis im Allg. nach einer verkehrspsychol. Beratung, einem Gespräch bei einem Rechtsanwalt oder einer Fahrerlaubnisbehörde, nach einer Konsultation bei einem Psychologen/Med. oder wird manchmal auch direkt von den Betroffenen gesucht. Die verkehrsrechtlich geregelte V. ist zu unterscheiden von der heilkundlich angelegten V., bei der ein psych. Gesundheitsproblem, das sich zugleich in gefährlichen Verhaltensweisen im Straßenverkehr oder durch nicht gewollte Vermeidung der Verkehrsbeteiligung zeigt, behandelt wird. Die heilkundliche V. wird durch Vorgaben des Gesundheitswesens geregelt, z. B. durch das Erfordernis einer Approbation. Die spezif. Themen und Ansatzpunkte der heilkundlichen V. erfordern bes. verkehrsrechtliche, verkehrstechnische. und psychoth. Kenntnisse (z. B. *Posttraumatische Belastungsstörung*, *Phobie, spezifische*). *Unfallnachsorge*. Schubert et al. 2015. *W. Echterhoff*

Verkehrung ins Gegenteil (= V.) [engl. *reversal into the opposite*], [**EM, KLI**], in der *Psychoanalyse* einer der *Abwehrmechanismen des Ich*. Mit V. wird die Umkehrung eines Triebbedürfnisses in sein Gegenteil bez., eine Umkehrung, die einmal durch eine Aktiv-Passiv-Umkehr des Triebbedürfnisses (*Trieb*) selbst und zum anderen durch eine Vertauschung des Triebobjektes durch das Ich (*Substitution*) bei einem Gleichbleiben des Triebziels gekennzeichnet ist. So wird etwa das Bedürfnis, zu lieben, in das Bedürfnis, geliebt zu werden, das Bedürfnis, zu quälen (*Sadismus*), in das Bedürfnis, gequält zu werden (*Masochismus*), oder das Bedürfnis, jemanden zu sehen, in das Bedürfnis, von jemandem gesehen zu werden, verwandelt. Die V. steht im Ggs. zur *Reaktionsbildung*, bei der bei gleichbleibendem Triebobjekt eine Veränderung des Triebziels stattfindet, sowie im Ggs. zur *Reversion* oder Wendung gegen die eigene Person, die durch eine Ersetzung des Triebobjektes durch das Ich bei gleichbleibendem Triebbedürfnis gekennzeichnet ist.

Verkörperung *Embodiment*.

Verlässlichkeit *Reliabilität*.

Verlaufsforschung (= V.) [engl. *process research*], [**GES, KLI**], neben der Wirksamkeitsforschung (*Wirksamkeitsprüfung*) stellt die V. den zweiten Hauptbereich der *Psychotherapieforschung* dar. Die V. befasst sich mit der Wirkungsweise therap. Verfahren im Therapieprozess und soll adaptive therap. Handlungsregeln entwickeln (Lutz 2010a). Ausgehend davon, dass im Zuge der Wirksamkeitsforschung empirisch validierte Verfahren nicht für jeden Pat. gleichermaßen wirken, bleibt der Bedarf, konkrete therap. Behandlungen im Einzelfall hinsichtlich der Wirksamkeit evaluierend zu begleiten (*Evaluation*). Geschieht dies, kann i. R. einer systematischen und individuumsorientierten Verlaufs- und Versorgungsforschung (patientenorientierte *Versorgungsforschung, patientenorientierte Psychotherapieforschung*), durch Rückmeldung *therapeutischer Veränderungen* eine Optimierung der Behandlung für den Einzelfall erreicht werden (Lutz 2010a). Wichtig bei der Erfassung von Veränderungen im Psychotherapieprozess ist eine multidimensionale und multimodale Erfassung der Kritierien (*Diagnostik, multimodale*). Eine entspr. Erhebung und Verwendung retrospektiver und prospektiver Daten i. S. des Konzepts «*kontrollierte Praxis*» ermöglicht eine Überwindung der Wissenschafts-Praxis-Kluft und dient der *Qualitätssicherung* in der psychoth. Praxis (Petermann 2005). Zu den wichtigsten Modellen der V. zählt das *Phasenmodell psychotherapeutischer Veränderung*. Weiter sollten Konzepte wie bspw. Inkongruenz, i. S. der Übereinstimmung mit eigenen motivationalen *Zielen*, Probleme im interpersonalen Bereich und störungsspezifische Maße berücksichtigt werden, um Veränderungen über den Therapieverlauf abzubilden (Lutz 2010b). Bzgl. der Abbildung von Veränderung wird zw. der direkten (retrospektive Befragung) und der indirekten Veränderungsmessung (Differenzwert in einem Messinstrument vor und nach der Behandlung) unterschieden, wobei diese oft durch einzelfallspezifische Formulierung von Therapiezielen ergänzt werden (*Veränderungsmessung, direkte, Veränderungsmessung, indirekte*). *A. Roth/W. Lutz*

Verlegenheitsgebärde, [**KOG**], (biol.) ein Epiphänomen der Erregung, das mit keiner anderen Funktion belastet ist. Sie eignet sich besonders gut für die Umbildung in Signale durch *Ritualisierung* und wird zumeist unter den Übersprungbewegungen (*Übersprung*) abgehandelt. Verlegenheit beim Menschen kommt z. B. durch teilweises Abdecken des Gesichts mit der Hand (ritualisierte Versteckbewegung) zum Ausdruck. Wir kratzen uns am Kopf, wenn wir an einer Kreuzung unsicher sind, ob wir rechts oder links abbiegen sollen. Redner führen bei Unsicherheit oder Erregung diverse «irrelevante» Handlungen diverse Putzbewegungen aus wie: sich über die Haare streichen, Brille auf- und absetzen. *C. Becker-Carus*

Verleiten, [**KOG**], Verhaltensäußerungen, die der Irreführung eines Raubfeindes dienen. Viele bodenbrütende oder junge pflegende Vögel versuchen den Menschen oder andere Bodenfeinde vom Nest wegzulocken («verleiten»), indem sie in auffälliger Weise humpelnd mit hängenden Flügeln vom Nest weglaufen, als seien sie verletzt. *C. Becker-Carus*

Verlernen (= V.) [engl. *unlearn*], [**KOG**], die Wirkung (Prozess und Endzustand) jeder Maßnahme, durch die früheres *Lernen* rückgängig gemacht werden soll, wie z. B. der *negativen Übung*, der *paradoxen Intention* oder der *Bestrafung* von früher verstärkten (*Verstärkung*) Responses und des Gegenkonditionierens. V. ist somit ein der *Auslöschung* sehr ähnl. Prozess mit gleichem Ergebnis. Bredenkamp & Wippich 1977. *R. Bergius*

Verlesen [engl. *misreading*], [**KOG, PÄD**], die falsche Auffassung bzw. auch (beim Lautlesen) die falsche Wiedergabe des Gelesenen. Lesefehler sind meist durch den Vorstellungsverlauf bedingt (z. B. beim sinnvollen Verlesen, bei dem für ein Wort ein anderes von ähnlicher Gestalt gelesen wird). *Fehlleistung, Sprachstörungen, Sprachrezeption*.

Verletzungsphobie *Phobische Störungen, Spezifische Phobien.*

Verleugnung (= V.) [engl. *denial, disavowal*], [**KLI**], einer der von Freud (*Psychoanalyse*) beschriebenen *Abwehrmechanismen des Ich*, der die Wahrnehmung schwer erträglicher äußerer Realitätseindrücke verhindern soll. Die V. steht i. Ggs. zu anderen Mechanismen, die sich gegen eine bedrohliche innere Realität wenden (wie z. B. die *Verdrängung* verbotener Wünsche). Freud beschrieb die V. zunächst im Zus.hang mit der Abwehr der Wahrnehmung des Geschlechtsunterschiedes bei Kindern. So löse z. B. die Wahrnehmung der Penislosigkeit des Mädchens beim Jungen starke Ängste aus (*Kastrationskomplex*). Freud ging davon aus, dass die V. ein bei Kindern ubiquitäres Phänomen ist. Später verwendete er den Begriff v. a. bei der Beschreibung schwerer Realitätsverzerrungen (*Psychose, Fetischismus*). Die verleugnete Realität wird u. U. durch Fantasiebildungen oder Wahnvorstellungen ersetzt. So kann z. B. eine unerträgliche reale Kränkung zur Größenfantasie umgeformt werden. Die V. funktioniert mithilfe einer Spaltung: Ein Teil des *Ich* ist bereit, die wahrgenommene Realität zu akzeptieren, während ein anderer Teil diese verleugnet. Die V. dient u. U. aber auch der Realitätsanpassung: Bspw. kann es bei der *Krankheitsbewältigung* einer lebensbedrohlichen Erkrankung sinnvoll sein, sich zunächst nur so weit mit der Realität zu konfrontieren, wie es gerade noch erträglich erscheint. Freud 1999, Krause 2012. *B. Pütz*

Verlustaversion (= V.) [engl. *loss aversion*; lat. *aversari* sich abwenden], [**EM, KOG, WIR**], bez. das verstärkte Streben nach Verlustvermeidung relativ zum Gewinnstreben (Kahneman & Tversky 1984). Die V. resultiert daraus, dass Verluste subj. schwerer ins Gewicht fallen als Gewinne. Diese Wertasymmetrie bedeutet, dass der erwartete neg. Nutzen (*Kosten-Nutzen-Kalkulation*) eines Verlustes intensiver erlebt wird als der erwartete pos. Nutzen eines absolut gleich großen Gewinnes. Die Wertasymmetrie wird durch den kurvilinearen Verlauf der Wertefunktion der *Prospect-Theorie* abgebildet, der im Verlustbereich konvex und im Gewinnbereich konkav ist. Verluste und Gewinne werden in der Prospect-Theorie nicht als absolute Werte abgebildet, sondern als Veränderungen bezogen auf einen Referenzpunkt (Tversky & Kahneman 1992). Die V. beeinflusst das *Risikoverhalten* in Entscheidungssituationen und führt bei großen Gewinnen und kleinen Verlusten zu risikoaversem Verhalten. Bei kleinen Gewinnen und großen Verlusten resultiert hingegen risikofreudiges Verhalten. *Besitzeffekt, Status-quo-Fehler* und *sunk-cost effect* gelten als Manifestationen der V. auf Verhaltensebene. *E. Kirchler/J. Stark*

Verluststrategie [engl. *loss strategy*], *Konflikt, sozialer, Spieltheorie.*

Verlust-Verlust-Strategie *Konflikt, sozialer.*

vermeidend-selbstunsichere Persönlichkeitsstörung [engl. *avoidant personality disorder*], **[KLI, PER]**, (F60.6) nach *DSM*-IV (301.82) charakterisiert durch ein tief greifendes Muster sozialer Gehemmtheit, Insuffizienzgefühlen und Überempfindlichkeit gegenüber neg. Beurteilung. Im Zentrum der Störung steht die Angst vor Ablehnung in sozialen und zw.menschlichen Beziehungen, die zu einem starken Vermeidungsverhalten führt. *Persönlichkeitsstörungen*.
J. Brauer

Vermeidung, kognitive (= k. V.) [engl. *cognitive avoidance*], **[EM, KOG, PER]**, k. V. ist eine grundlegende Strategie der *Angstbewältigung*, die sich auf Aufmerksamkeitsorientierung und Informationsverarbeitung angesichts bedrohlicher Ereignisse bezieht (*Informationsverarbeitung, bedrohungsbezogene*). Sie umfasst kogn. Prozesse, in denen eine Person die Aufmerksamkeit von bedrohungsbezogenen Merkmalen einer Situation abzieht, z. B. durch Ablenkung, Bagatellisierung oder Fokussierung pos. Aspekte. Ein wesentliches Ziel des Einsatzes von k. V. liegt in der Kontrolle aversiver emot. Erregung, die durch die Wahrnehmung bedrohungsassoziierter Reize ausgelöst wird. Krohne et al. 1992, Hock et al. 1996.
M. Hock/C.-W. Kohlmann

Vermeidungskonditionierung [engl. *avoidance conditioning*; lat *condicio* Bedingung]; *bedingter Reflex*.

Vermeidungskonflikt [engl. *avoidance-conflict*], *Konflikttheorie*, *Annäherungs-Vermeidungs-Konflikt*.

Vermeidungs-Leistungs-Ziel (= V.) [engl. *performance-avoidance goal*], **[EM, PÄD]**, der Begriff stammt aus der *Motivation*sps., genauer aus *Zieltheorien* sensu Dweck, Nicholls, Elliot und anderen. Personen, die ein V. verfolgen, geht es beim Ausüben einer Tätigkeit insbes. darum, vermeintlich oder tatsächlich geringe *Fähigkeiten* zu verbergen. V. sind abzugrenzen von *Annäherungs-Leistungs-Zielen*, *Lernzielen* (*Lernzielorientierung*) sowie der *Arbeitsvermeidung*, die ebenfalls Ziele in Lern- und Leistungskontexten darstellen. V. können i. S. einer habituellen Präferenz zeitlich stabil und transsituational konsistent sein (*trait*) oder sie können situativ angeregt werden (*state*). In ersterem Fall spricht man von *Zielorientierung*. Ziele in Lern- und Leistungssituationen sind ein wichtiger Forschungsgegenstand, weil sie in systematischem Zusammenhang mit *Erleben* und *Verhalten* sowie erbrachter Leistung stehen. V. gehen kurz- und langfristig mit schlechteren Leistungen sowie maladaptiven *Emotionen* und *Kognitionen* in Lern- und Leistungskontexten einher. Zur Erfassung von V. und weiteren Zielen stehen im dt.sprachigen Raum die für Schüler normierten *Skalen zur Erfassung der Lern- und Leistungsmotivation (SELLMO)* zur Verfügung. Huang 2012, Spinath 2009.
B. Spinath

Vermeidungslernen (= V.) [engl. *avoidance learning*], **[KOG, KLI]**, lernen, etwas nicht zu tun. Exp. werden aversive Reize dadurch zu vermeiden gelernt, dass auf begleitende (kontingente), zunächst neutrale Reize das Unterlassen der Annäherung konditioniert wird (*Konditionierung*). Vermeidungsverhalten in Form eines neurotischen Symptoms der Angstvermeidung zeigt großen Widerstand gegen die *Auslöschung*. Vom V. unterschieden wird das aktive Entkommen (*escape behavior*) als das Lernen einer pos. Response, mit der Folge, dass die Wirkung eines aversiven Reizes aufhört. Das Aufgeben von Vermeidungsverhalten spielt für versch. Störungen, insbes. *Angststörungen* und *Posttraumatische Belastungsstörung (PTBS)*, eine wichtige Rolle. V. a. in *Verhaltenstherapien* spielt das Unterbinden von V. eine wichtige Rolle. *Aversionstherapie*, *bedingte Reaktion*, *Konfrontation mit Reaktionsverhinderung*, *operante Konditionierungsmethoden*. Mazur 2004.

Vermeidungsorientierung [engl. *avoidance (goal) orientation*], zweidimensionales Modell metatelischer Orientierungen.

Vermeidungstendenz [engl. *avoidance tendency*], *Annäherungs-Vermeidungs-Konflikt*, *Konflikttheorie*, *Vermeidungs-Leistungs-Ziel*.

Vermeidungsverhalten *Vermeidungslernen*.

Vermenschlichung *Anthropomorphismus*, *Animismus*.

Vermittlungstheorie (= V.) [engl. *mediation theory* Mediationstheorie], **[KOG]**, die Annahme vermittelnder Prozesse (*representational mediating processes*, Osgood 1953) soll eine neobehavioristisch-S-R-theoretische Interpretation (*Behaviorismus*, *S-R-Theorie*) der *Bedeutung* von *Zeichen*, spez. von sprachlichen Symbolen ermöglichen (Hörmann 1967; symbolische Prozesse, *Sprache, innere, zweites Signalsystem*). In best. Versionen der V. werden derartige hypostasierte vermittelnde Prozesse als interne rudimentäre sprechmotorische Vorgänge gedeutet, die zugleich die Grundlage von *Bewusstsein* und *Denken* sein sollen (*Repräsentation*, *imagery*, *motor theory*).
G. Kaminski

Verneinung *Negation*.

Vernetztheit, Vernetzung [engl. *interconnectedness*], **[KOG, PHI]**, ein Merkmal komplexer *Realitätsbereiche* oder Situationen, zw. deren Komponenten vielfältige Abhängigkeiten bestehen, sodass die Manipulation einer Komponente Veränderungen anderer nach sich zieht. In der *Systemtheorie* werden solche Systeme auch als integriert bezeichnet. Dörner et al. 1983.
A. Engemann

Vernunft (= V.) [engl. *rationality*], **[KOG, PHI]**, phil. Begriff; Kant bezeichnet V. als das «ganze obere Erkenntnisvermögen». Im allg. Sprachgebrauch bezeichnet V. die geistige Begabung, die Fähigkeit des Menschen sich unter gegebenen Bedingungen «angemessen» und eher nicht impulsiv oder irrational zu verhalten. Die Richtigkeit von vernünftigem Verhalten wird dabei i. d. R. unmittelbar eingesehen und sie bedürfen keiner zusätzlichen Begründung, wie etwa Erfahrung, einen Bezug zu wiss. Theorien o. Ä. Bezieht sich die V. auf das Erkennen von Sachverhalten oder auf abstrakte oder wiss. Aspekte, so wird von theoretischer V. gesprochen. Ist die V. auf das alltägliche Handeln bezogen, so wird von praktischer V. gesprochen. *Rationalität, ökologische Rationalität*.

Vernunftwahrheiten [engl. *truth of reason*], *Aussagen, wissenschaftliche*.

Verrechnungssicherheit [engl. *computational security*], *Gütekriterien*.

Versagen [engl. *failure*], *Fehler, menschliches Versagen*.

Versagung [engl. *denial, refusal*]; *Frustration, Deprivation*.

Verschiebung (= V.), [engl. *displacement*; frz. *déplacement*], syn. *Affektverschiebung*, **[EM, KLI]**, Abwehrmechanismus (*Abwehrmechanismen des Ich*), der in einer «Affektv.» (Fenichel 1974, 233) besteht und von Freud (1900) in der Traumdeutung als Bestandteil der Traumarbeit beschrieben wird. Zwecks «Entstellung des Traumwunsches» erfolgt eine «V. der psych. Intensitäten» (ebd., 313). So erfolgt in der *Phobie* eine V. auf ein anderes Objekt, vor dem nunmehr sich geängstigt wird. Die leichte Verschiebbarkeit der psych. Energie deutet auf den *Primärvorgang* hin, in dem Besetzungen leicht von einer Vorstellung auf eine andere übergehen können. Auch die *Zwangsneurose* zeichnet sich durch einen «V.ersatz» (Ersatzbildung durch V. des Affektbetrages einer Vorstellung auf eine andere) aus, wie man auch die *Konversion* als V. auf eine andere Region (die des Körpers) verstehen kann (Laplanche & Pontalis 1972, 604). – Bisher noch wenig diskutiert wird die Möglichkeit, auch die *Projektion* als V. (von innen nach außen) zu konzipieren, was mit dem Gedanken der V. von Quantitäten, Besetzungen, Affekten, Intensitäten (ökonomischer Gesichtspunkt der Metaps.) entlang der Assoziationsreihen von Vorstellungen (Selbst- und Objektrepräsentanzen) vereinbar wäre. *R. Butzer*

Verschiebung, horizontale [engl. *horizontal displacement*], *décalage*.

Verschlüsselung [engl. *codification*], *Code, Kode, Sender*.

Verschmelzung (= V.) [engl. *fusion*], **[WA]**, Verbindung einer Mehrzahl von *Reizen* zu einem Wahrnehmungsgesamt: (1) V. gleichzeitiger Reize, z. B. einer Anzahl von Geruchsreizen zu einem Gesamtgeruch, mehrerer miteinander harmonisierender Töne zu einem Akkord. (2) V. aufeinanderfolgender Reize, z. B. rasch nacheinander eintretender Tast- oder Lichtreize zu einer einheitlichen Tast- oder Lichtwahrnehmung. *Flimmerverschmelzungsfrequenz*.

Verschuldung (= V.) [engl. *debt*], **[KOG, WIR]**, ist gekennzeichnet durch die Unfähigkeit oder den Unwillen eines Schuldners, seine Schulden oder einen Teil davon zum vereinbarten Zeitpunkt bei seinem Gläubiger zu begleichen. In Abgrenzung zum ökonomischen Verständnis des Begriffs liegt somit keine V. vor, solange ein Kreditnehmer den Kredit stets fristgerecht bedient. Besteht der Zahlungsverzug auch langfristig, spricht man von *Überschuldung*. Die Aufnahme von Schulden (etwa i. R. von Krediten, Ratenkäufen oder Kreditkartennutzung; *Kaufverhalten und Zahlungssysteme*) ist ein vielschichtiger Prozess, in dem situationelle (z. B. Verfügbarkeit), personelle (z. B. *Einstellungen*, mentale Buchführung) und gesellschaftliche (z. B. Akzeptanz von Schulden) Faktoren relevant sind (Kamleitner et al. 2012). Auslöser von V. sind meist plötzliche Veränderungen im Einkommen (z. B. durch *Arbeitslosigkeit*), Trennung (*Scheidung* bzw. der Tod des Partners), aber auch Erkrankungen und Suchtverhalten (*Sucht, Glücksspielsucht*). Neben überwiegend ökonomischen Faktoren wird V. begünstigt durch versch. psychol. Faktoren wie geringes finanzielles Wissen, materialistische Einstellungen und niedrigen *Belohnungsaufschub* (*Sparverhalten*). Während Konsumentenkredite in den meisten Fällen fristgerecht zurückgezahlt werden, besteht ein Zusammenhang zw. V. und reger Kreditkartennutzung sowie ungünstigen Verhaltensweisen im Geldmanagement (z. B. Lea et al. 1995). Teilweise bestehen neg. Rückkopplungen, da Personen mit finanziellen Problemen auf Geldquellen mit schlechteren Konditionen und höheren Zinsen angewiesen sind (z. B. private Geldverleiher, Pfandleihen). Ps. Konsequenzen von V. sind erhöhter *Stress*, schlechtere *Gesundheit*, Auftreten psych. Störungen sowie Konflikte in der Partnerschaft. *M. Heise/E. Hölzl*

Versehen [engl. *lapse, slip*], Form der *Fehlhandlungen*.

Versenkung [engl. *self-absorption*], Begriff der Mystik. Bedeutungsverwandt mit *Intuition, Kontemplation, Meditation*.

Versöhnungsdiskurs [engl. *reconciliation discourse*], *konfliktbezogene Diskursformen*.

Versorgungsforschung (= V.) [engl. *health services research*], **[GES]**, V. meint «die wiss. Untersuchung der Versorgung von Einzelnen und der Bevölkerung mit gesundheitsrelevanten Produkten und Dienstleistungen unter Alltagsbedingungen» (Arbeitskreis Versorgungsforschung 2004). Dabei liegen die Aufgaben der V. in der Beschreibung, Erklärung, Gestaltung und *Evaluation* der gesundheitlichen Versorgung. Ein Kernelement dieser Def. ist die Untersuchung von Gesundheitsleistungen unter Alltagsbedingungen. Somit versucht die Versorgungsforschung, über die absolute Wirksamkeit (*efficacy*) einer Versorgungsleistung hinausgehend, die relative Wirksamkeit unter Alltagsbedingungen (*effectiveness*) zu bestimmen. Das unterscheidet die V. von klin. Studien. Diese beziehen sich i. d. R. auf ein eng definiertes Pat.kollektiv, um die interne Validität einer Studie zu erhöhen (Pfaff & Schrappe 2011; *Evidenzbasierung, Validität, interne*). Im Ggs. dazu definieren V.studien hingegen so wenig wie möglich Ausschlusskriterien und beziehen z. B. explizit ältere, mehrfach und chronisch kranke Patienten in Studien ein. Dadurch soll die Versorgungsrealität abgebildet werden. Ein weiteres wichtiges Merkmal von V. ist die *Pat.orientierung*. Daher werden in der V. neben klin. und sozioökonomischen Parametern nach Möglichkeit durch Pat. eingeschätzte Parameter, sog. *patient-reported outcomes* wie z. B. die gesundheitsbezogene *Lebensqualität*, zur Beurteilung des Behandlungserfolgs herangezogen (Pfaff & Schrappe 2011). Darüber hinaus wird der sog. Kontext einer Gesundheitsleistung, also der organisationsbezogene Einfluss der Versorgungsstrukturen und -prozesse, in vielen V.studien ausdrücklich berücksichtigt. Wiss. Bezugsdisziplinen der V. sind z. B. die Ps., Soziologie, *Epidemiologie, Ethik*, Pflegeforschung, Gesundheitsökonomie oder *Public-Health*-Forschung. Neben der Einbindung unterschiedlicher wiss. Disziplinen ist die Zusammenarbeit mit der Versorgungspraxis, z. B. mit den beteiligten Gesundheitsprofessionen, der Führung von Versorgungseinrichtungen oder Pat.vertretern, eine zentrale Voraussetzung angemessener V. Die Zusammenarbeit sollte dabei in allen Phasen der V. stattfinden, von der Entwicklung der Forschungsfrage bis hin zur Ableitung der Implikationen für die Versorgungspraxis (Ernstmann 2011). *N. Ernstmann*

Verspieltheit (= V.) [engl. *playfulness*], **[EM, KOG, PER]**, kann in der einfachsten Def. als *Disposition* zum Spiel(-verhalten) betrachtet werden. Sie wird meist im Kindesalter untersucht (über Verhaltensbeobachtungen), wo eine Nähe des Merkmals zu *Humor* und (kogn., physischer und sozialer) Spontaneität hergestellt wird. Die V. wird vermehrt auch als Merkmal im Erwachsenenalter erforscht. Diskutiert werden dabei etwa Fragen der Dimensionalität (*Dimension*) des Merkmals und dessen Messung. Es konnte gezeigt werden, dass VSP bei (jungen) Erwachsenen u. a. mit akademischer Leistung, besserem Umgang mit Langeweile und *Coping* mit *Stress* sowie intrinsischer *Motivation* und *Kreativität* einhergeht. Weiter wurden auch Variablen wie innovatives Verhalten am Arbeitsplatz und gute Teamarbeit untersucht. In großen Stichproben zeigten sich nur geringe Veränderungen über die Altersspanne und im Wesentlichen keine Geschlechtsunterschiede (nur Querschnitt, Daten aus *Längsschnittuntersuchungen* liegen noch nicht vor). Während in vielen Modellen zur V. im Erwachsenenalter eine Ausrichtung auf Spaß und Freude dominieren, gibt es auch alternative Modelle, die soziale, intellektuelle und weniger durch Humor als durch Extravaganz und außergewöhnliche Vorlieben beschriebene Komponenten aufweisen. Lieberman 1977, Proyer & Jehle 2013. *W. Ruch*

Versprechen [engl. *slip of the tongue*], **[KLI]**, nach Freud häufigste Fehlleistung (*Fehlleistung, Freud'sche*) neben *Verschreiben* und *Verlesen*.

Verstand (= V.) [engl. *mind*], **[KOG]**, Fähigkeit zu gedanklicher Verarbeitung, nach Kant «das Vermögen der Begriffe, Urteile und Regeln»; nach Wundt «die Fähigkeit, die Gegenstände und ihre Beziehungen durch Begriffe zu denken», (*Denken*). Insofern ist der V. mit dem «Intellekt» vergleichbar. Im volkstümlichen Sprachgebrauch hat V. zudem die Bedeutung des nicht begriffsbetonten Denkens, wie es im «gesunden Menschenv.» zum Ausdruck kommt. *common sense*.

Verstandesbegriff *Kategorie*.

Verständlichkeit (= V.) [engl. *comprehensibility*], **[KOG, PÄD, SOZ]**, V. bezieht sich zum einen auf die Inhaltserfassung von Texten (*Lesbarkeit*). Bei Unterrichtstexten ist die V. umso eher gegeben, je einfacher Satzbau und Wortwahl sind, je besser die äußere und innere Gliederung des Textes ist, je mehr unnötige Längen vermieden werden und je häufiger Merkmale belebender und anregender *Motivation* auftreten. Die Messung der V. erfolgt üblicherweise durch geschulte Beurteiler, die auf meist fünfstufigen Skalen ihre Schätzurteile abgeben. V. schreibt man zum Zweiten einer Mitteilung zu, wenn sie von demjenigen verstanden wird (*Verstehen*), für den sie gedacht ist. V. ist damit keine Eigenschaft der Mitteilung an sich, sondern das Ergebnis des Zusammenspiels von (sozial-)psychol. Merkmalen des jew. Empfängers der Mitteilung (nämlich seiner mitteilungsbezogenen *Fähigkeiten* und *Motive* sowie der Situation, in der er sich beim Empfang der Mitteilung befindet), und von semiotischen (*Semiotik*) Merkmalen der Mitteilung selbst: Die Mitteilung muss (1) inhaltlich geordnet, (2) äußerlich gegliedert und (3) einfach formuliert sein; schwierige Passagen müssen (4) darüber hinaus zusätzlich verdeutlicht, langweilige (5) anregend gestaltet sein. Diesen Bedingungen genügen viele Mitteilungen in unserer Gesellschaft (Wegweiser, Gebrauchsanweisungen, Formulare, Lehrbücher u. a.) nur unzureichend. *Kommunikation, Sprachrezeption, Verständlichkeitsforschung*. Groeben 1978, Langer et al. 1974, Teigeler 1981.

Verständlichkeitsforschung (= V.) [engl. *comprehensibility research*], **[KOG, PÄD, SOZ]**, untersucht die Bedingungen, unter denen Menschen Mitteilungen verstehen. Die Mitteilungen können aus *Zeichen* der unterschiedlichsten Zeichensysteme und Kommunikationskanäle (*Kommunikation*) gebildet sein: Texte, Bilder, Bildzeichen (Piktogramme), Blindenschrift usw. Tatsächlich wird allerdings bisher fast ausschließlich nur die *Verständlichkeit* sprachlicher Mitteilungen (Texte) untersucht. Die ältere, vornehmlich angelsächsische V. untersuchte im Zuge der Entwicklung von Verständlichkeitsformeln insbes. den Einfluss der sprachlichen Formulierung auf die Verständlichkeit (*readability*) von Texten, aber auch den Einfluss der typografischen Gestaltung von Texten auf ihre *Lesbarkeit*. Die neuere V. gewann weitere Dimensionen der Verständlichkeit von Mitteilungen (inhaltliche Ordnung und äußere Gliederung sowie Verdeutlichung und Anregung) durch die verstärkte Einbeziehung der kogn. Lerntheorie Ausubels (Ausubel 1963), der motivationalen Neugier-Theorie Berlynes (Berlyne 1960) sowie der klassischen *Informationstheorie* nach Shannon & Weaver (1949). Aufseiten der Empfänger wurde insbes. der Einfluss des Alters der Empfänger, ihrer *Intelligenz* sowie der sozialen Schicht, der sie angehören, auf ihr Verstehen und damit die Verständlichkeit von Texten für sie nachgewiesen. Groeben 1978, Langer et al. 1974, Schlee 1973, Urban 1977.

Verständnis, soziales *soziales Verständnis*.

Verstärker (= V.) [engl. *reinforcer*], **[KOG]**, V. bez. in der *operanten Konditionierung* solche appetitiven (pos.) Reize, die bei verhaltenskontingenter Hinzugabe oder deren Entzug die Auftretenshäufigkeit des *Verhaltens* verändern. V. werden einerseits funktional über die für das Individuum erzielte Befriedigung physiol. *Bedürfnisse* definiert (sog. primäre V. wie z. B. Nahrungsmittel oder sexuelle Erregung) bzw. darüber, mit dem Erhalt primärer V. assoziiert zu sein (sog. sekundäre oder konditionierte V., z. B. Essensmarken oder generalisierte V., z. B. Geld, *sekundärer Verstärker*). Andererseits können Verstärker über Unterschiede in Verhaltenshäufigkeiten identifiziert werden (*Premack-Prinzip*). Mazur 2006, Routtenberg 1980. *G. Halbeisen*

Verstärkerentzug [engl. *reinforcement/response deprivation*], **[KOG]**, Bestrafung, bei der auf eine best. Reaktion hin ein verstärkender Stimulus entfernt wird. *Bestrafung, Verstärkung, Konditionierung, operante*. Kanfer & Phillips 1970.

Verstärkerkontrolle [engl. *reinforcer control*], **[KLI, KOG]**, *Kontrollüberzeugung*, Annahme über den Ursprung der *Verstärkung*, insbes. über seinen Ort. Die Verstärkung kann kontingent mit dem Verhalten sein, weil sie ein äußeres Ereignis ohne Einflussmöglichkeit des Handelnden ist, oder sie kann direkt von dem Verhalten des Handelnden abhängig sein: externaler bzw. internaler *locus of control*. Lefcourt 1981.

Verstärkerpläne (= V.) [engl. *schedules of reinforcement*], [**KOG**], V. bez. ein Muster der Gabe von *Verstärkern* bei der *operanten Konditionierung*. Bei kontinuierlichen V. wird nach jedem Auftreten der zu erhöhenden Verhaltensweise der Verstärker präsentiert. Dies führt zu einer Erhöhung der Häufigkeit des Verhaltens über die Zeit (betrachtet man die kumulative Häufigkeit des Verhaltens im Zeitverlauf, so ergibt sich ein Anstieg der *Lernkurve*). Eine *kontinuierliche Verstärkung* ist daher am besten geeignet, schnelle Änderungen der Verhaltenshäufigkeit herbeizuführen. Bei *intermittierenden* V. wird nur hin und wieder verstärkt. Hierbei unterscheidet man den sog. *Quotenplan* vom *Intervallplan*. Beim Quotenplan wird nach einer best. Anzahl gezeigter Verhaltensweisen verstärkt. Das Muster der Verstärkung kann dabei fixiert (z. B. nach jedem vierten Auftreten des erwünschten Verhaltens) oder variabel (z. B. bei durchschnittlich jedem vierten Auftreten des gewünschten Verhaltens) erfolgen. Beim Intervallplan erfolgt eine *Verstärkung* nach einem best. Zeitintervall, d. h., nach dem letzten Verstärken wird hier frühestens wieder nach einem konstanten (z. B. nach 15 Sek.) oder variablen Zeitintervall (z. B. nach durchschnittlich 15 Sek.) verstärkt. Wird die Verstärkung ausgesetzt, so zeigen sich intermittierende V. resistenter gegenüber *Extinktion* (*Auslöschung*) als andere V. Die Logik der V. lässt sich auch auf das Muster der Gabe von Bestrafungen (*Bestrafung*, Bestrafungspläne) anwenden, deren Ziel die Reduzierung der Häufigkeit von Verhalten ist. Bei einem kontinuierlichen Bestrafungsplan wird nach jedem Auftreten der zu reduzierenden Verhaltensweise die Bestrafung gegeben. Bei einem intermittierenden Bestrafungsplan wird das unerwünschte Verhalten nur gelegentlich bestraft. Die Auftretenshäufigkeit des unerwünschten Verhaltens nimmt stärker ab, wenn jedes Auftreten des Verhaltens bestraft wird. Mazur 2006. *T. Glaser/G. Halbeisen*

Verstärker-Verlust-Theorien *Depression*.

Verstärkerzentren (= V.) [engl. *reinforcement/reward centers*], [**BIO**], Strukturen des Säugetier- und Menschenhirns (*Gehirn*), die bei Reizung (z. B. elektrische Selbstreizung) Belohnung (*pleasure*, Freude) oder Strafe (*aversion*) vermitteln. Von Olds & Milner (1954) durch Zufall im medialen Vorderhirnbündel (MFB) der Ratte entdeckt. Da diese Strukturen nicht mit primären Triebzentren im *Hypothalamus* identisch sein müssen, sondern «reine» Belohnung durch elektrische Reizung ohne Triebreduktion erzeugt werden kann, darf man sie als neuronales Substrat von Belohnung und Aversion auffassen. Beim Menschen sind V. in vielen Arealen des *limbischen Systems* und des *extrapyramidalen Systems* gefunden worden. Besser als eine rein anatomische Abgrenzung dürfte die neuropharmakol. Analyse der bei Belohnung und Strafe beteiligten Transmittersysteme (*Neurotransmitter*) sein. Bei Belohnung sind kurzfristige Effekte wohl an noradrenerge Synapsen, länger anhaltende Wirkungen an *Endorphin*systeme gebunden. Birbaumer 1975. *N. Birbaumer*

Verstärkung (= V.) [engl. *reinforcement*], [**KLI, KOG**], Erhöhung der Auftretenshäufigkeit von Verhalten durch die dem Verhalten kontingenten pos. Konsequenzen. *Verstärker*, *Konditionierung, operante*. Positive V. ist die «Belohnung» von Verhaltensweisen durch pos., erwünschte Konsequenzen, neg. V. wirkt durch den Wegfall eines vorhandenen aversiven Reizes ebenfalls belohnend. V. ist dabei u. a. Bestandteil der *Verhaltenstherapie* zum Abbau von Fehlverhalten und Aufbau erwünschten Verhaltens. *verzögerte Verstärkung*.

Verstärkung, direkt-externe [engl. *immediate external reinforcement*], *Beobachtungslernen*.

Verstärkung, partielle (= p. V.) [engl. *partial reinforcement*; lat. *pars* Teil], [**KOG**], Vpn oder Versuchstiere werden nicht jedes Mal nach richtiger Ausführung der zu erlernenden Handlungen belohnt (*Verstärker*), sondern nur in einigen Fällen. Es zeigt sich, dass die Lerngeschwindigkeit durch p. V. nicht wesentlich verlangsamt wird. Jedoch sind Verhaltensweisen, die unter p. V. gelernt werden, vergessensresistenter als Verhaltensweisen, die jedes Mal belohnt werden. *Verstärkerpläne*, *Lernen*.

Verstärkung, stellvertretende [engl. *vicarious reinforcement*], *Beobachtungslernen*.

Verstärkungsverzögerung (= V.) [engl. *reinforcement delay*], [**KOG**] bei der *klassischen Konditionierung* nach Pawlow werden Verzögerungsintervalle zw. dem bedingten Reiz (CS) und dem unbedingten Reiz (UCS) in der Dauer von 5 s bis 5 Min. verwendet, die zu proportional verzögerten bedingten Reaktionen (CR) führen (*delayed conditioning*, *bedingter Reflex*). Beim instrumentellen Konditionieren wirkt nach Spence die *verzögerte Verstärkung* nur durch die Vermittlung *sekundärer Verstärker*; es kann auch *abergläubisches Verhalten* auftreten. Da beim Menschen die V. durch sprachliche *Mediation* überbrückt werden kann, benötigen Kleinkinder eher sofortige Verstärkung, während ältere Kinder und Erwachsene auch gut bei V. lernen. Jungermann et al. 2005.

Verstehen, einfühlendes syn. *Empathie*; *Gesprächspsychotherapie*.

Verstehen, verstehende Psychologie (= V.) [engl. *apperception, apperceptive psychology*; lat. *appercipere* «hinzuwahrnehmen»], [**EM, KOG, PHI**], zur allg. Charakterisierung des V. kann der in der Ps. vertraute Begriff der *Apperzeption*, d. h. die im Unterschied zu bloßer *Perzeption* bewusste, ordnende, in den Bedeutungszusammenhang der Erfahrung einordnende Aufnahme eines Erlebnis- oder Wahrnehmungsinhalts, dienen. Zumindest vier Varianten von V. müssen differenziert werden: (1) V. als einfühlendes Erfassen von Motiven (*Motiv*) und Begründungen menschlicher Handlungsweisen (praktische *Menschenkenntnis*, die darauf beruht, dass man sich in den anderen hineinzuversetzen vermag). (2) V. als Evidenz, als Begreifen von Sachzusammenhängen (dieser Sinn steht dem des «Verstandes» begrifflich am nächsten). (3) V. als Einsicht in die Bedeutung von (sprachlichen und anderen) *Zeichen* (*Sprachrezeption*, *Verständlichkeit*). (4) V. als wiss. Erkenntnismethode (*Hermeneutik*), als die Deutung von Sachverhalten und Texten aus der Einmaligkeit ihres Entstehenszusammenhangs und aus der Typik ihrer Erscheinungsformen (Wach 1926, Gadamer 1972, Apel 1955, Habermas 1971). Die Ps., die zugleich idiografisch (am Einzelfall interpretierend) und nomothetisch (gesetzbildend, von Gesetzen ableitend) verfährt, räumt prinzipiell dem V. die Rolle einer vermittelnden Kategorie im Sinn der obigen allg. Kennzeichnung als bewusste, ordnende Kognition ein, indem «naives» V. von ihr auf eine wiss. Basis gestellt werden soll. Jedoch wird von der verstehenden Ps. das V. eher programmatisch in Anspruch genommen, um das Studium der Psyche als geisteswissenschaftliche Domäne gegenüber naturwissenschaftlicher Erklärungspraxis abzusetzen. Dilthey (1894, s. Dilthey 1964) hat so die «sinnerfüllte», beschreibende und zergliedernde als «geisteswissenschaftliche» Ps. (die dem Gegenstand einzig angemessen sei) der «sinnfreien», naturwissenschaftlich erklärenden Ps. (etwa der Assoziationspsychologen der zweiten Hälfte des 19. Jh.) gegenübergestellt. In dieser geisteswissenschaftlichen Tradition stehen u. a. Spranger (1966), Jaspers (1971) und Gruhle (1953). Die Frontstellung von geisteswissenschaftlichen gegen naturwiss. psychol. Verfahrens- und Erkenntnisweisen überholt sich im Zuge der Herausbildung des Selbstverständnisses der Ps. als das einer empir. Sozialwiss. (Holzkamp 1972b). Gruhle 1956.   G. List

Verstehensanker *anchored instruction*.
Versuch [engl. *trial*], *Experiment*.
Versuchsleiter-Erwartungseffekte (= V.) [engl. *experimenter effect, experimeter expectancy effect*], syn. Versuchsleitereffekte, [**FSE, SOZ**], die sog. «Krise der Sozialps.» wurde u. a. ausgelöst durch Untersuchungen, die von Rosenthal und seinen Mitarbeitern durchgeführt wurden und in denen gezeigt werden konnte, dass Vl auf die Ergebnisse ihrer Experimente i. S. der Bestätigung der von ihnen aufgestellten Hypothese Einfluss nehmen. Die Resultate der Laborexp. i. S. der Erwartungen des Vl waren dabei weder gefälscht, noch wurden die Vpn willentlich vom Vl dazu angehalten oder unter Druck gesetzt, best. Ergebnisse zu «produzieren». Nach wie vor sind die Erklärungen für diesen Effekt mehr oder weniger unzureichend (Bungard 1984). Einer größeren Öffentlichkeit bekannt geworden ist dieser Effekt unter dem Namen *Pygmalion-Effekt*. Die von Rosenthal & Jacobson (1971) durchgeführte Untersuchung an amerik. Schulen machte sich diesen V. insofern zunutze, als Lehrer davon überzeugt wurden, dass in ihren Klassen einzelne Schüler leistungsfähiger seien, als aufgrund ihrer bisherigen Leistungsdaten zu erwarten sei. Die Manipulation der Erwartungen (*Erwartung*) führte z. T. zu Leistungsverbesserungen der Schüler. Generell waren die Ergebnisse dieser und anderer Untersuchungen bei Weitem nicht so erfolgreich wie zunächst angenommen. *selbsterfüllende Prophezeiung*. Rosenthal 1976.   B. Six
Versuchsperson (= Vp) [engl. *proband, test person*], [**FSE**], eine Person, die nach Anweisung eines Vl an einer psychol. Untersuchung (insbes. *Experiment*) teilnimmt. In der angewandten Ps. wird oft auch der mit einem *Test* oder *Fragebogen* geprüfte Pb als Vp oder Testperson bez.

Versuchsplan [engl. *design*], *Forschungsdesign*.
Versuch und Irrtum [engl. *trial-and-error learning*], [**KOG**], Versuch-Irrtums-*Lernen*, eine von Thorndike (1911) eingeführte Bez. für den Zugewinn pos. Verhaltensmuster. So lernt z. B. ein Tier, einen Futterkasten, der mit mehreren Riegeln verschlossen ist, die in best. Reihenfolge betätigt werden müssen, zu öffnen, indem es in einer Serie von blinden Versuchen durch Zufall die richtigen Griffe anwendet. Gelernt wird die Bewältigung einer solchen Aufgabe nach Thorndike durch das «Gesetz der Wirkung» (*law of effect*, *Gesetz des Effekts*), das besagt, dass der erfolgreiche Ausgang eines best. Vorgehens rückwirkend einen günstigen Einfluss auf das Merken desselben ausübt, während der Misserfolg für das Merken der vorhergehenden Handlung einen ungünstigen Einfluss darstellt. Dieser Auffassung von Lernen steht die des Lernens durch *Einsicht* in die Situation mit spontaner Bewältigung der Aufgabe gegenüber. *bedingter Reflex*, *Skinnerscher Kasten*.
versunkene Kosten *sunk cost effect*.
verteiltes Lernen [engl. *distributed learning/exercise*], syn. verteiltes Üben. *Instruktionsmethoden*, *massierte Übung*, *Training*.
Verteilung [engl. *distribution*], [**FSE**], (1) *empirisch*: absolute oder relative Häufigkeit, mit der die Ausprägungen einer Variablen auftreten. Im Falle kontinuierlicher Merkmale werden i. d. R. Wertebereiche zu Klassen zus.gefasst, um die V. darzustellen. (2) *theoretisch*: relative Häufigkeit (*Wahrscheinlichkeit*), mit der die Werte einer Variablen beobachtet würden, wenn die Anzahl der Werte unendlich groß wäre. (3) *stat.*: In der *Statistik* werden versch. Verteilungsformen für kontinuierliche Variablen math. begründet (*Verteilungsfunktion*), z. B. *Chi-Quadrat-Verteilung*, *Normalverteilung*, *t-Verteilung*. *Inferenzstatistik*. Dabei gibt die Funktion nicht die Wahrscheinlichkeit einzelner Werte an, sondern sie erlaubt die Bestimmung der Wahrscheinlichkeit für Werte innerhalb def. Intervalle (Wertebereiche).
verteilungsfreie Verfahren [engl. *distribution-free tests*], *nicht parametrische Tests*.
Verteilungsfunktion, Verteilung (= V.) [engl. *distribution function, distribution*], [**FSE**], sei X eine Zufallsvariable, dann gibt die V. die Wahrscheinlichkeit an, dass X einen Wert kleiner oder gleich dem festen Wert x besitzt. Die Funktion $F(x) = P(X \leq x)$ heißt V. Eine V. muss drei Bedingungen erfüllen: (1) Sie muss monoton mit x zunehmen, (2) $F(-\infty) = 0$ und (3) $F(+\infty) = 1$.   R. Ulrich
Verteilungsparameter (= V.) [engl. *distribution parameters*; gr. παρα- (*para-*) neben, μέτρον (*metron*) Maß], [**FSE**], ist die Form einer stat. Verteilung (z. B. *Normalverteilung, Exponentialverteilung, Poisson-Verteilung, Lognormalverteilung*) bekannt, so def. die V. z. B. die spezif. Lage (*Maße der zentralen Tendenz*), Variabilität (*Streuungsmaße*), *Schiefe, Schiefheit* oder *Wölbung* der Verteilung.
Verteilungsvolumen (= V.) [engl. *distribution volume*], [**PHA**], ist ein Maß für die Verteilung eines Pharmakons zw. Blutplasma und dem gesamten Körper: Sie wird angegeben in Volumen pro Gewicht (l/kg). Medikamente mit hoher Fettlöslichkeit weisen hohe V. auf. Bspw. beträgt

für *Amitriptylin* das V. 15 l/kg. Aus dem V. kann man ablesen, wie stark ein Medikament im Gewebe gebunden ist. Das V. sinkt mit zunehmendem Alter. Brunton 2011.

C. Hiemke

vertical scaling [engl. *vertical* vertikal, *scaling* Skalierung], *Testlinking*.

Vertikalenorientierung [engl. *vertical orientation*], *Raumorientierung*.

Vertikaltäuschung [engl. *vertical illusion*], **[WA]**, Mittelsenkrechtentäuschung, besteht darin, dass die Vertikale im Vergleich zur Horizontalen meist überschätzt wird (besonders deutlich, wenn ihr Fußpunkt in der Mitte der Horizontalen liegt). *geometrisch-optische Täuschung*.

Verträglichkeit [engl. *agreeableness*], **[PER]**, ist eine breite Persönlichkeitsdimension im *Fünf-Faktoren-Modell*. Hohe Ausprägungen sind gekennzeichnet durch Gutgläubigkeit, Aufrichtigkeit, Großzügigkeit, Versöhnlichkeit, Bescheidenheit und Gutmütigkeit; niedrige Ausprägungen durch Misstrauen, Arglistigkeit, Egoismus, Aggressivität, Arroganz und Hartherzigkeit. Niedrige Ausprägungen sind durchweg sozial unerwünscht, manche sehr hohe Ausprägungen ebenfalls (z. B. Arglosigkeit, Naivität). Die jew. Unterfaktoren sind nur mäßig miteinander korreliert. V. ist auch eine Dimension im *interpersonellen Zirkumplex*. V. korreliert neg. mit Durchsetzungsvermögen, sagt aber auch Teamfähigkeit vorher.

Vertrauen (= V.) [engl. *trust*], **[AO, SOZ, WIR]**, bez. eine spezif. Beziehungsqualität zw. einem V.geber und einem V.objekt (*Kommunikation*). Im Falle des *generalisierten* V. geht es um die verallgemeinerte Bereitschaft, einer Person zu vertrauen, im Falle des *interpersonalen* V. bezieht sich V. auf eine konkrete Person, beim *Systemv.* auf Organisationen oder Institutionen. Gemeinsam ist den vielfältigen Def., dass V. eine mit pos. Zukunftserwartung verbundene Vorleistung des V.gebers ist, die persönliche Verletzbarkeit und das Eingehen indiv. oder kollektiver Risiken impliziert, da neg. Konsequenzen resultieren können. Durch Verzicht auf Kontrolle erweitern sich Handlungsoptionen des V.gebers. Im arbeits- und organisationspsychol. Kontext wird V. sowohl als Voraussetzung, v. a. aber auch als Resultat gelingender *Kooperation* betrachtet. Krisen des V. resultieren aus Enttäuschungen (oftmals impliziter) Erwartungen des V.gebers [engl. *trustor*] durch den V.empfänger [engl. *trustee*]. Auf der Systemebene kann V. in die Krise geraten, wenn Erwartungen an die Institution im Hinblick auf Prozesse oder Produkte (Fairness, Qualität, Zuverlässigkeit etc.) enttäuscht werden. Der *Principal-Agent-Ansatz* thematisiert die Erfordernis, dass Unternehmenseigner angesichts von Informationsasymmetrien V. gegenüber ihren (leitenden) Mitarbeitenden aufbauen müssen. In Netzwerken, virtuellen Unternehmen oder in der zw.betrieblichen Kooperation wird V. als ein zentraler Regulationsmechanismus gesehen. Damit wird V. für die Gestaltung von Führungsbeziehungen (*Führung*) wichtig. In den Arbeitswelten des 21. Jhd. kann sich V. immer weniger aus Vertrautheit entwickeln, v. a. wenn Teams global und/oder virtuell kooperieren. Das Konzept des «flüchtigen» V. thematisiert entspr. Herausforderungen. Methodolog. ist die Forschung zu V. geprägt vom Paradigma der *Spieltheorie*, der exp. Kleingruppenforschung sowie *Fragebogen*studien. Qual. Feldforschungen sind eher selten zu finden.

C. Clases

Vertrauensgrenze [engl. *confidence limit*], *Vertrauensintervall*.

Vertrauensintervall (= V.) [engl. *confidence interval*], **[FSE]**, syn. Konfidenzintervall; in der Statistik der Bereich, in dem ein Wert mit einer vorgegebenen *Wahrscheinlichkeit* (= W.; z. B. 95 %) zu erwarten ist und der durch die Vertrauens- oder Sicherheitsgrenzen (Konfidenzgrenzen) abgegrenzt wird. Die W., dass der Wert innerhalb des V. liegt, wird stat. Sicherheit genannt, während die Gegenw. (die W., jenseits der Grenzen des V. zu liegen) Grenz-, Irrtums- oder Überschreitungsw. genannt wird.

D. Krampen

Verursachung [engl. *causation*], *Attribuierung*, *Attribution*, *Kausalität*, *Verursachung, persönliche*.

Verursachung, persönliche [engl. *personal causation*], **[EM, PÄD]**, ist ein motivationsps. Konzept (*Motivation*), das vor allem in *Erziehung* und *Unterricht* untersucht und angewandt wird. Nach deCharms (1979) ist es ein Grundmotiv (*Motiv*) des Menschen, Änderungen in der eigenen Umwelt herbeizuführen. Dieses Grundmotiv basiert auf dem Erleben eigener Verursachung. Es bestehen enge Bezüge zu dem Konzept der *Selbstwirksamkeitserwartung* von Bandura. Aufgrund der Nähe zur päd. Anwendung entwickelte deCharms ein auf die spezif. Schulsituation zugeschnittenes *Urhebertraining*, das auch empirisch überprüft wurde. *Lernmotivation, intrinsische und extrinsische*, *Motivation, intrinsische*; *Theorien*. Rudolph 2013.

U. Rudolph

Verwässerungseffekt [engl. *dilution effect*], *Zielsystemtheorie*.

Verwechslungswahrscheinlichkeit (= V.) [engl. *probability of confusion*], **[KOG]**, auch Verwechslungshäufigkeit, ein Maß für die Ähnlichkeit, insbes. von Buchstaben und Phonemen. In Lernexperimenten: die Wahrscheinlichkeit, mit der in der Prüfphase (Testdurchgang) Items der Ausgangsreihe mit Items der interpolierten Reihe vertauscht werden. Bei Untersuchungen zur Kapazität des Kurzzeitspeichers (*Gedächtnis*; *Gedächtnisspanne*) ist gefunden worden, dass Buchstaben häufiger verwechselt werden als Zahlen (Neisser 1974). Beim Erkennen von Signalen, Zeichen und Mustern ist die V. ein Maß für die Übertragungsgüte der Information (*Informationstheorie*). Wahrscheinlichkeit des «falschen Alarms». *Signaldetektionstheorie*.

Verzeihen (= V.) [engl. *forgiveness*], **[EM, SOZ]**, bezeichnet einen inter- und intrapersonalen Prozess, der sich in einer prosozialen Veränderung von *Affekt*, *Kognition* und dem *Verhalten* gegenüber einem Schadensverursacher äußert. V. ist intentional, bedingungslos, nicht notwendig und geschieht in der subj. Gewissheit über die Verantwortlichkeit des Täters (Schwennen 2004). Gemäß McCullough et al. (1998) umfasst der Prozess des V. eine Abnahme der *Motivation*, Rache zu suchen sowie den Kontakt zum Schadensverursacher zu vermeiden, während die prosoziale Motivation (*prosoziales Verhalten*) gegenüber dem Verursacher der Verletzung nach dem V. zunimmt. Durch V. werden neg. *Emotionen*, Kognitionen und Verhaltensweisen der verzeihenden Person verringert oder ganz beseitigt. Als entscheidende Faktoren für V. erweisen sich die Ursachenzuschreibung und die nachfolgende Verantwortungsattribution auf den Verursacher sowie die empfundene Empathie und neg. affektive Reaktionen (*Kausalattribution*): Das Ausmaß, in dem die betroffene Person *Empathie* gegenüber dem Verursacher empfindet, bestimmt die Bereitschaft, zu verzeihen, und niedrig ausgeprägte neg. Affekte (z. B. *Feindseligkeit*) beeinflussen sie pos. V. hängt mit mehreren Persönlichkeitsmerkmalen (*Persönlichkeitsmerkmal*) zus.: Personen, denen es leichtfällt, zu verzeihen, sind weniger narzisstisch (*Narzissmus*), dafür aber empathischer und weisen hohe Verträglichkeits- und niedrige Neurotizismuswerte (*Neurotizismus*) auf (Berry et al. 2005). Auch soziale und interpersonale Faktoren beeinflussen den V.prozess, insbes. Rechtfertigungen, *Entschuldigungen* und Reuebekundungen des Verursachers sowie die Qualität der Beziehung, in der das Vergehen stattfindet. Denn *Commitment* in einer Beziehung fördert V. (Finkel et al. 2002). V. steht in pos. Zusammenhang mit *Wohlbefinden* (Toussaint et al. 2001). *H.-W. Bierhoff*

verzerrte Räume [engl. *distorted rooms*], *Ames'sche Räume*.

verzögerte akustische Rückmeldung *LEE-Effekt*.

verzögerte Imitationsaufgabe, verzögerte Nachahmung [engl. *delayed imitation*], *Gedächtnisprozesse im Säuglingsalter*.

verzögerte Konditionierung *bedingter Reflex*, *bedingte Reaktion*.

verzögerte Reaktion [engl. *delayed reaction*], [**KOG**], die mit zeitlicher Verzögerung eintretende Reaktion (z. B. auf einen bedingten Reiz nach verzögertem Konditionieren; *bedingter Reflex*). *response*, *Konditionierung, klassische*.

verzögerte Verstärkung (= v. V.) [engl. *delayed reinforcement*], [**KOG**], zw. einer Reaktion und dem zur *Verstärkung* gebotenen Ereignis tritt ein Zeitintervall. Dabei werden die Wirkungen auf das Lernen (Erwerb einer S-R-Verbindung) und auf das Auslöschen (*Auslöschung*) beobachtet. Grundsätzlich ist eine verzögerte Verstärkung der direkten dabei fast immer unterlegen. *Konditionierung, operante*. *R. Bergius*

Vestibularapparat [engl. *vestibular*; lat. *vestibulum* Vorhalle], [**BIO**], Bez. für das im inneren *Ohr* befindliche Gleichgewichtsorgan (statisches Organ mit drei Bogengängen, *Sacculus* und *Utriculus*), von dem aus auch vegetative Funktionen gesteuert werden.

Vetter, August (1887–1976), [**HIS, PER**], Volksschulabschluss; Ausbildung zum Grafiker und Zeichner im väterlichen Lithografiebetrieb, daneben Besuch der Kunstgewerbeschule in Elberfeld, dort 1904 Abschluss als Grafiker (Albert 2001), ab 1912 Studium der Philosophie, Ps. und Kunstgeschichte an der Universität München ohne Abitur neben seiner Berufstätigkeit als Grafiker. Begegnung mit C. G. *Jung*, Auseinandersetzungen u. a. mit Kant, Schopenhauer, Kierkegaard und *Klages*. Publikationstätigkeit als Buchautor. Aufgrund seiner Buchpublikationen beantragt Gustav Kafka für Vetter, der keinen Studienabschluss hat, eine Ehrenpromotion an der Philosophischen Fakultät der TH Dresden, die Vetter 1930 erhält (Vetter 1972). 1932 Mitarbeiter von Kafka, dort Zusammenarbeit mit *Lersch* im Bereich der Persönlichkeitsdiagnostik, insbes. Grafologie; 1934–1938 Assistent bei Krueger in Leipzig; auf ein eingereichtes Habilitationsgesuch mit einer Arbeit über «Die Erlebnisbedeutung der Phantasie» erhält Vetter keine Antwort (Vetter 1972), möglicherweise, weil seine Frau jüdischer Herkunft ist (Albert 2001). 1939–1945 Tätigkeit als Dozent am Dt. Institut für psychol. Forschung und Psychoth. in Berlin, u. a. Arbeit mit dem *Wartegg Zeichentest (WZT)* und dem *Sceno-Test (ScT)*, 1940 Berater der IG Farben, 1946 durch Vermittlung von Lersch Privatdozent an der Universität München, dort 1946 a. o. Professor und 1951–1957 o. Professor. Mitbegründer und erster Vorsitzender der Sektion Schriftps. im *BDP*. Vetter steht für eine religiös geprägte, *Persönlichkeitstheorien, philosophisch orientierte*). Vetter war Ehrenmitglied des BDP. *H. E. Lück*

Vexierkasten [engl. *problem-/puzzle-box*; lat. *vexare* plagen, beunruhigen], (Thorndike), [**KOG**], Kasten für Tierversuche, ähnlich dem Labyrinthkasten. Das Tier muss lernen, Türen in einem Käfig durch best. Bewegungen (Druck gegen Klinken, Fadenziehen) zu öffnen, um die Freiheit zu erlangen. *Skinner'scher Kasten*.

vibrationsinduzierte Täuschungen (= v. T.) [engl. *vibration-induced illusions*; lat. *vibrare* schwingen, zucken], [**WA**]. V. T. sind propriozeptive Fehlwahrnehmungen (*Propriozeption*). V. T. werden durch vibratorische Reizung der Muskelsehnen ausgelöst. Körperteile, die von dem dazugehörigen Muskel bewegt werden, werden an verschobener Position oder als sich bewegend wahrgenommen. Die Richtung von Positions- und Bewegungstäuschungen entspricht einer Streckung des gereizten Muskels. Z. B. lässt eine Vibration am Bizeps den Arm als stärker gestreckt erscheinen, als er ist, während eine Vibration am Antagonisten den Arm als stärker gebeugt erscheinen lässt. Fehllokalisiert werden in beiden Fällen Unterarm und Hand. V. T. werden auf eine inadäquate Erregung der Rezeptoren in den Muskelspindeln zurückgeführt. Theoretisch gelten v. T. als wichtiger Beleg für eine zentrale Rolle der Muskelspindeln in der propriozeptiven Wahrnehmung. Exp. werden v. T. in versch. Kontexten ausgenutzt, um propriozeptive Information zu manipulieren. *Pinocchio-Täuschung*. Eklund 1972, Goodwin et al. 1972, Jones 1988. *K. Drewing*

vibrotaktile Kodierung [engl. *vibrotactile coding*; lat. *vibrare* schwingen, zucken, *tangere* berühren], *Duplex-Theorie*, *Rauheit*.

vicarious trial and error [engl.] stellvertretender *Versuch und Irrtum*, [**KOG**], Innere Probehandlungen als Ersatz für offene Problemlösungsversuche, zuerst bei *Diskriminationsaufgaben* erschlossen. *Probehandeln*.

Videodefizit [engl. *video deficit*], *Filmverstehen, Entwicklung*.

Vierfeldertafeln: Notationen

Vierfeldertafel für zwei dichotome Analysemerkmale			
	Merkmal B –	Merkmal B +	Σ
Merkmal A –	a	b	A = a + b
Merkmal A +	c	d	B = c + d
Σ	C = a + c	D = b + d	N = a + b + c + d

Vierfeldertafel für einen diagnostischen Test			
	Test negativ	Test positiv	Σ
Erkrankung nein	richtig negativ	falsch positiv	nicht erkrankt
Erkrankung ja	falsch negativ	richtig positiv	erkrankt
Σ	negativ getestet	positiv getestet	

Videospiele (= V.) [engl. *video games*], syn. *Computerspiele*, [**MD**], sind ein interakives Unterhaltungsmedium, bei dem ein oder mehrere Spieler das Geschehen (i. d. R. visuell und auditiv, ggf. auch haptisch) nach best. Regeln manipulieren können. V. werden i. d. R. über Computer, Fernsehgeräte mit Videospielkonsolen oder mobile Wiedergabegeräte (z. B. Smartphones) gespielt. Die Steuerung kann über unterschiedlichste Eingabemethoden, z. B. Tastatur, Maus, Joystick, Controller, Sprache, Gestik, erfolgen. Die Folgen der Rezeption von V. sind Gegenstand ps. Forschung. Unter anderem werden hierbei soz. und affektive (*General Aggression Model*) Konsequenzen, Veränderungen von Wahrnehmungs- und Aufmerksamkeitsprozessen, schulische (*Displacement*) sowie psychopathol. Folgen erforscht. V. werden ebenfalls zur Wissensvermittlung (*game-based learning*) oder der Erforschung kogn. und motorischer Prozesse (*epistemische Handlung*) eingesetzt. Gee 2003, Green & Bavelier 2003. *H. S. Meyerhoff*

Vierfeldertafel (= V.) [engl. *fourfold table*], syn. *2x2-Kreuztabelle*, [**DIA, FSE**], tabellarische Darstellungsform für die kombinierte Häufigkeitsverteilung zweier dichotomer Merkmale (*Variable, dichotome*), die in der Tab. dargestellten Notationen bilden z. B. die Grundlage der Def. von Korrelationsmaßen für dichotome Merkmale (*Korrelation*), Risikomaßen in der *Epidemiologie*, Gütemaßen diagn. Urteile (z. B. *Sensitivität*, *Spezifität*) und Indikatoren für einen *Interventionseffekt bei dichotomen Zielgrößen*. *ROC, ROC-Kurve*.

Vier-Phasen-Modell nach Kolb, zyklisches Reflexionsmodell [engl. *Kolb's cyclic model of experiential learning*], *Reflexion, kognitionspsychologische*.

Vier-Seiten-Modell der Kommunikation von Schulz von Thun [engl. *four-sides model of communication, four-ears model*], [**KLI, SOZ**], Modell der *Kommunikation* (= K.), das Aspekte des K.modells von Bühler (1934) aufgreift und das Modell von Watzlawick et al. (*Kommunikationsmodell von Watzlawick et al.*) um zwei weitere Aspekte erweitert. Neben dem Inhalts- und *Beziehungsaspekt* finden sich die Aspekte der Selbstoffenbarung und des Appells. (1) *Inhaltsaspekt*: Dies betrifft den Sachinhalt, über den der Kommunikator informieren will: «Das Radio ist laut» ist zunächst nur eine Aussage über die Lautstärke des Rundfunkempfängers. (2) Der *Beziehungsaspekt* betrifft die Gefühle und Bewertungen des Kommunikators gegenüber dem Empfänger der Botschaft, z. B. «Du bist rücksichtslos.» (3) Die *Selbstoffenbarung* enthält das, was der Kommunikator über sich selbst vermittelt. Dazu gehören Informationen über seine Art zu sprechen, aber auch darüber, wie er die gegenwärtige Situation empfindet, z. B. «Das stört mich.» Die in einer Nachricht enthaltene Selbstoffenbarung ist oftmals versteckt und kann mehrdeutig sein. (4) *Appell*: Fast jede Nachricht enthält eine Aufforderung an den Empfänger, in der Aussage «Das Radio ist ziemlich laut» vielleicht «Mach das Radio leiser», oder auch «Prima, das kannst du so lassen.» Für eine angemessene «Entschlüsselung» insbes. der Aspekte 2 bis 4 sind die paraverbalen Sprachbestandteile wie Betonung, Lautstärke, Tonmelodie u. a. m. von Bedeutung. K.trainings (*Kommunikationstraining*) beruhen häufig auf diesem Modell und zielen mehr oder weniger explizit darauf ab, den Umgang mit diesen versch. Seiten einer Nachricht zu verbessern. Schulz von Thun 1994, Schulz von Thun 2010a, Schulz von Thun 2010b. *W. Rechtien*

Vierstufenmethode der Unterweisung *Formalstufentheorie, TWI*.

Vigilanz, Bewältigungsstrategie (= V.) [engl. *vigilance, coping stategy*], [**GES, KLI, KOG, PER**], V. ist eine grundlegende Strategie der *Angstbewältigung*, die sich auf Aufmerksamkeitsorientierung und Informationsverarbeitung angesichts bedrohlicher Ereignisse bezieht. Sie umfasst die Zuwendung (*Vigilanz (Wachsamkeit)*) zu bedrohungsbezogenen Merkmalen einer Situation und deren intensive Verarbeitung, z. B. Informationssuche oder Antizipation mögliche neg. Ausgänge. Ein wesentliches Ziel des Einsatzes von V. liegt in der Reduktion von Unsicherheit, die für bedrohliche Situationen charakteristisch ist. *Informationsverarbeitung, bedrohungsbezogene*. Krohne & Hock 2011.

C.-W. Kohlmann/M. Hock

Vigilanz (Wachsamkeit) (= V.) [engl. *vigilance*; lat. *vigilare* wachen], **[BIO, KOG]**, der Begriff V. bezeichnet die überdauernde Aktivierung von Funktionen der *selektiven Aufmerksamkeit* während eines ausgedehnten Zeitraums im Zusammenhang mit der Entdeckung eines seltenen Ereignisses, dessen Auftretenszeitpunkt in einer insges. reiz- bzw. ereignisarmen Umgebung nicht festgelegt werden kann. Nach Mackworth ist V. der Zustand oder der Grad der Bereitschaft, kleine Veränderungen, die in der Umwelt in zufallsverteilten Zeitintervallen auftreten, zu erkennen und auf sie zu reagieren. V. ist also die Beobachtungsleistung bei länger dauernden Beobachtungssituationen. Manche Autoren unterscheiden zw. V. und *Daueraufmerksamkeit*. In diesem Fall wäre unter V. ein aufmerksames Beobachten zu verstehen, das selten ein Reagieren erfordert, unter Daueraufmerksamkeit eher ein aufmerksames Beobachten, wobei ein häufigeres Reagieren erforderlich ist. Moderne industrielle Fertigung und Probleme der neuen Kriegstechnik regten V.untersuchungen schon in den 1930er-Jahren an. Dabei interessierte vor allem der Verlauf der V.kurve. Im weiteren Verlauf wurden auf exp. Weg versch. Bedingungen untersucht, welche die V.leistung beeinflussen, so z. B. die Dauer der Beobachtungstätigkeit, die Helligkeitsverhältnisse und die Größe, die Bewegung und die Häufigkeit der zu erwartenden und beobachtenden Signale. Zur Klärung des Leistungsabfalls in Dauerbeobachtungssituationen wurden versch. Theorien aufgestellt (*Ermüdungstheorie, Blockierungstheorie, Aktivierungstheorie, Adaptationstheorie*). Zur Feststellung der V.leistung wird im Allg. die Anzahl der nicht beachteten Signale oder die Länge der *Reaktionszeit* bei beachteten Signalen herangezogen. Optimale V.leistungen scheinen mit einer mittleren *Aktivierung* zu korrelieren, Über- und Unteraktivierung beeinträchtigen die V. Mit neuropsychol. Erklärungen der Aktivierung hat Haider (1969) auch die V., d. h. Aufmerksamkeitsprozesse und Erwartungen, behandelt. Frankmann & Adams 1962.
H. J. Müller/J. Krummenacher

Vigilität [engl. *vigility*], Anspannung und Lebhaftigkeit der *Aufmerksamkeit*.

Vignettentechnik [engl. *vignette technique*], *Attributionsstil, feindseliger*.

Viktimisierung, sekundäre (= s. V.) [engl. *secondary victimization*; lat. *secundus* der zweite, *victima* Opfer], **[RF]**, während unter *primärer Viktimisierung* Schädigungen durch eine Straftat selbst subsumiert werden, versteht man unter s. V. neg. Folgen für das Opfer, die nicht unmittelbar aus der Straftat selbst resultieren, sondern durch die Personen, die mit dem Opfer befasst sind, hervorgerufen werden. Gemeint ist eine «Verschärfung des primären Opferwerdens durch Fehlreaktionen des sozialen Nahraums des Opfers und der Instanzen der formellen Sozialkontrolle» (Schneider 1979, S.16). Bei dieser Def. bleibt zunächst offen, welche konkreten Fehlreaktionen gemeint sind und welche Art von Schädigungen hervorgerufen werden können. Unter einer angewandten Perspektive durchgeführte systematische Studien zur Wirkung von Strafverfahren auf Geschädigte zeigen deutliche Hinweise für verfahrensbezogene aktuelle Belastungen, aber wenige Anhaltspunkte für langfristige neg. oder pos. Effekte auf das psych. Befinden, wobei allerdings nur in wenigen Studien langfristige Folgen erhoben wurden (Volbert 2008). Ferner werden Mechanismen untersucht, die V.prozessen zugrunde liegen und dazu führen, dass Opfern Schuldvorwürfe gemacht, Folgen der Straftat bagatellisiert oder Opfer gemieden werden. In diesem Zusammenhang wird die Bedeutung von stereotypen Urteilsmustern und Mythen (z. B. im Hinblick auf Sexualdelikte), aber auch der Glaube an eine gerechte Welt (*Gerechte-Welt-Glaube*) diskutiert, der durch unschuldige Opfer erschüttert wird, sodass V.prozesse die Funktion haben, den Glauben an eine gerechte Welt aufrechtzuerhalten.
R. Volbert

Viktimologie (= V.) [engl *victimology*; lat. *victima* Opfer, gr. λόγος (*logos*) Lehre], **[RF]**, innerhalb der *Kriminologie* untersuchte Beziehung zw. Täter und Verbrechensopfer. Die V. fordert eine umfassende Analyse unter biol., psychol. und sozialen Gesichtspunkten.

Vilazodon (= V.), **[PHA]**, V. ist seit Januar 2011 in den USA unter dem Markennamen Viibryd® zur Behandlung von *depressiven Episoden* bei Erwachsenen zugelassen. Der Wirkungsmechanismus von V. umfasst eine *selektive Serotoninwiederaufnahmehemmung* und eine partialagonistische Wirkung am 5-HT1A-Serotonin-Rezeptor. Die empfohlene Tagesdosis liegt bei 20 bis 40 mg (Beginn mit 10 mg/Tag für 7 Tage). Das Medikament wird im Allg. gut toleriert. Am häufigsten werden Durchfall, Übelkeit und Kopfschmerzen als unerwünschte Wirkungen berichtet. Die Produktinformation des Herstellers beinhaltet eine explizite Warnung vor dem Auftreten suizidaler Gedanken und Verhaltensweisen, insbes. bei Pat., die jünger als 24 Jahre sind. I. Ggs. zu anderen *Antidepressiva* scheint V. keine Einflussnahme auf das Körpergewicht und die sexuellen Funktionen der Pat. zu haben. Aus den Zulassungsstudien ergeben sich außerdem Hinweise auf bes. günstige Effekte bei Pat. mit komorbider Angstsymptomatik (Dawson 2013). Über eine mögliche Zulassung von V. in Europa liegen aktuell (2016) keine Informationen vor.
T. Veselinović

Viloxazin [engl. *viloxazine*], **[PHA]**, *Psychopharmakon* aus der Klasse der *Antidepressiva* vom Typ der nicht trizyklischen Substanzen. Leicht aktivierend. Relativ*selektiver Noradrenalin-Wiederaufnahmehemmer* ohne stärkere Beeinflussung von *Acetylcholin* und *Histamin*. Seit 2006 nicht mehr im Handel.

Vincent-Kurve, -Methode, **[KOG]**, Bez. für die von S. B. Vincent (1912) entwickelte grafische Darstellung zu Lernverläufen. *Lernkurve*.

viril [engl. *virile*; lat. *virilis*], männlich.

Virilitätskomplex [lat. *virilis* männlich], *Kastrationskomplex*.

virtuelle Realität (= v. R..) [engl. *virtual reality;* lat. *virtus* Tauglichkeit], **[MD]**, ist eine computergenerierte interaktive Umgebung, die in Echtzeit berechnet und dargestellt wird. Die Präsentation dieser Umgebung kann entweder durch klassische Monitore, durch Projektionstechniken (hier wird entweder an nur eine Wand oder an alle Flächen eines Raums inkl. Decke und Boden die v. R. projiziert) oder durch 3-D-Helme (hier wird die Umgebung direkt über eine Brille ausgegeben) erfolgen. Die erlebte *Immersion* ist bei einer Monitorpräsentation am geringsten, bei einer Präsentation über 3-D-Helme am höchsten ausgeprägt. Eine v. R. ermöglicht das freie Explorieren sowie die Interaktion mit virtuellen Gegenständen und Personen. In einer v. R. lassen sich Parameter frei variieren, die in der R. fest vorgegeben sind (z. B. Aufhebung der Schwerkraft). Somit ermöglicht die V.-R.-Technologie die Simulation und das Training von Abläufen und Handlungen für extreme Situationen (z. B. Weltraumeinsätze von Astronauten). Bente et al. 2002, Wiederhold 2004.

M. Huff

Visierlinien [engl. *lines of sight*], *Richtungslinie, Richtungsstrahl*.

visual cache [engl.] visueller Puffer/Zwischenspeicher, *Arbeitsgedächtnis im Kindesalter*.

Visualisierung (= V.) [engl. *visualisation*; lat. *videre* sehen], **[KOG, PÄD]**, als V. oder visuelle Repräsentation bezeichnet man die bildhaft-analoge Darstellung von Informationen z. B. in Form von Fotografien, Zeichnungen, Diagrammen, Videos oder Animationen. Während eine verbale *Repräsentation* arbiträr ist, indem das Wort bzw. der Laut dem zu repräsentierenden Objekt willkürlich zugeordnet, und ihre Bedeutung auf diese Weise durch Konvention festgelegt ist, beruht die Bedeutung einer visuellen Repräsentation auf ihrer (physikal. oder strukturellen) Ähnlichkeit zum dargestellten Objekt (Anglin et al. 2004; Schnotz et al. 2002). V. sind zum Lernen insbes. dann geeignet, wenn der zu vermittelnde Gegenstand verbal nur schwer vermittelbare visuell-räumliche Eigenschaften aufweist. Werden V. begleitend zu Text eingesetzt, können sie den Wissenserwerb unterstützen, indem sie den Textinhalt konkreter, besser verständlich und leichter erinnerbar machen sowie die Struktur des Textes verdeutlichen (Levin et al. 1987).

K. Scheiter

Visualität (= V.) [engl. *visuality*; lat. *videre* sehen], **[WA]**, Bez. für das Gesamtgebiet der optischen Wahrnehmung (*visuelle Wahrnehmung*) sowie deren Auffassung und Verarbeitung. In der Diagnostik gehören für V. u. a. Formauffassung, räumliche Vorstellung, Formgedächtnis.

visual mental imagery theory [engl.] Theorie der visuellen mentalen Bilder. *Vorstellung, bildhafte*.

visuelle Agnosie (= v. A.) [engl. *visual agnosia*; lat. *videre* sehen, gr. ἀγνωσία *(agnosia)* Unkenntnis], **[BIO, KOG, WA]**, Verlust der Fähigkeit, optische Reize ausschließlich auf v. Grundlage zu erkennen. Dabei sind die erforderlichen v. und kogn. Funktionen (ausreichend) erhalten; es liegt keine Sprachstörung (Benennen) vor. Das Erkennen in einer anderen Modalität (auditiv, taktil) ist erhalten (*Agnosie*). V. A. lassen sich nach den betroffenen v. Kategorien einteilen: für Objekte (Objektagnosie), für Gesichter (*Prosopagnosie*), für die Umgebung und für Wege (Umweltagnosie; *topografische Agnosie*) und für Buchstaben (*reine Alexie*). Selektive Störungen sind für die Kategorien Gesichter, Umwelt und Buchstaben bekannt, weniger für Objekte. Karnath & Thier 2012.

J. Zihl

visuelle Analogskala [engl. *visual analoque scale*], **[DIA]**, eine Skala zur Erfassung subj. eingeschätzter Merkmalsausprägungen (z. B. Zustimmung, Zufriedenheit, Schmerz). Im Unterschied zu *Likert-Skalen* werden nicht einzelne diskrete Antwortoptionen vorgegeben, sondern ein Antwortkontinuum auf dem von der befragten Person ein Ausprägungs- oder Intensitätsgrad markiert werden soll. I. d. R. wird eine Linie vorgegeben, bei der lediglich die Endpunkte mit Extrembedeutungen bezeichnet werden (z. B. «0» = «stimme überhaupt nicht zu», «völlig unzufrieden», «überhaupt kein Schmerz» vs. «100» = «stimme vollkommen zu», «völlig zufrieden», «maximaler Schmerz»). Die von der Person markierte Position auf diesem Kontinuum (z. B. Entfernung von 0 in mm) wird als Indikator der Merkmalsausprägung festgehalten. Reips & Funke 2008.

visuelle Anosognosie (= v. A.) [engl. *visual anosognosia*; lat. *videre* sehen, gr. α- *(a-)* ohne, νόσος *(nosos)* Krankheit, γνῶσις *(gnosis)* Erkenntnis], **[BIO, KOG, WA]**, Fehlen der Einsicht in die eigene durch eine Hirnschädigung verursachte Sehstörung (z. B. *homonyme Hemianopsie* oder *zerebrale Blindheit*) bei erhaltenen kogn. Funktionen; auch *Anton-Syndrom* genannt. Pat. mit v. A. berichten auf Befragen, dass sie keinerlei Sehprobleme hätten, und erklären das fehlende Sehen bei Konfrontation durch andere Ursachen (z. B. schlechte Lichtverhältnisse, Müdigkeit, zufälliges Übersehen eines Gegenstandes).

J. Zihl

visuelle Dominanz (= v. D.) [engl. *visual dominance*; lat. *videre* sehen, *dominare* herrschen], **[EW, WA]**, ist die Tendenz, visuelle Informationen (*visuelle Wahrnehmung*) bevorzugt vor haptischen (*Haptik*), auditiven (*Hören*) oder kinästhetischen (*Kinästhesie*) Informationen zu verarbeiten. V. D. kann bspw. in Gedächtnisaufgaben (*Gedächtnisprüfung*) als bessere Erinnerungsleistung für visuelles Material demonstriert werden. V. D. ist bei der Objektverarbeitung besonders ausgeprägt. Robinson und Sloutsky (2004) untersuchten die Präferenz spez. für auditive versus visuelle Informationen bei Säuglingen, vier Jahre alten Kindern und jungen Erwachsenen. Nach ihren Ergebnissen zeigen Säuglinge eine *auditorische Dominanz*, Vorschulkinder entweder eine visuelle oder auditorische Dominanz und Erw. eine v. D.

M. Kavšek

visuelle Ermüdung [engl. *visual fatigue*], **[KOG, WA]**, Abnahme der visuellen Leistungsfähigkeit bei starker Inanspruchnahme der (visuellen) Aufmerksamkeit infolge peripherer (z. B. *Vergenz*- oder Akkomodationsschwäche) oder zentraler Ursachen (z. B. spezif. reduzierte visuelle oder allg. reduzierte kogn. Leistungsfähigkeit).

J. Zihl

visuelle Illusionen [engl. *visual illusion*; lat. *illudere* täuschen], **[WA]**, Veränderung der Wahrnehmung eines realen optischen Reizes (*visuelle Wahrnehmung*) in zeitlicher (z. B. erhaltene Wahrnehmung nach Blickwechsel oder Entfernen des Reizes; Palinopsie bzw. visuelle Perseveration) oder qual. Hinsicht (veränderte Wahrnehmung der Reizposition: Allästhesie; der Form bzw. Gestalt: Metamorphopsie; der Farbe: Metachromatopsie). *geometrisch-optische Täuschung*, *Sinnestäuschung*.

J. Zihl

visuelle Klippe [engl. *visual cliff*], Tiefenwahrnehmung, Entwicklung.

visuelle Raumhinweise (= v. R.) [engl. *visual depth cues*], [**KOG, WA**], im Deutschen manchmal auch als visuelle Tiefenhinweise bezeichnet. Ein zentrales Problem der visuellen Raumwahrnehmung besteht darin, dass die wahrnehmende Person von uneindeutigen Netzhautabbildungen auf räumliche Sachverhalte in der Welt schließen muss (*inverses Projektionsproblem*). V. R. (z. B. Überlappung von Gegenständen im Sehfeld) bieten dem visuellen System des Betrachters die Möglichkeit, zu eindeutigeren räumlichen Interpretationen von statischen und dynamischen visuellen Szenen zu gelangen. Folgende Arten von v. R. lassen sich unterscheiden: (1) okulomotorische v. R. von den Augenmuskeln wie z. B. Akkommodation der Augenlinse oder Konvergenz der Augenachsen; (2) monokulare v. R. wie z. B. relative Größe, relative Höhe im Gesichtsfeld, Verdeckung, Linearperspektive, Dichte- und Größengradient, Schattierung und Schattenwurf, optischer Fluss, dynamische Okklusion und Disokklusion; (3) binokulare v. R. wie z. B. Bewegungsparallaxe oder Querdisparation. *räumliches Sehen*. May 2006b, Goldstein 2007. *M. May*

visuelle Reizerscheinungen [engl. *visual hallucination*], [**BIO, WA**], Sehen von komplexen visuellen Reizen (z. B. bewegte oder unbewegte Objekte, Tiere, Gesichter, Szenen), die durch pathologische neuronale Erregungen vor allem in occipito-temporalen Strukturen generiert werden. Karnath & Thier 2012. *J. Zihl*

TestVisueller und verbaler Merkfähigkeitstest (VVM 1/ VVM 2), 2009, D. Schellig & B. Schächtele, [www.testzentrale.de], [**BIO, DIA**] neuropsychol. Verfahren. AA 15–79 Jahre. Der VVM überprüft das kurz- sowie längerfristige und seit der 2. Aufl. auch das mittelfristige Behalten von visuell-räumlichen und verbalen Materialien (*Merkfähigkeit*). Die Überprüfung des Gedächtnisses umfasst einen Zeitraum bis zu 24 Std.: Über einen Vergleich der Gedächtnisleistungen an den drei Abfragezeitpunkten lassen sich ein Absinken der Behaltensleistungen für den Zeitraum von einem Tag ermitteln und die Vergessensraten berechnen. Der VVM enthält zwei Untertests. Die Einprägephase und die Bearbeitungszeit für die Reproduktion sind zeitlich begrenzt. *Normierung*: Es liegen bildungsspezifische Normwerte (Hauptschule, Realschule, Gymnasium) für sieben Altersbereiche zw. 15 und 79 Jahren vor. Weitere Normwerte wurden für die Vergessensrate sowie für die Reproduktion falsch eingeprägter Items ermittelt. Aufgrund der Äquivalenz der vier Parallelformen konnten die Daten zu einem einheitlichen Pool ($N = 1704$) aggregiert werden. Bearbeitungsdauer: 1. Testzeitpunkt (Z1): 15 Min., 2. Testzeitpunkt (Z2): 7 Min., 3. Testzeitpunkt (Z3): 7 Min.

visuelles Präferenzverfahren (= v. P.) [engl. *visual preference paradigm*], [**DIA, EW, KOG**], im v. P., das auf Beobachtungen von Fantz (1956) zurückgeht, werden einem Säugling simultan zwei versch. Reize (*Reiz*) für eine best. Zeit präsentiert (z. B. Vierfelderschachbrett sowie weißes Quadrat; Streifenmuster sowie homogene graue Fläche; leeres Oval sowie Oval mit Details einer Gesichtskonfiguration), und es wird die Beobachtungsdauer des Babys für die Reizalternativen gemessen. Auf diese Weise können spontane Präferenzen von Babys für visuelle Reize festgestellt werden, die sich in einer längeren Betrachtungsdauer manifestieren. Seit den Pionierstudien von Fantz ist bekannt, dass Babys strukturierte Stimuli Reizen ohne Struktur vorziehen. Die eingeschränkte Sehschärfe (*Entwicklung, sensorische*) sowie die niedrige Kontrastempfindlichkeit von Säuglingen in den ersten Lebensmonaten erlauben nur die Verwendung mäßig komplexer Reize. Die Präferenz für komplexere Reize nimmt mit fortschreitender Entwicklung zu. Ferner wird das v. P. in Zusammenhang mit der Analyse des Gedächtnisses von präverbalen Kindern benutzt. Zunächst wird ein einziger v. Reiz, entweder für eine festgesetzte Zeit oder bis eine best. Betrachtungsdauer indiv. erreicht ist, gezeigt. Daran anschließend wird der nun vertraute, erste Reiz mit einem zweiten, neuen Reiz meist in zwei Durchgängen kurzzeitig simultan präsentiert und es wird die Betrachtungsdauer für den vertrauten und neuen Reiz gemessen. Längere Betrachtungszeiten für den neuen Reiz werden als Hinweis auf das Wiedererkennen des alten Reizes angesehen, wobei von einer *Neuigkeitspräferenz* von Babys ausgegangen wird. Vergleichbare Betrachtungszeiten für den neuen und den alten Reiz werden demgegenüber als Hinweis für Vergessen angesehen. *Säuglingsforschung*. *M. Knopf*

visuelle Suche (= v. S.) [engl. *visual search*], [**KOG, WA**], ein exp. Paradigma zur Untersuchung von Wahrnehmungs- und Aufmerksamkeitsprozessen bei der S. nach Zielreizen in unterschiedlich komplexen Reizanordnungen. In der Standardversion bietet man der Vp in statischen Display mit mehreren Reizen dar und sie soll entscheiden, ob das Display einen vorher definierten Zielreiz enthält, und ihre Entscheidung per Tastendruck mitteilen. Wichtige unabhängige Variablen bei der v. S. sind (1) die An- oder Abwesenheit des Zielreizes, (2) die Anzahl der irrelevanten Reize bzw. Distraktoren (sog. *display size* oder *set size*), (3) die Eigenschaften der Distraktoren (z. B. homo- oder heterogen) sowie (4) das Suchkriterium (Merkmals- oder Konjunktionssuche). Die abhängige Variable ist die Reaktionszeit bis zur Entscheidung, wobei meist die Steigung der S.funktion (Reaktionszeit als Funktion der *display size*) analysiert wird. Bei der Merkmalssuche sind die S.funktionen i. d. R. recht flach; man spricht von *effizienter Suche*, die wenig Aufmerksamkeit benötigt. Bei der Merkmalssuche mit homogenen Distraktoren springt der Zielreiz oft förmlich ins Auge (*Pop-out-Effekt*). Bei der Konjunktionssuche steigen die Reaktionszeiten dagegen mit jedem zusätzlichen Reiz im Display um einen signifikanten Betrag an, hier wird von einem Aufmerksamkeit benötigenden (seriellen) S.prozess ausgegangen. Wichtige Theorien zur v. S. sind die Merkmalsintegrationstheorie (*feature-integration theory*) und die Theorie der geführten S. (*guided-search theory*). *Wahrnehmung, präattentive*. Wolfe 1998. *P. Wühr*

visuelle Wahrnehmung (= v. W.) [engl. *visual perception*; *videre* sehen], [**WA**], ist die Aufnahme und Ermittlung von Umweltinformationen mithilfe der Augen. Physikalischer Reiz ist dabei das in das Auge eintretende sichtbare Licht, aus dem der dioptrische Apparat (Hornhaut, Linse, Glaskörper) ein retinales Bild erzeugt. Die sensorische *Transduktion* in den Rezeptorzellen der Retina (*Netzhaut*; *Fotorezeptoren*) überführt den Reiz in ein neuronales Erregungsmuster, wobei bei Tageslicht die drei Zapfentypen (mit Absorptionsmaxima im kurz-, mittel-, bzw. langwelligen Bereich; *Farbmechanismen*) aktiv sind (*fotopisches Sehen*), während bei geringer Lichtstärke (mondlose Nacht) das Sehen von den Stäbchen (Absorptionsmaximum im mittelwelligen Bereich) vermittelt wird (*skotopisches Sehen*). Weitere Schritte sind die präattentive Verarbeitung der neuronalen Erregungsmuster durch Nachbarschaftsoperationen wie *laterale Hemmung* und einfache *rezeptive Felder*, aufmerksamkeitsabhängige Verarbeitungsschritte und *Mustererkennung*soperationen sowie ggf. die Bildung einer eigentlichen Wahrnehmung (Perzept), d. h. eines berichtbaren mentalen Zustandes. Zumindest die späteren Schritte sind eng mit *Gedächtnis*- und Denkprozessen (*Denken*) wie z. B. der Vorstellung eines Objektes oder der Antizipation einer visuell kontrollierten Handlung verbunden.

Das auf der Retina auftreffende Licht (*Intensität*, Watt pro m^2) enthält zunächst nur Informationen über Beleuchtungsquellen, über die Reflexionseigenschaften von Oberflächen sowie über die Streuung in Umweltmedien. Als Bild bezeichnet man die räumliche oder raumzeitliche Verteilung solcher Informationen, aus der eine Vielzahl von W.qualitäten erzeugt wird. Dies sind zunächst die sog. *Early-Vision*-Qualitäten, nämlich Kontrast als Verhältnis von lokaler Intensitätsdifferenz zur Hintergrundsintensität, Orientierung und Körnigkeit von Kanten (Ortsfrequenzgehalt i. S. einer zweidimensionalen Fourier-Transformation (*Fourier-Analyse*) des Bildes), lokale Bewegung, räumliche Tiefe und Farbe; weiterhin die Einteilung des Bildes in Regionen, die Oberflächen in der Umwelt entsprechen (Segmentierung), und damit verbunden Figur-Grund-Unterscheidung (*Figur-Grund-Verhältnis*), Tiefenreihenfolge von Flächen (insb. durch Verdeckung) sowie generell die W.organisation. Am Ende stehen Erkennungsleistungen für Objekte, Orte und Gesichter sowie Kontrollleistungen wie Hindernisvermeidung oder *Auge-Hand-Koordination*. Insbes. die letztgenannte Dichotomie wird in Zusammenhang mit der Aufspaltung der höheren visuellen Verarbeitungswege in einen ventralen, in den Temporallappen verlaufenden Pfad für Erkennungsleistungen und einen dorsalen, in den Parietallappen zielenden Pfad für räumliche und verhaltensnahe Aufgaben gebracht (*dorsaler Pfad*, *ventraler Pfad*).

Theorien der v. W. sind seit den 1980er Jahren stark durch die Wechselwirkung mit der technischen Bildverarbeitung (*computer vision*) geprägt. Dabei wurde insbes. das auf Hermann von Helmholtz zurückgehende Konzept der impliziten Schlüsse algorithmisch konkretisiert. Als Ergebnis des Sehprozesses rückten Erkennungsleistungen sowie generell der Aufbau einer Repräsentation der Umwelt in den Vordergrund. So definiert David Marr: «Vision is knowing what is where by looking.» Der damit verbundene konstruktivistische Grundansatz wurde durch die Überlegung gestützt, dass die visuell aufgenommene Information oft nicht zum Aufbau der Repräsentation ausreicht, sodass Vorannahmen einfließen müssen. Stat. Formulierungen solcher Vorannahmen und ihrer Integration mit aktuellen sensorischen Eingängen über die Bayes-Formel bilden einen wichtigen Teil der modernen Sehforschung. In der Diskussion mit der verhaltensorientierten Robotik kommen in neuerer Zeit auch die Kontrollaspekte wieder stärker zur Geltung, die im sog. ökologischen Ansatz der W.forschung (James J. Gibson) bereits angelegt waren.

Sehen ist der im Tierreich am weitesten verbreitete Fernsinn, wobei die Primärprozesse der Fototransduktion anscheinend bei allen Augen homolog sind. Augen mit hoch entwickeltem dioptrischem Apparat findet man bereits bei Würfelquallen; bei Arthropoden, Mollusken und Wirbeltieren sind sie die Regel. Für den Anpassungswert wichtige Sehleistungen sind Schreckreaktionen (insbes. Bewegungssehen), Partnerwahl, Futtersuche etwa anhand der Farben von Früchten und Blüten sowie Figur-Grund-Unterscheidung zur Erkennung von Räubern bzw. Beute. Insbes. in den beiden letzten Bereichen finden ausgeprägte Koevolutionsprozesse etwa von Fruchtfärbungen und dem Farbensehen der Primaten oder zw. Tarnungs- und Entdeckungsmechanismen statt. Goldstein 2007, Karnath & Thier 2012. H. A. Mallot

visuell-räumliche Belastung [engl. *visual-spatial load*], *Modalitätseffekt*.

visuell-räumliche Leistungen, Störungen [engl. *disorders of visual-spatial capability*], [**BIO, KOG, WA**], Beeinträchtigungen räumlicher Verarbeitungsleistungen (*Raumwahrnehmung*) sind eine häufige Folge von Hirnfunktionsstörungen unterschiedlichster Genese. Sie treten bei rechtshemisphärisch geschädigten Personen häufiger auf als bei linkshemisphärisch geschädigten und sind mit Problemen der Alltagspraxis (z. B. Ankleiden, Transfer, Uhrenlesen, Schreiben und Zeichnen) verbunden. Man unterscheidet *räumlich-perzeptive* (Fähigkeiten, visuell-räumliche Aspekte eines Objektes wie Entfernung, Größe, Position, Neigungsgrad, Orientierung zu anderen Objekten und zur Position eines Betrachters einschätzen zu können), *räumlich-kogn.* (Fähigkeiten, die kogn. Verarbeitungsprozesse wie Transformationsleistungen oder mentale Rotation erfordern), *räumlich-konstruktive* (Fähigkeiten, einzelne Elemente einer Figur unter visueller oder taktiler Kontrolle zu Zielkonfigurationen zus.zufügen oder solche Konfigurationen insges. zu konstruieren) und *räumlich-topografische* (Fähigkeiten zur realen oder vorgestellten Orientierung und zur Navigation im dreidimensionalen Raum; *topografische Agnosie*) Leistungen. *visuelle Agnosie*. S. Lautenbacher

visuell-räumlicher Notizblock [engl. *visuo-spatial scratch/sketch pad*], *Arbeitsgedächtnis*.

viszerales Nervensystem [engl. *visceral nervous system*; lat. *viscera* Bauch, Eingeweide], *vegetatives Nervensystem*, *autonomes Nervensystem*.

Viszerozeption [engl. *visceroception*; lat. *viscera* Bauch, Eingeweide, *capere* erfassen], *Interozeption*., *Rezeptor*.

Vitalismus (= V.) [engl. *vitalism*], [**HIS, PHI**], die phil.-biol. Lehre, dass eine besondere, nicht erklärbare Lebenskraft [lat. *vis vitalis*] alle Lebenserscheinungen entscheidend erhält und beeinflusst. Der V. erwies sich als hemmend für die Entwicklung der modernen Naturwissenschaft, da er die kausale Erklärung und Ableitung der Naturvorgänge erschwerte. Dennoch konnte der V. nicht gänzlich überwunden werden.

Vitamine (= V.) [engl. *vitamine*; lat. *vita* Leben], [**BIO**], heterogene Gruppe von organischen Verbindungen, die der Mensch für die Aufrechterhaltung lebenswichtiger Funktionen benötigt, aber nicht selbst synthetisieren kann und daher mit der Nahrung zu sich nehmen muss. V. werden in fett- (Vitamine A, D, E, K) und wasserlösliche V. (Vitamine B und C) eingeteilt. Heute werden die folg. V. unterschieden: Vitamin A (Retinol), Vitamin B1 (Thiamin), Vitamin B2 (Riboflavin), Vitamin B3 (Niacin), Vitamin B5 (Pantothensäure), Vitamin B6 (Pyridoxin), Vitamin B7 (Biotin), Vitamin B9 (Folsäure), Vitamin B12 (Cobalamin), Vitamin C (Ascorbinsäure), Vitamin D (Calcitriol), Vitamin E (Tocopherol), Vitamin K (Phyllochinon, Menachinon). G. Gründer

v. Kries'sche Zonentheorie [engl. *Kries theory of colour vision*], [**BIO, WA**], um eine Synthese der Dreikomponententheorie des Farbensehens (Helmholtz) und der Gegenfarbentheorie (Hering) bemühte sich J. v. Kries (1905). Die zw. *Netzhaut* und Sehsphäre liegenden Einrichtungen bestehen aus mehreren, in ihrer Funktionsweise versch. Zonen. Die Vorgänge in der Netzhaut (peripherer Farbensinn) seien durch die Helmholtz'sche, die in den höheren Zentren (terminaler Farbensinn) durch die Hering'sche Theorie darstellbar. Physiologische Befunde legen die Zonentheorie nahe. Danach wären die fotochemischen Prozesse in den Rezeptoren (Brown & Wald 1964) entspr. der Dreikomponententheorie, die antagonistischen neuralen Prozesse nach der ersten Synapse in Retina und Gehirn entspr. der Gegenfarbentheorie zu deuten. V. Kries'sche *Duplizitätstheorie. Farbwahrnehmung.* Jung & Kornhuber 1961, Goldstein 2007.

VNS-Pharmaka (= V.) [gr. φάρμακον *(pharmakon)* Heilmittel], [**PHA**], Substanzen mit Wirkung auf das vegetative *Nervensystem*; i. e. S. Stoffe, die die Erregungsübertragung auf die Endorgane des VNS beeinflussen. Dem Wirkungsansatz nach können Sympathikus- und Parasympathikusstoffe unterschieden werden. Nach der Wirkungsrichtung sind -mimetika bzw. -lytika zu unterscheiden. *Sympathikomimetika* (Adrenergika) mit direkter Wirkung auf α- und β-Rezeptoren (*Adreno(re)zeptor-Agonisten*) sind *Adrenalin*, *Noradrenalin*, *Isoproterenol*, Oriciprenalin; indirekte sind die *Amphetamine*, die hauptsächlich eine verstärkte Freisetzung von Noradrenalin an den postganglionären sympathischen Nervenfasern bewirken. *Sympathikolytika* (Adrenolytika) sind α-Rezeptorenblocker wie Phenoxybenzamin und β-Rezeptorenblocker wie *Propanolol* und Oxprenolol. Parasympathikomimetika sind *Carbachol*, *Pilocarpin*, *Arecolin* und *Muskarin* als direkt auf die muskarinischen Acetylcholinrezeptoren wirkende Substanzen; zu den indirekten gehören *Cholinesterasehemmer*, v. a. *Physostigmin*. Wichtige Parasympatikolytika, die *Acetylcholin* an muskarinischen Rezeptoren verdrängen, sind *Belladonna-Alkaloide* wie *Atropin*, *Scopolamin*, Papaverin und Verwandte. Die meisten V. haben psych. Wirkkomponenten, die teils über direkte, teils über indirekte Wirkungen auf das ZNS erklärbar sind. Sie spielen wegen der engen Verknüpfung zw. *Emotionen* und vegetativen Reaktionen eine wichtige Rolle als Werkzeuge in der physiol.-psychol. Emotionsforschung. Aktories et al. 2005, Erdmann 1986.
G. Erdmann/W. Janke

Vokal [engl. *vowel*; lat. *vocalis* tönend, klangvoll], *Laut*.

Volition (= V.) [engl. *volition* Wille; lat. *velle* wollen], [**EM**], V. bezieht sich auf das erfolgreiche Streben nach gesetzten Zielen (*Ziele*). Somit steht bei der V. die Frage im Vordergrund, wie die Umsetzung eines bereits gesetzten Ziels am besten reguliert wird – z. B. indem man sich nicht ablenken lässt. Insofern geht es hier um Prozesse und Phänomene, die mit der konkreten Realisierung von Zielen im Handeln (*Handlung*) zu tun haben. Bspw. werden hier Fragen gestellt, wann, wo und auf welche Art und Weise das Verfolgen eines Zieles angegangen werden soll. Somit geht es um das *Planen* des Erreichens von Zielen (*intentionstheoretischer Ansatz*). Volitionale Prozesse spielen somit eine wichtige Rolle in dem Moment, in dem man auf der konkreten Handlungsebene damit beginnt, gesetzte Ziele in die Tat umzusetzen. Sobald man Handlungen durchführt, die einen näher an das Ziel heranbringen sollen, spielen volitionale Strategien eine zentrale Rolle (z. B. weiterhin am Ziel festzuhalten, obwohl erste Hindernisse auftauchen). Volitionale Prozesse werden in der präaktionalen und in der aktionalen Handlungsphase des Rubikonmodells (*Rubikonmodell der Handlungsphasen*) beschrieben. *Motivation*. Achtziger & Gollwitzer 2010, Gollwitzer 2012.
A. Achtziger/P. M. Gollwitzer

Volitionspsychologie [engl. *psychology of volition*], *Volition*, *Wille*, *Wollen*.

Volkelt, Hans (1886–1964), [**HIS, PER**], war der Sohn des Philosophen Johannes Volkelt (1848–1930). Hans Volkelts Sohn Peter Volkelt (1914–2002) war Prof. für Kunstgeschichte. Hans Volkelt studierte Ps., Physik, Chemie und Mathematik in Leipzig, Jena, Tübingen und München. Er promovierte 1912 bei *Wundt* und war danach Mitarbeiter von *Krueger* in Halle und Leipzig. 1921 habilitierte sich Volkelt in Leipzig für Philosophie, war 1922–1930 Assistent in Leipzig, 1926 a. o. Prof. für Philosophie und Pädagogik, ab 1930 a. o. Prof. für Kindes- und Päd. Ps., 1933–1936 Kommissarischer Direktor des Pädagogischen Instituts und 1939–1945 Direktor des neu gegründeten Psychol.-Päd. Instituts der Universität Leipzig. Volkelt war seit 1932 Mitglied der NSDAP, wurde 1945 entlassen und interniert, er lebte später in Süddeutschland. Volkelt gehörte der Zweiten *Leipziger Schule* an, vertrat die (Genetische) *Ganzheitspsychologie*, über die er umfassend – teils gemeinsam mit *Sander* – publizierte. H. E. Lück

Völkerpsychologie, Ethnopsychologie (= V.) [engl. *Volkerpsychologie, culturally-sensitive approach to psychology, ethnopsychology*; gr. ἔθνος *(ethnos)* Volk], [**HIS, SOZ**], die mit den ps. Aspekten und Befunden der Völkerkunde (*Ethnologie* = vergleichende, *Ethnografie* = beschreibende Völkerkunde) befasste Ps. Von Lazarus und Steinthal 1860 definiert als «Wissenschaft vom Volksgeist, d. h., Lehre von den Elementen und Gesetzen des geistigen Völkerlebens». Ihr «Gegenstand sollen alle gesellschaftlichen Formen sein, die innerhalb der Volksgemeinschaft bestehenden sowie die über das Volksganze hinaus greifenden Beziehungen». V. ist alles, «was im Leben der menschlichen Gemeinschaft geistiger Natur ist». Elemente des Volksgeistes sind: *Sprache*, Mythologie, Religion, *Kultur*, Folklore, Schrift, Kunst und das praktische Leben mit der Entwicklung von Sitte, *Moral* und Recht. Wesen des Volksgeistes ist ein gleiches *Bewusstsein* vieler mit dem Bewusstsein dieser Gleichheit, entstanden durch gleiche Abstammung und örtliche Nähe; «das, was zur Summe der Individuen noch hinzukommen muss, um aus der Vielheit eine Einheit zu machen», «das allen einzelnen Gemeinsame der inneren Tätigkeit». Die Annahme eines Volksgeistes fußt wissenschaftshistorisch auf der Verbindung mit Hegels Geschichtsphilosophie («objektiver Geist») mit Herbarts Analogie zw. dem Einzelbewusstsein und der Gesellschaft. 1900 weist Wundt der V. die Aufgabe einer Untersuchung der an das Zusammenleben der Menschen gebundenen ps. Vorgänge zu, «die der allg. Entwicklung menschlicher Gemeinschaften und der Entstehung gemeinsamer geistiger Erzeugnisse von allg. gültigem Wert zugrunde liegen». Ist bei Lazarus und Steinthal der Volksgeist noch ein selbstständiges psychol. Subjekt (d. h., die als Individualität gedachten gemeinsamen Lebens- und Kulturäußerungen eines Volkes, wie sie sich zugleich als innere Notwendigkeit und bestimmte Strukturform erweisen), so wird die Wundt'sche Volksseele zum Inbegriff der Wechselwirkung zw. den Einzelnen. Die kollektiv-psych. Erscheinungen stellen etwas Neues und Eigenartiges dar: Wundts Prinzip der *schöpferischen Synthese*. Seine V. ist somit keine vergleichende *Charakterologie* der Völker, sondern nach unseren Begriffen *Kulturanthropologie*. 1938 hat Hellpach *Volk* als Naturtatsache, als geistige Gestalt und als Willensschöpfung gefasst. Auch die biol. Grundlagen des Völkerlebens, die Eingriffe schöpferischer Individuen und die Schicksale moderner Kulturvölker werden zum Unterschied von Wundt behandelt. Bedeutende Beiträge zur V. aufgrund empir. Untersuchungen haben in Europa die Ethnologen und Soziologen R. Thurnwald und L. Levy-Bruhl, in Amerika die Kulturanthropologen F. Boas, M. Mead und R. Benedict geleistet. Über Ergebnisse und Methoden der die ältere V. ersetzenden interkult. Forschung (*cross cultural research, kulturvergleichende Psychologie*) berichten z. B. Whiting 1968 und Lambert & Weisbrod 1972. Hellpach 1938, 1954.

Volkshochschule, [**PÄD**], traditionell verankerte öffentlich-rechtliche Institution der *Erwachsenenbildung* in Dt., verwaltet auf kommunaler Ebene. Informationen erhältlich beim Bundesverband der Volkshochschulen in Dt. unter http://dvv.vhs-bildungsnetz.de. *Aus- und Fortbildung, Weiterbildung.* M. Heinecke-Müller
Vollzugswirklichkeit *symbolischer Interaktionismus.*

Voluntarismus (= V.) [engl. *voluntarism*; lat. *voluntas* Wille], [**EM, PHI**], Lehre von der Bedeutung des Willens. *Wundt* entwickelte eine theoretische Konzeption der Willenstätigkeit (*Willenshandlungen*) und deren psych. Verbindung mit Sinneseindrücken, Gefühlen, Affekten und Vorstellungen zur Einleitung einer *Handlung* (*Apperzeption*). Von den aktiven und schöpferisch-synthetischen Apperzeptionsprozessen des Bewusstseins ausgehend sieht Wundt die einheitsstiftende Funktion in den Willensvorgängen und bewussten Zwecksetzungen der Handlungen. Auf der Grundlage seiner empirischen Ps. entwickelte er einen ps. V. und erweiterte diesen später zu einem metaphysischen V. (ähnlich Gottfried Wilhelm Leibniz). Wundt hält allerdings daran fest, dass seine empirische Ps. unabhängig von den versch. Lehren der Metaphysik (u. a. Arthur Schopenhauers V.) entstanden sei. J. Fahrenberg
Test Volunteer Functions Inventory *Freiwilligenarbeit.*
volunteering [engl.] *Freiwilligenarbeit.*
Vorbewusstes (= V.) [engl. *preconscious*], [**KLI, KOG**], (1) bei Freud (*Psychoanalyse*) das, was dem akt. *Bewusstsein* entgeht, ohne unbewusst (*Unbewusstes*) zu sein. Das V. bez. bei Freud ein System, das von dem System unbewusst durch die Zensur (*Zensor*) getrennt ist, die es auch den unbewussten Inhalten und Vorgängen nicht erlaubt, ohne vorherige Umwandlungen ins V. zu gelangen. (2) die Gesamtheit der latenten, reproduzierbaren *Gedächtnis*inhalte.
Vorgetäuschte Störung (= V. S.), [**KLI**], im *DSM*-IV als Übersetzung von *factitious disorder* verwendeter Begriff, der missverständlich ist, da im Dt. im korrekten Sprachsinn die *Simulation* eine V. S. darstellt, als adäquate Übersetzung jedoch *Artifizielle Störung* oder *selbst manipulierte Krankheit* verwendet werden sollte. Entspr. wird in der *ICD-10* auch der Begriff der artifiziellen S. verwandt.
T. Merten
Vorhersage *Prognose.*
Vorlust (= V.), [**EM, KLI**], die Lust der Erwartung, z. B. auf Bedürfnisbefriedigung. V. kann ggf. die Lust der Realität übertreffen. Bei Freud Charakteristikum für das sex. Vorspiel und den Koitus selbst als V. gegenüber der Befriedigung im Orgasmus.
Vorperiodeneffekt *Aufmerksamkeit, zeitliche.*
Vorruhestand, Akzeptanz [engl. *early retirement, acceptance*], [**AO, EW**], während sich Ende der 1960er- und Anfang der 1970er-Jahre viele Vorruheständler noch gesellschaftlich ausgegrenzt fühlten und nicht selten das Gefühl hatten, der Gesellschaft zur Last zu fallen, ist heute ein «neues Ruhestandsbewusstsein» erkennbar: Ein vorzeitiger Ruhestand wird nicht nur i. Allg. akzeptiert, sondern häufig ausdrücklich begrüßt und – wo vor dem Hintergrund der veränderten Gesetzeslage noch möglich – angestrebt. Generell ist festzustellen, dass es «die» Älteren zw. 55 und 64 Jahren nicht gibt. Die Angehörigen dieser Altersgruppe unterscheiden sich sowohl in ihren Beschäftigungsmöglichkeiten als auch in ihren Erwartungen und Zielsetzungen erheblich. Während einige bis zum 65. Lebensjahr und möglicherweise auch darüber hinaus arbeiten können und wollen, sind andere dazu infolge von

fehlenden Qualifikationen, beeinträchtigtem Gesundheitszustand (*Gesundheit*, *Krankheit*, *Behinderung*) oder Arbeitsbedingungen und Arbeitsplatzangebot nicht in der Lage. Wiederum andere könnten durchaus länger arbeiten, ziehen aber aus unterschiedlichen Gründen einen früheren Ausstieg vor. Auch in Zukunft werden viele ältere Beschäftigte vorzeitig aus dem Erwerbsleben ausscheiden wollen: Erstens ist ein subj. sinnerfülltes Leben heute im Vergleich zu früher weniger eng an Arbeit gebunden, Familien- und Freizeitorientierung älterer Beschäftigter haben im Vergleich zur Arbeitsorientierung an Bedeutung gewonnen. Zweitens ist ein erheblicher Teil infolge gestiegener Einkommen und Vermögen in der Lage, Rentenabschläge in Kauf zu nehmen. Hier wirken sich Erbschaften ebenso aus wie die mit steigender Frauenerwerbsquote angestiegene Anzahl an Haushalten mit zwei Einkommen. Drittens spiegeln indiv. Verrentungsentscheidungen auch den Wunsch oder die Notwendigkeit wider, in anderen Rollen und Lebensbezügen (Kinderbetreuung, Pflege, Ehrenamt) Verantwortung zu übernehmen. Viertens werden zukünftige Kohorten älterer Arbeitnehmer, insbes. die höher Qualifizierten unter ihnen, möglicherweise auch höhere Anforderungen an Arbeitsinhalte und Arbeitsbedingungen stellen. Und es kommt hinzu: Zukünftig wird ein nicht kleiner Teil nach wie vor infolge von gesundheitlichen Einschränkungen, fehlenden Qualifikationen oder einem Mangel an geeigneten Arbeitsplätzen aus dem Erwerbsleben ausscheiden müssen (BMFSFJ 2006). *Psychologie des Alterns*, *Ruhestand*, *Anpassung an*. A. Kruse

Vorsatz (= V.) [engl. *intention*], [**EM, RF**], die auf einem Willensentschluss (*Wille*) beruhende feste Absicht (*Intention*) zur Ausführung einer best. *Handlung*. Mit dem V. ist eine Zielvorstellung gegeben, die i. S. einer *determinierenden Tendenz* wirkt.

Vorschlagswesen [engl. *(employee) suggestion system/scheme*], [**AO**], Bemühungen der Betriebsführung, die Betriebsangehörigen zu organisatorischen, technischen, personellen, sicherheitlichen usw. Verbesserungen anzuregen und Vorschläge je nach ihrer Brauchbarkeit zu belohnen. *Organisationsentwicklung*, *Qualitätssicherung*.

Vorschulerziehung (= V.) [engl. *early childhood education*], [**EW, PÄD**], die V. bezieht sich auf die gesamte Altersspanne von der Geburt bis zum Eintritt in die Grundschule (*Elementarbereich*, *Elementarpädagogik*). V. umfasst die Betreuung, *Bildung* und *Erziehung* von kleinen Kindern zu Hause bei ihren Eltern sowie die versch. Formen nicht elterlicher und außerfamilialer Betreuungsformen (*vorschulische Betreuungsformen*) z.B. durch Verwandte, Nachbarn, Tagesmütter oder Kindertageseinrichtungen. Institutionelle V. findet z.B. in Krippen (halb- oder ganztägige Betreuungsform für Kinder unter drei Jahren) und Kindergärten (halb- oder ganztägige Betreuungsform für Kinder ab etwa drei Jahren bis zum Schulbeginn) sowie in Mischformen (z.B. Institutionen für Kinder von 0 Jahren bis Schulbeginn, oft als Kindertagesstätte bezeichnet) statt. V. bezieht sich auf die soz., emot., körperliche und geistig-kogn. Entwicklung (*Entwicklung, soziale*, *Entwicklung, kognitive*) der Kinder und schließt die Vermittlung orientierender Werte und Regeln ein. Angestoßen durch den «PISA-Schock» (*PISA-Studien*) im Jahre 2001 und neuere entwicklungspsychol. und päd.-psychol. Erkenntnisse werden Reformen diskutiert, die die frühe, bereits vor der Schulzeit einsetzende Bildung erneut stärker betonen als noch im letzten Jahrhundert. Entwicklungspsychol. und päd.-psychol. Forschungsergebnisse betonen die Bedeutung des (frühen) Vorwissens bzw. der früheren *Kompetenzen* und legen daher nahe, bereits im Elementarbereich stärker als bisher bereichsspezifisch zu fördern und kindliche Kompetenzen gezielt in spezif. Bildungsbereichen anzuregen. Diese Forderung spiegelt sich auch in den neu eingeführten Bildungs- und Erziehungsplänen (*Bildungsplanung*) für den Elementarbereich wider, die sich als verbindliche Orientierungshilfen für die Praxis verstehen und grundsätzlich offen für Anpassungen an die spezif. Gegebenheiten einer Einrichtung sind. Diese sollen fachlich-inhaltliche Anregungen geben und eine fachlich-inhaltliche Beliebigkeit der V. reduzieren. Roßbach 2008, Roßbach & Grell 2012. H.-G. Roßbach/K. Kluczniok

vorschulische Betreuungsformen (= v.B.) [engl. *early childcare institutions*], [**PÄD**], v.B. umfassen versch. nicht elterliche bzw. außerfamiliale Angebote zur Betreuung, Bildung und Erziehung (*Vorschulerziehung*) von Kindern von der Geburt bis zum Schuleintritt sowie die Betreuung zu Hause. V.B. sollen zur Vereinbarung von Familie und Erwerbstätigkeit beitragen, kindliche Kompetenzen fördern und soziale Ungleichheiten frühzeitig kompensieren. Nicht elterliche bzw. außerfamiliale Betreuung wird von klassischen Institutionen wie Krippen oder Kindergärten sowie Tagesmüttern, Verwandten oder Nachbarn übernommen. Krippen und Kindergärten gehören rechtlich zum Kinder- und Jugendhilfebereich, der durch das Kinder- und Jugendhilfegesetz (KJHG) von 1990 geregelt wird. Krippen sind Einrichtungen spez. für Kinder unter drei Jahren (halb- oder ganztägige Betreuungsform). Kindergärten nehmen Kinder ab etwa drei Jahren bis zum Schulbeginn in altersheterogen zus.gesetzten Gruppen auf (halb- oder ganztägige Betreuungsform). Aufgrund einer zunehmenden Aufweichung dieser strikten Altersgrenzen wird als Oberbegriff für versch. v.B. von Kindertagesstätten gesprochen. Diese sind Institutionen für Kinder mit einer größeren Altersmischung z.B. von null Jahren bis Schulbeginn. Daneben existiert als familienähnlichste Betreuungsform die Kindertagespflege. Diese ergänzt das klassische Betreuungsangebot und zeichnet sich durch flexible Betreuungszeiten sowie indiv. und intensive Betreuungsmöglichkeiten durch eine feste Bezugsperson (Tagesmutter bzw. Tagesvater) aus. Gesetzlich verankert ist diese im Tagesbetreuungsausbaugesetz (TAG) von 2005, das auf den qualitätsorientierten und bedarfsgerechten Ausbau der Kinderbetreuung abzielt und die Kindertagespflege zu einer gleichrangigen Alternative neben anderen Betreuungsmöglichkeiten entwickeln will. Darüber hinaus wird im Gesetz zur Weiterentwicklung der Kinder- und Jugendhilfe (KICK) von 2005 geregelt, dass für Tagespflegepersonen eine behördliche Erlaubnis sowie Eignung erforderlich sind. *Kinderbetreu-*

ung, Struktur-, Prozess- und Orientierungsqualität. Roßbach & Grell 2012. *K. Kluczniok*

Vorsorgeverhalten (= V.) [engl. *precautionary health behavior*], [**GES**], bez. alle Verhaltensweisen (*Verhalten*), die gezeigt werden, um die *Gesundheit* zu schützen und zu erhalten. Dazu zählen u. a. körperliche Aktivität, adäquate Ernährung (*Ernährung, gesundheitsförderliche*), Impfungen, Inanspruchnahme von Früherkennungsmaßnahmen. Häufig werden die Begriffe *Gesundheitsverhalten* und *V*. syn. gebraucht. *Prävention*.

Vorspiegelungstheorie [engl. *theory of make-believe*], *Ironie*.

Vorstellung (= V.) [engl. *belief, idea, imagination*], [**KOG**], geistige *Repräsentation*. Entspr. den einzelnen Sinnesgebieten gibt es visuelle, auditive, taktile, Geruchs-, Geschmacksv. usw. Die V. sind undeutlicher, «blasser» als die Wahrnehmungen. Den V. kommt im gesamten psych. Geschehen größte Bedeutung zu, z. B. bei Denkvorgängen. Man unterscheidet Erinnerungsv., die unmittelbar auf frühere Wahrnehmungen zurückgehen, und Fantasiev., die in Neukombinationen von Erinnerungsv. bestehen. *Assoziation*, *Gedächtnis, Repräsentation, ikonische, imagery*.

Vorstellung, bildhafte (= b. V.) [engl. *pictorial imagination, visual mental imagery*], [**KOG**], Menschen berichten oft, dass sie sich etwas «vor dem inneren *Auge*» vorstellen (*Vorstellung*), wenn sie sich an etwas erinnern (*Erinnerung, Gedächtnis*) oder Probleme lösen (*Problemlösen*). Die Erinnerung erscheint dann fast so lebendig und anschaulich wie eine tatsächliche *visuelle Wahrnehmung*. Beim Problemlösen sollen solche bildhaften Vorstellungen verwendet werden, um Alternativen zu durchdenken und sich «auszumalen», was unter best. Bedingungen der Fall sein könnte. Die kognitionspsychol. Forschung hat dieses subj. *Erleben* zum Forschungsgenstand gemacht und untersucht, ob derartige b. V. in kogn. Prozessen kausal wirksam sind. Dazu gibt es drei Grundauffassungen: In der *visual mental imagery theory* noch Kosslyn wird angenommen, dass b. V. nicht nur subj. erlebt werden, sondern auch eine spez. Art der mentalen *Repräsentation* darstellen. B. V. sind demnach Repräsentationen, die nicht nur die *Bedeutung* wahrgenommener Sachverhalte repräsentieren, sondern auch deren oberflächliches Erscheinungsbild. B. V. ähneln deshalb mentalen Repräsentationen, die direkt durch die Stimulation der Retina durch einfallendes Licht hervorgerufen werden. B. V. repräsentieren damit Farben (*Farbe*), Formen, Texturen von Objekten sowie deren räumliche Beziehungen und Distanzen. Sie können abgesucht und vor dem «inneren Auge» manipuliert werden wie tatsächliche Wahrnehmungen. Laut der *mental imagery theory* basieren b. V. darauf, das visuelle Hirnareale (insbes. der primäre visuelle Kortex, *Gehirn*) nicht nur durch die tatsächliche Wahrnehmung aktiviert werden (*Bottom-up-Verarbeitung*), sondern auch durch den *Abruf* visueller Information aus dem Langzeitgedächtnis (*top-down-Verarbeitung*) aktiviert werden können. Die *propositionale Theorie des bildhaften Vorstellens* von Pylyshyn und anderen bestreitet das subj. Erleben anschaulicher Denkprozesse (*Denken*) nicht, aber nimmt an, dass diese Vorstellungen in kogn. Prozes-

sen nicht genutzt werden. Geistige Prozesse beruhen demnach auf einer universellen Sprache des Geistes (*language of thought, Geist*), in der zwar die Bedeutung wahrgenommener Sachverhalte repräsentiert wird, jedoch nicht ihre oberflächlichen perzeptuellen Merkmale (*Perzeption*). Die Grundlage dieser Repräsentationen sind Propositionen, also die kleinsten bedeutungstragenden Einheiten, denen ein Wahrheitswert (wahr, falsch) zugewiesen werden kann. Mit diesen Propositionen wird die Bedeutung des Repräsentierten «beschrieben». B. V. sind demnach nur ein Epiphänomen, aber für das Erinnern und Denken irrelevant. Im sog. *imagery debate* wurden die empirische *Evidenz* und die theoretischen Implikationen der *visual mental imagery theory* und der propositionalen Theorie des bildhaften Vorstellens diskutiert. Eine dritte Position zur Rolle b. V. beim Denken ist die *space to reason theory*. Anschauliches Denken beruht demnach auf abstrakten räumlichen Repräsentationen und visuellen Vorstellungen. Die räumlichen Repräsentationen sind *spatial layout models*, mit denen nur die räumlichen Relationen zw. Objekte und Sachverhalten repräsentiert werden. Auch Relationen, die an sich nicht räumlich sind, werden räumlich repräsentiert und verarbeitet. Solche *spatial layout models* sind die Grundlage vieler Denk- und Problemlöseprozesse. Sie werden jedoch durch b. V. begleitet, die allerdings im kogn. Prozess selbst nicht kausal wirksam sind. In vielen Fällen können b. V. den Denkprozess sogar beeinträchtigen, weil sie mit dem relevanten räumlichen Inferenzprozessen interferieren (*Interferenz*). *anschauliches Denken*. Knauff 2013, Thomas 2013. *M. Knauff*

Vorstellungsgespräche (= V.) [engl. *employment interview*], [**AO, DIA**], ist ein persönliches Gespräch zw. einem Stellenbewerber sowie wenigstens einem Repräsentanten des Unternehmens mit dem Ziel der Prognose zuvor definierter Kriterien beruflichen Erfolgs, wobei beide Seiten sich sowohl um ein zukünftiges Arbeitsverhältnis bemühen als auch hierüber entscheiden. Der Begriff wird vornehmlich nicht wiss. gebraucht und ist ein Synonym zu dem in der wiss. Ps. häufiger gebrauchten Begriff *Einstellungsinterview*. Neben der Analyse der Bewerbungsunterlagen ist das V. das am häufigsten zur Anwendung kommende Auswahlverfahren. Man unterscheidet zw. unstrukturierten und strukturierten V. Merkmale der Strukturiertheit sind: Def. der Anforderungsdimensionen; schriftliche Ausarbeitung der Fragen, die im Interview abgelesen werden; Vermeiden von Nachfragen; Bewertung der Antworten anhand von numerischen Ratingskalen mit Verhaltensankern; Berechnung eines Gesamtwerts für das Abschneiden im Interview durch Aufsummieren der Einzelratings. Eine Reihe dieser Gestaltungsmaßnahmen wurden in Interviewsystemen zus. gefasst, deren bekannteste Vertreter das *patterned behavior descriptive interview*, das *situative Interview* sowie das *multimodale Interview* sind. In strukturierter Form zählen V. zu den validesten Verfahren der Personalauswahl und Potenzialanalyse und haben auch inkrementelle Validität über *Intelligenztests* hinaus. Hingegen ist die Frage nach der Konstruktvalidität (*Einstellungsinterviews,*

Konstruktvalidität von) noch nicht abschließend geklärt. Neben der Selektionsentscheidung dienen V. auch dem persönlichen Kennenlernen, der Gewinnung qualifizierter Bewerber, der Ermittlung von Passung zum Team und zur Organisation sowie der Verhandlung über ein mögliches Arbeitsverhältnis. V. werden anforderungsanalytisch entwickelt, insbes. auf Basis von *critical incident workshops* (*critical incident technique*), *Interview, eignungsdiagnostisches*. Mussel 2007. *P. Mussel*

Vorstellungskraft [engl. *imaginativeness*], *Fantasie*.

Vortioxetin (= V.), **[PHA]**, V. ist seit Ende 2013 in der EU zugelassen und in Dt. seit Mai 2015 unter dem Handelsnamen Brintellix® (Firma Lundbeck) für die Behandlung von Erwachsenen mit einer *Major Depression* verfügbar. Der Wirkungsmechanismus von V. beinhaltet eine Hemmung des *Serotonin*-(5-HT)-Transporters und eine Modulation der *serotonergen* Rezeptoraktivität. Präklin. Daten zeigen, dass V. ein 5-HT3-, 5-HT7- und 5-HT1D-Rezeptorantagonist, ein partieller *Agonist* an 5-HT1B-Rezeptoren sowie ein 5-HT1A-Rezeptoragonist ist. Dadurch wird eine komplexe Modulation der Neurotransmission in versch. Systemen (Serotonin-, wahrscheinlich aber auch im Norepinephrin-, *Dopamin*-, *Histamin*-, *Acetylcholin*- sowie *GABA*ergen und glutamatergen System) angenommen. In Tierstudien wurden, neben antidepressiven und anxiolytischen Effekten, auch prokogn. Effekte gefunden. Brintellix® ist in Tabletten- und Tropfenform verfügbar. Die empfohlene Tagesdosis liegt bei 10 mg (Minimum: 5 mg, Maximum 20 mg). Es wird eine Behandlungsdauer von mind. 6 Monaten empfohlen. V. wird nach oraler Gabe langsam, aber gut resorbiert und erreicht innerhalb von 7 bis 11 Std. die max. *Plasmakonzentration*. Die mittlere *Eliminationshalbwertszeit* beträgt 66 Std. Die *Metabolisierung* erfolgt extensiv über die Leber, primär über CYP2D6 und in geringerem Ausmaß über CYP3A4/5 und CYP2C9. V. darf nicht mit Monoaminooxidase-Hemmern kombiniert werden. In der Fachinformation warnt der Hersteller vor dem Risiko des Auftretens von *Suizid*-Gedanken, selbstschädigendem Verhalten und suizidbezogenen Ereignissen sowie vor der Entstehung eines *Serotonin-Syndroms* oder eines *malignen neuroleptischen Syndroms*. Des Weiteren wird vor erhöhter Blutungsgefahr, insbes. bei gleichzeitiger Einnahme von Antikoagulanzien und nicht steroidalen Antirheumatika [NSAR] sowie vor der Entstehung einer Hyponatriämie gewarnt. Relevante Wechselwirkungen mit der Gefahr eines unkontrollierten Spiegelanstiegs sind bei gleichzeitiger Verabreichung von CYP2D6-Inhibitoren (z. B. *Bupropion*, Chinidin, *Fluoxetin*, *Paroxetin*) zu erwarten. Hingegen können Cytochrom-P450-Induktoren (z. B. Rifampicin, *Carbamazepin*, Phenytoin) zu einer erniedrigten Plasmakonzentration führen. V. zeigt ein relativ günstiges Nebenwirkungsprofil. Am häufigsten werden gastrointestinale Nebenwirkungen (z. B. Übelkeit, Diarrhö, Obstipation, Erbrechen) sowie verminderter Appetit, *Schwindel*, Pruritus, nächtliche Schweißausbrüche und Hitzegefühl beobachtet. Sexuelle Funktionsstörungen wurden lediglich bei der Einnahme der Höchstdosis (20 mg/d) beschrieben. Garnock-Jones 2014. *T. Veselinović*

Vorurteile (= V.) [engl. *prejudice*], **[SOZ]**, in der klassischen und bis heute am häufigsten zitierten Def. nach Allport (1954, S. 2) ist ein Vorurteil «eine Antipathie, die sich auf eine fehlerhafte und starre Verallgemeinerung gründet. Sie kann ausgedrückt oder auch nur gefühlt werden. Sie kann sich gegen eine Gruppe als ganze richten oder gegen ein Individuum, weil es Mitglied einer solchen *Gruppe* ist». Duckitt (1992) nennt vier Bestimmungsstücke von Vorurteilen: (1) Sie sind ein Intergruppenphänomen (Otten 2006, Kessler & Mummendey 2007, Stangor 2009). Diese Perspektive weicht von der individualistisch geprägten Perspektive in der Def. von Allport deutlich ab. (2) Es sind i. d. R. negative Orientierungen, wobei es durchaus pos. *Stereotype* und V. gibt. (3) Sie sind sozial geteilt, gleichzeitig aber nicht akzeptiert und sie sind (4) in den meisten Def.ansätzen extreme Formen von Einstellungen (*Einstellung*), denen eine vergleichbare affektive und kogn. Struktur zugeschrieben wird.

Historisierende Darstellungen der V.forschung (Dovidio et al. 2010, Duckitt 2010, Pettigrew 2010, Fiske et al. 2009) sehen zum einen Veränderungen im Theorienarsenal, in der Methodik zur Erfassung von Vorurteilen aber auch in den Forschungsinhalten. Die theoretischen Ansätze haben insofern eine Veränderung durchlaufen, als dass V. weniger als pathologische Erscheinungsformen, sondern als beinahe unvermeidbare Strukturmerkmale unserer Person von genereller Bedeutung sind. Mechanismen wie *illusorische Korrelationen* oder aber die automatische Aktivierung von V., wenn wir jemandem begegnen, dem gegenüber es in unserer Gesellschaft massive V. gibt, aber auch die generelle Zugehörigkeit einer Person zu einer Fremdgruppe setzen V. frei.

Die Theorie der *autoritären Persönlichkeit* in ihren neuen Varianten sieht *Autoritarismus* nicht mehr als patholog. Struktur, sondern als Gruppenphänomen und die Theorie der *sozialen Dominanz* macht strukturelle Merkmale der Gesellschaft und Persönlichkeitsmerkmale für die Entstehung und Konservierung, aber auch die Veränderung von V. verantwortlich. Neben dieser stärkeren Verknüpfung von V. mit Intergruppenbeziehungen gibt es einen weiteren Trend, der für die stärkere Einbeziehung neurowiss. Positionen plädiert. Zudem sollte stärker als bisher die Wirkung von V. auf die Betroffenen untersucht werden. *Stereotype Threat*, die Bedrohung der Minoritäten durch V. hat gravierende Konsequenzen für den Selbstwert und die Leistungsbereitschaft von Minoritäten.

Einen Überblick über die Erfassung von V. liefern Correll et al. (2010). Neben den sog. *direkten Maßen*, die fast ausschließlich Fragebögen beinhalten und zu denen auch ein Verfahren zählt, das von Pettigrew und Meertens (1995) eingeführt wird und in der Lage ist, neben den offensichtlichen (*blatant*) auch subtilere (*subtle*) Formen von Vorurteilen zu erfassen, gibt es seit einigen Jahren sog. *indirekte Verfahren*. Die bekannteste Verfahrensform sind die sog. Impliziten Assoziationstests (*Impliziter Assoziationstest (IAT)*), bei denen die Reaktionszeit als Indikator für die Ausprägung eines Vorurteils gewertet wird. Je schneller z. B. bei der Darbietung auf einem PC-Bildschirm eine

Minoritätengruppe mit einem Adjektiv per Tastenklick verbunden wird desto eindeutiger wird dieses Merkmal mit der Minorität verbunden. Die Veränderung der inhaltlichen Thematik (Nelson 2009, Dovidio et al. 2010) zeigt sich nicht zuletzt in Langzeitstudien und kulturvergleichenden Studien. Bspw. untersuchte die Studie des Bielefelder Instituts für interdisziplinäre Konflikt- und Gewaltforschung; Heitmeyer 2002-2012), in der über 10 Jahre von 2002 bis 2012 pro Jahr. 2000 Personen befragt wurden, insges. 12 Formen von Stereotypen und V.n, die das Syndrom der gruppenbezogenen Menschenfeindlichkeit ausmachen, wie z. B. Fremdenfeindlichkeit, Rassismus, Islamfeindlichkeit, Antisemitismus, Abwertung von Asylbewerber, Sexismus. Es zeigten sich für beinahe sämtliche V. und Stereotype höhere Werte für Personen mit geringem Einkommen und für Personen, die älter als 66 Jahren waren. Ab 2008 – dem Zeitpunkt der Finanzkrise – stiegen auch die Werte für Personen an, die ein höheres Einkommen (ab ca. 2600 Euro) haben.

Es gibt ein ganzes Arsenal an Strategien zur Änderung von V. (Brown 2010, Nelson 2009, Dovidio et al. 2010), wie z. B. Strategien persuasiver Kommunikation (inkl. Filme, Anzeigenspots, Appelle und gezielten Informationen; *Einstellungsänderung*), Lehr-Lernprogramme in mehrteiligen Unterrichtsprogrammen, Rollenspiele, um Perspektivenübernahme zu erlernen, Kontaktprogramme, Veränderung der sozioökonomischen Bedingungen, Änderung gesetzlicher Rahmenbedingungen und Soz. Protestbewegungen, um nur einige zu nennen. Einige der wirksamsten Interventionen sind Kontaktprogramme. Diese bereits von Allport (1954) propagierte Änderungsstrategie, als *Kontakthypothese* bezeichnet, hat sich durch die Ergebnisse einer großangelegten Metaanalyse von Pettigrew und Tropp (2006) haben mit 515 Studien aus 38 Nationen und insges. 250089 getesteten Personen vorgelegt bestätigt. Hierbei ergab sich eine mittlere Korrelation von $r = -.21$ zw. der Teilnahme an Kontaktprogrammen und dem Ausmaß an V.

Nach wie vor gelten als favorisierte inhaltliche Themenkomplexe der V.: *Gender*, *Age* and *Race*. Mit *Age* ist nicht nur das kalendarische Alter gekennzeichnet, sondern die durchaus ambivalente Klassifikation von Personen im höheren Erwachsenenalter. Die neg. Einschätzung älterer Arbeitnehmer, die pos. Beurteilung von Großmüttern und Großvätern sowie ehemaliger Politiker zeigt dann doch die Mehrdimensionlität dieses Vorurteils. *Race* ist schon lange kein Konzept der Sozialps. mehr und auch die immer noch sog. unterschiedlichen Formen des *Rassismus* meinen mehr denn je kulturale oder ethnische Unterschiede. Petersen & Six 2008, Sodhi & Bergius 1953. *B. Six*

Vorversuch [engl. *feasibility study*], **[FSE]**, ein Versuch, der der eigentlichen Untersuchung, die dann als Hauptversuch bezeichnet wird, vorausgeht und zur Überprüfung der Geeignetheit des exp. Aufbaus dient (erster Überblick über die zu erwartenden Ergebnisse bzw. über die Möglichkeit einer lohnenden größeren Untersuchung) oder den Zweck hat, die Vp mit der im Hauptversuch auszuführenden Tätigkeit vertraut zu machen bzw. ihre Eignung hierzu festzustellen. *Forschungsprozess.*

Vorwärtsplanung [engl. *forward planning*], *Problemlösen.*
Vorzeichentest [engl. *sign test*], **[FSE]**, eines der einfachsten Verfahren zur Prüfung von Unterschieden zw. Stichproben; die Ausgangsdaten oder ihre Kombinationen (Paare) werden zu Alternativvariablen reduziert (z. B. «überdurchschnittlich – unterdurchschnittlich», «pos. – neg. Differenz»), und die aufgefundene Proportion der beiden Alternativen wird mittels *Binominaltest* oder – bei großen Stichproben – mittels Normalverteilungstest auf ihre Abweichung von der Proportion unter der *Nullhypothese* geprüft. Das Verfahren kann auch angewendet werden, um zu bestimmen, ob die gemessenen Werte systematisch von einem theoretisch angenommenen Zentralwert (*Median*) abweichen. *Statistische Datenanalyseverfahren.*

vorzeitige Reaktion [engl. *early/anticipatory reaction*], **[KOG]**, eine schon vor dem Reiz erfolgende Reaktion. Oft als «antizipierende» Reaktion bezeichnet, wenn ein Vorsignal in der Versuchsreihe dem Reiz vorangeht.

Vorzugsmethode [engl. *preference method*], *Wahlmethode.*

Voyeur, Voyeurtum [frz.] *Zuschauer*, **[KLI]**, Lustgewinn bis zum Orgasmus durch das Beobachten fremder Menschen beim Entkleiden oder bei sexuellen Handlungen. Es wird davon ausgegangen, dass die Heimlichkeit des Beobachtens dabei einen bes. Reiz ausmacht, wobei auch ein nichtheimliches Beobachten für Voyeure reizvoll sein kann. Zudem wird angenommen, dass die Vorstellung, dass sich das Opfer beim Entdecken des Voyeurs schämen würde, für den Voyeur ebenfalls erregend ist. In einigen Fällen wird die beim Beobachten entstehende Erregung dabei durch gleichzeitige Masturbation gesteigert. Da die meisten Voyeure gerne über eine längere Zeitspanne beobachten, bevorzugen sie Orte, an denen Menschen sich für zumindest etwas längere Zeit ausziehen (Badeseen, Saunen, Umkleidekabinen). I. d. R. nimmt ein Voyeur dabei keinen direkten Kontakt zur beobachteten Person auf. Deutlicher Voyeurismus stellt eine Störung der sexuellen Präferenz (*Paraphilie*) dar.

Vp, Abk. für *Versuchsperson* (Plural: Vpn).
VR-Behandlungen (= V.) [engl. *virtual reality therapy*], **[KLI]**, V. bedeuten den Einsatz von Virtual-Reality-Technologien (*CAVE-Umgebungen*, *head-mounted displays* zur Diagnose und Behandlung von psych. Störungen (insbes. von *Angststörungen*). Virtual-Reality-Technologie bietet die Möglichkeit, Diagnose- und Behandlungsumgebungen zu schaffen, die die Präsentation und Kontrolle von komplexen, dynamischen und interaktiven 3-D-Stimuli erlauben. V. werden i. d. R. i. R. einer kogn. *Verhaltenstherapie*, aber auch zu Trainingszwecken eingesetzt (z. B. beim Militär i. R. von Resilienztrainings; *Resilienz*). Der Einsatz von V. bietet nach Wiederhold (2004) u. a. folg. Vorteile: (1) Präsentation von ökologisch validen Diagnose- und Behandlungsszenarien (*ökologische Validität*), (2) Präsentation von dynamischen und interaktiven 3-D-Stimuli, die anderweitig schwierig umzusetzen wären (z. B. einstürzende Hochhäuser i. R. der Behandlung einer *Posttraumatischen Belastungsstörung* für Katastrophenhelfer), (3) kontrollierte, wiederholte und hierarchische Stimulus-

darbietung, die auf den Behandlungsfortschritt angepasst werden kann, (4) Modifikation sensorischer Darbietung von Stimuli und Reaktionsmöglichkeiten basierend auf Einschränkungen der Nutzer (Bewegungs-, Hör-, Seheinträchtigungen), (5) natürliche und intuitive Aufzeichnung von Reaktionsweisen der Behandelten, die durch Therapeuten für eine Begutachtung und Analyse (z. B. des Fortschritts der Behandlung; *therapeutische Veränderung*) genutzt werden können, (6) Schaffung sicherer Übungsumgebungen, die die Risiken durch gemachte Fehler minimieren, (7) Integration von virtuellen Agenten für Anwendungen, die auf die Behandlung bzw. das Training von sozialen Interaktionen abzielen.

V. in der *Psychotherapie* werden i. R. von Konfrontationstherapien (*Konfrontation mit Reaktionsverhinderung*) und *systematischer Desensibilisierung* eingesetzt. Vor diesem Hintergrund nimmt eine virtuelle Exposition eine Mittelstellung zw. *In-vivo-Exposition* und *In-sensu-Exposition* ein. Im Vergleich zu einer In-vivo-*Exposition* findet eine V.-Exposition in einem geschützteren Rahmen statt (z. B. in der Praxis von Therapeuten) und ist damit deutlich diskreter als z. B. eine Konfrontation mit einem großen realen Publikum bei einer Sprechangst-Behandlung. Zudem haben V. eine niedrigere Hemmschwelle, da ein virtuelles Szenario eben nicht real ist. Davon profitieren Klienten, die sich auf eine In-vivo-Behandlung nicht einlassen möchten. Schließlich können V. zeit- und kostengünstiger sein, wenn bspw. keine oder zumindest weniger Besuche an einem Flughafen nötig sind, um Flugangst zu behandeln. Im Vergleich zu In-sensu-Konfrontationen sind virtuelle Expositionen deutlich immersiver. Die gleichzeitige und realistische Stimulierung mehrerer Sinnesorgane (hauptsächlich visuell, aber auch auditorisch und haptisch) während der virtuellen Exposition führt zu einer schnelleren Desensibilisierung als bei einer In-sensu-Exposition. Bei Letzterer können Klienten gedanklich abschweifen, was zu einer unvollst. Aktivierung der Angststrukturen und damit möglicherweise zu längeren Behandlungszeiten führt. I. Ggs. dazu kann die Darbietung von V.-Stimuli schlecht ignoriert werden.

Anwendungsfelder von V. in der Psychoth. sind v. a. Phobien (*Phobien, spezifische*; Akrophobie, Aviophobie, Glossophobie, *Agoraphobie*, *Panikstörung*, *Klaustrophobie*, *Arachnophobie*) sowie *Zwangsstörungen* und *Posttraumatische Belastungsstörung (PTBS)*. Zudem stellen Essstörungen ein Behandlungsfeld dar (*Anorexie*, *Bulimie, Bulimia nervosa*, *Binge-Eating-Störung*). Letztlich werden V. auch bei *Substanzmissbrauch* (z. B. Nikotin, Alkohol) angewendet. Weitere Anwendungsfelder sind die *Neuropsychologie* (Diagnose und *Rehabilitation*) und med. Schmerzbehandlung (*Schmerz*, Ablenkung mittels virtueller Umgebungen). [virtuallybetter.com]. *Internet-Interventionen.* North et al. 2002, Wiederhold & Wiederhold 2005. *S. Pöschl*

VT, **[KLI]**, Abk. für *Verhaltenstherapie.*

Vulnerabilität (= V.) [engl. *vulnerability*; lat. *vulnerare* verletzen], «(Krankheits-)Anfälligkeit», **[GES, KLI, PER]**, in der psychophysiol. Persönlichkeitsforschung und v. a. in der psychosomatischen Med. (*Psychosomatik*) ein *Konstrukt*, mit dem indiv. *Dispositionen* erkannt werden können, die zu Krankheiten führen (*Ätiologie*, *Pathogenese*). Als Indikatoren für V. sind u. a. bekannt: *vegetative Labilität*, sensorische Überempfindlichkeit. Aus der Forschung der spez. und allg. V. sowie Risikofaktoren in der frühen Kindheit wird die Aufklärung wichtiger ätiologischer Bedingungen von Verhaltensstörungen sowie physischer und psych. Krankheiten erhofft. Ggs. *Resilienz*. *Vulnerabilitäts-Stress-Modell.*

Vulnerabilitätsfaktoren *Vulnerabilität.*

Vulnerabilitäts-Stress-Modell (= V.) [lat. *vulnerare* verletzen], syn. *Diathese-Stress-Modell*, **[GES, KLI]**, ein Modell der Entstehung *psychischer Störungen*, das annimmt, dass die Kombination (1) der *Vulnerablität* einer Person (indiv. – insbes. biol. oder genetische Dispositionen oder biografische Faktoren – und soziale Faktoren) und (2) Stressereignisse (z. B. *Lebensereignisse, kritische*, *Stress*) die Bedingungen für die Genese psych. Störungen darstellen. Psychol. Faktoren (z. B. *Resilienz*, *Coping*, soziale Unterstützung) und entwicklungsbezogene Faktoren (z. B. *Bindung*, *Impulskontrolle*) beeinflussen als modifizierende Variablen die Merkmale der psych. Störung sowie deren akute und Langzeitfolgen (s. Abb.). Sowohl biol., genetische oder biografische Faktoren als auch Stressbelastungen stellen nach dem V. notwendige, jedoch keine *hinreichenden Bedingungen* für die Genese dar: Belastende Ereignisse führen nur dann mit erhöhter Wahrscheinlichkeit zu Störungen, wenn Vulnerabilität vorliegt. Wittchen & Hoyer 2011.

Vygotsky, Lev Semenovich *Wygotski, Lew Semjonowitsch.*

Entstehung und Verlauf psychischer Störungen

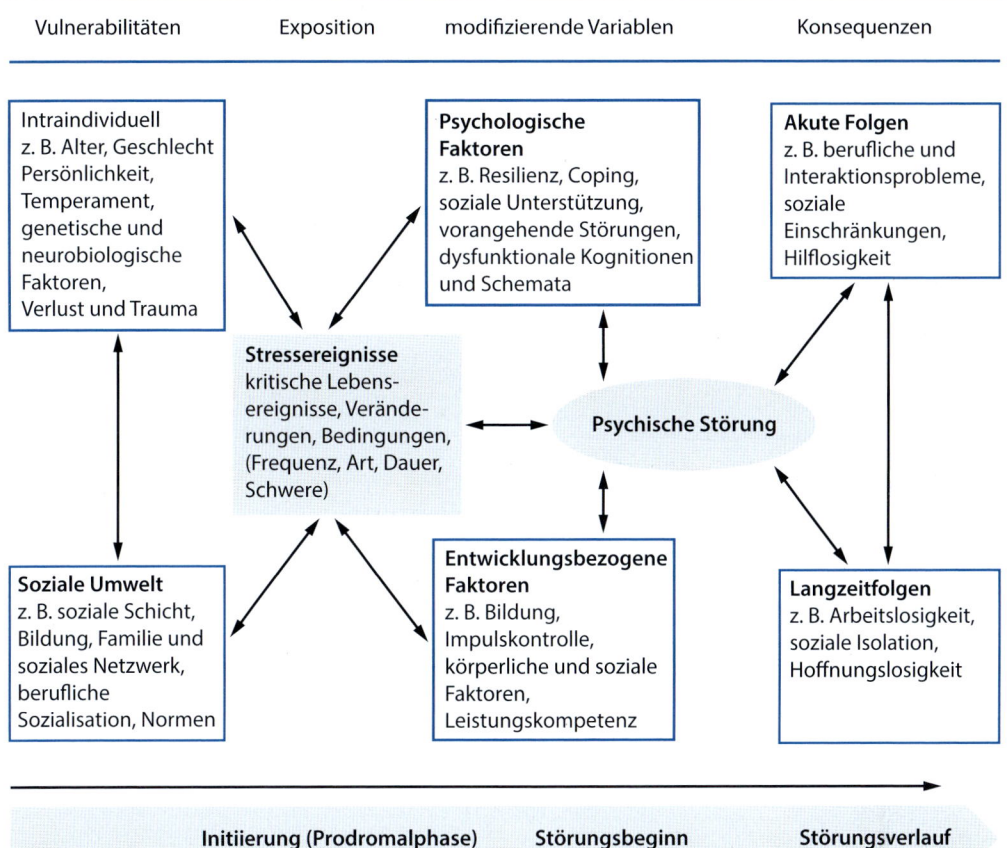

Vulnerabilitäts-Stress-Modell (Wittchen, Hoyer 2011)

W

Wachsamkeit [engl. *alertness, vigilance*], **[KOG]**, hohe *Aufmerksamkeit* über einen längeren Zeitraum (Daueraufmerksamkeit, *Vigilanz*).

Wachstumsanalyse (= W.) [engl. *growth curve analysis*], **[FSE]**, ist ein stat. Verfahren zur Auswertung von Designs mit mehreren Messzeitpunkten (*Längsschnittuntersuchung*). Die Abb. von Veränderungsprozessen über die Zeit spielt in fast allen Anwendungsfeldern der Ps. eine zentrale Rolle. Durch die Abhängigkeit der jew. Messwerte eines Individuums zw. den Messzeitpunkten (Messwerte eines Individuums zu unterschiedlichen Zeitpunkten korrelieren untereinander i. d. R. stärker als die Messungen unterschiedlicher Individuen), stellt die hierarchische Struktur längsschnittlicher Datensätze (Zeitpunkte geschachtelt in Individuen) klassische Methoden der Zusammenhangsanalyse vor Probleme, die deren stat. Voraussetzungen widersprechen (*Regression, multiple*). Durch die Trennung einer indiv. Ebene und einer Populationsebene durch miteinander verschachtelte Regressionsgleichungen, erlauben W. die simultane Berücksichtigung indiv. Veränderungsverläufe für jede Untersuchungseinheit über die Zeit (Individualebene), sowie der interindiv. Unterschiede in diesen Veränderungen und deren mögliche Bedingungsfaktoren (Populationsebene). Stat. resultieren die Schätzungen von Wachstumsanalysen auf Individualebene in jew. zwei Parametern zur Beschreibung des indiv. Veränderungsverlaufs (Höhenlage und Steigungsparameter). Auf Populationsebene werden diese indiv. Parameter als abhängige Variable einer weiteren *Regressionsanalyse* eingesetzt und entspr. vorhergesagt. Durch die Aufnahme zusätzlicher Prädiktoren auf der Populationsebene versucht man die Unterschiedlichkeit in den indiv. Veränderungsverläufen zu erklären. Auf diese Weise erlaubt die W. sowohl Aussagen über die Art und Weise der Veränderung einer Variablen über die Zeit, als auch zu interindiv. Unterschieden in diesen Veränderungen (und mögliche Einflussfaktoren) und trägt dabei der hierarchischen Struktur von Verlaufsdaten Rechnung. *Mehrebenenanalyse*. Raudenbush & Bryk 2002, Singer & Willet 2003.

J. Rubel/W. Lutz

Wachstumshormon (= W.) [engl. *growth hormone* (GH)], syn. *Somatotropin, somatotropes Hormon (STH)*, **[BIO]**, *Hormon*, chemisches Polypeptid, gebildet im Hypophysenvorderlappen, von dort über das Blut ins Gewebe transportiert. Die Ausschüttung wird u. a. angeregt durch Hypoglykämie (Insulin), auch durch serotonerge Stimulation (*Serotonin*) und körperliche und psych. Belastung. W. hat wie die *Androgene* anabole Wirkungen. Es stimuliert die T-Lymphozyten und Aktivität der natürlichen Killerzellen (NK), die Bildung von Ribonukleinsäuren und die Proteinsynthese und mobilisiert Fett. Bei Jugendlichen steigert W. die Aktivität der Epiphyse, fördert damit das Wachstum. Mangel in der Kindheit führt zu hypophysärem Zwergenwuchs, Überproduktion führt bei Jugendlichen zu Riesenwuchs (Gigantismus), bei Erwachsenen zu *Akromegalie*. W. wirkt synergistisch zu zahlreichen anderen Hormonen, insbes. *Gonadenhormone, Katecholamine*. Exogene Zufuhr führt u. U. zu erhöhter Aktiviertheit. Missbrauch in der Drogenszene, therap. bei Magen-Darm-Störungen. Holmes 1990.

W. Janke

wachstumshormonfreisetzendes Hormon [engl. *growth-hormone-releasing hormone*], **[BIO]**, Abk. GH-RH, Hypothalamushormon, das die Freisetzung des somatotropen Hormons fördert. *Hormone*.

wachstumshormonhemmendes Hormon [engl. *growth hormone-inhibiting hormone*], **[BIO]**, Abk. GHIH, Hypothalamushormon, das die Freisetzung des somatotropen Hormons hemmt. *Hormone*.

Wachstumskurvenmodelle, latente [engl. *latent growth curve models (LGCM)*], **[FSE]**, stat. Analyseverfahren zur latenten Modellierung von Veränderungen, wenn dieselben Merkmale zu mehreren Zeitpunkten an denselben Pbn erhoben wurden. Es handelt sich um Spezialfälle von *Strukturgleichungsmodellen* (SGM), bei denen sowohl die durchschnittlichen Ausprägungen pro Messzeitpunkt (*feste Effekte*) als auch zusätzlich indiv. variierende Veränderungen (*zufällige Effekte*) auf latenter Merkmalsebene (*Variable, latente*) modelliert werden. Neben der messtheoretisch vorteilhaften Modellierung latenter bzw. messfehlerbereinigter Veränderungsprozesse (*Längsschnittuntersuchung, Veränderungsmessung, messtheoretische Aspekte*), ermöglichen diese Verfahren es u. a. multivariate Veränderungsprozesse zu modellieren und die Möglichkeiten zur Modellierung komplexer Merkmalszusammenhänge aus den Modellfamilien der SGM und von *Mehrebenenanalysen* i. R. der Veränderungsanalyse integriert zu berücksichtigen. *Statistische Datenanalyseverfahren*. Hox & Stoel 2005.

Wachstumsmotiv [engl. *growth motive*; lat. *movere* bewegen], **[EM, PER]**, Bedürfnis nach Selbstverwirklichung (Maslow). *Defizitmotivation, Bedürfnishierarchie, Persönlichkeitstheorien, humanistische*.

Wachsuggestion [engl. *waking suggestion*; lat. *suggerere* eingeben, unter der Hand zufügen], **[KLI]**, *Suggestion*, die auf eine im Wachzustand befindliche Person ausgeübt wird, im Unterschied zur Suggestion in der *Hypnose*.

Wachtherapie [engl. *sleep restriction therapy*]; *Schlafentzugstherapie*.

Wada-Test [engl. *Wada test, intracarotid sodium amobarbital procedure (ISAP)*], nach Juhn Atsushi Wada, *Sprachlateralisierung*.

Waffeneffekt [engl. *weapons effect*], **[EM, SOZ]**, Berkowitz und LePage (1967) haben in einem sehr frühen Experiment zeigen können, dass das Vorhandensein von Waffen im Versuchslabor bei frustrierten Vpn zu einem höheren *Aggression*sniveau führte im Vergleich zu Situationen, in denen nur harmlose Alltagsgegenstände (z. B. Federballschläger) lagen. Es wird dabei davon ausgegangen, dass Waffen mit Aggression assoziiert werden und von daher die Waffen als *aggressive Hinweisreize* fungieren und es so zu erhöhter Aggression kommt. In einer *Metaanalyse* von Carlson et al. (1990) ließ sich der Zusammenhang zw. aggressiven Hinweisreizen und vermehrter Aggression bestätigen. *B. Six*

Waffenfokuseffekt (= W.) [engl. *weapons focus effect*], **[RF]**, beschreibt das Phänomen, dass Augenzeugen, die ein Verbrechen beobachten, in denen der Täter eine Waffe bei sich trägt, diesen möglicherweise später schlechter beschreiben oder wiedererkennen können. Es wird angenommen, dass die Fokussierung auf die Waffe zu einer geringeren Verarbeitung von Gesichtsinformationen führt, die für Personbeschreibungen und die *Personenidentifizierung* ausschlaggebend sind. So konnte mittels Blickbewegungskameras ein Beleg dafür gefunden werden, dass ein Augenzeuge in dieser Situation tatsächlich länger die Waffe fixiert als neutrale Vergleichsobjekte. Auch andere, in der Situation als unerwartet wahrgenommene Objekte (z. B. ein Plastikflamingo), können den Effekt hervorrufen (Pickel et al. 2006). Eine *Metaanalyse* von Kocab und Sporer (2013) konnte die früheren Ergebnisse nur z. T. bestätigen. Differenziertere Analysen zeigten, dass sich der Einfluss einer Waffe stärker auf Personschreibungen als auf Identifizierungen auswirkt. Da in Laborsimulationen das Ausmaß an Stress für Zeugen nur gering ist, wird der Effekt im Vergleich zu realen Verbrechen vermutlich unterschätzt. *S. Sporer*

Wagnersche Körper *Meissner'sche Körper.*
Wahl, Wahlhandlung [engl. *choice*], *Wille.*
Wahlantworten *Multiple-Choice-Antwortformat.*
Wahlmethode (= W.) [engl. *choice/preference method*], **[FSE]**, aus einer Reihe versch. Reize (*Reiz*) sucht sich die Vp den von ihr bevorzugten aus. Auch *Vorzugsmethode* genannt. W. liegt auch vor, wenn die Vp auf versch.artige Reize zu antworten hat. In der Testpsychologie sind W. diejenigen Verfahren, die ein Wählen (mit seinen Vorzügen zur Erkennung der Handlungstendenzen (*Handlung*), Motivierungen (*Motivation*) etc.) vom Pb fordern. *forced choice item, forced choice method, Paarvergleich, paarweiser Vergleich, Skalierung, Methoden der.*
Wahlreaktion [engl. *choice reaction*], *Reaktionszeit.*
Wahn (= W.) [engl. *delusion*], **[KLI]**, Veränderung des Realitätsbewusstseins in Form einer persönlich gültigen, privaten erlebnis- und handlungsbestimmenden Wirklichkeitsüberzeugung. Die Realität wird in veränderter Bedeutung erfahren, wobei weder bisherige Erfahrungen noch zwingende Gegenargumente die Bedeutungsgewissheit erschüttern können. Klassische W.kriterien: *subj. Gewissheit, Unkorrigierbarkeit* und *Unmöglichkeit des Inhalts*. Letzteres wurde kritisiert, da nicht der Inhalt zum W.kriterium gemacht werden könne, denn dieser könne zwar vom Standpunkt des Gesunden unzutreffend sein, doch sei dies bei best. W.arten (z. B. religiösen Arten) grundsätzlich nicht beweisbar. Das Krankhafte am W. ist nicht sein Inhalt, sondern die aus der – im intersubj. Konsensus konstituierten – Wirklichkeit herausgerückte Beziehung zu den Mitmenschen und der Mitwelt, die den W.kranken bei der Bewältigung seiner Lebensaufgaben hindert. Allg. wird das im W.erleben Gegebene als W.inhalt und das in den verfälschten Realitätsurteilen Geäußerte als W.idee bez. Die wahnhafte Realitätsumdeutung kann plötzlich auftreten (*W.einfall*), oder es geht – beim inhaltlich ausgestalteten W. (*thematisierten W.*) – eine bes. Stimmungslage, z. B. angstvolle Erwartung (*W.stimmung*), voraus. Stimmung und lebensgeschichtlich-situative Determiniertheit bestimmen den W.inhalt. Durch i. S. des W. gedeutete Beobachtungen (*W.wahrnehmungen*), «bestätigende» Halluzinationen, W.einfälle sowie durch Ableitungen und Verknüpfungen (*W.arbeit*) entsteht eine zus.hängende, in sich geschlossene Struktur (*W.system*). W. kann als Reaktion auf sensorische Situationen (z. B. *Deprivation*) und *Halluzinogene* vorkommen sowie als erlebnisreaktive Entwicklung z. B. bei unerträglicher Selbstkränkung (z. B. Querulantenw.) oder in der Affektpsychose als Gewisswerden affektiver Gegebenheiten (z. B. Untergangsw., Beziehungsw.) auftreten. Sowohl bei *Depression* als auch bei *Schizophrenie* treten ggf. Wahnformen auf; weiterhin bei körperlich bedingten Erkrankungen wie z. B. *Epilepsie*, chronische Toxikomanie, progressiver *Paralyse*. *wahnhafte Störung, Armutswahn, Beziehungswahn, Dermatozoenwahn, Doppelgängerwahn, dysmorpher Wahn, Eifersuchtswahn, Größenwahn, Megalomanie, hypochondrischer Wahn, katathymer Wahn, Kleinheitswahn, sensitiver Beziehungswahn, Verfolgungswahn.*

Wahnhafte Störung (= w. S.) [engl. *delusional disorder*], **[KLI]**, bez. eine psych. Störung in der Kategorie der psychotischen Störungen (*Psychose*), die dadurch gekennzeichnet ist, dass die betroffene Person über mind. einen Monat nach DSM-IV, mind. drei Monate nach ICD-10 (*Klassifikation psychischer Störungen*; s. Anhang I, F22) *Wahn*phänomene bezogen auf Situationen erlebt, die in der Realität auftreten können (also kein bizarrer Wahn), z. B. aus der Ferne geliebt zu werden, vom Ehepartner betrogen zu werden oder eine Krankheit zu haben. Die Leistungsfähigkeit der Person ist abgesehen von den primären und sekundären Auswirkungen des Wahns nicht wesentlich beeinträchtigt, und ihr Verhalten ist nicht auffallend seltsam oder bizarr. Eine *Schizophrenie*, eine *schizophreniforme Störung*, eine *affektive Störung* mit psychotischen Merkmalen oder die Verursachung durch einen med. Krankheitsfaktor oder eine Substanz muss für die Diagnose ausgeschlossen werden. Hinsichtlich des vorherrschenden Wahns wird zw. *Liebeswahn, Größenwahn, Eifersuchtswahn, Verfolgungswahn, körperbezogenem Wahn* und *gemischtem Wahn* (mehrere Wahnformen) unterschieden. Am häufigsten ist der *Verfolgungswahn*. Der Verlauf der Störung ist variabel. Ca. 0,03 % der Bevölkerung sind von einer w. S. betroffen. Sowohl eine genetische Disposition als auch sensorische Einschränkungen und ungünstige Umweltfaktoren können als verursachend angesehen werden. Lincoln 2006, Tölle 2007. *M. Hautzinger/C. Heil*

Wahrannahme [engl. *true, truthful* wahr, *assumption* Annahme], *Glaubhaftigkeitsbegutachtung*.

Wahrheit, wahr [engl. *truth, true*; lat. *veritas*/gr. ἀλήθεια *(aletheia)* Wahrheit], **[PHI]**, Übereinstimmung zw. Behauptung und Sachverhalt. Oberstes Kriterium ist das obj. Sein, die *Wirklichkeit*. Als wahr wird auch ein *Urteil* genommen, wenn «das gegenteilige unmöglich evident» sein kann (Brentano). *Evidenz*. Unabh. von der Frage der Gültigkeit solcher Wahrheit, die nicht nur phil. Interesse ist (*Philosophie*), hat es die Ps. mit der Bedeutung der Wahrheit gegenüber Irrtum, *Lüge* usw. zu tun, d. h. einerseits mit dem, was man als Wahrheitswillen bezeichnet (der sich in versch. Prägung vom Sarkasmus, Wahrheitsfanatismus bis zur echten Werthaltung gegenüber dem Wahrheitserleben darbietet), und andererseits mit der Wahrheit innerhalb der *Gedächtnis*zuverlässigkeit. Letzteres ist auch als eigenes Gebiet (*Aussagepsychologie*, Ps. der Aussage (*Glaubhaftigkeitsbegutachtung*) bes. beachtet worden, wobei das Problem der Zeugenzuverlässigkeit eingehend erforscht worden ist. W. Stern gab 1903–1905 eine eigene Zeitschrift, *Beiträge zur Psychologie der Aussage* heraus, die sich nicht nur mit der Bedeutung dieses Problems in der Rechtspflege, sondern auch in der *Pädagogik*, *Psychiatrie* und Geschichtsforschung befasste. Im Zeichen des damaligen Interesses stand auch das bekannte, von dem Strafrechtler v. Liszt durchgeführte *Experiment* im kriminalistischen Seminar der Berliner Universität, bei dem auf Anregung Sterns ein vorher abgesprochener Ablauf eines Streites mitten in der Vorlesung nach dem Ereignis vielfach entstellt und übertrieben von den Zeugen wiedergegeben wurde.

Wahrheits-Bias, emotionaler [engl. *emotional truth bias*; *bias* Fehler, Verzerrung], *Emotionsschilderungen*.

Wahrheitseffekt (= W.) [engl. *truth effect*], **[KOG]**, Hasher et al. 1977; Der W. beschreibt den Effekt, dass Personen bereits rezipierten Aussagen größere Wahrheitsgehalte zusprechen als erstmals gelesenen, gesehenen oder gehörten Informationen. Die Versuchsanordnung von Hasher, Goldstein und Toppino präsentierte den Pbn zu drei Messzeitpunkten jew. sechzig Aussagen zur Allgemeinbildung, die jew. zur Hälfte falsch und zur Hälfte richtig und von ihrem Schwierigkeitsgrad nicht zwingend als bekannt vorauszusetzen waren (bspw. aus dem Bereich der Künste: «Ernest Hemingway erhielt den Pulitzer-Preis für *Der alte Mann und das Meer*»). Die Aussagen wurden auf einer siebenstufigen Ratingskala zum Vertrauen in die Wahrhaftigkeit der Aussagen durch die Pbn bewertet. Bei den Messwiederholungen wurden den Pbn in neuen Aussagensets jew. zehn richtige und falsche Informationen der bereits aus der ersten Messung bekannten Aussagen präsentiert. Die Autoren zeigen, dass die bereits aus den vorhergehenden Messungen bekannten Aussagen von den Pbn für wahrer gehalten werden als die erstmals präsentierten Informationen. Zur Erklärung dieses Effektes wird auf die implizite Gedächtnisleistung von Rezipienten verwiesen, die den impliziten – nicht mehr bewusst erinnerbaren – Aussagen einen höheren Wahrheitsgehalt zuweist. Nachdem in der Fachdiskussion anfänglich insbes. die Familiarität der Aussagen, i. S. entstehender Vertrautheit über mehrfachen Kontakt (s. auch *mere exposure*), als maßgebliche Erklärung des W. gesehen wurde, beschäftigen sich aktuelle Forschungsbeiträge stärker mit Aspekten der perzeptuellen Flüssigkeit (*perceptual fluency*) der präsentierten Aussagen. Insbes. im Bereich der Werbewirkungsforschung werden hierzu Farb-, Schrift- und Schriftgrößenvariationen in werblichen Kommunikationsangeboten genutzt, um Auswirkungen der Verarbeitungsflüssigkeit auf den W. zu prüfen. *T. Meitz*

Wahrheitskriterium, konsenstheoretisches [engl. *truth criterion, consensus theory of truth*], *subjektive Theorien, Forschungsprogramm, Dialog-Konsens-Methodik*.

Wahrnehmen, konstatierendes aufmerksames *Introvision*.

Wahrnehmung (= W.), syn. *Perzeption* [engl. *perception*; lat. *percipere* erfassen, wahrnehmen], **[WA]**, s. auch Einleitung «I.19 Gebietsüberblick Wahrnehmungspsychologie». Vorgang und Ergebnis der *Reiz*verarbeitung (). Das Ergebnis ist ein Abbild obj.-realer Umwelt und der eigenen Person (Innenwelt). W. ist der aktuelle und anschauliche Teil des Erkenntnisprozesses und der Erkenntnis (*Erkenntnistheorie*) und schließt in diesem erweiterten Sinne auch *Vorstellungen*, Vergegenwärtigtes und *Nachbilder* ein. Prozesse und Ergebnisse sowie Modelle und Theorien der W. sind Gegenstände der Wahrnehmungsps. Der Begriff W. ist unscharf definiert. Traditionell wird W. gegen *Empfindung* abgegrenzt, wobei Empfindungen als «Elemente» der W. verstanden wurden; diese Unterscheidung wird heute allenfalls noch i. S. von «einfacher» und «komplexer» W. verwendet. I. d. R. ist W. bewusst (*Bewusstsein*) und an *Erleben* gebunden; der Begriff wird allerdings auch i. w. S. verwendet, sodass unbewusste W. möglich ist. Eine dritte Unschärfe schließlich besteht in der Abgrenzung gegen *Denken* und Einflüsse von *Gedächtnis*inhalten und *Persönlichkeitsmerkmalen*, etwa in der *sozialen Wahrnehmung*; die Verarbeitung eines Reizes kann sich weit von diesem entfernen – es kommen z. B. *Interpretationen* und Bewertungen hinzu, und die «Grenze der Wahrnehmung» auf diesem Kontinuum wird unterschiedlich gelegt.

Wahrnehmung, multisensorische (= m. W.) [engl. *multisensory perception*; lat. *multi* viele, *sensus* Sinn], **[WA]**, m. W. bezeichnet die i. d. R. kohärente W. der Welt, die aus dem Zusammenwirken von Information aus versch. Sinnen entsteht. Informationen aus versch. Sinnen können einander ergänzen. Z. B. kann propriozeptive (*Propriozeption*) oder visuelle Information herangezogen werden, um eine taktile Reizung im Raum zu lokalisieren (vgl. *rubber hand illusion*). Information aus versch. Sinnen können auch Aufschluss über den selben W.gegenstand liefern. Z. B. kann man gleichzeitig sehen und fühlen, wo sich eine sprechende Person befindet. Prozesse m. W. sind in den letzten Dekaden verstärkt in den Fokus physiol. und psychol. Forschung gerückt. Ernst & Bülthoff 2004, Stein & Stanford. *K. Drewing*

Wahrnehmung, präattentive (= p. W.) [engl. *preattentive perception*; lat. *prae* vor, *attendere* beachten], **[KOG, WA]**, präattentiv nennt man *visuelle Wahrnehmung*, die auf relativ einfache Verarbeitungsschritte zurückgehen und insbes. ohne Einfluss von *Aufmerksamkeits*prozessen zustande kommen. Es handelt sich hierbei vor allem um sog. Nachbarschaftsoperationen, in denen aus einer kleinen Bildregion, z. B. dem *rezeptiven Feld* eines *Neurons*, eine W.größe ermittelt wird, die dann von dem Neuron kodiert wird. Da diese Operation lokal erfolgt, kann sie parallel im ganzen Bild ablaufen; attentive Verarbeitung erfolgt demgegenüber seriell. Das Ergebnis ist wiederum eine räumliche Verteilung der W.größe, die man als ein mit dem rezeptiven Feld gefiltertes Bild auffassen kann. Das Modell der Merkmalsintegration von Treisman & Gelade (1980) geht davon aus, dass auf diese Weise die visuellen W.dimensionen Farbe, Kontrast, Textur, Tiefe und Bewegung verarbeitet werden. Für jede dieser Dimensionen nimmt man eine oder mehrere *Karten* an, d. h. Schichten von Neuronen mit bis auf die Position identischen rezeptiven Feldern, die jew. versch. Farbkontraste, Orientierungen und Körnigkeiten (Ortsfrequenzgehalt) von Kanten, Bewegungen etc. kodieren. Eine einflussreiche Implementierung von Itti und Koch (2001, s. Itti et al. 2005) geht so von ca. 50 Karten aus. Neuronal sind diese Karten nicht nachweisbar; man stellt sich vor, dass sie in der Hyperkolumnenstruktur des primären visuellen Kortex «eingeschachtelt» sind (*Okzipitalkortex*). Für serielle Verarbeitungen sollen diese Karten über einen in allen Karten gleichpositionierten *Suchscheinwerfer* (*spotlight of attention*; *Spotlight-Metapher*) integriert werden.

In der p. W. äußert sich die Unterscheidung zw. attentiven und p. Prozessen vor allem in den Paradigmen der *visuellen Suche* (Treisman & Gelade 1980; *visuelle Suche*) und dem schon in der *Gestaltpsychologie* studierten Phänomen der *Gruppierung*. Bei der visuellen Suche soll in einem Feld von Mustern (*Distraktoren*, z. B. Kreise) ein abweichendes Zielmuster (z. B. Dreieck) gefunden werden (*Odd-man-Out*-Paradigma). Die Unterscheidung zw. den beiden Mustern heißt p., wenn die Reaktionszeit nicht von der Anzahl der Distraktoren abhängt; man spricht in diesem Fall auch von pop-out (*Pop-out-Effekt*). Diese Def. ist nicht immer eindeutig, so gibt es Fälle, in denen nach Vertauschung von Distraktor und Ziel das «Herausspringen» verschwindet. Bei Gruppierungsexperimenten ordnet man die beiden Musterklassen in aneinandergrenzenden Bildbereichen an. Nimmt man eine Texturgrenze wahr, so geht man von einer p. Unterscheidbarkeit der Muster aus. *Mustererkennung*. H. A. Mallot

Wahrnehmung, soziale *soziale Kognition*, *soziales Verständnis*.

Wahrnehmung, unterschwellige [engl. *subception*, lat. *sub* unter, *capere* aufnehmen], **[WA]**, Reizaufnahme bei subliminal dargebotenen Reizen (*Reiz*, *subliminale Reize*). Der Begriff der unterschwelligen Wahrnehmung erscheint als Widerspruch in sich. Der Widerspruch verschwindet, wenn berücksichtigt wird, dass (1) eine Schwelle kein scharf definierter Punkt ist, sondern ein kontinuierlicher Übergang von Nichtwahrnehmung zu Wahrnehmung und zudem von Urteilskriterien (*Signalentdeckungstheorie*) beeinflusst wird; (2) der Begriff *Wahrnehmung* so weit gefasst wird, dass er jede Registrierung von Reizen einschließt; Reize können registriert werden und *Verhalten* beeinflussen, auch wenn sie nicht bewusst sind (nach dem Kriterium des Beobachter-Berichtes). Das Phänomen der unterschwelligen Wahrnehmung (oder der nicht bewussten Reizaufnahme) führt immer wieder zu unsinnigen Spekulationen, etwa zur Wirksamkeit in der Werbung (Ende der 1950er-Jahre) oder zur Wirkung unterschwelliger Texte auf Tonträgern, die Jugendliche zum *Suizid* veranlassen könnten (Gegenstand eines Prozesses in den USA, 1990). *Werbung, subliminale*. Dixon 1971. H. Heuer

Wahrnehmungsabwehr (= W.) [engl. *perceptual defense*], **[EM, KOG, WA]**, Bruner & Postman (1947) haben bei exp. Arbeiten entdeckt, dass bei kurzzeitiger Darbietung versch. Wörter unterschiedliche Auffassungszeiten hatten oder nicht in gleicher Weise richtig aufgefasst wurden. Sie stellten fest, dass abgelehnte oder uninteressante Wörter längere Auffassungszeiten hatten oder falsch erkannt wurden, und leiteten von diesen Ergebnissen die Existenz einer W. ab. Begründet wird dies damit, dass die *Wahrnehmung* äußerer Reize (*Reiz*) nicht frei sein kann von der Mitwirkung innerer Bedingungen (*Einstellung*, *Erwartung*, *Bedürfnis*, Abwehr u. a.). *Signalentdeckungstheorie*. Graumann 1956. H. O. Häcker

Wahrnehmungspsychologie [engl. *psychology of perception*], s. Einleitung *Gebietsüberblick «I.19 Wahrnehmungspsychologie»*.

Wahrnehmungsschwelle (= W.) [engl. *threshold for awareness, threshold for (conscious) perception*], **[KOG, WA]**, die W. bez. die Schwelle zw. bewusst wahrnehmbaren (= supraliminalen, überschwelligen) und nicht bewusst wahrnehmbaren (= subliminalen, unterschwelligen) Reizen. Es werden die *subj.* W. und die *obj.* W. unterschieden. Die subj. *W.* gibt den Punkt an, an dem Pbn angeben, dass sie die perzeptuellen Informationen nicht über Zufallsniveau wahrnehmen (z. B. voneinander unterscheiden) können. Die obj. *W.* ist dagegen dann erreicht, wenn die perzeptuelle Information tatsächlich nicht mehr überzufällig wahrgenommen werden kann. W. hängen von stimulus-, präsentations- und personenspezif. Parametern ab und können inter- und intraindiv. stark variieren. Zur Schwellenbestimmung (direkter Test) werden versch. Aufgaben eingesetzt, deren Ergebnisse z. B. über den *Chi-Quadrat-Test* oder gemäß der *Signalentdeckungstheorie* ausgewertet werden. In *Detektionsaufgaben* wird gefragt, ob überhaupt ein Reiz präsentiert wurde. In *Identifikationsaufgaben* muss angegeben werden, welcher Reiz wahrgenommen wurde. In *Diskriminationsaufgaben* muss für die schwellennah präsentierten Reize angegeben werden, welcher von mind. zwei Reizen präsentiert wurde. In *Klassifikationsaufgaben* müssen die schwellennah präsentierten Reize nach einem vorgegebenen Schema (z. B. bzgl. Valenz, Kategoriezugehörigkeit, lexikalische Korrektheit, *lexikalische Entscheidungsaufgabe*) klassifiziert werden. Sind Pbn sich ihrer Antwort nicht sicher, werden sie typischerweise gebeten zu raten. Eher selten werden auch Konfidenzangaben bzgl. des Ausmaßes an Sicherheit, mit der sie die Antwort gegeben haben, erhoben. Typischerweise sind Personen obj. gesehen noch einige Zeit länger in der Lage, die Reize überzufällig wahrzunehmen, als sie subj. das Gefühl haben, dies zu können. Das heißt, Reize müssen kürzer, schwächer etc. präsentiert werden, als es die subj. W. nahelegen würden, damit sie auch auf oder unter der obj. W. nicht mehr überzufällig wahrgenommen werden können. In *Schwellensetzungsprozeduren* (*threshold setting procedures*) wird die (normalerweise obj.) W. indiv. bestimmt. Sofern subliminale oder schwellennahe Reize in anderen Experimenten (z. B. ein *Priming*experiment mit maskierten (*Maskierung*) Prime-Reizen, indirekter Test) eingesetzt werden sollen, wird bei dieser Prozedur die W. vor dem eigentl. Experiment bestimmt und auf ein vorgegebenes Niveau durch Veränderung der Präsentations- oder Stimulusparameter (z. B. Dauer, Kontrast) gebracht. Für subliminale Darbietungen wählt man hier typ.weise das Zufallsniveau. Häufig wird die W. erst nach dem eigentl. Experiment bestimmt, um ausschließen zu können, dass durch Vorwissen bzgl. des Vorhandenseins der subliminalen Reize diese verstärkt beachtet werden und sich z. B. Erwartungseffekte ausbilden. *psychophysische Methoden*. Holender & Duscherer 2004, Cheesman & Merikle 1994.

C. Bermeitinger

Wahrnehmungsstörung, zentrale (= z. W.) [engl. *central perceptual disorder*], [**BIO, WA**], die z. W. ist eine Störung der zerebralen Verarbeitung von Reizen (*Gehirn*). Sensorische Defizite, die auf eine Schädigung oder Funktionsbeeinträchtigung der Sinnesorgane oder sensorischer Bahnen bis zum Gehirn zurückzuführen sind, zählen nicht dazu. Die Störungen können sehr umfänglich sein (z. B. zentrale Taubheit bzw. Blindheit) oder sehr selektiv ganz spezif. Wahrnehmungsleistungen betreffen (z. B. Störungen des Erkennens und Reproduzierens von Melodien und Harmonien = *Amusie* bzw. Störungen des Gesichtererkennens = *Prosopagnosie*). Ausmaß und Selektivität der Beeinträchtigung hängen vom Ausmaß und Ort der zerebralen Schädigung ab. Es werden hauptsächlich visuelle (u. a. globale Störungen des Sehens, Gesichtsfeldstörungen, zerebrale *Amblyopie*, Störungen des Sehens von Farbe und von Bewegung, *visuelle Agnosie*), auditorische (u. a. Worttaubheit, auditorische *Agnosie*) und somatosensible Wahrnehmungsstörungen genannt. Störungen komplexerer Wahrnehmungsformen sind bspw. die *Raumwahrnehmung* und *Zeitwahrnehmung*. *S. Lautenbacher*

Wahrnehmungstäuschung [engl. *perceptual illusion*], *Sinnestäuschung*.

Wahrnehmungstests [engl. *perceptual tests*], [**DIA, WA**], Bez. für diejenigen Tests, die entweder die *Wahrnehmung* als solche (als Funktion) prüfen oder einen testmäßigen Anreiz darstellen, den besonderen indiv. Wahrnehmungsgehalt hervortreten zu lassen (z. B. *Rorschach-Test, Formdeute-Test*).

Wahrnehmungszeit [engl. *perception time, perceptual lag*], [**KOG, WA**], die Zeit, die notwendig ist, bis ein Reiz nach seiner Darbietung bewusst wahrgenommen wird.

wahrscheinlicher Fehler (= w. F.) [engl. *probable error*], [**FSE**], Begriff der älteren Induktionsstatistik (*Statistik*); im Bereich um einen aus einer *Stichprobe* berechneten Wert $S \pm w$ *ist* mit 50 % Wahrscheinlichkeit der wahre Wert anzunehmen; mit der gleichen Wahrscheinlichkeit liegt der wahre Wert außerhalb dieses Bereiches. Der w. F. ist somit ein Maß für die Ungenauigkeit von Stichprobenergebnissen. Der w. F. des arithmetischen Mittels ist ungefähr zwei Drittel des *Standardfehlers*. Dieses Verhältnis gilt für alle Statistiken mit ungefähr normalverteilten Stichprobenverteilungen. *E. Mittenecker*

Wahrscheinlichkeit (= W.), [engl. *probability*; lat. *probabilis* glaubhaft, tauglich, wahrscheinlich], [**FSE**], gibt die Sicherheit an, mit der ein Ereignis eintreten wird. In der W.theorie wird dieser Begriff präzisiert, um aus der W. für einfache Ereignisse die W. von komplexeren Ereignissen berechnen zu können. Wenn bspw. die W. für die Geburt einer Tochter $p = 0.48$ ist, wie groß ist dann die Wahrscheinlichkeit, dass bei fünf Kindern genau ein Sohn und vier Töchter geboren werden? Bei der Def. von Ereignissen geht man i. d. R. von einem Stichprobenraum Ω aus, der alle Elementarereignisse $\{e_1...e_n\}$ eines Zufallsexperiments enthält. Bei einem Würfelwurf wäre der Stichprobenraum $\Omega = \{1,2,3,4,5,6\}$. Es gibt unterschiedliche Möglichkeiten, die W. eines Ereignisses zu def.

Gleich wahrscheinliche Elementarereignisse: Wenn alle n Elementarereignisse die gleiche Auftretensw. besitzen, so ist die W. für das Ereignis e_1 gleich $p(e_1) = 1/n$. Bspw. ist die W., mit einem ausbalancierten Würfel eine 5 zu würfeln, gleich 1/6. Diese intuitiv leicht nachvollziehbare Def. ist allerdings auf gleich wahrscheinliche Ereignisse beschränkt und außerdem zirkulär, da sie von dem Begriff «gleiche Auftretensw.» ausgeht. Relative Häufigkeit bei unendlich oft wiederholbarem Zufallsexperiment: Eine ebenfalls eingängige Def. von W. für ein Ereignis e_i geht von dessen Auftretenshäufigkeit $n(e_i)$ bei N identisch wiederholbaren Zufallsexperimenten aus. Angenommen, bei einem nicht ausbalancierten Würfel seien die versch. Ausgänge nicht gleich wahrscheinlich, dann könnte man die W. für eine best. Augenzahl e_i folgendermaßen def.

$$P(e_i) = \lim_{N \to \infty} \frac{n(e_i)}{N}$$

Das Problem bei dieser Def. ist jedoch, dass sie sich nur auf beliebig oft wiederholbare Zufallsexperimente anwenden lässt und so bspw. die sog. subj. W. ausschließt, die auch bei nicht wiederholbaren Zufallsexperimenten formuliert werden kann.

Axiomatische Definition von W.: Kolmogorov definiert das Konzept der W. axiomatisch. Der Vorteil dieser axiomatischen Def. ist, dass sie sowohl auf subj. W. als auch auf ungleich wahrscheinliche Elementarereignisse anwendbar ist. Die drei Axiome dieser Def. sind:

Axiom 1. Jedem Ereignis *ei* wird eine pos. Zahl ($P(e_i) \geq 0$) zugeordnet. Diese Zahl heißt W. des Ereignisses e_i. In der Praxis entspricht diese Zahl oft der relativen Häufigkeit ($n(e_i)/N$) des Ereignisses; diese dient dann als eine Annäherung für die wahre W. P(*ei*).

Axiom 2. Die Wahrscheinlichkeit für das sichere Ereignis Ω ist 1, d. h., $P(\Omega) = 1$. Das sichere Ereignis schließt immer alle Ausgänge eines Zufallsexperiments ein, z. B. alle Seiten bei einem Würfelwurf.

Axiom 3. Für sich gegenseitig ausschließende (nicht gleichzeitig auftreten könnende) Ereignisse e_i und e_j ist die Wahrscheinlichkeit $P(e_i \cup e_j)$, dass entweder e_i oder e_j eintritt, $P(e_i \cup e_j) = P(e_i) + P(e_j)$.
Ein weiterer Vorteil dieser axiomatischen Def. von W. besteht darin, dass sie nicht nur endliche, sondern auch unendliche und überabzählbare Stichprobenräume einschließt. *R. Ulrich*

Wahrscheinlichkeit-Distanz-Hypothese [engl. *probability-distance hypothesis*], *Fechner-Skalierung*.

Wahrscheinlichkeitslernen [engl. *probability learning*], [**KOG**], ein Lerntyp (*Lernen*), der in der *Stimulus-Sampling*-Theorie von Estes (SST) eine Rolle spielt: Aus einem vorgegebenen Satz von Reaktionen *(responses)* hat die Vp eine zu wählen; pro Durchgang *(trial)* werden die einzelnen Reaktionen in einem vom Vl festgelegten Verhältnis verstärkt und nicht verstärkt, und die Vp lernt die Wahrscheinlichkeit des Auftretens von *Verstärkungen* zu schätzen. Estes 1964, Hilgard & Bower 1966. *R. Bergius*

Wahrscheinlichkeitssummation (= W.) [engl. *probability summation*], [**WA**] Pirenne (1943). Ein schwellennaher visueller Reiz lässt sich leichter mit beiden als mit einem Auge entdecken, d. h., die binokulare Reizschwelle ist niedriger als jede der beiden monokularen Reizschwellen. Pirenne schlug zur Erklärung dieses Phänomens die Hypothese der W. vor. Danach werden beide Augen als unabhängige Informationskanäle aufgefasst. Der Reiz gilt als entdeckt, wenn mind. in einem Informationskanal ein Signal vorhanden ist. Diese Erklärung ist bes. deswegen interessant, weil sie die Vorhersage der binokularen Entdeckungswahrscheinlichkeit aus den monokularen Entdeckungswahrscheinlichkeiten gestattet: Sei p_{RL} die binokulare Entdeckungswahrscheinlichkeit sowie p_L und p_R die monokularen Entdeckungswahrscheinlichkeiten (*Wahrscheinlichkeit*) für das linke bzw. rechte Auge, dann gilt unter der Voraussetzung, dass beide Kanäle den Reiz unabhängig voneinander verarbeiten:

$$p_{RL} = p_R + p_L - p_R \cdot p_L$$

woraus zu entnehmen ist, dass $p_{RL} \geq max(p_R, p_L)$ immer gelten muss. Diese Relation nennt man W. Von der W. unterscheidet man die sog. *physiol. Summation*. Eine physiol. Summation liegt vor, wenn die neuronalen Aktivitäten in beiden Kanälen zu einer reaktionsbestimmenden Größe integriert werden. Die Hypothese der W. wurde in zahlreichen Exp. überprüft. I. d. R. ist die empir. bestimmte binokulare Entdeckungswahrscheinlichkeit größer als die aufgrund der W. vorhergesagte, was eher für eine physiol. Summation spricht. Ähnliche Befunde wurden für auditive sowie für multimodale Stimulationen berichtet. Miller 1982. *R. Ulrich*

Wald-Wolfowitz-Test [engl. *Wald–Wolfowitz test*], syn. *runs-test, Swed Eisenhart Test, Stevens Iterationshäufigkeitstest*, [**FSE**], ein nach seinen Autoren benanntes nichtparametrisches sequenzielles Signifikanztestverfahren für dichotome Daten (*Variable, dichotome*, *sequenzieller Test*).

Wanderwelle (= W.) [engl. *travelling wave*], [**BIO, WA**], beschreibt die wellenförmige Auslenkung der in der *Cochlea* befindlichen beweglichen Basilarmembran durch Schallwellen, die auf das *Ohr* treffen und so den Höreindruck (*Hören*) hervorrufen. Eine W. entsteht, wenn Schall auf das Trommelfell auftrifft und dieses in Schwingungen versetzt, sodass es in der dahinterliegenden mit Flüssigkeit gefüllten Cochlea zu Druckschwankungen kommt. Die Basilarmembran liegt wie eine Zunge in der Cochlea und wird durch die in Bewegung geratene Flüssigkeit in wellenförmige Schwingungen versetzt. Das Schallereignis wird dabei gemäß seiner enthaltenen Frequenzen zerlegt. Dabei gilt: je tiefer die Frequenz, desto näher an der Spitze der schneckenförmig aufgerollten Cochlea erfolgt die max. Auslenkung der Basilarmembran (Ortsprinzip der W.). Am Maximum einer W. werden die Sinneshärchen (Stereozilien) auf der Basilarmembran befindlicher Haarzellen für kurze Zeit umgeknickt (abgeschert), wodurch es zur Öffnung von Ionenkanälen kommt. Man unterscheidet innere und äußere Haarzellen. Äußere Haarzellen sind maßgeblich an der Ausformung der W. beteiligt. Da sie ihre Stereozilien aktiv verlängern und verkürzen können (Haarzellmotilität), können sie den Effekt der Wanderwelle erheblich verstärken und präzisieren. Die Hauptaufgabe der inneren Haarzellen besteht in der Übermittlung der akustischen Information an das zentrale Nervensystem. Die Öffnung der Ionenkanäle führt zu einer Zunahme der Kalium-Ionen-Konzentration in der inneren Haarzelle und zu einer Veränderung des elektrischen Potenzials (*Depolarisation*). Es entsteht ein *Sensorpotenzial* und anschließend in der benachbarten Hörnervenzelle ein *Aktionspotenzial*. Die W. ermöglicht so die Transformation eines akustischen Signals in einen neuronalen Impuls, der vom *Gehirn* weiterverarbeitet wird. Beschrieben wurde die W. erstmals von Georg von Békésy (1899–1972). [www.cochlea.org]. *K. N. Spreckelmeyer*

Wanting-System *Wanting und Liking*.

Wanting und Liking (= W./L.) [engl.] «Wollen und Mögen», [**BIO, EM, KOG**], verstärkende Stimuli verfügen über eine appetitive Anreizkomponente (W. – *Wollen*; *Anreiz*) und eine affektive Komponente (L. – *Mögen*; *Affekt*). Ein Verstärker wirkt umso stärker, je stärker er beide Komponenten auslöst. Vor allem Tierversuche haben gezeigt, dass beide Anreizkomponenten dissoziieren können und auch von unterschiedlichen Hirnstrukturen kontrolliert werden. L. wird über *Neurotransmitter*systeme vermittelt, indem vorwiegend *GABA* und *Endorphine* (auch *Benzodiazepine*) wirksam sind. Die involvierten anatomischen Strukturen sind z. B. das ventrale Pallidum und der laterale Hypothalamus, aber auch kortikale Strukturen (*Gehirn*). W. dagegen wird ausschließlich über das mesolimbische dopaminerge System (*mesolimbisches Dopaminsystem*) vermittelt. Die wesentlichen Hirnstrukturen sind hierbei das ventrale *Striatum* mit dem *Nucleus accumbens* und die *Amygdala*. Man kann diese beiden Systeme selektiv ausschalten oder in ihrer Aktivität verstärken. Z. B. durch Ausschaltung des dopaminergen Systems reduziert bzw. inhibiert man die appetitive Anreizkomponente (W.), während die affektive Komponente (L.) durchaus erhalten bleiben kann. Umgekehrt kann man das L.-System aus-

schalten, während das W.-System noch voll erhalten und wirksam ist. Diese Dissoziation soll insbes. bei Süchten wirksam sein, bei denen das W.-System bes. stark aktiv ist, während das L.-System sogar deaktiviert sein kann.
Der Protagonist des W.-L.-Konzepts betont explizit, dass diese beiden Komponenten mehr oder weniger automatisch und unbewusst funktionieren. Neuere Studien unterscheiden allerdings zw. *deklarativem* und *automatischem* W. Während das automatische W. durch die oben bereits kurz skizzierten subkortikalen mesolimbischen dopaminergen Hirnstrukturen kontrolliert wird, soll die kogn. Variante des W. eher durch den Orbitofrontalkortex und insulären Kortex vermittelt werden. Die Unterscheidung zw. dem eher bewussten und unbewussten W. wird auch für das L. und für das *Lernen* postuliert. Insofern wird ein enges Miteinander von bewussten und unbewussten Mechanismen angenommen, die in die Motivationskontrolle eingebunden sind. Die folg. Aufzählung beschreibt die Dichotomie der bewussten und unbewussten Prozesse im Zusammenhang mit der *Motivation*, dem Lernen und dem Affekt.

Motivation: (1) kogn. Wollen (*cognitive wanting*): (a) zielgerichtetes Verhalten, (b) Pläne, (c) explizite Wünsche. (2) Automatisches Wollen (*incentive salience wanting*): (a) motivationaler Anreiz durch *klassische Konditionierung*, (b) Hinweisreiz-getriggertes Wollen, (c) Autoshaping, (d) Konditionierung.

Lernen: (1) kogn.: (a) Erwartung von *Verstärkung*; (b) Verständnis von Verhaltenskonsequenzen, (c) verbale Erklärungsmöglichkeit. (2) assoziativ: (a) Reiz-Reiz-Assoziationen, (b) Reiz-Reaktions-Assoziationen, (c) Verhaltensverstärkung, (d) klassische Konditionierung, (e) *Konditionierung, instrumentelle*.

Emotion und Affekt: (1) bewusste Freude/Wohlbehagen (L.), (2) automatische Freude/Wohlbefinden. Jäncke 2013.

L. Jäncke

Ward-Hovland-Phänomen [engl. *Ward-Hovland phenomenon*], [**KOG**], Reminiszenzphänomen (*Reminiszenz*), bei dem die Behaltensleistung beim Erlernen sinnloser Silben und motorischer Fähigkeiten 2 bis 10 Min. nach Beendigung eines Lernvorgangs erhöht ist. *Gedächtnis*.

Wärmeübung [engl. *warmth exercise*]; *Autogenes Training*.

Wärmezentren (= W.) [engl. *heat center*], [**BIO**], die vorwiegend im vorderen *Hypothalamus* befindlichen Areale zur Koordination der Wärmeregulation. Die W. beeinflussen nicht nur die Bildung und Abgabe von Wärme, sondern auch alle energierelevanten Verhaltensweisen (z. B. Nahrungsaufnahme, Körperhaltung). *Gehirn*, *Nervensystem*.

Warmherzigkeitsdimension [engl. *dimension of warmheartedness*], *Urteilsbildung, Dimensionen*.

warming-up [engl.] *Anwärmeffekt*.

Warner-Index [engl. *Warner's index of status characteristics (ISC)*], [**DIA, SOZ**], Beurteilung des sozioökonomischen Status nach Warner. Er entwickelte den *Index of Status Characteristics* (ISC), bei dem beruflicher Status, Einkommen, Wohnsituation und Wohnlage berücksichtigt werden. Der ISC galt für die US-Verhältnisse der 1950er Jahre. Warner et al. 1949.

Wartegg, Ehrig (1897–1983), [**DIA, HIS, PER**], 1931–1938 Hilfsassistent bzw. Assistent am Psychologischen Institut in Leipzig, 1938 tätig beim Arbeitsamt Erfurt. Nach dem Krieg Psychotherapeut in Erfurt, ab 1950 in Berlin (DDR) im Haus der Gesundheit. Wartegg vertrat eine Schichtentheorie (*Schichten-Ontologie*) der *Persönlichkeit* und entwickelte mehrere projektive Testverfahren, von denen der *Wartegg-Zeichentest (WZT)* als Weiterentwicklung des Fantasietests *Friedrich Sanders* der bekannteste ist. Dieses Verfahren entwickelte Wartegg in seiner Dissertation (Wartegg 1939).

H. E. Lück

TestWartegg-Zeichentest (WZT), 1976, von E. Wartegg, vermutlich 1. Aufl. 1936, [www.testzentrale.de], [**DIA, PER**]. Projektives Persönlichkeitsverfahren (*projektive Tests*). AA Kinder und Erw. Sehr verbreiteter Gestaltungstest für eine umfassende Persönlichkeitsdiagnostik (*Persönlichkeit*). Acht Felder sind vom Pb unter Benutzung best. abgebildeter Zeichnungsansätze mit Zeichnungen nach sonst freiem Belieben auszufüllen bzw. weiterzuzeichnen. *Objektivität*: Eine obj. Auswertung scheint problematisch. *Reliabilität*: Retest-Reliabilität (1–3 Wochen) zw. $r = .40$ und $r = .60$. *Validität*: Zusammenhang zw. den Ergebnissen des WZT und Zeichennoten zw. $r = .42$ und $r = .75$. Die Grundlage für eine Norm stellt Warteggs (1968) «ontogenetische Grundreihe», die die fortschreitende Entwicklung der zeichnerischen Gestaltung beschreibt, dar. Durchführungsdauer: 20 bis 30 Min.

Wartezeiten, systembedingte [engl. *system induced waiting times/latencies*], *System-Response-Zeiten*.

Was-Pfad [engl. *what pathway*], *ventraler Pfad*.

Wasserfalleffekt (= W.) [engl. *waterfall effect*], [**WA**], eine optische Bewegungstäuschung (gegensinnige *Scheinbewegungen*, Bewegungssukzessivkontrast). Das Phänomen beschrieb schon Aristoteles, die Bez. W. erhielt es durch Addams (1834). Vielseitig beobachtbar, z. B. fahrender Zug, Wasserlauf: Sieht man weg auf eine helle Fläche, dann entsteht der Eindruck der Gegenläufigkeit. *Bewegungsnachbild*. Pauli & Arnold 1957, Goldstein 2007.

Watson, John Broadus (1878–1958), [**HIS, KOG**], gilt als Begründer des *Behaviorismus* (auch: Behaviourismus). Er begann nach seinem Examen an der Furman-Universität ein Graduiertenstudium an der *University of Chicago*. 1903 promovierte Watson mit einer Arbeit über Lernprozesse (*Lernen*) bei Ratten und arbeitete zunächst in Chicago als Leiter des Tierlaboratoriums der Universität, bis er 1908 eine Professur für Ps. an der *Johns Hopkins University* in Baltimore erhielt. Watson wurde von seinem Kollegen Adolf Meyer, einem Psychiater, in psychoanalytische Theorien eingeführt (*Psychoanalyse*). Der Begriff «Behaviorist» stammt vermutlich von Watsons Lehrer James Rowland Angell; den Begriff «Behaviorism» prägte jedoch Watson für eine Richtung innerhalb der Ps., die vor allem für die amerik. Ps. für Jahrzehnte prägend werden sollte. Watson wendete sich 1913 in seinem Aufsatz «Psychology as the behaviorist views it» kämpferisch gegen die Methode der *Introspektion*, wie sie in der Bewusstseinsps. (*Struk-*

turalismus) des *Wundt*-Schülers *Titchener* ihren Niederschlag gefunden hatte: Behaviorismus sei ein vollkommen obj., exp. Zweig der Naturwissenschaft. Sein Ziel sei die Vorhersage und Kontrolle von *Verhalten*. Erst später nahm Watson Bezug zu den Untersuchungen von *Pawlow*. Sein Bemühen um Reformen trug Watson Anerkennung ein. 1915 wurde er Präsident der *American Psychological Association (APA)*. Nach psychodiagn. Tätigkeit als Militärpsychologe zur Zeit des Ersten Weltkriegs kehrte Watson an die *Johns Hopkins University* zurück und stellte die Grundlagen des Behaviorismus in seinem Lehrbuch «Psychology from the standpoint of a behaviorist» (1919) dar. Es folgten umstrittene vorbereitende Arbeiten zum Sexualverhalten und seine klassischen Experimente über die *Konditionierung* von *Emotionen*. Das bekannteste und heute aus ethischen Gründen umstrittene Experiment von Watson und seiner Doktorandin und zweiten Frau Rosalie Rayner wurde mit einem 11 Monate alten Kleinkind namens Albert B. (*Kleiner Albert*) durchgeführt (Watson & Rayner 1920). Ziel des Experiments war die Erzeugung einer *Phobie* in diesem Kind, wobei die Pawlow'sche Konditionierungstechnik eingesetzt werden sollte. Watson und Rayner sahen ihre Untersuchung als Beleg für das Entstehen von Phobien und als Alternative zur psychoanalytischen Phobieerklärung an. Obwohl Watsons Programm des Behaviorismus zunächst nur zu einem geringen Teil in überzeugende ps. Exp. umgesetzt worden war, wurde der Behaviorismus in den zwanziger Jahren von akademischen Psychologen in den USA weitgehend rezipiert. Watson musste nach Gerüchten über seine sexualpsychol. Versuche und einer Affäre mit Rayner 1920 die Universität verlassen. Er arbeitete sich aber erfolgreich in der Werbebranche hoch und schrieb für illustrierte Zeitschriften, u. a. zu Erziehungsfragen. Längere Zeit galt Watson in diesem Bereich als Autorität, obwohl er auch hier eine Position vertrat, die Distanz der Eltern zum Kind verlangte (Watson 1929). W. erweiterte schließlich seine Vorstellungen zu Erziehungsutopien (Watson 1985). Der Grund für die Popularität des Behaviorismus lag auch in der radikalen *Milieutheorie*, die der amerik. Lebensphilosophie entsprach.

H. E. Lück

wayfinding [engl.] «Wegfindung», *räumliches Navigieren*.
Web 2.0 (= W.) [engl. *web* Netz], syn. *Social Web*, [**MD**], Werkzeuge und Technologien (z. B. Wikis, Weblogs, *soziale Netzwerke im Internet*) im Internet, die Nutzern die Interaktion, Kommunikation und *Kooperation* miteinander ermöglichen. Das W. beschreibt zum einen technologische Veränderungen wie die plattform- und geräteunabhängige Nutzung von Inhalten (z. B. auf mobilen Geräten, *mobiles Lernen*), die Integration von Inhalten über Anwendungsgrenzen hinweg (*Mash-up*) oder die Nutzung des Internets anstatt des eigenen Computers zur Speicherung von Daten (*Cloud-Computing*) und als Arbeitsumgebung. Zum anderen werden mit dem Begriff W. die veränderten Nutzungsgewohnheiten beschrieben, die sich aus diesen technologischen Veränderungen ergeben: Die Nutzer werden von bloßen Konsumenten von Inhalten zu Produzenten von Inhalten (z. B. durch das Bearbeiten eines Eintrages in der Online-Enzyklopädie Wikipedia oder durch das Erstellen und Teilen von Videos, Bildern oder Texten). In der psychol. Forschung werden Einflüsse des W. auf den Umgang mit Wissen und Informationen (*computer-supported collaborative learning*), das Kommunikationsverhalten (*computervermittelte Kommunikation*) und soziales Verhalten in Gruppen und Beziehungen untersucht. O'Reilly 2005.

J. Moskaliuk

Weber, Ernst Heinrich (1795–1878), [**HIS, WA**], Anatom, Physiologe/Leipzig. Wegbereiter der *Psychophysik*.
Weber'scher Stimmgabelversuch [engl. *Weber's tuning fork test*], [**BIO, WA**], erlaubt die Unterscheidung zwischen Mittelohrschwerhörigkeit und Innenohrschwerhörigkeit (*Hörstörungen*). Der Griff einer schwingenden Stimmgabel wird auf die Mitte des Schädels gesetzt; bei Innenohrschädigung erscheint der Ton auf der gesunden Seite, bei Mittelohrschädigung auf der kranken.
Weber'sches Gesetz [engl. *Weber's law*], syn. *Weber-Fechner-Gesetz*, *Weber, Ernst Heinrich* im Jahre 1834, [**WA**], eine grundlegende Gesetzmäßigkeit der Wahrnehmungsps.: Der Reizzuwachs, der eine eben merkliche Verstärkung der Empfindung bewirkt, steht in einem konstanten Verhältnis zu dem schon vorhandenen Reizbetrag, die relativen Unterschiedsschwellen (*Unterschiedsschwelle*) bleiben konstant. Diese Beziehung ist ausgedrückt in der Formel:

$$\frac{\Delta R}{R} = k$$

k = (konstant), wobei R die Größe des Ausgangsreizes ist und ΔR der Reizunterschied, der eine Veränderung der Empfindungsintensität bewirkt. Wenn z. B. eine Steigerung der Helligkeit bemerkt wird, wenn zu 100 vorhandenen Kerzen eine hinzukommt, so sind hierfür bei 200 Kerzen zwei, bei 300 Kerzen drei weitere erforderlich, da in diesem Fall

$$\frac{\Delta R}{R} = \frac{1}{100}$$

ist. Auf einem mittleren Bereich von Reizgrößen gilt das Weber'sche Gesetz in guter Annäherung, nicht jedoch bei sehr kleinen und sehr großen Reizstärken. *Breton'sches Gesetz*, *Fechner'sches Gesetz*. Fechner 1860, 1907, Pauli & Arnold 1957, Wirtz & Nachtigall 2012.
Webers Gesetz der Zeitschätzung [engl. *Weber's law of time estimation*], *Zeitwahrnehmung*.
Web-Experiment (= W.) [engl. *web* Netz], [**MD, FSE**], Form des psychol. *Experiment*)im *World Wide Web*, dem grafischen Teil des Internets. Eine Vp in einem W. nimmt zur Teilnahme über einen *Web-Browser* Kontakt auf zum Laborcomputer, auf dem ein sog. *Web-Server*-Programm läuft. Das Experimentalmaterial wird vom Servercomputer über das Internet auf den Bildschirm der Vp geschickt. Bestimmte Handlungen der Vp, etwa Mausklicks und -bewegungen, Texteingabe und -änderungen oder Dokumentabfragen, aber auch Ton- und Videosignale können vom *Web-Server* zus. mit Antwortzeiten, Name und Standort des Computers der Vp und Art des verwendeten *Web-Browsers* aufgezeichnet und auf vorbestimmte Weise beantwortet werden. Im W. finden spezif. Techniken wie

der Ernsthaftigkeitscheck, *multiple site entry* und *warm-up* Anwendung. Dropout kann im W. als abhängige Variable genutzt werden. Eine Asymmetrie zw. W. und *Laborexperiment* besteht darin, dass jedes als W. programmierte Experiment auch im Labor durchgeführt werden kann, aber nicht jedes Laborexperiment als W. Wegen vieler weiterer methodolog. und praktischer Vorzüge wird die Methode des WE in jüngster Zeit ebenso wie andere *internetbasierte Methoden* als Ergänzung des meth. Repertoires der Ps. verstärkt eingesetzt. Reips 2002a, Reips 1997, Reips 2002b, Reips 2007, Musch & Reips 2000. *U.-D. Reips*

Wechseljahre [engl. *menopause*], syn. *Klimakterium*, *Prämenopause*. [**BIO**], Übergangsphase bei Frauen ab ca. 45 Jahren mit Unregelmäßigkeit der *Menstruation* bis zu ihrem letztmaligen Auftreten (Menopause) und dem Beginn der Postmenopause. Etwa die Hälfte aller Frauen leidet in dieser hormonellen Umstellungszeit unter diversen Beschwerden, auch psychonervöser Art (Schlafstörungen, Reizbarkeit, Schweißausbrüche etc.), die ggf. medikamentös behandelt werden (ggf. mit Hormonersatz- oder Phytotherapien). *Östrogene*.

Wechselkosten (= W.) [engl. *switch costs*], [**KOG**], «W. im engeren Sinne» (= lokale W.) entstehen im *Aufgabenwechsel*-Paradigma, wenn in zwei aufeinanderfolgenden Durchgängen unterschiedliche Aufgaben bearbeitet werden müssen, verglichen mit aufeinanderfolgenden Durchgängen, in denen die gleiche Aufgabe bearbeitet werden muss. W. können sowohl in den Reaktionszeiten als auch in den Fehlerraten auftreten. Mit «globalen W.» (engl. *mixing costs*) ist die generelle Verlangsamung von Reaktionszeiten gemeint, wenn mehr als eine Aufgabe im Arbeitsgedächtnis aktiv gehalten werden muss. Obwohl sich die Leistung nach einem Wechsel in den darauffolgenden Durchgängen ohne erneuten Wechsel rasch erholt, ist sie nicht so gut, wie wenn es nur eine einzige Aufgabe in einem Block gäbe. *C. Bermeitinger*

Wechselsprechen *Motherese*.

Wechselwirkung (= W.) [engl. *interaction* Interaktion], [**FSE**], von einer W. wird gesprochen, wenn sich zwei oder mehrere *unabhängigen Variablen* in ihrem Einfluss auf eine *ahängige Variable* gegenseitig beeinflussen, wenn also die Wirkung einer unabhängigen Variablen auf die abhängige Variable bei einer Veränderung in einer oder mehreren weiteren unabhängigen Variablen wechselt. Derartige W. können u. a. mithilfe der komplexen *Varianzanalyse* festgestellt werden. Nach der Zahl der unabhängigen Variablen, zw. denen eine W. besteht, unterscheidet man zw. W. versch. (erster, zweiter etc.) Ordnung. *Interaktion*, *Interaktionismus*. *G. Mikula*

Wechselwirkungslehre [engl. *interrelationship*, *interaction* Wechselwirkung], *Leib-Seele-Problem*.

Wechsler *Intelligenzabbau*, *Intelligenzstruktur*, *Intelligenztest*.

Wechsler, David (1896–1981), [**HIS, PER**], amer. Psychologe dt.-rumänischer Abstammung, New York. Wechsler ist durch sein *Intelligenz*-Modell bekannt geworden. 1939 erschien bereits die erste Version der Testbatterie unter der Bezeichnung Bellevue Wechsler Scale (auch Wechsler Bellevue Scale). *Hamburg-Wechsler-Intelligenztest für Erwachsene – Revision 1991*, *Hamburg-Wechsler-Intelligenztest für Kinder – IV (HAWIK-IV)*.

^(Test)**Wechsler Adult Intelligence Scale (WAIS-IV)**, 2012, D. Wechsler, [www.pearsonassessment.de], [**DIA, KOG, PER**], *Intelligenztest*. AA 16;0 bis 89;11 Jahre. Die WAIS-IV ist gegenüber ihrem Vorgängerverfahren, dem WIE (Wechsler-Intelligenztest für Erwachsene), deutlich verändert. Neu entwickelte Untertests ermöglichen es, Facetten der Intelligenz zu erfassen, die sich in der aktuellen Forschung als bedeutsam herausgestellt haben. Dazu wurde auch die Aufteilung in Verbal- und Handlungsteil aufgegeben und durch vier Indexwerte ersetzt. Darüber hinaus kann ein Gesamt-IQ bestimmt werden. Mit den vier Indizes lassen sich detaillierte Aussagen zu den Bereichen (1) *Sprachverständnis*, (2) *wahrnehmungsgebundenes logisches Denken*, (3) *Arbeitsgedächtnis* und (4) *Verarbeitungsgeschwindigkeit* treffen. Diese Aufteilung ermöglicht eine differenzierte Einschätzung des Intelligenzniveaus einer Person. Weitere Analysen können auf der Untertestebene vorgenommen werden. So gelingt mit der Profilanalyse eine gezielte Aussage über Stärken und Schwächen einer Person. *Normierung*: Es liegen repräsentative Normen ($N = 1650$) für Dt. aus dem Jahr 2012 sowie Validierungsstudien zu versch. klin. Störungsbildern (u. a. Schlaganfall, ADHS, Intelligenzminderung, Depression) vor.

^(Test)**Wechsler Intelligence Scale for Children – Fourth Edition (WISC-IV)**, 2011, D. Wechsler, [www.pearsonassessment.de], [**DIA, KOG, PER**], Intelligenztest. AA 6;0 bis 16;11 Jahre. Mit der WISC-IV liegt ein sehr ausdifferenziertes Intelligenzdiagnostikum (*Intelligenztest*) mit 15 Untertests vor, auf deren Basis sich folg. fünf Kennwerte bilden lassen: (1) *Arbeitsgedächtnis*, (2) *Sprachverständnis*, (3) *Verarbeitungsgeschwindigkeit*, (4) *wahrnehmungsgebundenes logisches Denken* und ein (5) *Gesamt-IQ-Wert*. Diese Differenzierung ermöglicht eine fundierte Einschätzung des Entwicklungsstandes. Weitere Analysen können auf der Untertestebene vorgenommen werden. *Normierung*: Es liegen Normen auf der Basis von Daten aus den Jahren 2005 und 2006 vor, die im Zuge der Überarbeitung des Verfahrens nachgeprüft wurden. Bearbeitungsdauer: zwischen 60 und 90 Min.

^(Test)**Wechsler Memory Scale – Fourth Edition (WMS-IV)**, 2012, D. Wechsler, F. Petermann & A. C. Lepach, [www.pearsonassessment.de], [**BIO, DIA, KOG**], Gedächtnistest. AA 16 bis 90 Jahre. Die vierte Version des bewährten Wechsler-*Gedächtnistests* bietet grundlegende strukturelle Veränderungen und ein breites Anwendungsspektrum i. R. klin. und forschungsbezogener Fragestellungen. Die zwölf Untertests können den fünf Indizes *auditives Gedächtnis*, *visuelles Gedächtnis*, *visuelles Arbeitsgedächtnis*, *unmittelbare Wiedergabe* und *verzögerte Wiedergabe* zugeordnet werden. Neu ist auch ein im Testumfang enthaltenes kogn. Kurzscreening zur Überprüfung des allg. kogn. Niveaus. *Normierung*: Bei einem Gesamtstichprobenumfang von $N = 1040$ aus 16 Bundesländern wurden auch versch. klin. Subgruppen berücksichtigt. Die für Geschlecht und Bildung repräsentative Normstichprobe umfasst 812 Personen für 14 Altersstufen. Bearbeitungsdauer: 75 Min.

TestWechsler Preschool and Primary Scale of Intelligence (WPPSI-III), 2011, D.Wechsler, [www.testzentrale.de], [**DIA, KOG, PER**], Intelligenztest. AA zw. 3;0 und 7;2 Jahren. Mit der WPPSI-III kann ein Gesamt-IQ als Maß für den kogn. Entwicklungsstand eines Kindes im Vorschulalter bestimmt werden. Zusätzlich können vier weitere übergeordnete Werte berechnet werden: *Verbal-* und *Handlungsteil*, *Verarbeitungsgeschwindigkeit* und *allg. Sprachskala*. Die Testbatterie besteht aus 14 Untertests, die sich in drei Gruppen aufteilen lassen: Kerntests, optionale und zusätzliche Untertests. *Normierung*: Die Normen wurden 2009 in Dt. an 710 Kindern erhoben. Bearbeitungsdauer: 3;0–3;11 Jahre: 20 bis 40 Min., 4;0–7;2 Jahre: 40 bis 50 Min. für die Kerntests.

Weckamine (= W.), [**PHA**], veraltete Bez. für leistungssteigernde und das Müdigkeitsgefühl beseitigende Pharmaka (*Psychopharmaka*) aus der Gruppe der Amine (*Amine, biogene*; z. B. *Amphetamine, Ephedrin, Methamphetamin*).

Weckreaktionszentrum, Wecksystem [engl. *wakefulness center*], *Formatio reticularis*.

Weckschwelle [engl. *wake-up threshold*], [**BIO**], bei Schlaftiefenmessungen die *Reizschwelle*, die nötig ist, um den Schlafenden aufzuwecken. *Schlaf*.

Wege-Ziel-Theorie der Führung [engl. *path-goal theory of leadership*], *Führung*.

Wehrpsychologie (= W.) [engl. *military psychology*], [**AO, DIA, KLI, SOZ**], Teilgebiet der Angewandten Ps., Anwendung der Arbeits- und Organisations- sowie der klin. Ps. in den Streitkräften und in der Wehrverwaltung. I. w. S. befasst sich W. mit Personalgewinnung und Personalpflege (*Personalauswahl, Personalentwicklung*). Einsatzschwerpunkte der W. richten sich nach der jew. Bedarfslage der Streitkräfte in Bezug auf ps. Dienstleistungen. Aufgrund der einsatzorientierten Umstrukturierung der Streitkräfte und der zunehmenden Belastung der Soldaten und ihrer Angehörigen im Zusammenhang mit Auslandseinsätzen gewinnt die Truppenps. als Teilbereich der W. immer mehr an Bedeutung. W. als Wissenschaft hat ihre Wurzeln im Ersten Weltkrieg. In Dt. führten Psychologen auf der Grundlage der *Massenpsychologie* Feldforschungen im Kriegseinsatz durch. Das Militär konnte jedoch mit Ergebnissen über *emotionale Ansteckung* oder kollektive Identitäten (*kollektives Verhalten*) wenig anfangen. Demgegenüber gelang es bereits ab 1915 amerik. Psychologen (Yerkes, Goddard, Terman), rund 1,75 Mio. Wehrpflichtige mithilfe des *Army Alpha Test* (später: *Army General Classification Test*; *Army Alpha Test, Army Beta Test, Army General Classification Test*) den Erwartungen entspr. auszuwählen. Eine vorübergehende Vorrangstellung genoss die dt. W. zw. den beiden Weltkriegen auf eignungsdiagn. Gebiet durch die Einführung realitätsnaher Situationstests und durch subtilen Ausbau der individualdiagn. bedeutsamen *Charakterkunde* (Lersch, Rudert, Eckstein, Simoneit), was bei zu geringer Beachtung forschungsstatistischer Erfordernisse zugleich ihre Schwäche war. Als Folge der rapiden Entwicklung moderner Führungs- und Waffensysteme mit erhöhten Anforderungen an Wehrtechnik, Logistik und Infrastruktur und mit der notwendigen Anpassung der Streitkräfte an leistungsorientierte Gesellschaftssysteme ergaben sich nach dem Zweiten Weltkrieg neuartige Aufgabenstellungen für die W., die je nach Tradition und Organisation in den einzelnen Ländern unterschiedlich gewichtet werden. Zw. den Wehrpsychologen der meisten Staaten besteht ein reger Erfahrungs- und Informationsaustausch, in dem folg. Hauptbereiche einbezogen sind:

(I) *Personalps.*: (1) Eignungsfeststellungen und Verwendungsuntersuchungen bei Wehrpflichtigen und Freiwilligenbewerbern für die Laufbahnen der Mannschaften, Unteroffiziere, Feldwebel und Offiziere mittels computergestützter, z. T. adaptiver Leistungs- und Funktionstests, Interviews und Gruppensituationsverfahren. (2) Eignungsfeststellungen für spez. militärische und/oder zivile Verwendungen (Spezialistenauswahl, Laufbahnwechsel, berufliche Umschulungsmaßnahmen) unter Verwendung von computergestützten Leistungs- und Persönlichkeitstests, Interviews, Gruppensituationsverfahren sowie von simulationsgestützten Testverfahren (Steyer et al. 2000).

(II) *Luftfahrtps.*: Eignungsfeststellungen von fliegendem Personal sowie Flugsicherungskontroll- und Radarführungsdienstpersonal (u. a. mithilfe von realitätsnahen Arbeitsproben), klin.-psychol. Diagnostik und Therapie bei Luftfahrzeugbesatzungen, ps. Betreuung des fliegenden Personals i. R. der Einsatzvor- und Nachbereitung, Krisenintervention und flugpsychol. Begutachtung bei Flugunfällen, Beiträge zur exp. Flugphysiologie, flugpsychol. Ausbildung.

(III) *Truppenps.*: psychol. Beiträge für die Vor- und Nachbereitung sowie bei der Begleitung von militärischen Einsätzen. Schwerpunkte der Einsatzvorbereitung sind Stress und Stressbewältigung, Umgang mit Tod (*Sterben und Tod, Einstellungen zu*) und Verwundung, Verhalten bei Geisel- und Gefangennahme und *interkulturelle Kompetenz*. Einsatzbegleitung durch Truppenpsychologen zur Beratung der militärischen Führer und zur Betreuung der eingesetzten Soldaten. Einsatznachbereitung erfolgt vor allem in Reintegrationsseminaren und i. R. von Rekreationsmaßnahmen für belastete Soldaten. Truppenpsychologen unterstützen auch bei Betreuungsmaßnahmen der Familienbetreuungszentren und werden als Leiter oder Mitglieder von Kriseninterventionsteams bei Unfällen und Großschadensereignissen eingesetzt.

(IV) *Klinische Ps.*: Klinische Psychologen wirken bei der Diagnostik und Therapie von Soldaten mit psych. und psychosomatischen Erkrankungen mit. Dabei geht es um das gesamte Spektrum psychiatrischer Erkrankungen mit Schwerpunkten bei posttraumatischen Belastungsstörungen, Alkohol- und Drogenproblemen, Lern- und Leistungsstörungen, Phobien, Depressionen und Suizidversuchen.

(V) Psychol. *Ergonomie*: im Verbund mit der med. und technischen Ergonomie (*Anthropotechnik, human factors engineering*) Erarbeitung von Grundlagen und Richtlinien für Entwicklung und Erprobung von Waffen und Geräten (ergonomische Normen z. B. für Schiffe, Landfahrzeuge,

Luftfahrtgerät); Optimierung von Bedienungselementen und Steuereinrichtungen hinsichtlich der menschlichen Leistungsfähigkeit; Anforderungs-, Belastungs- und Arbeitsablaufanalysen zur Wirkungssteigerung des Regelkreissystems Mensch-Maschine (*Mensch-Maschine-System*).

(VI) *Sozialps.*, *Organisationsps.*: trägt zur Lagebeurteilung und Entscheidungsfindung beim militärischen und zivilen Führungspersonal bei. Arbeitsschwerpunkte sind die Feststellung der inneren Lage (*Motivation*, «Moral») der Streitkräfte und die Bewertung der Rahmenbedingungen des Militärdienstes (Betreuung, Fürsorge, Personalführung, Attraktivität, Dienstzeitbelastung, Zulagen). Weitere Themen sind: Feststellung der Belastung von aus dem Einsatz zurückkehrenden Soldaten, interkulturelle Probleme bei multinationalen Verbänden. Eingesetzt werden i. d. R. standardisierte Befragungsinstrumente und Einzelinterviews.

(VII) *Ausbildungsps.* (*Aus- und Fortbildung*, *Personalentwicklung*): Entwicklung und Überprüfung von Ausbildungsmethoden, vor allem bei kostenintensiven Ausbildungsgängen (fliegendes Personal, Flugsicherungskontrollpersonal, Kommandosoldaten), simulationsgestützte Ausbildung, programmiertes Lernen; Messung des Leistungsstandards militärischer Einheiten in verschiedenen Ausbildungsstadien (*Qualitätskontrolle*).

Ergebnisse wehrpsychol. Projekte werden in Fachzeitschriften sowie in spez. Publikationsorganen – in Dt. «Untersuchungen des Psychol. Dienstes der Bundeswehr» und «Arbeitsberichte PsychDstBw» – referiert (Rauch & Steeg 1995). H. D. Hansen

Weinert, Franz Emmanuel (1930–2001), [**HIS, KOG, PÄD**], Studium der Ps. in Erlangen, 1955 Diplom, 1958 Promotion, Habilitation 1966 in Bonn. Nach einer kürzeren Tätigkeit an der Päd. Hochschule Bamberg 1968 Berufung auf die Professur für Entwicklungsps. und Päd. Ps. an der Universität Heidelberg, 1981 Gründungsdirektor des Max-Planck-Instituts für Ps. Forschung, Vizepräsident der Max-Planck-Gesellschaft. Arbeiten zur Ps. des *Lernens*, zur kogn. Entwicklung, zur *Hochbegabung*, zur Ps. des *Unterrichts* und der *Erwachsenenbildung*. H. E. Lück

^Test**Weingartener Grundwortschatz Rechtschreibtest (WRT 1+, WRT 2+, WRT 3+, WRT 4+)**, 2007, P. Birkel, [www.testzentrale.de], [**DIA, EW, PÄD**], Verfahren zur Erfassung der Rechtschreibleistung. AA jew. auf das Testkürzel bezogen. Die WRT 1+ bis 6+ ermöglichen die obj. und zuverlässige Überprüfung, inwieweit Schüler der entspr. Klassenstufe in der Lage sind, eine sorgfältig ausgewählte Stichprobe der dem jew. Rechtschreib-Grundwortschatz (*Rechtschreibtests*) angehörenden Wörter auch in der richtigen Schreibung zu beherrschen. *Normierung*: Die Neunormierung der Tests führte zu Normen, die auf der Leistung von bundesweit jew. zw. 1200 und über 2000 Schülern beruhen. Es werden Prozentrang-Werte und PR-Bänder, T-Werte und T-Wert-Bänder sowie Notenvorschläge zur quant. Beurteilung der Schülerleistungen angeboten. Eine Besonderheit ist die Berechnung spez. Normen für Kinder mit anderer als dt. Muttersprache. Bearbeitungsdauer: Jeder Test kann in einer Unterrichtsstunde durchgeführt werden.

Weisheit (= W.) [engl. *wisdom*], [**KOG, PER, PHI**], W. bedeutet das Verstehen und Akzeptieren von Komplexität, Unbestimmtheit, Unterschiedlichkeit und Endlichkeit des menschlichen Lebens. W. beschreibt zudem eine tiefe *Einsicht* in das Wirkgefüge der Welt, des Lebens und der *Gesellschaft* sowie eine besonders wertvolle ethisch-moralische Grundhaltung (*Ethik*, *Entwicklung, moralische*) und damit verbundenes Handlungsvermögen (*Handlung*). Die indiv. *Entwicklung* bis zur W. dauert im Allg. den größten Teil des Lebens und entsteht i. R. von formeller *Erfahrungsbildung* und wird oftmals beschleunigt durch konstruktive Verarbeitung von Extremerlebnissen. W. führt zur Achtung eigener und der *Gefühle* anderer, zum Akzeptieren unterschiedlicher *Interessen*, *Werte* und Lebensstile sowie -entwürfe und zu Versuchen, Konflikte zw. Menschen (*Konflikt, sozialer*) geduldig und möglichst ausgleichend zu lösen. W. ist nicht notwendigerweise eine Funktion der *Intelligenz*, des deklarativen *Wissens* oder des biol. Alters. Staudinger 2005, Staudinger & Baltes 1996, Sternberg 1985. W. Echterhoff

Weiterbildung (= W.) [engl. *advanced/further training/education*], [**PÄD**], Begriff zur Bez. des institutionalisierten Teils von *Erwachsenenbildung*, also der Fortsetzung oder Wiederaufnahme organisierten Lernens nach der Erstausbildung in einem institutionellen Rahmen (z. B. an einer *Volkshochschule* oder i. R. von *Personalentwicklung*). W. umfasst grundsätzlich sowohl die berufliche Weiterbildung (*Aus- und Fortbildung*) als auch die allg. Erwachsenenbildung, der Begriff wird schwerpunktmäßig jedoch für Letztere verwendet, die auch Grund- und politische *Bildung* einschließt. Eigler et al. 1997, Hofmann & Regnet 2003, Werner 2006, Seidel 1983. M. Heinecke-Müller

Weiterbildungsmotivation, Bildungsmotivation [engl. *educational motivation*], [**EM, PÄD**], ist Teil allg. *Motivation*. *Weiterbildung* wird häufig mit freiwilliger Teilnahme angeboten, daher erhält eine intrinsisch angelegte Motivation (*Lernmotivation, intrinsische und extrinsische*) eine bes. Bedeutung für die Anmeldung zu entspr. Bildungsangeboten (Motivation zur Weiterbildung, Zugangsmotivation, Weiterbildungsbereitschaft oder allg. Bereitschaft zur Veränderung, *Bildung*) und bildet so eine *Lernvoraussetzung*. Motivation während der Weiterbildung (Leistungs-, Einsatzmotivation) deckt sich oft mit Lernbereitschaft (*Lernmotivation, aktuelle und habituelle*) aus dem schulisch geprägten bzw. external kontrollierten Bereich, bezieht sich jedoch gerade in der klass. *Erwachsenenbildung* (z. B. Volkshochschulbereich) auf eine Anschlussthematik (soz. Kontakte) oder im beruflichen Bereich auf die Verbesserung des soz. Status (z. B. der Funktion bzw. der finanziellen Anerkennung), also eher auf soziogene Aktivatoren. In der Erwachsenenbildung spielt vor allem die intrinsische Motivation eine wichtige Rolle bei der Bildung als lebensbegleitende Funktion (Kruse 1997, S. 123). Berufliche Weiterbildung (*Aus- und Fortbildung*) wird in großem Umfang durch Betriebe (private und öffentliche) für die eigenen Mitarbeiter angeboten. Hierbei ist der Teilnehmerschwund

(*Dropout*) in zeitlich verteilten Veranstaltungen geringer als im privat-freiwilligen Bereich, in dem viele Teilnehmer durch Werbung, finanzielle Individualförderung und indiv. Beratung interessiert werden müssen und z. T. gehalten werden können. Der Bildungsmotivation entgegen wirken sog. *Weiterbildungsbarrieren*, die als Einstellungen oder persönliche soz. Voraussetzungen die Annahme von Bildungsangeboten verhindern. Lernirrelevante *Emotionen* (z. B. *Gefühl*, emotionsspezif. *Kognition*) und Motivation (deklarative Wünsche und Absichten (*Intention*) inkl. der Aktivierung von *Verhalten*) sind nach Pekrun und Schiefele (1996, S. 155) zu unterscheiden. *W. Echterhoff*

Weitsichtigkeit [engl. *farsightedness, hyperopia*], [**BIO, WA**], optische Fehlsichtigkeit des *Auges*, bei der der Augapfel im Verhältnis zur Brechkraft zu kurz oder die Brechkraft zu gering ist (*Hypermetropie*). Die Folge ist, dass der Brennpunkt des Auges hinter der Netzhaut zu liegen kommt; Objekte erscheinen unscharf, je näher sie sich zum Auge befinden. *Presbyopie*. Goldstein 2007. *J. Zihl*

Welch-Test, [**FSE**], Korrekturverfahren, wenn beim *t-Test* für unabhängige Stichproben oder der *Varianzanalyse*, die *Heteroscedastizität*sannahme verletzt ist. Sowohl die Def. der Prüfgröße (t- bzw. F-Wert) als auch der *Freiheitsgrade* werden angepasst. Reagiert sensitiver auf Verletzungen der Normalverteilungsannahme als das Alternativverfahren *Brown-Forsythe-Test*. Welch 1947.

Wellek, Albert (1904–1972), [**HIS, PER**], Albert Josef Oskar Wellek wurde in Wien geb., legte sein Abitur in Prag ab und studierte Philosophie an der Karls-Universität, zugleich Komposition und Dirigieren am Staatlichen Konservatorium, 1928 promovierte er in Wien zum Dr. phil. in Musikwissenschaft. Kontakt mit Felix Krueger, 1939 Habilitation, 1942/43 Vertretungsprofessur in Halle, 1943 Berufung nach Breslau, 1945 nach Schließung der Universität und einer kurzen Zeit als Bürgermeister in Wusleben (Sudentenland) wird Wellek 1946 an die Universität Mainz berufen, wo er bis zu seiner Emeritierung 1971 Ps. und Musikwissenschaft lehrt. Wellek sah sich als Schüler von Krueger und vertrat eine sog. konkrete *Charakterkunde* (Wellek 1966). Er war Autor einer Vielzahl von Büchern über Charakterkunde und Musikps. Wellek 1963b, Wellek 1955b. *H. E. Lück*

Weltanschauung (= W.) [engl. *philosophy of life*], [**KOG, PER, PHI, SOZ**], die Gesamtheit der Annahmen über den Menschen und die Welt im Allgemeinen. Der Begriff ist noch umfassender und unschärfer als der Begriff des *Menschenbildes*, doch lassen sich Themengruppen und typ. Perspektiven unterscheiden: die Menschheit (Unterschiede der Gesellschaften und der Kulturen, Krieg und Frieden, Entwicklungshilfe, *Rassismus*, Globalisierung, UNO, *Menschenrechte*), die belebte Natur (Entstehung des Lebens auf der Erde, Ökologie, Tier- und Umweltschutz, Gentechnik) und die unbelebte Natur (natürliche Landschaft, Urbanisation, Klimaschutz, Entstehung des Weltalls). Häufig bedeutet W. vor allem religiöse und alltagsphilosophische Überzeugungen und zugeordnete politische und soziale *Einstellungen*, i. S. einer umfassenden *Alltagstheorie*. Angesichts der fundamentalen Unterschiede zw. den W. bzw. Menschenbildern stellt sich die Frage, wie die Einzelnen und die Gemeinschaften mit den Widersprüchen und der Vielfalt vorhandener Menschenbilder umgehen: liberal und tolerant oder intolerant, unterdrückend, missionarisch, kämpferisch (i. S. eines Fundamentalismus oder Pluralismus? *Ideologie*)? *J. Fahrenberg*

Werbepsychologie (= W.) [engl. *psychology of advertising*], [**AO, MD, WIR**], Teilgebiet der *Wirtschaftspsychologie* innerhalb der angewandten Ps. W. beschreibt die ps. Wirkungsmechanismen der Werbung. Diese lassen sich am besten i. R. einer ps. Betrachtungsweise verstehen. Werbung soll letztendlich *Einstellungen*, *Emotionen* und *Verhalten* von Konsumenten beeinflussen. Die W. untersucht daher *Wahrnehmung*, *Denken*, *Affekt* und *Gedächtnis*prozesse der Empfänger von Werbebotschaften. Darüber hinaus sind auch sozialpsych. Theorien hilfreich für das Verständnis von Werbung, insbes. zum Verständnis möglicher unerwünschter Effekte wie der Festigung von *Geschlechterstereotypen* oder der Erhöhung von *Konformitäts*druck bei jugendlichen Konsumenten.

Angewandte W. dient v. a. zur Entwicklung möglichst wirksamer Werbemaßnahmen unter Berücksichtigung psychol. Mechanismen. Dabei kommen in Pretests während der Gestaltungsphase psychol. Messmethoden zum Einsatz (*Interview*, *Focus Interview*, Befragung, *Verhaltensbeobachtung*, Fokusgruppen, Messung von *Reaktionszeit* etc.), welche die Effektivität einer Werbekampagne möglichst schon vor deren Start vorhersagen sollen. Wie wirkungsvoll eine durchgeführte Werbekampagne ist, kann i. R. von Posttests untersucht werden. Eine Wirkungsüberprüfung wird von Werbepraktikern wegen vermeintlich zu geringer *Validität* oft abgelehnt, von Marketingverantwortlichen hingegen gefordert. Neue Impulse erhält die W. durch die Analyse *sozialer Netzwerke im Internet*, wodurch eine genaue Messung von Verbreitung und Rezeption der Werbebotschaften möglich wird. *Einstellungsänderung, werbepsychologisch*, *Einstellungsübertragung, werbepsychologisch*, *Werbewirkung*, *Werbung, emotionale*, *Werbung, subliminale*, *Werbung und Kinder*. Fennis & Stroebe 2010, Vakratsas & Ambler 1999, Felser 2015. *C. Fichter*

Werbewirkung (= WW.) [engl. *advertising effect/impact*], [**WIR**], unter Werbung (= W.) versteht man den Einsatz von Kommunikationsmitteln, um Einstellungen oder Verhalten von Rezipienten zu beeinflussen (*Werbepsychologie*; Kroeber-Riel & Gröppel-Klein 2013). Der Erfolg von Werbemaßnahmen kann am Erreichen der zugrunde liegenden Zielsetzungen festgestellt werden, wie z. B. anhand von veränderten Einstellungen zu einer Marke (*Markenimage*) oder gestiegenen Absatzzahlen eines beworbenen Produkts. Die Forschung zur WW. geht über die Frage nach dem Erreichen von Werbezielen hinaus, und beschäftigt sich damit, wie die Wirkung von Werbemaßnahmen zustande kommt. In diesem Zusammenhang treffen WW.modelle Aussagen über vermittelnde Mechanismen oder betrachten Randbedingungen, unter denen W. ihre Wirkung entfaltet. WW.modelle können in drei Gruppen untergliedert werden. (1) *Stufenmodelle der WW.* nehmen an, dass W. ihre Wirkung aufgrund des sequentiellen Durchlaufens mehrerer Stufen entfaltet. Ein bekanntes Stufenmodell ist das *AIDA-Modell*, dessen Stufen idealerweise alle durchlaufen werden sollten, damit eine W. erfolgreich sein kann. (2) Die Annahme der Stufenmodelle, dass W. ihre Wirkung durch den sequenziellen Ablauf versch. Wirkungskomponenten entfaltet, wurde von den *Hierarchie-von-Effekten-Modellen* (*Hierarchie-von-Effekten-Modelle*) aufgegriffen. Grundannahme dieser Modelle ist, dass WW. eine kogn., affektive und konative Komponente umfasst. I. Ggs. zu den Stufenmodellen, die einen festgelegten Ablauf der Wirkungskomponenten unterstellen, nehmen die Hierarchie-von-Effekten-Modelle eine unterschiedliche hierarchische Anordnung der Wirkungskomponenten an, wobei diese Anordnung von versch. Randbedingungen abhängt (insbes. *Involvement* der Rezipienten oder Unterscheidbarkeit von Alternativen). (3) *Zwei-Prozess-Modelle* postulieren, dass die WW. nicht durch sequentielles Durchlaufen von Stufen, sondern durch unterschiedliche Prozesse bedingt wird. Z. B. unterstellt das *Alternative-Wege-Modell* (Batra & Ray 1985, [engl. *alternative-paths model*]), dass abhängig vom Grad des Involvement des Rezipienten entweder ein kogn. oder affektiver Weg der Informationsverarbeitung beschritten wird. Bei hohem Involvement wird eine kogn. Verarbeitung der Werbung angenommen, d. h. der Rezipient setzt sich mit den Argumenten der Werbung (*Argumente, wirtschaftspsychologisch*) auseinander, und es bildet sich eine argumentsensitive Einstellung zum beworbenen Produkt (*Einstellungsänderung, werbepsychologisch*), die letztlich Grundlage der Kaufintention und Kaufhandlung ist (*Kaufentscheidungen, Modelle*). Bei geringem Involvement des Rezipienten erfolgt eine affektive Verarbeitung der W., die zu einer vorführungssensitiven Einstellung und schließlich zur Kaufabsicht führt. Die Qualität der Werbeargumente spielt dabei eine untergeordnete Rolle, vielmehr sind Sympathie für die Werbevorführung und Häufigkeit der Werbedarbietung wichtig.

Die vorgestellten WW.modelle verdeutlichen, dass mehrere Komponenten am Zustandekommen der WW. beteiligt sind, und dass die WW. von Randbedingungen abhängt. Durch die Berücksichtigung dieser Zusammenhänge lassen sich Gestaltungsempfehlungen ableiten sowie Kriterien def., anhand derer die Wirkung einer Werbemaßnahme festgestellt werden kann. Aufgrund der unterschiedlichen Natur der Wirkkomponenten kommen zur Messung der WW. vielfältige Verfahren zum Einsatz (Döring et al. 2015). So kann die Überprüfung der Aufmerksamkeitswirkung einer Werbemaßnahme mit apparativen Verfahren (z. B. Registrierung von Blickbewegungen) oder mit Erinnerungstests (Rekognitions- und Reproduktionstests; *Erinnerungstests, werbepsychologisch*) erfolgen. Die Einstellungen zu beworbenen Produkten bzw. Marken werden meist durch die Erhebung von Urteilen und Bewertungen erhoben (z. B. Interviews oder standardisierte Fragebögen). *R. Soucek*

Werbung, emotionale (= e. W.) [engl. *emotional advertising*], [**EM, KOG, WIR**], der Inhalt von Werbebotschaften kann unterteilt werden in informative oder e. bzw. transformative Inhalte. Ebenso kann auch die Verarbeitung von Argumenten (*Argumente, wirtschaftspsychologisch*) in einen zentralen und systematisch den Inhalt verarbeitenden Weg (*Informationsverarbeitung*) und einen peripheren, eher heuristischen (*Heuristik*) und die (emot.) Randbedingungen betonenden Weg unterteilt werden. E. W. versucht dabei vorrangig, durch ihre Gestaltung und weniger durch ihre inhaltliche Aussage zu überzeugen (z. B. Anzeigen für Mode) und strebt die durch sie erzeugten angenehmen *Gefühle*, *Emotionen* oder *Stimmungen* auf die beworbenen Marken oder ein best. Produkt zu übertragen. Als theoretische Erklärungsansätze dafür, wie Gefühle die *Einstellungen* zu einem Produkt oder Marke beeinflussen, können die e. Konditionierung (Platzierung von Marken in räumlicher oder zeitlicher Nähe mit Objekten oder Situationen, deren Rezeption angenehme Gefühle auslöst; *Konditionierung, emotionale; wirtschaftspsychologisch*) oder auch die *Einstellungsübertragung* (Übertragung der affektiven Komponente: Gefällt einem Rezipienten eine W., so gefällt ihm auch das Produkt oder die Marke.) genannt werden. Weitere Ansätze finden sich im Bereich der *transformationellen W.* (das eigene *Erleben* der in der W. dargestellten Gefühle führt zu einer e. *Bindung*) sowie im Bereich der *Gefühlsantizipation* (erwünschte Gefühle als *Motive* für best. Produkte oder Marken). In Bezug auf die Wirkung best. Gefühle finden sich v. a. Befunde zu Wärme (wärmevermittelnde Werbespots sind v. a. dann als wirksam einzustufen, wenn in den vorangegangenen Spots kein vergleichbares Gefühl angesprochen wurde), zu Humor (*Werbung, humorige*), zu Furcht (*Furchtappell*) und zu erotischen Gefühlen (*Werbung, erotische*). Mattenklott 2015. *A. Mattenklott*

Werbung, erotische (= e. W.) [engl. *sexual advertising*], [**EM, KOG, WIR**], kann, wie auch *humorige Werbung*, in den Bereich der *emotionale Werbung* eigenordnet werden, welche vorrangig versucht, die durch sie erzeugten angenehmen *Gefühle*, *Emotionen* oder *Stimmungen* auf die beworbenen Marken oder ein best. Produkt zu übertragen. Dabei wird angenommen, dass eine e. Gestaltung von Werbespots die *Aufmerksamkeit* auf diese lenkt und den Betrachter zum näheren Hinsehen animiert. Ziel ist dabei, die Erinnerung (*Gedächtnis*) an die beworbenen Marke oder das beworbene Produkt zu steigern und eine pos. *Einstellung* gegenüber der Marke oder dem Produkt zu fördern. Durch den e. Inhalt soll diese(s) als attraktiver wahrgenommen werden als ohne e. Gestaltung. Dieser angestrebte Effekt kann jedoch nicht für alle Marken oder Produkte bestätigt werden: Vielmehr konnte gezeigt werden, dass Marken oder Produkte, die mit Erotik assoziiert werden, von e. W. profitieren. Wird e. W. hingegen bei Marken oder Produkten eingesetzt, die spontan nicht mir Erotik assoziiert werden, scheint Erotik eher irritierende Effekte zu haben. Mattenklott 2015. *A. Mattenklott*

Werbung, humorige (= h. W.) [engl. *humorous advertising*], [**EM, KOG, WIR**], kann, wie auch erotische W. (*Werbung, erotische*), in den Bereich der emotionalen W. (*Werbung, emotionale*) eingeordnet werden, welche vorrangig versucht, die durch sie erzeugten angenehmen

Gefühle (*Gefühl*), *Emotionen* oder Stimmungen (*Stimmung*) auf die beworbenen Marken oder ein best. Produkt zu übertragen. Dabei wird angenommen, dass es h. W. in bes. Maße gelingt, die *Aufmerksamkeit* auf sich zu lenken und die *Einstellung* ihr gegenüber sowie gegenüber der/ dem beworbenen Marke/Produkt pos. zu beeinflussen. *Humor* kann als eines der häufigsten Gestaltungsmittel von W. charakterisiert werden, wobei er sich vorrangig durch drei Merkmale auszeichnet: (1) Überraschung aufgrund von Inkongruenz gegenüber dem erwarteten Ausgang der Episode, (2) spielerische Leichtigkeit und (3) Schnelligkeit, mit der die Inkongruenz zw. Erwartung und Erlebnis der Episode aufgelöst werden kann. Als zentrale Forschungsbefunde im Kontext von h. W. können versch. Aspekte hervorgehoben werden: Humor zieht die Aufmerksamkeit auf sich, ohne gleichzeitig das Verstehen der Werbebotschaft zu beeinträchtigen. Humor steigert die *Sympathie* für die rezipierte W., fördert jedoch die Einstellung zur Marke oder zum Produkt nur gering und kaum zu Kaufabsichten (*Kaufentscheidungen, Modelle*). Humor erhöht nicht die Glaubwürdigkeit einer Marke oder eines Produkts und wirkt weitgehend zielgruppenspezif. Humor, der sich auf die Marken- oder Produktbotschaft bezieht, hat sich als vorteilhafter erwiesen als Humor ohne Beziehung. Gleichzeitig konnte gezeigt werden, dass sich Humor bes. bei der Bewerbung etablierter Produkte anbietet. Einer Abnutzung von Humor (bzw. Pointen) versuchen einige Marken durch den Einsatz versch. Episoden und Varianten entgegenzuwirken. Mattenklott 2015. *A. Mattenklott*

Werbung, subliminale (= s. W.) [engl. *subliminal advertising/persuasion*; lat. *sub* unter, *limen* Schwelle], [**MD, WA, WIR**], bei s. W. handelt es sich um die unterschwellige Präsentation von Reizen (*Reiz*), die in Zusammenhang zu best. Produkten oder Firmen stehen, zum Zweck der Erhöhung des Konsums der so beworbenen Produkte. Um die Werbereize (z. B. Firmenlogos oder Namen von Produkten) unter der Schwelle bewusster *Wahrnehmung* zu präsentieren, werden sie meist sehr kurz und maskiert (*Maskierung*) dargeboten. Wohingegen s. W. per se und der kurzfristige Einfluss subliminaler Reize auf die Beantwortung, Bewertung oder Beurteilung nachfolgender Reize inzwischen kaum mehr bestritten werden, ist unklar, ob, ggf. wie lange und wie spezif. s. W. i. S. von Konsumerhöhung wirkt. In der Geschichte der Forschung zu s. W. gab es immer wieder zweifelhafte Exp. und auch fingierte Daten, wie es bei dem sehr prominenten Bsp. des Marketingexperten James Vicary aus dem Jahre 1957 der Fall ist. Vicary behauptete damals, dass er den Konsum von Cola und Popcorn in einem Kino durch den Einsatz von s. W. um ein Vielfaches über den normalen Verkauf steigern konnte. 1962 musste er einräumen, dass er die Daten erfunden hatte. Ein weiteres Problem bei der Forschung zu s. W. ist der Nachweis mittels eines direkten Tests, dass die Reize lediglich subliminal dargeboten wurden. Dieser Nachweis wurde nur in wenigen bisherigen Studien überzeugend geliefert. Die jüngere Forschung zeigt, dass s. W. unter best. Bedingungen tatsächlich effektiv sein kann. Z. B. wird die Wahrscheinlichkeit, dass s. W. wirkt und somit das subliminal beworbene Produkt Konkurrenzprodukten (z. B. ein best. Getränk oder ein best. konzentrationssteigerndes Mittel) vorgezogen wird, erhöht, wenn bereits ein entspr. Bedürfnis vorlag (z. B. Durst oder Müdigkeit und das Bedürfnis, seine Konzentration zu steigern). Bermeitinger et al. 2009. *C. Bermeitinger*

Werbung, transformationelle *Werbung, emotionale.*

Werbung und Kinder, [**EW, WIR**], Werbung (= W.) stellt eine spezif. Form sozialer Beeinflussung (*Einfluss, sozialer*) dar. Kinder sind Zielgruppe von W. zum einen als Konsumenten altersspezifischer Produkte (z. B. Spielzeug, Frühstücksflocken, Süßwaren), zum anderen als Beeinflussende der Entscheidungen (*Kaufentscheidungen, Modelle*) ihrer Eltern. Zudem stellen sie zukünftige Konsumentengenerationen dar, bei denen *Markentreue* aufgebaut werden soll. Durch neue Medien werden Werbestrategien gezielter eingesetzt (z. B. Kinder-TV-Kanäle, Websites, Advergames) und sind für Eltern schwieriger zu kontrollieren. Die Beeinflussung von Kindern durch W. wird häufig als unfair betrachtet (z. B. Kunkel et al. 2004). Für einen kritischen Umgang mit W. müssen Rezipienten in der Lage sein, W. als solche zu erkennen und von anderen Informationen abzugrenzen. Zum anderen müssen Rezipienten die beeinflussende Absicht und die interessengeleitete Informationsdarstellung von W. erkennen können. Beide Aspekte sind an die *kognitive Entwicklung* gebunden und bei Kindern nicht gegeben. So können Kinder erst ab etwa 5 Jahren überhaupt zw. W. und Programm unterscheiden, und diese Unterscheidung wird z. B. durch den Einsatz von Zeichentrickcharakteren in der W. erschwert. Das Erkennen der beeinflussenden Absicht von W. steigt mit dem Alter an und ist unter 7-8 Jahren weitgehend nicht möglich. Das Verständnis, dass W. Informationen in verkaufsfördernder Weise verzerrt darstellt sowie die Anwendung dieses Verständnisses entwickeln sich noch später. Die Beeinflussung von Kindern durch W. wird insbes. kritisch hinsichtlich Lebensmitteln (z. B. McGinnis et al. 2006) und Genussmitteln diskutiert. W. ist Teil der allg. Konsumentensozialisation (*Sozialisation durch Werbung*) (John 1999), wobei neben der konkreten Beeinflussung zum Konsum best. Artikel auch die Vermittlung von gesellschaftlichen Werten (z. B. *Materialismus*, Geschlechtsrollen (*Geschlechtsrollen-Selbstkonzept*), Schönheitsideale) thematisiert wird. *E. Hölzl*

Wernicke-Aphasie (= W.) [engl. *Wernicke's Aphasia*], nach Carl Wernicke (1848–1905), syn. *sensorische/rezeptive Aphasie*, [**BIO, KOG**], bez. eine *Sprachstörung*, die nach Hirnschädigungen auftreten kann. Der Begriff W. stammt aus dem 19. Jhd. und wurde später von der sog. neo-klass. Aphasiologie übernommen, als wiederkehrende *Symptome* zu *Syndromen* zus.gefasst wurden. Syndromklassifizierungen entsprechen jedoch nicht immer der tatsächlichen Beobachtung und werden deshalb heute in der kogn. *Neuropsychologie* durch eingehende Einzelfalluntersuchungen ersetzt mit dem Ziel, versch. Sprachleistungen durch mehrere Tests unabhängig von der Zuordnung zu einem best. Syndrom zu untersuchen. Als grobe Orientierung besitzt die Einteilung in Syndrome aber nach wie vor ihre

Berechtigung. W. zählt zu den Standardsyndromen (neben *Broca-Aphasie*, *amnestische Aphasie* und *globale Aphasie*) und wird traditionell als direkter Ggs. zur Broca-Aphasie aufgefasst. Das *Sprechen* (*Sprachproduktion*) ist bei W. flüssig (normale Sprechgeschwindigkeit mit ca. 130 Wörtern/Min.). *Artikulation*, Satzintonation und -betonung sind gut erhalten. Der Satzbau weist Auffälligkeiten auf, die als *Paragrammatismus* bez. werden. Dabei handelt es sich um häufige Satzabbrüche, vermehrte Satzverschränkungen und Satzteilverdoppelungen. Beim Sprechen von Wörtern kommt es zu häufigen Entstellungen, den sog. *Paraphasien*, die entweder lautlich («Laschentampe» für «Taschenlampe») oder inhaltlich («Mutter» für «Frau») zu einem existierenden Wort in Beziehung gebracht werden können, aber nicht in den Kontext des Gesagten passen. In einigen Fällen kann die Äußerung so stark entstellt sein, dass sich ein Bezug zu einem Wort nicht mehr herstellen lässt und ein *Neologismus* entsteht («Tampelusch»). Ist die Sprache zu stark von Paraphasien und Neologismen durchsetzt, wird das Gesagte unverständlich und entwickelt sich zum Jargon. Varianten von W. entstehen, wenn das Gesprochene entweder vorwiegend lautlich oder vorwiegend inhaltlich entstellt ist. Das Verstehen von Sprache ist bei W. erheblich beeinträchtigt. In Folge wird meist unangemessen in Gesprächssituationen reagiert und Konversationen verlaufen unkontrolliert. Sprachliche Leistungen in kontrollierten Tests wie Nachsprechen, lautes Lesen, spontanes Schreiben und Schreiben nach Diktat sind ebenso wie die Spontansprache von Paraphasien oder Neologismen durchsetzt. *Aphasie*. Poeck 1994. *F. Burchert*

Wernicke-Geschwind-Modell [engl. *Wernicke–Geschwind model*], nach Carl Wernicke (1848-1905), Norman Geschwind (1826-1984)], [**BIO**], einflussreichste Theorie über die kortikale Lokalisation der *Sprache*, die auf den von Broca und Wernicke gemachten Beobachtungen über die nach ihnen benannten *Aphasien* (, *Broca-Aphasie*, *Wernicke-Aphasie*) und Zentren ausgeht (*Gehirn*). Danach werden (1) gehörte auditorische Signale (*Hören*; *Wort*, *Satz*) zunächst im primären auditorischen Kortex empfangen und zum Wernicke-Areal weitergeleitet, wo sie verstanden werden. Soll auf den Inhalt geantwortet werden, wird eine neuronale Repräsentanz desselben zum Broca-Areal übermittelt, wo ein entspr. *Artikulation*sprogramm aktiviert wird, das seinerseits die *Neurone* des primären motorischen Kortex und über diese schließlich die Sprachmuskulatur (Kehlkopf) aktiviert. (2) Laut gelesene Inhalte (*Lesen*) erreichen zuerst die primäre Sehrinde. Von dort werden sie zum *Gyrus angularis* weitergeleitet, wo die visuelle Form in einen auditiven Code übersetzt und zum Verstehen an das Wernicke-Areal weitergeleitet wird, von wo dann wieder die passende Antwort generiert und zum Broca-Areal usw. weitergeleitet wird. Pinel 1997. *C. Becker-Carus*

Wernicke-Korsakow-Syndrom (= W.) [engl. *Wernicke-Korsakoff's syndrome*], [**BIO, KLI, PHA**], die Wernicke-Enzephalopathie und das Korsakow-Syndrom (im dt. Schrifttum oft getrennt, im angloamerik. Sprachgebrauch wegen des oft fließenden Übergangs zus.gefasst) sind zwei Erkrankungen mit einer gemeinsamen Ursache: Pat. mit einer Alkoholabhängigkeit decken ihren Tagesbedarf an Kalorien oftmals fast vollst. über *Alkohol*, dadurch kommt es zu einer Mangelernährung, die einen Vitamin-B1 (auch Thiamin)-Mangel verursacht. Dieser wiederum hat das W. zur Folge. Auch andere Ernährungsstörungen können einen Vitamin-B1-Mangel und somit das W. hervorrufen. Bei der Wernicke-Enzephalopathie zeigen sich anatomische Veränderungen im *Gehirn*, es kommt zu spongiösen (schwammartigen) Auflockerungen und zur Kapillarvermehrung in best. Hirnregionen, diese Erweiterung der kleinen Blutgefäße führt schließlich zu kleinen Blutungen und Schädigung der betreffenden Hirnregionen. Symptomatisch zeigen sich Blickbewegungsstörungen, Störungen der Bewegungskoordination und psych. Störungen, die von Verwirrtheitszuständen bis zum *Koma* reichen können (klassische Symptomtrias der Wernicke-Enzephalopathie: Ophtalmoplegie = Augenbewegungsstörungen, *Ataxie* = Gangunsicherheit, Enzephalopathie = Verwirrtheit). Die Wernicke-Enzephalopathie führt unbehandelt zum Tode, durch die Gabe von hochdosiertem Vitamin B1 kann diese jedoch meist abgewendet werden. Das Korsakow-Syndrom ist meist die Folge eines chronischen Vitamin-B1-Mangels und entwickelt sich häufig fließend aus der Wernicke-Enzephalopathie oder dem *Alkoholentzugsdelir*. Bei den Pat. lassen sich Desorientiertheit, *Gedächtnisstörungen* insbes. hinsichtlich neuer Gedächtnisinhalte und Konfabulationen zur Kaschierung der Gedächtnislücken beobachten. Die meist lebhaften Erzählungen des Pat. scheinen auf den ersten Blick oft plausibel, durch suggestive Fragen lassen sich diese Konfabulationen jedoch meist schnell aufdecken. Auch beim Korsakow-Syndrom wird dem Pat. Vitamin B1 verabreicht, doch zeigt sich nur bei etwa einem Siebtel der Pat. eine Besserung der *Symptome*, schwere Verlaufsformen können kaum beeinflusst werden. Pat., die wegen einer Alkoholabhängigkeit in Behandlung sind, sollten prophylaktisch immer hochdosiert Vitamin B1 erhalten. Gravierende Unverträglichkeitsreaktionen (wie der anaphylaktische Schock) auf Vitamin B1 sind sehr selten. *S. Lammertz*

Wernicke'sches Zentrum (= W.) [engl. *Wernicke's area(s)*], nach Carl Wernicke (1848–1905), [**BIO, KOG**],

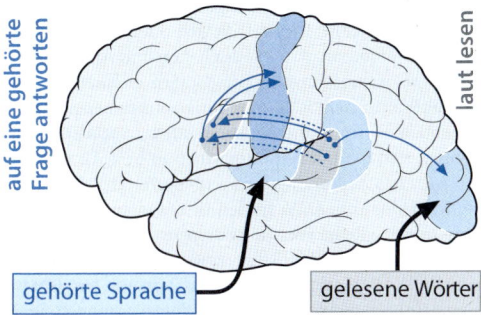

Wernicke-Geschwind-Modell: Das Funktionsmodell zeigt die Reaktion des Gehirns auf eine gehörte Frage oder beim lauten Lesen eines Wortes

sensorische Sprachregion, posteriores Sprachzentrum, Area 22, Hirnrindenbereich der dominanten (meist linken) Hirnhälfte, insbes. im rückwärtigen Abschnitt der ersten Schläfenwindung (*Gehirn*), dessen Schädigung nach der von Wernicke gemachten Beobachtung zu einer extremen Störung des Sprachverständnisses führt (sensorische *Aphasie*), wobei das spontane Sprechen der Pat. erhalten bleibt. Diese hypothetische Form der Aphasie wurde unter dem Namen «Wernicke-Aphasie» bekannt, die normal klingende, aber bedeutungsleere Sprache wurde als Wortsalat bezeichnet. Das W. ist aber keineswegs ausschließlich für die Sprachperzeption notwendig, sondern auch für die Sprachproduktion in Zusammenarbeit mit dem *Broca-Areal, Broca'sche Windung, Broca-Aphasie*. Pinel 1997.

C. Becker-Carus

Wertbildung (= W.) [engl. *value formation*], [**EM, EW, KOG, PER**], durch Imitation und Internalisation fremder Wertvorstellungen in frühester Kindheit an als auch durch graduelle pos. bis neg., z. T. konditioniert entstandene Eigenerfahrungen (*Konditionierung*) des Individuums mit seiner mitmenschlichen und objektnahen Umwelt. W. ist ein wesentlicher Teil der *Sozialisation*. Allen Arten der W. gemeinsam ist die affektiv-emot. Befindlichkeit (*Affekt, Emotionen*) des Individuums während des Aufbaus von Werthaltungen und Werten. Eberhardt beschreibt am ausführlichsten die Komplexität von Wertentstehung und führt den Begriff der «Werttonbewegung» ein: Das auffälligste Glied oder Element eines Erlebenskomplexes zieht den pos. oder neg. Wertton des Gesamtkomplexes auf sich. Auf diese Weise bilden sich Haftwerte und andere Wertekategorien. Oerter (1966) untersuchte die Entwicklung von Werthaltungen während der Reifezeit. Die W. und die Entwicklung des moralischen Urteils werden von Piaget, Kohlberg und Bruner in Zusammenhang mit der kogn. Entwicklung gebracht. *Werthaltung*.

H.J. Feindt

Werte (= W.), [**EM, KOG, SOZ**], in der Form der individuellen Werthaltungen von Kluckhohn (1951) sind W. definiert als eine explizite und implizite, für ein *Individuum* oder eine *Gruppe* charakteristische Konzeption des Wünschenswerten, die die Auswahl unter verfügbaren Handlungsarten (*Handlung*), -mitteln und -zielen (*Ziele*) beeinflusst. Diese häufig kritisierte Formulierung (Graumann & Willig 1983) wird aber auch in der neueren Literatur nicht durch konsensfähigere Def. ersetzt (Rohan 2000). I. d. R. werden W. in der Ps. eher als Maßstab denn als Gut definiert. Die Erfassung von W. erfolgt meist über W.inventare (Rokeach 1973, Inglehart 1977, Schwartz 1992). Vor allem die groß angelegten Studien von Schwartz und die internat. replizierbaren W.dimensionen bestimmen Auswahl und Verfahren in der W.forschung. Das durch Inglehart (1977) initiierte und in Dt. durch Klages (1988) fortgeführte Thema des W.wandels – von materialistischen zu postmaterialistischen W.vorstellungen – hat sich in dieser Schärfe zwar empirisch nicht bestätigen lassen, dennoch gibt es Belege für eine W.verschiebung (Stengel 2001). Die Kernthese Ingleharts, wonach es erhebliche Unterschiede zw. der Generation vor 1945 und der Nachkriegsgenerati-on gibt, da zum einen die Vorkriegs- und Kriegsgeneration bei materiellen Gütern erhebliche Defiziterlebnisse hat (*Mangelhypothese*), zum anderen die Nachfolgegeneration in Zeiten relativen Wohlstandes aufwuchs (*Sozialisationshypothese*), zeigt sich vor allem darin, dass best. materialistische W. ihre Priorität verlieren, keinesfalls aber vollst. aus dem W.bewusstsein (*Bewusstsein*) verschwinden. Die Beziehung zw. W. und Handlungen sind eher von theoretischem Interesse und lassen sich in empirischen Untersuchungen als gesicherte Ergebnisse kaum wiederfinden (Bardi & Schwartz 2003). Das Erlernen von W. und Normen (*Normen, soziale*) – als dem zentralen Thema der Sozialisationsforschung – bleibt als theoretisch und empirisch zu bewältigendes Problem eine Daueraufgabe mit interdisziplinärem Anspruch. In der kulturvergleichenden Ps. (*kulturvergleichende Psychologie*) und Sozialps. findet sich kaum eine Definition von *Kultur*, die ohne das W.konzept auskommt (Fiske et al. 1998). *Werte, sozial-interaktive Bedeutung*.

B. Six

Wert(e), diagnostische (= d. W.) [engl. *score(s)*], [**DIA**], in der empir. Ps. und der *psychologische Diagnostik* sind d. W. quant. bestimmbare Ausprägungen von Dimensionen (*Dimension, Konstrukt*), die Aussagen über Richtung und Stärke eines Personmerkmals zulassen.

Werte, sozial-interaktive Bedeutung [engl. *value*], [**EM, KOG, SOZ**], Werte (= W.) spielen in versch. psych. Bereichen eine Rolle. Gemeint ist damit, dass Sachverhalten oder Handlungen *Bedeutung* und *Nutzen* zugesprochen bekommen, dass sie als wichtig erachtet und gegenüber anderen präferiert werden. In einer Gruppe von Theorien, die die Beziehung zw. Partnern zum Thema haben, wird angenommen, dass jede *soziale Interaktion* als Austausch von W. beschrieben werden kann. W. können pos. (Zuwendung, Geld) oder neg. (Kosten, Zeitaufwand) sein. Der *Belohnung*swert eines *Verhaltens* ergibt sich auch aus dem Vergleich mit Verhaltensoptionen, die die Person ebenfalls hat. Zentrale Annahme bei den meisten *Austauschtheorien* ist, dass eine Sozialbeziehung eingegangen und aufrechterhalten wird, wenn die Relation von pos. (Nutzen) zu neg. (Kosten) W. bei beiden Partnern auf Dauer annähernd gleich ist (*Kosten-Nutzen-Kalkulation*). Andere Ansätze zu sozialen Interaktionen zentrieren sich auf die Frage, ob der Einzelne von Eigen- oder von kollektivem Interesse geleitet ist. Dies betrifft viele Situationen wie etwa die *Verhandlungen* zw. Gewerkschaften und Arbeitgebern, die gemeinsame Nutzung von Gütern (*Allmende-Klemme*), aber auch viele Spiel- oder Risikosituationen mit interdependenten Partnern (*Interdependenz, soziale*). Dabei können sich die Interaktionspartner an best. W. orientieren wie etwa *Kooperation* vs. Wettbewerb oder *Altruismus* vs. Individualismus. W. spielen in etwas anderer Bedeutung in einer Reihe von motivationsps. Ansätzen, den Erwartung-mal-Wert-Modellen (*Erwartung-Wert-Theorien*), eine Rolle. Die Entscheidung (*Entscheiden*) zu handeln basiert demnach nicht nur auf der Erfolgserwartung, sondern auch auf dem Wert des möglichen Handlungsergebnisses für die Person. Wert kann dabei als Anreizwert oder auch nur als *Anreiz* verstanden werden, womit das Ausmaß gemeint ist, mit dem sich die Person Befriedigung durch das Handlungsergebnis verspricht. Der bekannteste Ansatz ist das *Risiko-Wahl-Modell* von Atkinson (1957), das die Forschung lange Zeit bestimmt hat. Auch bei dessen Erweiterungen spielt W. eine Rolle. Wenn ein Handlungsergebnis, etwa ein «gut» bestandenes Examen, mehrere Folgen hat, z. B. gute Berufsaussichten, persönliche Befriedigung oder auch pos. Resonanz vonseiten der sozialen Umgebung, so haben die einzelnen Folgen meist sowohl unterschiedliche Wahrscheinlichkeiten als auch unterschiedliche Anreizwerte. Dem einen mag viel am Lob durch die Familie liegen, dem anderen mehr an den verbesserten Berufsaussichten. Gollwitzer & Schmitt 2006, Rheinberg 2008a, van Lange & de Dreu 2002. *H. Metz-Göckel*

Wertforschung [engl. *value research, research on values*], [**EM, PHI**], leitet sich zunächst aus der phil. Betrachtungsweise (*Philosophie*) her, ist jetzt aber stärker im Bereich der Sozialwiss. und in geringerem Maße in der Ps. anzutreffen mit dem Ziel, Verhaltensweisen von Gruppen und Individuen unter dem Aspekt der *Werte* als Handlungsregulative aufzuhellen und vorherzusagen, wobei vorwiegend Fragebogen- und Schätzverfahren als Messinstrumente verwendet werden. Forschungsgegenstände sind überwiegend die normativen Wertvorstellungen und ihre Wirkungen auf *Verhaltens*- und *Handlungs*regulative i. R. des von der Gesellschaft Erwarteten und Akzeptierten; gelegentlich auch differenzielle Individualuntersuchungen konkreter, objektgerichteter Werte des Gewünschten und Abgelehnten. Allport 1968, Graumann & Willig 1983, Thurstone 1959, 1967.

Werthaltung (= W.) [engl. *personal values, individual values*], [**EW, PER, SOZ**], ist eine stabile *Disposition*, die ausdrückt, was eine Person im Leben wichtig findet und welche langfristigen Lebensziele (*Ziele, persönliche*) dementsprechend als wünschenswert erachtet werden (*Werte*). Im wiss. dt. Sprachgebrauch hat sich der Begriff der W. etabliert, um zu charakterisieren, wie ein Individuum diese präsenten Werte priorisiert, wie wichtig also jeder Wert für das Individuum ist. Alternativ wird auch der Begriff *Wertorientierung* verwendet. Im angloamerik. Raum hingegen werden oft sowohl Werte als auch Werthaltungen als *values* bezeichnet. Die W. ist Teil des *Selbstkonzepts*, da sie auch eine Antwort auf die Frage gibt: Wer bin ich? In Abgrenzung zur *Einstellung* und zum *Interesse* bezieht sich die W. nicht nur auf ein spezif. Objekt (z. B. Person, Gruppe, Idee), sondern wirkt als Leitlinie für das Leben über Situationen und die Zeit hinweg. So kann die Priorisierung eines Wertes zwar mit einer best. Einstellung gegenüber einem spezif. Objekt einhergehen und sich auch in gesteigertem Interesse und höherer Aufmerksamkeit in Bezug auf ein Objekt zeigen, die W. ist aber abstrakter als diese beiden. In Abgrenzung zu Persönlichkeitsdimensionen wie z. B. den *Big Five* beinhaltet die W. eine zentrale motivationale Komponente. Während die Ausprägungen eines Individuums auf den Big Five beschreiben wie eine Person ist (z. B. gewissenhaft), beschreibt die W., wonach eine Person strebt (z. B. Sicherheit). So zeigen einige der Big Five zwar eine thematische Überlappung und dementsprechend eine pos. *Korrelation* mit Werten (z. B. Verträglichkeit mit prosozialen Werten), beide Konstrukte sind aber unterscheidbar (Fischer & Boer 2015). W. sagen Verhalten vorher (Bardi & Schwartz 2003; Maio et al. 2009). Z. B. benutzen Menschen, die den Wert Universalismus wichtig finden, eher umweltfreundliche Produkte, und Menschen, denen Leistung wichtig ist, lernen viel kurz vor wichtigen Prüfungen, auch wenn sie sich schon vorher viel Wissen angeeignet haben. Kulturelle Gemeinsamkeiten und Unterschiede in W. sowie ihr Bezug zur *Lebenszufriedenheit* wurden in umfangreichen Studien untersucht (Schwartz 2014, Welzel & Inglehart 2010). In der langen Geschichte der Diskussion und Erforschung der W. wurden W. vorwiegend als relativ stabil angesehen. Wertewandel und Werteentwicklung sind erst in neuerer Zeit in den Fokus der Forschung gerückt. Das Modell des *Wertewandels* [engl. *value change*] von Bardi & Goodwin (2011) etwa erklärt, wie W. sich kurz- und langfristig verändern und wie *Priming*, Adaptation, Identifikation, das Streben nach *Konsistenz*, sowie Persuasion Wertewandel verstärken können. Neuere Studien zur Werteentwicklung (Döring et al. 2016) beleuchten das Zusammenspiel von interindiv. Unterschieden, Reifung, zentralen Lebensereignissen und Erfahrungen (s. a. *Wertbildung*). *A. K. Döring*

Wertheimer, Max (1880–1943), [**HIS, KOG, WA**], führender Gestaltpsychologe; in Prag geboren, 1898–1901 Studium der Rechtswissenschaften in Prag, ab 1901 Studium der Philosophie in Prag, Berlin und Würzburg, 1905 Promotion bei *O. Külpe* in Würzburg mit einer Arbeit über Tatbestandsdiagnostik; private Forschung in Prag, Wien, Berlin und Frankfurt. 1910–1912 an der Akademie für Sozial- und Handelswiss. in Frankfurt bei F. Schumann Zusammenarbeit mit *W. Köhler* und *K. Koffka* bei der Durchführung der ersten theoretischen und exp. Arbeiten zur *Gestaltpsychologie* in Dt., insbes. zu *Scheinbewegungen* (*Phi-Phänomen*), 1912 Habilitation in Frankfurt. Im Ersten Weltkrieg Arbeit an militärpsychologischen Fragen, ab 1916 Lehrauftrag in Berlin, Freundschaft mit A. Einstein, Studien zum produktiven Denken, 1921 Mitbegründung der Zeitschrift «Ps. Forschung», 1922 a. o. Prof., 1929 o. Prof für Phil., insbes. Ps. an der Universität Frankfurt. 1933 wird W. zunächst beurlaubt, dann aufgrund der Rassengesetze in den Ruhestand versetzt; Emigration in die USA, ab 1933 Prof. an der New School for Social Research, New York. *Wertheimer-Gestaltpsychologie*. Wertheimer 1971. *H. E. Lück*

Wertheimer-Gestaltpsychologie, nach *Wertheimer, Max*, *Berliner Schule*, *Gestaltpsychologie*.

Wertigkeit *Valenz*.

Wertmaßstäbe [engl. *measures of value*], [**SOZ**], in Philosophie und religiösen Ethiken verstanden als kollektive Ausrichtung menschlicher Entscheidungen und Handlungen an vorgegebenen Regeln, die in einem dem Menschen entzogenen, idealisierten Raum festgelegt sind. Die erste systematische Diskussion des Wertbegriffs z. B. in der Soziologie hat zu dem heute häufig gebrauchten Begriff der *Normen menschlichen Sozialverhaltens* geführt.

Wertprobleme (= W.) [engl. *problems of values*], **[EM, SOZ]**, in der psychol. Forschung bewegen sich W. um das Erkennen von indiv. (indiv. unterschiedlichen) sowie kollektiven Werten und Wertorientierungen und deren Wirksamsein in *Verhalten* und Handeln (*Handlung*). Die definitorisch notwendige Unterscheidung *Wert* oder *Wertorientierung* von *Attitüde* (*Einstellung*), *Normen*, *Motivation* und *Ziel* wird dabei herausgestellt. Attitüden sind auf best. Objektheiten gerichtet. Werte (-orientierungen) sind vorbewusste Vorstellungen oder affektiv gelagerte Verhaltenspotenziale, die wiederum Attitüden beeinflussen können (Thurstone 1959). Werte und Attitüden bleiben unbewusst, sind aber rationalisierbar.

Wertpunkt, **[DIA]**, eine nicht mehr sehr häufig verwendete Transformation von Testrohwerten in Normwerte (*Normskalen, Normenskalen*; *Normierung*). Dabei wird vom Mittelwert = 10 und Streuwert = 3 ausgegangen. Die Wertpunktnormierung wird z. B. beim *Hamburg-Wechsler-Intelligenztest für Erwachsene – Revision 1991* und *Hamburg-Wechsler-Intelligenztest für Kinder – IV (HAWIK-IV)* verwendet.

Wertpunktskala *Normskalen, Normenskalen*.

Wertschätzung *Gesprächspsychotherapie*.

Wertwandel (= W.) [engl. *change in values*], **[SOZ]**, die seit Ende der 1960er Jahre v. a. von Inglehart (1977) sowie Klages und Kmieciak (1979) vertretene Auffassung einer durchgreifenden Änderung materialistischer in postmaterialistische Werte in westlichen Industriegesellschaften. Während sich *materialistische Werte* hauptsächlich auf Arbeitstugenden, physische und ökonomische Sicherheit, auf Selbstbeherrschung und Sparsamkeit beziehen, dominieren bei *postmaterialistischer Wertorientierung* Partizipationsbedürfnisse, Gruppenzugehörigkeit und Solidarität, Selbstverwirklichungstendenzen und hedonistische Lebensweisen. Die zur These eines W. vor allem an Jugendlichen und jungen Erwachsenen durchgeführten Untersuchungen (Jaide 1983) blieben nicht ohne Widerspruch. Kritisiert wurde u. a. die schmale, nicht sehr zuverlässige empirische Datenbasis des behaupteten W., die ungenügende Trennung von Kohorten-, Lebenszyklus- und aktuellen wirtschaftlichen Anpassungseffekten sowie der zu kurze Erhebungszeitraum für die angestellten Vergleiche (lediglich 6–8 Jahre, keine wirklichen Längsschnittstudien; *Längsschnittuntersuchung*).

In der gegenwärtigen Situation einer fundamentalen Umstellung von Produktionsbedingungen und weltweiten Marktverhältnissen (*Globalisierung*), u. a. verbunden mit einer Reduktion gewohnter Leistungen des sozialen Sicherungssystems, hat die sozial- und gesellschaftspolitische Diskussion um Arbeits- und Freizeitwerte viel von ihrer ursprünglichen Bedeutung verloren (Jänicke 1992). Zu diesem Bedeutungsverlust beigetragen haben die wechselseitigen Einflussnahmen und Durchmischungen von Arbeits- und Freizeitorientierungen. Wertkriterien wie Autonomie und Eigenverantwortung, Spaß und Zufriedenheit, Sinnerfüllung und Engagement gelten heute als weithin anerkannte Gesichtspunkte für die Beurteilung der Attraktivität von Arbeitsplätzen und Berufstätigkeit (Opaschowski 1989, 1993; *Arbeitsgestaltung*).

Auf der anderen Seite werden Freizeittätigkeiten (*Freizeit*) instrumentell ausgeübt, spielen leistungsbezogene Dimensionen wie körperliche Fitness, Gesundheitsvorsorge bzw. effektive Erholung und berufliche Rehabilitation eine große Rolle für die Bestimmung des Freizeitwertes. Hinzu kommen Status- und Prestigefaktoren zur gesellschaftlichen Einordnung der präferierten Freizeittätigkeiten sowie auf der personalen Ebene Einschätzungen unter dem Aspekt der *Glücksmaximierung* und *Selbstverwirklichung* (Georg 1995).
G. Winter

Wesensschau [engl. *essential intuition*], *Daseinsanalyse*, *Hermeneutik*, *Reduktion*.

Test Westermann-Rechtschreibtest 4/5 (WRT 4/5), 1980, P. Rathenow, [www.testzentrale.de], **[DIA, EW, PÄD]**, Rechtschreibtest. Der Test erfasst Stärken und Schwächen in der Rechtschreibleistung von Schülern Mitte der 4. bis Anfang der 5. Klasse. Die Ergebnisse liefern Anhaltspunkte für die formale Zusammensetzung und curriculare Gestaltung von Förderkursen und geben Anregungen für die gezielte und indiv. Betreuung rechtschreibschwacher Kinder im herkömmlichen Klassenverband. Es liegen Parallelformen A und B vor. Der Test prüft die alte Rechtschreibung. *Normierung*: T- und Prozentrang-Werte für Klassenstufen und Schularten. Bearbeitungsdauer: 30 bis 40 Min.

Test Westermann-Rechtschreibtest 6+ (WRT 6+), 1980, P. Rathenow, J. Vöge & D. Laupenmühlen, [www.testzentrale.de], **[DIA, EW, PÄD]**, Rechtschreibtest. Der WRT 6+ ermöglicht die Erfassung der Rechtschreibfertigkeit von Schülern vom Ende der 5. bis zum Ende der 7. Klasse. Cronbachs Alpha zw. $r = .90$ und $r = .89$. Testhalbierung (Spearman-Brown) zw. $r = .92$ und $r = .90$. *Normierung*: Für zwei Durchführungszeitpunkte liegen schulformunabhängige Gesamtnormen (Prozentränge, T-Werte) und schulformbezogene Normen vor, die aufgrund der Eichstichproben von 1979 ($N = 7126$) berechnet worden sind. Durchführungsdauer: zw. 20 und 30 Min., bei Einzeldurchführung 15 Min. Auswertungsdauer: weniger als eine Min. Der Test prüft die alte Rechtschreibung.

we-stress [engl. *we wir*]; *Coping, dyadisches*.

wettbewerbsorientiertes Verhalten [engl. *competitive behavior*], *Kooperation*.

Wettlaufmodell (= W.) [engl. *race model, separate-activation model*], **[KOG]**, syn. *statistische Erleichterung*. Die ursprüngliche Idee des W. geht auf Raab (1962) zurück. Es erklärt das Phänomen, dass einfache *Reaktionszeiten* bei der gleichzeitigen Darbietung zweier Signale (S_x und S_y) kürzer sind als bei der Darbietung nur eines Signals (nur S_x oder nur S_y). Das W. kann man mit drei Annahmen charakterisieren: (1) Jedes Signal wird in einem separaten Kanal verarbeitet. (2) Die Verarbeitungszeiten X und Y von S_x und S_y sind Zufallsvariablen. (3) Das Signal, das zuerst verarbeitet ist, löst die motorische *Reaktion* aus. Die Reaktionszeit RT_{xy} in der Doppelsignalbedingung entspricht daher der kürzeren Verarbeitungszeit von X bzw. Y zzgl. einer motorischen Verarbeitungszeit B, d. h. $RT_{xy} = \min(X,Y) + B$. Wird nur S_x bzw. S_y dargeboten, so gilt entspr.: $RT_x = X + B$ bzw. $RT_y = Y + B$. Das W. sagt nun kürzere Reaktionszeiten in der Doppelsignalbedingung vorher, da der Erwartungswert E[min (X,Y)] des Minimums von X bzw. Y kleiner oder zumindest gleich groß sein muss wie der Erwartungswert der Verarbeitungszeit für den schnellsten Kanal: $E[\min(X,Y)] | \min (E[X], E[Y])$. Diese Eigenschaft wird in der Literatur auch als stat. Erleichterung bezeichnet. *Wahrscheinlichkeitssummation.* Colonius 1986, Ulrich & Giray 1986. R. Ulrich

Wettlaufungleichung (= W.) [engl. *race model inequality*], **[KOG]**, def. die max. Höhe des *redundanten Zielreizeffekts*, der durch *statistische Erleichterung* und somit vom *Wettlaufmodell* erklärt werden kann. Nach der W. darf die Wahrscheinlichkeit P für eine *Reaktionszeit* kleiner einem beliebigen Zeitwert t bei einer Reaktion auf die redundanten Zielreize S1 und S2 nicht größer sein als die Summe der entspr. Wahrscheinlichkeiten für eine Reaktion auf die einzeln dargebotenen Reize S1 bzw. S2, d. h. $P(RT < t|S_1 + S_2) \leq P(RT < t|S_1) + P(RT < t|S_2)$. Wird die W. verletzt, kann die Verarbeitung der redundanten Zielreize nicht nach den Annahmen des Wettlaufmodells erfolgen. Bei einer Verletzung wird daher die Verarbeitung durch redundante Zielreize nach *Kovariationsmodellen* angenommen. Miller 1982, Ulrich et al. 2007. H. Schröter

Wettstreit der Sehfelder *Sehwettstreit.*

w-Faktor, **[FSE]**, Spearmans *will*-Faktor. *Faktorenanalyse.*

Wherry-Doolittle-Verfahren [engl. *Wherry-Doolittle method*], *Regression, schrittweise.* Field 2009. G. Lüer

Whistleblowing (= W.) [engl. *whistleblowing* Pfeifen blasen, Alarm schlagen], **[SOZ]**, eine Person, die W. betreibt, ist somit ein Hinweisgeber oder «Skandalaufdecker». Derartige Personen geben ihre Kenntnisse von illegalen, irregulären, illegitimen oder unethischen Praktiken und Zuständen (z. B. gesundheitliche Risiken, Korruption) an die Öffentlichkeit weiter (Medien, Staatsanwaltschaft, Aufsichtsbehörden usw.). Die Motivation der Betroffenen ist deren moralisches Gewissen, das sie nicht einverstanden sein lässt, wenn *Fairness, Gerechtigkeit* und Unversehrtheit des Lebens nicht gegeben sind oder Nachteile für das Gemeinwesen bestehen. Damit handelt der *Whistleblower* nicht aus Eigennutz, sondern aus Sorge um das Wohlergehen der Mitmenschen. Meist gehen dem Schritt an die Öffentlichkeit vergebliche Versuche voraus, das eigene Unternehmen zu warnen bzw. die Organisation auf Missstände aufmerksam zu machen. Damit geht ein *Whistleblower* ein hohes berufliches und existenzielles Risiko ein. R. Brinkmann

White, Ralph K. (1907–2007), **[HIS, SOZ]**, geb. in Detroit, studierte an der Wesleyan University in Middletown, Conn. Er promovierte 1937 an der Stanford University. White war an den wegweisenden Führungsstil-Untersuchungen von *Lewin* beteiligt. Er arbeitete an versch. Universitäten und war ab 1947 im Staatsdienst tätig. In seinen wiss. und populärwiss. Arbeiten untersuchte er die Gründe für interkult. Missverständnisse, nukleare Bedrohung und arabisch-israelische Auseinandersetzungen. White war somit einer der Pioniere der Friedensforschung (*Friedenspsychologie*). Er starb hundertjährig in Cockeysville, Maryland. H. E. Lück

White-Täuschung [engl. *White's illusion*], **[WA]**, White 1979; in der Abb. erscheinen die grauen Streifen links heller als rechts, obwohl sie physikal. gleich sind. Bemerkenswert ist hierbei zudem, dass keine Kontrastverstärkung in horizontaler Richtung auftritt: Bei *Simultankontrast* würde links (bzw. rechts) eine Verdunklung (bzw. Aufhellung) erwartet (*Chevreul-Täuschung, Mach'sche Bänder, laterale Hemmung, laterale Inhibition*). Erklärungsansätze betonen die Bedeutung von Bildorganisationsprozessen. Bspw. scheint es ausschlaggebend zu sein, dass die grauen Elemente als Unterbrechungen der vertikalen Linien oder als Teil eines vertikal orientierten Musters wahrgenommen werden. Eine Kontrastverstärkung in vertikaler Richtung bei simultaner Unterdückung des Horizontalkontrastes ist mit dem Phänomen kompatibel. Alternativ würde die Wahrnehmung eines aufgehellten (bzw. abgedunkelten) Rechtecks links (bzw. rechts) mit der Helligkeitsempfindung in Einklang stehen. *Adelsons Helligkeitstäuschungen, Bressansche Täuschung, Logvinenko-Täuschung, Schlangentäuschung.* Anderson 2003.

White-Täuschung (Anderson 2003)

WHO, Abk. für *World Health Organization (WHO).*

Test**WHO-Instrumente zur internationalen Erfassung von Lebensqualität (WHOQOL-100 und WHOQOL-BREF)**, 2000, M. C. Angermeyer, R. Kilian & H. Matschinger, [www.testzentrale.de], **[DIA, KLI]**, Instrumente zur Erfassung der subj. Lebensqualität. AA ab 18 Jahren. Der WHOQOL-100 umfasst insges. 100 Items, die den Dimensionen *physisches Wohlbefinden, psych. Wohlbefinden, Unabhängigkeit, soziale Beziehungen, Umwelt* und *Religion/Spiritualität* zugeordnet sind. Vor allem dort einsetzbar, wo eine tief greifende Erfassung aller Aspekte von Lebensqualität das primäre Studienziel darstellt. Für Anwendungsbereiche, in denen die Erfassung der Lebensqualität nur eine von mehreren Zieldimensionen bildet, eignet sich die aus 26 Items bestehende Kurzversion WHOQOL-BREF, welche die Dimensionen *physisches Wohlbefinden, psych. Wohlbefinden, soziale Beziehungen* und *Umwelt* erfasst. Beide Instrumente liegen mittlerweile in mehr als 30 Sprachen vor, sodass eine weltweite Vergleichbarkeit von Lebensqualitätsdaten möglich ist. Eine Ergänzung zu diesen beiden Instrumenten bilden die WHOQOL-Wichtigkeitsfragen, die insg. 24 Fragen zur subj. Wichtigkeit der Facetten des WHOQOL-100 umfassen. *Normierung*: Für den WHOQOL-100 (*N* = 715) und den WHOQOL-BREF (*N* = 2055) liegen altersgestaffelte Referenzwerte für den Altersbereich 18 bis über 85 Jahre vor. Bearbeitungsdauer: WHOQOL-100 ca. 30 bis 45 Min.; WHOQOL-BREF ca. 5 bis 10 Min.

Whorf, Benjamin Lee (1897–1941), [**HIS, KOG**], ausgebildeter Chemieingenieur, der für eine Feuerversicherung tätig war und aus eigenem Interesse, später unter Anleitung seines Lehrers Edward Sapir kulturanthropologische Untersuchungen über die Wirkungen der *Sprache* auf die Wahrnehmung der Umwelt und das Denken durchführte (*Sapir-Whorf-Hypothese*). Bekannt wurden u. a. seine (später kritisierten) Arbeiten über Hopi-Indianer. *H. E. Lück*

Whorf-Hypothese *Sapir-Whorf-Hypothese*.

Whyte, William Foote (1914–2000), [**HIS, SOZ**], Studium der Soziologie am Swarthmore College, Promotion an der University of Chicago. Whyte wurde in den Sozialwiss. bekannt durch seine differenzierten teilnehmenden Beobachtungen, insbes. von Jugendbanden in Chicago. Er arbeitete als Industriesoziologe und verfasste eine Vielzahl von Büchern, darunter seine Autobiografie. Whyte 1943. *H. E. Lück*

Widerstand (= W.) [engl. *resistance*], [**KLI**], mit dem Begriff des W. bez. Freud (*Psychoanalyse*) die unbewussten Kräfte des Pat., die sich im Verlauf einer psychoanalytischen Behandlung gegen die Aufdeckung und Bewusstwerdung des Verdrängten zur Wehr setzen. Die Stärke des W. entspricht der psych. Kraft, die die *Verdrängung* herbeiführte und aufrechterhält. Der W. des Pat. kann sich auf unterschiedlichste Weise äußern: durch Schweigen, durch Müdigkeit, durch Agieren usw. Alle diese Verhaltensweisen können dazu dienen, sich einer verdrängten Erinnerung und deren Bewusstwerdung zu entziehen. Doch der W. ist nicht nur ein Hindernis für das Voranschreiten einer psychoanalytischen Behandlung. Freud erkannte in ihm ein Mittel, mithilfe dessen der Analytiker einen Zugang zum Verdrängten und zur *Neurose* des Pat. erlangt. Im W. des Pat. manifestieren sich zudem wichtigsten, größtenteils unbewussten Verarbeitungs- und Abwehrformen (*Abwehrmechanismen des Ich*). Freud hat in späteren Schriften die Analyse des *Übertragungswiderstands* zum zentralen Fokus des psychoanalytischen Behandlungsverfahrens erklärt.
[**AO, BIO, GES, WIR**], *elektrodermale Aktivität, Gesundheit, organisationale Veränderungen, Resistenz bei, Steuerpsychologie*. Freud 1926, Ermann 1984. *L. Bayer*

Widerstandsphase [engl. *resistance phase*], [**BIO**], zweites Stadium im *allgemeinen Adaptationssyndrom* (Selye), während dessen Verlauf die Erhöhung des Zuckerstoffwechsels, die Steigerung der Empfindlichkeit der Gefäßmuskulatur für *Adrenalin* und *Noradrenalin* und die Dämpfung von Schilddrüsen- und Sexualfunktionen einsetzt. *Alarmreaktion, Erschöpfungsphase, Stress*.

Widerstandspotenzial, allgemeines [engl. *general resistance resources*], *Gesundheit*.

Wiederaufnahme (Synapse) *Reuptake*.

Wiederaufnahme von unterbrochenen Handlungen (= W.) [engl. *resumption of interrupted tasks*], [**EM, KOG**], bei Handlungsexperimenten, die von K. Lewin angeregt waren, untersuchte Ovsiankina die Wirkungen, die das Unterbrechen einer *Handlung* zeitigt. Es ergab sich eine deutliche Tendenz zur W., wenn das Handlungsziel, das die Vp sich gesteckt hatte, noch nicht erreicht war. Da Lewin dem obj. *Bedürfnis* bzw. Quasi-Bedürfnis, das die Voraussetzung zu einer Handlung ist, ein «gespanntes System» zuordnet, erklärt sich die Tendenz zur W. aus der Spannung des zugeordneten Systems, das in Lewins topologischer und Vektorps. (*topologische und Vektorpsychologie*) ein *Vektor* ist, der auf die W. oder auf entspr. Ersatzhandlungen gerichtet ist und nach deren Abschluss mit der Spannung des Systems verschwindet. Zeigarnik zeigte, dass sich das Bestehenbleiben eines gespannten Systems bei Unterbrechung von Handlungen auch gedächtnismäßig (*Gedächtnis*) in einer bevorzugten *Erinnerung* an die unterbrochenen Handlungen äußert (*Zeigarnik-Effekt*). Außerdem wurde erkannt, dass der Effekt situationsabhängig ist. Green 1963, Ovsiankina 1928, Zeigarnik 1927.

Wiedererkennungsmethode [engl. *recognition method*], [**KOG**], Methode bei den diagn. u. a. Verfahren, die Objekte (Bild, Wort, Ton usw.) darbietet und diese später aus einer Reihe von gleichzeitig mitgegebenen Objekten herausfinden lässt. *Gedächtnis, Gedächtnismethoden*.

Wiederholen (= W.) [engl. *rehearsal*], [**KOG, PÄD**], das W. von Informationen ist eine *kognitive Lernstrategien, kognitive*). W.strategien dienen der oberflächlichen Verarbeitung von Informationen (*Verarbeitungstiefe, Theorie der*). Ziel ist es, neu zu lernende Inhalte im *Arbeitsgedächtnis* zu halten oder in das Langzeitgedächtnis zu transferieren. Craik & Lockhart 1972. *M. Händel*

Wiederholungsblindheit (= W.), [engl. *repetition blindness*], [**KOG, WA**], die W. beschreibt ein Defizit bei der Wahrnehmung kurzfristig wiederholter Reize. Bei kurzen SOAs (*stimulus-onset asynchrony (SOA)*; unter 1 Sekunde) werden wiederholte Reize deutlich schlechter identifiziert als nicht wiederholte Reize. Die W. wurde zunächst bei der schnellen Darbietung langer Reizsequenzen (*RSVP-Methode*) beobachtet, zeigt sich aber auch bei der Darbietung von Reizpaaren. Die W. wird durch einen Flaschenhals (*Flaschenhals (bottleneck) der Informationsverarbeitung*) bei der *Konsolidierung* von Reizrepräsentationen im *Kurzzeitgedächtnis* erklärt. Die W. weist eine Ähnlichkeit mit dem Ranschburg'schen Phänomen (*Ranschburg'sches Phänomen*) auf. Kanwisher 1987. *P. Wühr*

Wiederholungszwang (= W.) [engl. *compulsive repetition*], [**KLI**], zwanghafte Neigung des Menschen, Handlungen, Gewohnheiten usw. ständig zu wiederholen. Bei Unterlassen der als unsinnig erkannten Handlung erfolgt Unruhe, Hemmung. *Zwangsstörungen*.

Wiederverstärkung [engl. *rereinforcement*], *bedingter Reflex, bedingte Reaktion*.

[Test]**Wiener Entwicklungstest (WET)**, 2012, von U. Kastner-Koller und P. Deimann, [www.testzentrale.de], [**DIA, EW**], allg. Entwicklungstest. AA von 3 bis 6 Jahren. Der WET ermöglicht eine Diagnose des allg. Entwicklungsstandes bei Kindern. Er ist vor allem für förderdiagnostische Fragestellungen konzipiert und erfasst die Funktionsbereiche *Motorik, visuelle Wahrnehmung, Gedächtnis, kogn., sprachliche* und *sozial-emot. Fähigkeiten*. *Normierung*: Repräsentative Normen für dt. und österreichische Kinder (N > 1200). Für jedes Altershalbjahr werden C-Werte für alle Subtests und den Gesamtentwicklungsscore angegeben. Bearbeitungsdauer: ca. eine Std.

Test Wiener Matrizentest-2 (WMT-2), 2011, A. K. Formann, K. Waldherr & K. Piswanger, [www.testzentrale.de], [**DIA, KOG, PER**], Intelligenztest. AA Jugendliche ab 14 Jahren und Erwachsene. Beim WMT-2 handelt es sich um eine gekürzte Fassung des *Wiener Matrizentest (WMT*; 1979, Formann & Piswanger). Entsprechend dem Aufgabentyp erfasst der Test die Fähigkeit zum schlussfolgernden Denken im Umgang mit abstrakten Symbolen. Dies ist nach R. B. Cattell der fluiden Intelligenz (*Intelligenz, kristalline und fluide*), die weitgehend unabhängig von Lernerfahrungen und Kultur ist, zuzuordnen. Das Konzept des WMT lehnt sich stark an jenes der *progressive matrices* von Raven an. Jedoch wurden die Items nach best. Aufbauregeln konstruiert und anschließend einer messtheoretischen Analyse nach dem *Rasch-Modell* unterzogen. Der WMT-2 wurde gegenüber dem WMT um sechs Items von den ursprünglich 24 Items auf nunmehr 18 Items gekürzt. *Normierung*: Es stehen Normwerte für Erwachsene zw. 19 und 64 Jahren für versch. Bildungsniveaus, für österreichische Schüler zw. 14 und 19 Jahren aus versch. Schultypen sowie für Berliner Schülerinnen und Schüler zw. 14 und 25 Jahren aus versch. Schultypen (Gesamtschulen, Berufsschulen) zur Verfügung. Bearbeitungsdauer: Der WMT-2 sieht keine Zeitbegrenzung vor. Bearbeitungsdauer: ca. 20 bis max. 30 Min.

Wiener Schule, [**HIS**], (1) psychol. bzw. tiefenpsychol. Richtungen, die von *Freud* (erster) über *Adler* (zweiter) zu *Frankl* (dritter Schule) reichen. *Psychoanalyse*, *Individualpsychologie*, *Existenzanalyse*. (2) Der Kreis um *Charlotte Bühler* (1920er-Jahre) (3) Eine Philosophengruppe um M. Schlick, R. Carnap u. a. (logizistisch-empiritische Wissenschaftslehre).

Wie-Pfad [engl. *how pathway*], *dorsaler Pfad*.

Wilcoxon-Vorzeichen-Rangtest (= W.), syn. *Wilcoxon-Rangsummen-Test*, [**FSE**], ein nicht parametrischer *Signifikanztest* zur Prüfung der Unterschiede der zentralen Tendenz zweier *abhängiger Stichproben* (N = Anzahl der Paare; *Maße der zentralen Tendenzen*). Die Anwendung des W. setzt Ordinalvariablen (*Skalenniveau*) voraus. Es werden die Differenzen der zus.gehörenden Maßzahlen gebildet und nach ihrer absoluten Größe in eine Rangreihe gebracht. Aufgrund der (ursprünglichen) Vorzeichen der Paardifferenzen werden die Rangplätze in zwei Gruppen geteilt. Die Rangplatzsumme T der kleineren Gruppe wird auf ihre Abweichung vom Erwartungswert

$$T_{pop} = \frac{N \cdot (N+1)}{4}$$

geprüft.
Für kleinere Stichproben sind die kritischen Werte von T tabelliert, für größere Stichproben (N > 25) erfolgt die Signifikanzprüfung über die *Normalverteilung*. Die *Varianz* der Verteilung beträgt dann:

$$Var_{pop} = \frac{N \cdot (N+1) \cdot (2 \cdot N + 1)}{24}$$

Das Verfahren kann auch angewendet werden, um zu bestimmen, ob die gemessenen Werte systematisch von einem theoretisch angenommenen Zentralwert (*Median*) abweichen. Hier wird T als die Rangplatzsumme der Pbn mit pos. Differenzen der Messwerte zum Median berechnet. *Statistische Datenanalyseverfahren*.

Wilcoxon-White-Test, [**FSE**], ein nicht parametrischer *Signifikanztest* zur Prüfung der Unterschiede der zentralen Tendenz zweier unabhängiger Stichproben (*Maße der zentralen Tendenz*). Seine Anwendung setzt Ordinalvariablen (*Skalenniveau*) voraus. Die Messwerte beider Stichproben werden in eine Rangreihe gebracht. Die Rangplatzsumme T der Stichprobe mit dem kleineren Umfang (N_1) wird auf ihre Abweichung vom Erwartungswert

$$T_{pop} = \frac{N_1 \cdot (N+1)}{2}$$

geprüft. Für kleinere Stichproben liegen die kritischen Werte von T tabelliert vor, für größere (N > 25) erfolgt die Signifikanzprüfung über die Normalverteilung. Bortz & Lienert 2008.

Test Wilde-Intelligenztest 2 (WIT-2), 2008, M. Kersting, K Althoff & A.O. Jäger, [www.testzentrale.de], [**DIA, PER**], *Intelligenztest* für Personalauswahl und -entwicklung, Berufs- und Studienwahl, Schulleistungsdiagnostik und Forschung. AA ab 14 Jahren und Erw. Einzel- und Gruppentest. Theoretisch an Thurstones Strukturmodell der *Intelligenz* orientiert. Über 11 Untertests (davon eine Arbeitsprobe) werden acht Dimensionen erfasst: *Schlussfolgerndes Denken, sprachliches Denken, rechnerisches Denken, räumliches Denken, Merkfähigkeit, Arbeitseffizienz, Wissen Wirtschaft* und *Wissen Informationstechnologien*. Aufgrund der Testkonstruktion ist eine selektive Auswahl von Untertests statthaft. Das Testmanual ist so gestaltet, dass die in der *DIN 33430* formulierten Anforderungen an den Informationsgehalt von Verfahrenshinweisen nach Ansicht der Testautoren erfüllt werden. Interne Konsistenzen zw. α = .78 bis α = 95. Zum WIT-2 liegen zahlreiche Validitätsstudien vor. Neben der *Konstruktvalidität* (Faktorenanalysen, vergleichende Analysen mit Referenztests, konvergente und diskriminante Validitätsberechnungen) wurden am intensivsten die *Kriteriumsvalidität*- bzw. prognostische Validität bei eignungsdiagnostischen Fragestellungen untersucht. *Normierung*: bevölkerungsrepräsentative Altersnormen (Standardwerte) sowie Normen für spez. Bildungsgruppen (N = mind. 2.234 bis 10.024). Bearbeitungsdauer entspr. der eingesetzten Module zw. 6 und 147 Min.   M. Kersting

Wilhelm-Wundt-Medaille [engl. *Wilhelm Wundt medal*], ist eine seit dem Jahr 1952 verliehene Auszeichnung der *Deutschen Gesellschaft für Psychologie (DGPS)* «für aktive Forscherpersönlichkeiten, die durch bedeutende Arbeiten in der empirisch-ps. Grundlagenforschung höchste fachliche Anerkennung erfahren. Die DGPS ehrt damit Wissenschaftler, deren Arbeiten innovative Ansätze und Problemlösungen in der psychol. Grundlagenforschung verfolgen, die maßgeblichen Einfluss auf ein Forschungsgebiet der Ps. haben und dabei nationale und internat. Wertschätzung finden. Mit der Verleihung der Wilhelm-Wundt-Medaille ist die Ehrenmitgliedschaft in der Deutschen Gesellschaft für Ps. verbunden.» *Wundt, Wilhelm*. Preisträger: 1952: *Hellpach, Willy Hugo*; 1959: *Bühler, Karl*; 1962: *Köhler, Wolfgang*; 1970: *Selz, Otto*; 1978: *Düker, Heinrich*; 1988: *Wertheimer, Max*; 2000: Niels Birbaumer, Frank Rösler; 2004: Norbert Schwarz, Fritz Strack; 2006: Onur Güntürkün; 2008: Reinhold Kliegl; 2010: Wolfgang Klimesch; 2012: Karl-Christoph Klauer. [www.dgps.de/aktivitaeten/preise/archiv.php]

J. Fahrenberg

Wille (= W.) [engl. *will, volition*], **[EM]**, insbes. in der dt. sprachigen Ps. des frühen 20. Jhd. war die theoretische und empirische Analyse des W. ein zentrales Thema (z. B. Lewin 1921, 1922). Bei *Wundt* ist die W.betätigung stark an best. Gefühlsverläufe gebunden. Erregungs-, Unlust- und Spannungsgefühle gehen einer W.handlung voran, Lösungsgefühle markieren den Endpunkt einer W.handlung (sog. einfache W.handlung). Bei den vollst. W.handlungen (*Willkürhandlung*) geht zusätzlich eine Phase der Entschließung oder Entscheidung voran, die sich durch die entspr. Gefühle ebenfalls dem Erleben mitteilen. Meumann betonte nicht so sehr diese gefühlsmäßigen, sondern die kogn. Bestimmungsstücke von W.handlungen: die Zielvorstellung, das zustimmende Urteil dazu und die Herbeiführung der Handlung durch Zielvorstellung und Zustimmung. Ach sieht den W. an zwei Stellen in einem Handlungsverlauf tätig: bei der Bildung einer Absicht (bei der Entschlussfassung) und bei der Herbeiführung und Ausführung der entspr. Handlung. Diese Ausführungstendenz, die Zielvorstellung tatsächlich in Handlungen umzusetzen, hat Ach als *determinierende Tendenz* bezeichnet. Diese stellt eine motivationale Tendenz dar, die Intention i. S. der *Zielvorstellung* zu realisieren. Lindworsky und insbes. Lewin haben hieran Kritik geübt (*Ersatzhandlung, Wiederaufnahme von unterbrochenen Handlungen, Zeigarnik-Effekt*). Die dt. W.ps. (heute: *Volitionspsychologie*) hat viele dieser verloren gegangenen Themen wieder aufgegriffen (Kuhl 1983b, Kuhl 1983c, Heckhausen et al. 1987, Schmalt & Heckhausen 1990). Im Vordergrund steht hierbei die Analyse von kogn., emot. und motivationalen Prozessen, die für die Realisation einer Handlung von Bedeutung sind. Kuhl (1983a) hat vorgeschlagen, dies als *Handlungskontrolle* (*Handlungskontrolltheorie*) zu bez. Aspekte des W. sind in der Ps. als Themen der Entscheidungs- und Handlungstheorien (*Entscheiden*) und auch in Forschungen zum *Belohnungsaufschub* behandelt worden.

H.-D. Schmalt

Willensbahnung (= W.) [engl. *volitional facilitation*], **[EM]**, *Wille*, bei der W. werden im *Absichtsgedächtnis* gespeicherte Informationen an verhaltenssteuernde Systeme übergeben, wodurch eine gebildete Absicht in eine *Handlung* umgesetzt wird. Dabei wirkt positiver Affekt unterstützend, der z. B. bei Depression oder einer subklinischen Variante, der prospektiven *Lageorientierung*, nur geringfügig zur Verfügung steht. Die Betroffenen zeigen dann häufig die Tendenz, im Grübeln über die unerledigten Absichten zu verharren (s. auch *Willenshemmung*). Kuhl 2001.

M. R. Quirin/J. Kuhl/J. Lindemann

Willensfreiheit (= W.) [engl. *free will, freedom of will*], **[PHI]**, die «eigentliche, innere spontane *Fähigkeit* zur Entscheidung (*Entscheiden*). Sie ist nicht bloße Freiheit der *Handlung*, denn die hängt an äußeren Faktoren, auch nicht Freiheit im Sinne des ‹Dürfens› (wie rechtliche Freiheit), denn in ihrer Macht gerade steht es, das Dürfen zu überschreiten. Es ist die hinter alledem stehende, schon in der Gesinnung ansetzende Freiheit der *Intention* oder Initiative selbst» (Hartmann 1949). Der *Determinismus* bestreitet ganz allg. die W., der Indeterminismus behauptet, dass der irrationale «Personenkern» die letzten sittlichen Entscheidungen trifft, wenn auch das *Wollen* sonst weitgehend durch «äußere Faktoren» determiniert sei. W. wird für das ethisch (*Ethik*) zurechenbare Handeln (z. B. teilweise im Strafrecht) vorausgesetzt. Ps. ist das Freiheitsbewusstsein von Interesse, d. h. die Tatsache, dass die Erlebnisbeobachtung den Eindruck vermittelt, dass man auch anders hätte handeln können, als man gehandelt hat; doch ist dies kein entscheidendes Argument für die W. Es wurde auch versucht, die Frage mit experimentell-psychol. Mitteln zu lösen, bes. von Ach und Lindworsky. Ach 1910, Planck 1948.

R. Bergius

Willenshandlungen [engl. *volitional acts*], *Wille, Wollen*.

Willenshemmung (= W.) [engl. *volitional inhibition*], **[EM]**, *Wille*, bei der W. wird eine gebildete Absicht (*Absichtskomponenten*) nicht ausgeführt, sondern im Absichtsgedächtnis so lange aufrechterhalten, bis ein für die Ausführung optimaler Zeitpunkt erreicht ist. W. geht i. d. R. mit einer Reduktion von pos. Affekt einher, was die Wahrscheinlichkeit für eine vorzeitige Ausführung einer *Handlung* reduziert und analytische Denkvorgänge begünstigt, was vor allem bei auftretenden Schwierigkeiten notwendig wird. Sobald die Absicht ausgeführt werden kann und soll, werden absichtsrelevante Informationen an verhaltenssteuernde Systeme übermittelt, begünstigt durch eine Heraufregulation (*Handlungsregulationstheorie*) von pos. Affekt, was einer Umsetzung der Handlung entspricht (*Willensbahnung*). Kuhl 2000.

M. R. Quirin/J. Kuhl/J. Lindemann

Willfährigkeit [engl. *(submissive) compliance*], **[SOZ]**, das konfliktlose Sich-Fügen gegenüber Anordnungen und Verhaltensvorschriften, die zwar der eigenen Tendenz widersprechen, jedoch auf keinen nennenswerten *Widerstand* stoßen. *compliance*.

Willkürhandlung [engl. *goal-directed action*], **[KOG]**, Ggs. Instinkthandlung; Willenshandlung, d. h. absichtlich gewollte und durchgeführte *Handlung*.

Willkürmotorik [engl. *voluntary motor function*], *Zielmotorik*.

Win-Lose-Modell [engl. *win* gewinnen, *lose* verlieren], *Fehlwahrnehmungen, kompetitive und kooperative*.

Winnicott, Donald W. (1896–1971), **[HIS, KLI]**, der britische Psychoanalytiker und Kinderarzt Donald Woods

Winnicott gilt als einer der einflussreichsten Vertreter der britischen Objektbeziehungstheorie. Besondere Verdienste erlangte er auf dem Gebiet der Kinderpsychoth. Ausgangspunkt für seine theoretischen Überlegungen ist die «absolute Abhängigkeit» des Säuglings von einer förderlichen Umwelt, im Normalfall von seiner Mutter. Eine ausreichend gute mütterliche Fürsorge [engl. *holding-function*] ermöglicht die Entwicklung des Kindes, die von der *absoluten Abhängigkeit* über die *relative Abhängigkeit* hin zur *Annäherung an die Unabhängigkeit* verläuft. Eine höchst bedeutsame und besonders krisenanfällige Entwicklungsaufgabe besteht für das Kleinkind darin, das ursprüngliche Omnipotenzerleben aufzugeben, die Innenwelt von der Außenwelt zu unterscheiden und die Realität immer differenzierter anzuerkennen. In diesem Zusammenhang führt Winnicott seine zentralen Konzepte des *Übergangsphänomens*, des *Übergangsobjekts* und des *Übergangsraums* ein. Winnicott prägte außerdem die Begriffe des *wahren* und des *falschen Selbst*. Unter dem wahren Selbst versteht er die indiv., konstitutionell gegebene Anlage des Kindes, durch deren Entfaltung eine personale psych. Realität und ein personales Körperschema erworben werden können. Das wahre Selbst stellt die Quelle der Authentizität dar. Zur Entwicklung eines falschen Selbst kommt es, wenn die Anpassung der Mutter an die Bedürfnisse des Säuglings nicht gut genug war. Die Errichtung des falschen Selbst hat die Funktion, das wahre Selbst zu schützen und zu verbergen. Neben seinen weitgefächerten theoretischen Verdiensten hat sich Winnicott mit der Erforschung der Behandlung frühgestörter und psychotischer Pat. sowie mit der Entwicklung neuer Methoden in der Kinderpsychoth. (bspw. das *Squiggle-Spiel*) einen Namen gemacht. Winnicott 2008, Winnicott 2006. *H. E. Lück*

Winsorisieren [engl. *winsorizing*], **[FSE]**, stat. Verfahren zum Umgang mit Ausreißern (*Ausreißerwert*). Hierbei wird um den Stichprobenmittelwert ein 90-%-Konfidenzintervall (CI, *Konfidenzintervall*) gebildet. Alle Werte außerhalb dieses Intervalls werden als Ausreißer definiert und ersetzt. Die Werte unter dem 5-%-Perzentil werden mit der unteren Grenze des CI ersetzt, die Werte über dem 95-%-Perzentil mit der oberen Grenze des CI. Das Verfahren ist im Allgemeinen nicht empfehlenswert, u. a. wegen der Verringerung der Merkmalsvariabilität. Primärer Vorteile sind der Erhalt einer vollst. Stichprobe ohne fehlende Werte und eine geringere Anfälligkeit der Analysen für Verzerrung durch untypische Einzelbeobachtungen. Leonhart 2013. *R. Leonhart*

Win-Win-Modell [engl. *win* gewinnen], *Fehlwahrnehmungen, kompetitive und kooperative*.

Wirkfaktoren akademischer Leistung *Angebots-Nutzungs-Modell der Wirkfaktoren akademischer Leistungen*.

Wirkfaktoren in der Psychotherapie [engl. *effect(iveness) factors in psychotherapy*]; *Psychotherapie*. Grawe et al. 1994.

Wirklichkeit (= W.) [engl. *reality*], **[PHI]**, wird als das An-sich-Seiende definiert, das Objektive, das eigentliche Sein, das in *Raum* und *Zeit* Seiende. Man spricht vom W.erleben als einem nicht weiter ableitbaren Phänomen, wobei wirklich ist, was wir leibhaftig wahrnehmen, was uns Widerstand leistet und «im Seinsbewusstsein als solchem» ist (Jaspers).

Den Begriff sinnvoll zu gebrauchen, sieht Metzger in fünf Möglichkeiten: (1) W. ist der Bereich physikalischer, i. w. S. transphänomenaler Realität. (2) W. ist die Realität der erlebten Welt. (3) W. ist das anschaulich Vorgefundene im Unterschied zum nur Vergegenwärtigten. (4) W. bietet den Unterschied von «Etwas» und «Nichts» bzw. von «voll» und «leer». (5) W. hebt das anschaulich Wirkliche vom anschaulichen Schein ab. *Sozialkonstruktivismus*. Metzger 1954, 1975.

Wirklichkeit, Konstruktivitätspostulat [engl. *reality, constructiveness postulate*], *Sozialkonstruktivismus*.

Wirklichkeit, Kontingenzannahme [engl. *reality, contingence assumption*], *Sozialkonstruktivismus*.

Wirklichkeitsversuch [engl. *realistic trial/experiment*], **[FSE]**, eine Modalität des ps. Experiments (*Experiment*), bei der die mögliche Fehlerquelle des Einflusses der (artifiziellen) Versuchssituation ausgeschlossen werden soll. Um die Lebensechtheit des Geschehens zu gewährleisten, wird den Vpn nicht nur keine Aufklärung über den Zweck des Versuchs gegeben, sondern sie erfahren zunächst auch nicht, dass sie überhaupt an einem Experiment teilnehmen. Das Wirklichkeitsexperiment wird angewendet, wenn das Wissen der Vp um den exp. Charakter des Geschehens die zu untersuchenden Erlebnisse (*Erleben*) oder *Verhalten*sweisen beeinträchtigen oder unterdrücken würde, z. B. bei der Untersuchung der Glaubwürdigkeit von Zeugenaussagen (*Glaubwürdigkeit, Glaubhaftigkeitsbegutachtung*). Hierzu kann der Vpn eine vorbereitete, durchaus echt wirkende Szene (z. B. ein Streit) vorgespielt werden, anschließend werden sie nach ihren Beobachtungen gefragt. *Arbeitsprobe*. *Labor-Feld-Problem*.

Wirkmodell [engl. *causal model*], *Programmtheorie*.

Wirksamkeit *efficacy*.

Wirksamkeit, kollektive (= k. W.) [engl. *collective efficacy*; lat. *colligere* zusammenbringen], **[PER, SOZ]**. Das Konstrukt der k. W. wurde von Bandura (1997) i. R. seiner sozialkogn. Theorie entwickelt. Ähnlich wie die Selbstw. (*Selbstwirksamkeitserwartung*) bezieht sich die k. W. auf Zukunftserwartungen an Kompetenzen und Handlungsmöglichkeiten. I. Ggs. zu Selbstw.erwartungen werden Individuen bei diesem Konstrukt jedoch nicht als voneinander isolierte Einheiten betrachtet. Die k. W. spiegelt stattdessen die Erfahrung wider, dass menschliches Handeln häufig in *Gruppen* stattfindet (z. B. in einer *Arbeitsgruppe*, in einer polit. Organisation). Bandura (1997) def. k. W. als ein in der Gruppe geteilter Glaube an die gemeinsamen Fähigkeiten zur Organisation und Durchführung von Handlungen, die nötig sind, um ein best. Ziel zu erreichen. Empirische Ergebnisse zeigen, dass sich hohe Erwartungen an die k. W. pos. auf die *Kreativität*, die *Resilienz*, die *Anstrengung* sowie auf das *Commitment* der Gruppenmitglieder gegenüber den Gruppenzielen auswirken. Zudem gehen höhere K.-W.-Erwartungen mit höheren Teamleistungen einher (z. B. in Sportvereinen, Wirtschaftsunternehmen, Schulen; Goddard et al. 2004). Versch. Varianten der Messung des *Konstrukts* wurden vorgeschlagen. Die k. W. wurde von Bandura nicht als ein indiv. Merkmal, sondern als Gruppenmerkmal konzeptualisiert. Diesem Ansatz folg. wird die k. W. häufig über den Durchschnitt der indiv. Erwartungen der Gruppenmitglieder an die Kompetenz ihrer Bezugsgruppe erfasst. Die Einschätzung der k. W. kann dabei zw. Aufgaben und Kontexten variieren. Die Höhe der k. W. wird durch ähnliche Prozesse beeinflusst, wie Bandura (1997) sie für die Selbstw. annimmt; z. B. wirken sich Erfolgserlebnisse der Gruppe günstig auf die k. W. der Gruppenmitglieder aus. Studien weisen jedoch auch auf Grenzen der Vergleichbarkeit zwischen den Determinanten der Selbstw. und der k. W. hin (Goddard et al. 2004). *C. Beierlein/S. Preiser*

Wirksamkeitsprüfung [engl. *effectiveness check/examination*], [**FSE, KLI**], bez. die Untersuchung einer *Intervention* auf ihre Wirksamkeit (= W.) hin, wobei es lediglich um die Überprüfung der W., nicht aber um die Erklärung der Wirkung geht (Moosbrugger & Schweizer 2002). Bezogen auf die klin. Ps. und *Psychotherapie* geht es bei der W.prüfung um die Überprüfung der allg. W. und den Vergleich der W. versch. klin.-psychol. Interventionsmethoden, ihre *Effizienz* sowie *Qualitätssicherung* (Lutz & Grawe 2005). Nicht zuletzt aus ethischer (*Ethik*, *Forschungsethik*) und versorgungsökonomischer Perspektive ist eine W.prüfung in der Psychoth. unabdingbar. Zudem ist diese grundlegend für den Anspruch der Wissenschaftlichkeit von Psychoth. und zur Unterscheidung zw. begründetem und unbegründeten psychoth. Handeln. Die Prüfung der W. psychoth. Interventionen stellt neben der Herausarbeitung der Wirkungsweise (*Prozessforschung*) einen der beiden Hauptbereiche der Psychotherapieforschung dar (Lutz & Grawe 2005; *Psychotherapieforschung*). Im Engl. werden die Begriffe *efficacy*, *effectiveness* (*Effektivität*) und *patient-focused* (patientenorientierte Versorgungsforschung, *patientenorientierte Psychotherapieforschung*) unterschieden, wobei *efficacy* die Frage der W. einer Intervention unter spez. standardisierten exp. Bedingungen (*Experiment*), *effectiveness* die Frage der W. im klin. Praxisalltag und *patient-focused* die Frage der W. einer Intervention für einen best. Pat. betrifft. Eine Herausforderung der W.prüfung von Psychoth. stellt die Def. von Erfolgskriterien dar, die sehr stark von der Perspektive, aus der die W. betrachtet werden soll, abhängt. *A. Roth/W. Lutz*

Wirkungsforschung [engl. *efficacy/effectiveness research*]; *Evidenzbasierung*, *Experiment*, *Kausalität*, *Therapieerfolg*.

Wirkungsgabelung, Prinzip der gegabelten Wirkung, [**WA**], die innerhalb der Wahrnehmung erfolgte Zerlegung einer Reizgrundlage in zwei anschauliche Komponenten, sodass Summe oder Produkt beider Komponenten der Reizgrundlage entsprechen. Bsp.: Größe bzw. Form des Netzhautbildes sind gegabelt in anschauliche Größe und anschauliche Entfernung des Wahrnehmungsgegenstandes; ebenso obj. Schallstärke in Lautheit und wahrgenommene Entfernung der Schallquelle. *Konstanz*, *Tiefenwahrnehmung*. Duncker 1935, Metzger 1954, 1975.

Wirkungsgefüge [engl. *cause-effect arrangement/diagram*], [**KOG**], Funktionsschaltbild für das Zusammenwirken von versch. Faktoren, Teilakten oder Reaktionen in einem Gesamtzusammenhang wie z. B. der Steuerung der willkürlichen Augenbewegung bei der Raumkonstanz nach dem *Reafferenzprinzip* oder Veranschaulichung eines *Regelkreises*. In der Tierverhaltensforschung vielfach verwendet zur Verdeutlichung von Funktionszusammenhängen meist angeborener Verhaltensweisen. Heute weniger gebräuchlich. Der Begriff geht auf E. v. Holst zurück und wird in der *Verhaltensphysiologie* und kybernetischen Biologie zur Darstellung von Verhaltensgesetzmäßigkeiten verwendet. *Kybernetik*, *System, soziales*. Becker-Carus 1981, Eibl-Eibesfeldt 1984, Holst & Saint-Paul 1960.

C. Becker-Carus

Wirth, Wilhelm (1876–1952), [**HIS, WA**], promovierte 1899 bei Lipps in München, wurde Assistent bei *Wundt* in Leipzig und habilitierte sich dort schon 1901; 1908 wurde er apl. Prof. und von Wundt zum Mitdirektor des Ps. Instituts ernannt. Als Wundt 1917 emeritiert wurde und Krueger sein Nachfolger wurde, leitete Wirth ab dem Jahr 1944 ein vom Institut getrenntes «Psychophysisches Seminar». Nachdem das Institut, das Seminar und die Wohnung von Wirth ausgebombt worden waren, ließ sich Wirth vorzeitig emeritieren. Wirth fühlte sich in seiner exp. Forschung der Tradition von *Fechner* verpflichtet; in den 1930er Jahren führte er allerdings auch militärpsychol. Untersuchungen zum Zielen und Schießen durch. Wirth war Dr. phil. h. c. der Universität Athen. Schröder 1993. *H. E. Lück*

Wirtschaftskriminalität (= W.)[engl. *economic crime*], [**RF, WIR**], unter W. wird ein komplexes Kriminalitätsfeld verstanden, das nicht auf konkrete Straftaten oder eine klar abgrenzbare Ansammlung von Delikten reduziert werden kann. Gemeinsam ist versch. Delikten jedoch, dass sie im Bereich des wirtschaftlichen Handelns vorgenommen werden, i. d. R. einem Organisationsziel (Profit, Kostensenkung, Wettbewerbsbeeinflussung, *Ziel*) dienen und über die Schädigung von Einzelpersonen hinaus das Wirtschaftsleben beeinträchtigen und die Allgemeinheit schädigen. Als konkrete Bsp. für W. können Gründungsschwindel, Insolvenzdelikte, Buchführungsdelikte, Vorteilnahme, Geldwäsche oder Steuerhinterziehung genannt werden, wobei die Täter dabei sowohl intern als auch extern sein können. Als Ursachen für W. werden versch. Anreize (z. B. in Bezug auf den Lebensstil, *Anreiz*), Gegebenheiten und Gelegenheiten (z. B. unzureichende interne Kontrolle) sowie best. Rechtfertigungsstrukturen (z. B. mangelndes Unrechtsbewusstsein (*Ungerechtigkeitssensibilität*), Verleugnen der schädlichen Konsequenzen) genannt. Kirchler & Pitters 2015.

Wirtschaftspsychologie [engl. *economic psychology*], s. Einleitung *Gebietsüberblick «I.20 Wirtschaftspsychologie»*.

Wirtschaftspsychologie, ethische Fragestellungen [engl. *business/economic psychology, ethical issues*], [**PHI, WIR**], ethische Fragestellungen (= e. F.) der Wirtschaftsps. befassen sich mit versch. inhaltlichen wertbezogenen Themen (*Werte*, *Einstellung*) im Kontext von Wirtschaft und wirtschaftlichem Handeln. E. F. können sich dabei auf drei zentrale Aspekte von Wirtschaft fokussieren: (1) die Wissenschaft, (2) Unternehmen und (3) Individuen als Konsumenten und Verbraucher bzw. als Bürger. Fokussiert man auf Aspekte der Wissenschaft, so können die Bereiche der Manipulation (z. B. Nutzung von Erkenntnissen über Persuasionsstrategien; *Persuasion*), der Methodenwahl (z. B. Auslösen von Kaufverhalten durch gezielte Abfrage von Kaufabsichten) sowie der Unabhängigkeit von Forschung (z. B. einseitige Beforschung spez. Themen und lediglich partielle Darstellung ausgewählter Forschungsergebnisse) genannt werden (*Forschungsethik*). Auf Ebene der Unternehmen beschäftigen sich e. F. ebenfalls mit der Frage nach Manipulation (z. B. Einwirkung auf best. Zielgruppen durch die Schaffung künstlicher Bedürfnisse) sowie der Frage nach ausreichender Wahrnehmung gesellschaftlicher Verantwortung (z. B. im Kontext von Tabakwerbung oder bzgl. best. Produktionsbedingungen; *soziale Verantwortung*). Fokussiert man im Kontext e. F. die Ebene indiv. Konsumenten und Verbraucher, so stellen sich Fragen bzgl. (indiv.) e. Verantwortungsübernahme (z. B. bei der Unterstützung und Akzeptanz von Produktionsbedingungen), vertretbarer Investitionen (z. B. in Form von Fondsbeteiligungen) oder dem persönlichen Engagement (z. B. im Kontext von Spenden, gemeinnützigem Engagement oder der Erhaltung öffentlicher Güter). *Bürgersinn*. Moser & Soucek 2015.

Test Wisconsin Card Sorting Test (WCST), 1993, R. K. Heaton, G. J. Chelune, J. L.Talley, G. G. Kay & G. Curtiss (revidierte Fassung). (Original: D. A. Grant & E. A. Berg, *Journal of Experimental Psychology*), [www.testzentrale.de],[**BIO, DIA**]. Der WCST ist ein neurops. Verfahren, das zur Erfassung der abstrakten Denkfähigkeit und der kogn. Flexibilität, Komponenten der *Exekutivfunktionen*, entwickelt wurde. Der Test enthält 4 Stimuluskarten und 2 Stapel à 64 Sortierkarten. Die Karten mit geometrischen Figuren sollen nach einer Regel sortiert werden, die der Pb anhand der Rückmeldung des Testleiters erkennen soll. Dabei ändert sich die Sortierregel im Verlauf und soll erneut erschlossen werden. Der Pb muss Sortierkriterien erkennen, Lösungshypothesen entwickeln und prüfen, pos. und neg. Rückmeldungen auswerten und gegen eine dominante Handlungstendenz einen Wechsel im Lösungsverhalten durchführen. Mit diesem Kartensortierverfahren sollen die Unfähigkeit, ein Konzept aufrechtzuerhalten, und eine eingeschränkte Umstellungsfähigkeit, mangelndes Lernen aus Rückmeldung und *Perseverationstendenzen* erfasst werden. Es läßt sich die Entwicklung einer Problemlösestrategie unter wechselnden Stimulusbedingungen untersuchen. *Normierung*: Kinder und Jugendliche von 6;6 bis 19;11 Jahre; Erwachsene: 18–59 und 60–89 Jahre. Es liegen sechsstufige Bildungsnormen vor. Bearbeitungsdauer: 20–30 Min. Nyhus & Barceló 2009. S. V. Müller

Wissen (= W.) [engl. *knowledge*], [**KOG**], kogn. *Repräsentation* von Gegenständen; unterschieden werden Repräsentationen von Sachverhalten (*deklaratives W.*), von *Fertigkeit* und deren Ausübung (*prozedurales W.*), von *Heuristiken* und Problemlösestrategien (*strategisches W.*, *Problemlösen*) und von der Kontrolle und Steuerung von Lern- und Denkprozessen selbst (*metakognitives W.*, *Metakognition*, *Schema*, *Gedächtnis*). Zum W.system einer Person werden ebenfalls soziale Fertigkeiten und *Kompe*tenzen sowie *Einstellungen* und Überzeugungen (*Überzeugungssystem*) gezählt. Die intentionale Vermittlung von W. (*Lehren*) erfolgt durch Nutzung von Vorgängen des *Wissenserwerbs*, da es sich bei der W.aneignung um einen konstruktiven, meist auch soz. eingebundenen Prozess handelt. *Denken*. Sodian 1995. M. Heinecke-Müller

Wissen, domänenspezifisches [engl. *domain-specific knowledge*], *Kausalmodelle, Theorie der*.

Wissen, implizites [engl. *implicit knowledge*], *Intelligenz, praktische*.

Wissen, soziales *soziales Wissen*.

Wissen, stilles [engl. *silent knowledge*], *soziales Wissen, Intelligenz, praktische*.

Wissen, träges [engl. *inert knowledge*], *Lernumgebung, konstruktivistisch*.

Wissenschaftlicher Beirat Psychotherapie (WBP), [**KLI**], ein Gremium, das sich mit der Anerkennung der Wissenschaftlichkeit bzw. der wiss. Fundierung von Psychoth. i. S. des *Psychotherapeutengesetzes (PsychThG)* beschäftigt. Der Beirat besteht aus 12 Mitgliedern (6 Psychol. Psychotherapeuten bzw. Kinder- und Jugendpsychotherapeuten sowie 6 ärztlichen Vertetern aus den Bereichen Psychiatrie und Psychoth., Psychosomatik, Med. und Psychoth., Kinder- und Jugendlichenpsychiatrie und -psychoth.) und beschäftigt sich mit (1) der gutachterlichen Beratung von Behörden bzgl. wiss. Anerkennung psychoth. Verfahren und Ausbildungsstätten und (2) der Bearbeitung von Anfragen psychoth. Fachverbände bzgl. der wiss. Anerkennung psychoth. Verfahren. (3) Ferner werden Forschungsfragen identifiziert und bearbeitet bzw. Forschungsinitiativen unterstützt. Die Kriterien und der Prozess eines Anerkennungsverfahrens sind in einem Methodenpapier zus.gefasst (insbes. Publikation systematischer Literaturrecherche, kriteriengeleiteter Screeningprozess mittels Studienbewertungsbogen zur Identifikation bewertungsrelevanter zentraler Studien, *Evidenzbasierung*). Im Mai 2015 lagen Stellungnahmen und Gutachten zu folg. Therapien und Methoden vor: *Verhaltenstherapie* bei Jugendlichen und Erwachsenen, *Psychodynamische* Therapie bei Erwachsenen, *Systemische Therapie, Gesprächspsychotherapie*, Neuropsychol. Therapie (*Neuropsychologie, Tätigkeitsbereiche*), *Psychodrama, Hypnotherapie, interpersonelle Psychotherapie*, Eye Movement Desensitization and Reprocessing (EMDR). [www.wbpsychotherapie.de]

Wissenschaftsbetrug [engl. *fraud in science*], *Forschungsethik*.

Wissenschaftsethik [engl. *ethics in science*], *Forschungsethik*.

Wissenschaftskommunikation (= W.) [engl. *science communication*], [**PÄD**], umfasst *Kommunikation* von Wissenschaften (z. B. die Berichterstattung zu neuen Forschungsergebnissen) und über Wissenschaften (z. B. zu wiss. Debatten oder zu Einrichtungen der Forschung). Dabei geht es vornehmlich um die Kommunikation mit der Öffentlichkeit, also um die Verständigung über Wissenschaften mit Personen, die selbst nicht über das jew. Fachwissen verfügen. Anders als in formalisierten Lehr-Lern-Kontexten (Schule, Hochschule; *Lehr-Lern-Forschung*) wird die

W. von den Beteiligten nicht primär als Lehr-Lern-Situation wahrgenommen, gleichwohl sind päd.-psychol., medien- und sozialpsychol. Prozesse dafür bedeutsam.

W. erfolgt durch mediale Vermittlung, z. B. durch Wissenschaftsformate im Fernsehen oder durch populärwiss. Zeitschriften. Die Auswahl und die Veränderung von wiss. Theorien und Ergebnissen im Prozess der medialen Vermittlung (z. B. die Aufbereitung durch Journalisten) ist Gegenstand kommunikationswiss. Forschung. Ps. Forschung zur W. betrifft u. a. die Rolle von Vorwissen und themenbezogenen *Einstellungen* auf die Auswahl, das Verständnis und die Bewertung von medial aufbereiteten Wissenschaftsinformationen. Hierzu ist die Hypothese der *motivierten Informationsverarbeitung* bes. relevant, nach der die Einstellungen zum Thema nicht nur die Bewertung, sondern auch bereits die Auswahl und das Verständnis der verarbeiteten Informationen betreffen (*Mediennutzungsforschung*, *Medienrezeption*). Allerdings gibt es z. B. keine lineare Beziehung zw. der Einstellung zu einer Thematik und dem Umfang an Informationen, die dazu aufgesucht und gespeichert werden (Bsp.: Sowohl starke Gegner als auch starke Befürworter der Gentechnik befassen sich intensiv mit Wissenschaftsinformationen zu dieser Thematik; Bromme & Kienhues 2012).

W. erfolgt auch durch das Internet. Die dort verfügbare Vielfalt an Informationsangeboten erfordert vom Nutzer in besonderer Weise eine *Auswahl- und Bewertungskompetenz*. Diese wird psychol. (lesetheoretisch) als *Kompetenz* des Umgangs mit multiplen Dokumenten verstanden. Die psychol. Forschung dazu betrifft die Prozesse der Entdeckung und der Bewältigung von konfligierenden Geltungsbehauptungen (d. h. unterschiedlichen Positionen von Wissenschaftlern zu umstrittenen Fragen). Die psychol. Besonderheit der W. (im Unterschied zu der Kommunikation zu Themen aus alltäglichen Erfahrungsbereichen) besteht darin, dass Nichtfachleute (Laien) sich dabei oftmals zw. konfligierenden Geltungsbehauptungen entscheiden müssen, die sie aufgrund des fehlenden Fachwissens eigentlich nicht abschließend beurteilen können. Dafür sind sowohl subj. Plausibilitätsurteile auf der Grundlage des Alltagsverständnisses von wiss. Sachverhalten wie auch die Zuschreibung von Vertrauen in die Quellen der konfligierenden Geltungsbehauptungen erforderlich. Dies wird auch als das Problem der kogn. Arbeitsteilung (Keil 2010) bez. (Bsp.: Bei Gericht müssen Schöffen und Richter entscheiden, welche wissenschaftsbasierte Aussage konfligierender Gutachter sie für überzeugend halten).

Eine Variante der W. ist die *Experten-Laien-Kommunikation*. Wenn Fachleute (z. B. Psychologen, Mediziner) ihre Klienten beraten, vermitteln sie dabei Elemente ihres Fachwissens (s. a. *partizipative Entscheidungsfindung*). Insofern umfasst die Anwendung wiss. Wissens immer dann W., wenn die Klienten/Pat./Kunden das Expertenwissen nutzen und es dafür (wenigstens in Ausschnitten) auch selbst verstehen müssen. Die Ps. der Experten-Laien-Kommunikation betrifft die Verständigungsprobleme, die sich aus dem unterschiedlichen Sprachrepertoire und aus dem unterschiedlichen Hintergrundwissen von Experten und Laien ergeben. Und sie betrifft die wechselseitigen Rollenerwartungen und Fähigkeitszuschreibungen, die sich häufig aus dem institutionellen Kontext ergeben, in dem sich Experten und Laien begegnen (Bromme & Jucks 2013). *R. Bromme/D. Kienhues*

Wissenschaftstheorie (= W.) [engl. *philosophy of science*], **[PHI]**, s. auch Einleitung *Gebietsüberblick Philosophie und Wissenschaftstheorie*; Metawissenschaft der erkennenden Wissenschaften, hervorgegangen aus der älteren *Erkenntnistheorie* durch Beschränkung auf wiss. entscheidbare Fragen. Als Formalwissenschaft Lehre von den logischen und stat. Grundlagen sowie allg. Methodenlehre wiss. Erkenntnisgewinnung. Als Realwissenschaft Theorie der Wissenschaftsgeschichte und -entwicklung, z. T. auch Ps., Soziologie usw. der Erkenntnis. Ein Hauptproblem ist das Verhältnis von normativen (*normativ*; W. als System meth. Regeln, deren Beachtung Wissenschaft erst ermöglicht) zu deskriptiven (W. als rationale Rekonstruktion der Vorgehensweisen in den bestehenden Wissenschaften) Auffassungen.

Wichtige Ideen zur W. findet man seit der Antike (z. B. Aristoteles, Bacon, Descartes). Die moderne W. beginnt in den 1920er-Jahren mit der Begründung des *logischen Empirismus* (= l. E.) (auch l. *Positivismus*). Durch das *Sinnkriterium* der Verifizierbarkeit sollten sinnvolle Sätze (wie die der Physik) von sinnlosen (darunter die der *Metaphysik*) unterschieden werden. Es gelang allerdings nicht, eine zufriedenstellende Fassung des Sinnkriteriums zu finden. Auch das Programm, theoret. Begriffe (z. B. *kognitive Dissonanz*, *Leistungsmotiv*) auf Beobachtungsbegriffe (z. B. Zahl angekreuzter Ja-Antworten in einem best. Erhebungsverfahren) zurückzuführen, erwies sich als nicht durchführbar (*Operationalismus*). Die *Theorieabhängigkeit* der Beobachtung wurde später als einer der zentralen Kritikpunkte am l. E. angeführt. Zwei weitere bedeutsame Projekte in der Tradition des l. E. waren der Aufbau einer *induktiven Logik* (Carnap, *Induktion*) sowie die Ausarbeitung des Modells der *nomologischen Erklärung* (Hempel und Oppenheim).

Beeinflusst durch den l. E. und zugleich in Auseinandersetzung mit ihm entwickelte Karl Popper den *Falsifikationismus*, den er später zum *kritische Rationalismus* (= k. R.) weiterentwickelte. Popper verwarf jede Form induktiven Schließens. Als Kriterium empirischer Wiss. schlug er die Falsifizierbarkeit von Theorien anhand von Beobachtungen vor. Ein Vorgehen nach dieser Methodologie erfordert, dass *Hypothesen* bzw. *Theorien* kritisch geprüft und nicht durch Immunisierungsstrategien vor einer *Falsifikation* bewahrt werden. Theorien, die eine kritische Prüfung bestehen, gelten als bewährt. Falsifikationen dienen dem Erkenntnisfortschritt, da sie entscheidende Hinweise zur Änderung bzw. Neukonstruktion von Theorien geben. Ziel dieses Vorgehens ist es, Theorien so zu ändern bzw. durch neue zu ersetzen, dass sie der *Wahrheit* i. S. einer Übereinstimmung mit der Wirklichkeit immer näher kommen. Es gibt in der Erkenntnis allerdings niemals Gewissheit darüber, ob eine Aussage wahr oder falsch ist (*Fallibilismus*); dies gilt auch für Beobachtungsaussagen. Als Hauptkritik

am k. R. wurde vorgebracht, dass er kein eindeutiges Kriterium dafür angibt, ob im Fall widersprechender Beobachtungen die Kernannahmen der Theorie oder die beim Test verwendeten Hilfsannahmen aufgegeben werden sollen.
Sowohl gegen den Empirismus als auch den k. R. wandte sich Anfang der 1960er-Jahre Thomas Kuhn mit seiner Lehre von den Paradigmen und Revolutionen in der Wiss. (*Fortschritt, wissenschaftlicher*). In der Normalwiss. dominiert nach Kuhn ein best. *Paradigma* (= P.; z. B. Newtons Mechanik, in der Ps. z. B. der Neobehaviorismus oder die kogn. Ps.). Die *scientific community* akzeptiert ihr jew. P., ohne es zu hinterfragen oder kritisch zu prüfen. Empirische Forschung geschieht unter Voraussetzung des P. Stellen sich allerdings Befunde ein, die längerfristig mit dem P. nicht in Einklang gebracht werden können (*Anomalien*), dann kann dies in eine Krise führen, und evtl. kommt es zu einer wiss. Revolution: Die Wissenschaftler gehen mehrheitlich zu einem neuen P. über, ein Vorgang, der nach Kuhn nicht auf rationaler Argumentation beruht, sondern auf einem Wandel in der Art, die Welt zu sehen. P. bestimmen, wie wir die Welt sehen, und daher sind sie inkommensurabel; es gibt keine obj., von P. unabhängigen Beobachtungsresultate, die dazu dienen könnten, P. vergleichend zu beurteilen. Nach Kuhn gibt es keine vom P. unabhängige Wahrheit, und man kann nicht den Nachweis führen, dass ein best. P. die Realität zutreffender darstellt als ein anderes. Paul Feyerabend gelangte ebenfalls zur *Inkommensurabilitätsthese*. Er zog darüber hinaus die Konsequenz, dass methodologische Regeln die Wissenschaft grundsätzlich eher behindern würden und deshalb von ihr nicht beachtet werden sollten (*anything goes*). Gegen die Inkommensurabilitätsthese wurde kritisch vorgebracht, dass in der Wissenschaftsgeschichte konkurrierende Theorien durchaus gegeneinander getestet werden konnten, wobei sich die eine als der anderen überlegen erwies. Kuhns Lehre war in der W. sehr einflussreich. Die Entwicklungen, die es seitdem gibt, haben eine deutliche Beziehung zu seinen Ideen, die sie entweder aufgreifen und weiterführen, oder aber zu widerlegen suchen.
Mit seiner Methodologie wiss. Forschungsprogramme versuchte Lakatos, Kuhns Einsichten so Rechnung zu tragen, dass ein Relativismus vermieden wird. Was Kuhn ein Paradigma nennt, fasst Lakatos als *Forschungsprogramm* auf. Anders als bei Kuhn werden die wiss. Arbeit i. R. eines solchen Programms und auch die Aufgabe eines ganzen Programms zugunsten eines anderen von Lakatos als rationale Maßnahmen rekonstruiert, durch die man versucht, der Gesamtheit der empirischen Resultate bestmöglich Rechnung zu tragen. Als Einwand gegen Lakatos wurde vorgebracht, dass er kein eindeutiges Kriterium dafür angibt, wann ein Programm endgültig aufgegeben werden sollte.
Der *non statement view* (= NSV, auch *Strukturalismus, wissenschaftstheoretischer*) schlägt eine Auffassung von Theorien vor, nach der diese nicht als Aussagensysteme, sondern als Strukturen interpretiert werden, die keinen Aussagencharakter haben (z. B. als durch mengentheoret. Prädikate definierte Modelle) und daher, wie Kuhns Paradigmen, nicht falsifizierbar sind (Sneed, Stegmüller).

Während sich bei einer Theorie mit Aussagencharakter die Frage stellt, ob sie universell zutreffend ist, fragt man von einer Theorie i. S. des NSV, ob sie sich auf ausgewählte empirische Situationen erfolgreich anwenden lässt. Wenn dies nicht der Fall ist, erweist sich dadurch eine spez., auf die Situation bezogene Hypothese als falsch, nicht aber die Theorie selbst. Allerdings wird es auch im NSV als pos. bewertet, wenn Anwendungen erfolgreich sind, und eine Theorie, die in dieser Hinsicht einer anderen überlegen ist, wird ihr vorgezogen. Als Einwand wurde vorgebracht, dass diese Umdeutung von Theorien keine wirklichen Probleme löst, da auch Theorien i. S. von Aussagesystemen zugestanden werden kann, dass sie im Falle widersprechender Befunde so lange beibehalten werden, bis eine bessere alternative Theorie verfügbar ist.
Kuhns Lehre regte weiterhin dazu an, einen älteren Denkansatz wieder aufzugreifen, nach dem die Entwicklungen in den Wissenschaften nicht als Folge rationaler Schlussfolgerungen verstanden, sondern durch soziale Faktoren erklärt werden, insbes. durch Interessen an Macht und Anerkennung. 1976 konzipierte David Bloor das *strong programme* der Wissenschaftssoziologie, das zum Ziel hat, für wahr gehaltene und für falsch gehaltene wiss. Lehrmeinungen gleichermaßen soziologisch zu erklären. Seitdem sind viele Studien durchgeführt worden, die sich dem Phänomen *Wissenschaft* soziologisch und auch ethnografisch nähern. Die Auffassung, man könnte die Entwicklungen in der Wiss. allein durch soziologische Faktoren erklären, wird allerdings von den meisten Wissenschaftstheoretikern als unhaltbar angesehen.
Eine andere neue Forschungsrichtung in der W. kehrt zurück zu Problemstellungen, wie man sie im l. E. behandelte. Im Zentrum der Betrachtung steht hier nicht das gesamte P. oder Forschungsprogramm, sondern die rationale Beurteilung einzelner Hypothesen. Als Beurteilungsprinzip wird *Bayes' Theorem* zugrunde gelegt, das erlaubt, für eine Hypothese h aufgrund gegebener Daten e eine Wahrscheinlichkeit $p(h|e)$ zu berechnen. Voraussetzung dafür ist, dass man die Wahrscheinlichkeiten $p(h)$, $p(e|h)$ sowie $p(e)$ bestimmen bzw. auf sinnvolle Weise schätzen kann. Howson und Urbach argumentieren, dass durch diesen Ansatz Fragen der Bestätigung, Akzeptanz und Verwerfung von Hypothesen gelöst werden können, für die man i. R. des l. E. und k. R. keine überzeugenden Lösungen fand. Kritiker bezweifeln die sinnvolle Anwendbarkeit dieses Verfahrens auf wiss. Gesetzeshypothesen, da man hier kaum Anhaltspunkte für die Ausgangswahrscheinlichkeiten $p(h)$ hat und zudem die Resultate $p(h|e)$ entscheidend davon abhängen, welche alternativen Hypothesen (deren es stets unendlich viele gibt) man in die Betrachtung einbezieht.
Gegen das durch Kuhn geprägte Denken, in dem alles durch das jew. P. bestimmt wird, wendet sich auch der *Neue Experimentalismus* (*Experiment*) mit der These, dass die exp. Praxis gegenüber den umfassenden Theorien über ein «Eigenleben» verfüge (Hacking). Die in Experimenten hergestellten Effekte und nachgewiesenen Gesetzmäßigkeiten überdauern oft einen Theorienwandel. Das P. än-

dert sich, die Arbeit in den Labors geht jedoch großenteils weiter wie bisher. Die exp. Forschung hat weiterhin die Besonderheit, dass sie z. T. Dinge untersucht, die im Labor erst hergestellt werden und in der vom Menschen unbeeinflussten Wirklichkeit nicht oder kaum vorkommen.

Die heutige Situation in der W. ist dadurch charakterisiert, dass viele Auffassungen vertreten werden, neben den neuen z. T. auch Weiterentwicklungen der älteren. Zusätzlich zur allg. W. wird zunehmend mehr spez. W. betrieben, z. B. W. der Physik, der Biologie und auch der P. Entsprechende spez. W. stehen in enger Verbindung zur Methodenlehre der jew. Disziplin (*Methode*). Stegmüller 1974, Westermann 2000, Schurz 2006, Bartels & Stöckler 2007, Chalmers 2001. *V. Gadenne/W. Glaser*

Wissensdiagnostik (= W.) [engl. *knowledge diagnostics*], **[DIA, KOG]**, bezeichnet das Bestreben, mithilfe wiss. Verfahren den Wissensstand (*Wissen*) einer Person i. Allg. und/oder in spezif. Bereichen zu erfassen. Abgegrenzt werden häufig (1) Fachwissen, (2) differenzielles Allgemeinwissen, (3) soziales Wissen und (4) allg. prozedurales Wissen. Aufgrund der engen Zusammenhänge zu Domänen wie *Fähigkeiten*, *Fertigkeiten* und *Interessen* ist das Anwendungsfeld der W. heterogen. Eine wichtige Unterscheidung besteht in den Inhaltsbereichen *knowing that* und *knowing how*. Unter Ersterem ist das bewusstseinsfähige Wissen zu verstehen, das in verbaler oder grafischer Form ausgedrückt wird. Unter *knowing how* ist weitgehend nicht bewusstseinsfähiges Wissen zu verstehen, das sich im Vollzug von Prozessen, Handlungen und Urteilen zeigt (handlungsleitendes Wissen, «Wenn-dann-Regeln»). I. Ggs. zu diesem sog. *prozeduralen Wissen* kann sog. *deklaratives Wissen* (Faktenwissen) i. R. von W. durch geeignete Verfahren problemloser erfasst werden. Schwierig ist die exakte Bestimmung des jew. relevanten Wissenskanons. Unstrittig ist hingegen die Filterfunktion von Wissen, die es ermöglicht, neues Wissen leichter zu integrieren. Letztlich ergeben sich so auch Zusammenhänge etwa zu beruflichem Erfolg. Instrumente zur Messung von Allgemeinwissen sind u. a. der Differenzielle Wissenstest und der *Bochumer Wissenstest (BOWIT)*. Spezif. Wissensdomänen können z. B. durch Subtests des IST 2000 R (*Intelligenz-Struktur-Test 2000 R*) oder den Wirtschaftskundlichen Bildungstest (WBT) abgedeckt werden. Neben Interviews und Fragebogen sind Concept Maps (*concept mapping*) bzw. Netzwerkansätze sowie lautes Denken verwendete Untersuchungsformen. Letztere (z. B. Heidelberger *Strukturlegetechnik*, SLT; *subjektive Theorien, Forschungsprogramm*) legen, ihrem Netzwerkcharakter entspr., Wert auf Zusammenhänge zu angrenzenden Wissensgebieten. Hossiep & Schulte 2013. *R. Hossiep*

Wissenserwerb (= W.) [engl. *knowledge acquisition*], **[KOG, PÄD]**, W. bez. das *Lernen* (unter kognitionspsychol. Betrachtung) von Sachverhalten der Welt oder der eigenen Person, von Strategien für Problemlösungen (*Problemlösen*), von *Metakognitionen* (*Reflexion* des eigenen *Wissens*). I. d. R. ist hierfür *intentionales Lernen* notwendig. Oftmals wird prozedurales Wissen («gewusst wie») und deklaratives Wissen (einzelne Sachverhalte kennen) unterschieden. Strategien des Lehrenden und die des Lernenden (*Lehrstrategien*, *Lernstrategie*) beeinflussen den W. bei der Auswahl des Wissensangebots, der Stärke der Zielerreichung und der Integration in bestehende Wissensstrukturen (Mietzel & Rüssmann-Stöhr 1986, Weidenmann et al. 1986, Gruber 2008). Strategien des W. (nach van der Meer 1996) für das Einprägen sind u. a.: primäres *Memorieren* (z. B. durch Wiederholen) und elaboratives Memorieren (*Elaborieren*, z. B. durch Umstrukturieren), *Abrufen* von Informationen durch Wiedererkennen, Reproduzieren oder durch Rekonstruktion sowie Aufbau von *Inferenzen* (deduktive, induktive oder analoge Einbettung; *Schließen, logisches*). Didaktische Konzepte versuchen über *Instruktion*sabläufe (neun Stufen bei Gagné et al. 1992) die erforderlichen kogn. Prozesse aufzubauen. Die psych. Strukturen können als *Wissensrepräsentationen* (*Repräsentation*) oder als *Wissensarchitekturen* bez. werden. *Gedächtnis, Lehrziel, Schema*. Waldmann 1997. *W. Echterhoff*

Wissenserwerb, kausaler [engl. *knowledge acquisition, causal*], *Kausalmodelle, Theorie der*.

Wissenskluft-Hypothese [engl. *knowledge gap hypothesis*], **[MD]**, nimmt an, dass die von den *Massenmedien* zur Verfügung gestellten Informationen zu einem Wissenszuwachs (*Wissen*) in der gesamten Bevölkerung führen. Es wird ebenfalls angenommen, dass Bevölkerungsgruppen mit höherer *Bildung* und höherem sozioökonomischem Status stärker von diesen Informationen profitieren als bildungsferne Gruppen. Auf diese Weise nimmt die Wissenskluft in einer Gesellschaft mit zunehmender Verbreitung von Medien zu. Unz & Schwab 2004, Tichenor et al. 1970. *J. Kimmerle*

Wissenskonstruktion (= W.) [engl. *knowledge construction*; lat. *construere* erbauen, errichten], **[KOG, PÄD]**, beschreibt unter einer konstruktivistischen Perspektive die Generierung von *Wissen*, also von dem Bestand an Fakten, Theorien und Regeln, der jedem individuellen *Gedächtnis* zur Verfügung steht, um adäquat in unterschiedlichen Situationen zu agieren. Zentrales Primat des *Konstruktivismus* liegt in der Aktivität eines jeden Individuums, selbstständig in einer soz. Situation Wissen zu erwerben. Demnach stellt jede Umgebung ein soz. System dar, in dem neues Wissen generiert werden kann. Fischer 2002. *B. Kopp/H. Mandl*

Wissenskonstruktionen, gemeinsame [engl. *joint knowledge construction*], **[KOG, PÄD]**, wird in kooperativen Lernumgebungen zunehmend wichtig. Hierbei handelt es sich um komplexe Kooperationsprozesse, die stattfinden, damit Wissen und Informationen, die über die Gruppenmitglieder verteilt sind, für die Aufgabenbearbeitung bereitgestellt und nutzbar gemacht werden. Im sozialps. Kontext sind Phänomene wie das *Hidden Profile* oder das *transaktive Gedächtnis* im Zusammenhang mit gemeinsamer *Wissenskonstruktion* von Relevanz.

B. Kopp/H. Mandl

Wissensmanagement (= W.) [engl. *knowledge management*], **[AO]**, lässt sich def. als die Planung, Organisation, Leitung und Kontrolle des Sammelns, Erzeugens und Weitergebens des handlungswirksamen Wissens mit dem Ziel

der erfolgreichen und effizienten Bearbeitung veränderlicher Aufgaben und Probleme der *Organisation* zur Zufriedenheit der Kunden (*Kundenzufriedenheit*). Kluge 1999.
S. Greif

Wissenssoziologie, hermeneutische [engl. *hermeneutic sociology of knowledge*], *Sozialphänomenologie*.

Wissenssystem, transaktives [engl. *transactive knowledge system*; lat. *trans* über, *agere* tun, handeln], [**KOG, SOZ**], besteht aus den Gedächtnisinhalten miteinander kooperierender Personen, die mittels Kommunikation vermittelt wurden und daher für alle Kooperationspartner gleichermaßen zugänglich sind. Dieses ist im Zusammenhang mit dem *transaktiven Gedächtnis* von Bedeutung.
B. Kopp/H. Mandl

Wissensveraltung (= W.), [**KOG**], W. kann durch neue Fakten oder neue Erkenntnisse über Zusammenhänge zw. Objekten eintreten. Durch *lebenslanges Lernen* kann indiv. und gesellschaftlich eine konstruktive kogn. Verbindung zu neuen Entwicklungen in Wirtschaft und Verwaltung sowie in Lebens- und Wissenschaftsbereichen hergestellt und somit eine hinderliche W. vermieden werden. Die in der unternehmerischen Welt oftmals verwendete Bez. «Halbwertzeit des Wissens» geht von der Annahme aus, dass *Wissen* additiv wächst und progressiv veraltet. Diese Annahme dürfte lediglich für lexikalisches Wissen (wie etwa über Produkte) und kaum für konzeptionelles Wissen (z. B. über Eigenschaften der Elektrizität oder über menschliches Verhalten) gelten.
W. Echterhoff

withdrawal design [engl. *withdrawal* Absetzung], *Fallstudie*.

Withholding-Effekte [engl. *withholding* Einbe-/Vorenthaltung], *Steuerpsychologie*.

within-item multidimensionality [engl.], [**DIA, FSE**], Multidimensionalität innerhalb eines Items, multidimens. Struktur der Information eines Items. Die Itemantwort wird nicht nur von einer, sondern von mehreren latenten Merkmalen determiniert. *Messtheorie*.

within-person design [engl. *within-person* innerhalb einer Person], *Tagebuch*.

Witte-König-Effekt *Lückenphänomen*.

Witz (= W.) [engl. *joke*], [**KOG**], der Begriff W. deckt im Deutschen zwei Bedeutungskerne ab, nämlich einmal eine kurze, *Lachen* oder zumindest Amüsement auslösende Erzählung (engl. *joke*) und zum anderen die *Fähigkeit* zu einem geist- und humorvollen Blick auf die Welt (engl.: *wit*; frz.: *esprit*; vgl. dt. *Humor*). Die sprachlich-kogn. Struktur der Witzerzählung enthält i. d. R. eine Schlusspointe, die das Lachen bzw. Amüsement auszulösen in der Lage ist.

Die kognitionspsychol. Forschung hat als notwendiges Merkmal der Witzstruktur die Inkongruenz zw. einer zunächst aufgebauten Erwartung und der in der Pointe enthaltenen Auflösung gesichert. Es handelt sich um einen Bezugsrahmenwechsel, der linguistisch auf den unterschiedlichsten Ebenen manifest werden kann: von Begriffen über Satzteile, Sätze, Urteile, Schlüsse bis zur Beschreibung von Handlungssequenzen, Szenen etc.; dabei können syntaktische, semantische und pragmatische Aspekte (auch in Kombination) thematisch sein (Bsp.: Deutscher zum Afrikaner: «Du schwarz!» Antwort: «Ich weiß!»). Die Inkongruenz-(Auf-)Lösung kann bei best. Nonsens-Witzen auch ausbleiben, doch stellt das eindeutig den selteneren Fall dar. I. d. R. tritt die Auflösung durch die Pointe mit (unerwarteter) Plötzlichkeit ein, was den ästhetischen Effekt erhöht. Dem entspricht auch der Prozess der Produktion wie Rezeption von W., der einen spielerischen Umgang mit der Realität und dadurch eine Entlastung vom Realitätsdruck impliziert.

In Bezug auf die motivationale Genese und gleichermaßen Wirkung von W. ist für die beiden prominentesten Erklärungsansätze der Überlegenheit (*superiority*) vs. Abwertung (*disparagement*) eine unechte Theorienkonkurrenz zu konstatieren. Im Prinzip handelt es sich um komplementäre Seiten eines kohärenten motivationalen Prozesses, der durch (adressatenspezif.) Fremdabwertung und entspr. Selbstaufwertung gekennzeichnet ist. Dadurch sind auch die in psychoanalytischen Kategorisierungen im Mittelpunkt stehenden aggressiven und sexuellen Inhalte abgedeckt. Die motivationale Perspektive wird durch die emot. Dimension ergänzt, bei der die durch den W. erzielte Entspannung (*relief* bzw. *release*) den wichtigsten Effekt darstellt. Insofern als damit ein durch Realitätsdruck bedingter Stress reduziert wird, kann man W. auch einen Ermutigungsmechanismus zuschreiben.

Die personalen Rahmenbedingungen für das genussvolle Produzieren wie Rezipieren von Witzen werden als dispositionelle Manifestationen eines Sinns für Humor angesehen, für die eine Fülle unterschiedlicher Testverfahren entwickelt worden ist (*Humor*). *Ironie*. Groeben & Scheele 2003, Wenzel 1989.
N. Groeben

Wochenbettdepression (= W.) [engl. *postpartum depression*], auch: postpartale Depression, [**KLI, PHA**], *depressive Episode* (*Depression*), die innerhalb von sechs Monaten nach der Geburt (entspr. *DSM-5*) eines Kindes bei der Mutter (und nur in sehr seltenen Fällen beim Vater) auftritt. Etwa 40–80 % aller Mütter erleben nach der Geburt eine Phase depressiver Verstimmtheit, hierbei handelt es sich um ein postpartales Stimmungstief. Dieses geht bei den meisten Frauen ohne eine Behandlung schnell vorüber und kann von wenigen Std. bis zu einige Tage andauern. In Form eines schleichenden Prozesses kann diese leichte depressive Verstimmtheit jedoch in eine behandlungswürdige W. übergehen, die es für die Mutter schwer macht, die Versorgung ihres Kindes zu übernehmen. Aufgrund versch. Diagnosekriterien sind Befunde zur *Prävalenz* der Störung inkonsistent. I. R. einer *Metaanalyse* von 2005 (Gavin et al.), wurden nur Interview-basierte Diagnosen innerhalb der ersten drei Monate nach der Geburt gewertet, die Prävalenz einer depressiven Episode lag hier bei 7,1 %. Als Ursache der W. nimmt man an, dass ein Teil der Frauen sensibel auf den dramatischen Abfall der Konzentration versch. *Steroidhormone* (vgl. *Östrogene*) nach einer Entbindung reagiert. Die Wirksamkeit einer psychoth. Behandlung sowie die einer Behandlung mit *Antidepressiva* (auch während der Stillzeit möglich) konnte in versch. Studien belegt werden. *Psychopharmakotherapie in Schwangerschaft und Stillzeit*. Bloch et al. 2000, O'Hara & McCabe 2013.
S. Lammertz

Wohlbefinden (= W.) [engl. *well-being*], **[EM, GES, PER]**, W. wird in der modernen psychol. Forschung weitgehend mit *Glück* gleichgesetzt. Hierbei lassen sich mit dem *subj.* W. und dem *eudämonischen* W. zwei generelle Perspektiven unterscheiden. In der Forschung zum subj. W. werden Personen als glücklich bezeichnet, wenn sie eine hohe *Lebenszufriedenheit* aufweisen sowie häufig pos. und selten neg. Stimmungen und Gefühle (*Gefühl*) erleben. Ein Hauptvertreter dieser Forschungsrichtung ist *Diener, Ed.* I. Ggs. zu dieser hedonistischen Perspektive (*hedonisches* W.) hebt die Forschung zum eudämonischen (psychologischen) W. auf die Bedingungen eines gelingenden Lebens und auf menschliche Stärken ab. Nach Carol Ryff erleben Menschen ein hohes psychol. W., wenn sie in ihrem Leben autonom handeln können, Umweltanforderungen meistern, persönliches Wachstum erleben, pos. Beziehungen mit anderen Personen pflegen, Sinn im Leben erkennen und sich selbst akzeptieren. I. R. beider Perspektiven wurden unterschiedliche Theorien entwickelt und Bedingungen und Konsequenzen erforscht. Interindiv. Unterschiede im hedonischen W. und im eudämonischen W. sind nicht unabhängig voneinander, sondern hängen stark miteinander zus. I. R. beider Perspektiven wurden auch Interventionen zur Steigerung des W. entwickelt. Bucher 2009, Eid & Larsen 2008. *M. Eid*

Wohlbefindensparadoxon [engl. *paradox of well-being*; gr. παράδοξον (parádoxon) wider Erwarten], *Psychologie des Alterns*.

Wohngemeinschaft, therapeutische [engl. *therapeutic (living) communities*], **[KLI]**, mit der Einrichtung erzieherisch-therap. Wohngemeinschaften wird angestrebt, eine familienähnl. Erziehungssituation mit den Möglichkeiten besser kontrollierbarer psychoedukativer (*Psychoedukation*) und psychoth. Hilfestellung zu verbinden. Die schul. und berufl. Entwicklungen lassen sich in überschaubaren Gruppen, die als längerfristige Lebensgemeinschaften geplant sind, leichter beobachten, bewerten und beeinflussen und u. U. lebensprakt. Kompetenzen alltagsnäher vermitteln. Petzold & Vormann 1980. *F. Caspar*

Wölbung (= W.), syn. *Kurtosis* [engl. *kurtosis*; gr. κύρτωσις (kurtosis) Wölben, Krümmen], syn. *viertes Zentralmoment*, **[FSE]**, stat. Maßzahl für die Breite einer Werteverteilung oder einer Wahrscheinlichkeitsverteilung (*Verteilungsfunktion*; *Verteilungsparameter*), Für n Messwerte $x_1 ... x_n$ ergibt sich als Stichprobenkennwert:

$$W = \frac{1}{n}\sum_{i}^{n}\left(\frac{x_i - \bar{x}}{s}\right)^4;$$

mit x = *arithmetisches Mittel*, s = *Standardabweichung*. Je breitgipfliger die Verteilung ist, desto größer ist W. Eine große W. kann ebenfalls indikativ für Extrem- und *Ausreißerwerte* sein. Für eine *Normalverteilung* gilt W = 3. *Exzess*. Bortz & Schuster 2010.

Wollen (= W.) [engl. *volition*], **[EM]**, das Erlebnis des Gerichtetseins auf ein *Ziel*, das Bestreben, eine best. *Handlung* auszuführen, der seelische Vorgang, der auf die Verwirklichung eines vorgestellten Erfolgs gerichtet ist. Dabei wird das Ich als Ursache dieses Verhaltens erlebt. Kennzeichnend für das W. ist der Entschluss, d. h. die Bildung einer Vornahme, einer *Absicht*. *Intention*, *Volition*, *Wille*.

Wollensfaktoren [engl. *volitional factors*], *Interview, biografisches*.

Wolpe, Josef (1915–1997). **[HIS, KLI]**, Wolpe war ein südafrikanischer Psychiater, der bedeutende Beiträge zur *Verhaltenstherapie* geleistet hat. Wolpe wuchs in Südafrika auf und promovierte in der Med. an der *University of the Witwatersrand*. 1956 verbrachte er durch ein Stipendium ein Jahr am *Center for Behavioral Sciences* an der *Stanford University*. Er kehrte nach Südafrika zurück, nahm dann 1960 eine Position an der *University of Virginia* und 1965 an der *Temple University* an und blieb in den USA. Nach seinen psychiatrischen Erfahrungen in Südafrika mit Personen mit *posttraumatischen Belastungsstörungen* durch den Zweiten Weltkrieg strebte Wolpe in den USA eine empirisch begründete *Psychotherapie* an. Zu Wolpes wiss. Beiträgen gehörten die *Reziproke Hemmung* und die *Systematische Desensibilisierung*. Wolpe starb im Alter von 82 Jahren in Los Angeles. Wolpe 1958, Wolpe 1972, 1981. *H. E. Lück*

^Test^**Woodcook-Johnson III, Reynolds Intellectual Assessment Scales** *Intelligenzfaktoren*.

Woodworth, Robert Sessions (1869–1962), **[HIS, KOG, PER]**, war ein bedeutender amerikanischer Lehrbuchautor. Er studierte u. a. bei *G. Stanley Hall* und *William James*, arbeitete im Sommer 1912 bei *Külpe* in Würzburg und entwickelte 1918 einen der ersten *Persönlichkeitstests*, genannt *Personal Data Sheet* zur Erfassung neurotischer Störungen von Soldaten. Woodworth promovierte bei J. M. *Cattell*. 1929 führte er in einem seiner Lehrbücher die später gängige Erweiterung des Reiz-Reaktions-Schemas (*S-R-Theorie*) um den Organismus (S-O-R; *SORKC-Modell*) ein. *H. E. Lück*

word fluency [engl.] *Wortflüssigkeit*.

workaholism, workaholic [engl. *work* Arbeit]; *Arbeitssucht*.

^Test^**Work Design Questionnaire (WDQ)**, 2006, von F. Morgeson & S. Humphrey. **[AO, DIA]**, Subjektiver Fragebogen zur Analyse der Arbeitstätigkeit. *Arbeitsanalyse*. Der WDQ nutzt den *Job Diagnostic Survey (JDS)* als Ausgangsbasis und umfasst neben den Kernbereichen der Arbeitstätigkeit (Aufgabenvielfalt, Ganzheitlichkeit, Bedeutsamkeit, Autonomie, Rückmeldung durch die Tätigkeit) eine Reihe von aktuellen Facetten wie soziale Beziehungen, Ergonomie oder Informationsverarbeitung. Die Bereiche Aufgaben-, Wissens-, soziale und kontextuelle Arbeitsplatzmerkmale werden in 21 Skalen mit insges. 77 Items erfasst. Die engl.sprachige Originalversion zeigte zufriedenstellende Reliabilitäten und Kriteriumsvalidität. In einer Überprüfung an versch. Stichproben konnten Stegmann et al. (2010) auch für eine dt.sprachige Version die Faktorenstruktur belegen und zufriedenstellende Gütekriterien ermitteln. Der Fragebogen ist damit als schnell zu bearbeitendes Instrument geeignet, um die eigene Arbeitstätigkeit zu bewerten und Bereiche zu identifizieren, die durch Arbeitsgestaltungsmaßnahmen optimiert werden können. *R. van Dick*

work/family border theory [engl. *work* Arbeit, *family* Familie, *border* Grenze, *theory* Theorie], *Life-Domain-Balance*.

work/family conflict (= wfc.) [engl. *work* Arbeit, *family* Familie, *conflict* Konflikt], [**AO, GES**], bezeichnet eine (teilweise) Unvereinbarkeit von beruflichen und familiären Rollen (*Rollenkonflikte*). Die Ausübung der einen *Rolle* wird durch die Ausübung der anderen Rolle erschwert (Greenhaus & Beutel 1985). Je nach Ursprung des W. wird in zwei Richtungen unterschieden: Die Arbeit kann das Privatleben beeinträchtigen (sog. *work-to-family conflict*) und das Privatleben kann die Arbeit beeinträchtigen (sog. *family-to-work conflict*; Mesmer-Magnus & Viswesvaran 2005). Zudem wird in zeit-, beanspruchungs- und verhaltensbasierten wfc. unterschieden. Ein *zeitbasierter* wfc. tritt auf, wenn die zeitlichen Erfordernisse einer Rolle die Erfüllung der anderen Rolle erschweren (z. B. aufgrund von beruflichen Verpflichtungen nicht an einer Familienaktivität teilnehmen können). Ein *beanspruchungsbasierter wfc.* resultiert aus *Beanspruchung*ssymptomen, die sich in einer Rolle aufgebaut haben und das Ausüben der anderen Rolle beeinträchtigen (z. B. eine erhöhte Reizbarkeit im Umgang mit Familienmitgliedern aufgrund von beruflichem Stress). Ein *verhaltensbasierter wfc.* tritt auf, wenn Verhaltensweisen, die nur in einer best. Rolle angemessen sind, auch in der anderen Rolle gezeigt werden (z. B. Familienmitglieder wie untergebene Mitarbeiter behandeln). Das wfc.-Konstrukt spielt eine zentrale Rolle in der Forschung zur *Work-Life-Balance*. *Life-Domain-Balance*. *C. Nohe*

Work-Life-Balance (= W.) [engl. *work* Arbeit, *life* Leben, *balance* Gleichgewicht], [**AO, GES, WIR**], befasst sich mit der Entwicklung innerbetrieblicher Lösungen zur Vereinbarkeit von Beruf und Familie. Anfänglich zur Unterstützung bzw. Entlastung berufstätiger Eltern, insbes. von Frauen, in Unternehmen eingeführt, existierten zunächst vier klassische Methoden: (1) flexible Arbeitszeiten, (2) freiwillige Teilzeitarbeit, (3) Freistellung und (4) Unterstützung bei der Kinderbetreuung und Altenpflege. Sie können durch Fortbildungs- und Informationsangebote ergänzt werden. Mittlerweile finden sich vielfältige unternehmensinterne und spezif. Teilkonzepte für weibliche und männliche Arbeitnehmer (z. B. sog. *Programme für Väter*). Darüber hinaus erstreckt sich das Konzept inhaltlich inzwischen über rein familiäre Aspekte hinaus auf Themen wie Gesundheit und Fitness, soziale Kontakte, Freunde, Freizeit, Zufriedenheit am Arbeitsplatz. Hintergrund ist die zunehmend stärkere Verknüpfung von Berufserfolg und *Lebensqualität* aus Sicht der Arbeitnehmer, wobei das Konzept sowohl die Interessenlage der Mitarbeiter als auch der Unternehmen betrifft. Mitarbeiter werden als Personen betrachtet, deren Verantwortung für eine Familie und die eigene seelische Gesundheit zusätzlich zu beruflichen Verpflichtungen respektiert wird. Ziele und Erwartungen, die Unternehmen mit dieser Form der Mitarbeiterorientierung verbinden, sind eine Senkung von Krankheits- und Fluktuationsraten sowie eine Steigerung der Produktivität. Die Bedeutung des Konzepts als relevantes Auswahlkriterium für potenzielle Bewerber bei der Wahl des Arbeitsplatzes hat zugenommen. Unternehmen versuchen, den Flexibilitätswünschen von Mitarbeitern und Bewerbern nachzukommen, um ein Ausscheiden bzw. den Wechsel zu einem anderen Unternehmen zu vermeiden, die Loyalität qualifizierter Mitarbeiter zu steigern sowie von vorhandenen «Familienkompetenzen» (Organisation, Planung etc.) durch deren Nähe zu Kernkompetenzen zu profitieren. *Life-Domain-Balance*, *work/family conflict*. Harvard Business Review 2000, Rapoport et al. 2001. *I. Seeberg*

workplace learning (= w.l.) [engl. *workplace* Arbeitsplatz, *learning* Lernen], [**AO, KOG**], wird als eine Form des Lernens (*Lernen, Lernforschung*) beschrieben, bei der Erfahrungsbildung, Wissenserwerb oder Verhaltensmodifikation entweder direkt im Arbeitsprozess oder durch Lernaktivitäten im Umfeld der Arbeit stattfinden (Sonntag & Stegmaier 2007). W. l. geschieht in Organisationen auf vielfältige Art und Weise: durch die Bearbeitung anregender und abwechslungsreicher Aufgabenstellungen; durch das gemeinsame Bewältigen von Problemen in Arbeitsgruppen; durch das Beobachten erfolgskritischer Verhaltensweisen erfahrener Kollegen und Vorgesetzter; durch Wissensvermittlung in realen oder computergestützten simulierten Anwendungskontexten. Beim w.l. lassen sich theoretisch zwei Komponenten von Lernprozessen unterscheiden. Die *arbeitsstrukturale Komponente* betrifft die *Lernpotenziale* unmittelbar in der Arbeit. Als lernrelevante Dimensionen der Arbeit wurden in empirischen Untersuchungen u. a. identifiziert: Problemhaltigkeit, Handlungsspielraum, Abwechslungsreichtum, Vollständigkeit der Handlung, soziale Unterstützung (*Arbeitsgestaltung*). Interventionen betreffen die Gestaltung der Arbeitsstruktur bspw. durch *job enrichment*, *job rotation*, Einrichtung von Projektgruppen. Der Lernzuwachs erfolgt implizit bei der Arbeitsausführung. Die *instruktionale Komponente* umfasst die Lerntätigkeit in arbeitsbezogenen Umgebungen. Ziel ist die Vermeidung sog. *trägen Wissens* (*inert knowledge*) und die Erhöhung des *Transfers*. Konstruiert auf der Basis vorangegangener *Anforderungsanalysen* werden arbeitsbezogene Lernumgebungen didaktisch-meth. gestaltet. Häufig verwendete Interventionsansätze sind computergestützte Trainings, Simulationen und Behavior-modeling-Konzepte. Der Lernzuwachs geschieht explizit durch päd.-psychol. Intervention. Für w.l. stellen Arbeitsaufgaben, -inhalte und -anforderungen einen zentralen Bezugspunkt für die Gestaltung der Lernprozesse dar. Vielfältige Entwicklungen in Gesellschaft, Beruf und Arbeitswelt unterstreichen zunehmend die Attraktivität von Konzepten des w.l. *K. Sonntag*

workshop [engl.] Werkstatt, Arbeitstreffen, [**AO, PÄD**], Gruppentreffen, bei denen best. *Fertigkeiten* eingeübt oder best. Problembereiche gemeinsam und praxisnah erarbeitet werden sollen. *Aus- und Fortbildung*.

World Federation for Mental Health (WFMH) *Psychohygiene*.

World Health Organization (WHO), [**KLI**], Weltgesundheitsorganisation der UNO für übernationale Gesundheitsfürsorge. *International Classification of Diseases*

(ICD), *International Classification of Functioning, Disability and Health (ICF)*.

Wort [engl. Wort], **[KOG]**, neben dem *Satz* grundlegender Begriff der traditionellen *Grammatik* sowie hauptsächlicher Untersuchungsgegenstand der älteren *Psycholinguistik* bis etwa 1957. Die Segmentierung (Zerlegung) der Wörter im amerik. Strukturalismus (Bloomfield 1933) führte zum präziser abgrenzbaren Begriff des *Morphems* (Monems) als der kleinsten noch bedeutungstragenden (*Bedeutung*) sprachlichen Einheit (neben dem *Phonem* als der kleinsten, nicht mehr bedeutungstragenden, aber bedeutungsunterscheidenden sprachlichen (Schall-)Einheit. *Silben* sind demgegenüber nur kleinste (Sprech-)Einheiten auf der Ebene der Verwendung von Sprache. Bsp.: das Wort «tragen» lässt sich zerlegen in die Morpheme «trag» und «en», die Phoneme t, r, a, g, e, n sowie die Silben «tra» und «gen». Aus einem (endlichen) Grundbestand von etwa 40 Phonemen setzt sich in der dt. Sprache die (im Prinzip unendliche) Reihe der faktisch etwa 5000 bis 10 000 Morpheme zus. Aus diesen lassen sich unendlich viele deutsche Wörter und Sätze bilden (*generative Grammatik*). Häufig unterscheidet man zw. Inhaltswörtern und *Funktionswörtern*. *Begriff*. Bünting 1971, Lyons 1970.

Wortanfangsergänzungsaufgabe (= W.) [engl. *word stem completion task*], **[KOG]**, bei der W. wird ein Wortanfang dargeboten (der erste Buchstabe oder die ersten zwei bis drei Buchstaben eines Wortes) und ein Pb wird instruiert, das erstbeste vollst. Wort zu ergänzen, das ihm zu diesem Wortanfang einfällt. Oft werden W. als indirekte Gedächtnistests (*Gedächtnisprüfung*) eingesetzt: Wörter, die zuvor gelesen oder gehört wurden (egal ob mit Lernabsicht oder nicht), werden in W. i. d. R. signifikant häufiger ergänzt als Wörter mit gleichem Wortanfang, die jedoch zuvor nicht verarbeitet wurden. Dies ist ein Bsp. für einen sog. Bahnungseffekt (*priming effect*; *Priming*). In der Prozessdissoziationsprozedur wird die W. häufig zur Messung kontrollierter und automatischer Gedächtnisprozesse eingesetzt (*Prozessdissoziation*). Richardson-Klavehn & Bjork 1988.
E. Erdfelder

Wortassoziationstest (= W.) [engl. *word association test*], **[DIA, KOG, KLI, PER]**, Gruppe von Verfahren, bei denen der Pb auf ein vorgegebenes *Stimulus*wort eine oder mehrere Antworten liefern soll, und zwar das oder die ersten, die ihm in den Sinn kommen (*Assoziation*). Unterschieden werden neben dem Einwort- vs. fortgesetzten Assoziieren zudem die Varianten der freien vs. gebundenen Assoziation. Bei Letzterer sind die Assoziationen gemäß einer vorgegebenen Regel (z. B. Zugehörigkeit zu einem best. Oberbegriff oder ein best. Anfangsbuchstabe) zu liefern. Die freie Einwortassoziation spielte eine bedeutende historische Rolle in der klin. Anwendung, u. a. durch C. G. *Jung*, Einsatz zur Aufklärung von *Komplexen* und E. Bleuler (i. R. der Formulierung seiner *Schizophrenie*-Konzeption). Weitere wichtige Anwendungsgebiete waren die Allg. Ps., die *Persönlichkeits-* und *Kreativitäts*forschung. Umfangreiche Normenwerke wurden dazu erstellt, allen voran die Kent-Rosanoff-Assoziationstabellen, in denen die Antworten von 1000 Personen auf 100 engl.sprachige Wörter detailliert aufgelistet wurden. In der klin. Anwendung wird heute in breiterem Maße lediglich die fortgesetzte *freie Assoziationen* unter der modernen Bez. der *Wortflüssigkeit*stests eingesetzt, deren Ergebnisse als Indikatoren für das *semantische Gedächtnis* (semantisch gebundene Assoziationen) bzw. *exekutive Funktionen* (formal gebundene Assoziationen) gelten. Eysenck 1995, Merten 1995.
T. Merten

Wortbildung (= W.) [engl. *word formation*], **[KOG]**, die kleinsten bedeutungstragenden Einheiten, in die Wörter zerlegt werden können, bezeichnet man als *Morpheme* (z. B.: un+brauch+bar). Freie Morpheme besitzen sowohl lexikalische als auch grammatikalische (*Grammatik*) Funktion und kommen *ungebunden* bzw. frei vor (z. B.: Tasse, braun, er, an, und). Morpheme, die nicht selbstständig vorkommen, nennt man *gebundene* Morpheme (z. B.: un-, -bar, -en). Die Lehre, die die Form, Struktur, Funktion und das Vorkommen von Morphemen beschreibt, nennt man *Morphologie*. Man unterscheidet drei Klassen der Wortbildung: *Flexion* (Beugung), *Derivation* (Ableitung) und *Komposition* (Zusammensetzung). Durch Flexion werden grammatische Funktionen wie Numerus, Kasus oder Tempusmarkierung realisiert (Kind+er, du geh+st, wir geh+en, er ging). Bei Derivation wird durch Anfügen eines Affixes (Präfix, Suffix) an ein freies Morphem ein neues Wort gebildet (Schön+heit). Komposition beschreibt die Regeln, nach denen mind. zwei freie Morpheme zu einem neuen Wort kombiniert werden (Tisch+lampe). *Sprachen* unterscheiden sich z. T. beträchtlich in der Art und Weise, wie morphologische Struktur ausgedrückt wird. In *flektierenden* (synthetischen oder fusionalen) Sprachen (z. B. Latein, Griechisch, Arabisch) werden grammatische Beziehungen durch die Veränderung der Wortstruktur ausgedrückt, üblicherweise durch Flektionsendungen, die unterschiedliche grammatische Funktionen auf einmal ausdrücken. Das +o im Lateinischen «cogito» repräsentiert die erste Person Singular, Präsens, Aktiv und Indikativ. In *agglutierenden* Sprachen (z. B. Türkisch, Finnisch, Japanisch) werden einzelne Morpheme aneinandergereiht (Türkisch für «ich denke»: düşünü+yor+um, +yor = Präsens, +um = 1. Person Singular; Aktiv und Indikativ werden nicht markiert). *Polysynthetische* Sprachen (z. B. Eskimo, Mohawk) verwenden eine Mischung aus agglutierenden und flektierenden Morphemen. Hinsichtlich der Verarbeitung und *Repräsentation* morphologisch komplexer Wörter unterscheidet man in (1) *Single-Route-Modelle* und (2) *Dual-Route-Modelle*. Single-Route-Modelle kann man nochmal in *Full-Listing-Modelle* und Modelle mit obligatorischer Dekomponierung unterteilen. Bei Full-Listing-Modellen erfolgt keine *Dekomponierung* (Aufspaltung) morphologisch komplexer Wörter in Morpheme. Morphologisch komplexe Wörter sind in Vollform im *mentalen Lexikon* gespeichert. Bei obligatorischer Dekomponierung werden nicht nur morphologisch komplexe Wörter, sondern auch nur scheinbar morphologisch komplexe Wörter vor dem Zugriff auf das mentale Lexikon dekomponiert (z. B. Käfer in Käf+er, Honig in Hon+ig). Dual-Route-Modelle haben zwei Zugangswege zum mentalen Lexikon: einen mit dekomponierten Zugriffseinheiten und einen mit Vollformzugriffseinheiten. Die wesentlichen Manipulationen in Untersuchungen zur Verarbeitung morphologisch komplexer Wörter variieren die Wort- bzw. die Konstituentenhäufigkeit sowie die *semantische Transparenz*. Morphologisch komplex und semantisch transparent sind Wörter, bei denen sich die Bedeutung des komplexen Wortes aus der Bedeutung der Einzelteile erschließen lässt (z. B. Regenfass). Bei semantisch intransparenten Wörtern (z. B. Geizkragen) ist dies nicht (mehr) oder nur schwer (z. B. Lampenfieber) möglich. *J. Bölte*

Wortblindheit [engl. *word blindness*], *Alexie*.
Wörterbuch, Wörterbucheinheiten (= W.) [engl. *dictionary*], [**KOG**], eine *Sprache* enthält eine große Zahl lexikaler Einheiten (*Wörter*, *Morpheme*), und es ist die Funktion eines W., sie zu listen und alle Informationen (phonologische, syntaktische, semantische usw.) darüber, wie sie in das betreffende Sprachsystem passen, bereitzustellen (*Phonologie*, *Syntax*, *Semantik (Semiologie)*). Es wird zw. praktischen W. und theoretischen W., die Bestandteil linguistischer Theorien (*Linguistik*) sind und das Wissen des Sprachbenutzers über die lexikalen Einheiten der Sprache abbilden, unterschieden. Zur Unterscheidung von praktischen W. (*dictionaries*) wird das theoret. W. auch Lexikon (*lexicon*) genannt. Das Lexikon ist als ungeordnete Liste lexikaler Eintragungen zu denken. Eine lexikale Eintragung enthält die eine lexikalische Einheit konstituierenden Informationen. Diese Informationen sind dreifacher Art: *morphologisch* als Information über die Wortform (Stamm, Affixe), *syntaktisch* in Form der syntaktischen Merkmale der Einheit und *semantisch* als Information über die semantischen Merkmale, d. h. über den *Begriff*. Dabei werden jene semantischen Merkmale, die die Bedeutung der betreffenden Einheit konstituieren, von jenen getrennt aufgeführt, die besagen, mit welchem Kontext die betreffende Einheit verträglich ist (*Selektion*). Das Lexikon ist Teil der Semantik. Eine ps. Theorie darüber, wie das Lexikon arbeitet, gibt Broadbent (1964). *J. Engelkamp*
50-Wörter-Marke *Sprachentwicklung*.
Wortfeld (= W.) [engl. *word field*], [**KOG**], Menge von Wörtern, die im Laufe der Zeit aus einer etymologischen Wurzel hervorgegangen sind oder die noch heute von einem Lexem (lexikalisches *Morphem*) hergeleitet werden können. Die Konzeption des W. (Sinnbezirk) i. S. einer strukturalistischen Betrachtungsweise hat als Erster Trier (1931) vertreten. I. S. einer strukturellen *Semantik* bilden solche Wörter ein W., die zentrale *Bedeutung*skomponenten gemeinsam haben. Die erfolgversprechendste Methode zur Abgrenzung von W. dürfte im Augenblick in Rekurs auf die Intuition der Sprachbenutzer (*Sprachproduktion*, *Sprachrezeption*) bestehen, deren subj. Urteile mittels stat. Verfahren wie der multidimensionalen *Skalierung* in einem gewissen Umfang objektiviert werden können. So gewonnene Felder können jedoch nur das Material für eingehende linguistische Analysen bilden (*Cluster-Analyse*, *meaningfulness*). Geckeler 1971. *J. Engelkamp*
Wortflüssigkeit (= W.) [engl. *word fluency*], [**PER**], Intelligenzfaktor des *divergenten Denkens* (Thurstone 1938).

Für die testmäßige Erfassung der W. werden Aufgaben verwendet, bei denen Wörter ergänzt oder Silben fortgeführt werden. *konvergentes Denken*.
Wortlernen, schnelles *Sprachentwicklung*.
Wort-Monitoring *Phonem-Monitoring*.
Wortpaarmethode [engl. *word-pair method/memory test*], *Ranschburg'sches Phänomen*.
Wort-Sach-Vorstellung, [**KOG**], Bez. für die vorherrschende Beziehung bzw. *Assoziation* zw. Wort und vorgestellter Qualität (visuell, akustisch, motorisch etc.).
Wortschatz (= W.) [engl. *vocabulary, lexis*], [**KOG**], das gesamte einem Menschen zur rezeptiven und produktiven Sprachbenutzung (*Sprache*, *Sprachrezeption*, *Sprachproduktion*) verfügbare Repertoire an Wörtern (*Wort*); ist weder als endliche noch als situationsunabhängige Größe anzusehen, denn sinnvolle Wortneuschöpfungen und -neukombinationen werden spontan verstanden (Lenneberg 1972), und die Weite der tatsächlich verwendeten Wortspektren (Meier 1964) wechselt mit der Höhe des Aktivierungsniveaus in best. Situationen. Passiver und aktiver Wortschatz decken sich in ihrem Umfang nicht. Auch aus sprachstatistischen Erwägungen (Howes 1964) können absolute Grenzen des W. mit keiner Messung erreicht werden; schon gar nicht mit so begrenzten Stichproben, die zudem bei künstlich isolierter Wortvorgabe nur auf eine Wortsemantik (Engelkamp 1973) abheben, wie sie in W.tests verwendet werden. Selbst bei Dysphasien (*Dysphasie*) und Aphasien (*Aphasie*) können nämlich Entfremdung des Wortsinns und Wortfindungsstörungen mitunter durch die Zugabe eines der semantischen Struktur (*Semantik (Semiologie)*) entspr. Kontextes deblockiert werden. *Deblockierungseffekt*.
^(Test)**Wortschatztest und Zahlenfolgentest – Revision (WS/ZF-R)** *Grundintelligenztest (CFT 1 / 2 / 20-R / 3)*.
^(Test)**Wortschatz- und Wortfindungstest für 6- bis 10-Jährige (WWT 6-10)**, 2011, 2. überarb. Aufl. von C. W. Glück, [www.testzentrale.de], [**DIA, EW, KOG**], Erfassung semantisch-lexikalischer Fähigkeiten (*Semantik*) und (differenzial-)diagnostische Abklärung von *Sprachentwicklungsstörungen* im Hinblick auf den expressiven *Wortschatz* von Kindern im Alter von 5;6-10;11 Jahren. Einzeltest. Neben einer Langform (95 Items) mit einer Testdauer von ca. 45 Min. gibt es drei altersdifferenzierte Kurzformen (je 40 Items) mit einer Testdauer von jeweils 20 Min. Der WWT 6-10 ist Ausgangspunkt für eine sprachtherap. Intervention (Wortschatzförderung, semantisch-lexikalische Therapie) sowie für sonderpädagogischen Förderbedarf. Er umfasst einen auf Farbfotos basierenden Bildbenenntest (Nomen, kategoriale Nomen, Verben, Adjektive, Adverbien) mit quant. Auswertung zu Antwortgenauigkeit und Antwortzeit. Eine qual. Auswertung kann nachgeschaltet werden. Mittels eines rezeptiven Subtests wird durch Bildauswahl festgestellt, ob nicht korrekt benannte Bilder nach Benennung durch den Untersucher erkannt werden können. Zur Differenzierung von generellem Wortschatzdefizit und Wortfindungsstörungen können optional weitere Subtests hinzugezogen werden, die Abrufstabilität und Wirksamkeit von Abrufhilfen prüfen. Testdurchführung

und Auswertung stehen als Papierversion wie auch elektronisch zur Verfügung. Die Software erlaubt zudem die Durchführung einer türkisch-dt. Testvariante. *Reliabilität*: interne Konsistenz von .90 und .92 für die Altersgruppen der Langform und .84 für die Kurzformen. Untersuchungen zur *Konstruktvalidität* des expressiven Subtests sowie Studien zur Kriteriumsvalidität liegen vor. Normen für den expressiven Subtest (*Normierung*, T-Werte; Prozentränge) sind für neun Altersgruppen zw. 5;6 und 10;11 Jahren vorhanden, zudem klassenstufenbezogene Normen (Kindergarten; 1.–4. Klasse). Der rezeptive Subtest verfügt über Prozentrangnormen in den neun Altersgruppen. Altersnormen für Kurzform. C. Kiese-Himmel

Wunderfrage *Kurzzeittherapie, lösungsorientierte, Systemische Therapie*

Wundt, Wilhelm (1832–1920), [**HIS, PHI**], 1856 Promotion zum Dr. med. an der Universität Heidelberg, 1857 Habilitation und Privatdozent für Physiologie, 1858–1863 Assistent von Herman von Helmholtz, 1864 ao. Prof. für Anthropologie und Med. Ps., 1874 o. Prof. für induktive Philosophie an der Universität Zürich, 1875–1917 Prof. für Philosophie an der Universität Leipzig, 1889–1890 Rektor. Ehrenbürger von Leipzig und Mannheim, Orden Pour le Mérite für Wissenschaften und Künste, Dr. h. c. Leipzig und Göttingen, Ehrenmitglied in 12 wiss. Gesellschaften sowie Mitglied von 13 Akademien im Inland und Ausland, kein Mitglied oder Ehrenmitglied der 1904 gegründeten dt. Gesellschaft für exp. Ps. (heute *Deutsche Gesellschaft für Psychologie (DGPs)*).

Wundt gründete 1879 das erste Institut für Ps. mit einem systematischen Forschungsprogramm, zunächst als Privateinrichtung, seit 1882 mit Sachmitteln und seit 1883 mit eigenen Räumen für das Institut für exp. Ps. der Leipziger Universität. In zwei neuen Zeitschriften wurden die Arbeiten des Leipziger Instituts bekannt gemacht: *Philosophische Studien* (von 1881 bis 1902) und *Psychologische Studien* (von 1905 bis 1917). Wundt gilt als Begründer der eigenständigen Disziplin Psychologie und als Mitbegründer der *Völkerpsychologie* (*Kulturpsychologie*). In seiner Heidelberger Zeit arbeitete Wundt als exp. Neurophysiologe, beobachtete jedoch in der *Sinnesphysiologie* Sachverhalte, die psychol. Erklärungen verlangten. Die Wendung zum Experimentalpsychologen bedeutet keineswegs, dass er Ps. als Naturwiss. definiert. Die exp. Methodik soll zwar – wie in der *Psychophysik* – gründlich genutzt werden, doch stützt sich die Ps. auch auf die *Entwicklungsgeschichte der Seele* und auf die *vergleichende Ps*. Wundts 1863 publizierte *Vorlesungen über die Menschen- und Tierseele* enthalten bereits alle hauptsächlichen Interessengebiete: die *Allgemeine Psychologie*, die Kulturps., die Tierps., die *Neuropsychologie*. Diese Programmatik des 30-jährigen Wundt wird zu einem nahezu sechs Jahrzehnte währenden Forschungsprogramm ausgestaltet. Wundts Autobiografie, *Erlebtes und Erkanntes*, spiegelt den ideengeschichtlichen Kontext: Kant, Leibniz, indirekter Hegel, auch Bacon, Darwin, Mill, in der Ps. *Johann F. Herbart*, *Gustav T. Fechner* und *Rudolph H. Lotze*. Bemerkenswert sind Wundts Reden, u. a. als Rektor der Leipziger Universität im Jahrhundertjahr der Französischen Revolution, zu Menschenrechten und zur Humanitätsidee der Ethik sowie seine Gedenkreden auf Gottfried Wilhelm Leibniz und auf Gustav Theodor Fechner.

Die *Grundzüge der physiol. Ps.* (1874, 7. Aufl. in drei Bänden 1923) sind Wundts bekanntestes Lehrbuch, oft übersetzt und weltweit bekannt. Er will beide Wissenschaften miteinander in Verbindung bringen, ohne die Ps. auf die *Physiologie* zu reduzieren, denn für ihn sind es zwei gleichberechtigte und einander ergänzende Betrachtungsweisen. Die auf naiver Selbstbeobachtung und Spekulation beruhende *Seelenlehre* soll von einer exp. kontrollierten *Selbstbeobachtung* (*psychophysische Methoden*), von Reaktionszeitmessungen (*Reaktionszeit*, *Chronometrie*) und von psychophysiol. Registrierungen (*psychophysiologische Methodik*) motorischer und vegetativer Reaktionen abgelöst werden. Wundt stellt auch die Funktionen des *Zentralnervensystems* und eigene neuropsychol. Konzepte dar. Das zweite Hauptwerk ist die zehnbändige *Völkerpsychologie. Eine Untersuchung der Entwicklungsgesetze von Sprache, Mythos und Sitte* (1900 bis 1920). Es geht nicht um Völkerkunde, sondern um Kulturps. und um seine Leitidee, eine *Entwicklungspsychologie* der höheren geistigen Prozesse zu schaffen: Denken, Sprache, Phantasie, Mythos, Religion, Sittlichkeit, das Verhältnis des Einzelnen zur Gemeinschaft, zur geistigen Umgebung und zu den äußeren Lebensbedingungen.

Von Wundts phil. Werken hatte seine kulturpsychol., an der Entwicklung der Sittlichkeit orientierte *Ethik* die meisten Auflagen. Die dreibändige *Logik* (Wundt 1906) enthält eine umfassende Wissenschaftslehre der Natur- und Geisteswiss., doch sind die grundlegenden Kapitel zur Methodenlehre der Ps., einschließlich der ersten *Interpretationslehre*, unter Psychologen weitgehend unbekannt geblieben. Wundt versuchte, das weite Feld der Ps. zw. Phil. und Physiologie, zw. Geistes- und Naturwissenschaft neu zu bestimmen. Er schuf eine umfassende Wissenschaftskonzeption der Ps., die sich von der Psychophysik der Sinnesempfindungen, Bewusstseinsps., Psychophysiologie der Emotionen und einer umfangreichen Sinnes- und *Neuropsychologie* bis zur Sprachps. und Religionsps. erstreckte. Wundts Gesamtwerk kann als eine interdisziplinär ausgerichtete *Anthropologie* mit psychol. Fundament verstanden werden.

Die Fragestellungen und Methoden der Ps. sind bei Wundt eng mit der Erkenntniskritik verknüpft: er verfasst – ohne schon diesen Begriff zu verwenden – die erste *Wissenschaftstheorie* der Ps. Die Ps. ist keine Wissenschaft der indiv. Seele, sondern untersucht den Prozess der in beständigem Flusse befindlichen inneren Erfahrung und ihrer aktiv organisierenden Prozesse (Wundts *Aktualitätstheorie*). Das Leben ist ein einheitlicher – psych. und physischer – Prozess, der auf unterschiedliche Weise betrachtet werden kann, um allg. Gesetzmäßigkeiten, auch die ps.historischen und die biol. Entwicklungsgesetze zu erkennen. Wundt widerspricht der seit Johann Friedrich Herbart mächtigen Tradition einer einseitig intellektuellen und *mathematischen Psychologie* und betont neben den kogn. auch die emot. und die willentlichen Funktionen als gleich wichtige Aspekte. Nicht die einzelnen Teilprozesse, die Elemente, sondern deren Verbindungen in den apperzeptiven Leistungen und in der willentlichen Ausrichtung des Bewusstseinsprozesses (*Wille*, *Voluntarismus*) bilden Wundt zufolge das Hauptthema der Ps. In dieser umfassenden Konzeption, die durch seine neurophysiol., psychol. und phil. Arbeiten bestimmt ist, wird die erkenntnistheoretische Sonderstellung der Ps. postuliert. Mit seinem Begriff des *kritischen Realismus* grenzt sich Wundt von anderen phil. Positionen ab. Er sieht in der Auffassung des *psychophysischen Parallelismus* eine Heuristik und unterscheidet die Naturkausalität der neurophysiol. Vorgänge von den eigenständigen Prinzipien der *psychischen Verbindungen*; der sog. *psych. Kausalität*. Der Mensch als denkendes und wollendes Subjekt ist nicht in den Begriffen der Naturwissenschaft zu erfassen. Die Ps. erfordert koordinierte kausale und teleologische *Erklärungen*, spez. *Kategorien* und eigenständige Erkenntnisprinzipien. Sie ist einerseits empirische *Geisteswissenschaft* und andererseits *physiologische Psychologie*, wie Wundt für die *Psychophysik*, die Psychophysiologie der Gefühle und mit eigenen neuropsychol. Modellierungen darlegte.

Die *Apperzeption*, der integrative Prozess der Bewusstseinstätigkeit, ist Wundts zentrales theoret. Konzept. Er lehnt sich an die von Leibniz und Kant entwickelte phil. Auffassung an, *Bewusstsein* allg. als Synthese zu begreifen, und wendet experimentalpsychol. Methoden an, um die selektive Steuerung der *Aufmerksamkeit*, aktive kogn., emot. und volitionale Integrationsleistungen (psych. Verbindungen) und die Einleitung von Handlungstendenzen zu untersuchen. *Apperzeptionspsychologie* bedeutet, dass die organisatorische Eigenaktivität und die kreativen Leistungen wichtiger sind als die elementaren Bedingungen der *Assoziationsvorgänge*. In Wundts neuropsychol. Konzeption werden die apperzeptiven Leistungen fronto-kortikalen Strukturen (*Gehirn*) im Nervensystem zugeschrieben – im Einklang mit heutigen Vorstellungen. In seiner *Prinzipienlehre der psych. Kausalität* beschrieb Wundt «einfache, nicht weiter ableitbare Voraussetzungen der Verknüpfung seelischer Tatsachen». Seine Bsp. stammen aus der Sinnesps., Gefühls- und Willenstheorie, Kulturps. und *Ethik*. Das *Prinzip der schöpferischen Synthese* besagt: Jede Wahrnehmung ist mehr als die Summe einzelner Empfindungen, denn aus deren *Verbindung* entsteht «ein Neues mit eigentümlichen Merkmalen». Wundt hat dieses Prinzip (heute auch *Emergenzprinzip* in der *Systemtheorie*) in der Tradition von Leibniz als Erkenntnisprinzip der empirischen Ps. in erster Fassung 1863 formuliert – lange vor den Begründern der *Gestaltpsychologie*. Weitere Grundsätze sind das *Prinzip der beziehenden Analyse*, das *Prinzip der Heterogonie der Zwecke* und das *Prinzip der psychischen Kontraste*.

Die exp. Ps. in Leipzig stützte sich hauptsächlich auf vier Methodentypen: (1) die *Eindrucksmethode*, d.h. auf die geschulte *Selbstbeobachtung* unter exp. Kontrolle; (2) die Reaktionsmethoden (*Reaktionsversuch*) in der Ps. der *Aufmerksamkeit* und *Apperzeption*; (3) die *Ausdrucksmethode* mit Beobachtungen und physiol. Messungen in der Gefühlsforschung; (4) die Reproduktionsmethoden in der Forschung über das *Gedächtnis*. Untersuchungen, die *Selbstbeurteilung* verlangten, wie von *Karl Bühler* in der Denkps. verwendet, lehnte Wundt als «Ausfrageexperimente» scharf ab. Er sah geeignetere Wege, denkpsychol. Forschung in seiner Sprachps. zu betreiben. Wundt hatte anfänglich Immanuel Kants prägnante Methodenkritik an Selbstbeobachtung und psychol. Messung zurückgewiesen, später jedoch eingeräumt, dass *Messung* und *Mathematik* nur auf sehr elementare Bewusstseinsvorgänge anwendbar sind wie in der Psychophysik. Die Völkerps. verlangt geisteswiss. Arbeitsmethoden (*geisteswissenschaftliche Psychologie*): die vergleichende Beobachtung und methodenkritische Interpretation von obj. vorliegendem Material, d.h. Historisches, Sprache, Werke, Kunst, Berichte und Beobachtungen über menschliches Verhalten in früheren Kulturen (*Inhaltsanalyse*). *Interpretation* ist für ihn der Inbegriff der Methoden, die ein Verständnis geistiger Vorgänge und geistiger Schöpfungen verschaffen. Wundt fordert keine Entscheidung zw. exp.-stat. und interpretativen Methoden. So enthalten z.B. seine Darstellungen der Sprachps. oder Phantasietätigkeit auch Untersuchungsbefunde aus dem Labor.

Wundt hat die erste eigenständige *Wissenschaftstheorie* der Ps. entwickelt. Er verlangt die Fähigkeit und die Bereitschaft, Perspektiven und *Bezugssystem* zu unterscheiden und im Perspektivenwechsel die notwendige Ergänzung dieser Bezugssysteme zu begreifen. Wissenschafts-theoretisch betrachtet vertritt Wundt einen methodologisch-kategorialen Dualismus mit einem Methodenpluralismus und einem *Monismus*: ein Lebensprozess unter versch. Perspektiven. Dieses Denken in kategorial und meth. versch. Bezugssystemen entspricht dem von Niels Bohr formulierten *Komplementaritätsprinzip*. Wundt forderte, dass die Ps. mit der Phil., insbes. der *Erkenntnistheorie* und Ethik, verbunden bleibt. Die Psychologen würden sonst ihre persönlichen metaphysischen (*Metaphysik*) Überzeugungen in die Ps. hineintragen und diese Vorentscheidungen nicht mehr der erkenntnistheoret. Kritik aussetzen. Niemand würde «unter einer solchen Trennung mehr leiden als die Ps.»; so werde «die Entartung zu einem Handwerk gefördert».

Erster Assistent Wundts war *James McKeen Cattell*; es folgten zahlreiche Mitarbeiter, von denen viele als Pioniere best. Richtungen der Ps. bekannt wurden, u.a. *Felix Krueger* (Wundts Nachfolger), *Oswald Külpe*, *Ernst Meumann* und *Hugo Münsterberg* sowie der Psychiater *Emil Kraepelin*. Unter den 184 Doktoranden waren 60 Ausländer (18 aus den USA). Zeitweilige Mitarbeiter, Studenten oder Gäste waren u.a. Bechterew, Boas, Durkheim, *Husserl*, Lange, Malinowski, *George H. Mead*, Sapir, *Spearman*, Thomas, *Titchener*, Tönnies, *Whorf*, Witmer und *Wygotski*. Neben seinen 575 Publikationen sind die Systematisierung der Ps. und die Ausbildung fast einer ganzen Generation von Psychologen herausragende Leistungen Wundts. Während die *Grundzüge der physiologischen Ps.* weltweite Resonanz fanden, scheint Wundts *Völkerps.* weniger Breitenwirkung ausgeübt zu haben. Weshalb Wundt noch zu Lebzeiten vom Gründervater fast zum Außenseiter der Ps. wurde, ist in der Rezeptionsforschung zu erkennen. Wundts erkenntnistheoretisch fundierte Konzeption der Ps. und Neurops. sowie seine Wissenschaftstheorie sind anspruchsvoll und seine vielseitige Methodenlehre ist schwierig. Die meisten Psychologen der nächsten Generation bevorzugten entweder eine naturwiss. oder eine geisteswiss. orientierte Forschung. Durch seine Def. des Psychischen bzw. des Bewusstseins als Prozess gab Wundt den metaphysischen Seelenbegriff (*Seele*) auf; seine *Psychologie ohne Seele* wurde von mehreren zeitgenössischen Psychologen scharf kritisiert. Wundt hat weitere Angriffsflächen geboten: Er hielt praktische Anwendungen der Ps., u. a. in der Schule, erst dann für gerechtfertigt, wenn die wiss. Grundlagen hinreichend erforscht sind. Aus heutiger Sicht fällt auf, dass er sich für mehrere Fachgebiete wie die Differentielle Ps. und die Sozialps. von Dyaden und kleinen sozialen Gruppen kaum interessierte, zumal es noch an geeigneten Methoden mangelte. Dementspr. lehnt er die meth. ungesicherte Ps. unbewusster Vorgänge (*Unbewusstes*) ab. Ps. ist für ihn *Bewusstseinspsychologie* bzw. Kulturps., also empirische Geisteswissenschaft, ergänzt durch die Neurophysiologie. Ps. ist keine Verhaltensps., die ja bei strikter Methodik auf eine *Physiologie* des Verhaltens hinausliefe. Die Rezeptionsforschung zeigt, wie viele unzutreffende Aussagen über Wundt in heutigen Fachbüchern zu finden sind. Weder fordert er eine *Elementenpsychologie*, noch definiert er Ps. als Naturwissenschaft mit einer Reduktion auf die *Neurophysiologie*.

Wundt hat das Feld der Ps. sehr weit und interdisziplinär definiert und auch dargelegt, wie unerlässlich die erkenntnistheoretisch-phil. Kritik der psychol. Theorien bleibt. Sein Plädoyer für eine perspektivische, multimethodische Ps. auf hohem Anspruchsniveau ragt aus den auch damals verbreiteten Kontroversen heraus, denn Wundt erreicht eine neue Stufe, indem er kontrollierte *Selbstbeobachtung*, *Experiment*, vergleichende *Beobachtung*, *Inhaltsanalyse* und *Interpretation* zu grundlegenden und unverzichtbaren Methoden der wiss. Ps. erklärt. Er ist mit diesen Methoden sehr gut vertraut und ist diesen Forschungswegen in ausgedehnten Vorhaben gefolgt. Dies ist ohne Vorbild und seitdem – aus unterschiedlichen Gründen – von einem einzelnen Forscher kaum mehr erreicht worden. Wundt 1920, Wundt, Fahrenberg 2012, Graumann 1980, Wundt 1950. *J. Fahrenberg*

Wundt-Illusion [engl. *Wundt illusion*], nach *Wundt, Wilhelm*, [**WA**], eine *optische Täuschung*, eine Variante der von Hering beschriebenen *Illusion*, die heute Wundts Namen trägt. Eine Schaar von vertikalen Parallelen scheint einwärts gekrümmt zu sein aufgrund paralleler Linien, die sie schräg schneiden. *J. Fahrenberg*

Wundtscher Serviettenring [engl. *serviette ring*], nach *Wundt, Wilhelm*, [**WA**], ist der Name einer *Kippfigur*, ein Bsp. für umkehrbare perspektivische Täuschungen (*geometrisch-optische Täuschung*), ähnlich dem *Necker-Würfel*. *Reversion*, *Figur-Grund-Verhältnis*. *J. Fahrenberg*

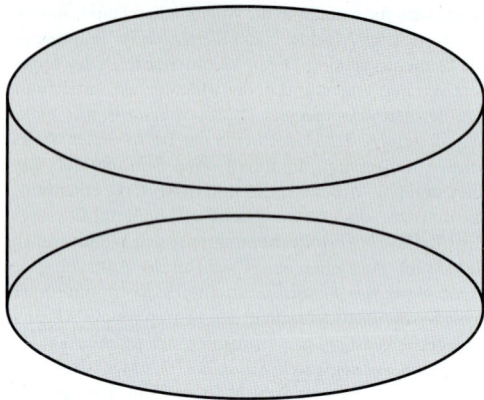

Wundt'scher Serviettenring

Wundts Elementenpsychologie [engl. *atomistic psychology*], [**HIS**], eine Bezeichnung, die der theoretischen Konzeption des Begründers (*Wundt, Wilhelm*) der neuzeitlichen Experimentalps. nicht gerecht wird, denn neben der Analyse (und der *Messung* in der *Psychophysik*) haben die Prozesse der Synthese, d. h. die Verknüpfung der Prozesskomponenten (Elemente) in der *Apperzeption*, für Wundt die weitaus größere ps. Bedeutung. *J. Fahrenberg*

Wunsch [engl. *desire*], [**EM, KLI**], *Psychoanalyse*, das Habenwollen als Sehnsucht, das Herbeisehnen eines best. Erlebenszustandes. Einer der Pole des Abwehrkonflikts (*Abwehrmechanismen des Ich*, *Konflikt*) der Freud'schen dynamischen Konzeption.

Wunsch- und Wahlrecht nach § 9 SGB IX (= WWR.) [engl. *option* Wahlrecht], [**GES**], das Neunte Buch des Sozialgesetzbuchs (SGB IX) zur *Rehabilitation* und *Teilhabe* behinderter Menschen (*Behinderung*) wurde 2001 in Dt. eingeführt. § 1 SGB IX bestimmt als das elementare Ziel der Rehabilitation die Stärkung von Selbstbestimmung und gleichberechtigter Teilhabe behinderter und von Behinderung bedrohter Menschen. Nach § 9 Abs. 1 SGB IX steht jedem Antragsteller auf Rehabilitation ein WWR. in Bezug auf alle Fragen zu, die zur Konkretisierung rehabilitativer Leistungen von Bedeutung sind. Dieses WWR. stellt eine Konkretisierung des Individualisierungsgebots für alle Sozialleistungen i. S. von § 33 Satz 1 SGB I dar. Zu den berechtigten Wünschen gehören insbes. solche, die sich auf die persönliche Lebenssituation, das Alter, das Geschlecht, die Familie und die religiösen und weltanschaulichen Bedürfnisse der Betroffenen beziehen (§ 9 Abs. 1 Satz 2 und 3 SGB IX). Die persönlichen Verhältnisse der Betroffenen, ihre Bedarfe und ihre Leistungsfähigkeit sowie die örtlichen Verhältnisse in der Ausgestaltung der Rehabilitation sind zu berücksichtigen. Eine Ablehnung eines geäußerten Wunsches im Antragsverfahren ist vom Rehabilitationsträger durch Bescheid zu begründen (§ 9 Abs. 2 Satz 3 SGB IX), gegen eine Ablehnung kann Widerspruch eingelegt und geklagt werden. WWR. können als Ausdruck einer zunehmenden Pat.orientierung im Gesundheitswesen verstanden werden. Für die med. Rehabilitation steht zurzeit die Auswahl der die Rehabilitation durchführenden Einrichtung im Fokus der Rechtsprechung, der Leistungsträger und der öffentlichen Diskussion. Lachwitz et al. 2005. *T. Thomsen*

Würfeltäuschung [engl. *cube illusion*], *Necker'scher Würfel*.

TestWürzburger Leise Leseprobe (WLLP), 1998, P. Küspert & W. Schneider, [www.testzentrale.de], [**DIA, EW, PÄD**], Schultest. AA ab der 1. bis zur 4. Grundschulklasse. In einer Gruppensitzung werden die Leseleistungen in Form von Lesegeschwindigkeit im Grundschulbereich erfasst. Es liegen Pseudo-Parallelformen A und B mit jew. 140 Items vor. Die über die Paralleltestmethode errechneten Korrelationskoeffizienten liegen zw. $r = .82$ und $r = .93$, die über die Retestmethode errechneten Korrelationskoeffizienten liegen zw. $r = .75$ und $r = .88$. *Normierung* an $N = 2820$.

TestWürzburger Lesestrategie-Wissenstest für die Klassen 7–12 (WLST 7–12), 2007, M. Schlagmüller & W. Schneider, [www.testzentrale.de], [**DIA, EW, PÄD**], Verfahren zur Erfassung des Lesestrategiewissens. AA Klassenstufen 7 bis 12. Im WLST werden sechs Lernszenarien dargeboten. Zu jeder Situation sollen die Schüler die Qualität und Nützlichkeit von fünf versch. Vorgehensweisen zur Erreichung eines Lernziels bewerten. Dazu werden versch. Antwortvorschläge vorgegeben, die die Schüler hinsichtlich ihrer Qualität benoten. Hohe Testwerte zeigen, dass der Schüler über effektive Strategien zum Behalten und Verstehen von gelesenen Texten verfügt. *Normierung*: Es liegen Prozentrangnormen für die erreichte Rohwertpunktzahl aus den Paarvergleichen vor. Die Normierungsstichprobe bestand aus insges. 4490 Schülern aus allen dt. Bundesländern. Bearbeitungsdauer: zw. 20 und 35 Min. (inkl. Instruktionszeit).

Würzburger Schule, [**HIS, PHI**], die von *Külpe* ausgehende, den *Sensualismus* und die *Assoziationspsychologie* bekämpfende Richtung, deren exp. Untersuchungen besonders den Denkvorgängen, Urteilsformen, Zielvorstellungen usw. galten und nachwiesen, dass die seelischen Abläufe (*Ich-Akte*) von sinnvollem, zielrichtungsbestimmtem Einfluss (determinierender Tendenz) sind. Hauptvertreter: *Ach*, *K. Bühler*, Lindworsky, *Marbe*, Messer, *Selz*.

TestWürzburger Trauerinventar (WüTi), 2013, von J. Wittkowski, [www.testzentrale.de], [**DIA, EM, GES**], mehrdimensionaler klin. Persönlichkeitstest, Selbsteinschätzung. AA psychopatholog. unauffällige Erwachsene. Das WüTi ist ein faktoren- und itemanalytisch konstruiertes Verfahren. Seine Konstrukte resultieren aus der umfassenden und differenzierten Beschreibung des Merkmalsbereichs «Trauern» (*Trauer, Trauern*), nicht aber aus theoretischen Vorannahmen. Der Test besteht aus 24 Items in 5 Skalen: *akute emot. und kogn. Beeinträchtigungen, allgemeine Persönlichkeitsentwicklung/Wachstum, Schuldgefühle/Selbstvorwürfe, Zunahme von Sensibilität/Empathie für andere, Nähe zur verstorbenen Person*. Die internen Konsistenzen dieser Skalen liegen zw. $r = .68$ und $r = .93$. Normierung an $N = 514$ Personen im Alter von 16 bis 89 Jahren. Es stehen Prozentrangnormen für Frauen und Männer zur Verfügung. Der Test eignet sich zur Beratung Trauernder, zur differenziellen Planung von klin. Interventionen für Trauernde sowie zur Verlaufskontrolle in der klin.-psychol. Forschung und Praxis. Durchführungszeit: ca. 10 Min., Auswertungszeit: ca. 5 Min. *J. Wittkowski*

Wurzelsprachen, [**KOG, SOZ**], Wortsprachen, deren Einzelwörter ohne Bindung, Abwandlung usw. aneinandergereiht und je nach Zusammenhang als Handlung, Gegenstand oder Eigenschaft aufgefasst werden (z. B. Chinesisch, Vietnamesisch).

Wut [engl. *anger*], *Ärger*.

Wygotski, Lew Semjonowitsch (1896–1934), [**EW, KOG, HIS**], russischer Psychologe, der sich gegen die russische *Reflexologie* wandte und hauptsächlich durch seine Arbeiten zur Entwicklungsps. (*Zone der nächsten Entwicklung*; *Entwicklung, soziokultureller Ansatz nach Wygotski*) und zur Bedeutung des Bewusstseins (*Ach-Wygotski-Methode*, *Bewusstsein*) bekannt wurde.

Xanthopsie [engl. *xanthopsia*; gr. ξανθός *(xanthos)* gelb, ὄψις *(opsis)* Sehen], [**BIO, WA**], *visuelle Farbillusion*, bei der die betrachteten Gegenstände in Gelb erscheinen; kann nach Medikamentenintoxikation (z. B. Santonin, Digitalis) auftreten. *J. Zihl*

XYY-Syndrom [engl. *XYY syndrome*], [**BIO, PER**], *Chromosomenaberration* bei Männern. Männer mit XYY-Syndrom haben häufig eine überdurchschnittliche Körpergröße (meist bedingt durch ein beschleunigtes Wachstum im Kindesalter) und sind meist eher schlank. Weitere Auffälligkeiten können u. a. sein: erhöhter *Testosteronspiegel*, leicht vergrößerte Proportionen im Gesichtsbereich, unreine Haut, große Hände und Füße, knöcherne Verbindung zw. Elle und Speiche, Herzfehler, Hodenhochstand, leichter Intelligenznachteil gegenüber nicht betroffenen Geschwistern, langsame/verzögerte Entwicklung im *Jugendalter*, deutlich ausgeprägte spezif. männliche Verhaltensmuster (*Temperament*, erhöhte Unruhe). Die *Varianz* der Ausprägung ist allerdings in den meisten Fällen hoch, sodass keine gesicherten Aussagen möglich sind. Studien mit großen *Stichproben* zeigen – im Unterschied zu früheren Studien mit kleineren Stichproben – dabei eher keine *Korrelation* des Syndroms mit *antisozialem Verhalten*.

Yates-Test *Fisher-Yates-Test*.
Yerkes, Robert Mearns (1876–1956), [**HIS, KOG**], amerikanischer Psychologe, *Harvard University*, dann *Yale University*. Zusammen mit *Thorndike* Begründer der exp. Tierps. und der vergleichenden Ps. Mithilfe von Labyrinthkonstruktionen untersuchte Yerkes die tierischen Lernvorgänge.
Yerkes-Dodson-Gesetz [engl. *Yerkes-Dodson law*], [**EM, KOG**], postuliert eine umgekehrt U-förmige Beziehung zw. optimaler Stärke der *Motivation* bzw. Erregung und Schwierigkeit der Lernaufgabe, d. h., die Leistung ist bei sehr niedriger und sehr hoher Motivation/Erregung schlechter als bei mittlerer Erregung. Die Befunde gehen auf Versuche mit Ratten zurück, die schwierige Diskriminierung (*Diskriminationslernen*) bei schwacher Motivierung rascher lernten als bei starker, während leichtere Aufgaben auch bei starker Motivierung gleich gut gelernt wurden (Broadhurst 1959).
Yin-Yang-Prinzip [engl. *yin-yang principle*; chin. 陰 (*yin*) dunkel, 陽 (*yang*) sonnige Anhöhe], *Komplementaritätsprinzip*.
Yoga [engl *yoga*; Sanskrit योग (*yoga*) Vereinigung], [**KLI**], die wohl älteste seelenheilkundliche Beeinflussung. System, das durch Seelentechniken und körperliche Praktiken zu höchster *Weisheit* führen und von Leid befreien will, wobei Unterdrückung der Funktionen des *Bewusstseins* und asketische Übungen leitend sind. Hauptlehrbuch: Die Yoga-Sutras des Pantanjali (150 v. Chr.). Yoga dringt heute, losgelöst von seinem ursprünglichen religiösen Boden, in Form von (säkularisierten) med. *Entspannungsverfahren* auch in Europa ein. Der Yogi ist ein Bekenner des Yoga. Hauptsächliche Anwendung von Yoga nach wie vor im nicht therap. Bereich. Zuverlässige Verbesserungen, auch langfristig, wurden bei *Angst*- und Spannungszuständen (*Stress*) gefunden. *F. Caspar*
Yohimbin (= Y.) [engl. *yohimbin*], [**PHA**], psychotroper Stoff (*psychotrope Substanzen*) aus afrikanischer Baumart, verwandt mit den *Rauwolfia-Alkaloiden*. Y. ist ein spezif. α2-Rezeptor-*Antagonist*. Physiol. und psychol. Untersuchungen zeigen kein einheitliches Bild. In niedrigen Dosen finden sich sowohl *sympathikomimetische* wie auch *sympathikolytische* Effekte, erst in hohen Dosen treten eindeutig sympathikolytische Wirkungen auf. Durch Y. können *Panikattacken* induziert werden. Die psych. Effekte scheinen auch dosisabhängig begründet zu sein. Weiterhin verstärkt Y. den Schreckreflex bei gleichzeitiger Verkürzung der Latenz. Y. findet auch Anwendung bei der Therapie sexueller Funktionsstörungen (*Sexualstörungen*). Albus 1992. *W. Janke/M. Reuter*
Youden-Index *ROC, ROC-Kurve*.
Young-Helmholtz'sche Dreikomponententheorie [engl. *Young-Helmholtz trichromatic theory of color vision*], nach H. L. F. v. Helmholtz (1821–1894), T. Young (1883–1829), [**WA**], ausgehend von den Gesetzen der *Farbenmischung*, wonach die drei Farben Rot, Grün, Blau ausreichen, um alle anderen Farben durch Mischung herzustellen, werden drei Netzhautmechanismen (*Auge*, Komponenten, Absorptionspigmente, Zapfensehstoffe) angenommen, die durch beliebige Strahlenarten in jew. versch. Verhältnis erregt werden (trichromatisches System). Aus der gleichzeitigen Erregung der drei *Rezeptor*arten resultiert die *Empfindung* Unbunt. Erregung des Rot- und Grünmechanismus führt zur Empfindung Gelb. Gegen diese Theorie macht Hering (1887) geltend, dass aus den Daten der Farbenmischung keine Theorie des Farbensehens hergeleitet werden könne und dass eine Gelbempfindung nicht als Mischfarbe zu erklären sei. *Farbwahrnehmung*.
Young-Householder-Theoreme (= Y.) [engl. *Young-Householder theorem*], [**FSE**], Anforderungen, die an Distanzen, die durch eine ps. *Skalierung* gewonnen wurden, gestellt werden müssen, um sie im euklidischen Raum abbilden zu können. Die Y. lauten: (1) Die aus den Distanzen zu bildende Matrix der Skalarprodukte muss pos. semidefinit sein (alle Eigenwerte sind pos. oder null). (2) Die Dimensionalität der Punktekonfiguration entspricht dem Rang *r* der Matrix der Skalarprodukte. Sixtl 1967, Torgerson 1958. *G. Lüer*
Yules Y (= Y) [engl. *Yule's Y coefficient of colligation*], [**FSE**], ein Assoziationsmaß für Vierfeldertafeln (*Vierfeldertafel*), das das Chancenverhältnis oder *Odds Ratio* auf den Wertebereich −1 bis +1 standardisiert. Die Berechnungsformel lautet:

$$Y = \frac{\sqrt{OR} - 1}{\sqrt{OR} + 1}.$$

Wirtz & Caspar 2002.

Z

Zahlenstrahl, mentaler [engl. *mental number line*], [KOG], diese Metapher der numerischen Kognitionsliteratur besagt, dass Zahlengrößen in einem analogen, visuell-räumlichen System in Form eines von links nach rechts orientierten, logarithmisch komprimierten mentalen Zahlenstrahls enkodiert werden; wichtigster Hinweis hierauf ist der *SNARC (Spatial Numerical Association of Response Codes)-Effekt*. Dehaene et al. 1993. *K. Landerl*

Test Zahlenverarbeitungs- und Rechentest (ZRT), 2002, E. Kalbe, M. Brand & J. Kessler, [www.testzentrale.de], [**BIO, DIA**], neurops. Verfahren. AA erwachsene hirngeschädigte Pat. (*Hirnschädigung*). Der ZRT ist ein modellbasiertes Verfahren, mit dem die Störungen im Umgang mit Zahlen bei erwachsenen hirngeschädigten Pat. erfasst, spezif. Leistungsprofile erstellt und der Schweregrad der Beeinträchtigung quantifiziert werden können. Der ZRT besteht aus zwei Teilen – *Zahlenverarbeitung* und *Rechnen* – die in weitere Subtests unterteilt sind. Die Aufgaben des ZRT überprüfen basale und für den Alltag wesentliche Zahlenverarbeitungs- und Rechenleistungen. *Normierung*: Normierungsdaten einer gesunden Kontrollgruppe ($N = 114$) mit drei Altersgruppen (20–40, 41–60 und über 60 Jahre) sowie Angaben über die Leistungen versch. neurologischer (Alzheimerpatienten und Aphasiker) und psychiat. (schizophrener und depressiver) Pat. Cut-offs für die Testteile Zahlenverarbeitung und Rechnen und einzelne Subtests, nach denen die Beeinträchtigungen in leicht, mittelgradig oder schwer eingestuft werden können. Bearbeitungsdauer: ca. 30–35 Min. Einzelne Subtests können separat durchgeführt werden.

Test Zahlen-Verbindungs-Test (ZVT), 1987, W. D. Oswald & E. Roth, [www.testzentrale.de], [**DIA, KLI, KOG**]. AA 8 bis 95 Jahre. Erfasst basale, milieuunabhängige und genetisch bedingte kogn. Leistungsgeschwindigkeit. Diese korrespondiert mit jenen Fähigkeitsbündeln, die in der Literatur als *fluide Intelligenz* (*Intelligenz, kristalline und fluide*), *perceptual speed* oder *Bearbeitungsgeschwindigkeit* bezeichnet werden. *Normierung*: Für Einzeluntersuchungen liegen derzeit Normen für das 8. bis 60. Lebensjahr vor ($N > 2000$). Für eine für gerontopsychologische Fragestellungen konzipierte Version (ZVT-G, Bestandteil des Nürnberger Altersinventars, NAI) sind Normwerte für das 55. bis 95. Lebensjahr auch für Subgruppen (selbstständig lebende Personen, Heimbewohner, hirnorganisch erkrankte Pat.) erhältlich. Normwerte für die Gruppenversion des ZVT liegen für den Altersbereich von 9 bis 16 Jahren vor. Bearbeitungsdauer: 5 bis 10 Min. *J. M. Müller*

Zahl-Größen-Verknüpfung, Modell [engl. *model of number-magnitude linking*], *mathematische Kompetenzen, Entwicklungsmodell*.

Zähneknirschen *Bruxismus*.

Zahnradphänomen *Rigor*.

Zajonc, Robert B. (1923–2008), [**HIS, EM, SOZ**], Robert Boleslaw Zajonc wurde in Łódź, Polen, geb. Er verlor durch einen Bombenangriff seine Eltern, geriet in dt. Gefangenschaft und studierte nach Kriegsende in Paris und Tübingen. 1948 emigrierte er in die USA. 1955 erwarb er seinen Doktorgrad an der *University of Michigan* in Ann Arbor, wo er bis 1994 als Sozialpsychologe lehrte. Er wechselte dann an die *Stanford University* in Kalifornien. Er wurde durch einige originelle Hypothesen bekannt. Hierzu zählt die *Mere-presence-Hypothese* im Bereich der Social-Facilitation-Forschung (*soziale Leistungsaktivierung*), nach der die einfache Anwesenheit [engl. *mere presence*] anderer Personen (sowohl *audience* als auch *co-action*) das Antriebsniveau der betreffenden Person erhöht, was zur erleichterten Abgabe dominanter Reaktionen und damit zur Leistungssteigerung führen soll, wenn die dominanten Reaktionen für die Leistung förderlich sind (Zajonc 1965). In Grenzen soll diese Hypothese auch für Tiere gelten. Im Bereich der Einstellungsforschung untersuchte Zajonc den Sachverhalt der Entwicklung pos. Einstellungen durch häufigere Darbietung von Reizen (*Mere-Exposure-Effekt*; Zajonc 1968). Eine weiteres, umstrittenes Modell von Zajonc war das «Konfluenzmodell» [engl. *confluence model*], nach dem die intellektuelle Entwicklung von Kindern in Abhängigkeit von der Reihenfolge der Geschwister erklärt wurde und u. a. behauptet wurde, dass später geb. Kinder einer Familie eine niedrigere Intelligenz besitzen (Zajonc & Markus 1975). Eine weitere, originelle Fragestellung von Zajonc war, ob lange zus. lebende Ehepartner sich ähnlicher sehen und warum dies so ist (Zajonc et al. 1987). Zw. Zajonc und Richard S. Lazarus gab es einen wiss. Disput zur Frage den Zusammenhangs von Emotionen und Kognitionen (*Zajonc-Lazarus-Kontroverse*). Zajonc starb im Alter von 85 Jahren in Stanford. *H. E. Lück*

Zajonc-Lazarus-Kontroverse [engl. *Zajonc-Lazarus debate*], [**EM**], Kontroverse in den 1980er-Jahren um den Zusammenhang zw. *Kognition* und Emotion (*Emotionen*). Während Zajonc (1980) davon ausging, dass Emotionen und Kognitionen unabhängig voneinander bestehen können, vertrat Lazarus (1982) den Standpunkt, dass kogn. Einschätzungen (Bewertungen) den Emotionen immer vorausgehen. Welche Emotionen auf einen Reiz hin entstehen, hängt demnach davon ab, wie er interpretiert bzw. bewertet wird. Zaionc bestritt nicht, dass Kognitionen Emotionen vorausgehen können. Er lehnte sie jedoch als notwendige Bedingung ab. Emotionen könnten auch ganz ohne Kognitionen auftreten. Aus heutiger Sicht scheint die Debatte eher eine Debatte um Def. zu sein. Es gibt aus der Hirnforschung (*Gehirn*) Hinweise darauf, dass bewusste Bewertungen, an denen das Großhirn beteiligt ist, von solchen zu unterscheiden sind, die ohne Beteiligung des Großhirns ablaufen und somit unbewusst sind (LeDoux 1996). Die unbewusste Bewertung besteht in der Klassifikation von *Reizen* als neu oder bekannt und als bedrohlich oder harmlos. Das Ergebnis dieser unbewussten Bewertung kann bereits das hormonelle und das vegetative System (*Nervensystem*) beeinflussen, bevor die Information das Großhirn erreicht hat. Damit können z. B. physiol. Komponenten (*Physiologie*) von Emotionen ohne bewusste Kognitionen auftreten. R. M. Puca

Zaleplon (= Z.), **[PHA]**, Z. (Sonata®) ist ein Non-Benzodiazepinhypnotikum (auch: *Z-Substanzen*). Der Wirkungsmechanismus beinhaltet eine Verstärkung der *GABA*ergen Transmission über spezif. *Benzodiazepin*-Bindungsstellen am *GABAA-Rezeptor*. Z. bindet selektiv an GABAA-Rezeptoren, die eine α1-Untereinheit enthalten. Nach der oralen Einnahme kommt es zu einer schnellen Resorption, die max. Wirkung tritt nach 1,1 Std. ein und hält ca. 4 Std. an. Die *Eliminationshalbwertszeit* liegt bei einer Std. Z. ist zur Behandlung von Einschlafstörungen in einer Dosis von max. 10 mg am Tag zugelassen. Die Behandlung sollte so kurz wie möglich sein, mit einer max. zugelassenen Behandlungsdauer von zwei Wochen. Bei älteren Pat. wird eine Reduktion der Dosis auf 5 mg empfohlen. Die Verträglichkeit von Z. ist gut. Zu den häufigen *Nebenwirkungen* gehören *Amnesie*, Parästhesien, Benommenheit, Koordinations- und Konzentrationsstörungen sowie Sprechstörungen und Dysmenorrhö. Z. zeigt, genauso wie die anderen Z-Substanzen, ein geringeres, aber nicht auszuschließendes Abhängigkeits- und Toleranzrisiko. Zu den typischen Absetzerscheinungen gehören innere Unruhe, *Angst*, Schlaflosigkeit, *Tachykardie*, Schwitzen und Parästhesien. Bes. häufig werden Rebound-Schlaflosigkeit und Angstzustände beschrieben. Eine Kombination von Z. mit CYP3A4-Inhibitoren (z. B. Cimetidin oder Erythromycin) kann zu einem Anstieg der Konzentration führen, während bei Kombination mit Induktoren von CYP3A4 (z. B. *Carbamazepin*, Phenytoin, Rifampicin) eine Wirkungsminderung mit einer Abnahme des Medikamentenspiegels zu erwarten ist. T. Veselinović

Zapfen [engl. *cones*], *Auge*, *Duplizitätstheorie*, *Farbwahrnehmung*, *Fotorezeptoren*, *Netzhaut*.

Zaunphänomen, **[WA]**, stroboskopische Täuschung, die darin besteht, dass bei einem hinter einem Zaun durch die Zaunspalten gesehenen, sich in Bewegung befindenden Wagenrades die Speichen in eigenartiger Weise nach oben bzw. nach unten gekrümmt erscheinen. Die Richtung der Krümmung ändert sich nach der Drehrichtung des Rades (Linke 1918). Das Rad selbst scheint in Ruhe zu sein.

Zeichen (= Z.) [engl. *sign*; lat. *signum*], **[KOG]**, nach DIN 44330: «Ein Element aus einer zur Darstellung vereinbarten endlichen Menge von versch. Elementen. Die Menge wird Zeichenvorrat *(character set)* genannt. Bsp. für Zeichen sind die abstrakten Inhalte von Buchstaben des gewöhnlichen Alphabets, Ziffern, Interpunktionszeichen, Steuerzeichen und andere Ideogramme. Zeichen werden üblicherweise durch Schrift (Schriftzeichen) wiedergegeben oder technisch verwirklicht durch Lochkombinationen, Impulsfolgen und dgl.» Linguistisch ist Z. der zentrale Begriff der *Semiotik*, nach de Saussure (1916) die Verbindung einer Bedeutung mit einer Z.form. Im Z. sind Z.form (*signifiant* Bezeichnendes) und *Bedeutung* (*signifié* Bezeichnetes) einander zugeordnet; ein Z. entsteht erst durch die Verbindung einer Z.form mit einem Bezeichneten (semantische Beziehung, *Semantik*). Man unterscheidet ikonische, Index- und Symbolzeichen; sprachliche Z. sind meist Symbolzeichen. Die Zuordnung von Z.form und Bezeichnetem ist in natürlichen *Sprachen* weitgehend beliebig, bis auf jene Fälle, die als *Lautmalerei* (Onomatopöie) bezeichnet werden können. Da Z. in der Regel nur in Z.systemen vorkommen, interessiert, wie die Z. eines best. Systems mit anderen Z. desselben Systems in Beziehung treten (syntaktische Beziehung, *Syntax*). Zwei grundsätzliche Beziehungsarten werden unterschieden: die syntagmatische und die paradigmatische. Eine *syntagmatische Beziehung* besteht zw. den Z. einer Z.folge. Eine Z.folge wird *Syntagma* genannt. In *paradigmatischer Beziehung* stehen Z., die einander innerhalb einer best. Umgebung, d. h., an best. Stellen einer gegebenen Z.folge, ersetzen können. J. Engelkamp

Zeichen-Gestalt-Theorie *Behaviorismus*, *Feldtheorien, psychologische*.

Zeichenkonzeptionen der Wahrnehmung (= Z.) [engl. *sign conceptions of perception*; lat. *concipere* zusammenfassen, sich vorstellen], **[WA]**, Z. liegt die Vorstellung zugrunde, dass die *Wahrnehmung* äußerer Objekte durch ein symbolisches (*Symbol*) Medium, nämlich *Zeichen*, erfolgt und dass diese symbolisch zw. äußeren Objekten und Wahrnehmungsobjekten vermitteln können. Z. entstanden im Gefolge der platonischen Einsicht, dass äußere Objekte und Wahrnehmungsobjekte durch eine logische Kluft voneinander getrennt sind. Seitdem durchziehen Bemühungen, diese Kluft zu überbrücken, die Ideengeschichte des Abendlandes. Aristoteles suchte diese Kluft durch Annahme einer Ähnlichkeitsrelation zw. äußeren Objekten und mentalen Wahrnehmungsobjekten zu überbrücken, wie sie in der *Siegel-Wachs-Metapher* der Wahrnehmung zum Ausdruck kommt. Aristotelischen Konzeptionen zufolge ermöglicht ein fortschreitender Abstraktionsprozeß eine graduelle «Dematerialisierung» äußerer Wahrnehmungsobjekte und somit ihre «Einformung» (*informatio*) in den Bereich des Mentalen. Moderne Varianten einer solchen Ähnlichkeitskonzeption sind sog. Inverse-Optics-Konzeptionen sowie Bayes'sche Ansätze in der Wahrnehmungspsychologie. Bereits im 17. Jh. wurde die prinzipielle Unangemessenheit von Ähnlichkeitskonzeptionen erkannt, an deren Stelle zunehmend Z. traten. Zeichen stehen in einer logisch willkürlichen Beziehung zum Bezeichneten und beziehen ihren Zeichencharakter weder durch ein Ähnlichkeits- noch durch ein Kausalverhältnis. Vielmehr erhalten sie ihren Zeichencharakter erst durch die Befähigung zu einer symbolischen Zeicheninterpretation auf der Basis intern verfügbarer Bedeutungskategorien. Die für die Wahrnehmungspsychologie bedeutendsten frühen Z. wurden von Alhazen (965–1039) und Descartes (1596–1650) formuliert. Auch Helmholtz (1821–1894) war der

Auffassung, dass sich die menschliche Wahrnehmung nur auf der Basis einer Z. verstehen ließe. Durch seine *Isomorphismus-Konzeption* der Beziehung von Zeichen und Welt, die eine aristotelische Konzeption auf höherstufigen Objekten darstellt, suchte er seine Z. mit «empiristischen Konzeptionen des Geistes» verträglich zu halten. Allen Z. liegt die Einsicht zugrunde, dass sich die das Perzept (*Perzeption*) charakterisierenden Objekttypen und Relationen nicht aus dem sensorischen Input abstrahieren oder durch ein Verfahren induktiver *Inferenz* gewinnen lassen (*Poverty-of-Stimulus-Problem*). Die Theorie computationaler Systeme ermöglicht, diese Einsichten in präziser Weise zu fassen. Meier-Oeser 1997, Yolton 1984. R. Mausfeld

Zeichenmethode, zeichnerische Gestaltungs- und Ergänzungsverfahren [engl. *drawing method*], [**DIA, PER**], klassische Darstellung von F. Dorsch; da das Zeichnen enge Beziehungen zur Person haben kann, überrascht nicht die Häufigkeit, mit der es als Test Verwendung findet. So interessiere – je nach dem Ziel der – das zeichnerische Können oder die einzelnen grafischen Merkmale oder der Inhalt der Darstellung als Symbol, Thema usw. oder die motorische Funktion und der Zeichenvorgang oder das, was in die Zeichnung einfließt (als *Projektion*). Die Vielzahl der Zeichentests lässt sich wie folgt ordnen: (1) Abzeichnen, Nachzeichnen, Weiterzeichnen von Vorlagen, z. B. geometrische Figuren (z. B. *Visual Motor Gestalt Test, Benton Visual Retention Test*). (2) Thematisches Zeichnen ohne Vorlage, z. B. Mann, Person, Mensch, Baumtest, *Familie in Tieren*. (3) Fortführung vorgegebener Zeichen (mit best. Aufforderungscharakter). (4) Freies Zeichnen. Historisch betrachtet hat sich das Interesse zuerst der Kinderzeichnung und der *Bildnerei der Geisteskranken* (Prinzhorn 1923) zugewandt. Später kam die Beachtung indiv. Merkmalsausprägungen hinzu. Die Zeichnung wurde «Ausdruck der Person» in der psychol. Diagnostik aller Altersstufen. F. Dorsch

Zeichensprache (= Z.) [engl. *sign language*], [**KOG, SOZ**], Sammelbez. für Verständigungssysteme (*Sprache*), bei denen andere als die in natürlichen Sprachen üblichen lautlichen und grafischen *Symbole* für die Bedeutungsübermittlung in der *Kommunikation* verwendet werden. Eine besondere Form von Z. sind die von Gehörlosen verwendeten *Gebärdensprachen*. Genau genommen ist jede Sprache eine Z., sofern sie Zeichencharakter hat bzw. *Zeichen* enthält (*Semiotik*). G. Kaminski

Zeichnungsstadien *Kinderzeichnung*.

Zeigarnik, Bluma Wulfowna (nach neuerer Umschrift: Seigarnik, Bljuma Wulfowna) (1900–1988), [**HIS, KLI, KOG**], russische Psychologin jüdischer Herkunft, in Puenaj (Litauen) geb., 1920–1022 Studium an der humanwissenschaftlichen Fakultät in Kowno, ab 1922 Gasthörerin in Berlin, 1925 Ergänzungsprüfung, von da ab ordentliche Studentin. 1927 Promotion bei *K. Lewin* mit der Untersuchung über das Behalten unerledigter Handlungen (*Wiederaufnahme von unterbrochenen Handlungen*), die zum *Zeigarnik-Effekt* führte. Die Versuchsreihen von Bluma Zeigarnik wurden 1924 bis 1926 an 164 Kindern und Erwachsenen durchgeführt. Die Vpn mussten Aufgaben «möglichst gut und schnell» erledigen (Zeigarnik 1927, S. 4). Die Hälfte dieser Aufgaben ließ Zeigarnik jew. zu Ende führen, bei der anderen Hälfte – also etwa bei jeder zweiten Aufgabe – unterbrach sie ihre Vpn, wenn diese besonders intensiv arbeiteten. Dann legte sie eine neue Aufgabe mit der Anweisung vor: «Jetzt machen Sie bitte dies!» Im Anschluss an die Versuchsreihe wurde geprüft, an welche Aufgaben sich die Vpn noch erinnerten. Die unerledigten Handlungen wurden fast doppelt so gut behalten wie die erledigten. Der Quotient aus den behaltenen unerledigten (BU) und den behaltenen erledigten Aufgaben (BE) – heute *Zeigarnik-Quotient* genannt – betrug 1,9. 1931 ging Zeigarnik zurück nach Russland. Sie arbeitete dort in der Zeit des Stalinismus unter schwierigsten Bedingungen zus. mit *Wygotski* und anderen führenden russischen Psychologen an *pathopsychol.* Fragestellungen. Lompscher 2011.
H. E. Lück

Zeigarnik-Effekt (= Z.) [engl. *Zeigarnik effect*], nach *Zeigarnik, Bluma Wulfowna*, [**EM, KOG**], bevorzugtes bzw. verbessertes Erinnern (*Erinnerung*, *Gedächtnis*) von unterbrochenen *Handlungen* im Vgl. zu abgeschlossenen Handlungen. Als mögliche Erklärung gelten durch den Beginn der Handlung aufgebaute Spannungen. Der Z. konnte jedoch nicht in allen Studien umfassend repliziert werden. *Wiederaufnahme von unterbrochenen Handlungen*.

Zeigelust, Zeigetrieb *Partialtriebe*.

Zeit (= Z.) [engl. *time*], [**KOG**], Z. spielt sowohl im *Erleben* und *Verhalten* als auch in der psychol. Forschungsmethodik eine wichtige und vielgestaltige Rolle. Alle psychol. relevanten Ereignisse haben zeitliche Eigenschaften. Das heißt, sie haben eine best. Dauer und sie stehen in zeitlicher Relation (z. B. Gleichzeitigkeit oder zeitliche Reihenfolge) zu anderen Ereignissen. Zeitliche Ereigniseigenschaften werden von Menschen sowie von zahlreichen anderen Spezies wahrgenommen und auf vielfache Weise kogn. verarbeitet (*Kognition*). Durch den Prozess der *Zeitwahrnehmung* wird die obj. physikal. Z. in erlebte *psychische Zeit* überführt. Die Zeitwahrnehmung wird nicht wie sensorische *Wahrnehmung* über spezialisierte Transduktoren vermittelt, sondern stattdessen durch endogen erzeugte zeitliche Referenzrepräsentationen, sog. «innere Uhren». Diese inneren Uhren interagieren mit sensorischen Ereignissen und sind in fast alle psych. Prozesse eingebunden. Die neuronale Basis und die genaue Funktionsweise der inneren Uhren sind allerdings umstritten. Eine Gruppe von Theorien geht davon aus, dass ein einzelner spezialisierter Mechanismus Dauer- und Reihenfolge-Informationen für alle zeitbezogenen kogn. Prozesse bereitstellt (*central clock theories*). Eine andere Gruppe von Theorien nimmt an, dass Z. über das kogn. System verteilt repräsentiert (*Repräsentation*) ist, dass also jeder zeitbezogene kogn. Prozess seinen eigenen Zeitgeber hat (*distributed-timing theories*). Psychische Z. wird subj. erlebt. Dabei kann der obj. gleichförmige Z.verlauf als subj. beschleunigt oder verlangsamt erlebt werden. Zeitliches Erleben weist auch emot. Komponenten (*Emotionen*) auf wie z. B. bei der Empfindung von Zeitmangel, *Stress* oder *Langeweile*. Neben der Erlebnisqualität haben mentale

Z.repräsentationen viele wichtige kogn. Funktionen in der Wahrnehmungsorganisation und Verhaltenssteuerung. Z. B. werden zeitliche Ereigniseigenschaften genutzt, um relationale und funktionale Informationen zu gewinnen. So verarbeitet das *Gehirn* u. a. die wahrgenommene Reihenfolge von Ereignissen, um auf kausale Beziehungen (*Kausalität*) zw. ihnen zu schließen. In ähnl. Weise wird die typische Dauer des Intervalls zw. eigenen Handlungen und deren sensorischen Folgen dazu genutzt, um Effekte eigener Handlungen von kontingenten Umweltereignissen zu unterscheiden. In der Handlungssteuerung werden zeitliche Repräsentationen dazu genutzt, um eigene Handlungen an zeitliche Ereignismuster in der Umwelt anzupassen. In diesem Zusammenhang spricht man, analog zur räumlichen Aufmerksamkeit (*Aufmerksamkeit, ortsbasierte*), auch von *zeitliche Aufmerksamkeit*, die in der zeitlich selektiven (d. h. nur zu einem best. Zeitpunkt stattfindenden) Verbesserung versch. kogn. Verarbeitungsleistungen besteht. Neben der Anpassung an zeitliche Strukturen im Sekunden- oder Minutenbereich sind Menschen und viele andere Spezies auch an längerfristigen zeitlichen Mustern orientiert (*Aktivitätsperiodik*). Dabei ist allerdings umstritten, ob diese Anpassungen phylogenetischer oder ontogenetischer Natur sind. Zeitliche Ereignisaspekte sind nicht nur Gegenstand psychol. Vorgänge, sondern psychol. Ereignisse haben selbst auch eine charakteristische zeitliche Ausdehnung. Dies macht sich die *Chronometrie* zunutze, indem aus den Reaktionszeiten (*Reaktionszeit*) von Vpn auf psychol. Verarbeitungsmechanismen geschlossen wird. Grondin 2008, Luce 1986. R. Thomaschke

Zeit, psychische [engl. *psychological time*], *Zeitwahrnehmung*.

Zeit, soziale [engl. *social time*], **[KOG, SOZ]**, die Modalform der psych. Zeit (*Zeitwahrnehmung*) in Kulturen, Schichten oder anderen sozialen Gebilden.

Zeit-Bewegungs-Studien [engl. *time-motion studies*], *Zeitstudie*.

Zeit-Ereignis-Korrelationsparadigma [engl. *time-event correlation paradigm*], *Aufmerksamkeit, zeitliche*.

Zeitfehler (= Z.) [engl. *time error*], **[WA]**, aus der klass. *Psychophysik* stammender Begriff. Es handelt sich um einen Effekt aus der Gruppe der sog. konstanten Fehler und bezieht sich auf die Reihenfolge, in der zwei Reize der Vp zum Vergleich vorgelegt werden. Von neg. Z. spricht man, wenn der zweite der beiden sukzessiv zu beurteilenden Reize überschätzt wird. Dies führt zu einer Veränderung der Unterschiedsschwelle in Abhängigkeit von der Reihenfolge. Positiver Z., d. h. Überschätzung des zuerst dargebotenen Elementes, tritt häufig auf, wenn die zw. der Reizabfolge liegende Zeit sehr kurz ist. Ob pos. oder neg. Z. auftritt, hängt noch von weiteren Variablen wie Figur-Grund-Relationen (*Figur-Grund-Verhältnis*) und Modalität (z. B. optisch oder akustisch) ab. Die bekannteste Theorie dieser Erscheinungen stammt von Köhler und Lauenstein, die best. physiol. Prozesse im Spurenfeld zur Erklärung heranziehen. Auch die Theorie des *Anpassungsniveaus* von Helson stellt den Z. in Rechnung. Es gibt allerdings keine einzelne Theorie, die allen Erscheinungsweisen des Z. gerecht würde. Lauenstein 1933.

Zeitgeber [engl. *internal clock, zeitgeber*], *Periodik, Periodizität*, *Zeit*, *Zeitwahrnehmung*.

Zeitgedächtnis [engl. *time memory*], Erinnerungsfähigkeit für zeitliche Ereignisse. *Gedächtnis*, *Zeitwahrnehmung*.

zeitliche Aufmerksamkeit *Aufmerksamkeit, zeitliche*.

zeitliche Synchronisation [engl. *chronological synchronization*; gr. συν- (syn-) mit, gemeinsam, χρόνος (chronos) Zeit], *Bindungsproblem*.

Zeitperspektive (= Z.) [engl. *time perspective*; lat. *perspicere* hineinsehen], **[KOG]**, der Begriff umfasst das aktuelle Bezogensein auf Vergangenheit, Gegenwart und Zukunft. Der Begriff geht auf Frank zurück, der unter *time perspective* die Spannweite des zeitlichen Erlebens versteht. Amerik. Forscher untersuchten *time perspective* in der zeitlichen Ausdehnung und dem Umfang der Zeitspanne, in der Erinnerungen, Ziele, Erwartungen des Menschen liegen. *Lewin* hat Z. als bewusstes Bezogensein auf einen mehr oder weniger langen Zeitraum des Vergangenen und Zukünftigen interpretiert. Fraisse spricht von dem *horizon temporel*, wenn der Mensch gelernt hat, durch Erfahrungen in der Vergangenheit sein Verhalten in der Gegenwart nach der Antizipation von Zukünftigem auszurichten. *Zukunftserleben*. Kastenbaum 1965.

Zeitprobentechnik der Beobachtung [engl. *time sampling*], **[FSE]**, ist es nicht möglich, einen Vorgang während seiner gesamten Dauer zu beobachten, so teilt man die Gesamtheit in Zeitintervalle und entnimmt daraus eine Stichprobe von Beobachtungszeiträumen, in denen die *Beobachtung* systematisch erfolgt. G. Lüer

Zeitreihenanalyse (= Z.) [engl. *time series analysis*], **[FSE]**, mithilfe der Z. wird ein Untersuchungsmerkmal über viele gleichabständige Messzeitpunkte hinweg betrachtet. Dabei ist es möglich, nicht nur die Zu- oder Abnahme eines Prozesses zu beschreiben, sondern auch Hypothesen über die Form der Zeitreihe zu überprüfen. Es können sowohl intraindividuelle Zusammenhänge untersucht als auch Interventionswirkungen (z. B. von Trainings, *Intervention*) überprüft werden. Darüber hinaus ist auch ein Vergleich von Einzelfällen möglich. Bei der Z. kann zw. einem univariaten und einem multivariaten Vorgehen unterschieden werden. Mit univariaten Z. werden Analysen beschrieben, in die nur eine *abhängige Variable* einbezogen wird. In diesem Zusammenhang sind die *Trendanalyse* und *ARIMA*-Prozesse von besonderer Bedeutung. Bei Trendanalysen wird die gesamte Zeitreihe über ein lineares Polynom oder ein Polynom höherer Ordnung beschrieben. Dabei entspricht die Annäherung einer Zeitreihe durch einen linearen Trend der Berechnung einer *Regressionsgeraden* (Zeit als Prädiktor und die Zeitreihe bzw. das untersuchte Merkmal als Kriterium). Eine ARIMA-Modellierung eignet sich zur Beschreibung von Prozessstrukturen innerhalb der Zeitreihe. So können auf Grundlage der Analyse serieller Abhängigkeiten Aussagen über die Struktur der Zeitreihe getroffen werden (z. B. hängt die Stimmung zum Zeitpunkt t mit der Stimmung zum Zeitpunkt $t-1$ zusammen). Mithilfe multivariater Z.

wird das dynamische Beziehungsgeflecht von zwei oder mehreren Variablen/Zeitreihen untersucht. Durch die Möglichkeit, zeitverschobene Zeitreihen zu vergleichen, können Zusammenhänge über die Zeit geprüft werden, sodass Annahmen über die Wirkungsrichtungen (*Kausalität*) überprüfbar werden. *Statistische Datenanalyseverfahren*. Schmitz et al. 2009. F. Perels

Zeitreihenpläne [engl. *time series designs*], *Einzelfallexperiment*.

Zeitschätzung [engl *time estimation*]; *Zeitwahrnehmung*.

Zeitschwelle (= Z.) [engl. *time threshold*], [**KOG, WA**], (1) *absolute Z.*, der zeitliche Abstand von zwei Reizen, die gerade noch als aufeinanderfolgend wahrgenommen werden und nicht zu einem einzigen Eindruck verschmelzen. Die absolute Z. ist für die einzelnen Sinnesgebiete versch. groß und beträgt für das Hören unter günstigsten Bedingungen etwa 0,002 s, für das Sehen und den Tastsinn wesentlich mehr (0,01 bis 0,04 s). (2) *Relative Z.*, Unterschiedsschwelle: derjenige Unterschied zwischen zwei Zeitstrecken, der die eine als ebenmerklich länger oder kürzer als die andere erscheinen lässt. Sie beträgt bei kleinen Zeitstrecken ca. 1/20. Pauli & Arnold 1957.

Zeitstudie (= Z.) [engl. *time study*], [**AO**], arbeitsps. Untersuchung des Zeitbedarfs bei Arbeitsvorgängen durch Gliederung des Gesamtvorganges in kleinere Einheiten von Bewegungen. Die Z. bildet die Grundlage für Arbeitsanweisungen, Betriebsvorschriften und Lohnberechnungen. Wird die Z. auf best. Bewegungen bezogen, spricht man auch von *Handzeit, Griffzeit* usw.; wird sie auf einen maschinellen Arbeitsgang bezogen, so besteht der Begriff *Maschinenzeit*. Die Z. geht auf Taylor (1911) zurück. *Arbeitsstudie, Bewegungsstudie, Lichtspurverfahren, Reihenfotografie, REFA*.

Zeittäuschung [engl. *time illusion*], [**KOG, WA**], jede Über- oder Unterschätzung von Zeitstrecken (*Zeitwahrnehmung*). Man findet (1) zeitliche Größentäuschung. Bei Rhythmisierung (also Intensitätsänderung) wirken Betonungen von Einheiten verlängernd oder verkürzend auf die scheinbare Größe benachbarter Zeitstrecken ein. Bei ungleich langen Zeitstrecken werden erfüllte Strecken überschätzt (*geometrisch-optische Täuschung*). (2) Zeitverschiebung: die bei gleichzeitiger Darbietung zweier versch. *Reize* zutage tretende Bevorzugung des Reizes, der gegenüber dem anderen als «früher» bez. wird (*Reaktionszeit*, Komplikationsversuch). Pos. nennt man die Zeitverschiebung, wenn der akustische später als der optische Eindruck angesetzt wird; neg. im umgekehrten Falle.

Zeitunterschiedsschwelle *Zeitschwelle*.

Zeitwahrnehmung (= Z.) [engl. *time perception*], [**KOG, WA**], Z. ist ein kogn. Prozess (*Kognition*), der obj. physikal. *Zeit* auf subj. psych. Zeit abbildet. Dieser Prozess wird hauptsächlich mit den Methoden der *Psychophysik* untersucht (*psychophysiologische Methodik*). Dabei werden Pbn Reize mit zeitlichen Eigenschaften, z. B. Ereignisreihenfolge oder Intervalldauer, präsentiert. Das gemessene *Verhalten* besteht entweder in Reihenfolgeurteilen oder in relativen bzw. absoluten Dauerurteilen oder aber in zeitlicher Reproduktion. Zeitliche Reproduktion bedeutet, dass der Pb. versucht, eine *Handlung* (z. B. Tastendruck) so auszuführen, dass diese in ihrer Dauer der vorher beobachteten Reizdauer gleicht. Die psych., also wahrgenommene bzw. erlebte Zeit steht zwar in einem engen systematischen Zusammenhang mit der physikal. Zeit, ist aber nicht völlig synchron mit ihr. Ein Großteil der Forschung zur Z. beschäftigt sich mit der Beschreibung und Erklärung systematischer Abweichungen zw. physikal. und psych. Zeit. Für Reihenfolgeurteile bspw. brauchen Reize zunächst einmal einen Mindestabstand in der physikal. Zeit, um überhaupt als ungleichzeitig wahrgenommen zu werden. Dieser Mindestabstand unterscheidet sich zwischen verschiedenen Sinnesmodalitäten (*Sinne*). Auditive Reize die weniger als 2 ms auseinanderliegen, werden als gleichzeitig wahrgenommen. Für visuelle Reize liegt diese Schwelle bei ca. 20 ms. Um die Reihenfolge zweier als ungleichzeitig erlebten Reize korrekt zu bestimmen sind (unabhängig von der Modalität) ca. 30 bis 50 ms physikal. Zeitabstand zw. den Reizen nötig. Über dieser Schwelle werden zeitliche Reihenfolgen im Allgemeinen korrekt wahrgenommen und erinnert. Bezüglich der Dauer von Ereignissen verhält sich die psych. Zeit monoton zur physikal. Zeit, d. h., längere Ereignisse werden auch als länger eingeschätzt. Die genaue Beziehung zw. physikal. und psych. Dauer wird als Potenzfunktion angenommen, wobei der Exponent in versch. Studien zw. 0.9 und 1 schwankt. Die Genauigkeit der Z. sinkt allerdings proportional mit der Dauer der wahrzunehmenden Zeit. Diese Verhältnismäßigkeit nennt man *Webers Gesetz der Zeitschätzung*. Den Koeffizienten aus Schätzvarianz und Dauer des Intervalls bezeichnet man als *Weber-Konstante der Zeitschätzung*. Es wird angenommen, dass Webers Gesetz der Zeitschätzung für Dauern über 2 Sek. Gültigkeit hat. Unterhalb dieses Bereiches ist der Koeffizient aus Varianz und mittlerer Dauer nicht mehr konstant. Z. wird darüber hinaus in vielfacher Weise durch versch. situative und psychol. Faktoren beeinflusst. So verändert die Art eines Ereignisses dessen wahrgenommene Dauer. Bspw. wird ein emot. (*Emotionen*) erregender Reiz als länger eingeschätzt als ein leeres Schätzintervall. Wahrgenommene Zeitdauer kann auch durch *intentionale Bindung* (*intentional binding*) verkürzt werden. Intentionale Bindung bezieht sich auf die Beziehung zw. eigenen Handlungen und ihnen nachfolgenden Reizen. Wird ein Reiz als kausale Folge der Handlung betrachtet (*Kausalität*), wird er intentional gebunden. Intentional gebundene Reize werden, i. Ggs. zu nicht kausal verursachten Folgereizen, als zeitlich näher an der Handlung wahrgenommen. Auch entwicklungspsychologische Faktoren beeinflussend die Zeitwahrnehmung. Bei Kindern bis zum Alter von etwa 14 Jahren ist die Zeitwahrnehmung wesentlich ungenauer als bei Erwachsenen. Die neuronalen Grundlagen der Zeitwahrnehmung sind nicht eindeutig geklärt. Eine zentrale Frage der aktuellen Zeitforschung ist beispielsweise, ob psych. Zeit durch eine zentrale «innere Uhr» repräsentiert wird oder durch verteilte aufgabenspezifische Zeitgeber. Ein weiteres aktuell diskutiertes Problem ist, ob die Zeitwahrnehmung in versch. Dauerbereichen (z. B. msec., sec.) durch verschiedene kognitive Mechanismen realisiert ist. Grondin 2010, Rammsayer 1989. *R. Thomaschke*

Zeitwohlstand (= Z.) [engl. *prosperity of time*], [**GES, WIR**], in Dt. wurde das Konzept des Z. in den 1990er-Jahren vor allem i. R. der Forschung zu neuen «postmateriellen» Lebensstilen und dem «Guten Leben» entwickelt. Z. wurde und wird bis heute als Weiterentwicklung des konventionellen (materiellen) Wohlstandskonzepts verstanden und insbes. mit nachhaltigen Konsum- und Produktionsmustern (*Konsumverhalten*) in Verbindung gebracht. Z. wird sowohl auf indiv. Ebene (*persönlicher Z.*) als auch auf gesellschaftlicher Ebene (*kollektiver Z.*) diskutiert, sowohl als Ziel als auch Instrument, als quant. Verteilungsproblem und qual. Problem der Generierung. Grundsätzlich lebt im Z., wer selbstbestimmt über seine zeitliche Lebensgestaltung entscheiden kann, weil man auf auskömmlichem materiellen Niveau ausreichend Zeit – zum richtigen Zeitpunkt, gemäß den eigenen sozialen und biol. Rhythmen – pro Zeitverwendung zur Verfügung hat. Jenseits dieses Kernverständnisses wird das Konzept unterschiedlich beschrieben und ausgeführt. Letztlich geht es jedoch immer um: Zeitautonomie und Zeitsouveränität, ausreichend Zeit pro Zeitverwendung für Pflichten und Wünsche (*verfügbare Zeit*), Zeit zum richtigen Zeitpunkt und gemäß der eigenen und sozialen Rhythmen, auf Meso- und Makroebene auch um Verteilungsgerechtigkeit beim Zugang zu Zeitressourcen. In der Zeitforschung wird Z. auch als eine neue Souveränität im Umgang mit der Vielfalt der Zeiten beschrieben: Die Zeiten und Rhythmen der Natur wahrnehmen (*Achtsamkeit*); für sinnerfüllte Aktivitäten die angemessene Zeit haben; seine Eigenzeiten leben und mit denen der Mitmenschen synchronisieren; etwas genießen, ohne das Gefühl zu haben, etwas anderes zu verpassen; eine Balance finden zw. von außen kommenden Zeitvorgaben und den eigenen Gestaltungsspielräumen. Diese aktive Gelassenheit sei die Voraussetzung für das Entwickeln indiv. Ressourcen. Reisch 2001, Reisch 2002a. *L. A. Reisch/G. Raab*

Zelle (= Z.) [engl. *cell*], [**BIO**], kleinste lebens- und vermehrungsfähige Einheit des *Organismus*, die alle Erscheinungen des Lebens (*Stoffwechsel*, Beantworten von *Reizen* (*Reaktion*) usw.) zeigt. Die Z. besteht aus dem Kern (*Chromosom*), dem Zellleib mit versch. Organellen («Organe» der Zelle) und dem Zellplasma. *Nervenzelle*.

Zell(kern)teilung [engl. *cell division*], *Mitose*, *Meiose*.

Zensor [engl. *censor*; lat. *censere* schätzen, bewerten], [**KLI**], Begriff von Freud (*Psychoanalyse*). Beim Gegenspiel von unlustvoller Realität und Triebhaftigkeit wird an der Grenze zw. *Ich* und *Unbewusstem* ein Regulator (Zensor) angenommen, der automatisch und unbewusst funktioniert – so unbewusst wie die Reaktionsbewegungen z. B. beim Schreiben oder Autofahren – und nur so viel ins *Bewusstsein* zulässt, wie dem Ich zuträglich ist. Dieser Regulator, den man auch als *Reizschutzapparat* (Reizschutz gegenüber den gefährlichen Regungen des *Es*) bez., wirkt wie eine Art Zensur. Freud 1948b.

Zensuren (= Z.), [engl. *mark, grade*; lat. *censere* schätzen, bewerten], [**AO, DIA, PÄD**], Bewertung von Leistungen nach einem Noten- oder Punktesystem. Grundlagen dieser Bewertung sind nicht – wie bei psychometrischen Tests (*Testtheorie*) – die in ihrer Schwierigkeit bekannten Aufgaben (Items), sondern meist globale Leistungen (z. B. Aufsätze oder schriftliche Dokumente), die von Experten zu bewerten sind. Im dt.sprachigen Raum wird häufig das Schulnotensystem herangezogen («sehr gut» bis «ungenügend») = «1» bis «6») bzw. äquivalente Punktesysteme). Das *Skalenniveau* eines solchen Z.systems ist ordinal, d. h., die Abstände zw. den als Noten verteilten Rangplätzen sind nicht definiert. Trotz der heute bekannten Fehlerquellen, die den Beurteilungsprozess beeinträchtigen können, sind Zensurengebungen dieser Art in allen drei Bildungsbereichen und auch in der betrieblichen *Aus- und Fortbildung* sowie bei der Mitarbeiterbeurteilung (s. a. *Personalauswahl*, *Assessment Center* nach wie vor verbreitet und ausschlaggebend. Im schulischen Bereich sind die Beurteilungsfehlerquellen fach-, geschlechts-, schicht- und schulartspezifischer Art bes. gut beforscht. Zu den allg. Fehlerquellen im Beurteilungsprozess zählen v. a. Erwartungshaltungen und -einstellungen der Beurteiler. (*Hof-Effekt*, *Milde-Effekt*, *Pygmalion-Effekt*, *Beobachtungsfehler*; *Beurteilerakkuratheit*, *Beurteilerübereinstimmung*). In Bezug auf *Gütekriterien* weisen Z. nach den dazu angelegten Untersuchungen weder hohe *Objektivität* noch *Reliabilität* und auch keine befriedigende *Validität* auf. Da jedoch das Prinzip der betriebswirtschaftlichen Ökonomie bei allen Beurteilungsverfahren in der praktischen Anwendung der Zensurengebung vorrangig bleibt, können die Gütekriterien verbessert werden, sofern die Zensurengeber in ihrer Verantwortlichkeit bzgl. der genannten möglichen Fehlerquellen instruiert und geschult werden (*Beurteilerübereinstimmung, Verbesserung der*). Ingenkamp 1995.

Zentile [engl. *centils*; lat. *centum* hundert], [**FSE**], Intervalle einer Häufigkeitsverteilung (z. B. von Testpunkten), in denen je 1 % der Fälle liegt. Die *Perzentile* geben die Punktwerte an, die den jew. oberen Intervallgrenzen entsprechen (daher 100 Zentil, aber nur 99 Perzentile). Das 25. Zentil ist das untere (1.) *Quartil*, das 50. Zentil der *Median*, das 75. Zentil das obere (3.) Quartil.

zentrale Exekutive [engl. *central executive*; gr. κέντρον (kentron) Mittelpunkt, lat. *exsequi* ausführen], *Arbeitsgedächtnis*.

Zentraleigenschaft [engl. *central characteristic*], *Kardinaleigenschaft*.

Zentraler Grenzwertsatz *Gauß'sche Kurve*, *Normierung*.

zentrale Tendenz [engl. *central tendency*], *Maße der zentralen Tendenz*.

Zentralfurche [engl. *medial orbitofrontal cortex*], *Gehirn*.

Zentralgrube *Fovea (centralis retinae)*.

Zentralität [engl. *centrality*; gr. κέντρον (kentron) Mittelpunkt], *Gruppenstruktur*.

Zentralnervensystem (= ZNS) [engl. *central nervous system, CNS*], syn. *zentrales Nervensystem*, [**BIO**], umfasst das *Gehirn* und *Rückenmark*. Das ZNS ist gegliedert in fünf Hauptabschnitte: Telenzephalon, Dienzephalon, Mesenzephalon, Metenzephalon und Myelenzephalon. Nicht zum ZNS gerechnet werden die peripheren (motorischen und sensiblen) Neurone des somat. NS, das *vegetative Nervensystem* und das Darmnervensystem (*enterisches NS, ENS*). *Nervensystem*. Karnath & Thier 2012.   M. Peper

Zentralperspektive (= Z.) [engl. *central perspective*; gr. κέντρον *(kentron)* Mittelpunkt, lat *perspicere* hineinsehen], **[WA]**, abbildende Systeme, die (wie das menschliche *Auge*) nach dem Lochkameraprinzip funktionieren, erzeugen ein zweidimensionales Abbild der Umwelt nach den Gesetzen der Z. Dabei wird das Bild eines Objektpunktes bestimmt, indem man einen Sehstrahl durch das Projektionszentrum mit der Bildebene schneidet. Hierbei geht die dreidimensionale Tiefeninformation verloren. Das Projektionszentrum des menschlichen Auges liegt etwa 1 mm hinter der Linse im Glaskörper. Die Linse hat in erster Näherung keinen Einfluss auf die Abbildungsgeometrie, sondern erlaubt eine erhöhte Lichtstärke. Die Geometrie der Z. ergibt sich aus dem Strahlensatz. Unter der Z. werden frontoparallele Geraden auf Bildgeraden abgebildet, wobei die Parallelität der Geraden untereinander erhalten bleibt. Geraden durch den Knotenpunkt werden ganz auf einzelne Bildpunkte abgebildet, allg. Geraden im Raum auf Halbgeraden, wobei das ferne Ende in einen *Fluchtpunkt* komprimiert wird, von dem sich die Bildgerade nur in einer Richtung erstreckt. Scharen paralleler Geraden im Raum haben einen gemeinsamen Fluchtpunkt in der Bildebene, von dem ihre Bilder strahlenförmig ausgehen. In der Malerei spricht man je nachdem, wie viele versch., nicht frontoparallele, orthogonale Geradenrichtungen in einem Bild verwendet werden, von Ein-Punkt-, Zwei-Punkt- oder Drei-Punkt-Perspektive, doch kann grundsätzlich jeder Punkt der Bildebene Fluchtpunkt einer Geradenschar sein. Die Fluchtpunkte aller Geradenrichtungen einer Ebene formen eine Gerade im Bild, die man als Horizont der Ebene bezeichnet. Parallele Ebenen im Raum haben die gleiche Horizontlinie. Kreise werden auf Ellipsen abgebildet, deren Exzentrizität von der Orientierung der den Kreis enthaltenden Ebene im Raum und dem Abstand des Kreises abhängt. Mit der Annäherung an die Horizontlinie der Ebene steigt die Exzentrizität an (perspektivische Verkürzung). Quant. Eigenschaften der Z. werden analytisch durch homogene Koordinaten beschrieben. Eine bekannte «Invariante» unter der Perspektive ist das sog. Doppelverhältnis, das man anhand eines «ins Unendliche» führenden Eisenbahndammes erläutern kann. Aus der vertikalen Bildposition von vier in der Welt äquidistanten Schwellen A, B, C, D werden die Bildabstände AC, BD, AD und BC bestimmt. Der Quotient (AC • BD)/(AD • BC) ist unter allen möglichen perspektivischen Abbildungen auf für alle Vierergruppen aufeinanderfolgender Schwellen konstant. Legt man im Bild vier Positionen fest, ergibt sich daraus die Position der übrigen Schwellen aus dem Doppelverhältnis. *visuelle Raumhinweise*. Penna & Patterson 1986.
    H. A. Mallot

Zentralskotom (= Z.) [engl. *central scotoma*], **[BIO, WA]**, Verlust des Sehens (insbes. der *Sehschärfe*) im zentralen *Gesichtsfeld* in einem Auge oder in beiden Augen (homonymes Z.). Durch den Verlust des fovealen Sehens (*Fovea (centralis retinae)*) ist auch die genaue Fixation beeinträchtigt (exzentrische Fixation).   J. Zihl

Zentralwert [gr. κέντρον *(kentron)* Mittelpunkt], *Median*.

Zentrierung (= Z.) [gr. κέντρον *(kentron)* Mittelpunkt], **[EW]**, [engl. *centration*], Piaget zerlegt eine visuelle Wahrnehmung in lauter Einzelwahrnehmungen (*centrations*), die im Laufe der Entwicklung durch höhere Wahrnehmungsfunktionen (*activités perceptives*) koordiniert werden (*décentration*). Jede Z. bedeutet eine subjektive Vergrößerung des betreffenden Bildteils. Piaget 1961.

[FSE], [engl. *centering*], eine Variablenz. liegt vor, wenn i. R. einer stat. Analyse statt der tatsächlichen Merkmalsausprägung X die Differenz zum Mittelwert

$$x_{zent} = x - x$$

verwendet wird. Insbes. i. R. der *Mehrebenenanalyse* werden Prädiktorvariablen am Mittelwert zentriert, um entweder die Interpretation der *Regressionsgewichte* zu vereinfachen oder die relative Position (*Big-Fish-Little-Pond-Effekt*, *Kontexteffekte*) einer Beobachtung in einer Referenzgruppe modellieren zu können. Bei der *Grand-Mean-Z.* wird die Abweichung vom Mittelwert aller Stichprobenelemente bestimmt. Bei der *Group-Mean-Z.* wird die Abweichung vom Mittelwert einer Subgruppe bzw. eines Clusters ermittelt. Angenommen, die durchschnittliche Kompetenz aller Schüler beträgt 20. Ein Schüler mit einer Kompetenzausprägung von 15 befindet sich in einer Klasse mit geringer Kompetenz (Klassendurchschnitt = 10). Dann ergäbe sich bei der *Grand-Mean-Z.* ein unterdurchschnittlicher Wert von (15−20) = −5, wohingegen der *Group-Mean-zentrierte* Wert mit (15−10) = +5 eine überdurchschnittliche Ausprägung relativ zum Klassenmittelwert anzeigen würde. Eid et al. 2010. *Ipsativierung*.

[WA], Begriff aus der *Gestaltpsychologie*, der auf Gewichtsverteilung, Rangordnung der konstituierenden Teile, Eigenschaften usw. des gestalthaften Gefüges hinweist. Jedes seelische Gebilde weist eine best. Z. auf. Metzger 1954.

zentrifugal, zentrifugale Nerven [engl. *centrifugal*; gr. κέντρον *(kentron)* Mittelpunkt, lat. *fugere* fliehen], syn. *efferent*. *Efferenz*, *Reflexbogen*.

zentripetal, zentripetale Nerven [engl. *centripetal*; gr. κέντρον *(kentron)* Mittelpunkt, lat. *petere* nach etw. streben], syn. *afferent*. *Afferenz*, *Nerv*, *Reflexbogen*.

Zentrum für Psychologische Information und Dokumentation, ZPID [ehemals: *Zentrale für psychologische Information und Dokumentation, ZPID*], das ZPID an der Universität Trier ist die überregionale und zentrale Dokumentations- und Informationseinrichtung für das Fach Ps. in Dt.. Sie hat die Aufgabe, die Informationsversorgung im Bereich Ps. und damit die Fachkommunikation in Forschung, Lehre und Praxis zu verbessern. Dies geschieht derzeit durch die Dokumentation aktueller psychol. Publikationen aus den dt.sprachigen Ländern, von audiovisuellen Medien und von Testverfahren. Die Öffentlichkeit wird anhand von Online-Datenbanken (*PSYNDEX*, *PSYTKOM*) und CD-ROM-Datenbanken (PSYNDEXplus with TestFinder) sowie anhand von gedruckten Diensten informiert. Zudem bietet die ZPID vielfältige Dateien

online an [www.zpid.de]. Auf Anfrage und gegen Entgelt führt sie zu psychol. Themen indiv. Recherchen in einem breiten Spektrum fachlich relevanter Datenbanken durch.
zerebral [engl. *cerebral*; lat. *cerebrum* Gehirn], zum *Gehirn* gehörend, das Großhirn betreffend.
zerebrale Blindheit (= z. B.) [engl. *cerebral blindness*; lat. *cerebrum* Gehirn], [**BIO, WA**], Sammelbegriff für alle Formen homonymer *Gesichtsfeldausfälle*, wobei die partiellen Ausfälle (z. B. *Hemianopsie*, *Quadrantenanopsie*, *parazentrales Skotom*) die häufigste Gruppe darstellen. Zu den beidseitigen Formen zählen vor allem die beidseitige homonyme Hemianopsie (*Röhrengesichtsfeld*), die beidseitigen (oberen bzw. unteren) Quadrantenanopsien und das *Zentralskotom*. Der vollst. Verlust aller Sehfunktionen nach beidseitiger posteriorer Hirnschädigung wird als totale z. B. bezeichnet. Karnath & Thier 2012. *J. Zihl*
Zerebralparese [engl. *cerebral palsy*; lat. *cerebrum* Gehirn, gr. πάρεσις *(paresis)* Erschlaffen], [**BIO**], wörtl. Hirnlähmung, d. h. *Hirnschädigung*, die bei der Hirnentwicklung vor, während oder nach der Geburt entstanden ist (Hirndefekte, intrauterine Infektionen, Geburtstraumen u. a.) und mit ein- oder beidseitigen spastischen Lähmungen (*Little-Syndrom*), mit *Ataxie*, *Athetose*, Sprechstörungen, Sehstörungen, Krampfanfällen o. a. verbunden sein kann.
zerebrovaskuläre Erkrankungen (= z. E.) [engl. *cerebrovascular disease*; lat. *cerebrum* Gehirn, *vasculum* Gefäß], syn. *Schlaganfall*, [**BIO**], der Begriff z. E. bez. zwei versch. Krankheitsbilder:
(1) *Hirninfarkt* (Ischämie) [lat. *infarcire* hineinstopfen]: Die Verlegung eines hirnversorgenden Blutgefäßes führt zur Minderdurchblutung des korrespondierenden Hirnabschnitts (*Gehirn*). Hierdurch kommt es zur teilweisen Nekrotisierung von Hirngewebe mit konsequenter Hirnfunktionsstörung. Man unterscheidet den Verschluss kleiner und kleinster arterieller Gefäße (Mikroangiopathie; lakunäre Infarkte, M. Binswanger) von der Verstopfung großer und größter Gefäße (Makroangiopathie; Territorial-, Endstrom-, Grenzzoneninfarkte). Mögliche Ursachen der Erkrankung können etwa arterioarterielle Embolien, kardiale Embolien, Thrombosen oder Dissektionen darstellen.
(2) *Hirnblutung*: Die Verletzung eines intrakraniellen Blutgefäßes mit der Folge der Einblutung ins Gehirn (intrazerebral) oder in den Bereich der Meningen (extrazerebral). Je nach Lokalisation unterscheidet man in letzterem Fall zw. Epidural-, Subdural- und Subarachnoidalblutungen. Dies führt zu einer Erhöhung des Hirndrucks mit der lebensbedrohlichen Gefahr der Herniation. Im weiteren Verlauf des betroffenen Gefäßes kann es durch den Blutverlust zudem zu hämodynamisch bedingten ischämischen Ereignissen kommen. Mögliche Ursachen liegen in arteriosklerotischen Angiopathien, Gefäßfehlbildungen (Aneurysmen), Hirntumoren oder *Schädel-Hirn-Traumen*. *M. Friedrich/S. Lautenbacher*
Zerebrum [engl. *cerebrum*; lat. *cerebrum* Gehirn], *Gehirn*.
Zeugenaussage [engl. *witness statement/report, evidence*], *Aussagepsychologie*, *Wahrheit, wahr*, *Glaubhaftigkeitsbegutachtung*.

Zeugentüchtigkeit (= Z.) [engl. *witness capability*], [**RF**], wie bei der *Glaubwürdigkeit* von Zeugen (*Glaubhaftigkeitsbegutachtung*, *Aussagepsychologie*) ist zu unterscheiden zw. allg. Z. (wenn normal ausgeprägte kogn. und sprachl. *Fähigkeiten* eine richtige Darstellung erwarten lassen) und spez. Z. (bei der Annahme einer richtigen Aussage über eine ganz best. Situation). In Einzelfällen kann die spez. Z. bejaht werden, auch wenn die allg. Z. abgelehnt werden muss. Arnold 1952.
Ziel (= Z.) [engl. *goal, target*], [**EM**], die für eine gerichtete *Handlung* oder das Ergebnis einer konkreten Leistung mögliche und notwendige Vorgabe eines Endzustands oder Endprodukts (Z.setzungsmethoden). Z. sind Dreh- und Angelpunkte bei der Steuerung menschlichen Handelns. Sie bestimmen über die aktuelle Aufnahme, Ausführung, Veränderung und Beendigung von Handlungen und die anschließende Bewertung der zustande gekommenen Ergebnisse. Die Bildung von Z. kann sowohl durch externe Z.vorgaben angeregt werden als auch Ergebnis interner Prozesse sein, die bewusst oder auch unbewusst ablaufen. Nach abgeschlossener Z.bildung steuern Z. die Handlungsabläufe im Hinblick auf das angestrebte Ergebnis. Rückmeldungen im Handlungsverlauf ermöglichen Handlungskorrekturen auf dem Weg zur Z.erreichung. Ergebnisrückmeldungen unterstützen die eigene Bewertung des Handlungsergebnisses. Bei Bedarf können Handlungsverlauf und Handlungsz. korrigiert werden. Vor allem bei längeren Handlungsabläufen sorgt eine starke Bindung an das gesetzte Z. (Z.bindung) für ein ausdauerndes Bemühen, trotz möglicher Widerstände und Ablenkungen zum Z. zu kommen. Wenn der Handelnde dabei erkennt, dass sich sein Z. aufgrund unvorhersehbarer Ereignisse auch bei größter Anstrengung nicht erreichen lässt, kann es vorteilhaft sein, sich vom ursprünglichen Z. zu lösen und es durch ein anderes zu ersetzen (Z.ablösung). Nach Abschluss einer z.orientierten Handlung folgt die Bewertung des Ergebnisses als Erfolg oder Misserfolg. Damit verbunden ist i. d. R. eine Ursachenzuschreibung, bei der Handlungsergebnisse internalen oder externalen, stabilen oder veränderbaren Ursachen zugeschrieben werden (*Kausalattribution*). Werden mehrere Z. gleichzeitig als persönlich wichtig erkannt, kann es zu Z.konflikten kommen, die im Extremfall zu psych. Störungen führen. Beim Handeln in *Gruppen* müssen persönliche Z. und Gruppenz. in Einklang gebracht werden, damit bei der Z.verfolgung keine Z.konflikte entstehen. Ein z.orientierter Handlungsablauf bei einer Gruppenaufgabe ist dann gewährleistet, wenn die persönlichen Ziele bekannt waren und i. S. des Gruppenz. aufeinander bezogen wurden.
[**AO**], ursprüngl. wurden die Voraussetzungen und Auswirkungen von Z.setzungen in der Arbeitsmotivationsforschung i. R. der allg. motivationalen Prozesse (*Motivation*) zur Verbesserung der Arbeitsleistung durch *Anreiz*systeme (*Incentives*), durch Partizipations- und Arbeitsstrukturierung untersucht. Ein umfassend angelegtes Forschungsprogramm wurde nach der Publikation von Locke et al. (1982) initiiert, in der sich die pos. Wirkung von Z.setzung auf die Arbeitsleistung bei allen 42 analysierten Arbeiten

ergeben hatte. Aus den Modellen der Motivationsforschung konnten die Prinzipien der Entstehung von Z.setzungen (Motiv mal Situation) sowie auch die Bedingungen, die zur Z.bindung führen, für die «Arbeitshandlung» zur Verbesserung der Mensch-Arbeit-Interaktion nutzbar gemacht werden. *Zielfokus, Prozessfokus und Ergebnisfokus*. Kleinbeck & Kleinbeck 2009. *R. M. Puca*

Zielablösezyklus (= Z.) [engl. *goal-disengagement cycle*], [**EM**], besteht nach Klinger (1977) aus vier Phasen, die dann einsetzen, wenn ein Hindernis zur Zielerreichung (*Ziele*) unüberwindbar erscheint: (1) Bekräftigung der Zielverfolgung, (2) Ärger und *Aggression*, (3) *Enttäuschung* und Entmutigung bis hin zu *Depression* und (4) Erholung. Wird ein persönliches Ziel erreicht, löst dies Freude aus. Wird es aber endgültig nicht erreicht, beginnt ein komplizierter Vorgang der Zielablösung. Es fällt besonders schwer, auf das unerreichbar gewordene Ziel zu verzichten, weil man sich schon darauf festgelegt hat – eine Bindung, die nicht ungeschehen gemacht werden kann. Bei ersten Anzeichen von Misserfolg setzt *Frustration* ein, und Personen bekräftigen für gewöhnlich die Zielverfolgung. Wenn stärkere Bemühungen immer noch nicht zur Zielerreichung führen, versucht man es noch heftiger, ärgert sich und wird vielleicht sogar aggressiv. Wenn der Misserfolg nach und nach unvermeidlich erscheint, wird man, je nachdem wie wichtig einem das Ziel ist (*Anreiz*), enttäuscht, entmutigt, niedergeschlagen oder depressiv. Normalerweise führt diese Entmutigung zu einem verringerten Interesse für jegliche Anreize und schließlich auch für das verlorengegangene Ziel. Danach verbessert sich allmählich das Befinden wieder; man erholt sich. Die Ablösung vom ehemaligen Ziel und die Festlegung auf neue Ziele begünstigt die Erholung. Allerdings ist das Ziel nicht ganz verschwunden, es werden lediglich Reaktionen auf seine Auslösungsreize gehemmt. Falls sich die Lage so weit ändert, dass das Ziel doch noch erreichbar wird, kann die Hemmung u. U. aufgehoben und die Zielverfolgung wieder aufgenommen werden. Die Phasen des Zyklus können sich mit den Umständen ändern und sie unterscheiden sich zw. Personen. Erfolgt der endgültige Misserfolg z. B. durch den Tod einer geliebten Person, kann die Bekräftigungsphase Ungläubigkeit oder Bestrebung nach Rettungsmöglichkeiten beinhalten und die Aggressionsphase kann Beschuldigung der ärztlichen Behandlung oder des eigenen Verhaltens mit sich bringen. Klinger & Cox 2011.
E. Klinger/A.T. Sevincer/G. Oettingen

Zielabschirmung [engl. *goal shielding*], *Zielsystemtheorie*.

Zielannäherung [engl. *goal approximation*], *Meta-Monitoring*.

Zielbewegung [engl. *goal-oriented movement*], [**KOG**], Bewegung von einer Startposition zu einer Zielposition. Der Zusammenhang zw. Dauer, Weite und Genauigkeit einer Zielbewegung wird durch das *Fitts'sche Gesetz* beschrieben. Zu den kinematischen (*Kinematik*) Merkmalen gehört ein glockenförmiges Geschwindigkeitsprofil, das oft asymmetrisch ist; vor allem bei hohen Genauigkeitsanforderungen erfolgt eine langsame Näherung an das Ziel. Außer bei sehr kurzen Bewegungszeiten (unter ca. 200 ms) steigt die Genauigkeit, wenn Hand und Ziel gesehen werden können; wichtig ist die visuelle Steuerung vor allem in der Schlussphase der Bewegung. *Motorik*, *Psychomotorik*. Heuer & Jäncke 2006. *H. Heuer*

Zielbindung [engl. *goal commitment*], *Ziel*, *Zielsystemtheorie*.

Zielbindungsverlust [engl. *loss of goal commitment*], *Burn-out*.

Zieldiskrepanz [engl. *goal discrepancy*; lat. *discrepare* abweichen], [**EM**], Differenz zw. der Höhe des *Anspruchsniveaus* bei einer best. Leistung und der tatsächlich erreichten (oder vom Individuum erreichbaren) Leistungshöhe.

Zieldistanz [engl. *goal distance*; lat. *distantia* Abstand], [**KOG**], der durch eine geeignete Metrik zu beschreibende obj. Abstand eines Zustandes in einem *Problemraum* oder auch der von einem Problemlöser subj. erlebte bzw. abgeschätzte Abstand seiner momentanen Position in seinen Problemlösungsbemühungen vom Zielzustand. *Problemlösen*. Dörner 1976.

Ziele, gesundheitsbezogene (= g. Z.), [engl. *health-related goals, health targets*], [**GES**], (1) Inhaltsdimension persönlicher *Ziele*, die auf die Herstellung und Erhaltung der *Gesundheit* bzw. die Vermeidung von *Krankheit* ausgerichtet sind. G. Z. sind wichtige Wirkfaktoren in der g. *Selbstregulation*, da sie aufmerksamkeitslenkend und verhaltenssteuernd wirken (*Zieltheorien*). Wie bei anderen Zielinhalten auch, lassen sich g. Z. anhand der Konkretheit, zeitlichen Erstreckung, Wichtigkeit, Umsetzbarkeit, des Schwierigkeitsgrades und der Fortschritte bei der Zielerreichung charakterisieren. In einer Reihe von Gesundheitsverhaltensmodellen (etwa dem *Health Action Process Approach*) sind g. Z. zentrale Komponenten der Initiierung und Aufrechterhaltung gesundheitsbezogenen Verhaltens (*Gesundheitsverhalten*) und damit auch Ansatzpunkt von Interventionen. (2) Gegenstand von *Public-Health*-Aktivitäten und der Gesundheitspolitik im Sinne nationaler oder internationaler g. Z. In Deutschland existiert seit Ende 2000 der Kooperationsverbund gesundheitsziele.de, in dessen Rahmen wesentliche Akteure des Gesundheitswesens gemeinsam definieren, welche g. Z. vorrangig verfolgt und gefördert werden. Bisher wurden nationale g. Z. zu sieben Themen entwickelt: Diabetes, Brustkrebs, Tabakkonsum, gesund aufwachsen, Patientsouveränität, depressive Erkrankungen (*Depression*), gesund älter werden. Für diese Bereiche werden Empfehlungen formuliert und Maßnahmenkataloge vorgeschlagen, die die Gesundheitsversorgung und damit den Gesundheitszustand der Bevölkerung verbessern sollen (Hölling & Brasseit 2003). *C. Salewski*

Ziele, persönliche [engl. *personal goals*], [**EM, PER**], indiv. Anliegen, Projekte oder Bestrebungen, die eine Person in ihrem Alltag verfolgt und in Zukunft realisieren möchte. Persönliche Ziele betreffen das Handeln unmittelbarer als *Motive* oder breite Persönlichkeitsdimensionen wie z. B. die *Big Five*. Unterschieden werden je nach Breite des Konzepts und der implizierten Zeitperspektive akt. Anliegen [engl. *current concerns*], persönliche Projekte [engl. *personal projects*], persönliche Bestrebungen [engl.

personal strivings] und Lebensaufgaben [engl. *life tasks*]. Brunstein & Maier 1996.

zielerreichendes Lernen [engl. *goal-achieving* zielerreichend], *mastery learning*, *aptitude-treatment interaction*, *Lehrstrategien, darstellende*, *Lernziel*, *Lehrziel*.

Zielfokus, Prozessfokus und Ergebnisfokus (= Z., P., E.) [engl. *goal focus, process focus, outcome focus*; lat. *focus* Feuerstätte], **[EM, EW]**, als persönliche *Ziele* werden kogn. *Repräsentationen* von angestrebten (oder zu vermeidenden) Zuständen sowie Mitteln der Zielverfolgung, die zum Erreichen (oder zur Vermeidung) dieser Zustände dienen können, bezeichnet. Eine Partnerschaft aufrechtzuerhalten, einen Schulabschluss zu erwerben oder eine gesundheitliche Verschlechterung zu verhindern, stellen Bsp. für persönliche Ziele dar. Ziele können unterschiedlich abstrakt repräsentiert werden und anstatt von Mitteln und angestrebten Zielzuständen zu sprechen, lassen sich auch unter- und übergeordnete Ziele auf versch. Hierarchieebenen unterschieden. So handelt es sich bei dem angestrebten Zielzustand «schlank sein» ebenso um ein Ziel wie beim konkreteren «keine Schokolade essen». «Keine Schokolade essen» stellt dabei sowohl ein untergeordnetes Subziel zum übergeordneten Ziel «schlank sein» dar als auch ein Mittel, um diesen angestrebten Zustand zu erreichen. *Mittel* sind somit per Def. Handlungen, die instrumentell für die Erreichung angestrebter Zustände sind. Ohne verfügbare Mittel der Zielverfolgung bleiben angestrebte Zustände reine Wünsche oder Fantasiezustände.

Während der Verfolgung eines Ziels können Personen ihre *Aufmerksamkeit* unterschiedlich stark entweder auf die Mittel der Zielverfolgung oder die angestrebten Zielzustände und Ergebnisse der Zielverfolgung lenken. Die Intensität, mit der eine Person bei einem Ziel über angestrebte Ergebnisse nachdenkt, also wozu sie dieses Ziel erreichen möchte, wie sie also z. B. mit geringerem Gewicht aussehen wird, wie sie sich fühlen wird oder welche Kleider sie tragen kann, wird als E. [engl. *outcome focus*] bezeichnet. Die Intensität, mit der eine Person bei einem Ziel darüber nachdenkt, mit welchem Prozessen, also wie sie es verfolgen kann, wie sie also z. B. kalorienarm essen oder regelmäßig Sport treiben kann, wird als P. bezeichnet. Insofern handelt es sich beim E. als das Ausmaß der Aufmerksamkeitsausrichtung auf angestrebte Ergebnisse und Konsequenzen der Zielverfolgung, während es sich beim P. um das Ausmaß der Aufmerksamkeitsausrichtung auf zu implementierende Mittel, also Handlungen und Prozesse der Zielverfolgung, handelt. Ebenfalls wurde in der Literatur unter einem P. die *Motivation* verstanden, eine Handlung um ihrer selbst willen auszuüben, und unter einem E. die Motivation, eine Handlung auszuführen, weil sie best. Zwecke erfüllt und angestrebte Konsequenzen nach sich zieht (Freund & Hennecke 2011). In Studien erwiesen sich das Ausmaß des E. und des P. häufig pos. miteinander korreliert, d. h., je mehr eine Person z. B. über angestrebte Ergebnisse einer Diät nachdachte, desto mehr dachte sie auch über die Prozesse, also wie sie Diät halten kann, nach. Dieser pos. Zusammenhang ist wahrscheinlich durch die allg. Wichtigkeit eines Ziels bedingt: Wer das Ziel sehr wichtig findet, tendiert auch dazu, mehr über das Wie und Wozu nachzudenken, als jemand, dem das Ziel insges. nicht sehr viel bedeutet.

Welcher Z. erfolgreiche Zielverfolgung nach sich zieht, hängt wahrscheinlich von versch. Faktoren ab, wie z. B. davon, wie gut eine Person die Mittel der Zielverfolgung bereits gemeistert hat. Verfügt eine Person über gute Fähigkeiten in der Implementierung der Mittel, kann sie auch besser ihre Aufmerksamkeit von dieser Implementierung abziehen. In dem Fall ist es motivierend, sich erreichbare pos. Ergebnisse vor Augen zu halten, und der informative Aspekt, der von einem Fokus auf die Prozesse ausgeht, möglicherweise nicht mehr so relevant. Für neue und schwierige Ziele, die *Selbstkontrolle* erfordern, scheint sich jedoch ein stärkerer P. zu empfehlen. So hing in einer Studie das Ausmaß des Erfolgs einer Diät mit dem Ausmaß des P. (wie sehr die Diät haltenden Frauen angaben, darüber nachzudenken, wie sie wenig Kalorien zu sich nehmen konnten) pos. und mit dem Ausmaß des E. (wie sehr sie angaben, darüber nachzudenken, wie es sein wird, wenn sie erfolgreich ihr Gewicht reduziert haben) neg. zus. (Freund & Hennecke 2011). In einer anderen Studie waren Personen, die für die Verfolgung des Ziels, regelmäßig Sport zu treiben, vor allem im Prozess liegende Motive angaben (z. B. Sport treiben, um Spass und soziale Kontakte zu erleben), zu einem späteren Zeitpunkt stärker in die Verfolgung des Ziels involviert, mit der Zielverfolgung zufriedener und erfolgreicher als Personen, die vor allem ergebnisbezogene Motive (*Motiv*) für die Zielverfolgung angaben (z. B. Gewicht reduzieren, besser aussehen; Freund et al. 2010).

Der Z. einer Person ist kein statisches *Konstrukt*, sondern variiert wahrscheinlich während der Zielverfolgung von Ziel zu Ziel und scheint sich interessanterweise im Laufe des Erwachsenenalters zu entwickeln. Aus theoretischer Sicht sprechen einige Gründe für einen relativ stärkeren E. im jungen Erwachsenenalter und einer Zunahme des P. im höheren und hohen Erwachsenenalter: Zum einen sind junge Erwachsene in einer Entwicklungsphase des «Werdens», d. h., sie verfolgen *Entwicklungsaufgaben*, die sehr ergebnisorientiert sind. Dazu zählen z. B. das Erlangen eines Schulabschlusses und/oder der Abschluss einer Berufsausbildung, eine Stelle zu finden, einen Partner zu finden, evtl. eine *Familie* zu gründen. Häufig steht dabei die Frage im Vordergrund, was (z. B. welcher Beruf, welcher Partner) überhaupt erstrebenswert ist, es müssen also versch. potenzielle Ergebnisse und Konsequenzen hinsichtlich ihrer Erreichbarkeit und ihres subj. Wertes (*Wert*) verglichen werden. Außerdem herrscht im jungen im Vergleich zum höheren Erwachsenenalter wahrscheinlich ein stärkerer normativer Druck, d. h., der persönliche «Lebenserfolg» junger Menschen wird häufig daran gemessen, ob sie altersnormative Ergebnisse aufweisen können. Im Rentenalter (*Psychologie des Alterns*) scheint dieser normative Druck hingegen nicht mehr so stark zu sein. Im Laufe des mittleren und höheren Erwachsenenalters verändern sich persönliche Ziele auch insofern, als häufig nicht mehr die Erreichung neuer angestrebter Zustände, sondern der

Erhalt von z. B. der *Gesundheit*, der kogn. und physischen Ressourcen im Vordergrund steht. Diese Veränderung von einer Zielorientierung vom Erreichen besserer Funktionsniveaus zum Aufrechterhalten des Status quo im Erwachsenalter kann ebenfalls zu einem Wechsel von einem vorwiegenden E. zu einem P. führen.

Schließlich verfügen ältere Erwachsene am Ende ihrer Lebensspanne (*Lebensspannenpsychologie*) über eine kürzere Zukunftszeitperspektive als jüngere Erwachsene. Dies kann im Alter zu einem verstärkten Fokus auf das Hier und Jetzt und damit auf den Prozess führen. Die Theorie der sozioemotionalen Selektivität (*Entwicklungstheorien, regulative; spätes Erwachsenenalter*) sagt z. B. vorher, dass ältere im Vergleich zu jungen Personen stärker die Regulation ihres momentanen *Affekts* anstreben, wohingegen sie weniger darauf abzielen, Informationen zu erwerben, die ihnen erst in einer unsicheren, fernen Zukunft dienlich sind. Übertragen auf den P. und E. gilt, dass angestrebte Ergebnisse der Zielverfolgung immer erst erreicht werden, nachdem Mittel der Zielverfolgung implementiert wurden, insofern verstärkt eine verkürzte Zukunftszeitperspektive wahrscheinlich auch den Fokus auf intrinsische Tätigkeits*anreize* von Prozessen und Mitteln der Zielverfolgung, d. h. darauf, wie belohnend der Weg zum Ziel, d. h. die Prozesse, erlebt werden. Ein Aufschub des Erreichens angestrebter Ergebnisse in die fernere Zukunft erscheint umso unattraktiver, je weniger weitreichend die eigene Zukunftszeitperspektive ist.

In Übereinstimmung mit diesen theoret. Überlegungen wurde empirisch nachgewiesen, dass junge im Vergleich zu älteren Erwachsenen tatsächlich stärker auf Ergebnisse fokussieren, also das Wozu der Zielverfolgung stärker im Kopf haben, während Ältere zunehmend auf den Prozess, also das Wie der Zielverfolgung fokussieren. So wurden in einer Studie jungen und älteren Pbn potenzielle Ziele (z. B. mit dem Rauchen aufhören) vorgelegt, die jew. durch fünf prozessbezogene Aussagen (z. B. Zigaretten wegwerfen, Zeit mit Nichtrauchern verbringen) und fünf ergebnisbezogene Aussagen (z. B. Gesundheit verbessern, Geld sparen) beschrieben waren. Die Studienteilnehmer waren aufgefordert, aus den insges. zehn Beschreibung die fünf auszuwählen, die ihrer Meinung nach das Ziel am besten beschrieben. Wie erwartet wählten junge Erwachsene häufiger ergebnisbezogene Beschreibungen als prozessbezogene Beschreibungen, wohingegen sich im höheren Erwachsenenalter eine solche Präferenz für Ergebnisse nicht zeigte. In einer weiteren Studie hatten junge und ältere Erwachsene die Wahl zw. entweder einer prozessbezogenen Denkaufgabe, in der es um versch. Arten wie ein Ziel verfolgt werden kann, ging («about how we do the things we do»), oder einer ergebnisbezogenen Denkaufgabe, in der es darum ging, aus welchen Gründen Personen Ziele verfolgen («about why we do the things we do»). Wieder zeigte sich bei jungen Erwachsenen eine Präferenz für die ergebnisbezogene Aufgabe, jedoch keinerlei Präferenz für eine der beiden Aufgaben bei den älteren Erwachsenen. Die prozessfokussierte Aufgabe, die darin bestand, zwei Mittel aufzulisten, durch die man das Ziel, einen guten Urlaub zu erleben, verfolgen konnte, induzierte außerdem nur bei älteren Erwachsenen eine bessere Stimmung als die ergebnisbezogene Aufgabe, die es erforderte, zwei Gründe zu nennen, aus denen man gerne einen guten Urlaub erlebt. In einer dritten Studie, bei der die Verfolgung des Ziels, regelmäßig Sport zu treiben, im Mittelpunkt stand, gaben ältere im Vergleich zu jungen Erwachsenen schließlich mehr prozessorientierte (z. B. Spass am Sport) als ergebnisorientierte Motive an (z. B. Aussehen verbessern; Freund et al., 2010). Für die Verfolgung schwieriger, *Selbstkontrolle* erfordernder Ziele geht ein P. auf das Wie der Zielverfolgung mit erfolgreicherer Zielerreichung eher einher als ein E. auf das Wozu der Zielverfolgung. Während junge Erwachsene vor allem auf Ergebnisse fokussieren, nimmt der P. im Laufe des Erwachsenenalters zu.

M. Hennecke/A. M. Freund

Zielhierarchie (= Z.) [engl. *goal hierarchy*; gr. ἱερός (*hieros*) heilig, ἀρχή (*arche*) Herrschaft], [**EM, SOZ**], bezeichnet ein mentales System aus unter- und übergeordneten Zielen. Untergeordnete *Ziele* können dabei gleichzeitig Mittel sein, um andere, übergeordnete Ziele zu erreichen; sie können aber auch übergeordnete Ziele für andere, untergeordnete Ziele sein. Die übergeordneten Ziele sind meist langfristige Ziele (z. B. Anwalt werden), die den Inhalt der untergeordneten, kurzfristigen Ziele (z. B. Jura-Studium abschließen) bestimmen. Die einzelnen Ziele sind mental miteinander verbunden und können dabei sowohl vertikal mit über- oder untergeordneten Zielen (z. B. Studium abschließen – Klausur bestehen) als auch horizontal mit alternativen Zielen (z. B. Mathe-Klausur bestehen – Deutsch-Klausur bestehen) verknüpft sein. Ziele, die sich gegenseitig bedingen (Studium abschließen – Klausur bestehen), aktivieren sich typischerweise wechselseitig. Ziele können jedoch auch miteinander in Konkurrenz stehen (für ein Examen lernen – auf eine Party gehen) und sich gegenseitig hemmen. Durch die begrenzte *Aufmerksamkeit*skapazität gerät immer nur ein Ziel oder ein Teil der Ziele in das *Bewusstsein* (fokale Ziele). Jedoch können auch die nicht bewussten Ziele (hintergründige Ziele) das Verhalten beeinflussen (*Automotiv-Theorie*). Wie sehr ein Ziel ein anderes aktiviert, hängt ab von der Stärke der Assoziationen zw. den Zielen. Die Stärke der Assoziationen best. auch die Übertragung von *Commitment*: Personen, die entschlossen sind, ein übergeordnetes Ziel zu erreichen, werden auch entschlossen sein, ein instrumentelles, untergeordnetes Ziel zu erreichen, wenn beide Ziele eng miteinander verknüpft sind. Schließlich fördert nach Bandura und Schunk (1981) das Setzen von mehreren untergeordneten Zielen auf dem Weg zu einem übergeordneten Ziel Persistenz, weil Personen durch das Erreichen von untergeordneten, kurzfristigen Zielen pos. Rückmeldung erhalten. Positive Rückmeldung fördert die *intrinsische Motivation* und den Glauben an die eigene Selbstwirksamkeit (*Selbstwirksamkeitserwartung*). Kruglanski et al. 2002.

A. T. Sevincer/G. Oettingen

Zielinkompatibilität [engl. *incompatibility* of goals; lat. *in-* un-, *com-* zusammen, *patibilis* erträglich], *Theorie des realistischen Gruppenkonflikts*.

Zielkriterium (= Z.) [engl. *target criterion*], [**FSE**], alternativ zum Begriff *Outcome* verwendete Bezeichnung für abhängige Merkmale (*Variable, abhängige*), die unmittelbar relevant für die Beurteilung der Wirkung einer zu evaluierenden Maßnahme sind. Ein Z. spiegelt im Unterschied zu einem *Surrogatkriterium* valide und direkt das mittels der Maßnahme zu verändernde Merkmal wider. Eine Maßnahme zur Wiedereingliederung in den Beruf sollte als Zielkriterium die Information evaluieren, ob die Teilnehmer tatsächlich in den Beruf erfolgreich wiedereinsteigen. Die Zufriedenheit der Teilnehmer mit dem Training wäre als Zielkriterium unzureichend. Eine Behandlung anorektischer Patientinnen sollte als Z. über einen angemessenen *Katamnese*zeitraum (z. B. fünf Jahre) relevante Verhaltens- und Körperwahrnehmungsprobleme erfassen. Die Verbesserung von Problemlösefähigkeiten im Verlauf der Behandlung würde lediglich ein *Surrogatkriterium* darstellen. Metzler & Krause 1997.

Zielmotorik (= Z.) [engl. *directed motility*], [**BIO, KOG**], syn. *Willkürmotorik*, als Z. werden geplante Bewegungsabläufe bezeichnet, die auf ein best. Ziel ausgerichtet sind. Die Interaktion – meist der distalen Extremitäten – mit

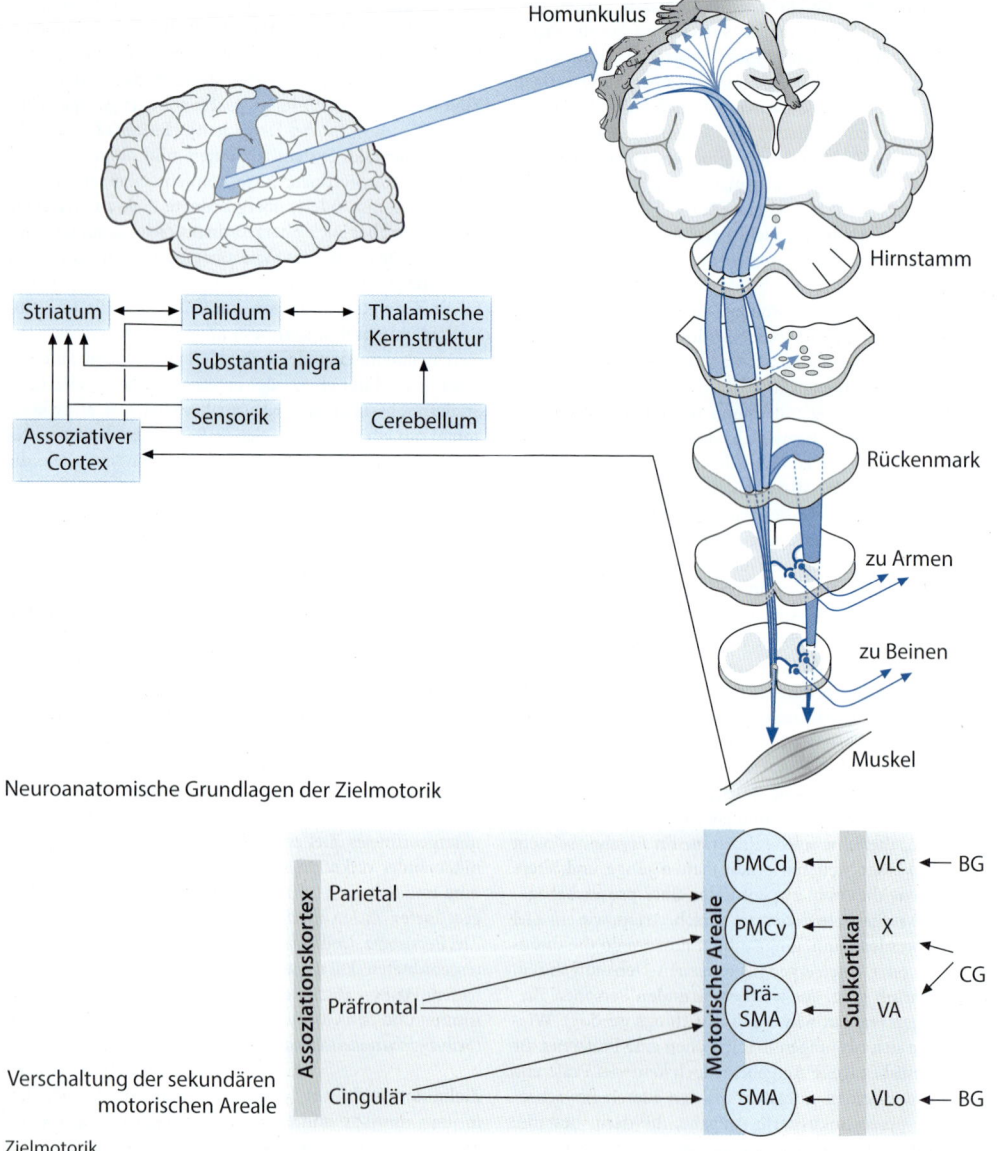

Neuroanatomische Grundlagen der Zielmotorik

Verschaltung der sekundären motorischen Areale

der Umwelt erfordert eine präzise, zielorientierte Bewegungskoordination (*Koordination*). Voraussetzung hierfür ist die *visuelle Wahrnehmung* des Ziels, die Integration der Zielposition in einen adäquaten motorischen Plan und die Durchführung der Bewegung, um das Ziel zu erreichen (*Lernen, motorisches*, *Fitts'sches Gesetz*, *motorisches Zentrum*). Z. ist abhängig von den Aktionen der Stützmotorik, also den Bewegungen, die die Haltung und Stellung des Körpers im Raum ermöglichen. Es ist offensichtlich, dass ohne eine stabilisierende und korrigierende Basishaltung eine gezielte motorische Bewegung nicht möglich ist. Die komplexen neuroanatomischen Grundlagen werden vereinfacht in der Abb. dargestellt. Die Abb. zeigt, dass die Verbindungen vom primären motorischen Kortex (Brodmann-Areal 4) und den Alpha-Motoneuronen im Hirnstamm und Rückenmark durch das Pyramidensystem geht (*Gehirn*). Links oben dargestellt ist der *Homunkulus*, der veranschaulichen soll, dass es für alle sensiblen und motorischen Bahnen eine Punkt-zu-Punkt-Zuordnung zw. der Körperperipherie und dem Gehirn gibt. Im Humanbereich sind die Fingerrepräsentationen besonders stark ausgeprägt. Vom Rückenmark aus gelangen die Impulse in die Körperperipherie, sodass die entspr. Muskeln aktiviert werden. Gleichzeitig werden auch zentral die Gesamtheit der Sinnesorgane, die Sensorik, sowie der Assoziationskortex informiert. Die Basalganglien (*Striatum*, *Pallidum*) in ihrer Funktion als wichtiges subkortikales Bindeglied und das Cerebellum (Kleinhirn) setzen dann den Bewegungsplan aus dem Assoziationskortex in ein entspr. Bewegungsprogramm um. Die Basalganglien projizieren über den Thalamus zum motorischen Kortex als auch unmittelbar zum Hirnstamm (Alexander & Crutcher 1990). Zusätzl. zu dem oben genannten primären motorischen Kortex findet sich auch ein somatotopisch gegliederter Homunculus in den sekundären motorischen Arealen, also dem prämotorischen Kortex, sowie dem supplementär- und präsupplementär motorischen Arealen (Brodmann-Areal 6). Wie in der zweiten Abb. ersichtlich, weisen diese Areale unterschiedliche Verschaltungen zu den thalamischen Strukturen (*Thalamus*) und kortikalen Assoziationsarealen (*Assoziationsfeld*) auf. U. Halsband

Zielorientierung (= Z.) [engl. *goal orientation*], [EM, PÄD, PER], habituelle Präferenz für eine best. Art von Ziel (*Ziele*) in Lern- und Leistungskontexten. Zu unterscheiden von situativ, also nur temporär angeregten Zielen. Zunächst wurde von versch. Forschern (Ames, Dweck, Nicholls) zw. einer *Lernzielorientierung* und einer *Leistungszielorientierung* unterschieden. Bei Ersterer steht das Ziel im Vordergrund, eigene *Fähigkeiten* zu erweitern, bei Zweiterer das Ziel, hohe Fähigkeit zu demonstrieren bzw. niedrige Fähigkeit zu verbergen. Die Leistungsz. ist bald in *Annäherungs-Leistungs-Ziel*orientierung und *Vermeidungs-Leistungs-Ziel*orientierung unterschieden worden, um explizit zw. den Zielen, hohe Fähigkeiten zu demonstrieren bzw. mangelnde Fähigkeiten zu verbergen, differenzieren zu können. Darüber hinaus berücksichtigen einige Ansätze die *Arbeitsvermeidung* als weiteres Ziel, bei dem es darum geht, möglichst wenig Arbeit zu investieren. Inzw. sind zahlreiche Vorschläge zur weiteren Differenzierung von Zielen vorgelegt worden. Die Art der verfolgten Ziele steht in systemat. Zusammenhang mit *Erleben* und *Verhalten* in Lernsituationen sowie erbrachter *Leistung*. Zusammenfassend geht eine Lernz. kurz- und langfristig mit pos. lern- und leistungsbezogenen *Emotionen* und *Kognitionen* einher. Auch gehen mit einer Lernz. meist gute Leistungen einher, wobei z. T. gefunden wird, dass Annäherungs-Leistungs-Z. mit besseren Leistungen assoziiert sind. Die Frage, unter welchen Umständen eine Annäherungs-Leistungs-Z. mit welchen Konsequenzen einhergeht, ist Gegenstand zahlreicher Forschungsarbeiten. Vermeidungs-Leistungs-Z. sowie Arbeitsvermeidung sind hingegen mit neg. lern- und leistungsbezogenen Erlebens- und Verhaltensweisen sowie schlechteren Leistungen assoziiert. Zur Erfassung der hier genannten Z. stehen im dt. sprachigen Raum die für Schüler normierten *Skalen zur Erfassung der Lern- und Leistungsmotivation (SELLMO)* zur Verfügung. *Zielsystemtheorie*.
[PER], *Idiozentrismus-Allozentrismus*. Spinath 2009.
B. Spinath

Zielreiz [engl. *target*], [KOG, WA], der aufgabenrelevante *Reiz* in einem ps. *Experiment*, auf den die Vp – im Gegensatz zum *Distraktor* (oder Nontarget) – in meist vorher instruierter Weise reagieren soll. P. Wühr

Zielsetzungsmethoden [engl. *goal-setting methods*], [EM], die von Locke und Latham (1984) entwickelte Motivationstechnik, die unter vier Bedingungen zur Verbesserung von Leistung führt: (1) Ziele sollten klar und spezif. sein, (2) Ziele sollten schwer erreichbar sein, (3) Ziele sollten akzeptiert werden, (4) Rückmeldungen sollten erfolgen.

Zielsetzungstheorie [engl. *goal-setting theory*], *Arbeitsmotivation*, *Führung*, *Interview, situatives*, *Zielsetzungsmethoden*.

Zielstrebigkeit *Volition*. Köhler 1959.

Zielsystemtheorie (= ZT.) [engl. *theory of goal systems*], [EM, KOG], gemäß der ZT. von Kruglanski et al. (2002) können motivationale Prozesse (*Motivation*) wie *Persistenz* und *Leistung* beim Zielstreben, die Auswahl von Mitteln zur Zielverfolgung und das Erleben der Zielverfolgung auf der Basis kogn. *Repräsentationen* und Mechanismen erklärt werden. *Ziele* (= Z.) sind demnach wie semantische Wissensstrukturen im *Gedächtnis* von Personen repräsentiert. Hat eine Person die Absicht oder ist gerade dabei, ein Z. zu verfolgen (z. B. abzunehmen), ist dieses Z. in ihrem Gedächtnis aktiviert, also kogn. zugänglich. Nachweisbar z. B. durch eine *lexikalische Entscheidungsaufgabe*: Wörter, die mit dem Z. in Verbindung stehen (z. B. schlank) werden schneller erkannt als andere Wörter. Ebenso wie in *semantischen Netzwerken* kogn. Aktivierung (= k. A.) von einem Bestandteil des Netzwerks zum nächsten übertragen wird – der Begriff «Hund» aktiviert z. B. die mit ihm bedeutungsmäßig verknüpften Konzepte «Tier» und «Terrier» – breitet sich auch k. A. zw. verbundenen Repräsentationen in Z.systemen (= ZS.) aus. Neben dem angestrebten Z.zustand sind demnach auch mit ihm verbundene Mittel der Z.verfolgung (z. B. Diät, Jogging) sowie übergeordne-

ggf. Revision der Zielklärung und der Handlungsalternativen. Kanfer et al. 2012.

Zipfsches Gesetz [engl. *Zipf's law*], nach George Kingsley Zipf, (1902–1950), [**KOG**], besagt, dass für Größen, die in eine Rangfolge gebracht werden, deren Wert oder Häufigkeit aus ihrem Rang abgeschätzt werden kann. Z. B. ist die *Wahrscheinlichkeit*, mit der ein Wort in einer Sprache auftritt, etwa umgekehrt proportional zu seinem Rangplatz in der Häufigkeitsreihenfolge: $p_n \approx 1/n$. Sei p_1 die relative Häufigkeit des Wortes auf dem Rangplatz 1, dann ist nach dem Zipf'schen Gesetz $p_{100} \approx p_1/100$.

Ziprasidon (= Z.), [**PHA**], *Antipsychotikum* mit Benzisothiazylpiperazinstruktur, Einstufung als sog. «atypisches» Antipsychotikum. Z. blockiert am stärksten 5-HT2A- und 5-HT2C-*Serotonin*-Rezeptoren, mittelstark D2- und D3-*Dopaminrezeptoren*, weniger H1-*Histamin* und gar nicht *Acetylcholin*-Rezeptoren. Zusätzlich ist die Substanz ein partieller *Agonist* an 5-HT1A-Serotoninrezeptoren und *Serotonin- und Noradrenalin-Rückaufnahmehemmern*. Nach oraler Einnahme von Z. werden max. Plasmakonzentrationen (tmax) erst nach 6–8 Std. erreicht, *Eliminationshalbwertszeit* 4–8 Std., *Bioverfügbarkeit* 60 % bei Einnahme mit einer Mahlzeit von mind. 500 kcal. Die Bioverfügbarkeit sinkt deutlich, wenn Z. nicht mit einer ausreichenden Mahlzeit eingenommen wird. Keine aktiven Metaboliten, Metabolisierung über die Aldehydoxidase und (geringer) über CYP3A4. Elimination renal und mit den Faeces. Bedeutsamste unerwünschte Wirkungen sind Kopfschmerzen, *Schwindel*, Unruhe, *Sedierung*, Übelkeit, Erbrechen und in mäßigem Umfang auch *extrapyramidalmotorische Störungen*. *G. Gründer*

Zirbeldrüse [engl. *pineal gland*], syn. *Corpus pineale*, *Epiphyse*, [**BIO**], Drüse, die für die Steuerung verschiedener *Hormone* und die innere Zeitsteuerung verantwortlich ist. *endokrine Drüsen*, *Gehirn*.

zirkadian [engl. *circadian*; lat. *circa* umher, nahe, *dies* Tag], tagesrhythmisch, über den ganzen Tag verteilt. *Aktivitätsperiodik*, *Periodik*, *Periodizität*, *zirkadiane Schlaf-Wach-Rhythmusstörungen*.

zirkadiane Schlaf-Wach-Rhythmusstörungen [engl. *circadian rhythm sleep disorders*], [**BIO, GES**], *Schlafstörungen* aufgrund einer gestörten Koordination zw. dem internen zirkadianen (*zirkadian*) rhythmischen System und der sozial vorgegebenen Schlafzeit. Unterschieden wird zw. dem häufigeren Typ *verzögerte Schlafphase* [engl. *delayed sleep phase syndrome* DSPS], bei dem die Schlafphase erheblich später als sozial gewünscht eintritt, dem selteneren Typ *vorverlagerte Schlafphase* [engl. *advanced sleep phase syndrome* ASPS], verbunden mit Früherwachen, dem Typ *irregulärer Schlaf-Wach-Rhythmus* und dem sehr seltenen Typ *freilaufender Schlaf-Wach-Rhythmus* (Nicht-24-Std.-Schlaf-Wach-Syndrom). Letztere Störung tritt vor allem bei Blinden auf. Happe & Walther 2009. *H. Schulz*

zirkulär [engl. *circular*; lat. *circulus* Kreis], zyklisch, kreisförmig, wiederkehrend, periodisch.

zirkulärer Reflex [engl. *circular reflex*; lat. *circulus* Kreis], [**BIO**], ein *Reflex*, durch dessen Wirkung der *Reiz* für ein wiederholtes Ablaufen von neuem gesetzt wird. So wird z. B. beim Säugling durch Berühren des Handtellers die Hand reflektorisch geschlossen. Beim Schließen der Hand berühren die Fingerspitzen den Handteller, wodurch der Reflex zirkulär in Gang gehalten wird.

Zirkulärreaktion [engl. *circular reaction*; lat. *circulus* Ring], *Kreisreaktion*.

Zirkumplex, interpersoneller (= Z.) [engl. *interpersonal circumplex*], [**DIA, PER, SOZ**], auf Leary (1957) zurückgehendes zweidimensionales Beschreibungssystem für interpersonelle Stile (*Persönlichkeitsmerkmale*, die das Verhalten in *sozialen Interaktionen* betreffen), mit den Dimensionen Status und Liebe. Es wurde von Wiggins et al. (1988) meth. und empirisch zu einem Kreismodell (Zirkumplex, engl. *circumplex*) mit den Dimensionen *Dominanz* (sicher-dominant versus unsicher-unterwürfig), *Extraversion* (gesellig-extravertiert versus unnahbar-introvertiert), Liebe (warmherzig-verträglich versus kaltherzig) und Bescheidenheit (bescheiden-vertrauensvoll versus arrogant-berechnend) weiterentwickelt, die zeigerförmig einen Kreis in 8 Segmente zerlegen und jew. 45° zueinander positioniert sind. Die Dimensionen Extraversion und Bescheidenheit entsprechen den *Big Five* Extraversion und *Verträglichkeit*, sodass der Z. als Teil des *Fünf-Faktoren-Modells* aufgefasst werden kann und enge Beziehungen zum AB5C-Modell bestehen (*Persönlichkeit, neuere faktorenanalytische Ansätze*). Zur Erfassung des Z. wurden die *Revised Interpersonal Adjective Scales* (IAS-R) entwickelt (dt. Version von Ostendorf 2001). *J. B. Asendorpf*

Zivilcourage (= Z.), [engl. *civil/moral courage*; lat. *civis* Bürger, franz. *courage* Mut; orig. Bürgermut], [**SOZ**], als Z. versteht man mutiges *prosoziales Verhalten* zugunsten schwächerer Dritter, bei dem ohne Rücksicht auf neg. Konsequenzen Wertüberzeugungen (*Werte*) und *Normen* verteidigt werden. Ferner ist zivilcouragiertes Verhalten mit sozialem Mut gleichzusetzen, bei dem Unmut über etwas ohne Rücksicht auf mögliche Nachteile gegenüber Obrigkeiten, Vorgesetzten oder Ähnlichen zum Ausdruck gebracht wird, Stoppsignale gegenüber menschenverachtendem Verhalten gesetzt werden und dabei anderen, die sich in einer Notlage befinden, geholfen wird (Frey et al. 2005). Nach Nunner-Winkler (2002) muss neben persönlichem Mut noch ein weiteres Kriterium erfüllt sein, um ein Verhalten als zivilcouragiert bez. zu können: In der Handlung muss ein öffentliches Engagement für demokratisch-zivilgesellschaftliche Grundwerte zum Ausdruck kommen. Auch Jonas und Brandstätter (2004) betonen den Öffentlichkeitsaspekt von Z., bei dem es durch das öffentliche Vertreten eigener Wertüberzeugungen u. U. zu Normbrüchen (z. B. Eindringen in die Privatsphäre) kommen kann. Es gibt viele prominente Bsp. für zivilcouragiertes Verhalten. Die Geschwister Hans und Sophie Scholl lehnten sich in ihren Flugblättern der «Weißen Rose» gegen die nationalsozialistische Propaganda und die Judenvernichtung des Naziregimes und bezahlten dafür am 22.2.1943 mit dem Tod. Als weiteres Bsp. für mutiges Verhalten gilt der CBS-Reporter Edward R. Murrow. In seinen Radioansprachen im New York der 1950er-Jahre und zur Zeit der McCarthy-Ära verteidigte er vehement liberale Bürgerrechte und den Ruf bzw. die Existenz vieler regimekritischer Personen, während er selbst um seinen Ruf und seine Anstellung fürchten musste. Ferner ist Martin Luther King ein prominenter Advokat von Z. In seiner gewaltfreien Protestbewegung der 1950er- und 1960er-Jahre prangerte er öffentlich Rassentrennung und Diskriminierung an, wodurch er sein Leben aufs Spiel setzte. All diese Bsp. zivilcouragierten Handelns, durch das anderen geholfen wurde, sind sich in ihrem Fokus auf demokratisch-zivilgesellschaftliche Grundwerte ähnlich. Jedoch muss Z. nicht gleichbedeutend damit sein, dass man sein Leben aufs Spiel setzt. I. S. von Franca Magnani, die es folgendermaßen ausdrückte: «Je mehr Bürger mit Zivilcourage ein Land hat, umso weniger Helden wird es einmal brauchen», sind kleine Taten im Alltag von großer Bedeutung für eine mutige Bürgergesellschaft. Frey et al. 2006, Jonas & Brandstätter 2004, Bierhoff & Rohmann 2012, Frey et al. 1999.

D. Niesta Kayser/D. Frey

Zivilcourage, Förderung [engl. *civil/moral courage, promotion*], [**SOZ**], trotz zahlreicher Appelle von Politikern und Bürgerrechtsinitiativen, die *Zivilcourage* (= Z.) und Mut zum Einmischen fordern, beobachten wir täglich, dass nicht eingegriffen wird. Um zivilcouragiertes *Verhalten* gezielt fördern zu können, müssen Situationen, die Menschen davon abhalten, einzuschreiten, und Determinanten, die die Bereitschaft zum Eingreifen erklären, bewusst gemacht und aktiv trainiert werden. In Z.-Situationen liegt oft ein *Macht*ungleichgewicht zuungunsten der Person, die zivilcouragiert handelt, vor. Meist muss sich eine zivilcouragierte Person in einer Situation, die Z. erfordert, mit einem oder mehreren Tätern auseinandersetzen, d. h. sich mutig gegen sie stellen. In einer Vielzahl von Studien über die Determinanten zivilcouragierten Verhaltens (Osswald et al. 2010) haben sich folg. wichtige Einflussfaktoren gezeigt: Klarheit, dass eingegriffen werden muss, Selbstsicherheit (d. h. hohe internale *Kontrollüberzeugungen*), Übernahme *sozialer Verantwortung* und *Empathie*. Um Z. zu fördern, ist es daher notwendig, i. R. von Trainings Faktenwissen (*Wissen*) zu vermitteln und insbes. auch Handlungskompetenzen i. S. adäquater Verhaltensweisen in kritischen Situationen zu vermitteln und zu stärken. Ferner stehen Salienz gesellschaftlicher *Normen* und Ärger mit den Tätern sowie Gerechtigkeitssensibilität (*Ungerechtigkeitssensibilität*), ziviler Ungehorsam und Widerstand gegen Gruppendruck in pos. Zusammenhang mit zivilcouragiertem Verhalten (Niesta Kayser et al. 2010). Zur weiteren Förderung von Z. bedarf es einer Sensibilisierung für und Vorbereitung auf Situationen, in denen Menschen die Freiheit und Würde anderer bedrohen oder verletzen. In den letzten Jahren ist eine Fülle an Trainings zur Förderung von Z. entstanden. Zu den wiss. fundierten Trainingsprogrammen zählen das *Göttinger Zivilcourage-Training (GZT)*, das Heidelberger Projekt *Faustlos* oder das *Münchner Zivilcourage-Training*. Einige grundlegende Schritte lassen sich aus diesen Programmen ableiten, die sich für die Förderung von Z. auf einer breiten gesellschaftlichen Ebene als sinnvoll erwiesen haben: (1) Förderung der Eigenverantwortung für Z. und der Erweiterung des Handlungsrepertoires von Individuen durch gezielte Trainings; (2) langfristige Aktivierung von Multiplikatoren, die sich für die Förderung von Z. verantwortlich fühlen; (3) Institutionalisierung durch Vereinbarung von Spielregeln in Betrieben, Schulen und Universitäten; (4) Förderung von Z. als Gegenstand der gesamtgesellschaftlichen Diskussion.

D. Niesta Kayser/D. Frey

Z-Norm, Z-Skala [engl. *Z-norm, Z-scale*], *Normierung, Normskalen, Normenskalen, z-Standardisierung.*

ZNS, Abk. für *Zentralnervensystem*. *Nervensystem*.

Zöllner, Karl Friedrich (1834–1882), [**HIS, WA**], Johann Karl Friedrich Zöllner war Physiker und Astronom. Sein Forschungsgebiet war vor allem die Photometrie. Er lehrte in Leipzig und war mit *Fechner* und *Wundt* bekannt. 1860 beschrieb Z. die nach ihm benannte optische Täuschung (*Zöllner'sche Täuschung*). *H. E. Lück*

Zöllner'sche Täuschung [engl. *Zöllner illusion*], [**WA**], mit kleinen Parallelstrichen in schräger Richtung durchsetzte Parallelen a, b und c erscheinen divergent bzw. konvergent. Die Täuschung tritt auch ein, wenn nur eine der Parallelen Querstriche enthält. *Fraser-Täuschung, Kaffeehaus-Täuschung, geometrisch-optische Täuschung*.

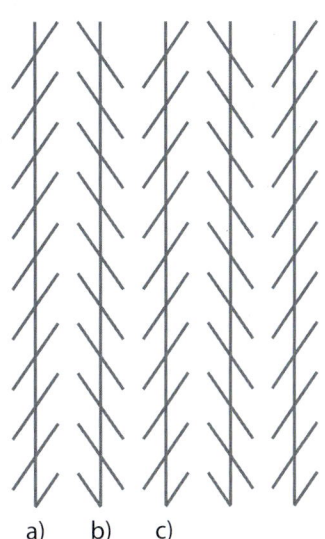

Zöllner'sche Täuschung

Zolpidem (= Z.) [engl. *zolpidem*], [**PHA**], Z. ist ein benzodiazepinartiges *Hypnotikum* und gehört zur pharmakologischen Gruppe der Imidazopyridine. Z. zählt neben Zaleplon und *Zopiclon* zu den *Z-Substanzen*. Z. zeigt sedierende Eigenschaften (*Sedierung*) bei niedrigeren Dosierungen, als sie für eine antikonvulsive, muskelrelaxierende oder anxiolytische Wirkung notwendig ist. Z. entfaltet seine Wirkung durch Bindung an der Benzodiazepinbindungsstelle des GABA-Chloridionenkanalkomplexes. Das

Fehlen von anxiolytischen Wirkungen bei guter hypnotischer Wirksamkeit von Z. wird auf die präferentielle Bindung der Substanz an Benzodiazepinrezeptoren mit einer α1-Untereinheit zurückgeführt. Z. ist zur Kurzzeitbehandlung von *Schlafstörungen* (*Schlafstörungen, Psychopharmakotherapie*) bei Erwachsenen zugelassen und sollte nur angewendet werden, wenn die Schlafstörung schwer ist oder für den Betroffenen ein übermäßiges Leiden bedingt. Nach oraler Einnahme wird Z. schnell resorbiert und die hypnotische Wirkung setzt rasch ein. Die *Eliminationshalbwertszeit* ist kurz. Sie liegt im Mittel bei 1,5–2,5 Stunden mit einer Wirkdauer von bis zu 6 Stunden. Eine Toleranzentwicklung ist beschrieben, und auch bei Z. kann eine längerdauernde Einnahme zur Entwicklung von phys. und psych. Abhängigkeit führen. Die Dauer der Behandlung sollte so kurz wie möglich sein und sollte im Allgemeinen wenige Tage bis zu 2 Wochen betragen und, einschließlich der schrittweisen Absetzphase, 4 Wochen nicht übersteigen. Dabei darf eine Tagesdosis von 10 mg nicht überschritten werden. *M. Paulzen*

Zone der nächsten Entwicklung (= Z.), [engl. *zone of proximal development*], **[EW, PÄD]**, ein zentrales Konzept in der soziokulturellen Theorie von Wygotski (1896–1934, *Entwicklung, soziokultureller Ansatz nach Wygotski*). Z. bezeichnet die Distanz zw. (1) dem momentanen Entwicklungsstand einer Person, der über eigenständiges *Problemlösen* bestimmt wird, und (2) dem Stand der potenziellen Entwicklung, der über das Problemlösen mithilfe Erwachsener oder in Kollaboration mit (fortgeschritteneren) Gleichaltrigen erreicht werden kann (Cole et al. 1978). Die ZNE. kann somit als ein Maß für das *Lernpotenzial* eines Individuums relativ zu seinem momentanen Entwicklungsstand verstanden werden. Ausgehend von dem Konzept der Z. soll sich die *Instruktion* nach Wygotski mehr an dem Stand der möglichen Entwicklung als an dem Stand der aktuellen Entwicklung orientieren. *A.F. Rapp*

Test Zoo-Spiel, 2000, von A. Fritz & W. Hussy [www.testzentrale.de], **[DIA, KOG, PÄD]**, Individualtest zur Überprüfung der Planungsfähigkeit. AA 1.–3. Schuljahr; retardierte Kinder (*Retardation*) auch älter. Planungsfähigkeit ist eine diagn. eher selten erfasste kogn. Fähigkeit zur Handlungsorganisation und *Handlungsregulation*. Das Verfahren besteht aus einem Spielplan mit sechs Tiergehegen, die durch Straßen miteinander verbunden sind. In jedem Gehege befindet sich ein Tier. Die Aufgabe besteht darin, mit einem Anhänger sämtliche Tiere unter Beachtung von Regeln (möglichst kurze Wege, möglichst wenig Transportfahrten und Berücksichtigung von Tiermerkmalen) ohne Zeitbegrenzung zu einem zentralen Futterplatz zu bringen. Ausgewertet werden die Aspekte Planungstiefe, Planungskorrektur, Regelkontrolle und Umwegkontrolle. *Reliabilität*: Nachweis von gleichen Mittelwerten in parallelen 2. Klassen. *Validität*: geringe Korrelationen mit fluider *Intelligenz* und der Lehrereinschätzung in Rechnen (Stichprobe: 1. Klassen). Durchführungszeit: ca. 5–7 Min. *Normierung*: Prozentränge 1.–3. Klasse getrennt, Normierungsstichprobe $N = 1087$. Papierversion.
H. P. Langfeldt

Zopiclon (= Z.) [engl. *zopiclon*], **[PHA]**, Z. ist ein *Hypnotikum* aus der Gruppe der Cyclopyrrolone mit sedierenden (*Sedierung*) und hypnotischen Eigenschaften. Ebenso wie Zaleplon und *Zolpidem* zählt Z. zu den sogenannten *Z-Substanzen*. Z. zeigt sedierende Eigenschaften bei niedrigeren Dosierungen, als sie für eine antikonvulsive, muskelrelaxierende oder anxiolytische Wirkung notwendig sind. Z. entfaltet seine Wirkung durch Bindung an der Benzodiazepinbindungsstelle des GABA-Chloridionenkanalkomplexes. Das Fehlen von anxiolytischen Wirkungen bei guter hypnotischer Wirksamkeit von Z. wird auf die präferentielle Bindung der Substanz an Benzodiazepinrezeptoren mit einer α1-Untereinheit zurückgeführt. Z. findet seine Anwendung in der Kurzzeitbehandlung von *Schlafstörungen* (*Schlafstörungen, Psychopharmakotherapie*), vergleichbar wie bei Zolpidem gilt, dass Z. nur bei Schlafstörungen von klinisch bedeutsamem Schweregrad angewendet werden sollte. Die empfohlene Tagesdosierung beträgt hierbei 7,5 mg, die bei älteren Pat. und geschwächten Personen auf 3,75 mg reduziert werden sollte. Die *Eliminationshalbwertszeit* beträgt 2–6 Stunden. Eine Toleranzentwicklung ist beschrieben und auch bei Z. kann eine längerdauernde Einnahme von phys. und psych. Abhängigkeit führen. Die Dauer der Behandlung sollte so kurz wie möglich sein und im Allgemeinen wenige Tage bis zu 2 Wochen betragen und, einschließlich der schrittweisen Absetzphase, 4 Wochen nicht übersteigen. *M. Paulzen*

Zorn [engl. *anger*], *Ärger*.

Zotepin [engl. *zotepine*], **[PHA]**, trizyklisches *Antipsychotikum* vom Typ der Dibenzothiepinderivate mit mittlerer Affinität zum D2-*Dopaminrezeptor*. Die Substanz weist aufgrund ihrer Struktur relativ starke vegetative (*anticholinerge*) Wirkungen auf, auch extrapyramidalmotorische *Nebenwirkungen* (*extrapyramidalmotorische Störungen*) kommen vor. In Dt. ist die Substanz nicht mehr erhältlich.

ZPID *Zentrum für psychologische Information und Dokumentation (ZPID)*.

z-Standardisierung [engl. *z-standardization/-normalization*], **[FSE]**, die z-Standardisierung transformiert für die Daten eine intervallskalierte Werteverteilung X_i mit Mittelwert (*Maße der zentralen Tendenz*) $\bar{x}$ und einer *Standardabweichung* $\hat{\sigma}$ in eine Werteverteilung $Z(X_i)$ mit Mittelwert $\bar{x} = 0$ und einer Standardabweichung $\sigma = 1$. Transformationsformel für Daten einer *Stichprobe*:

$$z(x_i) = \frac{x_i - \bar{x}}{\hat{\sigma}}.$$

Sind der Erwartungswert μ und die Standardweichung σ der *Population* bekannt, gilt:

$$z(x_i) = \frac{x_i - \mu}{\sigma}.$$

z gibt an, wie viele Standardabweichungen und in welche Richtung (Vorzeichen) x_i vom Mittelwert abweicht. *Normierung*, *Normskalen*, *Standardisierung*. Döring & Bortz 2016.

Z-Substanzen (= Z.) [engl. *z substances*], **[PHA]**, der Begriff Z. (oder Non-Benzodiazepinhypnotika) ist eine gemeinsame Bez. für *Zaleplon*, *Zolpidem* und *Zopiclon*, die sich von ihrem Anfangsbuchstaben ableitet. Dabei handelt es sich um Medikamente, die grundsätzlich einen ähnlichen Wirkungsmechanismus wie *Benzodiazepine* (= BZD) aufweisen, jedoch mit ihnen strukturchemisch nicht verwandt sind. Sie binden an der spezif. BZD-Bindungsstelle des *GABAA-Rezeptors*, erhöhen dadurch die Rezeptoraffinität für *GABA*, was zu einer Frequenzsteigerung der Rezeptorkanalöffnung und einer Verstärkung der inhibitorischen Wirkung von GABA im *ZNS* führt. Z. lassen sich von BZD vom Rezeptor verdrängen und können durch *Flumazenil* antagonisiert werden. Sie werden v. a. bei Einschlafstörungen eingesetzt und sind dabei den BZD aufgrund der geringeren *Eliminationshalbwertszeiten* (Zaleplon 1 Std., Zolpidem 1 bis 3,5 Std., Zopiclon 5 Std.) und eines geringeren Abhängigkeitspotenzials vorzuziehen. Z. eignen sich wegen ihrer präferenziellen Wirkung an Benzodiazepinrezeptoren mit einer α1-Untereinheit nicht zum Einsatz als *Tranquilizer*. Die unerwünschten Wirkungen der Z. sind mit denen von BZD vergleichbar. Vergleichbar sind auch die Absetzreaktionen, bei denen innere Unruhe, *Angst*, Schlaflosigkeit, *Tachykardie*, Schwitzen und Parästhesien auftreten können. Selten wurden unter der Gabe von Z. unbewusste, komplexe Handlungen («sleep driving» (Führen eines Kraftfahrzeuges), Kochen, Essen, Telefonieren oder auch Geschlechtsverkehr in einem schlafwandlerischen Zustand, ohne nachfolg. Erinnerung) beschrieben. Das Risiko für diese Phänomene scheint durch gleichzeitigen Genuss von *Alkohol* bzw. Einnahme anderer sedierender Substanzen erhöht zu sein. Ähnlich wie bei BZD werden auch unter Z. selten paradoxe Disinhibitionsphänomene mit Agitiertheit, *Euphorisierung*, Erregungszustände, Schlaflosigkeit und *Aggressivität* beobachtet. Aufgrund des Abhängigkeitspotenzials sollte die Behandlungsdauer mit Z. so kurz wie möglich sein. *T. Veselinović*

Zuclopenthixol (= Z.), **[PHA]**, trizyklisches *Antipsychotikum* aus der Gruppe der *Thioxanthene*, Einstufung als sog. «klassisches» Antipsychotikum. Z. blockiert mit hoher Affinität D2-, 5-HT2A-, H1- und α1-Rezeptoren, daneben auch D1-, muskarinische *Acetylcholin*- und α2-Rezeptoren. *Eliminationshalbwertszeit* 15–25 Std., *Bioverfügbarkeit* ca. 45 %, hepatische Elimination über CYP2D6. Bedeutsamste unerwünschte Wirkungen sind *extrapyramidalmotorische Störungen* mit dem Risiko von *Spätdyskinesien* bei langfristiger Anwendung, Müdigkeit, *Schwindel*, Akkomodationsstörungen und Mundtrockenheit. Z. ist auch Depotantipsychotikum verfügbar, und zwar als Acetat mit einer Freisetzungshalbwertszeit von ca. 36 Std. und als Decanoat mit einer Freisetzungshalbwertszeit von ca. 19 Tagen. *G. Gründer*

Zufall (= Z.) [engl. *chance*], **[FSE]**, (1) das Zusammentreffen von zwei oder mehr Einzelerscheinungen, ohne dass ein innerer Zusammenhang (Zusammengehörigkeit, kausale Abhängigkeit; *Kausalität*) besteht; im Alltag wird auch bei geringer Wahrscheinlichkeit des Zusammentreffens, unabhängig davon, ob ein innerer Zusammenhang besteht oder nicht, von Z. gesprochen. (2) Bei Massenerscheinungen ist Z. die Gesamtheit aller nicht erfassbaren oder als unwesentlich vernachlässigten Einflüsse auf die Größe einer Beobachtungsvariablen (*Fehler*). Die meistens biol., psychol. und sozialen Phänomene sind so komplex, dass es nicht möglich ist, sämtliche Ursachen für die Variation von Beobachtungen zu erfassen. Mit Methoden der *Statistik* wird daher versucht, den Anteil an Z. zu eliminieren (z. B. durch Bildung von Mittelwerten (*Maße der zentralen Tendenz*) bzw. in seiner Größe zu bestimmen (z. B. *Standardabweichung*). *Messtheorie*, *Signifikanztest*. *E. Mittenecker*

Zufallsapparat (Galton) *Quinkunx*.

Zufallsauswahl [engl. *random sample/selection*], **[FSE]**, *Randomisierung*, die Auswahl von Individuen, insbes. bei der Bildung einer *Stichprobe* durch Verfahren, die jede subj. Bevorzugung bzw. Vernachlässigung best. Individuen ausschließen, also z. B. die Auswahl durch das Los nach einer Zufallsfolge von Ziffern oder anderen Techniken.

Zufallsfehler [engl. *random error*], *Fehler*.

Zufallsstichprobe [engl. *random sample*], **[FSE]**, durch Zufallsauswahl gebildete *Stichprobe*.

Zufallssystem [engl. *random system*], *System*.

Zufallszahlen (= Z.) [engl. *random numbers*], **[FSE]**, Bez. für das Ergebnis eines Zufallsexperiments. Z. werden z. B. bei der Stichprobeziehung oder der *Randomisierung* (zufälligen Zuordnung von Objekten zu Bedingungen) benötigt. Die Erzeugung von Zufallszahlen erfolgt über einen *Zufallszahlengenerator*. Wichtigste Bedingung ist hierbei, dass eine erzeugte Z. unabhängig von früher erzeugten Z. gesehen werden kann. Echte Z. können bspw. mithilfe von Münzwurf, Würfel oder Roulette erzeugt werden. Da dies mit hohem Aufwand verbunden ist, werden in der Praxis meist Pseudoz. mit einem Computer (*Pseudozufallszahlengenerator*) erzeugt. Diese sind scheinbar zufällig, werden aber einem festen, reproduzierbaren Algorithmus erzeugt. Richtige Z. werden z. B. auf [www.random.org] zur Verfügung gestellt. *R. Leonhart*

Zufallszahlengenerator [engl. *randomizer*], **[FSE]**, physikal. Gerät oder Programm zur Herstellung von *Zufallszahlen*. Hierbei können Würfel, Münzen, elektronisches Rauschen oder radioaktive Zerfallsprozesse zur Erzeugung von Zufallszahlenreihen verwendet werden. Da dies in der sozialwiss. Forschung mit großem Aufwand verbunden ist, wird meistens nur ein *Pseudozufallszahlengenerator* eingesetzt. Für die praktische Anwendung empfiehlt sich die Erzeugung von richtigen Zufallszahlen über [www.random.org]. *R. Leonhart*

Zugriffszeit (= Z.) [engl. *access time*], **[KOG]**, Zeit zwischen Reizaufnahme und Wiedergabe (Reproduktion) eines Gedächtnisinhaltes. Die Z. verkürzt sich mit steigender Assoziationsstärke. *Gedächtnis*, *Latenz*, *Reaktionszeit*.

Zuhören, aktives [engl. *active listening*]; *Gesprächspsychotherapie*, *partnerzentrierte Kommunikation*.

Zukunftserleben (= Z.), **[KOG, PHI]**, syn. *Zukunftsbewusstsein* [engl. *awareness of the future*], Zukunftsbezogenheit [engl. *future relatedness*]. Der Begriff bezieht sich auf alle kogn. (*Kognition*), konativen (*Konation*) und affektiven (*Affekt*) Momente, die auf Kommendes oder Zukünftiges gerichtet sind. Dazu gehören alle prospektiven und propulsiven Erlebnisformen wie Zielstrebigkeit,

Hoffnung, Mut, Zuversicht, Unsicherheit, *Furcht*, *Angst* u. a. Z. kann als Teil des gesamten personellen Zeitbezugssystem betrachtet werden (*Zeit*, *Zeitwahrnehmung*), welches die dynamischen Vorgänge im Individuum strukturiert, ordnet und lenkt. Stern beschrieb erstmals die Zukunftsbezogenheit der *Gefühle* in deren richtungsgebender und steuernder Funktion. Experimentalpsychol. Ansätze zum Zukunftsbewusstsein gehen auf Keller zurück, der im *Wissen* von Können und im Gefasstsein auf etwas dynamische, steuernde Zukunftstendenzen sieht. Keller unterscheidet Zukunft auf nahe Sicht von Zukunft auf weite Sicht. Diese Einteilung wurde von Bergius übernommen, der persönlichkeitsspezifische und weitgehend situationsunabhängige Tendenzen des Zukunftserlebens aufwies. Müller (1973) konstruierte eine *Optimismus-Pessimismus-Skala*, Gjesme (1980) stellte einen Zusammenhang des Z. mit der Testängstlichkeit her, und Lamm, Schmidt und Trommsdorf revidierten die älteren Annahmen über Geschlecht und *soziale Klasse* als Determinanten des Z.; schließlich haben auch Füchsle et al. (1980) ein Messinstrument entwickelt, mit dem versucht wird, interindiv. Unterschiede des Z. zu erfassen. Als psychol. Begriff umfasst Z. die indiv. Formen von *Antizipationen*, Gerichtetheiten und sonstigen von personellen *Zielen* ausgehenden Wirkungen. Dagegen zielt die *Futurologie*, eine soziologische Teildisziplin (*Soziologie*), mehr auf die Prognose der Entwicklung der Menschheit unter den versch. wiss. Aspekten. *Optimismus*, *Pessimismus*. Bergius 1957, Keller 1932.

Zulänglichkeit (= Z.) [engl. *sufficiency*], [**DIA**], als Gütekriterium des Tests (*Gütekriterien*) schreibt die Z. vor, dass das, was der Test misst, auch repräsentativ für das ist, was gemessen werden soll. Die Z. bezeichnet also den Grad der Gemeinsamkeit zw. Test und Kriterium, ohne dass die *Reliabilität* des Tests und des Kriteriums berücksichtigt wird. Die Z. wird nicht durch einen Koeffizienten quant. erfasst. Besitzt ein Test eine geringe *Validität* und eine hohe Reliabilität, so weist dies darauf hin, dass er eine geringe Z. besitzt. *H. O. Häcker*

Zulliger, Hans (1893–1965), [**DIA, HIS**], Dorfschullehrer von 1912–1959. Durch Kontakte mit Oskar Pfister und Hermann Rorschach entwickelte Zulliger Interesse an der *Psychoanalyse*, die er für Kinder nutzbar machen wollte. Zulliger hat eine Vielzahl von Büchern zur Kindererziehung verfasst. Er modifizierte den Rorschach-Test zur Untersuchung von Gruppen (Diapositiv-Z-Test, 1948) und für Einzelpersonen (*Zulliger-Tafeln-Test (Z-T-T)*). Zu den zahlreichen Ehrungen gehören die Ehrendoktorwürden der Universitäten Bern und Heidelberg. *H. E. Lück*

^{Test}**Zulliger-Tafeln-Test (Z-T-T)**, 1969, von H. Zulliger. 1. Aufl. 1954, [**DIA, PER**], projektiver Persönlichkeitstest (*projektive Tests*). Ein Rorschach-Verfahren mit drei Tafeln für indiv. Untersuchungen. Das Verfahren wurde aus dem Diapositiv-Z-Test entwickelt. Indem die Zufallsbilder der drei Diapositive des Diapositiv-Z-Tests auf Tafeln übertragen wurden, wurde ein neuer Kurztest geschaffen. Es liegt keine Auswertungsobjektivität vor. Das Antwortenverzeichnis und die Signierungen stützen sich auf Material von 1000 Vpn beiderlei Geschlechts und unterschiedlichen Alters. Durchführungsdauer: zw. 15 und 30 Min.

Zumutbarkeit (= N.) [engl. *reasonability*], [**DIA**], ein Nebengütekriterium (*Gütekriterien*) für diagn. Messverfahren: Die Belastung von Pbn (zeitlich, psych., physisch) soll in einem angemessenen Verhältnis zum Nutzen einer Datenerhebung stehen. Hierbei sind insbes. ethische Aspekte (z. B. Transparenz des Erhebungsziels, Schutz der Persönlichkeitsrechte; *Teststandards*) zu berücksichtigen.

Zungenspitzenphänomen *Feeling-of-Knowing-Urteil*.

Zuordnungsmethode [engl. *allocation method*], [**DIA**], vielfach bei Tests (besonders sprachfreien) und auch zur Prüfung der Sinnesfunktionen angewandte Methode, wobei das einer Vorlage Bedeutungsgleiche oder Ähnliche aus einem Vorrat an Material (auch Begriffe, Zeichnungen usw.) zuzuordnen ist.

^{Test}**Zürcher Lesetest – II (ZLT-II)**, 2012, F. Petermann & M. Daseking, [www.testzentrale.de], [**DIA, PÄD**], Diagnostik und Verlaufskontrolle von Lesestörungen, Ableitung von Förderempfehlungen. AA 1. bis 8. Klassenstufe. In sieben Untertests wird die Lesefertigkeit unter den Aspekten *Lesegenauigkeit* und *Automatisierungsgrad* sowie *auditive Merkfähigkeit*, *Benenngeschwindigkeit* und *phonologische Bewusstheit* geprüft. Durch die optionale Fehleranalyse besteht die Möglichkeit, indiv. Fehlerprofile zu erstellen und darauf basierend Förderempfehlungen auszusprechen und Förderprogramme einzuleiten. *Normierung*: T-Werte und Prozentränge ($N = 1145$) ab Ende der 1. bis zur 8. Klasse. Durchführungsdauer: je nach Klassenstufe zw. 15 und 35 Min.

^{Test}**Zürcher Leseverständnistest für das 4. bis 6. Schuljahr (ZLVT 4–6)**, 2000, H. Grissemann & W. Baumberger, [www.testzentrale.de], [**DIA, PÄD**], Lesetest. AA Schüler vom vierten bis zum sechsten Schuljahr. Ein Zusatzverfahren zum *Zürcher Lesetest – II (ZLT-II)*. Der ZLVT ist ein individualdiagnostisches Instrument zur Erfassung bes. förderungsbedürftiger Schüler des 4.–6. Schuljahres. Über verbales (Multiple-Choice-Aufgaben) und bildhaftes Material bzw. eine Handlungsaufgabe wird das Verständnis von laut und still gelesenen Texten überprüft. *Normierung*: an insges. ca. $N = 300$ Schulkindern. Es liegen T-Werte und Prozentränge vor. Bearbeitungsdauer: max. 50 Min.

Zürcher Modell der sozialen Motivation (= Z.) [engl. *Zurich model of social motivation*], [**EM, EW, SOZ**], von Bischof (1985, 1993) entwickeltes kybernetisches *Motivation*smodell. Das Z. basiert auf entwicklungspsychol. und ethologischen Befunden und stellt im Grunde eine Formalisierung und Ausdifferenzierung der *Bindung*stheorie () dar. Es beschreibt drei Motivsysteme (Sicherheit, Erregung und Autonomie), die als *Regelkreise* konzipiert sind. Ein *Motiv* wird dementsprechend als Sollwert aufgefasst, der mit einem durch best. *Detektoren* gemeldeten Istwert verglichen wird. Ist der Istwert kleiner als der Sollwert, entsteht eine *Appetenz*, ist der Istwert größer als der Sollwert, eine Aversion (*aversiver Reiz*). In beiden Fällen folgt motivspezif. *Verhalten*, das den Ist- an den Sollwert angleichen soll.

Das *Sicherheitssystem* regelt den Umgang mit Vertrautem. Seinen Istwert stellt das momentane Gefühl der Sicherheit und Geborgenheit dar, das umso größer ist, je näher, vertrauter und relevanter ein Gegenüber ist, wobei ranghohe Artgenossen als bes. relevant gelten. Der Prototyp eines Sicherheitsspenders wäre demnach eine Mutter, die ihr Kind auf dem Schoß hält. Der Sollwert dieses Systems ist das angestrebte Ausmaß an Sicherheit und wird Abhängigkeit genannt. Da von den drei Eingangsvariablen (Nähe, Vertrautheit und Relevanz) einzig die Nähe unmittelbar beeinflusst werden kann, besteht das motivspezifische Verhalten aus einer Distanzregulation: Bei einer Appetenz zeigt man Bindungsverhalten und nähert sich dem Gegenüber an, bei einer Aversion kommt es zu Überdruss und einer Vergrößerung der Distanz. Dies muss allerdings nicht physisch geschehen, sondern kann auch über Distanzäquivalente wie z. B. Blickkontakt erfolgen. Im Entwicklungsverlauf bildet sich das Sicherheitssystem als erstes der drei Systeme aus. Dass es seine volle Funktionsfähigkeit erreicht hat, erkennt man am Auftreten der *Trennungsangst*. Danach nimmt die Abhängigkeit stetig ab, erreicht in der *Pubertät* bei der Ablösung von den primären Bezugspersonen ihren Tiefpunkt und nimmt anschließend wieder leicht zu, sodass man bereit ist, neue Bindungen einzugehen.

Das *Erregungssystem* regelt demgegenüber den Umgang mit Fremdem. Den Istwert bildet hier ein Gefühl der Erregung, das von *Interesse* und *Neugier* bis hin zu *Furcht* reichen kann. Dieses *Gefühl* hängt wiederum von der Relevanz und der Nähe des Gegenübers ab; statt der Vertrautheit ist hier aber die Fremdheit ausschlaggebend. Der Sollwert im Erregungssystem ist das angestrebte Ausmaß an Erregung und wird Unternehmungslust genannt. Auch hier resultiert das motivspezifische Verhalten in einer Distanzregulation i. w. S.: Im Falle einer Appetenz zeigt man zur Steigerung der Erregung diversives Neugierverhalten und exploriert das Gegenüber (*Exploration*). Auch bei einer Aversion kann zuerst noch Neugierverhalten auftreten, hier aber spezif. Wird die Aversion zu groß, kommt es jedoch zu Furcht und Flucht. Das Erregungssystem erreicht seine Funktionsfähigkeit mit dem Einsetzen der eigenständigen Fortbewegung und dem Auftreten der *Fremdenreaktion* (ugs. Fremdeln). Danach verhält sich die Unternehmungslust gegenläufig zur Abhängigkeit, nimmt bis zur Pubertät zu und danach wieder leicht ab. Das *Autonomiesystem* bestimmt die Position des Individuums in einer sozialen Ranghierarchie. Den Istwert bildet hier das momentane Autonomiegefühl, das mit einem Gefühl von *Macht*, *Einfluss*, Anerkennung, Freiheit, *Leistung*, *Kompetenz* usw. umschrieben werden kann. Dieses Gefühl wird durch Erfolge und Misserfolge bei der Befriedigung der eigenen *Bedürfnisse* bestimmt und wiederum mit einem Sollwert, dem Autonomieanspruch, verglichen. Appetenzen und Aversionen können hier zu sehr unterschiedlichen Verhaltensweisen führen, prototypisch sind aber assertives (drohendes, aggressives) Verhalten bei einer Appetenz und submissives (unterwürfiges) Verhalten bei einer Aversion. Dass das Autonomiesystem seine Funktionsfähigkeit erreicht hat, zeigt sich in der *Trotzphase*. Danach steigt auch der Autonomieanspruch bis zur Pubertät stetig an und übernimmt in gewisser Weise die Führungsposition der drei Sollwerte, indem er die Unternehmungslust pos. und die Abhängigkeit neg. beeinflusst.

Kann ein motivspezif. Verhalten nicht ausgeführt werden, da es durch ein inneres oder äußeres Hindernis blockiert wird, kommt es zu unspezif. *Coping*verhalten. Hier werden drei von außen sichtbare Strategien, *Invention* (Umgehung des Hindernisses), *Aggression* (Zerstörung des Hindernisses) und *Supplikation* (Bitte um Hilfe) sowie zwei innere Strategien, *Revision* (Veränderung der Wahrnehmung) und *Akklimatisation* (Anpassung des Sollwerts an den Istwert), unterschieden. Dabei kommt der Akklimatisation ein besonderer Stellenwert zu, da diese die Sollwerte auch langfristig verändern kann. So kann z. B. ein überbehütendes Umfeld zur Ausbildung einer abhängigen, ängstlichen und wenig autonomen *Persönlichkeit* führen oder umgekehrt ein zu distanziertes Umfeld die Entwicklung einer hoch autonomen, risikofreudigen und wenig bindungsfähigen Persönlichkeit begünstigen. *M. Schneider*

Zurechnungsfähigkeit [engl. *accountability*], *Schuldfähigkeit*.

Zuschauerhilfeleistung, kognitives Modell der [engl. *cognitive model of bystander behavior*], *prosoziales Verhalten*.

zustandsabhängiges Lernen [engl. *state-dependent learning*], [**KOG**], Kennzeichnung für das Phänomen, dass unter einem best. Zustand (z. B. unter Pharmakon A) aufgenommene Informationen im gleichen Zustand besser als in einem anderen Zustand (z. B. ohne Pharmakon A) reproduziert werden können. Praktische Relevanz hat dieser Umstand bspw. für den Umgang mit Prüfungsängstlichkeit. Erdmann 1979. *G. Erdmann/W. Janke*

Zustandsangst *Angst*, *State Trait Anxiety Inventory (STAI)*.

Zustandsmodelle [engl. *state models*], *mathematische Lerntheorien*.

Zustimmungsbereich [engl. *latitude of acceptance*], [**KOG, SOZ**], Annahmebereich, von Sherif und Hovland (1961) eingeführte Bez. für den Bereich auf einer *Einstellung*sskala, der für den Befragten noch annehmbare Aussagen enthält. Daran schließen sich eine Zone der Indifferenz und eine Zone der Ablehnung an; auch Akzeptierungs-, Ablehnungs- und Indifferenzbereich genannt. *Assimilations-Kontrast-Theorie*, *soziale Urteilstheorie*. *R. Bergius*

Zuverlässigkeit *Reliabilität*.

Zwanghafte Persönlichkeitsstörung (= z. P.) [engl. *obsessive-compulsive personality disorder*]; syn. anakastische P. [engl. *anancastic personality disorder*; gr. ἀνάγκη *(ananke)* Zwang], [**KLI**], die z. *Persönlichkeit* ist übermäßig ordnungsliebend, kontrolliert und rigide. In zw. menschlichen Beziehungen scheitert sie oft aufgrund ihres Mangels an Aufgeschlossenheit. Arbeit geht ihr vor Freizeitaktivitäten (*Arbeitssucht*), wobei ihre Produktivität unter ihrem Perfektionismus leidet. Geiz i. S. des Geldhortens kann ebenso wie das Festhalten an verschlissenen oder wertlosen Dingen als weiteres Symptom hinzukommen. *Zwangsgedanken* und *Zwangshandlungen* sind nach der Klassifikation des *DSM-5* ausgenommen, wodurch sich die *Persönlichkeitsstörung* deutlich von der *Zwangsstörung* unterscheidet. *J. Brauer*

Zwangsgedanken (= Z.) [engl. *compulsive thoughts*], [KLI], Z. sind Auslöser und/oder Begleiterscheinungen aller *Zwangsstörungen*. Reine Z. kommen bei rund 25 % aller Pat., die unter Zwangsstörungen leiden, vor. In diesen Fällen spielt sich das gesamte pathologische Geschehen auf kogn. Ebene ab, d. h., die Problematik ist von außen nicht beobachtbar und kann nur vom Pat. mitgeteilt werden. Dennoch bedeutet die Störung für die Betroffenen eine deutliche Belastung und Einschränkung. Zu beachten ist spez. wegen des rein subj. Charakters der Problematik, dass die für Zwangsstörungen allg. geltenden Kriterien auch hier relevant sind (spez. für die Abgrenzung von schizophrenen Störungen (*Schizophrenie*) sowie *Impulskontrollstörungen*). Beim Vorliegen von Z. unterscheidet man: (1) *zwanghafte Gedanken*, z. B. Wiederholen von Inhalten, Zählen; (2) *aufdringliche Bilder*, z. B. betreffend Unfälle oder Horrorszenarien, (3) *Impulse*, insbes. aggressiver, sexueller oder blasphemischer Art. In theoret. Hinsicht ist zu beachten, dass das von Zwangsstörungen bekannte Neutralisieren hier ebenfalls auf kogn. Ebene abläuft: Vielfach können dann die Inhalte des aufdringlichen Gedankens mit dem Inhalt des Neutralisierens identisch sein, allerdings ist die Funktion im ersten Falle Angst/Unruhe steigernd, während im zweiten Fall der Gedanke zur Beruhigung und Reduktion der Angst eingesetzt wird. In vielen Studien und v. a. auch Berichten aus der Praxis wird auf die bes. Schwierigkeit der Behandlung von reinen Z. verwiesen. Das hat mit dem rein privaten Charakter der Problematik und damit der geringen externen Zugänglichkeit zu tun. Grundsätzlich erweisen sich aber Prinzipien der Behandlung, wie sie bei Zwangsstörungen generell wirksam sind, auch hier als effektiv. Zur Konfrontation (*Konfrontation mit Reaktionsverhinderung*) wird versucht, den Gedanken an externe Auslöser zu koppeln, ggf. erweist sich auch die massierte Konfrontation mit den eigenen Gedanken (auf Tonband gesprochen) als hilfreich. Zusätzlich ist auch auf kogn. Strategien (*Verhaltenstherapie*; Veränderung der Bedeutung und Bewertung der Gedanken) zu verweisen. Auch der Aufbau von alternativen Verhaltensmustern und ggf. eine medikamentöse Behandlung mit *Antidepressiva* sollten in Betracht gezogen werden. Reinecker 2009. *H. Reinecker*

Zwangshandlungen (= Z.) [engl. *compulsive behavior*], [KLI], Z. sind eine Untergruppe der *Zwangsstörungen*. Grundsätzlich unterscheidet man hier (1) *Wasch- und Reinigungszwänge* (= W.), (2) *Kontroll- und Ordnungszwänge* (= K.). Die Differenzierung ergibt nicht nur in deskriptiv-diagn. Hinsicht, sondern auch mit Bezug auf die *Epidemiologie* und Psychoth. Sinn: W. finden sich etwas häufiger bei Frauen, beginnen durchschnittlich etwa fünf Jahre später als K., zeigen einen häufiger abrupten Beginn im Vergleich zu K. (*schleichender Beginn*) und zeigen große Ähnlichkeiten mit *Phobien* (z. B. hinsichtlich Verschmutzung, Krankheit). Für die Behandlung von K. ist es ausschlaggebend, die Verantwortung unbedingt beim Pat. zu belassen, dies ist bei W. weniger relevant. Z. treten i. d. R. gemeinsam mit *Zwangsgedanken* auf. Z. stellen für Betroffene zumeist eine extreme Beeinträchtigung des Lebens dar. Als Richtwert für pathologische Handlungen wird manchmal auf die Dauer von mind. einer Std. pro Tag verwiesen, wichtiger erscheint das Kriterium, ob die Person die für sie wichtigen Funktionen in Familie, Beruf und Freizeit noch realisieren kann. Für die Erklärung beobachtbarer Handlungen kann man eher als bei Gedanken auf das *Zwei-Faktoren-Modell* von O. H. Mowrer (*Angst, Zwei-Prozess-Theorie*) verweisen: Demnach bildet die Z. für den Pat. eine Art von Sicherheit durch die Reduktion von *Erwartungsangst*. Dies macht man sich auch in der psychoth. Behandlung durch das Prinzip der *Konfrontation mit Reaktionsverhinderung* zunutze. Reinecker 2009. *H. Reinecker*

Zwangsneurose (= Z.) [engl. *obsessive-compulsive neurosis*], [KLI], Freud'scher Begriff (*Psychoanalyse*) für die v. a. durch Zwangssymptome charakterisierte Form der *Psychoneurose*. Die Z. sei durch eine Reihe weiterer Symptome gekennzeichnet (v. a. abnorm gesteigerte Schuldgefühle, gesteigerte Gewissenhaftigkeit, gesteigerte Gefühlsambivalenz, schwere Entschlussfähigkeit). Der dynamische Faktor im Hintergrund dieser Symptome soll in einer unvollst. *Verdrängung* starker Aggressionen i. S. des psychoanalyt. Denkens bestehen. *Zwangsstörungen*.

Zwangsprozessmodell [engl. *model of coercion, coercion theory*], [KOG, SOZ], Ausgangspunkt dieses lerntheoret. Modells (*Lerntheorien*) zur Erklärung einer *Beziehungsstörung* innerhalb einer intimen Beziehung oder Ehe ist der Wunsch eines Partners, den anderen zu verändern. Dieser Wunsch erwächst fast zwangsläufig auf kurze oder lange Sicht als Folge der Veränderungen im Familienzyklus und nach kritischen Lebensereignissen, der Enttäuschung von partnerschaftlichen Erwartungen oder alltäglichen Ereignissen. In alltäglichen Situationen, aber bes. in Krisenzeiten bedienen sich Partner unterschiedlich hilfreicher Methoden, den anderen zu Verhaltensänderungen zu bringen. Ein sog. *Zwangsprozess* beginnt, wenn Person A eine Änderung wünscht und häufig nach Anwendung versch. erfolgloser Methoden zu aversiven Maßnahmen greift (Patterson & Reid 1970). Person A wird dann versuchen, sich mit Bestrafung durchzusetzen (z. B. Kritisieren, Nörgeln, Drohen, Schreien, Entzug pos. Verstärker wie Zärtlichkeiten). Kurzfristig lenkt B ein und wird neg. verstärkt (*Verstärkung*): Das aversive Verhalten von A hört (endlich) auf. Gleichzeitig wird A im aversiven Verhalten pos. verstärkt: Die gewünschte Verhaltensänderung von B ist (endlich) eingetreten. In Zukunft steigt die Wahrscheinlichkeit bei beiden Partnern, dass eine aversive Methode zur Durchsetzung eigener Interessen angewendet wird. Ein Merkmal *aversiver Kontrolle* ist allerdings, dass dadurch keine dauerhaften Verhaltensänderungen hervorgerufen werden und der Konflikt erneut aufbrechen wird. Es resultieren immer mehr ungelöste Konflikte, und die Partner verstricken sich bei ihren untauglichen Lösungsversuchen in zunehmend aversiveren Zirkeln, da nach gewisser Zeit bei beiden eine *Habituation* an die Strafreize eintritt. Die aversiven Maßnahmen müssen somit in ihrer Intensität gesteigert werden, um noch Wirkung zu erzielen. Begleitet wird diese neg. Spirale durch eine reziproke Reduktion der pos. Interaktion in der Beziehung, die durch Gewöhnungsprozesse, die bei jedem Paar zu erwarten sind, noch beschleunigt wird.

C. Kröger

Zwangsstörungen (= Z.) [engl. *obsessive-compulsive disorders*], [**KLI**], Rituale und Gewohnheiten sind allen Menschen bekannt. Sie erleichtern den Alltag und helfen bei Entscheidungen in neuen Situationen. Versch. Rituale gehören zum Alltag (z. B. bei Begrüßungen), und ganz spez. bei der Bewältigung emot. relevanter Situationen (z. B. Beerdigungsrituale). Auch in versch. Kulturen finden sich Hinweise auf Rituale. Hauptgruppen von Z. [engl. *obsessive-compulsive disorders*]: Waschzwänge (z. B. Putzen, Reinigen), Kontrollzwänge (Wiederholte Kontrollen alltäglicher Tätigkeiten), gedankliche Zwänge, z. B. Gedanken aggressiver, blasphemischer oder sexueller Art, aber auch sinnlose Gedanken wie Zählen.

Ätiologie: Es existiert keine einheitliche Erklärung zur Entstehung von Z. Generell wird auf eine Kombination von Umwelt und von genetischen Faktoren verwiesen, wobei deren Interaktion ebenfalls ungeklärt ist. Bei den Umweltfaktoren gelten Belastungen in der Kindheit und Jugend als wichtige Faktoren, fallweise wird auch auf Infektionserreger und auf Aspekte des Autoimmunsystems verwiesen. Bei den genetischen Faktoren spielt eine genetische Transmission vermutlich eine gewisse Rolle, hier allerdings eher i. S. einer allg. *Vulnerabilität* für *psychische Störungen*. Als spezif. müssen Dysfunktionen im orbitofrontalen Kortex und im anterioren Gyrus cinguli angeführt werden (*Gehirn*). Etwas einheitlicher ist die Erklärung der Aufrechterhaltung der Problematik: Hier kann man mit durchaus guten Gründen auf eine Kombination lerntheoretischer und kogn. Mechanismen verweisen. Dabei ist es nicht so sehr der Inhalt des Gedankens, der zu einer Zwangsstörung führt, sondern dessen Bewertung vor einem biografischen Hintergrund (s. Abb.). Gedanken, auch unerwünschter Art, sind Bestandteil des kogn. Prozessierens bei allen Menschen (1). Erst durch die Bewertung des Gedankens als unerwünscht, als unakzeptabel etc. erhält der Gedanke eine best. Bedeutung (2), diese verursacht bei der Person emot. Unruhe (3), die von der Person als unangenehm erlebt wird und die durch einen Gedanken oder eine Handlung (4) reduziert wird (neg. *Verstärkung*; *Konditionierung, operante*). Diese Beruhigung funktioniert allerdings nur kurzfristig und bildet einen weiteren Hinweis auf die Relevanz des Gedankens, womit das pathologische Kreislauf im Gang bleibt. Die Logik des Modells verweist auf den Umstand, dass die Z. aus zwei Komponenten besteht, nämlich aus dem aufdringlichen Gedanken einerseits und dem Ritual der Neutralisierung andererseits. Dieser Umstand hat klare Implikationen für das therapeutische Vorgehen.

Klassifikation: Z. werden im DSM-5 (*Klassifikation psychischer Störungen*) nicht mehr unter den *Angststörungen*, sondern in einer Gruppe gemeinsam mit verwandten Störungen klassifiziert (F42.x, s. Anhang I). Generell macht es Sinn, zu unterscheiden in *Zwangshandlungen* und *Zwangsgedanken*. Entscheidend für das Vorliegen einer Z. sind folg. Kriterien: (1) Die Person erlebt den inneren, subj. Impuls, best. Dinge zu denken oder zu tun. (2) Die Person leistet Widerstand gegen den Impuls. (3) Die Person erlebt den Impuls als prinzipiell sinnlos. (4) Die Handlungen bzw. Gedanken bedeuten eine gravierende Einschränkung des Lebensvollzugs. Als Zusatzcodierung wird im DSM-5 noch auf das Kriterium der angemessenen Einsicht verwiesen, weil bis zu 10 % aller Betroffenen auch am Inhalt ihrer Überzeugungen festhalten (atypische Zwänge).

Prävalenz und Verlauf: Die 12-Monats *Prävalenz* von Z. liegt weltweit zw. 1–2 %. Männer und Frauen sind etwa gleich häufig betroffen. Der Beginn der Störung liegt im frühen Erw.alter bei ca. 22 Jahren, bei Männern ca. 5 Jahre früher und bei Frauen ca. 5 Jahre später. Waschzwänge beginnen überwiegend abrupt, während bei Kontrollzwänge eher ein schleichender Beginn beobachtet wird. Ein früher Beginn (*early onset*) gilt als Prädiktor für eine schlechte Prognose. Ohne Behandlung ist generell von einem chronischen Verlauf auszugehen, die Rate der Spontanremission liegt nach 40 Jahren bei max. 20 %.

Diagnostik: Die Diagnostik der Z. sollte auf unterschiedlichen Ebenen und mit versch. Instrumenten erfolgen. Für die Diagnose gilt es als Standard, ein strukturiertes klinisches Interview (*Interview, klinisches*) zugrunde zu legen. Zusätzlich brauchbar sind standardisierte Instrumente, wie z. B. die *Yale Brown Obsessive Compulsive Scale (Y-BOCS)* als Kombination eines Selbst- und Fremdratings. Das Instrument eignet sich auch gut zur Kontrolle von Therapieverläufen und zur Evaluation. Z. sind i. d. R. mit einer Reihe von anderen psych. (und zum Teil auch körperlichen) Störungen verbunden. Als bes. wichtig ist die hohe *Komorbidität* mit *Affektiven Störungen* zu nennen (bis zu 2/3 der Fälle). Dazu kommen Überschneidungen mit *Angststörungen*, insbes. mit Ängsten vor Kontamination bei Waschzwängen, aber auch *Essstörungen* und insbes. sog. *Zwangs-Spektrum-Störungen* (z. B. *Tic-Störungen*, *Tourette-Störung*, körperdysmorphe Störungen (*Somatoforme Störungen*). Bes. wichtig ist die Abgrenzung der Z. von der *Zwanghaften Persönlichkeitsstörung*: Letztere ist als ich-synton zu sehen, die Person zeigt ein übergreifendes Muster an Perfektionismus und rigider Kontrolle. Prinzipiell können aber auch beide Diagnosen vergeben werden. *Zwangsstörungen, Psychotherapie*, *Zwangsstörungen, Psychopharmakotherapie*. Meyer 1966, Kordon et al. 2012.

H. Reinecker

Zwangsstörungen, Psychopharmakotherapie [engl. *obsessive-compulsive disorders, psychopharmacotherapy*], [**KLI, PHA**], psychopharmakol. Behandlung spielt in der Versorgung von *Zwangsstörungen* eine wichtige Rolle, u. a. wegen der Tatsache, dass nur ein geringer Teil der Betroffenen den Weg zur Psychoth. findet. Pharmakol. Therapie ist spez. dann indiziert, wenn (1) reine *Zwangsgedanken* vorliegen und (2) wenn bei der Person deutliche depressive *Komorbidität* (*Depression*) gegeben ist. Die pharmakol. Behandlung erfolgt primär mit serotonergen *Antidepressiva*, d. h. mit einem Serotoninrückaufnahmehemmer (*Sero-*

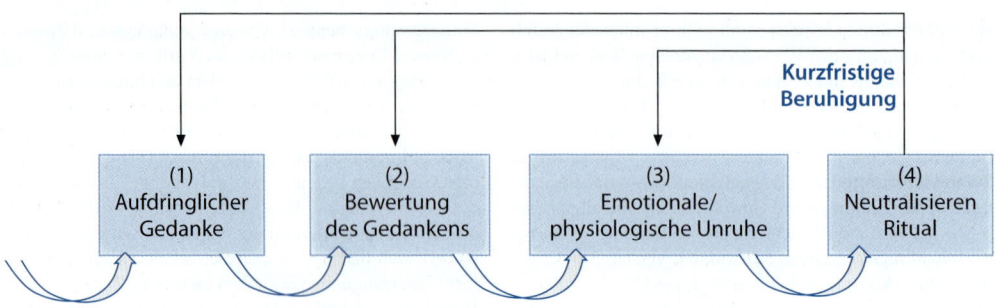

Zwangsstörungen: Kognitiv-verhaltenstherapeutisches Modell der Aufrechterhaltung von Zwangsstörungen in Anlehnung an P. Salkovskis

toninwiederaufnahmehemmer, selektive (SSRI)*) oder, wegen der stärkeren unerwünschten Wirkungen erst in zweiter Linie, mit dem trizyklischen Antidepressivum *Clomipramin*. I. d. R. sind die Dosierungen höher als bei der Therapie depressiver Störungen, die Wirklatenz ist deutlich länger, und eine Remission wird seltener erreicht. Die Behandlung sollte mit verhaltenstherapeutischen Maßnahmen (*Zwangsstörungen, Psychotherapie*) kombiniert werden, zusätzlich sollten komorbide Störungen behandelt werden. Oft ist eine Erhaltungstherapie sinnvoll und notwendig, Wirksamkeitsstudien, die über die Dauer von mehr als zwölf Monaten hinausgehen, liegen jedoch nicht vor. Bei Therapieresistenz wird in erster Linie mit *Antipsychotika* kombiniert. Wegen der besseren Verträglichkeit ist Antipsychotika der zweiten Generation (atypischen Antipsychotika) der Vorzug zu geben. Kordon et al. 2012. *G. Gründer*

Zwangsstörungen, Psychotherapie [engl. *obsessive-compulsive disorder, psychotherapy*], **[KLI]**, bis Mitte der 60er-Jahre des vergangenen Jhd. galten *Zwangsstörungen* (= Z.) als nicht behandelbar (*Therapeutischer Nihilismus*). Mittlerweile gibt es Standards in der Behandlung von Z., wie sie u. a. in den Leitlinien der DGPPN zur Diagnostik und Therapie der Z. (2013; [www.awmf.org/leitlinien/detail/ll/038-017.html]) veröffentlicht sind. Als zentral in der Behandlung gilt nach wie vor ein Prinzip, das V. Meyer im Jahr 1966 in einem Beitrag mit dem Titel *Modification of expectations in cases with obsessional rituals* beschrieben hat. Zentral ist dabei, dass die Person eine Veränderung der Bewertungen vornimmt, indem eine Konfrontation mit den auslösenden Gedanken erfolgt und die Person gleichzeitig dazu angehalten wird, auf das Unterdrücken der Gedanken (*Neutralisieren*) zu verzichten. Dieses Prinzip der *Konfrontation und Reaktionsverhinderung* (oder auch: *Reaktionsmanagement*) ist mittlerweile vielfach beschrieben und in der Umsetzung auch bewährt (*Verhaltenstherapie*). Bei rund 70–80 % der Betroffenen ist nach der Behandlung eine deutliche Besserung erkennbar, nach 2–4 Jahren sind dies immerhin noch ca. 50–60 %. Wie bei der Behandlung aller psych. Störungen ist gerade auch bei Z. die Berücksichtigung des Aspektes der therapeutischen Beziehungsgestaltung (*Therapiebeziehung*) relevant, ebenso eine Klärung der Motivation zur Veränderung und eine genaue Klärung der Ziele der Veränderung. Wie von V. Meyer bereits beschrieben, ist in der Behandlung die Veränderung von Erwartungen ganz entscheidend. Aus diesem Grund spielen Strategien der Kognitiven Therapie in der Behandlung von Z. eine wichtige Rolle (s. dazu auch Leitlinie). Zusätzlich zu den beschriebenen und unverzichtbaren Strategien geht es in der Behandlung auch darum, Alternativen zu bisherigen pathologischen Mustern aufzubauen, diese sind u. a. zu sehen in (1) Aufbau von Kontakten und *sozialer Kompetenz*, (2) Fähigkeit in der Bewältigung von Stress und Alltagsbelastungen (*Coping*), (3) Aufbau von Kompetenzen im Bereich von Beruf und Freizeit, (4) Interventionen im Bereich der *Komorbiditäten*. Dass mit der Umsetzung der benannten therap. Strategien entspr. Schwierigkeiten (z. B. Rückfälle) verbunden sein können, ist den therap. tätigen Personen hinlänglich bekannt. Meyer 1966. *H. Reinecker*

Zwangsvorstellung *Zwangsgedanken*.

Zwangswahlmethode *forced-choice item, forced-choice method*.

Zweckbestimmtheit [engl. *determined by purpose*], *Finalität*, *Teleologie*.

Zwei-Attribute-Lehre *Komplementaritätsprinzip*.

Zweidimensionales Modell metatelischer Orientierungen (= Z.) [engl. *two-dimensional model of metatelic orientations*; gr. μετά *(meta)* dahinter, gr. τέλος *(telos)* Ziel], **[EM]**, das Z. ist eine allg. *Motivations*theorie und geht von der grundlegenden Annahme aus, dass *Emotionen* die eigentlichen Gründe für menschliches Handeln sind. Das Z. postuliert eine prinzipiell hedonistische Motiviertheit (*Hedonismus*) des Handelns (*Handlung*): Die Gründe für Handlungen bestehen entweder in der direkten bzw. indirekten Annäherung an pos. Emotionen und/oder in der direkten bzw. indirekten Vermeidung neg. Emotionen. Während mit *telischer* Orientierung die bevorzugte intentionale Ausrichtung einer Person auf eine best. Klasse äquivalenter Handlungsziele (*Ziele*, z. B. *Leistung* oder Partnerschaft) gemeint ist, wird mit *metatelischer* Orientierung die Bevorzugung best. Klassen von emot. Gründen für das Handeln der Person bezeichnet [gr. *metatelisch* was hinter der telischen Orientierung einer Person steckt, also ihr emot. Grund]. Aus der Kombination der beiden Dimensionen Annäherung – Vermeidung sowie direkt – indirekt ergeben sich vier metatelische

Orientierungen bzw. Klassen emot. Handlungsgründe: (1) *Direkte Annäherung*: Eine Person strebt ein inhaltliches Handlungsziel an in der Hoffnung auf das *Erleben* einer pos. Emotion während bzw. als inhärentes Ergebnis der Handlung (z. B. lernt ein Schüler, weil es ihm Spaß (*Freude*) macht). (2) *Indirekte Annäherung*: Eine Person führt eine Handlung als Mittel zu einem Zweck durch: Nicht durch die Handlung selbst, sondern erst durch das Erreichen des Zwecks bzw. Oberziels hofft diese Person auf das Erleben einer pos. Emotion (z. B. lernt ein Schüler, um durch gute Noten die Anerkennung seiner Eltern zu erhalten). (3) *Direkte Vermeidung*: Eine Person handelt in best. Weise, um eine aktuelle unangenehme Emotion zu reduzieren bzw. zu beseitigen (z. B. lernt ein Schüler, weil ihn sein schlechtes Gewissen plagt). (4) *Indirekte Vermeidung*: Eine Person handelt in der Hoffnung auf das Vermeiden antizipierter neg. Emotionen (z. B. lernt ein Schüler, um der sonst zu erwartenden Kritik seiner Eltern zu entgehen). Wie bei der *Regulationsfokustheorie* wird auch hier unter Vermeidung ein handlungsfördernder Grund verstanden, kein -hemmender. Annäherung und Vermeidung schließen einander also nicht aus, sondern können gemeinsam auftreten. Mit dem *Fragebogen zur Erfassung telischer und metatelischer Orientierungen in revidierter Form (TEMEO-R)* liegt ein Fragebogen zur Erfassung telischer und metatelischer Orientierungen in rev. Form vor, mithilfe dessen die indiv. Motivstruktur bei elf inhaltlichen Motivbereichen (*Aggression* und Vergeltung, Einfluss und Prestige, Familienorientierung, Hedonismus und Aufgeschlossenheit, *Individualismus* und Unabhängigkeit, *Kompetenz* und *Neugier*- bzw. *Leistung*-, Kontaktbereitschaft, Partnerschaft, *Selbstkontrolle* und Regelbewusstsein, soziales Engagement und Hilfsbereitschaft, Sparen und Besitz) analysiert werden kann.

Das Z. erlaubt eine Einordnung der Befragten in unterschiedliche Motivgruppen je nach Stärke und Ausrichtung ihrer metatelischen Orientierungen. Es lassen sich sowohl eindimensional begründete (z. B. Gering-, Mehrfach-, Annäherungs- sowie Vermeidungsmotivierte) als auch zweidimensional begründete Motivgruppen (direkte Annäherer, indirekte Annäherer, direkte Vermeider sowie indirekte Vermeider) miteinander vergleichen. Im Unterschied zu den Annäherungsorientierungen korrelieren beide Vermeidungsorientierungen pos. mit *Neurotizismus*. Dabei ist bei Schülern der Zusammenhang von Neurotizismus mit der indirekten Vermeidung ausgeprägter als mit der direkten Vermeidung. Im schulischen Leistungskontext ist die Gruppe der indirekten Vermeider in Beziehung gebracht worden u. a. mit niedrigerem *Selbstwertgefühl*, höherer *Arbeitsvermeidung*, höherer Selbstbehinderungstendenz und niedrigerer Gewissenhaftigkeit. Studierende acht unterschiedlicher Fachrichtungen differierten nur in Bezug auf ihre Annäherungs-, aber nicht in Bezug auf ihre Vermeidungsorientierungen; dagegen wiesen Studienfachzweifler in fast allen elf Motivbereichen signifikant größere Vermeidungsorientierungen als Studienfachstabile auf, aber nur in zwei Bereichen niedrigere Annäherungsorientierungen (nämlich bei Leistung und *Selbstkontrolle*). Mees & Schmitt 2008, Mees & Schmidt 2003, Deutscher 2012. *U. Mees*

Zwei-Faktoren-Theorie der Intelligenz [engl. *two-factor theory of intelligence*], *Intelligenzfaktoren*.

Zweifaktorentheorie der retroaktiven Hemmung [engl. *two-factor theory of retroactive inhibition*; lat. *retro* zurück, *activus* tätig], **[KOG]**, Bez. für den Vorgang, dass die interpolierte Hemmung (d. h. das Lernen der zweiten Reihe nach dem *Lernen* der ersten und vor dem Prüfen der ersten Reihe) an zwei Orten ansetzt: (1) Während des interpolierten Lernens findet zunehmendes *Verlernen* der ursprünglichen Responses statt, und (2) die nach dem interpolierten Lernen noch verfügbaren Responses leiden bei der Prüfung unter den rivalisierenden interpolierten Responses. Melton & Irwin 1940.

Zweifaktorentheorie des Vergessens [engl. *two-factor theory of forgetting/oblivion*], **[KOG]**, Bez. dafür, dass die beiden Faktoren *Interferenz* und *Anwärmverlust* zus.wirken bei der Prüfung des Lernerfolgs nach einem Intervall. *Gedächtnis*.

Zweikomponentenmodell des Copings [engl. *two-component model of coping*], *Lebensbewältigung im Alter*.

Zwei-Personen-Nullsummenspiel [engl. *two-person zero-sum game*], **[SOZ]**, ist eine Spielregel, nach der in jeder einzelnen Partie der Gewinn eines Spielers gleich dem Verlust des Gegenspielers ist. *Theorie der Spiele*, *Gefangenendilemma-Spiel*.

Zweiprozessmodelle der Persuasion [engl. *dual process models of persuasion*; lat. *persuadere* überzeugen], **[KOG, SOZ]**, Theorien der *Persuasion*, die zwei Verarbeitungswege unterscheiden; z. B. das *Elaborations-Wahrscheinlichkeit-Modell* und das heuristisch-systematische Modell (*heuristisch-systematisches Modell (HSM)*). *Einstellungsänderung*, *Werbewirkung*. *G. Bohner*

Zwei-Prozess-Theorie von Mowrer und Miller [engl. *two-process theory of Mowrer and Miller*], *Angst*, *Zwei-Prozess-Theorie*.

Zwei-Punkt-Diskrimination [engl. *two-point discrimination in tactile sensation*; lat. *discriminare* unterscheiden], **[WA]**, bez. in der taktilen Sinnesmodalität den Mindestabstand zw. zwei Reizpunkten, um diese noch voneinander getrennt wahrnehmen zu können (*Raumschwelle*). Sie ist für versch. Körperregionen unterschiedlich (zw. ca. 1 und 70 mm), besonders hoch an der Zungenspitze (ca. 1,7 mm), an den Lippen (2–4 mm), Fingerkuppen (ca. 3 mm), am Daumen (ca. 4 mm) i. Ggs. zu Rücken (ca. 65 mm), Nacken (ca. 55 mm) oder Wade (ca. 48 mm). Birbaumer & Schmidt 2010. *C. Kiese-Himmel*

Zweistichproben-Chi-Quadrat-Test, Spezialfall des *Chi-Quadrat-Tests* zur Prüfung des Zusammenhangs eines dichotomen und eines mehrkategoriellen (mind. nominalskalierten) Merkmals in einer 2xk-Kontingenztabelle. Kann auch als Verfahren des Vergleichs der Verteilung eines kategorialen Merkmals zw. zwei Gruppen betrachtet werden. Es wird die *Hypothese* geprüft, dass die Wahrscheinlichkeit der Kategorien des mehrkategoriellen Merkmals nicht von der Gruppenzugehörigkeit abhängen. *Korrelation*, *Statistische Datenanalyseverfahren*. Eid et al. 2013.

Zwei-Stufen-Fluss der Kommunikation (= Z.) [engl. *two-step flow of communication*], Lazarsfeld et al. (1944), [**MD, SOZ**], der Z. formuliert die Annahme, dass Medieninhalte in einem zweistufigen Fluss Wirkung entfalten, der maßgeblich durch interpersonale *Kommunikation* (= K.) geprägt ist. Die zentrale Aussage des Z. lautet, dass die Medien (*Medienwirkungen*) weniger direkten Einfluss auf die Veränderbarkeit von Meinungen haben, sondern eher bereits bestehende Meinungen verstärken, da die Rezipienten selektiv Inhalte rezipieren, die sie in ihrem Meinungsbild unterstützen. Wichtiger für die Wirkung auf *Einstellungsänderungen* sind hingegen die sozialen Netzwerke (*soziale Netzwerke im Internet*), in denen die Mediennutzer in ihrem Alltag eingebettet sind. Diese zw.menschlichen Beziehungen und die interpersonale K. innerhalb der Netzwerke müssen vor dem Status der Menschen in ihrem sozialen Umfeld gesehen werden. Der Z. führt hier die Unterscheidung zw. Meinungsführern (*Opinion-Leader*) und Meinungsfolgenden (*Opinion-Follower*) ein, die in ihrem sozialen Umfeld auf die Meinungsbildung als Meinungsführer entspr. Einfluss nehmen oder sich als Meinungsfolgende an der Meinung der Meinungsführer in ihrer Nähe orientieren. Die Hypothesen des Z. basieren auf einer im US-amerikanischen Präsidentschaftswahlkampf von 1940 (Amtsinhaber F. D. Roosevelt für die Demokraten gegen W. L. Willkie für die Republikaner) durchgeführten repräsentativen *Panelbefragung* (*Interview*). Annäherd 3000 Befragte wurden hierzu über einen Zeitraum von sieben Monaten im Vorfeld der Wahlen im Erie-County in Ohio befragt. Die Panelbefragung unterteilte die Befragten in vier Panels ($n = 600$), wobei ein Hauptpanel monatlich befragt wurde und drei Kontrollgruppen nur jew. einmal wiederholt befragt wurden. Während über die Kontrollgruppen in erster Linie Methodeneffekte der wiederholten Befragung geprüft wurden, lagen die Befragungszeitpunkte des Hauptpanels in der Hochzeit des Vorwahlkampfes, um etwa Veränderungen in den Wahlabsichten durch die für den US-amerikanischen Wahlkampf zentralen Wahlparteitage zu erfassen. Der letzte Erhebungszeitpunkt lag unmittelbar nach dem Wahltag im November 1940. Die Vpn wurden regelmäßig zu evtl. Meinungsumschwüngen sowie ihrem Kontakt mit wahlkampfbezogener K. befragt, wobei hier alle K.formen, von der Massenk. über direkten Kampagnenkontakt bis zu persönlichen Gesprächen, Berücksichtigung fanden. Zusätzlich sammelten die Autoren persönlichkeitsbezogene Daten, die als mögliche Einflussfaktoren der politischen Präferenz der Befragten analysiert wurden. Sie konnten i. R. der Studie zeigen, dass bei der Mehrheit der Befragten die Parteipräferenzen stabil bleiben und die Mediennutzung eher der Untermauerung bereits bestehender Einstellungen dient, was sich auch in der selektiven Nutzung von Medienangeboten widerspiegelt. Die Autoren formulieren hier explizit, dass das *mentale Set* der Rezipienten, ihre Einstellungen und Wünsche, wie eine Panzerung gegenüber der medialen Beeinflussbarkeit funktionieren. Dabei sind vor allem die sich selbst als Meinungsführer wahrnehmenden Befragten stärkere Mediennutzer. Diese Beobachtung ist vor dem Hintergrund der Diskussion um Mediennutzungsfrequenzen interessant: Nicht ein stärkerer Einfluss bei hohen Nutzungsfrequenzen, sondern gegenteilig eine stärkere Beeinflussbarkeit aufgrund geringer Mediennutzung ist beobachtbar und in Zusammenhang mit der Selbstcharakterisierung als Meinungsfolgender zu sehen. Für den größeren Einfluss der interpersonalen Beziehungen ist neben dem geringeren Informationsgrad der Meinungsfolgenden vor allem die direkte *Face-to-Face*-K.situation ausschlaggebend. Die Autoren sprechen vom psychol. Vorteil, von *molecular pressure* (1944), der interpersonalen K.situation, die zuletzt zur Homogenität politischer Einstellungen in der sozialen *Gruppe* führen kann. Der Z. wirkt folglich gerade erst durch die sozialen Rahmenbedingungen, die gegenüber massenmedialen Medienangeboten darüber hinaus die Nutzung persuasiver K.angebote flexibilisiert und kontextabhängig selektiert, wie etwa die beobachtete Distribution von Medienangeboten – die Weitergabe einzelner Artikel – durch Meinungsführern i. R. der Studie belegt. Diese indirekte Wirkung der Medienangebote auf Personen, die sich eher durch ein geringeres *Involvement* und schwächere Nutzung massenmedialer Informationsquellen auszeichnen, führt zur Formulierung der geläufigsten Hypothese der Autoren: «Ideas often flow *from* radio and print *to* the opinion-leaders and *from* them to the less active sections of the population.» In den kritischen Würdigungen des Z. hat insbes. das Konzept des Meinungsführers Anlass zur Diskussion gegeben, da die Einordnung der Personen in Meinungsführer und Meinungsfolgende i. R. zweier genereller Selbstauskünfte erhoben wurde («Haben Sie in letzter Zeit versucht, jemanden von Ihren politischen Vorstellungen zu überzeugen?»/«Wurden Sie in letzter Zeit von jemandem um politischen Rat gefragt?»). Die hiermit verbundene Zweiteilung in Führende und Folgende wurde als nicht geeignet hinsichtlich der Komplexität sozialer Beziehungsgefüge sowie möglicher Rollenwechsel thematisiert, ebenso kennt der Z. keine Abstufungen der *Rollen*. Die Kritik hinsichtlich einer mangelhaften Berücksichtigung der historischen Situation der Wahlkampfforschung der 1940er-Jahre trifft indes nur bedingt zu, da die Veränderung der Wählerschaft sowie die Ausdifferenzierung des Mediensystems bewusst berücksichtigt wurden und gerade in der sehr ausführlichen soziografischen Analyse der Bewohner des County dargelegt wurden. Der Z. kann darüber hinaus für sich in Anspruch nehmen, als frühe Studie zur crossmedialen Mediennutzung beigetragen zu haben, da nicht ein einzelnes Medium und dessen Inhalte, sondern insbes. die Nutzungsbeziehungen zw. Hörfunk und Printmedien analysiert wurden. Der Stellenwert des Z. für die Medienwirkungsforschung ist letztendlich einem beiläufigen Entdecken des Meinungsführerkonzeptes zu verdanken, das forschungsgeschichtlich häufig als Ausgangspunkt eines Richtungswechsels innerhalb der Medienwirkungsforschung – i. S. einer Abkehr von reinen Reiz-Reaktions-Modellen – interpretiert wird. Die Entstehung des Z. verdankt sich weniger einer expliziten Untersuchung interpersonaler K.beziehungen, sondern in erster Linie einer demoskopischen forschungsleitenden Frage, die aufgrund einer zunehmenden Zahl unentschlossener oder parteipolitisch nicht festgelegter Wähler die Wahldemoskopie nach alternativen Vorhersagemodellen Ausschau halten ließ. Der Z. verbindet hier zum Zwecke der Vorhersage des Wählerverhaltens persönliche Lebensbedingungen und die Nutzung von Informationsquellen in Bezug auf Kandidatenpräferenzen in einer soziografischen Studie. Der Z. versucht damit explizit, aus Präferenzen der Befragten, soziodemografischen Merkmalen und K.stimuli eine bessere Prognose des Wählerverhaltens abzuleiten. Die Erie-Studie stellt in Hinsicht auf das Meinungsführerkonzept nur einen Auftakt dar. Die in der Fachdiskussion aufgeworfenen Kritiken wurden in der Folge bereits durch die Autoren in Anschlussstudien im Forschungsprogramm des *Bureau of Applied Social Research der Columbia University* meth. präzisiert (Columbia-Studien). Langenbucher 2008. *T. Meitz*

zweites Signalsystem (= z. S.) [engl. *second signal system*], **[KOG]**, die menschlichem Tätigsein zugrunde liegende Erfahrung sah der russische Physiologe Pawlow in zwei miteinander interagierenden Systemen organisiert: (1) Mittels des ersten *Signal*systems gewinnen Objekte für den Menschen in gleicher Weise wie für das Tier spezif. Bedeutungen. (2) Das nur beim Menschen anzutreffende z. S., das das erste gleichsam überlagert, soll die Grundlage für sprachliche *Kommunikation* (*Sprache*) und menschliches *Bewusstsein* bilden. Bei der Konstituierung der Einheiten des z. S. sollen zentrale propriozeptive Komponenten der Sprechmotorik eine wesentliche Rolle spielen (Sokolov 1963, Sokolov et al. 1970). *Sprache, innere, Sprachentwicklung, Vermittlungstheorie, labeling, symbolische Prozesse.* *G. Kaminski*

Zweitspracherwerb [engl. *second language acquisitio*n], *Fremdsprachenerwerb*.

Zweizeilenkorrelation *punktbiseriale Korrelation*.

z-Wert [engl. *z-value*], **[DIA, FSE]**, ein durch lineare *Transformation* gewonnener *Standardwert*, der auf eine Verteilung mit einem Mittelwert $M = 100$ und einer Standardabweichung $s = 10$ bezogen ist. *Normierung, Normskalen.*

Zwillinge, Identitätsentwicklung [engl. *development of the identity of twins*], **[EW, PER]**, ist in der Entwicklungsps. der besondere Fall der *Entwicklung* einer persönlichen *Identität* in der Situation, dass Tag und Nacht ein Doppelgänger vorhanden ist. Das visuelle Selbsterkennen gilt als Merkmal dafür, dass Kinder mit etwa 18 Monaten ein Bewusstsein der eigenen Existenz, des *Selbst*, besitzen. Als Test für das Selbsterkennen hat sich der *Rouge-Test* etabliert. Sollen sich Kinder auf Fotos selbst erkennen, so gelingt das Einzel- und Geschwisterkindern mit knapp zwei Jahren. Zwillinge (= Z.) hinken im Tempo hinterher. Vor allem monozygote (eineiige) Z., d. h. genetisch nahezu identische Z., die sich sehr ähnlich sehen, halten das Kind auf dem Foto zunächst für ihr Z.geschwister statt für sich selbst. Doch auch ihnen gelingt ein paar Monate später das Selbsterkennen auf Fotos fehlerfrei. Zu Beginn der *Pubertät* zeigen Studien, dass sich Z. bewusst von ihrem Doppelgänger unterscheiden wollen. Bei monozygoten Z. scheint dennoch eine bes. Verbindung bestehen zu bleiben, die über sonstige Geschwisterbeziehungen hinausgeht. Als möglicher Grund dafür wird die Ähnlichkeit diskutiert, die auch die *Identitätsentwicklung* monozygoter Z. besonders prägen könnte, da sie es ermöglicht, sich selbst im anderen wiederzuerkennen. Dennoch gelingt es auch jedem einzelnen monozygoten Z., sich als Person mit eigenständiger *Identität* zu erleben. Watzlawik & Clodius 2007, Deutsch et al. 2011. *P. Sandhagen*

Zwillinge, Mehrlinge (= Z.) [engl. *twins, multiples*], **[PER]**, in einer Schwangerschaft gleichzeitig entwickelte Kinder. Z. entstehen zweieiig (= ungleicherbig, zweikeimig, wenn zwei (bei Mehrlingen mehr) Eier durch zwei (oder mehr) Samenfäden befruchtet werden (= ZZ). Sie entstehen eineiig (= erbgleich, einkeimig), wenn nach der Befruchtung eine Spaltung des Keimes eintritt (= EZ). Ist das Geschlecht verschieden, spricht man auch von PZ (Pärchenzwillinge, Geschwisterzwillinge). Bei EZ sind PZ nicht möglich. *Erblichkeit, Verhaltensgenetik.*

Zwillinge, Sprachentwicklung [engl. *development of the language of twins*], **[EW, KOG]**, ist in der Entwicklungsps. ein Aspekt der *Sprachentwicklung* unter der Bedingung einer in mehrfacher Hinsicht bes. Geschwisterkonstellation. Zwillinge (= Z.) sind gleich alt und teilen, wenn sie gemeinsam aufwachsen, von Anfang an ihre soziale Umgebung. Monozygote (eineiige) Z. sind zudem genetisch identisch (*Genetik*, *Verhaltensgenetik*); dizygote (zweieiige) Z. unterscheiden sich in ihrer genetischen Übereinstimmung nicht von anderen Geschwistern (*Zwillingsforschung*). Bei der Sprachentwicklung erlebt jeder Zwilling oft eine triadische Sprachlernumwelt statt der dyadischen von Einzelkindern und damit oft weniger geteilte Aufmerksamkeit und sprachliche Förderung durch die Bezugsperson (oft die Mutter). Z. haben aufgrund des gleichen Alters meist einen ähnlichen Sprachentwicklungsstand, während sich jüngere Kinder in anderen Geschwisterkonstellationen meist an sprachlich bereits fortgeschrittenen älteren Geschwistern orientieren können. Studien beschreiben einen Rückstand bei Z. im verbalen Bereich. In der Pronomenentwicklung weisen Z. ein geringeres Tempo auf als Einzel- und Geschwisterkinder. Dabei liegen dizygote Z. im Tempo zw. Einzel-/Geschwisterkindern und monozygoten Z. Einige Z. verwenden sog. *Duale*, das sind von den Z. selbst gewählte Personenbezeichnungen, die die Kinder für jedes Z.kind einzeln, aber auch als Paarbezeichnung verwenden. Deutsch et al. 2001, Deutsch et al. 2011. *P. Sandhagen*

Zwillingsdiagnose [engl. *twin diagnosis*], **[BIO, PER]**, für die Unterscheidung nach eineiigen (= EZ) und zweieiigen (= ZZ) Zwillingen ist eine sog. Ähnlichkeitsdiagnose mit Merkmalen aufgebaut worden, die bei EZ immer oder fast immer, bei ZZ dagegen seltener übereinstimmen: Blutgruppe, Augenfarbe, Haarfarbe, Hautfarbe, Form von Auge, Ohr, Lippen, Zahnstellung, Fingerleisten u. a. Heute werden zur Erhöhung der Treffsicherheit der Diagnose biochemische Parameter benutzt. *Zwillingsforschung.* Vandenberg 1966.

Zwillingsforschung (= Z.) [engl. *twin research*], **[EW, FSE, PER]**, eine Methode der *Verhaltensgenetik*, meist verwendet zur Abschätzung der quant. Anteile von Anlage und Umwelt (*Anlage-Umwelt*). Das Ausmaß, der Anteil der genetischen Varianz eines Merkmals (z. B. IQ) an der Gesamtvarianz des Merkmals in der betrachteten Population (die *Erblichkeit* des Merkmals in der Population) wird durch den Vergleich von ein- und zweieiigen Zwillingen geschätzt (*Heritabilitäts-Index, Zwillingsstudien*). Neuerdings wird die Z. auch verwendet, um Umwelteinflüsse strikt von genetischen Einflüssen zu trennen, indem Merkmalsunterschiede eineiiger Zwillinge mit Umweltunterschieden dieser Zwillinge korreliert werden (*Kontrollzwillingsdesign*; Caspi et al. 2004). Dieser Ansatz vermeidet den typischen Fehler der Sozialisationsforschung, aus Korrelationen zw. Umwelt- und Persönlichkeitsmerkmalen auf Umwelteinflüsse zu schließen, denn die Umweltunterschiede können z. T. auf genetischen Unterschieden beruhen (*Genom-Umwelt-Korrelation*). Historisch war die Z. doppelt belastet. Zum einen führten in England, Frankreich und Dt. Fehlinterpretationen von Darwins Prinzip der natürlichen *Selektion* zur *Eugenik* bis hin zur nationalsozialistischen «Rassenhygiene» durch gezielte Tötung von insbes. Juden und psychiatrischen Pat., die als «genetisch minderwertig» angesehen wurden. Hierbei koexistierte eine seriöse empirische Forschung wie z. B. die Z. von *Kurt Gottschaldt* mit den rassehygienischen Arbeiten von Otmar von Verschuer bis hin zu den Verbrechen des KZ-Arztes Josef Mengele, der bei von Verschuer promoviert hatte. Zum anderen förderte ein Skandal um Publikationen des Briten Cyril L. Burt in den 1960er-Jahren, die vermutlich auf der Verfälschung oder gar Erfindung von Zwillingsdaten beruhten, den schlechten Ruf der Z. Dieses Handicap wirkte sich aber langfristig günstig aus, da die Z. unter bes. Druck stand, solide Daten vorzulegen. Heute gehören ihre Ergebnisse zu den am besten replizierbaren Ergebnissen der Persönlichkeitsforschung. Asendorpf & Neyer 2012.

J. B. Asendorpf

Zwillingsmethode [engl. *twin method*], *Anlage-Umwelt, Zwillingsstudien.*

Zwillingsmodell, multivariates [engl. *multivariate twin-model*], *multivariate genetische Analysen.*

Zwillingsstudien [engl. *twin studies*], **[EW, FSE]**, die meisten verhaltensgenetischen Studien (*Verhaltensgenetik*) bedienen sich der Zwillingsmethode (*Zwillingsforschung*). Zwei Arten von Zwillingsstudien werden unterschieden: die Untersuchung getrennt aufgewachsener eineiiger Zwillinge (EZ) und der Vergleich der Ähnlichkeiten gemeinsam aufgewachsener EZ und zweieiiger Zwillinge (ZZ). Mitunter wurden auch getrennt aufgewachsene ZZ untersucht.

Getrennt aufgewachsene EZ: Die *Intraklassenkorrelation* zw. den Merkmalsausprägungen getrennt aufgewachsener EZ schätzt die *Erblichkeit* des jeweiligen Merkmals, wenn die Z.geschwister in unkorrelierten Umwelten aufwuchsen, d. h., ihre Umwelten sich nicht stärker ähnelten als die nicht verwandter Personen. Zudem sollten die getrennt aufgewachsenen Z.paare nicht wegen bes. großer phänotypischer Ähnlichkeit überhaupt ins Blickfeld der Forscher geraten sein. Eine bes. umfangreiche Studie an getrennt aufgewachsenen EZ ist die am Minnesota Center for Twin and Adoption Research (MICTAR) durchgeführte *Minnesota Twin and Family Study* (Bouchard et al. 1990). Mehr als 100 getrennt aufgewachsene Z.paare bzw. Drillinge aus den Vereinigten Staaten, Großbritannien, Australien, Kanada, China, Neuseeland, Schweden und Dt. nahmen seit 1979 daran teil und wurden ausgiebig untersucht.

Vergleich gemeinsam aufgewachsener EZ und ZZ: Dies ist ein häufig realisierter Untersuchungsansatz. In einige Studien wurden mehrere tausend Z.paare einbezogen. Hinzu kommt, dass in den skandinavischen Staaten Z.register existieren, die es ermöglichen, bevölkerungsrepräsentative Stichproben zur Teilnahme einzuladen. Die in diesen Untersuchungsansatz eingehende sog. *equal environments assumption*, derzufolge die Umwelt zur Ähnlichkeit EZ nicht stärker beiträgt als zur Ähnlichkeit ZZ, trifft offenbar zu: Zwar wachsen EZ in ähnlicheren Umwelten auf als ZZ, aber dies dürfte die Folge und nicht die Ursache ihrer erhöhten Verhaltensähnlichkeit sein (Borkenau et al. 2002). *Korrelationen* zw. gemeinsam aufgewachsenen Z. werden heute zumeist mit *Strukturgleichungsmodellen* analysiert. Liegen außer den Messwerten der Z. keine weiteren Daten vor, so wird angenommen, bei EZ korrelierten die genetischen Einflüsse zu 1.00, während für ZZ die Korrelation der additiven genetischen Einflüsse 0.50 und die der nichtadditiven genetischen Einflüsse (*Dominanzeffekte*) 0.25 betrage. Weiterhin seien bei beiden Arten von Zwillingen die Effekte der gemeinsamen Umwelt zu 1 und die der spezif. Umwelt zu 0 korreliert. Diese Annahmen implizieren, dass bei Vorliegen von Epistase (*Verhaltensgenetik*) die Erblichkeiten überschätzt und bei selektiver Partnerwahl die genetischen Einflüsse zugunsten der Bedeutung der gemeinsamen Umwelt unterschätzt werden. Diese Mehrdeutigkeiten lassen sich durch die Berücksichtigung weiterer Verwandtschaftskonstellationen überwinden. Bedeutende Z.studien sind die *NMSQT-Studie* von Loehlin und Nichols (1976), die *Swedish Adoption/Twin Study of Aging (SATSA*; Pedersen et al. 1991), die *Finnish Twin Cohort Study* (Rose et al. 1988), in der alle ca. 12000 EZ und gleichgeschlechtlichen ZZ untersucht wurden, die 1940–1957 in Finnland geboren wurden, eine australische Studie von Lake et al. (2000) sowie die längsschnittliche *Twins Early Development Study (TEDS)* zur Intelligenz- und Sprachentwicklung ab dem frühesten Kindesalter, an der mehr als 15000 Z.paare aus England und Wales beteiligt sind (Trouton et al. 2002). Ebenso wie die TEDS liefert die längsschnittliche *Louisville-Z.studie* (Wilson 1983), in der mehrere hundert Z.paare vom 3. Lebensmonat bis zum 15. Lebensjahr 15-mal getestet wurden, interessante Aufschlüsse über genetische Einflüsse auf Entwicklungsprozesse. Aus dem dt. Sprachraum sind die *Genetisch orientierte Lebensspannenstudie zur Differentiellen Entwicklung (GOLD)*, die *Bielefelder Längsschnittstudie an erwachsenen Z.* (Riemann et al. 1997; Spinath et al. 2002) sowie die *Deutsche Beobachtungsstudie an erwachsenen Z.* (Borkenau et al. 2001) zu erwähnen. *Anlage-Umwelt.*

P. Borkenau/F. M. Spinath

Zwischenhirn [engl. *interbrain*], [**BIO**], syn. *Dienzephalon* [engl. *diencephalon*], Verknüpfungsstelle von vegetativem *Nervensystem* und *Zentralnervensystem*. *Gehirn*.
Zwischenvariable *Variable, intervenierende*.
Zwitter [engl. *hybrid, hermaphrodite*], *Hermaphroditismus*.
Zygote [engl. *zygote*; gr. ζυγωτός *(zygotos)* durch ein Joch verbunden], [**BIO**], befruchtete Eizelle, Verschmelzungsprodukt aus den *Gameten*.
Zyklografie, Zyklogramm [gr. κύκλος *(kyklos)* Kreis, γράφειν *(graphein)* schreiben], *Lichtspurverfahren*.
Zyklopenauge [engl. *cyclopean eye*; gr. κύκλωπες *(kyklopes)* Kreisäugige), [**WA**], Punkt zw. beiden Augen, Ursprung der erlebten visuellen Richtung. Bei monokularer Betrachtung scheint ein Stab, der obj. auf ein Auge zeigt, auf einen Punkt zw. beiden Augen zu zeigen. *Sehrichtungen, identische*. *H. Heuer*
Zyklopyrone (= Z.) [engl. *cyclopyrones*], [**PHA**], Substanzklasse von *Psychopharmaka* aus der Gruppe der *Hypnotika*. Hauptvertreter ist *Zopiclon*. Trotz abweichender chem. Struktur weisen Z. ein mit *Benzodiazepinen* z. T. vergleichbares Wirkprofil auf. Z. werden auch für die anästhesiolog. Prämedikation eingesetzt. *Z-Substanzen*. Aktories et al. 2005. *W. Janke*
Zyklothymie, Zyklothyme Störung *Bipolare Störungen*.
Zyniker [engl. *cynic*; gr. κύων *(kyon)* Hund], verächtlich, destruktiv-skeptisch, dokumentiert sich häufig in abwertenden Äußerungen. *Kyniker, Zynismus, politischer*.
Zynismus, politischer (p. Z.) [engl. *political cynicism*; gr. κύων *(kyon)* Hund], [**SOZ**], als Begriff abgeleitet von der gr. Philosophenschule der Kyniker, bez. eine verächtliche, destruktiv-skeptische Grundhaltung gegenüber der Welt, der Gemeinschaft und ihren Werten. In der Kommunikation beinhalten zynische Äußerungen eine Abwertung des Partners oder seiner Äußerungen. P. Z. ist eine Extremform der Politikverdrossenheit, die durch ein grundlegendes Misstrauen gegenüber den Motiven und Aktionen von Politikern gekennzeichnet ist. Insbes. Verantwortungslosigkeit, Klientelpolitik, Korruption und andere politische Skandale tragen zum p. Z. bei. *S. Preiser/C. Beierlein*
Zytokine (= Z.) [engl. *cytokines*], [**BIO, PHA**], Botenstoffe der Zellen des *Immunsystems*, die Wachstum und Differenzierung von Zellen regulieren. Im Zentralnervensystem (*Nervensystem*) werden Z. von Astrozyten und Zellen der Mikroglia produziert. Wichtige Zellen des Immunsystems sind B-Zellen und T-Zellen, zu denen die T-Helfer-Zellen (TH-Zellen) gehören. Nach ihren Z.sekretionsmustern lassen sich die TH-Zellen in zwei Subpopulationen differenzieren, die TH1-Zellen und TH2-Zellen. TH1-Zellen sezernieren v. a. Interleukin (IL)-2 und Interferon (IFN)-γ. Wichtige TH2-Zellen sind dagegen IL-4, IL-5 und IL-10. Die unterschiedlichen TH1- und TH2-Zellen fördern unterschiedliche Immunantworten, die entspr. als Typ-1- und Typ-2-Immunantwort bez. werden. Die Typ-1-Immunantwort aktiviert die zellvermittelte Immunantwort gegen Viren und Bakterien. Die Typ-2-Immunantwort fördert dagegen die B-Zell-Reifung und die Produktion von Antikörpern. Bei der *Schizophrenie* wird im Bereich der *Psychoneuroimmunologie* ein Überwiegen der Typ-2-Immunantwort gegenüber der Typ-1-Immunantwort angenommen. Es gibt weiterhin sog. proinflammatorische Z. wie IL-1, IL-6, und Tumornekrosefaktor-α (TNF-α), die an Entzündungsreaktionen beteiligt sind. Ihre übermäßige Produktion soll eine Rolle in der *Depression* spielen. Z. sind auch am Auftreten von allergischen Reaktionen als *Nebenwirkungen* auf *Psychopharmaka* beteiligt. Dies können bspw. Hautreaktionen unter der Therapie mit *Phasenprophylaktika* wie *Carbamazepin* sein. Himmerich 2012. *H. Himmerich*
Zytokinhypothese der Depression [engl. *cytokine hypothesis of depression*]; *Depression, Neurobiologie der*.

III.1: Klassifikationstabellen

Kode	Diagnose	DSM-5-Diagnosen mit direkter Kode-Entsprechung Hierbei sind sowohl die in der deutschsprachigen Version des DSM-5 genutzten F-Kodes als auch die in der amerikanischen Originalversion des DSM-5 aufgeführten fünfstelligen Ziffernkodes aufgeführt. DSM-5-Diagnosen, die zwar eine inhaltliche Entsprechung aufweisen, jedoch unter einem anderen, nicht dem ICD-Kode entsprechenden, Kode (und somit an anderer Stelle oder gar nicht in der F-Gruppe) aufgeführt sind, werden in der Tabelle nicht aufgeführt.
F00	**Demenz bei Alzheimer-Krankheit** Anmerkung 1: Mit einer fünften Stelle können die verschiedenen Formen der Demenz in der ICD wie folgt näher bezeichnet werden: .x0 ohne zusätzliche Symptome, .x1 mit zusätzlichen Symptomen, vorwiegend wahnhaft, .x2 mit zusätzlichen Symptomen, vorwiegend halluzinatorisch, .x3 mit zusätzlichen Symptomen, vorwiegend depressiv, .x4 mit zusätzlichen gemischten Symptomen; mit einer sechsten Stelle kann die Demenz in der ICD wie folgt näher bezeichnet werden: .xx0 leicht, .xx1 mittelgradig, .xx2 schwer Anmerkung 2: Ein x anstelle der vierten Ziffer zeigt an, dass je nach Subtyp (siehe Klammern) unterschiedliche Kodes vergeben werden müssen. Diese werden jedoch aus Gründen der Übersichtlichkeit nicht einzeln aufgeführt.	
F00.0	mit frühem Beginn	294.1x (F02.8x) Schwere neurokognitive Störung (mit oder ohne Verhaltensstörung kodierbar) – aufgrund einer wahrscheinlichen (bzw. möglichen) Alzheimer-Erkrankung
F00.1	mit spätem Beginn	
F00.2	atypische oder gemischte Form	
F00.9	nicht näher bezeichnet	
F01	**Vaskuläre Demenz**	
F01.0	Vaskuläre Demenz mit akutem Beginn	290.40 (F01.5x) Schwere neurokognitive Störung, wahrscheinlich (bzw. möglicherweise) aufgrund einer vaskulären Erkrankung (mit oder ohne Verhaltensstörung)
F01.1	Multiinfarkt-Demenz	
F01.2	Subkortikale vaskuläre Demenz	
F01.3	Gemischte kortikale und subkortikale vaskuläre Demenz	
F01.8	Sonstige vaskuläre Demenz	
F01.9	Vaskuläre Demenz, nicht näher bezeichnet	
F02	**Demenz bei anderenorts klassifizierten Krankheiten**	
F02.0	bei Pick-Krankheit	294.1x (F02.8x) Schwere neurokognitive Störung (mit oder ohne Verhaltensstörung kodierbar) – aufgrund einer wahrscheinlichen (bzw. möglichen) frontotemporalen Lobärdegeneration – aufgrund einer wahrscheinlichen (bzw. möglichen) Lewy-Körper-Demenz – aufgrund eines Schädel-Hirn-Traumas – aufgrund einer HIV-Infektion
F02.1	bei Creutzfeldt-Jakob-Krankheit	
F02.2	bei Chorea Huntington	
F02.3	bei primärem Parkinson-Syndrom	
F02.4	bei HIV-Krankheit	

III. Anhang

Kode	Diagnose	DSM-5-Diagnosen mit direkter Kode-Entsprechung
F02.8	bei anderenorts klassifizierten Krankheitsbildern	– aufgrund einer Prionen-Erkrankung – wahrscheinlich (bzw. möglicherweise) aufgrund einer Parkinson-Erkrankung – aufgrund einer Huntington-Erkrankung – aufgrund eines anderen medizinischen Krankheitsfaktors – aufgrund multipler Ätiologien
F03	Nicht näher bezeichnete Demenz	
F04	Organisches amnestisches Syndrom, nicht durch Alkohol oder andere psychotrope Substanzen bedingt	
F05	Delir, nicht durch Alkohol oder andere psychotrope Substanzen bedingt	
F05.0	Delir ohne Demenz	293.0 (F05) Delir aufgrund eines anderen medizinischen Krankheitsfaktors 293.0 (F05) Delir aufgrund multipler Ätiologien
F05.1	Delir bei Demenz	
F05.8	Sonstige Formen des Delirs	
F05.9	Delir, nicht näher bezeichnet	
F06	Andere psychische Störungen aufgrund einer Schädigung oder Funktionsstörung des Gehirns oder einer körperlichen Krankheit	
F06.0	Organische Halluzinose	293.82 (F06.0) Psychotische Störung aufgrund eines medizinischen Krankheitsfaktors: mit Halluzinationen
F06.1	Organische katatone Störung	293.89 (F06.1) Katatonie in Verbindung mit einer anderen psychischen Störung 293.89 (F06.1) Katatonie aufgrund eines anderen medizinischen Krankheitsfaktors 293.89 (F06.1) Nicht näher bezeichnete Katatonie
F06.2	Organische wahnhafte Störung	293.81 (F06.2) Psychotische Störung aufgrund eines medizinischen Krankheitsfaktors: mit Wahn
F06.3	Organische affektive Störungen F06.30 Organische manische Störung F06.31 Organische bipolare Störung F06.32 Organische depressive Störung F06.33 Organische gemischte affektive Störung	293.83 (F06.3x) Depressive Störung aufgrund eines anderen medizinischen Krankheitsfaktors (mit depressiven Merkmalen, mit Major-Depression-ähnlicher Episode, mit gemischten Merkmalen) 293.83 (F06.3x) Bipolare und verwandte Störungen aufgrund eines anderen medizinischen Krankheitsfaktors (mit manischen Merkmalen, mit Manie- oder Hypomanie-ähnlichen Episoden, mit gemischten Merkmalen)
F06.4	Organische Angststörung	293.84 (F06.4) Angststörung aufgrund eines anderen medizinischen Krankheitsfaktors
F06.5	Organische dissoziative Störung	–
F06.6	Organische emotional labile Störung	–
F06.7	Leichte kognitive Störung	–
F06.8	Sonstige näher bezeichnete organische psychische Störungen aufgrund einer Schädigung oder Funktionsstörung des Gehirns oder einer körperlichen Krankheit	294.8 (F06.8) Zwangsstörung und verwandte Störungen aufgrund eines anderen medizinischen Krankheitsfaktors 294.8 (F06.8) Andere näher bezeichnete psychische Störung aufgrund eines anderen medizinischen Krankheitsfaktors
F06.9	Nicht näher bezeichnete organische psychische Störung aufgrund einer Schädigung oder Funktionsstörung des Gehirns oder einer körperlichen Krankheit	–

III.1: Klassifikationstabellen

Kode	Diagnose	DSM-5-Diagnosen mit direkter Kode-Entsprechung
F07	Persönlichkeits- und Verhaltensstörung aufgrund einer Krankheit, Schädigung oder Funktionsstörung des Gehirns	
F07.0	Organische Persönlichkeitsstörung	310.1 (F07.0) Persönlichkeitsveränderung aufgrund eines anderen medizinischen Krankheitsfaktors
F07.1	Postenzephalitisches Syndrom	–
F07.2	Organisches Psychosyndrom nach Schädelhirntrauma	–
F07.8	Sonstige organische Persönlichkeits- und Verhaltensstörungen aufgrund einer Krankheit, Schädigung oder Funktionsstörung des Gehirns	–
F07.9	Nicht näher bezeichnete organische Persönlichkeits- und Verhaltensstörung aufgrund einer Krankheit, Schädigung oder Funktionsstörung des Gehirns	–
F09	Nicht näher bezeichnete organische oder symptomatische psychische Störung	
F10 – F19	Psychische und Verhaltensstörungen durch psychotrope Substanzen *Anmerkung 1: Die aufgeführten Klassifikationen spezifischer Formen nach ICD-10-GM gelten gleichermaßen für alle in der Gruppe F1 zusammengefassten psychotropen Substanzen. Dies wird durch ein x anstelle der zweiten Ziffer ausgedrückt (Substanzkennzeichnungsziffer: 0 = Alkohol, 1 = Opioide, 2 = Cannabinoide, 3 = Sedativa oder Hypnotika, 4 = Kokain, 5 = andere Stimulanzien, einschließlich Koffein, 6 = Halluzinogene, 7 = Tabak, 8 = flüchtige Lösungsmittel, 9 = multipler Substanzgebrauch und Konsum anderer psychotroper Substanzen).* *Anmerkung 2: DSM-5-Diagnosen, die zwar eine inhaltliche Entsprechung aufweisen, jedoch unter einem anderen, nicht dem ICD-Kode entsprechenden, Kode (und somit an anderer Stelle) aufgeführt sind, werden in der Tabelle nicht aufgeführt.* *Anmerkung 3: Ein x anstelle der dritten Ziffer zeigt an, dass je nach Subtyp (siehe Klammern) unterschiedliche Kodes vergeben werden müssen. Diese werden jedoch aus Gründen der Übersichtlichkeit nicht einzeln aufgeführt.*	
F1x.0	Psychische und Verhaltensstörungen: Akute Intoxikation F1x.00 ohne Komplikationen F1x.01 mit Verletzungen oder anderen körperlichen Schädigungen F1x.02 mit anderen medizinischen Komplikationen F1x.03 mit Delir F1x.04 mit Wahrnehmungsstörungen F1x.05 mit Koma F1x.06 mit Krampfanfällen F1x.00 pathologischer Rausch	305.00 bzw. 303.90 (F10.x) Störung durch Alkoholkonsum (leicht, mittel, schwer) 303.00 (F10.x) Alkoholintoxikation (ohne bzw. mit leicht-, mittel-, schwergradiger Substanzkonsumstörung) 291.81 (F10.x) Alkoholentzug (mit bzw. ohne Wahrnehmungsstörungen) 291.9 (F10.99) Nicht näher bezeichnete Störung im Zusammenhang mit Alkohol 305.50 bzw. 304.00 (F11.x) Störung durch Opioidkonsum (leicht, mittel, schwer) 292.89 (F11.x) Opioidintoxikation (ohne bzw. mit Wahrnehmungsstörungen; ohne bzw. mit leicht-, mittel-, schwergradiger Substanzkonsumstörung)
F1x.1	Psychische und Verhaltensstörungen: Schädlicher Gebrauch	292.0 (F11.23) Opioidentzug 292.9 (F11.99) Nicht näher bezeichnete Störung im Zusammenhang mit Opioiden 305.20 bzw. 304.30 (F12.x) Störung durch Cannabiskonsum (leicht, mittel, schwer) 292.89 (F12.x) Cannabisintoxikation (ohne bzw. mit Wahrnehmungsstörungen; ohne bzw. mit leicht-, mittel-, schwergradiger Substanzkonsumstörung)
F1x.2	Psychische und Verhaltensstörungen: Abhängigkeitssyndrom F1x.20 gegenwärtig abstinent F1x.21 gegenwärtig abstinent, aber in beschützender Umgebung	292.0 (F12.288) Cannabisentzug 292.9 (F12.99) Nicht näher bezeichnete Störung im Zusammenhang mit Cannabis

III. Anhang

Kode	Diagnose	DSM-5-Diagnosen mit direkter Kode-Entsprechung
	F1x.22 gegenwärtig Teilnahme an einem ärztlich überwachten Ersatzdrogenprogramm F1x.23 gegenwärtig abstinent, aber in Behandlung mit aversiven oder hemmenden Medikamenten F1x.24 gegenwärtiger Substanzgebrauch (aktive Abhängigkeit) F1x.25 ständiger Substanzgebrauch F1x.26 episodischer Substanzgebrauch (z. B. Dipsomanie)	305.40 bzw. 304.10 (F13.x) Störung durch Sedativa-, Hypnotika- oder Anxiolytikakonsum (leicht, mittel, schwer) 292.89 (F13.x) Sedativa-, Hypnotika- oder Anxiolytikaintoxikation (ohne bzw. mit leicht-, mittel-, schwergradiger Substanzkonsumstörung) 292.0 (F13.x) Sedativa-, Hypnotika- oder Anxiolytikaentzug (mit bzw. ohne Wahrnehmungsstörungen) 292.9 (F13.99) Nicht näher bezeichnete Störung im Zusammenhang mit Sedativa-, Hypnotika- oder Anxiolytika
F1x.3	Psychische und Verhaltensstörungen: Entzugssyndrom F1x.30 ohne Komplikation F1x.31 mit Krampfanfällen	305.60 bzw. 304.20 (F14.x) Störung durch Kokainkonsum bei Kokain (leicht, mittel, schwer) 292.89 (F14.x) Intoxikation durch Kokain (ohne bzw. mit Wahrnehmungsstörungen; ohne bzw. mit leicht-, mittel-, schwergradiger Substanzkonsumstörung) 292.0 (F14.23) Kokainentzug 292.9 (F14.99) Nicht näher bezeichnete Störung im Zusammenhang mit Kokain
F1x.4	Psychische und Verhaltensstörungen: Entzugssyndrom mit Delir F1x.40 ohne Krampfanfälle F1x.41 mit Krampfanfällen	
F1x.5	Psychische und Verhaltensstörungen: Psychotische Störung F1x.50 schizophrenieform F1x.51 vorwiegend wahnhaft F1x.52 vorwiegend halluzinatorisch (einschließlich Alkoholhalluzinose) F1x.53 vorwiegend polymorph F1x.54 vorwiegend depressive Symptome F1x.55 vorwiegend manische Symptome F1x.56 gemischt	305.70 bzw. 304.40 F (15.x) Störung durch Konsum von Stimulanzien des Amphetamin-Typus, anderer oder nicht näher bezeichneter Stimulanzien (leicht, mittel, schwer) 202.89 (F15.x) Intoxikation durch Amphetamine, andere oder nicht näher bezeichnete Stimulanzien (ohne bzw. mit Wahrnehmungsstörungen; ohne bzw. mit leicht-, mittel-, schwergradiger Substanzkonsumstörung) 292.0 (F15.23) Entzug bei Stimulanzien des Amphetamin-Typus, anderen oder nicht näher bezeichneten Stimulanzien 292.9 (F15.99) Nicht näher bezeichnete Störung im Zusammenhang mit Stimulanzien des Amphetamin-Typus, anderen oder nicht näher bezeichneten Stimulanzien
F1x.6	Psychische und Verhaltensstörungen: Amnestisches Syndrom	
F1x.7	Psychische und Verhaltensstörungen: Restzustand und verzögert auftretende psychotische Störung F1x.70 Nachhallzustände (Flashbacks) F1x.71 Persönlichkeits- oder Verhaltensstörung F1x.72 Residuale affektive Störung F1x.73 Demenz F1x.74 Andere anhaltende kognitive Beeinträchtigung F1x.75 Verzögernd auftretende psychotische Störung	305.90 (F15.929) Koffeinintoxikation 292.0 (F15.93) Koffeinentzug 292.9 (F15.99) Nicht näher bezeichnete Störung im Zusammenhang mit Koffein 305.90 bzw. 304.60 (F16.x) Störung durch Phencyclidinkonsum (leicht, mittel, schwer) 305.30 bzw. 304.50 (F16.x) Störung durch Konsum anderer Halluzinogene (leicht, mittel, schwer) 292.89 (F16.x) Phencyclidinintoxikation (ohne bzw. mit leicht-, mittel-, schwergradiger Substanzkonsumstörung) 292.89 (F16.x) Intoxikation durch andere Halluzinogene (ohne bzw. mit leicht-, mittel-, schwergradiger Substanzkonsumstörung)
F1x.8	Psychische und Verhaltensstörungen: Sonstige psychische und Verhaltensstörungen	292.89 (F16.983) Halluzinogeninduzierte persistierende Wahrnehmungsstörung
F1x.9	Psychische und Verhaltensstörungen: Nicht näher bezeichnete psychische und Verhaltensstörung	292.9 (F16.99) Nicht näher bezeichnete Störung im Zusammenhang mit Phencyclidin 292.9 (F16.99) Nicht näher bezeichnete Störung im Zusammenhang mit Halluzinogenen
		305.1 (F17.200) Mittlere bzw. schwere Störung durch Tabakkonsum 292.0 (F17.203) Tabakentzug 292.9 (F17.209) Nicht näher bezeichnete Störung im Zusammenhang mit Tabak

III.1: Klassifikationstabellen

Kode	Diagnose	DSM-5-Diagnosen mit direkter Kode-Entsprechung
		305.90 bzw. 304.60 (F18.x) Störung durch Inhalanzienkonsum (leicht, mittel, schwer) 292.89 (F18.x) Inhalanzienintoxikation (ohne bzw. mit leicht-, mittel-, schwergradiger Substanzkonsumstörung) 292.9 (F18.99) Nicht näher bezeichnete Störung im Zusammenhang mit Inhalanzien
		305.9 bzw. 304.9 (F19.x) Störung durch Konsum einer anderen (oder unbekannten) Substanz (leicht, mittel, schwer) 292.89 (F19.x) Intoxikation durch eine andere (oder unbekannte) Substanz (ohne bzw. mit leicht-, mittel-, schwergradiger Substanzkonsumstörung) 292.0 (F19.239) Entzug einer anderen (oder unbekannten) Substanz 292.9 (F19.99) Nicht näher bezeichnete Störung im Zusammenhang mit einer anderen (oder unbekannten) Substanz
F20	**Schizophrenie** *Anmerkung: Mit einer fünften Stelle können die Verlaufsbilder in der ICD kodiert werden: .x0 kontinuierlich, .x1 episodisch, mit zunehmendem Residuum, .x2 episodisch, mit stabilem Residuum, .x3 episodisch remittierend, .x4 unvollständige Remission, .x5 vollständige Remission, .x8 sonstige, .x9 Verlauf unsicher, Beobachtungszeitraum weniger als 1 Jahr.*	
F20.0	Paranoide Schizophrenie	–
F20.1	Hebephrene Schizophrenie	–
F20.2	Katatone Schizophrenie	–
F20.3	Undifferenzierte Schizophrenie	–
F20.4	Postschizophrene Depression	–
F20.5	Schizophrenes Residuum	–
F20.6	Schizophrenia simplex	–
F20.8	Sonstige Schizophrenie	295.40 (F20.81) Schizophrenieforme Störung
F20.9	Schizophrenie, nicht näher bezeichnet	295.90 (F20.9) Schizophrenie
F21	**Schizotype Störung**	
F22	**Anhaltende wahnhafte Störungen**	
F22.0	Wahnhafte Störung	297.1 (F22) Wahnhafte Störung
F22.8	Sonstige anhaltende wahnhafte Störungen	
F22.9	Anhaltende wahnhafte Störung, nicht näher bezeichnet	
F23	**Akute vorübergehende psychotische Störungen** *Anmerkung: Mit einer fünften Stelle kann das Vorliegen oder Fehlen von akuter Belastung in der ICD wie folgt kodiert werden: .x0 ohne akute Belastung, .x1 mit mit akuter Belastung.*	
F23.0	Akute polymorphe psychotische Störung ohne Symptome einer Schizophrenie	298.8 (F23) Kurze psychotische Störung
F23.1	Akute polymorphe psychotische Störung mit Symptomen einer Schizophrenie	

III. Anhang

Kode	Diagnose	DSM-5-Diagnosen mit direkter Kode-Entsprechung
F23.2	Akute schizophrenieforme psychotische Störung	
F23.3	Sonstige akute vorwiegend wahnhafte psychotische Störungen	
F23.8	Sonstige akute vorübergehende psychotische Störungen	
F23.9	Akute vorübergehende psychotische Störung, nicht näher bezeichnet	
F24	**Induzierte wahnhafte Störung**	
F25	**Schizoaffektive Störungen**	
F25.0	Schizoaffektive Störung, gegenwärtig manisch	295.70 (F25.0) Schizoaffektive Störung: bipolarer Typ
F25.1	Schizoaffektive Störung, gegenwärtig depressiv	295.70 (F25.1) Schizoaffektive Störung: depressiver Typ
F25.2	Gemischte schizoaffektive Störung	–
F25.8	Sonstige schizoaffektive Störungen	–
F25.9	Schizoaffektive Störung, nicht näher bezeichnet	–
F28	**Sonstige nichtorganische psychotische Störungen**	
F29	**Nicht näher bezeichnete nichtorganische Psychose**	
F30	**Manische Episode**	
F30.0	Hypomanie	–
F30.1	Manie ohne psychotische Symptome	–
F30.2	Manie mit psychotischen Symptomen F30.20 mit synthymen psychotischen Symptomen F30.21 mit parathymen psychotischen Symptomen	–
F30.8	Sonstige manische Episoden	–
F30.9	Manische Episode, nicht näher bezeichnet	–
F31	**Bipolare affektive Störung** *Anmerkung: Ein x anstelle der vierten oder fünften DSM-Ziffer zeigt an, dass je nach Subtyp (siehe Klammern) unterschiedliche Kodes vergeben werden müssen. Diese werden jedoch aus Gründen der Übersichtlichkeit nicht einzeln aufgeführt.*	
F31.0	Gegenwärtig hypomanische Episode	296.40 (F31.0) Bipolar-I-Störung: aktuelle oder letzte Episode hypoman
F31.1	Gegenwärtig manische Episode ohne psychotische Symptome	296.4x (F31.1x) Bipolar-I-Störung: aktuelle oder letzte Episode manisch (leicht-, mittel-, schwergradig)
F31.2	Gegenwärtig manische Episode mit psychotischen Symptomen F31.20 mit synthymen psychotischen Symptomen F31.21 mit parathymen psychotischen Symptomen	296.44 (F31.2) Bipolar-I-Störung: aktuelle oder letzte Episode manisch mit psychotischen Merkmalen

III.1: Klassifikationstabellen

Kode	Diagnose	DSM-5-Diagnosen mit direkter Kode-Entsprechung
F31.3	Gegenwärtig leichte oder mittelgradige depressive Episode F31.31 ohne somatisches Syndrom F31.32 mit somatischem Syndrom	296.5x (F31.3x) Bipolar-I-Störung: aktuelle oder letzte Episode depressiv (leicht-, mittelgradig)
F31.4	Gegenwärtig schwere depressive Episode ohne psychotische Symptome	296.53 (F31.4) Bipolar-I-Störung: aktuelle oder letzte Episode depressiv (schwergradig)
F31.5	Bipolare affektive Psychose, gegenwärtig schwere depressive Episode mit psychotischen Symptomen F31.50 mit synthymen psychotischen Symptomen F31.51 mit parathymen psychotischen Symptomen	296.54 (F31.5) Bipolar-I-Störung: aktuelle oder letzte Episode depressiv mit psychotischen Merkmalen
F31.6	Bipolare affektive Psychose, gegenwärtig gemischte Episode	–
F31.7	Bipolare affektive Psychose, gegenwärtig remittiert	Bipolar-I-Störung 296.4x (F31.7x) aktuelle oder letzte Episode manisch: teil- bzw. vollremittiert 296.4x (F31.7x) aktuelle oder letzte Episode hypoman: teil- bzw. vollremittiert 296.5x (F31.7x) aktuelle oder letzte Episode depressiv: teil- bzw. vollremittiert
F31.8	Sonstige bipolare affektive Störungen F31.80 Bipolar-II-Störung F31.81 bipolare Störung mit schnellem Phasenwechsel	296.89 (F31.81) Bipolar-II-Störung 296.89 (F31.89) Andere näher bezeichnete bipolare und verwandte Störungen
F31.9	Bipolare affektive Störung, nicht näher bezeichnet	Bipolar-I-Störung 296.40 (F31.9) aktuelle oder letzte Episode manisch: nicht näher bezeichnet 296.40 (F31.9x) aktuelle oder letzte Episode hypoman: nicht näher bezeichnet 296.50 (F31.9x) aktuelle oder letzte Episode depressiv: nicht näher bezeichnet 296.7 (F31.9x) aktuelle oder letzte Episode nicht näher bezeichnet 296.80 (F31.9) Nicht näher bezeichnete bipolare und verwandte Störungen
F32	**Depressive Episode**	
F32.0	Leichte depressive Episode F32.00 ohne somatisches Syndrom F32.01 mit somatischem Syndrom	296.21 (F32.0) Leichtgradige Major Depression: einzelne Episode
F32.1	Mittelgradige depressive Episode F32.10 ohne somatisches Syndrom F32.11 mit somatischem Syndrom	296.22 (F32.1) Mittelgradige Major Depression: einzelne Episode
F32.2	Schwere depressive Episode ohne psychotische Symptome	296.23 (F32.2) Schwergradige Major Depression: einzelne Episode
F32.3	Schwere depressive Episode mit psychotischen Symptomen F32.30 mit synthymen psychotischen Symptomen F32.31 mit parathymen psychotischen Symptomen	296.24 (F32.3) Major Depression: einzelne Episode mit psychotischen Merkmalen
F32.8	Sonstige depressive Episoden	311 (F32.8) Andere näher bezeichnete depressive Störung

III. Anhang

Kode	Diagnose	DSM-5-Diagnosen mit direkter Kode-Entsprechung
F32.9	Depressive Episode, nicht näher bezeichnet	296.20 (F32.9) Nicht näher bezeichnete Major Depression: einzelne Episode 311 (F32.9) Nicht näher bezeichnete depressive Störung
F33	**Rezidivierende depressive Störung**	
F33.0	Ggegenwärtig leichte Episode F33.00 ohne somatisches Syndrom F33.01 mit somatischem Syndrom	296.31 (F33.0) Leichtgradige Major Depression: rezidivierend
F33.1	Gegenwärtig mittelgradige Episode F33.00 ohne somatisches Syndrom F33.01 mit somatischem Syndrom	296.32 (F33.1) Mittelgradige Major Depression: rezidivierend
F33.2	Gegenwärtig schwere Episode ohne psychotische Symptome	296.33 (F33.2) Schwergradige Major Depression: rezidivierend
F33.3	Gegenwärtig schwere Episode F33.30 mit synthymen psychotischen Symptomen F33.31 mit parathymen psychotischen Symptomen	296.34 (F33.3) Major Depression: rezidivierend mit psychotischen Merkmalen
F33.4	Rezidivierende depressive Störung, gegenwärtig remittiert	–
F33.8	Sonstige rezidivierende depressive Störungen	–
F33.9	Rezidivierende depressive Störung, nicht näher bezeichnet	296.30 (F33.9) Nicht näher bezeichnete Major Depression: rezidivierend
F34	**Anhaltende affektive Störungen**	
F34.0	Zyklothymia	301.13 (F34.0) Zyklothyme Störung
F34.1	Dysthymia	300.4 (F34.1) Persistierende Depressive Störung
F34.8	Sonstige anhaltende affektive Störungen	296.99 (F34.8) Disruptive Affektregulationsstörung
F34.9	Anhaltende Affektive Störung, nicht näher bezeichnet	–
F38	**Andere affektive Störungen**	
F38.0	Andere einzelne affektive Störungen F38.00 Gemischte affektive Episode	–
F38.1	Andere rezidivierende affektive Störungen F38.10 Rezidivierende kurze depressive Störung	–
F38.8	Sonstige näher bezeichnete affektive Störungen F38.80 Saisonale affektive Störung	–
F39	**Nicht näher bezeichnete affektive Störung**	
F40	**Phobische Störungen** *Anmerkung: Ein x anstelle der vierten DSM-Ziffer zeigt an, dass je nach Subtyp (siehe Klammern) unterschiedliche Kodes vergeben werden müssen. Diese werden jedoch aus Gründen der Übersichtlichkeit nicht einzeln aufgeführt.*	

III.1: Klassifikationstabellen

Kode	Diagnose	DSM-5-Diagnosen mit direkter Kode-Entsprechung
F40.0	Agoraphobie F40.00 ohne Angabe einer Panikstörung F40.01 mit Panikstörung	300.22 (F40.00) Agoraphobie
F40.1	Soziale Phobien	300.23 (F40.10) Soziale Angststörung
F40.2	Spezifische (isolierte) Phobien	300.29 (F40.2x) Spezifische Phobie (Tier-, Umwelt-, Blut-Spritzen-Verletzungs-, situativer, anderer Typ)
F40.8	Sonstige phobische Störungen	–
F40.9	Phobische Störung, nicht näher bezeichnet	–
F41	**Andere Angststörungen**	
F41.0	Panikstörung	300.01 (F41.0) Panikstörung
F41.1	Generalisierte Angststörung	300.02 (F41.1) Generalisierte Angststörung
F41.2	Angst und depressive Störung, gemischt	–
F41.3	Andere gemischte Angststörungen	–
F41.8	Sonstige spezifische Angststörungen	300.09 (F41.8) Andere näher bezeichnete Angststörung
F41.9	Angststörung, nicht näher bezeichnet	300.00 (F41.9) Nicht näher bezeichnete Angststörung
F42	**Zwangsstörung**	
F42.0	Vorwiegend Zwangsgedanken oder Grübelzwang	300.3 (F42) Zwangsstörung 300.3 (F42) Pathologisches Horten 300.3 (F42) Andere näher bezeichnete Zwangsstörung oder verwandte Störungen 300.3 (F42) Nicht näher bezeichnete Zwangsstörung oder verwandte Störungen
F42.1	Vorwiegend Zwangshandlungen	
F42.2	Zwangsgedanken und -handlungen, gemischt	
F42.8	Sonstige Zwangsstörungen	
F42.9	Zwangsstörung, nicht näher bezeichnet	
F43	**Reaktionen auf schwere Belastungen und Anpassungsstörungen** *Anmerkung: Ein x anstelle der vierten DSM-Ziffer zeigt an, dass je nach Subtyp (siehe Klammern) unterschiedliche Kodes vergeben werden müssen. Diese werden jedoch aus Gründen der Übersichtlichkeit nicht einzeln aufgeführt.*	
F43.0	Akute Belastungsreaktion	308.3 (F43.0) Akute Belastungsstörung
F43.1	Posttraumatische Belastungsstörung	309.81 (F43.10) Posttraumatische Belastungsstörung
F43.2	Anpassungsstörungen F43.20 Kurze depressive Reaktion F43.21 Längere depressive Reaktion F43.22 Angst und depressive Reaktion, gemischt F43.23 mit vorwiegender Störung von anderen Gefühlen F43.24 mit vorwiegender Störung des Sozialverhaltens F43.25 mit gemischter Störung von Gefühlen und Sozialverhalten F43.28 mit sonstigen vorwiegend genannten Symptomen	309.x (F43.2x) Anpassungsstörung (mit depressiver Stimmung, mit Angst, mit Angst und depressiver Stimmung gemischt, mit Störung des Sozialverhaltens, mit Störung der Emotionen und des Sozialverhaltens gemischt, nicht näher bezeichnet)

III. Anhang

Kode	Diagnose	DSM-5-Diagnosen mit direkter Kode-Entsprechung
F43.8	Sonstige Reaktionen auf schwere Belastung	309.89 (F43.8) Andere näher bezeichnete trauma- und belastungsbezogene Störungen
F43.9	Reaktion auf schwere Belastung, nicht näher bezeichnet	309.9 (F43.9) Nicht näher bezeichnete trauma- und belastungsbezogene Störungen
F44	**Dissoziative Störungen [Konversionsstörungen]**	
F44.0	Dissoziative Amnesie	300.12 (F44.0) Dissoziative Amnesie
F44.1	Dissoziative Fugue	300.13 (F44.1) Dissoziativer Fugue
F44.2	Dissoziativer Stupor	–
F44.3	Trance- und Besessenheitszustände	–
F44.4	Dissoziative Bewegungsstörungen	300.11 (F44.4) Konversionsstörung (mit Schwäche/Lähmung, mit motorischen Symptomen, mit Schluckstörungen, mit Auffälligkeiten der Sprache)
F44.5	Dissoziative Krampfanfälle	300.11 (F44.5) Konversionsstörung (mit Krämpfen oder Anfällen)
F44.6	Dissoziative Sensibilitäts- und Empfindungsstörungen	300.11 (F44.6) Konversionsstörung (mit Taubheit oder sensorischen Ausfällen, mit speziellen sensorischen Symptomen)
F44.7	Dissoziative Störungen [Konversionsstörungen], gemischt	300.11 (F44.7) Konversionsstörung (mit gemischtem Erscheinungsbild)
F44.8	Sonstige dissoziative Störungen [Konversionsstörungen] F44.80 Ganser-Syndrom F44.81 Multiple Persönlichkeit(sstörung) F44.82 Transitorische dissoziative Störungen [Konversionsstörungen] in Kindheit und Jugend F44.88 Sonstige dissoziative Störungen [Konversionsstörungen]	300.14 (F44.81) Dissoziative Identitätsstörung 300.15 (F44.89) Andere näher bezeichnete Dissoziative Störung
F44.9	Dissoziative Störung [Konversionsstörung], nicht näher bezeichnet	300.15 (F44.9) Nicht näher bezeichnete Dissoziative Störung
F45	**Somatoforme Störungen**	
F45.0	Somatisierungsstörung	300.82 (F45.1) Somatische Belastungsstörung
F45.1	Undifferenzierte Somatisierungsstörung	–
F45.2	Hypochondrische Störung	300.7 (F45.21) Krankheitsangststörung 300.7 (F45.22) Körperdysmorphe Störung
F45.3	Somatoforme autonome Funktionsstörung F45.30 Herz und Kreislaufsystem F45.31 Oberes Verdauungssystem F45.32 Unteres Verdauungssystem F45.33 Atmungssystem F45.34 Urogenitalsystem F45.37 Mehrere Organe und Systeme F45.38 Sonstige Organe und Systeme F45.39 Nicht näher bezeichnetes Organ oder System	–

III.1: Klassifikationstabellen

Kode	Diagnose	DSM-5-Diagnosen mit direkter Kode-Entsprechung
F45.4	Anhaltende Schmerzstörung F45.40 Anhaltende somatoforme Schmerzstörung F45.41 Chronische Schmerzstörung mit somatischen und psychischen Faktoren	–
F45.8	Sonstige somatoforme Störungen	300.89 (F45.8) Andere näher bezeichnete somatische Belastungsstörung und verwandte Störungen
F45.9	Somatoforme Störung, nicht näher bezeichnet	300.82 (F45.9) Nicht näher bezeichnete somatische Belastungsstörung und verwandte Störungen
F48	**andere neurotische Störungen**	
F48.0	Neurasthenie	–
F48.1	Depersonalisations- und Derealisationssyndrom	300.6 (F48.1) Depersonalisations-/Derealisationsstörung
F48.8	Sonstige neurotische Störungen	–
F48.9	Neurotische Störung, nicht näher bezeichnet	–
F50	**Essstörungen**	
F50.0	Anorexia nervosa F50.00 Anorexie ohne aktive Maßnahmen zur Gewichtsabnahme F50.01 Anorexie mit aktiven Maßnahmen zur Gewichtsabnahme	307.1 (F50.01) Anorexia Nervosa: Restriktiver Typ 307.1 (F50.02) Anorexia nervosa: Binge-Eating/Purging-Typ
F50.1	Atypische Anorexia nervosa	–
F50.2	Bulimia nervosa	307.51 (F50.2) Bulimia Nervosa
F50.3	Atypische Bulimia nervosa	–
F50.4	Essattacken bei anderen psychischen Störungen	–
F50.5	Erbrechen bei anderen psychischen Störungen	–
F50.8	Sonstige Essstörungen	307.52 (F50.8) Pica im Erwachsenenalter 307.59 (F50.8) Störung mit Vermeidung oder Einschränkung der Nahrungsaufnahme 307.51 (F50.8) Binge-Eating-Störung 307.59 (F50.8) Andere näher bezeichnete Fütter- oder Essstörung
F50.9	Essstörung, nicht näher bezeichnet	307.50 (F50.9) Nicht näher bezeichnete Fütter- oder Essstörung
F51	**Nichtorganische Schlafstörungen**	
F51.0	Nichtorganische Insomnie	780.52 (F51.01) Insomnie
F51.1	Nichtorganische Hypersomnie	780.54 (F51.11) Hypersomnie
F51.2	Nichtorganische Störung des Schlaf-Wach-Rhythmus	–
F51.3	Schlafwandeln (Somnambulismus)	307.46 (F51.3) Schlafwandeln
F51.4	Pavor nocturnus	307.46 (F51.4) Schlafterror-Typ

III. Anhang

Kode	Diagnose	DSM-5-Diagnosen mit direkter Kode-Entsprechung
F51.5	Albträume (Angstträume)	307.47 (F51.5) Alptraum-Störung
F51.8	Sonstige nichtorganische Schlafstörungen	–
F51.9	Nichtorganische Schlafstörung, nicht näher bezeichnet	–
F52	**Sexuelle Funktionsstörungen, nicht verursacht durch eine organische Störung oder Krankheit**	
F52.0	Mangel oder Verlust von sexuellem Verlangen	302.71 (F52.0) Störung mit verminderter sexueller Appetenz beim Mann
F52.1	Sexuelle Aversion und mangelnde sexuelle Befriedigung F52.10 Sexuelle Aversion F52.11 Mangelnde sexuelle Befriedigung	–
F52.2	Versagen genitaler Reaktionen	302.72 (F52.21) Erektionsstörung 302.72 (F52.22) Störung des sexuellen Interesses bzw. der Erregung bei der Frau
F52.3	Orgasmusstörung	302.73 (F52.31) Weibliche Orgasmusstörung 302.74 (F52.32) Verzögerte Ejakulation
F52.4	Ejaculatio praecox	302.75 (F52.4) Vorzeitige (frühe) Ejakulation
F52.5	Nichtorganischer Vaginismus	–
F52.6	Nichtorganische Dyspareunie	302.76 (F52.6) Genito-Pelvine Schmerz-Penetrationsstörung
F52.7	Gesteigertes sexuelles Verlangen	–
F52.8	Sonstige sexuelle Funktionsstörungen, nicht verursacht durch eine organische Störung oder Krankheit	302.79 (F52.8) Andere näher bezeichnete sexuelle Funktionsstörung
F52.9	Nicht näher bezeichnete sexuelle Funktionsstörung, nicht verursacht durch eine organische Störung oder Krankheit	302.70 (F52.9) Nicht näher bezeichnete sexuelle Funktionsstörung
F53	**Psychische oder Verhaltensstörungen im Wochenbett, anderenorts nicht klassifiziert**	
F53.0	Leichte psychische und Verhaltensstörungen im Wochenbett	–
F53.1	Schwere psychische und Verhaltensstörungen im Wochenbett	
F53.8	Sonstige psychische und Verhaltensstörungen im Wochenbett	
F53.9	Psychische Störung im Wochenbett, nicht näher bezeichnet	
F54	**Psychologische Faktoren oder Verhaltensfaktoren bei anderenorts klassifizierten Krankheiten**	
F55	**Schädlicher Gebrauch von nichtabhängigkeitserzeugenden Substanzen**	
F55.0	Antidepressiva	–
F55.1	Laxanzien	
F55.2	Analgetika	
F55.3	Antazida	
F55.4	Vitamine	

III.1: Klassifikationstabellen

Kode	Diagnose	DSM-5-Diagnosen mit direkter Kode-Entsprechung
F55.5	Steroide und Hormone	
F55.6	Pflanzen oder Naturheilmittel	
F55.8	Sonstige Substanzen	
F55.9	Nicht näher bezeichnete Substanz	
F59	Nicht näher bezeichnete Verhaltensauffälligkeiten bei körperlichen Störungen und Faktoren	
F60	Spezifische Persönlichkeitsstörungen	
F60.0	Paranoide Persönlichkeitsstörung	301.0 (F60.0) Paranoide Persönlichkeitsstörung
F60.1	Schizoide Persönlichkeitsstörung	301.20 (F60.1) Schizoide Persönlichkeitsstörung
F60.2	Dissoziale Persönlichkeitsstörung	301.7 (F60.2) Antisoziale Persönlichkeitsstörung
F60.3	Emotional instabile Persönlichkeitsstörung F60.30 Impulsiver Typ F60.31 Borderline-Typ	301.83 (F60.3) Borderline-Persönlichkeitsstörung
F60.4	Histrionische Persönlichkeitsstörung	301.50 (F60.4) Histrionische Persönlichkeitsstörung
F60.5	Anankastische (zwanghafte) Persönlichkeitsstörung	301.4 (F60.5) Zwanghafte Persönlichkeitsstörung
F60.6	Ängstliche (vermeidende) Persönlichkeitsstörung	301.82 (F60.6) Vermeidend-selbstunsichere Persönlichkeitsstörung
F60.7	Abhängige (asthenische) Persönlichkeitsstörung	301.6 (F60.7) Dependente Persönlichkeitsstörung
F60.8	Sonstige spezifische Persönlichkeitsstörungen F60.80 Narzistische Persönlichkeitsstörung F60.81 Passiv-aggressive Persönlichkeitsstörung	301.81 (F60.81) Narzisstische Persönlichkeitsstörung 301.89 (F60.89) Andere näher bezeichnete Persönlichkeitsstörung
F60.9	Persönlichkeitsstörung, nicht näher bezeichnet	301.9 (F60.9) Nicht näher bezeichnete Persönlichkeitsstörung
F61	Kombinierte oder andere Persönlichkeitsstörungen	
F61.0	Kombinierte Persönlichkeitsstörungen	–
F61.1	Störende Persönlichkeitsänderungen	
F62	Andauernde Persönlichkeitsänderungen, nicht Folge einer Schädigung oder Krankheit des Gehirns	
F62.0	Andauernde Persönlichkeitsänderung nach Extrembelastung	–
F62.1	Andauernde Persönlichkeitsänderung nach psychischer Krankheit	
F62.8	Sonstige andauernde Persönlichkeitsänderungen F62.80 Andauernde Persönlichkeitsänderung bei chronischem Schmerzsyndrom F62.88 Sonstige andauernde Persönlichkeitsänderungen	
F62.9	Andauernde Persönlichkeitsänderung, nicht näher bezeichnet	

III. Anhang

Kode	Diagnose	DSM-5-Diagnosen mit direkter Kode-Entsprechung
F63	**Abnorme Gewohnheiten und Störungen der Impulskontrolle**	
F63.0	Pathologisches Spielen	312.31 (F63.0) Störung durch Glücksspielen
F63.1	Pathologische Brandstiftung (Pyromanie)	312.33 (F63.1) Pyromanie
F63.2	Pathologisches Stehlen (Kleptomanie)	312.32 (F63.2) Kleptomanie
F63.3	Trichotillomanie	312.39 (F63.3) Trichotillomanie
F63.8	Sonstige abnorme Gewohnheiten und Störungen der Impulskontrolle	312.34 (F63.81) Intermittierende explosible Störung
F63.9	Abnorme Gewohnheit und Störung der Impulskontrolle, nicht näher bezeichnet	–
F64	**Störungen der Geschlechtsidentität**	
F64.0	Transsexualismus	–
F64.1	Transvestitismus unter Beibehaltung beider Geschlechtsrollen	302.85 (F64.1) Geschlechtsdysphorie bei Jugendlichen oder Erwachsenen
F64.2	Störung der Geschlechtsidentität des Kindesalters	302.6 (F64.2) Geschlechtsdysphorie bei Kindern
F64.8	Sonstige Störungen der Geschlechtsidentität	302.6 (F64.8) Andere näher bezeichnete Geschlechtsdysphorie
F64.9	Störung der Geschlechtsidentität, nicht näher bezeichnet	302.6 (F64.9) Nicht näher bezeichnete Geschlechtsdysphorie
F65	**Störungen der Sexualpräferenz**	
F65.0	Fetischismus	302.81 (F65.0) Fetischistische Störung
F65.1	Fetischistischer Transvestitismus	302.3 (F65.1) Transvestitische Störung
F65.2	Exhibitionismus	302.4 (F65.2) Exhibitionistische Störung
F65.3	Voyeurismus	302.82 (F65.3) Voyeuristische Störung
F65.4	Pädophilie	302.2 (F65.4) Pädophile Störung
F65.5	Sadomasochismus	302.83 (F65.51) Sexuell Masochistische Störung 302.84 (F65.52) Sexuell Sadistische Störung
F65.6	Multiple Störungen der Sexualpräferenz	–
F65.8	Sonstige Störungen der Sexualpräferenz	302.89 (F65.81) Frotteuristische Störung 302.89 (F65.89) Andere näher bezeichnete Paraphile Störung
F65.9	Störung der Sexualpräferenz, nicht näher bezeichnet	302.9 (F65.9) Nicht näher bezeichnete Paraphile Störung
F66	**Psychische und Verhaltensstörungen in Verbindung mit der sexuellen Entwicklung und Orientierung** *Anmerkung: Mit einer fünften Stelle kann in der ICD näher gekennzeichnet werden: .0 Heterosexualität, .1 Homosexualität, .2 Bisexualität, .3 sonstiges, einschließlich Vorpubertät.*	
F66.0	Sexuelle Reifungskrise	–
F66.1	Ichdystone Sexualorientierung	
F66.2	Sexuelle Beziehungsstörung	

Kode	Diagnose	DSM-5-Diagnosen mit direkter Kode-Entsprechung
F66.8	Sonstige psychische und Verhaltensstörungen in Verbindung mit der sexuellen Entwicklung und Orientierung	
F66.9	Psychische und Verhaltensstörung in Verbindung mit der sexuellen Entwicklung und Orientierung, nicht näher bezeichnet	
F68	**Andere Persönlichkeits- und Verhaltensstörungen**	
F68.0	Entwicklung körperlicher Symptome aus psychischen Gründen	–
F68.1	Artifizielle Störung (absichtliches Erzeugen oder Vortäuschen von körperlichen oder psychischen Symptomen oder Behinderungen)	300.19 (F68.10) Vorgetäuschte Störung (sich selbst zugefügt oder anderen zugefügt)
F68.8	Sonstige näher bezeichnete Persönlichkeits- und Verhaltensstörungen	–
F69	**Nicht näher bezeichnete Persönlichkeits- und Verhaltensstörung**	
F70 - F79	**Intelligenzminderung** *Anmerkung: Die aufgeführten Klassifikationen spezifischer Formen nach ICD-10-GM gelten gleichermaßen für alle in der Gruppe F7 zusammengefassten Formen der Intelligenzminderung. Dies wird durch ein x anstelle der zweiten Ziffer ausgedrückt (Formziffer: 0 = leicht, 1 = mittel, 2 = schwer, 3 = schwerst, 4 = dissoziierte Intelligenz, 8 = andere, 9 = nicht näher bezeichnet).*	
F7x.0	Keine oder geringfügige Verhaltensstörung	317 (F70) Leichte intellektuelle Beeinträchtigung 318.0 (F71) Mittlere intellektuelle Beeinträchtigung 318.1 (F72) Schwere intellektuelle Beeinträchtigung 318.2 (F73) Extreme intellektuelle Beeinträchtigung 319 (F79) Nicht näher bezeichnete intellektuelle Beeinträchtigung
F7x.1	Deutliche Verhaltensstörung, die Beobachtung oder Behandlung erfordert	
F7x.8	Sonstige Verhaltensstörung	
F7x.9	Ohne Angabe einer Verhaltensstörung	
F80	**Umschriebene Entwicklungsstörungen des Sprechens und der Sprache**	
F80.0	Artikulationsstörung	315.39 (F80.0) Artikulationsstörung
F80.1	Expressive Sprachstörung	315.39 (F80.2) Sprachstörung
F80.2	Rezeptive Sprachstörung F80.20 Auditive Verarbeitungs- und Wahrnehmungsstörung F80.28 Sonstige rezeptive Sprachstörung	
F80.3	Erworbene Aphasie mit Epilepsie (Landau-Kleffner-Syndrom)	–
F80.8	Sonstige Entwicklungsstörungen des Sprechens oder der Sprache	315.35 (F80.81) Redeflussstörung mit Beginn in der Kindheit 315.39 (F80.89) Soziale Kommunikationsstörung
F80.9	Entwicklungsstörung des Sprechens oder der Sprache, nicht näher bezeichnet	307.9 (F80.9) Nicht näher bezeichnete Kommunikationsstörung
F81	**Umschriebene Entwicklungsstörungen schulischer Fertigkeiten**	
F81.0	Lese- und Rechtschreibstörung	315.00 (F81.0) Spezifische Lernstörung mit Beeinträchtigung beim Lesen
F81.1	Isolierte Rechtschreibstörung	–

III. Anhang

Kode	Diagnose	DSM-5-Diagnosen mit direkter Kode-Entsprechung
F81.2	Rechenstörung	315.1 (F81.2) Spezifische Lernstörung mit Beeinträchtigung beim Rechnen
F81.3	Kombinierte Störungen schulischer Fertigkeiten	–
F81.8	Sonstige Entwicklungsstörungen schulischer Fertigkeiten	315.2 (F81.81) Spezifische Lernstörung mit Beeinträchtigung beim schriftlichen Ausdruck
F81.9	Entwicklungsstörung schulischer Fertigkeiten, nicht näher bezeichnet	–
F82	**Umschriebene Entwicklungsstörung der motorischen Funktionen**	
F82.0	Umschriebene Entwicklungsstörung der Grobmotorik	315.4 (F82) Entwicklungsbezogene Koordinationsstörung
F82.1	Umschriebene Entwicklungsstörung der Fein- und Graphomotorik	
F82.2	Umschriebene Entwicklungsstörung der Mundmotorik	
F82.9	Umschriebene Entwicklungsstörung der motorischen Funktionen, nicht näher bezeichnet	
F83	**Kombinierte umschriebene Entwicklungsstörungen**	
F84	**Tiefgreifende Entwicklungsstörungen**	
F84.0	Frühkindlicher Autismus	299.00 (F84.0) Autismus-Spektrum-Störung
F84.1	Atypischer Autismus	–
F84.2	Rett-Syndrom	–
F83.3	Andere desintegrative Störung des Kindesalters	–
F84.4	Überaktive Störung mit Intelligenzminderung und Bewegungsstereotypien	–
F84.5	Asperger-Syndrom	–
F84.8	Sonstige tiefgreifende Entwicklungsstörungen	–
F83.9	Tiefgreifende Entwicklungsstörung, nicht näher bezeichnet	–
F88	**Andere Entwicklungsstörungen**	
F89	**Nicht näher bezeichnete Entwicklungsstörung**	
F90	**Hyperkinetische Störungen**	
F90.0	Einfache Aktivitäts- und Aufmerksamkeitsstörung	314.00 (F90.0) Aufmerksamkeitsdefizit-/Hyperaktivitätsstörung: vorwiegend unaufmerksames Erscheinungsbild
F90.1	Hyperkinetische Störung des Sozialverhaltens	314.01 (F90.1) Aufmerksamkeitsdefizit-/Hyperaktivitätsstörung: vorwiegend hyperaktiv-impulsives Erscheinungsbild
F90.8	Sonstige hyperkinetische Störungen	314.01 (F90.8) Andere näher bezeichnete Aufmerksamkeitsdefizit-/Hyperaktivitätsstörung

III.1: Klassifikationstabellen

Kode	Diagnose	DSM-5-Diagnosen mit direkter Kode-Entsprechung
F90.9	Hyperkinetische Störung, nicht näher bezeichnet	314.01 (F90.9) Nicht näher bezeichnete Aufmerksamkeitsdefizit-/Hyperaktivitätsstörung
F91	**Störungen des Sozialverhaltens**	
F91.0	Auf den familiären Rahmen beschränkte Störung des Sozialverhaltens	–
F91.1	Störung des Sozialverhaltens bei fehlenden sozialen Bindungen	312.81 (F91.1) Störung des Sozialverhaltens mit Beginn in der Kindheit
F91.2	Störung des Sozialverhaltens bei vorhandenen sozialen Bindungen	312.82 (F91.2) Störung des Sozialverhaltens mit Beginn in der Adoleszenz
F91.3	Störung des Sozialverhaltens mit oppositionellem, aufsässigem Verhalten	313.81 (F91.3) Störung mit oppositionellem Trotzverhalten
F91.8	Sonstige Störungen des Sozialverhaltens	312.89 (F91.8) Andere näher bezeichnete disruptive, Impulskontroll- und Sozialverhaltensstörung
F91.9	Störung des Sozialverhaltens, nicht näher bezeichnet	312.89 (F91.9) Störung des Sozialverhaltens mit nicht näher bezeichnetem Beginn 312.9 (F91.9) Nicht näher bezeichnete disruptive, Impulskontroll- und Sozialverhaltensstörung
F92	**Kombinierte Störung des Sozialverhaltens und der Emotionen**	
F92.0	Störung des Sozialverhaltens mit depressiver Störung	–
F92.8	Sonstige kombinierte Störung des Sozialverhaltens und der Emotionen	
F92.9	Kombinierte Störung des Sozialverhaltens und der Emotionen, nicht näher bezeichnet	
F93	**Emotionale Störungen des Kindesalters**	
F93.0	Emotionale Störung mit Trennungsangst des Kindesalters	309.21 (F93.0) Störung mit Trennungsangst
F93.1	Phobische Störung des Kindesalters	–
F93.2	Störung mit sozialer Ängstlichkeit des Kindesalters	–
F93.3	Emotionale Störung mit Geschwisterrivalität	–
F93.8	Sonstige emotionale Störungen des Kindesalters	
F93.9	Emotionale Störung des Kindesalters, nicht näher bezeichnet	–
F94	**Störungen sozialer Funktionen mit Beginn in der Kindheit und Jugend**	
F94.0	Elektiver Mutismus	312.23 (F94.0) Selektiver Mutismus
F94.1	Reaktive Bindungsstörung des Kindesalters	313.89 (F94.1) Reaktive Bindungsstörung
F94.2	Bindungsstörung des Kindesalters mit Enthemmung	313.89 (F94.2) Beziehungsstörung mit Enthemmung
F94.8	Sonstige Störungen sozialer Funktionen mit Beginn in der Kindheit	–

Kode	Diagnose	DSM-5-Diagnosen mit direkter Kode-Entsprechung
F94.9	Störung sozialer Funktionen mit Beginn in der Kindheit, nicht näher bezeichnet	–
F95	**Ticstörungen**	
F95.0	Vorübergehende Ticstörung	307.21 (F95.0) Vorläufige Ticstörung
F95.1	Chronische motorische oder vokale Ticstörung	307.22 (F95.1) Persistierende (chronische) motorische oder vokale Ticstörung
F95.2	Kombinierte vokale und multiple motorische Tics (Tourette-Syndrom)	307.23 (F95.2) Tourette-Störung
F95.8	Sonstige Ticstörungen	307.20 (F95.8) Andere näher bezeichnete Ticstörung
F95.9	Ticstörung, nicht näher bezeichnet	307.20 (F95.9) Nicht näher bezeichnete Ticstörung
F98	**Andere Verhaltens- und emotionale Störungen mit Beginn in der Kindheit und Jugend**	
F98.0	Nichtorganische Enuresis	307.6 (F98.0) Enuresis
F98.1	Nichtorganische Enkopresis	307.7 (F98.1) Enkopresis
F98.2	Fütterstörung im frühen Kindesalter	–
F98.3	Pica im Kindesalter	307.52 (F98.3) Pica im Kindesalter
F98.4	Stereotype Bewegungsstörungen	307.3 (F98.4) Stereotype Bewegungsstörung
F98.5	Stottern (Stammeln)	–
F98.6	Poltern	–
F98.8	Sonstige näher bezeichnete Verhaltens- und emotionale Störungen mit Beginn in der Kindheit und Jugend	–
F98.9	Nicht näher bezeichnete Verhaltens- oder emotionale Störungen mit Beginn in der Kindheit und Jugend	–
F99	**Psychische Störungen ohne nähere Angabe**	

III.2: Verzeichnis diagnostischer Verfahren

1.	**Aufmerksamkeit, Gedächtnis, Konzentration und Informationsverarbeitung**
2.	**Berufsbezogene Merkmale, Arbeitstätigkeit und Führungsverhalten**
2.1	Arbeitstätigkeit
2.2	Berufseignung, Personalauswahl und Personalentwicklung
2.3	Einstellung/Commitment
2.4	Führung
2.5	Psychische Belastung, arbeitsbezogen
3.	**Beschwerden, Befindlichkeit, Gesundheitszustand, Funktionsfähigkeit und Schmerzen**
4.	**Biographie**
5.	**Coping/Krankheitsverarbeitung**
6.	**Entwicklung**
6.1	Allgemeine Tests
6.2	Bindung
6.3	Kognition
6.4	Motorik
6.5	Soziale und motivationale Aspekte/Selbstregulation
6.6	Sprache
6.7	Wahrnehmung
7.	**Emotionen/Emotionswahrnehmung/Affektivität**
8.	**Intelligenz**
8.1	Erwachsene
8.2	Kinder und Jugendliche
9.	**Klinische Aspekte**
9.1	ADHS
9.2	Alkoholismus
9.3	Angst
9.4	Aggression
9.5	Depression
9.6	Entspannung
9.7	Entwicklungsstörungen
9.8	Essstörungen
9.9	Intelligenzminderung
9.10	Persönlichkeitsstörungen
9.11	Psychische Störungen; allgemeine Diagnostik und psychiatrische Verfahren
9.12	Schlaf
9.13	Suizid
9.14	Zwangsstörungen
10.	**Lebensqualität, gesundheitsbezogene; Lebenszufriedenheit**
11.	**Lehrevaluation**
12.	**Motivation**
13.	**Neuropsychologie**
14.	**Partnerschaft, Sexualität, Familie und Erziehung**
15.	**Persönlichkeit**
15.1	Allgemeine Verfahren
15.2	Einzelkonstrukte
15.3	Projektive Persönlichkeitsverfahren
15.4	Selbst/Selbstkonzept
16.	**Psychotherapie**
16.1	Motivation, therapie-/behandlungsbezogen
16.2	Therapeutische Beziehung/Arzt-Patient-Interaktion
16.3	Therapieerfolg
17.	**Rehabilitation**
18.	**Schul- und ausbildungsbezogene Merkmale**
18.1	Allgemein
18.2	Lesen und Schreiben
18.3	Mathematik
18.4	Sozio-emotionale und motivationale Aspekte
19.	**Sexualdelinquenz**
20.	**Soziale Kompetenzen, Sozialverhalten**
21.	**Soziale Unterstützung**
22.	**Stress**
23.	**Waffenrechtliche Begutachtung**

III. Anhang

1. Aufmerksamkeit, Gedächtnis, Konzentration und Informationsverarbeitung

Anmerkung: Verfahren zur Erfassung von Aufmerksamkeit, Gedächtnis, Konzentration und Informationsverarbeitung erfassen auch Aspekte, die nicht immer eindeutig von Aspekten der allgemeinen Intelligenz abgegrenzt werden können. In diesem Abschnitt sind v. a. diejenigen Verfahren aufgeführt, die u. a. auf spezielle kognitive Aspekte abzielen. Eher allgemeine und klassische Intelligenzverfahren sind unter ‹8. Intelligenz› aufgeführt.

Alters-Konzentrations-Test (AKT)
Aufmerksamkeits-Belastungstest (d2-Test)
Battery for Assessment in Children – Merk- und Lernfähigkeitstest für 6- bis 16-Jährige (BASIC-MLT)
Farbe-Wort-Interferenztest (FWIT)
Frankfurter Aufmerksamkeits-Inventar 2 (FAIR-2)
Kasseler-Konzentrations-Aufgabe für 3- bis 8-Jährige (KKA)
Kaufman – Computerized Assessment Battery
Konzentrations-Handlungsverfahren für Vorschulkinder (KHV-VK)
Konzentrations-Leistungs-Test – Revidierte Fassung (KLT-R)
Konzentrationstest für 3. und 4. Klassen (KT 3-4 R)
Konzentrations-Verlaufs-Test (K-V-T)
Kurztest zur Erfassung von Gedächtnis- und Aufmerksamkeitsstörungen (SKT)
Lern- und Gedächtnistest 3 (LGT 3)
Marburger Konzentrationstraining für Schulkinder (MKT)
Marburger Konzentrationstraining für Jugendliche (MKT-J)
Pauli-Test (PT)
Selbstregulations- und Konzentrationstest für Kinder (SRKT-K)
Test d2 – Revision – Aufmerksamkeits- und Konzentrationstest (d2-R)
Test of Everyday Attention for Children (TEA-CH)
Testreihe zur Prüfung der Konzentrationsfähigkeit von Schülern (TPK)

2. Berufsbezogene Merkmale, Arbeitstätigkeit und Führungsverhalten

2.1 Arbeitstätigkeit
Beteiligungsorientierte Arbeitsplatzanalyse (BALY)
Ermittlung von Alltagstätigkeiten (EVA)
Fragebogen zur Arbeitsanalyse (FAA)
Fragebogen zur subjektiven Arbeitsanalyse (SAA)
Heterarchische Aufgabenanalyse (HAA)
Instrument zur stressbezogenen Tätigkeitsanalyse (ISTA)
Job Diagnostic Survey (JDS)
Regulationshindernisse in der Arbeitstätigkeit (RHIA)
Salutogenetische Subjektive Arbeitsanalyse (SALSA)
Subjektive Tätigkeitsanalyse (STA)
Tätigkeitsanalyseinventar (TAI)
Verfahren zur Ermittlung von Regulationserfordernissen in der Arbeitstätigkeit (VERA)
Work Design Questionnaire (WDQ)

2.2 Berufseignung, Personalauswahl und Personalentwicklung
Allgemeiner Interessen-Struktur-Test mit Umwelt-Struktur-Test – Revision (AIST-R/UST-R)
Analyse des schlussfolgernden und kreativen Denkens (ASK)
Arbeitsprobe zur berufsbezogenen Intelligenz (AZU-BI-BK, AZUBI-TH)
Behavioral-Event-Interview (BEI)
Berufsbezogener Rechentest (BRT)
Berufseignungstest (BET)
Berufs-Interessen-Test II (BIT II)
Bochumer Inventar zur berufsbezogenen Persönlichkeitsbeschreibung (BIP)
Bochumer Matrizentest (BOMAT – advanced)
Bonner-Postkorb-Module (BPM)
Büro-Test (B-T)
Differentieller Fähigkeitstest (DFT)
Drahtbiegeprobe (D-B-P)
Explojob
Explorix
Handlungsorientierte Module zur Erfassung und Förderung beruflicher Kompetenzen Version 4.0 (hamet 2)
Leitfaden zur qualitativen Personalplanung bei technisch-organisatorischen Innovationen
Lern- und Gedächtnistest 3 (LGT 3)
Mailbox-90 – Ein computerunterstütztes Test- und Trainingsverfahren zur Personalentwicklung
Merkmalprofil zur Eingliederung Leistungsgewandelter und Behinderter in Arbeit (MELBA)
Multidirektionales Feedback – 360°
Mechanisch-Technischer Verständnistest (MTVT)
Osnabrücker Arbeitsfähigkeitenprofil (O-AFP)
Praktisch Technischer Verständnistest (PTV)
Revidierter Allgemeiner Büroarbeitstest (ABAT-R)
Testbatterie für Berufseinsteiger – Persönlichkeit – (START-P)

2.3 Einstellung zu bzw. Commitment mit der Arbeit
Commitment-Fragebogen
Commitment-Skalen (COMMIT)
Fragebogen zur Arbeit im Team (FAT)
Inventar berufsbezogener Einstellungen und Selbsteinschätzungen (IBES)
Leistungsmotivationsinventar (LMI)
Teamklima-Inventar (TKI)
Volunteer Functions Inventory

2.4 Führung

Testsystem zur Erfassung von Denk- und Kommunikationsstilen in der Führungskräfte-Entwicklung (TED)
Management-Fallstudien (MFA)
Multifactor Leadership Questionnaire (MLQ)
PC-Postkorb zur Diagnose von Führungsverhalten (PC-OFFICE)
Qualitative Führungsstilanalyse
Tacit Knowledge Inventory for Managers (TKIM)

2.5 Psychische Belastung, arbeitsbezogen

Analyse psychischer Belastungen bei Bildschirmarbeit (BEBA)
Arbeitsbezogene Verhaltens- und Erlebensmuster (AVEM)
Beanspruchungsscreening bei Humandienstleistungen (BHD-System)
Burnout-Screening-Skalen I und II (BOSS)
Diagnoseinstrument für gesundheitsförderliche Arbeit (DigA)
Hamburger Burnout-Inventar (HBI)
Maslach Burnout Inventory (MBI)
Regulationshindernisse in der Arbeitstätigkeit (RHIA)
Salutogenetische Subjektive Arbeitsanalyse (SALSA)

3. Beschwerden, Befindlichkeit, Gesundheitszustand, Funktionsfähigkeit und Schmerzen

Beeinträchtigungs-Schwere-Score (BSS)
Befindlichkeitsskala (Bf-SR)
Beschwerden-Liste (B-LR)
Brief Symptom Inventory von Derogatis (BSI)
Eigenschaftswörterliste (EWL)
Fragebogen zum Gesundheitszustand (SF-36)
Fragebogen zur Erfassung der Schmerzverarbeitung (FESV)
Freiburger Beschwerdenliste (FBL)
Gießener Beschwerdebogen (GBB)
Gießener Beschwerdebogen für Kinder und Jugendliche (GBB-KJ)
Hamburger Schmerz-Adjektiv-Liste (HSAL)
Indikatoren des Rehabilitationsstatus (IRES-3)
Interviews zu Belastungsstörungen bei Kindern und Jugendlichen (IBS-KJ)
Kieler Schmerz-Inventar (KSI)
Mehrdimensionaler Befindlichkeitsfragebogen (MDBF)
Mini-ICF-Rating für Aktivitäts- und Partizipationsstörungen bei psychischen Erkrankungen (Mini-ICF-APP)
Nottingham Health Profile (NHP)
Osnabrücker Arbeitsfähigkeitenprofil (O-AFP)
Patient Health Questionnaire (PHQ-15: Modul zum Schweregrad somatischer Symptome)
Schmerzempfindungsskala (SES)
Screening für somatoforme Störungen (SOMS)
Symptom-Checkliste (SCL-90-R)
Tinnitus-Fragebogen (TF)

4. Biographie

Anamnestischer Elternfragebogen (AEF)
Biografischer Fragebogen (BIFA)

5. Coping/Krankheitsverarbeitung

Berner Bewältigungsformen (BEFO)
Fragebogen zu Kompetenz- und Kontrollüberzeugungen (FKK)
Fragebogen zur Erfassung von Ressourcen und Selbstmanagementfähigkeiten (FERUS)
Fragebogen zur Erhebung von Kontrollüberzeugungen zu Krankheit und Gesundheit (KKG)
Freiburger Fragebogen zur Krankheitsverarbeitung (FKV)
Kompetenzanalyseverfahren (KANN)
Resilienzskala (RS)
Sense-of-Coherence-Fragebogen (SOC)
Trierer Skalen zur Krankheitsbewältigung (TSK)

6. Entwicklung

Anmerkung: Verfahren zur Erfassung von Entwicklungsaspekten sind nicht immer klar von klinischen Verfahren sowie von Verfahren zur Erfassung schulbezogener Merkmale trennbar. In diesem Abschnitt sind v. a. diejenigen Verfahren aufgeführt, die keinen direkten klinischen oder Schulbezug aufweisen. Verfahren mit direktem klinischen oder Schulbezug sind unter ‹9. Klinische Aspekte› bzw. ‹18. Schul- und ausbildungsbezogene Merkmale› aufgeführt.

6.1 Allgemeine Tests

Beobachtungsbogen für Kinder im Vorschulalter (BBK 3-6)
Bayley Scales of Infant Development Second Edition – Deutsche Fassung (Bayley-II)
Diagnostischer Elternfragebogen (DEF)
Diagnostische Einschätzskalen zur Beurteilung des Entwicklungsstandes und der Schulfähigkeit (DES)
Dortmunder Entwicklungsscreening für den Kindergarten (DESK 3-6)
Elternfragebögen für die Früherkennung von Risikokindern (ELFRA)
Entwicklungstest für Kinder von 6 Monaten bis 6 Jahren (ET 6–6 / ET 6-6-R)
Erweiterte Vorsorgeuntersuchung (EVU)
Griffiths-Entwicklungsskalen (GES)
Göppinger sprachfreier Schuleignungstest (GSS)
Intelligence and Development Scales (IDS)
Münchener Funktionelle Entwicklungsdiagnostik (MFED)
Neonatal Behavioral Assessment Scale (NBAS)
Wiener Entwicklungstest (WET)
Neurobehavioral Assessment for Premature Infants (NAPI)
Neuropsychologisches Entwicklungs-Screening (NES)

6.2 Bindung

Bindungsinterview für die späte Kindheit (BISK)
Fremde Situation oder Fremde-Situations-Test (FST)
Bindungsinterview für Erwachsene (BIE)

6.3 Kognition

Abzeichentest für Kinder (ATK)
Battery for Assessment in Children – Screening für kognitive Basiskompetenzen im Vorschulalter (BASIC-Preschool)
Kognitiver Entwicklungstest für das Kindergartenalter (KET-KID)
Osnabrücker Test zur Zahlbegriffsentwicklung (OTZ)
Test of Everyday Attention for Children (TEA-CH)
Zoo-Spiel

6.4 Motorik

Diagnostisches Inventar motorischer Basiskompetenzen bei lern- und entwicklungsauffälligen Kindern im Grundschulalter (DMB)
Grafomotorische Testbatterie (GMT)
Handpräferenztest für 4- bis 6-jährige Kinder (HAPT 4–6)
Körperkoordinationstest für Kinder (KTK)
Kestenberg Movement Profile (KMP)
Lincoln-Oseretzky-Skala Kurzform (LOS KF 18)
Motoriktest für vier- bis sechsjährige Kinder (MOT 4-6)
Movement Assessment Battery for Children – second Edition (M-ABC-2)

6.5 Soziale und motivationale Aspekte/Selbstregulation

Aussagenliste zum Selbstwertgefühl für Kinder und Jugendliche (ALS)
Fragebogen zum Gesundheitsverhalten von Kindern (GEKI)
Fragebogen zur Erhebung der Emotionsregulation bei Kindern und Jugendlichen (FEEL-KJ)
Kinderwelttest (KWT)
Scenotest (ScT)
Selbstregulations- und Konzentrationstest für Kinder (SRKT-K)
Selbstregulationsstrategientest für Kinder (SRST-K)
Verhaltensbeurteilungsbogen für Vorschulkinder (VBV 3-6)
Verhaltensfragebogen bei Entwicklungsstörungen (VFE)

6.6 Sprache

Aktiver Wortschatztest für 3- bis 5-jährige Kinder – Revision (AWST-R)
Analyseverfahren für Aussprachestörungen bei Kindern (AVAK)
Elternfragebogen zur Wortschatzentwicklung im frühen Kindesalter: Eltern Antworten – Revision (ELAN-R)
Evozierte Diagnostik grammatischer Fähigkeiten für mehrsprachige Kinder (ESGRAF-MK)
Fragebogen zur frühkindlichen Sprachentwicklung (FRAKIS; FRAKIS-K)
Heidelberger Sprachentwicklungstest (HSET)
Kindersprachtest für das Vorschulalter (KISTE)
Linguistische Sprachstandserhebung – Deutsch als Zweitsprache (LiSe-DaZ)
Marburger Sprachverständnistest für Kinder (MSVK)
Modularisierte Diagnostik grammatischer Störungen (ESGRAF-R)
New Reynell Developmental Language Scales (NRDLS)
Psycholinguistischer Entwicklungstest (PET)
Screening der Erstsprachfähigkeit bei Migrantenkindern (Russisch-Deutsch, Türkisch-Deutsch) (SCREEMIK 2)
Screeningverfahren zur Erfassung von Sprachentwicklungsverzögerungen (SEV)
Sprachbeurteilung durch Eltern (SBE-2-KT)
Sprachentwicklungstest für drei- bis fünfjährige Kinder (SETK 3-5)
Sprachentwicklungstest für zweijährige Kinder (SETK-2)
Sprachscreening für das Vorschulalter (SSV)
Teddy-Test
Wortschatz- und Wortfindungstest für 6- bis 10-Jährige (WWT 6-10)
Sprachstandserhebungstest für Kinder im Alter zwischen 5 und 10 Jahren (SET 5-10)

6.7 Wahrnehmung

Bender-Gestalt-Test (BGT)
Developmental Test of Visual Perception (DTVP-2)
Göttinger Entwicklungstest der Taktil-Kinästhetischen Wahrnehmung (TAKIWA)
Frostigs Entwicklungstest der visuellen Wahrnehmung – 2 (FEW-2)
Frostigs Entwicklungstest der visuellen Wahrnehmung – Jugendliche und Erwachsene (FEW-JE)
Heidelberger Auditives Screening in der Einschulungsuntersuchung (HASE)
Prüfung optischer Differenzierungsleistungen (POD)

7. Emotionen/Emotionswahrnehmung/Affektivität

Emotionale-Kompetenz-Fragebogen (EKF)
Facial Affect Scoring Technique (FAST)
Hamster-Test (HT)
Implicit Positive and Negative Affect Test (IPANAT)
Mayer-Salovey-Caruso Test zur Emotionalen Intelligenz (MSCEIT)
Positive and Negative Affect Schedule (PANAS)
Skalen zum Erleben von Emotionen (SEE)
Toronto-Alexithymie-Skala-26 (TAS-26)
Trait Emotional Intelligence Questionnaire (TEIQue)
Würzburger Trauerinventar (WüTi)

8. Intelligenz

8.1 Erwachsene

Advanced Progressive Matrices (APM)
Bildungs-Beratungs-Test (konvergentes Denken) für 4. bis 6. Klassen (BBT 4–6)

Bochumer Matrizentest (BOMAT – advanced)
Bochumer Wissenstest (BOWIT)
Dreidimensionaler Würfeltest (3DW)
Grundintelligenztest (CFT 1/2/20-R/3)
Hamburg-Wechsler Intelligenztest für Erwachsene – Revision (HAWIE-R)
Intelligenz-Struktur-Test 2000 R (I-S-T 2000 R)
Leistungsprüfsystem (LPS)
Leistungsprüfsystem für 50- bis 90-Jährige (LPS 50+)
Mannheimer Intelligenztest (MIT)
Mehrfachwahl-Wortschatz-Intelligenztest (MWT-B)
Non-verbaler Intelligenztest (SON-R 6-40)
Standard Progressive Matrices (SPM)
Wechsler Adult Intelligence Scale – Fourth Edition (WAIS-IV)
Wiener Matrizentest-2 (WMT-2)
Wilde-Intelligenztest 2 (WIT-2)
Zahlen-Verbindungs-Test (ZVT)

8.2 Kinder und Jugendliche
Adaptives Intelligenz Diagnostikum (AID 3)
Advanced Progressive Matrices (APM)
Arbeitsprobe zur berufsbezogenen Intelligenz (AZUBI-BI-BK, AZUBI-TH)
Berliner Intelligenzstruktur-Test – Form 4 (BIS-4)
Bildbasierter Intelligenztest für das Vorschulalter (BIVA)
Berliner Intelligenzstrukturtest für Jugendliche: Begabungs- und Hochbegabungsdiagnostik (BIS-HB)
Binet-Simon-Intelligenzprüfung, Binetarium
Binet-Simon-Test, Binet-Simon-Prüfung
Bochumer Matrizentest (BOMAT – Standard)
Coloured Progressive Matrices (CPM)
Columbia Mental Maturity Scale (CMM)
Draw-A-Man Test, Mann-Zeichen-Test (MZT)
Dreidimensionaler Würfeltest (3DW)
Grundintelligenztest (CFT 1/2/20-R/3)
Figure Reasoning Test (FRT)
Form-Lege-Test (FLT)
Hamburger Begabtenauslese
Hamburg-Wechsler-Intelligenztest für Kinder – IV (HAWIK-IV)
Intelligence and Development Scales (IDS)
Kaufman Assessment Battery for Children (K-ABC)
Kognitiver Fähigkeitstest (KFT-K, KFT 1-3, KFT 4-12+)
Kombinierter Lern- und Intelligenztest für 4. und 5. Klassen (KLI 4-5 R)
Leistungsprüfsystem (LPS)
Mannheimer Intelligenztest (MIT)
Mannheimer Intelligenztest für Kinder und Jugendliche (MIT-KJ)
Münchner Hochbegabungstestbatterie für die Primarstufe (MHBT-P) bzw. für die Sekundarstufe (MHBT-S)
Naglieri Nonverbal Ability Test (NNAT)
Non-verbaler Intelligenztest (SON-R 2½-7/SON-R 6-40)
Standard Progressive Matrices (SPM)
Wechsler Intelligence Scale for Children – Fourth Edition (WISC-IV)
Wechsler Preschool and Primary Scale of Intelligence – Third Edition (WPPSI-III)
Wiener Matrizentest-2 (WMT-2)
Wilde-Intelligenztest 2 (WIT-2)
Wortschatztest und Zahlenfolgentest – Revision (WS/ZF-R)
Zahlen-Verbindungs-Test (ZVT)

9. Klinische Aspekte

Anmerkung: Verfahren zur Erfassung klinischer Aspekte weisen einen z. T. deutlichen Überscheidungsbereich zu emotions-, persönlichkeits- und neuropsychologischen Verfahren auf. Hier sind daher vorrangig Verfahren aufgeführt, die bzgl. der Inhalte eine deutliche klinische Akzentuierung aufweisen. Verfahren ohne deutlichen klinischen Bezug sind in den jeweiligen Abschnitten aufgeführt.

9.1 ADHS
ADHS-Screening für Erwachsene (ADHS-E)
Fragebogen zum Hyperkinetischen Syndrom und Therapieleitfaden (HKS)
Homburger ADHS-Skalen für Erwachsene (HASE)

9.2 Alkoholismus
Münchner Alkoholismus-Test (MALT)
Skala zur Erfassung der Schwere der Alkoholabhängigkeit (SESA)
Trierer Alkoholismusinventar (TAI)

9.3 Angst
Angstfragebogen für Schüler (AFS)
Angstbewältigungs-Inventar (ABI)
Beck Angstinventar (BAI)
Bochumer Angstverfahren für Kinder im Vorschul- und Grundschulalter (BAV 3–11)
Fragebogen zu körperbezogenen Ängsten, Kognitionen und Vermeidung (AKV)
Hamilton Angst Skala (HAMA)
Hospital Anxiety and Depression Scale – Deutsche Version (HADS-D)
Interaktions-Angstfragebogen (IAF)
Kinder-Angst-Test II (KAT II)
Panik- und Agoraphobie-Skala (PAS)
Patient Health Questionnaire (GAD-7 Modul zur generalisierten Angst; *PHQ-Panikmodul*)
Phobiefragebogen für Kinder und Jugendliche (PHOKI)
Schulangst-Test (SAT)
Sozialphobie und -angstinventar für Kinder (SPAIK)
State-Trait-Angstinventar (STAI)
   s. auch Stichworteintrag «Angststörungen, diagnostische Verfahren»

III. Anhang

9.4 Aggression
Aggression Questionnaire (AQ)
Beobachtungssystem zur Analyse aggressiven Verhaltens in schulischen Settings (BASYS)
Bullying- und Viktimisierungsfragebogen (BVF)
Erfassungsbogen für aggressives Verhalten in konkreten Situationen (EAS)
Fragebogen zur Erfassung von Empathie, Prosozialität, Aggressionsbereitschaft und aggressivem Verhalten (FEPAA)
Fragebogen zur Erfassung von Aggressivitätsfaktoren (FAF)
Fragebogen zum aggressiven Verhalten von Kindern (FAVK)
Kurzfragebogen zur Erfassung von Aggressivitätsfaktoren (K-FAF)

9.5 Depression
Allgemeine Depressionsskala (ADS)
Bech-Rafaelson-Melancholie-Skala (BRMS)
Beck Depressions-Inventar (BDI-II)
Depressionsinventar für Kinder und Jugendliche (DIKJ)
Depressionstest für Kinder (DTK)
Fragebogen zur Depressionsdiagnostik nach DSM-IV (FDD-DSM-IV)
Hamilton Depression Skala (HAMD)
Hospital Anxiety and Depression Scale – Deutsche Version (HADS-D)
Patient Health Questionnaire (PHQ-9)
Rasch-basiertes Depressionsscreening (DESC)
Skala dysfunktionaler Einstellungen (DAS)
Test zur Erfassung der Schwere einer Depression (TSD)

9.6 Entspannung
Diagnostisches und Evaluatives Instrumentarium zum Autogenen Training (AT-EVA)

9.7 Entwicklungsstörungen
Basisdiagnostik für umschriebene Entwicklungsstörungen im Vorschulalter (BUEVA-II)
Basisdiagnostik umschriebener Entwicklungsstörungen im Grundschulalter (BUEGA)
Diagnostisches Interview für Autismus – Revidiert (ADI-R)
Diagnostische Beobachtungsskala für Autistische Störungen (ADOS)
Fragebogen zur sozialen Kommunikation – Autismus Screening (FSK)
Skala zur Erfassung sozialer Reaktivität – Dimensionale Autismus-Diagnostik (SRS)

9.8 Essstörungen
Eating Disorder Inventory-2 (EDI-2)
Fragebogen zum Eßverhalten (FEV)
Frankfurter Körperkonzeptskalen (FKKS)
Interdisziplinäres Testsystem zur Diagnostik und Evaluation bei Adipositas und anderen durch Ess- und Bewegungsverhalten beeinflussbaren Krankheiten (AD-EVA)
Strukturiertes Inventar für anorektische und bulimische Essstörungen nach DSM-IV und ICD-10 (SIAB)

9.9 Intelligenzminderung
Pädagogische Analyse und Curriculum der sozialen und persönlichen Entwicklung des geistig behinderten Menschen (PAC)
Heidelberger Kompetenz-Inventar für geistig Behinderte (HKI)

9.10 Persönlichkeitsstörungen
Borderline-Persönlichkeits-Inventar (BPI)
Diagnostisches Interview für das Borderlinesyndrom (DIB)
Fragebogen zu Dissoziativen Symptomen (FDS)
Internationale Diagnosen Checkliste für Persönlichkeitsstörungen (IDCL-P)
International Personality Disorder Examination/ICD-10 Modul – Deutschsprachige Ausgabe (IPDE)
Inventar Klinischer Persönlichkeitsakzentuierungen (IKP)
Narzißmusinventar (NI)
Persönlichkeits-Stil-und-Störungs-Inventar (PSSI)
Psychopathic Personality Inventory – Revised (PPI-R)

9.11 Psychische Störungen; allgemeine Diagnostik und psychiatrische Verfahren
AMDP-System
Beeinträchtigungs-Schwere-Score (BSS)
Caregiver-Teacher Report Form – Deutsche Fassung (C-TRF 1½-5)
Diagnostik-System für psychische Störungen nach ICD-10 und DSM-IV für Kinder und Jugendliche – II (DISYPS-II)
Diagnostisches Interview bei psychischen Störungen (DIPS)
Elternfragebogen über das Verhalten von Kindern und Jugendlichen (CBCL/4–18)
Internationale Skalen für Psychiatrie
Kinder-DIPS – Diagnostisches Interview bei psychischen Störungen im Kindes- und Jugendalter
Multiaxiales Klassifikationsschema für psychische Störungen des Kindes- und Jugendalters (MAS)
Münchner Diagnosen-Checklisten für DSM-III-R und ICD-10 (MDCL)
Operationalisierte Psychodynamische Diagnostik (OPD-2)
Operationalisierte Psychodynamische Diagnostik im Kindes- und Jugendalter (OPD-KJ)
Patient Health Questionnaire (PHQ-D)
Present State Examination (PSE)
Screening psychischer Störungen im Jugendalter – II (SPS-J-II)
Verhaltensbeurteilungsbogen für Vorschulkinder (VBV 3-6)

9.12 Schlaf
Multipler Schlaflatenz-Test (MSLT)
Multipler Wachbleibe-Test (MWT)

9.13 Suizid
Basisdokumentation suizidalen Verhaltens (BD-SV/K)

9.14 Zwangsstörungen
Hamburger-Zwangsinventar (HZI)

10. Lebensqualität, gesundheitsbezogene; Lebenszufriedenheit

Befindlichkeitsskala (Bf-SR)
Eigenschaftswörterliste (EWL)
Fragebogen zur Lebenszufriedenheit (FLZ)
Inventar zur Erfassung der Lebensqualität bei Kindern und Jugendlichen (ILK)
KIDSCREEN
Münchner Lebensqualitäts-Dimensionen-Liste (MLDL)
WHO-Instrumente zur internationalen Erfassung von Lebensqualität (WHOQOL-100 und WHO-QOL-BREF)

11. Lehrevaluation

Heidelberger Inventar zur Lehrveranstaltungs-Evaluation (HILVE-II)

12. Motivation

Anstrengungsvermeidungstest (AVT)
Fragebogen zur Erfassung telischer und metatelischer Orientierungen in revidierter Form (TEMEO-R)
Gitter-Technik
Leistungsmotivationsinventar (LMI)
Multi-Motiv-Gitter (MMG)
Skalen zur Erfassung der Lern- und Leistungsmotivation (SELLMO)

13. Neuropsychologie

Aachener Aphasietest (AAT)
Alzheimer's Disease Assessment Scale (ADAS)
Behavioural Assessment of the Dysexecutive Syndrome (BADS)
Bender-Gestalt-Test (BGT)
Benton-Test (BT)
Berliner Amnesietest (BAT)
Boston Naming Test
Demenztest (DT)
Diagnosticum für Cerebralschädigung-II (DCS-II)
Diagnostischer Elternfragebogen zur taktil-kinästhetischen Responsivität (DEF-TK)
Enzephalopathie-Fragebogen (EF)
Five Points Test
Functional Assessment Staging (FAST)
Göttinger Formreproduktions-Test (GFT)
Hand-Dominanztest (H-D-T)
Handlungsorganisation und Tagesplanung (HOTAP)
Inventar zur Gedächtnisdiagnostik (IGD)
Kaufman – Neuropsychologischer Kurztest (K-NEK)
Kurztest zur Erfassung von Gedächtnis- und Aufmerksamkeitsstörungen (SKT)
Luria Neuropsychological Investigation
Mini-Mental-Status-Test (MMST)
Neglect-Test (NET)
Neuropsychologisches Entwicklungs-Screening (NES)
Nürnberger Alters-Inventar (NAI)
Regensburger Wortflüssigkeitstest (RWT)
Reisberg-Skalen (GDS, BCRS, FAST)
Ruff Figural Fluency Test (RFFT)
Strukturiertes Interview für die Diagnose der Demenz vom Alzheimer-Typ, der Multiinfarkt-Demenz und Demenzen anderer Ätiologie nach DSM-III-R und ICD-10 (SIDAM)
Test für diskrete und kategoriespezifische Benennstörungen (TDKB)
Test zur praktischen Alltagsintelligenz (PAI 30)
Testbatterie zur forensischen Neuropsychologie (TBFN)
The Wisconsin Card Sorting Test-64 (WCST-64)
Token Test (TT)
Tower von London – Deutsche Version (TL-D)
Trail Making Test (TMT)
Tübinger Luria-Christensen neuropsychologische Untersuchungsreihe für Kinder (TÜKI)
Tübinger-Luria-Christensen neuropsychologische Untersuchungsreihe (TÜLUC)
Verbaler Lern- und Merkfähigkeitstest (VLMT)
Verbaler und nonverbaler Lerntest (VLT/NVLT)
Visueller und verbaler Merkfähigkeitstest (VVM 1/VVM 2)
Wechsler Memory Scale – Fourth Edition (WMS-IV)
Wisconsin Card Sorting Test (WCST)
Zahlenverarbeitungs- und Rechentest (ZRT)
   s. auch Stichworteintrag «Neurologische Testverfahren»

14. Partnerschaft, Sexualität, Familie und Erziehung

Ein Verfahren für die Forschung und Praxis mit Familien und anderen sozialen Systemen (Familienbrett)
Einschätzung von Partnerschaft und Familie (EPF)
Eltern-Belastungs-Inventar (EBI)
Eltern-Belastungs-Screening zur Kindeswohlgefährdung (EBSK)
Elternbildfragebogen für Kinder und Jugendliche (EBF-KJ)
Familie in Tieren
Familien-Beziehungs-Test (F-B-T)
Familien-Identifikations-Test (FIT)
Familien- und Kindergarten-Interaktions-Test (FIT-KIT)
Familiensystemtest (FAST)
Family Relations Test (FRT-C)

III. Anhang

Fragebogen zum erinnerten elterlichen Erziehungsverhalten (FEE)
Fragebogen zur Erfassung kindlicher Steuerung (FEKS)
Fragebogen zur Messung von Einstellungen zu Schwangerschaft, Sexualität und Geburt (SSG)
Fragebogen zur Partnerschaftsdiagnostik (FPD)
Sorge- und umgangsrechtliche Testbatterie (SURT)

15. Persönlichkeit

Anmerkung: Psychologische Testverfahren dienen zumeist der Erfassung von Persönlichkeitsmerkmalen, sodass auch Verfahren, die nicht in diesem Abschnitt aufgelistet werden, in der Regel persönlichkeitsrelevante Merkmale erfassen. In diesem Abschnitt sind vorrangig diejenigen Verfahren aufgeführt, die sich auf persönlichkeitsrelevante Kernmerkmale beziehen und bei denen eine explizit persönlichkeitspsychologische Perspektive im Vordergrund steht.

15.1 Allgemeine Verfahren
16-Persönlichkeits-Faktoren-Test Revidierte Fassung (16 PF-R)
Big Five Inventar (BFI)
Deutsche Personality Research Form (PRF-D)
Eysenck Personality Inventory (EPI)
Freiburger Persönlichkeitsinventar (FPI-R)
Gitter-Technik
Hamburger Persönlichkeitsfragebogen für Kinder (HAPEF-K)
Junior Temperament und Charakter Inventar (JTCI)
Mehrdimensionaler Persönlichkeitstest für Erwachsene (MPT-E)
Mehrdimensionaler Persönlichkeitstest für Jugendliche (MPT-J)
Minnesota Multiphasic Personality Inventory (MMPI)
Minnesota Multiphasic Personality Inventory-2 (MMPI-2)
Münchner Persönlichkeitstest (MPT)
Myers-Briggs-Typenindikator (MBTI)
NEO-Fünf-Faktoren-Inventar (NEO-FFI)
NEO-Persönlichkeitsinventar (NEO-PI-R)
Personal Attributes Questionnaire (PAQ)
Persönlichkeitsfragebogen für Kinder zwischen 9 und 14 Jahren (PFK 9-14)
Persönlichkeits-Stil-und-Störungs-Inventar (PSSI)
Persönlichkeits- und Interessentest (PIT)
Trierer Integriertes Persönlichkeitsinventar (TIPI)
Trierer Persönlichkeitsfragebogen (TPF)

15.2 Einzelkonstrukte
Antisemitismusskala (A-S scale)
Attributional Style Questionnaire (ASQ)
Bem Sex Role Inventory (BSRI)
Hamburger Neurotizismus- und Extraversionsskala für Kinder und Jugendliche (HANES-KJ)
Fragebogen zur direktiven Einstellung (F-D-E)
Life Orientation Test (LOT-R)
State-Trait-Ärgerausdrucksinventar (STAXI)

15.3 Projektive Persönlichkeitsverfahren
Apperzeptiver Situationstest (A-S-T)
Behn-Rorschach-Test (Bero-Test)
Holtzman Inkblot Technique (HIT)
Kinder-Apperzeptions-Test (CAT)
Rorschach-Test, Formdeute-Test
Schwarzfuß-Test (SF-Test)
Szondi-Test (SZ-T)
Thematischer Apperzeptionstest (TAT)
Thematischer Gestaltungstest (Salzburg) (TGT-S)
Wartegg-Zeichentest (WZT)
Zulliger-Tafeln-Test (Z-T-T)

15.4 Selbst/Selbstkonzept
Berger-Skala zur Erfassung der Selbstakzeptanz
Frankfurter Selbstkonzeptskalen (FSKN)
Gießen-Test-II (GT-II)
IPC-Fragebogen zu Kontrollüberzeugungen
Multidimensionale Selbstwertskala (MSWS)
Selbstkonzept-Inventar (SKI)
Repertory-Grid-Technik (RGT)
Self-Description Questionnaire (SDQ)

16. Psychotherapie

16.1 Motivation, therapie-/behandlungsbezogen
Inkongruenzfragebogen (INK)
Fragebogen zur Analyse Motivationaler Schemata (FAMOS)
Fragebogen zur Messung der Psychotherapiemotivation (FMP)
Fragebogen zur Psychotherapiemotivation (FPTM)
Patientenfragebogen zur Erfassung der Reha-Motivation (PAREMO-20)

16.2 Therapeutische Beziehung/Arzt-Patient-Interaktion
Consultation and Relational Empathy Scale (CARE)
Helping Alliance Questionnaire (HAQ)
Interpersonal Reactivity Index (IRI)
Jefferson Scale of Physician Empathy, Student Version (JSPE-S)

16.3 Therapieerfolg
Bonner Fragebogen für Therapie und Beratung (BFTB)
Fragebogen zur Beurteilung der Behandlung (FBB)
Fragebogen zur Messung der Patientenzufriedenheit (ZUF-8)
Veränderungsfragebogen des Erlebens und Verhaltens (VEV)

17. Rehabilitation

s. Stichworteintrag «Rehabilitation Assessment»

18. Schul- und ausbildungsbezogene Merkmale

18.1 Allgemein
Allgemeiner Schulleistungstest für 2. Klassen (AST 2)
Arbeitsverhaltensinventar (AVI)
Differentieller Leistungstest – KE (DL-KE)/ – KG (DL-KG)
Duisburger Vorschul- und Einschulungstest (DVET)
Göppinger sprachfreier Schuleignungstest (GSS)
Hamburger Schulleistungstest für 4. und 5. Klassen (HST 4/5)
Heidelberger Auditives Screening in der Einschulungsuntersuchung (HASE)
Kieler Einschulungsverfahren (KEV)
Kombinierter Lern- und Intelligenztest für 4. und 5. Klassen (KLI 4-5 R)
Konzentrationstest für 3. und 4. Klassen (KT 3-4 R)
Mannheimer Schuleingangsdiagnostikum (MSD)
Marburger Konzentrationstraining für Schulkinder (MKT)
Marburger Konzentrationstraining für Jugendliche (MKT-J)
Münchner Hochbegabungstestbatterie für die Primarstufe (MHBT-P) bzw. für die Sekundarstufe (MHBT-S)
Prüfsystem für Schul- und Bildungsberatung für 4. bis 6. Klassen – revidierte Fassung (PSB-R 4–6)
Prüfsystem für Schul- und Bildungsberatung für 6. bis 13. Klassen – revidierte Fassung (PSB-R 6–13)
Reutlinger Test für Schulanfänger (RTS)
Screening für Schul- und Bildungsberatung (SSB)
Skalen zur Erfassung der Lern- und Leistungsmotivation (SELLMO)
Test für medizinische Studiengänge (TMS)
Testreihe zur Prüfung der Konzentrationsfähigkeit von Schülern (TPK)

18.2 Lesen und Schreiben
Bielefelder Screening zur Früherkennung von Lese-Rechtschreibschwierigkeiten (BISC)
Deutscher Rechtschreibtest (für das erste und zweite Schuljahr; DERET 1-2+ / für das dritte und vierte Schuljahr; DERET 3-4+)
Diagnostischer Lesetest zur Frühdiagnose (DLF 1-2)
Diagnostischer Rechtschreibtest für 1. bis 3. bzw. 4. bis 5. Klassen (DRT 1-3/4-5)
Ein Leseverständnistest für Erst- bis Sechstklässler (ELFE 1-6)
Frankfurter Leseverständnistest für 5. und 6. Klassen (FLVT)
Hamburger Lesetest für 3. und 4. Klassen (HAMLET 3–4)
Hamburger Schreib-Probe 1–9 (HSP 1–9)
Knuspels Leseaufgaben (KNUSPEL-L)
Lernfortschrittsdiagnostik Lesen (LDL)
Lesegeschwindigkeits- und verständnistest für die Klassen 6-12 (LGVT 6-12)
Lese- und Rechtschreibtest (SLRT-II)
Linguistische Sprachstandserhebung – Deutsch als Zweitsprache (LiSe-DaZ)
Morphemunterstütztes Grundwortschatz-Segmentierungstraining (MORPHEUS)
Münsteraner Rechtschreibanalyse (MRA)
Potsdam-Illinois Test für Psycholinguistische Fähigkeiten (P-ITPA)
Rechtschreibungstest (RT)
Rechtschreibtest für 6. und 7. Klassen (RST 6-7)
Salzburger Lese-Screening für die Klassenstufen 1–4 bzw. 5–8 (SLS 1–4, SLS 5–8)
Salzburger Lese- und Rechtschreibtest (SLRT)
Screening der Erstsprachfähigkeit bei Migrantenkindern (Russisch-Deutsch, Türkisch-Deutsch) (SCREEMIK 2)
Würzburger Leise Leseprobe (WLLP)
Würzburger Lesestrategie-Wissenstest für die Klassen 7-12 (WLST 7-12)
Zürcher Lesetest – II (ZLT-II)
Zürcher Leseverständnistest für das 4. bis 6. Schuljahr (ZLVT 4–6)
Weingartener Grundwortschatz Rechtschreibtest (WRT 1+, WRT 2+, WRT 3+, WRT 4+)
Westermann-Rechtschreibtest 4/5 (WRT 4/5)
Westermann-Rechtschreibtest 6+ (WRT 6+)

18.3 Mathematik
Basisdiagnostik Mathematik für die Klassen 4–8 (BASIS-MATH 4–8)
Deutscher Mathematiktest für erste Klassen (DEMAT 1+/2+/3+/4+)
Diagnostikum: Basisfähigkeiten im Zahlenraum 0 bis 20 (DBZ 1)
Diagnostisches Inventar zu Rechenfertigkeiten im Grundschulalter (DIRG)
Eggenberger Rechentest (ERT 1+, ERT 2+, ERT 3+ bzw. ERT 4+)
Heidelberger Rechentest (HRT 1-4)
Mathematiktest für Abiturienten und Studienanfänger (M-T-A-S)
Osnabrücker Test zur Zahlbegriffsentwicklung (OTZ)
Rechenfertigkeiten- und Zahlenverarbeitungs-Diagnostikum für die 2. bis 6. Klasse (RZD 2-6)
Schultestbatterie zur Erfassung des Lernstandes in Mathematik, Lesen und Schreiben I und II (SBL I und SBL II)
Schweizer Rechentest 4.–6. Klasse (SR 4–6)
Test zur Erfassung numerisch-rechnerischer Fertigkeiten vom Kindergarten bis zur 3. Klasse (TEDI-MATH)
Testverfahren zur Dyskalkulie bei Kindern – revidierte Fassung (ZAREKI-R)
Test zur Erfassung mathematischer Basiskompetenzen ab Schuleintritt (MBK 1+)

18.4 Sozio-emotionale und motivationale Aspekte
Angstfragebogen für Schüler (AFS)
Attributionsstil-Fragebogen für Kinder und Jugendliche (ASF-KJ)
Differentielles-Leistungsangst-Inventar (DAI)

Familien- und Kindergarten-Interaktions-Test (FIT-KIT)
Fragebogen zur Erfassung emotionaler und sozialer Schulerfahrungen von Grundschulkindern erster und zweiter Klassen bzw. dritter und vierter Klassen (FEESS 1-2, FEESS 3-4)
Fragebogen zur Erfassung von Lehrerzielen (FELZ)
Lehrereinschätzliste für Sozial- und Lernverhalten (LSL)
Lern- und Arbeitsverhaltensinventar (LAVI)
Linzer Fragebogen zum Schul- und Klassenklima (LSFK 4–8)
Schulangst-Test (SAT)
Selbstregulationsstrategientest für Kinder (SRST-K)
Selbstregulations- und Konzentrationstest für Kinder (SRKT-K)
Skalen zur Erfassung des schulischen Selbstkonzepts (SESSKO)

19. Sexualdelinquenz

Multiphasic Sex Inventory (MSI)
Multiphasic Sex Inventory für Jugendliche (MSI-J)

20. Soziale Kompetenzen, Sozialverhalten

Bildertest zum sozialen Selbstkonzept (BSSK)
Conflict Tactics Scales (CTS2)
Emotionale-Kompetenz-Fragebogen (EKF)
Fragebogen zu Konfliktbewältigungsstrategien (FKBS)
Fragebogen zur Erhebung der Emotionsregulation bei Kindern und Jugendlichen (FEEL-KJ)
Fragebogen zur sozialen Kompetenz (FSK)
Fragebogen zu sozialer Angst und sozialen Kompetenzdefiziten (SASKO)
Gruppentest für die soziale Einstellung (S-E-T)
Interaktions-Angstfragebogen (IAF)
Inventar zur Erfassung interpersonaler Probleme – Deutsche Version (IIP-D)
Inventar zur Erfassung von Impulsivität, Risikoverhalten und Empathie bei 9- bis 14-jährigen Kindern (IVE)
Inventar sozialer Kompetenzen (ISK)
Konfliktverhalten situativ (KV-S)
Trait Emotional Intelligence Questionnaire (TEIQue)
Rosenzweig Picture Frustration Test, Form für Erwachsene bzw. für Kinder (PFT)
Sozialphobie und -angstinventar für Kinder (SPAIK)
System for Multiple Level Observation of Groups (SYMLOG)

21. Soziale Unterstützung

Computergestütztes Explorationsverfahren zur Erfassung psychosozialer Anforderungen und Ressourcen (CEPAR)
Fragebogen zur sozialen Unterstützung (F-SOZU)

22. Stress

Fragebogen zur Erhebung von Stress und Stressbewältigung im Kindes- und Jugendalter (SSKJ 3-8)
Patient Health Questionnaire (PHQ-Stressmodul)
Stressverarbeitungsfragebogen nach Janke und Erdmann angepasst für Kinder und Jugendliche (SVF-KJ)
Trierer Inventar zum chronischen Stress (TICS)

23. Waffenrechtliche Begutachtung

Testbatterie zur waffenrechtlichen Begutachtung (TBWB)

III.3: Liste der Stichwortautoren

Im Folgenden sind die Autoren genannt, die als Gebietsexperten und Gebietsautoren an der Darstellung von Stichwörtern im Lexikon mitgewirkt haben. Wenn ein Autor Beiträge verfasst hat, die verschiedenen Gebieten zugeordnet sind, so wird er lediglich als Gebietsautor des Bereichs genannt, in dem der Schwerpunkt der Beiträge liegt.

Arbeits- und Organisationspsychologie [AO]

Gebietsexperte:

Sonntag, Karlheinz, Prof. Dr., Leiter der Abteilung Arbeits- und Organisationspsychologie, Psychologisches Institut, Universität Heidelberg; Hauptstr. 47–51, 69117 Heidelberg. Prorektor der Universität Heidelberg. Anforderungsanalyse und Kompetenzmodelle, Personalentwicklung, Analyse psychischer Belastungen und Gesundheitsförderung. www.ao.uni-hd.de; karlheinz.sonntag@psychologie.uni-heidelberg.de

Gebietsautoren:

Birkhan, Georg, Dr., md gesellschaft für management-diagnostik mbh. Heimhuder Straße 15, 20148 Hamburg. Eignungsdiagnostik, Management-Diagnostik. www.management-diagnostik.de/de/team/georg-birkhan.html; birkhan@management-diagnostik.de

Blickle, Gerhard, Prof. Dr., Leiter der Abteilung für Arbeits-, Organisations- und Wirtschaftspsychologie, Universität Bonn, Philosophische Fakultät, Am Hof 1, 53113 Bonn. Berufliche Leistungsdiagnostik, Interaktion und Kommunikation in Organisationen, organisationale und berufliche Sozialisation. www.aow-bonn.de/www/wir/blickle.htm; gerhard.blickle@uni-bonn.de

Brinkmann, Ralf, Prof. Dr., SRH Hochschule Heidelberg, Maria-Probst-Str. 3, 69123 Heidelberg. Innere Kündigung, Prävention psychischer Fehlbelastungen am Arbeitsplatz, Stress und Stressbewältigung. www.hochschule-heidelberg.de/de/unsere-hochschule/hochschulteam/professoren/detailansicht/team/ralf-brinkmann-3/; ralf.brinkmann@fh-heidelberg.de

Burisch, Matthias, Prof. Dr., Leiter Burnout-Institut Norddeutschland (BIND), Klevendeicher Ch. 7, 25436 Moorrege. Burnout, Stressmanagement, Führungskompetenzen. www.burnout-institut.eu; burisch@uni-hamburg.de

Clases, Christoph, Prof. Dr., Fachhochschule Nordwestschweiz, Hochschule für Angewandte Psychologie, Riggenbachstrasse 16, CH-4600 Olten. Führung, Kooperation, Vertrauen. www.fhnw.ch/personen/christoph-clases/profil; christoph.clases@fhnw.ch

Gläser, Daniel, Dipl.-Psych., Universität Hamburg, RespectResearchGroup, Rothenbaumchaussee 34, 20148 Hamburg. Organizational Behavior, Ethical Decision Making, Incentives. www.respectresearchgroup.org; glaeser@respectresearchgroup.org

Greif, Siegfried, Prof. em. Dr., Dipl.-Psych., Universität Osnabrück (pensioniert) und Geschäftsführer Institut für wirtschaftspsychologische Forschung und Beratung GmbH, Osnabrück. Coaching, Stressmanagement. www.home.uni-osnabrueck.de/sgreif; sgreif@uos.de

Grote, Gudela, Prof. Dr., Professorin für Arbeits- und Organisationspsychologie, ETH Zürich, Departement Management, Technologie und Ökonomie, Weinbergstrasse 56/58, CH-8092 Zürich. Führung und Koordination in Teams, Gestaltung von Berufslaufbahnen, Sicherheitsmanagement. www.oat.ethz.ch; ggrote@ethz.ch

Güntert, Stefan T., Dr., ETH Zürich, Departement Management, Technologie und Ökonomie, Forschungsgruppe Psychologie der Arbeit, Weinbergstrasse 56/58, CH-8092 Zürich. Arbeitsmotivation, Freiwilligenarbeit. www.pda.ethz.ch; sguentert@ethz.ch

Hamborg, Kai-Christoph, apl. Prof. Dr., Arbeits- und Organisationspsychologie, Seminarstr. 20, 49069 Osnabrück. Mensch-Computer-Interaktion, Konzepte und Methoden der Arbeitsgestaltung, E-Learning. www.psycho.uni-osnabrueck.de/fachgebiete/aop/index.php/team.html; khamborg@uni-osnabrueck.de

Hochholdinger, Sabine, Prof. Dr., Fachbereich Wirtschaftswissenschaften, Lehrstuhl für Betriebspädagogik, Universität Konstanz. Wirtschaftspädagogik, Pädagogische Psychologie. www.wiwi.uni-konstanz.de/wipaed/sh/mitarbeiter/sabine-hochholdinger; sabine.hochholdinger@uni-konstanz.de

Kanning, Uwe, Prof. Dr., Professor für Wirtschaftspsychologie, Hochschule Osnabrück, Fakultät Wirtschafts- und Sozialwissenschaften, Caprivistrasse 30a, 49076 Osnabrück. Personaldiagnostik, soziale Kompetenzen, unseriöse Methoden der Personalarbeit. www.wiso.hs-osnabrueck.de/30854.html; U.Kanning@hs-osnabrueck.de

Krause, Diana, Prof. Dr., Leiterin der Abteilung für Personal, Führung und Organisation. Universität Klagenfurt. Führung, Innovation, Assessment-Center. www.uni-klu.ac.at/pfo/inhalt/1_211.htm; DianaEva.Krause@uni-klu.ac.at

Krone, Alexandra, Dr., Institut für wirtschaftspsychologische Beratung. Personal- und Organisationsentwicklung, Pappelgraben 6, 49170 Hagen. www.iwfb.de/de/kompetenzprofile.html#krone; Alexandra.Krone@iwfb.de

Melchers, Klaus G., Prof. Dr., Lehrstuhl Arbeits- und Organisationspsychologie, Universität Ulm, Institut für Psychologie und Pädagogik. Personalauswahl, Persönlichkeitserfassung im Arbeitskontext, Organizational Citizenship Behavior. www.uni-ulm.de/in/psy-paed/aopsychologie/team/klaus-melchers.html; klaus.melchers@uni-ulm.de

Michel, Alexandra, Dr., Arbeits- und Organisationspsychologie, Psychologisches Institut, Universität Heidelberg, Hauptstraße 47–51, 69117 Heidelberg. Occupational Health Psychology, Change Management, Coaching and Training. www.psychologie.uni-heidelberg.de/ae/abo/personen_michel_vita.html; alexandra.michel@psychologie.uni-heidelberg.de

Nohe, Christoph, Dipl.-Psych., Universität Heidelberg, Psychologisches Institut, Arbeits- und Organisationspsychologie, Hauptstraße 47–51, 69117 Heidelberg. www.psychologie.uni-heidelberg.de/ae/abo/personen_nohe.html; christoph.nohe@psychologie.uni-heidelberg.de

Peters, Anna, Dipl.-Psych., Universität Heidelberg, Psychologisches Institut, Arbeits- und Organisationspsychologie, Hauptstraße 47–51, 69117 Heidelberg. www.psychologie.uni-heidelberg.de/ae/abo/personen_peters.html; anna.peters@psychologie.uni-heidelberg.de

Raeder, Sabine, Prof. Dr., Professorin für Arbeits- und Organisationspsychologie, University of Oslo, Department of Psychology, Forskningsveien 3, N-0317 Oslo. Psychologischer Vertrag, Human-Resource-Management-Praktiken, flexible Arbeit. www.sv.uio.no/psi/english/people/aca/sabinr/index.html; sraeder@ethz.ch

Rauen, Christopher, Geschäftsführer, Christopher Rauen GmbH, Rosenstr. 21, 49424 Goldenstedt. Coaching, Coaching-Ausbildung. www.rauen.de; christopher.rauen@rauen.de

Rigotti, Thomas, Prof. Dr., Johannes-Gutenberg-Universität Mainz, Arbeits-, Organisations und Wirtschaftspsychologie, Wallstr. 3, 55122 Mainz. Flexibilität, Führung, Gesundheit. www.aow.psychologie.uni-mainz.de; rigotti@uni-mainz.de

Runde, Bernd, Dr., Institut für wirtschaftspsychologische Beratung. Personal- und Organisationsentwicklung, Pappelgraben 6, 49170 Hagen. Coaching, Organisationsentwicklung, Personalauswahl. www.iwfb.de/de/kompetenzprofile.html#runde; Bernd.Runde@iwfb.de

Sarges, Werner, Prof. em. Dr., 1977–2006: Professor für Quantitative Methoden an der Helmut-Schmidt-Universität Hamburg. Eignungsdiagnostik, Management-Diagnostik, Quantitative Methoden. www.imwf.de/Beirat/Prof-Dr-Werner-Sarges; sarges@hsu-hh.de

Sattler, Christine, Dr., Psychologisches Institut der Ruprecht-Karls-Universität Heidelberg. Arbeits- und Organisationspsychologie. Arbeit und Gesundheit. www.psychologie.uni-heidelberg.de/ae/abo/personen_sattler_vita.html

Schaper, Niclas, Prof. Dr., Universität Paderborn, Lehrstuhl für Arbeits- und Organisationspsychologie, Institut für Humanwissenschaften/Psychologie, Warburger Straße 100, 33098 Paderborn. Kompetenzmodellierung und -messung, Weiterbildungsverhalten und -motivation, kompetenzorientierte Hochschulbildung. kw.uni-paderborn.de/institute-einrichtungen/institut-fuer-humanwissenschaften/psychologie/arbeits-und-organisationspsychologie/team/lehrstuhlinhaber/prof-dr-niclas-schaper; niclas.schaper@upb.de

Schuler, Heinz, Prof. Dr., Lehrstuhl für Psychologie, Universität Hohenheim Stuttgart, Institut für Sozialwissenschaften, 70593 Stuttgart. Organisations- und Personalpsychologie, Berufseignungsdiagnostik, Leistungsbeurteilung. www.uni-hohenheim.de; Heinz.Schuler@uni-hohenheim.de

Seiferling, Nadine, Dipl.-Psych., Psychologisches Institut der Unversität Heidelberg, Arbeits- und Organisationspsychologie, Hauptstraße 47–51, 69117 Heidelberg. www.psychologie.uni-heidelberg.de/ae/abo/personen_seiferling_vita.html; nseiferl@ad.uni-heidelberg.de

Spieß, Erika, apl. Prof. Dr., akademische Ratsstelle an der LMU-München, Department Psychologie, Wirtschafts- und Organisationspsychologie, Leopoldstr. 13, 80802 München. Lern-und Kooperationskulturen, interkulturelles Handeln in wirtschaftsnahen Kontexten, Gesundheit in Organisationen. www.psy.lmu.de/wirtschaftspsychologie; erika.spiess@psy.lmu.de

Turgut, Sarah, Dipl.-Psych., Psychologisches Institut der Unversität Heidelberg, Arbeits- und Organisationspsychologie, Hauptstraße 47–51, 69117 Heidelberg. www.psychologie.uni-heidelberg.de/ae/abo/personen_turgut.html; sarah.turgut@psychologie.uni-heidelberg.de

Udris, Ivars, Prof. em. Dr., Professor für Arbeits- und Organisationspsychologie, Zentrum für Organisations- und Arbeitswissenschaften, ETH Zürich. Arbeit, Stress, Gesundheit. udris@bluewin.ch

Ulich, Eberhard, Prof. em. (ETH), Dr. Dr. h. c., Institut für Arbeitsforschung und Organisationsberatung, Obere Zäune 14, CH-8001 Zürich. Arbeitsgestaltung, betriebliches Gesundheitsmanagement. www.iafob.ch; eberhard.ulich@iafob.ch

Üstünsöz-Beurer, Dörthe, Dr., Hochschule für Wirtschaft und Umwelt Nürtingen-Gesisingen. Projekt IBIS – Wissenschaftliche Begleitforschung Kompetenzzentrum Lehre. Berufswahlforschung, Eignungsdiagnostik, Motivation und Persönlichkeit. doerthe.uestuensoez-beurer@hfwu.de

Wegge, Jürgen, Prof. Dr., TU Dresden, Arbeits- und Organisationspsychologie, Zellescher Weg 17, 01062 Dresden. Arbeitsmotivation, Führung, demografischer Wandel. www.wop-psychology.de; wegge@psychologie.tu-dresden.de

Wehner, Theo, Prof. Dr., ETH Zürich, Departement Management, Technologie und Ökonomie, Forschungsgruppe Psychologie der Arbeit, Weinbergstrasse 56/58, CH-8092 Zürich. Fehlerforschung, Wissen u. Erfahrung, Freiwilligenarbeit. www.pda.ethz.ch. twehner@ethz.ch

Wohland, Jens, wissenschaftlicher Mitarbeiter, Institut für Technologie und Arbeit e.V., Integrierte Managementsysteme, Trippstadter Straße 110, 67663 Kaiserslautern. Produktentwicklung, Qualitätsmanagement. www.ita-kl.de; jens.wohland@ita-kl.de

Zink, Klaus J., Prof. Dr., wissenschaftlicher Leiter des Instituts für Technologie und Arbeit e.V. Stakeholderorientierte Bewertung und Gestaltung von Arbeit und Organisationen, Integrative Managementsysteme, Change-Management und Partizipation, Inclusive-Design-Konzepte unter Einbeziehung von Life-Cycle-Aspekten. www.ita-kl.de; klaus.j.zink@ita-kl.de

Biologische Psychologie und Neuropsychologie [BIO]

Gebietsexperte:

Gauggel, Siegfried, Prof. Dr., Lehrstuhl für Medizinische Psychologie und Medizinische Soziologie, RWTH Aachen, Pauwelsstraße 19, 52074 Aachen. Neuropsychologie der Handlungs- und Affektregulation, Neuropsychologische Diagnostik, Therapie und Rehabilitation, Outcome-Evaluation medizinischer und psychotherapeutischer Maßnahmen. www.ukaachen.de/kliniken-institute/institut-fuer-medizinische-psychologie-und-medizinische-soziologie/institut/team/gauggel-html; sgauggel@ukaachen.de

Gebietsautoren:

Becker-Carus, Christian, Prof. em. Dr., ehem. Direktor am Psychologischen Institut der Westf. Wilhelms-Universität Münster/W. und Leiter der Arbeitsgruppe für Allgemeine und Angewandte Psychologie, Fliednerstr. 21, 48149 Münster. Biologische Grundlagen des Verhaltens, Psychophysiologie, Neuropsychologie. www.uni-muenster.de/Psychologie/emeriti/BeckerCarus.html; becarus.c@uni-muenster.de

Birbaumer, Nils, Prof. Dr. Dr. h. c. mult., Institute of Medical Psychology and Behavioral Neurobiology, Eberhard-Karls-Universität, Silcherstr. 5, Office 205, 72076 Tübingen. Physiologische Psychologie, Klinische und Medizinische Psychologie, Behavioral Neuroscience. www.mp.uni-tuebingen.de/mp/index.php?id=62. niels.birbaumer@uni-tuebingen.de

Böcker, Maren, Dr., Uniklinikum der RWTH Aachen, Medizinische Psychologie und Medizinische Soziologie, Pauwelsstraße 19, 52074 Aachen. Neuropsychologie der Handlungskontrolle, Itembanking, Computer-adaptives Testen. www.uk-aachen.de/content/folder/1018015; mboecker@ukaachen.de

Bormann, Tobias, Dr., Neurologische Universitätsklinik im Neurozentrum Freiburg. www.neurologie-uniklinik-freiburg.de/kontakte/stationen-pflege-diagnostik-therapie.html; tobias.bormann@uniklinik-freiburg.de

Burchert, Frank, PD Dr. phil. habil., Universität Potsdam, Exzellenzbereich Kognitionswissenschaften, Department Linguistik, Karl-Liebknecht-Str. 24–25, 14476 Potsdam. Neurolinguistik, Psycholinguistik. www.ling.uni-potsdam.de/index.php/burchert; burchert@uni-potsdam.de

Drüke, Barbara, Dr. rer. medic., RWTH Aachen, Institut für Medizinische Psychologie und Medizinische Soziologie, Pauwelsstr. 19 (MTZ), 52074 Aachen. www.ukaachen.de/content/folder/1018015; bdrueke@ukaachen.de

Fehr, Thorsten, PD Dr., Universität Bremen, Institut für Hirnforschung V (Abteilung für Neuropsychologie und Verhaltensneurobiologie), Hochschulring 18, Bremen. Neuropsychologie, Kognitionswissenschaften. www.neuropsychologie.uni-bremen.de; fehr@uni-bremen.de

Friedrich, Melanie, Universität Bamberg, Abteilung für Physiologische Psychologie, Wissenschaftliche Mitarbeiterin. www.uni-bamberg.de/physiolpsych; melanie.friedrich@uni-bamberg.de

Halsband, Ulrike, Prof. Dr. (D. Phil., Oxon), Albert-Ludwigs-Universität Freiburg, Neuropsychologie, Engelbergerstr. 41, 79085 Freiburg. Hirnmechanismen bei Hypnose und Meditation, fMRT-Untersuchungen bei Dentalphobikern, Canis lupus familiaris: Persönlichkeitsvariablen, Therapieeffekte und Fast Mapping. psychologie.uni-freiburg.de/abteilungen/Neuropsychologie; sekr.neuro@psychologie.uni-freiburg.de

Hausmann, Markus, PD Dr., Universität Durham, Department of Psychology, South Road, Durham DH1 1ED, United Kingdom. Hirnasymmetrie und interhemisphärische Interaktion, kognitive Geschlechtsunterschiede, neuromodulatorische Eigenschaften von Sexualhormonen. www.dur.ac.uk/psychology/staff/?id=5341; markus.hausmann@durham.ac.uk

Jäncke, Lutz, Prof. Dr., Lehrstuhl für Neuropsychologie, Universität Zürich, Psychologisches Institut, Binzmühlestr. 14/25, CH-8050 Zürich. Gehirn und Musik, funktionelle Neuroanatomie, kognitive Neuroanatomie. www.psychologie.uzh.ch/fachrichtungen/neuropsy/Team/jaencke.html; l.jaencke@psychologie.uzh.ch

Lautenbacher, S., Prof. Dr., Universität Bamberg, Abteilung für Physiologische Psychologie, Markusplatz 3, 96045 Bamberg. Schmerz, Neuropsychologie psychischer Störungen. www.uni-bamberg.de/physiolpsych; stefan.lautenbacher@uni-bamberg.de

Markowitsch, Hans J., Prof. Dr., Lehrstuhl (C4) für Physiologische Psychologie, Universität Bielefeld, 33501 Bielefeld. Gedächtnis und Gedächtnisstörungen, funktionelle Bildgebung als Grundlage interaktiver Hirn-Verhaltens-Zusammenhänge, Altersabhängigkeit kognitiver Leistung. www.uni-bielefeld.de/psychologie/ae/AE14/; hjmarkowitsch@uni-bielefeld.de

Müller, Sandra Verena, Prof. Dr. rer. nat. habil., Ostfalia Hochschule, Fakultät für Soziale Arbeit, Salzdahlumer Straße 46–48, 38302 Wolfenbüttel. Exekutive Dysfunktionen, Demenz und geistige Behinderung, evidenzbasierte neuropsychologische Therapie. www.ostfalia.de/cms/de/s/not_in_menu/Mueller/personenmueller; s-v.mueller@ostfalia.de

Peper, Martin, Prof. Dr. Dr., Philipps-Universität Marburg, Allgemeine und Biologische Psychologie, Arbeitsbereich Neuropsychologie, Gutenbergstr. 18, 35032 Marburg. Neuropsychologie, Emotion, Lernen. www.martin-peper.de; peper@uni-marburg.de

Schmidt, Anna-Christine, Dipl.-Psych., Klinik für psychosomatische Medizin und Psychotherapie des LWL-

Universitätsklinikums der Ruhr-Universität Bochum, wiss. Mitarbeiterin, Alexandrinenstr. 1-3, 44791 Bochum. Gedächtnisstörungen, Autobiografisches Gedächtnis, Neuropsychoanalyse. acschmidt@uni-bonn.de

Schulz, Andre, Dr., Institute for Health and Behaviour, University of Luxembourg, Campus Walferdange, Bât. VI, L-7220 Walferdange. Interozeption und viszeral-afferente Signalübermittlung, Stress und Psychophysiologie, Startle-Modulation. wwwde.uni.lu/recherche/flshase/inside/people/andre_schulz; andre.schulz@uni.lu

Tempel, Tobias, Dr., Universität Trier, Fachbereich I: Psychologie, Abteilung Prof. Dr. Frings, 54286 Trier. Erinnerungsinduziertes Vergessen, selbstbezogene Informationsverarbeitung, Stereotype. www.uni-trier.de/index.php?id=41857; tempel@uni-trier.de

Thöne-Otto, Angelika, Dr., Universität Leipzig KöR, Medizinische Fakultät, Tagesklinik für kognitive Neurologie, Liebigstraße 16, 04103 Leipzig. Gedächtnisstörungen, neurodegenerative Erkrankungen. tk.uniklinikum-leipzig.de; angelika.thoene@medizin.uni-leipzig.de

Weyers, Peter, Dr., Akademischer Direktor, Lehrstuhl für Psychologie I, Julius-Maximilians-Universität Würzburg, Marcusstraße 9–11, 97070 Würzburg. Stress und Stressverarbeitung, hedonisches Erleben, Missbrauch und Abhängigkeit. www.i1.psychologie.uni-wuerzburg.de/klin/personen/weyers_peter/dr_peter_weyers/; weyers@psychologie.uni-wuerzburg.de

Zihl, Josef, Prof. Dr., Professor für klinische Neuropsychologie, Department Psychologie, LMU München. Neuropsychologie des Sehens. www.psy.lmu.de/np; zihl@psy.lmu.de

Emotionspsychologie und Motivationspsychologie [EM]

Gebietsexpertin:

Puca, Rosa Maria, Prof. Dr., Universität Osnabrück, Fachbereich Humanwissenschaften, Knollstrasse 15, 49074 Osnabrück. Emotionspsychologie, Motivationspsychologie, Pädagogische Psychologie. www.psycho.uni-osnabrueck.de/mitarbeiter/rpuca/rpuca.html. rosa.maria.puca@uni-osnabrueck.de

Gebietsautoren:

Achtziger, Anja, Prof. Dr., Zeppelin Universität, Lehrstuhl für Sozial- und Wirtschaftspsychologie. Motivation, Volition, Entscheidungsforschung. anja.achtziger@zu.de

Alpers, Georg W., Prof. Dr., Universität Mannheim, School of Social Sciences, Department of Psychology, L13, 15–17, 68131 Mannheim. Klinische Psychologie, Biologische Psychologie. klips.psychologie.uni-mannheim.de/personen/alpers; alpers@uni-mannheim.de

Baumann, Nicola, Prof. Dr., Leiterin der Abteilung Differentielle Psychologie, Persönlichkeitspsychologie und Diagnostik, Fachbereich I, Psychologie, Universität Trier, 54286 Trier. Selbst- und Fremdbestimmung, Selbregulation, implizite Motive. www.uni-trier.de/index.php?id=6003; nicola.baumann@uni-trier.de

Brandstätter, Veronika, Prof. Dr., Lehrstuhl für Allgemeine Psychologie (Motivation), Universität Zürich, Binzmühlestrasse 14, CH-8050 Zürich. Handlungskrise und Zielablösung, Motivkonstellationen auf individueller und dyadischer Ebene, Zivilcourage. www.psychologie.uzh.ch/fachrichtungen/motivation/team2-1/vbm.html; v.brandstaetter@psychologie.uzh.ch

Brinkmann, Kerstin, Dr., Oberassistentin, Université de Genève, Faculté de Psychologie et des Sciences de l'Education, Geneva Motivation Lab, Boulevard du Pont d'Arve 40, CH-1205 Genève. Motivation, Depression, Psychophysiologie. www.unige.ch/fapse/motivation/brinkmann; kerstin.brinkmann@unige.ch

Brosch, Tobias, Dr., Maître d'enseignement et de recherche am Lehrstuhl für Emotionspsychologie, Universität Genf, Boulevard du Pont d'Arve 40, CH-1205 Genf. Emotionen, Werte, Entscheidungsprozesse. cms.unige.ch/fapse/EmotionLab/Brosch.html

Dresel, Markus, Prof. Dr., Lehrstuhl Psychologie, Universität Augsburg, Universitätsstr. 10, 86135 Augsburg. Selbstreguliertes Lernen, Lern- und Leistungsmotivation, lebenslanges Lernen und Leistungsdisparitäten im Bildungsbereich. www.philso.uni-augsburg.de/lehrstuehle/psychologie/psycho1/team/dresel/; markus.dresel@phil.uni-augsburg.de

Eder, Andreas, Jun.-Prof. Dr., Universität Würzburg, Institut für Psychologie, Allgemeine Psychologie II, Röntgenring 10, 97070 Würzburg. Motivation, Emotion, Handlungssteuerung. www.emotion.i2.psychologie.uni-wuerzburg.de; andreas.eder@psychologie.uni-wuerzburg.de

Gollwitzer, Peter M., Prof. Dr., Sozialpsychologie und Motivation, Universität Konstanz, P. O. Box 39, 78457 Konstanz. Psychology of Action, Self and Identity. www.psychologie.uni-konstanz.de/forschung/sozialpsychologie-und-motivation/staff/peter-m-gollwitzer/

Hamm, Alfons, Prof. Dr., Lehrstuhl für Physiologische & Klinische Psychologie/Psychotherapie, Ernst-Moritz-Arndt-Universität Greifswald, Franz-Mehring-Straße 47, 17487 Greifswald. Emotion und Aufmerksamkeit, Experimentelle Psychopathologie, Neuropsychologie des Furchtlernens. www.mnf.uni-greifswald.de/institute/institut-fuer-psychologie/lehrstuehle/physiologische-und-klinische-psychologie-psychotherapie/personal/alfons-hamm.html; hamm@uni-greifswald.de

Hennecke, Marie, Dr., Universität Zürich, Psychologisches Institut, Allgemeine Psychologie: Motivation, Binzmühlestrasse 14/6, CH-8050 Zürich. Motivation, Selbstregulation, Entwicklung. www.psychologie.uzh.ch/fachrichtungen/motivation/team2-1/mariehennecke.html; m.hennecke@psychologie.uzh.ch

Horstmann, Gernot, PD Dr., Universität Bielefeld, Fakultät für Psychologie und Sportwissenschaft, Abteilung für Psychologie, Postfach 10 01 31, 33501 Bielefeld. Reaktionen auf unerwartete Ereignisse, Aufmerksamkeit, mimischer

Ausdruck. www.uni-bielefeld.de/psychologie/personen/ae02/horstmann.html

Kaiser, Susanne, Prof. Dr., Universität Genf, Psychologie. Emotion, Mimik, nonverbale Kommunikation. www.unige.ch/bal/BAL/Home.html; susanne.kaiser@unige.ch

Kuhl, Julius, Prof. Dr., Universität Osnabrück, Fachbereich Humanwissenschaften, Institut für Psychologie, Seminarstraße 20, 49074 Osnabrück. Selbststeuerung, Motivation, Persönlichkeitsdiagnostik. cogsci.uni-osnabrueck.de; jkuhl@uni-osnabrueck.de

Lengning, Anke, Dr., derzeit in Elternzeit, vorher: Vertretungsprof. Entwicklungspsychologie, Technische Universität Dortmund, Fakultät 14 – Psychologie, Emil-Figge-Str. 50, 44227 Dortmund. Bindungsentwicklung, emotionale Entwicklung, motivationale Entwicklung. www.lengning.de; anke@lengning.de

Lessing, Nora, wissenschaftliche Mitarbeiterin in Forschung und Lehre, Universität Hildesheim, Fachbereich I, Institut für Psychologie, Marienburger Platz 22, 31141 Hildesheim. Emotionsregulations- und Bewältigungsfähigkeiten im Kindesalter. www.uni-hildesheim.de/index.php?id=8116. lessin@uni-hildesheim.de

Lindemann, Janine, Dipl.-Psych., Universität Osnabrück, Fachbereich Humanwissenschaften, Institut für Psychologie, Seminarstraße 20, 49074 Osnabrück. Selbststeuerung, Motivation, Persönlichkeitsdiagnostik.

Lozo, Ljubica, Dr., Julius-Maximilians-Universität, Zentrales Frauenbüro, Mensagebäude, Am Hubland, 97074 Würzburg. Motivation, Emotion. ljubica.lozo@uni-wuerzburg.de

Mees, Ulrich, Prof. (i. R.) Dr., Universität Oldenburg, Fak. V, Psychologie, Ammerländer Heerstr. 114–118, 26129 Oldenburg. Zweidimensionales Modell metatelischer Orientierungen. ulrich.mees@uni-oldenburg.de

Merten, Jörg, Prof. Dr., Leiter des Instituts für Mimik und Verhaltensforschung, Saarbrücken. Emotionspsychologie, Mimik, Beziehungsregulation. www.gnosisfacialis.de; j.merten@mx.uni-saarland.de

Metz-Göckel, Hellmuth, Prof. em. Dr., Mimosenweg 18, 44289 Dortmund. Motivation, Volition, Wahrnehmung. www.metz-goeckel.com

Neumann, Roland, Prof. Dr., Universität Trier, Fachbereich I – Psychologie, Abteilung für Allgemeine Psychologie: Kognition, Emotion, Handlungsregulation, 54286 Trier. Kognition, Emotion, Motivation. www.uni-trier.de/index.php?id=27889; neumannr@uni-trier.de

Oettingen, Gabriele, Prof. Dr., Universität Hamburg, Von-Melle-Park 5, 20146 Hamburg. Motivation, Selbstregulation. www.epb.uni-hamburg.de/node/1434; gabriele.oettingen@uni-hamburg.de

Quirin, Markus Rainer, Dr., Universität Osnabrück, Fachbereich Humanwissenschaften, Institut für Psychologie, Seminarstrasse 20, 49074 Osnabrück. Selbstregulation, Motivation. www.psycho.uni-osnabrueck.de/mitarbeiter/mquirin/mquirin.html; mquirin@uni-osnabrueck.de

Reinhard, Marc-André, PD Dr., Universität Mannheim, Lehrstuhl Sozialpsychologie, A 5, 68131 Mannheim. Glaubwürdigkeitsbeurteilung, Leistungserwartungen. lssozpsych.sowi.uni-mannheim.de/english/team/pd_dr_marc_andre_reinhard/index.html; reinhard@rumms.uni-mannheim.de

Reisenzein, Rainer, Prof. Dr., Lehrstuhl Allgemeine Psychologie II, Institut für Psychologie, Universität Greifswald, Franz-Mehring-Str. 47, 17487 Greifswald. Cognitive approaches to emotion, psychology of surprise, evolutionary psychology of emotion. www.mnf.uni-greifswald.de/institute/institut-fuer-psychologie; rainer.reisenzein@uni-greifswald.de

Rheinberg, Falko, Prof. Dr., i. R., Emeritus, vormals Leiter Allg. Psychol. II: Motivation, Emotion und Handlungsregulation. Institut für Psychologie der Univ. Potsdam, Standort Golm, 14476 Potsdam. Motivation, Flow-Erleben. www.psych.uni-potsdam.de/people/rheinberg; rheinberg-gladbeck@t-online.de

Richter, Michael, Dr., Universität Genf, Sektion Psychologie. Anstrengung, kardiovaskuläre Reaktivität, Stimmung. www.unige.ch/motivation; Michael.Richter@unige.ch

Rohmann, Elke, PD Dr., Ruhr-Universität Bochum, Fakultät für Psychologie, Arbeitseinheit Sozialpsychologie, Universitätsstr. 150, 44801 Bochum. Austausch und Gerechtigkeit in Partnerschaften, Geschlechterrollen. www.ruhr-uni-bochum.de/soc-psy/team/rohmann; elke.rohmann@rub.de

Rollett, Brigitte, o. Prof. em. Dr., Universitätslektorin, Universität Wien, Institut für Angewandte Psychologie: Gesundheit, Entwicklung und Förderung, Arbeitsbereich Entwicklungspsychologie, Liebiggasse 5, A-1010 Wien. Anstrengungsvermeidung, Familienentwicklungsforschung, Lerntherapie bei Kindern, Jugendlichen und Erwachsenen. brigitte.rollett@univie.ac.at

Rollett, Wolfram, Prof. Dr., Pädagogische Hochschule Freiburg, Institut für Erziehungswissenschaft, Abteilung für Bildungsforschung und Schulentwicklung, Kunzenweg 21, 79117 Freiburg. Schulentwicklungsforschung, Vermeidungsmotivation, komplexes Problemlösen. www.ph-freiburg.de/ew/homepages/rollett; wolfram.rollett@ph-freiburg.de

Roos, Jeanette, Prof. Dr., Pädagogische Hochschule Heidelberg, Psychologie, Fakultät I, Keplerstr. 87, 69120 Heidelberg. Bildung im Elementar-, Primar- und Sekundarbereich, Entwicklung komplexer Emotionen, moralische Entwicklung. www.ph-heidelberg.de/wp/roos; roos@ph-heidelberg.de

Rothermund, Klaus, Prof. Dr., Allgemeine Psychologie II: Kognition, Affekt, Handlung. Friedrich-Schiller-Universität Jena, Institut für Psychologie, Am Steiger 3/Haus 1, 07743 Jena. Kognition, Emotion, Experimentelle Psychologie. www2.uni-jena.de/svw/allgpsy2/; klaus.rothermund@uni-jena.de

Rudolph, Udo, Prof. Dr., Professor für Allgemeine Psychologie und Biopsychologie, Institut für Psychologie, Technische Universität Chemnitz, 09107 Chemnitz. Motivationspsychologie, Emotionspsychologie, Entwicklungspsychologie. www.allpsy2.de; udo.rudolph@mac.com

Ruch, Willibald, Prof. Dr., Universität Zürich, Leiter der Fachrichtung Persönlichkeitspsychologie und Diagnostik, Binzmühlestrasse 14/7, CH-8050 Zürich. Diagnostik, Humor, Positive Psychologie. www.psychologie.uzh.ch/fachrichtungen/perspsy/ueber-uns/team/ruch.html; w.ruch@psychologie.uzh.ch

Scherer, Klaus R., Prof. em. Dr., Director, Swiss Center for Affective Sciences, University of Geneva 7, rue des Battoirs, CH-1205 Geneva. Emotionen, Psychophysiologie, Personenwahrnehmung. scherer.socialpsychology.org; Klaus.Scherer@unige.ch

Schienle, Anne, Prof. Dr., Universität Graz, Klinische Psychologie, Universitätsplatz 2, A-8010 Graz. Affektive Neurowissenschaften. anne.schienle@uni-graz.at

Schneider, Marianne, Dr., Universität Osnabrück, Institut für Psychologie, Fachgebiet Pädagogische Psychologie, Knollstraße 15, 49069 Osnabrück. www.psycho.uni-osnabrueck.de/mitarbeiter/mariansc/mariansc.html; marianne.schneider@uni-osnabrueck.de

Schmalt, Heinz-Dieter, Prof. em. Dr., bis 2009: Lehrstuhl für Allgemeine Psychologie (Schwerpunkt: Motivation, Emotion und Lernen), Bergische Universität Wuppertal, Gaußstraße 20, 42119 Wuppertal. Motivation, Emotion, Lernen. www.psychologie.uni-wuppertal.de/abteilungen/emeriti/schmalt.html; schmalt@uni-wuppertal.de

Schmidt-Atzert, L., Prof. Dr., Philipps-Universität Marburg, Fachbereich Psychologie, Psychologische Diagnostik, Gutenbergstraße 18, 35032 Marburg. Entwicklung und Evaluierung von Tests zur Aufmerksamkeit, Konzentration, Leistungsmotivation, Eignungsdiagnostik. www.uni-marburg.de/fb04/ag-diff-dia/team-schmidt-atzert/index_html; schmidt-atzert@staff.uni-marburg.de

Sevincer, A. Timur, Dr., Universität Hamburg. Motivation, Selbstregulation, Alkohol. www.epb.uni-hamburg.de/node/1248; timur.sevincer@uni-hamburg.de

Sokolowski, Kurt, Prof. Dr., Universität Siegen, Fakultät II, Allgemeine und Differentielle Psychologie, Adolf-Reichwein-Str. 2, 57068 Siegen. Motivationspsychologie, Motivdiagnostik, Emotionspsychologie. www2.uni-siegen.de/~allgpsy; sokolowski@psychologie.uni-siegen.de

Tandler, Sarah, Dipl.-Psych., Justus-Liebig-Universität Gießen, Pädagogische Psychologie, Otto-Behaghel-Str. 10F, 35394 Gießen. Motivation, Emotion und Lernen. www.uni-giessen.de/cms/fbz/fb06/psychologie/abt/paed-psy/ag-stiens; sarah.tandler@psychol.uni-giessen.de

Vollmeyer, Regina, Prof. Dr., Goethe-Universität Frankfurt, Institut für Psychologie, Grüneburgplatz 1, 60323 Frankfurt. Motivation, Problemlösen. R.Vollmeyer@paed.psych.uni-frankfurt.de

Wehrle, Thomas, Ph. D., University of Geneva, Department of Psychology 40, Boulevard du Pont-d'Arve, CH-1205 Geneva. Computational modeling and simulation techniques, affective problem solving. tecfa.unige.ch/perso/wehrle/; Thomas.Wehrle@unige.ch

Wulf, Carmen, Dr., Carl von Ossietzky Universität Oldenburg, Institut für Pädagogik, Fachgruppe Forschungsmethoden in den Erziehungs- und Bildungswissenschaften, Ammerländer Heerstr. 114–118, 26122 Oldenburg. Hochschulforschung, Motivation in Lern- und Leistungskontexten, Emotionen und Sozialkonstruktivismus. www.uni-oldenburg.de/paedagogik/forschungsmethoden/dr-carmen-wulf/forschung; carmen.wulf@uni-oldenburg.de

Entwicklungspsychologie [EW]

Gebietsexpertinnen:

Schwarzer, Gudrun, Prof. Dr., Leitung Abteilung Entwicklungspsychologie, JLU Gießen, Otto-Behaghel-Strasse 10F, 35394 Gießen. Kognitive Entwicklung. gudrun.schwarzer@psychol.uni-giessen.de

Walper, Sabine, Prof. Dr., Forschungsdirektorin, Deutsches Jugendinstitut e.V., Nockherstr. 2, 81541 München. Familienpsychologie, Armutsforschung, Jugendforschung. www.dji.de/cgi-bin/Mitarbeiter/homepage/mitarbeiterseite.php?mitarbeiter=1851; walper@dji.de

Gebietsautoren:

Ahnert, Lieselotte, Prof. Dr., Universität Wien, Fakultät für Psychologie, Institut für Angewandte Psychologie: Gesundheit-Entwicklung-Förderung, Liebiggasse 5, A-1010 Wien. Mutter-Kind-Bindung, kindliche Stressreaktivität, Entwicklung in unterschiedlichen Kontexten. www.lieselotte-ahnert.de; lieselotte.ahnert@univie.ac.at

Alsaker, Françoise D., Prof. Dr., Universität Bern, Institut für Psychologie. Adoleszenz, Mobbing, Prävention. alsaker@psy.unibe.ch

Brandes, Holger, Prof. Dr., Evangelische Hochschule Dresden – University of Applied Sciences for Social Work, Education and Nursing, Dürerstraße 25, 01307 Dresden. Geschlechtsunterschiede in professioneller Pädagogik. www.ehs-dresden.de/index.php?id=606&username=brandes; holger.brandes@ehs-dresden.de

Daum, Moritz, Prof. Dr., Universität Zürich, Psychologisches Institut – Entwicklungspsychologie, Binzmühlestrasse 14, CH-8050 Zürich. Kognitive Entwicklung im Kindesalter, neurophysiologische Grundlagen der frühkindlichen sozial-kognitiven Entwicklung. www.psychologie.uzh.ch/fachrichtungen/devpsy/personen/daum.html; daum@psychologie.uzh.ch

Degé, Franziska, Dr., Akademische Rätin, Abteilung Entwicklungspsychologie, FB06 Psychologie und Sportwissenschaft, Justus-Liebig-Universität Gießen, Otto-Behaghel-Str. 10F, 35394 Gießen. Einfluss von Musikunterricht auf die kognitive Entwicklung. www.uni-giessen.de/cms/fbz/fb06/psychologie/abt/ep/mitarbeiter/dege; franziska.dege@psychol.uni-giessen.de

Deimann, Pia, Ass. Prof. Dr., Universität Wien, Fakultät für Psychologie, Institut für Angewandte Psychologie: Gesundheit, Entwicklung und Förderung. Entwicklungsdiagnostik, Entwicklungsförderung. pia.deimann@univie.ac.at

Flammer, August, Prof. em. Dr., Universität Bern, Institut für Psychologie, Abteilung für Entwicklungspsychologie, Muesmattstr. 45, 3000 Bern 9; derzeit: Brunnenhofstrasse 17, CH-3065 Bolligen. Entwicklung, Adoleszenz, Selbstwirksamkeit. www.psy.unibe.ch/entwicklung/content/team/af/index_ger.html; august.flammer@psy.unibe.ch

Freitag, Claudia, Dr., Justus-Liebig-Universität Gießen, Fachbereich 06 Psychologie und Sportwissenschaft, Abteilung für Entwicklungspsychologie, Otto-Behaghel-Strasse 10F, 35394 Gießen. Lernen, Gedächtnis und Wahrnehmung bei Säuglingen und Kleinkindern. www.uni-giessen.de/cms/fbz/fb06/psychologie/abt/ep/mitarbeiter/freitag; Claudia.Freitag@psychol.uni-giessen.de

Freund, Alexandra M., Prof. Dr., Universität Zürich, Psychologisches Institut, Angewandte Psychologie: Life-Management, Binzmühlestrasse 14, CH-8008 Zürich. Lebensspannenpsychologie, Motivation, soziale Kognition. www.psychologie.uzh.ch/fachrichtungen/angpsy/angpsy-team/freund.html; freund@psychologie.uzh.ch

Gawehn, Nina, Dr., Ruhr-Universität Bochum, Fakultät für Psychologie, Entwicklungspsychologie, Universitätsstraße 150, 44801 Bochum. Entwicklungs- und Bildungsverläufe unter biologischen und psychosozialen Hochrisikobedingungen, Störungen der kindlichen Entwicklung. www.ruhr-uni-bochum.de/epsy/NG.html; nina.gawehn@klinikumdo.de

Gendolla, Guido H. E., Prof. Dr., Geneva Motivation Lab, University of Geneva, FPSE, Department of Psychology, 40 Bd. du Pont d'Arve, CH-1211 Geneva. Motivation, Affekt, Psychophysiologie. www.unige.ch/fapse/motivation/; guido.gendolla@unige.ch

Glück, Judith, Prof. Dr., Entwicklungspsychologie, Institut für Psychologie der Alpen-Adria-Universität Klagenfurt, Universitätsstraße 65–67, A-9020 Klagenfurt. Entwicklungspsychologie, Weisheit, lebenslanges Lernen. campus.aau.at/org/visitenkarte?atoken=-1979628663. Judith.Glueck@aau.at

Heidbrink, Horst, Dr., Fernuniversität Hagen, Institut für Psychologie, Psychologie des Erwachsenenalters, Universitätsstr. 33, 58084 Hagen. Moralpsychologie, soziale Beziehungen, Freundschaft. Horst.Heidbrink@fernuni-hagen.de

Heinecke-Müller, Michaela, Dr., Universität Koblenz-Landau, Campus Koblenz, Institut für Psychologie - Entwicklungspsychologie und Psychologische Diagnostik, Universitätsstraße 1, 56070 Koblenz. Unterrichtsmethoden. www.uni-koblenz-landau.de/koblenz/fb1/institut-psychologie/mitarbeiter-ordner/heinecke-mueller; mich.heinecke@gmx.de

Jäkel, Julia, Dr., Entwicklungspsychologie, Fakultät für Psychologie, Ruhr-Universität Bochum, Universitätsstraße 150, 44801 Bochum. Resilienz bei Kindern mit Migrationshintergrund. www.ruhr-uni-bochum.de/epsy/JJ.html; julia.jaekel@rub.de

Kastner-Koller, Ursula, Ass. Prof. Dr., Universität Wien, Fakultät für Psychologie, Institut für Angewandte Psychologie. Gesundheit, Entwicklung und Förderung. Entwicklungdiagnostik, Entwicklungsförderung. ursula.kastner-koller@univie.ac.at

Kavšek, Michael, PD. Dr., Universität Bonn, Institut für Psychologie, Abt. Entwicklungspsychologie und Pädagogische Psychologie, Kaiser-Karl-Ring 9, 53111 Bonn. Wahrnehmungsentwicklung, experimentelle Säuglingsforschung, Methoden der Entwicklungspsychologie. www.psychologie.uni-bonn.de/abteilungen/entwicklungs-und-paedagogische-psychologie; kavsek@uni-bonn.de

Keller, Heidi, Prof. Dr., Universität Osnabrück, Psychologie (Fachgebiet Entwicklung und Kultur), Institut für Migrationsforschung und Interkulturelle Studien (IMIS), Neuer Graben 19/21, 49069 Osnabrück. Entwicklungspsychologie, Migrationsforschung. www.imis.uni-osnabrueck.de; hkeller@uni-osnabrueck.de; Heidi.Keller@uni-osnabrueck.de

Kindler, Heinz, Dr., Deutsches Jugendinstitut (DJI), Nockherstr. 2, 81541 München. Familie und Familienpolitik. www.dji.de; kindler@dji.de

Knopf, Monika, Prof. Dr., Leiterin des Arbeitsbereichs Entwicklungspsychologie, Institut für Psychologie, Goethe-Universität Frankfurt am Main, Grüneburgplatz 1, 60323 Frankfurt am Main. Kognitive Entwicklung im Säuglings- und Kleinkindalter, Gedächtnis im Alter. www.entwicklungspsychologie.uni-frankfurt.de; knopf@psych.uni-frankfurt.de

Kracke, Bärbel, Prof. Dr., Lehrstuhl Pädagogische Psychologie, Friedrich Schiller-Universität Jena, Am Planetarium 4, 07737 Jena. Berufswahlforschung, Diagnose und Förderung selbstgesteuerter Lernprozesse. www.uni-jena.de; baerbel.kracke@uni-jena.de

Krajewski, Kristin, Prof. Dr., Universität Gießen, Pädagogische Psychologie, Entwicklungsorientierte Lernförderung, 35394 Gießen. Lernen und Lernstörungen, Entwicklungs- und ressourcenorientierte Diagnostik, Prävention und Intervention.

Krist, Horst, Prof. Dr., Ernst-Moritz-Arndt-Universität Greifswald, Institut für Psychologie, Lehrstuhl für Entwicklungspsychologie und Pädagogische Psychologie, Franz-Mehring-Str. 47, 17487 Greifswald. Kognitive Entwicklung, intuitive Physik. www.mnf.uni-greifswald.de/institute/institut-fuer-psychologie/lehrstuehle/entwicklungspsychologie-und-paedagogische-psychologie.html; krist@uni-greifswald.de

Kruse, Andreas, Prof. Dr. Dr. h. c., Lehrstuhl für Entwicklungspsychologie der Lebensspanne, Institut für Gerontologie, Ruprecht-Karls-Universität Heidelberg, Bergheimer Str. 20, 69115 Heidelberg. Altersforschung, Gesundheitsforschung. www.gero.uni-heidelberg.de/personen/kruse.html; andreas.kruse@gero.uni-heidelberg.de

Landis, Marion, lic. phil., Universität Zürich, Gerontopsychologie. Commitment und dyadisches Coping über die Lebensspanne. www.psychologie.uzh.ch/fachrichtungen/geronto.html; marion.landis@psychologie.uzh.ch

Lockl, Kathrin, Dr., LIfBi-Leibniz-Institut für Bildungsverläufe e. V., Wilhelmsplatz 3, 96047 Bamberg. Entwicklung von Metakognition, Sprachentwicklung, Vor- und Grundschulalter. www.lifbi.de; kathrin.lockl@lifbi.de

Lohaus, Arnold, Prof. Dr., Universität Bielefeld, Entwicklungspsychologie und Entwicklungspsychopathologie, Postfach 10 01 31, 33501 Bielefeld. Stressbewältigung im Kindes- und Jugendalter, kognitive Entwicklung im Säuglings- und Vorschulalter. www.uni-bielefeld.de/psychologie/personen/ae03/lohaus.xml; arnold.lohaus@uni-bielefeld.de

Macha, Thorsten, Dr., Zentrum für Klinische Psychologie und Rehabilitation, Lehrstuhl für Klinische Psychologie und Diagnostik, Universität Bremen, Grazer Straße 2 & 6, 28359 Bremen. Entwicklungsdiagnostik. www.zrf.uni-bremen.de/zkpr/base/top_r02/c2_left02.html; macha@uni-bremen.de

Mack, Wolfgang, Prof. Dr., Fernuniversität in Hagen, Institut für Psychologie, LG Allgemeine und Pädagogische Psychologie, Universitätsstr. 33, 58084 Hagen. Handlungspsychologie, Numerische Kognition, Theoretische Psychologie. www.fernuni-hagen.de/psychologie/app/mitarbeiter/mack.shtml; Wolfgang.Mack@fernuni-hagen.de

Martin, Mike, Prof. Dr. phil., Universität Zürich, Ordinarius für Gerontopsychologie und Vorsitzender des Zentrums für Gerontologie, Managing Director International Normal Aging and Plasticity Imaging Competence Center (INAPIC), Geschäftsführender Direktor Universitärer Forschungsschwerpunkt. Kognitives Altern, Soziale Entwicklung im Alter, Ressourcen und Alltagskompetenz, Entwicklung über die Lebensspanne. www.psychologie.uzh.ch/fachrichtungen/geronto.html; m.martin@psychologie.uzh.ch

Niklas, Frank, Dr., Universität Würzburg, Entwicklungspsychologie und Pädagogische Psychologie, Röntgenring 10, 97070 Würzburg. Familiäre Lernumwelt, schulische Vorläuferfertigkeiten, mathematische und schriftsprachliche Kompetenzentwicklung. www.i4.psychologie.uni-wuerzburg.de/mitarbeiter/dr_frank_niklas; niklas@psychologie.uni-wuerzburg.de

Pinquart, Martin, Prof. Dr., Philipps-Universität Marburg, Fachbereich Psychologie, Gutenbergstr. 18, 35032 Marburg. Jugendentwicklung, Auswirkung von Krankheit und Behinderung auf die Entwicklung. www.uni-marburg.de/fb04/ag-pp-ep/team/pinquart/index_html; pinquart@staff.uni-marburg.de

Rakoczy, Hannes, Prof. Dr., Georg-August-Universität Göttingen, Georg-Elias-Müller-Institut für Psychologie, Abt. 4 Bio. Entwicklungspsychologie, Waldweg 26, 37073 Göttingen. Frühkindliche Entwicklung, Theory of Mind. www.psych.uni-goettingen.de/de/development/team/rakoczy-hannes/hannes-rakoczy; hrakocz@uni-goettingen.de

Roebers, Claudia, Prof. Dr., Universität Bern, Ordinaria, Leiterin Abteilung Entwicklungspsychologie, Institut für Psychologie, Muesmattstr. 45, CH-3000 Bern. Kognitive Entwicklung beim Übergang in die Schule, metakognitive Überwachungs- und Kontrollprozesse beim Lernen und Erinnern, Früherkennung von Entwicklungsstörungen in den Bereichen Aufmerksamkeit und Gedächtnis. www.entwicklung.psy.unibe.ch/content/team/cr/index_ger.html; roebers@psy.unibe.ch

Sander, Elisabeth, Prof. Dr., Universität Koblenz-Landau, Fachbereich 1 – Bildungswissenschaften, Institut für Psychologie, Campus Koblenz, Universitätsstraße 1, 56070 Koblenz. Kognitive Lernförderung, Lern- und Entwicklungsauffälligkeiten, Familienentwicklung. www.uni-koblenz.de/~psy/sander/stuff/sander.html; sander@uni-koblenz.de

Schabmann, Alfred, Prof. Dr., Institut für Wirtschaftspsychologie, Bildungspsychologie und Evaluation, Universität Wien. Bildungspsychologie, Entwicklungspsychologie. www.univie.ac.at/cbm.psychologie/team/as.php; alfred.schabmann@univie.ac.at

Schmiedeler, Sandra, Dr., wissenschaftliche Mitarbeiterin, Universität Würzburg, Lehrstuhl für Pädagogische Psychologie und Entwicklungspsychologie, Röntgenring 10, 97070 Würzburg. Aufmerksamkeitsdefizit-/Hyperaktivitätsstörung (ADHS), Entwicklung schulischer Vorläuferfertigkeiten. www.i4.psychologie.uni-wuerzburg.de/mitarbeiter/dr_sandra_schmiedeler; s.schmiedeler@psychologie.uni-wuerzburg.de

Schneider, Wolfgang, Prof. Dr., Lehrstuhl für Psychologie IV, Julius-Maximilians-Universität Würzburg, Wittelsbacherplatz 1, 97070 Würzburg. Kognitive Entwicklung, Lese-Rechtschreibschwäche, Medienpsychologie. www.i4.psychologie.uni-wuerzburg.de/mitarbeiter/prof_dr_wolfgang_schneider; schneider@psychologie.uni-wuerzburg.de

Schölmerich, Axel, Prof. Dr., Lehrstuhl für Entwicklungspsychologie, Ruhr-Universität Bochum, Universitätsstraße 150, 44801 Bochum. Early Life Stress, Migration, Entwicklungsdiagnostik. www.ruhr-uni-bochum.de/epsy/AS.html; axel.schoelmerich@rub.de

Schuchardt, Kerstin, Dipl.-Psych., Georg-August-Universität Göttingen, Georg-Elias-Müller-Institut für Psychologie, Pädagogische Psychologie und Entwicklungspsychologie, Waldweg 26, 37073 Göttingen. Arbeitsgedächtnis, Lernstörungen. kiwi.uni-psych.gwdg.de/abt/4/personen/schuchardt.html; kirsten.schuchardt@psych.uni-goettingen.de

Schwarz, Beate, Dr., Zürcher Hochschule für Angewandte Wissenschaften, Entwicklungs- und Persönlichkeitspsychologie, Merkurstrasse 43, CH-8032 Zürich. Familienpsychologie, Jugendentwicklung. www.psychologie.zhaw.ch; beate.schwarz@zhaw.ch

Segerer, Robin, Dipl. Psych., Universität Würzburg, Lehrstuhl für Entwicklungspsychologie und Pädagogische Psychologie, Röntgenring 10, 97070 Würzburg. Bilingualismus, Forschungsmethoden, kognitive Entwicklung. segerer@psychologie.uni-wuerzburg.de

Thomson, Tamara, Dr., wissenschaftliche Mitarbeiterin, Universität Hildesheim, Institut für Psychologie, Marienburger Platz 22, 31141 Hildesheim. Entwicklung, Entwicklungsbedingungen und Funktionalität von Copingressourcen und Emotionsregulation im Kindes- und Jugendalter. www.uni-hildesheim.de/index.php?id=4891. tamara.thomson@uni-hildesheim.de

Wahl, Hans-Werner, Prof. Dr., Abteilungsleiter, Abteilung für Psychologische Alternsforschung, Psychologisches Institut, Hauptstr. 47–51, 69117 Heidelberg. Alternspsychologie, Lebenslaufforschung. www.psychologie.uni-heidelberg.de; h.w.wahl@psychologie.uni-heidelberg.de

Weichold, Karina, PD Dr., Leitung des Lehrstuhls für Entwicklungspsychologie, Universität Jena, Am Steiger 3/Hs.

I, 07743 Jena. Jugendtypisches Problemverhalten, Pubertät, Prävention und Entwicklungsförderung. www2.uni-jena.de/svw/devpsy; karina.weichold@uni-jena.de

Weiss, David, Dr., Universität Zürich Psychologisches Institut, Angewandte Psychologie: Life-Management, Binzmühlestrasse 14/11 CH-8050 Zürich. Selbst, Identität, Motivation. www.psychologie.uzh.ch/fachrichtungen/angpsy/angpsy-team/weiss.html; d.weiss@psychologie.uzh.ch

Wendt, Eva-Verena, Dr., Ludwig-Maximilians-Universität München, Fakultät für Psychologie und Pädagogik, Leopoldstr. 13, 80802 München. Soziale Benachteiligung und Entwicklung im Jugendalter. www.edu.lmu.de/apb/personen/wiss_ma/wendt/index.html; wendt@edu.lmu.de

Wilkening, Friedrich, Prof. Dr., Universität Zürich, Psychologisches Institut, Entwicklungspsychologie, Binzmühlestr. 14/21, CH-8050 Zürich. Kognitive Entwicklung, Informationsintegration, f.wilkening@psychologie.uzh.ch

Wimmer, Heinz, Prof. Dr., Universität Salzburg, Fachbereich Psychologie, Hellbrunnerstrasse 34, 5020 Salzburg. Theory of Mind, Neurokognition des Lesens. www.uni-salzburg.at/psy/people/wimmer; heinz.wimmer@sbg.ac.at

Wurm, Susanne, Dr., Stellvertretende Leitung Forschung am Deutschen Zentrum für Altersfragen (DZA), Manfred-von-Richthofen-Str. 2, 12101 Berlin. Gesundheit und Gesundheitsverhalten im mittleren und höheren Erwachsenenalter, Altersbilder, Entwicklungspsychologie der Lebensspanne. www.dza.de/dza/mitarbeiterinnen/wurm.html; susanne.wurm@dza.de

Zimmermann, Peter, Prof. Dr., Bergische Universität Wuppertal, Lehrstuhl Entwicklungspsychologie, FB G – Bildungs- und Sozialwissenschaften, Gaußstrasse 20, 42119 Wuppertal. Bindung, Emotion, Gen-Umwelt-Interaktion. www.entwicklungspsychologie.uni-wuppertal.de/team/univ-prof-dr-peter-zimmermann.html; pzimmermann@uni-wuppertal.de

Forschungsmethoden, Statistik, Evaluation [FSE]

Gebietsexpertin:

Döring, Nicola, Prof. Dr., Technische Universität Ilmenau, IfMK (Institut für Medien und Kommunikationswissenschaft), Ernst-Abbe-Zentrum für Forschung und Transfer (EAZ), Ehrenbergstr. 29, 98693 Ilmenau. Forschungsmethoden und Evaluation, Medien- und Technikpsychologie, Geschlechter- und Sexualforschung. www.tu-ilmenau.de/mkmp/team/prof-dr-nicola-doering/; nicola.doering@tu-ilmenau.de

Gebietsautoren:

Beelmann, Andreas, Prof. Dr., Leiter der Abteilung für Forschungssynthese, Intervention und Evaluation an der Friedrich-Schiller-Universität Jena, Institut für Psychologie, Humboldtstr. 26, 07743 Jena. Metaanalyse, Präventionsforschung, Gewalt und Kriminalität junger Menschen. www2.uni-jena.de/svw/intervention_evaluation; andreas.beelmann@uni-jena.de

Benit, Nils, Dr., Wissenschaftlicher Mitarbeiter; Arbeitsgruppe Forschungsmethoden und Evaluation, Institut für Psychologie, Fachbereich I Erziehungs- und Sozialwissenschaften, Universität Hildesheim, Marienburger Platz 22, 31141 Hildesheim. Evaluation, Eignungsdiagnostik, Personalpsychologie. www.uni-hildesheim.de/index.php?id=4867; nils.benit@uni-hildesheim.de

Borg, Ingwer, Prof. Dr., OrgVitality. Skalierung, Facettentheorie, Mitarbeiterbefragungen. ingwer.borg@gmail.com

Bräker, Astrid-Britta, M. Sc. Psych., Arbeitsgruppe Forschungsmethoden und Evaluation, Institut für Psychologie, Fachbereich I Erziehungs- und Sozialwissenschaften, Universität Hildesheim, Marienburger Platz 22, 31141 Hildesheim. Gesundheitspsychologie, Forschungsmethoden, Suchtforschung. www.uni-hildesheim.de/index.php?id=7178; braeker@uni-hildesheim.de

Dresing, Thorsten, Dr., Qualitative Forschung, QDA-Software. info@audiotranskription.de

Eid, Michael, Prof. Dr., Freie Universität Berlin, Fachbereich Erziehungswissenschaft und Psychologie, Arbeitsbereich Methoden und Evaluation, Habelschwerdter Allee 43, 14195 Berlin. Psychometrie, subjektives Wohlbefinden, Hautkrebsprävention. www.ewi-psy.fu-berlin.de/einrichtungen/arbeitsbereiche/psymeth/mitarbeiter/meid/index.html; michael.eid@fu-berlin.de

Hörstermann, Thomas, Dr., Universität Luxemburg, Assistent-Chercheur, Forschungseinheit Language, Culture, Media and Identities, Route de Diekirch, L-7220 Walferdange. Urteilsbildung und -modellierung, social cognition, Schulische Leistungsbeurteilung. www.uni.lu; thomas.hoerstermann@uni.lu

Huber, Oswald, Prof. em. Dr., Universität Fribourg, Départment de Psychologie, R. Faucigny 2, CH-1700 Fribourg. Entscheidungsfindung, Informationssuche. Forschungsmethoden. www.unifr.ch/psycho/site/units/allpsy/team/Prof.Huber; oswald.huber@unifr.ch

Krampen, Dorothea, Dipl.-Psych., wissenschaftliche Mitarbeiterin, Deutsches Institut für Internationale Pädagogische Forschung (DIPF), Abteilung Bildungsqualität und Evaluation, Schloßstraße 29, 60486 Frankfurt am Main. Kompetenzmessung, Skalierung, empirische Bildungsforschung. www.dipf.de/de/mitarbeiter/krampen; krampen@dipf.de

Krolak-Schwerdt, Sabine, Prof. Dr., Universität Luxemburg, Professorin für psychologisch-pädagogische Diagnostik und Methoden, Forschungseinheit Language, Culture, Media and Identities, Route de Diekirch, L-7220 Walferdange. Multivariate Methoden, Social Cognition, Professionalisierung von Lehrkräften. www.uni.lu; sabine.krolak@uni.lu

Kruse, Jan (†). Qualitative Sozialforschung. www.soziologie.uni-freiburg.de/personen/kruse

Leonhart, Rainer, Dr. Dipl. Psych., Universität Freiburg, Institut für Psychologie, Abteilung Sozialpsychologie und Methodenlehre, Engelbergerstrasse 41, 79085 Freiburg. Testkonstruktion, Strukturgleichungsmodelle, Analyse fehlender Werte. www.psychologie.uni-freiburg.de/Members/leonhart; leonhart@psychologie.uni-freiburg.de

Lucius-Höhne, Gabriele, Prof. em. Dr., Abteilung für Rehabilitationspsychologie des Psychologischen Instituts der Universität Freiburg, Engelbergerstr. 41, 79085 Freiburg. Qualitative Sozialforschung, narrative-based medicine, psychosoziale Rehabilitation von hirngeschädigten Patienten. www.psychologie.uni-freiburg.de/Members/lucius.gabriele.lucius@psychologie.uni-freiburg.de

Lüer, Gerd, Prof. em. Dr. Dr. h. c.; ehem.: Universität Göttingen, Abteilung für Kognitions- und Arbeitspsychologie, Georg-Elias-Müller-Institut für Psychologie, Goßlerstraße 14, 37073 Göttingen. Kognition, Experimentelle Psychologie. www.psych.uni-goettingen.de/de/experimental/people/gerd-lueer; gluer@uni-goettingen.de

Mayring, Philipp, Prof. Dr., Universität Klagenfurt, Leiter der Abteilung für Angewandte Psychologie und Methodenforschung. Qualitative Inhaltsanalyse, Mixed Methods, Gesundheitspsychologie. wwwu.uni-klu.ac.at/pmayring; philipp.mayring@aau.at

Pehl, Thorsten, Qualitative Forschung, QDA-Software. info@audiotranskription.de

Perels, Franziska, Prof. Dr., Erziehungswissenschaften an der Universität des Saarlandes, Campus A4 2, 66123 Saarbrücken. Empirische Schul- und Unterrichtsforschung, Wirkungsanaly-sen, Selbstreguliertes Lernen. bildungswissenschaften.uni-saarland.de/index.php?page=person&pid=3; f.perels@mx.uni-saarland.de

Reips, Ulf-Dietrich, Prof. Dr., University of Deusto, Bilbao, Spanien. Internet-basierte Forschungsmethoden. personalwebpages.deusto.es/reips/; reips@deusto.es

Rudinger, Georg, Prof. Dr., Universität Bonn, Institut für Psychologie, Kaiser-Karl-Ring 9, 53111 Bonn. Statistische Methoden und Modelle, Entwicklungspsychologie über die Lebensspanne. www.psychologie.uni-bonn.de/abteilungen/methodenlehre-und-diagnostik/mitarbeiter-1/prof.-dr.-georg-rudinger-1; rudinger@uni-bonn.de

Soellner, Renate, Prof. Dr., Universität Hildesheim, Leiterin der Arbeitsgruppe Forschungsmethoden und Evaluation, Institut für Psychologie, Universität Hildesheim, Marienburger Platz 22, 31141 Hildesheim. Methoden der Evaluationsforschung, Evaluation im Gesundheits- und Bildungsbereich, Gesundheitskompetenz. www.uni-hildesheim.de/index.php?id=renate_soellner; soellner@uni-hildesheim.de

Ulrich, Rolf, Prof. Dr., Kognition und Wahrnehmung, Eberhard-Karls-Universität Tübingen, Schleichstraße 4, 72076 Tübingen. Temporal Cognition, Psychophysics, Mathematical Models and Statistical Procedures. www.uni-tuebingen.de/en/faculties/faculty-of-science/departments/psychologie/research-groups/cognition-and-perception/arbeitsbereich/rolf-ulrich.html; rolf.ulrich@uni-tuebingen.de

von Eye, Alexander, Prof. Dr., Michigan State University, Department of Psychology. Statistik, personenorientierte Forschung. voneye@msu.edu

Welpe, Isabell M., Prof. Dr., Lehrstuhl für Strategie und Organisation, Technische Universität München, Arcisstr. 21 80333 München. Strategische Führung, organisationales Design und Verhalten in Organisationen, digitale Technologien und soziale Medien für und in Organisationen. www.professoren.tum.de/welpe-isabell-m; welpe@tum.de

Westermann, Rainer, Prof. Dr., Lehrstuhl für Allgemeine Psychologie und Forschungsmethodik, Institut für Psychologie, Ernst-Moritz-Arndt-Universität Greifswald, Franz-Mehring-Straße 47, 17489 Greifswald. Methodik, Evaluation, Wissenschaftsphilosophie. www.mnf.uni-greifswald.de/institute/institut-fuer-psychologie/lehrstuehle/allgemeine-psychologie-und-forschungsmethodik.html; westermann@uni-greifswald.de

Gesundheitspsychologie und Medizinische Psychologie [GES]

Gebietsexperte:

Bengel, Jürgen, Prof. Dr. Dr., Leiter der Abteilung Rehabilitationspsychologie und Psychotherapie, Universität Freiburg, Institut für Psychologie, Engelbergerstraße 41, 79085 Freiburg. Psychologie in der Rehabilitation, Gesundheitspsychologie, Evaluationsforschung. www.psychologie.uni-freiburg.de; bengel@psychologie.uni-freiburg.de

Gebietsautoren:

Bermejo, Isaac, PD Dr. phil. Dipl.-Psych., Stellv. Leitung Abt. Qualität, Fachbereich Forschung und Entwicklung, Celenus-Kliniken GmbH, Moltkestr. 27, 77654 Offenburg. Transkulturelle Psychiatrie, Depression, Rehabilitationswissenschaften. www.celenus-kliniken.de; i.bermejo@celenus-kliniken.de

Brand, Ralf, Prof. Dr., Universität Potsdam, Professor für Sportpsychologie, Exzellenzbereich Kognitionswissenschaften, Department Sport- und Gesundheitswissenschaften, Am Neuen Palais 10, 14469 Potsdam. Gesundheitsverhalten, Sportpsychologie. www.uni-potsdam.de/sportpsychologie/mitarbeiter/ralf-brand.html; ralf.brand@uni-potsdam.de

Brütt, Anna Levke, Dr., Universitätsklinikum Hamburg-Eppendorf, Institut für Medizinische Psychologie, W26 Martinistraße 52, 20246 Hamburg. ICF, partizipative Entscheidungsfindung. zpm.uke.uni-hamburg.de; a.bruett@uke.uni-hamburg.de

Dahme, Bernhard, Prof. em. Dr., Klinische Psychologie und Psychotherapie, Fachbereich Psychologie, Universität Hamburg, Von-Melle-Park 5, 20146 Hamburg. Verhaltenstherapie, Verhaltensmedizin. www.epb.uni-hamburg.de/de/personen/dahme; dahme@uni-hamburg.de

Deinzer, Renate, Prof. Dr., Institut für Medizinische Psychologie, Fachbereich 11 – Medizin, Justus-Liebig-Universität Gießen, Friedrichstr. 36, 35392 Gießen. www.uni-giessen.de/cms/fbz/fb11/institute/med_psych; renate.deinzer@psycho.med.uni-giessen.de

Ernstmann, Nicole, Jun.-Prof. Dr., Universität Köln, Institut für Medizinsoziologie, Versorgungsforschung und Rehabilitationswissenschaft, Eupener Str. 129, 50933 Köln. Versorgungsforschung, Psychosoziale Onkologie. www.imvr.de; nicole.ernstmann@uk-koeln.de

Eschenbeck, Heike, Prof. Dr., Pädagogische Hochschule Weingarten, Pädagogische Psychologie, Kirchplatz 2, 88250 Weingarten. Emotionen, Stressbewältigung, Gesundheitsverhalten. www.ph-weingarten.de; eschenbeck@ph-weingarten.de

Faller, Hermann, Prof. Dr. Dr., Leiter der Abteilung für Medizinische Psychologie und Psychotherapie, Medizinische Soziologie und Rehabilitationswissenschaften, Universität Würzburg, Klinikstr. 3, 97070 Würzburg. Patientenschulung, Psychoonkologie, Psychokardiologie. www.psychotherapie.uni-wuerzburg.de; h.faller@uni-wuerzburg.de

Faltermaier, Toni, Prof. Dr., Universität Flensburg, Institut für Gesundheits-, Ernährungs- und Sportwissenschaften, Abteilung Gesundheitspsychologie und Gesundheitsbildung, Auf dem Campus 1, 24943 Flensburg. Gesundheitspsychologie, Salutogenese, Prävention und Gesundheitsförderung. www.uni-flensburg.de/gesundheitspsychologie-und-gesundheitsbildung; faltermaier@uni-flensburg.de

Fleig, Lena, Dr., wissenschaftliche Mitarbeiterin, Freie Universität Berlin, Sozial- und Wirtschaftspsychologie, PF 9, Habelschwerdter Allee 45, 14195 Berlin. Theoriegeleitete Gesundheitsförderung, Rehabilitation, betriebliche Gesundheitsförderung. www.fu-berlin.de/wiso; lena.fleig@fu-berlin.de

Flor, Herta, Prof. Dr., Institut für Neuropsychologie und Klinische Psychologie, Zentralinstitut für Seelische Gesundheit, Medizinische Fakultät Mannheim, Universität Heidelberg, J 5, 68159 Mannheim. Schmerz, Plastizität, Lernen und Gedächtnis. www.zi-mannheim.de/forschung/abteilungen/neuropsych.html; herta.flor@zi-mannheim.de

Härter, Martin, Prof. Dr. Dr., Universitätsklinikum Hamburg-Eppendorf, Institut für Medizinische Psychologie, W26, Martinistraße 52, 20246 Hamburg. Epidemiologie und Diagnostik psychischer Störungen, Psychoonkologie und -kardiologie. zpm.uke.uni-hamburg.de; m.haerter@uke.uni-hamburg.de

Hermann, Christiane, Prof. Dr., Justus-Liebig-Universität Gießen, Klinische Psychologie und Psychotherapie, Otto-Behaghel-Straße 10F, 35394 Gießen. Experimentelle Psychopathologie, Schmerzverarbeitung, neuronale Grundlagen kreativer Denkprozesse. www.uni-giessen.de/cms/fbz/fb06/psychologie/abt/psychologie/klinische; Christiane.Hermann@psychol.uni-giessen.de

Huber, Helmuth, Univ.-Prof. em. Dr., Institut für Psychologie, Universität Graz, Abteilung für Klinische Psychologie. Verhaltensmodifikation, Einzelfallstatistik, Psychologiegeschichte. psychologie.uni-graz.at; helmuth.huber@uni-graz.at

Kahlert, Daniela, Dr., Universität Stuttgart, Institut für Sport- und Bewegungswissenschaft, Lehrstuhl Sport- und Gesundheitswissenschaften I. Determinanten der körperlichen Aktivität, Verhaltensmodifikation, Person-Umwelt-Interaktion. www.inspo.uni-stuttgart.de/sugv/mitarbeiter/kahlert/index.html; daniela.kahlert@inspo.uni-stuttgart.de

Kaluza, Gert, Prof. Dr., Leiter des GKM-Instituts für Gesundheitspsychologie, Liebigstraße 31a, 35037 Marburg. Stress und Stressbewältigung, Gesundheitsmotivation. www.gkm-institut.de; info@gkm-institut.de

Klauer, Thomas, Dr., Klinik für Psychiatrie und Psychotherapie der Ernst-Moritz-Arndt-Universität Greifswald am Hanse-Klinikum Stralsund, Ellernholzstr. 1–2, 17475 Greifswald. Chronisch somatische Erkrankungen, Stress und Stressbewältigung. www.medizin.uni-greifswald.de/psych/; thomas.klauer@uni-greifswald.de

Klein-Heßling, Johannes, Dr., Bundespsychotherapeutenkammer, Referat III, Klosterstraße 64, 10179 Berlin. www.bptk.de; klein-hessling@bptk.de

Knoll, Nina, Prof. Dr., FU Berlin, Arbeitsbereich Gesundheitspsychologie, Habelschwerdter Allee 45, Raum JK 25/115, 14195 Berlin. Gesundheitsverhalten, soziale Unterstützung, Stress. ewi-psy.fu-berlin.de/einrichtungen/arbeitsbereiche/gesund/; nina.knoll@fu-berlin.de

Koch, Uwe, Prof. em. Dr., Universitätsklinikum Hamburg-Eppendorf, Klinik und Poliklinik für Innere Medizin, Abteilung für Medizinische Psychologie, S30, Martinistraße 52, 20246 Hamburg. Rehabilitationswissenschaften, Medizinische Psychologie, Psychoonkologie. zpm.uke.uni-hamburg.de; koch@uke.uni-hamburg.de

Kohlmann, Carl-Walter, Prof. Dr., Leiter der Abteilung Pädagogische Psychologie und Gesundheitspsychologie, Pädagogische Hochschule Schwäbisch Gmünd, Institut für Humanwissenschaften, Oberbettringer Str. 200, 73525 Schwäbisch Gmünd. Stressbewältigung, Gesundheitsverhalten. www.ph-gmuend.de; carl-walter.kohlmann@ph-gmuend.de

Krämer, Lena, Dipl.-Psych., Albert-Ludwigs-Universität Freiburg, Institut für Psychologie, Abteilung für Rehabilitationspsychologie und Psychotherapie, Engelbergerstr. 41, 79085 Freiburg. Motivation-Volition, Depression, sportliche Aktivität. www.psychologie.uni-freiburg.de/abteilungen/Rehabilitationspsychologie; kraemer@psychologie.uni-freiburg.de

Kröncke, Sylvia, Dipl.-Psych., Universitätsklinikum Hamburg-Eppendorf, Institut und Poliklinik für Medizinische Psychologie, Martinistr. 52, W 26, 20246 Hamburg. Transplantationspsychologie. www.uke.de/institute/medizinische-psychologie; s.kroencke@uke.de

Kufner, Katharina, Dr., Albert-Ludwigs-Universität Freiburg, Abteilung für Rehabilitationspsychologie und Psychotherapie, Institut für Psychologie, Engelbergerstr. 41, 79085 Freiburg. Psychologische Aspekte der Biomedizin. www.psychologie.uni-freiburg.de/Members/kufner; kufner@psychologie.uni-freiburg.de

Lange, Daniela, Dipl.-Psych., wissenschaftliche Mitarbeiterin, Freie Universität Berlin, Fachbereich Erziehungswissenschaft und Psychologie, Arbeitsbereich Gesundheitspsychologie, Habelschwerdter Allee 45, 14195 Berlin. Health Behavior Change, Well-Being, Gender. www.fu-berlin.de/gesund; daniela.lange@fu-berlin.de

Larbig, Wolfgang, Prof. em. Dr., Eberhard-Karls-Universität Tübingen, Institut für Medizinische Psychologie, Gartenstr. 29, 72074 Tübingen. Verhaltensneurobiologie, Schmerz. www.mp.uni-tuebingen.de/mp/index.php?id=97; wolfgang.larbig@uni-tuebingen.de

Leupoldt, Andreas von, Prof. Dr., Research Group Health Psychology, University of Leuven, Tiensestraat 102, B-3000 Leuven. Perception of Breathlessness, Respiratory Psychophysiology, Pain Modulation. www.ppw.kuleuven.be/home/english/research/ogp/andreas; andreas.vonleupoldt@ppw.kuleuven.be

Lippke, Sonja, Prof. Dr., Professor of Health Psychology, Jacobs Center on Lifelong Learning and Institutional Development (JCLL) & Bremen International Graduate School of Social Sciences (BIGSSS). Gesundheitsverhalten(sänderung). slippke.user.jacobs-university.de/gesundheitspsychologie; s.lippke@jacobs-university.de

Lutz, Gabriele, Dr., Fachärztin für Neurologie und Psychosomatik, Fakultät für Medizin, Abteilung für Psychosomatik im Gemeinschaftskrankenhaus Herdecke. Neurologie, Psychosomatik. www.uni-wh.de/gesundheit/anthroposophic-medicine-icuram/ibam/; gabriele.lutz@uni-wh.de

Merten, Thomas, Dr. phil. habil., Vivantes Klinikum in Friedrichshain, Klinik für Neurologie, Landsberger Allee 49, 10249 Berlin. Neuropsychologische Diagnostik, Begutachtung, Beschwerdenvalidierung. thomas.merten@vivantes.de

Morfeld, Matthias, Prof. Dr., Hochschule Magdeburg-Stendal, Angewandte Humanwissenschaften, Rehabilitationspsychologie, Osterburger Str. 25, 39576 Stendal. Rehabilitationsforschung, Lebensqualitätsforschung, ICF. www.hs-magdeburg.de/fachbereiche/f-ahumanw/mitarbeiter/lehrende/morfeld/index_html; matthias.morfeld@hs-magdeburg.de

Neumann, Melanie, Dr. rer. medic. cand. habil., Diplom-Soziologin, Mitglied der Fakultät für Gesundheit und Lehrbeauftragte, Universität Witten/Herdecke und freiberuflicher Coach/ Trainer, Im Isselgrund 11, 46499 Hamminkeln. Empathie, Ausbildungsforschung, nachhaltige Methoden der Stressbewältigung und Selbstentwicklung. www.melanie-neumann.com; melanie.neumann@uni-wh.de

Parschau, L., Freie Universität Berlin, Erziehungswissenschaften und Psychologie, Arbeitsbereich Gesundheitspsychologie, Habelschwerdter Allee 45, 14195 Berlin. Gesundheitsverhaltensänderung (selbstregulative Strategien, phasenspezifische Selbstwirksamkeit, Konsequenzerfahrungen). www.ewi-psy.fu-berlin.de/einrichtungen/arbeitsbereiche/gesund/mitglieder_fu/parschau/index.html; linda.parschau@fu-berlin.de

Ravens-Sieberer, Ulrike, Prof. Dr., Universitätsklinikum Hamburg-Eppendorf, Forschungsdirektorin der Klinik für Kinder- und Jugendpsychiatrie, -psychotherapie und -psychosomatik, Martinistr. 52, 20246 Hamburg. Child Public Health, Lebensqualitätsforschung, Gesundheitssurveys bei Kindern und Jugendlichen. www.child-public-health.de; ravens-sieberer@uke.de

Ritz, Thomas, Prof. Dr., Southern Methodist University, Department of Psychology. Psychophysiologie, Psychoimmunologie. faculty.smu.edu/ameuret/index.html; tritz@smu.edu

Salewski, Cristel, Prof. Dr., Leiterin des Lehrgebiets Gesundheitspsychologie, Institut für Psychologie, Fernuniversität in Hagen, Universitätsstr. 33, 58084 Hagen. Chronische Krankheit, Bewältigung, psychologische Gutachtenerstellung. www.fernuni-hagen.de/psychologie/ghp/index.shtml; christel.salewski@fernuni-hagen.de

Schlicht, Wolfgang, Prof. Dr. phil., Inhaber des Lehrstuhls für Sport- und Gesundheitswissenschaften und Sprecher des Forschungsschwerpunkts Altern und Technik, Universität Stuttgart, Nobelstraße 15, 70569 Stuttgart. Prävention, Gesundheitsverhalten, Gerontologie. www.inspo.uni-stuttgart.de; wolfgang.schlicht@inspo.uni-stuttgart.de

Schlotz, Wolff, Dr., Max-Planck-Institut für empirische Ästhetik, Grüneburgweg 14, 60322 Frankfurt/M. Stressreaktivität, Stressdiagnostik, Persönlichkeit. www.aesthetics.mpg.de/11337/cv_schlotz; wolff.schlotz@aesthetics.mpg.de

Schulz, Hartmut, Prof. Dr., Helios Klinikum Erfurt, PF 10 12 63, 99012 Erfurt, Neuropsychologie und Schlaf. hartmut.schulz@gmx.de

Schulz, Inga-Maria, Universität Flensburg, Gesundheitspsychologie und Gesundheitsbildung, Auf dem Campus 1, 24943 Flensburg. www.uni-flensburg.de/gesundheitspsychologie-und-gesundheitsbildung; inga-marie.schulz@uni-flensburg.de

Schulz, Karl-Heinz, Prof. Dr. Dr., Universitätsklinikum Hamburg-Eppendorf, Institut für Medizinische Psychologie, W26, Martinistraße 52, 20246 Hamburg. Transplantationspsychologie, Psychoneuroimmunologie, Psychoonkologie. zpm.uke.uni-hamburg.de; khschulz@uke.uni-hamburg.de

Schüz, Natalie, Dr., Postdoctoral Fellow, University of Tasmania, CRE Breathe Well, School of Medicine, Private Bag 23, Hobart TAS 7000, Australia. Gesundheitsverhaltensänderung, self-affirmation, Risikokommunikation. www.natalie-schuez.de; natalie.schuez@utas.edu.au

Schwarzer, Ralf, Prof. Dr. , Freie Universität Berlin, Gesundheitspsychologie. Gesundheitsverhalten, Stress, Selbstwirksamkeit. www.ralfschwarzer.de; ralf.schwarzer@fu-berlin.de

Sieverding, Monika, Prof. Dr., Gender Studies & Health Psychology, Universität Heidelberg, Institut für Psychologie, Hauptstraße 47–51, 69117 Heidelberg. Geschlecht und Gesundheit, Selbstkonzept und berufliche Entwicklung von Frauen. www.psychologie.uni-heidelberg.de/ae/diff/gender/sieverding_homepage.html; monika.sieverding@psychologie.uni-heidelberg.de

Stark, Wolfgang, Prof. Dr., Universität Duisburg-Essen, Campus Essen, Labor für Organisationsentwicklung, OrgLab, Universitätsstr. 12, 45141 Essen. Organisationspsychologie, Organisationsentwicklung, Gesundheitsförderung. www.uni-due.de/~bq0031/; wolfgang.stark@uni-essen.de

Vogel, Heiner, Dr., Julius-Maximilians-Universität Würzburg, Abteilung für Medizinische Psychologie und Psychotherapie, Medizinische Soziologie und Rehabilitationswissenschaften, Klinikstraße 3, 97070 Würzburg. Versorgungsforschung, Rehabilitation, Klinische Psychologie, Gesundheitsförderung. www.psychotherapie.uni-wuerzburg.de; h.vogel@uni-wuerzburg.de

Vögele, Claus, Prof. Dr., Universität Luxemburg, Forschungseinheit INSIDE, Arbeitsgruppe «Selbstregulation und Gesundheit», Route de Diekirch B.P. 2, L-7220 Walferdange. Stress, Interozeption, Essstörungen. wwwde.uni.lu/forschung/flshase/inside/staff/claus_voegele; claus.voegele@uni.lu

Walach, Harald, Prof. Dr. Dr. phil., Europa Universität Viadrina, Institut für Transkulturelle Gesundheitswissenschaften, Postfach 1786, 15297 Frankfurt (Oder). Achtsamkeit, Komplementärmedizin, Lebensstil. harald-walach.de; walach@europa-uni.de

Warner, Lisa Marie, Dr., wissenschaftliche Mitarbeiterin am Deutschen Zentrum für Altersfragen, Freie Universität Berlin, Gesundheitspsychologie, Habelschwerdter Allee 45, 14195 Berlin. Soziale Unterstützung, Selbstwirksamkeit, Gesundheitsverhalten. www.ewi-psy.fu-berlin.de/einrichtungen/arbeitsbereiche/gesund/mitglieder_fu/warner/index.html; lisa.warner@fu-berlin.de

Warschburger, Petra, Prof. Dr., Universität Potsdam, Abteilung Beratungspsychologie, Karl-Liebknecht-Str. 24/25, 14476 Potsdam OT Golm. Chronische Krankheiten im Kindes- und Jugendalter; Patientenschulung; Krankheitsbewältigung; Ess- und Gewichtsstörungen. www.psych.uni-potsdam.de/people/warschburger/index-d.html; warschb@uni-potsdam.de

Weimer, Katja, Dr., wissenschaftliche Mitarbeiterin; Universitätsklinikum Tübingen, Innere Medizin VI, Psychosomatische Medizin und Psychotherapie, Frondsbergstr. 23, 72070 Tübingen. Placeboeffekte, Erwartungen, soziales Lernen. www.psychosomatik-tuebingen.de; katja.weimer@uni-tuebingen.de

Weis, Joachim, Prof. Dr. phil., Klinik für Tumorbiologie an der Universität Freiburg, Abteilung Psychoonkologie. Psychoonkologie, Lebensqualität, Coping. weis@tumorbio.uni-freiburg.de

Wiedemann, Amelie, Dr., Post-Doc, Freie Universität Berlin, Fachbereich Erziehungswissenschaften und Psychologie, Arbeitsbereich Gesundheitspsychologie, Habelschwerdter Allee 35, 14195 Berlin. Theoriebasierte Interventionen zur Verhaltensänderung, Selbstregulation des Verhaltens, Förderung gesunder Gewohnheiten. www.fu-berlin.de/gesund; amelie.wiedemann@fu-berlin.de

Wittkowski, Joachim, Prof. em. Dr., Praxis für Psychologische Diagnostik und Beratung, Bremenweg 30, 97084 Würzburg. Trauer, Tod und Sterben. j.wittkowski@psychologie.uni-wuerzburg.de

Geschichte der Psychologie [HIS]

Gebietsexperte:
Lück, Helmut E., Prof. em. Dr., Fernuniversität, Institut für Psychologie, 58084 Hagen. Geschichte der Psychologie, Methodenlehre, Sozialpsychologie. Helmut.Lueck@FernUni-Hagen.de

Klinische Psychologie und Psychotherapie

Gebietsexperte:
Petermann, Franz, Prof. Dr., Lehrstuhl Klinische Psychologie und Diagnostik, Universität Bremen, Grazer Straße 2 u. 6, 28359 Bremen. Klinische Kinderpsychologie, Klinische Diagnostik, Rehabilitationswissenschaften. www.zrf.uni-bremen.de; fpeterm@uni-bremen.de

Gebietsautoren:
Arens, Elisabeth A., Dr., Postdoktorandin am Institut für Klinische Psychologie und Psychotherapie, Goethe Universität, Varrentrappstraße 40–42, 60486 Frankfurt am Main. Emotionsdysregulation und Psychopathologie, Persönlichkeitsstörungen. www.psychologie.uni-frankfurt.de/55348638/30_-Dr_-Elisabeth-Arens?; e.arens@psych.uni-frankfurt.de

Barnow, Sven, Prof. Dr., Leiter der Arbeitseinheit Klinische Psychologie und Psychotherapie, Institut für Psychologie, Hauptstraße 47–51, 69117 Heidelberg. Emotionsdysregulation und Psychopathologie, Persönlichkeitsstörungen. www.psychologie.uni-heidelberg.de/ae/klips/mitarbeiter/barnow/cv.php; sven.barnow@psychologie.uni-heidelberg.de

Bastine, Reiner H. E., Prof. em. Dr., Universität Heidelberg, Klinische Psychologie und Psychotherapie, Hauptstr. 47–51, 69117 Heidelberg. Klinische Psychologie, Psychotherapie, Konflikt & Mediation. www.bastine.uni-hd.de; bastine@uni-heidelberg.de

Bayer, Lothar, Dr. phil. habil., Psychoanalytiker (DPV/IPA) in eigener Praxis; wissenschaftlicher Mitarbeiter am Sigmund-Freud-Institut, Frankfurt a. M.

Behr, Michael, Prof. Dr., Professor für Psychologie an der Pädagogischen Hochschule in Schwäbisch Gmünd. Oberbettringer Str. 166, 73525 Schwäbisch Gmünd. Beratungs- und Klinische Psychologie. www.ph-gmuend.de/seiten-container/blind/personen-a-z/b/behr-michael/; michael.behr@ph-gmuend.de

Belardi, Nando, Prof. em. Dr., Univ.-Professor für Sozialpädagogik (i. R.), TU Chemnitz, Philosophische Fakultät. Visiting Professor of Clinical Supervision, Sichuan University (PR China); Rosenstr. 15, 51427 Bergisch-Gladbach. Beratung, Supervision, Coaching. www.nando-belardi.jimdo.com; nando@belardi.de

III. Anhang

Bergmann-Warnecke, Kristin, Dipl.-Psych., Universität Trier, Abteilung für Klinische Psychologie und Psychotherapie, Am Wissenschaftspark 25+27, 54296 Trier. Psychotherapieforschung. www.uni-trier.de/index.php?id=41274; bergmann_warnecke@uni-trier.de

Bodenmann, Guy, Prof. Dr., Universität Zürich, Psychologisches Institut. Partnerschaftsforschung, Stressforschung, Depression. www.psychologie.uzh.ch/fachrichtungen/kjpsych/team1/bodenmannhtml; guy.bodenmann@psychologie.uzh.ch

Bräuninger, Iris, Dr., University of Deusto, Dept. of Personality, Evaluation and Psychological Treatment, Avda. Universidades, 24, E-48080 Bilbao. Kreative Therapien. deusto.academia.edu; iris.brauninger@deusto.es

Butzer, Ralph, Dr. phil., Goethe-Universität Frankfurt, Arbeitsbereich Psychoanalyse, Institut für Psychologie, Grüneburgplatz 1, 60323 Frankfurt; Sigmund-Freud-Institut, Ambulanzteam; in eigener Praxis niedergelassen. butzer@gmx.de

Caspar, Franz, Prof. Dr., Universität Bern, Abt. Klinische Psychologie und Psychotherapie, Fabrikstrasse 8, CH-3012 Bern. Psychotherapieforschung, Psychotherapeuten-Ausbildung, Therapiebeziehung. www.ptp.unibe.ch/content/personal/fc/index_ger.html; caspar@psy.unibe.ch

Cierpka, Manfred, Prof. Dr. med., Universität Heidelberg, Medizinische Fakultät, Ärztlicher Direktor des Instituts für Psychosomatische Kooperationsforschung und Familientherapie, Bergheimerstr. 54, 69115 Heidelberg. Familienforschung, Präventionsforschung, Psychotherapieforschung. www.cierpka.de; manfred.cierpka@med.uni-heidelberg.de

De Vries, Ulrike, Dr., Wissenschaftliche Mitarbeiterin am Zentrum für Klinische Psychologie und Rehabilitation, Universität Bremen, Grazer Straße 6, 28359 Bremen. www.zkpr.uni-bremen.de/zentrum/mitarbeiter/ulrike-vries; udevries@uni-bremen.de

Ditzen, Beate, Dr., Universität Zürich, Psychologisches Institut, Klinische Psychologie und Psychotherapie, Binzmühlestrasse 14, CH-8050 Zürich. Paarinteraktion, Stress. www.psychologie.uzh.ch; b.ditzen@psychologie.uzh.ch

Ehlert, Ulrike, Prof. Dr., Universität Zürich, Psychologisches Institut, Klinische Psychologie und Psychotherapie, Binzmühlestrasse 14, CH-8050 Zürich. Verhaltensmedizin, Psychobiologie, stressabhängige Erkrankungen. www.psychologie.uzh.ch; u.ehlert@psychologie.uzh.ch

Ehrlich, Torsten, Dipl.-Psych., Universität Trier, Klinische Psychologie und Psychotherapie, PALF, Am Wissenschaftspark 25 + 27, 54296 Trier. Therapieprozessforschung, Therapiebeziehung, Prozess-Outcome-Forschung. www.kpplutz.uni-trier.de; ehrlich@uni-trier.de

Enck, Paul, Prof. Dr., Forschungsleiter der Abteilung Psychosomatische Medizin und Psychotherapie, Universitätsklinikum Tübingen, Innere Medizin VI, Psychosomatische Medizin und Psychotherapie, Frondsbergstr. 23, 72070 Tübingen. Neurogastroenterologie, Placeboeffekte, Konditionierung. www.psychosomatik-tuebingen.de; paul.enck@uni-tuebingen.de

Fegert, Jörg, Prof. Dr., Ärztlicher Direktor, Klinik für Kinder- und Jugendpsychiatrie/Psychotherapie, Universitätsklinikum Ulm, Steinhövelstrasse 5, 89075 Ulm. Kinderschutz, Psychopharmakotherapie, Trauma. joerg.fegert@uniklinik-ulm.de

Gerber, Wolf-Dieter, Prof. Dr. (em.), Institut für Medizinische Psychologie und Medizinische Soziologie, Universitätsklinikum Schleswig-Holstein, Campus Kiel.

Gerber-von Müller, Gabriele, Dr., Psychologische Psychotherapeutin, Kinder- und Jugendlichenpsychotherapeutin, Kiel.

Gerlach, Alexander, Prof. Dr., Lehrstuhl für Klinische Psychologie und Psychotherapie, Department Psychologie, Humanwissenschaftliche Fakultät, Universität zu Köln, Richard-Strauss-Str. 2, 50931 Köln. Angststörungen, Verhaltenstherapie. www.hf.uni-koeln.de/33548; alexander.gerlach@uni-koeln.de

Gloster, Andrew, Dr., Research Scientist, University of Basel, Switzerland, Department of Psychology, Division of Clinical psychology & Epidemiology. Research Specialties: Processes of Successful and Unsuccessful Treatment, Acceptance and Commitment Therapy, Exposure Therapy, Clinical Research Methodology, Behavioral Assessment, Computer-Assisted Assessment and Therapy; andrew.gloster@unibas.ch.

Goldbeck, Lutz, Prof. Dr., Universitätsklinikum Ulm, Klinik für Kinder- und Jugendpsychiatrie/Psychotherapie, Sektion Psychotherapieforschung und Verhaltensmedizin. Psychotraumatologie, Interventionsforschung, Krankheitsbewältigung. uniklinik-ulm.de/kjpp; lutz.goldbeck@uniklinik-ulm.de

Groen, Gunter, Prof. Dr., Professor für Klinische Psychologie an der HAW Hamburg. Klinische Kinderpsychologie, Kinder- und Jugendlichenpsychotherapie. www.haw-hamburg.de/beschaeftigte/name/gunter-groen.html; gunter.groen@haw-hamburg.de

Grosse Holtforth, Martin, Prof. Dr., Universität Zürich, grosse@psychologie.uzh

Hartmann, Lorena Katharina, Dipl.-Psych., Wissenschaftliche Mitarbeiterin, Sigmund-Freud-Institut Frankfurt am Main, c/o Goethe Universität Mertonstr. 17–21, Hauspostfach 55, 60325 Frankfurt am Main. Psychoanalyse, Mentalisierung, Bindungsforschung. hartmann@sigmund-freud-institut.de

Hatzinger, Martin, Prof. Dr. med., Professor für Psychiatrie, Medizinische Fakultät, Universität Basel, Chefarzt Erwachsenenpsychiatrie, CH-4503 Solothurn. Schlafmedizin, Depression, Stressforschung. www.so-h.ch/psychiatrische-dienste/institute/erwachsenenpsychiatrie.html; martin.hatzinger@spital.so.ch

Hautzinger, Martin, Prof. Dr., Klinische Psychologie und Psychotherapie, Universität Tübingen, Schleichstraße 4, Raum 4405, 72076 Tübingen. Depression, Angst- und Belastungsstörungen, psychophysiologische Störungen und Krankheitsbewältigung. www.uni-tuebingen.de; hautzinger@uni-tuebingen.de

Hayer, Tobias, Dr. phil. Dipl.-Psych., wissenschaftlicher Mitarbeiter am Institut für Psychologie und Kognitionsforschung (IPK) der Universität Bremen, Grazer Straße 4, 28359 Bremen. Glücksspielsucht, Prävention glücksspielbezogener Probleme, Problemverhalten im Jugendalter. www.tobha.de; tobha@uni-bremen.de

Hecker, Tobias, Dr., Klinische Psychologie und Neuropsychologie, Institut für Psychologie, Universität Konstanz. Gewalterfahrungen, Gewaltprävention, Traumatisierungen. www.psychologie.uni-konstanz.de/forschung/clinicalpsychology/mitarbeiter/mitarbeiter-detailseite/hecker-tobias-670/7347/7149; tobias.hecker@uni-konstanz.de

Heil, Christina, Dipl.-Psych., Universität Tübingen, Psychotherapeutische Hochschulambulanz. pi.uni-tuebingen.de/psychotherapeutische-ambulanz/die-psychotherapeutische-hochschulambulanz.html.

Hunger-Schoppe, Christina, Dr., Institut für Medizinische Psychologie, Universitätsklinikum Heidelberg, Bergheimer Straße 20, 69115 Heidelberg. Systemische Therapie, Kognitive Verhaltenstherapie, Kulturvergleichende Forschung. www.klinikum.uni-heidelberg.de/Christina-Hunger-Schoppe.139848.0.html; christina.hunger-schoppe@med.uni-heidelberg.de

Jacob, Gitta, PD Dr., Borderline-Persönlichkeitsstörung, Schematherapie, Emotionsregulation, Impulsivität und soziale Kognition. www.gaia-group.com/de/team.html. Gitta.jacob@gaia-group.com

Jaščenoka, Julia, Dr., Wissenschaftliche Mitarbeiterin am Lehrstuhl für Klinische Psychologie und Diagnostik, Zentrum für Klinische Psychologie und Rehabilitation, Universität Bremen, Grazer Straße 6, 28359 Bremen. www.zkpr.uni-bremen.de/zentrum/mitarbeiter/julia-jascenoka; jascenoka@uni-bremen.de

Kächele, Horst, Prof. Dr., Forschungsstelle für Psychotherapie, Christian-Belser-Str. 79a, 70597 Stuttgart. Psychoanalyse, Psychotherapie. www.psyres-stuttgart.de/kaechele.html; kaechele@sip.medizin.uni-ulm.de

Koglin, Ute, Prof. Dr., Zentrum für Klinische Psychologie und Rehabilitation der Universität Bremen, Grazer Str. 6, 28359 Bremen. Soziale und emotionale Entwicklung von Kindern bis zum Schuleintritt. www.zrf.uni-bremen.de; ukoglin@uni-bremen.de

Köhler, Thomas, Prof. Dr. Dr., Psychologisches Institut der Universität Hamburg, von-Melle-Park 5, 20146 Hamburg. Biologische Grundlagen psychischer Störungen; Psychopharmakologie; Freuds Psychoanalyse. web.hsu-hh.de/fak/geiso/fach/psy-kli/thomas-koehler; thomas.koehler@uni-hamburg.de

Kröger, Christoph, PD Dr., Geschäftsführender Leiter der Psychotherapieambulanz der TU Braunschweig. Borderline-Persönlichkeitsstörung, Paartherapie, Psychosoziale Notfallversorgung. www.tu-braunschweig.de/psychologie/abt/klinische/mitarbeiterinnen/ck; c.kroeger@tu-bs.de

Kübler, Ulrike, Dr., Universität Zürich, Psychologisches Institut, Klinische Psychologie und Psychotherapie, Binzmühlestrasse 14, CH-8050 Zürich. Psychoneuroimmunologie, HPV-Infektion und Gebärmutterhalskrebs. www.psychologie.uzh.ch/fachrichtungen/klipsypt/team/ulrike-kuebler.html; u.kuebler@psychologie.uzh.ch

La Marca-Ghaemmaghami, Pearl, Dr. phil., Postdoktorandin, Universität Zürich, Psychologisches Institut, Klinische Psychologie und Psychotherapie, Binzmühlestrasse 14, CH-8050 Zürich. Pränataler Stress, Verhaltensmedizin, psychologische Konsiliararbeit mit schwangeren Frauen. www.psychologie.uzh.ch/fachrichtungen/klipsypt/team/pearlghaemmaghami.html; p.ghaemmaghami@psychologie.uzh.ch

Lammers, Claas-Hinrich, Prof. Dr., Ärztlicher Leiter Psychiatrie und Psychotherapie. www.asklepios.com/details/arztprofil~lang=de~prId=3345~

Limbourg, Maria, Prof. em Dr., Fakultät für Bildungswissenschaften, Universität Duisburg-Essen, Universitätsstr. 11, 45117 Essen. Verkehrserziehung. www.uni-due.de/traffic-education/index-ml-neu.html; maria.limbourg@uni-due.de

Lorke, Beate, Dipl.-Psych., Psychoanalytikerin in freier Praxis, Mitarbeiterin der Ambulanz des Sigmund-Freud-Instituts, Frankfurt, Dozentin des Frankfurter Psychoanalytischen Instituts. Trauma.

Lutz, Wolfgang, Prof. Dr., Leiter der Abteilung Klinische Psychologie und Psychotherapie; Psychotherapie, Ausbildung, Lehre, Forschung (PALF), Fachbereich I, Psychologie, Universität Trier, Am Wissenschaftspark 25 + 27, 54296 Trier. Psychotherapieforschung. www.kpplutz.uni-trier.de; wolfgang.lutz@uni-trier.de

Macha, Thorsten, Dr., Wissenschaftlicher Mitarbeiter am Zentrum für Klinische Psychologie und Rehabilitation, Universität Bremen, Grazer Straße 6, 28359 Bremen. Entwicklungsdiagnostik. www.zkpr.uni-bremen.de/zentrum/mitarbeiter/thorsten-macha; macha@uni-bremen.de

Meyer, Björn, Dr., Psychopathologie-, Persönlichkeits- und Psychotherapieforschung, mHealth Interventionen. www.gaia-group.com/de/team.html. bjoern.meyer@gaia-group.com

Mühlig, Stephan, Prof. Dr., Technische Universität Chemnitz, Institut für Psychologie, Klinische Psychologie, 09107 Chemnitz. Raucherentwöhnung, Psychoedukation, Psychotherapieforschung. www.tu-chemnitz.de/hsw/psychologie/professuren/klinpsy; stephan.muehlig@psychologie.tu-chemnitz.de

Neubert, Verena, M. A., wissenschaftliche Mitarbeiterin des Sigmund-Freud-Instituts und IDeA-Zentrums; Sigmund-Freud-Institut, c/o Goethe-Universität, Mertonstraße 17, 60325 Frankfurt am Main. Bindungsforschung, Frühprävention. www.sfi-frankfurt.de; neubert@sigmund-freud-institut.de

Nitkowski, Dennis, Dr., Wissenschaftlicher Mitarbeiter am Lehrstuhl für Klinische Kinderpsychologie, Universität Bremen, Zentrum für Klinische Psychologie und Rehabilitation, Grazer Str. 6, 28359 Bremen. Klinische Kinderpsychologie, Schwerpunkt Statistik und Forschungsmethodik. www.zkpr.uni-bremen.de/zentrum/mitarbeiter/dennis-nitkowski; nitkowski@uni-bremen.de

Pauls, Helmut, Prof. Dr., Hochschule Coburg, Fakultät Soziale Arbeit und Gesundheit, Friedrich-Streib-Straße 2, 96450 Coburg. Klinische Psychologie, Klinische Sozialarbeit, Psychotherapie. www.hs-coburg.de/ueber-uns/fakultaeten/soziale-arbeit-und-gesundheit/personen/prof-dr-helmut-pauls.html; helmutpauls@mac.com

Petermann, Ulrike, Prof. Dr., Lehrstuhl für Klinische Kinderpsychologie, Zentrum für Klinische Psychologie und Rehabilitation, Universität Bremen, Grazer Str. 6, 28359 Bremen. Klinische Kinderpsychologie, Kinderverhaltenstherapie, Prävention. www.zrf.uni-bremen.de; upeterm@uni-bremen.de

Pöschl, Sandra, Dr., Technische Universität Ilmenau, Institut für Medien und Kommunikationswissenschaft, Fachgebiet Medienpsychologie & Medienkonzeption, Ehrenbergstr. 29, 98693 Ilmenau. Mensch-Computer-Interaktion, Forschungsmethoden. www.tu-ilmenau.de/mkmp/team/dr-sandra-poeschl; sandra.poeschl@tu-ilmenau.de

Poustka, Fritz, Prof. em. Dr., Frankfurter Klinik für Psychiatrie und Psychotherapie des Kindes- und Jugendalters. Entwicklungsstörungen. facharzt-ffm.de/03_poustka.htm; poustka@em.uni-frankfurt.de

Poustka, Luise, Dr., Zentralinstitut für seelische Gesundheit, Psychiatrie und Psychotherapie des Kindes- und Jugendalters, J5, 68159 Mannheim. Tiefgreifende Entwicklungsstörungen. www.zi-mannheim.de; Luise.Poustka@zi-mannheim.de

Pütz, Bernd, Dipl.-Psych., Psychoanalytiker in eigener Praxis (DPV, IPA), freier Mitarbeiter in der Ambulanz des Sigmund-Freud-Instituts in Frankfurt. BerndPuetz@web.de

Rauchfleisch, Udo, Prof. Dr., Prof. em., Klinische Psychologie Universität Basel, Psychotherapeut in privater Praxis in Basel. Testdiagnostik, Dissozialität, sexuelle Orientierungen und Identitäten. www.udorauchfleisch.ch; Udo.Rauchfleisch@unibas.ch

Reinecker, Hans, Prof. em. Dr., Lehrstuhl für Klinische Psychologie und Psychotherapie, Universität Bamberg, Markusplatz 3, 96045 Bamberg. Grundlagen der Klinischen Psychologie/Psychotherapie, Therapieforschung. www.uni-bamberg.de/?id=8553; hans.reinecker@uni-bamberg.de

Revenstorf, Dirk, Prof. Dr., Eberhard-Karls-Universität Tübingen, MEG Tübingen, Ambulanz für klinische Hypnose, Gartenstraße 18, 72074 Tübingen. Klinische Psychologie, Psychotherapie, Hypnose. www.meg-tuebingen.de; dirk.revenstorf@uni-tuebingen.de

Riemann, Dieter, Prof. Dr., Leiter der Sektion Klinische Psychologie und Psychophysiologie an der Abteilung für Psychiatrie und Psychotherapie der Universitätsklinik Freiburg, Hauptstr. 5, 79104 Freiburg. Schlafforschung, Verhaltensmedizin. www.uniklinik-freiburg.de/psych/live/personen/riemann.html; dieter.riemann@uniklinik-freiburg.de

Röhrle, Bernd, Prof. Dr., Klinische Psychologie und Psychotherapie, Universität Marburg, Gutenbergstr. 18, 35032 Marburg. Soziale Unterstützung, Gesundheitsförderung, Posttraumatische Belastungsstörungen. www.uni-marburg.de/fb04/ag-klin/mitarbeiter/broehrle; roehrle@staff.uni-marburg.de

Rosenbaum, David, Dipl.-Psych., wissenschaftlicher Mitarbeiter der Abteilung Klinische Psychologie und Psychotherapie; Psychotherapie, Ausbildung, Lehre, Forschung (PALF), Fachbereich I, Psychologie, Universität Trier, Am Wissenschaftspark 25 + 27, 54296 Trier. Psychotherapieforschung, Verlaufsforschung, psychotherapeutische Mikrostrategien. rosenbaum@uni-trier.de

Roth, Anke, Dipl.-Psych., Abteilung Klinische Psychologie und Psychotherapie; Psychotherapie, Ausbildung, Lehre, Forschung (PALF), Fachbereich I, Psychologie, Universität Trier, Am Wissenschaftspark 25 + 27, 54296 Trier. uni-trier.de/index.php?id=42761; rotha@uni-trier.de

Rothenberger, Aribert, Prof. Dr. med., Direktor der Klinik für Kinder- und Jugendpsychiatrie/Psychotherapie, Universitätsmedizin Göttingen, von-Siebold-Str. 5, 37075 Göttingen. Tourette-Syndrom, ADHS, Neurobiologie. www.user.gwdg.de/~ukyk; arothen@gwdg.de

Röttger, Marie-Anna, MSc. Psych., Universität Trier, Klinische Psychologie und Psychotherapie, Prof. Lutz, Am Wissenschaftspark 25 + 27, 54286 Trier. Psychotherapieverläufe. roettger@uni-trier.de

Rubel, Julian A., Dipl.-Psych., Abteilung Klinische Psychologie und Psychotherapie; Psychotherapie, Ausbildung, Lehre, Forschung (PALF), Fachbereich I, Psychologie, Universität Trier, Am Wissenschaftspark 25 + 27, 54296 Trier. Psychotherapieverläufe. www.uni-trier.de/?id=43500; rubel@uni-trier

Sarimski, Klaus, Prof. Dr. habil., Pädagogische Hochschule Heidelberg, Institut für Sonderpädagogik, Keplerstr. 87, 69120 Heidelberg. Frühförderung behinderter Kinder, Verhaltensauffälligkeiten bei Behinderung, Entwicklung bei genetischen Syndromen. sarimski@ph-heidelberg.de

Sartory, Gudrun, Prof. em. Dr., Bergische Universität Wuppertal, Klinische Psychologie und Psychotherapie, Max-Horkheimer-Str. 20, 42097 Wuppertal. Angststörungen, Schizophrenie. kp.uni-wuppertal.de/abteilung-fuer-klinische-psychologie-und-psychotherapie/team/prof-em-dr-gudrun-sartory.html; sartory@uni-wuppertal.de

Schmid-Ott, Gerhard, Prof. Dr. med., Berolina Klinik GmbH & Co. KG, Ärztlicher Direktor, Abteilung Psychosomatik, Bültestraße 21, 32584 Löhne. Gender- und Versorgungsforschung in der Psychosomatischen Medizin, Psychodermatologie. www.rehaklinik.de/berolina-klinik/berolina-klinik.html; gerhard.schmidott@gmail.com

Schmidt, Lothar, Prof. Dr., bis 2001: Klinische Psychologie und Gesundheitspsychologie, Universität Trier, Universitätsring 15, 54296 Trier. Psychiatriereform, Evolution in der Psychiatrie und Gesundheitspsychologie.

Schmidt, Sören, Prof. Dr., Angewandte und Klinische Psychologie, Hochschule Fresenius Köln. ADHS, Klinische Entwicklungsstörungen, Resilienz. /m.hs-fresenius.de/die-hochschule/lehrende; soeren.schmidt@hs-fresenius.de

Schött, Margerete, Dipl.-Psych., Sigmund-Freud-Institut/Universität Kassel, Fachgebiet Psychoanalyse, wissenschaftliche Mitarbeiterin, Mertonstr. 17, 60325 Frankfurt am Main. Neuro-Psychoanalyse, Wirksamkeitsforschung Psychoanalyse, Traum und Affektregulierung. www.sigmund-freud-institut.de; schoett_margret@yahoo.com

Schweiger, Ulrich, Prof. Dr., Psychiatrie und Psychotherapie, Ratzeburger Allee 160, 23538 Lübeck. Essstörungen, Verhaltenstherapie. www.uksh.de/psychiatrie-luebeck/; Ulrich.Schweiger@uksh.de

Schweitzer-Rothers, Jochen, Prof. Dr., Institut für Medizinische Psychologie, Universitätsklinikum Heidelberg, Bergheimer Straße 20, 69115 Heidelberg. Systemische Familientherapie, Systemische Akutpsychiatrie, Systemische Organisationsberatung. www.klinikum.uni-heidelberg.de/Jochen-Schweitzer-Rothers.139856.0.html?&L=0; jochen.schweitzer-rothers@med.uni-heidelberg.de

Sipos, Valerija, Dr., Universitätsklinikum Schleswig-Holstein, Klinik für Psychiatrie und Psychotherapie, Campus Kiel, Arnold-Heller-Straße 3, 24105 Kiel. Essstörungen, Verhaltenstherapie. www.psychiatrie-luebeck.uk-sh.de; valerija.sipos@uksh.de

Spiegelhalder, Kai, Dr. Dr., wissenschaftlicher Mitarbeiter der Abteilung Psychiatrie und Psychotherapie, Universitätsklinikum Freiburg, Hauptstraße 5, 79104 Freiburg. Schlaf, Insomnie. www.uniklinik-freiburg.de/psych/live/forschung/research-groups/ag-spiegelhalder.html; Kai.Spiegelhalder@uniklinik-freiburg.de

Sproeber, Nina, Dr., Diplom-Psychologin, wissenschaftliche Mitarbeiterin, Universitätsklinikum Ulm, Kinder- und Jugendpsychiatrie/Psychotherapie, Steinhövelstrasse 5, 89075 Ulm. Psychotherapie Jugendliche, Depression, ADHS. nina.sproeber@uniklinik-ulm.de

Stock Gissendanner, Scott, apl. Prof. Dr., Universität Göttingen, Institut für Politikwissenschaft, Platz der Göttinger Sieben 3, 37073 Göttingen. Psychosomatische Medizin, Rehabilitation, Dermatoses, Public Health. www.uni-goettingen.de/de/39425.html; s.stockgissendanner@uglielje.de

Teuber, Nadine, Dr. phil., wissenschaftliche Mitarbeiterin, Goethe-Universität, Institut für Psychologie, Arbeitsbereich Psychoanalyse, Grüneburgplatz 1, 60323 Frankfurt am Main. Psychoanalyse, Geschlechterforschung, Depression. www.psychoanalyse.uni-frankfurt.de/Personen/teuber/index.html; teuber@psych.uni-frankfurt.de

von Gontard, Alexander, Prof. Dr., Universitätsklinikum des Saarlandes, Kirrbergerstraße, 66421 Homburg/Saar. Psychische Störungen bei Kindern mit Epilepsie, funktionelle Bauchschmerzen, Angststörungen, Kinderpsychotherapie, chronisch kranke Kinder, Enuresis/Enkopresis. www.paediatrie-update.com/referenten/90-alexander-von-gontard.alexander.von.gontard@uks.eu

Waadt, Michael, insas Institut für Arbeit und seelische Gesundheit, München; waadt@insas-institut.de

Waldmann, Hans-Christian, Prof. Dr, Abt. Psychometrie und Statistik, Zentrum für Klinische Psychologie und Rehabilitation, Universität Bremen, Grazer Str. 6, 28359 Bremen. Psychometrie, Testentwicklung, Analyseautomatisierung. samson.fire.uni-bremen.de/waldmann; waldmann@samson.fire.uni-bremen.de

Weber, Jutta, Dr., Verhaltenstherapeutin (AVM), Röntgenring 10, 97070 Würzburg. Dyslexie, Sprachstörungen, Verhaltensauffälligkeiten bei Kindern und jungen Erwachsenen. www.i4.psychologie.uni-wuerzburg.de/mitarbeiter/dr_jutta_weber; weber@psychologie.uni-wuerzburg.de

Zaunmüller, Luisa, Dr., Abteilung Klinische Psychologie und Psychotherapie; Stv. Geschäftsführung Weiterbildungsstudiengang Psychologische Psychotherapie, Ausbildung, Lehre, Forschung (PALF), Fachbereich I, Psychologie, Universität Trier, Am Wissenschaftspark 25 + 27, 54296 Trier. www.palfw.uni-trier.de; zaunmueller@uni-trier.de

Zimmer, Dirk, Prof. Dr., Tübinger Akademie für Verhaltenstherapie GmbH, David-von-Stein-Weg 26, 72072 Tübingen-Bühl. Verhaltenstherapie. www.tavt.de; dirkzimmer@tavt.de

Kognitive Psychologie [KOG]

Gebietsexperte:

Funke, Joachim, Prof. Dr., Universität Heidelberg, Allgemeine und Theoretische Psychologie, Psychologisches Institut, Hauptstr. 47, 69117 Heidelberg. Denken, Problemlösen, Kreativität. funke.uni-hd.de; joachim.funke@psychologie.uni-heidelberg.de

Gebietsautoren:

Abel, Stephanie, PD Dr., RWTH Aachen, Neurologische Klinik, Klinische Kognitionsforschung, Pauwelsstraße 30, 52074 Aachen. Sprachstörungen, Neurolinguistik. www.uk-aachen.de; sabel@ukaachen.de

Behrendt, Jörg, Dr., Georg-August-Universität Göttingen, Abteilung Pädagogische Psychologie, Waldweg 26, 37073 Göttingen. Kognitive Entwicklung aus Sicht der Lebensspanne, Lernen im hohen Erwachsenenalter. www.psych.uni-goettingen.de/de/education/team/behrendt; jbehren1@uni-goettingen.de

Bermeitinger, Christina, Prof. Dr., Leitung der Arbeitseinheit Allgemeine Psychologie; Universität Hildesheim, Institut für Psychologie, Allgemeine Psychologie, Marienburger Platz 22, 31141 Hildesheim. Kognitive Psychologie, Gedächtnis und Aufmerksamkeit, Emotion. www.uni-hildesheim.de/index.php?id=4853; bermeitinger@uni-hildesheim.de

Beyer, Reinhard, PD Dr., Humboldt-Universität zu Berlin, Institut für Psychologie, Kognitive Psychologie, wiss. Mitarbeiter, Rudower Chaussee 18, 12489 Berlin. Sprache, Gedächtnis, Textverstehen. www.psychologie.hu-berlin.de/mitarbeiter/4436; reinhard.beyer@hu-berlin.de

Bölte, Jens, Prof. Dr., WWU Münster, Institut für Psychologie, Fliednerstr. 21, 48149 Münster. Psycholinguistik, Gesichtererkennung, Szenenerkennung. wwwpsy.uni-muenster.de/Psychologie.inst2/AEZwitserlood/mitarbeiter/boelte.html; boelte@uni-muenster.de

Bredenkamp, Jürgen, Prof. Dr., Rheinische Friedrich-Wilhelms-Universität Bonn, Institut für Psychologie, Kaiser-Karl-Ring 9, 53111 Bonn. Gedächtnis, Lernen, Metakognition. www.psychologie.uni-bonn.de/units/cognitive-psychology/staff/jurgen-bredenkamp; juebredenka@web.de

Brunstein, Angela, Dr., Carnegie Mellon University in Qatar, PO Box 24866, Doha, Qatar. Lernen, Transfer, kognitive Modellierung. www.angela-brunstein.de/index.html; angelab@cmu.edu

Burkert, Silke, Dr., Charité Universitätsmedizin Berlin, Institut für Medizinische Psychologie, Luisenstr. 57, 10117 Berlin. Dyadische Planung, Verhaltensänderung, soziale Austauschprozesse. medpsych.charite.de; silke.burkert@charite.de

Cacchione, Trix, Dr., Kognitive Entwicklung, Vergleichende Kognition

Chiller-Glaus, Sarah, Dr., Leiterin Musikforschung, Departement Musik, Kalaidos Fachhochschule, Jungholzstrasse 43, CH-8050 Zürich. Musikalische Kognition. kalaidos-fh.ch. sarah.chiller@kalaidos-fh.ch

Christmann, Ursula, Prof. Dr., (apl.) Professorin Universität Heidelberg, Psychologisches Institut, Arbeitseinheit Allgemeine und Theoretische Psychologie, Hauptstrasse 47–51, 69117 Heidelberg. Sprach- und Textverarbeitung, Psychologie des Lesens, Denken und Lernen. www.psychologie.uni-heidelberg.de/ae/allg/mitarb/uc/index.shtml; Ursula.Christmann@psychologie.uni-heidelberg.de

Dietrich, Rainer, Prof. Dr., Universität Heidelberg, Neuphilologische Fakultät, Institut für Deutsch als Fremdsprachenphilologie, Plöck 55, 69117 Heidelberg. Psycholinguistik, Grammatiktheorie, Grammatik des Deutschen. www.idf.uni-heidelberg.de/personal/dietrich.html; dietrich@idf.uni-heidelberg.de

Dörner, Dietrich, Prof. em. Dr., Otto-Friedrich-Universität Bamberg, Institut für Theoretische Psychologie, An der Weberei 5, 96047 Bamberg. Denken und Problemlösen. www.uni-bamberg.de/?id=7444; dietrich.doerner@uni-bamberg.de

Dreisbach, Gesine, Prof. Dr., Universität Regensburg, Institut für Experimentelle Psychologie, Lehrstuhl für Psychologie II, Universitätsstraße 31, 93053 Regensburg. Kognitive Kontrolle, adaptive Handlungssteuerung, Interaktion von Affekt und Kognition. www.uni-regensburg.de/psychologie-paedagogik-sport/psychologie-dreisbach/staff/Gesine-Dreisbach; gesine.dreisbach@psychologie.uni-regensburg.de

Echterhoff, Wilfried, Prof. Dr., Bergische Universität Wuppertal, Fachbereich Psychologie, Gauß-Straße 20, 42097 Wuppertal. Fortbildung, Weiterbildung, Kompetenzentwicklung, Erfahrungsbildung. www.echterhoff.com/index.html; echterhoff@uni-wuppertal.de

Erdfelder, Edgar, Prof. Dr., Ordinarius für Kognitive Psychologie und Differentielle Psychologie, Lehrstuhl für Psychologie III, Universität Mannheim, Schloss EO 255, 68131 Mannheim. Gedächtnis- und Urteilspsychologie, kognitive Modellierung, Versuchsplanung. psycho3.uni-mannheim.de/index.php?n=Main.Home; erdfelder@uni-mannheim.de

Gangl, Katharina, Dr., Universität Wien, Institut für Angewandte Psychologie: Arbeit, Bildung, Wirtschaft, Universitätsstraße 7, A-1010 Wien. Wirtschafts- und Finanzpsychologie. ppcms.univie.ac.at/index.php?id=3077; k.gangl@univie.ac.at

Gaschler, Robert, Jun.-Prof. Dr., Universität Koblenz-Landau, Allgemeine und Pädagogische Psychologie, Fortstraße 7, 76829 Landau. Lernen, Handlungssteuerung. www.ga-schler.uni-landau.de; gaschler@uni-landau.de

Gawrilow, Caterina, Prof. Dr., Eberhard-Karls-Universität Tübingen, Mathematisch-Naturwissenschaftliche Fakultät, Fachbereich Psychologie, Arbeitsbereich Schulpsychologie, Schleichstr. 4, 72076 Tübingen. Selbstregulation, ADHS. www.pi.uni-tuebingen.de/arbeitsbereiche/schulpsychologie/arbeitsbereich.html; caterina.gawrilow@uni-tuebingen.de

Gigerenzer, Gerd, Prof. Dr., Geschäftsführender Direktor des Max-Planck-Instituts für Bildungsforschung, Lentzeallee 94, 14195 Berlin. Rationalität, soziale Intelligenz, Entscheidungsprozesse, Risikokompetenz und Risikokommunikation. www.mpib-berlin.mpg.de/de/mitarbeiter/gerd-gigerenzer; sekgigerenzer@mpib-berlin.mpg.de

Grimm, Hannelore, Prof. Dr., Universität Bielefeld. Sprachentwicklungsstörungen. www.uni-bielefeld.de/psychologie/ae/AE03/hp/grimm; Grimm-Heidelberg@T-Online.de

Groeben, Norbert, Prof. Dr. phil. habil. habil. (Dipl. Psych; M. A.), Univ.-Prof. a. D. Universität Köln, Allgemeine und Kultur-Psychologie; Universität Heidelberg und Mannheim, Hon. Prof. Allg. Literaturwissenschaft. Wissenschaftstheorie & Anthropologie; Denk- und Sprachpsychologie; Empinische Literaturwissenschaft. n.groeben@uni-koeln.de; norbert.groeben@gs.uni-heidelberg.de

Hagemeister, Carmen, Prof. Dr., Technische Universität Dresden, Diagnostik & Intervention, Chemnitzer Str. 46b, 01187 Dresden. tu-dresden.de/die_tu_dresden/fakultaeten/fakultaet_mathematik_und_naturwissenschaften/fachrichtung_psychologie/; Carmen.Hagemeister@tu-dresden.de

Haider, Hilde, Prof. Dr., Universität zu Köln, Department Psychologie, Lehrstuhl Allgemeine Psychologie I, Richard-Strauss-Str. 2, 50931 Köln. Lernen, Bewusstsein, Fertigkeitserwerb und Erwerb mathematischer Konzepte. www.hf.uni-koeln.de/31764; hilde.haider@uni-koeln.de

Hellmers, Sabine, Universität Hildesheim, Institut für Psychologie, Marienburger Platz 22, 31141 Hildesheim. Bewältigungspsychologie, Entwicklungspsychologie, Sportpsychologie. www.uni-hildesheim.de/index.php?id=4871; hellmers@uni-hildesheim.de

Heuer, Herbert, Prof. Dr., Arbeitspsychologie und Experimentelle Psychologie, Leibniz-Institut für Arbeitsforschung an der TU Dortmund, Ardeystr. 67, 44139 Dortmund. Menschliche Leistungen (Bewegung, Wahrnehmung, Handlung), berufliche Beanspruchung und Gesundheit. www.ifado.de; heuer@ifado.de

Hommel, Bernhard, Prof. Dr., Leiter der Einheit Kognitive Psychologie; Leiden University, Cognitive Psychology Unit, Wassenaarseweg 52, NL-2333 AK Leiden. Wahrnehmung & Handlung, Aufmerksamkeit, Kognitive Kontrolle. bernhard-hommel.eu; hommel@fsw.leidenuniv.nl

Jescheniak, Jörg D., Prof. Dr., Leiter der Abteilung Kognitionspsychologie, Institut für Psychologie, Universität Leipzig, Seeburgstrasse 14–20. Kognitive Aspekte der Sprachproduktion, Zusammenspiel vorsprachlicher Kognition und sprachlicher Umsetzung. uni-leipzig.de/kognition/mitarbeiter/jescheniak; jdj@uni-leipzig.de

Kettemann, Bernhard, Prof. Mag. Dr., Universität Graz, Institut für Anglistik. Phonetik/Phonologie, kritische Diskurs-analyse, Manipulation durch Sprache. www.uni-graz.at/bernhard.kettemann; bernhard.kettemann@uni-graz.at

Kiese-Himmel, Christiane, Prof. Dr., Institut Medizinische Psychologie und Medizinische Soziologie, Universitätsmedizin Göttingen, Waldweg 37, 37073 Göttingen. Phoniatrisch/pädaudiologische Psychologie. www.phon-paed-psychologie.uni-goettingen.de/taktil00.htm; ckiese@med.uni-goettingen.de

Knauff, Markus, Prof. Dr., Justus-Liebig-Universität Gießen, Allgemeine Psychologie und Kognitionsforschung, Ludwigstraße 23, 35390 Gießen. Höhere kognitive Prozesse, Denken, Entscheiden, Rationalität. www.uni-giessen.de/cms/fbz/fb06/psychologie/abt/kognition/team/M_Knauff; markus.knauff@psychol.uni-giessen.de

Koch, Iring, Prof. Dr., RWTH Aachen University, Institut für Psychologie, Lehrstuhl I, Jägerstr. 17/19, 52066 Aachen. Kognitive Kontrolle, Handlungsplanung, Aufmerksamkeit. www.psych.rwth-aachen.de; koch@psych.rwth-aachen.de

Krems, Josef F., Prof. Dr., Technische Universität Chemnitz, Allgemeine und Arbeitspsychologie, Straße der Nationen 62, 09111 Chemnitz. Verkehrspsychologie, abduktives Schließen, Urteilsbildung. www-user.tu-chemnitz.de/~jokr/; krems@phil.tu-chemnitz.de

Krummenacher, Joseph, Prof. Dr., Allgemeine Psychologie, Albert-Ludwigs-Universität Freiburg, Engelsbergerstraße 41, 79085 Freiburg. Aufmerksamkeit, Wahrnehmung, Handlung. www.psychologie-uni-freiburg.de/members/krummena; joseph.krummenacher@psychologie-uni-freiburg.de

Lenhard, Wolfgang, PD Dr., Universität Würzburg, Lehrstuhl Psychologie IV (Pädagogische Psychologie), Wittelsbacherplatz 1, 97074 Würzburg. Computerbasierte Diagnose und Förderung, Leseverständnis, automatische Sprachverarbeitung. www.i4.psychologie.uni-wuerzburg.de/mitarbeiter/pd_dr_wolfgang_lenhard; wolfgang.lenhard@uni-wuerzburg.de

Mast, Fred, Prof. Dr., Universität Bern, Abteilung Kognitive Psychologie, Wahrnehmung und Methodenlehre, Muesmattstrasse 45, CH-3012 Bern. Kognitionspsychologie. www.kog.psy.unibe.ch/content/ueber_uns/mast/index_ger.html; fred.mast@psy.unibe.ch

Mausfeld, Rainer, Prof. Dr., Universität Kiel, Institut für Psychologie. Wahrnehmungs- und Kognitionsforschung. www.uni-kiel.de/psychologie/psychophysik/mausfeld.html; mausfeld@psychologie.uni-kiel.de

Mecklenbräuker, Silvia, Dr., Universität Trier, Fachbereich I – Psychologie, Universitätsring 15, 54296 Trier. Gedächtnisforschung. www.uni-trier.de/index.php?id=10416; mecklen@uni-trier.de

Mehl, Klaus, Dr., Carl-von-Ossietzky-Universität Oldenburg, Institut für Pädagogik, Ammerländer Heerstr. 114–118, 26129 Oldenburg. www.staff.uni-oldenburg.de/klaus.mehl/index.html; klaus.mehl@uni-oldenburg.de

Müller, Hermann, Prof. Dr., Leiter der Abteilung Allgemeine und Experimentelle Psychologie/Neuro-cognitive Psychology, Department Psychologie, Ludwig-Maximilians-Universität München, Leopoldstraße 13, 80802 München. Aufmerksamkeit, Wahrnehmung, Handlung.

Nieding, Gerhild, Prof. Dr., Julius-Maximilians-Universität Würzburg, Zentrum für Mediendidaktik, Sanderring 2, 97070 Würzburg. Entwicklung und Medien. www.zfm.uni-wuerzburg.de/mitarbeiter/prof_dr_gerhild_nieding/; nieding@psychologie.uni-wuerzburg.de

Nissen, Christoph, PD Dr., Ärztlicher Leiter des Schlaflabors. Schlaf, Depression, Gedächtnis. www.uniklinik-freiburg.de/psych/live/personen/nissen.html; christoph.nissen@uniklinik-freiburg.de

Ohler, Peter, Prof. Dr., Technische Universität Chemnitz, Professur für Mediennutzung, Straße der Nationen 62, 09111 Chemnitz. Mediennutzung. www.medkom.tu-chemnitz.de/mn/index.php?cont=personen; peter.ohler@phil.tu-chemnitz.de

Öllinger, Michael, Dr., Parmenides Center for the Study of Thinking, Experimentelle Psychologie, Kirchplatz 1, 82049 Pullach. Problemlösen, Einsicht, Denken. www.parmenides-foundation.org/people/michael-oellinger; michael.oellinger@parmenides-foundation.org

Pechmann, Thomas, Prof. Dr., Universität Leipzig, Institut für Linguistik, Beethovenstraße 15, 04107 Leipzig. Sprachforschung. www.uni-leipzig.de/~asw/personal/pechmann; pechmann@rz.uni-leipzig.de

Piosczyk, Hannah, Dipl. Psych., Universitätsklinikum Freiburg, Abteilung für Psychiatrie und Psychotherapie, Hauptstr. 5, 79104 Freiburg. Psychophysiologie, Schlafmedizin. www.uniklinik-freiburg.de/psych/live/sektionen/sektion-riemann/sektion-riemann-psychophysio.html; hannah.piosczyk@uniklinik-freiburg.de

Plessner, Henning, Prof. Dr., Universität Heidelberg, Institut für Sport und Sportwissenschaft, Im Neuenheimer Feld 700, 69120 Heidelberg. Kognitionspsychologie, Sportpsychologie. www.issw.uni-heidelberg.de/arbeitsbereiche/sportpsychologie/mitarbeiter.html; henning.plessner@issw.uni-heidelberg.de

Rummer, Ralf, Prof. Dr., Universität Erfurt, Allgemeine Psychologie und Instruktionspsychologie. Gedächtnis, Sprache, Lehren und Lernen. www.uni-erfurt.de/psychologie/professuren/allgemeine-und-instruktionspsychologie/mitarbeiter/lehrstuhlinhaber; ralf.rummer@uni-erfurt.de

Scheele, Brigitte, Prof. Dr., Universität zu Köln, Lehrstuhl für Allgemeine Psychologie und Kulturpsychologie, Herbert-Lewin-Str. 2, 50931 Köln. www.uni-koeln.de/phil-fak/psych/allgemeine/mitarbeiter/BScheele.html; b.scheele@uni-koeln.de

Schröter, Hannes, Dr., Universität Tübingen, Arbeitsbereich Kognition und Wahrnehmung Schleichstraße 4, 72076 Tübingen. Divided Attention, (Multi-)Sensory Integration, Motor Preparation, Temporal Preparation. www.uni-tuebingen.de/fakultaeten/mathematisch-naturwissenschaftliche-fakultaet/fachbereiche/psychologie/; hannes.schroeter@uni-tuebingen.de

Schubert, Torsten, Prof. Dr., Ludwig-Maximilians-Universität München, Lehrstuhl für Allgemeine und Experimentelle Psychologie, Leopoldstr. 13, 80802 München. Informationsverarbeitung, exekutive Funktionen. www.psy.

lmu.de/exp/people/former/schubert/index.html; schubert@psy.lmu.de

Schuch, Stefanie, Dr., RWTH Aachen University, Institut für Psychologie, Kognitions- und Experimentalpsychologie, Jägerstr. 17/19, 52066 Aachen. Kognitive Kontrolle, Interaktion von Emotion und Kognition, Handlungsplanung. www.psych.rwth-aachen.de; schuch@psych.rwth-aachen.de

Schweppe, Judith, Dr., Universität Erfurt, Allgemeine Psychologie und Instruktionspsychologie. Gedächtnis, Sprache, Lehren und Lernen. www.uni-erfurt.de/psychologie/professuren/allgemeine-und-instruktionspsychologie/mitarbeiter/mitarbeiterinnen/schweppe; judith.schweppe@uni-erfurt.de

Slavova-Rempfer, Iva, Motivationspsychologie, Interkulturelle Psychologie, Arbeits- und Organisationspsychologie. www.beratung-isr.de; beratung-isr@yahoo.de

Spada, Hans, Prof. em. Dr., Leiter der Abteilung Allgemeine Psychologie, Institut für Psychologie, Universität Freiburg, 79085 Freiburg. Kognitionspsychologie, Umweltpsychologie. www.psychologie.uni-freiburg.de/Members/spada; spada@psychologie.uni-freiburg.de

Stark, Jennifer, Mag., Universität Wien, Institut für Angewandte Psychologie: Arbeit, Bildung, Wirtschaft, Universitätsstraße 7, A-1010 Wien. Emotion, Motivation, Kognition. online.univie.ac.at/pers?inum=A473; jennifer.stark@univie.ac.at

Strobach, Tilo, Dr., Humboldt-Universität zu Berlin, Institut für Psychologie, Lehrstuhl Allgemeine Psychologie, Rudower Chaussee 18, 12489 Berlin. Übungs- und Transfereffekte nach kognitivem Training, übungsabhängige Plastizität und Alter, kognitive Verarbeitung in Doppelaufgaben- und Multitaskingsituationen. www.psychologie.hu-berlin.de/mitarbeiter/1681059; tilo.strobach@hu-berlin.de

Stumpf, Michael, Dr., Abt. für Allgemeine Psychologie, Institut für Psychologie, Universität Freiburg, Engelbergerstraße 41, 79117 Freiburg. Medientechnologie, nachhaltige Energieeffizienz. www.psychologie.uni-freiburg.de/Members/stumpf; stumpf@psychologie.uni-freiburg.de

Thomaschke, Roland, Dr., Universität Regensburg, Lehrstuhl für Allgemeine und Angewandte Psychologie, Universitätsstraße 31, 93053 Regensburg. Zeitliche Kognition, motorvisuelle Kognition, Mensch-Maschine-Interaktion. www.uni-regensburg.de/psychologie-paedagogik-sport/psychologie-dreisbach/staff/Roland-Thomaschke; Roland.Thomaschke@psychologie.uni-regensburg.de

Tracy, Rosemarie, Prof. Dr., Universität Mannheim, Anglistische Linguistik, Schloss EW 266, 68131 Mannheim. Sprache und Kognition, Psycholinguistik. www.anglistik.uni-mannheim.de/anglistik_i/team/prof_dr_rosemarie_tracy_lehrstuhlinhaberin; rtracy@mail.uni-mannheim.de

Walther, Eva, Prof. Dr., Universität Trier. Sozialpsychologie, Lernpsychologie. walther@uni-trier.de

Weingarten, Rüdiger, Prof. Dr., Universität Bielefeld, Germanistische Linguistik und Sprachdidaktik, Universitätsstraße 25, 33615 Bielefeld. Schriftlinguistik, Sprachverarbeitung. www.ruediger-weingarten.de; ruediger.weingarten@uni-bielefeld.de

Wenke, Dorit, Dr., Humboldt-Universität zu Berlin, Institut für Psychologie, Lehrstuhl Allgemeine Psychologie, Unter den Linden 6, 10099 Berlin. Kognitive Handlungssteuerung, Lernen durch Instruktion, Sense of Agency. www.psychologie.hu-berlin.de/mitarbeiter/1685311

Wesslein, Ann-Katrin, MSc., Universität Trier, Allgemeine Psychologie und Methodenlehre, Universitätsring 15, 54296 Trier. Kognition, Wahrnehmung, Aufmerksamkeit. www.uni-trier.de/index.php?id=45266; wesslein@uni-trier.de

Wihler, Andreas, Rheinische Friedrich-Wilhelms-Universität Bonn, Institut für Psychologie, Abteilung Arbeits-, Organisations- und Wirtschaftspsychologie, Kaiser-Karl-Ring 9, 53111 Bonn. Führung, Persönlichkeit im Arbeitskontext. www.aow-bonn.de/www/startseite.html; wihler@uni-bonn.de

Wühr, Peter, Dr., Technische Universität Dortmund, Institut für Psychologie, August-Schmidt-Straße 4, 44227 Dortmund. Aufmerksamkeit, Handlungssteuerung, Gedächtnis, Wahrnehmung. www.psych.tu-dortmund.de/cms/psych/de/Home/Mitarbeiter/Wuehr_Peter.html; peter.wuehr@tu-dortmund.de

Zwitserlood, Pienie, Prof. Dr., Westfälische Wilhelms-Universität Münster, Allgemeine Psychologie, Arbeitseinheit Psycholinguistik und kognitive Neurowissenschaft, Fliednerstr. 21, 48149 Münster. Sprache, Wahrnehmung, Gedächtnis. www.psy.uni-muenster.de/Psychologie.inst2/AEZwitserlood; zwitser@uni-muenster.de

Medienpsychologie [MD]

Gebietsexperte:

Huff, Markus, Jun.-Prof. Dr., Juniorprofessur Allgemeine Psychologie, Universität Tübingen, Schleichstrasse 4, 72076 Tübingen. Medienpsychologie, Lernen und Wissenserwerb, Wahrnehmung und Aufmerksamkeit. www.uni-tuebingen.de; markus.huff@uni-tuebingen.de

Gebietsautoren:

Appel, Markus, Prof. Dr., Professur für Medienpsychologie, Universität Koblenz-Landau. Internetforschung, Sozialpsychologie. www.uni-koblenz-landau.de/landau/fb8/ikms/person/appel; appelm@uni-landau.de

Bliesener, Thomas, Prof. Dr., Christian-Albrechts-Universität Kiel, Prof. Dr. Thomas Bliesener, Fachpsychologe für Rechtspsychologie BDP/DGPs, Olshausenstr. 75, Raum 285, 24118 Kiel. Entwicklungspsychologie, Pädagogische Psychologie, Rechtspsychologie. entwpaed.psychologie.uni-kiel.de/index.php/prof-thomas-bliesener.html; bliesener@psychologie.uni-kiel.de

Bodemer, Daniel, Univ.-Prof. Dr., Leiter des Fachgebiets Psychologische Forschungsmethoden: Medienbasierte Wissenskonstruktion; Universität Duisburg-Essen, Fakultät für Ingenieurwissenschaften, Informatik und angewandte Kognitionswissenschaft, Lotharstr. 65 LE, 47057

Duisburg. Multimediales Lernen, computer-supported collaborative learning. www.uni-due.de/psychmeth; bodemer@uni-due.de

Brünken, Roland, Prof. Dr., Universität des Saarlandes, Empirische Bildungsforschung, Campus A4 2, 66123 Saarbrücken. Lernen mit neuen Medien, Cognitive Load Theory. bildungswissenschaften.uni-saarland.de; r.bruenken@mx.uni-saarland.de

Glaser, Manuela, Dr., Leibniz-Institut für Wissensmedien (IWMF), Universität Tübingen, Schleichstrasse 4, 72076 Tübingen. Lernen mit Narrationen, Transportation, Docutainment. www.iwm-kmrc.de; m.glaser@iwm-kmrc.de

Kimmerle, Joachim, Dr., Universität Tübingen, Angewandte Kognitionspsychologie und Medienpsychologie, Schleichstr. 4, 72076 Tübingen. Computer- und netzbasiertes Lernen, Kognitionspsychologie. www.uni-tuebingen.de; j.kimmerle@iwm-kmrc.de

Meitz, Tino, Dr., wiss. Assistent, Universität Tübingen, Arbeitsbereich für Empirische Medienforschung, Wilhelmstraße 50, R 267, 72074 Tübingen. Medienwirkungsforschung, Werbe- und Konsumentenforschung, strategische Kommunikation. www.uni-tuebingen.de/de/10305; tino.meitz@uni-tuebingen.de

Merkt, Martin, Dr., Leibniz-Institut für Wissensmedien (IWMF), Universität Tübingen, Schleichstrasse 4, 72076 Tübingen. Wissenserwerb mit Cybermedia. www.uni-tuebingen.de; m.merkt@iwm-kmrc.de

Meyerhoff, Hauke S., Dipl.-Psych., Leibniz-Institut für Wissensmedien (IWMF), Universität Tübingen, Schleichstrasse 4, 72076 Tübingen. Wissenserwerb mit Cybermedia. www.uni-tuebingen.de; h.meyerhoff@iwm-kmrc.de

Moskaliuk, Johannes, Dr., Universität Tübingen, Fachbereich Psychologie, Arbeitsbereich Angewandte Kognitionspsychologie und Medienpsychologie, Schleichstraße 4, 72076 Tübingen. Lernen mit Medien, kooperatives Lernen, Web 2.0. www.moskaliuk.com; johannes.moskaliuk@uni-tuebingen.de

Papenmeier, Frank, Dr., Universität Tübingen, Angewandte Kognitionspsychologie und Medienpsychologie, Schleichstr. 4, 72076 Tübingen. Visuelle Aufmerksamkeit, Visuelles Kurzzeitgedächtnis.

Park, Babette, Prof. Dr., Empirische Hochschulforschung und Hochschuldidaktik, Universität des Saarlandes, Campus A4 2, 66123 Saarbrücken. Cognitive Load Theory, Lernen mit multimedialen Instruktionen. www.uni-saarland.de/lehrstuhl/park.html; b.park@mx.uni-saarland.de

Sandhagen, Petra, Dr., wissenschaftliche Mitarbeiterin in der Entwicklungspsychologie, Institut für Psychologie, Universität Hildesheim, Marienburger Platz 22, 31141 Hildesheim. Entwicklung von Medien- und kognitiven Kompetenzen, Sprachentwicklung, Zwillingsforschung. www.uni-hildesheim.de/psychologie; petra.sandhagen@uni-hildesheim.de

Scheiter, Katharina, Prof. Dr., Leibniz-Institut für Wissensmedien (IWMF), Arbeitsgruppe Wissenserwerb mit Multimedia, Universität Tübingen, Schleichstraße 4, 72076 Tübingen. Kognitive und perzeptuelle Prozesse beim Lernen mit Multimedia, Eyetracking. www.iwm-kmrc.de; k.scheiter@iwm-kmrc.de

Pädagogische Psychologie [PÄD]

Gebietsexperte:

Hasselhorn, Marcus, Prof. Dr., Geschäftsführender Direktor am Deutschen Institut für Internationale Pädagogische Forschung (DIPF), Direktor der Abteilung Bildung und Entwicklung, Schloßstraße 29, 60486 Frankfurt am Main. Bildungsforschung, Pädagogische Psychologie, Bedingungen individuellen Lernens. www.dipf.de/en/staff/hasselhorn; hasselhorn@dipf.de

Gebietsautoren:

Albert, Isabelle, Dr., Universität Luxemburg, Integrative Research Unit on Social and Individual Development (INSIDE), Route de Diekirch, L-7220 Walferdange. Entwicklungspsychologie, Kulturvergleich. wwwde.uni.lu/research/flshase/inside/people/isabelle_albert; Isabelle.Albert@uni.lu

Arens, Katrin, Dr., Deutsches Institut für Internationale Pädagogische Forschung (DIPF), Arbeitsgruppe Bildung und Entwicklung, Schloßstraße 29, 60487 Frankfurt am Main. Selbstkonzept, Motivation. arens@dipf.de

Bayer, Samuel, studentischer Mitarbeiter an der IPU Berlin im Forschungsprojekt «Wirksamkeit pädagogischer Interventionen. Kognitive Veränderungsprozesse bei delinquenten Jugendlichen». samuel.bayer@ipu-berlin.de

Beege, Barbara, Sprechwissenschaftlerin und Psycholinguistin. Programm PROFiL und Profi Lehre, Ludwig-Maximilians-Universität München, Geschwister-Scholl-Platz 1, 80539 München. Rhetorik, Kommunikation. www.sprachraum.lmu.de/team/barbara-beege.html; beege@sprachraum.lmu.de

Borsch, Frank, Dr., Goethe Universität Frankfurt, Institut für Psychologie, Arbeitsbereich Pädagogische Psychologie, Grüneburgplatz 1, 60323 Frankfurt am Main. Kooperatives Lehren und Lernen an Schulen und Hochschulen. www.uni-frankfurt.de/fb/fb05/psychologie, borsch@paed.psych.uni-frankfurt.de

Bromme, Rainer, Prof. Dr., Westfälische Wilhelms-Universität, Fachbereich 07: Psychologie und Sportwissenschaft, Institut für Psychologie, Fliednerstr. 21, 48149 Münster. Kognition und Lehr-Lern-Prozesse. www.psy.uni-muenster.de/Psychologie.inst3/AEbromme/personen/bromme.html; bromme@uni-muenster.de

Cress, Ulrike, Prof. Dr., Leibniz-Institut für Wissensmedien, Schleichstraße 6, 72076 Tübingen. Computer Supported Collaborative Learning (CSCL), Social Software, Wissensmanagement. www.iwm-kmrc.de/www/de/mitarbeiter/ma.html?dispname=Ulrike+Cress&uid=ucress; u.cress@iwm-kmrc.de

Dickhäuser, Oliver, Prof. Dr., Universität Mannheim, Lehrstuhl Pädagogische Psychologie, 68131 Mannheim. Berufliche Zielorientierungen von Lehrkräften, diagnostische Kompetenz von Lehrkräften. paed-psych.uni-mannheim.de/unser_team/prof_dr_oliver_dickhaeuser/. Oliver.Dickhaeuser@uni-mannheim.de

Dollase, Rainer, Prof. Dr., Universität Bielefeld, Abteilung Psychologie, Arbeitseinheit Bildungspsychologie, Universitätsstraße 25, 33615 Bielefeld. www.uni-bielefeld.de/psychologie/ae/ae13/homepage/dollase; rainer.dollase@uni-bielefeld.de

Finsterwald, Monika, Dr., wissenschaftliche Mitarbeiterin, Universität Wien, Institut für Angewandte Psychologie, Universitätsstraße 7, A-1010 Wien; Gender, Motivation, Evaluation. ppcms.univie.ac.at/index.php?id=422

Fischer, Christian, Prof. Dr., Universität Münster, Abteilung Schulpädagogik, Schul- und Unterrichtsforschung, Bispinghof 5/6, 48143 Münster. Schulpädagogik, Begabungsforschung, Individuelle Förderung. www.uni-muenster.de/EW/personen/fischer.shtml; Ch.Fischer@uni-muenster.de

Gärtner, Elena, MA, LMU München, Allgemeine Pädagogik, Erziehungs- und Sozialisationsforschung, Leopoldstr. 13, 80802 München. Klassenführung, Lehrerbildung. www.psy.lmu.de/ape/personen/mitarbeiter/g__rtner/index.html; elena.gaertner@edu.lmu.de

Gebauer, Sandra Kristina, Dr., Christian-Albrechts-Universität, Institut für Psychologie, Arbeitseinheit Psychologie für Pädagogen, Olshausenstraße 75, 24118 Kiel. gebauer@psychologie.uni-kiel.de

Grell, Frithjof, apl. Prof. Dr. phil. habil., Universität Bamberg, Elementar- und Familienpädagogik, Markusplatz 3, 96045 Bamberg. Theoretische und historische Grundlagen der Elementarpädagogik. frithjof.grell@uni-bamberg.de

Groß Ophoff, Jana, Dr., Pädagogische Hochschule Freiburg, Institut für Psychologie, Institut für Erziehungswissenschaft, Kunzenweg 21, 79117 Freiburg. Empirische Bildungs- und Unterrichtsforschung, Kompetenzmodellierung und -erfassung, Evaluation von Lernstandserhebungen. www.ph-freiburg.de/psychologie/grossophoff; jana.grossophoff@ph-freiburg.debewe

Gruber, Hans, Prof. Dr., Universität Regensburg, Institut für Pädagogik, 93040 Regensburg. Expertiseforschung, Professional Learning, Wissenserwerb. www.uni-regensburg.de/Fakultaeten/PPS/Paedagogik_III/index.html; hans.gruber@ur.de

Händel, Marion, Dr., Universität Erlangen-Nürnberg, Lehrstuhl Pädagogische Psychologie, Regensburger Straße 160, 90478 Nürnberg. Metakognition, selbstreguliertes Lernen, Interesse und Motivation, kontextorientiertes Lernen. www.psycho.ewf.uni-erlangen.de/mitarbeiter/haendel.shtml; Marion.Haendel@fau.de

Harder, Bettina, Dr., Akademische Rätin am Lehrstuhl für Pädagogische Psychologie; Universität Erlangen-Nürnberg, Regensburger Str. 160, 90478 Nürnberg. Begabungsförderung und -beratung, Lernprozesse aus systemischer Sicht, Lernen im höheren Erwachsenenalter. www.psycho.ewf.uni-erlangen.de; bettina.harder@fau.de

Helmke, Andreas, Prof. em. Dr., Professor der Universität Koblenz-Landau, Campus Landau, Fachbereich Psychologie, Arbeitseinheit Entwicklungspsychologie und Bildungsforschung, Fortstraße 7, 76829 Landau. Lehr-Lern-Prozesse, Schul- und Unterrichtentwicklungsforschung. andreas-helmke.de; helmke@uni-landau.de

Helmke, Tuyet, Dr. phil., Universität Koblenz-Landau, Campus Landau, Fachbereich Psychologie – Entwicklungspsychologie, Fortstraße 7, 76829 Landau/Pfalz. Unterrichtsdiagnostik, Unterrichtsentwicklung. www.tuyet-helmke.de; tuyet@uni-landau.de

Hesse, Friedrich W., Prof. Dr., Angewandte kognitive Psychologie und Medienpsychologie, Universität Tübingen, Schleichstr. 4, 72076 Tübingen. Lernen mit neuen Medien, netzbasierte Wissenskommunikation, Computer Supported Collaborative Learning (CSCL). www.uni-tuebingen.de; friedrich.hesse@uni-tuebingen.de

Hirschmann, Markus, Institut für Pädagogik an der Abteilung für Bildungswissenschaften III. Expertiseforschung, Netzwerkforschung, Ausbildungsforschung. www.uni-regensburg.de/Fakultaeten/PPS/Paedagogik_III/team/hirschmann_markus_en.html; Markus.Hirschmann@ur.de

Hock, Michael, Prof. Dr., Leiter der Professur für Psychologie mit schulpsychologischem Schwerpunkt, Institut für Psychologie, Otto-Friedrich-Universität Bamberg, Markusplatz 3, 96045 Bamberg. Angst, Stressbewältigung, Diagnostik. www.uni-bamberg.de/schulpsych; michael.hock@uni-bamberg.de

Holodynski, Manfred, Prof. Dr., Westfälische Wilhelms-Universität Münster, Fachbereich Psychologie, Institut für Psychologie in Bildung und schulischer Erziehung, Fliednerstr. 21, 48149 Münster. Emotionen, Lehrkompetenz, Bildung im Elementarbereich. wwwpsy.uni-muenster.de/Psychologie.inst5/AEHolodynski; manfred.holodynski@psy.uni-muenster.de

Jossberger, Helen, Dr., Akad. Rätin, Universität Regensburg, Institut für Pädagogik, 93040 Regensburg. Expertiseforschung, professionelles Lernen und Verstehen, Instructional design. www.uni-regensburg.de/Fakultaeten/PPS/Paedagogik_III/team/jossberger_helen.html; helen.jossberger@ur.de

Jöstl, Gregor, Mag., Universität Wien, Bildungspsychologie und Evaluation, Psychologische Bildungs- und Transferforschung, Universitätsstraße 7, A-1010 Wien. Reflexive Koedukation. homepage.univie.ac.at/gregor.joestl; gregor.joestl@univie.ac.at

Kienhues, Dorothe, Dr. phil., Westfälische Wilhelms-Universität Münster. Institut für Psychologie. Fliednerstr. 21, 48149 Münster. Epistemische Überzeugungen, Wissenschaftsrezeption und -kommunikation, kritisches Denken. www.psy.uni-muenster.de/Psychologie.inst3/AEbromme/personen/kienhues.html; kienhues@psy.uni-muenster.de

Kluczniok, Katharina, Dr., Akademische Rätin am Lehrstuhl für Elementar- und Familienpädagogik, Otto-Friedrich-Universität Bamberg, Markusstraße 8a, 96047 Bamberg. Über-gang Kindergarten-Grundschule; Qualität und Qualitätsentwicklung in der Frühpädagogik. www.

uni-bamberg.de/efp/lehrstuhlteam/dr-phil-katharina-kluczniok; katharina.kluczniok@uni-bamberg.de

Klug, Julia, Dr., Universität Wien, Bildungspsychologie und Evaluation/Psychologische Bildungs- und Transferforschung, Universitätsstraße 7, A-1010 Wien. Lebenslanges Lernen. homepage.univie.ac.at/julia.klug; julia.klug@univie.ac.at

Köller, Olaf, Prof. Dr., IPN – Leibniz-Institut für die Pädagogik der Naturwissenschaften und Mathematik an der Universität Kiel, Olshausenstraße 62, 24118 Kiel. Diagnose schulischer Kompetenzen, Large-scale-Assessment, Bildungsmonitoring. www.ipn.uni-kiel.de/persons/koeller.html; koeller@ipn.uni-kiel.de

Kopp, Birgitta, PD Dr., wissenschaftliche Mitarbeiterin, Ludwig-Maximilians-Universität, München, Empirische Pädagogik und Pädagogische Psychologie, Leopoldstr. 13, 80802 München. Computerunterstütztes kooperatives Lernen, Analyse virtueller Seminare. www.psy.lmu.de/ffp/persons/ag-mandl/kopp-birgitta/index.html; birgitta.kopp@psy.lmu.de

Krapp, Andreas, Prof. em. Dr., Universität der Bundeswehr München, Werner-Heisenberg-Weg 39, 85577 Neubiberg. Lernmotivation, Interesse. www.unibw.de/sowi1_1/home; andreas.krapp@unibw.de

Kunter, Mareike, Prof. Dr., Goethe-Universität Frankfurt, Abteilung Pädagogische Psychologie, Senckenberganlage 31, 60325 Frankfurt am Main. Kompetenz und berufliche Entwicklung von Lehrkräften, Unterrichtsforschung, Motivation im schulischen Kontext. www.psychologie.uni-frankfurt.de/abteilungen_und_bereiche/pp/personen/kunter; kunter@paed.psych.uni-frankfurt.de

Labuhn, Andju Sara, Dr., wissenschaftliche Mitarbeiterin, Deutsches Institut für Internationale Pädagogische Forschung, Arbeitseinheit Bildung und Entwicklung, Solmsstraße 73, 60486 Frankfurt am Main. Selbstregulation, psychosoziale Entwicklung. www.idea-frankfurt.eu/de/mitarbeiter/labuhn; labuhn@dipf.de

Lachner, Andreas, Universität Freiburg, Institut für Erziehungswissenschaft, Abteilung Empirische Unterrichts- und Schulforschung, Rempartstraße 11, 79085 Freiburg. Instruktionale Erklärungen, Lehrerprofessionalität, Tutoring. www.ezw.uni-freiburg.de; andreas.lachner@ezw.uni-freiburg.de

Landerl, Karin, Prof. Dr., Karl-Franzens-Universität Graz, Institut für Psychologie, Entwicklungspsychologie, Universitätsplatz 2/DG, A-8010 Graz. Entwicklung und Störung der Lese-/Rechtschreibfähigkeit, Entwicklung und Störung mathematischer Fähigkeiten. webpsy.uni-graz.at/entwicklungspsychologie/mit/wiss-mitarbeiterinnen/karin-landerl; karin.landerl@uni-graz.at

Lenske, Gerlinde, Universität Duisburg-Essen, Lehrstuhl für Psychologie, Bildungswissenschaften, Schützenbahn 70, 45127 Essen. Messung von Unterrichtsqualität, Klassenführung, Lehrerprofessionswissen. www.uni-due.de/biwi/llp/de/vita_lenske; gerlinde.lenske@uni-due.de

Leutner, Detlev, Prof. Dr. Dr. h. c., Lehrstuhl für Lehr-Lern-Psychologie, Institut für Psychologie, Fakultät für Bildungswissenschaften, Universität Duisburg-Essen, Berliner Platz 6–8, 45127 Essen. Lernen mit Multimedia, selbstreguliertes Lernen, Assessment. www.uni-due.de/biwi/llp/de/index.php; detlev.leutner@uni-due.de

Lichtenfeld, Stefanie, Dr., Ludwig-Maximilians-Universität München, Lehrstuhl für Persönlichkeitspsychologie & Pädagogische Psychologie, Leopoldstraße 13, 80802 München. www.psy.lmu.de/pde/personen/wiss_ma/lichtenfeld; lichtenfeld@psy.lmu.de

Lohrmann, Katrin, Prof. Dr., Empirische Unterrichtsforschung mit Schwerpunkt Grundschule, Institut für Erziehungswissenschaft, Pädagogische Hochschule Freiburg, Kunzenweg 21, 79117 Freiburg. Lehr-Lern-Forschung zur Grundschule, Unterrichtsqualität, Sachunterricht der Grundschule. www.ph-freiburg.de/ew/persoenliche-homepages/lohrmann; katrin.lohrmann@ph-freiburg.de

Ludwig, Harald, Prof. em. Dr., Westfälische Wilhelms-Universität Münster, Institut für Erziehungswissenschaft, Schlossplatz 2, 48149 Münster. Reformpädagogik, Montessori-Pädagogik, Ganztagsschule. www.uni-muenster.de/EW/personen/ludwigh.html; ludwigh@uni-muenster.de

Mähler, Claudia, Prof. Dr., Universität Hildesheim, Institut für Psychologie, Leiterin der Arbeitsgruppe Pädagogische Psychologie und Diagnostik, Marienburger Platz 22, 31141 Hildesheim. Lernstörungen, Arbeitsgedächtnisentwicklung und -förderung, kognitive Entwicklung in der frühen Kindheit. www.uni-hildesheim.de/index.php?id=4859; maehler@uni-hildesheim.de

Malone, Sarah, Dr., Universität des Saarlandes, Fachrichtung Bildungswissenschaften, Campus A4 2, 66123 Saarbrücken. Informationsrepräsentationen. bildungswissenschaften.uni-saarland.de/index.php?page=person&pid=25; s.malone@mx.uni-saarland.de

Mandl, Heinz, Prof. em. Dr., Ludwig-Maximilians-Universität München, Empirische Pädagogik und Pädagogische Psychologie, Geschwister-Scholl-Platz 1, 80539 München. Wissen und Handeln, Wissensmanagement, Wissenstransfer. www.psy.lmu.de/ffp/persons/emeriti/mandl-heinz; heinz.mandl@psy.lmu.de

Meyer, Barbara E., Dr., Ludwig-Maximilians-Universität München, Lehrstuhl für Schulpädagogik. Lehrerbildung, Methodik und Didaktik, Rhetorik und Kommunikation. www.barbara-e-meyer.de; mail@barbara-e-meyer.de

Möller, Andreas, Dipl.-Medieninf., Technische Universität München, Lehrstuhl für Medientechnik, Arcisstr. 21, 80333 München. www.vmi.ei.tum.de/team/andreas-moeller.html#biographie; andreas.moeller@tum.de

Möller, Jens, Prof. Dr., Christian-Albrechts-Universität Kiel, Arbeitseinheit Psychologie für Pädagogen, Olshausenstraße 75, 24118 Kiel. Berufsbezogene Selbstregulation, diagnostische Kompetenz von Lehrkräften, kooperatives Lernen. survey.psychpaed.uni-kiel.de/Prof.Dr.Jens.Moeller.html; jmoeller@psychologie.uni-kiel.de

Nückles, Matthias, Prof. Dr., Leiter des Instituts für Erziehungswissenschaft, Universität Freiburg, Rempartstraße 11, 79085 Freiburg. Lernen durch Schreiben, selbstreguliertes Lernen, Lehrkompetenz. www.ezw.uni-freiburg.de; matthias.nueckles@ezw.uni-freiburg.de

Nürk, Hans-Christoph, Prof. Dr., Universität Tübingen, Arbeitsbereich Diagnostik und Kognitive Neuropsychologie, Schleichstraße 4, 72076 Tübingen. Numerical Cognition, Mathematical Education and Numerical Development, Developmental Dyscalculia. www.uni-tuebingen.de/fakultaeten/mathematisch-naturwissenschaftliche-fakultaet/fachbereiche/psychologie; hc.nuerk@uni-tuebingen.de

Pham, Hong Giang, MSc. BIFIE – Bundesinstitut für Bildungsforschung, Innovation und Entwicklung des österreichischen Schulwesens, Alpenstraße 121, A-5020 Salzburg. Unterrichtsforschung. www.bifie.at/user/phamhong-giang; g.pham@bifie.at

Renkl, Alexander, Prof. Dr., Universität Freiburg, Institut für Psychologie, Abteilung Pädagogische Psychologie und Entwicklungspsychologie, Engelbergerstraße 41, 79085 Freiburg. Kognitive Lernprozesse, kognitive Fertigkeiten, Lernen mit neuen Medien. www.psychologie.uni-freiburg.de/Members/renkl; renkl@psychologie.uni-freiburg.de

Reutlinger, Marold, Universität Erlangen-Nürnberg, Lehrstuhl Pädagogische Psychologie, Regensburger Straße 160, 90478 Nürnberg. Mentoring, Förderung in MINT, neue Medien im Unterricht. www.psycho.ewf.uni-erlangen.de/mitarbeiter/reutlinger.shtml; marold.reutlinger@fau.de

Roick, Thorsten, Prof. Dr., Leiter der Abteilung für Erziehungswissenschaftliche Methodenlehre; Humboldt-Universität Berlin, Geschwister-Scholl-Str. 7, 10099 Berlin. Kompetenzmodellierung, literarisches Textverstehen, kognitive und affektive Determinanten von Schulleistungen. www.erziehungswissenschaften.hu-berlin.de/institut/abteilungen/methodenlehre/Mitarbeiter/personal/roick; thorsten.roick@hu-berlin.de

Roßbach, Hans-Günther, Prof. Dr., Inhaber des Lehrstuhls für Elementar- und Familienpädagogik und Projektleiter des Nationalen Bildungspanels (NEPS), Otto-Friedrich-Universität Bamberg, Markusstrasse 8a, 96047 Bamberg. Pädagogische Qualität in Kindertageseinrichtungen und Familien, Längsschnittforschung, Modellversuche in der frühen Kindheit und Evaluation. www.uni-bamberg.de/efp/lehrstuhlteam/prof-dr-phil-hans-guenther-rossbach; hans-guenther.rossbach@uni-bamberg.de

Rüprich, Claudia, Dipl. Psych., Martin-Luther-Universität Halle-Wittenberg, Institut für Pädagogik, Pädagogische Psychologie, Franckeplatz 1, 06099 Halle (Saale). Lehrerziele. www.philfak3.uni-halle.de/paedagogik/psycho-erz/106-1653_2572696; claudia.rueprich@paedagogik.uni-halle.de

Schäfer, Mechthild, PD Dr., Ludwig-Maximilians-Universität München, Department Psychologie, Arbeitsbereich Beratung und Intervention, Leopoldstr. 13, 80802 München. Mobbing, Peerbeziehungen, Präventionskonzepte. www.mobbingforschung.de; mechthild.schaefer@psy.lmu.de

Schiefele, Ulrich, Prof. Dr., Universität Potsdam, Department Psychologie, Karl-Liebknecht-Str. 24–25, 14476 Potsdam OT Golm. Motivation, Interesse, Lesekompetenz. www.psych.uni-potsdam.de/people/schiefele/index-d.html; ulrich.schiefele@uni-potsdam.de

Schober, Barbara, Univ.-Prof. Dipl.-Psych. Dr., Professur für Psychologische Bildungs- und Transferforschung, Institut für Angewandte Psychologie: Arbeit, Bildung, Wirtschaft, Fakultät für Psychologie, Universität Wien, Universitätsstraße 7, A-1010 Wien. Motivation und Selbstregulation als Determinanten lebenslangen Lernens, Entwicklung, Implementierung und Evaluation bildungspsychologischer Förder- und Interventionsmaßnahmen, geschlechtsspezifische Bildungsverläufe. homepage.univie.ac.at/barbara.schober; barbara.schober@univie.ac.at

Schöne, Claudia, Dr., Justus-Liebig-Universität Gießen, FB 06: Psychologie und Sportwissenschaft, Abteilung Pädagogische Psychologie, Otto-Behaghel-Str. 10F, 35394 Gießen. Fähigkeitsselbstkonzept, Zielorientierung, Selbstwertstabilität und -kontingenz im Lern- und Leistungskontext. www.uni-giessen.de/cms/fbz/fb06/psychologie/abt/paedpsy/ag-stiens/t/schoene/schoene-1; claudia.schoene@psychol.uni-giessen.de

Schrader, F.-W., Dr., Universität Koblenz-Landau, Campus Landau, Fachbereich Psychologie, Fortstr. 7, 76829 Landau. Bedingungen des Schulerfolgs, Urteilsbildung und Diagnostik von Lehrpersonen. www.uni-koblenz-landau.de/landau/fb8/entwicklungspsychologie/Team/schrader; schrader@uni-landau.de

Schwinger, Malte, Dr., Akademischer Rat, Universität Gießen, Fakultät für Psychologie und Sportwissenschaft, Pädagogische Psychologie, Otto-Behaghel-Straße 10F, 35394 Gießen. Motivation, Motivationsregulation, Selbstwertregulation. malte.schwinger@psychol.uni-giessen.de

Spiel, Christiane, Univ.-Prof. Dr. Dr., Vorstand des Instituts für Angewandte Psychologie: Arbeit, Bildung, Wirtschaft, Fakultät für Psychologie, Universität Wien, Universitätsstraße 7, A-1010 Wien. Bildungspsychologie, Evaluationsforschung, Interventions- und Implementationsforschung (evidence based education). homepage.univie.ac.at/christiane.spiel; christiane.spiel@univie.ac.at

Spinath, Birgit, Prof. Dr., Universität Heidelberg, Pädagogische Psychologie, Hauptstraße 47–51, 69117 Heidelberg. Lehren und Lernen in Schule und Hochschule, Motivation, Lehrerbildung. www.psychologie.uni-heidelberg.de/ae/paeps/personen/spinath.html; birgit.spinath@psychologie.uni-heidelberg.de

Thielsch, Angelika, M.A., Georg-August-Universität Göttingen, Hochschuldidaktik, Waldweg 26, 37073 Göttingen. Hochschuldidaktische Angebote für Nachwuchswissenschaftler & -wissenschaftlerinnen. www.uni-goettingen.de/de/408687.html; angelika.thielsch@zvw.uni-goettingen.de

Titz, Clara, PD Dr. habil, wissenschaftliche Mitarbeiterin, DIPF, Bildungsforschung und Bildungsinformation, Abteilung Bildung und Entwicklung, Schloßstr. 29, 60486 Frankfurt am Main. Kognitive Lernvoraussetzungen im höheren Lebensalter, Arbeitsgedächtnis. www.dipf.de/de/mitarbeiter/titz; titz@dipf.de

Urhahne, Detlef, Prof. Dr., Martin-Luther-Universität Halle-Wittenberg, Institut für Pädagogik, Pädagogische Psychologie, Franckeplatz 1, 06099 Halle (Saale). Lernmotivation, Urteilsgenauigkeit von Lehrkräften, epistemologische Überzeugungen, computergestützte Lernumgebungen. www.philfak3.uni-halle.de/paedagogik/psycho-erz/1061653_2521865; detlef.urhahne@paedagogik.uni-halle.de

Wagner, Petra, Prof. (FH) Dr., Universität Linz. Selbstreguliertes Lernen, lebenslanges Lernen, Evaluation. research.fh-ooe.at/staff/16856; petra.wagner@fh-linz.at

Wegner, Elisabeth, Dipl.-Psych., Universität Freiburg, Institut für Erziehungswissenschaft, Abteilung Schul- und Unterrichtsforschung, Rempartstr. 11, 79098 Freiburg. Epistemologische Überzeugungen, Lehr-Lern-Überzeugungen, Hochschullehre. www.ezw.uni-freiburg.de/unterrichtsforschung/team/wegner; elisabeth.wegner@ezw.uni-freiburg.de

Weiss, Sabine, Dr., Ludwig-Maximilians-Universität München, Pädagogik und Rehabilitation, Lehrstuhl für Schulpädagogik, Leopoldstraße 13, 80802 München. Lehrergesundheit, Beratung, Prävention. www.edu.lmu.de/schulpaedagogik/weiss.html; sabine.weiss@edu.lmu.de

Wessel, Daniel, Dr., Leibniz-Institut für Wissensmedien, Schleichstraße 6, 72076 Tübingen. Lernen mit neuen Medien, Mobile Learning. www.iwm-kmrc.de/www/de/mitarbeiter/ma.html?dispname=Daniel+Wessel&uid=dwessel; d.wessel@iwm-kmrc.de

Zaunbauer-Womelsdorf, Anna, Dr., Christian-Albrechts-Universität zu Kiel, PerLe – Projekt erfolgreiches Lehren und Lernen, Koboldstraße 4, 24118 Kiel. Pädagogische Psychologie. azaunbauer@uv.uni-kiel.de

Ziegler, Albert, Prof. Dr. Dr., Universität Erlangen-Nürnberg, Pädagogische Psychologie, Dutzendteichstr. 24, 90478 Nürnberg. Begabungsforschung, Lernpsychologie, Bildungsforschung. www.psycho.ewf.uni-erlangen.de/mitarbeiter/ziegler

Ziehm, Jeanette, Dipl.-Psych., Universität Konstanz, Fachbereich Psychologie, Entwicklungspsychologie und Kulturvergleich, Fach 14, 78457 Konstanz. Intuitive Erziehungstheorien, Kulturvergleich, Sozialisation. www.psychologie.uni-konstanz.de/trommsdorff/mitarbeiter/wissenschaftliche-mitarbeiterdoktoranden/dipl-psych-jeanette-ziehm; jeanette.ziehm@uni-konstanz.de

Persönlichkeitspsychologie und Differentielle Psychologie [PER]

Gebietsexperte:

Asendorpf, Jens, Prof. Dr., Humboldt-Universität zu Berlin, Institut für Psychologie, Professur für Persönlichkeitspsychologie. Persönlichkeitsentwicklung, Persönlichkeit und soziale Beziehungen, interkulturelle Persönlichkeitsforschung. www.psychologie.hu-berlin.de/mitarbeiter/4432; jens.asendorpf@online.de

Gebietsautoren:

Beauducel, André, Prof. Dr., Methodenlehre, Diagnostik und Evaluation, Rheinische Friedrich-Wilhelms-Universität Bonn, Kaiser-Karl-Ring 9, 53111 Bonn. Diagnostik, Intelligenz, Persönlichkeit. www.psychologie.uni-bonn.de/abteilungen/methodenlehre-und-diagnostik/mitarbeiter-1/Prof.-Dr.-Andre-Beauducel; beauducel@uni-bonn.de

Borkenau, Peter, Prof. Dr., Martin-Luther-Universität Halle-Wittenberg, Differentielle Psychologie und Psychologische Diagnostik. Verhaltensgenetik, Selbst- und Fremdbeurteilung, Persönlichkeit und Informationsverarbeitung. www.psych.uni-halle.de/abteilungen/differentiell; peter.borkenau@psych.uni-halle.de

Buch, Susanne R., Prof. Dr., Hochbegabung, Pädagogisch-psychologische Diagnostik. www.ifb.uni-wuppertal.de/professuren/buch-susanne-prof-dr.html; sbuch@uni-wuppertal.de

Conzelmann, Kristin, Dr., Deutsches Zentrum für Luft- und Raumfahrt e.V., Abteilung für Luft- und Raumfahrtpsychologie, Sportallee 54a, 22335 Hamburg. Intelligenz- und Persönlichkeitsdiagnostik, Entwicklung und Validierung eignungsdiagnostischer Verfahren, Personalauswahl. www.dlr.de; kristin.conzelmann@dlr.de

Döring, Anna K., Dr., Department of Psychology, Royal Holloway University of London. Werte und Ziele in der Entwicklungs- und Persönlichkeitspsychologie. pure.royalholloway.ac.uk/psychology; Anna.Doering@rhul.ac.uk

Emmerich, Astrid, Dipl.-Psych., Universität Leipzig, Institut für Psychologie, Professur Arbeits- und Organisationspsychologie, Seeburgstr. 14–20, 04103 Leipzig. Authentisches Handeln und Führen. www.uni-leipzig.de/~apsycho/emmerich/emmerich.html; astrid.emmerich@uni-leipzig.de

Fahrenberg, Jochen, Prof. em. Dr., bis 2002: Leiter der Abteilung für Persönlichkeitspsychologie, Albert-Ludwigs-Universität Freiburg, Engelbergerstr. 41, 79085 Freiburg. Persönlichkeitspsychologie, Psychophysiologie, Wissenschaftstheorie. www.jochen-fahrenberg.de; jochen.fahrenberg@psychologie.uni-freiburg.de

Fleischmann, Alexandra, B. Sc., Arbeitseinheit Genderforschung und Gesundheitspsychologie, Universität Heidelberg, Psychologisches Institut, Hauptstraße 47–51, 69117 Heidelberg. Backlash. www.psychologie.uni-heidelberg.de/ae/diff/gender/index.html; Fleischmann@stud.uni-heidelberg.de

Grant, Phillip, Dr., Justus-Liebig-Universität Giessen, Abt. für Differentielle Psychologie und Persönlichkeitsforschung, Otto-Behaghel-Str. 10F, 35394 Giessen. Schizotypie, Dopamin, Psychotizismus. www.uni-giessen.de/cms/fbz/fb06/psychologie/abteilungen/diff; phillip.grant@psychol.uni-giessen.de

Hagemeyer, Birk, Dr., Friedrich-Schiller-Universität Jena, Institut für Psychologie, Abteilung Differentielle Psychologie, Persönlichkeitspsychologie und Psychologische Diagnostik, Humboldtstr. 11, 07743 Jena. Implizite und explizite Motive, Beziehungsregulation in intimen Partnerschaften, dispositionelle Bedingungen des Traumerlebens. www.uni-jena.de; birk.hagemeyer@uni-jena.de

Herzberg, Philipp Yorck, Prof. Dr., Helmut-Schmidt-Universität/Universität der Bundeswehr Hamburg, Fakultät für Geistes- und Sozialwissenschaften, Professur für Persönlichkeitspsychologie und Psychologische Diagnostik, Holstenhofweg 85, 22043 Hamburg. Rolle der Persönlichkeit in Partnerschaften, Optimismus, Persönlichkeitsprototypen. www.hsu-hh.de/diffpsych/index_RiuBtGdZGYWdRX9h.html; herzberg@hsu-hh.de

Klimesch, Wolfgang, Prof. Dr., Universität Salzburg, Hellbrunnerstrasse 34, A-5020 Salzburg. Kognitionspsychologie, Persönlichkeitspsychologie. www.uni-salzburg.at. wolfgang.klimesch@sbg.ac.at

Leue, Anja, Prof. Dr., Psychologische Diagnostik, Differentielle Psychologie und Persönlichkeitspsychologie, Christian-Albrechts-Universität zu Kiel, Olshausenstraße 75, 24118 Kiel. Diagnostik, Persönlichkeit, Rechtspsychologie. www.diagnostik-diff.psychologie.uni-kiel.de/de/team/anja-leue-1; leue@psychologie.uni-kiel.de

Loepthien, Tim, Stiftung Universität Hildesheim, Institut für Musik und Musikwissenschaft. Musikpsychologie, Musikrezeption und Entwicklungsregulation, Musikpräferenzen. www.uni-hildesheim-musik.de/index.php/lehrende/339; tim.loepthien@uni-hildesheim.de

Mayer, Boris, Dr., Universität Bern, Institut für Psychologie, Kognitive Psychologie, Wahrnehmung und Methodenlehre, Fabrikstrasse 8, CH-3012 Bern. Entwicklung Jugendlicher im kulturellen Kontext, Familienmodelle im kulturellen Wandel, Methoden des Kulturvergleichs. www.psy. unibe.ch/kog/content/ueber_uns/mayer/index_ger.html; boris.mayer@psy.unibe.ch

Mößle, Regine, Dipl.-Psych., wissenschaftliche Mitarbeiterin, Universität Hildesheim, Institut für Psychologie, Marienburger Platz 22, 31141 Hildesheim. Selbst und Identität über die Lebensspanne, Selbststabilisierung, Entwicklung selbststabilisierender Prozesse. www.uni-hildesheim.de; moessler@uni-hildesheim.de

Mussel, Patrick, Dr., wissenschaftlicher Mitarbeiter, Lehrstuhl für Psychologie I, Arbeitsgruppe Differentielle Psychologie, Persönlichkeitspsychologie und Psychologische Diagnostik, Julius-Maximilians-Universität Würzburg. Persönlichkeitspsychologie, Personalpsychologie, Neuroökonomie. patrick.mussel@uni-wuerzburg.de

Neyer, Franz J., Prof. Dr., Friedrich-Schiller-Universität Jena, Lehrstuhl für Differentielle Psychologie, Persönlichkeitspsychologie und Psychologische Diagnostik. Persönlichkeit, soziale Beziehungen, Entwicklung. www.uni-jena. de; franz.neyer@uni-jena.de

Platt, Tracey, Dr., University of Wolverhampton. Emotion, Humor, nonverbale Kommunikation. www.wlv.ac.uk/about-us/our-schools-and-institutes/faculty-of-education-health-and-wellbeing/institute-of-psychology/staff-directory/tracey-platt; T.Platt@wlv.ac.uk

Rauthmann, John, Dr., Institut für Psychologie, Lebenswissenschaftliche Fakultät, Humboldt-Universität zu Berlin, Rudower Chaussee 18, 12489 Berlin. Persönlichkeitsstruktur und -prozesse, Person-Situation-Interaktion, Verhaltenskonsistenz. www.psychologie.hu-berlin.de/de/mitarbeiter/1686309; jfrauthmann@gmail.com

Rindermann, Heiner, Prof. Dr., TU Chemnitz, Institut für Psychologie, Professor für Pädagogische und Entwicklungspsychologie, Wilhelm-Raabe-Str. 43, 09107 Chemnitz. Lehrevaluation, Humankapital, Intelligenz. www.tu-chemnitz. de/~hrin; heiner.rindermann@psychologie.tu-chemnitz.de

Rost, Detlef H., Prof. Dr., Philipps-Universität Marburg, FB Psychologie, AG Kinder- und Jugendpsychologie/Begabungsdiagnostische Beratungstelle BRAIN, Gutenbergstr. 18, 35032 Marburg. Intelligenz und Hochbegabung, pädagogisch-psychologische Diagnostik, Forschungsmethoden der Pädagogischen Psychologie. www.uni-marburg.de/fb04/ag-pp-ep/team/rost/index_html; rost@staff.uni-marburg.de

Ruch, Willibald, Prof. Dr., Leiter der Fachrichtung Persönlichkeitspsychologie und Diagnostik, Psychologisches Institut, Universität Zürich (UZH), Binzmühlestrasse, 14/7, CH-8050 Zürich. Humor, lachen, Heiterkeit, Positive Psychologie, Persönlichkeit. www.psychologie.uzh.ch/de/fachrichtungen/perspsy/ueber-uns/team/ruch.html; w.ruch@psychologie.uzh.ch.

Schmitt, Manfred, Prof. Dr., Universität Koblenz-Landau, Fachbereich Psychologie, Arbeitseinheit Diagnostik und Differentielle Psychologie. Soziale Gerechtigkeit, implizite Dispositionen, Person x Situation-Interaktion. tinyurl. com/ManfredSchmitt; schmittm@uni-landau.de

Schütz, Astrid, Prof. Dr., Otto-Friedrich-Universität Bamberg, Lehrstuhl für Persönlichkeitspsychologie und Psychologische Diagnostik., Markusplatz 3, 96045 Bamberg. Persönlichkeit und soziale Beziehungen, Selbst- und Fremdwahrnehmung, Personalauswahl und -entwicklung. Personal- und Sozialpsychologie, www.uni-bamberg.de/perspsych/team/astrid-schuetz/, astrid.schuetz@uni-bamberg.de

Segerer, Robin, Dr., Entwicklungspsychologie und Pädagogische Psychologie, Universität Würzburg, Röntgenring 10, 97070 Würzburg. Bilingualismus, Forschungsmethoden, kognitive Entwicklung. www.i4.psychologie. uni-wuerzburg.de/mitarbeiter/dr_robin_segerer; segerer@psychologie.uni-wuerzburg.de

Sparfeldt, Jörn M., Prof. Dr., Bildungswissenschaften an der Universität des Saarlandes, Saarbrücken. Begabung und Hochbegabung, pädagogisch-psychologische und pädagogische Diagnostik, Motivation im pädagogischen Feld. bildungswissenschaften.uni-saarland.de; j.sparfeldt@mx. uni-saarland.de

Spinath, Frank M., Prof. Dr., Differentielle Psychologie und psychologische Diagnostik, Universität des Saarlandes, Saarbrücken. Verhaltensgenetik, Intelligenz, Psychodiagnostik. www.uni-saarland.de/lehrstuhl/diffpsy/personen/spinath.html; f.spinath@mx.uni-saarland.de

Süß, Heinz-Martin, Prof. Dr., Leiter der Abteilung Psychologische Methodenlehre, Psychodiagnostik und Evaluationsforschung; Institut für Psychologie I, Otto-von-Guericke-Universität Magdeburg, Universitätsplatz 2, 39016 Magdeburg. Arbeitsgedächtnis, Intelligenz, Problemlösen. www.ipsy.ovgu.de/Abteilungen/Methodenlehre+Psychodiagnostik+und+Evaluationsforschung.html; heinz-martin.suess@ovgu.de

Trommsdorff, Gisela, Prof. Dr., Universität Konstanz, Fachbereich Psychologie, Entwicklungspsychologie und Kulturvergleich, Fach 14, 78457 Konstanz. Sozio-emotionale Entwicklung und Selbstregulation, intergenerationale Beziehungen, Werteveränderungen, Sozialisation, Kulturvergleich. www.psychologie.uni-konstanz.de/trommsdorff; gisela.trommsdorff@uni-konstanz.de

Weber, Hannelore, Prof. Dr., Lehrstuhl Differentielle und Persönlichkeitspsychologie/Psychologische Diagnostik, Ernst-Moritz-Arndt-Universität Greifswald. Ärger und Ärgerregulation, Gesundheitspsychologie, Stress- und Emotionsregulation. www.mnf.uni-greifswald.de; weber@uni-greifswald.de

Weis, Susanne, Dr., Zentrum für Methoden, Diagnostik und Evaluation, Universität Koblenz-Landau, Fortstr. 7, 76829 Landau. Soziale Intelligenz, Lehrevaluation. www.uni-koblenz-landau.de/methodenzentrum/mitarbeiter/susanne-weis/susanne-weis; weis@uni-landau.de

Westmeyer, Hans, Prof. em. Dr., Psychologische Diagnostik und Differentielle und Persönlichkeitspsychologie, FU Berlin, Habelschwerdter Allee 45, 14195 Berlin. Computerunterstützte Diagnostik, sozialer Konstruktionismus, Verhaltenstherapie. hawest@zedat.fu-berlin.de; www.ewi-psy.fu-berlin.de

Psychologische Diagnostik [DIA]

Gebietsexperte:

Petermann, Franz, Prof. Dr., Lehrstuhl Klinische Psychologie und Diagnostik, Universität Bremen, Grazer Straße 2 u. 6, 28359 Bremen. Klinische Kinderpsychologie, Klinische Diagnostik, Rehabilitationswissenschaften. www.zrf.uni-bremen.de; fpeterm@uni-bremen.de

Gebietsautoren:

Forkmann, Thomas, PD Dr., RWTH Aachen, Institut für Medizinische Psychologie und Medizinische Soziologie, Pauwelsstr. 19, 52074 Aachen. Item Response Theory und Computer-adaptives Testen, Phänomenologie und Assessment von Depression, Suizidalität. www.uk-aachen.de/go/show?NAVDV=0&ID=4809628&DV=0&NAVID=22439058&COMP=person; tforkmann @ukaachen.de

Hossiep, Rüdiger, Dr., Ruhr-Universität Bochum, AE Methodenlehre, Diagnostik, Evaluation, Universitätsstraße 150, 44801 Bochum. Diagnostische Testverfahren, Personalauswahl, Persönlichkeitspsychologie. www.uv.ruhr-uni-bochum.de; Ruediger.Hossiep@rub.de

Klinck, Dorothea, Dr., Leiterin der Organisationseinheit Angewandte Psychologische Forschung und Entwicklung des Berufspsychologischen Service, Bundesagentur für Arbeit, Regensburger Str. 104, 90478 Nürnberg. Berufseignungsdiagnostik, Intelligenztests, adaptives Testen. Dorothea.Klinck@arbeitsagentur.de

Kubinger, Klaus D., Prof. Dr., c/o Universität Wien, Fakultät für Psychologie, Arbeitsbereich Psychologische Diagnostik, Liebiggasse 5, A-1010 Wien. Grundlagenforschung zum diagnostischen Prozess, Anwendung und Weiterentwicklung von Modellen der Item-Response-Theorie, globalisierte Intelligenzmessung. www.klaus-kubinger.com. klaus.kubinger@univie.ac.at

Langfeldt, Hans-Peter, Prof. em. Dr., Institut für Psychologie, Arbeitsbereich Pädagogische Psychologie, Goethe-Universität, Frankfurt; 2010–2011 Gründungsdekan, School of Pedagogic and Teacher Education, Adama University, Adama/Ethiopia. Privatanschrift: Forstweg 6, 63303 Dreieich. Pädagogisch-psychologische Diagnostik, sonderpädagogische Psychologie, Selbstkonzepte. langfeldt@paed.psych.uni-frankfurt.de

Muck, Peter M., Dr., wissenschaftlicher Mitarbeiter der Organisationseinheit Angewandte Psychologische Forschung und Entwicklung des Berufspsychologischen Service, Bundesagentur für Arbeit, Regensburger Str. 104, 90478 Nürnberg. Berufseignungsdiagnostik, Leistungsforschung, Führung und Kommunikation. Peter.Muck@arbeitsagentur.de

Preusser, Ivonne, Diplom-Psychologin, wissenschaftliche Mitarbeiterin, Institut für Führung und Personalmanagement (IFPM), Universität St. Gallen, Dufourstrasse 40a, CH-9000 St. Gallen. Leadership, Customer Passion, Organizational Energy. www.ifpm.unisg.ch/; www.xing.com/profile/Ivonne_Preusser; ivonne.preusser@unisg.ch; ivonnepreusser@hotmail.com

Rost, Jürgen, Prof. Dr., Institut für die Pädagogik der Naturwissenschaften, IPN, wiss. Direktor i. R., priv.: Ziethenstr.1, 24105 Kiel. Probabilistische Testtheorie, Kognitionspsychologie, Umweltforschung. www.j-rost.de; an@j-rost.de

Schlottke, Peter F., Prof. em. Dr., Universität Tübingen, Medizinische Fakultät, Institut für Medizinische Psychologie und Verhaltensneurobiologie, Gartenstraße 29, 72074 Tübingen. Klinische Psychologie, Diagnostik und Klassifikation psychischer Störungen. schlottke@uni-tuebingen.de

Stieglitz, Rolf-Dieter, Prof. Dr. rer. nat., Universität Basel, Fakultät für Psychologie, Abteilung Klinische Psychologie und Psychiatrie, Missionsstr. 62a, CH-4055 Basel. Klinische Diagnostik, Psychotherapieforschung, ADHS im Erwachsenenalter. rolf-dieter.stieglitz@upkbs.ch

Strobel, Alexander, Prof. Dr. rer. nat., Lehrstuhl für Differentielle und Persönlichkeitspsychologie, Technische Universität Dresden, Helmholtzstraße 10, 01069 Dresden. Neurogenetik, Psychometrie, Psychophysiologische Methoden. tu-dresden.de/die_tu_dresden/fakultaeten/fakultaet_mathematik_und_naturwissenschaften/fachrichtung_psychologie; Alex.Strobel@psychologie.tu-dresden.de

Westhoff, K., Prof. em. Dr., Fachrichtung Psychologie der Fakultät Mathematik und Naturwissenschaften der TU Dresden. Interview, Konzentration, Gutachten. westhoff-eod.de; Karl.Westhoff@tu-dresden.de

Psychopharmakologie [PHA]

Gebietsexperte:

Gründer, Gerhard, Prof. Dr., RWTH Aachen, Universitätsklinikum Aachen, Klinik für Psychiatrie, Psychotherapie und Psychosomatik, lehr- und Forschungsgebiet Experimentelle Neuropsychiatrie, Pauwelsstr. 30, 52074 Aachen. Klinische Psychopharmakologie, Molekulare Bildgebung. www.mind-and-brain-blog.de; ggruender@ukaachen.de

Gebietsautoren:

Herpertz-Dahlmann, Beate, Prof. Dr. med., RWTH Aachen, Uniklinik Aachen, Direktorin der Klinik für Psychiatrie, Psychosomatik und Psychotherapie des Kindes- und Jugendalters, Neuenhofer Weg 21, 52074 Aachen. Essstörungen, Autismus, ADHD. www.kjp.ukaachen.de; bherpertz-dahlmann@ukaachen.de

Hiemke, Christoph, Prof. Dr., Leiter des Neurochemischen Labors an der Psychiatrischen Klinik der Universität Mainz, Untere Zahlbacher Str. 8, 55131 Mainz. Klinische und experimentelle Psychopharmakologie, therapeutisches Drug Monitoring. unimedizin-mainz.de/psychiatrie/patienten/ansprechpartner/lebenslauf/hiemke.html; hiemke@uni-mainz.de

Himmerich, Hubertus, Prof. Dr. med, Universitätsklinikum Leipzig, Professor für Neurobiologie affektiver Störungen der Claussen-Simon-Stiftung, Semmelweisstr. 10, 04103 Leipzig. Neurobiologie, Psychiatrie, Psychotherapie. psychiatrie.uniklinikum-leipzig.de; Hubertus.Himmerich@medizin.uni-leipzig.de

Ising, Marcus, Dr., Max-Planck-Institut für Psychiatrie, AG: Molekulare Pychologie, Kraepelinstr. 2–10, 80804 München. Klinische Psychologie, Neuroendokrinologie und Stressforschung, psychiatrische Epidemiologie. www.mpipsykl.mpg.de/people/ising_m.shtml; ising@mpipsykl.mpg.de

Kaußner, Yvonne, Dr., Interdisziplinäres Zentrum für Verkehrswissenschaften an der Universität Würzburg (IZVW), Röntgenring 11, 97070 Würzburg. Fahrtüchtigkeit. www.psychologie.uni-wuerzburg.de/izvw; yvonne.kaussner@psychologie.uni-wuerzburg.de

Kölch, Michael G., PD Dr. med., Forschungsgruppenleiter der Klinik für Kinder- und Jugendpsychiatrie/Psychotherapie, Universitätsklinikum Ulm. Psychopharmakotherapie und Psychopharmakoepidemiologie bei Minderjährigen, depressive Störungen bei Minderjährigen. www.uniklinik-ulm.de/struktur/kliniken/kinder-und-jugendpsychiatriepsychotherapie; michael.koelch@uniklinik-ulm.de

Koopmann, Anne, Dr., Zentralinstitut für seelische Gesundheit (ZI), J5, 68159 Mannheim. Abhängiges Verhalten und Suchtmedizin. www.zi-mannheim.de/forschung/personen/person/2892.html; anne.koopmann@zi-mannheim.de

Netter, Petra, Prof. em. Dr. Dr., ehem.: Lehrstuhl Differentielle Psychologie und Persönlichkeitsforschung, Justus-Liebig-Universität Giessen, Otto-Behaghel-Str. 10 F, 35394 Gießen. Psychoendokrinologie, Psychopharmakologie, Sucht. www.uni-giessen.de/cms/fbz/fb06/psychologie/abt/diff/mitarb/netter; petra.netter@psychol.uni-giessen.de

Paulzen, Michael, Dr. med., Klinik für Psychiatrie und Psychotherapie, Universitätsklinikum Aachen, Pauwelstr. 30, 52074 Aachen. www.uk-aachen.de; mpaulzen@ukaachen.de

Plag, Jens, Dr., Charité Universitätsmedizin Berlin, Klinik für Psychiatrie und Psychotherapie Campus Mitte, Arbeitsgruppe Angststörungen, Charitéplatz 1, 10117 Berlin. Neurophysiologische und -endokrinologische Korrelate von Angststörungen, (nicht-)pharmakologische Augmentation störungsspezifischer Psychotherapieverfahren. www.angstambulanz-charite.de; jens.plag@charite.de

Plener, Paul, Dr., Klinik für Kinder- und Jugendpsychiatrie/Psychotherapie, Universitätsklinikum Ulm. Psychopharmaka im Kindes- und Jugendalter. www.uniklinik-ulm.de/struktur/kliniken/kinder-und-jugendpsychiatriepsychotherapie; paul.plener@uniklinik-ulm.de

Reuter, Martin, Prof. Dr., Abteilung Differentielle und Biologische Psychologie, Center for Economics and Neuroscience, Zentrale wissenschaftliche Einrichtung der Universität Bonn, Nachtigallenweg 86, 53127 Bonn. Neuroökonomie, Persönlichkeit, affektive und kognitive Neurowissenschaft. www.cens.uni-bonn.de/team/team/board/martin-reuter/martin-reuter; martin.reuter@uni-bonn-diff.de

Schwertfeger, Natalie, Dr., Charité Universitätsmedizin Berlin, Klinik für Psychiatrie und Psychotherapie, Eschenallee 3, 14050 Berlin. Neurologie, Neurochirurgie und Psychiatrie. psychiatrie.charite.de/module/modulare_bereiche/schizophrenie/mitarbeiter; natascha.schwertfeger@charite.de

Philosophie und Wissenschaftstheorie [PHI]

Gebietsexperte:

Gadenne, Volker, Prof. Dr., Johannes-Kepler-Universität Linz, Institut für Philosophie und Wissenschaftstheorie, Altenberger Straße 50, A-4040 Linz. Philosophie, Wissenschaftstheorie. www.iwp.jku.at/gadenne; volker.gadenne@jku.at

Rechtspsychologie und Forensische Psychologie [RF]

Gebietsexpertin:

Volbert, Renate, Prof. Dr., Charité Universitätsmedizin Berlin, Institut für Forensische Psychiatrie, Oranienburger Str. 285, 13437 Berlin Psychiatrie. Beurteilung der Glaubhaftigkeit von Aussagen, Suggestion, Pseudoerinnerungen. www.forensik-berlin.de; renate.volbert@charite.de

Gebietsautoren:

Banse, Rainer, Prof. Dr., Universität Bonn, Institut für Psychologie, Sozial- und Rechtspsychologie, Kaiser-Karl-Ring 9, 53111 Bonn. Kindesmissbrauch, Aggressivität. www.psychologie.uni-bonn.de/abteilungen/sozial-und-rechtspsychologie/mitarbeiter/prof.-dr.-rainer-banse-1; banse@uni-bonn.de

Dettenborn, Harry, Prof. Dr., Sachverständigenpraxis; Geschäftsführer Institut Gericht & Familie Service GbR Berlin. dettenborn@gerichtspsychologie.com

Hommers, Wilfried, Prof. Dr., Universität Würzburg, Institut für Psychologie, Röntgenring 10, 97070 Würzburg. Rechtspsychologie, Differentielle Psychologie, Psychologische Diagnostik. www.i1.psychologie.uni-wuerzburg.de; hommers@psychologie.uni-wuerzburg.de

Niehaus, Susanna, Prof. Dr., Dozentin und Forschungsverantwortliche am Institut für Sozialarbeit und Recht; Departement Soziale Arbeit; Hochschule Luzern; Werftestrasse 1, CH-6002 Luzern. Täuschungsstrategien, geistige Behinderung und sexualisierte Gewalt, Vertrauen. susanna.niehaus@hslu.ch

Schmidt, Alexander, Dr., Universität Bonn, Institut für Psychologie, Sozial- und Rechtspsychologie, Kaiser-Karl-Ring 9, 53111 Bonn. Sexualdelinquenz, indirekte Maße, Verhaltensregulation. www.tinyurl.com/drafschmidt; afschmidt@uni-bonn.de

Sporer, Siegfried, Prof. Dr., Justus-Liebig-Universität Gießen, Psychologie und Sportwissenschaft, Otto-Behaghel-Straße 10F, 35394 Gießen. Personenidentifizierung, Glaubhaftigkeit, Zeugenaussagen. www.uni-giessen.de/cms/fbz/fb06/psychologie/abt/sozrecht/team/sporer; sporer@psychol.uni-giessen.de

Steck, Peter, Prof. Dr., Univ.-Professor a. D. Universität Konstanz, Fachbereich Psychologie, Postfach 5560, 78434 Konstanz. Gewaltdelinquenz, Meßmethoden in der psychopathologischen Diagnostik. peter.steck@gmx.net

Stötzel, Manuela, Dr., Leiterin der Geschäftsstelle des Unabhängigen Beauftragten für Fragen des sexuellen Kindesmissbrauchs, Glinkastr. 24, 10117 Berlin. mastoetzel@web.de

Suhling, Stefan, Dr., Kriminologischer Dienst im Bildungsinstitut d. niedersächsischen Justizvollzuges, Fuhsestraße 30, 29221 Celle. Straftäterbehandlung, Wirksamkeitsforschung, Kriminalprognose. Stefan.Suhling@justiz.niedersachsen.de

Tamm, Annett, Dipl.-Psych., Zentrum für Aussagepsychologie Berlin, Oranienburger Straße 285 (Haus 16), 13537 Berlin. www.aussagepsychologie-berlin.de; a.tamm@aussagepsychologie-berlin.de

Vossel, Gerhard, Prof. Dr., Universität Mainz, Psychologisches Institut, Abteilung Allgemeine Experimentelle Psychologie, Wallstraße 3, 55122 Mainz. Psychophysiologische Aussagebeurteilung, Aufmerksamkeit. www.psychologie.uni-mainz.de; vossel@uni-mainz.de

Sozialpsychologie und Kommunikationspsychologie [SOZ]

Gebietsexperte:

Bierhoff, Hans-Werner, Prof. Dr., Lehrstuhlinhaber der Arbeitseinheit Sozialpsychologie, Fakultät für Psychologie, Ruhr-Universität Bochum, Universitätsstr. 150, 44801 Bochum. Sozialpsychologie, Differentielle Psychologie, Gesundheitspsychologie. www.ruhr-uni-bochum.de/socpsy; hans.bierhoff@rub.de

Gebietsautoren:

Abele-Brehm, Andrea, Prof. Dr., Universität Erlangen-Nürnberg, Lehrstuhl Sozialpsychologie, Bismarckstr. 6, 91054 Erlangen. Soziale Kognition, berufliche Entwicklung, Positive Psychologie. www.sozialpsychologie.phil.uni-erlangen.de; abele@phil.uni-erlangen.de

Altmann, Tobias, Dipl.-Psych., Universität Duisburg-Essen, Institut für Psychologie, Arbeitsgruppe Differentielle Psychologie, Berliner Platz 6–8, 45127 Essen. Empathie, Kommunikation, Konfliktlösung. www.uni-due.de/biwi/diff/altmann.php; tobias.altmann@uni-due.de

Beierlein, Constanze, Dr., GESIS – Leibniz-Institut für Sozialwissenschaften, Abteilung Survey Design and Methodology, B2, 1, 68159 Mannheim. Psychologische Kurzskalen, Basic Human Values, Politische Psychologie. www.gesis.org; constanze.beierlein@gesis.org

Berger, Anja, Dr., Universität Potsdam, Department Psychologie, Sozialpsychologie, Humanwissenschaftliche Fakultät, Karl-Liebknecht-Str. 24–25, 14476 Potsdam OT Golm. Geschlechtsrollenidentifizierung, sexuelle Aggression. www.uni-potsdam.de/sozialpsychologie/sozpersonal/berger.html; bergera@uni-potsdam.de

Boehnke, Klaus, Prof. Dr., Jacobs University Bremen, Bremen International Graduate School of Social Sciences (BIGSSS), Vice Dean, Campus Ring 1, 29759 Bremen. Politische Sozialisation, Friedenspsychologie, Methoden der Empirischen Sozialforschung. www.jacobs-university.de/directory/kboehnke; K.Boehnke@jacobs-university.de

Bohner, Gerd, Prof. Dr., Universität Bielefeld, Abteilung für Psychologie, Leiter der Arbeitseinheit Sozialpsychologie, Postfach 100131, 33501 Bielefeld. Einstellungen, soziale Urteilsbildung, Gender. www.uni-bielefeld.de/psychologie/ae/AE05; gerd.bohner@uni-bielefeld.de

Cohrs, Christopher, Prof. Dr., Professor of Psychology; Jacobs University Bremen, School of Humanities and Social Sciences, Campus Ring 1, 28759 Bremen. Intergruppenbeziehungen, Politische Psychologie, Friedenspsychologie. www.jacobs-university.de/directory/ccohrs; c.cohrs@jacobs-university.de

Dickel, Nina, Dipl.-Psych., Universität Bielefeld, Fakultät für Psychologie und Sportwissenschaft, Abteilung für Psychologie, Postfach 10 01 31, 33501 Bielefeld. Minderheiten- und Mehrheiteneinfluss, Einstellungsänderung. www.

uni-bielefeld.de/psychologie/personen/ae05/dickel.html; nina.dickel@uni-bielefeld.de

Dickenberger, Dorothee, Dr., Lehrstuhl Sozialpsychologie, Universität Mannheim, A5, 68131 Mannheim. Kognitive Theorien der Sozialpsychologie, Genderforschung. lssozpsych.sowi.uni-mannheim.de; ddickenberger@sowi.uni-mannheim.de

Diehl, Charlotte, Dipl.-Psych., Universität Bielefeld, Fakultät für Psychologie und Sportwissenschaft, Arbeitseinheit Sozialpsychologie, Universitätstraße 25, 33615 Bielefeld. Sexuelle Belästigung, ambivalenter Sexismus, Vorurteilsforschung. www.uni-bielefeld.de/psychologie/personen/ae05/Diehl.html; charlotte.diehl@uni-bielefeld.de

Diekmann, Corinna, Dipl.-Psych., Universität Bonn, Institut für Psychologie, Arbeits-, Organisations- und Wirtschaftspsychologie, Kaiser-Karl-Ring 9, 53111 Bonn. Selbstdarstellung, sozialer Einfluss. www.aow-bonn.de/www/wir/diekmann.html; corinna.diekmann@uni-bonn.de

Ellgring, Johann Heinrich, Prof. em. Dr., Universität Würzburg. Sozialpsychologie, Klinische Psychologie, Gesundheitspsychologie. ellgring@uni-wuerzburg.de

Erb, Hans-Peter, Prof. Dr., Helmut-Schmidt-Universität Hamburg, Professur für Sozialpsychologie, Holstenhofweg 85, 22043 Hamburg. Sozialer Einfluss, Persuasion, Urteilsbildung. www.hsu-hh.de/sozpsy; erb@hsu-hh.de

Flaßbeck, Christine, M. A., wissenschaftliche Mitarbeiterin an der Professur für Sozialpsychologie, Helmut-Schmidt-Universität/Universität der Bundeswehr Hamburg, Professur für Sozialpsychologie, Holstenhofweg 85, 22043 Hamburg. Person Perception, Sound Symbolism. www.hsu-hh.de/fak/geiso/psy-soz; flassbeck@hsu-hh.de

Frey, Dieter, Prof. Dr., Ludwig-Maximilians-Universität München, Fakultät für Psychologie und Pädagogik, Lehrstuhl Sozialpsychologie, Leopoldstr. 13, 80802 München. Prinzipien und Kulturen für Kreativität und Innovation, moderne Unternehmensführung, ethikorientierte Mitarbeiterführung. www.psy.lmu.de/soz/personen/leitung/frey; dieter.frey@psy.lmu.de

Friedlmeier, Wolfgang, Prof. Dr., Grand Valley State University, Department of Psychology, 2138 Au Sable Hall, Allendale, MI 49503, USA. Emotionale Entwicklung, Kulturvergleich, Sozialisation. www.gvsu.edu/psychology/wolfgang-friedlmeier-5.htm; friedlmw@gvsu.edu

Frindte, Wolfgang, Prof. Dr., Leiter der Abteilung Kommunikationspsychologie, Institut für Kommunikationswissenschaft, Friedrich-Schiller-Universität Jena, Ernst-Abbe-Platz 8, 07743 Jena. Terrorismusforschung, Antisemitismus, Rechtsextremismus. www.ifkw.uni-jena.de/kommunikationspsychologie/home; wolfgang.frindte@uni-jena.de

Fuchs, Albert, Prof. Dr. Friedenspsychologie. www.ifgk.de; fuchs.albert@t-online .de

Glaser, Tina, Dr., Universität Bielefeld, Abteilung für Psychologie, Arbeitseinheit Sozialpsychologie, Universitätsstraße 25, 33615 Bielefeld. Einstellungen, psychologische Distanz. www.uni-bielefeld.de/psychologie/personen/ae05/Glaser.html; tina.glaser@uni-bielefeld.de

Greve, Werner, Prof. Dr., Universität Hildesheim, Institut für Psychologie, Marienburger Platz 22, 31141 Hildesheim. Entwicklungspsychologie, Kriminalpsychologie, Theoretische Psychologie. wgreve@uni-hildesheim.de

Halbeisen, Georg, Dipl.-Psych., Universität Trier, Abteilung Sozialpsychologie, Universitätsring 15, 54296 Trier. Einstellungen, Automatizität sozialer Kognition. www.uni-trier.de/index.php?id=37548; halbeisen@uni-trier.de

Herner, Michael J., Dipl.-Psych., Ruhr-Universität Bochum, Sozialpsychologie, Universitätsstraße 150, 44801 Bochum. Narzissmus, Liebe, Führung. www.ruhr-uni-bochum.de/soc-psy/team/herner; Algore110@aol.com

Issmer, Christian, Dr., wissenschaftlicher Mitarbeiter, Arbeitsgruppe Sozialpsychologie, Fachbereich Psychologie, Philipps-Universität Marburg, Gutenbergstraße 18, 35037 Marburg. Intergruppenbeziehungen, Stigmatisierung, Aggression. www.uni-marburg.de/fb04/team-wagner; christian.issmer@staff.uni-marburg.de

Ittner, Heidi, Dr., e-fect dialog evaluation consulting eG. Umweltpsychologie, Gerechtigkeitspsychologie, Konfliktmanagement. www.e-fect.de; dr.h.ittner@gmail.com

Kaiser, Florian G., Prof. Dr., Leiter der Abteilung Sozial- und Persönlichkeitspsychologie; Otto-von-Guericke-Universität Magdeburg, Institut für Psychologie, Universitätsplatz 2, 39106 Magdeburg. Einstellungen, Verhaltensmodifikation, Campbell-Paradigma. www.ipsy.ovgu.de/fgk.html; florian.kaiser@ovgu.de

Kammhuber, Stefan, Prof. Dr., Leiter ikik – Institut für Kommunikation und Interkulturelle Kompetenz, HSR Hochschule für Technik Rapperswil, Oberseestr. 10, 8640 Rapperswil. Interkulturelles Lernen, interkulturelle Personalentwicklung, Organisationskommunikation. www.ikik.ch; stefan.kammhuber@hsr.ch

Kauff, Mathias, Dr., Philipps-Universität Marburg, Fachbereich Psychologie, Gutenbergstraße 18, 35032 Marburg. Intergruppenprozesse, Diversity, Diskriminierung. www.uni-marburg.de/fb04/team-wagner/team/mitarbeiter_innen/mathiaskauff; mathias.kauff@uni-marburg.de

Kempf, Wilhelm, Prof. em. Dr., Universität Konstanz, Fachbereich Psychologie, Arbeitsgruppe Methodenlehre und Friedensforschung, Universitätsstraße 10, 78457 Konstanz. Friedensjournalismus, Antisemitismusforschung, Forschungsmethoden. www.pfkn.regener-online.de; wilhelm.kempf@uni-konstanz.de

Kirchhoff, Johanna, Dr., johanna.kirchhoff@uni-marburg.de

Klinger, Edgar, Dr., Universität Osnabrück, Sozialpsychologie, Seminarstraße 20, 49069 Osnabrück. Sozialpsychologische Konflikt- und Vertrauensforschung, Migration. edgar.klinger@uos.de

Krahé, Barbara, Prof. Dr., Universität Potsdam, Department Psychologie, Sozialpsychologie. Aggressionsforschung, Angewandte Sozialpsychologie. www.uni-potsdam.de/sozialpsychologie/sozpersonal/krahe.html; krahe@uni-potsdam.de

Leidner, Bernhard, Prof. Dr., University of Massachusetts, Department of Psychology, Psychology of Peace and Violence Program, Tobin Hall 639, 135 Hicks Way, Amherst, MA 01003, USA. Intergroup violence, morality, justice. people.umass.edu/bleidner; bleidner@psych.umass.edu

Macher, Silvia, Dr., Karl-Franzens-Universität Graz, Arbeitsbereich Sozialpsychologie, Universitätsplatz 2/III, A-8010 Graz. Soziale Interpendenz, soziale Kompetenz. webpsy.uni-graz.at/sozialpsychologie; silvia.macher@uni-graz.at

Möller, Ingrid, Dr., Universität Potsdam, Komplex II – Campus Golm, Karl-Liebknecht-Str. 24–25, Potsdam OT Golm. Langfristige Auswirkungen von Mediengewaltkonsum im Jugendalter. www.psych.uni-potsdam.de/social/index-d.html; ingrid.moeller@uni-potsdam.de

Müller-Brettel, Marianne, Dr. phil., Publizistin (Ruhestand, bis 2003 wiss. Mitarbeiterin am Max-Planck-Institut für Bildungsforschung), Lentzeallee 94, 14195 Berlin. Friedenspsychologie. www.mueller-brettel.de; info@mueller-brettel.de

Niesta Kayser, Daniela, PD Dr., Lehrstuhlvertretung Sozialpsychologie, Department Psychologie, Universität Potsdam, Karl-Liebknecht-Str. 24–25, 14476 Potsdam OT Golm. Interpersonale Attraktion, Bedrohung des Selbst, prosoziale Motivation. www.niesta.org; dniestak@gmail.com

Noack, Peter, Prof. Dr., Leiter der Abteilung Pädagogische Psychologie, Institut für Psychologie, Universität Jena, Humboldtstr. 27, 07749 Jena. Lernen in der Schule, politische Sozialisation, Familienentwicklung. www.uni-jena.de/Prof__Dr__Peter_Noack.html; s7nope@rz.uni-jena.de

Noor, Masi, Dr., Applied Social Sciences, Canterbury Christ Church University. www.canterbury.ac.uk/social-applied-sciences/applied-social-sciences/

Preiser, Siegfried, Prof. Dr., Rektor und Professor für Lebenslanges Lernen, Psychologische Hochschule Berlin, Am Köllnischen Park 2, 10179 Berlin. Kreativität, Politische Sozialisation, Lebenslanges Lernen. www.psychologische-hochschule.de; s.preiser@psychologische-hochschule.de

Rechtien, Wolfgang, Dr., bis 2009 Vorstandsmitglied und Geschäftsführer des Kurt-Lewin-Institutes für Psychologie der Fernuniversität in Hagen. Gruppenprozesse, psychosoziale Beratung, interkulturelle Kommunikation. w.rechtien@me.com

Rees, Jonas H., Dipl.-Psych., MSc, wissenschaftlicher Mitarbeiter, Arbeitseinheit Sozialpsychologie, Universität Bielefeld, Universitätsstraße 25, 33615 Bielefeld. Politische und angewandte Sozialpsychologie, Intergruppenprozesse, Konflikt und Gewalt. www.uni-bielefeld.de/psychologie/personen/ae05/Rees.html; jonas.rees@uni-bielefeld.de

Schroer-Hippel, Miriam, wissenschaftliche Mitarbeiterin, Freie Universität Berlin, Fachbereich Erziehungswissenschaft und Psychologie, Arbeitsbereich Entwicklungswissenschaft, Habelschwerdter Allee 45, 14195 Berlin. Nationalismus und Gender, Konfliktbearbeitung, Evaluation. www.friedenspsychologie.de; miriam.schroer@fu-berlin.de

Six, Bernd, Prof. em. Dr., bis 2010: Lehrstuhl für Sozialpsychologie, Martin-Luther-Universität Halle, Brandbergweg 23c, 06120 Halle (Saale). www.psych.uni-halle.de/abteilungen/sozial/mitarbeiter/six; bernd.six@psych.uni-halle.de

Sommer, Gert, Prof. em. Dr., Friedenspsychologie, Menschenrechte, Feindbilder. gert-sommer.de; sommerg@arcor.de

Stellmacher, Jost, Dr., Philipps-Universität Marburg, Fachbereich Psychologie, Gutenbergstr. 18, 35032 Marburg. Intergruppenforschung, Menschenrechte, Aggression und Gewalt. www.uni-marburg.de/fb04/team-wagner/team/mitarbeiter_innen/jost-stellmacher; stellmac@staff.uni-marburg.de

Thomas, Alexander, Prof. Dr. Dr. h. c., Universität Regensburg, Sozialpsychologie und Angewandte Psychologie, interkulturelle Psychologie, Classen-Kappelmann Str. 28, 50931 Lindenthal. Interkulturelle Psychologie, kulturvergleichende Psychologie, Sozialpsychologie. alexander.thomas@psychologie.uni-regensburg.de

van Dick, Rolf, Prof. Dr., Leiter der Abteilung Sozialpsychologie, Fachbereich 05, Psychologie und Sportwissenschaften, Goethe-Universität Frankfurt, PEG Grüneburgplatz 1, 60323 Frankfurt. Soziale Identität, Intergruppenbeziehungen, Führung. www.sozialpsychologie.uni-frankfurt.de; van.dick@psych.uni-frankfurt.de

Vollhardt, Johanna Ray, Prof. Dr., Assistant Professor und Leiterin der Abteilung Sozialpsychologie, Clark University, Psychology Department, 950 Main Street, Worcester, MA 01610 USA. Intergruppenbeziehungen, Genozid, Friedenspsychologie. www.clarku.edu/faculty/jvollhardt; JVollhardt@clarku.edu

Wahrnehmungspsychologie [WA]

Gebietsexperte:

Müsseler, Jochen, Prof. Dr., Arbeits- und Kognitionspsychologie, RWTH Aachen, Jägerstraße 17–19, 52066 Aachen. Raum- und Zeitwahrnehmung, selektive Aufmerksamkeit, Wahrnehmungs-Handlungs-Interaktionen. www.psych.rwth-aachen.de/ifp-zentral/front_content.php?idcat=222; muesseler@psych.rwth-aachen.de

Gebietsautoren:

Ansorge, Ulrich, Prof. Dr., Lehrstuhl Experimentelle Psychologie, Universität Wien, Liebiggasse 5, A-1010 Wien. Aufmerksamkeit, Motorsteuerung, visuelle Wahrnehmung. homepage.univie.ac.at/ulrich.ansorge; ulrich.ansorge@univie.ac.at

Bülthoff, Heinrich H., Prof. Dr., Direktor des Max-Planck-Instituts für biologische Kybernetik, Spemannstr. 38, 72076 Tübingen. Kognition, Wahrnehmung, Mensch-Computer-Interaktion. www.kyb.tuebingen.mpg.de; heinrich.buelthoff@mbpk.de

Bülthoff, Isabelle, Dr., Max-Planck-Institut für biologische Kybernetik, Spemannstr. 38, 72076 Tübingen. Gesichtswahrnehmung, Objekterkennung. www.kyb.tuebingen.mpg.de; isabelle.buelthoff@tuebingen.mpg.de

de la Rosa, Stephan, Dr., Max-Planck-Institut für biologische Kybernetik, Spemannstr. 38, 72076 Tübingen. Wahrnehmung, soziale Kognition. www.kyb.tuebingen.mpg.de; delarosa@tuebingen.mpg.de

Dobs, Katharina, Dipl.-Psych., Max-Planck-Institut für biologische Kybernetik, Spemannstr. 38, 72076 Tübingen. Gesichtswahrnehmung. www.kyb.tuebingen.mpg.de; katharina.dobs@tuebingen.mpg.de

Drewing, Knut, PD Dr., Akademischer Rat, Universität Gießen, Allgemeine Psychologie, Otto-Behaghel-Str. 10F, 35394 Gießen. Haptik, Multisensorik, Handlung. knut.drewing@psychol.uni-giessen.de

Frings, Christian, Prof. Dr., Leiter der Abteilung Allgemeine Psychologie & Methodenlehre, Fachbereich I, Psychologie, Universität Trier, 54296 Trier. Distraktorverarbeitung, Aufmerksamkeit, Handlungssteuerung. www.uni-trier.de/index.php?id=8408; chfrings@uni-trier.de

Gegenfurtner, Karl R., Prof. Dr., Universität Gießen, Institut für Psychologie, Abteilung für Allgemeine und Experimentelle Psychologie, Otto-Behaghel-Str. 10, 35394 Gießen. Informationsverarbeitung im visuellen System. www.allpsych.uni-giessen.de/karl; gegenfurtner@uni-giessen.de

Hansen, Thorsten, Dr., Universität Gießen, Institut für Psychologie, Abteilung für Allgemeine und Experimentelle Psychologie, Otto-Behaghel-Str. 10, 35394 Gießen. Informationsverarbeitung im visuellen System. www.allpsych.uni-giessen.de/karl; Thorsten.Hansen@psychol.uni-giessen.de

Huestegge, Lynn, Prof. Dr., Universität Würzburg, Lehrstuhl für Psychologie III: Psychologische Methoden, Kognition und Anwendung, Röntgenring 11, 97070 Würzburg. Visuelle Informationsverarbeitung. www.psychologie.uni-wuerzburg.de/methoden/index.php.de; lynn.huestegge@psych.rwth-aachen.de

Kaulard, Kathrin, Dipl.-Psych, Max-Planck-Institut für biologische Kybernetik, Spemannstr. 38, 72076 Tübingen. Gesichtswahrnehmung. www.kyb.tuebingen.mpg.de; kathrin.kaulard@tuebingen.mpg.de

Mallot, H. A., Prof. Dr., Universität Tübingen, Institut für Neurobiologie, Lehrstuhl für Kognitive Neurowissenschaft, Auf der Morgenstelle 28, 72076 Tübingen. Raumkognition, visuelle Wahrnehmung, Computational Neuroscience. www.cog.uni-tuebingen.de; hanspeter.mallot@uni-tuebingen.de

May, Mark, Priv.-Doz. Dr., Helmut-Schmidt-Universität Hamburg, Fachbereich Psychologie, Leiter des Arbeitsbereichs Raum- und Umweltkognition. Raumkognition, Raumorientierung, Bewusstsein. web.hsu-hh.de/space; mm@hsu-hh.de

Moeller, Birte, Dr., Allgemeine Psychologie und Methodenlehre, Fachbereich I, Psychologie, Universität Trier, 54286 Trier. Urteilen und Entscheiden. www.uni-trier.de/index.php?id=41289; birte.moeller@uni-trier.de

Nett, Nadine, Dipl.-Psych., Allgemeine Psychologie & Methodenlehre, Fachbereich I, Psychologie, Universität Trier, 54296 Trier. Urteilen und Entscheiden. www.uni-trier.de/index.php?id=42714; nadine.nett@uni-trier.de

Schröger, Erich, Prof. Dr., BioCog – Cognitive incl. Biological Psychology, Universität Leipzig, Neumarkt 9–19, 04109 Leipzig. Psychophysiologie, Wahrnehmungspsychologie, Aufmerksamkeit. www.uni-leipzig.de/~biocog/content/schroger-en; schroger@rz.uni-leipzig.de

Spreckelmeyer, Katja N., Dr., Dept. of Psychology, Stanford University, Jordan Hall, Stanford, CA 94305–2130. Auditive Wahrnehmung. spreckel@stanford.edu

Wirtschaftspsychologie [WIR]

Gebietsexperte:

Moser, Klaus, Prof. Dr., Universität Erlangen-Nürnberg, Lehrstuhl für Wirtschafts- und Sozialpsychologie, Fachbereich Wirtschaftswissenschaften, Lange Gasse 20, 90403 Nürnberg. Personalpsychologie, Commitment, Werbewirkung. www.psychologie.wiso.uni-erlangen.de; klaus.moser@fau.de

Gebietsautoren:

Becker, Florian, Prof. Dr., Professor für Kommunikation und Organisationspsychologie an der Hochschule Rosenheim. Konsumentenpsychologie, Personalpsychologie, Interkulturelle wirtschaftspsychologische Fragestellungen. www.wpgs.de/content/view/141/123/; florian.becker@wpgs.de

Crott, Helmut W., Prof. em. Dr., Emeritus der Abteilung Sozialpsychologie und Methodenlehre am Institut für Psychologie der Albert Ludwigs Universität Freiburg. Gruppenentscheidungen, Verhandlungsforschung, Ökonomische Psychologie. www.psychologie.uni-freiburg.de; helmut.crott@gmx.de

el Sehity, Tarek J., Dr., Nationaler Forschungsrat Italien, Institut für Kognitionswissenschaften und Technologie, Via San Martino della Battaglia, 44, IT-00185, Rom, Italien. Geldpsychologie, Vermögenspsychologie, Ressourcenpsychologie. cnr-it.academia.edu/TarekelSehity; Tarek.Josef@Sehity.com

Felser, Georg, Prof. Dr., Fachdozent Markt- und Konsumpsychologie, Hochschule Harz, Hochschule für angewandte Wissenschaften (FH), Friedrichstraße 57-59, 38855 Wernigerode. Werbe- und Konsumentenpsychologie, Interpersonelle Wahrnehmung, Wirtschaftsethik. gfelser.hs-harz.de, gfelser@hs-harz.de

Fichter, Christian, Prof. Dr., Kalaidos Fachhochschule Schweiz, Forschung und Entwicklung, Jungholzstrasse 43, CH-8050 Zürich. Wirtschaftspsychologie, empirische Ökonomie. www.fichter.ch; ch.fichter@fichter.ch

Florack, Arnd, Prof. Dr., Arbeitsbereich für Angewandte Sozialpsychologie und Konsumentenverhaltensforschung, Universität Wien, Universitätsstr. 7, A-1010 Wien. Werbung, Markenpositionierung, Konsumentenverhalten. ppcms.univie.ac.at/index.php?id=2462; arnd.florack@univie.ac.at

Gangl, Katharina, Mag. Dr., Universität Wien, Institut für Angewandte Psychologie: Arbeit, Bildung, Wirtschaft, Universitätsstr. 7, A-1010 Wien. Wirtschafts- und Finanzpsychologie. ppcms.univie.ac.at/index.php?id=3076; k.gangl@univie.ac.at

Göritz, Anja S., Prof. Dr., Professur für Wirtschaftspsychologie, Universität Freiburg, Institut für Psychologie, Engelbergerstr. 41, 79085 Freiburg. Internet und neue Medien im Wirtschaftskontext, unlauteres Verhalten im Arbeitsleben. www.psychologie.uni-freiburg.de/Members/goeritz; goeritz@psychologie.uni-freiburg.de

Gunnesch-Luca, George, Dipl.-Psych., Universität Erlangen-Nürnberg, wiss. Mitarbeiter am Lehrstuhl für Psychologie, insb. Wirtschafts- und Sozialpsychologie. Leistungsbeurteilung, Organizational Citizenship Behavior, Diffusion von Innovationen. www.psychologie.wiso.uni-erlangen.de/mitarbeiter/luca/; george.gunnesch-luca@fau.de

Hansmann, Ralph, PD Dr., ETH Zürich, Departement für Umweltsystemwissenschaften (D-USYS), Natural and Social Science Interface (NSSI), Sonneggstrasse 33, CH-8092 Zürich. Umweltpsychologie, Gruppenentscheidungen, Sustainability science. www.uns.ethz.ch/people/associated/ralphh; ralph.hansmann@env.ethz.ch

Hartl, Barbara, Mag., Universität Wien, Institut für Angewandte Psychologie: Arbeit, Bildung, Wirtschaft, Universitätsstr. 7, A-1010 Wien. Wirtschafts- und Finanzpsychologie. www.ppcms.univie.ac.at/index.php?id=3050; barbara.hartl@univie.ac.at

Heise, Marc, M. Sc., Universität Köln, Institut für Soziologie und Sozialpsychologie (ISS), Lehrstuhl für Wirtschafts- und Sozialpsychologie, Albert-Magnus-Platz, 50923 Köln. Kreditnahme, Ökonomische Entscheidungen. www.iss-wiso.uni-koeln.de; heise@wiso.uni-koeln.de

Hofmann, Eva, Dr., Universität Wien, Institut für Angewandte Psychologie: Arbeit, Bildung, Wirtschaft, Universitätsstr. 7, A-1010 Wien: pro- und antisoziales Verhalten, Konsumverhalten. ppcms.univie.ac.at/index.php?id=2956; eva.hofmann@univie.ac.at

Hölzl, Erik, Prof. Dr., Universität Köln, Institut für Soziologie und Sozialpsychologie (ISS), Lehrstuhl für Wirtschafts- und Sozialpsychologie, Albert-Magnus-Platz, 50923 Köln. Ökonomische Entscheidungen, Konsumverhalten, Kreditnahme. www.iss-wiso.uni-koeln.de; erik.hoelzl@uni-koeln.de

Kirchler, Erich, Prof. Dr., Universität Wien, Institut für Angewandte Psychologie: Arbeit, Bildung, Wirtschaft, Universitätsstr. 7, A-1010 Wien, Motivation, Geld, Liebe, Alltag. ppcms.univie.ac.at/index.php?id=2956; erich.kirchler@univie.ac.at

Kogler, Christoph, Dr., Wiss. Mitarbeiter, Arbeits-, Organisations- und Wirtschaftspsychologie, Universitätsstraße 7, A-1010 Wien. Konsumentenverhalten, Steuerpsychologie. aow-psy.univie.ac.at/team/; christoph.kogler@univie.ac.at

Kokkoris, Michail, Dr., Universität Köln, Institut für Soziologie und Sozialpsychologie (ISS), Lehrstuhl für Wirtschafts- und Sozialpsychologie, Albert-Magnus-Platz, 50923 Köln. Konsumverhalten, Selbstkonzept, Ökonomische Entscheidungen. www.iss-wiso.uni-koeln.de; kokkoris@wiso.uni-koeln.de

Koschate-Fischer, Nicole, Prof. Dr., Inhaberin des GfK-Lehrstuhls für Marketing Intelligence, Friedrich-Alexander-Universität Erlangen-Nürnberg, Lange Gasse 20, 90403 Nürnberg. Marketing, Konsumentenverhalten, Preismanagement. marketing-intelligence.wiso.fau.de/team/lehrstuhlinhaberin.shtml; wiwi-sekretariat-Koschate-Fischer@fau.de

Mattenklott, Axel, Prof. em., Dr., kognitive und emotionale Prozesse der Rezeption, Kommunikation in der Werbung. www.aow.psychologie.uni-mainz.de/30.php; mattenklott@uni-mainz.de

Mühlbacher, Stephan, Mag. Dr., Universität Wien, Institut für Angewandte Psychologie: Arbeit, Bildung, Wirtschaft, Universitätsstraße 7, A-1010 Wien. Steuerpsychologie. online.univie.ac.at/pers?zuname=M%C3%BChlbacher%2C-Stephan; stephan.muehlbacher@univie.ac.at

Müller, Günther F., Prof. Dr., bis 2012: Professor für Sozial-, Arbeits-, Betriebs- und Organisationspsychologie am Fachbereich Psychologie, Universität in Landau. Personal- und Organisationsberatung, Organisationsklimamessung, Führung durch Selbstführung. www.umbra-landau.de/team/; dr.mueller@umbra-landau.de

Nerdinger, Friedemann W., Prof. Dr., Universität Rostock, Lehrstuhl für Wirtschafts- und Organisationspsychologie, Ulmenstraße 69, 18061 Rostock. Arbeitsmotivation, Psychologie der Dienstleistung, Unternehmenskultur. www.wiwi.uni-rostock.de/bwl/psychologie/; friedemann.nerdinger@uni-rostock.de

Raab, Gerhard, Prof. Dr., Professor für Marketing und Wirtschaftspsychologie, Hochschule Ludwigshafen am Rhein. Nachhaltigkeit, Konsumentenpsychologie, Neuroökonomik. web.fh-ludwigshafen.de/fb2/fachbereich2.nsf/de/raab, raab@hs-lu.de

Reisch Lucia A., Prof. Dr., Professorin an der Copenhagen Business School, Gastprofessorin an der Zeppelin Universität Friedrichshafen. Nachhaltigkeit, Konsumentenpsychologie, interkulturelle Konsumforschung. www.zu.de/deutsch/lehrstuehle/konsum/team.php; lucia.reisch@zu.de

Schulz-Hardt, Stefan, Prof. Dr., Full Professor of Industrial, Economic, and Social Psychology; Universität Göttingen. Group decision making and group performance, Social information processing, Behavioral Finance. www.uni-goettingen.de/de/prof-dr-stefan-schulz-hardt/; schulzhardt@psych.uni-goettingen.de

Singh, Ranjit, Dipl.-Sozialw., Abteilung Wirtschaftspsychologie, Institut für Psychologie, Universität Freiburg. Psycho-logische Markforschung, Werbepsychologie. www.psychologie.uni-freiburg.de/Members/singh; ranjit.singh@psychologie.uni-freiburg.de

Soucek, Roman, Dr., Wirtschafts- und Sozialpsychologie, Friedrich-Alexander-Universität Erlangen-Nürnberg. Commitment im Handlungsprozess, Evaluation von Personalentwicklungsmaßnahmen, effektive E-Mail-Kommunikation. www.psychologie.wiso.uni-erlangen.de/mitarbeiter/soucek/; roman.soucek@fau.de

Spörrle, Matthias, Prof. Dr., TUM Lehrstuhl für Strategie und Organisation, Arcisstraße 21, 80333 München. Business and Marketing Psychology. www.strategy.wi.tum.de/people/visiting-fellow-professor/prof-dr-matthias-spoerrle/

Stark, Jennifer, Mag., Universität Wien, Institut für angewandte Psychologie: Arbeit, Bildung, Wirtschaft, Universitätsstr. 7, A-1010 Wien. Emotion, Motivation, Kognition. www.online.univie.ac.at/pers?inum=A473; jennifer.stark@univie.ac.at

Tumasjan, Andranik, Dr., Lehrstuhl für Strategie und Organisation, Arcisstraße 21, 80333 München. Business and Marketing Psychology. www.strategy.wi.tum.de/?id=20; andranik.tumasjan@tum.de

Vogelgesang, Frank, Dr., Universität Göttingen, Wirtschafts- und Sozialpsychologie. Wirtschaftliche und gesellschaftliche Anwendungen der Sozialpsychologie, Einstellungs- und Verhaltensforschung. www.psych.uni-goettingen.de/de/social/team/dr.-rer.-nat.-frank-vogelgesang

Wolff, Hans-Georg, Prof. Dr., Universität zu Köln, Department Psychologie – Organisations- und Wirtschaftspsychologie, Albertus Magnus Platz, 50923 Köln. Networkingverhalten in Organisationen, Investitionsentscheidungen, Corporate Social Responsibility. www.hf.uni-koeln.de/35826, hans-georg;wolff@uni-koeln.de

Wolframm, Christiane, Dr., GfK-Lehrstuhl für Marketing Intelligence, Friedrich-Alexander-Universität Erlangen-Nürnberg, Lange Gasse 20, 90403 Nürnberg. Marketing, Marktforschung, Markenmanagement. marketingintelligence.wiso.fau.de/team/wissenschaftliche-mitarbeiter/christiane-wolframm.shtml; christiane.wolframm@fau.de

Weitere Autoren mit Beiträgen aus früheren Auflagen

Dipl.-Psych. Eberhard Bauer (Universität Freiburg i. Br.)
Prof. em. Dr. Bergius, Rudolf † (Universität Tübingen)
Dr. Peter Day (Universität Tübingen)
Prof. Dr. Friedrich Dorsch † (Universität Tübingen)
Hans-Werner Drewe (BDP)
Dr. Hans-Henning Eckhardt (Arbeitsagentur Nürnberg)
Prof. em. Dr. Johannes Engelkamp (Universität des Saarlandes)
Prof. Dr. Gisela Erdmann (Technische Universität Berlin)
Prof. em. Dr. Suitbert Ertel (Universität Göttingen)
Dr. Helmut Gachowetz (Universität Salzburg)
Prof. em. Dr. Wilhelm Glaser (Universität Tübingen)
Prof. Dr. Hartmut O. Häcker (Universität Wuppertal)
Dr. Hanns D. Hansen (Psychologischer Dienst der BW)
Prof. Dr. Michael Hüppe (Universität Würzburg)
Dr. Angelika Hüppe (Universität Würzburg)
Prof. Dr. Wilhelm Janke † (Universität Würzburg)
Prof. Dr. Gerhard Kaminski (Universität Tübingen)
Prof. Dieter Klebelsberg (Universität Innsbruck)
Prof. em. Dr. Eberhard Klippstein (Universität Kiel)
Dipl.-Psych. Michael Liebig (Universität Wuppertal)
Prof. Dr. Gudula List (Universität Köln)
Prof. em. Dr. Gerold Mikula (Universität Graz)
Prof. Dr. Erich Mittenecker (Universität Graz)
Prof. Dr. Günter Mühle (Universität Osnabrück)
Dr. Jörg Michael Müller (Universität Münster)
Prof. Dr. Wolfgang Mutzeck † (Universität Leipzig)
Dipl.-Psych. Marco Petrucci
Prof. Dr. Erwin Roth † (Universität Salzburg)
Dipl.-Psych. Ilka Seeberg (Universität Osnabrück)
Dr. Daniel Seitz (Universität Wuppertal)
Dr. Aiga Stapf (Universität Tübingen)
Prof. Dr. Kurt-Hermann Stapf (Universität Tübingen)
Prof. Dr. Udo Undeutsch † (Universität Köln)
Prof. Dr. Alf Zimmer (Universität Regensburg)

III.4: Literaturangaben

Die detaillierten Angaben zu den Literaturquellen finden Sie bei dem jeweiligen Stichworteintrag im Online-Portal *http://hogrefe.com/dorsch.*

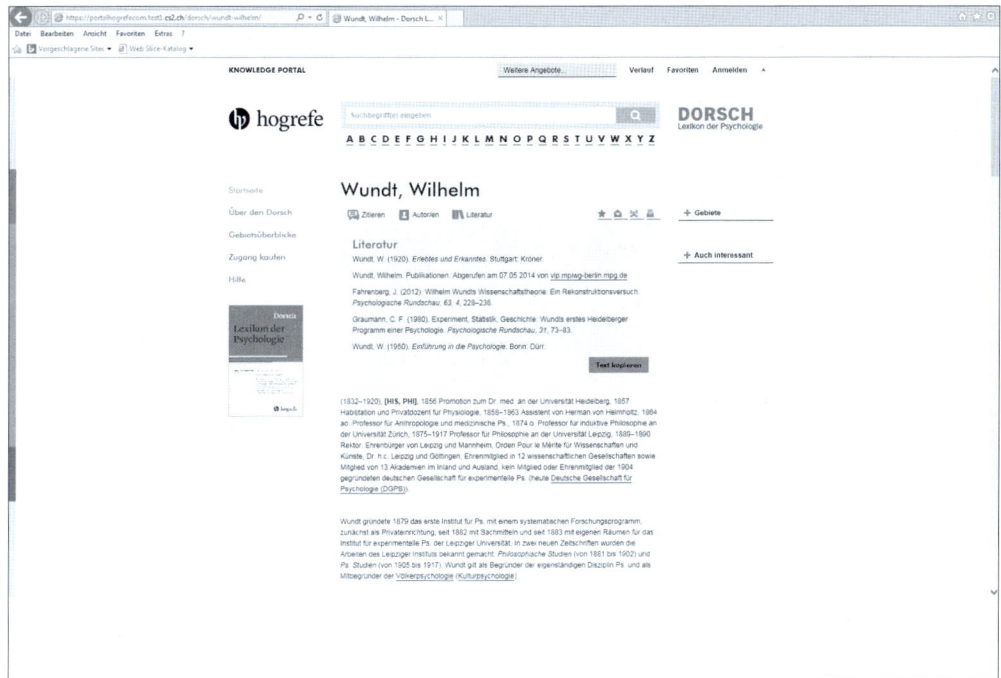

Kompaktes Wissen der psychischen Störungen

Franz Petermann et al. (Hrsg.)

Dorsch – Lexikon der Psychotherapie und Psychopharmakotherapie

2016. 1048 S., Gb
€ 59,95 / CHF 69.00
ISBN 978-3-456-85572-1

Das Lexikon der Psychotherapie und Psychopharmakotherapie präsentiert kompakt und aktuell das Wissen für das gesamte Spektrum psychischer Störungen und Therapieverfahren. Grundlagen, Konzepte, Definitionen und therapeutische Methoden werden systematisch und zuverlässig in über 4500 Beiträgen von mehr als 400 renommierten Expertinnen und Experten der Psychologie und Psychopharmakologie dargestellt.

„Hier kann der Fachmann nur applaudieren. Was in diesem knapp 1050 Seiten umfassenden Buch zusammengetragen wurde, ist gigantisch. Ob als Student oder Arzt, das Buch bietet für jeden die richtigen Informationen. Allein die 350 Testverfahren sind ein genialer Praxisleitfaden. Ein Buch, welches man sicher immer mal wieder zum Nachschlagen nutzen wird. Hinzu kommt, dass der Band mit knapp 60 Euro in einem sehr guten Preis- /Leistungsverhältnis steht." *www.fachbuchkritik.de*

www.hogrefe.com

Kompakte Übersicht der ICD-10-Diagnosen

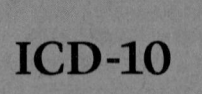

Horst Dilling / Harald J. Freyberger (Hrsg.) / WHO

Taschenführer zur ICD-10-Klassifikation psychischer Störungen

Mit Glossar und Diagnostischen Kriterien sowie Referenztabellen ICD-10 vs. ICD-9 und ICD-10 vs. DSM-IV-TR

8., überarb. Aufl. entsprechend ICD-10-GM 2016.
528 S., Gb
€ 36,95 / CHF 45.90
ISBN 978-3-456-85595-0

Im Gesamtwerk der Internationalen Klassifikation der Krankheiten (ICD) der WHO kommt den psychischen Störungen eine Sonderstellung zu. Der „Taschenführer" enthält die diagnostischen Kriterien für die einzelnen psychischen Störungen und Störungsgruppen in kommentierter Form. Nach einem kurzen Einführungsabschnitt zu jeder Störung werden die für die Diagnose relevanten Kriterien aufgeführt und mit Hinweisen zur Differenzial- und Ausschlussdiagnostik ergänzt. Damit umfasst dieser Ansatz sowohl die pragmatische Darstellung der Diagnosen entsprechend den ICD-10-Forschungskriterien als auch, anstelle der ausführlicheren diagnostischen Leitlinien, die kompakte Definition und Beschreibung der einzelnen Störungen.

Für die 8. Auflage wurde das Buch entsprechend der German Modification (ICD-10-GM) 2016 des Deutschen Instituts für Medizinische Datenverarbeitung und Information (DIMDI) überarbeitet und ergänzt.

www.hogrefe.com